영한사전

ENGLISH-KOREAN
DICTIONARY

동아출판

머 리 말

'학습과 실무에 편리한 최적의 실용 사전'을 지향하며 발간한 '메이트 영한사전'이 첫선을 보인 지도 10년이 다 되어 갑니다. 그 동안 독자 여러분의 한결같은 성원에 힘입어 이제 내용을 전면적으로 쇄신하고 보완하여 '프라임 영한사전 콘사이스판'이라는 새로운 이름으로 개정 신판을 내놓습니다.

사회가 점점 더 빠르게 변하면서 예전보다 한결 더 빠른 속도로 새로운 어휘가 생겨나고 있고 기존 어휘의 쓰임새가 변하거나 확대된 경우도 많아졌습니다. 인터넷의 폭발적인 보급으로 영어의 경우에는 이런 경향이 더욱 커졌습니다. 이같은 변화를 신속하게 포착하고 반영하는 것이 사전 편찬자의 책무라는 사실을 새삼 통감하면서 이번 개편 작업에서는 다음과 같은 점을 특히 중요하게 다루었습니다.

1. **신어를 대폭 수록하였습니다**. '프라임 영한사전' 데이터베이스와 외국의 유수의 영어사전 등을 참조하여 일반적인 어휘로 정착이 된 신어들을 가려 뽑아 수록하였습니다. 특히 시사 용어와 컴퓨터 및 인터넷 관련 신어를 많이 실었습니다.

2. **뜻풀이의 배열을 현실에 맞게 고쳤습니다**. 주요 단어에서 뜻풀이의 순서를 요즈음의 사용 빈도에 맞게 고쳐 배열하였습니다.

3. **어휘의 부가 정보를 강화하였습니다**. 어법, 유의어, 비교, 동음어 등을 쉽고 간결하게 수록해 학습에 참고하도록 하였습니다.

4. **실용성과 편의성을 고려하였습니다**. 중사전 규모의 표제어와 용례를 수록하면서도 휴대하기 쉽고 사용하는 데 불편함이 없도록 애썼습니다.

보다 알찬 내용으로 독자 여러분께 다가가기 위해 오랫동안 고민하고 열과 성을 쏟아부었지만, 아쉬움이 많이 남는 것도 사실입니다. 더 좋은 사전을 만들기 위해 앞으로 배전의 노력을 기울이겠다는 각오를 새롭게 다져 봅니다. 독자 여러분의 지속적인 질책과 성원을 부탁드립니다.

2006년 1월
사서편집국

머 리 말(초판)

고도기술 정보화시대를 맞아 우리의 교육 환경도 무한경쟁 시대로 접어들고 있습니다. 이는 교육을 서비스 산업으로 이해하는 교육의 자유경쟁을 의미하기도 합니다. 멀티미디어의 급속한 발달은 이성적 사고 능력과 감각 영역의 확대로 이성과 감성의 상호 조화에 의한 생활 환경의 변화를 가져왔고 교육적 측면에서는 "원격교육, 재택학습" 같은 새로운 교육 형태를 발전시키는 중요한 역할을 수행하게 되었습니다. 이와 같이 정보통신 테크놀로지를 이용한 지식네트워크에서의 멀티미디어의 사용은 계속적으로 교육 시스템의 형태를 변화시킬 것으로 생각됩니다.

따라서 이 'MATE 영한사전'은 예견되는 교육 환경 및 시스템의 변화에 맞추어 프라임 영한사전(3판)의 database를 이용, 미래적 교수 전략 및 학습 목표 수준의 다양화를 편집 목표로 하여 새롭게 꾸몄습니다. 특히 90년대의 영국·미국·일본의 최신 사서류 및 각종 자료를 수집·분석하여 될 수 있는 한 많은 정보를 선별 수록하되 그 풀이는 쉽고 간결함을 특징으로 하였습니다.

표제어의 선정에 있어 전문적 용어일지라도 필요하다고 생각되는 것은 모두 수록하는 것을 원칙으로 하였고, 특히 90년대에 새로 등장한 각 분야별 신어 약 5,000여어를 선별, 멀티미디어적 정보 사전으로 하였습니다. 말뜻의 풀이에 있어서도 구어(口語), 비어(卑語), 속어(俗語) 등 쓰임새의 미묘한 차이를 구분하여 생활 영어나 실무적 사용에 도움에 되도록 하였습니다.

지난 반세기 동안 가장 좋은 책만을 만들겠다는 사명감 아래 여러분과 함께 자라 온 저희 두산동아는 언제나 여러분의 소리에 귀기울이고 항상 공부하는 자세로 좋은 사전 만들기에 온 힘을 다할 것이며, 다가오는 변화의 시대에서 여러분이 우뚝 설 수 있도록 안내하는 믿음직한 길잡이가 될 것을 다짐합니다.

1996년 6월

사전편찬실

일 러 두 기

I 표제어

구성과 배열 (1) 이 사전에는 영어의 일반적인 말, 파생어, 복합어 이외에 접두사, 접미사, 약어, 상용 외래 어구 및 가장 일반적인 고유명사를 표제어로 수록하였다.

(2) 모든 표제어는 ABC순으로 배열하였으며, 숫자가 포함된 표제어는 그 숫자의 철자의 어순대로 배열하였다.

자체 (3) 볼드(Bold)체 활자. 보기: **a·bate**
영어화되지 못한 외래 어구는 볼드 이탤릭체.
보기: ***ro·sé*** [F]

2어 표제어 (4) 악센트: 발음을 표시하지 않은 2어 표제어는 악센트가 있는 음절의 모음 위에 [ˊ]를 붙여서 표시하였다.
보기: **cáll sìgn**[**sìgnal**]

(5) 외국어와 영어화된 외래어 중에서 악센트 부호 [ˋ], [ˊ], [˜]는 그 말 본래의 것이다.
보기: **à la mode** [F] / **café** [F] / **senõr** [Sp.]

중요도 표시 (6) 사용 빈도와 중요도 등을 고려해 꽃표시를 달았다.

⁑**gold**	3개: 사용 빈도가 높은 필수 중요 단어
⁑**im·pa·tient**	2개: 사용 빈도가 비교적 높은 단어
∗**trac·tor**	1개: 어느 정도 자주 쓰이는 단어
niche	없음: 그리 자주 등장하지 않는 단어

미·영의 철자 구분 (7) 미·영의 철자가 다를 경우에는 미식 철자를 우선하여 다음과 같이 표시하였다.
보기: ⁑**col·or** | **col·our** 즉 《미》는 color로, 《영》은 colour (⇨ 해설 2.2)

(8)파생어·복합어에 대해서는 영식 철자를 일일이 표시하지 않았으며, -ize와 -ise는 원칙적으로 -ize만을 표시하였다.

철자 (9) 동일어로서 철자가 두 가지 이상 있고, 그 어순이 인접해 있을 경우에는 [,]로서 구분하여 병기하는 것을 원칙으로 하고 사용 빈도가 높은 것을 우선하였으며 공통 부분은 음절 단위로 생략하였다.
보기: **draft, draught** / **ep·i·logue, -log**

(10) 동일 철자라도 어원이 다른 것은 어깨 번호 [1, 2]로 구분하여 표제어로 하는 것을 원칙으로 하였다.
보기: ⁑**link**[1] … (사슬의) 고리 // **link**[2] … 횃불

분철 (11) 철자의 분철은 가운뎃 점 [·]로 표시하여 하이픈[-]을 쓰는 복합어와의 구별을 분명히 하였다 (단 발음에 따라 철자의 분철이 다를 경우에는 최초의 것을 따랐으며, 발음 표시가 없는 낱말은 분절 표시를 하지 않았다.)

(12) 표제어의 일부분의 대체는 [ ]를, 생략에는 ( )를 사용하였다.

보기: **jéwel bòx**[**càse**] (jewel box 또는 jewel case)/ **báll-point** (**pén**) (ball-point 또는 ball-point pen)

(13) 표제어와 같은 뜻으로 쓰이는 분리 복합어는 따로 표제어로 다루지 않고 ( ) 속에 작은 표제어로 나타내기도 하였다.

보기: **cairn** 테리어 개의 일종 (= **∠ térrier**)

Ⅱ 발음

기호 (1) 국제 음성 기호를 써서 [ ] 속에 넣어 표시하였다.

악센트 (2) 악센트: 모음 위에 악센트 부호 [´]를 붙여서 제1 악센트를 표시하고 [`]를 붙여서 제2 악센트를 표시하였다.

보기: **a·bound** [əbáund] / **rep·re·sent** [rèprizént]

악세트는 2 음절 이상의 단어에만 표시하였다.

보기: **in** [in, *ə*n | in] / **quack** [kwæk]
med·al [médl]

발음의 병기 (3) 발음이 같고 악센트만이 다를 경우, 각 음절을 대시[–]로 나타내고 악센트 위치의 차이를 표시하였다.

보기: **im·port** *vt.* [impɔ́ː*r*t], ... *n.* [∠–]에 있어서 [∠–]은 =[ímpɔː*r*t]

(4) 품사나 말뜻에 따라 발음이 다를 때에는 해당하는 곳에 각각 발음을 표시해 주었다.

보기: **reb·el** [rébəl] *n.* ... **—** [ribél] *vi.* ...

생략되는 발음 (5) 생략할 수 있는 음: 이탤릭체로 표시하였다.

보기: **min·er·al** [mín*ə*rəl]은 =[mínərəl, mínrəl] / **at·tempt** [ətém*p*t]는 =[ətémpt, ətémt]

미음/영음 (6) 미음과 영음이 다를 경우(⇨ 해설 **1.11**)는 다음의 형식으로 표시하였다.

보기: **aunt** [ænt | ɑːnt]는 =[미 ænt | 영 ɑːnt]

두 가지 이상의 발음 (7) 두 가지 이상의 발음을 병기할 때는 공통 부분은 하이픈을 써서 생략하였다.

보기: **sec·re·tar·y** [sékrətèri | -tri]에서 [-]는 공통 부분 [sékrə]를 나타낸다.

(8) 다음과 같은 경우에는 발음표시의 반복을 피하기 위해 뒤에 합쳐서 표시하였다.

보기: **en·er·get·ic, -i·cal** [èn*ə*rdʒétik(əl)]
=**en·er·get·ic** [èn*ə*rdʒétik], **-i·cal** [-ìkəl]

(9) 복합어에 있어서는 앞의 표제어로 미루어 제1구성 요소와 발음(강세 포함)을 쉽게 알 수 있는 것은 이를 생략하

는 것을 원칙으로 하였다.

보기: **church·go·er** [tʃə́ːrtʃgòuər]

church·go·ing [-gòuiŋ] =[tʃə́ːrtʃgòuiŋ]

(10) 2어 이상의 연어에서는 각각 표제어로 수록되어 있지 않은, 처음 나온 낱말에만 발음을 표시해 주었다.

보기: **Gresh·am's láw[théorem]** [gréʃəm-]

외래어

(11) 외래어의 발음은 비슷한 영어음으로 표시하는 것을 원칙으로 하였다.

Ⅲ 품사

품사의 구분

(1) 한 표제어에 품사가 두 개 이상 있을 경우는 동일 항 속에 —를 써서 설명하였다.

(2) 분리 복합어에는 품사형을 표시하지 않는 것을 원칙으로 하였다. 단 외래어와 외국어의 경우에는 품사를 표시하는 것을 원칙으로 하였다.

보기: ***súrface màil***

bel es·prit [F] *n.*

Ⅳ 어형 변화

명사

불규칙하거나 틀리기 쉬운 변화·철자·발음은 다음과 같이 표시하는 것을 원칙으로 하였다.

(1) 명사의 복수형

보기: ‡**goose** [...] *n.* (*pl.* **geese** [giːs])

‡**deer** [...] *n.* (*pl.* ~, (때로) ~**s**)

a. 자음+o로 끝나는 말의 복수형

보기: ‡**pi·an·o** [...] *n.* (*pl.* ~**s**)

‡**mos·qui·to** [...] *n.* (*pl.* ~(**e**)**s**)

b. 자음+y로 끝나는 말로서 y가 i로 바뀌는 복수형

보기: ‡**cit·y** [...] *n.* (*pl.* **cit·ies**)

‡**re·al·i·ty** [...] *n.* (*pl.* **-ti·es**)

불규칙 동사

(2) 불규칙 동사의 과거·과거분사

보기: ‡**run** [rʌn] *v.* (**ran** [ræn] ; ~ ; ~·**ning**)

‡**cut** [kʌt] *v.* (~ ; ~·**ting**)

‡**be·gin** [bigín] *v.* (**be·gan** [-gǽn] ; **be·gun** [-gʌ́n] ; ~·**ning**)

a. 마지막 자음자를 겹치는 경우

보기: ‡**pin** [sin] *v.* (~**ned** ; ~·**ning**) =**pinned** ; **pin·ning**

‡**trav·el** [trǽvl] *v.* (~**ed** ; ~·**ing** | ~**led** ; ~·**ling**) = 《미》 **trav·eled, trav·el·ing** ; 《영》 **trav·elled, trav·el·ling**

b. 자음+y로 끝나는 말로서 y가 i로 바뀌는 경우
보기: **‡try** […] *v.* (**tried**) / **cer·ti·fy** […] *v.* (**-fied**)

형용사·부사
(3) 형용사·부사의 비교급; 최상급 단음절의 말에는 **-er**; **-est**를 붙이고 2음절 이상의 말에는 **more**; **most**를 붙이는 것을 원칙으로 한다. 이 규칙을 따르지 않는 것, 또는 철자·발음을 주의해야 할 것은 다음과 같이 표시하였다.
보기: **‡good** [gud] *a.* (**bet·ter** [bétər]; **best** [best])
‡love·ly [lʌ́vli] *a.* (**-li·er**; **-li·est**)
‡big [big] *a.* (**~·ger**; **~·gest**) = **big·ger**; **big·gest**
‡se·vere [sivíər] *a.* (**se·ver·er**; **-est**)
‡long[1] [lɔːŋ | lɔŋ] *a.* (**~·er** [lɔ́ːŋgər | lɔ́ŋg-]; **~·est** [lɔ́ːŋgist | lɔ́ŋg-])

V 풀이

어의의 분류
(1) **풀이**가 복잡한 말은 **1, 2, 3** 등의 숫자로 풀이를 크게 나누고 때로는 **a, b, c** 등으로 다시 구분하였다. 성구에서는 (1), (2), (3) 등을 썼다.
(2) 풀이의 앞에 [A~] 등으로 된 것은 그 경우에 있어서는 대문자로, [a~] 등으로 된 것은 소문자로 시작한다는 뜻이다.
보기: **god** 항에서 [**G~**]는 = God.
또 [the ~], [*pl.*] 등으로 된 것은 그 경우 'the ~,' 또는 복수형을 쓴다는 뜻.
(3) 풀이의 보충 설명은 풀이 앞의 ( ) 속에 수록하였으며, 풀이의 설명·해설 등은 풀이 뒤의 《 》 속에 수록하였다.
보기: **fo·li·age** (건축 등의) 잎 무늬 장식
Cai·ro 카이로 《이집트 수도》
(4) [ ] 안에 문법·어법상의 설명을 나타내고, 풀이에서는 〈 〉를 써서 동사의 주어·목적어와 형용사와 연결되는 명사 등의 구문을 구체적으로 표시하였다.
보기: **-tion** *suf.* [상태, 동작, 동작의 결과를 나타내는 명사 어미]
set *v.* 〈물건을〉 **놓다** / 〈해·달이〉 지다 / 〈액체 등이〉 굳어지다
(5) 표제어와 연결되는 전치사·부사는 풀이 뒤에 《*at, in*》 등과 같이 표시하였다.

반의어·참조어
(6) 해당 풀이 뒤에 각각 동의어구를 ( ) 안에 표시하고, 반의어는 (opp. …)로써 그 안에 이탤릭체로 표시하였으며 참조어는 (cf. …)로써 그 안에 소형 대문자로 표시하였다.
(7) 풀이 대신에 ' ='로 다음에 곁들인 영어는 '그 뜻에서는 후자와 마찬가지이니 그것을 보라'는 뜻이다.
보기: (**ghost**의 항에서) **6** 《구어》 = GHOSTWRITER
(8) 명사에 대하여는 고유 명사를 제외하고, 특별히 표시하

가산·불가산 명사

지 않은 것은 ©(=Countable: 가산)라는 전제 하에 Ⓤ(=Uncountable: 불가산)만을 표시하였다. 대체적으로는 Ⓤ인데 어느 풀이만 ©이면 전체를 Ⓤ로 하고 특히 그 풀이에만 ©를 붙였다. [UC]는 대체로 Ⓤ이지만 ©로도 쓰이는 명사이며, [CU]는 대부분 ©이지만 Ⓤ로도 쓰이는 명사라는 뜻이다. 각기 앞에 오는 쪽이 대체로 빈도가 높은 것을 나타낸다. 두 개의 말로 된 표제어의 Ⓤ, © 표시에 대하여는 그 기본인 제2어의 표시에 준하므로 표시를 생략하였다.

한편 Ⓤ, ©의 구별은 절대적인 것은 아니며, 이론적으로는 모든 명사가 Ⓤ, © 그 어느 쪽으로도 쓸 수 있는 가능성을 지니고 있다. 그러나 어의의 이해와 학습상의 효과를 고려한 한 방법으로 Ⓤ, ©를 구별하였으므로 이에 대한 폭넓은 이해가 필요하다.

한정·서술 형용사

(9) 보통 명사·대명사 앞에서 이를 직접 수식하는 한정적 용법(attributive use)으로만 쓰이는 형용사에는 Ⓐ를, 서술적 용법(predicative use)으로만 쓰이는 형용사에는 Ⓟ를 표시하는 것을 원칙으로 하였다.

Ⅵ 성구·용례·어원

성구

성구는 볼드 이탤릭체를 써서 각 품사의 풀이 다음에 표시하는 것을 원칙으로 하였다.

또한 성구 속에 중요어가 둘 이상 있을 경우에는 한쪽에서 다른 쪽을 참고 하도록 하는 것을 원칙으로 하였으나 때로는 한쪽만을 수록한 경우도 있다.

용례

용례는 각 풀이 뒤 [:] 다음에 표시하였다.

어원

어원은 어원학적인 것보다 어의를 이해하는 데에 도움을 주는 어원적인 정보를 제공하는 데에 주안점을 두고 [ ] 안에 가능한 한 우리말로 표시하였다. 또한 외래어의 일부는 그에 대응되는 영어를 표시하기도 하였다.

Ⅶ 파생어·관련어

(1) 주표제어로 수록된 것 이외의 파생어, 즉 표제어에 **-ed, -er, -ly, -ment, -ness, -tion** 등이 붙은 파생어는 그 품사란 맨끝에 수록하였다.

성구가 있는 경우에는 성구 다음에 별행으로 처리하였다.

(2) 발음·분절·악센트의 위치가 표제어와 다른 파생어는 이해하기 쉽게 필요에 따라 전부 써 주거나 일부를 생략하여 악센트나 발음 또는 분절을 표시하였다.

Ⅷ 어법·기타

학습 기본어

어법, 관련어(구), 비교어(구), 용법, 참고 사항 등은《 》속에 제시하였다.

표제어 가운데 우선적으로 배워야 할 기본적인 표제어는 2행에 걸쳐 크게 키워 알아보기 쉽게 하였다.

Ⅸ 부호의 특별 용법

(1) ( )는 생략 가능한 것
⇨「일러두기」의 Ⅰ 표제어 (12).
보기: *a.*, *n.* 급속조의 (악절(樂節)) = *a.* 급속조의; *n.* 급속조의 악절(樂節)

(2) [ ]는 대체 가능한 것
보기: (**aid**의 항에서) ***come*[*go*] *to*** a person***'s*** **~** =***come to*** a person***'s aid*** 또는 ***go to*** a person***'s aid*** …을 원조하러 오다[가다] =…을 원조하러 오다, …을 원조하러 가다 //
(**ac·count**의 항에서) ***make much*[*little, no*] *~ of*** …을 중요시하다[하지 않다]=***make much account of*** …을 중요시하다, ***make little*[*no*] *account of*** …을 중요시하지 않다

(3) ~는 표제어의 대용.
보기: (**a·back**의 항에서) ***be taken ~***은 = ***be taken aback***
(**in·scribe**의 항에서) *~d*는 =*inscribed*
(**look**의 항에서) *~s*는 =*looks*

(4) -는 공통 부분의 생략.
보기: (**a·bom·i·na·ble**의 항에서) **-bly**는 = **a·bomi·na·bly**

(5) 소형 대문자(SMALL CAPITAL)로 표시한 어(구)는 그 어(구)를 참조하라는 뜻.
보기: **ae·ther** = ETHER ⇨「일러두기」의 Ⅴ 풀이 (7) //
(**care**의 항에서) ***have a ~*** =take CARE는 같은 care항의 take care와 같은 뜻이므로 그것을 보라는 뜻이다. 즉, ***take ~*** 조심하다; 처리하다

(6) ⇨ 그 곳을 보라는 뜻이다. 즉 그 곳에 주요한 풀이나 설명이 있음을 나타낸다.

해 설

(A) 발음

1 미음과 영음 이 사전에서 미음(美音)은 미국내에서 지역이 넓고 인구가 다른 지역보다 많은 미국의 중서부 지역의 발음을 말하며 이를 일반 미국어(General American)라고 부른다. 17-18세기의 표준 영음(英音)이 전해 내려온 미음은 상당한 변화를 보여 주고 있는 영음에 비해 변화가 적어 보수적인 성향을 드러내 주고 있다. 한편 이 사전에서의 영음이란 런던을 중심으로 한 잉글랜드 남부에서 교양 있는 사람들이 쓰는 영국의 표준음으로서, 용인음(容認音)(Received Pronunciation)이라고 불린다. 영국 북부의 음은 미음과 유사한 점이 많으며, 교육·문화의 전통으로 보아 미국 동부(New York이나 Boston 등지 포함)에서 사용되는 발음은 영음과 많은 공통점을 지니고 있다. 이 사전에서는 미음과 영음이 다르게 발음되는 경우에는 (|)로 구분하여 왼쪽에 미음, 오른쪽에 영음을 나타냈다. ⟪미음과 영음이 차이는 ⇨ **1.11**⟫

2 유성음과 무성음 발음할 때, 보통 호흡할 때처럼 성대가 넓게 벌어진 채 진동하지 않으면 무성음이, 성대가 좁아져서 진동하면 유성음이 난다. 유성음(보기: [z])을 내면서 두 손으로 양쪽 귀를 막으면 진동을 느낄 수 있는 반면 무성음(보기: [s])에서는 진동이 없다.

3 모음과 자음 목구멍에서 나오는 유성음이 입안 아무데서도 막히지 않고 자유롭게 나오는 것을 모음(홀소리)이라 한다. 소리가 혀나 입술 등으로 잠깐 폐쇄되거나 그 통로가 좁혀져서 마찰하여 나오는 소리를 자음(닿소리)이라고 한다. 발음 기관의 미묘한 움직임에 의하여 생기는 모음·자음의 수는 상당히 많으나 한 나라 말에서 구별하지 않으면 뜻이 혼동되는 모음·자음의 수는 한정되어 있다. 이런 좁은 의미에서 구분되는 영어의 모음과 자음을 다음에 간단히 해설한다.

4 영어의 모음

a. 단순 모음 (단모음과 장모음)

1. [iː] **seat** [siːt]의 장모음 [iː] ([ː]은 장음 부호)는 긴장된 음으로, 대개 우리말의 「이ː」에 해당한다.
2. [i] **sit** [sit]의 단모음 [i]는 우리말의 「이」만큼 혀를 긴장시키지 않고 낮게 하여 다소 「에」에 가깝게 발음한다. 단모음과 장모음은 음량 외에 음질도 다르다.
3. [e] **egg** [eg]의 모음 [e]는 우리말의 「에」와 같은 정도로 입을 벌린다. 미음에서는 입을 더 벌리기 때문에 자세히 표기하자면 **get** [gɛt | get]로 되지만, 이 사전에서는 단순히 [e]를 미·영 공통음으로 사용하였다.
4. [æ] **bat** [bæt]의 [æ]는 「애」와 비슷하나 그보다는 입을 더 벌린다. 미음에서는 약간 길게 발음되는 때도 있다. 또 미음으로는 [æ] (실제로 다소 긴 듯이 발음됨)로 나타내는 **ask** 등의 단어에서는, 영음으로는 [ɑː]로 나타낸다 ⟪⇨ 5⟫.

5. [æ | ɑː] **ask** [æsk | ɑːsk]. 미음에서는 4의 경우처럼 [æ]로 발음되지만 영음에서는 6의경우처럼 [ɑː]로 발음된다. 이것은 철자에서 *a* 다음에 [f, θ, s] 또는 [m *or* n] + 자음이 계속될 때에 볼 수 있다: half, laugh, staff, bath, path, class, gasp, last, example, plant., *etc*.
6. [ɑː] **father** [fɑ́ːðər]의 [ɑː]는 「아」와 같은 정도로 입을 벌리나, 입의 안쪽에서 길게 발음한다.
7. [ɑ | ɔ] **hot**의 모음은 미음에서는 6의 [ɑː] 보다 다소 짧은 [ɑ]가 쓰이고, 영음에서는 입술을 조금 둥글게 하여 발음한 [ɔ]가 쓰인다.
8. [ɔː | ɔ] **long** [lɔːŋ | lɔŋ]. [f, θ, s, ŋ, g]와 [r]+모음 앞에서의 미음에서는 다음 9의 모음이, 영음에서는 위의 7의 모음이 쓰이는 때가 많다: foreign, orange, quarrel, coffee, soft, cloth, Boston, long, song. 《영음으로 [ɔ]로 발음될 때에는 미음에선 [ɑ]로 발음되는 것이 보통이다. 따라서 **hot**는 [hɑt | hɔt]로 된다. 그러나 비교적 소수의 단어에서는 **dog** [dɔːg]처럼, [ɔː]로 발음되기도 해서 **hot coffee**는 [hɑ́t-kɔ́ːfi | hɔ́t-kɔ́fi]로 된다.》
9. [ɔː] **all** [ɔːl]의 장모음은 미음에서는 혀의 위치가 낮고 입술도 그다지 둥글게 하지 않아서 실제로 영음의 [ɔ]와 별 차이가 없으나 영음에서 [ɔ]는 혀의 위치가 높고 입술도 상당히 둥글게 되어 [oː]에 가깝다.
10. [u] **book** [buk]의 [u]는 「우」처럼 입술을 오므려 발음한다.
11. [uː] **boots** [buːts]의 장모음 [uː]는 입술을 더 오므려 긴장된 발음을 한다.
12. [ʌ] **cut** [kʌt]는 미음에서는 혀의 위치가 뒤로 치우쳐서 소리가 다소 높고 [ə]에 가깝게 발음되는 반면 영음에서는 입안의 중간쯤에서, 때로는 더 앞쪽으로 치우쳐서 [ɑ]에 가깝게 발음된다. 따라서 엄밀히 표시하자면 [ʌ | ɑ]처럼 해야 하나 이 사전에서는 종래의 관습에 따라 단순히 [ʌ]로 하였다.
13. [ə] **about** [əbáut], **banana** [bənǽnə | -nɑ́ː-]의 약한 모음. 언제나 약하게 악센트가 없는 음절에서만 쓰이는 애매한 모음이다 《⇨ **1.8 b.**》.
14. [əːr] **bird** [bəːrd], **stir** [stəːr] 등의 모음에서 유일한 예외인 **colonel**[kə́ːrnəl]을 제외하면 모두 철자에 r자가 있다. 미음에서는 [r]을 발음할 때는 혀의 가운데가 올라가는 동시에 혀끝이 경구개 쪽으로 반전하여 (또는 혀 전체가 뒤로 끌려) [ə]를 발음한 느낌의 모음이 된다. 이를 「r의 음색이 붙은 모음」 (*r*-colored vowel)이라 한다. 이것에는 특별한 기호 [ɚː]가 쓰일 때도 있다. 한편 영음에서는 [əː]이다. 따라서 미음과 영음을 자세히 구분하여 쓰면 [ɚː | əː]로 되겠지만, 이 사전에서는 [əːr]을 미음 =[ɚː], 영음 =[əː]의 뜻으로 사용해서 양자를 같은 기호로 표시하였다. 또한 영음에서는 **stir**처럼 [əː]가 어미에 오는 경우, 다음에 소리의 휴지(休止) 없이 모음으로 시작하는 말이 계속될 때에는 [r]이 발음되어 **stir about**[stə́ːrəbáut]로 되는 때가 있다. 이 현상을 「r의 연성(連聲)」(*r*-linking)이라고 하며, 이 r을 「연성 r」(linking *r*)이라고 한다. 다만 이 「연성 r」은 발음하지 않고 [stə́ː-əbáut]로 되는 때도 많다.
15. [ər] **Saturday** [sǽtərdi], **teacher**[tíːtʃər]의 약한 모음. [əːr]보다 약하고 짧은 모음으로, 미음에서는 [ɚ], 영음에서는 [ə]이다. 다만 연성 r이 발음될 때에는 [ər]로 된다.

b. 이중 모음 이중 모음이란 1음절 안에서 A 모음으로부터 출발하여 B 모음으로 향해 이동하는 음이다. 영어의 이중 모음은 출발점이 되는 모음이 강하고 분명하게 발음되며, 끝 모음은 약하고 흐리게 발음된다.

1. [ei] **name**[neim]의 [ei]. 우리말의 「에」 또는 그보다 약간 높은 소리 다음에 가볍게 [i]를 더하여 발음한다.
2. [ou] **boat** [bout]의 [ou]. 미음에서는 우리말의 「오」를 입술을 오므려 「오우」로 발음하면 된다. 그러나 현재의 영음에서는 입술을 오므리고 혀를 가운데로 모아 [əː]와 같은 모음으로 시작되어 [əu]로 발음되는 일이 많다. 이 사전에서는 영음 [əu]는 표시하지 않고 모두 [ou]로만 표시하였다.
3. [ai] **ice** [ais]의 [ai]. 제1음의 [a]는 우리말의 「아」처럼 발음한다.
4. [au] **out** [aut]의 [au]. 제1음의 [a]는 우리말의 「아」, 또는 「ɑ」. 미음에서는 종종 [æu]로도 발음된다.
5. [ɔi] **boy** [bɔi]의 [ɔi]
6. [iə*r*] 미음 [iɚ], 영음 [iə]. 따라서 **beer** [biə*r*] =[biɚ | biə], **stir-pierce** [piə*r*s] =[piɚs | piəs]
7. [εə*r*] 미음 [εɚ], 영음 [εə]. 따라서 **bear** [bεə*r*] = [bεɚ | bεə], **scarce** [skεə*r*s] =[skεɚs | skεəs].
8. [uə*r*] 미음 [uɚ], 영음 [uə]. 따라서 **poor** [puə*r*] = [puɚ | puə], **assure** [əʃúə*r*] = [əʃúɚ | əʃúə]
《이중 모음 [iə*r*], [εə*r*], [uə*r*]의 바로 다음에 모음이 계속될 때, 미음에서는 [r] 앞의 [ə]는 아주 약해지거나 사라지는 반면 영음에서는 [-ər-]로 발음된다. 이 사전에서는 이런 경우에 [iər], [εər], [uər]로 표시하였다: **serious** [síəriəs =미 síriəs, 영 síəriəs], **area**[έəriə =미 έriə, 영 έəriə], **jury**[dʒúəri =미 dʒúri, 영 dʒúəri]. 그러나 이 경우 미음의 [r]은 **1.4 a.** 15 에서 말한 [ər](=[ɚ])와 같은 성질이기 때문에, [미 síriəs =síɚiəs]와 [영 síəriəs]와는 실제로 나는 소리는 그다지 차이가 없다.》
9. [ɑː*r*] 미음에서는 **1.4 a.** 7 의 [ɑː]에 **1.4 a.** 15 의 [*r*]를 가볍게 붙인다. 한편 영음에서는 이중 모음이 아닌 **1.4 a.** 6 의 장모음 [ɑː]가 된다. **bar** [bɑː*r*], **start** [stɑː*r*t] ((종래 메이트 사전의 ɑə*r*가 ɑː*r*로 됨))
10. [ɔː*r* | ɔː] 미음에서는 **1.4 a.** 9의 [ɔː] 뒤에 [*r*]를 붙인다. 한편 영음에서는 [ɔː]가 된다. **door** [dɔː*r*], **course**[kɔː*r*s]
6-10 의 이중 모음은 영음으로 연성 r《⇨ **1.4 a.** 14》이 발음될 때에는 [iə*r*] ⇨ [iər](*here is* [hiər-íz]), [εə*r*] ⇨ [εər](*there are* [ðεər-ɑ́ː*r*]), [uə*r*] ⇨ [uər] (*poor eyes* [púər-áiz]), [ɑː*r*] ⇨ [ɑːr] (*star is* [stɑ́ːr-iz]), [ɔː*r*] ⇨ [ɔːr] (*door is* [dɔ́ːr-iz])로 된다.》
《종래 메이트 사전의 ɔə*r*가 ɔː*r*로 됨》

c. 삼중 모음 같은음절 안에서 A 모음으로부터 출발하여 B 모음을 거쳐 C 모음 쪽으로 이동하면 삼중 모음을 이룬다.
보기: **fire** [faiə*r*], **flour**[flauə*r*]가 1음절로 발음될 경우, [aiə*r*], [auə*r*]는 삼중 모음이다. 그러나 이것들은 [fái-ə*r*], [fláu-ə*r*]처럼 2 음절로 발음하는 때도 많다.

1.5 영어의 자음

a. 폐쇄음[또는 파열음] 구강 내에서 숨의 통로를 일시 폐쇄한 뒤, 갑자기 그 폐쇄를 터뜨려 내는 소리이다.

[p] (*p*ig) 「ㅍ」음 (무성)
[b] (*b*ig) 「ㅂ」음 (유성) } 아래 위의 입술로 폐쇄한다.

[t] (*t*en) 「ㅌ」음 (무성)
[d] (*d*en) 「ㄷ」음 (유성) } 혀끝을 윗니 뿌리에 붙여서 폐쇄한다. 《미음의 모음사이의 [t]에 대하여는 ⇨ **1.11** 8》.

[k] (*c*ome) 「ㅋ」음 (무성)
[g] (*g*um) 「ㄱ」음 (유성) } 후설면(後舌面)을 연구개(軟口蓋)에 붙여서 폐쇄한다.

b. 파찰음(破擦音) 파열음 [t, d]로 시작하지만, 발음 기관을 떼어 놓는 것이 완만하기 때문에 파열음에 대응하는 마찰음이 따르는 것.

[tʃ] (*ch*ain) 「ㅊ」음과 비슷한 자음 (무성).
[dʒ] (*J*ane) 「tʃ」에 대응하는 유성 자음.

c. 마찰음 구강 내의 일정한 곳에서 좁혀진 통로로 숨을 내보낼 때 생기는 마찰의 소리.

[f] (*f*ine) (무성)
[v] (*v*ine) (유성) } 아랫입술과 위 앞니와의 사이에서 내는 마찰음.

[θ] (*th*ink) (무성)
[ð] (*th*is) (유성) } 혀끝과 위 앞니와의 사이에서 내는 마찰음.

[s] (*s*eal) (무성) 「ㅅ」 음
[z] (*z*eal) [s]에 대응하는 유성 자음 } 혀끝과 윗니 뿌리 사이에서 내는 마찰음.

[ʃ] (*sh*ip) (무성) 전(前)설면과 경(硬)구개 앞 부분에서 내는 마찰음. 「ㅅ」음보다도 입술을 둥글게 앞으로 내민다.

[ʒ] (mea*s*ure) [ʃ]에 대응하는 유성 자음.

[h] (*h*ouse) 「ㅎ」음 (무성). 성대를 마찰하여 내는 자음. 구강의 기관은 다음에 오는 모음에 대한 태세를 갖춘다.

d. 비음(鼻音) 구강을 완전히 폐쇄하여 목젖(uvula)을 내려뜨리고 콧구멍으로 소리를 낸다.

[m] (*m*ine, na*m*e) 「ㅁ」음 (유성). 두 입술로 폐쇄한다.

[n] (*n*ine, si*n*) 「ㄴ」음 (유성). 혀끝을 윗잇몸에 대고 폐쇄한다. 어미의 [n]에서는 혀끝이 반드시 잇몸에 붙어 있는 것에 특히 주의해야 한다.

[ŋ] (i*n*k, si*ng*) 「ㅇ」음 (유성). 후설면을 연구개에 붙여서 폐쇄한다.

e. 설측음(舌側音) [l] (*l*ip, be*ll*) (유성). 혀끝을 윗잇몸에 대고 입안의 중앙 통로를 막아, 소리를 혀의 측면으로부터 낸다. 어미 또는 자음 앞에서는 [u]처럼 들린다. 「ㄹ」음은 혀가 잇몸에 닿을 뿐이다.

f. 반모음 모음의 성질을 지니지만 다른 모음 앞에 있어서 그보다 약하게 발음되기 때문에 음절 주음(⇨ **1.7**)으로 되지 않는 소리.

[j] (*y*ou) 뒤에 이어지는 모음보다 혀가 앞으로 높이 쏠린 위치에서 출발하여 곧 다음 모양으로 이동한다.

[w] (*w*ay) 뒤에 이어지는 모음보다 혀가 뒤로 높이 쏠린 위치에서 출발하여 곧 다음 모음으로 이동한다. 대체로 입술을 둥글게 하여 발음하는 자음(유성)이다.

[r] (*r*ain) 혀끝을 경(硬)구개 쪽으로 반전시키고 (또는 혀 전체가 뒤로 끌리어), 입술을 다소 둥글게 하여 [ə*r*]를 발음하는 느낌에서 곧 다음 모음으로 이동한다. 영음에서는 아주 가벼운 마찰음을 동반하는 때도 있다.

1.6 특수 기호

[ç] 우리말의 「히」의 자음 (혀 가운데를 경구개에 접근시켜서 내는 무성 마찰음): Rei*ch* [raiç].

[x] 혀 뒷면을 연구개에 접근시켜서 내는 무성 마찰음. 우리말로는 「흐」로 표기하는 부분: lo*ch* [lɔx].

1.7 음절 음절은 발음상의 한 단위로서 모든 말은 1개 또는 몇 개의 음절로 구성되어 있다. 음절 중에 가장 두드러지게 그 중심이 되는 음을 주음이라 한다. 한 개의 모음, 이중 모음의 제 1 요소는 음절 주음이다(⇨ **1.8 c.**). 영어의 음절에서는 1음절의 모음의 전후에 자음이 1개 내지 서너 개 연결되는 일이 있으므로 1음절에 자음·모음이 섞여 구성되는 경우가 매우 많다.

자음군+모음의 보기: *pr*ess, *sn*ow, *str*ong, *scr*ew, *spr*ing, *spl*ash.

모음+자음군의 보기: le*nd*(*s*)[-nd(z)], te*nse*, a*ct*(*s*), si*lk*(*s*), te*xt*(*s*) [-kst(s)], ma*sk*(*ed*)[-sk(t)], triu*mph*(*ed*)[-mf(t)].

1.8 악센트 2음절 이상의 말에서는 보통 한쪽 음절이 다른 쪽보다 더 힘있게 발음된다. 이것을 그 음절에 악센트(Accent) 또는 강세(Stress)가 있다고 한다. 예컨대 **absent** (*a.*)는 제1 음절에, **ago**는 제2 음절에 악센트가 있다. 이 사전에서는 이것을 **ab·sent**[ǽbsnt], **a·go**[əgóu]처럼 기호 [´]를 음절의 중심을 이루는 모음 위에 붙여서 나타냈다. 그런데 다(多)음절어가 되면 제1 악센트 [´] 이외에 제2 악센트를 표시할 필요가 있을 경우가 많다. 이 사전에서는 제2 악센트는 [`]로 표시하였다.

보기: **internationalize** [ìntərnǽʃənəlàiz]

a. 발음 기호의 생략 앞에 나온 발음의 일부를 생략할 경우 하이픈을 사용하였다.

sam·pling [sǽmpliŋ | sɑ́:m-]

b. 품사의 구분을 표시하는 악센트 영어에서는 다음 보기와 같이 명사·형용사에는 앞의 음절에, 동사에는 뒤의 음절에 악센트가 붙는 일이 많다.

conduct[kɑ́ndʌkt | kɔ́n-] *n.*, [kəndʌ́kt] *v.*

absent [ǽbsənt] *a.*, [æbsént] *v.*

보기: abstract, attribute, concert, contrast, decrease, digest, discount, export, extract, frequent, import, increase, insult, object, perfect, permit, present, produce, progress, protest, rebel, record, subject, survey, torment, transport.

c. 약한 음절 영어에서는 악센트가 있는 음절은 강하고 길게, 악센트가 없는 음절은 약하게 발음하여 강약이 물결의 리듬을 이루어 계속된다. 그 결과, 악센트가 없는 음절에서 모음은 약화되고 종종 그 성질에까지 영향을 받아 악센트 없는 음절에만 나타나는 모음도 있다.

[ə]: **about** [əbáut], **moment** [móumənt], **April** [éiprəl], **lemon** [lémən], **circus** [sə́:rkəs]. 혀가 완만해진 상태에 있을 때에 내는 약하고 모호한 느낌의 모음으로 어두나 어미에서는 약한 「아」처럼 들리지만 말 가운데에서는 「어」에 가깝다. 영음에서는 **China** [tʃáinə], **sofa** [sóufə]처럼 어미에서는 혀의 위치가 더욱 내려가고 입을 크게 벌리는 일이 있다.

[ər] : **butter** [bʌ́tər], **number** [nʌ́mbər], **teacher**[tí:tʃər]. 위의 [ə]에 「r음색이 붙은 모음」이다.

1.9 악센트의 이동 한 낱말 가운데 거의 같은 강도의 음절이 2개 존재할 수 있어서, 이런 것에는 제1악센트가 두 개 붙여져 있다. 예컨대 **tíght-lípped** [táit-lípt] 등. 이와 같이 악센트가 둘인 낱말은 그 자체로서의 발음으로는 악센트가 두 개이지만 문장 중에서는 리듬에 지배되어, She is very *tìght-lípped.* / She is a *tíght-lìpped* person. 처럼 된다. 이것은 영어에서는 악센트가 있는 음절이 일정한 간격을 두고 발음되며 음절의 수에는 구애되지 않는 경향을 가지는 데에 원인이 있다. 또 **대조**에 의하여 *mérit* [mérit] and *démerit* [dí:merit] / *défense* [dí:fens] and *óffense* [ɔ́:fens] 처럼 되는 일도 있다. **afternoon**도 리듬에 따라, *góod* ***àfternóon*** 하고 바로 앞에 악센트가 오면 앞의 음절의 악센트가 약해지고, ***áfternòon*** *téa* 하고 바로 뒤에 악센트가 오면 뒤의 음절의 악센트가 약해진다. 이와 같이 두 악센트가 붙은 단어의 악센트는 이동성이 많은 것이 특징이다.

보기: báckstáge, dównstáirs, éx-président, fírst-cláss, fúll-léngth, hálf-dózen, hígh-spéed, hígh-spírited, hígh-strúng, míddle-áged, óne-éyed, sélf-respéct, wéll-dóne.

1.10 문장의 악센트 문장 가운데 있는 각 낱말에 관하여도 악센트의 강약이 문제된다. 극히 일반적으로 말해서 명확한 뜻과 내용을 지닌 명사·동사·형용사·부사 등(총칭하여 「내용어」)에는 문장의 악센트가 있다. 이에 대하여 전치사·접속사·관사·조동사 등(a, am, an, and, are, as, can, could, do, does, for, from, had, has, have, he, her, him, his, me, must, of, or, shall, should, some, than, that, the, (장소란 뜻이 없는) there, to, us, was, were, will, would, your 등)(총칭하여 「기능어」)에는 일반적으로 문장의 악센트가 없다. 이와 같은 낱말에는 강형([éi], [ǽm] 등)과 약형([ə], [əm, m] 등)이 있으나 사용 빈도는 약형 쪽이 훨씬 많다. I'*m*, you'*ll*, it'*s*, let'*s* 등은 이것이 철자에 나타난 생략형이다. *that*(지시사), *who*(의문사)는 강형을 쓰지만, *that*(관계사·접속사), *who*(관계사)는 약형을 쓰는 것이 보통이다. 이 사전에서는 단음절의 단어는 악센트를 넣지 않는다는 원칙에 따라 이런 단어들에 악센트를 넣지 않았다.

1.11 미음과 영음의 차이 미음과 영음과는 공통된 경우가 훨씬 더 많으므로, 다음에서는 특히 서로 다른 점만을 지적하기로 한다. 세로줄(|)을 경계로 하여 왼쪽에 미음을 나타내고 오른쪽에 영음을 나타냈다.

1. [æ | ɑ:] : **ask**[æsk | ɑ:sk] : ⇨ **1.4 a.** 5.
2. [ɑ | ɔ] : **hot**[hɑt | hɔt] : ⇨ **1.4 a.** 7.
3. [ɔ: | ɔ] : **dog**[dɔ:g | dɔg] : ⇨ **1.4 a.** 8.
4. [*j*u: | ju:] : **duty** [d*j*ú:ti | djú:ti]. 미음에서 [j]를 발음하지 않는 것은 [t, d, n]의 다음일 때가 많다: tune, Tuesday, dew, new, nude.
5. [ə:r], [ər] : **bird** [bə:rd], **stir**[stə:r], **butter** [bʌ́tər]: ⇨ **1.4 a.** 14, 15.
6. [iər, ɛər, uər, ɑ:r, ɔ:r] ; ⇨ **1.4 b.** 6-10.
7. [-ə:r- | -ʌr-] : **current** [kə́:rənt | kʌ́rənt]. 미음에서는 정확하게

말하면 [kə́ːənt], 즉 「r의 음색이 붙은 모음」(⇨ **1.4 a.** 14)의 다음에 다시 모음이 이어지는 것이지만, 이 사전에서는 그와 같은 약속을 지켜서 [kə́ːrənt]와 같이 표기하였다.
보기: hurry, courage, worry, thorough

8. [t]의 변종(變種). 악센트 있는 모음과 없는 모음 사이에 끼인 [t]는 혀끝이 이(齒)에 가볍게 닿을 뿐, 우리말의 「ㄹ」음처럼 발음된다. **water**는 미음에서는 [wɔ́ːtər, wɑ́tər]이므로 「워러」 또는 「와러」처럼 들리기도 한다.
9. *wh*-의 단어: **when** [*h*wen, *h*wən | wen, wən]. 미음에서는 [hwen 또는 wen], 영음에서는 [wen]이 보통이지만, 이런 경우에는 [*h*wen]으로 표기하였다.
10. 악센트에서 일반적으로 미음은 영음보다도 제2악센트를 잘 보존하고 있다. 이것은 *-ary*, *-ery*, *-ory*의 낱말에 가장 많다.
secretary [sékrətèri | -tri], **dormitary**[dɔ́ːrmətɔ̀ːri | -mitri], **stationery** [stéiʃənèri | -ʃənəri], **testimony** [téstəmòuni | -məni], **strawberry**[strɔ́ːbèri, -bəri | -bəri], **consequence** [kɑ́nsəkwèns | kɔ́nsikwəns].
11. 그리고 **z** [ziː | zed], **vase** [veis | vɑːz], **schedule** [skédʒuːl | ʃédjuːl]과 같은 특정 낱말에 있어서의 차이는 지면의 제약 등으로 여기에 일일이 예거하지 않는다.

이상은 미·영의 발음의 차이 가운데서 주요한 것을 약설한 것이지만, 미음으로 예거한 것이 영음의 변종으로도 쓰이고, 영음으로 예거한 것이 미음의 변종으로도 흔히 쓰인다는 사실도 기억할 필요가 있다.

(B) 철자

2.1 문자와 발음 영어에서 사용하는 문자는 로마자로 a에서 z까지의 26자이다. 이것을 영어의 alphabet라 한다. 각 문자에는 소문자(small letter)와 대문자(CAPITAL LETTER)의 구별이 있다. 서체에는 로만체(Roman type) 외에 이탤릭체[사체] (*Italic type*), 필기체(Script type)라든가 볼드체(**Bold type**) 등도 있다. 영어의 모든 단어는 이 26자로 구성되는데, 그 중 a, e, i, o, u(때로는 y, w도)는 모음자로, 그 밖의 것은 자음자로 쓰이는 것이 원칙이다. 영어에는 모음과 자음의 결합 방식이 40가지 이상이나 되는 데다가, 역사적인 철자법이 보존되어 있어서, 철자와 발음과의 관계는 복잡하지만, 예외는 별도로 하고 원칙적인 관계를 p.19에 **일람표**로 간추려 놓았다. 일반적으로, (1) **하나의 모음자를 단모음으로 하여** 발음하는 것은, 어미의 자음자의 앞(보기: man, bed, sit, top, bus), 2개의 자음자의 앞(보기: apple, letter, signal, pond, public) 등이다. (2) **하나의 모음자를 장모음[이중 모음]으로** 발음하는 것은, 어미 또는 그 밖의 모음의 앞 (보기: we, no, lion), 「1자음자+묵음의 -e」의 앞(보기: make, eve, like, tone, tune), 「1자음자+ -le, -er」의 앞(보기: table, idle, meter, fiber) 등이다. (3) **이중의 동일 자음자는 하나의 자음과 마찬가지로** 발음하나, 다만 그 앞의 모음은 단모음 [æ, e, i, ɔ, ɑ, ʌ, u]이 된다. 분철에는 자음자를 하나씩 앞뒤의 음절에 나누어 붙인다. 보기는 뒤의 일람표(철자와 발음의 관계)의 (1) 참조. (4) **모음자에 r이 계속되면** 발음이 변한다. 일람표의 (1)과 (2), (3)과 (4), (5)와 (6)의 보기를 좌우로 비교해 보기 바란다.

2.2 미·영 철자의 차이 미·영에서 철자의 관용을 달리하는 것이 있지만, 미국에서 교양인들이 일반적으로 사용하는 철자는 영국의 철자와 별다른 차이가 없고 주요한 차이는 몇 가지에 지나지 않는다. 그러나 그 중에 아주 흔히 쓰이는 말이 많이 포함되어 있어서 두드러지게 눈에 뜨이게 된다. 미국식 철자는 대부분 Noah Webster(1758-1843)의 견해에 따른 것으로, 그는 그것을 어원·발음에 충실하며 배우기가 쉽고 합리적인 것이라고 주장했다. 그의 견해도 비평의 여지가 없는 것은 아니지만, 어쨌든 간명한 철자법이라고 환영을 받아, 그의 spelling book과 사전이 널리 퍼져 마침내 표준적인 미국식 철자로 되었다. 다음에, 미국식 철자와 영국식 철자를 차이가 가장 두드러진 것부터 차례로 비교해 보자.

a. 《미》 **-or,** 《영》 **-our**: color, colour.
보기 : ardo(u)r; armo(u)r; behavio(u)r; cando(u)r; en dea vo(u)r; favo(u)r; flavo(u)r; harbo(u)r; hono(u)r; humo(u)r; labo(u)r; neighbo(u)r; odo(u)r; parlo(u)r; rumo(u)r; vapo(u)r; vigo(u)r; succo(u)r; savio(u)r. 《(1) 《미》 arbor, Arbor Day, 《영》 arbour(정자), arbor(축(軸)). (2) 《미》에서도 Saviour (=Christ), glamour의 두 낱말은 **-our**가 보통이지만 Savior, glamor로도 쓰인다. (3) 활용어미 -ed, -ing, -s나 접미사 -able, -er, -ite, -ful, -less가 붙는 경우도 마찬가지로 《미》 **-or-,** 《영》 **-our**: colored, coloured; armoring, armouring; favorite, favourite; colorful, colourful; colorless, colourless; neighborhood, neighbourhood. (4) 다만 접미사 -ous, -ation, -ific, -ize, -ist가 붙는 경우는 《미·영》 공통으로 **-or-**: humorous, vaporous, coloration, colorific, vaporize, humorist》

b. 《미》 **-er,** 《영》 **-re**: center centering, centre centring.
보기 : accouter, accoutre; caliber, calibre; fiber, fibre; liter, litre; meter, metre; theater, theatre. 《(1) thermometer와 같은 복합어에서는 공통으로 -meter. (2) **c**의 다음에서는 **c**를 [k]로 읽도록 하고, 공통으로 **-cre**: acre, lucre, massacre, mediocre, *etc.* (3) **ch**를 [k]로 읽게 하고, **g**를 [g]로 읽도록 **-chre**, **-gre**는 《미·영》 공통: euchre, ogre; ocher, ochre와 같은 예도 있다.》

c. 《미》 **-l-,** 《영》 **-ll-**: tráveled tráveling tráveler, trávelled trávelling tráveller; crúeler crúelest, crúeller crúellest.
보기 : appárel; cáncel; cárol; cávil; chísel; cóunsel; équal; lével; jéweler, jéweller; jéwelry, jéwellery. 《párallel(l)ed, páralleled; tranquíl(l)ity, tranquíllity》

d. 《미》 **-ll-,** 《영》 **-l-**: appáll(ing), appál appálling; distíll(ed), distíl(led); enthrál(l) enthrállment, enthrál(l) enthrálment; enróll(ment), enról(ment); fulfíll(ed) fulfíl(led), fulfíl(led); instíll(er), instíl(ler); thráll(dom), thráll thráldom; skíllful, skílful; wíllful, wílful.

e. 《미》 **-se,** 《영》 **-ce**: defense, defence.
보기 : license, licence (*n.*); offense, offence; pretense, pretence.

《defensive, offensive, expense, suspense는 《미·영》 공통》

f. 《미》 **-ection,** 《영》 **-ection, -exion**:
보기: deflection, deflexion; inflection, inflexion; reflection, reflexion.

g. 《미》 **-ol-,** 《영》 **-oul-**: mold, mould.
보기: mo(u)lt; smo(u)lder.

h. 《미》 **-e-, -ae-,** 《영》 **-ae-, æ**: Encyclopedia Americana, Encyclopædia Britannica.
보기: anemia anaemia, anaemia; hemoglobin hemorrhage haemo-, haemo-; medieval, medi(a)eval.

i. 《미》 **-e-, -oe-** 《영》 **-oe-, œ**: am(o)eba, amoeba; maneuver, manoeuvre; ph(o)enix, phoenix. 《그리스어·라틴어에서 온 말에서 **ae(æ), oe**를 **e**로 간소화하는 경향이 《미》 에서는 뚜렷하지만, 고전의 고유명사와 그 파생어(보기: Caesar, Aeschylus [éskələs | íːs-], Ægean)나 전문 학명(보기: archaeology) 등에서는 종종 《미·영》 공통으로 **ae**를 보존하고 있다》

j. 《미》 **-ize,** 《영》 **-ze, -ise**: realize -ization, realize -ise -ization -isation.
보기: colonize, -ize -ise, *etc.*; analyze, analyse. 《chastise, exorcise, surprise 등은 《미·영》 공통》

k. 《미》 단자음자, 《영》 중자음자: fagot, faggot; wagon, waggon; idyl, idyll; woolen, woollen; kidnap(ed), kidnap(ped); worship(ed) worship(er), worship(ped) worship(per).

l. 《미》 에서는 발음에 영향을 주지 않는 어미는 생략한다. gram, gramme; program, programme; catalog(ue), catalogue; annex, annex(e); ax, axe; ay(e), aye; good-by(e), goodbye; story(층(層)), stor(e)y.

m. 개개의 낱말: check, cheque; draft(도안), draught draft; jail, gaol jail; ga(u)ntlet, gauntlet; gray, grey; peddler, pedlar; plow(man), plough(man); curb, kerb; Gypsy, Gipsy; pajamas, pyjamas; skeptic, sceptic; tire, tyre, tire.

철자와 발음의 관계

(1) 단모음

a =[æ] : *bat*, *ap·ple* [ǽpl]
e =[e] : *hen*, *less*, *mer·ry* [méri]
i, y =[i] : *sit*, *hymn*, *bit·ter* [bítər]
o =[ɑ | ɔ] : *hot*, *doll*, *dol·lar* [dɑ́lər | dɔ́l-]
u =[ʌ] : *cut*, *but·ter* [bʌ́tər]
oo =[u] : *book*

(2) 1 모음자+r

ar =[ɑːr] : *car*, *card*
er =[əːr] : *her*, *herd*
ir =[əːr] : *sir*, *bird*
or =[ɔːr] : *for*, *north*
ur =[əːr] : *fur*, *burn*

(3) 장모음, 이중 모음

a, ai, ay =[ei] : *case*, *fail*, *say*
a =[æ | ɑː] : *ask*, *past*, *plant*
e, ee, ea, ie =[iː] : *we*, *eve*, *see*, *sea*, *field*
i, y =[ai] : *fine*, *cry*
o, oa =[ou] : *stone*, *coat*
u, eu, ew =[juː] : *cue*, *use*, *feud*, *few*
ah =[ɑː] : *bah*
au, aw =[ɔː] : *sauce*, *saw*
oo [uː] : *too*, *moon*
ou, ow =[au] : *sound*, *cow*
oi, oy =[ɔi] : *oil*, *boy*

(4) 1 모음자+re 2 모음자+r

are, air =[ɛər] : *care*, *fair*
ere, eer, ear, ier =[iər] : *here*, *beer*, *hear*, *pier*
ire =[aiər] : *fire*
ore =[ɔːr] : *store*
ure =[juər] : *cure*
oor =[uər] : *poor*
our =[auər] : *sour*

(5) 악센트가 없는 음절의 모음자

a, e, o, u =[ə] : *a·gó*, *sí·lent*, *lém·on*, *cír·cus*
i, y, e =[i] : *pít·i·ful*, *cít·y*, *be·gín*

(6) 악센트가 없는 음절의 모음자+r

ar, er, o(u)r, ur =[ər] : *bég·gar*, *bét·ter*, *ác·tor*, *cól·o(u)r*, *múr·mur*

(7) 어미의 e

원칙적으로 발음되지 않지만, 때로는 모음을 장모음 또는 이중 모음으로 하거나, *c*, *g*, *th*를 [s, dʒ, ð]로 발음하게 하는 역할을 함 : *note* [nout], *ace* [eis], *age* [eidʒ], *bathe* [beið]

(8) 자 음

b =[b] : *big*
c =[k] : *cut*, *cry*
c(*e*, *i*, *y* 앞)=[s] : *ice*, *city*, *icy*
ch =[tʃ] : *child*
ck =[k] : *dock*
d =[d] : *dog*
dg =[dʒ] : *edge*
f =[f] : *five*
g =[g] : *go*
g (*e*, *i*, *y* 앞) =[dʒ] : *gem*, *giant*, *gypsy*
h =[h] : *hat*
j =[dʒ] : *jam*
k =[k] : *king*
l =[l] : *little*
m =[m] : *moon*
n =[n] : *noon*
n (*k*, *c*[k], *q*, *x* 앞) =[ŋ] : *tank*, *uncle*, *banquet*, *sphinx*
ng =[ŋ] : *king*
p =[p] : *pipe*
ph =[f] : *photo*
qu =[kw] : *queen*
r (모음 앞) =[r] : *red*
s =[s] : *seven*
sh =[ʃ] : *shut*
si, su =[ʒ] : *vision*, *pleasure*
tch =[tʃ] : *match*
th =[θ] : *think*, *nothing*
th =[ð] : *they*, *father*
v =[v] : *five*
w (모음앞) =[w] : *way*
wh =[hw] : *when*
x =[ks] : *box*
y (모음앞) =[j] : *yes*
z =[z] : *zero*

(C) 문형

I 동사형

동사형 1 : ⟪~⟫

동사형 **1**은 동사형 **2** 및 동사형 **6,7** 이외의 완전자동사로 나타낸다.
보기: Birds *fly.* / He *died.* / Day *dawns.* / The rain *lasted* all day.

동사형 2 : ⟪~+부사⟫

이 경우의 **부사**는 동사와 밀접하게 결합되는 in, out, on, off, down, up, about, across, around, along, over, through, by, past, under 등의 부사적 소사(小詞)(Adverbial Particle)나 일정한 자동사에 관용적으로 붙어 그 뜻을 명료하게 하는 소수의 부사를 가리킨다.

보기: He *came back.* / Prices are *going up.* / He *went away.* / The book *fell off.* / His book is *selling well.* / She'll soon *be here.*

동사형 3 : ⟪~+보어⟫

보어란 주격보어를 말하며, 쓰이는 동사는 불완전자동사다. 주격보어에는 명사·형용사 그리고 그 상당어구가 온다. 이 형에 쓰이는 주요한 동사에는 다음과 같은 것들이 있다: be, seem, look, appear, feel, smell, taste, keep, remain, sound, become, get, grow, turn, come, go, fall, run.

보기: This *is* my car. / He *looks* happy. / I *feel* unwell. / His dreams have *come* true.

동사형 4 : ⟪~+to be 보어⟫ ⟪~+(to be) 보어⟫

이 형은 자동사에 ① 반드시 to be가 따르는 것 ② to be를 생략할 수 있는 것의 두 가지로 이루어진다. 서술형용사인 afraid, asleep, awake 등은 to be를 생략할 수 없으므로 ①의 형을 취한다. 이 형에 쓰이는 주요한 동사는 seem, appear, happen, chance, prove, turn out 등이다.

보기: ① He *seems to be* asleep[awake]. / I *happened*[*chanced*] *to be* out when she called. ② He *seems* (*to be*) angry. / The report *proved* (*to be*) false.

동사형 5 : ⟪~+as 보어⟫

「**as 보어**」란 as로 이끌리는 일종의 주격보어로서, as 다음에는 자격·지위·직능·역할 등을 나타내는 명사가 온다.

보기: Mr. Brown *acted as* chairman. / He *died as* president. / This noun *functions as* complement.

동사형 6 : ⟪~+전치사+명사⟫

자동사가 그 다음에 전치사와 그 목적어인 명사 또는 명사 상당어구를 수반할 때의 동사형이다. **전치사+명사**는 ① 장소를 나타내는 부사구일 때 ② 자동사와 밀접히 결합하여 관용구를 이루며, 동사에 따라 쓰이는 전치사가 일정한 것이 있다. ②의 경우 자동사와 전치사의 결합이 거의 타동사에 가까운 것도 있다.

보기: ① He *looked out of* the window. / They *sat on* the sofa. ② The house *belongs to* her. / Please don't *wait for* me.

동사형 7 : ⟪~+전치사+명사+to do⟫

6 의 ⟪~+**전치사+명사**⟫에 to 부정사가 딸린 것이므로 엄밀히 말하면 **6** 의 일종이다. 「명사+부정사」 전체가 전치사의 목적이 되는 것이 많고, 명사는 부정사의 의미상의 주어가 된다.

보기: I am *waiting for* him *to* arrive. /They have *arranged for* a taxi *to* meet you at the airport. /We are *counting on* you *to* help.

동사형 8 : ⟪~+done⟫

과거분사를 보어로 취하는 형으로서 **3** 의 ⟪~+**보어**⟫의 일종이다. "*done*"은 주격보어에 상당한다.

보기: He *remained undisturbed*. / I wish the lid would *stay put*. / He *stood amazed*. / The knot *came untied*.

동사형 9 : ⟪~+목적어⟫

이 문형의 동사는 완전타동사로 목적어 이외의 다른 요소는 필요치 않다.

보기: I *love* her. / He *sells* flowers. / Please *describe* what you saw.

동사형 10 : ⟪~+목적어+부사⟫

이 형은 **2**의 ⟪~+**부사**⟫에 대응되는 것으로서 그 타동사형이라고 할 수 있다. 목적어가 명사인 경우, 부사적 소사는 목적어에 선행되는 동사의 바로 뒤에 놓이기도 하는데 이것은 목적어가 긴 경우도 마찬가지이다. 목적어가 인칭대명사인 경우는, 부사는 반드시 목적어의 뒤에 놓인다.

보기: Don't *throw* them *away*. / He *put on* his hat. / *Bring in* those chairs that are in the garden. / I *took* her *home*.

동사형 11 : ⟪~+-ing⟫

이 동사형은 ① 자동사 다음에 놓여 일종의 보어 역할을 하는 현재분사 ② 타동사의 목적어인 동명사로 나눌 수 있다. ①은 동사형 **8** ⟪~+**done**⟫과 같은 종류의 것인데, 이 경우의 자동사는 반드시 불완전자동사로 한정되지 않으며, 뒤의 현재분사는「…하면서」,「…하여」의 뜻으로서 동사와 동시적인 동작을 나타내기도 한다. ②의 타동사 중에는 목적어로서 동명사 외에 to 부정사를 취하는 수도 있다(이 경우는 동사형 **12** 가 된다).

보기: ① He *stood* listen*ing* to the music. / He *came* run*ning* to meet us. ②We *stopped* walk*ing*. / He *likes* swim*ming* in summer. / We must *prevent* their com*ing*.

동사형 12 : 《~+**to** do》

이 동사형에는 ① 동사가 자동사로서 to 부정사가 그 보어 또는 부사적 수식어가 되는 것 ② 동사가 타동사로서 to 부정사가 목적어가 되는 것이 있다. ①의 부정사는 목적·결과 등 외에 여러 가지 의미 관계를 나타낸다.

보기: ① His ambition *is to* become a doctor. / We *happened to* meet on the street. / She *came to* see you. ② He *wants to* see you. / Tom *forgot to* post the letter.

동사형 13 : 《~+목적어+ **to** do》

이 형은 목적어 및 목적격보어로서 to 부정사를 수반한다. 동사가 사고·판단 등을 나타내고, 목적어와 to 부정사가 의미상의 주어와 술어의 관계에 있는 것은, to 부정사가 to be가 되는 것이 많다.

보기: I *told* him *to* shut the door. / He doesn't *want* his son *to* become an artist. / We cannot *allow* the boy *to* play baseball here.

동사형 14 : 《~+목적어+보어》

이 형의 동사는 주로 불완전타동사로서 목적격보어를 수반한다. 목적격보어에는 명사 또는 명사 상당어구, 형용사 또는 형용사 상당어구가 쓰이며 동사가 나타내는 동작의 결과나 동사적인 상태 등을 나타낸다.

보기: They *elected* him president. / He *pushed* the door open. / I *found* the chair quite comfortable.

동사형 15 : 《~+목적어+**as** 보어》

이 형은 목적격보어가 as로 이끌리는 어구의 경우인데, as 뒤에는 명사 또는 명사 상당어구, 형용사 또는 형용사 상당어구가 온다.

보기: Don't *treat* him *as* a child. / They *elected* him *as* chairman. / She *described* him *as* really clever.

동사형 16 : 《~+목적어+**to be** 보어》 《~+목적어+(**to be**) 보어》

부정사가 to be인 것을 제외하면 동사형 **13**과 같다. 동사는 생각·판단 등을 나타내며, 목적어와 to be **보어**는 의미상의 주어와 술어의 관계에 있다. 동사에 따라서는 to be를 생략할 수도 있다. to be를 생략할 경우는 동사형 **14**와 같아진다. 구어에서는 동사형 **16** 대신에 **20**이 많이 쓰인다.

보기: They *felt* the plan *to be* unwise. / We *know* him *to* have *been* a spy. / We *think* him (*to be*) a good teacher.

동사형 17 : 《~+목적어+**do**》

do는 원형부정사를 나타낸다. 이 형으로 쓰이는 동사는 ① 지각동사 ② 사역동사가 있으며, 원형부정사는 이들 동사의 목적격보어이다. 동사형 **17**에 쓰이는 주요한 동사는 ① see, hear, feel, watch, observe, notice ② make, let, bid, have 등이 있다. 미국에서는 help도 쓰인다.

보기: ① I *saw* the boy *cross* the street. / She *felt* her heart *beat* wildly. ② What *makes* you *think* so? / I will *have* you *believe* that. / I'll *let* you *know* it.

동사형 18 : 《~+목적어+-ing》

-ing는 현재분사이며, 목적격보어이다. 동사형 **17**의 ①과 공통된 것 외에, smell, find, catch, keep, leave, have, set, start 등이 쓰인다. 또한 이 형의 -ing에는 동명사로서 목적격의 명사나 인칭대명사 이외의 대명사를 의미상의 주어로 하는 용법도 있다. 이 형에 쓰이는 주요한 동사는 like, hate, mind, imagine, fancy, remember, understand 등이다.

보기: I *saw* the man run*ning* away. / I *heard* them laugh*ing*. / I can *smell* something burn*ing*. / I can't *understand* him behav*ing* like that.

동사형 19 : 《~+목적어+done》

done은 과거분사를 나타낸다. 이 문형의 과거분사는 목적격보어로 쓰이며, 일반적으로 목적어와는 수동의 관계가 성립된다. 자주 쓰이는 주된 동사는 feel, hear, see, find, like, make, want, wish, get, have 등이다.

보기: I *heard* my name *called*. / He couldn't *make* himself *understood*. / She *had* her purse *stolen*.

동사형 20 : 《~+that절》 《~+(that)절》

that절은 접속사 that에 이끌리는 명사절로서, ① 타동사의 목적어가 되는 것 ② 《~+**전치사**+**명사**》의 형으로 쓰이는 자동사 중의 어떤 것은 전치사 없이 직접 that절을 수반하는 것 ③ it seems [appears] that ... 또는 it happened[chanced] that ... 등의 형식이 있다. 구어에서는 think, suppose, hope, wish, say 등의 동사 뒤에서 that을 생략하는 수가 많다.

보기: ① I *think* (*that*) he is an honest man. ② I *insisted that* he was quite innocent.(cf. I *insisted on* his innocence.) / She *complained that* it was too hot.(cf. She *complained of* the heat.) ③ It *seems that* he is fond of sweets. / It (so) *happened that* I was out when he called.

동사형 21 : 《~+목적어+that절》

이 동사형의 ① **목적어**는 간접목적어이며, that**절**이 직접목적어에 해당하는 것 ② that**절**이 동사형 **28** 《~+**목적어**+**전치사**+**명사**》의 **전치사**+**명사**에 해당하는 것의 두 가지가 있다. 이 형에 쓰이는 주요한 동사에는 ① tell, show, teach, promise ② assure, convince, inform, remind, satisfy, warn 등이 있다.

보기: ① I *told* him *that* he was mistaken. / She *promised* me *that* she would be here at ten o'clock. ② They *warned* us *that* the roads were icy. (cf. They *warned* us *of* the icy roads.) / They *informed* us *that* they were not coming. (cf. They *informed* us *of* their not coming.)

동사형 22 : 《~+**wh. to** do》

wh.는 주로 wh.로 시작되는 의문대명사와 의문부사(how를 포함) 및 종속접속사의 whether를 가리킨다. 단 이 형에서는 why가 쓰이지 않는다. 이 형에서 *wh.+to* do는 명사구를 이루어 동사의 목적어가 된다.

보기: We could not *decide what to* do. / I don't *know how to* swim.

동사형 23 : 《~+**목적어**+**wh. to** do》

동사형 **22**의 wh. to do 앞에 **목적어**가 놓인 형으로서, 이것이 주로 간접목적어, wh. to do가 직접목적어가 된다. 이 형에 쓰이는 주요한 동사는 동사형 **25**와 공통이며, 원래 동사형 **28**《~+**목적어**+**전치사**+**명사**》에서 쓰이는 동사도 이에 포함되어, advise, ask, inform, show, tell 등이다.

보기: *Ask* him *what to* do next. / The policeman *showed* me *how to* get there. / Please *inform* me *where to* get them.

동사형 24 : 《~+**wh.절**》

wh.절은 타동사의 목적어가 되며, wh.-words에는 동사형 **22**에서 쓰이는 낱말 외에 의문부사 why와 종속접속사인 if(=whether)가 포함된다 (단, 관계대명사로서의 what은 포함 안된다. 그것은 동사형 **9**).

보기: He *asked why* I was late. / I *wonder if*[*whether*] he will come. / Do you *know where* he lives?

동사형 25 : 《~+**목적어**+**wh.절**》

동사형 **23**의 wh. to do 대신에 **wh.절**이 쓰인다는 것 외에는 동사형 **23**과 같다. 주로 **목적어**는 간접목적어, wh.**절**은 직접목적어에 상당한다.

보기: *Tell* me *what* it is. / *Ask* him *where* he lives. / Please *inform* me *how* long you are going to stay here.

동사형 26 : 《~+**목적어**+**목적어**》

앞의 **목적어**는 간접목적어, 뒤의 **목적어**는 직접목적어인데, 간접목적어는 주로 사람을 나타내고, 직접목적어는 주로 물건을 나타낸다. 간접목적어가 강조될 때나, 또는 문장이 긴 경우에는 문장의 균형상 직접목적어가 앞에 오고 간접목적어는 to 또는 for 뒤에 놓여 동사형 **28**이 된다. 수동태는 어떤 쪽 목적어도 주어가 될 수 있지만 어느 한쪽만이 허용되는 것도 있다.

보기: I *gave* him some money. / He *told* us a story. / I *bought* her a new dress. / She *poured* me a cup of coffee.

동사형 27 : 《~+**목적어**+**부사**+**목적어**》

앞의 **목적어**는 간접목적어, 뒤의 **목적어**는 직접목적어이다. 이 형에서 부사 또는 부사적 소사는 동사와 의미상 밀접히 관련되어 하나의 관용적인 구를 이루며, 간접목적어로서의 명사·대명사는 그 사이에 놓인다. 이 때 직접목적어의 위치는 언제나 부사 뒤이다. 직접목적어의 위치를 앞으로 옮기면 《~+**직접목적어**+**부사**+**전치사**+**명사**》 또는 《~+**부사**+**직접목적어**+**전치**

사+명사)의 형이 된다. 《**~+목적어+목적어+부사**》 또는 《**~+부사+목적어+목적어**》로는 쓰지 않으며 전치사는 동사에 따라 to 나 for가 쓰인다.

보기: Please *bring* me *back* those books. (=Please *bring back* those books to me.) / He *made* me *up* a parcel of books. (=He *made up* a parcel of books for me.)

동사형 28 : 《**~+목적어+전치사+명사**》

이 동사형에는 ① **전치사+명사**가 의미상 동사와 밀접히 관련되어 관용적으로 쓰이며, 동사에 따라서는 결합되는 전치사가 언제나 일정한 것 ② 전치사는 주로 to 또는 for에 한정되며, **명사**는 동사형 **26** 《**~+목적어+목적어**》의 간접목적어에 상당하는 것 ③ **전치사+명사**가 장소·방향·기간 등의 뜻을 나타내는 부사구의 구실을 하는 것이 포함된다. ②에 쓰이는 동사는 동사형 **26**과 같다. 전치사 for를 취하는 동사는 buy, choose, get, save, make, grow, find, do, cook, leave, order, play, reach, prepare 등이다.

보기: ① We *congratulated* her *on* her success. / I *explained* the difficulty *to* my wife. ② He *sold* his old car *to* one of his friends. / She *made* a beautiful doll *for* her daughter. ③ Don't *stick* your head *out of* the car window. / He *took* his son *to* the beach.

동사형 29 : 《**~+전치사+명사+that절**》

that**절**은 동사의 직접목적어, **전치사+명사**는 간접목적어에 상당한다. 동사형 **21**과 달리 간접목적어는 반드시 **전치사+명사**로 나타낸다. **전치사+명사**는 동사의 바로 뒤, that**절**의 앞에 놓이며 전치사는 to가 쓰인다. 이 형에 쓰이는 주요한 동사에는 admit, complain, confess, explain, remark, say, suggest 등이 있다. 그리고 간접화법의 전달동사로서는 보통 *say to* a person *that* ... 보다도 *tell* a person *that* ... 쪽을 쓴다.

보기: He *explained to* us *that* he had been delayed by the weather. / She *suggested to* Tom and Alice *that* they go to Spain for their holidays.

Ⅱ 명사형

명사형 1 : 《~+**to** do》

구조상으로는 to 부정사가 명사에 형용사적으로 부가되는 것이지만, 의미상 ① 동사와 파생 관계에 있는 명사에 부가되어 그 동사의 뜻에 대하여 목적어 또는 부사적 한정어의 관계에 있는 것 ② 형용사(또는 형용사적 분사)와 파생 관계에 있는 명사에 부가되어, 그 뜻에 대하여 부사적 한정어의 관계에 있는 것 ③ 의향·권능·수단·시기·이유 등을 뜻하는 명사에 부가되어, 그 뜻을 규정하는 것이 있다. 명사형 **1**로 쓰이는 주요한 명사는 각각 ① attempt, desire, need, order, promise, agreement, decision, failure, intention, *etc.* ② ability, anxiety, capability, willingness, boldness, impudence, *etc.* ③ effort, power, right, chance, time, reason, *etc.*

보기: ① His *intention to* study English was satisfactory to us. (cf. He *intended to* study English. (동사형 **12**)) ② He has the *ability to* make a big plan.(cf. He is *able to* make a big plan. (형용사형 **1**)) ③ I have a *right to* demand an explanation.

명사형 2 : 《~+전치사+-ing》

「전치사+동명사」가 앞의 명사에 대하여, 내용이나 대상을 서술하는 형용사구를 이룬다. 명사로는 ① 명사형 **1**에 쓰이는 명사와 공통되는 것 (attempt, desire, intention, power, right, reason, *etc.*) ② 명사형 **1**에 쓰이는 명사와 다른 것이 있는데, 후자가 그 수도 많고 광범위하다.

보기: ① I have no *intention of* ignor*ing* your rights. ② I have the *pleasure of* speak*ing* to you. / John takes great *delight in* teas*ing* his little sister.(cf. John *delights in* teas*ing* his little sister. (동사형 **6**))

명사형 3 : 《~+that절》

that절이 명사에 이어서 내용을 서술하는 동격절을 이루거나 그 명사에 포함되는 동사적 뜻의 대상을 서술한다. 이 형에 쓰이는 명사에는 ① 명사형 **2**로 쓰이는 명사와 공통되는 것(chance, doubt, hope, possibility, reason, thought, *etc.*) ② 사실·보도·언설·사고·속담 등을 뜻하는 것 (certainty, fact, idea, proverb, suggestion, *etc.*)이 있다.

보기: ① There can be no *doubt that* he is the best man for the position. (cf. There can be no *doubt about* his be*ing* the best man for the position. (명사형 **2**)) ② The *idea that* you should help her did not please me.

명사형 4 : 《~+(전치사+) wh.절·구 》

명사 다음에 의문의 내용 또는 부정(不定)적인 뜻의 진술이 wh.-word에 이끌려 계속된다. wh-에 이끌리는 진술이 종속절인 경우와 to 부정사를 쓴 명사구의 형식인 경우가 있다. 명사에 이 종류의 명사절이나 명사구를 결부하는 전치사는 종종 생략된다.

보기: I was in *doubt* (*about, as to*) *whether* I should believe it or not[*whether to* believe it or not]. (cf. I was not *sure whether* I should believe it or not. (형용사형 **5**)) / I have no *idea what* she meant by those words.(cf. I don't *know what* she meant by those words. (동사형 **24**))

Ⅲ 형용사형

형용사형 1 : 《~+to do》

to 부정사가 ① 형용사의 뜻의 적용 범위를 제한하거나 그 대상을 나타내거나 하는 것 ② 형용사의 뜻에 대하여 원인이나 이유를 나타내는 것이 있다. ①에 쓰이는 주요한 형용사(및 형용사적 과거분사)는 able, afraid, certain, difficult, easy, hard, ready, sure, willing, disposed 등이다.

보기: ① He was *able to* do the task. / You are *afraid to* see the dog, aren't you? / The weather is *sure to* be fine. ② I am *glad to* meet you. / He must be *mad to* say such things.

형용사형 2 : 《~+전치사+-ing》

「전치사+동명사」에 의한 부사구가 형용사 뒤에 와서 그 뜻의 대상을 나타내거나 여러 가지 관계를 한정해 준다.

보기: She was *capable of* fulfill*ing* all the promises. / He is rather *proud of* be*ing* ignorant of such things. / This cat is *good at* catch*ing* mice.

형용사형 3 : 《~+**of**+명사+**to** do》

보통 it를 형식상의 주어로 하고, be의 보어로서의 형용사 다음에 행위자를 나타내는 of+**명사**와, 판단의 재료가 되는 행위를 서술하는 to 부정사가 온다. brave, careful, clever, cruel, foolish, good, grateful, kind, naughty, nice, right, silly, thoughtful, wise, wrong 등이 쓰인다.

보기: It's *kind of* you *to* bring it to me. / How *naughty* (it was) *of* Bob *to* pull the cat's tail.

형용사형 4 : 《~+**that**절》

형용사 뒤에 대상·원인을 서술하는 that절이 오며 접속사는 비교적 평이한 문장에서, 특히 많이 쓰이는 형용사 다음에서는 종종 생략된다. 이 형에 쓰이는 주요한 형용사(및 형용사적 과거분사)는 afraid, anxious, certain, glad, grateful, sorry, sure, thankful, delighted, surprised 등이다.

보기: I am *glad* (*that*) you have succeeded. (cf. I am *glad of* your success.) / Are you quite *sure that* he has told the truth? (cf. Are you quite *sure of*[*about*] his having told the truth?).

형용사형 5 : 《~+(절)+**wh.** 절·구》

명사형 **4**에 대응하는 형용사형으로서 wh.-word 앞의 전치사는 종종 생략된다.

보기: He was *anxious about how* you got on. / She is *doubtful* (*about*) *whether* she can get over the difficulty. / Be *careful what* you say[*what to* say].

A

A a

a[1], **A** [ei] *n.* (*pl.* **a's, as, A's, As** [-z]) **1** 에이 《영어 자모의 첫 자》 **2** A자형(의 것) **3** (가정의) 제1, 갑(甲); 〖음악〗 가음, 가 조(調); 〖수학〗 제1기지수; 《미》 수(秀) 《학업 성적에서》: straight *A's* 전 과목 A **4** (연속된 것의) 첫 번째의 것
from A to Z 처음부터 끝까지 ***not know A from B*** A와 B의 구별도 모르다, 낫 놓고 기역 자도 모르다, 일자무식이다

***a**[2] [ə, ei], **an** [ən, æn] *indef. art.* 《부정관사》 **1 a** [가산명사의 단수형 앞에서] (막연히) **어떤 하나[한 사람]의**: There is *a* book on the desk. 책상 위에 책이 (한 권) 있다. / *A* student came to see me. (한) 학생이 나를 만나러 왔다. **b** 하나의, 한 사람의: in *a* word 한마디로 / to *a* man 한 사람도 빠짐없이 **2** [총칭적] **…이라는 것**, 모든 …: *A* dog is faithful. 개는 충직하다. **3** [단위를 나타내는 낱말 앞에서] **…당**, …마다, …에 (per): once *a* day 하루에 한 번 **4** [수량을 나타내는 단어에 붙이어 관용적으로] ⇨ few *a.* 2, *pron.* 2, little *a.* B 2, *ad.* 2, many *a.* 2, *a* good[great] MANY **5** [보통 불가산명사로 쓰이는 명사에 붙여] **…의 한 조각**; …의 한 예; …의 1인분, 1회분; …의 한 종류; …의 결과(만들어지는 것): *a* stone 돌멩이 《stone Ⓤ 석재》 / *a* fire 모닥불, 화재, 난롯불 (등) 《fire Ⓤ 불》 / *a* kindness (하나의) 친절한 행위 / *a* beer 맥주 한 잔 / have *a* sleep 한잠 자다 **6 a** [고유명사 앞에서] **…와 같은 사람[것]**: *a* Newton 뉴턴과 같은 사람 [대과학자] **b** [a … of a …의 형태로] …와 같은: *an* angel *of a* boy (천사와 같은) 아주 귀여운 소년 **c** [고유명사 앞에서; 사람 등의 새로운 면이나 그때까지 알려지지 않았던 면을 나타내어]: *a* vengeful Peter Baron 복수심에 불탄 피터 배런 **7 a** 어느 (정도의) 《some, a certain의 약한 뜻》: in *a* sense 어떤 의미로는 / I have *a* knowledge of astronomy. 천문학에 관해서 조금은 알고 있다 (전문가는 아니다). **b** [고유명사 앞에서] …이라는 사람(⇨ certain 4): *a* Mr. Smith 스미스라는 분 **c** [고유명사 앞에서] …집안[가문]의 사람: *a* Stuart 스튜어트 가문 사람 **d** [고유명사 앞에서] …작품[제작]: *a* Picasso 피카소의 작품 / *a* Ford 포드차 **8** [of a …의 형태로] 동일한, 같은: They are all *of a* mind[*a* size]. 모두 한마음[같은 크기]이다. / be *of an* age 동갑이다

a-[1] [ə] *pref.* on, to, in의 뜻: *a*foot 도보로 / go (*a*-)fish*ing* 낚시질하러 가다

a-[2] *pref.* 「동사에 붙여」 up, out의 뜻: *a*wake, *a*rise

a-[3] [ei, æ, ə] *pref.* 「비(非)…; 무(無)…」의 뜻: *a*moral, *a*theist

A answer; ampere; 〖화학〗 argon

a. about; acre(s); act(ing); adjective; age(d); alto; ampere; *anno* 《L＝in the year》

A. absolute; Academy; Airplane; America(n); April; Army; Artillery

@ [ət] **1** 〖상업〗 단가(單價) …으로(at) **2** 〖컴퓨터〗 앳 마크 《인터넷 사용자 ID와 도메인 사이에 씀》

AA Alcoholics Anonymous; antiaircraft (artillery); Automobile Association

AAA[1] 〖야구〗 트리플A 《마이너리그의 최고 클래스》; 건전지의 AAA 사이즈

AAA[2] American Automobile Association

aard·vark [ɑ́ːrdvɑ̀ːrk] *n.* 〖동물〗 땅돼지

Aar·on [ɛ́ərən] *n.* 〖성서〗 아론 《모세의 형; 유대 최초의 제사장》

Áaron's ród 〖건축〗 아론의 지팡이 《나무 막대기에 뱀이 감긴 모양의 장식》

ab- [æb, əb] *pref.* 「떨어져서; 멀리에; 결여(缺如)되어」의 뜻: *ab*normal, *ab*duct, *ab*use

a.b. at bat 〖야구〗 타(석)수

A.B. Bachelor of Arts 문학사

ab·a·ca [æ̀bəkɑ́ː, ɑ̀ːbə-] *n.* **1** (밧줄 원료인) 마닐라삼의 섬유 **2** 〖식물〗 마닐라삼

a·back [əbǽk] *ad.* 〖항해〗 돛이 역풍을 받고 ***be taken ~*** 깜짝 놀라다

***ab·a·cus** [ǽbəkəs] *n.* (*pl.* **~·es, -ci** [-sài, -kài]) 주판

a·baft [əbǽft | əbɑ́ːft] 〖항해〗 *prep.* …뒤쪽에, …의 고물에 **—** *ad.* 고물쪽으로

ab·a·lo·ne [æ̀bəlóuni] *n.* 〖패류〗 전복

***a·ban·don**[1] [əbǽndən] *vt.* **1** 버리다 **2** 그만두다 **3** 〖법〗 포기하다
~ one***self to*** (환락·비탄 등에) 빠지다

abandon[2] *n.* Ⓤ 자유분방; 방종

a·ban·doned [əbǽndənd] *a.* **1** 버림받은 **2** 자포자기한 **3** 자유분방한

a·ban·don·ment [əbǽndənmənt] *n.* Ⓤ **1** 포기 **2** 〖법〗 유기 **3** 자포자기 **4** 자유분방

a·base [əbéis] *vt.* 〈지위·품격 등을〉 떨어뜨리다 **~·ment** *n.* Ⓤ 실추, 굴욕

a·bash [əbǽʃ] *vt.* **1** 무안하게 하다 **2** 당황하게 하다 **~·ment** *n.*

a·bashed [əbǽʃt] *a.* Ⓟ 부끄러워; 당황하여
be[feel] ~ 겸연쩍어하다, 당황하다

***a·bate** [əbéit] *vt.* **1** 완화시키다, 감소시키다; 〈값을〉 낮추다, 줄이다; 덜다, 약화하다 **2** 〖법〗 배제[중지]하다
— *vi.* 감소되다; 줄다, 덜어지다

a·bate·ment [əbéitmənt] *n.* ⓊⒸ **1** 감소, 완화 **2** 〖법〗 배제, 중지

ab·a·tis [ǽbətìː, -tis] *n.* (*pl.* ~[-tìːz], **~·es** [-tisiz]) 〖군사〗 녹채(鹿砦); 철조망

Á bàttery 〖전자〗 A 전지
ab·at·toir [ǽbətwɑ̀:r] [F] *n.* 《영》 도살장
ab·ba·cy [ǽbəsi] *n.* 대수도원장(abbot)의 관할 구역[직(권), 임기]
ab·bé [æbéi] [F] *n.* (프랑스인의) 대수도원장; 성직자
ab·bess [ǽbis] *n.* 대수녀원장
*ab·bey** [ǽbi] *n.* **대수도[수녀]원**; 대성당
***ab·bot** [ǽbət] *n.* **대수도원장**
ab·bre·vi·ate [əbríːvièit] *vt.* **줄여 쓰다, 단축하다**
ab·bre·vi·a·tion [əbrìːviéiʃən] *n.* **1 생략, 단축 2 약어 3** 〖음악〗 생략법
《낱말을 줄인 것은 (1) period (.)로 나타낸다: Jan.(<January) / cf.(<confer) (2) 어미가 남았을 경우에도 마찬가지로 하는 것이 보통이지만 (.)를 사용하지 않는 수도 있다: Mr. *or* Mr (<Mister) / Ltd. *or* Ltd(<Limited) / Sgt. *or* Sgt(<Sergeant) (3) 흔히 쓰이는 술어·대문자어에서는 (.)를 사용하지 않는 일도 많다: OE *or* O.E. (<Old English) / SE(<Southeast) / UNESCO(<United Nations Educational, Scientific, and Cultural Organization) (4) 생략으로 만들어진 신어는 (.)가 필요없다: bus(<omnibus), ad(<advertisement), exam(<examination), etc.》
ABC [éibìːsìː] *n.* (*pl.* **~'s, ~s**) **1** 알파벳 **2** [the ~] 초보, 입문 《*of*》
ABC American Broadcasting Company; Australian Broadcasting Corporation; Audit Bureau of Circulations (신문·잡지) 발행 부수 감사 기구
ABCC Atomic Bomb Casualties Commission (일본·미국 합동) 원폭 상해 조사 위원회
ÁBĆ wárfare[**wéapons**] [*a*tomic, *b*iological, and *c*hemical] 〖군사〗 화생방전[화생방 무기]
ab·di·cate [ǽbdikèit] *vt.*, *vi.* 〈왕위·권리를〉 포기하다; 퇴위하다
ab·di·ca·tion [æ̀bdikéiʃən] *n.* Ⓤ 퇴위; 사직; 기권
ab·di·ca·tor [ǽbdikèitər] *n.* 포기자; 퇴위자
***ab·do·men** [ǽbdəmən, æbdóu-] *n.* 배(belly); 복부
***ab·dom·i·nal** [æbdɑ́mənl | -dɔ́m-] *a.* 배의 —*n.* [*pl.*] 복근
ab·duct [æbdʌ́kt] *vt.* 유괴하다
ab·duc·tion [æbdʌ́kʃən] *n.* Ⓤ 유괴
ab·duc·tor [æbdʌ́ktər] *n.* 유괴자
Abe [eib] *n.* 남자의 이름 《Abra(ha)m의 애칭》
a·beam [əbíːm] *ad.* 〖항해·항공〗 …와 직각 방향으로, 정(正)우현[좌현]으로 《*of*》
a·bed [əbéd] *ad.*, *a.* Ⓟ 잠자리에; 누운 채로
A·bel [éibəl] *n.* 〖성서〗 아벨 《Adam의 둘째 아들로, 형 Cain에게 살해됨》
Ab·er·deen [æ̀bərdíːn] *n.* 애버딘 《스코틀랜드 북동부의 특별시》
ab·er·de·vine [æ̀bərdəvàin] *n.* 〖조류〗 검은 방울새
Ab·er·do·ni·an [æ̀bərdóuniən] *a.*, *n.* Aberdeen의 (사람)
ab·er·rance, -ran·cy [æbérəns(i)] *n.* ⓊⒸ 정도(正道)에서 벗어남, 탈선(행위)
ab·er·rant [æbérənt] *a.* **1** 정도에서 벗어난 **2** 〖생물〗 변종의
ab·er·ra·tion [æ̀bəréiʃən] *n.* **1** ⓊⒸ 정도에서 벗어남 **2** 〖생물〗 변형, 변이
a·bet [əbét] *vt.* (**~·ted**; **~·ting**) 부추기다, 교사(教唆)하다 ***aid and ~*** 교사하다
~·ment *n.* Ⓤ 교사, 선동
~·ter, ~·tor *n.* 교사자
a·bey·ance [əbéiəns] *n.* Ⓤ (일시적) 중지, 정지
fall into ~ 정지되다
***ab·hor** [æbhɔ́ːr | əb-] *vt.* (**~red**; **~·ring**) **몹시 싫어하다**
ab·hor·rence [æbhɔ́ːrəns | əb-] *n.* **1** Ⓤ 혐오 **2** 질색인 것
ab·hor·rent [æbhɔ́ːrənt | əb-] *a.* **1** 질색인, 싫어서 견딜 수 없는 **2** 상반되는
a·bid·ance [əbáidns] *n.* Ⓤ **1** 지속 **2** 거주, 체재 **3** 준수
*a·bide** [əbáid] *v.* (**a·bode** [əbóud], **a·bid·ed**) *vi.* 《문어·고어》 **1 머물다 2** 살다 **3** 지키다, 준수하다 《*by*》 —*vt.* **1** [부정·의문문에서] 참다, 견디다 **2** …에 대항[저항]하다 **3**〈운명·판결을〉 달게 받다
a·bid·ing [əbáidiŋ] *a.* 영구적인
Ab·i·djan [æ̀bidʒɑ́ːn] *n.* 아비장 《코트디부아르(Côte d'Ivoire)의 예전 수도》
Ab·i·gail [ǽbəgèil] *n.* **1** 여자 이름 **2** [**a~**] 시녀(侍女)
*a·bil·i·ty** [əbíləti] *n.* **1 a** Ⓤ **할 수 있음; 능력 b** [종종 *pl.*] 재능 **2** 〖법〗 유자격
-ability [əbíləti] *suf.* 「…할 수 있음」의 뜻 《-able의 명사 어미》: cap*ability*
ab in·i·ti·o [æb-iníʃiòu] [L = from the beginning] *ad.* 최초부터 《略 ab init.》
a·bi·o·gen·e·sis [èibaiou*d*ʒénəsis] *n.* 〖생물〗 자연 발생(론)
a·bi·ot·ic [èibaiɑ́tik | -ɔ́t-] *a.* 생명[생물]에 관계 없는; 비생물적인
ab·ir·ri·tant [æbírətənt] *n.*, *a.* 〖의학〗 자극 완화제(의)
ab·ir·ri·tate [æbírətèit] *vt.* 〖의학〗 …의 자극을 완화하다
***ab·ject** [ǽbdʒekt] *a.* **1 비참한,** 영락한 **2** 비열한 **~·ly** *ad.*
ab·jec·tion [æbdʒékʃən] *n.* Ⓤ 비참한 상태; 비열, 비굴
ab·ju·ra·tion [æ̀bdʒuréiʃən] *n.* ⓊⒸ 맹세하고 그만둠; 포기 선언
ab·jure [əbdʒúər] *vt.* **1** 《문어》 〈악습 등을〉 맹세하고 버리다 **2**〈고국·신앙 등을〉 공공연히 포기하다
abl. ablative
ab·la·tion [æbléiʃən] *n.* Ⓤ **1** (일부의) 제거, (수술에 의한) 절제 **2** 〖지질〗 (빙하·암석 등의) 삭마(削磨); 〖우주〗 융제(融除)
ab·la·tive [ǽblətiv] 〖문법〗 *a.* 탈격(奪格)의 —*n.* 탈격(형 명사)
ab·la·tor [æbléitər] *n.* 〖우주〗 융제재(材)
ab·laut [ǽblaut, ɑ́ːb-] [G] *n.* 〖언어〗 모음 전환[교체] 《보기: s*i*ng-s*a*ng-s*u*ng》

a·blaze [əbléiz] *a.*, *ad.* **1** 불타고 **2** 빛나고 《*with*》 **set ~** 불타오르게 하다

‡a·ble [éibl] *a.* **1** Ⓟ **…할 수 있는** (opp. *unable*) **2 유능한**, 능란한

-able [əbl] *suf.* 「…할 수 있는, …할 만한」: us*able*, lov*able*

a·ble-bod·ied [éiblbɑ́did | -bɔ́d-] *a.* 강건한; 숙달한; 〖항해〗 A.B.급의 〈선원〉

áble(-bod·ied) séaman 〖항해〗 A.B.급의 선원 《숙련 갑판원》

a·bloom [əblúːm] *ad.*, *a.* 《문어》 Ⓟ 꽃이 피고

a·blush [əblʌ́ʃ] *ad.*, *a.* Ⓟ 얼굴을 붉히고

ab·lu·tion [əblúːʃən] *n.* Ⓤ **1** 목욕 재계(齋戒) **2** [보통 *pl.*] 〖그리스도교〗 세정식(洗淨式) **3** 세정식용 정수(淨水)

a·bly [éibli] *ad.* 유능하게, 훌륭히

ABM antiballistic missile

ab·ne·gate [ǽbnigèit] *vt.* 〈권리 등을〉 버리다; 〈쾌락 등을〉 끊다

ab·ne·ga·tion [æ̀bnigéiʃən] *n.* Ⓤ 포기; 금욕, 극기

‡ab·nor·mal [æbnɔ́ːrməl] *a.* **비정상의**; 변칙의; 변태적인

~·ly *ad.* 비정상적으로, 변태적으로

ab·nor·mal·i·ty [æ̀bnɔːrmǽləti] *n.* Ⓤ 이상, 변칙; Ⓒ 비정상적인 것, 기형

abnórmal psychólogy 변태 심리(학)

ab·nor·mi·ty [æbnɔ́ːrməti] *n.* = ABNORMALITY

‡a·board [əbɔ́ːrd] *ad.* **배로[에]**; 승선하여 **— *prep.*** 〈배·열차·버스·비행기에〉 **타고**

‡a·bode[1] [əbóud] *n.* 《문어》 **1 주소**, 주거; 거주 **2** 체류

abode[2] *v.* ABIDE의 과거·과거분사

***a·bol·ish** [əbɑ́liʃ | əbɔ́l-] *vt.* **폐지하다**
~·a·ble *a.* **~·ment** *n.*

***ab·o·li·tion** [æ̀bəlíʃən] *n.* **1** Ⓤ **폐지**; 사형 폐지; 《미》 노예 제도 폐지 **~·ism** *n.* Ⓤ (사형·노예 제도) 폐지론 **~·ist** *n.*

ab·o·ma·sum [æ̀bouméisəm], **-sus** [-səs] (*pl.* **-sa** [-sə]) *n.* 〖동물〗 추위(皺胃) 《반추동물의 제4위(胃)》

A-bomb [éibɑ̀m | -bɔ̀m] *n.* 《구어》 원자 폭탄(atomic bomb) **— *vt.*** 원자 폭탄으로 공격하다

***a·bom·i·na·ble** [əbɑ́mənəbl | əbɔ́m-] *a.* **1 지긋지긋한 2** 《구어》 지독한
-bly *ad.*

abóminable snówman 《구어》 설인(雪人) 《히말라야 산중에 산다는 짐승》

a·bom·i·nate [əbɑ́mənèit | əbɔ́m-] *vt.* 혐오하다; 《구어》 아주 질색하다
-nà·tor *n.*

***a·bom·i·na·tion** [əbɑ̀mənéiʃən | əbɔ̀m-] *n.* **1** Ⓤ **혐오**, 증오 **2** 아주 싫은 것

ab·o·rig·i·nal [æ̀bərídʒənəl] *a.* **1** 토착의 **2** 토착민의 **— *n.*** = ABORIGINE
~·ly *ad.* 본래

ab·o·rig·i·ne [æ̀bərídʒənìː] *n.* **1** 원주민, 토착민 **2** [**A~**] 오스트레일리아 원주민

a·bort [əbɔ́ːrt] *vi.* **1** 유산[낙태]하다 **2** 〖생물〗 발육하지 않다 **3** 실패하다 **4** 〖컴퓨터〗〈처리를〉 중단하다
— *n.* 1 = ABORTION **2** 〖컴퓨터〗 (프로그램 진행의) 중단

a·bor·ti·fa·cient [əbɔ̀ːrtəféiʃənt] *a.* 유산시키는, 낙태용의
— *n.* 낙태약

a·bor·tion [əbɔ́ːrʃən] *n.* ⓊⒸ **1** 유산, 낙태 **2** (인공) 유산아 **3** 발육 정지[부전] **4** (계획 등의) 실패

a·bor·tive [əbɔ́ːrtiv] *a.* **1** 유산의 **2** 발육 부전의, 미성숙의 **3** 실패의 **~·ly** *ad.*

ÁBÓ sýstem (혈액형의) ABO식 분류법

a·bou·li·a [eibjúːliə] *n.* = ABULIA

‡a·bound [əbáund] *vi.* **많이 있다**, 풍부하다 《*in*, *with*》

‡a·bout [əbáut] *prep.* **1** [관계·종사] **a** …에 **관해[관한] b** …에 **대해**, …에게 **2** [보통 there is … 구문에서 사람·물건의 분위기를 나타내어] …의 **신변에**, …에게 **3** [시간] …의 **경(에)**, 대략 **4** … **주위에 5** …의 **몸에 지니고 6** 《영》 …의 **여기저기에 7** …에 **종사하여**, …에 착수하여
— *ad.* 1 대략, 약; **거의 2** 《영》 **주위에, 근처에** (《미》 around); **여기저기에**, 이리저리로 **3 방향을 바꾸어 4 차례로, 번갈아**
— *a.* Ⓟ **1** [부정사와 함께] **a 막** …**하려고 하여 b** [부정문에서] 《미·구어》 …**할 생각은 전혀 없어 2 a 일어나서, 돌아다니고, b** (병이) **유행하여**

a·bout-face [əbáutfèis] *n.* 뒤로 돌기; (주의·태도 등의) 180도 전향 **— *vi.*** 뒤로 돌다; 주의[태도]를 일변하다

a·bout-turn [-tə́ːrn] *n.* 《영》 = ABOUT-FACE

‡a·bove [əbʌ́v] *prep.* **1** [방향·장소] **a** …**보다 위에[로]**, …보다 높이[높은], …의 위에 (나와서) **b** …**의 상류에[의] 2** [수량·정도] **a** [수량 등] …**을 넘는[넘어] b** [지위·신분 등] …**보다 윗자리에[의]**, …보다 뛰어나; …을 넘어서 **c** …**보다 오히려 3** [보통 be동사의 보어로] **a** [능력 등] …**이 미치지 못하는 b** …**을 초월하여 4** 〈사람이〉 (고결하여) …**따위 짓은 하지 않는**, …**을 부끄럽게 여기는 5** …**의 앞쪽[건너]에**, 더 가서; …의 북쪽에[에서]
~ all* = *~ all things 특히, 그 중에서도, 무엇보다도 ***~ and beyond …* = *over and ~ …*** ⇨ over *prep.* **be [*get*] ~ one*self***
— [–⌐] *ad.* (opp. *below*) **1 a 위쪽에[으로]**; 위층에 **b 하늘에, 공중에**: in heaven ~ 하늘에 **c** 〈하천의〉 **상류에 2 a** 〈지위·신분이〉 **윗자리에 (있는) b** 〈수량이 …을〉 **넘어**(있는); **보다 많이[크게] 3 a** (책 등의) **앞 글에**; (페이지의) 위쪽에 **b** [복합어를 이루어] **앞[위]에**: ⇨ ABOVE-MENTIONED
from ~ 위편으로부터(의), 상사로부터(의); 하늘[하느님]으로부터(의)
— [–⌐] *a.* **위에서 말한**, 상술의
— [–⌐] *n.* [the ~; 집합적으로] 《문어》 상기[이상]의 사실[사람]

a·bove·board [əbʌ́vbɔ̀ːrd] *ad.*, *a.* 공명정대하게[한]

a·bove·ground [-gráund] *ad.*, *a.* 지상에[의]; 땅에 묻히지 않고; 아직 생존하여

a·bove-men·tioned [-ménʃənd] *a.* 위에 말한, 상기(上記)한

A

ab o·vo [æb-óuvou] [L =from the egg] *ad.* 처음부터
abp. archbishop **abr.** abridge(d); abridgment
ab·ra·ca·dab·ra [æ̀brəkədǽbrə] *n.* (부적으로 썼던) 주문(呪文)
a·brade [əbréid] *vt.* 문질러 벗겨지게[닳게] 하다
A·bra·ham [éibrəhæ̀m, -həm] *n.* **1** 남자 이름 **2** 〔성서〕 아브라함 《유대인의 조상》
A·bram [éibrəm] *n.* **1** 남자 이름 **2** 〔성서〕 아브람 《Abraham의 옛 이름》
a·bran·chi·ate [eibrǽŋkiət | æbrǽŋkièit] *a., n.* 〔동물〕 아가미 없는 (동물)
a·bra·sion [əbréiʒən] *n.* **1** 찰과상 **2** 마멸; 침식
a·bra·sive [əbréisiv] *a.* 문질러 닳게 하는 — *n.* 연마재
ab·re·ac·tion [æ̀briǽkʃən] *n.* Ⓤ 〔정신분석〕 해제[해방, 정화] 반응
a·breast [əbrést] *ad.* 나란히
***be* [*keep*] ~ *of* [*with*]** …에 뒤떨어지지 않다
— *prep.* …와 나란히
***a·bridge** [əbrídʒ] *vt.* **1** 요약하다 **2** 단축하다, 줄이다
a·bridg(e)·ment [əbrídʒmənt] *n.* **1** 요약본; 적요 **2** 단축, 요약
a·broach [əbróutʃ] *ad. a.* Ⓟ (통의) 마개를 뽑아[뽑은]
‡a·broad [əbrɔ́:d] *ad.* **1** 국외[해외]로[에] **2** 〈소문 등이〉 널리; 유포되어 **3** 집 밖으로
***from* ~** 외국으로부터(의) ***get* ~** 〈소문이〉 퍼지다 ***go* ~** 해외로 가다; 외출하다
ab·ro·gate [ǽbrəgèit] *vt.* 〈법률·습관 등을〉 폐기하다
ab·ro·ga·tion [æ̀brəgéiʃən] *n.* Ⓤ 폐기
***ab·rupt** [əbrʌ́pt] *a.* **1** 뜻밖의 **2** 퉁명스러운 **3** 가파른 **~·ness** *n.*
ab·rup·tion [əbrʌ́pʃən] *n.* Ⓤ **1** (갑작스런) 중단 **2** (갑작스런) 분열
***ab·rupt·ly** [əbrʌ́ptli] *ad.* 갑자기
abs. absent; absolute(ly); abstract
ABS American Bible Society 미국 성서 공회; antilock braking system 〔자동차〕 급제동시의 안전 강화 장치
Ab·sa·lom [ǽbsələm] *n.* 〔성서〕 압살롬 《유대왕 다윗이 총애한 아들》
ab·scess [ǽbses] *n.* 〔병리〕 농양, 종기
-scessed [-t] *a.* 종기가 생긴
ab·scis·sa [æbsísə] *n.* 〔수학〕 횡좌표
ab·scis·sion [æbsíʃən] *n.* Ⓤ **1** 절단 **2** 〔수사학〕 돈단법(頓斷法)
ab·scond [æbskɑ́nd | əbskɔ́nd] *vi.* 도망하다, 자취를 감추다
‡ab·sence [ǽbsəns] *n.* **1** 부재(不在); 결석 《*from*》 **2** Ⓤ 없음, 결핍(lack) 《*of*》 **3** Ⓤ 멍함, 방심
~ *of mind* 방심, 얼빠짐 ***in* one's ~** …이 없는 사이에 ***in the* ~ *of*** …이 없을 때는
‡ab·sent [ǽbsənt] *a.* **1** 부재의; Ⓟ 결석의 《*from*》 **2** 없는 **3** 멍한
— [æbsént] *vt.* [~ one*self* 로] 결석[결근]하다
ab·sen·tee [æ̀bsəntí:] *n.* **1** 불참자, 결석자, 결근자 **2** 부재자, 부재지주 (= ~ lándlord)
absentée bállot 부재자 투표 (용지)
ab·sen·tee·ism [æ̀bsəntí:izm] *n.* Ⓤ **1** 부재지주 제도 **2** 장기 결석[결근]; 계획적 결근 《노동 전술》
absentée vóte 부재자 투표
absentée vóter 《미》 부재 투표자
ab·sent·ly [ǽbsəntli] *ad.* 멍하니
***ab·sent·mind·ed** [ǽbsəntmáindid] *a.* 방심 상태의, 멍하고 있는
~·ly *ad.* **~·ness** *n.*
ábsent vóter 《영》 부재 투표자
ab·sinth(e) [ǽbsinθ] *n.* Ⓤ 압생트 《쓴쑥으로 맛들인 술》
‡ab·so·lute [ǽbsəlù:t] *a.* **1** 절대의 **2** 완전한 **3** 순수한 **4** 전면적인 **5** 전제의 **6** 확고한 **7** 〔교육〕 절대평가의 **~·ness** *n.*
ábsolute álcohol 무수(無水) 알코올
ábsolute áltitude 절대 고도
ábsolute céiling 절대 상승 한도
ábsolute humídity 절대 습도
***ab·so·lute·ly** [ǽbsəlù:tli, ⌐–⌐–] *ad.* **1** 절대적으로; 완전히 **2** [부정을 강조하여] (구어) 전혀 (…않다) **3** (구어) 그렇고 말고 《긍정의 대답》
ábsolute mágnitude (천체 광도의) 절대 등급
ábsolute majórity 절대 다수, 과반수
ábsolute mónarchy 전제 군주제[국]
ábsolute músic 절대 음악 (opp. *program music*)
ábsolute pítch 〔음악〕 절대 음고; 절대 음감
ábsolute témperature 〔물리〕 절대 온도
ábsolute térm 〔수학〕 절대항
ábsolute válue 〔수학〕 절대치
ábsolute wéapon 절대 무기 《최대의 위력을 가진 무기; 흔히 핵무기를 가리킴》
ábsolute zéro 〔물리〕 절대 영도 《-273.15℃》
ab·so·lu·tion [æ̀bsəlú:ʃən] *n.* Ⓤ **1** 〔법〕 면제; 면죄 《*from, of*》 **2** 〔그리스도교〕 사면; Ⓒ 사면식[선언]
ab·so·lut·ism [ǽbsəlu:tìzm] *n.* Ⓤ **1** 전제주의, 독재정치 **2** 〔철학〕 절대론
ab·so·lut·ist [ǽbsəlù:tist] *n.* **1** 절대론자 **2** 전제 정치론자, 전제주의자
***ab·solve** [əbzɑ́lv, -sɑ́lv | -zɔ́lv] *vt.* (의무 등에서) 면제하다; 무죄를 언도하다
ab·so·nant [ǽbsənənt] *a.* 조화되지 않는
‡ab·sorb [əbsɔ́:rb, -zɔ́:rb] *vt.* **1** 흡수하다; 〈나라·기업 등을〉 흡수 병합하다 **2** 열중시키다
ab·sorb·a·ble [əbsɔ́:rbəbl, -zɔ́:rb-] *a.* 흡수되는
ab·sorbed [əbsɔ́:rbd, -zɔ́:rbd] *a.* 열중한, 여념이 없는 《*in*》
ab·sorb·ed·ly [əbsɔ́:rbidli, -zɔ́:rb-] *ad.* 열중[몰두]하여
ab·sor·bent [əbsɔ́:rbənt, -zɔ́:r-] *a.* 흡수성의 — *n.* 흡수제

absórbent cótton ((미)) 탈지면
ab·sorb·ing [əbsɔ́:rbiŋ, -zɔ́:rb-] *a.* **1** 흡수하는 **2** 열중케 하는; 흥미진진한
∗**ab·sorp·tion** [əbsɔ́:rpʃən, -zɔ́:rp-] *n.* Ⓤ **1** 흡수 **2** 전념, 열중 ((*in*))
absórption bànd 〖물리〗 흡수대
absórption spèctrum 〖물리〗 흡수 스펙트럼
ab·sorp·tive [əbsɔ́:rptiv, -zɔ́:rp-] *a.* 흡수성의
ab·stain [əbstéin] *vi.* **1** 삼가다, 절제하다; 그만두다; 금주하다 ((*from*)) **2** 기권하다 ((*from*)) **~·er** *n.* 절제가, 금주가
ab·stain·ée *n.* 기권자
ab·ste·mi·ous [əbstí:miəs] *a.* **1** 〈음식물을〉 절제하는; 검소한: an ~ diet 절식 **2** 금욕적인 **~·ly** *ad.*
ab·sten·tion [əbsténʃən] *n.* Ⓤ **1** 절제, 자제 **2** 기권
ab·sterge [æbstə́:rdʒ | əb-] *vt.* **1** 〖의학〗 변이 통하게 하다 **2** 깨끗이 하다
ab·ster·gent [æbstə́:rdʒənt | əb-] *a.* 씻어 내는, 깨끗이 하는 — *n.* 세제; 하제
ab·sti·nence [ǽbstənəns] *n.* **1** 절제, 금욕 **2** 〖그리스도교〗 금식
ab·sti·nent [ǽbstənənt] *a.* 절제하는, 금욕적인 **~·ly** *ad.*
‡**ab·stract** [æbstrǽkt, ∸- | ∸∸] *a.* **1** 추상적인; 관념[공상]적인 **2** 심오한, 난해한 **3** 〖미술〗 추상파의 — [∸-] *n.* **1** 개요, 발췌 **2** 추상; 추상 개념
in the ~ 추상적인[으로]
— [-∸] *vt.* **1** 〈개념 등을〉 추상하다 **2** ((완곡)) 훔치다(steal) **3** 〈주의를〉 딴 곳으로 끌다 ((*from*)) **4** [∸-] 발췌하다, 적요하다
ábstract árt 추상 미술
ab·stract·ed [æbstrǽktid] *a.* **1** 추상된 **2** 멍한 **~·ly** *ad.*
ábstract expréssionism 추상 표현주의
∗**ab·strac·tion** [æbstrǽkʃən] *n.* **1** 추상(작용); 추상적 개념 **2** 절취(竊取) **3** 방심 **4** 〖미술〗 추상주의 작품[도안] **~·ism** *n.* Ⓤ 추상주의 **~·ist** *n.* 추상파 화가
ab·strac·tive [æbstrǽktiv] *a.* 추상적인
abstráct nóun 〖문법〗 추상명사
ab·struse [əbstrú:s, æb-] *a.* 난해한, 심오한 **~·ly** *ad.* **~·ness** *n.*
‡**ab·surd** [əbsə́:rd, -zə́:rd] *a.* **1** 불합리한 **2** 어리석은(foolish), 터무니없는 **~·ly** *ad.* **~·ness** *n.*
∗**ab·sur·di·ty** [əbsə́:rdəti, -zə́:rd-] *n.* **1** Ⓤ 부조리, 불합리, 모순 **2** 어리석은 일
A·bu Dha·bi [ɑ́:bu:-dɑ́:bi] *n.* 아부다비 ((아랍 에미리트 연방의 주요 구성국; 동연방의 수도))
a·bu·li·a [eibjú:liə, əbjú:-] *n.* Ⓤ 〖정신의학〗 무위(無爲), 무의지
‡**a·bun·dance** [əbʌ́ndəns] *n.* Ⓤ **1** 풍부; 다수, 다량 **2** 유복
a year of ~ 풍년
∗**a·bun·dant** [əbʌ́ndənt] *a.* 풍부한, 풍족한: an ~ harvest 풍작 **~·ly** *ad.*
a·bus·age [əbjú:sidʒ, -zidʒ] *n.* Ⓤ 말의 오용
‡**a·buse** [əbjú:s] *n.* **1** ⓊⒸ 남용, 악용 **2** Ⓤ 욕설 **3** Ⓤ 학대 **4** [종종 *pl.*] 폐해 — [əbjú:z] *vt.* **1** 남용[악용, 오용]하다 **2** 학대하다 **3** 욕하다
a·bu·sive [əbjú:siv] *a.* 입버릇 사나운 **~·ly** *ad.* **~·ness** *n.*
a·but [əbʌ́t] *vi.* (**~·ted**; **~·ting**) **1** 인접하다 ((*on, upon*)) **2** 〈다른 건물 등에〉 기대다 ((*against, on*))
a·but·ment [əbʌ́tmənt] *n.* **1** 〖건축〗 홍예받침대, 교대(橋臺) **2** 인접; 접합부 **3** 〖치과〗 의치 받침대
a·buzz [əbʌ́z] *a.* Ⓟ **1** 윙윙거리고, 떠들썩하여 **2** 활기에 넘쳐
a·bysm [əbízm] *n.* ((시어)) =ABYSS
a·bys·mal [əbízməl] *a.* 한없이 깊은
∗**a·byss** [əbís] *n.* **1** 심연 **2** 혼돈(chaos)
Ab·ys·sin·i·a [æ̀bəsíniə] *n.* 아비시니아 ((이디오피아의 별칭))
Ab·ys·sin·i·an [æ̀bəsíniən] *a.* 아비시니아의 — *n.* 아비시니아 사람; Ⓤ 아비시니아 말
Ac 〖화학〗 actinium
ac- [æk] *pref.* =AD- ((c, k, q 앞)): *ac*cede
a/c, A/C account (current); air conditioning
AC 〖전기〗 alternating current; 〖전화〗 area code; Army Corps; Atlantic Charter
a·ca·cia [əkéiʃə] *n.* 〖식물〗 아카시아
ac·a·dem·ic [æ̀kədémik] *a.* **1** 대학의 **2** 학구적인; 비실용적인 **3** 학사원의, 학회의 **4** 격식[전통]을 중요시하는 **5** ((미)) (대학의) 인문과의, 일반 교양의(liberal)
ac·a·dem·i·cal [æ̀kədémikəl] *a.* = ACADEMIC — *n.* [*pl.*] 대학 예복 **~·ly** *ad.*
acadèmic cóstume 대학의 예복
acadèmic fréedom 학문 (연구)의 자유
ac·a·de·mi·cian [æ̀kədəmíʃən, əkæ̀-] *n.* 아카데미[학술원, 예술원] 회원
ac·a·dem·i·cism [æ̀kədéməsìzm] *n.* Ⓤ 학구적 태도, 형식주의
acadèmic yéar (대학 등의) 학년 (school year)
‡**a·cad·e·my** [əkǽdəmi] *n.* **1 a** (대학 등의) 학원(學園), 학원(學院) **b** 전문 학교: an ~ of music 음악 학교 **2** 학회; 예술원, 학술원 **3** [the A~] **a** 플라톤 학파 **b** ((영)) 왕립 미술원 ((the Royal Academy of Arts의 약칭)) **c** 프랑스 학술원
Acádemy Awárd 〖영화〗 아카데미상 (Oscar)
acádemy bòard 두꺼운 판지 캔버스 ((유화용))
A·ca·di·a [əkéidiə] *n.* 아카디아 ((캐나다의 남동부, 지금의 Nova Scotia 주(州)를 포함하는 지역의 구칭))
-an [-ən] *a., n.* Acadia의 (사람·말)
ac·a·leph [ǽkəlèf] *n.* 〖동물〗 해파리의 일종
a·can·thus [əkǽnθəs] *n.* (*pl.* **~·es, -thi** [-θai]) **1** 〖식물〗 아칸서스 **2** 〖건축〗 아칸서스 잎 장식

A

ac·a·rid [ǽkərid] *n.*, *a.* 〖동물〗 진드기(의)
a·car·pous [eikɑ́ːrpəs] *a.* 〖식물〗 열매를 맺지 않는
a·cat·a·lep·sy [eikǽtəlèpsi | æk-] *n.* 〖철학〗 불가지론(不可知論)
ACC 〖컴퓨터〗 accumulator; 《미》 American Culture Center
acc. acceptance; accepted; according; account(ant); accusative
ac·cede [æksíːd] *vi.* **1** 〈제의·요구 등에〉 동의하다 《*to*》 **2** 〈높은 지위에〉 취임하다 **3** 〈조약 등에〉 가입[가맹]하다
ac·ce·le·ran·do [æksèlərǽndou] 〖음악〗 *ad.*, *a.* 아첼레란도, 점점 빠르게[빠른] — *n.* 아첼레란도 음(音)[악절]
ac·cel·er·ant [æksélərənt] *n.* 〖화학〗 촉진제, 촉매
∗**ac·cel·er·ate** [æksélərèit, ək-] *vt.* 속력을 빠르게 하다, 가속하다 — *vi.* 속도가 더하다, 빨라지다
∗**ac·cel·er·at·ed** [æksélərèitid, ək-] *a.* 속도가 붙은, 가속된 **~·ly** *ad.*
ac·cel·er·a·tion [æksèləréiʃən, ək-] *n.* Ⓤ **1** 가속, 촉진 **2** 〖물리〗 가속도
ac·cel·er·a·tive [æksélərèitiv, ək-] *a.* 가속적인, 촉진적인
ac·cel·er·a·tor [æksélərèitər, ək-] *n.* 가속자[물,기]; 가속 장치: step on [release] the ~ 액셀러레이터를 밟다[떼다]
ac·cel·er·om·e·ter [æksèlərɑ́mətər, ək- | -rɔ́m-] *n.* 가속도계
‡**ac·cent** [ǽksent | -snt] *n.* **1** 악센트, 강세; 악센트 부호 **2** 강조 **3** 말투, 어조 — [ǽksent, ⌐ | ⌐] *vt.* **1** 악센트를 두다 **2** 〈…을〉 강조하다(accentuate)
áccent màrk 악센트[강세] 부호
ac·cen·tu·al [æksénʧuəl | -tju-] *a.* 악센트의[가 있는]
ac·cen·tu·ate [æksénʧuèit | -tju-] *vt.* **1** 강조하다, 역설하다; 〈색·악음(樂音) 등을〉 두드러지게 하다 **2** = ACCENT *vt.*1
ac·cen·tu·a·tion [æksènʧuéiʃən | -tju-] *n.* Ⓤ **1** 음의 억양법; 악센트(부호)를 붙이는 법 **2** 강조
‡**ac·cept** [æksépt, ək-] *vt.* **1** 받아들이다 **2** 수락하다 **3** 인정하다 **4** 〈어구의〉 뜻을 취하다, 해석하다
ac·cept·a·bil·i·ty [æksèptəbíləti, ək-] *n.* Ⓤ 수락할 수 있음, 응낙
‡**ac·cept·a·ble** [ækséptəbl, ək-] *a.* **1** 수락할 수 있는 **2** 용인할 수 있는 **-bly** *ad.*
∗**ac·cep·tance** [ækséptəns, ək-] *n.* Ⓤ **1** 수납 **2** 수락, 용인 **3** 〖상업〗 어음의 인수
ac·cep·ta·tion [æ̀kseptéiʃən, ək-] *n.* (일반적으로 인정된 말의) 뜻, 어의
ac·cept·ed [ækséptid, ək-] *a.* 일반적으로 인정된, 용인된 **~·ly** *ad.*
ac·cept·er [ækséptər, ək-] *n.* **1** 수납자; 승낙자 **2** 〖상업〗 = ACCEPTOR 2
ac·cep·tor [ækséptər, ək-] *n.* **1** 수납자, 승낙자 **2** 〖상업〗 어음 인수인
‡**ac·cess** [ǽkses] *n.* **1** Ⓤ 접근 《*to*》 **2** Ⓤ 접근 방법, 이용할 권리 **3** (병의) 발작(fit) **4** 〖컴퓨터〗 액세스 《기억 장치에 정보를 넣고 빼는 것》 ***easy*** [***hard, difficult***] ***of*** ~ 접근[면회]하기 쉬운[어려운] ***gain*** [***obtain***] ~ ***to*** …에 접근[출입]하다 ***have*** ~ ***to*** …에게 접근할 수 있다, …을 면회할 수 있다
∗**ac·ces·sa·ry** [æksésəri, ək-] *n.* *a.* 〖법〗 = ACCESSORY 2
ac·ces·si·bil·i·ty [æksèsəbíləti, ək-] *n.* Ⓤ 접근할 수 있음
∗**ac·ces·si·ble** [æksésəbl, ək-] *a.* **1** 접근하기 쉬운 **2** 얻기 쉬운 **3** 영향을 받기 쉬운 **-bly** *ad.*
∗**ac·ces·sion** [ækséʃən, ək-] *n.* Ⓤ **1** 도달 《*to*》; 취득; 즉위 **2** 가입 《*to*》 **3** 증가물 **4** 〖노동〗 신규 채용
accéssion nùmber (도서관의) 도서 수납 번호
ac·ces·so·rize [æksésəràiz] *vt.*, *vi.* (…에) 액세서리[부속품]를 달다
∗**ac·ces·so·ry** [æksésəri, ək-] *n.* **1** [보통 *pl.*] 부속물; 액세서리, 장신구 **2** 〖법〗 종범 — *a.* **1** 보조적인, 부속의 **2** 〖법〗 종범의 《*to*》
áccess ròad (고속도로로 들어가는) 진입로
áccess tìme 〖컴퓨터〗 액세스 타임, 호출 시간 《기억 장치에 데이터의 기록 또는 해독을 위한》
ac·ci·dence [ǽksədəns] *n.* Ⓤ 〖문법〗 어형(변화)론, 형태론
‡**ac·ci·dent** [ǽksədənt] **1** 사고, 재난 **2** 우연(한 일) ***by*** (***a mere***) ~ 우연히 ***without*** ~ 무사히
∗**ac·ci·den·tal** [æ̀ksədéntl] *a.* 우연한 — *n.* 우발적인 사물
accidéntal cólor 〖광학〗 보색잔상(補色殘像)
accidéntal érror 〖수학·통계〗 우연 오차
ac·ci·den·tal·ly [æ̀ksədéntəli] *ad.* 우연히, 뜻하지 않게
áccident insùrance 상해[재해] 보험
ac·ci·dent-prone [ǽksədəntpròun] *a.* 사고를 많이 내기[당하기] 쉬운
ac·ci·die [ǽksədi] *n.* = ACEDIA
∗**ac·claim** [əkléim] *vt.* 갈채[환호]하다 — *n.* Ⓤ 환호, (대)갈채
ac·cla·ma·tion [æ̀kləméiʃən] *n.* Ⓤ 환호, 갈채; [종종 *pl.*] 환호성
ac·cli·mate [əkláimət, ǽkləmèit] *vt.* 《미》 〈사람·동식물 등을 새 풍토에〉 순응시키다 《*to*》
ac·cli·ma·tion [æ̀kləméiʃən] *n.* Ⓤ 《미》 새 환경 순응
ac·cli·ma·ti·za·tion [əklàimətizéiʃən | -tai-] *n.* = ACCLIMATION
ac·cli·ma·tize [əkláimətàiz] *vt.* = ACCLIMATE
ac·cliv·i·ty [əklívəti] *n.* 치받이
ac·co·lade [ǽkəlèid] *n.* 나이트(knight) 작위 수여(식)
‡**ac·com·mo·date** [əkɑ́mədèit | əkɔ́m-] *vt.* **1** 《문어》 숙박시키다; 〈환자 등을〉 수용하다 **2** 편의를 도모하다 **3** 적응시키다 **4** 화해시키다, 조정하다
ac·com·mo·dat·ing [əkɑ́mədèitiŋ | əkɔ́m-] *a.* **1** 남의 말을 잘 듣는 **2** (받아들이는 데) 호의적인 **~·ly** *ad.*

***ac·com·mo·da·tion** [əkɑ̀mədéiʃən | əkɔ̀m-] *n.* **1** Ⓤ [《미》에서는 보통 *pl.*] 숙박[수용] 설비 **2** 편의 **3** Ⓤ 적응; 조절 《*to*》 **4** 조정 **5** Ⓤ 〚상업〛 융통, 대부(금)
accommodátion bìll[**nòte**] 융통 어음
accommodátion làdder 〚선박〛 (모선으로 오르내리는) 현측(舷側) 사다리
accommodátion ròad 특설 도로
accommodátion tràin 《미》 (역마다 서는) 완행 열차
accommodátion ùnit 주택
ac·com·mo·da·tor [əkɑ́mədèitər | əkɔ́m-] *n.* **1** 적응[조절]하는 사람[것] **2** 《미》 파트타임의 가정부
***ac·com·pa·ni·ment** [əkʌ́mpənimənt] *n.* **1** 부속물, 딸린 것 **2** 〚음악〛 반주(부)
ac·com·pa·nist [əkʌ́mpənist] *n.* 반주자
***ac·com·pa·ny** [əkʌ́mpəni] *vt.* **1** 〈사람이〉 동반하다 **2** 〈사물이〉 …을 수반하다 **3** 〚음악〛 (…의) 반주를 하다
ac·com·plice [əkɑ́mplis | əkʌ́m-] *n.* 공범자, 한패
***ac·com·plish** [əkɑ́mpliʃ | əkʌ́m-] *vt.* 이루다, 성취하다, 완수하다, 완성하다
***ac·com·plished** [əkɑ́mpliʃt | əkʌ́m-] *a.* **1** 성취된, 완성된 **2** 〈예능 등에〉 뛰어난, 조예가 깊은 **3** 교양이 있는
***ac·com·plish·ment** [əkɑ́mpliʃmənt | əkʌ́m-] *n.* **1** Ⓤ 성취, 완성 **2** [*pl.*] 소양, 예능
***ac·cord** [əkɔ́:rd] *vi.* 일치[조화]하다
— *vt.* **1** 조화[일치]시키다 **2** 《문어》 〈허가·칭찬 등을〉 주다, 허용하다(grant)
— *n.* **1** 일치, 조화 **2** 협정, 조약 **3** 〚음악〛 화음 ***of*** one'***s*** [***its***] ***own*** ~ 자발적으로; 저절로 ***with one*** ~ 일제히
ac·cor·dance** [əkɔ́:rdəns] *n.* Ⓤ 일치, 조화 ***in ~ ***with*** …에 따라서, …대로
ac·cor·dant [əkɔ́:rdənt] *a.* 일치[조화]하여 《*with, to*》
***ac·cord·ing** [əkɔ́:rdiŋ] *ad.* **1** [as와 함께] …에 따라서 [준하여] **2** [to와 함께] …에 따라, …에 의하여; …(이 말하는 바)에 의하면
***ac·cord·ing·ly** [əkɔ́:rdiŋli] *ad.* 따라서, 그러므로(therefore)
***ac·cor·di·on** [əkɔ́:rdiən] *n.* 아코디언, 손풍금 **~·ist** *n.* 아코디언 연주자
accórdion dóor 접었다 폈다 하는 칸막이 문
accórdion pléats (스커트의) 아코디언 모양의 주름
ac·cost [əkɔ́:st | əkɔ́st] *vt.* 〈모르는 사람이〉 다가와서 말을 걸다
ac·couche·ment [əkú:ʃmənt] [F] *n.* 해산, 분만(childbirth)
ac·count** [əkáunt] *n.* **1** 설명; 이야기 **2** 보고 **3** Ⓤ 평가 **4** (은행) 거래; (예금) 계좌 **5** 계산; (대차) 계정; [*pl.*] 계산서 **6** 근거, 이유 ***call [***bring***] a person ***to*** ~ …의 책임을 추궁하다; 해명을 요구하다 ***give a bad*** [***poor***] ~ ***of*** 깎아내리다, 비방하다 ***give a good*** ~ ***of*** 〈상대·적을〉 처치하다; 《속어》 칭찬하다 ***give an*** ~ ***of*** …을 설명[답변]하다 ***go to*** one'***s*** (***long***) ~ = ***hand in*** one'***s*** ~(***s***) 죽다 ***keep ~s*** 치부[기장]하다, 경리를 맡아보다 ***make much*** [***little, no***] ~ ***of*** …을 중요시하다[하지 않다] ***on*** ~ 계약금으로; 외상으로 ***on*** ~ ***of*** …때문에 ***on all ~s*** = ***on every*** ~ 어느 모로 보나; 기어코 ***on no*** ~ = ***not ... on any*** ~ 결코 …(하지) 않다 ***on*** a person'***s*** ~ 남의 비용으로 ***on*** one'***s own*** ~ 독립하여; 자기(의 이익)를 위하여 ***on that*** [***this***] ~ 그[이] 때문에 ***take ... into*** ~ = ***take*** ~ ***of*** …을 고려하다 ***take no*** ~ ***of*** …을 무시하다 ***the great*** [***last***] ~ 〚그리스도교〛 최후의 심판(의 날) ***turn ... to*** (***good***) ~ …을 이용[활용]하다
— *vt.* 〈…을 …이라고〉 생각하다(consider), 여기다
— *vi.* **1** 〈이유를〉 밝히다, 설명하다 **2** …의 원인이 되다 《*for*》 **3** 책임을 지다 **4** (…의 비율을) 차지하다 《*for*》
be much [***little***] ***~ed of*** 소중히 여겨지다[여겨지지 않다]
ac·count·a·bil·i·ty [əkàuntəbíləti] *n.* Ⓤ 책임 (있음)
***ac·count·a·ble** [əkáuntəbl] *a.* **1** 설명[해명]할 수 있는 **2** 책임이 있는 **-bly** *ad.*
ac·coun·tan·cy [əkáuntənsi] *n.* Ⓤ 회계사의 직[사무]
***ac·coun·tant** [əkáuntənt] *n.* 회계원, 경리 사무원; 회계사
accóuntant géneral 회계 과장; 경리 국장
accóunt bòok 회계 장부, 출납부
accóunt cúrrent = CURRENT ACCOUNT 《略 a/c》
accóunt dày 결제일
accóunt exècutive (광고업 등의) 고객 회계 주임
ac·count·ing [əkáuntiŋ] *n.* Ⓤ 회계(학); 〚컴퓨터〛 어카운팅, 회계
accóunt réndered 〚상업〛 지급 청구서, 대차 청산서
accóunt sàle 매상 계산서
ac·cou·ter | **-tre** [əkú:tər] *vt.* (특수한) 복장을 착용시키다 《*for*》
ac·cou·ter·ment | **-tre·ment** [əkú:tərmənt] *n. pl.* 복장; 〚군사〛 장구 《무기·군복 이외의》
Ac·cra [əkrɑ́:] *n.* 아크라 《아프리카 서부에 있는 Ghana의 수도》
ac·cred·it [əkrédit] *vt.* **1** 〈어떤 일을〉 …의 공적[짓]으로 치다[돌리다] **2** 믿다, 신용하다; 신임장을 주어 파견하다
ac·cred·it·ed [əkréditid] *a.* **1** 인정된, 공인된 **2** 〈신앙이〉 정통의(orthodox)
ac·cre·tion [əkrí:ʃən] *n.* Ⓤ **1** 증대 《발육·부착 등에 의한》 **2** Ⓒ 증가[부착]물 **3** 〚식물〛 공생
ac·cru·al [əkrú:əl] *n.* Ⓤ (자연) 증가[증식]; Ⓒ 증가물, 증가액 《이자·연체료 등》
ac·crue [əkrú:] *vi.* **1** 〈이익·이자 등이〉 생기다 **2** 〚법〛 (권리로서) 발생하다
acct. account; accountant

ac·cul·tur·ate [əkʌ́ltʃərèit] *vt.*, *vi.* (다른 문화와의 접촉에 의해) 문화를 변용시키다, 문화가 변용하다
ac·cul·tur·a·tion [əkʌ̀ltʃəréiʃən] *n.* 〖사회〗(다른 문화 간의 접촉으로 인한) 문화 변용(變容)
‡**ac·cu·mu·late** [əkjú:mjulèit] *vt.* 모으다, 축적하다 —*vi.* 모이다
‡**ac·cu·mu·la·tion** [əkjù:mjuléiʃən] *n.* **1** 축적; 축재 **2** 축적물
ac·cu·mu·la·tive [əkjú:mjulèitiv, -lət-] *a.* 축적하는; 적립식의
ac·cu·mu·la·tor [əkjú:mjulèitər] *n.* **1** 축적자, 축재자 **2** (영) 축전지; 〖컴퓨터〗 누산기(累算器)
‡**ac·cu·ra·cy** [ǽkjurəsi] *n* Ⓤ **정확(성)**, 정밀도; 정확도
‡**ac·cu·rate** [ǽkjurət] *a.* **정확**[정밀]**한** ***to be*** ~ 정확히 말해서
***ac·cu·rate·ly** [ǽkjurətli] *ad.* **정확히** (exactly), 정밀하게
***ac·curs·ed** [əkə́:rst, əkə́:rsid], **ac·curst** [əkə́:rst] *a.* **1 저주받은 2** 저주할; (구어) 지긋지긋한
accus. accusative
***ac·cu·sa·tion** [æ̀kjuzéiʃən] *n.* **1** 〖법〗 **고발**, 고소; 죄(명) **2 비난**
ac·cu·sa·tive [əkjú:zətiv] 〖문법〗 *a.* 대격의, 직접 목적격의 —*n.* 대격
ac·cu·sa·to·ry [əkjú:zətɔ̀:ri | -təri] *a.* 고소의; 비난의
‡**ac·cuse** [əkjú:z] *vt.* **1** 〖법〗 **고발**[**고소**]**하다 2 비난하다**
ac·cused [əkjú:zd] *a.* **1** 고발[고소]당한 **2** [the ~; 명사적] (형사) 피고인(들), 피의자
ac·cus·er [əkjú:zər] *n.* 고발인; 비난자
ac·cus·ing [əkjú:ziŋ] *a.* 고발하는; 비난하는 **~·ly** *ad.* 비난하듯
‡**ac·cus·tom** [əkʌ́stəm] *vt.* **1 익히다**, 익숙하게 하다 **2** [~ one*self* 로] (…에) **익숙해지다** (*to*)
‡**ac·cus·tomed** [əkʌ́stəmd] *a.* **1** (…에) **익숙해진** (*to*) **2** 평소의(usual)
***ace** [eis] *n.* **1** 〖카드·주사위〗 **에이스**, 1 **2** (구어) **최고의 것**; 제1인자, 명수; 최우수 선수 **3** 〖군사〗 격추왕 **4** 〖테니스·배구〗 서비스 에이스
within an **~ *of*** death[being killed] 하마터면 (죽을[피살될]) 뻔하여
a·ce·di·a [əsí:diə] *n.* Ⓤ 나태, 게으름
ace-high [éishái] *a.* (미·구어) 크게 인기가 있는, 아주 훌륭한
A·cel·da·ma [əséldəmə, əkél-] *n.* **1** 〖성서〗 아겔다마, 피의 밭 《예수를 배반한 유다가 자살한 밭》 **2** 유혈의 땅, 수라장
a·cen·tric [eiséntrik] *a.* 중심을 벗어난
a·cerb [əsə́:rb] *a.* 〈맛이〉 신, 떫은; 신랄한, 엄한
a·cer·bi·ty [əsə́:rbəti] *n.* **1** Ⓤ 신 맛, 떫은 맛 **2** Ⓤ 신랄함
ac·e·tal [ǽsətæ̀l] *n.* 〖화학〗 아세탈
ac·et·an·i·lide [æ̀sətǽnəlàid] *n.* Ⓤ 〖화학〗 아세트아닐리드 《해열·진통제》
ac·e·tate [ǽsətèit] *n.* 〖화학〗 아세트산염, 초산염
ácetate ráyon 아세테이트 《아세트산 인조 견사》
a·ce·tic [əsí:tik] *a.* 초의, 신맛 나는
acétic ácid 〖화학〗 아세트산 《식초의 주성분》
acétic anhýdride 〖화학〗 무수(無水) 아세트산
a·ce·ti·fy [əsí:təfài] *vt.*, *vi.* 시게 하다, 시어지다
ac·e·tone [ǽsətòun] *n.* Ⓤ 〖화학〗 아세톤 《무색·휘발성의 가연(可燃) 액체》
a·ce·tous [əsí:təs | ǽsi-] *a.* 초의; 신; 신랄한
a·ce·tyl [əsí:tl | ǽsətil] *n.* Ⓤ 〖화학〗 아세틸(기)
a·ce·tyl·cho·line [əsì:tlkóuli:n | æ̀sətil-] *n.* 〖생화학〗 아세틸콜린 《혈압 강하제》
a·cet·y·lene [əsétəlin | -lì:n] *n.* Ⓤ 〖화학〗 아세틸렌(가스)
a·ce·tyl·sal·i·cýl·ic ácid [əsì:tlsæ̀ləsílik-] 〖약학〗 아세틸살리실산, 아스피린
A·chae·a [əkí:ə] *n.* 아카이아 《고대 그리스의 한 지방》
A·chae·an [əkí:ən] *a.* 아카이아(Achaea)의; (문어) 그리스의 —*n.* 아카이아 사람; 그리스 사람(Greek)
A·cha·tes [əkéiti:z] *n.* **1** 〖그리스·로마신화〗 아카테스 《Virgil작 *Aeneid* 중의 인물》 **2** 신의가 두터운 친구
‡**ache** [eik] *vi.* **1 아프다**, 쑤시다 **2** (구어) …하고 싶어 못견디다
—*n.* ⒸⓊ **아픔**, 쑤심
Ach·er·on [ǽkərɑ̀n | -rɔ̀n] *n.* **1** 〖그리스·로마신화〗 아케론 강, 삼도(三途)내 **2** 저승; 지옥
‡**a·chieve** [ətʃí:v] *vt.* **1** 〈일·목적 등을〉 **이루다**, 성취하다 **2** 〈공적을〉 세우다; 〈명성을〉 얻다: ~ success 성공하다
a·chiev·a·ble *a.*
‡**a·chieve·ment** [ətʃí:vmənt] *n.* **1 달성**, 성취 **2 업적 3** Ⓤ 학업 성적
achíevement àge 〖심리·교육〗 성취[교육] 연령
achíevement quòtient 〖심리·교육〗 성취 지수 《略 AQ》
achíevement tèst 〖교육〗 학력 검사
Ach·il·le·an [æ̀kəlí:ən] *a.* 아킬레스의[같은], 불사신의, 힘이 매우 센
A·chil·les [əkíli:z] *n.* 〖그리스신화〗 아킬레스 《Homer 작 *Iliad* 중의 그리스 영웅》
Achílles(') héel 유일한 급소[약점]
Achílles(') téndon 〖해부〗 아킬레스건(腱)
ach·ro·mat·ic [æ̀krəmǽtik] *a.* 〖광학〗 수색성(收色性)의; 무색의
a·chro·ma·tism [eikróumətìzm] *n.* Ⓤ 〖광학〗 수색성(收色性); 무색
Ach·ro·my·cin [æ̀kroumáisin] *n.* 〖약학〗 아크로마이신 《상표명》
‡**ac·id** [ǽsid] *a.* **1 신, 신맛나는 2** 〖화학〗 산(성)의(opp. *alkaline*) **3** 신랄한
—*n.* **1** 〖화학〗 **산 2** 신 것
ac·id·head [-hèd] *n.* (속어) LSD 상용자 [중독자]
a·cid·ic [əsídik] *a.* 산(성)의; 산을 만드는
a·cid·i·fy [əsídəfài] *vt.*, *vi.* 시게 하다; 시어지다 **a·cìd·i·fi·cá·tion** *n.*

A

a·cid·i·ty [əsídəti] *n.* Ⓤ 신맛; 산(성)도; 신랄함
ac·i·dóph·i·lus mílk [æ̀sədɑ́fələs-|-dɔ́f-] 유산균(乳酸菌) 우유
ac·i·do·sis [æ̀sədóusis] *n.* Ⓤ 〖병리〗 애시도시스, 산독증(酸毒症)
ácid tést 엄밀한 검사; 엄격한 시련
ácid trìp 《속어》 LSD에 의한 환각 체험
a·cid·u·late [əsídʒulèit|-dju-] *vt.* 신맛이 나게 하다; 〈말 등을〉 신랄하게 하다
a·cid·u·lat·ed [əsídʒulèitid|-dju-] *a.* 신맛이 나는; 성미가 까다로운
a·cid·u·lous [əsídʒuləs|-dju-] *a.* 새콤한, 신맛이 나는
ack. acknowledge; acknowledg(e)ment
ack-ack [ǽkæ̀k] *n.* 고사포(사격)
áck ém·ma [ǽk-émə] 《영·구어》 오전(에): at 9 ~ 오전 9(에)
ackgt. acknowledg(e)ment
‡**ac·knowl·edge** [əknɑ́lidʒ|-nɔ́l-] *vt.* **1** 인정하다; 승인하다(admit) **2** 사례하다 **3** 〈편지 등을〉 받았음을 알리다
ac·knowl·edged [əknɑ́lidʒd|-nɔ́l-] *a.* 인정된; 승인된; 정평 있는
***ac·knowl·edg(e)·ment** [əknɑ́lidʒmənt|-nɔ́l-] *n.* **1** Ⓤ **승인**; 자인 《*of*》 **2** Ⓤ **사례**, 감사; Ⓒ 감사의 표시
ac·me [ǽkmi] *n.* [the ~] 절정, 극치
ac·ne [ǽkni] *n.* 〖병리〗 여드름(pimple)
a·cock [əkɑ́k|əkɔ́k] *ad., a.* Ⓟ 위로 세우고[세운]
ac·o·lyte [ǽkəlàit] *n.* **1** 〖가톨릭〗 시종직(侍從職), 복사(服事) **2** 조수
A·con·ca·gua [æ̀kəŋkɑ́:gwə|æ̀kɔŋ-] *n.* 아콩카과 《남미 Andes 산맥 중의 최고봉》
ac·o·nite [ǽkənàit] *n.* **1** 〖식물〗 바꽃 **2** Ⓤ 〖약학〗 아코닛 《진통제》
‡**a·corn** [éikɔ:rn, -kərn] *n.* **도토리**
ácorn cùp 각두(殼斗), (도토리의) 깍정이
ácorn shèll 도토리 껍질; 〖패류〗 굴등
ácorn tùbe [《영》 **vàlve**] 〖컴퓨터〗 에이콘관(管) 《도토리 모양의 진공관》
a·cot·y·le·don [eikɑ̀təlí:dn|æ̀kɔ̀t-] *n.* 〖식물〗 무자엽(無子葉) 식물, 민떡잎 식물
a·cous·tic [əkú:stik] *a.* 청각의; 음향(상)의
— *n.* = ACOUSTICS 2
a·cous·ti·cal [əkú:stikəl] *a.* = ACOUSTIC **~·ly** *ad.*
acóustical clóud 〖건축〗 (홀 천장의) 음향 반사판
acóustic guitár (전자 기타가 아닌) 보통 기타
acóustic míne 음향 기뢰
a·cous·ti·con [əkú:stəkɑ̀n|-kɔ̀n] *n.* 보청기 《상표명》
acóustic phonétics 음향 음성학
a·cous·tics [əkú:stiks] *n. pl.* **1** [단수 취급] 음향학 **2** [복수 취급] 음향 상태[효과] 《강당·극장 등의》
acpt. acceptance
‡**ac·quaint** [əkwéint] *vt.* [~ one*self* 로] **1** 익히 알게[정통하게] 하다 **2** 알리다
‡**ac·quain·tance** [əkwéintəns] *n.* **1** 아는 사람[사이] **2** Ⓤ 알고 있음, **면식 3 지식**
ac·quain·tance·ship [əkwéintənsʃip] *n.* 면식; 지식
‡**ac·quaint·ed** [əkwéintid] *a.* **1 정통한 2 안면이 있는**
be [***get, become***] **~ *with*** 〈사람과〉 아는 사이이다[가 되다]; …에 정통하다[해지다]
ac·quest [əkwést] *n.* 취득(물); 〖법〗 (상속에 의하지 않은) 취득 재산
ac·qui·esce [æ̀kwiés] *vi.* 묵인하다, 묵묵히 따르다 《*in*》
***ac·qui·es·cence** [æ̀kwiésns] *n.* Ⓤ **묵인**, 본의 아닌 동의
ac·qui·es·cent [æ̀kwiésnt] *a.* 묵묵히 따르는, 묵인하는 **~·ly** *ad.*
‡**ac·quire** [əkwáiər] *vt.* **1 취득하다**, 획득하다 **2 얻다**, 배우다; **몸에 익히다**
***ac·quired** [əkwáiərd] *a.* **1 획득한**, 기득(既得)의 **2** 후천적인
acquíred cháracter[**characterístic**] 〖유전〗 획득 형질(形質)
acquíred táste 후천적 기호[취미]
ac·quire·ment [əkwáiərmənt] *n.* **1** Ⓤ 취득, 획득, 습득 **2** [종종 *pl.*] 학식, 기예
***ac·qui·si·tion** [æ̀kwəzíʃən] *n.* Ⓤ **획득**; Ⓒ 취득물
ac·quis·i·tive [əkwízətiv] *a.* **1** 획득하려는 **2** 탐내는; 욕심 많은
~·ly *ad.* 탐내어 **~·ness** *n.* 욕심
***ac·quit** [əkwít] *vt.* **1 무죄로 하다 2 면제해 주다**
ac·quit·tal [əkwítl] *n.* ⓊⒸ **1** 〖법〗 무죄 방면 **2** 책임 해제 **3** (임무의) 수행
***ac·quit·tance** [əkwítns] *n.* **1** ⓊⒸ (채무의) **면제 2** (정식) 영수증
‡**a·cre** [éikər] *n.* **1 에이커** 《면적의 단위》 **2** [*pl.*] 토지(lands) **3** 《구어》 대량, 다수 《*of*》
a·cre·age [éikəridʒ] *n.* Ⓤ 에이커 수
ac·rid [ǽkrid] *a.* **1** 매운, 쓴 **2** 신랄한, 혹독한
ac·ri·dine [ǽkrədì:n, -din] *n.* 〖화학〗 아크리딘 《콜타르에서 채취하는 염료·의약품 원료》
ac·rid·i·ty [ækrídəti] *n.* Ⓤ 매움, 쓰디씀; 신랄함
Ac·ri·lan [ǽkrəlæ̀n] *n.* 아크릴란 《아크릴계 섬유; 상표명》
ac·ri·mo·ni·ous [æ̀krəmóuniəs] *a.* 통렬한, 신랄한, 독살스러운 **~·ly** *ad.*
ac·ri·mo·ny [ǽkrəmòuni|-mə-] *n.* Ⓤ 〈태도·말 등의〉 호됨, 신랄함, 독살스러움
ac·ro·bat [ǽkrəbæ̀t] *n.* 곡예사
ac·ro·bat·ic [æ̀krəbǽtik] *a.* 곡예의 **-i·cal·ly** *ad.*
ac·ro·bat·ics [æ̀krəbǽtiks] *n. pl.* **1** [복수 취급] 곡예, 줄타기 **2** [단수 취급] 곡예의 기술
ac·ro·gen [ǽkrədʒən] *n.* 〖식물〗 정생(頂生) 식물 《고사리·이끼 등》
ac·ro·nym [ǽkrənìm] *n.* 두문자어(頭文字語)
ac·ro·phobe [ǽkrəfòub] *n.* 고소 공포증이 있는 사람
ac·ro·pho·bi·a [æ̀krəfóubiə] *n.* Ⓤ 〖정신의학〗 고소 공포증

A

a·crop·o·lis [əkrápəlis | əkrɔ́p-] *n.* **1** (고대 그리스 도시의) 성채(城砦) **2** [the A~] (아테네의) 아크로폴리스

‡a·cross [əkrɔ́:s | əkrɔ́s] *prep.* **1** …을 가로질러 **2** …을 가로지른 곳에 **3** …과 교차하여 **4** … 의 도처에
— *ad.* **1** 가로질러 **2** 지름으로 **3** (십자형으로) 교차하여

a·cross-the-board [əkrɔ́:sðəbɔ́:rd | əkrɔ́sðəbɔ́:d] *a.* Ⓐ **1** 전 종류를 포함한, 전면적인 **2** 〖라디오·TV〗 주(週) 5일에 걸친 〈프로〉 《월요일부터 금요일》

a·cros·tic [əkrɔ́:stik | -rɔ́s-] *n.* 아크로스틱 《각 행의 머릿자 등을 모으면 말이 되는 유희시》; (일종의) 글자 수수께끼
— *a.* 아크로스틱의

ac·ryl [ǽkrəl] *n.* 〖화학〗 아크릴

a·cryl·ic [əkrílik] *a.* 〖화학〗 아크릴의

acrýlic ácid 〖화학〗 아크릴산

acrýlic fíber 〖화학〗 아크릴 섬유

acrýlic résin 〖화학〗 아크릴 수지

ac·ry·lo·ni·trile [æ̀krəlounáitril] *n.* Ⓤ 〖화학〗 아크릴로니트릴 《인공 수지의 원료》

‡act [ækt] *n.* **1** 행위, 짓, 소행 **2** 법령; 결의, 결의서 **3** (연극의) 막 **4** [the A~s; 단수 취급] 〖성서〗 사도행전
an ~ of God 〖법〗 불가항력, 천재(天災)
the A~s of the Apostles 〖성서〗 사도행전
— *vi.* **1** 행동하다, 처신하다, 행하다 **2** 직무를 맡아 보다 **3** 작용하다 **4** 출연하다
— *vt.* **1** 하다, 행하다 **2** 연기하다
~ against …에 반대하다; …에 불리한 일을 하다 ***~ on*** [***upon***] (1) …에 작용하다 (2) (충고 등을) 따르다 ***~ up*** 《구어》 사납게 굴다; 장난치다 ***~ up to*** 〈명성·기대 등에〉 어긋나지 않게 행동하다; 〈주의 등을〉 실행하다

actg. acting

Acth, ACTH [éisì:tì:éitʃ, ækθ] *n.* 부신 피질 자극 호르몬(제)

ac·tin [ǽktən] *n.* 〖생화학〗 액틴 《근육을 구성하며 그 수축에 필요한 단백질의 일종》

‡act·ing [ǽktiŋ] *a.* Ⓐ **1** 직무 대행의, 대리의 **2** 연출용의
— *n.* Ⓤ **1** 연출(법), 실연 **2** 연기

ac·tin·i·a [æktíniə] *n.* 〖동물〗 말미잘무리

ac·tin·ic [æktínik] *a.* 화학선의

actínic ráy 화학 방사선 《사진용》

ac·ti·nism [ǽktənìzm] *n.* Ⓤ 화학선 작용

ac·tin·i·um [æktíniəm] *n.* Ⓤ 〖화학〗 악티늄

ac·ti·nom·e·ter [æ̀ktənámətər | -nɔ́m-] *n.* 〖화학〗 (화학) 광량계(光量計)

ac·ti·no·my·cin [æ̀ktìnoumáisin] *n.* 〖생화학〗 악티노마이신 《땅속에 사는 방선균에서 분리한 항생 물질》

ac·ti·no·ther·a·py [æktìnouθérəpi] *n.* Ⓤ 〖의학〗 방사선 요법

ac·ti·no·zo·an [æ̀ktənouzóuən] *n.*, *a.* 〖동물〗 산호충류(의)

‡ac·tion [ǽkʃən] *n.* **1** Ⓤ 활동 **2** 행동; [*pl.*] 거동 **3** 작용 **4** 작동 **5** 전투 **6** Ⓤ (배우·운동선수 등의) 동작
bring [***come***] ***into*** ~ 활동시키다[하다]; 실행하다[되다] ***put ... in*** [***into***] ~ …을 운전시키다; 실행에 옮기다 ***take*** ~ 조치를 취하다 《*on*》

ac·tion·a·ble [ǽkʃənəbl] *a.* 소송을 제기할 수 있는

áction commìttee [**gròup**] (정치적) 행동대

áction pàinting 〖미술〗 행동 회화, 액션 페인팅

áction stàtions 〖군사〗 전투 배치

ac·ti·vate [ǽktəvèit] *vt.* **1** 활동적으로 하다 **2** 〖물리〗 방사능을 부여하다 **3** 〖화학〗 활성화하다 **4** 〖컴퓨터〗 기동(起動)시키다

ac·ti·vat·ed [ǽktəvèitid] *a.* 활성화된

ac·ti·va·tion [æ̀ktəvéiʃən] *n.* Ⓤ 활동적으로 하기; 〖화학〗 활성화

ac·ti·va·tor [ǽktəvèitər] *n.* 활동적으로 하는 사람; 〖생화학〗 활성제

‡ac·tive [ǽktiv] *a.* **1** 활동적인; 적극적인 **2** 활기찬(lively) **3** 활동 중인 **4** 〖군사〗 현역의 **5** 〖문법〗 능동(태)의

áctive cápital 〖경제〗 활동 자본

áctive dúty [**sérvice**] 〖군사〗 현역(근무)

***ac·tive·ly** [ǽktivli] *ad.* 활발히; 적극적으로

áctive vóice 〖문법〗 능동태

áctive volcáno 활화산

ac·tiv·ism [ǽktəvìzm] *n.* (정치적) 행동주의

ac·tiv·ist [ǽktəvist] *n.* (정치적) 행동주의자

‡ac·tiv·i·ty [æktívəti] *n.* **1** Ⓤ 활동 **2** 활약 **3** Ⓤ 활발 **4** Ⓤ 활기

‡ac·tor [ǽktər] *n.* **1** 배우, 남자 배우 **2** 행위자

‡ac·tress [ǽktris] *n.* 여자 배우

‡ac·tu·al [ǽktʃuəl] *a.* **1** 현실의, 사실상 **2** 현행의 **3** 행위의

ac·tu·al·i·ty** [æ̀ktʃuǽləti] *n.* **1** Ⓤ 현실(성) **2** [보통 *pl.*] 실상 ***in ~ 실제로

ac·tu·al·ize [ǽktʃuəlàiz] *vt.* 현실화하다; 실현하다

àc·tu·al·i·zá·tion *n.* Ⓤ 현실화, 실현

‡ac·tu·al·ly [ǽktʃuəli] *ad.* **1** 실지로(in fact), 실제로 **2** 현재 **3** 사실은; 정말로

ac·tu·ar·i·al [æ̀ktʃuέəriəl] *a.* Ⓐ 보험 통계의

ac·tu·ar·y [ǽktʃuèri | -tʃuəri] *n.* 보험 회계사[계리인]

ac·tu·ate [ǽktʃuèit] *vt.* **1** …에 작용하다; 〈기계 등을〉 가동시키다 **2** 〈사람을〉 행동하게 하다

ac·tu·a·tion [æ̀ktʃuéiʃən] *n.* Ⓤ 발동[충동] 작용

a·cu·i·ty [əkjú:əti] *n.* Ⓤ 《문어》 날카로움; (병의) 격심함

a·cu·men [əkjú:mən] *n.* Ⓤ 《문어》 예리함, 총명

a·cu·mi·nate [əkjú:mənət] *a.* 〖식물〗 〈잎 등이〉 뾰족한

ac·u·punc·ture [ǽkjupʌ̀ŋktʃər] *n.* Ⓤ 침술

A

‡a·cute [əkjúːt] *a.* **1 격렬한**(intense) **2**〈감각 등이〉 **예리한 3**〈사물의〉 **끝이 뾰족한 4**〈병이〉 급성의
~·ly *ad.* **~·ness** *n.*
ACV air-cushion vehicle 〖항공〗 호버크라프트
-acy [əsi] *suf.* 「성질; 상태; 직(職)」의 뜻: accur*acy*, celib*acy*, magistr*acy*
***ad** [æd] **[동음어 add]** [*ad*vertisement] *n.* 《구어》 **광고 —** *a.* Ⓐ 광고의
ad- [æd, əd] *pref.* 「…으로; …에」의 뜻
ad. adverb; advertisement
‡AD, A.D. [éidíː, ǽnoudɑ́mənài | -dɔ́m-] [L *A*nno *D*omini(=in the year of our Lord)] **그리스도 기원[서기]** …년
A·da [éidə] *n.* **1** 여자 이름 **2** 〖컴퓨터〗 에이더 《미국 국방부가 개발한 프로그램 언어》
ad·age [ǽdidʒ] *n.* 《문어》 격언, 속담
a·da·gio [ədɑ́ːdʒou, -dʒiːou] [It.] 〖음악〗 *a.*, *ad.* 아다지오, 느린, 느리게
— *n.* 느린 곡[악장, 악절]
***Ad·am** [ǽdəm] *n.* 〖성서〗 **아담** 《구약 성서에서 하느님이 처음으로 창조한 남자; 인류의 시조》
ad·a·mant [ǽdəmənt] *n.* Ⓤ (전설 상의) 단단한 돌
— *a.* 《문어》 **1** 매우 견고한 **2** 확고한 (firm)
ad·a·man·tine [æ̀dəmǽntiːn, -tain | -tain] *a.* 금강석 같은; 아주 견고한
Ad·am·ite [ǽdəmàit] *n.* **1** 아담의 자손, 인간 **2** 나체주의자
Ádam's ále[wíne] 《익살》 물
Ádam's àpple 결후(結喉), 후골(喉骨)
‡a·dapt [ədǽpt] *vt.* **1 적응시키다 2 개조하다; 개작[번안, 각색]하다**(modify)
a·dapt·a·bil·i·ty [ədæ̀ptəbíləti] *n.* Ⓤ 적응성; 융통성
a·dapt·a·ble [ədǽptəbl] *a.* **1** 적응할 수 있는 《*to, for*》 **2** Ⓟ 개조[개작]할 수 있는
‡ad·ap·ta·tion [æ̀dæptéiʃən, æ̀dəp-] *n.* **1** Ⓤ **적응 2** Ⓤ Ⓒ **개조; 개작,** 각색 《*for, from*》
***a·dapt·ed** [ədǽptid] *a.* **1 개조된;** 개작된 **2** Ⓟ …에 **적당한** 《*for, to*》
a·dapt·er, a·dap·tor [ədǽptər] *n.* **1** 개작자 **2** 〖기계〗 어댑터; 〖컴퓨터〗 확장카드
a·dap·tive [ədǽptiv] *a.* 적응할 수 있는 **~·ly** *ad.*
ADB Asian[African] Development Bank 아시아[아프리카] 개발 은행
ADC, A.D.C., a.d.c. aide-de-camp
A.D.C. 《영》 Amateur Dramatic Club
Ád·cock antènna [ǽdkɑk- | -kɔk-] 〖전자〗 애드콕 안테나 《방향 측정용》
‡add [æd] **[동음어 ad]** *vt.* **1 더하다,** 보태다 **2 합치다 3** 덧붙여 말하다
— *vi.* **1** 첨가하다 **2** 덧셈을 하다
~ *in* 삽입하다 **~ *on*** …을 덧붙이다, 보태다 **~ *to*** 첨가하다, 보태다 **~ *up*** 합계하다; 《구어》 이해가 가다 ***to* ~ *to*** this (이)에 더하여
add. addenda; addendum; additional; address
ad·dax [ǽdæks] *n.* 〖동물〗 아닥스 《북아프리카산 큰 영양》
ádd·ed líne [ǽdid-] 〖음악〗 덧줄, 가선(加線)
ádd·ed-vál·ue tàx [ǽdidvǽlju(ː)-] 부가가치세
ad·dend [ǽdend, ədénd] *n.* 〖수학〗 가수(加數)
ad·den·dum [ədéndəm] *n.* (*pl.* **-da** [-də]) 추가물; 보유(補遺)
add·er¹ [ǽdər] *n.* **1** 계산하는 사람 **2** = ADDING MACHINE
ad·der² *n.* 〖동물〗 살무사의 일종
ad·der's-tongue [ǽdərztʌ̀ŋ] *n.* 〖식물〗 고사리의 일종; 《미》 얼레지
ad·dict [ədíkt] *vt.* **1** [~ one*self*로] 〈나쁜 버릇·일에〉 빠지게 하다 《*to*》 **2** 마약 등에 중독시키다 **—** [ǽdikt] *n.* (마약 등의) 상용자: an opium[a drug] ~ 아편[마약] 중독자
ad·dic·tion [ədíkʃən] *n.* Ⓤ 탐닉, 중독
ad·dic·tive [ədíktiv] *a.* 중독성의
Ad·die [ǽdi] *n.* 여자 이름
ádd·ing machìne [ǽdiŋ-] 계산[가산]기
Ad·dis A·ba·ba [ǽdis-ǽbəbə] 아디스아바바 《에티오피아의 수도》
Ad·di·son [ǽdəsn] *n.* 애디슨 **Joseph ~** (1672-1719) 《영국의 평론가·시인》
Áddison's disèase 애디슨병 《부신(副腎)의 병》
‡ad·di·tion [ədíʃən] *n.* **1** Ⓤ **부가,** 추가 **2** Ⓤ Ⓒ 〖수학〗 **덧셈 3 부가물;** 증축
in* ~ *to …에 더하여, …외에 또
‡ad·di·tion·al [ədíʃənl] *a.* **부가적인,** 추가의 **~·ly** *ad.* 부가적으로
addítional táx 부가세
ad·di·tive [ǽdətiv] *a.* 부가적인
— *n.* (식품·휘발유 등에의) 첨가물
ad·dle [ǽdl] *vt.* 〈달걀을〉 썩이다; 〈머리를〉 혼란시키다 **—** *vi.* 〈달걀이〉 썩다; 〈머리가〉 혼란해지다 **—** *a.* 썩은; 혼란한
ad·dle·brained [ǽdlbrèind], **-head·ed** [-hèdid], **-pat·ed** [-pèitid] *a.* 머리가 혼돈된, 우둔한(stupid)
‡ad·dress [ədrés, ǽdres] *n.* **1 인사말; 연설,** 강연: deliver an ~ of thanks 감사 연설을 하다 **2** [미 ǽdres] (**수신인**) **주소;** 〖컴퓨터〗 어드레스 《기억 장치 안에 특정 정보가 있는 위치 또는 번호》 **3** Ⓤ 말하는 태도, 응대 태도 **4** Ⓤ (좋은) 솜씨 **5** 청원 **6** [*pl.*] 구혼, 구애 ***pay*** one***'s ~es to*** 〈여자〉에게 구애[구혼]하다
— [ədrés] *vt.* **1 말을 걸다, 연설하다 2 주소 (성명)을 쓰다;** 〖컴퓨터〗 (데이터의) 어드레스를 지정하다 **3** (항의 등을) 제출하다 **4** [~ one*self*로] 〈일 등에〉 본격적으로 착수하다
addréss bòok 주소록
ad·dress·ee [æ̀dresíː, əd-] *n.* 수신인
ad·dress·er, ad·dres·sor [ədrésər] *n.* 발신인
addréssing machìne (자동) 주소 인쇄기

A

Ad·dres·so·graph [ədrésəgræ̀f | -grɑ̀:f] *n.* = ADDRESSING MACHINE 《상표명》
ad·duce [ədjú:s | ədjú:s] *vt.* 예증(例證)으로서 들다, 인용하다
ad·duct [ədʌ́kt] *vt.* 〚생리〛 내전(內轉)시키다
ad·duc·tion [ədʌ́kʃən] *n.* Ⓤ 예증, 인증
ad·duc·tor [ədʌ́ktər] *n.* 〚해부〛 내전근
-ade [eid] *suf.* 「동작, 과정」의 뜻: escap*ade*, tir*ade*
Ad·e·laide [ǽdəlèid] *n.* **1** 여자 이름 **2** 애들레이드 《오스트레일리아 남부의 도시》
Ad·e·line [ǽdəlàin] *n.* 여자 이름
A·den [ɑ́:dn, éi- | éi-] *n.* 아덴 《예멘 남부의 항구 도시》
A·de·nau·er [ǽdənàuər, ɑ́:d-] *n.* 아데나워 **Konrad ~** (1876-1967) 《통일 전 서독의 초대 수상(1949-63)》
ad·e·nine [ǽdənì:n] *n.* 〚생화학〛 아데닌
ad·e·no·car·ci·no·ma [æ̀dənoukɑ̀:rsənóumə] *n.* (*pl.* **~s, ~·ta** [-tə]) 〚병리〛 선암(腺癌)
ad·e·noid [ǽdənɔ̀id] *a.* 〚의학〛 아데노이드의 — *n.* [보통 *pl.*] 아데노이드, 선양 증식(증)
ad·e·noi·dal [æ̀dənɔ́idl] *a.* = ADENOID
ad·e·no·ma [æ̀dənóumə] *n.* (*pl.* **~s, ~·ta** [-tə]) 〚병리〛 아데노마, 선종(腺腫)
a·den·o·sine [ədénəsì:n] *n.* 〚생화학〛 아데노신
adénosine diphósphate 〚생화학〛 아데노신 2인산(燐酸)
adénosine monophósphate 〚생화학〛 아데노신 1인산
adénosine triphósphate 〚생화학〛 아데노신 3인산
ad·e·no·vi·rus [æ̀dənouváiərəs] *n.* 〚의학〛 아데노바이러스
a·dept [ədépt, ǽdept] *a.* 숙달[정통]한 《*at, in*》 — [ǽdept] *n.* 숙련자, 명수(expert) 《*at, in*》
ad·e·qua·cy [ǽdikwəsi] *n.* Ⓤ 적절
‡ad·e·quate [ǽdikwət] *a.* **1** 충분한 **2** 알맞은 **~·ly** *ad.* **~·ness** *n.*
ADF automatic direction finder 〚항공〛 자동 방향 탐지기
ADHD attention deficit hyperactivity disorder 〚의학〛 주의 결함 다동 장애
‡ad·here [ædhíər, əd-] *vi.* **1** 들러붙다, 부착하다 《*to*》 **2** 신봉하다 **3** 집착하다, 고집하다 《*to*》
ad·her·ence [ædhíərəns, əd-] *n.* Ⓤ 고수, 집착; 충실 《*to*》
∗ad·her·ent [ædhíərənt, əd-] *a.* 점착성의, 부착하는
— *n.* 자기편, 지지자; 신봉자 《*of, to*》; [*pl.*] 여당 **~·ly** *ad.*
ad·he·sion [ædhí:ʒən, əd-] *n.* **1** Ⓤ 부착, 점착 **2** ⓊⒸ 〚병리〛 유착
ad·he·sive [ædhí:siv, əd-] *a.* 점착성의; 잘 들러붙는
— *n.* 점착성이 있는 것; 접착제, 반창고 **~·ly** *ad.* 끈끈하게
ad hoc [æd-hɑ́k | -hɔ́k] [L = for this] *ad.* 특별히 — *a.* 특별한
ad·hoc·ra·cy [ædhɑ́krəsi | -hɔ́k-] *n.* ⓊⒸ 《속어》 임기응변의 조직
ad ho·mi·nem [æd-hɑ́mənəm | -hɔ́m-] [L = to the man] *a., ad.* 대인적(對人的)인[으로], 인신공격적인[으로]
ad·i·a·bat·ic [æ̀diəbǽtik, eidàiə-] 〚물리〛 *a.* 단열적(斷熱的)인
∗a·dieu [ədjú: | ədjú:] *int.* **안녕**, 안녕히 가시오(good-by(e)!) — *n.* (*pl.* **~s, ~x** [-z]) 《문어》 작별, 고별(farewell)
ad inf. ad infinitum
ad in·fi·ni·tum [æd-ìnfənáitəm] [L = to infinity] *ad.* 무한히, 영구히
ad int. ad interim
ad in·te·rim [æd-íntərim] [L = for the time between] *ad., a.* 그동안에[의], 임시로[의]
ad·i·os [æ̀dióus, ɑ̀:di-] [Sp. = to God] *int.* 안녕
ad·i·pose [ǽdəpòus] *a.* 지방(질)의
— *n.* Ⓤ (동물성) 지방
ad·i·pos·i·ty [æ̀dəpɑ́səti | -pɔ́s-] *n.* Ⓤ 〚병리〛 지방 과다(증); 비만(증)
Ad·i·ron·dack [æ̀dərɑ́ndæk | -rɔ́n-] *n.* [the ~s] = ADIRONDACK MOUNTAINS
Adiróndack Móuntains [the ~] 애디론댁 산맥 《미국 애팔래치아 산맥의 일부》
ad·it [ǽdit] *n.* 입구(entrance)
ADIZ Air Defense Identification Zone 〚군사〛 방공(防空) 식별권(圈)
adj. adjective; adjunct; adjustment
ad·ja·cen·cy [ədʒéisənsi] *n.* Ⓤ 인접, 이웃 《*of*》
∗ad·ja·cent [ədʒéisənt] *a.* **이웃의**, 인접한, 부근의 《*to*》
ad·jec·ti·val [æ̀dʒiktáivəl] *a.* 형용사의 — *n.* 형용사적 어구 **~·ly** *ad.*
‡ad·jec·tive [ǽdʒiktiv] *n.* 〚문법〛 **형용사** — *a.* 〚문법〛 형용사의 **~·ly** *ad.*
‡ad·join [ədʒɔ́in] *vt.* **…에 인접하다**
— *vi.* 서로 인접하다
‡ad·join·ing [ədʒɔ́iniŋ] *a.* **서로 접한**, 이웃의
‡ad·journ [ədʒə́:rn] *vt.* **1** 〈회의 등을〉 **연기하다** **2** 〈회의 등을〉 **휴회[산회]하다**
— *vi.* **1** 회의를 연기하다; 휴회[산회]하다 **2** 《구어》 자리를 옮기다 **~·ment** *n.*
Adjt. (**Gen.**) Adjutant (General)
ad·judge [ədʒʌ́dʒ] *vt.* **1** 판결하다; 선고하다 **2** 재판하다 **3** 〈심사하여 상 등을〉 수여하다
ad·judg(e)·ment [ədʒʌ́dʒmənt] *n.* 판결, 선고; 판정
ad·ju·di·cate [ədʒú:dikèit] *vt.* 판결[재결, 선고]하다 — *vi.* 판결을 내리다 **-ca·tor** *n.*
ad·ju·di·ca·tion [ədʒù:dikéiʃən] *n.* **1** Ⓤ 판결, 재결 **2** ⓊⒸ 〚법〛 파산 선고
∗ad·junct [ǽdʒʌŋkt] *n.* **1** 부가물 **2** 〚문법〛 수식어(구); 〚논리〛 첨성(添性)
— *a.* 종속하는, 부속된
ad·junc·tive [ədʒʌ́ŋktiv] *a.* 부속의
ádjunct proféssor 《미》 외래 교수
ad·ju·ra·tion [æ̀dʒuəréiʃən] *n.* ⓊⒸ 서원(誓願), 간청; 엄명

ad·jure [ədʒúər] *vt.* 《문어》 **1** 엄명하다 **2** 간청하다(entreat)

‡**ad·just** [ədʒʌ́st] *vt.* **1 조절하다,** 맞추다 **2** 〈기계를〉 **조정하다**; 〈의견·분쟁 등을〉 조정하다 **3** [~ one*self* 로] 순응하다
— *vi.* **1** 〈기계가〉 조정되다 **2** 순응하다

ad·just·a·ble [ədʒʌ́stəbl] *a.* 조정[조절]할 수 있는

ad·just·er, ad·jus·tor [ədʒʌ́stər] *n.* **1** 조정자; 조절 장치 **2** 손해사정인 **3** [보통 adjustor] 〖생리〗 조정체(體)

‡**ad·just·ment** [ədʒʌ́stmənt] *n.* UC **1 조정**(調整), 조절 **2** (쟁의 등의) 조정(調停)

ad·ju·tan·cy [ǽdʒutənsi] *n.* U 부관의 직[직위]

ad·ju·tant [ǽdʒutənt] *n.* **1** 〖군사〗 부관 **2** 조수 **3** 〖조류〗 무수리 《황새과의 새》
— *a.* 보조의

ádjutant géneral 〖미군〗 **1** 고급 부관 **2** [the A~ G~] 군무(軍務) 국장

ad·less [ǽdlis] *a.* 광고 없는 〈잡지 등〉

ad lib [æd-líb] *ad.* 임의로, 즉흥적으로
— *n.* 즉흥적인 것[연주, 대사]

ad-lib [ædlíb] 《구어》 *v.* (**~bed**; **~·bing**) *vt.* 〈대사·곡을〉 즉흥적으로 지껄이다[노래하다] — *vi.* 즉흥적으로 하다
— *a.* 즉흥적인

ad lib. ad libitum

ad lib·i·tum [æd-líbətəm] *ad., a.* 〖음악〗 (연주자의) 임의로[의]

Adm. Admiral; Admiralty

ad·man [ǽdmæ̀n] *n.* 《구어》 광고업자, 광고 선전원

ad·mass [ǽdmæ̀s] *n.* 매스컴 광고에 영향받기 쉬운 일반 대중

ad·meas·ure [ædméʒər] *vt.* 〈토지 등을〉 할당하다; 측정하다 **~·ment** *n.*

***ad·min·is·ter** [ədmínistər] *vt.* **1 관리하다 2 다스리다,** 통치하다; 〈법률·규칙 등을〉 집행하다 **3** 〈약 등을〉 투여하다 **4** 선서시키다 — *vi.* 공헌하다, 도움이 되다

ad·min·is·trate [ədmínəstrèit] *vt., vi.* = ADMINISTER

‡**ad·min·is·tra·tion** [ədmìnəstréiʃən] *n.* **1** U **경영, 관리,** 운영 **2** U 통치, **행정**; C [종종 the A~] 《미》 정부, 내각: the Bush *A*~ 부시 정부[정권] **3** U 〈법률 등의〉 시행, 집행

***ad·min·is·tra·tive** [ədmínəstrèitiv, -trə-] *a.* **1 관리의,** 경영상의 **2 행정상의**
~·ly *ad.* 관리상

***ad·min·is·tra·tor** [ədmínəstrèitər] *n.* **1** 관리자 **2** 행정관

ad·min·is·tra·trix [ədmìnəstréitriks] *n.* (*pl.* **-tri·ces** [-trəsì:z], **~·es**) 여자 관리인, 여자 관재인

***ad·mi·ra·ble** [ǽdmərəbl] *a.* **1 칭찬할 만한, 감탄할 만한**(worth admiring) **2** 훌륭한 **-bly** *ad.* 훌륭하게

***ad·mi·ral** [ǽdmərəl] *n.* **1 해군 대장,** 해군 장성, 제독 《略 Adm., Adml.》 **2** 〖곤충〗 네발나빗과 나비의 속칭 **~·ship** *n.* U 해군 대장[장성]의 지위[임무]

ad·mi·ral·ty [ǽdmərəlti] *n.* **1** [the A~] 《영》 (예전의) 해군 본부 **2** U 《문어》 제해권 ***the Court of A~*** 《영》 해군 재판소

‡**ad·mi·ra·tion** [æ̀dməréiʃən] *n.* U 감탄, 찬양, 칭찬 《*of, for*》

‡**ad·mire** [ədmáiər] *vt.* **1 감탄하다, 탄복하다** (⇨ respect) **2** 《구어》 칭찬하다 **3** 《미》 …하고 싶어하다

‡**ad·mir·er** [ədmáiərər] *n.* **1 찬미자,** 팬 **2** (여성에 대한) 구애자

***ad·mir·ing** [ədmáiəriŋ] *a.* A **감탄하는**
~·ly *ad.* 감탄하여

ad·mis·si·ble [ədmísəbl] *a.* 들어갈 자격이 있는; 용인될 수 있는
ad·mìs·si·bíl·i·ty *n.*

‡**ad·mis·sion** [ədmíʃən] *n.* **1 a** U **들어감을 허락함[받음], 입장**; 들어갈 권리: an ~ ticket 입장권 **b** U [또는 an ~] **입장료 2** U **승인,** 용인; 자백

Admíssion Dày 《미》 (각 주의) 주제(州制) 기념일

admíssion fèe 입장료, 입회[입학]금

ad·mis·sive [ədmísiv] *a.* 입장[입회]의; 용인하는

‡**ad·mit** [ədmít] *vt.* **1** 〈사람·사물이 사람·사물을〉 **들이다, 넣다**(let in)(⇨ receive); 입장[입학, 입회]을 허락하다 **2 수용할 수 있다 3 허락하다; 인정하다** — *vi.* **1** …**의 여지가 있다 2** 인정하다

ad·mit·tance [ədmítəns] *n.* 입장, 입장 허가 《*to*》
No ~ (***except on business***)**.** 《게시》 (용무 이외의) 입장 금지.

ad·mit·ted [ədmítid] *a.* A 공인된

ad·mit·ted·ly [ədmítidli] *ad.* 일반적으로 인정하듯이; 틀림없이, 명백하게

ad·mix [ædmíks, əd-] *vt.* 혼합하다

ad·mix·ture [ædmíkstʃər, əd-] *n.* U 혼합; C 혼합물

Adml. Admiral; Admiralty

***ad·mon·ish** [ədmániʃ | -mɔ́n-] *vt.* **훈계하다,** 주의를 주다, 타이르다(reprove); 권고[충고]하다
~·ment *n.* = ADMONITION

***ad·mo·ni·tion** [æ̀dməníʃən] *n.* CU 훈계; 경고

ad·mon·i·tor [ədmánətər | -mɔ́n-] *n.* 훈계[경고, 충고]자

ad·mon·i·to·ry [ədmánətɔ̀:ri | -mɔ́nətəri] *a.* 권고하는, 경고하는

ad nau·se·am [æd-nɔ́:ziəm] [L = to nausea] *ad.* 싫증이 나도록

***a·do** [ədú:] *n.* U 야단법석(fuss), 소동; 고심

a·do·be [ədóubi] *n.* **1** U 어도비 벽돌 《햇볕에 말려서 만듦》 **2** 어도비 벽돌로 만든 집

***ad·o·les·cence, -cen·cy** [æ̀dəlésns(i)] *n.* U **청년기**; 사춘기

ad·o·les·cent [æ̀dəlésnt] *a.* 청년기의, 청춘의
— *n.* 청년 남자[여자]

Ad·olf [ǽdalf | -dɔlf] *n.* 남자 이름

A·dol·phus [ədálfəs | ədɔ́l-] *n.* 남자 이름

A·don·is [ədánis, ədóu- | ədóu-] *n.* **1**

〖그리스신화〗 아도니스 《여신 Aphrodite가 사랑한 미소년》 **2** 미소년, 미남자

⁑a·dopt [ədɑ́pt | ədɔ́pt] *vt.* **1 채용[채택]하다**; 〈외국어 등을〉 차용하다 **2 양자[양녀]로 삼다**

a·dopt·a·ble [ədɑ́ptəbl | ədɔ́pt-] *a.* 양자로 삼을 수 있는; 채택할 수 있는

a·dopt·ed [ədɑ́ptid | ədɔ́pt-] *a.* Ⓐ 양자가 된; 채택된

a·dopt·er [ədɑ́ptər | ədɔ́pt-] *n.* 채용자; 양부모

***a·dop·tion** [ədɑ́pʃən | ədɔ́p-] *n.* ⓊⒸ **1 채택**; 외국어의 차용 **2 양자 결연**

a·dop·tive [ədɑ́ptiv | ədɔ́p-] *a.* 채용하는; 양자 관계의: an ~ son 양자

a·dor·a·ble [ədɔ́:rəbl] *a.* **1** 공경[숭배]할 만한 **2** 《구어》 귀여운(charming) **~·ness** *n.* **-bly** *ad.*

ad·o·ra·tion [æ̀dəréiʃən] *n.* **1** Ⓤ 숭배, 예배 **2** Ⓤ 동경, 사모

⁑a·dore [ədɔ́:r] *vt.* **1 숭배하다 2** 경모하다 **3** 《구어》 아주 좋아하다

a·dor·er [ədɔ́:rər] *n.* 숭배자; 흠모자

a·dor·ing [ədɔ́:riŋ] *a.* 숭배[경모]하는 **~·ly** *ad.*

⁑a·dorn [ədɔ́:rn] *vt.* **1 꾸미다**, 장식하다 **2** 〈…의〉 아름다움을 돋보이게 하다

a·dorn·ment [ədɔ́:rnmənt] *n.* **1** Ⓤ 장식 **2** 장식품

a·down [ədáun] *ad.*, *prep.* 《고어·시어》 = DOWN

ADP 〖생화학〗 adenosine diphosphate; automatic data processing 〖컴퓨터〗 자동 정보 처리

ADR American Depository Receipt 미국 예탁 증권

ad·re·nal [ædrí:nl] 〖해부〗 *a.* **1** 신장 부근의 **2** 부신(副腎)의
— *n.* 부신(= ∼ **glànd**)

A·dren·a·lin [ədrénəlin] *n.* 아드레날린제 《상표명》

a·dren·a·line [ədrénəlin] *n.* Ⓤ 〖생화학〗 아드레날린 《부신 호르몬의 하나》

A·dri·an [éidriən] *n.* 남자 이름

A·dri·at·ic [èidriǽtik, æ̀d-] *a.* 아드리아해의
— *n.* [the ~] 아드리아해 (= ∼ **Séa**)

a·drift [ədríft] *ad.*, *a.* Ⓟ **1** 〈배가〉 표류하여 **2** 〈사람이 정처 없이〉 방황하여

a·droit [ədrɔ́it] *a.* 교묘한, 솜씨 좋은; 기민한, 영리한 **~·ly** *ad.* **~·ness** *n.*

ADSL asymmetric digital subscriber line[loop] 〖통신〗 비대칭 디지털 가입자 회선

ad·sorb [ædsɔ́:rb | -zɔ́:rb] *vt.*, *vi.* 〖화학〗 흡착(吸着)하다[되다]

ad·sor·bent [ædsɔ́:rbənt | -zɔ́:r-] *a.* 〖화학〗 흡착성의 **—** *n.* 흡착제

ad·sorp·tion [ædsɔ́:rpʃən | -zɔ́:r-] *n.* 〖화학〗 Ⓤ 흡착 (작용)

ad·sorp·tive [ædsɔ́:rptiv | -zɔ́:r-] *a.* 〖화학〗 흡착 (작용)의, 흡착성의

ad·u·late [ǽdʒulèit | ǽdju-] *vt.* 《문어》 아첨하다, 비위 맞추다 **-la·tor** *n.*

ad·u·la·tion [æ̀dʒuléiʃən | æ̀dju-] *n.* Ⓤ 아첨, 알랑거림

ad·u·la·to·ry [ǽdʒulətɔ̀:ri | ǽdjulèitəri] *a.* 아첨하는, 알랑거리는

⁑a·dult [ədʌ́lt, ǽdʌlt] *a.* **1 어른의, 성인의 2** 성장한, 성인이 된
— *n.* **어른, 성인**; 〖법〗 성년자

adúlt educátion 성인 교육

a·dul·ter·ant [ədʌ́ltərənt] *n.*, *a.* 혼합물(의)

a·dul·ter·ate [ədʌ́ltərèit] *vt.* 섞음질을 하다 **—** [-ət] *a.* 섞음질을 한

a·dul·ter·a·tion [ədʌ̀ltəréiʃən] *n.* Ⓤ 섞음질; Ⓒ 저질품

a·dul·ter·a·tor [ədʌ́ltərèitər] *n.* 저질품 제조자

a·dul·ter·er [ədʌ́ltərər] *n.* 간부(姦夫)

a·dul·ter·ess [ədʌ́ltəris] *n.* 간부(姦婦)

a·dul·ter·ous [ədʌ́ltərəs] *a.* 간통의, 불륜의

***a·dul·ter·y** [ədʌ́ltəri] *n.* ⓊⒸ **1 간통**, 부정 **2** 〖성서〗 간음

a·dult·hood [ədʌ́lthùd, ǽdʌlt-] *n.* Ⓤ 성인[어른]임; 성인기

ad·um·brate [ǽdʌmbrèit] *vt.* 《문어》 **1** 어렴풋이 나타내다 **2** 〈미래를〉 예시하다

ad·um·bra·tion [æ̀dʌmbréiʃən] *n.* ⓊⒸ **1** 윤곽 묘사, 약화(略畫) **2** 투영

adv. *ad valorem*; advance; adverb; adverbial(ly); advertisement

ad va·lo·rem [æd-vəlɔ́:rəm] [L = according to the value] *ad.*, *a.* 값에 따라서

⁂ad·vance [ədvǽns | -vɑ́:ns] *vt.* **1** 나아가게 하다 **2** 〈일을〉 **진척시키다 3 승진시키다 4** 〈의견·요구·제의 등을〉 **제출하다 5** 〈시간·기일을〉 **앞당기다**; 〈돈을〉 선불하다 **6** 〈값을〉 올리다
— *vi.* **1 나아가다**, 전진하다 **2 진보하다 3** 〈값이〉 오르다
— *n.* **1 전진**; 진행 **2 진보**; 진척 **3 승진 4** 구애, 접근 **5** 물가 상승 **6** 선불, 선금
in ~ 앞서서; 미리; 선금으로 ***make ~s*** 돈을 대체하다; 제의하다; 환심을 사려들다
— *a.* Ⓐ **1** 전진의, 선발의: an ~ party 선발대 **2** 앞서의, 사전의 : ~ sale 예매 **3** 선금의, 선불의

advánce àgent (흥행 단체 등의) 선발 교섭자, 사전 준비자

advánce cópy (출판사가 보내는) 신간 서적 견본

⁑ad·vanced [ədvǽnst | -vɑ́:nst] *a.* **1** 앞쪽에 놓은 **2 진보한**, 진보적인 **3 고급의**, 고등의

advánced crédit 《미》 (전입한 대학에서 인정하는) 전(前) 대학의 취득 학점

advánced guárd = ADVANCE GUARD

advánced lével 《영》 〖교육〗 상급 학력 고사

advánce guárd 〖군사〗 전위 (부대), 선발대

advánce màn = ADVANCE AGENT

***ad·vance·ment** [ədvǽnsmənt | -vɑ́:ns-] *n.* Ⓤ **1 전진**, 진출 **2 진보**, 발달 **3 승진 4** 〖법〗 (상속분의) 선불

⁂ad·van·tage [ədvǽntidʒ | -vɑ́:n-] *n.* **1** Ⓤ **유리**; 이익(⇨ benefit) **2 유리한 점**

A

have the ~ of …이라는 장점이 있다 ***take ~ of*** …을 이용하다 ***take*** a person ***at ~*** …의 허를 찌르다 ***to*** one***'s ~*** = ***to the ~ of*** …에게 유리하게 ***turn … to ~*** …을 이용하다 ***with ~*** 유리하게, 유효하게

— *vt.* 이롭게 하다 — *vi.* 이익을 얻다

∗**ad·van·ta·geous** [æ̀dvæntéidʒəs, -vən-] *a.* **유리한**(opp. *disadvantageous*); 이로운 **~·ly** *ad.* **~·ness** *n.*

∗**ad·vent** [ǽdvent] *n.* **1 출현, 도래 2** [A~] 그리스도의 강림; 강림절

Ad·vent·ist [ǽdventist] *n.* 그리스도 재림론자

ad·ven·ti·tious [æ̀dventíʃəs, -vən-] *a.* 우연의; 외래의 **~·ly** *ad.*

ad·ven·tive [ædvéntiv] *a.* 〖생물〗 외래의

Ádvent Súnday 강림절의 첫 일요일

‡**ad·ven·ture** [ədvéntʃər] *n.* **1** Ⓤ **모험**; 모험심 **2** (문어) **희한한 사건 3** ⓊⒸ 〖상업〗 투기

— *vt.* **1** (문어) 〈목숨을〉 걸다 **2** 감행하다 — *vi.* **1** 위험을 무릅쓰다 **2** 〈일을〉 대담하게 시도하다[착수하다]

∗**ad·ven·tur·er** [ədvéntʃərər] *n.* **1 모험가 2** 투기꾼(speculator)

ad·ven·ture·some [ədvéntʃərsəm] *a.* = ADVENTUROUS

ad·ven·tur·ess [ədvéntʃəris] *n.* ADVENTURER의 여성형

∗**ad·ven·tur·ous** [ədvéntʃərəs] *a.* **1 모험을 좋아하는,** 대담한 **2 모험적인,** 위험한 **~·ly** *ad.* **~·ness** *n.*

‡**ad·verb** [ǽdvəːrb] 〖문법〗 *n.* **부사** (略 *adv., ad.*) — *a.* 부사의

ad·ver·bi·al [ədvə́ːrbiəl] *a.* 부사의, 부사적인 **~·ly** *ad.*

ad ver·bum [æd-və́ːrbəm] [L = to a word] *ad., a.* 축어적(逐語的)으로[인], 직역적으로[인]

∗**ad·ver·sar·y** [ǽdvərsèri | -səri] *n.* **적**; (경기 등의) 상대자

ad·ver·sa·tive [ədvə́ːrsətiv] 〖문법〗 *a.* 반대의 뜻을 나타내는

— *n.* 반의 접속사

∗**ad·verse** [ædvə́ːrs, ∠-] *a.* (문어) **1 거스르는,** 반대의(opposed) **2** 불리한

∗**ad·ver·si·ty** [ædvə́ːrsəti] *n.* **1** Ⓤ **역경,** 불운 **2** [종종 *pl.*] 불행, 재난

ad·vert¹ [ədvə́ːrt] *vi.* (문어) **1** 언급하다 (*to*) **2** 주의를 돌리다 (*to*)

ad·vert² [ǽdvəːrt] *n.* (영·구어) = ADVERTISEMENT

ad·vert·ence, -en·cy [ədvə́ːrtns(i)] *n.* ⓊⒸ 주의; 언급

‡**ad·ver·tise, -tize** [ǽdvərtàiz] *vt.* **1 광고하다**; 선전하다 **2** 알리다(inform)

— *vi.* **1 광고하다 2** 자기 선전을 하다

‡**ad·ver·tise·ment, -tize-** [æ̀dvərtáizmənt, ədvə́ːrtis-] *n.* ⓊⒸ **광고**; 통지

advertísement cólumn 광고란

∗**ad·ver·tis·er, -tiz-** [ǽdvərtàizər] *n.* **광고자[주]**

∗**ad·ver·tis·ing** [ǽdvərtàiziŋ] *n.* Ⓤ **1** [집합적] **광고**(advertisements): an ~ agency 광고 대행사[회사] **2** 광고업

— *a.* 광고의, 광고에 관한

ádvertising màn = ADMAN

ad·ver·to·ri·al [æ̀dvərtɔ́ːriəl] *n.* 기사 형식의 광고, PR기사

‡**ad·vice** [ədváis] *n.* **1** Ⓤ **충고, 조언 2** 통지; [보통 *pl.*] 보고 ***ask ~ of*** …의 조언을 구하다 ***give*** a person ***a piece*** [***a bit, a word***] ***of ~*** …에게 한마디 충고를 하다 ***take*** a person***'s ~*** (전문가의) 의견을 묻다[에 따르다]

∗**ad·vis·a·ble** [ədváizəbl] *a.* Ⓟ **권할 만한**; 타당한; 현명한 **ad·vìs·a·bíl·i·ty** *n.*

ad·vis·a·bly [ədváizəbli] *ad.* [보통 문장 전체를 수식하여] 타당하여, 현명하게

‡**ad·vise** [ədváiz] *vt.* **1 충고하다,** 조언하다; **권하다 2** 〖상업〗 통지하다, 알리다

— *vi.* **1** 의논하다 **2** 충고하다

ad·vised [ədváizd] *a.* 숙고한, 신중한

ad·vis·ed·ly [ədváizidli] *ad.* 숙고한 끝에; 고의로

ad·vise·ment [ədváizmənt] *n.* Ⓤ (문어) 숙고

∗**ad·vis·er, ad·vi·sor** [ədváizər] *n.* **충고자,** 조언자; 고문 (*to*)

ad·vi·so·ry [ədváizəri] *a.* 조언하는; 권고하는; 자문[고문]의

ad·vo·ca·cy [ǽdvəkəsi] *n.* Ⓤ 옹호, 지지; 주장

∗**ad·vo·cate** [ǽdvəkèit] *vt.* **옹호[**변호, 지지**]하다, 주장[**창도**]하다**

— *n.* [-kət, -èit] **1 창도자,** 지지[옹호]자 **2** 대변자; (법정) **변호사**

ad·vo·ca·tor [ǽdvəkèitər] *n.* 주창[창도]자

ad·vow·son [ədváuzn] *n.* Ⓤ 〖영국법〗 성직자 추천권, 성직 수여권

advt. advertisement

adz(e) [ædz] *n., vt.* 까뀌(로 깎다)

AEA (영) Atomic Energy Authority

AE and P Ambassador Extraordinary and Plenipotentiary 특명 전권 대사

AEC Atomic Energy Commission (미) 원자력 위원회

ae·dile [íːdail] *n.* (고대 로마의) 조영관(造營官)

AEF Allied Expeditionary Force(s) 연합국 해외 파견군

Ae·ge·an [iːdʒíːən] *a.* 에게해의, 다도해의 ***the ~*** (***Sea***) 에게해, 다도해 (그리스와 터키 사이의 바다)

Aegéan Íslands [the ~] 에게해 제도

ae·ger [íːdʒər] *n.* 〖영〗 (대학의) 질병 진단서 (수험 불능을 증명하는)

ae·gis, egis [íːdʒis] *n.* **1** 〖그리스신화〗 Zeus신의 방패 **2** 보호; 후원: under the ~ *of* …의 보호[후원] 아래

Ae·ne·as [iníːəs] *n.* 〖그리스·로마신화〗 아에네아스 (트로이의 영웅)

Ae·ne·id [iníːid] *n.* [the~] Aeneas의 유랑을 읊은 서사시 (Virgil 작)

Ae·o·li·an [ióuliən] *a.* 바람의 신 Aeolus의

Ae·o·lus [íːələs] *n.* 〖그리스신화〗 아이올로스 (바람의 신)

ae·on, e·on [í:ən] *n.* **1** 영겁 **2** 〖천문〗 이온《시간의 단위; 10억년》

ae·py·or·nis [ì:piɔ́:rnis] *n.* 〖조류〗 융조(隆鳥)《타조류의 큰 새》

aer·ate [ɛ́əreit] *vt.* **1** 공기에 쐬다 **2**〈액체에〉 탄산 가스를 포화시키다

AERE Atomic Energy Research Establishment 《영》 원자력 연구소

*aer·i·al [ɛ́əriəl] *a.* **1** Ⓐ **공기의**; 기체의: an ~ current 기류 **2 공기 같은**; 희박한 **3** Ⓐ 공중의, 항공(기)의: an ~ bomb 투하 폭탄 **4** 가공의, 꿈같은(unreal) **5** 공중에서 사는: an ~ plant 기생(氣生) 식물
— *n.* 안테나 ~·**ly** *ad.*

áerial cábleway 공중 케이블, 가공 삭도

áerial làdder 《미》 (소방용) 고가사다리

áerial mìne 〖군사〗 공중 투하 기뢰; (낙하산 달린) 투하 폭탄

áerial photógraphy 항공 사진술

áerial ráilway = AERIAL CABLEWAY

áerial róot 〖식물〗 기근(氣根)

áerial torpédo 공중 어뢰

áerial trámway 공중 케이블, 로프웨이

ae·rie [ɛ́əri, íəri] *n.* (높은 곳에 있는 맹금(猛禽)류의) 둥지; (맹금류의) 한배 새끼

aer·i·fi·ca·tion [ɛ̀ərəfikéiʃən] *n.* Ⓤ 공기와의 화합; 기체화, 기화

aer·i·fy [ɛ́ərəfài] *vt.* 공기에 쐬다; 기화하다

aer·o [ɛ́ərou] *a.* 항공(기)의

aero- [ɛ́ərou] 《연결형》 「공기, 공중, 기체, 항공(기)」의 뜻

aer·o·bal·lis·tics [ɛ̀əroubəlístiks] *n. pl.* [단수 취급] 항공 탄도학

aer·o·bat·ic [ɛ̀ərəbǽtik] *a.* 고등[곡예] 비행의

aer·o·bat·ics [ɛ̀ərəbǽtiks] *n. pl.* [단수 취급] **1** 고등 비행술 **2** [복수 취급] 곡예 비행

aer·obe [ɛ́əroub] *n.* 〖생물〗 호기성(好氣性) 생물

aer·o·bee [ɛ́ərəbì:] *n.* 《미》 에어로비《초고층 대기 연구용 로켓의 일종》

aer·o·bic [ɛəróubik] *a.* **1** 호기성의 **2** 에어로빅스(aerobics)의

aeróbic dáncing 에어로빅 댄스

aer·o·bics [ɛəróubiks] *n. pl.* [복수 취급] 에어로빅 체조

aer·o·bi·ol·o·gy [ɛ̀əroubaiɑ́lədʒi | -ɔ́l-] *n.* Ⓤ 공중 생물학

aer·o·cam·era [ɛ́əroukæ̀mərə] *n.* 항공 사진기

aer·o·craft [ɛ́əroukræ̀ft | -krɑ̀:ft] *n.* = AIRCRAFT

aer·o·do·net·ics [ɛ̀əroudənétiks] *n. pl.* [단수 취급] (글라이더 등의) 활공 역학, 활공술

*aer·o·drome [ɛ́ərədròum] *n.* 《영》 (소형) **비행장**

aer·o·dy·nam·ic [ɛ̀əroudainǽmik] *a.* Ⓐ 공기 역학의 **-i·cal·ly** *ad.*

aer·o·dy·nam·ics [ɛ̀əroudainǽmiks] *n. pl.* [단수 취급] 공기 역학, 항공 역학

aer·o·dyne [ɛ́ərədàin] *n.* 〖항공〗 (공기보다 무거운) 중(重)항공기

aer·o·em·bo·lism [ɛ̀ərouémbəlìzm] *n.* Ⓤ 〖병리〗 공기 색전증(塞栓症)

aer·o·en·gine [ɛ́ərouéndʒin] *n.* 항공(기용) 엔진

aer·o·foil [ɛ́ərəfɔ̀il] *n.* 《영》 = AIRFOIL

aer·o·gram, -gramme [ɛ́ərəgræ̀m] *n.* **1** 무선 전보 **2** 항공 서간 **3** 기상 자기기(氣象自記器)의 기록

aer·o·graph [ɛ́ərəgræ̀f | -grɑ̀:f] *n.* 〖기상〗 (고층) 기상 자동 기록기

aer·o·hy·dro·plane [ɛ̀ərouháidrəplèin] *n.* 수상 비행기

aer·o·lite [ɛ́ərəlàit], **-lith** [-lìθ] *n.* 석질(石質) 운석

aer·ol·o·gy [ɛərɑ́lədʒi | -ɔ́l-] *n.* Ⓤ (고층) 기상학 **-gist** [-dʒist] *n.*

aer·o·ma·rine [ɛ̀əroumərí:n] *a.* 〖항공〗 해양 비행의

aer·o·me·chan·ic [ɛ̀əroumikǽnik] *a.* 항공 역학의
— *n.* 항공 기사; 항공 역학자

aer·o·me·chan·ics [ɛ̀əroumikǽniks] *n. pl.* [단수 취급] 항공 역학

aer·o·med·i·cine [ɛ̀əroumédəsin | -médsin] *n.* Ⓤ 항공 의학

aer·o·mo·tor [ɛ́əroumòutər] *n.* 항공기용 모터

aer·o·naut [ɛ́ərənɔ̀:t] *n.* 기구[비행선] 조종사

aer·o·naut·ic, -nau·ti·cal [ɛ̀ərənɔ́:tik(əl)] *a.* 항공학의; 항공술의

aer·o·nau·tics [ɛ̀ərənɔ́:tiks] *n. pl.* [단수 취급] 항공술; 항공학

aer·o·neu·ro·sis [ɛ̀ərənjuróusis | -njuə-] *n.* Ⓤ 〖병리〗 항공 신경증

ae·ron·o·my [ɛərɑ́nəmi | -rɔ́n-] *n.* Ⓤ 초고층 대기 물리학

aer·o-o·tí·tis média [ɛ̀ərououtáitis-] 〖병리〗 항공 중이염

aer·o·pause [ɛ́ərəpɔ̀:z] *n.* 대기계면(大氣界面)《지상 약 20,000-23,000m의 대기층》

aer·o·pho·bi·a [ɛ̀əroufóubiə] *n.* Ⓤ 〖정신의학〗 혐기증(嫌氣症); 비행 공포증

aer·o·phone [ɛ́əroufòun] *n.* 기명(氣鳴) 악기, 관악기

aer·o·pho·to [ɛ́əroufòutou] *n.* (*pl.* **-s**) 항공 사진

aer·o·pho·tog·ra·phy [ɛ̀əroufətɑ́grəfi | -tɔ́g-] *n.* Ⓤ 항공 사진술

*aer·o·plane [ɛ́ərəplèin] *n.* 《영》 **비행기**(《미》 airplane)

aer·o·scope [ɛ́ərəskòup] *n.* 대기 오염물 수집(검사)기

aero·sol [ɛ́ərəsɑ̀l, -sɔ̀:l | -sɔ̀l] *n.* Ⓤ 〖물리·화학〗 에어로졸, 연무질(煙霧質)

áerosol bòmb[spray] (살충제 등의) 분무기

aer·o·space [ɛ́ərouspèis] *n.* Ⓤ 대기권과 그 밖의 우주; 항공 우주 (공간)

aer·o·sphere [ɛ́ərəsfìər] *n.* 〖항공〗 대기권

aer·o·stat [ɛ́ərəstæ̀t] *n.* 경(輕) 항공기《기구·비행선 등》

aer·o·stat·ic, -i·cal [ɛ̀ərəstǽtik(əl)] *a.* 기체 정역학(靜力學)의; 항공술의

aer·o·stat·ics [ɛ̀ərəstǽtiks] *n. pl.* [단수 취급] 기체 정역학(靜力學)
aer·o·ther·mo·dy·nam·ics [ɛ̀ərou-θə̀:rmoudainǽmiks] *n. pl.* [단수·복수 취급] 공기 열역학(熱力學)
aer·o·train [ɛ́ərətrèin] *n.* 에어로트레인 《공기 부상(浮上) 고속 열차》
ae·ru·gi·nous [i:rú:dʒənəs | iərú:-] *a.* 초록색의
aer·y[1] [ɛ́əri, íəri] *n.* = AERIE
aer·y[2] [ɛ́əri, éiəri] *a.* 《시어》 공기의[같은]; 실체 없는, 공허한, 비현실적인
Aes·chy·lus [éskələs | í:s-] *n.* 아이스킬로스 《525-456 B.C. 그리스의 비극 시인》
Aes·cu·la·pi·us [èskjuléipiəs | ì:s-] *n.* 〖로마신화〗 의약과 의술의 신; 의사 **-pi·an** *a.*
****Ae·sop** [í:sɑp, -səp | -sɔp] *n.* 이솝 《620? - 560 B.C.; 그리스의 우화(寓話) 작가》
Áesop's Fábles 이솝 우화
aes·thete [ésθi:t | í:s-] *n.* **1** 유미(唯美)주의자, 탐미(耽美)주의자 **2** 심미가(審美家)
***aes·thet·ic, es-** [esθétik | i:s-] *a.* **1** 미의; 심미적인 **2** 미학의
aes·thet·i·cal [esθétikəl | i:s-] *a.* = AESTHETIC **~·ly** *ad.*
aesthétic dístance 심미적 거리
aes·thet·i·cism [esθétəsìzm | i:s-] *n.* Ⓤ 유미주의, 탐미주의; 예술 지상 주의
aes·thet·ics [esθétiks | i:s-] *n. pl.* [단수 취급] 〖철학〗 미학; 〖심리〗 미적 정서의 연구
aes·ti·val [éstəvəl | i:stáivəl] *a.* 여름(철)의, 하계의
aes·ti·vate [éstəvèit | í:s-] *vi.* 피서하다; 〖동물〗 여름잠을 자다
aes·ti·va·tion [èstəvéiʃən] *n.* Ⓤ 피서; 〖동물〗 여름잠
aet., aetat. *aetatis*
ae·ta·tis [i:téitis] [L = aged] *a.* 〈나이가〉 …살의 《略 aet. [i:t], aetat. [í:tæt]》
ae·ther [í:θər] *n.* = ETHER
ae·ti·ol·o·gy [ì:tiɑ́lədʒi | -ɔ́l-] *n.* = ETIOLOGY
af- [æf, əf] *pref.* = AD- 《f 앞에서》: *af*firm
Af. Africa(n)
A.F., a.f., a-f 〖통신〗 audio frequency
A.F., AF Admiral of the Fleet; Air Force; Allied Forces; Anglo-French
AFAIK as far as I know
a·far [əfɑ́:r] *ad.* 《문어》 멀리, 아득히 *~ **off*** 멀리에, 멀리 떨어져
AFC Air Force Cross 〖미공군〗 공군 십자상; automatic frequency control (라디오·텔레비전의) 자동 주파수 제어
af·fa·bil·i·ty [æ̀fəbíləti] *n.* Ⓤ 상냥함, 붙임성 있음
af·fa·ble [ǽfəbl] *a.* 상냥한, 붙임성 있는, 사근사근한 **-bly** *ad.*
****af·fair** [əfɛ́ər] *n.* **1** 사건, 일 **2** 일거리(business); [보통 *pl.*] 사무, 업무 **3** 《구어》 것, 물건 **4** (일시적인 불륜의) 정사
the state of ~s 사태, 형세
af·faire de cœur [əfɛ́ər-də-kə́:r] [F] *n.* 정사
****af·fect**[1] [əfékt] *vt.* **1** …에 영향을 미치다 **2** 〈병이 사람·신체의 부분을〉 침범하다 **3** 감동시키다
affect[2] *vt.* **1** …체하다 **2** 즐겨 사용하다 **3** 〈물건이 어떤 형태를〉 취하는 경향이 있다
***af·fec·ta·tion** [æ̀fektéiʃən] *n.* ⓊⒸ **1** 가장하기, …체함 **2** 짐짓 꾸밈, 뽐냄
af·fect·ed[1] [əféktid] *a.* **1** 영향을 받은; (병 등에) 걸린 **2** 감동된 **3** (어떤) 감정을 품은
affected[2] *a.* 젠체하는 **~·ly** *ad.*
af·fect·ing [əféktiŋ] *a.* 감동적인; 애처로운 **~·ly** *ad.*
****af·fec·tion** [əfékʃən] *n.* **1** Ⓤ 애정; [*pl.*] 애착 **2** Ⓤ 감동, 감정 **3** ⓊⒸ 영향 **4** 병(disease)
****af·fec·tion·ate** [əfékʃənət] *a.* **1** 애정이 깊은 **2** 애정어린
***af·fec·tion·ate·ly** [əfékʃənətli] *ad.* 애정을 담아, 자애롭게
Yours ~ = ***A~*** (***yours***) 친애하는 …으로부터 《편지를 맺는 말》
af·fec·tive [əféktiv] *a.* 감정의, 정서적인 **~·ly** *ad.*
af·fi·ance [əfáiəns] *vt.* 《문어》 약혼시키다
af·fi·da·vit [æ̀fədéivit] *n.* 〖법〗 선서서, 선서 진술서
af·fil·i·ate [əfílièit] *vt.* **1** 회원으로 가입시키다; 합병시키다 **2** 〖법〗〈사생아의〉 아버지로 정하다 **3** …에 기원[유래]을 밝히다 《*to, on*》 — *vi.* **1** 《미·구어》 교제하다 **2** 제휴하다
— [əfíliət] *n.* **1** 《미》 관계[외곽] 단체, 지부, 분회 **2** 가입자, 회원
af·fil·i·at·ed [əfílièitid] *a.* 가입한, 제휴하고 있는: an ~ company 계열[자매] 회사
af·fil·i·a·tion [əfìliéiʃən] *n.* Ⓤ **1** 입회, 가입; 제휴 **2** 양자 결연
affiliátion òrder 〖영국법〗 비적출자 부양료 지불 명령
af·fined [əfáind] *a.* 인척 관계의; 밀접하게 결합된
***af·fin·i·ty** [əfínəti] *n.* **1** (…에 대한) 애호; 친근감 《*for*》 **2** ⓊⒸ 인척 관계 **3** 유사성[점] **4** Ⓤ 〖화학〗 친화력
****af·firm** [əfə́:rm] *vt.* **1** 단언하다, 확언하다 **2** 〖법〗 〈하급 법원의 판결을〉 확인하다 **3** 〖논리〗 긍정하다 — *vi.* **1** 확언하다, 단언하다 **2** 〖법〗 확약하다
***af·fir·ma·tion** [æ̀fərméiʃən] *n.* ⓊⒸ **1** 확언, 단언 **2** 〖논리〗 긍정
***af·firm·a·tive** [əfə́:rmətiv] *a.* **1** 긍정의, 단정적인 **2** 〖논리〗 긍정적인 — *n.* **1** 긍정(적 대답) **2** 긍정어 **~·ly** *ad.*
af·fir·ma·to·ry [əfə́:rmətɔ̀:ri | -təri] *a.* 단정적인, 긍정의
af·fix [əfíks] *vt.* **1** 첨부하다(fix), 붙이다 **2** 〈도장을〉 찍다 **3** 〈허물·책임 등을〉 지우다(attach)
— [ǽfiks] *n.* **1** 첨부(물) **2** 〖문법〗 접사(接辭) 《접두사·접미사 등》
af·fla·tus [əfléitəs] *n.* Ⓤ (시인·예언자 등의) 영감(inspiration)

A

‡af·flict [əflíkt] *vt.* **괴롭히다**(distress)
***af·flic·tion** [əflíkʃən] *n.* **1** Ⓤ **고통, 괴로움** **2** 고민거리
af·flic·tive [əflíktiv] *a.* 고통을 주는
af·flu·ence [ǽflu(:)əns] *n.* Ⓤ 풍부; 부유
af·flu·ent [ǽflu(:)ənt] *a.* 풍부한 (*in*); 부유한 —*n.* 지류 **~·ly** *ad.*
af·flux [ǽflʌks] *n.* Ⓤ 유입(流入)
‡af·ford [əfɔ́:rd] *vt.* **1** [보통 can, could, be able to와 함께] …**할 수 있다, …할 여유가 있다** **2 공급하다,** 산출하다 **3** (문어) **주다**
af·for·est [æfɔ́:rist | əfɔ́r-] *vt.* 조림하다 (opp. *deforest*)
af·for·est·a·tion [æfɔ̀:ristéiʃən | əfɔ̀r-] *n.* Ⓤ 조림(造林), 식림
af·fran·chise [æfrǽntʃaiz, əf-] *vt.* 해방하다
af·fray [əfréi] *n.* (문어) 소란; 난투
af·freight [æfréit] *vt.* 〈배를〉 화물선으로서 용선(傭船)하다 **~·ment** *n.*
af·fri·cate [ǽfrikət] *n.* 〖음성〗 파찰음
af·fright [əfráit] (고어) *n.* 공포 (fright) —*vt.* 두려워하게 하다
***af·front** [əfrʌ́nt] *n.* **모욕**
—*vt.* **1 모욕하다** **2** 태연하게 맞서다
Af·ghan [ǽfgæn] *a.* 아프가니스탄(말, 사람)의 —*n.* 아프가니스탄 사람; Ⓤ 아프가니스탄 말
Af·ghan·i·stan [æfgǽnəstæ̀n] *n.* 아프가니스탄 (서아시아의 공화국; 수도 Kabul)
a·fi·ci·o·na·do [əfiʃiənɑ́:dou] [Sp.] *n.* 열렬한 애호가
a·field [əfí:ld] *ad.* **1** 들에 **2** 집[고향]에서 멀리 떨어져
a·fire [əfáiər] *ad., a.* Ⓟ **1** 불타 **2** 격해져
AFKN American Forces Korea Network 주한 미국 방송망 (지금은 AFN Korea)
a·flame [əfléim] *ad., a.* Ⓟ **1** 불타 올라(in flames) **2** (얼굴이) 화끈 달아
af·la·tox·in [æ̀flətɑ́ksin | -tɔ́ks-] *n.* Ⓤ 아플라톡신 (곡물의 곰팡이가 내는 발암성 독소)
AFL-CIO American Federation of Labor and Congress of Industrial Organizations 미국 노동 총연맹 산업별 회의
***a·float** [əflóut] *ad., a.* Ⓟ **1** 〈물위·공중에〉 **떠서** **2 해상에[의]**; 배 위에[의] **3** 침수하여 **4** 〈소문이〉 퍼져서
keep ~ 가라앉지 않게 하다
a·flut·ter [əflʌ́tər] *ad., a.* Ⓟ 〈날개·기등이〉 펄럭이고
à fond [ɑ:-fɔ́ŋ] [F] *ad.* 충분히, 철저하게
***a·foot** [əfút] *ad., a.* Ⓟ **1 일어나,** 움직여; 진행 중에 **2** (고어) 걸어서 (on foot)
set ~ 〈계획을〉 세우다; (일을) 시작하다
a·fore [əfɔ́:r] (연결형) before의 뜻
a·fore·men·tioned [-ménʃənd] *a.* 앞서 말한, 전술한
a·fore·said [-sèd] *a.* = AFOREMENTIONED
a·fore·thought [-θɔ̀:t] *a.* 미리 생각한, 계획적인: with malice ~ 〖법〗 살의를 품고
a·fore·time [-tàim] (고어) *ad., a.* 이전에[의]
a for·ti·o·ri [ei-fɔ̀:rʃiɔ́:rai] [L = with the stronger reason] *ad.* 한층 유력한 이유로, 더욱 더
a·foul [əfául] *ad., a.* Ⓟ (미) 엉클어져서; 충돌하여
run[fall] ~ of …와 충돌하다
AFP *Agence France-Presse* 프랑스 통신사
Afr. Africa(n)
A.-Fr. Anglo-French
‡a·fraid [əfréid] *a.* Ⓟ **1 두려워하여** (*of*) (**afraid** 마음이 약함, 겁이 많음을 암시하고 일반적으로 행동·발언 등을 할 수 없음을 나타냄. **fearful** 성격적으로 겁이 많고 불안한 마음이 강함을 나타냄) **2 걱정[염려]하여** (*of*) **3 유감으로 생각하는**
A-frame [éifrèim] *a.* A자형의
—*n.* 〖건축〗 A자형 틀
af·reet [ǽfri:t] *n.* (아라비아 신화의) 악마
***a·fresh** [əfréʃ] *ad.* **새로이,** 다시
Af·ric [ǽfrik] (고어·시어) *a.* = AFRICAN
‡Af·ri·ca [ǽfrikə] *n.* **아프리카 (대륙)**
***Af·ri·can** [ǽfrikən] *a.* **아프리카의**; 아프리카 사람의 —*n.* 아프리카 사람
~·ìsm *n.* Ⓤ 아프리카적 특색; 아프리카 사투리
Af·ri·can-A·mer·i·can [æ̀frikənəmérikən] *n., a.* (아프리카계) 미국 흑인(의)
Áfrican víolet 〖식물〗 아프리카 제비꽃
Af·ri·kaans [æ̀frikɑ́:ns] *n.* Ⓤ (남아프리카의) 공용 네덜란드 말
Af·ri·ka·ner [æ̀frikɑ́:nər] *n.* 남아프리카 태생의 백인 (특히 네덜란드계)
Af·ro [ǽfrou] *n.* 아프로 머리 (흑인의 헤어 스타일) —*a.* 〈머리가〉 아프로형의
Afro- [ǽfrou] (연결형) 「아프리카」의 뜻
Af·ro-A·mer·i·can [æ̀frouəmérikən] *n., a.* African-American의 구용어
Af·ro-A·sian [æ̀frouéiʒən | -ʃən] *a.* 아시아·아프리카의, 아시아계 아프리카인의
Af·ro-A·si·at·ic [æ̀frouèiʒiǽtik | -ʃiǽt-] *n.* Ⓤ, *a.* 〖언어〗 아시아·아프리카어족(의)
aft [æft | ɑ:ft] 〖항해·항공〗 *ad.* 고물(쪽)에, 기미(機尾)에 —*a.* 고물(쪽)에 있는, 후미[기미]의
AFT American Federation of Teachers 미국 교원 연맹
‡af·ter [ǽ(:)ftər | ɑ́:f-] *ad.* **다음에; 후에** —*prep.* **1** …**뒤에,** …**후에;** 다음에 **2** …**에 따라서,** …**을 본받아** **3** …**의 뒤를 쫓아서,** …**를 찾아서** **4** …**에 관하여** **5** …**에도 불구하고**
~ all (1) [문장 머리에 써서] 아무튼, 하지만, 어쨌든: *A~ all,* we are friends. 뭐니뭐니 해도 친구들 사이니까. (2) [문장 끝에 써서] 역시, 결국 ***A~ you with ...*** 먼저 쓰시고 건네 주세요.
—*conj.* (…한) **후에**
—*a.* 후의: (in) ~ year 후년(에)

af·ter·birth [-bə̀:rθ] *n.* 〖의학〗 후산(後産)
af·ter·bod·y [-bɑ̀di | -bɔ̀di] *n.* (배·항공기·로켓 등의) 후부 선체[기체, 동체]
af·ter·burn·er [-bə̀:rnər] *n.* 애프터버너 《제트 엔진의 재연소(再燃燒) 장치》
af·ter·burn·ing [-bə̀:rniŋ] *n.* Ⓤ (제트 엔진의) 재연소(법)
af·ter·care [-kɛ̀ər] *n.* Ⓤ **1** 병후[산후]의 몸조리 **2** 갱생 지도 《출소 후 등의》
áfter còst 〖회계〗 사후(事後) 비용
af·ter·crop [-krɑ̀p | -krɔ̀p] *n.* 후작, 뒷그루
af·ter·damp [-dæ̀mp] *n.* Ⓤ 폭발 후 갱내에 남는 유독 가스
af·ter-dark [-dɑ̀:rk] *a.* 해진 뒤의, 밤의
af·ter·deck [-dèk] *n.* 〖항해〗 후갑판
af·ter-din·ner [-dínər] *a.* 정찬 후의
af·ter·ef·fect [-ifèkt] *n.* 여파; (사고의) 후유증
af·ter·glow [-glòu] *n.* **1** 저녁놀 **2** 〖기상〗 잔광(殘光)
af·ter·heat [-hì:t] *n.* Ⓤ 〖물리〗 (원자로의 잔류 방사능에서 발하는) 여열(餘熱)
af·ter·im·age [-ìmidʒ] *n.* 〖심리〗 잔상(殘像)
af·ter·life [-làif] *n.* **1** [보통 단수] 내세 **2** Ⓤ 여생
af·ter·light [-làit] *n.* Ⓤ 저녁놀; 뒤늦은 생각[꾀]
af·ter·mar·ket [-mɑ̀:rkit] *n.* 부품[제2차] 시장, 서비스 용품 시장
af·ter·math [-mæ̀θ] *n.* [보통 단수] (목초의) 두벌베기 **2** 여파, 영향
af·ter·most [-mòust] *a.* 맨 뒤의
⁑af·ter·noon [æ̀ftərnú:n | ɑ̀:f-] *n.* 오후 — *a.* Ⓐ 오후의: an ~ sleep 낮잠
áfternoon dréss 애프터눈 드레스 《오후의 모임이나 방문 때에 입는 부인복》
áfternoon páper 석간 (신문)
af·ter·noons [æ̀ftərnú:nz | ɑ̀:f-] *ad.* 《미·구어》 오후에는 흔히[언제나]
áfternoon téa 《영》 오후의 차[다과회]
af·ters [ǽftərz | ɑ́:f-] *n. pl.* 《영·구어》 디저트(dessert)
af·ter-sales [-séilz] *a.* 《영》 판매 후의
áfter-sales sèrvice 애프터서비스
after-school [-skù:l] *a.* 방과 후의
af·ter·shave [-ʃèiv] *n.* 면도 후에 바르는 로션 —*a.* Ⓐ 면도 후의
af·ter·shock [-ʃɑ̀k | -ʃɔ̀k] *n.* 여진(餘震); 여파
af·ter·taste [-tèist] *n.* ⓊⒸ **1** 뒷맛 **2** 여운
af·ter-tax [-tæ̀ks] *a.* 세금을 공제한, 실수령의: an ~ income 세금을 뺀 순수입
af·ter·thought [-θɔ̀:t] *n.* 뒷궁리
af·ter·war [-wɔ́:r] *a.* = POSTWAR
⁂af·ter·ward [ǽftərwərd | ɑ́:f-] *ad.* **후에, 나중에**(later); 그후에
⁑af·ter·wards [ǽftərwərdz | ɑ́:f-] *ad.* = AFTERWARD
af·ter·word [-wə̀:rd] *n.* 맺는 말, 발문(跋文)
Ag 〖화학〗 *argentum* 《L = silver》
Ag. August
A.G. Adjutant General; Attorney General
ag- [æg, əg] *pref.* = AD- 《g 앞에서의 변형》: *ag*gression
⁂a·gain [əgén, əgéin] *ad.* **1 다시, 또 2 원상태로 3** 게다가 또 **4** 응하여, 반향하여 ***~ and ~*** = ***time and*** (***time***)***~*** 몇 번이고, 되풀이하여 ***be*** one***self ~*** (병이 나아서) 원래대로 되다 ***once and ~*** 다시 되풀이하여, 새로
⁂a·gainst [əgénst, əgéinst] *prep.* **1 …에 반대하여; …에 거슬러; …에 불리하게 2 …에 기대어 3 …에 대비하여 4 …와 대조적으로** ***as ~*** …와 비교하여, 대하여 ***close ~*** …에 접하여 — *conj.* 《고어·방언》 …하기 전에
Ag·a·mem·non [æ̀gəmémnən] *n.* 〖그리스신화〗 아가멤논 《트로이 전쟁 당시 그리스군 총지휘관》
a·gape¹ [əgéip] *ad., a.* Ⓟ 입을 딱 벌리고; 멍하니
a·ga·pe² [ɑ:gɑ́:pei | ǽgəpì:] [Gk] *n.* 〖그리스도교〗 사랑, 아가페 《인간에 대한 신의 사랑》; 애찬(愛餐) 《초기 그리스도교도의 회식》
a·gar(-a·gar) [ɑ́:gɑ:r, ǽɑ:r | éigə] *n.* Ⓤ **1** 우뭇가사리; 한천 **2** 〖생물〗 한천 배양기
ag·a·ric [ǽgərik, əgǽr-] *n.* 〖식물〗 주름버섯
ag·ate [ǽgət] *n.* Ⓤ **1** 〖광물〗 마노(瑪瑙) **2** 《미》 〖인쇄〗 아게이트 《5 1/2포인트 활자; = 《영》 ruby》
Ag·a·tha [ǽgəθə] *n.* 여자 이름
a·ga·ve [əgɑ́:vi | əgéi-] *n.* 〖식물〗 용설란
a·gaze [əgéiz] *ad., a.* Ⓟ 응시하여
AGC automatic gain control 〖통신〗 자동 이득 조정
⁂age [eidʒ] *n.* **1** Ⓤ **나이**: a girl (of) your ~ 네 또래의 소녀 **2** Ⓤ **성년** (= full ~); **노년 3** Ⓤ (생애의) **한 시기**; 수명, 일생 **4** 세대 **5** [종종 **A~**] **시대 6** [종종 *pl.*] 《구어》 오랫동안
be [***act***] one'***s ~*** 나이에 걸맞게 행동하다 ***for an ~*** = ***for ~s*** 오랫동안 ***for*** one'***s ~*** 나이치고는 ***from*** [***with***] ***~*** 나이 탓으로, 고령으로
— *vi.* 나이를 먹다, 늙다
— *vt.* 늙게 하다, 낡게 하다
-age [idʒ] *suf.* 「집합·상태·동작·결과·수량·요금」의 뜻: bagg*age*, pass*age*
áge bràcket (일정한) 연령층
⁑a·ged¹ [éidʒd] *a.* **1** Ⓟ **…살의**: a boy ~ 10 (years) 10세 소년 **2** 〈술·치즈 등이〉 숙성한
⁑a·ged² [éidʒid] *a.* **늙은**(old), 노령의 **~·ness** *n.*
age-grade [éidʒgrèid] *n.* 〖사회〗 연령 계급
áge gròup (특정한) 연령 집단
age·ing [éidʒiŋ] *n.* = AGING
age·less [éidʒlis] *a.* 늙지 않는; 영원한
áge lìmit 연령 제한, 정년(停年)
age·long [éidʒlɔ̀:ŋ | -lɔ̀ŋ] *a.* 오랫동안의
A·ge·na [ədʒí:nə] *n.* 《미》 어지너 《우주 로켓의 일종》

A

‡a·gen·cy [éidʒənsi] *n.* **1** 대리점 **2** Ⓤ 대리, 대행 **3** (미) (정부) 기관, …청(廳), …국(局) **4** Ⓤ 작용, 힘(force) **5** 중개, 주선

ágency shòp (미) 에이전시 숍 《조합 미가입자도 조합비를 내는 노동 조합 형태의 하나》

a·gen·da [ədʒéndə] [L] *n. pl.* (*sing.* **-dum** [-dəm]) 의사 일정, 협의 사항; 비망록

A·gene [éidʒi:n] *n.* Ⓤ 〖화학〗 3염화 질소 《밀가루 표백용; 상표명》

‡a·gent [éidʒənt] *n.* **1** 대리인; 주선인; 대리점 **2** 행위자, 발동자(發動者) **3** 작인(作因), 동인(動因) **4** 앞잡이, 스파이

ágent nòun 〖문법〗 행위자 명사 《보기: maker, actor》

age-old [éidʒòuld] *a.* 옛날부터의, 오랜 세월을 거친

AGF Asian Games Federation 아시아 경기 연맹

Aggie [ǽgi] *n.* 여자 이름 《Agatha, Agnes의 애칭》

ag·gior·na·men·to [ədʒɔ̀:rnəméntou] [It.] *n.* (*pl.* **-ti** [-ti:]) 〖가톨릭〗 현대화

ag·glom·er·ate [əglɑ́mərèit | -lɔ́m-] *vt.*, *vi.* 덩어리로 만들다[되다] — [-rət] *a.* 덩어리의 — [-rət] *n.* 덩어리

ag·glom·er·a·tion [əglɑ̀məréiʃən | -lɔ̀m-] *n.* ⓊⒸ 덩어리로 만듦[됨]; 덩어리

ag·glu·ti·nate [əglú:tənèit] *vt.*, *vi.* 접착[접합]시키다[하다] — [-nət] *a.* 교착한 **-nàted** *a.* 접합한, 교착성의

ag·glu·ti·na·tion [əglù:tənéiʃən] *n.* Ⓤ **1** 교착, 접합 **2** (상처의) 유착(癒着)

ag·glu·ti·na·tive [əglú:tənèitiv, -nət-] *a.* **1** 교착하는 **2** 〖언어〗 교착성의

ag·gran·dize [əgrǽndaiz, ǽgrəndàiz] *vt.* **1** 확대하다 **2** 강화하다

ag·gran·dize·ment [əgrǽndizmənt] *n.* Ⓤ 증대, 강화

***ag·gra·vate** [ǽgrəvèit] *vt.* **1** 악화시키다 **2** (구어) 화나게 하다

ag·gra·vat·ing [ǽgrəvèitiŋ] *a.* **1** 악화하는 **2** (구어) 화나는

ag·gra·va·tion [æ̀grəvéiʃən] *n.* ⓊⒸ **1** 악화(시킴) **2** (구어) 화남

ag·gre·gate [ǽgrigèit] *vt.* **1** …을 모으다 **2** (드물게) 총계 …이 되다
— *vi.* **1** 모이다
— [-gət] *a.* Ⓐ **1** 집합적인 **2** 총계의
— [-gət] *n.* **1** 집합(체) **2** 골재(骨材) **3** (문어) 총계 **~·ly** *ad.*

***ag·gre·ga·tion** [æ̀grigéiʃən] *n.* ⓊⒸ **1** 집합, 집성(集成) **2** 집합체, 집단

ag·gre·ga·tive [ǽgrigèitiv], **-ga·tory** [-gətɔ̀:ri] *a.* 집합하는; 집합성의

ag·gres·sion [əgréʃən] *n.* ⓊⒸ 침략, 공격

ag·gres·sive** [əgrésiv] *a.* **1** 침략적인, 공격적인 **2** (미) 적극적인, 활동적인 ***assume [***take***] ***the*** ~ 공세를 취하다, 공세로 나오다 **~·ly** *ad.* **~·ness** *n.*

ag·gres·sor [əgrésər] *n.* 침략자: an ~ nation[country] 침략국

ag·grieve [əgrí:v] *vt.* 괴롭히다, 학대하다; …의 감정을 해치다

ag·gro [ǽgrou] *n.* (영·속어) 항쟁; 분쟁; 도발

a·ghast [əgǽst | əgɑ́:st] *a.* Ⓟ 깜짝 놀라, 혼비백산하여

ag·ile [ǽdʒəl | ǽdʒail] *a.* 기민한, 재빠른 **~·ly** *ad.*

a·gil·i·ty [ədʒíləti] *n.* Ⓤ 민첩; 명민함

a·gin[1] [əgín] *prep.* (영·방언) = AGAINST

agin[2] *ad.* (구어·방언) = AGAIN

ag·ing [éidʒiŋ] *n.* Ⓤ 나이 먹음, 노화; (술 등의) 숙성(熟成)

ag·i·o·tage [ǽdʒətidʒ] *n.* Ⓤ 〖상업〗 환전업(換錢業); 투기, 투기 거래

‡ag·i·tate [ǽdʒətèit] *vt.* **1** 흔들다; 휘젓다 **2** 선동하다, 교란하다 **3** 활발히 논의하다 — *vi.* 선동하다, 여론을 환기하다

ag·i·tat·ed [ǽdʒətèitid] *a.* 흥분한; 동요한 **~·ly** *ad.* 동요[흥분]하여

‡ag·i·ta·tion [æ̀dʒətéiʃən] *n.* Ⓤ **1** 뒤흔들기, 휘저음 **2** 동요, 흥분 **3** ⓊⒸ 선동

a·gi·ta·to [æ̀dʒətɑ́:tou] [It.] *a.*, *ad.* 〖음악〗 격한[하여], 흥분한[하여]

***ag·i·ta·tor** [ǽdʒətèitər] *n.* **1** 선동자 **2** (세탁기 등의) 교반기

ag·it·prop [ǽdʒitprɑ̀p | -prɔ̀p] *n.*, *a.* (특히 공산주의의) 선동과 선전(의)

A·glai·a [əgléiə] *n.* 〖그리스신화〗 아글라이아 《미(美)의 3여신의 하나》

a·gleam [əglí:m] *ad.*, *a.* Ⓟ 번쩍번쩍; 빛나는

a·glow [əglóu] *ad.*, *a.* Ⓟ 타올라, 발개져서; 흥분하여

AGM air-to-ground missile 공대지(空對地) 미사일

ag·nail [ǽgnèil] *n.* 손거스러미

ag·nate [ǽgneit] *a.* 부계(父系)의, 〖법〗 남계친의; 동족[동종]의
— *n.* 부계 친족

Ag·nes [ǽgnis] *n.* 여자 이름 《애칭 Aggie》

ag·nos·tic [ægnɑ́stik | -nɔ́s-] 〖철학〗 *a.* 불가지론(不可知論)(자)의
— *n.* 불가지론자

ag·nos·ti·cism [ægnɑ́stəsìzm | -nɔ́s-] *n.* Ⓤ 〖철학〗 불가지론

Ag·nus De·i [ɑ́:gnus-déii:, ǽgnəs-dí:ai] **1** 하느님의 어린 양 《그리스도의 호칭의 하나》 **2** 하느님의 어린 양의 상 《그리스도의 상징》

‡a·go [əgóu] *a.* …전, …이전: five days ~ 5일 전에 — *ad.* [long ~로] 지금부터 전에, 이전에: long long ~ 옛날 옛적에

a·gog [əgɑ́g | əgɔ́g] *ad.*, *a.* Ⓟ 열망하여, 좀이 쑤셔

à go·go, a-go-go [əgóugòu] *ad.*, *a.* 마음껏, 열광적으로[인]

ag·o·nize, [ǽgənàiz] *vt.* 몹시 괴롭히다
— *vi.* 몹시 괴로워하다

ag·o·nized [ǽgənàizd] *a.* 괴로워하는, 고민하는

ag·o·niz·ing [ǽgənàiziŋ] *a.* 괴롭히는; 고민하는 **~·ly** *ad.*

‡ag·o·ny [ǽgəni] *n.* **1** Ⓤ 심한 고통; [*pl.*] 고통의 몸부림 **2** (감정의) 격발(outburst)

ágony còlumn 《영·구어》 (신문의) 개인 광고란 《찾는 사람·분실물 등》
ag·o·ra [ǽgərə] *n.* (*pl.* **~s, -rae** [-rìː]) (고대 그리스의) 집회; 집회장, 시장, 광장
ag·o·ra·pho·bi·a [æ̀gərəfóubiə] *n.* Ⓤ 〖정신의학〗 광장(廣場) 공포증
a·gou·ti, -ty [əgúːti] *n.* (*pl.* **~s, -ties**) 〖동물〗 아구티《중남미산 들쥐의 일종》
AGR advanced gas-cooled reactor 《영》 개량형 가스 냉각로
agr. agricultural; agriculture
a·grar·i·an [əgrέəriən] *a.* 농지의, 토지의: an ~ reformer 농지 개혁자
— *n.* 토지 균분[재분배]론자
a·grar·i·an·ism [əgrέəriənìzm] *n.* Ⓤ 토지 균분론[운동]
a·grav·ic [əgrǽvik] *a.* 〖우주〗 무중력(상태)의
‡**a·gree** [əgríː] *vi.* **1 동의하다**; 응하다; 승낙하다 《*to*》 **2 의견이 일치하다** **3** (음식·기후 등이) 맞다 — *vt.* 〈…하기로〉 의견이 일치하다
~ to differ[disagree] 서로 견해 차이를 인정하여 다투지 않기로 하다
‡**a·gree·a·ble** [əgríːəbl] *a.* **1 기분 좋은,** 유쾌한 **2** Ⓟ **기꺼이 동의하는** 《*to*》 **3** Ⓟ 맞는 《*to*》
~ to 〈규칙·이론 등〉에 따라, …대로
~·ness *n.*
a·gree·a·bly [əgríːəbli] *ad.* **1** 기꺼이 **2** (지시·약속 등)에 따라 《*to*》
a·greed [əgríːd] *a.* **1** Ⓐ 협정한[에 의한] **2** Ⓟ 동의하여
‡**a·gree·ment** [əgríːmənt] *n.* **1** ⓊⒸ **일치**; **동의**, **승낙** **2 협정**; **계약**
a·gré·ment [àːgreimáːŋ] [F] *n.* 〖외교〗 아그레망 《대사·공사 파견에 대한 주재국의 승인》
ag·ri·busi·ness [ǽgrəbìznis] *n.* 농업 관련 산업
‡**ag·ri·cul·tur·al** [æ̀grikʌ́ltʃərəl] *a.* **농업의**
ag·ri·cul·tur·al·ist [æ̀grikʌ́ltʃərəlist] *n.* 《미》 = AGRICULTURIST
‡**ag·ri·cul·ture** [ǽgrikʌ̀ltʃər] *n.* Ⓤ **농업**; **농학, 농예**
ag·ri·cul·tur·ist [æ̀grikʌ́ltʃərist] *n.* **1** 농학자 **2** 농업가
ag·ri·mo·ny [ǽgrəmòuni | -mə-] *n.* 〖식물〗 짚신나물속(屬)의 식물
ag·ri·mo·tor [ǽgrəmòutər] *n.* 농경용 트랙터
ag·ri·ol·o·gy [æ̀griálədʒi | -ɔ́l-] *n.* Ⓤ 미개 사회학
ag·ro·bi·ol·o·gy [æ̀groubaiálədʒi | -ɔ́l-] *n.* Ⓤ 농업 생물학
a·grol·o·gy [əgrálədʒi | -rɔ́l-] *n.* 농업 과학, 응용 토양학
ag·ro·nom·ic, -i·cal [æ̀grənámik-(əl) | -nɔ́m-] *a.* 농경법(農耕法)의
ag·ro·nom·ics [æ̀grənámiks | -nɔ́m-] *n.* 경종학(耕種學); 농업 경영학
ag·ron·o·mist [əgránəmist | -rɔ́n-] *n.* 농경학자
a·gro·no·my [əgránəmi | -rɔ́n-] *n.* Ⓤ 농업 경제학, 경종학
a·ground [əgráund] *ad., a.* Ⓟ 〖항해〗 좌초하여
agt. agent; agreement
a·gue [éigjuː] *n.* Ⓤ **1** 〖병리〗 학질 **2** 오한
a·gu·ish [éigju(ː)iʃ] *a.* **1** 학질에 걸린 **2** 오한이 나는
‡**ah** [ɑː] *int.* 아아! 《기쁨·슬픔·놀람·고통·경멸·동정·한탄 등을 나타냄》
Ah, a.h. ampere-hour
***a·ha** [ɑːhɑ́ː, əhɑ́ː] *int.* **1** 아하!, 으흥! 《놀람·기쁨·승리·비웃음·비꼼 등을 나타냄》 **2** 그래, 알았어 《말·의도 등을 이해하였음을 나타냄》
ah·choo [ɑːtʃúː] *int., n.* 에취 《재채기 소리》
‡**a·head** [əhéd] *ad.* **1 앞쪽에, 앞으로** **2** [시간적으로] **앞에** **3** (시간을) **빠르게, 앞당겨**
~ of (1) …의 전방에; …보다 앞에 (나아가) (2) (시간적으로) …보다 이전에 (3) …보다 나아, 보다 앞서 ***get ~ in the world*** 출세하다 ***go ~*** (1) 앞으로 나아가다 (2) 〈일이〉 진행되다 (3) (망설이지 않고) 〈이야기·일 등을〉 진행시키다: Go~! (1) (재촉하여) 자 어서! (2) 《미》 (전화에서) 말씀하세요.
a·hem [hm, əhém] *int.* 음!, 으흠!, 에헴! 《주의 환기·의심·경고를 나타낼 때, 말이 막혔을 때에 내는 소리》
a·his·tor·ic, -i·cal [èihistɔ́ːrik(əl)] *a.* 역사와 관계없는; 역사에 무관심한
a·hoy [əhɔ́i] *int.* 〖항해〗 어어이! 《다른 배를 부르는 소리》
Ship ~! 어어이, 이봐 그 배!
à huis clos [ɑː-wíː-klóu] [F] *ad.* 비공개로, 비밀리에
a·hull [əhʌ́l] *ad.* 〖항해〗 돛을 걷고 타륜을 바람 불어가는 쪽으로 잡아 매어 《폭풍우에 대비해서》
ai[1] [ɑːi] *n.* 〖동물〗 세발가락나무늘보 《중남미산》
ai[2] [ai] *int.* 아아 《고통·슬픔·연민 등을 나타냄》
AI Amnesty International; artificial intelligence 인공 지능
AIA American Institute of Architects 미국 건축가 협회
‡**aid** [eid] [동음어 aide] *vt.* **1 돕다,** 거들다 **2** 조성(助成)하다 — *vi.* 도움이 되다
~ and abet 〖법〗 범행을 방조하다 ***come[go] to*** a person***'s ~*** …을 원조하러 오다[가다] ***in ~ of*** …을 돕기 위해 ***What's (all) this in ~ of?*** 《영·구어》 목적[이유]이 무엇인가?; 도대체 무슨 뜻인가?; 도대체 어떻게 된 일인가?
— *n.* **1** Ⓤ **도움, 조력**; 원조 **2** 조수
AID Agency for International Development 《미》 국제 개발처 《국무부의 일부》; artificial insemination by donor 비배우자(非配偶者)간 인공 수정
aide [eid] [동음어 ade] *n.* **1** = AIDE-DE-CAMP **2** 조력자; 측근자 **3** 《미》 (대통령 등의) 보좌관
aide-de-camp, aid- [éiddəkǽmp | -kɔ́ːŋ] [F =assistant in the field] *n.* (*pl.* **aides-, aids-** [éidz-]) 〖군사〗 부관

A

aide-mé·moire [éidmemwɑ́ːr] [F] *n* (*pl.* **aides-** [éidz-]) 비망록; 〖외교〗 각서
aid·man [éidmæ̀n] *n.* 〖군사〗 위생병 《야전 부대에 배속된》
AIDS, Aids [eidz] *a*cquired *i*mmuno*d*eficiency *s*yndrome *n.* 〖병리〗 에이즈, 후천성 면역 결핍증
áid socìety 《미》 (교회의) 여성 자선 협회
áid stàtion 〖미군〗 야전 응급 치료소
ai·gret(te) [eigrét] *n.* **1** 〖조류〗 백로 **2** 백로 깃털 장식 《모자·투구 등의》
ai·guille [eigwíːl, ←] [F = needle] *n.* 뾰족한 산봉우리 《알프스 등의》
AIH artificial insemination by husband 배우자[부부]간 인공 수정
***ail** [eil] [동음어 ale] *vt.* 괴롭히다 — *vi.* [보통 진행형으로] 앓다
ai·lan·thus [eilǽnθəs] *n.* 〖식물〗 가죽나무속(屬)의 식물
Ail·een [ailíːn | éiliːn] *n.* 여자 이름
ail·er·on [éilərɑ̀n | -rɔ̀n] *n.* 〖항공〗 보조날개
***ail·ing** [éiliŋ] *a.* 병든; 괴로워하는
ail·ment [éilmənt] *n.* 《문어》 병; 불쾌
‡**aim** [eim] *vt.* **1** 겨누다 **2** 빗대어 말하다 《*at*》 — *vi.* **1** 겨냥하다; 빗대어 말하다 《*at*》 **2** 목표삼다, 뜻하다 **3** …할 작정이다 — *n.* **1** Ⓤ 겨냥 **2** 목적
take (***good***) ~ (***at***) (잘) 겨냥하다
AIM Air Interceptor Missile 공대공 요격 미사일
***aim·less** [éimlis] *a.* 목적[목표] 없는 **~·ly** *ad.* **~·ness** *n.*
aî·né [einéi] [F] *a.* 〈형제가〉 연장자의; 맏이의
***ain't** [eint], **an't** [ænt, ɑːnt, eint | ɑːnt] **1** 《구어》 am not의 단축형 **2** 《비표준》 are[is] not, have[has] not의 단축형
Ai·nu [áinuː] *n.* 아이누 사람; Ⓤ 아이누말 — *a.* 아이누 사람[말]의
‡**air** [ɛər] [동음어 heir] *n.* **1** Ⓤ 공기, 대기 **2** 외양, 태도(bearing) **3** 미풍 **4** 멜로디 **5** 하늘, 공중 **6** [*pl.*] 젠체하는 태도
beat the ~ 〖성서〗 헛수고하다 ***build a castle in the ~*** ⇨ castle. ***by ~*** (1) 비행기로 (2) 무전으로 ***give ~ to*** 〈의견 등을〉 발표하다 ***hit the ~*** 방송되다 ***in the ~*** (1) 공중에 (2) 〈소문 등이〉 퍼져서 (3) 미정으로 ***in the open ~*** 옥외[야외]에(서) ***on the ~*** 방송 중에 ***over the ~*** 방송에 의해서 ***take ~*** 《영》 알려지다 ***take the ~*** (1) 산책하러 나가다 (2) 이륙하다(take off) (3) 방송을 시작하다 ***tread*** [***walk, float***] ***on ~*** 기뻐 어쩔 줄 모르다 ***up in the ~*** (1) 기뻐 어쩔 줄 몰라 (2) 《구어》 흥분하여, 화나서 (3) 《구어》 미정의, 막연한
— *vt.* **1** 바람에 쐬다; 환기하다 **2** 〈의견을〉 발표하다; 〈불평을〉 늘어 놓다 **3** 《미·구어》 방송하다
áir alèrt 공습 경계 (태세); 공습 경계 경보
áir attàck 공습(air raid)
air-at·tack [ɛ́ərətæ̀k] *vt.* 공습하다
áir bàg (자동차의) 에어백 《부상 방지용 공기 주머니》
áir bàll [《영》 **ballòon**] 고무 풍선
áir bàse 공군 기지
áir bàth **1** 공기욕(空氣浴) **2** 통풍 건조기
áir bèd 공기 침대
áir blàdder (물고기의) 부레
áir blàst 공기 플라스크 《기계로 만드는 제트 기류》; 충격파
air·boat [-bòut] *n.* **1** 수상 비행기 **2** 프로펠러선
air·borne [-bɔ̀ːrn] *a.* 공중 수송의; 공기로 운반되는
áir bràke 〖기계·항공〗 공기 제동기
air-breathe [-brìːð] *vi.* 〈엔진 등이〉 (연료 산화를 위해) 공기를 빨아들이다
air-breath·er [-brìːðər] *n.* 공기 흡입 엔진
áir brìck 통풍[구멍 있는] 벽돌
air·brush [-brʌ̀ʃ] *n.* 에어브러시 《사진 수정 등에 사용》 — *vt.* 에어브러시로 수정하다
air·bus [-bʌ̀s] *n.* 에어버스 《중·단거리용 대형 여객기》
áir càrrier 항공(운송) 회사; (화물) 수송기
áir càrgo 항공 화물
áir càstle 공중 누각, 백일몽
áir cèll 〖생물〗 폐포(肺胞)
áir chàmber 〖기계〗 (수압 펌프 등의) 공기실
áir chìef márshal 《영》 공군 대장
áir còach 요금이 싼 여객기
áir còck 〖기계〗 공기 마개[콕]
áir commànd 항공 군단[총군] 《미공군의 최대 단위》
áir cómmodore 《영》 공군 준장
air-con·di·tion [-kəndìʃən] *vt.* 〈실내 공기를〉 에어컨으로 조절하다
air-con·di·tioned [-kəndìʃənd] *a.* 냉난방 장치를 한
áir condìtioner *n.* 공기 조절[냉난방] 장치, 에어컨
air-con·di·tion·ing [-kəndìʃəniŋ] *n.* 공기 조절 (장치) 《실내의 공기 정화, 온도·습도의 조절; 略 AC., A/C》
áir contròl 제공(권); 항공 (교통) 관제
áir contròller 항공 관제관
air-cool [-kúːl] *vt.* 〈내연 기관 등을〉 공랭(空冷)하다
áir còoling 공기 냉각법
áir còrridor 〖항공〗 공중 회랑 《국제 지정 항로》
áir còver 공중 엄호(비행대)
***air·craft** [ɛ́ərkræ̀ft | -krɑ̀ːft] *n.* (*pl.* ~) 항공기
áircraft càrrier 항공 모함
air·craft(s)·man [-kræ̀ft(s)mən | -krɑ̀ːft(s)-] *n.* 《영》 공군 이등병
air·crew [ɛ́ərkrùː] *n.* 항공기 승무원
áir cùrrent 기류(氣流)
áir cùrtain 〖건축〗 에어 커튼
áir cùshion 공기 쿠션
áir defènse 방공(防空)
áir divìsion 〖미공군〗 항공 사단
áir dòor 〖건축〗 = AIR CURTAIN
air·drome [-dròum] *n.* 《미》 비행장, 공항

air·drop [-dràp | -drɔ̀p] *vt.* (**~ped**; **~·ping**) 〈인원·장비·식료품 등을〉 공중 투하하다 — *n.* 공중 투하
áir dùct 통풍관; 급기관(給氣管)
Aire·dale [έərdèil] *n.* 에어데일 테리어 종(種)의 개 (= **~ tèrrier**)
áir edìtion (신문·잡지의) 공수판(空輸版)
áir exprèss (미) 소하물 항공 수송(업); 항공 속달
‡**air·field** [-fì:ld] *n.* **비행장**
air·fight [-fàit] *n.* 공중전
áir flèet 항공기 편대
air·flow [-flòu] *n.* 기류 《비행기 등 주위에 생기는》
air·foil [-fɔ̀il] *n.* (항공기 등의) 날개
áir fòrce 공군 《略 AF》
Áir Fòrce Óne 미국 대통령 전용기
air·frame [-frèim] *n.* 〖항공〗 (비행기의 엔진을 제외한) 기체
air·freight [-frèit] *n.* Ⓤ 항공 화물편; 항공 화물 운임; 항공 화물
~·**er** *n.* 화물 수송기
áir gàuge 기압계
air·glow [-glòu] *n.* 〖기상〗 대기광(光)
air·graph [-grǽf | -grɑ̀:f] (영) *n.* 항공 축사(縮寫) 우편
— *vt.* 항공 축사 우편으로 보내다
áir gùn 공기총; 에어건 《페이트 등의 분사 장치》
áir hàmmer 공기 해머
air·head [-hèd] *n.* **1** (미·속어) 바보, 멍청이 **2** (적지 내의) 낙하 교두보
áir hòle 바람 구멍
air·i·ly [έərəli] *ad.* 경쾌하게; 쾌활하게
air·i·ness [έərinis] *n.* Ⓤ 환기가 잘됨; 경쾌; 쾌활
air·ing [έəriŋ] *n.* **1** 공기[바람]에 쐼 **2** (미·구어) (라디오·텔레비전의) 방송
áiring cùpboard (영) 세탁물 건조 선반[장]
áir jàcket (영) = LIFE JACKET; 〖기계〗 공기 재킷
áir làne 항공로(airway)
air·less [έərlis] *a.* 공기 없는; 바람이 통하지 않는
áir lètter 항공 우편; 항공 봉함 엽서
air·lift [έərlìft] *n.* 공수(空輸); 공중 보급 — *vt.* 공수하다
air-line [-làin] *a.* (미) 최단(最短)의; 일직선의
***air·line** [έərlàin] *n.* **1 정기 항공**(**로**) **2** [종종 *pl.*; 단수 취급] **항공 회사**
***air·lin·er** [έərlàinər] *n.* (대형) **정기 여객기**
áir lòck 〖토목〗 에어로크, 기갑(氣閘)
áir lòg 〖항공〗 항공 일지; (비행기의) 비행 거리 기록 장치
‡**air·mail** [έərmèil] *n.* Ⓤ **항공 우편**
— *a.* 항공 우편의
— *ad.* 항공 우편으로 — *vt.* 항공 우편으로 보내다
***air·man** [έərmən] *n.* (*pl.* **-men** [-mən]) 비행사, 비행가, 파일럿
áir màp 항공 지도
áir màrshal (영) 공군 중장
áir màss 〖기상〗 기단(氣團)
áir màttress 에어 매트리스 《침대·구명대용》
áir mechànic 항공 정비병
áir mìle 항공 마일 《1항공 마일은 1,852 m》
air-mind·ed [-máindid] *a.* 비행기 여행을 좋아하는; 항공 분야에 관심을 가진
áir mìss 에어 미스 《near miss의 공식 용어》
áir mòtor 항공 발동 기관
áir óﬃcer (미) 해군 항공 참모
air·park [-pɑ̀:rk] *n.* (공업 지대 근처의) 작은 비행장
áir patròl 공중 정찰; 비행 정찰대
áir pìllow 공기 베개
áir pìracy 항공기 납치, 하이재킹
‡**air·plane** [έərplèin] *n.* (미·캐나다) **비행기**((영) aeroplane)
áirplane clòth[**fàbric**] 비행기 부품용 면포
áir plànt 〖식물〗 기생(氣生) 식물
áir pòcket 〖항공〗 에어 포켓, 수직 하강 기류
áir pollùtion 공기[대기] 오염
‡**air·port** [έərpɔ̀:rt] *n.* **공항**
air·post [-pòust] *n.* (영) = AIRMAIL
áir pòwer 공군력; 공군
áir prèssure 기압
air·proof [-prù:f] *a.* 공기가 통하지 않는, 내기성(耐氣性)의
áir pùmp 공기[배기(排氣)] 펌프
áir ràid 공습 《공격받는 쪽의 말; cf. AIR STRIKE》
air-raid [-rèid] *a.* 공습의
áir ràider 공습하는 비행기; 공습 대원
áir rìfle 공기총
áir rìght 〖법〗 공중권
áir ròute 항공로
áir sàc 〖생물〗 (새의) 공기주머니
air·scape [-skèip] *n.* 항공 사진
áir scòut 비행 정찰병; 정찰기
air·screw [-skrù:] *n.* (영) 프로펠러
áir-sea réscue [-sì:-] 해공 협동 해난 구조 작업
áir sèrvice 공군; [**A~ S~**] (육·해군의) 항공부; 항공 운수 사업
áir shàft (빌딩 등의) 통풍 공간
‡**air·ship** [έərʃìp] *n.* **비행선**
air·sick [-sìk] *a.* 비행기 멀미가 난
~·**ness** *n.* Ⓤ 항공병; 비행기 멀미
air·space [-spèis] *n.* **1** 영공(領空) **2** (실내의) 공기량; 〖건축〗 공기층
air·speed [-spì:d] *n.* 〖항공〗 대기(對氣) 속도
áir sprìng 〖기계〗 공기 (완충) 스프링
áir stàtion (격납고·정비 시설이 있는) 비행장
áir stèwardess (여객기의) 스튜어디스
áir stòp (영) 헬리콥터 발착소
air·stream [-strì:m] *n.* 기류
áir strìke 공습 《공격하는 쪽의 말; cf. AIR RAID》
air·strip [-strìp] *n.* (가설) 활주로
áir tèrminal 에어 터미널
air·tight [έərtàit] *a.* 밀폐한, 기밀(氣密)의; (미) 〈논리 등이〉 공격할 틈이 없는

air-to-air [ɛ́ərtuɛ́ər] *a.* Ⓐ, *ad.* 공대공(空對空)의[으로]: an ~ missile 공대공 미사일
air-to-sur·face [-təsə́:rfis], **-to-ground** [-təgráund] *a.* Ⓐ, *ad.* 공대지(空對地)의[로]
air-to-un·der·wa·ter [-tuʌ̀ndərwɔ̀:tər] *a.* Ⓐ, *ad.* 비행기에서 수중의[으로]
áir trànsport 항공 운수, 공수(空輸)
áir tràp (하수구 등의) 방취기(防臭器), 방취판(防臭瓣)
áir umbrèlla = AIR COVER
áir vàlve 공기 밸브
áir vice-már·shal [-vàismá:rʃəl] 《영》 공군 소장
áir wàrden 《미》 공습 감시원, 방공 지도원
*__air·way__ [ɛ́ərwèi] *n.* **1** 항공로 **2** 〖의학〗 기도 내 튜브 **3** 〖광산〗 통풍로 **4** [*pl.* ; 단수 취급] 항공 회사
áirway béacon 항공(로) 등대
air·wise [-wàiz] *a.* 항공 지식이 많은
air·wom·an [-wùmən] *n.* 여자 비행사
air·wor·thy [-wə̀:rði] *a.* 비행에 견딜 수 있는, 내공성(耐空性)이 있는
-thi·ness *n.* 내공성
*__air·y__ [ɛ́əri] *a.* **1** 바람이 잘 통하는 **2** 공기 같은, 공허한 **3** 〈사물이〉 가벼운 **4** 쾌활한 **5** 겉치레의, 공허한
*__aisle__ [ail] [동음어 isle] *n.* **1** 통로 **2** (교회당의) 측면의 복도
áisle sèat 통로쪽 좌석 (cf. WINDOW SEAT)
aitch [eitʃ] *n.* 'H'자[꼴, 음]
aitch·bone [éitʃbòun] *n.* (소의) 엉덩이뼈
a·jar[1] [ədʒá:r] *ad.*, *a.* Ⓟ 〈문이〉 조금 열려져
ajar[2] *ad.*, *a.* Ⓟ 조화되지 않아
A·jax [éidʒæks] *n.* 〖그리스신화〗 아이아스 《트로이 공격군의 용사》
AK 《미》 〖우편〗 Alaska
aka also known as 별칭(別稱)은
a·kim·bo [əkímbou] *a.* Ⓟ, *ad.* 손을 허리에 대고 팔꿈치를 양 옆으로 펴고
*__a·kin__ [əkín] *a.* 혈족의; 유사한 《*to*》
Al [æl] *n.* 남자 이름 《Albert의 애칭》
Al 〖화학〗 alumin(i)um
AL Alabama; American League; American Legion
al- [əl, æl] *pref.* = AD- 《l 앞에서》: *al*lure
-al [əl] *suf.* **1** 「…한 (성질의)」: post*al* **2** 「…함」: arrive>arriv*al*
a·la [éilə] *n.* (*pl.* **a·lae** [-li:]) 〖동물〗 날개, 익상부(翼狀部)
à la [á:-lɑ, -lə] [F = after the manner of] *prep.* …식의[으로]; 《구어》 …을 본딴
ALA American Library Association 미국 도서관 협회
Ala. Alabama
*__Al·a·bam·a__ [æ̀ləbǽmə] *n.* 앨라배마 《미국 남동부의 주; 略 Ala.》
al·a·bam·ine [æ̀ləbǽmin] *n.* 〖화학〗 알라바민 《기호 Ab》
*__al·a·bas·ter__ [ǽləbæ̀stər, -bɑ̀:s-] *n.* 설화 석고(雪花石膏)
— *a.* 설화 석고로 만든[같은]
a·lack [əlǽk] *int.* 《고어》 아아 《비탄·유감·놀람》
a·lac·ri·tous [əlǽkrətəs] *a.* 민활한, 민첩한
a·lac·ri·ty [əlǽkrəti] *n.* Ⓤ 민활; 활발
*__A·lad·din__ [əlǽdin] *n.* 알라딘 《아라비안 나이트에 나오는 인물》
Aláddin's lámp 알라딘의 램프
a·lae [éili:] *n.* ALA의 복수형
al·a·me·da [æ̀ləmí:də, -méi-] *n.* 《미》 가로수길, 산책길
al·a·mo [ǽləmòu, á:lə-] *n.* (*pl.* **~s**) 포플러, 미루나무
Al·a·mo [ǽləmòu] *n.* [the ~] 앨라모 요새 《미국 남부 San Antonio에 있음》
à la mode [à:-lə-móud, æ̀-] [F = in the fashion] *a.*, *ad.* **1** 유행의, 유행을 따라서 **2** 〖요리〗 아이스크림을 얹은[곁들인]
al·a·mode [æ̀ləmóud] *a.*, *ad* = À LA MODE — *n.* Ⓤ 얇고 윤이 나는 검은 비단
Al·an [ǽlən] *n.* 남자 이름
‡**a·larm** [əlá:rm] *n.* **1** Ⓤ 놀람 **2** 경보, 비상 신호 **3** 경보기; 자명종
— *vt.* 경보를 발하다; 놀라게 하다
alárm bèll 경종
‡**alárm clòck** 자명종
a·larmed [əlá:rmd] *a.* Ⓟ 겁 먹은, 불안해 하는; 깜짝 놀란
be ~ for (a person's safety) (…의 안부)를 염려하다
*__a·larm·ing__ [əlá:rmiŋ] *a.* 놀라운
~·ly *ad.*
a·larm·ism [əlá:rmizm] *n.* 기우(杞憂); 부질없이 세상을 소란케 함
alárm sìgnal 비상 경보(기)
a·lar·um [əlɛ́ərəm, əlǽrəm] *n.* 《영》 자명종 소리
‡**a·las** [əlǽs, əlá:s] *int.* 아아, 슬프도다, 가엾도다
Alas. Alaska
*__A·las·ka__ [əlǽskə] *n.* 알래스카 《미국 북서부의 한 주; 略 Alas.》
Aláska Híghway 알래스카 공로(公路)
A·las·kan [əlǽskən] *a.* 알래스카 (사람)의 — *n.* 알래스카 사람
Aláska (**Stándard**) **Tìme** 알래스카 표준시
A·las·tor [əlǽstər] *n.* 〖그리스신화〗 알라스토르 《복수의 신》
a·late, **a·lat·ed** [éileit(id)] *a.* 날개가 있는
alb [ælb] *n.* 〖가톨릭〗 장백의(長白衣)
Alb. Albania(n); Albany; Albert
al·ba·core [ǽlbəkɔ̀:r] *n.* 〖어류〗 날개다랑어
Al·ba·ni·a [ælbéiniə] *n.* 알바니아 《발칸 반도의 공화국》
Al·ba·ni·an [ælbéiniən] *a.* 알바니아 (사람·말)의 — *n.* 알바니아 사람; 알바니아 말
Al·ba·ny [ɔ́:lbəni] *n.* 올버니 《미국 New York 주의 주도; 미국 Georgia 주에 있는 도시》
al·ba·tross [ǽlbətrɔ̀:s | -trɔ̀s] *n.* 〖조류〗 신천옹

al·be·do [ælbí:dou] *n.* UC 〖천문·물리〗 알베도 《달·행성이 반사하는 태양 광선의 율》
al·be·it [ɔ:lbí:it] *conj.* 《문어》 비록 … 이기는 해도
Al·bert [ǽlbərt] *n.* **1** 남자 이름 **2** 앨버트공 **Prince ~** 《Victoria 여왕의 남편》 **3** [**a~**] 앨버트형 시계줄
Al·ber·ta [ælbə́:rtə] *n.* 앨버타 《캐나다 서부의 주》
al·bi·nism [ǽlbənìzm] *n.* U 《피부》 색소 결핍증
al·bi·no [ælbáinou | -bí:-] *n.* (*pl.* **~s**) 피부의 색소가 결핍된 사람; 〖동물·식물〗 백변종(白變種)
al·bi·not·ic [æ̀lbənɑ́tik | -nɔ́t-] *a.* 선천성 백피증(白皮症)의; 백변종(白變種)의
Al·bi·on [ǽlbiən] *n.* 앨비언 《England의 옛이름》
al·bite [ǽlbait] *n.* U 〖광물〗 조장석(曺長石)
ALBM air-launched ballistic missile 공중 발사 탄도탄
‡al·bum [ǽlbəm] *n.* **앨범** 《사진첩, 우표첩 따위》; 방명록
al·bu·men [ælbjú:min | ǽlbju-] *n.* (알의) 흰자위; 〖식물〗 배젖; = ALBUMIN
al·bu·min [ælbjú:min | ǽlbju-] *n.* U 〖생화학〗 알부민 《단백질의 일종》
al·bu·mi·nous [ælbjú:mənəs] *a.* 단백성의, 단백질을 함유한
al·bu·mi·nu·ri·a [ælbjù:mən*jú*əriə] *n.* U 〖병리〗 단백뇨증(尿症)
al·bur·num [ælbə́:rnəm] *n.* U 〖식물〗 변재(邊材), 백목질(白木質)
al·cal·de [ælkǽldi] *n.* (스페인·포르투갈 등의) 재판관 겸 시장(市長)
Ál·can Híghway [ǽlkæn-] = ALASKA HIGHWAY
Al·ca·traz [ǽlkətræ̀z] *n.* 앨커트래즈 《미국 San Francisco 만의 작은 섬; 교도소가 있었음》
al·chem·ic, -i·cal [ælkémik(əl)] *a.* 연금술(鍊金術)의 **-i·cal·ly** *ad.*
***al·che·mist** [ǽlkəmist] *n.* **연금술사**
***al·che·my** [ǽlkəmi] *n.* U **연금술**
‡al·co·hol [ǽlkəhɔ̀:l | -hɔ̀l] *n.* U **알코올; 알코올 음료,** 술
***al·co·hol·ic** [æ̀lkəhɔ́:lik, -hɑ́l- | -hɔ́l-] *a.* **알코올성**(性)**의**; 알코올 중독의
— *n.* 알코올 중독 환자
Alcohólics Anónymous 《미》 알코올 중독 방지회
al·co·hol·ism [ǽlkəhɔ:lìzm | -hɔl-] *n.* U 알코올 중독(증)
-ist *n.* 알코올 중독 환자
al·co·hol·om·e·ter [æ̀lkəhɔ:lɑ́mətər | -hɔlɔ́m-] *n.* 알코올 비중계, 주정계
Al·co·ran [æ̀lkərǽn, -rɑ́:n] *n.* 《고어》 = KORAN
Al·cott [ɔ́:lkət] *n.* 올콧 **Louisa May ~** (1832-88) 《미국의 여류 작가》
al·cove [ǽlkouv] *n.* 반침, 벽감(壁龕); 주실에 이어진 골방; 우묵한 곳 《정원·수풀 사이 등의》; 정자
al·de·hyde [ǽldəhàid] *n.* 〖화학〗 알데히드
***al·der** [ɔ́:ldər] *n.* 〖식물〗 **오리나무**
***al·der·man** [ɔ́:ldərmən] *n.* 《미》 **시의회 의원**; 《영》 부시장
al·der·man·ic [ɔ̀:ldərmǽnik] *a.* ALDERMAN의[다운]
Al·der·ney [ɔ́:ldərni] *n.* 올더니 섬 《영국 해협의》 올더니종 젖소
Al·dine [ɔ́:ldain, -di:n] *a.* 올더스판(版)의 《16세기 Venice의 인쇄인 Aldus가 발행》
Aldm., aldm. alderman
Al·dous [ɔ́:ldəs, ǽl-] *n.* 남자 이름
‡ale [eil] *n.* U **에일 맥주**
a·le·a·tor·ic [èiliətɔ́:rik | -tɔ́r-] *a.* **1** = ALEATORY **2** 〖음악〗 우연성의
a·le·a·to·ry [éiliətɔ̀:ri | -təri] *a.* **1** 우연에 의한, 도박적인 **2** 〖법〗 사행(射倖)적인
Al·ec(k) [ǽlik] *n.* 남자 이름 《Alexander의 애칭》
a·lee [əlí:] *ad.* 〖항해〗 바람 불어가는 쪽에[으로](opp. *aweather*)
ale·house [éilhàus] *n.* 《고어》 맥주홀, 선술집
a·lem·bic [əlémbik] *n.* (옛날의) 증류기(蒸溜器); 정화[순화]하는 것
‡a·lert [ələ́:rt] *a.* **1 방심하지 않는 2 기민한** **—** *n.* **경보; 경계**; 경계 태세[상태]; 〖컴퓨터〗 경고 ***on the ~*** 빈틈없이 경계하고, 대기하여 《*for*》
— *vt.* **경고하다**; 경계시키다
~·ly *ad.* **~·ness** *n.*
al·eu·rone [ǽljəròun] *n.* U 〖식물〗 호분(糊粉)
Al·eut [ǽliù:t, əlú:t] *n.* 알류트족(族) 《Aleutian 열도·Alaska에 거주》; U 알류트 말
A·leu·tian [əlú:ʃən] *a.* 알류샨 열도의; 알류트족[말]의
— *n.* **1** = ALEUT **2** [the ~s] = ALEUTIAN ISLANDS
Aléutian Íslands [the ~] 알류샨 열도
Á lèvel 《영》 A급 (시험) (advanced level) 《대학 입학 자격 고사 GCE 중의 상급 수준》
ale·wife [éilwàif] *n.* (*pl.* **-wives**) 맥주집 여주인
Al·ex [ǽliks] *n.* 남자 이름 《Alexander의 애칭》
Al·ex·an·der [æ̀ligzǽndər | -zɑ́:n-] *n.* **1** 남자 이름 **2** 알렉산더 대왕 **~ the Great** (356-323 B.C.)
Al·ex·an·dra [æ̀ligzǽndrə | -zɑ́:n-] *n.* 여자 이름
Al·ex·an·dri·a [æ̀ligzǽndriə | -zɑ́:n-] *n.* 알렉산드리아 《이집트의 항구 도시》
Al·ex·an·dri·an [æ̀ligzǽndriən | -zɑ́:n-] *a.* Alexandria의; Alexander 대왕의
al·ex·an·drine [æ̀ligzǽndrin | -drain] 〖운율〗 *a.* 알렉산더격(格)의 **—** *n.* 알렉산더격 시행(詩行)
a·lex·i·a [əléksiə] *n.* U 〖정신의학〗 독서 불능증
a·lex·in [əléksin] *n.* U 〖면역〗 보체(補體)
Alf [ælf] *n.* 남자 이름 《Alfred의 애칭》
***al·fal·fa** [ælfǽlfə] *n.* 〖식물〗 **자주개자리**

A

Al Fa·tah [ɑ̀:l-fɑ:tɑ́:] 알파타 《PLO의 주류 온건파》
Al·fred [ǽlfrid] *n.* **1** 남자 이름 《애칭 Fred》 **2** 앨프레드 대왕 ~ **the Great** (849-899) 《West Saxon 왕국의 왕》
al·fres·co, al fres·co [ælfréskou] *ad.*, *a.* 야외에서[의]
alg. algebra
Alg. Algeria(n); Algiers
*__al·ga__ [ǽlgə] *n.* (*pl.* **-gae** [-dʒi:], **~s**) 〖식물〗 조류(藻類), 말류
al·ge·bra [ǽldʒəbrə] *n.* Ⓤ 대수(학)
al·ge·bra·ic, -i·cal [æ̀ldʒəbréiik(əl)] *a.* 대수의, 대수학상의 **-i·cal·ly** *ad.*
al·ge·bra·ist [ǽldʒəbrèiist] *n.* 대수학자
Al·ge·ri·a [ældʒíəriə] *n.* 알제리 《북아프리카의 공화국; 수도 Algiers》
Al·ge·ri·an [ældʒíəriən] *a.*, *n.* 알제리의 (사람)
Al·giers [ældʒíərz] *n.* 알제 《Algeria의 수도》
al·goid [ǽlgɔid] *a.* 조류 비슷한; 해조류 모양의
AL·GOL, Al·gol [ǽlgɑl | -gɔl] *n.* 〖컴퓨터〗 앨골 《프로그래밍 언어의 하나》
Al·gon·qui·an [ælgɑ́ŋkwi(ə)n | -gɔ́ŋ-] *n.* **1** 알곤킨족 《캐나다·미국 동부에 살고 있는 북미 원주민》 **2** Ⓤ 알곤킨 말
al·go·rism [ǽlgərìzm] *n.* Ⓤ 아라비아 기수법(記數法)
al·go·rithm [ǽlgərìðm] *n.* Ⓤ 연산(演算) (방식) **al·go·ríth·mic** [æ̀lgəríðmik] *a.*
al·gua·cil [æ̀lgwəsí:l], **-zil** [-zí:l] [Sp.] *n.* (스페인의) 경찰관
al·gum [ǽlgəm, ɔ́:l-] *n.* 〖성서〗 백단향
Al·ham·bra [ælhǽmbrə] *n.* 알람브라 궁전 《스페인에 있는 무어 왕들의 옛 성》
Al·ham·bresque [æ̀lhæmbrésk] *a.* 〈건축·장식 등이〉 알람브라 궁전식의
a·li·as [éiliəs] *ad.* 일명 …, 별명은
— *n.* 별명, 가명
A·li Ba·ba [ǽli-bɑ́:bə] *n.* 알리바바 《「아라비안 나이트」에 나오는 나무꾼》
*__al·i·bi__ [ǽləbài] [L 「다른 데서」의 뜻에서] *n.* **1** 〖법〗 알리바이, 현장 부재 증명 **2** 《구어》 구실
Al·ice [ǽlis] *n.* 여자 이름
al·i·cy·clic [æ̀ləsáiklik, -sík-] *a.* 〖화학〗 지환식(脂環式)의, 지환 화합물의
al·i·dade [ǽlədèid], **-dad** [-dæ̀d] *n.* 〖측량〗 앨리데이드
al·ien [éiljən] *a.* **1** 외국의(foreign); 외국인의; 외래의 **2** Ⓟ 이질적인, 성질이 다른 — *n.* 외국인
— *vt.* 양도하다
al·ien·a·ble [éiljənəbl] *a.* 〖법〗 〈재산 등이〉 양도할 수 있는
al·ien·ate [éiljənèit] *vt.* **1** 멀리하다, 소원하게 하다; 이간하다 **2** 〖법〗 양도하다
al·ien·a·tion [èiljənéiʃən] *n.* Ⓤ 소외, 이간; 〖법〗 양도
al·ien·a·tor [éiljənèitər] *n.* 소외자; 〖법〗 양도인
*__a·light__[1] [əláit] *vi.* (**~·ed, a·lit** [əlít]) **1** 〈말·차·배 등에서〉 내리다; 〈새가 나무 등에〉 내려앉다 **2** 〖문어〗 우연히 만나다

alight[2] *ad.*, *a.* Ⓟ 불타고; 빛나고
a·lign [əláin] *vt.* **1** 정렬시키다 **2** 제휴시키다 《*with*》
— *vi.* **1** 정렬하다 **2** 제휴하다
a·lign·ment [əláinmənt] *n.* Ⓤⓒ **1** (일렬) 정렬 **2** 제휴
a·like [əláik] *a.* 서로 같은, 비슷한
— *ad.* 마찬가지로, 동등하게 **~·ness** *n.*
al·i·ment [ǽləmənt] *n.* Ⓤⓒ **1** 자양물; 음식물 **2** 부양
al·i·men·tal [æ̀ləméntl] *a.* 영양의, 영양이 되는
al·i·men·ta·ry [æ̀ləméntəri, -tri] *a.* 영양의; 소화의
aliméntary canál [the ~] 소화관
al·i·men·ta·tion [æ̀ləmentéiʃən] *n.* Ⓤ 영양, 자양; 부양
al·i·men·to·ther·a·py [æ̀ləméntou-θèrəpi] *n.* 식이 요법
al·i·mo·ny [ǽləmòuni | -məni] *n.* 〖법〗 별거 수당
A-line [éilàin] *a.* A라인의 《위가 좁고 아래가 퍼진》 — *n.* A라인(의 의상)
a·line [əláin] *v.* = ALIGN
a·line·ment [əláinmənt] *n.* = ALIGNMENT
al·i·phat·ic [æ̀ləfǽtik] *a.* 〖화학〗 지방성의
al·i·quant [ǽləkwɑ̀nt | -kwənt] 〖수학〗 *a.* 나눌 수 없는 — *n.* 나눌 수 없는 수
al·i·quot [ǽləkwɑ̀t | -kwɔ̀t] 〖수학〗 *a.* 나누어지는 — *n.* 나눌 수 있는 수, 약수
Al·i·son [ǽləsn] *n.* 여자 이름
a·lit [əlít] *vi.* ALIGHT[1]의 과거·과거분사
a·live [əláiv] *a.* Ⓟ **1** 살아 있는 **2** 생생하여 **3** 민감한 《*to*》
~ and kicking 《구어》 원기왕성하여 ***as sure as I am ~*** 아주 확실히 ***keep ~*** (1) 살려 두다 (2) 〈불·흥미를〉 꺼지지 않게 하다 ***Look ~!*** 정신 차려!, 꾸물거리지 마! ***Man ~!*** 《구어》 뭐라고!
a·liz·a·rin(e) [əlízərin] *n.* Ⓤ 〖화학〗 알리자린 《붉은 물감》
al·ka·hest [ǽlkəhèst] *n.* Ⓤ 만물 용해액 《연금술사가 상상했던 액체》
*__al·ka·li__ [ǽlkəlài] *n.* 〖화학〗 알칼리
al·kal·i·fy [ælkǽləfài, ǽlkəl-] *vt.*, *vi.* 알칼리화하다[되다]
al·ka·line [ǽlkəlin | -làin] *a.* 〖화학〗 알칼리성의
al·ka·lin·i·ty [æ̀lkəlínəti] *n.* Ⓤ 알칼리성[도]
al·ka·loid [ǽlkəlɔ̀id] *n.* 〖화학〗 알칼로이드 — *a.* 알칼로이드의
al·ka·lo·sis [æ̀lkəlóusis] *n.* Ⓤ 〖병리〗 알칼리 혈증(血症)
al·ka·net [ǽlkənèt] *n.* 〖식물〗 알칸나; Ⓤ 알칸나 염료
Al·ko·ran [æ̀lkərǽn | -kɔrɑ́:n] *n.* = KORAN
al·kyl [ǽlkil] 〖화학〗 *n.* Ⓤ 알킬(기)
— *a.* 알킬의[을 함유한]
all [ɔ:l] *a.* **1** 모든, 전부의 **2** 최대한의 **3** 아무런, 어떤 **4** …뿐[만](only)
for ~ …에도 불구하고
— *pron.* **1** [단수 취급] 모든 것, 모두

2 [복수 취급] **모든 사람**(들)
~ of ... 전부, 모두 ***at ~*** [부정·의문·조건] 조금도, 전혀 ***in ~*** 모두, 통틀어, 합계
— *ad.* **1 완전히, 온통 2 단지** …만
~ along 내내, 줄곧 ***~ at once*** 별안간 ***~ in*** 《구어》 기진맥진하여 ***~ in ~*** 모두; 무엇보다도 소중하여; 대체로 ***~ one*** 마찬가지로 ***~ over*** (1) 완전히 끝나서 (2) …의 도처에 ***~ right*** 더할 나위 없는, 아주 좋은 ***~ the same*** 똑같은 ***~ up*** 만사가 끝나서
— *n.* 전부
not at ~ 조금도 …않다

al·la bre·ve [ɑ́:lə-brévei] [It.] *ad., a.* 〖음악〗 2분의 2박자로[의]

Al·lah [ǽlə, ɑ:lə:] *n.* 알라 《이슬람교의 신》

all-A·mer·i·can [ɔ́:ləmérikən] *a.* 전(全)미국 대표의; 가장 미국적인
— *n.* 전미국 대표 선수[대표팀]

Al·lan [ǽlən] *n.* 남자 이름

all-a·round [ɔ́:ləráund] *a.* Ⓐ 《미》 = ALL-ROUND

∗**al·lay** [əléi] *vt.* **1 진정시키다** (calm) **2** 누그러뜨리다

áll cléar 공습 경보 해제 (신호)

al·le·ga·tion [æ̀ligéiʃən] *n.* CU (충분한 증거가 없는) 진술, 주장

⁑**al·lege** [əlédʒ] *vt.* **1** (충분한 증거도 없이) **단언하다; 우겨대다 2** 진술하다

al·leged [əlédʒd] *a.* 주장된

al·leg·ed·ly [əlédʒidli] *ad.* 주장한[전해진] 바에 의하면

Al·le·ghé·nies [æ̀ləgéniz] *n. pl.* = ALLEGHENY MOUNTAINS

Al·le·ghé·ny Móuntains [æ̀ləgéini-] [the ~] (미국의) 앨리게니 산맥

∗**al·le·giance** [əlí:dʒəns] *n.* Ⓤ **충성,** 충절, 충직(loyalty)

∗**al·le·gor·i·cal** [æ̀ligɔ́:rikəl | -gɔ́r-] *a.* **우화의,** 우화적인 **-i·cal·ly** *ad.*

al·le·go·rist [ǽligɔ̀:rist | -gər-] *n.* 풍유가, 우화 작가

al·le·go·rize | -rize [ǽligɔ:ràiz | -gər-] *vt.* 풍유[비유]로 말하다 — *vi.* 비유[풍유]를 사용하다

al·le·go·ry [ǽligɔ̀:ri | -gəri] *n.* 풍유; 우화

al·le·gret·to [æ̀ləgrétou] [It.] *a., ad.* 〖음악〗 조금 빠른[빠르게]
— *n.* (*pl.* **~s**) 알레그레토(의 악장)

al·le·gro [əlégrou, əléi-] [It.] *a., ad.* 〖음악〗 빠른[빠르게] — *n.* (*pl.* **~s**) 알레그로(의 악장)

al·le·lu·ia(h), -ja [æ̀ləlú:jə] *int., n.* = HALLELUJAH

all-em·brac·ing [ɔ́:limbréisiŋ] *a.* 모든 것을 포함하는, 포괄적인

Al·len [ǽlin] *n.* 남자 이름

al·ler·gen [ǽlərdʒən] *n.* 〖의학〗 알레르겐 《알레르기를 일으키는 물질》

al·ler·gen·ic [æ̀lərdʒénik] *a.* 알레르기를 일으키는

al·ler·gic [ələ́:rdʒik] *a.* 알레르기의[에 걸린]; 《구어》 (…이) 질색인, 신경과민의

al·ler·gol·o·gy [æ̀lərdʒɑ́lədʒi | -dʒɔ́l-] *n.* Ⓤ 알레르기학

∗**al·ler·gy** [ǽlərdʒi] *n.* 〖병리〗 **1 알레르기,** 과민증 **2** 《구어》 질색, 혐오

al·le·vi·ate [əlí:vièit] *vt.* 덜다, 완화하다 **-à·tor** *n.*

al·le·vi·a·tion [əlì:viéiʃən] *n.* Ⓤ 경감, 완화

al·le·vi·a·tive [əlí:vièitiv] *a.* 경감[완화]하는

all-ex·pense [ɔ́:likspéns] *a.* 전 비용 부담의, 전액 포함의 〈여행 등〉

∗**al·ley** [ǽli] *n.* **1 오솔길 2 골목길,** 뒷골목

álley càt 도둑 고양이

al·ley·way [-wèi] *n.* 골목, 좁은 길

all-fired [-fàiərd] *a., ad.* 《구어》 대단한[대단히], 무서운[무섭게], 지독한[지독히]

Áll Fóols' Dày 만우절 《April Fools' Day 라고도 함》

áll fóurs (짐승의) 네 발; (사람의) 사지
on ~ 네 발로 기어

All·hal·lows [ɔ̀:lhǽlouz] *n.* = ALL SAINTS' DAY

∗**al·li·ance** [əláiəns] *n.* **1** CU **동맹 2** CU **결연 3** 동맹국 **4** UC 공통점
in ~ with …와 연합[결탁]하여

⁑**al·lied** [ǽlaid, əláid] *a.* **1 동맹한;** [A~] 연합국측의 **2** 결연한, 인척의
the A~ Forces 연합군

∗**al·li·ga·tor** [ǽligèitər] *n.* 〖동물〗 **1 악어** 《미국·중국산; cf. CROCODILE》 **2** Ⓤ 악어 가죽

álligator pèar = AVOCADO

all-im·por·tant [ɔ́:limpɔ́:rtənt] *a.* 가장 중요한

all-in [-ín] *a.* **1** 모든 것을 포함한 **2** 결연한, 단호한

all-in·clu·sive [-inklú:siv] *a.* 모든 것을 포함한, 포괄적인, 총괄적인

al·lit·er·ate [əlítərèit] *vi., vt.* 두운(頭韻)을 사용하다[맞추다]

al·lit·er·a·tion [əlìtəréiʃən] *n.* UC 〖운율〗 두운(頭韻)(법)

al·lit·er·a·tive [əlítərèitiv] *a.* 두운체(體)의, 두운을 맞춘

al·li·um [ǽliəm] *n.* 〖식물〗 파·마늘류

all-know·ing [ɔ́:lnóuiŋ] *a.* 전지(全知)의

all-mains [-méinz] *a.* 어떤 전압(電壓)에도 맞는

all·ness [ɔ́:lnis] *n.* 전체성, 보편성, 완전, 완벽

∗**all-night** [ɔ́:lnàit] *a.* **철야의,** 밤새도록 하는

al·lo·cate [ǽləkèit] [L 「장소에 두다」의 뜻에서] *vt.* 〈일·임무 등을〉 할당하다; 〈이익 등을〉 배분하다(assign) 《*to*》; 배치하다 《*to*》; 〖컴퓨터〗 …에 할당하다

al·lo·ca·tion [æ̀ləkéiʃən] *n.* Ⓤ 배당, 배급; 배치; 〖컴퓨터〗 할당

al·log·a·my [əlɑ́gəmi | əlɔ́g-] *n.* 〖식물〗 타가[타화] 수분 (opp. *autogamy*)

al·lo·morph [ǽləmɔ̀:rf] *n.* 〖언어〗 이형태(異形態) **àl·lo·mór·phic** *a.*

al·lo·path [ǽləpæ̀θ] *n.* 대증(對症) 요법 의사

al·lop·a·thy [əlɑ́pəθi | əlɔ́p-] *n.* Ⓤ 〖의학〗 대증 요법(對症療法)
al·lo·path·ic [æ̀ləpǽθik] *a.*

al·lo·phone [ǽləfòun] *n.* 〖음성〗 이음(異音) **àl·lo·phón·ic** *a.*
all-or-none [ɔ́:lɔ:rnʌ́n] *a.* = all-or-nothing
all-or-nothing [ɔ́:lɔ:rnʌ́θiŋ] *a.* 전부 아니면 전무의
‡**al·lot** [əlɑ́t | əlɔ́t] (**~·ted**; **~·ting**) *vt.* **1** 할당하다, 분배하다 **2** 충당하다
***al·lot·ment** [əlɑ́tmənt | əlɔ́t-] *n.* **1** Ⓤ 할당, 분배 **2** 분담액
al·lo·trope [ǽlətròup] *n.* 〖화학〗 동소체(同素體)
al·lo·trop·ic, -i·cal [æ̀loutrɑ́pik(əl) | -trɔ́p-] *a.* 동소체의 **-i·cal·ly** *ad.*
al·lot·ro·py [əlɑ́trəpi | əlɔ́t-] *n.* Ⓤ 〖화학〗 동질 이체(同質異體), 동소성(同素性)
al·lot·tee [əlɑtí: | æ̀lɔtí:] *n.* 할당받는 사람
all-out [ɔ́:láut] *a.* Ⓐ 총력을 다한; 철저한 **~·er** *n.* 철저한 정책 주장자
all·o·ver [-óuvər] *a.* 전면적인
all-over·ish [-óuvəriʃ] *a.* 《구어》 어쩐지 불안한; 어쩐지 기운이 없는
‡**al·low** [əláu] *vt.* **1** 허락하다 **2** (정기적으로) 주다, 지급하다 **3** 인정하다 **4** 공제하다 — *vi.* **1** 허용하다 **2** (사정 등을) 참작하다
al·low·a·ble [əláuəbl] *a.* 허락할 수 있는 **-bly** *ad.*
‡**al·low·ance** [əláuəns] *n.* **1** 수당, 급여액 **2** 공제, 할인 **3** [보통 *pl.*] 참작
make* ~(*s*) *for …을 참작하다
al·low·ed·ly [əláuidli] *ad.* **1** 허용되어 **2** 명백히
***al·loy** [ǽlɔi, əlɔ́i] *n.* ⓊⒸ **1** 합금 **2** [əlɔ́i] 혼합물
— [əlɔ́i] *vt.* **1** 합금하다 **2** 순도를 떨어뜨리다 — *vi.* 합금이 되다
all-pow·er·ful [-páuərfəl] *a.* 전능한, 전권을 가진
all-pur·pose [-pə́:rpəs] *a.* 만능의, 다목적의
all-red, All-Red [-rèd] *a.* 영국령(領)만을 통과하는: ~ routes 영령(英領) 연락 항로 《지도에서 영국령(領)을 빨갛게 칠한 데서》
***áll right** *a.* 《구어》 **1** 좋아, 알았어; 더할 나위 없는, 훌륭한 — *ad.* 더할 나위없이, 훌륭하게
all-round [ɔ́:lráund] *a.* 《영》 전반에 걸친; 전면적인; 만능의, 다재다능한(《미》 all-around) **~·er** *n.* 만능인 사람[선수]
Áll Sáints' Dày 〖가톨릭〗 모든 성인의 축일; 만성절(萬聖節)
Áll Sóuls' Dày 〖가톨릭〗 위령의 날; 만령절(萬靈節)
all·spice [-spàis] *n.* = PIMENTO
all-star [-stɑ̀:r] *a.* 인기 배우 총출연의, 명선수 총출전의 — *n.* 올스타팀 선수
all-time [-tàim] *a.* **1** 전대미문의, 미증유의: an ~ high[low] 최고[최저] 기록 **2** = FULL-TIME
***al·lude** [əlú:d] *vi.* **1** 암시하다 《*to*》 **2** 언급하다 《*to*》
áll-up wéight [ɔ́:lʌ̀p-] 〖항공〗 기체(機體) 총중량 《비행 중인 항공기의》

***al·lure** [əlúər] *vt.* 꾀다, 유인하다(entice) — *n.* 《문어》 매력(charm), 유혹
al·lure·ment [əlúərmənt] *n.* Ⓤ 매혹, 유혹; Ⓒ 유혹물
***al·lur·ing** [əlúəriŋ] *a.* 유혹하는; 매혹적인 **~·ly** *ad.*
***al·lu·sion** [əlú:ʒən] *n.* ⓊⒸ 암시, 언급; 〖수사학〗 인유(引喩)
***al·lu·sive** [əlú:siv] *a.* 암시적인; 넌지시 빗대어 말하는 《*to*》 **~·ly** *ad.*
al·lu·vi·a [əlú:viə] *n.* ALLUVIUM의 복수
al·lu·vi·al [əlú:viəl] *a.* 〖지질〗 충적(沖積)의: ~ gold 사금(砂金)
al·lu·vi·on [əlú:viən] *n.* **1** 범람(汎濫) **2** 충적지, 충적층 **3** 〖법〗 신생지
al·lu·vi·um [əlú:viəm] *n.* (*pl.* **~s, -vi·a** [-viə]) 〖지질〗 충적층, 충적토
‡**al·ly**[1] [əlái, ǽlai] *vt.* 동맹[결연]시키다 — [ǽlai, əlái] *n.* 동맹국; 동맹자; [the Allies] (세계 대전 중의) 연합국
al·ly[2] [ǽli] *n.* (대리석 등의) 공깃(돌)
al·ma ma·ter [ǽlmə-mɑ́:tər] [L= fostering mother] *n.* 모교, 출신교
***al·ma·nac** [ɔ́:lmənæ̀k, ǽl-] *n.* 책력; 연감 (cf. CALENDAR)
‡**al·might·y** [ɔ:lmáiti] *a.* **1** [종종 **A~**] 전능한 **2** 《구어》 대단한 — *ad.* 《구어》 대단히 — *n.* [the A~] 전능자, 하느님(God)
***al·mond** [ɑ́:mənd, ǽl-] *n.* 〖식물〗 편도(扁桃), 아몬드 《나무, 열매, 씨》
al·mond-eyed [-àid] *a.* 편도 모양의 (가느다란 타원형) 눈을 가진
al·mo·ner [ǽlmənər, ɑ́:m-] *n.* 구호품 분배 관리 《중세의 수도원·왕실 등의》
al·mon·ry [ǽlmənri, ɑ́:m-] *n.* 구호품 분배소
‡**al·most** [ɔ́:lmoust, ─́] *ad.* **1** 거의; 대체로 **2** 하마터면
~ ***all*** 거의 전부(의) ~ ***always*** 거의 언제나 ~ ***never*** [***no, nothing***] 《미》 거의 … 않다(scarcely ever[any, anything])
***alms** [ɑ:mz] *n.* (*pl.* ~) 보시; 의연금; 구호품, 자선 기부금
álms bòx[**chèst**] 자선함
alms·giv·er [-gìvər] *n.* 자선가
alms·giv·ing [-gìviŋ] *n.* Ⓤ 자선 (행위)
alms·house [-hàus] *n.* 《영》 (옛날의) 사설 구빈원
alms·man [ɑ́:mzmən] *n.* 구호를 받고 생활하고 있는 사람
al·ni·co [ǽlnikòu] *n.* 알니코 《철·니켈·알루미늄·코발트의 합금》
al·oe [ǽlou] *n.* **1** 〖식물〗 알로에 **2** 〖식물〗 침향(沈香)
a·loft [əlɔ́:ft | əlɔ́ft] *ad.* 《문어》 위에, 높이; 〖항해〗 돛대 꼭대기에
a·log·i·cal [eilɑ́dʒikəl | -lɔ́dʒ-] *a.* 비논리적인, 논리를 넘어선
a·lo·ha [əlóuə, ɑ:lóuhɑ:] *n.* ⓊⒸ 인사 — *int.* 안녕!, 어서 오세요; 안녕히 가세요
alóha shìrt (화려한) 남방 셔츠
Alóha Stàte [the ~] 미국 Hawaii 주의 속칭
‡**a·lone** [əlóun] *a.* Ⓟ 홀로; …만(only) ***all*** ~ 혼자 힘으로 ***let*** ~ …은 말할 것도 없이 ***let***[***leave***] someone

[something] ~ (사람[물건])을 내버려[그냥] 두다
— *ad.* 홀로, 단독으로; 다만
not ... ~, but (***also***) …뿐만 아니라 (또한)

⁑a·long [əlɔ́ːŋ, -ˊ | əlɔ́ŋ, -ˊ] *prep.* …을 따라서, …을 끼고
— [-ˊ] *ad.* **1** 따라서, 쭉 **2** 앞으로, 나아가 **3** 《구어》 〈시간이〉 지나서 **4** 데리고, 동반하여
all ~ 처음부터, 죽 (***all***) ***~ of*** 《속어》 …의 탓으로 ***~ with*** …와 함께; …에 곁들여 ***be ~*** 《구어》 오다, 가다 ***Come ~*** (***with me.***) 자, (나와 함께) 갑시다. ***get ~ with*** 사이좋게 지내다

a·long·shore [əlɔ́ːŋʃɔ́ːr] *ad.* 해안을 따라서

a·long·side** [-sáid] *ad., prep.* 〖항해〗 (…에) 옆으로 대고, (…의) 곁에[을] (beside) ***~ of …와 나란히

a·loof** [əlúːf] *ad.* 떨어져서, 멀리서(away) 《*from*》 ***keep[***stand, hold***] ***~*** 떨어져 있다, 초연하다 《*from*》
— *a.* 무관심한, 냉담한 **~·ness** *n.*

al·o·pe·ci·a [æ̀ləpíːʃiə] *n.* Ⓤ 탈모증

⁑a·loud [əláud] *ad.* **1** 소리내어 **2** 《영·구어》 명백히 ***out ~*** 《구어》 큰 소리를 내어

a·low [əlóu] *ad.* 〖선박〗 배 아래쪽으로

alp [ælp] *n.* 높은 산

al·pac·a [ælpǽkə] *n.* **1** 〖동물〗 알파카 **2** Ⓤ 알파카 털[모직물]

al·pen·horn [ǽlpənhɔ̀ːrn] *n.* 알펜호른 《스위스의 목동이 쓰는 긴 목제 피리》

al·pen·stock [ǽlpənstɑ̀k | -stɔ̀k] *n.* 등산용 지팡이

al·pha [ǽlfə] *n.* **1** 알파 《그리스 알파벳의 첫 글자 *A, α*》 **2** 가장 중요한 부분 **3** 《영》 (학업 성적의) A, 수(秀): ~ plus (학업 성적의) A⁺, 수
the ~ and omega 처음과 끝; 가장 중요한 부분, 중심이 되는 것

⁑al·pha·bet [ǽlfəbèt] *n.* **1** 알파벳 **2** 초보, 입문 《*of*》

⁑al·pha·bet·ic, -i·cal [æ̀lfəbétik(əl)] *a.* 알파벳의; ABC순의
in ~ order 알파벳 순으로[의]
-i·cal·ly *ad.* ABC순으로

al·pha·bet·ize [ǽlfəbətàiz] *vt.* 알파벳 순으로 하다, 알파벳으로 표기하다

al·pha·nu·mer·ic, -i·cal [æ̀lfənjuːmérik(əl) | -njuː-], **al·pha·mer·ic** [-mérik] *a.* 〖컴퓨터〗 알파벳 등의 문자와 숫자를 조합한

álpha pàrticle 〖물리〗 알파 입자

álpha ràу 〖물리〗 알파선(線)

álpha rhỳthm 〖생리〗 (뇌파의) 알파 리듬

al·pha·scope [ǽlfəskòup] *n.* 알파 스코프 《컴퓨터 브라운관의 표시 장치》

álpha tèst 〖심리〗 알파[A식] 지능 검사; 〖컴퓨터〗 알파 테스트 《새 소프트웨어의 내부 동작 시험》

***Al·pine** [ǽlpain] *a.* **1** 알프스 산맥의 **2** 〖스키〗 활강의 **3** 높은 산의

al·pin·ist [ǽlpənist] *n.* [종종 **A~**] 알프스 등산가; 등산가

⁑Alps [ælps] *n. pl.* [the ~] **알프스 산맥**

⁑al·read·y [ɔːlrédi] *ad.* **1** [긍정문에서] **이미, 벌써** **2** [놀람 등을 나타내어] **a** [의문문에서] **벌써** **b** [부정문에서] 설마

al·right [ɔ̀ːlráit] *ad., a.* 《속어》 = ALL RIGHT

ALS Automatic Landing System 자동 착륙 장치

Al·sace [ǽlsæs, ælséis] *n.* 알자스 《프랑스 동북부의 지방으로 독일과 접함》

Al·sace-Lor·raine [ǽlsæslərέin] *n.* 알자스로렌 《옛부터 독일과 소유권을 다투던 프랑스 북동부의 지방》

Al·sa·tia [ælséiʃə] *n.* **1** Alsace의 옛 이름 **2** 알세이셔 《옛날 런던의 범죄자나 빚에 쫓긴 사람들의 도피 장소; Whitefriars》

Al·sa·tian [ælséiʃən] *a.* **1** 알자스(Alsace) (주민)의 **2** (런던의) 알세이셔(Alsatia)의 — *n.* 알자스 사람

⁑al·so [ɔ́ːlsou] *ad.* **또한**, 역시(too, besides) ***not only*** A ***but*** (***also***) B A뿐만 아니라 B도 역시

al·so-ran [ɔ́ːlsouræ̀n] *n.* **1** (경마에서) 등외로 떨어진 말 **2** 《구어》 범인(凡人)

alt [ælt] *n., a.* 〖음악〗 알토(의), 중고음(의)(alto)

Alt, alt 〖컴퓨터〗 alternate key

ALT, alt. alternate; altitude; alto

Alta. Alberta

Al·ta·ic [æltéiik] *a.* 알타이 산맥의; 알타이 어족의 — *n.* 알타이 어족

Áltai Móuntains [the ~] 알타이 산맥

⁑al·tar [ɔ́ːltər] [동음어 alter] *n.* (교회의) **제단**

áltar bòy (미사 때의) 복사(服事)

al·tar·piece [ɔ́ːltərpìːs] *n.* 제단 뒤쪽[위쪽]의 장식 《그림·조각·병풍 등》

áltar ràil 제단의 난간

***al·ter** [ɔ́ːltər] [동음어 altar] *vt.* **변경하다, 바꾸다** — *vi.* **달라지다**; 변경되다

al·ter·a·ble [ɔ́ːltərəbl] *a.* 변경할 수 있는

***al·ter·a·tion** [ɔ̀ːltəréiʃən] *n.* ⒸⓊ **변경**, 개조

al·ter·a·tive [ɔ́ːltərèitiv] *a.* 〈체질 등을〉 바꾸는 — *n.* 〖의학〗 변질제, 체질 개선법

al·ter·cate [ɔ́ːltərkèit] *vi.* 언쟁[격론]하다 《*with*》

al·ter·ca·tion [ɔ̀ːltərkéiʃən] *n.* 언쟁, 격론

al·ter e·go [ɔ́ːltər-íːgou, -égou] [L 「다른 나」의 뜻에서] *n.* 제2의 나, 분신(分身); 둘도 없이 친한 친구

al·ter·nant [ɔ́ːltərnənt] *a.* 교대의
— *n.* 〖수학〗 교대 함수

***al·ter·nate** [ɔ́ːltərnət | ɔːltə́ː-] *a.* **1 번갈아 하는**, 교대의 **2** 하나씩 거른: on ~ days 하루 걸러서 **3** 〖전기〗 교류의
— *n.* 《미》 교체자, 대리인
— *v.* [ɔ́ːltərnèit] *vt.* **번갈아 하다**, 교대시키다; 엇갈리게 하다 — *vi.* **1 교대하다**; 엇갈리다 **2** 〈전류가〉 교류하다
~·ly [-nətli] *ad.* 번갈아, 교대로
~·ness *n.*

álternate ángles 〖수학〗 엇각

álternate kéy 〖컴퓨터〗 교체 키

A

álternate mémory 〖컴퓨터〗 대체 메모리
al·ter·nat·ing [ɔ́:ltərnèitiŋ] *a.* 교호의; 〖전기〗 교류의
álternating cúrrent 〖전기〗 교류
*__al·ter·na·tion__ [ɔ̀:ltərnéiʃən] *n.* ⓊⒸ 교대, 교체
~ ***of generations*** 〖생물〗 세대 교번
‡**al·ter·na·tive** [ɔ:ltə́:rnətiv] *a.* **1** (둘 중에서) **하나를 택해야 할 2 대신의**
— *n.* **1 양자 택일 2 그 중 하나를 택해야 할 양자 3 대안** ~**·ly** *ad.*
altérnative conjúnction 〖문법〗 선택 접속사
altérnative quèstion 〖문법〗 선택 의문(문)
al·ter·na·tor [ɔ́:ltərnèitər] *n.* 〖전기〗 교류(발전)기
al·tho [ɔ:lðóu] *conj.* = ALTHOUGH
alt·horn [ǽlthɔ̀:n] *n.* 〖음악〗 알토호른 《고음의 금관 악기》
‡**al·though** [ɔ:lðóu] *conj.* **비록 …일지라도, …이기는 하지만** 《(1) although는 일반적으로 though보다 딱딱한 말인데 가정보다는 사실을 말할 때 많이 쓴다. 주절보다 앞설 때는 대개 although를 쓰며, as *though*, even *though*, What *though* …? 에서는 though 대신에 although를 쓸 수 없다. 또 though와 달리 부사적으로 문미에 둘 수 없다. (2) although가 이끄는 절의 주어가 주절의 주어와 같을 경우 그 주어와 be 동사를, *Although old*, he is quite strong.과 같이 생략할 수가 있으나 though의 경우는 드물다. (3) although, though가 이끄는 절이 문두에 올 때 그 뜻을 강조하기 위하여 주절에 다시 yet를 쓸 수도 있다: *Although*[*Though*] she could not study well because of sickness, *yet* she won good marks in the examination.(그녀는 아파서 충분히 공부할 수 없었으나 시험에서 좋은 성적을 땄다.) 이 yet는 《문어》에서는 특히 문장이 길어질 때에 종속절과 주절과의 관계를 명확히 하기 위해서 쓴다》
al·ti·graph [ǽltəgræ̀f | -grɑ̀:f] *n.* 자동 고도 표시기
al·tim·e·ter [æltímətər | ǽltimì:-] *n.* 〖항공〗 고도계
*__al·ti·tude__ [ǽltətjù:d | -tjù:d] *n.* ⓊⒸ **1 높이,** 고도; 해발(海拔), 표고(標高) **2** [보통 *pl.*] 높은 곳
áltitude sìckness 고공[고산]병
*__al·to__ [ǽltou] *n.* (*pl.* **~s**) **1** 〖음악〗 알토, 중고음(中高音) **2** 알토 가수[악기]
— *a.* 알토의 — *ad.* 알토로
‡**al·to·geth·er** [ɔ̀:ltəgéðər] *ad.* **1 전적으로, 전혀 2 다 합하여 3 전체적으로 보아**
álto hórn = ALTHORN
al·to-re·lie·vo [ǽltourilí:vou] *n.* (*pl.* **~s**) 〖조각〗 고부조(高浮彫), 높은 돋을 새김
al·tru·ism [ǽltru:ìzm] *n.* Ⓤ 이타주의
-ist *n.* 이타주의자
al·tru·is·tic [æ̀ltru:ístik] *a.* 이타주의의, 이타적인 **-ti·cal·ly** *ad.*
al·um [ǽləm] *n.* Ⓤ 〖화학〗 명반

a·lu·mi·na [əlú:mənə] *n.* Ⓤ 〖화학〗 알루미나, 반토(礬土)
a·lu·mi·nate [əlú:mənət] *n.* 〖화학〗 알루민산염
‡**al·u·min·i·um** [æ̀ljumíniəm] *n.* 《영》 〖화학〗 = ALUMINUM
a·lu·mi·nous [əlú:mənəs] *a.* 백반의; 알루미늄을 함유한
‡**a·lu·mi·num** [əlú:mənəm] *n.* Ⓤ 《미》 〖화학〗 **알루미늄** 《금속 원소; 기호 Al, 번호 13》 — *a.* Ⓐ 알루미늄의
a·lum·na [əlʌ́mnə] *n.* (*pl.* **-nae**[-ni:]) 《미》 대학의 여자 졸업생 《ALUMNUS의 여성형》
a·lum·nus [əlʌ́mnəs] *n.* (*pl.* **-ni** [-nai]) 《미》 대학의 남자 졸업생, 동창생, 교우(校友): *alumni* association 《미》 동창회
al·ve·o·lar [ælví:ələr | ælvíələ] *a.* 〖해부〗 폐포(肺胞)의; 치조(齒槽)의
al·ve·o·lus [ælví:ələs | ælvíə-] *n.* (*pl.* **-li** [-lài]) 〖해부〗 폐포(肺胞), 치조
al·way [ɔ́:lwei] *ad.* 《고어·시어》 = ALWAYS
‡**al·ways** [ɔ́:lwiz, -wəz, -weiz] *ad.* **1 늘,** 항상 **2** [진행형과 함께] **노상, 끊임없이 3 언제까지나 4** [완료형과 함께] **죽,** 내내
not ~ (happy) 반드시 (행복)하지는 않다
a·lys·sum [əlísəm | ǽlis-] *n.* 〖식물〗 알리섬 뜰냉이 《겨잣과(科)의 1년생 식물》
Álz·hei·mer's (disèase) [ɑ́:ltshaimərz-, ǽlts-] 알츠하이머병 《노인성 치매의 일종》
‡**am** [əm, æm] *vi.* BE의 1인칭 단수 직설법 현재형
Am 〖화학〗 americium
AM amplitude modulation (cf. FM)
am. ammeter
Am. America(n)
‡**a.m.** [éiém] [L *ante meridiem* (= before noon)] *ad. a.* **오전에[의]** (opp. *p.m*): at 8 ~ 오전 8시에
AMA American Medical Association 미국 의사 협회
a·mah [ɑ́:mə] *n.* (인도·중국 등 동양의) 유모, 하녀, 아이 보는 여자
a·main [əméin] *ad.* 《시어》 힘껏; 쏜살같이
a·mal·gam [əmǽlgəm] *n.* **1** Ⓤ 〖야금〗 아말감 《수은과 다른 금속과의 합금》 **2 혼합물**
*__a·mal·ga·mate__ [əmǽlgəmèit] *vt.* **1 통합[합병]하다 2 혼합[융합]시키다 3** 〖야금〗 아말감으로 만들다 — *vi.* **1 합병하다 2 융합[혼합]하다 3** 〖야금〗 아말감이 되다
a·mal·ga·ma·tion [əmæ̀lgəméiʃən] *n.* Ⓤ **1** 〖야금〗 아말감화(化) **2 합동,** 합병 **3 융합**
A·man·da [əmǽndə] *n.* 여자 이름
a·man·u·en·sis [əmæ̀njuénsis] *n.* (*pl.* **-ses** [-si:z]) 《익살》 필기자, 속기자; 비서
am·a·ranth [ǽmərænθ] *n.* **1** (전설의) 시들지 않는 꽃 **2** Ⓤ 자줏빛
am·a·ran·thine [æ̀mərǽnθin | -θain] *a.* **1** 《시어》 시들지 않는 **2 자줏빛의**

am·a·ryl·lis [æ̀mərílis] *n.* 〖식물〗 아마릴리스

***a·mass** [əmǽs] *vt.* **쌓다**; 축적하다
~·ment *n.* Ⓤ Ⓒ 축적

‡**am·a·teur** [ǽmətə̀ːr, -tjùər | -tə] *n.* **아마추어** **—** *a.* Ⓐ **아마추어의**

am·a·teur·ish [æ̀mətə́ːriʃ, -tjúər- | -tə́ːr-] *a.* 아마추어 같은; 서투른 **~·ly** *ad.*

am·a·teur·ism [ǽmətə̀ːrizm, -tjùər- | -tərìzm] *n.* Ⓤ **1** 아마추어 솜씨 **2** 아마추어의 자격

am·a·tive [ǽmətiv] *a.* 연애의, 호색의

am·a·to·ry [ǽmətɔ̀ːri | -təri] *a.* 연애의; 색욕적인

am·au·ro·sis [æ̀mɔːróusis] *n.* Ⓤ 〖병리〗 흑내장(黑內障)

‡**a·maze** [əméiz] *vt.* **몹시 놀라게 하다** **—** *n.* 《시어》 = AMAZEMENT

a·mazed [əméizd] *a.* 놀란
a·máz·ed·ly [-zidli] *ad.* 몹시 놀라서

‡**a·maze·ment** [əméizmənt] *n.* Ⓤ **놀람**, 경탄

‡**a·maz·ing** [əméiziŋ] *a.* **놀랄 만한**, 굉장한 **~·ly** *ad.*

***Am·a·zon** [ǽməzɑ̀n | -zn] *n.* **1** [the ~] **아마존강** **2** **여장부** **3** (그리스 전설의) 아마존 《용맹한 여전사》

Ámazon ánt 〖곤충〗 노예사냥개미

Am·a·zo·ni·an [æ̀məzóuniən] *a.* **1** 아마존강의 **2** 아마존과 같은, 여장부 같은

‡**am·bas·sa·dor** [æmbǽsədər] *n.* **대사**, 사절: the Korean *A*~ to China 주중(駐中) 한국 대사
~·shìp *n.* Ⓤ 대사의 직[신분, 자격]

am·bas·sa·dor-at-large [æmbǽsədərətlɑ́ːrdʒ] *n.* (*pl.* **ambas·sa·dors-**) 무임소 대사, 특사

am·bas·sa·do·ri·al [æmbæ̀sədɔ́ːriəl] *a.* 대사의; 사절의

am·bas·sa·dress [æmbǽsədris] *n.* **1** 여자 대사[사절] **2** 대사 부인

***am·ber** [ǽmbər] *n.* Ⓤ **1** **호박**(琥珀) **2** Ⓤ 호박색; (교통 신호의) 황색 **—** *a.* 호박의; 호박색의

am·ber·gris [ǽmbərgrì(ː)s] *n.* Ⓤ 용연향(龍涎香) 《향료의 원료》

am·bi- [ǽmbi] *pref.* 「양쪽; 둘레」의 뜻: *ambi*dextrous

am·bi·dex·ter·i·ty [æ̀mbidekstérəti] *n.* Ⓤ **1** 양손잡이 **2** 비범한 손재주 **3** 표리부동

am·bi·dex·trous [æ̀mbidékstrəs] *a.* **1** 양손잡이의 **2** 두 마음을 품은 **~·ly** *ad.*

am·bi·ance, -ence [ǽmbiəns] *n.* 〖문어〗 **1** 환경 **2** 분위기

am·bi·ent [ǽmbiənt] *a.* 〖문어〗 포위한, 에워싼

***am·bi·gu·i·ty** [æ̀mbigjúːəti] *n.* **1** Ⓤ **두[여러] 가지 뜻, 애매[모호]함** **2** Ⓒ 애매[모호]한 표현

***am·big·u·ous** [æmbígjuəs] *a.* **1** **두 가지 뜻으로 해석할 수 있는**, **다의(多義)의** **2** **모호한**; 분명하지 않은 **~·ly** *ad.*

am·bit [ǽmbit] *n.* 〖문어〗 **1** 구역 **2** 범위, 영역

‡**am·bi·tion** [æmbíʃən] *n.* **큰 뜻**, 대망, 공명심, 포부; **야심**

‡**am·bi·tious** [æmbíʃəs] *a.* **야망[야심]을 품은**; 열망하는: Boys, be ~! 소년들이여, 야망을 품어라! **~·ly** *ad.*

am·biv·a·lence [æmbívələns] *n.* Ⓤ 〖심리〗 양면 가치

am·biv·a·lent [æmbívələnt] *a.* 상극인; 〖심리〗 양면 가치의 **~·ly** *ad.*

am·bi·vert [ǽmbivə̀ːrt] *n.* 〖심리〗 양향 성격자(cf. INTROVERT, EXTROVERT)

am·ble [ǽmbl] *vi.* **1** 〈말이〉 측대보(側對步)로 걷다 **2** 〈사람이〉 느릿느릿 걷다 《*along, about, around*》
— *n.* **1** 〖승마〗 측대보 《말이 같은 편의 두 발을 동시에 올려 걷기》 **2** 느린 걸음

am·bler [ǽmblər] *n.* **1** 측대보로 걷는 말 **2** 느리게 걷는 사람

am·bly·o·pi·a [æ̀mblióupiə] *n.* Ⓤ 〖병리〗 약시(弱視)

am·bro·sia [æmbróuʒə | -ziə] *n.* **1** 〖그리스신화〗 신들의 음식 **2** 〖문어〗 맛이나 냄새가 매우 좋은 음식

am·bro·sial [æmbróuʒəl | -ziəl] *a.* 아주 맛이 좋은; 《시어》 향기로운

ambs·ace [éimzèis, ǽmz-] *n.* **1** 주사위 2개를 던져 둘 다 1점(ace)이 나오기 **2** 운이 나쁨

***am·bu·lance** [ǽmbjuləns] *n.* **1** **구급차** **2** (이동식) **야전 병원**

ámbulance chàser 《미·속어》 교통사고만 쫓아다니는 변호사; 악랄한 변호사

am·bu·lant [ǽmbjulənt] *a.* **1** 이동하는 **2** 〖의학〗 걸을 수 있는

am·bu·late [ǽmbjulèit] *vi.* 이동하다; 걷다

am·bu·la·tion [æ̀mbjuléiʃən] *n.* 보행, 이동

am·bu·la·to·ry [ǽmbjulətɔ̀ːri | -təri] *a.* **1** 보행의 **2** 이동성의 **—** *n.* 지붕 있는 복도[회랑]

am·bus·cade [æ̀mbəskéid, ∠-∠] *n.*, *v.* = AMBUSH

am·bush** [ǽmbuʃ] *n.* **1** Ⓤ **매복, 잠복**; Ⓒ 매복 장소 **2** 복병 ***fall into an ~ 복병을 만나다 ***lay* [*make*] *an ~*** 복병을 숨기다 《*for*》 ***lie* [*hide*] *in ~*** 매복하다 《*for*》
— *vi.*, *vt.* 매복하다; 매복하여 습격하다; 〈복병을〉 숨겨 두다

a·me·ba [əmíːbə] *n.* = AMOEBA

a·me·boid [əmíːbɔid] *a.* = AMOEBOID

âme dam·née [ɑ́ːm-dɑːnéi] [F= damned soul] *n.* (자진해서 헌신하는) 앞잡이

A·mel·ia [əmíːliə] *n.* 여자 이름

a·mel·io·ra·ble [əmíːljərəbl] *a.* 개량[개선]할 수 있는

a·mel·io·rate [əmíːljərèit] *vt.*, *vi.* 《문어》 개량[개선]하다[되다]

a·mel·io·ra·tion [əmìːljəréiʃən] *n.* Ⓤ Ⓒ 개량, 개선, 향상

a·me·lio·ra·tive [əmíːljərèitiv | -rə-] *a.* 개량의, 개선적인

***a·men** [ɑ̀ːmén, èimén] *int.* **1** **아멘** 《그리스도교에서 기도 끝에 하는 말》; 그리되게 해주시옵소서(So be it!) **2** 《구어》

좋다! ***say*** **~** (속어) 찬성하다(agree) ⦅*to*⦆

a·me·na·ble [əmí:nəbl] *a.* **1** 순종하는 ⦅*to*⦆ **2** 복종할 의무가 있는

a·mè·na·bíl·i·ty *n.* Ⓤ 복종의 의무, 순종 **-bly** *ad.*

ámen còrner [the~] (미) 교회의 설교단 옆자리

a·mend [əménd] *vt.* **1** 고치다 **2** 〈의안 등을〉 수정하다 **—** *vi.* 개심(改心)하다

a·mend·a·ble [əméndəbl] *a.* 수정할 수 있는, 수정의 여지가 있는

a·mend·ment [əméndmənt] *n.* ⓊⒸ **1** 개정, 수정(안) **2** 개심(改心)

***a·mends** [əméndz] *n. pl.* [단수 복수 취급] 보상

make ~ (**to** a person ***for***) (…에게 …을) 배상하다, 보상하다

***a·men·i·ty** [əménəti, əmí:n-] *n.* **1** 기분에 맞음, 쾌적함; 상냥함 **2** [보통 *pl.*] 편의 시설 **3** [보통 *pl.*] 예의

a·men·or·rhe·a [eimènərí:ə] *n.* Ⓤ 〖병리〗 무월경, 월경 불순(月經不順)

a·men·tia [eiménʃə] *n.* Ⓤ 〖정신의학〗 (선천성) 정신박약

Amer. America; American

Am·er·a·sian [æ̀mərέiʒən] *n., a.* 미국인과 동양인의 혼혈아(의)

a·merce [əmə́:rs] *vt.* …에게 벌금을 과하다; 벌하다

~·ment *n.* Ⓤ 벌금형; Ⓒ 벌금

A·mer·i·ca [əmérikə] *n.* **아메리카** ⦅전후 관계로 다음의 어느 하나를 뜻함⦆ (1) 미합중국, 미국 (2) 북아메리카 (3) 남아메리카 (4) [the ~s] 남·북·중앙 아메리카 ⦅미대륙 전체⦆

A·mer·i·can [əmérikən] *a.* **아메리카의; 미국의 —** *n.* **1** 미국인, 아메리카 사람 **2** Ⓤ 미국 영어

A·mer·i·ca·na [əmèrəkǽnə | -kɑ́:nə] *n. pl.* 아메리카에 관한 문헌, 아메리카의 풍물[사정]

Américan áloe 〖식물〗 = CENTURY PLANT

Américan Béauty 〖식물〗 붉은 장미의 일종 ⦅미국산⦆

Américan clòth (영) 모조 에나멜 ⦅식탁보 등으로 쓰임⦆

Américan dréam [the ~] (미) 미국의 꿈 ⦅민주주의와 물질적 번영을 구현하려는 건국 이래의 이상⦆

Américan éagle 〖조류〗 흰머리독수리 ⦅미국의 국장(國章)⦆

Américan Énglish 미국 영어(cf. BRITISH ENGLISH)

Américan Expréss (càrd) 아메리칸 익스프레스 카드 ⦅신용카드의 하나; 略 Amex⦆

Américan fóotball 미식 축구

Américan Fórces Nètwork [the ~] 미군 방송망 ⦅해외 주둔 미군 대상의 TV·라디오 방송망; 略 AFN⦆

Américan Índian 아메리카 인디언(어)

A·mer·i·can·ism [əmérikənìzm] *n.* **1** Ⓤ 친미주의 **2** ⓊⒸ 미국 기질 **3** 미국 특유의 말[어법]

A·mer·i·can·i·za·tion [əmèrikənizéiʃən | -nai-] *n.* Ⓤ 미국 귀화, 미국화

A·mer·i·can·ize [əmérikənàiz] *vt., vi.* 미국화하다[되다]; 미국에 귀화시키다[하다]

Américan lánguage [보통 the ~] 미국 영어(American English)

Américan Léague [the ~] 아메리칸 리그 ⦅미국 프로 야구의 양대 리그의 하나; 略 AL; cf. NATIONAL LEAGUE⦆

Américan léather = AMERICAN CLOTH

Américan Légion 미국 재향군인회

Américan órgan 페달식 오르간의 일종

Américan plàn 미국식 호텔 요금제도 ⦅방세와 식비를 합산하는⦆

Américan Revolútion [the ~] 〖미국사〗 미국 독립 전쟁(1775-83)

am·er·i·ci·um [æ̀mərísiəm] *n.* 〖화학〗 아메리슘 ⦅인공 방사성 원소⦆

Am·er·ind [ǽmərìnd] [*Amer*ican+*Ind*ian] *n.* 아메리카 원주민

Am·er·in·di·an [æ̀mərίndiən] *n., a.* 아메리카 원주민(의)[원주민의 언어]

am·e·thyst [ǽməθəst] *n.* Ⓤ **1** 〖광물〗 자수정 **2** 자주색(purple)

a·mi [æmí:, ɑ:-] [F = friend] *n.* 남자 친구; 애인

a·mi·a·bil·i·ty [èimiəbíləti] *n.* Ⓤ 상냥함, 온화

***a·mi·a·ble** [éimiəbl] *a.* **붙임성 있는; 상냥한, 온화한 ~·ness** *n.* **-bly** *ad.*

am·i·ca·bil·i·ty [æ̀mikəbíləti] *n.* **1** Ⓤ 우호, 친선 **2** 친선 행위

am·i·ca·ble [ǽmikəbl] *a.* **우호적인; 평화적인 ~·ness** *n.* **-bly** *ad.*

am·ice [ǽmis] *n.* 〖가톨릭〗 개두포(蓋頭布)

a·mid [əmíd] *prep.* (문어) **…의 한가운데에**

am·ide [ǽmaid, ǽmid] *n.* 〖화학〗 (산)아미드

a·mid·ships [əmídʃips] *ad.* 〖항해〗 배의 중앙에

a·midst [əmídst, əmítst, —ˊ] *prep.* = AMID

a·mie [æmí:, ɑ:-] [F] *n.* 여자 친구

a·mi·go [əmí:gou] [Sp. = friend] *n.* (*pl.* **~s**) 친구

amíno ácid 〖화학〗 아미노산

am·i·no·ben·zó·ic ácid [əmì:nou-benzóuik-] 〖생화학〗 아미노벤조산

a·mir [əmíər] *n.* = EMIR

A·mish [ɑ́:miʃ, ǽ-] *a., n.* 암만(Ammann)파의 (신도들)

***a·miss** [əmís] *a.* **…이 적절하지 않은, 형편이 나쁜, 고장난, 잘못한**

— *ad.* 잘못되어, 빗나가, 부적당하게

go ~ 〈일이〉 틀어지다 ***take ... ~*** …을 나쁘게 해석하다

am·i·to·sis [èimaitóusis] *n.* 〖생물〗 (세포의) 무사 분열(無絲分裂)

***am·i·ty** [ǽməti] *n.* ⓊⒸ **우호, 친목, 친선**

AMM antimissile missile

Am·man [æmɑ́:n, æmǽn | əmɑ́:n] *n.* 암만 ⦅요르단 왕국의 수도⦆

am·me·ter [ǽmmìːtər] *n.* 전류계
am·mo [ǽmou] *n.* Ⓤ 《구어》 탄약
Am·mon [ǽmən] *n.* 아몬 《고대 이집트의 태양신》
*__am·mo·nia__ [əmóunjə] *n.* Ⓤ 〖화학〗 암모니아
am·mo·ni·ac [əmóuniæ̀k] *a.* = AMMONIACAL —*n.* Ⓤ 암모니아 고무
am·mo·ni·a·cal [æ̀mənáiəkəl] *a.* 암모니아의[와 같은], 암모니아를 함유한
am·mo·ni·ate [əmóunièit] *vt.* 암모니아와 화합시키다 —*n.* 암모니아 화합물 **-àt·ed** [-èitid] *a.* 암모니아와 화합한
ammónia wàter[solùtion] 〖화학〗 암모니아수(水)
am·mo·nite [ǽmənàit] *n.* 〖고생물〗 암모나이트, 국석(菊石)
am·mo·ni·um [əmóuniəm] *n.* Ⓤ 〖화학〗 암모늄
ammónium chlóride 〖화학〗 염화암모늄
*__am·mu·ni·tion__ [æ̀mjuníʃən] *n.* Ⓤ **1** 〖군사〗 탄약: an ~ belt 탄띠 **2** (논쟁 등에서의) 대응 수단
am·ne·sia [æmníːʒə | -ziə] *n.* Ⓤ 〖병리〗 기억 상실(증), 건망증
am·ne·si·ac [æmníːʒiæ̀k, -ziː-] *n.* 기억 상실증[건망증] 환자 —*a.* 기억 상실증의 (증세가 있는)
am·nes·ty [ǽmnəsti] *n.* ⓊⒸ 대사(大赦), 특사 —*vt.* 사면[대사, 특사]하다
Ámnesty Internátional 국제 사면 위원회 《정치·사상범의 석방 운동을 위한 국제 조직》
am·ni·o·cen·te·sis [æ̀mniousentíːsis] *n.* (*pl.* **-ses** [-siːz]) 〖의학〗 양수 천자(羊水穿刺) 《양수를 추출해 태아의 성별·염색체의 이상을 판정하는 방법》
am·ni·on [ǽmniɑ̀n | -ɔ̀n] *n.* 〖해부〗 양막
a·moe·ba [əmíːbə] *n.* (*pl.* **-bae** [-biː], **~s**) 〖동물〗 아메바
a·moe·bic [əmíːbik] *a.* 아메바의[같은]
a·moe·boid [əmíːbɔid] *a.* 아메바 모양의
a·mok [əmʌ́k, əmɑ́k | əmɔ́k] *ad.* 미친 듯이 날뛰어 ***run ~[amuck]*** 미쳐 날뛰다
⁑a·mong [əmʌ̀ŋ, –́] *prep.* **1** …의 사이에(서) **2** …중의 한 사람으로[하나로] ***~ others[other things]*** 여럿 가운데서, 그중에 끼어; 특히, 그중에도 ***~ ourselves[yourselves]*** 우리[너희들]끼리 ***from ~*** …의 가운데서: The chairman will be chosen *from* ~ the members. 의장은 회원들 중에서 선출된다.
*__a·mongst__ [əmʌ̀ŋst, –́] *prep.* = AMONG
a·mor·al [eimɔ́ːrəl, æ- | -mɔ́r-] *a.* = NONMORAL
am·o·rous [ǽmərəs] *a.* **1** 호색의 **2** 요염한 **~·ly** *ad.* **~·ness** *n.*
a·mor·phism [əmɔ́ːrfizm] *n.* Ⓤ **1** 무정형(無定形) **2** 〖화학·광물〗 비결정(非結晶) **3** 《폐어》 허무주의
a·mor·phous [əmɔ́ːrfəs] *a.* **1** 무정형의; 〖화학·광물〗 비결정질의 **2** 조직이 없는

am·or·tize [ǽmərtàiz | əmɔ́ːrtaiz] *vt.* **1** 〖법〗 〈부동산을〉 법인에게 양도하다 **2** 〖경제〗 〈부채를〉 할부 상각하다
A·mos [éiməs | -mɔs] *n.* **1** 남자 이름 **2** 〖성서〗 아모스 《Hebrew의 예언자》; 아모스서(書) 《구약 성서 중의 한 권》
⁑a·mount [əmáunt] *vi.* **1** 총계가 …에 이르다 **2** 결과적으로 …이 되다, …와 같다 《*to*》 —*n.* **1** 총액, 합계 **2** 양(quantity), 액(sum)
any ~ of 아무리 많은 …이라도 ***in ~*** 양으로 말하면; 총계; 요컨대 ***to the ~ of*** (seven million won) (7백만원)이나[까지나]
a·mour [əmúər, æ-] [F = love] *n.* **1** 정사(情事), 바람기 **2** Ⓤ 밀통(密通)
a·mour pro·pre [æmúər-próupə | -prɔ́prə] [F] *n.* 자존심, 자부심
AMP adenosine monophosphate
amp. ampere
am·per·age [ǽmpəridʒ] *n.* 암페어 수(數), 전류량
am·pere [ǽmpiər | -pɛə] *n.* 〖전기〗 암페어 《전류의 단위》
am·pere-hour [ǽmpiəráuər] *n.* 〖전기〗 암페어 시(時)
am·pere·me·ter [ǽmpiərmìːtər] *n.* 전류계
am·pere-turn [-tə̀ːrn] *n.* 〖전기〗 암페어 횟수
am·per·sand [ǽmpərsæ̀nd] *n.* 앰퍼센드 《&(= and)자(字)의 이름; short and라고도 함》
am·phet·a·mine [æmfétəmìːn] *n.* Ⓤ 〖약학〗 암페타민 《중추 신경을 자극하는 각성제》
am·phi- [ǽmfi] *prep.* 「양(兩)…, 두 가지로 …, … 둘레에」의 뜻
am·phib·i·a [æmfíbiə] *n. pl.* 〖동물〗 양서류
am·phib·i·an [æmfíbiən] *a.* **1** 양서류의 **2** 수륙 양용의 —*n.* **1** 양서 동물[식물] **2** 수륙 양용 비행기[전차]
am·phib·i·ous [æmfíbiəs] *a.* **1** 양서류의 **2** 수륙 양용의; 육해공군 공동의: ~ operations 육해(공) 공동 작전 **3** 이중인격의
am·phi·mix·is [æ̀mfəmíksis] *n.* (*pl.* **-mix·es** [-míksiːz]) ⓊⒸ 〖생물〗 양성(兩性) 혼합; 교배
am·phi·the·a·ter [ǽmfəθìːətər | -θìə-] *n.* **1** (고대 로마의) 원형 극장[경기장]; (극장의) 계단식 관람석 **2** 《미》 계단식 교실
am·pho·ra [ǽmfərə] *n.* (*pl.* **-rae** [-rìː, -rài], **~s**) (고대 그리스·로마의) 양손잡이가 달린 단지·항아리
am·pho·ter·ic [æ̀mfətérik] *a.* 양쪽에 작용하는
am·pi·cil·lin [æ̀mpəsílin] *n.* Ⓤ 〖약학〗 암피실린
⁑am·ple [ǽmpl] *a.* **1** (남을 정도로) 충분한 **2** 넓은 **~·ness** *n.*
am·pli·fi·ca·tion [æ̀mpləfikéiʃən] *n.* 확대; 〖전기〗 증폭; 〖논리〗 확충
am·pli·fi·er [ǽmpləfàiər] *n.* **1** 확대경 **2** 〖전기〗 증폭기, 앰프

A

***am·pli·fy** [ǽmpləfài] *vt.* **1** …을 **확대하다; 확장하다 2** 더욱 **상세히 하다 3** 〖전기〗 증폭하다
am·pli·tude [ǽmplətjù:d | -tjù:d] *n.* **1** 넓이, 크기 **2** 충분함 **3** 〖물리·전기〗 진폭; 〖포술〗 사정(射程)
ámplitude modulátion 〖전자〗 진폭 변조 《略 AM》; AM 방송
am·ply [ǽmpli] *ad.* 충분히; 상세하게
am·pul(e), -poule [ǽmpju:l | -pu:l] *n.* (주사약 1회분 들이의) 작은 병, 앰풀
am·pu·tate [ǽmpjutèit] *vt.* 〈손발 등을〉 (수술로) 절단하다
am·pu·ta·tion [æ̀mpjutéiʃən] *n.* 절단 (수술)
am·pu·ta·tor [ǽmpjutèitər] *n.* 절단 수술자
am·pu·tee [æ̀mpjutí:] *n.* 절단 수술을 받은 사람
AMSA advanced manned strategic aircraft 고등 유인 전략 항공기
Am·ster·dam [ǽmstərdæ̀m | ⁻⁻´] *n.* 암스테르담 《네덜란드의 수도·항구》
amt amount
am·trac, -track [ǽmtræ̀k] *n.* 〖미군〗 수륙 양용 견인차
AMU, amu [ǽmju:] *n.* 〖물리〗 원자 질량 단위
a·muck [əmʌ́k] *ad.* = AMOK
am·u·let [ǽmjulit] *n.* 부적
A·mund·sen [á:mənsən, ǽm- | á:mund-] *n.* 아문센 **Ro·ald** [rɔ́:ɑl] ~ (1872-1928) 《1911년 처음으로 남극점에 도달한 노르웨이 탐험가》
A·mur [ɑ:múər] *n.* [the ~] 아무르 강, 헤이룽 강(黑龍江)
‡**a·muse** [əmjú:z] *vt.* **1 재미있게 하다 2 즐겁게 하다**; [~ one*self* 로] **즐기다** 《*by, with*》
a·mus·ed·ly [əmjú:zidli] *ad.* 재미나서, 즐겁게
‡**a·muse·ment** [əmjú:zmənt] *n.* Ⓤ **1 즐거움 2 오락**
amúsement arcàde 《영》 실내 오락실
amúsement cènter 환락지, 오락장
amúsement pàrk [《영》 **gròunds**] 《미》 유원지
‡**a·mus·ing** [əmjú:ziŋ] *a.* **재미나는; 웃기는 ~·ly** *ad.*
A·my [éimi] *n.* 여자 이름
a·myg·da·la [əmígdələ] *n.* (*pl.* **-lae** [-lì:, -lài]) 〖식물〗 편도(扁桃); 〖해부〗 편도선
am·yl [ǽmil] *n.* ⓊⒸ 〖화학〗 아밀(기)
am·y·lase [ǽmələ̀is] *n.* ⓊⒸ 〖생화학〗 아밀라아제 《녹말을 당화(糖化)하는 효소》
am·y·loid [ǽmələ̀id] *n.* ⓊⒸ 〖화학〗 아밀로이드, 유사 전분체
— *a.* 녹말 같은
am·y·lop·sin [æ̀məlɑ́psin | -lɔ́p-] *n.* 아밀롭신 《녹말 당화소(糖化素)》
‡**an** [ən, æn] *indef. art.* ⇨ a[2]
an- [æn] *pref.* **1** 「무(無)」의 뜻: *an*archy **2** = AD- 《n앞에 올 때》: *an*nounce
-an [ən] *suf.* 「…의; …의 성질의; …사람」의 뜻: Anglic*an*, Republic*an*

ANA Australian National Airways 오스트레일리아 항공 회사
a·na [éinə | ɑ́:nə] *n.* (*pl.* **~s**) 어록; 일화집; 일화(anecdote)
ana- [ǽnə] *pref.* 「상(上)…; 후(後)…; 재(再)…; 전면적; 유사적」의 뜻: *ana*baptism
-ana [ǽnə | ɑ́:nə] *suf.* [인명·지명 뒤에 붙여서] 「…에 관한 자료(집); …어록; …일화집; …풍물지; …문헌」의 뜻
an·a·bap·tism [æ̀nəbǽptizm] *n.* Ⓤ 재세례; [**A~**] 재세례교
-tist *n.* 재세례론자; [**A~**] 재세례 교도
an·a·bas [ǽnəbəs, -bæ̀s] *n.* 〖어류〗 아나바스 《동남아시아산 민물고기》
a·nab·a·sis [ənǽbəsis] *n.* (*pl.* **-ses** [-sì:z]) 진군, 원정
an·a·bat·ic [æ̀nəbǽtik] *a.* 〖기상〗 상승 기류의[로 생기는]
an·a·bol·ic [æ̀nəbɑ́lik | -bɔ́l-] *a.* 〖생물〗 동화 작용의
a·nab·o·lism [ənǽbəlìzm] *n.* Ⓤ 〖생물〗 동화 작용
a·nach·ro·nism [ənǽkrənìzm] *n.* ⓊⒸ **1** 시대착오 **2** 시대에 뒤진 것[사람]
a·nach·ro·nis·tic, -ti·cal [ənæ̀krənístik(əl)] *a.* 시대착오의
an·a·clas·tic [æ̀nəklǽstik] *a.* 〖광학〗 굴절(성)의
an·a·co·lu·thon [æ̀nəkəlú:θɑn | -θɔn] *n.* (*pl.* **-tha** [-θə], **~s**) 〖수사학〗 **1** 파격 구문(破格構文) **2** 파격 구문의 문장
an·a·con·da [æ̀nəkɑ́ndə | -kɔ́n-] *n.* 〖동물〗 아나콘다 《남미산의 큰 구렁이》
A·nac·re·on [ənǽkriən] *n.* 아나크레온 (570?- 480 B.C.) 《그리스의 서정 시인》
A·nac·re·on·tic [ənæ̀kriɑ́ntik | -ɔ́n-] *n.* 아나크레온식의 시
— *a.* 아나크레온식의
an·a·cul·ture [ǽnəkʌ̀ltʃər] *n.* 〖세균〗 약독(弱毒) 세균 배양
a·nad·ro·mous [ənǽdrəməs] *a.* (알을 낳으러) 강을 거슬러 올라가는 〈연어 등〉
a·nae·mi·a [əní:miə] *n.* = 《영》 ANEMIA
a·nae·mic [əní:mik] *a.* = 《영》 ANEMIC
an·aer·obe [ǽnəròub | ænέər-] *n.* 혐기(嫌氣)성 생물 《미생물》 **àn·aer·ó·bic** *a.*
an·aes·the·sia [æ̀nisθí:ʒə | -ziə] *n.* = 《영》 ANESTHESIA
an·aes·thet·ic [æ̀nisθétik] *a., n.* = 《영》 ANESTHETIC
an·aes·the·tist [ənésθətist | æní:s-] *n.* = 《영》 ANESTHETIST
an·a·gram [ǽnəgræ̀m] *n.* **1** 철자 바꾸기 《live에서 *vile*를 만드는 경우 등》 **2** [*pl.*; 단수 취급] 철자 바꾸기 놀이
a·nal [éinl] *a.* 항문(肛門)(부근)의
an·a·lects [ǽnəlèkts] *n. pl.* 어록(語錄)
an·al·ge·sia [æ̀nəldʒí:ziə | -ziə] *n.* Ⓤ 〖의학〗 무통각(無痛覺)
an·al·ge·sic [æ̀nəldʒí:zik] *a.* 통증을 느끼지 않는 — *n.* 진통제
an·a·log [ǽnəlɔ̀:g, -lɑ̀g | -lɔ̀g] *n.* 《미》 = ANALOGUE
ánalog compùter 아날로그 컴퓨터 (cf. DIGITAL COMPUTER)

an·a·log·i·cal [æ̀nəlɑ́dʒikəl | -lɔ́dʒ-], **-log·ic** [-ik] *a.* 유사한; 유추적(類推的)인 **-i·cal·ly** *ad.*

a·nal·o·gize [ənǽlədʒàiz] *vt.*, *vi.* 유추하다; 유사하다 《*with*》

*__a·nal·o·gous__ [ənǽləgəs] *a.* **유사한** **~·ly** *ad.*

an·a·logue [ǽnəlɔ̀ːg, -lɑ̀g | -lɔ̀g] *n.* **1** 비슷한 물건 **2** 〖언어〗 동류어(同類語) **3** 〖생물〗 상사 기관(相似器官) **4** 〖전자〗 아날로그

‡**a·nal·o·gy** [ənǽlədʒi] *n.* **1** CU **유사** **2** U 유추 **3** U 〖논리〗 **유추법** ***on the ~ of*** …에서 유추하여

a·nal·y·sand [ənǽləsæ̀nd] *n.* 정신 분석을 받는 사람[환자]

‡**an·a·lyse** [ǽnəlàiz] *vt.* (영) =ANALYZE

‡**a·nal·y·sis** [ənǽləsis] *n.* (*pl.* **-ses** [-sìːz]) UC **1 분석,** 분해 **2** 해석 ***in*** [***on***] ***the last*** [***final***] **~** 결국

*__an·a·lyst__ [ǽnəlist] *n.* **분석자,** 분해자

‡**an·a·lyt·ic, -i·cal** [æ̀nəlítik(əl)] *a.* **1** **분석적인,** 분해의 **2** 해석의 **-i·cal·ly** *ad.*

analýtical chémistry 분석 화학

analýtic geómetry 해석 기하학

analýtic psychólogy 〖심리〗 분석 심리학

an·a·lyt·ics [æ̀nəlítiks] *n. pl.* [단수 취급] 〖수학〗 해석학; 〖논리〗 분석론

an·a·lyz·a·ble [ǽnəlàizəbl] *a.* 분해[분석, 해부]할 수 있는

‡**an·a·lyze** [ǽnəlàiz] *vt.* **1 분석하다,** 분해하다 **2** 분석적으로 검토하다 **3** 〖문법〗 분석하다

an·a·lyz·er [ǽnəlàizər] *n.* **1** 분석자 **2** 분석기(器); 분광기(分光器)

A·nam [ænǽm | ⸗⸗] *n.* =ANNAM

an·am·ne·sis [æ̀næmníːsis, æ̀nəm-] *n.* (*pl.* **-ses** [-siːz]) **1** 추억, 회상 **2** 〖의학〗 병력(病歷)

an·a·nas [ǽnənæ̀s, ənǽnəs | ənɑ́ːnəs] *n.* 〖식물〗 아나나스속(屬)의 각종 식물 《파인애플 등》

An·a·ni·as [æ̀nənáiəs] *n.* **1** 〖성서〗 아나니아 《하나님께 거짓말하여 목숨을 잃음》 **2** (구어) 거짓말쟁이(liar)

an·a·p(a)est [ǽnəpèst | -pìːst] *n.* 〖운율〗 단단장격(短短長格), 약약강격(弱弱强格) **an·a·p(a)es·tic** [æ̀nəpéstik] *a.*

a·naph·o·ra [ənǽfərə] *n.* 〖수학〗 수구(首句) 반복 **an·a·phor·ic** [æ̀nəfɔ́ːrik] *a.*

an·a·plas·ty [ǽnəplæ̀sti] *n.* U 성형 수술

an·arch [ǽnɑːrk] *n.* (시어) 반란 주모자

an·ar·chic, -chi·cal [ænɑ́ːrkik(əl)] *a.* 무정부(상태)의 **-chi·cal·ly** *ad.*

an·ar·chism [ǽnərkìzm] *n.* U 무정부주의

*__an·ar·chist__ [ǽnərkist] *n.* **무정부주의자**

an·ar·chis·tic [æ̀nərkístik] *a.* 무정부주의(자)의

*__an·ar·chy__ [ǽnərki] *n.* U **1 무정부 상태** **2** 무질서(chaos)

an·as·tig·mat [ənǽstigmæ̀t, æ̀nəstígmæt] *n.* 〖광학〗 비점수차 (非點收差) 보정 (補正) 렌즈

a·nas·to·mo·sis [ənæ̀stəmóusis] *n.* (*pl.* **-ses** [-siːz]) **1** 〖해부〗 (혈관·신경 등의) 문합 **2** 〖생물〗 교차 연락 **3** (운하 등의) 망상(網狀) 형성, 합류

a·nath·e·ma [ənǽθəmə] *n.* **1** 저주 **2** 〖가톨릭〗 파문(破門) **3** 저주 받은 사람[것]

a·nath·e·ma·tize [ənǽθəmətàiz] *vt.* 저주하다; 파문하다

An·a·to·li·a [æ̀nətóuliə] *n.* 아나톨리아 《옛날의 소아시아, 현재의 터키》

an·a·tom·ic, -i·cal [æ̀nətɑ́mik(əl) | -tɔ́m-] *a.* 해부의, 해부(학)상의 **-i·cal·ly** *ad.*

a·nat·o·mist [ənǽtəmist] *n.* 해부학자

a·nat·o·mize [ənǽtəmàiz] *vt.* 〈동물체를〉 해부하다(dissect)

‡**a·nat·o·my** [ənǽtəmi] *n.* U **해부**; 해부술; 해부학

anc. ancient; anciently

-ance [əns] *suf.* 「행동; 상태; 성질」 등을 나타내는 명사 어미: brilli*ance*, dis*tance*

‡**an·ces·tor** [ǽnsestər, -səs-] *n.* **1 조상,** 선조 **2** 선구자

áncestor wòrship 조상 숭배

*__an·ces·tral__ [ænséstrəl] *a.* **조상의**

an·ces·tress [ǽnsestris, -səs-] *n.* 여자 조상

*__an·ces·try__ [ǽnsestri, -səs-] *n.* U **1** **조상,** 선조(ancestors) **2** 가계(家系); 문벌

‡**an·chor** [ǽŋkər] *n.* **1 닻** **2** 힘이[의지가] 되는 것 **3** (뉴스 프로의) 진행자 **4** (줄다리기의) 맨 끝 사람 **5** (특히 릴레이 팀의) 최종 주자 ***be*** [***lie, ride***] ***at ~*** 정박하고 있다 ***cast*** [***drop***] **~** 닻을 내리다; (어떤 장소에) 머물다, 자리잡다 ***come to*** (***an***) **~** 정박하다 ***let go the ~*** 닻을 내리다; (구령) 닻 내려! ***weigh ~*** 닻을 감다, 출항하다; 떠나다

— *vt.* **1 닻으로 고정시키다,** 정박시키다 **2** 단단히 묶어 두다, 부착[고정]시키다

— *vi.* **닻을 내리다**; 정박하다

*__an·chor·age__[1] [ǽŋkəridʒ] *n.* **1 닻을 내림,** 투묘, 정박 **2** 정박지, 정박료 **3** 고정 시키는 것

anchorage[2] *n.* 은자(隱者)의 주거, 은둔처

An·chor·age [ǽŋkəridʒ] *n.* 앵커리지 《미국 알래스카 주 남부의 항구 도시》

an·cho·ress [ǽŋkəris] *n.* 여자 은자(隱者)

an·cho·ret [ǽŋkərèt, -rit] *n.* = ANCHORITE

an·cho·rite [ǽŋkəràit] *n.* 은자(隱者), 은둔자(hermit)

an·chor·man [ǽŋkərmæ̀n] *n.* **1** (릴레이 팀의) 최종 주자; (줄다리기의) 맨 끝 사람; (야구 팀의) 최강타자 **2** (미) (단체 등의) 기둥, 중진 **3** (뉴스 프로의) 진행자

an·cho·vy [ǽntʃouvi, ⸗⸗⸗ | ǽntʃə-] *n.* 〖어류〗 멸치

an·chu·sa [æŋkjúːsə, -zə] *n.* 〖식물〗 지칫과(科)의 약초

an·cienne no·blesse [ɑːnsjénnoublés] [F =old-time nobility] *n.* 구제도의 귀족

A

an·cien ré·gime [ɑːnsjǽŋ-reiʒíːm] [F = old regime] *n.* **1** 구(舊)제도, 구체제 《특히 1789년 프랑스 혁명 이전의》 **2** 시대에 뒤진 제도[체제]

‡**an·cient** [éinʃənt] *a.* **1** 고대의, 옛날의 **2** 고래(古來)의 **3** 구식의 **4** 노령(老齡)의 **— *n.*** **1** 고대인; [the ~s] 고대 문명인 **2** 노인

the A~ of Days 《성서》 하나님

~·ly *ad.* 옛날에는, 고대에

áncient hístory **1** 고대사 **2** 《구어》 누구나 알고 있는 일, 진부한 이야기

áncient líghts 〖영국법〗 채광[일조]권 소유

an·cil·lar·y [ǽnsəlèri | ænsíləri] *a.* 보조적인, 부수적인 《*to*》

an·con [ǽŋkɑn | -kɔn] *n.* (*pl.* **-co·nes** [-kóuniːz]) **1** 〖해부〗 팔꿈치 **2** 〖건축〗 첨차(檐遮)

anct. ancient

-ancy [ənsi] *suf.* 「…한 성질[상태]」의 뜻: expect*ancy*, flamboy*ancy*

‡**and** [ənd, n, ænd] *conj.* **1** …와 …, 그리고, 및 **2** …하면서, …하고 나서 **3** [명령법 뒤에] (만약) 그리하면[그렇다면] **4** …을 곁들인 **~ *so forth* [*on*]** …따위, …등등 **~ *then*** 그리고 나서

and. andante

An·da·lu·sia [æ̀ndəlúːʒə, -ʃiə | -ziə] *n.* 안달루시아 《스페인 남부의 지방; 옛 Moor 문명 중심지》

An·da·lu·sian [æ̀ndəlúːʒən | -ziən] *a.*, *n.* 안달루시아의 (사람)

an·dan·te [ɑːndɑ́ːntei, ændǽnti | ændǽnti] [It.] *a.*, *ad.* 〖음악〗 느린[느리게] **— *n.*** 안단테(의 악장[곡])

an·dan·ti·no [ɑ̀ndɑːntíːnou | æ̀ndæn-] [It.] 〖음악〗 *a.*, *ad.* 안단티노의[로], 안단테보다 약간 빠른[빠르게] **— *n.*** 안단티노(의 악장[곡])

An·de·an [ǽndiən, ændíːən] *a.* 안데스 산맥의 **— *n.*** 안데스 산지 사람

An·der·sen [ǽndərsn] *n.* 안데르센 **Hans Christian ~** (1805-75) 《덴마크의 동화 작가》

***An·des** [ǽndiːz] *n. pl.* [the ~] 안데스 산맥

an·de·site [ǽndizàit] *n.* Ⓤ 〖암석〗 안산암(安山岩)

and·i·ron [ǽndaiərn] *n.* 난로 안의 장작 받침쇠[대]

and/or [ǽndɔ́ːr] *conj.* …및 또는 …, 양쪽 다, 또는 어느 한쪽

An·dor·ra [ændɔ́ːrə | -dɑ́rə] *n.* 안도라 《피레네 산맥 중에 있는 공화국》

An·drew [ǽndruː] *n.* 남자 이름 《애칭 Andy》

An·dro·cles [ǽndrəklìːz] *n.* 안드로클레스 《로마 전설 중의 노예》

an·droe·ci·um [ændríːʃiəm] *n.* (*pl.* **-ci·a** [-ʃiə]) 〖식물〗 수술군(群)

an·dro·gen [ǽndrədʒən] *n.* Ⓤ 〖생화학〗 남성호르몬, 안드로겐

an·drog·y·nous [ændrɑ́dʒənəs | -drɔ́dʒ-] *a.* 남녀 양성의; 〖식물〗 양성화의

An·drom·e·da [ændrɑ́mədə | -drɔ́m-] *n.* **1** 〖그리스신화〗 안드로메다 《Perseus가 구해 준 미녀》 **2** 〖천문〗 안드로메다 자리

An·dy [ǽndi] *n.* 남자 이름 《Andrew의 애칭》

an·ec·dot·age [ǽnikdòutidʒ] *n.* 일화집

an·ec·dot·al [æ̀nikdóutl] *a.* 일화의; 일화가 많은

‡**an·ec·dote** [ǽnikdòut] *n.* **1** 일화 (*pl.* **~s, -do·ta** [æ̀nikdóutə]) **2** (역사·전기 등의) 비사, 비화

an·e·cho·ic [æ̀nikóuik] *a.* 〈방 등이〉 울림이 없는

a·ne·mi·a [əníːmiə] *n.* Ⓤ 〖병리〗 빈혈증

a·ne·mic [əníːmik] *a.* 〖병리〗 빈혈(증)의

an·e·mom·e·ter [æ̀nəmɑ́mətər | -mɔ́m-] *n.* 〖기상〗 풍력계

***a·nem·o·ne** [ənéməni] *n.* 〖식물〗 아네모네

an·e·moph·i·lous [æ̀nəmɑ́fələs | -mɔ́f-] *a.* 〖식물〗 풍매의

a·nent [ənént] *prep.* **1** (스코·고어) …에 관하여 **2** (방언) …가까이에, …와 나란히

an·er·oid [ǽnərɔ̀id] *a.* 액체[수은]를 사용하지 않은 **— *n.*** 아네로이드 기압계

an·es·the·sia [æ̀nisθíːʒə | -ziə] *n.* Ⓤ 〖의학〗 마취

***local* [*general*]** ~ 국소[전신] 마취

an·es·the·si·ol·o·gy [æ̀nisθìːziɑ́lədʒi | -ɔ́l-] *n.* Ⓤ 마취학

an·es·thet·ic [æ̀nisθétik] *a.* 마취의 **— *n.*** 마취제 **-i·cal·ly** *ad.*

an·es·thet·ist [ənésθətist | əníːs-] *n.* 마취사; 마취 전문 의사

an·es·the·ti·za·tion [ənèsθətizéiʃən | ənìːsθətai-] *n.* Ⓤ 마취(법), 마취 상태

an·es·the·tize [ənésθətàiz | əníːs-] *vt.* 마취시키다, 마비시키다

an·eu·rysm, -rism [ǽnjurìzm] *n.* 〖병리〗 동맥류(動脈瘤)

***a·new** [ənjúː | ənjúː] *ad.* 다시; 새로이, 신규로(afresh)

an·ga·ry [ǽŋgəri] *n.* Ⓤ 〖국제법〗 전시 수용권

‡**an·gel** [éindʒəl] *n.* **1** 천사, 하느님의 사자 **2** 천사 같은 사람

an ~ of a child 천사 같은 (아이)

An·ge·la [ǽndʒələ] *n.* 여자 이름

an·gel·fish [éindʒəlfìʃ] *n.* 〖어류〗 **1** 전자리상어 **2** 에인절 피시 《관상용 열대어》

ángel (**fòod**) **càke** 《미》 에인절 케이크 《카스텔라의 일종》

***an·gel·ic, -i·cal** [ændʒélik(əl)] *a.* 천사의[같은] **-i·cal·ly** *ad.*

an·gel·i·ca [ændʒélikə] *n.* **1** 〖식물〗 안젤리카 《멧두릅속(屬); 약용·요리용》 **2** Ⓤ 그 줄기의 설탕 절임

An·ge·lus [ǽndʒələs] *n.* 〖가톨릭〗 삼종(三鐘) 기도 《그리스도의 수태를 기념하는》; 삼종 기도를 알리는 종 (= **~ bell**)

‡**an·ger** [ǽŋgər] *n.* Ⓤ 노여움, 성 **— *vt.*, *vi.*** 성나게 하다, 성나다

An·ge·vin(**e**) [ǽndʒəvin] *a.* 앙주(Anjou)의; Anjou 왕가(王家)의

— *n.* Anjou 왕가의 사람

an·gi·na [ændʒáinə] *n.* Ⓤ 〖병리〗 **1** 후두염(喉頭炎) **2** 협심증(狹心症)(= ∼ **péc·to·ris** [-péktəris])

an·gi·o·sperm [ǽndʒiouspə̀ːrm] *n.* 피자(被子) 식물(cf. GYMNOSPERM)

Ang·kor Wat [ǽŋkɔːr-wɑ́t] 앙코르와트 《캄보디아의 12세기 석조 대사원의 유적》

‡**an·gle**[1] [ǽŋgl] *n.* **1** 각도; 각 **2** 모, 모퉁이(corner) **3** 관점, 견지

at an ∼ 굽어서, 비스듬히

— *vt.* **1** 어떤 각도로 향하게 하다[구부리다, 움직이다] **2** 〈의견·보도 등을〉 왜곡하다 — *vi.* 굽다, 구부러지며 나아가다

angle[2] *vi.* **1** 낚시질하다 **2** (잔꾀를 부려 …을) 얻으려고 하다 《*for*》

An·gle [ǽŋgl] *n.* [the ∼] 앵글족(族) 《5세기 이후에 영국에 이주한 게르만족; 지금의 영국인의 조상》; 앵글족 사람

An·gle·doz·er [ǽŋgldòuzər] *n.* 대형 불도저 《상표명》

ángle ìron 앵글 (철)

an·gle-park·ing [ǽŋglpɑ̀ːrkiŋ] *n.* Ⓤ (길가의) 비스듬한 주차

***an·gler** [ǽŋglər] *n.* **1** 낚시꾼 **2** 〖어류〗 아귀

an·gle·worm [ǽŋglwə̀ːrm] *n.* 지렁이 《낚시 미끼》

An·gli·a [ǽŋgliə] *n.* England의 라틴명

An·gli·an [ǽŋgliən] *a.* 앵글족의

— *n.* **1** 앵글 사람 **2** Ⓤ 앵글 말

***An·gli·can** [ǽŋglikən] *a.* **영국 국교회의, 성공회의** — *n.* 영국 국교도

∼**·ism** *n.* Ⓤ 영국 국교회주의

Ánglican Chúrch 영국 국교회[성공회]

Ánglican Commúnion 성공회 연합

An·gli·ce, a- [ǽŋgləsi] [L = in English] *ad.* 영어로, 영어식으로 말하면

An·gli·cism, a- [ǽŋgləsìzm] *n.* **1** 영국식[풍] **2** 영어 특유의 관용어법

An·gli·cist [ǽŋgləsist] *n.* 영어[영문] 학자

An·gli·cize, a- [ǽŋgləsàiz] *vt.* 영국식으로 하다; 〈외국어를〉 영어화하다

an·gling [ǽŋgliŋ] *n.* Ⓤ 낚시질

Ang·lis·tics [æŋglístiks] *n. pl.* [단수 취급] 영어[영문]학

An·glo- [ǽŋglou] 《연결형》 「영국[영어]의」의 뜻

***An·glo-A·mer·i·can** [ǽŋglouəmérikən] *a.* **영미(英美)의**; 영국계 미국인의

— *n.* 영국계 미국인

An·glo-Cath·o·lic [-kǽθəlik] *n.*, *a.* 영국 국교회 가톨릭파 신도(의)

An·glo-Ca·thol·i·cism [-kəθɑ́ləsìzm | -θɔ́l-] *n.* Ⓤ 영국 국교회 가톨릭파주의(의 교리)

An·glo-French [-fréntʃ] *a.* **1** 영불(英佛)의 **2** 앵글로 프랑스어의 — *n.* Ⓤ 앵글로 프랑스어

An·glo-In·di·an [-índiən] *a.* **1** 영국과 인도의 **2** 인도 거주 영국 사람의 **3** 인도 영어의

— *n.* **1** 인도에 사는 영국 사람; 영국 사람과 인도 사람의 혼혈아 **2** Ⓤ 인도 영어

An·glo-I·rish [-áiəriʃ] *a.* 잉글랜드와 아일랜드(간)의 — *n.* **1** 영국계 아일랜드 사람 **2** Ⓤ 아일랜드 영어

An·glo·ma·ni·a [æ̀ŋglouméiniə] *n.* Ⓤ (외국인의) 영국 숭배, 영국광(狂)

An·glo·ma·ni·ac [æ̀ŋglouméiniæ̀k] *n.* 영국 숭배자

An·glo-Nor·man [ǽŋglounɔ́ːrmən] *a.* 노르만 사람의 영국 점령시대의, 노르만계 영국인의 — *n.* Ⓤ 앵글로노르만어

An·glo·phile [ǽŋgloufàil], **-phil** [-fìl] *n.* 친영(親英)파의 사람

Àn·glo·phíl·ic [-fílik] *a.*

An·glo·phobe [ǽŋgloufòub] *a.*, *n.* 영국 (사람)을 싫어하는 (사람)

An·glo·pho·bi·a [æ̀ŋgloufóubiə] *n.* Ⓤ 영국·(사람) 혐오

‡**An·glo-Sax·on** [ǽŋglousǽksn] *n.* **1** **앵글로색슨 사람** **2** Ⓤ 앵글로색슨 말

— *a.* 앵글로색슨 사람의

An·go·la[1], **a-** [æŋgóulə] *n.* = ANGORA 2

Angola[2] *n.* 앙골라 《아프리카 남서부의 독립국; 수도 Luanda》

An·go·ra [æŋgɔ́ːrə, ǽŋgərə] *n.* **1** 앙고라 《ANKARA의 옛 이름》 **2** 앙고라 고양이[염소, 토끼] **3** 앙고라 모직

Angóra wóol = MOHAIR

an·gos·tú·ra (bárk) [æ̀ŋgəstjúərə- | -tjúə-] *n.* 앙고스투라(나무) 껍질 《해열 강장제》

‡**an·gri·ly** [ǽŋgrəli] *ad.* **노하여, 성나서**

an·gri·ness [ǽŋgrinis] *n.* Ⓤ 노여움, 화, 성

‡**an·gry** [ǽŋgri] *a.* **1** **성난, 노한** **2** 〈상처가〉 염증을 일으킨

Ángry Yòung Mán[Mén] **1** 〖문학〗 성난 젊은이 《전후 영국 문단에서 기성 사회 제도에 대한 분노를 나타내는 문학을 쓴 청년 작가》 **2** 반체제의 젊은이

angst [ɑːŋkst] [G] *n.* 불안

ang·strom, A- [ǽŋstrəm-] *n.* 〖물리〗 옹스트롬 《1억분의 1센티미터; 단파장(短波長)의 측정 단위; 略 Å, A》(= ∼ **ùnit**)

an·guish** [ǽŋgwiʃ] *n.* Ⓤ (심신의) **격통**(激痛), 고뇌 ***in ∼ 고뇌하여

an·guished [ǽŋgwiʃt] *a.* 고민의, 고뇌에 찬

***an·gu·lar** [ǽŋgjulər] *a.* **1** **모난; 각도의** **2** 뼈가 앙상한 **3** 딱딱한

an·gu·lar·i·ty [æ̀ŋgjulǽrəti] *n.* Ⓤ 모남

ángular spéed[velócity] 〖물리〗 각속도(角速度)

an·gu·late [ǽŋgjulèit] *vt.* 모나게 하다; 각지게 하다

— *vi.* 각지다

— [ǽŋgjulət] *a.* 모가 난

an·gu·la·tion [æ̀ŋgjuléiʃən] *n.* Ⓤ 모서리를 만듦

An·gus [ǽŋgəs] *n.* 남자 이름

an·hy·dride [ænháidraid] *n.* 〖화학〗 무수물(無水物)

an·hy·drite [ænháidrait] *n.* 〖광물〗 경석고(硬石膏), 무수 석고

an·il [ǽnil] *n.* **1** 〖식물〗 개물감싸리 **2** 〖염색〗 Ⓤ 쪽빛(indigo)

an·ile [ǽnail, éin-] *a.* 노파 같은(oldwomanish), 노망한

A

an·i·line [ǽnəlin], **-lin** [-lin] *n.* Ⓤ 〖화학〗 아닐린 《염료·합성수지의 원료》
ániline dỳe 아닐린 염료(染料)
a·nil·i·ty [əníləti | æníl-] *n.* Ⓤ (노파의) 노망
anim. animato
an·i·ma [ǽnəmə] [L] *n.* 영혼; 생명
an·i·mad·ver·sion [æ̀nəmædvə́:rʒən | -ʃən] *n.* ⓊⒸ 비평, 비난 《*on*》
an·i·mad·vert [æ̀nəmædvə́:rt] *vi.* 비평[혹평]하다, 비난하다
‡**an·i·mal** [ǽnəməl] *n.* **1 동물, 짐승 2** 짐승 같은 인간 **—** *a.* **1** 동물의 **2** 동물적인; 육욕적인
an·i·mal·cule [æ̀nəmǽlkju:l] *n.* 극미(極微)동물
ánimal húsbandry 축산학; 축산
an·i·mal·ism [ǽnəməlìzm] *n.* Ⓤ 동물적 생활; 수성(獸性); 수욕주의
-ist *n.* 동물 권리 옹호자; 수욕주의자
an·i·mal·i·ty [æ̀nəmǽləti] *n.* Ⓤ 동물성, 수성(獸性)
ánimal kìngdom [the ~] 동물계
ánimal mágnetism 1 〖생물〗 동물 자기(磁氣) **2** 육체적[관능적] 매력
ánimal spírits 생기; 〖철학〗 동물 원기
***an·i·mate** [ǽnəmèit] *vt.* **1** …**에 생명을 불어넣다 2** …에 활기를 주다 **—** [-mət] *a.* **1** 살아 있는 **2** 생기 있는 **~·ness** *n.*
an·i·mat·ed [ǽnəmèitid] *a.* **1** 생기 있는 **2** 싱싱한; 활기에 넘치는 **~·ly** *ad.*
ánimated cartóon 만화 영화, 동화(動畫)
ánimated pícture 활동 사진 《motion picture의 옛 이름》
***an·i·ma·tion** [æ̀nəméiʃən] *n* Ⓤ **생기,** 활기, 활발; 만화 영화
an·i·ma·to [ɑ̀:nəmɑ́:tou] [It.] *a., ad.* 〖음악〗 활기 있는[있게], 힘차고 빠른[빠르게]
an·i·ma·tor, -mat·er [ǽnəmèitər] *n.* 생기를 주는 사람[것]
an·i·mé [ǽnəmèi] [F] *n.* Ⓤ 아니메 《방향성 수지; 니스의 원료》
an·i·mism [ǽnəmìzm] *n.* Ⓤ 〖철학·심리〗 **1** 물활론(物活論) 《목석 등도 생물과 마찬가지로 영혼이 있다고 믿음》 **2** 정령(精靈) 신앙 《사람 및 사물의 활동은 모두 영(靈)의 힘에 의한다는 설》
an·i·mist [ǽnəmist] *n.* **1** 물활론자 **2** 정령 신앙자
an·i·mis·tic [æ̀nəmístik] *a.* 물활론적인
an·i·mos·i·ty [æ̀nəmɑ́səti | -mɔ́s-] *n.* ⓊⒸ 악의, 증오(hatred), 원한 《*against, toward, between*》
an·i·mus [ǽnəməs] *n.* **1** 적의(敵意) **2** 의지, 의향
an·i·on [ǽnàiən] *n.* 〖화학〗 음이온
an·ise [ǽnis] *n.* 〖식물〗 아니스(의 열매)
an·i·seed [ǽnisì:d] *n.* 아니스의 열매
an·i·sette [æ̀nəsét] *n.* Ⓤ 아니스로 맛들인 리큐어
An·jou [ǽndʒu:] *n.* 앙주 《프랑스 서부의 옛 공국(公國)》
An·ka·ra [ǽŋkərə] *n.* 앙카라 《터키의 수도》
‡**an·kle** [ǽŋkl] *n.* **발목**
an·kle·bone [ǽŋklbòun] *n.* 복사뼈
ánkle sóck 《영》 짧은 양말
an·klet [ǽŋklit] *n.* **1** 발목 장식 **2** 《미》 (여성·어린이용) 짧은 양말
an·ky·lo·sis [æ̀ŋkəlóusis] *n.* Ⓤ 〖해부〗 교착
Ann [æn] *n.* 여자 이름 《애칭 Annie, Nan, Nancy, Nanny》
an·na [ǽnə] *n.* 아나 《인도·파키스탄의 구화폐 단위; 1루피(rupee)의 1/16》
An·na [ǽnə] *n.* 여자 이름 《애칭 Ann, Anne, Annie, Nan, Nancy》
An·na·bel, -belle [ǽnəbèl], **An·na·bel·la** [æ̀nəbélə] *n.* 여자 이름
an·nal·ist [ǽnəlist] *n.* 연대기 편자
***an·nals** [ǽnlz] *n. pl.* **1 연대기;** 연사(年史) **2** 기록 **3** [때로 단수 취급] (학계 등의) 연보(年報)
An·nam [ænǽm, ∠–] *n.* 안남(安南) 《베트남 중부의 옛 왕국》
An·na·mese [æ̀nəmí:z] *a.* 안남(사람)의; 안남 말의 **—** *n.* **1** 안남 사람 **2** Ⓤ 안남 말
An·nap·o·lis [ənǽpəlis] *n.* 아나폴리스 《미국 Maryland 주의 주도; 미국 해군 사관학교 소재지》
Anne [æn] *n.* 여자 이름
an·neal [əní:l] *vt.* 〈강철·유리 등을〉 달구었다가 천천히 식히다, 풀림하다
an·ne·lid [ǽnəlid] *n., a.* 〖동물〗 환형(環形) 동물(의) 《지렁이·거머리 등》
***an·nex** [ənéks, ǽneks] *vt.* **1 부가하다,** 첨부하다 《*to*》 **2** 〈영토 등을〉 **합병하다 3** 《구어》 무단으로 가져가다 **—** [ǽneks] *n.* **부가물;** 부속 서류; 별관
an·nex·a·tion [æ̀nekséiʃən] *n.* **1** Ⓤ 부가; 합병 **2** 부가물
an·nexe [ǽneks] *n.* 《영》 = ANNEX
An·nie [ǽni] *n.* 여자 이름 《Ann(e)의 애칭》
Ánnie Óak·ley [-óukli] 《미·속어》 무료 입장권[승차권]
***an·ni·hi·late** [ənáiəlèit] *vt.* **1 전멸[절멸, 멸망]시키다 2** 《구어》 완패시키다
***an·ni·hi·la·tion** [ənàiəléiʃən] *n.* Ⓤ **전멸,** 절멸
an·ni·hi·la·tor [ənáiəlèitər] *n.* 절멸자
‡**an·ni·ver·sa·ry** [æ̀nəvə́:rsəri] *n.* **기념일 —** *a.* 기념일의; 매년의, 예년의
an·no Dom·i·ni [ǽnou-dɑ́məni, -nài | -dɔ́minai] [L = in the year of our[the] Lord] *ad.* 그리스도 기원 (후), 서기 《略 A.D.》
an·no·tate [ǽnətèit] *vt., vi.* 주석을 달다
an·no·ta·tion [æ̀nətéiʃən] *n.* ⓊⒸ 주석(을 달기)
an·no·ta·tor [ǽnətèitər] *n.* 주석자
‡**an·nounce** [ənáuns] *vt.* **1 알리다, 공고[발표]하다 2** …임을 나타내다
‡**an·nounce·ment** [ənáunsmənt] *n.* ⒸⓊ **1 공고,** 고지(告知) **2 발표**
‡**an·nounc·er** [ənáunsər] *n.* **1 고지자,** 발표자, 알리는 사람 **2 아나운서**

‡an·noy [ənɔ́i] *vt.* **1** 성가시게 굴다, 약오르게 하다 **2** 〈적 등을〉 괴롭히다
***an·noy·ance** [ənɔ́iəns] *n.* **1** Ⓤ 성가심; 괴로움 **2** Ⓒ 골칫거리, 성가신 일
***an·noy·ing** [ənɔ́iiŋ] *a.* 성가신, 귀찮은, 약오르는 **~·ly** *ad.*
‡an·nu·al [ǽnjuəl] *a.* **1** 1년의 **2** 해마다의; 한 해 한 번씩의 **3** 〖식물〗 일년생의
— *n.* **1** 연보, 연감(年鑑) **2** 일년생 식물
***an·nu·al·ly** [ǽnjuəli] *ad.* 매년, 1년에 한 번씩
an·nu·i·tant [ənjúːətənt | ənjúː-] *n.* 연금 받는 사람
***an·nu·i·ty** [ənjúːəti | ənjúː-] *n.* **1** 연금, 출자금 **2** 연금 수령권; 연금 지불 의무
an·nul [ənʌ́l] *vt.* (**~led**; **~·ling**) 무효로 하다, 취소하다(cancel), 폐기하다
an·nu·lar [ǽnjulər] *a.* 고리 모양의 **~·ly** *ad.*
ánnular eclípse 〖천문〗 금환식(金環蝕)
an·nu·let [ǽnjulit] *n.* 작은 고리
an·nul·ment [ənʌ́lmənt] *n.* 취소, 실효(失效), 폐지
an·nu·lus [ǽnjuləs] *n.* (*pl.* **-li** [-lài], **~·es**) **1** 고리(ring) **2** 〖기하〗 환형(環形) **3** 〖천문〗 금환(金環) **4** 〖식물〗 환대(環帶); 〖동물〗 체환(體環)
an·num [ǽnəm] *n.* 연(年), 해
an·nun·ci·ate [ənʌ́nsièit] *vt.* 《고어》 알리다
an·nun·ci·a·tion [ənʌ̀nsiéiʃən] *n.* **1** ⓊⒸ 포고, 예고 **2** [the A~] 〖그리스도교〗 성수태 고지 《천사 Gabriel이 성모 Maria에게 그리스도의 수태를 알린 일》
an·nun·ci·a·tor [ənʌ́nsièitər] *n.* **1** 통고자, 예고자 **2** 표시기
an·nus mi·ra·bi·lis [ǽnəs-mərάː-bəlis] [L =wonderful year] *n.* 놀라운[경이적인] 해 《특히 영국에서 London의 큰 불이나 페스트가 크게 유행한 1666년을 가리킴》
an·ode [ǽnoud] *n.* 〖전기〗 양극
ánode rày 〖물리·화학〗 양극선(陽極線)
an·o·dyne [ǽnədàin] *a.* 진통의
— *n.* 진통제
***a·noint** [ənɔ́int] *vt.* **1** …에 유성 액체를 바르다 **2** 〖그리스도교〗 〈사람·머리에〉 성유(聖油)를 바르다
the* (*Lord's*) *Anointed 주의 기름 부음을 받은 자, 그리스도; 고대 유대의 왕
~·er *n.* 기름 바르는 사람
a·noint·ment [ənɔ́intmənt] *n.* 기름 부음; 〈연고 등의〉 문질러 바름 《*with*》; 〖그리스도교〗 도유식(塗油式)
a·nom·a·lous [ənάmələs | ənɔ́m-] *a.* 변칙의, 이례(異例)의 **~·ly** *ad.*
anómalous fínite 〖문법〗 변칙 정동사
anómalous wáter 〖화학〗 중합수(重合水)(polywater)
a·nom·a·ly [ənάməli | ənɔ́m-] *n.* ⓊⒸ 변칙, 이례; 변태; 〖생물〗 이형(異形)
a·no·mi·a [ənóumiə] *n.* Ⓤ 〖정신의학〗 명칭 실어증(失語症)
a·non [ənάn | ənɔ́n] *ad.* 《고어》 곧, 이내(soon) ***ever and ~*** 가끔, 때때로
anon. anonymous
an·o·nym [ǽnənìm] *n.* **1** 가명 **2** 익명자, 무명씨
an·o·nym·i·ty [æ̀nəníməti] *n.* Ⓤ 익명; 무명
***a·non·y·mous** [ənάnəməs | ənɔ́n-] *a.* 익명의; 작자 불명의 **~·ly** *ad.*
a·noph·e·les [ənάfəlìːz | ənɔ́f-] *n.* (*pl.* **~**) 〖곤충〗 학질[말라리아] 모기
a·no·rak [ǽnərӕ̀k] *n.* 아노락 《후드가 달린 방한용 외투》
an·o·rex·i·a [æ̀nəréksiə] *n.* Ⓤ 〖정신의학〗 식욕 감퇴
an·os·mi·a [ænάzmiə | ænɔ́z-] *n.* Ⓤ 〖병리〗 후각(嗅覺) 상실(증)
‡an·oth·er [ənʌ́ðər] *a.* **1** 또 하나[한 사람]의 **2** 다른, 딴
— *pron.* **1** 또 하나의 것, 또 한 사람 **2** 다른 것[사람]
one after ~ 하나씩, 차례로 ***one ~*** 서로 ***one way or ~*** 어떻게든 해서 ***taking*** [***taken***] ***one with ~*** 이것 저것 생각해 보면, 대체로
an·ov·u·lant [ænάvjulənt | ænɔ́v-] *n.* 배란(排卵) 억제제
— *a.* 배란 억제의
an·ox·i·a [ænάksiə | ænɔ́k-] *n.* 〖병리〗 산소 결핍(증)
ans. answer(ed)
ANS American Nuclear Society 미국 원자력 학회
an·ser·ine [ǽnsəràin, -rin] *a.* 거위의, 거위 같은; 어리석은(silly)
‡an·swer [ǽnsər | άːn-] *vi.* **1** 대답하다 **2** 책임을 지다, 보증하다 **3** 들어맞다 **4** 일치[합치]하다
— *vt.* **1** 답하다(reply) **2** 〈노크 등에〉 응하다; 〈전화를〉 받다 **3** 〈비난·공격 등에〉 응수하다 **4** 〈요구 등을〉 들어 주다
~ back 《구어》 말대꾸하다 ***~ to the name of*** Tom (톰)이라고 불려 대답하다
— *n.* **1** 대답; 회답 **2** 해답(solution) **3** 응답 ***give*** [***make***] ***an ~*** 답하다, 응답하다 《*to*》 ***in ~ to*** …에 답하여; …에 응하여
***an·swer·a·ble** [ǽnsərəbl | άːn-] *a.* **1** 책임이 있는 **2** 답할 수 있는 **3** 적합한 《*to*》
an·swer·er [ǽnsərər | άːn-] *n.* 회답[해답]자, 답변인
an·swer·ing [ǽnsəriŋ | άːn-] *a.* 응답[대답]의; 상응[일치]하는 《*to*》
ánswering machìne (부재시의) 전화 자동 응답기
ánswering pénnant 〖항해〗 응답기(應答旗) 《만국 선박 신호》
‡ant [ænt] [동음어 aunt] *n.* 개미
an't [eint, ænt, ɑːnt | ɑːnt] = AIN'T
-ant [ənt] *suf.* **1** 「…성(性)의」의 뜻: malign*ant* **2** 「…하는 사람[것]」의 뜻: serv*ant*
ant. antenna; antiquary; antonym
ant·ac·id [æntǽsid] *a.* 산(酸)을 중화하는 **—** *n.* 제산제(制酸劑)
***an·tag·o·nism** [æntǽgənìzm] *n.* Ⓤ 반대, 적대, 반항심 《*to, against*》
***an·tag·o·nist** [æntǽgənist] *n.* 적대자, 경쟁자, 맞상대

A

an·tag·o·nis·tic [æntæ̀gənístik] *a.* **1** 반대의, 상반되는, 대립하는 **2** 적대하는, 서로 용납될 수 없는 《*to*》 **-ti·cal·ly** *ad.* 반대[적대, 반목]하여

an·tag·o·nize [æntǽgənàiz] *vt.* **1** 대항하다, 적대하다 **2** 적으로 돌리다; …의 반감을 사다 **3** 반대하다 **4** 중화하다

*__ant·arc·tic__ [æ̀ntɑ́ːrktik] *a.* 남극의; 남극 지방의 **—** *n.* [the A~] **1** 남극 지방[대륙] **2** 남극해

Ant·arc·ti·ca [æntɑ́ːrktikə] *n.* 남극 대륙(the Antarctic Continent)

Antárctic Círcle [the ~] 남극권(南極圈)

Antárctic Cóntinent [the ~] 남극 대륙(Antarctica)

Antárctic Ócean [the ~] 남극해, 남빙양(南氷洋)

Antárctic Póle [the ~] 남극 (the South Pole)

Antárctic Trèaty [the ~] 남극 조약

Antárctic Zòne [the ~] 남극대(南極帶)

An·tar·es [æntέəriːz] *n.* 〖천문〗 안타레스 《전갈자리의 주성; 붉은 일등성(星)》

ánt bèar 〖동물〗 큰개미핥기 《남미산》

an·te [ǽnti] *n.* **1** 〖카드〗 (포커에서) 패를 돌리기 전에 내는 돈 **2** 분담금 **—** *vt.* **1** 〖카드〗 패를 돌리기 전에 돈을 내다; 돈을 걸다 **2** 〈분담금을〉 내다, 치르다(pay)

ante- [ǽnti] *pref.* 「앞(before)」의 뜻

ant·eat·er [ǽntìːtər] *n.* 〖동물〗 개미핥기 《남미산》

an·te·bel·lum [æ̀ntibéləm] *a.* 전쟁 전의

an·te·ced·ence, -en·cy [æ̀ntəsíːdəns(i)] *n.* Ⓤ (순서·시간 등이) 앞섬, 선행

‡**an·te·ced·ent** [æ̀ntəsíːdənt] *a.* 앞서는; …보다 이전의 《*to*》 **—** *n.* **1** 전례 **2** 선행자 **3** [*pl.*] 경력 **4** 〖문법〗 (관계사의) 선행사 **~·ly** *ad.* 앞서서

an·te·cham·ber [ǽntitʃèimbər] *n.* 곁방, 대기실

an·te·date [ǽntidèit, ⏑–⏑́] *vt.* **1** 〈날짜·시기·시대 등이〉 …보다 선행하다 **2** 〈편지·수표 등을 실제보다〉 앞의 날짜로 하다 **3** 〈일을〉 재촉하다 **—** [⏑́–⏑] *n.* 실제보다 앞선 날짜

an·te·di·lu·vi·an [æ̀ntidilúːviən] *a.* **1** (Noah의) 대홍수 이전의 **2** 《구어》 구시대적인 **—** *n.* **1** 대홍수 이전의 사람[동식물] **2** 시대에 뒤진 사람

an·te·lope [ǽntəlòup] *n.* 〖동물〗 영양

an·te me·rid·i·em [ǽnti-mərídiəm | -èm] *a.* 오전(의) (opp. *post meridiem*) 《略 a.m., A.M.》

an·te·na·tal [æ̀ntinéitl] *a.* 출생전의

‡**an·ten·na** [ænténə] *n.* **1** (*pl.* **~s**) 안테나 **2** (*pl.* **-nae** [-niː], **~s**) 〖동물〗 촉각, 더듬이

anténna cìrcuit 안테나 회로

an·te·nup·tial [æ̀ntinʌ́pʃəl] *a.* 결혼 전의

an·te·pe·nult [æ̀ntipíːnʌlt | -pinʌ́lt] *n.* 어미(語尾)에서 세 번째의 음절

an·te·pen·ul·ti·mate [æ̀ntipinʌ́ltəmət] *a., n.* 어미에서 세 번째 음절(의); 끝에서 세 번째의 (것)

*__an·te·ri·or__ [æntíəriər] *a.* **1** [장소·위치] 앞의 **2** [때·사건] 전의 《*to*》 **~·ly** *ad.*

an·te·room [ǽntirù(ː)m] *n.* **1** 곁방 **2** 대기실

ánt hèap 개밋둑(anthill)

‡**an·them** [ǽnθəm] *n.* **1** 성가, 찬송가 **2** 축가 ***national* ~** 국가(國歌)

*__an·ther__ [ǽnθər] *n.* 〖식물〗 꽃밥

ant·hill [ǽnthìl] *n.* 개밋둑, 개미탑

*__an·thol·o·gy__ [ænθɑ́lədʒi | -θɔ́l-] *n.* 명시 선집, 명문집 **-gist** *n.* 명시 선집[명문집] 편집자

An·tho·ny [ǽntəni, -θə-] *n.* **1** 남자 이름 《애칭 Tony》 **2** [St. ~] (성) 안토니우스(251?-356?)

an·tho·zo·a [æ̀nθouzóuə] *n. pl.* 〖동물〗 화충류(花蟲類) 《산호·말미잘 등》

*__an·thra·cite__ [ǽnθrəsàit] *n.* 무연탄 (= ⏑́ **còal**)

an·thrax [ǽnθræks] *n.* 〖병리〗 탄저병, 비탈저(脾脫疽)

anthropo- [ǽnθrəpou] 《연결형》 「사람; 인류; 인류학」의 뜻

an·thro·po·cen·tric [æ̀nθrəpouséntrik] *a.* 인간 중심의

an·thro·po·cen·tric·ism [æ̀nθrəpouséntrisìzm], **-trism** [-trizm] *n.* 인간중심주의

an·thro·poid [ǽnθrəpɔ̀id] *a.* **1** 〈동물이〉 사람을 닮은 **2** 〈사람이〉 원숭이 같은 **—** *n.* 유인원(類人猿)

an·thro·po·log·i·cal [æ̀nθrəpəlɑ́dʒikəl | -lɔ́dʒ-], **-ic** [-ik] *a.* 인류학의 **-i·cal·ly** *ad.*

*__an·thro·pol·o·gy__ [æ̀nθrəpɑ́lədʒi | -pɔ́l-] *n.* Ⓤ 인류학 **-gist** *n.* 인류학자

an·thro·po·met·ric, -ri·cal [æ̀nθrəpəmétrik(əl)] *a.* 인체 측정학의

an·thro·pom·e·try [æ̀nθrəpɑ́mətri | -pɔ́m-] *n.* Ⓤ 인체 측정학

an·thro·po·mor·phic [æ̀nθrəpəmɔ́ːrfik] *a.* 의인화[인격화]된, 사람의 모습을 닮은

an·thro·po·mor·phism [æ̀nθrəpəmɔ́ːrfizm] *n.* Ⓤ **1** 의인화 **2** 신인(神人) 동형[동성]론 **3** 의인관(擬人觀) **-phist** *n.* 신인 동형[동성]론자

an·thro·poph·a·gous [æ̀nθrəpɑ́fəgəs | -pɔ́f-] *a.* 사람 고기를 먹는, 식인의

an·thro·poph·a·gy [æ̀nθrəpɑ́fədʒi | -pɔ́f-] *n.* Ⓤ 사람을 잡아 먹는 풍습

*__an·ti__ [ǽntai | ǽnti] 《구어》 *n.* 반대(론)자; 《미》 반연방주의자 **—** *a.* 반대 (의견)의

anti- [ǽnti, ǽntai | ǽnti] *pref.* 「반대, 적대, 대항, 배척」의 뜻

an·ti·air·craft [æ̀ntiέərkræ̀ft | -krɑ̀ːft] *a.* 방공(防空)(용)의: an ~ gun 고사포 **—** *n.* (*pl.* ~) **1** 대공(對空) 화기 **2** Ⓤ 대공 포화

an·ti-A·mer·i·can [æ̀ntiəmérikən] *a.* 반미의 **—** *n.* 반미주의자

an·ti·au·thor·i·tar·i·an [æ̀ntiəθɔ̀ːrətέəriən] *a.* 반(反)권위주의의

an·ti·bal·lis·tic [æ̀ntibəlístik] *a.* 대(對)탄도 미사일의, 대(對)탄도탄의
antiballístic míssile 탄도탄 요격 미사일 《略 ABM》
an·ti·bi·o·sis [æ̀ntibaióusis] *n.* Ⓤ 〖생화학〗 항생(抗生) 작용
an·ti·bi·ot·ic [æ̀ntibaiɑ́tik | -ɔ́t-] *a.* 〖생화학〗 항생(작용)의, 항생 물질의 — *n.* 항생 물질; [*pl.*; 단수 취급] 항생물질학 **-i·cal·ly** *ad.*
an·ti·bod·y [ǽntibɑ̀di | -bɔ̀di] *n.* 〖면역〗 항독소(抗毒素), 항체(抗體)
an·tic [ǽntik] *a.* 색다른, 이상야릇한, 괴상한 — *n.* [보통 *pl.*] 익살스러운 짓
an·ti·can·cer [æ̀ntikǽnsər] *a.* 항암성의
an·ti·cath·ode [æ̀ntikǽθoud] *n.* 〖전기〗 (X선관의) 대음극(對陰極); (진공 방전관의) 양극
an·ti·christ [ǽntikràist] *n.* **1** 그리스도의 적; 그리스도 반대자 **2** [(the) A ~] 적(敵)그리스도
an·ti·chris·tian [æ̀ntikrístʃən] *a.* 그리스도교에 반대하는 — *n.* 그리스도교 반대자
an·tic·i·pant [æntísəpənt] *a.* 예기하는, 기대하는; 앞서는 《*of*》 — *n.* = ANTICIPATOR
***an·tic·i·pate** [æntísəpèit] *vt.* **1 예기하다**; (즐거운 마음으로) **기대하다**; **미리 걱정하다** **2 선수치다**; 〈사람을〉 **앞서다** **3** 미연에 방지하다 — *vi.* 예상하다; 〈증후 등이〉 예상보다 빨리 나타나다
***an·tic·i·pa·tion** [æntìsəpéiʃən] *n.* ⓊⒸ **1 예상,** 예기 **2** 미리 손쓰기; 앞당겨 씀, 선취(先取)
in **~** 미리 ***in*** **~ *of*** …을 예상[기대]하고
an·tic·i·pa·tive [æntísəpèitiv] *a.* 예상한, 선수를 치는, 선제적인 **~·ly** *ad.*
an·tic·i·pa·tor [æntísəpèitər] *n.* 예상자, 예기하는 사람; 선수를 쓰는 사람
an·tic·i·pa·to·ry [æntísəpətɔ̀:ri | -pèitəri] *a.* **1** 예상[예기]하고서의 **2** 〖문법〗 선행하는
an·ti·cler·i·cal [æ̀ntiklérikəl] *a.* 교권 개입[간섭]에 반대하는
an·ti·cli·max [æ̀ntikláimæks] *n.* **1** Ⓤ 〖수사학〗 점강법(漸降法) **2** 용두사미
an·ti·cli·nal [æ̀ntikláinl] *a.* **1** 〖지질〗 배사(背斜)의 **2** 서로 반대쪽으로 경사진
an·ti·cline [ǽntiklàin] *n.* 〖지질〗 배사층
an·ti·clock·wise [æ̀ntiklɑ́kwaiz | -klɔ́k-] *a., ad.* = COUNTERCLOCKWISE
an·ti·co·ag·u·lant [æ̀ntikouǽgjulənt] *a., n.* 〖의학〗 (혈액의) 응고를 방해하는 (물질)
an·ti·com·mu·nist [æ̀ntikɑ́mjunist | -kɔ́m-] *a.* 반공(反共)의 — *n.* 반공주의자
an·ti·cy·clone [ǽntisàikloun] *n.* 〖기상〗 역(逆)선풍; 고기압(권)
an·ti·dem·o·crat·ic [æ̀ntidèməkrǽtik] *a.* 반(反)민주주의의
an·ti·dot·al [æ̀ntidóutl] *a.* 해독의
***an·ti·dote** [ǽntidòut] *n.* **1 해독제** **2** 교정 수단(矯正手段) 《*to, for, against*》
an·ti·dump·ing [æ̀ntidʌ́mpiŋ] *a.* (외국 제품의) 덤핑[해외 투매(投賣)] 방지를 위한, 반덤핑의
an·ti·es·tab·lish·ment [æ̀ntiistǽbliʃmənt] *a.* 반체제(反體制)의
an·ti·fe·brile [æ̀ntifébrail | -fí:b-] *a.* 해열(解熱)의, 해열 효과가 있는 — *n.* 해열제
an·ti·for·eign·ism [æ̀ntifɔ́:rinìzm | -fɔ́r-] *n.* Ⓤ 배외주의(排外主義), 배외 사상
an·ti·freeze [ǽntifrì:z] *n.* 부동액(不凍液)
an·ti·fric·tion [æ̀ntifríkʃən] *n.* 감마재, 윤활재 — *a.* 마찰을 감소시키는
an·ti·gen [ǽntidʒən] *n.* 〖생화학〗 항원(抗原)
An·tig·o·ne [æntígəni, -nì:] *n.* 〖그리스신화〗 안티고네 《Oedipus의 딸》
anti-G̀ sùit [æ̀ntidʒí:-] 〖항공〗 내중력복(耐重力服), 내가속도복
an·ti·he·ro [ǽntihì:rou | -hìər-] *n.* 주인공답지 않은 주인공
an·ti·his·ta·mine [æ̀ntihístəmì:n] *n.* 〖약학〗 항(抗)히스타민제(劑)
anti·in·fla·tion [æ̀ntiinfléiʃən, -tai-] *n., a.* 인플레 방지(의)
an·ti·knock [æ̀ntinɑ́k | -nɔ́k] *n.* 앤티노크, 내폭제(耐爆劑) 《엔진의 노킹을 방지》 — *a.* 내폭성(耐爆性)의
An·til·les [æntíli:z] *n. pl.* [the ~] 앤틸리스 열도 《서인도 제도의》
an·ti·log·a·rithm [æ̀ntilɔ́:gərìðm, -lɑ́g- | -lɔ́g-] *n.* 〖수학〗 진수(眞數)
an·ti·ma·cas·sar [æ̀ntiməkǽsər] *n.* 의자 등받이[팔걸이] 덮개
an·ti·mat·ter [ǽntimæ̀tər] *n.* Ⓤ 〖물리〗 반물질(反物質)
an·ti·mil·i·ta·rism [æ̀ntimílətərìzm] *n.* Ⓤ 반(反)군국주의
an·ti·mis·sile [æ̀ntimísəl, -tai- | mísail] *a.* 미사일 방어[요격]용의 — *n.* 미사일 요격 미사일
antimíssile míssile 미사일 요격 미사일, 대(對)미사일용 미사일
an·ti·mo·ny [ǽntimòuni | -mə-] *n.* Ⓤ 〖화학〗 안티몬 《금속 원소》
an·ti·no·mi·an [æ̀ntinóumiən] *a.* 도덕률 폐기론자의 — *n.* 도덕률 폐기론자 **~·ìsm** *n.*
an·tin·o·my [æntínəmi] *n.* ⓊⒸ 〖철학〗 이율배반; 모순
an·ti·nov·el [ǽntinɑ̀vəl | -nɔ̀v-] *n.* 반소설 《전통적인 수법에서 벗어난 소설》
an·ti·par·ti·cle [ǽntipɑ̀:rtikl] *n.* 〖물리〗 반입자
an·ti·pas·to [æ̀ntipǽstou, ɑ̀:ntipɑ́:s-] [It.] *n.* (*pl.* **~s, -ti** [-ti:]) (이탈리아식) 전채(前菜)(appetizer), 오르되브르
an·ti·pa·thet·ic [æ̀ntipəθétik] *a.* 본래부터 싫은, 성미에 안 맞는 《*to*》
an·tip·a·thy [æntípəθi] *n.* ⓊⒸ **1** 반감, 혐오 **2** (지긋지긋하게) 싫은 일[것]
an·ti·per·son·nel [æ̀ntipə̀:rsənél] *a.* 〖군사〗 지상 병력의 살상을 위한, 대인(對人)(용)의
an·ti·phon [ǽntifən] *n.* 번갈아 가며 부르는 송가; 〖가톨릭〗 교창(交唱)(성가)

an·tiph·o·nal [æntífənl] *a.* 번갈아 부르는 **—** *n.* = ANTIPHONARY

an·tiph·o·nar·y [æntífənèri | -nəri] *a.* (*pl.* **-nar·ies**) 교창(交唱)(성가)집

an·tiph·o·ny [æntífəni] *n.* = ANTIPHON

an·tiph·ra·sis [æntífrəsis] *n.* (*pl.* **-ses** [-sì:z]) ⓊⒸ 〖수사학〗 어의 반용(反用)《어구를 그 본뜻의 반대로 쓰는 것》

an·tip·o·dal [æntípədl] *a.* **1** 대척지(對蹠地)의, 지구상의 정반대 쪽의 **2** 정반대의 《*to*》

an·ti·pode [ǽntipòud] *n.* 정반대(의 것) 《*of, to*》

an·tip·o·de·an [æntìpədí:ən] *a.* **1** 대척지(對蹠地)의 **2** [**A~**] 호주(사람)의
— *n.* **1** 대척지 주민 **2** [**A~**] 호주 사람

an·tip·o·des [æntípədì:z] *n. pl.* **1** 대척지 《지구상의 정반대 쪽에 있는 두 지점》 **2** 대척지 주민 **3** 정반대의 사물

an·ti·pol·lu·tion [æ̀ntipəlú:ʃən] *n., a.* 공해(公害) 방지[반대](의)
~·ist *n.* 공해 반대자

an·ti·pope [ǽntipòup] *n.* (정통의 로마 교황에 대립하는) 대립 교황

an·ti·pov·er·ty [æ̀ntipɑ́vərti | -pɔ́v-] *n.* Ⓤ, *a.* 빈곤 퇴치(의)

an·ti·pro·ton [ǽntipròutɑn | -tɔn] *n.* 〖물리〗 반양성자(反陽性子)

an·ti·py·ret·ic [æ̀ntipairétik] *a., n.* = ANTIFEBRILE

an·ti·py·rin(e) [æ̀ntipáiəri:n] *n.* Ⓤ 〖약학〗 안티피린《해열·진통제》

an·ti·quar·i·an [æ̀ntikwέəriən] *a.* 골동품 연구[수집]의, 골동품 애호의
— *n.* 골동품 애호가[수집가]
~·ìsm *n.* Ⓤ 골동품 (수집) 취미

an·ti·quar·y [ǽntikwèri | -kwəri] *n.* **1** 골동품 연구[수집, 애호]가 **2** 골동품상

an·ti·quat·ed [ǽntikwèitid] *a.* 고풍스런, 낡은; 노후한

***an·tique** [æntí:k] *a.* **1 고미술의, 골동의** **2** 고대의 **—** *n.* **1 골동품** **2** Ⓤ 〖인쇄〗 앤티크체 활자 **~·ness** *n.*

***an·tiq·ui·ty** [æntíkwəti] *n.* **1** Ⓤ **낡음,** 고색(古色) **2** Ⓤ **태고,** 고대 **3** 고대인(the ancients) **4** [보통 *pl.*] 옛 미술품; (고대의) 유풍

an·ti·ra·chit·ic [æ̀ntirəkítik] *a.* 구루병 치료[예방]의

an·ti·sci·ence [æ̀ntisáiəns] *a.* 반(反)과학의 **—** *n.* Ⓤ 반과학(주의)

an·ti·scor·bu·tic [æ̀ntiskɔ:rbjú:tik] *a.* 괴혈병(scurvy) 치료의
— *n.* 괴혈병 치료제

an·ti-Sem·ite [æ̀ntisémait] *n.* 반유대주의자

an·ti-Se·mit·ic [æ̀ntisimítik] *a.* 반유대주의의

an·ti-Sem·i·tism [æ̀ntisémətìzm] *n.* Ⓤ 반유대주의[운동]

an·ti·sep·sis [æ̀ntəsépsis] *n.* Ⓤ 방부(법), 소독(법)

an·ti·sep·tic [æ̀ntəséptik] *a.* 방부성의 **—** *n.* 방부제 **-ti·cal·ly** *ad.*

an·ti·slav·er·y [æ̀ntisléivəri] *n.* Ⓤ 노예 제도 반대 **—** *a.* 노예 제도 반대의

an·ti·smog [æ̀ntismɑ́g | -smɔ́g] *a.* 스모그 방지의

an·ti·so·cial [æ̀ntisóuʃəl] *a.* **1** 반사회적인 **2** 비사교적인

an·ti·spas·mod·ic [æ̀ntispæzmɑ́dik | -mɔ́d-] *a., n.* 경련을 멈추게 하는 (약)

an·tis·tro·phe [æntístrəfi] *n.* (고대 그리스 무용 합창대의) 우로 회전; (그 때 부르는) 합창곡의 1절; 〖음악〗 대조[응답] 악절

an·ti·sub·ma·rine [æ̀ntisʌ́bmərì:n] *a.* 대(對)잠수함의

an·ti·tank [æ̀ntitǽŋk] *a.* 〖군사〗 대(對)전차용의

an·tith·e·sis [æntíθəsis] *n.* (*pl.* **-ses** [-sì:z]) **1** 대조; 정반대(의 사물) **2** 〖수사학〗 대조법 **3** 〖철학〗 안티테제, 반정립(反定立)

an·ti·thet·ic, -i·cal [æ̀ntəθétik(əl)] *a.* 대조되는; 정반대의 **-i·cal·ly** *ad.*

an·ti·tox·ic [æ̀ntitɑ́ksik | -tɔ́k-] *a.* 항독소(抗毒素)의

an·ti·tox·in [æ̀ntitɑ́ksin | -tɔ́k-] *n.* 항독소

an·ti·trade [ǽntitrèid] *a.* 반대 무역풍의 **—** *n.* [*pl.*] 반대 무역풍

an·ti·trust [æ̀ntitrʌ́st] *a.* (미) 트러스트 반대의, 독점 금지의

an·ti·vi·ral [æ̀ntiváiərəl] *a.* 〖생화학〗 항바이러스(성)의

an·ti·war [æ̀ntiwɔ́:r] *a.* 반전(反戰)의

an·ti·world [ǽntiwə̀:rld] *n.* 〖물리〗 반(反)세계

ant·ler [ǽntlər] *n.* (사슴의) 가지진 뿔
ánt·lered [-lərd] *a.* 가지진 뿔이 있는

ant·lion [ǽntlàiən], **ánt lìon** *n.* 〖곤충〗 명주잠자리; 개미귀신《명주잠자리의 애벌레》

An·toi·nette [æ̀ntwɑ:nét] *n.* **1** 여자 이름 **2** 마리 앙투아네트 **Marie ~** (1755-93) 《루이 16세의 왕비; 프랑스 혁명 때 처형됨》

An·to·ni·a [æntóuniə] *n.* 여자 이름

An·to·ni·o [æntóuniòu] *n.* 남자 이름

an·ton·o·ma·sia [æntɑ̀nəméiʒiə | æ̀ntənəméiziə] *n.* ⓊⒸ 〖수사학〗 환칭(換稱), 바꿔 부르기《a wise man을 a *Solomon*이라고 말하는 등》

An·to·ny [ǽntəni] *n.* **1** 남자 이름 **2** 안토니우스 **Mark ~** (83?-30 B.C.) 《로마의 장군·정치가》

‡**an·to·nym** [ǽntənìm] *n.* **반의어,** 반대어(opp. *synonym*)

ant·sy [ǽntsi] *a.* 《미·구어》 침착하지 못한, 안절부절못하는, 좀이 쑤시는

ANTU [ǽntu:] *n.* 안투《쥐약; 상표명》

Ant·werp [ǽntwə:rp] *n.* 앤트워프《벨기에의 해항》

Á nùmber 1 [-wʌ́n] = A ONE

a·nus [éinəs] *n.* 〖해부〗 항문(肛門)

***an·vil** [ǽnvəl] *n.* **모루**
on the ~ 준비 중, 심의 중

‡**anx·i·e·ty** [æŋzáiəti] *n.* **1** Ⓤ **걱정**(거리), 불안 **2** Ⓤ **염원,** 갈망, 열망(eagerness) 《*for*》

‡**anx·ious** [ǽŋkʃəs] *a.* **1 걱정하는,** 불안한(uneasy) 《*about*》 **2 열망하는,** 열심인 《*for, to* do》

ánxious bènch[sèat] 《미》 (신앙 부흥회 등의) 설교단에 가까운 자리; 불안한 마음

***anx·ious·ly** [ǽŋkʃəsli] *ad.* 걱정하여; 열망하여

‡an·y [éni] *a.* **1** [의문·조건] 얼마간의; 어떤 ~ 하나의, 누구 한 사람의 **2** [긍정] 어떠한 ~ 이라도, 어느 것이든; 누구든; 얼마든지 **3** [부정] 조금도 (...아니다), 아무 것도 (...아니다); 어떤 ~ 하나의 (...도 없다)

~ and every 모조리 *~ one* (1) 어떤 하나[한사람]의, 누구든 한 사람의 (2) =ANYONE (*at*) *~ time* 언제든지

— *pron.* **1** [긍정] 무엇이든지, 누구든지 **2** [부정] 아무것도, 아무도; 조금도 **3** [의문·조건] 무엇이든; 얼마간, 다소

if ~ ⇨ IF

— *ad.* **1** [əni | éni] [부정] 조금도(at all) **2** [의문·조건] 다소나마 **3** 조금은, 조금이라도

~ longer [의문·부정문에서] 이미, 이 이상 Can yon wait ~ *longer*? 좀 더 기다릴 수 없나요? / I wo*n't* go there ~ *longer*. 이젠 거기에 안가겠다. 《I will go there *no* longer.보다도 구어적. 또 부정문에서는 보통 not ... ~ longer처럼 not를 앞세움》 *~ more* 이제는 이미, 이 이상 (많이): I do*n't* want to eat ~ *more*. 더는 먹고 싶지 않다. *~ (old) how* 《속어》 제멋대로, 아무렇게나 (anyhow): Write neatly, not just ~ (*old*) *how*. 공들여 쓰세요, 되는 대로 쓰지 마시고.

‡an·y·bod·y [énibὰdi, -bʌ̀di | -bɔ̀di, -bədi] *pron.* **1** [긍정문에서] 누구든지 **2** [부정문에서] 아무도 **3** [의문문·조건절에서] 누군가

— *n.* **1** 제법 알려진 사람, 이렇다 할 사람 **2** 보잘것없는[변변찮은] 사람

‡an·y·how [énihàu] *ad.* **1** [긍정문에서] 어떻게 해서든지(by any means); [부정문에서] 아무리 해도 **2** 여하튼, 좌우간(in any case) **3** 아무렇게나, 되는대로(carelessly) **4** [강조적으로] 도대체

feel ~ 《구어》 어쩐지 몸이 불편하다

an·y·more [ènimɔ́ːr] *ad.* [부정문·의문문에서] 《미》 이제는(now), 더 이상(any more)

‡an·y·one [éniwʌ̀n, -wən] *pron.* **1** [의문문·부정문에서] 누군가, 누구도 **2** [긍정문에서] 누구든지

‡an·y·thing [éniθìŋ] *pron.* **1** [긍정문에서] 무엇이든 **2** [부정문에서] 아무것도 **3** [의문문·조건절에서] 무언가

~ but (1) …이외에는 무엇이든 (2) 결코 …아니다, …이기는커녕(far from) *~ like* (1) 조금은, 좀 (2) [부정문에서] 조금도 (…않다); … 따위는 도저히 (*as*) *... as ~* 《구어》 비할 수 없을 만큼 *for ~* [부정문에서] 별별 것을 다 준대도

— *ad.* 적어도

— *n.* 중요한 사람[것]

an·y·thing·ar·i·an [èniθiŋέəriən] *n.* 일정한 신념[신조, 신앙]이 없는 사람

***an·y·time** [énitàim] *ad.* **1** 언제든지 **2** 반드시

‡an·y·way [éniwèi] *ad.* **1** 어쨌든 **2** 그래서

‡an·y·where [éni*h*wὲər] *ad.* **1** [긍정문에서] 어디(로)든지 **2** [부정문에서] 아무데도 **3** [의문문·조건절에서] 어딘가에[로], 어디엔가 **4** 조금이라도

an·y·wise [-wàiz] *ad.* 어떻게(해서)든; 어쨌든

An·zac [ǽnzæk] [*A*ustralian and *N*ew *Z*ealand *A*rmy *C*orps] *n.* [the ~s] 앤잭 《제1차 대전 때의 오스트레일리아와 뉴질랜드 연합 군단》; 그 대원

An·zus [ǽnzəs] [*A*ustralia, *N*ew *Z*ealand and the *U.S.*] *n.* 앤저스 《오스트레일리아·뉴질랜드·미국의 공동 방위체》

AO adults only 《게시》 미성년자 사절

A/O, a/o account of

A-OK, A-O·kay [éioukéi] *a.* 《미·구어》 완전무결한

AOL absent over leave 휴가 결근

A1, Á óne[éiwʌ́n] 《구어》 일류의, 우수한 《A number 1이라고도 함.》

a·o·rist [éiərist, έər-] *n.* (그리스 문법의) 부정 과거(不定過去)

a·or·ta [eiɔ́ːrtə] *n.* (*pl.* **~s, -tae** [-tiː]) 〖해부〗 대동맥

a·ór·tic [-tik] *a.* 대동맥의

ap-[1] [æp, əp] *pref.* =AD- 《p의 앞에 올 때의 변형》

ap-[2] [æp] *pref.* =APO- 《모음 앞에 올 때의 변형》

AP Associated Press

Ap. Apostle; April

APA American Psychological Association

***a·pace** [əpéis] *ad.* 빨리, 신속히

a·pache [əpǽʃ, əpɑ́ːʃ] *n.* (파리의) 조직 폭력단원, 깡패

A·pach·e [əpǽtʃi] *n.* **1** 아파치족 《북미 원주민》 **2** Ⓤ 아파치족의 말

ap·a·nage [ǽpənidʒ] *n.* =APPANAGE

‡a·part [əpɑ́ːrt] *ad.* **1** 산산이, 뿔뿔이 **2** 떨어져서, 따로 **3** 별개로, 개별적으로 **4** 한쪽(구석)으로 **5** …은 제쳐놓고, 일단 보류하고: jesting[joking] ~ 농담은 그만두고 *~ from* …은 별문제로 하고

— *a.* **1** 떨어져 **2** 의견이 다른 **3** [명사 뒤에서] (다른 것과) 별개의, 특이한

a·part·heid [əpɑ́ːrtheit, -hait] *n.* Ⓤ (흑인에 대한) 인종 차별[격리] 정책

‡a·part·ment [əpɑ́ːrtmənt] *n.* 아파트

apártment hotél 《미》 아파트식 호텔

apártment hòuse 공동 주택, 아파트

ap·a·thet·ic, -i·cal [æ̀pəθétik(əl)] *a.* 무관심한; 냉담한

ap·a·thy [ǽpəθi] *n.* ⓊⒸ 무감정, 무관심

APB all-points bulletin 전국 지명 수배

***ape** [eip] *n.* 〖동물〗 유인원(類人猿), 꼬리없는 원숭이

play the ~ 남의 흉내를 내다, 장난하다

— *vt.* 흉내내다

Ap·en·nine [ǽpənàin] *a.* (이탈리아의) 아페니노 산맥의 — *n.* [the ~s] 아페니노 산맥

ap·er·çu [æ̀pərsúː | -sjúː] [F] *n.* (서적·논문의) 개요(槪要)
a·pe·ri·ent [əpíəriənt] 〖약학〗 *a.* 변통(便通)을 순조롭게 하는 — *n.* 하제(下劑), 완하제
a·pér·i·tif [ɑːpèrətíːf] [F] *n.* 아페리티프 《식욕 촉진을 위해 식전에 마시는 술》
a·per·i·tive [əpérətiv] *a.* **1** = APERIENT **2** 식욕 증진의 — *n.* **1** = APERIENT **2** = APÉRITIF
*__ap·er·ture__ [ǽpərtʃər] *n.* 틈, 구멍; (렌즈의) 유효 구경(口徑)
a·pet·al·ous [eipétələs] *a.* 〖식물〗 꽃잎(petal)이 없는
a·pex [éipeks] *n.* (*pl.* **~·es, ap·i·ces** [éipəsìːz, ǽpə-]) 정점(summit); 절정
a·pha·sia [əféiʒə | -ziə] 〖병리〗 *n.* 실어증(失語症)
a·pha·sic [əféizik], **-si·ac** [-ziæ̀k] *a.*, *n.* 실어증의 (환자)
a·phe·li·on [æfíːliən] *n.* (*pl.* **-li·a** [-liə]) 〖천문〗 원일점(遠日點)
aph·i·cide [ǽfəsàid] *n.* 진디 살충제
a·phid [éifid, ǽf-] *n.* 〖곤충〗 진디
a·phis [éifis, ǽf-] *n.* (*pl.* **a·phi·des** [éifədìːz, ǽf-]) = APHID
aph·o·rism [ǽfərìzm] *n.* 경구(警句), 격언, 금언(金言)
-rist *n.* 격언[금언] 작가
aph·o·ris·tic [æ̀fərístik] *a.* 경구적인, 금언적인 **-ti·cal·ly** *ad.*
aph·ro·dis·i·ac [æ̀frədíziæ̀k] *a.* 성욕을 일으키는, 최음의
— *n.* 최음제(催淫劑), 미약(媚藥)
Aph·ro·di·te [æ̀frədáiti] *n.* 〖그리스신화〗 아프로디테 《사랑·미의 여신》
aph·tha [ǽfθə] *n.* (*pl.* **-thae** [-θiː]) 〖의학〗 아구창(鵝口瘡)
A·pi·a [əpíːə] *n.* 아피아 《서사모아의 수도》
a·pi·a·rist [éipiərist] *n.* 양봉(養蜂)가
a·pi·ar·y [éipièri | -piəri] *n.* 양봉장
a·pi·cal [ǽpikəl, éipi-] *a.* 꼭대기[정점]의 — *n.* 〖음성〗 설첨음(舌尖音)
a·pi·ces [ǽpəsìːz, éip-] *n.* APEX의 복수
a·pi·cul·ture [éipəkʌ̀ltʃər] *n.* Ⓤ 양봉
*__a·piece__ [əpíːs] *ad.* 하나에 대하여, 한 사람에 대하여, 각자에게
ap·ish [éipiʃ] *a.* 원숭이 같은; 어리석은(silly)
APL [*A P*rogramming *L*anguage] *n.* 〖컴퓨터〗 산술·논리 연산(演算)을 간결하게 기술하기 위해 고안한 프로그래밍 언어
Apl. April
a·plen·ty [əplénti] 《미·구어》 *ad.* 많이
a·plomb [əplɑ́m, əplʌ́m | əplɔ́m] [F] *n.* 태연자약, 침착
apo- [ǽpou] *pref.* 「(…에서) 떨어져」의 뜻
APO Army & Air Force Post Office 《미》 군사우체국; Asian Productivity Organization 아시아 생산성 기구
Apoc. Apocalypse; Apocrypha
a·poc·a·lypse [əpɑ́kəlìps | əpɔ́k-] *n.* **1** 묵시, 계시 **2** [the A~] 〖성서〗 요한 계시록(the Revelation)
a·poc·a·lyp·tic, -ti·cal [əpɑ̀kəlíptik(əl) | əpɔ̀k-] *a.* 계시(록)의
-ti·cal·ly *ad.*
a·poc·o·pe [əpɑ́kəpìː | əpɔ́k-] *n.* 〖언어〗 어미음 생략
A·poc·ry·pha [əpɑ́krəfə | əpɔ́k-] *n. pl.* **1** [the ~] 외경(外經) 《전거(典據)가 의심스럽다고 하여 개신교측에서 구약 성서에서 삭제한 14편》 **2** [**a~**] 출처가 의심스러운 문서
a·poc·ry·phal [əpɑ́krəfəl | əpɔ́k-] *a.* **1** 출처가 의심스러운 **2** 〖신학〗 [**A~**] 외경의
a·pod·o·sis [əpɑ́dəsis | əpɔ́d-] *n.* (*pl.* **-ses** [-sìːz]) 〖문법〗 조건문의 귀결절
ap·o·gee [ǽpədʒìː] *n.* 최고점; 〖천문〗 원지점(遠地點)
a·po·lit·i·cal [èipəlítikəl] *a.* 정치에 관심이 없는
⁑__A·pol·lo__ [əpɑ́lou | əpɔ́l-] *n.* 〖그리스·로마신화〗 아폴로 《태양신; 시·음악·예언 등을 주관함》
A·pol·lyon [əpɑ́ljən | əpɔ́l-] *n.* 〖성서〗 악마
*__a·pol·o·get·ic__ [əpɑ̀lədʒétik | əpɔ̀l-] *a.* 사죄[사과]의; 변명의 — *n.* 변명; [*pl.* 단수취급] 변증론 **-i·cal·ly** *ad.*
ap·o·lo·gi·a [æ̀pəlóudʒiə] *n.* 변명(서)
a·pol·o·gist [əpɑ́lədʒist | əpɔ́l-] *n.* 변명자; (그리스도교의) 변증자, 호교론자
⁑__a·pol·o·gize__ [əpɑ́lədʒàiz | əpɔ́l-] *vi.* **1** 사과하다 **2** 변명하다, 변호하다
ap·o·logue [ǽpəlɔ̀ːg, -lɑ̀g | -lɔ̀g] *n.* 교훈담, 교훈적인 우화(寓話)
⁑__a·pol·o·gy__ [əpɑ́lədʒi | əpɔ́l-] *n.* **1** 사과 **2** 변명, 핑계(excuse) 《*for*》 **3** 명색뿐인 것
ap·o·lune [ǽpəlùːn] *n.* 〖천문〗 원월점(遠月點) 《달 궤도에서 우주선 등이 가장 멀어지는 점》
ap·o·phthegm [ǽpəθèm] *n.* = APOTHEGM
ap·o·plec·tic [æ̀pəpléktik] *a.* 중풍(성)의, 졸중의
ap·o·plex·y [ǽpəplèksi] *n.* Ⓤ 〖병리〗 졸중
a·port [əpɔ́ːrt] *ad.* 〖항해〗 좌현(左舷)으로
ap·o·si·o·pe·sis [æ̀pəsaiəpíːsis] *n.* (*pl.* **-ses** [-siːz]) 〖수사학〗 돈절법(頓絶法) 《문장을 도중에서 그치는 것》
a·pos·ta·sy [əpɑ́stəsi | əpɔ́s-] *n.* ⓊⒸ 배교(背教); 변절, 탈당
a·pos·tate [əpɑ́steit, -tət | əpɔ́s-] *n.* 배교자; 변절자, 탈당자
a·pos·ta·tize [əpɑ́stətàiz | əpɔ́s-] *vi.* 신앙을 버리다 《*from*》; 변절[탈당]하다 《*from*》
a pos·ter·i·o·ri [éi-pɑstìəriɔ́ːrai | -pɔs-] [L =from what comes after] *ad.*, *a.* 후천적으로[인]; 귀납적으로[인]
*__a·pos·tle__ [əpɑ́sl | əpɔ́sl] *n.* **1** [**A~**] 사도 《그리스도의 12제자의 한 사람》 **2** (어떤 지방의) 최초의 그리스도교 전도자 **3** (주의 등의) 주창자
~·ship *n.* Ⓤ 사도의 신분[직분]
Apóstles' Créed [the ~] 사도 신경

a·pos·to·late [əpástəlèit, -lət | əpɔ́s-] *n.* Ⓤ 사도의 직[임무]; 로마 교황의 직
ap·os·tol·ic, -i·cal [æ̀pəstálik(əl) | -tɔ́l-] *a.* 사도의, 사도적인; [때로 **A~**] 로마 교황의
***a·pos·tro·phe** [əpástrəfi | əpɔ́s-] *n.* **1** 〖문법〗 **아포스트로피** (1) 생략 부호 (2) 소유격 부호 **2** 〖수사학〗 돈호법(頓呼法)
a·pos·tro·phize [əpástrəfàiz | əpɔ́s-] *vt., vi.* 아포스트로피를 붙이다; 돈호하다
apóthecaries' wèight 약제용 형량법
a·poth·e·car·y [əpáθəkèri | əpɔ́θə-kəri] *n.* 《미·고어》 약종상, 약제사; 약국
ap·o·thegm [ǽpəθèm] *n.* 경구, 격언
a·poth·e·o·sis [əpàθióusis | əpɔ̀θ-] *n.* (*pl.* **-ses** [-si:z]) ⓊⒸ (사람을) 신으로 모심, 신격화; 신성시, 숭배
a·poth·e·o·size [əpáθiəsàiz, æ̀pəθ-í:ə- | əpɔ́θ-] *vt.* 신으로 모시다, 신격화하다; 예찬하다
ap·o·tro·pa·ic [æ̀pətroupéiik] *a.* 액막이의 (힘이 있는)
app. apparent(ly); appendix; applied; appointed; approved
Ap·pa·la·chian [æ̀pəléitʃiən] *a.* 애팔래치아 산맥의
— *n.* [the ~s] 애팔래치아 산맥 (= **~ Móuntains**)
***ap·pall | -pal** [əpɔ́:l] *vt.* (**-palled**; **-pall·ing**) **오싹하게 하다**
***ap·pall·ing** [əpɔ́:liŋ] *a.* **1 오싹 소름이 끼치는,** 간담이 서늘해지는 **2** 《구어》 지독한 **~·ly** *ad.*
Ap·pa·loo·sa [æ̀pəlú:sə] *n.* 애팔루사 종(種)의 승용마 《북미 서부산》
ap·pa·nage [ǽpənidʒ] *n.* **1** 속성 **2** (지위·신분에 따르는) 이득, 부수입 **3** 왕자의 속령, 속지(屬地)
ap·pa·rat [ǽpəræ̀t, à:pərá:t] [Russ.] *n.* (정부·정당의) 기관, 지하 조직
***ap·pa·ra·tus** [æ̀pərǽtəs, -réit | -réit-] *n.* (*pl.* **~, ~·es**) **1** (한 벌의) **기구(器具),** 기계, 장치 **2** 〖생리〗 기관(器官)
***ap·par·el** [əpǽrəl] *n.* **1** (좋은) **의복 2** 의상
— *vt.* (**~ed**; **~·ing** | **~led**; **~·ling**) 옷을 입히다
***ap·par·ent** [əpǽrənt, əpέər-] *a.* **1 또렷이 보이는 2 명백한,** 분명한(visible) **3 겉모양만의,** 외견상의
***ap·pa·rent·ly** [əpǽrəntli, əpέər-] *ad.* **1** (실제는 어떻든) **보기에,** 외관상으로는 **2** 명백히(clearly)
appárent tíme 시(視)태양시 《태양의 위치로 측정하는 시간》
***ap·pa·ri·tion** [æ̀pəríʃən] *n.* **유령,** 환영; 불가사의한 것
***ap·peal** [əpí:l] *vi.* **1 애원하다, 간청하다 2 호소하다** 《*to*》 **3** 〖법〗 **항소하다, 상고[상소]하다** 《*to, against*》 **4** 마음에 들다
— *vt.* 〖법〗 항소하다, 상고하다
— *n.* **1 애원, 간청 2 호소 3** ⓊⒸ 〖법〗 항소, 상고, 상소 **4** Ⓤ 매력
make an ~ to …에 호소하다; 호감을 사다; 매혹하다
ap·peal·ing [əpí:liŋ] *a.* 애원적인; 호소하는 듯한; 매력적인 **~·ly** *ad.*
***ap·pear** [əpíər] *vi.* **1 나타나다,** 나오다 **2 …인 것 같이 보이다,** …인 듯하다 **3 …라는 생각이 들다 4 출판[발행]되다,** 등장하다
***ap·pear·ance** [əpíərəns] *n.* **1 출현**; 출두; **출연**; 출판 **2 외관**; 양상; 풍채 **3** [*pl.*] 형세, 상황 **4** [*pl.*] 체면
for ~' sake = ***or the sake of ~*** 체면상 ***in ~*** 보기에는, 외관은 ***make a good[fine] ~*** 풍채가 좋다 ***make[put in] one's[an] ~*** 얼굴을 내밀다; 출두하다 ***to[by] all ~(s)*** 어느 모로 보나
ap·peas·a·ble [əpí:zəbl] *a.* 달랠 수 있는; 가라앉힐 수 있는
***ap·pease** [əpí:z] *vt.* **1 달래다**; 진정시키다 **2** 〈갈증을〉 풀어 주다; 〈식욕·호기심 등을〉 충족시키다 **3** 양보하다
~·ment *n.* Ⓤ 위무, 진정, 양보; 유화정책
ap·pel·lant [əpélənt] 〖법〗 *a.* 항소의, 상고의 — *n.* 항소인, 상고인
ap·pel·late [əpélət] *a.* 〖법〗 항소[상고]의, 항소[상고]를 처리하는
appéllate còurt 항소[상고] 법원
ap·pel·la·tion [æ̀pəléiʃən] *n.* 명칭, 호칭
ap·pel·la·tive [əpélətiv] *a.* 지시적인, 호칭의; 〖문법〗 보통 명사의 — *n.* 통칭; 〖문법〗 보통 명사 **~·ly** *ad.*
ap·pel·lee [æ̀pəlí:, ⌐–⌐] *n.* 〖법〗 피항소인, 피상고인
ap·pend [əpénd] *vt.* 덧붙이다(affix), 부가[추가]하다
ap·pend·age [əpéndidʒ] *n.* **1** 부가물, 부속물 《*to*》 **2** 〖동물〗 부속지(付屬肢)
ap·pend·ant, -ent [əpéndənt] *a.* 부가의, 부수의 《*to*》 — *n.* 부속물; 부대 권리
ap·pen·dec·to·my [æ̀pəndéktəmi] *n.* 〖외과〗 충수(蟲垂) 절제 (수술), 맹장수술
***ap·pen·di·ces** [əpéndəsì:z] *n.* APPENDIX의 복수
ap·pen·di·ci·tis [əpèndəsáitis] *n.* Ⓤ 〖병리〗 충수염(蟲垂炎), 맹장염 《속칭》
***ap·pen·dix** [əpéndiks] *n.* (*pl.* **~·es, -di·ces** [-dəsì:z]) **1 부가물; 부록 2** 〖해부〗 충수(蟲垂), 맹장 《속칭》
ap·per·cep·tion [æ̀pərsépʃən] *n.* Ⓤ 〖심리〗 통각 (작용); 유화
ap·per·cep·tive [æ̀pərséptiv] *a.* 〖심리〗 통각(統覺)적인
ap·per·tain [æ̀pərtéin] *vi.* 속하다 (belong); 관련되다(relate) 《*to*》
***ap·pe·tite** [ǽpətàit] *n.* ⒸⓊ **식욕**; 욕망; 욕구; 흥미 《*for*》
ap·pe·tiz·er [ǽpətàizər] *n.* 식욕을 돋우는 것; 전채(前菜)
***ap·pe·tiz·ing** [ǽpətàiziŋ] *a.* **식욕을 돋우는 ~·ly** *ad.*
***ap·plaud** [əplɔ́:d] *vi.* **박수치다**
— *vt.* …**에게 박수치다**; 칭찬하다, 찬양하다(praise)
***ap·plause** [əplɔ́:z] *n.* Ⓤ **박수 (갈채)**
ap·ple** [ǽpl] *n.* **사과**; 사과나무 ***the ~ of discord 불화의 원인;

분쟁의 씨 ***the ~ of*** one***'s*** [***the***] ***eye*** 눈동자; 매우 소중한 것 ***the ~ of Sodom*** = ***the Dead Sea ~*** 소돔의 사과 《따면 연기를 내고 재가 된다고 함》; 실망의 원인

ápple brándy 사과 브랜디

ápple bùtter 사과 잼

ap·ple·cart [ǽplkὰːrt] *n.* (사과 장수의) 손수레

upset the [a person***'s***] ***~*** …의 계획을 망쳐 놓다

ápple dúmpling 사과(가 든) 경단

ap·ple·jack [-dʒæ̀k] *n.* 《미》 = APPLE BRANDY

ápple knòcker 《미·속어》 시골뜨기, 농부

*__ápple píe__ 사과 파이, 애플파이

ápple-píe bèd 《영》 다리를 충분히 뻗을 수 없도록 장난으로 시트를 접어 깐 잠자리

ápple-pie órder 《구어》 질서정연한 상태: in ~ 질서정연하게

ap·ple-pol·ish [-pὰliʃ | -pɔ̀l-] *vi., vt.* 《미·구어》 (…의) 비위를 맞추다, 아첨하다 **~·er** *n.* 《미·구어》 아첨꾼

ap·ple·sauce [-sɔ̀ːs] *n.* Ⓤ **1** 사과 소스 **2** 《미·속어》 아첨; 터무니없는 말

Áp·ple·ton làyer [ǽpltən-] 〖지구물리〗 애플턴층, F층

ápple trèe 사과나무

*__ap·pli·ance__ [əpláiəns] *n.* **1** (가정용) **기구**; 장치; 전기 제품 **2** 적용, 응용

*__ap·pli·ca·ble__ [ǽplikəbl] *a.* **적용[응용] 할 수 있는**; 적절한 《*to*》

àp·pli·ca·bíl·i·ty *n.* Ⓤ 적용 가능성, 응용할 수 있음 **-bly** *ad.*

*__ap·pli·cant__ [ǽplikənt] *n.* **응모자, 신청자**, 지원자, 후보자 《*for*》

‡**ap·pli·ca·tion** [æ̀pləkéiʃən] *n.* **1 적용,** 응용 **2 신청(서)**; 출원, 지원 **3** 붙임, 바름 **4** 외용약, 바르는 약 **5** Ⓤ 전념, 근면(diligence) **6** 〖컴퓨터〗 애플리케이션 《(1) 응용 소프트웨어의 총칭 (2) 컴퓨터에 의한 실무 처리 등에 적합한 특정 업무》

applicátion fòrm 신청 용지

applicátion sòftware 〖컴퓨터〗 응용 소프트웨어

*__ap·plied__ [əpláid] *a.* **응용의,** 적용된

ap·pli·qué [æ̀pləkéi | əplíːkei] [F= applied] *a.* (다른 재료에) 갖다붙인
— *n.* 아플리케
— *vt.* …에 아플리케를 하다

‡**ap·ply** [əplái] *vt.* **1** 〈물건을〉 **대다;** 〈열을〉 가하다; 〈약 등을〉 바르다 **2** 쓰다, 사용하다 **3 적용하다,** 응용하다 **4** 〈마음·주의력·정력 등을〉 **쏟다,** 기울이다: ~ one*self to* one's studies 연구에 전념하다 — *vi.* **1 적용되다,** 적합하다 《*to*》 **2 신청하다,** 출원[지원]하다 《*to, for*》; 의뢰하다

ap·pog·gia·tu·ra [əpὰdʒətjúərə | əpɔ̀dʒ-] [It.] *n.* 〖음악〗 아포자투라, 전타음(前打音), 앞꾸밈음

‡**ap·point** [əpɔ́int] *vt.* **1 지명[임명]하다 2 정하다,** 지정하다(fix), 약속하다 **3** (하늘이) 명하다(decree)

*__ap·point·ed__ [əpɔ́intid] *a.* **1 정해진,** 약속된; 임명된 **2** 설비를 갖춘

ap·poin·tee [əpɔ̀intíː] *n.* 임명[지명]된 사람

ap·point·er [əpɔ́intər] *n.* 임명자

ap·point·ive [əpɔ́intiv] *a.* 임명에 의한

‡**ap·point·ment** [əpɔ́intmənt] *n.* **1** (만날) **약속 2** CU **지정 3** CU **임명**; 지위 **4** [*pl.*] 설비

ap·poin·tor [əpɔ́intər] *n.* **1** 임명자 (appointer) **2** 〖법〗 (재산 귀속의) 지정권자

ap·port [əpɔ́ːrt] *n.* 〖심령〗 (영매가 불러낸) 환영, 강령

ap·por·tion [əpɔ́ːrʃən] *vt.* 배분하다, 할당하다 **~·ment** *n.* UC 배분, 할당; 분담 《손해 배상액의》

ap·pose [æpóuz] *vt.* 〈두 물건을〉 나란히 놓다; 덧붙이다

ap·po·site [ǽpəzit] *a.* 적절한

‡**ap·po·si·tion** [æ̀pəzíʃən] *n.* **1** 병치(竝置) **2** 〖문법〗 **동격 ~·al** *a.*

ap·pos·i·tive [əpɑ́zitiv | əpɔ́z-] 〖문법〗 *a.* 동격의 — *n.* 동격어[구, 절]

ap·prais·al [əpréizəl] *n.* UC 평가; 감정

ap·praise [əpréiz] *vt.* 견적[감정]하다; 평가하다 **~·ment** *n.*

ap·prais·er [əpréizər] *n.* 《미》 부동산 감정사; 평가[감정]인

*__ap·pre·ci·able__ [əpríːʃəbl] *a.* **감지할 수 있을 정도의,** 평가할 수 있는; 분명한 **-bly** *ad.*

‡**ap·pre·ci·ate** [əpríːʃièit] *vt.* **1 진가를 인정하다 2 감상하다 3** 〈사물을〉 **올바르게 인식하다 4 고맙게 생각하다,** 감사하다 **5** 시세[값]를 올리다
— *vi.* 시세[값]가 오르다

*__ap·pre·ci·a·tion__ [əprìːʃiéiʃən] *n.* Ⓤ **1** 진가(를 인정함), 올바른 인식 **2 감상,** 이해 **3 감사 4** (가격의) 등귀

in ~ of [***for***] …을 인정하여; …에 감사하여

*__ap·pre·cia·tive__ [əpríːʃətiv] *a.* **1 감식력**(鑑識力)**이 있는,** 눈이 높은 **2 감사의,** 감사하고 있는 **~·ly** *ad.*

ap·pre·ci·a·tor [əpríːʃièitər] *n.* 진가를 이해하는 사람; 감상자

ap·pre·cia·to·ry [əpríːʃiətɔ̀ːri | -ʃiətəri] *a.* = APPRECIATIVE

*__ap·pre·hend__ [æ̀prihénd] *vt.* **1 체포하다 2** 〈의미를〉 **파악하다,** 깨닫다 **3** 우려하다, 염려하다(fear)

ap·pre·hen·si·ble [æ̀prihénsəbl] *a.* 이해할[깨달을] 수 있는 《*to*》

*__ap·pre·hen·sion__ [æ̀prihénʃən] *n.* Ⓤ **1** 우려, 염려 **2** 이해, 이해력 **3** 체포

*__ap·pre·hen·sive__ [æ̀prihénsiv] *a.* **1** Ⓟ **우려하는,** 염려하는 《*of, for, about*》 **2** 이해가 빠른 **~·ly** *ad.* **~·ness** *n.*

*__ap·pren·tice__ [əpréntis] *n.* **1 도제**(徒弟), 견습생 **2 초심자**

bind a person[***be bound***] ***~ to*** (a carpenter) (목수)의 도제로 삼다[가 되다]
— *vt.* 도제로 보내다

ap·pren·tice·ship [əpréntisʃip] *n.* Ⓤ 도제살이, 도제의 신분[연한]

ap·prise, ap·prize[1] [əpráiz] *vt.* 〈사람에게 …을〉 통고하다(inform)

apprize² *vt.* 존중하다, 진가를 인정하다
ap·pro [ǽprou] *n.* 《영·구어》 =APPROVAL
‡ap·proach [əpróutʃ] *vt.* **1** …에 다가가다, 접근하다 **2** …와 비슷하게 되다: ~ completion 완성에 가까워지다 **3** 이야기를 꺼내다, …와 교섭하다 **—** *vi.* **1** 다가오다, 가까워지다 **2** 거의 …와 같다(amount) 《*to*》 **—** *n.* **1** Ⓤ 접근 《*of, to*》; 근사 《*to*》 **2** 입구 **3** 접근법, 연구법, 길잡이 **4** [종종 *pl.*] 가까이하려 함
ap·proach·a·ble [əpróutʃəbl] *a.* 가까이하기 쉬운; 사귀기 쉬운
appróach àid 〚항공〛 진입용 보조 설비
appróach lìght 〚항공〛 (공항 활주로의) 진입등(燈)
ap·pro·bate [ǽprəbèit] *vt.* 《미》 승인[찬성]하다(approve); 허가하다
***ap·pro·ba·tion** [æ̀prəbéiʃən] *n.* Ⓤ 허가, 면허; 시인; 추천
ap·pro·ba·to·ry [əpróubətɔ̀:ri | æ̀prəbéitəri] *a.* 승인의; 칭찬의
ap·pro·pri·a·ble [əpróupriəbl] *a.* 전용[사용(私用)]할 수 있는; 유용[충당]할 수 있는
‡ap·pro·pri·ate [əpróuprièit] *vt.* **1** 사용(私用)에 쓰다, 착복하다 **2** 〈특수한 목적에 돈 등을〉 충당하다
— [əpróupriət] *a.* **1** 적당한, 적절한 **2** 특유한, 고유한 《*to*》 **~·ly** [-ətli] *ad.*
***ap·pro·pri·a·tion** [əpròupriéiʃən] *n.* **1** Ⓤ 전유(專有); 사용(私用) **2** ⓊⒸ 충당 **3** 《미》 (의회의 승인을 받은) 정부 지출금
ap·pro·pri·a·tor [əpróuprièitər] *n.* **1** 전용자, 사용자(私用者); 유용자 **2** 충당자
ap·prov·a·ble [əprú:vəbl] *a.* 승인[찬성]할 수 있는
‡ap·prov·al [əprú:vəl] *n.* Ⓤ 찬성; 인가 ***on*** **~** 《영·구어》 상품이 마음에 들면 산다는 조건으로
‡ap·prove [əprú:v] *vt.* **1** 찬성하다 **2** 승인하다, 인가[재가]하다 **3** [~ one*self*로 자신이 …임을 나타내다 **—** *vi.* 찬성하다, 승인하다 《*of*》 **ap·próv·er** *n.*
ap·proved [əprú:vd] *a.* 인가된; 입증된, 공인된
appróved schóol 《영》 (비행 소년을 선도하는) 소년원 《지금은 community home이라 함》
ap·prov·ing [əprú:viŋ] *a.* 찬성[승인]하는; 만족해 하는 **~·ly** *ad.*
approx. approximate(ly)
***ap·prox·i·mate** [əprɑ́ksəmèit | -rɔ́ks-] *vi.* (…에) 가까워지다, 가깝다 《*to*》
— *vt.* **1** 〈수량 등이〉 …에 가까워지다, 가깝다; …와 비슷하다 **2** 〈…을 …에〉 접근시키다 《*to*》 **3** 어림잡다 《*at*》
— [əprɑ́ksəmət | -rɔ́ks-] *a.* 대략의, 접근한
***ap·prox·i·mate·ly** [əprɑ́ksəmətli | -rɔ́ks-] *ad.* 대략, 대체로, 거의
***ap·prox·i·ma·tion** [əprɑ̀ksəméiʃən | -rɔ̀ks-] *n.* **1** ⓊⒸ 접근, 근사 **2** 개산
ap·pur·te·nance [əpə́:rtənəns] *n.* **1** [보통 *pl.*] 부속품, 부속물; [*pl.*] 기계, 장치 **2** 〚법〛 종물(從物)
ap·pur·te·nant [əpə́:rtənənt] *a.* 부속의, 종속하는 《*to*》 **—** *n.* 부속물
Apr. April
a·près-ski [ɑ̀:preiskí:] [F =after-ski] *a., n.* 스키를 타고난 뒤의 (모임)
***a·pri·cot** [ǽprəkɑ̀t | éiprikɔ̀t] *n.* 〚식물〛 살구; 살구나무; Ⓤ 살구[황적]색
‡A·pril [éiprəl] *n.* 4월 《略 Apr.》: on ~ 1st 4월1일에
Ápril fóol 4월의 바보 《4월 1일 만우절에 속아 넘어간 사람》
Ápril Fóols'[Fool's] Dày 만우절(All Fools' Day) 《4월 1일》
Ápril wéather (영국의) 비가 오다 개다 하는 날씨; 울다 웃다 하기
a pri·o·ri [ɑ̀:-priɔ́:ri, èi-praiɔ́:rai] [L] *ad., a.* 연역[선천]적으로[인]
‡a·pron [éiprən] [L 「천」의 뜻에서; ME의 a napron이 an apron으로 되었음] *n.* **1** 에이프런, 앞치마 **2** 〚항공〛 격납고 앞의 포장된 광장
ápron stàge 〚극장〛 막(幕) 앞으로 내민 무대
ápron strìngs 에이프런 끈
ap·ro·pos [æ̀prəpóu] *a.* 적절한 (fitting), 알맞은 **—** *ad.* 적절하게; 때마침; 그건 그렇고, 그런데(by the way) **~ *of*** …에 관하여; …의 이야기로 생각났는데
apse [æps] *n.* 〚건축〛 후진(後陣) 《교회당 동쪽 끝에 내민 부분》
ap·sis [ǽpsis] *n.* 〚천문〛 (타원 궤도의) 장축단(長軸端) 《근일점(近日點) 또는 원일점(遠日點)》
‡apt [æpt] *a.* **1** 적절한; 적당한 《*for*》 **2** 재기[총기] 있는; 기민한 **3** …하기 쉬운, …하는 경향이 있는 **4** 《미·구어》 …할 것 같은
apt. apartment
ap·ter·ous [ǽptərəs] *a.* 〚곤충〛 무시(류) (無翅(類))의
ap·ter·yx [ǽptəriks] *n.* 〚조류〛 키위(kiwi)
***ap·ti·tude** [ǽptətjù:d | -tjù:d] *n.* ⒸⓊ **1** (…에의) 경향, 습성 《to》 **2** (…의) 소질, 재능 **3** 적성
áptitude tèst 적성 검사
***apt·ly** [ǽptli] *ad.* 적절히
apt·ness [ǽptnis] *n.* Ⓤ 적절; 경향; 재능
APU Asian Parliamentary Union 아시아 의회 연맹; auxiliary power unit 〚항공〛 보조 동력원
AQ 〚심리〛 achievement quotient 성취지수 (cf. IQ)
aq·ua [ǽkwə, ɑ́:k-] [L] *n.* 물; 액체
aq·ua·cade [ǽkwəkèid] *n.* 《미》 수상쇼
aq·ua·cul·ture [ǽkwəkʌ̀ltʃər] *n.* (어패류의) 수산 양식
aq·ua·farm [ǽkwəfɑ̀:rm] *n.* 양식장, 양어장
áqua fórtis Ⓤ 강수(强水), 질산(窒酸)
Aq·ua Lung [ǽkwəlʌ̀ŋ, ɑ́:kwə-] *n.* 애퀴렁 《잠수용 수중 호흡기; 상표명》
aq·ua·ma·rine [æ̀kwəmərí:n] *n.* **1** 〚광물〛 남옥(藍玉) **2** Ⓤ 남청색

aq·ua·naut [ǽkwənɔ̀:t] *n.* 해중 탐사원; 잠수 기술자
aq·ua·plane [ǽkwəplèin] *n.* (모터보트로 끄는) 수상 스키용 널빤지 **—** *vi.* 수상 스키를 타다
áqua ré·gi·a [-rí:dʒiə] [L] *n.* 〖화학〗 왕수(王水) 《진한 질산과 진한 염산의 혼합액》
aq·ua·relle [æ̀kwərél] [F] *n.* Ⓒ Ⓤ 수채화법; 수채화
***a·quar·i·um** [əkwɛ́əriəm] *n.* (*pl.* **~s, -i·a** [-iə]) 수족관; 유리 수조
A·quar·i·us [əkwɛ́əriəs] *n.* 〖천문〗 물병자리(the Water Bearer, the Water Carrier)
***a·quat·ic** [əkwǽtik, əkwɑ́t-] *a.* 물의; 수생(水生)의; 물 속[위]의 **—** *n.* **1** 수생(水生) 동물; 수초 **2** [*pl.*; 때로 단수 취급] 수상 경기
aq·ua·tint [ǽkwətìnt] *n.* 식각 요판(蝕刻凹版)의 일종; 그 판화(版畵)
aq·ua·vit [ɑ́:kwəvì:t | ǽkwəvìt] *n.* (스칸디나비아산) 투명한 증류주
áqua ví·tae [-váiti] [L] *n.* 알코올; 독한 술
aq·ue·duct [ǽkwədʌ̀kt] *n.* 〖토목〗 수로(水路), 수도; 〖해부〗 도관(導管), 맥관
a·que·ous [éikwiəs, ǽk-] *a.* 물의; 수성(水成)의
áqueous húmor 〖해부〗 (안구의) 수양액(水樣液)
áqueous róck 〖암석〗 수성암(水成岩)
aq·ui·cul·ture [ǽkwəkʌ̀ltʃər] *n.* Ⓤ 수산(水産) 양식; 수경법(水耕法)
aq·ui·line [ǽkwəlàin] *a.* 독수리의[같은]; 독수리 부리 같은
A·qui·nas [əkwáinəs] *n.* 아퀴나스 **St. Thomas ~** (1225?-74) 《이탈리아의 신학자·철학자》
Ar 〖화학〗 argon
Ar. Arabic; Aramaic
ARA Associate of the Royal Academy 《영》 왕립 미술원 준회원
‡**Ar·ab** [ǽrəb] *n.* **1** 아랍 사람; [the ~s] 아랍 민족 **2** 아라비아 말《馬》
— *a.* 아랍 (사람)의
Arab. Arabia(n); Arabic
Ar·a·bel [ǽrəbèl], **Ar·a·bel·la** [æ̀rəbélə] *n.* 여자 이름
ar·a·besque [æ̀rəbésk] *n.* **1** 아라비아식 의장(意匠), 덩굴무늬 **2** 아라베스크
— *a.* 아라비아풍의; 덩굴무늬의
‡**A·ra·bi·a** [əréibiə] *n.* 아라비아
***A·ra·bi·an** [əréibiən] *a.* 아라비아의; 아라비아 사람의
— *n.* 아라비아 사람[말《馬》]
Arábian bírd 불사조(phoenix)
Arábian cámel 아라비아 낙타, 단봉 낙타
Arábian Níghts [The ~] 「천일야화(千一夜話)」 《*The Arabian Nights' Entertainments* 또는 *The Thousand and One Nights*라고도 함》
Arábian Séa [the ~] 아라비아 해(海)
***Ar·a·bic** [ǽrəbik] *a.* 아라비아 말[문학, 숫자]의; 아라비아 (사람)의
— *n.* Ⓤ 아라비아 말 《略 Arab.》
Árabic númerals[fígures] 아라비아 숫자
Ar·ab·ist [ǽrəbist] *n.* 아라비아(어) 학자
ar·a·ble [ǽrəbl] *a.* 경작에 알맞은
Árab Léague [the ~] 아랍 연맹
Árab Repúblic of Égypt [the ~] 이집트 아랍 공화국 《이집트의 공식 명칭》
Ar·a·by [ǽrəbi] *n.* 《시어》 = ARABIA
a·rach·nid [ərǽknid] *n.* 〖동물〗 거미류의 동물 《거미·진드기 등》
a·rach·noid [ərǽknɔid] *a.* 거미집 모양의 **—** *n.* 〖해부〗 거미 망막(網膜)
A·ra·gon [ǽrəgɑ̀n | -gən] *n.* 아라곤 《스페인 북동부의 지방, 옛날은 왕국》
Á·ral Séa [ǽrəl- | ɑ́:r-] [the ~] 아랄해(海) 《러시아 남서부의 내해(內海)》
Ar·a·ma·ic [æ̀rəméiik] *a.* 아람의
— *n.* 아람어 《셈계(系)》
ARAMCO [ərǽmkou] *n.* 아람코 석유 회사
Ar·a·m(a)e·an [æ̀rəmí(:)ən] *n.* 아람 사람; 아람어
— *a.* 아람 사람[어]의
ar·ba·lest, -list [ɑ́:rbəlist] *n.* 중세의 쇠로 만든 큰 활
ar·bi·ter [ɑ́:rbətər] *n.* 중재인
ar·bi·ter e·le·gan·ti·a·rum [ɑ́:rbətər-èləgæ̀nʃiɛ́ərəm] [L] 취미와 예의 범절의 권위자
ar·bi·tra·ble [ɑ́:rbətrəbl] *a.* 중재[조정]할 수 있는
ar·bi·trage [ɑ́:rbətrɑ̀:ʒ] *n.* 〖금융〗 차액을 버는 거래
ar·bi·tral [ɑ́:rbətrəl] *a.* 중재의
ar·bit·ra·ment [ɑ:rbítrəmənt] *n.* Ⓤ Ⓒ 중재(arbitration)
ar·bi·trar·i·ly [ɑ́:rbətrèrəli, ɑ̀:rbətrɛ́ər-] *ad.* 독단적으로; 제멋대로
***ar·bi·trar·y** [ɑ́:rbətrèri | -trəri] *a.* **1** 임의의, 멋대로인; 변덕스러운 **2** 독단적인 **-tràr·i·ness** *n.*
ar·bi·trate [ɑ́:rbətrèit] *vi., vt.* 중재[조정]하다; 중재 재판에 회부하다
***ar·bi·tra·tion** [ɑ̀:rbətréiʃən] *n.* Ⓤ Ⓒ 중재, 조정(調停); 중재 재판
ar·bi·tra·tor [ɑ́:rbətrèitər] *n.* 중재인; 심판자
ar·bi·tress [ɑ́:rbətris] *n.* 여자 중재인
***ar·bor**[1] [ɑ́:rbər] *n.* (*pl.* **-bo·res** [-bərì:z]) 〖식물〗 나무, 수목, 교목(喬木)
arbor[2] *n.* 〖기계〗 축(axle), 굴대
***ar·bor**[3] | **ar·bour** [ɑ́:rbər] *n.* **1** 나무 그늘(의 쉼터) **2** (나뭇가지나 덩굴로 덮인) 정자
Árbor Dày 《미》 식목일
ar·bor·e·al [ɑ:rbɔ́:riəl] *a.* 나무의, 교목성의; 나무에서 사는
ar·bo·res·cent [ɑ̀:rbərésnt] *a.* 나무[나뭇가지] 모양의
ar·bo·re·tum [ɑ̀:rbərí:təm] *n.* (*pl.* **~s, -ta** [-tə]) 수목원(樹木園)
ar·bor·vi·tae [ɑ̀:rbərváiti] *n.* 〖식물〗 미국측백나무
ar·bu·tus [ɑ:rbjú:təs] *n.* 〖식물〗 **1** 아르부투스 《남유럽산의 상록 관목》 **2** 철쭉과(科)의 상록 관목 《북미산》

‡arc [ɑːrk] [동음어 ark] *n.* 〖기하〗 호(弧), 원호(圓弧); 호형(弧形), 궁형(弓形); 〖전기〗 아크

***ar·cade** [ɑːrkéid] *n.* **1** 아케이드, 지붕 있는 상가 **2** 〖건축〗 아치 **3** 아치형 지붕의 건물

Ar·ca·di·a [ɑːrkéidiə] *n.* 아르카디아 《고대 그리스 펠로폰네소스 반도 내륙의 경치 좋은 이상향(理想鄕)》

Ar·ca·di·an [ɑːrkéidiən] *a.* **1** 아르카디아의 **2** 목가적인
— *n.* 아르카디아 사람; 전원 생활을 하는[즐기는] 사람

Ar·ca·dy [ɑ́ːrkədi] *n.* 《시어》 = ARCADIA

ar·cane [ɑːrkéin] *a.* 비밀의; 난해한

ar·ca·num [ɑːrkéinəm] *n.* (*pl.* **-na** [-nə]) 비밀, 비결

árc fùrnace 〖야금〗 아크로(爐)

‡arch[1] [ɑːrtʃ] *n.* 〖건축〗 **아치**, 홍예(문)
— *vt., vi.* 아치형으로 만들다; 아치형이 되다

arch[2] *a.* **1** 주요한(chief) **2** 교활하게 보이는; 장난꾸러기 같은

arch- [ɑːrtʃ] 《연결형》 「으뜸의; 우두머리의; 제일의」의 뜻: *arch*bishop

-arch [ɑːrk] 《연결형》 「지배자; 왕; 군주」의 뜻: patri*arch*

arch. archaic; archery; archipelago

Arch. Archbishop

archaeol. archaeology

ar·chae·o·log·i·cal, -che- [ɑ̀ːrkiəlɑ́dʒikəl | -lɔ́dʒ-] *a.* 고고학의

***ar·chae·ol·o·gy, -che-** [ɑ̀ːrkiɑ́lədʒi | -ɔ́l-] *n.* Ⓤ **고고학** **-gist** *n.* 고고학자

Ar·chae·o·zo·ic [ɑ̀ːrkiəzóuik] *a., n.* = ARCHEOZOIC

***ar·cha·ic** [ɑːrkéiik] *a.* **고풍의**, 낡은

ar·cha·ism [ɑ́ːrkiìzm] *n.* ⓊⒸ 고문체(古文體); 고어 **-ist** *n.* 의고주의자

ar·cha·is·tic [ɑ̀ːrkiístik] *a.* 고풍한, 고체의

arch·an·gel [ɑ́ːrkèindʒəl] *n.* 〖가톨릭〗 대천사; 〖그리스정교〗 천사장(長)

***arch·bish·op** [ɑ̀ːrtʃbíʃəp] *n.* [때로 **A~**] 〖가톨릭·그리스정교〗 **대주교**; 〖그리스도교〗 대감독 **~·ric** [-rik] *n.* ⓊⒸ archbishop의 직[관구(管區)]

arch·dea·con [ɑ̀ːrtʃdíːkən] *n.* 〖그리스도교〗 부(副)감독; 〖가톨릭·그리스정교〗 부주교 **~·ry** [-ri] *n.* archdeacon의 직[관구, 주거]

arch·di·o·cese [ɑ̀ːrtʃdáiəsìs] *n.* archbishop의 관구

arch·du·cal [ɑ̀ːrtʃdjúːkəl] *a.* 대공(大公)(령(領))의

arch·duch·ess [ɑ̀ːrtʃdʌ́tʃis] *n.* 대공비(大公妃)

arch·duch·y [ɑ̀ːrtʃdʌ́tʃi] *n.* 대공국

arch·duke [ɑ̀ːrtʃdjúːk] *n.* 대공 《옛 오스트리아 황자의 칭호》

arched [ɑːrtʃt] *a.* 아치형의

arch·en·e·my [ɑ̀ːrtʃénəmi] *n.* 대적(大敵)

ar·che·ol·o·gy [ɑ̀ːrkiɑ́lədʒi | -ɔ́l-] *n.* = ARCHAEOLOGY

Ar·che·o·zo·ic [ɑ̀ːrkiəzóuik] 〖지질〗 *a.* 시생대(始生代)의 — *n.* [the ~] 시생대

***arch·er** [ɑ́ːrtʃər] *n.* **1 활쏘는 사람**, 궁수(弓手) **2** [the A~] 〖천문〗 궁수자리

***ar·cher·y** [ɑ́ːrtʃəri] *n.* Ⓤ **궁술**; 사수대(射手隊)

ar·che·typ·al [ɑ́ːrkitàipəl] *a.* 원형의, 전형적인

ar·che·type [ɑ́ːrkitàip] *n.* 원형(原型)

ar·che·typ·i·cal [ɑ̀ːrkitípikəl] *a.* = ARCHETYPAL

arch·fiend [ɑ̀ːrtʃfíːnd] *n.* 대악마; [the ~] 사탄, 마왕(Satan)

archi-[1] [ɑ́ːrki] 《연결형》 〖생물〗 「원(原) … (primitive, original)」의 뜻

archi-[2] 《연결형》 ARCH-의 변형

Ar·chi·bald [ɑ́ːrtʃəbɔ̀ːld] *n.* **1** 남자 이름 **2** [**a~**] 《영·속어》 고사포

ar·chi·e·pis·co·pal [ɑ̀ːrkiipískəpəl] *a.* archbishop의

ar·chi·man·drite [ɑ̀ːrkimǽndrait] *n.* 〖그리스정교〗 대수도원장

Ar·chi·me·de·an [ɑ̀ːrkəmíːdiən] *a.* 아르키메데스(의 원리 응용)의

Ar·chi·me·des [ɑ̀ːrkəmíːdiːz] *n.* 아르키메데스 《고대 그리스의 물리학자》

Archimédes' príncíple 〖물리〗 아르키메데스의 원리

ar·chi·pel·a·go [ɑ̀ːrkəpéləgòu] *n.* (*pl.* **~(e)s**) 군도(群島); [the A~] 에게해, 다도해 《Aegean Sea의 구칭》

‡ar·chi·tect [ɑ́ːrkətèkt] *n.* **1 건축가**, 건축 기사 **2** 설계자, 건설자
the* (*Great*) *A~ 조물주

ar·chi·tec·ton·ic [ɑ̀ːrkətektɑ́nik | -tɔ́n-] *a.* 건축술의; 구조상의; 지식 체계의 — *n.* [*pl.*; 단수·복수 취급] 건축학

***ar·chi·tec·tur·al** [ɑ̀ːrkətéktʃərəl] *a.* **건축술[학]의**; 건축(상)의 **~·ly** *ad.*

‡ar·chi·tec·ture [ɑ́ːrkətèktʃər] *n.* Ⓤ **1 건축(술)**, **건축학** **2** ⓊⒸ 건축 양식 **3** 구조 **4** [the ~; 집합적] 건축물

ar·chi·trave [ɑ́ːrkətrèiv] *n.* 〖건축〗 **1** 아키트레이브 《entablature의 최하부》 **2** (문·창의) 장식틀

ar·chi·val [ɑːrkáivəl] *a.* 고문서의, 공문서의

ar·chive [ɑ́ːrkaiv] *n.* **1** [*pl.*] 기록[공문서] 보관소 **2** 고(古)문서; 공문서 **3** 〖컴퓨터〗 아카이브 《다수의 파일을 압축해 하나로 모은 것》

ar·chi·vist [ɑ́ːrkivist] *n.* 기록[공문서] 보관인

arch·ly [ɑ́ːrtʃli] *ad.* 능글맞게; 장난스럽게

arch·ness [ɑ́ːrtʃnis] *n.* Ⓤ 교활; 장난기

ar·chon [ɑ́ːrkɑn] *n.* 집정관 《고대 그리스 Athens의 9명》

arch·priest [ɑ́ːrtʃpríːst] *n.* 주목사; 〖가톨릭〗 수석 사제

arch·way [ɑ́ːrtʃwèi] *n.* 〖건축〗 아치 길

-archy [ɑ̀ːrki] 《연결형》 「…정체(政體)」의 뜻: mon*archy*

ar·ci·form [ɑ́ːrsəfɔ̀ːrm] *a.* 아치형의

árc làmp[lìght] 아크등(燈)

‡arc·tic [ɑ́ːrktik] *a.* **1** [때로 **A~**] **북극의**, 북극 지방의 **2** 한대(寒帶)의

—*n.* **1** [the A~] 북극 (지방); 북극해 **2** [*pl.*] 《미》 방한 방수용 오버슈즈
Árctic Círcle [the ~] 북극권(圈)
Árctic Ócean [the ~] 북극해
Árctic Póle [the ~] 북극(the North Pole)
Árctic Séa [the ~] = ARCTIC OCEAN
Árctic Zòne [the ~] 북극대(帶)
Arc·tu·rus [ɑːrktjúərəs] *n.* 〖천문〗 대각성(大角星)
ar·cu·ate [ɑ́ːrkjuət], **-at·ed** [-èitid] *a.* 궁형(弓形)의, 아치형의
árc wèlding 아크 용접
-ard [ərd] *suf.* 「매우 …하는 사람」의 뜻: drunk*ard*
ARD acute respiratory disease 〖의학〗 급성 호흡기 질환
Ar·den [ɑ́ːrdn] *n.* [the Forest of ~] 아든 《잉글랜드 중동부의 옛 삼림 지대》
ar·den·cy [ɑ́ːrdənsi] *n.* Ⓤ 열심, 열렬(zeal)
***ar·dent** [ɑ́ːrdənt] *a.* **타오르는 듯한; 열렬한,** 열심인(eager): an ~ patriot 열렬한 애국자 **~·ly** *ad.*
árdent spírits 화주(火酒), 독한 술
***ar·dor** | **ar·dour** [ɑ́ːrdər] *n.* Ⓤ **열정,** 열심; 충성
***ar·du·ous** [ɑ́ːrdʒuəs] *a.* **1 고된,** 힘드는 **2** 분투적인 **3** 가파른(steep) **~·ly** *ad.* **~·ness** *n.*
‡**are**[1] [ɑːr, ər] *vi.* BE의 복수 [2인칭 단수] 직설법 현재형
are[2] [ɑːr, ɛər] *n.* 아르 《미터법의 면적 단위》
‡**ar·e·a** [ɛ́əriə] *n.* **1** (공간·표면의) **범위; 부분;** 영역 **2 지역; 구역;** 지방 **3** (활동의) **범위,** 영역 **4 면적,** 건평 **5** 지면, 공지
área bèll 지하실 출입문의 초인종
área bòmbing 지역 폭격
área còde 《미》 (전화의) 지역 번호
área stùdy 지역 연구
ar·e·a·way [ɛ́əriəwèi] *n.* 건물 사이의 통로
ar·e·ca [əríːkə, ǽrikə] *n.* 〖식물〗 빈랑나무
***a·re·na** [əríːnə] *n.* **1 투기장**(鬪技場); 경기장 **2** 활동 무대
ar·e·na·ceous [æ̀rənéiʃəs] *a.* 사질(砂質)의, 모래땅의(sandy)
aréna théater 원형 극장
‡**aren't** [ɑːrnt] **1** are not의 단축형 **2** [의문문에서] 《영·구어》 am not의 단축형
Ar·es [ɛ́əriːz] *n.* 〖그리스신화〗 아레스 《군신(軍神); 로마 신화의 Mars에 해당》
a·rête [əréit] [F 「물고기 뼈」의 뜻에서] *n.* (빙하의 침식에 의한) 날카로운 (바위) 산등성이
Arg. Argentina; Argentine
ar·gent [ɑ́ːrdʒənt] *n.* Ⓤ 《시어》 은(銀)(silver); 은빛 —*a.* 은의, 은 같은; 은백색인
ar·gen·tif·er·ous [ɑ̀ːrdʒəntífərəs] *a.* 은을 함유한
***Ar·gen·ti·na** [ɑ̀ːrdʒəntíːnə] *n.* **아르헨티나** 《남미의 공화국》
ar·gen·tine [ɑ́ːrdʒəntàin] *a.* 은의, 은 같은; 은빛의
***Ar·gen·tine** [ɑ́ːrdʒəntìːn, -tàin] *a.* **아르헨티나(사람)의** —*n.* 아르헨티나 사람
ar·gen·tite [ɑ́ːrdʒəntàit] *n.* Ⓤ 〖광물〗 휘은광(輝銀鑛)
ar·gil [ɑ́ːrdʒil] *n.* Ⓤ 도토(陶土)
Ar·give [ɑ́ːrdʒaiv | ɑ́ːgaiv] *a.* 아르고스(Argos)의 —*n.* 아르고스[그리스] 사람
Ar·go [ɑ́ːrgou] *n.* **1** 〖그리스신화〗 아르고선(船) **2** 〖천문〗 아르고자리 《성좌》
ar·gon [ɑ́ːrgɑn | -gɔn] *n.* Ⓤ 〖화학〗 아르곤
Ar·go·naut [ɑ́ːrgənɔ̀ːt] *n.* 〖그리스신화〗 아르고선(Argo)의 승무원
Ar·go·nau·tic [ɑ̀ːrgənɔ́ːtik] *a.* 아르고선 일행의
Ar·gos [ɑ́ːrgɑs | -gɔs] *n.* 아르고스 《고대 그리스 남동부의 고대 도시》
ar·go·sy [ɑ́ːrgəsi] *n.* 큰 상선, 대상선단
ar·got [ɑ́ːrgou | -gət] *n.* Ⓤ 암호 말, 은어(隱語)(jargon)
ar·gu·a·ble [ɑ́ːrgjuəbl] *a.* 논[논증]할 수 있는
‡**ar·gue** [ɑ́ːrgjuː] *vi.* **논하다; 논의하다;** 논쟁하다 —*vt.* **1 논하다;** 논의하다 **2 주장하다**(maintain) **3 설득하다** 《*into, out of*》 **4** 논증[입증]하다
~ *against* [*for, in favor of*] …에 반대[찬성] 의견을 제시하다 **~** a person ***down*** …을 설복하다 **~** a person ***into* [*out of*]** 설득하여 …하게[하지 않게] 하다 **~ *it away* [*off*]** 설파하다; 설복시키다
‡**ar·gu·ment** [ɑ́ːrgjumənt] *n.* **1** ⓊⒸ **논의,** 논증; 논쟁; 논거 **2 말다툼**
ar·gu·men·ta·tion [ɑ̀ːrgjumentéiʃən] *n.* ⓊⒸ 입론(立論); 논증; 토론
ar·gu·men·ta·tive [ɑ̀ːrgjuméntətiv], **-men·tive** [-méntiv] *a.* 논쟁적인; 따지기 좋아하는 **-ta·tive·ly** *ad.* **-ta·tive·ness** *n.*
Ar·gus [ɑ́ːrgəs] *n.* **1** 〖그리스신화〗 아르고스 《눈이 100개 달린 거인》 **2** 엄중한 감시인
Ar·gus-eyed [ɑ́ːrgəsàid] *a.* 감시가 엄중한
ar·gy-bar·gy [ɑ́ːrgibɑ́ːrgi | ɑ́ːdʒibɑ́ːdʒi] 《구어》 *n.* 언쟁
***a·ri·a** [ɑ́ːriə] [It. =air] *n.* 〖음악〗 **아리아,** 영창(詠唱)
Ar·i·an[1] [ɛ́əriən] *a.* 아리우스(Arius)의; 아리우스파(派)의 —*n.* 아리우스파의 사람
Arian[2] *a., n.* = ARYAN
-arian [ɛ́əriən] *suf.* **1** 「…파의 (사람), …주의의 (사람)」의 뜻 **2** 지지자, 창도자
***ar·id** [ǽrid] *a.* **1** 〈땅 등이〉 **건조한 2** 〈두뇌·사상 등이〉 빈약한; 무미건조한
a·rid·i·ty [ərídəti] *n.* Ⓤ 건조 (상태); 빈약; 무미건조
ar·i·el [ɛ́əriəl] *n.* 〖동물〗 아라비아가젤
Ar·i·es [ɛ́əriːz | -riìːz] *n.* **1** 〖천문〗 양자리(the Ram) **2** 〖점성〗 백양궁(白羊宮)
a·right [əráit] *ad.* 《문어》 바르게, 옳게
a·ri·o·so [ɑ̀ːrióusou | -zou] [It.] 〖음악〗 *a., ad.* 영서창조(詠敍唱調)의[로]

‡a·rise [əráiz] *vi.* (**a·rose** [əróuz]; **a·ris·en** [ərízn]) **1** 〈문제·곤란 등이〉 **발생하다** **2** 〈일 등이 …에서〉 **생기다** **3** 기상하다(get up); 일어서다; 〈해가〉 뜨다(rise)

∗a·ris·en [ərízn] *vi.* ARISE의 과거분사

∗ar·is·toc·ra·cy [æ̀ristákrəsi | -tɔ́k-] *n.* **1** Ⓤ **귀족 정치**; Ⓒ 귀족 정치의 나라 **2** [the ~; 집합적] 귀족, 귀족 사회

∗a·ris·to·crat [ərístəkræ̀t | ǽris-] *n.* **1** 귀족 **2** 귀족 정치주의자

∗a·ris·to·crat·ic [ərìstəkrǽtik | æ̀ris-] *a.* **1** 귀족의; 귀족 정치의 **2** 귀족적인, 당당한 **3** 배타적인 **-i·cal·ly** *ad.*

Ar·is·toph·a·nes [æ̀ristáfəni:z | -tɔ́f-] *n.* 아리스토파네스 《고대 아테네의 시인·희극 작가》

Ar·is·to·te·lian, -lean [æ̀ristətí:ljən] *a.*, *n.* 아리스토텔레스(파)의 (학자)

Ar·is·tot·le [ǽristɑ̀tl | -tɔ̀tl] *n.* 아리스토텔레스 《고대 그리스의 철학자》

arith. arithmetic; arithmetical

‡a·rith·me·tic [əríθmətìk] *n.* Ⓤ **산수**, 셈 — [æ̀riθmétik] *a.* 산수의

‡ar·ith·met·i·cal [æ̀riθmétikəl] *a.* = ARITHMETIC **~·ly** *ad.*

a·rith·me·ti·cian [ərìθmətíʃən] *n.* 산술가(算術家)

arithmétic méan 〖수학〗 산술 평균

arithmétic progréssion 〖수학〗 등차수열(等差數列)

arithmétic séries 〖수학〗 등차 급수

A·ri·us [əráiəs] *n.* 아리우스 《알렉산드리아의 신학자》

Ariz. Arizona

∗Ar·i·zo·na [æ̀rəzóunə] *n.* **애리조나 주** 《미국 남서부의 주; 略 Ariz.》 **-nan** [-nən] *a.*, *n.* 애리조나 주의 (사람)

∗ark [ɑ:*r*k] [동음어 arc] *n.* 〖성서〗 (Noah가 대홍수를 피한) **방주**(方舟); 《방언·시어》 궤, 상자(chest)

Ark. Arkansas

∗Ar·kan·sas [ɑ́:*r*kənsɔ̀:] *n.* **아칸소 주**(州) 《미국 중부의 주; 略 Ark.》

Ar·kie [ɑ́:*r*ki] *n.* 《미·구어》 아칸소 주 출신의 유랑 농부

Ark·wright [ɑ́:*r*krait] *n.* 아크라이트 **Sir Richard ~** (1732-92) 《영국의 수력 방적 기계 발명자》

Árlington Nátional Cémetery (미국의) 알링턴 국립 묘지

‡arm[1] [ɑ:*r*m] *n.* **1** **팔**; (동물의) 앞다리 **2** 팔 같이 생긴 것; (나무 줄기에서 뻗은) 큰 가지; (의자 양 옆의) 팔걸이 **3** 힘, 권력 ***a child*** [***an infant***] ***in ~s*** 안고 다니는 아이, 아직 걷지 못하는 아이[갓난아이, 젖먹이] ***~ in ~*** 서로 팔을 끼고 《*with*》 ***at ~'s length*** 팔을 뻗치면 닿는 곳에(서); 어느 정도 거리를 두고, 쌀쌀하게: keep[hold] a person *at ~'s length* …을 멀리하다, 쌀쌀하게 대하다 ***fold*** one***'s ~s*** 팔짱을 끼다 ***make a long ~*** 팔을 쑥 내밀다 ***the*** (***long***) ***~ of the law*** 법의 힘, 《특히》 경찰(력) hold ***under*** ons***'s ~*** 겨드랑이에 (끼다) ***with folded ~s*** 팔짱을 끼고; 수수방관하고 ***with open ~s*** 양팔을 벌리고; 충심으로

‡arm[2] *n.* **1** [보통 *pl.*] **무기**, 병기 **2** [*pl.*] 군사, 전투; 병역 **3** 〖군사〗 병종, 병과 **4** [*pl.*] 문장(紋章), 표지 ***bear ~s*** 무장하다; 병역에 복무하다 ***be up in ~s*** 무기를 들고 일어서다; 반기를 들다 ***in ~s*** 무장하여 ***To ~s!*** 전투 준비! ***under ~s*** 무장을 갖추고
— *vi.* 전쟁 준비를 하다; 무장하다
— *vt.* **1** **무장시키다**, 〈배를〉 장갑하다 〈무기 등에 …을〉 장비하다 **2** 〈필수품을〉 몸에 갖추다, 〈사람 등에게 용구·지식 등을〉 주다, 공급하다 ***be ~ed to the teeth*** 빈틈없이 무장하고 있다

ar·ma·da [ɑ:*r*mɑ́:də, -méi-] *n.* **1** [the A~] 스페인의 무적 함대 **2** [**a~**] 함대

ar·ma·dil·lo [ɑ̀:*r*mədílou] *n.* (*pl.* **~s**) 〖동물〗 아르마딜로 《남미산의 야행성 포유동물》

Ar·ma·ged·don [ɑ̀:*r*məgédn] *n.* **1** 〖성서〗 아마겟돈 《세계의 종말에 있을 선과 악의 결전장》 **2** (국제적인) 대결전(장)

∗ar·ma·ment [ɑ́:*r*məmənt] *n.* **1** [종종 *pl.*] **군비**, 군사력 **2** **장비**; 병기 **3** 무장

ármaments expénditures 군사비

ar·ma·ture [ɑ́:*r*mətʃə*r*] *n.* **1** 〖동물·식물〗 방호 기관 《이빨·가시 등》 **2** 〖전기〗 전기자(電機子); (자극(磁極)의) 접극자(接極子) **3** 〖건축〗 보강재

árm bàdge 완장

arm·band [ɑ́:*r*mbæ̀nd] *n.* 완장; 상장(喪章)

‡arm·chair [ɑ́:*r*mtʃɛ̀ə*r*] *n.* **안락의자**

arme blanche [ɑ́:*r*m-blɑ́:nʃ] [F = white weapon] *n.* **1** 백병전용 무기 《기병도·기병창·총검 등》 **2** 기병

∗armed [ɑ:*r*md] *a.* **무장한**: ~ neutrality 무장 중립 / ~ peace 무장 평화

ármed fórces [**sérvices**] (일국의 육·해·공의) 군대, 3군

Ar·me·ni·a [ɑ:*r*mí:niə] *n.* 아르메니아 《이란 북서부의 공화국》

Ar·me·ni·an [ɑ:*r*mí:niən] *a.* 아르메니아 (사람[말])의 — *n.* 아르메니아 사람; Ⓤ 아르메니아 말

∗arm·ful [ɑ́:*r*mfùl] *n.* **한아름** 《*of*》

arm·hole [ɑ́:*r*mhòul] *n.* (옷의) 진동 둘레

ar·mi·ger [ɑ́:*r*midʒə*r*] *n.* 기사의 갑옷 시종; 문장(紋章)을 허락 받은 사람 《knight와 yeoman의 중간 계급》

arm·ing [ɑ́:*r*miŋ] *n.* Ⓤ 무장을 갖춤; 무장; (자석의) 접극자(接極子)

Ar·min·i·us [ɑ:*r*míniəs] *n.* 아르미니우스 **Jacobus ~** (1560-1609) 《네덜란드의 신학자》

∗ar·mi·stice [ɑ́:*r*mistis] *n.* **휴전**(truce), 정전

Ármistice Dày (제1차 세계 대전의) 휴전 기념일 《11월 11일》

arm·less[1] [ɑ́:*r*mlis] *a.* 팔이 없는; 팔걸이가 없는

armless[2] *a.* 무방비의

arm·let [ɑ́:*r*mlit] *n.* **1** 팔찌, 팔장식 **2** 작은 만; (강의) 지류

arm·load [ɑ́:*r*mlòud] *n.* 《미》 한아름(의 양)

ar·moire [ɑːrmwɑ́ːr] [F] *n.* 대형 옷장 [식기장]
*‡***ar·mor** | **ar·mour** [ɑ́ːrmər] *n.* Ⓤ **1** 갑옷 **2** (군함 등의) 장갑(裝甲), 철갑(판); 방호구(防護具) **3** 〖군사〗 기갑 부대 — *vt.* 갑옷을 입히다; 장갑하다
ar·mor-bear·er [ɑ́ːrmərbɛ̀ərər] *n.* 기사의 갑옷 시종
ar·mor-clad [-klæ̀d] *a.* 갑옷을 입은; 장갑한: an ~ ship 장갑함
ar·mored | **ar·moured** [ɑ́ːrmərd] *a.* 장갑한
ármored cáble 〖전기〗 외장(外裝) 케이블
ármored cár 장갑차; (현금 수송용) 장갑 자동차
ármored fórces 〖군사〗 기갑 부대
ar·mor·er [ɑ́ːrmərər] *n.* **1** 병기[무기] 제조자 **2** (군함·연대의) 병기계
ar·mo·ri·al [ɑːrmɔ́ːriəl] *a.* 문장(紋章)의 — *n.* 문장서(書)
ármor plàte 장갑판
ar·mor·y[1] [ɑ́ːrməri] *n.* 문장학
armory[2] *n.* **1** 병기고(arsenal); 조병창 **2** (미) 주병(州兵) 부대 본부
ar·mour [ɑ́ːrmər] *n.* (영) = ARMOR
ar·mour·y [ɑ́ːrməri] *n.* (영) = ARMORY[2]
arm·pit [ɑ́ːrmpìt] *n.* 겨드랑이
up to the ~s (미) 완전히, 온통
arm·rest [-rèst] *n.* (의자 등의) 팔걸이
*‡***arms** [ɑːrmz] *n. pl.* = ARM[2]
árms ràce 군비 경쟁
*‡***ar·my** [ɑ́ːrmi] *n.* **1** 육군 **2** 군대; 군 **3** (군대식 조직의) 단체 **4** [an ~ of] 큰 무리[떼]
Ármy Àct (영) 육군 형법
ármy ànt 〖곤충〗 군대개미
ármy còrps 〖육군〗 군단
ármy lìst (영) = ARMY REGISTER
ármy règister (미) 육군 장교 명부
Ármy Sérvice Còrps [the ~] (영) 육군 병참단
ármy sùrgeon 군의관
ar·my·worm [ɑ́ːrmiwə̀ːrm] *n.* 〖곤충〗 거염벌레
ar·ni·ca [ɑ́ːrnikə] *n.* **1** 〖식물〗 아르니카 **2** 아르니카 팅크 《타박상 등의 외용 진통제》
Ar·no [ɑ́ːrnou] *n.* [the ~] 아르노 강 《이탈리아 서부의 강》
Ar·nold [ɑ́ːrnəld] *n.* **1** 남자 이름 **2** 아놀드 **Matthew ~** (1822-88) 《영국의 시인·비평가》
a·roint [ərɔ́int] *vt.* [다음 성구로]
A~ thee[ye]! (고어) 가라!, 물러가라!
a·ro·ma [əróumə] *n.* ⓊⒸ 방향(芳香), 향기(fragrance); (예술품 등의) 기품, 풍취
ar·o·mat·ic [æ̀rəmǽtik] *a.* 향기로운 — *n.* 향료
*＊***a·rose** [əróuz] *vi.* ARISE의 과거
*‡***a·round** [əráund] *ad.* **1** 주위에, 사방에, 둘레에(on every side) **2** (미) 빙 돌아서 **3** 여기저기에 **4** (계절·차례 등이) 돌아와 **5** 대략
all ~ 도처에; 모든 사람에게 〈악수하다 등〉
be ~ (찾아)오다; (미·구어) 일어나다
— *prep.* **1** …의 주위에 **2** (미) …의 주위를 돌아, …을 일주하여 **3** (미·구어) …의 주변을 **4** (구어) 약…, … 쯤(about)
a·round-the-clock [əráundðəklɑ́k | -klɔ̀k] *a.* (미) 24시간 꼬박의(《영》 round-the-clock)
*‡***a·rouse** [əráuz] *vt.* **1** 깨우다(awaken) **2** 자극하다, 환기시키다(excite)
ARP air-raid precautions 공습 공보
ARPA Advanced Research Projects Agency (미) 고등 연구 계획국
ar·peg·gi·o [ɑːrpédʒiòu] *n.* 〖음악〗 아르페지오
ar·que·bus [ɑ́ːrkwibəs] *n.* 화승총
arr. arranged (by); arrival; arrive(d)
ar·rack [ǽrək] *n.* Ⓤ 아라크 술 《야자즙·당밀 등으로 만드는 중근동(中近東) 지역의 독한 증류주》
ar·raign [əréin] *vt.* **1** 〖법〗 〈피고를〉 법정에 소환하여 죄상(charge)의 시인 여부를 묻다 **2** 비난하다, 규탄하다 — *n.* **1** 심문 **2** 고소, 공소; 비난, 규탄 **~·ment** *n.* ⓊⒸ (피고의) 죄상 인부(認否); 비난, 규탄
*‡***ar·range** [əréindʒ] *vt.* **1** 가지런히 하다, 정돈하다, 정리하다(put in order); 배열하다 **2** (미리) 정하다 **3** 조정하다(settle) **4** 각색하다; 편곡하다 — *vi.* **1** 준비하다 **2** 합의를 보다
*‡***ar·range·ment** [əréindʒmənt] *n.* **1** ⓊⒸ 정돈, 정리; 배열 **2** ⒸⓊ 조정; 협정, 합의(agreement) **3** [보통 *pl.*] 준비(preparation), 수배 **4** Ⓤ 각색; 편곡
ar·rant [ǽrənt] *a.* 철저한, 터무니없는
ar·ras [ǽrəs] *n.* **1** Ⓤ 아라스 천 **2** 아라스 천의 벽걸이
*＊***ar·ray** [əréi] *vt.* **1** 〈군대를〉 정렬시키다 **2** 성장(盛裝)시키다 — *n.* Ⓤ **1** 정렬, 포진(布陣)(order) **2** 군대 **3** 옷, 의상, 미장(美裝)
ar·rear [əríər] *n.* [*pl.*] (일·지불금의) 지체, 밀림; 지불 잔금, 연체금
in ~(s) of …보다 뒤져서
ar·rear·age [əríəridʒ] *n.* 지체; [종종 *pl.*] 미불 잔금, 연체 금액
*‡***ar·rest** [ərést] *vt.* **1** 체포하다; 검거[구속]하다, 억류하다 **2** 〈주의·흥미 등을〉 끌다 **3** 정지시키다 — *n.* ⒸⓊ **1** 체포, 구속; 억류 **2** 정지, 저지
under ~ 구인[수감]되어
ar·rest·er, ar·res·tor [əréstər] *n.* **1** 체포자 **2** 방지 장치; 피뢰기(器)
arréster hòok 〖항공〗 착함(着艦) 훅 《항공모함에 착함한 비행기를 멈추게 함》
arréster wìre (비행기의) 착함 제어 와이어
ar·rest·ing [əréstiŋ] *a.* 사람의 이목을 끄는
ar·ri·ère-pen·sée [ǽriɛ̀ərpɑːnséi] [F] *n.* 속마음, 저의(底意)
ar·ris [ǽris] *n.* 〖건축〗 모서리
*‡***ar·riv·al** [əráivəl] *n.* **1** 도착; 입항; 출현 **2** (결론·연령 등에의) 도달 **3** 도착자[물]; (구어) 신생아
on ~ 도착하고 나서, 도착하는 대로
*‡***ar·rive** [əráiv] *vi.* **1** 도착하다, 닿다 **2** 〈어떤 연령·시기·결론·확신 등에〉

도달하다 《*at*》 **3** 〈일이〉 일어나다, 〈때가〉 오다 **4** 《구어》 〈아기가〉 태어나다

ar·ri·viste [æriví:st] [F] *n.* 악착같은 야심가; 벼락 출세자

***ar·ro·gance, -gan·cy** [ǽrəgəns(i)] *n.* Ⓤ 거만, 불손, 오만

***ar·ro·gant** [ǽrəgənt] *a.* 거만한, 거드름 부리는, 오만한 **~·ly** *ad.*

ar·ro·gate [ǽrəgèit] *vt.* 〈칭호 등을〉 사칭하다; 〈권리를〉 횡탈(橫奪)하다, 침해하다

ar·ro·ga·tion [æ̀rəgéiʃən] *n.* UC 사칭; 월권 행위, 횡포

ar·ron·disse·ment [ərǽndismənt | æ̀rɔndí:smɑ:ŋ] [F] *n.* (프랑스의) 군(郡); (파리 등 대도시의) 구(區)

*****ar·row** [ǽrou] *n.* **화살**; 화살 모양의 물건; 화살표 《→》

ar·row·head [ǽrouhèd] *n.* **1** 화살촉 **2** 자고(慈姑) **~·ed** [-id] *a.* 화살촉[쐐기] 모양의

árrowheaded cháracters 설형문자

árrow kèy (컴퓨터의) 화살표 키

ar·row·root [ǽrourù:t] *n.* **1** 《식물》 칡의 일종 《열대[남]아메리카 산》 **2** Ⓤ (그 뿌리에서 얻은) 칡가루, 갈분

ar·row·wood [-wùd] *n.* 가막살나무속(屬)의 식물

ar·row·y [ǽroui] *a.* 화살의, 화살 같은; 빠른

ar·roy·o [ərɔ́iou] *n.* (*pl.* **~s**) 《미남서부》 시내; 마른골 《보통 때는 물이 없는》

ARS Automated Response System 자동 응답 시스템

ar·se·nal [ɑ́:rsənl] *n.* 병기고; 조병창, 병기[군수] 공장

ar·se·nate [ɑ́:rsnət] *n.* Ⓤ 《화학》 비산염

ar·se·nic [ɑ́:rsənik] *n.* Ⓤ 《화학》 비소 《기호 As》 — [ɑ:rsénik] *a.* 비소의; 비소를 함유한

arsénic ácid 《화학》 비산

ar·se·ni·ous [ɑ:rsí:niəs] *a.* 《화학》 제1 비소의, 아비(亞砒)의

arsénious ácid 《화학》 아비산

ar·sis [ɑ́:rsis] *n.* (*pl.* **-ses** [-si:z]) **1** 《운율》 강음부 **2** 《음악》 상박(上拍)

ars lon·ga, vi·ta bre·vis [ɑ́:rz-lɔ́:ŋgə- váitə-brí:vis] [L = art is long, life is short] 예술은 길고 인생은 짧다.

ar·son [ɑ́:rsn] *n.* Ⓤ 《법》 방화(죄) **~·ist** *n.* 방화범; 방화광(放火狂)

*****art**[1] [ɑ:rt] *n.* **1** Ⓤ **예술**; **미술**: a work of ~ 미[예]술품 **2** 삽화 **3** 기술, 기예 **4** [*pl.*] **인문 과학**, 교양 과목 **5** Ⓤ 인공, 기교 **6** CU [종종 *pl.*] 술책, 간책 ***~ and part*** 《법》 공범; 관여 ***~ for ~ school*** 예술 지상파, 유미파(唯美派) — *a.* 예술의

art[2] *vi.* (고어·시어) BE의 제2인칭 단수 직설법 현재형 《주어는 thou》

Art [ɑ:rt] *n.* 남자 이름 《Arthur의 애칭》

art. article; artillery; artist

árt dirèctor 《영화》 미술 감독; 《출판·인쇄》 미술 책임자

ar·te·fact [ɑ́:rtifæ̀kt] *n.* = ARTIFACT

Ar·te·mis [ɑ́:rtəmis] *n.* 《그리스신화》 아르테미스 《달과 사냥의 여신; 로마신화의 Diana에 해당》

ar·te·ri·al [ɑ:rtíəriəl] *a.* **1** 《생리》 동맥의 **2** 〈도로 등이〉 동맥과 같은

ar·te·ri·o·scle·ro·sis [ɑ:rtìəriousklə-róusis] *n.* Ⓤ 《병리》 동맥경화증

***ar·ter·y** [ɑ́:rtəri] *n.* **1 동맥**: the main ~ 대동맥 **2** 주요 수로[도로], 간선; 중추(中樞)

ar·té·sian wéll [ɑ:rtí:ʒən-] (지하수의 수압을 이용한) 분수(噴水) 우물

***art·ful** [ɑ́:rtfəl] *a.* **1 기교를 부리는**, 교활한 **2** 교묘한 **~·ly** *ad.* **~·ness** *n.*

árt gàllery 미술관, 화랑

ar·thrit·ic [ɑ:rθrítik] *a.* 관절염의[에 걸린] — *n.* 관절염 환자

ar·thri·tis [ɑ:rθráitis] *n.* Ⓤ 관절염

ar·thro·pod [ɑ́:rθrəpɑ̀d | -pɔ̀d] *n.* 《동물》 절지(節肢) 동물 《새우·게·거미·지네 등》

Ar·thur [ɑ́:rθər] *n.* **1** 남자 이름 《애칭 Art, Artie》 **2** 아서왕 **King ~** 《6세기 경의 전설적인 영국 왕》

Ar·thu·ri·an [ɑ:rθjúəriən] *a.* 아서왕의[에 관한]

ar·ti·choke [ɑ́:rtətʃòuk] *n.* 《식물》 아티초크; 뚱딴지(= Jerusalem ~)

*****ar·ti·cle** [ɑ́:rtikl] *n.* **1** (신문·잡지의) 기사, 논설 **2 물품**, 품목 **3** 《문법》 관사 **4 조항**, 조목(item); [*pl.*] 계약 ***~s of association*** (회사의) 정관 ***A~s of Confederation*** 《미국사》 연합 규약 ***~s of war*** 군율
— *vt.* **1** 도제 계약으로 고용하다 **2** (죄목을 열거하여) 고발하다

ar·ti·cled [ɑ́:rtikld] *a.* 도제 계약의

ar·tic·u·lar [ɑ:rtíkjulər] *a.* 관절의

***ar·tic·u·late** [ɑ:rtíkjulèit] *vt.* **1** 음절로 나누다; **똑똑히[또렷하게] 발음하다 2** 〈뼈를〉 관절로 잇다
— *vi.* 또렷또렷 발음하다; 명료하게 표현하다
— [-lət] *a.* **1** 〈말·발음 등이〉 명료한; 〈음성·언어가〉 분절적(分節的)인, 음절로 된 **2** 말[생각]을 또렷하게[명료하게] 말할[표현할] 수 있는; 〈생각·논지 등이〉 명확한, 조리 있는 **3** 《생물》 관절이 있는
~·ly [-lətli] *ad.* **~·ness** *n.*

ar·tic·u·la·tion [ɑ:rtìkjuléiʃən] *n.* Ⓤ **1** 《음성》 유절(有節) 발음 **2** 또렷한[명확한] 발음; 발음(법); (생각 등의) 명확한 표현 **3** 《해부》 관절 (접합); 《식물》 마디

ar·tic·u·la·tor [ɑ:rtíkjulèitər] *n.* **1** 발음이 또렷한 사람 **2** 《음성》 조음 기관 《혀·입술·성대 등》

ar·tic·u·la·to·ry [ɑ:rtíkjulətɔ̀:ri] *a.* **1** 조음(상)의; 발음을 또렷하게 하는 **2** 관절의

Ar·tie [ɑ́:rti] *n.* Arthur의 애칭

ar·ti·fact [ɑ́:rtifæ̀kt] *n.* **1** 인공물, 가공품 **2** 《고고학》 인공 유물

***ar·ti·fice** [ɑ́:rtəfis] *n.* **1** Ⓤ **기술 2** 고안 **3 기교**, 술책, 책략

ar·ti·fi·cer [ɑ:rtífəsər] *n.* 기술자, 숙련공; 고안자; 기술병

‡ar·ti·fi·cial [ɑ̀ːrtəfíʃəl] *a.* **1 인공적인,** 인위적인; 모조의: ~ flowers 조화/~ leather[stone] 인조 가죽[인조석]/~ silk 인조견 **2 부자연스런,** 꾸민, 거짓의
— *n.* **인공물,** 모조물; 《특히》 조화; [*pl.*] 《영》 인조 비료
artifícial horízon 〖항공〗 인공 수평의(儀) 《항공기의 경사를 재는》
artifícial inseminátion 〖의학〗 인공 수정
ar·ti·fi·ci·al·i·ty [ɑ̀ːrtəfìʃiǽləti] *n.* Ⓤ 인위적임; 부자연함
ar·ti·fi·cial·ly [ɑ̀ːrtəfíʃəli] *ad.* 인위적으로; 부자연하게
artifícial pérson 〖법〗 법인
artifícial respirátion 인공 호흡
artifícial sátellite 인공 위성
artifícial seléction 〖생물〗 인위 선택
ar·til·ler·ist [ɑːrtílərist] *n.* 포병, 포수
***ar·til·ler·y** [ɑːrtíləri] *n.* **1 포,** 대포 **2 포병과,** 포병대 **3 포술**(gunnery)
ar·til·ler·y·man [ɑːrtílərimən] *n.* (*pl.* **-men** [-mən]) 포병, 포사수
***ar·ti·san** [ɑ́ːrtəzən | ɑ̀ːtizǽn] *n.* **장인**(匠人), 기능공; 직공
‡art·ist [ɑ́ːrtist] *n.* **1 예술가;** 미술가, 화가 **2** = ARTISTE
ar·tiste [ɑːrtíːst] [F] *n.* 예능인
‡ar·tis·tic, -ti·cal [ɑːrtístik(əl)] *a.* **1 예술적인,** 미술적인; 아취있는 **2 예술**[미술]의; 예술[미술]가의
ar·tis·ti·cal·ly [ɑːrtístikəli] *ad.* **1** 예술[미술]적으로 **2** [문장 전체를 수식하여] 예술적으로 보아[보면]
art·ist·ry [ɑ́ːrtistri] *n.* Ⓤ 예술적 수완[기교]; 예술[미술]적 효과
art·less [ɑ́ːrtlis] *a.* **1** 꾸밈없는 **2** 소박한, 순진한 **3** 서투른(clumsy)
~·ly *ad.* **~·ness** *n.*
art·mo·bile [ɑ́ːrtməbìːl] *n.* 《미》 이동[순회] 미술관
art nou·veau [ɑ́ːr-nuːvóu] [F = new art] *n.* 〖미술〗 아르누보 《19세기 말부터 20세기 초의 장식 미술 양식》
árt pàper 《영》 아트지 《광택지》
árt schòol 미술 학교
art·sy-craft·sy [ɑ́ːrtsikrǽftsi] *a.* 《미·구어》 = ARTY-(AND-) CRAFTY
art·y [ɑ́ːrti] *a.* 《구어》 미술가인 체하는
art·y-(and-)craft·y [ɑ́ːrti(ænd)krǽfti] *a.* **1** 《구어》 (예술적이지만) 실용성이 없는 **2** 〈사람이〉 예술가인 체하는
ar·um [ɛ́ərəm] *n.* 〖식물〗 아룸속(屬) 식물
árum lìly 〖식물〗 칼라(calla)
ARV American Revised Version 미국 개역 성서
-ary [èri | əri] *suf.* **1** 「…의, …에 관한」의 뜻: milit*ary* **2** 「…에 관한[속하는] 사람[사물, 장소]」의 뜻: diction*ary*
Ar·y·an [ɛ́əriən] *a.* 아리아 어족(語族)[민족]의 **—** *n.* **1** 아리아 말 **2** 아리아 사람
‡as[1] [əz, æz] *ad.* …**와 같은 정도로,** …만큼 ***as ... as ever*** 여전히
— *conj.* **1** …**와 같이,** …**처럼,** …**만큼** **2** …하고 있을때; …하면서; …함에 따라 **3** …이므로, …이기 때문에 **4** …이지만, …이면서도: Young *as* he was, he was able. 그는 나이는 젊었으나 수완가였다. **5** …함에 따라
as for …에 관한 한, …은 어떠냐 하면 ***as if*** 마치 …인 듯이(as though) ***as it is*** 그러나 실정은; 있는 그대로(의) ***as it was*** 그때의 실정으로는 ***as it were*** 말하자면(so to speak) ***as of ...*** 현재의: *as of* May 1 5월 1일 현재 ***as though*** = as if ***as to ...*** (1) = AS *for* (2) …에 관하여 (about) ***so as to*** [***so as not to***] do …하도록[하지 않도록]
— *rel. pron.* **1** [제한적 용법; such, the same 또는 as와 함께] …**같은:** *such* food *as* we give the dog 우리가 개에게 주는 것 같은 음식물 **2** [비제한적 용법] **그것은 …이지만:** He was a foreigner, *as* I knew from his accent. 그는 외국인이었다, 그것은 그의 악센트로 안 것이지만.
— *prep.* **1** …**으로서** **2** 예를 들면 …처럼[같은] **3** …**이라고,** …처럼
as[2] [æs] *n.* (*pl.* **as·ses** [ǽsiz]) 〖고대 로마〗 아스 《중량 단위; 약 327g》
as- [æs, əs] *pref.* = AD- 《s 앞에 올 때의 변형》: *as*similation
As 〖화학〗 arsenic
AS, A-S Anglo-Saxon
AS, A/S 〖상업〗 account sales; after sight
ASA American Standards Association 미국 규격 협회 《현재는 ANSI》
as·a·fet·i·da, -foe·ti- [æ̀səfítədə] *n.* **1** 〖식물〗 아위(阿魏) **2** Ⓤ 그 진으로 만든 약 《경련 진통제; 구충제》
ASAP, a.s.a.p. as soon as possible
as·bes·tine [æsbéstin, æz-] *a.* 석면(성)의
as·bes·tos, -tus [æsbéstəs, æz-] *n.* Ⓤ 석면(石綿)
ASC American Society of Cinematographers; American Standards Committee 미국 공업 규격 위원회
ASCAP [ǽskæp] American Society of Composers, Authors, and Publishers 미국 작곡가·작가·출판인 협회
as·ca·rid [ǽskərid], **-ris** [-ris] *n.* 〖동물〗 회충
ASCE American Society of Civil Engineers 미국 토목 학회
‡as·cend [əsénd] *vi.* **1 오르다,** 올라가다 **2** 〈길 등이〉 오르막이 되다 **3** 〈지위 등이〉 높아지다
— *vt.* …**을[에] 오르다,** 올라가다; 거슬러 올라가다
as·cen·dance, -dence [əséndəns] *n.* = ASCENDANCY
as·cen·dan·cy, -den·cy [əséndənsi] *n.* Ⓤ 우월, 우세, 지배권
as·cen·dant, -dent [əséndənt] *a.* **1** 상승하는 **2** 우세한(dominant)
— *n.* Ⓤ 우월, 우세
as·cend·ing [əséndiŋ] *a.* 오르는
as·cen·sion [əsénʃən] *n.* Ⓤ **1** 상승(ascent) **2** 즉위 **3** 승천(昇天); [the A~] 예수의 승천
Ascénsion Dày 예수의 승천일

****as·cent** [əsént] *n.* (opp. *decent*) **1** 상승; 올라감 **2** 향상 **3** 오르막(길)

***as·cer·tain** [æ̀sərtéin] *vt.* …을 **확인하다**; 〈사실 여부를〉 조사하다 **~·a·ble** *a.* 확인할 수 있는 **~·ment** *n.* 확인, 탐지

as·cet·ic [əsétik] *a.* 고행의; 금욕적인 **—** *n.* 금욕주의자; 고행자

as·cet·i·cism [əsétəsìzm] *n.* Ⓤ 금욕주의; 고행

as·cid·i·an [əsídiən] *n.*, *a.* 〚동물〛 우렁쉥이속(屬)(의)

As·cle·pi·us [əsklíːpiəs] *n.* 〚그리스신화〛 아스클레피오스 《의술의 신》

a·scór·bic ácid [əskɔ́ːrbik-] 〚생화학〛 아스코르브산(酸) 《비타민 C의 별명》

As·cot [ǽskət] *n.* **1** 애스컷 경마장 《영국 Berkshire 주, London의 서방 약 40km》; 애스콧 경마 **2** [**a~**] 《미》 폭이 넓은 넥타이의 하나

as·crib·a·ble [əskráibəbl] *a.* …에 돌릴 수 있는; …에 기인하는, …의 탓인 《*to*》

***as·cribe** [əskráib] *vt.* …**에 돌리다**; …의 탓으로 돌리다 《*to*》

as·crip·tion [əskrípʃən] *n.* Ⓤ 탓으로 함; Ⓒ 설교자가 설교 끝에 신을 찬미하는 말

as·dic [ǽzdik] [*A*nti-*S*ubmarine *D*etection *I*nvestigation *C*ommittee] *n.* 《영》 잠수함 탐지기

ASEAN [ɑ́ːsiən, eisíːən] [*A*ssociation of *S*outh*e*ast *A*sian *N*ations] *n.* 동남아시아 국가 연합, 아세안

ASEM Asia-Europe Meeting 아시아유럽 정상 회의

a·sep·sis [əsépsis] *n.* Ⓤ 〚의학〛 무균(無菌) 상태; 방부법(防腐法)

a·sep·tic [əséptik] *a.* 〚의학〛 무균의; (외과의) 방부 처치의 **—** *n.* 방부제

a·sex·u·al [eisékʃuəl | -sju-] *a.* 〚생물〛 성별[성기] 없는, 무성(無性)의 **~·ly** *ad.*

As·gard [ɑ́ːsgɑːrd], **As·garth** [-gɑːrð], **As·gar·dhr** [-gɑːrðər] *n.* 〚북유럽신화〛 아스가르드 《신들의 천상의 거처》

****ash**[1] [æʃ] *n.* Ⓤ **1** [종종 *pl.*] **재**; [*pl.*] (화재 뒤의 타고 남은) 재; 〚화학〛 회(灰) **2** [*pl.*] 유골; 《시어》 유해(remains)
lay in ~es 태워서 재로 만들다, 태워 버리다

ash[2] *n.* 〚식물〛 서양물푸레나무

****a·shamed** [əʃéimd] *a.* **1 부끄러워**, 수줍어 《*of*》 **2** 딱하게[유감스럽게] 여겨 《*of*》

ásh bìn 《영》 쓰레기통; 재받이통

ásh càn 《미》 재받이통; 쓰레기통

ash·en[1] [ǽʃən] *a.* 회색의, 창백한

ashen[2] *a.* 물푸레나무의[같은]

a·shiv·er [əʃívər] *a.* Ⓟ 몸을 떠는, 떨고 있는

ash·lar, -ler [ǽʃlər] *n.* 마름돌; 마름돌 쌓기

ash·man [ǽʃmæ̀n] *n.* 《미》 재를 치우는 사람, 청소부(《영》 dustman)

****a·shore** [əʃɔ́ːr] *ad.* **물가[해변]에**; 물가로; 육상에
be driven ~ (바람이나 높은 파도 때문에) 좌초하다 ***go* [*come*] *~*** (배에서) 상륙하다 ***run ~*** (배의 조종 잘못 등으로) 좌초하다

ash·pan [-pæ̀n] *n.* (난로의) 재받이

ash·pit [-pìt] *n.* (난로 안의) 재 떨어지는 구멍

ash·tray [ǽʃtrèi] *n.* (담배) 재떨이

Ásh Wédnesday 성회일(聖灰日) 《사순절(Lent)의 첫날, 참회의 상징으로 머리에 재를 뿌림》

ash·y [ǽʃi] *a.* **1** 재의; 재투성이의 **2** 회색[회백색]의

****A·sia** [éiʒə, éiʃə] *n.* **아시아**

A·si·ad [éiʒiæ̀d, -ʃi-] *n.* = ASIAN GAMES

Ásia Mínor 소아시아 《흑해와 지중해 사이》

****A·sian** [éiʒən, -ʃən] *a.* **아시아 (사람)의** **—** *n.* **아시아 사람**

Ásian Gámes [the ~] 아시아 경기 대회; 아시안 게임

****a·side** [əsáid] *ad.* **1 곁에[으로]**; 떨어져서; 〚연극〛 방백(傍白)으로 **2** (어떤 목적을 위해) **따로 두고**
~ from 《미》 …은 별문제로 하고; …외에(besides); …을 제외하고
— *n.* **1** 〚연극〛 방백; 귓속말 **2** (본론에서 벗어난) 여담, 탈선

as·i·nine [ǽsənàin] *a.* 나귀의[같은]; 어리석은(stupid)

as·i·nin·i·ty [æ̀sənínəti] *n.* ⓊⒸ 완고(한 언행); 우둔(한 행실)

-asis [əsis] *suf.* 「증상·특질」의 뜻 《병명을 나타냄》; elephanti*asis*

*****ask** [æsk | ɑːsk] *vt.* **1 묻다**, 질문하다 **2 부탁하다**, 청하다, 요구하다 **3 청구[요구]하다** **4** 필요로 하다 **5 초대하다**, 부르다 **—** *vi.* **1 묻다** **2** 요구하다, 청하다
~ after a person[a person***'s health***] …의 안부를 묻다, 문안하다 ***~ for*** (1) …을 찾아오다 (2) 〈물건을〉 청하다, 청구하다 (3) 필요로 하다 ***~ for it*** [***trouble***] 《구어》 재난을 자초하다, 자승자박하다, 경솔한 짓을 하다 ***if I may ~*** 물어서는 실례일지 모르지만: How old are you, *if I may* ~? 실례지만 몇 살입니까? ***if you ~ me, ...*** 《구어》 내 견해[생각]로는 …

a·skance [əskǽns], **a·skant** [əskǽnt] *ad.* 비스듬히; 곁눈으로

a·skew [əskjúː] *ad.* 비뚤어져; 비스듬히; 일그러져 **—** *a.* 비뚤어진; 비스듬한

ask·ing [ǽskiŋ | ɑ́ːsk-] *n.* 질문; 의뢰; 청구

ásking prìce (파는 쪽이) 부르는 값

a·slant [əslǽnt | əslɑ́ːnt] *ad.*, *a.* 기울어져; 비스듬히 **—** *prep.* …을 비스듬히 가로질러

****a·sleep** [əslíːp] *ad.* **잠들어** **—** *a.* **1 잠들어** **2** 〈손발이〉 마비되어(numb) ***fall ~*** 잠들다

a·slope [əslóup] *ad.*, *a.* 경사져서, 비탈져서

ASM air-to-surface missile 공대지 미사일

a·so·cial [eisóuʃəl] *a.* 비사교적인; 《구어》 자기중심적인

asp¹ [æsp] *n.* 〖동물〗 이집트코브라 《북아프리카의 작은 독사의 일종》; 《일반적으로》 살모사
asp² *n., a.* 《고어·시어》 = ASPEN
ASP American Selling Price 미국 판매 가격; [æsp] Anglo-Saxon Protestant 영국계 백인 신도교; application service provider 〖컴퓨터〗 응용 프로그램 서비스 제공자
ASPAC [ǽspæk] Asian and Pacific Council 아시아 태평양 각료 이사회
∗**as·par·a·gus** [əspǽrəgəs] *n.* 〖식물〗 아스파라거스
ASPCA American Society for the Prevention of Cruelty to Animals 미국 동물 애호 협회
‡**as·pect** [ǽspekt] *n.* **1** 양상, 외관 **2** 관점, 각도, 견지 **3** 면, 국면 **4** 용모 **5** 방위 **6** Ⓤ 〖문법〗 상(相)
as·pec·tu·al [æspéktʃuəl] *a.* 〖문법〗 상(相)의
as·pen [ǽspən] *n.* 〖식물〗 포플러 **—** *a.* 포플러의
as·per·i·ty [əspérəti] *n.* **1** (기질·어조의) 거칢; 퉁명스러움 **2** (기후의) 혹독함; (환경·처지의) 어려움 **3** 꺼칠꺼칠함
as·perse [əspə́:rs] *vt.* **1** 헐뜯다, 중상하다 **2** 〖그리스도교〗 〈세례 물을〉 뿌리다
as·per·sion [əspə́:rʃən, -ʒən | -ʃən] *n.* ⓊⒸ **1** 비방, 중상 **2** 〖그리스도교〗 (세례할 때의) 성수 살포
∗**as·phalt** [ǽsfɔ:lt | -fælt] *n.* Ⓤ 아스팔트 **—** *vt.* 〈길을〉 아스팔트로 포장하다
as·phal·tic [æsfɔ́:ltik | -fǽl-] *a.*
as·phal·tum [æsfɔ́:ltəm | -fǽl-] *n.* = ASPHALT
as·pho·del [ǽsfədèl] *n.* **1** 〖식물〗 아스포델 《백합과》 **2** 〖그리스신화〗 낙원에 핀다는 지지 않는 꽃; 수선화
as·phyx·i·a [æsfíksiə] *n.* Ⓤ 〖병리〗 기절, 가사(假死); 질식
as·phyx·i·ate [æsfíksièit] *vt.* 질식시키다(suffocate)
as·phyx·i·a·tion [æsfìksiéiʃən] *n.* Ⓤ 질식(suffocation); 기절, 가사 상태
as·pic¹ [ǽspik] *n.* Ⓤ 육즙 젤리
aspic² *n.* 《시어·고어》 = ASP¹
as·pi·dis·tra [æ̀spədístrə] *n.* 〖식물〗 엽란(葉蘭)
as·pir·ant [ǽspərənt, əspáiə-] *n.* 큰 뜻을 품은 사람; 지망자, 열망자 《*after, for, to*》 **—** *a.* 큰 뜻을 품은, 포부가 큰(aspiring)
as·pi·rate [ǽspərət] *n.* 〖음성〗 기(식)음(氣(息)音) **—** *a.* = ASPIRATED **—** [ǽspərèit] *vt.* 〖음성〗 기식음으로 발음하다
as·pi·rat·ed [ǽspərèitid] *a.* 〖음성〗 기식음의
‡**as·pi·ra·tion** [æ̀spəréiʃən] *n.* ⒸⓊ 포부, 대망, 열망 《*for, after*》
as·pi·ra·tor [ǽspərèitər] *n.* 흡기기(吸氣器), 흡입기
‡**as·pire** [əspáiər] *vi.* **1** 열망하다, 큰 뜻을 품다; 동경하다 《*to, after*》 **2** 솟아 오르다(rise)
∗**as·pi·rin** [ǽspərin] *n.* **1** Ⓤ 〖약학〗 아스피린 **2** Ⓒ 아스피린 정제
as·pir·ing [əspáiəriŋ] *a.* 포부[야심]가 있는(ambitious)
a·squint [əskwínt] *ad., a.* 흘기는 눈으로, 곁눈으로, 비스듬히; 사팔뜨기의
‡**ass¹** [æs] *n.* **1** 〖동물〗 나귀 **2** [《영》 ɑ:s] 고집쟁이, 바보(fool)
make an ~ of a person …을 우롱하다
ass² *n.* 《미·비어》 **1** 엉덩이(arse) **2** 항문 ***a pain in the ~*** 《미·속어》 눈엣가시; 불쾌하게 하는 것 ***kiss*** a person***'s ~*** 《미·속어》 …에게 굽실거리다
as·sa·fet·i·da, -foet- [æ̀səfétidə] *n.* = ASAFETIDA
as·sa·gai [ǽsəgài] *n.* = ASSEGAI
as·sa·i [əsái | æsái] [It. = very] *ad.* 〖음악〗 매우
∗**as·sail** [əséil] *vt.* **1** 《문어》 맹렬히 공격하다, 습격하다 **2** 〈일·난국 등에〉 과감히 부딪치다 **~·a·ble** *a.* 공격할 수 있는
∗**as·sail·ant** [əséilənt] *n.* 공격자, 적
As·sam [æsǽm, ⌐‒] *n.* 아삼 《인도 북동부의 주; 주의 수도 Shillong》
∗**as·sas·sin** [əsǽsn] *n.* 암살자, 자객(刺客)
∗**as·sas·si·nate** [əsǽsənèit] *vt.* 암살하다 **-na·tor** *n.* 암살자
∗**as·sas·si·na·tion** [əsæ̀sənéiʃən] *n.* ⓊⒸ 암살
∗**as·sault** [əsɔ́:lt] *n.* **1** (갑작스런) 습격, 강습(强襲) 《*on*》 **2** 〖법〗 폭행
~ and battery 〖법〗 폭행
— *vt.* **1** 급습하다; 구타하다 **2** 〖법〗 폭행하다
assáult bòat[**cràft**] 〖군사〗 공격 주정 《상륙용》
as·say [æséi] *vt.* **1** 시금(試金)하다; 분석 (평가)하다 **2** 시험하다 **—** *vi.* 《미》 분석의 결과 〈얼마를〉 함유함을 나타내다 **—** [ǽsei | əséi] *n.* 시금(試金); 분석 평가; 분석물 **~·er** *n.*
as·se·gai [ǽsigài] *n.* (남아프리카 원주민이 사용하는) 가느다란 창
∗**as·sem·blage** [əsémblidʒ] *n.* **1** 회중; 모임, 집합, 집회 **2** 조립
‡**as·sem·ble** [əsémbl] *vt.* **1** 모으다, 집합시키다 **2** 조립하다 **3** 〖컴퓨터〗 〈프로그램을〉 어셈블리 언어로 번역하다
— *vi.* 모이다, 집합하다, 회합하다
assémbler lànguage = ASSEMBLY LANGUAGE
‡**as·sem·bly** [əsémbli] *n.* **1** 집회; 집합, 모임 **2** 입법부; the National *A~* (한국 등의) 국회 **3** Ⓤ 조립; Ⓒ 조립품, 조립 부품 **4** 〖컴퓨터〗 어셈블리
assémbly hàll **1** 회의장; 회관 **2** (대형 기계·항공기 등의) 조립 공장
assémbly lànguage 〖컴퓨터〗 어셈블리 언어
assémbly lìne (대량 생산의) 일관 작업(열), 조립 라인
as·sem·bly·man [əsémblimən] *n.* (*pl.* **-men** [-mən]) 《미》 의원; [**A~**] (주의회의) 하원 의원
assémbly ròom 집회실, 회의실; 강당; 조립 공장

***as·sent** [əsént] *vi.* 동의[찬성]하다 (agree) 《*to*》 **—** *n.* 동의, 찬성
by common ~ 만장일치로, 전원 이의 없이 ***with one ~*** 《문어》 만장일치로

‡**as·sert** [əsə́:rt] *vt.* **1** 단언하다, 강력히 주장하다 **2** 〈권리 등을〉 주장[옹호]하다 (defend) **3** [~ one*self*로] 자기의 권리를 주장하다; 주제넘게 나서다

***as·ser·tion** [əsə́:rʃən] *n.* ⓒⓤ 단언, 주장(함)

as·ser·tive [əsə́:rtiv] *a.* 단정적인, 독단적인(dogmatic)
~·ly *ad.* 단호히 **~·ness** *n.*

***as·sess** [əsés] *vt.* **1** 〈세금·벌금 등을〉 사정하다 《*at*》 **2** 〈재산·수입 등을〉 평가하다 **3** 〈세금·기부금 등을〉 할당하다, 부과하다 **~·a·ble** *a.* 과세[평가, 산정]할 수 있는

***as·sess·ment** [əsésmənt] *n.* Ⓤ 평가, 사정; Ⓒ 세액(稅額), 사정액

as·ses·sor [əsésər] *n.* 세액 사정자
~·shìp *n.* Ⓤ assessor의 임무[직]

***as·set** [ǽset] *n.* **1 a** 자산 **b** [*pl.*] (개인·회사의) 재산, 자산 **2** [*pl.*] 〖법〗 유산 **3** 유리[유용, 귀중]한 것, 이점, 강점, 장점 《*to, for*》
~s and liabilities 자산과 부채 ***personal*[*real*] *~s*** 동산[부동산]

as·sev·er·ate [əsévərèit] *vt.* 《문어》 맹세코 단언[증언]하다

as·sev·er·a·tion [əsèvəréiʃən] *n.* ⓤⓒ 《문어》 단언, 확언; 증언, 서언(誓言)

as·sib·i·late [əsíbəlèit] *vt.* 〖음성〗 치찰음(齒擦音)(sibilant)으로 발음하다

as·si·du·i·ty [æ̀sidjú:əti | -djú:-] *n.* **1** Ⓤ 근면 **2** [보통 *pl.*] 배려, 마음씀

as·sid·u·ous [əsídʒuəs] *a.* 끊임없는; 근면한 **~·ly** *ad.* **~·ness** *n.*

‡**as·sign** [əsáin] *vt.* **1** 할당하다, 배당하다(allot) **2** 임명하다 **3** 〈시일·한계 등을〉 지정하다 **4** 〈원인 등을〉 …에 돌리다 《*to*》 **5** 〖법〗 양도하다 **—** *vi.* 〖법〗 재산을 위탁하다 **—** *n.* [보통 *pl.*] 〖법〗 양수인, 수탁인

as·sign·a·ble [əsáinəbl] *a.* **1** 할당할 수 있는 **2** (…에) 돌려야 할, 돌릴 수 있는

as·sig·na·tion [æ̀signéiʃən] *n.* ⓤⓒ **1** 밀회의 약속 **2** 지정; 할당 **3** 〖법〗 양도; 원인 등을 …에 돌림(ascription) 《*to*》

as·sign·ee [əsainí:, æ̀səní:] *n.* 〖법〗 양수인; 수탁자(受託者)

***as·sign·ment** [əsáinmənt] *n.* ⓤⓒ **1** 할당; 임명; 임무 **2** 《미》 숙제, 연구 과제 **3** 지정 **4** 〖법〗 양도; 양도 증서

as·sign·or [əsainɔ́:r, æ̀sən- | æ̀sai-] *n.* 양도인; 위탁자

as·sim·i·la·ble [əsímələbl] *a.* 동화[흡수]할 수 있는

***as·sim·i·late** [əsímәlèit] *vt.* **1** 〈지식 등을〉 자기 것으로 흡수하다, 이해하다 **2** 동화하다; 소화하다
— *vi.* 동화[융화]하다; 동질이 되다; 소화되다

***as·sim·i·la·tion** [əsìməléiʃən] *n.* ⓤⓒ **1** 동화, 동화 작용 **2** 소화

as·sim·i·la·tive [əsímәlèitiv, -lət-] *a.* 동화력이 있는; 동화 (작용)의

as·sim·i·la·tor [əsímәlèitər] *n.* 동화하는 사람[것]

‡**as·sist** [əsíst] *vt.* **1** 거들다, 원조하다, 돕다 **2** (…의) 조수를 하다 **—** *vi.* **1** 돕다 **2** 참석하다 **—** *n.* 원조, 조력

‡**as·sis·tance** [əsístəns] *n.* Ⓤ 거듦, 조력, 원조

‡**as·sis·tant** [əsístənt] *a.* 보조의, 보좌의 **—** *n.* 조수; 점원

assístant proféssor 《미》 조교수

as·size [əsáiz] *n.* **1** [보통 *pl.*] 《영》 순회 재판; 순회 재판 개정기(開廷期)[개정지] **2** (입법부가 제정하는) 법령
the great*[*last*] *~ 최후의 심판

assn., assoc. association

as·so·ci·a·ble [əsóuʃiəbl] *a.* 연합[연상]할 수 있는 《*with*》

‡**as·so·ci·ate** [əsóuʃièit, -si-] *vt.* **1** 연상하다, 관계시키다, 관련시켜 생각하다 **2** (…와) 교제하다 **3** 연합시키다; 결합[관련]시키다 《*with*》 **—** *vi.* **1** 제휴하다 《*with*》 **2** 교제하다 《*with*》 **—** [-ʃiət, -ʃièit] *n.* **1** 동료; 친구 **2** 준회원 **3** 연상되는 것
— [-ʃiət, -ʃièit] *a.* **1** 연합한, 한패의 **2** 준(準)…: an ~ judge 배석 판사

Assóciated Préss [the ~] (미국의) AP 통신사 《略 AP》

assóciate proféssor 《미》 부교수

‡**as·so·ci·a·tion** [əsòusiéiʃən] *n.* **1** 협회(society) **2** Ⓤ 연합, 합동 **3** Ⓤ 교제, 제휴 **4** Ⓒ 〖심리〗 연상

associátion bòok[**còpy**] (명사(名士) 등이 적어 넣은 어구 등이 있는) 수택본(手澤本)

associátion fóotball 《영》 축구(soccer)

as·so·ci·a·tive [əsóuʃièitiv, -si-, -ʃətiv] *a.* 조합의; 연상의

as·soil [əsɔ́il] *vt.* 《고어》 사면하다; 보상하다

as·so·nance [ǽsənəns] *n.* ⓤⓒ **1** 음의 유사, 유음(類音) **2** 〖운율〗 유운(類韻)

as·so·nant [ǽsənənt] *a.* 유사음[유음]의

***as·sort** [əsɔ́:rt] *vt.* **1** 분류하다, 유별(類別)로 정리하다 **2** 구색을 갖추다 **—** *vi.* **1** 어울리다, 조화하다(match) 《*with*》 **2** 《고어》 교제하다(associate) 《*with*》

***as·sort·ed** [əsɔ́:rtid] *a.* **1** 분류된; 구색을 갖춘 **2** 어울리는

as·sort·ment [əsɔ́:rtmənt] *n.* **1** Ⓤ 분류, 유별 **2** 구색을 갖춘 것 《*of*》

asst., Asst. assistant

as·suage [əswéidʒ] *vt.* 《문어》 **1** 〈고통·노여움·불안 등을〉 완화하다, 누그러뜨리다 **2** 〈식욕 등을〉 채우다
~·ment *n.* Ⓤ 완화, 진정

as·sua·sive [əswéisiv] *a.* 누그러뜨리는, 가라앉히는

as·sum·a·ble [əsú:məbl | əsjú:m-] *a.* 가정할 수 있는 **-bly** *ad.* 아마

‡**as·sume** [əsú:m | əsjú:m] *vt.* **1** (증거는 없으나) 사실이라고 생각하다 **2** [assuming의 형태로] …라고 가정하면 **3** 〈역할·임무 등을〉 맡다 **4** 〈태도를〉 취하다 **5** …(인) 체하다

— *vi.* 주제넘게 나서다

***as·sumed** [əsúːmd | əsjúːmd] *a.* **1** 가장한, 꾸민 **2** 가정한

as·sum·ed·ly [əsúːmidli | əsjúːm-] *ad.* 아마

as·sum·ing [əsúːmiŋ | əsjúːm-] *a.* 주제넘은, 건방진 **~·ly** *ad.*

***as·sump·tion** [əsʌ́mpʃən] *n.* ⓊⒸ **1** (증거도 없이) **사실이라고 생각함**; 가정 **2** 인수, 취임 **3** 탈취, 독점 **4** 거만, 주제넘음

as·sump·tive [əsʌ́mptiv] *a.* 가정의, 추정적인; 주제넘은

‡**as·sur·ance** [əʃúərəns] *n.* **1 보증**; 언질 **2** Ⓤ **확신**(certainty), 확실성 **3** Ⓤ 자신(self-confidence); 뻔뻔스러움(impudence) **4** Ⓤ 《영》 보험(《미》 insurance) ***make ~ doubly [double] sure*** 틀림없도록 거듭거듭 다짐하다

‡**as·sure** [əʃúər] *vt.* **1 보증하다, 보장하다**; **안심[납득]시키다 2** [~ one*self* 로] **납득하다 3 확실하게 하다 4** …을 보험에 들다

***as·sured** [əʃúərd] *a.* **1 보증된, 확실한 2 자신 있는**; 뻔뻔스러운 **3** 《영》 보험에 든 **~·ness** *n.*

***as·sur·ed·ly** [əʃúəridli] *ad.* **1** [문장 전체를 수식하여] **확실히**, 틀림없이(surely) **2** 자신[확신]을 가지고

as·sur·er, -or [əʃúərər] *n.* 보증인; 보험업자

as·sur·ing [əʃúəriŋ] *a.* 보증하는; 자신을 갖게 하는
~·ly *ad.* 단단히; 확신을 가지고

As·syr·i·a [əsíriə] *n.* 아시리아 《서남 아시아의 고대 제국》

As·syr·i·an [əsíriən] *a.* 아시리아의; 아시리아 말[사람]의
— *n.* Ⓤ 아시리아 말; Ⓒ 아시리아 사람

AST Atlantic Standard Time

a·stat·ic [eistǽtik] *a.* **1** 불안정한 **2** 〖물리〗 무정위(無定位)의

as·ta·tine [ǽstətìːn] *n.* Ⓤ 〖화학〗 아스타틴 《방사성 원소》

as·ter [ǽstər] *n.* 〖식물〗 애스터 《국화과의 개미취 등》

-aster[1] [ǽstər] *suf.* 「열된 …, 삼류의, 엉터리 …」의 뜻: poet*aster*

-aster[2] 《연결형》 〖생물〗 「별, 별 모양의 것」의 뜻

as·ter·isk [ǽstərìsk] *n., vt.* 별표(를 붙이다) 《*》

as·ter·ism [ǽstərìzm] *n.* **1** 〖천문〗 성군(星群), 성좌 **2** 세 별표 《⁂ 또는 ⁂》

a·stern [əstə́ːrn] *ad.* 〖항해〗 고물에, 고물로; 뒤로, 뒤에

as·ter·oid [ǽstərɔ̀id] *n.* **1** 〖천문〗 소행성 **2** 〖동물〗 불가사리 — *a.* 별 모양의

as·the·ni·a [æsθíːniə] *n.* Ⓤ 〖병리〗 무기력(증), 허약, 쇠약

as·then·ic [æsθénik] *a.* 〖병리〗 무기력증의, 쇠약한

as·the·no·pi·a [æ̀sθənóupiə] *n.* 〖병리〗 안정(眼精) 피로

asth·ma [ǽzmə | ǽs-] *n.* Ⓤ 〖병리〗 천식

asth·mat·ic, -i·cal [æzmǽtik(əl) | æs-] *a.* 천식의 — *n.* 천식 환자

as·tig·mat·ic [æ̀stigmǽtik] *a.* **1** 〖안과〗 난시(안)의 **2** 〖광학〗 비점수차(非點收差)의 **-i·cal·ly** *ad.*

as·tig·ma·tism [əstígmətìzm, æs-] *n.* Ⓤ **1** 〖안과〗 난시(안) **2** 〖광학〗 (렌즈의) 비점수차(非點收差)

a·stir [əstə́ːr] *ad., a.* Ⓟ **1** 움직여; 활기를 띠어 **2** 일어나

‡**as·ton·ish** [əstɑ́niʃ | -tɔ́n-] *vt.* (깜짝) 놀라게 하다 《*by, with*》

***as·ton·ished** [əstɑ́niʃt | -tɔ́n-] *a.* (깜짝) 놀란 《*at, by*》

***as·ton·ish·ing** [əstɑ́niʃiŋ | -tɔ́n-] *a.* 놀라운, 눈부신(amazing)

as·ton·ish·ing·ly [əstɑ́niʃiŋli | -tɔ́n-] *ad.* **1** [문장 전체를 수식하여] 놀랍게도 **2** 놀랄 만큼, 몹시

‡**as·ton·ish·ment** [əstɑ́niʃmənt | -tɔ́n-] *n.* **1** Ⓤ 놀람, 경악 **2** 놀랄 만한 일[물건] ***to*** one***'s ~*** 놀랍게도

***as·tound** [əstáund] *vt.* **몹시 놀라게 하다**

***as·tound·ed** [əstáundid] *a.* Ⓟ **몹시 놀라** 《*at, by*》

as·tound·ing [əstáundiŋ] *a.* 몹시 놀라게 하는 **~·ly** *ad.*

astr- [æstr], **astro-** [ǽstrou] 《연결형》 「별, 천체」의 뜻 《모음 앞에서는 astr-》: *astr*ology

a·strad·dle [əstrǽdl] *ad., a.* Ⓟ (다리를 벌리고) 걸터앉아
— *prep.* = ASTRIDE

as·tra·gal [ǽstrigəl] *n.* 〖건축〗 염주쇠시리; 〖기계〗 (관(管)의) 권대(圈帶); 총뿌리의 불룩한 테

as·trag·a·lus [æstrǽgələs] *n.* (*pl.* **-li** [-lài]) 〖해부〗 복사뼈(anklebone)

as·tra·khan [ǽstrəkæ̀n | æ̀strəkǽn] *n.* Ⓤ **1** 아스트라한 《러시아 남동부 Astrakhan 지방산 새끼 양의 모피》 **2** 아스트라한 모직

as·tral [ǽstrəl] *a.* 별의(starry)

ástral bódy 〖천문〗 천체; 〖신지학〗 성기체(星氣體)

ástral hátch 〖항공〗 천측창(天測窓) (astrodome)

ástral lámp 무영등(無影燈)

***a·stray** [əstréi] *ad., a.* Ⓟ **길을 잃고**

a·stride [əstráid] *ad., a.* Ⓟ 걸터앉아
— *prep.* …에 걸터앉아

as·trin·gen·cy [əstríndʒənsi] *n.* Ⓤ 수렴성; 엄함

as·trin·gent [əstríndʒənt] *a.* 수렴성의; 엄한 — *n.* 수렴제, 아스트린젠트 **~·ly** *ad.*

as·tri·on·ics [æ̀striɑ́niks | -ɔ́n-] *n. pl.* [단수 취급] 우주 (항행) 전자 공학

as·tro [ǽstrou] *a.* = ASTRONAUTICAL
— *n.* = ASTRONAUT

as·tro·dome [ǽstrədòum] *n.* 〖항공〗 천측창(天測窓) 《비행기 상부에 있는 천체 관측용의 유리창》

as·tro·dy·nam·ics [æ̀stroudainǽmiks] *n.* 천체 동역학

as·tro·gate [ǽstrəgèit] *vt.* (우주선·로켓의) 우주 항행을 유도하다

—*vi.* 우주를 항행하다
as·tro·ga·tion [æ̀strəgéiʃən] *n.* Ⓤ 우주 항행
as·tro·ge·ol·o·gy [æ̀strouʤiɑ́ləʤi | -ɔ́l-] *n.* Ⓤ 천체 지질학
astrol. astrologer; astrological; astrology
as·tro·labe [ǽstrəlèib] *n.* 〚물리〛 아스트롤라베 《고대의 천문 관측의(儀)》
as·trol·o·ger [əstrɑ́ləʤər | -trɔ́l-] *n.* 점성가
as·tro·log·ic, -i·cal [æ̀strəlɑ́ʤik(əl) | -lɔ́ʤ-] *a.* 점성술의 **-i·cal·ly** *ad.*
***as·trol·o·gy** [əstrɑ́ləʤi | -trɔ́l-] *n.* Ⓤ **점성학**[술]
as·tro·me·te·o·rol·o·gy [æ̀stroumìːtiərɑ́ləʤi | -rɔ́l-] *n.* Ⓤ 천체 기상학
astron. astronomer; astronomical; astronomy
***as·tro·naut** [ǽstrənɔ̀ːt] *n.* **우주 비행사**
as·tro·nau·tic, -ti·cal [æ̀strənɔ́ːtik(əl)] *a.* 우주 비행(사)의
as·tro·nau·tics [æ̀strənɔ́ːtiks] *n. pl.* [단수 취급] 우주 항행학[술]
as·tro·nav·i·ga·tion [æ̀strounæ̀vəgéiʃən] *n.* Ⓤ 〚항공〛 천측(天測)[천문] 항법
‡**as·tron·o·mer** [əstrɑ́nəmər | -trɔ́n-] *n.* **천문학자**
as·tro·nom·i·cal, -nom·ic [æ̀strənɑ́mik(əl) | -nɔ́m-] *a.* **1 천문(학상)의 2** 〈숫자·거리 등이〉 천문학적인, 방대한 **-i·cal·ly** *ad.* 천문학적으로
astronómical obsérvatory 천문대
astronómical tíme 천문시 《하루가 정오에서 시작하여 다음날 정오에 끝나는》
astronómical yéar 천문년(solar year)
‡**as·tron·o·my** [əstrɑ́nəmi | -trɔ́n-] *n.* Ⓤ **천문학**
as·tro·pho·tog·ra·phy [æ̀stroufətɑ́grəfi | -tɔ́g-] *n.* Ⓤ 천체 사진술
as·tro·phys·i·cal [æ̀stroufízikəl] *a.* 천체 물리학의
as·tro·phys·ics [æ̀stroufíziks] *n. pl.* [단수 취급] 천체 물리학
-phýs·i·cist *n.* 천체 물리학자
as·tute [əstjúːt | -tjúːt] *a.* 기민한; 빈틈없는, 교활한
a·sty·lar [eistáilər] *a.* 〚건축〛 〈정면이〉 무주식(無柱式)의
A·sun·ción [əsùːnsióun | æsùnsiɔ́n] *n.* 아순시온 《남미 Paraguay의 수도》
***a·sun·der** [əsʌ́ndər] *ad., a.* Ⓟ 《문어》 (둘 이상의 것이) **따로따로 떨어져**; 산산이 흩어져
ASV American Standard Version (of the Bible) 미국 표준역 성서
***a·sy·lum** [əsáiləm] *n.* **1** (주로 정신 박약자 등의) **보호 시설**[수용소] **2** 정치범 임시 수용소 《특히 외국 대사관 등》 **3** 피신처(refuge), 피난처 **4** (옛날 죄인·빚진 사람 등의) 도피처, 보호소 **5** Ⓤ 망명
a·sym·met·ric, -ri·cal [èisimétrik(əl), æ̀si-] *a.* **1** 균형이 잡히지 않은 **2** 〚식물·수학〛 비대칭의
a·sym·me·try [eisímətri, æs-] *n.* Ⓤ **1** 불균형 **2** 〚식물·수학〛 비대칭
as·ymp·tote [ǽsimptòut] *n.* 〚수학〛 점근선(漸近線)
a·syn·chro·nism [eisíŋkrənìzm] *n.* 비동시성(非同時性)
a·syn·chro·nous [eisíŋkrənəs] *a.* 비동시성의; 〚전기·컴퓨터〛 비동기(식)의
a·syn·de·ton [əsíndətɑ̀n | æsínditən] *n.* 〚수사학〛 연결사[접속사] 생략
‡**at** [æt, ət] *prep.* **1** [위치] **…에, …에서 2** [시간·연령] **…에,** …때에 **3** …**에 종사 중에**[의], …하고(engaged in): be *at* work[play] 일하고[놀고] 있다 **4** …**하여,** …한 상태로: *at* peace 평화로이 **5** [방향·목표] …**을** (노리고), 향하여: look *at* the moon 달을 쳐다보다 / run *at* …을 향하여[보고] 달려들다 **6** [원인] …**을 보고**[**듣고**], …에 접하여: wonder *at* the sight 그것을 보고 놀라다 **7** [대가·정도·비율] …**으로**: *at* a high salary 높은 봉급으로 / *at* full speed 전속력으로
at about ... …무렵, …쯤 ***be at ...*** 《구어》 …을 나무라다; 공격하다
At 〚화학〛 astatine
AT air transport(ation); Alaska Time; antitank
at. atmosphere; atomic; attorney
at- [æt, ət] *pref.* = AD- 《t앞에서의 변형》: *at*tend
At·a·brine [ǽtəbrin, -brìːn] *n.* 〚약학〛 아타브린 《말라리아 예방약 quinacrine의 상표명》
At·a·lan·ta [æ̀təlǽntə] *n.* 〚그리스신화〛 아탈란타 《걸음이 빠른 미녀 사냥꾼》
AT & T American Telephone and Telegraph (Company) 미국 전신 전화 회사
at·a·rax·y [ǽtərækˌsi], **at·a·rax·i·a** [æ̀tərǽksiə] *n.* Ⓤ 무감동, 냉정, 태연
at·a·vism [ǽtəvìzm] *n.* ⓊⒸ 〚생물〛 격세 유전
at·a·vis·tic [æ̀təvístik] *a.* 격세 유전적인 **-ti·cal·ly** *ad.*
a·tax·i·a [ətǽksiə], **a·tax·y** [ətǽksi] *n.* Ⓤ 〚병리〛 (수족의) 운동 실조(증)
at bat [ət-bǽt] 〚야구〛 타수(打數) 《略 ab》
ATC 〚항공〛 Air Traffic Control 항공 교통 관제 (기관); 〚철도〛 automatic train control
atch·oo [ətʃúː] *int.* 에이취 《재채기 소리》
‡**ate** [eit | et] [동음어 eight] *v.* EAT의 과거
A·te [éiti | ɑ́ːti] *n.* 〚그리스신화〛 아테 《신과 인간을 각종 나쁜 일로 인도하는 여신》
-ate¹ [ət, èit], **-at·ed** [èitid] *suf.* 「…이 있는」의 뜻: foli*ate*
-ate² [ət, èit] *suf.* 「…시키다, …하다, …이 되다, …을 주다」의 뜻: loc*ate*, concentr*ate*
-ate³ *suf.* **1** 「직위」의 뜻: consul*ate* **2** 「(어떤 행위의) 산물」의 뜻: condens*ate* **3** 〚화학〛 「…산염(酸鹽)」의 뜻: sulf*ate*

at·el·ier [ætəljéi, ǽtəljèi] *n.* [F] 아틀리에, 제작실, 화실
a tem·po [ɑ:-témpou] [It. = in time] *ad.* 〖음악〗 본래의 속도로
A-test [éitèst] *n.* 원폭 실험
Ath·a·na·sian [æ̀θənéiʒən | -ʃən] *a.* 아타나시오스의 — *n.* 아타나시오스파 사람
Ath·a·na·si·us [æ̀θənéiʃəs] *n.* 아타나시오스 **Saint** ~ (296?-373) 《Alexandria 대주교로 아리우스 교파(the Arians)를 반대한 사람》
a·the·ism [éiθiìzm] *n.* Ⓤ 무신론
***a·the·ist** [éiθiist] *n.* **무신론자**
a·the·is·tic, -ti·cal [èiθiístik(əl)] *a.* 무신론(자)의 **-ti·cal·ly** *ad.*
Ath·el·stan [ǽθəlstæ̀n | -stən] *n.* 남자 이름
A·the·na [əθí:nə] *n.* = ATHENE
Ath·e·n(a)e·um [æ̀θəní:əm] *n.* **1** [the ~] 아테나 신전 **2** [**a**~] 학당; 문예[학술] 클럽
A·the·ne [əθí:ni] *n.* **1** 여자 이름 **2** 〖그리스신화〗 아테네 《아테네의 수호신; 지혜·예술·전술의 여신》
***A·the·ni·an** [əθí:niən] *a.* **아테네(Athens)의** — *n.* 아테네 사람
***Ath·ens** [ǽθinz] *n.* **아테네** 《그리스의 수도; 고대 그리스 문명의 중심지》
ath·er·o·scle·ro·sis [æ̀θərouskləróusis] *n.* Ⓤ 〖병리〗 아테롬성 동맥 경화증
a·thirst [əθə́:rst] *a.* Ⓟ **1** 《고어·시어》 목이 말라 **2** 갈망하여(eager) 《*for*》
***ath·lete** [ǽθli:t] *n.* **운동 선수**, 경기자
áthlete's fóot 〖병리〗 무좀
áthlete's héart (운동 과도에 따른) 스포츠맨 심장, 심장 비대
⁑**ath·let·ic** [æθlétik] *a.* **1** (운동) **경기의**; 체육의: an ~ meeting 경기 대회, 운동회 **2** 〈체격이〉 강건한 **-i·cal·ly** *ad.*
ath·let·i·cism [æθlétəsìzm] *n.* Ⓤ 운동 경기[스포츠]열
***ath·let·ics** [æθlétiks] *n. pl.* **1** [보통 복수 취급] **운동 경기 2** [보통 단수 취급] **체육 실기**
ath·o·dyd [ǽθədìd] *n.* 〖항공〗 = RAMJET (ENGINE)
at-home, at home [ət-hóum] *n.* (격식없는) 가정 초대회
a·thwart [əθwɔ́:rt] *ad.* 어긋나게, 비스듬히 — *prep.* …을 가로질러서(across); 〈뜻〉에 반하여(against)
a·thwart·ships [əθwɔ́:rtʃìps] *ad.* 〖항해〗 선체를 가로질러서
-atic [ǽtik] *suf.* 「…의, …성(性)의」의 뜻: aqu*atic*, Asi*atic*, dram*atic*
a·tilt [ətílt] *ad.*, *a.* Ⓟ 《고어》 (마상 시합에서) 창(槍)을 겨누고
a·tin·gle [ətíŋgl] *a.* Ⓟ 얼얼하여, 쑤시어; 흥분하여
-ation [éiʃən] *suf.* [동작·결과·상태를 나타냄]: occup*ation*, civiliz*ation*
a·tish·oo [ətíʃu:] *int.*, *n.* (*pl.* **~s**) 에취(ahchoo) 《재채기 소리》
-ative [èitiv, ətiv] *suf.* [경향·성질·관계 등을 나타냄] 「…적인」의 뜻: decor*ative*, talk*ative*

At·kins [ǽtkinz] *n.* = TOMMY ATKINS
At·lan·ta [ætlǽntə] *n.* 애틀랜타 《Georgia 주의 주도》
At·lan·te·an [ætlæntí:ən] *a.* **1** ATLAS 같은; 힘이 센 **2** ATLANTIS 섬의
⁂**At·lan·tic** [ətlǽntik] *n.* [the ~] **대서양** — *a.* **대서양의**, 대서양 연안 (부근)의
Atlántic Chárter [the ~] 대서양 헌장
Atlántic Cíty 미국 New Jersey 주 동남부의 도시
⁑**Atlántic Ócean** [the ~] **대서양**
Atlántic (**Stándard**) **Tíme** (미국의) 대서양 (표준)시 《GMT보다 4시간 늦음》
At·lan·tis [ətlǽntis] *n.* 아틀란티스 섬
***at·las** [ǽtləs] *n.* **1 지도책**; 도해서 **2** (*pl.* **at·lan·tes** [ætlǽnti:z]) 〖건축〗 남상주(男像柱)
At·las [ǽtləs] *n.* 〖그리스신화〗 아틀라스 《지구를 어깨에 짊어지고 있는 신인(神人)》
Átlas Móuntains [the ~] 아틀라스 산맥 《아프리카 북서부에 있음》
ATM automated[automatic] teller machine 〖금융〗 현금 자동 입금·지급기
atm. atmosphere; atmospheric
át márk 〖컴퓨터〗 앳 마크 《@》
⁑**at·mo·sphere** [ǽtməsfìər] *n.* **1** [the ~] **대기 2** (특정한 장소 등의) **공기 3** 〖물리〗 기압 **4 분위기**, 환경
***at·mo·spher·ic, -i·cal** [æ̀tməsférik(əl)] *a.* **대기(중)의, 공기의 -i·cal·ly** *ad.*
atmosphéric préssure 〖기상〗 기압
at·mo·spher·ics [æ̀tməsfériks] *n. pl.* 〖통신〗 (공중 전기에 의한) 대기 잡음, 공전
at. no. atomic number
at·oll [ǽtɔ:l | ǽtɔl] *n.* 환초(環礁)
⁑**at·om** [ǽtəm] *n.* **1 원자 2** 미립자, 미진(微塵)(particle); [부정문에서] 극소량, 조금
átom bómb 원자 폭탄 《지금은 atomic bomb이 일반적》
⁑**a·tom·ic** [ətɑ́mik | ətɔ́m-] *a.* **1 원자의 2 원자력의**: ~ warfare 핵전쟁 **3** 극소의 (minute) **-i·cal·ly** *ad.*
atómic áge [the ~] 원자력 시대
atómic bómb 원자 폭탄(A-bomb)
atómic cálendar 탄소 14법에 의한 연대 측정 장치
atómic clóck 원자 시계
atómic cócktail (암 치료용) 방사성 물질 내복액
atómic disintegrátion 〖물리〗 원자핵 붕괴
atómic énergy 원자 에너지, 원자력
Atómic Énergy Commìssion [the ~] 《미》 원자력 위원회 《略 AEC》
atómic físsion 원자핵 분열
atómic fúrnace 원자로(爐)
atómic fúsion 원자핵 융합
at·o·mic·i·ty [æ̀təmísəti] *n.* Ⓤ 〖화학〗 원자수[가]
atómic máss 〖화학〗 원자 질량
atómic númber 〖화학〗 원자 번호
atómic píle[**reáctor**] 원자로(爐) 《지금은 nuclear reactor를 씀》

atómic pówer = NUCLEAR POWER
atómic pówer plànt[stàtion] 원자력 발전소
atom·ics [ətámiks | ətɔ́m-] *n. pl.* [단수 취급] 《미》 원자학
atómic strúcture 〖물리〗 원자 구조
atómic submaríne 원자력 잠수함
atómic théory 〖물리·화학〗 원자론
atómic tíme (원자 시계에 의한) 원자시간
atómic vólume 〖화학〗 원자 부피
atómic wárhead 원자 탄두
atómic wéapon 원자[핵] 무기
atómic wéight 〖화학〗 원자량
at·om·ism [ǽtəmìzm] *n.* 〖철학〗 원자론 **-ist** *n.* 원자론자
at·om·is·tic [æ̀təmístik] *a.* 원자론적인
at·om·i·za·tion [æ̀təmizéiʃən | -mai-] *n.* Ⓤ **1** 원자화(化) **2** 안개[가루] 모양으로 하기
at·om·ize [ǽtəmàiz] *vt.* **1** 원자로 하다 **2** 가루로 만들다 **3** 〈물·소독액 등을〉 분무하다 **4** 원자 폭탄[병기]으로 파괴하다
at·om·iz·er [ǽtəmàizər] *n.* (약·향수 등의) 분무기
átom smàsher 《구어》 〖물리〗 입자 가속기
a·ton·al [eitóunl, æt-] *a.* 〖음악〗 무조(無調)의
a·to·nal·i·ty [èitounǽləti, æ̀t-] *n.* ⓊⒸ 〖음악〗 **1** 무조성(性) **2** (작곡상의) 무조주의[형식]
***a·tone** [ətóun] *vi.* **보상하다, 벌충하다,** 속죄하다 《*for*》
***a·tone·ment** [ətóunmənt] *n.* **1** Ⓤ **보상,** 죄값 **2** [the A~] 그리스도의 속죄
at·o·ny [ǽtəni] *n.* Ⓤ 〖병리〗 (수축성 기관의) 아토니, 이완
a·top [ətáp | ətɔ́p] 《문어》 *ad., prep.* …의 꼭대기에(on[at] the top)
at·o·py [ǽtəpi] *n.* 〖병리〗 아토피성 (체질)
-ator [èitər] 《연결형》 「…하는 사람[것]」의 뜻: arbitr*ator*
-atory [ətɔ̀:ri | ətəri, èitəri] *suf.* 「…의, …에 관계 있는, …같은,」의 뜻: compens*atory*, exclam*atory*
ATP adenosine triphosphate
at·ra·bil·ious [æ̀trəbíljəs] *a.* **1** 우울증에 걸린; 침울한 **2** 괴까다로운 **~·ness** *n.*
a·tri·um [éitriəm] *n.* (*pl.* **a·tri·a** [éitriə], **~s**) **1** 〖건축〗 중앙 홀 **2** 〖해부〗 심방(心房)
***a·tro·cious** [ətróuʃəs] *a.* **1 극악한,** 잔학한 **2** 《구어》 심한, 지독한 **~·ly** *ad.* **~·ness** *n.*
***a·troc·i·ty** [ətrásəti | ətrɔ́s-] *n.* **1** Ⓤ **포악 2** [보통 *pl.*] 잔학한 행위; 《속어》 큰 실수
at·ro·phy [ǽtrəfi] *n.* 〖병리〗 Ⓤ 위축(증); 쇠약
— *vt.* 위축시키다
— *vi.* 위축하다; 쇠약해지다
at·ro·pine, -pin [ǽtrəpì:n, -pin] *n.* Ⓤ 〖화학〗 아트로핀
At·ro·pos [ǽtrəpɑ̀s | -pɔ̀s] *n.* 〖그리스 신화〗 아트로포스 《운명의 세 여신(Fates)의 하나》
ATS American Temperance Society 미국 금주 협회; Army Transport Service 육군 수송부; automatic train stop 자동 열차 장치
att. attention; attorney
at·ta·boy [ǽtəbɔ̀i] *int.* 《미·구어》 좋아!, 잘한다!, 굉장한데! 《격려·칭찬》
‡**at·tach** [ətǽtʃ] *vt.* **1 붙이다, 바르다 2** 〈…을 단체 등에〉 **소속시키다 3** 〈중요성 등을〉 부여하다 **4** 애착을 갖게 하다 **5** 〖법〗 구속하다; 〈재산을〉 압류하다 **—** *vi.* 《문어》 부착하다; 귀속하다 《*to*》
at·tach·a·ble [ətǽtʃəbl] *a.* 붙일 수 있는; 압류할 수 있는; 구속할 수 있는
at·ta·ché [æ̀təʃéi | ətǽʃei] [F = attached] *n.* (대사·공사의) 수행원, 대사[공사]관원: a military [naval] ~ 대사[공사]관부 육군[해군] 무관
at·ta·ché càse [ətǽʃei-] 소형 서류 가방
at·tached [ətǽtʃt] *a.* **1** 덧붙여진, 첨부된 **2** 부속의 **3** 소속하여, 가입하여 《*to*》 **4** 사모하고, 사랑하고 **5** 결혼한
***at·tach·ment** [ətǽtʃmənt] *n.* Ⓤ **1 부착 2** 애착, **애정 3** Ⓒ **부속물,** 부착물 《*to*》 **4** 압류, 구속
‡**at·tack** [ətǽk] *vt.* **1 공격하다,** 습격하다 **2** (일에 정력적으로) **착수하다 3** 〈병이 사람을〉 **침범하다**
— *vi.* 공격하다
— *n.* **1 공격,** 습격; 비난 **2** 발병 **3** (일·식사 등의) 개시, 착수 **~·er** *n.*
at·ta·girl [ǽtəgə̀:rl], **-gal** [ǽtəgæ̀l] [That's the girl!] *int.* 《미·구어》 좋아!, 잘한다!
‡**at·tain** [ətéin] *vt.* **1** (목적·소원 등을 끊임없는 노력으로) **달성하다,** 이루다 **2** 〈고령·목적·장소 등에〉 도달하다, 이르다
— *vi.* **도달하다,** 이르다 《*to*》
***at·tain·a·ble** [ətéinəbl] *a.* **이를 수 있는,** 도달할 수 있는
at·tain·der [ətéindər] *n.* Ⓤ 〖법〗 사권(私權) 박탈
***at·tain·ment** [ətéinmənt] *n.* **1** Ⓤ **달성,** 도달 **2** 예능; [종종 *pl.*] **학식**
at·taint [ətéint] *vt.* **1** 〖법〗 사권(私權)을 박탈하다 **2** 《고어》 〈명예 등을〉 더럽히다(taint)
at·tar [ǽtər] *n.* Ⓤ 화향유(花香油) 《특히》 장미 기름
‡**at·tempt** [ətémpt] *vt.* **1 시도하다,** 기도하다(try) **2** 도전하다
— *n.* **1 시도,** 기도 **2** 《고어》 공격(attack) 《*on*》 **3** 〖법〗 미수
at·tempt·ed [ətémptid] *a.* 기도한, 미수의
‡**at·tend** [əténd] *vt.* **1** …에 **출석하다,** 〈의식에〉 참석하다(be present at); 〈학교·교회에〉 다니다 **2** …에 수반하다 **3** 〈병자를〉 **간호하다 4 섬기다,** 수행하다
— *vi.* **1 보살피다,** 돌보다 《*to*》; 간호하다 **2** 〈일 등에〉 전념하다, 정성을 들이다 **3** …에 **귀를 기울이다 4 출석[참석]하다 5 시중들다,** 섬기다 《*on, upon*》 **6** (결과로서) 수반하다 《*on, upon*》

‡at·ten·dance [əténdəns] *n.* Ⓤ **1 출석,** 출근, 참석 《*at*》 **2** Ⓒ [집합적] 출석[참가, 참석]자 《*at*》; **출석자[관객] 수 3 시중** 《*on*》 **4** 서비스(료) ***dance ~ on*** a person …의 비위를 맞추다

atténdance bòok 출근[출석]부

‡at·ten·dant [əténdənt] *a.* **1 시중드는,** 수행하는: ~ circumstances 부대 상황 **2** 부수적인 **3** 출석한, 참석[동석]한
— *n.* **1 시중드는 사람,** 수행원; (호텔·주차장 등의) **안내원,** 접객 담당자; (미술관 등의) 안내원 **2 참석자,** 출석자

‡at·ten·tion [ətén∫ən] *n.* **1** Ⓤ **주의,** 유의(consideration); 주의력 **2** Ⓤ **배려**; 돌봄 **3** 친절; 정중 **4** 차려 자세: *A*~! [ətèn∫ʌ́n] 《구령》 차렷!
A~, please! (1) 여러분께 알려드립니다. (2) 잠깐 들어보세요. 《시끄러울 때 등에》 ***come to*** [***stand at***] ~ 차려 자세를 취하다

∗at·ten·tive [əténtiv] *a.* **1 주의 깊은,** 세심한; 경청하는 **2 친절한**; 정중한
~·ly *ad.* **~·ness** *n.*

at·ten·u·ate [əténjuèit] *vt.* **1** 가늘게 하다 **2** 희박하게 하다 **3** 약하게 하다
— *vi.* **1** 가늘어지다 **2** 묽어지다 **3** 약해지다

at·ten·u·a·tion [ətènjuéi∫ən] *n.* Ⓤ **1** 가늘게 됨, 쇠약 **2** 희석

at·ten·u·a·tor [əténjuèitər] *n.* 〖전기〗 감쇠기

∗at·test [ətést] *vt.* **1 증명하다,** 증언하다 (testify) **2** …의 증거가 되다 **3** 선서시키다 — *vi.* **증언[증명]하다**

at·tes·ta·tion [æ̀testéi∫ən] *n.* ⓊⒸ **1** 증명; 입증 **2** 증명서; 선서

at·test·ed [ətéstid] *a.* 《영》 **1** 증명[입증]된 **2** 〈소·우유가〉 무균 보증된

Att. Gen. Attorney General

‡at·tic [ǽtik] *n.* **1 더그매 2 고미다락(방)**

At·tic [ǽtik] *a.* **1** 아티카(Attica)의; 아테네(Athens)의 **2** 아테네식의

At·ti·ca [ǽtikə] *n.* 아티카 《고대 그리스 남동부의 국가》

Áttic fáith 굳은 신의

At·ti·cism, at- [ǽtəsìzm] *n.* 아테네 특유의 말; 간결하고 우아한 표현

Áttic órder [the ~] 〖건축〗 아티카식 《각주(角柱)를 사용하는 주식(柱式)》

áttic sált[**wít**] [the ~] 우아하고 예리한 재담[기지]

At·ti·la [ǽtələ, ətílə] *n.* 아틸라 《5세기 전반에 동양에서 유럽에 침입한 흉노족의 의 왕》

‡at·tire [ətáiər] *vt.* [보통 수동형 또는 ~ one*self*] 〈…에게 …을〉 **차려 입히다,** 성장(盛裝)시키다 — *n.* **옷차림새**

‡at·ti·tude [ǽtət*j*ù:d | -tjù:d] *n.* **1 태도, 사고방식 2 자세,** 몸가짐 **3** 〖항공〗 비행 자세 **4** 〖발레〗 애티튜트 《한 다리를 뒤로 구부린 자세》
strike an ~ 뽐내는[꾸민] 태도를 보이다, 허세를 부리다

at·ti·tu·di·nal [æ̀tət*j*ú:dnl | -tjú:-] *a.* 태도의[에 관한]

at·ti·tu·di·nize [æ̀tət*j*ú:dənàiz | -tjú:-] *vi.* 짐짓 점잔빼다, 젠체하다 **-nìz·er** *n.*

∗at·tor·ney [ətə́:rni] *n.* 〖법〗 **1** 대리인 **2** 《미》 변호사 ***a letter*** [***warrant***] ***of*** ~ 위임장 ***by*** ~ 대리인으로

at·tor·ney-at-law [ətə́:rniətlɔ́:] *n.* 《미》 변호사 (《영》에서는 현재 solicitor로 표현함)

attórney géneral[**A- G-**] 《영》 법무장관; 《미》 (각 주의) 검찰총장; 《미》 (연방 정부의) 법무장관

‡at·tract [ətrǽkt] *vt.* **1** 〈주의·흥미 등을〉 **끌다 2** (매력 등으로) **유인하다,** 매혹하다 (entice) **~·er, -trác·tor** *n.*

at·trac·tant [ətrǽktənt] *n.* 곤충 등을 꾀는 물질, 유인제; 유인하는 것

‡at·trac·tion [ətrǽk∫ən] *n.* **1** Ⓤ **끌어당김,** 유인; 〖물리〗 인력 **2** 사람의 마음을 끄는 것, 인기거리; **매력**(charm)

‡at·trac·tive [ətrǽktiv] *a.* **1 사람의 마음을 끄는**; 매혹적인(alluring) **2** 〖물리〗 인력이 있는 **~·ly** *ad.*

attrib. attribute; attributive(ly)

at·trib·ut·a·ble [ətríbjutəbl] *a.* 〈원인 등을〉 …에 돌릴 수 있는, …의 탓인 《*to*》

‡at·trib·ute [ətríbju:t] *vt.* 〈…의 원인을〉 …에 귀착시키다, …의 탓으로 하다 (ascribe); 〈결과를〉 …에 돌리다(refer)
— [ǽtrəbjù:t] *n.* **1 속성,** 특질 **2 부속물**

at·tri·bu·tion [æ̀trəbjú:∫ən] *n.* Ⓤ 귀착시킴, 귀속; (사람·사물의) 속성

at·trib·u·tive [ətríbjutiv] *a.* **1** 속성을 나타내는 **2** 〖문법〗 한정적인, 수식하는
— *n.* 〖문법〗 한정 형용사, 한정어
~·ly *ad.*

at·tri·tion [ətrí∫ən] *n.* Ⓤ **1** 마찰; 마멸, 마손(磨損): a war of ~ 소모전, 지구전 **2** (수 등의) 감소, 축소

at·tune [ət*j*ú:n | ətjú:n] *vt.* **1** 〈악기 등을〉 조음[조율]하다(put in tune) **2** 〈마음 등을〉 맞추다, 조화시키다 **3** 〖통신〗 (파장을) 맞추다, 동조(同調)하다

atty. attorney

Atty. Gen. Attorney General

ATV all-terrain vehicle 전지형차(全地形車)

at. vol. atomic volume

at. wt. atomic weight

a·typ·i·cal, a·typ·ic [eitípik(əl)] *a.* 부정형(不定型)의; 불규칙적인

Au 〖화학〗 aurum 《L = gold》

AU astronomical unit 〖천문〗 천문 단위 《태양과 지구 사이의 평균 거리》

a.u., Au 〖물리〗 angstrom unit

au·bade [oubǽd, -bɑ́:d | -bɑ́:d] *n.* 새벽의 노래

au·brie·ta [ɔ:brí:tə] *n.* 평지과의 관상식물

∗au·burn [ɔ́:bərn] *a.* **적갈색의**
— *n.* 적갈색

∗auc·tion [ɔ́:k∫ən] *n.* **경매,** 공매(公賣)
— *vt.* 경매에 부치다

áuction brìdge 〖카드〗 브리지놀이의 일종

auc·tion·eer [ɔ̀:k∫əníər] *n.* 경매인
— *vt.* 경매하다

au·da·cious [ɔ:déi∫əs] *a.* **1** 대담한 **2** 뻔뻔스러운 **~·ly** *ad.* **~·ness** *n.*

***au·dac·i·ty** [ɔːdǽsəti] *n.* Ⓤ **대담함**; 뻔뻔스러움

au·di·bil·i·ty [ɔ̀ːdəbíləti] *n.* Ⓤ 들을 수 있음; 가청도(可聽度)

***au·di·ble** [ɔ́ːdəbl] *a.* **들리는**, 들을 수 있는

au·di·bly [ɔ́ːdəbli] *ad.* 들리도록, 들을 수 있게

****au·di·ence** [ɔ́ːdiəns] *n.* **1 청중**; **관객**; 청취자, 시청자; 독자 **2** (예술(가)·주의 등의) 지지자, 애호자 **3** 〖법〗(호소·의견 등의) 청취 **4** 알현, 접견(formal interview)

be received[***admitted***] ***in*** **~** 알현이 허락되다

áudience chàmber[**ròom**] 알현실

áudience shàre (텔레비전의) 시청률

au·dile [ɔ́ːdil] *n.* 〖심리〗 청각형의 사람

***au·di·o** [ɔ́ːdiòu] *a.* **1** 〖통신〗 가청 주파의 **2** 〖TV·영화〗 **음(성)의**; 소리 재생의
— *n.* (*pl.* **~s**) **1** 〖TV·영화〗 음성 부분 **2** 오디오

audio- [ɔ́ːdiou] 《연결형》 「청각; 음」의 뜻: *audio*meter

áudio frèquency 〖통신〗 가청 주파(수), 저(低)주파 《略 A.F., af, a-f》

au·di·o-lin·gual [ɔ̀ːdioulíŋgwəl] *a.* (언어 학습에서) 듣기와 말하기 연습의

au·di·om·e·ter [ɔ̀ːdiɑ́mətər | -ɔ́m-] *n.* 청력계

au·di·o·phile [ɔ́ːdioufàil] *n.* 오디오 애호가

au·di·o·tape [ɔ́ːdioutèip] *n.* 음성 녹음 테이프

au·di·o·vi·su·al [ɔ̀ːdiouvíʒuəl] *a.* 시청각의 — *n.* [*pl.*] = AUDIOVISUAL AIDS

audiovísual áids [보통 *pl.*] 시청각 교재[교구]

au·di·phone [ɔ́ːdəfòun] *n.* 보청기

au·dit [ɔ́ːdit] *n.* 회계 감사, (회사 등의) 감사(監査); 결산 — *vt.* **1** 〈회계를〉 감사하다 **2** 《미》 〈대학의 강의를〉 청강하다

au·di·tion [ɔːdíʃən] *n.* **1** Ⓤ 청력, 청각 **2** (예능 지원자 등에 대한) 오디션, (레코드의) 시청(試聽) — *vt.* 〈예능 지원자의〉 오디션을 하다 — *vi.* **1** 오디션을 하다 **2** 오디션을 받다 《*for*》

***au·di·tor** [ɔ́ːdətər] *n.* **회계 감사원**; 감사역; 방청인

****au·di·to·ri·um** [ɔ̀ːdətɔ́ːriəm] *n.* (*pl.* **~s**, **-ri·a** [-riə]) **1** (극장 등의) **청중석**; 방청석 **2 강당**, 공회당(hall)

au·di·to·ry [ɔ́ːdətɔ̀ːri | -təri] *a.* 귀의, 청각의

áuditory túbe = EUSTACHIAN TUBE

Au·drey [ɔ́ːdri] *n.* 여자 이름

au fait [ou-féi] [F = to the fact] *a.* 정통하여 《*with*》; 숙련하여 《*in, at*》

au fond [ou-fɔ́ːŋ] [F = at bottom] *ad.* 근본적으로, 실제로; 철저하게

auf Wie·der·seh·en [auf-víːdərzèiən] [G = until we meet again] *int.* 또 만나요, 안녕!

aug. augmentative

Aug., Aug August

Au·ge·an [ɔːdʒíːən] *a.* 〖그리스신화〗 아우게이아스(Augeas) 왕의; 지극히 불결한(filthy)

Augéan stábles [the ~] 〖그리스신화〗 Augeas 왕의 외양간 《30년 간 한 번도 청소하지 않은 것을 Hercules가 강물을 끌어들여 하루 만에 청소했다고 함》

au·gend [ɔ́ːdʒend] *n.* 〖수학〗 피가산수(被加算數)(opp. *addend*)

au·ger [ɔ́ːgər] [동음어 augur] *n.* 도래송곳, 나사 송곳 (cf. GIMLET)

aught[1] [ɔːt] *pron.* 《고어》 어떤 일[것], 무엇이든

for ~ I care 《고어》 아무래도 상관없다

for ~ I know 잘은 모르지만 아마
— *ad.* 《고어》 조금도(at all); 하여튼(in any way)

aught[2] *n.* 영(零)(naught, cipher)

***aug·ment** [ɔːgmént] *vt.* **증가시키다**, 증대시키다 — *vi.* 증대[증가]하다

aug·men·ta·tion [ɔ̀ːgməntéiʃən, -men-] *n.* Ⓤ **1** 증가; 증가율 **2** Ⓒ 첨가물(addition)

aug·men·ta·tive [ɔːgméntətiv] *a.* **1** 증가적인, 증대성의 **2** 〖문법〗 뜻을 확대하는

au gra·tin [ou-grɑ́ːtn, -grǽt-, ɔː-] [F = with a gratin] *a.* 〖요리〗 그라탱식의 《치즈와 빵가루를 발라서 갈색으로 구운》

Áugs·burg Conféssion [ɔ́ːgzbəːrg-] [the ~] 아우구스부르크 신앙 고백 《1530년 Luther가 Augsburg에서 발표한 신조(信條)》

au·gur [ɔ́ːgər] [동음어 auger] *n.* **1** (고대 로마의) 복점관(卜占官) **2** 예언자, 점쟁이 — *vt.* **1** 점치다 **2** 징조를 나타내다 — *vi.* …의 징조가 되다 《*for*》

au·gu·ry [ɔ́ːgjuri] *n.* **1** Ⓤ 점(占) **2** 전조

***au·gust** [ɔːgʌ́st] *a.* **위엄있는**, 존엄한(majestic); 당당한(imposing); 존귀한 **~·ly** *ad.* **~·ness** *n.*

*****Au·gust** [ɔ́ːgəst] *n.* **8월** 《略 Aug.》: on ~ 3 = on 3 ~ = on the 3rd of ~ 8월 3일에

Au·gus·ta [ɔːgʌ́stə] *n.* 여자 이름

Au·gus·tan [ɔːgʌ́stən] *a.* 로마 황제 Augustus의

Augústan Áge [the ~] 아우구스투스 황제 시대 《라틴 문학 융성기, 27 B.C.-14 A.D.》; 문예 전성기 《영국의 Anne 여왕 시대 (1690-1745)》

Augústan Conféssion [the ~] = AUGSBURG CONFESSION

Au·gus·tine [ɔ́ːgəstìːn, əgʌ́stin | ɔːgʌ́stin] *n.* **1** 남자 이름 **2** [**St.** ~] 성 아우구스티누스 **a** 초기 그리스도교의 지도자(354-430) **b** 영국에 포교한 로마 선교사(?-604), 초대 Canterbury 대주교

Au·gus·tin·i·an [ɔ̀ːgəstíniən] *a.*, *n.* St. Augustine의 (교리 신봉자)

Au·gus·tus [ɔːgʌ́stəs] *n.* **1** 남자 이름 **2** 아우구스투스 **Octavianus ~** (63 B.C.-14 A.D.) 《초대 로마 황제》

au jus [ou-ʒúːs] [F = with juice] *a.* 〈고기가〉 그 육즙(肉汁)과 함께 (식탁에) 나오는

auk [ɔːk] *n.* 〖조류〗 바다쇠오리

auk·let [ɔ́ːklit] *n.* 〖조류〗 작은바다쇠오리

au lait [ou-léi] [F =with milk] *a.* 우유를 탄
auld [ɔːld] *a.* 《스코》 = OLD
auld lang syne [ɔ́ːld-lǽŋ-záin, -sáin] *n.* **1** 그리운 옛날(good old times) **2** [**A~ L~ S~**] 올드 랭 자인 《Robert Burns의 시 제목》
au·lic [ɔ́ːlik] *a.* 궁정의
AUM air-to-underwater missile
au na·tu·rel [òu-nǽtʃurél] [F] *a.* 자연 그대로의; 담백하게 요리한
Aung San Suu Kyi [ɔ́ːŋ-sɑ́ːn-súː-tʃíː] 아웅산 수지 (1945~)《미얀마의 정치가·반정부 지도자; 1991년 노벨평화상 수상》
‡**aunt** [ænt | ɑːnt] [동음어 ant] *n.* **1** 아주머니《백모, 숙모, 이모, 고모》 **2** 《구어》 (이웃) 아주머니
aunt·ie, aunt·y [ǽnti | ɑ́ːnti] *n.* (*pl.* **aunt·ies**) 《유아어》 아줌마
Áunt Sálly 《영》 **1** 축제일에 여자의 목상(木像)의 입에 파이프를 물리고 막대기를 던져 떨어뜨리는 놀이; 그 목상 **2** 공격[조소]의 대상
au pair [ou-pέər] [F =on equal terms] *n.* 오페어《외국 가정에 입주하여 집안 일을 거들며 언어를 배우는 사람》 — *ad.* 오페어로서
au·ra [ɔ́ːrə] *n.* (*pl.* **~s, -rae** [-riː]) **1** (물체에서 발산하는) 발기(發氣)(emanation) **2** [보통 *sing.*] (주위를 감싸는) 특수 미묘한 분위기
au·ral[1] [ɔ́ːrəl] [동음어 oral] *a.* 귀의; 청각의 **~·ly** *ad.*
aural[2] *a.* 영기(靈氣)의
au·ral-o·ral [ɔ́ːrəlɔ́ːrəl] *a.* = AUDIO-LINGUAL
au·ra·min(e) [ɔ́ːrəmìːn, -min] *n.* Ⓤ 〖화학〗 아우라민《황색 물감》
au·re·ate [ɔ́ːriət] *a.* **1** 금빛의 **2** 〈문체·표현 등이〉 화려한
Au·re·li·us [ɔːríːljəs] *n.* 남자 이름
au·re·ole [ɔ́ːriòul] *n.* **1** (성자·순교자에게 주어지는 천상(天上)의) 보관(寶冠), 영광; (성상(聖像)의 머리 또는 온몸을 감싸는) 후광(後光) **2** 〖천문〗 = CORONA
Au·re·o·my·cin [ɔ̀ːrioumáisin] *n.* 〖약학〗 오레오마이신《항생 물질의 일종; 상표명》
au re·voir [òu-rəvwɑ́ːr] [F = until we meet again] *int.* 안녕, 또 만나요 《헤어질 때의 인사》
au·ric [ɔ́ːrik] *a.* 금의
au·ri·cle [ɔ́ːrikl] *n.* **1** 〖해부〗 외이(外耳); (심장의) 심이(心耳) **2** 〖동물·식물〗 이상부(耳狀部), 이상물(耳狀物)
au·ric·u·lar [ɔːríkjulər] *a.* **1** 귀의, 청각의, 청각에 의한; 귀 모양의 **2** 귓속말의
au·rif·er·ous [ɔːrífərəs] *a.* 금을 산출하는[함유한]
au·ri·form [ɔ́ːrəfɔ̀ːrm] *a.* 귀 모양의
Au·ri·ga [ɔːráigə] *n.* 〖천문〗 마차꾼자리
au·ri·scope [ɔ́ːrəskòup] *n.* 검이경(檢耳鏡)
au·rist [ɔ́ːrist] *n.* 이과의(耳科醫)(ear specialist)
au·rochs [ɔ́ːrɑks | -rɔks] *n.* (*pl.* ~) 오록스《들소의 일종; 유럽산》
∗**au·ro·ra** [ɔːrɔ́ːrə, ər-] *n.* (*pl.* **~s, -rae** [-riː]) **1** 오로라, 극광(極光) **2** 《시어》 서광, 여명(dawn)
Au·ro·ra [ɔːrɔ́ːrə, ər-] *n.* 〖로마신화〗 오로라 《여명의 여신》
auróra aus·trá·lis [-ɔːstréilis] 남극광
auróra bo·re·ál·is [-bɔ̀ːriǽlis] 북극광
au·ro·ral [ɔːrɔ́ːrəl, ər-] *a.* 새벽의, 장밋빛의; 극광 같은
au·rous [ɔ́ːrəs] *a.* **1** 금의[을 함유한] **2** 〖화학〗 제1금의
au·rum [ɔ́ːrəm] *n.* Ⓤ 〖화학〗 금
AUS Army of the United States 미 육군
Aus. Australia(n); Austria(n)
Ausch·witz [áuʃvits] *n.* 아우슈비츠 《폴란드의 도시; 2차 대전 중 유대인을 대량 학살한 곳》
aus·cul·ta·tion [ɔ̀ːskəltéiʃən] *n.* Ⓤ 〖의학〗 청진(법)
∗**aus·pice** [ɔ́ːspis] *n.* **1** [보통 *pl.*] **원조**, 보호, 찬조 **2** [종종 *pl.*] 전조(前兆), 길조(吉兆)
aus·pi·cious [ɔːspíʃəs] *a.* 경사스러운, 길조의, 상서로운, 행운의(favorable) **~·ly** *ad.* **~·ness** *n.*
Aus·sie [ɔ́ːsi | ɔ́zi] *n.* 《속어》 오스트레일리아 사람
Aust. Austria(n); Austria-Hungary
Aus·ten [ɔ́ːstin | ɔ́s-] *n.* 오스틴 **Jane ~** (1775-1817) 《영국의 여류 소설가; *Pride and Prejudice*의 저자》
∗**aus·tere** [ɔːstíər] *a.* (**-ter·er; -est**) **1** 〈사람·성격 등이〉 **엄한**, 엄격한, 엄숙한 **2** 〈생활 등이〉 내핍의, 간소한; 〈문체·건물 등이〉 꾸미지 않은 **~·ly** *ad.*
∗**aus·ter·i·ty** [ɔːstérəti] *n.* (*pl.* **-ties**) **1** Ⓤ **엄격**(severity); 엄숙; 간소 **2** [보통 *pl.*] 내핍 생활; 금욕 행위
Aus·tin [ɔ́ːstin | ɔ́s-] *n.* **1** 남자 이름 《Augustine의 변형》 **2** 미국 Texas 주의 주도
aus·tral [ɔ́ːstrəl | ɔ́s-] *a.* 남쪽(에서)의
Austral. Australasia(n); Australia(n)
Aus·tral·a·sia [ɔ̀ːstrəléiʒə | ɔ̀s-] *n.* 오스트랄라시아 《오스트레일리아·뉴질랜드와 그 부근의 남양 제도》 **-sian** *a., n.* 오스트랄라시아의 (사람)
‡**Aus·tral·ia** [ɔːstréiljə | ɔs-] *n.* **오스트레일리아**, 호주 《공식명 the Commonwealth of Australia; 수도 Canberra》
‡**Aus·tra·lian** [ɔːstréiljən | ɔs-] *a.* **오스트레일리아의**, 호주 (사람)의 — *n.* **1** 오스트레일리아 사람 **2** Ⓤ 오스트레일리아 영어
Austrálian bállot 〖정치〗 오스트레일리아식 투표 《모든 후보자명을 인쇄한 용지에 표를 하는 방식》
Austrálian Rùles (**fóotball**) 호주식 축구 《18명이 하는 럭비 비슷한 구기》
‡**Aus·tri·a** [ɔ́ːstriə | ɔ́s-] *n.* **오스트리아** 《유럽 중부의 공화국; 수도 Vienna》
Aus·tri·a-Hun·ga·ry [ɔ́ːstriəhʌ́ŋgəri | ɔ́s-] *n.* 〖역사〗 오스트리아·헝가리 제국 《중부 유럽의 옛 왕국(1867-1918)》

‡Aus·tri·an [ɔ́:striən | ɔ́s-] *a.* **오스트리아(사람)의** ― *n.* **오스트리아 사람**
Austro- [ɔ́:strou | ɔ́s-] 《연결형》 「Austria, Austrian, Australian」의 뜻
Aus·tro·ne·sia [ɔ̀:strəní:ʒə | ɔ̀s-] *n.* 오스트로네시아 《태평양 중남부의 여러 섬》
aut- [ɔ:t] 《연결형》 = AUTO-
au·ta·coid [ɔ́:təkɔ̀id] *n.* 〖생리〗 오타코이드
au·tarch [ɔ́:tɑ:rk] *n.* 독재자
au·tar·chy [ɔ́:tɑ:rki] *n.* (*pl.* **-chies**) **1** Ⓤ 독재권, 전제 정치; Ⓒ 전제국, 독재국 **2** = AUTARKY
au·tar·kist [ɔ́:tɑ:rkist] *n.* 경제 자립주의자
au·tar·ky [ɔ́:tɑ:rki] *n.* (*pl.* **-kies**) **1** Ⓤ 경제적 자급자족(self-sufficiency); 경제 자립 정책 **2** 경제 자립 국가
au·tár·kic, au·tár·ki·cal *a.*
∗au·then·tic [ɔ:θéntik] *a.* **1 진정한,** 진짜의 **2** 믿을 만한, 확실한, 출처가 분명한, 근거 있는 **-ti·cal·ly** *ad.*
au·then·ti·cate [ɔ:θéntikèit] *vt.* **1** 〈언설(言說) 등이〉 믿을 수 있음을 증명하다 **2** 〈필적·미술품 등이〉 진짜임을 증명하다
au·then·ti·ca·tion [ɔ:θèntikéiʃən] *n.* Ⓤ 입증; 인증
au·then·tic·i·ty [ɔ̀:θentísəti] *n.* **1** Ⓤ 확실성, 믿을 수 있음 **2** 진짜임
‡au·thor [ɔ́:θər] *n.* **1 저자,** 작가, 저술가 《보통 여성도 포함함》 **2** (한 작가의) 저작물, 작품 **3** 창조자, 창시자; 입안자; 기초자 《*of*》
the A~ of our being 조물주
― *vt.* **1** 〈글을〉 쓰다, 저술하다(write) **2** 만들어 내다; 창시하다
au·thor·ess [ɔ́:θəris] *n.* 《드물게》 여류 작가
au·thor·i·tar·i·an [ɔ:θɔ̀:rətέəriən, əθɑ̀r- | ɔ:θɔ̀r-] *a.* 권위[독재]주의의; 독재주의적인 ― *n.* 권위[독재]주의자
~·ism *n.* Ⓤ 권위주의
∗au·thor·i·ta·tive [əθɔ́:rətèitiv, əθɑ́r- | ɔ:θɔ́r-] *a.* **1** 〈정보 등이〉 **권위 있는,** 믿을 만한 **2** 관헌의, 당국(으로부터)의 **3** 〈사람·태도 등이〉 강권적인, 엄연한, 명령적인 (commanding)
~·ly *ad.* 위압적으로 **~·ness** *n.*
‡au·thor·i·ty [əθɔ́:rəti, əθɑ́r- | ɔ:θɔ́r-] *n.* (*pl.* **-ties**) **1** Ⓤ **권위,** 권력; 위신 **2** Ⓤ **권한,** 권능, 직권; (권력자에 의한) 허가, 인가, 자유재량 **3** [보통 *pl.*] **당국,** 관헌; 공공 사업 기관: the proper *authorities* = the *authorities* concerned 관계 당국, 관계자 **4** ⓒⓤ (문제 해결의) **권위**; 전거, 출전 《*on*》 **5** (특정 문제에 관한) **권위자,** 대가 《*on*》 ***by the ~ of*** …의 권위로; …의 허가를 얻어 ***on good ~*** 확실한 소식통으로부터(의) ***on one's own ~*** 자기 혼자 의견으로, 독단으로 ***with ~*** 권위를 가지고
au·tho·ri·za·tion [ɔ̀:θərizéiʃən | -rai-] *n.* ⓤⓒ 권한 부여, 위임; 공인, 관허; 허가(증)
∗au·tho·rize [ɔ́:θəràiz] *vt.* **1 권위[권한]를 부여하다**(empower), 위임하다 **2** 〈행동·계획·지출 등을〉 정식으로 허가하다 (sanction) **3** 정당하다고 인정하다
∗au·tho·rized [ɔ́:θəràizd] *a.* **1 인정받은,** 검정필의; 공인된 **2 권한을 부여받은**
Áuthorized Vérsion [the ~] 〖성서〗 흠정역 성경(欽定譯聖經) 《1611년에 영국왕 James 1세의 재가를 받아 편집 발행한 영역(英譯) 성경; 略 A.V.》
au·thor·ship [ɔ́:θərʃìp] *n.* Ⓤ **1** 저작자임, 저술업 **2** (저작물의) 원작자, 저자 **3** (소문 등의) 출처, 근원
au·tism [ɔ́:tizm] *n.* Ⓤ 〖심리〗 자폐성(自閉性)
au·tis·tic [ɔ:tístik] *a.* 자폐성[자폐증]의
‡au·to [ɔ́:tou] [*auto*mobile] *n.* (*pl.* **~s**) 《미·구어》 **자동차,** 차 《지금은 car가 더 많이 쓰임》
auto- [ɔ́:tou] 《연결형》 **1** 「자신의, 독자의, 자기의」의 뜻: *auto*cracy **2** 「자동차」의 뜻: *auto*cade
au·to·an·a·lyz·er [ɔ̀:touǽnəlàizər] *n.* 〖화학〗 자동 분석기
au·to·bahn [ɔ́:təbɑ̀:n] [G] *n.* (*pl.* **~s, -bah·nen** [-bɑ̀:nən]) 아우토반 《독일의 자동차 전용 고속도로》
au·to·bi·og·ra·pher [ɔ̀:toubaiɑ́grəfər | -ɔ́g-] *n.* 자서전 작가
au·to·bi·o·graph·i·cal, -ic [ɔ̀:toubàiəgrǽfik(əl)] *a.* 자서전(체)의
-i·cal·ly *ad.*
∗au·to·bi·og·ra·phy [ɔ̀:toubaiɑ́grəfi | -ɔ́g-] *n.* (*pl.* **-phies**) **자서전,** 자전(自傳); Ⓤ 자전 문학
au·to·boat [ɔ́:toubòut] *n.* 발동기선
au·to·bus [ɔ́:toubʌ̀s] *n.* (*pl.* **~·es, ~·ses** [-bʌ̀siz]) 《미》 버스
au·to·cade [ɔ́:təkèid] *n.* 《미》 자동차 행렬
au·to·car [ɔ́:toukɑ̀:r] *n.* 《영·고어》 자동차
au·to-chang·er [ɔ́:tətʃèindʒər] *n.* 자동 음반 교환 장치
au·to·chrome [ɔ́:təkròum] *n.* 〖사진〗 초기 천연색 투명 사진용 건판
au·toch·thon [ɔ:tɑ́kθən | -tɔ́k-] *n.* (*pl.* **~s, -tho·nes** [-θənì:z]) 원주민; 토착의 동식물
au·toch·tho·nous [ɔ:tɑ́kθənəs | -tɔ́k-], **-nal** [-nəl] *a.* 토착의, 자생적인
au·to·clave [ɔ́:toukléiv] *n.* 압력솥, 고압솥
áuto còurt 《미》 = MOTEL
∗au·toc·ra·cy [ɔ:tɑ́krəsi | -tɔ́k-] *n.* (*pl.* **-cies**) **1** Ⓤ **독재 정치**; 독재권 **2** 독재주의 국가
∗au·to·crat [ɔ́:təkræ̀t] *n.* **1 독재[전제] 군주**(despot) **2** 독재자
au·to·crat·ic, -i·cal [ɔ̀:təkrǽtik(əl)] *a.* **1** 독재의; 독재적인(dictatorial) **2** 횡포한 **-i·cal·ly** *ad.*
Au·to·cue [ɔ́:təkjù:] *n.* 《영》 = TELEPROMPTER
au·to-cy·cle [ɔ́:tousàikl] *n.* 원동기 달린 자전거
au·to-da-fé [ɔ̀:toudəféi] [Port. = act of faith] *n.* (*pl.* **au·tos-** [-təz-])

〖그리스도교〗 **1** 종교 재판소의 사형 선고 및 사형 집행 《화형》 **2** (일반적으로) 이교도(異教徒)의 화형(火刑)

au·to·di·dact [ɔ̀:toudáidækt | -didǽkt] *n.* 독학[독습]자

au·to·er·ot·i·cism [ɔ̀:touirátəsìzm | -rɔ́t-] *n.* = AUTOEROTISM

au·to·er·o·tism [ɔ̀:touérətìzm] *n.* Ⓤ 〖심리〗 자기 발정[색정], 자체애 《자위 등》

au·to·fo·cus [ɔ́:toufòukəs] *a.* (카메라가) 자동 초점인[장치의] **—** *n.* (카메라의) 자동 초점 기능[장치]

au·tog·e·nous [ɔ:tádʒənəs | -tɔ́dʒ-] *a.* 자생(自生)의, 내생(內生)의; 〖생리〗 내인적인

au·to·gi·ro [ɔ̀:toudʒáiərou] *n.* (*pl.* **~s**) 〖항공〗 오토자이로 《헬리콥터의 전신》

∗**au·to·graph** [ɔ́:təgræ̀f | -grɑ̀:f] *n.* ⓊⒸ **1 서명,** 자서(自署), 사인(signature); 자필의 원고[문서, 증서] **2 자필,** 육필(肉筆) **—** *a.* 자필의, 자서의
— *vt.* 자필로 쓰다; 자서하다

áutograph álbum[**bóok**] 서명장, 사인북

au·to·graph·ic, -i·cal [ɔ̀:təgrǽfik(əl)] *a.* **1** 자필의, 친필의; 자서의 **2** 〈계기(計器)가〉 자기(自記)의(self-recording)
-i·cal·ly *ad.*

au·to·gy·ro [ɔ̀:tədʒáiərou] *n.* (*pl.* **~s**) = AUTOGIRO

au·to·hyp·no·sis [ɔ̀:touhipnóusis] *n.* Ⓤ 자기 최면

au·to·im·mune [ɔ̀:touimjú:n] *a.* 〖병리〗 자기[자가] 면역의

au·to·in·tox·i·ca·tion [ɔ̀:touintɑ̀ksikéiʃən | -tɔ̀ks-] *n.* Ⓤ 〖병리〗 자가 중독

au·to·mak·er [ɔ́:toumèikər] *n.* 《미》 자동차 제조업자[회사]

au·to·mat [ɔ́:təmæ̀t] *n.* **1** 자동판매기 **2** 자동 판매식 식당

au·tom·a·ta [ɔ:támətə | -tɔ́m-] *n.* AUTOMATON의 복수

au·to·mate [ɔ́:təmèit] *vt.* 자동화하다; …을 자동화로 제조하다

áu·to·mat·ed téller machìne [ɔ́:təmèitid-télər-] 현금 자동 입출금기 《略 ATM》

⁑**au·to·mat·ic** [ɔ̀:təmǽtik] *a.* **1** 〈기계·장치 등이〉 **자동의,** 자동식의; 자동적인: an ~ door 자동문 / ~ operation 오토메이션, 자동 조작 **2** 〈행위·동작 등이〉 **기계적인,** 무의식적인; 습관적인 **3** 필연적인
— *n.* **1** 자동 조작 기계[장치] **2 자동 권총** **3** 오토매틱 자동차 《자동 변속 장치가 달린》

∗**au·to·mat·i·cal** [ɔ̀:təmǽtikəl] *a.* 자동적인

∗**au·to·mat·i·cal·ly** [ɔ̀:təmǽtikəli] *ad.* **자동적으로;** 기계적으로

automátic dáta pròcessing (컴퓨터에 의한) 자동 정보 처리 《略 ADP》

automátic diréction finder (항공기의) 자동 방위 탐지기 《略 ADF》

automátic dríve = AUTOMATIC TRANSMISSION

automátic pílot 〖항공〗 자동 조종 장치

automátic pístol 자동 권총

automátic téller machìne = automated teller machine

automátic tráin contròl 열차 자동 제어 장치

automátic tráin stòp 열차 자동 정지 장치

automátic transmíssion (자동차의) 자동 변속 장치

automátic týpesetting 〖인쇄〗 컴퓨터 식자

∗**au·to·ma·tion** [ɔ̀:təméiʃən] *n.* Ⓤ **오토메이션, 자동 조작**

au·tom·a·tism [ɔ:támətìzm | -tɔ́m-] *n.* Ⓤ 자동성, 자동 작용; 기계적[무의식적] 행위

au·tom·a·ton [ɔ:támətən | -tɔ́m-] *n.* (*pl.* **~s, -ta** [-tə]) **1** 자동 장치; 자동 인형 **2** 기계적으로 행동하는 사람[동물]

⁑**au·to·mo·bile** [ɔ́:təməbì:l, ⌐−−⌐] *n.* 《미》 **자동차**(《영》 motorcar) 《특히 승용차》 **—** *a.* 자동차의; 자동의

au·to·mo·bil·ist [ɔ̀:təmoubí:list] *n.* 《미》 자동차 운전자, 자동차 상용자

∗**au·to·mo·tive** [ɔ̀:təmóutiv] *a.* **1 자동차의 2** 자동 추진의

au·to·nom·ic [ɔ̀:tənámik | -nɔ́m-] *a.* **1** 자치의 **2** 〖생리〗 〈신경이〉 자율적인

au·ton·o·mist [ɔ:tánəmist | -tɔ́n-] *n.* 자치론자

au·ton·o·mous [ɔ:tánəməs | -tɔ́n-] *a.* 자치권이 있는; 자율의; 자주적인

∗**au·ton·o·my** [ɔ:tánəmi | -tɔ́n-] *n.* (*pl.* **-mies**) Ⓤ **1 자치;** 자치권 **2** Ⓒ 자치 단체

au·to·nym [ɔ́:tənìm] *n.* **1** 본명 **2** 본명으로 낸 저작

au·to·pi·lot [ɔ́:toupàilət] *n.* = AUTOMATIC PILOT

au·to·plas·ty [ɔ́:touplæ̀sti] *n.* Ⓤ 〖외과〗 자가 조직 이식(술)

au·top·sy [ɔ́:tɑpsi | -tɔp-] *n.* (*pl.* **-sies**) **1** 검시(檢屍), 검시 해부, 부검 **2** 검시(檢視), 실지 검증

au·to·ra·di·o·graph [ɔ̀:təréidiougræ̀f | -grɑ̀:f] *n.* 방사능 사진

au·to·re·verse [ɔ̀:tourivə́:rs] *n.* 〖전자〗 오토리버스 기능

au·to·stra·da [ɔ́:toustrɑ̀:də] [It.] *n.* (*pl.* **~s, -de** [-dei]) (이탈리아의) 고속도로(expressway)

au·to·sug·ges·tion [ɔ̀:tousəgdʒéstʃən | -sədʒés-] *n.* Ⓤ 자기 암시

au·tot·o·my [ɔ:tátəmi | -tɔ́t-] *n.* Ⓤ 〖동물〗 (도마뱀 등의) 자기 절단, 자절(自切)

au·to·tro·phic [ɔ̀:tətráfik | -trɔ́f-] *a.* 〖생물〗 자가[독립] 영양의

au·to·truck [ɔ́:toutrʌ̀k] *n.* 《미》 화물 자동차

au·to·type [ɔ́:tətàip] *n.* = FACSIMILE; 〖사진〗 오토타이프, 단색 사진(법) **—** *vt.* 오토타이프법으로 만들다[전사하다]

⁑**au·tumn** [ɔ́:təm] *n.* **1 가을,** 가을철 《미국에서는 일상어로서 fall을 쓰는 경우가 많음》 **2** [the ~]성숙기; (인생의) 초로기(初老期) **—** *a.* 가을의

***au·tum·nal** [ɔ:tʌ́mnəl] *a.* **1** 가을의 **2** 〖식물〗 가을에 피는, 가을에 열리는 **3** 초로기의, 중년의

autúmnal équinox [the ~] 추분(점)(秋分(點))

aux., auxil. auxiliary

***aux·il·ia·ry** [ɔ:gzíljəri] *a.* **1 보조의**: an ~ engine 보조 기관 / an ~ agent 〖염색〗 조제(助劑) **2** 예비의
— *n.* (*pl.* **-ries**) **1** 보조자, 조수; 보조물(aid); 보조 단체, (클럽 등의) 여성 준회원단 **2** [*pl.*] (외국으로부터의) 원군, 외인부대 **3** 〖해군〗 보조함 **4** 〖문법〗 조동사(= ~ verb)

auxíliary vérb 〖문법〗 조동사

av. average; avoirdupois

Av. Avenue

a.v., A/V ad valorem 〖상업〗 가격에 따라

*****a·vail** [əvéil] *vi.* [부정문·의문문에서] **쓸모가 있다**(be of use); 도움이 되다, 소용되다; 가치가 있다, 이롭다, 이익이 되다
— *vt.* [부정문·의문문에서] 《문어》 …에 도움이 되다[효력이 있다], …을 이롭게 하다(profit) ~ one***self of*** = 《주로 미·구어》 ~ ***of*** …을 이용하다, …을 틈타다(make use of)
— *n.* Ⓤ 이익, 효용, 효력(use, profit) ***be of ~*** 도움[소용]이 되다, 효과가 있다(be available) ***be of no***[***little***] ***~*** 전혀[거의] 쓸모가 없다 ***to no ~*** = ***without ~*** 무익하게, 보람없이

a·vail·a·bil·i·ty [əvèiləbíləti] *n.* (*pl.* **-ties**) **1** Ⓤ 유효성, 유용성, 효용; 입수 가능 **2** [*pl.*] 이용할 수 있는 사람[것]

*****a·vail·a·ble** [əvéiləbl] *a.* **1 이용할 수 있는,** 쓸모 있는 **2 입수할 수 있는** **3** (면회[일]에 응할 수 있는) 시간이 있는, 여가가 있는 **4** 유효한 **5** 〈후보자가〉 당선 가능한 **-bly** *ad.*

***av·a·lanche** [ǽvəlæ̀ntʃ | -lɑ̀:nʃ] *n.* **눈사태,** (산)사태; (우편물·질문 등의) 쇄도

a·vant-garde [ɑ̀:vɑ:ntgɑ́:rd | æ̀vɔ:ŋ-] [F =vanguard] *n.* [the ~; 집합적] 전위 예술가들
— *a.* 전위적인

***av·a·rice** [ǽvəris] *n.* Ⓤ (금전에 대한) **탐욕**

***av·a·ri·cious** [æ̀vəríʃəs] *a.* **탐욕스런,** 욕심 많은(greedy) **~·ly** *ad.* **~·ness** *n.*

a·vast [əvǽst | əvɑ́:st] *int.* 〖항해〗 멈춰! 그쳐!(Stop!)

av·a·tar [ǽvətɑ̀:r | æ̀vətɑ́:] *n.* ⓊⒸ **1** 〖인도신화〗 화신(化身); 구현 **2** 〖컴퓨터〗 아바타 《인터넷상의 공유 공간에서 유저(user)의 화신이 되는 캐릭터》

AVC American Veterans' Committee 미국 재향 군인회; additional voluntary contribution 《영》 할증 임의 분담금 《퇴직할 때 보다 많은 연금을 받을 수 있도록, 임의로 적립할 수 있는 할증 납입금》

a·ve [ɑ́:vei, éivi] [L = hail] *int.* **1** 어서 오세요(Welcome!) **2** 안녕히 가세요(Farewell!)
— *n.* **1** 환영[작별] 인사 **2** [**A~**] 아베 마리아

Ave. 《미》 Avenue

Ave Ma·ri·a [ɑ́:vei-mərí:ə] *n.* 아베 마리아(=Hail Mary) 《성모 마리아에게 드리는 기도》

***a·venge** [əvéndʒ] *vt.* **1** …**의 복수를 하다,** 앙갚음하다, 원수를 갚다 **2** [~ one*self* 또는 수동형으로] …에게 복수하다 《*on*》
— *vi.* 복수하다

a·veng·er [əvéndʒər] *n.* 복수자

a·ven·tu·rine [əvéntʃurì:n] *n.* Ⓤ (구릿가루를 넣은) 에벤추린 유리; 사금석(砂金石)

*****av·e·nue** [ǽvənjù: | -njù:] [F 「…에 접근하다」의 뜻에서] *n.* **1** 《미》 (도시의) **대로** **2** (어떤 목적에 이르는) 수단, 길, 방법 《*to, of*》: an ~ *to* success 성공에의 길 **3** 가로수 길

a·ver [əvə́:r] *vt.* (**~red**; **~·ring**) **1** 단언하다 **2** 〖법〗 증언하다(verify)

*****av·er·age** [ǽvəridʒ] [Arab. = damaged merchandise; 손해를 소유주들이 균등히 분담한 데서] *n.* **1 평균**; 평균치 **2** (일반) 표준 **3** 〖해상보험〗 해손(海損)
on an[***the***] ***~*** 평균하여, 대략
— *a.* **평균의; 보통의**
— *vt.* **1 평균하다** **2** 평균하여 …하다
— *vi.* 평균하면 …이다
~ out 《구어》 결국 평균에 달하다

a·ver·ment [əvə́:rmənt] *n.* ⓊⒸ **1** 언명, 단언 **2** 〖법〗 사실의 주장[진술]

A·ver·nus [əvə́:rnəs] *n.* **1** 아베르누스 호 《이탈리아의 나폴리 부근의 작은 호수; 옛날 지옥의 입구라고 일컬어짐》 **2** 〖로마신화〗 지옥

***a·verse** [əvə́:rs] *a.* **싫어하는**; 반대하는(opposed) 《*to, from, to* do*ing, to* do》 **~·ness** *n.*

***a·ver·sion** [əvə́:rʒən | -ʃən] *n.* **1** Ⓤ **싫음,** 혐오(antipathy) 《*to, to* do》 **2** 싫은 것[사람]
one***'s pet ~*** 가장 싫은 것[사람]

avérsion thèrapy 〖심리〗 혐오 요법

a·ver·sive [əvə́:rsiv] *a.* **1** 혐오의 **2** 〈불쾌·고통 등을〉 피하려고 하는, 회피적인

***a·vert** [əvə́:rt] [L 「…으로 향하게 하다」의 뜻에서] *vt.* **1** 〈눈·생각 등을〉 (…에서) **돌리다,** 비키다, 돌이키다(turn away) 《*from*》 **2** 〈타격·위험을〉 **피하다,** 막다(prevent)

A·ves·ta [əvéstə] *n.* [the ~] 아베스타 《조로아스터교의 경전》

avg. average

a·vi·an [éiviən] *a.* 새의, 조류의

a·vi·ar·y [éivièri | -əri] *n.* (*pl.* **-ar·ies**) 새장; (대규모의) 새 사육장

a·vi·ate [éivièit] *vi.* 비행하다
— *vt.* 〈비행기를〉 조종하다

***a·vi·a·tion** [èiviéiʃən] *n.* Ⓤ **1 비행,** 항공; 비행[항공]술(aeronautics): an ~ cap 비행모 / ~ sickness 항공병 《고공 비행시에 일어나는 병》 **2** 항공기 산업

aviátion bàdge 공군 기장(記章)

aviátion gàsoline 항공용 휘발유

aviátion mèdicine 항공 의학

aviátion spìrit =AVIATION GASOLINE
***a·vi·a·tor** [éivièitər] *n.* 비행가
áviator's éar 〖병리〗 비행사 중이염
a·vi·a·tress [èiviéitris] *n.* =AVIATRIX
a·vi·a·trix [èiviéitriks] *n.* (*pl.* **~·es, -tri·ces** [-trisì:z]) 여류 비행가 《보통 aviator, 또는 woman[lady] aviator라고 함》
a·vi·cul·ture [éivəkʌ̀ltʃər] *n.* Ⓤ 조류 사육(飼育)
av·id [ǽvid] *a.* **1** 탐욕스런; 열심인 **2** 탐내어, 갈망하여《*of, for*》 **~·ly** *ad.*
a·vid·i·ty [əvídəti] *n.* Ⓤ 욕망, 갈망; 탐욕
a·vi·fau·na [èivəfɔ́:nə] *n.* (한 지방·시기·자연 조건에서의) 조류상(鳥類相)
av·i·ga·tion [æ̀vəgéiʃən] *n.* Ⓤ 항공(학); 항법
A·vi·gnon [æ̀vinjɔ́:ŋ | ⌐-⌐] *n.* 아비뇽 《남프랑스의 도시》
a·vi·on·ics [èiviɑ́niks | -ɔ́n-] *n. pl.* [단수 취급] 항공 전자 공학
a·vi·so [əváizou] *n.* (*pl.* **~s**) 공문서 송달선
a·vi·ta·min·o·sis [eivàitəmənóusis | ævì-] *n.* Ⓤ 비타민 결핍증
A.V.M. air vice-marshal
av·o·ca·do [æ̀vəkɑ́:dou] *n.* (*pl.* **~(e)s**) 〖식물〗 (열대 아메리카산의) 아보카도나무; 아보카도《열매》
av·o·ca·tion [æ̀vəkéiʃən] *n.* **1** 부업 **2** (구어) 직업, 본업
av·o·cet [ǽvəsèt] *n.* 〖조류〗 뒷부리장다리물떼새
‡a·void [əvɔ́id] *vt.* **1** (의식적·의도적으로) **피하다**, 비키다, 회피하다 **2** 〖법〗 무효로 하다
***a·void·a·ble** [əvɔ́idəbl] *a.* **피할 수 있는**; 무효로 할 수 있는 **-bly** *ad.*
***a·void·ance** [əvɔ́idəns] *n.* Ⓤ **1 기피**, 도피 **2** 〖법〗 무효, 취소
av·oir·du·pois [æ̀vərdəpɔ́iz] *n.* Ⓤ **1** 상형(常衡) 《귀금속·보석·약품을 제외한 모든 것에 쓰이는 형량(衡量); 16온스를 1파운드로 정함》 **2** (미·구어) 무게, 체중
av·o·set [ǽvəsèt] *n.* =AVOCET
a·vouch [əváutʃ] *vt.* **1** 진실이라고 단언[언명]하다 **2** 자인하다, 승인하다 **3** 보증하다 **—** *vi.* (고어) 보증하다《*for*》 **~·ment** *n.*
a·vow [əváu] *vt.* **1** 〈과실 등을〉 솔직히 인정하다; 고백[자백]하다 **2** 공언하다
~ one***self*** (***to be***) the culprit 자기가 (범인)이라고 공언[고백]하다
a·vow·al [əváuəl] *n.* ⓊⒸ 공언, 고백; 자인
a·vowed [əváud] *a.* 스스로 인정한[언명한]; 공공연한(open)
a·vow·ed·ly [əváuidli] *ad.* 공공연히, 명백히
a·vun·cu·lar [əvʌ́ŋkjulər] *a.* 숙부[백부]의; 숙부[백부]같이 상냥[친절]한
aw [ɔ:] [의성음] *int.* (미) 저런!, 아니!
AW, A/W actual weight 〖상업〗 실량(實量)
AWACS [éiwæks] 〖군사〗 에이왁스, 공중 조기 경보 관제기
‡a·wait [əwéit] *vt.* **1** 〈사람이〉 **기다리다**, 대기하다 **2** 〈사물이〉 …에 준비되어 있다 (be in store for)
‡a·wake [əwéik] *v.* (**a·woke** [əwóuk], (드물게) **a·waked**; **a·waked**, (드물게) **a·woke, a·wok·en** [əwóukən]) *vt.* **1** (잠에서) **깨우다 2** 각성시키다; 깨닫게 하다, **자각시키다 3** 〈기억·동정심 등을〉 일깨우다, 환기하다《*in*》
— *vi.* **1** (잠에서) **깨어나다**, 눈뜨다 **2** 자각하다, 깨닫다
— *a.* **1 깨어 있는**, 자지 않고, 눈을 뜨고 **2** 정신차리고, 자각하고
‡a·wak·en [əwéikən] *vt.* **1** (잠에서) **깨우다 2** 〈…에게〉 **자각시키다 —** *vi.* **1** 깨다 **2** 자각하다
a·wak·en·ing [əwéikəniŋ] *n.* ⓊⒸ 눈뜸, 각성 **—** *a.* 깨우치는, 각성의
‡a·ward [əwɔ́:rd] *vt.* **1** 〈상품·장학금 등을〉 (심사하여) **수여하다**(adjudge, grant), (상을) 주다 **2** (중재·재판 등에서) 재정(裁定)하다; …에게 〈배상금 등을〉 인정하다, 주다《*to*》
— *n.* **1** 상, 상품, 상금 **2** 심판; 재정 **3** 판정서; 재정액 《손해 배상 등의》 **4** (영) (대학생에게 주는) 장학금
‡a·ware [əwɛ́ər] *a.* **1 알아차리고** 《*of, that*》, …을 알고(knowing) **2** …한 의식[인식]이 있는
***a·ware·ness** [əwɛ́ərnis] *n.* Ⓤ [때로 an ~] **알아채고[깨닫고] 있음**, 자각 《*of, that*》; 의식
a·wash [əwɑ́ʃ, əwɔ́:ʃ | əwɔ́ʃ] *ad., a.* 〈암초·침몰선 등이〉 수면과 거의 같은 높이로
‡a·way [əwéi] *ad.* **1** [위치] **떨어져**, **떠나 2** (…로부터) 떨어진 곳에서 《*from*》: far ~ 멀리 떨어져 **3** [이동·방향] **저리로**, 떠나서 **4** [소실·제거] **사라져**, 없어져 **5** [연속 행동] **끊임없이**; [보통 명령법으로] 망설이지 않고, 우물쭈물하지 않고 **6** (구어) [강조] **훨씬**(far)
~ back (미·구어) 훨씬 전에 ***A~ with him!*** 그를 쫓아 버려라! ***A~ with it!*** 치워 버려!, 그만둬! ***A~ with you!*** 거기 비켜!, 꺼져! ***far and ~*** 훨씬, 단연 ***Where ~?*** 〖항해〗 어느 방향으로?
— *a.* **1** 자리에 없어 **2** 떨어진 곳에 **3** 원정지에서 **4** 〖야구〗 아웃이 되어
— *n.* 원정 시합(에서의 승리)
‡awe [ɔ:] *n.* Ⓤ **외경**(畏敬), 두려움
be* [*stand*] *in ~ of …을 두려워[경외]하다
— *vt.* **1** 경외하게 하다 **2** …을 위압하여 …시키다
A-weap·on [éiwèpən] *n.* 원자 무기 (atomic weapon)
a·wea·ry [əwíəri] *a.* (시어) =WEARY
a·weath·er [əwéðər] *ad.* 〖항해〗 바람 불어오는 쪽에[으로]
a·weigh [əwéi] *a.* 〖항해〗 닻이 해저에서 떨어져
awe-in·spir·ing [ɔ́:inspàiəriŋ] *a.* 경외심을 일으키는, 장엄한
awe·some [ɔ́:səm] *a.* **1** 〈광경 등이〉 무시무시한 **2** (미·구어) 굉장한, 멋진

awe·struck [ɔ́:strʌ̀k], **-strick·en** [-strìkən] *a.* 위엄에 눌린, 두려운 생각이 든, 위압당한

‡aw·ful [ɔ́:fəl] *a.* **1** 《구어》 **지독한,** (정도가) **대단한 2 무서운,** 무시무시한 〈광경·폭풍우 등〉 **3** 《문어》 경외심을 일으키게 하는

— *ad.* 《구어》 **몹시**(very): He is ~ mad. 그는 매우 노하여 있다.

‡aw·ful·ly [ɔ́:fəli] *ad.* **1** 《구어》 **대단히,** 지독하게, 엄청나게(very): It is ~ good of you. 대단히 감사합니다. **2** 《문어》 **무섭게,** 두렵게

aw·ful·ness [ɔ́:fəlnis] *n.* Ⓤ **1** 두려움; 장엄 **2** 《구어》 지독함, 굉장함

***a·while** [ə*h*wáil] *ad.* **잠깐,** 잠시(for a while) 《《구어》에서는 for[after] a while 대신에 for[after] awhile을 쓰기도 함》

‡awk·ward [ɔ́:kwərd] *a.* **1** 〈사람·동작 등이〉 **어색한** 《*in*》; **서투른** 《*at*》 **2** 〈물건이〉 다루기 힘든, 거북한, 불편한 **3** 〈입장·문제 등이〉 **힘든,** 귀찮은, 곤란한; 《영》 〈시간 등이〉 계제가 좋지 않은; 〈침묵 등이〉 어색한 **4** 《영》 〈사람 등이〉 다루기 곤란한

áwkward àge [the ~] 다루기 곤란한 나이, 사춘기

áwkward cústomer 《구어》 다루기 곤란한 녀석, 만만찮은 상대

***awk·ward·ly** [ɔ́:kwərdli] *ad.* **어색하게,** 서투르게, 어설프게; 꼴사납게

awk·ward·ness [ɔ́:kwərdnis] *n.* Ⓤ 어색함; 다루기 어려움; 거북함

awl [ɔ:l] *n.* (구두 직공 등의) 송곳

AWL., awl absent[absence] with leave ⇨ AWOL

awn [ɔ:n] *n.* (보리 등의) 까끄라기 (beard)

awned [ɔ:nd] *a.* 까끄라기가 있는

***awn·ing** [ɔ́:niŋ] *n.* **1 차일,** 비가리개 **2** (갑판 위의) 천막

‡a·woke [əwóuk] *v.* AWAKE의 과거·《드물게》 과거분사

AWOL, a·wol [éiwɔ:l | -wɔl] [*a*bsent *w*ithout *l*eave] 〖군사〗 *n.* 《미》 무단 외출[결근](자); 탈영(병) — *a.* 《구어》 무단 외출[결근]의; 탈영의: go ~ 무단 외출하다; 탈영하다

a·wry [ərái] *ad., a.* **1** 구부러져, 비뚤어져, 뒤틀어져(distorted) **2** 〈사물·사람의 행동 등이〉 틀려서, 잘못되어(wrong); 〈진로를〉 벗어나

***go* [*run, tread*] ~** 실패하다(fail)

‡ax [æks] *n.* (*pl.* **~·es** [ǽksiz]) **1 도끼 2** 《미·속어》 재즈 악기 《기타, 색소폰 등》 **3** [the ~] 참수, 처형; 면직, 감원, 대삭감 《주로 공무원·공공 경비 등의》

get the ax (1) 참수당하다 (2) 해고되다 ***have an ax to grind*** 《구어》 딴 속셈이 있다, 속 배포가 있다 ***put the ax in the helve*** 난문제를 해결하다, 수수께끼를 풀다

— *vt.* **1** 도끼로 자르다 **2** 《구어》 〈경비·인원 등을〉 대폭 삭감하다

ax. axiom

axe·man [ǽksmən] *n.* (*pl.* **-men** [-mən]) = AXMAN

a·xen·ic [eizénik, -zí:n-] *a.* 〖생물〗 무균의, 순수 배양의

ax·es[1] [ǽksiz] *n.* AX의 복수형

ax·es[2] [ǽksi:z] *n.* AXIS의 복수형

ax-grind·er [ǽksgràindər] *n.* 《속어》 음모가

ax·i·al [ǽksiəl] *a.* 〖식물〗 굴대의, 축(軸)의; 굴대 모양의, 굴대 위의

ax·il·la [æksílə] *n.* (*pl.* **-lae** [-li:]) **1** 〖식물〗 엽액(axil) **2** 〖해부〗 겨드랑이

ax·i·ol·o·gy [æ̀ksiɑ́lədʒi | -ɔ́l-] *n.* Ⓤ 〖철학〗 가치론

ax·i·om [ǽksiəm] *n.* **1** 자명한 이치; 원리 **2** 〖논리·수학〗 공리(公理) **3** 격언 (maxim)

ax·i·o·mat·ic, -i·cal [æ̀ksiəmǽtik(əl)] *a.* 공리의[같은], 자명한(self-evident); 격언적인 **-i·cal·ly** *ad.*

***ax·is** [ǽksis] *n.* (*pl.* **ax·es** [-si:z]) **1** 굴대, 축선(軸線); 〖천문〗 지축(地軸) **2** 〖수학〗 (좌표의) 축 **3** (운동·발전 등의) 주축, 중추 **4** 추축(樞軸) 《국가 간의 연합》; [the A~] 독일·이탈리아·일본 추축국 《제2차 대전의》

***ax·le** [ǽksl] *n.* **굴대, 차축**(車軸)

ax·le·tree [ǽksltrì:] *n.* (마차 등의) 굴대, 차축

ax·man [ǽksmən] *n.* (*pl.* **-men** [-mən]) 도끼질하는 사람, 나무꾼(woodman)

‡ay, aye [ai] *ad., int.* 옳소, **찬성!**(yes) 《표결할 때의 대답》

— *n.* (*pl.* **ayes**) **1** 긍정, 찬성 **2** 찬성 투표자

AZ 〖미·우편〗 Arizona

a·za·lea [əzéiljə] *n.* 〖식물〗 진달래

a·zan [ɑ:zɑ́:n] *n.* (이슬람 사원에서 하루 다섯 번 울리는) 기도의 종

A·zil·ian [əzí:ljən] *a., n.* 〖고고학〗 아질 문화(의) 《서유럽 중석기 시대의》

az·i·muth [ǽzəməθ] *n.* 〖천문〗 방위각 (角); 방위

a·zo·ic [əzóuik | eiz-] *a.* 〖지질〗 무생대의

A·zov [ǽzɔ:f | ɑ́:zɔf] *n.* [the sea of ~로] 아조프 해 《흑해의 북쪽》

Az·tec [ǽztek] *n.* **1** [the ~s] 아즈텍족 《멕시코 원주민》 **2** Ⓤ 아즈텍 말

— *a.* 아즈텍 사람[말]의

***az·ure** [ǽʒər] *n.* Ⓤ **1 하늘빛,** 담청색 (淡靑色)(sky blue) **2** [the ~] 《시어》 푸른 하늘, 창천

— *a.* 하늘빛의, 푸른 하늘의

ázure stòne 청금석(靑金石) 《속칭 유리》

az·ur·ite [ǽʒəràit] *n.* Ⓤ 〖광물〗 남동광(藍銅鑛)

az·y·gous [ǽzəgəs | ǽzi-] *a.* 〖생물〗 쌍[짝]을 이루지 않는

B b

b, B [biː] *n.* (*pl.* **b's, bs, B's, Bs** [-z]) **1** 비 《영어 알파벳의 둘째 자》 **2** B자형(의 것) **3** 가정(假定)의 제2; 두 번째(의 것), 을(乙); 〖음악〗나 음(音), 나 조(調); 〖수학〗제2 기지수(既知數) **4** (ABO식 혈액형의) B형

B 〖체스〗 bishop; 〖연필〗 black; 〖화학〗 boron

b. B. bachelor; base(man); 〖음악〗 bass; basso; bay; blend (of); book; born; bowled; breadth; brother(hood)

B. Bible; British

B/- 〖상업〗 bag; bale

Ba 〖화학〗 barium

BA Bachelor of Arts 문학사; British Academy 영국 학사원

baa [bæ, bɑː] 〖의성어〗 *n.* 매 《양의 울음 소리》 — *vi.* (**baa'd, baaed**) 〈양이〉 매하고 울다

Ba·al [béiəl] *n.* (*pl.* **~·im** [-im], **~s**) 바알 《고대 페니키아의 태양신》; [때로 **b~**] 사신(邪神)

baa-lamb [bɑ́ːlæ̀m] *n.* 《유아어》 매매 《양》

baas [bɑːs] *n.* 《남아공》 주인; 나리 《호칭》

Bab [bɑːb] *n.* 여자 이름

Bab·bitt, b- [bǽbit] *n.* 《미·구어》 교양없는 실업가 **~·ry** *n.* UC 저속한 실업가 기질

Bábbitt mètal 〖야금〗 배빗 합금 《주석·안티몬·납·구리의 합금》

***bab·ble** [bǽbl] 〖의성어〗 *vi.* **1** 불명료한 소리를 내다 **2** (…에 대하여) 쓸데없는 말을 하다 **3** 〈시냇물이〉 졸졸 소리내다 — *vt.* 실없이 지껄이다 — *n.* U 서투른 말, 재잘거림; 졸졸 흐르는 소리

bab·bler [bǽblər] *n.* 서투르게 지껄이는 어린애; 수다쟁이

bab·bling [bǽbliŋ] *a.* 재잘거리는, 졸졸 흐르는 — *n.* UC 수다; 졸졸 흐르는 소리

‡babe [beib] *n.* **1** 《시어》 아기(baby) **2** 순진한 사람

Ba·bel [béibəl, bǽb-] *n.* **1** 〖성서〗 바벨 《Babylonia의 고대 도읍》; 바벨탑 **2** [보통 **b~**] 왁자지껄한 소리 **3** 떠들썩하고 혼란한 장소

bá·bies' brèath [béːibiz-] 〖식물〗 안개꽃

***ba·boon** [bæbúːn | bə-] *n.* 〖동물〗 비비(狒狒), 개코 원숭이

ba·bouche [bəbúːʃ] *n.* 슬리퍼 같은 신발 《터키 등》

ba·bush·ka [bəbúːʃkə] [Russ.] *n.* 바부슈카 《여자용 머리 스카프의 일종》

‡ba·by [béibi] *n.* (*pl.* **-bies**) **1** 갓난아이, 아기 **2** 어린동물의 갓난 새끼 **3** 《경멸》 어린애 같은 사람 **4** 《미》 젊은 여자, 여자 친구

hold** [**carry**] **the ~** = **be left holding the ~ 성가신 일[책임]을 맡다

báby blúe **1** 연한 청색[하늘색] **2** [*pl.*] 《구어》 푸른 눈; [the ~s] 산후 우울증

báby bòom 베이비 붐

báby bùggy [**càrriage**] 《미》 유모차

báby bùst 출생률의 급락[격감]

báby bùster 출생률 격감기에 태어난 사람

báby fàce 동안(童顔)(인 사람)

báby fàrm (유료) 탁아소, 보육원

báby fàrmer 탁아소 경영자, 보육원장

báby fàrming 탁아소 경영

báby fòod 유아식

báby gránd[**grànd piáno**] 소형 그랜드 피아노

ba·by·hood [béibihùd] *n.* U 유년기, 나이 어림; 유치함

ba·by·ish [béibiiʃ] *a.* 어린애 같은; 유치한 **~·ly** *ad.* **~·ness** *n.*

Bab·y·lon [bǽbələn] *n.* **1** 바빌론 《고대 Babylonia의 수도》 **2** 향락과 악덕의 대도시

Bab·y·lo·ni·a [bæ̀bəlóuniə] *n.* 바빌로니아 《메소포타미아 남부의 고대 왕국》

Bab·y·lo·ni·an [bæ̀bəlóuniən] *a.* 바빌로니아[바빌론]의; 화려하고 악덕의[퇴폐적인] — *n.* 바빌로니아 사람; U 바빌로니아 말

Babylónian captívity [the ~] 〖성서〗 (기원전 6세기의 유대인의) 바빌론 포로

ba·by-mind·er [béibimàindər] *n.* 《영》 = BABY-SITTER

báby's brèath = BABIES' BREATH

ba·by-sit [béibisìt] *v.* (**-sat** [-sæ̀t]; **~·ting**) *vi.* (고용되어) 남의 애를 봐주다 — *vt.* (남의) 아이를 봐주다 **-sit·ting** *n.*

‡ba·by-sit·ter [-sìtər] *n.* (부모 없는 동안에 고용되어) 애를 봐주는 사람

báby snàtcher **1** 《구어》 유아 유괴범 **2** 《속어》 훨씬 연하인 사람과 결혼하는 사람

báby spót 《속어》 (휴대용) 소형 스포트라이트

Báby Státe [the ~] 미국 Arizona 주의 속칭

báby tàlk 아기의 말(투)

báby wàlker 《영》 유아의 보행 연습기

BAC blood-alcohol concentration 혈중 알코올 농도

bac·ca·lau·re·ate [bæ̀kəlɔ́ːriət] *n.* 학사 학위(bachelor's degree); 《미》 (대학) 졸업식 식사

bac·ca·ra(t) [bɑ́ːkərɑ̀ː | bǽk-] [F] *n.* U 바카라 《도박 카드놀이의 일종》

bac·chan·te [bəkǽnt(i)] *n.* 바커스 신의 여사제(女司祭)[여신도]; 여주객(酒客)

bac·chan·tic [bəkǽntik] *a.* 바커스를 숭배하는; 술마시며 떠들어대는; 술을 좋아하는

Bac·chic [bǽkik] *a.* 바커스의; [**b~**] 술취한(drunken), 취하여 떠들어대는
Bac·chus [bǽkəs] *n.* 〖그리스·로마신화〗 바커스 《주신(酒神); cf. DIONYSUS》: a son of ~ 대주가
bac·cy [bǽki], **bac·co** [bǽkou] [tobacco의 단축형] *n.* Ⓤ 《영·구어》 담배
bach [bætʃ] [*bach*elor] *n.* 《미·속어》 미혼[독신] 남자; 《뉴질》 (바닷가 등의) 작은 집[별장] **—** *vt.* [종종 ~ it로] 〈남자가〉 독신 생활을 하다
Bach [bɑːk] *n.* 바흐 **Johann Sebastian ~** (1685-1750) 《독일의 작곡가》
*̣***bach·e·lor** [bǽtʃələr] [OF 「기사(騎士) 후보자」의 뜻에서] *n.* **1** 미혼[독신] 남자 《《구어》에서는 unmarried[single] man을 씀》 (cf. SPINSTER) **2** 학사 (cf. MASTER) **3** 〖영국사〗 = BACHELOR-AT-ARMS
B~ of Arts 문학사 《略 B.A., A.B.》 ***keep ~*** (***'s***) ***hall*** 《미》 독신 생활을 하다
~·dom *n.* Ⓤ(남자의) 독신 (신분) **~·hòod** *n.* Ⓤ (남자의) 독신, 독신 생활[시대] **~·ìsm** *n.* Ⓤ (남자) 독신 (생활) **~·shìp** *n.* Ⓤ(남자의) 독신; 학사의 자격[신분]
bach·e·lor-at-arms [bǽtʃələrətɑ́ːrmz] *n.* (*pl.* **bach·e·lors-**) 〖영국사〗 다른 기사를 섬기는 젊은 기사
báchelor gìrl[**wòman**] 독신 직장 여성
báchelor mòther 《미·속어》 미혼모; 혼자 힘으로 아이를 키우는 어머니
báchelor's degrèe 학사 학위
bac·il·lar·y [bǽsəlèri | bæsíləri], **-lar** [bəsílər, bǽsələr] *a.* 바실루스[간균(杆菌)]의
bac·il·li·form [bəsíləfɔ̀ːrm] *a.* 막대[간균] 모양의
***ba·cil·lus** [bəsíləs] *n.* (*pl.* **-li** [-lai]) **1** 바실루스, 간균(桿菌) **2** [*pl.*] 《구어》 세균(bacteria)
bac·i·tra·cin [bæ̀sətréisn] *n.* 〖생화학〗 바시트라신 《항생 물질의 일종》
*̣***back** [bæk] *n.* **1** (사람의) 등; (동물의) 등 부위 **2** (손·발의) 등; 등뼈 **3** (정면·겉과 대비해서) 뒤, 뒷면, 안쪽 **4 a** [the ~] (의자 등의) 등 부분 《*of*》 **b** 〖제본〗 (책의) 등 **5** 〖스포츠〗 후위, 백
at the ~ of = 《미》 ***~ of*** = ***at*** one***'s ~*** …의 뒤에, 배후에; …을 후원하여 ***~ to ~*** 등을 맞대고 《*with*》 ***~ to front*** 뒤가 앞에 오도록 〈셔츠를 입다 등〉 ***behind*** a person***'s ~*** 본인이 없는 데서, 몰래 ***break the ~ of*** 힘에 겨운 일을 맡기다, 죽이다; (일의) 어려운 고비를 넘기다 ***get***[***put, set***] one***'s***[a person***'s***] ***~ up*** …을 골나게 하다 ***give*** a person ***the ~*** …에게 등을 돌리다; 무시하다 ***in*** (***the***) ***~ of*** 《미》 = at the BACK of. ***on*** one***'s ~*** 반듯이 누워; 앓아 누워 ***on the ~ of*** …의 뒤에; …의 뒤를 이어; …에 덧붙여 ***put*** one***'s ~ into*** …에 힘쓰다, …에 노력하다 ***see the ~ of*** …을 쫓아 버리다 ***to the ~*** 《영》 골수까지 ***turn*** one***'s ~ on*** …에게 등을 돌리다 ***with*** one***'s ~ to the wall*** 막다른 골목에 몰려, 궁지에 빠져
— *a.* Ⓐ **1** 뒤의, 배후의, 이면의 **2** 되돌아가는 **3** 먼, 외딴 **4** 이전의 **5** 밀린, 미납의 ***give a ~ answer*** 말대꾸하다
— *ad.* **1** 뒤로, 안으로 **2** 《구어》 소급하여; 이전에 **3** 본래 자리[상태]로; 되돌아가서 ***~ and forth*** 앞뒤로; 이리저리 ***~ of*** 《미·속어》 …의 뒤에(behind); …을 후원하여
— *vt.* **1** 후원하다, 지지하다 **2** 후진시키다, 뒤로 물리다 **3** 〈경치 등의〉 배경을 이루다 **4** 〈수표에〉 배서하다
— *vi.* 후퇴하다, 뒤로 물러서다
~ down 뒷걸음치며 내려오다 《*from*》 ***~ out*** (***of***) 《구어》 〈약속·계획·싸움 등에서〉 손을 떼다 ***~ up*** 후원하다
back·ache [bǽkèik] *n.* ⓊⒸ 요통
back·band [-bæ̀nd] *n.* 등띠 《말의 끌채를 붙들어 매는》
back·bench [-béntʃ] *n.* 《영》 (하원의) 뒤쪽 좌석의 의원들
back·bite [-bàit] *vt., vi.* (**-bit** [-bìt]; **-bit·ten** [-bìtn], **-bit**) (뒤에서) 험담하다
-bìt·er *n.* 험담하는 사람
-bìt·ing *n.* Ⓤ 험담, 흠구덕
back·block [-blɑ̀k | -blɔ̀k] *n.* [종종 *pl.*] 《호주》 오지(奧地), 벽지의 목장
back·board [-bɔ̀ːrd] *n.* (짐수레의) 후판(後板); (농구의) 백보드
*̣***back·bone** [bǽkbòun] *n.* **1** [the ~] 등뼈, 척추(spine) **2** Ⓤ 기골(firmness)
to the ~ 철저한; 철두철미하게
back·boned [-bòund] *a.* 등뼈가 있는
back·break·ing [-brèikiŋ] *a.* 몹시 힘든[고된]
báck búrner 1 (레인지의) 안쪽[속] 버너 **2** 《구어》 (순서·중요도가) 약간 아래임; 잠정적 연기: on the ~ 뒤로 돌려져
back-burn·er [-bə́ːrnər] 《구어》 *vt.* 뒤로 미루다, 보류하다 **—** *a.* 2차적인, 중요하지 않은
back·chat [-tʃæ̀t] *n.* Ⓤ 《영》 말대꾸
back·coun·try [-kʌ̀ntri] *n.* ⓊⒸ 《미》 시골, 벽지
back·court [-kɔ̀ːrt] *n.* (테니스·농구 등의) 백코트
back·date [-dèit] *vt.* …의 날짜를 거슬러 올라가게 하다
back·door [-dɔ̀ːr] *a.* 뒷문의; 뒷구멍의; 비밀(수단)의(secret); 간사한
back·down [-dàun] *n.* 퇴각, 후퇴
back·drop [-drɑ̀p | -drɔ̀p] *n.* **1** (극장의) 배경막 **2** (사건 등의) 배경
backed [bækt] *a.* **1** …의 등을 한 **2** 후원[지지]받은 **3** 〖상업〗 배서가 있는
back·er [bǽkər] *n.* 후원자; 받침
back·field [-fìːld] *n.* 〖미식축구〗 quarterback, halfback, fullback의 총칭; 〖야구〗 외야
back·fire [-fàiər] *vi.* **1** 〈내연기관이〉 역화(逆火)하다 **2** 기대에 어긋난 결과가 되다, 실패하다 **3** 《미》 맞불을 놓다 《산불이 퍼지지 못하도록》 **—** *n.* **1** 역화 **2** 역발 **3** 《미》 맞불
back-for·ma·tion [-fɔːrmèiʃən] *n.* Ⓤ 〖언어〗 역성(법); Ⓒ 역성어
back·gam·mon [-gæ̀mən, ´-´-] *n.* Ⓤ 서양 쌍륙의 일종

‡back·ground [bǽkgràund] *n.* **1** 배경 **2** 이면 **3** 경력, 경험 **4** = BACKGROUND MUSIC

back·ground·er [-gràundər] *n.* ((미)) (정부 측의) 배경 설명(기자 회견)

báckground mùsic (영화·연극 등의) 배경 음악

báckground projèction 〖TV·영화〗 배경 영사 ((미리 준비한 것을 투사하기))

B

back·hand [-hæ̀nd] *n.* **1** 손등으로 치기 **2**〖테니스〗 백핸드, 역타(逆打); 〖야구〗 백핸드캐치 **3** Ⓤ 왼쪽으로 기운 글씨체 **~·er** *n.* 역타; 간접 공격

back·hand·ed [-hǽndid] *a.* Ⓐ **1** 백핸드의; 손등으로 치는 **2** 〈서체가〉 왼쪽으로 기운 **3** 〈의미가〉 애매한; 〈언동이〉 빈정대는

back·ing [bǽkiŋ] *n.* ⓊⒸ **1** 배서 보증; 후원(support) **2** (책 등의) 등받침(붙이기) **3** 역행, 후퇴

back·lash [-læ̀ʃ] *n.* **1** 역회전 **2** 〖기계〗 백래시 ((부품간의 헐거움으로 인한 역행)) **3** 〖낚시〗 (릴에) 얽힌 줄 **4** (개혁에 대한) 격렬한 반발, 반동

back·less [bǽklis] *a.* 〈의자 등〉 등이 없는

back·list [-lìst] *n.* 재고 목록, 기간(旣刊) 도서 목록

back·log [-lɔ̀:g | -lɔ̀g] *n.* **1** ((미)) (오래 타게) 난로 안쪽에 넣어 두는 큰 장작 **2** 주문 잔고

back·most [-mòust] *a* Ⓐ 맨 끝[뒤]의

báck númber **1** 묵은 호(號)(의 잡지) **2** (구어) 시대에 뒤진 사람[것]

báck òut ((미·구어)) 철회, 탈퇴, 취소

back·pack [-pæ̀k] *vt., vi.* ((미)) 배낭을 지고 걷다 **—** *n.* ((미)) 배낭

báck pássage (완곡) 직장(rectum)

back·ped·al [-pèdl] *vi.* (자전거의) 페달을 거꾸로 밟다; 후퇴하다

back·rest [-rèst] *n.* (의자 등의) 등받침

báck ròom 안쪽 방; 비밀 연구소

báck·room bóy [bǽkrù:m-] ((영·구어)) 비밀 연구원[전문가]

back·scat·ter [-skæ̀tər] (물리) *n.* Ⓤ (방사선 등의) 후방 산란 **—** *vi.* 후방 산란시키다 **~·ing** *n.*

back·scratch·er [-skræ̀tʃər] *n.* 등긁개

back·seat [-sí:t] *n.* 뒷자리; (구어) 보잘것 없는 지위, 말석

báckseat dríver (구어) 자동차 객석에서 운전을 지시하는 손님; 참견 잘 하는 사람

back·set [-sèt] *n.* 역행(逆行); 역류

back·side [-sàid] *n.* 후방, 후부, 이면; [종종 *pl.*] ((속어)) 엉덩이, 둔부

báck slàng 거꾸로 읽는 은어

back·slap [-slæ̀p] (구어) *vt., vi.* 등을 탁 치다
— *n.* 등을 탁 치기

back·slide [-slàid] *vi.* (**-slid** [-slìd]; **-slid, -slid·den** [-slìdn]) (원래의 악습으로) 되돌아가다; 타락하다 **-slìd·er** *n.* **-slìd·ing** *n.*

back·space [-spèis] *vi.* (타자기에서) 한 자 역행시키다 **—** *n.* 백스페이스; (컴퓨터·타자기의) 역행 키 **-spàc·er** *n.* 역행 키

back·stage [-stéidʒ] *a.* Ⓐ 분장실[무대 뒤]의, 막후의

back·stairs [-stɛ̀ərz] *n. pl.* 뒷층계

back·stay [-stèi] *n.* **1** (기계 장치의) 뒷받침 **2** [종종 *pl.*] 〖항해〗 후지삭(後支索), 뒷 버팀줄 ((돛대의)) **3** ((일반적으로)) 지지(支持)

báck stréet ((미)) 뒷길

back·stretch [-strétʃ] *n.* 〖경기〗 백스트레치 ((결승점이 있는 코스와 반대쪽 코스))

back·stroke [-stròuk] *n.* 되치기, 반격; 〖테니스〗 역타(逆打); 〖수영〗 배영(背泳)

back·sword [-sɔ̀:rd] *n.* 외날 검; 목검 ((펜싱 연습용))

báck tàlk ((미·구어)) 무례한 말대답 ((영) backchat)

back-to-back [-təbǽk] *a.* 등을 서로 맞댄; 연속적인

back·track [-træ̀k] *vi.* 같은 코스를 따라 되돌아오다; 물러서다

back·up [-ʌ̀p] *n.* **1** 지원 **2** 정체 **3** 〖컴퓨터〗 여벌 (받기), 백업
— *a.* Ⓐ 지원하는; 대체의, 예비의; 〖컴퓨터〗 보완의

báckup lìght ((미)) (차의) 후진등(後進燈)

‡back·ward [bǽkwərd] *a.* **1** Ⓐ 뒤쪽(으로)의; 거꾸로의 **2** 진보[발달]가 늦은 **3** 수줍은 **—** *ad.* **1** 뒤쪽으로 **2** 거꾸로 **3** 소급하여
~ and forward 앞뒤로, 이리저리 ***go ~*** 되돌아가다; 퇴보[타락]하다
— *n.* **1** 후방, 뒤 **2** 과거, 옛날

back·ward·a·tion [bæ̀kwərdéiʃən] *n.* Ⓤ ((영)) 〖증권〗 (매매 주식의) 수도(受渡) 연기(금), 역일변(逆日邊)

‡back·wards [bǽkwərdz] *ad.* = BACKWARD

back·wash [-wɔ̀:ʃ] *n.* 역류, 후류, 밀려 나가는 파도

back·wa·ter [-wɔ̀:tər] *n.* **1** Ⓤ 밀려나가는 물 **2** 지적 부진; 침체

back·woods [-wúdz] *n. pl.* [the ~] (벽지의 개척되지 않은) 삼림지

back·woods·man [-mən] *n.* 벽지의 사람

back·yard [bǽkjɑ́:rd] *n.* 뒤뜰

‡ba·con [béikən] *n.* Ⓤ 베이컨; ((미·속어)) 경찰, 경관
bring home the ~ (구어) 성공[입상(入賞)]하다; (구어) 생활비를 벌다 ***save** one's **~*** ((영·구어)) 위험[손해]을 면하다

Ba·con [béikən] *n.* 베이컨 **Francis ~** (1561-1626) ((영국의 수필가·철학자; 경험학파의 시조))

Ba·co·ni·an [beikóuniən] *a.* 베이컨(학파)의

‡bac·te·ri·a [bæktíəriə] [L 「작은 막대」의 뜻에서] *n. pl.* (*sing.* **-ri·um** [-riəm]) 박테리아, 세균

bac·te·ri·al [bæktíəriəl] *a.* 박테리아[세균]의

bac·te·ri·cid·al [bæktìərəsáidl] *a.* 살균의

bac·te·ri·cide [bæktíərəsàid] *n.* 살균제

bac·te·ri·o·log·i·cal [bæktìəriəlɑ́dʒikəl | -lɔ́dʒ-], **-log·ic** [-ik] *a.* 세균학(상)의, 세균 사용의: ~ [germ] warfare 세균전

bac·te·ri·o·phage [bæktíəriəfèidʒ] *n.* 〘세균〙 살균 바이러스

bac·te·ri·um [bæktíəriəm] *n.* (*pl.* **-ri·a** [-riə]) BACTERIA의 단수

Bác·tri·an cámel [bǽktriən-] 〘동물〙 쌍봉낙타

***bad¹** [bæd] *a.* (**worse** [wəːrs]; **worst** [wəːrst]) (opp. *good*) **1** 나쁜, 불량한, 부정(不正)한 **2** 불충분한 **3** 해로운 **4** 건강이 좋지 않은 **5** 썩은 **6**(본래 나쁜 것이) 더 심한 **7** 불리한; 불길한 **8** 틀린 **9** 서투른; 저급한 **10**〈날씨가〉 나쁜

go ~ 썩다, 나빠지다 ***have a ~ time (of it)*** 혼이 나다, 불쾌한 시간을 보내다 ***in a ~ way*** 《구어》〈건강이〉 몹시 나빠 ***not (so[half, too]) ~*** 《구어》 그렇게 나쁘지 않은, 꽤 좋은

— *ad.* 《미·속어》 =BADLY

— *n.* [the ~] 악; 나쁜 상태

go from ~ to worse 점점 더 악화하다 ***go to the ~*** 파멸[타락]하다

bad² *v.* 《고어》 BID의 과거

bád blóod 악감정, 미움; 원한

***bade** [bæd] *v.* BID의 과거

***badge** [bædʒ] *n.* **배지, 기장(記章)**

***badg·er** [bǽdʒər] *n.* 〘동물〙 **오소리**

— *vt.* **집적대다,** 괴롭히다

Bádger Stàte [the ~] 미국 Wisconsin 주의 속칭

bad·i·nage [bæ̀dənɑ́ːʒ] [F] *n.* Ⓤ 농담, 야유

Bád Lànds [the ~] 미국의 South Dakota 주 남서부 및 Nebraska 주 북서부의 황무지

bad·lands [bǽdlæ̀ndz] *n. pl.* 《미》 황무지, 악지(惡地)

***bad·ly** [bǽdli] *ad.* (**worse** [wəːrs]; **worst** [wəːrst]) **1** 나쁘게, 서투르게 **2** 대단히(greatly)

be ~ off 생활이 쪼들리다

***bad·min·ton** [bǽdmintn] *n.* Ⓤ 〘스포츠〙 **배드민턴**

bad·ness [bǽdnis] *n.* Ⓤ 나쁜 상태; 나쁨, 불량

bad-tem·pered [-tèmpərd] *a.* 기분이 상한, 심술궂은(cross); 성미가 까다로운

Bae·de·ker [béidikər] *n.* 베데커 여행 안내서

***baf·fle** [bǽfl] *vt.* **당황하게 하다**; 〈계획·노력 등을〉 **좌절시키다**

— *vi.* 허덕이다, 허우적거리다

— *n.* **1** 당혹; 좌절 **2** (기류·음향·유체의) 조절[차폐] 장치

baf·fling [bǽfliŋ] *a.* 저해하는; 당황하게 하는

***bag** [bæg] *n.* **1** **자루; 가방, 핸드백** **2** 지갑 **3** 자루같이 생긴 것 **4** 〘야구〙 베이스

~ and baggage 《구어》 소지품[세간]을 모두 챙기고, 모조리 ***empty the ~*** 남김없이 이야기하다 ***get[give a person] the ~*** 해고되다[시키다] ***hold the ~*** 《미·구어》 아무 소득도 없게 되다; 혼자 책임을 덮어 쓰게 되다 ***in the ~*** 《구어》〈승리 등이〉 확실하여; 성공이 확실하고

— *vt.* 자루에 넣다; 〈사냥감을〉 잡다; 《구어》〈남의 물건을〉 악의 없이 슬쩍 가져가다 — *vi.* 부풀다 《*out*》

bag·a·telle [bæ̀gətél] *n.* 하찮은 것; 사소한 일

Bag·dad [bǽgdæd | -́-] *n.* = BAGHDAD

ba·gel [béigəl] *n.* 베이글 《유대식의 도넛형의 딱딱한 빵》

bag·ful [bǽgfùl] *n.* 한 자루분(의 양) 《*of*》

***bag·gage** [bǽgidʒ] *n.* **1** Ⓤ 《미》 **수하물** 《《영》에서는 보통 luggage》; 〘육군〙 군용 행낭 **2** 《고어·익살》 말괄량이

bággage càr 《미》 (객차에 연결한) 수하물차(《영》 luggage van)

bággage chèck 《미》 수하물 물표

bággage clàim (공항의) 수하물 찾는 곳

bággage òffice 《미》 수하물 취급소

bággage ràck 《미》 (찻간의) 선반

bággage ròom 《미》 (역의) 수하물 임시 보관소(《영》 left-luggage office)

bággage tàg 《미》 수하물 꼬리표

bag·ging [bǽgiŋ] *n.* Ⓤ 자루에 넣음; 자루 만드는 천 《삼베·황마 등》

bag·gy [bǽgi] *a.* 헐렁헐렁한; 불룩한

Bagh·dad [bǽgdæd] *n.* 바그다드 《Iraq의 수도》

bag·man [bǽgmən] *n.* **1** 《미·속어》 (공갈꾼의) 상납금 수금원 **2** 《영》 외판원, 출장 판매인

bagn·io [bǽnjou] [It.] *n.* (*pl.* **~s**) (이탈리아·동양식) 대중 목욕탕; 감옥; 창루(娼樓)

***bag·pipe** [bǽgpàip] *n.* [종종 *pl.*] 풍적(風笛), 백파이프 《스코틀랜드 고지인의 취주 악기》

bag·pip·er [bǽgpàipər] *n.* 풍적 부는 사람

ba·guette, -guet [bægét] *n.* 가느다란 장방형으로 깎은 보석; 바게트 《가늘고 긴 프랑스 빵》

bag·worm [bǽgwɔ̀ːrm] *n.* 〘곤충〙 도롱이벌레

bah [bɑː, bæː] *int.* 《경멸》 흥, 바보같은

Ba·ha·mas [bəhɑ́ːməz] *n.* **1** [단수 취급] 바하마 **2** [the ~; 복수 취급] 바하마 제도

baht [bɑːt] *n.* (*pl.* **~s,** ~) 바트 《타이의 화폐 단위》

bai·gnoire [beinwɑ́ːr] [F] *n.* (극장의) 아래층 특별석

Bai·kal [baikɑ́ːl] *n.* **Lake ~** 바이칼 호 《시베리아의 호수》

***bail¹** [beil] [동음어 bale] *n.* Ⓤ 〘법〙 **보석(保釋); 보석금**

go[put up] ~ for …의 보석 보증인이 되다; …을 보증하다 ***on ~*** 보석금을 내고

— *vt.* **1** (보석금을 내어) 보석을 받게 하다 《*out*》 **2** 〈물건을〉 위탁하다

bail² *n.* 〘크리켓〙 삼주문(三柱門)에 얹는 가로장

bail[3] *n.* (뱃바닥에 괸 물을 퍼내는) 파래박 **—** *vt.* 〈배에 괸 물을〉 퍼내다 《*out of*》
— *vi.* (배에서) 괸 물을 퍼내다 《*out*》
~ ***out*** 낙하산으로 탈출하다

bail[4] *n.* (주전자·양동이의) 반원형 손잡이

bail·a·ble [béiləbl] *a.* 보석시킬 수 있는

bail·ee [beilíː] *n.* 수탁자(受託者)

B

bail·er [béilər] *n.* **1** 〖크리켓〗 삼주문(三柱門)의 가로장에 맞는 공 **2** 배에 괸 물을 퍼내는 사람; 파래박

bai·ley [béili] *n.* (성의) 외벽; 성벽으로 둘러싸인 안뜰

Bái·ley brìdge [béili-] 〖군사〗 베일리식 조립교

bail·iff [béilif] *n.* 《영》 (법의) 집행관; 《미》 정리(廷吏); 《영》 토지[농장] 관리인

bail·i·wick [béiləwik] *n.* bailiff의 관할구; 《미》 전문 분야

bail·ment [béilmənt] *n.* ⓊⒸ 〖법〗 위탁; 보석(保釋)

bail·or [béilər] *n.* 〖법〗 위탁자

bail·out [béilàut] *n.* 낙하산으로의 탈출; 비상 구제[융자]
— *a.* 탈출의[을 위한]

bails·man [béilzmən] *n.* 보석 보증인

bairn [bɛərn] *n.* 《스코·북잉글》 어린이, 아이

‡bait [beit] [동음어 bate] *vt.* **1** 미끼를 달다, 미끼로 꾀어 들이다 **2** 〈매어 둔 짐승을〉 개를 시켜서 곯리다; 괴롭히다
— *vi.* 〈동물이〉 먹이를 먹다
— *n.* 미끼; 유혹
swallow the ~ 〈물고기가〉 미끼를 물다; 〈사람이〉 덫에 걸리다

baize [beiz] *n.* Ⓤ (보통 초록색의) 올이 거친 나사

‡bake [beik] *vt.* **1** 〈빵·과자 등을〉 굽다 **2** 〈기와 등을〉 구워 굳히다
— *vi.* 구워지다
— *n.* 《미》 구운 즉석 요리의 회식; 빵 굽기

bake·house [béikhàus] = BAKERY

Ba·ke·lite [béikəlàit] *n.* 베이클라이트 《합성수지》

‡bak·er [béikər] *n.* **빵 굽는 사람**; 《미》 휴대용 오븐

bák·er's dózen [빵 장수가 1다스에 1개 더 준 데서 유래] [a ~] 13개

∗bak·er·y [béikəri] *n.* **빵집**, 제과점

∗bak·ing [béikiŋ] *n.* Ⓤ **빵 굽기**
— *a., ad.* 타는 듯한[듯이]: ~ hot 타는 듯이 더운

báking pòwder 베이킹파우더

báking sòda 중조 《중탄산나트륨의 속칭》

bak·sheesh, bak·shish [bǽkʃiːʃ] *n.* Ⓤ (터키·이란 등에서) 팁(tip)

Ba·ku [bɑːkúː] *n.* 바쿠 《카스피 해에 면한 Azerbaijan의 수도; 채유(採油)의 대중심지》

bal. balance

Ba·laam [béiləm] *n.* 〖성서〗 발람 《히브리의 예언자》; 믿을 수 없는 예언자[동지]

bal·a·cla·va [bæləklɑ́ːvə] *n.* 발라클라바 모자 《어깨까지 덮는 털실모자》

bal·a·lai·ka [bæləláikə] [Russ.] *n.* 발랄라이카 《기타와 비슷한 러시아의 악기》

‡bal·ance [bǽləns] *n.* **1** Ⓤ **균형, 평균 2 천칭**(天秤), **저울**(= ~ of scales) **3** [보통 *sing.*] 〖회계〗 **대차 계정**; 차액, 차감 잔액
~ ***of trade*** 무역 수지 ***hang*** [***be, lie***] ***in the*** ~ 어느 쪽으로 기울지 모르는 불안정한 상태에 있다 ***in the*** ~ 어느 쪽으로도 결정되지 않고 ***off*** [***out of***] ~ 평형을 잃고, 불안정하여 ***on*** ~ 모든 것을 고려하여, 결국 ***strike a*** ~ (***between***) 대차를 결산하다
— *vt.* **1 평형**[**균형**]**을 잡다**[**맞추다**], 비교 평가하다 **2 비교하여 헤아리다 3** 청산하다
— *vi.* **1** 균형이 잡히다, 평균을 이루다 **2** 〖회계〗 〈잔액이〉 맞아떨어지다 **3** 망설이다

bal·anced [bǽlənst] *a.* 균형 잡힌

bal·anc·er [bǽlənsər] *n.* 균형을 유지하는 사람[물건, 장치]; 곡예사(acrobat)

bálance shèet 〖회계〗 대차 대조표

bálance whèel (시계의) 평형 바퀴

ba·la·ta [bəlɑ́ːtə] *n.* **1** 〖식물〗 발라타 나무 **2** 발라타 고무

Bal·bo·a [bælbóuə] *n.* 발보아 **Vasco Núñez de** ~ (1475-1517) 《태평양을 발견한 스페인 탐험가》

bal·brig·gan [bælbrígən] *n.* Ⓤ 발브리간 메리야스; [*pl.*] 메리야스제 긴양말[파자마]

bal·co·nied [bǽlkənid] *a.* 발코니가 있는

‡bal·co·ny [bǽlkəni] *n.* **1 발코니 2** (극장의) 2층 특별석

‡bald [bɔːld] *a.* **1** 〈머리가〉 **벗어진**, 대머리의 **2** 〈문체가〉 운치 없는, 단조로운

báld cóot 1 〖조류〗 대머리물닭 **2** 대머리《사람》

báld éagle 〖조류〗 흰머리독수리 《미국의 국장 (國章)》

bal·der·dash [bɔ́ːldərdæʃ] *n.* Ⓤ 허튼소리

bald-faced [bɔ́ːldfèist] *a.* 얼굴에 흰 점이 있는 〈동물〉; 뻔뻔한

bald·head [-hèd] *n.* 대머리(인 사람)

bald·head·ed [-hédid] *a.* 대머리의

bald·ing [bɔ́ːldiŋ] *a.* (머리가) 벗겨지기 시작한

bald·ly [bɔ́ːldli] *ad.* 노골적으로

∗bald·pate [bɔ́ːldpèit] *n.* **1 대머리**(진 사람) **2** 〖조류〗 홍머리오리 《북미산》

bal·dric [bɔ́ːldrik] *n.* 수대(綬帶) 《어깨에서 옆구리에 걸치어 칼을 차는》

∗bale[1] [beil] [동음어 bail] *n.* (배에 실는 상품의) **곤포**(梱包), 짐짝 **—** *vt.* 짐짝으로 만들다, 곤포로 포장하다

bale[2] *n.* Ⓤ 《시어》 재앙, 불행; 고통; 슬픔

Bal·e·ár·ic Íslands [bæliǽrik-] [the ~] 발레아레스 제도 《지중해 서부의 스페인령; 수도 Palma》

ba·leen [bəlíːn] *n.* 고래 수염

bale·fire [béilfàiər] *n.* (한데의) 큰 화톳불, 봉화

bale·ful [béilfəl] *a.* 해로운; 악의 있는; 불길한

Ba·li [bάːli] *n.* 발리 섬 《인도네시아령》
Ba·li·nese [bὰːləníːz] *a.* 발리 섬(사람[말])의 — *n.* (*pl.* ~) 발리 사람; Ⓤ 발리 말
*__balk, baulk__ [bɔːk] *vt.* **1** 방해하다, 좌절시키다 **2** 〈기회를〉 놓치다 — *vi.* **1** 망설이다 **2** 〈말이〉 갑자기 서다 — *n.* **1** 장애, 방해물 **2** 〖건축〗 죽각재, 들보 **3** 〖야구〗 보크
*__Bal·kan__ [bɔ́ːlkən] *a.* **발칸 반도**[제국, 산맥]의 — *n.*[the ~s] 발칸 제국[산맥]
Bálkan Móuntains [the ~] 발칸 산맥
Bálkan Península [the ~] 발칸 반도
Bálkan Státes [the ~] 발칸 제국
balk·line [bɔ́ːklὰin] *n.* (트랙 경기의) 스타트 라인
balk·y [bɔ́ːki] *a.* 〈말 등이〉 갑자기 멈추는 버릇이 있는
__ball__[1] [bɔːl] [동음어 bawl] *n.* **1** 공, 구(球); 공 모양의 것 **2** Ⓤ 공놀이; 《미》 **야구** **3** 〖야구〗 볼 **4** (구식) 총탄, 포탄 ***carry the ~ 《미·구어》 책임을 맡다; 솔선해서 하다 ***catch***[***take***] ***the ~ before the bound*** 선수를 치다, 기선을 제하다 ***keep the ~ rolling*** = ***keep up the ~*** 이야기 등을 끊어지지 않게 잘 지속시키다 ***play ~*** 공놀이를 하다; 구기를 시작하다; 플레이 볼!, 시합 시작!; 《구어》 협력하다 ***take up the ~*** 다른 사람 이야기를 받아 계속하다
— *vi.*, *vt.* 공처럼 둥글게 되다[만들다], 뭉치다
***__ball__[2] [bɔːl] [동음어 bawl] *n.* **무도회** 《성대하게 정식으로 열리는》
***__bal·lad__ [bǽləd] *n.* **민요**, 발라드; 감상적인 유행가[연가]
bal·lade [bəlάːd] *n.* 〖운율〗 발라드; 〖음악〗 서사가[곡]
bal·lad·ry [bǽlədri] *n.* Ⓤ [집합적] 민요
báll-and-sócket jòint [bɔːlənsάkit- | -sɔ́k-] 〖기계〗 볼 소켓 연결; 〖해부〗 구상(球狀) 관절
*__bal·last__ [bǽləst] *n.* Ⓤ **1** 〖항해〗 **밸러스트**, 바닥짐 **2** (기구의) 모래 주머니; (철도·도로에 까는) 자갈 — *vt.* 〈배에〉 바닥짐을 싣다; 자갈을 깔다
~·**ing** *n.* Ⓤ 바닥짐 재료; 까는 자갈
báll béaring 〖기계〗 볼베어링
báll càrtridge 실탄
báll còck (수조·탱크 등의 물의 유출을 자동적으로 조절하는) 부구판(浮球瓣)
bal·le·ri·na [bæ̀ləríːnə] [It.] *n.* 발레 댄서 《여자》, 발레리나
*__bal·let__ [bǽlei] *n.* **발레**, 무용극; 발레곡
bállet dàncer 발레댄서
bal·let·ic [bælétik] *a.* 발레의, 발레 같은
bal·let·o·mane [bælétəmèin] *n.* 발레광 《사람》
ballét slìpper[**shòe**] 발레화
báll gàme 구기; 《특히》 야구
Bal·liol [béiljəl] *n.* (Oxford 대학의) 베일렬 칼리지
bal·lis·ta [bəlístə] *n.* (*pl.* **-tae** [-tiː]) 노포(弩砲) 《돌을 발사하는 옛 무기》
bal·lis·tic [bəlístik] *a.* 탄도(학)의
ballístic míssile 탄도탄, 탄도 미사일
bal·lis·tics [bəlístiks] *n.* 탄도학
bal·locks [bάləks | bɔ́l-] *n. pl.* 《비어》 불알
bal·lon d'es·sai [bælɔ́ːn-deséi] [F] *n.* = TRIAL BALLOON
***__bal·loon__ [bəlúːn] *n.* **풍선, 기구**
— *vi.* 기구를 타고 올라가다; 부풀다
~·**ist** *n.* 기구 타는 사람
ballóon barràge 방공 기구망
bal·loon·fish [bəlúːnfìʃ] *n.* (*pl.* ~, ~·**es**) 〖어류〗 복어
bal·loon·flow·er [-flὰuər] *n.* 〖식물〗 도라지
ballóon tìre (폭넓은) 저압(低壓) 타이어
*__bal·lot__ [bǽlət] *n.* Ⓤ (무기명) **투표**(용지); 후보자 명부; 투표 총수 — *vi.* (비밀) 투표를 하다 《*for*, *against*》; 추첨[제비]으로 정하다
bállot bòx 투표함
bállot pàper 투표 용지
ball·park [bɔ́ːlpὰːrk] *n.* 《미》 (야)구장
báll pèn = BALL-POINT (PEN)
ball·play·er [-plèiər] *n.* 《미》 프로 야구 선수
*__báll-point__ (__pén__) [-pɔ̀int-] **볼펜**
ball·proof [-prúːf] *a.* 방탄의
ball·room [-rùːm] *n.* 무도실[장]
balls-up [bɔ́ːlzʌ̀p] *n.* 《영·속어》 = BALLUP
ball·up [bɔ́ːlʌ̀p] *n.* 《미·속어》 혼란, 당황
bal·lute [bəlúːt] *n.* 기구 낙하산 《우주선 귀환용》
bal·ly [bǽli] *a.*, *ad.* 《영·속어》 지긋지긋한[하게]; 대단한[하게]; 도대체
bal·ly·hoo [bǽlihùː] *n.* Ⓤ 《구어》 떠들썩하고 저속한 선전 — *vt.*, *vi.* 과대 선전하다
*__balm__ [bɑːm] *n.* **1** Ⓤ **향유**; 방향(芳香) **2** 진통제; 위안
Bal·mor·al [bælmɔ́ːrəl] *n.* **1** 스코틀랜드에 있는 영국 왕실 저택 **2** [**b~**] 일종의 모직 페티코트
*__balm·y__ [bάːmi] *a.* **향유의[같은]**; 온화한; 《미·구어》 멍청한
bálm·i·ly *ad.* 향기롭게; 상쾌하게
bal·sa [bɔ́ːlsə] *n.* 〖식물〗 발사 《열대 아메리카산》; Ⓤ 발사 재목 《가볍고 단단한 나무》
bal·sam [bɔ́ːlsəm] *n.* Ⓤ 발삼 수지(樹脂), 향유(香油); 위안물; 진통제
bálsam fír 〖식물〗 발삼전나무 《북미산》
bálsam póplar 〖식물〗 미국포플러 《북미산》
*__Bal·tic__ [bɔ́ːltik] *a.* **발트 해의**; 발트 해 연안 제국의 — *n.* [the ~] = BALTIC SEA
Báltic Séa [the ~] 발트 해
Báltic Státes [the ~] 발트 제국 《에스토니아, 라트비아, 리투아니아 등》
Bal·ti·more [bɔ́ːltəmɔ̀ːr] *n.* 볼티모어 《미국 Maryland 주의 도시》
Báltimore óriole 〖조류〗 미국꾀꼬리
Ba·lu·chi·stan [bəlùːtʃəstɑːn] *n.* 발루치스탄 《파키스탄 서부의 주》
bal·us·ter [bǽləstər] *n.* 〖건축〗 난간 동자

B

bal·us·trade [bǽləstrèid, ⌐–⌐] *n.* 〖건축〗 (계단의) 난간
-tràd·ed [-id] *a.* 난간이 있는
bam·bi·no [bæmbí:nou] [It. =baby] *n.* (*pl.* **~s, -ni** [-ni:]) 아기 예수의 상[그림]; 어린애, 아기
‡bam·boo [bæmbú:] *n.* (*pl.* **~s**) ⓊⒸ 대(나무)
— *a.* 대로 만든
bambóo shòots 죽순
bam·boo·zle [bæmbú:zl] 《구어》 *vt.* 교묘한 말로 꾀다, 속이다
***ban** [bæn] *n.* **1** 금지, 금지령, 금제(禁制) 《*on*》: a total ~ *on* nuclear arms 핵무기 전면 금지 **2** 파문; 추방
***under* (*the*) ~** 엄금되어; 파문되어
— *vt.* (**~ned**; **~·ning**) **1** 금지하다 **2** 파문하다
ba·nal [bənǽl, béinl] *a.* 진부한, 평범한(commonplace) **~·ly** *ad.*
ba·nal·i·ty [bənǽləti] *n.* Ⓤ 진부(함); 진부한 말[생각]
‡ba·nan·a [bənǽnə] *n.* 바나나 (열매); 바나나 나무
banána repùblic 《경멸》 바나나 공화국 《과일 수출로 유지되는 중남미의 소국》
ba·nan·as [bənǽnəz | -nɑ́:n-] *a.* 《속어》 머리가 돈; 열광한
banc [bæŋk] *n.* 판사석
***in* ~** 재판관 전원이 배석하여
ban·co [bǽŋkou] *n.* (*pl.* **~s**) 은행의 기장(記帳)용 통화
‡band[1] [bænd] *n.* **1** 묶는 것, 밴드, (띠 모양의) 끈, 띠; (나무통·모자 등의) 테 **2** 〖제본〗 (책 등을) 꿰매는 실 — *vt.* **1** 끈[띠]으로 묶다 **2** …에 줄무늬[띠 모양 무늬]를 넣다
‡band[2] [bænd] *n.* **1** (사람의) 일단(一團), 일대(一隊), 무리(party) **2** (취주) 악단, 밴드: a military ~ 군악대
— *vt.* 단결시키다 《*together*》
— *vi.* 단결하다 《*together*》
‡ban·dage [bǽndidʒ] *n.* 붕대, 안대
— *vt.* …에 붕대를 감다 《*up*》
Band-Aid [bǽndèid] *n.* 반창고 《상표명》
ban·dan·na [bændǽnə] *n.* 홀치기 염색의 대형 손수건
band·box [bǽndbɑ̀ks | -bɔ̀ks] *n.* (모자 등을 넣는) 판지 상자
ban·deau [bændóu] *n.* (*pl.* **~x** [-z]) 여자용 가는 헤어밴드
ban·de·role, -rol [bǽndəròul] *n.* (창·돛대의) 작은 기, 기드림
***ban·dit** [bǽndit] *n.* (*pl.* **~s, ~·ti** [bændíti]) (무장한) 산적, 강도; 무법자
ban·dit·ry [bǽnditri] *n.* Ⓤ 산적질; 강도 떼
band·mas·ter [bǽndmæ̀stər | -mɑ̀:s-] *n.* 악장(樂長), 밴드마스터
ban·dog [bǽndɔ̀:g] *n.* 줄에 매어 놓은 사나운 개
ban·do·lier, -leer [bæ̀ndəlíər] *n.* 〖군사〗 탄약대(彈藥帶), 탄띠
bánd sàw (동력용) 띠톱
bands·man [bǽndzmən] *n.* 악사, 악대원
band·stand [bǽndstæ̀nd] *n.* (야외 연주용) 음악당
band·wag·on [bǽndwæ̀gən] *n.* 《미》 악대차(車) 《행렬 선두의》; (선거 등에서) 우세한 쪽
band·width [-wìdθ] *n.* 〖전자〗 대역폭(帶域幅) 《데이터 통신 기기의 전송 용량》
ban·dy [bǽndi] *vt.* **1** 〈타격·말을〉 주고받다 《*with*》 **2** 〈공을〉 서로 치다 《*with*》 **3** 〈소문을〉 퍼뜨리다, 토론하다 《*about*》
ban·dy-leg·ged [-légid] *a.* 다리가 O형으로 굽은, 안짱다리의
bane [bein] *n.* **1** [the ~] 파멸(의 원인) **2** Ⓤ 맹독 **3** 죽음; 재난
bane·ful [béinfəl] *a.* 파멸시키는, 유독[유해]한 **~·ly** *ad.* **~·ness** *n.*
‡bang[1] [bæŋ] *vi.* **1** 탕 치다, 〈문이〉 쾅하고 닫히다 **2** 발포하다 — *vt.* **1** 쾅 닫다, 세게 치다 **2** 〈총포를〉 쾅하고 쏘다
— *n.* **1** 쾅(하는 소리), 총성, 포성 **2** 《미·구어》 자극, 흥분 — *int.* 쿵, 탕, 쾅
— *ad.* **1** 쿵[탕, 쾅]하고 **2** 《구어》 갑자기; 꼭(exactly)
***go* ~** 탕 소리나다, 파열하다
bang[2] *n.* [보통 *pl.*] 단발의 앞머리
— *vt.* 〈앞머리 등을〉 가지런히 자르다
bang·er [bǽŋər] *n.* 《영·속어》 소음이 나는 고물차; 소시지
Bang·kok [bǽŋkɑk | bæŋkɔ́k] *n.* 방콕 《Thailand의 수도》
Ban·gla·desh [bɑ̀:ŋglədéʃ] *n.* 방글라데시
ban·gle [bǽŋgl] *n.* 장식 고리, 팔찌, 발목 고리
Ban·gui [bɑ:ŋgí:] *n.* 방기 《중앙 아프리카 공화국의 수도》
bang-up [bǽŋʌ̀p] *a.* 《미·속어》 일류[최고급]의, 훌륭한
‡ban·ish [bǽniʃ] *vt.* **1** (벌로서 국외로) 추방하다 **2** 〈사람을〉 (면전에서) 내쫓다; 〈근심 등을〉 떨쳐버리다
ban·ish·ment [bǽniʃmənt] *n.* ⓊⒸ 추방, 유형
ban·is·ter [bǽnəstər] *n.* 〖건축〗 난간 동자(baluster)
***ban·jo** [bǽndʒou] *n.* (*pl.* **~(e)s**) 밴조 《현악기》 **~·ist** *n.* 밴조 연주자
Ban·jul [bɑ́:ndʒu:l] *n.* 반줄 《Gambia의 수도》
‡bank[1] [bæŋk] *n.* **1** 둑, 제방; (둑처럼) 퇴적한 것 **2** 강둑
— *vt.* **1** 제방을 쌓다, 둑으로 둘러싸다 **2** 쌓아 올리다 — *vi.* 〈눈·구름 등이〉 겹겹이 쌓이다, 층을 이루다
‡bank[2] [bæŋk] *n.* **1** 은행 **2** 저장소 **3** [the ~] 판돈 **4** 《미·속어》 돈
***break the* ~** (노름판에서) 물주의 돈을 휩쓸다
— *vt.* 은행에 예금하다
— *vi.* **1** 예금하다, 은행과 거래하다 《*with*》 **2** 은행을 경영하다 **~ *on*[*upon*]** 《구어》 …을 믿다, …에 의지하다
bank·a·ble [bǽŋkəbl] *a.* 은행에 담보할 수 있는
bánk accèptance 은행 인수 어음 《금융의》

bánk accòunt 은행 예금 계좌, 은행 계정
bánk bìll 은행 어음; 《미》 지폐
bank·book [bǽŋkbùk] *n.* 은행 통장
bánk clèrk 은행원; 《영》 은행 출납계
bánk dìscount 은행의 어음 할인(료)
bánk dràft 은행 어음 《略 B/D》
:bank·er [bǽŋkər] *n.* **은행가**; (도박의) 물주
***bánk hòliday** 《영》 **법정 공휴일** (《미》 legal holiday); 《미》 은행 휴일
bank·ing[1] [bǽŋkiŋ] *n.* 제방 쌓기, 제방 공사
banking[2] *n.* Ⓤ 은행업; 은행 업무
bánking accòunt 《영》 = BANK ACCOUNT
***bank·note** [bǽŋknòut] **은행권, 지폐** (《미》 bill)
bánk pàper [집합적] 은행 지폐; 어음
bánk ràte 은행의 할인[이자]율
bank·roll [-ròul] *n.* 돈다발, 자금, 재원(財源)
bank·rupt** [bǽŋkrʌpt] *n.* 〖법〗 **파산자** — *a.* **파산한** ***go [***become***] ~ 파산하다 — *vt.* 파산시키다
***bank·rupt·cy** [bǽŋkrʌptsi] *n.* **파산**; (성격의) 파탄
bank·side [bǽŋksàid] *n.* **1** (강의) 제방의 경사면 **2** [the ~] 뱅크사이드 《Thames 강 남안의 극장가》
bánk stàtement 1 (은행이 예금자에게 보내는) 은행 계좌 통지서 **2** 은행 자산 보고서
:ban·ner [bǽnər] *n.* **1 기**(旗) 《국기·군기 등》; 표상(表象) **2 기치 3** (광고용) **현수막 4** 《미》 신문의 톱 전단에 걸친 제목 ***carry the ~ for*** 《구어》 …을 편들다, 지지하다 ***unfurl*** one***'s*** ~ 태도를 천명하다 — *a.* 두드러진; 일류의(first-rate), 우수한
ban·ner·et[1] [bǽnərit] *n.* 〖역사〗 휘하를 거느리고 출진할 수 있는 기사
ban·ner·et[2], **-ette** [bæ̀nərét] *n.* 작은 기(旗)
bánner hèad(line) = BANNER *n.* 4
ban·nis·ter [bǽnəstər] *n.* = BANISTER
ban·nock [bǽnək] *n.* 《스코》 과자빵의 일종
banns [bænz] *n. pl.* 결혼 예고 《교회에서 식을 올리기 전에 연속 세 번 일요일에 예고하여 이의의 유무를 물음》 ***ask***[***call, publish, put up***] ***the*** ~ 교회에서 결혼을 예고하다 ***forbid the*** ~ 결혼에 이의를 제기하다
:ban·quet [bǽŋkwit] *n.* **1 연회 2** 진수성찬 — *vt.* 연회를 베풀어 대접하다 — *vi.* 연회 대접을 받다; 맛있는 음식을 먹다 **~·er** *n.*
ban·quette [bæŋkét] *n.* (식당 등의) 벽 가의 긴의자, 흉벽 안의 사격용 발판; 《미남부》 (차도보다 높은) 인도(sidewalk)
Ban·quo [bǽŋkwou] *n.* 뱅쿼 《셰익스피어 작품 *Macbeth* 중의 인물》
ban·shee, -shie [bǽnʃi:, ⌐⌐] *n.* 《아일·스코》 여자 요정 《가족의 죽음을 예고한다는》
bant [bænt] *vi.* BANTING을 하다
ban·tam [bǽntəm] *n.* 밴텀닭; 싸움을 좋아하는 작은 남자
ban·tam·weight [bǽntəmwèit] *n.* 〖권투〗 밴텀급(의 선수) 《체중 53kg 이하》
***ban·ter** [bǽntər] *n.* (악의 없는) **농담**; 희롱 — *vt., vi.* 농담하다; 놀리다
ban·ting [bǽntiŋ] *n.* Ⓤ [종종 **B~**] 밴팅 요법 《기름기·녹말·당분 등을 피하여 살빼기》
bant·ling [bǽntliŋ] *n.* 《고어》 애송이
Ban·tu [bǽntu: | ⌐⌐] *n.* (*pl.* **~, ~s**) (남·중부 아프리카의) 반투족(의 사람); Ⓤ 반투 말 — *a.* 반투족[말]의
ban·yan [bǽnjən] *n.* 〖식물〗 반얀나무, 벵골보리수 《인도산 교목》(= **~ trèe**)
ba·o·bab [béioubæ̀b] *n.* 〖식물〗 바오밥나무(= **~ trèe**)
bap., bapt. baptized
Bap., Bapt. Baptist
***bap·tism** [bǽptizm] *n.* ⓊⒸ 〖그리스도교〗 **세례(식)**, 침례; 명명(식)
bap·tis·mal [bæptízməl] *a.* 세례의 **~·ly** *ad.*
***Bap·tist** [bǽptist] *n.* **1** [**b~**] **세례를 베푸는 사람**; 뱁티스트, 침례교인 **2** [the ~] 세례 요한 (John the ~)
Báptist Chúrch [the ~] 침례 교회
bap·tis·ter·y [bǽptistəri], **-try** [-tri] *n.* 세례장[당(堂)]; 세례용 물통
***bap·tize** [bæptáiz] *vt., vi.* 〈…에게〉 **세례를 베풀다**; 세례명을 지어 주다
⁑bar[1] [bɑ:r] *n.* **1 막대기**; **빗장 2 막대기 모양의 것 3 방책**(防柵), **장벽, 관문 4** (카운터식) **술집, 바**; (술집·여관의) 카운터 **5 법정**; (법정의 일반석과 경계가 되는) 난간 **6** [보통 the ~; 집합적] 법조계, (법원 소속의) 변호사단 **7 가느다란 줄**, 줄무늬(stripe)
at ~ 공개 법정에서 ***practice at the*** ~ 변호사를 개업하다 ***prop up the*** ~ 《구어》 단골 술집에서 한잔하다 ***put*** a person ***behind ~s*** 《구어》 …을 투옥하다
— *vt.* (**~red**; **~·ring**) **1** 〈문에〉 **빗장을 지르다**, 잠그다 **2** 〈통행을〉 **방해하다**, 〈길을〉 막다(block) **3 금하다**; 제외하다 **4** 줄(무늬)을 치다
~ ***in*** [***out***] 가두다[내쫓다]
— *prep.* …을 제외하고(except)
bar[2] *n.* 〖물리〗 바 《기압의 단위》
bar[3] *n.* 《미》 모기장(mosquito net)
bar. barometer; barometric; barrel; barrister
Ba·rab·bas [bərǽbəs] *n.* 〖성서〗 바라바 《그리스도 대신 석방된 도둑의 이름》
barb [bɑ:rb] *n.* **1** (화살촉·낚시 등의) 미늘; (철조망 등의) 가시 **2** 〖동물·식물〗 수염 모양의 것
— *vt.* 미늘[가시]을 달다
Bar·ba·dos [bɑ:rbéidouz] *n.* 바베이도스 《서인도 제도 카리브해 동쪽의 섬으로 영연방 내의 독립국》
Bar·ba·ra [bɑ́:rbərə] *n.* 여자 이름 《애칭 Babs, Bab》
***bar·bar·i·an** [bɑ:rbέəriən] *n.* **야만인**, 미개인 — *a.* 미개인의

B

∗**bar·bar·ic** [bɑːrbǽrik] *a.* **야만인의[같은]**

bar·ba·rism [bɑ́ːrbərìzm] *n.* Ⓤ 야만, 미개 (상태); Ⓒ 막된 거동[말씨]

bar·bar·i·ty [bɑːrbǽrəti] *n.* ⓊⒸ 야만, 잔인, 잔학 (행위)

bar·ba·rize [bɑ́ːrbəràiz] *vt.*, *vi.* 야만화하다[되다]

∗**bar·ba·rous** [bɑ́ːrbərəs] *a.* **야만스러운**, 미개한; 잔인한 **~·ly** *ad.* **~·ness** *n.*

Bar·ba·ry [bɑ́ːrbəri] *n.* 바르바리 《이집트를 제외한 북아프리카의 옛 이름》

Bárbary Státes [the ~] 바르바리 제국 《16-19세기 터키 지배 하의 Morocco, Algeria, Tunis, Tripoli》

∗**bar·be·cue** [bɑ́ːrbikjùː] *n.* (돼지·소 등의) **통구이**; **야외[뒤뜰] 파티** 《돼지 통구이 등이 나오는》 **—** *vt.* 〈돼지·소 등을〉 통째로 굽다(broil)

bárbecue pìt (벽돌 등으로 만든) 바비큐 화덕

bárbecue sàuce 바비큐 소스

barbed [bɑːrbd] *a.* 미늘[가시]이 있는; 신랄한

bárbed wíre 가시 철사: ~ entanglements 철조망

bar·bel [bɑ́ːrbəl] *n.* 〖어류〗 (물고기의) 수염

bar·bell [bɑ́ːrbèl] *n.* 바벨, 역기

‡**bar·ber** [bɑ́ːrbər] *n.* **이발사**
— *vt.* 〈남을〉 이발하다; 〈잔디를〉 깎다

bar·ber·ry [bɑ́ːrbèri] *n.* 〖식물〗 매자나무(의 열매)

bar·ber·shop [bɑ́ːrbərʃɑ̀p | -ʃɔ̀p] *n.* 《미》 이발소 (《영》 barber's shop)

bárber's ítch [rásh] 모창(毛瘡) 《동전버짐 등》

bárber('s) pòle 이발소 간판 (기둥)

bar·bi·can [bɑ́ːrbikən] *n.* 〖축성〗 외보(外堡) 《누문·교루(橋樓) 등》; 감시 망루

bar·bi·tal [bɑ́ːrbətɔ̀ːl] *n.* Ⓤ 〖약학〗 바르비탈 《진정·수면제》

bar·bi·tone [bɑ́ːrbətòun] *n.* 《영》 = BARBITAL

bar·bi·tu·rate [bɑːrbítʃurət] *n.* 〖화학〗 바르비투르산염[유도체]

bar·bi·tu·ric ácid [bɑ̀ːrbətjúərik- | bɑ̀ːbitjúər-] 〖화학〗 바르비투르산

barb·wire [bɑ́ːrbwáiər] *n.* = BARBED WIRE

bar·ca·rol(l)e [bɑ́ːrkəròul] *n.* 곤돌라의 뱃노래; 뱃노래조의 곡조

Bar·ce·lo·na [bɑ̀ːrsəlóunə] *n.* 바르셀로나 《스페인 북동부의 도시》

bár còde 바코드, 막대 부호 《광학 판촉용, 상품식별 등에 씀》

bard[1] [bɑːrd] *n.* (고대 켈트족의) 고대 음유 시인, 방랑 시인(minstrel); 시인
the B~ of Avon Shakespeare의 속칭

bard[2] *n.*, *vt.* 마갑(馬甲)(을 입히다)

bard·ol·a·try [bɑːrdɑ́lətri] *n.* Ⓤ 셰익스피어(Bard of Avon) 숭배

‡**bare**[1] [bɛər] [동음어 bear] *a.* **1 발가벗은**(naked); 노출된; (칼집에서) 뺀: with ~ head 모자를 쓰지 않고 **2** 〈사실이〉 있는 그대로의 **3 빈**, …이 없는(*of*) **4 가까스로의**, 다만 …뿐인(mere)
go ~ 《미·구어》 〈의사·기업이〉 배상 책임 보험 없이 영업하다 ***lay ... ~*** 드러내다; 폭로하다 ***with ~ life*** 겨우 목숨만 건지어, 간신히 살아
— *vt.* 발가벗기다; 노출시키다
~ one***'s heart*** [***soul, thoughts***] 심중을 토로하다

bare[2] *v.* 《고어》 BEAR[2]의 과거

bare·back(ed) [bɛ́ərbæ̀k(t)] *a.* Ⓐ, *ad.* 안장 없는[없이]

bare·faced [-féist] *a.* 얼굴을 가리지 않은; 뻔뻔스러운: ~ impudence 철면피, 몰염치
-fác·ed·ly [-féistli, -féisidli] *ad.*

∗**bare·foot** [bɛ́ərfùt], **bare·foot·ed** [-fùtid] *a.*, *ad.* **맨발의[로]**

bare-hand·ed [bɛ́ərhǽndid] *a.*, *ad.* 맨손의[으로]

bare·head(·ed) [-hèd(id)] *a.*, *ad.* 모자를 쓰지 않은[않고]

báre infínitive 〖문법〗 원형 부정사 (root infinitive) 《to 없는 부정사》

bare·leg·ged [-légid, légd] *a.*, *ad.* 다리를 드러낸[내고], 양말을 신지 않은[않고]

‡**bare·ly** [bɛ́ərli] *ad.* **1 간신히**, 겨우 **2** 거의 …않다(scarcely) **3** 빈약하게, 불충분하게

bare·ness [bɛ́ərnis] *n.* Ⓤ 발가벗음, 노출; (토지의) 불모

bar·fly [bɑ́ːrflài] *n.* 《미·구어》 바[술집]의 단골 손님

‡**bar·gain** [bɑ́ːrgin] *n.* **1 싼 물건**, 특가품 **2 매매 계약, 거래**
buy at a ~ 싸게 사다 ***drive a*** (***hard***) ***~*** 《구어》 유리한 조건으로 흥정[거래]하다 ***strike***[***make***] ***a ~*** 매매 계약을 맺다, 흥정이 성립되다 ***That's a ~!*** 이것으로 결정이 났다!
— *vi.*, *vt.* **흥정하다**; (매매의)약속을 하다
~ away 〈토지 등을〉 헐값에 팔아버리다
~ on 《구어》 …을 기대하다, 예상하다

bárgain básement (백화점의) 지하 특매장

bar·gain-count·er [-kàuntər] *a.* 값싼, 헐값의

bar·gain·ing [bɑ́ːrgəniŋ] *n.* Ⓤ 거래, 교섭: collective ~ 단체 교섭

bárgaining chìp 유리한 협상 카드

∗**barge** [bɑːrdʒ] *n.* (바닥이 편편한) **짐배**; **유람 객선**
— *vt.* 짐배로 나르다
— *vi.* **1** 느릿느릿 움직이다 **2** 《구어》 난폭하게 부딪치다
~ in [***into***] 난입하다; 참견하다

barge·board [bɑ́ːrdʒbɔ̀ːrd] *n.* 〖건축〗 박공널

barg·ee [bɑːrdʒíː] *n.* 《영》 = BARGEMAN
swear like a ~ 입정 사납게 욕질을 하다

barge·man [bɑ́ːrdʒmən] *n.* 《미》 거룻배[유람선]의 사공

bárge pòle 짐배의 삿대

bar·hop [bɑ́ːrhɑ̀p | -hɔ̀p] *vi.* (**~ped**; **~·ping**) 《미·구어》 여러 술집을 돌아다니며 마시다

bar·ic [bǽrik] *a.* 〚화학〛 바륨의, 바륨을 함유한

bar·ite [bέərait, bǽr-] *n.* Ⓤ 〚광물〛 중정석(重晶石)

bar·i·tone [bǽrətòun] 〚음악〛 *n.* **1** ⓊⒸ 바리톤 **2** 바리톤 가수 **—***a.* 바리톤의

bar·i·um [bέəriəm] *n.* Ⓤ 〚화학〛 바륨 《금속원소; 기호 Ba, 번호 56》

bárium méal 〚의학〛 바륨 용액 《조영용》

bárium súlfate 〚화학〛 황산바륨

‡**bark**[1] [bɑːrk] *vi.* **1** 〈개·여우 등이〉 짖다; 크게 야단치다 《*at*》 **2** 《미·구어》 기침하다(cough)

—*vt.* 소리지르며 말하다[선전하다]

~ at [***against***] ***the moon*** 달보고 짖다; 쓸데없이 떠들어대다 ***~ up the wrong tree*** 《구어》 엉뚱한 사람을 추적[공격]하다

—*n.* 짖는 소리; 기침 소리

***bark**[2] [bɑːrk] *n.* Ⓤ **나무껍질**; 기나피; 《방언·속어》 피부

stick in [***to***] ***the ~*** 《미·구어》 깊이 개입하지 않다 ***talk the ~ off a tree*** 《미·구어》 심한 욕을 하다

—*vt.* 〈나무의〉 껍질을 벗기다; 나무껍질로 덮다

bark[3] *n.* 〚항해〛 돛대가 셋 있는 범선; 《시어》 돛단배, 범선

bar·keep(·er) [bɑ́ːrkìːp(ər)] *n.* 《미》 바[술집]의 주인; 바텐더(bartender)

bark·er[1] [bɑ́ːrkər] *n.* 짖는 동물; 고함치는 사람; (상점·흥행장 등에서) 손님 끄는 사람

barker[2] *n.* 나무 껍질을 벗기는 기계[사람, 동물]

‡**bar·ley** [bɑ́ːrli] *n.* Ⓤ **보리** 《식물 및 그 열매》, 대맥 (cf. WHEAT)

bar·ley·break, -brake [bɑ́ːrlibrèik] *n.* Ⓤ 술래잡기의 일종 《영국의 옛날 놀이》

bar·ley·corn [-kɔ̀ːrn] *n.* 보리알

bárley sùgar 보리엿 《보리를 달인 물에 설탕을 넣어 졸인 엿》

bárley wàter 보리 미음 《환자용》

barm [bɑːrm] *n.* Ⓤ 효모(yeast); 맥아 발효주의 거품

bar·maid [bɑ́ːrmèid] *n.* 술집 여급, 여자 접대부

bar·man [bɑ́ːrmən] *n.* (*pl.* **-men**) 《영》 =BARTENDER

bar mitz·vah [-mítsvə] 바르 미츠바 《유대교의 13세 남자 성인식》; 그 식을 하는 소년

barm·y [bɑ́ːrmi] *a.* 효모질의, 발효 중인; 《영·속어》 머리가 돈: go ~ 머리가 돌다

‡**barn** [bɑːrn] *n.* (농가의) **헛간**, 광; 《미》 외양간

between you and I and the ~ 《미·구어》 비밀 이야기인데

Bar·na·bas [bɑ́ːrnəbəs], **-by** [-bi] *n.* 남자 이름

bar·na·cle [bɑ́ːrnəkl] *n.* **1** 〚패류〛 삿갓조개 **2** (지위 등에) 집착하는 사람

-cled [-kld] *a.*

Bar·nard [bɑ́ːrnərd] *n.* 남자 이름

bárn dànce 《미》 square dance 식의 사교춤 《원래 광에서 추었음》; 시골 댄스 파티

bárn dóor 광문; 대문짝만한 과녁

bárn-dóor fòwl [bɑ́ːrndɔ́ːr-] 가금, 《특히》 닭

barn·storm [-stɔ̀ːrm] *vi.* 지방 유세[순회공연]하다

~·er *n.* 지방 유세자, 지방 순회 극단

***barn·yard** [-jɑ̀ːrd] *n.* **헛간 앞마당**; 농가의 마당

bárnyard fówl 닭

bar·o·gram [bǽrəgræ̀m] *n.* 〚기상〛 (barograph로 측정한) 기압 기록

bar·o·graph [bǽrəgræ̀f | -grɑ̀ːf] *n.* 자기(自記) 기압계

‡**ba·rom·e·ter** [bərɑ́mətər | -rɔ́m-] *n.* **기압계**, 바로미터

bar·o·met·ric, -ri·cal [bæ̀rəmétrik(əl)] *a.* 기압(계)의

barométric préssure 〚기상〛 기압

ba·rom·e·try [bərɑ́mətri] *n.* Ⓤ 기압 측정법

***bar·on** [bǽrən] [동음어 barren] *n.* **1** 남작 **2** (왕으로부터 영지를 받은) 봉신(封臣), (지방) 호족 **3** 《미·구어》 호상(豪商)

bar·on·age [bǽrənidʒ] *n.* [집합적] 남작; 남작의 지위; 남작 명부

***bar·on·ess** [bǽrənis] *n.* **남작 부인**; 여남작

***bar·on·et** [bǽrənit] *n.* **준남작**

—*vt.* 준남작에 서작하다

bar·on·et·age [bǽrənitidʒ] *n.* [집합적] 준남작; 준남작의 지위; 준남작 명부

bar·on·et·cy [bǽrənitsi] *n.* 준남작의 작위

ba·ro·ni·al [bəróuniəl] *a.* 남작 (영지(領地))의; 귀족풍의, 당당한

bar·o·ny [bǽrəni] *n.* 남작의 영지; 남작의 작위

ba·roque** [bəróuk] *a.* 〚건축·미술·음악〛 **바로크 양식의**; 〈취미 등이〉 세련된, 복잡하고 화려한, 괴이한 **—n.* 〚건축·미술·음악〛 바로크 양식; 괴기 취미

bar·o·scope [bǽrəskòup] *n.* 기압계

ba·rouche [bərúːʃ, bær-] *n.* 4인승 4륜 포장 마차

bár pìn 가느다란 장식 핀 《브로치의 일종》

barque [bɑːrk] *n.* =BARK[3]

bar·quen·tine [bɑ́ːrkəntìːn] *n.* 〚선박〛 바컨틴 《세 돛대의 범선》

***bar·rack**[1] [bǽrək] *n.* **1** [보통 *pl.*] 막사, 병영 **2** 크고 엉성한 건물

—*vi.* 막사 생활을 하다

barrack[2] *vt.* 《호주·영》 〈선수 등을〉 야유하다

bárracks bàg (군인의) 잡낭

bar·rage [bərɑ́ːʒ | bǽrɑːʒ] *n.* 연발 사격; 〚군사〛 탄막(彈幕) **—***vt.* …에 탄막 포화를 퍼붓다

barráge ballòon 방공(防空)[조색(阻塞)] 기구

bar·ran·ca [bərǽŋkə] [Sp.] *n.* (*pl.* **~s**) 《미》 협곡

bar·ra·try [bǽrətri] *n.* ⓊⒸ 〚법〛 (판사의) 수회(收賄)죄; (선주 또는 하주에 대한) 선장[선원]의 불법 행위

barred [bɑːrd] *a.* **1** 빗장을 지른 **2** 가로줄(무늬)가 있는

‡bar·rel [bǽrəl] *n.* **1** (중배가 불룩한) 통 **2** 한 통, **1** 배럴(의 양) **3** (미·구어) 다량(lot) ((*of*)) **4** (기계의) 원통 **5** 총신, 포신
— *vt.* 통에 넣다[채우다]
bárrel chàir (등받이가 통 모양의) 안락의자
bar·reled | -relled [bǽrəld] *a.* **1** 통에 넣은; 원통형의 **2** 총신이 …인
bar·rel·house [bǽrəlhàus] *n.* (미·속어) 싸구려 술집
bárrel òrgan 손잡이를 돌리는 휴대용 풍금(hand organ)
bárrel ròll 〖항공〗 연속 횡전(橫轉), 통돌이
bárrel vàult 〖건축〗 반원통형 둥근 천장
‡bar·ren [bǽrən] [동음어 baron] *a.* **1** 불모의, 메마른 〈토지〉 **2** 임신 못하는 **3** 내용이 보잘것없는
— *n.* 메마른 땅
~·ness *n.*
bar·rette [bərét] [F] *n.* (미) 여자용 머리핀
∗bar·ri·cade [bǽrəkèid, ⌐—⌐] *n.* 바리케이드; 장애(물) — *vt.* …에 바리케이드를 쌓다[치다]
‡bar·ri·er [bǽriər] *n.* **1** 방벽; 방책 **2** 장애, 방해
put a ~ between …의 사이를 갈라놓다
bárrier crèam 보호 크림
bárrier rèef 보초(堡礁) ((해안의))
bar·ring [bɑ́:riŋ] *prep.* …이 없으면
bar·ri·o [bɑ́:riòu] *n.* (*pl.* **~s**) (미국의) 스페인어 통용 지역
∗bar·ris·ter [bǽristər] *n.* (영) 법정 변호사; (미·구어) ((일반적으로)) 변호사(lawyer)
bar·room [bɑ́:rrù(:)m] *n.* (호텔 등의) 바, 술집
bar·row[1] [bǽrou] *n.* **1** = WHEELBARROW **2** (영) 행상인의 2륜 손수레
barrow[2] *n.* **1** 〖고고학〗 무덤; 고분 **2** 짐승의 굴(burrow)
barrow-boy [-bɔ̀i] *n.* (영) (과일·생선의) 행상인
BART [bɑ:rt] [*B*ay *A*rea *R*apid *T*ransit] *n.* 바트 ((미국 San Francisco 시의 고속 통근 철도))
Bart. Baronet
bar·tend·er [bɑ́:rtèndər] *n.* (미) (술집의) 바텐더((영) barman)
∗bar·ter [bɑ́:rtər] *vi.* 물물 교환하다
— *vt.* 〈물건을〉 교환하다, 교역하다 ((*for*))
— *n.* Ⓤ 물물 교환; Ⓒ 교역품
exchange and ~ 물물 교환
~·er *n.* 물물 교환자
bárter sỳstem [the ~] 바터제, 구상(求償) 무역
Bar·thol·o·mew [bɑ:rθɑ́ləmjù:] *n.* 남자 이름; 성(聖) 바르톨로뮤 ((그리스도의 12사도 중의 한 사람)) ***St. ~'s Day*** 성 바르돌로뮤 축일 ((8월 24일))
bar·ti·zan [bɑ́:rtəzn] *n.* 〖건축〗 (성벽·탑 등의) 망대, 망루
bar·ton [bɑ́:rtn] *n.* (영·방언) 농가의 안마당; 헛간
Bart's [bɑ:rts] *n.* (영·구어) (런던의) 성 바르톨로뮤 병원

ba·ry·ta [bəráitə] *n.* Ⓤ 〖화학〗 중토(重土)
ba·ry·tes [bəráiti:z] *n.* Ⓤ 〖광물〗 중정석(重晶石)(barite)
bas·al [béisəl] *a.* 바닥[기초, 근본]의
~·ly *ad.* 기부(基部)에
ba·salt [bəsɔ́:lt, bǽsɔ:lt] *n.* Ⓤ 현무암
ba·sal·tic [bəsɔ́:ltik] *a.* 현무암의
bas bleu [bɑ́:-blə́:] [F] *n.* 여류 문인[학자]
bás·cule brìdge [bǽskju:l-] 도개교(跳開橋)
‡base[1] [beis] [동음어 bass] **1** 토대, 기부(基部) **2** 기초, 근거 **3** 〖경기〗 출발점; 〖야구〗 베이스, 누(壘) **4** 〖군사〗 기지 ***~ on balls*** 〖야구〗 4구(四球) ***off ~*** 〖야구〗 누를 떠나; (구어) 전혀 엉뚱하게; 불시에: be caught *off* ~ 기습 당하다
— *vt.* **1** …의 기초를 두다; 기초로 하다 ((*on*)) **2** (…에) …의 기지[본거지]를 두다 ((*in, at*))
‡base[2] [beis] [동음어 bass] *a.* **1** (문어) 천한, 비열한 **2** 열위(劣位)의, 열등한 〈금속〉 **3** 〖언어〗 속된
‡base·ball [béisbɔ̀:l] Ⓤ 야구; Ⓒ 야구공
base·board [-bɔ̀:rd] *n.* (미) 〖건축〗 굽도리 널 ((영) skirting board)
base·born [-bɔ̀:rn] *a.* 태생이 천한; 천한
base·bred [-brèd] *a.* 천하게 자란
báse búrner 기부(基部) 연소 난로 ((기부 연료가 소진되면 자동 공급됨))
-based [bèist] ((연결형)) 「근거가 있는; …에 기지[기반]를 둔」의 뜻
Bá·se·dow's disèase [bɑ́:zədòuz-] 바제도병 ((갑상선 질환))
báse exchànge 〖미공군〗 매점 ((略 BX))
báse hít 〖야구〗 히트, 안타(hit)
base·less [béislis] *a.* 기초[근거, 이유]가 없는(groundless) **~·ly** *ad.* **~·ness** *n.*
base·line [béisláin] *n.* 기(준)선; 〖야구〗 누선
báse lòad 〖전기·기계·철도〗 기초 하중
base·ly [béisli] *ad.* 천하게, 비열하게
base·man [béismən] *n.* (*pl.* **-men**) 〖야구〗 베이스맨
‡base·ment [béismənt] *n.* (구조물의) 최하부; 지하실
báse métal 비(卑)금속; (용접·도금·합금의) 바탕 금속
base·ness [béisnis] *n.* Ⓤ 천함; 비열
báse rùnner 〖야구〗 러너, 주자
báse rùnning 〖야구〗 주루
bas·es[1] [béisiz] *n.* BASE[1]의 복수
ba·ses[2] [béisi:z] *n.* BASIS의 복수
bash [bæʃ] *vt.* (구어) 세게 때리다 ((*up*))
— *n.* (구어) 세게 때림; (속어) 떠들썩한 파티
ba·shaw [bəʃɔ́:] *n.* **1** = PASHA **2** (구어) 벼슬아치, 고관; 세도 부리는 관리
∗bash·ful [bǽʃfəl] *a.* 수줍어하는, 부끄럼 타는(shy) **~·ly** *ad.* **~·ness** *n.*
‡ba·sic [béisik] *a.* 기초의, 근본적인; 〖화학〗 염기[알칼리]성의

BA·SIC, Ba·sic [béisik] [*B*eginners *A*ll-purpose *S*ymbolic *I*nstruction *C*ode] *n.* Ⓤ 〖컴퓨터〗 베이식 《간단한 언어를 사용한 컴퓨터 용어》
*__ba·si·cal·ly__ [béisikəli] *ad.* **근본적으로,** 원래
básic dréss 〖복식〗 기본 드레스 《액세서리를 바꾸거나 하여 다양하게 입을 수 있는 간소한 드레스》
Básic Énglish 기본 영어 《영국인 C.K. Ogden이 1930년에 발표한, 850어를 기본으로 하는 간이 영어》
ba·sic·i·ty [beisísəti] *n.* Ⓤ 〖화학〗 염기(성)도
bas·il [bǽzəl] *n.* 〖식물〗 나륵풀 《약용·향미료》
Bas·il [bǽzəl] *n.* 남자 이름
bas·i·lar [bǽsələr] *a.* 기초의; 〖해부〗 두개기부(頭蓋基部)의
ba·sil·i·ca [bəsílikə, -zíl-] *n.* 《고대로마》 공회당 《법정·교회당으로 사용된》
ba·sil·i·con [bəsílikən, -zíl-] *n.* 바실리콘 연고 《송진을 이용한 것》
bas·i·lisk [bǽsəlìsk, bǽz-] *n.* **1** 바실리스크 《아프리카 사막에 살며 그 입김·시선으로 사람을 죽인다는 전설의 파충 동물》 **2** 〖동물〗 등지느러미 도마뱀
básilisk glánce 흉악한 눈초리, 재앙을 가져오는 것[사람]
⁑**ba·sin** [béisn] *n.* **1 대야,** 수반(水盤) (bowl) **2 웅덩이,** 괸 물 **3** (선박의) 독(dock) **4 분지** ***tidal ~*** 조수 독(dock)
⁑**ba·sis** [béisis] *n.* (*pl.* **-ses** [-si:z]) **1 기초,** 근거, 논거 **2** 주성분
on the ~ of …을 기초로 하여
*__bask__ [bæsk | bɑ:sk] *vi.* **1 햇볕을 쬐다** **2** 〈은혜 등을〉 입다
⁑**bas·ket** [bǽskit | bɑ́:s-] *n.* **1 바구니; 바구니 하나분(의 양);** 바구니 모양의 것 **2** 〖농구〗 **바스켓,** 득점 ***shoot a ~*** 《구어》 득점하다 ***the pick of the ~*** 골라서 뽑은 것, 정선품
⁑**bas·ket·ball** [bǽskitbɔ̀:l | bɑ́:s-] *n.* Ⓤ 〖스포츠〗 **농구;** Ⓒ 농구공
básket càse 양쪽 팔다리가 절단된 사람
*__bas·ket·ful__ [bǽskitfùl] *n.* **한 바구니 가득,** 한 바구니(의 분량) 《*of*》
básket wèave 바구니 결는 식의 직조법
bas·ket·work [bǽskitwə̀:rk] *n.* Ⓤ 바구니 세공(품); 바구니 세공법[업]
Basque [bæsk] *n.* 바스크 사람 《스페인 Pyrenees 산맥 지방에 사는》 — *a.* 바스크 사람[말]의
bas-re·lief [bɑ̀:rilí:f, bǽs-] *n.* ⓊⒸ 〖미술〗 얕은 돋을새김
*__bass__[1] [beis] *n.* 〖음악〗 Ⓤ **베이스,** 저음
bass[2] [bæs] *n.* 〖어류〗 배스 《농어의 일종》
Bass [bæs] *n.* Ⓤ 배스 맥주 《영국의 맥주 회사명》; Ⓒ 그 맥주 한 병
báss clèf [béis-] 〖음악〗 낮은음자리표
báss drúm [béis-] (오케스트라용) 큰 북
bas·set [bǽsit] 〖지질〗 *n.* (광맥·암층(岩層)의) 노두(露頭) — *vi.* 〈암층이〉 노출되다
bássett hòrn 〖음악〗 바셋호른 《테너 클라리넷》
básset hòund 바셋 하운드 《다리가 짧은 사냥개》
báss hórn [béis-] 베이스 호른; = TUBA
bas·si·net [bæ̀sənét] *n.* 한쪽에 포장이 달린 요람[유모차]
bas·so [bǽsou] [It.] *n.* 저음 (가수)
bas·soon [bæsú:n] *n.* 바순, 파고토 《저음 목관 악기》 **~·ist** *n.*
bas·so-re·lie·vo, -ri·lie·vo [bǽsourilí:vou] [It.] *n.* (*pl.* **~s**) = BAS-RELIEF
bass·wood [bǽswùd] *n.* Ⓤ 〖식물〗 참피나무
bast [bæst] *n.* Ⓤ 〖식물〗 (참피나무 등의) 인피부(靭皮部)
*__bas·tard__ [bǽstərd] *n.* **1 사생아,** 서자 **2** 《속어》 새끼, 녀석 **3** 가짜; 열등품
— *a.* 서출(庶出)의; 거짓의 **~·ly** *a.*
bas·tard·ize [bǽstərdàiz] *vt.* 서출임을 인정하다; 질[가치]을 떨어뜨리다
— *vi.* 질이 떨어지다
bas·tar·dy [bǽstərdi] *n.* Ⓤ 서출
bástardy órder 〖영국법〗 비적출자(非嫡出子) 부양 명령
baste[1] [beist] *vt., vi.* 가봉(假縫)하다
baste[2] *vt.* 호되게 때리다[치다]
baste[3] *vt.* (고기를 구울 때) 버터[육즙]를 치다
Bas·tille [bæstí:l] *n.* [the ~] (파리의) 바스티유 감옥 《프랑스 혁명 때 파괴됨》
Bastílle Dày [종종 the ~] 프랑스 혁명 기념일 《7월 14일》
bas·ti·na·do [bæ̀stənéidou, -nɑ́:-], **-nade** [-néid, -nɑ́:d] *n.* (*pl.* **~es**) 《고어》 발바닥을 때리는 벌; 곤장
— *vt.* 발바닥을 때리는 벌에 처하다, 매질하다
bast·ing [béistiŋ] *n.* **1** Ⓤ 가봉, 시침질 **2** [*pl.*] 시침질 솔기[실]
bas·tion [bǽstʃən, -tiən] *n.* **1** (성(城)의) 능보(稜堡) **2** 성채
⁂**bat**[1] [bæt] *n.* **1** (야구·크리켓의) **배트,** 타봉; 타구, 타번(打番) **2** 타자(batsman) **3** 《속어》 강타
at ~ 타석에 서서 ***come to ~*** 타자가 되다 ***go to ~*** 〖야구〗 타석에 서다 ***go to ~ for*** …을 적극 원조하다 ***off*** one***'s own ~*** 자기의 노력으로 (***right***) ***off the ~*** 즉시
— *v.* (**~·ted**; **~·ting**) *vt.* **배트로 치다**
— *vi.* 치다; 타자로 서다
~ around [***back and forth***] 《속어》 어슬렁거리고 다니다 ***~ in*** 〖야구〗 공을 쳐서 득점하다, 주자를 보내다
⁑**bat**[2] [bæt] *n.* 〖동물〗 **박쥐**
(***as***) ***blind as a ~*** 소경이나 다름없는
have ~s in the belfry 머리가 돌다
bat[3] *n.* ⒸⓊ 《영·속어》 (빠른) 걸음, 스피드
go full ~ 전속력으로 가다 ***go off at a rare ~*** 잰걸음으로 가다
bat[4] *vt.* (**~·ted**; **~·ting**) 《미·방언》 〈눈을〉 깜박이다(wink)
not ~ an eye [***eyelash, eyelid***] 한숨도 자지 않다; 놀라지 않다
bat., batt. battalion; battery; battle
Ba·ta·vi·a [bətéiviə] *n.* 바타비아 《Jakarta의 옛 이름》 **-vi·an** [-viən] *a.*

B

batch [bætʃ] *n.* **1** 한 솥; 한 차례 굽는 양 《빵·질그릇 등의》; 1회분 **2** 《구어》 일군(一群), 일단(一團)《*of*》 **3** 〖컴퓨터〗 일괄
bate[1] [beit] 〔동음어 bait〕 *vt.* 덜다; 약화하다 —*vi.* 《폐어·방언》 감소되다, 줄다
bate[2] *n.* 《영·속어》 격노, 화
bate[3] *n.* Ⓤ, *vt.* 탈회액(脫灰液)(에 담그다)
⁑**bath** [bæθ | bɑːθ] *n.* (*pl.* **~s** [bæðz | bɑːðz]) **1 목욕 2** 《영》 **욕조,** 목욕통; 《미》 **욕실;** [종종 *pl.*] (공중) 목욕탕 **3** Ⓤ 용액; Ⓒ 용액기
have[***take***] ***a*** **~** 목욕하다 ***sun*** **~** 일광욕
—*vt., vi.* 《영》 〈어린이·환자를〉 목욕시키다
Bath [bæθ | bɑːθ] *n.* **1** 바스 《영국 Somersetshire의 온천 도시》 **2** 《영》 바스 훈위(勳位) (= Order of the ~)
Báth brìck 바스 숫돌 《금속 연마용》
Báth chàir 《영》 (포장 달린) 바퀴 의자
⁑**bathe** [beið] *vt.* **1 목욕시키다 2** 담그다, 적시다《*in*》 **3** 〈열·빛 등이〉 뒤덮다, 감싸다
be ~d in tears 눈물에 젖다
—*vi.* 목욕하다; 헤엄치다
—*n.* 《영》 미역, 해수욕
have[***take***] ***a*** **~** 멱감다, 해수욕을 하다
bath·er [béiðər] *n.* 멱감는 사람; 탕치객
ba·thet·ic [bəθétik] *a.* 진부한; 〖수사학〗 돈강법(bathos)의
bath·house [bǽθhàus, bɑ́ːθ-] *n.* 목욕탕, 목욕장; (해수욕장의) 탈의장
⁑**bath·ing** [béiðiŋ] *n.* Ⓤ **수영,** 미역; 목욕
báthing bèauty[**bèlle**] 수영복 차림의 미인
báthing càp 수영 모자
báthing còstume[**drèss**] 수영복 《여성용》
bathing-ma·chine [béiðiŋməʃìːn] *n.* (옛날의) 이동 탈의차(脫衣車) 《해수욕장의》
báthing sùit 수영복 = BATHING COSTUME
báthing trùnks (남자용) 수영 팬츠
báth màt 욕실용 매트
ba·thos [béiθɑs | -θɔs] *n.* Ⓤ 〖수사학〗 돈강법(頓降法) 《점차로 끌어 올린 장중한 어조를 갑자기 익살스럽게 떨어뜨리기》
bath·robe [bǽθròub, bɑ́ːθ-] *n.* 《미》 베스로브 《목욕 전후에 입음》; 《미》 (남성용) 실내 가운
⁑**bath·room** [bǽθrù(ː)m | bɑ́ːθ-] *n.* 욕실; 《미》 [the ~] (주택의) **화장실**
báth sàlts 목욕물에 타는 분말[결정] 용제
Bath·she·ba [bæθʃíːbə] *n.* **1** 여자 이름 **2** 〖성서〗 밧세바 《전 남편이 죽은 뒤 다윗 왕에게 재가하여 솔로몬을 낳음》
Báth stòne 바스석(石)《건축용 석회(석)》
báth tòwel 목욕 수건
bath·tub [bǽθtʌ̀b] *n.* 목욕통
ba·thym·e·try [bəθímətri] *n.* Ⓤ 수심 측량술, 측심학(測深學)
bath·y·scaph(**e**) [bǽθəskèif] 〔F〕 *n.* 바티스카프 《심해용 잠수정의 일종》
bath·y·sphere [bǽθəsfìər] *n.* 구형 잠수기(球形潛水器) 《깊은 바다의 생물 조사용》
ba·tik [bətíːk, bǽtik] *n.* Ⓤ 납염법(蠟染法), 납결(법); 납결포(布)
ba·tiste [bətíːst] *n.* Ⓤ 얇은 평직의 삼베[무명]
bat·man [bǽtmən] *n.* (*pl.* **-men**) 〖군사〗 (짐말의) 말 당번; 《영》 (장교의) 당번병
Bat·man *n.* 배트맨 《망토를 이용하여 하늘을 나는 만화의 초인》
∗**ba·ton** [bətɑ́n, bæ- | bǽtn] *n.* **1** 〖음악〗 **지휘봉 2 배턴** 《릴레이용》 **3 관장**(官杖) 《관직·권능을 나타냄》 **4** 《영》 경찰봉
Bat·on Rouge [bǽtn-rúːʒ] *n.* 배턴루지 《미국 Louisiana 주의 주도》
batón twìrler 악대 지휘자, 배턴 걸
Ba·tra·chi·a [bətréikiə] *n. pl.* 〖동물〗 양서류(amphibia)
-chi·an [-kiən] *n., a.* 양서류(의)
bats [bæts] *a.* 《영·속어》 정신 이상의, 미친
∗**bats·man** [bǽtsmən] *n.* = BATTER[1]
batt. battalion; battery
∗**bat·tal·ion** [bətǽljən] 〔It. 「전투」의 뜻에서〕 *n.* 〖군사〗 **대대;** [종종 *pl.*] 대집단, 대군
bat·tel [bǽtl] *n.* [*pl.*] (Oxford 대학의) 기숙사 제(諸)비용, 식비
bat·ten[1] [bǽtn] *vi.* (맛있는 것을) 잔뜩 먹다 《*on*》 —*vt.* 살찌게 하다
batten[2] *n.* Ⓤ 좁은 널; 작은 각목(角木) —*vt.* 좁은 널을 붙이다
⁑**bat·ter**[1] [bǽtər] *n.* 〖야구·크리켓〗 **타자** (batsman)
⁑**bat·ter**[2] [bǽtər] *vt.* **난타[연타]하다;** 쳐[때려]부수다; 〈모자 등을〉 쳐서 쭈그러뜨리다 《*in*》; 혹평하다, 윽박지르다 —*vi.* 세게 두드리다 —*n.* 〖요리〗 Ⓤ 반죽 《우유·달걀·밀가루의》
batter[3] *n.* 〖건축〗 (탑·벽 등의) 완만한 경사(도)
bat·tered [bǽtərd] *a.* 박살난, 오래 써서 낡은
báttered wìfe 매맞는 아내
bát·ter·ing ràm [bǽtəriŋ-] 〖역사〗 성문[성벽] 파괴용 대형 망치
∗**bat·ter·y** [bǽtəri] *n.* **1** 〖전기〗 **배터리, 전지 2 한 벌의 기구[장치] 3** 〖군사〗 포병중대 **4** 〖야구〗 **배터리** 《투수와 포수》
Báttery (**Párk**) [the ~] 배터리 공원 《미국 뉴욕시의 Manhattan 섬의 남단》
∗**bat·ting** [bǽtiŋ] *n.* Ⓤ **1** 〖야구·크리켓〗 **타격,** 배팅 **2** 탄 솜 《이불 등에 넣는》
bátting àverage 〖야구〗 타율
bátting èye 〖야구〗 (타자의) 선구안(選球眼)
bátting òrder 〖야구·크리켓〗 타순
⁑**bat·tle** [bǽtl] *n.* **1** ⒸⓊ **전투,** 싸움 **2** 《일반적으로》 전쟁; 투쟁 **3** [the ~] 승리, 성공
accept **~** 응전하다 ***a close***[***decisive***] **~** 접전[결전] ***do*** **~** 싸움을 시작하다 ***fight a*** **~** 한바탕 싸우다 ***give***[***offer***] **~** 공격하다
báttle arrày 전투 대형, 진용
bat·tle-ax | **-axe** [bǽtlæ̀ks] *n.* 전부(戰斧) 《도끼처럼 생긴 옛 무기》
báttle crùiser 순양 전함
báttle crỳ 함성; 슬로건
bat·tle·dore [bǽtldɔ̀ːr] *n.* 배틀도어 《배드민턴의 전신(前身)》, 배틀도어 채

play ~ and shuttlecock 배틀도어(놀이)를 하다
báttle drèss 〖영국군〗 전투복
báttle fatìgue 〖정신의학〗 전쟁 신경증
***bat·tle·field** [bǽtlfìːld] *n.* **1 싸움터,** 전장 **2** 투쟁의 장, 논쟁점
bat·tle·front [-frʌ̀nt] *n.* (최)전선; 제일선
bat·tle·ground [-gràund] *n.* = BATTLEFIELD
báttle lìne 전선(戰線)
***bat·tle·ment** [bǽtlmənt] *n.* [보통 *pl.*] **총안(銃眼)이 있는 흉벽**(cf. PARAPET)
báttle pìece 전쟁화(畵), 전쟁 기사[시, 음악]
bat·tle·plane [bǽtlplèin] *n.* 〖항공〗 전투기
bat·tle-read·y [-rèdi] *a.* 전투 태세를 갖춘
báttle róyal 대혼전; 큰 싸움
bat·tle-scarred [-skɑ̀ːrd] *a.* 전상(戰傷)을 입은
***bat·tle·ship** [-ʃìp] *n.* **전함**
bat·tle·wag·on [-wæ̀gən] *n.* (미·구어) 전함(battleship)
bat·tue [bætjúː] [F] *n.* 몰이사냥; 대량 학살
bat·ty [bǽti] *a.* **1** 박쥐의, 박쥐 같은 **2** (미·속어) 머리가 돈
bat·wom·an [bǽtwùmən] *n.* BATMAN의 여성형
bau·ble [bɔ́ːbl] *n.* 값싼 물건
baud [bɔːd, boud] *n.* 〖컴퓨터〗 보드 《데이터 처리 속도의 단위》
Bau·mé [boumέi] [프랑스의 화학자 이름에서] *a.* 보메 비중계의
Bau·mé scàle 보메 비중계
baux·ite [bɔ́ːksait] *n.* Ⓤ 〖광물〗 보크사이트 《알루미늄 원광》
Ba·var·i·a [bəvέəriə] *n.* 바이에른, 바바리아 《독일 남부의 주; 독일명은 Bayern》
baw·bee [bɔ́ːbiː | ⌐⌐] *n.* (스코) 반(半)페니
bawd [bɔːd] *n.* (문어) 뚜쟁이, 포주; 매춘부
bawd·y [bɔ́ːdi] *a.* 음탕한
báwdy hòuse *n.* 매음굴
***bawl** [bɔːl] [동음어 ball] *vt., vi.* **고함치다, 소리치다,** 외치다, 울부짖다; (미·속어) 호통치다 **—** *n.* 외침, 아우성
*****bay**[1] [bei] *n.* **1** (작은) **만(灣),** 내포: the *B*~ of Wonsan = Wonsan *B*~ 원산만 **2** 3면이 산으로 둘러싸인 평지
***bay**[2] [bei] *n.* Ⓤ **1 궁지 2** (사냥개가 짐승·새 등을 몰 때 여러 마리가 같이) **짖는 소리**
***be*[*stand*] *at* ~** 궁지에 빠지다 ***bring* [*drive*] *to* ~** 궁지에 몰아넣다 ***turn* [*come*] *to* ~** 몰리다 못해 반항하다
bay[3] *n.* 〖건축〗 기둥과 기둥 사이의 한 구획
bay[4] *n.* 월계수; [*pl.*] 월계관, 명성(fame)
bay[5] *a.* 적갈색[밤색](reddish brown)의
bay·ber·ry [béibèri | -bəri] *n.* 월계수 열매; 속나무 무리의 나무 《북미산》
Bay·ern [báiərn] *n.* 바이에른, 바바리아 《독일 남부의 주》
báy láurel 월계수(bay tree)
báy lèaf 월계수의 말린 잎 《향미료》
bay-line [béilàin] *n.* 〖철도〗 대피선, 측선(側線)
***bay·o·net** [béiənit] *n.* **총검;** [the ~] 무력; [*pl.*] 보병 **—** *vt.* 총검으로 찌르다[죽이다], 무력으로 강요하다
bay·ou [báiuː] *n.* 《미남부》 (강·호수 등의) 후미, 작은 만
Báyou Státe [the ~] 미국 Mississippi 주의 속칭
báy rúm 베이럼 《향료》
báy sàlt 천일염(天日鹽)
Báy Státe [the ~] 미국 Massachusetts 주의 속칭
báy trèe = BAY LAUREL
báy wíndow 〖건축〗 퇴창, 내민창
***ba·zaar, -zar** [bəzɑ́ːr] *n.* **시장,** 상점가(街) 《중동의》; **바자, 자선시(市)**
ba·zoo·ka [bəzúːkə] *n.* 〖군사〗 바주카포 《휴대용 대전차 로켓포》
BB 〖야구〗 base(s) on balls; double black 《연필의 2B》
B.B. Blue Book
B́ bàttery 〖전자〗 B 전지
BBB treble black 《연필의 3B》
BBC [bíːbìːsíː] [*B*ritish *B*roadcasting *C*orporation] *n.* 영국 방송 협회, BBC 방송
bbl. barrel
bbls. barrels
B-bop [bíːbɑ̀p | -bɔ̀p] *n.* (미·속어) = BEBOP
***B.C., BC** [bíːsíː] [*b*efore *C*hrist] **기원전** (cf. A.D.)
BC Bachelor of Chemistry[Commerce]; British Columbia
bcc blind carbon copy 〖컴퓨터〗 수신인에게 알리지 않고 제3자에 송달되는 전자우편 메시지
BCG [bíːsìːdʒíː] [*B*acillus *C*almette *G*uérin] *n.* 〖의학〗 BCG 백신
BCL Bachelor of Civil Law
B Com Bachelor of Commerce
bd board; bond; bound; bundle
BD Bachelor of Divinity 신학 학사; bank discount
Bde Brigade
bdel·li·um [déliəm] *n.* **1** 〖성서〗 베델리엄 《수지(樹脂)·보석 또는 진주일 것이라고 함》 **2** 방향(芳香)수지
bd.ft. board foot[feet]
BDG binding 제책
bdl. bundle
bds. (bound in) boards 보드지(紙) 제본의; bundles
*****be** [bi, biː] [동음어 bee] [변화형의 am, is, are; was, were는 다른 어원에서] *vi.* **1 a** (…)**이다**: He *is* a good doctor. 그는 훌륭한 의사이다. **b**(…하는 것)**이다**: (~+***to*** do) To live *is* to fight. 삶은 싸움이다. **2 a** [장소·때를 나타내는 부사(구)와 함께] (어디에) **있다**; (언제) **있다**: Where *is* Seoul? 서울은 어디에 있죠? —It *is* in Korea. 한국에 있습니다. **b** (…하기 위하여) **있다,** (…하기 위한 것)

이다: 《~+*to* do》 This medal *is to* honor the winner. 이 메달은 우승자를 표창하기 위한 것이다. **3** [미래형 대신으로] (…)으로 **되다**: He will *be* a doctor. 그는 의사가 될 것이다.
— *auxil. v.* **1** [be + 타동사로 수동을 만들어] … **되다** 《동작》; … **되어 있다** 《상태》 **2** [be + *-ing*로 진행형을 만들어]; …**하고 있다** **3** [be + *to* do로]: **a** [예정을 나타내어] …**하기로 되어 있다** **b** [의무·명령을 나타내어] …**할 의무가 있다**, …해야 한다 **c** [가능을 나타내어] …**할 수 있다** **d** [운명을 나타내어] …**할 운명이다** 《보통 과거형으로 씀》
be it that …이라 할지라도; …하다면 ***be that as it may***; ***be the matter what it may*** 그 문제야 어떻든 ***Don't be long.*** 시간을 끌지마라, 꾸물대지 마라; 오래 기다리게 하지 마라.

be- [bi, bə] *pref.* **1** [강조적으로 타동사에 붙여] 전면적으로, 완전히: *be*drench **2** [자동사에 붙여 타동사를 만듦]: *be*moan **3** [형용사·명사에 붙여 타동사를 만듦] …으로 만들다: *be*fool, *be*friend **4** [명사에 붙여 타동사를 만듦] …으로 둘러싸다: *be*cloud **5** [명사에 붙여 어미 '-ed'를 더하여 형용사를 만듦] …이 있는: *be*wigg*ed*, *be*jewel*ed*

BEA British European Airways

beach** [biːtʃ] [동음어 beech] *n.* 물가, 바닷가; (해변의) 모래; 해수욕장 ***on the ~ 영락하여; 실직하여
— *vt.* 〈배를〉 뭍에 밀어[끌어]올리다

béach bàll 비치볼 《해변·풀 등에서 갖고 노는 큰 고무공》

béach bùggy 모래밭용 자동차

beach·comb·er [bíːtʃkòumər] *n.* **1** (해변에 밀려 오는) 큰 파도 **2** 백인 부두 부랑자

beach·head [-hèd] *n.* 〖군사〗 교두보; 거점, 출발점

beach·scape [-skèip] *n.* 해변 풍경

béach umbrèlla (미) 비치 파라솔

béach wàgon (미) =STATION WAGON

beach·wear [-wɛ̀ər] *n.* Ⓤ 비치웨어, 해변복

***bea·con** [bíːkən] *n.* **1** **봉홧불**, 봉화 **2** 신호소, 등대(lighthouse); **수로**[항공, 교통] **표지**; 무선 표지 **3** 지침, 경고 — *vi.*, *vt.* (표지로) 인도하다; 표지를 설치하다

béacon fire 신홋불, 봉화

***bead** [biːd] *n.* **1** **구슬**, 유리알, 비즈; [*pl.*] 염주, 로사리오(rosary) **2** (물·이슬·땀·피 등의) 방울; (청량음료 등의) 거품 **3** (총의) 가늠쇠
draw[***get***] ***a ~ on***[***upon***] (미) …을 겨누다, 겨냥하다 ***tell***[***count, say, bid***] one***'s ~s*** (염주를 세며) 염불을 하다, 기도하다
— *vt.* 구슬로 장식하다
— *vi.* 구슬 (모양)이 되다

bead·ed [bíːdid] *a.* 구슬이 된; 구슬로 장식한

bea·dle [bíːdl] *n.* (영) 교구(敎區) 직원; 대학 총장의 직권 표지를 받드는 속관
~·dom [-dəm] *n.* Ⓤ 하급 관리 근성

bead·roll [bíːdròul] *n.* 〖가톨릭〗 명복(을 받는 자의) 명부, 《일반적으로》 명부; 묵주

bead·work [bíːdwə̀ːrk] *n.* 구슬 세공, 〖건축〗 염주알 장식

bead·y [bíːdi] *a.* 구슬 같은; 구슬로 장식한

bea·gle [bíːgl] *n.* 비글 《토끼 사냥에 쓰이는 작은 사냥개》; 스파이, 탐정

‡**beak** [biːk] *n.* **1** (맹금의 갈고리 같은) 부리 **2** 부리 같이 생긴 물건; (구어) 코, 매부리코; (주전자의) 주둥이

beaked [biːkt] *a.* 부리가 있는, 부리 모양의

bea·ker [bíːkər] *n.* 굽 달린 큰 컵; 비커 《화학 실험용》

bé·àll and énd·àll 요체(要諦); 가장 중요한 것

‡**beam** [biːm] *n.* **1** **들보**, 도리 **2** (배의) 갑판보; 선폭(船幅) **3** 저울(대) **4** **광선** (ray): a ~ of hope 희망의 빛 **5** (확성기·마이크로폰 등의) 유효 가청(可聽) 범위 **6** 〖항공〗 신호 전파 **7** 《비유》 (얼굴·행위 등의) 빛남, 밝음
a ~ in one***'s*** (***own***) ***eye***(***s***) 〖성서〗 제 눈 속에 있는 들보 《스스로 깨닫지 못하는 자신의 큰 결점》 ***get***[***go***] ***on the ~*** (라디오 속어) 마이크의 소리가 가장 똑똑히 들리는 쪽에 서다 ***kick***[***strike***] ***the ~*** 압도되다, 지다
— *vi.* **1** 빛나다; 빛을 발하다 **2** 밝게 미소짓다
— *vt.* **1** 〈빛을〉 발하다, 비추다 **2** 〖라디오〗 〈전파를〉 향하게 하다

béam còmpass 빔 컴퍼스 《큰 원을 그리는 제도 기구》

beamed [biːmd] *a.* 들보가 있는

beam-ends [bíːmèndz] *n. pl.* 〖항해〗 (배의) 가로 들보의 끝

***beam·ing** [bíːmiŋ] *a.* **빛나는**; 기쁨에 넘친, 밝은 **~·ly** *ad.*

béam rìder 전자 유도 미사일

béam wínd 〖항해·항공〗 옆바람

beam·y [bíːmi] *a.* 〈배가〉 폭이 넓은; 광선을 방사하는

‡**bean** [biːn] [동음어 been] *n.* **1** **콩**; 잠두 **2** (콩 같은) 열매 **3** (미·속어) 머리 **4** (영·속어) 적은 돈
full of ~s (구어) 〈말·사람이〉 원기왕성하여 ***give*** a person ***~s*** (구어) …을 꾸짖다 ***not care a ~*** [(미) ***~s***] 조금도 개의치 않다 ***not worth a ~*** 한 푼어치 가치도 없는

bean·bag [bíːnbæ̀g] *n.* (헝겊 주머니에 콩·팥 등을 넣은) 공기 《장난감》

bean·ball [-bɔ̀ːl] *n.* 빈볼 《야구에서 타자의 머리를 향한 투구》

béan càke 콩깻묵

béan cùrd[**chèese**] 두부

bean·er·y [bíːnəri] *n.* (미·구어) 싸구려 음식점

bean·feast [bíːnfiːst] *n.* (영) (1년에 한 번) 고용인에게 베푸는 잔치; (속어) 즐거운 잔치

bean-fed [-fèd] *a.* (구어) 혈기 왕성한

bean·ie [bíːni] *n.* 비니(모자) 《어린이·신입생이 쓰는 후드 같은 모자》

bean·o [bíːnou] *n.* (*pl.* **~s**) ⦅속어⦆ = BEANFEAST
bean·pod [bíːnpὰd | -pɔ̀d] *n.* 콩꼬투리
bean·pole [-pòul] 콩덩굴의 받침대; ⦅구어⦆ 키다리
béan spròuts 콩나물, 숙주나물
bean·stalk [-stɔ̀ːk] *n.* 콩줄기
bean·y [bíːni] *a.* ⦅속어⦆ 혈기 찬, 활발한; 기분이 좋은
‡**bear**[1] [bɛər] [동음어 bare] *n.* **1** 〖동물〗 곰 **2** 난폭한 사람 **3** 〖증권〗 (하락 시세를 예기한) 매도측(賣渡側) **4** [the B~] 〖천문〗 곰자리
‡**bear**[2] [bɛər] [동음어 bare] (**bore** [bɔːr], ⦅고어⦆ **bare**; **borne, born** [bɔːrn]) *vt.* **1** 〈무게를〉 **지탱하다,** 〈의무·책임 등을〉 **지다 2 a** 〈아기를〉 **낳다,** 출산하다 **b** 〈열매를〉 **맺다,** 〈열매가〉 열리다; 〈이자를〉 **낳다**: ~ fruit 열매를 맺다 **3** 〈의무·책임 등을〉 지다, 분담하다 **4 나르다,** 가지고[데리고] 가다(carry) **5** 〈원한·악의를〉 **품다 6** 〈무기·표정·흔적 등을〉 **몸에 지니다,** 차다; 〈관계·칭호 등을〉 **가지다**
— *vi.* **1** (어떤 방향으로) 향하다, 기울다 **2** 열매를 맺다, 아이를 낳다 **3** 내리누르다; (지탱하는 것에) **기대다** ⦅*on, against*⦆ **4** 무게를 지탱하다, 견디어 내다 **5** 관계[영향]가 있다 ⦅*on*⦆
~ arms 무기를 휴대하다 ***~*** a person ***company*** …의 상대[말벗]가 되어 주다 ***~ down*** 〈반대를〉 압도[제압]하다; (적을) 격파하다; 〈배가〉 서로 다가가다 ***~ down on***[***upon***] 〈적을〉 급습하다, …을 밀고 나아가다; …을 억누르다, 압박하다; 역설하다 ***~ in hand*** 억제하다(control) ***~ in mind*** 명심하다 ***~ on*** [***upon***] …을 압박하다 ***~ out*** (*vt.*) 지탱하다; 지원하다; (*vi.*) 〈빛깔이〉 나타나다 ***~ up*** 지탱하다; 버티어 나가다 ***~ with*** 〈사람을〉 참아 주다
***bear·a·ble** [bɛ́ərəbl] *a.* **견딜 수 있는,** 〈추위·더위 등이〉 견딜만한
bear·bait·ing [bɛ́ərbèitiŋ] *n.* Ⓤ 곰 곯리기 ⦅쇠사슬로 묶인 곰에게 개를 덤비게 하는 옛놀이⦆
bear·ber·ry [-bèri | -bəri] *n.* 〖식물〗 월귤나무
‡**beard** [biərd] *n.* **1 턱수염 2** 〖식물〗 까락, 까끄라기 **3** (화살·낚시 바늘 등의) 미늘
speak in one***'s ~*** 중얼대다 ***to*** a person***'s ~*** …의 앞에서 거리낌없이, 맞대 놓고 **—** *vt.* …의 수염을 잡아당기다, 공공연하게 반항하다(defy)
beard·ed [bíərdid] *a.* 수염[까락]이 있는
beard·ie [bíərdi] *n.* ⦅구어⦆ (턱)수염을 기른 사람, 털보
beard·less [bíərdlis] *a.* 수염[까락, 미늘]이 없는
***bear·er** [bɛ́ərər] *n.* **1 운반인 2** 교군(轎軍)꾼 **3** (수표·어음의) 지참인, (편지의) 심부름꾼 **4** 열매 맺는 초목 **5** 지위[관직]를 가진 사람
béarer bònd 무기명 채권
béarer chèck 지참인 지급 수표
béar gàrden 곰 사육장; 몹시 떠들썩한 장소
béar hùg 힘찬 포옹
***bear·ing** [bɛ́əriŋ] *n.* **1** ⓊⒸ **태도**; 행동 **2** Ⓤ 〈아이를〉 낳음, 출산 **3** Ⓤ 인내 **4** ⓊⒸ (남에 대한) **관계**(relation) ⦅*on, upon*⦆ **5** [*pl.*] 〖기계〗 축받이, 베어링 **6** 방향, 방위; (자기의) 위치
bring a person ***to*** his ***~s*** …에게 제 분수를 알게 하다 ***get*** one***'s ~s*** ⦅미·구어⦆ 환경에 익숙해지다; 향방을 알다 ***lose***[***be out of***] one***'s ~s*** 어찌할 바를 모르다
bear·ish [bɛ́əriʃ] *a.* 곰 같은; 난폭한
béar lèader (곡마단의) 곰 부리는 사람; (부자집 아들·귀공자의) 가정교사
bear·skin [bɛ́ərskìn] *n.* 곰 털가죽; ⦅영⦆ 검은 모피 모자 ⦅주로 근위병이 씀⦆
Béar Státe [the ~] 미국 Arkansas 주의 속칭
‡**beast** [biːst] *n.* **1 짐승**: a wild ~ 야수 **2** [집합적] 가축; ⦅영⦆ 육우 **3** ⦅구어⦆ 짐승 같은 사람
a ~ of burden[***draft***] 짐 나르는 짐승 ⦅마소·낙타 등⦆ ***a ~ of prey*** 맹수
beast·ings [bíːstiŋz] *n. pl.* [단수 취급] (암소의 산후의) 초유(初乳)
beast·li·ness [bíːstlinis] *n.* Ⓤ 짐승 같은 짓, 부정(不淨), 추악; 음탕
***beast·ly** [bíːstli] *a.* **1 짐승 같은,** 더러운 **2** 징글징글하게 싫은 **3** ⦅영·구어⦆ 지독한 **—** *ad.* ⦅영·구어⦆ 몹시, 지독히
‡**beat** [biːt] [동음어 beet] *v.* (~; **beat·en** [bíːtn], ~) *vt.* **1** (연거푸) **치다,** 두드리다 **2** 〈달걀 등을〉 세게 휘젓다 **3** 〈상대·적을〉 **패배시키다** ⦅*at, in*⦆, **이기다**; ⦅구어⦆ 손들게 하다, 쩔쩔매게 하다; ⦅미·구어⦆ 속이다, 사취하다 **4** 〈금속을〉 두들겨 펴다 **5** 〈박자를〉 맞추다
— *vi.* **1 통통 두드리다** ⦅*at, on*⦆; 〈비·바람·파도 등이〉 치다, 부딪치다 **2** 〈심장이〉 **뛰다,** 고동 치다(throb) **3** 〈북 등이〉 둥둥 울리다 **4** ⦅속어⦆ 이기다
~ a (***hasty***) ***retreat*** 황급히 퇴각하다; 물러나다 ***~ about*** 이리저리 찾다 ⦅*for*⦆ ***~ about*** [⦅미⦆ ***around***] ***the bush*** (덤불 주위를 툭툭 쳐서) 짐승을 몰아내다; 에둘러 말하다 ***~ down*** 때려 넘어뜨리다 ***~ in*** 때려 넣다; 쳐부수다 ***~*** something ***into*** a person***'s head*** 둔한 사람에게 억지로 무엇을 가르치다 ***~ it*** ⦅미·속어⦆ 급히 물러가다, 도망치다 ***~ off*** 격퇴하다 ***~ out*** 〈금속을〉 두들겨 펴다; 부연하다, 〈진상을〉 규명하다; 〈사람을〉 기진맥진케 하다; 타이프를 치다; 〖야구〗 번트하여 1루에 나아가다; 〈불을〉 두들겨 끄다 ***~ up*** 기습하다; 놀라게 하다; (북을 쳐서) 모으다; ⦅미⦆ 때리다
— *n.* **1** (연달아) 때림; (북·시계를) 치는 소리 **2** (순경·파수꾼 등의) 순찰[담당] 구역 **3** 〖음악〗 박자, 장단 **4** ⦅미⦆ 〖신문〗 (특종으로 다른 신문을) 앞지름(scoop)
be in[***out of, off***] one***'s ~*** ⦅구어⦆ 자기 분야다[분야가 아니다], 전문[전문 밖]이다
— *a.* **1** ⦅미·속어⦆ 녹초가 되어 **2** 놀란
‡**beat·en** [bíːtn] *a.* **1 두들겨 맞은 2** 두들겨 편 **3** 진, 패배한 **4** 지쳐 빠진
~ down to the ankles ⦅속어⦆ 완전히 [몹시] 지친

B

béaten tráck[páth] [the ~] 밟아 다져진 길; 상도(常道)
off the ~ 상도를 벗어난, 익숙하지 않은
beat·er [bíːtər] *n.* **1** 때리는 사람; (사냥의) 몰이꾼 **2** 두들기는[휘젓는] 기구
Béat Generátion [the ~; 종종 **b- g-**] 비트족(cf. BEATNIK); 비트 세대
be·a·tif·ic [bìːətífik] *a.* 지복(至福)을 주는 힘이 있는; 행복에 빛나는, 기쁨에 넘친
-i·cal·ly *ad.* 기쁜 듯이
be·at·i·fi·ca·tion [biːætəfikéiʃən] *n.* ⓊⒸ 지복을 받음; 〖가톨릭〗 시복(식)
be·at·i·fy [biːǽtəfài] *vt.* (**-fied**) 행복하게 하다; 〖가톨릭〗 시복(諡福)하다 《죽은 사람을 천복 받은 사람의 축에 끼게 함》
***beat·ing** [bíːtiŋ] *n.* Ⓤ **1** 때림; Ⓒ 채찍질(하여 벌줌) **2** 패배, 큰 타격 **3** 맥박 **4** 〈금속 등을〉 두들겨 폄
be·at·i·tude [biːǽtitjùːd | -tjùːd] *n.* **1** Ⓤ 더할 나위 없는 행복, 지복(至福) (supreme happiness) **2** [the B~s] 〖성서〗 (그리스도가 산상 수훈에서 가르친) 여덟 가지 참 행복, 팔복
beat·nik [bíːtnik] *n.* 비트족(Beat Generation)의 사람'
beat-up [bíːtʌ̀p] *a.* Ⓐ 《구어》 오래 써서 낡은, 닳은
beau [bou] *n.* (*pl.* **~s, ~x** [-z]) 멋쟁이 (남자); 애인
— *a.* 아름다운, 좋은
Béau·fort scále [bóufərt-] [the ~] 〖기상〗 보퍼트 풍력 계급(⇨ wind scale)
beau geste [bóu-ʒést] *n.* 미행(美行), 아량
béau idéal 〖문예〗 이상(미)의 극치; 최고의 이상
Beau·jo·lais [bòuʒəléi | bóuʒəlèi] *n.* 보졸레(와인) 《프랑스 Beaujolais 지방산》
beau monde [bóu-mɑ́nd | -mɔ́nd] *n.* 상류 사회, 사교계
beaut [bjuːt] *n.* 《미·속어·반어》 몹시 아름다운 것; 미인
beau·te·ous [bjúːtiəs] *a.* 《시어》 = BEAUTIFUL **~·ly** *ad.* **~·ness** *n.*
beau·ti·cian [bjuːtíʃən] *n.* 《미》 미용사
‡**beau·ti·ful** [bjúːtifəl] *a.* **아름다운; 훌륭한**; 멋진
‡**beau·ti·ful·ly** [bjúːtəfəlli] *ad.* **아름답게; 훌륭히; 참으로**
***beau·ti·fy** [bjúːtifài] *vt., vi.* (**-fied**) **아름답게 하다, 미화하다,** 아름다워지다
‡**beau·ty** [bjúːti] *n.* **1 아름다움,** 미 **2** [a ~] **훌륭한 것, 미인 3** [the ~; 집합적] 미인들 **4** [종종 *pl.*] 미점, 아름다운 특징
béauty còntest 미인 선발 대회
béauty quèen 미인 대회에서 뽑힌 여왕
béauty pàrlor[shòp, salòn] 미용실
béauty slèep 자정 전의 단잠
béauty spòt **1** 명승지, 절경 **2** 애교점 《뺨 등에 붙이는 검은 천 조각》; 점 (mole)
beaux [bouz] *n.* BEAU의 복수
beaux arts [bouz-ɑ́ːr] [F] *n. pl.* 미술
beaux yeux [bouz-jə́ː] [F] *n. pl.* 아름다운 눈; 미모
‡**bea·ver**[1] [bíːvər] *n.* **1** 〖동물〗 비버, 해리(海狸) **2** 해리의 모피; 〖직물〗 두꺼운 모직물 **3** 《미·구어》 부지런한[근면한] 사람
work like a ~ 부지런히 일하다
beaver[2] *n.* (투구의) 턱받이
bea·ver·board [bíːvərbɔ̀ːrd] *n.* [종종 **B~**] 비버 보드 《목재 섬유로 만든 가벼운 건축 자재; 상표명》
Béaver Stàte [the ~] 미국 Oregon 주의 속칭
be·bop [bíːbɑ̀p | -bɔ̀p] [의성어] *n.* Ⓤ 비밥 《재즈 음악의 일종》
be·calm [bikɑ́ːm] *vt.* 바람이 자서 〈돛배를〉 멈추게 하다; 진정시키다 (calm)
‡**be·came** [bikéim] *v.* BECOME의 과거
‡**be·cause** [bikɔ́ːz, -kʌ́z | -kɔ́z] *conj.* **1 왜냐하면 2** …**때문에 3** [부정문의 주절과 함께 써서] …**하다고 해서**
all the more ~ ... …하기 때문에 더욱[오히려] ***~ of...*** …때문에(owing to)
bec·ca·fi·co [bèkəfíːkou] *n.* (*pl.* **~(e)s**) 〖조류〗 꾀꼬리 비슷한 새 《이탈리아에서는 식용》
bé·cha·mel (sàuce) [béiʃəmèl(sɔ̀ːs)] 베샤멜 소스 《희고 진한 소스》
be·chance [bitʃǽns | -tʃɑ́ːns] *vi.* 《고어》 발생하다, 생기다(happen)
bêche-de-mer [bèiʃdəméər] [F] *n.* 〖동물〗 해삼
beck [bek] *n.* 끄덕임(nod); 손짓
be at a person***'s ~ (and call)*** 늘 …이 시키는 대로 하다 ***have*** a person ***at*** one***'s ~ (and call)*** …을 마음대로 부리다
Beck·ett [békit] *n.* 베킷 **Samuel ~** (1906-89) 《아일랜드의 소설가·극작가; Nobel 문학상(1969) 수상》
***beck·on** [békən] *vt.* **손짓[고개짓, 몸짓]으로 부르다,** 신호하다 《*to*》 — *vi.* 손짓해 부르다
be·clasp [biklǽsp | -klɑ́ːsp] *vt.* (주위에서) 꼭 쥐다
be·cloud [bikláud] *vt.* 흐리게 하다; 〈눈·마음 등을〉 어둡게 하다
‡**be·come** [bikʌ́m] *v.* (**-came** [-kéim]; **-come**) *vi.* …**이[가] 되다** — *vt.* **어울리다,** …에 알맞다, 적당하다
***be·com·ing** [bikʌ́miŋ] *a.* **어울리는,** 알맞은, 적당한(suitable)
Bec·que·rél ràys [bèkərél-] 〖물리〗 베크렐선 《α, β, γ의 3방사선》
‡**bed** [bed] *n.* **1 침대,** 침상 **2 취침** (시간); 숙박 **3 모판,** 화단 **4** 하상(河床) **5** 토대 **6** 지층; 층(stratum) **7** 무덤
be brought to ~ (of a child) 아이를 낳다, 해산하다 ***be in ~*** 자고 있다 ***~ of thorns[nails]*** 가시 방석, 견디기 힘든 처지 ***go to ~*** 잠자리에 들다, 자다 ***keep[be confined to]*** one***'s ~*** 병으로 누워 있다 ***leave*** one***'s ~*** 병이 다 낫다 ***lie in[on] ~*** 잠자리에 눕다 ***make the*** [one***'s***] ***~*** (자고 나서) 잠자리를 정돈하다; 잠자리를 깔다 ***take to*** one***'s ~*** 앓아 눕다
— *v.* (**~·ded**; **~·ding**) *vt.* **1** 잠자리를 주다 《*down*》; 재우다 **2** 꽃밭[묘상]에 심다 《*out, in*》

— *vi.* 자다 《*down*》, 숙박하다 《*in*》
be·dab·ble [bidǽbl] *vt.* 〈물 등을〉 튀기다, 끼얹다, 튀겨서 더럽히다 《*with*》
be·daub [bidɔ́:b] *vt.* 더덕더덕 칠하다 《*with*》, 야하게 꾸며대다
be·daze [bidéiz] *vt.* =BEDAZZLE
be·daz·zle [bidǽzl] *vt.* 현혹하다, 매혹하다
bed·bug [bédbʌ̀g] *n.* 〖곤충〗 빈대
bed·cham·ber [-tʃèimbər] *n.* 《문어》 =BEDROOM
bed·clothes [-klòuðz] *n. pl.* 침구, 금침 《시트·담요·베개 등; 잠옷과 메트리스는 제외됨》
bed·ding [bédiŋ] *n.* =BEDCLOTHES; (가축의) 깔짚; 〖건축〗 토대
be·deck [bidék] *vt.* 장식하다, 꾸미다 《*with*》
be·del(l) [bí:dəl | bidél] *n.* (명예) 총장의 권표(權標)를 받드는 속관(beadle) 《Oxford 및 Cambridge 대학의》
be·dev·il [bidévəl] *vt.* (**~ed**; **~·ing** | **~led**; **~·ling**) 귀신이 붙게 하다; 〈마음 등을〉 혹하게 하다
~·ment *n.* Ⓤ 귀신 들림; 광란
be·dew [bidjú: | -djú:] *vt.* (이슬[눈물]로) 적시다 《*with*》
bed·fel·low [bédfèlou] *n.* 잠자리를 같이 하는 사람, 아내; 동료
Bed·ford·shire [bédfərdʃìər] *n.* 베드퍼드셔 《영국 잉글랜드의 주; 주도 Bedford》
be·dight [bidáit] *vt.* 《시어》 꾸미다, 차려 입다
be·dim [bidím] *vt.* (**~med**; **~·ming**) 흐리게 하다
be·di·zen [bidáizn] *vt.* 야하게 치장하다
béd jàcket (잠옷 위에 입는 여성용) 침실복
bed·lam [bédləm] *n.* 대소동; 소란한 곳; 《고어》 정신 병원(madhouse)
bed·lam·ite [bédləmàit] *n.* 미친 사람
béd lìnen 홑이불과 베갯잇
bed·mak·er [bédmèikər] *n.* 《영》 침실 담당 사환 《Oxford, Cambridge 대학의》
bed·ou·in [béduin] *n.* 베두인 《사막에서 유목 생활을 하는 아랍인》; 방랑인
— *a.* 베두인의
bed·pan [bédpæ̀n] *n.* 탕파(湯婆); 요강, 변기
bed·plate [-plèit] *n.* 〖기계〗 대판(臺板)
bed·post [-pòust] *n.* 침대 기둥
in the twinkling of a ~ 곧, 즉시, 순식간에
be·drag·gle [bidrǽgl] *vt.* 〈옷 등을〉 질질 끌어 더럽히다; 흠뻑 젖게 하다
bed·rid(·den) [bédrìd(n)] *a.* 몸져 누운; 《비유》 노후한
bed·rock [-rɑ̀k] *n.* 〖지질〗 기반암(基盤岩) 《최하층의 바위》; 근저(foundation), 근본, 기초적인 사실
come [***get***] ***down to the ~*** 진상을 밝히다; 빈털터리가 되다
— *a.* **1** 근저의, 바닥의 **2** 근본적인(basic)
bed·roll [-ròul] *n.* 휴대용 침구, 침낭
⁑**bed·room** [bédrù:m] *n.* **침실**
bédroom slìpper 침실용 실내화
*__bed·side__ [bédsàid] *n.* **침대 곁**; (병자의) 머리맡
— *a.* **1** 〈시계·전화 등〉 침대 곁의[에 있는] **2** (환자의) 머리맡의
bed-sit [bédsìt] *vi.* 《영·구어》 bedsitting room에 살다 — *n.* =BEDSITTING ROOM
béd-sít·ting ròom [bédsítiŋ-] 《영·구어》 침실겸 살림방
bed·sock [-sɑ̀k | -sɔ̀k] *n.* [*pl.*] 잠자리에서 신는 양말
bed·sore [-sɔ̀:r] *n.* 〖병리〗 욕창(褥瘡)
bed·spread [-sprèd] *n.* 침대 덮개 《장식용》
bed·spring [-sprìŋ] *n.* 침대 스프링
bed·stead [-stèd] *n.* 침대의 뼈대[틀]
bed·straw [-strɔ̀:] *n.* Ⓤ 침대의 속짚
*__bed·time__ [-tàim] *n.* **취침 시간**
bédtime stòry (어린이에게 들려주는) 잠잘 때의 동화
bed-wet·ting [bédwètiŋ] *n.* Ⓤ 야뇨증, 요에 오줌싸기
⁑**bee** [bi:] [동음어 be] *n.* **1** 〖곤충〗 **꿀벌** 《honeybee》 **2** 부지런한 사람 **3** 《미》 모임 《일·오락을 위한》
have a ~ in one***'s bonnet*** [***head***] 《구어》 무엇을 골똘히 생각하다; 약간 머리가 돌다
bée bìrd 〖조류〗 딱새류
bee·bread [bí:brèd] *n.* Ⓤ 꿀벌의 빵 《꿀벌이 꽃가루로 만든》
*__beech__ [bi:tʃ] [동음어 beach] *n.* 〖식물〗 너도밤나무
béech màst 너도밤나무 열매
beech·nut [bí:tʃnʌ̀t] *n.* 너도밤나무 열매
bée cùlture 양봉(養蜂)
⁑**beef** [bi:f] *n.* **1** Ⓤ **쇠고기**; 고기 **2** (*pl.* **beeves** [bi:vz]) 육우(肉牛) **3** Ⓤ 《구어》 근육; 힘 **4** (*pl.* **~s**) 《속어》 불평
— *vi.* 《속어》 불평하다 《*about*》
~ up 《구어》 강화[증강]하다
beef·cake [bí:fkèik] *n.* 《속어》 (근육이 잘 발달한) 남성 누드 (사진)
béef càttle 육우, 식용우
beef·eat·er [-ì:tər] *n.* 소고기를 먹는 사람; 영국왕의 호위병; 런던탑의 수위
béef éxtract 쇠고기 엑스
⁑**beef·steak** [bí:fstèik] *n.* Ⓤⓒ **비프스테이크**, 두껍게 썬 쇠고기점
béef téa (환자용의) 진한 쇠고기 수프
beef-wit·ted [-wìtid] *a.* 어리석은, 우둔한
beef·y [bí:fi] *a.* 살찐; 근육이 발달한
*__bee·hive__ [bí:hàiv] *n.* (꿀벌의) **벌집**, **벌통**; 사람들이 붐비는 장소 (crowded place)
Béehive Státe [the ~] 미국 Utah 주의 속칭
bee·keep·er [bí:kì:pər] *n.* 양봉가
bee·keep·ing [-kì:piŋ] *n.* Ⓤ 양봉 (apiculture)
bee·line [-làin] *n.* 직선; 최단 코스
in a ~ 일직선으로 ***take*** [***make, strike***] ***a ~ for*** 《구어》 …에 일직선으로 가다

B

bee·mas·ter [bí:mæ̀stər | -mɑ̀:s-] *n.* 양봉가

‡been [bin | bi:n] *v.* BE의 과거분사 **1 a** [have[has]+been] **지금까지 줄곧 …이다** 《상태의 계속》 **b** [had+been] **그때까지 …이었다** 《계속》 **2** [have[has]+been] **지금까지 …한 적이 있다** 《경험》

beep [bi:p] [의성어] *n.* 삑 하는 소리[신호, 경적, 시보]

‡beer [biər] [동음어 bier] *n.* Ⓤ **맥주**: black ~ 흑(黑)맥주

Life is not all ~ and skittles. 《속담》 인생은 즐거운 일만 있는 것이 아니다.

béer bùst (미·속어) 맥주 파티

béer gàrden 비어가든, 노천 맥주집

béer hàll 비어홀

beer·house [bíərhàus] *n.* 《영》 비어홀, 맥주집

Beer·she·ba [biərʃí:bə] *n.* 베르셰바 《Israel 남단의 도시》

beer·y [bíəri] *a.* (**beer·i·er**; **-i·est**) 맥주의[같은], 맥주에 취한

bée's knées 《구어》 최상급의[월등한] 것[일]; 최적임자

bees·wax [bí:zwæ̀ks] *n.* Ⓤ, *vt.* 밀랍(을 바르다)

bees·wing [-wìŋ] *n.* 얇은 더껑이 《오래된 포도주의 표면에 생기는》; 오래된 와인

***beet** [bi:t] [동음어 beat] *n.* 〖식물〗 **사탕무, 비트, 첨채(甜菜)**

go to ~ red 〈얼굴이〉 새빨개지다

***Bee·tho·ven** [béitòuvən] *n.* **베토벤 Ludwig van ~** (1770-1827) 《독일의 작곡가》

‡bee·tle[1] [bí:tl] *n.* 〖곤충〗 **갑충, 딱정벌레**; [**B~**] 《속어》 독일제 소형자(Volkswagen)

beetle[2] *a.* 돌출한; 상을 찌푸린, 뚱한

bee·tle-browed [-bràud] *a.* 눈썹이 검고 짙은; 상을 찌푸린, 뚱한(sullen)

bee·tle·head [-hèd] *n.* 미련퉁이

bee·tling [bí:tliŋ] *a.* 《문어》 불쑥 나온 〈벼랑·눈썹〉

beet·root [bí:trù:t] *n.* 《영》 근대 뿌리

béet sùgar 첨채당(甛菜糖) 《사탕무로 만든 설탕》

beeves [bi:vz] *n.* BEEF의 복수

bef. before

***be·fall** [bifɔ́:l] *v.* (**-fell** [-fél]; **-fall·en** [-fɔ́:lən]) 《문어》 *vt.* 〈좋지 않은 일이〉 **…에게 일어나다, 생기다**(happen to), 들이닥치다

***be·fit** [bifít] *vt.* (**~·ted**; **~·ting**) **적합하다; 알맞다; 어울리다**

be·fit·ting [bifítiŋ] *a.* 적당한; 어울리는 《*to*》 **~·ly** *ad.*

be·fog [bifɑ́g, -fɔ:g | -fɔ́g] *vt.* (**~ged**; **~·ging**) 짙은 안개로 뒤덮다; 〈정신을〉 몽롱하게[어리벙벙하게] 하다

be·fool [bifú:l] *vt.* 우롱하다; 속이다

‡be·fore [bifɔ́:r] *ad.* **1** [때] **전에, 이전에 2** (정한 때보다) **전에, 일찍 3** [위치] **앞에, 앞쪽[전방]에**: (the) night ~ 그 전날 밤에

long ~ 오래 전에

— *prep.* **1** [위치·장소] **…의 앞에; …의 면전[눈앞]에 2** [때] **… 보다 전에[먼저, 일찍] 3** [순서·계급] …에 앞서서

~ long 머지 않아, 오래지 않아, 이윽고

— [-ˋ, -ˊ] *conj.* **1 …보다 전에,** …(하기)에 앞서서 **2** (…하느니) 차라리

‡be·fore·hand [bifɔ́:rhæ̀nd] *ad., a.* Ⓟ 미리, 벌써(부터); 사전에

be·fore·men·tioned [-mènʃənd] *a.* 앞서 말한, 전술한, 전기의

be·fore-tax [-tæ̀ks] *a.* 세금을 포함한, 세전의(pretax)

be·fore·time [-tàim] *ad.* 《고어》 이전에는, 옛날에

be·foul [bifául] *vt.* 더럽히다; 헐뜯다

be·friend [bifrénd] *vt.* …의 편을 들다, …을 돕다; …의 친구가 되다

be·fud·dle [bifʌ́dl] *vt.* 정신을 잃게 하다 《*with*》; 어리둥절하게 하다

‡beg [beg] *v.* (**~ged**; **~·ging**) *vt.* **1** 〈돈·옷·밥 등을〉 **구걸하다, 빌다 2** 부탁하다 — *vi.* **구걸하다, 청하다** 《*for*》

go ~ging 구걸하고 다니다, 〈물건이〉 살 사람이 없다

be·gad [bigǽd] *int.* 저런, 천만에

‡be·gan [bigǽn] *v.* BEGIN의 과거

***be·get** [bigét] *vt.* (**-got,** 《고어》 **-gat**; **-got·ten, -got**; **~·ting**) 〈아버지가〉 〈자식을〉 **보다,** 얻다 **~·ter** *n.*

‡beg·gar [bégər] *n.* **1 거지; 가난뱅이 2** 《구어·경멸·익살》 놈, 녀석(fellow)

— *vt.* **1** 〈사람을〉 가난하게 하다 **2** 〈표현·비교를〉 빈약하게 하다, 무력화하다

I'll be ~ed if ... 《속어》 맹세코 …하는 일은 없다, 결코 …않을 것이다

beg·gar·dom [bégərdəm] *n.* Ⓤ **1** [집합적] 거지패거리[사회] **2** 거지 생활

beg·gar·ly [bégərli] *a.* 거지 같은, 빈털터리의

beg·gar-my[your]-neigh·bor [bégərmainéibər, -juə-] *n.* Ⓤ 〖카드〗 상대편의 패를 전부 빼앗을 때까지 둘이서 하는 놀이

beg·gar('s)-lice [bégər(z)làis] *n. pl.* 옷에 달라붙는 열매를 맺는 식물

beg·gar·y [bégəri] *n.* ⓊⒸ 거지 신세, 극빈

beg·ging [bégiŋ] *n.* Ⓤ 구걸, 거지 생활 — *a.* 구걸하는

‡be·gin [bigín] *v.* (**be·gan** [-gǽn] **be·gun** [-gʌ́n]; **~·ning**) *vt.* **시작[착수]하다**(start); …하기 시작하다

— *vi.* **1 시작되다; 시작하다; 착수하다** 《*at, by, on, with*》 **2 출발하다 3 생겨나다**

~ by (*do*ing something) (…하는 것)부터 시작하다 ***~ on[upon]*** …에 착수하다

B~ with No. 1. 먼저 자기부터 시작해라.

to ~ with [독립구] 우선 첫째로, 맨 먼저

‡be·gin·ner [bigínər] *n.* **1 초학자; 초심자 2** 창시자, 개시자 《*of*》

‡be·gin·ning [bigíniŋ] *n.* **1 처음, 시작,** 개시(start) **2** [종종 *pl.*; 단수 취급] **초기,** 어린 시절 **3** 시초, 발단; 기원(origin)

from ~ to end 처음부터 끝까지; 시종

in the ~ 시초에, 우선 처음에는

be·gird [bigə́:rd] *vt.* (**-girt** [-gə́:rt], **~·ed**) 《문어》 띠로 둘러 싸다; 둘러싸다 《*with*》

be·gone [bigɔ́:n | -gɔ́n] *vi.* [명령형으로] 《시어·문어》 썩 물러가라 (go away)
be·go·nia [bigóunjə] *n.* 〖식물〗 베고니아
∗**be·got** [bigɑ́t | -gɔ́t] *v.* BEGET의 과거·과거분사
∗**be·got·ten** [bigɑ́tn | -gɔ́tn] *v.* BEGET의 과거분사
be·grime [bigráim] *vt.* (연기·그을음으로) 더럽히다 《*with*》
be·grudge [bigrʌ́dʒ] *vt.* **1** 시기하다 **2** 〈…에게〉 〈…을〉 주기를 꺼리다, 내놓기 아까워하다
be·grudg·ing·ly [bigrʌ́dʒiŋli] *ad.* 마지못해, 아까운 듯이
∗**be·guile** [bigáil] *vt.* **1 속이다**, 기만하다 (cheat) **2** 〈지루함·슬픔 등을〉 잊게 하다, 〈시간을〉 (즐겁게) 보내다 《*with*》
be·guile·ment [bigáilmənt] *n.* 기만, 속임; 기분 전환 거리
be·guil·er [bigáilər] *n.* 속이는 사람; 심심풀이
be·guil·ing [bigáiliŋ] *a.* 속이는; 심심풀이가 되는
be·guine [bigí:n] *n.* 비긴 《서인도 제도의 볼레로조(調)의 춤》
be·gum [bí:gəm, bé-] *n.* 《인도》 (이슬람교도의) 왕비, 귀부인
‡**be·gun** [bigʌ́n] *v.* BEGIN의 과거분사
‡**be·half** [bihǽf | -hɑ́:f] *n.* 이익; 원조, 자기편; 지지 [다음 성구로]
in this [***that***] ~ 이것[그것]에 관하여, 이[그] 점에서 ***in ~ of*** = ***in*** a person***'s ~*** …을 위하여; 대신하여 ***on ~ of*** = ***on*** a person***'s ~*** …을 대신하여, 대표하여
‡**be·have** [bihéiv] *vi.* **1 행동하다 2** 예절바르게 행동하다 **3** 〈기계가〉 움직이다, 가동하다 **—** *vt.* **행동[처신]하다**
be·haved [bihéivd] *a.* …한 태도의, 행동거지가 …한: well-~ 행동거지가 얌전한
‡**be·hav·ior** | **-iour** [bihéivjər] *n.* Ⓤ **1 행동**, 거동, **행실**, 태도 **2** (기계 등의) 가동, 움직임; 작용, 반응
be on one***'s good*** [***best***] ~ 근신[행실을 고치는] 중이다
be·hav·ior·al [bihéivjərəl] *a.* 행동의, 행동에 관한
behávioral scíence 행동 과학
be·hav·ior·is·tic [bihèivjərístik] *a.* 행동주의적인
behávior pàttern 〖사회〗 행동 양식
be·head [bihéd] *vt.* 〈사람을〉 목베다, 참수형에 처하다
‡**be·held** [bihéld] *vt.* BEHOLD의 과거·과거분사
be·he·moth [bihí:məθ | -mɔθ] *n.* **1** 〖성서〗 거대한 짐승 《하마로 추측됨》 **2** 거인, 거대한[강력한] 것
be·hest [bihést] *n.* 《문어》 명령, 지령
‡**be·hind** [biháind] *ad.* **1** [장소·위치] **뒤에**, 후방에; 《비유》 배후에 (숨어서), (보이지 않는) 이면에서 **2** [때·시간] **늦어**
— *prep.* **1** [장소] **…의 뒤에 2** [때] **…에 뒤늦어**(later than) **3** …보다 뒤떨어져 (inferior to) **4** …에 편들어; …을 지지하여
be ~ a person (1) (…을) 지지하다, 원조하다 (2) (…에게) 뒤지다 (3) 지나간 일이다
be·hind·hand [biháindhæ̀nd] *ad., a.* **1** 뒤떨어져 (있는) 《*in*》 **2** 〈일·방세 등이〉 밀려 (있는) 《*in, with*》
be·hind-the-scenes [biháindðəsí:nz] *a.* 비밀의, 은밀한; 배후의
‡**be·hold** [bihóuld] 《문어·고어》 *vt.* (**-held** [-héld]) 〈이상한 것 등을〉 **보다**, 바라보다(look at)
— *int.* [주의를 촉구하여] 보라
be·hold·en [bihóuldn] *a.* 《문어》 은혜를 입은, 신세진 《*to*》
be·hoof [bihú:f] *n.* (*pl.* **-hooves** [-hú:vz]) 《문어》 이익
in [***for, to, on***] a person***'s ~*** = ***in*** [***for, to, on***] (***the***) ~ ***of*** a person …을 위하여
be·hoove [bihú:v], **be·hove** [bihóuv] *vt.* 《문어》 (…하는 것이) 의무이다, 마땅하다
beige [beiʒ] [F] *n.* Ⓤ **1** 낙타색, 베이지 색 **2** (염색이나 표백하지 않고) 원모(原毛)로 짠 모직물
∗**Bei·jing** [béidʒíŋ] *n.* **북경**(Peking) 《중국의 수도》
be-in [bí:ìn] *n.* 《속어》 (공원 등에서의) 히피족의 모임
‡**be·ing** [bí:iŋ] *v.* **1** [BE의 현재분사] **a** [am, are, is, was, were+being+과거분사] …**되고 있는 중**(이다, 이었다) 《수동의 진행형》 **b** [분사구문] …**이기 때문에 2** [BE의 동명사] …**임**, 됨, 당함 **—** *a.* 존재하는, 현재의
— *n.* **1** Ⓤ **존재**, 실존, 실재 **2** Ⓤ 생존, 생명, 인생(life) **3** 본질, 본성 **4** (유형무형의) 것; 생물; 인간 **5** [**B~**] 신(神) **6** Ⓤ 〖철학〗 존재
come into ~ (태어)나다, 생기다 ***in ~*** 현존하는, 생존하고 있는
Bei·rut [beirú:t] *n.* 베이루트 《Lebanon 공화국의 수도》
be·jan [bí:dʒən] *n.* (스코틀랜드의 대학의) 1학년생
be·jew·el [bidʒú:əl] *vt.* (**~ed**; **~·ing** | **~led**; **~·ling**) 보석으로 장식하다
bel [bel] *n.* 〖전기·물리〗 벨 《전압·전류나 소리의 강도 단위; =10 decibels; 기호 b》
Bel [bel] *n.* 여자 이름
∗**be·lat·ed** [biléitid] *a.* **1 늦은**, 뒤늦은 **2** 구식의, 시대에 뒤떨어진
~·ly *ad.* 뒤늦게(too late)
be·laud [bilɔ́:d] *vt.* 《문어》 (비꼬는 뜻으로) 격찬하다
be·lay [biléi] *vt.* 〖항해〗 〈밧줄을〉 밧줄걸이 등에 S[8]자 꼴로 감아 매다
— *vi.* [명령문] 중지하다: *B~* (there)! 그만, 중지!
be·láy·ing pìn [biléiiŋ-] 〖항해〗 밧줄걸이
∗**belch** [beltʃ] *vi.* **트림을 하다 —** *vt.* **1** 〈화산·대포 등이〉 〈불꽃·연기 등을〉 **내뿜다**, 분출하다 《*out, forth*》 **2** 〈폭언·저주하는 말 등을〉 내뱉다 《*forth*》 **—** *n.* **1** 트림

(소리) **2** 분출하는 불길, 분화 **3** 분출물

bel·dam(e) [béldəm] *n.* 노파, 할멈

be·lea·guer [bilí:gər] *vt.* 포위(공격)하다; 둘러 싸다; 괴롭히다

bel es·prit [bèl-esprí:] [F] *n.* (*pl.* ***beaux es·prits*** [bòuz-esprí:]) 재사(才士); 재치

Bel·fast [bélfæst | bélfɑ:st] *n.* 벨파스트 《북아일랜드의 수도》

bel·fried [bélfrid] *a.* 종루가 있는

bel·fry [bélfri] *n.* 종루, 종탑(bell tower); (종루 안의) 종실(鐘室)

Belg. Belgian; Belgium

***Bel·gian** [béldʒən] *a.* **벨기에 (사람)의** —*n.* **벨기에 사람**

***Bel·gium** [béldʒəm] *n.* **벨기에**

Bel·grade [bélgreid, -grɑ:d] *n.* 베오그라드 《유고슬라비아의 수도》

Bel·gra·vi·a [belgréiviə] *n.* **1** 벨그레이비어 《런던의 Hyde Park 남쪽에 있는 고급 주택 지구》 **2** 《영》 신흥 상류 사회

Be·li·al [bí:liəl] *n.* 〖성서〗 사악, 파괴; 악마

a man[son] of ~ 〖성서〗 타락한 사람

be·lie [bilái] *vt.* (**-lied**; **-ly·ing**) **1** …의 그릇됨을 드러내다; 〈…와〉 모순되다 **2** 속여 나타내다[전하다] **3** 〈약속·기대 등을〉 어기다, 저버리다

‡**be·lief** [bilí:f] *n.* **1** Ⓤ **믿음**, 확신 **2** Ⓤ **신뢰**, 신용 《*in*》 **3** ⓊⒸ **신앙** 《*in*》

to the best of** one's **~ …이 믿는 한에서는, 진정 …이 믿기로는

***be·liev·a·ble** [bilí:vəbl] *a.* **믿을 수 있는**, 신용할 수 있는

‡**be·lieve** [bilí:v] *vt.* **1 믿다** **2** (…이라고) **생각하다**

B~ me. [삽입적] 《구어》 정말로; 정말이야. ***make ~*** …로 보이게[믿게]하다, …인 체하다

—*vi.* (사람을) **믿다**, 신뢰[신용, 신임]하다; …을 좋다고 생각하다

***be·liev·er** [bilí:vər] *n.* **믿는 사람**, 신자 《*in*》

be·liev·ing [bilí:viŋ] *n.* 믿음

—*a.* 믿음[신앙심]을 가진

be·like [biláik] *ad.* 《고어》 아마, 추측컨대

Be·lin·da [bəlíndə] *n.* 여자 이름 《애칭 Linda》

Be·lí·sha béacon [bəlí:ʃə-] 벨리샤 교통 표지 《꼭대기에 노란 구슬을 단 말뚝으로 보행자의 횡단 장소를 나타냄》

be·lit·tle [bilítl] *vt.* **1** 과소평가[경시]하다, 얕보다, 흠잡다 **2** 작게 보이게 하다

‡**bell**[1] [bel] *n.* **1 종**; 방울, 초인종 **2** 종 모양의 것[꽃]

answer the ~ 초인종 소리를 듣고 (손님을) 맞으러 가다 ***bear[carry] away the ~*** 상품[승리]을 얻다 ***curse with ~, book, and candle*** 〖가톨릭〗 종·책·촛불로 파문하다

—*vt.* 방울을 달다; 종 모양으로 부풀게[벌어지게] 하다 《*out*》

bell[2] *n.* (발정기의) 수사슴 우는 소리

Bell [bel] *n.* 벨 **Alexander Graham ~** (1847-1922) 《전화를 발명한 미국 사람》

Bel·la [bélə] *n.* 여자 이름 《Isabella의 애칭》

bel·la·don·na [bèlədɑ́nə | -dɔ́nə] *n.* 〖식물〗 벨라도나 《가짓과(科)의 유독 식물》; 〖약학〗 벨라도나제(劑)

bell-bot·tom [bélbɑ̀təm] *a.* 나팔식의 〈바지〉

bell-bot·toms [-bɑ́təmz] *n. pl.* [단수 취급] 나팔 바지, 판탈롱

bell·boy [-bɔ̀i] *n.* = BELLHOP

béll bùoy 〖항해〗 타종 부낭(打鍾浮囊) 《물이 얕은 곳을 알림》

béll càptain 《미》 (호텔 등의) 급사장

***belle** [bel] *n.* **미인**, 가인(佳人)

belle amie [bel-æmí:] [F] *n.* 미모의 여자 친구

belles-let·tres [bèl-létrə] *n.* 미문(美文), 순문학

bell·flow·er [bélflàuər] *n.* 〖식물〗 초롱꽃속(屬)

béll fòunder 주종사(鑄鐘師)

béll fòundry 주종소

béll glàss 〖화학〗 = BELL JAR

bell·hop [-hɑ̀p | -hɔ̀p] *n.* 《미·구어》 보이, 사환 《호텔·클럽의》

bel·li·cose [bélikòus] *a.* 호전적인 (warlike)

bel·li·cos·i·ty [bèlikɑ́səti | -kɔ́s-] *n.* Ⓤ 호전성

bel·lied [bélid] *a.* **1** [보통 복합어를 이루어] 배[복부]가 …한 **2** 팽창한, 부푼

bel·lig·er·ence [bəlídʒərəns] *n.* Ⓤ **1** 호전성, 투쟁성 **2** 교전, 전쟁 (행위)

bel·lig·er·en·cy [bəlídʒərənsi] *n.* 교전 상태

***bel·lig·er·ent** [bəlídʒərənt] *a.* **1 호전적인** **2** 교전 중인; 교전국의 —*n.* 교전국[자] **~·ly** *ad.*

béll jàr 〖화학〗 종 모양의 유리 그릇

bell·man [bélmən] *n.* **1** = BELLHOP **2** 종치기 《사람》 **3** (읍·도시의) 거리를 외치고 다니는 포고원(town crier)

béll mètal 종청동(鐘靑銅) 《구리와 주석의 합금》

Bel·lo·na [bəlóunə] *n.* **1** 〖로마신화〗 벨로나 《전쟁의 여신》 **2** (벨로나 같이) 키가 큰 미인

***bel·low** [bélou] *vi.* **1** 〈소가〉 **큰 소리로 울다** **2** 노호하다 —*vt.* 큰소리로 말하다, 고함지르다 —*n.* 소 우는[울부짖는] 소리; 고함소리

bel·lows [bélouz] *n. pl.* [단수·복수 취급] **1 풀무** **2** 주름상자 《사진기 등의》

bell·pull [bélpùl] *n.* 종[벨]을 당기는 줄, 설렁줄

béll pùsh 벨[초인종]의 누름단추

béll rìnger 종을 치는 사람; 《미·속어》 (호별 방문) 외판원, 세이즈맨

béll rìnging 타종법; 종 악기 연주법

béll tènt 종 모양[원추형]의 텐트

béll tòwer 종루, 종탑

bell·weth·er [bélwèðər] *n.* **1** 방울 단 길잡이 숫양 **2** (산업계의) 선두자[물건] **3** (음모 등의) 주모자; 선도자

béllwether índustry 경기 주도형 산업

bell·wort [bélwə̀:rt] *n.* 〖식물〗 초롱꽃

***bel·ly** [béli] *n.* **1** 배, 복부 **2** 위(stomach) **3** 식욕 (appetite) **4** 불룩한 부분, 중배
bel·ly·ache [bélièik] *n.* 《구어》 **1** [UC] 복통 **2** 《속어》 불평 — *vi.* 《속어》 투덜거리다, 불평하다 《*about*》
bel·ly·band [-bæ̀nd] *n.* (마구(馬具)의) 뱃대끈
bélly bùtton 《구어》 배꼽 (navel)
bélly dànce 벨리 댄스, 배꼽춤
bélly flòp 《구어》 배로 수면을 치며 뛰어들기
bel·ly·ful [bélifùl] *n.* 배 가득함; 《속어》 충분함 《*of*》
bel·ly-land [-læ̀nd] *vi.*, *vt.* 〖항공〗 (고장으로) 동체 착륙하다[시키다]
bélly làugh 포복절도, 폭소(거리)
⁑**be·long** [bilɔ́:ŋ | -lɔ́ŋ] *vi.* **1** (…에) **속하다**, (…의) 소유물이다; (…에) **소속하다** 《*to*》 **2** (…의) 일부를 이루다 **3** 알맞은 장소를 차지하다 **4** … 출신이다: They ~ *to* Seoul. 그들은 서울 사람이다. 《belong의 진행형·명령형과 belong to의 수동형은 없다》
~ *in* 《미·속어》 …의 부류에 들다; …에 살다
***be·long·ing** [bilɔ́:ŋiŋ | -lɔ́ŋ-] *n.* [*pl.*] **소유물**, 재산; **소지품**; 부속물
⁑**be·lov·ed** [bilʌ́vid, -lʌ́vd] *a.* **가장 사랑하는**, 귀여운 — *n.* [보통 one's ~] 가장 사랑하는 사람
⁑**be·low** [bilóu] *prep.* (opp. *above*; cf. UNDER) **1** [장소] …**보다 아래[밑]에** **2** [방향] …**의 하류에**; …의 아래쪽에 **3** [나이·수량] …**보다 아래에**, …**미만의**, …이하의 — *ad.* **1 아래에(로)**; 《문어》 지상에; 지하에 **2** 하위에 **3 하부에**
down ~ 저 아래쪽에; 지하[무덤, 지옥]에
here ~ 이 세상에서(opp. *in heaven*)
be·low-the-line [bilóuðəláin] *a.* **1** 특별 손익[이익 처분] 항목의 **2** 〈시제품 배포 등이〉 광고 회사 수수료를 포함하지 않는
⁑**belt** [belt] *n.* **1 혁대, 허리띠**, 띠 **2** (분포) **지대** **3** 〖기계〗 **벨트**
***hit*[*strike*] *below the* ~** 〖권투〗 허리 아래를 치다 《반칙 행위》; 비겁한 짓을 하다
***tighten*[*pull in*] one's ~** 허리를 졸라매어 배고픈 것을 참다; 내핍 생활을 하다
— *vt.* **1** …에 띠를 매다; 벨트를 걸다 **2** 띠로 붙들어 매다 **3** (가죽 끈으로) 치다; 《속어》 호되게 때리다 — *vi.* 《영·속어》 질주하다
bélt convéyor 벨트 컨베이어
belt·ed [béltid] *a.* 벨트를 단, 띠[예대]를 두른
bélt·ed-bi·as tíre [béltidbàiəs-] 벨티드 바이어스 타이어 《코드나 금속 벨트로 보강》
bélt hìghway 《미》 (도시 주변의) 환상 도로
belt·ing [béltiŋ] *n.* [U] 벨트 재료; 벨트류
bélt lìne 《미》 환상선, 순환선 《교통 기관의》
bélt tìghtening 내핍 (생활), 절약, 긴축 (정책)
belt·way [-wèi] *n.* 《미》 = BELT HIGHWAY

bel·ve·dere [bélvidìər] *n.* 전망대, 망루
be·mire [bimáiər] *vt.* 흙투성이로 만들다
be·moan [bimóun] *vt.*, *vi.* 슬퍼하다, 탄식하다
be·mock [bimák] *vt.* 비웃다
be·muse [bimjú:z] *vt.* 멍하게 만들다
be·mused [bimjú:zd] *a.* 멍한, 어리벙벙한
ben[1] [ben] 《스코》 *n.* (두 칸 집의) 안방
ben[2] *n.* 《스코》 [종종 **B~**] 산봉우리
Be·nar·es [bənáːrəs] *n.* 베나레스 《동부 인도에 있는 힌두교의 성지(聖地); Varanasi의 구칭》
⁑**bench** [bentʃ] *n.* **1 벤치** **2** [the ~; 종종 the B~] 판사석; 법정 (law court) **3** 작업[세공]대 《직공·장인의》
***be*[*sit*] *on the* ~** 재판관석에 앉아 있다, 심리 중이다 ***be raised*[*elevated*] *to the* ~** 판사[《영》 주교]로 승진하다
— *vt.* **1** …에 벤치를 놓다 **2** 판사[명예직 《등》] 자리에 앉히다 **3** 〈선수를〉 보결로 돌리다
bénch dòg (품평회에 나온) 출품견(出品犬)
bench·er [béntʃər] *n.* **1** 《영》 법학원 (Inn of Court)의 평의원; 하원 의원 **2** 벤치에 앉는 사람
bénch jòckey (주로 야구에서) 벤치에서 상대 팀을 야유하는 선수
bench·mark [béntʃmà:rk] 〖측량〗 수준 기표(基標); 기준, 표준
bench·mark·ing [-mà:rkiŋ] *n.* 벤치마킹 《자사의 경영 성과 향상 및 제품 개발 등을 위해 경쟁사의 경영 활동이나 제품 등을 연구해 활용하는 경영 기법》
bénch shòw 《미》 개[고양이] 품평회
bénch wàrmer 《미》 〖스포츠〗 보결 선수
bénch wàrrant 판사[법원]의 영장
⁑**bend** [bend] *vt.* **1 구부리다**; 〈무릎을〉 꿇다 **2** 〈눈길·발길을〉 **돌리다**; 〈마음·노력을〉 기울이다, 쏟다 《*to*, *toward*(*s*), *upon*》 **3** 〈의지를〉 **굽히다**, 굴복시키다
— *vi.* **1 구부러지다**, 휘다 《*to*》 **2 몸[허리]을 구부리다** 《*down*, *over*》; 굴복하다 **3** 〈…쪽으로〉 향하다
— *n.* (길의) **커브**, **굽음**, 굴곡(부); 굽이
~ over backward 전과는 전혀 다르게 …하다; 최선을 다해 …하려고 하다
bend·ed [béndid] *a.* [다음 성구로]
***on ~ knee*(*s*)** 《문어》 무릎을 꿇고, 애원하며
bend·er [béndər] *n.* 구부리는 사람[도구], 펜치; 〖야구〗 커브
bénd sínister (문장(紋章)의) 벤드 시니스터 《서자(庶子)의 표시》
bene- [bénə] 《연결형》 「선(善)·양(良)」의 뜻(opp. *male-*)
⁑**be·neath** [biní:θ] *prep.* **1** [위치·장소] …**의 바로 밑에** **2** …보다 낮은, …보다 이하의; …**할 가치가 없는**, …답지 않은 — *ad.* 《문어》 (바로) **밑에[으로]**; 지하에
Ben·e·dic·tine [bènədíktin] 〖가톨릭〗 *n.* 베네딕트회 회원 — *a.* 베네딕트회의
ben·e·dic·tion [bènədíkʃən] *n.* 축복 (blessing); (식전·식후의) 감사 기도;

[B~]〔가톨릭〕(성체) 강복식, 축성식(祝聖式)
ben·e·dic·to·ry [bènədíktəri] *a.* 축복의
Ben·e·dic·tus [bènədíktəs] *n.* 〔성서〕 베네딕투스 《찬송가의 일종》; 사가랴[즈가리야]의 노래
ben·e·fac·tion [bénəfǽkʃən] *n.* UC 자비, 은혜, 선행, 자선; 보시물; 기부금
*__ben·e·fac·tor__ [bénəfæ̀ktər, ⌐−⌐−] *n.* **은혜를 베푸는 사람,** 은인, 기부자 《학교 등의》
ben·e·fice [bénəfis] *n.* 〔가톨릭·영국국교〕 성직록(聖職祿) 《vicar 또는 rector의 수입》
ben·e·ficed [bénəfist] *a.* 성직록을 지급받는
be·nef·i·cence [binéfəsns] *n.* 선행, 은혜, 자선; 자선 행위
*__be·nef·i·cent__ [binéfəsnt] *a.* **자선심이 많은** ~**·ly** *ad.*
*__ben·e·fi·cial__ [bènəfíʃəl] *a.* **유익한,** 이로운 《*to*》 ~**·ly** *ad.*
ben·e·fi·ci·ar·y [bènəfíʃièri | -ʃəri] *n.* 수익자(受益者); 〔법〕 신탁 수익자; 수혜인 《연금·보험 등의》
ben·e·fi·ci·ate [bènəfíʃièit] *vt.* 〔야금〕 〈원료·광석 등을〉 선별하다, 선광하다
ben·e·fi·ci·a·tion [bènəfìʃiéiʃən] *n.* 선광 (처리)
‡**ben·e·fit** [bénəfit] *n.* **1** U **이익;** 〔상업〕 이득: (a) public~ 공익 **2** 자선 공연; 구제 ***for the ~ of*** …을 위하여; (반어) …을 골려 주려고 — *vt.* …의 이익이 되다 — *vi.* 이익을 얻다 《*by, from*》
bénefit society [**associàtion**] (미) 공제 조합 ((영) friendly society)
Ben·e·lux [bénəlʌ̀ks] *n.* 베네룩스 《벨기에·네덜란드·룩셈부르크의 3국》
*__be·nev·o·lence__ [bənévələns] *n.* U **1 자비심,** 박애 **2** 자선, 선행
*__be·nev·o·lent__ [bənévələnt] *a.* **1 자비로운,** 인자한, 인정 많은 **2** 자선적인 ~**·ly** *ad.*
Beng Bengal; Bengali
Ben·gal [beŋgɔ́:l, -gɑ́:l | beŋgɔ́:l] *n.* 벵골 《원래 인도 북동부의 한 주(州)였으나, 현재 일부는 Bangladesh 영토로 됨; 略 Beng.》
Ben·ga·lese [bèŋgəlí:z] *a.* 벵골 (사람)의; 벵골 말의 — *n.* 벵골 사람; U 벵골 말
Ben·ga·li, Ben·ga·lee [beŋgɔ́:li, -gɑ́:li, beŋ-] *a.* 벵골의; 벵골 말의 — *n.* U (근대) 벵골 말
be·night·ed [bináitid] *a.* **1** 미개한, 무지몽매한 **2** 갈 길이 저문 〈나그네〉
be·nign [bináin] *a.* **1** 인자한, 친절한 **2** 〈기후 등이〉 양호한, 온화한 **3** 〔병리〕 양성(良性)의 ~**·ly** *ad.*
be·nig·nan·cy [binígnənsi] *n.* U **1** 인자, 온정 **2** 〔병리〕 양성
be·nig·nant [binígnənt] *a.* **1** 인자한, 상냥한, 온화한 **2** 〔병리〕 양성의
be·nig·ni·ty [binígnəti] *n.* U 인자, 상냥스러움; 은혜, 자비
ben·i·son [bénəzn] *n.* (고어) 축복(의 기도)
Ben·ja·min [béndʒəmin] *n.* 남자 이름; 〔성서〕 베냐민
Bénjamin's méss 〔성서〕 큰 몫
ben·net [bénit] *n.* 〔식물〕 (미) 뱀무
Ben·nett [bénit] *n.* **1** 남자 이름 **2** 베넷 **Enoch Arnold** ~ (1867-1931) 《영국의 소설가》
Ben Nev·is [ben-névis] 벤네비스 산 《스코틀랜드 중서부의 산》
Ben·ny [béni] *n.* 남자 이름 《Benjamin의 애칭》
*__bent__[1] [bent] *v.* BEND의 과거·과거분사 — *a.* **1 굽은 2** (…하려고) **결심한** 《*on, upon*》; 마음이 쏠린, 열심인: be ~ *on* do*ing* …하기를 결심하고 있다, …에 열심이다 — *n.* 좋아함, 성향, 소질 ***to the top of*** one's ~ 마음껏, 힘껏
bent[2] *n.* **1** = BENT GRASS **2** (스코) 사초(沙草) (sedge)
bént gràss 〔식물〕 겨이삭띠 《볏과(科)》
Ben·tham [bénθəm, -təm] *n.* 벤담 **Jeremy** ~ (1748-1832) 《영국의 철학자》 ~**·ìsm** *n.* (벤담의) 공리설 《최대 다수의 최대 행복설》 ~**·ite** [-àit] *n.* 공리주의자
ben·thos [bénθɑs | -θɔs] *n.* 〔집합적〕 저생 생물 《물밑에 군생(群生)함》
ben tro·va·to [bèn-trouvɑ́:tou] *a.* 잘 지어낸, 그럴 듯한 〈이야기 등〉
bent·wood [béntwùd] *a.* 굽은 나무로 만든 — *n.* 굽은 나무(로 만든 나무)
be·numb [binʌ́m] *vt.* **1** 무감각하게 하다 **2** 〈마음 등을〉 마비시키다(paralyze)
Benz [benz] *n.* 벤츠 《Mercedes-Benz의 통칭》
Ben·ze·drine [bénzədrì:n] *n.* 〔약학〕 벤제드린 《암페타민(amphetamine)의 상표명; 각성제》
ben·zine [bénzi:n, ⌐⌐] *n.* U 〔화학〕 벤진
ben·zo·in [bénzouin] *n.* 〔화학〕 안식향(安息香)
ben·zol [bénzɔ:l] *n.* U 〔화학〕 벤졸, 벤젠
ben·zyl [bénzil] *n.* 〔화학〕 벤질
Be·o·wulf [béiəwùlf] *n.* 베어울프 《8세기 초의 고대 영어로 된 서사시》
be·pow·der [bipáudər] *vt.* …에 가루를 뿌리다
*__be·queath__ [bikwí:ð, -kwí:θ] *vt.* 〔법〕 〈동산을〉 **유언으로 증여하다** 《*to*》
be·rate [biréit] *vt.* (미) 몹시 꾸짖다
Ber·ber [bə́:rbər] *n.* **1** 베르베르 사람 《북아프리카 산지의 한 종족》 **2** U 베르베르 말 — *a.* 베르베르 사람[말]의
be·reave [birí:v] *vt.* (~**d**, **-reft** [-réft]) **1** [과거분사는 보통 **bereaved**] 〈사고 등이〉 (가족·근친을) 앗아가다 《*of*》: She was ~*d of* her parents by a traffic accident. 그녀는 교통사고로 양친을 여의었다. **2** 〈희망·기쁨·이성 등을〉 앗아가다, 잃게 하다(deprive) 《*of*》
*__be·reaved__ [birí:vd] *a.* **1** A (가족·근친의) **죽음을 당한:** the ~ family 유족 **2** [the ~; 명사적] 유족, 사별한 사람(들)
be·reave·ment [birí:vmənt] *n.* UC (근친을) 여읨, 사별

***be·reft** [biréft] *v.* BEREAVE의 과거·과거분사 — *a.* 빼앗긴, 잃은

be·ret [bəréi | bérei, béri] [F] *n.* 베레모

berg [bəːrg] *n.* 빙산(iceberg)

ber·ga·mot [bə́ːrgəmɑ̀t | -mɔ̀t] *n.* **1** 〖식물〗 베르가못 《남유럽산 감귤류》 **2** Ⓤ 베르가못 향유

Berg·son [bɛ́ərgsn] *n.* 베르그송 **Henri** ~ (1859-1941) 《프랑스의 철학자》

Berg·so·ni·an [bɛərgsóuniən] *a.* 베르그송(철학)의 — *n.* 베르그송 철학도

be·rib·boned [biríbənd] *a.* 리본으로 장식한

ber·i·ber·i [bèribéri] [Singhalese = weakness] *n.* Ⓤ 〖병리〗 각기(脚氣)

Bér·ing Séa [bíəriŋ-, bɛ́ər-] [the ~] 베링 해

Béring Stráit [the ~] 베링 해협

berk [bəːrk] *n.* 《영·속어》 얼간이, 멍청이

Berke·ley [bə́ːrkli] *n.* 버클리 《미국 캘리포니아주의 도시》

ber·ke·li·um [bə́ːrkliəm] *n.* Ⓤ 〖화학〗 버클륨 《방사성 원소; 기호 Bk, 번호 97》

Berk·shire [bɑ́ːrkʃiər, -ʃər] *n.* **1** 버크셔주 《잉글랜드 남부의 옛 주; 略 Berks》 **2** 버크셔 원산의 검은 돼지

*****Ber·lin** [bərlín] *n.* **베를린** 《통일 독일의 수도》

Ber·li·oz [bɛ́ərliòuz] *n.* 베를리오즈 (**Louis**) **Hector** ~ (1803-69) 《프랑스의 작곡가》

Ber·mu·da [bərmjúːdə] *n.* **1** 버뮤다 《대서양 서부의 군도로 된 영국 식민지》; [the ~s] 버뮤다 제도 **2** [*pl.*] = BERMUDA SHORTS

Bermúda shórts (작업·약식 복장의) 버뮤다 반바지

Bermúda Tríangle [the ~] 버뮤다 삼각 해역(Devil's Triangle) 《플로리다, 버뮤다 제도 및 푸에르토리코를 잇는 바다로, 항공기·선박의 사고가 잦음》

Bern, Berne [bəːrn, bɛərn] *n.* 베른 《스위스의 수도》

Ber·nard [bə́ːrnərd] *n.* 남자 이름 《애칭 Bernie》

Ber·nie [bə́ːrni] *n.* 남자 이름 《Bernard의 애칭》

Bern·stein [bə́ːnstain, -stiːn] *n.* 번스타인 **Leonard** ~ (1918~90) 《미국의 작곡가·지휘자》

****ber·ry** [béri] [동음어 bury] *n.* (*pl.* **-ries**) **1 베리** 《딸기류의 열매》 **2** 〖식물〗 **장과(漿果)** **3** 말린 씨앗 **4** 알 《물고기·새우의》: a lobster *in* ~ 알을 밴 새우 — *vi.* (**-ried**) 장과가 열리다; 장과를 따다

ber·serk [bərsə́ːrk] *a.* Ⓟ 광포한 ***go***[***run***] ~ 신들린 듯이 광포해지다

ber·serk·er [bərsə́ːrkər] *n.* **1** (북유럽 전설의) 용맹한 전사 **2** 폭한(暴漢)

Bert [bəːrt] *n.* 남자 이름 《Albert, Bertram, Gilbert, Herbert의 애칭》

berth** [bəːrθ] [동음어 birth] *n.* **1 침대** 《배·기차의》, 2단 침대 **2** 〖항해〗 정박[계류(繫留)] 위치[거리, 간격] **3** 《구어》 지위, 취직 자리 ***give a person ***a wide*** ~ = ***give a wide*** ~ ***to*** a person = ***keep a wide*** ~ ***of*** a person …을 피하다, 경원하다 — *vt.* 정박시키다; …에게 침대를 주다 — *vi.* 정박하다

ber·tha [bə́ːrθə] *n.* 여성복의 장식 깃 《어깨까지 드리워진 흰 레이스의 넓은 깃》

Ber·tha [bə́ːrθə] *n.* 여자 이름 《애칭 Bertie》

Berti·e [bə́ːrti] *n.* **1** 여자 이름 《Bertha의 애칭》 **2** 남자 이름 《Herbert 등의 애칭; cf. BERT》

Ber·trand [bə́ːrtrənd] *n.* 남자 이름

ber·yl [bérəl] *n.* Ⓤ 〖광물〗 녹주석(綠柱石) 《에메랄드 등》

be·ryl·li·um [bəríliəm] *n.* Ⓤ 〖화학〗 베릴륨 《금속 원소; 기호 Be, 번호 4》

***be·seech** [bisíːtʃ] *v.* (**-sought** [-sɔ́ːt]) *vt.* **1 간청[탄원]하다** 《*for*》: The girl *besought* the gentleman *for* mercy. 소녀는 그 신사에게 자비를 간청했다. **2** 청하다, 구하다(solicit) — *vi.* 탄원하다

be·seech·ing [bisíːtʃiŋ] *a.* Ⓐ 간청[탄원]하는

be·seech·ing·ly [bisíːtʃiŋli] *ad.* 간청하듯이, 애원[읍소(泣訴)]하다시피

be·seem [bisíːm] *vt.* 《고어》 [it를 주어로 하여] 어울리다(befit)

***be·set** [bisét] *vt.* (~; **~·ting**) 《문어》 **1** 〈곤란·유혹 등이〉 **붙어 다니다, 괴롭히다** **2** 포위하다, 에워싸다(surround); 막다

be·set·ting [bisétiŋ] *a.* Ⓐ 끊임없이 붙어 다니는

*****be·side** [bisáid] [OE 「…곁에」의 뜻에서] *prep.* **1** …**의 곁에(서)** **2** …**에 비해서** **3** …**와 떨어져서**(apart from) ~ one***self*** 제정신을 잃고 《*with*》 ~ ***the mark***[***point***] 과녁을 빗나가서, 대중이 틀려서

*****be·sides** [bisáidz] *prep.* …**외에[밖에](도)**; [부정·의문문으로] …**말고는**, …을 제외하고(except) — *ad.* **1 그 위에**, 게다가(또) **2** 그 밖에는, 따로 ***and*** ~ 게다가(또)

***be·siege** [bisíːdʒ] *vt.* **1** 〖군사〗 〈도시·요새를〉 **포위 (공격)하다** **2** 〈군중이〉 몰려들다, 쇄도하다(crowd); 〈요구·문제 등으로〉 공격하다, 괴롭히다: ~ a person *with* requests …에게 여러 가지 부탁 공세를 하다

be·sieg·er [bisíːdʒər] *n.* **1** 포위자 **2** [*pl.*] 포위군

be·smear [bismíər] *vt.* **1** 〈기름·풀 등을〉 〈…에〉 온통 칠하다, 더럽히다 《*with*》 **2** 〈명성 등을〉 더럽히다

be·smirch [bismə́ːrtʃ] *vt.* **1** 《문어》 더럽히다(soil) **2** 〈명예·인격을〉 손상시키다

be·som [bíːzəm] *n.* 마당[대나무]비

be·sot·ted [bisɑ́tid | -sɔ́t-] *a.* **1** 술취한(drunk) **2** Ⓟ (술·사랑 등에) 빠진, 반한, 열중한 《*with*》

***be·sought** [bisɔ́ːt] *v.* BESEECH의 과거·과거분사

be·span·gle [bispǽŋgl] *vt.* 번쩍거리는 것을 흩뿌리다, 번쩍거리게 하다

《*with*》: be ~*d with* stars 별이 총총히 빛나고 있다

be·spat·ter [bispǽtər] *vt.* **1** 〈옷에〉 〈흙탕물 등을〉 튀기다 《*with*》 **2** …에게 욕설을 퍼붓다, 중상하다

be·speak [bispíːk] *vt.* (**-spoke** [-spóuk]; **-spo·ken** [-spóukən], **-spoke**) **1** 예약하다, 맞추다, 주문하다 **2** 〈행동 등이〉 〈어떤 일을〉 나타내다, …이라는 증거이다

be·spec·ta·cled [bispéktəkld] *a.* Ⓐ 안경을 쓴

be·spoke [bispóuk] *v.* BESPEAK의 과거·과거분사 — *a.* Ⓐ (영) 주문한, 맞춘 (opp. *ready-made*); 맞춤 전문의 〈구둣방〉

be·sprin·kle [bispríŋkl] *vt.* 〈물·분말·양념 등을〉 (흩)뿌리다, 살포하다(sprinkle)

Bess [bes] *n.* 여자 이름 《Elizabeth의 애칭》

Bés·se·mer pròcess [bésəmər-] 〖야금〗 베세머(제강)법

Bes·sie, Bes·sy [bési] *n.* 여자 이름 《Elizabeth의 애칭》

⁂**best** [best] *a.* (opp. *worst*) [GOOD의 최상급] **1 가장 좋은**, 최량의; **가장 잘하는[능한]**; 최선의 《《구어》에서는 둘 사이에서도 잘 쓰임》 **2 최대의**; **가장 많은**: ⇨ the BEST part of **3** 《구어·반어》 아주 지독한, 철저한

~ before date (식품의) 가장 먹기 좋은 기한 ***one's ~ days*** 전성시대 ***the ~ part of*** …의 대부분, 태반

— *ad.* [WELL[1]의 최상급] **제일[가장] 잘**; 가장; 최고로; 최고도에

as ~ one can [***may***] 되도록 잘, 힘껏 ***~ of all*** 우선 무엇보다도, 첫째로 ***had ~ do*** …하는 것이 상책이다: You *had* ~ consent. 승낙하는 게 최선일 것이다.

— *n.* Ⓤ **제일 좋은 것**; 장점; 나들이옷; **최선, 최상**: the next[second] ~ 차선

All the ~! 그럼 안녕, 행운이 있기를! 《건배·작별할 때의 말》 ***at its***[***one's***] ***~*** 가장 좋은 상태에; 한창(이다); 전성기에 ***at*** (***the***) ***~*** 잘 해야, 기껏해야 ***do one's ~*** 전력을 다하다 ***for the ~*** 제일 좋으리라는 심산에서, 되도록 잘하느라고 ***get the ~ of*** a person …을 이기다 ***Hope for the ~!*** 또 좋을 때가 있겠지, 비관하지 마라! ***in one's*** (***Sunday***) ***~*** 나들이옷을 입고 ***look one's ~*** 가장 아름답게 보이다 ***make the ~ of*** (기회 등)을 최대한으로[되도록 잘]이용하다; 그럭저럭 견뎌 나가다 ***to the ~ of one's ability***[***power***] 힘자라는 데까지 ***with the ~*** 누구 못지않게

— *vt.* 《구어》 〈남을〉 능가하다; 앞지르다

bes·tial [béstʃəl | -tiəl] *a.* **1** 짐승의[같은], 수성(獸性)의 **2** 흉포한; 야만적인, 추잡한

bes·ti·al·i·ty [bèstʃiǽləti | -ti-] *n.* **1** Ⓤ 수성; 수욕; 〖법〗 수간(獸姦) **2** 잔인한 짓

bes·ti·ar·y [béstʃièri | -tiə-] *n.* 동물 우화집 《중세의》

be·stir [bistə́ːr] *vt.* (**~red**; **~·ring**) [~ one*self* 로] 분발하다, 문신하다

∗**best-known** [béstnóun] *a.* [well-known의 최상급] **가장 잘 알려진**

bést mán (결혼식에서의) 신랑 들러리 (⇨ GROOMSMAN; cf. BRIDESMAN, BRIDESMAID)

⁑**be·stow** [bistóu] *vt.* **1 주다, 수여하다,** 증여하다 《*on*》: ~ a gift *on*[*upon*] a person …에게 선물을 주다 **2** 〈시간·생각 등을〉 사용하다, 바치다 《*on, upon*》

be·stow·al [bistóuəl] *n.* Ⓤ 증여, 수여; 처치; 저장

be·strew [bistrúː] *vt.* (**~ed**; **~ed, -strewn** [-strúːn]) 살포하다 《*with*》; 흩뿌리다; 뒤덮다

be·stride [bistráid] *vt.* (**-strode** [-stróud], **-strid** [-stríd]; **-strid·den** [-strídn], **-strid**) **1** 〈말·의자 등에〉 걸터앉다, 걸터 타다; 〈도랑 등을〉 건너 넘다 **2** 〈무지개 등이〉 걸리다

∗**best-seller** [béstsélər] *n.* **베스트셀러** 《가장 잘 팔린 책·음반 등》

∗**best-sell·ing** [-séliŋ] *a.* Ⓐ 〈책·레코드·작가 등〉 **베스트셀러의**

⁑**bet** [bet] *v.* (~, **~·ted**; **~·ting**) *vt.* **1** 〈돈 등을〉 **걸다** 《*on, upon*》: He ~ two pounds *on* the horse. 그는 그 말에 2파운드를 걸었다. **2 내기를 걸다 3** 단언하다, 보증하다 — *vi.* 내기를 하다

I ~ you. 《구어》 확실해, 틀림없어. ***You ~!*** 《구어》 꼭이다, 틀림없어; 그렇다니까! ***You ~?*** 틀림없지? (Are you sure?)

— *n.* **1 내기,** 걸기 《*on*》: an even ~ 승패의 전망이 반반인 내기 **2** 건 돈[물건] **3** 내기의 대상 **4** 《구어》 취해야 할 대책 **5** 《구어》 생각, 의견

accept a ~ 내기에 응하다 ***make***[***lay***] ***a ~*** 내기를 하다 《*on*》 ***My ~ is*** (***that***) ***....*** 《구어》 내 생각으로는 (반드시) …이다. ***win*** [***lose***] ***a ~*** 내기에 이기다[지다]

bet., betw. between

be·ta [béitə, bíː- | bíː-] *n.* 베타 《그리스 자모의 둘째 자 (Β, β)》; (물리·화학에서) 제2위의 사물(cf. ALPHA)

be·take [bitéik] *vt.* (**-took** [-túk]; **-tak·en** [-téikən]) [~one*self* 로] 《문어》 가다, 왕림하다 《*to*》

Be·ta·max [bíːtəmæks, béitə-] *n.* (비디오, 비디오테이프의) 표준 포맷의 하나 《略 Beta; 상표명》

béta pàrticle 〖물리〗 베타 입자(粒子)

béta ràỳ 〖물리〗 베타선 《방사성 물질의》

be·ta·tron [béitətrɑ̀n, bíː- | bíːtətrɔ̀n] *n.* 〖물리〗 베타트론, 자기(磁氣) 유도 전자 가속기

be·tel [bíːtəl] *n.* 〖식물〗 구장(의 잎) 《인도산 후추과(科)의 상록 관목》

bétel nùt 빈랑나무의 열매

bétel pàlm 〖식물〗 빈랑(檳郞)나무 《열대 아시아산》

bête noire [béit-nwɑ́ːr] [F = black beast] *n.* 징그러운 것[사람], 혐오의 대상

Beth [beθ] *n.* 여자 이름 《Elizabeth의 애칭》

beth·el [béθəl] *n.* **1** 〖성서〗 베델, 거룩한 곳 **2** 《미》 수상[해안] 예배당 《선원들을 위한》 **3** 《영》 비(非)국교도의 예배당

be·think [biθíŋk] *vt.* (**-thought** [-θɔ́:t]) [~ one*self* 로] 《문어》 잘 생각하다, 숙고하다; 생각해 내다 《*of*, *how*, *that*》: I *bethought myself of* a promise. 나는 약속이 있다는 것이 생각났다.
Beth·le·hem [béθlihèm, -liəm] *n.* 베들레헴 《Palestine의 고대 도시; 그리스도 탄생지》
be·tide [bitáid] *vi.*, *vt.* 《문어》 일어나다, 생기다(happen to)
be·times [bitáimz] *ad.* 《문어》 때마침, 늦기 전에, 일찍(early)
be·to·ken [bitóukən] *vt.* **1** 나타내다, 보이다 **2** …의 전조가 되다, …의 조짐이다 (portend)
be·took [bitúk] *v.* BETAKE의 과거
***be·tray** [bitréi] *vt.* **1** 〈국가·동지 등을 적에게〉 **팔다 2 배반하다**; 속이다 (deceive); 저버리다, 등지다 **3** 〈비밀을〉 **누설하다**, 밀고하다 **4 a** 〈무지·약점 등을〉 무심코 나타내다; 드러내다: Confusion *~ed* his guilt. 당황하였기 때문에 그의 죄가 탄로났다. **b** [~ one*self* 로] 무심코 본성[비밀]을 나타내다
***be·tray·al** [bitréiəl] *n.* Ⓤ **배반**, 밀고; 내통
be·tray·er [bitréiər] *n.* 매국노(traitor); 배신자; 밀고[내통]자
be·troth [bitróuð, -trɔ́:θ | -tróuð, -tróuθ] *vt.* 약혼시키다 (engage) (⇨betrothed *a.*)
be·troth·al [bitróuðəl, -trɔ́:θ- | -tróuð-] *n.* CU 《문어》 약혼
be·trothed [bitróuðd, -trɔ́:θt | -tróuðd, -tróuθt] *a.* 약혼자의, 약혼한 (engaged)
— *n.* [one's ~] 약혼자
Bet·sy [bétsi] *n.* 여자 이름 《Elizabeth의 애칭》
***bet·ter**[1] [bétər] *a.* [GOOD, WELL의 비교급] (opp. *worse*) …**보다 나은**, (둘 가운데) 더 좋은; **더 잘하는**; 《ill에 대하여》 나아져 가는, 차도가 있는; 더욱 많은, 대부분의
be*[*feel*] *~ 기분이 전보다 낫다 ***be ~ than*** one***'s word*** 약속 이상의 것을 하다 ***be the ~ for*** it[you] (그것[너]) 때문에 더 유리하다, 도리어 낫다 ***B~ late than never.*** 《속담》 늦어도 안하느니보다는 낫다 He ***has seen ~ days.*** (그는) 한때는 잘 산 적도 있다. He is ***no ~ than*** a beggar. (그는) (거지나) 다름없다, 영락없는 (거지다). ***the ~ part of*** …의 태반
— *ad.* [WELL의 비교급] **더 잘**; **한층**[더] **좋게**; **더욱 많이**(more)
all the ~ for …때문에 그만큼 더 ***be ~ off*** 한결 더 잘 살다, 더욱 형편이 좋다 ***had*** [***'d***] ***~*** do …하는 것이 낫다[좋다]: You *had* ~ go[not go]. 너는 가는[가지 않는] 편이 좋다. / *Hadn't* I ~ ask? 묻는 편이 좋지 않을까? 《《구어》에서는 이 had를 생략하는 경우가 많음》 ***know ~*** (***than to*** do) …할 만큼 어리석지 않다 ***think ~ of*** 고쳐 생각하다, 마음을 돌리다; 달리 보다
— *n.* 더 좋은 것
a change for the ~ 호전, 개선; 영전 ***for ~*** (***or***) ***for worse*** 좋건 궂건, 어떠한 운명이 닥쳐올지라도, 길이길이 《결혼 선서식의 문구》 ***for the ~*** 좋은 쪽으로 ***get*** [***have***] ***the ~ of*** …에 이기다
— *vt.* 개량[개선]하다; [~ one*self* 로] 더 좋은 지위[급료]를 얻다, 출세하다
better[2] *n.* = BETTOR
bet·ter·ment [bétərmənt] *n.* UC **1** 개량, 개선; (지위의) 향상 **2** [보통 *pl.*] 〖법〗 (부동산의) 개량
bet·ting [bétiŋ] *n.* Ⓤ 내기; 내깃돈
bet·tor [bétər] *n.* 내기[걸기] 하는 사람
Bet·ty [béti] *n.* 여자 이름 《Elizabeth의 애칭》
***be·tween** [bitwí:n] *prep.* **1** [장소·위치 등을 나타내어] (둘) **사이에**[**의**, **에서**] 《between은 보통 둘 사이에 쓰고, among은 셋 이상 사이에 씀; 따라서 둘을 뜻하는 복수형 또는 둘을 연결하는 and가 있는 목적어가 뒤따름》: ~ Seoul *and* Busan 서울·부산 간에[의, 을, 에서] / The river runs ~ the two states. 그 강은 두개의 주 사이를 흐른다. **2** [시간·기간 등을 나타내어] …**사이에**[**의**, **에서**]: The accident happened ~ three *and* four o'clock. 그 사고는 3시에서 4시 사이에 일어났다 **3** [수량·정도·성질 등을 나타내어] …**의 중간에**[**의**], …의 양쪽 성질을 겸비한, …내지 **4** [구별·선택을 나타내어] …**사이**[**중**, **가운데**]**에서**, …중의 (어느) 하나를 《셋 이상의 경우에도 씀》: choose ~ life *and* death[two courses] 생과 사[두가지 길] 중의 어느 하나를 택하다 《between life *or* death는 잘못》 **5** [분배·공유·관계 등을 나타내어] …**사이에서**[**의**] 《3자 이상의 경우에도 그 사이에서의 양자 상호간의 관계를 나타낼 때에는 between을 씀》: a treaty ~ three powers 3국 간의 조약 **6** [~ ... and ... 으로 원인·이유를 나타내어] …이다 …이다 해서 《셋 이상의 경우에도 씀》
~ ourselves = ***~ you and me*** = ***~ you and me and the gatepost*** [***bedpost***] 《구어》 우리끼리의 이야기이지만, 은밀하게 《between you and I도 있으나 me가 옳음》 ***come*** [***be, stand***] ***~*** …(양자)의 사이에 들다, …의 방해가 되다, …을 방해하다 ***from ~*** …의 사이에서부터: The man rushed out *from* ~ the trees. 그 남자가 나무들 사이에서 뛰어나왔다.
— [-⌐] *ad.* (양자) 사이에; 사이를 두고
in ~ 중간에; 사이에 끼여[끼인]; 틈틈이, 짬짬이: *In* ~ was a lake. 중간에 호수가 있었다.
be·twixt [bitwíkst] *prep.*, *ad.* 《고어·시어·방언》 = BETWEEN
~ and between 《속어》 이도 저도 아닌, 얼치기로
bev·a·tron [bévətrɑ̀n | -trɔ̀n] *n.* 〖물리〗 베바트론 《양자 가속 장치의 일종》
bev·el [bévəl] *n.* **1** 빗각; 경사, 사면, 사선 **2** 각도자
— *vt.* (**~ed**; **~·ing** | **~led**; **~·ling**) …에 빗각을 만들다; 비스듬히 자르다
bével gèar 〖기계〗 베벨 기어 《샷갓 모양의 톱니바퀴》

B

*__bev·er·age__ [bévəridʒ] [L「마시다」의 뜻에서] *n.* 마실 것, 음료(drink): alcoholic[cooling] ~*s* 알코올성[청량] 음료
Bév·er·ly Híl̀ls [bévərli-] 비벌리 힐스 《미국 Los Angeles 시의 Hollywood 서쪽에 있는 도시로 영화인의 주택이 많음》
bev·y [bévi] *n.* **1** (작은 새·작은 동물 등의) 떼 《*of*》 **2** 《구어》 (여자들의) 무리 《*of*》
*__be·wail__ [biwéil] *vt.*, *vi.* **비탄에 잠기다,** 애통해하다 《*over, for*》
‡__be·ware__ [biwέər] [Be ware.(조심하라)의 뜻에서] *vi.*, *vt.* **조심하다,** 경계하다 《*of*》: *B~ what* you say. 말조심하시오. 《어미 변화가 없으며, 명령법과 부정사로 또는 조동사 뒤에서만 씀》
be·whisk·ered [bihwískərd] *a.* **1** 구레나룻을 기른 **2** 진부한, 케케묵은
be·wigged [biwígd] *a.* 가발을 쓴
‡__be·wil·der__ [biwíldər] *vt.* **당황하게 하다** (perplex), 어리둥절하게 하다(confuse), 놀라 어찔 줄 모르게 하다 **~·ing·ly** *ad.* 당황하여 **~·ment** *n.* Ⓤ 당황, 얼떨떨함
*__be·witch__ [biwítʃ] *vt.* **요술을 걸다**; 호리다, 매혹시키다(charm)
~·ing *a.* 호리는, 〈미소 등이〉 매혹적인
~·ing·ly *ad.* 매혹시키듯 **~·ment** *n.* Ⓤ 매혹; 매력; Ⓒ 주문(呪文)
‡__be·yond__ [biɑ́nd, bijɑ́nd | bijɔ́nd, biɔ́nd] *prep.* **1** [장소] …의 저쪽에(서), …을 넘어서: ~ the bridge 다리 너머에 **2** [시각] …을 지나서 **3** [정도·한도] …의 범위를 넘어서: It's ~ me. 나로선 알 수 없는 일이다. **4** …이상으로; …보다 뛰어나서 **5** [부정·의문문] …이외는; …밖에는(except)
~ ***all praise*** 아무리 칭찬해도 이루 다할 수 없을 만큼 ~ ***all question*** 문제될 것 없이, 물론 ~ ***dispute*** 논의의 여지가 없는 ~ ***doubt*** 물론 ~ ***expression***[***words***] 형용할 수 없는 ~ one***'s power*** 힘이 미치지 않는, 도저히 …할 수 없는 ***go*** ~ one***self*** 도가 지나치다, 제 분수를 넘다; 여느 때보다 월등하다
— *ad.* (멀리) **저편에**; 이상으로; 그밖에 (besides): the life ~ 저승
— *n.* [the ~] 저승, 내세
the back of ~ 머나먼 곳, 세상 끝
bez·el [bézəl] *n.* **1** (끌 등의) 날귀; (보석의) 사면(斜面) **2** (보석·시계 유리 끼우는) 홈
be·zique [bəzíːk] *n.* Ⓤ 베지크 《둘 또는 네 사람이 64장의 패를 가지고 하는 카드놀이》
bf 〖인쇄〗 boldface
B/F brought forward 〖회계〗 앞면에서 이월
B-girl [bíːgə̀ːrl] [*bar girl*] *n.* 《미·속어》 바[술집]의 여급, 접대부
bhang [bæŋ] *n.* Ⓤ **1** 〖식물〗 삼, 인도대마 **2** 대마초 《말린 것; 흡연용·약용》
bhp brake horsepower
Bhu·tan [buːtɑ́ːn] *n.* 부탄 《인도 북동부 히말라야 산맥의 작은 왕국》
Bhu·tan·ese [bùːtəníːz] *a.* 부탄 (사람[말])의 — *n.* (*pl.* ~) **1** 부탄 사람 **2** Ⓤ 부탄 말
Bi 〖화학〗 bismuth
bi- [bai] *pref.*「둘, 쌍, 복(複), 중(重)」의 뜻: *bi*plane, *bi*cycle, *bi*ped
bi·an·nu·al [baiǽnjuəl] *a.* **1** 1년에 두 번의, 반년마다의 **2** 2년에 한 번의
~·ly *ad.* 반년마다
*__bi·as__ [báiəs] [OF「비스듬한」의 뜻에서] *n.* **1** 선입견 《*to, toward*》, 편견 《*for, against*》; (마음의) 경향, 성향 **2** 〖복식〗 (복지 재단의) 사선(斜線), 바이어스 **3** 〖통계〗 치우침 **4** 〖볼링〗 (공의) 치우침 **5** 〖전기〗 바이어스
cut on the ~ 비스듬히 자르다
— *a.* 엇갈린, 비스듬한; 〖전기〗 편의의
— *vt.* (**~ed**; **~·ing** | **~sed**; **~·sing**) 한쪽으로 치우치게 하다, 휘게 하다; 편견을 품게 하다, 편벽되게 하다
bías bìnding = BIAS TAPE
bi·as(s)ed [báiəst] *a.* 치우친, 편견을 가진: a ~ view 편견 / be ~ *against* [*in favor of*] a person …에게 편견[호감]을 가지고 있다
bías tàpe 바이어스 테이프 《폭 2cm로 비스듬히 오린 테이프 천; 스커트 단 등에 쓰임》
bi·ath·lete [baiǽθliːt] *n.* biathlon 선수
bi·ath·lon [baiǽθlɑn | -lɔn] *n.* Ⓤ 〖스포츠〗 바이애슬론 《스키의 장거리 레이스에 사격을 겸한 복합 경기》
bi·ax·i·al [baiǽksiəl] *a.* 〖물리〗 2축(軸)의 **~·ly** *ad.*
bib [bib] [L「마시다」의 뜻에서] *n.* 턱받이; 가슴 부분 《앞치마 등의》
in* one*'s best* ~ *and tucker 《속어》 나들이옷을 입고
Bib. Bible; Biblical
bib·cock [bíbkɑ̀k | -kɔ̀k] *n.* (아래로 굽은)(수도) 꼭지, 콕
‡__Bi·ble__ [báibl] [그리스가 파피루스를 수입한 페니키아의 항구 도시 이름에서 「종이」, 「책」이 됐음] *n.* **1** [the ~] (기독교의) **성서, 성경** **2** [종종 **b~**] 《일반적으로》 성전(聖典) **3** [a ~] 성경 한 권[한 판(版)] **4** [**b~**] 권위 있는 서적
on the ~ 성서에 맹세하여, 굳게
Bíble Bèlt [the ~] 성서 지대 《미국 남부의 fundamentalism의 신자가 많은 지방》
Bíble clàss (주일학교 등의) 성경 연구회
Bíble òath (성경을 두고 하는) 엄숙한 맹세
Bíble Socìety 성서 공회 《성서 보급을 위한》
bib·li·cal [bíblikəl] *a.* [종종 **B~**] 성서의, 성서에서 나온 〈구절 등〉 **~·ly** *ad.*
biblio- [bíbliou, -liə] 《연결형》「서적; 성서」의 뜻
bib·li·og·ra·pher [bìbliɑ́grəfər | -ɔ́g-] *n.* 서적 해제자(解題者), 서지학자[편찬가]
bib·li·o·graph·ic, -i·cal [bìbliəgrǽfik(əl)] *a.* 서지(학)의, 서적 해제의; 도서 목록의 **-i·cal·ly** *ad.*
bib·li·og·ra·phy [bìbliɑ́grəfi | -ɔ́g-] *n.* (*pl.* **-phies**) **1** Ⓤ 서지학 **2** 관계 서적 목록; 저서 목록, 출판[참고서] 목록

bib·li·o·ma·ni·a [bìbliəméiniə] *n.* Ⓤ 장서벽, 서적광
-ni·ac [-niæ̀k] *a., n.* 장서광의 (사람)
bib·li·o·phile [bíbliəfàil] *n.* 애서가, 장서 도락가, 진서(珍書) 수집가
bib·u·lous [bíbjuləs] *a.* 《문어》 술을 좋아하는
bi·cam·er·al [baikǽmərəl] *a.* 〖정치〗 상하 양원제의
bi·carb [baikɑ́ːrb] *n.* 《구어》 중조(重曹), 중탄산나트륨
bi·car·bo·nate [baikɑ́ːrbənèit] *n.* Ⓤ **1** 〖화학〗 중탄산염 **2** 중탄산소다
bi·cen·te·nar·y [bàisenténəri, baiséntənèri | bàisentíːnəri] *a., n.* = BICENTENNIAL
bi·cen·ten·ni·al [bàisenténiəl] *a.* 200년간 계속되는, 200년마다의 **—** *n.* 200년 기념제[일]
bi·ceps [báiseps] *n.* (*pl.* **~, ~·es**) 〖해부〗 이두근(二頭筋)
bi·chlo·ride [baiklɔ́ːraid, -rid] *n.* Ⓤ 〖화학〗 **1** 2염화물 **2** 염화 제2 수은, 승홍
bick·er [bíkər] *vi.* **1** (사소한 일로) 말다툼하다(quarrel) **2** 졸졸거리다(babble); 후두두 떨어지다(patter) **3** 〈빛이〉 번쩍이다, 〈등불 등이〉 깜박이다(flicker) **—** *n.* **1** 말다툼 **2** 졸졸 (흐르는 소리); 후두두 (떨어지는 소리)
bi·coast·al [baikóustl] *a.* 《미》 서해안과 동해안에 같이 일어나는[유행하는]
bi·con·cave [baikɑ́nkeiv | -kɔ́n-] *a.* 양면이 오목한
bi·con·vex [baikɑ́nveks | -kɔ́nveks] *a.* 양면이 볼록한(convexo-convex)
bi·cul·tur·al [baikʌ́ltʃərəl] *a.* 두 문화 (병용)의
bi·cul·tur·al·ism [baikʌ́ltʃərəlìzm] *n.* (동일 국가·지역 내의) 두 문화 공존
bi·cus·pid [baikʌ́spid] *a.* 두 첨두(尖頭)의 **—** *n.* 작은 어금니
*****bi·cy·cle** [báisìkl] [bi-(두 개의)+cycle(바퀴)에서] *n.* **자전거** **—** *vi.* 자전거를 타다, 자전거를 타고 가다
bícycle clìp (자전거 탈 때) 바지 자락을 고정시키는 집게
bícycle kìck 〖축구〗 바이시클 킥, 오버헤드 킥
bi·cy·clist [báisìklist] *n.* 자전거 타는 사람
*****bid** [bid] *v.* (**bade** [bæd, beid], **~** 《고어》 **bad** [bæd]; **bid·den** [bídn], **~**; **~·ding**) *vt.* **1** 《고어·문어》 **명령하다**: I *bade* him *go.* 그에게 가라고 명령했다. **2** 〈인사 등을〉 **말하다**: ~ farewell [welcome] *to* one's friends 친구들에게 작별[환영] 인사를 하다 **3** [과거·과거분사는 **bid**] 〈값을〉 **매기다**, (경매에서) 〈값을〉 (올려) 부르다 **4** 〖카드〗 〈비드를〉 선언하다 **—** *vi.* **1** **값을 매기다**, 입찰하다 《*for, on*》 **2** (지지·권력 등을) 얻으려 노력하다 《*for*》
~ against a person …와 맞서서 입찰하다 ***~ fair to*** succeed (성공할) 가망이 많다, (성공할) 것 같다 ***~ in*** (경매에서) 〈원소유자가〉 자기에게 낙찰되도록 하다 ***~ up*** (경매에서) 값을 올려 부르다
— *n.* **1** **입찰**, 입찰 가격 **2** 〖카드〗 으뜸패·끗수의 선언; 선언하는 차례 **3** 《미·구어》 초대, (입회 등의) 권유 **4** 시도, 노력 《*for, to* do》 **5** 〖증권〗 매수 호가 (= ~ price)
in a ~ to do …하려고 하여, …할 목적으로 ***make a ~ for*** …에 입찰하다; 〈인기 등〉을 얻으려고 노력하다
bid·da·ble [bídəbl] *a.* 유순한(obedient); 〖카드〗 끗수가 겨룰 만한
***bid·den** [bídn] *v.* BID의 과거분사
bid·der [bídər] *n.* **1** (경매에서) 값을 붙이는 사람, 입찰자 **2** 명령자; 초대자
***bid·ding** [bídiŋ] *n.* Ⓤ **1** **입찰**, 값을 부름(bids) **2** **명령** **3** 〖카드〗 비드하기
bid·dy [bídi] *n.* (*pl.* **-dies**) **1** 암탉(hen); 병아리 **2** 《속어》 (특히 수다스런) 나이 지긋한 여자
bide [baid] *v.* (**bid·ed, bode** [boud]; **bid·ed,** 《고어》 **bid** [bid]) 《고어》 *vt.* 〈호기를〉 기다리다: ~ one's time 시기[때]를 기다리다 **—** *vi.* 살다; 머무르다; (어떤 상태가) 계속되다
bi·det [bidéi | bíːdei] [F 「조랑말」의 뜻에서] *n.* 비데 《항문·국부 세척기》
bi·en·na·le [biennɑ́ːlei] [It.] *n.* **1** 격년 행사 **2** [the B~] 비엔날레 《짝수 해에 로마에서 개최되는 현대 회화·조각의 전람회》
bi·en·ni·al [baiéniəl] *a.* **1** Ⓐ 2년에 한 번의, 2년마다의(cf. BIANNUAL) **2** 2년간 계속하는 **3** 〖식물〗 2년생의 **—** *n.* **1** 2년마다 있는 행사[시험, 전람회] **2** 〖식물〗 2년생 식물
bier [biər] [동음어 beer] *n.* 관대(棺臺), 관가(棺架)
biff [bif] 《속어》 *n.* 타격, 강타
— *vt.* 세게 치다, 강타하다
bi·fo·cal [baifóukəl] *a.* 초점이 둘인 《원시·근시 양용의》 **—** *n.* **1** 이중 초점 렌즈 **2** [*pl.*] 이중 초점 안경
bi·fur·cate [báifərkèit] *vt., vi.* 두 갈래로 가르다[갈라지다] **—** [báifərkət | baifə́ːkeit] *a.* 두 갈래진
bi·fur·ca·tion [bàifərkéiʃən] *n.* **1** Ⓤ 분기(分岐) **2** 분기점; (갈라진) 한 가지
*****big** [big] *a.* (**~·ger**; **~·gest**) **1** 큰 (opp. *little*) **2** 《구어》 〈사람이〉 훌륭한; 〈일이〉 **중대한**, 중요한 **3** 〈아이가〉 성장한, 자란 **4** 《구어》 **연상의** **5** 《구어》 인기 있는; 관대한, 너그러운 **6** 《구어》 거만한(arrogant), 과장된 **7** 《미남부》 임신한, 출산일이 가까운 《*with*》 **8** 아주 힘센(strong); 〈바람·지진·홍수 등이〉 심한, 격심한
***get* [*grow*] *too ~ for* one's *boots* [*breeches, pants*]** 뽐내다, 자만하다
— *ad.* **1** 《구어》 크게, 잘난 체하여; 관대하게 **2** 《구어》 잔뜩, 많이 〈먹다〉
— *n.* 《구어》 중요 인물, 거물; 대기업
big·a·mist [bígəmist] *n.* 중혼자
big·a·mous [bígəməs] *a.* 중혼(重婚)(죄)의 **~·ly** *ad.*
big·a·my [bígəmi] *n.* Ⓤ 〖법〗 중혼(죄)
bíg báng thèory [the ~] 〖천문〗 우주 폭발 기원론 《수소의 폭발로 우주가 생성되었다는 설; cf. STEADY STATE THEORY》

B

Bíg Bén 빅 벤《영국 국회 의사당 탑 위의 시계와 시계탑》
Bíg Bóard [the ~] 《미·구어》 뉴욕 증권 거래소
bíg bróther 독재자; 독재 국가[조직]
bíg búcks 《속어》 많은 돈, 거액
bíg búg 《속어》 중요 인물, 거물, 높은 양반
bíg búsiness 《종종 경멸》 재벌(財閥), 대기업
Bíg Chíef 《속어》 = BIG BUG
bíg dáddy 《속어》 **1** 《미》 (자기의) 아버지 **2** (회사·조직의) 창시자, 보스
bíg déal 큰 거래; 《미·속어·비꼼》 대단한 것, 큰 인물
It's no ~. 별일 아니야; 식은죽 먹기다.
bíg ènd 〖기계〗 대단(大端)《엔진 연접봉의 큰쪽 끝》
Big·foot [bígfùt] *n.* [때로 **b~**] Sasquatch의 별칭; 《미·구어》 중요 인물, 권력자
bíg gáme 1 큰 시합 **2** [집합적] 큰 사냥감《사자·코끼리 등》 **3** (위험이 따르는) 큰 목표
big·gie, -gy [bígi] *n.* 《미·속어》 거물; 크고 중요한 것[사람, 나라]
big·gish [bígiʃ] *a.* 약간 큰, 큰 편인
bíg gún 《구어》 유력자, 중요 인물, 거물; 중요한 사물; 〖야구〗 팀의 강타자들
bring up[out] one***'s ~s*** (토론·게임 등에서) 비장의 수를 쓰다
bíg H́, Bíg Hárry 《미·속어》 헤로인(heroin)
big·head [bíghèd] *n.* **1** Ⓤ 《미》 자만심; Ⓒ 자만하는 사람 **2** ⓊⒸ 〖수의학〗(양의) 두부(頭部) 팽창증 **~·ed** [-id] *a.*
big·heart·ed [-háːrtid] *a.* 관대한, 친절한, 대범한
big·horn [-hɔ̀ːrn] *n.* (*pl.* **~, ~s**) 〖동물〗 큰뿔양《로키 산지에 야생하는 양》
bíg hòuse 1 [the ~] 《속어》 (주·연방의) 교도소 **2** (마을 등의) 가장 큰 집, 대저택
bight [bait] *n.* **1** 해안[하천]의 만곡부 **2** 늘어진 밧줄의 중간 부분; 밧줄 고리
big·mouth [bígmàuθ] *n.* 《속어》 수다[허풍]쟁이; 입 큰 물고기류
big·mouthed [-màuðd, -màuθt] *a.* **1** 입이 큰 **2** 큰소리로 지껄이는
bíg náme 《구어》 명사; 일류 연기자
big-name [-néim] *a.* Ⓐ 《구어》 유명한, 일류의, 유명인의
bíg nóise 《구어》 명사, 거물; 우두머리
big·ot [bígət] *n.* 완고한 편견자(偏見者); 고집쟁이
~·ed *a.* 고집불통의 **~·ed·ly** *ad.*
big·ot·ry [bígətri] *n.* (*pl.* **-ries**) ⓊⒸ 편협한 신앙; 완고, 고집불통
bíg shòt 《구어》 중요 인물, 거물
bíg smóke 1 [the ~] 《속어》 대도시 **2** [the B~ S~] 《속어》 = LONDON
bíg stìck [the ~] (정치적·군사적) 압력, 위압
big-tick·et [bígtíkit] *a.* Ⓐ 비싼 가격표가 붙은
bíg tíme [the ~] 《속어》 최고 수준, 1류
big-time [-táim] *a.* 《속어》 대(大)…; 일류의
big-tim·er [-táimər] *n.* 《속어》 최고의 인물
bíg tóe 엄지발가락(great toe)
bíg tòp 《구어》 (서커스의) 큰 천막; [the ~] 서커스(업[생활])
bíg trèe = GIANT SEQUOIA
bíg whéel 《속어》 **1** = FERRIS WHEEL **2** = BIGWIG
big·wig [-wìg] *n.* 《구어》 중요 인물, 높은사람
bi·jou [bíːʒuː] [F] *n.* (*pl.* **~s, ~x** [-z]) **1** 보석 **2** 장식품; 작고 예쁜 것
— *a.* Ⓐ 작고 예쁘장한
***bike** [baik] *n.* 《구어》 **1** 자전거 **2** (소형) 오토바이(motorbike)
get on one***'s ~*** 《영·속어》 꺼지다, 사라지다; 다시(열심히) 노력하다
— *vi.* 자전거[오토바이]를 타고 가다
bik·er [báikər] *n.* 《미》 **1** = BICYCLIST **2** = MOTORCYCLIST
bike·way [báikwèi] *n.* 자전거 전용 도로
Bi·ki·ni [bikíːni] *n.* **1** 비키니 섬《Marshall 군도에 있는 환초》 **2** [**b~**] (투피스의) 여자용 수영복, 비키니
bi·la·bi·al [bailéibiəl] 〖음성〗 *a.* 두 입술의 **—** *n.* 양순음(兩脣音)《[p], [b], [m]등》
bi·lat·er·al [bailǽtərəl] *a.* Ⓐ **1** 쌍방의; 양쪽(면)이 있는; 〖생물〗 좌우 양측의 **2** 〖법〗 쌍무적(雙務的)인 (opp. *unilateral*): a ~ contract 쌍무 계약
bil·ber·ry [bílbèri | -bəri] *n.* (*pl.* **-ries**) 〖식물〗 월귤나무속(屬); 그 열매
bile [bail] *n.* Ⓤ **1** 〖생리〗 담즙 **2** 역정, 분통, 노여움 ***stir*** [***rouse***] a person***'s ~*** …의 분통이 터지게 하다
bilge [bildʒ] *n.* **1** 배 밑바닥의 만곡된 부분 **2** Ⓤ 배 밑에 괸 더러운 물(= ~ water) **3** (통의) 중배 **4** Ⓤ 《구어》 시시한 이야기, 허튼소리(nonsense) **—** *vt., vi.* 〈배 밑바닥에〉 구멍을 내다, 구멍이 나다; 불룩하게 하다[되다]
bílge wàter 1 〖항해〗 뱃바닥에 괸 (더러운) 물 **2** 《구어》 부질없는[시시한] 이야기, 허튼소리
bil·i·ar·y [bílièri | bíljəri] *a.* 담즙(bile)의
***bi·lin·gual** [bailíŋgwəl] *a.* **두 나라 말을 하는,** 두 나라 말로 쓴 **—** *n.* 두 나라 말을 하는 사람
bi·lin·gual·ism [bailíŋgwəlìzm] *n.* 2개 국어 상용(常用)
bil·ious [bíljəs] *a.* **1** 〖생리·병리〗 담즙의, 담즙 분비 과다의 **2** 〈사람이〉 담즙질의; 성 잘 내는 **~·ly** *ad.* **~·ness** *n.*
bil·i·ru·bin [bílərùːbin] *n.* 〖생화학〗 빌리루빈《담즙 속의 적황색 색소》
bi·lit·er·al [bailítərəl] *a.* 두 글자의
-bility [bíləti] *suf.* '-able', '-ible', '-uble'로 끝나는 형용사에서 명사를 만듦: capa*bility*, no*bility*, solu*bility*
bilk [bilk] *vt.* **1** 〈채권자를〉 속이다 **2** 〈외상값·빚 등을〉 떼어먹다 **3** 〈추적자 등에서〉 벗어나다 **—** *n.* 속이기, 떼어먹음
*****bill**[1] [bil] [L 「도장을 찍은 교서」의 뜻에서] *n.* **1** **계산서**(account), **청구서**

2 《미》 지폐 3 〖의회〗 법안, 의안 4 〖상업〗 증서, 증권; 《영》 환어음: a ~ discounted 할인 어음 / a ~ of credit 신용장; 지불 증권 / a ~ of dishonor 부도 어음 5 전단, 벽보, 광고용 포스터: paste up a ~ (광고용) 벽보를 붙이다 6 목록, 표 7 〖법〗 기소장, 조서 8 (세관의) 신고서
~ of exchange 환어음 ***~ of fare*** 차림표(menu); 《구어》 예정표, 일람표 ***~ of health*** (선원·선객) 건강 증명서 《略 B.H.》 ***~ of lading*** 《영》 선하 증권 《略 B/L》; 《미》 화물 인환증 ***fill the ~*** 요구를 만족시키다 ***sell*** a person ***a ~ of goods*** 《미·구어》 감언이설로 속여 승낙케 하다 ***the ~ of rights*** 국민의 기본적 인권에 관한 선언 ***the B~ of R~*** 《영》 권리 선언 《1689년에 제정된 법률》; 《미》 권리 장전(章典) 《미국 헌법에 부가된 최초의 10개조의 수정(amendments)》]
— *vt.* …에게 계산서를 보내다; 계산서에 기입하다; 표로 만들다; 전단[벽보]으로 광고하다; 프로에 넣다; 발표하다

‡**bill**[2] [bil] *n.* **1 부리** 《특히 길쭘하고 편평한 부리》(cf. BEAK) **2** 부리 모양의 것 **3** 《미·구어》 (사람의) 코 — *vi.* 〈한쌍의 비둘기가〉 부리를 맞부비다; 애무하다
~ and coo 〈남녀가〉 키스나 애무를 하며 정답게 소곤거리다

bill[3] *n.* = BILLHOOK

Bill [bil] *n.* 남자 이름 《William의 애칭》

bill·board [bílbɔ̀:rd] *n.* 《미》 광고 게시판; [**B~**] 빌보드 《미국의 음악 업계지(誌)》

billed [bild] *a.* [보통 복합어를 이루어] (어떤) 부리를 가진

bil·let[1] [bílit] *n.* **1** 〖군사〗 (군인의) 숙사; (민가에 대한) 숙박 명령서 **2** 《속어》 지위, 자리 — *vt.* 〖군사〗 숙사를 배정하다, 숙박시키다 《*on, in*》

billet[2] *n.* **1** 굵은 막대기, 장작개비, 짧은 통나무 **2** 〖야금〗 강편(鋼片)

bil·let-doux [bíleidú:] [F = sweet note] *n.* (*pl.* **bil·lets-doux** [-z]) 《문어》 연애 편지

bill·fold [bílfòuld] *n.* 《미》 지갑

bill·hook [-hùk] *n.* (가지 치는 데 쓰는) 낫의 일종

bil·liard [bíljərd] *a.* Ⓐ 당구(용)의

***bil·liards** [bíljərdz] *n. pl.* [단수 취급] **당구**: play (at) ~ 당구를 치다

Bil·lie [bíli] *n.* 남자 이름

bill·ing [bíliŋ] *n.* ⓊⒸ **1** (전단 등에 의한) 광고, 선전 **2** (출연자의) 프로그램상의 서열

***bil·lion** [bíljən] *n.* **1** 《미》 **10억** 《million의 천 배; 영국에서도 지금은 종종 10억으로 씀》; 《영·고풍》 조(兆) 《million의 백만 배》 **2** [*pl.*] 막대한 수 《*of*》
— *a.* 《미》 10억의; 《영》 1조의

bil·lion·aire [bìljənέər] *n.* 《미》 억만장자

bil·lionth [bíljənθ] *a.* **1** 10억[1조] 번째의 **2** 10억[1조]분의 1의 — *n.* **1** 10억[1조] 번째 **2** 10억[1조]분의 1

***bil·low** [bílou] *n.* **1 큰 물결 2** 소용돌이치는 것: ~*s of* smoke 소용돌이치는 연기 — *vi.* **1** 크게 굽이치다; 소용돌이치다 **2** 〈돛 등이〉 부풀다 《*out*》

bil·low·y [bíloui] *a.* (**-low·i·er**; **-i·est**) 크게 굽이치는, 물결이 높은, 소용돌이치는

bill·post·er [bílpòustər], **bill·stick·er** [-stìkər] *n.* 전단 붙이는 사람

bil·ly[1] [bíli] *n.* (*pl.* **-lies**) 《영·호주》 (캠프 등 야외 취사용의) 양철로 만든 주전자

billy[2] *n.* (*pl.* **-lies**) 《미·구어》 **1** 곤봉 **2** 경찰봉

Bil·ly [bíli] *n.* 남자 이름 《William의 애칭》

bil·ly·can [-kæ̀n] *n.* = BILLY[1]

bílly clùb 곤봉, 《특히》 경찰봉

bílly gòat 《구어·유아어》 숫염소(opp. *nanny goat*)

bil·ly-o(h) [bíliòu] *n.* 《영·속어》 [다음 성구로] ***like ~*** 몹시, 맹렬히(fiercely)

bim·bo [bímbou] *n.* (*pl.* **~(e)s**) 《속어》 **1** 얼간이, 바보 **2** (매력적이지만) 머리가 텅 빈 여자, 헤픈 여자

bi·me·tal·lic [bàimətǽlik] *a.* **1** 〖경제〗 (금은) 복본위제(複本位制)의 **2** 두 가지 금속으로 된

bi·met·al·lism [baimétəlìzm] *n.* Ⓤ 〖경제〗 (금은) 복본위제
-list *n.* 복본위제론자

***bi·month·ly** [baimʌ́nθli] *a., ad.* **1 두 달에 한 번의[으로]**, 격월의[로] **2** 월 2회의[로] 《**1**과 혼동하기 쉬우므로 보통 semimonthly를 씀》 — *n.* 격월 간행물

***bin** [bin] [동음어 been] *n.* **1** (뚜껑 달린) **큰 상자**; (석탄·곡물·빵 등의) 저장용 광; 《영》 쓰레기통 **2** 포도주 저장소 《지하실의》

bi·na·ry [báinəri] *a.* **1** 둘[쌍, 복]의(dual) **2** 〖화학〗 2성분의, 2원(元)의 **3** 〖수학〗 2진(법)의 **4** 〖천문〗 연성(連星)의, 〖컴퓨터〗 2진(법)의, 2진수의 — *n.* (*pl.* **-ries**) **1** 2원체, 쌍체 **2** 〖수학〗 2진수 **3** 〖천문〗 = BINARY STAR

bínary dígit 〖컴퓨터〗 2진 숫자 《0과 1의 두 가지》

bínary stár 〖천문〗 연성(連星) 《공통의 무게 중심 둘레를 공전함》

bin·au·ral [bainɔ́:rəl] *a.* **1** 〈녹음 방식이〉 양 귀(용)의 **2** 〈레코드·라디오 등이〉 스테레오[입체음향]의(stereophonic)

‡**bind** [baind] [OE 「묶다」의 뜻에서] *v.* (**bound** [baund]) *vt.* **1 묶다**, 동이다(tie), 매다 《*with, in, to*》; 결박하다; ~ a package *with* a ribbon 리본으로 꾸러미를 묶다 **2 둘러 감다**; 〈붕대 등을〉 **감다** 《*about, round, on*》 **3** 굳히다 《시멘트 등으로》 **4 속박하다**, 의무를 지우다: *be bound by* affection 사랑의 포로가 되다 **5** 〈의무·우정 등이〉〈사람을〉 결부[단결] 시키다; 도제 생활을 시키다 **6** 〈얼음·눈 등이 …을〉 가두다, 꽁꽁 얼어붙게 하다 **7** 〈음식물·약이〉 변비를 일으키게 하다 **8** 〖경제〗 〈세금 등을〉 〈절대로 늘리지 못하게〉 묶어 놓다 **9** 〈원고·책을〉 제본[장정]하다 《*in*》: ~ a book *in* leather 책을 가죽으로 장정하다 **10** 〈직물·모자 등에〉 가선을 두르다 **11** 《영·속어》 지루하게 하다
~ one***self*** 계약[보증]하다, 맹세하다; 속박되다, 구속되다 ~ a person ***over*** [보통 수동형] 〖영국법〗 …에게 근신을 서약

B

시키다, 법적 의무를 지우다 ***I'll be bound.*** 꼭 그럴 거야, 틀림없어.
— *vi.* **1** 〈흙·모래·눈이〉 굳어지다 **2** 〈약속 등이〉 구속력이 있다 **3** 〈옷 등이〉 갑갑하다, 거북하다 **4** 〈수레바퀴가〉 들러 붙어 움직이지 않게 되다; 〈녹이 슬어〉 움직이지 않게 되다 **5** [진행형으로] 제본되다
— *n.* **1** 묶는[동이는] 것 《끈, 실, 밧줄》 **2** [보통 a bit of a ~로] 《속어》 지루한 것[사람, 일], 싫은[지겨운] 것[일]

B

***bind·er** [báindər] *n.* **1** 묶는[동이는] 사람; 제본공 **2** 묶는 것; 실, 끈; 붕대; 띠; 매어 철한 표지; (짚단의) 단 묶는 기계, 바인더; 휘갑치는 기구 《재봉틀 등의》 **3** 〖목공〗 접합재 **4** 〖요리〗 차지게 하는 것 《밀가루 등》

bind·er·y [báindəri] *n.* (*pl.* **-er·ies**) 제본소

***bind·ing** [báindiŋ] *a.* **1** 구속력이 있는, 의무적인 《*on*》 **2** 동여 매는; 접합[결합]하는 **3** 〈음식 등이〉 변비를 일으키는
— *n.* Ⓤ Ⓒ **1** 묶기 **2** 제본, 장정, 표지 **3** 묶는[동이는] 것 **4** 〈옷 등의〉 선 두르는 재료; (구두를 스키에) 고정시키는 기구, 바인딩 **~·ly** *ad.* 구속적으로, 속박하여

bind·weed [báindwì:d] *n.* 〖식물〗 메꽃(무리)

bine [bain] *n.* **1** (식물의) 덩굴 《특히 홉의》 **2** = WOODBINE 1

binge [bindʒ] *n.* 《속어》 진탕 떠들기, 흥청망청하는 판, 주연

bin·go [bíŋgou] *n.* Ⓤ 빙고 《숫자를 적은 카드를 배열하는 복권식 놀이》; (기대하지 않은) 대히트 — *int.* [뜻하지 않던 기쁨을 나타내어] 이겼다, 맞혔다, 신난다

bin·na·cle [bínəkl] *n.* 〖항해〗 나침함(函)

bin·oc·u·lar [bənákjulər, bai | -nɔ́k-] *a.* 쌍안(용)의; 쌍안경(용)의 — *n.* [보통 *pl.*; 단수·복수 취급] 쌍안경; 쌍안 망원[현미]경

bi·no·mi·al [bainóumiəl] *n., a.* 〖수학〗 이항식(의); 〖생물〗 이명법(二名法)(의)

bint [bint] *n.* 《영·구어》 여자

bi·o [báiou] [*bio*graphy] *n.* (*pl.* **~s**) 《구어》 (짧은) 전기; 인물 소개, 약력

bio- [báiou] 《연결형》 「생(生) …, 생물 …, 생물학의」의 뜻 《모음 앞에서는 bi-》

bi·o·a·vail·a·bil·i·ty [bàiouəvèiləbíləti] *n.* (약물의) 생물학적 이용 가능성

bi·o·chem·ic, -i·cal [-kémik(əl)] *a.* 생화학의, 생화학적인 **-i·cal·ly** *ad.*

biochémical óxygen demànd 생화학적 산소 요구량(biological oxygen demand) 《물의 오염도를 나타내는 수치; 略 BOD》

bi·o·chem·ist [-kémist] *n.* 생화학자

bi·o·chem·is·try [-kémistri] *n.* Ⓤ 생화학

bi·o·ci·dal [bàiəsáidl] *a.* 생명 파괴[살균]성의

bi·o·cide [báiəsàid] *n.* 생물체에 유독한 물질; 생명 파괴제, 살생물제

bi·o·clean [báiouklì:n] *a.* 유해 미생물이 없는

bi·o·com·pat·i·bil·i·ty [-kəmpæ̀təbíləti] *n.* (인공 신체 기관 등의) 생체 적합성

bi·o·de·grad·a·ble [-digréidəbl] *a.* 미생물에 의해 무해 물질로 분해되는, 생물 분해성이 있는

bi·o·de·grade [-digréid] *vi.* (세균 작용으로) 생물 분해를 일으키다
-deg·ra·da·tion [-dègrədéiʃən] *n.*

bi·o·e·lec·tron·ics [-ilèktrániks | -trɔ́n-] *n. pl.* [단수 취급] 생체 전자공학

bi·o·en·gi·neer·ing [-èndʒəníəriŋ] *n.* Ⓤ 생물[생체] 공학

bi·o·eth·ics [-éθiks] *n. pl.* [단수 취급] 생명윤리(학) 《생물학·의학의 발달에 따른 윤리 문제를 다룸》

bi·o·feed·back [-fí:dbæ̀k] *n.* 생체 자기 제어, 바이오피드백

biog biographer; biographical; biography

bi·o·gas [báiougæ̀s] *n.* 생물 가스 《유기 폐기물이 분해되어 생기는》; 생물 가스 무기

bi·o·gen·e·sis [-dʒénəsis] *n.* Ⓤ 〖생물〗 생물 발생(설)

bi·o·gen·ic [-dʒénik] *a.* 유기물에 의해 생긴, 생물 기원의; 생명 유지에 꼭 필요한

***bi·og·ra·pher** [baiágrəfər | -ɔ́g-] *n.* 전기 작가

***bi·o·graph·ic, -i·cal** [bàiəgrǽfik(əl)] *a.* 전기(체)의: a ~ dictionary 인명 사전 **-i·cal·ly** *ad.* 전기식으로, 전기체로

‡**bi·og·ra·phy** [baiágrəfi, bi- | -ɔ́g-] *n.* (*pl.* **-phies**) **1** 전기, 일대기 **2** Ⓤ 전기 문학

bi·o·haz·ard [bàiouhǽzərd] *n.* 생물학적 위험 《사람과 그 환경에 대해 위험이 되는 생물학적 물질·상황》

bi·o·in·for·ma·ti·cian [-ìnfərmətíʃən] *n.* 〖컴퓨터〗 생물 정보학자

bi·o·in·for·mat·ics [-ìnfərmǽtiks] *n. pl.* [단수 취급] 〖컴퓨터〗 생물 정보학 《database를 이용한 유전 코드[암호]의 해독·신약 개발 등》

***bi·o·log·ic, -i·cal** [bàiəládʒik(əl) | -lɔ́dʒ-] *a.* 생물학(상)의
-i·cal·ly *ad.* 생물학적으로 (말하면)

biológical clóck 생물[체내] 시계

biológical wárfare 생물[세균]전

bi·ol·o·gist [baiálədʒist | -ɔ́l-] *n.* 생물학자

‡**bi·ol·o·gy** [baiálədʒi | -ɔ́l-] *n.* Ⓤ **1** 생물학 **2** [the ~] (한 지역 등의) 식물[동물]상(相); 생태

bi·o·lu·mi·nes·cence [bàioulù:mənésns] *n.* Ⓤ 생물 발광

bi·ol·y·sis [baiáləsis | -ɔ́l-] *n.* Ⓤ 〖생물〗 (생물체의) 미생물에 의한 분해, 생물 분해

bi·o·mass [báioumæ̀s] *n.* Ⓤ 생물량 《어떤 환경 내에 현존하는 생물의 총수》; 생물 자원

bi·o·me·chan·ics [bàioumikǽniks] *n. pl.* [단수·복수 취급] 생물[생체] 역학

bi·o·met·rics [bàiəmétriks] *n. pl.* [단수 취급] 생물 측정[통계]학

bi·om·e·try [baiámətri | -ɔ́m-] *n.* = BIOMETRICS

bi·on·ic [baiánik | -ɔ́n-] *a.* **1** 생체[생물]공학의 **2** 《구어》 초인적인, 정력적이고 억센

bi·on·ics [baiɑ́niks | -ɔ́n-] [*bio*logy+electro*nics*] *n. pl.* [단수 취급] 생체[생물] 공학, 바이오닉스 《생체 조직의 기능을 전자 공학적으로 응용하는 기술》
bi·o·nom·ics [bàiənɑ́miks | -nɔ́m-] *n. pl.* [단수 취급] 생태학(ecology)
bi·o·phys·ics [bàioufíziks] *n. pl.* [단수 취급] 생물 물리학
bi·o·pic [báioupìk] *n.* 《구어》 전기(傳記)영화
bi·op·sy [báiɑpsi | -ɔp-] *n.* (*pl.* **-sies**) 〖의학〗 생체 검사(법) — *vt.* …에 생체 검사를 실시하다
bi·o·rhythm [báiouriðm] *n.* 〖생리〗 생체[생물] 리듬 《주기적인 생체내의 현상》
bi·o·sci·ence [bàiousáiəns] *n.* Ⓤ 생물학; 생명 과학
bi·o·sphere [báiəsfìər] *n.* [the ~] 〖우주〗 생물권
bi·o·tech·nol·o·gy [bàiouteknɑ́lədʒi | -nɔ́l-] *n.* Ⓤ 생물[생명] 공학; 《미》 인간 공학
bi·ot·ic, -i·cal [baiɑ́tik(əl) | -ɔ́t-] *a.* 생명의[에 관한]; 생물의
bi·o·tin [báiətin] *n.* Ⓤ 〖생화학〗 비오틴《비타민 B복합체》
bi·o·tite [báiətàit] *n.* Ⓤ 〖광물〗 흑(黑)운모
bi·o·tope [báiətòup] *n.* 〖생물〗 소(小)생활권
bi·par·ti·san, -zan [bàipɑ́:rtəzn] *a.* 두 정당[정파]의; 이대 정당 제휴의: a ~ foreign policy 초당파 외교 정책
bi·par·tite [bàipɑ́:rtait] *a.* Ⓐ **1** 양자가 나누어 가지는, 상호(간)의 **2** 〖식물〗 〈잎이〉 이심렬(二深裂)의 **3** 두 부분으로 된; 두 통으로 된
bi·ped [báiped] *a.* 〖동물〗 양족(兩足)[두 발]의 — *n.* 양족 동물 《인간·새 등》
bi·plane [báiplèin] *n.* 복엽 비행기
bi·po·lar [baipóulər] *a.* **1** 두 극이 있는, 양극의 **2** 〈두 가지 것이〉 상반하는, 양 극단의
∗**birch** [bə:rtʃ] *n.* **1** 〖식물〗 **박달나무, 자작나무** **2** Ⓤ 박달나무 재목 **3** (아동을 벌하는) 박달나무 회초리 — *a.* 박달나무(가지[재목])의 — *vt.* (박달나무) 회초리로 때리다
birch·en [bə́:rtʃən] *a.* 박달나무의[로 만든]; (박달나무) 회초리의
∗∗∗**bird** [bə:rd] *n.* **1** 새 **2** 엽조(獵鳥) **3** 《속어》 (어떤 특징을 가진) 사람, 놈; 《미·속어》 열광자, …팬; 《영·속어》 (매력적인) 젊은 여자, 아가씨 **4** 비행기, 헬리콥터; 우주선, 인공위성, 로켓, 미사일
~ of paradise 극락조 《뉴기니산의 아름다운 새》 ***~ of passage*** 철새; 《구어》 뜨내기, 방랑자 ***~ of prey*** 맹금 ***~s of a feather*** 같은 종류의 사람들: *B~s of a feather* flock together. 《속담》 유유상종. ***early ~*** (아침에) 일찍 일어나는 사람: The *early* ~ catches the worm. 《속담》 새도 일찍 일어나야 벌레를 잡는다, 부지런해야 수가 난다. ***eat like a ~*** 아주 소식(小食)하다 ***kill two ~s with one stone*** 《구어》 일석이조의 효과를 올리다, 일거양득하다
— *vi.* 새를 잡다[쏘다]; 들새를 관찰하다
bird·bath [bə́:rdbæ̀θ | -bɑ̀:θ] *n.* (*pl.* **~s** [-ðz]) 수반(水盤) 《새들의 미역감는 그릇》
bird·brain [-brèin] *n.* 《구어》 바보, 멍청이 **-brained** [-brèind] *a.* 바보의, 멍청한(stupid)
bird·cage [-kèidʒ] *n.* 새장
bird·call [-kɔ̀:l] *n.* 새가 짝을 부르는 소리; 새소리 흉내; 새를 부르는 피리
bírd dòg 《미》 새 사냥개; 행방불명자를 찾는 사람; 정보 수집자
bird-dog [-dɔ̀:g | -dɔ̀g] 《미·구어》 *vt.* bird dog 노릇을 하다
bird·er [bə́:rdər] *n.* 들새를 기르는[관찰하는] 사람; (장사로) 새를 잡는 사람
bird-fan·ci·er [-fænsiər] *n.* 새장수; 애조가
bird·house [-hàus] *n.* (*pl.* **-hous·es** [-hàuziz]) (집 모양의) 새장; 새 기르는 집
∗**bird·ie** [bə́:rdi] *n.* **1** 《유아어》 새, 작은 새 **2** 〖골프〗 버디 《표준 타수(par)보다 한 번 덜 치고 구멍에 넣기》 — *vt.* 〖골프〗 〈홀을〉 버디로 마치다
bird·lime [bə́:rdlàim] *n.* Ⓤ (새 잡는) 끈끈이; 감언(이설)
bird·man [-mæ̀n, -mən] *n.* (*pl.* **-men** [-mæ̀n, -mən]) **1** 조류 연구가; 새 잡는 사람 **2** 《구어》 조인(鳥人), 비행가
bírd sánctuary 조류 보호구
bird·seed [-sì:d] *n.* ⓊⒸ 새의 낟알 모이 《좁쌀 등》
bird's-eye [bə́:rdzài] *a.* **1** 조감적인 **2** 새눈 무늬의 — *n.* **1** 〖식물〗 설앵초, 복수초 **2** 새눈 무늬; 새눈 무늬의 직물
bírd's-eye víew **1** 조감도 《*of*》; [보통 *sing.*] (높은 데서 바라보는) 전경(全景) 《*of*》 **2** 《구어》 개관, 대요 《*of*》
bird's-nest [[bə́:rdznèst] *vi.* 새둥지의 알을 찾다
bírd strìke 버드 스트라이크 《항공기와 새떼의 충돌》
bírd wàtcher = BIRDER
bírd wàtching 야조[들새] 관찰, 탐조
bi·ret·ta [bərétə] *n.* 비레타 《가톨릭의 성직자가 쓰는 네모난 모자》
∗**Bir·ming·ham** [bə́:rmiŋəm] *n.* **버밍엄** 《잉글랜드 중부에 있는 공업 도시; 略 Birm.》
Bi·ro [báiəròu] [헝가리의 고안자의 이름에서] *n.* [종종 **b~**] 《영》 바이로《볼펜; 상표명》
∗∗∗**birth** [bə:rθ] [동음어 berth] *n.* **1** ⓊⒸ **탄생, 출생**: the date of one's ~ 생년월일 **2** ⓊⒸ **출산, 분만** **3** Ⓤ 태생, 출신, 혈통; (좋은) 가문 **4** Ⓤ 기원, 발생, 출현 《*of*》
by ~ 태생은; 타고난 ***give ~ to*** …을 낳다; …의 원인이 되다
bírth certìficate 출생 증명서
bírth contròl 산아 제한, 임신 조절; 피임
birth·date [bə́:rθdèit] *n.* 생년월일
∗∗∗**birth·day** [bə́:rθdèi] *n.* **생일,** 탄생일; 창립기념일
in one's ~ suit 《익살》 알몸으로

B

bírthday càke 생일 축하 케이크
bírthday hònours ((영)) 국왕[여왕] 탄신일에 행하는 서작(敍爵)·서훈(敍勳)
birth·mark [bɔ́ːrθmàːrk] *n.* (날 때부터 몸에 있는) 점, 모반(母斑)
bírth pàngs **1** (출산의) 진통 **2** ((구어)) (큰 사회적 변화에 따르는) 혼란과 고통
bírth pàrent 친부모, 생부모
*__birth·place__ [bɔ́ːrθplèis] *n.* **출생지**, 고향; 발상지(發祥地)
birth·rate [-rèit] *n.* 출생률
*__birth·right__ [bɔ́ːrθràit] *n.* UC **타고난 권리**, 생득권; 장자 상속권
birth·stone [-stòun] *n.* 탄생석 ((태어난 달을 상징하는 보석))
bis [bis] [F =twice, again] *ad.* 두번, 2회; 〖음악〗 되풀이하여
BIS Bank for International Settlement 국제 결제 은행
Bis·cay [bískei] *n.* **Bay of ~** 비스케만 ((프랑스 서해안의 만))
***__bis·cuit__ [bískit] [F 「두 번 요리된」의 뜻에서] *n.* (*pl.* **~s, ~**) **1** ((영)) **비스킷**(((미)) cracker); ((미)) 과자 모양의 빵 **2** U 비스킷 색, 담갈색 **3** 질그릇(bisque[2])
bi·sect [baisékt | ⌐—] *vt.* 양분하다, 이등분하다 **—***vi.* 〈길 등이〉 두 갈래로 갈라지다 **bi·séc·tion** *n.*
bi·sec·tor [baiséktər] *n.* 〖수학〗 이등분선
bi·sex·u·al [baisékʃuəl] *a.* **1** 〖생물〗 양성(兩性)의; 양성 기관을 가진 **2** 〖심리〗 〈사람이〉 (남녀) 양성에 마음이 끌리는 **—***n.* **1** 〖생물〗 양성 동물, 자웅 동체[동주] **2** 양성애자 **~·ly** *ad.* **bì·sex·u·ál·i·ty** *n.*
***__bish·op__ [bíʃəp] [Gk 「감독」의 뜻에서] *n.* **1** 〖가톨릭·그리스정교·영국국교〗 **주교**; 〖그리스도교〗 감독 **2** 〖체스〗 비숍 ((주교 모자 모양의 말로서 사선 방향으로 움직일 수 있음))
bish·op·ric [bíʃəprik] *n.* bishop의 직[교구]
bis·muth [bízməθ] *n.* U 〖화학〗 비스뭇, 창연(蒼鉛) ((금속 원소; 기호 Bi, 번호 83)) **~·al** *a.*
bi·son [báisn, -zn] *n.* (*pl.* **~**) 〖동물〗 바이슨, 들소
bisque[1] [bisk] *n.* 비스크 ((테니스·골프 등에서 약한 편에게 주는 1점; 1스트로크의 핸디캡 등))
bisque[2] *n.* U 비스크 도자기
bisque[3] *n.* U 비스크 ((주로 새우나 게·닭고기·야채 등을 사용한 진한 크림 수프))
bis·ter | -tre [bístər] *n.* U 비스터 ((진한 갈색 그림물감)); 진한 갈색
bis·tro [bístrouː] [F] *n.* (*pl.* **~s**) 작은 바[레스토랑, 나이트 클럽]
bit[1] [bit] [bite(물다)에서] *n.* **1** 〖기계〗 비트 ((드릴용의 날)) **2** 재갈 **3** 구속(물) **4** 대패의 날; 송곳의 끝, 끝날 **5** (집게 등의) 맞물리는 부분; (열쇠 끝의) 돌출부
draw ~ 고삐를 당겨 말을 멈추다; 속력을 늦추다; 지나치지 않다, 삼가다 ***take* [*have, get*] *the ~ between*[*in*] *its* [one*'s*] *teeth*** 〈말이〉 사납게 날뛰다; 제 마음대로 행동하다; 감연히 사태에 대처하다
—*vt.* (**~·ted**; **~·ting**) 〈말에〉 재갈을 물리다; 재갈에 익게 하다; 〈욕망 등을〉 억제[구속]하다
***__bit__[2] [bit] *n.* **1 작은 조각**, 도막, (음식의) 한 입(의 분량), 소량의 음식 **2 조금**, 약간 ((*of*)); **잠시** (동안) **3** ((영·구어)) 잔돈 **4** ((구어)) (풍경화의) 소품; (연극의) 한 장면
a ~ [부사적으로] ((구어)) 조금, 다소, 약간; 잠깐: I am *a* ~ tired. 조금 피곤하다. ***a ~ of a ...*** ((구어)) 조금, 작은 ***a ~* (*too*) *much*** ((구어)) 너무 심하여 ***a good ~*** ((구어)) 꽤 오랫동안; 훨씬 〈나이가 많은 등〉 ***a nice ~* (*of*)** ((구어)) 꽤 많이[많은] ***a* (*nice*)*~ of goods* [*stuff, fluff*]** ((영·속어)) (귀여운) 여자에 ***~ by ~*** =***by ~s*** ((구어)) 조금씩; 점차로 ***~s and pieces*[*bobs*]** ((구어)) 지스러기, 잡동사니 ***do*** one***'s ~*** 제 의무[본분]를 다하다; 응분의 기부[봉사]를 하다 ***every ~*** ((구어)) 어느 모로 보나; 전적으로 ***to ~s*** 산산이, 조각조각으로
*__bit__[3] [bit] *v.* BITE의 과거·과거분사
bit[4] [*b*inary dig*it*] *n.* 〖컴퓨터〗 비트 ((정보 전달의 최소 단위; 2진법의 0과 1))
bitch [bitʃ] *n.* **1** 암캐; (갯과 동물의) 암컷 **2** ((속어)) 계집, 음탕[음험]한 계집; 아주 싫은 일; 불유쾌한 것
a son of a ~ ((속어)) 새끼, 개자식 ((심히 모욕적인 언사; 略 SOB))
—*vi.* ((구어)) 불평하다, 투덜거리다 ((*about*)) **—***vt.* ((속어)) 〈남이 한 것을〉 망쳐놓다 ((*up*)); 속이다
bitch·y [bítʃi] *a.* (**bitch·i·er**; **-i·est**) 심술궂은, 성질이 고약한
***__bite__ [bait] *v.* (**bit** [bit]; **bit·ten** [bítn], **bit**) *vt.* **1 물다**; 물어 뜯다 ((*off*)) **2** 〈모기·벼룩 등이〉 물다, 쏘다(sting); 〈게가〉 물다 **3** 〈추위가〉 살을 에다; 〈후추 등이〉 쏘다; 〈서리가〉 상하게 하다; 〈산(酸) 등이〉 부식시키다 **4** 〈톱니바퀴가〉 맞물다, 〈닻이〉 (바닥에)걸리다 **5** 속이다; 괴롭히다, 애먹이다 **6** ((호주·미·속어)) 돈을 빌다
—*vi.* **1 물다**, 깨물다 ((*at*)) **2** 〈톱니바퀴가〉 맞물다 **3** 〈풍자 등이〉 사무치다, 감정을 상하다 **4** 〈물고기가〉 미끼를 물다 **5** 〈유혹 등에〉 걸려들다 ((*at*)) **6** 〈톱·줄 등이〉 잘 들다 **7** 〈정책 등이〉 효과를 나타내다 ((*into*)) **8** 〈산이〉 부식하다; 알알하다, 자극하다
~ back ((미)) 〈하품을〉 참다; (입술을 깨물고) 〈말·눈물 등을〉 참다, 억누르다 ***~ on*** ((구어)) …을 곰곰이[골똘히] 생각하다; …에 진지하게 착수하다 ***~*** one***'s lip*(*s*) [*tongue*]** 입술을 깨물다, 노여움을 꾹 참다, 하고 싶은 말을 꾹 참다 ***~* (*on*) *the bullet*** 고통을 꾹 참다, 싫은 일을 감연히 하다 ***~ the dust*[*ground*]** 쓰러지다; 패배하다; 죽다; 낙마하다; 실패하다; 굴욕[수모]을 당하다 ***~ the hand that feeds*** one 은혜를 원수로 갚다
—*n.* **1 묾 2** 물린 상처, 찔린 상처; 동상 **3** 에는 듯한 아픔 **4 한 입**; 소량; 음식 **5** 〈물고기가〉 미끼를 묾; 유혹에 넘어감 **6** U 〖기계〗 맞물림 **7** 자극성; 신랄한[얼얼한] 맛 **8** (산의) 부식 작용 **9** ((미·속어)) 비용,

지불액, 분담금 ***make*** [***take***] ***two ~s at*** [***of***] ***a cherry*** 한 번에 할 수 있는 일을 두 번으로 나눠 하다; 꾸물거리다

bit·er [báitər] *n.* 무는 사람[것]; 물어 뜯는 짐승; 미끼를 잘 무는 물고기; 《속어》 속이는 사람

bit·ing** [báitiŋ] *a.* **1 물어 뜯는,** 무는 **2** 〈찬 바람 등이〉 **살을 에는 듯한**; 알알한; 부식성의 **3 날카로운**(sharp), 통렬[신랄]한 ***have a ~ tongue 말씨가 몹시 매섭다, 신랄하다 **~·ly** *ad.*

***bit·ten** [bítn] *v.* BITE의 과거분사

*****bit·ter** [bítər] [OE 「물다」의 뜻에서] *a.* (**~·er**; **~·est**) **1 쓴**(opp. *sweet*) **2 쓰라린,** 고통스러운, 비통한 **3** 〈바람·추위 등이〉 **지독한,** 모진, 격심한 **4** 〈증오 등이〉 격렬한; 증오[적의]에 찬, 냉혹한 **5** 〈말 등이〉 신랄한, 통렬한, 가혹한: ~ words 원한의 말, 원성
—*ad.* = BITTERLY —*n.* [the ~; 종종 *pl.*] **1** 씀, 쓴맛; 쓰라림 **2** 《영》 쓴 맥주, 비터(= ~ **béer**) **3** [*pl.*] 비터즈 《칵테일에 섞는 쓴 맛의 술》; 고미제(苦味劑), 고미정기(= ~ **tíncture**)

*****bit·ter·ly** [bítərli] *ad.* **1 쓰게 2** 몹시, 따끔하게; 통렬히, 잔혹하게; 지독하게

bit·tern [bítərn] *n.* 〖화학〗 간수, 고미제; 〖조류〗 알락해오라기

bit·ter·ness [bítərnis] *n.* Ⓤ **1** 씀, 쓴맛 **2** 신랄; 쓰라림, 비통; 비꼼

bit·ter·sweet [-swí:t] *a.* **1** 씁쓸하면서 달콤한; 괴로우면서도 즐거운 **2** Ⓐ 《미》 〈초콜릿 등이〉 설탕을 거의 넣지 않은
—*n.* **1** Ⓤ 쓴맛 섞인 단맛 **2** 〖식물〗 노방덩굴, 배풍등 무리

bit·ty [bíti] *a.* **1** 《영》 단편적인, 토막난 **2** 《미》 조그만

bi·tu·men [bitjú:mən | bítju-] *n.* Ⓤ **1** 역청(瀝青) **2** 암갈색

bi·tu·mi·nous [bitjú:mənəs | -tjú:-] *a.* 역청(질)의

bitúminous cóal 역청탄, 연탄(軟炭)

bi·va·lence, -len·cy [baivéiləns(i)] *n.* Ⓤ 〖생물·화학〗 이가(二價)

bi·va·lent [baivéilənt] *a.* 〖생물·화학〗 이가(二價)의

bi·valve [báivæ̀lv] *n., a.* 2패류(의), 쌍각(雙殼)류(의)

biv·ou·ac [bívuæ̀k, -vwæ̀k] *n.* (군대의) 야영(지) —*vi.* (**-acked**; **-ack·ing**) 야영[노숙]하다

bi·week·ly [baiwí:kli] *a., ad.* **1** 격주의[로](fortnightly) 《간행물에는 대개 이 뜻으로 쓰임》 **2** 한 주일에 2회의[씩](semiweekly) 《수송 예정표 등에는 대개 이 뜻으로 쓰임》 —*n.* (*pl.* **-lies**) 격주 간행물 《신문·잡지 등》

bi·year·ly [baijíərli] *ad., a.* **1** 2년에 한 번(의)(biennial(ly)) **2** 1년에 두 번(의)(biannual(ly))

biz [biz] *n.* 《구어》 = BUSINESS

bi·zarre [bizá:r] *a.* 기괴한; 이상야릇한 **~·ly** *ad.* **~·ness** *n.*

Bi·zet [bi:zéi] *n.* 비제 **Georges ~** (1838-75) 《프랑스의 작곡가》

bk bank; block; book

Bk 〖화학〗 berkelium

bkpt bankrupt

bks barracks; books

bl. bale(s); barrel(s); black; block; blue

b.l., B/L bill of lading

blab [blæb] *vi., vt.* (**~bed**; **~·bing**) 〈비밀을〉 주책없이 지껄여대다 《*off*》
—*n.* Ⓤ Ⓒ 수다(쟁이)

blab·ber [blǽbər] *vt., vi.* = BLAB
—*n.* 입이 가벼운 사람, 수다쟁이

blab·ber·mouth [blǽbərmàuθ] *n.* 《구어》 수다쟁이, 비밀을 지껄여대는 사람

*****black** [blæk] *a.* **1 검은**(opp. *white*) **2 암흑의**: (as) ~ as coal[ebony] 새까만 **3** 〈손·옷 등이〉 더러운 **4 흑인의 5** 검은 옷을 입은 **6** 광명이 없는, 암담한(gloomy); 불길한, 흉악한 **7** 《미·구어》 진짜의, 철저한 **8** 〖회계〗 흑자의 **9** 〈커피가〉 크림 [우유]을 타지 않은 **10** 〖군사〗 비밀의 ***~ and blue*** 검푸른 멍이 들 정도로 〈때리다〉
—*n.* **1** Ⓤ **검정**; 검정 물감[잉크]; 먹; 어둠, 암흑 **2** Ⓤ Ⓒ 검정 반점[얼룩]; 깜부기 **3** Ⓤ **검정 옷**; 상복 **4** [보통 *pl.*; 종종 **B~**] 흑인
be in the ~ 《미》 〈장사가〉 흑자이다
prove that ~ is white = ***swear ~ is white*** = ***talk ~ into white*** 검은 것을 희다고 우겨대다, 뻔한 궤변을 부린다
—*vt.* **1** 검게 하다 **2** 〈구두 등을〉 닦다; 〈난로 등을〉 검은 약칠하여 광나게 닦다
—*vi.* 검어지다; 어두워지다
~ out (1) 먹칠을 해서 지워버리다; (등화 관제 등으로) 캄캄하게 하다[해지다]; 등화 관제하다; 〖연극〗 무대를 캄캄하게 하다 (2) (급강하 등으로) 잠시 시각[의식, 기억]을 잃다[게 하다]; 〈라디오 송신을〉 방해하다, 〈전화·송신이〉 불통이 되다

bláck África 블랙 아프리카 《아프리카 대륙 중 주로 흑인이 사는 부분》

black-and-white [blǽkəndhwáit] *a.* **1** 흑백의; 펜화의; 단색의: ~ television [photograph] 흑백 텔레비전[사진] **2** 흑백이 뚜렷한 〈논리 등〉

bláck árt [the ~] 마법, 마술; 흑마술

black·ball [-bɔ̀:l] *vt.* (검은 공을 던져서) 반대 투표하다; 배척하다 —*n.* 반대 투표; (반대 투표용의) 검은 공

bláck báss [-bǽs] 〖어류〗 농어류의 담수어 《미국산》

bláck béar 〖동물〗 흑곰 《미국산》

bláck bèlt[1] **1** [the ~; 종종 **B- B-**] (미국 남부의) 흑인 지대 **2** [the ~] (미국 Alabama, Mississippi 주의) 옥토 지대

bláck bèlt[2] (태권도·유도의) 검은띠; 유단자

***black·ber·ry** [blǽkbèri | -bəri] *n.* (*pl.* **-ries**) **검은 딸기**(의 열매)

bláck bíle 1 《고어》 〖생리〗 흑담즙(黑膽汁) **2** 우울

***black·bird** [blǽkbə̀:rd] *n.* 《영》 **검은새** 《지빠귀 무리》; 《미》 **찌르레깃과(科)의 새**

*****black·board** [blǽkbɔ̀:rd] *n.* **칠판,** 흑판

bláck bòok = BLACKLIST

be in a person***'s ~s*** …의 미움[주목]을 받고 있다
bláck bóx 블랙박스 ((1) 비행 기록 장치 《등》 (2) (지하 핵폭발 탐지를 위한) 봉인 자동 지진계 (3) 《구어》 비밀, 극비 사항, 내용을 전혀 알 수 없는 부분》
bláck bréad 흑빵 《호밀로 만듦》
black·cap [-kæ̀p] *n.* **1** 〔조류〕 검은머리 찌꼬리 무리 **2** 《미》 〔식물〕 검은 딸기 무리
bláck cómedy 블랙 코미디 《빈정대는 유머가 담긴 희극》
Bláck Còuntry [the ~] (잉글랜드 중부의 Birmingham을 중심으로 하는) 대공업지대
bláck cúrrant 〔식물〕 까막까치밥나무
black·damp [-dæ̀mp] *n.* (탄갱 안의) 질식 가스
Bláck Déath, b- d- [the ~] (14세기 아시아·유럽에 유행했던) 흑사병, 페스트
***black·en** [blǽkən] *vt.* 검게 하다, 어둡게 하다; 누명을 씌우다, 나쁘게 말하다 — *vi.* 어두워지다
Bláck Énglish (미국의) 흑인 영어
bláck éye **1** 검은 눈 **2** (얻어맞아 생긴) 눈언저리의 검은 멍 **3** [보통 a ~] 《구어》 수치, 불명예
black-eyed [blǽkàid] *a.* 눈이 까만; 눈언저리가 퍼런[멍이 든]
bláck-eyed Súsan 〔식물〕 노랑데이지 《꽃 가운데가 검은 국화의 일종; 미국 Maryland 주의 주화(州花)》
black·face [-fèis] *n.* **1** 흑인으로 분장한 배우; Ⓤ 흑인의 분장 **2** Ⓤ 〔인쇄〕 굵은 활자(boldface)
black-faced [-fèist] *a.* **1** 얼굴이 검은; 침울한 표정을 한 **2** 굵은 활자의
black·fish [-fìʃ] *n.* (*pl.* **~, ~·es**) **1** 〔동물〕 돌고래의 일종 《온몸이 검은》 **2** 〔어류〕 검은 물고기
bláck flág **1** [the ~] 해적기 《검은 바탕에 흰 두개골과 교차하는 두 개의 뼈가 그려진 기》 **2** 흑기 《사형 집행이 끝난 신호로 쓰임》
bláck flỳ 〔곤충〕 진디등에
Black·foot [blǽkfùt] *n.* (*pl.* **-feet** [-fìːt], **~**) **1** 블랙풋 족 《북미 토인의 한 종족》 **2** Ⓤ 그 언어
Bláck Fríar [검은 옷을 입는 데서] 〔가톨릭〕 도미니크회의 수(도)사
bláck fróst 된서리 《식물의 잎·싹을 검게 함》
bláck gáme[gróuse] 〔조류〕 검은멧닭
black·guard [blǽgɑːrd, -gərd, blǽkgɑ̀ːrd | blǽgɑːd] *n.* 불량배, 깡패, 악한 — *vt.* 악담하다, 욕지거리하다
Bláck Hàwk 〔미군〕 군용 헬리콥터의 한 종류
black·head [blǽkhèd] *n.* **1** 〔조류〕 머리가 검은 각종의 새; 검은머리흰쭉지 **2** (꼭지가 검어진) 여드름
black·heart·ed [-hɑ́ːrtid] *a.* 속이 검은, 간악한, 음흉한
bláck hóle **1** 〔천문〕 블랙홀 《중력이 붕괴된 결과로 생기는 강력한 중력장(重力場)을 가진 천체》 **2** 옥사, 감금소; 《특히》 군형무소, 영창
bláck húmor 블랙 유머 《풍자적·냉소적인 무시무시한 유머》
black·ing [blǽkiŋ] *n.* Ⓤ **1** 검게 함[닦음] **2** 흑색 도료(塗料); 검은 구두약 《지금은 shoe polish가 일반적임》
black·ish [blǽkiʃ] *a.* 거무스름한
black·jack [blǽkdʒæ̀k] *n.* **1** (옛날의) 큰 잔 《검은 가죽으로 만든 큰 맥주잔》 **2** 해적기 **3** 《미·구어》 (가죽으로 싼) 곤봉 **4** 〔카드〕 =TWENTY-ONE
bláck kníght **1** [the B- K-] 흑기사 **2** 적대적 기업 인수를 획책하는 회사
bláck léad [-léd] 〔광물〕 석묵(石墨), 흑연
black·lead [-léd] *vt.* …에 흑연을 칠하다; 흑연으로 닦다
black·leg [-lèg] *n.* **1** 사기꾼 **2** 《영·경멸》 파업 반대자 — *vt., vi.* (**~ged**; **~·ging**) 파업 방해를 하다
bláck léopard 〔동물〕 흑표범
bláck létter 〔인쇄〕 흑체[고딕체] 활자
bláck líght 비가시 광선 《자외선과 적외선》
black·list [-lìst] *n.* 블랙리스트 《요주의 인물 일람표》 — *vt.* 블랙리스트에 올리다
bláck lúng 〔병리〕 탄진폐증(炭塵肺症)
black·ly [blǽkli] *ad.* **1** 검게, 어둡게, 암흑으로 **2** 음울하게(gloomily); 화가 나서 **3** 《문어》 간악하게
bláck mágic =BLACK ART
***black·mail** [blǽkmèil] *n.* Ⓤ **공갈**; 갈취(한 돈) — *vt.* 공갈하다, 갈취하다; 공갈 협박하여 …시키다 《*into*》
~·er *n.* 갈취자
Bláck María 《구어》 죄수 호송차
bláck márk 흑점, 벌점(罰點)
bláck márket 암시장; 암거래
black-mar·ket [-mɑ́ːrkit] *vi., vt.* 암시장에서 사다[팔다], 암거래하다
bláck marketéer [márketer] 암상인, 암거래인
bláck máss **1** 흑미사, 장례 미사 《사제가 검은 옷을 입는, 망자를 위한 미사》 **2** [B- M-] 악마의 미사 《특히 19세기 말의 악마 숭배자가 했다고 하는》
Bláck Múslim 미국 흑인의 이슬람교도 집단
***black·ness** [blǽknis] *n.* Ⓤ **1 검음**, 암흑 **2** 흉악; 음흉함
black·out [blǽkàut] *n.* **1** 정전; 소등; 등화관제 **2** 〔연극〕 무대 암전(暗轉) **3** 일시적 시각[의식, 기억] 상실 **4** 보도 관제
Bláck Pánther 흑표범단(원) 《미국의 극좌익 흑인 과격파》
bláck pépper 검은 후춧가루 《덜익은 것을 껍질째 빻은 것》 (cf. WHITE PEPPER)
bláck pówer [종종 **B~ P~**] 《미》 블랙 파워, 흑인 지위 향상 운동
Bláck Prínce [the ~] 흑태자 《영국 Edward 3세의 왕자 Edward (1330-76)》
bláck pùdding 《영》 검은 푸딩(blood sausage) 《돼지의 피를 섞어 만든 순대》
Bláck Ród 《영》 흑장관(黑杖官) 《내대신부(內大臣府)·상원에 속하는 궁내관》
Bláck Séa [the ~] 흑해 《동유럽 남부에 위치》

bláck shéep 1 (백색 종양에 생기는) 흑양(黑羊) 2 악한, 망나니; (한 집안의) 말썽꾼
Black·shirt [blǽkʃə̀ːrt] *n.* 흑셔츠 당원 《이탈리아의 국수(國粹)당원; cf. FASCIST》
‡**black·smith** [blǽksmìθ] [검은 쇠를 다루는 데서] *n.* **대장장이**; 제철공(蹄鐵工); 대장간
bláck snàke 〖동물〗 (북미의) 검정뱀, 흑사(黑蛇)
black·snake [-snèik] *n.* Ⓤ (미) 큰 채찍 《가죽으로 엮어 만든 끝이 가는》
bláck spót (도로의) 위험 지역, 사고 많은 곳
bláck stúdies (미) 흑인 연구 (강좌)
bláck swán 흑(黑)고니, 검은 고니 《호주산》; 아주 진귀한 것
bláck téa 홍차
black·thorn [blǽkθɔ̀ːrn] *n.* 〖식물〗 인목(鱗木) 무리 《유럽산》; 산사나무 《북미산》
bláckthorn wínter (영) 인목 꽃이 피는 겨울 《북서풍이 부는 이른 봄의 추운 계절》
bláck tíe 검정 나비 넥타이; 남자용 약식 예장[야회복] 《tuxedo에 검은 나비 넥타이》
black-tie [blǽktái] *a.* 약식 예장을 요하는
black·top [-tàp | -tɔ̀p] *n.* (미) 1 Ⓤ (포장에 쓰이는) 아스팔트 2 아스팔트 도로 —*vt.* (~**ped**; ~·**ping**) 〈도로를〉 아스팔트로 포장하다
bláck vélvet 스타우트 맥주와 샴페인의 칵테일
bláck wálnut 1 검은호두나무 《북미산》 2 그 열매; 그 재목
bláck·wa·ter féver [-wɔ̀ːtər-] 흑수열(黑水熱) 《열대 지방의 열병; 오줌이 검어짐》
bláck wídow 〖동물〗 흑거미 《미국산 독거미》
blad·der [blǽdər] *n.* 1 [the ~] 〖해부〗 방광; 낭(囊) 2 (해초 등의) 기포(氣胞); (물고기의) 부레 3 수포(水疱) 4 (공 안의 고무로 된) 바람 주머니 5 부푼 것; 허풍선이
blad·der·wort [blǽdərwə̀ːrt] *n.* 〖식물〗 통발
‡**blade** [bleid] [OE 「잎」의 뜻에서] *n.* 1 **칼날**, 칼몸; [the ~] 칼; (면도기·스케이트 등의) 날 2 (벼과 식물의) **잎**, 잎사귀 3 노깃 《노의 밑동》; 날개 《추진기 등의》; 평평한 부분; 어깨뼈, 견갑골 4 [the ~] 〖음성〗 혀끝
in the ~ (이삭이 나기 전의) 잎사귀 때에
—*vi.* 인라인 스케이트를 타다
blad·ed [bléidid] *a.* [보통 복합어를 이루어] (…의) 잎이 있는; (…의) 날이 있는
blah [blɑː] (속어) *int.* 바보같이!, 시시해! —*n.* ⓊⒸ 바보스런 일, 허튼소리 《흔히 반복하여 씀》
—*a.* 1 바보스런, 시시한 2 맛없는
blam·a·ble [bléiməbl] *a.* 비난받을 만한
‡**blame** [bleim] [L 「불경스런 말을 하다(blaspheme)」의 뜻에서] *vt.* 1 **나무라다**, 비난하다 《*for*》 2 〈죄과를 …에게〉 **책임지우다** 3 [명령법으로] (미·속어) 저주하다 《damn의 대용으로 가벼운 저주를 나타냄》
be to ~ 책임이 있다; …이 나쁘다 ***have only*** one***self to*** ~ = ***have nobody to*** ~ ***but*** one***self*** 자기만이 오로지 나쁘다, 자기말고는 탓할 사람이 없다
—*n.* Ⓤ 1 **비난**, 책망(censure) 2 [보통 the ~] **책임**; 죄
lay [***put, place***] ***the*** ~ ***on*** a person (***for*** ...) …에게 (…의) 책임을 지우다
blame·a·ble [bléiməbl] *a.* = BLAMABLE
blame·ful [bléimfəl] *a.* 비난할 만한, 나무랄 만한
***blame·less** [bléimlis] *a.* **비난할 점이 없는**, 죄[결점]가 없는, 결백한
~·**ly** *ad.* ~·**ness** *n.*
blame·wor·thy [bléimwə̀ːrði] *a.* 나무랄 만한, 비난할 만한
***blanch** [blæntʃ | blɑːntʃ] [OF 「흰」의 뜻에서; blank와 같은 어원] *vt.* 1 **희게 하다**, 표백하다(bleach) 2 〈과일 등을〉 더운 물에 담그다 3 (햇빛을 가려) 〈식물을〉 희게 하다 4 〈공포·질병 등이〉 〈얼굴 등을〉 창백하게 하다 —*vi.* 희어지다; 창백해지다 《*with*》
blanc·mange [bləmɑ́ːndʒ, -mɑ́ːnʒ] [F = white food] *n.* ⓊⒸ 젤리의 일종 《우유를 갈분하여 한천으로 개서 굳힌 디저트》
***bland** [blænd] *a.* 1 〈말이나 태도가〉 **부드러운**, 온화한, 차분한; 상쾌한(pleasant) 2 〈기후 등이〉 온화한(mild) 3 〈음식물·약 등이〉 자극성이 적은, 독하지 않은 4 김빠진, 재미없는 ~·**ly** *ad.* ~·**ness** *n.*
blan·dish [blǽndiʃ] *vt.* 아첨하다, 아양떨다
blan·dish·ment [blǽndiʃmənt] *n.* [보통 *pl.*] 추종, 감언(甘言)
‡**blank** [blæŋk] [OF 「흰」의 뜻에서] *n.* 1 **공백**, 공란, 여백 2 백지; (미) 기입식(式) 서식 용지; 백지 투표; 허탕; 빈 제비, 꽝 3 공백 (시간), 무의미한 시간 4 (표적의) 중심부; 목표, 대상(물)
draw a ~ 허탕짚다; (구어) 실패하다, 헛수고하다
—*a.* 1 **백지의**, 공백의 2 a 〈공간 등이〉 빈(empty); 〈벽 등이〉 창이나 출입구가 없는 b 〈생활 등이〉 **공허한**, 내용이 빈, 무미건조한; 허무한 3 **멍한**, 얼빠진, 표정이 없는 4 순전한, 완전한 5 [저주하는 말 (damn, damned, bloody)의 대용]: a ~ idiot 바보, 천치
—*vt.* 1 희게 하다; 지우다, 무효로 하다; 비우다 2 (미) 득점을 주지 않다, 영패(零敗)시키다
—*vi.* 차차 희미해지다 《*out*》; 〈기억·인상 등이〉 흐릿해지다 《*out*》; 의식을 잃다 《*out*》
blánk chéck 1 백지[무기명] 수표 2 자유 행동권; 백지 위임
‡**blan·ket** [blǽŋkit] [OF 「의복용의 흰 털 재료」의 뜻에서] *n.* 1 **담요**; 덮개(covering) 2 [a ~ of ...로] 전면을 덮는 것 3 대량의 폭탄 ***be born on the wrong side of the*** ~ 사생아[서자]로 태어나다

— *a.* Ⓐ 총괄적인, 전체에 통하는
— *vt.* **1** 담요로 덮다; (담요처럼) 전면을 뒤덮다 **2**〈사건 등을〉 쉬쉬 덮어 버리다; 방해하다 **3** 펼친 담요 위에 놓고 헹가래치다 《벌로서》 **4** 〖항해〗〈돛배가〉 다른 배를 가려 바람을 막다 **5**〈법 등을〉 포괄적으로 적용하다

blánket stìtch 블랭킷 스티치 《button-hole stitch보다 코가 넓은 기본적 시침 방법》

blank·ly [blǽŋkli] *ad.* 멍하니, 우두커니; 딱 잘라서; 완전히

blánk vérse 〖운율〗 (보통 5각(脚)) 약강격(弱强格)의) 무운시(無韻詩)

blare [blɛər] *vi.* **1**〈나팔·경적 등이〉 울려 퍼지다 《*out*》 **2**〈텔레비전·라디오 등이〉 쾅쾅 울리다 《*out*》
— *vt.* **1**〈경적 등이〉 크게[요란하게] 울리다; 큰 소리로 외치다 《*out*》 **2**〈표제 등을〉 크게 다루다
— *n.* Ⓤ **1** 울리는 소리; 외치는 소리 **2** 눈부신 광채

blar·ney [blɑ́ːrni] *n.* Ⓤ 아양, 감언
— *vt., vi.* 아양떨다; 감언으로 꾀다

Blárney stòne [the ~] 블라니 돌 《아일랜드 Cork 부근의 Blarney Castle 안에 있는 돌; 여기에 키스하면 아첨을 잘하게 된다고 함》

bla·sé [blɑːzéi | ⌐–] [F 「싫증난, 물린」의 뜻에서] *a.* 환락[인생]《등》에 지친; Ⓟ (기쁜 일에도) 감동하지 않게 되어 《*about*》

***blas·pheme** [blæsfíːm] [Gk 「욕하다」의 뜻에서] *vt., vi.* (신이나 신성한 것에 대하여) **불경스러운 말을 지껄이다,** 모독하다 《*against*》

blas·phem·er [blæsfíːmər] *n.* 불경스러운 말을 하는 사람; 모독자, 욕설하는 사람

blas·phe·mous [blǽsfəməs] *a.* 〈사람이〉 불경스러운; 〈말·내용 등이〉 모독적인

***blas·phe·my** [blǽsfəmi] *n.* (*pl.* **-mies**) **1** Ⓤ **신에 대한 불경,** 신성 모독, 독신(瀆神) **2** 불경스러운[모독적인] 언동

‡**blast** [blæst | blɑːst] *n.* **1** (한 줄기의) **센 바람,** 일진광풍(一陣狂風); **돌풍,** 질풍; 송풍, 통풍 **2** 강하게 부는 소리; 피리소리; (자동차 등의) 경적 소리 **3 폭발;** 폭풍; 폭파, 발파(發破); (1회분의) 폭발약 **4** (증오 등의) 폭발; 격렬한 비난[공격] **5** 〖야구〗 강타, 맹타; 홈런 **6** (동식물에 대해) 해독; (식물의)고사병; 《비유》 (돌연한) 재해 **7** 《미·구어》 아주 즐거운 한때; 난잡한 파티
at a ~ 한 번 불어, 단숨에 (***at***) ***full*** ~ = (***in***) ***full*** ~ 전력을 다하여; 전속력으로; 대활약 중이고
— *vt.* **1**〈큰 소리를〉 내다 《*out*》 **2**〈더위·추위 등이〉 시들게 하다, 마르게 하다 **3**〈명예·희망 등을〉 **망쳐 버리다 4 폭파[발파]하다 5** [앞에 (May) God를 생략하여 저주의 글에서] 《완곡》 저주하다, 악담하다 **6** 《속어》 호되게 꾸짖다[비난하다]; 상대방(팀)을 대패시키다 **7** 〖야구〗 장타를 날리다 **8** 《속어》 사살하다 《*down, off*》
— *vi.* **1** 큰 소리를 내다 **2** 폭파[발파]하다; 《속어》 (총 등으로) 쏘다 **3** 시들다
~ ***off*** 〈로켓 등이〉 발사되다, 발사하다; 〈폭풍 등이〉 불어 날리다; 사살하다

blast·ed [blǽstid | blɑ́ːst-] *a.* Ⓐ **1** 시든, 마른, 서리 맞은 **2** 폭파된; 뇌격(雷擊)을 받은; 〈희망 등이〉 꺾인 **3** 《완곡》 저주받은(cursed), 지독한

blást fùrnace 〖야금〗 용광로, 고로(高爐)

blast·off [blǽstɔ̀ːf | -ɔ̀f] *n.* (로켓의) 발사, 이륙(takeoff)

blas·tu·la [blǽstʃələ] *n.* (*pl.* **~s, -lae** [-lìː]) 〖생물〗 포배(胞胚)

blat [blæt] *vi., vt.* (**~·ted**; **~·ting**) 〈양·송아지가〉 울다; 《구어》 떠들썩하게 지껄여대다

bla·tan·cy [bléitənsi] *n.* Ⓤ 떠들썩함; 야함; 노골적임, 주제넘음, 능청맞음

bla·tant [bléitənt] *a.* **1** 떠들썩한, 시끄러운 **2** 뻔뻔스러운, 주제넘은 **3**〈복장 등이〉 난한, 야한, 야단스러운 **4** 노골적인; 심한 **~·ly** *ad.*

blath·er [blǽðər] *n.* Ⓤ 실없는 소리, 허튼소리 — *vi.* 대중없이 지껄여대다, 재잘거리다

blath·er·skite [blǽðərskàit] *n.* Ⓤ 《구어》 실없는 소리(를 지껄임); Ⓒ 수다쟁이, 허풍선이

‡**blaze**[1] [bleiz] [OE 「횃불, 불」의 뜻에서] *n.* **1** [보통 *sing.*] (비교적 크고 맑은) **불꽃,** 화염; 화재, 불 **2** [보통 *sing.*] **섬광** (glare), (강한) **광휘**(光輝) 《*of*》; (명성의) 발양(發揚) **3** [보통 *sing.*] (감정 등의) **격발** 《*of*》 **4** [*pl.*] 《속어》 지옥; [the ~s; 의문사의 강조] 도대체, 대관절
in a ~ 확확 타올라 ***like*** **~s** 《속어》 맹렬히
— *vi.* **1** 타오르다 **2** 빛나다; 번쩍이다 **3** 발끈하다, 격노하다 — *vt.* **1** 타오르게 하다, 태우다; 빛나게 하다 **2**〈감정 등을〉 뚜렷이 나타내다
~ ***away*** [***off***] (1) 연이어 발사하다 (2)〈일을〉 열심히 하다 《*at*》 (3) 빠른 어조로 [흥분하여] 이야기하다; 《구어》 열렬히 논의하다 《*about*》 (4)〈탄약을〉 다 쏴버리다
~ ***out*** [***up***] 확 타오르다; 노발대발하다 《*at*》

blaze[2] *vt.* (큰 소리로) 포고(布告)하다, 〈뉴스 등을〉 퍼뜨리다 ~ ***about*** [***abroad***] 퍼뜨리고 다니다, 유포시키다

blaze[3] *n.* (소·말의 얼굴에 있는) 흰 점; (나무 껍질을 벗겨서 새긴) 흰 표적
— *vt.* 〈나무 껍질에〉 흰 표적을 새기다[새겨 〈길을〉 가리키다]
~ ***a*** [***the***] ***trail*** [***path, way***] (숲속 등에서) 나무에 흰 표적을 새기다; 나중에 올 사람을 위하여 길을 내다

blaz·er[1] [bléizər] *n.* 선전하는 사람

blazer[2] *n.* 블레이저(코트) 《화려한 빛깔의 운동 선수용 상의》

blaz·ing [bléiziŋ] *a.* **1** 타오르는, 타는 듯한; 빛나는; [부사적] 타듯이 **2** Ⓐ 《구어》 뻔한, 명백한; 강렬한, 심한, 지독한: a ~ lie 새빨간 거짓말

bla·zon [bléizn] *n.* **1** 문장(紋章)(coat of arms); 문장 해설 **2** (미덕 등의) 과시
— *vt.* **1**〈방패에〉 문장을 그리다; 문장으로 꾸미다, 〈문장을〉 해설하다 **2** 빛을 더하다, 과시하다 **3**〈사건 등을〉 공표하다,

퍼뜨리다 《*forth, out, abroad*》 **4** 장식하다

bla·zon·ry [bléiznri] *n.* Ⓤ **1** 문장(紋章) (묘사법) **2** 장관, 미관

bldg. building

∗**bleach** [bli:tʃ] *vt., vi.* **표백하다,** 희게 되다, 〈안색이〉 창백해지다 — *n.* 표백; 표백제

bleach·er [blí:tʃər] *n.* **1** 표백업자; 표백기[제] **2** [보통 *pl.*] 《야구속어》 지붕 없는 관람석; 외야석

bleach·ing [blí:tʃiŋ] *n.* Ⓤ 표백; 표백법

bléaching pòwder 표백분

∗**bleak** [bli:k] *a.* **1 황량한,** 처량한, 삭막한 **2** 〈날씨·바람 등이〉 차가운, 한랭한: a ~ wind 찬바람 **3** 궁색한, 처절한; 쓸쓸한, 〈환경·전망 등이〉 어두운

~·ly *ad.* **~·ness** *n.*

blear [bliər] *a.* 〈눈이〉 (눈물이나 염증으로) 흐린, 침침한, 헌; 《시어》 희미한(dim) — *vt.* **1** 〈눈을〉 흐리게[침침하게] 하다, 헐게 하다 **2** 〈윤곽을〉 흐릿하게 하다; 〈거울을〉 흐리게 하다

blear-eyed [blíəràid] *a.* **1** 눈이 흐린[헌] **2** 앞을 잘 못 보는

blear·y [blíəri] *a.* (**blear·i·er**; **-i·est**) **1** 〈눈이〉 (피로·졸림 등으로) 흐린 **2** 〈윤곽 등이〉 흐릿한

blear·y-eyed [blíəriàid] *a.* = BLEAR-EYED

∗**bleat** [bli:t] *vi.* **1** 〈염소 등이〉 **매 울다** **2** 재잘재잘 말하다; 우는 소리를 하다, 푸념하다 — *vt.* 재잘재잘 지껄이다; 투덜거리다 《*out*》

— *n.* (염소 등의) 울음 소리

bleb [bleb] *n.* **1** (피부의 작은) 물집, 수포(水疱) **2** (물·유리 속의) 거품, 기포(氣泡)

⁑**bleed** [bli:d] *v.* (**bled** [bled]) *vi.* **1 출혈하다** **2** 〈나무가〉 수액을 내다 **3** 〈액체가〉 흘러나오다; 〈칠한 도료가〉 번지다 **4** (남을 위하여) 슬퍼하다 《*for*》; 〈마음이 …으로〉 몹시 아프다 《*for, at*》 **5** (…을 위하여) 피를 흘리다, 죽다 《*for*》: ~ *for* freedom[one's country] 자유[조국]를 위해 싸워 피를 흘리다 **6** 돈을 착취 당하다 《*for*》 ***~ to death*** 출혈 과다로 죽다

— *vt.* **1** 출혈시키다; 〖의학〗 방혈하다; 〈액체·가스 등을〉 빼다 **2** 피눈물나게 하다; 돈을 착취하다

bleed·er [blí:dər] *n.* **1** 출혈성의 사람, 혈우병자 **2** 방혈의(放血醫)

bleed·ing [blí:diŋ] *a.* Ⓐ **1** 출혈하는 **2** 피나는 느낌의, 괴로운 **3** 《영·속어》 엄청난, 끔찍한

— *n.* Ⓤ **1** 출혈 **2** 방혈(放血)

bléeding héart **1** 〖식물〗 금낭화 **2** 《구어》 (사회 문제 등에서) 약자를 과장되게 동정하는 사람

bleep [bli:p] *n.* **1** 삐 하는 소리 **2** 무선 호출기, 삐삐 — *vi.,vt.* 〈의사 등을〉 호출기로 불러내다

bleep·er [blí:pər] *n.* (무선) 호출기, 삐삐

∗**blem·ish** [blémiʃ] *n.* **흠,** 결점(defect); (도덕상의) 오점 — *vt.* 〈명성·인격 등을〉 **손상하다;** 해치다; 더럽히다

blench [blentʃ] *vi.* 움찔하다, 뒷걸음치다

⁑**blend** [blend] *v.* (**~·ed,** 《시어》 **blent** [blent]) *vt.* **1 섞다** **2** (뒤섞어) 〈차·술·담배 등을〉 조제하다, 블렌드하다

— *vi.* **1 섞이다,** 혼합되다 《*with*》; 〈색 등이〉 한데 융합하다 《*with, into*》 **2** 어울리다, 조화되다

~ in (1) (…와) 조화되다[섞이다] 《*with*》 (2) 〈…을〉 (…와) 섞다; 조화시키다 《*with*》

— *n.* **1** 혼합(물); 혼색; (2종 이상의 커피·담배 등의) 블렌드; 혼방(混紡) **2** 〖언어〗 혼성어

blend·ed [bléndid] *a.* Ⓐ **1** 〈차·담배·술 등이〉 혼합된, 블렌드된 **2** 〈직물이〉 혼방의

blend·er [bléndər] *n.* 혼합하는 것[사람]; 《미》 (부엌용) 믹서(《영》 liquidizer)

blend·ing [bléndiŋ] *n.* Ⓤ,Ⓒ **1** 혼합, 융합, 조합(調合)(법) **2** 〖언어〗 혼성(混成)(contamination); 혼성어[구, 문]

blent [blent] *v.* 《시어》 BLEND의 과거·과거분사

⁂**bless** [bles] [OE 「피로 정화하다」의 뜻에서] *vt.* (**~ed** [-t], **blest** [blest]) **1** (십자를 그어 남을) **축복하다,** (남을 위해) 신의 은혜를 빌다 **2** 〈신이〉 (사람에게) **은혜를 베풀다,** 축복하다; (하늘의 은총으로서) 〈사람 등에게〉 (…을) 주다, 베풀다 《*with*》: God *~ed* her *with* good children. 신은 그녀에게 착한 자식들을 주셨다. **3** 신성케 하다; 〈음식 등을〉 정하게 하다, 정하게 하여 신에게 바치다 **4** 〈신을〉 찬미[찬양]하다; 〈행복·행운 등을〉 감사하다 (***God***) ***~ you!*** 그대에게 신의 가호가 있기를; 대단히 감사합니다; 저런, 아 가엾어라! 《등》

∗**bless·ed** [blésid] *a.* **1 축성(祝聖)된,** 신성한, 정하게 된 **2** 축복받은, 행복한: ~ ignorance 「모르는 것이 약」 **3** 〖가톨릭〗 복자(福者)의 **4** 기쁜, 다행한 **5** [반어적] 저주 받은, 벼락맞은 **6** [강조] 마지막까지의

bless·ed·ly [blésidli] *ad.* 다행히도

bless·ed·ness [blésidnis] *n.* Ⓤ 행운, 행복

Bléssed Sácrament [the ~] 〖영국국교·가톨릭〗 성찬식용의 축성(祝聖)된 빵, 성체(host); 성찬식

Bléssed Vírgin [the ~] 성모 마리아

⁑**bless·ing** [blésiŋ] *n.* **1** (하느님의) **은총,** 은혜; **축복**(의 말); (식전[식후]의) 기도 **2** 《구어》 찬성

a ~ in disguise 불행처럼 보이나 실은 행복이 되는 것 《괴롭지만 유익한 경험 등》

∗**blest** [blest] *vt.* BLESS의 과거·과거분사 — *a.* 《시어》 = BLESSED

bleth·er [bléðər] *v., n.* = BLATHER

⁑**blew** [blu:] *v.* BLOW의 과거

∗**blight** [blait] *n.* Ⓤ **1** [또는 a ~] 〖식물〗 **마름병,** 동고병(胴枯病), 충해(蟲害); 동고병[충해]을 일으키는 해충[세균] **2** Ⓒ (사기·희망 등을) 꺾는 것, 장애, 어두운 그림자 **3** (도시 환경의) 황폐 (지역)

— *vt.* **1** 〈식물을〉 마르게 하다, 시들게 하다(wither up) **2** 〈희망 등을〉 꺾다, 망치다(ruin)

blight·er [bláitər] *n.* **1** 해를 주는 것[사람] **2** 《영·속어》 지긋지긋한[지겨운] 놈;

지독한 놈, 악당; 녀석

bli·mey, -my [bláimi] [(God) blind me! 에서] *int.* 《영·속어》 아차, 아뿔싸, 제기랄

blimp [blimp] *n.* 소형 연식 비행선 《현재는 광고용》

‡blind [blaind] *a.* **1** 눈 먼, 장님인; (…이) 잘 안 보이는 《*in,* 《문어》 *of*》; 맹인(용)의; [the ~; 명사적; 복수취급] 맹인들 **2** 〈결점·미점·이해 등을〉 **알아보는 눈이 없는** 《*to*》 **3 맹목적인,** 무계획적인; (…으로) 눈이 어두워진 **4** 의식이 없는; 《속어》 정신 없이 취한 **5** 눈에 보이지 않는, 숨은; 맹점이 되는; 막다른; 출구[창문]가 없는 (***as***) **~ *as a bat***[***beetle, mole***] 전혀 눈이 보이지 않는, 장님이나 다름없는 ***turn a*** [one***'s***] **~ *eye to*** …을 못 본[모르는] 체하다

— *vt.* **1** 눈멀게 하다 **2** …의 눈을 (일시적으로) 보이지 않게 하다 **3** 〈빛 등을〉 덮어 가리우다, 어둡게 하다 **4** …의 판단력을 잃게 하다, 맹목적이 되게 하다 **5** [~ one-*self* 로] (…에 대해) 눈을 감다, 못 본 체 하다 《*to*》 **6** 광채를 잃게 하다, 무색케 하다 **7** 〈새 포장 도로에〉 모래·자갈을 깔아 틈새기를 메우다

— *n.* **1** [종종 *pl.*] **블라인드,** 차일 (《미》 shade) **2** [보통 *sing.*] 눈을 속이는 것, 눈가림; 구실; 미끼 **3** 《미》 (사냥꾼의) 잠복처

— *ad.* **1** 맹목적으로; 무계획적으로 **2** 눈이 보이지 않을 정도로, 몹시 **3** 무시계(無視界)로, 계기만으로

go it **~** 앞뒤 헤아리지 않고 하다, 무턱대고 덤벼들다

blínd álley 1 막다른 골목 **2** (일 등의) 정돈(停頓), 막다름(deadlock) **3** 가망 없는 국면[직업, 연구 《등》]

blínd cóal 무연탄

blínd dáte 《구어》 **1** (제3자의 소개에 의한) 안면이 없는 남녀의 데이트 **2** 1의 데이트를 하는 남자[여자]

blind·er [bláindər] *n.* **1** 눈을 속이는 사람[것] **2** [보통 *pl.*] 《미》 (말의) 곁눈가리개(blinkers) **3** 《영·속어》 (크리켓·축구 등에서의) 절묘한 파인 플레이

blind·fold [-fòuld] *vt.* 눈을 가리다; 눈을 속이다 — *n.* 눈가리개; 눈속임수

— *a.,ad.* 눈을 가리운[가리고]; 무작정한[하게], 경솔한[하게]

blínd gút 맹장(cecum)

blind·ing [bláindiŋ] *a.* 눈을 멀게[부시게] 하는, 현혹시키는 **~·ly** *ad.*

***blind·ly** [bláindli] *ad.* **맹목적으로,** 무턱대고

blínd·man's búff [-mænz-] 까막잡기 《수건 등으로 눈을 가린 술래가 다른 사람을 잡으면 그 사람이 술래가 되는 게임》

‡blind·ness [bláindnis] *n.* Ⓤ **맹목;** 무분별(無分別); 맹목적임, 무지

blínd síde 1 (애꾸눈이의) 못 보는 쪽; 보고 있지[주의하지] 않은 쪽 **2** 약점, 방비가 없는 곳

blind·side [-sàid] *vt.* 〈상대의〉 무방비한 곳[약점]을 공격하다; 기습 공격을 감행하다

blínd spòt 1 【해부】 (눈의 망막의) 맹점 **2** 당사자가 깨닫지 못하는 약점, 자기가 모르는 분야 **3** (텔레비전·라디오의) 난시청 지역 **4** (자동차 운전자의) 사각(死角)

***blink** [bliŋk] *vi.* **1 눈을 깜박거리다, 깜작이다,** 〈등불·별 등이〉 명멸하다 **2** 힐끔 보다, 엿보다 **3** 놀라서 보다, 깜짝 놀라다 《*at*》 **4** 보고도 못 본 체하다, 간과하다 《*at*》 — *vt.* **1** 〈눈을〉 **깜작거리다;** 〈이물질 등을〉 눈을 깜작거리며 털어버리다 《*away, back*》 **2** 〈빛을〉 명멸시키다 **3** [종종 부정문에 써서] 못 본 체하다, 무시하다

— *n.* **1** 깜박거림; 일순간; 힐끔 봄 **2** 반짝임, 번쩍임

on the **~** 《속어》 〈사람·기계 등이〉 상태가 나빠서, 못쓰게 되어

blink·er [blíŋkər] *n.* **1** 눈깜작이; 추파를 던지는 여자 **2** [보통 *pl.*] **a** (말의) 눈가리개 가죽(《미》 blinders) **b** 먼지 막는 안경(goggles) **3** 《속어》 눈 **4** 《미》 명멸신호등; [보통 *pl.*] (자동차의) 점멸등, 방향 지시등, 깜박이(《영》 winkers)

blink·ing [blíŋkiŋ] *a.* **1** 깜박거리는; 명멸하는 **2** 《영·구어》 어처구니없는, 지독한

— *ad.* 《영·구어》 지독하게, 굉장히

blin·tze [blíntsə], **blintz** [blints] *n.* 블린츠 《치즈·잼 등을 채워 구운 팬케이크》

blip [blip] *n.* **1** 블립 《레이더 스크린에 나타나는 영상》 **2** 【라디오·TV】 (부적당한 말을 비디오 테이프 등에서 지운 자리의) 삑소리

blip·vert [blípvə̀rt] *n.* 잠재의식을 이용한 TV 광고

‡bliss [blis] *n.* Ⓤ **더없는 기쁨,** 지복(至福); 천국

***bliss·ful** [blísfəl] *a.* **지복의,** 더없이 행복한, 즐거운 **~·ly** *ad.* **~·ness** *n.*

blíssful ígnorance 행복한 무지(無知), 모르는 게 약

***blis·ter** [blístər] *n.* **1 물집;** 【의학】 발포제(發疱劑) **2** 《구어》 불쾌한[싫은] 놈

— *vt.* **1** 물집이 생기게 하다 **2** (비꼬는 말 등으로) 〈남을〉 꼬집다; 따분하게 하다

— *vi.* 물집이 생기다

blíster còpper 【야금】 조동(粗銅)

blis·ter·ing [blístəriŋ] *a.* **1** 물집이 생기게 하는(듯한); 타는 듯한 **2** 〈비평이〉 신랄한, 통렬한; 격렬한 **3** 《속어》 비난하는, 창피를 주는 **~·ly** *ad.*

***blithe** [blaið, blaiθ | blaið] *a.* **1** 《시어》 즐거운, 쾌활한, 명랑한, 기쁜 **2** 태평스런; 경솔한 **~·ly** *ad.*

blith·er·ing [blíðəriŋ] *a.* Ⓐ 《속어》 **1** 허튼소리를 지껄이는 **2** 철저한; 형편없는, 경멸할

blithe·some [bláiðsəm, bláiθ- | bláið-] *a.* 《문어》 = BLITHE 1

blitz [blits] [G 「번개」의 뜻에서] *n.* **1** 전격적 공격; 맹공, 급습 **2** 《속어》 전격적 대 캠페인 — *a.* Ⓐ 전격적인: ~ tactics 전격 작전 — *vt.* 전격적으로 공격하다; 맹공하다

bliz·zard [blízərd] *n.* **1** 심한 눈보라, 폭풍설(雪) **2** 돌발; 쇄도 《*of*》

bloat[1] [blout] *vt.* 〈청어를〉 훈제하다

bloat[2] *vt.* **1** 부풀게 하다; 붓게 하다; 팽창시키다《*with*》 **2** 만심(慢心)시키다《*with*》

bloat·ed [blóutid] *a.* **1** 부푼, 너무 살찐; 부은《*with, from*》 **2** 오만한, 거만한《*with*》

bloat·er [blóutər] *n.* 훈제 청어[고등어] (cf. KIPPER)

bloat·ware [blóutwɛ̀ər] *n.* 〖컴퓨터〗 블로트웨어《잘 사용하지 않는 기능이 많은 비대화된 소프트웨어》

blob [blɑb | blɔb] *n.* **1** (잉크 등의) 얼룩; 물방울; 둥그스름한 작은 덩이 **2** 윤곽이 흐릿한 것

***bloc** [blɑk | blɔk] [F = block] *n.* **1** 블록《정치·경제상의 특수 이익을 위하여 제휴한 몇몇 국민·단체의 일단》, 권(圈): ~ economy 블록 경제 / the dollar ~ 달러 블록 **2** 《미》 (특수 문제에 관한 초당파적) 의원 연합

*****block** [blɑk | blɔk] *n.* **1** (큰) 덩어리, 토막《*of*》; 나무쪽; (건축용) 블록 **2** **받침나무**, **받침**; 〖인쇄〗 판목, 인재(印材); 〖제본〗 판(版), 판목 **3** **장애물, 방해물**; (수도관 등에) 막힌 것; 폐색 (상태) **4** 《미》 **블록**《사방이 도로로 둘러싸인 도시의 한 구획》; 그 길이의 거리 **5** 〖스포츠〗 (상대편 행동의) 방해 **6** (증권 등의) 거래 단위; 한 장씩 떼어 쓰는 용지철(綴) **7** 《영》 한 채의 큰 건축물 **8** 〖의학〗 (신경·심장 등의) 블록, 차단, 두절, 저해 **9** 활차(滑車), 도르래 **10** 《영·속어》 (사람의) 머리; 바보, 아둔패기
knock** a person**'s ~ off (속어) …의 머리를 후려갈기다; …을 호되게 처박다 ***on the ~*** 《미》 팔려고[경매에] 내 놓은
— *vt.* **1** 〈길 등을〉 **막다**, 봉쇄하다, 방해하다 **2** (모자 골로) 본을 뜨다(shape) **3** 〈진행·행동 등을〉 방해하다 **4** 〖의학〗 (마취로) 〈신경을〉 차단하다 **5** 〖스포츠〗 〈상대방을〉 방해[블로킹]하다 **6** 《영》 〖의회〗 〈의안의 통과를〉 방해하다 **7** [주로 과거분사형으로] 〖경제〗 봉쇄하다 **8** 〈표지를〉 돋아나게 찍다(emboss)
— *vi.* 〖스포츠〗 상대방을 방해하다
~ in 막다, 봉쇄하다; (그림 등에서) 대충 윤곽을 잡다 ***~ off*** 〈…을〉 막다, 차단하다 ***~ out*** 지우다; 윤곽을 그리다; 대충 계획을 세우다 ***~ up*** 막다, 봉쇄하다; 방해하다

***block·ade** [blɑkéid | blɔk-] *n.* **봉쇄**, (교통 등의) 방해
break*[*lift, raise*] *a ~ 봉쇄를 돌파하다[해제하다] ***run the ~*** (몰래) 봉쇄망을 뚫고 출입하다
— *vt.* 봉쇄하다; 차단하다; 방해하다

block·ade-run·ner [blɑkéidrʌ̀nər | blɔ́k-] *n.* 봉쇄 잠입자[선], 밀항자[선]

block·age [blɑ́kidʒ | blɔ́k-] *n.* **1** UC 봉쇄; 방해, 저해 **2** 방해물, (파이프 등에) 막혀 있는 것, 차단물

block·bust·er [-bʌ̀stər] *n.* **1** 초대형 폭탄 **2** 《구어》 큰 영향[감명]을 주는 사람[사물] **3** (영화의) 초(超)대작; 대히트작 **4** (신문 등의) 큰 광고

blóck càpital [보통 *pl.*] 〖인쇄〗 블록체(block letter)의 대문자

blóck dìagram (라디오 수신기 등의) 회로 구성도

block·head [-hèd] *n.* 멍청이, 얼간이, 아둔패기

block·house [-hàus] *n.* (*pl.* **-hous·es** [-hàuziz]) **1** 작은 요새(要塞), 토치카 **2** (옛날의) 통나무 방책 **3** (로켓 기지 등의) 철근 콘크리트 건물《열·돌풍·방사능 등을 막는》

block·ing [blɑ́kiŋ | blɔ́k-] *n.* **1** 〖목공〗 오리대《틈을 메우는 나뭇조각》 **2** 〖심리〗 블로킹, 저지 현상《바람직하지 않은 상념에 의한 연상 중단》 **3** U 〖연극〗 (배우의) 연출 **4** 〖미식축구〗 블로킹하기

block·ish [blɑ́kiʃ | blɔ́k-] *a.* **1** 나무토막 같은 **2** 우둔[완고]한

blóck lètter [보통 *pl.*] 〖인쇄〗 목판 글자, 블록체《굵기가 일정하고 세리프 없는 글씨체; T 등》

blóck prìnt 목판 인쇄에 의한 문자[무늬], 목판화(木版畵)

blóck prìnting 목판 인쇄(술); 판목 날염(법)

blóck sìgnal 〖철도〗 폐색 신호기

blóck sỳstem 〖철도〗 폐색 방식

blóck vóte 블록 투표《대의원에게 그가 대표하는 인원수에 비례하는 표수치를 주는 투표 방법》

block·y [blɑ́ki | blɔ́ki] *a.* (**block·i·er**; **-i·est**) **1** 〈몸 등이〉 땅딸막한; 뭉툭한 **2** 농담(濃淡)이 고르지 않은 (사진 등)

blog [blɑːg | blɔg] [Web + *log*] *n.* 〖컴퓨터〗 블로그《자신의 관심사에 따라 자유롭게 글을 올릴 수 있는 웹 사이트》
blóg·ger *n.* 블로그를 만드는 네티즌

bloke [blouk] *n.* 《영·구어》 놈, 녀석 (fellow)

****blond**(**e**) [blɑnd | blɔnd] [L 「노란」의 뜻에서] *a.* 〈사람이〉 **블론드의**《금발에 종종 피부가 희고, 눈이 파란[회색인]》; 〈머리털이〉 **금발의**; 〈피부가〉 희고 혈색이 좋은(fair) — *n.* 블론드[금발]의 사람

*****blood** [blʌd] *n.* U **1** 피, 생명 **2** (하등 동물의) 체액; 붉은 수액(樹液), (붉은) 과즙 **3** **혈기**; 기질 **4** **혈통**; 혈연; 가문, 문벌; [the ~] 왕족: *B*~ will tell. 핏줄은 속일 수 없다. **5** 유혈; 살인(죄); 희생 **6** C 멋있는 젊은이, 난봉꾼
~ and thunder 유혈과 폭력; 폭력극 ***curdle*[*chill, freeze*]** a person**'s*[*the*]** ~ 오싹 소름이 끼치게 하다, 등골이 오싹해지게 하다 ***draw ~*** 상처를 입히다, 고통을 주다 ***have*** a person**'s ~ *on*** one**'s *head*[*hands*]** …의 죽음[불행]에 책임이 있다 ***in cold ~*** 냉혹하게, 냉정하게, 예사로: commit murder *in cold* ~ 예사로 사람을 죽이다 ***in hot*[*warm*] *~*** 잔뜩 화를 내고, 발끈하여
— *vt.* **1** 〈사냥개에게〉 처음으로 피맛을 보게 하다; 〈군인을〉 유혈 행위에 익숙하게 하다 **2** 〈사람에게〉 새로운 체험을 시키다

blood-and-thun·der [blʌ́dən*d*θʌ́ndər] *a.* 폭력과 유혈의, 살벌한, 저속한 〈소설·영화 등〉

blóod bànk 혈액 은행; (혈액 은행의) 저장 혈액

blóod bàth **1** 피의 숙청, 대량 살인, 대량 학살(massacre) **2** 《구어》 대불황 기간; 종업원의 대량 해고

blóod bróther 친형제; 혈맹자, 의형제

blóod cèll[còrpuscle] 혈구(血球): red[white] ~*s* 적[백]혈구

blóod còunt (적혈구와 백혈구의) 혈구수 (측정)

blood·cur·dling [-kə̀ːrdliŋ] *a.* 소름이 끼치는; 등골이 오싹해지는

blóod dònor 헌혈자, 급혈자

blood·ed [blʌ́did] *a.* **1** [보통 복합어를 이루어] …혈(血)의; …기질의 **2** 《미》 순혈(純血)의

blóod fèud (양족(兩族) 간의) 혈수(血讎)

blóod gròup 혈액형(blood type)

blóod hèat (사람의) 혈온(血溫) 《평균 37℃》

blood·hound [-hàund] *n.* **1** 블러드하운드 《영국산 경찰견》 **2** 《구어》 집요한 추적자, 탐정, 형사

blood·less [blʌ́dlis] *a.* **1** 핏기 없는, 빈혈의; 창백한(pale) **2** 피를 흘리지 않는, 무혈의; 유혈의 참사가 없는 **3** 냉혈의, 무정한 **4** 열정[원기, 혈기]이 없는
~·ly *ad.* **~·ness** *n.*

Blóodless Revolútion [the ~] (영국의) 무혈 혁명(⇨ English Revolution)

blood·let·ting [blʌ́dlètiŋ] *n.* Ⓤ **1** 〖외과〗 사혈(瀉血), 방혈(放血) **2** (전쟁·권투 등에서의) 유혈(bloodshed)

blood·lust [-lʌ̀st] *n.* UC 유혈에의 욕망

blood·mo·bile [-məbìːl] *n.* 《미》 (이동) 채혈차; 혈액차

blóod mòney **1** 사죄범(死罪犯) 고발자에게 주는 보상금; 근친이 살해됐을 때 받는 위자료; 청부 살인 사례금 **2** 《공군속어》 적기 격추 상금 **3** 《미·속어》 피땀 흘려 번 돈

blóod òrange 과즙(果汁)이 붉은 오렌지

blóod plàsma 혈장(血漿)

blóod pòisoning 〖병리〗 패혈증(敗血症)

blóod prèssure 〖의학〗 혈압: high[low] ~ 고[저]혈압

blóod pùdding = BLOOD SAUSAGE

blood·red [-réd] *a.* 피처럼 붉은; 피로 물들인

blóod relátion[rélative] 혈족(血族), 육친(肉親)

blood·root [-rùːt] *n.* 혈근초(血根草) 《뿌리가 붉은 양귀비과(科)의 식물; 북미산》

blóod róyal [the ~; 집합적] 왕족(royal family)

blóod sàusage 《미》 블러드 소시지 (《영》 black pudding) 《돼지의 피를 섞어 만든 소시지》

blóod sèrum 〖생리〗 혈청(血清)

*__blood·shed(·ding)__ [blʌ́dʃèd(iŋ)] *n.* UC **유혈**; 유혈의 참사, 살해, 학살

blood·shot [-ʃɑ̀t | -ʃɔ̀t] *a.* 〈눈이〉 충혈된, 핏발이 선; 혈안이 된

blóod spòrt 피를 보는 스포츠 《수렵·투우 등》

blood·stain [-stèin] *n.* 핏자국, 혈흔

blood·stained [-stèind] *a.* **1** 핏자국이 있는; 피투성이의, 피로 물들인 **2** 살인의, 살인죄[범]의

blood·stock [-stɑ̀k | -stɔ̀k] *n.* [집합적] 순혈종(의 경마말)

blood·stone [-stòun] *n.* CU 〖광물〗 혈석(血石), 혈옥수(血玉髓) 《특히 heliotrope》

blood·stream [-strìːm] *n.* [보통 the ~, one's ~] (인체 내의) 피의 흐름, 혈류(血流)

blood·suck·er [-sʌ̀kər] *n.* **1** 흡혈 동물 《거머리(leech) 따위》 **2** 흡혈귀, 남의 고혈을 빨아 먹는 사람; 고리 대금업자

blóod sùgar 혈당(血糖); 혈당량[농도]; 혈당량 측정

blóod tèst 혈액 검사

blood·thirst·y [-θə̀ːrsti] *a.* **1** 피에 굶주린, 살벌한, 잔인한 **2** 〈구경꾼 등이〉 유혈 장면을 좋아하는; 〈영화 등이〉 살상 장면이 많은 **-thirst·i·ly** *ad.* **-i·ness** *n.*

blóod transfùsion 수혈(輸血)(법)

blóod tỳpe = BLOOD GROUP

blóod vèssel 혈관

‡**blood·y** [blʌ́di] *a.* (**blood·i·er**; **-i·est**) **1 피로 더럽혀진**, 피투성이의; **피의**, 혈액의 **2 유혈의**, 피비린내 나는; 피에 굶주린, 잔혹한 **3** Ⓐ 《영·비어》 지독한, 엄청난, 지겨운
— *ad.* 《영·비어》 몹시, 지독하게(very)
— *vt.* (**blood·ied**) 〈코 등을〉 때려 출혈시키다, 피투성이가 되게 하다; 피로 더럽히다 **blóod·i·ly** *ad.* 피투성이가 되어; 참혹하게, 무참하게

Blóody Máry 블러디 메리 《보드카와 토마토 주스를 섞어 만든 칵테일》

blood·y-mind·ed [blʌ́dimáindid] *a.* **1** 냉혹한, 살벌한, 잔인한 **2** 《영·구어》 심술궂은, 비뚤어진, 괴팍한 **~·ness** *n.*

blóody shírt [the ~] 《미》 피로 물든 셔츠 《복수의 상징》; 적의를 돋우는 수단

‡**bloom** [bluːm] [ON 「꽃」의 뜻에서] *n.* Ⓤ **1** Ⓒ (특히 관상용 식물의) **꽃** **2** 개화(기), 활짝 필 때; [the ~] 한창(때) 《*of*》 **3** (뺨의) 앵두빛, 홍조; 건강색[미]; 신선미; 청순함 **4** 과분(果粉) **5** (포도주의) 향기(bouquet)
in [***out of***] ~ 꽃이 피어[져]; 한창(때)이고[한창 때를 지나] ***in full*** ~ 활짝 피어 ***take the ~ off*** 《구어》 …의 아름다움[신선미]을 없애다; …을 케케묵은 것으로 만들다
— *vi.* **1** 꽃이 피다, 개화하다 **2** 번영하다; 한창(때)이다 **3** 〈여성이 건강미로〉 환히 빛나다 《*with*》

bloom·er[1] [blúːmər] *n.* **1** 꽃이 피는 식물 **2** (능력적·육체적으로) 성숙한 여자

bloomer[2] [blooming error에서] *n.* 《영·속어·익살》 큰 실수

bloomer[3] [고안한 미국의 여권 신장주의자의 이름에서] *n.* [*pl.*] 블루머 《여성·아동용 짧은 바지》; 《미》 골프 바지(cf. PLUS FOURS)

*__bloom·ing__ [blúːmiŋ] *a.* **1 활짝 꽃핀**(in bloom), 만발한 **2** 꽃 같은, 꽃다운; 한창인; 번성[융성]한 **3** Ⓐ [BLOODY의 대용어] 《영·속어》 지독한, 굉장한
— *ad.* 《영·속어》 지독하게, 터무니없이, 엄청나게 **~·ly** *ad.*

bloop·er [blúːpər] *n.* **1** ⦅미⦆ 큰 실수 **2** 〖야구〗 역회전시킨 높은 공; 내야를 살짝 넘어가는 플라이(looper)

⁑blos·som [blάsəm | blɔ́s-] *n.* **1 a** (특히 과수의) **꽃** **b** Ⓤ [또는 a ~; 집합적] (한 나무 전체의) 꽃 **2 a** Ⓤ 개화 (상태), 꽃철; 청춘 **b** [the ~] (성장·발전의) 초기 ⦅*of*⦆
come into ~ 꽃피기 시작하다 ***in*** ~ 꽃이 피어 ***in full*** ~ 만발하여
— *vi.* **1** 〈나무 등이〉 **꽃 피다** ⦅*out, forth*⦆ **2** 발전하다, 번영하다; 발달하여 (…이) 되다 **3** 쾌활해지다, 활기 띠다 ⦅*forth, out*⦆ **-som·y** [-səmi] *a.*

⁑blot [blαt | blɔt] *n.* **1** (잉크 등의) **얼룩**, 더러움, 때 **2** (인격·명성의) 흠, 오점, 오명 ⦅*on*⦆
— *v.* (**~·ted**; **~·ting**) *vt.* **1** 더럽히다, 오점을 남기다 **2** 〈글자 따위를〉 뭉개어 지우다; 〈압지(壓紙)로〉 빨아들이다 **3** 〈쓸데없는 것을〉 써대다
— *vi.* 〈잉크가〉 번지다
~ ***out*** (1) 〈문자·행(行)·글을〉 지우다 (2) 〈경치 등을〉 감춰 보이지 않게 하다 (3) 〈도시 등을〉 (완전히) 파괴하다 (4) 〈적 등을〉 몰살하다, 섬멸하다 ~ one***'s copybook*** ⦅구어⦆ (경력에 흠이 갈 만한) 실수[실패]를 저지르다, 경솔한 짓을 하다

blotch [blαtʃ | blɔtʃ] *n.* **1** (잉크 등의) 큰 얼룩; 반점 **2** (피부의) 검버섯
— *vt.* 더럽히다, 얼룩지게 하다

blotch·y [blάtʃi | blɔ́tʃi] *a.* (**blotch·i·er**; **-i·est**) 부스럼[얼룩]투성이의

blot·ter [blάtər | blɔ́t-] *n.* **1** 압지 **2** ⦅미⦆ (거래) 예비 장부

⁑blót·ting pàper [blάtiŋ- | blɔ́t-] 압지

blot·to [blάtou | blɔ́t-] *a.* Ⓟ ⦅영·속어⦆ 곤드레만드레 취한

***blouse** [blaus, blauz | blauz] *n.* **1** (여성·아동용) **블라우스** **2** (보통 군장(軍裝)의) 윗옷 **3** (헐렁한) 작업복 ⦅겉옷⦆

⁑blow¹ [blou] *v.* (**blew** [bluː]; **blown** [bloun]) *vi.* **1** [종종 it를 주어로 하여] 〈바람이〉 **불다** **2 바람에 날리다**, 흩날리다 **3 입김을 내뿜다**, 헐떡이다 **4** 〈관악기 등이〉 **소리 내다**; 휘파람을 불다 (whistle) **5** ⦅미·구어⦆ 허풍떨다, 자랑하다(boast) **6** 폭발하다; 〈퓨즈가〉 끊어지다; 파열하다 **7** 〈선풍기 등이〉 바람을 내다 **8** 〈고래가〉 물을 내뿜다
— *vt.* **1** 〈바람이〉 **불다, 불어대다**; 〈사람이〉 〈입김·담배 연기 등을〉 **내뿜다** **2** 〈소식을〉 전하다, 발표하다; 〈소문을〉 퍼뜨리다; ⦅미·속어⦆ 〈비밀을〉 누설하다 **3** 〈코를〉 풀다; (입술에 댄 손가락 끝을 훅 불어) …에게 키스를 보내다 **4** 불어 넣어 부풀게 하다, 〈유리 등을〉 불어서 만들다 **5** 〈관악기를〉 **불다** **6 폭파하다** ⦅*up*⦆ **7** [보통 수동형] 숨차게 하다 **8** 〈좋은 기회를〉 놓치다 **9** ⦅속어⦆ 〈돈 등을〉 낭비하다(squander)
~ ***away*** 날려버리다, 날리다; 휩쓸어 버리다; 가버리다 ~ ***hot and cold*** (칭찬했다 비난했다 하여) 주견이 없다, 변덕스럽다 ~ ***off*** 불어 흩날리다, 불어 깨끗이 하다; 〈증기를〉 내뿜다; 불평을 늘어놓다; 〈유전이〉 뿜어나오다 ~ ***out*** 불어 끄다; 〈용광로에〉 송풍을 중지하다; 〈등불이〉 꺼지다; 숨차다; 부풀(게 하)다; 폭파하다; ⦅미·속어⦆ 없애 버리다(kill) ~ ***over*** 〈폭풍이〉 지나가다, 바람이 자다; 〈위기 등이〉 무사히 지나가다, 유야무야되다 ~ ***up*** (*vt.*) 불어 일으키다; 부풀리다; 폭파하다; 못 쓰게 하다; ⦅구어⦆ 노하다; ⦅영·구어⦆ 꾸짖다; ⦅구어⦆ 〈소문 등을〉 과장하여 말하다; 〈사진·지도 등을〉 확대하다; (*vi.*) 〈타이어·풍선 등이〉 부풀다; 폭파[파열]하다, 돌발하다; 〈폭풍이〉 점점 세차게 불다
— *n.* **1 한바탕 불기**; ⦅구어⦆ 강풍, 폭풍 **2 코를 풀기**

⁑blow² [blou] *n.* **1 강타**, 구타 **2** (정신적인) **타격**, 쇼크
at one [***a***] ~ = ***with one*** ~ = ***at*** [***with***] ***a*** (***single***) ~ 한 대 쳐서; 일거에; 갑자기 ***get a*** ~ ***in*** ⦅구어⦆ 일격을 가하다; (토론 등에서) 아픈 데를 찌르다

blow³ ⦅문어⦆ *vi.* (**blew** [bluː]; **blown** [bloun]) 꽃이 피다
— *n.* ⒸⓊ 개화(開花)
in (***full***) ~ 만발하여

blow·ball [blóubɔ̀ːl] *n.* 관모구(冠毛球) ⦅민들레 등의 솜털이 붙은 열매⦆

blow-by-blow [-baiblóu] *a.* Ⓐ (권투 시합 중계 방송처럼) 하나하나 차례대로 보고하는, 매우 상세한

blow-dry [-drài] *vt.* 〈머리를〉 드라이어로 매만지다

blow·er [blóuər] *n.* **1** 부는 사람; (유리 그릇 등을) 불어 만드는 직공 **2** 송풍기[장치]; ⦅구어⦆ 전성관(傳聲管); ⦅영·구어⦆ 전화 **3** 고래[복어] 무리 **4** ⦅미·구어⦆ 떠버리, 허풍선이

blow·fly [-flài] *n.* (*pl.* **-flies**) 〖곤충〗 검정파리

blow·gun [-gʌ̀n] *n.* (불어서 화살을 쏘아 보내는 남미 인디언 등의) 취관(吹管); 분무기

blow·hard [-hὰːrd] *n.* ⦅구어⦆ 떠버리, 허풍선이

blow·hole [-hòul] *n.* **1** (고래의) 물 뿜는 구멍 **2** (지하실의) 통풍구, 바람 구멍 **3** (고래·바다표범 등이 호흡하러 오는) 얼음에 난 구멍 **4** (주물(鑄物)의) 기포

⁑blown¹ [bloun] *v.* BLOW¹의 과거분사
— *a.* **1** 부푼 **2** 숨을 헐떡이는, 피로한 **3** 파리가 알을 슨 **4** 불어서 만든

blown² *v.* BLOW³의 과거분사
— *a.* Ⓐ ⦅문어⦆ 〈꽃이〉 핀

blow·out [blóuàut] *n.* **1** 파열; 파열 구멍 **2** 〖전기〗 (퓨즈가) 녹아 끊어짐 **3** (증기·유정 등의) 분출 **4** ⦅속어⦆ (흥청거리는) 큰 파티[잔치]

blow·pipe [-pàip] *n.* 취관(吹管); 불어서 불을 일으키는 대통; 불어서 화살을 쏘는 통

blows·y [bláuzi] *a.* (**blows·i·er**; **-i·est**) = BLOWZY

blow·torch [blóutɔ̀ːrtʃ] *n.* (배관공이 쓰는) 소형 발염(發炎) 장치, 블로토치

blow·up [-ʌ̀p] *n.* **1** 파열, 폭발 **2** (사진의) 확대; 확대 사진 **3** ⦅구어⦆ 발끈 화냄; ⦅미⦆ 파산

blow·y [blóui] *a.* (**blow·i·er**; **-i·est**)

《구어》 바람이 센(windy)
blowz·y [bláuzi] *a.* (**blowz·i·er**; **-i·est**) 〈여자가〉 품위 없는, 〈여자 얼굴이〉 불그레한
bls. bales; barrels
BLT bacon, lettuce, and tomato sandwich
blub·ber[1] [blʌ́bər] *n.* Ⓤ **1** 고래의 기름 **2** (사람의) 여분의 지방
blubber[2] *n.* Ⓤ [또는 a ~] 엉엉 울기
— *vi.* 엉엉 울다
— *vt.* 울면서 말하다 《*out*》; 〈눈·얼굴을〉 울어서 붓게 하다
blubber[3] *a.* 두툼한, 불거진 〈입술〉
blub·ber·y [blʌ́bəri] *a.* **1** 비계가 많은; 뚱뚱한 **2** 눈물로 일그러진
bludg·eon [blʌ́dʒən] *n.* (앞 끝을 무겁게 한) 몽둥이 — *vt.* **1** 몽둥이로 치다 **2** 괴롭히다, 으르다(threaten) **3** 〈어떤 행동을〉 강제로 시키다
***blue** [blu:] [동음어 blew] *a.* **1 푸른**; 하늘색[청색]의; 남색의 **2** 〈바람 등이〉 찬(cold, chill); (추위·공포 등으로) 창백한; (맞거나 하여) 검푸른, 푸르죽죽한 **3 우울한**, 비관적인; 〈사태가〉 여의치 않은 **4** 엄격한, 딱딱한 **5** 음란한; 외설한 **6** 〈여자가〉 학식이 있는, 인텔리의 **7** 〖음악〗 블루스조(調)의 **8** (영국) 보수당(Tory)의 **9** 푸른 옷을 입은
~ in the face 노하여[지쳐서] 얼굴이 파랗게 질려 *like ~ murder* 《구어》 전속력으로
— *n.* Ⓤ **1 파랑, 청색**, 하늘색, 남색; 파랑 물감, 남색 염료 《등》 **2** 푸른 옷을 입은 사람; 《미》 남북 전쟁 당시의 북군의 남색 옷 **3** = BLUESTOCKING **4** [the ~] 푸른 바다; 푸른 하늘, 창공 **5** 《영》 보수당원 (a Tory)
out of the ~ 《구어》 뜻밖에, 돌연; 불쑥, 느닷없이
— *vt.* 파랗게 하다, 푸른 빛을 띠게 하다
blúe bàby 〖의학〗 청색아(靑色兒) 《선천성 심장 기형, 폐 확장 부전(不全)의 유아》
Blue·beard [blú:bìərd] *n.* **1** 푸른 수염의 사나이 《프랑스 전설; 무정하고 잔인하여 차례로 아내를 여섯이나 죽임》 **2** [때로 b~] 냉혹하고 변태적인 남편
***blue·bell** [blú:bèl] *n.* **블루벨** 《종 모양의 남빛 꽃이 피는 풀; 야생의 히아신스 등》
***blue·ber·ry** [blú:bèri | -bəri] *n.* (*pl.* **-ries**) 〖식물〗 **월귤나무**
***blue·bird** [blú:bə̀:rd] *n.* 〖조류〗 (날개가) **푸른 울새** 《북미산 유리울새속(屬)》
Blúe Bírd [the ~] 파랑새 《행복의 상징》
blue-black [-blǽk] *a.* 짙은 남빛의
blúe blóod **1** 귀족의 혈통 **2 a** 귀족[명문] 출신의 사람 **b** [the ~] 귀족 계급, 명문
blue-blood·ed [-blʌ́did] *a.* 귀족 출신의, 명문의
blúe bòok **1** [종종 **B~ B~**] 청서(靑書) 《영국의회 또는 정부의 보고서; cf. WHITE BOOK》 **2** 《미·구어》 신사록; 《미》 국가 공무원 명부 **3** 《미》 **a** (대학의 기술식 시험 답안용의) 청색 표지의 백지철 **b** 대학의 기술식 시험
blue·bot·tle [-bɑ̀tl | -bɔ̀tl] *n.* 〖식물〗 수레국화; 〖곤충〗 청파리(= ∸ **flỳ**)

blúe chèese 블루치즈 《푸른곰팡이로 숙성시킨》
blúe chìp **1** 〖카드〗 (포커에서) 블루칩 《높은 점수용》 **2** 〖증권〗 일류주(株), 우량주
blue-chip [-tʃìp] *a.* **1** 〖증권〗 확실한, 우량한 〈증권〉 **2** 《구어》 (특정 분야에서) 일류의
blue·coat [-kòut] *n.* 청색 제복의 사람 《미국의 순경; 옛 육·해 군인, 특히 미국 남북 전쟁 때의 북군 군인》
blue-col·lar [-kɑ́lər | -kɔ́l-] [작업복용 청색 셔츠에서] *a.* Ⓐ 블루칼라의, 작업복의; (작업복을 입는) 육체 노동(자)의 (cf. WHITE-COLLAR)
blúe-còllar wórker 육체 노동자 (cf. WHITE-COLLAR WORKER)
blúe-eyed bóy [-àid-] 《영·구어》 (상사의) 귀염[총애]을 받는 사람 (《미》 fair-haired boy)
blue·fish [-fìʃ] *n.* (*pl.* **~, ~·es**) 〖어류〗 **1** 게르치 무리의 식용어 《미국 대서양 연안산》 **2** 《일반적으로》 푸른 빛깔의 물고기
blúe flàg 〖식물〗 붓꽃 《북미산》
blue·grass [-grǽs | -grɑ̀:s] *n.* **1** 〖식물〗 새포아풀속(屬)의 풀 《목초·건초용》 **2** 〖음악〗 블루그래스 《미국 남부의 백인 민속음악에서 비롯된 컨트리 음악》
blúe hélmet 유엔 평화 유지군 《푸른 헬멧을 쓰고 있는 데서 유래》
blue·jack·et [blú:dʒæ̀kit] *n.* 《구어》 (해병대와 구별하여) 수병(水兵)
blúe jày 〖조류〗 큰어치 《북미산》
blúe jèans 청바지, 블루진 《청색 denim으로 만든》
blúe làw 《미·구어》 엄격한 법 《일요일에 일·오락을 금함》; (18세기 New England의 청교도적) 엄격한 법
blúe móld (빵·치즈의) 푸른곰팡이
blúe Mónday 《구어》 (다시 일이 시작되는) 우울한 월요일
Blúe Níle [the ~] 청(靑)나일 강 《나일 강의 한 지류로 Khartoum에서 본류와 합침》
blue·nose [blú:nòuz] *n.* 《미·구어》 (극단적으로) 청교도적인 사람
blúe nòte 〖음악〗 블루노트 《블루스에 특징적으로 나타나는 음; 반음 내린 3도 또는 7도》
blue-pen·cil [-pénsl] *vt.* (**~ed**; **~·ing** | **~led**; **~·ling**) 《구어》 **1** 〈편집자가〉 〈원고 등을〉 푸른 연필로 수정[삭제]하다 **2** 〈검열관이〉 〈원고 등을〉 삭제[수정]하다, 검열하다(censor)
Blúe Péter [the ~; 때로 **b~ p~**] 〖항해〗 출범기(出帆旗) 《푸른 바탕에 흰색의 정사각형》
blue·print [-prìnt] *n.*, *vt.* 청사진(을 찍다), (상세한) 계획(을 세우다)
blúe ríbbon **1** (가터 훈장의) 푸른 리본 **2** 최고의 명예[상] **3** (금주(禁酒) 회원의) 푸른 리본 기장
blue-rib·bon [-ríbən] *a.* 정선된, 품질이 우수한; 최고급의, 가장 뛰어난
blues [blu:z] *n. pl.* **1** [the ~; 때로 단수 취급] 《구어》 우울(한 기분), 우울증 (melancholy) **2** [단수·복수 취급] (재즈

음악의) 블루스《노래·곡·춤》
—*a.* Ⓐ 블루스의
blue-sky [blúːskái] *a.* Ⓐ **1** 창공의 **2** 《미》 비현실적인, 구체성이 없는
blúe-ský làw 《미·구어》 창공법(蒼空法)《부정 증권 거래 금지법》
blue·stock·ing [blúːstɑ̀kiŋ | -stɔ̀k-] [18세기 런던에서 문예 애호가들이 청색 양말을 신은 데서] *n.* 《경멸》 여류 문학자, 학식을 뽐내는 여자, 학자인 체하는 여자
blúe whále 〖동물〗 흰긴수염고래
***bluff**[1] [blʌf] *a.* **1** 〈해안 등이〉 **절벽의,** 험한, 깎아지른 듯한 **2** 통명스러운, 솔직한
—*n.* (강·호수·바다에 면한 폭이 넓은) 절벽, 깎아지른 듯한 갑각(岬角)
blúff·ly *ad.* **blúff·ness** *n.*
bluff[2] *n.* ⒸⓊ [또는 a ~] 허세, 엄포
call the [a person***'s***] ~ (1) 〖카드〗 (포커에서 엄포놓는 상대방과 동액의 돈을 걸어) 패를 공개시키다 (2) (상대방의 짓을 엄포로 보고) 해볼 테면 해보라고 대들다 [도전하다]
—*vt.* **1** …에게 허세부리다; 으르다; (허세부려) 속이다, 얻다 **2** (허세부려·을러) …하게 하다
—*vi.* 허세부리다, 엄포놓다
~ ***it out*** 《구어》 잘 속여 궁지를 벗어나다
blu·ing [blúːiŋ] *n.* Ⓤ 청분(靑粉)《흰천 세탁용 표백제》
***blu·ish** [blúːiʃ] *a.* **푸르스름한,** 푸른 빛을 띤
***blun·der** [blʌ́ndər] [ON 「눈을 감다」의 뜻에서] *n.* **큰 실수,** 대실책
—*vi.* **1** (부주의·정신적 혼란 등으로) **큰 실수를 하다** 《*in*》 **2** 우물쭈물하다, 머뭇거리다, 머뭇머뭇 걷다 《*about, along*》; 걸려서 넘어질 뻔하다 《*against, into*》 **3** (…에) 실수로[깜박하여] 들어가다 《*into, in*》; 〈…을〉 우연히 발견하다 《*on, upon*》
—*vt.* **1** 〈일 등을〉 그르치다; 〈기회 등을〉 잘못하여 놓치다[잃다] 《*away*》: ~ *away* one's fortune 잘못하여 재산을 잃다 **2** 〈비밀 등을〉 무심코 입밖에 내다 《*out*》
blun·der·buss [blʌ́ndərbʌ̀s] *n.* 나팔총《17-18세기의 총부리가 굵은 단총》
blun·der·er [blʌ́ndərər] *n.* 큰 실수를 저지르는 사람; 얼간이
blun·der·ing [blʌ́ndəriŋ] *a.* Ⓐ 실수하는, 서투른 **~·ly** *ad.*
‡**blunt** [blʌnt] *a.* **1** 무딘(opp. *sharp*), 둔한 **2** 통명스러운, 무뚝뚝한; 둔감한
—*vt., vi.* 둔하게 하다[되다], 무디게 하다 **blúnt·ly** *ad.* **blúnt·ness** *n.*
***blur** [bləːr] *n.* **1** 흐림, 침침함(dimness) **2** 번진 자국, 더러움, 얼룩 **3** [a ~] 흐려 보이는 것; 〈추억 등의〉 흐릿한 것
—*v.* (**~red**; **~·ring**) *vt.* 〈광경·의식 등을〉 **흐리게 하다,** 눈을 흐리게 하다; 〈글쓴 것에〉 잉크를 번지게 하다
—*vi.* (…으로) 흐릿해지다; 〈눈이〉 (…으로) 침침하다[해지다]
blurb [bləːrb] *n.* 《구어》 **1** (신간 서적의) 자화자찬적 광고《책 커버에 인쇄하는》 **2** Ⓤ (추천) 광고; 과대 선전
blur·ry [blə́ːri] *a.* 더러워진; 흐릿한

blurt [bləːrt] *vt.* 불쑥 말하다; 무심결에 누설하다 《*out*》
‡**blush** [blʌʃ] [OE 「붉어지다」의 뜻에서] *vi.* **1 얼굴을 붉히다,** 〈얼굴이〉 빨개지다; 부끄러워하다 **2** 〈꽃봉오리 등이〉 발그레해지다, 장미색이 되다 —*vt.* 붉히다, 얼굴을 붉혀 …을 알리다[나타내다]
—*n.* **1 얼굴을 붉힘;** 홍조; 다홍색 **2** (장미의) 발그레함
at [***on***] (***the***) ***first*** ~ 《문어》 일견하여; 언뜻 보기에는 ***spare*** a person***'s ~es*** 부끄러워지게[창피해지게] 하지 않다
blush·er [blʌ́ʃər] *n.* 볼연지
blush·ing [blʌ́ʃiŋ] *a.* 얼굴이 빨개진, 부끄럼을 잘 타는
~·ly *ad.* 얼굴을 붉혀서, 부끄러운 듯이
***blus·ter** [blʌ́stər] *vi.* 〈바람·파도가〉 **거세게 몰아치다;** 〈사람이〉 허장성세하다, 고함 지르다
—*vt.* 〈…을〉 고함치며 말하다, 고래고래 말하다 《*out*》; 〈남을〉 고함쳐[을러서] …하게 하다 《*into*》
—*n.* **1** 거칠게 불어댐, (파도의) 휘몰아침 **2** Ⓤ 고함침, 노호(怒號); 허세
blus·ter·er [blʌ́stərər] *n.* 호통치는 사람, 난폭한 사람; 뽐내는[거드름 피우는] 사람
blvd., Blvd. boulevard; Boulevard
BM Bachelor of Medicine; bendmark
BMP 〖컴퓨터〗 bitmap
BMV Blessed Mary the Virgin 동정녀 마리아
BO body odor
bo·a [bóuə] *n.* (*pl.* **~s**) **1** = BOA CONSTRICTOR **2** 보아《여성용 모피[깃털] 목도리》
bóa constrìctor 〖동물〗 왕뱀, 보아《먹이를 졸라 죽이는 큰 뱀》
***boar** [bɔːr] [동음어 bore] *n.* (*pl.* **~s,** ~) **1** (거세하지 않은) **수퇘지**(cf. HOG) **2 a** 멧돼지(= wild ~) **b** Ⓤ 멧돼지 고기
‡**board** [bɔːrd] *n.* **1 판자** **2** [종종 복합어를 이루어] …판, …반; [보통 the ~] **칠판; 게시판** **3** 마분지, 대지(臺紙), 판지(板紙)(cardboard); [*pl.*] 〖제본〗 판지 표지 **4** (식사가 마련된) 식탁; Ⓤ **식사** **5** 회의의 탁자; 회의; [종종 **B~**; 집합적] 평의원, **위원(회)** **6** [종종 **B~**](관청의) 부(部), 원(院), 국(局), 청(廳) **7** ⒸⓊ 〖항해〗 뱃전; 선내
above ~ 공명정대한[하게] ***across the*** ~ 전반적으로, 일률적으로 ***go by the*** ~ 〈돛대 등이〉 부러져 배 밖으로 떨어지다; 〈계획이〉 아주 실패하다; 〈풍습 등이〉 쇠퇴하다, 무시되다 ***on*** ~ (1) 배 위에, 배[비행기, 차] 안에[의]: go *on* ~ 승선[승차]하다 / take *on* ~ 싣다, 승선시키다 (2) [전치사적으로] *On* ~ the ship were several planes. 배에는 비행기가 몇대 탑재되어 있었다.
—*vt.* **1** …에 판자를 치다, 널빤지로 에워싸다[둘러막다] 《*over, up*》 **2** 식사를 시키다, 하숙시키다 **3** 〈배·기차·버스·비행기 등에〉 **타다** —*vi.* (…에) **하숙**[**기숙**]**하다** 《*at, with*》; (…에서) 식사를 하다

~ ***out*** 외식하다[시키다]; 〈가난한 집의 아이를〉 다른 집[기숙사]에 맡기다

‡board·er [bɔ́ːrdər] [동음어 border] *n.* (식사를 제공받는) **하숙인**; 기숙생(cf. DAY BOY)

bóard fòot 《미》 보드풋 《두께 1인치에 1피트 평방인 널빤지의 부피; 각재(角材)의 측정 단위; 略 bd. ft.》

bóard gàme 보드 게임 《체스처럼 판 위에서 말을 움직여 노는 게임》

***board·ing** [bɔ́ːrdiŋ] *n.* Ⓤ **1** [집합적] **판자**(boards), 널빤지 **2** 판장, 판자 울 **3** 승선, 승차, (비행기에의) 탑승 **4** (식사 딸린) 하숙

bóarding brìdge (여객기의)탑승교(橋)

bóarding càrd (여객기의) 탑승권

board·ing·house [bɔ́ːrdiŋhàus] *n.* (*pl.* **-hous·es** [-hàuziz]) (식사를 제공하는) 하숙집, 기숙사

bóarding lìst (여객기·객선의) 탑승객 명부

bóarding pàss (여객기의) 탑승권

bóarding ràmp (항공기의) 승강대, 이동 트랩

bóarding schòol 기숙 학교 (cf. DAY SCHOOL)

board·room [bɔ́ːrdrùːm] *n.* (이사회 등의) 회의실; [the ~] 이사회

board·sail·ing [-sèiliŋ] *n.* = WINDSURFING

board·walk [-wɔ̀ːk] *n.* 《미》 (바닷가 등의) 판자 산책로; 판자를 깐 길

‡boast [boust] *vi.* **자랑하다,** 자랑하며 말하다 《*of, about, that...*》: He *~s of* being rich. 그는 부자라고 자랑하고 있다. **—** *vt.* **1 자랑하다**; 호언장담하다, 큰소리치다; [~ one*self*로] 〈자기가〉 〈…이라고〉 자랑하다 **2** 〈장소·사물이〉 (자랑거리로서) 가지다, 자랑으로 삼다; 《익살》 가지다(have) **—** *n.* **자랑**(거리); 자랑 이야기, 허풍 **~·er** *n.* 자랑꾼

boast·ful [bóustfəl] *a.* **자랑하는,** 자랑하고 싶어하는; 허풍을 떠는 《*of*》; 과장된; 〈이야기 등이〉 자화자찬의 **~·ly** *ad.* **~·ness** *n.*

‡boat [bout] *n.* **1 보트,** 모터보트, 돛단배, 어선; (보통 작은) 기선, 배, 객선 **2** 배 모양의 그릇 **3** 《미·구어》 자동차; 배 모양의 탈것: a flying ~ 비행정 ***be* (*all*) *in the same* ~** 처지[운명, 위험]을 같이하다 ***burn* one*'s ~s* (*behind* one)** 배수의 진(陣)을 치다 ***take to the ~s*** (1) (난파 때) 구명 보트로 옮겨타다 (2) 착수한 일에서 갑자기 손을 떼다 **—** *vi.* (뱃놀이에서) 보트를 타다, 배를 젓다, 배로 가다; 뱃놀이하다

boa·tel [boutél] [*boat*+ho*tel*] *n.* **1** 보텔 《보트 소유자나 선객을 위한 물가의 호텔》 **2** 호텔 설비가 있는 배(botel)

boat·er [bóutər] *n.* **1** 보트[배] 타는 사람 **2** 《영》 맥고 모자 《뱃놀이용으로 쓴 데서》

bóat hòok (보트를 잡아당기는) 갈고리 장대

boat·house [-hàus] *n.* (*pl.* **-hous·es** [-hàuziz]) 보트 창고, 정고(艇庫); (사교장으로서도 쓰는) 보트하우스

boat·ing [bóutiŋ] *n.* Ⓤ 배젓기, 뱃놀이; 작은 배로 하는 운송업

boat·load [bóutlòud] *n.* **1** 한 배분의 화물[적재량] **2** 《구어》 많은 사람

***boat·man** [bóutmən] *n.* (*pl.* **-men** [-mən]) **1 배 젓는 사람**; 뱃사공 **2** 전세 보트 업자

bóat pèople [집합적; 복수 취급] 보트 피플 《작은 배로 탈출한 표류 난민; 주로 월남 피난민》

***bóat ràce 1 보트 레이스 2** [the B~ R~] 《영》 Oxford와 Cambridge 대학교 대항 보트 레이스 《매년 Thames 강에서 부활절 전에 함》

boat·swain [bóusn] *n.* 〖항해〗 (상선의) 갑판장; 수부장

bóat tràin (선박과의) 연락 열차, 임항(臨港) 열차

bob¹** [bɑb | bɔb] *n.* **1** (위아래로) **재빠르게 움직이기,** 가벼운 인사 **2** 《스코》 댄스 **—** *v.* (**~bed**; **~·bing**) *vt.* **1 재빠르게 위아래로 움직이다**[흔들다] **2** 재빠르게 움직여서 …을 나타내다 **—** *vi.* **1 상하 좌우로 핵핵 움직이다**[흔들다, 튀다] **2** 〈여성이〉 〈무릎을 굽히며〉 절하다, 꾸뻑 인사하다 《*at, to*》 **~ *up 발딱 일어나다; 불쑥 나타나다; 떠오르다, 부상하다

bob² [ME 「다발, 송이」의 뜻에서] *n.* **1** 단발(斷髮)(bobbed hair) **2** (개·말의) 자른 꼬리 **—** *vt.* (**~bed**; **~·bing**) 〈머리를〉 짧게 자르다, 단발로 하다; 〈동물의 꼬리 등을〉 자르다

bob³ *n.* (*pl.* **~**) 《영·구어》 (종전의) 실링(shilling) 《현재의 5펜스》

Bob [bɑb | bɔb] *n.* 남자 이름 《Bobby, Bobbie라고도 함; Robert의 애칭》

bobbed [bɑbd | bɔbd] *a.* 꼬리를 자른; 단발의[을 한]

bob·bin [bɑ́bin | bɔ́b-] *n.* **1** (통 모양의) 실패, 얼레, 보빈; 가느다란 끈; 손잡이 **2** 〖전기〗 (코일 감는) 통

bob·ble [bɑ́bl | bɔ́bl] *vt.* **1** 《미·구어》 실수하다 **2** 〖야구〗 공을 펌블(fumble)하다 **—** *n.* **1** (깐닥깐닥) 위아래로 움직이기 **2** 〖야구〗 펌블 **3** 《미·구어》 실수, 실책 **4** 〖복식〗 (장식용의) 작은 털실 방울

bob·by [bɑ́bi | bɔ́bi] [19세기에 런던의 경찰을 설립한 Robert Peel의 애칭에서] *n.* (*pl.* **-bies**) 《영·구어》 순경

Bob·by [bɑ́bi | bɔ́bi] *n.* **1** 남자 이름 (cf. BOB) **2** 여자 이름 《Barbara, Roberta의 애칭》

bóbby sòcks[sòx] 《미》 (발목까지 오는 소녀용) 짧은 양말

bob·by-sox·er [-sɑ̀ksər | -sɔ̀k-] *n.* 《미·구어》 (특히 1940년대의, bobby socks를 신는) 10대 소녀 《영화 배우나 가수를 동경하는》, 사춘기의 소녀

bob·cat [bɑ́bkæ̀t | bɔ́b-] *n.* (*pl.* **~s, ~**) 살쾡이 《북미산》

bob·o·link [bɑ́bəlìŋk | bɔ́b-] *n.* 〖조류〗 쌀먹이새 《북미산 연작(燕雀)류의 새》

bob·sled [bɑ́bslèd | bɔ́b-], 《영》 **-sleigh** [-slèi] *n.* **1** 봅슬레이 《앞뒤에 2쌍의 활주부(runner)와 조타 장치를 갖춘 2-4인승의 경기용 썰매》 **2** (옛날의 두 썰매

를 이은) 연결 썰매; 그 한쪽 — *vi.* (~·**ded**; ~·**ding**) 봅슬레이를 타다

bob·tail [bábtèil] *n.* 꼬리 자른 말[개]; 자른[짧은] 꼬리

(***the***) ***ragtag*** [***tagrag***] ***and*** ~ [집합적] 사회의 쓰레기; 하층 계급

— *a.* 꼬리를 자른

-tailed [-tèild] *a.* 꼬리를 자른

Boc·cac·ci·o [boukɑ́:tʃiòu | bɔ-] *n.* 보카치오 **Giovanni** ~ (1313-75) 《이탈리아의 작가》

bóck (**béer**) [bák- | bɔ́k-] 《미》 (독일산의 독한) 흑맥주

BOD biochemical oxygen demand 생화학적 산소 요구량

***bode** [boud] *vt.* 《문어》 **징조가 되다** — *vi.* [well, ill 등과 같은 부사와 함께] (좋은[나쁜]) 징조이다 《*for*》: The news ~*s well* for him. 그 소식은 그에게 있어 좋은 징조다.

bod·ice [bádis | bɔ́d-] *n.* **1** 보디스 《블라우스·드레스 위에 입는 여성용 조끼》 **2** (여성복의) 몸통 부분 《어깨에서 웨이스트까지》

bod·ied [bádid | bɔ́d-] *a.* [보통 복합어를 이루어] **1** 동체[육체]가 있는, 몸이 …한 **2** 〈음료 등이〉 감칠맛이 있는

bod·i·less [bádilis | bɔ́d-] *a.* 몸[동체]이 없는; 실체(實體)가 없는, 무형의

‡**bod·i·ly** [bádəli | bɔ́di-] *a.* Ⓐ **1 신체[육체]상의 2** 구체의, 형체가 있는, 유형의 — *ad.* **1** 육체대로; 유형[구체]적으로 **2** 모두, 온통, 송두리째, 전체로 **3** 자기자신이, 스스로, 몸소

bod·kin [bádkin | bɔ́d-] *n.* 큰 바늘; 긴 머리핀; 송곳 바늘

‡**bod·y** [bádi | bɔ́di] [OE 「통」의 뜻에서] *n.* (*pl.* **bod·ies**) **1 몸; 시체 2** (머리·사지를 제외한) 동체, **몸통**; (의류의) 몸통 부분; 나무의 줄기(trunk) **3** (사물의) **주요부**: **a** (차·배·비행기의) 본체, 동체 **b** (건물의) 본채 **c** (악기의) 공명부(共鳴部) **4** 〖기하〗 입체(立體); 〖물리〗 물체, …체(體) **5** (군대 등의) 주력, 본대 **6** [보통 a ~ of …로] **a** 덩어리, 모임: *a* ~ *of* water 수역(水域) 《바다·호수 등》 **b** 떼, 일단; 다수 **7** 《구어》 사람 **8** [집합적] 조직체 **9** Ⓤⓒ [또는 a ~] **a** (물체의) 밀도, 농도 **b** (작품·음색 등의) 실질, 알맹이

~ ***and soul*** 몸과 마음을 다하여, 전적으로, 완전히 ***in a*** ~ 한 덩어리가 되어 ***keep*** ~ ***and soul together*** 겨우 살아나가다 ***over*** one***'s dead*** ~ 《구어》 내 눈에 흙이 들어가기 전에는[누가 뭐라 해도, 절대로] (…시키지 않다) ***the*** ~ ***of Christ*** 성찬의 빵, 성체(聖體); 교회

— *vt.* (**bod·ied**) 〈관념을〉 체현[구현]하다 ~ ***forth*** …을 마음에 그리다; …을 구체적으로 나타내다; …을 상징하다, 표상하다

bódy bàg (지퍼가 달린 고무 제품의) 시체 운반용 부대

bódy blòw 1 〖권투〗 보디 블로, 복부 가격 **2** 《비유》 대패배; 큰 타격[좌절]

bod·y·build·er [-bìldər] *n.* 보디빌딩을 하는 사람

bod·y·build·ing [-bìldiŋ] *n.* Ⓤ 보디빌딩

bódy chèck 〖아이스하키〗 (상대편에게) 몸으로 부딪치기

bódy córporate 〖법〗 법인

bódy còunt (적의) 전사자 수

***bod·y·guard** [-gɑ̀:rd] *n.* **보디가드**, 경호원; [집합적] 호위대; 수행원(들)

bódy hèat 〖생리〗 체열, 동물열(animal heat)

bódy lànguage 신체 언어 《상대방에게 의지나 감정을 전달하는 무의식적인 몸짓·표정·태도》

bód·y-line (**bòwling**) [-làin-] 〖크리켓〗 (겁을 주기 위해) 타자에게 닿을 듯한 속구

bódy mìke 《구어》 옷깃 따위에 다는 소형 마이크

bódy òdor 체취; 암내 《略 BO》

bódy pólitic [the ~] 정치 통일체, 국가

bódy scànner 〖의학〗 보디 스캐너 《단층 X선 투시 장치; 신체의 이상 부위 진단용》

bódy shòp 《미》 (자동차의) 차체 제조[수리] 공장

bódy snàtcher 〖역사〗 시체 도둑 《무덤을 파헤쳐 시체를 해부 학자에게 팔던》

bódy stòcking 보디 스타킹 《몸에 달라붙는 스타킹식 내의》

bod·y·suit [-sù:t] *n.* 보디수트 《(여성용) 셔츠와 팬티가 붙은 내의》

bod·y·surf [-sə̀:rf] *vi.* 서프보드 없이 파도를 타다

bódy wàrmer 보통 누벼서 만든 방한 조끼의 일종

bod·y·work [-wə̀:rk] *n.* 차체의 제작[수리]

Boe·ing [bóuiŋ] *n.* 보잉 《미국 항공기 제작 회사, 그 항공기》

Boer [bɔ:r] *n.* 보어 사람 《남아프리카의 네덜란드 이주민의 자손; 지금은 보통 Afrikaner를 씀》

— *a.* 보어 사람의

Bóer Wár [the ~] 보어 전쟁 《1899-1902》

boff [baf | bɔf] *n.* **1** (연극·영화 따위의) 대성공, 히트 **2** 《미·속어》 폭소

— *vt.* **1** 폭소하다 **2** 주먹으로 치다

bof·fin [báfin | bɔ́f-] *n.* 《영·구어》 (특히 과학 기술·군사 산업 연구에 종사하는) 과학자, 전문 기술자

bof·fo [báfou | bɔ́f-] 《미·속어》 *a.* 크게 히트[성공]한, 세상을 깜짝 놀라게 하는

— *n.* (*pl.* ~(**e**)**s**) = BOFF

***bog** [bag, bɔ:g | bɔg] *n.* **소택지**; 습지

— *vt., vi.* (~**ged**; ~·**ging**) 수렁에 빠뜨리다[빠지다], 꼼짝 못하게 하다[되다]; 난항(케)하다

be[***get***] ~***ged*** 수렁에 빠지다 ~ ***down*** 수렁에 빠지다; 꼼짝 못하다

bo·gart [bá:gɑ:rt | bɔ́g-] *vt.* 《속어》 난폭하게 굴다, 협박하여 자기 것으로 만들다; (나누어 피우지 않고) 〈대마초를〉 독점하다

bo·gey [bóugi] 〖골프〗 *n.* **1** 보기 《par보다 한 번 더 쳐서 홀에 넣기》 **2** 《영》 기준 타수(打數)(par)

— *vt.* 〈홀을〉 보기로 마치다

bo·gey·man [búgimæ̀n] *n.* (*pl.* **-men** [-mèn]) (어린이에게 겁주기 위해 들먹이는) 못된 아기를 데려간다는 귀신[요괴]

bog·gle [bɑ́gl | bɔ́gl] *vi.* (무서워서·놀라서) 펄쩍 뛰다, 움찔하다, 주춤거리다 《*at*》

bog·gy [bɑ́gi | bɔ́gi] *a.* (**-gi·er**; **-gi·est**) 습지[늪, 수렁]의; 소택지[늪, 수렁]가 많은

bo·gie [bóugi] *n.* **1** 낮고 견고한 짐수레[트럭] **2** (6륜 트럭의) 구동 후륜 **3** (영) 〖철도〗 보기 대차(臺車)

bo·gle [bóugl] *n.* 도깨비, 귀신, 요귀(妖鬼), 유령

Bo·go·tá [bòugətɑ́:] *n.* 보고타 《남미 콜롬비아 공화국의 수도》

bo·gus [bóugəs] *a.* 가짜의, 사이비(似而非)의(phony)

bo·gy [bóugi] *n.* (*pl.* **-gies**) **1** 악귀, 악령; 무서운 사람[것] **2** 사람에게 붙어다니는 것; (까닭없는) 불안 **3** (속어) 〖군사〗 국적 불명기(機)[비행물체]; 적기 **4** (속어) 코딱지

Bo·he·mi·a [bouhí:miə] *n.* **1** 보헤미아 《체코 서부 지역; 본래 왕국》 **2** [종종 **b~**] 자유 분방한 사회[지구]

Bo·he·mi·an** [bouhí:miən] *n.* **1 보헤미아 사람**; Ⓤ 보헤미아 말 **2** [종종 **b~**] 자유분방한 생활을 하는 사람 《특히 문예인》; 집시 **—*a. **1** 보헤미아 (사람[말])의 **2** [종종 **b~**] 방랑적인; 전통에 얽매이지 않는; 자유분방한

~·ism *n.* Ⓤ 자유분방한 기질[생활, 주의]

*****boil**[1] [bɔil] [L 「거품」의 뜻에서] *vi.* **1 a 끓다**, 비등하다 **b** 〈물 등이〉 분출하다 **2** 〈바다가〉 (뒤끓듯이) 파도치다 **3 격분하다** **4** 〈음식이〉 **삶아지다**, 익다

—*vt.* **1 끓이다**, 비등시키다 **2 삶다**, 〈밥을〉 짓다 **3** 〈설탕·소금 등을〉 졸여서 만들다

~ *away* (1) 끓어서 증발하다 (2) 〈흥분 등이〉 가라앉다 **~ *down*** 졸이다, 졸다; 요약하다[되다] **~ *over*** 끓어 넘치다; 〈상황 등이〉 위험한 상태에 이르다 《*in, into*》 **~ *up*** 끓어오르다; 삶다; 끓여 소독하다; 〈수프 등을〉 끓이다, 데우다; (구어) 〈분쟁 등이〉 일어나다, 일어나려고 하다

boil[2] *n.* 종기(腫氣), 부스럼

boiled [bɔild] *a.* 끓은, 삶은

bóiled shírt (구어) (가슴 부분을 빳빳하게 풀먹인) 예장용 흰 와이셔츠

***boil·er** [bɔ́ilər] *n.* **1 보일러**, 기관(汽罐) **2** 끓이는 그릇 《솥·냄비 등》; 끓이는 사람

boil·er·mak·er [bɔ́ilərmèikər] *n.* **1** 보일러 제조자 **2** Ⓤ (미·구어) 맥주를 탄 위스키

bóiler ròom 보일러실

bóiler sùit (영) (위아래가 붙은) 작업복(overalls)

***boil·ing** [bɔ́iliŋ] *a.* Ⓐ **1 끓어오르는**; 뒤끓는 듯한 **2** (바다가 뒤끓듯이) 사나운 **3** 푹푹 찌는 듯한, 몹시 더운

bóiling pòint **1** 비등점 **2** [the ~] 울화가 터질 때, 격노할 때; 흥분의 절정

***bois·ter·ous** [bɔ́istərəs] *a.* **1** 〈사람·행위 등이〉 **거친**, 난폭한; **명랑하고 떠들썩한**: a ~ party 떠들썩하고 명랑한 파티 **2** 〈바람·파도 등이〉 거친, 사나운, 휘몰아치는 **~·ly** *ad.* **~·ness** *n.*

Bol. Bolivia(n)

bo·la(**s**) [bóulə(s)] *n.* (*pl.* **-las**(**·es**)) 볼라 《끝에 쇳덩어리가 달린 투척용 밧줄》

****bold** [bould] *a.* **1 대담한**(daring), 용감한, 과감한 **2** 《특히》 〈여성·여성의 태도가〉 **뻔뻔스러운**, 되바라진 **3** 〈행위 등이〉 **용기와 담력을 요하는**; 도전적인 **4** 〈묘사·상상력 등이〉 힘 있는, 분방한 **5** 두드러진, 뚜렷한(striking); 〈선 등이〉 굵은 **6** 〈낭떠러지 등이〉 가파른, 험한(steep)

be* [*make*] (*so*) ~ (*as*) *to do 실례지만 …하다, 대담하게도[감히] …하다 ***make ~ with*** …을 제마음대로 쓰다 《make free with쪽이 일반적》

bold·face [bóuldfèis] *n.* Ⓤ 〖인쇄〗 볼드체 활자(opp. *lightface*)

bold·faced [-fèist] *a.* **1** 뻔뻔한 **2** 〖인쇄〗 볼드체의

***bold·ly** [bóuldli] *ad.* **대담하게**, **뻔뻔스럽게**; 뚜렷이

***bold·ness** [bóuldnis] *n.* Ⓤ **1 대담**, 뱃심, 배짱: He had the ~ *to* approach the girl. 그는 대담하게도 그 소녀에게 접근했다. **2** 두드러짐, 눈에 뜨임

bole [boul] *n.* 나무의 줄기(trunk)

bo·le·ro [bəlέərou] *n.* (*pl.* **~s**) **1** 볼레로 《경쾌한 3/4박자의 스페인 무용》; 그 무용곡 **2** (블라우스 위에 입는) 짧은 상의, 볼레로

bo·li·var [bɑ́ləvər, bəlí:vɑ:r | bɔlívɑ:] *n.* (*pl.* **~s**) 볼리바 《베네수엘라의 화폐 단위》

Bo·liv·i·a [bəlíviə] *n.* 볼리비아 《남미 중서부의 공화국》

-i·an *a.*, *n.* 볼리비아의 (사람)

boll [boul] [동음어 bowl] *n.* 둥근 꼬투리, 다래 《목화·아마 등의》

bol·lard [bɑ́lərd | bɔ́l-] *n.* **1** 〖항해〗 배 매는 기둥, 계선주(繫船柱), 볼라드 **2** (영) (도로 한가운데에 있는 안전 지대(traffic island)의) 보호 기둥

bol·lix [bɑ́liks | bɔ́l-] *vt.* (영·속어) 혼란시키다; 못쓰게 만들다 《*up*》

—*n.* 혼란; 실패

bol·locks [bɑ́ləks | bɔ́l-] *n. pl.* **1** (영·비어) 고환, 불알 **2** [the ~] (영·속어) 최고로 멋진 것 **—*vt.*** 〈…을〉 엉망으로 만들다, 망쳐놓다

bóll wéevil 〖곤충〗 목화다래바구미

bo·ló·gna (**sàusage**) [bəlóuni- | -njə-] [이탈리아 북부의 도시 이름에서] 볼로냐 (소시지) 《쇠고기·돼지고기로 만든 큰 소시지》

bó·lo tìe [bóulou] (미) 볼로 타이 《금속 고리로 고정시키는》, 끈 넥타이

Bol·she·vik [bóulʃəvìk, bɑ́l- | bɔ́l-] [Russ. 「보다 많은 수의」의 뜻에서] *n.* (*pl.* **~s**, **-vik·i** [-vìki]) **1 a** [the Bolsheviki] 볼셰비키 《러시아 사회 민주 노동당의 다수파·과격파; cf. MENSHEVIK》 **b** 볼셰비키의 한 사람 **2** 공산당원 **3** [때로 **b~**] 과격주의자 **—*a.*** **1** 볼셰비키의 **2** [때로 **b~**] 과격파의

Bol·she·vism [bóulʃəvìzm, bɑ́l- | bɔ́l-] *n.* Ⓤ **1** 볼셰비키의 정책[사상] **2** [때로 **b~**] 과격주의

Bol·she·vist [bóulʃəvist, bɑ́l- | bɔ́l-] *n.* **1** 볼셰비키의 일원 **2** [때로 **b~**] 과격주의자 **—** *a.* 볼셰비키의

Bol·shie, -shy [bóulʃi, bɑ́l- | bɔ́l-] *a.* **1** 과격파의, 체제에 반항하는 **2** 좌익의

bol·ster [bóulstər] *n.* **1** 덧베개《pillow를 얹는》 **2** 받침《서까래·받침대 등》
— *vt.* 〈학설·운동 등을〉 지지하다; 보강하다; 기운내게 하다, 튼튼하게 하다

‡**bolt**[1] [boult] [OE「화살」의 뜻에서] *n.* **1** 볼트, 나사[죔]못 **2** 빗장; (자물쇠의) 청; (총의) 노리쇠 **3** 한 통《피륙·벽지 등의》, 한 필, 한 묶음 **4** 큰 화살 **5** 번개, 전광; 벼락(thunderbolt)
(***like***) ***a ~ from*** [***out of***] ***the blue*** (***sky***) 청천벽력(과 같이) ***shoot*** one***'s*** (***last***) *~* 큰 화살을 쏘다; 최선을 다하다
— *vt.* **1** 빗장 질러 잠그다, 볼트로 죄다 **2** 《미》 탈당하다 **3** 불쑥[무심코] 말하다 **4** 〈음식을〉 씹지 않고 통째로[급히] 삼키다
— *vi.* **1** 뛰어 나가다; 도망하다; 〈말이〉 날뛰며 달아나다 **2** 《미》 탈당하다 **3** 〈식물이〉 일찍 꽃[열매]을 피우다[맺다]

bolt[2] *vt.* 체질하여 가르다; 세밀히 조사하다

bolt·er[1] [bóultər] *n.* **1** 질주하는 말; 탈주자 **2** 《미》 탈당자

bolter[2] *n.* 체(sieve)

bolt-hole [bóulthòul] *n.* 안전한 은신처, (현실로부터의) 도피소

bo·lus [bóuləs] *n.* (*pl.* **~·es**) **1** 둥근 덩어리 **2** 큰 환약(big pill)《동물용》

‡**bomb** [bɑm | bɔm] *n.* **1** 폭탄; [the ~] (정치적 입장에서 본) 원자[수소] 폭탄, 핵무기: an atomic ~ 원자 폭탄 **2** (살충제·도료 등의) 분무기, 스프레이 **3** 《미·구어》 (흥행 등의) 대실패 **4** [보통 *sing.*] 돌발 사건 **5** 납 용기《방사성 물질의 저장·운반에 쓰이는》 **6** [보통 *sing.*] 거금
go down a ~ 《구어》 크게 성공하다, 큰 인기를 얻다 ***go*** (***like***) ***a ~*** 《영·구어》 대성공하다; 크게 히트치다; 맹렬한 속도로 달리다 ***put a ~ under*** a person 《구어》 …에게 빨리 해주도록 재촉하다
— *vt.* **1** 폭격하다; …에 폭탄을 투하하다; 폭파하다 **2** 〖스포츠〗 〈상대 팀 따위를〉 완패시키다 **—** *vi.* **1** 폭탄을 투하하다 **2** 《미·속어》 대실패하다
*~ **up*** (비행기에) 폭탄을 싣다

***bom·bard** [bɑmbɑ́:rd | bɔm-] *vt.* **1** 포격[폭격]하다 **2** 〈질문·탄원 등을〉 퍼붓다: ~ a person *with* questions 질문 공세를 퍼붓다 **3** 〖물리〗 〈원자 등에〉 입자로 충격을 가하다

bom·bar·dier [bɑ̀mbərdíər | bɔ̀m-] *n.* **1** (폭격기의) 폭격수(手) **2** 《영》 포병 하사관

***bom·bard·ment** [bɑmbɑ́:rdmənt | bɔm-] *n.* Ⓤⓒ **1** 포격, 폭격 **2** 〖물리〗 충격

bom·ba·sine [bɑ̀mbəzí:n, -sí:n | bɔ́mbəzì:n] *n.* = BOMBAZINE

bom·bast [bɑ́mbæst | bɔ́m-] *n.* Ⓤ 호언장담, 허풍

bom·bas·tic [bɑmbǽstik | bɔm-] *a.* 과장한, 허풍떠는 **-ti·cal·ly** *ad.*

Bom·bay [bɑmbéi | bɔm-] *n.* 봄베이《인도의 항구 도시》

bom·ba·zine [bɑ̀mbəzí:n | bɔ́mbəzì:n] *n.* Ⓤ 봄버진《날실은 명주실, 씨실은 털실 능직(綾織); 주로 여성 상복(喪服)감》

bómb bày (비행기의) 폭탄 투하실(室)

bómb dispòsal 불발탄 처리[철거]《제거하여 폭발시킴》: a ~ squad 불발탄 처리반

bombed [bɑmd | bɔmd] *a.* 《미·속어》 술[마약]에 취한

bomb·er [bɑ́mər | bɔ́m-] *n.* 폭탄병, 폭탄 투하자; 폭격기; 폭파범

bomb·proof [-prù:f] *a.* 내폭(耐爆)의

bomb·shell [-ʃèl] *n.* **1** 폭탄(bomb); 포탄(shell) **2** [보통 *sing.*] 《구어》 깜짝 놀라게 하는 일, 돌발 사건; 굉장히 매력적인 미인

bomb·sight [-sàit] *n.* 〖항공〗 폭격 조준기

bomb·site [-sàit] *n.* (공습 받은) 피폭지(被爆地)

bo·na fi·de [bóunə-fáid] [L = in good faith] *a., ad.* 진실한[하게], 성실한[히]

bo·na fi·des [bóunə-fáidi:z] [L = good faith] *n.* 〖법〗 선의(善意), 성의

bo·nan·za [bənǽnzə] [Sp. = good luck] *n.* **1** (함유량이) 풍부한 광맥 **2** 대성공, 행운, 노다지

Bo·na·parte [bóunəpɑ̀:rt] *n.* 보나파르트 (= Napoleon I)

***bon·bon** [bɑ́nbɑ̀n | bɔ́nbɔ̀n] [F = good] *n.* 봉봉, 사탕과자

‡**bond** [bɑnd | bɔnd] *n.* **1** 묶는[매는, 잇는] 것《새끼·끈·띠 등》; [보통 *pl.*] 속박; [종종 *pl.*] 유대; 결속; 인연 **2** 약정, 계약, 맹약; 동맹: enter into a ~ with …와 계약을 맺다 **3** Ⓤ 보증; Ⓤ 보증금, 보석금 **4** (차용) 증서; 공채(公債) 증서, 채권, 회사채: a public ~ 공채 / a treasury ~ (미국의) 재무성 발행의 장기 채권, 국채 **5** 접합제, 본드; [a ~] 접착 (상태); (돌·벽돌 등의) 이어 쌓기[쌓는 법] **6** 〖화학〗 화학 결합
in ~ 보세 창고 유치의 ***out of ~*** 보세 창고에서 (내어)
— *vt.* **1** 담보를 넣다, 저당잡히다; 〈차입(借入)금을〉 채권으로 대체(對替)하다; (…을 위해) 손해를 보증하다 **2** 접착시키다, 접합하다 **3** 〈돌·벽돌 등을〉 이어 쌓다, 잇다 **4** 〈수입품을〉 보세 창고에 맡기다
— *vi.* 접착[접합]하다

***bond·age** [bɑ́ndidʒ | bɔ́nd-] *n.* Ⓤ **1** 농노의 신세, 천역(賤役) **2** (행동 자유의) 속박, 굴종 **3** 노예의 신분; (정욕 등의) 노예가 됨
in ~ 감금되어, 노예가 되어

bond·ed [bɑ́ndid | bɔ́nd-] *a.* **1** 공채[채권]로 보증된; 담보가 붙은 **2** 보세 창고에 유치된; 보세품의

bónded wárehouse [**stóre**] 보세 창고

bond·hold·er [bɑ́ndhòuldər | bɔ́nd-] *n.* 공채 증서[회사 채권] 소유자

bond·maid [bɑ́ndmèid | bɔ́nd-] *n.* 여자 노예

bond·man [-mən] *n.* (*pl.* **-men** [-mən]) 남자 노예; 농노(serf)

bónd sèrvant 종, 노복, 노예

bonds·man [bándzmən | bɔ́ndz-] *n.* (*pl.* **-men** [-mən]) **1** 〖법〗 보증인 **2** = BONDMAN

Bónd Strèet (런던의) 본드가(街)《일류 상점가》

bond·wom·an [bándwùmən | bɔ́nd-] *n.* (*pl.* **-wom·en** [-wìmin]) 여자 노예

‡bone [boun] *n.* **1** 뼈; Ⓤ 골질(骨質) **2** Ⓤ 살이 조금 붙어 있는 뼈《수프 등의 재료》 **3** 뼈·상아 등으로 만든 물건 **4** 뼈처럼 생긴 것《상아·고래 수염 등》 **5** [*pl.*] 골격; 신체 **6** [*pl.*] 시체, 유골 **7** [보통 *pl.*] (이야기 등의) 골자, (문학 작품의) 뼈대 **8** 뼈의 구실을 하는 것《우산·코르셋 등의 뼈대》 **9** [*pl.*] 《구어》 주사위 **10** 〖음악〗 (뼈·나무로 만든) 본스《캐스터네츠(castanets)의 일종》
a ~ of contention 불화의 원인 ***make no ~s of*** [***about, to*** do] …에 개의치 않다, …을 예사로 하다; …을 솔직히 인정하다, 숨기지 않다 ***No ~s broken!*** 대단찮아! ***skin and ~s*** 뼈와 가죽(만 남은 사람) ***to the bare ~s*** 철저히, 최대한으로 ***to the ~*** (1) 뼛속까지, 뼈저리게 (2) 최대한으로; 철저히
— *ad.* 《구어》 철저히, 몹시
— *vt.* **1** 〈닭·생선 등의〉 뼈를 발라내다 **2** 〈코르셋·우산 등에〉 뼈대를 넣다 **3** 《속어》 훔치다(steal) — *vi.* 《구어》 열심히 공부하다《*up*》

bóne chína 본차이나《골회(骨灰) 등을 넣어 만든 반투명(半透明)의 흰 자기》

boned [bound] *a.* **1** [보통 복합어를 이루어] 뼈가 …한 **2** 뼈를 추려낸 〈생선 등〉 **3** 고래 수염을 넣은 〈코르셋 등〉

bone-dry [bóundrái] *a.* 《구어》 메마른, 〈샘이〉 물이 마른; 〈목이〉 바싹 마른

bone·head [-hèd] 《미·속어》 *n.* 바보, 얼간이 — *a.* Ⓐ 얼빠진, 얼간이의
~·ed [-id] *a.*

bone·less [bóunlis] *a.* 뼈가 없는; 뼈를 빼버린

bóne mèal 〖농업〗 골분(骨粉)《비료·사료용》

bon·er [bóunər] *n.* 《미·속어》 (학생의) 얼빠진 실수(blunder)

bone·set·ter [bóunsètər] *n.* (무면허의) 접골사(接骨師)

bone·set·ting [-sètiŋ] *n.* Ⓤ 접골(술(術))

bone·shak·er [-ʃèikər] *n.* **1** 《속어》 구식 자전거《고무 타이어가 없는》 **2** 털털이 자동차(rattletrap)

∗bon·fire [bánfàiər | bɔ́n-] *n.* **1** (축하의 큰) 횃불 **2** (노천의) 화톳불

bong [baŋ | bɔŋ] *n.* (종 등의) 둥하는 소리, 댕, 동, 궁
— *vi.* 둥[댕, 궁] 소리를 내다

bon·go[1] [báŋgou | bɔ́ŋ-] *n.* (*pl.* **~, ~s**) 봉고 영양《아프리카산》

bongo[2] *n.* (*pl.* **~(e)s**) 봉고《라틴 음악에 쓰는 작은 드럼》

bon·ho·mie [bànəmí: | bɔ́nəmì:] *n.* Ⓤ 온후함, 쾌활

bon·i·face [bánəfèis | bɔ́nifèis] *n.* (호인이며 쾌활한) 여관[나이트클럽, 식당] 주인

bo·ni·to [bəní:tou] *n.* (*pl.* **~s, ~**) 〖어류〗 가다랑어

bon·jour [bɔ:nʒú:ər] [F] *int.* 안녕하세요

bon·kers [báŋkərz | bɔ́ŋ-] *a.* 《영·속어》 머리가 돌아, 정신이 이상하여

bon mot [bán-móu] [F = good word] *n.* 재치 있는 농담[말]

∗Bonn [ban | bɔn] *n.* 본《구 서독의 수도》

‡bon·net [bánit | bɔ́n-] *n.* **1** 보닛《여자·아이들이 쓰는 모자》 **2** 덮개, 뚜껑 **3** 《영》 (자동차의) 보닛
— *vt.* 모자를 눌러 씌우다; 〈불 등을〉 덮어 끄다

∗bon·ny, -nie [báni | bɔ́ni] *a.* **1** 《스코》 예쁘장한, 사랑스러운 **2** 《영》 토실토실한 **-ni·ly** *ad.* **-ni·ness** *n.*

bon·soir [bɔ̃:nswá:r] [F] *int.* 안녕하세요《저녁 인사》

∗bo·nus [bóunəs] *n.* 보너스, 상여금, 특별 수당

bónus dívidend 특별 배당금

bónus gòods 보상 물자

bon vi·vant [bán-vi:vá:nt | bɔ́n-] [F] *n.* 미식가, 식도락가

bon voy·age [bán-vɔiá:ʒ | bɔ́n-] [F = good journey] 즐거운 여행이 되시기를, 잘 다녀오십시오!

∗bon·y [bóuni] *a.* **1** 골질(骨質)의 **2** 〈생선이〉 뼈가 많은

bon·zer [bánzər | bɔ́n-] *a.* 《호주·속어》 참 좋은, 근사한

boo[1] [bu:] *int.* 피《비난·경멸》; 으악《위협》; 우《야유》
can [***will***] ***not say ~ to a goose*** 《구어》 몹시 겁이 많아 할 말도 못하다

boo[2] *a.* 근사한, 훌륭한
— *n.* Ⓤ 《미·속어》 마리화나

boob [bu:b] *n.* 《속어》 얼간이, 얼뜨기

boo·by [bú:bi] *n.* **1** 얼간이, 멍청이 **2** 〖조류〗 가마우지의 일종

bóoby hàtch 《미·속어》 정신병원; 유치장

bóoby prìze 꼴찌상(賞), 최하위상

bóoby tràp 〖군사〗 부비 트랩, 위장 폭탄

boo·by-trap [bú:bitræ̀p] *vt.* (**~ped**; **~·ping**) …에 부비 트랩을 장치하다

boo·dle [bú:dl] 《미·속어》 *n.* **1** 단체, 패거리 **2** 뇌물, 매수금(買收金); (정치적) 부정 이득 **bóo·dler** *n.* 수회자(收賄者)

boo·gie-woo·gie [búgiwúgi, bú:gi-wú:gi] *n.* Ⓤ Ⓒ 부기우기《템포가 빠른 재즈》

boo·hoo [bù:hú:] *vi.* 엉엉 울어 대다
— *n.* 엉엉 울기[우는 소리]

‡book [buk] *n.* **1** 책, 서적 **2** [the (Good) B~] 성경(the Bible) **3** (책의) 권(卷), 편(篇) **4** 장부; (우표·성냥·수표 등의) 묶음철(綴)
at one***'s ~s*** 공부하고 있는 중 ***bring*** [***call***] a person ***to ~*** 해명을 요구하다, 책망하다 ***by*** (***the***) ***~*** (1) 규칙대로 (2) 일정한 형식대로, 정식으로 ***close*** [***shut***] ***the ~s*** (결산용으로) 장부를 마감하다; 결산하다 ***in*** a person***'s good*** [***bad,***

black] **~s** …의 마음에 들어[미움을 받아] ***keep ~s*** 치부하다, 기장하다 ***like a ~*** 정확하게; 딱딱하게 ***off the ~s*** 제명되어 ***on the ~s*** 기록되어, 명부에 올라 ***one for the ~(s)*** 《미·구어》 특기할 만한 연기[행위, 사건] ***suit*** one***'s ~*** 목적에 적합하다 ***throw the ~ at*** …을 투옥하다; 엄벌에 처하다 ***without*** (one***'s***)~ 전거(典據) 없이
— *vt.* **1** 〈이름·주문 등을〉 **기입[기장]하다** **2** 〈좌석을〉 **예약하다**
— *vi.* 이름을 등록하다; 예매표를 사다
book·a·ble [búkəbl] *a.* (좌석 등을) 예약할 수 있는
bóok àgent 서적 판매인
book·bind·er [búkbàindər] 제본업자, 제본소 직공
book·bind·er·y [-bàindəri] *n.* 제본소
book·bind·ing [-bàindiŋ] *n.* Ⓤ 제본; 제본술[업]
bóok bùrning 분서(焚書), 금서; 사상 통제
bóok càrd (도서관의) 도서 대출 카드
*‡***book·case** [búkkèis] *n.* **책장, 서가**
bóok clùb 독서 클럽, 애서가(愛書家) 클럽
book·end [-ènd] *n.* [보통 *pl.*] 북엔드, 책버팀 《책이 쓰러지지 않게 양끝에 세우는 것》
bóok hùnter (사고자 하는) 책을 찾아다니는 사람
book·ing [búkiŋ] *n.* **1** Ⓤ **장부 기입,** 기장 **2** ⓊⒸ (좌석의) **예약**
bóoking clèrk 출찰 계원; (호텔 등의) 예약 담당원
bóoking òffice 《영》 매표소, 표 파는 곳(《미》 ticket office)
book·ish [búkiʃ] *a.* **1** 독서의; 책[학문]에 열중하는 **2** 서적을 통해 알고 있는, 탁상공론의
bóok jàcket 책 커버
*****book·keep·er** [búkkì:pər] *n.* **부기[장부] 계원**
book·keep·ing [-kì:piŋ] *n.* Ⓤ 부기
*****book·let** [búklit] *n.* **작은 책자, 팸플릿**
book·mak·er [-mèikər] *n.* **1** 저술가 《특히 돈만을 목적으로》; 책을 만드는 사람 《제본·인쇄업자 등》 **2** 〖경마〗 마권(馬券) 업자
book·mak·ing [-mèikiŋ] *n.* Ⓤ **1** 서적 제조(업) **2** 〖경마〗 (사설) 마권업
book·man [-mən] *n.* 독서인, 문인; 학자; 《구어》 서적상, 출판업자
book·mark [-mà:rk] *n.* **1** 서표(書標); 장서표(藏書票) **2** 〖컴퓨터〗 북마크 《인터넷 사이트를 브라우저에 등록해 두는 기능》
— *vt.* 〈어떤 사이트를〉 북마크하다
bóok màtch 《미》 종이 성냥
book·mo·bile [-məbì:l] *n.* 《미》 (자동차) 이동 도서관
bóok nòtice (신간) 서적 소개[비평]
book·plate [-plèit] *n.* 장서표
book·rack [-ræ̀k] *n.* 서가(書架), 책꽂이
bóok revìew (특히 신간 서적의) 서평
*****book·sell·er** [búksèlər] *n.* **서적상,** 책장수
*****book·shelf** [búkʃèlf] *n.* (*pl.* **-shelves**) 서가, 책꽂이
*****book·shop** [búkʃɑ̀p | -ʃɔ̀p] *n.* 《영》 **책방,** 서점(《미》 bookstore)
book·stall [-stɔ̀:l] *n.* 《영》 (역구내 등의) 신문·잡지 매점(newsstand)
book·stand [-stæ̀nd] *n.* **1** 서가, 서안 **2** 서적 진열대[매점]
*‡***book·store** [búkstɔ̀:r] *n.* 《미》 **책방,** 서점(《영》 bookshop)
book·sy [búksi] *a.* 《구어》 학자연하는, 거북스레 딱딱한
bóok tòken 《영》 도서 상품권
bóok vàlue 〖회계〗 장부 가격
book·work [-wə̀:rk] *n.* Ⓤ 책[교과서]에 의한 연구[학습] 《실습·실험에 대하여》
book·worm [búkwə̀:rm] *n.* **1** 〖곤충〗 반대좀 **2** 독서광(狂), 책벌레
*‡***boom**[1] [bu:m] *n.* **1 쿵 하고 울리는 소리** **2 벼락 경기,** 인기
— *vi.* **1 쿵하고 울리다** **2** 《미·속어》 **갑자기 경기가 좋아지다,** 인기가 좋아지다
— *vt.* **1** 울리는[우렁찬] 소리로 알리다 《*out*》; 낭송(朗誦)하다 **2** 붐을 일으키다; (광고 등으로)…의 인기를 올리다
boom[2] *n.* 〖항해〗 (돛을 펴는) 하활; (항구의) 방재(防材) (구역)
boom-and-bust [bú:mənbʌ́st] *n.* 《구어》 벼락 경기와 불경기의 교체, 일시적인 비정상적 호경기
*****boo·mer·ang** [bú:məræ̀ŋ] *n.* **부메랑** 《오스트레일리아 원주민의 무기》
bóom tòwn (호경기로 급격히 발전하는) 신흥 도시
*****boon**[1] [bu:n] *n.* **혜택, 은혜, 이익**
boon[2] *a.* 재미있는, 유쾌한: a ~ companion (남자끼리) 마음 맞는 친구
boon·dog·gle [bú:ndɑ̀gl, -dɔ̀:gl] 《미·구어》 *n.* **1** (보이 스카우트가 목에 거는) 가죽끈; 수세공품(手細工品) **2** (시간과 돈이 드는) 쓸데없는 일
— *vi.* 쓸데없는 일을 하다
boor [buər] *n.* 촌뜨기(rustic), 농사꾼
boor·ish [búəriʃ] *a.* **1** 촌사람의 **2** 촌티 나는, 상스러운 **~·ly** *ad.* **~·ness** *n.*
*****boost** [bu:st] 《구어》 *n.* **1 밀어 올림** **2** 후원; 경기 부양(浮揚)
— *vt.* **1 밀어 올리다** **2** 후원하다, 밀어주다 **3** 〖전기〗 전압(電壓)을 올리다
boost·er [bú:stər] *n.* **1** 후원자 **2** 시세를 조작해 올리려고 사들이는 사람 **3** 〖전기〗 승압기(昇壓機); 〖전자〗 증폭기(增幅器)
bóoster ròcket (발사 추진) 보조 로켓
*‡***boot**[1] [bu:t] *n.* **1** [보통 *pl.*] 《영》 **부츠,** 반장화; 《미》 **장화** **2** 《영》 (자동차의) 트렁크(《미》 trunk) **3** [the ~] 《속어》 해고(dismissal)
give a person[***get***] ***the ~*** 《속어》 해고하다[당하다] ***have*** one***'s heart in*** one***'s ~s*** 겁을 내고 있다 ***The ~ is on the other***[***wrong***] ***leg***[***foot***]. 《구어》 입장이 거꾸로 되었다. ***wipe*** one***'s ~s on*** …을 몹시 모욕하다
— *vt.* **1** 부츠[장화]를 신기다 **2** 《구어》 발길로 차다 《*out, about*》; 《구어》 해고하다, 내쫓다 《*out of*》

boot² (고어·시어) *n.* Ⓤ 이익(profit) [다음 성구로]
to ~ 게다가, 덤으로
boot·black [búːtblæ̀k] *n.* 《드물게》 (길거리의) 구두닦이(shoeblack)
boot·ed [búːtid] *a.* 부츠[장화]를 신은
boot·ee [buːtíː | ⌐⌐] *n.* [보통 *pl.*] **1** 부티 《여자·어린이용 부츠》 **2** [búːti] 털실로 짠 아이들 양말
Bo·ö·tes [bouóutiːz] *n.* 〖천문〗 목동자리
‡**booth** [buːθ | buːð] **노점,** 매점; (공중) **전화 박스; 칸막이한 좌석**
boot·jack [búːtdʒæ̀k] *n.* V자형의 장화 벗는 기구
boot·lace [-lèis] *n.* [보통 *pl.*] 《영》 구두끈(shoelace)
boot·leg [-lèg] (속어) *v.* (**~ged**; **~·ging**) **—** *vt.* 〈술 등을〉 밀매[밀수, 밀조]하다 **—** *vi.* 술을 밀수하다
— *n.* Ⓤ 밀수[밀매, 밀조]주; 해적판
boot·leg·ger [-lègər] *n.* (특히 미국의 금주법 시대의) 주류 밀매[밀수, 밀조]자
boot·less [búːtlis] *a.* 무익한(useless) **~·ly** *ad.*
boot·lick [búːtlìk] *vi., vt.* (구어) 아첨하다 **—** *n.* 《미》 =BOOTLICKER
boot·lick·er [-lìkər] *n.* 아첨꾼(toady)
boot·mak·er [-mèikər] *n.* 구두 만드는 사람
boots [buːts] *n.* (*pl.* ~) 《영》 (호텔의) 구두닦이 《짐을 나르기도 함》
boot·strap [búːtstræ̀p] *n.* (편상화의) 손잡이 가죽; 〖컴퓨터〗 부트스트랩 《예비 명령에 의해 프로그램을 로드(load)하는 방법》
bóot trèe 구두 골
***boo·ty** [búːti] *n.* Ⓤ (육상에서 거둔) 전리품, 노획물; 벌이
booze [buːz] (구어) *vi.* 술을 많이 마시다 **—** *n.* **1** Ⓤ 술 **2** 주연(酒宴)
booz·er [búːzər] *n.* **1** (구어) 술꾼 **2** (영·속어) 술집(pub)
booze-up [búːzʌ̀p] *n.* (영·속어) 술잔치
booz·y [búːzi] *a.* (구어) 술 취한
bo·peep [boupíːp] *n.* Ⓤ 《영》 아웅[깍꼭] 놀이
play ~ 아웅[깍꼭]놀이를 하다
BOQ bachelor officers' quarters 독신 장교 숙사
bor. boron; borough
bor·age [bɔ́ːridʒ, bɑ́r- | bɔ́r-] *n.* 〖식물〗 지치의 일종
bo·rate [bɔ́ːreit] *n.* 〖화학〗 붕산염
***bo·rax** [bɔ́ːræks] *n.* Ⓤ 〖화학〗 붕사(硼砂)
Bor·deaux [bɔːrdóu] *n.* 보르도 《남프랑스의 포도주 산지의 중심지인 항구》; Ⓤ 보르도 포도주
bordéaux mìxture 〖원예〗 보르도액(液) 《농약; 살균제》
‡**bor·der** [bɔ́ːrdər] [동음어 boarder] *n.* **1 가장자리,** 변두리 **2 경계,** 국경, 국경 지방(frontier); 《미》 변경(邊境) **3** 가장자리 장식
on the ~ of (1) …의 가[접경]에 (2) 이제 막 …하려고 하여
— *vt.* **1 접경하다,** 접하다 **2** 단을 대다, 테를 두르다 《*with*》 **—** *vi.* **1 인접하다** 《*on, upon*》 **2** 가깝다 《*on, upon*》
bor·der·er [bɔ́ːrdərər] *n.* **1** 국경[변경]의 주민 **2** 테를 두르는 사람
bor·der·land [bɔ́ːrdərlæ̀nd] *n.* **1** 국경(지대); 분쟁지 **2** [the ~] 소속이 불확실한 경계점; 어중간한 상태 《*between*》
***bórder lìne 국경선, 경계선**
***bor·der·line** [bɔ́ːrdərlàin] *a.* **1 국경(근처)의 2** 어느 편이라고 결정하기 어려운
bórder sèrvice 국경 수비대 근무
Bórder Stàtes [the ~] 〖미국사〗 노예 제도를 채용한 남부 여러 주 중에서 북부와의 타협에 기울어졌던 주들 《Delaware, Maryland, West Virginia, Kentucky, Missouri》
‡**bore¹** [bɔːr] [동음어 boar] *vt.* **1** 〈구멍·터널을〉 **뚫다,** 꿰뚫다, 도려내다 **2** 〖경마〗 〈말이〉 (머리를 내밀어) 〈다른 말을〉 제치고 나아가다
— *vi.* **1 구멍을 내다;** 시굴(試掘)하다 **2** 밀치고 나아가다 《*on, to*》
— *n.* **1** (총의)구경(口徑) **2** 시추공(試錐孔)
‡**bore²** [bɔːr] *vt.* **지루하게 하다,** 따분하게 하다 《*with*》 **—** *n.* **1** 따분한[지루한] 것 **2** 따분한 사람
bore³ *n.* 고조(高潮), 해일(海溢)
‡**bore⁴** [bɔːr] *v.* BEAR²의 과거
bo·re·al [bɔ́ːriəl] *a.* **1** 북풍의 **2** 북녘의
Bo·re·as [bɔ́ːriəs] *n.* 〖그리스신화〗 보레아스 《북풍의 신》; (시어) 북풍, 삭풍
bore·dom [bɔ́ːrdəm] *n.* Ⓤ 지루함, 권태; Ⓒ 지루한 일
bore·hole [bɔ́ːrhòul] *n.* (석유·수맥 탐사용) 시추공, 시굴공, 보링 구멍
bor·er [bɔ́ːrər] *n.* 구멍 뚫는 사람[기구], 송곳, 끌
bore·some [bɔ́ːrsəm] *a.* 지루한, 진절머리나는
bo·ric [bɔ́ːrik] *a.* 붕소의; 붕소를 함유한
bóric ácid 〖화학〗 붕산(硼酸)
bor·ing¹ [bɔ́ːriŋ] *n.* 천공(穿孔), 천공 작업; 〖광산〗 보링
bor·ing² [bɔ́ːriŋ] *a.* **지루한,** 따분한
‡**born** [bɔːrn] [동음어 borne] *v.* BEAR² 「낳다」의 과거분사
be ~ 태어나다
— *a.* **타고난,** 천성의, 태생의
a Parisian ~ *and bred* (파리) 본토박이 *in all* one's ~ *days* [의문문·부정문에서] (구어) 나서부터 지금까지, 평생
‡**borne** [bɔːrn] [동음어 born] *v.* BEAR²의 과거분사
Bor·ne·an [bɔ́ːrniən] *a.* 보르네오의 **—** *n.* 보르네오 사람; Ⓤ 보르네오 말
Bor·ne·o [bɔ́ːrniòu] *n.* 보르네오의 섬 《Malay 제도 중에 있는 섬》
bo·ron [bɔ́ːrɑn | -rɔn] *n.* Ⓤ 〖화학〗 붕소 《비금속 원소; 기호 B》
***bor·ough** [bə́ːrou | bʌ́rə] [동음어 burrow] *n.* **1** 《영》 **자치 도시**(=municipal ~); (국회 의원 선거구로서의) 도시 **2** 《미》 자치 시[구, 읍]; (New York의) 독립구
‡**bor·row** [bɑ́rou, bɔ́ːr- | bɔ́r-] *vt.* **1** 빌리다 《*from,* (드물게)

of》 **2** 〈사상·풍습 등을〉 무단 차용하다, 도입하다 《*from*》
*~ **trouble*** 쓸데없는 걱정을 하다
*__bor·row·er__ [bárouər] *n.* **빌리는 사람**, 차용자
borsch(**t**) [bɔːrʃ(t)] *n.* Ⓤ (당근즙을 넣은) 러시아식 수프의 일종
bor·stal [bɔ́ːrstl] *n.* [때로 **B~**] 《영》 (비행(非行) 소년들을 위한) 감화원, 소년원
bor·zoi [bɔ́ːrzɔi] *n.* 보르조이 《러시아산의 사냥개》
bos·cage, bos·kage [báskidʒ | bɔ́s-] *n.* 《문어》 수풀, 숲
bosh [baʃ | bɔʃ] *n.* Ⓤ 《구어》 허튼소리 **—** *int.* 《구어》 허튼소리 마라
bosk [bask | bɔsk] *n.* 《문어》 작은 (관목) 수풀
bos·ket [báskit | bɔ́s-] *n.* 수풀, 총림(叢林)
bosk·y [báski | bɔ́ski] *a.* 《문어》 숲이 우거진; 나무 그늘이 있는(shady)
bo'·s'n [bóusn] *n.* = BOATSWAIN
Bos·ni·a [bázniə] *n.* 보스니아 《발칸 반도 서부의 옛 왕국》
‡**bos·om** [búzəm, búːz-] *n.* **1** 《문어》 **가슴; 가슴속**, 친애의 정 **2** (의복의) 흉부, 품; 《미》 셔츠의 가슴 **3** 속, 내부 《*of*》 **4** (바다·호수 등의) 한복판 《*of*》
***keep in** one's ~* 가슴속에 간직해 두다
***of** one's ~* 마음속으로 믿는, 가장 사랑하는
bos·om·y [búzəmi, búːz-] *a.* 《구어》 〈여자가〉 가슴이 풍만한
Bos·po·rus [báspərəs | bɔ́s-], **-pho-** [-fə-] *n.* [the ~] 보스포러스 해협 《흑해와 마르마라 해를 연결함》
‡**boss**[1] [bɔːs | bɔs] *n.* **두목, 보스**; 《미》 (정계 등의) 영수, 거물 **—** *vt.* …의 보스가 되다; 지배하다, 휘두르다
— *a.* 보스의; 뛰어난
boss[2] *n.* (장식적인) 돌기; 〖건축〗 양각(陽刻) (장식), 부조(浮彫) **—** *vt.* 돋을새김으로 장식하다
bos·sa no·va [báːsə-nóuvə | bɔ́sə-] [Port.] *n.* 보사노바 음악[춤]
bossed [bɔːst | bɔst] *a.* 양각 장식한, 돋을새김(장식)이 붙은; 돌기물이 붙은
boss-eyed [bɔ́ːsàid, bás | bɔ́s-] *a.* 《영·속어》 애꾸눈의; 사팔뜨기의
boss·ism [bɔ́ːsizm | bɔ́s-] *n.* Ⓤ 《미》 보스 제도, 보스 정치
boss·y[1] [bɔ́ːsi | bɔ́si] *a.* 《구어》 두목 행세하는, 으스대는
bossy[2] = BOSSED
‡**Bos·ton** [bɔ́ːstən | bɔ́s-] *n.* **보스턴** 《미국 Massachusetts 주의 주도》
Bóston búll = BOSTON TERRIER
Bos·to·ni·an [bɔːstóuniən | bɔs-] *a.*, *n.* 보스턴의 (시민)
Bóston Téa Pàrty [the ~] 〖미국사〗 보스턴 차 사건 《1773년 발생》
Bóston térrier 보스턴 테리어 《영국종 bulldog과 terrier의 교배종》
bo·sun, bo'·sun [bóusn] *n.* = BOATSWAIN
Bos·well [bázwel] *n.* 보즈웰 **James ~** (1740-95) 《*Life of Samuel Johnson* 의 저자》
bot [bat | bɔt] *n.* 〖곤충〗 말파리(botfly)의 유충
BOT Board of Trade 《미》 상업회의소; 《영》 상무부
bo·tan·ic, -i·cal [bətǽnik(əl)] *a.* **식물의; 식물학(상)의** **-i·cal·ly** *ad.*
*__bot·a·nist__ [bátənist] *n.* **식물학자**
bot·a·nize [bátənàiz | bɔ́t-] *vi.* 식물을 채집[연구]하다 **—** *vt.* 〈한 지역의〉 식물을 조사하다, 식물학적으로 답사하다
‡**bot·a·ny** [bátəni | bɔ́t-] *n.* **식물학**
Bótany Báy 오스트레일리아 Sydney부근의 만(灣)
botch [batʃ | bɔtʃ] *n.* **1** 보기 흉하게 기운 것 **2** 서투른 일[솜씨]
— *vt.* **1** 서투르게 깁다 **2** 망쳐 놓다 《*up*》
botch·er [bátʃər | bɔ́tʃər] *n.* 서투른 직공
botch·y [bátʃi | bɔ́tʃi] *a.* 누덕누덕 기운; 솜씨가 서투른
bo·tel [boutél] *n.* = BOATEL
bot·fly [bátflài | bɔ́t-] *n.* 〖곤충〗 말파리
‡**both** [bouθ] *a.* **양자의**, 양쪽의, 쌍방의
~ ways 양쪽 점에서, 양쪽으로
— *pron.* 양자, 양쪽 다
— *ad.* [both ... and ... 로] …도, …도 (양쪽 다); …뿐만 아니라 또
‡**both·er** [báðər | bɔ́ð-] *vt.* **괴롭히다**(worry), 귀찮게 하다, 성가시게 하다
— *vi.* (몹시) **걱정하다**, 근심[고민]하다
— *n.* **1** Ⓤ 귀찮음 **2** 성가신 일; 옥신각신
— *int.* 《영·구어》 귀찮다
both·er·a·tion [bàðəréiʃən | bɔ̀ð-] 《구어》 *n.* Ⓤ 성가심, 속상함(vexation)
— *int.* 귀찮다, 제기랄
both·er·some [báðərsəm | bɔ́ð-] *a.* 귀찮은, 성가신, 주체스러운
Bo·tox [bóutaks | -tɔks] *n.* 〖약학〗 보톡스 《얼굴의 잔주름 제거용 근육 이완 주사약; 상표명》
bó trèe [bóu-] 〖식물〗 (인도의) 보리수
Bot·swa·na [batswáːnə | bɔt-] *n.* 보츠와나 《아프리카 남부의 독립국》
bott [bat | bɔt] *n.* = BOT
‡**bot·tle** [bátl | bɔ́tl] *n.* **1 병 2 한 병의 분량 3** 젖병; 우유
— *vt.* **병에 담다**; 《영》 〈과일을〉 병조림으로 하다
bóttle bàby 우유로 키우는 아이
bot·tled [bátld | bɔ́t-] *a.* 병에 담은, 병에 든
bot·tle-fed [bátlfèd | bɔ́tl-] *a.* 우유로 자란, 인공 영양의 (cf. BREAST-FED)
bot·tle-feed [-fìːd] *vt.* (**-fed** [-fèd]) 〈아이를〉 우유[인공 영양]로 기르다 (cf. BREAST-FEED)
bóttle gréen 암녹색
bot·tle·neck [-nèk] *n.* **1** 병목 **2** 좁은 통로[길]; 교통 체증[병목 현상](이 일어나는 곳)
bóttle nòse 《속어》 (빨간) 주먹코
bóttle pàrty 각자 술병을 지참하는 파티
bot·tle-wash·er [bátlwɔ̀ːʃər | bɔ́tlwɔ̀ʃ-] *n.* **1** 병 씻는 사람[기구] **2**

《구어》 허드렛일꾼

‡**bot·tom** [bátəm | bɔ́t-] *n.* **1** 밑(바닥), 기부(基部) **2** 기초(basis); 근본 **3** (의자의) 앉을 자리
at* (*the*) ~** 본심은; 사실은 ***at the ~ of …의 원인으로 ***B~s up!*** 《구어》 건배, 쭉 들이켜요! ***get to the ~ of*** …의 진상을 규명하다; 해결하다 ***end to the ~*** 가라앉히다 ***stand on*** one'***s own ~*** 독립[자영(自營)]하다
— *a.* 밑바닥의, 최하의, 최저의
— *vt.* **1** 밑을 대다 **2** …의 진상을 규명하다 **3** [보통 수동형] 〈이론 등을〉 (…을) 근거로 하다 《*on, upon*》
— *vi.* (바다 등의) 바닥에 닿다
~ *out* (1) 해저에 닿다 (2) 〈가격 등이〉 최저 시세가 되다; 〈경제 등이〉 바닥을 벗어나다

bóttom dráwer 《영》 (처녀가 결혼 준비물을 넣어두는) 장롱 맨 아랫 서랍(《미》 hope chest)

bóttom géar 《영》 최저속 기어(《미》 low gear)

bot·tom·land [bátəmlæ̀nd | bɔ́t-] *n.* 《미》 강변의 낮은 지대

∗**bot·tom·less** [bátəmlis | bɔ́t-] *a.* **1** 밑바닥 없는, 헤아릴 수 없는 **2** (의자의) 앉는 부분이 없는

bot·tom·ry [bátəmri | bɔ́t-] *n.* 〖항해〗 선박 저당 계약 《배를 저당하여 항해 비용을 얻는》

bot·u·lism [bátʃulìzm | bɔ́t-] *n.* Ⓤ 〖병리〗 보툴리누스 중독 《썩은 소시지 등의 독소로 인한 식중독》

bou·doir [bú:dwɑ:r] [F] *n.* 여성의 내실, 규방

bouf·fant [bu:fá:nt] *a.* 〈소매나 치마·머리 등이〉 불룩한 — *n.* 불룩한 머리 모양

‡**bough** [bau] *n.* **큰 가지**

‡**bought** [bɔ:t] *v.* BUY의 과거·과거분사

bought·en [bɔ́:tn] *a.* 《방언》 가게에서 산

bou·gie [bú:ʒi] *n.* 〖의학〗 소식자(消息子), 존데; 좌약(坐藥)

bouil·la·baisse [bù:ljəbéis] [F] *n.* ⓊⒸ 부야베스 《생선·조개류에 향료를 넣어 찐 요리》

bouil·lon [búljan] [F] *n.* 부용 《쇠고기·닭고기 등의 맑은 수프》

boul·der [bóuldər] *n.* 큰 알돌, 호박돌; 〖지질〗 표석(漂石)

∗**bou·le·vard** [búləvà:rd] *n.* **넓은 가로수길**; [종종 **B~**] 《미》 큰 길, 대로 《略 Blvd.》

∗**bounce** [bauns] *vi.* **1** 〈공 등이〉 **튀다,** 뛰어 오르다 **2** 《영》 허풍치다
— *vt.* **1 튀게 하다 2** 《미·속어》 내쫓다, 해고하다
~ *back* (1) ⇨ *vi.* 1 (2) (패배·병·타격 등에서) 금방 회복하다 《*from*》; 〈경기·주가 등이〉 되살아나다
— *n.* **1** 되튐, 튐, 바운드(bound); 튀어오름 **2** Ⓤ 《영》 허풍, 허세 **3** 《미·속어》 해고 — *ad.* 갑자기, 불쑥; 급히 뛰어

bounc·er [báunsər] *n.* **1** 거대한 사람[것] **2** 튀는 사람[것] **3** 《구어》 경비원

bounc·ing [báunsiŋ] *a.* **1** 잘 튀는 **2** 씩씩한 **3** 거대한

‡**bound**[1] [baund] *v.* BIND의 과거·과거분사 — *a.* **1 묶인 2 의무가 있는** 《*to* do》 **3** 〈책이〉 **장정(裝幀)한**; 표지를 단 **4 반드시 …하게 되어 있는** 《*to* do》 **~ *up in*[*with*]** …에 열중하여; 와 밀접한 관계에

‡**bound**[2] [baund] *vi.* 〈공 등이〉 **튀어오르다, 되튀다,** 바운드하다 — *n.* 튐, 되튐, 도약; 《시어》 약동
***at a* (*single*) ~** 단번에 뛰어, 일약(一躍)

‡**bound**[3] [baund] *n.* [*pl.*] **경계(선),** 한계(내); **범위,** 한도
out of all ~s 터무니없는[없이], 지나친[치게] ***out of ~s*** 《영》 출입 금지(구역)의 《*to*》 (《미》 off limits)
— *vt.* **1** 경계를 짓다 **2** 제한하다 《*by*》

‡**bound**[4] [baund] *a.* 〈배·열차·비행기 등이〉 …**행(行)의;** 〈사람이〉 …에 가는 길인, …로 가는 도중에

‡**bound·a·ry** [báundəri] *n.* **경계(선)**; 한계

bound·en [báundən] *a.* 의무적인, 필수의(required)

bound·er [báundər] *n.* 《영·구어》 버릇없는 사람; 졸부가 된 사람(upstart)

bóund fórm 〖문법〗 구속(拘束) 형식

∗**bound·less** [báundlis] *a.* **무한한,** 끝이 없는 **~·ly** *ad.* **~·ness** *n.*

boun·te·ous [báuntiəs] *a.* 《문어》 = BOUNTIFUL **~·ly** *ad.* **~·ness** *n.*

boun·ti·ful [báuntifəl] *a.* 관대한, 〈사람이〉 아낌 없이 주는, 통이 큰; 〈물건이〉 풍부한

∗**boun·ty** [báunti] *n.* **1** Ⓤ **박애, 관대**(generosity), 통이 큼 **2** 하사품; 상여금

∗**bou·quet** [boukéi, bu:-] *n.* **1 꽃다발,** 부케 **2** (술 등의) 향기

∗**bour·bon** [bə́:rbən] *n.* Ⓤ **버번 (위스키)**

Bour·bon [búərbən] *n.* (프랑스의) 부르봉 왕가; 《미》 완고한 보수주의자

∗**bour·geois**[1] [búərʒwɑ:] *n.* (*pl.* ~) **1 중산 계급의 시민 2** 유산자, 자본가
— *a.* 부르주아 근성의, 속물의

bour·geois[2] [bərdʒɔ́is] *n.* Ⓤ 〖인쇄〗 버조이스 활자 《9포인트 활자》

∗**bour·geoi·sie** [bùərʒwɑ:zí:] *n.* (*pl.* ~) [the ~] **1 부르주아[중산] 계급 2** 자본가[유산] 계급

bourn(e)[1] [bɔ:rn] *n.* 《고어》 시내, 개울

bourn(e)[2] *n.* **1** 《고어·시어》 한계 **2** 목적지

bourse [buərs] *n.* [또는 **B~**] 증권 거래소 《유럽, 특히 파리의》

bou·stro·phe·don [bù:strəfí:dn | bàu-] *n., a., ad.* Ⓤ (고대의) 좌우 교대 서법(의[으로]) 《왼편에서 오른편으로 그 다음 줄은 오른편에서 왼편으로 쓰는 방식》

∗**bout** [baut] *n.* **1** (권투 등의) **한판 승부** 《*with*》 **2** 일시적인 기간; (병의) 발병 기간 **3** 한 바탕 …하는 동안

bou·tique [bu:tí:k] [F] *n.* 부티크 《여자용 고급 유행복이나 액세서리를 파는 가게》

bo·vine [bóuvain] *a.* 솟과(科)의; 소 같은; 둔감한(dull) — *n.* 솟과(科)의 동물

‡**bow**[1] [bau] [동음어 bough] *vi.* **1 머리를 숙이다, 허리를 굽히다,** 절하다

2 굴종하다(yield), 굴복하다 《*to*》
— *vt.* 1 〈머리·목을〉 숙이다, 〈무릎·허리를〉 구부리다, 굽히다 《*to, before*》 2 〈사의·동의를〉 절하여 표시하다 3 인사하여 안내하다 《*into*》
~ *and scrape* (1) 오른발을 뒤로 빼며 절하다 (2) 굽실거리다 **~ *down*** (1) 절하다 《*to*》 (2) 굴복하다 《*to*》 **~ *out*** 퇴장하다; 사퇴[사임]하다
— *n.* 절
make a ~ 절하다 《*to*》 ***make*** one's **~** (1) 사교계[무대]에 데뷔하다 (2) 〈정치가·배우 등이〉 퇴장[은퇴]하다

‡**bow**[2] [bau] *n.* [동음어 bough] 이물, 뱃머리; 기수(機首)

‡**bow**[3] [bou] *n.* 1 활 2 (리본 등의) 나비 매듭, 나비 넥타이 3 (바이올린 등의) 활(=fiddle ~) 4 활 모양(의 것)
draw a ~ at a venture 어림짐작으로 말해보다; 마구잡이로 활을 쏘다, 되는대로 하다 ***draw***[***bend***] ***the***[***a***] ***long ~*** 허풍치다
— *vt., vi.* 1 활처럼 구부리다 2 〈바이올린 등을〉 활로 켜다

Bów béllls [bóu-bélz] 《영》 런던의 St. Mary-le-Bow 성당의 종

bowd·ler·ize [bóudləràiz] *vt.* 〈저작물의〉 불온[외설]한 부분을 삭제하다
— *vi.* (책에서) 불온한 부분을 삭제하다

‡**bow·el** [báuəl] *n.* 창자(의 일부); [보통 *pl.*] 내장, 장 전체(intestines); [*pl.*] (대지(大地)의) 내부

***bow·er**[1] [báuər] *n.* 1 나무 그늘; 정자 2 《문어》 여성의 내실; 《시어》 시골집

bower[2] *n.* 〖항해〗 이물의 큰 닻(줄)

bower[3] *n.* 〖카드〗 으뜸패

bower[4] *n.* 허리를 굽히는 사람, 머리를 숙이는 사람; 굴복자

bow·er·bird [-bə̀:rd] *n.* 〖조류〗 풍조과(科) 새의 일종 《오스트레일리아산》

bow·er·y[1] [báuəri] *a.* 정자가 있는; 나무 그늘이 많은(shady)

bowery[2] *n.* 1 네덜란드 이민의 농장 2 [the B~] 바워리가(街) 《New York 시의 큰 거리》

bow·fin [bóufìn] *n.* 〖어류〗 북미산 민물고기의 일종

bów·ie knìfe [bú:i-, bóui-] (원래 미국 개척 시대의) 칼집 달린 사냥칼

Bówie Státe [the ~] 미국 Arkansas 주의 속칭

bow·ing[1] [báuiŋ] *a.* 인사[절]를 하는

bow·ing[2] [bóuiŋ] *n.* Ⓤ 〖음악〗 (현악기의) 운궁법(運弓法)

bów ìnstrument [bóu-] 〖음악〗 활을 사용하는 현악기

bow·knot [bóunɑ̀t] *n.* (넥타이 등의) 나비 매듭

‡**bowl**[1] [boul] [동음어 boll] *n.* 1 사발; 주발; 한 주발의 분량 《*of*》 2 《문어》 큰 (술)잔 3 (숟가락의) 우묵한 곳 4 《미》 (보시기처럼 우묵한) 스타디움

‡**bowl**[2] [boul] [동음어 boll] *n.* 1 (놀이에 쓰는) 나무공 2 [*pl.*] 론 볼링(lawn bowling) 《잔디에서 나무공을 굴리는 놀이》; 구주희(九柱戱) (ninepins); (구기의) 투구(投球)
— *vi.* 공굴리기[볼링]를 하다; 〖크리켓〗 투구하다 — *vt.* 1 〈공을〉 굴리다 2 〖크리켓〗 〈공을〉 던지다
~ *along* 미끄러지듯 달리다 **~ *down*** (1) 〖크리켓〗 공으로 〈wicket을〉 넘어뜨리다 (2) 《영·속어》 〈사람을〉 때려 눕히다
~ *over* (1) (구주희(ninepins) 등에서) 〈핀을〉 넘어뜨리다 (2) 〈사람을〉 넘어뜨리다 (3) 《구어》 〈좋은[나쁜] 소식 등이〉 …을 깜짝 놀라게 하다

bowl·der [bóuldər] *n.* =BOULDER

bow·leg [bóulèg] *n.* [보통 *pl.*] O형 다리, 안짱 다리

bow·leg·ged [bóulègid] *a.* O형 다리의, 안짱다리의

bowl·er [bóulər] *n.* 볼링하는 사람; 〖크리켓〗 투수

bowl·ful [bóulfùl] *n.* 한 사발[공기](의 분량) 《*of*》

bow·line [bóulin, -làin] *n.* 〖항해〗 가로돛의 양 끝을 팽팽하게 당기는 밧줄

***bowl·ing** [bóuliŋ] *n.* Ⓤ 볼링; 〖크리켓〗 투구(投球) (법)

bówling àlley 1 〖볼링〗 레인 2 볼링장

bówling grèen lawn bowling장(場)

bow·man[1] [báumən] *n.* 이물[뱃머리]의 노 젓는 사람

bow·man[2] [bóumən] *n.* 궁수(弓手), 활잡이, 궁술가(archer)

bów òar [báu-] 1 (보트의) 앞 노 2 앞 노 젓는 사람

bow·shot [bóuʃɑ̀t | -ʃɔ̀t] *n.* 《문어》 화살이 미치는 거리, 활쏘기에 알맞은 거리 《약 300미터》

bow·sprit [báusprìt | bóu-] *n.* 〖항해〗 제1사장(斜檣)

bow·string [bóustrìŋ] *n.* 활시위
— *vt.* 교수용 밧줄로 목졸라 죽이다

bów tíe [bóu-] 나비넥타이

bów wíndow [bóu-] 1 (활 모양으로 내민) 내닫이창 2 《속어》 올챙이배 《임신부에게도 씀》

***bow·wow** [báuwáu] *int.* 멍멍; 와아와 《야유》 — *n.* 1 개 짖는 소리 2 《유아어》 멍멍이(dog)

bow·yer [bóujər] *n.* 1 활 만드는 사람, 조궁장 2 《시어》 궁수, 궁술가(archer)

‡**box**[1] [bɑks | bɔks] *n.* 1 상자 2 한 상자(의 분량) 3 (극장 등의) 칸막이한 좌석; (법정의) 배심석; 〖야구〗 투수[타자]석 4 경비 초소
in a (***tight***) **~** 어찌할 바를 몰라 ***in the same ~*** 같은 상태[처지]에 있어 ***in the wrong ~*** (1) 장소를 잘못 알고 (2) 난처한 입장에 처하여
— *vt.* 〈물건을〉 상자에 넣다
~ *the compass* 〈의견·의론이〉 원점으로 되돌아오다

***box**[2] [bɑks | bɔks] *n.* 〈따귀를〉 손바닥[주먹]으로 침, 따귀 때림 《*on*》
— *vt.* 〈따귀를〉 손바닥[주먹]으로 때리다; …와 권투하다 — *vi.* …와 권투하다 《*with, against*》

box[3] *n.* 1 〖식물〗 회양목 2 Ⓤ 회양목재

Bóx and Cóx [영국 극작가 J. M.

Morton의 희극에서] 한 역을 번갈아 하는 (두 사람)

bóx cámera 상자형 사진기

box·car [bɑ́kskɑ̀ːr] *n.* 《미》 유개(有蓋) 화차(《영》 box wagon)

***box·er** [bɑ́ksər | bɔ́ks-] *n.* **권투 선수,** 복서

box·ful [bɑ́ksfùl] *n.* 한 상자(의 분량) 《*of*》

‡**box·ing**[1] [bɑ́ksiŋ | bɔ́ks-] *n.* Ⓤ **권투,** 복싱

box·ing[2] [bɑ́ksiŋ | bɔ́ks-] *n.* Ⓤ 포장, 상자 꾸리기(작업); 상자 재료; 창문틀

Bóxing Dày 《영》 크리스마스 선물의 날 《12월 26일. 휴일일 때는 그 다음 날; 우편집배인·하인 등에게 선물(Christmas box)을 줌》

bóxing glòve 권투 장갑, 글러브

bóxing wèights 권투 선수의 체급(별)

box·keep·er [bɑ́kskìːpər | bɔ́ks-] *n.* (극장의) 박스[좌석] 계원

bóx kìte 상자꼴 종이연 《기상 관측·실험용》

bóx lúnch 《미》 (특별 주문 받아 만드는) 곽 도시락

bóx òffice (극장의) 매표소; 매표액, (흥행) 수익

box-of·fice [-ɔ̀ːfis | -ɔ̀fis] *a.* 〈연극·영화 등이〉 인기를 끄는; 흥행적으로 대박이 터지는

bóx plèat[plàit] (스커트 등의) 상자꼴 겹주름

bóx scòre 〖야구〗 박스 스코어 《선수의 수비·타격 등 성적을 약기한 것》

bóx séat (극장·경기장 등의) 칸막이 좌석, 박스석

bóx spànner 《영》 〖기계〗 상자 스패너

box·tree[-trìː] *n.* 〖식물〗 회양목

bóx wàgon 《영》 = BOXCAR

box·wood[-wùd] *n.* 〖식물〗 회양목

‡**boy** [bɔi] [동음어 buoy] *n.* **1 소년 2** 아들(son) **3** 사환, 보이 **4** 친구, 동료(fellow) ***my*** **~** (호칭) 얘야 《아들에게》; 여보게 《친구에게》

— *int.* 《구어》 야, 이런, 참, 물론 《유쾌·놀라움 또는 실망·지루함을 나타내는 소리; Oh, ~! 라고도 함》

— *a.* 사내아이의, 소년의[같은]: a ~ student 남학생

***boy·cott** [bɔ́ikɑt | -kɔt] *vt.* 〈개인·회사·국가·상품 등을〉 **보이콧하다,** 불매(不買) 동맹을 맺다, 배척하다

— *n.* [CU] 보이콧, 불매 동맹

‡**boy·friend** [bɔ́ifrènd] *n.* **보이 프렌드,** 남자 친구

‡**boy·hood** [bɔ́ihùd] *n.* **1 소년기,** 소년 시절 **2** [집합적] 소년들, 소년 사회

boy·ish [bɔ́iiʃ] *a.* 소년의, 소년 시대의; 순진한, 천진난만한 **~·ly** *ad.* **~·ness** *n.*

***bóy scòut** **보이 스카우트 단원,** 소년단원; [the B~ S~s] 보이 스카우트

bo·zo [bóuzou] *n.* 《미·속어》 놈, 녀석

Bp. Bishop

b.p. bills payable; boiling point

BPh Bachelor of Philosophy

Br 〖화학〗 bromine

br. branch; bridge; bronze; brother

Br. Britain; British

bra [brɑː] *n.* 《미·구어》 브래지어(brassiere)

***brace** [breis] *vt.* **1 버팀대로 받치다,** 떠받치다 《*up*》 **2** 〈활의 시위 등을〉 (팽팽히) 죄다 《*up*》; 〈신경 등을〉 긴장시키다 《*up*》 **3** 중괄호로 묶다

~ one***self up*** 분발하다, 마음을 다잡다

~ one***'s energies*** 기운내다, 분발하다

— *n.* **1** 버팀대, 지주(支柱) **2** 꺾쇠, 거멀못 **3** 중괄호 《{ }》 **4** [*pl.*] 《영》 바지 멜빵 (《미》 suspenders) **5** 〖의학〗 부목(副木) **6** (*pl.* ~) (새·동물의) 한 쌍(pair)

***brace·let** [bréislit] *n.* **팔찌;** [*pl.*] 《완곡》 수갑(handcuffs)

~·ed [-id] *a.* 팔찌를 낀

brac·er [bréisər] *n.* **1** 받치는[긴장시키는] 것[사람]; 죄는 것 **2** 《구어》 자극성 음료, 술

brach·y·ce·phal·ic [brækisəfǽlik] *a.* 〖인류〗 단두(短頭)의

brac·ing [bréisiŋ] *a.* 긴장시키는; 기운을 돋우는, 상쾌한 **—** *n.* 〖건축〗 버팀대, 지주

brack·en [brǽkən] *n.* 〖식물〗 양치식물의 일종 《fern의 큰 것》, 고사리(숲)

***brack·et** [brǽkit] *n.* **1** 〖건축〗 **까치발;** (벽 등에 내단 선반[전등]의) 받침대 **2** (까치발로 받쳐진) 내어단 선반 **3** [종종 *pl.*] 괄호 **—** *vt.* **1** …에 까치발[선반 받침대 《등》]을 달다 **2** 괄호로 묶다 **3** 일괄하여 다루다

brack·ish [brǽkiʃ] *a.* **1** 소금기 있는 **2** 맛 없는

bract [brækt] *n.* 〖식물〗 포(苞), 포엽(苞葉)

brad [bræd] *n.* 무두정(無頭釘) 《대가리가 없는 못》; 곡정(曲釘) 《대가리가 구부러진 못》

brad·awl [brǽdɔ̀ːl] *n.* 작은 송곳

Brad·shaw [brǽdʃɔː] *n.* 《영》 철도 여행 안내서 《철도 시간표를 수록; 1961년 폐간》

brae [brei] *n.* 《스코》 구릉; 산허리, 산중턱

***brag** [bræg] *v.* (**~ged**; **~·ging**) **자랑하다** **—** *n.* Ⓤ 허풍, 자랑; 자랑꾼, 허풍선이

brag·ga·do·ci·o [brægədóuʃiòu] *n.* 큰 허풍선이(boaster); Ⓤ 큰 허풍

brag·gart [brǽgərt] *n.* 허풍선이

— *a.* 자랑하는, 허풍떠는

Brah·ma[1] [brɑ́ːmə] *n.* 〖힌두교〗 범천(梵天) 《모든 중생의 아버지, 힌두교 최고의 신》

Brahma[2] *n.* [종종 **b~**] 브라마 닭

Brah·man [brɑ́ːmən] *n.* (*pl.* **~s**) 브라흐마나 《인도의 사성(四姓) 중 최고 계급인 승려 계급의 사람》; 브라흐만, 범(梵) 《우주의 근본 원리》

Brah·min [brɑ́ːmin] *n.* (*pl.* **~, ~s**) = BRAHMAN; 《미·경멸》 교양이 높은 사람, 인텔리

***braid** [breid] *n.* **1 끈[땋은] 끈,** 노끈, 몰 **2** [보통 *pl.*] 땋은 머리

— *vt.* 《미》 〈머리·끈 등을〉 짜다, 땋다

braid·ed [bréidid] *a.* 짠, 꼰; 몰로 장식한; (머리를) 땋은

braid·ing [bréidiŋ] *n.* **1** [집합적] 짠[꼰] 끈, 합사 **2** 몰 자수(刺繡)
brail [breil] *n.* 〖항해〗 돛을 죄는 줄 **—** *vt.* 〖항해〗 〈돛을〉 죄다
Braille [breil] *n.* [때로 **b~**] Ⓤ (브라유) 점자(법)(點字(法)) **—** *vt.* [때로 **b~**] 브라유 점자로 쓰다[인쇄하다]
⁑**brain** [brein] *n.* **1** 〖해부〗 뇌, 뇌수 **2** [보통 *pl.*] 두뇌 **3** 《구어》 지적인 사람 ***beat*** [***cudgel, rack***] ***one's ~s*** 머리를 짜다, 궁리하다 《*for*》 ***have ... on the ~*** 《구어》 …에 열중하다, …이 머리에서 떠나지 않다
— *vt.* …의 머리통을 쳐부수다
bráin cèll 〖해부〗 뇌세포
brain·child [bréintʃàild] *n.* 《구어》 두뇌의 소산, (독자적인) 생각
bráin dèath 〖병리〗 뇌사(腦死)
bráin dráin 《구어》 두뇌 유출
bráin dràiner 《구어》 외국에 유출된 우수한 학자[인재]
bráin fàg 《구어》 (뇌)신경 쇠약, 정신 피로
bráin fèver 〖병리〗 뇌(척수)염
brain·less [bréinlis] *a.* 머리가 나쁜
brain·pan [bréinpæ̀n] *n.* 두개(頭蓋); 《미》 머리
brain-pick·er [-pìkər] *n.* 남의 지혜를 이용하는 사람, 두뇌 착취자
brain·sick [-sìk] *a.* 미친
brain·storm [-stɔ̀ːrm] *n.* **1** (발작적) 정신 착란 **2** 《미·구어》 영감, 인스피레이션 **—** *vi.* 브레인스토밍하다
brain·storm·ing [-stɔ̀ːrmiŋ] *n.* Ⓤ 《미》 브레인스토밍 《각자가 아이디어를 내놓아 최선책을 결정하는 창조 능력 개발법》
Bráins Trùst [때로 **b~ t~**] 《영》 (방송에서 시청자나 청취자의 질문에 즉석에서 대답해 주는) 전문가의 집단[그룹]
brain·teas·er [bréintìːzər] *n.* 난문제(難問題), 난제(難題), 퍼즐(puzzle)
bráin trùst 《미》 브레인 트러스트, 두뇌 위원회; 전문 위원회[고문단]
brain·wash [-wɔ̀ːʃ | -wɔ̀ʃ] *n.*, *vt.* 세뇌(洗腦)(하다)
brain·wash·ing [-wɔ̀ːʃiŋ, -wɑ̀ʃ- | -wɔ̀ʃ-] *n.* Ⓤ 세뇌, 강제적 사상 개조 공작
bráin wàve **1** [*pl.*] 〖의학〗 뇌파(腦波) **2** 《영·구어》 영감, 묘안
brain·work [-wə̀ːrk] *n.* 정신[두뇌] 노동
brain·work·er [-wə̀ːrkər] *n.* 정신[두뇌] 노동자
brain·y [bréini] *a.* 《구어》 머리가 좋은, 총명한
braise [breiz] *vt.* 〈고기나 야채를〉 볶은 후 소량의 물로 밀폐 용기에서 천천히 삶다[익히다]
⁑**brake**[1] [breik] [동음어 break] *n.* 브레이크, 제동기 **—** *vt.*, *vi.* 브레이크를 걸다[밟다]
brake[2] *n.* 숲, 풀숲; 〖식물〗 《특히》 고사리
brake[3] *n.* **1** 대형 써레 **2** 타마기(打麻器) **—** *vt.* 〈아마·삼을〉 두들겨 섬유를 뽑다
brake[4] *v.* 《고어》 BREAK의 과거
bráke drùm 〖기계〗 브레이크 드럼, 제동통(制動筒)
bráke hórsepower 〖기계〗 제동 마력; 실[축]마력 《略 bhp》
brake·man [bréikmən] *n.* 제동수(制動手)(《영》 brakesman)
brakes·man [bréiksmən] *n.* 《영》 = BRAKEMAN
bram·ble [brǽmbl] *n.* 〖식물〗 가시나무, 들장미; 나무딸기속(屬)의 식물
bram·bling [brǽmbliŋ] *n.* 〖조류〗 되새
bram·bly [brǽmbli] *a.* 가시가 많은, 가시덤불의
***bran** [bræn] *n.* Ⓤ 밀기울, 겨
⁑**branch** [bræntʃ | brɑːntʃ] *n.* **1** (나뭇)가지 **2** 분파 **3** (산의) 지맥; 지류; (철도·도로 등의) 지선 **4** 부문, 분과(分課) **—** *vi.* **1** 〈나무가〉 가지를 내다[뻗다] 《*forth, out*》 **2** 갈라지다, 분기(分岐)하다 《*off, away, out*》
~ off (1) 갈라지다, 분기하다 (2) 옆으로 빗나가다, 옆길로 새다 ***~ out*** (1)가지를 내다 (2) 분기하다, 사업을 확장하다, 새 분야에 진출하다 (3) 〈이야기 등이〉 지엽(枝葉)으로 흐르다
bran·chi·a [brǽŋkiə] *n.* (*pl.* **-chi·ae** [-kiìː]) 〖동물〗 아가미(gill)
bránch lìne 〖철도〗 분기선, 지선(支線) (cf. MAINLINE)
branch·y [brǽntʃi] *a.* 가지가 우거진
⁑**brand** [brænd] *n.* **1** 상표(trademark); 품질 **2** (상품·가축 등에 찍는) 소인(燒印) **3** 낙인(烙印); 오명(汚名) **4** 타다 남은 나뭇 조각 **5** 《시어》 횃불; 검(劍)
— *vt.* **1** 〈죄인·가축에〉 소인을 찍다 **2** …에게 누명을 씌우다 **3** 강한 인상을 주다 《*on, in*》
bran·died [brǽndid] *a.* 브랜디에 담근
bránd·ing ìron (낙인 찍는) 쇠도장
***bran·dish** [brǽndiʃ] *vt.* 〈칼·창 등을〉 휘두르다; 과시하다
brand-new [brǽn*d*njúː | -njúː] *a.* 아주 새로운, 신품의; 갓 만들어진[들여온]
***bran·dy** [brǽndi] *n.* Ⓤ 브랜디 《화주(火酒)》
bran·dy·ball [-bɔ̀ːl] *n.* 《영》 브랜디를 넣은 캔디
brándy snàp 브랜디를 넣은 생강 쿠키
bran-new [brǽnnjúː | -njúː] *a.* = BRAND-NEW
bránt (gòose) [brǽnt-] 흑기러기 《북미·북유럽산》
brash [bræʃ] *a.* 《구어》 성급한, 경솔한, 무모한 **~·ly** *ad.* **~·ness** *n.*
bra·sier [bréiʒər, -ziə] *n.* = BRAZIER[1, 2]
Bra·sil·ia [brəzíljə] *n.* 브라질리아 《브라질의 수도》
⁑**brass** [bræs | brɑːs] *n.* **1** Ⓤ 놋쇠 **2** [보통 *pl.*] 놋그릇, 놋제품; 〖음악〗 금관 악기 **3** Ⓤ [the ~] 《구어》 뻔뻔스러움(impudence), 철면피 **—** *a.* 놋쇠로 만든, 놋쇠빛의
bras·sard [brǽsɑːrd, brə-] *n.* 완장(腕章)
bráss bánd 취주 악단, 브라스 밴드
bras·se·rie [bræ̀səríː] [F] *n.* 맥주 등의 알코올류도 내놓는 레스토랑

bráss hát (속어) 고급 장교
brass·ie [brǽsi | brɑ́:si] *n.* 〖골프〗 2번 우드(wood) 《끝에 놋쇠를 씌운 골프채》
bras·siere, -sière [brəzíər | brǽziə] [F] *n.* 브래지어(bra(s))
bráss knúckles (격투할 때 손가락 관절에 끼우는) 쇳조각
bráss tácks 놋쇠 못; (구어) 요점, 중대한 일
get [***come***] ***down to ~*** (구어) 현실[당면] 문제를 다루다, 사실[요점]을 말하다
brass·ware [brǽswὲər | brɑ́:s-] *n.* Ⓤ [집합적] 놋쇠 제품, 유기
bráss wìnd 금관 악기, 브라스
brass·y [brǽsi | brɑ́:si] *a.* **1** 놋쇠질(質)의; 놋쇠로 만든 **2** (구어) 뻔뻔스러운
∗**brat** [bræt] *n.* (경멸) **애새끼**, 꼬마 녀석(child)
braun·ite [bráunait] *n* Ⓤ 브라운광(鑛)
Bráun tùbe [bráun-] (드물게) 브라운관(管)
bra·va·do [brəvɑ́:dou] *n.* ⓊⒸ 허세, 허장성세(虛張聲勢) **—** *vt.* 허세부리다
⁑**brave** [breiv] *a.* **1 용감한 2** (문어) 화려한; 훌륭한(splendid)
— *n.* 용사; (북미 인디언의) 전사(戰士)
— *vt.* 〈위험·죽음에〉 용감히 맞서다
~ it out (반대·비난 등에) 꺾이지 않고 맞서다
⁑**brave·ly** [bréivli] *ad.* **용감하게**; 훌륭하게
⁑**brav·er·y** [bréivəri] *n.* Ⓤ **용감**; 옷치장; 화려한 옷
bra·vo[1] [brɑ́:vou, -´] *n.* (*pl.* **~s, -vi** [-vi:]) 브라보 《갈채할 때의 외침》
— *int.* 잘한다, 좋아
bravo[2] *n.* 장사(壯士); 자객, 폭한(暴漢)
bra·vu·ra [brəvjúərə] [It.] *n.* (음악·연극에서) 대담하고 화려한 연주[연기, 연출]
— *a.* 화려한, 대담한
∗**brawl** [brɔ:l] *n.* **말다툼, 싸움**
— *vi.* 싸움하다, 악다구니치다
brawn [brɔ:n] *n.* Ⓤ 근육(muscle); 근력(筋力), 완력
brawn·y [brɔ́:ni] *a.* 근골이 억센; 강건한 **bráwn·i·ness** *n.*
bray[1] [brei] *n.* **1** 나귀의 울음 소리 **2** 나팔 소리 **—** *vi.* **1** 〈나귀 등이〉 울다 **2** 〈나팔 소리가〉 울리다
— *vt.* 고함지르다 《*out*》
bray[2] *vt.* 갈아 바수다, (절구 등에) 빻다
Braz. Brazil(ian)
braze[1] [breiz] *vt.* 놋쇠로 만들다, …에 놋쇠를 입히다; 놋쇠 빛깔로 하다
braze[2] *vt.* 납땜하다
— *n.* 납땜, 땜질
∗**bra·zen** [bréizn] *a.* **1** (문어) **놋쇠로 만든 2** (놋쇠같이) 단단한; 놋쇠빛의 **3 뻔뻔스러운**, 철면피한 **—** *vt.* 〈사태·비난 등에〉 뻔뻔스럽게 맞서다
~ it [***the affair, the business, the matter,*** etc.] ***out*** [***through***] 뻔뻔스럽게 대처하다[밀고 나가다]
~·ly *ad.* **~·ness** *n.*
brázen áge [the ~] 〖그리스신화〗 청동(靑銅)시대
bra·zen·face [bréiznfèis] *n.* 뻔뻔스러운 사람, 철면피
bra·zen-faced [-fèist] *a.* 철면피한, 뻔뻔스러운(shameless) **~·ly** *ad.*
bra·zier[1], **bra·sier** [bréiʒər | -zjə] *n.* 놋갓장이
brazier[2] *n.* (금속제의 석탄용) 화로
⁑**Bra·zil** [brəzíl] *n.* **브라질**
∗**Bra·zil·ian** [brəzíljən] *a., n.* **브라질의** (사람)
Brazíl nùt 브라질호두 《식용》
bra·zil·wood [brəzílwùd] *n.* Ⓤ 브라질 소방목(蘇枋木)
∗**breach** [bri:tʃ] *n.* **1** (법률·도덕·약속 등의) **위반**, 불이행, 침해 《*of*》 **2** (성벽·제방 등의) 갈라진 틈 **3** 절교, 불화
~ of close 〖법〗 불법 토지 침입(trespass) ***~ of duty*** 〖법〗 배임(背任) ***~ of etiquette*** [***law***] 결례[위법]
— *vt.* 〈성벽·방어선 등을〉 돌파하다
⁑**bread** [bred] *n.* Ⓤ **1 빵 2** (일상의) 주식물, 양식; **생계**
~ and butter (1) [단수 취급] 버터 바른 빵 (2) 생계(의 수단) ***~ buttered on both sides*** 안락한 생활 ***break ~*** …와 식사를 (함께) 하다 《*with*》 ***eat the ~ of affliction*** [***idleness***] 비참한[게으른] 생활을 하다 ***in good*** [***bad***] ***~*** 행복[불행]하게 살고 ***know on which side*** one's ***~ is buttered*** 자기의 이해 타산에 밝다
bread-and-butter [brédnbʌ́tər] *a.* **1** 생계를 위한; 생활 수단인 **2** 평범한 **3** 환대에 감사하는
bread·bas·ket [brédbæ̀skit | -bɑ̀:s-] *n.* **1** 빵 바구니 **2** (속어) 밥통, 위 **3** [the ~] (미) 곡창 지대
bread·board [-bɔ̀:rd] *n.* 빵 반죽하는[자르는] 도마; 〖전자〗 실험용 전기[전자] 회로반
bread·board·ing [-bɔ̀:rdiŋ] *n.* Ⓤ 평평한 실험대 위의 회로 조립(回路組立)
bréad crùmb 1 빵의 말랑한 부분 **2** [보통 *pl.*] 빵 부스러기
bread·fruit [-frù:t] *n.* 〖식물〗 빵나무(의 열매) 《폴리네시아 원산》
bread·line [brédlàin] *n.* 식료품의 무료 배급을 받는 실업자·빈민들의 줄
bréad mòld 〖식물〗 빵곰팡이, 검은곰팡이
bread·stuff [-stʌ̀f] *n.* [보통 *pl.*] 빵의 원료 《밀가루 등》; (각종) 빵
⁑**breadth** [bredθ, bretθ] *n.* Ⓤ **1 폭**, 나비 **2** ⓊⒸ (식견·도량의) 넓음, 관용
⁑**break** [breik] [동음어 brake] *v.* (**broke**; **bro·ken**) *vt.* **1 깨**(뜨리)**다**; 부수다; 쪼개다 **2** 〈뼈를〉 부러뜨리다 **3** 〈기기 등을〉 **고장내다 4** 〈길을〉 **열다**, 트다; 〈새 분야를〉 개척하다 **5** 〈평화·침묵·단조로움·기분 등을〉 **깨뜨리다 6** 〈계속되고 있는 것을〉 **중단**[**차단**]**하다 7** 〈법률·규칙·약속·습관 등을〉 **어기다 8** 〈기록을〉 **깨다**, 갱신하다 **9** 〈나쁜 버릇 등을〉 **그만두다**, 끊다 **10** 〈속박 등을〉 **박차고 나오다**, 탈출하다 **11** …을 파멸시키다 **12** 〈기력·자부심·건강 등을〉 해치다 **13** 밝히다, 알리다; 누설하다

— *vi.* **1 부서지다, 깨지다,** 쪼개지다; 〈끈·밧줄 등이〉 **끊어지다 2**〈TV 등이〉 **고장나다**; 〈파도가〉 부서지다 **3**〈신체·건강·기력이〉 쇠약해지다; 〈군대·전선(戰線) 등이〉 흩어지다 **4**〈안개·어둠 등이〉 걷히다 **5**〈폭풍우·고함 등이〉 돌발하다, 일어나다 **6** 관계를 끊다, 절교하다 《*with*》 **7** 파산하다, 도산하다

~ away (1) 부숴버리다; 〈습관 등을〉 갑자기 버리다 (2) 도망하다 ***~ down*** (1) 파괴하다 (2)〈반대·적 등을〉 압도하다 (3) …로 분류[분석]하다 《*into*》 (4) …에 화학 변화를 일으키다 (5)〈기계·엔진·차 등이〉 부서지다, 고장나다 ***~ even*** (장사·노름 등에서) 득실(得失)이 없게 되다, 비기다 ***~ forth*** 일시에 쏟아져 나오다 《*from*》; 돌발하다 ***~ in*** (1)〈구두·자동차 등을〉 길들이다 (2)〈도둑이〉 침입하다 (3) 말참견하다 ***~ in on*** [***upon***] …을 습격하다; 훼방 놓다 ***~ into*** (1) 침입[난입]하다 (2) 방해하다 (3) 갑자기 …하기 시작하다 ***~ off*** (1) 꺾어버리다 (2)〈나쁜 버릇 등을〉 끊다 ***~ out*** (1) 탈출하다 (2) 별안간 …하기 시작하다 《*into*》 (3)〈전쟁·유행병·화재가〉 돌발하다 ***~ through*** 강행 돌파하다, …을 헤치고 나아가다 ***~ up*** (1) …을 분쇄하다; 해체하다 (2) …을 분해하다 《*into*》 (3) …을 분배하다 《*among*》 (4) …을 흩뜨리다, 해산하다 (5) (우정·결혼 생활 등이) 깨지다, 헤어지다; (모임 등을) 끝내다

— *n.* **1 갈라진 틈**; 깨짐, 파손; 골절(骨折) **2 중단,** 단절, 절교 **3** [UC] (일·수업 등의) **잠깐의 휴식 4** 《구어》 (사교상의) 실책

Give me a ~ ! 《미·구어》 (1) 그만해 둬, 그만해, 이제 그만! (2) (한 번 더) 기회를 줘, 해보게 해줘!

break·a·ble [bréikəbl] *a.* 부술[깨뜨릴] 수 있는; 깨지기[부서지기] 쉬운, 무른
— *n.* [*pl.*] 깨지기 쉬운 것

break·age [bréikidʒ] *n.* [U] 파손; [보통 *pl.*] 파손물; 파손 예상액

break·a·way [bréikəwèi] *n.* 분리; 일탈(逸脫), 탈퇴 《*from*》

break·beat [bréikbìːt] *n.* 《영》 빠른 비트의 영국에서 인기 있는 댄스 뮤직

***break·down** [bréikdàun] *n.* (기계·열차 등의) **고장,** 파손; 붕괴, 몰락; (정신·육체 등의) 쇠약

bréakdown gáng 구난[구급] 작업대(隊)

bréakdown tést 내구[내력, 파괴] 시험

bréakdown ván 구조 (작업)차, 레커차

***break·er** [bréikər] *n.* **1 파괴자 2** 파쇄기; 쇄탄기(碎炭機) **3** (동물의) 조련사

break-e·ven [bréikíːvən] *a.* 수입액이 지출액과 맞먹는; 이익도 손해도 없는

bréak-éven pòint 손익 분기점

‡break·fast [brékfəst] *n.* [UC] **아침 식사,** 조반
— *vi.* 아침을 먹다 《*on*》
— *vt.* 아침을 차려내다 **~·er** *n.*

bréakfast cùp 모닝컵 《아침 식사용 큰 커피잔》

bréakfast fòod 가공한 조반용 곡류 식품 《cornflakes, oatmeal 등》

break-in [bréikìn] *n.* 침입; (도둑질 목적의) 주거 침입; 시연(試演)

break·ing [bréikiŋ] *n.* **1** 파괴 **2** 〖전기〗 단선 **3** 〖승마〗 조련

bréaking and éntering [**éntry**] 〖법〗 가택[주거] 침입(죄)(housebreaking)

bréaking pòint [the ~] **1** (재질(材質)의) 파괴점; (장력(張力) 등의) 극한, 한계점 **2** (체력·인내 등의) 한계점, 극한(상황)

break·neck [bréiknèk] *a.* (과속 등으로) 위험천만한; 아주 빠른

break·off [-ɔ̀ːf | -ɔ̀f] *n.* 갑작스런 중단; 결렬

break·out [-àut] *n.* (감옥·정신 병원에서의) 탈옥, 탈출; 〖군사〗 포위 돌파

break·through [-θrùː] *n.* **1** 〖군사〗 돌파 (작전) **2** (과학 등의) 큰 발전, (귀중한) 새 발견; (난문제의) 해명

break·up [-ʌ̀p] *n.* 붕괴, 파괴; (부부 등의) 불화, 이별; 해산

break·wa·ter [-wɔ̀ːtər] *n.* 방파제

bream [bri(ː)m] *n.* 도밋과의 바닷물고기

‡breast [brest] *n.* **1 가슴**; (송아지·닭 등의) 가슴살 **2 유방,** 젖

give (a child) ***the ~*** (아이)에게 젖을 먹이다 ***make a clean ~ of*** …을 죄다 털어놓다
— *vt.* 〈주자가〉 (결승점의 테이프에) 가슴을 대다; (곤란 등에) 대담하게 맞서다

breast·bone [bréstbòun] *n.* 흉골, 가슴뼈(sternum)

breast-deep [-díːp] *ad., a.* 가슴까지 (차는)

breast-fed [bréstfèd] *a.* [A] 모유로 키운

breast-feed [-fìːd] *vt.* (**-fed** [-fèd]) 모유로 키우다(cf. BOTTLE-FEED)

breast-high [-hái] *a., ad.* 가슴 높이의[로]

bréast ímplant 〖의학〗 인공 유방 확대술; 그 소재

breast·pin [-pìn] *n.* 《미》 가슴에 다는 장식핀, 브로치(brooch)

breast·plate [-plèit] *n.* (갑옷의) 가슴받이, 흉갑(胸甲)

bréast pòcket (상의의) 가슴 주머니

breast·rail [-rèil] *n.* (뱃전·창가의) 손잡이, 난간

breast·stroke [-stròuk] *n.* 〖수영〗 평영

bréast wàll (자연 제방의) 흉벽(胸壁)

bréast whèel 브레스트휠 《회전축이 수평일 때 물이 들어오는 수차》

breast·work [-wə̀ːrk] *n.* 〖군사〗 흉장(胸墻), 흉벽

‡breath [breθ] *n.* **1** [U] **숨, 호흡** [*sing.*] **한숨,** 한 번의 호흡; 한 번 호흡할 동안, 순간 **2** 산들거림; 조금, 기미 **3** (공기 속의) 은은한 향기

at a ~ 단숨에 ***below*** one***'s ~*** 작은 목소리로, 소근소근 ***be short of ~*** 숨이 차다 ***catch*** one***'s ~*** 헐떡이다 ***draw*** one***'s ~*** 숨쉬다, 살아 있다 ***give up*** [***yield***] one***'s ~*** 죽다 ***in one*** [***a***] ***~*** 단숨에, 한꺼번에 ***in the same ~*** 동시에; 한편으로, (상반되는 두 가지 내용이) 잇따라 ***save*** [***spare***] one***'s ~*** 쓸데없는 논쟁

을 피하다, 잠자코 있다 ***take a deep*** [***long***] ~ 한숨돌리다, 심호흡하다 ***with the*** [one's] ***last*** ~ 임종 때에[즈음하여]

breath·a·lyz·er [bréθəlàizər] *n.* ⦅영⦆ 음주 측정기⦅상표명⦆(⦅미⦆ drunkometer)

‡breathe [bri:ð] *vi.* **1** 숨쉬다, 호흡하다; 살아 있다 **2** 한숨 쉬다, 휴식하다 **3** 〈바람이〉 산들거리다; 〈향기가〉 풍기다
— *vt.* **1** 들이쉬다, 호흡하다; 〈향기 등을〉 풍기다 **2** 〈생기 등을〉 불어넣다 ⦅*into*⦆ **3** 속삭이다; 〈태도 등이〉 〈기분 등을〉 나타내다 **4** 쉬게 하다
~ ***easily*** [***easy, again, freely***] (긴장·걱정·위험 등이 사라져서) 마음을 놓다 ~ one's ***last*** (***breath***) 숨을 거두다, 죽다 ~ ***on*** [***upon***] …에 입김을 뿜다, 흐려지게 하다; …을 비난하다

breathed [breθt] *a.* 〖음성〗 무성음의 (voiceless)

breath·er [brí:ðər] *n.* **1** ⦅구어⦆ 잠깐의 휴식 **2** 호흡하는 자, 생물 **3** 격한 운동[일]

***breath·ing** [brí:ðiŋ] *n.* Ⓤ **1** 호흡(법); 숨쉬기 **2** [a ~] 숨쉬는 동안; 휴식 **3** 산들바람 — *a.* 숨쉬는, 호흡의; 〈그림 등이〉 살아 있는 듯한

bréathing capàcity 폐활량

bréathing spèll[**tìme**] 숨 돌리는 사이, 휴식 시간

***breath·less** [bréθlis] *a.* **1** 숨가쁜 **2** 숨을 죽인 **3** 숨도 못쉴 정도의 **4** ⦅시어⦆ 죽은 **5** 바람 한 점 없는 **~·ly** *ad.* 숨을 헐떡이며; 숨을 죽이고 **~·ness** *n.*

***breath·tak·ing** [bréθtèikiŋ] *a.* 아슬아슬한; 깜짝 놀라게 하는

bréath tèst ⦅영⦆ 음주 측정

breath·y [bréθi] *a.* 〖음성〗 호흡의, 호흡음[질]의

***bred** [bred] *v.* BREED의 과거·과거분사
— *a.* [보통 복합어를 이루어] …하게 자란

breech [bri:tʃ] *n.* **1** 총의 개머리, 포미(砲尾) **2** 볼기

breech·block [brí:tʃblàk | -blɔ̀k] *n.* (포의) 미전(尾栓), (총의) 노리쇠

breech·cloth [-klɔ̀:θ], **-clout** [-klàut] *n.* (미개인 등이) 허리에 두르는 천(loincloth)

***breech·es** [brítʃiz] *n. pl.* (승마용) 반바지; ⦅구어⦆ 바지
wear the ~ ⦅구어⦆ (가정 내에서) 아내가 주도권을 잡다

bréeches bùoy 〖항해〗 바지 모양의 즈크제 구명 부대

breech·ing [brí(:)tʃiŋ] *n.* **1** (말의) 엉덩이띠 **2** 포삭(砲索) ⦅포를 고정시키는 줄⦆

breech·load·er [brí:tʃlòudər] *n.* 후장총[포]

breech·load·ing [-lòudiŋ] *a.* 〈총포가〉 후장식의

‡breed [bri:d] *v.* (**bred**) *vt.* **1** 〈동물이〉 〈새끼를〉 낳다 **2** 번식시키다, 사육하다 **3** 〈불화 등을〉 일으키다(cause) **4** 양육하다, 기르다 — *vi.* 〈동물이〉 새끼를 낳다; 번식하다, 자라다
born and brea 순수한, 토박이인 ~ ***in and in*** [***out and out***] 동종[이종]번식을 하다 ***what is bred in the bone*** 타고난 성미
— *n.* (동식물의) 품종; 종류; 계통

***breed·er** [brí:dər] *n.* **1** 종축(種畜) **2** 양육[사육]자 **3** ⦅비유⦆ (사건·불만 등의) 근본 원인

***breed·ing** [brí:diŋ] *n.* Ⓤ **1** 번식, 사육; 육종(育種) **2** 양육, 훈육 **3** 가정교육, 교양; 예의범절

bréeding gròund (동물의) 사육장, 사육소

bréeding sèason 번식기

‡breeze[bri:z] *n.* **1** 산들바람, 미풍 **2** ⦅미·구어⦆ [a ~] 매우 쉬운 일 **3** ⦅영·구어⦆ 풍파, 싸움 — *vi.* 산들산들 불다; ⦅구어⦆ 쓱 걸어가다[나아가다]

breeze·way [brí:zwèi] *n.* (집과 차고 사이의) 지붕 있는 통로

***breez·y** [brí:zi] *a.* 산들바람의[이 부는]; 상쾌한, 쾌활한 **bréez·i·ly** *ad.*

Brén càrrier [brén-] ⦅영⦆ (Bren gun을 탑재한) 소형 장갑차

Brén gùn ⦅영⦆ 경기관총

‡breth·ren [bréðrin] *n. pl.* (남성의) 같은 교인들; 동업자들; ⦅고어⦆ BROTHER의 복수형

Bret·on [brétn] *n.* 브르타뉴 사람; Ⓤ 브르타뉴 말 — *a.* (프랑스의) BRITTANY의

breve [bri:v, brev] *n.* 〖음성〗 단음 기호 ⦅ ̆ ⦆; ⦅영⦆〖음악〗 2온음표; 〖법〗 영장(令狀)

bre·vet [brəvét | brévit] 〖군사〗 *n.* Ⓤ̲Ⓒ̲ 명예 진급
by ~ 명예 진급으로
— *vt.* (~·(**t**)**ed**; ~·(**t**)**ing**) 명예 진급시키다

bre·vi·ar·y [brí:vièri, brév-] *n.* 〖가톨릭〗 성무 일과서(聖務日課書)

bre·vier [brəvíər] *n.* Ⓤ 〖인쇄〗 브레비어 활자 ⦅8포인트 활자⦆

***brev·i·ty** [brévəti] *n.* Ⓤ (시간·기간의) 짧음; 간결

***brew** [bru:] *vt.* **1** 〈맥주 등을〉 양조하다, (술을) 빚다; 〈음료를〉 조합(調合)하다 **2** 〈음모를〉 꾸미다 — *vi.* 양조하다; 〈차 등이〉 우러나다; 〈음모 등이〉 꾸며지다
— *n.* Ⓤ̲Ⓒ̲ 양조주[음료]; (1회의) 양조량; (주류의) 품질

brew·er [brú:ər] *n.* 양조자; 음모가

***brew·er·y** [brú:əri] *n.* (*pl.* **-er·ies**) (맥주) 양조장

brew·ing [brú:iŋ] *n.* Ⓤ **1** 양조주, 양조(업) **2** Ⓒ (1회) 양조량

Brezh·nev [bréʒnef] *n.* 브레즈네프 **Leonid Ilyich** ~ (1906-82) ⦅구소련의 공산당 제1서기(1964-82)⦆

***bri·ar** [bráiər] *n.* = BRIER[1, 2]

‡bribe [braib] *n.* 뇌물
— *vt., vi.* 매수하다, 뇌물로 유혹하다
bríb·a·ble *a.* 뇌물로 매수할 수 있는

brib·er [bráibər] *n.* 증회자, 뇌물주는 사람

***brib·er·y** [bráibəri] *n.* Ⓤ 뇌물수수, 증회[수회] 행위

bric-a-brac [bríkəbræ̀k] *n.* Ⓤ [집합적] 골동품, 고물

‡**brick** [brik] *n.* **1** Ⓤ **벽돌**; Ⓒ 벽돌 모양의 덩어리 **2** 《구어》 호남아, 쾌남 **3** 《영》 (장난감의) 쌓기 놀이의 토막나무
like a ~ =***like ~s*** 《구어》 쾌히, 기분 좋게; 열심히 ***like a load***[***ton***] ***of ~s*** 《구어》 무서운 기세로, 맹렬히 ***make ~s without straw*** 〖성서〗 헛수고하다
— *vt.* 벽돌로 둘러 싸다 《*in*》, 벽돌로 막다 《*up*》
brick·bat [bríkbæ̀t] *n.* 벽돌 조각
brick·field [-fì:ld] *n.* 《영》 벽돌 공장
brick·field·er [-fì:ldər] *n.* (오스트레일리아에서 부는) 뜨겁고 건조한 북풍
brick·kiln [-kìl, -kìln] *n.* 벽돌가마
brick·lay·er [-lèiər] *n.* 벽돌 (쌓는) 직공
brick·lay·ing [-lèiiŋ] *n.* Ⓤ 벽돌쌓기
bríck réd 붉은 벽돌색
bríck téa 전차(磚茶)
brick·work [-wə̀:rk] *n.* Ⓤ 벽돌쌓기 (공사)
brick·yard [-jɑ̀:rd] *n.* 《미》 벽돌 공장
***brid·al** [bráidl] [동음어 bridle] *a.* **신부의**; 혼례의 **—** *n.* **결혼식**, 혼례
brídal wrèath 〖식물〗 조팝나무
‡**bride** [braid] *n.* **신부**, 새색시
‡**bride·groom** [bráidgrù(:)m] *n.* **신랑** (groom)
brides·maid [bráidzmèid] *n.* 신부 들러리(cf. BEST MAN)
brides·man [-mən] *n.* (*pl.* **-men** [-mən]) 《폐어》 신랑 들러리(cf. BEST MAN)
bride·well [-wèl, -wəl] *n.* 《영·고어》 유치장(lockup), 교도소
⁂**bridge**[1] [bridʒ] *n.* **1 다리 2** 브리지, 함교(艦橋), 선교 **3** 다리 모양의 것; 콧날 ***burn*** one***'s ~s*** (***behind*** one) =burn one's BOATS (behind one)
— *vt.* 〈강에〉 다리를 놓다
bridge[2] *n.* Ⓤ 브리지 《카드놀이의 일종》
bridge·head [brídʒhèd] *n.* 〖군사〗 교두보
brídge pàssage 〖음악〗 두 주제를 잇는 간주 악절(間奏樂節)
Bridg·et [brídʒit] *n.* 여자 이름
Bridge·town [brídʒtàun] *n.* 브리지타운 《Barbados의 수도》
bridge·work [-wə̀:rk] *n.* Ⓤ 교량 공사
‡**bri·dle** [bráidl] [동음어 bridal] *n.* **1** 말 굴레 《재갈·고삐의 총칭》 **2** 구속(물)
— *vt.* 〈말에〉 굴레를 씌우다; 제어하다, 억제하다
brídle pàth[**ròad, tràil, wày**] 승마길 《수레는 갈 수 없는 좁은 길》
brídle rèin 고삐
Bríe (**chéese**) [brí:-] 브리 치즈 《희고 부드러움》
⁂**brief** [bri:f] *a.* **1 잠시의**; 단명한 **2 간결한**, 간단한 **3** 무뚝뚝한; 조금의, 적은
to be ~ 간단히 말해서, 요컨대 ***in ~*** 요컨대, 간단히 말해서
— *vt.* **1** 《미》 간단히 알리다, 말하다 **2** 〖공군〗 〈조종사에게〉 (출격 전에) 간결한 지시를 하다 **3** 〖영국법〗 〈소송 사건의〉 적요(摘要)를 작성하다; 변호를 의뢰하다
~·ness *n.* Ⓤ 간단, 간결; (시간의) 짧음, 덧없음
bríef bàg 《영》 서류 가방; 여행 가방
***brief·case** [brí:fkèis] *n.* **서류 가방**
***brief·ing** [brí:fiŋ] *n.* ⓊⒸ (사전의) **상황 설명**(**회**); 요약 보고, 브리핑
brief·less [brí:flis] *a.* 소송 의뢰인이 없는; 인기가 없는
‡**brief·ly** [brí:fli] *ad.* **간단히**; 간단히 말해서
***bri·er**[1], **bri·ar** [bráiər] *n.* **찔레**, 들장미
brier[2] *n.* 〖식물〗 브라이어 《남유럽산; 히스(heath)의 일종》; Ⓒ 브라이어 파이프
bri·er·root [-rù:t] *n.* 브라이어의 뿌리 (로 만든 파이프)
bri·er·wood [-wùd] *n.* =BRIERROOT
bri·er·y, bri·ar·y [bráiəri] *a.* **1** 가시덤불의, 가시가 있는 **2** 《비유》 곤란한
brig [brig] *n.* **1** 쌍돛대 범선 **2** 《미》 (군함내의) 영창; 교도소
***bri·gade** [brigéid] *n.* 〖군사〗 **여단**; (군대식 편성의) 단체, 대
brig·a·dier [brìgədíər] *n.* 〖영국육군〗 준장
brígadier géneral 〖미육군·공군·해병대〗 준장
brig·and [brígənd] *n.* 산적, 약탈자
~·age [brígəndidʒ], **~·ism** [-ìzm] *n.* Ⓤ 산적질, 약탈(질)
brig·an·tine [brígəntì:n] *n.* 쌍돛대 범선
⁂**bright** [brait] *a.* **1 빛나는; 밝은**, 청명한 **2** 〈색이〉 **선명한 3 영리한 4** 〈표정 등이〉 **밝은**; 명랑한 **5** 〈장래 등이〉 **빛나는**; 유망한 **6** 투명한
look on the ~ side of things 사물의 밝은 면을 보다, 사물을 낙관하다
— *ad.* [보통 shine과 함께] 밝게
‡**bright·en** [bráitn] *vt.* **빛나게 하다**, 빛내다; 〈기분을〉 **밝게 하다 —** *vi.* **밝아지다**, 빛나다; 〈기분이〉 **밝아지다**
bright-eyed [bráitáid] *a.* 눈매가 시원한
bright-faced [-féist] *a.* 영리하게 생긴
‡**bright·ly** [bráitli] *ad.* **밝게**; 빛나게
‡**bright·ness** [bráitnis] *n.* Ⓤ **빛남**, 밝음; 광휘; 총명; 쾌활
Bright·on [bráitn] *n.* 브라이튼 《영국 해협에 면한 해변 행락 도시》
Bríght's disèase [bráits-] 〖병리〗 브라이트 병
brill [bril] *n.* (*pl.* **~, ~s**) 〖어류〗 가자미, 넙치
***bril·liance, -lian·cy** [bríljəns(i)] *n.* Ⓤ **광휘**; 광명; 뛰어난 재기(才氣)
‡**bril·liant** [bríljənt] *a.* **1 빛나는, 찬란한 2 훌륭한**, 화려한 **3 재기가 뛰어난**
— *n.* 브릴리언트형(의 다이아몬드·보석)
brílliant cùt 브릴리언트컷 《다이아몬드 등을 가장 효과적으로 깎는 법》
bril·lian·tine [bríljəntì:n] *n.* Ⓤ 브릴리언틴 《윤내는 머릿기름》
***bril·liant·ly** [bríljəntli] *ad.* **찬란히**, 번쩍번쩍하게; 뛰어나게, 훌륭히
‡**brim** [brim] *n.* (잔 등의) **가장자리**, 언저리; 테두리; (모자의) 챙
— *vt., vi.* (**~med**; **~·ming**) 가득 붓다; 넘치려 하다

brim·ful(l) [brímfúl] *a.* 넘치도록 가득한 《*of, with*》 **~·ly** *ad.* **~·ness** *n.*
brim·less [brímlis] *a.* 테두리[둘레]가 없는
brimmed [brimd] *a.* 가득찬(brimful), 테두리가 있는
brim·mer [brímər] *n.* 가득 찬 잔 [그릇, 컵]
brim·ming [brímiŋ] *a.* 넘쳐흐르는
brim·stone [brímstòun] *n.* Ⓤ 《고어》 (유)황(sulfur) ***fire and ~*** 〖성서〗 불과 유황, 천벌
brin·dle [bríndl] *n.* 얼룩, 얼룩무늬; 얼룩 무늬의 동물
brin·dled [bríndld] *a.* 〈소·고양이 등이〉 얼룩진, 얼룩무늬의
brine [brain] *n.* Ⓤ 소금물, 함수; [the ~] 《시어》 바닷물, 바다
— *vt.* 소금물에 절이다
***bring** [briŋ] *vt.* (**brought** [brɔːt]) **1** 가져오다; 데려오다 **2** 초래하다, 〈사물이〉〈사람을〉(어느 장소로) 오게 하다 **3** 〈사람을〉(…으로) 이끌다; (설득하여) …할 마음이 나게 하다 **4** 상기시키다 **5** 〈이익을〉 가져오다 **6** 〈소송 등을〉 제기하다 《*against*》
~ *about* 야기하다, 초래하다 **~ *around*** (1) 설득시켜 찬동시키다 (2) 정신[의식] 차리게 하다, 회복시키다 (3) 〈사람·물건을〉 데리고[갖고] 오다 《*to*》 **~ *back*** 가지고 [데리고] 돌아오다; 상기시키다 **~ *down*** 〈짐 등을〉 부리다; 〈물가를〉 떨어뜨리다; 〈재앙·죄를〉 가져오다 **~ *forth*** 생기게 하다; 낳다; 〈열매를〉 맺다 **~ *forward*** 〈의견을〉 제출하다; 〈날짜·시간을〉 앞당기다 《*to*》 **~ *in*** 들여오다; 〈…의 이익을〉 생기게 하다 **~ *on*** 가져오다, 〈질병 등이〉 나게 하다, 초래하다 **~ *out*** 〈배우·가수·신제품을〉 세상에 내놓다; 출판하다; 〈빛깔·성질을〉 드러나게 하다; 〈의미를〉 분명히 하다 **~ *over*** 〈사람을〉 전향시키다, 개종시키다 **~ *to*** 정신 차리게 하다; 〈배를〉 세우다 **~ *under*** 진압[억제]하다 **~ *up*** 키우다; 훈육하다; 〈논거 등을〉 내놓다
bring·ing-up [bríŋiŋʌ́p] *n.* Ⓤ 양육, 훈육
*__brink__ [briŋk] *n.* (낭떠러지·벼랑의) **가장자리**; 물가; [the ~] **직전**(verge)
brink(s)·man·ship [bríŋk(s)mənʃìp] *n.* Ⓤ 《구어》 (위험한 고비까지 밀고 나가는) 벼랑 끝 정책
brink(s)·man [bríŋk(s)mən] *n.* 벼랑 끝 정책(brinkmanship)을 잘 밀고 나가는 사람
brin·y [bráini] *a.* 짠(salty)
bri·oche [bríːouʃ] [F] *n.* 브리오시 《빵의 일종》
bri·quet(te) [brikét] *n.* 연탄; 조개탄
***brisk** [brisk] *a.* **1** 〈동작 등이〉 **활발한**, 기운찬(lively), 팔팔[민첩]한 **2** 상쾌한, 기분 좋은
— *vt., vi.* [종종 ~ up] 활기를 띠게 하다[띠다] **brísk·ness** *n.*
bris·ket [brískit] *n.* (소 등의) 가슴고기, 양지머리
***brisk·ly** [brískli] *ad.* **활발하게**, 씩씩하게

*__bris·tle__ [brísl] *n.* (특히 돼지의) **센털**, 강모(剛毛) ***set up*** one***'s*** [a person***'s***] ***~s*** 격분하(게 하)다
— *vi.* 〈머리칼 등이〉 곤두서다 《*up*》
— *vt.* 〈털 등을〉 곤두세우다
bris·tle·tail [brísltèil] *n.* 〖곤충〗 좀 《총칭》
bris·tly [brísli] *a.* 털이 억센; 빽빽히 들어선; 〈털이〉 곤두 선; 화낸
Bris·tol [brístl] *n.* 브리스톨 《영국 서부의 항구》
Brístol bòard 브리스톨 판지 《명함·카드·도화용》
Brístol Chánnel [the ~] 브리스톨만[해협]
Brit. Britain; Britannia; British; Briton
***Brit·ain** [brítn] [동음어 Briton] *n.* **영국 (본토)**; = BRITANNIA
Bri·tan·ni·a [britǽniə] *n.* 브리타니아 《Great Britain 섬》
Británnia mètal 브리타니아 합금 《주석·안티몬·동의 합금》
Bri·tan·nic [britǽnik] *a.* 영국의 (British)
britch·es [brítʃiz] *n. pl.* 《구어》 = BREECHES
Brit·i·cism [brítisìzm] *n.* ⓊⒸ 영국 영어 특유의 말[어법]
***Brit·ish** [brítiʃ] *a.* **영국**(Britain)**의**; 영국인의; 브리튼 족의 — *n.* [the ~; 집합적] **영국인**, 영국 국민[군인]; Ⓤ 영국 영어
Brítish Acádemy [the ~] 영국 학사원 《略 BA》
Brítish Associátion [the ~] 영국 학술 협회
Brítish Colúmbia 캐나다 서남부의 주 《略 BC》
Brítish Cómmonwealth (of Nátions) [the ~] 영연방 《1949년 이후 the Commonwealth of Nations로 개칭》
Brítish Cóuncil [the ~] 영국 문화 협회
Brítish Émpire [the ~] 대영 제국 《영국본국 및 그 식민지와 자치령의 속칭》
Brítish Énglish 영국 영어 《American English와 대비하여》
Brítish Expedítionary Fórce [the ~] 영국 해외 파견군
Brítish Índia 영국령 인도 《1947년까지의 영국령 17주》
Brítish Ísles [the ~] 영국 제도
Brítish Muséum [the ~] 대영 박물관
Brítish Nòrth América 영국령 북아메리카 《캐나다 및 Newfoundland의 구칭》
Brítish thérmal ùnit 〖물리〗 영국 열량 단위 《1파운드의 물을 화씨 1도 올리는 데 필요한 열량; 略 BTU》
Brítish wárm 《영》 (군용의) 짧은 털외투
*__Brit·on__ [brítn] [동음어 Britain] *n.* **1** 《문어》 **영국인** **2** [the ~s] (고대의) 브리튼 족
Brit·ta·ny [brítəni] *n.* 브르타뉴 《프랑스 북서부의 반도》
*__brit·tle__ [brítl] *a.* **부서지기 쉬운**(fragile),

깨지기 쉬운; 《비유》 덧없는(frail)
bro brother
∗**broach** [broutʃ] [동음어 brooch] *n.* **1** (고기 굽는) **꼬챙이** **2** 큰 끌; 송곳
— *vt.* 〈이야기를〉 끄집어내다; 발의하다; 구멍을 뚫다
broach·er [bróutʃər] *n.* 발의자, 제창자
⁂**broad** [brɔːd] *a.* **1 폭이 넓은, 널따란**; 폭이 …인 **2** 〈마음 등이〉 **넓은**; 대강의 **3** 명백한; 노골적인 **4** 천한, 야비한, 음탕한
as ~ as it's long 어차피 결국은 마찬가지로, 오십보백보로
— *ad.* 충분히, 완전히
— *n.* **1** 넓은 부분, 손바닥 **2** [the B~s] 《영》 (Norfolk 또는 Suffolk의) 호소(湖沼) 지방
bróad árrow 굵은 화살촉이 달린 화살
broad·ax(e) [brɔ́ːdæ̀ks] *n.* 도끼
broad·band [-bæ̀nd] *n.*, *a.* 〖통신〗 광대역(廣帶域)(의), 초고속 인터넷(의)
bróad bèan 〖식물〗 잠두(蠶豆)
broad-blown [-blòun] *a.* 만발한, 활짝 핀
broad·brim [-brìm] *n.* 테가 넓은 모자; [**B~**] 《미·구어》 퀘이커 교도(Quaker)
broad·brow [-bràu] *n.* 《영·구어》 취미나 관심이 광범위한 사람
⁂**broad·cast** [brɔ́ːdkæ̀st | -kɑ̀ːst] *vt.* (**~**, **~·ed**) **1 방송[방영]하다** **2** 〈씨 등을〉 뿌리다 **3** 〈소문 등을〉 퍼뜨리다 — *vi.* **방송하다**; 스폰서가 되다
— *n.* [CU] **방송, 방영**; 방송 프로
— *a.* 방송의, 방송된[될]; 뿌린
— *ad.* 흩뿌려, 널리
~·er *n.* 방송인, 방송국[회사]
∗**broad·cast·ing** [brɔ́ːdkæ̀stiŋ | -kɑ̀ːst-] *n.* [U] (라디오·텔레비전의) **방송, 방영**
Bróad Chúrch [the ~] 광교회파 《영국 국교회의 일파》
broad·cloth [brɔ́ːdklɔ̀ːθ | -klɔ̀θ] *n.* [U] 《영》 브로드 《옷감의 일종》
∗**broad·en** [brɔ́ːdn] *vt.*, *vi.* **넓히다**, 넓게 하다; 넓어지다, 벌어지다 《*out*》
bróad gáuge 〖철도〗 광궤(廣軌)
bróad jùmp [the ~] 《미》 멀리뛰기 (《영》 long jump)
broad·loom [-lùːm] *a.* 폭 넓게 짠 〈양탄자〉
∗**broad·ly** [brɔ́ːdli] *ad.* **1 대체로** **2** 명백히 **3** 노골적으로 **4** 광범위하게
~ speaking 대체로 말하면
∗**broad-mind·ed** [brɔ́ːdmáindid] *a.* 마음이 넓은, 관대한
~·ly *ad.* **~·ness** *n.*
broad·ness [brɔ́ːdnis] *n.* [U] **1** 넓음, 넓이; 광대(함) **2** 노골(적임)
bróad séal [the ~] 영국 국새(國璽)
broad·sheet [brɔ́ːdʃìːt] *n.* 한 쪽만 인쇄한 대판지(大版紙)
broad·side [-sàid] *n.* 현측(舷側), 뱃전; 〖해군〗 한 쪽 현측에 있는 대포 전부(로부터의 일제 사격)
broad·sword [-sɔ̀ːrd] *n.* 날이 넓은 칼
∗**Broad·way** [brɔ́ːdwèi] *n.* **브로드웨이** 《뉴욕의 극장·오락가》

broad·wise [-wàiz], **-ways** [-wèiz] *ad.* 가로로, 옆으로
Brob·ding·nag [brɑ́bdiŋnæ̀g | brɔ́b-] *n.* 거인국(巨人國) 《Swift작 *Gulliver's Travels*에서》
Brob·ding·nag·i·an [brɑ̀bdiŋnǽgiən | brɔ̀b-] [때로**b~**] *a.* 거대한(gigantic), 거인국의 — *n.* 거인국의 주민, 거인
bro·cade [broukéid] *n.* [U] 수단(繡緞), 문직(紋織) — *vt.* 문직으로 짜다
bro·cád·ed *a.* 문직의
broc·co·li [brɑ́kəli | brɔ́k-] *n.* [UC] 브로콜리 《cauliflower의 일종》
∗**bro·chure** [brouʃúər | bróuʃə] [F] *n.* (업무 안내 등의) **팸플릿**, 가제본한 책; 소책자
brogue[1] [broug] *n.* 아일랜드 사투리; 지방 사투리
brogue[2] *n.* 생가죽 신, 투박한 신
broi·der [brɔ́idər] *vt.* 《시어·고어》 = EMBROIDER
broi·der·y [brɔ́idəri] *n.* 《시어·고어》 = EMBROIDERY
∗**broil**[1] [brɔil] *vt.* **굽다**(grill), 〈고기를〉 불에 쬐어 굽다; (뙤약볕이) 내리쬐다
— *vi.* 〈고기가〉 **구워지다**; 타는 듯이 덥다
broil[2] *n.*, *vi.* 싸움(하다), 말다툼(하다), 소동(을 일으키다)
broil·er [brɔ́ilər] *n.* 굽는 사람[기구]; 《미·구어》 불고기용 영계, 브로일러
⁂**broke** [brouk] *v.* BREAK의 과거; 《고어》 과거분사 — *a.* 《구어》 **파산하여**, 무일푼으로
go ~ 무일푼이 되다, 파산하다
⁂**bro·ken** [bróukən] *v.* BREAK의 과거분사 — *a.* **1 부서진**, 깨진 **2** 〈기계 등이〉 **고장난** **3** 〈약속·맹세 등이〉 **깨진**, 어긴; 〈가정 등이〉 파탄 난, 붕괴된; 파산한 **4** 우수리의: ~ money 우수리 돈 **5** 낙담한 **6** 〈말이〉 길든 **7** 엉터리의, 변칙적인: ~ English 엉터리 영어
~·ly *ad.* 띄엄띄엄, 더듬거리며
bro·ken-down [bróukəndáun] *a.* **1** 박살난, 괴멸된 **2** 건강을 해친 **3** 〈말이〉 지쳐서 움직이지 못하는
bróken héart 실의, 낙담; 실연
∗**bro·ken·heart·ed** [bróukənhɑ́ːrtid] *a.* **비탄에 잠긴**, 단장(斷腸)의, 실연한
bróken réed 〖성서〗 부러진 갈대; 믿을 수 없는 사람[것]
bróken wínd 〖수의학〗 (말의) 천식, 폐기종
bro·ken-wind·ed [bróukənwíndid] *a.* 숨가빠하는; 천식[폐기종]에 걸린 〈말〉
∗**bro·ker** [bróukər] *n.* **1 브로커**, 중개인 **2** 《영》 고물상; 전당포
bro·ker·age [bróukəridʒ] *n.* [U] 중개(업), 거간; 중개 수수료
brol·ly [brɑ́li | brɔ́li] *n.* 《영·속어》 우산; 낙하산
bro·mate [bróumeit] 〖화학〗 *n.* 브롬산염(酸鹽) — *vt.* 브롬과 화합시키다
bro·mic [bróumik] *a.* 〖화학〗 브롬을 함유한, 브롬성의
bro·mide [bróumaid] *n.* **1** 〖화학〗 브롬화물; 《특히》 브롬화 칼리 《진정·최면제》

2 진부한 생각, 흔해 빠진 일 3 브로마이드 사진[감광지]
brómide pàper 〖사진〗 브로마이드(인화)지
bro·mid·ic [broumídik] *a.* 《속어》 흔해 빠진, 평범한
bro·mine [bróumi:n, -min] *n.* Ⓤ 〖화학〗 브롬, 취소(臭素)
bron·chi [bráŋki, -kai | brɔ́ŋkai] *n.* BRONCHUS의 복수 **~·ly** *ad.*
bron·chi·al [bráŋkiəl | brɔ́ŋ-] *a.* 기관지의
brónchial tùbe [보통 *pl.*] 〖해부〗 기관지(氣管支)
bron·chi·ole [bráŋkiòul | brɔ́ŋ-] *n.* 〖해부〗 세(細)기관지
bron·chit·ic [braŋkítik | brɔŋ-] *a.* 기관지염의
bron·chi·tis [braŋkáitis | brɔŋ-] *n.* Ⓤ 〖병리〗 기관지염
bron·chus [bráŋkəs | brɔ́ŋ-] *n.* (*pl.* **-chi** [kai]) 〖해부〗 기관지
bron·co·bust·er [bráŋkoubÀstər | brɔ́ŋ-] *n.* 《미·구어》 야생마를 길들이는 카우보이
Bron·të [bránti | brɔ́nti] *n.* 브론테 **Charlotte** ~ (1816-55), **Emily** ~ (1818-48), **Anne** ~ (1820-49) 《영국의 세 자매 소설가》
bron·to·sau·rus [bràntəsɔ́:rəs | brɔ̀n-] *n.* 〖고대생물〗 브론토사우루스, 뇌룡(雷龍) 《공룡의 일종》
Bronx [braŋks | brɔŋks] *n.* [the ~] 브롱크스 《New York 시 북부의 행정구(區)》
Brónx chéer 《미·속어》 (입술 사이로 혀를 넣어 내는) 야유; 노골적인 모욕(의 표시)
****bronze** [branz | brɔnz] *n.* **1** Ⓤ **청동,** 브론즈 **2** 청동제 (미술)품
— *a.* 청동제[색]의
— *vt., vi.* 청동빛으로 만들다[되다], 표면이 청동빛이 나게 처리하다
Brónze Àge [the ~] **1** 〖고고학〗 청동시대 **2** 〖그리스·로마신화〗 청동(青銅) 시대(brazen age)
***brooch** [broutʃ] [동음어 broach] *n.* 브로치
***brood** [bru:d] *n.* **1 한배의 병아리;** 《구어·경멸》 (한 집안의) 아이들 **2** 종족, 종류
— *vi.* **1 알을 품다 2** 〈구름·밤·어둠 등이〉 내리덮다 《*over, above*》 **3 골똘히 생각하다** 《*on, over*》
— *vt.* 〈알을〉 품다
brood·er [brú:dər] *n.* 인공 부화기
bróod màre 번식용 암말
brood·y [brú:di] *a.* **1** 알을 품고 싶어하는 **2** 생각에 잠기는
****brook**[1] [bruk] *n.* **시내,** 개천(small stream)
brook[2] *vt.* 《문어》 [부정문] 견디다; 〈일의 지연을〉 참다
brook·let [brúklit] *n.* 실개천, 가는 물줄기
Brook·lyn [brúklin] *n.* 브루클린 《New York 시의 5행정구(區)의 하나》
****broom** [bru:m, brum] *n.* 비; 〖식물〗 양골담초 — *vt.* 비로 쓸다
broom·corn [brú:mkɔ̀:rn] *n.* 〖식물〗 수수
broom·stick [-stìk] *n.* 빗자루
bros., Bros. brothers: Smith *B*~ & Co. 스미스 형제 상회
brose [brouz] *n.* 《주로 스코》 오트밀에 더운 물[우유]을 탄 음식
***broth** [brɔ:θ | brɔθ] *n.* ⓊⒸ **묽은 수프;** 육즙(肉汁)
broth·el [bráθəl | brɔ́:θ-] *n.* 매음굴
*****broth·er** [brÁðər] *n.* **1** (남) **형제 2** 동료, 형제 같은 사람 **3** 동포 **4** (종교상의) 형제, 남자 신도
broth·er-ger·man [brÁðərdʒə́:rmən] *n.* 같은 부모의 형제
***broth·er·hood** [brÁðərhùd] *n.* **1** Ⓤ **형제간 2** 조합, 협회; 인류동포주의, 형제애
***broth·er-in-law** [brÁðərinlɔ̀:] *n.* (*pl.* **broth·ers-**) 자형, 매부, 처남
Bróther Jónathan 《영·고어》 미국 정부; 《전형적》 미국 사람 《현재는 UNCLE SAM을 씀》
***broth·er·ly** [brÁðərli] *a.* **형제의,** 형제다운 **-li·ness** *n.* Ⓤ 형제애; 우애
brough·am [brú:əm, brú:m] *n.* 말 한 필이 끄는 4륜 마차
*****brought** [brɔ:t] *v.* BRING의 과거·과거분사
brou·ha·ha [bru:hɑ:hɑ́: | ⌐–⌐] *n.* 《구어》 괜한 소음, 소동; 센세이셔널한 여론
****brow** [brau] *n.* **1** [보통 *pl.*] **눈썹**(eyebrows) **2 이마**(forehead) **3** 벼랑 끝; (험한 산의) 꼭대기
brow·beat [bráubi:t] *vt.* (~; **-beat·en**) 위협하다, 을러대다, 호통치다; 위압하여 …하게 하다
*****brown** [braun] *a.* **갈색의,** 고동색의; 〈살갗이〉 가무스름한, 볕에 탄
do ... ~ 〈빵을〉 노르께하게 굽다
— *n.* **1** Ⓤ **갈색,** 고동색; Ⓒ 갈색의 것 **2** Ⓤ 갈색 물감[염료]
— *vt., vi.* 갈색으로 만들다[되다]; 거무스름하게 만들다[되다]
~·ness *n.* Ⓤ 갈색임
brówn béar 〖동물〗 불곰
brówn Bétty [또는 **b~ b~**] (사과·설탕·빵가루 등으로 만든) 푸딩
brówn bréad 흑(黑)빵
brówn cóal 갈탄(lignite)
brównfield site [bráunfi:ld-] 재개발 공업[산업, 주택] 단지
Brówn·i·an móvement [mótion] [bráuniən-] 〖물리〗 (유체속 미립자의) 브라운 운동
brown·ie [bráuni] *n.* **1** 브라우니 《스코틀랜드 전설에서 밤에 나타나서 몰래 농가의 일을 도와 준다는 작은 요정》 **2** 《미》 아몬드가[땅콩이] 든 초콜릿 **3** [보통 **B~**] 《영》 소녀단 (Girl Guides)의 나이 어린 단원
Brow·ning[1] [bráuniŋ] *n.* 브라우닝 **Robert** ~ (1812-89) 《영국의 시인》
Browning[2] *n.* 브라우닝 자동 권총
brown·ish [bráuniʃ] *a.* 갈색을 띤
brown·out [-àut] *n.* Ⓤ 《경계》 등화 관제; 절전

brówn páper 갈색 포장지
brówn ríce 현미
Brown·shirt [bráunʃə̀:rt] *n.* [종종 b~] (독일의) 나치 돌격대; 《일반적으로》 나치
brown·stone [-stòun] *n.* 《미》 Ⓤ 갈색 사암(砂岩) 《건축 재료》; Ⓒ 그것을 앞면에 사용한 건물
brówn stúdy 심사숙고, 몽상
brówn súgar 황설탕
*__browse__ [brauz] *vt.* **1** 〈연한 잎 등을〉 먹다 **2** 〈책 등을〉 띄엄띄엄 읽다 **3** 〖컴퓨터〗 〈웹 등의 정보를〉 열람[검색]하다
— *vi.* 〈가축이〉 **연한 잎[새싹]을 먹다**; (가게 등에서) 상품을 훑어보다
— *n.* **1** CU **연한 잎**, 새싹 **2** 〖컴퓨터〗 (정보 등의) 열람, 검색
brows·er [bráuzər] *n.* **1** 연한 잎[새싹]을 먹는 소[사슴] **2** 띄엄띄엄 읽는 사람 **3** 상품을 살 의향도 없이 만지작거리는 사람, 책을 서서 읽는 사람 **4** 〖컴퓨터〗 브라우저 《인터넷의 월드 와이드 웹(www) 검색[열람] 프로그램》
bru·cel·lo·sis [brù:səlóusis] *n.* Ⓤ 〖병리·수의학〗 브루셀라증 《열병의 일종》
‡**bruise** [bru:z] *vt.* **1 타박상을 주다**; 상처[흠] 나게 하다 **2** 〈감정 등을〉 상하게 하다
— *vi.* 멍이 들다, 상처가 생기다
— *n.* **1 타박상**; 상처 **2** (식물·과일 등의) 흠
bruis·er [brú:zər] *n.* (프로) 권투 선수; 난폭한 사람
bruit [bru:t] *vt.* 〈소문을〉 퍼뜨리다 《*about, abroad*》 — *n.* 《고어》 소문
brum·ma·gem [brʌ́mədʒəm] *n., a.* 《구어》 가짜(의), 싸구려(의)
brunch [brʌntʃ] *n.* 《구어》 늦은 아침 식사, 아침 겸 점심
Bru·nei [bru:nái] *n.* 브루나이 《보르네오섬 북서부의 독립국》
bru·net(te) [bru:nét] *a., n.* 브루넷의 (사람)
Bruns·wick [brʌ́nzwik] *n.* 브런즈윅 《독일 북부의 지방 이름》
Brúnswick bláck 검정 니스의 일종
*__brunt__ [brʌnt] *n.* (공격 등의) **예봉**(銳鋒)
bear the ~ of (공격에) 정면으로 맞서다
‡**brush**[1] [brʌʃ] *n.* **1 솔 2 화필**(畵筆), 붓 **3** 솔질 **4** 스치기, 가벼운 접촉; 작은 충돌 **5** 화법(畵法), 화풍
at a ~ 단번에
— *vt.* **1 솔질하다**; 털어 없애다 **2** 〈페인트 등을〉 귀얄로 칠하다 **3** 스치고 지나가다
— *vi.* 이를 닦다; 머리를 빗다; 스치고 지나가다; 질주하여 지나가다
~ aside[***away***] 브러시[손]로 털어버리다; 〈문제 등을〉 무시하다 ***~ over*** 살짝[엷게] 칠하다; 솔질하다 ***~ up*** 몸단장하다; 〈공부를〉 다시 하다
brush[2] *n.* **1** 잡목림(雜木林) **2** 《미》 = BRUSHWOOD **3** [the ~] 《미》 미개척지
brúsh bùrn 스친 상처, 찰과상
brúsh dìscharge 〖전기〗 브러시 방전(放電)
brúsh fìre 관목 지대의 화재; 소규모의 전투
brush-off [brʌ́ʃɔ̀:f] *n.* [the ~] 《구어》 매정한 거절; 해고
*__brush·up__ [brʌ́ʃʌ̀p] *n.* (전에 배운 것, 잊혀져 가는 것 등을) **다시 공부하기**; **닦음**; 화장(化粧) 고치기, 몸치장
brush·wood [-wùd] *n.* Ⓤ 잘라낸 곁가지; Ⓒ 관목숲[덤불]
brush·work [-wə̀:rk] *n.* Ⓤ 그림; 화법; 화풍
brush·y [brʌ́ʃi] *a.* 솔 같은; 덤불진
brusque, brusk [brʌsk | bru(:)sk] *a.* 퉁명스러운, 무뚝뚝한
~·ly *ad.* **~·ness** *n.*
*__Brus·sels__ [brʌ́səlz] *n.* **브뤼셀** 《벨기에의 수도》
Brússels cárpet 모직 양탄자의 일종
Brússels láce 브뤼셀 레이스 《손으로 뜬 것》
Brússels spróut 〖식물〗 양배추의 일종
‡**bru·tal** [brú:tl] *a.* **잔인한**; 야수적인, 난폭한 **~·ly** *ad.*
*__bru·tal·i·ty__ [bru:tǽləti] *n.* Ⓤ **잔인성**; 야만성; Ⓒ 잔인한 행위, 만행
bru·tal·ize [brú:təlàiz] *vt., vi.* 야수성을 띠게 하다[되다]
‡**brute** [bru:t] *n.* **짐승**; **짐승 같은 사람**; [the ~] 수성(獸性) — *a.* 이성이 없는, 맹목적인; 야만적인, 난폭한
brut·ish [brú:tiʃ] *a.* 짐승 같은; 육욕적인 **~·ly** *ad.* **~·ness** *n.* Ⓤ 야수성
Bru·tus [brú:təs] *n.* 브루투스 **Marcus Junius ~** (85-42 B.C.) 《고대 로마의 정치가; Caesar의 암살에 가담》
bry·o·ny [bráiəni] *n.* 〖식물〗 브리오니아 《박과(科)의 덩굴풀》; [종종 *pl.*] 브리오니아의 뿌리
b/s bags; bales
B/S, b.s. 〖회계〗 balance sheet; 〖상업〗 bill of sale
BST British Summer Time
bt boat; bought
Bt Baronet
BTU British thermal unit(s)
B2B business to business 기업간 전자상거래
B2C business to consumer 기업 대 소비자간 전자 상거래
bu. bureau; bushel(s)
bub [bʌb] *n.* 《미·구어》 [주로 호칭] 소년, 젊은 친구
*__bub·ble__ [bʌ́bl] *n.* **1 거품**, 기포(氣泡) **2** 거품 이는 소리, 부글부글 끓음 **3** 꿈 같은 계획[야심]
— *vi.* **거품이 일다**; 〈샘이〉 솟다, 거품을 내며 흐르다; 발랄하게 이야기하다
~ over 거품이 일며 넘치다 ***~ with laughter*** 웃으며 떠들어대다
búbble bàth 목욕용 발포제; 거품 목욕(물)
búbble càr 《영》 (투명 돔이 있는) 소형 자동차
búbble ecónomy 거품 경제[경기]
búbble gùm 《미》 풍선껌
bub·bler [bʌ́blər] *n.* 분수식 물 마시는 꼭지
bub·bly [bʌ́bli] *a.* 거품이 많은

— *n.* 《구어》 샴페인
bu·bo [bjú:bou] *n.* 〖병리〗 서혜(鼠蹊) 임파선종
bu·bon·ic [bju:bánik | -bɔ́n-] *a.* 서혜 임파선종의
bubónic plágue 〖병리〗 선(腺)페스트
buc·cal [bʌ́kəl] *a.* 볼의; 입의
buc·ca·neer [bʌ̀kəníər] *n.* 해적 《17세기 서인도 제도의 스페인령 연안을 휩쓴》; 악덕 정치[사업]가
— *vi.* 해적질을 하다
Bu·ceph·a·lus [bju:séfələs] *n.* Alexander 대왕의 애마(愛馬)
Bu·cha·rest [bjú:kərèst | ⌐–⌐] *n.* 부쿠레슈티 《루마니아의 수도》
Buch·man·ism [búkmənìzm, bʌ́k-] *n.* 〖종교〗 1921년에 미국인 Frank Buchman이 영국 Oxford에서 일으킨 신교 운동(Oxford group movement)
*__buck__[1] [bʌk] *n.* **1** 수사슴(stag) **2** 《미·속어》 달러 **3** 사나이, 멋쟁이; 《경멸》 흑인[인디언] 남자
buck[2] *vi.* **1** 〈말이〉 껑충 뛰다 **2** 반항하다
— *vt.* **1** 〈말이〉 〈탄 사람·짐을〉 껑충 뛰어 떨어뜨리다 《*off*》 **2** 《미·속어》 머리[뿔]로 받다; 반항하다
~ ***up*** 기운을 내다; 격려하다; 《명령》 정신차렷
buck[3] *n.* **1** 《포커에서》 다음에 카드를 돌릴 사람 앞에 놓는 패 **2** [the ~] 《구어》 책임
pass the ~ to a person …에게 책임을 전가하다
Buck [bʌk] *n.* 펄 벅 **Pearl ~** (1892-1973) 《미국의 여류 소설가》
buck·a·roo [bʌ̀kərú:, ⌐–⌐] *n.* 《미국 서부의》 카우보이(cowboy), 목동
búck bàsket 빨래 광주리
buck·board [búkbɔ̀:rd] *n.* 《미》 《차체가 판자로 된》 4륜 짐마차
⁑**buck·et** [bʌ́kit] *n.* **1** 버킷; 물통; 한 버킷(의 양) **2** [*pl.*] 《구어》 대량 《*of*》
give the ~ 《속어》 해고하다 ***kick the ~*** 《속어》 죽다
— *vt.* 《미》 버킷으로 〈물을〉 긷다
buck·et·ful [bʌ́kitfùl] *n.* 버킷 하나 가득(의 양)
búcket séat 《자동차·비행기의》 1인용 접좌석
búcket shòp 《속어》 불법 비밀 중매(仲買)소
buck·eye [bʌ́kài] *n.* 《미》 = HORSE CHESTNUT; [**B~**] 미국 Ohio 주의 사람
Búckeye Státe [the ~] 미국 Ohio 주의 속칭
buck·horn [-hɔ̀:rn] *n.* 사슴뿔
Búck·ing·ham Pálace [bʌ́kiŋəm-] 버킹엄 궁전 《런던에 있는 영국 왕궁》
Buck·ing·ham·shire [-ʃìər, -ʃər] *n.* 버킹엄셔 《잉글랜드 남부의 주》
*__buck·le__ [bʌ́kl] *n.* 《혁대 등의》 **버클** 《보호·자기 방어의 상징》, 《구두 등의》 장식 죔쇠 — *vt.* **1** 버클로 죄다, 죔쇠를 채우다 **2** 《열·압력을 가하여》 구부리다
— *vi.* **1** 《열·압력으로》 구부러지다, 휘어지다 **2** 격투하다, 드잡이하다(grapple)
~ ***(down) to*** …에 전력을 기울이다 ~ ***oneself to*** …에 전력을 다하다
buck·ler [bʌ́klər] *n.* 둥근 방패
buck·o [bʌ́kou] *n.* (*pl.* **~es**) 《영·속어》 뻐기는 사람
buck-pass·ing [bʌ́kpæ̀siŋ | -pɑ̀:s-] *n.* Ⓤ 《미·구어》 책임 전가
buck·ram [bʌ́krəm] *n.* Ⓤ 버크럼 《풀·아교풀 등으로 빳빳이 먹인 아마포》
Bucks. Buckinghamshire
buck·saw [bʌ́ksɔ̀:] *n.* 《미》 틀톱
buck·shee [bʌ́kʃi:] *n.* 선물; 조그마한 뇌물 — *a., ad.* 무료의[로]; 특별한[히]
buck·shot [bʌ́kʃɑ̀t | -ʃɔ̀t] *n.* 사슴 사냥용 총알
buck·thorn [-θɔ̀:rn] *n.* 〖식물〗 갈매나무
buck·tooth [-tú:θ] *n.* (*pl.* **-teeth**) 뻐드렁니 **-toothed** *a.*
buck·wheat [-*h*wì:t] *n.* Ⓤ 〖식물〗 메밀 (가루)
bu·col·ic [bju:kɑ́lik | -kɔ́l-] *a.* 목자(牧者)의; 목가적인(pastoral) — *n.* [보통 *pl.*] 목가, 전원시
⁑**bud**[1] [bʌd] *n.* 《식물의》 **눈**; 꽃봉오리; 싹 ***in ~*** 눈터서, 봉오리져 ***in the ~*** 싹틀때에, 초기에
bud[2] *n.* 《구어》 = BUDDY
Bu·da·pest [b(j)ú:dəpèst] *n.* 부다페스트 《헝가리의 수도》
bud·ded [bʌ́did] *a.* 눈튼, 꽃봉오리를 맺은
*__Bud·dha__ [bú:də] *n.* Ⓤ **불타**(佛陀), 부처
*__Bud·dhism__ [bú:dizm | búd-] *n.* Ⓤ **불교**
*__Bud·dhist__ [bú:dist | búd-] *n.* **불교도**
— *a.* 불교(도)의
Bud·dhis·tic, -ti·cal [bu:dístik(əl) | bud-] *a.* 부처의; 불교(도)의
bud·ding [bʌ́diŋ] *a.* 눈트기 시작한; 나타나기 시작한
— *n.* Ⓤ 발아(發芽), 싹틈
bud·dy [bʌ́di] *n.* 《구어》 동료, 친구, 동지; 《미·구어》 여보게, 자네 《호칭》
budge [bʌdʒ] *vi., vt.* [부정문] 움직이기 시작하다; 태도·견해를 바꾸다
bud·ger·i·gar [bʌ́dʒəri:gɑ̀:r] *n.* 〖조류〗 잉꼬 《호주산》
⁑**bud·get** [bʌ́dʒit] *n.* **1 예산 2** 경비, 운영비; 가계, 생활비 《*for*》 — *vt.* 예산에 계상(計上)하다, 예산을 세우다
bud·get·ar·y [bʌ́dʒitèri | -təri] *a.* 예산 상의
bud·ge·teer [bʌ̀dʒitíər] *n.* 예산을 짜는 사람, 예산 위원
búdget plàn 《영》 분할불제, 할부제
bud·gie [bʌ́dʒi] *n.* 《구어》 = BUDGERIGAR
bud·let [bʌ́dlit] *n.* 유아(幼芽), 꽃봉오리
*__buff__ [bʌf] *n.* **1** Ⓤ 《소·물소의 무두질한》 **담황색 가죽**; Ⓒ 그 가죽으로 만든 군복 **2** Ⓤ 담황색
⁑**buf·fa·lo** [bʌ́fəlòu] *n.* (*pl.* **~(e)s**) 물소; 들소
Búffalo Índian 《미국 평원 지방의》 인디언
buff·er[1] [bʌ́fər] *n.* 완충기[장치](《미》 bumper); 〖컴퓨터〗 버퍼, 완충 기억 장치 [영역]

buffer[2] *n.* 닦는 도구[사람]
búffer stàte 완충국
búffer zòne 완충 지대
*__buf·fet__[1] [bʌ́fit] *n.* **타격**(blow); (풍파·운명 등에) 시달림
—*vt.* **치다**; 때려 눕히다; 〈사람이〉〈바람·파도·운명 등과〉 싸우다
—*vi.* 고투(苦鬪)하다 《*with*》
*__buf·fet__[2] [bəféi, bu- | búfei] *n.* **1 뷔페** 《self-service식 식사》 **2** (서랍 달린) 찬장 **3** 간이 식당; (열차 역내의) 식당
buffét càr 《영》 (열차의) 식당차
buf·fle·head [bʌ́flhèd] *n.* 〖조류〗 쇠오리 《북미산》
buf·foon [bəfúːn] *n.* 어릿광대, 익살꾼 (clown) —*vi.* 익살부리다
buf·foon·er·y [bəfúːnəri] *n.* Ⓤⓒ 익살
* **bug** [bʌg] *n.* 《미》 (작은) **곤충** (insect); 〖컴퓨터〗 (프로그래밍 등의) 버그, 오류; 《속어》 도청기
—*vt.* 도청하다
bug·a·boo [bʌ́gəbùː] *n.* (*pl.* **~s**) 도깨비, 요괴
bug·bear [bʌ́gbɛ̀ər] *n.* 도깨비; 근거 없는 걱정
bug·ger [bʌ́gər, búg- | bʌ́g-] *n.* 《비어》 남색쟁이, 비역쟁이; 《속어》 녀석, 놈 (chap) —*vt.* 《비어》 …와 비역하다
bug·ger·y [bʌ́gəri, búg- | bʌ́g-] *n.* Ⓤ 비역, 남색
*__bug·gy__[1] [bʌ́gi] *n.* 《영》 **2륜 경마차**; 《미》 4륜 경마차
buggy[2] *a.* 벌레투성이의
bug·house [bʌ́ghàus] *n.* 《미·속어》 정신병원 —*a.* 실성한, 터무니없는
bug·hunt·er [-hʌ̀ntər] *n.* 《구어》 곤충 학자[채집가]
bug·hunt·ing [-hʌ̀ntiŋ] *n.* Ⓤ 곤충 채집
*__bu·gle__[1] [bjúːgl] *n.* (군대의) **나팔**
—*vi., vt.* 나팔을 불다[불어 집합시키다]
bugle[2] *n.* [보통 *pl.*] 유리[플라스틱]의 관옥(管玉)
búgle càll 집합 나팔 (소리)
bu·gler [bjúːglər] *n.* 나팔수
bu·gloss [bjúːglɑs | -glɔs] *n.* 〖식물〗 지칫과(科)의 약초(alkanet)
***__build__ [bild] *v.* (**built** [bilt], 《시어·고어》 **~·ed**) *vt.* **짓다,** 세우다, 건축[건조, 건설]하다; 〈기계 등을〉 조립하다; 〈부 등을〉 **쌓아 올리다** —*vi.* 건축하다; 건축[건설]업에 종사하다
~ in 〈재목을〉 짜맞추어 넣다, 〈가구 등을〉 붙박이로 만들다; 건물로 에워싸다 ***~ into*** …을 …에 붙박다; 〈재료를〉 써서 …을 만들다 ***~ on*** (1) (토지를) 건물로 채우다 (2) 증축하다 ***~ up*** 건물로 둘러싸다; 〈재물·명성·인격 등을〉 쌓아 올리다, 확립하다
—*n.* Ⓤ **1** 체격 **2** 만듦새, 구조
*__build·er__ [bíldər] *n.* **건축(업)자**, 건조자
***__build·ing__ [bíldiŋ] *n.* **1** Ⓤ **건축**, 건조 **2 건축물**, 빌딩
búilding and lóan assocìation = SAVINGS AND LOAN ASSOCIATION
búilding blòck (장난감) 집짓기 나무 토막
búilding lèase 건축 부지의 임대차(기한)
búilding lìne 〖건축〗 (도로 등에 면한) 건축 제한선
búilding socìety 《영》 주택 조합, 건축 조합(《미》 savings and loan association)
búilding tràdes 건축업 《목수·벽돌공·연관공 등의 직업》
*__build·up__ [bíldʌ̀p] *n.* **증강**, 강화; 증진; 축적; 선전; 예비공작
***__built__ [bilt] *v.* BUILD의 과거·과거분사 —*a.* Ⓐ 조립된; …한 체격의
built-in [bíltín] *a.* 붙박이의; 〈기계 등이〉 내장된
built-up [-ʌ́p] *a.* 짜 맞춘, 조립한; 건물이 빽빽이 들어찬
***__bulb__ [bʌlb] *n.* **1 구근**(球根) **2** 공 모양의 물건; **전구** —*vi.* 구근이 되다; 둥글게 부풀다
bul·bous [bʌ́lbəs] *a.* 구근[구경(球莖)]의; 구근 모양의
bul·bul [búlbul] *n.* **1** 〖조류〗 불불 《페르시아의 시(詩)에 나오는 명금(鳴禽); nightingale이라고도 함》 **2** 가수, 시인
Bulg. Bulgaria(n)
Bul·gar [bʌ́lgər | bʌ́lgɑː] *n., a.* =BULGARIAN
Bul·gar·i·a [bʌlgɛ́əriə, bul-] *n.* 불가리아 《유럽 남동부의 공화국; 수도 Sofia》
Bul·gar·i·an [bʌlgɛ́əriən, bul-] *n.* 불가리아 사람; Ⓤ 불가리아 말 —*a.* 불가리아(사람·말)의
*__bulge__ [bʌldʒ] *n.* **불룩한 것[부분]**; 팽창 —*vi., vt.* 부풀다, 부풀리다
bulg·y [bʌ́ldʒi] *a.* 불룩한, 부푼
***__bulk__ [bʌlk] *n.* Ⓤ **1 부피**, 용적 **2** [the ~] **대부분**, 태반 **3** 거대한 것
in ~ 〈곡물 등을〉 포장하지 않고, 산적 화물로
—*vi.* 부피가 커지다 《*up*》
—*vt.* …의 부피가 커지게 하다
bulk·head [bʌ́lkhèd] *n.* (선박의 방을 막는) 칸막이
*__bulk·y__ [bʌ́lki] *a.* **부피가 큰**; (너무 커서) 다루기 힘든
búlk·i·ly *ad.* **búlk·i·ness** *n.*
__bull__[1] [bul] *n.* **1 황소 2** (물소·코끼리·고래 등의) **수컷** ***a ~ in a china shop 사정없이 횡포를 부리는 부랑배 ***shoot [throw] the ~*** 《미·속어》 허튼 소리를 지껄이다; 큰소리치다 ***take the ~ by the horns*** 용감하게 난국에 맞서다
bull[2] *n.* 로마 교황의 교서
bull[3] *n.* 우스꽝스러운 모순, 앞뒤가 맞지 않는 말
bull·bait·ing [búlbèitiŋ] *n.* Ⓤ 소곯리기 《개를 부추겨 황소를 성나게 한 영국의 옛 놀이》
*__bull·dog__ [búldɔ̀ːg | -dɔ̀g] *n.* **불독**; 완강한 사람 —*a.* 불독 같은, 용맹스럽고 끈덕진
bull·doze [búldòuz] *vt.* 불도저로 〈땅을〉 고르다[파다, 나르다]; 강행하다
*__bull·doz·er__ [búldòuzər] *n.* **불도저**
***__bul·let__ [búlit] *n.* **총탄**; 작은 공
bul·let·head [búlithèd] *n.* 둥근 머리(의 사람) **~·ed** [-id] *a.* 머리가 둥근

‡bul·le·tin [búlətin] *n.* **고시, 게시; 뉴스 속보** —*vt.* 고시[게시]하다
búlletin bòard 《미》 게시판
bul·let·proof [búlitprù:f] *a.* 방탄의; 《구어》 실수[비판의 여지]가 없는
bull·fight [búlfàit] *n.* 투우
~·er *n.* 투우사 **~·ing** *n.* Ⓤ 투우
bull·finch [-fìntʃ] *n.* 〖조류〗 멋쟁이새의 일종
bull·frog [-frɔ̀:g | -frɔ̀g] *n.* 〖동물〗 황소개구리 《미국산(產)》
bull·head [-hèd] *n.* 《미》 머리가 큰 물고기 《메기 등》; 고집쟁이
bull·head·ed [-hédid] *a.* 완고한, 우둔한
bul·lion [búljən] *n.* Ⓤ 금[은]괴, 금[은] 덩어리; 순금, 순은
~·ism *n.* Ⓤ 금은 통화주의, 경화(硬貨)주의 **~·ist** *n.* 금은 통화론자
bull·ish [búliʃ] *a.* 황소 같은; 완고한; 우둔한
bull·necked [búlnèkt] *a.* 〈사람이〉 목이 굵은; 고집센
bull·ock [búlək] *n.* 어린 수소; 거세한 소
bull·pen [búlpèn] *n.* 《미》 소의 우리; 〖야구〗 불펜 《구원 투수 연습장》
bull·ring [-rìŋ] *n.* 투우장
búll sèssion 《미·구어》 (보통 남학생들만의) 자유 토론 (시간)
bull's-eye [búlzài] *n.* (과녁의) 중심; 두꺼운 볼록 렌즈가 달린 각등(角燈); (채광용의) 둥근 창
bull·shit [búlʃìt] *n.* 《비어》 엉터리, 허튼 소리
bull·ter·ri·er [-tériər] *n.* 〖동물〗 불테리어 《불독과 테리어의 교배종》
búll tòngue (목화 재배용의) 무거운 쟁기
∗bul·ly [búli] *n.* **약한 자를 괴롭히는 사람** —*vt.* 골리다, 겁주다
búlly bèef 통조림한 [소금에 절인] 쇠고기
bul·ly·boy [búlibɔ̀i] *n.* 폭력 조직의 하수인
bul·ly·off [-ɔ̀:f | -ɔ̀f] *n.* 〖하키〗 경기 개시
bul·ly·rag [-ræ̀g] *vt.*, *vi.* (**~ged**; **~·ging**) 《미·구어》 으르다, 곯리다
bul·rush [búlrʌ̀ʃ] *n.* 〖식물〗 큰고랭이속(屬)의 식물; 파피루스(papyrus)
∗bul·wark [búlwərk] *n.* **성채**; 방파제; 방호자[물] —*vt.* 옹호[방비]하다
bum [bʌm] *n.* 부랑자(tramp); 건달
—*a.* 《속어》 하찮은; 불쾌한
—*v.*(**~med**; **~·ming**) 《미·구어》 *vt.* 을러 빼앗다, 졸라 빼앗다 —*vi.* 빈둥빈둥 지내다, 부랑하다
bum·ble[1] [bʌ́mbl] [*bu*ngle+stu*mble*] *vi.* 실패하다, 실수하다
—*vt.* 엉망으로 하다
—*n.* 큰 실수
bumble[2] [의성어] *vi.* 〈꿀벌 등이〉 윙윙거리다
bum·ble·bee [bʌ́mblbì:] *n.* 〖곤충〗 뒝벌
bum·mer [bʌ́mər] *n.* 《미·속어》 게으름뱅이, 빈둥거리는 사람(loafer)
‡bump [bʌmp] [의성어] *vt.* (쾅) **부딪치다**, 충돌하다 **~ *off*** 《미·속어》 폭력으로 제거하다, 죽이다
—*vi.* **1 부딪치다, 마주치다**; 〖조정경기〗 추돌하다 《*against, into*》 **2** 〈수레가〉 덜거덕거리며 지나가다 《*along*》
—*n.* **1 충돌**; 쾅, 쿵 **2** 혹(swelling)
∗bump·er [bʌ́mpər] *n.* **1** (열차·자동차 앞뒤의) **범퍼**, 완충기(《영》 buffer[1]) **2** (건배할 때의) 가득 채운 잔 **3** 《구어》 풍작; 성황 —*a.* 《구어》 대단히 큰; 풍작의: a ~ crop 풍작
bump·er-to-bump·er [-təbʌ́mpər] *a.* 〈자동차가〉 꼬리를 문; 〈교통이〉 정체된
bump·y [bʌ́mpi] *a.* 〈길이〉 울퉁불퉁한; 〈차가〉 덜컥거리는
búmp·i·ly *ad.* **-i·ness** *n.*
∗bun[1] [bʌn] *n.* **둥근 빵** 《건포도가 들어 있거나 햄버거용으로 쓰이는》; (여성 뒷머리의 bun 모양의) 쪽; [*pl.*] 《구어·익살》 엉덩이
bun[2] *n.* 《방언》 다람쥐, 토끼; 다람쥐[토끼] 꼬리
Bu·na [bjú:nə] *n.* 합성 고무의 일종 《상표명》
‡bunch [bʌntʃ] *n.* **1** (포도 등의) **송이**; (꽃·열쇠 등의) **다발**, 묶음(cluster) **2** 《구어》 한패(group), 떼거리
—*vt.* **1** 다발로 묶다 **2** 〈가축을〉 한떼로 모으다
—*vi.* **1** 다발이 되다 **2** 한떼가 되다
bunch·y [bʌ́ntʃi] *a.* 송이가 있는, 송이 모양의
bun·co [bʌ́ŋkou] 《미·구어》 *n.* (*pl.* **~s**) ⓊⒸ 사기(swindle); 속임수의 내기
—*vt.* 사기치다, 속이다
bun·combe [bʌ́ŋkəm] *n.* = BUNKUM
bund [bʌnd] *n.* (동양의 항구의) 해안 길
Bun·des·tag [búndəstà:g] [G] *n.* (독일의) 하원
‡bun·dle [bʌ́ndl] *n.* **1 묶음, 다발** 《*of*》 **2** 《구어》 무리, 일단(一團)(group) **3** 〖컴퓨터〗 묶음, 번들 《하드웨어와 소프트웨어를 일괄하여 팖》
—*vt.* 다발[꾸러미]로 하다; 〈짐을〉 꾸리다; 〖컴퓨터〗 〈하드웨어와 소프트웨어를〉 일괄해서 팔다
~ (one*self*) ***up*** 따뜻하게 몸을 감싸다
—*vi.* 급히 물러가다[떠나다, 나가다]
bun-fight [bʌ́nfàit] *n.* 《영·속어·익살》 = TEA PARTY
bung [bʌŋ] *n.* (통 등의) 마개; 통 주둥이 —*vt.* 마개를 하다, 막다 《*up*》
∗bun·ga·low [bʌ́ŋgəlòu] *n.* **방갈로**
bung·hole [bʌ́ŋhòul] *n.* 통의 따르는 구멍
bun·gle [bʌ́ŋgl] *vt.*, *vi.* 서투르게 만들다, 망치다
—*n.* 서투른 솜씨; 실수
bun·gler [bʌ̀ŋglər] *n.* 실수하는 사람, 솜씨 없는 사람
bun·gle·some [bʌ̀ŋglsəm] *a.* 서투른, 솜씨 없는
bun·ion [bʌ́njən] *n.* 〖병리〗 건막류(腱膜瘤) 《엄지발가락 안쪽의 염증》
∗bunk[1] [bʌŋk] *n.* (배·기차의) **침대**(berth); 《구어》 침대, 잠자리
—*vi.* 《구어》 침상에 눕다; 아무렇게나 뒹굴어 자다

bunk[2] *n.* Ⓤ 《속어》 터무니없는 소리, 속임수 (humbug)
bunk[3] *n.* 《영·속어》 도망(flight)
— *vi.* 뺑소니치다
búnk bèd 2단 침대(의 하나)
bun·ker [bʌ́ŋkər] *n.* **1** (고정되어 있는) 큰 궤, 석탄 궤, (배의) 석탄 창고 **2** 〔군사〕 엄폐호, 은신처 **3** 〔골프〕 벙커 《모래로 된 장애 구역》
— *vt.* 〔골프〕 공을 벙커에 쳐 넣다
Bún·ker Híll [bʌ́ŋkər-] *n.* 벙커힐 《미국 Boston의 언덕; 독립 전쟁시의 싸움터》
búnker òil 벙커유(油), 선박용 연료유
bunk·house [bʌ́ŋkhàus] *n.* 《미》 광부의 오두막, 노동자 합숙소[숙사]
bun·ko [bʌ́ŋkou] *n.* (*pl.* **~s**), *vt.* = BUNCO
bun·kum [bʌ́ŋkəm] *n.* Ⓤ (선거민의) 인기를 끌기 위한 연설; 부질없는 이야기[일]
∗**bun·ny** [bʌ́ni] *n.* 《유아어》 **토끼** (rabbit); 매력적인 젊은 여자
bunt[1] [bʌnt] *vt., vi.* (머리 또는 뿔로) 받다, 밀다; 〔야구〕 번트하다
— *n.* 받기, 밀기; 〔야구〕 번트
bunt[2] *n.* 가로돛의 중앙부
bun·ting[1] [bʌ́ntiŋ] *n.* Ⓤ (엷은) 깃발 천; 장식천
bunting[2] *n.* 〔조류〕 멧새 무리
bunt·line [bʌ́ntlin, -làin] *n.* 〔항해〕 가로돛 자락을 치켜 올리는 밧줄
⁑**bu·oy** [búːi, bɔ́i | bɔi] [동음어 boy] *n.* 〔항해〕 **부이, 부표**(浮標)
— *vt.* **1** 띄우다, 띄워 두다 《*up*》 **2** 받쳐주다, 〈희망 등을〉 걸다
— *vi.* 뜨다, 떠오르다(float) 《*up*》
buoy·an·cy [bɔ́iənsi], **-ance** [-əns] *n.* Ⓤ **1** 부력; 부양성(浮揚性) **2** 낙천적인 성질, 쾌활함
∗**buoy·ant** [bɔ́iənt] *a.* **1 부양성[부력]이 있는 2** 탄력이 있는; 경쾌한 **3** 〈시세가〉 오를 기미의 **~·ly** *ad.*
bur [bəːr] *n.* (밤·우엉 등의) 가시 돋친 껍질, (그) 가시; 가시 돋친 식물
Bur·ber·ry [bə́ːrbəri] *n.* Ⓤ 방수포(防水布); 바바리코트 《상표명》
bur·ble [bə́ːrbl] *vi.* 〈시내 등이〉 졸졸 흐르다; 보글보글 소리나다; 거품이 일다; 입에 거품을 내며 말하다
— *n.* 보글보글 소리; 킬킬댐
⁂**bur·den**[1] [bə́ːrdn] *n.* **1 무거운 짐 2** (의무·책임의) **짐, 부담**; 걱정 **3** Ⓤ (배의) 적재력 — *vt.* **짐을 지우다, 부담시키다**; 괴롭히다
burden[2] *n.* (노래의) 반복구(反復句), 후렴 《refrain이 일반적》; 장단 맞추는 노래
bur·den·some [bə́ːrdnsəm] *a.* 부담이 되는, 귀찮은, 고된
∗**bu·reau** [bjúərou] *n.* (*pl.* **~s, ~x**) **1** 《미》 (관청의) **국**(局)(《영》 department) **2** 《미》 (거울 달린) 침실용 장롱 **3** 《미》 **안내소**, **접수처**; 사무[편집]국 **4** 《영》 (개폐식의) 서랍 달린 큰 책상
∗**bu·reau·cra·cy** [bjuərɑ́krəsi | -rɔ́k-] *n.* ⓊⒸ **관료**; 관료 정치[주의, 제도]
∗**bu·reau·crat** [bjúərəkræ̀t] *n.* **관료**; 관료주의자
∗**bu·reau·crat·ic** [bjùərəkrǽtik] *a.* **관료 정치의**; 관료적인
bu·reau·crat·ism [bjúərəkrætìzm] *n.* Ⓤ 관료주의[기질] **-ist** *n.*
bu·reaux [bjúərouz] *n.* BUREAU의 복수
bu·ret(te) [bjurét] *n.* 〔화학〕 뷰렛
burg [bəːrg] *n.* 《미·구어》 시(市)(city), 읍(town)
bur·gess [bə́ːrdʒis] *n.* 《영》 (자치 도시의) 시민, 공민
burgh [bə́ːrə | bʌ́rə] *n.* 《스코》 자치 도시
bur·gher [bə́ːrgər] *n.* 공민, 시민《중산층》
⁑**bur·glar** [bə́ːrglər] *n.* (주거 침입) **강도**
búrglar alàrm 도난 경보기
bur·glar·i·ous [bərglέəriəs] *a.* 주거 침입(죄)의 **~·ly** *ad.*
bur·glar·ize [bə́ːrglərài z] *vt., vi.* 《구어》 침입하여 강도질하다
bur·glar·proof [bə́ːrglərprùːf] *a.* 도난 방지의
bur·gla·ry [bə́ːrgləri] *n.* ⓊⒸ 주거 침입(죄), 밤도둑질
bur·gle [bə́ːrgl] *vi., vt.* 《구어》 …에 불법 침입하다; 강도질하다, 침입하여 강탈하다
Bur·gun·di·an [bəːrgʌ́ndiən] *a.* BURGUNDY(주민)의
Bur·gun·dy [bə́ːrgəndi] *n.* 부르고뉴 《프랑스의 동남부 지방》
⁑**bur·i·al** [bériəl] *n.* **매장**; 매장식
búrial gròund[plàce] (매)장지, 묘지
búrial sèrvice 매장식
bur·i·er [bériər] *n.* 매장인
bu·rin [bjúərin] *n.* (대리석 조각용) 끌; 정; Ⓤ 조각 양식
burke [bəːrk] *vt.* 목졸라 죽이다; 〈의안 등을〉 묵살하다
burl [bəːrl] *n.* (실·직물 등의) 마디; (나무의) 옹이
bur·lap [bə́ːrlæp] *n.* 올이 굵은 삼베 《부대·포장용》
∗**bur·lesque** [bərlésk] *n.* **익살 연극**; 버라이어티 쇼 《스티립쇼가 위주》 — *a.* 해학적인, 광대의 — *vt.* 희화화하다; 익살스레 모방하다
bur·ley [bə́ːrli] *n.* 미국산 잎담배의 일종
bur·ly [bə́ːrli] *a.* 〈몸이〉 억센, 실한 (stout); 퉁명스러운(bluff) **búr·li·ly** *ad.*
Bur·ma [bə́ːrmə] *n.* 버마 《동남 아시아의 Myanmar의 구칭; 수도는 Rangoon, 지금은 Yangon》
Bur·man [bə́ːrmən] *n.* (*pl.* **~s**) 버마 사람
Bur·mese [bəːrmíːz] *a.* 버마의
— *n.* (*pl.* ~) **1** 버마 사람 **2** Ⓤ 버마 말
⁂**burn**[1] [bəːrn] *v.* (**burnt, ~ed**) *vi.* **1 불타다**, 그을다; 햇볕에 타다; 〈음식이〉 **타다**, 눋다; 〈등불이〉 **빛나다 2 타는 듯이 느끼다** 《*with*》; 〈혀·입이〉 얼얼하다 《*with*》 **3** 불끈하다
— *vt.* **1 태우다**, 때다; 불붙이다; 굽다 **2** 〈해가〉 쨍쨍 내리쬐다, 볕에 그을리게 하다 **3** 불에 데게 하다 **4** 빨갛게 달구다
~ ***away*** 타버리다; 계속해서 타다; 불살라 버리다 ~ ***down*** 전소(全燒)하다; 소진(燒盡)하다; 불기운이 죽다; 태워[불살라]

버리다 ~ ***into*** 썩어 들어가다; 〈마음에〉 아로새겨지다 ~ ***low*** 불기운이 약해지다 ~ ***off*** 불살라 버리다; 태워서 〈얼룩 등을〉 없애버리다 ~ one***self out*** 정력을 소모하다 ~ ***out*** 태워 버리다[없애다]; 다 타버리다 ~ ***up*** 활짝 타오르다; 태워[불살라] 버리다
— *n.* 화상; 햇볕에 탐; 탄 자리

burn² *n.* 《스코》 개울

burned-out [bə́ːrndáut] *a.* 타버린, 못 쓰게 된, 식은

*__burn·er__ [bə́ːrnər] *n.* **연소기, 버너**; 점화구; 태우는[굽는] 사람

bur·net [bə́ːrnit] *n.* 〖식물〗 오이풀속(屬)

burn·ing [bə́ːrniŋ] *a.* (불)**타는**; 뜨거운, 강렬한, 격심한

búrning glàss 화경(火鏡) 《볼록 렌즈》

búrning pòint 〖물리〗 발화점(發火點)

bur·nish [bə́ːrniʃ] *vt., vi.* **닦다, 갈다**; 광내다, 광나다

bur·nish·er [bə́ːrniʃər] *n.* 닦는[가는] 사람; 연마기

bur·noose, -nous [bərnúːs] *n.* 두건 달린 겉옷 《아라비아 사람이 입는 망토》

búrn ràte 신생 기업의 경비 지출 속도

burnt [bəːrnt] *v.* BURN의 과거·과거분사
— *a.* (불)탄, 눌은; **불에 덴**

búrnt óffering 번제(燔祭)의 제물 《제단 위에서 구워 신에게 바치는 제물》

burnt-out [bə́ːrntàut] *a.* =BURNED-OUT

burn·up [bə́ːrnʌ̀p] *n.* **1** 원자로의 연료 소비 **2** 《영·속어》 오토바이의 폭주

burp [bəːrp] [의성어] *n.* 트림(belch)
— *vi., vt.* 트림하다

búrp gùn 《미》 자동권총, 소형 경기관총

*__burr¹__ [bəːr] *n.* (동판 조각 등의) **깔쭉깔쭉한 부분**; 거친 숫돌

burr² *n.* 리벳 멈춤 금속판

burr³ *n.* 부르릉[윙윙] 하는 소리; 목젖을 진동시켜 내는 r음 — *vt., vi.* 후음[목젖 진동음] [R]음으로 발음하다

bur·ro [bə́ːrou] *n.* (하물 운반용) 작은 당나귀

*__bur·row__ [bə́ːrou | bʌ́r-] *n.* (여우·토끼·두더지 등이 판) **굴**; 피신처
— *vt., vi.* 〈굴을〉 파다; 굴에 살다; 깊이 파고들다[조사하다] ~**·er** *n.* 굴 파는 동물

bur·sa [bə́ːrsə] *n.* (*pl.* **~s, -sae** [-siː]) 〖해부〗 활액낭(滑液囊)

bur·sar [bə́ːrsər] *n.* (대학의) 회계원, 출납원

bur·sa·ry [bə́ːrsəri] *n.* (*pl.* **-ries**) (대학의) 회계과; 《스코》 대학의 장학금

burst [bəːrst] *v.* (**burst**) *vi.* **1** 〈폭탄 등이〉 **파열하다**; 폭발하다 **2** 부풀어 터지다, 〈물집·밤알 등이〉 터지다, 벌어지다 **3** 갑자기 나타나다; 갑자기 …하다 《*into*》 — *vt.* **1 터뜨리다**, 파열[폭발]시키다 **2** 찢다; 눌러 터뜨리다
~ ***forth*** 갑자기 나타나다; 돌발하다 ~ ***into*** 〈방 등에〉 난입하다; 갑자기 …하기 시작하다 ~ ***out*** 튀어 나오다; 갑자기 나타나다; 갑자기 …하기 시작하다 ~ ***up*** 파열하다; 《속어》 파산하다
— *n.* **1 파열**, 폭발(explosion) **2 돌발**, (감정의) 격발

burst·er [bə́ːrstər] *n.* 파열시키는 것; 작약(炸藥)

bur·then [bə́ːrðən] *n., v.* 《고어》 = BURDEN[1,2]

bur·ton [bə́ːrtn] *n.* 〖항해〗 고패 장치 《돛 등을 올리는》

Bu·run·di [burúndi] *n.* 부룬디 《중앙 아프리카의 공화국; 수도 Bujumbura》

bur·y [béri] [동음어 berry] *vt.* **1 묻다; 파묻다, 매장하다**(inter) **2** (덮어서) 숨기다(conceal) **3** 몰두하다

búr·y·ing gròund [plàce] [bériiŋ-] = BURIAL GROUND[PLACE]

bus [bʌs] *n.* (*pl.* **~(s)es**) **1 버스**; 《구어》 여객기(aerobus) **2** 《미》 (식당의) 식기 운반용 왜건 ***miss the ~*** 《속어》 버스를 놓치다; 좋은 기회를 놓치다
— *vi., vt.* (**~(s)ed**; **~(s)ing**) 《미·속어》 버스를 타다[타고 가다]

bús bàr 〖전기·컴퓨터〗 모선(母線)(bus)

bus·by [bʌ́zbi] *n.* 운두가 높은 털모자 《영국의 기병·근위병의 정모》

bush [buʃ] *n.* **1 관목 2** [종종 the ~] **관목 숲, 덤불 3** 담쟁이 가지 《옛 술집 간판》
beat the ~es 《미》 〈인재 등을〉 사방으로[두루] 찾다 (*for*)
— *vi.* 관목처럼 우거지다
— *vt.* 〈사냥터를〉 꺾은 나뭇가지로 둘러치다

bushed [buʃt] *a.* 관목에 뒤덮힌; 《구어》 지쳐버린(worn-out)

bush·el¹ [búʃəl] *n.* **1 부셸** 《용량의 단위; = 4 pecks; 《미》 약 35리터, 《영》 약 36리터》 **2** 많은 양, 다량 《*of*》

bushel² *vt., vi.* 《미》 〈옷을〉 고쳐 짓다, 수선하다 ~**·er** *n.* 의복 수선공

bush·fight·er [búʃfàitər] *n.* 유격병

bush·ing [búʃiŋ] *n.* 〖전기〗 부싱, 투관(套管); 〖기계〗 부싱 《베어링의 일종》, 축받이통

búsh lèague 《야구속어》 = MINOR LEAGUE

bush·man [búʃmən] *n.* **1** 총림지 주민 **2** [**B~**] 부시먼 《남아프리카 원주민》; Ⓤ 부시먼 말

bush·mas·ter [-mæ̀stər | -mɑ̀ːs-] *n.* 〖동물〗 (중·남미산) 큰 독사의 일종

búsh pìlot 《미》 (알래스카 같은) 변방을 나는 비행사

búsh tèlegraph 1 (북 등에 의한) 정글 통신 방법 **2** 정보(의 전파)

bush·whack [búʃhwæ̀k] *vi.* 《미》 덤불을 베어 헤치다; (덤불을 이용하여) 기습하다 ~**·er** *n.* 덤불을 베어 헤치는 사람; 게릴라병

*__bush·y__ [búʃi] *a.* **관목이 무성한**, 덤불이 많은; 덤불처럼 우거진

*__bus·i·ly__ [bízəli] *ad.* **바쁘게**; 부지런히

busi·ness [bíznis] *n.* **1** Ⓤ **사무**, 업무, 일; **직업 2** Ⓤ **상업**, 실업, **3 장사**, 거래 **4 상점 5 직무, 용무 6** Ⓒ 사정, 사건(affair)
be connected in ~ with …와 거래가 있다 ***be in ~*** 사업에 종사하다 ***come***

[**get**] **to** ~ 일을 시작하다, 용건에 들어가다 **do good** ~ 번창하다 **get down to** ~ 본격적으로 일에 착수하다 **go to** ~ 사무를 시작하다 **make it** one's ~ **to** … 하는 것을 맡다, 자진해서[꼭] …하다 **mean** ~ 《구어》 진정이다(be serious) **mind** one's **own** ~ 자기의 직분을 지키다《남의 일에 간섭하지 않다》 **send** a person **about** his ~ …을 내쫓다, 해고하다

búsiness addrèss 영업소[사무실] 주소

búsiness administràtion 《미》 경영학; 경영

búsiness àgent 《영》 대리점; 《미》 (노동조합의) 교섭 위원

búsiness càrd 업무용 명함

búsiness cènter = BUSINESS QUARTERS

búsiness còllege 《미》 실무 학교《속기·타자·부기 등의 실무 훈련을 함》

búsiness cỳcle 《미》 경기 순환(《영》 trade cycle)

búsiness dày 영업일

búsiness ènd 《구어》 (회사의) 영업부서; [the ~] (도구의 기능하는) 끝

búsiness Ènglish 상업 영어

búsiness hòurs 집무[영업] 시간

búsiness lètter 상용(商用) 편지; 사무용 통신문

*__busi·ness·like__ [bíznislàik] *a.* **사무적인; 실제적인**(practical); 능률적인(efficient)

*__busi·ness·man__ [bíznismæ̀n] *n.* (*pl.* **-men** [-mèn]) **실업가,** 사업가 《특히 기업의 경영자·관리자》; 상인; 사무가

busi·ness·per·son [-pə̀ːrsn] 《미》 사업가 《남녀 구별 없이 씀》

búsiness quàrters 상업 지구, 번화가

búsiness schòol = BUSINESS COLLEGE; 《미》 경영 대학원

búsiness stùdies (경영 등의) 실무 연수

búsiness sùit 《미》 (직장에서 입는) 신사복 (《영》 lounge suit)

busi·ness-to-busi·ness [-təbíznis] *a.* 기업과 기업 간의 《略 B2B》

busi·ness·wom·an [-wùmən] *n.* (*pl.* **-wom·en** [-wìmin]) 여자 사업가

bus·ing [bʌ́siŋ] *n.* Ⓤ 버스 수송; 《미》 강제 버스 통학 《백인과 흑인의 균형을 맞추기 위해 아동을 거주 지역 밖의 학교에 보냄》

busk [bʌsk] *n.* (코르셋의) 가슴을 버티는 살대

bus·kin [bʌ́skin] *n.* [보통 *pl.*] (고대 그리스·로마의 비극 배우가 신던) 편상(編上) 반장화; [the ~] 비극(tragedy)
put on the ~s 비극을 쓰다[연기하다]

bús làne 《영》 버스 전용 차로

bus·man [bʌ́smən] *n.* (*pl.* **-men** [-mən]) 버스 운전사

búsman's hóliday [버스 운전사가 휴일에 자기 차를 모는 데서] 평상시와 같은 일을 하며 보내는 휴가, 명색뿐인 휴일

buss [bʌs] *n., vt., vi.* 《고어》 키스(하다)

bús shèlter 《영》 지붕 있는 버스 정류소

bus·sing [bʌ́siŋ] *n.* 《주로 영》 = BUSING

bús stàtion 버스 종점, 버스 터미널

*__bús stòp__ **버스 정류장**

*__bust__[1] [bʌst] [L 「무덤」의 뜻에서; 흉상이 무덤 위에 세워진 데서] *n.* **1 흉상**(胸像), 반신상 **2 상반신**; (여성의) 버스트; 가슴둘레; 가슴

bust[2] [burst의 변형] *vi.* 《구어》 **1** 파열하다 《*up*》 **2** 파산하다 《*up*》
~ **out** 《미》 (1) 꽃이[잎이] 빨리 지다[떨어지다] (2) 《미·속어》 탈옥하다 (3) = BURST out (4) 낙제[퇴학]하다 ~ **up** 파산하다; 헤어지다; 이혼하다
— *vt.* **1** 《구어》 파열[폭발]시키다(burst); 파멸[파산]시키다 **2** 《미》 〈야생마 등을〉 길들이다(tame) **3** 《구어》 때리다(punch, hit) **4** 《구어》 부수다, 못쓰게 하다; 〈다리 등을〉 부러뜨리다 **5** 《미》 〈신탁 회사를〉 조그마한 회사로 나누다
~ **out** 〈사관생도를〉 낙제[퇴학]시키다
~ **up** 〈물건을〉 부수다
— *n.* 《구어》 **1** 실패, 파산; 패배자; 《속어》 낙제[제적] 통지, 강등 명령; 파열, 폭발; 강타 **2** 불황(不況); 《속어》 체포, (경찰의) 습격 **3** 술 마시고 떠듦(spree)
— *a.* 파산[파멸]한; 깨진, 망가진
go ~ 파산하다

bus·tard [bʌ́stərd] *n.* 〖조류〗 능에

bust·ed [bʌ́stid] *a.* **1** 부서진, 〈팔 등이〉 부러진 **2** 《미·속어》 체포된, 들킨

bust·er [bʌ́stər] *n.* **1** 《미·구어》 파괴하는 사람[것] **2** 《미·구어》 엄청난[거대한] 것 **3** 《미·속어》 이봐, 야가 《호칭》 **4** 난장판, 법석(spree); 흥겨워 떠드는 사람(rioter) **5** 《미》 조마사(調馬師)

*__bus·tle__[1] [bʌ́sl] *vi.* **1 부산하게 움직이다,** 바쁘게 일하다 《*about*》; 법석떨다, (바쁘게) 서두르다 《*up*》 **2** 붐비다, 북적거리다 《*with*》 — *vt.* 법석[부산]떨게 하다; 재촉하다 《*off*》
~ **up** 야단법석하다, 서두르다
— *n.* Ⓤ [때로 a ~] 야단법석; 소란
be in a ~ 떠들썩하다, 혼잡하다

bustle[2] *n.* 허리받이 《스커트 뒷자락을 부풀게 하는》

bus·tling [bʌ́sliŋ] *a.* 부산스러운; 떠들썩한, 소란한, 붐비는 **~·ly** *ad.*

bust-up [-ʌ̀p] *n.* 《미·구어》 **1** 이혼, 이별, 파경 **2** 난잡한 파티 **3** 《미·속어》 싸움, 소요

bust·y [bʌ́sti] *a.* (**bust·i·er**; **-i·est**) 〈여자가〉 가슴이 불룩한[풍만한]

*__bus·y__ [bízi] *a.* (**bus·i·er**; **-i·est**) **1 바쁜,** 분주한, 틈이 없는 **2** Ⓟ 부지런히 일하는 《*with, at, over*》 **3 번화한**: a ~ street 번화가 **4** 《미》 〈전화가〉 **통화 중인**: Line's ~. 통화 중입니다. (《영》 Number's engaged.) **5** Ⓟ 참견 잘하는(officious) 《*in*》
be ~ **doing** …하기에 바쁘다: He *is* ~ (at his desk) prepar*ing* for the exam. 그는 (책상에 앉아) 시험 준비에 바쁘다. **get** ~ 《미》 일에 착수하다
— *vt.* (**bus·ied**) 바쁘게 하다[일 시키다]
~ one**self** [one's **hands**] **with** [**in, at, about**] something = ~ one**self** (**in**)

do*ing* (some work) …으로 바쁘다[바쁘게 일하다]
— *n.* (*pl.* **bus·ies**) 《영·속어》 형사, 탐정

bus·y·bod·y [bízibὰdi | -bɔ̀di] *n.* (*pl.* **-bod·ies**) 참견 잘하는 사람, 일 봐주기 좋아하는 사람

bus·y·ness [bízinis] *n.* Ⓤ 《드물게》 바쁨, 다망

bus·y·work [bíziwə̀ːrk] *n.* Ⓤ 바쁘기만 하고 성과 없는 일

‡but [bʌt, bət] [동음어 butt] *conj.* **A** (등위접속사) **1 a** [앞의 낱말·구·절과 반대 또는 대조되는 낱말·구·절을 이끌어] **그러나, 하지만,** 그런데, 그렇지만: He is poor ~ cheerful. 그는 가난하지만 명랑하다. **b** [양보의 뜻을 나타내어] (과연) …**지만 2** [앞의 부정어·구·문과 대응하여] …**이 아니고 3** [감동 표현 등의 뒤에 별 뜻이 없는 연결어로서]: Heavens, ~ it rains! 이런, 비가 오잖아! **4** [보통 문두에서] **a** [이의·불만을 나타내어] 하지만, 그렇지만 **b** [놀람·뜻밖의 감정을 나타내어] 야, 어머나
— **B** (종속접속사) **1** …**외에(는),** …**을 제외하고(는)**: All ~ he are present. 그를 제외하고는 모두 참석하였다. **2** [부정문 뒤에서] **a** [종종 ~ that로 부정의 주절 중의 so 또는 such와 상관적으로] …**못할 정도로** 《but (that) 용법은 문어적임: 일반적으로는 대신에 that ... not를 씀》: *No* man is *so* old ~ *that* he may learn. 나이가 너무 많아서 못 배운다는 법은 없다. 《=No man is too old to learn.》 **b** [종종 ~ that로 부정의 주절에 대하여 조건절을 이끌어] …**않고는** (…**않다**) (if ... not): It *never* rains ~ it pours. 《속담》 비가 오기만 하면 반드시 억수로 퍼붓는다. **3 a** [종종 ~ that로 부정문 또는 의문문에 쓰인 doubt, deny 등의 뒤에서 명사절을 이끌어] 《문어》 …라는 것 (that) 《지금은 that를 씀》: I do*n't doubt* [There is *no doubt*] ~ (*that*) you will succeed. 당신이 성공하리라는 것을 의심치 않는다. **b** [종종 ~ that [《구어》 what]로 부정·수사의문에 쓰인 say, know, believe, be sure 등의 뒤에서 명사절을 이끌어] …않(는)다는 것 (that ... not): Who *knows* ~ *that* he may be right? 어쩌면 그가 옳을지도 모른다. 《옳지 않다는 것을 누가 알 것인가?》
(***It is***) ***not that ..., ~ that*** …해서가 아니라 …이기 때문이다: *Not that* I disliked the work, ~ *that* I have no time. 그 일이 싫어서가 아니라 시간이 없기 때문이다. ***not ~ that***[***what***] … 않는 것은 아니지만
— *ad.* **1** 《고어·문어》 **단지,** 그저 …뿐 (only): He is ~ a child. 그는 그저 어린아이에 불과하다. **2** [강조어로서] 《미·속어》 정말로, 참으로; 단연
all ~ 《구어》 거의(almost): She is *all* ~ nude. 그녀는 거의 알몸이나 다름없다.
— *prep.* **1** [no one, nobody, none, nothing, anything; all, everyone; who 등의 의문사 등 뒤에서] …**외에[의],** …**을 제외하고[제외한]**: *Everyone* ~ him were drowned. 그 외에는 모두 익사하였다. **2** [~ that로] …않았던들[않았더라면]
~ for ... …이 없다면[아니라면] (if it were not for); …이 없었더라면[아니었더라면](if it had not been for) ***cannot choose ~*** do = ***have no*** (***other***) ***choice ~ to*** do ... …하지 않을 수 없다: I *had no choice* ~ *to* accept the offer. 나는 그 제의를 받아들일 수 밖에 없었다. ***do nothing ~*** do ... …만 할 뿐이다: She *did nothing* ~ complain. 그녀는 불평만 할 뿐이었다.
— *pron.* (관계대명사) [부정(否定)의 부정(不定)대명사 또는 no+명사를 선행사로 하는 관계대명사로서] 《고어》 …않는 (것, 사람) (that ... not) — *n.* [보통 *pl.*] 이의, 조건

bu·tane [bjúːtein] *n.* Ⓤ 〖화학〗 부탄 《탄화수소의 일종》

butch [butʃ] *a., n.* 《속어》 사내 같은 (여자); (동성애의) 남성역의 (여성)

‡butch·er [bútʃər] [F 「수사슴을 죽이는 사람」의 뜻에서] *n.* **1 푸주한;** 정육점 주인; 도살자; 학살자 **2** 《미·구어》 (열차·관람석에서의) 판매원 ***the ~, the baker, the candlestick maker*** 가지각색의 직업인, 온갖 직업의 사람들
— *vt.* 도살하다; 학살하다(massacre); 사형에 처하다; 《비유》 망쳐 놓다; 혹평하다

butch·er-bird [bútʃərbə̀ːrd] *n.* 〖조류〗 때까치(shrike)

butch·er·ly [bútʃərli] *a.* 백정 같은; 잔인한

butch·er·y [bútʃəri] *n.* (*pl.* **-er·ies**) 도살장(slaughterhouse); 도살업; 학살

***but·ler** [bʌ́tlər] *n.* **집사,** 하인 우두머리 《술 창고·식기 등을 관리함》

bútler's pàntry 식기실 《부엌과 식당 중간에 있음》

***butt**[1] [bʌt] [동음어 but] *n.* **1 굵은 쪽 끝,** 밑동 《칼·창 등의》, (총의) 개머리; 《미·구어》 엉덩이 **2** 남은 조각; 담배꽁초; 《미·속어》 궐련

butt[2] *n.* **1** (조소·비평·노력 등의) 대상 (object) **2** 표적(target) **3** 살받이 터 《과녁 주위에 살이 떨어지는 둑》 **4** [*pl.*] 사격장, 사적장

***butt**[3] [bʌt] *vt.* **1 머리[뿔]로 받다**[밀다] **2** 부딪치다, 충돌하다 《*against, into*》
— *vi.* 부딪치다, 부닥치다
~ in[***into***] 《구어》 간섭하다, (말)참견하다 ***~ out*** 《미·구어》 말참견을 그만두다
— *n.* 박치기

butt[4] *n.* 큰 술통(large cask)

butte [bjuːt] *n.* 《미서부·캐나다》 (평원에) 우뚝 솟은 고립된 산

bútt ènd 밑동; (총의) 개머리; 말뚝 머리; 남은 부분[조각]

‡but·ter [bʌ́tər] [Gk 「소의 치즈」의 뜻에서] *n.* Ⓤ **1 버터 2** 버터 비슷한 것, 버터 모양의 물질 **3** 《구어》 아부, 아첨 ***lay on the ~*** 아첨하다 ***look as if ~ would not melt in*** one'***s mouth*** 얌전한 체하다, 시침을 떼다
— *vt.* 버터를 바르다; 버터로 맛을 내다;

《구어》 아첨하다 《*up*》
but·ter·ball [-bɔ̀ːl] *n.* =BUFFLEHEAD; 《구어》 뚱뚱보
bútter bèan 〖식물〗 제비콩; 리마콩
but·ter·cup [-kʌ̀p] *n.* 〖식물〗 미나리아재비
but·tered [bʌ́tərd] *a.* Ⓐ 버터를 바른
but·ter·fat [-fæ̀t] *n.* Ⓤ 유지방(乳脂肪) 《버터의 주성분》
but·ter·fin·gered [-fìŋgərd] *a.* 《구어》 물건을 잘 떨어뜨리는; 서투른
but·ter·fin·gers [-fìŋgərz] *n. pl.* [단수 취급] 《구어》 물건을 잘 떨어뜨리는 사람, 부주의한 사람; 공을 잘 놓치는 선수
⁑**but·ter·fly** [bʌ́tərflài] *n.* (*pl.* **-flies**) **1** 나비; 변덕쟁이; 바람둥이, 《특히》 경박한 여자 **2** [*pl.*] 《구어》 (긴장·흥분·걱정 등으로 인한) 불안한 마음, 가슴 설렘 **3** [보통 the ~] 〖수영〗 버터플라이(=~ stroke)
have butterflies (***in the*** [one's] ***stomach***) 《구어》 (걱정으로) 마음이 두근거리다[조마조마하다]
— *vt.* (**-flied**) 나비처럼 날아다니다; 〈고기를〉 나비꼴로 갈라 펴다
bútterfly effèct 나비 효과, 초기 조건에 대한 민감한 의존성
bútterfly stróke 〖수영〗 버터플라이, 접영(법)
bútter knìfe (버터를 빵에 바를 때 쓰는) 버터나이프
but·ter·milk [bʌ́tərmìlk] *n.* Ⓤ 버터밀크 《버터를 빼고난 우유; 우유를 발효시킨 식품》
but·ter·nut [-nʌ̀t] *n.* 〖식물〗 버터호두나무 《북미산》; 버터호두 《열매》
but·ter·scotch [-skɑ̀tʃ | -skɔ̀tʃ] *n.* 버터를 넣은 캔디 《흑설탕, 옥수수 시럽 등을 첨가》
bútter sprèader =BUTTER KNIFE
but·ter·y¹ [bʌ́təri] *a.* 버터 같은; 버터를 함유한; 버터를 바른; 《구어》 아첨하는
buttery² *n.* (*pl.* **-ter·ies**) 식료품 저장실
but·tock [bʌ́tək] *n.* [보통 *pl.*] 엉덩이
⁂**but·ton** [bʌ́tn] [F 「누르다」의 뜻에서] *n.* **1** (옷의) **단추** **2** 단추 비슷한 것; (초인종 등의) **누름 단추**, (카메라의) 셔터, (회원 등의 둥근) 배지; (펜싱 칼의) 끝에 대는 작은 가죽 씌우개
on the ~ 《미·구어》 정확하게, 시간대로
push [***press, touch***] ***the ~*** 단추를 누르다; (사건의) 계기를 만들다
— *vt.* **1** **단추를 채우다**; 단추로 잠그다; 단추를 달다; 〈입 등을〉 꼭 다물다 **2** 〖펜싱〗 가죽을 씌운 칼 끝으로 찌르다 — *vi.* 단추가 채워지다
~ one's ***lip*** [***mouth***] 《미·구어》 [종종 명령형으로] 입다물게 하다 ~ ***up*** 단추를 채워 잠그다; 〈입·지갑 등을〉 꼭 다물다, 꼭꼭 닫다; 결정하다; 완수하다, 실시하다; 꼭 가두어놓다 ***B~ up!*** 입닥쳐!
but·ton-down [-dàun] *a.* Ⓐ 단추로 잠그는 〈셔츠〉
but·toned-up [bʌ́tndʌ́p] *a.* 《구어》 빈틈없이 관리[계획]된; 입을 다문
***but·ton·hole** [bʌ́tnhòul] *n.* **단춧구멍**; 《영》 단춧구멍에 꽂는 장식꽃
— *vt.* 단춧구멍을 내다; 붙들고 긴 이야기를 하다
but·ton-through [-θrùː] *a.* 〈여성복 등이〉 위에서 아래까지 단추가 달린
but·tress [bʌ́tris] *n.* 〖건축〗 부벽(扶壁); 지지; 지지자, 지지물 — *vt.* 부벽으로 버티다; 지지하다, 보강하다 《*up*》
but·ty [bʌ́ti] *n.* (*pl.* **-ties**) 《영·방언》 동료; 감독, 우두머리
bu·týr·ic ácid [bjuːtírik-] 〖화학〗 낙산(酪酸), 부티르산
bux·om [bʌ́ksəm] *a.* 〈여자가〉 통통하고 귀여운, 가슴이 풍만한, 건강하고 쾌활한 **~·ly** *ad.* **~·ness** *n.*
⁂**buy** [bai] [동음어 by] *v.* (**bought** [bɔːt]) *vt.* **1 사다**, 구입하다(opp. *sell*) **2** 〈…에게〉 〈음식을〉 한턱 내다 **3** (대가를 치르고) 얻다 **4** 매수하다(bribe) **5** …의 값어치가 있다 **6** 《속어》 〈의견을〉 받아들이다, 찬성하다, 믿다 — *vi.* **사다**, 쇼핑하다; 사는 쪽이 되다
~ ***back*** 되[도로]사다 ~ ***in*** 사들이다 ~ ***into*** (회사의) 주주가 되다; 돈을 내고 (회사의) 임원이 되다 ~ ***off*** 돈으로 해결[모면]하다 ~ ***out*** 〈지위·재산 등을〉 돈을 주고 포기하게 하다, 손떼게 하다 ~ ***over*** 매수하다 ~ ***up*** 매점하다, 〈회사 등을〉 인수하다
— *n.* 《구어》 사기, 구입(purchase); 《미·구어》 싸게 산 좋은 물건
***buy·er** [báiər] *n.* (opp. *seller*) **사는 사람**, 사는 쪽, 소비자
búyers' màrket 구매자 시장 《공급이 많아 구매자에게 유리》 (opp. *sellers' market*)
buy·out [báiàut] *n.* 회사 (주식)의 매점(買占)
⁑**buzz** [bʌz] [의성어] *n.* **1 윙윙거리는 소리**(humming); (기계의) 소음 **2** 와글와글(하는 소리); 소문; 쓸데없는 소리 **3** 버저 소리, 버저에 의한 호출
— *vi.* **1** 〈벌·기계 등이〉 **윙윙거리다**, 윙윙거리며 날다 **2** 와글와글 떠들다, 웅성대다; 〈소문이〉 퍼지다 **3 분주하게 돌아다니다** 《*about, around*》 **4** 버저로 부르다[알리다] 《*for*》 ~ ***off*** 《구어》 급히 떠나다, 가거라 《명령형》; 전화를 끊다(ring off)
— *vt.* **1** 떠들썩하게 지껄이다 **2 a** 〈…에게〉 버저로 알리다, 버저로 부르다 **b** 《구어》 〈…에게〉 전화를 걸다 **3** 〖항공〗 …의 위를 닿을듯 말듯 낮게 날다
buz·zard [bʌ́zərd] *n.* 〖조류〗 말똥가리; 〖조류〗 (미국산) 대머리수리; 《속어》 얼간이, 비열한 놈; 《미·방언》 윙윙거리는 벌레
buzz·er [bʌ́zər] *n.* 윙윙거리는 벌레; 기적, 사이렌; 버저
búzz sàw 《미》 둥근 톱
buzz·word [-wə̀ːrd] *n.* (사업가·정치가·학자 등이 쓰는) 전문 용어, 전문가적 용어, 동업자끼리의 통용어
bx box
⁂**by¹** [bai, bə] [동음어 buy] *prep* **1** [장소·위치를 나타내어] …**옆에(서)**, 가까이에: a house *by* the seaside 해변의 집 **2** [통과·경로를 나타내어] **a** …**의 옆을,**

…을 지나서 **b** (길)로, …을 통해서, …을 끼고 **c** …을 경유하여 (via) **3** [수단·방법·원인·매개를 나타내어] **a** [수송·전달의 수단을 나타내어] …에 의하여, …으로: go [travel] *by* bus[boat, bicycle, plane, rail(road), train, *etc.*] 버스[배, 자전거, 비행기, 철도, 기차《등》]로 가다[여행하다] / go *by* water[air] 수로[공로]로 가다 / *by* land[sea] 육로[해로]로 《(1) by 뒤의 교통·통신 기관 등을 나타내는 명사는 무관사이나 특정의 시간을 나타내는 경우에는 정관사가 붙음 (2) 소유격·부정관사가 붙는 경우에는 on 또는 in을 씀; 보기: *in* my car, *on* a bicycle》 **b** [수단·매개를 나타내어] …으로 **c** [*doing* 을 목적어로] (…함)으로써 **d** [원인을 나타내어] …때문에, …으로: die *by* poison 독 때문에 죽다 **4 a** [정도·비율을 나타내어] …만큼; …정도까지: miss *by* a minute 1분 늦다, 근소한 시간차로 놓치다 **b** [곱셈과 나눗셈·치수를 나타내어] …으로: multiply 8 *by* 2 =8×2 / divide 8 *by* 2 =8÷2 **5** [때·기간을 나타내어] **a** [기한을 나타내어] …까지는 (not later than): *by* the end of this month 이 달 말까지는 **b** [때의 경과를 나타내어] …동안에 (during) 《by 뒤의 명사는 무관사》 **6 a** [척도·표준을 나타내어] …에 의거하여, …에 따라: It's five o'clock *by* my watch. 내 시계로는 5시다. **b** [by the ... 의 형태로 단위를 나타내어] …을 단위로 하여, …로: board *by the* month 월 얼마로 하숙하다 **7** [동작의 주체를 나타내어] …에 의하여, …에 의한 《수동을 나타내는 데 쓰임》 **8** [동작을 받는 신체·의복의 부분을 나타내어] (사람·물건의) …(을) 《catch, hold, lead 등 동사와 함께 쓰여, 목적어로는 「사람·물건」을 나타내고 by 이하의 말로 그 부분을 나타냄: by 뒤의 명사에는 정관사가 붙음》: He held the boy *by the* collar. 그는 그 소년의 목덜미[멱살]를 잡았다. **9** [관계를 나타내어] …에 관해서 말하자면, …은 《by 뒤의 명사는 무관사》 **10** 〈사람〉에 대하여(toward) **11** [맹세·기원을 나타내어] 〈신〉의 이름을 걸고, 〈신〉에게 맹세코 **12** (부모로서의 남자[여자])에게서 태어난, 소생의: He had a child *by* his first wife. 그는 전처 소생의 자식이 하나 있었다. **13** [방위를 나타내어] …쪽으로 조금 기운: North *by* East 북미(微)동 《N와 NNE의 중간》

— [bái] *ad.* **1** [위치를 나타내어] 옆에, 곁에, 부근에: close[hard, near] *by* 바로 옆에 **2 a** [보통 동작 동사와 함께] 앞을 지나: pass *by* 옆을 지나다; 통과하다 **b** [보통 come, drop, stop 등과 함께] 《미·구어》 남의 집에: call[stop] *by* 지나다가 들르다 **3** [보통 keep, lay, put 등과 함께] 옆에, 곁에; 따로, 비축하여

by and by 이윽고, 머지 않아(before long)

by and large 전반적으로, 대체로(on the whole)

by² *n.*, *int.* = BYE[1, 2]

by- [bai] 《연결형》 **1** 「곁, 가까이의」의 뜻: *by*stander **2** 「큰 길을 벗어난」의 뜻: *by*path **3** 「부차적인」의 뜻: *by*name

by-and-by [báiənd*b*ái] *n.* [the ~] 미래, 장래(future)

bye¹, by [bai] *n.* **1** (짝을 지어 하는 경기에서) 부전승(이 되는) 편[사람] **2** 〖골프〗 시합이 끝나고 패자에게 남은 홀 **3** 〖크리켓〗 친 공이 타자(batsman)와 수비자(wicketkeeper)를 지나 넘어간 경우에 얻는 득점 ***by the ~*** 그건 그렇고, 그런데

bye² [good-*by*(*e*)] *int.* 《구어》 안녕: *B*~ now! 《미·구어》 그럼 안녕!

bye-bye** [báibài] *int.* 《구어》 안녕! (goodbye!) — *n.* 《유아어》 잠(sleep) ***go to ~(s) 자장하다

— *ad.* 《유아어》 침대에, 자러

by-e·lec·tion [báiilèkʃən] *n.* (영국 하원·미국 국회·주 의회의) 보궐 선거(cf. GENERAL ELECTION)

by·gone** [báigɔ̀ːn | -gɔ̀n] *a.* Ⓐ 과거의 — *n.* [*pl.*] 과거(의 일) ***Let ~s be ~s. 《속담》 과거는 잊자, 과거를 묻지 말자.

by·law [-lɔ̀ː] *n.* 《영》 (지방 자치 단체 등의) 조례(條例); 부칙(附則), 세칙; (회사의) 내규(內規); (법인의) 정관

by·line [báilàin] 《미》 (신문·잡지의 표제 밑의) 필자명을 적는 줄

by·name [-nèim] *n.* 부명(副名); 성; 별명(nickname)

BYOB, b.y.o.b. Bring your own bottle 술은 각자가 지참할 것 《파티의 초대장 등에 기재하는 말》

***by·pass** [báipæ̀s | -pɑ̀ːs] *n.* **1** (자동차용) 우회로; 〖전기〗 측로(側路); (가스·수도의) 측관(側管), 보조관 **2** (다른 부위의 혈관이나 인공 혈관을 이식하는) 대체 혈관 [동맥]: ~ surgery (심장 등의) 바이패스 수술 — *vt.* 우회하다; 우회로를 내다; 측로[측관]를 달다; 무시하다(ignore); 회피하다; 〈단계를〉 뛰어넘다

by·path [báipæ̀θ | -pɑ̀ːθ] *n.* (*pl.* **~s** [-pæ̀ðz, -pæ̀θs | -pɑ̀ːðz]) = BYWAY

by·play [-plèi] *n.* 보조 연기; 부차적 사건

***by-prod·uct** [báiprɑ̀dʌkt | -prɔ̀d-] *n.* 부산물 《*of*》; (뜻밖의) 부차적 결과

by·road [báiròud] *n.* 샛길, 옆길 (byway)

By·ron [báiərən] *n.* 바이런 **George Gordon** ~ (1788-1824) 《영국의 시인》

***by·stand·er** [báistæ̀ndər] *n.* 방관자, 구경꾼(looker-on)

***by·street** [báistrìːt] *n.* 뒷골목, 옆길

byte [bait] *n.* 〖컴퓨터〗 바이트 《정보 단위; 보통 8비트(bit)로 이루어짐》

by·way [-wèi] *n.* 옆길; 샛길; (연구 등의) 부차적 측면, 별로 알려지지 않은 분야 《*of*》

by·word [-wə̀ːrd] *n.* 속담(proverb); (나쁜) 전형, 본보기 《*for*》

***Byz·an·tine** [bízəntìːn, -tàin | bizǽntàin] *a.* **1** 비잔티움(Byzantium)의 **2** [때로 **b~**] (미로처럼) 복잡한 — *n.* 비잔티움[동로마 제국] 사람; 비잔틴파의 건축가·화가

By·zan·ti·um [bizǽnʃiəm, -tiəm] *n.* 비잔티움 《Constantinople의 옛 이름; 지금의 Istanbul》

C c

c, C [siː] *n.* (*pl.* **c's, cs, C's, Cs** [-z]) **1** 시 《영어 알파벳의 제3자》 **2** C자형(의 것) **3** 〖음악〗 '다음', '다' 조(調); 〖수학〗 제3 기지수(旣知數) **4** 로마 숫자의 100 《L *centum*(=100)에서》: *C*Ⅵ =106 **5** 〖컴퓨터〗 (16진수의) C

c see 《전자 메일 등의 약어》

c cedi(s); colon(s)

C 〖전기〗 capacitance; 〖화학〗 carbon; 〖음악〗 contralto; 〖전기〗 coulomb; Carrier 〖항공〗 수송기

c. 〖광학〗 candle(s); case; 〖야구〗 catcher; cent(s); *circa*; city; cost; cubic; current

Ca 〖화학〗 calcium

CA 《미》 〖우편〗 California; Central America; coast artillery; Court of Appeal; chartered accountant; chronological age

C/A capital account 〖부기〗 자본금 계정; credit account 〖상업〗 외상 계정; current account 〖은행〗 당좌 예금[계정]

CAA Civil Aeronautics Administration 《미》 민간 항공 관리국

Caa·ba [kάːbə] *n.* =KAABA

⁑**cab** [kæb] *n.* **1** 택시(taxi); 승객용 마차(hansom) **2** (기관차의) 기관사실; (트럭 등의) 운전대

CAB Civil Aeronautics Board 《미》 민간 항공 위원회

Cab. Cabinet

ca·bal [kəbǽl] *n.* 음모; 비밀 결사, 음모단 —*vi.* (**~led**; **~·ling**) 음모를 꾸미다(plot)

cab·a·la [kǽbələ | kəbάː-] *n.* Ⓤ 히브리 신비 철학; Ⓒ 밀교(密敎)

cab·a·lis·tic [kæ̀bəlístik] *a.* 히브리 신비 철학의; 신비적인

ca·bal·le·ro [kæ̀bəljέərou] [Sp. = cavalier] *n.* (*pl.* **~s**) **1** (스페인의) 신사, 기사(knight) **2** 《미남서부》 말 탄 사람; (여성) 숭배자

ca·ban·a [kəbǽnjə | -bάːnə] [Sp.] *n.* 오두막집; 《미》 (해변 등의) 탈의실

***cab·a·ret** [kæ̀bəréi | ╱–╲] [F] *n.* 카바레

⁑**cab·bage** [kǽbidʒ] [OF 「두부(頭部)」의 뜻에서] *n.* **1** Ⓤ 양배추, 캐비지 **2** Ⓤ 《미·속어》 지폐

cábbage bùtterfly 〖곤충〗 배추흰나비

cábbage pàlm 〖식물〗 캐비지야자 《잎눈은 식용》

⁑**cab·in** [kǽbin] *n.* **1** 오두막집 (hut) **2** 〖항해〗 선실, 객실 《상선의 1·2등 객실; 군함의 함장실·사관실》; 〖항공〗 (비행기·우주선의) 조종실, 선실
—*vi.*, *vt.* 오두막집[좁은 곳]에서 살다; 가두다

cábin bòy 캐빈 보이 《객실·선장실 등의 급사》

cábin clàss (여객선의) 특별 2등 《first class와 tourist class와의 중간》

cábin crùiser (거실이 있는) 유람용 대형 모터보트[요트]

⁑**cab·i·net** [kǽbənit] *n.* **1** 장식장, 캐비닛 《귀중품을 넣는》; 진열장에 모은 수집품(collection) **2** [보통 the C~] 《영》 내각; 《미》 (각 장관으로 구성된) 대통령 자문 위원회 **3** 회의실; 《영》 각의실 **4** 조그마한 사실(私室)(closet)
—*a.* Ⓐ **1** [C~] 내각의: a *C*~ council 각의(閣議) **2** 내밀의, 기밀의 **3** 사실용의(private); 소형의; 장식장의; 가구 (제작)용의

cab·i·net·mak·er [kǽbənitmèikər] *n.* (고급) 가구 제작자, 조각(組閣) 중인 총리

cábinet piàno 소형 업라이트 피아노

cábinet wìne 독일산 고급 백포도주

cab·i·net·work [-wə̀ːrk] *n.* Ⓤ 고급 가구류; 고급 가구 제작

cábin féver 초조; 소외감; 밀실 공포증

⁑**ca·ble** [kéibl] *n.* **1** 굵은 밧줄, 와이어 로프 **2** 케이블, 피복 전선(被覆電線), 해저 전선 **3** (전선에 의한) 해외 전보(cablegram) **4** 〖항해〗 닻줄
by ~ (해저) 전신으로
—*vt.* **1** 〈통신을〉 해저 전신으로 보내다 **2** 〈도시·나라의 일부를〉 유선 텔레비전망으로 연결하다 —*vi.* 해외 전보를 치다

cáble addrèss 전신[해외 전보] 수신인 약호

cáble càr 케이블카

ca·ble·cast [kéiblkæ̀st | -kὰːst] *vt.*, *vi.* (**~**, **~·ed**) 유선 텔레비전 방송을 하다 —*n.* 유선 텔레비전 방송

ca·ble·gram [-græ̀m] *n.* 해저[해외] 전보

Cáble Nèws Nétwork 《미》 뉴스 전문 케이블 방송망 《略 CNN》

cáble ràilway 강삭[케이블] 철도

ca·ble-read·y [-rédi] *a.* 〖전자〗 〈텔레비전 등이〉 (유선 텔레비전용의) 케이블 접속 단자를 갖춘

cáble('s) lèngth 〖해양〗 1련(鏈) 《해상 거리 단위》

cáble télevision[**ŤV**] 유선(有線) 텔레비전 《略 CATV》

cáble trànsfer (외국) 전신환 (송금)

ca·ble·way [-wèi] *n.* 공중 케이블

cab·man [kǽbmən] *n.* (*pl.* **-men** [-mən]) 택시 운전사; CAB의 마부

ca·boo·dle [kəbúːdl] *n.* 무리, 떼
the whole kit and ~ 《미·구어》 이것저것, 모두

ca·boose [kəbúːs] *n.* 《미》 (화물 열차 맨 뒤의) 승무원차(《영》 guard's van); 《영》 상선 상갑판의 주방(galley)

cábrànk *n.* =CABSTAND

cab·ri·o·let [kæ̀briəléi] [F] *n.* **1** 말 한 필이 끄는 2륜 유개(有蓋) 마차 **2** 쿠페(coupé)형 자동차 《접는 포장이 달린》
cab·stand [kǽbstæ̀nd] *n.* 택시의 주[승]차장
ca'can·ny [kɑːkǽni, kɔː-] [Scot. 「천천히 몰다」의 뜻에서] *vi.* 《영》 태업하다 — *n.* UC 《영》 태업
ca·ca·o [kəkɑ́ːou], -kéiou] *n.* (*pl.* **~s**) 카카오 열매; 〖식물〗 카카오나무
cach·a·lot [kǽʃəlɑ̀t | -lɔ̀t] *n.* 〖동물〗 향유고래(sperm whale)
cache [kæʃ] [F 「감추다」의 뜻에서] *n.* **1** 은닉처, 저장소, 저장 땅굴; 저장물 《은닉처의》; 감춰 둔 귀중품 **2** 〖컴퓨터〗 = CACHE MEMORY — *vt.* (은닉처에) 저장하다, 〈데이터를〉 캐시에 입력하다
cáche mèmory 〖컴퓨터〗 캐시 기억 장치 《주기억 장치에 격납되어 있는 데이터의 일부를 일시 보관하는 고속 기억 장치》
ca·chet [kæʃéi, ∠-] [F 「인장」의 뜻에서] *n.* **1** 봉인(封印)(seal) **2** 특징; 위신, 높은 신분 **3** 〖약학〗 교갑, 캡슐
cack-hand·ed [kæ̀khǽndid] *a.* 《영·구어》 왼손잡이의; 서투른
*__cack·le__ [kǽkl] [의성어] *n.* **꼬꼬댁, 꽥꽥** 《암탉·거위 등의 울음 소리》; 수다; 낄낄대는 웃음 소리
— *vi.* **꼬꼬댁 울다**; 깔깔[낄낄] 웃다
— *vt.* 지껄이다 《*out*》
CACM Central American Common Market 중앙 아메리카 공동 시장
ca·cog·ra·phy [kəkɑ́grəfi | kækɔ́g-] *n.* U 악필(opp. *calligraphy*); 오기(誤記)(opp. *orthography*)
ca·coph·o·nous [kəkɑ́fənəs | kækɔ́f-] *a.* 불협화음의; 귀에 거슬리는
ca·coph·o·ny [kəkɑ́fəni | kækɔ́f-] *n.* (*pl.* **-nies**) 거슬리는 소리, 불협화음; 불쾌한 음조(opp. *euphony*)
*__cac·tus__ [kǽktəs] [Gk 「가시 있는 식물」의 뜻에서] *n.* (*pl.* **~·es**, **-ti** [-tai]) 〖식물〗 **선인장**
cad [kæd] *n.* 비열한[치사한] 사람
CAD [computer-*a*ided *d*esign] *n.* 컴퓨터 원용 설계[디자인]
ca·dav·er [kədǽvər] *n.* (특히 해부용) 시체(corpse)
ca·dav·er·ous [kədǽvərəs] *a.* 시체 같은; 새파랗게 질린
CAD / CAM [kǽdkæ̀m] *n.* 컴퓨터 원용 설계·제조(cf. CAD, CAM)
cad·die, cad·dy [kǽdi] [Scot. 「심부름하는 소년」의 뜻에서] *n.* **1** (골프장의) 캐디 **2** 잔심부름하는 사람 **3** = CADDIE CART — *vi.* 캐디로서 일하다
cáddie càrt[**càr**] (골프장의) 캐디용 2륜차
cad·dy[1] [kǽdi] *n.* (*pl.* **-dies**) [보통 tea ~] 《영》 차통[상자]
caddy[2] *n.* (*pl.* **-dies**), *vi.* = CADDIE
*__ca·dence__ [kéidəns] *n.* UC 운율(rhythm); 억양; 〖음악〗 종지법[형]
ca·denced [-t] *a.* 율동적인, 리드미컬한
ca·den·za [kədénzə] [It.] *n.* 〖음악〗 카덴차
ca·det [kədét] *n.* 육해공군 사관학교·경찰학교 생도; [보통 Gentleman C~] 《영》 사관[간부] 후보생
cadét còrps 《영》 학생 군사 교련단
cadge [kædʒ] *vi.*, *vt.* **1** (남의 호의를 이용해) 얻다, 조르다 **2** 걸식하다; 구걸하다
Cad·il·lac [kǽdəlæ̀k] *n.* 캐딜락 《미국제 고급 자동차의 상표명》
Cad·me·an [kædmíːən] *a.* 〖그리스신화〗 Cadmus의: a ~ victory 막대한 희생을 치른 승리
cad·mi·um [kǽdmiəm] *n.* U 〖화학〗 카드뮴 《금속 원소; 기호 Cd, 번호 48》
cádmium yéllow 카드뮴 옐로 《황색 안료》
Cad·mus [kǽdməs] *n.* 〖그리스신화〗 카드모스 《용을 물리치고 테베(Thebes)를 창건한 페니키아 왕자》
ca·dre [kǽdri | kɑ́ːdə] [F] *n.* 〖군사〗 **1** 기간 인원 **2** 핵심 인물 **3** 뼈대, 윤곽
ca·du·ce·us [kədjúːsiəs | -djúː-] *n.* (*pl.* **-ce·i** [-siài]) 〖그리스·로마신화〗 신들의 사자(使者) Mercury[Hermes]의 지팡이 《평화·의술의 상징; 미육군 의무대의 휘장》
*__Cae·sar__ [síːzər] *n.* **1** 시저, 카이사르 **Gaius Julius** ~ (100-44 B.C.) 《로마의 장군·정치가》 **2** 로마 황제; 황제(cf. KAISER, CZAR); 전제 군주, 독재자 **3** 《영·구어》 〖의학〗 제왕 절개(로 낳은 아이)
~'s wife 남의 의혹을 살 행위를 해서는 안 될 사람
Cae·sar·e·an, -i·an [sizɛ́əriən] *a.* 카이사르의; (로마) 황제의; 전제 군주적인 — *n.* **1** [때로 **c~**] = CAESAREAN SECTION **2** 〖역사〗 카이사르당(黨)의 사람; 전제(정치)론자
Caesárean séction[**operátion**] [Julius Caesar가 이 방법으로 태어났다는 전설에서] 〖의학〗 제왕 절개 수술, 개복 분만법
Cae·sar·ism [síːzərìzm] *n.* U 황제 정치주의; 제국주의; 전제군주제
-ist *n.* 황제 정치주의자
Cáesar sálad 〖요리〗 시저 샐러드
cae·su·ra [siʒúərə, -zúərə | -zjúə-] *n.* (*pl.* **~s**, **-rae** [-riː]) 〖시학〗 행간의 휴지(pause); 〖음악〗 중간 휴지
caf, CAF 〖상업〗 cost and freight; cost, assurance, and freight 운임·보험료 포함 가격
*__ca·fé, ca·fe__ [kæféi, kə- | kǽfei] [F 「커피, 다방」의 뜻에서] (*pl.* **~s**) *n.* **1** 식당, 경식당 **2** (주로 영) 커피점, 다방(coffee house) **3** (미) 바 **4** 〖컴퓨터〗 카페 《network 상에서 채팅할 수 있는 곳》
café au lait [kæféi-ou-léi, kǽfei-] [F 「우유 탄 커피」의 뜻에서] *n.* 카페오레, 밀크 커피
café noir [-nwɑ́ːr] [F = black coffee] *n.* 블랙 커피
‡**caf·e·te·ri·a** [kæ̀fətíəriə] [Sp. 「다방」의 뜻에서] *n.* 《미》 **카페테리아** 《셀프서비스하는 간이 식당》
caf·feine, -fein [kæfíːn | ∠-] *n.* U 〖화학〗 카페인

caf·tan [kæftǽn | ∸–] *n.* 카프탄 《터키 사람 등이 입는 소매가 긴 옷》; 카프탄식 여성 드레스

‡**cage** [keidʒ] [L 「우묵한 곳」의 뜻에서] *n.* **1 새장**; 우리; 옥사(獄舍) **2** 새장 비슷한 것; 출납 창구, (기중기의) 운전실
— *vt.* 새장[우리]에 넣다[가두다]
~ ***in*** [종종 수동형] 가두다, 감금하다; 자유를 속박하다

cáge bìrd 새장에서 기르는 새

cage·ling [kéidʒliŋ] *n.* 새장의 새

ca·gey, ca·gy [kéidʒi] *a.* (**-gi·er**; **-gi·est**) 《구어》 조심성 있는, 빈틈 없는; Ⓟ 터놓으려 하지 않는

ca·hoot [kəhúːt] *n.* 《구어》 [다음 성구로] ***go ~s*** = ***go in ~ with*** = ***go in ~s*** (…와) 똑같이 나누다, 한패가 되다 ***in ~(s)*** 《속어》 공모하여 《*with*》

CAI computer-assisted instruction 컴퓨터 원용 교육

cai·man [kéimən] *n.* (*pl.* **~s**) 〖동물〗 카이만 《중남미산 악어》

Cain [kein] [동음어 cane] *n.* 〖성서〗 카인 《아우 Abel을 죽인 Adam의 장남》; 형제 살해범

ca·ïque, ca·ique [kɑːíːk] *n.* (보스포러스 해협의) 노젓는 긴 배; (지중해의) 작은 범선

cairn [kɛərn] *n.* **1** 케른 《돌무더기 기념비, 석총(石塚), 이정표》 **2** 테리어개의 일종(= **∠ térrier**)

***Cai·ro** [káiərou] *n.* **카이로** 《이집트의 수도》

cais·son [kéisɑn, -sn | kéisən, kəsúːn] *n.* 〖군사〗 탄약 상자, 탄약차; 〖토목〗 케이슨, 잠함(潛函) 《수중 공사용》; 부동(浮動) 수문

cáisson disèase 〖병리〗 케이슨병, 잠함병

ca·jole [kədʒóul] [F 「아첨하다」의 뜻에서] *vt.* 부추기다; 감언이설로 속이다 (coax)
~·ment *n.* ⓊⒸ 감언이설로 속이기, 농락

ca·jol·er·y [kədʒóuləri] *n.* (*pl.* **-er·ies**) ⓊⒸ 감언이설, 아첨

Ca·jun, -jan [kéidʒən] [Acadian(= Nova Scotian)의 변형] *n.* **1** ACADIA 출신 프랑스인의 자손인 루이지애나주의 주민; Ⓤ 그 방언 **2** 앨라배마 주·미시시피 주 남부의 백인과 인디언[흑인]의 혼혈아

‡**cake** [keik] [ON 「납작한 빵」의 뜻에서] *n.* **1** ⓊⒸ **케이크**, 양과자, Ⓒ 케이크 한 개 **2** 《미》 얇고 납작한 빵(pancake) **3** (얇고 납작한) 단단한 덩어리: a ~ of soap 비누 한 개
a piece of ~ 케이크 한 조각; 《구어》 쉬운[즐거운] 일 ***take the ~*** 《구어》 상을 타다, 이기다; [종종 반어적] 뛰어나다

cake·walk [kéikwɔ̀ːk] *n.* 스텝[걸음걸이] 경기

CAL computer-assisted learning 컴퓨터 원용 학습

cal·a·bash [kǽləbæ̀ʃ] *n.* 〖식물〗 호리병박; 그 열매(로 만든 제품) 《술잔·담뱃대·악기 등》

cal·a·boose [kǽləbùːs] *n.* 《미·속어》 교도소(prison), 유치장

Cal·ais [kǽlei, –∠] *n.* 칼레 《Dover 해협에 임한 프랑스의 항구 도시》

cal·a·mine [kǽləmàin] *n.* Ⓤ 〖약학〗 칼라민 《피부 소염제》

cálamine lótion 칼라민 로션 《볕에 탄 피부 등에 바름》

ca·lam·i·tous [kəlǽmətəs] *a.* 불행한, 재난이 많은, 비참한 **~·ly** *ad.*

‡**ca·lam·i·ty** [kəlǽməti] *n.* (*pl.* **-ties**) ⒸⓊ **큰 재난**, 불행(misfortune); 참화: the ~ of war 전화(戰禍)

cal·a·mus [kǽləməs] *n.* (*pl.* **-mi** [-mài]) 〖식물〗 창포(sweet flag); 창포 뿌리줄기; (새의) 깃촉(quill)

ca·lan·do [kɑːlɑ́ːndou] [It.] *ad., a.* 〖음악〗 점점 약하게[약한]

ca·lash [kəlǽʃ] *n.* 2륜 포장마차; (마차의) 포장

cal·car·e·ous [kælkɛ́əriəs] *a.* 석회석의, 석회질의

cal·ce·o·lar·i·a [kæ̀lsiəlɛ́əriə] *n.* 〖식물〗 칼세올라리아 《현삼과(科)의 화초》

cal·cic [kǽlsik] *a.* 칼슘의[을 함유한]

cal·cif·er·ous [kælsífərəs] *a.* 탄산칼슘을 함유한[내는]

cal·ci·fi·ca·tion [kæ̀lsəfikéiʃən] *n.* Ⓤ 석회화(化); 〖생리〗 석회성 물질의 침착

cal·ci·fy [kǽlsəfài] *vt., vi.* (**-fied**) 석회성으로 만들다, 석회질이 되다, 석회화하다

cal·ci·na·tion [kæ̀lsənéiʃən] *n.* Ⓤ 〖화학〗 하소(煆燒); (석회) 소성(燒成); 〖야금〗 소광법(燒鑛法)

cal·cine [kǽlsain, -sin] *vt., vi.* 태워서[타서] 생석회가 되(게 하)다, 하소하다: *~d* alum 백반(白礬) / *~d* lime 생석회

cal·cite [kǽlsait] *n.* Ⓤ 〖광물〗 방해석(方解石)

***cal·ci·um** [kǽlsiəm] *n.* Ⓤ 〖화학〗 **칼슘** 《금속 원소; 기호 Ca, 번호 20》

cálcium cárbide 〖화학〗 탄화칼슘

cálcium cárbonate 〖화학〗 탄산칼슘

cálcium óxide 〖화학〗 산화칼슘, 생석회

cal·cu·la·ble [kǽlkjuləbl] *a.* 계산[신뢰]할 수 있는 **-bly** *ad.*

‡**cal·cu·late** [kǽlkjulèit] [L 「(돌로) 세다」의 뜻에서] *vt.* **1 계산하다** 《*at*》, 산정하다 **2** (상식·경험으로) **추정하다**, 평가하다(evaluate); 〈장래 일을〉 예측하다: We shall win by a narrow majority, I ~. 근소한 득표차로 우리가 이길 것이다. **3** 《미·구어》 …이라고 생각하다(think), 상상하다(guess): I ~ *that* it's waste of time. 그것은 시간 낭비라고 생각한다.
— *vi.* **1** 계산하다; 어림잡다 **2** 기대[의지]하다 《*on, upon, for*》

cal·cu·lat·ed [kǽlkjulèitid] *a.* **1** Ⓐ 계산된; 예측[추정]된 **2** Ⓐ 계획된, 고의의: a ~ crime 계획적인 범죄 **3** Ⓟ …하게끔 되어, (…에) 알맞은 《*for*》: This machine is not ~ *for* such purposes. 이 기계는 그런 목적에 적합하게 만들어진 것이 아니다.

cal·cu·lat·ing [kǽlkjulèitiŋ] *a.* **1** Ⓐ 계산하는; 계산용의 **2** 타산적인; 빈틈없는

C

⁑**cal·cu·la·tion** [kæ̀lkjuléiʃən] *n.* **1** Ⓤ 계산(함); Ⓒ 계산의 결과 **2** ⓊⒸ 추측, 예상 **3** Ⓤ 숙고 **4** Ⓤ 타산

cal·cu·la·tive [kǽlkjulèitiv, -lət-] *a.* **1** 계산적인, 계산 상의 **2** 타산적인; 빈틈없는

cal·cu·la·tor [kǽlkjulèitər] *n.* 계산자; 계산표[기]; 타산적인 사람

cal·cu·lus [kǽlkjuləs] [L 「(계산용) 돌」의 뜻에서] *n.* (*pl.* **-li** [-lài], **~·es**) **1** 〖병리〗 결석(結石); 〖치과〗 치석 **2** Ⓤ 〖수학〗 계산법, 미적분학: differential [integral] ~ 미분[적분]학

Cal·cut·ta [kælkʌ́tə] *n.* 캘커타 《인도 북동부에 있는 인도 최대의 항구 도시》

cal·de·ra [kældɛ́ərə] *n.* 〖지질〗 칼데라

cal·dron [kɔ́:ldrən] *n.* 가마솥, 큰 냄비

Cal·e·do·ni·a [kæ̀lədóuniə] *n.* 《문어》 칼레도니아 《스코틀랜드의 옛 이름》

Cal·e·do·ni·an [kæ̀lədóuniən] *a., n.* 고대 스코틀랜드의 (사람); 《익살》 (현대) 스코틀랜드의 (사람)

⁑**cal·en·dar** [kǽlindər] [L 「금전 출납부」의 뜻에서; 원래 calends(초하루)가 지불 마감 날이었던 데서] [동음어 calender] *n.* **1 달력, 책력** (almanac); 역법(曆法) **2** 연중 행사표; (공문서의) 연차 목록, 일람표(list); 공판 예정표 **3** 《미》 (의회의) 의사 일정표; 《영》 (대학의) 요람(《미》 catalog)
— *vt.* 〈행사 등을〉 달력[일정표]에 기입하다

cálendar dáy 역일(曆日) 《자정에서 다음 자정까지 24시간》

cálendar mónth 역월(曆月) 《1월·2월 등》

cálendar yéar 역년(曆年) 《1월 1일에서 12월 31일까지》(cf. FISCAL YEAR); 만 1년

cal·en·der [kǽləndər] [동음어 calendar] *n.* 캘린더 《종이·피륙에 윤내는 압축 롤러》 — *vt.* 캘린더에 걸다, (캘린더에 걸어) 윤내다

cal·ends [kǽlindz] *n. pl.* (고대 로마 달력의) 초하루, 삭일(朔日)

⁑**calf**[1] [kæf | kɑ:f] *n.* (*pl.* **calves** [kævz | kɑ:vz]) **1 송아지 2** ⓊⒸ 송아지 가죽 **3** 《구어》 어리석은 젊은이, 멍청이
in [***with***] ~ 〈소가〉 새끼를 밴[배어]

calf[2] *n.* (*pl.* **calves**) 장딴지, 종아리

cálf lòve 《구어》 (소년·소녀의) 풋사랑

calf·skin [kǽfskìn | kɑ́:f-] *n.* Ⓤ 송아지 가죽

*＊***cal·i·ber** | **-bre** [kǽləbər] *n.* **1** (총·포의) **구경,** (원통의) **직경 2** Ⓤ 도량, 재간 (ability) **3** 품질

cal·i·brate [kǽləbrèit] *vt.* 〈총포의〉 구경을 재다; 〈온도계·자·저울 등의〉 눈금을 정하다

cal·i·bra·tion [kæ̀ləbréiʃən] *n.* Ⓤ 구경[눈금] 측정; [*pl.*] (자·저울 등의) 눈금

cal·i·bra·tor [kǽləbrèitər] *n.* 구경[눈금] 측정기

*＊***cal·i·co** [kǽlikòu] [인도의 원산지명에서] *n.* (*pl.* **~(e)s**) ⓊⒸ 《영》 **캘리코,** 옥양목; 《미》 **사라사**
— *a.* Ⓐ 《영》 캘리코의; 《미》 사라사의; 《미》 〈말 등이〉 점박이의

ca·lif [kéilif, kǽl-] *n.* = CALIPH

Calif. California

⁑**Cal·i·for·nia** [kæ̀ləfɔ́:rnjə] *n.* **캘리포니아** 《미국 태평양 연안에 있는 주》
~·nian *a., n.* 캘리포니아 주의(사람)

Califórnia póppy 〖식물〗 금영화 《캘리포니아 주화(州花)》

cal·i·for·ni·um [kæ̀ləfɔ́:rniəm] *n.* Ⓤ 〖화학〗 칼리포르늄 《방사성 원소; 기호 Cf, 번호 98》

cal·i·per [kǽləpər] *n.* [보통 *pl.*] **1** 캘리퍼스, 측경 양각기(測徑兩脚器)(= ~ **còmpasses**) **2** (종이·판자의) 두께
— *vt.* 캘리퍼스로 재다

*＊***ca·liph, ca·lif** [kéilif, kǽlif] [Arab. 「후계자」의 뜻에서] *n.* **칼리프**《Mohammed의 후손, 이슬람교 교주로서의 터키 국왕 Sultan의 칭호; 지금은 폐지》

ca·liph·ate [kéilifèit, kǽli-] *n.* 《미》 CALIPH의 지위[직, 영토]

cal·is·then·ic [kæ̀ləsθénik] *a.* 미용 체조의

cal·is·then·ics [kæ̀ləsθéniks] *n. pl.* **1** [단수 취급] 미용 체조법 **2** [복수 취급] 미용 체조, 유연 체조

calk [kɔ:k] *n., vt.* 편자[구두창]에 박는 뾰족한 징(을 박다)

⁂**call** [kɔ:l] *vt.* **1** (특히 소리를 내어) **부르다, 외치다; 불러내다;** 초청하다: ~ the doctor 의사를 부르다 / ~ an actor 배우를 박수 갈채로 무대에 다시 불러내다 / *C*~ a taxi *for* me. = *C*~ me a taxi. 택시를 불러 주시오. **2** …이라고 **이름 짓다,** 부르다: ~ one's son John 아들을 존이라고 이름짓다 **3** 〈출석 등을〉 **부르다 4** 깨우다(awake); **주의를 환기시키다 5** …에게 **전화하다**: *C*~ me at 7. 7시에 전화해 주시오. **6** 〈회의 등을〉 소집하다 **7** …으로 간주하다(consider): You may ~ him a scholar. 그는 학자라고 해도 무방하다. **8** 명하다; 소환하다: ~ a strike 파업을 명하다[지령하다] **9** 〖스포츠〗 〈심판이〉 〈시합을〉 중지시키다; 〈심판이〉 …의 판정을 내리다: ~ the game 경기를 중지시키다 / The umpire *~ed* him out. 심판은 그에게 아웃을 선언했다.
— *vi.* **1 큰소리로 부르다[소리치다]** 《*to*》: He *~ed to* me *for* help. 그는 도와 달라고 내게 소리쳤다. **2 방문하다,** 들르다 《*at, on*》; 〈기차·기선이〉 정거[기항]하다 《*at*》: ~ *at* his house 그의 집에 들르다 / The ship *~s at* Boston. 그 배는 보스턴에 기항한다. **3 전화하다 4** 〈새 등이〉 우짖다

~ ***away*** 불러서 다른 데로 보내다 ~ ***back*** 불러서 되돌아오게 하다; 상기시키다; 취소하다; 《미》 나중에 다시 전화하다; 다시 방문하다 ~ ***by*** 《구어》 (지나는 길에) 들르다 《*at*》 ~ ***down*** 불러[끄집어] 내리다; 〈하늘의 은총 등을〉 빌다; 《미·속어》 꾸짖다, 비난하다 ~ ***for*** 〈술 등을〉 청하다, 요하다; 큰소리로 부르다, 〈갈채하여 배우 등을〉 불러내다 ~ ***forth*** 야기하다; 〈용기 등을〉 불러 일으키다 ~ ***in*** 불러

들이다; 〈의사 등을〉 부르다; 〈도움을〉 청하다; 〈통화·빚돈 등을〉 회수하다 ***~ it a day*** 오늘은 이것으로 그만하자 ***~ off*** 물러가게 하다; 《속어》 〈스트라이크의〉 중지를 선언하다; 〈약속 등을〉 취소하다; 손을 떼다 ***~ on[upon]*** 〈…을〉 방문하다; …에게 청하다, 부탁하다 ***~ out*** 소리쳐 구하다; 소집하다 ***~ up*** 《미·구어》 전화를 걸다; 〈힘·용기 등을〉 불러 일으키다; [수동형으로] ~을 (군대 등에) 소집하다 ***what one ~s = what we[you, they]~ = what is ~ed*** 소위, 이른바

— *n.* **1 a 부르는 소리**, 외침(cry, shout); (새의) 우짖는 소리; 호각, (나팔·호각 등의) 소리; (배우 등을 무대로)다시 불러 냄, 앙코르 **b** (전화·무선 등으로) **호출**, 통화; (호텔 접수계에 몇시에 깨워 달라는) 주문: leave a ~ for 7: 30 7시 반에 깨워 달라고 부탁하다 **2 짧은 방문 3 초청**; 소집, 소환; 천직 **4** [보통 the ~] 유혹, 매력: *the* ~ of the sea[wild] 바다[야성]의 매력 **5** 요구; [보통 부정문으로] 필요, 의무 《*to* do, *for*》 **6** (심판의) 판정 **7** 《구어》 생리적 요구

at** a person**'s** ~* 부르는 소리에 응하여; 대기하여 ***on ~ 〖상업〗 청구하는 대로 (지급되는); 언제든지 사용할 수 있는; 대기하고 있는 ***within ~*** 부르면 들리는 곳에

cal·la [kǽlə] *n.* 〖식물〗 칼라(= **~ lily**)

call·back [kɔ́ːlbæ̀k] *n.* **1** 돌아오면 전화해 달라는 부탁 **2** 일시 휴직 후의 직장 복귀 **3** 제품 회수(reall)

call-board [-bɔ̀ːrd] *n.* (분장실의) 게시판

cáll bòx 《미》 (경찰 연락·화재 신고용) 비상 전화; 《영》 공중 전화 박스

call·boy [-bɔ̀i] *n.* (배우에게 출연 순서를 알려 주는) 호출 담당자; 호텔의 보이(bellboy)

cálled gàme [kɔ́ːld-] 〖야구〗 콜드 게임 《일몰·비 등으로 중지된 시합; 그때까지의 득점으로 결정》

⁑**call·er** [kɔ́ːlər] *n.* **방문객**, (찾아온) 손님

cáller ÍD́ [displày] (전화의) 발신자 번호 표시 서비스

cáll gìrl (전화로 불러내는) 매춘부, 콜걸

cal·lig·ra·pher [kəlígrəfər], **-phist** [-fist] *n.* 달필가, 서예가

cal·li·graph·ic, -i·cal [kæ̀ləgrǽfik(əl)] *a.* 서예의; 달필의

cal·lig·ra·phy [kəlígrəfi] [Gk 「아름다운 서법」의 뜻에서] *n.* Ⓤ 달필(opp. *cacography*); 서예, 서법(書法)

call-in [kɔ́ːlìn] *n.* 《미》 (라디오·텔레비전의) 시청자 전화 참가 프로(《영》 phone-in)

call·ing** [kɔ́ːliŋ] *n.* ⓊⒸ **1** 천직; **직업**(profession) **2** 부름, 외침; 점호, 소집 **3** 하느님의 부르심, 소명 **4** (국회 등의) 소집 ***have a ~ for[to do] …이 되고 싶다는 욕구를 가지다

cálling càrd 《미》 = VISITING CARD; 《영》 = PHONECARD

cal·li·o·pe [kəláiəpi] *n.* **1** 증기 오르간 《증기로 소리를 냄》 **2** [**C~**] 〖그리스신화〗 칼리오페 《웅변·서사시의 여신》

cal·lis·then·ic [kæ̀ləsθénik] *a.* = CALISTHENIC

cal·lis·then·ics [kæ̀ləsθéniks] *n. pl.* = CALISTHENICS

cáll lòan 〖금융〗 콜론 《요구불 단기 대부금》

cáll màrk = CALL NUMBER

cáll mòney 〖금융〗 콜머니 《요구불 단기 차입금》

cáll nùmber 〖도서관〗 도서의 정리 번호[부호]

cal·los·i·ty [kəlɑ́səti | kælɔ́s-] *n.* (*pl.* **-ties**) **1** 피부의 경결(硬結); 못, 티눈 **2** Ⓤ 무감각; 냉담

***cal·lous** [kǽləs] *a.* **1** 〈피부가〉 **굳어진**, 못박힌 **2** 무감각한; 냉담[무정]한; 예사인 《*to*》 **~·ly** *ad.* **~·ness** *n.*

call-o·ver [kɔ́ːlòuvər] *n.* 점호(roll call)

cal·low [kǽlou] *a.* 〈새가〉 깃털이 아직 나지 않은(unfledged); 애송이인

cáll ràte 〖금융〗 콜론(call loan)의 이율

cáll sìgn[sìgnal] 〖통신〗 호출 부호

call-up [kɔ́ːlʌ̀p] *n.* 《영》 징집, 소집(령); 소집 인원

cal·lus [kǽləs] *n.* (*pl.* **~·es**) **1** 〖생리〗 피부 경결(硬結), 못 **2** 〖식물〗 유합(癒合) 조직; 〖해부〗 가골(假骨)

⁂**calm** [kɑːm] *a.* **1** 〈바다·날씨 등이〉 **고요한**(opp. *stormy, windy*) **2** 〈마음·기분 등이〉 **평온한**, 침착한 **3** Ⓟ 《영·구어》 우쭐해하는, 뱃심 좋은

— *vt., vi.* 가라앉히다, 가라앉다

~ down 〈노여움·흥분을〉 가라앉히다; 〈바다·기분·정정(政情) 등이〉 가라앉다

— *n.* **1 고요함**, 잔잔함, 평온; 〖기상〗 무풍 상태: the ~ before the storm 폭풍우 전의 고요 **2** 냉정, 침착

calm·a·tive [kɑ́ːmətiv, kǽlmə-] 〖의학〗 *a.* 진정시키는(sedative)

— *n.* 진정제

⁑**calm·ly** [kɑ́ːmli] *ad.* **고요히**; 냉정하게, 태연하게

***calm·ness** [kɑ́ːmnis] *n.* Ⓤ **고요**, 평온, 냉정, 침착

cal·o·mel [kǽləməl | -mèl] *n.* Ⓤ 〖화학〗 감홍(甘汞) 《염화 제1수은》

ca·lor·ic [kəlɔ́ːrik | -lɔ́r-] *a.* 열의; 칼로리의

cal·o·rie** [kǽləri] [L 「열」의 뜻에서] *n.* 〖물리·화학〗 **칼로리** 《열량의 단위; 특히 음식물의》 ***gram[small] ~ 그램[소] 칼로리 ***kilogram[large, great] ~*** 킬로[대] 칼로리 (略 Cal)

cal·o·rif·ic [kæ̀lərífik] *a.* Ⓐ 열을 발생하는; 열의

cal·o·rim·e·ter [kæ̀lərímətər] *n.* 열량계

cal·o·ry [kǽləri] *n.* (*pl.* **-ries**) = CALORIE

cal·trop, -trap [kǽltrəp] *n.* **1** 〖식물〗 남가새 **2** 〖군사〗 마름쇠 《적의 기병의 전진을 방해하기 위해 땅 위에 뿌림》

cal·u·met [kǽljumèt] *n.* (북미 인디언의) 긴 담뱃대 《평화의 상징》

ca·lum·ni·ate [kəlʌ́mnièit] *vt.* 비방하다, 중상하다(slander)

ca·lum·ni·a·tion [kəlʌ̀mniéiʃən] *n.* ⓊⒸ 중상 **ca·lúm·ni·à·tor** *n.*

C

cal·um·ny [kǽləmni] *n.* (*pl.* **-nies**) ⓊⒸ 비방, 중상(中傷)

Cal·va·ry [kǽlvəri] [L 「해골」의 뜻에서] *n.* (*pl.* **-ries**) **1** 〖성서〗 그리스도가 십자가에 못 박힌 곳 《Golgotha의 라틴어명》 **2** [**c~**] 그리스도의 수난상(像) **3** [**c~**] 고난, 시련

calve [kæv | kɑːv] [calf[1]에서] *vi.*, *vt.* 〈소·사슴·고래 등이〉 새끼를 낳다

*__calves__ [kævz | kɑːvz] *n.* CALF[1]의 복수

Cal·vin [kǽlvin] *n.* **1** 남자 이름 **2** 칼뱅 **John** ~ (1509-64) 《프랑스 태생의 스위스의 종교 개혁가》

~·ism *n.* 칼뱅주의 **~·ist** *n.* 칼뱅파 사람 **Càl·vin·ís·tic, -ti·cal** *a.*

calx [kælks] *n.* (*pl.* **~·es, cal·ces** [kǽlsiːz]) 〖화학〗 금속회(灰)

ca·ly·ces [kéiləsìːz, kǽl-] *n.* CALYX의 복수

ca·lyp·so [kəlípsou] *n.* (*pl.* **~s**) 칼립소 《Trinidad 섬 원주민의 민요풍 재즈》

Ca·lyp·so [kəlípsou] 〖그리스신화〗 칼립소 《Odysseus를 유혹한 바다의 요정》

ca·lyx [kéiliks, kǽl-] *n.* (*pl.* **~·es, ca·ly·ces** [-ləsìːz]) 〖식물〗 꽃받침

cam [kæm] *n.* 〖기계〗 캠 《회전 운동을 왕복 운동으로 바꾸는 장치》

CAM computer-aided manufacturing 컴퓨터 원용 제조 (시스템)

ca·ma·ra·de·rie [kɑ̀ːmərǽdəri | kæ̀mərɑ́ː-] [F] *n.* Ⓤ 우정, 우애(friendship); 동료 의식

Camb. Cambridge

cam·ber [kǽmbər] *n.* ⓊⒸ **1** 위로 휨 《도로·갑판 등의》, 가운데가 불룩한 꼴 **2** 〖항공〗 캠버 《날개 단면 중심선이 위로 휜 것》

— *vt.*, *vi.* 위로 휘게 하다, 위로 휘다

Cam·bo·di·a [kæmbóudiə] *n.* 캄보디아 《인도차이나 반도에 있는 나라; 수도 Phnom Penh》

Cam·bo·di·an [kæmbóudiən] *a.* 캄보디아 (사람)의 **—** *n.* 캄보디아 사람; Ⓤ 크메르 말(Khmer)

Cam·bri·a [kǽmbriə] *n.* 《시어》 Wales의 별칭

Cam·bri·an [kǽmbriən] *a.* 웨일스의; 〖지질〗 캄브리아기[계]의: the ~ period 캄브리아기

— *n.* 《시어》 웨일스 사람; 〖지질〗 캄브리아기[계]

cam·bric [kéimbrik] *n.* Ⓤ 고급의 얇은 아마포; Ⓒ 흰 삼베 손수건

cámbric téa 《미》 우유·설탕을 탄 홍차

*__Cam·bridge__ [kéimbridʒ] *n.* **케임브리지 1** 영국 케임브리지 주(州)의 대학 도시; 케임브리지 대학 **2** 미국 Massachusetts 주의 도시 《Harvard, MIT 대학의 소재지》

Cámbridge blúe 《영》 담청색(light blue)(cf. OXFORD BLUE)

Cam·bridge·shire [kéimbridʒʃìər, -ʃər] *n.* 케임브리지셔 《잉글랜드 동부의 주; 주도 Cambridge; 略 Cambs.》

Cámbridge Univérsity 케임브리지 대학 《영국의 대학; 12세기에 창립》

Cambs. Cambridgeshire

cam·cord·er [kǽmkɔ̀ːrdər] [*camera* + *recorder*] *n.* 캠코더

‡**came** [keim] *v.* COME의 과거

‡**cam·el** [kǽməl] *n.* **1** 낙타 **2** Ⓤ 낙타색 《담황갈색》 **3** 〖항해〗 부함(浮函)

cam·el·back [kǽməlbæ̀k] *n.* 《미》 낙타의 등: on ~ 낙타를 타고

— *a.* 낙타 등 모양을 한

— *ad.* 낙타를 타고

ca·mel·lia [kəmíːljə] [이 식물을 런던에 처음 갖고 간 G. J. Kamel의 라틴어명 Camellus에서] *n.* 〖식물〗 동백나무

Cam·e·lot [kǽməlɑ̀t | -lɔ̀t] *n.* 캐밀롯 《Arthur왕의 궁궐이 있었다는 전설의 고을》

cámel's hàir 낙타털(모직물)

Cam·em·bert [kǽməmbɛ̀ər] [프랑스의 원산지명에서] *n.* Ⓤ 부드럽고 맛이 짙은 프랑스제 치즈 (= ∠ **chéese**)

cam·e·o [kǽmiòu] [It.] *n.* (*pl.* **~s**) **1** 카메오 《양각으로 아로새긴 보석·조가비 등》; 카메오 세공 **2** 간결하고 인상적인[주옥 같은] 묘사[장면] **3** 〖영화·TV〗 유명 배우의 단역(으로 출연하기)(= ∠ **ròle**)

‡**cam·er·a** [kǽmərə] [L 「둥근 천장」의 뜻에서] *n.* (*pl.* **~s**) **1 카메라,** 사진기; 텔레비전 카메라 **2** (*pl.* **-er·ae** [-mərìː, -rài]) 판사의 사실(私室)

in ~ 〖법〗 판사의 사실에서; 비밀히 ***on*** [***off***] ~ 〖영화·TV〗 카메라 앞에서[에서 벗어나]

*__cam·er·a·man__ [kǽmərəmæ̀n, -mən] *n* (*pl.* **-men** [-mèn]) (영화·텔레비전의) **카메라맨, 촬영 기사**

cámera ob·scú·ra [-ɑbskjúərə] [L = dark chamber] *n.* (사진기 등의) 주름상자; 암실

cam·er·a-shy [-ʃài] *a.* 사진 찍히는 것을 싫어하는, 사진 혐오의

Cam·e·roon [kæ̀mərúːn], **Came·roun** [kæmrúːn] *n.* 카메룬 《서아프리카 Nigeria 동쪽의 공화국(1960년 독립); 수도 Yaoundé》

-róon·i·an [-iən] *a.*, *n.* 카메룬의 (사람)

cam·i·knick·ers [kǽminìkərz] [*cami*sole + *knickers*] *n. pl.* 《영》 팬츠가 달린 슈미즈 같은 내복

cam·i·sole [kǽməsòul] *n.* 캐미솔, 여자용 소매 없는 속옷; 여자용 화장옷(negligee jacket)

cam·o·mile [kǽməmàil] *n.* 〖식물〗 카밀레, 카모밀라 《꽃은 건위·홍분제》

*__cam·ou·flage__ [kǽməflɑ̀ːʒ] [F 「위장하다」의 뜻에서] *n.* ⓊⒸ 〖군사〗 **카무플라주,** 위장, 미채(迷彩); 기만

— *vt.* 위장하다; 눈가림하다; 기만하다

‡**camp** [kæmp] [L 「들판」의 뜻에서] *n.* ⒸⓊ **1** (산·바닷가의) **캠프장 2 야영지**; 임시 주둔지; 막사 **3 야영 천막**; 야영대 **4 캠프** (생활); 군대 생활, 병역 **5 진영**; 동지 **6** 《미》 지부, 분회 **7** (포로) 수용소

be in the same[***the enemy's***] ~ 동지[적]이다 ***break***[***strike***] (***a***) ~ 천막을 걷다, 야영지를 철수하다 ***go to*** ~ 캠프하러 가다

— *vi.*, *vt.* 천막을 치다, 야영하다[시키다]

(camping) ~ ***out*** 야영[캠프]하다; 《영·속어》 임시 거주하다 《*with*》

‡cam·paign [kæmpéin] [L 「들판」의 뜻에서] *n.* **1** (사회적·정치적) **운동,** 캠페인; 《미》 선거 운동 **2** 〖군사〗 군사 행동, 전투

on ~ 종군하여, 출정 중; 운동[유세]에 나서

— *vi.* 종군하다, 출정하다; 운동을 일으키다 《*against, for*》

go **~*ing*** 종군하다; 유세하다, 운동하다

cam·paign·er [kæmpéinər] *n.* 종군자; 노병(veteran); (사회·정치의) 운동가

cam·pa·ni·le [kæ̀mpəní:li] *n.* (*pl.* **~s, -li** [-li]) (특히 교회로부터 독립해서 세운) 종탑(bell tower)

cam·pa·nol·o·gy [kæ̀mpənɑ́lədʒi | -nɔ́l-] *n.* Ⓤ 명종술(鳴鐘術); 종학(鐘學); 주종술(鑄鐘術)

cam·pan·u·la [kæmpǽnjulə] *n.* 〖식물〗 = BELLFOWER

cámp bèd 《영》 (접을 수 있는) 야외용[야전] 침대

cámp chàir (휴대용) 접의자

***camp·er** [kǽmpər] *n.* **야영자, 캠핑하는 사람,** 캠프용 자동차

***camp·fire** [kǽmpfàiər] *n.* **야영의 모닥불[화톳불],** 캠프파이어

cámp fòllower 1 비전투 종군자 《상인·위안부 등》 **2** 추종자; 동조자

camp·ground [-gràund] *n.* 《미》 캠프 지정지; 야영 전도 집회지

***cam·phor** [kǽmfər] *n.* Ⓤ 〖화학·약학〗 **장뇌**(樟腦), 캠퍼

cam·phor·ate [kǽmfərèit] *vt.* 장뇌를 넣다, 장뇌로 처리하다

cam·phor·ic [kæmfɔ́:rik, -fɑ́r- | -fɔ́r-] *a.* 장뇌의, 장뇌가 든

cámphor trèe 〖식물〗 녹나무

cam·pi·on [kǽmpiən] *n.* 〖식물〗 동자꽃·장구채 등의 석죽과(科) 식물

cámp mèeting 《미》 전도 집회 《천막 안이나 야외에서 개최하는》

camp·o·ree [kæ̀mpərí:] *n.* 《미》 (보이스카우트의) 지방 대회(cf. JAMBOREE)

camp·site [-sàit] *n.* 야영지, 캠프장

camp·stool [-stù:l] *n.* = CAMP CHAIR

***cam·pus** [kǽmpəs] [L 「들판」의 뜻에서] *n.* 《미》 **교정, 구내,** 캠퍼스 《대학 등의》; 학원(學園); 《미》 (대학의) 분교: on (the) ~ 교정[구내]에서 — *a.* Ⓐ 학원[교정]에서의; 대학 (구내)의: ~ activities 학생 활동

cam·shaft [kǽmʃæ̀ft | -ʃɑ̀:ft] *n.* 〖기계〗 캠축

Ca·mus [kæmjú:] *n.* 카뮈 **Albert ~** (1913-60) 《프랑스의 작가; 1957년 노벨문학상 수상》

‡can[1] [k(ə)n, kæn] *auxil. v.* 《(1) 부정형은 **cannot,** 《미》에서 특히 강조할 때에는 **can not,** 《구어》에서는 **can't**를 씀 (2) 과거형은 **could**》
1 [능력] **a** …**할 수 있다**: I ~ swim. 수영할 줄 안다. **b** [지각동사 및 remember와 함께 쓰여] …**하고 있다** 《진행형과 같은 뜻이 됨》: I ~ *remember* it well. 그것을 잘 기억하고 있다. **2** [허가] …**해도 좋다** 《《구어》에서는 may보다 더 일반적임》 **3** [가벼운 명령] **a** [긍정문에서] …**해라,** …하는 것이 좋다: You ~ go. 가도록 해라. **b** [부정문에서] …**해서는 안된다**: You *can't* run here. 여기서 뛰면 안된다. **4** [가능성·추측] **a** [긍정문에서] …**이 있을 수 있다**: He ~ be very rude sometimes. 녀석은 때때로 대단히 무례하게 굴 때가 있다. **b** [부정문에서] …**일 리가 없다**: It *cannot* be true. 정말일 리가 없다. **c** [cannot have + *p.p.*로] …**했을 리가 없다**: She *cannot have done* such a thing. 그녀가 그런 짓을 했을 리가 없다. **d** [의문문에서] …**할[일] 리가 있을까,** (도)대체 …일까: *C*~ it be true? 대체 그것이 정말일까? **5** [*C*~ you …? 로 의뢰를 나타내어] …**해 주겠습니까** 《Could you …? 라고 하는 것이 더 공손한 표현임》: *C*~ you give me a ride? 좀 태워주지 않겠습니까?

as **…** ***as*** **(…)** **~** ***be*** 더없이 …하다, 그지없이 …하다: I am *as* happy *as* (happy) ~ *be.* 나는 더없이 행복하다. **~** ***but*** do 《문어》 다만[단지] (…할) 뿐이다: We ~ *but* wait. 우리는 다만 기다릴 뿐이다. ***cannot but*** do = ***cannot help*** do***ing*** **…** …하지 않고는 못 배기다, …할 수 밖에 없다, …하지 않을 수 없다

‡can[2] [kæn] [OE 「컵」의 뜻에서] *n.* **1** 《미》 (통조림) 깡통(《영》 tin); 통조림 《*of*》 **2** 금속제 용기 《손잡이·뚜껑이 있는》: a sprinkling ~ 물뿌리개 **3** 그릇, 용기: an ash[a garbage] ~ 쓰레기통 **4** 《속어》 변소; 욕실; 교도소

carry[take] the **~** 《영·속어》 비난을 받다, (남의 일로) 책임을 지게 되다 ***in the*** **~** (1) 유치장에 갇혀 (2) 〈영화가〉 (공개할 수 있게) 준비되어 (3) 《구어》 완료되어

— *vt.* (**~ned**; **~·ning**) **1** 《미》 **통조림하다**(《영》 tin) **2** 《미·속어》 해고하다(fire); 퇴학시키다; 중지하다 **3** 《구어》 녹음하다

C~ it! 《속어》 그만해, 시끄러워, 입닥쳐!

can. canon; canto

Can. Canada; Canadian

Ca·naan [kéinən] *n.* **1** 〖성서〗 가나안 땅 《지금의 Palestine의 서부 지방》; 신이 유대인에게 약속한 땅 **2** 약속의 땅, 이상향, 낙원

Ca·naan·ite [kéinənàit] *n.* (이스라엘 사람이 와서 살기 전의) 가나안 사람

‡Can·a·da [kǽnədə] [American Indian 「마을」의 뜻; 이를 지명으로 오해한 것] *n.* **캐나다** 《수도 Ottawa》

‡Ca·na·di·an [kənéidiən] *a.* **캐나다(사람)의** — *n.* **캐나다 사람**

~·ism *n.* 캐나다 (제일)주의, 캐나다 특유의 습관; 캐나다 영어(의 어법)

Canádian bácon (돼지 허리 고기의) 캐나다식 베이컨

Canádian Frénch (프랑스계 캐나다 사람이 말하는) 캐나다식 프랑스말

‡ca·nal [kənǽl] [L 「수관(水管)」의 뜻에서; 원래는 「갈대」의 뜻] *n.* **1 운하,** 인공

C

수로: the Suez *C*~ 수에즈 운하 **2** 〖해부·식물〗 도관(導管)(duct) **3** 〖천문〗 (화성의) 운하
canál bòat (길쭉한) 운하용 보트
can·al·ize [kǽnəlàiz] *vt.* **1** 운하를 트다; 수로를 파다 **2** 나갈 길을 열어 주다; 어떤 방향으로 인도하다 《*into*》
Canál Zòne [the ~] 파나마 운하 지대 《略 CZ》
can·a·pé [kǽnəpi | -pèi] [F] *n.* 카나페 《얇은 빵에 캐비아·치즈 등을 바른 전채》
ca·nard [kənɑ́ːrd] [F 「오리」의 뜻에서] *n.* 헛소문, 유언비어
C
‡**ca·nar·y** [kənɛ́əri] [Sp. 「카나리아 제도산의 새」의 뜻에서] *n.* (*pl.* **-nar·ies**) **1** 〖조류〗 **카나리아**(= ~ **bìrd**) **2** Ⓤ 카나리아 빛 **3** 《속어》 밀고자
Canáry Íslands [L 「개의 섬」의 뜻에서] [the ~] 카나리아 제도 《아프리카 북서 해안 가까이에 있음; 스페인령》
canáry yéllow 카나리아 빛 《선황색》
ca·nas·ta [kənǽstə] [Sp. 「바구니」의 뜻에서] *n.* Ⓤ 커내스터 《두 벌의 카드로 넷이 하는 놀이》
Ca·nav·e·ral [kənǽvərəl] *n.* =CAPE CANAVERAL
Can·ber·ra [kǽnbərə] *n.* 캔버라 《오스트레일리아의 수도》
canc. canceled; cancellation
can·can [kǽnkæ̀n] [F] *n.* 캉캉(춤) 《발을 높이 쳐드는 프랑스 춤》
‡**can·cel** [kǽnsl] [L 「격자(格子)꼴로 하다」→「격자꼴로 줄을 치다」의 뜻에서] *v.* (**~ed**; **~·ing** | **~led**; **~·ling**) *vt.* **1 a** 〈계약·주문 등을〉 **취소하다**, 무효로 하다 **b** 〈계획·예정 등을〉 **중지하다** **2** 〖수학〗 약분하다 **3** 소인(消印)을 찍다, 〈차표 등을〉 펀치로 찍다 **4** 〖인쇄〗 삭제하다 **—** *vi.* **1** 상쇄되다 《*out*》 **2** 〖수학〗 약분되다 《*by*》 **—** *n.* 말소, 취소; (계약의) 해제; 〖인쇄〗 삭제 (부분)
can·cel·(l)a·tion [kæ̀nsəléiʃən] *n.* ⓊⒸ 말소; 취소; 해제; 〖수학〗 약분, 소거; 소인
‡**can·cer** [kǽnsər] [L 「게」의 뜻에서; 암 조직을 게 다리에 비유한 것] *n.* **1** ⓊⒸ 암(癌): die of ~ 암으로 죽다 / breast ~ = ~ of the breast 유방암 **2** (사회의) 병폐 **3** [**C~**] 〖천문〗 게자리(the Crab) **4** [**C~**] 〖점성〗 거해궁(巨蟹宮)(cf. ZODIAC)
the Tropic of C~ 북회귀선, 하지선
can·cer·ous [kǽnsərəs] *a.* 암의; 암에 걸린
cáncer stìck 《구어·익살》 담배 (cigarette)
can·de·la [kændíːlə] [L 「양초(candle)」의 뜻에서] *n.* 〖광학〗 칸델라 《광도 단위; 略 cd》
can·de·la·brum [kæ̀ndəlɑ́ːbrəm, -lei-] *n.* (*pl.* **-bra** [-brə], **~s**) 가지가 달린 촛대
can·des·cent [kændésnt] *a.* 백열의
~·cence *n.*
C & F, c & f 〖상업〗 cost and freight 운임 포함 조건[가격]
***can·did** [kǽndid] [L 「희게 빛나는」의 뜻에서] *a.* **1 솔직한**(frank), 숨김없는 **2** 공평한 **3** Ⓐ 〈사진 등이〉 포즈를 취하지 않은
to be (***quite***[***perfectly***]) **~** (***with you***) 솔직히 말하면 《대개 문두에 씀》
~·ly *ad.* 솔직히, 숨김없이; [문장 전체를 수식하여] 솔직히 말하면
can·di·da·cy [kǽndidəsi] *n.* Ⓤ 《미》 입후보; 입후보 자격[기간] 《*for*》
‡**can·di·date** [kǽndidèit, -dət] [L 「흰 옷을 입은 (남자)」의 뜻에서; 고대 로마에서는 공직 후보자가 흰옷을 입은 데서] *n.* **후보자** 《*for*》; 지원자 《*for*》
can·di·da·ture [kǽndidətʃər] *n.* 《영》 = CANDIDACY
cándid cámera 소형 (몰래) 카메라
can·died [kǽndid] *a.* Ⓐ **1** 설탕에 절인 [졸인] **2** (사탕 모양으로) 굳어진 **3** 말솜씨가 좋은, 달콤한
‡**can·dle** [kǽndl] [L 「빛나다」의 뜻에서] *n.* **1 양초**; 촉광(candlepower); 양초 모양의 것 **2** 빛을 내는 것, 등불; 별
burn[***light***] ***the ~ at both ends*** 〈정력·건강·금전 등을〉 심하게 낭비하다, 무리를 하다 ***cannot***[***be not fit to***] ***hold a ~ to*** …와는 비교도 안 되다 The game is ***not worth the ~.*** (그 일은) 수지가 안 맞는다.
***can·dle·light** [-làit] *n.* Ⓤ **촛불**; 저녁 무렵
Can·dle·mas [kǽndlməs] *n.* 〖가톨릭〗 성촉절(聖燭節) 《2월 2일, 성모 마리아의 순결을 기념하는 축제일; 촛불 행렬을 함》
can·dle·pin [-pìn] *n.* 《미》 **1** 위아래가 가느다란 볼링의 핀 **2** [*pl.*; 단수 취급] 캔들핀 《십주희(tenpins) 비슷한 볼링의 일종》
can·dle·pow·er [-pàuər] *n.* Ⓤ 촉광(燭光)
***can·dle·stick** [-stìk] *n.* **촛대**
can·dle·wick [-wìk] *n.* 초의 심지
can-do [kǽndúː] *a.* 《구어》 열심인, 열의 있는; 유능한
— *n.* Ⓤ 열의, 열심
***can·dor** | **-dour** [kǽndər] *n.* Ⓤ **공평무사**, 허심탄회; 솔직, 정직
C and[**&**] **W** country and western
‡**can·dy** [kǽndi] [Arab. 「설탕」의 뜻에서] *n.* (*pl.* **-dies**) ⓊⒸ **1** 《미》 **캔디**, 사탕 과자(《영》 sweets) **2** 《영》 얼음사탕(《미》 rock ~); Ⓒ 얼음사탕 조각
— *vt.*, *vi.* (**-died**) **1** 설탕 절임하다, 설탕을 바르다; 사탕 모양으로 굳히다[굳어지다] **2** 〈표현을〉 감미롭게 하다
cándy àss 《미·속어》 패기 없는 사람, 겁쟁이
cándy flòss 《영》 솜사탕(《미》 cotton candy)
cándy strìpe 무지(無地) 바탕에 밝은 한 색만의 줄무늬
cándy strìper [희고 붉은 줄무늬 제복에서] 《미·구어》 (10대의) 자원 봉사 간호조무사
can·dy·tuft [kǽnditʌ̀ft] *n.* 〖식물〗 이베리스, 서양말냉이 《겨잣과(科)의 관상 식물》

cane [kein] [Gk 「갈대」의 뜻에서] *n.* **1** (등나무로 만든) **지팡이,** 《영》 가볍고 가는 지팡이; 《미》 막대기; 회초리 《학생 처벌용》 **2** 줄기 《등나무·대나무·종려·사탕수수 등의》; 등나무 무리 《용재(用材)로서의》
— *vt.* **1** 매질하다 **2** 등나무로 만들다
cane·brake [kéinbrèik] *n.* 《미》 등나무숲
cáne cháir 등의자
cáne sùgar 사탕수수 설탕, 감자당(甘蔗糖)(cf. BEET SUGAR)
cane·work [kéinwə̀ːrk] *n.* Ⓤ 등나무 세공(품)
can·ful [kǽnfùl] *n.* 한 깡통(의 양) 《*of*》
ca·nine [kéinain] [L] *a.* 갯과(科)의, 개 같은 **—** *n.* 송곳니; 갯과의 동물, 《익살》 개
cánine tòoth 송곳니, 견치(犬齒)
can·ing [kéiniŋ] *n.* 매질
Cá·nis Má·jor [kéinis-méidʒər] *n.* 〖천문〗 큰개자리(the Great Dog)
Cá·nis Mí·nor [kéinis-máinər] *n.* 〖천문〗 작은개자리(the Little Dog)
can·is·ter [kǽnistər] *n.* (차·커피·담배 등을 넣는) 깡통; 산탄(霰彈)
***can·ker** [kǽŋkər] *n.* **1** Ⓤ 〖병리〗 **구강궤양**(口腔潰瘍); 〖수의학〗 마제염(馬蹄炎); 〖식물〗 (과수의) 암종(癌腫)병; 근류(根瘤)병 **2** 해독; (마음을 좀먹는) 괴로움 **3** = CANKERWORM
— *vt.* **1** canker에 걸리게 하다; 부식시키다 **2** 해독을 끼치다, 서서히 파괴하다
— *vi.* canker에 걸리다
can·ker·ous [kǽŋkərəs] *a.* canker의[같은]; canker를 일으키는; 부패[부식]시키는
can·ker·worm [kǽŋkərwə̀ːrm] *n.* 〖곤충〗 자벌레 《과수의 해충》
can·na [kǽnə] *n.* 〖식물〗 칸나
can·na·bis [kǽnəbis] *n.* Ⓤ 〖식물〗 인도대마; 마리화나, 대마초
***canned** [kænd] *vt.* CAN²의 과거·과거분사 **—** *a.* 《미》 **1 통조림한** (《영》 tinned) **2** 《구어》 녹음된; 《미·구어》 〈연설 등이〉 미리 준비된: ~ laughter (효과음으로) 녹음된 웃음소리 **3** Ⓟ 《속어》 술취한; 마약을 복용한
cán·nel còal [kǽnl-] 촉탄(燭炭) 《기름·가스를 많이 함유한 석탄》
can·nel·lo·ni [kæ̀nəlóuni] [It.] *n.* 카넬로니 《원통형 대형 파스타(pasta) 또는 그 요리》
can·ner [kǽnər] *n.* 《미》 통조림 제조업자
can·ner·y [kǽnəri] *n.* (*pl.* **-ner·ies**) 《미》 통조림 공장
Cannes [kæn] *n.* 칸 《프랑스 남동부의 피한지(避寒地); 해마다 국제 영화제가 열림》
***can·ni·bal** [kǽnəbəl] *n.* **식인종**; 동족을 잡아먹는 동물
— *a.* Ⓐ 식인의, 인육을 먹는
~·ism *n.* Ⓤ 사람 고기를 먹는 풍습; 동족끼리 서로 잡아먹음; 잔인, 만행
càn·ni·bal·ís·tic *a.* 사람을 잡아먹는; 동족을 잡아먹는; 야만적인

can·ni·bal·ize [kǽnəbəlàiz] *vt.* **1** 〈사람의〉 고기를 먹다; 〈동물이 동족을〉 서로 잡아먹다 **2** 〈헌[고장난] 자동차[기계] 등을〉 분해하다, 해체하다; 해체하여 이용 가능한 부품을 사용하다; 〈헌 자동차 등의〉 부품을 떼다 《*from*》 **—** *vi.* 사람의 고기를 먹다; 서로 잡아먹다
can·(n)i·kin [kǽnikin] *n.* 작은 깡통, 컵
can·ning [kǽniŋ] *n.* Ⓤ 통조림 제조(업)
***can·non** [kǽnən] [동음어 canon] [L 「갈대」의 뜻에서] *n.* (*pl.* **~s,** [집합적] **~**) **1 대포** 《지금은 gun이 보통》; 《특히》 비행기 탑재용 기관포 **2** 《영》 〖당구〗 캐논 《친 공이 계속하여 두 개의 목표 공에 맞음; 《미》 carom》
— *vi.* 대포를 쏘다; 《영》 〖당구〗 캐논을 치다; 세게 충돌하다 《*against, into, with*》
can·non·ade [kæ̀nənéid] *n.* 연속 포격; 포성 **—** *vt.* 연속 포격하다 《지금은 보통 bombard(ment)》
can·non·ball [kǽnənbɔ̀ːl] *n.* **1** 포탄 《지금은 shell이 보통》 **2** 《구어》 특급[탄환] 열차 **3** (다이빙 경기에서) 양 무릎을 껴안고 뛰어들기; 〖테니스〗 탄환 서브
— *a.* Ⓐ 탄환처럼[굉장히] 빠른
cánnon fòdder [「대포 밥」이란 뜻에서] [집합적] 《구어》 (전사할 위험이 많은) 병사(兵士)들
***can·not** [kənɑ́t, kǽnɑt | kǽnɔt] ⇨ CAN¹
can·nu·la [kǽnjulə] *n.* (*pl.* **~s, -lae** [-lìː]) 〖외과〗 캐뉼러 《환부에 꽂아 넣어 액을 빼내거나 약을 넣는 데 쓰임》
can·ny [kǽni] *a.* (**-ni·er**; **-ni·est**) **1** 영리한; 신중한, 조심성 많은, 빈틈없는 **2** 검소한, 알뜰한 **3** 좋은, 훌륭한; 운수 좋은 **cán·ni·ly** *ad.* **-ni·ness** *n.*
***ca·noe** [kənúː] *n.* **카누,** 통나무 배
***paddle* one*'s own* ~** 《구어》 자립 자활하다
— *vi., vt.* (**~·ing**) 카누를 젓다, 카누로 가다[나르다] **~·ist** *n.* 카누 젓는 사람
***can·on¹** [kǽnən] [동음어 cannon] [Gk 「재는 막대」의 뜻에서] *n.* **1** 〖가톨릭〗 **교회법**; 카논 《그리스도교적 신앙 및 행위의 기준》; 법규집(集) **2** 규범, 기준(criterion) **3** 성서 정전(正典) 《외전(外典)에 대하여》; 진짜 작품(목록) 《위작(僞作)에 대하여》: the Books of the *C*~ = the CANONICAL books **4** 〖음악〗 카논, 전칙곡(典則曲)
canon² *n.* 《영》 (대)성당 참사회원; 〖가톨릭〗 수사 신부
ca·non·i·cal [kənɑ́nikəl | -nɔ́n-] *a.* **1** 정전(正典)으로 인정받은: the ~ books (of the Bible) 정전(正典) **2** 교회법에 의거한 **3** 규범적인 **—** *n.* [*pl.*] (정규의) 성직복 **~·ly** *ad.* 교회법에 의하여
canónical hóur 〖가톨릭〗 정시과(定時課) 《하루 일곱 번의 기도 시간》; 〖영국국교〗 (교회에서 하는) 결혼식 거행 시간 《오전 8시-오후 6시》
can·on·ic·i·ty [kæ̀nənísəti] *n.* Ⓤ 교회법에 합치함; 정전(正典)의 자격
can·on·i·za·tion [kæ̀nənizéiʃən | -nai-] *n.* Ⓤ 시성(諡聖)(식); 성전(聖典)[정전(正典)] 승인

can·on·ize [kǽnənàiz] *vt.* 시성(諡聖)하다; 성전(聖典)으로 인정하다
cánon láw 교회법, 종규(宗規)
ca·noo·dle [kənúːdl] *vi., vt.* ⦅속어⦆ 껴안다, 애무하다(fondle)
cán òpener ⦅미⦆ 깡통 따개 (⦅영⦆ tin opener)
∗**can·o·py** [kǽnəpi] [Gk「모기장」의 뜻에서] *n.* (*pl.* **-pies**) **1 천개**(天蓋), 닫집; 천개처럼 덮는 것; 하늘 **2** ⦅건축⦆ 천개 모양의) **차양 3** ⦅항공⦆ (조종사실 위쪽의 투명한) 덮개: under the ~ of smoke 연기에 뒤덮여 / the ~ of heaven(s) 창공
— *vt.* (**-pied**) 천개로 덮다, 닫집처럼 가리다
canst [kənst, kæ̀nst] *auxil. v.* ⦅고어⦆ CAN[1]의 2인칭 단수 현재
cant[1] [kænt] [동음어 can't] [L「노래하다」의 뜻에서] *n.* Ⓤ **1** (점잔빼는) 위선적인 말투; (정당 등의) 형식적인 표어, 일시적인 유행어 **2** 변말, 은어
— *vi.* **1** 점잔빼는 말투를 쓰다 **2** 은어를 쓰다
cant[2] [L「모서리, 귀퉁이」의 뜻에서] *n.* **1** 돌각(突角) (튀어나온 모서리) **2** (결정체·제방(堤防) 등의) 경사면, 경사 **3** ⦅철도⦆ 캔트 (커브에서 바깥쪽 레일을 높게 한 것) — *a.* Ⓐ 모서리를 자른; 경사진
— *vt.* **1** 기울이다; 뒤집다 (*over*) **2** 모서리를 자르다, 비스듬히 잘라내다 (*off*)
— *vi.* **1** 기울다, 비스듬히 자리잡다 **2** 뒤집히다 (*over*) **3** 〈배가〉 방향을 바꾸다
⁑**can't** [kænt, kɑːnt | kɑːnt] (동음어 cant) cannot의 단축형: *C*~ I go now? 이제 가도 되죠?
Can·tab [kǽntæ̀b] *n.* ⦅구어⦆ = CANTABRIGIAN
can·ta·bi·le [kɑːntɑ́ːbilèi | kæntɑ́ːbili] [It.] ⦅음악⦆ *a., ad.* 칸타빌레, 노래하는 듯한[이] — *n.* 칸타빌레 (악장); Ⓤ 칸타빌레 양식
Can·ta·brig·i·an [kæ̀ntəbrídʒiən] [Cambridge의 라틴어 형용사] *a., n.* 케임브리지 대학(의) (재학생[출신자, 관계자])
can·ta·loupe, -loup [kǽntəlòup | -lùːp] *n.* ⦅식물⦆ 멜론의 일종
can·tan·ker·ous [kæntǽŋkərəs, kən-] *a.* 심술궂은; 잘 싸우는 **~·ly** *ad.*
can·ta·ta [kəntɑ́ːtə | kæn-] [It.] *n.* ⦅음악⦆ 칸타타 (독창부·2중창부·합창부로 된 성악곡)
can·teen [kæntíːn] *n.* **1** (군대의) 반합, 수통; 휴대 식기 **2** (군부대 안의) 매점 (미군에서는 보통 PX라고 함); (공장·학교 등의) 매점
can·ter [kǽntər] *n.* ⦅승마⦆ 보통 구보 (trot보다 빠르고 gallop보다 느림)
— *vi., vt.* 보통 구보로 달리다; 〈말을〉 천천히 달리게 하다
∗**Can·ter·bur·y** [kǽntərbèri | -bəri] [OE「Kent의 도시」의 뜻에서] *n.* **캔터베리** (영국 Kent 주의 도시; 영국 국교회 총본산의 소재지)
Cánterbury Táles [The ~] 캔터베리 이야기 (14세기 Chaucer가 쓴 운문)
cánt hòok 갈고리 지레 (통나무 처리용)

can·ti·cle [kǽntikl] *n.* 성가, 찬송가 (특히 성서에 바탕을 둔); [the C~s] ⦅성서⦆ 아가(雅歌)(The Song of Solomon)
can·ti·lev·er [kǽntəlìːvər] *n.* ⦅건축⦆ 캔틸레버, 외팔보
cántilever brìdge 캔틸레버식 다리
cant·ing [kǽntiŋ] *a.* 독실한 체하는, 위선적인
can·tle [kǽntl] *n.* ⦅영⦆ 안장 꼬리 (안장 뒤쪽의 휘어 올라간 부분); 잘라 낸 조각
∗**can·to** [kǽntou] [L「노래」의 뜻에서] *n.* (*pl.* **~s**) (장시(長詩)의) **편**(篇) (소설의 chapter에 해당); ⦅속어⦆ ⦅스포츠⦆ 경기의 구분 (야구의 inning, 권투의 round 등)
∗**can·ton** [kǽntn, -tɑn | -tɔn] *n.* (스위스 연방의) **주**(州)
Can·ton [kæ̀ntɑ́n | kæ̀ntɔ́n] *n.* 광둥(廣東) (중국 동남부의 도시)
Can·ton·ese [kæ̀ntəníːz] *a.* 광둥(廣東)의; 광둥 말[사람]의 — *n.* (*pl.* ~) **1** 광둥 사람 **2** Ⓤ 광둥 말
can·ton·ment [kæntɑ́nmənt | -túːn-] *n.* [보통 *pl.*] ⦅군사⦆ 숙영(지)
can·tor [kǽntər | -tɔː] *n.* (성가대의) 선창자(先唱者); 독창자
Ca·nuck [kənʌ́k] *n., a.* ⦅미·속어⦆ 프랑스계 캐나다 사람(의), 캐나다 사람(의)
⁑**can·vas** [kǽnvəs] [동음어 canvass] [L「삼」의 뜻에서] *n.* Ⓤ **1 범포**(帆布), **즈크 2 캔버스**, 화포 **3** Ⓒ 유화(oil painting) **4** (역사·이야기의) 배경, 무대 (*of*) **5** ⦅권투⦆ 링의 바닥
on ~ (권투에서) 다운 당하여; 거의 지게 되어 ***under*** ~ 〈군대가〉 야영 중; 〈배가〉 돛을 달고
— *a.* Ⓐ 캔버스[즈크]제의
can·vas·back [kǽnvəsbæ̀k] *n.* (*pl.* **~s,** ~) ⦅조류⦆ 댕기흰죽지 (북미산 들오리)
∗**can·vass** [kǽnvəs] [동음어 canvas] *vt.* **1** 〈투표·기부 등을〉 **부탁하고 다니다**; 〈선거구 등을〉 유세하다; ⦅미⦆ 〈투표를〉 점검하다 **2 상세히 조사하다**
— *vi.* 선거 운동을 하다; 주문받으러 다니다 (*for*): ~ *for* a candidate 후보자를 위해 운동하다
— *n.* 호별 방문; 유세; 조사; 여론 조사
∗**can·yon** [kǽnjən] [Sp.] *n.* ⦅미⦆ 깊은 [큰] **협곡** (cf. GRAND CANYON)
can·zo·ne [kænzóuni] [It.「노래」의 뜻에서] *n.* (*pl.* **~s, -ni** [-niː]) 칸초네 (서정적인 이탈리아 가곡)
can·zo·net [kæ̀nzənét] [It.] *n.* 칸초네타 (가벼운 칸초네)
caou·tchouc [káutʃuk] *n.* Ⓤ 천연 고무
⁑**cap** [kæp] [L「머리」의 뜻에서] *n.* **1** (테 없는) **모자 2** (계급·직업을 나타내는) 특수한 모자; 선수모 **3 뚜껑, 캡**; 모자 모양의 것, 마개 **4** 정점, 최고(top) **5** (법이나 협정에 의한) 임금·물가 등의 최고 한도액 **6** ⦅건축⦆ 주두(柱頭); (신발의) 코 **7** ⦅수학⦆ 교집합 기호 (∩)
~ and gown 대학의 예복 ***~ in hand*** 탈모하고, 황공해 하며, 굽실거리며 ***put on*** one***'s considering***[***thinking***] ***~*** ⦅구어⦆ 숙고하다 ***set*** one***'s ~ for***[***at***] ⦅구어⦆ (여자가 남자의) 환심을 사려 하다

— *vt.* (~**ped**; ~**ping**) **1 모자를 씌우다** **2** 《스코》 학위를 주다 **3** 〈기구에〉 뚜껑 등을 덮다, 붙이다; 〈물건이〉 꼭대기[표면]를 덮다 **4** 《구어》 〈일화·인용구 등을〉 다투어 끄집어 내다 **5** 끝손질을 하다
to ~* (*it*) *all 결국에 가서는, 필경에는
cap. capacity; capital; capitalize; capsule (of heroin); captain; capital letter; *caput* 《L = chapter》
***ca·pa·bil·i·ty** [kèipəbíləti] *n.* (*pl.* **-ties**) Ⓤ **1 능력**; 재능, 수완 《*for, of*》 **2** (사물의) 특성, 성능 《*to* do》 **3** [*pl.*] 뻗어날 소질; 장래성; 〖전기〗 가능 출력
‡ca·pa·ble [kéipəbl] [L 「붙잡을 수 있는」의 뜻에서] *a.* **1 유능한**; (…에 필요한) **능력[자격]이 있는** 《*for*》 **2** Ⓟ …을 감히 할: a man ~ *of* (do*ing*) anything 무슨 짓이든 능히 할 사나이
~**·ness** *n.* **-bly** *ad.* 유능하게, 훌륭하게
***ca·pa·cious** [kəpéiʃəs] *a.* **널찍한**; 큼지막한; 용량이 큰; 포용력 있는
ca·pac·i·tance [kəpǽsətəns] *n.* Ⓤ 〖전기〗 전기 용량; Ⓒ 콘덴서
ca·pac·i·tate [kəpǽsətèit] *vt.* **1** …하는 것을 가능케 하다(enable) 《*to* do》 **2** …의 능력[자격]을 주다 《*for*》
ca·pac·i·tive [kəpǽsətiv] *a.* 〖전기〗 전기 용량의, 용량성(容量性)의
ca·pac·i·tor [kəpǽsətər] *n.* = CONDENSER
‡ca·pac·i·ty [kəpǽsəti] *n.* (*pl.* **-ties**) Ⓤ **1** (최대) **수용력[량]**, (건물·탈것 등의) 정원(定員) **2 용적**, 용량 **3 재능**, 역량 《*for*》: a man of great ~ 대 수완가 **4** Ⓒ **자격**; 입장; Ⓤ 〖법〗 법적 자격: in the ~ of a friend 친구로서 **5** (공장 등의) (최대) 생산 능력 **6** 이해력, 학습 능력 **7** 〖컴퓨터〗 기억 용량 — *a.* Ⓐ 《미》 최대한의; 꽉 찬: a ~ crowd[audience] 만원
ca·par·i·son [kəpǽrəsn] *n.* (말·무사 등의) 성장(盛裝); 호화로운 의상
— *vt.* 성장시키다
‡cape[1] [keip] [L 「머리」의 뜻에서] *n.* **1 곶**, 갑(岬) **2** [the C~] 희망봉(Cape of Good Hope) 《아프리카 최남단의 곶》
***cape**[2] [L 「후드 달린 망토」의 뜻에서] *n.* **어깨 망토**, (여성복의) 케이프
Cápe Canáveral *n.* 케이프 커내버럴 《미국 Florida 주의 곶; 케네디 우주 센터가 있음》
Cápe Cód 케이프코드 《미국 Massachusetts 주의 반도》
Cápe Hórn 케이프혼 《남미 최남단의 곶; the Horn이라고도 함》
***ca·per**[1] [kéipər] *vi.* **신나게 뛰놀다**; 희롱거리다 — *n.* **1** 신나게 뛰놀기; [종종 *pl.*] 광태(spree) **2** 《미·속어》 강도, 범죄 계획[행위]
***cut a* ~[~*s*]** 신나게 뛰어다니다, 까불어 대다
caper[2] *n.* 〖식물〗 서양풍조목 《지중해 연안산》; [*pl.*] 그 꽃봉오리의 초절임 《조미료》
Ca·per·na·um [kəpə́ːrniəm] *n.* 가버나움 《팔레스타인의 옛 도시》
cape·skin [kéipskìn] *n.* (남아프리카산) 양가죽; 양가죽 제품 《장갑·외투 등》
Cápe Tòwn, Cape·town [kéiptàun] *n.* 케이프타운 《남아프리카 공화국의 입법부 소재지》
Càpe Vérde [-və́ːrd] 카보베르데 《아프리카 서쪽의 군도로 된 공화국; 수도 Praia》
cap·ful [kǽpfùl] *n.* 모자에 가득(한 양); 산들바람
cap·il·lar·i·ty [kæ̀pəlǽrəti] *n.* Ⓤ 〖물리〗 모세관 현상; 모(세)관 인력
cap·il·lar·y [kǽpəlèri | kəpíləri] *a.* Ⓐ 털 모양의; 모세관 (현상)의: a ~ vessel 모세 혈관 — *n.* (*pl.* **-lar·ies**) 모세관
cápillary attràction 〖물리〗 모세관 인력
‡cap·i·tal[1] [kǽpətl] [동음어 capitol] *a.* **1 자본의** **2** Ⓐ **가장 중요한**; 으뜸가는(chief): a ~ city [town] 수도 **3** 최고급의, 썩 좋은 **4** 〈문자가〉 **대문자인**: a ~ letter 대문자(opp. *small letter*) **5** 〈죄가〉 사형감인: a ~ crime 죽을 죄 **6** 〈잘못 등이〉 중대한, 치명적인 (fatal): a ~ error 치명적인 과오
— *n.* **1 수도** **2 대문자** **3** Ⓤ **자본**, 자산; 자본금, 원금: pay 5% interest on ~ 원금에 대해서 5퍼센트 이자를 지불하다 **4** 힘[이익]의 원천; [종종 **C~**; 집합적] 자본가 (계급)
capital[2] *n.* 〖건축〗 기둥 머리, 주두(柱頭)
cápital accóunt 〖회계〗 자본금 계정
cápital expénditure 〖회계〗 자본 지출
cápital gáin 〖경제〗 자본 이익, 고정 자산 매각 소득
cápital góods 〖경제〗 자본재(cf. CONSUMER GOODS)
cap·i·tal-in·ten·sive [kǽpətlinténsiv] *a.* 〖경제〗 자본 집약적인(cf. LABOR-INTENSIVE)
***cap·i·tal·ism** [kǽpətəlìzm] *n.* Ⓤ **자본주의** (체제)
***cap·i·tal·ist** [kǽpətəlist] *n.* **자본가**, 자본주; 자본주의자 — *a.* = CAPITALISTIC
cap·i·tal·is·tic [kæ̀pətəlístik] *a.* 자본가[주의]의 **-ti·cal·ly** *ad.*
cap·i·tal·i·za·tion [kæ̀pətəlizéiʃən | -lai-] *n.* **1** Ⓤ 대문자 사용 **2** Ⓤ 자본화; 《미》 투자; (수익·재산의) 자본 환원
cap·i·tal·ize [kǽpətəlàiz] *vt.* **1** 대문자로 시작하다 **2** 자본화하다; 《미》 투자하다; 〈수입·재산 등을〉 자본으로 평가하다 **3** 〈사물을〉 이용하다: ~ one's opportunities 기회를 포착하다
cápital létter 대문자 (opp. *small letter*)
cápital lèvy 〖경제〗 자본 과세
cap·i·tal·ly [kǽpətəli] *ad.* **1** 멋지게, 훌륭하게 **2** 극형(極刑)으로
cápital stóck (회사가 발행한) 주식 총수; 주식 자본
cápital térritory 수도권(首都圈)
cap·i·ta·tion [kæ̀pətéiʃən] *n.* Ⓤ 사람 머릿수대로의 할당; Ⓒ 인두세(poll tax)
***Cap·i·tol** [kǽpətl] [동음어 capital] *n.* **1** [the ~] 《미》 **국회 의사당**; [보통 **c~**]

주(州)의회 의사당(statehouse) **2** [the ~] Jupiter의 신전 ((로마의 Capitoline 언덕 위에 있었음))

Cápitol Híll ((미)) **1** 국회 의사당이 있는 곳 **2** ((구어)) 미국 연방 의회

Cápitoline Híll [kǽpətəlain-] *n.* [the ~] 카피톨리누스 언덕 ((고대 로마 시대에 Jupiter 신전이 있던 곳))

ca·pit·u·late [kəpítʃulèit | -tju-] *vi.* 〖군사〗 (조건부로) 항복하다; 저항을 포기하다

ca·pit·u·la·tion [kəpìtʃuléiʃən | -tju-] *n.* **1** Ⓤ 조건부 항복 **2** 항복 문서 **3** (정치·이념 등의) 강경 노선 포기

cap'n [kæpn] *n.* ((속어)) =CAPTAIN

ca·pon [kéipɑn | -pən] *n.* (거세한) 식용 수탉

Ca·po·ne [kəpóun] *n.* 카포네 **Al ~** (1899-1947) ((미국 마피아단 두목))

cap·puc·ci·no [kæ̀pətʃíːnou, kɑ̀ːpu-] [It.] *n.* 카푸치노 ((뜨거운 에스프레소 커피(espresso coffee)에 우유를 탄 것))

Ca·pri [kɑ́ːpri, kæpríː | kǽpriː] *n.* 카프리 섬 ((이탈리아 나폴리 만의 명승지))

ca·pric·cio [kəpríːtʃiòu | -prítʃ-] [It.] *n.* (*pl.* **~s** [-z]) 〖음악〗 카프리치오, 광상곡

*__ca·price__ [kəpríːs] [L 「염소」의 뜻에서; 염소가 놀라서 갑자기 뛰기 시작하는 데서] *n.* **변덕**(whim); 제멋대로의 행동; 뜻밖의 급변

*__ca·pri·cious__ [kəpríʃəs] *a.* **변덕스러운**(fickle), 급변하는 **~·ly** *ad.* **~·ness** *n.*

Cap·ri·corn [kǽprikɔ̀ːrn] *n.* 〖천문〗 염소자리(the Goat); 〖점성〗 마갈궁(磨羯宮); 염소자리 태생인 사람

cap·ri·ole [kǽpriòul] *vi.* 도약하다; 〈말이〉 제자리에서 뛰어 오르다
— *n.* 도약; 제자리뜀

Caprí pànts 발목께가 홀쭉한 여자용 캐주얼 바지

caps. capital letters; capsule

cap·si·cum [kǽpsikəm] *n.* 〖식물〗 고추(열매)

cap·size [kǽpsaiz, ─́ | ─́] *vt., vi.* 뒤집다, 뒤집히다 **—** *n.* 전복

cáp slèeve (어깨와 팔 위를 덮는) 짧은 소매

cap·stan [kǽpstən] *n.* 캡스턴 ((닻·무거운 짐 등을 감아올리는 장치)); (테이프리코더의) 캡스턴 ((테이프를 일정 속도로 회전시키는 축))

cap·stone [kǽpstòun] *n.* 〖건축〗 (돌기둥·벽 등의) 관석(冠石), 갓돌; 절정, 정점

cap·su·lar [kǽpsələr | -sju-] *a.* 캡슐(모양)의; 캡슐에 든

cap·su·late [kǽpsəlèit | -sju-] *vt.* 캡슐에 넣다 **-lat·ed** [-lèitid] *a.*

*__cap·sule__ [kǽpsəl | -sjuːl] [L 「작은 상자」의 뜻에서] *n.* **1 캡슐**, 교갑(膠匣) **2** 〖해부〗 피막; 〖식물〗 꼬투리 **3** (우주선의) 캡슐 **4** 요약 **—** *a.* Ⓐ 소형의; 요약한
— *vt.* 캡슐에 넣다; 요약하다

capt. captain

***__cap·tain__ [kǽptin] [L 「우두머리」의 뜻에서] *n.* **1 장**(長), **우두머리**(chief); (육해군의) 지휘관, 명장, 지휘자, 지도자 **2** 육군[공군] 대위; 해군 대령 **3 선장**, 함장 **4** (팀의) **주장**, 캡틴; 반장, 단장; 급사장; ((미)) (경찰의) 경감 **5** (실업계의) 거물 **—** *vt.* …의 장이 되다, 통솔하다

cap·tion [kǽpʃən] *n.* **1** ((미)) 표제, 제목; (삽화의) 설명문, 캡션, 영화의 자막 **2** 〖법〗 (법률 문서의) 머리말
— *vt.* 〖영화〗 자막을 넣다; 제목을 붙이다; 설명문을 달다

cap·tious [kǽpʃəs] *a.* 흠잡기 잘하는; 말꼬리를 잡고 늘어지는, 짓궂은 **~·ly** *ad.*

cap·ti·vate [kǽptivèit] [L 「사로잡다」의 뜻에서] *vt.* …의 마음을 사로잡다, 호리다, 매혹하다

cap·ti·vat·ing [kǽptivèitiŋ] *a.* 매혹적인 **~·ly** *ad.*

cap·ti·va·tion [kæ̀ptivéiʃən] *n.* Ⓤ 매혹, 매력; 매혹된 상태

***__cap·tive__ [kǽptiv] [L 「사로잡다」의 뜻에서] *a.* **포로의**, 사로잡힌; 넋이 빠진: a ~ audience 싫지만 듣지 않을 수 없는 청중 ((라디오·확성기를 장치한 버스의 승객 등)) **—** *n.* **포로**, 사로잡힌 사람(opp. *captor*); (사랑 등에) 빠진 사람 ((*of*))

cáptive ballóon 계류(繫留) 기구

*__cap·tiv·i·ty__ [kæptívəti] *n.* Ⓤ **포로**(의 신세[기간])

cap·tor [kǽptər] *n.* 체포자(opp. *captive*); 획득자

***__cap·ture__ [kǽptʃər] [L 「사로잡다」의 뜻에서] *vt.* **1 붙잡다**; 포획하다; 점령하다; 〖물리〗 〈소립자를〉 포착하다 **2** 〈마음·관심을〉 사로잡다, 매료하다 **3** 〈상 등을〉 획득하다 **4** 〈사진 등으로〉 기록하다 **5** 〖컴퓨터〗 〈데이터를〉 검색하여 포착하다
— *n.* **1** Ⓤ **포획**, 생포; 점령 **2** 포획물, 노획물 **3** 〖컴퓨터〗 (데이터의) 저장

cap·u·chin [kǽpjuʃin] *n.* **1** 〖동물〗 흰목꼬리감기원숭이 **2** 후드 달린 여자용 망토 **3** [C~] 캐퓨친회의 수도사 ((프란체스코회의 한 분파))

***__car__ [kɑːr] [「네 바퀴 차」의 뜻에서] *n.* **1 차, 자동차** ((현재는 motorcar, automobile보다도 car를 쓰는 것이 일반적; 버스·트럭·택시는 car라고 하지 않음)) **2** ((영)) 특수 차량, …차; ((미)) 철도 차량, 객차, 화차 **3 시내 전차** **4** (엘리베이터의) 타는 칸; 곤돌라 ((비행선·기구 등의))
by ~ 자동차[전차]로 ***take a ~*** 자동차[전차]를 타다

car·a·bi·neer, -nier [kæ̀rəbiníər] *n.* 기총병(騎銃兵)

Ca·ra·cas [kərǽkəs, -rɑ́ːk-] *n.* 카라카스 ((Venezuela의 수도))

ca·rafe [kərǽf, -rɑ́ːf] *n.* 유리 물병 ((식탁·침실·연단용)); 포도주병 ((식탁용))

*__car·a·mel__ [kǽrəməl | -mèl] *n.* **1** Ⓤ 캐러멜, 설탕엿 **2** 캐러멜 (과자) **3** Ⓤ 캐러멜 색

car·a·mel·ize [kǽrəməlàiz, kɑ́ːrm- | kǽrə-] *vt., vi.* 캐러멜로 만들다[되다]

car·a·pace [kǽrəpèis] *n.* (거북 등의) 등딱지; (게·새우 등의) 갑각(甲殼)

*__car·at__ [kǽrət] *n.* ((영)) 캐럿(((미)) karat) ((보석의 무게 단위; 200 mg))

‡**car·a·van** [kǽrəvæ̀n] *n.* **1** (사막의) 대상(隊商); (서커스단 등의) 대형 유개 운반차 **2** 《영》 (자동차로 끄는) 트레일러, 이동 주택(《미》 trailer)
— *vt., vi.* (**~ned,** 《미》 **~ed**; **~·ning,** 《미》 **~·ing**) caravan으로 나르다[여행하다]

cáravan pàrk[sìte] 《영》 이동 주택[트레일러] 주차장

car·a·van·sa·ry [kæ̀rəvǽnsəri] *n.* (*pl.* **-ries**) 대상(隊商)의 숙사 《중앙에 넓은 뜰이 있는》; 큰 여관

car·a·van·se·rai [kæ̀rəvǽnsəràì] *n.* (*pl.* **~s**) = CARAVANSARY

car·a·vel [kǽrəvèl] *n.* 캐러벨 《16세기경 스페인 등에서 사용한 작은 범선》

car·a·way [kǽrəwèi] *n.* 〖식물〗 캐러웨이《회향풀의 일종》; [*pl.*] 그 열매(= ~ **sèeds**)

carb [kɑːrb] *n.* = CARBURETOR

car·barn [kɑ́ːrbɑ̀ːrn] *n.* 《미》 전차[버스] 차고

car·bide [kɑ́ːrbaid] *n.* 〖화학〗 **1** 카바이드, 탄화물 **2** Ⓤ 탄화칼슘(= calcium ~)

car·bine [kɑ́ːrbiːn, -bain] *n.* (옛날의) 기병총(騎兵銃); 〖미군〗 카빈총

***car·bo·hy·drate** [kɑ̀ːrbouháidreit] *n.* 〖화학〗 **탄수화물,** 함수탄소; [보통 *pl.*] 탄수화물이 많은 식품

car·bol·ic [kɑːrbɑ́lik | -bɔ́l-] *a.* 〖화학〗 콜타르성(性)의, 석탄산의

carbólic ácid 〖화학〗 석탄산

carbólic sóap 석탄산 비누 《약한 산성》

‡**car·bon** [kɑ́ːrbən] [L 「숯」의 뜻에서] *n.* **1** Ⓤ 〖화학〗 **탄소** 《기호 C, 번호 6》 **2** 〖전기〗 탄소봉 **3** ⓊⒸ 카본지

car·bo·na·ceous [kɑ̀ːrbənéiʃəs] *a.* 탄소질의

car·bon·ate [kɑ́ːrbənèit, nət] *n.* 〖화학〗 탄산염 — [-nèit] *vt.* 탄산염으로 바꾸다; 탄화하다

cárbon blàck 카본 블랙 《인쇄 잉크 원료》

cárbon cópy 1 카본지에 의한 복사 《略 c.c.》 **2** 《미·구어》 꼭 닮은 사람[것], 판박이 《*of*》

cárbon cỳcle 〖생태〗 (생물권의) 탄소 순환

car·bon-date [-dèit] *vt.* …의 연대(年代)를 방사성 탄소로 측정하다

cárbon dàting 방사성 탄소 연대 측정법

cárbon dióxide 〖화학〗 이산화탄소, 탄산가스 《기호 CO_2》

cárbon 14 [-fɔːrtíːn] 〖화학〗 탄소 14 《탄소의 방사성 동위 원소; 기호 C^{14}》

***car·bon·ic** [kɑːrbɑ́nik | -bɔ́n-] *a.* 〖화학〗 **탄소의**

Car·bon·if·er·ous [kɑ̀ːrbənífərəs] 〖지질〗 *a.* 석탄기(紀)의; [**c~**] 석탄을 산출[함유]하는 — *n.* [the ~] 석탄기[계(系)]

car·bon·i·za·tion [kɑ̀ːrbənizéiʃən | -nai-] *n.* Ⓤ 탄화; 석탄 건류(乾溜)

car·bon·ize [kɑ́ːrbənàiz] *vt.* 탄화하다; 숯으로 만들다 — *vi.* 탄화되다

cárbon monóxide 〖화학〗 일산화탄소 《기호 CO》

cárbon pàper 카본지 《복사용》

cárbon tetrachlóride 〖화학〗 4염화탄소 《드라이클리닝 약품·소화제(消火劑)》

car·boy [kɑ́ːrbɔi] *n.* 상자[채롱] 속에 든 대형 유리병 《부식성의 액체를 보관》

car·bun·cle [kɑ́ːrbʌŋkl] *n.* 〖병리〗 등창, 정(疔); 〖광물〗 홍옥; (꼭대기를 둥글게 간) 석류석

car·bu·ret [kɑ́ːrbjurèit] *vt.* 탄소와 화합시키다, 탄소화합물을 섞다

car·bu·re·tion [kɑ̀ːrbəréiʃən | -bjuréʃ-] *n.* Ⓤ 탄화(炭化), (내연 기관 등의) 기화(氣化)

car·bu·re·tor | **-ret·tor** [kɑ́ːrbərèitər | -bjurèt-] *n.* 〖기계〗 (내연 기관의) 기화기(氣化器), 카뷰레터

car·case [kɑ́ːrkəs] *n.* 《영》 = CARCASS

***car·cass** [kɑ́ːrkəs] *n.* **1** (짐승의) 시체; 《경멸》 (사람의) 시체; (살아 있는) 몸; (도살한 짐승의) 몸통 **2** 형해(形骸), 잔해(殘骸) 《*of*》 **3** (가옥·선박 등의) 뼈대

cárcass mèat 날고기 《통조림 고기가 아닌》

car·cin·o·gen [kɑːrsínədʒən] *n.* 〖병리〗 발암(發癌)(성) 물질

car·ci·no·ma [kɑ̀ːrsənóumə] *n.* (*pl.* **~s, ~·ta** [-tə]) 〖병리〗 암종(癌腫)(cancer)

cár còat 《미》 짧은 외투《운전자용》

‡**card**[1] [kɑːrd] [L 「파피루스의 한 잎」의 뜻에서] *n.* **1** **카드**; 판지; 〖컴퓨터〗 펀치 카드; **명함**; **엽서** (postcard), **인사장**; 초대장, 안내장(= invitation ~), 축하장; 입장권 **2** (카드놀이의) **카드,** 패; [*pl.*] 카드놀이 **3** 식단표, 메뉴 **4** 《구어》 (어떠한) 인물, 별난 사람 **5** (어떠한) 방책 **6** (스포츠 등의) 진행 순서, 프로
house of ~s 확실치 못한 계획, 탁상공론 ***leave*** one'***s ~*** 명함을 두고 가다 《*on*》 《정식 방문 대신에》 ***make a ~*** (카드놀이에서 한 장의 패로) 1회분의 패(trick)를 따다 ***No ~s.*** (신문의 부고 광고에서) 이로써 개별 통지에 대신함 ***on*** [***in***] ***the ~s*** 《구어》 아마도 (…인 것 같다) 《카드 점(占)에서 비롯된 말》 ***play*** one'***s best ~*** 비장의 방책을 쓰다 ***play*** [***hold, keep***] one'***s ~s close to*** one'***s*** [***the***] ***chest*** 《구어》 은밀히 행하다, 비밀로 하다 ***play*** one'***s ~s well*** [***badly***] 일을 잘[서툴게] 처리하다 ***put*** [***lay***] (***all***) one'***s ~s on the table*** 《구어》 계획을 공개하다 ***show*** one'***s ~s*** 자기 패를 내보이다, 비결을 내보이다 ***speak by the ~*** 확신을 가지고[명확하게] 말하다
— *vt.* 카드에 기입하다; 카드를 도르다; …에 카드를 붙이다; 〖골프〗 〈득점을〉 스코어 카드에 적다

card[2] *n.* (양털·삼 등을 빗는) 빗
— *vt.* 빗다, 빗질하다

Card. Cardinal

car·da·mom, -mum [kɑ́ːrdəməm] *n.* (열대 아시아산) 생강과(科) 식물의 일종; 그 열매 《약용·향료》

***card·board** [kɑ́ːrdbɔ̀ːrd] *n.* Ⓤ **판지,** 보드지, 마분지
— *a.* 판지의[같은]; 명색뿐인, 비현실적인; 평범한

C

córdboard cíty (대도시의) 노숙자 집단 지역 《판지로 만든 임시 숙소가 결집된》

card-car·ry·ing [-kæ̀riiŋ] *a.* Ⓐ 당원[회원]증을 가진, 정식의

córd càse 명함통, 카드 상자

card·er [kɑ́:rdər] *n.* 빗는 사람

córd fìle 카드식 목록[색인]

córd gàme 카드놀이

car·di·ac [kɑ́:rdiæ̀k] *a.* 〖의학〗 심장(병)의 **—** *n.* **1** 〖의학〗 강심제(cordial) **2** 심장병 환자

córdiac glýcoside 〖약학〗 강심 배당체(配糖體)

car·di·gan [kɑ́:rdigən] *n.* 카디건 《앞이 트인 털스웨터》

*__car·di·nal__ [kɑ́:rdənl] *a.* **1** 기본적인; 주요한(main) **2** 진홍색의

— *n.* **1** [**C~**] 〖가톨릭〗 **추기경** **2** Ⓤ 진홍(색) **3** 홍관조(= **~ bìrd**) **4** [*pl.*] = CARDINAL NUMBER

córdinal flòwer 〖식물〗 진홍로벨리아

córdinal númber[númeral] 기수(基數)

córdinal póints [the ~] 기본 방위 《북·남·동·서(NSEW)의 순서로 부름》

córdinal vírtues [the ~] 기본 덕목 《고대 철학에서는 justice, prudence, temperance, fortitude의 4덕목》

córd ìndex 카드식 색인

card-in·dex [kɑ́:rdìndeks] *vt.* 카드식 색인을 만들다

car·di·o·gram [kɑ́:rdiəgræ̀m] *n.* 〖의학〗 심박동 곡선

car·di·o·graph [kɑ́:rdiəgræ̀f | -grɑ̀:f] *n.* 〖의학〗 심박동 기록기

car·di·ol·o·gy [kɑ̀:rdiɑ́lədʒi | -ɔ́l-] *n.* Ⓤ 〖의학〗 심장(병)학 **-gist** *n.*

car·di·tis [kɑ:rdáitis] *n.* Ⓤ 〖병리〗 심장염

card·phone [kɑ́:rdfòun] *n.* 《영》 카드식 공중 전화 《동전 대신에 카드(phonecard)를 끼우고 통화하는》

card·play·er [-plèiər] *n.* (특히 상습적으로) 카드놀이를 하는 사람

córd pùnch 〖컴퓨터〗 카드 천공기(key punch)

córd shàrk 《미·속어》 **1** 카드놀이 명수 **2** = CARDSHARP(ER)

card·sharp(·er) [-ʃɑ̀:rp(ər)] *n.* 카드놀이 야바위꾼

córd tàble 카드놀이 탁자

córd tròy 명함 받이

córd vòte 《영》 대표자가 조합원 수만큼의 표수를 가진 일괄 투표

⁑**care** [kɛər] *n.* Ⓤ **1** 걱정, 근심; [종종 *pl.*] 걱정거리 **2** 주의, 조심 **3** 돌봄 **4** 보관 **5** Ⓒ 관심사

~ of 전교(轉交), (아무개) 씨 댁[방] 《편지 겉봉에는 보통 약어 c/o를 씀》 ***give ~ to*** …에 주의하다 ***have a ~*** = take CARE ***have the ~ of*** = take CARE of (1) ***in ~ of*** …의 보호 하에 ***take ~*** 조심하다; 처리하다 《*to do, that*》 ***take ~ of*** (1) …을 돌보다, 소중히 하다 (2) …에 대비하다; 처리하다 ***with ~*** 애써서; 조심하여, 취급 주의 《짐을 다룰 때의 주의서》

— *vi.* **1** [보통 부정·의문·조건문에서] **걱정하다, 근심하다, 마음쓰다, 관심을 가지다, 상관하다** 《*about, for*》 **2** [부정·의문·조건문에서] **좋아하다, 원하다,** 《*for, to* do》 **3** 돌보다, 보살피다, 간호하다 《*for*》

— *vt.* **걱정하다,** 신경쓰다

~ for 돌보다; [부정·의문 구문] …을 좋아하다, 바라다 He may die ***for all*** [***what***] ***I ~.*** (그가 죽든 말든) 내 알 바 아니다. ***I couldn't ~ less.*** 《구어》 난 조금도 개의치 않는다. 전혀 관심없다.

CARE [kɛər] [*C*ooperative for *A*merican *R*elief *E*verywhere] *n.* 케어, 미국 원조 물자 발송 협회

ca·reen [kərí:n] *vi., vt.* 〖항해〗 〈배가〉 기울다; (배 밑을 수리하려고) 〈배를〉 기울이다 **—** *n.* 배를 기울임

⁑**ca·reer** [kəríər] [L 「차도」의 뜻에서] *n.* **1** (전문적인) **직업** **2** **생애, 경력** **3** **출세,** 성공 **4** Ⓤ 질주

make a [one***'s***] ***~*** 출세하다

— *a.* 직업적인, 전문적인: a ~ diplomat 직업 외교관

— *vi.* 질주하다 《*about, along*》

~·ism *n.* Ⓤ 출세 제일주의 **~·ist** *n.* 출세 제일주의자

caréer gìrl[wòman] 《미》 전문 직업 여성

caréers màster 《영》 학생 진로 지도 교사

*__care·free__ [kɛ́ərfrì:] *a.* **근심[걱정]이 없는,** 태평스러운, 즐거운

⁑**care·ful** [kɛ́ərfəl] *a.* **1** 〈사람이〉 **조심성 있는,** 주의 깊은 **2** Ⓐ 〈행동 등이〉 **꼼꼼한,** 정성 들인 **3** Ⓟ 소중히 하는

⁑**care·ful·ly** [kɛ́ərfəli] *ad.* **주의하여,** 신중히; 정성들여서

*__care·ful·ness__ [kɛ́ərfəlnis] *n.* Ⓤ 조심(성), 신중, 용의주도

⁑**care·less** [kɛ́ərlis] *a.* **1** **부주의한** **2** 경솔한 **3** **무관심한,** 태평스러운, 마음 편한

*__care·less·ly__ [kɛ́ərlisli] *ad.* **부주의하게,** 경솔하게; 무심코, 태평하게

*__care·less·ness__ [kɛ́ərlisnis] *n.* Ⓤ **부주의,** 경솔; 무사태평

*__ca·ress__ [kərés] [L 「친애하는」의 뜻에서] *n.* **애무** 《키스·포옹 등》

— *vt.* **애무하다,** 껴안다

ca·ress·ing [kərésiŋ] *a.* Ⓐ 애무하는, 귀여워하는; 달래는 듯한 **~·ly** *ad.*

car·et [kǽrit] *n.* 탈자(脫字) 부호 《∧》

care·tak·er [kɛ́ərtèikər] *n.* 돌보는 사람, 관리인; 집보는 사람

care·worn [-wɔ̀:rn] *a.* 근심 걱정에 시달린[여윈]

car·fare [kɑ́:rfɛ̀ər] *n.* (전차·버스·택시) 요금

car·fax [-fæ̀ks] *n.* 《영》 (주요 도로의) 교차점, 십자로

⁑**car·go** [kɑ́:rgou] *n.* (*pl.* **~(e)s**) ⒸⓊ **뱃짐, 화물**

córgo bày (우주 왕복선의) 화물실

córgo bòat[shìp] 《영》 화물선

car·hop [kɑ́:rhɑ̀p | -hɔ̀p] *n.* 《미》 드라이브인(drive-in) 식당의 웨이터[웨이트리스]

Car·ib [kǽrib] *n.* (*pl.* **~s,** ~) [집합적] 카리브 사람 《서인도 제도의 원주민》; Ⓤ 카리브 말

Car·ib·be·an [kæ̀rəbíːən] *a.* 카리브 사람[해]의 — *n.* 카리브 사람; 카리브 해 (Caribbean Sea)

Caribbéan Séa [the ~] 카리브 해

car·i·bou [kǽrəbùː] *n.* (*pl.* **~s,** [집합적] ~) 〖동물〗 삼림순록 《북미산》

*__car·i·ca·ture__ [kǽrikətʃùər | -tjùə] *n.* 풍자 만화[문]; ⓊⒸ 만화화(化)(의 기법) — *vt.* 만화식으로 그리다, 풍자하다

car·i·ca·tur·ist [kǽrikətʃùərist] *n.* 풍자 만화가

car·ies [kέəriz, -riìːz] [L] *n.* Ⓤ 〖병리〗 카리에스, 골양(骨瘍); 충치: ~ of the teeth 충치

car·i·o·ca [kæ̀rióukə] *n.* 카리오카 《삼바 비슷한 춤》; [**C~**] Rio de Janeiro의 주민

car·i·ous [kέəriəs] *a.* 〖병리〗 카리에스에 걸린; 〈이가〉 충치의

Carl [kɑːrl] *n.* 남자 이름

car·load [kɑ́ːrlòud] **1** 화차[자동차] 한 대분의 화물 《*of*》

Car·lyle [kɑːrláil] *n.* 칼라일 **Thomas** ~ (1795-1881) 《영국의 평론가·사상가·역사가》

car·mak·er [kɑ́ːrmèikər] *n.* 자동차 제조업자

Car·mel·ite [kɑ́ːrməlàit] *n., a.* 〖가톨릭〗 카르멜회(의) (수사[수녀])

car·min·a·tive [kɑːrmínətiv] *n.* 〖약학〗 구풍제(驅風劑) — *a.* 위장 내의 가스를 배출하는

car·mine [kɑ́ːrmin, -main] *n., a.* 카민(의), 양홍색(洋紅色)(의)

car·nage [kɑ́ːrnidʒ] *n.* Ⓤ 대학살

*__car·nal__ [kɑ́ːrnl] *a.* Ⓐ **육체의**(fleshly), 육감적인(sensual); 육욕적인; 현세적인, 속세의(worldly): ~ desire [lust] 육욕, 색정(色情) **~·ly** *ad.*

cárnal abúse 〖법〗 (미성년자에 대한) 강제 외설 행위; (소녀에 대한) 강간

car·nal·ism [kɑ́ːrnəlìzm] *n.* Ⓤ 육욕[현세]주의

car·nal·i·ty [kɑːrnǽləti] *n.* Ⓤ 육욕; 음탕; 현세욕

car·nal·ize [kɑ́ːrnəlàiz] *vt., vi.* 육욕[세속]적으로 하다[되다]

‡**car·na·tion** [kɑːrnéiʃən] *n.* **1** 〖식물〗 **카네이션** **2** Ⓤ 담홍색, 분홍색(pink) — *a.* 담홍색의

*__Car·ne·gie__ [kɑ́ːrnəgi, kɑːrnéigi | kɑːnégi, -néigi] *n.* **카네기 Andrew** ~ (1835-1919) 《미국의 강철왕·자선가》: ~ Foundations 카네기 재단 / ~ Institution 카네기 인스티튜션 《카네기 학술 문화 연구 장려 기관》

Cárnegie Háll 카네기 홀 《New York 시에 있는 연주회장》

car·nel·ian [kɑːrníːljən] *n.* 〖광물〗 홍옥수(紅玉髓)

‡**car·ni·val** [kɑ́ːrnəvəl] [L 「육식을 끊기」의 뜻에서] *n.* **1 사육제**(謝肉祭), 카니발 《가톨릭교국에서 사순절(Lent) 직전 3일간의 떠들썩한 축제》 **2** 흥청망청 놀기, 광란; 축제, 제전 **3** 《미》 순회 흥행; 이동 유원지

car·ni·vore [kɑ́ːrnəvɔ̀ːr] *n.* 〖동물〗 육식 동물; 〖식물〗 식충(食蟲) 식물(cf. HERBIVORE)

car·niv·o·rous [kɑːrnívərəs] *a.* 〈동물이〉 육식성의; 〈식물이〉 식충성의; 육식 동물의

car·ny [kɑ́ːrni] *n.* (*pl.* **-nies**) 《미·속어》 **1** 순회 오락장 종사원, 순회 배우 **2** 순회 흥행(carnival)

car·ob [kǽrəb] *n.* 〖식물〗 쥐엄나무 비슷한 콩과(科)의 나무 《지중해 연안산; 열매는 사료》

‡**car·ol** [kǽrəl] [OF 「윤무(輪舞)」의 뜻에서] *n.* **1 기쁨의 노래**; (종교적) 축가, 캐럴: a Christmas ~ 크리스마스 캐럴 **2** 지저귀는 새소리

— *vi., vt.* (**~ed**; **~·ing** | **~led**; **~·ling**) **기뻐 노래하다**; 〈새가〉 지저귀다; 축가를 부르다; 캐럴을 부르며 돌아다니다

Car·ol [kǽrəl] *n.* **1** 여자 이름 **2** 남자 이름

Car·o·li·na [kæ̀rəláinə] [영국왕 Charles (1 또는 2세)의 라틴어명의 여성형에서] *n.* 캐롤라이나 《미국 대서양 연안의 두 주(州) North Carolina와 South Carolina》

Car·o·line [kǽrəlàin, -lin] *n.* 여자 이름 《애칭 Carrie》 — *a.* 영국왕 찰스 1·2세 (시대)의; Charlemagne의

Cároline Íslands [the ~] 캐롤라인 제도 《필리핀 동쪽의 서태평양 제도》

Car·o·lin·i·an [kæ̀rəlíniən] *a., n.* Carolina 주의 (주민)

car·o·tene [kǽrətìːn] [L 「당근(carrot)」의 뜻에서] *n.* ⓊⒸ 〖생화학〗 카로틴 《당근 등에 들어 있는 탄수화물》

ca·rot·id [kərɑ́tid | -rɔ́t-] *n., a.* 〖해부〗 경동맥(의)

ca·rous·al [kəráuzəl] *n.* ⓊⒸ 《문어》 흥청거림, 큰 술잔치

ca·rouse [kəráuz] 《문어》 *vi., vt.* 술을 흠씬 마시다; 술마시며 흥청거리다

~ ***it*** 흥청망청 마시다

— *n.* = CAROUSAL

car·ou·sel [kæ̀rəsél] *n.* 회전 목마; (공항에서 하물을 운반하는) 회전식 원형 컨베이어

carp[1] [kɑːrp] *vi.* 흠을 들추다, 트집잡다, 몹시 꾸짖다 《*at*》 — *n.* 불평, 투덜거림

*__carp__[2] [kɑːrp] *n.* (*pl.* [집합적] **~, ~s**) 〖어류〗 **잉어**; 잉엇과(科)의 고기

car·pal [kɑ́ːrpəl] 〖해부〗 *a.* 손목 관절의 — *n.* 손목뼈

cár pàrk 《영》 주차장(《미》 parking lot)

‡**car·pen·ter** [kɑ́ːrpəntər] [L 「마차 목수」의 뜻에서] *n.* **목수**, 대목; 〖연극〗 무대 장치인: a *~'s* shop 목공소 / the *~'s* son 나사렛 목수의 아들 《예수 그리스도》

— *vi.* 목수[목공]일을 하다

— *vt.* 목수일로 만들다

car·pen·try [kɑ́ːrpəntri] *n.* Ⓤ 목수직; 목수 일; 목공품(木工品)

C

C

car·pet [kɑ́ːrpit] [OF 「거칠고 보풀이 인 천」의 뜻에서] *n.* **1 카펫**, 양탄자, 융단; 깔개(cf. RUG) **2** (융단을 깔아놓은 듯) 온통 뒤덮힘: a ~ of flowers 양탄자를 깔아 놓은 듯한 꽃밭 **3** = CARPET BOMBING
on the ~ ⦅영·구어⦆ 심의[토의] 중; ⦅구어⦆ 〈아랫사람이〉 꾸중을 듣고 ***sweep*[*push, brush*] *... under*[*underneath, beneath*] *the ~*** ⦅구어⦆ 〈거북한 일을〉 감추다, 비밀로 하다
— *vt.* **1** 양탄자를 깔다; [보통 수동형으로] (꽃 등으로) 온통 뒤덮다 ⦅*with*⦆: ~ the stairs 계단에 양탄자를 깔다 // a garden *~ed with* flowers 꽃으로 뒤덮인 뜰 **2** ⦅영·구어⦆ 〈하인을〉 (불러) 꾸짖다
car·pet·bag [kɑ́ːrpitbæ̀g] *n.* (옛날 헌 융단천으로 만든) 여행용 손가방
car·pet·bag·ger [-bæ̀gər] *n.* carpetbag을 들고 여행하는 사람; (선거구와 연고·관계없는) 입후보자
cárpet bòmbing 〖군사〗 융단 폭격
car·pet·ing [kɑ́ːrpitiŋ] *n.* Ⓤ 양탄자[융단] 재료; [집합적] 마루깔개감
cárpet slìpper (가정용) 모직 슬리퍼
cárpet swèeper 양탄자 청소기
car·phone [kɑ́ːrfòun] *n.* 카폰 ⦅차 안에서 사용하는 무선 전화기⦆
carp·ing [kɑ́ːrpiŋ] *a.* 트집잡는, 잔소리 심한: a ~ tongue 독설
cár pòol ⦅미⦆ (자가용차의) 합승 이용 (그룹)
car·pool [kɑ́ːrpùːl] *vt.* 합승식으로 태워주다; 교대로 운전하며 가다 — *vi.* 합승 이용에 참가하다 **~·er** *n.*
car·port [-pɔ̀ːrt] *n.* (지붕만 있는) 간이 차고
car·pus [kɑ́ːrpəs] *n.* (*pl.* **-pi** [-pai]) 〖해부〗 손목(wrist); 손목뼈
car·rel(l) [kǽrəl] *n.* (도서관의) 개인용 열람석[실]
car·riage [kǽridʒ] *n.* **1 탈것**, 차; (특히) 마차 ⦅주로 4륜 자가용⦆; ⦅미⦆ 유모차 (= baby ~; ⦅영⦆ pram); ⦅영⦆ (철도) 객차 (⦅미⦆ car): a ~ and pair[four] 쌍두[4두]의 4륜 마차 **2** (기계의) 운반대(臺); (타이프라이터의) 캐리지 **3** [또는 a ~] 몸가짐, 태도(bearing) **4** [⦅미⦆ kǽriidʒ] Ⓤ 운반; 운임
cárriage fórward ⦅영⦆ 운임 수취인 지불(로)(⦅미⦆ collect)
cárriage frée ⦅영⦆ 운임 무료로
cárriage hòrse 마차 말
car·riage·way [kǽridʒwèi] *n.* ⦅영⦆ 차도, 마찻길; 차선
Car·rie [kǽri] *n.* 여자 이름 ⦅Caroline의 애칭⦆
car·ri·er [kǽriər] *n.* **1 운반인**; ⦅미⦆ 우편 집배원(= mail ~, ⦅영⦆ postman); 신문 배달원; 운송업자, 운송 회사: a common ~ 〖법〗 운송업자 ⦅철도·기선 회사를 포함⦆ **2** 운반기, 운반 설비; (자전거 등의) 짐받이 **3** 〖의학〗 전염병 매개체, 보균자, (유전자의) 보유자 **4** 항공 모함(= aircraft ~); 수송기, 운반선
cárrier bàg ⦅영⦆ = SHOPPING BAG
cárrier pìgeon 전서구(傳書鳩) ⦅통신에 이용하기 위해 훈련시킨 비둘기⦆
cárrier wàve 〖통신〗 반송파(搬送波)
car·ri·on [kǽriən] *n.* Ⓤ 썩은 고기, 죽은 짐승 고기 — *a.* Ⓐ 썩은; 썩은 고기를 먹는
cárrion cròw 〖조류〗 (썩은 고기를 먹는 유럽산) 까마귀; 검은 콘도르 ⦅미국 남부산⦆
Car·roll [kǽrəl] *n.* 캐롤 **Lewis ~** (1832-98) ⦅영국의 동화 작가·수학자⦆
car·rot [kǽrət] *n.* **1** 〖식물〗 **당근** **2** ⦅구어⦆ 설득 수단, 미끼; 상(賞) **3** [*pl.*] ⦅속어⦆ 붉은 머리털(의 사람); [**C~s**] 홍당무 ⦅별명⦆
car·rot-and-stick [kǽrətəndstík] *a.* Ⓐ 당근과 채찍[회유와 위협]의: ~ diplomacy 회유와 위협의 외교
car·rot·y [kǽrəti] *a.* 당근색의; ⦅속어⦆ 〈털이〉 붉은; 붉은 머리칼의
car·ry [kǽri] *v.* (**-ried**) *vt.* **1 나르다**, 운반[운송]하다, 들고[지고, 업고] 가다; 〈소식·이야기·소리 등을〉 **전하다**; 〈병을〉 옮기다: This elevator cannot ~ more than twelve persons. 이 엘리베이터에는 12명 이상은 탈 수 없다. **2 휴대하다**, 소유[소지]하다: He never *carries* much money *with* him. 그는 결코 큰 돈을 지니고 다니지 않는다. **3** 기억해 두다 **4** 〈무게를〉 **지탱하다**, 감당하다; 〈머리·몸 등을〉 어떤 자세로 하다: She *carried* her head *high.* 그녀는 머리를 높이 쳐들고 있었다. **5** [~ one*self* 로] **거동하다**, 처신하다 **6** 획득하다 (win); 〖군사〗 〈요새 등을〉 함락시키다; 〈청중을〉 끌다, 사로잡다, 감동시키다: The actor *carries* his audience *with* him. 그 배우는 관객을 감동시킨다. **7** [수동형으로] 〈주장을〉 관철하다, 〈동의(動議)를〉 통과시키다, 〈후보자를〉 당선시키다; 지지를 얻다: The decision *was carried* unanimously. 결의는 만장일치로 가결되었다. **8** 연장하다, 확장하다; 〈일·논의 등을〉 진행시키다: ~ the war *into* the enemy's territory 전쟁을 적의 영토까지 확대하다 **9** 〈의무·권리 등을〉 수반하다, 〈책임 등을〉 지다; 〈의미를〉 지니다; 〈이자를〉 낳다: ~ an important meaning 중요한 의미를 가지고 있다 / The loan *carries* 9% interest. 그 대부에는 9%의 이자가 붙는다. **10** ⦅미⦆ 〈신문·TV가 기사를〉 싣다, 내다, 보도하다; 팔고 있다, 팔다: The store *carries* a full line of canned goods. 그 가게에는 통조림이라면 무엇이나 다 있다. **11** 〈아이·새끼를〉 배고 있다
— *vi.* **1** (**물건을**) **나르다** **2** 〈소리·탄환 등이〉 **이르다**, 도달하다 **3** 〈법안 등이〉 통과되다 **4** 〈동물의 암컷이〉 새끼를 배고 있다
~ about (***with*** one) 지니고 다니다 ***~ all*** [***everything***] ***before*** one 파죽지세로 진격하다; 대성공을 거두다 ***~ away*** 채 가다, 가져가 버리다; 넋을 잃게 하다 ***~ back*** 되나르다; 〈…에게〉 지난 날의 일이 생각나게 하다 ***~ forward*** 〈사업 등을〉 진척시키다; 〖부기〗 (다음 페이지로) 〈금액을〉 이월하다 ***~ off*** (1) 유괴하다,

채가다; 〈상 등을〉 타다 (2)〈병이 목숨을〉 빼앗다 **~ *on*** 계속해서 하다; 〈사업 등을〉 경영하다; 바람피우다 《*with*》 **~ *out*** 수행하다, 실행하다 **~ *over*** 〖부기〗 이월하다; 연기하다 **~ *through*** 견디어[이겨] 내게 하다; 완수하다:
— *n.* (*pl.* **-ries**) **1** (총포의) 사정(射程); (골프공·총탄 등의) 비거리 **2** 《미·캐나다》 두 수로간의 육상 운반 **3** 〖미식축구〗 공을 가지고 돌진하기

car·ry·all[1] [kǽriɔ̀ːl] [carriole에서; carry all(모든 것을 나르다)의 연상에서] *n.* **1** 한 필이 끄는 마차 **2** 《미》 양쪽에 마주 앉는 좌석이 있는 버스

carryall[2] *n.* 《미》 (여행용) 즈크제 대형 백 (《영》 holdall)

car·ry·cot [-kɑ̀t | -kɔ̀t] *n.* 《영》 (아기용) 휴대 침대

cár·ry·ing capàcity [kǽriiŋ-] 적재량; (케이블의) 송전력; 〖생태〗 포화 밀도, (환경) 수용력

cárrying chàrge **1** 월부의 할증금 **2** 부동산의 계속 소유[사용]에 드는 비용 《세금·보험 등》; (상품 수송의) 제비용(諸費用)

car·ry·ing-on [kǽriiŋɑ́n | -ɔ́n] *n.* (*pl.* **car·ry·ings-**) 《구어》 시시덕거림; 떠들썩한[난잡한] 짓거리

cárrying tràde 운송업, 해운업

car·ry-on [kǽriɑ̀n | -ɔ̀n] *a.* Ⓐ 〈짐이〉 (비행기 안에) 가지고 들어갈 수 있는
— *n.* 기내 휴대 수하물

car·ry·o·ver [-òuvər] *n.* **1** 〖부기〗 이월 **2** 〖상업〗 이월 거래, 이월품, 잔품

car·sick [kɑ́ːrsìk] *a.* 차멀미하는: get ~ 차멀미하다 **~ness** *n.* 차멀미

Cár·son Cíty [kɑ́ːrsn-] 카슨 시티 《미국 Nevada 주의 주도》

‡**cart** [kɑːrt]*n.* **1** **짐수레** 《2륜 또는 4륜》 **2** (말 한 필이 끄는) 2륜 경마차 **3** 《미》 손수레 (《영》 trolley)
in the ~ 《영·속어》 곤경에 빠져 ***put* [*set*] *the ~ before the horse*** 본말(本末)을 전도하다
— *vt.* **1** 짐마차로 나르다; 〈짐 등을〉 (애써) 나르다 **2** 《구어》 〈주체스러운 것을〉 들고 다니다

cart·age [kɑ́ːrtidʒ] *n.* Ⓤ 짐마차 운반[운임]

carte blanche [kɑ́ːrt-blɑ́ːntʃ] [F= blank sheet(백지)] *n.* (*pl.* **cartes blanches** [kɑ́ːrts-]) (서명만 하고 자유로이 기입할 수 있게 한) 백지 위임장; 백지[전권] 위임: give ~ to …에게 자유재량을 주다

car·tel [kɑːrtél] [G] *n.* 〖경제〗 카르텔, 기업 연합; 〖정치〗 당파 연합

car·tel·ize [kɑːrtélaiz] *vt., vi.* 카르텔화하다[되다]

cart·er [kɑ́ːrtər] *n.* 짐마차꾼

Cart·er [kɑ́ːrtər] *n.* 카터 **James Earl ~, Jr.** (1924-) 《미국 제39대 대통령 (1977-81)》

Car·te·sian [kɑːrtíːʒən] *a.* 데카르트의
— *n.* 데카르트 학도[학파]

Car·thage [kɑ́ːrθidʒ] *n.* 카르타고 《아프리카 북부의 고대 도시 국가》

Càr·tha·gín·i·an *a., n.* 카르타고의 (사람)

cárt hòrse 짐마차 말

Car·thu·sian [kɑːrθúːʒən | -θjúːziən] *a., n.* 카르투지오 수도회의 (수도사)

car·ti·lage [kɑ́ːrtəlidʒ] *n.* ⓊⒸ 〖해부〗 연골; 연골 조직

car·ti·lag·i·nous [kɑ̀ːrtəlǽdʒənəs] *a.* 〖해부〗 연골성의; 〖동물〗 골격이 연골로 된

cart·load [kɑ́ːrtlòud] *n.* 짐(마)차 1대분의 짐 《*of*》; 대량 《*of*》

car·tog·ra·pher [kɑːrtɑ́grəfər | -tɔ́g-] *n.* 지도 제작자

car·to·graph·ic, -i·cal [kɑ̀ːrtəgrǽfik(əl)] *a.* 지도 제작(상)의

car·tog·ra·phy [kɑːrtɑ́grəfi | -tɔ́g-] *n.* Ⓤ 지도 작성(법)

car·ton [kɑ́ːrtn] [F 「종이」의 뜻에서] *n.* 판지 상자; 판지(cardboard)

***car·toon** [kɑːrtúːn] *n.* (시사) **만화**; 실물 크기의 밑그림 — *vi.* 만화를 그리다 **~·ist** *n.* 만화가

***car·tridge** [kɑ́ːrtridʒ] *n.* **1 탄약통**; 약포(藥包) a blank ~ 공포, 공탄 **2** 〖사진〗 파트로네 《필름통》; (레코드 플레이어의) 카트리지; (만년필 등의) 카트리지 《바꿔 끼우기가 간편한 작은 용기》; 〖컴퓨터〗 카트리지

cártridge bèlt 탄띠, 탄약대(帶)

cártridge chàmber (총의) 약실

cártridge pàper 약포지(藥包紙); 포장지; 도화지

***cart·wheel** [kɑ́ːrthwìːl] *n.* (달구지 등의) **수레바퀴**; 《미·속어》 대형 은화; 《속어》 옆으로 재주넘기: turn ~*s* 옆으로 재주넘다 — *vi.* 바퀴처럼 움직이다, 옆으로 재주넘다

cart·wright [-ràit] *n.* 달구지 목수

Ca·ru·so [kərúːsou] *n.* 카루소 **Enrico ~** (1873-1921) 《이탈리아의 테너 가수》

‡**carve** [kɑːrv] *vt.* **1** 〈식탁에서 고기를〉 베다; 베어 나누다 **2** 〈나무·돌 등을 어떤 모양으로〉 **새기다** 《*into*》; 새겨서 〈상을〉 만들다 《*out of, in, on*》; 조각하다 《*on, in*》: ~ marble *into* a statue 대리석으로 상을 만들다 **3** 〈운명 등을〉 개척하다; 〈지위·명성을〉 쌓아 올리다 **4** 〈강·바람 등이〉 (침식 작용으로) 지형을 깎아내다 《*out of*》 — *vi.* 고기를 베어 나누다; 조각하다
~ *out* 잘라내다, 개척하다 **~ *out*** a career ***for*** one***self*** 자력으로(출세 길)을 개척해 나가다 **~ *up*** 〈고기를〉 잘라 나누다; 〈유산·소유지 등을〉 분할하다; 〈돈·장물을〉 나누다; 《영·속어》 나이프로 찌르다

***carv·er** [kɑ́ːrvər] *n.* **조각가**; 고기 써는 사람; 고기 써는 나이프; [*pl.*] 고기 써는 큰 나이프와 큰 포크

***carv·ing** [kɑ́ːrviŋ] *n.* Ⓤ **1 조각**; **조각술**; Ⓒ 조각물 **2** 고기 베어내기[담기]

cárving fòrk (식탁용) 고기를 써는 데 쓰는 큰 포크

cárving knìfe (식탁용의) 고기 써는 큰 나이프

car·y·at·id [kæ̀riǽtid] *n.* (*pl.* **~s, -at·i·des** [-ǽtədìːz]) 〖건축〗 여인상 기둥

ca·sa·ba [kəsɑ́:bə] *n.* muskmelon의 일종

Cas·a·blan·ca [kæ̀səblǽŋkə] *n.* 카사블랑카 《모로코 북서 해안의 항구 도시》

Cas·a·no·va [kæ̀zənóuvə, -sə-] *n.* **1** 카사노바 《18세기 이탈리아의 문인, 엽색꾼》 **2** [종종 c~] 색골, 엽색꾼

*__cas·cade__ [kæskéid] *n.* **1 작은 폭포**(cf. CATARACT), 배수 도랑 **2** 폭포 모양의 레이스 장식; 〖원예〗 (화초·나무 등의) 현애(懸崖) 가꾸기 **3** Ⓒ Ⓤ 〖전기〗 (축전기의) 직렬 —*vi.* 폭포가 되어 떨어지다

Cascáde Ránge [the ~] 캐스케이드 산맥 《미국 California 주에서 캐나다의 British Columbia 주에 이름》

cas·car·a [kæskέərə | -kɑ́:rə] *n.* 〖식물〗 카스카라 《California 산 갈매나무의 일종》

‡**case**[1] [keis] *n.* **1 경우**: in such ~*s* 그런 경우에 **2** [the ~] **실정, 사실**, 진상: That's not *the* ~. 사실은 그렇지 않다. **3 사건**, 문제; **사례**: a ~ in point 적절한 사례 **4** 상태, 입장 **5** 〖법〗 판례; 소송 사건; 주장, 논거: state[make out] one's ~ 자기의 주장을 진술[설명]하다 **6** 〖의학〗 **병상**(病狀), 환자 **7** 〖문법〗 격

as is often the ~ (with) (…에) 흔히 있는 일이지만 ***as the ~ may be*** 경우에 따라서, 사정 여하에 따라서 ***~ by ~*** 한 건씩 ***get off** a person's* …을 괴롭히는[방해하는] 것을 그만두다 ***in any ~*** 하여튼, 어쨌든 ***in ~*** 만일을 생각하여: wear a raincoat *in* ~ 만일의 경우를 생각하여 비옷을 입다 ***in ~ of*** …의 경우에는(in the event of), …을 생각하여 ***in ~ (that)*** …의 경우를 생각하여, 만일 …라면 (if) ***in nine ~s out of ten*** 십중팔구 ***in no ~*** 결코 …아니다 ***in that [this] ~*** 그런[이런] 경우에는 ***in the ~ of*** …에 관해서는; …의 경우에는

‡**case**[2] [keis] [L 「상자」의 뜻에서] *n.* **1 상자**; 케이스; 통; (칼)집; 주머니; 겉포장; 테; 덮개 **2** 한 상자(의 분량); 한 조(組), 한 벌: a ~ *of* wine 포도주 한 상자 《한 다스 들이》 **3** (창·문의) 틀: a window ~ 창틀 **4** 〖인쇄〗 활자 케이스: lower[upper] ~ 소[대]문자 활자 케이스

—*vt.* **1** 케이스[상자, 칼집, 주머니]에 넣다; 싸다 《*with*》, 덮어 씌우다 《*up, over*》 **2** (미·속어) (범행 목적으로) 〈집 등을〉 미리 살펴 두다

case·book [kéisbùk] *n.* 판례집, 사례집

case·bound [-bàund] *a.* 〖제본〗 판지 표지 장정의, 하드커버의

case·hard·en [-hɑ̀:rdn] *vt.* **1** 〖야금〗 〈쇠를〉 담금질하다, 표면을 굳게 하다 **2** 철면피로 만들다, 신경을 무디게 하다

cáse hístory 사례사(事例史), 개인 기록; 병력(病歷)

ca·sein [kéisi:n | kéisiin] *n.* Ⓤ 카세인, 건락소(乾酪素)

cáse làw 〖법〗 판례법

*__case·ment__ [kéismənt] *n.* (경첩이 달린) **여닫이창**; (시어) 창문; 틀, 덮개

ca·se·ous [kéisiəs] *a.* 치즈 (모양[질])의

cáse shòt 〖군사〗 (대포의) 산탄; 유산탄

cáse stúdy 사례 연구

*__case·work__ [kéiswə̀:rk] *n.* Ⓤ **사회 복지 사업**, 케이스워크

case·work·er [-wə̀:rkər] *n.* 사회 복지 사업원, 케이스워커

‡**cash** [kæʃ] [L 「상자」의 뜻에서] *n.* Ⓤ **1 현금**; 돈 《지폐·경화의 통화》 be out of ~ 현금이 다 떨어지다 **2** (대금 지불 때의) 현찰, 수표, 즉시불, 맞돈: pay in ~ 현금으로 지불하다 / *C*~ or charge? 현금으로 지불하시겠습니까, 카드로 지불하시겠습니까? ***~ and carry*** = CASH-AND-CARRY ***~ down*** 즉시불로 ***~ on delivery*** (영) 대금 상환(代金相換) 인도((미) collect (on delivery)) 《略 C.O.D.》

—*vt.* 〈어음 등을〉 **현금으로 바꾸다**

~ in 현금으로 바꾸다; (미·속어) 죽다; (미) 청산하다, 사건의 결말을 짓다 ***~ in on*** (미) …으로 돈을 벌다; …을 이용하다 ***~ up*** (가게에서) 〈그날의 매상을〉 계산하다; (구어) 〈필요한 비용을〉 치르다, 내다

cash-and-car·ry [kǽʃəndkǽri] *a.* Ⓐ 배달 없는 현금 판매의

—*n.* 현금 판매주의 상점; Ⓤ 현금 판매주의

cásh bàr 현금 바 《결혼 피로연 등에서 유료로 술을 파는 가설 바; cf. OPEN BAR》

cash·book [kǽʃbùk] *n.* 현금 출납부

cash·box [-bɑ̀ks | -bɔ̀ks] *n.* 돈궤, 금고; [*pl.*] 부(富)

cásh càrd 캐시[현금] 카드 《cash dispenser에 집어 넣는》

cásh cróp 환금(換金) 작물, 시장용 작물

cásh dèsk (영) (상점 등의) 계산대

cásh díscount 현금 할인(액)

cásh dispènser 현금 자동 지급기

cash·ew [kǽʃu:, kəʃú:] *n.* 〖식물〗 캐슈 《서인도 제도산 옻나무과(科)》; 그 열매 (= ∠ nùt)

*__cash·ier__[1] [kæʃíər] *n.* **출납원**, 회계원; (미국 은행의) 지점장

cashier[2] *vt.* 〈군인·관리 등을〉 면직시키다, 《특히》 징계 파면하다

cashíer's chèck (은행이 자기 은행 앞으로 발행하는) 자기앞 수표

cash·mere [kǽʒmiər | kǽʃ-] *n.* **1** Ⓤ 캐시미어 천 《Kashmir 지방산》; 모조 캐시미어 《양모제》 **2** 캐시미어 숄[옷]

cásh pàyment 현금 지불

cásh prìce 현금 가격, 현금 정가

cásh règister 금전 등록기

cas·ing [kéisiŋ] *n.* **1** 포장 《상자·자루·봉투 등》; (자동차 타이어의) 케이스, 외피; (소시지의) 껍질; 포장 재료 **2** 싸개, 덮개; 틀

ca·si·no [kəsí:nou] [It. 「조그만 집」의 뜻에서] *n.* (*pl.* **~s**) 카지노 《댄스·음악 등의 오락이 있는 도박장》

*__cask__ [kæsk | kɑ:sk] *n.* (포도주 등의) **큰 통**; 한 통(의 분량) 《*of*》

*__cas·ket__ [kǽskit | kɑ́:s-] *n.* (보석·귀중품을 넣는) **작은 상자**; (미) 관(coffin)

Cás·pi·an Séa [kǽspiən-] [the ~] 카스피 해(海)

casque [kæsk] *n.* 〖역사〗 (면갑이 없는) 투구

Cas·san·dra [kəsǽndrə] *n.* 〖그리스신화〗 카산드라 《Troy의 여자 예언자》; 불행한 일의[세상에서 받아들여지지 않는] 예언자

cas·sa·va [kəsɑ́:və] *n.* 〖식물〗 카사바 《열대 지방산》; Ⓤ 카사바 녹말 《tapioca의 원료》

cas·se·role [kǽsəròul] [F] *n.* 캐서롤 《요리한 채 식탁에 놓는 냄비》; 그러한 냄비 요리; (화학 실험용) 자루 달린 냄비
— *vt.* 캐서롤로 요리하다

*__cas·sette__ [kəsét, kæ-] [F 「작은 상자」의 뜻에서] *n.* **1** (녹음[비디오] 테이프 등의) **카세트** 《녹음·녹화·재생용》; 카세트 플레이어[리코더] **2** 필름통, 파트로네

cassétte plàyer (녹음[비디오] 테이프용) 카세트 플레이어

cassétte recòrder 카세트 리코더

Cas·si·o·pe·ia [kæ̀siəpí:ə] *n.* 〖천문〗 카시오페이아자리

cas·sock [kǽsək] *n.* 일상 성직복; [the ~] 성직

cas·so·war·y [kǽsəwɛ̀əri] *n.* (*pl.* **-war·ies**) 〖조류〗 화식조(火食鳥) 《오스트레일리아·뉴기니산》

***__cast__ [kæst | kɑ:st] *v.* [동음어 caste] (**cast**) *vt.* **1** **던지다**(cf. THROW); 내던지다 《*from*》: ~ a dice 주사위를 던지다 / ~ a vote[ballot] 투표하다 **2** 〈눈·시선을〉 **던지다**, 향하다 《*at*》; 〈빛·그림자를〉 던지다 《*on*》: ~ a glance *at* … 을 흘끗 보다 **3** 〈불필요한 것을〉 **버리다**, 내던지다; 〈옷을〉 벗다, 〈뱀이〉 〈허물을〉 벗다; 〈사슴·새가〉 〈뿔·깃털을〉 갈다; 〈말이〉 〈편자를〉 빠뜨리다 **4** 〈금속을〉 **주조하다**《*into*》 **5** 〈배우에게〉 〈역을〉 **배정하다**: He was ~ *for* the part of Othello. 그는 오셀로 역을 맡았다. **6** 〈짐승이 새끼를〉 조산하다; 〈나무가〉 〈잎·열매를〉 떨어뜨리다 **7** 해고하다(dismiss); 〈수험자 등을〉 불합격시키다 **8** 〈수를〉 계산하다
— *vi.* **1** 물건을 던지다; 낚싯줄을 던지다; 투망을 던지다 **2** 주조되다
~ ***about***[***around***] ***for*** 찾아 다니다, 궁리[연구]하다 ~ ***aside*** 벗어 던지다 ~ ***a spell on*** …에(게) 마술을 걸다, …을 호리다 ~ ***away*** 없애다, 버리다, 낭비하다; [보통 수동형] 난파시키다 ~ ***down*** 〈눈을〉 내리깔다; [보통 수동형] 낙담시키다 ~ ***off*** 포기하다; 〈옷을〉 벗어 던지다 ~ ***out*** 내쫓다 ~ ***up*** 〈흙을〉 쌓아올리다; 합계하다 《지금은 add up이 일반적》
— *n.* **1** **던지기**, 던지는 거리; 운수 점치기 **2** 던져진[버림받은, 벗어버린] 것; (뱀·벌레의) 허물 **3** **주형**(鑄型); 주조물; 깁스(붕대): a plaster ~ 석고붕 **4** [집합적] 캐스트, 배역 **5**[a ~] (얼굴 생김새·성질 등의) 특색, 기질 **6** 경향, 색조 **7** 가벼운 사팔뜨기
within a stone's ~ 돌을 던져 닿을 만한 거리에

cas·ta·net [kæ̀stənét] *n.* [보통 *pl.*] 캐스터네츠

cast·a·way [kǽstəwèi | kɑ́:st-] *a.*, *n.* 버림받은 (사람·아이); 난파한 (사람); 불량한 (사람)

*__caste__ [kæst | kɑ:st] [동음어 cast] *n.* **1** **카스트**, 사성(四姓)(의 하나) 《인도의 세습 계급; 승려·귀족·평민·노예의 4계급이 있음》; Ⓤ 카스트 제도 **2** 배타적[특권] 계급; Ⓤ 폐쇄적 사회 제도
lose ~ 사회적 지위를 잃다; 위신[신망, 체면]을 잃다
— *a.* Ⓐ 카스트의

cas·tel·lat·ed [kǽstəlèitid] *a.* 〖건축〗 성(城) 모양으로 구축된; 성이 많은

cast·er [kǽstər | kɑ́:st-] *n.* **1** 던지는 사람; 계산자; 배역(配役)계 담당; 주조자, 주물공(鑄物工) **2** (피아노·의자 등의) 다리 바퀴 **3** 양념병; [*pl.*] 양념병대(臺)(cruet stand)

cas·ti·gate [kǽstəgèit] *vt.* 징계하다, 벌주다; 혹평하다; 〈문장을〉첨삭(添削)하다
-gà·tor *n.*

cas·ti·ga·tion [kæ̀stəgéiʃən] *n.* ⓊⒸ 견책; 혹평; (문장의) 첨삭

Cas·tile [kæstí:l] *n.* 카스티야 《스페인 중부의 고대 왕국》

Castíle sóap 카스티야 비누 《올리브유와 가성소다가 주원료》

Cas·til·ian [kæstíljən] *a.* Castile의
— *n.* Castile 사람; Castile 말

cast·ing [kǽstiŋ | kɑ́:st-] *n.* Ⓤ **1** 던지기; 주조(鑄造); Ⓒ 주물(鑄物) **2** 배역(配役) **3** 낚싯줄의 드리움 (방법); Ⓒ 뱀 허물, (지렁이의) 똥

cásting nèt 투망(投網)

cásting vòte[vòice] 캐스팅 보트, 결정 투표

cást íron 주철(鑄鐵), 무쇠

cast-i·ron [kǽstáiərn | kɑ́:st-] *a.* **1** 주철의 **2** 엄한; 튼튼한(hardy); 〈증거 등이〉 요지부동의

***__cas·tle__ [kǽsl | kɑ́:sl] [L 「작은 성채」의 뜻에서] *n.* **1** **성**, 성곽 **2** 대저택(mansion) **3** 〖체스〗 성장(城將)(rook)
An Englishman's house is his ~. 《속담》 영국 사람의 집은 그의 성이다. 《가정의 신성을 뜻함》 ***build ~s***[***a ~***] ***in the air***[***in Spain***] 공중누각을 짓다; 공상에 잠기다
— *vt.* **1** 성을 쌓다 **2** 〖체스〗 성장말로 〈왕을〉 지키다

cas·tled [kǽsld | kɑ́:sld] *a.* = CASTELLATED

cast·off [kǽstɔ̀:f | -ɔ̀f] *a.* Ⓐ 벗어 버린, 버림받은
— *n.* 버림받은 물건[사람]; [*pl.*] 입지 않는 헌옷

cas·tor [kǽstər | kɑ́:s-] *n.* **1** Ⓤ 비버향(香) 《약품·향수의 원료》 **2** 비버털 모자 **3** 〖동물〗 비버 (beaver), 해리(海狸)

cástor bèan 아주까리씨, 피마자

cástor óil 아주까리기름, 피마자유

cás·tor-óil plànt [kǽstərɔ́il- | kɑ́:s-] 아주까리

cástor sùgar [양념병에 담아서 치는 데서] 《영》 가루 백설탕

C

cas·trate [kǽstreit | -ˊ] *vt.* 거세하다(geld), 난소를 제거하다; 골자를 빼버리다; 삭제 정정하다
cas·tra·tion [kæstréiʃən] *n.* UC 거세; 골자를 빼기; 삭제 정정
Cas·tro [kǽstrou] *n.* 카스트로 **Fidel** ~ (1927-) 《쿠바의 혁명가·수상(1959-76) 대통령(1976-)》
*°**cas·u·al** [kǽʒuəl] [L 「일어난 일의」의 뜻에서] *a.* **1 우연의**(accidental), 뜻밖의 **2** Ⓐ **무심결의**(careless), 즉석의, 되는대로의; 《속어》 태평한: a ~ remark 무심코[되는대로]한 말 **3 무관심한 4** 〈의복 등이〉 **평상복의, 캐주얼의 5** Ⓐ 그때 그때의, 임시의; 《영》 임시 구호를 받는 **—** *n.* **1** 임시[자유, 계절] 노동자; 부랑자; [*pl.*] 임시 구호를 받는 사람들(＝**the** ~ **pòor**) **2** [*pl.*] 평상복, 캐주얼 웨어; 캐주얼 슈즈 **~·ness** *n.*
***cas·u·al·ly** [kǽʒuəli] *ad.* **우연히**, 아무 생각 없이; 무심코, 문득; 임시로; 약식으로
***cas·u·al·ty** [kǽʒuəlti] *n.* (*pl.* **-ties**) **1** [*pl.*] **사상자 2** 피해자, 희생자 **3** 불의의 재난, 상해 사고
cásualty wàrd 《영》 응급 처치실[병동]
cas·u·ist [kǽʒuist] *n.* **1** 궤변가(sophist) **2** 결의론자(決疑論者)
cas·u·is·tic, -ti·cal [kæ̀ʒuístik(əl)] *a.* 결의론적인, 궤변적인 **-ti·cal·ly** *ad.*
cas·u·ist·ry [kǽʒuistri] *n.* (*pl.* **-ries**) UC **1** 궤변 **2** 〖철학〗 결의론(決疑論)
ca·sus bel·li [ká:səs-béli:] [L = case of war] *n.* (*pl.* ~) 전쟁 원인, 개전(開戰) 이유
*°°**cat** [kæt] *n.* **1 고양이**; 〖동물〗 고양잇과(科)의 동물 《lion, tiger, lynx 등》《수코양이 **tomcat**, 암코양이는 **she-cat**, 얼룩고양이는 **tabby**, 삼색(흑·백·갈색) 얼룩고양이는 **tortoiseshell cat**; 새끼 고양이는 **kitten**이며 애칭은 **puss**, 《유아어》로는 **kitty**, **pussy**; 울음소리 야옹은 **mew** 또는 **meow**, 교미기 등에 야옹거리는 것은 **caterwaul**, 기분 좋은 듯이 목을 가르랑거리는 것은 **purr**, 성나서 으르렁거리는 것은 **spit**》 **2** 《구어》 심술궂은 여자; 잘 할퀴는 아이 **3** 《영》 = CAT-O'-NINE-TAILS **4** 《속어》 재즈 연주[애호]가; 사내, 녀석
bell the ~ 고양이 목에 방울을 달다, 자진해서 어려운 일을 떠맡다 ***let the*** ~ ***out of the bag*** 《구어》 비밀을 누설하다 ***The*** ~ ***is out of the bag.*** 비밀이 샜다. ***When the*** ~***'s away, the mice will play.*** 《속담》 호랑이 없는 골에 토끼가 왕 행세한다.
— *v.* (**~·ted**; **~·ting**) *vt.* 〖항해〗 〈닻을〉 닻걸이에 끌어올리다 **—** *vi.* 《미·속어》 〈남자가〉 여자를 낚으러 다니다 《*around*》
cat- [kæt], **cat·a-** [kǽtə] *pref.* 「아래(opp. *ana-*), 반(反), 오(誤), 측(側), 전(全)」의 뜻 《모음 앞에서는 cat-》
cat. catalog(ue)
CAT computerized axial tomography 〖의학〗 컴퓨터 X선 체축(體軸) 단층 촬영
cat·a·bol·ic [kæ̀təbálik | -bɔ́l-] *a.* 〖생물〗 이화(異化) (작용)의
ca·tab·o·lism [kətǽbəlìzm] *n.* Ⓤ 〖생물〗 이화[분해] 작용(cf. ANABOLISM)
cat·a·clysm [kǽtəklìzm] *n.* 큰 홍수; 〖지질〗 지각(地殼)의 격변; 정치적[사회적] 대변동
cat·a·clys·mic [kæ̀təklízmik] *a.* 격변하는
cat·a·comb [kǽtəkòum | -kù:m] *n.* [보통 *pl.*] 지하 묘지; [the C~s] (로마의) 카타콤 《초기 그리스도교도의 피난처가 된 지하 묘지》
cat·a·falque [kǽtəfɔ̀:*l*k | -fælk] *n.* 관대(棺臺); 덮개 없는 영구차(open hearse)
cat·a·lep·sy [kǽtəlèpsi], **cat·a·lep·sis** [kæ̀təlépsis] *n.* Ⓤ 〖병리·정신의학〗 강직증(强直症)
*°**cat·a·log** | **-logue** [kǽtəlɔ̀:g | -lɔ̀g] [Gk 「리스트」의 뜻에서] *n.* **1** 목록, 카탈로그; 일람표; 장서 목록: a card ~ index 카드 색인 목록 **2** 《미》 대학 요람(《영》 calendar)
— *vt.*, *vi.* 목록을 작성하다
-lòg(u)·er *n.* 카탈로그 편집자
ca·tal·pa [kətǽlpə] *n.* 〖식물〗 개오동나무
ca·tal·y·sis [kətǽləsis] *n.* (*pl.* **-ses** [-sì:z]) UC 〖화학〗 촉매 작용, 접촉 반응; 유인(誘因)
cat·a·lyst [kǽtəlist] *n.* 〖화학〗 촉매; 촉진제; 촉매 역할하는 사람
cat·a·lyt·ic [kæ̀təlítik] *a.* 촉매 (작용)의
catalýtic convérter 촉매 변환 장치 《자동차 배기 가스의 유해 성분 정화 장치》
catalýtic cràcker (석유의) 접촉 분해기
cat·a·lyze [kǽtəlàiz] *vt.* …에 촉매 작용을 미치다, 〈화학 반응 등을〉 촉진시키다 **—** *vi.* (촉매 작용을 받아) …로 변하다《*into*》 **-lỳz·er** *n.* = CATALYST
cat·a·ma·ran [kæ̀təmərǽn] *n.* **1** 뗏목; (선체가 둘인) 쌍동선 **2** 《구어》 바가지 긁는 여자, 심술궂은 여자
cat·a·mount [kǽtəmàunt] *n.* 〖동물〗 고양잇과(科)의 야생동물; 《특히》 퓨마(cougar), 스라소니
cat·a·moun·tain [kæ̀təmáuntən] *n.* 〖동물〗 고양잇과(科)의 야생동물; 《특히》 살쾡이(wildcat), 표범
cat-and-dog [kǽtəndɔ́:g | -dɔ́g] *a.* Ⓐ 사이가 나쁜, 견원지간의: lead a ~ life 〈부부가〉 싸움만 하며 살아가다
cat-and-mouse [kǽtənmáus] *a.* Ⓐ 끊임없이 습격의 기회를 노리고 있는
***cat·a·pult** [kǽtəpʌ̀lt] *n.* **1** 쇠뇌, 투석기; 《영》 장난감 새총(《미》 slingshot) **2** 〖항공〗 비행기 사출기(射出機) 《항공 모함에서의》; 글라이더 시주기(始走器)
— *vt.* 투석기로 쏘다; 장난감 새총으로 쏘다; 발사하다; catapult로 발진시키다
— *vi.* catapult로 발진하다; 급히 날다
***cat·a·ract** [kǽtərækt] [Gk 「내려치다」의 뜻에서] *n.* **1 큰 폭포**(cf. CASCADE); 큰비; 홍수(deluge); (강의) 분류(奔流) **2** 〖안과〗 백내장(白內障)
***ca·tarrh** [kətá:*r*] *n.* Ⓤ 〖병리〗 **카타르** 《점막의 염증》, 《특히》 코[목] 카타르; 감기
ca·tarrh·al [kətá:rəl] *a.* 카타르성의

∗**ca·tas·tro·phe** [kətǽstrəfi] [Gk 「뒤엎음」의 뜻에서] *n.* **1 대참사** **2** (희곡의) 대단원; (특히 비극의) 파국 **3** 파멸 **4** 《구어》 속수무책인 사람 **5** 〖지질〗 지각(地殼)의 격변

cat·a·stroph·ic, -i·cal [kæ̀təstrάfik-(əl) | strɔ́f-] *a.* 대변동[큰 재앙]의; 파멸적인, 비극적인, 끝장의 **-i·cal·ly** *ad.*

Ca·taw·ba [kətɔ́:bə] *n.* 카토바 포도; Ⓤ 카토바 백포도주 《북미 Catawba 강 부근산》

cat·bird [kǽtbə̀:rd] *n.* 〖조류〗 개똥지빠귀의 일종 《북미산; 고양이 울음 소리를 냄》

cátbird sèat 《구어》 유리한 입장[조건]

cat·boat [-bòut] *n.* 외대박이 작은 배

cát bùrglar 《영·구어》 (창문 등으로 침입하는) 밤도둑

cat·call [-kɔ̀:l] *n.* (집회·극장 등에서의) 고양이 울음 소리 같은 야유, 날카로운 휘파람 **—** *vi.*, *vt.* 야유하다, 놀리다 **~·er** *n.*

⁑**catch** [kætʃ] *v.* (**caught** [kɔ:t]) *vt.* **1 붙들다,** (붙)잡다, (힘껏) 쥐다; (덫으로) 잡다: He *caught* me *by* the hand. 그는 내 손을 잡았다. **2** 〈공 등을〉 **받다,** 잡다, 받아내다 **3** 〈…하고 있는 것을〉 **발견하다,** 현장을 목격하다; 〈거짓말 등을〉 간파하다: *C~* me (doing it)! 《구어》 그런 짓을 누가 할까봐! **4** 〈옷을〉 **걸다,** 얽다, 걸리다: She *caught* her sweater *on* a nail. 그녀의 스웨터가 못에 걸렸다. **5** 〈병에〉 **걸리다,** 감염되다; 〈불이〉 **붙다,** 옮겨 붙다; 〈버릇이 몸에〉 배다; 감화되다: ~ (a) cold 감기 들다 **6** [보통 수동형] 〈폭풍우 등이〉 엄습하다; 급습하다 《*in*, *by*》: We were *caught in* a shower. 우리는 소나기를 만났다. **7** 〈낙하물·타격 등이 …에〉 **맞다,** 〈사람의 …을〉 **치다** **8** 〈기차 등을〉 (제 시간에) **잡아타다,** 시간에 대다; 〈추적자가〉 따라잡다 (opp. *miss*, *lose*): ~ the train [bus, plane] 기차[버스, 비행기] 시간에 대다, 기차[버스, 비행기]를 잡아타다 **9** …의 주의를 끌다, 〈마음·눈길 등을〉 끌다 **10 이해하다**

— *vi.* **1 붙들려고 하다** 《*at*》; 선뜻 받아들이다 《*at*》 **2** 〈자물쇠·빗장 등이〉 걸리다, 얽히다; 〈목소리가〉 메이다: His voice *caught*. 그의 음성이 메었다. **3** 〈물건이〉 불붙다, 발화하다; 〈엔진이〉 시동되다; 퍼지다; 〈병이〉 전염[감염]되다: This firewood *~es* easily. 이 장작은 불이 잘 붙는다. **4** 〖야구〗 포수 노릇을 하다

*~ **hold of*** …을 잡다, 붙잡다 *~ **it*** 《구어》 꾸지람 듣다, 벌받다 *~ **on*** 인기를 얻다, 유행하다; 뜻을 깨닫다, 이해하다 《*to*》; 터득하다 *~ one's **breath*** 헐떡이다; 숨을 죽이다 *~ one's **death of cold*** 《구어》 독한 감기에 걸리다 *~ **out*** 〖야구〗 공을 받아 〈타자를〉 아웃시키다; 〈남의 못을〉 발견하다, 간파하다 *~ **up*** 따라가다 《*on*, *to*, *with*》; 〈상대를〉 비평이나 질문으로 방해하다; 급히 집어 올리다; 이해하다 *~ **up on*** (일·공부 등의) 뒤진 진도를 만회하다 *~ **up with*** 따라잡다, 뒤지지 않고 따라가다; (범인 등을) 체포하다

— *n.* **1 잡기,** 포착; 〖야구·크리켓〗 **포구**(捕球); 캐치볼(놀이); 포수(catcher) **2 잡은 것**; 어획고 **3** 《구어》 얻고 싶은 것[사람], 인기거리: a good ~ 좋은 결혼 상대자 《등》 **4** 문고리, 손잡이 **5** (숨·목소리의) 막힘, 메임, 끊김; (기계 장치의) 정지, 중단 **6** 〖음악〗 윤창(輪唱); 단편(fragment): *~es* of a song 노래의 군데군데 **7** 《구어》 (사람을 걸리게 하는) 함정, 책략 **—** *a.* Ⓐ 사람을 속이는, 함정이 있는; 주의를 끄는[환기시키는]

catch·all [kǽtʃɔ̀:l] *n.* 잡동사니를 넣는 자루[그릇, 광], 잡낭; 포괄적인 것 **—** *a.* Ⓐ 온갖 것을 넣는; 다목적용의

catch-as-catch-can [-əzkæ̀tʃkǽn] *n.* Ⓤ 자유형 레슬링 **—** *a.*, *ad.* Ⓐ 《구어》 수단을 가리지 않는[않고], 닥치는[되는] 대로(의), 계획성 없는[없이]

cátch cròp 〖농업〗 간작(間作) 작물

⁑**catch·er** [kǽtʃər] *n.* **잡는 사람**[**물건**]; 〖야구〗 **포수,** 캐처; (고래잡이의) 캐처보트

catch·fly [kǽtʃflài] *n.* (*pl.* **-flies**) 〖식물〗 끈끈이대나물

catch·ing [kǽtʃiŋ] *a.* 전염성의; 매력 있는

catch·ment [kǽtʃmənt] *n.* Ⓤ 집수(集水); 집수 지역; Ⓒ 저수량

cátchment àrea 《영》 (강·못의) 배수(背水) 지역; (학교·병원·관청 등의) 담당[관할] 구역

catch·pen·ny [-pèni] *a.* Ⓐ 싸구려의, 싸고 겉만 번지르르한 **—** *n.* (*pl.* **-nies**) 싸고 겉만 번지르르한 물건

cátch phràse 이목을 끄는 기발한 문구, (짧은) 유행어; 캐치프레이즈, 표어

Catch-22 [-twèntitú:] [미국의 작가 J. Heller의 작품 제목에서] *n.* [때로 **c~**] 《미·구어》 (모순된 규칙[상황]에) 꼭 묶인 상태); 딜레마, 곤경

catch-up [-ʌ̀p] *n.* 격차 해소, 만회하기

catch·up [kétʃʌp, kǽtʃ-] *n.* = KETCHUP

catch·weight [kǽtʃwèit] *a.*, *n.* 〖스포츠〗 무제한급의 (체중)

catch·word [-wə̀:rd] *n.* **1** 표어, 유행어(slogan) **2** (사전 등의) 난외(欄外) 표제어 **3** 다음 배우가 이어받도록 넘겨주는 대사

catch·y [kǽtʃi] *a.* (**catch·i·er**; **-i·est**) 《구어》 **1** 인기를 얻기 쉬운; 〈곡조가〉 재미있어 외기 쉬운 **2** 〈질문 등이〉 틀리기 쉬운 **3** 단속적인, 변덕스러운

cat·e·chet·i·cal, chet·ic [kæ̀təkétik-(əl)] *a.* (교수법이) 문답식의; 〖그리스도교〗 교리 문답의

cat·e·chism [kǽtəkìzm] *n.* **1** 〖그리스도교〗 **a** Ⓤ 교리 문답, 성공회 문답 **b** Ⓒ 교리 문답서, 문답식 교과서 **2** Ⓤ 문답식 교수법

cat·e·chist [kǽtəkist] *n.* 〖그리스도교〗 교리 문답 교사, 전도사

cat·e·chize [kǽtəkàiz] *vt.* 문답식으로 가르치다; 시험하여 물어보다 **-chìz·er** *n.* = CATECHIST

cat·e·chu·men [kæ̀təkjú:mən | -men] *n.* 〖그리스도교〗 교리 문답 수강자, 구도자; 입문자, 초심자

C

cat·e·gor·i·cal, -ic [kæ̀təgɔ́:rik(ə)l | -gɔ́r-] *a.* **1** 절대적인, 단정적인; 〚논리·윤리〛 단언적인(opp. *hypothetical*) **2** 범주(範疇)에 속하는, 분류별의

cat·e·gor·i·cal·ly [kæ̀təgɔ́:rikəli | -gɔ́r-] *ad.* 절대적으로, 단언적으로, 명확히

cat·e·go·rize [kǽtigəràiz] *vt.* 분류하다, 유별(類別)하다

*__cat·e·go·ry__ [kǽtəgɔ̀:ri | -gə-] [Gk 「비난, 주장」의 뜻에서] *n.* (*pl.* **-ries**) **1** 〚논리·언어〛 **범주**, 카테고리 **2 부문**, 구분, 종류

cat·e·nar·y [kǽtənèri | kətí:nəri] *n.*, *a.* 쇠사슬 모양(의); 〚수학〛 현수선(懸垂線)(의)

cat·e·nate [kǽtənèit] *vt.* 사슬로 잇다; (술술 내리) 외다

cat·e·na·tion [kæ̀tənéiʃən] *n.* Ⓤ 연쇄

*__ca·ter__ [kéitər] *vi.* 〈연회 등에〉 **음식물을 조달하다** 《*for*》; 요구를 채우다; 비위를 맞추다; 〈오락을〉 제공하다 《*for*, *to*》 — *vt.* 음식과 서비스를 제공하다

cat·er-cor·ner(ed) [kǽtikɔ̀:rnər(d) | -kɔ́:-] *a.*, *ad.* 대각선상의[에]

ca·ter·er [kéitərər] *n.* 요리 조달자; (여흥 등의) 제공자

‡**cat·er·pil·lar** [kǽtərpìlər] [OF 「털 많은 고양이」의 뜻에서] *n.* **1 모충**(毛蟲), 쐐기벌레 《송충이 등 나비·나방의 유충》 **2** [**C~**] 무한궤도식 트랙터 《상표명》

cat·er·waul [kǽtərwɔ̀:l] *vi.* (교미기의) 〈고양이가〉 야옹야옹 울다; (고양이처럼) 서로 아옹거리다 — *n.* 야옹야옹 우는 소리; 아옹거림

cat·fish [-fìʃ] *n.* (*pl.* **~, ~·es**) 〚어류〛 메기

cat·gut [-gʌ̀t] *n.* 장선(腸線), 거트 《현악기·테니스 라켓의 줄 등에 씀》

cath. cathedral

Cath. Catherine; Cathedral; Catholic

ca·thar·sis [kəθɑ́:rsis] [Gk 「정화, 배설」의 뜻에서] *n.* (*pl.* **-ses** [-si:z]) Ⓤ Ⓒ 〚의학〛 (하제에 의한) 배변(排便); 〚철학·미학〛 카타르시스 《인위적 경험(특히 비극)에 의한 감정의 정화(淨化)》; 〚정신의학〛 (정신 요법의) 카타르시스, 정화법; 정화

ca·thar·tic [kəθɑ́:rtik] *a.* 배변의, 변이 통하는, 하제의; 카타르시스의 — *n.* 하제

Ca·thay [kæθéi] *n.* 《고어·시어》 = CHINA

cat·head [kǽthèd] *n.* 〚항해〛 닻걸이 《이물 양쪽의》

ca·the·dra [kəθí:drə, kǽθə-] *n.* (*pl.* **-drae** [-dri:]) **1** 주교좌 **2** 권좌; (대학 교수 등의) 지위, 강좌

‡**ca·the·dral** [kəθí:drəl] [L 「주교좌의 (성당)」의 뜻에서] *n.* **1** 〚가톨릭·영국국교〛 **대성당**, 주교좌 성당 《bishop의 자리가 있으며, 따라서 교구(diocese)의 중앙 성당》 **2** 큰 교회당 — *a.* Ⓐ 주교좌를 가진; 대성당이 있는

Cath·er·ine [kǽθərin] *n.* 여자 이름 《애칭 Cathy, Kate, Kitty》

Cátherine whèel 회전 불꽃, 쥐불놀이

cath·e·ter [kǽθətər] *n.* 〚의학〛 카테터; 도뇨관(導尿管)

cath·ode [kǽθoud] *n.* **1** 〚전자〛 음극 《전자관·전해조의》(opp. *anode*) **2** (축전지 등의) 양극

cáthode ràỳ 〚전자〛 음극선

cáth·ode-ray tùbe [kǽθoudrèi-] 음극선관, (텔레비전 등의) 브라운관 《略 CRT》

‡**Cath·o·lic** [kǽθəlik] [Gk 「전체의, 보편적인」의 뜻에서] *a.* **1 a** (로마) **가톨릭 교회의**, 구교의, 천주교의 **b** 서방 교회(Western Church)의 — *n.* 로마 가톨릭교도, 천주교도(Roman Catholic)

ca·thol·i·cal·ly [kəθɑ́likəli | -θɔ́l-] *ad.* 보편적으로, 널리; 가톨릭교적으로

Cátholic Chúrch [the ~] (로마) 가톨릭 교회, 천주교회

Cátholic Epístles [the ~] (신약 성서 중의) 공동 서한 《James, Peter, Jude 및 John이 일반 신자에게 보낸 7교서》

‡**Ca·thol·i·cism** [kəθɑ́ləsìzm | -θɔ́l-] *n.* Ⓤ **가톨릭교**, 천주교(의 신봉); 가톨릭교 신앙[교리], 가톨릭주의

cath·o·lic·i·ty [kæ̀θəlísəti] *n.* Ⓤ **1** 보편성, 포용성; 마음의 너그러움 **2** [**C~**] 가톨릭교 교리(Catholicism); 천주교 신앙

ca·thol·i·cize [kəθɑ́ləsàiz | -θɔ́l-] *vt.*, *vi.* 일반적으로 하다[되다]; [**C~**] 가톨릭교도로 만들다[가 되다]

cat·house [kǽthàus] *n.* 간이 숙박소, 매음굴

Cath·y [kǽθi] *n.* 여자 이름 《Catherine의 애칭》

cat·i·on [kǽtàiən] *n.* 〚화학〛 양(陽)이온; 양(陽)원자(군)(opp. *anion*)

cat·kin [kǽtkin] *n.* 〚식물〛 (버드나무·밤나무 등의) 유제(葇荑) 꽃차례

cat·like [kǽtlàik] *a.* 고양이 같은; 날랜, 발소리 없이 다니는

cat·mint [-mìnt] *n.* 《영》 = CATNIP

cat·nap [-næ̀p] *n.* 선잠(doze) — *vi.* (**~ped**; **~·ping**) 선잠 자다

cat·nip [-nìp] *n.* 《미》 〚식물〛 개박하

cat-o'-nine-tails [kæ̀tənáintèilz] [「아홉 꼬리의 고양이」의 뜻; 채찍 자국이 고양이가 할퀸 상처와 비슷한 데서] *n.* (*pl.* ~) 9개의 끈을 단 채찍 《형벌용》

CÁT scàn [kǽt-] [*c*omputerized *a*xial *t*omography] 〚의학〛 (CAT scanner에 의한) 컴퓨터 X선 체축(體軸) 단층 사진

CÁT scànner 〚의학〛 컴퓨터 X선 체축 단층 촬영 장치

cát's crádle [kǽts-] 실뜨기(놀이)

cat's-eye [-ài] *n.* 〚광물〛 묘안석(猫眼石); (도로의) 야간 반사 장치

Cáts·kill Móuntains [kǽtskil-] [the ~] 미국 New York 주 동부의 산맥(the Catskills)

cat's-paw [-pɔ̀:] *n.* **1** 앞잡이, 끄나풀: make a ~ of …을 앞잡이로 쓰다 **2** 〚항해〛 미풍 《잔물결을 일으킬 정도》

cat·suit [kǽtsù:t | -sjù:t] *n.* 점프 슈트 《우주복처럼 위아래가 연결된 옷》

cat·sup [kétʃəp, kǽtsəp] *n.* = KETCHUP
cat·tail [kǽttèil] *n.* 〖식물〗 부들; 부들개지
cat·tish [kǽtiʃ] *a.* 고양이 같은; 교활한(sly), 음흉한
***cat·tle** [kǽtl] [L 「재산」의 뜻에서] *n.* [집합적; 복수 취급] **1** 소, 축우(畜牛)(⇨ cow¹) **2** 《고어》 가축(livestock) **3** 《경멸》 짐승 같은 놈들
cáttle càke 《영》 가축용 고형(固形) 사료
cat·tle·man [-mən] *n.* (*pl.* **-men** [-mən]) 《영》 목부, 소몰이; 《미》 (육우 사육) 목장주
catt·ley·a [kǽtliə] [인명에서] *n.* 〖식물〗 카틀레야 《양란(洋蘭)의 일종》
cat·ty [kǽti] *a.* (**-ti·er**; **-ti·est**) = CATTISH; 《미·구어》 심술 사납게 남의 말 하는: a ~ woman (헐뜯기 잘하는) 심술궂은 여자
CATV cable television 유선 텔레비전; community antenna television 공동 시청 안테나 텔레비전
cat·walk [kǽtwɔ̀:k] *n.* (항공기 안이나 다리 한 쪽에 마련된) 좁은 통로; (패션쇼의) 객석에 돌출한 좁다란 무대
Cau·ca·sia [kɔ:kéiʒə, -ʃə | -zjə] *n.* 코카서스 《흑해와 카스피해 사이에 있는 구소련의 일부》
Cau·ca·sian [kɔ:kéiʒən, -ʃən | -zjən] *a.* 코카서스 지방[산맥]의; 코카서스 사람의, 백색 인종의, 코카서스 언어의 — *n.* 코카서스 사람, 백인; Ⓤ 코카서스 언어
*__Cau·ca·sus__ [kɔ́:kəsəs] *n.* [the ~] **코카서스 산맥**; = CAUCASIA
cau·cus [kɔ́:kəs] [인디언어 「장로」의 뜻에서] *n.* **1** 《미》 (정당 등의) 간부 회의 **2** 《영·경멸》 지방 정치 간부 회의 — *vi.*, *vt.* 간부제로 하다; 《미》 간부 회의를 열다
cau·dal [kɔ́:dl] *a.* 〖해부·동물〗 꼬리의; 꼬리 모양의; 꼬리쪽의[에 있는]
cau·date, -dat·ed [kɔ́:deit(id)] *a.* 꼬리가 있는; 꼬리 모양의 부속 기관을 가진
cau·dle [kɔ́:dl] *n.* 죽에 달걀·향신료를 넣은 따뜻한 자양 유동식 《산모·환자용》
***caught** [kɔ:t] *v.* CATCH의 과거·과거분사
caul [kɔ:l] *n.* 〖해부〗 대망막(大網膜) 《태아가 종종 머리에 뒤집어 쓰고 나오는 엷은 막》
caul·dron [kɔ́:ldrən] *n.* = CALDRON
*__cau·li·flow·er__ [kɔ́:liflàuər | kɔ́li-] [L 「양배추꽃」의 뜻에서] *n.* ⒸⓊ **콜리플라워, 꽃양배추**
cáuliflower éar (권투 선수 등의) 찌그러진 귀
caulk [kɔ:k] *vt.* **1** 〈선체의〉 틈에 뱃밥 등을 채우다[채워 물이 새지 않게 하다] **2** 〈창틀·파이프 등의〉 틈[균열]을 막다
caus·al [kɔ́:zəl] *a.* **1** 원인의; 원인이 되는, 인과 관계의 **2** [논리·문법] 원인을 나타내는 **~·ly** *ad.* 원인이 되어
cau·sal·i·ty [kɔ:zǽləti] *n.* (*pl.* **-ties**) ⓊⒸ 인과 관계, 인과율; 작인(作因)
cau·sa·tion [kɔ:zéiʃən] *n.* Ⓤ 원인 (작용); 인과 관계

caus·a·tive [kɔ́:zətiv] *a.* 원인이 되는, …을 야기시키는; 〖문법〗 원인 표시의, 사역적인 — *n.* 〖문법〗 사역 동사 **~·ly** *ad.* 원인으로서, 사역적으로
***cause** [kɔ:z] *n.* **1** ⓊⒸ **원인**(opp. *effect*): ~ and effect 원인과 결과, 인과 **2** ⓊⒸ **이유**(reason); 근거 《*for*》, 정당한[충분한] 이유 **3 주의,** 주장, …운동 《*of*》: the temperance ~ 금주 운동 **4** ⓊⒸ 〖법〗 소송 (사건)
~ of action 〖법〗 소송 사유[원인] ***in the ~ of*** justice (정의)를 위하여 〈싸우다 등〉 ***make common ~ with*** …와 제휴하다, 공동 전선을 펴다 《*against*》 ***with***[***without***] ***~*** 이유가 있어서[없이]
— *vt.* **1** …**의 원인이 되다**; 일으키다 **2** …으로 하여금 …하게 하다 **3** 〈…에게 근심 등을〉 끼치다
'cause [kɔ:z, kʌz | kɔz] *conj.* 《구어》 = BECAUSE
cause cé·lè·bre [kɔ́:z-selébrə] [F = celebrated case] *n.* (*pl.* **causes cé·lè·bres** [-z, kɔ́:ziz-selébrə]) 유명한 재판 사건; 큰 반향을 일으키는 나쁜 사건
cause·less [kɔ́:zlis] *a.* 원인[이유] 없는
cau·se·rie [kòuzərí: | ∠−−] [F] *n.* (*pl.* **~s** [-z]) 수다, 잡담; (신문·잡지의) 수필, 《특히》 문예 한담
cause·way [kɔ́:zwèi], **cau·sey** [kɔ́:zi] *n.* **1** (습지에 흙을 쌓아 올린) 둑길 **2** 포장도로, 큰길
caus·tic [kɔ́:stik] *n.* ⓊⒸ 〖화학〗 부식제(腐蝕劑), 소작제(燒灼劑)
— *a.* **1** Ⓐ 부식성의, 소작성의, 가성(苛性)의 **2** 통렬한, 신랄한 **-ti·cal·ly** *ad.*
cau·ter·i·za·tion [kɔ̀:tərizéiʃən | -rai-] *n.* Ⓤ 〖의학〗 소작(燒灼), 부식(腐蝕); 뜸질
cau·ter·ize [kɔ́:təràiz] *vt.* 부식하다; 소작하다, 뜸을 뜨다
cau·ter·y [kɔ́:təri] *n.* (*pl.* **-ter·ies**) Ⓤ 〖의학〗 소작(법); 뜸술; Ⓒ 소작제
***cau·tion** [kɔ́:ʃən] [L 「주의, 경계」의 뜻에서] *n.* **1** Ⓤ **조심, 신중 2** ⓊⒸ **훈계, 경고 3** 《구어》 경계를 요하는 사물[사람]
— *vt.* …**에게 경고하다,** 주의시키다 (warn) 《*against*》: He was *~ed against* being late. = He was *~ed* not *to* be late. 그는 지각하지 말라고 주의를 받았다.
cau·tion·ar·y [kɔ́:ʃənèri | -ʃənəri] *a.* Ⓐ 경계의, 훈계의
***cau·tious** [kɔ́:ʃəs] *a.* **1 조심성 있는,** 신중한, 세심한 **2** Ⓟ …에 주의하여; [보통 부정어와 함께] (하지 않도록) 주의하여 **~·ly** *ad.* **~·ness** *n.*
cav. cavalier; cavalry
cav·al·cade [kæ̀vəlkéid] *n.* 기마대; 자동차[기마, 마차] 행진; 화려한 행렬, 퍼레이드; 사건의 진전; 별의 운행
*__cav·a·lier__ [kæ̀vəlíər] [L 「기사」의 뜻에서] *n.* **1 기사도 정신의 소유자**; (여성에게) 예의 바른 사내 **2** 《고어》 기사(knight) **3** [**C~**] 〖영국사〗 왕당원 《17세기 Charles 1세 시대의》(cf. ROUNDHEAD) — *a.* Ⓐ **1** 기사다운[인 체하는] **2** 호탕한, 무관심한 **3** 거만한(arrogant)

C

cav·a·lier·ly [kæ̀vəlíərli] *a.* = CAVALIER **—** *ad.* 기사답게, 거만하게

*__cav·al·ry__ [kǽvəlri] [L 「말(horse)」의 뜻에서] *n.* (*pl.* **-ries**) **기병**(대); 《미》 기갑 부대: heavy[light] ~ 중[경]기병

cav·al·ry·man [kǽvəlrimən] *n.* (*pl.* **-men** [-mən]) 기병

cav·a·ti·na [kæ̀vətíːnə] [It.] *n.* (*pl.* **-ne** [-nei] 〖음악〗 카바티나 《짧은 영창곡》

‡**cave** [keiv] [L 「우묵한」의 뜻에서] *n.* **1 동굴**, 굴; 종유[석회]동 **2** (땅의) 함몰 **—** *vt.* **1** 동굴로 만들다 **2** 〈벽·모자 등을〉 움푹 들어가게 하다; 〈지반을〉 함몰시키다 《*in*》 **—** *vi.* **1** 꺼지다, 함몰하다 《*in*》 **2** 《구어》 (반항을 그만두고) 굴복하다 (submit) 《*in*》 **3** 《구어》 〈회사가〉 파산하다 **4** 동굴 탐험을 하다

ca·ve·at [kéiviæ̀t] *n.* **1** 경고 **2** 〖법〗 소송 절차 보류 통고

cáveat émp·tor [-émptɔːr] [L = let the buyer beware] *n.* 〖상업〗 매입자의 위험 부담

cáve dwèller **1** = CAVEMAN 1 **2** 《구어》 (도시의) 아파트 거주자

cave-in [kéivìn] *n.* **1** (광산의) 낙반, 함몰(장소) **2** 굴복; 실패 **3** 쇠약

cave·man [kéivmæ̀n] *n.* (*pl.* **-men** [-mèn]) **1** 혈거인(cave dweller) **2** 《구어》 (여성에 대해) 난폭한 사람

*__cav·ern__ [kǽvərn] *n.* (큰) **동굴**

cav·ern·ous [kǽvərnəs] *a.* 동굴 같은; 동굴이 많은; 〈눈·볼 등이〉 움푹한; 〈소리가〉 동굴에서 나오는 듯한

cav·i·ar(e) [kǽviὰːr] *n.* Ⓤ 캐비아 《철갑상어(sturgeon)의 알젓》; 진미
~ ***to the general*** 보통 사람은 그 가치를 모르는 일품(逸品), 돼지에 진주

cav·il [kǽvəl] *v.* (**~ed**; **~·ing** | **~led**; **~·ling**) *vi.* 덮어놓고 이의를 내세우다, 흠잡다, 트집잡다 《*at, about*》
— *n.* ⓊⒸ 트집잡기

*__cav·i·ty__ [kǽvəti] [cave¹의 라틴어 명사형에서] *n.* (*pl.* **-ties**) **공동**(空洞), 움푹한 곳; 〖해부〗 (신체의) 강(腔); 충치(의 구멍): the mouth[oral] ~ 구강

ca·vort [kəvɔ́ːrt] *vi.* 〈말이〉 뛰어다니다 (caper about); 《구어》 〈사람이〉 신나게 뛰놀다

ca·vy [kéivi] *n.* (*pl.* **-vies**) 〖동물〗 기니피그

caw [kɔː] [의성어] *vi.* 〈까마귀가〉 까악까악 울다 **—** *n.* 까악까악 《까마귀의 울음소리》

Cax·ton [kǽkstən] *n.* 캑스턴 **William** ~ (1422?-91) 《영국 최초의 인쇄업자》

cay [kiː, kei] *n.* 암초, 작은 섬

cay·enne [kaién | kei-] *n.* 〖식물〗 고추(red pepper); 그 열매; Ⓤ 고춧가루 (= ∠ **pépper**)

cb 〖기상〗 centibar

Cb 〖화학〗 columbium; 〖기상〗 cumulonimbus

CB cashbook; citizens' band 《미》 〖통신〗 시민 밴드 《개인용 무선 통신에 개방되어 있는 주파수대》; 《영》 Companion of the Bath 바스 훈작사; confined to barracks 〖군사〗 외출 금지

CBC Canadian Broadcasting Corporation 캐나다 방송 협회

CBE Commander of (the Order of) the British Empire 영국 왕실 서훈

CBS 《미》 Columbia Broadcasting System

cc chapters

c.c. carbon copy

CC Circuit Court; County Council(lor)

C clèf 〖음악〗 다 음자리표 《가 온음자리표》

CCTV closed-circuit television

CCU 〖컴퓨터〗 communication control unit 통신 제어 장치

Cd 〖화학〗 cadmium

*__CD__ [*c*ompact *d*isc] *n.* (*pl.* **~s, ~'s**) 시디, 콤팩트 디스크

CD certificate of deposit; cash dispenser; Civil Defense 민방위

cd. cord(s)

CD plàyer 시디 플레이어 (compact disc player)

CDR, Cdr. Commander

CD-ROM [síːdìːrάm | -rɔ́m] [*c*ompact *d*isc *r*ead-*o*nly *m*emory] *n.* 〖컴퓨터〗 시디롬 《많은 양의 디지털화(化)한 판독 데이터를 저장할 수 있는 콤팩트 디스크》

CD-video [-vídiòu] *n.* Ⓒ CD 비디오

CD writer 〖컴퓨터〗 CD에 데이터를 기록하는 데 사용하는 장치

C.E. Church of England; Civil Engineer

-ce [s] *suf.* [추상명사 어미]: diligen*ce*, intelligen*ce*

‡**cease** [siːs] [L 「우물거리다」의 뜻에서] *vi.* **그치다**, 멎다, **끝나다** (cf. stop); **그만두다** 《*from*》: The publication of the magazine ~*d* with the May number. 그 잡지는 5월호로 폐간되었다.
— *vt.* **중지하다**, **끝내다**, **그만두다**: It has ~*d* rain*ing*. 비가 멎었다.
— *n.* Ⓤ 중지 [다음 성구로]
without ~ 끊임없이

cease-fire [síːsfáiər] *n.* 정전(停戰) (명령), 휴전; 〖군사〗 「사격 중지」의 구령

*__cease·less__ [síːslis] *a.* **끊임없는**, 부단한

Ce·cil [síːsl, sésl] *n.* 남자 이름

Ce·cile [sisíː(ː)l | sési(ː)l] *n.* 여자 이름

Ce·cil·ia [səsíːljə] *n.* 여자 이름

ce·cum [síːkəm] *n.* (*pl.* **-ca** [-kə]) 《미》 〖해부·동물〗 맹장

*__ce·dar__ [síːdər] *n.* 〖식물〗 **히말라야삼목**; Ⓤ 삼나무 목재

cede [siːd] *vt.* 〈권리를〉 양도하다; 〈영토를〉 할양하다, 인도(引渡)하다; 양보하다

ce·di [séidi] *n.* (*pl.* **~, ~s**) 세디 《가나의 화폐 단위; = 100 pesewas; 기호 ₵》

ce·dil·la [sidílə] *n.* 세디유 《ç처럼 c자 아래에 붙여 [s]음을 나타내는 부호; 보기: façade [fəsάːd]》

Ced·ric [sédrik, síːd-] *n.* 남자 이름

‡**ceil·ing** [síːliŋ] [ME 「덮다」의 뜻에서] *n.* **1 천장** **2** (가격·임금·요금 등의) **최고 한도**(top limit) (opp.

floor), 상한(上限): ~ price 최고 (한정) 가격 **3** 〖항공〗 (비행기의) 상승 한계; 〖기상〗 운고(雲高), 운저(雲底) 고도
hit the ~ 분통을 터뜨리다, 발끈하다
cel·a·don [séladàn | -dɔ̀n] *n.* Ⓤ 청자; 청자색
cel·an·dine [séləndàin] *n.* 〖식물〗 애기똥풀; 미나리아재비의 일종
cel·e·brant [séləbrənt] *n.* 성찬식 진행자, 미사 집전 사제
⁑**cel·e·brate** [séləbrèit] [L 「명예를 주다」의 뜻에서] *vt.* **1** 〈식을 올려 …을〉 **축하하다**; 〈의식·축전을〉 거행하다: ~ a person's birthday 생일을 축하하다 **2** 세상에 알리다 **3** 〈승리·용사·공훈 등을〉 찬양하다 **—** *vi.* **1** 기념일을 축하하다, 식을 올려 기념하다 **2** 《구어》 축제 기분에 젖다, 유쾌하게 마시고 놀다
⁑**cel·e·brat·ed** [séləbrèitid] *a.* **유명한**, 저명한 《*for*》: The place is ~ *for* its hot springs. 그곳은 온천으로 유명하다.
⁑**cel·e·bra·tion** [sèləbréiʃən] *n.* **1 a** Ⓤ **축하 b** 축전, 의식; 성찬식(의 집행) **2** ⓊⒸ 찬양 ***in ~ of*** …을 축하하여
cel·e·bra·tor, -brat·er [séləbrèitər] *n.* 축하자(celebrant)
***ce·leb·ri·ty** [silébrəti] *n.* (*pl.* **-ties**) Ⓤ **명성**; Ⓒ 명사, (유명) 연예인
ce·ler·i·ty [silérəti] *n.* Ⓤ 《문어》 (행동의) 민첩함, 기민함
***cel·er·y** [séləri] [Gk 「야생 파슬리」의 뜻에서] *n.* Ⓤ 〖식물〗 **셀러리**
ce·les·ta [səléstə] *n.* 첼레스타 《종소리 같은 소리를 내는 피아노 비슷한 악기》
***ce·les·tial** [siléstʃəl | -tiəl] [L 「하늘의」의 뜻에서] *a.* **1** Ⓐ **하늘의**; 천체의 **2** 천국의[같은], 거룩한(divine)(cf. TERRESTRIAL) **—** *n.* 천인, 천사
celéstial equátor [the ~] 〖천문〗 천구(天球)의 적도(赤道)
celéstial sphére [the ~] 천구(天球)
cel·i·ba·cy [séləbəsi] *n.* Ⓤ (특히 수도사의 종교적인) 독신 (생활); 독신주의; 금욕
cel·i·bate [séləbət] *a.* 독신 (생활)의
— *n.* (특히 종교적 이유에 의한) 독신주의자; 독신자
⁑**cell** [sel] [동음어 sell] *n.* **1 작은 방**; 암자; (교도소의) **독방**; (벌집의) 구멍 **2** (비밀 결사·정당의) 세포 **3** 〖생물〗 **세포 4** 〖전기〗 **전지** 《cell이 모인 것이 battery》: a dry ~ 건전지 **5** 〖컴퓨터〗 셀 《스프레드 시트·워드프로세서 프로그램에서 만든 표에서 행과 열이 만나는 한 칸》 **6** 휴대 전화 **—** *vi.* 독방살이하다
⁑**cel·lar** [sélər] [동음어 seller] *n.* **1 지하실**, 땅광, 움 《식료품 특히 포도주 저장소》 **2** 포도주 저장 **3** [the ~] 《구어》 (스포츠 등의 랭킹의) 최하위
— *vt.* 지하실에 저장하다
cel·lar·age [séləridʒ] *n.* ⓊⒸ 지하실의 평수; 지하실 사용료; Ⓤ [집합적] 지하실
cell·block [sélblɑ̀k | -blɔ̀k] *n.* (교도소의) 독방동(棟)
cel·list, 'cel·list [tʃélist] *n.* 첼로 연주가
céll mèmbrane 〖생물〗 세포막
***cel·lo, 'cel·lo** [tʃélou] [violon*cello*] *n.* (*pl.* **~s**) 〖음악〗 **첼로**
cel·lo·phane [séləfèin] *n.* Ⓤ 셀로판
cel·lu·lar [séljulər] *a.* **1** 세포의; 세포질[모양]의 **2** 성기게 짠 〈셔츠 등〉; 다공질(多孔質)의 **3** 〖통신〗 셀(cell) 방식의
céllular phóne[télephone] 《미》 셀 방식의 휴대 전화, 핸드폰 (《영》 mobile phone)
cel·lule [sélju:l] *n.* 〖생물〗 작은 세포
***cel·lu·loid** [séljulɔ̀id] *n.* Ⓤ **1 셀룰로이드** 《상표명》 **2** 《구어》 영화 (필름)
***cel·lu·lose** [séljulòus] *n.* Ⓤ 〖화학〗 **셀룰로오스**, 섬유소: ~ nitrate 질산 섬유소, 질화면
céllulose ácetate 〖화학〗 초산 섬유소
céll wáll 〖생물〗 세포벽
Cel·si·us [sélsiəs] *a.* 섭씨의(centigrade) 《略 Cels., C.》(cf. FAHRENHEIT)
Célsius thermómeter 섭씨 온도계
***Celt** [selt | kelt], **Kelt** [kelt] *n.* **켈트 사람**; [the ~s] 켈트 족 《Aryan 인종의 일파; 지금은 Ireland, Wales 및 Scotland 고지 등에 삶》
Celt. Celtic
***Celt·ic** [séltik, kélt-], **Kelt·ic** [kélt-] *a.* **켈트 족의**; 켈트 말의
— *n.* Ⓤ 켈트 말
cem·ba·lo [tʃémbəlòu] *n.* (*pl.* **-li** [-lì:], **~s**) 〖음악〗 쳄발로(harpsichord)
⁑**ce·ment** [simént] [L 「조석(粗石)」의 뜻에서] *n.* Ⓤ **1 시멘트**, 양회; 접합제 **2** 결합시키는 것, 유대 **3** 〖해부〗 (치아의) 백악질(cementum)
— *vt., vi.* 시멘트로 바르다[굳게 하다], 접합하다; 〈우정 등을〉 굳히다
cemént mìxer 시멘트[콘크리트] 믹서 (concrete mixer)
ce·men·tum [siméntəm] *n.* Ⓤ 〖치과〗 (치아의) 시멘트질, 백악질
⁑**cem·e·ter·y** [sémətèri | -tri] [Gk 「잠자는 곳」의 뜻에서] *n.* (*pl.* **-ter·ies**) (교회에 소속되지 않은) **공동묘지**(cf. CHURCHYARD, GRAVEYARD)
cen. central; century
cen·o·bite [sénəbàit | sí:-] *n.* 수도원에서 공동 생활하는 수도사
cen·o·taph [sénətæ̀f | -tɑ̀:f] *n.* **1** 기념비(monument) **2** [the C~] (런던의 Whitehall에 있는) 제1차·2차 대전 전사자 기념비
Ce·no·zo·ic [sì:nəzóuik] 〖지질〗 *a.* 신생대의 **—** *n.* [the ~] 신생대(층)
cen·ser [sénsər] [동음어 censor] *n.* (줄 달린) 흔들 향로
***cen·sor** [sénsər] [동음어 censer] [L 「사정(査定)하다」의 뜻에서] *n.* **1** (출판물·서신 등의) **검열관 2** 〖역사〗 (고대 로마의) 감찰관
— *vt.* 검열하다, 검열하여 삭제하다
cen·so·ri·al [sensɔ́:riəl] *a.* 검열(관)의
cen·so·ri·ous [sensɔ́:riəs] *a.* 검열관 같은, 비판적인 **~·ly** *ad.* **~·ness** *n.*

*__cen·sor·ship__ [sénsərʃìp] *n.* Ⓤ **1** 검열; 검열관의 직[직권, 임기] **2** 〔정신분석〕 (잠재 의식의) 검열
cen·sur·a·ble [sénʃərəbl] *a.* 비난해야 할(blamable) **-bly** *ad.*
*__cen·sure__ [sénʃər] [L 「판단」의 뜻에서] *n.* Ⓤ **비난**, 책망
— *vt.* 비난하다, 책망하다 《*for*》: His colleagues ~*d* him *for* the negligence of his duties. 그의 동료들은 그의 직무 태만을 비난했다.
*__cen·sus__ [sénsəs] [L 「재산 평가[등록]」의 뜻에서] *n.* **인구 조사**, 국세(國勢) 조사: take a ~ (of the population) 인구 조사를 하다
‡**cent** [sent] [동음어 scent, sent] [L 「100」의 뜻에서] *n.* **1** Ⓤ (단위로서의) 백(百) **2 센트** 《미국·캐나다 등의 화폐 단위; 1달러의 1/100 略 c., ct.》; 1센트짜리 동전 **3** [a ~; 보통 부정문] 《구어》 동전 한 닢(의 값어치), 푼돈
cent. centered; centigrade; centimeter; central; century; centum
cen·taur [séntɔːr] *n.* **1** 〔그리스신화〕 켄타우루스 《반인반마(半人半馬)의 괴물》 **2** [the C~] 〔천문〕 = CENTAURUS
Cen·tau·rus [sentɔ́ːrəs] *n.* 〔천문〕 켄타우루스자리
cen·ta·vo [sentáːvou] [Sp. = cent] *n.* (*pl.* **~s**) 센타보 《멕시코·필리핀·쿠바·브라질 등의 소액 화폐 단위; =1/100 peso》
cen·te·nar·i·an [sèntənέəriən] *a.*, *n.* 100세 (이상)의 (사람)
cen·te·nar·y [senténəri, séntənèri | sentíːnəri] *a.* 100년(간)의, 100년마다의
— *n.* (*pl.* **-nar·ies**) 100년간; 100년제(祭)
*__cen·ten·ni·al__ [senténiəl] *a.* Ⓐ 100년마다의; 100년간의; 100년제의
— *n.* 《미》 100주년; 100년제 **~·ly** *ad.*
‡**cen·ter | -tre** [séntər] [Gk 「원을 그리는 중심점」의 뜻에서] *n.* **1** [보통 the ~] (원·구·다각형의) **중심**; (회전의) 중심점; 〔물리〕 중심 **2** [the ~] **중앙**, 한가운데 **3** [the ~] **초점**, **핵심** **4** (사람이 모이는) **중심지** **5** 〔군사〕 중앙 부대; 센터 《야구·축구 등의》 **6** [the C~] 〔정치〕 중도파, 온건파(cf. the LEFT, the RIGHT) **7** (과일·캔디 등의) 속 **8** 〔건축〕 [홍예] 받침
— *a.* Ⓐ (최상급 **~·most**) 중심의; 중도파의
— *vt.* **1** 중심[중앙]에 두다 《*in*, *on*》 **2** 집중시키다 **3** …의 중심을 결정[표시]하다
— *vi.* 중심(점)에 있다; 집중하다 《*on*, *upon*, *around*, *round*》: The story ~*s on*[*upon*] a robbery. 이야기는 강도 사건을 중심으로 전개된다.
cénter bìt 돌리는 송곳
cen·ter·board [séntərbɔ̀ːrd] *n.* 〔항해〕 (배 밑에 붙인) 하수용골(下垂龍骨)
cen·tered [séntərd] *a.* **1** 중심에 있는; 중심이 있는; 〔건축〕 심(心)이 있는 **2** (어떤 것을) 관심·활동의 주된 대상으로 한: consumer-~ 소비자 위주의 **3** 집중한
cénter fíeld 〔야구〕 센터(의 수비 위치)
cénter fíelder 〔야구〕 센터(필더), 중견수
cen·ter·fold [-fòuld] *n.* 잡지의 한가운데에 접어 넣는 페이지 《누드 사진 등》
cen·ter·piece [-pìːs] *n.* (테이블 등의) 중앙부 장식; 가장 중요한 작품[항목 《등》]
cénter sprèad (잡지·신문의) 중앙의 마주 보는 양면(의 기사[광고])
cen·tes·i·mal [sentésəməl] *a.* 백분법(百分法)의, 백진법의(cf. DECIMAL); 100분의 1의 — *n.* 100분의 1
centi- [sénti] [L 「100」의 뜻에서] 《연결형》 「100; 1/100」의 뜻 《모음 앞에서는 cent-》
cen·ti·bar [séntəbàːr] *n.* 〔기상〕 센티바 《1/100바》
*__cen·ti·grade__ [séntəgrèid] *a.* 〈눈금이〉 **백분도의**, 섭씨의: a ~ thermometer 섭씨 온도계 — *n.* 백분도, 섭씨 온도
*__cen·ti·gram | -gramme__ [séntəgræ̀m] *n.* **센티그램** 《1/100gram; 略 cg》
*__cen·ti·li·ter | -li·tre__ [séntəlìːtər] *n.* **센티리터** 《1/100 liter; 略 cl》
cen·time [sáːntiːm | sɔ́n-] [F = cent] *n.* 상팀 《프랑스의 화폐 단위; 1/100 프랑》
‡**cen·ti·me·ter | -me·tre** [séntəmìːtər] *n.* **센티미터** 《1/100 meter; 略 cm》
cen·ti·mo [séntəmòu] *n.* (*pl.* **~s**) 센티모 《스페인·베네수엘라의 화폐 단위》
cen·ti·pede [séntəpìːd] *n.* 〔동물〕 지네
‡**central** [séntrəl] *a.* **1 중심의**, 중앙의 **2 중심적인**, 주요한 **3** 〈장소 등이〉 편리한 **4** 집중 방식의 **5** 〔해부〕 중추 신경의
Céntral Áfrican Repúblic [the ~] 중앙아프리카 공화국 《수도 Bangui》
Céntral América 중앙아메리카, 중미
Céntral Américan 중앙아메리카의; 중미 사람
céntral bánk 중앙 은행
céntral góvernment 중앙 정부 《지방 정부에 대한》
céntral héating 중앙 난방 (장치)
Céntral Intélligence Àgency [the ~] 《미》 중앙 정보국 《略 CIA》
cen·tral·ism [séntrəlìzm] *n.* Ⓤ 중앙 집권제[주의] **-ist** *n.* 중앙 집권주의자
cen·tral·i·ty [sentræ̀ləti] *n.* Ⓤ 중심임, 구심성
cen·tral·i·za·tion [sèntrəlizéiʃən | -lai-] *n.* Ⓤ 집중; 중앙 집권(화)
cen·tral·ize [séntrəlàiz] *vt.* 중심에 모으다; 집중시키다 《*in*》; 〈국가를〉 중앙 집권제로 하다
— *vi.* 중심에 모이다; 집중되다 《*in*》; 중앙 집권화되다
cen·tral·ly [séntrəli] *ad.* 중심(적)으로
céntral nérvous sýstem [the ~] 〔해부〕 중추 신경계
Céntral Párk 센트럴 파크 《뉴욕 시 중심부의 공원》
céntral prócessing ùnit 〔컴퓨터〕 중앙 처리 장치 《略 CPU》
Céntral (Stándard) Tìme 《미》 중부 표준시 《G.M.T.보다 6시간 늦음; 略 C(S)T》
‡**cen·tre** [séntər] *n.*, *a.*, *v.* 《영》 = CENTER

cen·tric, -tri·cal [séntrik(əl)] *a.* 중심의, 중추적인

cen·trif·u·gal [sentrífjugəl] *a.* (opp. *centripetal*) **1** 원심성(遠心性)[력]의 **2** 원심력을 이용하는; 〖생물〗 원심[유출, 도출]성의 **3** 중앙 집권화에서 분리되는, 지방 분권적인 **—** *n.* 원심 분리기[통]
~·ly *ad.* 구심력에 의해

cen·tri·fuge [séntrəfjù:dʒ] *n.* 원심(분리)기

cen·trip·e·tal [sentrípətl] *a.* (opp. *centrifugal*) **1** 구심성의 **2** 구심력을 이용하는 **~·ly**

cen·trism [séntrizm] *n.* Ⓤ 중도[온건]주의, 중도 정치

cen·trist [séntrist] *n.* 중도파, 온건한 사람

cen·tum [séntəm] *n.* 백(hundred)

cen·tu·ri·on [sentjúəriən | -tjúəri-] *n.* (고대 로마 군대의) 백부장(百夫長)

‡cen·tu·ry [séntʃəri] [L「100」의 뜻에서] *n.* (*pl.* **-ries**) **1** 1세기, 100년 **2** 100개 **3** (고대 로마 군대의) 100인대 **4** 〖크리켓〗 100점(100 runs) **5** 100의 한 조; 100의 모임: a ~ of poems 시 백선(百選)

céntury plànt 〖식물〗 용설란

CEO chief executive officer 최고 경영자

ce·phal·ic [sifǽlik] *a.* Ⓐ 두개의, 두부(頭部)의

ceph·a·lo·pod [séfələpɑ̀d | -pɔ̀d] *n.* 〖동물〗 두족류(頭足類) 동물 《오징어·낙지 등》

ce·ram·ic [sirǽmik] *a.* 도자기의, 제도술(製陶術)의, 요업(窯業)의, 도예의 **—** *n.* 도자기, 요업 제품

ce·ram·ics [sirǽmiks] *n. pl.* [단수 취급] 도예, 요업; [복수 취급] 도자기류

ce·ram·ist [sirǽmist, sérəm-] *n.* 도예가; 요업가

Cer·ber·us [sə́:rbərəs] *n.* (*pl.* **~·es, -ber·i** [-bəràì]) 〖그리스신화〗 케르베로스 《지옥을 지키는 개: 머리가 셋에 꼬리는 뱀 모양》

‡ce·re·al [síəriəl] [동음어 serial] [풍년의 여신 Ceres의 형용사 형에서] *a.* **곡식의**; 곡물로 만든
— *n.* [보통 *pl.*] **곡식**; 곡물 식품 《아침으로 먹는 오트밀, 콘플레이크 등》

cer·e·bel·lum [sèrəbéləm] *n.* (*pl.* **~s, -la** [-lə]) 〖해부〗 소뇌

ce·re·bra [sərí:brə, séri-] *n.* CEREBRUM의 복수의 하나

ce·re·bral [sərí:brəl | sérə-] *a.* 〖해부〗 대뇌의, 뇌의; 지적인

cerébral córtex 〖해부〗 대뇌 피질

cerébral déath 뇌사(brain death)

cerébral hémorrhage 뇌일혈

cer·e·brate [sérəbrèit] *vi.* 뇌를 쓰다; 생각하다

cer·e·bra·tion [sèrəbréiʃən] *n.* Ⓤ 대뇌 작용[기능]; 사고(思考)

ce·re·bro·spi·nal [sərì:brouspáinl | sèrə-] *a.* 〖해부〗 뇌척수(腦脊髓)의; 중추 신경계의

ce·re·brum [sərí:brəm, sérə-] [L] *n.* (*pl.* **~s, -bra** [-brə]) 〖해부〗 대뇌, 뇌

***cer·e·mo·ni·al** [sèrəmóuniəl] *a.* **의식의**; 정식의(formal)
— *n.* 의식, 전례; Ⓤ 의식 절차
~·ism *n.* Ⓤ 의식[형식] 존중주의
~·ist *n.* **~·ly** *ad.*

cer·e·mo·ni·ous [sèrəmóuniəs] *a.* **1** 형식적인, 엄숙한 **2** 예의 바른 **3** 의식의, 의식적인, 딱딱한 **~·ly** *ad.*

‡cer·e·mo·ny [sérəmòuni | -məni] [L. 「로마 근교의 Caere 마을의 의식」의 뜻에서] *n.* (*pl.* **-nies**) **1** [종종 *pl.*] **의식**, 식전(式典): a marriage[wedding, nuptial] ~ 결혼식 **2** Ⓤ (사교상의) 예의, 의례, 형식(formality)
***stand on*[*upon*] ~** 《구어》 격식을 차리다

Ce·res [síəri:z] [동음어 series] *n.* 〖로마신화〗 케레스 《풍작의 여신; 그리스 신화의 Demeter에 해당》

ce·rise [səríːs, -ríːz] [F「버찌(cherry)」의 뜻에서] *n.* Ⓤ 선홍색 **—** *a.* 선홍색의

ce·ri·um [síəriəm] *n.* Ⓤ 〖화학〗 세륨 《희토류(稀土類) 원소; 기호 Ce, 번호 58》

cert [sə:rt] [*cert*ainty] *n.* 《영·구어》 확실한 일[결과]; 꼭 일어나는 일

‡cer·tain [sə́:rtn] *a.* **1** Ⓟ **확실하다고 생각하는**, 확신하는: feel ~ 확실하다고 생각하다 **2** (어느) **일정한**(definite): at a ~ place 일정한 장소에 **3** 〈일이〉 **확실한** **4** (상세히 말하지 않고) 어떤: a ~ person 어떤 사람 **5** 약간의, 어느 정도의: to a ~ extent 어느 정도(까지)
be ~ of (victory) (승리)를 확신하다
for ~ [보통 know, say 뒤에 놓아] 확실히: I don't *know for* ~. 확실히는 모른다. ***make ~*** 〈…을〉 확인하다, 확보하다 《*of, that ...*》
— *pron.* [of+복수(대)명사와 함께; 복수 취급] (…중의) 몇 개[몇 사람] 《some 이 구어적》

‡cer·tain·ly [sə́:rtnli] *ad.* **1 확실히**; 틀림없이 **2** [대답으로] **알았습니다**, 물론이죠; 그렇고말고요
C~ not! 물론 그렇지 않습니다, 안됩니다, 싫습니다!

***cer·tain·ty** [sə́:rtnti] *n.* (*pl.* **-ties**) **1** Ⓤ **확실성** **2** 확실한 것[일]; 필연적인 사물 **3** Ⓤ **확신**(conviction) 《*of, that ...*》
for*[*to*] *a ~ 확실히 ***with ~*** 확신을 가지고; 확실히, 꼭

cer·ti·fi·a·ble [sə́:rtəfàiəbl] *a.* 보증[증명]할 수 있는

‡cer·tif·i·cate [sə(:)rtífikət] [OF 「확실히 하다」의 뜻에서] *n.* **1 증명서**, 증명; 면허증; **수료[이수] 증명서**: a ~ of birth [death, employment] 출생[사망, 재직] 증명서 **2** 《영》 정신 이상 증명서
— [-kèit] *vt.* …에게 증명서를 주다

cer·tif·i·cated [sə(:)rtífikèitid] *a.* 《영》 면허를 취득한, 유자격의

certíficate of depósit 〖금융〗 **1** 예금 증서 **2** 양도성 예금 증서 《은행이 정기 예금에 대해 발행하는 무기명 예금 증서; 略 CD》

C

certíficate of órigin (수입품의) 원산지 증명서
cer·ti·fi·ca·tion [sə̀:rtəfikéiʃən] *n.* Ⓤ **1** 증명, 검정(檢定) **2** Ⓒ 증명서 **3** ((영)) 정신 이상의 증명
cer·ti·fied [sə́:rtəfàid] *a.* **1** 보증[증명]된 **2** ((미)) 〈회계사 등이〉 공인의 **3** ((영)) 정신 이상자로 증명된
cértified máil ((미)) 배달 증명 우편 ((영) recorded delivery)
cértified mílk ((미)) 품질 보증 우유
cértified públic accóuntant ((미)) 공인 회계사 ((略 CPA))(cf. CHARTERED ACCOUNTANT)
cer·ti·fi·er [sə́:rtəfàiər] *n.* 증명자
***cer·ti·fy** [sə́:rtəfài] [L 「확실히 하다」의 뜻에서] *v.* (**-fied**) *vt.* **1** (서명 날인한 문서로) **증명하다,** 〈사실·임명(任名) 등을〉 인증(認證)하다; 〈은행 등이 수표의〉 지급을 보증하다: This is to ~ *that* ... …임을 이에 증명한다 **2** …에게 증명서[면허장]를 교부[발행]하다 **3** 〈의사가〉 정신 이상자라고 증명하다
cer·ti·tude [sə́:rtətjù:d | -tjù:d] *n.* Ⓤ 확신; 확실성
ce·ru·le·an [sirú:liən] *a.* ((문어)) 하늘색의, 짙은 청색의
Cer·van·tes [sərvǽnti:z] *n.* 세르반테스 **Miguel de ~ Saavedra** (1547-1616) ((스페인의 작가; 대표작 *Don Quixote*))
cer·vi·cal [sə́:rvikəl] *a.* 〚해부〛 경부(頸部)의, 목의; ((특히)) 자궁 경관(頸管)의
cer·vix [sə́:rviks] *n.* (*pl.* **~·es, -vi·ces** [-vəsì:z]) 〚해부〛 **1** 목 ((특히 후부)) **2** 경부(頸部); 자궁 경관
Ce·sar·e·an, -i·an [sizɛ́əriən] *a., n.* ((미)) = CAESAREAN
ce·si·um [sí:ziəm] *n.* Ⓤ 〚화학〛 세슘 ((금속 원소; 기호 Cs, 번호 55))
césium clòck 세슘 시계 ((원자 시계의 일종))
ces·sa·tion [seséiʃən] *n.* ⓊⒸ 중지, 중단; 휴지, 정지: a ~ of hostilities [arms] 휴전
ces·sion [séʃən] *n.* **1** ⓊⒸ (영토의) 할양(割讓), (권리의) 양도, (재산 등의) 양여(讓與) **2** 할양된 영토
Cess·na [sésnə] *n.* 세스너 ((미국제 경비행기; 상표명))
cess·pit [séspìt] *n.* 오물[오수] 구덩이; 정화조
cess·pool [séspù:l] *n.* **1** (지하의) 오수[오물] 구덩이 **2** 불결한 장소 ((*of*))
ces·tode [séstoud] 〚동물〛 *a., n.* 촌충류(의 동물)
ce·ta·cea [sitéiʃiə] *n., pl.* 〚동물〛 고래류 ((whale, dolphin 등))
ce·ta·cean [sitéiʃən] *a., n.* 〚동물〛 고래류(cetacea)의 (동물)
ce·ta·ceous [sitéiʃəs] *a.* = CETACEAN
Cey·lon [silɑ́n, sei- | silɔ́n] *n.* **1** 실론섬 ((인도양에 있는 Sri Lanka 공화국을 이루는 섬)) **2** 실론 ((Sri Lanka의 옛 이름))
Cey·lon·ese [sì:ləní:z, sèi-] *a.* 실론(섬, 사람)의 **—** *n.* (*pl.* ~) 실론(섬) 사람

Cé·zanne [sezǽn] *n.* 세잔 **Paul ~** (1839-1906) ((프랑스의 후기 인상파 화가))
Cf 〚화학〛 californium
cf. [kəmpɛ́ər, kənfə́:r, sí:éf] [L= *conf*er(=compare)의 약어] 비교하라, …을 참조하라
CF, C.F. commercial film 광고용 텔레비전 필름
CFC chlorofluorocarbon
CFI, cfi cost, freight and insurance ((보통 CIF))
cg. centigram(s)
C.G. Commanding General; Computer Graphics
CGS, cgs centimeter-gram-second 〚물리〛 시지에스 단위
ch, Ch. chain; champion; chaplain; chapter; 〚체스〛 check; chief; child; children; church
Cha·blis [ʃæblí: | ⌐–] *n.* Ⓤ 샤블리 백포도주 ((프랑스 Chablis 원산))
cha-cha(-cha) [tʃɑ́:tʃɑ̀:(tʃɑ́:)] *n.* 차차차 무도(곡) ((중·남미에서 시작된 빠른 리듬의 춤곡))
— *vi.* 차차차를 추다
cha·conne [ʃækɔ́:n | ʃəkɔ́n] [F] *n.* (*pl.* **~s**) **1** 샤콘 ((스페인에서 시작된 춤)) **2** 〚음악〛 샤콘 ((기본 저음이 일정하게 반복되는 3박자의 변주곡))
Chad [tʃæd] *n.* 차드 ((아프리카 중북부의 공화국; 공식명 the Republic of ~; 수도 N'Djamena))
***chafe** [tʃeif] [L 「뜨겁게 하다」의 뜻에서] *vt.* **1** 〈손 등을〉 **비벼서 따뜻하게 하다 2** 〈살갗이〉 쓸려서 벗겨지게 하다 **3** 약올리다, 화나게 하다
— *vi.* **1** 〈동물이 울 등에〉 몸을 비벼대다 ((*against, on*)) **2** 쓸려 벗겨지다 **3** 약오르다, 성내다, 안달나다 ((*under, at, over*))
— *n.* **1** 찰상(擦傷)(의 아픔) **2** 약오름, 안달, 초조
cha·fer [tʃéifər] *n.* 〚곤충〛 풍뎅잇과(科)의 곤충 ((cockchafer 등))
***chaff**[1] [tʃæf | tʃɑ:f] *n.* Ⓤ **1 왕겨**(husks of grain) **2** 여물 ((마소의 사료)), 마초 **3** 하찮은 것, 허섭쓰레기
— *vt.* 〈짚 등을〉 썰다
chaff[2] *n.* Ⓤ (악의 없는) 놀림, 야유(banter) **—** *vt.* 놀리다, 희롱하다
chaff·cut·ter [tʃǽfkʌ̀tər | tʃɑ́:f-] *n.* 여물이나 짚을 자르는 작두
chaf·fer [tʃǽfər] *n.* 에누리, 흥정
— *vt., vi.* 값을 깎다, 에누리하다(haggle), 흥정하다
chaf·finch [tʃǽfintʃ] *n.* 〚조류〛 푸른머리되새 ((유럽산))
chaff·y [tʃǽfi | tʃɑ́:fi] *a.* (**chaff·i·er; -i·est**) **1** 왕겨투성이의, 왕겨 같은 **2** 하찮은, 시시한
cháf·ing dìsh [tʃéifiŋ-] 풍로 달린 식탁 냄비
Cha·gall [ʃəgɑ́:l] *n.* 샤갈 **Marc ~** (1887-1985) ((러시아 태생의 프랑스 화가))
cha·grin [ʃəgrín | ʃǽgrin] [F 「슬픔」의 뜻에서] *n.* Ⓤ 억울함, 원통함, 분함 *to* one*'s* ~ 분[원통]하게도

—*vt.* [보통 *p.p.*] 억울하게 하다, 분하게 하다

‡**chain** [tʃein] *n.* **1 쇠사슬 2 일련**(一連), **연쇄**; (방송의) 네트워크: a ~ of mountains 산맥 **3** 목걸이, 고리줄 《관직의 표시로서 목에 거는》 **4** (연쇄 경영의 은행·극장·호텔 등의) 체인(점), 연쇄점 **5** [보통 *pl.*] (사슬이 달린) 차꼬, 족쇄; 굴레; 속박; be in ~*s* 옥에 갇혀 있다; 노예가 되어 있다 **6** 〖컴퓨터〗 체인 《연속적인 계산 명령 또는 기억》

—*vt.* **1** 〈동물 등을〉 사슬로 매다: The dog was ~*ed to* the fence. 개는 쇠사슬로 울에 매여 있었다. **2** 〈사람을〉 …으로 속박하다 **3** 〖컴퓨터〗 〈관련 항목을〉 체인하다, 연쇄하다

cháin brìdge 사슬 조교(弔橋)

cháin gàng 《미》 한 사슬에 매인 옥외 노동 죄수들

cháin lètter 연쇄 편지, 행운[불행]의 편지 《받은 사람이 다른 여러 사람에게 사본을 보냄》

cháin máil 사슬 갑옷

cháin reàction 1 〖물리·화학〗 연쇄 반응 **2** (사건 등의) 연쇄 반응

cháin sàw 휴대용 동력(動力) 사슬톱

chain-smoke [tʃéinsmòuk] *vi., vt.* 줄담배를 피우다

-smòk·er *n.* 줄담배 피우는 사람

cháin stìtch 사슬 모양으로 뜨기

chain·stitch [-stìtʃ] *vt.* (…을) 사슬 모양으로 뜨다

***cháin stòre** 《미》 **체인 스토어,** 연쇄점

‡**chair** [tʃεər] [Gk 「좌석」의 뜻에서] *n.* **1** (1인용) **의자 2** 강좌; 대학 교수의 직 **3** [the ~] **의장, 의장석**[직]; 회장석[직]; 《영》 시장의 직

in the ~ 의장을 맡아서

—*vt.* **1** …을 의자에 앉히다 **2** …을 권위 있는 지위에 앉히다 **3** 의장직을 맡다

chair·bed [tʃέərbèd] *n.* 긴 의자 겸용 침대

cháir càr 《미》 〖철도〗 **1** = PARLOR CAR **2** 젖힐 수 있는 의자를 양쪽에 설비한 객차

chair·lift [-lìft] *n.* (스키·관광용의) 체어 리프트

‡**chair·man** [tʃέərmən] *n.* (*pl.* **-men** [-mən]) **1 a 의장 b** 사회자 **2** 환자용 의자(bath chair)를 미는 사람; (sedan chair의) 가마꾼 **3** 《미》 (학과의) 주임 교수, 학과장

chair·man·ship [tʃέərmənʃìp] *n.* Ⓤ **1** chairman의 재능[소질] **2** chairman의 직[지위, 기간]

chair·per·son [-pə̀ːrsn] *n.* 의장, 사회자

chair·wom·an [-wùmən] *n.* (*pl.* **-wom·en** [-wìmin]) 여자 의장[회장, 위원장, 사회자]

chaise [ʃeiz] *n.* **1** 2륜 경마차; 4륜 유람 마차 **2** (철도 이전의) 역마차(post chaise)

chaise longue [ʃéiz-lɔ́ːŋ | -lɔ́ŋ] [F] *n.* (뒤로 젖혀지는) 긴 의자

chal·ced·o·ny [kælsédəni] *n.* (*pl.* **-nies**) 〖광물〗 옥수(玉髓)

Chal·de·an [kældíːən] *a.* **1** 칼데아 (사람)의 **2** 점성술의 —*n.* **1** 칼데아 사람; Ⓤ 칼데아 말 **2** 점성가(占星家)

cha·let [ʃæléi | ⌐-] [F.] *n.* **1** 샬레 《스위스 산중의 양치기의 오두막집》; 스위스의 농가(풍의 집); 샬레식의 산장, 별장 **2** (캠프장 등의) 방갈로

chal·ice [tʃǽlis] *n.* **1** 〖그리스도교〗 성찬배(聖餐杯), 성배 **2** 〖식물〗 배상화(杯狀花)

‡**chalk** [tʃɔːk] [L 「석회」의 뜻에서] *n.* **1** Ⓤ 〖광물〗 **백악**(白堊) 《회백색의 연토질 석회암》 **2** ⓊⒸ **분필,** 초크, 색초크 《crayon 그림용》 **3** (점수 등의) 분필로 쓴 기호; (승부의) 득점(score); 외상 판매 기록 **4** 〖지질〗 백악층 **5** 〖당구〗 (큐의 끝에 묻히는) 초크 ***by a long ~*** = ***by*** (***long***) ***~s*** 《영·구어》 (1) 훨씬, 단연(by far) (2) [부정문에서] 전혀 …않다

—*vt.* **1** 초크로 쓰다[표를 하다] **2** …에 초크를 칠하다

~ out (1) 초크로 윤곽을 그리다 (2) …을 계획하다 ***~ up*** 《구어》 (1) …을 기록해 두다, 메모하다; 〈승리·득점·이익을〉 올리다, 얻다 (2) 〈술값 등을〉 …의 외상으로 적어두다 (3) …의 탓으로 하다

chalk·board [tʃɔ́ːkbɔ̀ːrd] *n.* (보통 초록색 또는 검정색의) 칠판(blackboard)

chalk·y [tʃɔ́ːki] *a.* (**chalk·i·er**; **-i·est**) **1** 백악질의; 백악이 많은 **2** 백악색의

‡**chal·lenge** [tʃǽlindʒ] [L 「중상(中傷)」의 뜻에서] *n.* **1 도전**(장) 《*to*》; 결투[시합《등》]의 신청: a ~ *to* violence 폭력에의 도전 **2** 수하(誰何) **3** Ⓤ 의욕[노력, 감흥]이 솟게 함 **4** 설명[증거]의 요구; 항의 **5** 〖법〗 (배심원에 대한) 기피

—*vt.* **1 도전하다;** 〈논전·시합 등을〉 걸다, 〈결투를〉 신청하다; 〈…에게〉 대답을 요구하다 **2** …의 **진실·정당성 등을 의심하다,** …에 이의를 제기하다 **3** …에게 (설명·칭찬 등을) **당연히 요구하다;** 〈사물이〉 〈주의력·노력 등을〉 촉구하다, 환기하다, 〈흥미·상상력 등을〉 자극하다: a matter which ~*s* attention 주목할 만한 일 **4** 〖군사〗 …에게 수하하다 **5** 〖법〗 〈배심원·증거 등을〉 거부하다

chal·leng·er [tʃǽlindʒər] *n.* **1** 도전자 **2** 〖군사〗 수하하는 사람 **3** 〖법〗 기피자, 거부자 **4** [**C~**] 《미》 챌린저(호) 《우주 왕복선 제2호》

chal·leng·ing [tʃǽlindʒiŋ] *a.* **1** 〈태도 등이〉 도전적인 **2** 능력을 시험하는 것 같은; 의욕[흥미]을 돋우는

‡**cham·ber** [tʃéimbər] [L 「아치형 천장(이 있는 방)」의 뜻에서] *n.* **1** 《문어》 **방;** 《특히》 침실 **2** (궁정·왕궁의) 공무 집행실 **3** 의원(議院), 의회; **회의소,** 회관(hall) **4** (총포의) 약실(藥室); (기계 속의) 실(室) **5** (생물체 내의) 소실(小室) **6** 국고 출납 보관실

—*a.* 실내용으로 만들어진; 실내 음악의

cham·bered [tʃéimbərd] *a.* [보통 복합어를 이루어] …실(室)[약실]이 있는

***cham·ber·lain** [tʃéimbərlin] [OF 「방에 따른 사람」의 뜻에서] *n.* **1 의전관**(儀典官), **시종**(侍從) **2** (귀족의) 집사 **3** (시·읍·동의) 회계관, 징수원

cham·ber·maid [tʃéimbərmèid] *n.* (호텔 등의) 객실 담당 여종업원(cf. HOUSEMAID)
chámber mùsic 실내악
chámber of cómmerce 상공 회의소
chámber òrchestra 실내 관현악단
chámber pòt 침실용 변기
cha·me·le·on [kəmíːljən] [Gk 「작은 사자」의 뜻에서] *n.* **1** 〖동물〗 카멜레온 **2** 지조 없는 사람, 변덕쟁이
cha·me·le·on·ic [kəmìːliάnik | -ɔ́n-] *a.* 카멜레온 같은; 변덕스러운
cham·fer [tʃǽmfər] *vt.* 〈목재·석재의〉 모서리를 깎아내다
— *n.* 모서리를 깎은 면
cham·ois [ʃǽmi] *n.* (*pl.* **~, -oix** [-z]) **1** 〖동물〗 샤무아 《남유럽·서남 아시아산의 영양(羚羊)》 **2** Ⓤ 섀미[셈] 가죽; (식기 등을 닦는) 섀미 가죽 행주
champ[1] [tʃæmp] *vt.* **1** 〈말이 재갈을〉 신경질적으로 씹다 **2** 〈말이 여물을〉 우적우적 씹다; 〈사람이 딱딱한 것을〉 우드득 씹다
— *vi.* **1** 〈말이 재갈을〉 신경질적으로 씹다; 〈말이 여물을〉 우적우적 씹어먹다 《*at, on*》; 〈사람이〉 분해서 이를 갈다 《*with*》 **2** 《구어》 〈…하고 싶어〉 안달하다
champ[2] *n.* 《구어》 = CHAMPION
*__cham·pagne__ [ʃæmpéin] [프랑스의 원산지 이름에서] *n.* **1** Ⓤ [C~] **샴페인** **2** Ⓤ 샴페인 색 《황록색 또는 황갈색》
cham·paign [ʃæmpéin] *n.* 《문어》 평야, 평원
cham·pi·gnon [ʃæmpínjən | tʃæm-] [F] *n.* 샴피뇽 《유럽 원산의 송잇과의 식용 버섯》
‡**cham·pi·on** [tʃǽmpiən] [L 「경기자, 전사(戰士)」의 뜻에서] *n.* **1** (경기의) **선수권 보유자, 챔피언,** 우승자 **2** (주의·주장 등을 위해 싸우는) **투사,** 옹호자 **3** 《구어》 뛰어난 사람[물건] — *a.* **1** 우승한 **2** 《구어》 일류의, 뛰어난
— *vt.* **1** 투사[옹호자]로서 활동하다 **2** 〈주의·권리 등을〉 옹호하다
*__cham·pi·on·ship__ [tʃǽmpiənʃip] *n.* **1** 선수권, 우승자의 지위 **2** [보통 *pl.*] 선수권 대회 **3** Ⓤ (사람·주의·주장·운동의) 옹호
Champs É·ly·sées [ʃάːnz-eiliːzéi] [F =Elysian fields] *n.* 샹젤리제 《프랑스 Paris의 큰 거리 및 그 일대의 일류 상점가》
‡**chance** [tʃæns | tʃɑːns] *n.* **1** **기회,** 호기, 계기 **2** **가망**(prospects); 승산, 성산(成算); [*pl.*] (가능성이 큰) 가망 **3** Ⓤ **우연**; 운 **4** 위험(risk), 모험 **5** 복권의 추첨권
by any ~ 만일, 혹시 《종종 사소한 부탁을 할 때에 씀》 ***by ~*** 우연히 ***take a ~ [~s]*** 운에 맡기고 해보다, 위험을 무릅쓰다 ***The ~s are (that) ...*** 《구어》 아마 …할[일] 것이다
— *a.* 우연한
— *vi.* **1** [it를 주어로 하여] 우연히 일어나다(happen) **2** 어쩌다가 …하다
— *vt.* 《구어》 [보통 it를 목적어로 하여] 운에 맡기고 해보다(risk)

chan·cel [tʃǽnsəl | tʃɑ́ːn-] *n.* 성단소(聖壇所) 《교회당의 성가대(choir)와 성직자의 자리; 대개 동쪽 끝》
chan·cel·ler·y [tʃǽnsələri | tʃɑ́ːn-] *n.* (*pl.* **-ler·ies**) **1** Ⓤ chancellor(법관·대신 등)의 지위 **2** chancellor의 관청[법정, 사무국] **3** 《미》 대사관[영사관]의 사무국; [집합적] 대사관[영사관]의 사무직원
*__chan·cel·lor__ [tʃǽnsələr | tʃɑ́ːn-] [L 「(법정의) 정리(廷吏)」의 뜻에서] *n.* **1** [**C~**] 《영》 (재무) **장관, 대법관** 《칭호》 **2** 《영》 대사관 1등 서기관 **3** (독일 등의) 수상 **4** 《미》 (일부 대학 분교의) 총장, 학장 ***the Lord (High) C~ = the C~ of England*** (영국의) 대법관 《각료의 한 사람; 의회 개회 중에는 상원 의장》
chance-med·ley [tʃǽnsmèdli | tʃɑ́ːns-] *n.* Ⓤ 〖법〗 과실 살인; 우발적 행위
chan·cer·y [tʃǽnsəri | tʃɑ́ːn-] *n.* (*pl.* **-cer·ies**) **1** [the C~] (원래 영국의) 대법관청 (재판소) 《지금은 고등법원의 일부》 **2** (미국 등의) 형평법(衡平法) 재판소 **3** (영국 대법원의) 공문서 보관소
chan·cre [ʃǽŋkər] *n.* 〖병리〗 하감(下疳)
chanc·y [tʃǽnsi | tʃɑ́ːnsi] *a.* (**chanc·i·er**; **-i·est**) 《구어》 **1** 〈결과·예상 등이〉 불확실한, 믿을 수 없는 **2** 위태로운, 위험한(risky)
*__chan·de·lier__ [ʃændəlíər] [F 「촛대」의 뜻에서] *n.* **샹들리에** 《천장에서 내리 드리운 호화로운 장식등》
chan·dler [tʃǽndlər | tʃɑ́ːn-] *n.* **1** 《고어》 양초 제조 판매인 **2** 잡화상
chan·dler·y [tʃǽndləri | tʃɑ́ːn-] *n.* (*pl.* **-dler·ies**) **1** 잡화(류) **2** 잡화상
Cha·nel [ʃənél] *n.* **1** 샤넬 **Gabrielle ~** (1883-1971), 프랑스의 패션 디자이너 **2** 샤넬 《향수 상표명》
‡**change** [tʃeindʒ] *vt.* **1** **바꾸다,** 변화시키다 **2** 〈옷을〉 …으로 **갈아입다** **3** **환전하다, 잔돈으로 바꾸다**; 〈수표·어음·환을〉 현금으로 바꾸다 **4** **교환하다** 《*with*》 **5** 〈장소·입장 등을〉 바꾸다; 〈탈것을〉 **갈아타다,** 바꿔 타다 《*for*》: You must ~ trains *for* Gunsan at Iri. 이리에서 군산행으로 기차를 갈아타야 한다.
— *vi.* **1** **변하다,** 바뀌다 《*to, into, from*》: A caterpillar *~s into*[*to*] a butterfly. 모충이 나비로 변한다. **2** **갈아타다** 《*for*》 **3** **옷을 갈아입다**
~ off 《미·구어》 (1) (일 등을) 교대로 하다 《*at*》 (2) …와 교대하다 《*with*》 ***~ over*** (1) 사람이 (…에서 …으로) 바꾸다, 변경하다 (2) 〈기계 장치 등이〉 (자동적으로 …에서 …으로) 바뀌다 (3) 〈두 사람이〉 역할[입장, 위치 《등》]을 바꾸다 (4) 〖스포츠〗 〈선수·팀이〉 코트를 바꾸다 (5) 〈사람이〉 (계획·식사 등을) (…에서 …으로) 바꾸다, 변경하다 《*from, to*》
— *n.* **1** **변화; 변경**: a ~ for the better 개량, 진보 **2** **바꿈,** 교체; **기분 전환; 갈아타기**; (옷을) **갈아입기**; [the ~] 《구어》 (여성의) 갱년기 **3** Ⓤ **거스름돈,** 우수리; **잔돈**; 바꾼 돈: Can you give me ~ for a £5 note? 5파운드 지폐를 바꾸어 줄 수 있습니까?

a ~ of heart 변심(變心) ***a ~ of pace*** 《미》 기분 전환; = CHANGE-UP ***give*** a person (his) ***~*** 《구어》 …을 위하여 애쓰다; 앙갚음하다 ***give*** a person ***short ~*** 《구어》 …을 무시하다, …에 주의를 기울이지 않다 ***ring the ~s*** (1) 한 벌의 종을 여러 가지로 순서를 바꾸어 울리다 (2) 같은 말을 여러 가지로 바꾸어 말하다 《*on*》

change·a·bil·i·ty [tʃèindʒəbíləti] *n.* Ⓤ 변하기 쉬운 성질, 가변성; 불안정 (상태)

‡change·a·ble [tʃéindʒəbl] *a.* **1** 〈날씨·가격 등이〉 **변하기 쉬운**; 〈성격 등이〉 변덕스러운 **2** 〈계약 조항 등이〉 가변성의 **3** 〈비단 등이〉 (광선·각도에 따라) 여러 가지 색으로 변화해 보이는 **~·ness** *n.* **-bly** *ad.*

change·ful [tʃéindʒfəl] *a.* 변화가 많은, 변하기 쉬운, 불안정한

change·less [tʃéindʒlis] *a.* 변함없는; 일정한(constant) **~·ly** *ad.*

change·ling [tʃéindʒliŋ] *n.* 남몰래 바꿔치기한 어린애 《요정이 앗아간 예쁜 아이 대신에 두고 가는 못 생긴 아이》

change·o·ver [-òuvər] *n.* **1** (장치·인원 등의) 전환, 변환 **2** (내각 등의) 개조(改造), 경질 **3** (형세의) 역전

chánge rìnging (교회 등의) 전조(轉調) 명종(법) 《종을 여러 가지 음색, 특히 4분음계로 울리기》

change-up [tʃéindʒʌ̀p] *n.* 〖야구〗 체인지업(change of pace) 《투수가 타자의 타이밍을 뺏기 위해 빠른 공을 던지는 동작으로 느린 공을 던지는 일》

cháng·ing ròom [tʃéindʒiŋ-] 《영》 (특히 체육 시설의) 갱의실(更衣室)

‡chan·nel [tʃǽnl] [L 「수도관」의 뜻에서] *n.* **1 수로**(水路); 운하 **2 해협** 《strait보다 큼》; 항로: cut a ~ 수로를 내다 **3** 〖통신〗 **채널**; (할당된) 주파수대(帶) **4 경로**, 루트 **5** (사상·행동 등의) 방향, 방침; (활동의) 분야 **6** 강바닥, 하상(河床); 유상(流床)

— *vt.* (**~ed**; **~·ing** | **~led**; **~·ling**) **1** …에 수로를 열다[내다]; …에 홈을 파다 **2** 〈물 등을〉 수로[도관]로 나르다; 〈정보·관심·노력 등을〉 (어떤 방향으로) 돌리다, 전하다, 보내다 **3** 〈강물 등의〉 흐름을 다른 데로 돌리다; 〈자금 등의 일부를〉 타용도로 돌리다

Chánnel Íslands [the ~] 해협 제도 《프랑스 북서부의 영령(英領)의 섬》

chan·son [ʃǽnsən] [F 「노래」의 뜻에서] *n.* 샹송; 노래(song)

***chant** [tʃænt | tʃɑ:nt] [L 「노래하다」의 뜻에서] *n.* **1 노래**(song); 노래하기 **2** 성가; 영창(詠唱) **3** 영창조(調) **4** 자주 반복되는 의견[문구, 슬로건]

— *vt.* **1** 〈노래·성가를〉 **부르다** **2** 찬송하다; 〈찬사를〉 되풀이하다 **3** 단조로운 말투로 계속하다[되풀이하다] — *vi.* **1** 영창하다; 성가를 부르다 **2** 단조로운 어조로[되풀이하여] 말하다 **3** 노래하다

chant·er [tʃǽntər | tʃɑ́:nt-] *n.* 영창하는[읊는] 사람; 성가 대원

chant·ey [ʃǽnti] [F 「노래하다」의 뜻에서] *n.* (*pl.* **~s**) 뱃노래 《뱃사람들이 닻을 감을 때 등에 부르는》

chan·ti·cleer [tʃǽntəklíər | ⌐-⌐] *n.* 《문어》 수탉 《rooster의 의인명(擬人名)》

chan·try [tʃǽntri | tʃɑ́:n-] *n.* (*pl.* **-tries**) **1** (명복을 빌어 달라고 바치는) 기부, 헌금 **2** (기부를 받아서 세운) 예배당 **3** (교회당에 부속된) 소(小) 예배당

***cha·os** [kéiɑs | -ɔs] [Gk 「심연(深淵)」의 뜻에서] *n.* ⓊⒸ **1** (천지 창조 이전의) 혼돈(cf. COSMOS) **2 무질서**, 대혼란

***cha·ot·ic** [keiɑ́tik | -ɔ́t-] *a.* **혼돈된**; 무질서한, 혼란한 **-i·cal·ly** *ad.*

chap[1] [tʃæp] [ME 「베다」의 뜻에서] *n.* [보통 *pl.*] (살갗·입술 등의) 튼 데, 튼 자리, (갈라진) 금, 균열

— *v.* (**~ped**; **~·ping**) *vt.* 〈추위·서리가 살갗을〉 트게 하다 — *vi.* 〈손·발·살갗 등이〉 트다, 거칠어지다

‡chap[2] [tʃæp] *n.* 《구어》 **놈**(fellow), 녀석

chap. chapel; chaplain; chapter

chap·ar·ral [ʃæ̀pərǽl] *n.* 관목 수풀 지대

chap·book [tʃǽpbùk] *n.* 싸구려 책 《옛날 행상인(chapman)이 팔고 다닌 소설·속요(俗謠) 등의 소책자》

cha·peau [ʃæpóu | ⌐-] [F] *n.* (*pl.* **~s** [-z], **~x** [-z]) 모자

‡chap·el [tʃǽpəl] *n.* **1** (학교·병원·군·교도소·선박 등의) **예배당**, 채플; (교회의) 부속 예배당 **2** (영국 비국교도의) 교회당; 《스코》 가톨릭 교회 **3** Ⓤ (학교의 채플에서 하는) 예배: keep[miss] a ~ 예배에 참석[결석]하다 **4** 인쇄공 조합

chap·er·on·age [ʃǽpəròunidʒ] *n.* Ⓤ (젊은 여성의 보호자로서) 따라가기, 샤프롱 노릇

chap·er·on(e) [ʃǽpəròun] *n.* (사교계에 나가는 젊은 여성의) 여성 보호자, 샤프롱

— *vt.* (젊은 여성의) 보호자로서 동반하다(escort)

— *vi.* 샤프롱 노릇하다

chap·fall·en [tʃǽpfɔ̀:lən] *a.* 《영·구어》 풀죽은, 기가 꺾인, 낙담한

***chap·lain** [tʃǽplin] *n.* **예배당 목사** 《궁정·학교·병원 등의 예배당 소속》; 군목, 군종 신부

chap·let [tʃǽplit] *n.* **1** 화관(花冠) **2** 목걸이; 〖가톨릭〗 작은 묵주

~·ed [-id] *a.* 화관을 쓴

Chap·lin [tʃǽplin] *n.* 채플린 **Sir Charles Spencer** (***Charlie***) **~** (1889-1977) 《영국의 영화배우·제작자·감독》

chap·man [tʃǽpmən] *n.* (*pl.* **-men** [-mən]) 《영》 행상인, 도붓장수

chap·pie, -py [tʃǽpi] *n.* 《영·구어》 놈, 녀석

chaps [ʃæps, tʃæps] *n. pl.* 《미》 카우보이의 가죽 바지 《보통의 바지 위에 덧입음》

‡chap·ter [tʃǽptər] [L 「머리」의 뜻에서] *n.* **1** (책·논문의) **장**(章) 《略 chap., ch., c.》 **2** (인생·역사 등의) 중요한 한 구획, 한 시기; 삽화; (일련의) 사건, 연속 《*of*》 **3** [집합적] 총회, 집회 **4** 《미》 (동창회·클럽·조합·협회의) 지부, 분회

~ and verse (1) 〖성서〗 장(章)과 절 (2) 정확한 출처; 전거(典據) 《*for*》 (3) [부사적] 정확히; 상세히

chápter hòuse 1 참사회[목사단] 회의장 2 《미》 (동창회·클럽 등의) 지부 회관
char[1] [tʃɑːr] *v.* (**~red**; **~·ring**) *vt.* 〈불이 나무 등을〉 숯으로 만들다, 까맣게 태우다 — *vi.* 숯이 되다, 까맣게 타다
— *n.* **1** Ⓤ 숯, 목탄(charcoal); 골탄(骨炭) 《제당(製糖)용》 **2** 까맣게 탄 것
char[2] [OE 「일시」의 뜻에서] *n.* 《영·구어》 = CHARWOMAN
— *vi.* (**~red**; **~·ring**) (여성이 보통 날품팔이로) 가정의 잡일을 하다
char[3] *n.* (*pl.* **~**, **~s**) 〖어류〗 곤들매기류
char·a·banc [ʃǽrəbæ̀ŋ] *n.* 《영》 대형 유람 버스, 샤라방

⁑char·ac·ter [kǽrəktər] *n.* **1** ⓊⒸ (개인·국민의) **성격**, 기질 **2** ⓊⒸ (물건의) **특성**, 특질 **3** Ⓤ **인격**; 품성, 덕성 **4** [수식어와 함께] 사람, 인물 **5** (소설 등의) **등장인물**, (연극의) 역(役) **6** 기호(mark) **7** **문자**(letter) **8** Ⓤ 지위, 신분 **9** Ⓒ 평판, 명성(reputation) **10** Ⓒ 〖유전〗 형질(形質)
***in*[*out of*] ~** 그 사람답게[답지 않게], 적역(適役)인[적역이 아닌], 격에 맞는[맞지 않는]
cháracter àctor[àctress] 성격 배우[여배우]
cháracter assassinàtion 인신 공격, 중상, 비방
⁑char·ac·ter·is·tic [kæ̀rəktərístik] *a.* **1** **특질 있는, 독특한** **2** …**에 특유한**; …의 특징을 나타내는
be ~ of …의 특성을 나타내고 있다
— *n.* **특질, 특색,** 특성
char·ac·ter·is·ti·cal·ly [kæ̀rəktərístikəli] *ad.* 특질상; 특징[특색]으로서; 개성적으로
char·ac·ter·i·za·tion [kæ̀rəktərizéiʃən | -rai-] *n.* Ⓤ **1** 특징[특성]을 나타냄, 특징 부여 **2** (연극·소설의) 성격 묘사
*__char·ac·ter·ize__ [kǽrəktəràiz] *vt.* **1** 〈사람·사물의〉 **특성을 나타내다,** 성격을 묘사[기술]하다 **2** 〈사물이〉 …에 특성[성격]을 부여하다, 특징 지우다
char·ac·ter·less [kǽrəktərlis] *a.* 특징[개성]이 없는, 평범한
cháracter skètch 〖문학〗 인물 촌평; 성격 묘사(의 소품)
cha·rade [ʃəréid | -rɑ́ːd] *n.* **1** [*pl.*; 단수 취급] 제스처 게임; (제스처 게임의) 몸짓(으로 나타낸 말) **2** 속이 들여다보이는 수작
char·broil [tʃɑ́ːrbrɔ̀il] *vt.* 〈고기를〉 숯불에 굽다
*__char·coal__ [tʃɑ́ːrkòul] [ME 「숯(coal)이 된 나무」의 뜻에서] *n.* **1** Ⓤ **숯**, 목탄 **2** 목탄화(= **∽ dràwing**)
chárcoal bùrner **1** 숯군 **2** 숯가마
chárcoal gráy 회흑색
chard [tʃɑːrd] *n.* 〖식물〗 근대

⁑charge [tʃɑːrdʒ] *vt.* **1** 〈지불을〉 **부담시키다,** 〈대가·요금을〉 **청구하다,** 값을 매기다; 〈세금을〉 과하다 **2** 〈상품 등을〉 **외상으로 사다**; …의 차변(借邊)에 기입하다, …의 앞으로 달아 놓다 **3** 〈죄·과실 등을〉 (…탓으로) 돌리다; 책망하다(blame) **4** 〈의무·책임 등을〉 **지우다**; 위탁하다(entrust) 《*with*》 **5** …**에 채우다,** 충만하게 하다《*with*》; 〈총포에〉 장전(裝塡)하다; 〈축전지에〉 충전하다 《*up*》 **6** 〈적을〉 **습격하다** **7** (권위를 가지고) 명령하다; 〈재판관·주교 등이〉 설유[설명]하다
— *vi.* **1** …의 **대가[요금]를 청구하다**; 값을 부르다; 대변에 기입하다, 외상으로 달다 **2** …로 **돌격하다** 《*at*》 **3** 충전되다
— *n.* **1** **청구 금액** **2** **비난, 고발,** 죄 **3** Ⓤ **책임,** 의무; 보호 **4** 명령 **5** ⓊⒸ 장전; 충전; (1발분의) 탄약 **6** 〖군사〗 돌격, 돌진 **7** 맡은 것 **8** 짐, 화물; 부담(burden), 세금 《*on*》
at a ~ of …의 비용 부담으로 ***free of ~*** 무료로 ***give*** a person ***in ~*** 《영》 〈도둑 등을〉 경찰에 인도하다 ***in*** a person***'s ~*** …에게 맡겨져, …에게 관리[보호]되어 ***in ~*** (***of***) …을 맡고 있는, 담당의 ***on*** (***the***[***a***]) ***~ of*** = ***on ~s of*** …의 죄로, …의 혐의로 ***take ~*** 《구어》 제어(制御)할 수 없게 되다(get out of control); 주도권을 장악하다, 책임을 떠맡다 ***take ~ of*** …을 맡다, 담당하다
charge·a·ble [tʃɑ́ːrdʒəbl] *a.* **1** 〈비난·죄 등이〉 (…에게) 돌려져야 할 《*on*》; 〈사람이〉 (죄로) 고소되어야 할 《*with*》 **2** 〈부담·비용 등이〉 (…에게) 지워져야 할 《*on*》; 〈세금이〉 부과되어야 할 《*on*》 **3** 〈사람이〉 (교구 등의) 보호를 받아야 할 《*to*》
chárge accòunt 《미·캐나다》 외상 거래 계정(《영》 credit account)
chárge càrd 신용 카드
char·gé d'af·faires [ʃɑːrʒéi-dəfɛ́ər] [F = (one) charged with affairs] *n.* (*pl.* **char·gés d'af·faires** [ʃɑːrʒéiz-]) **1** 대리 대사[공사] **2** 공사 대리 《대사[공사] 없는 국가에 파견함》
chárge nùrse (병원·병동의) 수간호사
charg·er [tʃɑ́ːrdʒər] *n.* **1** 군마(軍馬) **2** 돌격자; 용광로에 광석을 넣는 사람 **3** 장전기 **4** 충전기
chárge shèet 《영》 (경찰의) 사건 기록부
char·i·ly [tʃɛ́ərəli] *ad.* **1** 조심스럽게, 경계하면서(cautiously) **2** 아까운 듯이
Chár·ing Cróss [tʃǽriŋ-] 채링 크로스 《London 시의 중앙, Strand 가(街) 서쪽 끝의 번화가》
*__char·i·ot__ [tʃǽriət] [OF 「수레」의 뜻에서] *n.* **1** (고대 그리스·로마의 전투·개선·경주용의) **2륜 전차**(戰車) **2** (18세기의) 4륜 경마차
char·i·ot·eer [tʃæ̀riətíər] *n.* 2륜 전차를 모는 사람
cha·ris·ma [kərízmə] *n.* (*pl.* **~·ta** [-tə]) **1** 〖신학〗 카리스마, (신이 특별히 부여하는) 재능, 권능 **2** Ⓤ (특정한 개인·지위가 갖는) 카리스마적 권위; (대중을 신복시키는) 카리스마적 매력[지도력]
char·is·mat·ic [kæ̀rizmǽtik] *a.* 카리스마적인
*__char·i·ta·ble__ [tʃǽrətəbl] *a.* **1** **자비로운**; 자비심이 많은 **2** 관대한, 관용적인(generous) **3** 자선의; 자선심이 많은 **~·ness** *n.* **-bly** *ad.*

C

char·i·ty [tʃǽrəti] [L 「사랑」의 뜻에서] *n.* (*pl.* **-ties**) **1** Ⓤ (성서에서 말하는) 사랑(Christian love) **2** UC 자애; 동정; 동포애, 박애; 관용 **3** UC 자선 (행위), 보시(布施); (공공의) 구호; Ⓒ 구호금 **4** [*pl.*] 자선 사업 **5** 자선 단체

chárity schòol (미) (옛날의) 자선 학교

chárity shòw 자선 흥행[쇼]

char·la·dy [tʃɑ́ːrlèidi] *n.* (*pl.* **-dies**) (영) = CHARWOMAN

char·la·tan [ʃɑ́ːrlətn] *n.* 허풍선이; (전문 지식이 있는 체하는) 협잡꾼(impostor); (특히) 엉터리[돌팔이] 의사

char·la·tan·ism [ʃɑ́ːrlətənìzm] *n.* Ⓤ 허풍; 협잡

Char·le·magne [ʃɑ́ːrləmèin] *n.* 샤를마뉴 대제(742-814) (서로마 제국 황제)

Charles [tʃɑːrlz] *n.* 남자 이름 (애칭 Charley, Charlie)

Chárles's Wáin [tʃɑ́ːrlziz-wéin] [the ~] (영) 〖천문〗 **1** 북두칠성((미) the (Big) Dipper) **2** 큰곰자리(the Great Bear)

Charles·ton [tʃɑ́ːrlstən] *n.* **1** 찰스턴 (미국 West Virginia 주의 주도) **2** 찰스턴 (1920년대 미국에서 유행한 춤)

Char·ley, -lie [tʃɑ́ːrli] *n.* **1** 남자 이름 (Charles의 애칭) **2** 여자 이름 (Charlotte의 애칭)

chárley hòrse (미·구어) (운동 선수 등의 팔다리의) 근육 경직; 근육통

char·lock [tʃɑ́ːrlɑk] *n.* (*pl.* ~) 〖식물〗 들갓

Char·lotte [ʃɑ́ːrlət] *n.* **1** 여자 이름 (애칭 Charley, Lotty, Lottie) **2** [**c~**] 샬로트 (찐 과일 등을 빵·스펀지케이크로 싼 푸딩)

chárlotte rússe [-rúːs] [F] *n.* 러시아식 샬럿 (디저트용)

charm [tʃɑːrm] [L 「(마법의) 노래」의 뜻에서] *n.* **1** UC 매력(fascination); [보통 *pl.*] (여자의) 아름다움, 요염 **2** 마력(魔力)(spell), 마법 **3** (팔찌·시계줄 등에 다는) 작은 장식물 **4** 주문(呪文); 부적 (*against*)

like a ~ (구어) 신기하게, 신통하게, 희한하게, 효과적으로

— *vt.* **1** (…으로) 매혹하다 (*with, by*) **2** 매혹하여[마법을 걸어] …시키다; …에 마력을 주다

— *vi.* **1** 매력을 가지다, 매력이 있다 **2** 주문[마법]을 걸다

charmed [tʃɑːrmd] *a.* **1** 매혹된; 마법에 걸린; 저주받은 **2** 마법[신통력]으로 보호된

charm·er [tʃɑ́ːrmər] *n.* **1** 매혹하는 사람 **2** 매력 있는 사람

charm·ing [tʃɑ́ːrmiŋ] *a.* **1** 〈사람 등이〉 매력 있는; 〈어린 아이가〉 매우 귀여운 **2** 〈사물이〉 매우 좋은, 매우 재미있는[즐거운] **3** 〈물건이〉 매력적인

char·nel [tʃɑ́ːrnl] *n.* 납골당(= ~ **hòuse**)

Char·on [kɛ́ərən] *n.* **1** 〖그리스신화〗 카론 (삼도내(Styx)의 나루지기) **2** (익살) 나루지기

charr [tʃɑːr] *n.* (*pl.* **~, ~s**) = CHAR[3]

chart [tʃɑːrt] [Gk = leaf of paper] *n.* **1** 해도(海圖), 수로도(水路圖); (항공용) 차트 **2** 도표(圖表) **3** 〖의학〗 (환자용) 차트, 병력(病歷) **4** [the ~s] (구어) (판매량 기준의) 인기곡 순위표

— *vt.* **1** 〈해역·수로 등을〉 해도에 기입하다; 〈자료를〉 도표로 만들다 **2** (구어) 계획하다

char·ter [tʃɑ́ːrtər] *n.* **1** 특허장, 면허장; 허가(서) **2** (배·버스·비행기 등의) 전세 (계약); 용선 계약(서) **3** [종종 **C~**] (목적·강령의) 헌장(憲章), 선언서 **4** (공인된) 특권; (의무·책임의) 면제

— *a.* Ⓐ **1** 특허에 의한; 특권을 가진 **2** 〈비행기·선박 등이〉 전세낸

— *vt.* **1** 특허장을 주다; 〈회사 등을〉 특허장[설립 허가장]에 의해 설립하다; 특허하다, 면허하다 **2** 〈배를〉 용선 계약으로 빌다; 〈비행기·차 등을〉 전세 내다

chárter còlony 〖미국사〗 특허 식민지 (영국 왕이 개인·상사 등에 대해 교부한 특허장으로 건설된 식민지)

char·tered [tʃɑ́ːrtərd] *a.* **1** 특허를 받은; (영) 공인된 **2** 용선 계약을 한; 전세낸: a ~ bus 전세 버스

chártered accóuntant (영) 공인 회계사 (略 C.A.; (미) C.P.A. = certified public accountant)

chárter mémber (미) (협회 등의) 창립 위원

chárter pàrty 용선 계약(서) (略 c / p)

Chart·ism [tʃɑ́ːrtizm] *n.* Ⓤ 〖영국사〗 인민 헌장 운동(1838-48) **-ist** *n., a.*

Char·treuse [ʃɑːrtrúːz, -trúːs] *n.* **1** 카르투지오회 수도원 **2** Ⓤ 그 수도원에서 만든 고급 리큐어술 **3** [**c~**] Ⓤ 연두빛

— *a.* [**c~**] 연두빛의

char·wom·an [tʃɑ́ːrwùmən] *n.* (*pl.* **-wom·en** [-wìmin]) (영) 파출부, 잡역부(雜役婦)

char·y [tʃɛ́əri] *a.* (**char·i·er**; **-i·est**) **1** 조심스러운 (*of*) **2** 나서지 않는 **3** 아까워하는(sparing) (*of*)

Cha·ryb·dis [kəríbdis] *n.* 카리브디스 (Sicily 섬 앞바다의 큰 소용돌이; 배를 삼킨다고 전해짐)

chase[1] [tʃeis] [L 「붙잡다」의 뜻에서] *vt.* **1** 뒤쫓다, 추적[추격]하다; (구어) 〈여자를〉 귀찮게 따라다니다 **2** …을 추구하다 **3** 〈사람·동물을〉 쫓아내다 (*away, off*), 몰아내다 (*from, out of*): *C~* the cat *out of* the room. 고양이를 방에서 쫓아내어라. **4** 사냥하다 **5** [~ one*self*로; 보통 명령법에서] (구어) 달아나다, 떠나다: Go ~ *yourself*. 가라, 떠나라.

— *vi.* **1** 뒤쫓다, 추적하다, 추격하다 (*after*): The police ~*d after* the murderer. 경찰은 살인범을 추적했다. **2** (구어) 달리다, 뛰어다니다; 서두르다(hurry)

— *n.* **1** UC 추적, 추격; 추구 **2** 쫓기는 사람[짐승, 배]; 사냥감, 추구의 대상 **3** [the ~] (스포츠로서의) 사냥; (영) 개인 소유의 사냥터 (chace라고도 씀; cf. FOREST, PARK); 수렵권(權)

in ~ of …을 뒤쫓아서

chase² *vt.* 〈금속에〉 돋을새김하다, 〈무늬를〉 양각으로 넣다(engrave)

chase³ *n.* 홈(groove); 앞쪽 포신(砲身)

chas·er¹ [tʃéisər] *n.* **1** 쫓는 사람; 추격하는 사람; (미) 여자 뒤를 따라다니는 사람 **2** 사냥꾼(hunter) **3** 〖공군〗 추격기 **4** (구어) 체이서 《독한 술 뒤 또는 사이에 마시는 물·맥주 등》

chaser² *n.* 조금사(彫金師)

*__chasm__ [kæzm] [Gk 「아가리를 벌린 구렁」의 뜻에서] *n.* **1** (지면·바위 등의) **깊게 갈라진 폭 넓은 틈**; 깊은 수렁; (벽·돌담의) 금, 균열 **2** (감정·의견 등의) 차이 《*between*》

chas·sis [ʃǽsi, tʃǽsi] [F] *n.* (*pl.* ~ [-z]) (자동차 등의) 차대(車臺), (포가(砲架)가 그 위를 이동하는) 포좌(砲座); (비행기의) 각부(脚部); 〖라디오·TV〗 섀시 《세트를 조립하는 대(臺)》

*__chaste__ [tʃeist] [L 「결점 없는, 순결한」의 뜻에서] *a.* **1** 〈여성이〉 **순결한**, 정숙한 **2** 〈사상·언동이〉 난잡[추잡]하지 않은, 순결한, 순수한(pure) **3** 〈취미·문체 등이〉 품위 있는(decent), 간소한 **~·ly** *ad.*

*__chas·ten__ [tʃéisn] *vt.* **1** (바로잡기 위해) **벌하다**; 단련시키다 **2** 〈열정 등을〉 억제하다(subdue) **3** 〈작품 등을〉 세련하다(refine)

chas·tened [tʃéisnd] *a.* 〈사람·태도 등이〉 (혼나서) 누그러진

*__chas·tise__ [tʃæstáiz] *vt.* **1** 〈…을 매질 등으로〉 **벌하다**, 혼내주다(punish) **2** …을 몹시 비난하다

chas·tise·ment [tʃæstáizmənt | tʃǽstiz-] *n.* ⓊⒸ 응징, 혼내줌, 징벌

*__chas·ti·ty__ [tʃǽstəti] *n.* Ⓤ **1 순결**; 정숙; 성적 금욕 **2** (사상·감정의) 청순(淸純) **3** (문체·취미의) 간소

chástity bèlt 정조대(貞操帶)

chas·u·ble [tʃǽzəbl | -zju-] *n.* 〖가톨릭〗 (미사의) 제의(祭衣) 《사제(司祭)가 alb 위에 걸치는 소매 없는 제의》

‡**chat** [tʃæt] *n.* **1 잡담**, 담소: have a ~ with …와 잡담하다 **2** Ⓤ 잡담(하기); 〖컴퓨터〗 채팅(하기)

— *v.* (**~·ted**; **~·ting**) *vi.* **담소[잡담]하다**; 〖컴퓨터〗 채팅하다: We *~ted away* in the lobby. 우리는 로비에서 잡담을 많이 했다.

— *vt.* (영·구어) …에게 말을 걸다, (특히 여자에게) 말을 걸다

*__châ·teau__ [ʃætóu | ´–] [F = castle] *n.* (*pl.* **~s**, **~x** [-z]) **1** (프랑스의) **성**(castle); (프랑스의 귀족·대지주의) 큰 저택(mansion) **2** [**C~**] 샤토 《프랑스 보르도 지방의 포도원》

chat·e·lain [ʃǽtəlèin] [F] *n.* **1** 여자 성주(城主)

chat·e·laine [ʃǽtəlèin] [F] *n.* **1** 여자 성주; 성주 부인; 큰 저택의 여주인; 여주인(hostess) **2** (여자용) 허리띠 장식 쇠사슬 《원래 열쇠·시계 등을 다는》

chat·tel [tʃǽtl] *n.* **1** 〖법〗 동산 **2** [*pl.*] 가재(家財)

‡**chat·ter** [tʃǽtər] *vi.* **1 재잘거리다 2** 〈새가〉 지저귀다; 〈원숭이가〉 끽끽거리다; 〈시냇물이〉 졸졸 흐르다; 〈이 등이〉 딱딱 맞부딪히다, 〈기계 등이〉 달각달각 소리내다

— *n.* **1** 재잘거림, 수다 **2** 끽끽 우는 소리; (시냇물의) 졸졸거림; (기계·이 등의) 딱딱[달각달각] 소리

chat·ter·box [tʃǽtərbɑ̀ks | -bɔ̀ks] *n.* (구어) 수다쟁이

chat·ter·er [tʃǽtərər] *n.* **1** 수다쟁이 **2** 잘 지저귀는[우는] 새

chat·ting [tʃǽtiŋ] *n.* 〖컴퓨터〗 채팅

chat·ty [tʃǽti] *a.* (**-ti·er**; **-ti·est**) **1** 수다스러운, 지껄이기 좋아하는 **2** 〈이야기·편지 등이〉 터놓은, 기탄없는

Chau·cer [tʃɔ́:sər] *n.* 초서 **Geoffrey ~** (1340?-1400) 《영국의 시인》

Chau·ce·ri·an [tʃɔ:síəriən] *a.* Chaucer (풍)의[에 관한]

— *n.* Chaucer 연구가[학자]

*__chauf·feur__ [ʃóufər, ʃoufə́:r] [F] *n.* (자가용·회사차의) **운전사**

— *vi.* (자가용 차의) 운전사로 일하다

— *vt.* …의 (자가용 차) 운전사로 일하다; 〈사람을〉 자가용 차로 안내하다 《*around, about*》

Chau·tau·qua [ʃətɔ́:kwə] *n.* (미) 하계 문화 교육 학교

chau·vin·ism [ʃóuvənìzm] *n.* Ⓤ **1** 쇼비니즘, 광신[맹목]적 애국주의 **2** (자기가 속하는 단체·성별 등을 위한) 극단적 배타[우월]주의

chau·vin·ist [ʃóuvinist] *n.* 광신적 애국주의자, 쇼비니스트

chau·vin·is·tic [ʃòuvinístik] *a.* 광신적 애국주의(자)의 **-ti·cal·ly** *ad.*

‡**cheap** [tʃi:p] [동음어 cheep] [OE 「(좋은) 거래」의 뜻에서] *a.* **1** 싼, 값이 싼; 〈가게 등이〉 싸게 파는; (영) 할인의: a ~ trip(per) (영) (철도 등의) 할인 여행(자) **2** 〈돈이〉 저리(低利)의; (인플레이션으로) 〈통화가〉 구매력[가치]이 저하한 **3 싸구려의**, 저속한 **4** (미·구어) 인색한 **5** 노력[고생]하지 않고 얻은

***hold* ~** 깔보다, 경시하다

— *ad.* **1** 싸게 **2** 저속하게: act ~ 천하게 굴다 — *n.* [다음 성구로]

***on the* ~** 싸게, 값싸게(cheaply)

cheap·en [tʃí:pən] *vt.* **1** 싸게 하다, 값을 깎아주다 **2** 깔보다 **3** 천하게 하다, 저속하게 하다, 평판이 나빠지게 하다

cheap·ie [tʃí:pi] (구어) *n.* 싸구려 물건, 조제품(粗製品), 값싼 영화 — *a.* 싸구려의

cheap-jack [tʃí:pdʒæ̀k], **-john** [-dʒɑ̀n | -dʒɔ̀n] *n.* (싸구려) 행상인

— *a.* Ⓐ **1** 〈물건이〉 값싼, 품질이 떨어지는 **2** 〈사람이〉 싸구려 물건으로 돈을 버는

cheap·ly [tʃí:pli] *ad.* **1** 싸게 **2** 쉽게

‡**cheat** [tʃi:t] *vt.* **1 속이다**; 속여 빼앗다, 사취하다 **2** (문어) 교묘하게 피하다, 용케 면하다

— *vi.* **1** 협잡[부정]을 하다 《*at, on, in*》: ~ *in* an examination 시험에서 부정 행위를 하다 **2** (구어) (배우자 몰래) 바람 피우다

— *n.* **1** 사기, 협잡; (시험의) 부정 행위; 사기 카드놀이 **2** 교활한 녀석; 협잡꾼, 사기꾼

cheat·er [tʃíːtər] *n.* 사기꾼, 협잡꾼

*****check** [tʃek] [동음어 Czech] *n.* **1** 저지, 방해 **2** (군대 등의) 견제, 억제 **3** 감독, 관리 **4** 저지하는 도구 **5** **점검, 대조**; 검사; **대조 표시** ((∨ 부호 등)) **6** **부신**(符信); 보관표; 영수증; (회계) **전표** **7** ((미)) **수표**(((영)) cheque) **8** 바둑판[체크] 무늬(의 천) **9** 〖체스〗 장군

— *vt.* **1** **저지하다**; **억제하다**(restrain) **2** **점검하다**, 대조하다, 대조 표시((∨등))를 하다; 〈답안을〉 채점하다 **3** 꼬리표를 달다; ((미)) 〈물건을〉 물표를 받고 맡기다[부치다]; ((미)) 물표를 받고 물건을 내주다; ((미)) (잠깐) 맡(기)다: *C*~ your coat *at* the cloakroom. 코트는 외투류 보관소에 맡기시오. **4** 〈직물에〉 바둑판[체크] 무늬를 놓다 **5** 〖체스〗 장군을 부르다

— *vi.* **1** **조사하다**, 확인하다 **2** ((미)) 일치하다, 부합하다 ((*with*)) **3** 〖체스〗 장군을 부르다

~ ***in*** (1) (호텔 등에) 기장하고 들다[투숙하다]; (공항에서) 탑승 수속을 하다 ((*at*)) (2) ((구어)) (타임 리코더 등으로 회사에) 출근했음을 알리다, 출근하다; 도착하다 ((*at*)) (3) 체크[수속]하여 〈책·하물 등을〉 받아들이다[맡기다, 반환하다] ~ ***off*** (1) ((영)) 퇴근하다, 퇴사하다 (2) 대조 표시를 하다 ~ ***out*** (1) (호텔 등에서) 셈을 치르고 나오다, 체크 아웃하다 ((*from*)) (2) ((구어)) 퇴근[퇴사]하다; 떠나다 (3) 일치하다, 부합하다 (4) ((속어)) 죽다 ~ ***up*** (1) 조사하다, 확인하다 (2) 검토하다, 대조하다 (3) …의 건강 진단을 하다

— *int.* [C~] ((미·구어)) 옳지!, 좋아!, 알았어!

— *a.* Ⓐ **1** 저지[억제, 조정]에 도움이 되는 **2** 검사[대조]용의 **3** 체크 무늬의

check·book [tʃékbùk] *n.* ((미)) 수표장(帳)

chéckbook jóurnalism 수표 저널리즘((독점 인터뷰에 큰 돈을 지불하고 기사를 만드는 저널리즘))

chéck càrd ((미)) (은행 발행의) 수표 카드

checked [tʃekt] *a.* 바둑판[체크] 무늬의

***check·er**[1] [tʃékər] *n.* **1** **바둑판[체크] 무늬** **2** [*pl.*] ((미)) 체커, 서양 장기

— *vt.* 체크 무늬로 하다; 얼룩얼룩하게 하다; 변화를 주다

checker[2] *n.* **1** 검사자 **2** ((미)) (휴대품 등의) 일시 보관자; ((미)) (슈퍼마켓 등의) 현금 출납원

check·er·board [-bɔ̀ːrd] *n.* ((미)) 서양 장기판(((영)) draughtboard)

check·ered [tʃékərd] *a.* **1** 체크 무늬의 **2** 가지각색의 **3** 변화가 많은

check-in [tʃékìn] *n.* (호텔에서의) 투숙 절차, 체크인(opp. *check-out*); (공항에서의) 탑승 수속

chéck·ing accòunt [tʃékiŋ-] ((미)) 당좌 예금 계좌

check·list [tʃéklìst] *n.* **1** 대조표 **2** (도서관의) 체크리스트, 점검표

check·mate [-mèit] *n.* **1** 〖체스〗 외통 장군 **2** (계획·사업 등의) 좌절, 실패

— *int.* 〖체스〗 장군!

— *vt.* **1** 〖체스〗 외통 장군을 부르다[불러 이기다] **2** 좌절[실패]시키다; 저지하다

check·off [-ɔ̀ːf | -ɔ̀f] *n.* (급료에서의) 노동 조합비 공제

check-out [-àut] *n.* **1** 호텔의 계산 (시간), 체크아웃; 방을 비우는 시각 **2** (기계·비행기 등의) 점검, 검사 **3** (슈퍼마켓 등에서의) 물건값 계산; 계산대(= ∠ **còunter**)

check·point [-pɔ̀int] *n.* (통행) 검문소

check·rein [-rèin] *n.* (말이 머리를 숙이지 못하게 하는) 제지 고삐

check·roll [-ròul] *n.* = CHECKLIST

check·room [-rùːm] *n.* ((미)) **1** (호텔·극장 등의) 휴대품[외투류] 일시 보관소 (((영)) cloakroom) **2** (역 등의) 수하물 일시 보관소

check·up [-ʌ̀p] *n.* **1** 대조; (업무 능률·기계 상태 등의) 점검 **2** 건강 진단

Chéd·dar (chèese) [tʃédər-] [잉글랜드 Somerset 주의 원산지명에서] 체더 치즈

*****cheek** [tʃiːk] [OE 「턱, 턱뼈」의 뜻에서] *n.* **1** **뺨, 볼** **2** [*pl.*] (기구(器具)의) 측면 **3** Ⓤ ((구어)) 건방진 말[행위, 태도]; 뻔뻔스러움(impudence) **4** [보통 *pl.*] ((속어)) 궁둥이

~ ***by jowl*** …와 꼭 붙어서; …와 친밀하여 ((*with*)) ***turn the other*** ~ (부당한 처우를) 감수하다

— *vt.* ((영·구어)) …에게 건방지게 말하다, 건방지게 굴다

cheek·bone [tʃíːkbòun] *n.* 광대뼈

cheeked [tʃiːkt] *a.* [복합어를 이루어] 「…한 빰을 가진」의 뜻: rosy-~ 빰이 불그스레한

cheek·y [tʃíːki] *a.* (**cheek·i·er**; **-i·est**) ((구어)) 건방진, 뻔뻔스러운(impudent)

cheep [tʃiːp] *vi.* 〈병아리 등이〉 삐악삐악 울다; 〈생쥐 등이〉 찍찍 울다

— *n.* 삐악삐악[찍찍] 소리

*****cheer** [tʃiər] [Gk 「얼굴」의 뜻에서; 단 현재의 의미는 good cheer에서] *n.* **1** Ⓒ **환호, 갈채**, 만세; ((미)) 응원(의 구호), 성원 **2** Ⓤ 격려; 쾌활 **3** Ⓤ 기분; 원기 **4** 음식물, 성찬 **5** [*pl.*; 감탄사적으로] ((구어)) 건배 — *vt.* **1** **갈채하다**; 응원하다(encourage): ~ a team *to* victory 팀을 성원하여 승리하게 하다 **2** **기운을 북돋우다**, 격려하다; 기분 좋게 하다, 위로하다(comfort) ((*up*))

— *vi.* **1** **환성을 지르다**, 갈채하다 ((*for*, *over*)) **2** **기운이 나다** ((*up*))

****cheer·ful** [tʃíərfəl] *a.* **1** **쾌활한**, 기운찬 **2** 마음을 밝게 하는, 유쾌한; 〈방 등이〉 기분 좋은, 밝은 **3** 쾌히[기꺼이] …하는, 마음으로부터의: a ~ giver 기꺼이 주는 사람 **~·ness** *n.*

****cheer·ful·ly** [tʃíərfəli] *ad.* **기분 좋게**, 쾌활하게, 명랑하게, 기꺼이

***cheer·i·ly** [tʃíərili] *ad.* **기분 좋게**, 명랑하게, 기운 좋게

cheer·ing [tʃíəriŋ] *a.* **1** 격려가 되는, 기운을 돋우는 **2** 갈채하는 **~·ly** *ad.*

cheer·i·o [tʃìərióu] *int.* ((영·구어)) **1** 안녕, 그럼 또 만나요 ((헤어질 때의 인사)) **2** 축하합니다, 건배!

C

*__cheer·lead·er__ [tʃíərlì:dər] *n.* 《미》 치어리더 《관중의 응원을 리드하는 응원단원》
__cheer·less__ [tʃíərlis] *a.* 재미없는(joyless), 우울한(gloomy), 기운이 없는, 쓸쓸한 **~·ly** *ad.* **~·ness** *n.*
*__cheer·y__ [tʃíəri] *a.* (**cheer·i·er**; **-i·est**) 기분 좋은; 명랑한(merry), 원기 있는(lively)
‡__cheese__[1] [tʃi:z] *n.* **1** UC 치즈 **2** (모양·균기·성분 등이) 치즈 비슷한 것
bread and ~ 변변치 않은 음식; 호구지책(糊口之策) ***Say ~!*** 「치즈」라고 하세요! 《사진 찍을 때 cheese라고 하면 웃는 얼굴이 되는 데서》
__cheese__[2] *vt.* 《구어》 = STOP
C~ it! 《구어》 그만 둬!, 조심해!, 튀어라!
__cheese__[3] *n.* 《속어》 **1** [the ~] 바로 그것 **2** 《미》 중요 인물, 보스(boss)
__cheese·burg·er__ [tʃí:zbə̀:rgər] *n.* CU 《미》 치즈버거 《치즈를 넣은 햄버거》
__cheese·cake__ [-kèik] *n.* **1** CU 치즈케이크 **2** U 《속어》 (잡지 등의) 섹시한 여성의 육체미 사진(cf. BEEFCAKE)
__cheese·cloth__ [-klɔ̀:θ] [원래 치즈 만들 때 curd를 싸는 데 쓰여진 데서] *n.* U 《미》 일종의 투박한 무명
__cheese·mon·ger__ [-mʌ̀ŋgər] *n.* 치즈 장수 《버터·달걀도 팖》
__cheese·par·ing__ [-pɛ̀əriŋ] *n.* **1** 치즈 부스러기 **2** 인색함
— *a.* 인색한(stingy)
__chéese stràw__ 치즈 스트로 《밀가루에 가루 치즈를 섞어 길쭉하게 구운 비스킷》
__chees·y__ [tʃí:zi] *a.* (**chees·i·er**; **-i·est**) **1** 치즈질(質)의, 치즈와 같은; 치즈 맛이 나는 **2** 《미·속어》 저질의, 값싼
__chee·tah__ [tʃí:tə] *n.* 〖동물〗 치타 《서남아시아·아프리카산의 표범 비슷한 동물》
__chef__ [ʃef] [F = chief] *n.* 요리사; (특히, 식당·호텔 등의) 주방장
__chef-d'oeu·vre__ [ʃei-dɔ́:vrə] [F = chief (piece) of work] *n.* (*pl.* **chefs-d'oeu·vre** [~]) 걸작
__Che·khov__ [tʃékɔ:f | -kɔf] *n.* 체호프 **Anton ~** (1860-1904) 《러시아의 극작가·단편 소설가》
__chem.__ chemical; chemist; chemistry
‡__chem·i·cal__ [kémikəl] *a.* **화학의**; 화학적인, 화학 작용의: ~ textile 화학 섬유 / ~ weapons 화학 무기
— *n.* [보통 *pl.*] **화학 제품**[약품]
~·ly *ad.*
*__che·mise__ [ʃəmí:z] [F] *n.* **슈미즈** 《원피스형 여자용 속옷》
‡__chem·ist__ [kémist] [alchemist (연금술사)의 두음소실(頭音消失)] *n.* **1 화학자 2** 《영》 **약사**; 매약업자(《미》 druggist): a ~'s (shop) 《영》 약국(《미》 drugstore)
‡__chem·is·try__ [kémistri] *n.* U **1 화학**: organic[inorganic] ~ 유기[무기] 화학 **2** 화학적 성질[작용]
__che·mo·ther·a·peu·tic, -ti·cal__ [kì:mouθèrəpjú:tik(əl)] *a.* 화학 요법의
__che·mo·ther·a·py__ [kì:mouθérəpi] *n.* U 〖의학〗 화학 요법

__chem·ur·gy__ [kémə:rdʒi] *n.* U 《미》 농산(農産)화학
__che·nille__ [ʃəní:l] *n.* 셔닐 실 《자수·가장자리 장식용 실의 일종》
‡__cheque__ [tʃek] *n.* 《영》 **수표**(《미》 check)
__cheque·book__ [tʃékbùk] *n.* 《영》 수표장(《미》 checkbook)
*__cheq·uer__ [tʃékər] *n.*, *v.* 《영》 = CHECKER[1]
‡__cher·ish__ [tʃériʃ] [F = cher(친애하는)] *vt.* **1** 〈어린아이를〉 **소중히 하다**, 귀여워하다 **2** 〈소망·신앙·원한 등을〉 **품다**; 〈추억을〉 고이 간직하다 (*for, against*): ~ a resentment *against* ... …에 대해 원한을 품다
__Cher·o·kee__ [tʃérəkì:, ⌐–⌐] *n.* (*pl.* **~**, **~s**) **1 a** [the ~(s)] 체로키 족 《Oklahoma 주에 많이 사는 북미 인디언》 **b** 체로키 족의 사람 **2** U 체로키 말
__che·root__ [ʃərú:t] *n.* 양 끝을 자른 엽궐련
‡__cher·ry__ [tʃéri] *n.* (*pl.* **-ries**) **1 체리, 버찌 2 벚나무**(= ⌐ **trèe**) **3** U 벚나무 재목(= ⌐ **wòod**) **4** U 버찌색, 선홍색 **—** *a.* **1** 버찌 빛깔의, 선홍색의 **2** A 벚나무 재목으로 만든
‡__chérry blòssom__ [보통 *pl.*] **벚꽃**
__chérry brándy__ 체리브랜디 《버찌를 브랜디에 담가서 만든 술》
__chérry píe__ 체리 파이
__cher·ry·stone__ [-stòun] *n.* 버찌 씨
__chérry tomáto__ 체리토마토
*__cher·ub__ [tʃérəb] [Gk] *n.* (*pl.* **~s**, **-u·bim** [-bim]) **1** 〖성서〗 **케루빔 2** 〖신학〗 지품(智品) 천사 《9품 천사 중의 제2위로 지식의 천사》 **3** 〖미술〗 아기 천사의 그림 《날개가 달리고 귀여운》 **4** 토실토실한 귀여운 아기
__che·ru·bic__ [tʃirú:bik] *a.* 천사의, 천사 같은; 순진한; 〈얼굴 등이〉 토실토실한
-bi·cal·ly *ad.*
__cher·vil__ [tʃə́:rvəl] *n.* 〖식물〗 파슬리의 일종 《샐러드용》
__Ches.__ Cheshire
__Chesh·ire__ [tʃéʃər] *n.* 체셔 《영국 서부의 주; 略 Ches.》
__Chéshire chéese__ 체셔 치즈 《크고 둥글넓적함》
‡__chess__ [tʃes] *n.* U **체스**, 서양 장기 《판위에서 32개의 말을 움직여 둘이서 둠》
__chess·board__ [tʃésbɔ̀:rd] *n.* 체스판, 서양 장기판
__chess·man__ [tʃésmæ̀n] *n.* (*pl.* **-men** [-mèn]) (체스의) 말
‡__chest__ [tʃest] [Gk 「상자」의 뜻에서] *n.* **1 가슴**; 흉곽(thorax); 《구어》 가슴 속: ~ trouble 폐병 **2 상자**, 장롱 **3** (공공 시설의) 금고; U 자금: a military ~ 군자금
__chest·ed__ [tʃéstid] [복합어를 이루어] 「…가슴의, 가슴이 …한」의 뜻: broad[flat]-~ 가슴통이 넓은[평평한]
__Ches·ter·field__ [tʃéstərfì:ld] *n.* **1** 체스터필드 **4th Earl of ~** (1694-1773) 《영국의 정치가·문인》 **2** [c~] 침대 겸용 소파; 《캐나다·영》 소파; 자락이 긴 남자용 오버코트의 일종

‡**chest·nut** [tʃésnʌ̀t, -nət] *n.* **1** 밤 **2** 밤나무(= ~ **trèe**); 서양칠엽수(=horse ~); Ⓤ 밤나무 목재 **3** Ⓤ 밤색; Ⓒ 밤색 털의 말, 구렁말 **4** 《구어》 진부한 이야기[재담] **—*a.*** **1** 밤색의, 밤색 털의 **2** 밤의, 〈음식이〉 밤이 든

chést vòice 〖음악〗 흉성(胸聲) 《저음역의 소리》

chest·y [tʃésti] *a.* (**chest·i·er**; **-i·est**) **1** 《영》 흉부 질환으로 인한; 흉부 질환의 (징후가 보이는) **2** 《구어》 흉부가 잘 발달한; 〈여자가〉 젖가슴이 큰 **3** 《미·속어》 거만한, 뽐내는

che·vál glàss [ʃəvǽl-] 체경(體鏡) 《온몸을 비출 수 있는 큰 거울》

chev·a·lier [ʃèvəlíər] [F 「말(馬)」의 뜻에서] *n.* **1** 〖프랑스사〗 기사(knight) **2** (프랑스의) 훈작사(勳爵士) **3** 의협적인 사람

Chev·i·ot [tʃéviət, tʃí:v-] *n.* Ⓤ 체비엇 양털로 짠 모직물 《영국 Cheviot Hills 산》

Chéviot Hílls [the ~] 체비엇 힐스 《잉글랜드와 스코틀랜드 경계의 구릉 지대》

Chev·ro·let [ʃévrəlèi, ⌐-⌐] *n.* 시보레 《미국제 자동차 이름; 상표명》

chev·ron [ʃévrən] *n.* **1** 갈매기표 수장(袖章) 《∧, ∨; 하사관·경관복의》 **2** [**C~**] 미국의 석유 회사

chev·y [tʃévi] *v.* (**chev·ied**), *n.* = CHIVVY

Chev·y [ʃévi] *n.* 《미·구어》 =CHEVROLET

‡**chew** [tʃu:] *vt.* **1** 〈음식물을〉 **씹다**, 깨물어 부수다 **2** 심사숙고하다 《*over*》 **3** 〈일을〉 충분히 의논하다 《*over*》
—*vi.* **1** 씹다 **2** 《미·구어》 씹는 담배를 씹다 **3** 심사숙고하다
bite off more than one ***can*** ~ 힘에 겨운 일을 시도하다 ***~ out*** 《미·구어》 …을 호되게 꾸짖다 ***~ the cud*** 〈소 등이〉 새김질하다, 반추하다; 깊이 생각하다 ***~ up*** (1) 〈음식 등을〉 짓씹다 (2) 파괴하다 (3) 《구어》 …을 호되게 꾸짖다
—*n.* **1** [a ~] 씹음, 저작; (특히 씹는 담배의) 한 입 **2** 씹는 과자 《캔디 등》
have a ~ at 《구어》 …을 한 입 먹다[깨물다]

chéw·ing gùm [tʃú:iŋ-] 껌

chew·y [tʃú:i] *a.* (**chew·i·er**; **-i·est**) 〈음식 등이〉 잘 씹히지 않는; 〈캔디 등이〉 씹을 필요가 있는

Chey·enne [ʃaiǽn, -én] *n.* (*pl.* ~, **~s**) **1 a** [the ~(s)] 샤이엔 족 《아메리칸 인디언》 **b** 샤이엔 족의 사람 **2** Ⓤ 샤이엔 말

chg. change; charge

chi [kai] *n.* 카이 《그리스 자모의 제22자 (Χ, *χ*)》

Chiang Kai-shek [tʃiɑ́:ŋ-kàiʃék] *n.* 장제스(蔣介石)(1887-1975) 《중화민국 총통》

Chi·an·ti [kiɑ́:nti, -ǽn- | -ǽn-] *n.* Ⓤ 칸티 《이탈리아산 적포도주》

chi·a·ro·scu·ro [kiɑ̀:rəskjúərou] [It.] *n.* (*pl.* **~s**) Ⓤ 〖미술〗 명암의 배합; Ⓒ 명암을 배합한 그림

chic [ʃi:k, ʃik] [F 「숙련, 기술」의 뜻에서] *n.* Ⓤ (독특한) 스타일; 멋, 고상(elegance), 세련
—*a.* 우아한, 세련된, 맵시 있는(stylish)

‡**Chi·ca·go** [ʃikɑ́:gou, -kɔ́:-] *n.* 시카고 《미시간 호숫가에 있는 미국 제2의 도시》

Chi·ca·go·an [ʃikɑ́:gouən, -kɔ́:-] *n.* 시카고 시민

chi·cane [ʃikéin] *n.* **1** =CHICANERY **2** 〖카드〗 (bridge에서) 으뜸패를 한 장도 못 가진 사람(에게 주어지는 점수) **3** 시케인 《자동차 경주 코스에 놓인 감속용 장애물》
—*vi.* 궤변으로 둘러대다; 교활한 책략을 쓰다 **—*vt.*** …을 속여서 …하게 하다[…을 빼앗다] 《*into, out of*》

chi·can·er·y [ʃikéinəri] *n.* (*pl.* **-er·ies**) ⓊⒸ 발뺌, 속임수, 궤변

Chi·ca·no [tʃikɑ́:nou] *n.* (*pl.* **~s**) 치카노 《멕시코계 남자 미국인; 여자는 Chicana》 **—*a.*** 치카노의

Chich·es·ter [tʃítʃistər] *n.* 치체스터 《잉글랜드 West Sussex 주의 주도》

chi·chi [ʃí:ʃi:] [F] *a.* **1** 〈복장 등이〉 야한, 현란한 **2** 멋진 **3** 기교를 부린, 짐짓 꾸민 듯한
—*n.* Ⓤ 멋진[현란한] 것

‡**chick** [tʃik] [chicken의 생략형] *n.* **1 병아리**(cf. COCK[1]); **새 새끼** **2** 《애칭》 어린아이 **3** 《속어》 젊은 아가씨

chick·a·dee [tʃíkədì:] *n.* 〖조류〗 박새 속의 총칭; 《특히》 미국박새

‡**chick·en** [tʃíkin] [OF 「작은 수새」의 뜻에서] *n.* **1 새 새끼**; **병아리**(cf. COCK[1]) **2** Ⓤ **닭고기** **3 닭**(fowl) **4** [보통 no ~으로] 《구어》 어린애; 《특히》 계집애 **5** 《속어》 겁쟁이
—*a.* **1** Ⓐ 닭고기의 **2** Ⓐ 어린애의, 어린 **3** Ⓟ 《속어》 겁많은
—*vi.* …에서 꽁무니 빼다, 무서워서 손을 떼다 《*out*》

chick·en-and-egg [tʃíkinəndég] *a.* 〈문제 등이〉 닭이 먼저냐 달걀이 먼저냐의

chícken brèast 새가슴 (pigeon breast)

chick·en-breast·ed [-brèstid] *a.* 새가슴의

chícken fèed 《속어》 가금의 묘미; 잔돈, 푼돈

chick·en-heart·ed [-hɑ́:rtid] *a.* 겁많은, 소심한

chick·en-liv·ered [-lívərd] *a.* 《구어》 =CHICKEN-HEARTED

chick·en·pox [-pɑ̀ks | -pɔ̀ks] *n.* 〖병리〗 수두(水痘), 작은마마

chic·le [tʃíkl] *n.* Ⓤ 〖식물〗 치클 《중미산 적철과(赤鐵科) 식물에서 채취하는 껌의 원료》

chic·o·ry [tʃíkəri] *n.* (*pl.* **-ries**) ⓊⒸ 〖식물〗 《미》 치커리, 꽃상추(《영》 endive) 《국화과; 잎은 샐러드용, 뿌리의 분말은 커피 대용품》

***chide** [tʃaid] *vt., vi.* (**chid** [tʃid], 《미》 **chid·ed** [tʃáidid]; **chid·den** [tʃídn], **chid,** 《미》 **chid·ed**) 《문어》 **꾸짖다**(scold), …에게 잔소리하다

‡**chief** [tʃi:f] [L =head] *n.* (*pl.* **~s**) **1** (조직·집단의) **장**(長), 우두머리; 장관, 상관; 《속어》 두목, 보스(boss) **2** (종족의) 추장, 족장

in ~ 최고의, 장관의: a commander *in* ~ 총사령관 ***the ~ of police*** (미) 경찰 본부장
—*a.* Ⓐ **1** (계급·중요도 등에 있어) **최고의** **2** 주요한
chíef cónstable [the ~] (영) (자치체[지방] 경찰의) 본부장, 경찰서장
chíef jústice [the ~] **1** 재판장; 법원장 **2** [**C~ J~**] (미) 연방 대법원장 (정식 명칭은 the Chief Justice of the United States)
‡**chief·ly** [tʃíːfli] *ad.* **1 주로**(mainly) **2** 대개, 거의
‡**chief·tain** [tʃíːftən] *n.* **1** 지도자 **2** (산적 등의) **두목**; (스코틀랜드 Highland 족의) 족장(族長); (인디언 부족 등의) 추장
chief·tain·cy [tʃíːftənsi] *n.* (*pl.* **-cies**) UC chieftain의 지위[역할]
chief·tain·ship [tʃíːftənʃìp] *n.* = CHIEFTAINCY
chif·fon [ʃifán, ⁻⁻ | ʃifɔ́n] [F] *n.* Ⓤ **1** 시폰, 견(絹) 모슬린 **2** [*pl.*] (드레스의) 장식 레이스
—*a.* **1** 〈여성복·스카프 등이〉 시폰제의, 시폰 같은 **2** 〈파이·케이크 등이〉 (휘저은 흰자위로) 부푼한
chif·fo(n)·nier [ʃìfəníər] *n.* (키가 큰) 서랍장 (위에 거울이 달려 있음)
chig·ger [tʃígər] *n.* **1** [동물] 털진드기 비슷한 기생충 **2** = CHIGOE
chi·gnon [ʃíːnjan | -njɔːŋ] [F] *n.* 뒷머리에 땋아 붙인 쪽, 시뇽
chig·oe [tʃígou] *n.* [곤충] 모래벼룩 (sand flea) (손샅·발샅 등에 기생)
Chi·hua·hua [tʃiwɑ́ːwɑː, -wə] *n.* 치와와 (멕시코 원산의 작은 개의 품종)
chil·blain [tʃílblèin] *n.* [보통 *pl.*] 동상(凍傷) (frostbite보다 다소 가벼움)
-blàined [-blèind] *a.* 동상에 걸린
‡**child** [tʃaild] [OE 「어린아이, 귀공자」의 뜻에서] *n.* (*pl.* **chil·dren** [tʃíldrən]) **1** (일반적) **아이**; **어린이**; 유아; 태아 **2** (부모에 대하여) **자식** (아들·딸) **3** 어린애 같은 사람; 유치하고 경험 없는 사람 **4** (먼 조상의) 자손(offspring) (*of*) **5** 제자(disciple); 숭배자 (*of*) **6** 소산, 산물 (두뇌·공상 등의)
as a ~ 어릴 때 ***with ~*** 임신하여
child·bear·ing [tʃáildbɛ̀əriŋ] *n.* Ⓤ 분만, 해산
—*a.* Ⓐ 출산의; 출산 가능한
child·bed [-bèd] *n.* 산욕(産褥); 분만
child·birth [-bə̀ːrθ] *n.* UC 분만, 해산
child·care [-kɛ̀ər] *n.* 육아(育兒); (영) 아동 보호 (가정의 보호 밖에 놓여진 아동에 대한 지방 자치 단체의 일시적 보호)
child-care [-kɛ̀ər] *a.* 육아의, 보육의: ~ institutions 보육원
‡**child·hood** [tʃáildhùd] *n.* Ⓤ **1 어린 시절**, 유년 시대; 유년: in one's second ~ 늘그막에 **2** (사물 발달의) 초기 단계
‡**child·ish** [tʃáildiʃ] *a.* **1 어린이 같은** **2** 〈어른이〉 **유치한**, 어린애 같은(cf. CHILDLIKE) **~·ly** *ad.* **~·ness** *n.*
chíld lábor [법] 미성년 노동 (미국에서는 15세 이하)
child·less [tʃáildlis] *a.* 아이가 없는
*__child·like__ [tʃáildlàik] *a.* 어린이다운 (좋은 뜻으로), 순진한, 천진한 (**childish** 어른에게는 나쁜 뜻. **childlike** 어른에게만 쓰이며 칭찬의 뜻)
child·proof [-prùːf] *a.* 어린아이에게 안전한; 어린아이가 열지[망가뜨리지] 못하는
chíld psychólogy 아동 심리학
‡**chil·dren** [tʃíldrən] *n.* CHILD의 복수
chil·e [tʃíliː] *n.* = CHILI
*__Chil·e__ [tʃíli] *n.* **칠레** (남미 서남부의 공화국; 수도 Santiago)
Chil·e·an [-ən] *a.* 칠레 사람의; 칠레의
—*n.* 칠레 사람
Chíle saltpéter[níter] [광물] 칠레 초석(硝石)
chil·i [tʃíliː] *n.* (*pl.* **~es**) UC **1** 칠리고추 (열대 아메리카 원산); 그것으로 만든 향신료 **2** = CHILI CON CARNE
chili con car·ne [-kan-kɑ́ːrni | -kɔn-] [Sp.] *n.* 칠리고추를 넣은 저민 고기와 강낭콩 스튜 (멕시코 요리)
chíli sàuce 칠리 소스 (칠리고추·양파 등이 든 토마토 소스)
‡**chill** [tʃil] *n.* **1** [a ~] **냉기**, **쌀쌀함** **2 한기** ,오한, 으스스함 **3** [a ~] 냉담; 파흥(破興), 불쾌 **4** (주물의) 냉경(冷硬)
take the ~ off 〈우유 등을〉 약간 데우다
—*a.* **1 냉랭한**, 차가운 **2 냉담한** **3** 추위에 떨고 있는; 오한이 나는
—*vt.* **1** 춥게 하다; 오싹하게 하다 **2** 〈음식물을〉 냉장하다; 〈포도주 등을〉 차게 해서 내다 **3** 〈열의를〉 꺾다; 〈흥을〉 깨다 **4** 〈쇠물·강철 등을〉 급속히 식혀 굳히다 **5** 냉각하다, 식히다
—*vi.* **1** 차지다; 으스스해지다, 오싹하다 **2** 쇠물이 냉경(冷硬)되다
~ out (속어) 침착해지다, 냉정해지다
chilled [tʃild] *a.* **1** 냉각한; 냉장한 **2** [야금] 냉경(冷硬)한
chill·er [tʃílər] *n.* **1** (구어) 스릴을 느끼게[오싹하게] 하는 소설[영화] **2** 냉각[냉장] 장치; 냉동계(係)
chil·li [tʃíli] *n.* (*pl.* **~es**) (영) = CHILI
chill·i·ness [tʃílinis] *n.* Ⓤ 냉기; 한기; 냉담
‡**chill·y** [tʃíli] *a.* (**chill·i·er**; **-i·est**) **1** 〈날·날씨 등이〉 **차가운**, **으스스한**; 〈사람이〉 한기가 나는, 추위를 타는 **2 냉담한** **3** 〈이야기 등이〉 오싹한 **4** (미·속어) 이성적인
—*ad.* 냉랭하게
chi·mae·ra [kaimíərə, ki-] *n.* = CHIMERA
‡**chime** [tʃaim] [L 「심벌(cymbal)」의 뜻에서] *n.* **1 차임** (교회·탁상 시계 등의 조율된 한 벌의 종); [*pl.*] [음악] 관종(管鐘); [종종 *pl.*] 그 종소리, 종악(鐘樂) **2** (문·탁상 시계 등의) **차임** (장치) **3** Ⓤ 선율(melody); (문어) 조화, 일치
—*vt.* **1** 〈한 벌의 종을〉 울리다 **2** 종을 울려 〈사람을〉 부르다 (*to*) **3** 노래하듯[단조롭게] 말하다[되풀이하다]
—*vi.* **1** 〈한 벌의 종·시계가〉 울리다 **2** 종악(鐘樂)을 연주하다 **3** 조화하다, 일치하다 (agree) (*with, together*)
~ in (1) (노래 등에) 가락을 맞추다, 참여

하다 (2) 〈사물이〉 …와 조화되다《*with*》 (3) 대화에 (찬성의 뜻을 가지고) 끼어들다 (4) 동의하다 《*with*》
chi·me·ra [kaimíərə, ki-] *n.* **1** 〖그리스신화〗 [**C~**] 키메라 《불을 뿜는 괴물》; 《일반적으로》 괴물 **2** 망상(wild fancy) **3** 〖생물〗 키메라 《돌연변이·접목 등에 의해 두 가지 이상의 다른 조직을 가진 생물체》
chi·mer·i·cal, -mer·ic [kimérik(əl), kai-] *a.* 공상적인, 터무니없는
-i·cal·ly *ad.*
‡**chim·ney** [tʃímni] [L 「난로」의 뜻에서] *n.* **1**(집·기관차 등의) **굴뚝** **2** (램프의) 등피 **3** 굴뚝 모양의 것; (화산의) 분화구; 〖등산〗 침니 《세로로 갈라진 바위 틈》
chímney brèast 굴뚝이나 벽난로가 벽에서 방안으로 내민 부분
chímney còrner **1** 벽난로 구석 《따뜻하고 안락한 자리》 **2** 노변(爐邊)
chímney pìece = MANTELPIECE
chímney pòt 굴뚝 꼭대기의 통풍관
chímney stàck **1** 여러 개의 굴뚝을 한데 모아 붙인 굴뚝 《그 하나하나에 chimney pot가 붙음》 **2** (공장의) 큰 굴뚝
chímney swàllow **1** 《영》 (굴뚝에 집을 짓는) 제비 **2** 《미》 = CHIMNEY SWIFT
chímney swèep(er) 굴뚝 청소부
chímney swìft 〖조류〗 칼새 《북미산, 종종 굴뚝 속에 집을 지음》
chimp [tʃimp] *n.* 《구어》 = CHIMPANZEE
***chim·pan·zee** [tʃìmpænzí: | -pən-] *n.* 〖동물〗 **침팬지** 《아프리카산》
‡**chin** [tʃin] *n.* **턱**, 턱끝(cf. JAW) **2** 《미·속어》 지껄임
C~ up! 《구어》 기운을 내라! ***up to the*** [one's] ~ (턱까지) 깊이 빠져
— *v.* (**~ned**; **~·ning**) *vt.* **1** [~ one*self* 로] (철봉에서) 턱걸이하다 **2** 〈바이올린 등을〉 턱에 갖다 대다
— *vi.* **1** 턱걸이하다 **2** 《미·속어》 지껄이다
Chin. China; Chinese
‡**chi·na** [tʃáinə] [「중국(의 자기)」의 뜻에서] *n.* Ⓤ **1 자기**(磁器)(porcelain) **2** [집합적] **도자기**, 사기그릇: a set of ~ 사기그릇 한 벌 — *a.* Ⓐ 도자기(제)의
‡**Chi·na** [tʃáinə] [「진(秦)」 (기원전 3세기의 왕조 이름)에서] *n.* **중국** 《수도 Beijing》 ***the Republic of ~*** 중화민국《대만 정부》
— *a.* 중국(산)의
chína clày 고령토(高嶺土), 도토(陶土)(kaolin)
chína clòset 도자기 찬장
Chi·na·man [tʃáinəmən] *n.* (*pl.* **-men** [-mən]) 중국인 《보통 경멸적》
Chína Séa [the ~] 중국해
Chína téa 중국차(茶)
Chi·na·town [tʃáinətàun] *n.* (외국의) 중국인 거리, 차이나타운
chi·na·ware [tʃáinəwὲər] *n.* Ⓤ 도자기, 사기 그릇
chinch [tʃintʃ] *n.* 《미》 〖곤충〗 **1** 빈대(bedbug) **2** = CHINCH BUG
chínch bùg 〖곤충〗 긴노린재의 일종 《밀의 해충》
chin·chil·la [tʃintʃílə] *n.* **1** 〖동물〗 친칠라 《남미산》 **2** Ⓤ 친칠라 모피
chin-chin [tʃíntʃìn] *int.* 안녕하세요, 안녕히 가세요; 건배!
chine [tʃain] *n.* **1** 등뼈 **2** (동물의) 등심
‡**Chi·nese** [tʃainí:z] *a.* **중국**(제, 산, 사람, 말)의 — *n.* (*pl.* ~) **1** 중국 사람 **2** Ⓤ 중국 말
Chínese bóxes 작은 상자로부터 차례로 큰 상자에 꼭 끼게 들어갈 수 있게 한 상자 한 벌
Chínese cháracter 한자
Chínese lántern (종이) 초롱
Chínese púzzle **1** 난해한 퍼즐 **2** 복잡하고 난해한 것; 난문(難問)
Chínese Wáll 《구어》 [the ~] 만리장성(the Great Wall of China)
chink[1] [tʃiŋk] *n.* **1** 갈라진 틈, 금; (빛·바람 등이 새는) 좁은 틈 **2** 틈새에서 새는 빛 **3** (법률 등의) 빠져나갈 구멍
— *vt.* 〈틈을〉 메우다 《*up*》
chink[2] *n.* 잘랑잘랑, 댕그랑 《유리나 금속의 서로 닿는 소리》 — *vt.*, *vi.* 잘랑잘랑 소리내다[나다]
Chink [tʃíŋk] *n.* 《속어·경멸》 중국 사람
— *a.* 중국 (사람)의
chin·less [tʃínlis] *a.* **1** 턱이 들어간 **2** 용기[확고한 목적]가 없는, 우유부단한, 나약한
chínless wónder 《영·속어》 어리석은 사람 《특히 상류 계급의 남자》
Chino- [tʃáinou] 《연결형》 'China'의 뜻(cf. SINO-)
Chi·nook [ʃinúk, tʃi- | tʃi-] *n.* (*pl.* ~, **~s**) **1 a** [the ~(s)] 치누크 족 《미국 서북부 콜롬비아 강 유역에 사는 북미 인디언》 **b** 치누크 족의 사람 **2** Ⓤ 치누크 말
Chinóok Járgon 치누크어와 영어·프랑스어의 혼성어
chín stràp (모자의) 턱끈
chintz [tʃints] *n.* Ⓤ 사라사 무명 《커튼·가구 커버용》
chintz·y [tʃíntsi] *a.* (**chintz·i·er**; **-i·est**) **1** chintz의[같은]; chintz로 장식한 **2** 《구어》 값싼, 야한, 싸구려의
chin-up [tʃínʌ̀p] *n.* 턱걸이
chin·wag [-wæ̀g] *n.* 《속어》 수다, 잡담
‡**chip** [tʃip] *n.* **1 조각**, 나무쪽, (나무) 토막, 지저깨비; (모자·바구니 등을 만드는) 대팻밥 **2** (식기·컵·판자 등의) 이 빠진[깨진] 자국, 흠; 사금파리 **3** [보통 *pl.*] (음식의) 작은 조각, 얇은 조각; [*pl.*] 《영》 포테이토 프라이; 《미·호주》 포테이토 칩 **4** (노름에서 쓰는 현금 대용의) 점수패, 칩(counter) **5** 〖전자〗 칩 《집적 회로를 붙이는 반도체 조각》 **6** 하찮은 것, 사소한 일 **7** 〖골프〗 = CHIP SHOT
a ~ of [***off***] ***the old block*** 《구어》 (기질 등이) 아버지를 꼭 닮은 아들 ***a ~ on*** one's [***the***] ***shoulder*** 《구어》 시비조; 적대적 성향
— *v.* (**~ped**; **~·ping**) *vt.* **1 잘게 썰다**, 깎다, 자르다; 〈가장자리·모서리 등을〉 깍아내다, 도려내다 《*off*, *from*》 **2** 〈감자를〉 얇게 썰어 튀기다 **3** 깎아서 …을 만들다 **4** 〖골프·미식축구〗 (볼을) chip shot

으로 치다 — *vi.* **1** 〈돌·도자기 등이〉 깨지다, 이가 빠지다 **2** 〖골프·미식축구〗 chip shot을 치다
~ ***at*** …을 치고 덤비다; …에게 독설을 퍼붓다 ~ ***away*** (1) 〈나무·돌 등을〉 조금씩 깎아내다 (2) …을 조금씩 무너뜨리다 ~ ***in*** (1) 〈사업 등에〉 기부하다 (2) 〈의견 등을〉 제각기 제시하다 (3) (논쟁 등에) 말참견하다, 끼어들다 《*with*》

chíp bàsket 대팻밥[무늬목] 바구니

chip·board [tʃípbɔ̀ːrd] *n.* ⓊⒸ 마분지, 판지

chip·munk [-mʌŋk], **-muck** [-mʌk] *n.* 〖동물〗 줄다람쥐의 일종 《북미산》

C

Chip·pen·dale [tʃípəndèil] [영국의 가구 설계자의 이름에서] *a., n.* 치펜데일식의 (가구(家具)) 《곡선이 많고 장식적인 디자인》

chip·per [tʃípər] (미·구어) *a.* 기운찬, 쾌활한

chip·ping [tʃípiŋ] *n* [보통 *pl.*] (돌·나무 등의 깎아낸) 조각, 지저깨비

chípping spàrrow 〖조류〗 참새의 일종 《북미산》

chip·py *n.* (*pl.* **-pies**) (속어) 바람둥이 여자, 창녀

chíp shòt 〖골프〗 칩샷 《공을 낮고 짧게 쳐 올리기》

chi·rog·ra·pher [kairágrəfər | -rɔ́g-] *n.* 서예가

chi·rog·ra·phy [kairágrəfi | -rɔ́g-] *n.* **1** Ⓤ 필법(筆法); 서체 **2** 서도

chi·ro·man·cy [káirəmæ̀nsi] *n.* Ⓤ 손금 보기, 수상술(手相術)

chi·rop·o·dist [kərápədist | -rɔ́p-] *n.* (영) 족병(足病) 전문의((미) podiatrist)

chi·rop·o·dy [kərápədi | -rɔ́p-] *n.* Ⓤ 발(병)치료 《티눈의 치료, 발톱깎기 등》

chi·ro·prac·tic [káirəpræ̀ktik | kàiərouprǽk-] *n.* (척추) 지압 요법, 척추 교정

chi·ro·prac·tor [káirəpræ̀ktər] *n.* (척추) 지압 (요법)사

⁑**chirp** [tʃəːrp] *n.* 짹짹 《새·곤충 등의 울음 소리》
— *vi.* **1** 짹짹 울다[지저귀다] **2** 새된 목소리로 말하다; 즐거운 듯이 말하다
— *vt.* 새된 목소리로 말하다

chirp·y [tʃə́ːrpi] *a.* (**chirp·i·er**; **-i·est**) **1** 짹짹 지저귀는 **2** (구어) 쾌활한, 즐거운 **chírp·i·ly** *ad.* **-i·ness** *n.*

chirr [tʃəːr] *n.* 귀뚤귀뚤[찌르르찌르르] 《여치·귀뚜라미 등의 우는 소리》
— *vi.* 귀뚤귀뚤[찌르르찌르르] 울다

chir·rup [tʃə́ːrəp, tʃí- | tʃí-] *n.* 짹짹 《새 우는 소리》; 쯧쯧 《혀차는 소리》
— *vi.* (말 등을 어르기 위해) 쯧쯧하다
— *vt.* 〈말 등을〉 쯧쯧하여 어르다

***chis·el** [tʃízl] *n.* **1** 끌, 조각칼, (조각용) 정 **2** [the ~] 조각술
— *v.* (**~ed**; **~·ing** | **~led**; **~·ling**) *vt.* **1** 끌로 파다[새기다], 조각하다: (finely) *~ed* features 윤곽이 뚜렷한 용모 **2** (속어) 속이다, 사취하다, 사기하다(cheat)
— *vi.* **1** 끌을 쓰다, 조각하다 **2** (속어) 부정 행위를 하다
~ ***in*** 참견하다, 끼어들다

chis·el·er | **-el·ler** [tʃízlər] *n.* **1** 조각가 **2** (구어) 속이는 사람, 사기꾼

chit[1] [tʃit] *n.* (경멸) 아기, 유아; 건방진 계집아이; 어린 짐승: a ~ of a girl 건방진 계집아이

chit[2] *n.* **1** (음식의 소액) 전표 《손님이 서명함》 **2** (영) 짧은 편지; 메모

chit·chat [tʃíttʃæ̀t] *n.* 잡담, 한담; 세상 공론
— *vi.* 잡담[한담]하다

chi·tin [káitn | -tin] *n.* Ⓤ 키틴질(質) 《곤충·게 등의 껍질을 형성하는 성분》
~·ous [-əs] *a.* 키틴질의

chit·ter·lings [tʃítərliŋz] *n. pl.* 식용 곱창 《돼지·송아지 등의》

chi·val·ric [ʃivǽlrik | ʃívəl-] *a.* 기사도(시대)의; 기사적인(chivalrous)

chiv·al·rous [ʃívəlrəs] *a.* **1** 기사도적인; 용기 있고 예의바른; 관대한, 의협적인; (여성에게) 정중한 **2** 기사도 시대[제도]의 **~·ly** *ad.*

***chiv·al·ry** [ʃívəlri] [F 「말 《馬》」의 뜻에서] *n.* Ⓤ **1** 기사도 (정신) 《충의·용기·인애·예의를 신조로 하고 여성을 존중하며 약자를 도움》 **2** (중세의) 기사 제도 **3** [집합적; 복수 취급] 기사들(knights)

chive [tʃaiv] *n.* **1** 〖식물〗 골파 《조미료》 **2** [보통 *pl.*] 골파의 잎 《향신료》

chiv·(v)y [tʃívi] *vt.* (**chiv·(v)ied**) **1** (구어) 〈사람 등을〉 쫓아다니다 **2** 마구 몰아대다; 귀찮게 다그쳐 …하게 하다 《*into*》

chlo·ral [klɔ́ːrəl] *n.* Ⓤ 〖화학〗 **1** 클로랄 **2** 포수(抱水) 클로랄(= ⁓ **hýdrate**) 《마취제》

chlo·ram·phen·i·col [klɔ̀ːræmfénikɔ̀ːl | -kɔ̀l] *n.* Ⓤ 클로람페니콜 《항생물질》

chlo·rate [klɔ́ːreit] *n.* 〖화학〗 염소산염

chlo·rel·la [klərélə] *n.* 〖식물〗 클로렐라 《녹조(綠藻)의 일종》

chlo·ric [klɔ́ːrik] *a.* 염소의; 염소산의

chlo·ride [klɔ́ːraid] *n.* 〖화학〗 **1** Ⓤ 염화물 **2** 염화 화합물

chlo·ri·nate [klɔ́ːrənèit] *vt.* 〖화학〗 〈물 등을〉 염소로 처리[소독]하다

chlo·rine [klɔ́ːriːn] *n.* Ⓤ 〖화학〗 염소 《기호 Cl, 번호 17》

chlo·ro·fluor·o·car·bon [klɔ̀ːrəflùəroukáːrbən] *n.* 클로로플루오로카본 《탄소·수소·염소·불소로 된 각종 화합물; 스프레이의 분사제·냉각제로 사용》

chlo·ro·form [klɔ́ːrəfɔ̀ːrm] *n.* Ⓤ 클로로포름 《무색·휘발성의 액체; 마취약》
— *vt.* 클로로포름으로 마취[살해, 처리]하다

Chlo·ro·my·ce·tin [klɔ̀ːroumaisíːtn] *n.* 클로로마이세틴 《chloramphenicol의 상표명》

chlo·ro·phyl(l) [klɔ́ːrəfil] *n.* Ⓤ 〖식물·생화학〗 엽록소

chlo·ro·plast [klɔ́ːrəplæ̀st] *n.* 〖식물〗 엽록체

chlo·ro·quine [klɔ́ːrəkwìːn] *n.* Ⓤ 〖약학〗 클로로퀸 《말라리아의 특효약》

choc [tʃak | tʃɔk] *n.* (영·구어) 초콜릿; (미·구어) 초콜릿 음료

choc-bar [tʃákbɑ̀ːr] *n.* 《영·구어》 아이스 초코바

choc-ice [tʃákàis | tʃɔ́k-] *n.* 《영·구어》 초코 아이스크림

chock [tʃɑk | tʃɔk] *n.* **1** (문·통·바퀴 등을 고정시키는) 굄목, 쐐기 **2** 〖항해〗 초크, 도삭기(導索器); (갑판 위의 보트를 얹는) 받침 나무
— *vt.* **1** 쐐기로 괴다 **2** 보트를 받침 나무에 얹다
~ up …으로 가득 채우다
— *ad.* 가득히, 빽빽히, 잔뜩

chock·a·block [tʃákəblák | tʃɔ́kəblɔ́k] *a.* **1** 〖항해〗 〈복활차(複滑車)의 위·아래 활차가〉 맞닿을 만큼 당겨져 **2** Ⓟ 《영》 …으로 꽉 차서, 빽빽하여 《*with*》
— *ad.* 꽉 차서, 빽빽히

chock-full [tʃʌ́kfúl, tʃák- | tʃɔ́k-] *a.* Ⓟ 꽉 들어찬, 빽빽히 찬

***choc·o·late** [tʃákələt, tʃɔ́ːk- | tʃɔ́k-] *n.* **1** Ⓤ **초콜릿** **2** ⓊⒸ 초콜릿 과자; 초콜릿 음료 **3** Ⓤ 초콜릿 색
— *a.* Ⓐ **1** 초콜릿의, 초콜릿으로 만든; 초콜릿으로 맛들인 **2** 초콜릿 색의

choc·o·late-box [-bɑ̀ks | -bɔ̀ks] *a.* (초콜릿 상자의 그림처럼) 장식적이고 감상적인; 겉보기에 예쁜

***choice** [tʃɔis] *n.* **1** 선택(하기) **2** Ⓤ 선택력, 선택의 여지; Ⓒ **선택의 기회**; 두 가지 중 한 쪽, 대안, Ⓤ 선택력, 선택의 여지 **3** **선택된 것[사람]**: Which [What] is your ~? 어느 것으로 하겠습니까? **4** [보통 a ~ of ... 로] **종류**: a poor ~ 종류가 적음 **5** 《미》 (쇠고기의) 상품, 상등육
at* (one's) ~** 마음대로 ***have no* ~** (1) 선택의 여지가 없다, 그렇게 하지 않을 수 없다 (2) 가리지 않다, 아무 것이나 상관없다 ***have no* (*other*) ~ *but to do … 하지 않을 수 없다 ***make* [*take*] one's ~** 마음에 드는 것을 택하다 ***of* ~** 정선한, 특상의 ***without* ~** 가리지 않고, 무차별로
— *a.* (**choic·er**; **-est**) **1** 〈음식 등이〉 특상의, 우량(품)의; 고급의; 《미》 〈쇠고기가〉 상등품의 **2** 〈말 등이〉 정선한; 《반어》 〈말이〉 신랄한, 공격적인
chóice·ly *ad.* **chóice·ness** *n.*

***choir** [kwaiər] *n.* **1** [집합적] (교회의) 성가대 **2** (교회의) 성가대석

choir·boy [kwáiərbɔ̀i] *n.* 소년 성가대원

chóir lòft 성가대석

choir·mas·ter [-mæ̀stər, -mɑ̀ːs-] *n.* 성가대[합창단] 지휘자

chóir schòol (대성당에 부속된) 성가대 학교

***choke** [tʃouk] *vt.* **1** **질식시키다**; 〈연기·눈물 등이〉 숨막히게 하다 **2** 메우다(fill up), 막다(block up) **3** 〈잡초 등이 다른 식물을〉 마르게 하다 **4** 〈감정·눈물을〉 억제하다
— *vi.* **1** **숨이 막히다**, 질식하다 **2** (음식으로) 목이 메게 하다; (감정으로) 말을 못하게 되다
~ back 〈감정 등을〉 억제하다, 억누르다
~ down (1) 〈음식물을〉 간신히 삼키다 (2) 〈감정·눈물 등을〉 가까스로 억제하다 (3) 〈모욕 등을〉 꾹 참다 **~ off** (1) (목을 졸라) 〈비명을〉 지르지 못하게 하다 (2) 《구어》 (소리를 지르거나 하여) …을 침묵시키다 (3) 《구어》 (계획 등을) 포기하게 하다
— *n.* **1** 질식 **2** (파이프 등의) 폐색부(閉塞部) **3** 〖기계〗 초크 《엔진의 공기 흡입 조절 장치》

choked [tʃoukt] *a.* **1** 메인, 막힌; 숨막히는 **2** Ⓟ 《영·구어》 진저리난

chok·er [tʃóukər] *n.* **1** 숨막히게 하는 것[사람] **2** 《구어》 높은 칼라; (목을 꼭 죄는) 목걸이

chok·(e)y¹ [tʃóuki] *a.* 숨막히는, 목이 메는 듯한

chok(e)y² *n.* [the ~] 《인도·영·속어》 유치장, 교도소

chok·ing [tʃóukiŋ] *a.* Ⓐ **1** 숨막히는 **2** (감동으로) 목메는 듯한 **~·ly** *ad.*

chol·er [kálər | kɔ́l-] *n.* Ⓤ **1** 《시어》 성마름, 불뚱이(anger) **2** 〖고대의학〗 담즙(膽汁) 《네 가지 체액(體液) 중의 하나; cf. HUMOR》

***chol·er·a** [kálərə | kɔ́l-] *n.* Ⓤ 〖병리〗 콜레라

chol·er·ic [kálərik | kɔ́l-] *a.* 화를 잘내는, 성마른(irascible)

cho·les·ter·ol [kəléstərɔ̀ːl | -ɔ̀l], **-ter·in** [-tərin] *n.* Ⓤ 〖생화학〗 콜레스테롤, 콜레스테린 《동물의 지방·담즙·혈액 등에 있음》

chomp [tʃɑmp | tʃɔmp] *vt.*, *vi.* 깨물다; (어적어적) 씹다

Chom·sky [tʃámski | tʃɔ́m-] *n.* 촘스키 **Noam ~** (1928-) 《미국의 언어학자; 변형 생성 문법의 창시자》

choo-choo [tʃúːtʃùː] *n.* 《미·유아어》 칙칙폭폭(《영》 puff-puff)

***choose** [tʃuːz] *v.* (**chose** [tʃouz]; **cho·sen**) **1** **고르다**, 선택하다 **2** **선출하다** **3** 〈…하기로〉 **결정하다**(decide) **4** 《구어》 원하다, 바라다
— *vi.* **1** **선택하다** 《*between*》 **2** 원하다, 바라다: as you ~ 당신의 소원대로
cannot* ~ *but (do) …하지 않을 수 없다 (cannot help doing)

choos·er [tʃúːzər] *n.* 선택자; 선거인

choos·(e)y [tʃúːzi] *a.* (**choos·i·er**; **-i·est**) 《구어》 가리는, 까다로운, 괴팍스러운

***chop¹** [tʃɑp | tʃɔp] *v.* (**~ped**; **~ping**) *vt.* **1** (도끼·식칼 등으로) **자르다**, 빠개다, 패다, 찍다; 〈고기·야채를〉 **잘게 썰다** **2** 〖테니스·크리켓〗 공을 깎아치다
— *vi.* **1** 찍다, 자르다, 베다 **2** 〖테니스·크리켓〗 공을 깎아치다
— *n.* **1** 절단(切斷), 찍어내기 **2** 잘라낸 조각; (양고기·돼지고기의) 촙, 두껍게 자른 고깃점 《보통 갈비에 붙은 것》 **3** 불규칙한 잔 물결; 삼각파(三角波) **4** 〖크리켓〗 촙, 깎아치기
***get the* ~** 《영·속어》 (1) 해고되다 (2) 살해되다

chop² *n.* **1** [보통 *pl.*] 턱(jaw) **2** [*pl.*] 《속어》 입 **3** [*pl.*] 《미·속어》 음악적 재능
***lick* [*smack*] one's ~s** 입맛 다시다[다시며 기대하다]

chop³ *vi.* (**~ped**; **~·ping**) **1** 〈풍향 등이〉 갑자기 바뀌다 **2** 〈마음 등이〉 갑자기 변하다 — *n.* 급변
~s and changes 변전(變轉), 무정견
chop⁴ *n.* **1** 《인도·중국》 관인(官印), 인감 **2** 품질, 등급
chop-chop [tʃɑ́ptʃɑ́p | tʃɔ́ptʃɔ́p] *ad., int.* 빨리빨리
chop·fall·en [-fɔ̀:lən] *a.* = CHAPFALLEN
chop·house [-hàus] *n.* (*pl.* **-hous·es** [-hàuziz]) 《구어》 (고기 전문) 음식점
Cho·pin [ʃóupæn | ʃɔ́pæŋ] *n.* 쇼팽 **Frédéric François ~** (1810-49) 《폴란드 태생인 프랑스의 피아니스트·작곡가》
chop·per [tʃɑ́pər | tʃɔ́p-] *n.* **1** 자르는 사람[물건] **2** 《구어》 고기 써는 큰 식칼 **3** 《구어》 헬리콥터 **4** [보통 *pl.*] 《속어》 이; 《특히》 의치
— *vi.* 헬리콥터를 타고 가다
chópping blòck[bòard] [tʃɑ́piŋ- | tʃɔ́p-] 도마
chópping knìfe 잘게 써는 식칼
chop·py [tʃɑ́pi | tʃɔ́pi] *a.* (**-pi·er**; **-pi·est**) **1** 〈수면이〉 삼각파가 이는, 물결이 거친 **2** 〈바람이〉 급히 바뀌는 **3** 〈문체 등이〉 고르지 못한, 일관성이 없는
chop·stick [tʃɑ́pstìk | tʃɔ́p-] *n.* [보통 *pl.*] 젓가락
chóp sú·ey[sóo·y] [-sú:i] [Chin.] 잡채 《미국식 중국 요리의 일종》
cho·ral [kɔ́:rəl] [동음어 coral] *a.* **1** Ⓐ 합창[성가]대(chorus)의; 합창곡의; 합창의 **2** 〈낭독 등이〉 일제히 소리내는
— *n.* = CHORALE
cho·rale [kərǽl | kɔrɑ́:l] *n.* **1** (합창) 성가 **2** 합창단
***chord¹** [kɔ:rd] [동음어 cord] [cord의 변형] *n.* **1** 심금, (특수한) 감정 **2** 〖수학〗 현(弦) **3** 《고어·시어》 (악기의) 현(string) **4** 〖해부〗 인대(靭帶), 건(腱)(cord)
chord² [accord의 두음 소실(頭音消失)] *n.* 〖음악〗 화음, 화현(和弦)
— *vt.* …의 가락을 맞추다
***chore** [tʃɔ:r] *n.* **1** 자질구레한 일, 허드렛일(odd job); [*pl.*] (가정의) 잡일 《세탁·청소 등》, (농장의) 가축 돌보기 **2** 하기 싫은[따분한, 힘드는] 일
cho·re·o·graph [kɔ́:riəgræ̀f | -grɑ̀:f] *vt.* 〖무용〗 안무하다
cho·re·og·ra·pher [kɔ̀:riɑ́grəfər | -ɔ́g-] *n.* 안무가(按舞家)
cho·re·og·ra·phy [kɔ̀:riɑ́grəfi | -ɔ́g-] *n.* Ⓤ (발레의) 무도법(舞蹈法), 무용술, 안무(按舞)
chò·re·o·gráph·ic [-əgrǽfik] *a.*
cho·ric [kɔ́:rik | kɔ́-] *a.* 〖그리스연극〗 합창곡풍의; 합창 가무식(歌舞式)의
cho·rine [kɔ́:ri:n] *n.* 《미》 = CHORUS GIRL
chor·is·ter [kɔ́:ristər | kɔ́-] *n.* **1** (특히 교회의 소년) 성가대원 **2** 《미》 성가대 지휘자
chor·tle [tʃɔ́:rtl] [chuckle과 snort의 혼성] *vi.* (좋아서) 깔깔 웃다; 아주 좋아하다(exult)
— *n.* [a ~] 깔깔 웃음

‡cho·rus [kɔ́:rəs] [Gk 「코러스」(합창 가무단)의 뜻에서] *n.* **1** 〖음악〗 **합창**: sing in ~ 합창하다 **2** 합창곡; (노래의) 합창부 **3** 일제히 내는 소리, 이구동성; (동물·벌레 등이) 일제히 우는 소리 **4** [집합적] 합창대, (뮤지컬 등의) 합창 무용단 **5** (고대 그리스에서 종교 의식(儀式)·연극의) 합창 가무단(歌舞團) — *vt., vi.* 합창하다; 이구동성으로 말하다
chórus gìrl 코러스 걸(chorine) 《가극 등의 가수 겸 무용수》
‡chose [tʃouz] *v.* CHOOSE의 과거
‡cho·sen [tʃóuzn] *v.* CHOOSE의 과거분사 — *a.* **1** 선발된 **2** (특히 구원받기 위해서) 신에게 선택된
chow [tʃau] [Chin.] *n.* **1** = CHOW CHOW **2** Ⓤ 《속어》 음식(food); 식사(시간) — *vi.* (미·속어) 먹다 《*down*》
chów chòw [종종 C~ C~] 차우차우 《혀가 검고 털이 많은 중국산 개》
chow·der [tʃáudər] *n.* 《미》 차우더 《생선 혹은 조개에 절인 돼지고기, 양파 등을 섞어서 끓인 수프》
chòw méin [-méin] 《미》 차우멘, 초면(炒麵) 《미국식 중국 요리》
Chr. Christ; Christian
Chris [kris] *n.* **1** 남자 이름 《Christopher의 애칭》 **2** 여자 이름 《Christiana, Christine의 애칭》
chrism [krizm] *n.* Ⓤ 성유(聖油) 《기독교의 의식에 사용함》
‡Christ [kraist] *n.* **1** 예수 그리스도 **2** [the ~] 구세주(Messiah)
before ~ 기원전 《略 B.C.》
— *int.* 《속어》 제기랄 《놀라움·노여움 등을 나타내는 말》
***chris·ten** [krísn] [OE 「기독교도(Christian)로 만들다」의 뜻에서] *vt.* **1** 세례[침례, 영세]하여 기독교도로 만들다 (baptize) **2** 세례하여 명명(命名)하다: He was *~ed* John. 그는 요한이라는 세례명을 받았다. **3** 〈배 등에〉 이름을 붙이다(name) **4** 《구어》 〈새 차 등을〉 처음으로 사용하다
Chris·ten·dom [krísndəm] *n.* Ⓤ [집합적] **1** 전(全)기독교도 **2** 기독교계(界), 기독교국
chris·ten·ing [krísəniŋ] *n.* ⓊⒸ 세례(식), 명명(식)
‡Chris·tian [krístʃən] *a.* **1 a** 그리스도의 **b** 그리스도교의; 기독교도의 **2 a** 기독교도다운 **b** 《구어》 사람다운; 점잖은, 존경할 만한
— *n.* **1** 기독교도[신자] **2** 《구어》 훌륭한 사람, 문명인, 사람 《동물에 대하여》
Chris·ti·an·a [krìstiǽnə | -ɑ́:nə] *n.* 여자 이름 《애칭 Chris》
Chrístian Éra [the ~] 서력 기원
Chris·ti·an·i·a [krìstʃiǽniə | -tiɑ́:n-] *n.* [때로 c~] 〖스키〗 크리스티아니아 회전(= ∠ **túrn**)
***Chris·ti·an·i·ty** [krìstʃiǽnəti | -ti-] *n.* (*pl.* **-ties**) **1** Ⓤ **기독교, 그리스도교**; 기독교적 신앙[정신, 성격] **2** = CHRISTENDOM 1
Chris·tian·ize [krístʃənàiz] *vt.* [종종

c~] 기독교화하다, 기독교 신자로 만들다
Chris·tian·ly [krístʃənli] *a.*, *ad.* 기독교도다운[답게]
⁑**Chrístian nàme** 세례명; 성에 대한 이름(given name)
Chrístian Scíence 크리스천 사이언스 《미국의 Mary Baker Eddy가 조직(1866)한 신흥 종교; 신앙의 힘으로 병을 고치는 정신 요법을 특색으로 함; 공식명은 the Church of Christ, Scientist》
Chrístian Scíence Mònitor [the ~] 크리스천 사이언스 모니터 《미국 Boston시에서 발간되는 신문》
Chrístian Scíentist Christian Science의 신자
chris·tie, chris·ty [krísti] *n.* [종종 C~] 〖스키〗 크리스티아니아 회전
Chris·tie [krísti] *n.* **1** 남자 이름 《Christian의 애칭》 **2** 여자 이름 《Christine의 애칭》 **3** 크리스티 **Dame Agatha** ~ (1891-1976) 《영국의 여류 추리 소설가; 명탐정 Hercule Poirot이 등장함》
Chris·tine [kristíːn, krístiːn] *n.* 여자 이름 《애칭은 Chris》
Christ·like [kráistlàik] *a.* 그리스도 같은
⁂**Christ·mas** [krísməs] [OE 「그리스도(Christ)의 미사(mass)」의 뜻에서] *n.* **1 크리스마스**, 성탄절(= ~ **Dày**) **2** = CHRISTMASTIDE ***green*** ~ 눈이 내리지 않는 (따뜻한) 크리스마스 ***white*** ~ 눈이 내리는 크리스마스
Chrístmas bòx 《영》 크리스마스 선물[축하금] 《사환·우편 집배원 등에게 주는; cf. BOXING DAY》
Chrístmas càke 크리스마스 케이크
Chrístmas càrd 크리스마스 카드
Chrístmas Dày 크리스마스, 성탄절(12월 25일)
Chrístmas Éve 크리스마스 이브, 크리스마스 전야[전일] 《12월 24일 밤 또는 24일》
Chrístmas hólidays [the ~] 《영》 크리스마스 휴가; (학교의) 겨울 방학
Chrístmas stòcking 산타클로스의 선물을 받기 위해 걸어두는 양말
Christ·mas·tide [krísməstàid], **-time** [-tàim] *n.* Ⓤ 크리스마스 계절(yuletide) 《12월 24일에서 1월 6일까지》
Chrístmas trèe 크리스마스 트리
Chris·to·pher [krístəfər] *n.* 남자 이름 《애칭 Chris》
Chris·ty [krísti] *n.* (*pl.* **-ties**) [때로 c~] 〖스키〗 = CHRISTIANIA
chro·mat·ic [kroumǽtik] *a.* **1** 색채의, 착색[채색]한 **2** 〖생물〗 염색성의 **3** 〖음악〗 반음계(半音階)의 **-i·cal·ly** *ad.*
chro·mat·ics [kroumǽtiks] *n. pl.* [단수 취급] 색채론, 색채학
chro·ma·tin [króumətin] *n.* Ⓤ 〖생물〗 (세포핵 내의) 염색질, 크로마틴
chro·ma·tog·ra·phy [kròumətágrəfi | -tɔ́g-] *n.* Ⓤ 〖화학〗 색층(色層) 분석
chrome [kroum] *n.* Ⓤ 〖화학〗 **1** 크롬(chromium) **2** 크롬 염료 **3** 크롬 합금; 크롬 도금
— *vt.* **1** 크롬 염료로 염색하다 **2** 크롬 도금을 하다
chróme stéel 크롬강(鋼) 《스테인리스 스틸의 일종》
chróme yéllow **1** 크롬옐로, 황연(黃鉛) 《황색 안료(顔料)》 **2** 〖색채〗 크롬옐로 《황색》
chro·mic [króumik] *a.* 〖화학〗 3가(價)의 크롬을 함유하는, 크롬산(酸)의
chro·mite [króumait] *n.* **1** Ⓤ 〖광물〗 크롬 철광 **2** 〖화학〗 아(亞)크롬산염(酸鹽)
chro·mi·um [króumiəm] *n.* Ⓤ 〖화학〗 크롬(chrome) 《금속 원소; 기호 Cr, 번호 24》
chro·mo·some [króuməsòum] *n.* 〖생물〗 염색체(cf. CHROMATIN)
chron. chronicle; chronological(ly); chronology
Chron. 〖성서〗 Chronicles
***chron·ic** [kránik | krɔ́n-] [L 「연대순의, 영속적인」의 뜻에서] *a.* **1 장기간에 걸친** **2** 버릇이 된, 상습적인 **3** 〈병이〉 만성의(opp. *acute*), 고질의: a ~ disease 만성병 **4** 《영·구어》 싫은, 심한(severe) **-i·cal·ly** *ad.*
***chron·i·cle** [kránikl | krɔ́n-] *n.* **1** 연대기(年代記), 편년사(編年史) **2** [the C~; 신문명에 써서] …신문 **3** [the C~s; 단수 취급] 〖성서〗 역대기(歷代記) 《구약 중의 상하 2권; 略 Chron.》
— *vt.* 연대기에 싣다, 기록에 올리다
chron·i·cler [krániklər | krɔ́n-] *n.* 연대기 작자[편자]; (사건의) 기록자
chrono- [kránou | krɔ́n-] 《연결형》 「때(time)」의 뜻 《모음 앞에서는 chron-》
chron·o·graph [kránəgræ̀f | krɔ́nəgrɑ̀ːf] *n.* 크로노그래프 《시간을 도형적으로 기록하는 장치》
chron·o·log·i·cal [krɑ̀nəládʒikəl | krɔ̀nəlɔ́dʒ-], **-ic** [-ik] *a.* **1** 연대순의 **2** 연대학의; 연대기의, 연표의 **-i·cal·ly** *ad.* 연대순으로
chronológical áge 〖심리〗 역연령(曆年齡), 생활 연령 《略 C.A.》
chro·nol·o·gy [krənálədʒi | -nɔ́l-] *n.* (*pl.* **-gies**) **1** (사건의) 연대순 배열 **2** 연대기, 연표(年表) **3** Ⓤ 연대학
chro·nom·e·ter [krənámətər | -nɔ́m-] *n.* **1** 크로노미터 《정밀한 경도(經度) 측정용 시계》 **2** 매우 정확한 (손목) 시계
chron·o·scope [kránəskòup | krɔ́n-] *n.* 크로노스코프 《광속(光速) 등을 재는 초(秒)시계》
chrys·a·lis [krísəlis] *n.* (*pl.* **~·es, chry·sal·i·des** [krisǽlədìːz]) **1** 〖곤충〗 (특히 나비의) 번데기 **2** 준비 시대, 과도기
***chry·san·the·mum** [krisǽnθəməm] [Gk 「금빛의 꽃」의 뜻에서] *n.* 〖식물〗 **국화**; [C~] 국화속(屬)
Chrys·ler [kráislər | kráizlə] *n.* 크라이슬러 《미국 Chrysler사제의 자동차; 상표명》
chrys·o·lite [krísəlàit] *n.* Ⓤ 〖광물〗 귀감람석(貴橄欖石)
chub [tʃʌb] *n.* (*pl.* **~, ~s**) 〖어류〗 처브 《유럽산 잉엇과(科) 황어속(屬)의 담수어》
chub·by [tʃʌ́bi] *a.* 토실토실 살찐; (얼굴이) 통통한

*__chuck__[1] [tʃʌk] *vt.* **1** 《구어》 **내던지다**(hurl) **2** 《구어》 〈일·계획 등을〉 중지하다, 포기하다(give up) **3** 《구어》 (회의장·방 등에서) 끌어내다, 쫓아내다 **4** 〈턱 밑을 장난으로〉 가볍게 찌르다[치다]
—*n.* **1** 〈턱 밑을〉 가볍게 찌르기[치기] **2** 《구어》 휙 던지기 **3** [the ~] 《영·속어》 〈남을〉 해고하기[버리기]

chuck[2] [tʃʌk] *n.* **1** (선반(旋盤) 등의) 척, 손잡이 **2** 목정 《소의 목 둘레의 살》 **3** 《미·구어》 음식물
—*vt.* 척에 끼우다, 척으로 고정시키다

chuck[3] *n.* [보통 chuck, chuck!] 이랴!; 구!《닭을 부르는 소리》
—*vi.* 〈암탉이〉 구구 하고 울다

‡**chuck·le** [tʃʌ́kl] *n.* **1** **킬킬 웃음** **2** 꼬꼬! 《암탉이 병아리를 부르는 소리》
—*vi.* **1** **킬킬 웃다** **2** 〈암탉이〉 꼬꼬 소리 내다

chuck·le·head [tʃʌ́klhèd] *n.* 《구어》 바보, 멍청이

chúck wàgon **1** 《미서부》 취사(炊事) 마차 《농장·목장용》 **2** 길가의 작은 식당

chuff *n.*, *vi.* = CHUG

chuffed[1] [tʃʌft] *a.* 《영·구어》 즐거운

chuffed[2] *a.* 《영·구어》 불쾌한

chug [tʃʌg] *n.* (발동기·기관차 등의) 칙칙폭폭 하는 소리 —*vi.* (**~ged**; **~·ging**) 《구어》 칙칙폭폭 소리내다[소리내며 나아가다] 《*along*》

chuk·ka [tʃʌ́kə] *n.* 처커 부츠(= ∠ **bòot**) 《두 쌍의 끈구멍이 있고 복사뼈까지 덮이는 신》

*__chum__ [tʃʌm] *n.* 《구어》 **친구**
—*v.* (**~med**; **~·ming**) *vi.* 《구어》 [보통 ~ up] 사이좋게 지내다, 친구가 되다 《*with*》

chum·my [tʃʌ́mi] 《구어》 *a.* (**-mi·er**; **-mi·est**) 사이 좋은, 친한; 붙임성 있는 《*with*》

chump [tʃʌmp] *n.* **1** 《구어》 바보, 멍청이(blockhead); 잘 속는 사람 **2** 짧고 뭉뚝한 나무 토막 **3** (양다리 고기의) 굵직한 쪽

chunk [tʃʌŋk] *n.* **1** 큰 덩어리[동강] 《치즈·빵·고깃덩이·나무 등의》 **2** 상당한 양[액수] **3** 《미·구어》 땅딸막하고 야무진 사람[짐승]

chunk·y [tʃʌ́ŋki] *a.* (**chunk·i·er**; **-i·est**) 《구어》 **1** 짤막하고 딱 바라진, 앙바틈한 **2** 〈잼 등이〉 덩어리가 든

chun·nel [tʃʌ́nl] [*ch*annel+t*unnel*] *n.* 《구어》 **1** (철도용) 해저 터널 **2** [**C~**] 《영》 영불 해저 터널

‡**church** [tʃəːrtʃ] [Gk 「주의 (집)」의 뜻에서] *n.* **1** (기독교의) **교회**(당), 성당 **2** ⓤⓒ (교회의) **예배**(service): be at[in] ~ 예배 중이다 **3** [**C~**] (교파의 의미에서) **교회**; 교회 조직; 교파 **4** ⓤ (국가에 대하여) 교회; 교권(敎權) **5** [the C~; 집합적] (전)그리스도교도 **6** [the ~] 성직(聖職)
(***as***) ***poor as a ~ mouse*** 몹시 가난하여, 적빈(赤貧)하여 ***go into*** [***enter***] ***the ~*** 성직자가 되다, 성직에 취임하다 ***go to*** [***attend***] ***~*** 교회에 가다, 예배보다 ***the Catholic*** [***Protestant***] ***C~*** 가톨릭[개신교] 교회 ***the C~ of England*** = ***the Anglican*** [***English***] ***C~*** 영국 국교회, 성공회(聖公會)
—*a.* **1** Ⓐ 교회의 **2** Ⓟ 《영》 영국 국교회에 속하는
—*vt.* [보통 수동형] 〈산후의 감사 기도를 위해 부인을〉 교회에 데리고 가다[오다]

Chúrch Commíssioners 영국 국교(國敎) 재무 위원회

church·go·er [tʃə́ːrtʃgòuər] *n.* (규칙적으로) 교회에 나가는 사람, 꾸준한 예배 참석자

church·go·ing [-gòuiŋ] *n.*, *a.* (규칙적으로) 교회에 나감[나가는]

*__Church·ill__ [tʃə́ːrtʃil] *n.* **처칠 Sir Winston** (**Leonard Spencer**) ~ (1874-1965) 《영국의 정치가·저술가; 수상(1940-45, 51-55)》

church·less [tʃə́ːrtʃlis] *a.* **1** 교회가 없는 **2** 교회에 속하지 않는; 무종교의

*__church·man__ [tʃə́ːrtʃmən] *n.* (*pl.* **-men** [-mən]) **1** **성직자**, 목사 **2** 교회 신자; 《영》 국교회 신자(cf. DISSENTER 2)

chúrch schòol 교회 (부속) 학교

church·ward·en [-wɔ̀ːrdn | -wɔ̀ːdn] *n.* (영국 국교회의) 교구 위원

church·wom·an [-wùmən] *n.* (*pl.* **-wom·en** [-wìmin]) **1** 교회 여신도 **2** 《영》 국교회의 여신도

*__church·yard__ [tʃə́ːrtʃjɑ̀ːrd] *n.* (**교회의**) 구내; (교회 부속의) **묘지**

churl [tʃəːrl] *n.* **1** 거친[무뚝뚝한] 남자 **2** 신분이 낮은 사람; 비천한 사람

churl·ish [tʃə́ːrliʃ] *a.* 야비한, 천한
~·ly *ad.* **~·ness** *n.*

churn [tʃəːrn] *n.* **1** 교유기(攪乳器), 버터 제조기 **2** 《영》 (운반용의) 대형 우유통
—*vt.* **1** (교유기로) 휘젓다, 〈통에 넣어〉 휘저어 버터를 만들다 **2** 〈바람 등이 파도를〉 일게 하다, 거품나게 하다
—*vi.* **1** 교유기를 돌리다; 교유기로 버터를 만들다 **2** 〈파도 등이〉 거품지며 물가에 부딪치다 **3** 〈스크루 등이〉 거세게 돌다

churr [tʃəːr] [의성어] *vi.*, *n.* 〈쏙독새·귀뚜라미 등이〉 찍찍 하고 울다[우는 소리](chirr)

chute [ʃuːt] [동음어 shoot] [F 「낙하」의 뜻에서] *n.* **1** 비탈진 수로, 낙숫물 도랑, 활강사면로(滑降斜面路) **2** 급류, 여울, 폭포

chut·ney, -nee [tʃʌ́tni] *n.* 처트니 《달콤하고 시큼한 인도의 조미료》

Ci curie(s)

C.I., CI Channel Islands

CIA, C.I.A. Central Intelligence Agency (미국) 중앙 정보국

cia·o [tʃau] [It.] *int.* 《구어》 차우, 여, 안녕, 또 봐 《허물없는 사이의 인사》

*__ci·ca·da__ [sikéidə, -kɑ́ːdə] *n.* (*pl.* **~s, -dae** [-dìː]) 〖곤충〗 **매미**

cic·a·trix [síkətrìks] *n.* (*pl.* **-tri·ces** [sìkətráisiːz]) **1** 〖의학〗 반흔(瘢痕), 아문 상처 **2** 〖식물〗 엽흔(葉痕), 잎이 떨어진 자국

Cic·e·ro [sísəròu] *n.* 키케로 **Marcus T.** ~ (106-43 B.C.) 《로마의 정치가·철학자》

cic·e·ro·ne [sìsəróuni, tʃìtʃə-] [It. 「Cicero와 같은 웅변가」의 뜻에서] *n.* (*pl.* **~s, -ni** [-ni:]) (명승 고적 등의) 관광 안내원

Cic·e·ro·ni·an [sìsəróuniən] *a.* 키케로식[류, 풍]의 장중하고 단아한
— *n.* 키케로 연구가[숭배자]

C.I.D. Criminal Investigation Department[Detachment] ((미)) 검찰국[((영)) (런던 경찰국의) 수사과; 〔군사〕 범죄 수사대]

-cide [sàid] ((연결형)) 「죽임; 살해(자)」의 뜻: patri*cide*, insecti*cide*

*__ci·der__ [sáidər] [L 「독한 술」의 뜻에서] *n.* Ⓤ ((영)) **사과술**; ((미)) 사과 주스

C.I.F., c.i.f. [sí:àiéf, sif] cost, insurance & freight 〔상업〕 운임 보험료 포함 가격

‡**ci·gar** [sigá:r] [Sp.] *n.* **여송연**, 시가, 엽궐련

‡**cig·a·rette, -ret** [sìgərét, ㅅ-ㅅ] [cigar와 -ette(지소 어미)에서] *n.* **궐련**, (종이로 만) 담배(tobacco)

cigarétte càse 궐련갑, 담배 케이스

cigarétte hòlder 궐련용 물부리[파이프], 홀더

cigarétte lìghter (담배용) 라이터

cig·a·ril·lo [sìgərílou] *n.* (*pl.* **~s**) 소형 엽궐련 ((가늘고 김))

cil·i·a [síliə] *n. pl.* (*sing.* **-i·um** [-iəm]) **1** 속눈썹 **2** (잎·날개 등의) 솜털, 세모(細毛)

C. in C., C-in-C Commander in Chief 최고 사령관

cinch [sintʃ] *n.* **1** 안장띠, (말의) 뱃대끈 **2** [a ~] ((구어)) 꽉 쥐기 **3** [a ~] ((구어)) (아주) 확실한 일(sure thing); 유력한 후보; 쉬운 일, 식은 죽 먹기
— *vt.* **1** 〈안장띠를〉 죄다(tighten); 꽉 쥐다 **2** ((구어)) 확실하게 하다

cin·cho·na [siŋkóunə] *n.* **1** 〔식물〕 기나(幾那)나무 **2** Ⓤ 기나피(皮) ((키니네를 채취함))

Cin·cin·nat·i [sìnsənǽti] *n.* 신시내티 ((미국 Ohio 주의 도시))

cinc·ture [síŋktʃər] *n.* **1** 〔그리스도교〕 띠 **2** 울; 주변 지역
— *vt.* 띠를 두르다; 둘러싸다

*__cin·der__ [síndər] *n.* **1** Ⓤ (석탄 등의) **탄재**; 뜬숯 **2** (용광로에서 나오는) 쇠찌끼, 쇠똥(slag); [*pl.*] 재(ashes) **3** [*pl.*] 〔지질〕 (화산에서 분출한) 분석(噴石)

cínder blòck (건축용) 콘크리트 블록

*__Cin·der·el·la__ [sìndərélə] [cinder와 -ella(여성 지소사)에서; 「재투성이의 소녀」의 뜻에서] *n.* **1 신데렐라 2** 의붓딸 취급받는 사람; 숨은 미인[인재]; 일약 유명해진 사람

Cinderélla còmplex 신데렐라 콤플렉스 ((여성이 남성에게 의존하려는 잠재적 욕망))

cine- [síni, -nə] ((연결형)) 「영화」의 뜻

cin·e·aste, -ast [síniæ̀st] [F] *n.* 영화인; 영화 제작 애호가

cin·e·cam·e·ra [síníkæ̀mərə] *n.* ((영)) 영화 촬영기(((미)) movie camera)

‡**cin·e·ma** [sínəmə] *n.* **1** ((영)) **영화**(((미)) motion picture) **2** [보통 the ~] 영화 제작법[기술]; 영화 산업 **3** ((영)) 영화관(((미)) movie theater)
go to the ~ 영화 보러 가다

cin·e·mat·ic [sìnəmǽtik] *a.* 영화의, 영화에 관한; 영화적인

cin·e·mat·o·graph [sìnəmǽtəgræ̀f | -grɑ̀:f] [Gk 「움직임」과 「그림」에서] *n.* **1** ((영)) 영화 촬영기; 영사기 **2** 영화 제작 기술 — *vt.* 촬영하다

cin·e·mat·o·graph·ic [sìnəmæ̀təgrǽfik] *a.* 영화의; 영사(映寫)의
-i·cal·ly [-kəli] *ad.*

cin·e·ma·tog·ra·phy [sìnəmətɑ́grəfi | -tɔ́g-] *n.* Ⓤ 영화 촬영법[술]

cin·e·pro·jec·tor [sìnəprədʒéktər] *n.* 영사기

cin·e·rar·i·a [sìnəréəriə] *n.* 〔식물〕 시네라리아 ((국화과(科)의 관상 식물))

cin·e·rar·i·um [sìnəréəriəm] *n.* (*pl.* **-i·a** [-iə], **~s**) 납골당

cin·er·ar·y [sínərèri | -rəri] *a.* 납골(納骨)(용)의

cin·na·bar [sínəbɑ̀:r] *n.* Ⓤ **1** 〔광물〕 진사(辰砂) ((수은의 원광)) **2** 주홍색(vermilion)

*__cin·na·mon__ [sínəmən] *n.* **1** Ⓤ **육계피**(肉桂皮), 계피 **2** 〔식물〕 계수(나무) **3** Ⓤ 육계색, 황갈색, 적갈색 — *a.* 육계색의

*__ci·pher__ [sáifər] [Arab. 「영(零)」의 뜻에서] *n.* **1** (기호의) **영**(零), 0 (nought) **2** 아라비아 숫자 **3** ⓊⒸ **암호**
— *vt.* 〈통신 등을〉 암호로 하다(opp. *decipher*)

cir(c). *circa*

cir·ca [sə́:rkə] [L =about] *prep.* [연대·날짜 앞에서] 약, …경(about) ((略 c., ca., cir(c).))

cir·cad·i·an [sə:rkǽdiən] *a.* 〔생물〕 24시간 주기[간격]의

Cir·ce [sə́:rsi] *n.* **1** 〔그리스신화〕 키르케 ((마술로 Odysseus의 부하들을 돼지로 둔갑시켰다는 마녀)) **2** 요부(형 미인)

‡**cir·cle** [sə́:rkl] [L 「고리」의 뜻에서] *n.* **1 원**, 동그라미; 원주 (cf. SPHERE) **2** [종종 *pl.*] (동일한 이해·직업 등의) **집단**, 사회, …계(界): the upper *~s* 상류 사회 **3** (교우(交友)·활동·세력·사상 등의) **범위 4** 원형의 물건, 원진(圓陣); 순환 도로, (철도의) 순환선; 원형 광장; 로터리; 곡마장 **5** (극장의) 반원형의 좌석 **6** 주기(週期), 순환(cycle) **7** 전(全) 계통, 전체
come full ~ 한 바퀴 돌다, 돌아서 제자리에 오다 ***go (a)round in ~s*** ((구어)) 같은 곳을 빙글빙글 돌다; 노력에 비해 진보하지 못하다, 제자리걸음하다, 허송 세월하다 ***in a ~*** 원형으로, 둥글게 앉아서; 순환 논법으로
— *vt.* **1 선회**(旋回)**하다**, 일주하다, 회전하다; 〈위험을 피하여 …을〉 우회하다 **2** 에워싸다, 둘러싸다 **3** (주의를 끌기 위해 어구 등에) 동그라미를 두르다
— *vi.* 〈비행기 등이〉 선회하다, 회전하다 ((*round, over*))

cir·clet [sə́:rklit] *n.* **1** 작은 원 **2** (여성

머리 장식에 쓰는 금·보석 등의) 장식 고리; 반지; 머리띠(headband)

circs [səːrks] *n. pl.* 《영·구어》 = CIRCUMSTANCES

‡**cir·cuit** [sə́ːrkit] [L 「빙 돌기」의 뜻에서] *n.* **1 순회**; 순회 여행: make[go] the ~ of …을 한 바퀴 돌다 **2 빙 둘러서 감**, 우회 **3** (원형 모양의) 주위 **4** (목사·세일즈맨·순회 재판 판사 등의) 정기적 순회; 순회 재판구; 순회 구역 **5** 〖전기〗 회로: a short ~ 단락(短絡), 쇼트 **6** (자동차 경주의) 경주로

círcuit brèaker 〖전기〗 회로 차단기

círcuit cóurt 순회 재판소 《略 C.C.》

cir·cu·i·tous [səːrkjúːətəs] *a.* **1** 에움길의, 도는 길의 **2** 에두르는, 간접적인, 넌지시 말하는 **~·ly** *ad.*

círcuit rìder 《미》 (개척 시대 감리 교회의) 순회 목사 《말을 타고 다니며 설교하는》

cir·cuit·ry [sə́ːrkitri] *n.* Ⓤ (전자·전기의) 회로 (설계)

cir·cu·i·ty [səːrkjúːəti] *n.* (*pl.* **-ties**) ⓊⒸ 빙 돌아감[돌림]; 간접[우회]적임

‡**cir·cu·lar** [sə́ːrkjulər] *a.* **1 원의, 원형의**: a ~ saw 둥근 톱 **2 순환성의**, 환상(環狀)의: a ~ argument[reasoning] 순환 논법 **3 순회의 4 에두른, 우회적인**
— *n.* 회보, 회람장; 광고 전단
~·ly *ad.*

cir·cu·lar·i·ty [sə̀ːrkjulǽrəti] *n.* Ⓤ **1** 둥긂, 원형, 고리 모양, 환상(環狀) **2** (논지 등의) 순환성

cir·cu·lar·ize [sə́ːrkjulərὰiz] *vt.* **1** 회람을 돌리다, 앙케트를 보내다 **2** 〈편지·메모 등을〉 회람하다

‡**cir·cu·late** [sə́ːrkjulèit] [L 「원을 만들다」의 뜻에서] *vi.* **1** 〈피·공기 등이〉 **순환하다 2** 여기저기 걸어다니다; (특히 회합 등에서) 부지런히 돌아다니다; 〈소문 등이〉 퍼지다 **3** 〈신문·책 등이〉 유포되다, 배부되다, 판매되다; 〈통화 등이〉 유통하다 **4** 〈도서관의 책·자료가〉 대출 가능하다
— *vt.* **1 순환시키다**; 〈술 등을〉 **돌리다 2** 〈정보·소문 등을〉 퍼뜨리다 **3** 〈신문 등을〉 배부하다; 〈편지·도서를〉 회람시키다; 〈통화 등을〉 유통시키다

cir·cu·lat·ing [sə́ːrkjulèitiŋ] *a.* 순환하는, 순회하는

círculating líbrary 1 (유료의 회원제) 대출 도서관(lending library) **2** 순회 도서관, 회람 문고

‡**cir·cu·la·tion** [sə̀ːrkjuléiʃən] *n.* **1** Ⓤ **순환 2** Ⓤ **유통**; 유포 **3** [*sing.*] **발행**[판매] **부수**, (도서의) 대출 부수: have a large[small, limited] ~ 발행 부수가 많다[적다] ***be in*** ~ 유포[유통]되고 있다 ***put in***(***to***) ~ 유포[유통]시키다

cir·cu·la·tor [sə́ːrkjulèitər] *n.* **1** 순회자 **2** (정보·병균 등을) 퍼뜨리는 사람, 전달자; (화폐의) 유통자 **3** 순환 장치

cir·cu·la·to·ry [sə́ːrkjulətɔ̀ːri | sə́ːkjulèitəri] *a.* (특히 혈액의) 순환 상의

circum- [sə́ːrkəm] *pref.* 「주변에, 둘레에; 여러 곳으로」의 뜻

cir·cum·am·bi·ent [sə̀ːrkəmǽmbiənt] *a.* 둘러싼, 주위의

cir·cum·am·bu·late [sə̀ːrkəmǽmbjuleit] *vi.* 걸어 돌아다니다, 순회하다

cir·cum·am·bu·la·tion [sə̀ːrkəmæmbjuléiʃən] *n.* Ⓤ 걸어 돌아다님, 순행(巡行)

cir·cum·cise [sə́ːrkəmsὰiz] *vt.* **1** 〈유대교·이슬람교의 종교적 의식으로서〉 할례(割禮)를 베풀다 **2** 〖의학〗 〈남자의〉 포피를 잘라내다; 〈여자의〉 음핵 포피를 잘라내다

cir·cum·ci·sion [sə̀ːrkəmsíʒən] *n.* Ⓤ **1** 할례 **2** 〖의학〗 포피 절제

***cir·cum·fer·ence** [sərkʌ́mfərəns] [L 「주위를 나르다」의 뜻에서] *n.* ⓊⒸ **1 원주**(圓周); 주변, 주위 **2** 주변의 길이[거리]

cir·cum·fer·en·tial [sərkʌ̀mfərénʃəl] *a.* 원주의, 주변의, 주변을 둘러싸는

cir·cum·flex [sə́ːrkəmflèks] *n.* 〖음성〗 음성 곡절 악센트 (기호)(= ⁓ **áccent**) 《⌒, ˜, ˆ》
— *a.* 〖음성〗 곡절 악센트가 붙은, 〈악센트가〉 곡절적인
— *vt.* 〈모음을〉 굴절시키다; 곡절 악센트를 붙이다

cir·cum·flu·ent [sə(ː)rkʌ́mfluənt], **-flu·ous** [-fluəs] *a.* 환류성의; 주위를 흐르는

cir·cum·fuse [sə̀ːrkəmfjúːz] *vt.* **1** 〈빛·액체·기체 등을〉 주위에 쏟다(pour) 《*round, about*》 **2** (빛·액체 등으로) 둘러싸다 《*with, in*》; 적시다(bathe) 《*with*》

cir·cum·fu·sion [-fjúːʒən] *n.* ⓊⒸ 주위에 쏟아 부음; 살포

cir·cum·lo·cu·tion [sə̀ːrkəmləkjúːʃən] *n.* ⓊⒸ **1** 에둘러 말함, 완곡한 표현 **2** 핑계

cir·cum·loc·u·to·ry [sə̀ːrkəmlɑ́kjutɔ̀ːri | -lɔ́kjutəri] *a.* 빙 둘러 말하는; 완곡한

cir·cum·nav·i·gate [sə̀ːrkəmnǽvəgèit] *vt.* 〈세계·섬 등을〉 주항(周航)하다
-nàv·i·gá·tion *n.*

cir·cum·po·lar [sə̀ːrkəmpóulər] *a.* **1** 〖천문〗 〈천체가〉 북극[남극]의 주위를 도는 **2** 〈해양 등이〉 주극의, 극지 부근에 있는

cir·cum·scribe [sə́ːrkəmskrὰib] [L 「둘레에 원을 그리다」의 뜻에서] *vt.* **1** 〈영토 등의〉 주위에 경계선을 긋다; 선으로 주위를 둘러싸다 **2** 활동 등을 (…안에) 제한하다(limit) 《*within, in*》 **3** 〖기하〗 〈원 등을〉 외접시키다

cir·cum·scrip·tion [sə̀ːrkəmskrípʃən] *n.* Ⓤ **1** (주위를) 둘러쌈; 제한, 한계 **2** 둘러싸는 것 **3** 〖기하〗 외접(시킴)

cir·cum·spect [sə́ːrkəmspèkt] *a.* **1** 〈사람이〉 조심성 있는, 신중한 **2** 용의주도한 **~·ly** *ad.*

cir·cum·spec·tion [sə̀ːrkəmspékʃən] *n.* Ⓤ 세심한 주의, 신중; 용의주도(함)

‡**cir·cum·stance** [sə́ːrkəmstæ̀ns, -stəns] [L 「주위에 서다」의 뜻에서] *n.* **1** [*pl.*] (어떤 사건·사람·행동 등과 관련된) **주위의 사정, 상황, 환경**; 처지 **2** [*pl.*] (경제적·물질적인) 환경, 처지 **3** Ⓤ 부수적인 일[사항] **4** (사정을 이루는) 사건, 사태, 경과: the whole ~*s* 자초지종 **5** Ⓤ 《문어》 (일의) 전후, 전말, (이야기·일 등의) 세부 **6** Ⓤ 의식[형식]에 구애됨

under [***in***] ***no ~s*** 어떤 일이 있더라도 결코 …하지 않는 ***under*** [***in***] ***the ~s*** 이러한 사정에서[이므로]

cir·cum·stanced [sə́ːrkəmstæ̀nst, -stənst] *a.* (어떤) 사정 하에 (있는); (경제적으로 어떠한) 처지에 있는

cir·cum·stan·tial [sə̀ːrkəmstǽnʃəl] *a.* **1** 〈증거 등이〉 정황적(情況的)인; (그 때의) 형편[사정]에 따른 **2** 부수적인, 우연한 **3** 처지 상의, 생활 상태의 **4** 상세한 **~·ly** *ad.*

cir·cum·stan·ti·ate [sə̀ːrkəmstǽnʃièit] *vt.* **1** 상세히 설명하다[말하다] **2** (정황 증거에 의하여) 실증하다

cir·cum·vent [sə̀ːrkəmvént] [L 「빙 돌아서 오다」의 뜻에서] *vt.* **1** 일주하다; 우회하다 **2** 〈곤란·문제점 등을〉 교묘하게 회피하다; 〈계획 등의〉 의표를 찌르다 **3** 〈적 등을 계략을 써서〉 포위하다 **~·er, -vén·tor** *n.*

cir·cum·ven·tion [sə̀ːrkəmvénʃən] *n.* Ⓤ 계략으로 속임; 우회

⁑**cir·cus** [sə́ːrkəs] [L 「고리」의 뜻에서] *n.* **1** 서커스, 곡예 **2** (층계로 된) 원형 흥행장; (고대 로마의) 야외의 원형 대경기장(arena) **3** 《영》 원형 광장(cf. SQUARE) **4** 《구어》 쾌활하고 떠들썩한 것[사건, 사람]; 명랑한 한때

cirque [səːrk] *n.* 〖지질〗 권곡(圈谷), (원형의) 협곡

cir·rho·sis [siróusis] *n.* (*pl.* **-rho·ses** [-siːz]) Ⓤ 〖병리〗 간경변

cir·ro·cu·mu·lus [sìroukjúːmjuləs] *n.* (*pl.* **-li** [-lài], **~**) 〖기상〗 권적운(卷積雲)

cir·ro·stra·tus [sìroustréitəs] *n.* (*pl.* **-ti** [-tai], **~**) 〖기상〗 권층운(卷層雲)

cir·rus [sírəs] *n.* (*pl.* **-ri** [-rai]) **1** 〖식물〗 덩굴, 덩굴손(tendril) **2** 〖동물〗 촉모(觸毛) **3** (*pl.* **~**) 〖기상〗 권운

CIS Commonwealth of Independent States 독립 국가 연합

cis·al·pine [sisǽlpain] *a.* (로마에서 보아) 알프스 이쪽의, 알프스 남쪽의(opp. *transalpine*)

cis·lu·nar [sislúːnər] *a.* 지구와 달(궤도) 사이의

Cis·ter·cian [sistə́ːrʃən | -ʃiən] *a.* 시토 수도회의 ── *n.* 시토 수도회의 수도사

∗**cis·tern** [sístərn] *n.* **1** (옥상 등의) 물탱크, 수조 **2** (천연의) 저수지

cit. citation; cited; citizen; 〖화학〗 citrate

∗**cit·a·del** [sítədl, -dèl] *n.* **1** (시가를 내려다보며 지켜주는) 성(城); 요새 **2** 최후의 거점

ci·ta·tion [saitéiʃən] *n.* **1** Ⓤ (구절·판례·예증의) 인증(引證), 인용; Ⓒ 인용문 **2** (사실·예 등의) 열거, 언급 **3** (군인·부대 등에 수여하는) 감사장, 표창장 **4** Ⓤ 〖법〗 소환; Ⓒ 소환장

∗**cite** [sait] [동음어 sight, site] [L 「소집하다」의 뜻에서] *vt.* **1** 〈구절·판례 등을〉 인용[인증(引證)]하다(quote), 예증(例證)하다(mention); 열거하다 **2** (예증·확인을 위해 …에) 언급하다; 〈예를〉 들다 **3** 〈공보(公報) 중에〉 특기하다; 표창장을 수여하다, 표창하다 **4** 〖법〗 소환하다(summon)

cit·i·fied [sítəfàid] *a.* 도시(인)화한, 도회지풍의

cit·i·fy [sítəfài] *vt.* (**-fied**) 《구어》 〈장소 등을〉 도시화하다; 〈사람을〉 도시풍으로 하다

⁑**cit·i·zen** [sítəzn, -sən] [AF 「도시(city)에 사는 사람」의 뜻에서] *n.* **1** (출생 또는 귀화로 시민권을 가진) **공민**, 국민 **2 a** 시민; 도시인 **b** 《미》 (군인·경관 등에 대하여) 민간인, 일반인 **3** 주민 《*of*》 ***a ~ of the world*** 세계인, 국제인(cosmopolitan)

∗**cit·i·zen·ship** [sítəzənʃìp] *n.* Ⓤ 시민권, 공민권; 공민의 신분[자격]

cit·i·zen·ry [sítəznri, -sən-] *n.* (*pl.* **-ries**) ⓊⒸ [보통 the ~; 집합적] (일반) 시민

cítizens bànd [종종 **C~ B~**] 《미》 〖통신〗 시민 밴드 《개인용 무선 통신에 개방되어 있는 주파수대; 略 CB》

cit·rate [sítreit] *n.* 〖화학〗 구연산염(枸櫞酸鹽)

cit·rine [sitríːn] *n.* Ⓤ **1** 레몬빛, 담황색 **2** 〖광물〗 황수정(黃水晶) ── [sítrain] *a.* 레몬(빛)의

cit·ron [sítrən] *n.* **1** 〖식물〗 **a** 시트론 《귤속(屬)의 식물》 **b** 시트론의 열매 **2** (설탕 절임한) 시트론 껍질 《케이크의 가미용》 **3** Ⓤ 시트론색, 담황색

cit·rus [sítrəs] *n.* (*pl.* **~·es, ~**) 〖식물〗 감귤류의 식물 ── *a.* Ⓐ 감귤류의

cit·tern [sítərn] *n.* 시턴 《16-17세기의 기타 비슷한 현악기; 영국에서 유행》

⁑**cit·y** [síti] [L 「시민 공동체」의 뜻에서] *n.* (*pl.* **cit·ies**) **1** (town보다 큰) 도시 **2** 시(市) **3** [the ~; 집합적; 보통 단수 취급] 전(全) 시민

the C~ of God 천국

cíty cóuncil 시의회

cíty cóuncilor 시의회 의원

cíty éditor 1 《미》 (신문사의) 지방 기사 편집장, 사회부장 **2** 《영》 [**C~ e~**] (신문사의) 경제부장 《주로 시티(the City)의 뉴스를 다룸》

cíty fáther 시의 지도적 인물 《시의회 의원, 구청장 등》

cíty háll [종종 **C~ H~**] **1** 《미》 시청사 **2** 시당국

cíty mánager 《미》 (민선이 아니고 시의회에서 임명된) 시행정 담당관

cíty plán[**plánning**] 도시 계획

cit·y·scape [sítiskèip] *n.* 도시 풍경[경관]

cíty slícker 《미·구어》 도회지풍이 든 사람

cit·y-state [-stéit] *n.* (고대 그리스 등의) 도시 국가

civ·et [sívit] *n.* **1** Ⓤ 사향 《향료》 **2** 〖동물〗 사향고양이(= **~ cát**)

∗**civ·ic** [sívik] *a.* Ⓐ **1** 시민[공민]의; 공민으로서의 **2** 시의, 도시의

cívic cènter (도시의) 관청가, 도심

civ·ic-mind·ed [sívikmáindid] *a.* 공민으로서의 의식을 가진, 공공심이 있는

civ·ics [síviks] *n. pl.* [단수 취급] **1**

국민 윤리과 **2** 시정학(市政學)

‡civ·il [sívəl] [L 「시민(citizen)의」의 뜻에서] *a.* **1 시민[공민](으로서)의 2 문명(사회)의**; 집단 활동을 하는 **3 a 일반 시민의**; (성직자에 대하여) 속인의 **b** (군용이 아니라) 민간용의, 민간인의 **4** (외정에 대하여) **내정의**, 민정의 **5 예의 바른**; 매우 친절한 **6** 〖법〗 민사의 **7** 보통력(曆)의, 상용(常用)하는

cívil áction 〖법〗 민사 소송

cívil defénse (공습 기타 비상 사태에 대한) 민방위 (조직[활동])

cívil disobédience 시민적 불복종 《납세 거부 등》

cívil engineér 토목 기사

cívil engineéring 토목 공학

***ci·vil·ian** [sivíljən] *n.* **1** (군인·경찰관·성직자에 대해) **일반 시민, 민간인**, 문민; 군속 **2** 《구어》 비전문가, 문외한

— *a.* Ⓐ **1** (군·성직과 관계없는) **일반인의**, 민간의, 비군사적인: a ~ airplane 민간기(機) **2** (무관에 대하여) 문관의, 문민의

***ci·vil·i·ty** [sivíləti] *n.* (*pl.* **-ties**) **1** Ⓤ **정중**, 공손, 예의 바름 **2** [*pl.*] 예의 바른[정중한] 말[태도]

‡civ·i·li·za·tion [sìvəlizéiʃən | -lai-] *n.* Ⓤ **1 문명**: Western ~ 서양 문명 **2** 문명국(민); 문명 세계[사회]; 문화 생활 **3** 개화(開化), 교화

***civ·i·lize** [sívəlàiz] *vt.* **1 개화[교화, 문명화]하다**(enlighten) **2** 〈사람 등을〉 세련되게 하다; 〈사람을〉 예의 바르게 하다

***civ·i·lized** [sívəlàizd] *a.* **1 교화된**, 문명화한 **2** 예의 바른, 교양이 높은

cívil láw [종종 **C~ L~**] 〖법〗 **1** 민법, 민사법 **2** (국제법에 대하여) 국내법 **3** 로마법

cívil líberty [보통 *pl.*] 시민적 자유

cívil lìst [종종 **C~ L~**; the ~] 《영》 **1** (의회가 정하는) 연간 왕실비(王室費) **2** 왕실의 지출 명세

civ·il·ly [sívəli] *ad.* **1** 예의 바르게, 정중하게(politely) **2** 민법상, 민사적으로

cívil márriage 민법상 결혼 《종교상의 의식에 의하지 않는》

cívil párish 《영》 (교구와 구별하여) 지방 행정구

cívil ríghts [종종 **C~ R~**] 공민권, 민권

cívil sérvant (군관계 이외의) 문관, 공무원

cívil sérvice **1** (군관계 이외의) 공무, 행정 사무 **2** 문관, 공무원

***cívil wár** **1** 내란, 내전 **2** [the C~ W~] 〖미국사〗 남북 전쟁(1861-65)

civ·vy [sívi] *n.* (*pl.* **-vies**) **1** 《구어》 비전투원, 일반 시민 **2** [*pl.*] (군복과 구별하여) 시민복, 평복

C. J. Chief Justice

Cl 〖화학〗 chlorine

cl. claim; class; classification; clause; clearance; clergyman; clerk; cloth

clack [klæk] [의성어] *n.* **1** [a ~] 딱딱[딸깍] 하는 소리 **2** 수다, 지껄여댐

— *vi.* **1** 딱딱[딸깍]거리다 **2** 지껄여대다(chatter) **3** 〈암탉 등이〉 꼬꼬댁거리다

— *vt.* 딱딱[딸깍] 소리나게 하다

***clad** [klæd] *v.* 《고어·문어》 CLOTHE의 과거·과거분사 — *a.* [보통 복합어를 이루어] 입은; 덮인: iron-~ vessels 장갑함(裝甲艦) — *vt.* 〈금속에〉 다른 금속을 입히다[씌우다]

‡claim [kleim] [L 「부르짖다」의 뜻에서] *vt.* **1** 〈당연한 것으로서 권리·유산 등을〉 **요구[청구]하다** **2** 〈권리·사실을〉 **주장하다** **3** 〈사물이 사람의 주의 등을〉 끌다, 〈주의·존경 등의〉 가치가 있다(deserve); 〈죽음·병 등이 목숨을〉 빼앗다

— *vi.* **1** 요구하다; 권리를 주장하다 **2** 〖법〗 손해 배상을 요구하다

— *n.* CU **1** (권리로서의) **요구**, **청구**(demand) 《*for, on, to, against*》 **2 주장**, 단언 **3** (요구할) **권리**, 자격(right, title) 《*to, on*》 **4** 청구물 **5** 〖보험〗 (보험금 등의) 지불 청구(액) **6** (계약 위반 등에 대한) 보상[배상]의 청구(액), 클레임

lay* [*make*] ~ *to …에 대한 권리[소유권]를 주장하다

~·a·ble *a.* 요구[주장]할 수 있는

***claim·ant** [kléimənt], **claim·er** [-ər] *n.* **1 요구자**, 주장자 **2** 〖법〗 (배상 등의) 원고

cláim chèck (옷·주차 등의) 번호표, 보관증; 수하물 인환증

clair·voy·ance [klɛərvɔ́iəns] *n.* Ⓤ **1** 투시(透視), 투시력, 천리안 **2** 비상한 통찰력

clair·voy·ant [klɛərvɔ́iənt] [F= clearseeing] *a.* **1** 투시의, 천리안의 **2** 날카로운 통찰력이 있는

— *n.* 천리안을 가진 사람

***clam** [klæm] [*clam*shell] *n.* **1** (*pl.* **~s,** [집합적] ~) 〖패류〗 **대합조개** **2** 《구어》 말 없는 사람 — *vi.* (**~med**; **~·ming**) **1** 대합조개를 잡다 **2** 《구어》 침묵을 지키다

clam·bake [klǽmbèik] *n.* 《미》 **1** (조개를 구워 먹는) 해안 피크닉[파티](의 먹을 거리) **2** 많은 사람이 법석대는 파티

***clam·ber** [klǽmbər] *vi.* **기어올라가다**

— *n.* [a ~] 기어올라감 **~·er** *n.*

clam·my [klǽmi] *a.* (**-mi·er**; **-mi·est**) 차고 끈적끈적한, 냉습한, 찐득한

clám·mi·ly *ad.* **clámmi·ness** *n.*

‡clam·or | -our [klǽmər] [L 「외치다」의 뜻에서] *n.* **1** (군중 등의) **시끄러운 외침**, 떠들썩함 **2** (불평·항의·요구 등의) 부르짖음, **아우성**, 소란 《*against, for*》

— *vi.* 외치다, 떠들어대다; 〈…할 것을〉 강력히 요구하다

~ *down* 〈연사 등을〉 야유하여 말 못하게 하다 **~ *for*** …을 시끄럽게 요구하다 **~ *out*** 고래고래 소리지르다

***clam·or·ous** [klǽmərəs] *a.* **떠들썩한**, 시끄러운 **~·ly** *ad.* **~·ness** *n.*

***clamp**[1] [klæmp] *n.* **1 죄는 기구**, 죔쇠, 거멀못, 꺾쇠; 〖목공〗 나비장 **2** [*pl.*] 집게(pincers); (외과용) 겸자(鉗子)

— *vt.* (죔쇠 등으로) 죄다; (불법 주차한 차바퀴에) 죔쇠를 채워 움직이지 못하게 하다

~ *down* 〈폭도 등을〉 압박[탄압]하다, 강력히 단속하다 《*on*》

clamp[2] *n.* (짚·흙 등을 덮어 저장한) 감자 더미; (벽돌 등의) 더미(pile)
clamp·down [klǽmpdàun] *n.* ((구어)) 단속(團束), 탄압(crackdown)
clam·shell [klǽmʃèl] *n.* **1** 대합조개 껍질 **2** (흙·모래 등을 퍼올리는) 준설 버킷 ((준설기의 일부))
*__clan__ [klæn] [Gael. 「자손」의 뜻에서] *n.* **1** (스코틀랜드 고지인들의) **씨족**(氏族)(tribe); 일족, 일문 **2** 벌족(閥族); 당파, 일당(一黨)(clique) **3** 대가족
clan·des·tine [klændéstin] *a.* 은밀한, 남몰래 하는, 비밀의 **~·ly** *ad.*
*__clang__ [klæŋ] [의성어] *vi., vt.* 〈무기·종 등이〉 **땡**[**땡그렁, 철커덩**]**하고 울리다**[울리게 하다] **—** *n.* [a ~] 그 소리
clang·er [klǽŋər] *n.* ((구어)) 큰 실패[실수]
clan·gor | **-gour** [klǽŋgər] *n.* [a ~] 땡그렁땡그렁, 땡땡, 짤랑짤랑 ((금속성의 연속음)) **—** *vi.* 땡그렁땡그렁 울리다
clan·gor·ous [klǽŋgərəs] *a.* 땡그렁땡그렁 울리는 **~·ly** *ad.*
clank [klæŋk] [의성어] *vi., vt.* 〈무거운 쇠사슬 등이〉 절거덕 소리나다[소리나게 하다] **—** *n.* [a ~] 절거덕 소리
clan·nish [klǽniʃ] *a.* **1** 씨족의 **2** 당파적인; 배타적인 **~·ly** *ad.* **~·ness** *n.*
clan·ship [klǽnʃip] *n.* Ⓤ **1** 씨족 제도 **2** 씨족 정신; 당파적 감정
clans·man [klǽnzmən] *n.* (*pl.* **-men** [-mən]) 같은 씨족[문중]의 사람
‡**clap**[1] [klæp] [의성어] *n.* **1 파열음,** 탕[꽝, 콰르릉]하는 소리: a ~ of thunder 뇌성 **2** [a ~] 박수; 일격 **3** [a ~] (손바닥으로 우정·칭찬 등을 나타내어 등 등을) 찰싹[툭] 두드리기 ((*on*)); (친밀하게) 툭 두드리기
— *v.* (**~ped**; **~·ping**) *vt.* **1** 〈손뼉을〉 **치다 2** (우정·칭찬의 표시로 손바닥으로) **가볍게 치다**[**두드리다**], 〈날개를〉 파닥이다 **3** …에게 박수를 보내다 **4** 쾅하고 놓다, 잽싸게[휙] 놓다 **—** *vi.* **1** 철썩[쾅] 소리내다; 〈문 등이〉 탕[쾅] 닫히다 **2** 박수[손뼉]를 치다
~ on 〈손 등을〉 얼른 놓다; 〈수갑을〉 찰카닥 채우다; 〈브레이크를〉 급히 밟다; 〈돛을〉 급히 올리다; 〈세금을〉 부과하다
clap[2] *n.* [the ~] ((속어)) 임질
clap·board [klǽbərd | klǽpbɔ̀:d] *n.* ((미)) 물막이 판자, 미늘판
— *vt.* ((미)) …에 물막이 판자를 대다
clap·ped-out [klǽptáut] *a.* ((영·구어)) **1** 〈기계가〉 낡은, 덜거덕거리는 **2** 지친, 녹초가 된
clap·per [klǽpər] *n.* **1** 박수 치는 사람 **2** 종[방울]의 추(tongue) **3** 딱따기 **4** ((속어)) 혀; 수다쟁이 ***like the ~s*** ((영·속어)) 굉장히 빨리; 아주 열심히
clap·trap [klǽptræ̀p] *n.* Ⓤ **1** 인기를 끌려는 말[책략, 수단]; 허풍 **2** 시시한 짓, 부질없는 이야기
claque [klæk] [F 「박수하다」의 뜻에서] *n.* [집합적] **1** (극장에 고용된) 박수갈채꾼 **2** 아첨 떠는 무리
Clar·a [klɛ́ərə, klǽrə | klɛ́ərə] *n.* 여자 이름 ((애칭 Clare))

Clare [klɛər] *n.* **1** 여자 이름 ((Clara, Clarice, Clarissa의 애칭)) **2** 남자 이름 ((Clarence의 애칭))
Clar·ence [klǽrəns] *n.* **1** 남자 이름 ((애칭 Clare)) **2** [**c~**] 상자형 4인승 4륜마차
clar·et [klǽrət] *n.* Ⓤ **1** 클라레 ((프랑스 보르도산 적포도주)) **2** 짙은 자홍색
clar·i·fi·ca·tion [klæ̀rəfikéiʃən] *n.* Ⓤ **1** 〈액체 등을〉 깨끗하게 함, 맑게 함; 정화(淨化) **2** 설명, 해명
clar·i·fi·er [klǽrəfàiər] *n.* **1** 깨끗하고 맑게 하는 것, 정화기 **2** 청징제(淸澄劑)
*__clar·i·fy__ [klǽrəfài] *v.* (**-fied**) *vt.* **1** 〈의미 등을〉 **뚜렷하게**[**명백하게**] **하다 2** 〈액체 등을〉 깨끗하게 하다, 맑게 하다, 정화하다 **3** (머리의) 작용을 맑게 하다
— *vi.* **1** 〈액체가〉 맑아지다 **2** 〈의미 등이〉 뚜렷해지다
*__clar·i·net__ [klæ̀rənét] *n.* **클라리넷** ((목관악기))
clar·i·net·(t)ist [klæ̀rənétist] *n.* 클라리넷 취주자
*__clar·i·on__ [klǽriən] *n.* **1** 〖음악〗 **클라리온** ((명쾌한 음색을 가진 옛 나팔)) **2** 클라리온의 소리; 명쾌한 나팔 소리
— *a.* Ⓐ 밝게 울려 퍼지는
Cla·ris·sa [klərísə] *n.* 여자 이름
*__clar·i·ty__ [klǽrəti] *n.* Ⓤ **1** 〈사상·문체 등의〉 **명쾌함,** 명석함 **2** (음색의) 깨끗하고 맑음; (액체의) 투명함
‡**clash** [klæʃ] [의성어] *n.* **1** [a ~] (종 등의) **땡땡 울리는 소리,** 덜그렁덜그렁 부딪치는 소리 **2** (의견·이익 등의) **충돌,** 불일치; (색의) 부조화 **3** (행사 등의) 겹침 ((*between*)) **4** 〖광고〗 (TV에) 비슷한 광고의 경합
— *vi.* **1 땡땡**[**땡그렁**] **소리나다**; 덜그럭거리다 **2** 충돌하다, 부딪치다 ((*into, upon, against*)): The car *~ed into* [*against*] the wall. 자동차가 벽에 부딪쳤다. **3** 〈의견·이해 등이〉 충돌하다; 겹치다; 〈빛깔이〉 어울리지 않다
— *vt.* 〈종 등을〉 땡땡[쩽그렁] 울리다; 〈칼 등을〉 부딪치다
‡**clasp** [klæsp | klɑ:sp] *n.* **1 걸쇠, 죔쇠, 버클 2** [보통 *sing.*] 쥠, 움켜쥠(grasp), 악수, 포옹
— *vt.* **1** (걸쇠·죔쇠 등으로) 고정시키다, 죄다 **2** 〈손 등을〉 꼭 쥐다; 악수하다 **3** 껴안다, 포옹하다 **—** *vi.* **1** 걸쇠·죔쇠 등으로 고정시키다, 죄다 **2** 꽉 쥐다, 껴안다
clásp knìfe 접는 칼
‡**class** [klæs | klɑ:s] *n.* **1** (공통적 성질을 가진) **종류,** 부류 **2** ⒸⓊ (학교의) **클래스, 학급,** 반(cf. FORM); (클래스의) **학습 시간, 수업**: after ~ 방과 후에/ be in ~ 수업 중이다 **3** [집합적] **클래스의 학생들**; ((미)) 동기 졸업생[학급] **4** [보통 *pl.*] ⒸⓊ (사회적) 계급; 계급제[제도]: the upper[middle, lower, working] ~(*es*) 상류[중류, 하층, 노동] 계급 **5** (품질·정도에 의한) 등급 **6** Ⓤ ((구어)) 우수, 탁월; (옷·행위 등의) 우아함, 품위, 고급 **7** 〖생물〗 (동식물 분류상의) 강(綱) **8** 〖수학〗 집합(set)
in a ~ by itself [one*self*] = ***in a ~***

of* [*on*] *its* [one'*s*] *own* = *in a ~ apart 비길 데 없는, 뛰어난
— *a.* **1** Ⓐ 계급의, 계급적인 **2** 학급의, 반의 **3** 《구어》 우수한, 일류의; 품위있는, 멋진 — *vt.* **1 분류하다**(classify); 등급[품등]을 정하다(size up) **2** 〈학생을〉 조(組)로 나누다; 〈학생을〉 …의 반에 두다: be *~ed as* …으로 분류되다
— *vi.* (어느 class에) 속하다, 분류되다

class. classic(al); classification; classified

cláss áction 〖법〗 (공동 피해자들의) 집단 소송(class suit)

class-con·scious [klǽskɑ́nʃəs | -kɔ́n-] *a.* 계급 의식을 가진; 계급 투쟁을 강하게 의식한

‡**clas·sic** [klǽsik] [L 「(최고) 클래스(class)의」의 뜻에서] *a.* Ⓐ **1** 〈예술품 등이〉 **일류의,** 최고 수준의; 고상한 **2 a 고전의,** 그리스·로마 문예의 **b** 고대 그리스·라틴의 예술 형식을 본받은; **고전적인**(classical) **3** 유서 깊은 **4** 〈학문 연구·연구 서적 등이〉 권위 있는, 정평이 있는; 전형적인, 모범적인 **5** 〈복장 등이〉 유행에 매이지 않는, (유행을 넘어서서) 전통적인 (스타일의) — *n.* **1 일류 작가**[작품], 고전 **2** (그리스·라틴의) 고전 작가[학자]; 고전 작품 **3** [the ~s] (그리스·라틴의) **고전,** 고전어 **4** (특정 분야의) 권위서; 대표적인 것, 모범이 되는 것 **5** 전통적(으로 유명한) 행사 **6** 전통[고전]적인 (스타일의) 복장[차, 도구 《등》] **7** 《미·구어》 클래식카 《1925-42 년형의 자동차》

‡**clas·si·cal** [klǽsikəl] *a.* **1** [때로 **C~**] (고대 그리스·라틴의) **고전 문학의,** 고전어의; 인문적인 **2** 〖문예〗 **고전주의의**; 고전 취미적인, 고전적인 **3** 전통적인 **4** 전형적인, 모범적인

clas·si·cal·ly [klǽsikəli] *ad.* 고전적으로, 의고적으로; 관행에 따라

clas·si·cism [klǽsəsìzm] *n.* Ⓤ **1** [종종 **C~**] 〖문학·예술〗 고전주의(cf. REALISM; ROMANTICISM) **2** 고대 그리스·로마의 예술·문화의 정신 **3** 고전적 어법, 고전 관용 표현

clas·si·cist [klǽsəsist] *n.* **1** 고전학자 **2** 고전주의자

clas·si·fi·a·ble [klǽsəfàiəbl] *a.* 〈사물이〉 분류할 수 있는

‡**clas·si·fi·ca·tion** [klæ̀səfikéiʃən] *n.* ⓊⒸ **1 a 분류(법),** 유별, 종별 **b** 〖생물〗 분류 **2** 등급별, 등급 매김, 급수별 **3** 〖도서관〗 도서 분류법

***clas·si·fied** [klǽsəfàid] *a.* Ⓐ **1 분류된;** 〈광고가〉 항목별의 **2** 〈군사 정보·문서 등이〉 기밀 취급의

‡**clas·si·fy** [klǽsəfài] *vt.* (**-fied**) **1 분류[유별]하다,** 등급으로 나누다 **2** 〈군사 정보·문서 등을〉 기밀 취급하다

class·ism [klǽsizəm | klɑ́:s-] *n.* 계급 차별(주의)

class·less [klǽslis | klɑ́:s-] *a.* 계급 차별이 없는; 계급에 속하지 않는
~·ness *n.*

class-list [klǽslìst | klɑ́:s-] *n.* 《영》 〖대학〗 우등 시험 합격자 등급별 명부

‡**class·mate** [klǽsmèit | klɑ́:s-] *n.* 동급생, 동창생, 급우

‡**class·room** [klǽsrù:m | klɑ́:s-] *n.* 교실

cláss strúggle [종종 the ~] 계급 대립[투쟁]

cláss wár[**wárfare**] [종종 the ~] 계급 투쟁

class·y [klǽsi | klɑ́:si] *a.* (**class·i·er**; **-i·est**) **1** 《미·구어》 고급인(superior); 멋진(stylish) **2** 신분이 높은

‡**clat·ter** [klǽtər] [의성어] *n.* **1** [a ~] **달가닥달가닥하는 소리 2** 떠들썩함; 떠들썩한 소리[말, 웃음]
— *vi.* **1** 달가닥달가닥 울리다 **2** 〈여러 사람이〉 떠들썩하게 지껄이다 《*away*》
— *vt.* 달가닥달가닥 울리게 하다
~ *along* 덜거덕거리며 가다 **~ *down*** 덜컹하고 넘어지다[떨어지다]
~·er *n.* 덜거덕덜거덕 소리를 내는 것; 수다쟁이

‡**clause** [klɔ:z] [L 「닫다(close)」의 뜻에서] *n.* **1** 〖문법〗 **절**(節) **2** 〈조약·법률의〉 **조항,** 조목

claus·tro·pho·bi·a [klɔ̀:strəfóubiə] *n.* Ⓤ 〖정신의학〗 밀실(密室) 공포증

clav·i·chord [klǽvəkɔ̀:rd] *n.* 〖음악〗 클라비코드 《피아노의 전신》

clav·i·cle [klǽvikl] *n.* 〖해부〗 쇄골(鎖骨)

cla·vier [kləvíər, kléiviər | klǽviə] *n.* **1** 〖음악〗 건반 **2** 건반 악기

‡**claw** [klɔ:] *n.* **1** (고양이·매 등의 날카롭고 굽은) **갈고리 발톱 2** (게·새우 등의) **집게발 3** 발톱꼴의 것; (쇠망치 끝의) 못뽑이
— *vt.* **1** 손톱[발톱]으로 할퀴다(scratch); 손톱[발톱]으로 움켜잡다; (구멍을) 후벼 파다 **2** 《미·속어》 체포하다(arrest); 〈돈 등을〉 긁어모으다
— *vi.* 할퀴다; 할퀴려고 하다 《*at*》

claw·back [klɔ́:bæ̀k] *n.* 《영》 **1** 정부가 급부 지출 증가를 증세로 보충하기 **2** 결점, 약점(drawback)

cláw hàmmer 1 못뽑이, 장도리 **2** 《미·구어》 연미복

‡**clay** [klei] *n.* **1** Ⓤ **점토,** 진흙; 흙(earth) **2** Ⓤ (육체의 재료로 여겨졌던) 흙; (영혼에 대하여, 죽으면 흙이 되는) 육체 **3** Ⓤ 자질, 천성; 인품
feet of ~ (사람·사물이 가진) 인격상의[본질적인] 결점, 뜻밖의 결점[약점]

clay·ey [kléii] *a.* **1** 진흙의[이 많은], 진흙 같은 **2** 진흙을 바른[으로 더러워진]

clay·ish [kléiiʃ] *a.* **1** 점토질[상(狀)]의, 진흙 비슷한 **2** 진흙을 바른

cláy pígeon 〖사격〗 클레이 피전 《공중에 던져 올리는 진흙으로 만든 접시꼴 과녁》

‡**clean** [kli:n] *a.* **1 청결한, 깨끗한,** 말끔한 **2** (정신적·도덕적으로) **순수[결백]한 3** 공정한, 정정당당한 **4** 당연한 **5** 날씬한, 맵시 좋은, 울퉁불퉁하지 않은 **6** 결점[고장]이 없는; 병이 아닌: a ~ record 흠이 없는 이력 **7** 신선한(fresh), 상쾌한 **8** 섞지 않은, 순수한; 〈보석이〉 흠 없는 **9** 완전한(complete) **10** 〖성서〗 (모세(Moses)의 율법에 비추어) 부정(不淨)하지 않은 **11** 〖라디오·TV〗 선명한

~ and sweet 깔끔한, 말쑥한 ***come ~*** ((구어)) 사실을 말하다, 죄다 불다, 자백[실토]하다 ***keep*** one***'s nose ~*** ((구어)) 성가신[귀찮은] 일에 말려들지 않게 하다 ***make a ~ breast of*** …을 깨끗이 털어 놓다 ***make a ~ sweep of*** …을 일소(一掃)하다

— *ad.* **1** 전혀, 아주, 완전히(entirely) **2** 깨끗이(cleanly) **3** 바로, 정통으로 (exactly), 멋지게; 정정당당하게

— *vt.* **1 청결[깨끗]하게 하다,** 손질하다; 닦다; 세탁하다 **2** 〈…을〉 씻어 〈더러움 등을〉 없애다, 지우다 **3** 〈먹어서 접시를〉 비우다 — *vi.* **1** 청소하다 **2** 깨끗해지다

~ out (1) 깨끗하게 쓸어내다 (2) 〈장소에서〉 죄다 훔쳐내다 (3) ((구어)) 〈사람을〉 빈털터리로 만들다 ***~ up*** (1) 깨끗이 청소하다, 치우다 (2) 몸을 깨끗이 하다 (3) 〈부패 등을〉 정화하다; 〈적을〉 일소하다 (4) ((구어)) 〈일 등을〉 해치우다, 완료하다

— *n.* [a ~] 청결하게 함, 손질, 소제

clean-cut [klíːnkʌ́t] *a.* **1** 말쑥한, 맵시 있는; 단정한 **2** 〈의미가〉 명확한(definite)

‡clean·er [klíːnər] *n.* **1 깨끗하게 하는 사람;** 청소 작업원 **2** 세탁소 주인[직공]; 청소부(婦) **3** 청소기

clean·hand·ed [-hǽndid] *a.* 결백한

cléan hánds 정직; 결백

‡clean·ing [klíːniŋ] *n.* **1 청소;** (의복 등의) 손질, 세탁 **2** ((구어)) (투자 등의) 대손해; ((미·속어)) (스포츠의) 완패, 대패

clean·li·ly [klénləli] *ad.* 말끔히, 깨끗이

clean-limbed [klíːnlímd] *a.* 〈젊은 남자 등이〉 팔다리의 균형이 잘 잡힌, 날씬한

***clean·li·ness** [klénlinis] *n.* Ⓤ **1 청결;** 깨끗함 **2** 깨끗함을 좋아함

clean-liv·ing [klíːnlíviŋ] *a.* (도덕적으로) 깨끗한 생활을 하는, 청렴한

***clean·ly**[1] [klíːnli] *ad.* **1 솜씨 있게, 멋지게 2 깨끗하게,** 청결하게

***clean·ly**[2] [klénli] *a.* (**-li·er**; **-li·est**) **깨끗한 것을 좋아하는,** 말끔한, 청결한

cleans·a·ble [klénzəbl] *a.* 깨끗이 할 수 있는, 세척할 수 있는

***cleanse** [klenz] [clean의 OE형에서] *vt.* **1** 〈상처 등을〉 **청결하게 하다**(clean), 씻다 **2** 정화하다; 〈장소·조직 등에서 탐탁지 않은 것·사람 등을〉 숙청하다 ((*of*, *from*)); 〈…에서부터 죄를〉 씻어 깨끗이 하다: ~ the soul *from*[*of*] sin 마음의 죄를 씻다

cleans·er [klénzər] *n.* **1** 청정제, 클렌저 **2** 세척 담당, 세탁인

clean-shaved [klíːnʃéivd], **-shav·en** [-ʃéivən] *a.* 수염을 말끔히 깎은[민]

cléansing crèam 클렌징 크림 ((유지성(油脂性)의 세안용 크림))

clean·up [klíːnʌ̀p] *n.* **1 a** 대청소 **b** 재고 정리 **c** (얼굴이나 손을 씻어) 말쑥하게 하기 **2** 일소, 정화; 소탕 **3** ((미·속어)) (단기간의) 큰 벌이 **4** 〖야구〗 (타순의) 4번 (타자)

‡clear [kliər] *a.* **1 밝은,** 맑게 갠, 선명한; 〈달·별 등이〉 밝은; 빛나는: a ~ sky 맑게 갠 하늘 **2 맑은,** 투명한 **3** 〈사실·의미·진술 등이〉 **명백한, 명확한,** 분명한; 〈두뇌·사고 등이〉 명석한; 뚜렷한 **4** 열린(open); 〈방해·지장 등이〉 **전혀 없는,** 〈도로 등이〉 차가 없는; 흠없는, 결점 없는; 결백한: ~ *from* suspicion 혐의의 여지가 없는 **5 순수한**(pure); 완전한(entire) **6** Ⓟ 〈사람이 …을〉 확신한 ((*on*, *about*)) ***as ~ as day*** 대낮처럼 밝은; 매우 명백한, 명약관화한 ***make*** one***self ~*** 자기의 말을 이해시키다

— *vt.* **1** 〈장애물을〉 **제거하다** ((*of*)); 치우다; 〈삼림·토지를〉 개척하다; 〈의심·혐의 등을〉 풀다; [~ one*self*] 〈자기의〉 결백함을 입증하다 **2 명백하게 하다 3** 〈낚싯줄 등의〉 얽힌 것을 풀다, 〈문제를〉 해결하다; 충돌을 피하다; 〈난관을〉 돌파하다 **4** 〈목의〉 가래를 없애다; 〈목소리를〉 또렷하게 하다 **5** …의 순이익을 올리다 **6** 〈계획·제안 등을 위원회 등에서〉 승인[인정]받다 ((*with*)); 〈…을〉 허가[인가]하다 **7** 〖컴퓨터〗 〈자료·데이터를〉 지우다

— *vi.* **1** 〈날씨가〉 **개다,** 〈구름·안개가〉 걷히다; 〈얼굴·앞길 등이〉 밝아지다 **2** 가버리다; 비키다; 〈상품이〉 다 팔리다 **3** (실시 전에) 심의를 거치다, 승인을 얻다 **4** 〖컴퓨터〗 〈데이터·명령이〉 지워지다

~ away 제거하다, 치워 없애다; 〈식후에 식탁 위의 것을〉 치우다; 〈구름·안개가〉 걷히다; 일소하다 ***~ out*** 비우다, 빈털터리가 되게 하다; (장애물·불필요한 것을) 제거하다, 버리다 ***~ the air*** 공기를 맑게 하다; ((구어)) 걱정·의혹 등을 일소하다 ***~ up*** 정돈하다; 결제하다; 치우다; 〈문제·의문 등을〉 풀다; 〈날씨가〉 (비 구름이 걷히고) 개다; 〈병 등을〉 고치다; 〈병이〉 낫다; 청소하다

— *ad.* **1 명료하게,** 또렷하게 **2** 충분히

— *n.* **1** 빈 터, 빈 틈 **2** 〖컴퓨터〗 지우기, 지움 ***in the ~*** 안목으로; 위험을 벗어나서; 혐의가 풀려서; 빚지지 않고

***clear·ance** [klíərəns] *n.* **1** Ⓤ **정리,** 정돈; 배제 **2** 〖기계〗 여유, 틈 **3** 재고[창고] 정리 판매(= ~ sale) **4** Ⓤ 삼림 벌채 ((개간을 위한)) **5** 어음 교환(액) **6** 통관 절차, 세관 통과; 출항 (인가)

cléarance sàle 창고 정리 판매, 염가 판매

clear-cut [klíərkʌ́t] *a.* 윤곽이 뚜렷한, 선명한, 명쾌한

clear-eyed [klíəráid] *a.* **1** 눈이 맑은 **2** 명민한, 총명한

clear·head·ed [klíərhédid] *a.* 두뇌가 명석한

***clear·ing** [klíəriŋ] *n.* **1** Ⓤ **청소;** 장애물 제거, 소해(掃海) **2** (삼림 속의) 개척지 **3** Ⓤ 〖금융〗 청산; 어음 교환; [*pl.*] 어음 교환액

‡clear·ly [klíərli] *ad.* **1 뚜렷하게,** 명료하게 **2 똑똑히,** 밝게; 깨끗하게 **3** [문장 전체를 수식하여] 분명히, 의심할 여지 없이: *C~*, it is a mistake. = It is ~ a mistake. 그것은 분명히 실수이다.

***clear·ness** [klíərnis] *n.* Ⓤ **1** 밝기, 투명, 명석; **명료도**(度) **2** 방해물이 없음

clear-sight·ed [-sáitid] *a.* 시력이 좋은; 총명한(sagacious)

~·ly *ad.* **~·ness** *n.*

clear·sto·ry [-stɔ̀ːri | -stəri] *n.* (*pl.* **-ries**) =CLERESTORY
clear·way [-wèi] *n.* 《영》 주차[정차] 금지 도로
cleat [kliːt] *n.* **1** 쐐기 모양의 고정구(固定具) 《목제 또는 금속제》 **2** (구두 밑창의) 미끄럼 막이 **3** 〖항해〗 밧줄걸이
— *vt.* 밧줄걸이에 잡아 매다; 클리트를 달다[로 보강하다]
cleav·age [klíːvidʒ] *n.* ⓊⒸ **1** 쪼개짐, 열개(裂開), 분할 **2** (정당 등의) 분열 《*between*》 **3** 〖광물〗 벽개(劈開); 벽개면; 〖화학〗 분열; 〖생물〗 (수정란의) 난할(卵割)
***cleave**[1] [kliːv] *v.* (**clove** [klouv], **cleft** [kleft], **~d; clo·ven** [klóuvən], **cleft, ~d**) *vt.* **1** (나뭇결·벽개면을 따라) 쪼개다 **2** 〈길을〉 헤치며 나아가다 **3** 〈단체를 의견·이해 관계의 대립으로〉 분열시키다; 〈사람·장소를 …으로부터〉 격리하다 《*from*》 — *vi.* **1** (나뭇결을 따라) 쪼개지다 **2** 〈단체가〉 분열하다
cleave[2] *vi.* (**~d, clove** [klouv], 《고어》 **clave** [kleiv]; **~d**) **1** 《문어》 〈주의 등을〉 고수하다, …에 집착하다 《*to*》; 〈남에게〉 충실히 대하다 《*to*》 **2** 《고어》 부착[점착]하다 《*to*》
cleav·er [klíːvər] *n.* **1** 쪼개는[가르는] 것[사람] **2** 고기 베는 큰 칼
clef [klef] *n.* 〖음악〗 (오선지상의) 음자리표
cleft** [kleft] *v.* CLEAVE[1]의 과거·과거분사 — *a.* **갈라진, 쪼개진** ***in a ~ stick 진퇴양난이 되어, 궁지에 빠져
— *n.* **갈라진 틈**; 쪼개진 조각; (두 부분 사이의 V형의) 오목한 자리
cléft líp 언청이(harelip)
cléft pálate 구개 파열(口蓋破裂)
cléft séntence 〖문법〗 분열문(分裂文)
clem·en·cy [klémənsi] *n.* (*pl.* **-cies**) ⓊⒸ **1** (성격의) 온화, 온후; (특히 재판이나 처벌 때의) 관용 **2** (기후의) 온화
clem·ent [klémənt] *a.* **1** 〈성격이〉 온화한, 〈재판(관)·처벌이〉 관대한 **2** 〈기후가〉 온화한(mild), 따뜻한
clem·en·tine [kléməntìːn, -tàin] *n.* 〖식물〗 클레멘타인 《tangerin과 sour orange의 잡종인 소형 오렌지》
***clench** [klentʃ] [OE 「단단히 붙잡다」의 뜻에서] *vt.* **1** 〈이를〉 **악물다**; 〈입을〉 꾹 다물다, 〈주먹을〉 **부르쥐다,** 〈손을〉 꽉 움키다 **2** 〈물건을〉 단단히[꽉] 쥐다
— *vi.* 〈입 등이〉 꾹 다물어지다, 〈손 등이〉 단단히 움켜지다
— *n.* **1** 이를 악물기; (분해서) 치를 떨기, 이갈기 **2** 단단히 쥐기 **clénch·er** *n.*
***Cle·o·pat·ra** [klìːəpǽtrə | -pɑ́ːt-] *n.* **클레오파트라**(69-30 B.C.) 《고대 이집트의 마지막 여왕; 51-49 B.C., 48-30 B.C.》
clere·sto·ry [klíərstɔ̀ːri | -stəri] *n.* (*pl.* **-ries**) **1** 〖건축〗 채광층(層) **2** (공장 등의 측면 벽이나 철도 차량 지붕의) 통풍[채광]창
***cler·gy** [klɔ́ːrdʒi] *n.* [the ~; 집합적; 복수 취급] **성직자들** 《신부·목사·랍비 등; 영국에서는 보통 국교회의 목사》
⁑**cler·gy·man** [klɔ́ːrdʒimən] *n.* (*pl.* **-men** [-mən]) **성직자**
cler·ic [klérik] *n.* 《문어》 성직자 《clergyman보다 적용 범위가 넓음》
***cler·i·cal** [klérikəl] *a.* **1** 서기(clerk)의, 사무원의: a ~ error 잘못 쓴 것, 오기 **2** 성직자의, 목사의
— *n.* **1** 목사(cleric) **2** [*pl.*] 성직복
~·ism *n.* Ⓤ 성직권 주의; 성직자의 부당한 세력
cler·i·hew [klérihjùː] [영국의 작가 이름에서] *n.* 〖시학〗 클레리휴 《인물을 풍자하는 익살스러운 내용의 사행 연구(四行聯句)의 일종》
⁂**clerk** [kləːrk | klɑːk] *n.* **1** (관청의) **서기,** 사무관 **2** (은행·회사의) **사무원,** 행원 **3** 《미》 (소매점의) 판매원, 점원(《영》 shop assistant) **4** 《영》 교회 서기 — *vi.* 《미》 **1** 서기[사무관]로 근무하다 **2** 점원 노릇을 하다
clerk·ly [klɔ́ːrkli | klɑ́ːk-] *a.* (**-li·er**; **-li·est**) 서기[사무원]의; 《미》 점원의
— *ad.* 사무원[점원]답게
clerk·ship [klɔ́ːrkʃip | klɑ́ːk-] *n.* Ⓤ 서기[사무원, 점원]의 직[신분]
Cleve·land [klíːvlənd] *n.* 클리블랜드 **1** 미국 Ohio 주 북동부의 Erie 호반에 있는 도시 **2** 1974년에 신설된 영국 북부의 주 《주도 Middlesbrough [mídlzbrə]》
⁂**clev·er** [klévər] *a.* (**~·er**; **~·est**) **1** **영리한,** 슬기로운, 현명한 **2** **손재주가 있는;** 솜씨 좋은, 교묘한
***clev·er·ly** [klévərli] *ad.* **1** 영리하게, 실수 없이 **2** 교묘하게, 솜씨 좋게 **3** 《방언》 완전히
***clev·er·ness** [klévərnis] *n.* Ⓤ **1** 영리, 빈틈 없음 **2** 교묘, 솜씨 좋음
clev·is [klévis] *n.* U자형 갈고리, U링크
clew [kluː] *n.* **1** 실꾸리; 〖그리스신화〗 (미궁의) 길잡이 실 **2** 〖해양〗 배돛귀 **3** [*pl.*] (해먹을) 매다는 줄
— *vt.* 〖해양〗 돛귀를 당기다
***cli·ché** [kliːʃéi | ⌐–] [F] *n.* (진부한) **판에 박은 문구,** 진부한 표현[생각]
***click** [klik] [의성어] *n.* **1** 딸깍[찰깍] 하는 소리 **2** 〖언어〗 흡기음(吸氣音) 《혀 차는 소리 등》 **3** 〖기계〗 제동자(制動子)(catch)
— *vi.* **1** 딸깍 소리가 나다[소리를 내다](tick) **2** 《구어》 의기투합[상투]하다, 호흡이 맞다 **3** 《구어》 〈일이 …에게〉 잘 되다[갑자기 이해되다] **4** 〖컴퓨터〗 마우스의 버튼을 누르다 — *vt.* **1** 〈…을〉 딸깍[찰깍] 소리나게 하다 **2** (물건을 서로 맞부딪치어) 딸깍[찰깍] 소리나게 하다 **3** 〖컴퓨터〗 마우스를 누르다
clíck bèetle 〖곤충〗 방아벌레
click·e·ty-clack [klíkətiklǽk] *n.* 짤깍짤깍[덜커덕덜커덕, 타닥타닥](하는 소리)
***cli·ent** [kláiənt] [L 「추종자」의 뜻에서] *n.* **1** (변호사 등의) **의뢰인** **2** (상인의) **고객,** 단골 **3** 〖컴퓨터〗 클라이언트 《서버로부터 정보를 받는 네트워크 상의 컴퓨터》
cli·en·tele [klàiəntél | klìː-] *n.* [집합적] **1** 소송 의뢰인 **2** (호텔·극장·상점 등의) 고객, 단골 손님; 환자
clíent-sérver sỳstem 〖컴퓨터〗 클라이언트 서버 시스템 《LAN 상에서 특정

기능을 제공하는 서버와 그것을 이용하는 클라이언트가 연결되어 처리하는 방식에 기초한 컴퓨터 시스템; 略 CSS》

client state 종속국, 의존국

‡cliff [klif] *n.* (특히 해안의) **낭떠러지**, 절벽

cliff dweller **1** [종종 **C~ D~**] 암굴 거주민 **2** 《미·속어》 (도시의) 고층 아파트에 사는 사람, 고층 주택 거주자

cliff-hang·er [klífhæ̀ŋər] *n.* **1** 서스펜스가 연속되는 드라마[영화] **2** 마지막 순간까지 결과를 알 수 없는 경쟁[시합]

cliff-hang·ing [-hæ̀ŋiŋ] *a.* 손에 땀을 쥐게 하는, 아슬아슬한

cli·mac·ter·ic [klàimǽktərik, -mæktérik] *a.* **1** 〖생리〗 (45-60세의) 갱년기의, 월경 폐지기의 **2** 전환기에 있는, 위기의 (critical) **3** 액년(厄年)의

— *n.* **1** 〖생리〗 갱년기; 폐경기 **2** 위험기, 위기, 전환기 **3** 액년 《7년 마다, 또는 그 기수(奇數) 배(倍)의 해》

‡cli·mate [kláimit, -mət] [Gk 「지역」의 뜻에서] *n.* **1** ⓊⒸ **기후** **2** (어떤 특정 기후를 가진) 지방: a wet ~ 습한 지방 **3** (어떤 지역·시대 등의) 사조, 풍토; 분위기, 정세

cli·mat·ic, i·cal [klaimǽtik(əl)] *a.* 기후 상의; 풍토적인 **-i·cal·ly** *ad.*

cli·ma·tol·o·gy [klàimətɑ́lədʒi | -tɔ́l-] *n.* Ⓤ 기후[풍토]학

‡cli·max [kláimæks] [L 「사닥다리」의 뜻에서] *n.* **1 a** (사건·극 등의) **최고조**, 절정 《*of*》; 최고점, 극점(極點) **b** (성적인) 엑스터시, 성적 쾌감의 절정, 오르가슴 **2** 〖수사학〗 **클라이맥스**, 점층법(漸層法)

— *vt., vi.* 클라이맥스에 달하(게 하)다

‡climb [klaim] [동음어 clime] *v.* (**~ed,** 《고어》 **clomb** [kloum]) *vi.* **1 a** **오르다**, 기어 오르다 **b** 〈손발을 써서 자동차·비행기 등에〉 타다, …에서 내리다 **2** 〈태양·달·연기 등이 천천히〉 떠[솟아] 오르다; 〈항공기 등이〉 고도를 올리다, 상승하다 **3** 〈식물이〉 감기어 뻗어 오르다 **4** (노력하여) 승진하다 **5** 〈도로 등이〉 오르막이 되다

— *vt.* **1** **오르다**, 기어 오르다; 등반하다 **2** 〈식물이 벽 등을〉 기어오르다 **3** 〈출세의 계단을〉 오르다

~ ***into*** 《구어》 옷을 급히 입다 ~ ***out of*** 《구어》 옷을 급히 벗다

— *n.* [보통 *sing.*] **1 a** 오름, 기어오름 **b** 오르는 곳, 치받이, 오르막길 **2** (물가 등의) 상승; (항공기의) 상승 **3** 승진, 영달 《*to*》

climb-down [kláimdàun] *n.* ⓊⒸ **1** 기어내림 **2** 《구어》 (정세가 불리하다고 보고 주장 등을) 버림, 양보; (성명(聲明) 등의) 철회

***climb·er** [kláimər] *n.* **1** **기어오르는 사람**, **등산가** **2** 《구어》 출세주의자 **3** 기어오르는 식물 《담쟁이덩굴 등》

climb·ing [kláimiŋ] *a.* 기어오르는, 등산용의

— *n.* ⓊⒸ 기어오름; 등산

climbing iron [보통 *pl.*] 등산용 스파이크, 아이젠

***clime** [klaim] *n.* 《시어》 **1** [종종 *pl.*] **지방**, 나라 **2** 기후, 풍토

***clinch** [klintʃ] *vt.* **1** 〈박은 못 등의 끝을〉 **꼬부리다** **2** 죄다, 고정시키다 **3** 〈사건·토론 등의〉 결말을 짓다 **4** 〖권투〗 클린치하다

— *vi.* **1** 〖권투〗 껴안다, 클린치하다 **2** 《구어》 열렬히 포옹하다

— *n.* **1 a** 못 끝을 꼬부리기, (꼬부려) 죄기 **b** 꼬부린 못[나사] **2** [a ~] 〖권투〗 클린치, 맞붙어 싸우기 **3** [a ~] 《구어》 열렬한 포옹

clinch·er [klíntʃər] *n.* **1** (못 끝을) 꼬부리는 사람[연장], 볼트를 죄는 직공[기구]; 꺾쇠, 걸쇠(clamp) **2** 《구어》 결정적인 논변(論辯)[요인, 행위 《등》], 결정타

‡cling [kliŋ] *vi.* (**clung** [klʌŋ]) **1** **달라붙다** **2** **매달리다** 《*to*》; 〈사물과〉 접근을 유지하다; 〈해안 등을〉 따라서 나아가다 《*to*》 **3** 집착하다 《*to*》

~ ***together*** 〈물건이〉 서로 들러 붙다; 단결하다

cling·ing [klíŋiŋ] *a.* **1** 〈옷 등이〉 몸에 착 붙는 **2** 밀착성의, 끈덕진 **3** 남에게 의존하는 **~·ly** *ad.*

cling·stone [klíŋstòun] *n.* 점핵(粘核) 《과육이 씨에 달라붙어 잘 안 떨어지는 과실; 복숭아 등》 (cf. FREESTONE)

— *a.* 〈과실이〉 점핵성인

cling·y [klíŋi] *a.* (**cling·i·er**; **-i·est**) 들러붙어 떨어지지 않는

***clin·ic** [klínik] [Gk 「침대」의 뜻에서] *n.* **1 a** (병원·의과대학 부속의) **진료소** **b** [보통 수식어와 함께] (병원내의) 과(科) **2** 상담소 **3** 《미》 (의학 이외의) 실지 강좌, 세미나

***clin·i·cal** [klínikəl] *a.* **1** **임상의** **2** 병상의, 병실용의: a ~ diary 병상 일지 **3** 〈판단·묘사 등이〉 극도로 객관적인, 분석적인, 냉정한 **~·ly** *ad.*

clinical thermometer 체온계

cli·ni·cian [kliníʃən] *n.* 임상의(醫) (학자)

clink¹ [kliŋk] [의성어] *n.* [a ~] 땡그랑 소리 《얇은 금속 조각·유리 등의》

— *vi., vt.* 땡땡[땡그랑] 울리다[소리나게 하다]

clink² [런던에 있던 교도소 이름에서] *n.* [the ~] 《속어》 교도소(prison)

clink·er¹ [klíŋkər] *n.* **1** 클링커, 용재(鎔滓)덩어리 《용광로 속에 생기는》 **2** (네덜란드식으로 구운) 단단한 벽돌, 투화(透化) 벽돌

clinker² *n.* **1** 《속어》 실수 **2 a** 《미·속어》 (음악에서) 가락이 맞지 않는 음 **b** 실패작 **3** 《영·속어》 멋들어진 사람[것]

clink·er-built [klíŋkərbìlt] *a.* 〖조선〗 〈뱃전의 널을〉 덧붙여 댄

cli·nom·e·ter [klainɑ́mətər | -nɔ́m-] *n.* 〖측량〗 클리노미터, 경사계(傾斜計)

Cli·o [kláiou] *n.* 〖그리스신화〗 클레이오 《사시(史詩)·역사의 여신; the Muses의 한 사람》

***clip¹** [klip] *v.* (**~ped**; **~ped, clipt** [klipt]; **~·ping**) *vt.* **1** 〈털·잔가지 등을 가위 등으로〉 **자르다** 《*off, away*》 **2** 〈화폐·차표의〉 가장자리를 깎아[잘라] 내다

3 《미》〈신문·잡지의 기사·사진 등을〉 오려내다 《*out*》 4 〈권력 등을〉 제한하다; 〈기간 등을〉 단축하다; 〈경비 등을〉 삭감하다
— *vi.* 1 잘라내다, 따다 2 《미》 (신문·잡지 등에서) 오려내다 3 《구어》 재빠르게 움직이다; 빨리 날다, 질주하다
~ a person***'s wings*** 무력하게 만들다
— *n.* 1 (머리털·양털 등을) 깎음 2 (한 번 또는 한 철에 깎은) 양털의 분량 3 [a ~] 《구어》 속도; 빠른 걸음 4 《구어》 강타

*****clip²** [klip] 〔OE 「꼭 껴안다」의 뜻에서〕 *v.* (**~ped**; **~·ping**) *vt.* 1 (꽉) 쥐다 2 클립으로 고정시키다
— *vi.* 〈장신구 등이〉 클립으로 고정되다 《*on, to*》
— *n.* 1 a (서류 등을 끼우는 금속제 등의) 클립, 종이[서류] 집게[끼우개] b (머리털을 고정시키는) 클립 c (만년필 등의) 끼움쇠, 클립 2 (스프링이 있는 클립 고정식) 장신구 《이어링·브로치 등》

clíp àrt 1 오려붙이기 예술 2 〖컴퓨터〗 사진·그림집

clip·board [klípbɔ̀ːrd] *n.* 1 클립보드 《종이 집게가 달린 필기판》 2 〖컴퓨터〗 클립보드 《복사한 데이터 등을 일시적으로 저장하는 기억 영역》

clip-on [-ɑ̀n | -ɔ̀n] *a.* Ⓐ (장신구 등이 스프링식) 클립으로 고정되는

clipped [klipt] *a.* 1 짧게 깎은, 자른 2 발음을 생략한

clip·per [klípər] *n.* 1 깎는 사람 2 [보통 *pl.*] 가위, 깎는 기구 3 준마; 쾌속선 4 《속어》 멋들어진 것, 일품(逸品)

clip·pie [klípi] *n.* 《영·구어》 (버스의) 여차장

*****clip·ping** [klípiŋ] *n.* ⓊⒸ 1 가위질; 깎음; 베어낸 풀[털] 2 《미》 (신문·잡지 등의) 오려낸 것, 클리핑(《영》 cutting) 3 〖컴퓨터〗 오려내기
— *a.* Ⓐ 1 깎는, 베는, (가위로) 자르는 2 《구어》 빠른(swift) 3 《속어》 굉장한, 멋들어진

clique [kliːk] *n.* (배타적인) 도당(徒黨), 파벌: a military ~ 군벌

cliqu·ish [klíːkiʃ] *a.* 도당의, 파벌적인; 배타적인 **~·ness** *n.* 당파심, 파벌 근성

clit·o·ris [klítəris] *n.* 〖해부〗 음핵, 클리토리스

clk. clerk; clock

*****cloak** [klouk] 〔L 「종」의 뜻에서; 모양이 비슷하다 해서〕 *n.* 1 (낙낙한) 소매 없는 외투, 망토 2 가리는 것, 덮개(covering); 가면, 구실
— *vt.* 1 외투를 입히다; [~ one*self* 로] 망토를 입다 2 〈…을〉 뒤덮다 3 〈…을〉 덮어 감추다, 가리다, 은폐하다

cloak-and-dag·ger [klóukəndǽgər] *a.* Ⓐ 음모(극)의; 스파이 활동의, 스파이물(物)의

*****cloak·room** [klóukrù(ː)m] *n.* 1 (호텔·극장 등의) 외투류(類)[휴대품] 보관소 (《미》 checkroom) 2 《미》 의원 휴게실 (《영》 lobby) 3 《영》 변소(toilet)

clob·ber¹ [klɑ́bər | klɔ́b-] *vt.* 《속어》 1 사정 없이 (여러 차례) 치다; 때려 눕히다 2 〈상대방을〉 압도적으로 패배시키다; 〈진지 등에〉 큰 타격을 주다; 〈남을〉 호되게 꾸짖다; 혹평하다

clobber² *n.* [집합적] 《영·속어》 소지품; 의복(clothes)

cloche [klouʃ] 〔F 「종」의 뜻에서〕 *n.* (원예용) 종 모양의 유리 덮개; 종 모양의 여성 모자

*****clock¹** [klɑk | klɔk] 〔L 「종」의 뜻에서; 종소리로 시간을 알렸음〕 *n.* 1 시계 《괘종 시계·탁상 시계 등 휴대용이 아닌 것; cf. WATCH》 2 =TIME CLOCK 3 =STOPWATCH 4 =SPEEDOMETER
against the ~ 일정한 시간까지에 일을 마칠 수 있도록; 될 수 있는 대로 빨리 ***(a)round the ~*** 24시간 내내, 쉬지 않고 ***like a ~*** 아주 정확히, 규칙적으로 ***run out [kill] the ~*** (축구·농구 등에서 자기 편의 우세를 유지하기 위하여) 끝내 시간을 끌다[벌다], 남은 시간을 다 쓰다
— *vt.* 1 시계[스톱워치]로 시간을 재다[기록하다] 2 (경기에서) 기록을 내다
~ ***in [on]*** (타임 리코더로) 출근 시간을 기록하다; 출근하다; 스톱워치로 시간을 재다 ~ ***out [off]*** (타임 리코더로) 퇴근 시간을 기록하다; 퇴근하다

clock² *n.* 양말 목의 자수 장식
— *vt.* 자수 장식을 하다

clock·face [-fèis] *n.* 시계 문자판

clóck gòlf 클록골프 《코스를 시계 문자판 모양으로 둥글게 12등분한》

clock·like [klɑ́klàik | klɔ́k-] *a.* 시계 같은, 정확한; 단조로운

clock·mak·er [klɑ́kmèikər | klɔ́k-] *n.* 시계 제조[수리]공

clóck tòwer 시계탑

clóck wàtch 자명식 (회중)시계

clóck wàtcher 《구어》 (끝나는 시간에만 정신이 팔린) 게으른 직장인[학생]

clock·wise [-wàiz] *ad., a.* 오른쪽[시계 방향]으로 돌아[도는](opp. *counterclockwise*)

clock·work [-wə̀ːrk] *n.* Ⓤ 시계[태엽] 장치 ***like ~*** 《구어》 규칙적으로, 정확히; 자동적으로

*****clod** [klɑd | klɔd] *n.* 1 a (흙 등의) 덩어리(lump) b [a ~] 한 덩이의 흙덩어리 c 하찮은 것 d Ⓤ [the ~] 흙(soil, earth) 2 《속어》 아둔패기, 바보(blockhead) 3 소의 어깨살

clod·dish [klɑ́diʃ | klɔ́d-] *a.* 통명스러운, 둔팍한 **~·ness** *n.* **~·ly** *ad.*

clod·hop·per [klɑ́dhɑ̀pər | klɔ́dhɔ̀p-] *n.* 《구어》 1 시골뜨기; 미련한 사람 2 [보통 *pl.*] (농부 신처럼) 투박하고 무거운 신

clog [klɑg, klɔːg | klɔg] *v.* (**~ged**; **~·ging**) *vt.* 1 〈기름·먼지 등이 기계의〉 움직임을 방해하다; 〈파이프 등을〉 막히게 하다 《*up, with*》 2 〈근심·걱정·불안 등이 마음·기분을〉 무겁게 하다 3 나막신을 신게 하다
— *vi.* 1 〈파이프 등이〉 막히다; 〈기계 등이 기름·먼지 등으로〉 움직임이 나빠지다, 운전이 잘 되지 않다 《*with*》 2 나막신 춤을 추다 3 (액체가) 응고하다
— *n.* 1 (짐승 다리를 얽어매는) 무거운 통나무; 방해물; (먼지 등으로 인한 기계의) 고장 2 [보통 *pl.*] (진창 등을 걷기 위한) 나막신

clog·gy [klɑ́gi, klɔ́:gi | klɔ́gi] *a.* (**-gi·er**; **-gi·est**) **1** 방해가 되는, 막히기 쉬운 **2** 찐득찐득 달라붙는(sticky) **3** 덩어리투성이의, 울퉁불퉁한

cloi·son·né [klɔ̀izənéi | klwɑ:zɔ́nei] [F 「구획된」의 뜻에서] *n.*, *a.* 칠보(七寶)(의)

*__clois·ter__ [klɔ́istər] [L 「폐쇄된 장소」의 뜻에서] *n.* **1** [보통 *pl.*] **회랑**(回廊), 복도 **2 수도원**; [the ~] 수도원 생활
— *vt.* 수도원에 가두다; [~ one*self* 로] 틀어박히다

clois·tered [klɔ́istərd] *a.* Ⓐ **1** 수도원에 들어박혀 있는; 세상을 등진 **2** 회랑이 있는

clois·tral [klɔ́istrəl] *a.* **1** 수도원의[에 사는] **2** 속세를 떠난, 고독한

clone [kloun] *n.* **1** [집합적] 〚생물〛 영양계(系), 클론 **2** (복사한 것처럼) 똑같은 사람[것], 카피 (인간) 《*of*》 **3** 〚컴퓨터〛 (값비싼 제품의 컴퓨터의 모양과 기능을 카피한) 모조 컴퓨터 — *vt.* 〈단일 개체 등에서〉 클론을 만들다; 〈남의 휴대전화 번호를〉 복제하다

clop-clop [klɑ́pklɑ̀p | klɔ́pklɔ̀p] [의성어] *n.* 타가닥타가닥 《말 발굽 소리》

⁑**close**[1] [klouz] [동음어 clothes] *vt.* **1 닫다**; 〈입을〉 다물다; 〈눈을〉 감다; **통행**[**입장**]**을 정지**[**차단**]**하다**; 폐쇄하다 **2 끝내다**, 완료하다 **3** 〈빈틈·상처 등을 …으로〉 막다, 봉하다 《*with*》 **4** 〈계약 등을〉 맺다, 체결하다 **5** 〚컴퓨터〛(파일에) 〈데이터를〉 기록하고 종료 처리하다
— *vi.* **1** 〈문이〉 **닫히다** **2** 폐점[폐관]하다; 폐쇄되다, 휴업하다 《*down*》 **3** 끝나다
~ about 둘러싸다, 포위하다 ***~ down*** 폐쇄하다[되다]; 〈방송·방영을〉 마치다, 종료하다; 《미》 〈어둠·안개 등이 …에〉 깔리다 《*on*》 ***~ in*** 포위하다; 《구령》 집합!; 〈적·밤·어둠 등이〉 가까워지다, 다가오다 《*on, upon*》; 〈해가〉 짧아지다 ***~ out*** 《미》 팔아버리다, 헐값에 팔다 ***~ round*** 포위하다 ***~ up*** (1) 〈집·창문 등을 완전히〉 닫다, 막다, 폐쇄하다; 〈음식점 등이 일시적으로〉 폐점하다 (2) 〈간격을〉 좁히다, 좁혀지다; 접근하다, 모이다 (3) 〈상처가〉 아물다; 마감하다 ***~ with*** (1) 〈제의·조건 등에〉 응하다 (2) …와 협정하다, …와 흥정하다 (3) 《문어》 …와 격투하다, 접전하다
— *n.* 끝, 종결(end)
come [***bring***] ***to a ~*** 끝나다[끝내다]

⁑**close**[2] [klous] *a.* **1** (시간·공간·정도 등이) **가까운** 《*to*》 **2** 밀집한, **빽빽한**; 몸에 꼭 맞는; 〈머리털·잔디 등이〉 짧게 깎은; 내용이 충실한, 면밀한 **3 정밀한**; 철저한(thorough) **4** 〈장소 등이〉 좁은; **갑갑한**; 〈날씨가〉 무더운; 〈공기가〉 무거운 **5** 말이 적은, 터놓지 않는 **6** 숨겨진; 비공개의; **갇힌**, 감금된 **7** 〈회원·특권 등이〉 한정된, 비공개의; 배타적인, 폐쇄적인 **8 닫힌**, 잠긴, 밀폐된
— *ad.* **1 바로 곁에**, 바싹 다가서, 좁게 죄어, **밀접하여** **2** 빈틈없이, 꽉 차서; 밀착하여 **3** 면밀히, 물끄러미 ***~ by*** 바로 곁에 ***press*** a person ***~*** …을 엄히[호되게] 추궁하다 ***run*** a person ***~*** …을 바싹 뒤쫓다
— *n.* **1** 《영》 (개인 소유의) 둘러 막은 땅(enclosure); 구내; (학교의) 운동장, 교정(校庭) **2** 《스코》 (한길에서 뒷골목으로 통하는) 골목길

close-by [klóusbái] *a.* Ⓐ 가까운; 인접한; 근처의

clóse cáll [klóus-] 《구어》 위기일발, 구사일생

⁑**closed** [klouzd] *a.* (opp. *open*) **1** 닫은, 폐쇄한 **2** 업무를 정지한; 교통을 차단한 **3** 폐쇄적인, 배타적인; 비공개의 **4** 자급 (자족)의 **5** 〈냉난방·전기 회로가〉 순환식의 ***with ~ doors*** 문을 닫고; 방청을 금지하여

clósed bóok 《구어》 **1** 까닭을 알 수 없는 일; 이해하기 어려운 사람 **2** 끝난[결정된, 확정된] 일

clósed círcuit **1** 〚전기〛 폐쇄회로(閉鎖回路) **2** 〚TV〛 유선 텔레비전 (방식) 《특정 수상기에만 송신되는》

clósed-cir·cuit télevision [klóuzd-sə́:rkit-] 폐쇄회로[유선] 텔레비전 《略 CCTV》

closed-door [-dɔ́:r] *a.* Ⓐ 비공개[비밀]의: a ~ session 비밀 회의

close·down [klóuzdàun] *n.* **1** 작업[조업] 정지; 《미》 공장 폐쇄 **2** 《영》 방송[방영] 종료

clósed prímary 《미》 제한 예비 선거 《당원 유자격자만이 투표하는 후보자 선거》

clósed shóp 클로즈드 숍 《노동 조합원만을 고용하는 사업장(cf. OPEN SHOP)》

close·fist·ed [klóusfístid] *a.* 《속어》 구두쇠의, 인색한

close-fit·ting [-fítiŋ] *a.* 〈옷 등이〉 몸에 꼭 맞는

close-grained [klóusgréind] *a.* 나뭇결이 고운; 《비유》 면밀한

close-hauled [klóushɔ́:ld] *a.*, *ad.* 〚항해〛 〈범선이〉 활짝 편[펴고]

close-knit [klóusnít] *a.* **1** 〈인간 관계가〉 긴밀한; (정치·경제적으로) 밀접하게 조직된 **2** (이론 등이 논리적으로) 빈틈이 없는

⁑**close·ly** [klóusli] *ad.* **1 접근하여**, 바싹 **2 꽉**, 단단히, 빽빽히 **3** 엄중히, 엄밀히; **면밀히** **4 밀접하게**, 친밀하게 **5** 열심히, 주의하여

close·mouthed [klóusmáuðd, -máuθt] *a.* 말이 없는, 속을 터놓지 않는

close·ness [klóusnis] *n.* Ⓤ **1** 근사(近似); 접근, 친밀(intimacy) **2** (피륙 등의) 올이 고움 **3** 정확, 엄밀 **4** 밀폐; 숨막힘 **5** 인색

clóse quárters [klóus-] **1** 비좁은[답답한] 장소 **2** 접근전; (이론 따위의) 격투

*__clos·er__ [klóusər] *n.* 닫는 **사람**[**것**]; 폐색기

close-set [klóussét] *a.* 근접해서 늘어선, 다닥다닥 붙은, 밀집한

clóse shòt [klóus-] 〚영화〛 접사(接寫), 클로즈업(opp. LONG SHOT)

⁑**clos·et** [klɑ́zit | klɔ́z-] *n.* **1** 《미·캐나다》 **벽장**, 광, 찬장(cupboard) **2** 사실(私室), 작은 방 **3** (수세식) 변소
— *a.* Ⓐ **1** 비밀의, 은밀한 **2** 비실제적인,

탁상공론식인 — *vt.* **1** [~ *oneself* 로] (방 등에) 틀어박히다; [보통 수동형] 틀어박혀 있다 **2** [보통 수동형] (사업이나 정치 관계로 남을) 밀담시키다

close-up [klóusʌ̀p] *n.* **1** 〖영화〗 대사(大寫), 클로즈업; 근접 사진 **2** 상세한 관찰[검사, 묘사]

close-wov·en [klóuswóuvən] *a.* 촌촌하게 짠

***clos·ing** [klóuziŋ] *n.* UC **1** 폐쇄, 밀폐 **2** 종결, 마감 **3** 〖회계〗 결산; 〖증권〗 종장 시세
— *a.* Ⓐ **1** 마지막의; 폐회의: a ~ address 폐회사 **2** 〖회계〗 결산의; 〖증권〗 마감하는, 종장의

clo·sure [klóuʒər] *n.* UC **1** 폐쇄; 마감 **2** 폐점, 휴업 **3** 종지, 종결 **4** [보통 *sing.*] 《영》 〖의회〗 토론 종결 (《미》 cloture)
— *vt.* 《영》 〖의회〗 〈토론을〉 종결에 붙이다

clot [klɑt | klɔt] *n.* **1** (피 등의) 엉긴 덩어리 **2** 소수인의 떼 — *v.* (**~·ted**; **~·ting**) *vt.* **1** 〈피·우유 등을〉 응고시키다 **2** 〈땀 등이 머리털 등을〉 뭉치게[얽히게] 하다
— *vi.* 응고하다, 굳어지다

⁑**cloth** [klɔːθ, klɑθ | klɔθ] [OE 「천, 피륙」의 뜻에서] *n.* (*pl.* **~s** [klɔːðz, klɑðz | klɔθs]) Ⓤ (종류를 나타낼 때는 Ⓒ) **1** 천, 피륙, 옷감 **2** Ⓒ 헝겊; 《특히》 식탁보(tablecloth); 행주; 걸레(duster) **3** 검은 성직복; [the ~] 성직(聖職); [집합적] 성직자들(the clergy)

cloth·bound [klɔ́ːθbàund] *a.* 〈책이〉 클로스 장정의

clóth càp 《영》 천으로 만든 모자 《노동자 계급의 상징》

⁑**clothe** [klouð] *vt.* (**~d**, 《고어·문어》 **clad** [klæd]) **1** 의복을 걸치다, 입다(dress): be warmly *~d* 따뜻한 옷차림을 하고 있다 **2** 의복을 지급하다 **3** 덮다, 싸다, 입히다 **4** 〈권력·영광 등을〉 부여하다

cloth-eared [klɔ́ːθìərd, klɑ́θ- | klɔ́θ-] *a.* 《구어》 귀가 어두운, 난청의

⁑**clothes** [klouz] [동음어 close[1]] [cloth(천, 피륙)의 복수형에서] *n. pl.* **1** 옷, 의복: a suit of ~ 옷 한 벌 **2** 침구

clóthes bàsket 세탁물 광주리[바구니]

clothes·brush [klóuzbrʌ̀ʃ] *n.* 옷솔

clothes·horse [-hɔ̀ːrs] *n.* **1** (실내용) 빨래 걸이 **2** 《속어》 옷 자랑하는 사람, 최신 패션만 뒤좇는 사람

clothes·line [-làin] *n.* 빨랫줄

clóthes mòth 〖곤충〗 옷좀나방

clothes-peg [-pèg] *n.* 《영》 = CLOTHESPIN

clothes·pin [-pìn] *n.* 《미》 빨래 집게

clothes·pole [-pòul] *n.* 빨랫줄 기둥 《clothesline을 치기 위한 것》

clothes·press [-près] *n.* 옷장, 양복장 (wardrobe)

clóthes pròp 《영》 = CLOTHESPOLE

clóthes trèe 《미》 (가지가 있는) 기둥꼴 모자[외투] 걸이

cloth·ier [klóuðjər | -ðiər] *n.* 남성복 소매상; 의복[의류]상

⁑**cloth·ing** [klóuðiŋ] *n.* Ⓤ **1** [집합적] 의류 **2** 덮개(covering)

Clo·tho [klóuθou] *n.* 〖그리스신화〗 클로토 《생명의 실을 잣는 운명의 여신》

clóth yàrd (옷감 잴 때의) 야드 《3피트》

clótted créam (지방분이 많은) 고체 크림

clo·ture [klóutʃər] 《미》 〖의회〗 *n.* UC 토론 종결(《영》 closure)
— *vt.* 〈토론을〉 종결에 붙이다

⁑**cloud** [klaud] [OE 「바위 덩어리」의 뜻에서; 「모양이 같다」 해서] *n.* **1** CU 구름 **2** (사방에 낀) 먼지[연기 《등》] **3** 수많은 사람; (새, 파리, 메뚜기 등의) 떼 **4** 〈투명체·거울 등의 표면에 낀〉 흐림, 티(blemish); 〈얼굴·이마에 어린〉 근심의 빛; 먹구름, (덮어 씌워) 어둡게 하는 것, 어둠
in the ~s 《구어》 하늘 높이; 멍하여, 공상에 잠겨; 〈계획 등이〉 현실과 동떨어진 ***on a ~*** 《구어》 매우 기뻐서, 기운차게; 《속어》 마약에 취해서 ***under a ~*** 《구어》 의혹[비난]을 받고; 풀죽어, 서글퍼서
— *vt.* **1** 〈하늘·산꼭대기 등을〉 구름으로 덮다; 흐리게 하다; 어둡게 하다 《*up*》 **2** 〈불안·걱정거리 등이 얼굴·마음 등을〉 흐리게 하다, 어둡게 하다 **3** 〈명성·평판 등을〉 더럽히다 **4** 〈문제 등을〉 애매하게 만들다; 〈판단력 등을〉 흐리게 하다 **5** 구름 무늬[검은 반점]로 아로새기다
— *vi.* **1** 〈하늘·창문 등이〉 흐리다, 흐려지다 **2** 〈얼굴이 고통·근심으로〉 흐리다, 흐려지다

cloud·bank [kláudbæ̀ŋk] *n.* (낮게 드리운) 짙은 뭉게 구름

cloud·burst [-bə̀ːrst] *n.* (갑자기) 퍼붓는 비, 폭우

cloud-capped [-kæ̀pt] *a.* 〈산이〉 구름으로 뒤덮인, 구름 속에 솟은

cloud-cas·tle [-kæ̀sl | -kɑ̀ːsl] *n.* 공상, 몽상

clóud chàmber 〖물리〗 안개 상자 《고속 원자나 원자적 미립자가 지나간 자취를 보는 장치》

cloud-cuck·oo-land [-kúːkuːlæ̀nd] *n.* [종종 **Cloud-Cuckoo-Land**] Ⓤ 공상의 나라, 이상향 《Aristophanes 작품에 나오는 고을 이름》

cloud·ed [kláudid] *a.* **1** 구름에 덮인, 흐린 **2** 〈머리 등이〉 멍한, 혼란된 **3** 〈생각·의미 등이〉 흐릿한, 애매한 **4** 구름[얼룩] 무늬가 있는, 구름 모양의

cloud·land [kláudlæ̀nd] *n.* 꿈나라, 이상향

cloud·less [kláudlis] *a.* 구름[암영] 없는, 맑게 갠 **~·ly** *ad.*

cloud·let [kláudlit] *n.* 구름 조각

cloud·scape [kláudskèip] *n.* 운경(雲景)(화)

⁑**cloud·y** [kláudi] *a.* (**cloud·i·er**; **-i·est**) **1** 흐린; 구름이 많은 **2** 구름의, 구름 같은; 구름 무늬의 **3** 몽롱한, 흐릿한 **4** 의미가 애매한 **5** 〈마음이〉 언짢은, 기분이 좋지 못한 **clóud·i·ly** *ad.*

clout [klaut] *n.* **1** 《구어》 (주먹·손바닥으로) 때림 **2** (특히 정치적인) 권력, 영향력 **3**

〖야구〗 강타 — *vt.* 《구어》 **1** (주먹·손바닥으로) 때리다(hit), 치다 **2** 〖야구〗 〈공을〉 강타하다

clove[1] [klouv] *n.* **1** 〖식물〗 정향(丁香)나무 **2** 정향 《꽃봉오리를 말린 향료》

clove[2] *n.* 〖식물〗 (백합·마늘 등의) 소인경(小鱗莖)

clove[3] *v.* CLEAVE[1]의 과거

clo·ven [klóuvən] *v.* CLEAVE[1]의 과거분사 — *a.* 〈짐승의 발굽이〉 갈라진

clóven hóof[fóot] (소·사슴 등의) 분지제(分趾蹄), 우제(偶蹄)

show the ~ 악마의 본성을 드러내다

clo·ven-hoof·ed [klóuvənhú:ft], **-foot·ed** [-fútid] *a.* 발굽이 갈라진; 악마와 같은

‡**clo·ver** [klóuvər] *n.* ⓊⒸ 〖식물〗 **클로버**, 토끼풀 ***live*** [***be***] ***in*** (***the***)~ 호화롭게[안락하게] 살다

clo·ver·leaf [klóuvərlì:f] *n.* (*pl.* **-s, -leaves** [-lì:vz]) (네 잎 클로버형의) 입체 교차로 — *a.* 네 잎 클로버형의

***clown** [klaun] *n.* **1 어릿광대**; 익살꾼(jester) **2** 시골뜨기(rustic); 버릇 없는 사람 — *vi.* [보통 ~ it] 익살부리다; 어릿광대짓하다

~·er·y *n.* ⓊⒸ 익살, 어릿광대짓

clown·ish [kláuniʃ] *a.* 익살꾼 같은, 우스운 **~·ly** *ad.* **~·ness** *n.*

cloy [klɔi] *vt.* 잔뜩 먹이다, 포식시키다, 물리게 하다(satiate) 《*with*》 — *vi.* (과식하여) 물리다

cloy·ing [klɔ́iiŋ] *a.* 싫증나게 하는, (너무 먹어서) 물린 **~·ly** *ad.*

cloze [klouz] *a.* (시험 문제 등의) 빈칸 메우기 식의 — *n.* 빈칸 메우기 테스트

‡**club** [klʌb] *n.* **1 곤봉**; 클럽, 타구봉 《골프·하키 등의》 **2 클럽**; 클럽실, 클럽 회관; =NIGHTCLUB **3** (카드놀이의) 클럽; [*pl.*] 클럽의 짝 — *v.* (**~bed**; **~·bing**) *vt.* **1** 곤봉으로 때리다[혼내주다] **2** 〈돈·생각 등을〉 협력하여 모으다 — *vi.* 클럽을 조직하다; 〈공동 목적에〉 협력하다(unite); 클럽 활동에 참가하다

~ *together* (공동 목적을 위해) 협력하다, 돈을 갹출하다

club·(b)a·ble [klʌ́bəbl] *a.* 클럽 회원에 적합한; 사교적인(sociable)

club·foot [klʌ́bfút] *n.* (*pl.* **-feet** [-fí:t]) 내반족(內反足) **~·ed** *a.*

club·house [-hàus] *n.* (*pl.* **hous·es** [-hàuziz]) **1** 클럽 회관 **2** 《미》 (운동 선수용) 경의실(更衣室)(locker room)

club·man [-mən] *n.* (*pl.* **-men** [-mən]) 클럽 회원

clúb sándwich 《미》 클럽 샌드위치 《세 겹의 토스트에 고기·야채를 끼워 넣은 것》

***cluck** [klʌk] *n.* **1** (암탉의) 꼬꼬 우는 소리 **2** 《미·속어》 얼간이 — *vi.* 〈암탉이〉 꼬꼬 울다 — *vt.* 〈혀를〉 차다; 〈흥미·관심 등을〉 나타내다

clue** [klu:] *n.* (수수께끼를 푸는) **실마리**; (조사·연구 등의) 단서 ***do not have a ~ 《구어》 전혀 이해 못하다 — *vt.* **1** …에게 (해결의) 실마리를 주다 **2** 《구어》 …에게 정보를 주다

clue·less [klú:lis] *a.* 단서[실마리]가 없는, 오리무중의; 《구어》 무지한, 우둔한

***clump**[1] [klʌmp] *n.* **1** 수풀, 나무숲; (관목의) 덤불(thicket) **2** 덩어리(lump) — *vi.* 군생(群生)하다, 〈세균 등이〉 응집하다 — *vt.* 떼를 짓게 하다; 〈세균 등을〉 응집시키다

clump[2] *n.* 무거운 발걸음 소리 — *vi.* 쿵쿵 밟다, 터벅터벅 걷다

clump·y [klʌ́mpi] *a.* (**clump·i·er**; **-i·est**) **1** 덩어리의[가 많은], 덩어리 모양의 **2** 〈나무가〉 우거진

***clum·sy** [klʌ́mzi] [「추위로 손발이 곱다」의 뜻에서] *a.* (**-si·er**; **-si·est**) **1 꼴사나운**, 어색한 **2** 모양 없는; 〈변명·표현 등이〉 서투른, 재치 없는 **3** 다루기 힘든, 쓰기 불편한 **-si·ly** *ad.* **-si·ness** *n.*

‡**clung** [klʌŋ] *v.* CLING의 과거·과거분사

clunk [klʌŋk] [의성어] *n.* (중금속이 부딪쳐서) 꽝하고 나는 소리; 《구어》 강타

‡**clus·ter** [klʌ́stər] *n.* **1** (포도·버찌·등꽃 등의) **송이**(bunch) **2** (같은 종류의 물건 또는 사람의) 떼, 무리, 집단(group) **3** 〖컴퓨터〗 클러스터 《데이터 통신에서 단말 제어 장치와 그에 접속된 복수 단말의 총칭》

in a ~ 송이가 되어; 떼를 지어 — *vi.* **1** 송이를 이루다, 주렁주렁 달리다 **2** 밀집하다 — *vt.* 떼를 짓게 하다

clúster bòmb 〖군사〗 집속(集束) 폭탄 《폭발시 금속 파편이 광범위하게 비산됨》

‡**clutch**[1] [klʌtʃ] *n.* **1** (꽉) **붙잡음**(tight grip), [보통 *pl.*] 움켜 쥠; 수중(手中) **2** 〖기계〗 클러치 **3** 《미·구어》 위기 — *vt.* **꽉잡다**; 붙들다, 부여잡다: ~ power 권력을 쥐다 — *vi.* **1** 꼭 잡다, 잡으려 들다(snatch) 《*at*》 **2** (자동차의) 클러치를 조작하다

clutch[2] *n.* **1** 한 번에 품는 알 《보통 13개》; 한배의 병아리 **2** 일단(一團), 일군(一群)

clútch bàg 《미》 (여성이 손에 쥐고 다니는) 소형 핸드백

clut·ter [klʌ́tər] *n.* 어지럽게 흩어져 있는 것; 난잡; 혼란 — *vt.* **1** 〈장소를〉 어지르다 《*up*》 **2** 마음을 혼란스럽게 하다 《*up*》

cm., cm centimeter(s)

Cm 〖화학〗 curium

CM commercial message (라디오·TV의) 광고 방송

Cmdr. Commander

cml. commercial

c'mon 《미·구어》 come on

C.N.D. Campaign for Nuclear Disarmament 《영》 핵 비무장 운동

CNN Cable News Network

CNS, cns central nervous system 중추 신경 계통

Co 〖화학〗 cobalt

Co., co. county; 〖상업〗 [kou, kʌ́mpəni] Company 회사

c.o., c/o care of …전교(轉交)

C.O. Commanding Officer; conscientious objector

co- [kou] *pref.* **1** 「공동; 공통; 상호; 동등」의 뜻: *co*partner, *co*operative **2** 〖수학〗 「여(餘), 보(補)」의 뜻: *co*sine

***coach** [koutʃ] [이 마차가 처음으로 사용된 헝가리의 지명에서] *n.* **1** (의식용의) **공식 마차**; 4륜 대형 마차 **2** ⦅영⦆ (철도의) 객차; 세단형의 유개(有蓋) 자동차 **3** 〚스포츠〛 **코치**, 지도원 **4** 가정 교사
coach-and-four [kóutʃəndfɔ́:r] *n.* 4두 마차
coach-built [-bìlt] *a.* (자동차 차체가) 주문 제작한
***coach·man** [kóutʃmən] *n.* (*pl.* **-men** [-mən]) 마부
coach·work [-wə̀:rk] *n.* Ⓤ 자동차 차체 설계[제작, 디자인]
co·ad·ju·tor [kòuədʒú:tər | kouǽdʒu-] *n.* **1** 조수, 보좌인 **2** 〚가톨릭〛 보좌 주교
co·ag·u·lant [kouǽgjulənt] *n.* 응고제(凝固劑)
co·ag·u·late [kouǽgjulèit] *vt.*, *vi.* 〈용액을[이]〉 응고시키다[하다]; 굳히다, 굳어지다
co·ag·u·la·tion [kouæ̀gjuléiʃən] *n.* Ⓤ 응고 (작용)
***coal** [koul] *n.* Ⓤ **1 a 석탄**: brown ~ 갈탄/hard ~ 무연탄 **b** [*pl.*] ⦅영⦆ (연료용으로 부순) 작은 석탄 덩이 **c** Ⓒ 특종탄(炭) **2 숯**(charcoal)
call*[*haul, take, rake*]** a person ***over the ~s for a thing (어떤 일에 대해) …을 엄하게 꾸짖다 ***carry*[*take*] *~s to Newcastle*** 헛수고하다 ⦅Newcastle은 석탄의 산지⦆ ***heap*[*cast, gather*] *~s of fire on*** a person***'s head*** 〚성서〛 악을 선으로 갚아 상대를 뉘우치게 하다
— *vt.* 〈배 등에〉 석탄을 보급하다
— *vi.* 〈배 등이〉 석탄을 싣다
cóal bèd 탄층(炭層)(coal seam)
coal-black [kóulblǽk] *a.* 새까만
cóal bùnker (배의) 저탄고
coal·er [kóulər] *n.* **1** 석탄 운반선; 석탄차(車) **2** (배에) 석탄을 싣는 인부
co·a·lesce [kòuəlés] *vi.* **1** 유착(癒着)하다; 합체(合體)하다(unite) ⦅*in, into*⦆ **2** 합동[연합]하다(combine)
co·a·les·cent [kòuəlésənt] *a.* **1** 합체[합동]한; 유착한 **2** 연합한, 제휴한
coal·face [kóulfèis] *n.* 채탄 막장; 노출된 석탄층의 표면
cóal field 탄전(炭田)
cóal gàs 석탄 가스
cóal hòle ⦅영⦆ (지하 석탄고의) 석탄 투입구; 지하 석탄고
cóaling stàtion 석탄 공급소[항구]
***co·a·li·tion** [kòuəlíʃən] *n.* Ⓤ Ⓒ **1 연합**, 합동(union) **2** (정치상의) 제휴, 연립: ~ cabinet[ministry] 연립 내각
cóal mèasures 〚지질〛 협탄층(夾炭層)
cóal mìne 탄광, 탄갱
cóal mìner 탄갱부, 채탄부
cóal òil ⦅미⦆ 석유(petroleum); ⦅특히⦆ 등유(kerosene)
cóal pìt 탄갱(coal mine)
cóal scùttle (실내용) 석탄통
cóal sèam 탄층(coal bed)
cóal tàr 콜타르
coam·ing [kóumiŋ] *n.* [보통 *pl.*] 〚항해〛 (갑판 승강구 등의) 테두리 널빤지 ⦅물이 들어오는 것을 막음⦆
***coarse** [kɔ:rs] [동음어 course] *a.* (**coars·er**; **-est**) **1 조잡한**, 조악한, 열등한: ~ fare 조식(粗食) **2** (천 등의) **결이 거친**; 〈알·가루 등이〉 굵은, 조제(粗製)의 (opp. *fine*) **3** 야비한, **천한**(vulgar); 〈말이〉 상스러운, 추잡한 **4** 금속이 정련되지 않은
cóarse físh ⦅영⦆ 잡어 ⦅연어·송어 이외의 담수어⦆
coarse-grained [kɔ́:rsgréind] *a.* **1** 결이 거친, 조잡한 **2** 야한, 천한
coars·en [kɔ́:rsn] *vt.* 조잡하게 만들다, 거칠게 만들다, 천하게 하다 — *vi.* 조잡[천]해지다; (피부 등이) 거칠어지다
***coast** [koust] [L 「늑골; 곁」의 뜻에서] *n.* **1 연안**, 해안 **2** [the C~] ⦅미⦆ 태평양 연안 지방 **3** Ⓤ (썰매의) 활강
— *vi.* **1** 썰매로 미끄러져 내려가다 **2** 연안 항행[무역]하다
***coast·al** [kóustl] *a.* **근해[연안]의**
coast·er [kóustər] *n.* **1** 연안 무역선 **2** 활강 썰매 **3** (유원지의) 활주 궤도, 코스터
Cóast Guàrd **1** [the ~] ⦅미⦆ 연안 경비대 **2** [**c~ g~**] 연안 경비대 ⦅밀무역의 적발, 해난 구조 등을 맡음⦆
coast·guards·man [kóustgà:rdzmən] *n.* (*pl.* **-men** [-mən]) 연안 경비대원
coast·land [-lǽnd] *n.* Ⓤ 연안 지대
***coast·line** [kóustlàin] *n.* **해안선**
coast-to-coast [-təkóust] *a.* ⦅미·구어⦆ **1** 전국적인 **2** 미대륙 횡단의
coast·ward [kóustwərd] *a.*, *ad.* 해안 쪽의[으로]
coast·wise [kóustwàiz] *a.* 연안의
— *ad.* 해안을 따라
***coat** [kout] [동음어 cote] *n.* **1 코트**, (양복의) **상의**(上衣); 긴 웃옷; 외투 **2** (짐승의) 외피, 막(膜) **3** 가죽, 껍질, 층(層) **4** 씌운 것, 덧칠, 도장(塗裝)
~ of arms*[*coat-of-arms*]** 문장(紋章)이 든 덧옷; 문장(紋章) ⦅방패꼴의⦆ ***~ of mail 쇠미늘 갑옷 ***cut*** one***'s ~ according to*** one***'s cloth*** ⦅영⦆ 분수에 맞는 생활을 하다
— *vt.* **1** 웃옷으로 **덮다[을 입히다]** **2** 〈페인트 등을〉 칠하다; 〈주석 등을〉 입히다; 〈먼지 등이〉 뒤덮다: It is *~ed with* gold. 그것에는 금이 입혀져 있다.
coat·ed [kóutid] *a.* 상의를 입은; 광을 낸[번쩍이는] 〈종이 등〉; 방수 가공한 〈천〉; 겉에 바른[입힌]
coat·ee [koutí: | ∠–] *n.* (몸에 꼭 맞는) 짧은 웃옷 ⦅여성복·소아복⦆
cóat hànger 옷걸이
co·a·ti [kouɑ́:ti] *n.* 〚동물〛 긴코너구리 ⦅라틴아메리카산⦆
***coat·ing** [kóutiŋ] *n.* Ⓤ Ⓒ **1 칠하기**, 입힘; 입힌 것; (요리·과자 등의) 겉에 입히는 것; 도료(塗料) **2** (상의용의) 옷감 **3** 〚광학〛 코팅 ⦅렌즈의 반사 방지 목적⦆
coat·room [kóutrù:m] *n.* 외투류[휴대품] 예치실(cloakroom)
coat·tail [-tèil] *n.* [보통 *pl.*] 웃옷의 옷자락 ⦅특히 야회복·모닝코트 등의⦆

co·au·thor [kouɔ́:θər] *n.* 공저자(共著者)

*__coax__ [kouks] [동음어 cokes] *vt.* **1** 구슬려 …시키다 **2** 감언으로 얻어[우려]내다

co·ax·i·al [kòuǽksiəl], **co·ax·al** [kouǽksəl] *a.* 〖수학〗 같은 축(軸)의; 〖전기〗 동축 케이블의

coax·ing [kóuksiŋ] *n.* 구슬리고 달램 — *a.* 알랑대는 **~·ly** *ad.*

cob [kɑb | kɔb] *n.* **1** 옥수수 속(corncob) **2** 다리가 짧고 튼튼한 승마용 말 **3** 백조의 수컷(opp. *pen*) **4** 개암나무 열매(cobnut)

*__co·balt__ [kóubɔ:lt] *n.* Ⓤ 〖화학〗 코발트 《금속 원소; 기호 Co》; 코발트 색

cóbalt blúe 코발트 청색 《안료》; 암청색

cóbalt bòmb 코발트 폭탄

co·balt 60 [kóubɔ:lt-síksti] 〖화학〗 코발트 60 《코발트의 방사성 동위원소; 기호 ^{60}Co, Co^{60}; 암 치료용》

cob·ble[1] [kɑ́bl | kɔ́bl] *vt.* 〈구두를〉 수선하다; 조잡하게 기워 맞추다 《*up*》

cobble[2] *n.* 자갈, 율석(栗石) — *vt.* 〈도로에〉 자갈을 깔다

cob·bler [kɑ́blər | kɔ́b-] *n.* **1** 구두 수선공 **2** 과일 파이의 일종 **3** 칵테일의 일종

cob·ble·stone [kɑ́blstòun | kɔ́bl-] *n.* (철도·도로용) 자갈, 조약돌

co·bel·lig·er·ent [kòubəlídʒərənt] *n.* 공동 참전국 — *a.* 협동하여 싸우는

cob·nut [-nʌ̀t] *n.* 개암나무(의 열매)

COBOL, Co·bol [kóubɔ:l | -bɔl] [*c*ommon *b*usiness-*o*riented *l*anguage] *n.* 〖컴퓨터〗 코볼 《사무용 공통 프로그램 언어》

*__co·bra__ [kóubrə] 〖동물〗 코브라 《인도·아프리카산 독사》

*__cob·web__ [kɑ́bwèb | kɔ́b-] *n.* **1** 거미집[줄] **2** 얇은 옷 **3** 혼란 **4** 함정, 덫

cob·web·by [-wèbi] *a.* **1** 거미줄투성이의 **2** 가볍고 엷은

co·ca [kóukə] *n.* 코카나무 《남미 원산의 관목》; Ⓤ 코카잎 《말려서 코카인을 채취함》; (미·속어) 코카인

Co·ca-Co·la [kòukəkóulə] *n.* (미) 코카콜라 《청량 음료의 일종; 상표명》

co·cain(e) [kəkéin] *n.* Ⓤ 〖화학〗 코카인 《coca의 잎에서 뽑아낸 마취제》

co·chair [koutʃέər] *vt.* (위원회·토론회 등의) 공동 의장을 맡다 — *n.* 공동 의장

co·chin [kóutʃin] *n.* 코친 《닭의 일종》

coch·i·neal [kɑ́tʃəni:l | kɔ́tʃ-] *n.* ⓊⒸ 코치닐 염료 《연지벌레를 건조시켜서 만듦》

coch·le·a [kɑ́kliə | kɔ́-] *n.* (*pl.* **-le·ae** [-liì:], **~s**) 〖해부〗 (내이(內耳)의) 달팽이관

*** **cock**[1] [kɑk | kɔk] *n.* **1** (영) 수탉((미) rooster) 《**cock** 수탉. 암탉은 **hen**. 병아리는 **chicken**, **chick**. 닭고기는 **chicken**. 수탉의 울음소리는 **crow**, **cock-a-doodle-doo**. 암탉의 울음소리는 **cluck**》 **2** (새의) 수컷(cf. COCK ROBIN, PEACOCK) **3** 〖조류〗 멧도요(woodcock) **4** 〈술통·가스·수도의〉 마개, 꼭지(stopcock), 콕; 〈총의〉 공이치기, 격철(擊鐵) **5** 풍향기

— *vt.* **1** 〈총의〉 공이치기를 잡아당기다 **2** 〈모자 차양을〉 위로 젖히다; 〈모자를〉 비뚜름하게 쓰다 **3** 곧추 세우다 — *vi.* **1** 총의 공이치기를 잡아당기다 **2** 〈개 꼬리 등이〉 쫑긋[곧추] 서다 《*up*》

cock[2] *n.*, *vt.* 건초[볏짚] 더미(를 쌓다)

cock·ade [kɑkéid | kɔk-] *n.* 꽃 모양의 모장(帽章) 《영국 왕실의 종복이 모자에 다는》

cock-a-doo·dle-doo [kɑ́kədù:dl-dú: | kɔ́k-] *n.* **1** 꼬끼오 《수탉의 울음소리》 **2** 《유아어》 꼬꼬, 수탉

cock-a-hoop [kɑ̀kəhú:p | kɔ̀k-] *a.*, *ad.* 의기양양한[하게]

cóck-and-búll stòry [kɑ́kənbúl- | kɔ́k-] [cock와 bull이 서로 뽐내는 옛날 민화에서] 터무니없는[황당무계한] 이야기

cock·a·too [kɑ́kətù: | kɔ̀kətú:] *n.* **1** 〖조류〗 앵무새의 일종 《도가머리가 움직이는 종류》 **2** 소농(小農)

cock·a·trice [kɑ́kətris | kɔ́k-] *n.* **1** 계사(鷄蛇) 《전설의 괴물》 **2** 〖성서〗 독사

cock·cha·fer [-tʃèifər] *n.* 풍뎅이의 일종

cock·crow(·ing) [-kròu(iŋ)] *n.* Ⓤ 새벽

cócked hát 삼각모 《18세기 정장용의 챙이 뒤로 젖혀진 모자; 지금은 예장용》

cock·er[1] [kɑ́kər | kɔ́k-] *n.* **1** 코커스패니얼 《사냥·애완용 개》 **2** 투계사, 투계 사육사

cock·er[2] *vt.* 〈아이를〉 너무 응석받아 키우다; 〈환자를〉 정성껏 돌보다 《*up*》

cock·er·el [kɑ́kərəl | kɔ́k-] *n.* 수평아리

cock·eyed [kɑ́kàid | kɔ́k-] *a.* **1** 사팔뜨기의 **2** 《속어》 비뚤어진, 기울어진 **3** 어리석은, 술취한

cock·fight [-fàit] *n.* 닭싸움 (시합)

cock·fight·ing [-fàitiŋ] *n.* Ⓤ 닭싸움

cock·horse [-hɔ̀:rs] *n.* 〈아이들의〉 목마(rocking horse), (장난감) 말 — *ad.* 말 타듯 걸터앉아

cock·le[1] [kɑ́kl | kɔ́kl] *n.* **1** 〖패류〗 새조개 무리 **2** (새조개의) 조가비

the ~s of one***'s*** [***the***] ***heart*** 본심

cockle[2] *n.* 〖식물〗 선옹초 《잡초》

cock·le·shell [-ʃèl] *n.* **1** (새조개의) 조가비 **2** 바닥이 얕은 작은 배

cock·loft [kɑ́klɔ̀:ft | kɔ́klɔ̀ft] *n.* (작은) 지붕밑방, 고미다락방(garret)

*__cock·ney__ [kɑ́kni | kɔ́k-] *n.* **1** 런던 토박이(cf. Bow BELLS) **2** Ⓤ 런던 영어[사투리] — *a.* 런던 토박이(풍)의

cock·ney·ism [kɑ́kniìzm | kɔ́k-] *n.* ⓊⒸ 런던 말씨

*__cock·pit__ [kɑ́kpìt | kɔ́k-] *n.* **1** (비행기·우주선 등의) 조종석[실] **2** 투계장; 투기장(鬪技場) **3** 전란의 터

cock·roach [kɑ́kròutʃ | kɔ́k-] *n.* 〖곤충〗 바퀴(벌레)

cóck róbin 울새의 수컷

cocks·comb [kɑ́kskòum | kɔ́ks-] *n.* **1** (새의) 볏 **2** 〖식물〗 맨드라미

cóck spárrow **1** 참새의 수컷 **2** 《구어》 건방진 작은 남자

cock·sure [-ʃúər] [「수도꼭지(cock)처럼 튼튼한」의 뜻에서] *a.* **1** Ⓟ 《경멸》 확신하는 《*of*, *about*》 **2** 독단적인; 자부심이 강한

*__cock·tail__ [kɑ́ktèil | kɔ́k-] [잡종말(cock)의 꼬리를 잘라서 짧게 한 데에서

「잡종」→「혼합」] *n.* **1** 칵테일 **2** 굴·대합 등에 소스를 친 전채(前菜) 요리

cócktail drèss 칵테일 드레스 《여성의 약식 야회복》

cócktail lòunge (호텔·공항 등의) 바, 휴게실

cócktail pàrty 칵테일 파티

cock·up [kákʌ̀p | kɔ́k-] *n.* **1** (물건의 앞이나 끝의) 말림 **2** 《속어》 실수 연발, 혼란 (상태)

cock·y [káki | kɔ́ki] *a.* (**cock·i·er**; **-i·est**) 《구어》 잘난 체하는; 건방진 **cóck·i·ly** *ad.* **-i·ness** *n.*

co·co [kóukou] *n.* (*pl.* **~s**) **1** 코코야자 (coconut palm) **2** = COCO(A)NUT

***co·coa** [kóukou] *n.* Ⓤ **1** 코코아 《cacao 열매의 가루》; 코코아 음료 **2** 코코아 색, 다갈색 **—** *a.* 코코아(색)의

cócoa bèan 카카오 씨 《cacao의 열매; 코코아· 초콜릿의 원료》

cócoa bùtter 카카오 기름

COCOM [kákɑm | kɔ́kɔm] [*Co*ordinating *Com*mittee (for Export Control to Communist Areas)] *n.* 코콤 《대 공산권 수출 통제 위원회》

***co·co·nut, co·coa-** [kóukənʌ̀t] *n.* 코코넛 《코코야자의 열매》

cóconut mìlk 야자 과즙

cóconut pàlm[**trèe**] 코코야자 나무

co·coon [kəkúːn] *n.* (누에) 고치 **—** *vi.* 고치를 만들다 **—** *vt.* 고치로 싸다; …을 (고치처럼) 휩싸다

co·cotte [koukát | kɔkɔ́t] [F = hen] *n.* 《고어》 (파리의) 매춘부; 매음

***cod**[1] [kad | kɔd] *n.* (*pl.* **~, ~s**) 〖어류〗 대구(codfish)

cod[2] *vt.* (**~·ded**; **~·ding**) 《속어》 〈남을〉 속이다(hoax) **—** *n.* (남을) 속이기

c.o.d., C.O.D. cash[collect] on delivery 대금 상환: send (a thing) ~ 대금 상환으로 부치다

co·da [kóudə] [It. 「꼬리」의 뜻에서] *n.* 〖음악〗 코다, 종결부

cod·dle [kádl | kɔ́dl] *vt.* **1** 버릇 없이 [귀하게] 기르다 《*up*》 **2** 약한 불로 삶다 **—** *n.* 《구어》 나약한 사람

⁑**code** [koud] [L 「서자판(書字板)」의 뜻에서] *n.* **1 신호법, 암호 2** (어떤 계급·동업자 등의) 규약, 관례 **3 법전 4** 〖컴퓨터〗 코드, 부호 **5** 〖생물〗 (생물의 특징을 결정짓는) 정보, 암호 **6** 〖언어〗 기호 체계 **~ *of honor*** 신사도; 결투의 예법 **—** *vt.* **1** 법전으로 성문화하다 **2** 〈전문을〉 암호[약호]로 하다; 〖컴퓨터〗 프로그램을 코드화하다

códe bòok 전신 약호장, 암호첩

códe gròup 부호군(符號群)

co·deine [kóudiːn] *n.* Ⓤ 〖약학〗 코데인 《진통·수면제》

códe nàme 코드명(名)

code-sharing [kóudʃɛ̀əriŋ] *n.* 항공사 간의 항공기 코드[편명] 공유

co·dex [kóudeks] *n.* (*pl.* **-di·ces** [-dəsìːz]) (성경·고전의) 사본(寫本)

cod·fish [kádfìʃ | kɔ́d-] *n.* (*pl.* **~, ~·es**) 〖어류〗 대구

codg·er [kádʒər | kɔ́dʒ-] *n.* 《속어》 (특히 노인이) 괴팍한 사람

cod·i·cil [kádəsil | kɔ́d-] *n.* **1** 〖법〗 유언 보충서(補充書) **2** 추가, 부록

cod·i·fi·ca·tion [kàdəfikéiʃən | kɔ̀d-] *n.* Ⓤ 법전 편찬; 성문화(成文化)

cod·i·fy [kádəfài | kɔ́d-] *vt.* (**-fied**) 법전으로 편찬하다, 성문화하다

cod·ling[1] [kádliŋ | kɔ́d-], **-lin** [-lin] *n.* 《영》 요리용 사과

codling[2] *n.* (*pl.* **~s, ~**) 〖어류〗 새끼 대구

cód-liv·er òil [kádlìvər- | kɔ́d-] 간유

cod·piece [kádpìːs | kɔ́d-] *n.* (15-16세기의) 남자 바지 앞의 살주머니, 고간(股間) 주머니

co·ed, co-ed [kóuèd | ⌐⌐] [*coed*ucational (student)] 《구어》 *n.* **1** (남녀 공학 대학의) 여학생 **2** 남녀 공학 학교 **—** *a.* 남녀 공학의 (여학생의)

co·ed·i·tor [kòuédətər] *n.* 공편자(共編者)

***co·ed·u·ca·tion** [kòuedʒukéiʃən] *n.* Ⓤ 남녀 공학 **~·al** [-ʃnəl] *a.*

co·ef·fi·cient [kòuifíʃənt] *a.* 공동 작용의 **—** *n.* 공동 작인(作因); 〖수학〗 계수(係數); 〖물리〗 계수, 율

coel- [siːl], **coelo-** [síːlou] 《연결형》 「강(腔)」의 뜻 《모음 앞에서는 coel-》

coe·len·ter·ate [siléntərèit, -rət] *n.*, *a.* 강장 동물(腔腸動物)(의)

co·e·qual [kouíːkwəl] *a.* 동등한, 동격의 《*with*》 **—** *n.* 동등한 사람 **~·ly** *ad.*

***co·erce** [kouə́ːrs] [L 「가두어 넣다」의 뜻에서] *vt.* **1** 《문어》 **강제하다**, 위압하다 **2** 지배하다, 마음대로 억압하다

co·er·cion [kouə́ːrʃən] *n.* Ⓤ 강제; 강압 (정치)

co·er·cive [kouə́ːrsiv] *a.* 강제적인, 강압적인 **~·ly** *ad.* **~·ness** *n.*

co·e·ter·nal [kòuitə́ːrnl] *a.* 영원히 공존하는 **~·ly** *ad.*

co·e·val [kouíːvəl] *a.* 같은 시대[연대(年代)]의; 같은 기간의 《*with*》 **—** *n.* 같은 시대[연대]의 사람[것]

co·ex·ist [kòuigzíst] *vi.* **1** (동일한 장소에) 동시에 존재하다; 공존하다 《*with*》 **2** 〈대립하는 두 나라가〉 평화 공존하다

***co·ex·ist·ence** [kòuigzístəns] *n.* Ⓤ (국가 간의) **공존**, 공재(共在): peaceful ~ 평화 공존

co·ex·ist·ent [kòuigzístənt] *a.* 공존하는 《*with*》

co·ex·ten·sive [kòuiksténsiv] *a.* 동일한 시간[공간]에 걸치는

C. of E. Church of England

⁑**cof·fee** [kɔ́ːfi, káfi | kɔ́fi] *n.* Ⓤ **1 a** 커피 **b** Ⓒ 커피 한 잔 **2** [집합적] 커피 열매 **3** 커피 색, 짙은 갈색

cóffee bàr 《영》 차도 제공하는 간이 식당

cóffee bèan 커피 콩

cóffee brèak 《미》 (차 마시는) 휴식 시간

cof·fee·cake [kɔ́ːfikèik] 커피 케이크 《커피에 곁들어 먹는 과자·케이크》

cóffee cùp 커피 잔

cof·fee·house [kɔ́ːfihàus | kɔ́fi-] *n.*

(*pl.* **-hous·es** [-hàuziz]) 다방, 커피점
cóffee klàt(s)ch 커피를 마시면서 잡담하는 모임, 다화회(茶話會)
cóffee màker 커피 끓이는 기구
cóffee mìll 커피 열매를 빻는 기구
cof·fee·pot [-pàt | -pɔ̀t] *n.* 커피 포트
cóffee shòp **1** ((미)) 커피숍 ((호텔 등의 경식당)) **2** 커피 열매를 파는 가게
cóffee tàble 커피를 마시기 위한 (소파 앞에 놓는) 작은 탁자
cóf·fee-ta·ble bòok [-tèibl-] 커피 테이블에 놓아 두고 보는 호화판 책
cof·fee-ta·bler [-tèiblər] *n.* = COFFEE-TABLE BOOK
cóffee trèe 〘식물〙 커피 나무
cof·fer [kɔ́:fər | kɔ́f-] *n.* **1** 귀중품 상자, 돈궤 **2** [*pl.*] (은행 등의) 금고; 재원(funds)
cof·fer·dam [kɔ́:fərdæ̀m | kɔ́f-] *n.* **1** 임시 물막이 **2** 〘토목〙 〈수중 공사용〉 잠함(潛函)(caisson)
⁑**cof·fin** [kɔ́:fin | kɔ́f-] [Gk 「바구니」의 뜻에서] *n.* 관(棺)
— *vt.* 관에 넣다, 납관(納棺)하다
cog [kag | kɔg] *n.* **1** (톱니바퀴의) 이 **2** 큰 조직 안에서 일하는 사람
co·gen·cy [kóudʒənsi] *n.* Ⓤ,Ⓒ (이유·추론의) 타당성, 설득력
co·gen·er·ate [kòudʒénərèit] *vt.* 폐열 발전하다
co·gen·er·a·tion [kòudʒenəréiʃən] *n.* 열병합[폐열] 발전
co·gent [kóudʒənt] *a.* 사람을 납득시키는, 설복시키는, 힘 있는 **~·ly** *ad.*
cogged [kagd | kɔgd] *a.* 톱니바퀴가 달린
cog·i·tate [kádʒətèit | kɔ́dʒ-] *vi.* 생각하다, 숙고하다
cog·i·ta·tion [kàdʒətéiʃən | kɔ̀dʒ-] *n.* **1** Ⓤ 사고(력); 숙고 **2** [종종 *pl.*]고안, 생각
cog·i·ta·tive [kádʒətèitiv | kɔ́dʒətə-] *a.* 사고력이 있는; 생각에 잠기는
co·gi·to, er·go sum [kádʒitòu-ə:rgou-sʌ́m] [L=I think, therefore I am] 나는 생각한다, 고로 나는 존재한다 ((Descartes의 근본 철학을 나타내는 말))
co·gnac [kóunjæk] [프랑스의 생산지 이름에서] *n.* Ⓤ 코냑 ((프랑스 원산의 brandy))
***cog·nate** [kágneit | kɔ́g-] [L 「혈연 관계가 있는」의 뜻에서] *a.* **1** 조상이 같은, 같은 혈족의(kindred) **2** 같은 기원(起源)의; 〘언어〙 같은 어족[어원]의 **3** 같은 종류의, 같은 성질의 **4** 〘문법〙 동족의
— *n.* **1** 〘법〙 혈족, 친족(relative); 외척(in-law) **2** 기원이 같은 것, 동종의 것 **3** 〘언어〙 동족의 언어; 같은 어원의 말
cógnate óbject 〘문법〙 동족 목적어
cog·ni·tion [kagníʃən | kɔg-] *n.* Ⓤ 〘심리·철학〙 인식, 인지, 인식력
cog·ni·tive [kágnətiv | kɔ́g-] *a.* 인식의, 인식력 있는
cog·ni·za·ble [kágnəzəbl | kɔ́g-] *a.* **1** 인식할 수 있는 **2** 〈범죄 등이〉 재판권 내에 있는, 심리될 수 있는 **-bly** *ad.*
cog·ni·zance [kágnəzəns | kɔ́g-] *n.* Ⓤ **1** 인식, (사실의) 인지 **2** 인식 범위
cog·ni·zant [kágnəzənt | kɔ́g-] *a.* Ⓟ 인식하고 있는, 알고 있는(aware) ((*of*))
cog·no·men [kagnóumən | kɔgnóu-men] *n.* (*pl.* **~s, -nom·i·na** [-námənə | -nóum-]) **1** 성(surname) **2** 이름, 명칭
cóg ràilway 톱니 궤도 철도, 아프트식 철도(rack railway)
cog·wheel [kághwì:l | kɔ́g-] *n.* 맞물리는 톱니바퀴
co·hab·it [kouhǽbit] *vi.* **1** 〈미혼 남녀가〉 동거하다 ((*with*)) **2** 〈다른 종의 동물들이〉 공동 서식하다
co·hab·i·ta·tion [kouhæ̀bətéiʃən] *n.* Ⓤ **1** 동거, 부부살이 **2** (정치에서) 반대당과의 협력 ((특히 한 쪽이 대통령이고 다른 쪽이 수상인 경우)) **3** 공동 서식
co·heir [kouέər] *n.* 〘법〙 공동 상속인
co·heir·ess [kòuέəris] *n.* 〘법〙 여자 공동 상속인
co·here [kouhíər] [L 「함께 들러붙다」의 뜻에서] *vi.* **1** 밀착하다; 〈분자가〉 응집[결합]하다; 〈주의 등으로〉 결합하다 **2** 〈논리 등이〉 조리 있다, 시종일관하다
co·her·ence, -en·cy [kouhíərəns(i)] *n.* Ⓤ (문체·논리 등의) 통일, 일관성
***co·her·ent** [kouhíərənt] *a.* **1** 시종일관된, 조리 있는 **2** 응집성의, 밀착하는 **~·ly** *ad.*
***co·he·sion** [kouhí:ʒən] *n.* Ⓤ **1** 점착, 결합(력) **2** 〘물리〙 (분자의) 응집력
***co·he·sive** [kouhí:siv] *a.* **1** 점착력이 있는, 결합력 있는, 밀착하는 **2** 〘물리〙 응집성의 **~·ly** *ad.*
co·hort [kóuhɔ:rt] *n.* **1** 일대(一隊), 일단(一團) ((*of*)) **2** 〘고대로마〙 보병대 **3** [종종 *pl.*] ((문어)) 군대(army)
coif [kɔif] *n.* (수녀들의) 두건
coif·feur [kwɑ:fə́:r] [F] *n.* (남자) 이발사(hairdresser)
coif·feuse [kwɑ:fə́:z] [F] *n.* (여자) 미용사
coif·fure [kwɑ:fjúər] [F] *n.* 조발형(調髮型), 머리형
— *vt.* (머리 장식으로) 장식하다
coign(e) [kɔin] *n.* (벽 등의) 돌출한 부분[모퉁이]
***coil** [kɔil] [L 「모으다」의 뜻에서] *vt.* 똘똘 감다, 사리다 — *vi.* 사리를 틀다, 감기다, 고리를 이루다 ((*up*))
— *n.* **1** 고리, 사리 **2** (새끼·철사 등의) 한 사리; 〘전기〙 코일
⁑**coin** [kɔin] [OF 「주형(鑄型)」의 뜻에서] *n.* **1** (지폐에 대해서) 경화(硬貨), 주화(鑄貨) **2** [집합적] 경화; 돈
pay a person (***back***) ***in his own*** [***the same***] ~ ((구어)) …에게 대갚음하다 ***the other side of the*** ~ (사물의) 다른 일면 ***toss***[***flip***] ***a*** ~ 동전을 던져서 결정하다
— *vt.* **1** 〈화폐를〉 주조하다(mint) **2** 〈신어 등을〉 만들어내다 — *a.* **1** 경화의 **2** 경화를 넣으면 작동하는
***coin·age** [kɔ́inidʒ] *n.* Ⓤ **1** 경화 주조 **2** [집합적] 주조 화폐 **3** 화폐 제도 **4** 〈신어 등을〉 만들어 냄; Ⓒ 신조어, 신어

cóin bòx **1** (공중전화·자동 판매기 등의) 동전통 **2** 공중전화

cóin chànger 동전 교환기

*__co·in·cide__ [kòuinsáid] [L 「함께 일어나다」의 뜻에서] *vi.* **1** 동시에 일어나다, 동시에 같은 공간을 차지하다 **2** 〈행동·취미 등이〉 일치하다 《*with*》; 의견[견해]을 같이하다 《*in*》: His occupation ~*s with* his specialty. 그의 직업은 그의 전공과 일치한다.

*__co·in·ci·dence__ [kouínsidəns] *n.* Ⓤ **1** (우연의) 일치, 부합 **2** (일이) 동시에 일어남, 동시 발생

*__co·in·ci·dent__ [kouínsidənt] *a.* **1** (…와) 일치[부합]하는 **2** 동시에 일어나는 **~·ly** *ad.*

co·in·ci·den·tal [kouìnsidéntl] *a.* **1** 일치[부합]하는 **2** 동시에 일어나는 **~·ly** *ad.*

coin·er [kɔ́inər] *n.* **1** 화폐 주조자 **2** 《영》 《특히》 위조 화폐를 만드는 사람 (《미》 counterfeiter) **3** (신어의) 고안자

co·in·sur·ance [kòuinʃúərəns] *n.* Ⓤ 공동 보험

coir [kɔiər] *n.* 야자 껍질의 섬유

co·i·tus [kóuitəs], **co·i·tion** [kouíʃən] *n.* Ⓤ 성교(性交)(sexual intercourse)

coke[1] [kouk] *n.* Ⓤ [종종 *pl.*] 코크스 — *vt.* 〈석탄을〉 코크스로 만들다

coke[2] *n.* 《속어》 = COCAINE

Coke [kouk] *n.* (미·구어) =COCA-COLA

coke·head [kóukhèd] *n.* 《속어》 코카인 중독자

col. collected; collector; college; colonial; colony; colored; column; counsel

Col. Colombia; Colonel; Colorado (cf. COLO); Colossians

col-[1] [koul | kɔl] *pref.* = COM-

col-[2] [koul], **colo-** [kóulou] 《연결형》 「대장(大腸); 결장(結腸); 대장균」의 뜻 《모음 앞에서는 col-》

co·la [kóulə] *n.* **1** 〖식물〗 콜라 《벽오동과(科)의 상록 교목》 **2** 콜라 《1의 추출액을 원료로 한 암흑색의 탄산 음료》

COLA [kóulə] [*c*ost *o*f *l*iving *a*djustment(s)] 《미》 〖경제〗 생계비 조정

col·an·der [kʌ́ləndər] *n.* (부엌용) 물 거르는 장치, 여과기

col·chi·cine [kɑ́ltʃəsìːn | kɔ́l-] *n.* Ⓤ 콜히친 《일종의 식물 호르몬제》

col·chi·cum [kɑ́ltʃikəm | kɔ́l-] *n.* 〖식물〗 콜키쿰 《백합과(科)의 다년생 식물로 씨에서 콜히친을 채취함》; 콜히친 제제(製劑)

⁑**cold** [kould] *a.* **1** 추운, 찬, 차가운; 식힌, 식은 **2** 냉담한 《*in*》; 쌀쌀한; 객관적인 **3** 흥을 깨는; 마음 내키지 않는 **4** 〈맛이〉 약한; Ⓟ 《구어》 (알아맞히기 놀이에서) 어림이 빗나간, 좀처럼 맞지 않는 **5** 〖미술〗 한색(寒色)의 《청색·회색 등》 **6** 〖사냥〗 〈짐승이 남긴 냄새가〉 희미한(faint) **7** 《속어》 (구타 등으로) 의식을 잃은; 죽은 ***in ~ blood*** 냉정히, 냉혹하게 ***leave*** a person ~ …에게 아무 흥미[인상]도 주지 않다
— *n.* **1** Ⓤ 추위, 냉기 **2** ⓊⒸ [때때로 a ~] 감기 ***catch*** (***a***) ~ = ***take*** ~ 감기 들다, 감기 걸리다 ***come out of*** ~ 추운 곳에서 안으로 들어오다; 그만두다, 손을 떼다 (five) ***degree of*** ~ 영하 (5)도 ***have a*** (***bad***) ~ 독감에 걸려 있다
— *ad.* 《구어》 완전히; 갑자기, 예고 없이

cold-blood·ed [-blʌ́did] *a.* **1** 〖동물〗 냉혈의(opp. *warm-blooded*) **2** 《구어》 추위에 민감한 **3** 냉담한, 피도 눈물도 없는 **~·ly** *ad.* **~·ness** *n.*

cóld chìsel (금속용) 정

cóld crèam 콜드 크림 《화장 크림의 일종》

cóld cùts 얇게 저며 익힌 냉육(冷肉)

cóld féet 《구어》 겁, 공포, 달아나려는 자세 ***have*** [***get***] ~ 겁을 내다

cóld físh 《구어》 냉담한 사람

cóld fràme 〖원예〗 냉상(冷床) 《난방 장치가 없는 프레임》

cóld frònt 〖기상〗 한랭 전선

cold-heart·ed [-hɑ́ːrtid] *a.* 냉담한; 무정한 **~·ly** *ad.* **~·ness** *n.*

cold·ish [kóuldiʃ] *a.* 좀 추운

cóld líght 냉광 《인광(燐光)·반딧불 등》

⁑**cold·ly** [kóuldli] *ad.* 춥게, 쌀쌀하게; 냉정하게; 냉담하게

*__cold·ness__ [kóuldnis] *n.* Ⓤ 추위, 차가움; 냉담

cóld pàck 냉찜질; (통조림의) 저온 처리법

cóld shóulder [냉대 받는 나그네에게 식은 양의 어깨고기를 내놓은 데서] 《구어》 냉대(冷待), 무시

cold-shoul·der [-ʃóuldər] *vt.* 《구어》 냉대하다

cóld snàp 갑자기 엄습하는 한파

cóld sòre 〖병리〗 (감기·고열로 인한) 입가의 발진(發疹)

cóld stéel 날붙이 《칼·총검 등》

cóld stórage (먹을 것 등의) 냉장; 동결 상태

cóld swéat 식은 땀

cóld túrkey (마약 환자에게) 갑자기 마약 사용을 중지시킴 — *ad.* 《미·속어》 돌연; 준비 없이

cóld wár 냉전(opp. *hot*[*shooting*] *war*)

cold-wa·ter [-wɔ́ːtər] *a.* (아파트에) 온수 설비가 없는, 냉수를 쓰는

cóld wàve **1** 〖기상〗 한파(opp. *heat wave*) **2** 콜드 파마

cole [koul] *n.* 〖식물〗 서양 평지(rape[2])

col·e·op·te·rous [kòuliɑ́ptərəs | kɔ̀liɔ́p-] *a.* 〖곤충〗 딱정벌레 무리의, 초시류의

Cole·ridge [kóulridʒ] *n.* 콜리지 **Samuel Taylor** ~ (1772-1834) 《영국의 시인·비평가》

cole·slaw [kóulslɔ̀ː] *n.* 《미》 다진 양배추 샐러드

col·ic[1] [kɑ́lik | kɔ́l-] *n.* 〖병리〗 산통(疝痛) — *a.* 결장(結腸)의

col·i·se·um [kɑ̀ləsíːəm | kɔ̀l-] *n.* **1** 대경기장 **2** [C~] = COLOSSEUM

co·li·tis [kəláitəs] *n.* Ⓤ 〖병리〗 대장염(大腸炎)

coll. colleague; collect; collection; collective; collector; college

*__col·lab·o·rate__ [kəlǽbərèit] [L 「함께 일하다」의 뜻에서] *vi.* **1 공동으로 일하다,** 합작하다, 공동 연구하다 《*with*》; 협력[협동]하다 **2** 〈점령군·적국에〉 협력하다

*__col·lab·o·ra·tion__ [kəlæ̀bəréiʃən] *n.* **1** Ⓤ **a 협동**; 합작, 공동 연구; 원조 **b** 이적 행위 **2** 공동 제작품, 공저(共著)
in ~ with …와 협력하여

col·lab·o·ra·tor [kəlǽbərèitər] *n.* 공편자(共編者), 합작자; 이적 행위자

col·lage [kəlɑ́ːʒ] [F 「아교 붙임」의 뜻에서] *n.* 〖미술〗 **1** Ⓤ 콜라주 (기법) 《사진·철사·신문·광고 조각 등을 맞추어 선과 색을 배합한 추상적 구성법》 **2** 콜라주 작품

col·la·gen [kɑ́lədʒin | kɔ́l-] *n.* Ⓤ 〖생화학〗 교원질(膠原質), 콜라겐

‡**col·lapse** [kəlǽps] [L 「함께 넘어지다」의 뜻에서] *vi.* **1** 〈건물 등이〉 **무너지다 2** 좌절되다 **3** 쇠약해지다; 폭락하다 **4** 〈책상·의자 등이〉 접어지다 **5** 〖의학〗 〈폐 등이〉 허탈(虛脫)하다 **—** *vt.* **1** 무너뜨리다, 붕괴시키다 **2** 〈기구를〉 접다 **3** 〖의학〗 〈폐 등을〉 허탈케 하다 **—** *n.* Ⓤ 무너짐, 와해(瓦解); (내각·은행 등의) 붕괴; (희망·계획 등의) 좌절(failure); (건강 등의) 쇠약; 〖의학〗 허탈; 의기 소침

col·laps·i·ble, -a·ble [kəlǽpsəbl] *a.* 접을 수 있는 《배·기구·침대 등》

‡**col·lar** [kɑ́lər | kɔ́l-] [L 「목」의 뜻에서] *n.* **1 칼라, 깃 2** (목에 거는) 훈장 **3** (개 등의) 목걸이; 말의 어깨에 맨 줄 **4** 〖기계〗 고리(ring) **5** 속박; 《미·속어》 체포 ***hot under the ~*** 《속어》 화를 내어, 흥분하여 ***seize*** [***take***] a person ***by the ~*** …의 목덜미를 잡다
— *vt.* **1** 깃[목걸이]을 달다 **2** 《구어》 …의 목덜미를 잡다, 체포하다 **3** 《속어》 자기 마음대로 하다, 좌우하다; 훔치다

col·lar·bone [kɑ́lərbòun | kɔ́l-] *n.* 〖해부〗 쇄골(鎖骨)

col·late [kəléit] *vt.* **1** 대조(對照)하다, 맞추어 보다 《*with*》 **2** 〖제본〗 페이지 순서를 맞추다

*__col·lat·er·al__ [kəlǽtərəl] *a.* **1 서로 나란한,** 평행한(parallel); 〖해부〗 부행(副行)의 **2** 부대적인, 2차적인; 〖법〗 직계가 아닌, 방계의(cf. LINEAL) **3** 〖상업〗 담보로 내놓은 **—** *n.* **1** 방계친(傍系親) **2** 부대 사실[사정] **3** 〖상업〗 담보 물건 **~·ly** *ad.*

col·la·tion [kəléiʃən] *n.* ⓊⒸ **1** 대조 (조사); (책의) 페이지 순서 조사 **2** Ⓒ 《문어》 간식

col·la·tor [kəléitər] *n.* **1** 대조자 **2** (제본에서의) 페이지 수 맞추는 사람[기계]

*__col·league__ [kɑ́liːg | kɔ́l-] [L 「함께 선택된 사람」의 뜻에서] *n.* (주로 관직·교수·공무 등 직업상의) **동료**

‡**col·lect**[1] [kəlékt] *vt.* **1 모으다,** 수집하다: ~ stamps 우표를 수집하다 **2** 〈세금·집세 등을〉 **징수하다**; 〈기부금을〉 모집하다 **3** 〈생각을〉 집중하다, 가다듬다
— *vi.* **1** 모이다 **2** 〈눈·먼지 등이〉 쌓이다 **3** 기부금을 모집하다 《*for*》; 수금하다 《*for*》 **—** *a., ad.* 《미》 수취인[수신자] 지불의[지불로]

col·lect[2] [kɑ́likt | kɔ́l-] *n.* 〖가톨릭〗 본기도; 〖영국국교〗 특도(特禱) 《짧은 기도문》

col·lect·ed [kəléktid] *a.* **1** 모은, 수집한: ~ papers 논문집 **2** 침착한 **~·ly** *ad.*

col·lect·i·ble, -a·ble [kəléktəbl] *a.* 모을 수 있는; 징수할 수 있는
— *n.* [보통 *pl.*] 수집할 만한 것

‡**col·lec·tion** [kəlékʃən] *n.* **1** Ⓤ **수집,** 채집: make a ~ of books 책을 수집하다 **2 a 수집물,** 소장품 **b** (복식의) 콜렉션, 신작품 (발표회) **3** ⓊⒸ **수금**; 징세(徵稅) **4** Ⓒ 헌금, 기부금 **5** (물·먼지·종이 등의) 퇴적 《*of*》

*__col·lec·tive__ [kəléktiv] *a.* **1 집합적인,** 집합성(性)의 **2 집단적인**; 공동의(common) **3** 〖문법〗 집합적인 **—** *n.* **1** 집단; 공동체 **2** 〖문법〗 집합 명사 **~·ly** *ad.*

colléctive bárgaining 〖노동〗 단체 교섭

colléctive fárm (구소련의) 집단 농장, 콜호즈(kolkhoz)

colléctive frúit 〖식물〗 집합과(集合果) 《오디·파인애플 등》

colléctive nóun 〖문법〗 집합 명사

colléctive secúrity 집단 안전 보장

colléctive uncónscious 〖심리〗 집단적 무의식 《Jung 학설의》

col·lec·tiv·ism [kəléktivìzm] *n.* Ⓤ 집산(集産)주의

col·lec·tiv·i·ty [kɑ̀lektívəti | kɔ̀l-] *n.* (*pl.* **-ties**) ⓊⒸ **1** 집합성; 집단성; 공동성 **2** Ⓒ 집합체, 집단 **3** [집합적] 민중, 인민

col·lec·tiv·ize [kəléktivàiz] *vt.* 집산주의화하다; 집단 농장화하다

*__col·lec·tor__ [kəléktər] *n.* **1 수집가**; 채집자 **2 수금원**; 세리(稅吏) **3** 수집기[장치]; 〖전기〗 집전기(集電器)

colléctor's ìtem 수집가의 흥미를 끄는 물건, 일품

col·leen [kɑ́liːn | kɔ́l-] *n.* 《아일》 소녀, 처녀

‡**col·lege** [kɑ́lidʒ | kɔ́l-] [L 「동료(colleague)의 단체」의 뜻에서] *n.* **1 대학 2** 《영》 (Oxford, Cambridge처럼 University를 이루고 자치체이며 전통적 특색을 가진) **칼리지 3** 종합대학의 학부; 단과 대학 **4** 《영·캐나다》 사립 중등 학교(public school): Eton *C~* 이튼 학교 **5** 특수 전문 학교: the Royal Naval *C~* 《영》 해군 사관 학교 **6** (상기 학교의) 교사(校舍) **7** 협회, 단체; 선거 위원단: the electoral ~ 《미》 대통령[부통령] 선거인단

Cóllege Bóards 《미》 대학 입학 자격 시험 《상표명》

cóllege pùdding (한 사람 앞에 한 개의) 작은 건포도 푸딩

col·le·gi·an [kəlíːdʒiən] *n.* college의 학생[졸업생]

col·le·giate [kəlíːdʒiət] *a.* **1** college (의 학생)의; 대학 정도의 **2** 《영》 college 조직의; 동료가 평등하게 권한을 가지는 **3** 단체 조직의

collégiate chúrch 1 《영》 (dean이 관리하는) 대성당 2 《스코·미》 협동(協同) 교회

*__col·lide__ [kəláid] [L「함께 부딪치다」의 뜻에서] *vi.* 1 **충돌하다,** 부딪치다 《*against, with*》: The car ~*d with* the truck. = The car and the truck ~*d*. 승용차와 트럭이 충돌했다. 2 〈의지·목적 등이〉 일치하지 않다, 상충하다 《*with*》

col·lie [káli | kɔ́li] *n.* 콜리 《스코틀랜드 원산의 양 지키는 개》

col·lier [káljər | kɔ́l-] *n.* 1 (탄갱의) 갱부(coal miner) 2 석탄선(coal ship); 석탄선 선원

col·lier·y [káljəri | kɔ́l-] *n.* (*pl.* **-lier·ies**) 《영》 (관계 설비를 포함한) 탄갱

*__col·li·sion__ [kəlíʒən] *n.* [UC] 1 **충돌** (clashing), 격돌 2 (이해·의견·목적 등의) 상충, 대립; (당 등의) 알력(軋轢)

collísion còurse 충돌 침로[노선]

col·lo·cate [káləkèit | kɔ́l-] [L「한 곳에 놓다」의 뜻에서] *vt.* 1 나란히 놓다; 배열하다 2 배치하다 — *vi.* 〖문법〗 (다른 말과) 연어를 이루다

col·lo·ca·tion [kàləkéiʃən | kɔ̀l-] *n.* [UC] 1 나란히 놓음, 병치, 배열 2 〖문법〗 낱말의 배치; 연어(連語)

col·loid [kálɔid | kɔ́l-] *a.* = COLLOIDAL — *n.* 〖화학〗 콜로이드, 교질(膠質)

col·loi·dal [kəlɔ́idl] *a.* 콜로이드 같은, 아교질의

col·lop [káləp | kɔ́l-] *n.* 1 얇은 고기 조각; 얇은 조각(small slice) 2 《고어》 (살찐 사람 또는 동물의) 피부의 주름살

*__col·lo·qui·al__ [kəlóukwiəl] *a.* **구어**(口語)(**체**)의, 담화체의, **일상 회화의**(opp. *literary*)

~·**ìsm** *n.* [UC] 구어[담화]체; 회화체; 구어(적) 표현 ~·**ly** *ad.*

col·lo·quy [káləkwi | kɔ́l-] [L「담화, 회담」의 뜻에서] *n.* (*pl.* **-quies**) [UC] (정식의) 담화, 회화(conversation); (미국 의회의) 자유 토의

col·lo·type [kálətàip | kɔ́l-] *n.* 1 [U] 콜로타이프(판) 《사진 제판의 일종》 2 콜로타이프 인쇄물

col·lude [kəlú:d] *vi.* 결탁하다, 공모[담합]하다

col·lu·sion [kəlú:ʒən] *n.* [UC] 1 공모, 결탁 2 〖법〗 통모(通謀)

col·lu·sive [kəlú:siv] *a.* 공모의, (미리) 결탁한 ~·**ly** *ad.*

col·ly·wob·bles [káliwàblz | kɔ́liwɔ̀b-] *n. pl.* [the ~; 단수·복수 취급] 《구어》 1 복통 2 정신적 불안

Colo. Colorado의 공식 약어

Co·logne [kəlóun] [L「식민지(colony)」의 뜻에서] *n.* 1 쾰른 《독일의 라인 강변에 있는 도시》 2 [때로 **c~**] [U] 오드콜로뉴 《화장수》

Co·lom·bi·a [kəlʌ́mbiə | -lɔ́m-] *n.* 콜롬비아 《남미 북서부에 있는 공화국》

Co·lom·bi·an [kəlʌ́mbiən | -lɔ́m-] *a.* 콜롬비아의; 콜롬비아 사람의 — *n.* 콜롬비아 사람

‡**co·lon**[1] [kóulən] [Gk「지체(肢體), 부분」의 뜻에서] *n.* (구두점의) **콜론** 《: 》

colon[2] *n.* (*pl.* **~s, co·la** [-lə]) 〖해부〗 결장(結腸)

co·lon[3] [kəlóun] *n.* (*pl.* **-lo·nes** [-lóuneis], **~s**) 콜론 《코스타리카 및 엘살바도르의 화폐 단위; 기호 C》

‡**colo·nel** [kə́:rnl] [동음어 kernel] [It.「대열(column)」의 뜻에서] *n.* 《미》 (육군·공군·해병대) **대령**; 《영》 (육군) 대령

‡**co·lo·ni·al** [kəlóuniəl] *a.* 1 **식민(지)의**; 식민지풍의 2 [종종 **C~**] 《미》 **a** 식민지 시대의 **b** 〈건축 등이〉 식민지 시대풍의 3 〖생태〗 군체(群體)의 — *n.* 식민지 주민 ~·**ly** *ad.*

co·lo·ni·al·ism [kəlóuniəlìzm] *n.* [U] 1 식민지주의, 식민 정책 2 식민지풍[기질] **-ist** *n.*

‡**col·o·nist** [kálənist | kɔ́l-] *n.* **해외 이주민,** 식민지 이주자; 《특히》 식민지 개척자

col·o·ni·za·tion [kàlənizéiʃən | kɔ̀lənai-] *n.* [U] 식민지화[건설]

col·o·nize [kálənàiz | kɔ́l-] *vt.* 1 식민지로서 개척하다 2 이주시키다 3 〈식물을〉 이식(移植)하다 — *vi.* 식민지를 만들다; 개척자가 되다

col·o·niz·er [kálənàizər | kɔ́l-] *n.* 식민지 개척자[개척국]

col·on·nade [kàlənéid | kɔ̀l-] *n.* 1 〖건축〗 열주(列柱), 주랑(柱廊) 2 가로수

‡**col·o·ny** [káləni | kɔ́l-] [L「농지(農地)」의 뜻에서] *n.* (*pl.* **-nies**) 1 **식민지** 2 [집합적] 식민; 이민단 3 거류지; 거류민 4 (특정 집단의) 공동체 5 집단, 군생; 군체

col·o·phon [káləfən | kɔ́l-] *n.* (책의 등이나 표지의) 출판사 마크

‡**col·or | col·our** [kʌ́lər] *n.* 1 [UC] **빛깔; 색,** 색채; 명암 2 (그림 등의) **착색** 3 [UC] **안색,** 혈색; 홍조 4 [U] (유색 인종의) 빛깔; [집합적] 유색 인종; 《특히》 흑인 5 [U] 외관, 겉치레, 가장; 구실 6 [U] **a** 개성, 특색 **b** 〖음악〗 음색 7 **a** [보통 *pl.*] **군기,** 연대기, 군함기, 선박기, **국기 b** [the ~s] 군대 8 [*pl.*] 국기·군기에 대한 경례, 국기 게양[강하]식

change ~ 안색이 변하다; 파랗게 질리다 ***gain***[***gather***] ~ 혈색이 좋아지다 ***in*** one***'s true ~s*** 본성을 나타내어 ***lay on the ~s too thickly*** 과장해 말하다 ***nail*** one***'s ~s to the mast*** 주의[결심]를 굽히지 않다 ***off*** ~ (1) 색이 바랜 (2) 안색이 안 좋은; 기운 없는

— *a.* 1 빛깔[컬러]의: a ~ TV 컬러 TV 2 인종에 관한: the ~ problem 인종 문제

— *vt.* 1 **채색하다**(paint); 물들이다(dye) 2 윤색하다, 분식하다; 그럴듯하게 하다; 영향을 미치다 3 …을 특징 짓다, 특색을 이루다 — *vi.* 1 〈잎·과실이〉 물들다 2 〈사람이〉 얼굴을 붉히다(redden) 《*up*》

col·or·a·ble [kʌ́lərəbl] *a.* 1 착색할 수 있는 2 겉치레의; 그럴듯한 **-bly** *ad.*

Col·o·rad·o [kàlərǽdou, -rá:- | kɔ̀lərá:-] [Sp.「붉은 색의 강」의 뜻에서] *n.* 콜로라도 《미국 서부의 주; 略 Colo.,

Col.》; [the ~] 콜로라도 강《대협곡 Grand Canyon으로 유명》

Colorádo (potáto) bèetle 콜로라도 감자잎벌레《감자 해충의 일종》

col·or·a·tion [kʌ̀ləréiʃən] *n.* Ⓤ **1** 착색법; 착색, 배색, 채색 **2** (생물의) 천연색: protective ~ 보호색

col·or·a·tu·ra [kʌ̀lərətúərə | kɔ̀l-] [It. 「채색(彩色)」의 뜻에서] *n.* 〖음악〗 **1** 콜로라투라《성악의 화려한 기교적인 장식》; 그 곡 **2** 콜로라투라 가수《소프라노》

cólor bàr = COLOR LINE

col·or·bear·er [kʌ́lərbɛ̀ərər] *n.* (군대의) 기수

col·or-blind [-blàind] *a.* **1** 색맹의 **2** 《미》 인종 차별을 하지 않는

cólor blìndness 색맹

col·or·cast [-kæ̀st | -kɑ̀:st] [*color*+broad*cast*] *n.* 컬러 텔레비전 방송
— *vt., vi.* (~, ~·**ed**) 컬러 텔레비전 방송을 하다

col·or-code [-kóud] *vt.* 〈전선·수도 등을〉 (알기 쉽게) 색칠하여 구분하다

*__col·ored__ [kʌ́lərd] *a.* **1 착색한, 채색되어 있는 2** 과장한 **3** 〈인종이〉 유색의; 흑인의 **4** [보통 복합어를 이루어] …**색의**: cream-~ 크림색의

‡**col·or·ful** [kʌ́lərfəl] *a.* **1 색채가 풍부한,** 다채로운: ~ folk costumes 다채로운 민족 의상 **2** 화려한; 생기 있는(vivid) ~·**ly** *ad.* ~·**ness** *n.*

cólor guàrd 《미》 군기(軍旗) 위병

*__col·or·ing__ [kʌ́ləriŋ] *n.* Ⓤ **1 착색**(법), 채색(coloration) **2** 착색제, 그림물감; 색소 **3** (얼굴의) 혈색

col·or·ist [kʌ́lərist] *n.* **1** 채색을 특히 잘하는 화가 **2** 채색자 **3** 화려한 문체의 작가

col·or·ize [kʌ́ləràiz] *vt.* (특히 컴퓨터에 의해 흑백 영화를) 컬러화(化)하다
còl·or·i·zá·tion *n.*

*__col·or·less__ [kʌ́lərlis] *a.* **1 무색의**; 〈색이〉 흐릿한 **2** 〈날씨가〉 흐린; 핏기가 없는 **3** 특색이 없는, 재미가 없는; 〈사람이〉 분명하지 않은, 종잡을 수 없는 **4** 어느 편에도 치우치지 않는, 중립의(neutral)
~·**ly** *ad.* ~·**ness** *n.*

cólor lìne (사회·경제·정치적) 백인·흑인의 차별 장벽(color bar)

cólor schème (실내 장식·복식 등의) 색채의 배합 (설계)

cólor súpplement (신문 등의) 컬러판 부록

cólor télevision[TV] 컬러 텔레비전

cólor wàsh 수성 페인트

*__co·los·sal__ [kəlɑ́sl | -lɔ́sl] *a.* **1 거대한**; 〈수량 등이〉 어마어마한 **2** 《구어》 훌륭한, 놀랄 만한 ~·**ly** *ad.*

Col·os·se·um [kɑ̀ləsí:əm | kɔ̀l-] *n.* 콜로세움《로마의 원형 경기장》

Co·los·sian [kəlɑ́ʃən | -lɔ́ʃ-] *a.* 골로사이의
— *n.* **1** 골로사이 사람 **2** [the ~s; 단수 취급] 〖성서〗 골로새서(書)

co·los·sus [kəlɑ́səs | -lɔ́s-] *n.* (*pl.* -**si** [-sai], ~·**es**) **1** 거상(巨像); [**C~**] 아폴로 신(神)의 거상 **2** 거인, 거대한 것; 큰 인물, 위인

‡**colt** [koult] *n.* **1 망아지 2** 미숙한 자, 풋내기; 초심자

Colt [koult] [미국의 발명자 이름에서] *n.* 콜트식 자동 권총

col·ter [kóultər] *n.* (보습(plow) 바로 앞에 달린) 풀 베는 날

colt·ish [kóultiʃ] *a.* **1** 망아지 같은 **2** 익살맞은, 장난꾸러기의; 다루기 어려운 ~·**ly** *ad.*

colts·foot [kóultsfùt] *n.* (*pl.* ~**s**) 〖식물〗 머위, 관동(款冬)

*__Co·lum·bi·a__ [kəlʌ́mbiə] [미대륙을 발견한 Columbus의 이름에서] *n.* **1 컬럼비아** 《미국 South Carolina 주의 주도》 **2** 컬럼비아 대학교(= ~ **Univèrsity**) 《New York 시 소재》 **3** 《시어》 미국 **4** [the ~] 〖우주과학〗 컬럼비아호

Co·lum·bi·an [kəlʌ́mbiən] *a.* 미국의
— *n.* 미국인

col·um·bine [kɑ́ləmbàin | kɔ́l-] *n.* **1** 〖식물〗 참매발톱꽃 **2** [**C~**] 〖연극〗 여자 어릿광대《Harlequin의 상대역》

co·lum·bi·um [kəlʌ́mbiəm] *n.* Ⓤ 〖화학〗 콜럼븀《기호 Cb; niobium의 구칭》

‡**Co·lum·bus** [kəlʌ́mbəs] *n.* 콜럼버스 **Christopher** ~ (1446?-1506) 《이탈리아의 항해가, 미대륙을 발견(1492)》

Colúmbus Dày 《미》 콜럼버스 기념일 《미대륙 발견 기념일; 10월 12일》

‡**col·umn** [kɑ́ləm | kɔ́l-] **1** 〖건축〗 **기둥,** 원주 **2** 원주 모양의 물건 **3** 〖군사〗 종대; (함대의) 종렬, 종진 **4** 〖인쇄〗 종행(縱行), 단(段) **5** (신문의) 난(欄), 특정 기고란 **6** 〖컴퓨터〗 세로 (칸)

co·lum·nar [kəlʌ́mnər] *a.* 원주(형)의

co·lum·ni·a·tion [kəlʌ̀mniéiʃən] *n.* ⓊⒸ 〖건축〗 원주식 구조

col·um·nist [kɑ́ləm*n*ist | kɔ́l-] *n.* (신문 등의) 특별 기고가

col·za [kɑ́lzə | kɔ́l-] *n.* 〖식물〗 평지(의 씨)

COM [kɑm | kɔm] 〖컴퓨터〗 computer output microfilm 컴퓨터 출력 마이크로필름

com. comedy; comic; comma; commerce; commercial; commission(er); committee; common(ly); communication; communist; community

Com. Command(er); Commodore

com- [kɑm, kəm | kɔm] *pref.* 「함께; 전혀」의 뜻(b, p, m 앞)

.com 〖인터넷〗 = DOT-COM

co·ma[1] [kóumə] *n.* (*pl.* -**mae** [-mi:]) **1** 〖천문〗 코마《혜성 주위의 성운(星雲) 모양의 물질》 **2** 〖식물〗 씨의 솜털

coma[2] *n.* 〖병리〗 혼수 (상태)

Co·man·che [kəmǽntʃi] *n.* (*pl.* ~, ~**s**) **1** (북미 인디언의) 코만치 족(族) **2** Ⓤ 코만치 말

com·a·tose [kóumətòus] *a.* **1** 〖병리〗 혼수성의, 혼수 상태의 **2** 기운 없이 졸리는, 몹시 졸리는

‡**comb** [koum] *n.* **1 빗**; 소면기(梳綿機) **2** (닭의) 볏 **3** 벌집
— *vt.* **1 빗질하다,** 빗으로 빗다 **2** 〈장소 등을〉 철저히 수색하다

—*vi.* 〈파도가〉 물마루를 일으키며 굽이치다

comb. combination; combining

*__com·bat__ [kəmbǽt, kʌ́mbæt | kɔ́mbæt] [L 「서로 때리다」의 뜻에서] *v.* (**~·ed**; **~·ing** | **~·ted**; **~·ting**) *vi.* **싸우다,** 투쟁하다 (*with, against*)

—*vt.* …와 싸우다; …을 제거하기 위해 노력하다

— [kʌ́mbæt | kɔ́m-] *n.* **전투**(fight); 투쟁; 격투; 논쟁: a ~ plane 전투기

*__com·bat·ant__ [kəmbǽtənt | kɔ́mbətənt] *n.* **1 전투원**(opp. *noncombatant*) **2** 투사, 격투자

—*a.* 전투를 하는, 싸우는

cómbat fatìgue 〖정신의학〗 전쟁 신경증(battle fatigue)

com·bat·ive [kəmbǽtiv | kɔ́mbət-] *a.* 투쟁적인, 투지만만한 **~·ly** *ad.* **~·ness** *n.*

combe [ku:m] *n.* (영) (깊은) 산골짜기, (해안으로 뻗은) 골짜기

comb·er [kóumər] *n.* **1** (양모·솜 등을) 빗는 사람; 빗는 기계[도구] **2** 부서지는 파도(breaker)

‡__com·bi·na·tion__ [kàmbənéiʃən | kɔ̀m-] *n.* UC **1 결합, 짝맞춤,** 배합, 단결, 연합; 도당 **2** 결사, 단체, 조합 **3** [*pl.*] (영) 콤비네이션 (아래 위가 붙은 속옷; 속바지(drawers)가 달린 슈미즈) **4** (결정(結晶)의) 집형(集形); 〖화학〗 화합(물) **5** = COMBINATION LOCK **6** 〖수학〗 조합 **7** 〖컴퓨터〗 조합, 짝맞춤

combinátion lòck 글자[숫자] 맞추기 자물쇠, 다이얼 자물쇠

‡__com·bine__ [kəmbáin] [L 「두 개를 합치다」의 뜻에서] *vt.* **1 결합시키다;** 〈사람·힘·회사 등을〉 합병[합동]시키다, 연합시키다 **2 겸하다,** 겸비하다 **3** 〖화학〗 화합시키다 **4** (미) [kʌ́mbain | kɔ́m-] 콤바인으로 거두어 들이다

—*vi.* 결합하다; (…에 대항하여) 연합하다; 합병하다; 〖화학〗 화합하다

— [kʌ́mbain | kɔ́m-] *n.* **1** 기업 합동(syndicate); (정치상의) 연합 **2** 콤바인 복식 수확기

com·bined [kəmbáind] *a.* Ⓐ **1** 결합된, 합동의; 연합의: ~ efforts 협력 **2** 〖화학〗 화합한

comb·ing [kóumiŋ] *n.* UC **1** 빗질 **2** [*pl.*] (빗질하여) 빠진 털

com·bín·ing fòrm [kəmbáiniŋ-] 〖문법〗 연결형 (복합어를 만드는 요소)

com·bo [kʌ́mbou | kɔ́m-] *n.* (*pl.* **~s**) 캄보 (소편성의 재즈 악단)

com·bus·ti·bil·i·ty [kəmbʌ̀stəbíləti] *n.* Ⓤ 연소성, 가연성(可燃性)

com·bus·ti·ble [kəmbʌ́stəbl] *a.* **1** 타기 쉬운, 가연성의 **2** 흥분하기 쉬운

—*n.* [보통 *pl.*] 가연물(可燃物)

*__com·bus·tion__ [kəmbʌ́stʃən] *n.* Ⓤ **1 연소;** (유기체의) 산화; 자연 연소 **2** 격동, 소요

com·bus·tive [kəmbʌ́stiv] *a.* 연소(성)의

comdg. commanding

Comdr. Commander

Comdt. Commandant

‡__come__ [kʌm] (**came** [keim]; **come**) *vi.* **1** (말하는 사람 쪽으로) 오다; (상대방이 있는 곳 또는 어떤 목적지로) 가다: *C~ here*[*this way*], please. 이리[이쪽으로] 오십시오. / Yes, I'm *coming.* 예, 지금 갑니다. **2** 도착[도달]하다: He hasn't ~ yet. 그는 아직 오지 않았다. **3** [시간·공간의 순서] 오다, 나오다 **4** 〈사물이 사람에게〉 닥치다; 〈일이〉 **일어나다 5** 〈자연 현상으로〉 **나타나다,** 나오다; 〈때가〉 돌아오다, 도래하다 **6** …에서 나오다; …의 **출신**[**자손**]**이다;** 〈언어·습관 등이〉 …에서 오다: ~ *of* a good family 명문 출신이다 **7** 〈감정 등이〉 솟다, 생기다; 〈사물이〉 되다, 성립하다 **8** 〈어떤 상태로〉 **되다, 변하다,** 시작하다: ~ *into* use 쓰이게 되다 **9** 〈금액 등이〉 …**에 달하다;** …에 귀착하다(amount) (*to*) **10** 〈상태·결과에〉 이르다; [to부정사와 함께] …**하기에 이르다,** …**하게 되다:** now I ~ *to* think of it 이제 생각해 보니 **11** …**이 되다 12** [감탄사처럼 사용하여 권유·재촉·힐문 등을 나타냄] 자, 글쎄, 이봐 **13** [가정법 현재형을 접속사처럼 써서] …이오면, …이 되면(when ... comes) **14** [to부정사] 미래의: the world *to* ~ 내세

—*vt.* [보통 the+명사[형용사]를 동반하여] (영·구어) …인 체하다: ~ *the* moralist 군자인 체하다 **~ *about*** 일어나다, 발생하다 **~ *across*** (1) …을 (뜻밖에) 만나다, 발견하다 (2) 〈요구하는 것을〉 주다; 〈빚을〉 갚다; 〈의무를〉 다하다; 뇌물을 주다 (3) 자백하다 **~ *after*** …을 찾다(seek); …에 계속되다(follow); …의 뒤를 잇다(succeed) **~ *along*** 오다, 〈길을〉 지나가다; [명령형] 따라 오라; 자 빨리 빨리(make haste); 동의[찬성]하다 (*with*); (미·구어) 잘[성공]하다; 숙달하다 **~ *and go*** 오락가락하다, 보일락 말락하다; 변천하다 **~ *apart*** 분해되다, 낱낱이 부서지다 **~ *around*** 원기[의식]를 회복하다; 의견을 바꾸다; 방문하다 **~ *at*** …에 이르다, …에 도달하다(arrive at); …을 알게 되다; …으로 향하여 오다, 공격 하다(attack); (미·구어) …을 뜻하다 **~ *away*** 떨어져 오다, 떨어지다 **~ *back*** 돌아오다; 회복하다, 복귀하다; 기억에 다시 떠오르다; 말대꾸하다, 보복하다(retort) **~ *between*** …의 사이에 끼다; 이간질하다 **~ *by*** …을 손에 넣다(obtain); 통과하다; (미·속어) 지나는 길에 들르다(call) **~ *down*** (1) 내리다, 내려오다; (침실에서) 일어나 내려오다; 〈비가〉 내리다; 〈물건이〉 떨어지다; 〈집이〉 무너지다; 〈값이〉 내리다 (*in*); (특히 Oxford, Cambridge 대학을) 졸업하다 (2) 전해 내려오다, 전해지다 (*from, to*) (3) (영·구어) 돈을 내다 (*with*) **~ *for*** (1) …의 목적으로 오다; 〈물건을〉 가지러 오다, 〈사람을〉 마중나오다 (2) 덮치려고 하다 **~ *forward*** 앞으로 나서다; (여러 사람의 희망에 응하여) 나서다 **~ *in*** (1) 집[방]에 들어가다; 입장하다; 도착하다; [명령형] 들어와 (2) 입상

하다: ~ *in* third 3등하다 (3) (선거에서) 당선하다; 취임하다; 요직에 앉다 ***~ in for*** 〈칭찬·비난 등을〉 받다 ***~ into*** …에 들어가다; …에 가입[찬성]하다; 〈재산을〉 물려 받다 ***~ off*** 〈사람이〉 가 버리다; 〈단추 등이〉 떨어지다, 〈머리카락·이 등이〉 빠지다, 〈페인트 등이〉 벗겨지다; 〈꾀했던 일이〉 실행되다, 실현되다; 〈예언이〉 들어맞다; 〈사업이〉 성공하다(succeed); 〈연극 등의〉 상연을 중지하다 ***~ off it*** [명령문] 《구어》 거짓말[속이 빤히 들여다 보이는 말]은 그만두어라, 쓸데없는 말을 그만해라 ***~ on*** (1) 〈겨울·밤 등이〉 닥쳐오다, 〈비가〉 내리기 시작하다; 〈바람·발작 등이〉 일다; 〈병·고통 등이〉 더해지다; 〈문제가〉 토의되다; 〈사건이〉 제기되다; 〈배우가〉 등장하다; 〈일이〉 순조롭게 진행되다, 번창하다; [명령형] 자 가자, 자 덤벼라(I defy you), 제발(please) 《도전·독촉·간청의 말투》; 자!, 빨리빨리(hurry up) (2) = COME upon ***~ out*** 나오다; 발간[출판]되다; 〈새 유행이〉 나타나다; 〈무대·사교계에〉 처음으로 나서다; 파업하다; 〈본성·비밀 등이〉 드러나다; 〈수학 문제가〉 풀리다; 결과가 …이 되다 ***~ out with*** 《구어》 …을 보이다; 〈비밀을〉 누설하다; …을 발표하다; …을 공매에 붙이다 ***~ over*** 멀리서 오다; (적 편에서) 이쪽 편이 되다, 변절하다; …을 덮치다 ***~ through*** 끝까지 해내다 《*with*》; 성공하다; 지불하다; 〈전화가〉 연결되다 ***~ to*** (1) [kʌmtúː] 의식을 회복하다, 정신이 들다; 〈배가〉 닻을 내리다, 정박하다 (2) 합계 …이 되다, 결국 …이 되다 ***~ to pass*** 발생하다, 일어나다(happen) ***~ up*** 오르다; 〈해·달이〉 떠오르다; (성큼성큼) 걸어오다, 다가오다; 〈일이〉 일어나다; 〈종자·풀 등이〉 싹트다; 〈폭풍 등이〉 일다; 유행하기 시작하다; 논의에 오르다 ***~ up against*** 〈곤란·반대에〉 부딪히다, 직면하다 ***~ upon*** …을 우연히 만나다; 문득 …을 생각해 내다; …을 갑자기 습격하다; …에게 부탁하러 가다, 요구하다 ***~ up to*** …에 도달하다(reach); 〈기대대로〉 되다; 〈표준·견본〉에 맞다; …와 맞먹다 ***~ up with*** …에 따라잡다; …에 복수하다; 《구어》 …을 안출하다, 제안하다 ***How ~?*** 《구어》 어째서 (그런가?)(Why?)

come-at-a·ble [kʌmǽtəbl] *a.* 《영·구어》 **1** 가까이 하기 쉬운, 사귀기 쉬운 **2** 입수하기 쉬운

come·back [kʌ́mbæ̀k] *n.* **1** (건강·인기 등의) 회복, 복귀, 컴백: make one's ~ 다시 회복하다 **2** 재치 있는 말대꾸[응답]

COMECON, Com·e·con [kɑ́mikɑ̀n | kɔ́mikɔ̀n] [*Co*uncil for *M*utual *Econ*omic (Assistance)] *n.* 코메콘, 공산권 경제 상호 원조 협의회 《1991년 해체》

***co·me·di·an** [kəmíːdiən] *n.* **희극 배우**, 코미디언

co·me·dic [kəmíːdik] *a.* 희극(풍)의

co·me·di·enne [kəmìːdién] [F] *n.* 여자 희극 배우

come·down [kʌ́mdàun] *n.* 《미》 몰락, 영락, (지위·명예의) 실추

⁑**com·e·dy** [kɑ́mədi | kɔ́m-] [Gk 「연회」와 「노래 부르는 사람」의 뜻에서] *n.* (*pl.* **-dies**) **희극** (opp. *tragedy*) ⓤⓒ 희극적인 장면[사건]; 희극적 요소

come-hith·er [-híðər] 《구어》 *a.* Ⓐ 유혹적인, 매혹적인

come·li·ness [kʌ́mlinis] *n.* Ⓤ (용모의) 예쁨; 단정함

***come·ly** [kʌ́mli] *a.* (**-li·er**; **-li·est**) 《문어》 〈여자가〉 **얼굴이 잘생긴**, 미모의

come-on [-ɑ̀ːn | -ɔ̀n] *n.* 유혹하는 눈매[태도]; 유혹하는 것; 싸구려 상품; 경품

***com·er** [kʌ́mər] *n.* **1 올 사람**, 온 사람: the first ~ 선착자(先着者) **2** 《미·구어》 유망한 사람[것], 성장주(株)

co·mes·ti·ble [kəméstəbl] 《문어》 *a.* 먹을 수 있는(edible) **—** *n.* [보통 *pl.*] 식료품

***com·et** [kɑ́mit | kɔ́m-] [Gk 「긴 머리털의 (별)」의 뜻에서] *n.* 〖천문〗 **혜성**

come·up·pance [kʌ̀mʌ́pəns] *n.* 《구어》 당연한 벌[응보](deserts)

CÓM file 〖컴퓨터〗 컴파일(command file) 《MS-DOS 상에서 실행되는 명령 파일》

com·fit [kʌ́mfit] *n.* (동그란) 사탕 과자, 봉봉; [*pl.*] 과자

⁑**com·fort** [kʌ́mfərt] [L 「강화하다, 힘을 돋우다」의 뜻에서] *vt.* **위안하다**, 위문하다(console); 〈몸을〉 편하게 하다 **—** *n.* **1** Ⓤ **위로**, 위안: words of ~ 위로의 말 **2** [a ~] **위로가 되는 사람[것]**; [*pl.*] 생활을 즐겁게 해주는 것; 즐거움 **3** Ⓤ 낙(樂); 안락: live in ~ 안락하게 살다

⁑**com·fort·a·ble** [kʌ́mfərtəbl] *a.* **1 기분이 좋은; 마음 편한 2** 〈의자 등이〉 **안락한**, 〈옷 등이〉 편한 **3** 〈수입이〉 충분한 **~·ness** *n.*

***com·fort·a·bly** [kʌ́mfərtəbli] *ad.* **기분 좋게**; 안락하게; 부족함이 없이

com·fort·er [kʌ́mfərtər] *n.* **1** 위안을 주는 사람[것], 위안자; 〖성서〗 [the C~] 성령(the Holy Ghost) **2** 《영》 고무 젖꼭지 **3** 《미》 두꺼운 이불

com·fort·less [kʌ́mfərtlis] *a.* 위안이 없는; 쓸쓸한

cómfort stàtion[ròom] 《미》 (공원·동물원 등의) 공중 변소

com·frey [kʌ́mfri] *n.* 〖식물〗 나래지치 《옛날에는 약용》

com·fy [kʌ́mfi] *a.* (**-fi·er**; **-fi·est**) 《구어》 = COMFORTABLE

***com·ic** [kɑ́mik | kɔ́m-] *a.* **1 희극의** (opp. *tragic*); **우스꽝스러운 2** Ⓐ 《미》 만화의 **—** *n.* **1** 《미》 희극 배우 **2** 만화책[잡지]; 희극 영화

***com·i·cal** [kɑ́mikəl | kɔ́m-] *a.* **우스꽝스러운**, 익살스러운; 《구어》 이상한 **~·ly** *ad.*

cómic bòok 《미》 만화책, 만화 잡지

cómic ópera 희가극 (작품)

cómic relíef (비극적인 장면에 삽입하는) 희극적인 기분 전환

cómic strìp (신문·잡지의) 연재 만화 《1회 4컷》 (《영》 strip cartoon)

⁑**com·ing** [kʌ́miŋ] *a.* **1** (다가)**오는**, 다음의 **2** 《구어》 신진(新進)

의, 전도유망한 —n. 1 [UC] 도래(到來)(arrival) 2 [the C~] 그리스도의 재림
com·ing-out [kʌ́miŋáut] *n.* (*pl.* **com·ings-out**) 사교계에의 데뷔; ((구어)) 동성애자임을 공식적으로 밝히는 일
Com·in·tern [kɑ́mintə̀:rn | kɔ́m-] [*Com*munist *Intern*ational] *n.* [the ~] 코민테른, 국제 공산당(the Third International)
com·i·ty [kɑ́məti | kɔ́m-] *n.* (*pl.* **-ties**) [UC] ((문어)) 예의(courtesy); 예양(禮讓)
⁑**com·ma** [kɑ́mə | kɔ́mə] [Gk 「단편」의 뜻에서] *n.* **콤마** ((,)); 〖음악〗 콤마, 소음정
⁑**com·mand** [kəmǽnd | -mɑ́:nd] *vt.* **1 명령하다,** 명하다 **2 지휘하다,** 통솔하다(lead) **3** 〈감정 등을〉 **지배하다,** 억누르다; 마음대로 하다 **4** 〈동정·존경 등을〉 모으다, 일으키다, …의 값어치가 있다(deserve) **5** 〈요충지 등을〉 차지하고 있다(dominate); 내려다보다, 〈경치를〉 내다보다(overlook): a house *~ing* a fine view 전망이 좋은 집
—*vi.* 명령하다
—*n.* **1 명령**(order), 분부 **2** [U] 지휘; 지휘권 **3** [U] **지배력**; 제어력; (언어의) 구사력(mastery); 지배권 **4** 조망, 전망 **5** 〖군사〗 지배지; 사령부 **6** 〖컴퓨터〗 명령, 지시
at* a person*'s ~ (1) …의 명령에 의하여, 지시에 따라서 (2) ((문어)) …의 뜻대로 움직이는; 마음대로 쓸 수 있는(available) ***at the word of ~*** 명령 일하, 호령에 따라 ***in ~ of*** …을 지휘하고
com·man·dant [kɑ̀məndǽnt | kɔ̀məndǽnt] *n.* 사령관, 지휘관
com·man·deer [kɑ̀məndíər | kɔ̀m-] *vt.* **1** 〖군사〗 〈장정을〉 징집하다; 〈사유물을〉 징발하다 **2** ((구어)) 〈남의 물건을〉 제멋대로 쓰다
⁑**com·mand·er** [kəmǽndər | -mɑ́:nd-] *n.* **1 지휘자, 사령관 2** ((영)) (런던 경시청의) 경시장
commánder in chíef (*pl.* **commánders in chíef**) (전군의) 최고 사령관; 〖육군·해군〗 총사령관 ((略 Com. in Chf.))
∗**com·mand·ing** [kəmǽndiŋ | -mɑ́:nd-] *a.* **1 지휘하는**; 당당한, 위엄 있는 **2** [A] 전망이 좋은; 유리한 장소를 차지한
~·ly *ad.*
commánding ófficer (육군의) 부대 지휘관, 부대장 ((소위에서 대령까지)); (해군의) 함장
∗**com·mand·ment** [kəmǽndmənt | -mɑ́:nd-] *n.* **1** 〖성서〗 **계명, 계율 2** 명령
the Ten C~s 〖성서〗 모세의 십계명
commánd módule 〖우주과학〗 사령선(船)
com·man·do [kəmǽndou | -mɑ́:n-] *n.* (*pl.* **~s, ~(e)s**) 특공대(원), 코만도
commánd pàper ((영)) 칙령서(勅令書) ((의회에 보내는; 略 Cmd))
commánd perfórmance ((영)) 어전(御前) 상연[연주]
commánd pòst 〖미군〗 전투 사령부 [지휘소](略 C.P.)

∗**com·mem·o·rate** [kəmémərèit] [L 「상기하다」의 뜻에서] *vt.* **1** (축사·의식으로) **기념하다,** 기념식을 거행하다, 축하하다 **2** 〈기념비·날짜 등이〉 기념이 되다
∗**com·mem·o·ra·tion** [kəmèməréiʃən] *n.* **1** [U] **기념,** 축하 **2** 기념식, 축전; 기념이 되는 것, 기념물
in ~ of …을 기념하여, …의 기념으로
com·mem·o·ra·tive [kəmémərətiv, -rèit-] *a.* 기념의 —*n.* 기념품; 기념우표[화폐]
⁑**com·mence** [kəméns] [L 「함께 시작하다」의 뜻에서] ((문어)) *vt.* **개시하다, 시작하다** —*vi.* **시작되다**(begin)
∗**com·mence·ment** [kəménsmənt] *n.* **1** [UC] **개시**(beginning) **2** ((미)) (대학교 등의) 졸업식[일]
∗**com·mend** [kəménd] [L 「위탁하다」의 뜻에서] *vt.* **1 기리다,** 칭찬하다; 추천하다, **권하다**: be highly *~ed* 격찬 받다 **2** 맡기다; 위탁하다
com·mend·a·ble [kəméndəbl] *a.* 칭찬할 만한, 훌륭한, 기특한 **-bly** *ad.*
∗**com·men·da·tion** [kɑ̀mendéiʃən | kɔ̀m-] *n.* **1** [U] ((문어)) **칭찬, 추천 2** 상, 상장 **3** 위탁, 위임
com·men·da·to·ry [kəméndətɔ̀:ri | -təri] *a.* ((문어)) 추천의, 칭찬하는
com·men·su·ra·ble [kəménsərəbl, -ʃər-] *a.* **1** 〖수학〗 같은 수로 나누어지는 ((*with*)) **2** 균형이 잡힌 ((*with, to*))
com·men·su·rate [kəménsərət, -ʃər-] *a.* **1** 같은 정도[크기, 범위, 기간]의 **2** 액수[크기, 정도]가 알맞은, 균형이 잡힌 ((*to, with*)) **3** 공통된 단위를 가진
⁑**com·ment** [kɑ́ment | kɔ́m-] [L 「고안(考案)」의 뜻에서] *n.* [UC] **1 논평,** 비평 **2 주해,** 해설 **3** [U] (세간의) 소문, 세평
—*vi.* 비평[논평]하다; 주석하다 ((*on, upon*)) —*vt.* 의견으로서 진술하다
∗**com·men·tar·y** [kɑ́məntèri | kɔ́məntəri] *n.* (*pl.* **-tar·ies**) **1** (일련의) **논평,** 주석, 설명 **2** 주석서 **3** [보통 *pl.*] 기록, 회고록 **4** 〖라디오·TV〗 해설, 실황 방송
com·men·tate [kɑ́məntèit | kɔ́m-] *vi.* **1** 해설자로서 일하다, 해설자가 되다 **2** 해설[논평]하다
—*vt.* …을 해설[논평]하다
∗**com·men·ta·tor** [kɑ́məntèitər | kɔ́m-] *n.* **1 논평자,** 주석자 **2** 〖라디오·TV〗 시사 해설자; 실황 방송원
⁑**com·merce** [kɑ́mə:rs | kɔ́m-] [L 「상품을 함께 교환하기」의 뜻에서] *n.* [U] **1 상업,** 통상 **2** (사회적) 교섭, 교제 ((*with*))
⁑**com·mer·cial** [kəmə́:rʃəl] *a.* **1 상업상의**; 통상의: a ~ transaction 상거래 **2 영리적인 3** 공업용의, 업무용의 **4** 광고 방송의 —*n.* **광고[상업] 방송**
commércial árt 상업 미술
commércial bánk 시중[보통] 은행
com·mer·cial·ism [kəmə́:rʃəlìzm] *n.* [U] **1** 상업주의, 영리주의 **2** 상관습(商慣習)
-ist *n.* 상업[영리] 본위의 사람
com·mer·cial·i·za·tion [kəmə̀:rʃəlizéiʃən | -lai-] *n.* [U] 상업[영리, 상품]화

com·mer·cial·ize [kəmə́ːrʃəlàiz] *vt.* 상업[영리]화하다

com·mer·cial·ly [kəmə́ːrʃəli] *ad.* 상업적으로, 영리적으로 (보아)

commércial tráveller (지방 담당) 외판원(traveling salesman)

commércial véhicle 상용차(商用車)

com·mie, -my [kámi | kɔ́mi] *n.* (*pl.* **-mies**) 《구어·경멸》 공산당원, 빨갱이

com·min·gle [kəmíŋgl | kɔm-] *vt.* 《문어》 혼합하다(mingle, mix)
— *vi.* 뒤섞이다

com·mi·nute [kámənjùːt | kɔ́minjùːt] *vt.* 곱게 빻다(pulverize) — *a.* 분쇄한

com·mis·er·ate [kəmízərèit] *vi.* 불쌍히 여기다, 동정하다

com·mis·er·a·tion [kəmìzəréiʃən] *n.* **1** UC 연민 《*upon*》, 동정(compassion) 《*for*》 **2** [*pl.*] 동정[애도]의 말

com·mis·sar·i·at [kàməsέəriət | kɔ̀m-] *n.* [집합적] 〖군사〗 병참부(원), 식량 경리부(원)

com·mis·sar·y [káməsèri | kɔ́məsəri] *n.* (*pl.* **-sar·ies**) 《미》 (광산·재목 벌채소의) 물자 배급소, 매점; (촬영소 등의) 구내 식당; 〖군사〗 병참부 (장교)

:com·mis·sion [kəmíʃən] *n.* **1** UC (직권·임무의) **위임**, 위탁 《*to*》; 위임장 **2** U (위임된) 임무, 직권; 명령; C 주문 **3 위원회** **4** U 〖상업〗 (상거래의) 위탁, 업무대리, 대리(권) **5** UC **수수료**, 커미션: get a ~ of 10 percent 1할의 수수료를 받다 **6** UC 범행 《*of*》 **7** 〖군사〗 장교의 임관 사령; U 장교의 지위[계급]
***in* ~** 위임을 받은 〈사람들 또는 관직〉; 현역의 〈장교〉, 취역 중인 〈군함〉; 쓸 수 있는 〈무기·기계 등〉 ***on* ~** 위탁을 받고 ***out of* ~** 퇴역의, 예비의; 〈기계 등이〉 사용 불능의; 〈사람이〉 일하지 못하는
— *vt.* **1** 위임하다, 권한을 주다; 〈장교로〉 임관하다; 〈일 등을〉 의뢰하다 **2** 〈군함을〉 취역시키다

commíssion àgent 사설 마권장수

com·mis·sion·aire [kəmìʃənέər] *n.* 《영》 (호텔·백화점·극장 등의) 제복 입은 수위

commíssioned ófficer [kəmíʃənd-] 〖군사〗 사관, 장교(cf. NONCOMMISSIONED OFFICER)

:com·mis·sion·er [kəmíʃənər] *n.* (정부가 임명한) **위원**, 이사(理事); (식민지의) 판무관; (세무 등의) 감독관; (관청의) 장관, 청장, 국장; 《미》 지방 행정관; (프로 야구 등의) 커미셔너

:com·mit [kəmít] [L 「끼워 맞추다, 맡기다」의 뜻에서] *vt.* (**~·ted**; **~·ting**) **1 위탁하다, 맡기다**; 수용하다, **수감하다** 《*to*》; 〈의안 등을〉 위원회에 회부하다 **2** 〈처리·기록·기억·망각 등에〉 **맡기다** 《*to*》 **3** 〈죄·과실 등을〉 **범하다** **4** [~ one*self* 로] **떠맡다**, 몸을 맡기다, 언질을 주다, **약속하다** 《*to*》; 헌신하다, 전념하다 《*to*》; (관련된 문제 등에) 자기의 입장[태도]을 밝히다 **5** …에게 누를 끼치다 **~ one*self to*** 〈일 등을〉 떠맡다 **~ *suicide*** 자살하다

***com·mit·ment** [kəmítmənt] *n.* **1** U **위탁**, 위임; C 위원회 회부 **2** UC (교도소·정신병원 등에의) 인도; 투옥 《*to*》 **3** UC 언질, 공약, 약속; 책임 **4** (죄의) 수행, 구속 **5** 헌신, 전념, 관련 **6** (작가 등의) 현실 참여

com·mit·ted [kəmítid] *a.* **1** 전념하는, 헌신적인; 명확한 태도[주의]를 가진 **2** P 언질을 주어, 약속하여

:com·mit·tee [kəmíti] [「권한을 위임받은 사람」의 뜻에서] *n.* **위원회**; [집합적] 위원 (전원)

com·mit·tee·man [kəmítimən] *n.* (*pl.* **-men** [-mən]) 위원회의 한 사람, 위원

com·mode [kəmóud] *n.* (서랍 달린) 옷장; 세면대; 실내 변기

com·mo·di·ous [kəmóudiəs] *a.* 《문어》 〈집·방 등이〉 넓은, 넓고 편리한
~·ly *ad.* **~·ness** *n.*

***com·mod·i·ty** [kəmádəti | -mɔ́d-] [F 「생활의 편의, 쾌적함」의 뜻에서] *n.* (*pl.* **-ties**) [종종 *pl.*] **상품**, 필수품: prices of *commodities* 물가; 유용한 물건

***com·mo·dore** [kámədɔ̀ːr] *n.* 〖미해군〗 **준장**; 제독

:com·mon [kámən | kɔ́m-] *a.* (**~·er, more ~**; **~·est, most ~**) **1 공통의**, 공동의: be ~ to …에 공통이다 **2 사회 일반의**, 공공(公共)의 **3 보통의**, 범상한, 서민의(ordinary): ~ knowledge 상식(적인 것) / a ~ saying 속담 **4** 저속한, 천한, 품위 없는 **5** 〖수학〗 공약의 — *n.* **1** (마을 등의) 공유지 **2** U (목초지 등의) 공유권(=right of ~)
have ... in* ~** …와 공동으로 …을 가지고 있다, …한 점에서 같다 《*with*》 ***in* ~** 공동으로, 공통으로; 보통의[으로] ***in* ~ *with …와 같게

com·mon·age [kámənidʒ | kɔ́m-] *n.* U **1** (목초지 등의) 공동 사용(권) **2** C 공용지

com·mon·al·i·ty [kàmənǽləti | kɔ̀m-] *n.* **1** [the ~] 일반 대중, 평민(commonalty) **2** 공통성

com·mon·al·ty [kámənəlti | kɔ́m-] *n.* (*pl.* **-ties**) [the ~; 집합적] 서민, 평민

cómmon cárrier 〖미국법〗 일반 운수업자 《철도·항공 회사 등》

cómmon denóminator 〖수학〗 공통분모

cómmon divísor 〖수학〗 공약수

com·mon·er [kámənər | kɔ́m-] *n.* **1** 평민, 서민 **2** (Oxford 대학의) 자비생(自費生); 보통 학생

Cómmon Éra [the ~] = CHRISTIAN ERA

cómmon fáctor = COMMON DIVISOR

cómmon fráction 〖수학〗 상분수(常分數)

cómmon génder 〖문법〗 통성 《남녀 양성에 통하는 'parent' 등》

cómmon gróund (사회 관계·논쟁·상호 이해 등의) 공통 기반, 공통점

com·mon·land [-lǽnd] *n.* 〖법〗 공유지, 공용지

cómmon láw 〖법〗 관습법, 불문율(cf. STATUTORY LAW)

com·mon-law [-lɔ̀:] *a.* Ⓐ 관습법의, 관습법상의

‡**com·mon·ly** [kámənli | kɔ́m-] *ad.* **1** 일반적으로, 보통으로 **2** 천하게, 품위 없이

cómmon márket 공동 시장; [the C~ M~] 유럽 공동 시장(EEC)

cómmon múltiple 〖수학〗 공배수

cómmon nóun 〖문법〗 보통 명사

‡**com·mon·place** [kámənplèis | kɔ́m-] [L「공유의 장소, 공통의 문구」를 번역한 것] *n.* **평범한 일[것],** 다반사; 상투어 **—** *a.* **평범한**(ordinary), 진부한 **~·ness** *n.*

cómmonplace bòok 비망록

cómmon pléas [the C~ P~] 민사 법원(= court of ~); 〖영국법〗 민사 소송

cómmon práyer 성공회 기도문 《전례문》 ***the Book of C~ P~*** (성공회의) 기도서

cómmon ròom (학교 등의) 교원 휴게실; 《영》 (대학의) 특별 연구원 사교실; 학생 휴게실

‡**cómmon sénse 상식,** 양식(良識) 《경험에서 얻은 사리 분별》; 일반인 공통의 느낌[감각]

com·mon-sense [kámənséns | kɔ́m-] *a.* Ⓐ 상식적인, 양식을 가진

cómmon stóck 《미》 보통주(株)(cf. PREFERRED STOCK)

cómmon tíme 〖음악〗 보통의 박자 《특히 4분의 4박자》

com·mon·weal [-wì:l] *n.* 《문어》 Ⓤ [the ~] 공공의 복지

∗**com·mon·wealth** [kámənwèlθ | kɔ́m-] [「공공의 복지」의 뜻에서] *n.* **1** Ⓒ **국가,** 《특히》 **공화국,** 민주 국가; Ⓤ [집합적] 국민 **2 연방 3** (공통의 이해 관계를 가진) 단체, 사회

∗**com·mo·tion** [kəmóuʃən] *n.* ⓊⒸ **동요**(agitation); 소요, 소동(riot), 폭동 ***be in ~*** 동요하고 있다

com·mu·nal [kəmjú:nl, kámju- | kɔ́mju-] *a.* **1** 공동 사회의, 자치 단체의, 시·읍·면·리의 **2** 공동의, 공유의, 공용의

com·mu·nal·ism [kəmjú:nəlìzm, kámju- | kɔ́mju-] *n.* Ⓤ 지방 자치주의

∗**com·mune**[1] [kəmjú:n] [common과 같은 어원] *vi.* **1 친하게 사귀다**[이야기하다] 《*with, together*》 **2** 《미》 성찬[성체]을 받다

com·mune[2] [kámju:n | kɔ́m-] [common과 같은 어원] *n.* **1 a** 코뮌 《중세 유럽 제국의 최소 행정구》 **b** 지방 자치체; [집합적] 지방 자치체의 주민 **2** (중국 등 공산권의) 인민 공사; (히피 등의) 공동 생활체

com·mu·ni·ca·ble [kəmjú:nikəbl] *a.* 전달할 수 있는; 전염성의

com·mu·ni·cant [kəmjú:nikənt] *n.* 성찬을 받는 사람, 성체 배령자

‡**com·mu·ni·cate** [kəmjú:nəkèit] [L「남과 나누어 가지다」의 뜻에서] *vt.* **1** 〈정보·뉴스 등을〉 **전달하다** 《*to*》: ~ opinions[ideas, wishes] *to* others 의견[사상, 희망]을 남에게 전하다 **2** 〈병을〉 전염[감염]시키다 **3** 〈…에게〉 성찬[성체]을 주다 **—** *vi.* **1 의사를 소통하다, 통신하다,** 연락하다 《*with*》: They ~ *with* each other by mail. 그들은 서로 편지로 연락하고 있다. **2** 〈길·방 등이〉 통해[이어져] 있다 《*with*》 **3** 성찬[성체]을 받다

‡**com·mu·ni·ca·tion** [kəmjù:nəkéiʃən] *n.* **1** Ⓤ **전달,** 보도(함); (열 등을) 전함; (병의) 전염 **2** Ⓤ **통신**(correspondence), (전달되는) 정보, 교신; ⓊⒸ 편지, 전갈(message): receive a ~ 정보를 받다 **3** ⓊⒸ **교통 (기관),** 연락: ~ by rail 철도에 의한 연락 **4** [*pl.*] 보도 기관 **5** [*pl.*] 수송 기관

communicátion còrd 《영》 (열차 내의) 비상 신호줄

communicátions sàtellite 통신 위성

com·mu·ni·ca·tive [kəmjú:nəkèitiv | -kət-] *a.* 말하기 좋아하는, 수다스런; 통신의

∗**com·mu·nion** [kəmjú:njən] [L「함께 나누어 가지다」의 뜻에서] *n.* **1** Ⓤ **친교,** (영적) **교섭 2** 종교 단체, 종파; (같은 신앙·종파의) 교우(敎友) **3** Ⓤ **[C~]** 성찬식 (= C~ service), 영성체

commúnion tàble 성찬대

com·mu·ni·qué [kəmjù:nəkéi] [F] *n.* 커뮤니케, (외교상의) 공식 발표, 성명(서)

‡**com·mu·nism** [kámjunìzm | kɔ́m-] *n.* Ⓤ **공산주의** (체제[이론])

‡**com·mu·nist** [kámjunist | kɔ́m-] *n., a.* **공산주의자(의), [C~]** 공산당원(의)

Cómmunist Chína *n.* 《구어》 중공 《중화 인민공화국의 속칭》

com·mu·nis·tic [kàmjunístik | kɔ̀m-] *a.* 공산주의적인 **-ti·cal·ly** *ad.*

Cómmunist Párty [the ~] 공산당

‡**com·mu·ni·ty** [kəmjú:nəti] [L「친한 사이임」의 뜻에서] *n.* (*pl.* **-ties**) **1** (이해 따위를 같이 하는) **공동 사회,** 공동체, 커뮤니티; 지역 사회 **2** [the ~] **일반 사회,** 공중(the public) **3** (동물의) 군집, (식물의) 군락 **4** Ⓤ (재산 등의) 공유, 공용; (사상·이해 등의) 공통성, 일치

commúnity anténna télevision 공동 시청 안테나 텔레비전 《略 CATV》

commúnity cènter 《미·캐나다》 시민 문화 회관

commúnity chèst [fùnd] 《미·캐나다》 (사회 사업을 위한) 공동 모금

commúnity cóllege 《미·캐나다》 (지방 자치 단체에 의한) 지역 전문 대학

commúnity hòme 《영》 고아원, 소년원(《미》 reformatory)(cf. APPROVED SCHOOL)

commúnity próperty 〖미국법〗 부부 공동 재산

commúnity sérvice (교도소의 수감 대신으로 하는) 지역 봉사 (활동)

commúnity sínging (출석자 전원이 노래하는) 단체 합창

com·mut·a·ble [kəmjú:təbl] *a.* 전환[교환]할 수 있는; 〖법〗 감형할 수 있는

com·mu·tate [kámjutèit | kɔ́m-] *vt.* 〖전기〗 〈전류의〉 방향을 바꾸다, 정류(整流)하다

com·mu·ta·tion [kàmjutéiʃən | kɔ̀m-] *n.* **1** Ⓤ 교환, 전환 **2** ⓊⒸ 지불 방법의 변경 **3** ⓊⒸ 〖법〗 감형; (채무 등의) 감면 **4** Ⓤ 〖전기〗 정류 **5** Ⓤ 《미》 정기[회수]권 통근

commutátion tìcket 《미》 정기[회수] 승차권(《영》 season ticket)

commutátion tìcket 《미》 정기[회수] 승차권(《영》 season ticket)

com·mu·ta·tive [kámjutèitiv | kəmjúːtə-] *a.* 교환적인; 〖수학〗 가환(可換)의

com·mu·ta·tor [kámjutèitər | kɔ́m-] *n.* 〖전기〗 정류[전환]기, 정류자(整流子)

com·mute [kəmjúːt] [L 「완전히 바꾸다」의 뜻에서] *vt.* **1** 교환하다 **2** 〈지불 방법 등을〉 바꾸다, 대체하다 《*into, for*》; 〖전기〗 〈전류의〉 방향을 바꾸다 **3** 〖법〗 감형하다 《*to, into*》 **—** *vi.* **1** 대용[대신]이 되다 《*for*》 **2** 《미》 (정기[회수]권으로) 통근[통학]하다 《*between, from ... to*》

com·mut·er [kəmjúːtər] *n.* 정기[회수]권 통근자

Com·o·ros [káməròuz | kɔ́m-] *n.* [the ~] 코모로 《인도양 서부의 Comoro 제도로 이루어진 공화국》

comp. companion; comparative; compare; compilation; compiled; composition; compositor; compound

‡**com·pact**[1] [kəmpǽkt] [L 「꽉 죄어진」의 뜻에서] *a.* **1** **조밀한,** 치밀한 **2** **빽빽한,** 밀집한; 〈체격이〉 탄탄한 **3** 〈문체 등이〉 간결한 ; **4** 〈자동차가〉 **작고 경제적인;** 〈집 등이〉; 아담한

— *vt.* 꽉 채우다; 압축하다, 굳히다

— [kámpækt | kɔ́m-] *n.* **1** 콤팩트 《휴대용 분갑》 **2** 소형 자동차

~·ly *ad.* **~·ness** *n.*

***com·pact**[2] [kámpækt | kɔ́m-] *n.* ⓊⒸ **계약,** 맹약: social ~ 민약(론) **—** *vi.* 계약[맹약]을 맺다 《*with*》

compáct dísc 콤팩트 디스크 《광학식 디지털 오디오 디스크; 略 CD》

cómpact dísc plàyer 콤팩트 디스크 플레이어(CD player) 《하이파이 음향 장치》

cómpact vìdeo dìsc (음성·영상 재생의) 콤팩트 레이저 디스크 《略 CVD》

com·pac·tor, -pact·er [kəmpǽktər] *n.* 〈길 등을〉 다지는 기계[사람]; 쓰레기 분쇄 압축기 《부엌용》

‡**com·pan·ion**[1] [kəmpǽnjən] [L 「빵[식사]을 같이 함」의 뜻에서] *n.* **1** **동료;** 친구, 벗, 동무: a ~ in[of] one's misfortune 불행을 같이 나누는 친구 **2** 말동무; 동반자 **3** (쌍의) 한 짝 **—** *vt.* 동반하다 (accompany)

companion[2] *n.* 〖항해〗 **1** (갑판의) 천창(天窓) **2** = COMPANIONWAY

***com·pan·ion·ship** [-ʃip] *n.* **동무로서 사귀기,** 교우, 교제

com·pan·ion·way [kəmpǽnjənwèi] *n.* 〖항해〗 갑판 승강구 계단 《갑판에서 선실로의》

‡**com·pa·ny** [kʌ́mpəni] *n.* (*pl.* **-nies**) **1** Ⓤ [집합적] **동료,** 친구들; 일행 **2** Ⓤ **교제,** 사교; 동반: Will you favor me with your ~ at dinner? 같이 식사를 할 수 있겠습니까? **3** Ⓤ [집합적] 손님, 방문자 **4** **회사,** 상사 **5** 〖육군〗 보병[공병] 중대

bear*[*keep*]** a person **~** …의 상대[동반자]가 되다; …와 동행하다 ***in* ~ *with …와 함께 ***keep*** a person **~** …와 동행하다, 함께 가다 ***keep* ~ *with*** a person (적적하지 않도록) …와 같이 있다[가다] ***keep good*[*bad*] ~** 좋은[나쁜] 친구와 사귀다 ***part* ~ *with*[*from*]** …와 헤어지다

cómpany sècretary (회사의) 경리와 법률 문제를 다루는 고위급 사원

cómpany stóre 회사 매점[구매부]

cómpany ùnion (노동 조합에 가입하지 않은) 한 회사 내의 조합, 어용 조합

compar. comparative; comparison

***com·pa·ra·ble** [kámpərəbl | kɔ́m-] *a.* **1** Ⓟ **…와 비교되는** 《*with*》; …에 필적하는 《*to*》 **2** 유사한, (거의) 동등한

com·pa·ra·bly [kámpərəbli | kɔ́m-] *ad.* 비교할 수 있을 만큼; 동등하게

***com·par·a·tive** [kəmpǽrətiv] *a.* **1** **비교의** **2** **상대적인**: with ~ ease 비교적 쉽게 **3** 〖문법〗 비교급의 **—** *n.* [the ~] 비교급

compárative linguístics 비교 언어학

compárative líterature 비교 문학

***com·par·a·tive·ly** [kəmpǽrətivli] *ad.* **1** 비교적 **2** 상당히, 꽤

‡**com·pare** [kəmpɛ́ər] [L 「대등하게 하다」의 뜻에서] *vt.* **1** **비교하다,** 대조하다 《*with, to*》 **2** **비유하다** (liken), …에 비기다 《*to*》

(*as*) *~d with*[*to*] …와 비교해서

— *vi.* [보통 부정·의문문에서] 맞겨루다, 필적하다, 맞먹다 《*with*》 **—** *n.* Ⓤ 《문어》 비교, 견줌(comparison)

***beyond* [*past, without*] ~** 비할 바 없는[없이], 무쌍의

‡**com·par·i·son** [kəmpǽrəsn] *n.* ⓊⒸ **1** **a** **비교,** 대조 《*with, to*》 **b** [보통 부정문에서] **유사;** 필적(하는 것) **2** 비유, 비김 《*to*》 **3** 〖문법〗 (형용사·부사의) 비교 (변화)

bear* [*stand*] ~ *with …에 필적하다

***beyond*[*without, out of all*] ~** 유례없는[없이]

***com·part·ment** [kəmpáːrtmənt] *n.* **1** **구획,** 칸막이 **2** (유럽 열차의) 칸막이한 객실

com·part·men·tal·ize [kəmpàːrtméntəlàiz, kàm- | kɔ̀m-] *vt.* 구획[구분]하다

‡**com·pass** [kʌ́mpəs] [L 「(걸음나비로) 재다」의 뜻에서] *n.* **1** **나침반,** 나침의 **2** [보통 *pl.*] (제도용) **컴퍼스,** 양각기 **3** ⓊⒸ [보통 *sing.*] **한계**(extent, range), 범위 《*of*》; 〖음악〗 음역

beyond* one*'s* ~** = ***beyond the* ~ *of one***'s powers*** 힘이 미치지 않는 ***within the* ~ *of*** … 범위 내에

— *vt.* 《문어》 **1** 에워싸다 《encompass가 일반적》; 둘러싸다; 포위하다 《*with*》 **2** …의 둘레를 돌다 **3** 〈목적을〉 달성하다 **4** 계획하다 **5** 이해하다

cómpass càrd 〖항해〗 나침반의 지침면

***com·pas·sion** [kəmpǽʃən] [L 「함께

괴로워하다」의 뜻에서] *n.* Ⓤ 측은히 여김, (깊은) 동정, 동정심, 연민(의 정)
have [***take***] **~** (***up***)***on*** …을 측은히 여기다

∗**com·pas·sion·ate** [kəmpǽʃənət] *a.* 인정 많은, 동정심 있는 **~·ly** *ad.*

cómpass sàw 줄톱 《둥글게 자르는 데 사용》

com·pat·i·bil·i·ty [kəmpæ̀təbíləti] *n.* Ⓤ 양립[공존·조화] 가능성, 적합[일치]성; 〖TV·라디오〗 양립성; 〖컴퓨터〗 호환성

∗**com·pat·i·ble** [kəmpǽtəbl] [L 「동정하는」의 뜻에서] *a.* **1** Ⓟ 양립할 수 있는, 모순이 없는 《*with*》 **2** 〖TV〗〈컬러 방송이〉 흑백 수상기에 흑백으로 수상할 수 있는 겸용식의; 〖컴퓨터〗 호환(互換)되는

com·pa·tri·ot [kəmpéitriət | -pǽ-] *n.* 동포; 동료 **—** *a.* 같은 나라의, 동포의

com·peer [kámpiər | kəmpíər] *n.* 《문어》 (지위·신분이) 동등한 사람, 동배; 동무, 동료(comrade)

‡**com·pel** [kəmpél] [L 「세게 누르다」의 뜻에서] *vt.* (**~led**; **~·ling**) **1** 억지로[무리하게] …시키다, 강요하다 **2** 〈복종·존경·침묵 등을〉 강요하다 (enforce)
be ~led to do 할 수 없이 …하다

∗**com·pel·ling** [kəmpéliŋ] *a.* 강제적인, 억지의; 어쩔 수 없는(irresistible); 주목하지 않을 수 없는 **~·ly** *ad.*

com·pen·di·ous [kəmpéndiəs] *a.* 간명한, 간결한 **~·ly** *ad.* **~·ness** *n.*

com·pen·di·um [kəmpéndiəm] *n.* (*pl.* **~s, -di·a** [-diə]) 대요, 요약, 개론

∗**com·pen·sate** [kámpənsèit | kɔ́m-] [L 「함께 계량하다, 균형을 잡다」의 뜻에서] *vt.* 보상하다 《*for*》: ~ a person *for* loss …에게 손실을 배상하다
— *vi.* 갚다, 〈행동·사정 등이〉 보충하다, 메우다(make amends) 《*for*》

‡**com·pen·sa·tion** [kàmpənséiʃən | kɔ̀m-] *n.* **1** Ⓤ 배상, 갚음; 보충 《*for*》; ⓊⒸ 보상[배상]금(recompense); 《미》 보수, 봉급(salary): in ~ for …의 보상[보수]으로서 / unemployment ~ 실업 수당 **2** 〖심리·생리〗 대상(代償)(작용)

com·pen·sa·tive [kámpənsèitiv, kəmpénsə-] *a.* = COMPENSATORY

com·pen·sa·tor [kámpənsèitər | kɔ́m-] *n.* 배상[보상]자

com·pen·sa·to·ry [kəmpénsətɔ̀:ri | -təri] *a.* 보상[배상]의; 보수[보충]의

com·pere [kámpɛər | kɔ́m-] [F = godfather] *n.* 《영》 (방송 연예의) 사회자(emcee) **—** *vt., vi.* (텔레비전·쇼 등의) 사회를 보다

‡**com·pete** [kəmpí:t] [L 「함께 추구하다」의 뜻에서] *vi.* **1** 경쟁하다, 겨루다, 맞서다 《*with, for, in*》 **2** [보통 부정문] 필적하다, 비견하다 《*with*》: *No* painting can ~ *with* this one. 이것에 필적할 만한 그림은 없다.

∗**com·pe·tence, -ten·cy** [kámpətən-s(i) | kɔ́m-] *n.* Ⓤ **1** 능력, 적성 《*for*》; 〖법〗 권능, 권한; (증인 등의) 적격 **2** [a ~] 《문어》 상당한 자산, 충분한 수입 **3** 〖언어〗 언어 능력

∗**com·pe·tent** [kámpətənt | kɔ́m-] [L 「함께 추구하는, 자격이 있는」의 뜻에서] *a.* **1** 유능한; (충분히) 소임을 감당할 수 있는 《*for*》 **2** 요구에 맞는(adequate), 충분한 **3** 〖법〗 (법정(法定)) 자격이 있는 《재판관·법정 증인 등》; 〈재판관·법정이〉 심리[관할]권을 가진; 〈행위가〉 합법적인, 허용되는 《*to*》 **~·ly** *ad.*

‡**com·pe·ti·tion** [kàmpətíʃən | kɔ̀m-] *n.* **1** Ⓤ 경쟁, 겨루기《*with, for, between*》 **2** 경기, 시합 **3** Ⓤ [집합적으로도 씀] 경쟁자, 경쟁 상대
in ~ with others ***for*** …을 차지하려고 (남)과 경쟁하여 ***put*** a person ***in*** [***into***] ***~ with*** …을 …와 경쟁시키다

∗**com·pet·i·tive** [kəmpétətiv] *a.* 경쟁의, 경쟁적인, 경쟁에 의한: a ~ price 경쟁 가격 **~·ly** *ad.* **~·ness** *n.*

∗**com·pet·i·tor** [kəmpétətər] *n.* (*fem.* **-tress** [-tris]) 경쟁자, 경쟁 상대

com·pi·la·tion [kàmpəléiʃən | kɔ̀m-] *n.* Ⓤ 편집 《*of*》; Ⓒ 편집물: the ~ *of* a dictionary 사전의 편찬

∗**com·pile** [kəmpáil] [L 「약탈하다」의 뜻에서] *vt.* **1** 〈책을〉 편집하다 (make up); 〈자료 등을〉 수집하다 **2** 〖컴퓨터〗 〈프로그램을〉 다른 부호[기계어]로 번역하다

com·pil·er [kəmpáilər] *n.* **1** 편집자, 편찬자 **2** 〖컴퓨터〗 컴파일러 《고급 언어 프로그램을 기계어로 번역하는 프로그램》

compíler lànguage 〖컴퓨터〗 컴파일러 언어 《ALGOL, COBOL, FORTRAN 등》

com·pla·cence, -cen·cy [kəmpléi-səns(i)] *n.* (*pl.* **-cies**) Ⓤ 자기만족; Ⓒ 만족을 주는 것

com·pla·cent [kəmpléisnt] [동음어 complaisant] *a.* 자기만족의, 마음에 흡족한 **~·ly** *ad.*

‡**com·plain** [kəmpléin] [L 「가슴을 치다[치며 슬퍼하다]」의 뜻에서] *vi.* **1** 불평하다, 투덜거리다, 불만을 털어놓다, 한탄하다 《*of, about*》: We have nothing to ~ *of*. 우리는 아무런 불만이 없다. **2** 하소연하다 《*to, about*》, (정식으로) 고소하다 《*to, of, against*》: ~ *to* the police *of* [*about*] …에 관해 경찰에 고발하다 **3** 〈병고·고통을〉 호소하다, 앓다 《*of*》: ~ *of* a headache [stomachache, toothache] 두통[복통, 치통]을 호소하다

com·plain·ant [kəmpléinənt] *n.* 〖법〗 원고, 고소인(plaintiff)

com·plain·ing·ly [kəmpléiniŋli] *ad.* 불평하며, 투덜거리며, 불만스레

‡**com·plaint** [kəmpléint] *n.* **1** ⓊⒸ 불평, 불만, 푸념; Ⓒ 불평거리 **2** 〖법〗 (민사의) 고소 **3** 병(ailment)
make [***lodge, file, lay***] ***a ~ against*** …을 고소하다

com·plai·sance [kəmpléisəns | -zəns] *n.* Ⓤ 《문어》 정중, 공손(politeness); 상냥함, 유순함

com·plai·sant [kəmpléisənt | -zənt] [동음어 complacent] *a.* 《문어》 공손한, 정중한; 유순한, 고분고분한 **~·ly** *ad.*

‡**com·ple·ment** [kɑ́mpləmənt | kɔ́m-] [동음어 compliment] [L「완전(complete)하게 하는 것」의 뜻에서] *n.* **1 보완하는 것**, 보완물 《*to*》 **2** 〖문법〗 **보어 3** 〖수학〗 여수(餘數), 여각(餘角), 여호(餘弧)
— [-mènt] *vt.* 보충하여 완전케 하다; 보완[보충]하다

∗**com·ple·men·ta·ry** [kɑ̀mpləméntəri | kɔ̀m-] [동음어 complimentary] *a.* **보완적인**; 서로 보완하는 **-tar·i·ly** *ad.*

‡**com·plete** [kəmplíːt] [「완전히 채우다」 뜻에서] *vt.* **완료하다, 끝마치다**; 완성하다; 〈수·양을〉 채우다; 갖추다
— *a.* (**more ~, -plet·er**; **most ~, -est**) **1 전부의**(entire); 완벽한; 완비한 **2 완전한**(perfect), 전적인: a ~ failure [victory] 완패[완승] **3 완결한**, 완성된 (finished) **4** 〖문법〗 완전한 **~·ness** *n.*

‡**com·plete·ly** [-li] *ad.* **완전히**, 완벽하게; 철저히

∗**com·ple·tion** [kəmplíːʃən] *n.* Ⓤ **완성**, 완료; 수료, 졸업; 만기
bring to ~ 완성시키다

com·ple·tist [kəmplíːtist] *n.* 완전주의자

‡**com·plex** [kəmpléks, kɑ́mpleks] [L「함께 접다」의 뜻에서] *a.* **1 복잡한**; 얽히고 설킨 **2 복합의**, 합성의 **3** 〈문장이〉 복합의, 복문의
— [ㅅㅡ] *n.* **1** 합성물; 복합체; (건물 등의) 집합체; 공장 단지 **2** 〖정신분석〗 콤플렉스, 복합
— *vt.* **1** 복잡하게 하다

cómplex fráction 〖수학〗 복분수

∗**com·plex·ion** [kəmplékʃən] [L「체액의 배합」의 뜻에서] *n.* **1 안색**, 혈색 **2** [보통 *sing.*] (사태의) 외관, 양상

∗**com·plex·i·ty** [kəmpléksəti] *n.* (*pl.* **-ties**) ⓊⒸ **복잡성**; Ⓒ 복잡한 것

cómplex séntence 〖문법〗 복문 《종속절을 가진 문장》 (cf. COMPOUND SENTENCE)

∗**com·pli·ance, -an·cy** [kəmpláiəns(i)] *n.* Ⓤ (요구·명령 등에의) **응낙**, 승낙; 추종; 친절
in ~ with …에 따라, …에 순응하여

com·pli·ant [kəmpláiənt] *a.* 유순한, 시키는 대로 하는, 고분고분한 **~·ly** *ad.*

∗**com·pli·cate** [kɑ́mpləkèit | kɔ́m-] [L「함께 접다」의 뜻에서] *vt.* **1 복잡하게 하다**; 이해하기 어렵게 하다: ~ matters 일을 복잡하게 만들다 **2** [보통 수동형] 〈병을〉 악화시키다

‡**com·pli·cat·ed** [kɑ́mpləkèitid | kɔ́m-] *a.* **복잡한**; 뒤얽힌; 풀기[이해하기] 어려운: a ~ question 난문

∗**com·pli·ca·tion** [kɑ̀mpləkéiʃən | kɔ̀m-] *n.* **1** ⓊⒸ **복잡**(화); (사건의) 분규(tangle) **2** [종종 *pl.*] 분규의 원인 **3** 〖의학〗 여병(餘病), 병발증, 합병증

com·plic·i·ty [kəmplísəti] *n.* (*pl.* **-ties**) ⓊⒸ 공모, 공범, 연루 《*in*》: ~ *in* a crime 공범 관계

‡**com·pli·ment** [kɑ́mpləmənt | kɔ́m-] [동음어 complement] [L「(예의를) 깍듯이 차리기」의 뜻에서] *n.* **1 찬사**, 인사; 아첨 **2 경의**, 경의의 표시, 영광된 일: Your presence is a great ~. 참석하여 주셔서 무한한 영광입니다. **3** [*pl.*] **의례적인 인사**(**말**), 안부
Give [***Extend, Send***] ***my ~s to*** …에게 안부를 전해 주시오. ***return the*** [***a***] ~ 답례하다
— [-mènt] *vt.* **1** 경의를 표하다, 칭찬하다 《*on*》; 인사말하다, 축하하다, 듣기 좋은 말을 하다 《*on*》: ~ a person *on* his success 그의 성공을 축하하다 **2** 〈…에게 물건을〉 증정하다 《*with*》

∗**com·pli·men·ta·ry** [kɑ̀mpləméntəri | kɔ̀m-] [동음어 complementary] *a.* **1 칭찬하는** 〈연설 등〉; 인사[듣기 좋은 말] 잘 하는 **2 무료의**, 초대의: a ~ ticket 우대권, 초대권

compliméntary clóse[**clósing**] (편지의) 결구(結句) 《Sincerely yours 등》

com·pline [kɑ́mplin | kɔ́m-] *n.* [종종 *pl.*] 〖가톨릭〗 저녁 기도 (시간), 종과(終課), 종도(終禱)

‡**com·ply** [kəmplái] [L「완전하게 하다」의 뜻에서] *vi.* (**-plied**) 〈명령·요구·규칙에〉 **응하다, 따르다** 《*with*》: ~ *with* a person's request …의 요구에 응하다

com·po [kɑ́mpou | kɔ́m-] [composition의 단축형] *n.* (*pl.* **~s**) ⓊⒸ 혼합물, 《특히》 회반죽, 모르타르

∗**com·po·nent** [kəmpóunənt] *a.* **구성하고 있는**, 성분의
— *n.* 구성 요소, 성분 《*of*》; 〖물리〗 분력(分力)

com·port [kəmpɔ́ːrt] (문어) *vt.* 처신하다, 거동하다(behave) — *vi.* 어울리다, 적합하다 《*with*》

com·port·ment [kəmpɔ́ːrtmənt] (문어) *n.* Ⓤ 처신, 태도, 행동

‡**com·pose** [kəmpóuz] *vt.* **1 조립하다**, 구성하다 **2** 〈시·글을〉 **짓다**, 작문하다, 쓰다; **작곡하다**; 〖미술〗 구도(構圖)하다 **3** 〖인쇄〗 조판하다 **4** 〈안색을〉 부드럽게 하다; [~ one*self* 로] 〈마음을〉 가라앉히다 **5** 〈싸움 등을〉 조정하다, 수습하다 — *vi.* 작곡하다; 시를 짓다

∗**com·posed** [kəmpóuzd] *a.* **1 침착한**, 차분한 **2** Ⓟ …으로 구성되어 《*of*》
com·pós·ed·ness [-zidnis] *n.*

com·pos·ed·ly [kəmpóuzidli] *ad.* 침착하게, 태연히

∗**com·pos·er** [kəmpóuzər] *n.* **작곡가**; 작자; 구도자(構圖者)

∗**com·pos·ite** [kəmpɑ́zit | kɔ́mpəzit] *a.* **1 혼성의, 합성의 2** [**C~**] 〖건축〗 혼합식의 — *n.* 합성물, 복합물

‡**com·po·si·tion** [kɑ̀mpəzíʃən | kɔ̀m-] *n.* **1** Ⓤ **구성**, 합성, 조직, 혼성, 조립; ⓊⒸ 〖인쇄〗 조판; Ⓒ 〖문법〗 (단어의) 복합(법), 합성 **2** 구성물; 한 편의 작문, 문장; 악곡 **3** ⓊⒸ 배합; 〖미술〗 구도; **작문**(법), 작시법; 〖음악〗 **작곡**(법) **4** 합성물 《*of*》, 모조품 《종종 compo로 표현함》 **5** Ⓤ 기질, 성질 **6** 타협, 화해 《*with*》

com·pos·i·tor [kəmpɑ́zətər | -pɔ́z-] *n.* 식자공(typesetter)

com·pos men·tis [kámpəs-méntis | kɔ́m-] [L「자기 마음을 지배하여」의 뜻에서] *a.* Ⓟ 제정신의, 심신이 건전한(opp. *non compos mentis*)

com·post [kámpoust | kɔ́mpɔst] *n.* 퇴비(=∸ **hèap**) —*vt.* …에 퇴비를 주다; …으로 퇴비를 만들다

*****com·po·sure** [kəmpóuʒər] *n.* Ⓤ 침착, 평정

com·pote [kámpout | kɔ́m-] [F] *n.* **1** 설탕에 절인[끓인] 과일 **2** (과자나 과일을 담는) 굽달린 접시

‡**com·pound**[1] [kámpaund | kɔ́m-] [L「함께 두다」의 뜻에서] *a.* **1 합성의,** 혼성의, 복합의 **2** 〔화학〕 화합한 **3** 〔문법〕 〈문장이〉 중문의; 〈낱말이〉 복합의
—*n.* **1 혼합물,** 합성물; 〔화학〕 화합물 **2** 복합어, 합성어
— [kəmpáund, kámpaund] *vt.* **1** 〈요소·성분 등을〉 **혼합[합성]하다**; 〈약 등을〉 조제하다: ~ a medicine 약을 조제하다 **2** 〈일을〉 화해시키다 **3** 〈부채를〉 일부만 치르다 —*vi.* 타협하다, 화해[사과]하다

compound[2] [kámpaund | kɔ́m-] *n.* (저택·공장의) 울안, 구내

cómpound frácture 〔외과〕 개방 골절

cómpound ínterest 〔금융〕 복리

cómpound léaf 〔식물〕 복엽(複葉)

cómpound séntence 〔문법〕 중문 (절을 and, but 등 등위 접속사로 이은 문장) (cf. COMPLEX SENTENCE)

‡**com·pre·hend** [kàmprihénd | kɔ̀m-] [L「함께 붙잡다」의 뜻에서] *vt.* **1 이해하다 2** 포함하다: Science ~*s* many disciplines. 과학에는 여러 분야가 있다.

com·pre·hen·si·bil·i·ty [kàmprihènsəbíləti | kɔ̀m-] *n.* Ⓤ 이해할 수 있음; 포함성

com·pre·hen·si·ble [kàmpriħénsəbl | kɔ̀m-] *a.* 이해할 수 있는, 알기 쉬운; 포함되는

‡**com·pre·hen·sion** [kàmprihénʃən | kɔ̀m-] *n.* Ⓤ **1 이해**; 이해력; 포용력 **2** 포함, 함축 **3** 〔논리〕 내포

‡**com·pre·hen·sive** [kàmprihénsiv | kɔ̀m-] *a.* **1 이해력 있는,** 이해가 빠른: the ~ faculty 이해력 **2 포괄적인,** 넓은: a ~ mind 넓은 마음 **~·ness** *n.*

comprehénsive schòol (영) 종합 중등 학교 (여러 가지 과정을 둠)

*****com·press** [kəmprés] [L「함께 누르다」의 뜻에서] *vt.* **1 압축[압착]하다**; 〔컴퓨터〕 〈파일을〉 압축하다: ~ one's lips 입술을 굳게 다물다 **2** 〈사상·언어 등을〉 요약하다, 집약하다 (*into*)
— [kámpres | kɔ́m-] *n.* 〔의학〕 (지혈을 위한) 압박 붕대; 습포

*****com·pressed** [kəmprést] *a.* **압축[압착]된**

com·press·i·bil·i·ty [kəmprèsəbíləti] *n.* (*pl.* **-ties**) Ⓤ 압축성; Ⓒ 압축률

com·press·i·ble [kəmprésəbl] *a.* 압축[압착]할 수 있는, 압축성의

*****com·pres·sion** [kəmpréʃən] *n.* Ⓤ **압축,** 압착; (사상·언어 등의) 요약

com·pres·sive [kəmprésiv] *a.* 압축력이 있는, 압축의 **~·ly** *ad.*

*****com·pres·sor** [kəmprésər] *n.* **압축[압착]기,** 압축 펌프, 컴프레서; 〔외과〕 (혈관) 압박기

*****com·prise, -prize** [kəmpráiz] [L「함께 쥐다」의 뜻에서] *vt.* **1 포함하다**; 의미하다; 〈전체가 부분으로〉 이루어지다, 구성되다(consist of): The U.S. ~*s* 50 states. 미합중국은 50개의 주로 구성되어 있다. **2** 〈부분이 모여 전체를〉 이루다 (*of*): The committee is ~*d of* eight members. 위원회는 8명으로 구성되어 있다.

‡**com·pro·mise** [kámprəmàiz | kɔ́m-] [L「함께 약속하다, 의견이 일치하다」의 뜻에서] *n.* **1** ⓊⒸ **타협,** 화해, 양보 **2 절충안**; 절충[중간]물 (*between*)
make a ~ with …와 타협하다
—*vt.* **1 타협으로 해결짓다**; 화해시키다 **2** 〈명성 등을〉 더럽히다, 손상하다, 〈체면을〉 잃게 하다 —*vi.* **타협하다,** 화해하다 (*with*): ~ *with* a person *over* something …와 어떤 문제를 타협하다

com·pro·mis·ing [kámprəmàiziŋ | kɔ́m-] *a.* 명예[체면]를 손상시키는; 의심을 받음직한

comp·trol·ler [kəntróulər] [controller의 별형] *n.* (회계·은행의) 감사관

*****com·pul·sion** [kəmpʌ́lʃən] *n.* Ⓤ **1 강제 2** 강박(현상); 억제하기 어려운 욕망, …하고 싶은 충동 ***by ~*** 강제적으로

*****com·pul·sive** [kəmpʌ́lsiv] *a.* **1 강제적인,** 강요하는; 〔심리〕 강박 관념에 사로잡힌 **2** 마음을 강하게 끄는 **~·ly** *ad.*

com·pul·so·ri·ly [kəmpʌ́lsərəli] *ad.* 강제적으로, 무리하게

*****com·pul·so·ry** [kəmpʌ́lsəri] *a.* **강제적인**; 의무적인; 필수의: ~ (military) service 강제 병역, 징병

compúlsory púrchase (토지 등의) 강제 수매

com·punc·tion [kəmpʌ́ŋkʃən] [L「완전히 찌르다」의 뜻에서] *n.* Ⓤ [종종 부정문에서] 양심의 가책, 회한(悔恨)

com·punc·tious [kəmpʌ́ŋkʃəs] *a.* 양심에 가책되는, 후회하는 **~·ly** *ad.* 후회하여

com·put·a·ble [kəmpjú:təbl] *a.* 계산[산정]할 수 있는

*****com·pu·ta·tion** [kàmpjutéiʃən | kɔ̀m-] *n.* **1** Ⓤ [때로 *pl.*] **계산**; 평가 **2** 계산 결과 **~·al** [-ʃnəl] *a.* 계산을 요구하는

computátional linguístics 〔언어〕 컴퓨터 언어학

*****com·pute** [kəmpjú:t] *vt.* **계산[산정]하다**; 평가하다 (*at*); 〈…이라고〉 추정하다 (*that...*); 컴퓨터로 계산하다
—*vi.* 계산하다

‡**com·put·er** [kəmpjú:tər] *n.* **컴퓨터**: an electronic ~ 전자 계산기

compúter gàme 컴퓨터 게임

compúter gráphics 컴퓨터 그래픽스 (컴퓨터에 의한 도형 처리)

compúter illíteracy 컴맹, 컴퓨터를 사용할 줄 모름

com·put·er-il·lit·er·ate [-ilítərət] *a.* 컴맹의, 컴퓨터를 사용할 줄 모르는

com·put·er·i·za·tion [kəmpjù:tərizéiʃən | -rai-] *n.* Ⓤ 컴퓨터화

com·put·er·ize [kəmpjú:təràiz] *vt.* 컴퓨터화하다, 전산화하다; 컴퓨터로 처리하다 **—***vi.* 컴퓨터를 도입[사용]하다

com·pu·ter-lit·er·ate [kəmpjú:tər-lítərət] *a.* 컴퓨터를 쓸 수 있는, 컴퓨터 사용 능력이 있는

compúter vìrus 컴퓨터 바이러스 《주로 네트워크를 통해서 침입하는 악성 프로그램; 종종 시스템이나 네트워크를 정지시키거나 손상을 입힘》

com·pu·to·pi·a [kàmpju:tóupiə | kɔ̀m-] [*compu*ter + u*topia*] *n.* 컴퓨터 보급으로 인간이 노동에서 해방되리라는 미래의 이상 사회

⁑**com·rade** [kámræd, -rid | kɔ́mrid] [Sp. 「같은 방의 친구」의 뜻에서] *n.* **동료**, 친구, 동지, 전우, 조합원

com·rade·ship [kámrædʃìp, -rid-] *n.* Ⓤ 동료 관계, 동지로서의 사귐, 우의: a sense of ~ 동료 의식

coms [kamz | kɔmz] *n. pl.* 《영·구어》 콤비네이션 《아래 위가 달린 속옷; 속바지가 달린 슈미즈》

COMSAT, Com·sat [kámsæt | kɔ́m-] [*Com*munications *Sat*ellite Corporation] *n.* (미국의) 통신 위성 회사; [**c~**] 콤샛 통신 위성

Co·mus [kóuməs] *n.* 〖그리스·로마신화〗 코머스 《음주·향연을 주관하는 젊은 신》

con[1] [kan | kɔn] [L=*con*tra] *a.*, *ad.* 반대하여: argue a matter pro and ~ 찬부 양론으로 문제를 논하다
—*n.* 반대 투표, 반대론(자)

con[2] *vt.* (**~ned**; **~·ning**) 《고어》 [종종 ~ over] 숙독[정독]하다; 암기하다

con[3] [*con*fidence] 《미·속어》 *v.* (**~ned**; **~·ning**) *vt.* **1** 속이다 **2** 속여서 …하게 하다 **—***n.* Ⓒ 신용 사기; 횡령
—*a.* 신용 사기의

con[4] *n.* 《미·속어》 **1** 죄수, 전과자 **2** 유죄 판결

con- [kan | kɔn] *pref.* = COM-

con·cat·e·nate [kankǽtənèit | kɔn-] *vt.* 사슬같이 잇다; 연쇄시키다

con·cat·e·na·tion [kankæ̀tənéiʃən | kɔn-] *n.* ⓊⒸ 연쇄; (사건 등의) 연결, 연속, 결부

***con·cave** [kankéiv | kɔn-] *a.* **오목한**, 요면(凹面)의(opp. *convex*): a ~ lens [mirror] 오목 렌즈[거울]
— [ˊ–] *n.* 오목면, 요면

con·cav·i·ty [kankǽvəti | kɔn-] *n.* (*pl.* **-ties**) 오목함, 오목한 상태; 요면; 오목한 곳

con·ca·vo-con·cave [kankéivou-kankéiv | kɔnkéivoukɔn-] *a.* 양면이 모두 오목한(biconcave)

con·ca·vo-con·vex [kankéivou-kanvéks | kɔnkéivoukɔn-] *a.* 한 면은 오목하고 다른 면은 볼록한, 요철(凹凸)의

⁑**con·ceal** [kənsí:l] [L 「함께 숨기다」의 뜻에서] *vt.* **숨기다**, 감추다; 비밀로 하다

***con·ceal·ment** [kənsí:lmənt] *n.* Ⓤ **은폐**; 잠복; Ⓒ 은신처

***con·cede** [kənsí:d] [L 「함께 가다, 용인하다」의 뜻에서] *vt.* **1 인정하다**, 양보하다, 용인하다(yield); 승인하다(admit): ~ defeat 패배를 인정하다 **2** 〈권리·특권 등을〉 **부여하다**(grant) 《*to*》
—*vi.* 양보하다; 용인하다; 《미》 (선거 등에서) 패배를 인정하다

con·ced·ed·ly [kənsí:didli] *ad.* 명백하게, 분명히

⁑**con·ceit** [kənsí:t] *n.* **1** Ⓤ **자만**, 자부심 (opp. *humility*); Ⓒ 독단, 사견 **2** 〖문학〗 (시문 등의) 기발한 착상, 기상(奇想); 기발한 표현
be full of ~ 자부심이 강하다

⁑**con·ceit·ed** [kənsí:tid] *a.* **자부심이 강한**; 젠체하는, 뽐내는 **~·ly** *ad.*

con·ceiv·a·ble [kənsí:vəbl] *a.* 생각할 수 있는, 상상할 수 있는 **-bly** *ad.* 생각할 수 있는 바로는, 상상컨대

⁑**con·ceive** [kənsí:v] [L 「함께 가지다」의 뜻에서] *vt.* **1 상상하다**; 〈…라고〉 **생각하다**; 〈생각·의견·원한 등을〉 **품다**; 〈계획 등을〉 생각해 내다, 착상하다 **2** 이해하다 **3** [보통 수동형으로] 말로 표현하다 **4** 〈아이를〉 배다, 임신하다
—*vi.* **1** [보통 부정문] 상상하다; 이해하다 《*of*》 **2** 임신하다

⁑**con·cen·trate** [kánsəntrèit | kɔ́n-] [L 「함께 중심(center)에 모으다」의 뜻에서] *vt.* **1 집중하다** 《*on*, *upon*》: ~ one's energies[efforts] *on*[*upon*] …에 모든 정력[노력]을 집중하다 **2** 응축[농축]하다
—*vi.* **1** 〈인구 등이〉 **집중하다**, 한 점에 모이다 《*at*, *in*》 **2** 〈사람이 …에〉 **전력을 기울이다**, 전념하다, 골몰하다 《*on*, *upon*》 **—***n.* 농축액, 농축 음료

con·cen·trat·ed [kánsəntrèitid | kɔ́n-] *a.* 집중된; 응축[농축]된: ~ fire 집중 포화 / ~ juice 농축 주스

***con·cen·tra·tion** [kànsəntréiʃən | kɔ̀n-] *n.* ⓊⒸ **1 집결**, **집중** 《*of*》 **2** 전심 전력, 집중력 《*on*, *upon*》 **3** 농축; [*sing.*] (액체의) 농도 **4** 집중 연구

concentrátion càmp 정치범[포로] 수용소

con·cen·tric, -tri·cal [kənséntrik(əl) | kɔn-] *a.* **1** 〖수학〗 중심이 같은(opp. *eccentric*): ~ circles 동심원(同心圓) **2** 집중적인 **-tri·cal·ly** *ad.*

***con·cept** [kánsept | kɔ́n-] *n.* **1** 〖철학〗 **개념** **2 구상**, 발상; 생각

⁑**con·cep·tion** [kənsépʃən] *n.* **1 개념**, 생각 《*of*》; Ⓤ 개념 작용[형성] **2** 구상, 착상; 고안(plan): a grand ~ 웅대한 구상 **3** Ⓤ 임신, 수태; 태아

con·cep·tu·al [kənséptʃuəl] *a.* 개념의 **~·ly** *ad.*

con·cep·tu·al·ize [kənséptʃuəlàiz] *vt.* 개념화하다

⁑**con·cern** [kənsə́:rn] [L 「함께 체질하다」의 뜻에서] *vt.* **1** …**에 관계하다**(relate to), …에 중요하다 **2** [~ one*self* 로] 관계하다, 관여하다 **3 걱정시키다**; [수동형 또는 ~ one*self* 로] **걱정[염려]하다**

as ~s him [전치사적으로] (그)에 대해서는 ***To whom it may ~*** 관계 당사자 앞, 관계 제위 《증명서 등에서》
— *n.* **1 관계** 《*with*》; 이해 관계 《*in*》 **2** Ⓤ **관심**, 배려; 걱정 《*about, for, over*》 **3** [종종 *pl.*] **관심사**, 사건, 용무: It is no ~ of mine. 그건 내 알 바가 아니다. **4** [보통 of ~] 중요성 **5** 영업, 사업; 회사, 재단
have no ~ in …에 아무 관심도 없다 ***have no ~ with*** …에 아무런 관계도 없다 ***of ~ to*** …에 중요한

*__con·cerned__ [kənsə́:rnd] *a.* **1 걱정스러운**, 염려하는 《*about, over, for*》: with a ~ air 걱정스러운 태도로 **2 관계하고 있는; 관심을 가진** 《*in, with*》: the authorities [parties] ~ 당국[관계]자 ***as[so] far as*** I am ~ (나)로서는, (나)에 관한 한
~·ly [kənsə́:rnidli] *ad.* 걱정하여

‡**con·cern·ing** [kənsə́:rniŋ] *prep.* **…에 관하여**(about)

con·cern·ment [kənsə́:rnmənt] *n.* Ⓤ 《문어》 **1** 중대, 중요성(importance) **2** 걱정, 우려 **3** 관계, 관여

‡**con·cert** [kɑ́nsə(:)rt | kɔ́nsət] [It. 「일치하다, 조화하다」의 뜻에서] *n.* **1 음악회**, 콘서트, 연주회 **2** Ⓤ **합주**; 협조, 협약, 제휴 (concord) **3** Ⓤ 〖음악〗 협화음; 협주곡
in ~ 일제히 ***in ~ with*** …와 제휴하여
— *a.* 콘서트용의; 콘서트에서 연주되는
— [kənsə́:rt] *vt., vi.* 협조하다, 협정하다

con·cert·ed [kənsə́:rtid] *a.* **1** 협정된, 합의된: take ~ action 일치된 행동을 하다 **2** 합창[합주]용으로 편곡된

con·cert·go·er [kɑ́nsə(:)rtgòuər | kɔ́nsət-] *n.* 음악회에 자주 가는 사람

cóncert gránd (**piàno**) (연주회용) 대형 그랜드 피아노

con·cer·ti·na [kɑ̀nsərtí:nə | kɔ̀n-] *n.* 콘서티나 《아코디언 모양의 6각형의 손풍금》 — *vi.* 〈차가〉 충돌하여 찌부러지다
-tín·ist *n.*

con·cert·mas·ter [kɑ́nsə(:)rtmæ̀stər], **-meis·ter** [-màistər] *n.* 〖음악〗 콘서트 마스터 《지휘자 다음 가는 사람, 수석 바이올리니스트》

con·cer·to [kəntʃέərtou] [It.] *n.* (*pl.* **-ti** [-ti:], **~s**) 〖음악〗 콘체르토, 협주곡

cóncert pítch 〖음악〗 연주회용 표준음

*__con·ces·sion__ [kənséʃən] *n.* **1** Ⓤⓒ **양보**, 양여(讓與) 《*to*》; 용인 **2** 양여된 것; (정부에서 받는) **면허**, 특허; 특권: an oil ~ 석유 채굴권 **3** 거류지, 조차지(租借地)
make a ~ to …에 양보하다

con·ces·sion·aire [kənsèʃənέər] *n.* (권리의) 양수인(讓受人); (정부로부터의) 특허권 소유자; (매점 등의) 토지 사용권 소유자

con·ces·sion·ar·y [kənséʃənèri | -nəri] *a.* 양보의

con·ces·sive [kənsésiv] *a.* 양여(讓與)의, 양보적인; 〖문법〗 양보를 나타내는: a ~ conjunction[clause] 양보 접속사[절]

conch [kɑŋk, kɑntʃ | kɔŋk, kɔntʃ] *n.* (*pl.* **~s** [-ks], **con·ches** [-tʃiz]) 소라류; 《시어》 조가비(shell)

con·chol·o·gy [kɑŋkɑ́lədʒi | kɔŋkɔ́l-] *n.* Ⓤ 패류학(貝類學)

con·ci·erge [kɑ̀nsiέərʒ | kɔ̀n-] [F] *n.* 수위; (아파트 등의) 관리인(《미》 superintendent) 《보통 여성》

con·cil·i·ate [kənsílièit] [L 「통합하다」의 뜻에서] *vt.* **1** 달래다; 회유하다; 조정하다(reconcile) **2** (남의) 존경[호의]을 얻다; 제편으로 끌어들이다 **3** (남의) 환심을 사다

con·cil·i·a·tion [kənsìliéiʃən] *n.* Ⓤ **1** 달램, 위로; 회유 **2** 화해; (노동 쟁의 등의) 조정: ~ act 《영》 노동 쟁의 조정법

con·cil·i·a·tor [kənsílièitər] *n.* 조정자

con·cil·i·a·to·ry [kənsíliətɔ̀:ri | -təri] *a.* 달래는 (듯한); 회유적인

‡**con·cise** [kənsáis] [L 「자르다」의 뜻에서] *a.* (**con·cis·er**; **-est**) **간결한**, 간명한 **~·ly** *ad.* **~·ness** *n.*

con·ci·sion [kənsíʒən] *n.* Ⓤ 간결, 간명(conciseness): with ~ 간결하게

con·clave [kɑ́nkleiv | kɔ́n-] *n.* **1** 〖가톨릭〗 콘클라베 《추기경(cardinals)의 교황 선거 회의(실)》 **2** 비밀 회의
in ~ 비밀 회의 중

‡**con·clude** [kənklú:d] [L 「가두다, 완전히 끝내다」의 뜻에서] *vt.* **1 끝내다**, 결말짓다, 마치다 《*by, with*》 **2** 〈조약 등을〉 체결하다, 맺다 **3 결론짓다**; 추단하다 《*from*》 **4** 《미》 (최종적으로) 결정[결의, 결심]하다
— *vi.* **1** (…으로써) **말을 맺다**(end) **2** 〈글·말·모임 등이〉 **끝나다**
(***Now***) ***to ~*** 결론적으로 말하자면
con·clúd·ing *a.* 최종적인

‡**con·clu·sion** [kənklú:ʒən] *n.* **1** Ⓤ **결말**, 종결; ⓒ 끝(맺음); 종국 **2 결론**; 추단; 결정, 판정; 〖논리〗 (3단 논법의) 결론, 귀결 **3** Ⓤⓒ (조약의) 체결 《*of*》
in ~ 끝으로, 결론으로서 ***try ~s with ...*** …와 결전을 시도하다, 우열을 다투다

*__con·clu·sive__ [kənklú:siv] *a.* **결정적인**, 단호한; 종국의: a ~ answer 최종적인 회답 / ~ evidence[proof] 확증
~·ly *ad.* **~·ness** *n.*

con·coct [kənkɑ́kt | -kɔ́kt] *vt.* **1** 〈수프·음료 등을〉 섞어서 만들다 **2** 〈각본·이야기 등을〉 엮어내다, 날조하다; 〈음모 등을〉 꾸미다(devise)

con·coc·tion [kənkɑ́kʃən | -kɔ́k-] *n.* **1** Ⓤ 혼성, 조합(調合); ⓒ 조제물[약], 수프, 혼합 음료 **2** 구성; 책모; 꾸며낸 이야기

con·com·i·tance, -tan·cy [kənkɑ́mətəns(i) | -kɔ́m-] *n.* Ⓤ **1** 수반(隨伴), 부수 **2** 〖가톨릭〗 병존(설) 《성체, 특히 빵 속에 그리스도의 피와 살이 병존한다는 신앙》

con·com·i·tant [kənkɑ́mətənt | -kɔ́m-] *a.* 수반하는, 부수된, 동시에 일어나는 (concurrent) 《*with*》 — *n.* [보통 *pl.*] 부대 상황, 부수물 **~·ly** *ad.*

‡**con·cord** [kɑ́ŋkɔ:rd] [L 「같은 마음」의 뜻에서] *n.* Ⓤ **1** (의견·이해 등의) **일치**; (사물·인간 사이의) 조화, 화합 **2**

(국제·민족 간의) 협정 **3** Ⓒ 〖음악〗 협화음 **4** 〖문법〗 (성·수·인칭 등의) 일치, 호응
in ~ with …와 조화[일치, 화합]하여

Con·cord [káŋkərd | kɔ́ŋ-] *n.* 콩코드 **1** 미국 New Hampshire 주의 주도 **2** 미국 Massachusetts 주 동부의 도시 **3** 콩코드 포도(= ⌐ **grápe**) 《알이 굵고 검푸른》; 콩코드 포도주

*__con·cor·dance__ [kənkɔ́:rdns] *n.* **1** Ⓤ **일치,** 조화 **2** (작가·성서의) 용어 색인 《*to, of*》 ***in ~ with*** …에 따라서

con·cor·dant [kənkɔ́:rdnt] *a.* 조화된, 화합하는, 일치하는 《*with*》 **~·ly** *ad.*

con·cor·dat [kənkɔ́:rdæt] *n.* 〖그리스도교〗 (로마 교황과 국왕·정부 간의) 협약, 정교(政敎) 조약

Con·corde [kɑnkɔ́:rd] [F = concord] *n.* 콩코드 《영국과 프랑스가 공동 개발한 초음속 여객기; 1976년 취항》

con·cours [kɑŋkúər | kɔŋ-] [F] *n.* 콩쿠르, 경연 《competition》

con·course [káŋkɔ:rs] *n.* **1** (인마(人馬)·물질·분자·하천 등의) 집합, 합류 《*of*》 **2** 《미》 (공원 등의) 중앙 광장; (역·공항 등의) 중앙홀

‡**con·crete** [kɑnkrí:t, ⌐– | kɔ́nkri:t] [L 「함께 자라다」의 뜻에서] *a.* **1 구체적인,** 구상적인, 유형(有形)의 **2 현실의,** 실제의; 명확한 **3** 굳어진, 고체의 **4** 콘크리트로 만든

— *n.* **1** Ⓤ **콘크리트 2** Ⓤ 콘크리트 포장면 **3** [the ~] 구체(성), 구상성
in the ~ 구체적인, 구체적으로

— *vt.* **1** 콘크리트를 바르다[로 굳히다]; 콘크리트를 쓰다 **2** [kənkrí:t] …을 응결시키다, 굳히다(solidify) — *vi.* 굳어지다, 응결하다 **~·ly** *ad.* **~·ness** *n.*

cóncrete júngle 콘크리트 정글 《인간이 소외된 도시》

cóncrete mìxer 콘크리트 믹서 《cement mixer》

cóncrete músic 〖음악〗 구체 음악 《자연계의 음을 녹음·합성하여 만드는 음악》

cóncrete número 〖수학〗 명수(名數) 《*two* boys 등; 단순한 two, five는 abstract number (불명수)》

cóncrete póetry 시각시(視覺詩) 《시를 그림 모양으로 배열하는 전위시》

con·cre·tion [kənkrí:ʃən] *n.* Ⓤ **1** 응결; Ⓒ 응결물 **2** 〖병리〗 결석(結石)

con·cu·bi·nage [kɑnkjú:bənidʒ | kɔn-] *n.* Ⓤ 축첩(의 풍습), 내연 관계

con·cu·bine [káŋkjubàin | kɔ́ŋ-] *n.* 첩 《mistress가 일반적》; 내연의 처; (제2부인 이하의) 처 《일부 다처제에서》

con·cu·pis·cence [kɑnkjú:pəsəns | kən-] *n.* Ⓤ 《문어》 색욕, 욕정

con·cu·pis·cent [kɑnkjú:pəsənt | kən-] *a.* 《문어》 **1** 색욕이 왕성한, 호색의(lustful) **2** 탐욕한

*__con·cur__ [kənkə́:r] [L 「함께 뛰다」의 뜻에서] *vi.* (**~red**; **~·ring**) **1** 〈의견이〉 **일치하다** 《*with*》: I ~ *with* him *in* the opinion. 나는 그와 의견이 일치한다. **2** 공동으로 작용하다 **3** 동시에 발생하다 《*with*》

con·cur·rence, -ren·cy [kənkə́:rəns(i) | -kʌ́r-] *n.* Ⓤ **1** 〈원인 등이〉 동시 작용; 협력 **2** 의견의 일치, 동의: ~ *in* opinion 의견의 일치 **3** 동시 발생: ~ *of* events 사건의 동시 발생

con·cur·rent [kənkə́:rənt | -kʌ́r-] *a.* **1** 동시 발생의, 수반하는 《*with*》 **2** 공동으로 작용하는, 협력의 **3** 일치하는, 의견이 같은 **~·ly** *ad.* (…와) 동시에, 함께 《*with*》

con·cuss [kənkʌ́s] *vt.* 《비유》 격동시키다; [보통 수동형] (뇌)진탕을 일으키게 하다

con·cus·sion [kənkʌ́ʃən] *n.* ⓊⒸ **1** 진동, 격동 **2** 〖병리〗 (뇌)진탕(震盪): a ~ of the brain 뇌진탕

‡**con·demn** [kəndém] [L 「완전히 파멸시키다(damn)」의 뜻에서] *vt.* **1 비난하다,** 나무라다 《*for*》: ~ a person *for* his error[idleness] …의 잘못[게으름]을 책망하다 **2 유죄 판결을 내리다;** 〈…에게 형을〉 선고하다: ~ a person *to* imprisonment …에게 금고형을 선고하다 **3** [수동형] 운명지우다 《*to*》
be ~ed to death (사형 선고)를 받다

con·dem·na·ble [kəndémnəbl] *a.* 비난할 만한, 책망할 만한

*__con·dem·na·tion__ [kàndemnéiʃən] *n.* ⓊⒸ **1 비난,** 규탄 **2** 유죄 판결[선고]

con·dem·na·to·ry [kəndémnətɔ̀:ri | -təri] *a.* 처벌의, 유죄 선고의; 비난의

con·demned [kəndémd] *a.* **1** 유죄 선고를 받은; 사형수의 **2** 불량품으로 판정된 **3** 저주받은, 구제할 수 없는

con·dens·a·ble [kəndénsəbl] *a.* 응축[압축]할 수 있는; 요약할 수 있는

*__con·den·sa·tion__ [kàndenséiʃən | kɔ̀n-] *n.* Ⓤ **1 응축**(凝縮), 농축; 응결, 냉축; 액화 **2** 응축 상태; Ⓒ 응축체 **3** (사상·표현의) 간결화; Ⓒ 요약한 것

‡**con·dense** [kəndéns] [L 「아주 짙게(dense) 하다」의 뜻에서] *vt.* **1 응축**[농축]**하다,** 압축하다 《*to, into*》; 〈기체를〉 액화[고체화]하다 **2** 〈사상·표현 등을〉 **요약하다** — *vi.* 응축하다; 요약하다

*__con·densed__ [kəndénst] *a.* **응축**[응결]**한;** 요약한, 간결한

*__con·dens·er__ [kəndénsər] *n.* **1 응축 장치,** 응축기 **2** 〖전기〗 축전기, 콘덴서

*__con·de·scend__ [kàndisénd | kɔ̀n-] [L 「완전히 내리다」의 뜻에서] *vi.* **1 자기를 낮추다,** 겸손하게 굴다 《*to*》 **2** 창피를 무릅쓰고 하다(lower oneself), 지조를 버리고 …하다 《*to*》 **3** (우월감을 가지고) 짐짓 친절[겸손]하게 대하다, 생색을 내다

con·de·scend·ing [kàndiséndiŋ | kɔ̀n-] *a.* **1** 겸손한, 저자세의 **2** 짐짓 겸손한 체하는; 생색을 내는 듯한 **~·ly** *ad.*

con·dign [kəndáin] *a.* 〈처벌 등이〉 적당한, 당연한

con·di·ment [kándəmənt | kɔ́n-] *n.* ⒸⓊ [종종 *pl.*] 조미료, 양념(seasoning) 《고추·후추 등》

‡**con·di·tion** [kəndíʃən] *n.* **1** Ⓤ **상태; 건강 상태;** 컨디션; 가벼운 병 **2** 지위; Ⓤ 신분(rank), 처지(station) **3** [종종 *pl.*] (주위) **상황,** 형편:

under[*in*] the existing ~*s* 지금 형편으로는 **4 조건**: make it a ~ that …을 하나의 조건으로 삼다
be in good[***bad, poor***] ~ 〈음식물이〉 보존 상태가 좋다[나쁘다]; 건강하다[건강하지 않다]; 파손되지 않고 있다[파손되어 있다] ***in***[***out of***] ~ 건강[건강하지 못]하여, 〈물건·기계 등이〉 좋은[좋지 못한] 상태에 ***on ~ that ...*** …이라는 조건으로, 만약에 …라면(if) ***on this***[***that, what***] ~ 이[그, 어떤] 조건으로
— *vt.* **1** (…이라는) 조건을 설정하다 **2** 〈사물이〉 …의 요건[조건]을 이루다, …의 생존에 절대 필요하다 **3** 몸의 상태를 조절하다 **4** 〘심리〙 …에게 조건 반사를 일으키게 하다

*__con·di·tion·al__ [kəndíʃənl] *a.* **1 조건부의**, 잠정적인; 〘문법〙 조건을 나타내는: a ~ contract 조건부 계약 **2** Ⓟ …을 조건으로 한, …여하에 달린 《*on*》 — *n.* 〘문법〙 조건법, 조건문[절], 가정 어구
~·ly *ad.*

con·di·tioned [kəndíʃənd] *a.* **1** 조건부의; 《미》 가입학[가진급]의 **2** [보통 복합어를 이루어] (어떤) 상태[경우]에 있는: well[ill]-~ 좋은[좋지 못한] 상태에 있는 **3** 조절된

condítioned réflex[**respónse**] 〘심리·생리〙 조건 반사

con·di·tion·er [kəndíʃənər] *n.* **1** 조절하는 사람[물건]; 공기 조절 장치(= air ~) **2** (스포츠의) 트레이너; (동물의) 조교사(師)

con·di·tion·ing [kəndíʃəniŋ] *n.* Ⓤ (공기의) 조절; 조절하기, 적응시키기; (심신의) 조절; (동물 등의) 조교(調教)

con·do·la·to·ry [kəndóulətɔ̀:ri | -təri] *a.* 문상(問喪)의, 조위(弔慰)의, 애도의

con·dole [kəndóul] [L 「함께 슬퍼하다」의 뜻에서] *vi.* 문상하다, 조위하다; 위안하다, 동정하다 《*with*; *on, over*》

con·do·lence [kəndóuləns] *n.* Ⓤ 조상(弔喪), 애도; [종종 *pl.*] 조사(弔詞): a letter of ~ 조위장(弔慰狀)
present[***express***] one***'s ~s to*** …에게 조의를 표하다

con·dom [kʌ́ndəm | kɔ́n-] *n.* (피임용) 콘돔

con·do·min·i·um [kɑ̀ndəmíniəm | kɔ̀n-] *n.* (*pl.* **~s**) **1** 공동 주권; 〘국제법〙 공동 통치국[지] **2** 《미·캐나다》 분양 아파트, 콘도미니엄

con·done [kəndóun] *vt.* 묵과하다, 용서하다(overlook)

con·dor [kɑ́ndər | kɔ́ndɔ:] *n.* 〘조류〙 콘도르 《남미산 큰 독수리의 일종》

con·duce [kəndjú:s | -djú:s] *vi.* 〈좋은 결과로〉 이끌다, 이바지하다 《*to, toward*》: Rest ~*s to* health. 휴식은 건강에 좋다.

con·du·cive [kəndjú:siv | -djú:-] *a.* 도움이 되는, 이바지하는 《*to*》

***__con·duct__ [kɑ́ndʌkt | kɔ́n-] *n.* Ⓤ **1 행위**, 품행: good ~ 선행 《**conduct** 도덕적으로 본 사람의 행위. **act** 짧은 시간 동안의 단 한 번의 행동. **deed** 특히 훌륭한 행위라는 뜻이 내포. **behavior** 사람의 행실이나 행동》 **2 지도**, 안내 **3** 경영, 관리
— *v.* [kəndʌ́kt] *vt.* **1** [~ one*self* 로] **행동하다**; 처신하다: ~ *oneself well* 훌륭하게 처신하다 **2 지휘하다**: ~ an orchestra 오케스트라를 지휘하다 **3 이끌다, 안내하다 4** 〈업무 등을〉 **수행하다**, 처리하다, 경영[관리]하다 **5** 〘물리〙 전도하다 (transmit)
— *vi.* (악곡 등을) 지휘하다

con·duc·tance [kəndʌ́ktəns] *n.* Ⓤ 〘전기〙 컨덕턴스 《저항의 역수》

con·dúct·ed tóur [kəndʌ́ktid-] 안내인이 딸린 여행

con·duct·i·ble [kəndʌ́ktəbl] *a.* 전도성의

con·duc·tion [kəndʌ́kʃən] *n.* Ⓤ (물을 관 등으로) 끌어 들임, 유도 (작용); 〘물리〙 전도

con·duc·tive [kəndʌ́ktiv] *a.* 전도(성)의, 전도력 있는: ~ power 전도력

con·duc·tiv·i·ty [kɑ̀ndʌktívəti | kɔ̀n-] *n.* Ⓤ 〘물리〙 전도성[력, 율, 도]; 〘전기〙 도전율

__con·duc·tor__ [kəndʌ́ktər] *n.* **1 안내자, 가이드; 지도자 **2** (버스·전차의) **차장**; 《미》 기차의 차장(《영》 guard) **3** 〘음악〙 **지휘자 4** 관리인, 경영자 **5** 〘물리〙 **전도체**

con·duc·tress [kəndʌ́ktris] *n.* CONDUCTOR의 여성형

cónduct shèet 〘영국군〙 (사병의) 기록 카드

con·du·it [kɑ́ndju:it | kɔ́ndit, -djuit] *n.* **1** 도관(導管) **2** 수도, 도랑, 암거(暗渠) **3** 〘전기〙 전선관, 선거(線渠)

*__cone__ [koun] *n.* **1 원뿔**, 원추형(의 것) **2** (아이스크림의) 콘; 〘지질〙 화산 원뿔 **3** 〘식물〙 방울 열매, 구과(毬果), 솔방울
— *vt.* 원뿔꼴로 만들다[자르다]

Con·es·to·ga [kɑ̀nistóugə | kɔ̀n-] *n.* 《미》 큰 포장마차(= ∠ **wágon**) 《서부 이주자가 썼던》

co·ney [kóuni] *n.* **1** 토끼의 모피 **2** 토끼

Có·ney Ìsland [kóuni-] 코니아일랜드 《New York 항구의 Long Island에 있는 유원지》

con·fab [kɑ́nfæb | kɔ́n-] 《구어》 *n.* = CONFABULATION — [kənfǽb] *vi.* (**~bed**; **~·bing**) = CONFABULATE

con·fab·u·late [kənfǽbjulèit] *vi.* (사이좋게) 담소하다, 잡담하다(chat) 《*with*》

con·fab·u·la·tion [kənfæ̀bjuléiʃən] *n.* ⓊⒸ 간담, 담소, (허물없는) 잡담

con·fec·tion [kənfékʃən] [L 「마무리하기」의 뜻에서] *n.* 과자, 사탕 과자 《candy, bonbon 등》

con·fec·tion·er [kənfékʃənər] *n.* 사탕 과자 제조[판매]인; 제과점

conféctioners' súgar 정제 설탕

con·fec·tion·er·y [kənfékʃənèri | -ʃənəri] *n.* (*pl.* **-er·ies**) **1** Ⓤ 과자류 《pastry, cake, jelly 등의 총칭》 **2** Ⓤ 과자 제조(업) **3** 제과점; 과자 제조[판매]소

*__con·fed·er·a·cy__ [kənfédərəsi] *n.* (*pl.* **-cies**) **1** 연합(league), (일시적인) 동맹 **2 동맹국**; 연합체 연방 **3** 〘법〙 공모

*__con·fed·er·ate__ [kənfédərət] *a.* **1 동맹한**, 연합한 **2** [**C~**] 〘미국사〙 남부 동맹의

(cf. FEDERAL 3)
— *n.* **1** 공모자 《*in*》 **2** 동맹국, 연합국(ally) **3** [**C~**] 〖미국사〗 남부 동맹 지지자, 남부파 사람
— *v.* [-dərèit] *vt.* 동맹[공모]시키다 《*with*》 **—** *vi.* 동맹[공모]하다

Conféderate Státes of América [the ~] 〖미국사〗 남부 연방 《남북 전쟁 때에 남부 동맹에 참가한 11개 주》

*__con·fed·er·a·tion__ [kənfèdəréiʃən] *n.* **1** Ⓤ 연합, 동맹 **2** 연방, 연합국 **3** [the C~] 〖미국사〗 아메리카 식민지 동맹 《1781-89》

*__con·fer__ [kənfə́ːr] [L 「함께 가져오다」의 뜻에서] *v.* (**~red**; **~·ring**) *vt.* **1** 수여하다, 주다(grant) 《*on, upon*》 **2** [명령형으로] 참조하라 《略 cf.》 **—** *vi.* 협의[의논]하다(consult) 《*together, with*》

con·fer·ee [kὰnfəríː | kɔ̀n-] *n.* **1** 《미》 회의 출석자; 평의원(評議員); 의논 상대자 **2** 〈칭호·메달 등을〉 받는 사람

‡**con·fer·ence** [kάnfərəns | kɔ́n-] *n.* **1** Ⓤ 협의, 상의(相議) **2** 회의, 협의회 **3** 《미》 경기 연맹
have a ~ with …와 협의하다

con·fer·en·tial [kὰnfərénʃəl | kɔ̀n-] *a.* 회의의

con·fer·ment [kənfə́ːrmənt] *n.* Ⓤ (학위 등의) 수여, 서훈(敍勳)

con·fer·ree [kὰnfəríː | kɔ̀n-] *n.* = CONFEREE

con·fer·rer [kənfə́ːrər] *n.* 수여자

‡**con·fess** [kənfés] [L 「죄다 시인하다」의 뜻에서] *vt.* **1** 자백하다, 고백하다 **2** 인정하다, 자인하다(acknowledge): ~ one's crime 죄를 자백하다 **3** 〖가톨릭〗 (신부에게) 고해하다; 〈신부가〉 고해를 듣다 **—** *vi.* 고백하다; 참회하다

con·fessed [kənfést] *a.* (정말이라고) 인정받은, 정평 있는, 명백한; 자인한
stand ~ as …인 것이[죄상이] 명백하다

con·fess·ed·ly [kənfésidli] *ad.* 자인하는 바와 같이; 명백히; 자백에 의하면

‡**con·fes·sion** [kənféʃən] *n.* **1** Ⓤ 자백, 고백, 자인: ~ of guilt 죄의 고백 **2** ⓊⒸ 신앙 고백; Ⓤ 〖가톨릭〗 고해 **3** 〖법〗 고백서, 구술서
~ of faith 신앙 고백 ***hear ~*** 〈신부가〉 고해를 듣다 ***make a ~*** 자백[참회]하다 ***public ~*** 공중 앞에서 하는 고백

con·fes·sion·al [kənféʃənl] *a.* 고백의; 신앙 고백의 **—** *n.* 고해소[실]; [the ~] 고해 (제도)

con·fes·sor [kənfésər] *n.* **1** 고백자 **2** [종종 **C~**] 증거자 《박해에 굴하지 않고 신앙을 지킨 신자》 **3** 〖가톨릭〗 고해 신부

con·fet·ti [kənféti] [It.] *n. pl.* (*sing.* **-to** [-tou]) **1** [단수 취급] 색종이 조각 《축제일 등에 뿌리는》 **2** 사탕 과자

con·fi·dant [kάnfədæ̀nt | kɔ̀nfidǽnt] *n.* (비밀, 특히 연애 문제 등을 이야기할 수 있는) 절친한 친구

con·fi·dante [kὰnfədǽnt | kɔ̀nfidǽnt] *n.* CONFIDANT의 여성형

‡**con·fide** [kənfáid] [L 「완전히 신뢰하다」의 뜻에서] *vi.* 신임하다 《*in*》
— *vt.* 〈비밀을〉 이야기하다 《*to*》; 신탁하다 《*to*》

‡**con·fi·dence** [kάnfədəns | kɔ́n-] *n.* Ⓤ **1** 신임, 신뢰 《*in, to*》 **2** 자신, 확신 《*in*》; [the ~] 대담함: be full of ~ 자신만만하다 **3** 비밀, 속내(secret)
enjoy [***have***] a person***'s ~*** …의 신임을 받고 있다 ***give*** one***'s ~ to*** = ***put*** [***have, show, place***] ***~ in*** …을 신뢰하다 ***have the ~ to*** do 대담하게도 …하다 ***in ~*** 비밀로 ***with ~*** 자신[확신]을 갖고

cónfidence gàme 《미》 (호인임을 이용하는) 신용 사기 《구어》 (con game)

cónfidence màn 신용 사기꾼(con man)

‡**con·fi·dent** [kάnfədənt | kɔ́n-] *a.* **1** Ⓟ 확신하고 (있는) 《*of, that ...*》; 자신을 가진 《*in*》 **2** 자신만만한; 대담한
— *n.* 막역한 벗, 친구(confidant) 《*of*》

*__con·fi·den·tial__ [kὰnfədénʃəl | kɔ̀n-] *a.* **1** 기밀의; 내밀한(secret): *C~* 친전(親展) 《편지 겉봉에 쓰는 말》 **2** 심복의, 신임이 두터운 **3** Ⓟ 속내를 터놓는; 친숙한
~·ly *ad.*

con·fi·den·ti·al·i·ty [kὰnfədenʃiǽləti | kɔ̀n-] *n.* Ⓤ 기밀성, 비밀성

*__con·fi·dent·ly__ [kάnfədəntli | kɔ́n-] *ad.* 확신을 갖고, 자신 있게, 대담하게

con·fid·ing [kənfáidiŋ] *a.* (쉽게) 신뢰하는, 곧잘 믿는 **~·ly** *ad.*

con·fig·u·ra·tion [kənfìgjuréiʃən] *n.* **1** (지표 등의) 형상, 지형, 윤곽(contour); 외형 **2** 〖컴퓨터〗 (시스템의) 환경 설정

‡**con·fine** [kənfáin] [L 「완전히 한정하다」의 뜻에서] *vt.* **1** 한정하다 《*within, to*》: Would you ~ your remarks *to* the fact? 발언은 사실에만 한정해 주세요. **2** 가두다(shut up), 감금하다(imprison) 《*within, in*》 ***be ~d to*** …에 틀어박혀[갇혀] 있다: *be ~d to* bed 앓아 누워 있다 ***~*** one***self to*** …에 틀어박히다; 〈논점 등을〉 …에만 국한하다
— [kάnfain | kɔ́n-] *n.* [보통 *pl.*] 경계, 국경 (지대); 범위, 영역; 한계

con·fined [kənfáind] *a.* 갇힌; 〈군인이〉 외출이 금지된

*__con·fine·ment__ [kənfáinmənt] *n.* **1** Ⓤ 감금, 유폐(幽閉): under ~ 감금 당하여 **2** Ⓤ 제한, 국한 **3** ⓊⒸ 틀어박힘

‡**con·firm** [kənfə́ːrm] [L 「완전히 확실한(firm) 것으로 하다」의 뜻에서] *vt.* **1** 〈결심 등을〉 굳게 하다, 〈습관·의지 등을〉 확고히 하다 **2** 〈진술·증거·풍설 등을〉 확인하다, 확증하다 **3** (재가·비준 등으로) 확인하다 **4** 〖가톨릭〗 〈…에게〉 견진 성사를 베풀다

con·fir·ma·tion [kὰnfərméiʃən | kɔ̀n-] *n.* **1** Ⓤ 확정 **2** 확증(의 사례) **3** Ⓤ 확인 **4** ⓊⒸ 〖가톨릭〗 견진 성사
in ~ of …의 확인[증거]으로서

con·fir·ma·tive [kənfə́ːrmətiv], **-to·ry** [-tɔ̀ːri | -təri] *a.* 확인의, 확증적인

*__con·firmed__ [kənfə́ːrmd] *a.* Ⓐ **1** 확인[확립]된 **2** 굳어버린, 상습적인, 완고한: a ~ drunkard 술고래 **3** 〈병이〉 만성적인(chronic): a ~ disease 만성병

***con·fis·cate** [kάnfiskèit | kɔ́n-] *vt.* 몰수[압수]하다; 징발하다

con·fis·ca·tion [kὰnfiskéiʃən | kɔ̀n-] *n.* ⓊⒸ 몰수, 압수; 〖법〗 사유 재산 몰수

con·fis·ca·to·ry [kənfískətɔ̀:ri | -təri] *a.* **1** 몰수의, 압수의 **2** 〈세금 등을〉 심하게 징수하는

***con·fla·gra·tion** [kὰnfləgréiʃən | kɔ̀n-] [L 「완전히 불타다」의 뜻에서] *n.* **큰 화재**(great fire)

con·flate [kənfléit] *vt.* 융합하다, 혼합하다; 〈이본(異本)을〉 합성하다

con·fla·tion [kənfléiʃən] *n.* ⓊⒸ 융합; 이본 합성

‡**con·flict** [kάnflikt | kɔ́n-] [L 「서로 치다」의 뜻에서] *n.* ⒸⓊ **1 투쟁,** 전투: a ~ of arms 무력 충돌, 교전 **2** (주의 상의) 다툼, 쟁의 **3** (사상·이해 등의) **충돌,** 상충, 대립, 모순: a ~ of opinion(s) 의견의 대립 **4** 〖심리〗 갈등

come into ~ (with) (…와) 싸우다; 충돌[상충]하다 ***in ~ (with)*** (…와) 싸우고; (…와) 충돌[상충]하여

— [kənflíkt] *vi.* **1 충돌하다** 《*with*》, 서로 용납되지 않다, 모순되다 《*with*》 **2** 다투다, 싸우다 《*with*》

con·flict·ing [kənflíktiŋ] *a.* 서로 싸우는, 모순되는

con·flu·ence [kάnflu:əns | kɔ́nfluəns] *n.* **1** 합류(점)(junction) 《*of*》 **2** 인파, 집합, 군중

con·flu·ent [kάnflu:ənt | kɔ́n-] *a.* 합류하는, 합치는

con·flux [kάnflʌks | kɔ́n-] *n.* = CONFLUENCE

con·fo·cal [kanfóukəl | kɔn-] 〖수학〗 *a.* 초점을 공유하는, 공초점의

***con·form** [kənfɔ́:rm] [L 「함께 형성하다」의 뜻에서] *vt.* **1** 〈행위·습관 등을 모범·범례에〉 **따르게 하다**; 〈행위를 법률·풍속 등에〉 **맞게 하다** 《*to*》 **2** [~ *oneself* 로] 〈규칙·관습 등에〉 따르다, 순응하다 《*to*》 — *vi.* **1** 〈물체가 틀에〉 따르다, 합치하다(be adapted) 《*to*》 **2** 〈사람이 규칙·습속에〉 따르다 《*to*》

con·form·a·ble [kənfɔ́:rməbl] *a.* **1** Ⓟ (…에) 준거하는(according) 《*to*》; 적합한, 상응하는(corresponding) 《*to*》; 비슷한 《*to*》 **2** Ⓟ 순종하여(submissive) 《*to*》 **3** 〖지질〗 정합(整合)의

-bly *ad.* 일치하여; 양순하게

con·for·mance [kənfɔ́:rməns] *n.* Ⓤ 일치, 적합, 순응 《*to, with*》

con·for·ma·tion [kὰnfɔ:rméiʃən | kɔ̀n-] *n.* **1** 형태, 구조 **2** Ⓤ 적합, 일치 《*to*》

con·form·ist [kənfɔ́:rmist] *n.* 준수자; [종종 **C~**] 《영》 영국 국교도(opp. *Nonconformist*)

***con·for·mi·ty** [kənfɔ́:rməti] *n.* Ⓤ 비슷함, 부합 《*to, with*》; 적합, 일치 《*to, with*》; 준거, 준봉 《*with, to*》

in ~ with [to] …에 따라, …을 준수하여

‡**con·found** [kənfáund] [L 「함께 붓다, 혼란시키다」의 뜻에서] *vt.* **1 혼동하다** (confuse) **2** 〈사람을〉 **당황케[난처하게] 하다 3** 《구어》 저주하다 《가벼운 욕》 (***God***) ***~!*** = ***C~ it [you]!*** 망할 자식!

~·er *n.*

***con·found·ed** [kənfáundid] *a.* **1** Ⓟ **당황한** 《*at, by*》: be ~ *at*[*by*] the sight of …의 광경을 보고 당황하다 **2** Ⓐ 《구어》 **괘씸한,** 엄청난, 지독한

con·found·ed·ly [kənfáundidli] *ad.* 《구어》 지독[끔찍]히(extremely)

con·fra·ter·ni·ty [kὰnfrətə́:rnəti | kɔ̀n-] *n.* (*pl.* **-ties**) (종교·자선) 봉사단체, 신자회

con·frere, -frère [kάnfrɛər | kɔ́n-] [F] *n.* 회원; 동료

‡**con·front** [kənfrʌ́nt] [L 「함께 이마를 맞댐」의 뜻에서; ⇨ front] *vt.* **1 직면하다,** 맞서다(face) **2** 〈법정에서〉 대결시키다 《*with*》, …의 눈앞에 들이대다 《*with*》 **3** 〈곤란 등이〉 …에게 들이닥치다 **4** 대비[비교]하다 《*with*》

***con·fron·ta·tion** [kὰnfrəntéiʃən | kɔ̀n-] *n.* ⓊⒸ **대면,** 직면, 대립, 대치; (법정에서의) **대결**

Con·fu·cian [kənfjú:ʃən] *a.* 공자의; 유교의 — *n.* 유생, 유학자

~·ìsm *n.* Ⓤ 유교 **~·ist** *n.* 유생, 유학자

Con·fu·cius [kənfjú:ʃəs] [Kong Fuzi 「孔夫子」의 라틴어 명에서] *n.* 공자(552?-479 B.C.)《유교의 창시자; *Analects*(논어)》

‡**con·fuse** [kənfjú:z] [L 「함께 붓다」의 뜻에서] *vt.* **1 혼동하다,** 혼란시키다: ~ liberty *with* license 자유를 방종과 혼동하다 **2 어리둥절하게 하다**(perplex), 당황하게 하다

***con·fused** [kənfjú:zd] *a.* **혼란스러운;** 당황한, 어리둥절한 《*at, by*》

con·fus·ed·ly [kənfjú:zidli] *ad.* 혼란스럽게; 어찌할 바를 몰라, 당황하여

***con·fus·ing** [kənfjú:ziŋ] *a.* **혼란시키는, 당황케 하는 ~·ly** *ad.*

***con·fu·sion** [kənfjú:ʒən] *n.* Ⓤ **1 혼동** 《*with*》; **혼란 2 혼미, 당황**(perplexity)

con·fu·ta·tion [kὰnfju:téiʃən | kɔ̀n-] *n.* Ⓤ 논파, 논박

con·fute [kənfjú:t] *vt.* 논박[논파]하다; 찍소리 못하게 하다

con·ga [kάŋgə | kɔ́ŋ-] *n.* 콩가 《아프리카의 춤에서 발달한 쿠바 춤》; 그 곡

cón gàme = CONFIDENCE GAME

con·gé [kάnʒei | kɔ́n-] [F] *n.* **1** 해직(解職), 면직(dismissal) **2** 작별 (인사)

con·geal [kəndʒí:l] *vt., vi.* 얼리다, 얼다(freeze); 응결[응고]시키다[하다]

con·ge·la·tion [kὰndʒəléiʃən | kɔ̀n-] *n.* **1** Ⓤ 동결, 응고 **2** 동결물, 응결물

***con·ge·nial** [kəndʒí:njəl] *a.* **1 같은 성질의,** 같은 정신의, 취미가 같은, 마음이 맞는 《*with, to*》: ~ company 뜻이 맞는 친구들 **2** Ⓟ 〈건강·취미 등에〉 알맞은, 성미에 맞는 《*to*》 **~·ly** *ad.* 성미에 맞게

con·ge·ni·al·i·ty [kəndʒì:niǽləti] *n.* ⓊⒸ **1** 〈성질·취미 등의〉 일치 《*in, between*》 **2** 성미에 맞음, 적합[적응]성 《*to, with*》

con·gen·i·tal [kandʒénətl | kɔn-] *a.* 〈병·결함 등이〉 타고난, 선천적인 《*with*》: ~ deformity 선천적 기형 **~·ly** *ad.*

con·ger [káŋgər | kɔ́ŋ-] *n.* 〖어류〗 붕장어(= ∠ **éel**)

con·ge·ries [kándʒərì:z | kɔndʒíəri:z] *n.* 한 덩어리; 퇴적, (…) 더미

*__con·gest__ [kəndʒést] *vt.* **1 혼잡하게 하다,** 가득 채워 넣다 **2** 〖병리〗 충혈[울혈]시키다
— *vi.* 〖병리〗 충혈[울혈]하다

*__con·gest·ed__ [kəndʒéstid] *a.* **1** 〈사람·교통이〉 **혼잡한,** 정체된: a ~ area[district] 인구 과잉[과밀] 지역 / The traffic was very ~. 교통이 몹시 정체되어 있었다. **2** 〖병리〗 충혈[울혈]한

*__con·ges·tion__ [kəndʒéstʃən] *n.* Ⓤ **1** (인구의) **밀집**; 과잉; 정체; (거리·교통의) **혼잡 2** 〖병리〗 충혈, 울혈

con·ges·tive [kəndʒéstiv] *a.* 충혈성의

con·glom·er·ate [kənglámərət | -glɔ́m-] *a.* **1** 둥글게 뭉친, 덩어리가 된, 밀집한 **2** 〖지질〗 역암질(礫岩質)의, 집괴성(集塊性)의 **3** 복합 기업(체)의
— *n.* **1** 집단, 집성체; 〖지질〗 역암 **2** 복합 기업
— [-rèit] *vt., vi.* 둥글게 덩이지게 하다[덩이지다], 덩어리 모양으로 모으다; 〈회사·기업이〉 합병하다

con·glom·er·a·tion [kənglàməréiʃən | -glɔ̀m-] *n.* Ⓤ 괴상 집적(塊狀集積); Ⓒ 응괴(凝塊), 집괴(集塊)

Con·go [káŋgou | kɔ́ŋ-] *n.* **1** [(the) ~] 콩고 **2** [(the) ~] 콩고 강 《중부 아프리카의》

Con·go·lese [kàŋgəlí:z | kɔ̀ŋ-] *a.* 콩고 (사람·말)의 — *n.* (*pl.* ~) 콩고 사람; Ⓤ 콩고 말

con·grats [kəngrǽts], **con·grat·ters** [kəngrǽtərz] [*congrat*ulations] *int.* 《구어》 축하합니다!

‡**con·grat·u·late** [kəngrǽtʃulèit | kəŋ-] [L 「함께 기쁨을 축원하다」의 뜻에서] *vt.* **축하하다,** 경축하다, 축사를 하다 《*on*》: I ~ you *on*[*upon*] your engagement [success]. 약혼[성공]을 축하합니다.

‡**con·grat·u·la·tion** [kəngræ̀tʃuléiʃən | kəŋ-] *n.* Ⓤ **축하,** 경하 《*on, upon*》; [*pl.*] 축사 ***C~s!*** 축하합니다!

con·grat·u·la·tor [kəngrǽtʃulèitər | kəŋ-] *n.* 축하자, 하객(賀客)

con·grat·u·la·to·ry [kəngrǽtʃulətɔ̀:ri] *a.* 축하의

*__con·gre·gate__ [káŋgrigèit | kɔ́ŋ-] [L 「함께 모이다」의 뜻에서] *vi., vt.* **모이다,** 군집하다; 모으다

*__con·gre·ga·tion__ [kàŋgrigéiʃən | kɔ̀ŋ-] *n.* **1 모임,** 회합(assembly) **2** [집합적] 〖종교〗 **회중(會衆)**; 집회

con·gre·ga·tion·al [kàŋgrigéiʃənl | kɔ̀ŋ-] *a.* 회중의; [**C~**] 조합 교회제의 ***the C~ Church***[***Chapel***] 조합 교회 《각 교회의 독립 자치를 주장하는》
~·ism *n.* Ⓤ 조합 교회제[주의] **~·ist** *n.* 조합 교회 신자

‡**con·gress** [káŋgris | kɔ́ŋgres] [L 함께 모이다」의 뜻에서] *n.* **1** [**C~**; 보통 무관사] (미국·중남미의) **국회,** 의회; 국회 회기 **2** (대표자·사절 등의) **대회,** 평의원회, 학술 대회: the International P.E.N. *C~* 국제 펜클럽 대회 ***in C~*** 국회 개회 중

*__con·gres·sion·al__ [kəŋgréʃənl] *a.* **회의**의; 집회의; [종종 **C~**] 《미》 국회의

Congréssional Récord 《미》 연방 의회 의사록

*__con·gress·man__ [káŋgrismən | kɔ́ŋgres-] *n.* (*pl.* **-men** [-mən]) [종종 **C~**] 《미》 국회 의원, 《특히》 **하원 의원**

con·gress·per·son [káŋgrispə̀:rsn | kɔ́ŋ-] *n.* (*pl.* **-peo·ple** [-pì:pl]) [종종 **C~**] 연방 의회[하원] 의원

con·gress·wom·an [-wùmən] *n.* (*pl.* **-wom·en** [-wìmin]) [종종 **C~**] 《미》 여자 국회[하원] 의원

con·gru·ence, -en·cy [kəngrú:əns(i), káŋgru:-] *n.* = CONGRUITY

con·gru·ent [kəngrú:ənt, káŋgru:- | kɔ́ŋgru-] *a.* **1** = CONGRUOUS **2** Ⓟ 합동하는 《*with*》

con·gru·i·ty [kəngrú:əti | kɔŋ-] *n.* (*pl.* **-ties**) ⓊⒸ 적합(성), 일치(점) 《*between, with*》; 〖수학〗 합동(성)

con·gru·ous [káŋgruəs | kɔ́ŋ-] [L 「서로 만나는」의 뜻에서] *a.* 일치하는, 적합한 《*to, with*》 **~·ly** *ad.* **~·ness** *n.*

con·ic [kánik | kɔ́n-] 〖수학〗 *a.* 원추[원뿔]의

con·i·cal [kánikəl | kɔ́n-] *a.* 원뿔(꼴[형])의 **~·ly** *ad.*

con·i·fer [kánəfər | kóun-] *n.* 〖식물〗 구과(毬果) 식물, 침엽수

co·nif·er·ous [kouníf ərəs] *a.* 〖식물〗 침엽수의; 구과 식물의: a ~ tree 침엽수

conj. conjugation; conjunction; conjunctive

con·jec·tur·al [kəndʒéktʃərəl] *a.* 추측의; 억측하기 좋아하는

*__con·jec·ture__ [kəndʒéktʃər] [L 「함께 던지다」의 뜻에서] *n.* ⓊⒸ **어림짐작,** 추측, 억측(guesswork); 판독: hazard a ~ 어림짐작하다 — *vt.* 추측[억측]하다; 판독하다 — *vi.* 추측하다, 어림대고 말하다

con·join [kəndʒɔ́in] *vt., vi.* 결합하다, 연합하다(combine)

con·joint [kəndʒɔ́int] *a.* 결합한, 연합[합동]한; 공동의
~·ly *ad.* 결합하여, 공동으로

con·ju·gal [kándʒugəl | kɔ́n-] *a.* Ⓐ 부부의, 혼인의: ~ affection 부부애

con·ju·gal·i·ty [kàndʒugǽləti | kɔ̀n-] *n.* Ⓤ 혼인 (상태), 부부 관계[생활]

cónjugal ríghts 〖법〗 부부 동거[성교]권

con·ju·gate [kándʒugèit | kɔ́n-] [L 「함께 멍에 메우다」의 뜻에서] *vt.* 〖문법〗 〈동사를〉 활용[변화]시키다
— *vi.* **1** 〖문법〗 활용[변화]하다 **2** 〖생물〗 접합[교미]하다
— [-gət] *a.* (짝으로) 결합한; 〖생물〗 접합의; 〖식물〗 〈잎이〉 한 쌍을 이루는; 〖문법〗 어원이 같은, 동근(同根)의

‡**con·ju·ga·tion** [kàndʒugéiʃən | kɔ̀n-] *n.* ⓊⒸ **1** 〖문법〗 (동사의) **변화**[**활용**], 어형 변화; 활용형 **2** 결합, 연결; 〖생물〗 접합 《생식 세포의》

con·junct [kəndʒʌ́ŋkt] *a.* 결합[연결]한, 공동의; 〖문법〗 접속형의 **~·ly** *ad.*
‡con·junc·tion [kəndʒʌ́ŋkʃən] [L 「함께 잇다」의 뜻에서] *n.* **1** UC **결합, 연결, 접속**; 합동, 연락 **2** 〖문법〗 **접속사**: coordinate[coordinating] ~*s* 등위[대등] 접속사 《동격의 어구를 잇는 and, but 등》 **3** 〖천문〗 (두 행성 등의) 합(合); (달의) 삭(朔) ***in ~ with*** …와 함께; …에 관련하여
con·junc·ti·va [kàndʒʌŋktáivə | kɔ̀n-] *n.* (*pl.* **~s, -vae** [-vi:]) 〖해부〗 (눈의) 결막
***con·junc·tive** [kəndʒʌ́ŋktiv] *a.* **결합하는,** 접합[연결]적인 **2** 〖문법〗 접속적인 **—** *n.* 〖문법〗 접속어[사] **~·ly** *ad.*
con·junc·ti·vi·tis [kəndʒʌ̀ŋktəváitis] *n.* U 〖안과〗 결막염
con·junc·ture [kəndʒʌ́ŋktʃər] *n.* 국면, 사태, 경우; (위급한) 때, 위기
***at*[*in*] *this* ~** 이 때에, 이 중대한[위급한] 때에
con·ju·ra·tion [kàndʒuréiʃən | kɔ̀n-] *n.* UC 주문, 주술, 마법
***con·jure** [kándʒər | kʌ́n-] [L 「함께 맹세하다」의 뜻에서] *vt.* **1 요술[마술]로 …하다**; 마법을 걸다 **2** (마음 속에) 그려 내다, 생각해 내다(recall) 《*up*》 **3** [kəndʒúər] 《문어》 기원[탄원]하다, 간청하다(implore)
— *vi.* 마법[요술]을 쓰다
~ *up* 주문을 외어[마술을 써서] 〈죽은 이의 영혼·귀신 등을〉 나타나게 하다[불러내다]; 상상으로 나타나게 하다; 눈 깜짝할 사이에 …을 만들다
con·jur·er, -ju·ror [kándʒərər | kʌ́n-] *n.* 마법사; 요술쟁이, 마술사
conk[1] [kaŋk | kɔŋk] 《속어》 *n.* 코; 머리; (머리[코]에 대한) 일격
— *vt.* …의 머리를 치다
conk[2] *vi.* 《구어》 〈기계가〉 망가지다, 멈추다 《*out*》; 기절하다; 죽다 《*out*》; 《미》 잠들다 《*out*》
conk·er [káŋkər | kɔ́ŋkə] *n.* 마로니에 열매; 마로니에 놀이 《아이들이 실에 꿴 상수리 열매를 서로 쳐서 깨는 놀이》
cón màn 《구어》 사기꾼(confidence man)
Conn. Connecticut
con·nate [káneit | kɔ́n-] *a.* **1** 타고난, 선천적인 **2** 동시 발생의; 〖식물〗 합생(合生)의
‡con·nect [kənékt] [L 「함께 묶다」의 뜻에서] *vt.* **1 잇다, 연결하다,** 결합[접속]하다 《*to, with*》: ~ this wire *to*[*with*] that 이 철사를 저 철사에[와] 연결하다 **2** [~ one*self* 로] **관련[관계]시키다 3** 〈사람·장소를〉 **전화로 연결하다**: Please ~ me *with* Mr. Greene. 그린 씨 좀 대주세요. **4** (…와) **관련지어 생각하다,** 연상하다 《*with*》 **5** 〈전기 기구를〉 (전원에) **연결하다 —** *vi.* **1** 연속하다 **2** 연결되다, 접속[연락]되다 《*with*》 **3** 관계[관련]하다 《*with*》 **~·er** *n.*
con·nect·ed [kənéktid] *a.* **1** 연속된, 일관된: a ~ account 앞뒤가 맞는 설명 **2** 관계[연락]가 있는; 연고가 있는《*with*》: be ~ *with* an affair 어떤 사건과 관계가 있다
***Con·nec·ti·cut** [kənétikət] [Am.-Ind. 「긴 강의 고장」의 뜻에서] *n.* **코네티컷** 《미국 북동부(New England)에 있는 주; 略 Conn.》
con·néct·ing ròd [kənéktiŋ-] 〖기계〗 (내연 기관의) 연접봉
‡con·nec·tion | -nex·ion [kənékʃən] *n.* **1** UC **연결,** 결합, (전화의) **접속 2** UC (인과적) **관계,** 관련 《*between*》 **3** UC **연고,** 연줄, 관계; 친밀, 사귐; 친척 **4** UC (배·기차 등의) **연락,** 접속; 갈아탐 **5** 단골, 거래처
in ~ with …와 관련하여; …에 관해서(의)
***in this*[*that*] ~** = ***in ~ with this*[*that*]** 이[그] 점에 대하여; 덧붙여 말하건대
con·nec·tive [kənéktiv] *a.* 접속적인, 결합[연접]성의 **—** *n.* **1** 연결물, 연접물 **2** 〖문법〗 연결어 《접속사·관계사 등》 **~·ly** *ad.*
con·nec·tor [kənéktər] *n.* 연결하는 것; 〖철도〗 연결기; 〖전기〗 커넥터
Con·nie [káni | kɔ́ni] *n.* 여자 이름 《Constance의 애칭》
cón·ning tòwer [kániŋ- | kɔ́n-] (군함의) 사령탑, (잠수함의) 전망탑
con·niv·ance [kənáivəns] *n.* U 묵과, 못 본 체하기 《*at*》; (범죄 행위의) 묵인
con·nive [kənáiv] [L 「눈을 감다」의 뜻에서] *vi.* 못 본 체하다, 묵인하다, 묵과하다 《*at*》; 묵계[공모]하다 《*with*》
con·nois·seur [kànəsə́:r | kɔ̀n-] *n.* (미술품 등의) 감정가, 감식가; 권위자, 전문가(expert) **~·shìp** *n.* U 감식안(鑑識眼); 감정업(業)
con·no·ta·tion [kànətéiʃən | kɔ̀n-] *n.* UC 언외(言外)의 의미, 함축; 〖논리〗 내포
con·no·ta·tive [kánətèitiv | kɔ́n-] *a.* 함축성 있는, 〈딴 뜻을〉 암시하는《*of*》; 〖논리〗 내포적인: a ~ sense 함축된 뜻 **~·ly** *ad.*
con·note [kənóut] *vt.* 〈딴 뜻을〉 암시하다; 〖논리〗 내포하다; 《구어》 의미하다
con·nu·bi·al [kənjú:biəl | -njú:-] *a.* A 결혼 (생활)의; 부부의 **~·ly** *ad.*
‡con·quer [káŋkər | kɔ́ŋ-] [L 「열심히 추구하다」의 뜻에서] *vt.* **1 정복하다,** 공략하다 **2** 〈명성 등을〉 획득하다 **3** 〈격정을〉 억누르다, 〈습관을〉 타파하다, 〈곤란 등을〉 극복하다 **—** *vi.* 정복하다; 승리를 얻다
‡con·quer·or [káŋkərər | kɔ́ŋ-] *n.* **1 정복자,** 전승(戰勝)자 **2** [the C~] 〖영국사〗 정복왕 윌리엄 1세 《Normandy공, 1066년 영국을 정복》
‡con·quest [kánkwest | kɔ́ŋ-] *n.* **1** U **정복** 《*of*》; [the C~] = NORMAN CONQUEST **2** 정복하여 얻은 것, 점령지; 피정복자 **3** U 애정의 획득; C 차지한 여자[남자]
con·quis·ta·dor [kɔ:ŋkí:stədɔ̀:r] [Sp.] *n.* (*pl.* **~s**) 정복자, 《특히》 신대륙 정복자 《16세기 멕시코·페루를 정복한 스페인 사람》
Cons. Conservative; Consul
con·san·guin·e·ous [kànsæŋgwíniəs | kɔ̀n-] *a.* 혈족의, 동족의

con·san·guin·i·ty [kànsæŋgwínəti | kɔ̀n-] *n.* Ⓤ 혈족, 친족 (관계), 동족

‡**con·science** [kánʃəns | kɔ́n-] [L 「함께 알다, 의식하다」의 뜻에서] *n.* ⓊⒸ **양심**, 도의심, 선악의 관념: a man of ~ 양심적인 사람
for ~(') ***sake*** 양심에 거리낌이 없도록; 제발 ***have*** something ***on*** one***'s*** ~ 어떤 일이 마음[양심]에 거리끼다 ***have the ~ to*** do 뻔뻔스럽게도 …하다, 거리낌 없이 …하다 ***in*** (***all***) ~ (구어) 정말로, 확실히; 공정하게, 도리상, 양심에 거리껴서 〈할 수가 없다〉 ***on***[***upon***] one***'s*** ~ 양심에 맹세하여, 반드시

cónscience clàuse 〖미국법〗 양심 조항 《신앙의 자유 등을 인정하는 것》

cónscience mòney (보통 익명으로 하는 탈세자 등의) 속죄 헌금

con·science-smit·ten [kánʃəns-smìtn | kɔ́n-] *a.* = CONSCIENCE-STRICKEN

con·science-strick·en [-strìkən] *a.* 양심의 가책을 받는, 양심에 거리끼는

*__con·sci·en·tious__ [kànʃiénʃəs | kɔ̀n-] *a.* **양심적인**, 성실한; Ⓟ 세심한, 신중한 《*about*》 **~·ly** *ad.* **~·ness** *n.*

consciéntious objéctor 양심적 병역 거부자 《略 CO》

con·scio·na·ble [kánʃənəbl | kɔ́n-] *a.* 양심적인

‡**con·scious** [kánʃəs | kɔ́n-] [L 「함께 알고 있는」의 뜻에서; conscience와 같은 어원] *a.* **1** Ⓟ **의식[자각]하고 있는** 《*of*》 **2** Ⓟ **지각[정신, 의식]이 있는** **3** 의도적인, 의식적인 **4** 자의식이 있는 **5** [보통 복합어를 이루어] …을 강하게 의식하는
— *n.* [the ~] 의식

*__con·scious·ly__ [kánʃəsli | kɔ́n-] *ad.* **의식[자각]하여, 의식적으로**

‡**con·scious·ness** [kánʃəsnis | kɔ́n-] *n.* Ⓤ **의식**, 자각, 감지(感知); 〖심리·철학〗 의식, 지각; 심상(心像) ***class ~*** 계급 의식 ***lose*** [***regain, recover***] ~ 의식을 잃다[회복하다] ***stream of ~*** 〖심리·문학〗 의식의 흐름

con·script [kánskript | kɔ́n-] *a.* Ⓐ 징집된 **—** *n.* 징집병
— [kənskrípt] *vt.* 징병하다

con·scrip·tion [kənskrípʃən] *n.* Ⓤ 징병 (제도), 모병(draft); (전시의) 강제 징집[징발, 징수]

*__con·se·crate__ [kánsəkrèit | kɔ́n-] *vt.* **1 신성하게 하다**, 정화하다(hallow); 축성(祝聖)하다 **2** 〈교회·장소·물건 등을〉 봉헌하다(dedicate) 《*to*》: ~ a church *to* divine service 헌당(獻堂)하다

*__con·se·cra·tion__ [kànsəkréiʃən | kɔ̀n-] *n.* ⓊⒸ **1 신성화**, 정화; [the ~; 종종 **C~**] 〖가톨릭〗 성별(聖別), 축성(祝聖)(식) **2** 헌신 **3** (교회의) 헌당(식), 봉헌(dedication); 성직[주교] 서품(식); 축성[성별](식)

*__con·sec·u·tive__ [kənsékjutiv] *a.* **1 연속적인**, 계속되는(successive); 일관된: for three ~ years 3년간 계속하여 **2** 〖문법〗 결과를 나타내는
~·ness *n.* Ⓤ 연속(성), 일관성

con·sen·su·al [kənsénʃuəl] *a.* 합의의

*__con·sen·sus__ [kənsénsəs] *n.* (의견 등의) **일치**, 합의; 여론

‡**con·sent** [kənsént] [L 「함께 느끼다, 조화되다」의 뜻에서] *vi.* **동의하다**, 승낙하다, 찬성하다(opp. *dissent*) 《*to*》: ~ to a suggestion 제안에 동의하다 **—** *n.* Ⓤ **동의**, 승낙; (의견·감정의) 일치

‡**con·se·quence** [kánsikwèns | kɔ́nsikwəns] *n.* **1 결과**, 귀결(outcome) **2** 〖논리〗 결론 **3** Ⓤ (영향의) **중대성**, 중요성 ***as a*** ~ (***of***) = ***in*** ~ (***of***) …의 결과로서, …때문에 ***of*** (***great***) ~ (매우) 중대한

*__con·se·quent__ [kánsikwənt | kɔ́nsi-] [L 「함께 뒤따르는」의 뜻에서] *a.* **1 결과의**, 결과로서 생기는 《*on, upon*》 **2** 논리상 필연의, 당연한

con·se·quen·tial [kànsikwénʃəl | kɔ̀n-] *a.* **1** 결과로서 일어나는; 당연한, 필연적인 **2** 중대한 **~·ly** *ad.*

‡**con·se·quent·ly** [kánsikwəntli | kɔ́nsi-] *ad.* **따라서**, 그 결과로서

con·serv·an·cy [kənsə́:rvənsi] *n.* (*pl.* **-cies**) Ⓤ (삼림·하천 등의) 보존, 관리, 감독; Ⓒ 《영》 (하천·항만의) 관리 위원회[사무소]

*__con·ser·va·tion__ [kànsərvéiʃən | kɔ̀n-] *n.* Ⓤ (하천·삼림의) **보존**, 보호, 관리; **유지**; 〖물리〗 보존 **~·ist** *n.* 자원 보호론자

*__con·serv·a·tism__ [kənsə́:rvətìzm] *n.* Ⓤ **보수주의**, 보수적인 경향; [종종 **C~**] 영국 보수당의 주의

‡**con·ser·va·tive** [kənsə́:rvətiv] *a.* **1** (정치적으로) **보수적인** **2** [**C~**] 〖정치〗 영국 보수당의(cf. LIBERAL, LABOR) **3** 〈사람·생각 등이〉 보수적인, 전통적인; 고루한 **4** 〈옷차림이〉 수수한 **—** *n.* **1** 보수적인 사람 **2** [**C~**] 보수당원
~·ly *ad.* 보수적으로; 줄잡아 **~·ness** *n.*

Consérvative Pàrty [the ~] 보수당

con·ser·va·toire [kənsə́:rvətwɑ̀:r | -twɑ̀:] [F] *n.* 음악[미술, 예술] 학교

con·ser·va·tor [kənsə́rvətər, kánsərvèitər | kɔ́n-] (*fem.* **-trix** [-triks]) *n.* **1** 보존자 **2** (박물관 등의) 관리자; 《영》 (하천 등의) 관리 위원

con·serv·a·to·ry [kənsə́:rvətɔ̀:ri | -təri] *n.* (*pl.* **-ries**) **1** 온실(greenhouse) **2** 음악[미술, 예술] 학교

*__con·serve__ [kənsə́:rv] [L 「함께 보존하다」의 뜻에서] *vt.* **보존하다**, 유지하다, 보호하다; 설탕 절임으로 하다
— [kánsə:rv, kənsə́:rv | kənsə́:v] *n.* [보통 *pl.*] 설탕 절임; 잼(jam)

‡**con·sid·er** [kənsídər] [L 「별을 잘 관찰하다」의 뜻에서; 어떤 일을 결정할 때 별점을 친 데서] *vt.* **1 숙고하다**; 고찰하다(examine); …할 것을 생각하다 **2** …을 …**이라고 생각하다**; [목적보어와 함께] …을 …으로 보다, 간주하다, 여기다 **3 고려하다**(take into account), 참작하다(make allowance for) **4** 존경하다 **—** *vi.* 고려[숙고]하다(reflect)

‡**con·sid·er·a·ble** [kənsídərəbl] *a.* **1 상당한**, 적지 않은, 꽤 많은; 《미·구어》 많은, 다수

[다량]의 **2** 중요한; 고려해야 할, 무시 못 할 **—** *n.* ⦅미·구어⦆ 다량: A ~ *of* a trade was carried on. 다량의 거래가 이루어졌다.

⁑**con·sid·er·a·bly** [kənsídərəbli] *ad.* **상당히, 꽤,** 적지 않게

*****con·sid·er·ate** [kənsídərət] *a.* **이해심[동정심]이 있는,** 마음씨 좋은 ⦅*of*⦆; 신중한, 생각이 깊은(prudent)
~·ly *ad.* **~·ness** *n.*

⁑**con·sid·er·a·tion** [kənsìdəréiʃən] *n.* **1** Ⓤ **고려,** 숙고; 고찰 **2 고려할 사항[문제];** 이유: Money is no ~. 돈은 문제가 아니다. **3** [보통 a ~] 보수 **4** ⦅법⦆ 대가(對價) **5** Ⓤ 참작, 이해성, 동정심 ⦅*for*⦆ ***have no ~ for*[*of*]** …에 대한 배려가 없다, …을 고려하지 않다 ***in ~ of*** …의 보수로서; …을 고려하여 ***take ... into ~*** …을 고려[참작]하다 ***under ~*** 고려 중에[의], 검토 중에

con·sid·ered [kənsídərd] *a.* Ⓐ 깊이 생각한 (후의); [부사를 앞에 두어] 존경 받는, 중히 여겨지는: a *highly* ~ scholar 크게 존경받는 학자

⁑**con·sid·er·ing** [kənsídəriŋ] *prep.* **…을 고려하면,** …치고는, …을 생각하면: He looks young ~ his age. 그는 나이치고는 젊어 보인다.
— *conj.* …을 생각하면, …이므로(seeing that ...) **—** *ad.* ⦅구어⦆ [문미에서] 비교적, 그런대로

*****con·sign** [kənsáin] [L 「봉인(sign)을 하다」의 뜻에서] *vt.* **1 건네주다,** 인도하다 **2 위탁하다,** 위임하다, 맡기다
~ to oblivion 잊어버리다, 망각하다

con·sign·ee [kànsainíː, -si-] *n.* (판매) 수탁인; 하물 인수자(cf. CONSIGNOR)

con·sign·er [kənsáinər] *n.* = CONSIGNOR

con·sign·ment [kənsáinmənt] *n.* **1** Ⓤ 위탁 (판매), 탁송 **2** 위탁 화물, 적송품(積送品); 위탁 판매품

con·sign·or [kənsáinər] *n.* (판매품의) 위탁자; 하주(shipper)

⁑**con·sist** [kənsíst] [L 「함께 서다, 양립하다」의 뜻에서] *vi.* **1** 〈부분·요소로〉 **되어[이루어져] 있다**(be made up) ⦅*of*⦆: Water ~*s of* hydrogen and oxygen. 물은 수소와 산소로 되어 있다. **2 …에 있다,** …에 존재하다(lie) ⦅*in*⦆: Happiness ~*s in* contentment. 행복은 만족에 있다. **3** 양립[일치]하다 ⦅*with, together*⦆

*****con·sis·ten·cy** [kənsístənsi], **-tence** [-təns] *n.* Ⓤ **1 일관성,** 언행일치, 모순이 없음 ⦅*of, with*⦆ **2** 농도, 밀도, 경도

*****con·sis·tent** [kənsístənt] *a.* **1** 〈언행·사상 등이〉 **일관된,** 모순이 없는 ⦅*with*⦆ **2** 〈사람이〉 **언행이 일치된,** 견실한 **3** 철저한 **~·ly** *ad.* 시종일관하여; 견실히

con·sis·to·ry [kənsístəri] *n.* (*pl.* **-ries**) (천주교의) 추기경 회의, (영국 국교회의) 감독 법원, (장로 교회의) 장로 법원; 교회 회의실

con·sol·a·ble [kənsóuləbl] *a.* 위안이 되는

*****con·so·la·tion** [kànsəléiʃən | kɔ̀n-] *n.* Ⓤ **위로,** 위안, 위자(慰藉); Ⓒ 위안이 되는 것[사람]

consolátion prìze 감투상, 애석상

con·so·la·to·ry [kənsálətɔ̀ːri | -sɔ́lətəri] *a.* 위로가 되는, 위문의

⁑**con·sole**[1] [kənsóul] [L 「함께 위로하다」의 뜻에서] *vt.* **위로하다**(soothe), 위문하다: ~ one's grief 슬픔을 달래다

con·sole[2] [kánsoul | kɔ́n-] *n.* **1** ⦅건축⦆ 콘솔, 소용돌이꼴 초엽[까치발] **2** (파이프오르간의) 연주대 **3** (라디오·텔레비전의) 캐비닛; (컴퓨터 등의) 조작 탁자[대]; (비행기 등의) 관제용 계기반(盤); ⦅전기⦆ 제어 장치; (자동차의) 콘솔 ⦅운전석과 조수석의 사이에 두는⦆

cónsole tàble 까치발로 벽에 받쳐 단 테이블, 콘솔형 테이블

*****con·sol·i·date** [kənsálədèit | -sɔ́l-] [L 「견고하게(solid)하다」의 뜻에서] *vt.* 〈토지·회사 등을〉 **합병 정리하다,** 통합하다; 〈권력·지위 등을〉 굳히다, 강화하다: ~ two companies *into* one 두 회사를 합병하여 하나로 하다 **—** *vi.* 합병하다; 굳어지다, 튼튼해지다

con·sol·i·dat·ed [kənsálədèitid | -sɔ́l-] *a.* 합병 정리된, 통합된; 고정된

Consólidated Fúnd [the ~] ⦅영⦆ 정리 공채 기금 ⦅각종 공채 기금을 병합 정리한 것⦆

consólidated schòol ⦅미⦆ 통합 학교 ⦅여러 학군의 아동을 수용⦆

*****con·sol·i·da·tion** [kənsàlədéiʃən | -sɔ̀l-] *n.* Ⓤ **1 합동, 합병;** 통합, 정리: ~ funds 정리 기금 **2** 강화; 단단히 함

con·sols [kánsalz | kɔ́nsɔlz] [*consolidated annuities*] *n. pl.* ⦅영⦆ 콘솔[정리] 공채 ⦅1751년 각종 공채를 정리하여 연금 형태로 한 것⦆

con·som·mé [kànsəméi | kənsɔ́mei] [F] *n.* Ⓤ 콩소메, 맑은 수프(cf. POTAGE)

con·so·nance, -nan·cy [kánsənəns(i) | kɔ́n-] *n.* Ⓤ **1** 일치, 조화 **2** [UC] ⦅음악⦆ 협화음(opp. *dissonance*) ***in ~ with*** …와 조화[일치, 공명]하여

*****con·so·nant** [kánsənənt | kɔ́n-] [L 「함께 소리내다」의 뜻에서] *n.* ⦅음성⦆ **자음**(opp. *vowel*); 자음자 **—** *a.* Ⓟ …와 일치[조화]하여 ⦅*with, to*⦆; ⦅음악⦆ 협화음의; Ⓐ ⦅음성⦆ 자음의

con·so·nan·tal [kànsənǽntl | kɔ̀n-] *a.* 자음의, 자음의 특징을 가진

con·sort [kánsɔːrt] *n.* **1** 배우자 **2** 동행선, 요함(僚艦), 요정(僚艇); 동료
— *vi.* [kənsɔ́ːrt] 조화하다(agree) ⦅*with*⦆; 교제하다, 사귀다(associate) ⦅*with*⦆

con·sor·ti·um [kənsɔ́ːrʃiəm, -tiəm] *n.* (*pl.* **-ti·a** [-ʃiə, -tiə], **~s**) 협회, 조합; 공동체, 컨소시엄

con·spec·tus [kənspéktəs] *n.* 개관; 개요

⁑**con·spic·u·ous** [kənspíkjuəs] [L 「완전히 보이는」의 뜻에서] *a.* **1 눈에 띄는,** 잘 보이는, 두드러진 **2** 뛰어난, 이채를 띤; 저명한(eminent), 현저한

cut a ~ figure 이채를 띠다
~·ly *ad.* **~·ness** *n.*

conspícuous consúmption 과시적 소비《재산·지위를 과시하기 위한》

*__con·spir·a·cy__ [kənspírəsi] *n.* (*pl.* **-cies**) ⓊⒸ **1 음모,** 모의《*against*》 **2** 〖법〗 불법 공모, 공동 모의
in ~ 공모하여, 작당하여

*__con·spir·a·tor__ [kənspírətər] *n.* (*fem.* **-tress** [-tris]) **공모자,** 음모자(plotter)

con·spir·a·to·ri·al [kənspìrətɔ́:riəl] *a.* 공모의, 음모의 **~·ly** *ad.*

*__con·spire__ [kənspáiər] [L 「함께 호흡하다, 생각이 일치하다」의 뜻에서] *vi.* **1 공모하다,** 음모를 꾸미다《*against*》; …와 기맥을 통하다《*with*》 **2 협력하다;** 상호 작용하여 …하다

*__con·sta·ble__ [kɑ́nstəbl | kʌ́n-] [L 「마구간(stable)의 백작(count)」의 뜻에서] *n.* **1** (영) **경찰관,** 경관 **2** 성(城) 관리 장관

con·stab·u·lar·y [kənstǽbjulèri | -ləri] *a.* 경찰관의: the ~ force 경찰력
— *n.* (*pl.* **-lar·ies**) 경찰대

Con·stance [kɑ́nstəns | kɔ́n-] *n.* 여자 이름《애칭 Connie》

*__con·stan·cy__ [kɑ́nstənsi | kɔ́n-] *n.* Ⓤ **1 불변,** 항구성 **2** 지조가 굳음; 절조, 절개, 수절

‡**con·stant** [kɑ́nstənt | kɔ́n-] [L 「함께 서는」의 뜻에서] *a.* **1 불변의,** 일정한 **2 끊임없이 계속하는,** 부단한 **3** 충실한, 견실한《*in*》; Ⓟ 끝까지 지키는(true)《*to*》 **—** *n.* 〖수학·물리〗 상수, 불변수[량]

Con·stan·tine [kɑ́nstəntì:n | kɔ́nstəntàin] *n.* **~ the Great** 콘스탄티누스 대제(288? -337)

Con·stan·ti·no·ple [kɑ̀nstæntinóupl | kɔ̀n-] *n.* 콘스탄티노플《터키의 Istanbul의 구칭; 동로마 제국의 수도》

‡**con·stant·ly** [kɑ́nstəntli | kɔ́n-] *ad.* **끊임없이,** 항상; 자주, 빈번히

*__con·stel·la·tion__ [kɑ̀nstəléiʃən | kɔ̀n-] [L 「성군(星群)」의 뜻에서] *n.* **1** 〖천문〗 **별자리,** 성좌; 〖점성〗 성운(星運) **2** 화려한[아름다운] 것의 무리《*of*》 **3** 배치, 배열

con·ster·nate [kɑ́nstərnèit | kɔ́n-] *vt.* [보통 수동형] 깜짝 놀라게 하다, 간담을 서늘하게 하다(dismay)

*__con·ster·na·tion__ [kɑ̀nstərnéiʃən | kɔ̀n-] *n.* Ⓤ **깜짝 놀람,** 대경실색(dismay) ***throw into ~*** 놀라 자빠지게 하다

con·sti·pate [kɑ́nstəpèit | kɔ́n-] *vt.* [보통 수동형] 변비에 걸리게 하다

con·sti·pa·tion [kɑ̀nstəpéiʃən | kɔ̀n-] *n.* Ⓤ 변비

*__con·stit·u·en·cy__ [kənstítʃuənsi] *n.* (*pl.* **-cies**) **1** [집합적] **선거권자,** 유권자, 선거구민(voters); 선거구 **2** [집합적] 후원자, 지지자; 고객(clients)

*__con·stit·u·ent__ [kənstítʃuənt] [constitute와 같은 어원] *a.* **1** Ⓐ **구성하는 2** 대의원 선출의; 선거[지명]권을 가진; 헌법 제정[개정]권이 있는: a ~ body 선거 모체《유권자 단체》 **—** *n.* **1 선거권자,** 선거인(voter), 선거구민 **2** 성분, (구성) 요소 **3** 〖언어〗 구성 요소

‡**con·sti·tute** [kɑ́nstət*j*ù:t | kɔ́nstitjù:t] [L 「함께 조립하다」의 뜻에서] *vt.* **1 구성하다,** 구성 요소가 되다; [보통 수동형으로] …한 성질[체질]이다 **2** 임명하다(appoint), 선정하다(elect) **3** 제정하다, 설립[설치]하다

‡**con·sti·tu·tion** [kɑ̀nstət*j*ú:ʃən | kɔ̀nstitjú:-] *n.* **1** Ⓤ **구성,** 구조, 조직 **2** ⓊⒸ **체질, 체격**: have a good[strong, poor, weak] ~ 체질이 건강[튼튼, 빈약, 허약]하다 **3 헌법**: a written ~ 성문 헌법 / an unwritten ~ 불문 헌법 **4** 정체(政體), 국체(國體) **5** Ⓤ 제정; 설립, 설치

*__con·sti·tu·tion·al__ [kɑ̀nstət*j*ú:ʃənl | kɔ̀nstitjú:-] *a.* **1 헌법(상)의;** 합법의; a ~ law 헌법에 준거한 법률 **2** 체질상의, 체격의; 타고난: a ~ disease 체질성 질환 **3** 구성[조직]상의 **4** 건강을 위한
— *n.* 건강을 위한 운동, 산책
~·ism *n.* Ⓤ 입헌 정치; 헌법 옹호
~·ist *n.* 헌법론자; 헌법학자; 입헌주의자

con·sti·tu·tion·al·i·ty [kɑ̀nstət*j*u:ʃənǽləti | kɔ̀nstitju:-] *n.* Ⓤ 입헌성; 합헌[합법]성

con·sti·tu·tion·al·ize [kɑ̀nstətjú:ʃənəlàiz | kɔ̀nstitjú:-] *vt.* 입헌제로 하다

con·sti·tu·tion·al·ly [kɑ̀nstət*j*ú:ʃənəli | kɔ̀nstitjú:-] *ad.* **1** 입헌적으로, 헌법상 **2** 나면서부터, 체질적으로 **3** 구조상

con·sti·tu·tive [kɑ́nstət*j*ù:tiv | kɔ́nstitjù:-] *a.* **1** 구성적인, 구조의; 구성 성분인; 요소의 **2** 제정[설정]적인, 제정[설정]권이 있는

con·sti·tu·tor, -tut·er [kɑ́nstət*j*ù:tər | kɔ́nstitjù:-] *n.* 구성[조직]자

‡**con·strain** [kənstréin] *vt.* **1 억지로 …시키다,** 강요하다(compel): ~ obedience 복종을 강요하다 **2** [수동형] 억누르다, 억제하다
be ~ed to do 어쩔 수 없이 …하다

con·strained [kənstréind] *a.* 강제적인; 무리[부자연]한; 거북살스러운

con·strain·ed·ly [kənstréinidli] *ad.* 억지로, 하는 수 없이; 부자연스럽게; 난처하여

*__con·straint__ [kənstréint] *n.* Ⓤ **1 강제,** 압박; 속박 **2** 거북[조심]스러움, 어색함
by ~ 무리하게, 억지로

con·strict [kənstríkt] *vt.* 죄다; 압축하다; 수축시키다; 〈활동 등을〉 억제[제한]하다

con·stric·tion [kənstríkʃən] *n.* Ⓤ 긴축, 압축, 수축, 속박감; Ⓒ 죄는[죄어지는] 것

con·stric·tive [kənstríktiv] *a.* 바싹 죄는, 긴축적인, 괄약적(括約的)인, 수렴성의
— *n.* 〖음성〗 마찰음

con·stric·tor [kənstríktər] *n.* 압축시키는 것; 〖해부〗 괄약[수축]근; 먹이를 졸라 죽이는 큰 뱀(=boa ~)

‡**con·struct** [kənstrʌ́kt] [L 「함께 세우다」의 뜻에서] *vt.* **1 건설[건조]하다,** 세우다, 〈부품 등을〉조립하다 **2** 〖기하〗 작도하다, 그리다(draw) **3** 〈문장·논문 등을〉 구성하다

— [kάnstrʌkt | kɔ́n-] *n.* **1** 건조[구조]물 **2** 〖논리〗 구성 개념

‡**con·struc·tion** [kənstrʌ́kʃən] *n.* **1** ⓊⒸ **건조, 건설,** 축조; 건설 공사[작업]; 건설[건축]업: ~ work 건설 공사 **2** 건물, **건조물** **3 구조,** 건축 양식 **4** Ⓤ 〖기하〗 작도 **5** (어구·문장·법률·행위 등의) 해석 **6** 〖문법〗 (문장·어구의) 구성, 구문 ***under*** [***in course of***] ~ 건설 중(인), 공사중(인)

con·struc·tion·al [kənstrʌ́kʃənl] *a.* 건설상의; 구성적인, 구조상의 **~·ly** *ad.*

con·struc·tion·ist [kənstrʌ́kʃənist] *n.* Ⓤ **1** (법률) 해석자 **2** 구성파 화가 **-ism** *n.* 〖미술〗 구성주의

constrúction pàper 미술 공작용 색판지

*__con·struc·tive__ [kənstrʌ́ktiv] *a.* **1 건설적인:** ~ criticism 건설적[적극적] 비판 **2 구조적인,** 구성적인 **~·ly** *ad.* **~·ness** *n.*

con·struc·tiv·ism [kənstrʌ́ktivìzm] *n.* Ⓤ 〖미술〗 구성주의

con·struc·tor [kənstrʌ́ktər] *n.* 건설자, 건조자

*__con·strue__ [kənstrúː] [L 「만들어내다」의 뜻에서] *vt.* **1 해석하다** **2** 직역하다 **3** 〖문법〗 〈글의〉 구문을 분석하다; 문법적으로 결합하다 《*with*》 — *vi.* 구문을 분석하다; (문법적으로) 분석할 수 있다; 해석할 수 있다

*__con·sul__ [kάnsəl | kɔ́n-] *n.* **1 영사** **2** 〖로마사〗 집정관(執政官) 《정원 2명》; 〖프랑스사〗 집정 《1799-1804의 최고 행정관》

*__con·su·lar__ [kάnsələr | kɔ́nsju-] *a.* **1 영사(관)의:** a ~ assistant 영사보(補) / a ~ attaché[clerk] 영사관 직원[서기] **2** 〖로마사〗 집정관의

con·su·late [kάnsələt | kɔ́nsju-] *n.* 영사관; 영사의 직[임기]

cónsul géneral 총영사

‡**con·sult** [kənsʌ́lt] [L 「잘 생각하다」의 뜻에서] *vt.* **1** 〈전문가에게〉 **의견을 묻다,** 상담[상의]하다; 〈의사에게〉 보이다, **진찰을 받다** **2** 〈참고서·사전 등을〉 **참고하다,** 찾다; 〈시계 등을〉 보다: ~ a watch (시간을 알려고) 시계를 보다 **3** 고려하다 ~ one***'s own interests*** [***convenience***] 자기의 이해[편의]를 고려하다

— *vi.* **상의[의논]하다** 《*with*》: ~ *with* a person *about*[*on*] a matter 어떤 일에 대해 남과 상의하다

con·sul·tan·cy [kənsʌ́ltənsi] *n.* 컨설턴트업; 상담

*__con·sul·tant__ [kənsʌ́ltənt] *n.* **1** 상의자(consulter) **2 컨설턴트,** 상담역, 고문 《기술자·전문가 등》; (병원의) 최고 전문의

*__con·sul·ta·tion__ [kὰnsəltéiʃən | kɔ̀n-] *n.* **1** Ⓤ **상의, 상담,** 협의; 자문; 진찰[감정]을 받음 **2** 전문가의 회의; 협의회 **3** Ⓤ (서적 등의) 참고, 참조

con·sul·ta·tive [kənsʌ́ltətiv], **-to·ry** [-tɔ̀ːri | -təri] *a.* 상의[평의, 협의]의; 자문의: a ~ body 자문 기관

con·sult·ing [kənsʌ́ltiŋ] *a.* Ⓐ 자문의, 고문 (자격)의; 진찰 전문의; 진찰을 위한

con·sum·a·ble [kənsúːməbl | -sjúːm-] *a.* 소비[소모]할 수 있는 — *n.* [보통 *pl.*] 소모품, 소비재

‡**con·sume** [kənsúːm | -sjúːm] [L 「완전히 가지다」의 뜻에서] *vt.* **1 다 써버리다**(use up), **소비하다** **2** 〈비탄·병 등이〉 소멸시키다, 〈화염이〉 태워버리다(destroy) **3** 먹어[마셔]버리다: ~ a bottle of whiskey 위스키 한 병을 다 마셔버리다 **4** [보통 수동형] 〈질투·증오 등이〉 마음을 빼앗다 ~ ***away*** 낭비하다; 쇠하다

‡**con·sum·er** [kənsúːmər | -sjúːmə] *n.* **소비자**(opp. *producer*): an association of ~*s* = (미) a ~*s'* union 소비자 조합 / ~(*s'*) price 소비자 가격

consúmer góods 〖경제〗 소비재

con·sum·er·ism [kənsúːmərìzm | -sjúːm-] *n.* Ⓤ 소비자 (보호) 운동

consúmer príce ìndex 〖경제〗 소비자 물가 지수 《略 CPI》

consúmer resèarch 소비자 (수요) 조사

*__con·sum·mate__ [kάnsəmèit | kɔ́n-] *vt.* **1 완성[완료]하다;** 극점에 달하게 하다 **2** 〈신방에 들어〉 〈결혼을〉 완성하다

— [kənsʌ́mət] *a.* **1** 완성된, 완전한 **2** Ⓐ 유능한 **3** 극도의, 엄청난 **~·ly** *ad.*

con·sum·ma·tion [kὰnsəméiʃən | kɔ̀n-] *n.* Ⓤ **1** 성취, 완수, 완료; 극치; 죽음, 종말 **2** 〖법〗 (초야를 치름에 따른 결혼의) 완성

‡**con·sump·tion** [kənsʌ́mpʃən] *n.* Ⓤ **1 소비;** 소비량[액] **2** (체력 등의) **소모**(waste) **3** (고어) 폐결핵

consúmption dùty[**tàx**] 소비세

con·sump·tive [kənsʌ́mptiv] *a.* **1** 소비의, 소모성의 **2** (고어) 폐병의, 폐병질[성]의 — *n.* (고어) 폐결핵 환자

cont. containing; content(s); continental; continue(d); contract; control

Cont. Continental

‡**con·tact** [kάntækt | kɔ́n-] [L 「함께 닿다」의 뜻에서] *n.* Ⓤ **1 접촉** **2** [종종 *pl.*] (미) **교제,** 친교 《*with*》; **연락**(을 취함) **3** 〖전기〗 접촉, 혼선 **4** 〖심리〗 접촉(감) **5** 〖군사〗 접전 **6** 〖의학〗 보균 용의자, 접촉자 **7** [*pl.*] = CONTACT LENS ***be in*** [***out of***] **~** ***with*** …와 접촉하고 있다[있지 않다]; …와 가까이하고 있다[있지 않다] ***bring*** (one thing) ***into* ~ *with*** (another) (다른 것)과 접촉시키다

— *a.* Ⓐ 접촉의[에 의한]; 〖항공〗 접촉[유시계](有視界) 비행의 — *ad.* 〖항공〗 접촉[유시계] 비행으로

— *vt.* 접촉시키다; 연락을 취하다, 연줄을 달다

— *vi.* 접촉하다

cóntact flỳing[**flìght**] 〖항공〗 접촉[유시계] 비행(opp. *instrument flying*)

*__cóntact lèns__ **콘택트 렌즈**

cóntact màn (거래 등의) 중개자; (스파이 등의) 연락원

con·ta·gion [kəntéidʒən] *n.* **1** Ⓤ 접촉 전염, 감염: Cholera spreads by ~. 콜레라는 접촉 전염으로 퍼진다. **2** Ⓤ (접촉) 전염병(contagious disease) **3** ⓊⒸ

《비유》 (사상·태도 등의) 전염, 감화; 악영향 《*of*》

*__con·ta·gious__ [kəntéidʒəs] *a.* (접촉) **전염성의**; 전염 독이 있는; Ⓟ 옮기 쉬운 (catching) **~·ly** *ad.* 전염적으로

‡**con·tain** [kəntéin] [L 「함께 보유하다」의 뜻에서] *vt.* **1** (안에) **담고 있다, 포함하다,** 품다 **2** 〈얼마가〉 **들어가다**(hold) **3** 〈감정 등을〉 억누르다, 참다 **4** 〖기하〗 〈변이 각을〉 끼다, 〈도형을〉 에워싸다; 〖수학〗 〈어떤 수로〉 나누어지다 ~ one***self*** 참다, 자제하다 **~·a·ble** *a.*

con·tained [kəntéind] *a.* 억제[자제]하는, 조심스러운

‡**con·tain·er** [kəntéinər] *n.* **그릇,** 용기; (화물 수송용) **컨테이너**

con·tain·er·port [kəntéinərpɔ̀ːrt] *n.* 컨테이너항(港)

con·tain·er·ship [-ʃìp] *n.* 컨테이너선(船)

con·tain·ment [kəntéinmənt] *n.* Ⓤ 견제, 억제; 봉쇄 (정책): a ~ policy 봉쇄 정책

con·tam·i·nant [kəntǽmənənt] *n.* 오염균[물질]

*__con·tam·i·nate__ [kəntǽmənèit] *vt.* **1** (폐기물·병원균 등으로) **오염시키다,** 더럽히다(defile), 방사능으로 오염시키다 **2** 악에 물들게 하다(taint), 타락시키다 **3** 〖언어〗 (문장·단어를) 혼성하다

con·tam·i·na·tion [kəntæ̀mənéiʃən] *n.* **1** Ⓤ 오염, 오탁; 더러움; Ⓒ 오탁물 **2** Ⓤ 독가스[방사능]에 의한 오염: radioactive ~ 방사능 오염 **3** 〖언어〗 혼성(blending), Ⓒ 혼성어

con·tam·i·na·tor [kəntǽmənèitər] *n.* 오염시키는 것[사람]

contd. continued

conte [kɔːnt] [F] *n.* 콩트, 단편

con·temn [kəntém] *vt.* 《문어》 경멸[모멸]하다

‡**con·tem·plate** [kɑ́ntəmplèit, -tem- | kɔ́n-] [L 「관찰의 장소(temple의 원뜻), 가만히(보다)」의 뜻에서] *vt.* **1 심사숙고하다**; 묵상하다 **2 응시하다,** 정관(靜觀)하다 **3** 예기[예상]하다 **4** 기도하다, …**하려고 생각하다**(intend) — *vi.* 심사숙고하다, 묵상하다(meditate); (종교적으로) 명상하다

‡**con·tem·pla·tion** [kɑ̀ntəmpléiʃən, -tem- | kɔ̀n-] *n.* Ⓤ **1 묵상**; 숙고 **2 응시,** 정관 **3 예기,** 예상; 기도, 계획

con·tem·pla·tive [kəntémplətiv] *a.* 정관적[관조적]인, 묵상적인, 묵상하는 **~·ly** *ad.*

con·tem·pla·tor [kɑ́ntəmplèitər, -tem- | kɔ́n-] *n.* 숙고[묵상]자, 깊이 생각하는 사람

con·tem·po·ra·ne·ous [kəntèmpəréiniəs] *a.* 동시 존재[발생]의, 동시성의; (…와) 동시대의 《*with*》 **~·ly** *ad.* **~·ness** *n.*

‡**con·tem·po·rar·y** [kəntémpərèri | -rəri] [L 「같은(con-) 시대의(temporary)」의 뜻에서] *a.* **1 같은 시대의** 《*with*》, 당대의; 그 당시의: ~ accounts 당시의 기록 **2 현대의**; 최신의: ~ literature[writers] 현대 문학[작가] / ~ opinion 시론(時論) — *n.* (*pl.* **-rar·ies**) 같은 시대의 사람; 현대인; 동기생; 같은 시대의 신문[잡지 《등》]

our contemporaries 우리와 같은 시대의 사람들, 현대인들

‡**con·tempt** [kəntémpt] *n.* Ⓤ **1 경멸** (disdain), 멸시, 업신여김, 모욕 **2** 치욕, 창피(disgrace) **3** 〖법〗 모욕죄 ***in ~ of*** …을 경멸하여 ***show ~*** 경멸하다

*__con·tempt·i·ble__ [kəntémptəbl] *a.* **경멸할 만한,** 멸시할, 치사한, 비열한, 한심한 **-bly** *ad.*

*__con·temp·tu·ous__ [kəntémptʃuəs] *a.* **사람을 얕잡아보는,** 경멸적인; Ⓟ …을 경멸하는 《*of*》 **~·ly** *ad.* 경멸하여 **~·ness** *n.* Ⓤ 오만무례

‡**con·tend** [kənténd] [L 「함께 뻗다, 함께 겨루다」의 뜻에서] *vi.* **1 싸우다,** 다투다; 투쟁하다 《*with, against*》 **2 논쟁하다**: ~ *for* freedom 자유를 위해 싸우다 — *vt.* (강력히) **주장하다**(maintain): Columbus *~ed that* the earth is round. 콜럼버스는 지구가 둥글다고 주장했다. **~·er** *n.*

‡**con·tent**[1] [kɑ́ntent | kɔ́n-] *n.* Ⓤ **1** [보통 *pl.*] **내용물 2** [*pl.*] (서적·문서 등의) **내용, 목차 3** (형식에 대하여) **내용** (opp. *form*); (작품·논문 등의) **취지,** 요지, 진의 **4 함유량,** (어떤 용기의) 용량 **5** [*pl.*] 〖컴퓨터〗 인터넷 상의 정보, 콘텐츠; (PC 통신으로 제공되는) 데이터

‡**con·tent**[2] [kəntént] [L 「모두 포함된」의 뜻에서] *a.* Ⓟ **만족하여** 《*with*》; 안심하여 — *n.* Ⓤ 만족 ***in ~*** 만족하여 ***to*** one***'s heart's ~*** 마음껏, 실컷, 충분히 — *vt.* **1** 만족을 주다, 만족시키다 **2** [~ one*self* 로] …에 만족하다

*__con·tent·ed__ [kənténtid] *a.* **만족하고 있는**(satisfied) 《*with*》, 달갑게 …하는: a ~ look[smile] 만족스러운 표정[미소] / He is ~ *with* his present life. 그는 현재 생활에 만족하고 있다. **~·ly** *ad.* **~·ness** *n.*

*__con·ten·tion__ [kənténʃən] *n.* **1** ⓊⒸ **말다툼,** 논쟁 **2** 논쟁점, 주장 **3** Ⓤ 투쟁

con·ten·tious [kənténʃəs] *a.* 다투기 좋아하는, 논쟁하기 좋아하는(quarrelsome); 〈문제 등이〉 이론(異論)이 분분한, 말썽이 있는; 〖법〗 계쟁(係爭)의 **~·ly** *ad.* **~·ness** *n.*

*__con·tent·ment__ [kənténtmənt] *n.* Ⓤ **만족**(함)

‡**con·test** [kɑ́ntest | kɔ́n-] [L 「함께 증언하다」의 뜻에서] *n.* **1 경쟁**; 경연, 콘테스트; 다툼, 항쟁, 싸움 (strife): a beauty ~ 미인 대회 **2 논쟁** (debate), 논전 — *v.* [kəntést] *vt.* **1 논쟁하다,** 다투다 **2** 〈승리·상·의석 등을 얻고자〉 다투다, 겨루다 《*with, against*》 **3** 《미》 〈선거 결과 등에 대해〉 이의를 제기하다 — *vi.* 논쟁하다; 경쟁하다(contend) 《*with, against*》

con·tes·tant [kəntéstənt] *n.* 경기자; 논쟁자, 경쟁자, 경쟁 상대; 이의 신청자

con·tes·ta·tion [kɑ̀ntestéiʃən | kɔ̀n-] *n.* Ⓤ 논쟁, 쟁론; 쟁송(爭訟); 쟁점
***in** ~* 계쟁 중의

∗**con·text** [kɑ́ntekst | kɔ́n-] [L 「함께 짜넣다, 짜맞추다」의 뜻에서] *n.* ⒸⓊ 문맥, (문장의) 전후 관계; 맥락; (어떤 일의) 정황, 배경
***in this** ~* 이러한 관계[정황]에 있어서(는)
***out of** ~* 문맥을 벗어나, 전후 관계 없이

con·tex·tu·al [kɑntékstʃuəl | kɔn-] *a.* (문장의) 전후 관계의, 문맥상의
~·ly *ad.* 문맥상, 전후 관계에 따라서(는)

con·ti·gu·i·ty [kɑ̀ntəgjú:əti | kɔ̀n-] *n.* (*pl.* **-ties**) ⓊⒸ 접근(proximity); 접촉, 인접, 연속

con·tig·u·ous [kəntígjuəs] *a.* 접촉하는, 인접하는 ((*to*)); 〈사건 등이〉 끊임없는 ((*to, with*)) **~·ly** *ad.* **~·ness** *n.*

con·ti·nence, -nen·cy [kɑ́ntənəns(i) | kɔ́n-] *n.* Ⓤ 자제; (성욕의) 절제, 금욕; 배설 억제 능력

⁑**con·ti·nent**[1] [kɑ́ntənənt | kɔ́n-] [L 「연속된(continuous) 토지」의 뜻에서] *n.* 대륙; [the C~] 유럽 대륙

continent[2] *a.* **1** 자제심이 있는 **2** 성욕을 절제하는 **3** 배설 억제 능력이 있는

⁑**con·ti·nen·tal** [kɑ̀ntənéntl | kɔ̀n-] *a.* **1** 대륙의, 대륙성[풍]의 **2** [보통 **C~**] 유럽 대륙(풍)의 **3** [**C~**] 〖미국사〗 (미국 독립 전쟁 당시의) 미국 식민지의 **4** 북미 (대륙)의 **—** *n.* **1** 대륙 사람; [보통 **C~**] 유럽 대륙 사람 **2** 〖미국사〗 (독립 전쟁 당시의) 미국 대륙의 군대

continéntal bréakfast (빵과 커피[홍차] 정도의) 가벼운 아침 식사

continéntal clímate 대륙성 기후

continéntal divíde [the ~] 대륙 분수령[계]; [the C~ D~] ((미)) 로키 산맥 분수계

continéntal dríft 〖지질〗 대륙 이동(설)

continéntal shélf 〖지리〗 대륙붕

con·tin·gen·cy [kəntíndʒənsi] *n.* (*pl.* **-cies**) **1** Ⓤ 우연성(chance) **2** 우발 사건, 뜻밖의 사고(accident); (우발 사건에 따른) 부수 사고

contíngency fùnd 우발 위험 준비금

contíngency plàn 긴급 사태 대책

con·tin·gent [kəntíndʒənt] *a.* **1** …에 부수하는 ((*to*)); …나름으로의, …을 조건으로 하는 ((*on, upon*)): a fee[remuneration] ~ *on* success 성공 사례금[보수] **2** 〖법〗 불확정의 **3** 혹 있을지도 모르는 **4** 우발적인, 우연의 **—** *n.* **1** 분담(액) **2** 분견대[함대]; 파견단, 대표단 **3** 우연히 발생한 사항, 뜻밖의 일
~·ly *ad.* 우연히; 의존적으로

contíngent jòb 임시직

contíngent wòrker 임시 고용 노동자

⁑**con·tin·u·al** [kəntínjuəl] *a.* 계속적인; 자주 일어나는, 빈번한(cf. CONTINUOUS)

⁑**con·tin·u·al·ly** [kəntínjuəli] *ad.* 계속해서, 끊임없이, 줄곧; 빈번히

∗**con·tin·u·ance** [kəntínjuəns] *n.* ⓊⒸ 계속, 존속, 지속; 체류 ((*in*)); (이야기의) 계속; 〖미국법〗 (소송 절차의) 연기

con·tin·u·ant [kəntínjuənt] 〖음성〗 *a.* 계속음의 ((자음에 대하여 말함))
— *n.* 계속음 ((연장할 수 있는 자음[f, v, s, r] 등))

∗**con·tin·u·a·tion** [kəntìnjuéiʃən] *n.* **1** Ⓤ 계속됨, 계속; 연속 **2** (중단 후) 계속, 재개; (이야기 등의) 계속, 승전(承前), 속편: *C~* follows. 이하 다음 호에 계속. (To be continued.) **3** Ⓤ 계속됨, 지속, 존속 **4** Ⓤ 연장 ((*of*))

con·tin·u·a·tive [kəntínjuèitiv | -ətiv] *a.* 연속적인, 계속적인; 〖문법〗 계속 용법의(opp. *restrictive*)

⁑**con·tin·ue** [kəntínju(:)] [L 「함께 보유하다, 병렬시키다」의 뜻에서] *vt.* **1** 계속하다, 지속하다(opp. *stop*): They *~d* their journey. 그들은 여행을 계속했다. **2** (일단 중단했다가 다시) 계속하다, 계속하여 진술하다: *C~d on* [*from*] page 20. 20페이지로[에서] 계속.
To be ~d. 이하 다음 호에 계속.
— *vi.* **1** 계속되다, 계속하고 있다(go on): His speech *~d* an hour. 그의 연설은 한 시간 동안 계속되었다. **2** 존속하다, 계속하다(last); 머무르다 ((*at, in*)) **3** [보어와 함께] 계속 …이다

∗**con·ti·nu·i·ty** [kɑ̀ntənjú:əti | kɔ̀ntinjú:-] *n.* (*pl.* **-ties**) **1** 연속성, Ⓤ 연속 (상태); 계속; 연달음(unbroken series) **2** 〖영화·방송〗 촬영[방송] 대본, 콘티; (프로 사이에 넣는 방송자의) 연락 말[부분]

continúity girl[**clèrk**] 〖영화〗 여성[남성] 촬영 기록 담당원

con·tin·u·o [kəntínjuòu] [It.] *n.* (*pl.* **~s**) 〖음악〗 통주 저음(通奏低音) ((화성은 변하지만 저음은 일정한 것))

⁑**con·tin·u·ous** [kəntínjuəs] *a.* 끊임없는, 연속적인, 그칠 줄 모르는

∗**con·tin·u·ous·ly** [kəntínjuəsli] *ad.* 계속해서, 연속적으로, 끊임없이

con·tin·u·um [kəntínjuəm] *n.* (*pl.* **-tin·u·a** [-njuə]) 연속(체); 〖수학〗 연속체

con·tort [kəntɔ́:rt] *vt.* **1** 잡아 비틀다, 찡그리다 **2** 〈말뜻·글뜻 등을〉 곡해하다 ((*out of*)) **—** *vi.* 〈얼굴 등이〉 일그러지다; 일그러져 …이 되다 ((*into*))

con·tor·tion [kəntɔ́:rʃən] *n.* ⓊⒸ 비틀기, 비꼼; (어구 따위의) 왜곡, 곡해; 찌푸림, 찡그림, 일그러짐 ((*of*)); (바위 등의) 기괴한 모양 **~·ist** *n.* (몸을 마음대로 구부리는) 곡예사

∗**con·tour** [kɑ́ntuər | kɔ́n-] [L 「함께 돌다, 빙 둘러싸다」의 뜻에서] *n.* **1** 윤곽(outline), 외형 **2** 윤곽선 **3** 〖지리〗 =CONTOUR LINE
— *a.* Ⓐ **1** 윤곽[등고]을 나타내는; 〖농업〗 등고선을 따라 파종[경작]하는 **2** 〈의자 등을〉 체형에 맞게 만든
— *vt.* **1** …의 윤곽[외형]을 그리다[나타내다, 이루다]; …의 등고선을 긋다 **2** 산허리에 〈길을〉 내다 **3** 〈경사지를〉 등고선을 따라 경작하다

cóntour lìne 〖지리〗 등고선, 등심선

contr. contract(ed); contraction

contra- [kάntrə | kɔ́n-] *pref.* 「역(逆), 반(反), 항(抗)…(against, contrary); 〖음악〗 대(對)…」의 뜻

con·tra·band [kάntrəbæ̀nd | kɔ́n-] *a.* 금지[금제]의: ~ goods (수출입) 금지품/a ~ trader 밀수업자 **—** *n.* Ⓤ 밀매(품), 밀수(품); (전시(戰時)) 금제품
~·ist *n.* 밀수업자, (금지품) 밀매자

con·tra·bass [kάntrəbèis | kɔ́n-] *n.* 〖음악〗 콘트라베이스
~·ist *n.* 콘트라베이스 연주자

con·tra·cep·tion [kὰntrəsépʃən | kɔ̀n-] [*contra*+conce*ption*(임신)] *n.* Ⓤ 피임(법)

con·tra·cep·tive [kὰntrəséptiv | kɔ̀n-] *a.* 피임(용)의 **—** *n.* 피임약; 피임 용구

‡con·tract [kάntrækt | kɔ́n-] [L 「함께 서로 끌다」의 뜻에서] *n.* **1 계약**, 약정; 청부 **2** 《속어》 살인 청부 **3** 약혼 **4** = CONTRACT BRIDGE
***by* ~** 청부로 ***under* ~** 계약하여, 계약 하에 《*with*》
— *v.* [kəntrǽkt] *vt.* **1** [kάntrækt] **계약하다**, 청부[도급]맡다 **2** [보통 수동형] …와 약혼시키다; 〈친교를〉 맺다 **3** 〈버릇이〉 들다; 〈감기·병에〉 걸리다; 〈빚을〉 지다 **4** 〈근육을〉 **수축시키다**; 〈상을〉 찌푸리다 **5** 좁히다; 단축하다
as* ~*ed 계약대로
— *vi.* **1 줄어들다**, 수축하다(opp. *expand*) **2** [kάntrækt] 청부 계약을 하다 《*with, for*》; 약혼하다

cóntract brídge 〖카드〗 콘트랙트 브리지 《auction bridge의 변형》

con·tract·ed [kəntrǽktid] *a.* **1** Ⓐ 수축한; 찌푸린; 단축한 **2** 옹졸한, 인색한 (mean) **3** [kάntræktid] 계약한

con·tract·i·ble [kəntrǽktəbl] *a.* 줄어드는, 줄일 수 있는; 수축성의 **~·ness** *n.*

con·trac·tile [kəntrǽktl | -tail] *a.* 수축성의[이 있는]; 수축하는: ~ muscles 수축근

con·trac·til·i·ty [kὰntræktíləti | kɔ̀n-] *n.* Ⓤ 수축성, 신축

***con·trac·tion** [kəntrǽkʃən] *n.* Ⓤ **1 수축**; 단축, 위축; **축소** **2** Ⓒ 〖문법〗 단축; 단축형 《can't(=can not), e'er (=ever) 등》 **3** 〈빚을〉 짐, 〈병에〉 걸림, 〈버릇이〉 듦

con·trac·tive [kəntrǽktiv] *a.* 수축성의, 수축력이 있는

***con·trac·tor** [kάntræktər | kəntrǽk-] *n.* **계약자**; 청부인, 토건업자

con·trac·tu·al [kəntrǽktʃuəl] *a.* 계약상의

***con·tra·dict** [kὰntrədíkt | kɔ̀n-] [L 「반대하여 말하다」의 뜻에서] *vt.* **1 부정[부인]하다**; 반박하다 **2** 〈사실·진술이〉 **모순되다**
~ one***self*** 모순된 말을 하다, 자가당착하다
— *vi.* 반대하다, 부인하다, 반박하다

***con·tra·dic·tion** [kὰntrədíkʃən | kɔ̀n-] *n.* Ⓤ **1 부정**, 부인; 반박, 반대 **2 모순**, 당착; 모순된 말[행위, 사실]

con·tra·dic·tious [kὰntrədíkʃəs | kɔ̀n-] *a.* 반박하기[논쟁하기] 좋아하는

***con·tra·dic·to·ry** [kὰntrədíktəri | kɔ̀n-] *a.* **1 모순된**, 양립하지 않는, 자가당착의 《*to*》: be ~ *to* each other 서로 모순되다 **2** 반박[반항]적인 **-ri·ly** *ad.*

con·tra·dis·tinc·tion [kὰntrədistíŋkʃən | kɔ̀n-] *n.* Ⓤ 대조 구별, 대비

con·tra·dis·tin·guish [kὰntrədistíŋgwiʃ | kɔ̀n-] *vt.* 대조[비교] 구별하다

con·tra·flow [kάntrəflou | kɔ́n-] *n.* 《영》 (도로 보수 등에 의한) 대항 차선 통행

con·trail [kάntreil | kɔ́n-] [*con*densation+*trail*] *n.* 비행운(雲)

con·tra·in·di·cate [kὰntrəíndikèit | kɔ̀n-] *vt.* 〖의학〗 〈약·요법에〉 금기(禁忌)를 나타내다

con·tra·in·di·ca·tion [kὰntrəìndikéiʃən | kɔ̀n-] *n.* Ⓤ 〖의학〗 금기

con·tral·to [kəntrǽltou] [It.] 〖음악〗 *n.* (*pl.* **~s, -ti** [-ti:]) 콘트랄토 《tenor와 soprano의 중간, 여성(女聲) 최저음》; 콘트랄토 가수[악기] **—** *a.* 콘트랄토의

con·tra·po·si·tion [kὰntrəpəzíʃən | kɔ̀n-] *n.* ⓊⒸ 대치(對置), 대립

con·trap·tion [kəntrǽpʃən] *n.* 《구어》 신안(新案), 새 고안물; 《경멸》 기묘한 장치

con·tra·pun·tal [kὰntrəpʌ́ntl | kɔ̀n-] *a.* 〖음악〗 대위법(對位法)의[에 의한]
~·ly *ad.*

con·tra·ri·e·ty [kὰntrəráiəti | kɔ̀n-] *n.* (*pl.* **-ties**) ⓊⒸ 반대; 불일치; 상반하는 점[사실]; 모순점

con·trar·i·ly [kάntrerəli | kɔ́n-] *ad.* **1** [문장 수식] 이에 반하여 **2** [kəntrέərə-] 《구어》 외고집으로, 심술궂게

con·trar·i·ness [kάntrerinis | kɔ́n-] *n.* Ⓤ **1** 반대, 모순 **2** [kəntrέəri-] 《구어》 외고집, 옹고집

con·trar·i·wise [kάntreriwàiz | kɔ́ntrəri-] *ad.* **1** 반대로, 거꾸로 **2** 이에 반하여 **3** [kəntrέəri-] 《구어》 외고집으로, 심술궂게

‡con·trar·y [kάntreri | kɔ́ntrəri] [L 「반대의」의 뜻에서] *a.* **1 반대의**; Ⓟ …에 반대되는, …와 서로 용납치 않는 《*to*》 **2 적합치 않은**, 불리한 **3** [kəntrέəri] 《구어》 심술궂은, 외고집의 **—** *n.* (*pl.* **-trar·ies**) **1** [the ~] **정반대**: Quite *the* ~. 전혀 정반대다. **2** [종종 *pl.*] 상반되는 것[일] **3** 〖논리〗 반대 명제
***on the* ~** 이에 반하여, 그러하기는 커녕 ***to the* ~** 그와 반대로[의], 그렇지 않다는; …임에도 불구하고
— *ad.* 반대로, 거꾸로, 반하여 《*to*》
~ to* one*'s expectation 예기한 바에 반하여, 뜻밖에도

‡con·trast [kάntræst | kɔ́ntrɑ:st] [L 「반대하여 서다」의 뜻에서] *n.* **1 대조**, 대비 《*of, between*》 **2** (현저한) **차이**; 대조가 되는 것; 정반대의 물건[사람]
***by* ~ (*with*)** (…와) 대조[대비]하여 ***in* ~ *with* [*to*]** …와 대조를 이루어; …와는 현저히 다르게
— *v.* [kəntrǽst | -trά:st] *vt.* **1 대조하다**, 대비하다 《*with*》: ~ A *with* B A와 B를 대조시키다 **2** …와 좋은 대조를 이루다 **—** *vi.* …와 대조를 이루다 《*with*》:

The snowcapped peak *~ed with* the blue sky. 눈 덮인 산봉우리가 푸른 하늘과 아름다운 대조를 이루고 있었다.
as ~ed with …와 대조하여 보면
con·tras·tive [kəntrǽstiv | -trɑ́:s-] *a.* 대비[대조]적인; 대조하는
con·trast·y [kɑ́ntræsti | kəntrɑ́:sti] *a.* 〖사진〗 명암이 심한[강한]
con·tra·vene [kɑ̀ntrəví:n | kɔ̀n-] *vt.* **1**〈법률 등을〉 위반[저촉]하다, 범하다(violate) **2**〈의론 등에〉 반대하다(oppose) **3**〈주의 등과〉 모순되다(conflict with)
con·tra·ven·tion [kɑ̀ntrəvénʃən | kɔ̀n-] *n.* UC **1** 위반, 위배 **2** 반대
in ~ of …을 위반하여
con·tre·temps [kɑ́ntrətɑ̀:ŋ | kɔ́n-] [F] *n.* (*pl.* ~ [-z]) 공교로운 사건, 뜻밖의 사고
contrib. contribution; contributor
‡**con·trib·ute** [kəntríbju(:)t] [L 「함께 주다[바치다]」의 뜻에서] *vt.* **1**〈돈·물건을〉 **기부[기증]하다** 《*to*》: ~ money *to* relieving the poor 빈민 구제를 위해 돈을 기부하다 **2**〈원고를〉 **기고하다** 《*to*》: ~ articles *to* journals 잡지에 기고하다 **3** 기여[공헌]하다, 〈조언 등을〉 주다 《*to, for*》
— *vi.* **1 기부를 하다** 《*to*》: ~ *to* the community chest 공동 모금에 기부하다 **2 기여[공헌]하다** 《*to, toward*》 **3** (신문·잡지 등에) 기고하다 《*to*》
‡**con·tri·bu·tion** [kɑ̀ntrəbjú:ʃən | kɔ̀n-] *n.* UC **1 기부**, 기증; 공헌, **기여** 《*to, toward*》; 기부금, 기증물 **2 기고**, 투고 《*to*》; 기고문[기사]
***con·trib·u·tor** [kəntríbjutər] *n.* **기부자**; 기고가; 공헌자 《*to*》
con·trib·u·to·ry [kəntríbjutɔ̀:ri | -təri] *a.* **1** 기여하는; Ⓟ …에 공헌하는, 도움이 되는 《*to*》 **2** 기부의; 출자하는; 분담하는; 〈연금·보험이〉 분담제의
con·trite [kɑ́ntrait | kɔ́n-] *a.* 죄를 깊이 뉘우치는; 회오의
con·tri·tion [kəntríʃən] *n.* Ⓤ 〈죄를〉 뉘우침, 회오; 〖신학〗 회개
con·triv·a·ble [kəntráivəbl] *a.* 고안할 수 있는
***con·triv·ance** [kəntráivəns] *n.* **1** 고안품, 장치 **2** 계획, 계략(artifice) **3** Ⓤ 연구, 고안; 연구[고안]의 재간
‡**con·trive** [kəntráiv] [L 「발견해 내다」의 뜻에서] *vt.* **1 고안하다, 연구하다**(devise); 설계하다(design) **2**〈나쁜 일을〉 획책하다 **3** 용케 …하다(manage): ~ an escape 용케 도망치다 **4** [반어적] 일부러 〈불리한 일을〉 저지르다[초래하다]
con·trived [kəntráivd] *a.* 인위적인, 부자연스러운
con·triv·er [kəntráivər] *n.* **1** 고안자; 계략자 **2**〈가사 등을〉 잘 꾸려 나가는 사람
‡**con·trol** [kəntróul] [OF 「등록부에 싣다」의 뜻에서] *n.* **1** Ⓤ **지배**, 단속, 관리 **2** Ⓤ **억제**; 규제; 〖야구〗 제구(制球)(력) **3** [보통 *pl.*] 통제[관제] 수단; (기계의) 조종[제어] 장치 **4**〖생물〗 (실험의) 대조 표준 **5**〖컴퓨터〗 = CONTROL KEY ***be in ~ of*** …을 관리하고 있다 ***be under the ~ of*** …의 관리[지배]하에 있다 ***bring*** [***get***] ***under ~*** 억제하다 ***get*** [***go***] ***out of ~*** 제어할 수 없게 되다 ***have ~ of*** [***over***] …을 관리[제어]하고 있다 ***keep under ~*** 억누르고 있다, 억제하다 ***lose ~ of*** …을 제어할 수 없게 되다
— *vt.* (**~led**; **~·ling**) **1 지배하다**; 통제[관제]하다, 감독하다; 관리하다 **2 억제[제어]하다** ~ one***self*** 자제하다
contról expèriment 대조 실험
contról kèy 〖컴퓨터〗 컨트롤 키
con·trol·la·ble [kəntróuləbl] *a.* 제제[관리, 지배]할 수 있는; 제어[조종]할 수 있는 **-bly** *ad.*
***con·trol·ler** [kəntróulər] *n.* **1** (회계 등의) **감사관**, 감사역; (회사의) 경리부장 **2 관리인**, 지배자 **3** (항공) 관제관 **4** (전동기 등의) 제어[조종] 장치 **5**〖컴퓨터〗 제어기[장치](control unit)
con·tról·ling ìnterest [kəntróuliŋ-] 기업 지배권 《회사 경영을 장악하는 데 충분한 주식 보유 등》
contról ròd (원자로의) 제어봉(棒)
contról ròom 1 관제실; (원자력 시설 등의) 제어실 **2** (방송국 등의) 조정실
contról stìck 〖항공〗 조종간
contról tòwer 〖항공〗 (공항의) 관제탑
con·tro·ver·sial [kɑ̀ntrəvə́:rʃəl | kɔ̀n-] *a.* **1** 논쟁의, 논의의 여지가 있는; 쟁점(爭點)이 되는, 물의를 일으키는 **2** 논쟁을 좋아하는 **~·ly** *ad.*
***con·tro·ver·sy** [kɑ́ntrəvə̀:rsi | kɔ́n-] *n.* (*pl.* **-sies**) UC **논쟁**, 논의
beyond [***without***] ~ 논쟁의 여지없는[없이]
con·tro·vert [kɑ́ntrəvə̀:rt, ⌐–⌐ | kɔ́n-] [L 「반대로 돌다」의 뜻에서] *vt.* **1** 논의하다, 논쟁하다 **2** 논박하다, 부정하다
con·tu·ma·cious [kɑ̀ntjuméiʃəs | kɔ̀ntju(:)-] *a.* (법정의 소환에) 불응하는, 반항적인
con·tu·ma·cy [kəntjúməsi | kɔ́ntju-] *n.* (*pl.* **-cies**) UC 완고한 불복종; 관명(官命) 항거
con·tu·me·li·ous [kɑ̀ntjumí:liəs | kɔ̀ntju(:)-] *a.* 오만불손한 **~·ly** *ad.*
con·tu·me·ly [kɑ́ntuməli | kɔ́ntju:-] *n.* (*pl.* **-lies**) UC (언어·태도의) 오만불손; 모욕(적인 취급)
con·tuse [kəntjú:z | -tjú:z] *vt.* 타박상을 입히다; 멍들게 하다(bruise)
con·tu·sion [kəntjú:ʒən | -tjú:-] *n.* UC 〖의학〗 타박상; 멍듦
co·nun·drum [kənʌ́ndrəm] *n.* **1** 수수께끼(riddle), 재치 문답 **2** 어려운 문제
con·ur·ba·tion [kɑ̀nərbéiʃən | kɔ̀n-] *n.* 집합 도시, 광역 도시권
con·va·lesce [kɑ̀nvəlés | kɔ̀n-] [L 「강해지다」의 뜻에서] *vi.* (앓고 난 후 서서히) 건강을 회복하다, 병이 나아져가다
con·va·les·cence [kɑ̀nvəlésəns | kɔ̀n-] *n.* Ⓤ 병이 나아져 감; 회복(기)
con·va·les·cent [kɑ̀nvəlésənt | kɔ̀n-] *a.* 회복기 (환자)의, 차도가 있는
— *n.* 회복기의 환자

con·vec·tion [kənvékʃən] *n.* Ⓤ 〖물리〗 (열·공기의) 대류(對流), 환류(還流)
con·vec·tive [kənvéktiv] *a.* 대[환]류적인; 전달성의
con·vec·tor [kənvéktər] *n.* 대류식 난방기
con·vene [kənví:n] [L 「함께 오다」의 뜻에서] *vt.* 〈모임·회의를〉 소집하다; 소환하다
— *vi.* 회합하다
con·ven·er, -ve·nor [kənví:nər] *n.* (위원회 등의) 소집자; (특히 위원회 등의) 위원장, 의장; (회의) 주최자
‡**con·ven·ience** [kənví:njəns] *n.* **1** Ⓤ **편의,** 편리; (편리한) 사정, 편익: a marriage of ~ 정략 결혼 **2 편리한 것,** (문명의) 이기(利器); [*pl.*] 의식주의 편리 **3** 《영》 (공중) 화장실
for ~(') sake 편의상 ***make a ~ of*** …을 마음대로 이용하다 ***suit*** a person***'s ~*** …에게 형편이 좋다
convénience fòod 인스턴트 식품
convénience stòre 편의점
‡**con·ve·nient** [kənví:njənt] [L 「함께 오는, 꼭 맞는」의 뜻에서] *a.* **1 편리한;** 사용하기 좋은 **2** Ⓟ **형편이 좋은** 《*to, for*》: if it is ~ *to*[*for*] you 지장이 없으시다면 **3** Ⓟ …에 가까운, 부근에 《*to, for*》
***con·ve·nient·ly** [kənví:njəntli] *ad.* **1 편리하게,** 알맞게 **2** [문장 전체를 수식하여] 편리하게도
***con·vent** [kánvənt] [L 「모임」의 뜻에서] *n.* **1** 수도회; 《특히》 **수녀회 2** 수도원; 《특히》 **수녀원:** go into a ~ 수도원에 들어가다, 수녀가 되다
con·ven·ti·cle [kənvéntikl] *n.* **1** 〖영국사〗 (비국교도 또는 스코틀랜드 장로파의) 비밀 집회[예배] **2** 비밀 집회소
‡**con·ven·tion** [kənvénʃən] *n.* **1** (정치·종교·교육·노조 등의) **집회,** 대표자 대회, 연차[정기] 총회; [집합적] 대회 참가자 **2** 《미》 전국대회, 전당 대회 **3** 국제 **협정, 협약 4** (사회의) **관습;** 인습 **5** (예술상의) 관례, 약속 사항
***con·ven·tion·al** [kənvénʃənl] *a.* **1 전통[인습]적인 2 틀에 박힌,** 판에 박힌; 진부한 **3** 회의의; (법정에 대하여) 약정의 **4** 핵(무기)를 사용하지 않은 **5** 〖예술〗 양식화된
con·ven·tion·al·ism [kənvénʃənəlìzm] *n.* **1** Ⓤ 인습 존중, 관례 존중주의 **2** [때로 *pl.*] 풍습, 관례; 판[틀]에 박힌 것, 판박이 문구
con·ven·tion·al·i·ty [kənvènʃənǽləti] *n.* (*pl.* **-ties**) **1** Ⓤ 인습적임; 인습[관례, 전통] 존중 **2** [종종 the -ties] 인습, 관례
con·ven·tion·al·ize [kənvénʃənəlàiz] *vt.* **1** 관례에 따르게 하다; 인습적으로 하다 **2** 〖예술〗 양식화하다
con·ven·tion·al·ly [kənvénʃənəli] *ad.* 인습적으로, 진부하게, 판에 박은 듯이
convéntional wéapon 재래식 무기
convéntional wísdom 일반 통념, 속된 지혜
convéntion cènter 컨벤션 센터
con·ven·tion·eer [kənvènʃəníər] *n.* 《미》 대회 출석[참가]자
***con·verge** [kənvə́:rdʒ] *vi.* **1** 〈선이〉 **한 점[선]에 모이다**(opp. *diverge*) **2** 모이다, 집중하다 **3** 〈의견·행동 등이〉 한데 모아지다 **4** 〖물리·수학〗 수렴하다 — *vt.* …을 한 점에 모으다, 집중시키다
con·ver·gence, -gen·cy [kənvə́:rdʒəns(i)] *n.* (*pl.* **-genc·es; -cies**) Ⓤ **1** 한 점으로 집합함; 집중성 **2** Ⓒ 집합점 **3** 〖수학〗 수렴
con·ver·gent [kənvə́:rdʒənt] *a.* **1** 점차 집합하는, 한 점에 모이는 **2** 포위 집중적인 **3** 〖물리·심리〗 수렴(성)의
con·ver·sance, -san·cy [kənvə́:rsəns(i)] *n.* Ⓤ **1** 숙지, 정통 **2** 친밀, 친교 《*with*》
con·ver·sant [kənvə́:rsənt] *a.* Ⓟ **1** (…에) 밝은, 정통한《*with, in, about*》 **2** (…와) 친교가 있는 《*with*》 **~·ly** *ad.*
‡**con·ver·sa·tion** [kànvərséiʃən | kɔ̀n-] *n.* Ⓤ **1 회화;** Ⓒ 담화, 대화: be in ~ with …와 담화 중이다 **2** (정부·정당 등 대표자의) 비공식 회담
***con·ver·sa·tion·al** [kànvərséiʃənl | kɔ̀n-] *a.* **1 회화(체)의,** 좌담식의 **2** 이야기하기를 좋아하는 **3** 〖컴퓨터〗 대화형의 **~·ly** *ad.*
con·ver·sa·tion·al·ist [kànvərséiʃənəlist | kɔ̀n-] *n.* 이야기하기 좋아하는 사람, 좌담가
conversátional móde 〖컴퓨터〗 대화 방식 《단말 장치를 통해 컴퓨터와 정보를 교환하면서 정보를 처리하는 방식》
conversátion pìece 1 〖미술〗 풍속화, 단란도 《18세기 영국에서 유행한 인물 군상화(群像畵) 등》 **2** 화제 거리 《진기한 가구·장식품 등》
con·ver·sa·zi·o·ne [kànvərsà:tsióuni] [It.] *n.* (*pl.* **~s, -ni** [-ni:]) (특히 학술·문예상의) 좌담회, 간담회
‡**con·verse**[1] [kənvə́:rs] [L 「함께 사귀다」의 뜻에서] *vi.* (남과 …에 대해) **이야기하다,** 담화를 나누다(talk) 《*with*》: ~ *with* a person *on*[*about*] a subject …와 어떤 문제에 대해 이야기하다
***con·verse**[2] [kənvə́:rs, kánvə:rs | kɔ́nvə:s] [L 「방향을 바꾸다」의 뜻에서] *a.* 〈의견·진술 등이〉 **거꾸로의,** 정반대의
— [kánvə:rs | kɔ́n-] *n.* [the ~] **1** 반대, 역(逆); 거꾸로 말하기 **2** 〖논리〗 전환명제 **3** 〖수학〗 역
***con·verse·ly** [kənvə́:rsli] *ad.* **거꾸로** (말하면), 반대로
***con·ver·sion** [kənvə́:rʒən | -ʃən] *n.* Ⓤ **1 전환,** 전화(轉化); (집·차 등의) 개장(改裝), 개조 **2 변설(變說),** 전향, 개종 **3** (지폐의) 태환(兌換); (외국 통화의) 환산 **4** 〖법〗 재산의 전환 **5** 〖컴퓨터〗 변환
‡**con·vert** [kənvə́:rt] [L 「완전히 회전하다」의 뜻에서] *vt.* **1 변하게 하다, 전환하다** 《*into*》; 개장[개조]하다 **2 개종시키다;** 개심[전향]시키다; 귀의시키다 《특히 그리스도교에》: ~ a person *to* Christianity

…을 그리스도교로 개종시키다 3 〈외국 통화를〉 환산하다 《*into*》 4 〖법〗 변경하다 5 〖컴퓨터〗 변환하다 — *vi.* 1 변화하다; 개조되다; 바꾸다 《*from*》 2 개종하다, 전향하다

— [kɑ́nvə:rt | kɔ́n-] *n.* 개심[전향]자; 개종자, (새) 귀의자

con·vert·er [kənvə́:rtər] *n.* 1 개종[전향]시키는 사람 2 〖야금〗 전로(轉爐) 3 〖전기〗 변환로 4 〖라디오·TV〗 주파수 변환기 5 〖TV〗 채널 변환기, 컨버터 6 〖컴퓨터〗 변환기 《데이터 형식을 변환하는 장치》

con·vert·i·bil·i·ty [kənvə̀:rtəbíləti] *n.* Ⓤ 1 전환[변환, 개변]할 수 있음 2 개종[전향] 가능성 3 〖금융〗 태환성

*__con·vert·i·ble__ [kənvə́:rtəbl] *a.* 1 **바꿀 수 있는,** 개조[개장]할 수 있는 《*to*》 2 (의미상) 바꾸어 말할 수 있는, 뜻이 같은 3 〖금융〗 태환성의 4 〖자동차〗 지붕을 접을 수 있는 — *n.* 지붕을 접을 수 있게 된 자동차 **-bly** *ad.*

*__con·vex__ [kɑnvéks | kɔn-] *a.* **볼록한,** 철면(凸面)의(opp. *concave*): a ~ lens 볼록 렌즈 — [kɑ́nveks | kɔ́n-] *n.* 볼록 렌즈 **~·ly** *ad.*

con·vex·i·ty [kɑnvéksəti | kɔn-] *n.* (*pl.* **-ties**) 1 Ⓤ 볼록함[한 모양] 2 볼록면(체)

con·vex·o-con·cave [kənvèksou-oukɑnkéiv] *a.* 한 면은 볼록하고 다른 면은 오목한, 요철(凹凸)의

con·vex·o-con·vex [-kɑnvéks | -kɔnvéks] *a.* 양면이 볼록한, 양철(兩凸)의

‡**con·vey** [kənvéi] 〔L 「함께 길을 가다」의 뜻에서〕 *vt.* 1 **나르다,** 운반하다 2 **전달하다,** 알리다; 〈소리·열 등을〉 전하다; 〈전염병을〉 옮기다 3 〈말·기술(記述) 몸짓 등이〉 뜻하다, 시사하다 《*that* ..., *to*》 4 〖법〗 〈재산을〉 양도하다 **~·a·ble** *a.*

*__con·vey·ance__ [kənvéiəns] *n.* 1 Ⓤ 운반, 수송 2 Ⓤ **전달** 3 수송 기관, 탈것 4 Ⓤ 〖법〗 (부동산의) 양도, 교부; Ⓒ (부동산) 양도 증서, 교부서

con·vey·anc·er [kənvéiənsər] *n.* 〖법〗 부동산 양도 취급인

con·vey·anc·ing [kənvéiənsiŋ] *n.* Ⓤ 〖법〗 양도 증서 작성(업); 부동산 양도 수속

con·vey·or, -er [kənvéiər] *n.* 1 운반인; 전달자, 전달하는 것 2 [주로 conveyor] 운반 장치, 컨베이어; =CONVEYOR BELT: the ~ system 컨베이어 장치, 흐름 작업 3 [주로 conveyor] 〖법〗 양도인

convéyor bèlt 〖기계〗 컨베이어 벨트

*__con·vict__ [kənvíkt] *vt.* 1 …**에게 유죄를 입증[선고]하다:** ~ a person *of* forgery …에게 위조죄의 판결을 내리다 2 〈양심 등이〉 죄를 깨닫게 하다 《*of*》: be ~*ed of* sin 죄를 깨닫다

a ~ed prisoner 기결수

— [kɑ́nvikt | kɔ́n-] *n.* 죄인, 죄수, 기결수

‡**con·vic·tion** [kənvíkʃən] *n.* 1 ⓊⒸ **유죄의 판결:** summary ~ 즉결 재판 2 Ⓤ 설득(력) 3 ⓊⒸ **확신**(firm belief), 신념

‡**con·vince** [kənvíns] 〔L 「완전히 정복하다」의 뜻에서〕 *vt.* 1 **확신시키다,** 납득시키다, 수긍하게하다: ~ a person *of* [*that* ...] …에게 …을[이라고] 납득시키다 2 …**하도록 설득하다**

con·vinced [kənvínst] *a.* 확신을 가진, 신념 있는

con·vin·ci·ble [kənvínsəbl] *a.* 설득할 수 있는; 이치에 따르는

*__con·vinc·ing__ [kənvínsiŋ] *a.* **설득력 있는,** 수긍이 가게 하는, 납득이 가는 〈증거 등〉 **~·ly** *ad.*

con·viv·ial [kənvíviəl] *a.* 1 연회의 2 연회를 좋아하는; 쾌활한 **~·ly** *ad.*

con·viv·i·al·i·ty [kənvìviǽləti] *n.* (*pl.* **-ties**) 1 Ⓤ 유쾌함, 기분 좋음 2 연회

con·vo·ca·tion [kɑ̀nvəkéiʃən | kɔ̀n-] *n.* 1 Ⓤ (회의·의회의) 소집; Ⓒ 집회 2 [때로 **C~**] 《영》 대주교구 회의; 《미》 (감독 교회의) 주교구 회의 3 [때로 **C~**] 《영》 (대학의) 평의회 **~·al** [-ʃənl] *a.*

con·voke [kənvóuk] *vt.* 《문어》 〈회의·의회를〉 소집하다

con·vo·lute [kɑ́nvəlù:t | kɔ́n-] *a.* 1 〖식물·패류〗 한쪽으로 감긴, 회선상(回旋狀)의 2 둘둘 말린

con·vo·lut·ed [kɑ́nvəlù:tid | kɔ́n-] *a.* 1 〖동물〗 회선상의(spiral) 2 뒤얽힌, 복잡한

con·vo·lu·tion [kɑ̀nvəlú:ʃən | kɔ̀n-] *n.* 1 회선; 포선, 둘둘 말림 2 (논의 등의) 얽힘, 분규 3 〖해부〗 뇌회(腦回) 《대뇌 표면의 주름》

con·vol·vu·lus [kənvɑ́lvjuləs | -vɔ́l-] *n.* (*pl.* **~·es, -li** [-lài, -lì:]) 〖식물〗 메꽃(무리)

*__con·voy__ [kɑ́nvɔi, kənvɔ́i | kɔ́nvɔi] *vt.* 〈군함·군대 등이〉 **호송하다, 호위하다**

— [kɑ́nvɔi | kɔ́n-] *n.* 1 Ⓤ 호송, 호위 2 **호위대[선, 함]**; 피호송자[선]

con·vulse [kənvʌ́ls] 〔L 「잡아 찢다」의 뜻에서〕 *vt.* 1 진동시키다; 〈국가 등에〉 대소동을 일으키다 2 [보통 수동형] 〈웃음·고통 등이〉 …을 경련시키다 《*with*》: be ~*d with* laughter 포복절도하다

*__con·vul·sion__ [kənvʌ́lʃən] *n.* 1 [보통 *pl.*] 〖의학〗 **경련,** 경기 2 [*pl.*] 웃음의 발작, 포복절도 3 (자연계의) **격동,** 변동; (사회·정계 등의) 이변, 동란: a ~ of nature 천재지변 《지진, 분화 등》

con·vul·sive [kənvʌ́lsiv] *a.* 1 경련성의, 발작적인 2 경련을 일으킨 듯한 **~·ly** *ad.*

*__coo__[1] [ku:] 〔의성어〕 *n.* (*pl.* **~s**) **구구** 《비둘기 우는 소리》

— *vi.* 1 〈비둘기가〉 **구구 울다** 2 〈젖먹이가〉 구구 소리내며 좋아하다 3 〈연인끼리〉 정답게 소곤거리다

— *vt.* 〈말을〉 정답게 속삭이다

bill and ~ 〈남녀가〉 서로 애무하며 사랑을 속삭이다

coo[2] 〔의성어〕 *int.* 《영·속어》 거참, 허 《놀람·의문을 나타냄》

‡**cook** [kuk] *n.* **요리사,** 쿡 《남녀》: a good[bad] ~ 요리 솜씨가 좋은[없는] 사람

Too many ~s spoil the broth. 《속담》 사공이 많으면 배가 산으로 오른다.

—*vt.* **1** 요리하다, 음식을 만들다 **2** 〈이야기 등을〉 지어내다, 조작하다 《*up*》; 속이다: ~ the accounts 장부를 조작하다 **3** 《영·속어》 지치게 하다 —*vi.* **1** 요리하다, 식사를 준비하다: ~ *out* 야외에서 요리하여 식사하다 **2** 〈음식물이〉 요리되다, 삶아지다, 구워지다 **3** 요리사로서 일하다 ***What's ~ing?*** 《구어》 무슨 일이 있니?, 별일 없니?

Cook [kuk] *n.* 쿡 **Captain James ~** (1728-79) 《영국의 항해가》

cook·book [kúkbùk] *n.* 《미》 요리책

cook·er [kúkər] *n.* **1** 요리 도구 《솥·냄비 등》 **2** 요리용 과일

*__cook·er·y__ [kúkəri] *n.* (*pl.* **-er·ies**) **1** Ⓤ 《영》 요리법 **2** 《미》 조리실, 취사장

cóokery bòok 《영》 요리책 (《미》 cookbook)

cook·house [-hàus] *n.* (*pl.* **-hous·es** [-hàuziz]) 조리실; (배의) 취사실

‡**cook·ie, cook·y** [kúki] [Du. 「과자(cake)」의 뜻에서] *n.* **1** 《미》 (보통 가정에서 만든) **쿠키**, 작고 납작한 케이크(《영》 biscuit, small sweet cake); 《스코》 과자빵(bun) **2** [보통 수식어와 함께] 《미·속어》 사람, 놈 **3** 매력적인 여자 **4** 〖컴퓨터〗 쿠키 《인터넷 접속시 PC의 하드 드라이버에 저장되는 사용자의 개인 신상 파일》

cook·ie-cut·ter [kú:kikÀtər] *a.* 개성이 없는; 생김새가 비슷한

‡**cook·ing** [kúkiŋ] *n.* Ⓤ **요리(법)**; 요리하기 —*a.* 요리(용)의

cook·stove [-stòuv] *n.* 《미》 요리용 레인지

cook·y [kúki] *n.* (*pl.* **cook·ies**) **1** 《구어》 (특히 여자) 요리사 **2** = COOKIE 1

‡**cool** [ku:l] *a.* **1 시원한**; 선선한, 차가운, 시원스러운 **2 냉정한**, 침착한; **냉담한**; 뻔뻔스러운 **3** 《구어》 에누리 없는 **4** 〖재즈〗 이지적 감흥을 주는, 쿨한 **5** 《속어》 멋진, 근사한

as ~ as a cucumber 아주 침착한 ***keep*** (one***self***) ***~*** 냉정을 유지하다 ***nice and ~*** 기분 좋게 선선한[차가운](nicely cool)

—*ad.* 냉정히 —*n.* Ⓤ **1** [the ~] 냉기, 서늘한 기운; 서늘한 때[곳] **2** [one's ~] 《속어》 냉정, 침착

—*vt.* **1 차게 하다**; 서늘하게 하다 **2** 〈열정·분노 등을〉 **가라앉히다**, 진정시키다 ***~ it*** 《미·속어》 냉정해지다, 침착해지다

—*vi.* **1 식다**, 차가워지다; 서늘해지다 **2** 〈열정·화 등이〉 식다, 가라앉다

cool·ant [kú:lənt] *n.* 냉각제

cóol bàg[bòx] 쿨러 《피크닉 등의 음식을 위한 냉장 용기》

‡**cool·er** [kú:lər] *n.* **1 냉각기**, 냉장고 **2** 청량 음료 **3** [the ~] 《속어》 교도소 **4** 냉방 장치

cool-head·ed [kú:lhédid] *a.* 냉정[침착]한

coo·lie, -ly [kú:li] [Hind.] *n.* (*pl.* **-lies**) (옛 인도·중국 등의) 쿨리; (아시아 출신의) 저임금 미숙련 노동자

cool·ing-off [kú:liŋɔ́:f | -ɔ́f] *a.* (쟁의 등에서) 냉각시키기 위한

cóoling tòwer (냉방 용수의) 냉각탑

cool·ish [kú:liʃ] *a.* 조금 찬, 찬 기운이 있는

cóol jázz 쿨 재즈 《모던 재즈의 한 연주 형식; 지적으로 세련됨》

cool·ly [kú:(l)li] *ad.* 서늘하게; 냉담하게; 냉정하게, 침착하게

cool·ness [kú:lnis] *n.* Ⓤ **1** 시원함, 차가움 **2** 냉정, 침착 **3** 냉담

*__coon__ [ku:n] *n.* **1** 《미·구어》 **촌놈**, 바보 **2** 《미》 = RACCOON **3** 《경멸》 검둥이(Negro)

coon·skin [kú:nskìn] *n.* ⓊⒸ **1** 아메리카너구리의 털가죽 **2** 그것으로 만든 모자[외투]

co-op [kóuɑp | -ɔp] [*coop*erative] *n.* **1** 《구어》 소비[협동] 조합 (매점) **2** (조합식) 공동 주택

coop., co-op. cooperative

coo·per [kú:pər] *n.* 통장이, 통 제조인 —*vt.* 〈통 등을〉 수선하다, 통에 담다

‡**co·op·er·ate, co-op-** [kouɑ́pərèit | -ɔ́p-] [L 「함께 일하다」의 뜻에서] *vi.* **1 협력하다, 협동하다** 《*with, in, for*》: ~ *with* a person *for* …을 위해 …와 협력하다 **2** 〈사정 등이〉 서로 돕다

‡**co·op·er·a·tion, co-op-** [kouɑ̀pəréiʃən, -ɔ̀p-] *n.* **1** Ⓤ **협력**, 협동 **2** Ⓤ 협조성; 원조 **3** 〖경제〗 협동 작업; 협동 조합

*__co·op·er·a·tive, co-op-__ [kouɑ́pərətiv | -ɔ́p-] *a.* **1 협력적인**, 협조적인; **협동의** **2** 조합의, 소비 조합의

—*n.* **1** 협동 조합(의 매점·농장) **2** 《미》 (조합식) 공동 주택 《거주자가 건물을 공유·관리 운영함》 **~·ly** *ad.*

co·op·er·a·tor [kouɑ́pərèitər | -ɔ́p-] *n.* **1** 협력자 **2** 협동[소비] 조합원

co-opt [kouɑ́pt | -ɔ́pt] *vt.* **1** 〈위원회 등에서 새 회원을〉 선임[선출]하다 **2** 〈분파 등을〉 조직에 흡수하다

co-op·ta·tion [kòuɑptéiʃən | -ɔp-] *n.* Ⓤ 새 회원의 선출

*__co·or·di·nate__ [kouɔ́:rdənət | -nèit] *a.* **1 동등한**, 동격의, 대등한 《*with*》 **2** 〖문법〗 대등의, 등위(等位)의 **3** 〖수학〗 좌표의

—*n.* **1** 동격자, 대등한 것 **2** 〖문법〗 동등어구 **3** [*pl.*] 위도와 경도(에서 본 위치); 〖수학〗 좌표 **4** [*pl.*] 코디네이트 《색깔·소재·디자인의 조화 효과를 노린 의복·가구》

— [-dənèit] *vt.* **1** 대등하게 하다 **2** 통합하다; 조정하다, 조화시키다

—*vi.* **1** 대등하게 되다 **2** (각 부분이) 조화하여 움직이다[기능하다]

coórdinate conjúnction 〖문법〗 등위 접속사(=coordinating conjunction) 《and, but, or, for 등》

*__co·or·di·na·tion__ [kouɔ̀:rdənéiʃən] *n.* Ⓤ **1 동등**(하게 함); 〖문법〗 대등 관계 **2** 정합(整合), (작용·기능의) 조정, (근육 운동의) 공동 작용

co·or·di·na·tive [kouɔ́:rdənèitiv, -nət-] *a.* 동등한, 대등한

*__co·or·di·na·tor__ [kouɔ́:rdənèitər] *n.* **1 동격으로 하는 것[사람]** **2** 조정자; (의견 등을) 종합하는 사람, 진행자, 코디네이터

coo·tie [kú:ti] *n.* 《미·속어》 이(louse)
cop¹ [kap | kɔp] [L 「잡다(capture)」의 뜻에서] *vt.* (**~ped**; **~·ping**) 《속어》 **1** 〈범인을〉 잡다, 포박하다 **2** 훔치다 **3** [~ it로] 야단맞다, 벌을 받다
~ out 《속어》 (일·약속 등에서) 손을 떼다, 책임을 회피하다 《*of, on*》
— *n.* [보통 a fair ~로] 붙잡힘
cop² [*copper²*] *n.* 《구어》 경찰관(policeman)
cop. copper; copyright(ed)
co·pa·cet·ic [kòupəsétik, -sí:t-] *a.* 《미·속어》 훌륭한, 만족스러운
co·pal [kóupəl] *n.* Ⓤ 코펄 《천연 수지; 니스의 원료》
co·part·ner [kòupá:rtnər] *n.* **1** 협동자, 파트너 **2** 조합원
‡**cope¹** [koup] [OF 「치다, 때리다」의 뜻에서] *vi.* **1** 대항하다, 맞서다 《*with*》 **2** 대처하다, 극복하다 《*with*》: ~ *with* difficulties 곤란을 극복하다 **3** 《구어》 (이럭저럭) 해나가다
cope² *n.* **1** 〚그리스도교〛 (성직자의) 코프 《망토 모양의 긴 외투》 **2** 장막, 덮개: a ~ of night[heaven] 밤의 장막[푸른 하늘]
co·peck [kóupek] *n.* = KOPECK
Co·pen·ha·gen [kòupənhéigən, -há:-] *n.* 코펜하겐 《덴마크의 수도》
Co·per·ni·can [koupə́:rnikən] *a.* **1** 코페르니쿠스(설)의: the ~ theory 지동설 **2** 획기적인
Co·per·ni·cus [koupə́:rnikəs] *n.* 코페르니쿠스 **Nicholas ~** (1473-1543) 《폴란드의 천문학자; 지동설의 제창자》
cope·stone [kóupstòun] *n.* = COPING STONE
cop·i·er [kápiər | kɔ́p-] *n.* **1** 모방자 **2** 필생(copyist) **3** 복사기; 복사하는 사람
co·pi·lot [kóupàilət] *n.* 〚항공〛 부조종사
cop·ing [kóupiŋ] *n.* Ⓤ 〚건축〛 (돌담 등의) 갓돌, 지지름돌
cóping stòne **1** 〚건축〛 갓돌, 지지름돌 **2** 끝손질, 마지막 마무리; 극치
*__co·pi·ous__ [kóupiəs] *a.* **1** (공급량·사용량 등이) 풍부한, 막대한 **2** 내용이 풍부한; 자세히 서술하는 **~·ly** *ad.* **~·ness** *n.*
‡**cop·per¹** [kápər | kɔ́p-] [L 「키프로스의(Cyprian) 금속」의 뜻에서] *n.* **1** Ⓤ 구리, 동: red ~ 적동광 **2** 동화, [*pl.*] 《속어》 잔돈 **3** 《영》 취사[세탁]용 보일러 《지금은 보통 쇠로 만든 것》 **4** Ⓤ 구릿빛, 동색, 적갈색 — *a.* **1** 구리의, 구리로 만든 **2** 구릿빛의, 적갈색의
— *vt.* 구리를 입히다; 〈뱃바닥에〉 동판을 대다
copper² *n.* 《속어》 경찰관, 순경(cop)
cop·per-bot·tomed [kápərbátəmd | kɔ́pəbɔ́t-] *a.* **1** 밑바닥에 동판을 댄 〈배〉 **2** 《구어》 진짜의, 믿을 수 있는 **3** 〈사업 등이〉 (재정적으로) 건전한
cop·per·head [-hèd] *n.* 〚동물〛 미국 살무사 《북미산》
cop·per·plate [-plèit] *n.* **1** 동판 **2** Ⓤ 동판 조각; 동판 인쇄 **3** Ⓤ (동판 인쇄처럼) 깨끗한 초서체
cop·per·smith [-smìθ] *n.* 구리 세공인; 구리 그릇 제조인
cópper súlfate 〚화학〛 황산구리
cop·per·y [kápəri | kɔ́p-] *a.* **1** 동을 함유한 **2** 구리 같은 **3** 구릿빛의, 적갈색의
cop·pice [kápis | kɔ́p-] *n.* 작은 관목 숲, 잡목 숲
co·pra [kóuprə, káp- | kɔ́p-] *n.* Ⓤ 코프라 《야자유의 원료》
copse [kaps | kɔps] *n.* = COPPICE
cóp shóp 《미·속어》 파출소
Copt [kapt | kɔpt] *n.* **1** 콥트 사람 《이집트 원주민》 **2** 콥트교도 《이집트의 그리스도교》
cop·ter [káptər | kɔ́p-] *n.* 《구어》 = HELICOPTER
Cop·tic [káptik | kɔ́p-] *a.* **1** 콥트 사람[말]의 **2** 콥트 교회의
— *n.* Ⓤ 콥트 말
cop·u·la [kápjulə | kɔ́p-] *n.* (*pl.* **~s, -lae** [-lì:]) 〚논리·문법〛 연결사, 계사(繫辭) 《subject와 predicate를 잇는 be동사 등》
cop·u·late [kápjulèit | kɔ́p-] *vi.* **1** 〈사람이〉 성교하다 **2** 〈동물이〉 교접[교미]하다
cop·u·la·tion [kàpjuléiʃən] *n.* Ⓤ **1** (사람의) 성교; (동물의) 교접, 교미 **2** 〚문법·논리〛 연계
cop·u·la·tive [kápjulèitiv, -lə- | kɔ́p-] *a.* **1** 〚문법〛 연계의 **2** 성교의; 교접[교미]의
— *n.* 〚문법〛 계사; 연계 접속사 **~·ly** *ad.*
‡**cop·y** [kápi | kɔ́pi] [L 「풍부, 다량」의 뜻에서] *n.* (*pl.* **cop·ies**) **1** 사본; 베끼기, 복사 **2** 모방 **3** (몇) 부, 권 **4** ⒸⓊ (인쇄의) 원고(manuscript); 신문기사 거리, 제재(題材) **5** Ⓤ 광고문(안), 카피 ***keep a ~ of*** …의 사본을 떠두다 ***make a ~*** 복사하다
— *v.* (**cop·ied**) *vt.* **1** 베끼다; 모사하다 **2** 모방하다 **3** 〚컴퓨터〛 카피[복사]하다
— *vi.* **1** 복사하다 **2** 모방하다 《*from, after, out of*》: ~ *after* a good precedent 좋은 선례에 따르다 **3** 《영》 (남의 답안·책을) 몰래 베끼다
cop·y·book¹ [kápibùk | kɔ́p-] *n.* **1** 습자 교본, 습자책 **2** (편지·문서의) 사본, 복사부 — *a.* 진부한; 아주 알맞은, 정확한: ~ maxims 진부한 격언
cop·y·boy [-bɔ̀i] *n.* (신문사·출판사 등의) 원고 심부름하는 아이; 잡일꾼
cop·y·cat [-kæ̀t] *n.* 《경멸》 **1** (맹목적) 모방자(imitator) **2** (학교에서 남의 것을) 그대로 베끼는 아이 — *a.* 모방의: a ~ murder 모방 살인
cop·y·desk [-dèsk] *n.* (신문사의) 편집자용 책상
cop·y·ed·it [-èdit] *vt.* 〈원고를〉 정리[교열]하다
cópy èditor (신문사·출판사 등의) 원고 정리[교열] 편집자; (신문의) 교열부장
cop·y·hold [-hòuld] *n.* Ⓤ 〚영국법〛 등본 소유권(에 의해서 갖고 있는 부동산) (cf. FREEHOLD)
cop·y·hold·er [-hòuldər] *n.* **1** 〚영국법〛 등본 소유권자 **2** 교정 조수 **3** (타자기의) 원고 누르개
cóp·ying machìne [kápiŋ- | kɔ́p-] 복사기

cop·y·ist [kápiist | kɔ́p-] *n.* **1** 복사 담당자, 필생 **2** 모방자
cop·y·read [kápirìːd | kɔ́p-] *vt.* 〈원고를〉 교정[교열]하다
cop·y·read·er [-rìːdər] *n.* (신문·잡지사의) 원고 교정[교열]원, 편집원; 부편집장
∗**cop·y·right** [kápiràit | kɔ́p-] *n.* UC 저작권, 판권 《기호 ©》
***C~ reserved*.** 판권 소유.
— *a.* 저작권[판권]이 있는
— *vt.* 저작권으로 〈작품을〉 보호하다; …의 판권을 얻다
cópyright líbrary 《영》 납본[판권] 도서관 《영국에서 출판되는 모든 책을 1부씩 기증받을 권리가 있는 도서관》
∗**cop·y·writ·er** [kápiràitər | kɔ́p-] *n.* **광고 문안 작성자**, 원고 쓰는 사람
co·quet [koukét] *vi.* (~·**ted**; ~·**ting**) 〈여자가〉 교태를 부리다, 아양을 떨다, 〈남자와〉 희롱하다(flirt) 《*with*》
co·quet·ry [kóukitri | kɔ́k-] *n.* (*pl.* -**ries**) UC **1** 아양 떨기, 교태
co·quette [koukét] *n.* 요염한 여자, 바람둥이 여자(flirt)
co·quet·tish [koukétiʃ] *a.* 요염한, 교태를 부리는 ~·**ly** *ad.*
cor [kɔːr] [God의 전와(轉訛)] *int.* 《영·속어》 악!, 이런! 《놀람·감탄·초조의 발성; 하층 계급이 사용》
cor- [kər, kɑr | kɔr] *pref.* = COM- 《r- 앞에서 쓰임》: *cor*rect; *cor*relation
cor. corner; cornet; coroner; correct(ed)
Cor. Corinthians; Corsica
cor·a·cle [kɔ́ːrəkl | kɔ́r-] *n.* (버들가지로 바구니처럼 만들어 가죽을 친) 작은 배 《아일랜드나 웨일스 지방의 강이나 호수에서 쓰임》
∗**cor·al** [kɔ́ːrəl | kɔ́r-] *n.* **1** U **산호** **2** 〖동물〗 산호충 **3** 산호 세공품 **4** 산호빛
— *a.* **1** 산호의, 산호로 만든 **2** 산호빛의
córal ísland 산호섬
córal rèef 산호초(礁)
córal snàke 〖동물〗 산호뱀 《열대 아메리카산의 작은 독사》
cor an·glais [kɔ́ːr-ɑːŋgléi] [F 「영국의 호른」의 뜻에서] *n.* 《영》 〖음악〗 잉글리시 호른(《미》 English horn) 《목관악기의 일종》
cor·bel [kɔ́ːrbəl] *n.* 〖건축〗 **1** 무게를 받치는 벽의 돌출부 **2** (벽에 달아 붙인) 받침대, 까치발, 초엽
⁑**cord** [kɔːrd] [동음어 chord] [Gk 「장선(腸線)」의 뜻에서] *n.* **1 a** UC **끈**, 가는 밧줄, 노끈 《string보다 굵고, rope보다 가는》 **b** CU 〖전기〗 코드 **2** 〖해부〗 삭상(索狀) 조직, 인대(靭帶), 건(腱) **3** U 골지게 짠 천, 코듀로이(corduroy); [*pl.*] 코듀로이 바지 **4** [종종 *pl.*] 굴레, 구속
***the silver* ~** 탯줄 《생명》
— *vt.* 밧줄[끈]로 묶다
cord·age [kɔ́ːrdidʒ] *n.* [집합적] 밧줄(ropes), 《특히》 배의 밧줄; (배의) 삭구(索具)
cor·date [kɔ́ːrdeit] *a.* 〖식물〗 〈잎 등이〉 심장 모양의(heart-shaped)
cord·ed [kɔ́ːrdid] *a.* **1** 끈으로 묶은[동인] **2** 골지게 짠
Cor·de·lia [kɔːrdíːljə] *n.* **1** 여자 이름 **2** 코델리아 《Shakespeare작 *King Lear*에 나오는 리어왕의 막내딸》
⁑**cor·dial** [kɔ́ːrdʒəl | -diəl] [L 「마음의」의 뜻에서] *a.* **1** **마음에서 우러난**(hearty), 성심성의의(sincere) **2** 원기를 돋우는; 강심성(强心性)의
— *n.* **1** 코디얼 주(酒); 과일 주스에 물을 탄 음료 **2** U 강장제, 강심제 ~·**ness** *n.*
cor·di·al·i·ty [kɔːrdʒǽləti | kɔ̀ːdi-] *n.* (*pl.* -**ties**) **1** U 진심, 충정; 따뜻한 우정 **2** [*pl.*] 진심어린 언동
∗**cor·dial·ly** [kɔ́ːrdʒəli | -diəli] *ad.* **1** **진심으로**, 정성껏(heartily) **2** 성의를 다해서(sincerely) ***C~ yours*** = ***Yours* ~** 경구(敬具) 《친구 사이의 편지를 맺는 문구》
cor·dil·le·ra [kɔ̀ːrdəljέərə] [Sp.] *n.* (대륙을 종단하는) 대산맥, 산계(山系) 《남미·북미 서부를 종주하는 산계, 특히 안데스산계》
cord·ite [kɔ́ːrdait] *n.* U 코르다이트 《끈 모양의 무연(無煙) 화약》
cord·less [kɔ́ːrdlis] *a.* 줄이 없는; 코드가 없는, 전지식(電池式)의: a ~ phone 무선 전화기
cor·don [kɔ́ːrdn] *n.* **1 a** (어깨에서 겨드랑이 밑으로 걸치는) 〖군사〗 초병선(哨兵線); 비상[경계]선: post[draw] a ~ 비상선을 치다 **b** (어깨에서 겨드랑이 밑으로 걸치는) 방역선; (전염병 발생지의) 교통 차단선: a sanitary ~ 방역선 **2** (어깨에서 겨드랑이 밑으로 걸치는) 장식 리본, 수장(綬章) — *vt.* 비상선을 치다, 교통을 차단하다 《*off*》
cor·don bleu [kɔ́ːrdn-blúː] [F = blue cordon] *n.* (*pl.* -**s** -**s**[~]) **1** 청수장(靑綬章) 《부르봉 왕조의 최고 훈장》 **2** 일류인, 대가, 명인; 《특히》 일류 요리사
— *a.* 일류 요리사가 만든 〈요리〉; 일류의
cor·do·van [kɔ́ːrdəvən] *a.* 코르도바의; 코도반 가죽의 — *n.* U 코도반 가죽; 코르도바 사람
cor·du·roy [kɔ́ːrdərɔ̀i] *n.* **1** U **코듀로이** **2** [*pl.*] 코듀로이 양복[바지]
córduroy ròad (늪지 등의) 통나무 도로
∗**core** [kɔːr] [동음어 corps] [L 「속, 심」의 뜻에서] *n.* **1** (배·사과 등의) **응어리**; (나무의) 고갱이; (종기 등의) 근; (새끼의) 가운데 가닥 **2** [the ~] (사물의) **핵심**, 골자(gist); 속마음 **3** (전선 등의) 심; (주물(鑄物)의) 모형 **4** 〖컴퓨터〗 자기 코어, 자심; 자심 기억 장치(= ~ memory) **5** 〖지질〗 (지구의) 중심핵
***to the* ~** 철두철미; 속속들이
— *vt.* 속[응어리]을 도려내다 《*out*》
CORE [kɔːr] [*C*ongress *o*f *R*acial *E*quality] *n.* 《미》 인종 평등 회의
córe currículum 〖교육〗 코어 커리큘럼 《핵심이 되는 과목을 중심으로 다른 과목을 종합 편성한 교과 과정》
co·re·li·gion·ist [kòurilídʒənist] *n.* 같은 (종교의) 신자
córe mèmory 〖컴퓨터〗 자심(磁心) 기억 장치

cor·e·op·sis [kɔ̀:riɑ́psis] *n.* (*pl.* ~) 〖식물〗 큰금계국

cor·er [kɔ́:rər] *n.* (사과 등의) 응어리 뽑는 기구

co·re·spon·dent [kòurispɑ́ndənt] *n.* 〖법〗 (이혼 소송의) 공동 피고인

córe tìme 코어 타임, 핵시간 《자유 근무 시간(flextime)에서 반드시 근무해야 하는 시간대》

cor·gi [kɔ́:rgi] *n.* 코기견(犬) 《웨일스산의 작은 개》

co·ri·an·der [kɔ́:riæ̀ndər | kɔ̀riǽn-] *n.* 〖식물〗 고수풀 《미나릿과》

Cor·inth [kɔ́:rinθ | kɔ́r-] *n.* 코린트 《고대 그리스의 상업·예술의 중심지》

***Co·rin·thi·an** [kərínθiən] *a.* **1** (고대 그리스) **코린트의** **2** 〖건축〗 코린트식의 **—** *n.* **1** 코린트 사람 **2** [*pl.*] 〖성서〗 **고린도서**(書)(Epistles to the ~s) 《전후 2권: 略 Cor.》

⁑**cork** [kɔ:rk] *n.* **1** Ⓤ **코르크** 《코르크나무의 껍질》 **2** 〖식물〗 코르크질[층] **3 a** 코르크 제품 **b** 《특히》 코르크 마개
— *a.* 코르크로 만든
— *vt.* **1** 〈병에〉 코르크 마개를 하다 **2** 〈얼굴·눈썹에〉 태운 코르크를 칠하다
~ ***up*** (코르크로) 막다; 감정을 억제하다

cork·age [kɔ́:rkidʒ] *n.* **1** 코르크 마개를 끼움[뺌] **2** (손님이 가져온 술에 대하여 호텔 등에서 받는) 마개 뽑는 서비스료

corked [kɔ:rkt] *a.* **1** 코르크 마개를 한 **2** 〈포도주가〉 코르크 마개 냄새 나는

cork·er [kɔ́:rkər] *n.* **1** (코르크) 마개를 하는 사람[기계] **2** (구어) **a** (영) 결정적 의론 **b** 결정적 일격 **c** 엄청난 거짓말 **d** 굉장한 사람[것]

cork·ing [kɔ́:rkiŋ] *a.*, *ad.* (속어) 굉장한[하게], 멋들어진[지게]

córk òak 〖식물〗 코르크나무

cork·screw [kɔ́:rkskrù:] *n.* 코르크 마개뽑이 **—** *a.* 나사 모양의: a ~ staircase 나선 층층대
— *vt.* 빙빙 돌리다; 나사 모양으로 꾸부리다 **—** *vi.* 나사 모양으로[누비고] 나아가다

cork-tipped [-tìpt] *a.* 〈궐련이〉 코르크 모양의 필터가 붙은

cork·y [kɔ́:rki] *a.* (**cork·i·er**; **-i·est**) **1** 코르크의[같은] **2** 〈포도주가〉 코르크 냄새 나는

corm [kɔ:rm] *n.* 〖식물〗 구경(球莖)

cor·mo·rant [kɔ́:rmərənt] *n.* **1** 〖조류〗 가마우지 **2** 욕심쟁이; 대식가

⁑**corn**[1] [kɔ:rn] [OE 「낟알」의 뜻에서] *n.* **1** Ⓤ [집합적] **곡물**, 곡식 **2** Ⓤ (영) **밀**(wheat); (미·캐나다·호주) **옥수수**; (그 지방의) 주요 곡물; (스코·아일) 귀리(oats) **3 낟알** **4** Ⓤ (구어) **a** 진부[평범]한 것 **b** 감상적인 음악 **—** *vt.* 작은 알갱이로 만들다, 〈고기를〉 소금에 절이다

corn[2] [L 「뿔」의 뜻에서] *n.* (발가락의) 티눈, 못

Corn. Cornish; Cornwall

Córn Bèlt [the ~] (미국 중서부의) 옥수수 지대 《Iowa, Illinois, Indiana 등의 여러 주》

córn brèad (미) 옥수수 빵(Indian bread)

corn·cob [kɔ́:rnkɑ̀b | -kɔ̀b] *n.* **1** 옥수수자루 **2** 옥수수 파이프 (= ~ **pìpe**)

córn còckle 〖식물〗 선옹초

córn cràke 〖조류〗 흰눈썹뜸부기

corn·crib [-krìb] *n.* (미) (통풍 설비가 된) 옥수수 창고

córn dòg (미) 콘도그 《꼬챙이에 낀 소시지를 옥수수빵으로 싼 핫도그》

cor·ne·a [kɔ́:rniə] *n.* 〖해부〗 각막(角膜): ~ transplantation 각막 이식
cór·ne·al *a.*

***corned** [kɔ:rnd] *a.* **소금에 절인**, 소금 등으로 간을 한

córned béef 콘비프 《쇠고기 소금절이》

cor·nel [kɔ́:rnəl] *n.* 〖식물〗 산딸나무속(屬)의 식물

cor·nel·ian [kɔ:rní:ljən] *n.* = CARNELIAN

cor·ne·ous [kɔ́:rniəs] *a.* 각질(角質)의 (horny)

⁂**cor·ner** [kɔ́:rnər] *n.* **1 모퉁이**: at[on] a street ~ 거리의 모퉁이에(서) **2 구석**; 우묵한 곳 **3** (가구 등의) 모서리의 쇠붙이 **4** 구석진 곳; 변두리; 비밀 장소 **5** [종종 *pl.*] 지방, 지역(region): all the (four) ~*s* of the earth 세계의 구석구석 **6** [종종 a ~] 궁지 **7** 〖상업〗 매점(買占)
(***a***)***round the*** ~ (1) 모퉁이를 돈 곳에 (2) 임박하여 ***cut*** (***off***) ***the*** [***a***] ~ 지름길로 가다 ***look out of the*** ~ ***of*** one***'s eyes*** 곁눈질로 보다 ***turn the*** ~ 〈병·불경기 등이〉 고비를 넘기다
— *a.* Ⓐ **1** 길모퉁이의[에 있는] **2** 구석에 두는[에서 쓰는] **3** 〖스포츠〗 코너의
— *vt.* **1** …을 구석으로 몰다; 궁지에 빠뜨리다 **2** 〖상업〗 매점하다
— *vi.* 〈차·운전자가〉 모퉁이를 돌다, 코너링하다

cor·nered [kɔ́:rnərd] *a.* **1** 구석에 몰린, 진퇴양난의 **2** [보통 복합어를 이루어] …한 모서리의: sharp-~ 뾰족한 모서리의, 모서리가 뾰족한

córner kìck 〖축구〗 코너킥

córner shòp 모퉁이 가게; (근처의) 작은 상점

cor·ner·stone [kɔ́:rnərstòun] *n.* **1** 〖건축〗 모퉁잇돌(quoin); 초석: lay the ~ of …의 정초식을 올리다 **2** 기초, 기본; 근본 이념 《*of*》

cor·ner·wise [-wàiz], **-ways** [-wèiz] *ad.* 어긋나게, 비스듬히

cor·net [kɔ:rnét] *n.* **1** 〖음악〗 코넷 《금관 악기》 **2** 원뿔꼴의 종이 봉지; (영) = ICE-CREAM CONE

cor·net·(t)ist [kɔ::rnétist | kɔ́:nit-] *n.* 코넷 연주자

córn exchànge (영) 곡물 거래소

córn fàctor (영) 곡물 중개인

corn·fed [-fèd] *a.* **1** 옥수수[보리]로 기른 〈가축〉 **2** (구어) 뚱뚱한; (속어) 촌티나는

***corn·field** [kɔ́:rnfì:ld] *n.* **1** (미) **옥수수밭** **2** (영) 보리[밀]밭

corn·flakes [-flèiks] *n. pl.* 콘플레이크

córn flòur 1 《영》 = CORNSTARCH 2 《미》 옥수수 가루
corn·flow·er [-flàuər] *n.* 〖식물〗 1 수레국화(bluebottle) 2 밝은 보랏빛
corn·husk [-hʌ̀sk] *n.* 《미》 옥수수 껍질
corn·husk·ing [-hʌ̀skiŋ] *n.* 《미》 Ⓤ 옥수수 껍질 벗기기
cor·nice [kɔ́ːrnis] *n.* 1 〖건축〗 코니스, 치마 돌림띠 2 벼랑 끝에 차양처럼 얼어붙은 눈더미
Cor·nish [kɔ́ːrniʃ] *a.* 1 영국 Cornwall 지방(산)의 2 Cornwall 사람[말]의
— *n.* Ⓤ Cornwall 말 《켈트어; 지금은 사어(死語)》
Cor·nish·man [kɔ́ːrniʃmən] *n.* (*pl.* **-men** [-mən]) Cornwall 사람
Córn Làw [the ~] 〖영국사〗 곡물 조령 《곡물 수입에 중세를 과한 법률; 1846년 폐지》
córn lìquor = CORN WHISKEY
corn·meal [-mìːl] 1 《영》 밀[보리]가루; 《미》 옥수수 가루 2 《스코》 = OATMEAL
córn òil 옥수수 기름 《식용, 경화유(硬化油) 원료, 도료》
córn pòppy 〖식물〗 개양귀비
corn·row [kɔ́ːrnròu] *n.* [*pl.*] 콘로 《머리털을 딴딴하게 여러 가닥으로 땋은 흑인의 머리형》
— *vt.* 〈머리를〉 콘로형으로 하다
córn sìlk 옥수수의 수염
corn·stalk [-stɔ̀ːk] *n.* 옥수수대
corn·starch [-stɑ̀ːrtʃ] *n.* Ⓤ 《미》 콘스타치 《옥수수 녹말》
córn sùgar 《미》 옥수수당(糖)
córn sỳrup 옥수수 시럽
cor·nu·co·pi·a [kɔ̀ːrnəkóupiə, -nju-] *n.* 1 **a** [the ~] 〖그리스신화〗 풍요의 뿔(horn of plenty) 《어린 Zeus 신에게 젖을 먹였다고 전해지는 염소의 뿔》 **b** 그런 모양의 장식 2 Ⓤ 풍부(plenty) 3 원뿔꼴 종이 봉지
Corn·wall [kɔ́ːrnwɔːl, -wəl] *n.* 콘월 《영국 남서부의 주》
córn whìskey 《미》 옥수수 위스키
corn·y [kɔ́ːrni] *a.* (**corn·i·er**; **-i·est**) 1 곡류의, 곡식이 풍부한 2 《구어》 〈익살 등이〉 케케묵은, 진부한; 감상적인, 멜로드라마적인
co·rol·la [kərɑ́lə | -rɔ́lə] *n.* 〖식물〗 화관(花冠), 꽃부리
cor·ol·lar·y [kɔ́ːrəlèri | kərɔ́ləri] *n.* (*pl.* **-lar·ies**) 1 〖수학〗 계(系) 2 추론; 자연적인[당연한] 결론
***co·ro·na** [kəróunə] [L 「관(冠)」의 뜻에서] *n.* (*pl.* **~s, -nae** [-niː]) 1 〖천문〗 **코로나**, 광관(光冠) 2 〖기상〗 (해·달) 무리, 광환(光環)
cor·o·nal [kɔ́ːrənl | kɔ́r-] *n.* 1 보관(寶冠) 2 화관; 화환 — *a.* [kəróunl] 〖천문〗 코로나의
cor·o·nar·y [kɔ́ːrənèri | kɔ́rənəri] *a.* 〖해부〗 1 관상(冠狀)(동맥)의 2 심장의
— *n.* (*pl.* **-nar·ies**) 〖병리〗 심장 발작, 관상 동맥 혈전 《발작》
***cor·o·na·tion** [kɔ̀ːrənéiʃən | kɔ̀r-] *n.* **대관[즉위]식**; Ⓤ 대관
***cor·o·ner** [kɔ́ːrənər | kɔ́r-] *n.* (변사자 등의) **검시관**: *~'s* inquest 검시
***cor·o·net** [kɔ́ːrənit | kɔ́r-] *n.* 1 (왕자·귀족 등의) **보관(寶冠)** 2 (여성의) 작은 관 모양의 머리 장식품
corp., Corp. corporal; corporation
***cor·po·ral**[1] [kɔ́ːrpərəl] [L 「육체의」의 뜻에서] *a.* **신체[육체]의**: ~ pleasure 육체적 쾌락 **~·ly** *ad.*
corporal[2] [L 「머리」의 뜻에서] *n.* 〖군사〗 상병
***cor·po·rate** [kɔ́ːrpərət] [L 「인격이 주어진」의 뜻에서] *a.* **1 법인** (**조직**)**의**: in one's ~ capacity 법인 자격으로 **2** 단체의; 집합적인: ~ name 법인 명의 **3** [종종 명사 뒤에서] 통합된
body ~ = ***~ body*** 법인체
~·ly *ad.* 법인으로서, 법인 자격으로
córporate ádvertising 〖광고〗 기업 광고
córporate idéntity 〖경영〗 기업 이미지 통합 전략 《회사 전체의 이미지 부각 전략》
‡**cor·po·ra·tion** [kɔ̀ːrpəréiʃən] *n.* 1 〖법〗 **법인**; 사단 법인 2 **a** 지방 공공 단체, 지방 자치체 **b** [종종 **C~**] 《영》 도시 자치체; 시의회 3 《미》 **유한[주식]회사**(《영》 limited liability company): a trading ~ 무역 회사 4 《구어》 올챙이배(potbelly)
corporátion làw 《미》 회사법
corporátion tàx 법인세
cor·po·re·al [kɔːrpɔ́ːriəl] [L 「육체의」의 뜻에서] *a.* 1 **a** 신체상의, 육체적인 **b** 물질적인 2 〖법〗 유형(有形)의: ~ property[movables] 유형 재산, 동산
~·ly *ad.*
***corps** [kɔːr] [동음어 core] [F] *n.* (*pl.* **~** [-z]) 1 〖군사〗 **군단**; …대[부] **2 단체**, 단(團)
corps de bal·let [kɔ́ːr-də-bæléi] [F] *n.* 군무(群舞)를 추는 사람들
***corpse** [kɔːrps] [L 「육체」의 뜻에서] *n.* (특히 사람의) **시체**, 송장
cor·pu·lence, -len·cy [kɔ́ːrpjuləns(i)] *n.* Ⓤ 비만
cor·pu·lent [kɔ́ːrpjulənt] *a.* 뚱뚱한, 비만한
***cor·pus** [kɔ́ːrpəs] [L 「육체」의 뜻에서] *n.* (*pl.* **-po·ra** [-pərə]) 1 〖해부〗 **신체** 2 (문서 등의) 집성(集成), 전집 3 (자료 등의) 전부, 총체; 〖언어〗 언어 자료
Cor·pus Chris·ti [kɔ́ːrpəs-krísti] [L] *n.* 〖가톨릭〗 성체 축일 《Trinity Sunday의 다음 목요일》
cor·pus·cle [kɔ́ːrpʌsl] *n.* 1 〖해부〗 소체(小體) 2 〖생물〗 유리 세포, 《특히》 혈구 3 〖물리〗 미립자
cor·pus·cu·lar [kɔːrpʌ́skjulər] *a.* 미립자의
corpus de·lic·ti [-dilíktai] [L = body of the crime] *n.* 〖법〗 범죄의 구성 사실, 죄체(罪體) 《범죄의 실질적 사실》
corr. correct(ed); correction; correlative; correspond(ence); correspondent; corresponding; corruption
cor·ral [kərǽl | kɔːrɑ́ːl] [Sp.] *n.* 1

《미》 가축 우리 **2** (야영할 때) 마차를 둘러친 진(陣) — *vt.* (**~led**; **~·ling**) **1** 〈가축을〉 우리에 넣다; 가두다 **2** 〈마차를〉 둥글게 둘러 진을 치다 **3** 《미·구어》 잡다, 손에 넣다

‡**cor·rect** [kərékt] 〖L 「똑바르게 하다」의 뜻에서〗 *a.* **1** (사실과 일치하여) 옳은, 정확한: a ~ judg(e)ment[view] 올바른 판단[견해] **2** 의당한, 온당[적당]한; 예의 바른
— *vt.* **1** 〈잘못을〉 **정정하다,** 고치다, 바로잡다; …의 잘못을 지적하다; 첨삭하다 **2** 교정(矯正)하다; 타이르다, 징계하다: ~ a child *with* the rod 아이를 매로 벌주다

*__cor·rec·tion__ [kərékʃən] *n.* UC **1** 정정, 수정, 보정; 교정(校正) **2** 교정(矯正); 징계, 벌 **3** 〖수학·물리·광학〗 보정, 수정 ***under ~*** 틀린 데가 있으면 고쳐 주기로 하고 **~·al** [-ʃnəl] *a.*

cor·rect·i·tude [kəréktətjù:d | -tjù:d] *n.* U (품행의) 방정

cor·rec·tive [kəréktiv] *a.* 교정(矯正)하는; 조정(調整)하는 — *n.* 교정물[책(策)]; 조정책

*__cor·rect·ly__ [kəréktli] *ad.* **바르게,** 정확하게; 정확히 말하면

cor·rect·ness [kəréktnis] *n.* U 정확함; 단정, 방정

cor·rec·tor [kəréktər] *n.* **1** 정정[첨삭]자 **2** 교정자, 징치자(懲治者)

*__cor·re·late__ [kɔ́:rəlèit | kɑ́r-] *vt.* **서로 관련시키다**: ~ the two 그 둘을 관련시키다 — *vi.* 서로 관련하다 《*to, with*》: A ~*s to* [*with*] B. A와 B는 서로 관련이 있다.
— *n.* [kɔ́:rələt | kɔ́rəlèit] 상호 관계가 있는 사람[물건], 상관물

*__cor·re·la·tion__ [kɔ̀:rəléiʃən | kɔ̀r-] *n.* UC **1 상호 관련**; 상관 (관계) 《*with*》 **2** 상관시킴 《*between*》

cor·rel·a·tive [kərélətiv] *a.* 상관적인 《*with, to*》; 유사한 — *n.* 상관물; 상관어 **~·ly** *ad.*

corrélative conjúnction 〖문법〗 상관 접속사 《either ... or 등》

cor·rel·a·tiv·i·ty [kərèlətívəti] *n.* U 상관성, 상관 관계

‡**cor·re·spond** [kɔ̀:rəspɑ́nd | kɔ̀rəspɔ́nd] 〖L 「함께(com-) 응하다(respond)」의 뜻에서〗 *vi.* **1 일치하다,** 부합하다, 조화하다 《*with, to*》: His words and actions do not ~. 그의 말과 행동은 일치하지 않는다. **2** (…에) **상당**[해당, 대응]**하다** 《*to*》: The broad lines on the map ~ *to* roads. 지도상의 굵은 선은 도로에 해당한다. **3 교신**[**서신 왕래**]**하다** 《*with*》: She is ~*ing with* an American schoolboy. 그녀는 한 미국 남학생과 서신 왕래가 있다.

‡**cor·re·spon·dence** [kɔ̀:rəspɑ́ndəns | kɔ̀rəspɔ́n-] *n.* U **1 일치**; 조화: (a) ~ *between* the two 양자 간의 일치 / the ~ *of* one's words with[to] one's actions 언행일치 **2 상응,** 대응(analogy) 《*to*》 **3** (편지로 하는) **통신**; 왕복 문서, 편지(letters)
be in ~ with …와 편지 왕래를 하다; …와 거래 관계가 있다

correspóndence còlumn (신문의) 독자 통신란, 투고란

correspóndence còurse 통신 교육(과정)

correspóndence schòol 통신 교육 학교; (대학의) 통신 교육부

‡**cor·re·spon·dent** [kɔ̀:rəspɑ́ndənt | kɔ̀rəspɔ́n-] *n.* **1 통신인**; (신문·방송 등의) **특파원**; (신문 독자란의) 투고자, 기고가: a special[war] ~ 특파원[종군 기자] **2** (특히 원거리의) 거래처[점] **3** 일치[상응, 대응]하는 것
— *a.* 대응하는, 일치하는(corresponding) 《*with, to*》 **~·ly** *ad.*

‡**cor·re·spond·ing** [kɔ̀:rəspɑ́ndiŋ | kɔ̀rəspɔ́nd-] *a.* **1 상응하는, 일치하는,** 대응하는 **2 통신**(관계)의 **~·ly** *ad.*

‡**cor·ri·dor** [kɔ́:ridər | kɔ́ridɔ̀:] 〖It. 「길게 뻗어 있는 것」의 뜻에서〗 *n.* **1 복도,** 회랑(回廊) **2** 〖지리〗 회랑 지대

córridor tràin 《영》 통랑(通廊) 열차 《한쪽에 통로가 있고 옆에 칸막이방(compartment)이 있음》

cor·ri·gen·dum [kɔ̀:rədʒéndəm | kɔ̀r-] *n.* (*pl.* **-da** [-də]) **1** 정정해야 할 잘못, 오식(誤植) **2** [*pl.*] 정오표

cor·ri·gi·ble [kɔ́:ridʒəbl | kɔ́r-] *a.* 교정할 수 있는, 교정하기 쉬운

cor·rob·o·rate [kərɑ́bərèit | -rɔ́b-] *vt.* 〈소신·진술 등을〉 확실하게 하다, 확증하다

cor·rob·o·ra·tion [kərɑ̀bəréiʃən | -rɔ̀b-] *n.* U **1** 확실하게 함; 확증 **2** 〖법〗 보강 증거
in ~ of …을 확증하기 위하여

cor·rob·o·ra·tive [kərɑ́bərèitiv, -bərə- | -rɔ́b-] *a.* 확증적인 **~·ly** *ad.*

cor·rob·o·ra·tor [kərɑ́bərèitər | -rɔ́b-] *n.* 확증자[물]

cor·rob·o·ra·to·ry [kərɑ́bərətɔ̀:ri | -rɔ́bərətəri] *a.* = CORROBORATIVE

cor·rob·o·ree [kərɑ́bəri | -rɔ́b-] *n.* 《호주》 **1** 오스트레일리아 원주민의 코로보리 춤[노래] 《잔치 또는 전투 전날 밤의》 **2** 《구어》 법석떨기, 잔치 소동

cor·rode [kəróud] *vt.* **1** 부식하다, 침식하다 **2** 좀먹다; 마음을 좀먹다 — *vi.* **1** 부식하다 **2** 〈사람·마음 등이〉 좀먹다, 서서히 나빠지다

*__cor·ro·sion__ [kəróuʒən] *n.* U **1 a** 부식(작용) **b** 부식으로 생긴 것 《녹 등》 **2** 〈근심이〉 마음을 좀먹기

cor·ro·sive [kəróusiv] *a.* **1** 부식성의 **2** (정신적으로) 좀먹는 **3** 〈말 등이〉 신랄한 — *n.* 부식시키는 것; 부식제
~·ly *ad.* **~·ness** *n.*

cor·ru·gate [kɔ́:rəgèit | kɔ́r-] *vt.* **1** 물결 모양으로 주름잡다 **2** 주름지게[골지게] 하다 — *vi.* **1** 물결 모양이 되다 **2** 주름잡히다

cor·ru·gat·ed [kɔ́:rəgèitid | kɔ́r-] *a.* 물결 모양의, 주름잡힌, 골진

cor·ru·ga·tion [kɔ̀:rəgéiʃən | kɔ̀r-] *n.* **1** U 물결 모양으로 만들기 **2** (철판 등의) 물결 주름; 주름(wrinkle)

‡cor·rupt [kərʌ́pt] [L 「완전히 부서진」의 뜻에서] *a.* **1 a** **타락한**, 퇴폐한, 사악한 **b** **부정한**, 뇌물이 통하는: ~ practices (선거 등에서의) 매수 행위 **2** 〈언어가〉 순수성을 잃은, 전와(轉訛)된; 〈텍스트 등이〉 틀린 곳이 많은; 〖컴퓨터〗 〈프로그램·데이터가〉 오류가 있는 **3** 부패한, 썩은, 오염된
— *vt.* **1 a** 〈사람·품성 등을〉 **타락시키다** **b** (뇌물로) **매수하다** **2** 〈언어를〉 전와(轉訛)시키다, 변조하다 **3** 〖컴퓨터〗 〈프로그램·데이터 등에〉 오류를 일으키다
— *vi.* 타락하다 **~·ness** *n.*

cor·rupt·i·ble [kərʌ́ptəbl] *a.* 타락하기 쉬운, 부패하기 쉬운; 뇌물이 통하는 **-bly** *ad.*

***cor·rup·tion** [kərʌ́pʃən] *n.* Ⓤ **1 a** **타락**; 퇴폐 **b** 매수, 독직 **2 a** (언어의) 순수성 상실 **b** (원문의) 변조 **3** **부패**

cor·rup·tive [kərʌ́ptiv] *a.* 타락시키는

cor·rupt·ly [kərʌ́ptli] *ad.* 타락하여; 전와하여

cor·sage [kɔːrsɑ́ːʒ] *n.* **1** (여성복의) 상반신부, 보디스 **2** (여성복의 가슴·어깨에 다는) 작은 꽃다발

cor·sair [kɔ́ːrsɛər] *n.* **1** (옛날 Barbary 연안에 출몰한) 해적선 **2** (쾌속) 해적선

corse [kɔrs] *n.* 《시어·고어》 = CORPSE

corse·let[1] [kɔ́ːrslit] *n.* 갑옷의 동부(胴部)

corse·let[2], **-lette** [kɔ̀ːrsəlét] *n.* 코르셋과 브래지어를 합친 여성용 속옷(all-in-one)

***cor·set** [kɔ́ːrsit] *n.* [때로 *pl.*] **코르셋**

Cor·si·ca [kɔ́ːrsikə] *n.* 코르시카 《지중해의 프랑스령 섬; 나폴레옹의 출생지; 중심 도시 Ajaccio》

Cor·si·can [kɔ́ːrsikən] *a.* 코르시카 섬(사람)의
— *n.* 코르시카 섬 사람

cor·tege, cor·tège [kɔ́ːrteʒ | -téiʒ] [F] *n.* 수행원, 시종; 행렬

cor·tex [kɔ́ːrteks] *n.* (*pl.* **-ti·ces** [-təsìːz], **~·es**) **1** 〖식물〗 피층(皮層) **2 a** 〖해부〗 피질(皮質), 외피 **b** 대뇌 피질

cor·ti·cal [kɔ́ːrtikəl] *a.* 피층의; 피질의

co·run·dum [kərʌ́ndəm] *n.* Ⓤ 〖광물〗 강옥(鋼玉)

cor·us·cate [kɔ́ːrəskèit | kɔ́r-] *vi.* 《문어》 **1** 번쩍이다(glitter), 반짝반짝 빛나다 **2** 〈재치·지성 등이〉 번뜩이다

cor·us·ca·tion [kɔ̀ːrəskéiʃən | kɔ̀r-] *n.* Ⓤ **1** 번쩍임; 광휘 **2** (재치 등의) 번뜩임

cor·vette, -vet [kɔːrvét] *n.* 〖항해〗 **1** (옛) 코르벳함(艦) 《고대의 평갑판·일단(一段) 포장(砲裝)의 목조 범장(帆裝) 전함》 **2** 코르벳함 《대공·대잠수함 장비를 갖춘 수송선단 호송용 소형 쾌속함》

cor·vine [kɔ́ːrvain] *a.* 까마귀의[같은](crowlike)

co·ry·za [kəráizə] *n.* Ⓤ 〖병리〗 코카타르, 코감기

cos[1] [kɔːs | kɔs] *n.* 〖수학〗 코사인, 여현(餘弦)

cos[2], **'cos** [kaz | kɔz] *ad.*, *conj.* 《구어》 = BECAUSE

co·sec [kóusìːk] 〖수학〗 cosecant

co·se·cant [kòusíːkænt | -kənt] *n.* 〖수학〗 코시컨트, 여할(餘割) 《略 cosec》

cosh [kaʃ | kɔʃ] 《영·구어》 *n.* (경찰관·폭력단의) 곤봉, 경찰봉

cosh·er [kɑ́ʃər | kɔ́ʃ-] *vt.* 호사시키다, 귀여워하다; 응석받아 기르다 《*up*》

co·sign [kóusain, kousáin] *vi.*, *vt.* 공동 서명하다, 연서(連署)하다

co·sig·na·to·ry [kòusígnətɔ̀ːri | -təri] *a.* 연서(連署)의
— *n.* (*pl.* **-ries**) 연서인, 연판자; 연서국(國)

co·sign·er [kòusáinər] *n.* 연서인; 어음의 공동 서명인

co·sine [kóusain] *n.* 〖수학〗 코사인, 여현(餘弦) 《略 cos》

cós léttuce 양상추의 일종

***cos·met·ic** [kazmétik | kɔz-] [Gk 「질서 있는, 가지런한」의 뜻에서] *a.* **1** **화장용의**, 미안용의 **2** 겉꾸리는
— *n.* [보통 *pl.*] **화장품**

cos·me·ti·cian [kàzmətíʃən | kɔ̀z-] *n.* 미용사; 미용 전문가

cos·me·tol·o·gy [kàzmətɑ́lədʒi | kɔ̀z-mətɔ́l-] *n.* Ⓤ 미용술

***cos·mic, -mi·cal** [kɑ́zmik(əl) | kɔ́z-] *a.* **1** **우주의** **2** 광대무변한 **-mi·cal·ly** *ad.*

cósmic dúst 〖천문〗 우주진

cósmic ráys 〖물리〗 우주선(線)

cos·mog·o·ny [kazmɑ́gəni | kɔzmɔ́g-] *n.* (*pl.* **-nies**) ⓊⒸ **1** 우주의 발생[창조] **2** 우주 기원[진화]론

cos·mog·ra·phy [kazmɑ́grəfi | kɔz-mɔ́g-] *n.* (*pl.* **-phies**) ⓊⒸ 우주 구조론

cos·mol·o·gy [kazmɑ́lədʒi | kɔzmɔ́l-] *n.* Ⓤ 〖철학·천문〗 우주론

cos·mo·naut [kɑ́zmənɔ̀ːt | kɔ́z-] *n.* (러시아의) 우주 비행사(《미》 astronaut)

cos·mop·o·lis [kazmɑ́pəlis | kɔz-mɔ́p-] *n.* 국제 도시

***cos·mo·pol·i·tan** [kàzməpɑ́lətn | kɔ̀zməpɔ́l-] *a.* **1** **세계주의의**, 사해 동포주의의 **2** 세계 각지 사람들로 구성된, 국제적인 **3** 〖동물·식물〗 전세계에 분포한
— *n.* = COSMOPOLITE

cos·mo·pol·i·tan·ism [kàzməpɑ́lə-tənìzm | kɔ̀zməpɔ́l-] *n.* Ⓤ 세계주의, 사해 동포주의

cos·mop·o·lite [kazmɑ́pəlàit | kɔz-mɔ́p-] *n.* 세계주의자, 세계인, 국제인, 코즈모폴리턴

***cos·mos** [kɑ́zməs | kɔ́zmɔs] [Gk 「질서, 우주」의 뜻에서] *n.* Ⓤ **1** [the ~] (질서와 조화의 표현으로서의) **우주** **2** Ⓒ 〖식물〗 코스모스

Cos·sack [kɑ́sæk | kɔ́s-] *n.* 코사크 사람[기병]

cos·set [kɑ́sit | kɔ́s-] *n.* 손수 기르는 새끼양; 애완 동물 — *vt.* 귀여워하다(pet); 응석받이로 기르다

‡cost [kɔːst | kɔst] *n.* ⓊⒸ **1** (제작·공사 등의) **비용**, 원가, 경비: ~ control 비용 관리, 원가 관리 **2** (상품·서비스에 대한) **대가**, 가격 **3** [보통 the ~] (인명·시간·노력 등의) **희생**, 손실, 고통

at all ~s* = *at any ~ 어떤 비용을 들이더라도; 어떻게 해서든지 ***at the ~ of*** …을 희생하여 ***~ of living*** 생계비, 물가 ***free of ~*** 무료로, 거저 ***to** one's **~*** (1) 자신의 부담으로, 피해[손해]를 입고 (2) 쓰라린 경험으로
— *vt.* (**cost**, **~·ed**) **1** 〈비용·대가가 얼마〉 들다; 〈…에게 얼마를〉 들게[치르게] 하다: How much does it ~? 그것은 얼마냐? **2** 〈시간·노력 등을〉 요하다, 〈귀중한 것을〉 희생하게 하다 **3** 〖회계〗 〈물건·사업 등의〉 생산비[비용]를 견적하다
— *vi.* 비용이 들다
~ what it may 비용이 얼마 들더라도; 어떤 일이 있더라도(at any cost)

cóst accòuntant 원가 계산 담당자

cóst accòunting 〖회계〗 원가 계산

co-star [kóustὰ:r] *n.* (주역의) 공연자
— [ㅡㅡ] *vi.*, *vt.* (**~red**; **~·ring**) (주역을) 공연하다[시키다]

Cós·ta Rí·ca [kάstə-rí:kə, kɔ́:s- | kɔ́s-] *n.* 코스타리카 《중미의 공화국; 수도 San José》

Cós·ta Rí·can [kάstə-rí:kən, kɔ́:s- | kɔ́s-] *a.*, *n.* 코스타리카의 (사람)

cos·ter·mon·ger [kάstərmʌ̀ŋgər | kɔ́s-] *n.* 《영》 (과일·생선의) 행상인

cos·tive [kάstiv | kɔ́s-] *a.* 변비의; 쩨쩨한; 동작이 둔한, 우유부단한

‡**cost·ly** [kɔ́:stli | kɔ́st-] *a.* (**-li·er**; **-li·est**) **1** 값비싼, 비용이 많이 드는; 호사스러운 **2** 희생[손실]이 큰
-li·ness *n.* Ⓤ 고가

cóst-of-líving ìndex 생계비 지수, (소비자) 물가 지수

cóst-plus cóntract 원가 가산 계약

cóst-plus prícing [-plʌ̀s-] 〖경제〗 원가 가산 가격 결정 《총비용에 이익을 더하는 가격 산정 방법》

cóst prìce 〖경제〗 비용 가격; 원가

cóst-push inflátion 〖경제〗 코스트(푸시) 인플레이션《임금 수준과 이에 수반되는 생산비 상승으로 인한 인플레이션》

‡**cos·tume**[kάstju:m | kɔ́stju:m] [It. 「습관, 의복」의 뜻에서] *n.* **1** Ⓤ (특히 여성의) 복장, 옷차림; (국민·계급·시대·지방 등에 특유한) 복장, 풍속 《머리 모양·장식 등을 포함》 **2** 〖연극〗 시대 의상(cf. COSTUME PIECE) — *vt.* 의상을 입히다; 〈연극의〉 의상을 조달하다

cóstume báll 가장 무도회

cóstume jèwelry [집합적] (값싼 재료의) 모조 보석류

cóstume pìece[plày] 시대극 《시대 의상을 입고 하는》

cos·tum·er [kάstju:mər | kɔstjú:mə], **cos·tum·i·er** [kɑstjú:miər | kɔstjú:m-] *n.* 의상업자

co·sy [kóuzi] *a.* (**-si·er**; **-si·est**), *n.* = COZY

***cot**[1] [kɑt | kɔt] *n.* **1** 《미》 접침대 **2** 《영》 소아용 침대

cot[2] *n.* **1** (양·비둘기 등의) 집, 울(cote); 《문어》 시골집, 오두막집(cottage) **2** 씌우개; (손가락에 끼우는) 색(sack)

cot[3] 〖수학〗 cotangent

co·tan·gent [kòutǽndʒənt] *n.* 〖수학〗 코탄젠트, 여접(餘接) 《略 cot》

cote [kout] [동음어 coat] *n.* (가축·가금의) 집(cot)

Côte d'I·voire [kòut-divwά:r] [F] *n.* 코트디부아르 《구칭 Ivory Coast》

co·te·rie [kóutəri] *n.* **1** (사교계의) 친구, 한패 **2** (문예 등의) 동인(同人), 그룹

co·ter·mi·nous [kòutə́:rmənəs] *a.* **1** 공통 경계의; 경계를 서로 접하는 **2** 〈공간·시간·의미 등이〉 동일 연장(延長)의 **~·ly** *ad.*

co·til·lion, -lon [koutíljən | kə-] *n.* **1** 코티용 《활발한 프랑스 춤》; 그 곡 **2** 《미》 (아가씨를 소개하는) 정식 무도회

‡**cot·tage** [kάtidʒ | kɔ́t-] *n.* **1** 시골집, 작은 집 **2** (교외의) 작은 주택 **3** 《미》 (피서지 등의) 작은 별장

cóttage chèese 희고 연한 치즈 《탈지유로 만듦》

cóttage hòspital 《영》 (상주 의사가 없는) 벽지 병원

cóttage ìndustry 가내 공업

cóttage lòaf 《영》 (크고 작은 두 개를) 포개 구운 빵

cóttage pìe 시골 파이 《다진 고기를 짓이긴 감자로 싸서 구운 일종의 고기 만두》

cóttage púdding 담백한 맛의 카스텔라에 달콤한 과일 소스를 친 푸딩

cot·tag·er [kάtidʒər | kɔ́t-] *n.* **1** 시골집에 사는 사람 **2** 별장에 사는 사람

cot·ter [kάtər | kɔ́t-] *n.* **1** 〖기계〗 코터, 가로 쐐기, 쐐기 마개 **2** 〖건축〗 비녀장(key) **3** = COTTER PIN

cótter pìn 〖기계〗 코터핀 《쐐기 고정 못》

‡**cot·ton** [kάtn | kɔ́tn] [Arab.] *n.* Ⓤ **1** 〖식물〗 목화 **2** 솜, 면화 **3** 무명실, 면사 **4** 무명, 면직물: ~ goods 면제품 **5** (식물의) 솜털
— *a.* 면의, 면사의; 무명의, 면포의
— *vi.* 《구어》 **1** 《미》 …이 좋아지다 《*to*》 **2** …에 호감을 가지다 《*with*》

Cótton Bèlt [the ~] (미국 남부의) 면화 산출 지대

Cótton Bówl [the ~] 코튼볼 《Texas주 Dallas에 있는 미식축구 경기장; 거기서 열리는 대학팀의 미식축구 시합》

cótton cándy 《미》 솜사탕

cótton gìn 조면기(繰綿機)

cótton mìll 방적 공장, 면직 공장

cot·ton·mouth [kάtnmàuθ | kɔ́tn-] *n.* 〖동물〗 (북미 남부산) 늪살모사

cot·ton-pick·ing [kάtnpìkiŋ | kɔ́tn-] 《속어》 *a.* 시시한; 지겨운, 괘씸한

cot·ton·seed [-sì:d] *n.* (*pl.* **~s**, **~**) 목화씨

cóttonseed òil 면실유

cot·ton·tail [-tèil] *n.* 솜꼬리토끼《북미산》

cot·ton·wood [-wùd] *n.* 〖식물〗 미루나무 《북미산 포플러의 일종》

cótton wóol **1** 생면(生綿), 원면 **2** 《영》 탈지면

cot·ton·y [kάtəni | kɔ́t-] *a.* **1** 솜 같은; 부풀부풀한, 보드라운 **2** 솜털이 있는[로 덮인]

cot·y·le·don [kὰtəlí:dn | kɔ̀t-] *n.* 〖식물〗 자엽(子葉), 떡잎

cot·y·le·don·ous [kɑ̀təlíːdənəs | kɔ̀t-] *a.* 〖식물〗 자엽이 있는; 떡잎 모양의

‡**couch** [kautʃ] *n.* **1 a 긴 의자; 소파 b** (정신분석에서 쓰는) 베개 달린 침상 **2** 침상, 잠자리 **3** 휴식처 《풀밭 등》
— *vt.* **1** 《문어·시어》 〈몸을〉 누이다(lay) **2** 〈대답·의견 등을〉 말로 표현하다
— *vi.* 《문어·시어》 〈주로 짐승이 은신처에〉 눕다, 쉬다; (뛰어 들려고) 웅크리다 《*down*》

couch·ant [káutʃənt] *a.* [명사 뒤에서] (문장(紋章)에서) 〈짐승이〉 머리를 들고 웅크린 자세의

cou·chette [kuːʃét] [F] *n.* (유럽의) 침대차의 칸막이 방; 그 침대

cóuch gràss 〖식물〗 개밀

cóuch potàto 《구어》 (소파에 앉아 텔레비전을 보면서) 여가를 보내는 사람

cou·gar [kúːgər] *n.* (*pl.* **~s**, **~**) 〖동물〗 쿠거, 아메리카라이온(mountain lion, puma, 《미》 panther)

‡**cough** [kɔːf | kɔf] [의성어] *vi.* **1 기침하다**, 기침 소리를 내다, 헛기침하다 **2** 〈내연 기관이〉 불연소음을 내다 **3** 《영·속어》 죄를 자백하다
— *vt.* **1** 기침하여 …을 내뱉다 《*up, out*》 **2** 기침하여 …이 되게 하다 **3** 《속어》 **a** …을 마지못해 털어놓다 **b** …을 마지못해 건네다[치르다]
~ up 심히 기침하다; 《미·속어》 터놓고 말하다; (마지못해) 내주다[지불하다]
— *n.* **1 기침 2** 기침병 **3** 기침 소리: have a bad ~ 심한 기침을 하다

cóugh sýrup 진해(鎭咳) 시럽, 기침약

‡**could** [kəd, kúd] [OE의 can의 과거형에서] *auxil. v.* CAN¹의 과거형 《부정형 **could not**; 단축형 **couldn't**》
A (직설법에서 쓰여) **1** [능력·가능을 나타내는 can의 과거형으로 쓰여] **…할 수가 있었다**: When I lived by the station I ~ (always) reach the office on time. 나는 역 가까이에 살고 있을 때는 (언제나) 시간에 맞춰 회사에 도착할 수가 있었다. **2 a** [과거형인 주절의 시제와 일치되기 위해 종속절 중의 can이 과거형으로 쓰여] **…할 수 있다**, …하여도 좋다 **b** [간접화법에서 can이 과거형으로 쓰여] …할 수 있다, …해도 좋다: He asked me if he ~ go home. 그는 집에 돌아가도 좋으냐고 내게 물었다.(cf. He said to me, "Can I go home?")
— **B** (가정법에서 쓰여) **1** [현재[과거]의 사실에 반대의 조건절, 또는 소망을 나타내는 명사절에 쓰여] **…할 수 있다[있었다](면) 2 a** [현재의 사실에 반대되는 가정의 귀결절에 쓰여] **…할 수 있을 것이다[텐데] b** [~ have + *p.p.*로; 과거의 사실에 반대되는 가정의 귀결절에 쓰여] **…할 수 있었을 텐데 3 a** [완곡적으로] **…할 수 있을 텐데**, …하고 싶을 정도이다; …하는 것이나 마찬가지다[같다]: I *couldn't* sew it. 나로선 도저히 꿰맬 수 있을 것 같지 않다. **b** [~ have + *p.p.*로; 조건절의 내용을 언외에 함축한 주절만의 문장에서; 완곡적으로] **…할 수 있었을 텐데**, …하고 싶을 정도였다; …하는 것이나 마찬가지였다[같았다]: You ~ *have told* me! 말해 주었더라면 좋았을 텐데 (왜 말해 주지 않았는가)! **c** [허가·의뢰를 나타내는 의문문에서] **…하여 주시겠습니까**, …하여도 괜찮겠습니까 《can보다 더 공손한 표현》: *C~* you come and see me tomorrow? 내일 오셔서 저를 만나 주시겠습니까?
~ be 《구어》 그럴지도 (모른다), 아마 (그럴거야) 《it could be so의 생략에서》: Do you have to work late today? 자네 오늘 늦게까지 일을 해야 하나? — *C~ be.* 아마 그럴 겁니다. / Are we lost? 길을 잃은 것일까? — *C~ be.* 그럴지도 모르겠는걸.

‡**could·n't** [kúdnt] could not의 단축형

***couldst** [kədst, kudst] 《고어·시어》 can의 2인칭 단수 과거형 《주어가 thou일 때》: thou ~ = you COULD

cou·lee [kúːli] [F] *n.* **1** 《미》 (서부 지역의 간헐) 하류(河流), 말라버린 강바닥, 협곡 **2** 〖지질〗 용암류(熔岩流)

cou·lomb [kúːlɑm | -lɔm] *n.* 〖전기〗 쿨롱 《전기량의 실용 단위; 略 C》

coul·ter [kóultər] *n.* 《영》 = COLTER

‡**coun·cil** [káunsəl] [동음어 counsel] [L 「집회」의 뜻에서] *n.* **1** 회의, 협의, 평의; **평의회**, 협의회, 자문회 **2** 지방 의회: a municipal[city] ~ 시의회 **3** (대학 등의) 평의원회

cóuncil chàmber 회의실

coun·cil·man [káunsəlmən] *n.* (*pl.* **-men** [-mən]) 《미》 시[읍, 면] 의회 의원 (《영》 councillor)

***coun·cil·or** | **-cil·lor** [káunsələr] *n.* [동음어 counselor] *n.* **1 고문관**, 평의원 **2** (시의회 등의) **의원**

‡**coun·sel** [káunsəl] [동음어 council] [L 「상담하다」의 뜻에서] *n.* **1** Ⓤ **상담**, 협의 **2** ⒸⓊ **조언**, 충고 **3** [단수·복수 취급] 법률 고문; 변호사
— *v.* (**~ed**; **~·ing** | **~led**; **~·ling**) *vt.* **1** 충고[조언]하다(advise): He *~ed* me *to* quit smoking. 그는 나에게 담배를 끊으라고 충고했다. **2 권고하다**(recommend)
— *vi.* 조언하다; 상의하다

coun·sel·ing | **-sel·ling** [káunsəliŋ] *n.* Ⓤ 카운슬링, 상담, 조언

coun·sel·or | **-sel·lor** [káunsələr] (동음어 councilor) *n.* **1 상담역**, 고문, 의논 상대자 **2** 《미》 법정 변호사 **3** (대[공]사관의) 참사관

‡**count¹** [kaunt] [L 「함께 계산하다」의 뜻에서] *vt.* **1 세다**, 계산하다 **2 셈에 넣다** 《*in*》 **3** 생각하다, 간주하다 — *vi.* **1 수를 세다**, 계산하다 《*up*》 **2** 셈[계산]에 넣다 **3** (셈에 넣을) 가치가 있다, 중요하다 《*for*》; (…안에) 포함되다 《*among*》 **4** …으로 간주되다 **5** …의 수[양]에 달하다 **6** 〖스포츠〗 득점이 되다
~ down 카운트다운하다, 초읽기하다 《로켓 발사 등에서 10, 9, 8, …1과 같이》 *~ for much*[*little, nothing*] 가치가 있다[없다], 중요하다[하지 않다] *~ off* 세어서 등분하다; 〖미군〗 〈병사가 정렬하여〉 번호를 붙이다 *~ on*[*upon*] 의지하다, 기대하다 *~ out* 〈물건을〉 세어서 내놓다;

《구어》 제외하다; [종종 수동형] 〖권투〗 (…에게) 녹아웃을 선언하다; 《미·구어》 〈득표의 일부를〉 유효표에서 제외하다; [종종 수동형] 득표수를 속여 〈후보자를〉 낙선시키다 ~ ***up*** 다 세어보다, 총계하다(sum up) ~ (***up***) ***to ten*** 《구어》 마음을 가라앉히려고 열을 세다, 급한 마음을 억누르다[참다]

— *n.* **1** ⓊⒸ **계산,** 셈 **2** 총수, 총계 **3** 〖법〗 (기소장의) 소인(訴因); 논점 **4** 〖권투〗 카운트《녹다운된 선수에게 일어설 여유를 주기 위해 10초를 헤아리기》; 〖야구〗 (타자의) 볼 카운트

keep ~ (***of***) …을 계속 세다; …의 수를 기억하다 ***lose*** ~ (***of***) …의 수를 잊다, …을 중간에서 셀 수 없게 되다 ***on all ~s*** 모든 점에서 ***take***[***make***] ***no*** ~ ***of*** …을 중요시하지 않다

*__count²__ [kaunt] [L = companion] *n.* (*fem.* **~·ess** [káuntis]) (영국 이외의) 백작

*__count·a·ble__ [káuntəbl] *a.* **셀 수 있는**: a ~ noun 가산 명사

— *n.* 〖문법〗 셀 수 있는 명사, 가산 명사

count·down [káuntdàun] *n.* (로켓 발사 등에서의) 초읽기, 카운트다운: begin the ~ 초읽기를 시작하다

*__coun·te·nance__ [káuntənəns] *n.* **1** ⓊⒸ (얼굴에 나타나는) **표정,** 안색 **2** Ⓤ (정신적) 원조, 찬조, 지지, 장려 **3** Ⓤ [또는 a ~] 침착(composure)

keep one***'s*** ~ 태연하다, (웃지 않고) 천연스런 얼굴을 하고 있다 ***lose*** ~ 냉정을 잃다

— *vt.* 〈사람·행동 등에 대해〉 호의를 보이다, 찬성하다; 묵인하다, 허용하다

‡**count·er¹** [káuntər] [OF 「계산하기 위한 책상」의 뜻에서] *n.* **1** (은행·상점 등의) **계산대,** 카운터, 장부 기입대, 판매대; (식당·바 등의) 카운터 **2** 계산하는 사람; 계산기; 계수 장치, 계수관(管)

under the ~ 암거래[암시세]로, 비밀로

*__coun·ter²__ [káuntər] [L 「반대하여」의 뜻에서] *a.* **1 a** Ⓐ **반대의,** 거꾸로의 **b** Ⓟ (…와) 정반대로 《*to*》 **2** (한 쌍에서) 한 쪽 편의, 부(副)의, 짝의 — *ad.* 반대 방향으로; 정반대로, 거꾸로 《*to*》

— *vt.* **1** 대항하다, 거스르다, 반대하다 《*with, by*》 **2** 무효로 하다, 취소하다 **3** 〖체스·권투〗 받아치다 — *vi.* 〖권투〗 받아치다, 카운터를 먹이다

— *n.* **1** 역(逆)(의 것), 반대(되는 것) **2** 〖펜싱〗 (칼끝을 둥그렇게 돌려) 적의 칼끝을 막기; 〖권투〗 받아치기, 카운터

counter- [káuntər] *pref.* [동사·명사·형용사·부사에 붙여] 「적대, 보복, 반(反), 역(逆); 대응, 부(副)」의 뜻

*__coun·ter·act__ [kàuntərǽkt] *vt.* **1 거스르다,** 방해하다 **2** 〈약 등이 효력 등을 반작용으로〉 **중화하다 3** 훼방하다

coun·ter·ac·tion [kàuntərǽkʃən] *n.* ⓊⒸ **1** 중화 작용; (계획의) 방해, 저지 **2** 반작용, 반동

coun·ter·ac·tive [kàuntərǽktiv] *a.* 반작용의; 중화성의

coun·ter·ar·gu·ment [káuntərɑ̀ːr-gjumənt] *n.* 반론

coun·ter·at·tack [káuntərətæ̀k] *n.* 역습, 반격

— *vt., vi.* 역습[반격]하다

coun·ter·at·trac·tion [kàuntərətrǽk-ʃən] *n.* **1** Ⓤ 반대 인력 **2** (상대방과의) 대항 인기 거리[프로]

coun·ter·bal·ance [kàuntərbǽləns] *vt.* **1** 대등하게 하다, 평형(平衡)시키다 《*with*》 **2** 효과를 상쇄하다, 견제하다 (neutralize); 부족을 보충하다 《*with*》

— [⌐-⌐-] *n.* **1** 평형추(錘) **2** 평형력; (딴 것과) 균형을 취하는 힘[세력] 《*to*》

coun·ter·blast [káuntərblæ̀st | -blɑ̀ːst] *n.* **1** 〖기상〗 반대 기류, 역풍 **2** 심한 반발; 강경한 반대 《*to*》

coun·ter·blow [káuntərblòu] *n.* 반격, 역습; 〖권투〗 카운터블로

coun·ter·change [kàuntərtʃéindʒ] *vt.* **1** 반대의 위치에 두다, 바꿔 치다 **2** 〈무늬를〉 교착시키다 — *vi.* 바뀌다, 교체하다

coun·ter·charge [káuntərtʃɑ̀ːrdʒ] *n.* 반격, 역습; 반론; 〖법〗 반소(反所)

— [⌐-⌐] *vt.* 역습하다; 〖법〗 반소하다

coun·ter·check [káuntərtʃèk] *n.* **1** 대항[억제] 수단, 반대, 방해 **2** (정확·안전을 기하기 위한) 재조회, 재대조

— [⌐-⌐] *vt.* **1** 방해하다, 대항하다 **2** 재대조하다

coun·ter·claim [káuntərklèim] 〖법〗 *n.* 반소(反訴)

— *v.* [⌐-⌐] *vi.* 반소하다 《*for, against*》

— *vt.* 반소하여 청구하다

coun·ter·clock·wise [kàuntərklɑ́k-wàiz | -klɔ́k-] *a., ad.* 시곗바늘 회전과 반대의[로], 왼쪽으로 도는[돌게]

coun·ter·cul·ture [káuntərkʌ̀ltʃər] *n.* Ⓤ [보통 the ~] 반(反)(체제) 문화 《기성 사회의 가치관을 타파하려는 1960-70년대 젊은이들의 문화》

còun·ter·cúl·tu·ral *a.*

coun·ter·cur·rent [káuntərkə̀ːrənt | -kʌ̀r-] *n.* 역류; 〖전기〗 역전류

coun·ter·es·pi·o·nage [kàuntərés-piənɑ̀ːdʒ, -nidʒ] *n.* Ⓤ 대항적 스파이 활동, 방첩

coun·ter·ex·am·ple [káuntərigzæ̀m-pl | -zɑ̀ːm-] *n.* (명제에 대한) 반증, 반례(反例)

*__coun·ter·feit__ [káuntərfit] *vt.* **1** 〈화폐·지폐·문서 등을〉 **위조하다**(forge) **2** 모조하다, 흉내내다; …인 체하다, 가장하다

— *n.* 위조 물건; 모조품, 위작(僞作)

— *a.* **1 위조의,** 가짜의(forged); 모조의, 사이비(似而非)의: a ~ signature 가짜 서명 **2** 허위의

~·er *n.* 위조자; 모조자; 《특히》 화폐 위조자(coiner)

coun·ter·foil [káuntərfɔ̀il] *n.* 부본(stub) 《수표·영수증 등을 떼고 증거로 남겨두는 쪽지》

coun·ter·force [káuntərfɔ̀ːrs] *n.* Ⓤ 대항 세력, 반대 세력, 저항력

coun·ter·in·sur·gen·cy [kàuntərin-sə́ːrdʒənsi] *n.* Ⓤ 대(對)반란 계획[활동]

coun·ter·in·tel·li·gence [kàuntərin-télədʒəns] *n.* Ⓤ 대적(對敵) 첩보 활동

coun·ter·ir·ri·tant [kàuntərírətənt] *n.* 〖의학〗 반대 자극제

count·er·man [káuntərmæ̀n] *n.* (*pl.* **-men** [-mèn]) (간이 식당 등의) 카운터에서 손님 시중드는 사람

coun·ter·mand [kàuntərmǽnd | -mɑ́:nd] *vt.* 〈명령·주문을〉 취소하다, 철회하다 **—** [´-`] *n.* 주문의 취소; 반대[철회] 명령

coun·ter·march [káuntərmɑ̀:rtʃ] 〖군사〗 *n.* 반대 행진, 후진(後進); 후퇴 **—** [`-´] *vi., vt.* 후진[반대 행진]하다[시키다]; 역행하다[시키다]

coun·ter·mea·sure [káuntərmèʒər] *n.* **1** 대항책[수단], 대응책 **2** 반대[보복] 수단 《*against*》

coun·ter·of·fen·sive [kàuntərəfénsiv] *n.* 반격(反擊), 역습

coun·ter·pane [káuntərpèin] *n.* (장식적으로 씌우는) 침대의 겉덮개, 침대 커버

***coun·ter·part** [káuntərpɑ̀:rt] *n.* **1** 〖법〗 (정부(正副) 2통 가운데) 1통, 《특히》 부본, 사본 **2** 아주 닮은 사람[것], 짝진 것의 한 쪽 **3** 상대물, 대조물

coun·ter·plan [káuntərplæ̀n] *n.* 대안(對案); 대안(代案); 대책

coun·ter·plot [káuntərplɑ̀t | -plɔ̀t] *n.* 대항책 **—** *v.* (**~·ted**; **~·ting**) *vt.* 〈적의 계략에 대하여〉 계략으로 대항하다, 〈계략을〉 역이용하다 **—** *vi.* 반대의 계략[대항책]을 강구하다

coun·ter·point [káuntərpɔ̀int] *n.* 〖음악〗 **1** Ⓤ 대위법(對位法) **2** 대위 선율

coun·ter·poise [káuntərpɔ̀iz] *n.* **1** 평형추(錘) **2** 균세물(均勢物), 균세력, 평형력 **3** Ⓤ 균형, 평형

be in ~ 평형을 유지하다

— *vt.* **1** …와 균형을 이루다, 평형시키다 **2** 평균시키다, 균형[평형]을 유지시키다 (balance)

coun·ter·pro·duc·tive [kàuntərprədʌ́ktiv] *a.* 반대의 결과를 초래하는, 역효과의

coun·ter·pro·pos·al [kàuntərprəpóuzəl] *n.* 반대 제안

coun·ter·punch [káuntərpʌ̀ntʃ] *n.* (권투의) 카운터펀치, 카운터블로; 반격

Cóunter Reformátion [the ~] 반종교 개혁 (운동) 《16-17세기의 가톨릭 교회 내부의 자기 개혁 운동》

coun·ter·rev·o·lu·tion [kàuntərrèvəlú:ʃən] *n.* ⓊⒸ 반혁명

coun·ter·scarp [káuntərskɑ̀:rp] *n.* 〖축성〗 (해자의) 경사진 외벽, 외안(外岸)

coun·ter·sign [káuntərsàin] *n.* **1** 군호(password); 응답 신호 **2** 부서(副署) **—** [´-`, `-´] *vt.* 〈문서에〉 부서하다

coun·ter·sig·na·ture [kàuntərsígnətʃər] *n.* 부서(副署), 연서(連署)

coun·ter·sink [káuntərsìŋk] *vt.* (**-sank** [-sæ̀ŋk]; **-sunk** [-sʌ̀ŋk]) 〈구멍의〉 위쪽을 넓히다, 원추형으로 〈구멍을〉 넓히다; 원추형 구멍에 〈나사 등의 대가리를〉 묻다 **—** *n.* 원추형 구멍(을 파는 송곳)

coun·ter·spy [káuntərspài] *n.* (*pl.* **-spies**) 역간첩

coun·ter·stroke [káuntərstròuk] *n.* 되받아 침, 반격

coun·ter·ten·or [káuntərtènər] *n.* 〖음악〗 Ⓤ 카운터테너 《tenor보다 높은 남성(男聲)의 최고 음역》; Ⓒ 그 가수[목소리] **—** *a.* Ⓐ 카운터테너의

coun·ter·vail [kàuntərvéil] *vt.* 대항하다; 상쇄하다; 보상하다
— *vi.* 대항하다

coun·ter·váil·ing dùty [kàuntərvéiliŋ-] 상계 관세 《略 CVD》

coun·ter·weight [káuntərwèit] *n., vt.* = COUNTERBALANCE

***count·ess** [káuntis] [count[2]의 여성형] *n.* [종종 **C~**] **1** 백작 부인[미망인] 《영국에서는 earl의 여성형》 **2** 여자 백작

cóunting hòuse [káuntiŋ-] (은행·회사 등의) 회계[경리]과; 회계실

⁑**count·less** [káuntlis] *a.* 셀 수 없는, 무수한(innumerable)

cóunt nòun 〖문법〗 가산 명사(countable)

coun·tri·fied, -try- [kʌ́ntrifàid] *a.* **1** 〈사람·사물 등이〉 시골티[촌티] 나는, 세련되지 못한(rustic) **2** 〈경치 등이〉 전원풍의, 야취(野趣)가 있는

⁂**coun·try** [kʌ́ntri] *n.* (*pl.* **-tries**) **1** Ⓤ 지역, 지방, 토지 **2** 나라, 국가; 국토: an industrial ~ 공업국 **3** 본국, 조국, 고국 **4** [the ~] (도시에 대하여) 시골; 교외: town and ~ 도시와 시골 **5** [the ~; 집합적; 단수 취급] 국민 **6** 출생국, 고향, 향토 **7** (활동의) 영역, 분야, 방면

across (***the***) ~ 들을 횡단하여

— *a.* Ⓐ **1** 시골(풍)의, 시골에서 자란: ~ life 전원 생활 / a ~ boy 시골 소년 **2** 컨트리 뮤직의 〈가수 등〉

coun·try-and-west·ern [kʌ́ntriən*d*wéstərn] *n.* Ⓤ 〖음악〗 컨트리 웨스턴, 컨트리 뮤직(country music) 《미국 남부에서 발생한 민속 음악》

cóuntry clùb 컨트리클럽 《테니스·골프·수영 등의 시설이 있는 교외의 클럽》

cóuntry cóusin 처음으로 도시에 나온 촌뜨기

coun·try-dance [-dæ̀ns | -dɑ̀:ns] *n.* 컨트리 댄스 《영국의 지방 춤; 남녀가 두 줄로 서로 마주 서서 춤》

coun·try·fied [kʌ́ntrifàid] *a.* = COUNTRIFIED

cóuntry géntleman (시골에 넓은 토지를 소유하고 광대한 주택에 거주하는) 신사[귀족] 계급의 사람, 지방의 대지주

cóuntry hòuse (시골의) 귀족[대지주]의 저택

***coun·try·man** [kʌ́ntrimən] *n.* (*pl.* **-men** [-mən]) **1** 시골 사람 《남자》 (rustic) **2** [보통 one's ~] 동포 《남자》; 동향인 **3** (어떤) 지방의 주민

cóuntry músic = COUNTRY-AND-WESTERN

Cóuntry Pàrty [the ~] 〖영국사〗 농민당, 지방당 《Whig당의 전신》; [**c~ p~**] 지방[농민]당 《도시나 공업의 이익에 대항하는》

cóuntry róck 컨트리 록 《록조(調)의 컨트리 음악》

coun·try·seat [-sìːt] *n.* 《영》 = COUNTRY HOUSE

‡**coun·try·side** [kʌ́ntrisàid] *n.* **1** (시골의) **한 지방,** 시골 **2** [집합적; 단수 취급] (어느) 지방의 사람

coun·try·wide [kʌ́ntriwáid] *a.* 전국적인(cf. NATIONWIDE)

coun·try·wom·an [kʌ́ntriwùmən] *n.* (*pl.* **-wom·en** [-wìmin]) 시골 여자; [보통 one's ~] 같은 나라[고향]의 여자

‡**coun·ty** [káunti] [L 「백작(count)의 관할 지역」의 뜻에서] *n.* (*pl.* **-ties**) **1 a** 《영·아일》 **주**(州) 《행정·사법·정치상의 최대 구획; shire라고도 함》 **b** (영연방의 일부에서) **군**(郡) 《주의 최대 행정구》 **c** 《미》 **군**(郡) 《대부분 주의 정치·행정의 최대 하위 구역》 **2** [the ~; 집합적] **a** 《영》 주민(州民) **b** 《미》 군민

cóunty bórough 《영》 특별시 《인구 5만 이상으로 county와 동격; 1974년 폐지》

cóunty cóuncil [집합적] 《영》 주의회

cóunty cóuncillor 《영》 주의회 의원

cóunty cóurt 《영》 주[지방] 법원; 《미》 군 법원

cóunty crícket 《영》 주 대항 크리켓 시합

cóunty fáir 《미》 (연 1회의) 군의 농산물·가축 품평회

cóunty fámily 《영》 주[지방]의 명문

cóunty schòol 《영》 공립 학교

cóunty séat 《미》 군청 소재지

cóunty tówn 《영》 주청(州廳) 소재지, 주의 주도

coup [kuː] [F 「치기」의 뜻에서] *n.* (*pl.* **~s**[-z]) **1** (불시의) 일격 **2** 대히트, 대성공, 큰 인기: make [pull off] a great ~ 대성공[히트]을 거두다 **3** = COUP D'ÉTAT

coup de grâce [kúː-də-grɑ́ːs] [F] *n.* 최후의 일격, 온정의 일격 《사형수나 빈사 상태에 있는 사람의 고통을 빨리 끝내 주기 위해 가하는》

coup d'é·tat [-deitɑ́ː] *n.* 쿠데타, 무력 정변

cou·pé, cou·pe [kuːpéi | ∠–] [F 「잘린」의 뜻에서] *n.* **1** 쿠페형 마차 《2인승 4륜 유개 마차》 **2** 쿠페형 자동차 《sedan보다 작고 문이 두 개인 2-5인승 자동차》

‡**cou·ple** [kʌ́pl] [L 「맺는 것」의 뜻에서] *n.* **1** (밀접한 관계에 있는) **둘, 한 쌍;** 《특히》 **부부;** 남녀 한 쌍; 두 개, 두 사람 《동류의 물건·사람》 **2** [보통 *pl.*] 사냥개 두 마리를 이어 매는 가죽끈 **3** [*pl.* ~] 두 마리씩의 사냥개 한 쌍 **4** 《미·구어》 얼마간, 두서넛 (사람)

a ~ of (1) 두 개[사람]의(two) (2) 《구어》 수 개[명]의, 두서넛의

— *vt.* **1** 〈두 개를〉 (짝이 되게) 연결하다 (link); 연결기로 〈차량을〉 연결하다; 〈사냥개를〉 두 마리씩 잡아매다 **2** 〈두 사람을〉 결혼시키다 **3** 결부시켜 생각하다, 연상하다(associate) 《*with*》: ~ A and B (together) = ~ A *with* B A와 B를 결부시켜 생각하다

— *vi.* **1** 연결되다; 하나가 되다, 협력하다 **2** 결혼하다(marry)

cou·pler [kʌ́plər] *n.* 연결자; 연결기[장치]; (오르간 등의) 연결 구조[연동 장치], 커플러

cou·plet [kʌ́plit] *n.* 〖운율〗 2행 연구(聯句), 대구(對句)

the heroic ~ 서사시적 2행 연구(체) 《각 행이 약강격(弱强格) 10음절》

cou·pling [kʌ́pliŋ] *n.* **1** Ⓤ 연결, 결합; 교미 **2** (철도 차량의) 연결기[장치]; 〖기계〗 커플링, 연결기[장치]

***cou·pon** [kjúːpɑn | kúːpɔn] [F 「절취된 한 조각」의 뜻에서] *n.* **1 쿠폰** 《떼어서 쓰는 표》 **2** 〖상업〗 (공채 증서·채권 등의) 이자표

‡**cour·age** [kə́ːridʒ | kʌ́r-] [L 「마음」의 뜻에서] *n.* Ⓤ **용기, 담력,** 배짱

take one***'s ~ in both hands*** 필요한 일을 감행하다, 대담하게 나서다

‡**cou·ra·geous** [kəréidʒəs] *a.* **용기 있는,** 용감한, 담력이 있는

~·ly *ad.* **~·ness** *n.*

cou·ri·er [kúriər, kə́ːr-] *n.* **1** (여행사가 단체객에게 수행시키는) 안내원, 가이드 **2** 급사; 밀사

‡**course**[1] [kɔːrs] [동음어 coarse] *n.* **1** ⒸⓊ [보통 the ~] **진행,** 추이 **2 a 진로,** 수로 **b** [보통 *sing.*] (배·비행기의) 코스, 침로, 항(공)로; 노정 **3** [보통 the ~] 경과; 추세 **4** (행동의) **방침,** 방향 **5** (교육의) **과정,** 코스; 학과 과목 **6** (식사의) 코스, 일품(一品), (한) 접시 **7** (경주·경기의) **코스,** 골프 코스 (=golf ~), 《특히》 경마장(racecourse)

(*as*) *a matter of ~* 당연한 일(로서) ***in ~ of*** construction (건축[건설]) 중인[에] ***in due ~*** 일이 순조로이 진행되어 [진행되면], 오래지 않아, 적당한 때에 ***in the ~ of*** …동안에(during): *in the ~ of* this year 금년 중에 ***of ~*** 물론, 당연히(《구어》 'course); [지적당하거나 생각이 나서] 그렇구나!, 아 참!

— *vt.* **1** 〈말 등을〉 달리다 **2** 사냥개를 부려서 〈토끼 등을〉 사냥하다 **3** 《시어》 〈들판을〉 횡단하다 **4** 〈구름 등이〉 어지럽게 날다

— *vi.* **1** 〈말·개·아이 등이〉 뛰어다니다 (run) **2** (사냥개를 부려) 사냥을 하다 **3** 〈피가〉 돌다, 순환하다; 〈눈물이〉 하염없이 흐르다[쏟아지다] **4** 침로를 잡다

course[2], **'course** [of *course*] *ad.* 《구어》 물론, 당연히

cours·er [kɔ́ːrsər] *n.* **1** 《시어·문어》 준마(駿馬) **2** 사냥개

court [kɔːrt] *n.* **1 a** (주위에 건물이 있는) **안마당,** 안뜰(courtyard) **b** (박람회 등의) 진열장의 구획 **2** (테니스 등의) **코트,** 경기장 **3 a** [종종 **C~**] **궁정,** 궁중, 왕실: *C~* etiquette 궁중 예법 **b** [집합적] 조신들 **4 a 법정,** 법원; 재판 **b** (특히 주의) 의회, 입법부 **c** [the ~; 집합적] 법관, 판사, 재판관 **5** (회사 등의) 임원[중역]회; [집합적] 임원, 위원, 중역 **6** 추종, 아첨; 《특히》 (남자가) 여자의 비위를 맞추기, 구애

pay [***make***] (one***'s***) **~** 비위를 맞추다; 〈여자를〉 구슬리다, 구애하다 《*to*》 ***put*** [***rule***]

... out of ~ …을 다루지 않기로 하다, 문제 삼지 않다; 무시하다 ***settle … out of ~*** …을 (소송하지 않고) 타협으로 해결하다 ***take ... into ~*** …을 재판에 걸다 ***the Supreme C~*** (***of Judicature***) 《영》 최고 사법 재판소, 대법원
— *a.* Ⓐ **1** 궁정의, 궁정에 관한[어울리는] **2** 〈스포츠 등이〉 코트를 사용하는
— *vt.* **1** 비위 맞추다 **2** 〈여자에게〉 사랑을 호소하다, 구애하다(woo) **3** 꾀다, 유혹하다(allure) **4** 〈의심·재난·패배 등을〉 초래하다(invite) **5** 《영·구어》 법원에 고소하다 — *vi.* 〈남녀가〉 구애하다; (결혼을 전제로) 사귀다, 서로 사랑하다

cóurt càrd 《영》 (카드의) 그림 패(《미》 face card) 《킹·퀸·잭》

cóurt dáy 공판일, 개정(開廷)일

cóurt drèss 궁중복, 입궐복, 대례복

‡**cour·te·ous** [kə́:rtiəs] *a.* **예의 바른,** 정중한; 친절한 **~·ly** *ad.* **~·ness** *n.*

cour·te·san, -zan [kɔ́:rtəzn | kɔ̀:təzǽn] *n.* 고급 매춘부

‡**cour·te·sy** [kə́:rtəsi] *n.* (*pl.* **-sies**) **1** Ⓤ **예의** (**바름**), 정중, 공손, 친절; Ⓒ 정중한 행위[말] **2** Ⓤ 특별 대우, 우대; Ⓤ **호의** ***by ~*** 의례상(의), 관례상(의) ***do*** a person ***the ~ to*** do[***of*** do*ing*] …에게 예의 바르게도 …하다 ***to return the ~*** 답례를 위하여, 답례로서

cóurtesy lìght (자동차 문을 열면 자동적으로 켜지는) 차내등

cóurtesy tìtle 《영》 **1** 관례[예의]상의 작위[경칭] 《귀족 자녀의 이름 앞에 붙이는 Lord, Lady, The Hon. 등》 **2** 명목적 칭호 《모든 대학 선생을 Professor라고 부르는 것과 같은》

***court·house** [kɔ́:rthàus] *n.* (*pl.* **-hous·es** [-hàuziz]) **1 법원** (청사), 재판소(law court) **2** 《미》 **군청 청사**

***cour·ti·er** [kɔ́:rtiər] *n.* **1 조신**(朝臣) **2** 알랑쇠

court·ly [kɔ́:rtli] *a.* (**-li·er**; **-li·est**) **1** 공손한, 고상한; 우아한 **2** 아첨하는(flattering)
— *ad.* 궁정풍으로; 품위 있게, 우아하게; 아첨하여 **-li·ness** *n.*

cóurtly lóve 궁정식[풍] 연애 《귀부인에 대한 중세 유럽의 기사도적 연애》

court-mar·tial [kɔ́:rtmɑ́:rʃəl] *n.* (*pl.* **courts-, ~s**) 군법 회의
— *vt.* (**-ed**; **~·ing** | **~led**; **~·ling**) 군법 회의에 회부하다

Cóurt of Appéal [the ~] 〖영국법〗 항소 법원

cóurt órder 법원 명령

court·room [-rù:m] *n.* 법정

***court·ship** [kɔ́:rtʃip] *n.* **1** Ⓤ **a** (여자에 대한) **구애,** 구혼 **b** (새·동물의) 구애 (동작) **2** 구혼 기간

cóurt tènnis 옥내 테니스(cf. LAWN TENNIS)

***court·yard** [kɔ́:rtjɑ̀:rd] *n.* **안마당,** 안뜰

‡**cous·in** [kʌ́zn] [L 「이종 사촌」의 뜻에서] *n.* **1 사촌 2** 친척, 일가; 근연(近緣) 관계에 있는 것 **3** 같은 계통의 것 《민족·문화 등》 ***call ~s*** (***with ...***) (…와) 친척간이라고 말하다[말하고 나서다]

cous·in-ger·man [kʌ́zndʒə́:rmən] *n.* (*pl.* **cous·ins-**) 친사촌(first cousin)

cous·in-in-law [-inlɔ̀:] *n.* (*pl.* **cous·ins-**) 사촌의 남편[아내] 《사촌 매부·사촌 처남 등》

cous·in·ly [kʌ́znli] *a.* 사촌 (간)의, 사촌 같은, 사촌다운

cou·ture [ku:túər] [F] *n.* **1** Ⓤ 여성복 재단(업), 양재(업) **2** [집합적] 드레스메이커, 패션 디자이너, 양재사

cou·tu·rier [ku:túəriər] [F] *n.* 드레스메이커, 패션 디자이너

cou·tu·rière [ku:túəriər] [F] *n.* COUTURIER의 여성형

***cove**[1] [kouv] *n.* (만 안의) **후미,** 내포(內浦), (해안 낭떠러지의) 후미진 곳

cove[2] *n.* 《영·속어》 놈, 녀석; 《호주·속어》 주인

cov·en [kʌ́vən, kóuv-] *n.* (특히 13명의) 마녀의 집회

***cov·e·nant** [kʌ́vənənt] [L 「(함께) 오다」의 뜻에서] *n.* **1 계약,** 맹약, 서약(contract) **2** 〖법〗 날인 증서; 계약 조항 **3** [the C~] 〖성서〗 (하느님과 이스라엘 사람 사이의) 계약
— *vi.* 계약하다 《*with*》: ~ *with* a person *for* …와 …의 계약을 하다 — *vt.* 계약하다; 〈…(할 것)을〉 계약[서약, 맹약]하다 《*to* do, *that...*》

Cov·en·try [kʌ́vəntri, kʌ́v- | kɔ́v-] *n.* 코번트리 《영국 Warwickshire 지방의 도시》

‡**cov·er** [kʌ́vər] *vt.* **1 덮다;** 〈물건에〉 **뚜껑을 덮다;** 싸다, 씌우다; 감싸다 《*with*》 **2** 〈…에〉 (벽지 등을) **바르다** 겉을 붙이다[바르다], 겉포장을 하다; 표지를 달다; 칠하다 《*with*》 **3** (덮어) 감추다, 가리다 **4 감싸주다;** 〖군사〗 엄호하다 **5** 떠맡다, …의 책임을 지다 **6** 〈대포·요새 등이〉 …에 대한 방위로서 도움이 되다, 사정거리 내에 두다; (총 등으로) 겨누다 **7** 〈어떤 일정한 거리를〉 가다, 〈어떤 지역을〉 답파하다 **8** 〈어떤 범위에〉 **걸치다,** 미치다; 〈분야·영역 등을〉 **포함하다 9** 〈비용·손실 등을〉 **보상하다**[하기에 족하다] **10** 〖신문·라디오·TV〗 〈사건·회합 등을〉 뉴스로 보도하다
— *vi.* **1** 대신하여 일하다 《*for*》 **2** 감싸서 (비밀 등을) 숨기다, 알리바이 제공을 하다 **3** 〈액체 등이〉 표면에 퍼지다
~ up 싸서 감추다, 모조리 덮어버리다; 〈나쁜 짓 등을〉 은폐하다; 〈남을〉 두둔하다, 감싸주다
— *n.* **1 덮개,** 커버; 침대보; 싸는 물건 **2** 뚜껑; (책의) **표지** 《*for*》 **3** ⓊⒸ 피난처, 잠복처(shelter); 짐승이 숨는 곳 《숲·덤불 등》 **4** ⓊⒸ 〖군사〗 엄호(물); 차폐(물) **5** Ⓤ (손해) 보험
(***from***) ***~ to ~*** 전권(全卷)을 통해서, 책의 처음부터 끝까지 ***under*** (***the***) ***~ of*** …의 엄호를 받아서; 〈질병 등을〉 핑계삼아; 〈어둠 등을〉 타서, …을 이용하여

***cov·er·age** [kʌ́vəridʒ] *n.* ⓊⒸ **1 적용 범위 2** 〖보험〗 보상 (범위) **3** 〖경제〗 정화

(正貨) 준비(금) **4** 보도 (범위), 취재 (범위); (광고의) 도달 범위; (라디오·텔레비전의) 방송 (범위), 서비스[가청] 구역

cov·er·all [kʌ́vərɔ̀ːl] *n.* [보통 *pl.*] 상하가 붙은 작업복 《overall과 달라 소매가 있음》

cóvered wágon 《미》 포장마차

cóver gìrl 커버 걸 《잡지 등의 표지 모델이 되는 매력적인 여자》

‡**cov·er·ing** [kʌ́vəriŋ] *n.* **1** Ⓤ **덮음,** 덮어 씌움; 엄호, 차폐 **2 덮개,** 외피(外被), 커버, 지붕

cóvering lètter[nòte] 첨부서, 설명서 《동봉물에 첨부한》

*****cov·er·let** [kʌ́vərlit] *n.* **침대보,** 침대 덮개; 《일반적으로》 덮개

cóver nòte 《영》 〔보험〕 가(假)증서, 보험 인수증

cóver stòry 커버 스토리 《잡지의 표지 그림[사진]과 관련된 기사》

*****co·vert** [kóuvərt, kʌ́v-│kʌ́v-] *a.* **은밀한,** 숨은; 암암리의 **—** *n.* ⓊⒸ (짐승의) 숨는 장소, **잠복소**(cover)

cóvert còat (사냥·승마·먼지막이용의) 짧은 외투

cov·er·ture [kʌ́vərtʃər] *n.* ⓊⒸ 덮개, 씌워 덮는 물건; 엄호물; 피난처

*****cov·et** [kʌ́vit] *vt.* 〈남의 물건 등을〉 **몹시 탐내다,** 바라다, 갈망하다 **—** *vi.* 몹시 탐내다: ~ *after*[*for*] popularity 인기를 얻으려고 기를 쓰다

cov·et·ous [kʌ́vitəs] *a.* (남의 것을) 몹시 탐내는 《*of*, *to* do》; 탐욕스러운 **~·ly** *ad.* **~·ness** *n.*

cov·ey [kʌ́vi] *n.* **1** (메추리·자고처럼 난 뒤 잠시 어미새와 함께 사는) 새의 무리 (brood) **2** 《익살》 (사람·사물의) 한 떼[무리], 일단

‡**cow**[1] [kau] *n.* (*pl.* **~s,** 《고어·시어》 **kine** [kain]) **1 암소,** 젖소 《**cow**[1]는 암소. **bull**은 거세하지 않은 수소. **ox**는 거세된 수소로서 소의 총칭으로도 쓰인다. **calf**는 송아지. 쇠고기는 **beef.** 송아지고기는 **veal.** 울음소리는 **moo**》 **2** (무소·코끼리·바다표범·고래 등의) 암컷 **3** 《속어》 단정치 못한 여자; 《경멸》 계집

cow[2] *vt.* 위협하다, 으르다

‡**cow·ard** [káuərd] 〚L 「꼬리(를 사림)」의 뜻에서; 개의 동작에서〛 *n.* **겁쟁이,** 비겁한 사람

*****cow·ard·ice** [káuərdis] *n.* Ⓤ **겁,** 비겁함

*****cow·ard·ly** [káuərdli] *a.* **겁많은;** 비겁한, 비열한: a ~ lie 비열한 거짓말 **—** *ad.* 겁을 내어, 비겁하게도

cow·bird [káubə̀ːrd] *n.* 〔조류〕 찌르레기 《북미산》

‡**cow·boy** [káubɔ̀i] *n.* **1 목동;** (미·캐나다) **카우보이 2** 《영·속어》 무모한 사람; 무모한 운전자

cówboy hàt 《미》 카우보이 모자 《테가 넓고 춤이 높은 모자》

cow·er [káuər] *vi.* (추위·공포 등으로) 움츠리다; 위축하다 《*down*》

cow·hand [-hæ̀nd] *n.* 소 치는 사람; 카우보이

cow·heel [-hìːl] *n.* 카우힐, 족편 《쇠족을 양파 등 양념과 함께 젤리 모양으로 삶은 요리》

cow·herd [-hə̀ːrd] *n.* 소 치는 사람

cow·hide [-hàid] *n.* **1** Ⓤ (털이 붙은) 소 생가죽; (무두질한) 쇠가죽 **2** 《미》 쇠가죽 채찍

cow·house [-hàus] *n.* (*pl.* **-hous·es** [-hàuziz]) 외양간, 우사(牛舍)

cowl [kaul] *n.* **1** (수도자의) 고깔 달린 겉옷; (그) 고깔 **2** 수도자(monk) **3** (고깔 모양의) 굴뚝 갓

cow·lick [káulìk] *n.* (이마 위쪽 등의) 곧추선 머리카락

cowl·ing [káuliŋ] *n.* 〔항공〕 (비행기의) 엔진 커버

cow·man [káumən] *n.* (*pl.* **-men** [-mən]) 《영》 소 치는 사람; 《미》 (서부의) 목축 농장주, 목우업자(ranchman)

co-work·er [kóuwə̀ːrkər] *n.* 같이 일하는 사람, 협력자(fellow worker)

cow·pea [-pìː] *n.* 〔식물〕 동부, 광저기 《식용; 소의 먹이》

cow·pox [-pɑ̀ks│-pɔ̀ks] *n.* Ⓤ 〔수의학〕 우두

cow·punch·er [-pʌ̀ntʃər] *n.* 《미·구어》 소 치는 사람; 카우보이(cowboy)

cow·rie, -ry [káuri] *n.* (*pl.* **-ries**) 〔패류〕 별보배고둥, 자패(紫貝) 무리 《옛날에 화폐로 사용》

cow·shed [káuʃèd] *n.* 외양간, 우사(牛舍)

cow·slip [-slìp] *n.* 〔식물〕 **1** 《영》 앵초 란화, 서양개풀 **2** 《미》 산동이나물

cox [kɑks│kɔks] [*cox*swain] *n.* 《구어》 (특히 레이스용 보트의) 콕스, 키잡이 **—** *vt.*, *vi.* 키잡이 노릇을 하다

cox·comb [kɑ́kskòum│kɔ́ks-] *n.* 멋쟁이, 맵시꾼

cox·swain [kɑ́ksn, -swèin│kɔ́kswèin] *n.* (보트) 키잡이, 정장

*****coy** [kɔi] *a.* **1** 〈아가씨·여자의 태도가〉 **수줍어하는;** 부끄러워하는 **2** 〈장소가〉 남의 눈에 띄지 않는, 구석진 **cóy·ly** *ad.* **cóy·ness** *n.*

coy·o·te [kaióuti, káiout│kɔ́iout] *n.* (*pl.* **~s,** [집합적] **~**) 〔동물〕 코요테 《북미 대초원에 사는 늑대》

coy·pu [kɔ́ipuː] *n.* (*pl.* **~s,** [집합적] **~**) 〔동물〕 코이푸, 누트리아(nutria) 《남미산; 그 모피는 고급》

coz·en [kʌ́zn] *vt.*, *vi.* 《문어》 〈사람을〉 속이다, 기만하다(cheat) 《*of*, *out of*》; 속여 …하게 하다 《*into*》

coz·en·age [kʌ́znidʒ] *n.* Ⓤ 사기, 기만

*****co·zy** [kóuzi] *a.* (**-zi·er**; **-zi·est**) **1** 〈방 등이 따뜻하여〉 **기분좋은**(comfortable); 포근[아늑]한(snug) **2** 〈사람이〉 화기애애한, 단란한; 친해지기 쉬운 **—** *n.* (*pl.* **-zies**) 보온 커버 **—** *vt.* 《구어》 안심시키다; 속이다 **có·zi·ly** *ad.* **có·zi·ness** *n.*

cp candle power; compare; coupon

CP Command Post; Common Pleas; Common Prayer

C/P charter party

CPA certified public accountant; 〖컴퓨터〗 critical path analysis
cpd compound
CPI consumer price index
Cpl. Corporal
CPO Chief Petty Officer (해군) 상사
CPR cardiopulmonary resuscitation 심폐 기능 소생
CPU central processing unit 〖컴퓨터〗 중앙 처리 장치
CQ call to quarters 교신[방송] 개시 신호; Charge of Quarters 〖군사〗 당직 하사관
Cr 〖화학〗 chromium
cr credit; creditor; crown
‡**crab**[1] [kræb] *n.* **1** 〖동물〗 게; Ⓤ 게살 **2** [the C~] 〖천문〗 게자리
catch a ~ 노를 잘못 저어 뒤집어지다
— *vi.* (**~bed**; **~·bing**) 게를 잡다
crab[2] *n.* =CRAB APPLE
crab[3] *v.* (**~bed**; **~·bing**) *vt.* ((미·구어)) 깎아내리다, 흠잡다; 불평하다 — *vi.* ((구어)) 불평하다 ((*about*))
— *n.* 심술쟁이
cráb àpple 〖식물〗 돌능금, 야생 능금
crab·bed [krǽbid] [게(crab[1])의 걸음걸이에서] *a.* **1** 〈사람·언동이〉 심술궂은; 괴팍한 **2** 〈문체 등이〉 이해하기 어려운; 〈필적이〉 알아보기 힘든 **~·ly** *ad.* **~·ness** *n.*
cráb gràss 〖식물〗 왕바랭이속(屬)의 1년초
cráb lòuse 〖곤충〗 사면발이
crab·wise [krǽbwàiz], **-ways** [-wèiz] *ad.* 게처럼, 옆으로 기어서; 신중히
‡**crack** [kræk] *n.* **1 a** 갈라진 틈, 금 **b** 흠, 결함; 정신 이상 **2** (갑작스런) 날카로운 소리 **3** 날카로운 일격 **4** 변성(變聲) **5 a** ((고어·영·방언)) 자랑, 허풍; ((스코)) 잡담 **b** [*pl.*] 소식, 진담(珍談) **c** ((구어)) 재치 있는[멋진] 말, 경구, 비꼬는 말 **6** ((영·구어)) 일류의 사람[물건], 제일인자 **7** ((속어)) 금고 털이 강도; 강도 **8** ((구어)) 시도, 기도
at the ~ of dawn [***day***] 새벽에 ***in a ~*** 순식간에, 곧 ***the ~ of doom*** 최후의 심판일(의 벼락 소리); ((일반적으로)) 마지막을 알리는 신호
— *a.* Ⓐ ((구어)) 아주 우수한, 일류의: a ~ hand 명수 — *ad.* 탁, 탕, 찰칵, 지끈, 우지직, 날카롭게
— *vi.* **1** 찰깍[땅, 지끈] 하며 깨지다[부서지다]; 금이 가다 **2** 날카로운 폭음을 내다, 〈채찍이〉 철썩하고 소리를 내다, 〈총이〉 탕하고 소리나다 **3** 〈목이〉 쉬다; 변성하다 **4** ((영)) 지껄이다(chat) **5** (정신적·육체적으로) 약해지다, 굴복하다
— *vt.* **1** 금가게 하다 **2** 지끈 깨다, 부수다 **3** 날카로운 소리가 나게 하다 **4** 〈목을〉 쉬게 하다 **5** 〈신용 등을〉 떨어뜨리다, 잃게 하다; 미치게 하다 **6** 〖화학〗 〈가압 증류(加壓蒸溜)에 의하여 중유 등을〉 분해하여 휘발유 등을 뽑아내다, 분류(分溜)하다 **7** ((구어)) 〈난문제 등을〉 해결하다; 〈암호 등을〉 풀다 **8** 〖컴퓨터〗 〈다른 컴퓨터·시스템에〉 불법으로 침입하다; 〈소프트웨어를〉 불법 복제하다
a hard nut to ~ 매우 어려운 문제

cráck bàby 코카인 중독자 어머니에게서 태어나는 신생아
crack·brained [krǽkbrèind] *a.* 미친; 바보 같은
crack·down [-dàun] *n.* ((구어)) 갑자기 후려침; (위법 행위 등의) 단속; 탄압 ((*on*))
***cracked** [krækt] *a.* **1** 깨진, 부스러진; 금이 간; 갈라진 **2** 〈인격·신용 등이〉 떨어진, 손상된 **3** 변성한, 〈목이〉 쉰 **4** ((구어)) 미친; 어리석은
***crack·er** [krǽkər] *n.* **1** 크래커 ((단맛이 없는, 얇고 딱딱한 비스킷)) (((영)) biscuit) **2** 폭죽(爆竹), 딱총 **3** 크래커 봉봉(=~ bònbon) **4** 쪼개는 기구, 파쇄기(破碎器); [*pl.*] 호두 까는 기구(nutcrackers); ((익살)) 이, 이빨 **5** 〖컴퓨터〗 해커
get the ~s ((속어)) 미치다, 머리가 돌다
crack·er·jack [-dʒæ̀k] ((미·구어)) *n.* 우수품, 일등품; 일류의 사람, 제1인자
— *a.* 우수한, 일류의, 훌륭한, 굉장한
cráck·ers [krǽkərz] *a.* Ⓟ ((영·속어)) 미친, 머리가 돈(crazy); 멍한; 열중한 ((*about*)) ***go ~*** 미치다; 열중하다
crack·head [krǽkhèd] *n.* ((속어)) 코카인 상용자, 중독자
crack·house [-hàus] *n.* ((속어)) 크랙[코카인] 취급하는 곳 ((팔고, 사고, 피우는))
crack·ing [krǽkiŋ] *a.* ((구어)) 굉장히 좋은, 아주 멋진
— *ad.* ((구어)) [보통 ~ good으로] 매우, 굉장히(very)
crack·jaw [krǽkdʒɔ̀ː] *a.* ((구어)) (턱이 돌아갈 듯이) 발음하기 어려운, 이상야릇한
***crack·le** [krǽkl] *vi., vt.* 우지직우지직[딱딱] 소리내다[나게 하다] — *n.* **1** 우지직우지직[딱딱] 하는 소리 **2** Ⓤ (도자기의) 빙렬무늬
crack·le·ware [krǽklwὲər] *n.* Ⓤ 빙렬(氷裂)이 가게 구운 도자기
crack·ling [krǽkliŋ] *n.* Ⓤ **1** 우지직우지직[딱딱] 소리를 냄; (과자 등이 말라서) 파삭파삭함 **2** (구운 돼지의) 오득오득한 가죽살 **3** [보통 *pl.*] (라드(lard)를 짜낸) 찌끼
crack·nel [krǽknəl] *n.* 살짝 구운 비스킷; [*pl.*] ((미)) 바삭바삭하게 튀긴 돼지 비곗살
crack·pot [krǽkpɑ̀t | -pɔ̀t] ((구어)) *n.* 이상한 사람, 미친 것 같은 사람
— *a.* Ⓐ 이상한, 미친 것 같은
cracks·man [krǽksmən] *n.* (*pl.* **-men** [-mən]) ((속어)) 강도(burglar); 금고 털이 도둑
crack-up [krǽkʌ̀p] *n.* **1** (비행기의) 추락; 충돌 **2** ((구어)) 정신적인 파탄; 신경쇠약
-cracy [-krəsi] ((연결형)) 「…의 지배(력·권); …정치[정체], 정치 계급」의 뜻: demo*cracy*
‡**cra·dle** [kréidl] *n.* **1** 요람, 어린이 침대(cot) **2** [the ~] 요람 시대, 어린 시절; (예술·국민 등을 육성한) 요람지, (문화 등의) 발상지 **3** 요람 모양의 받침대 **4** 〖농업〗 낫에 덧대는 틀; 틀을 덧댄 낫 **5** 〖광산〗 선광기(選鑛器)
from the ~ to the grave 요람에서 무덤까지, 일생 동안 ***in the ~*** 초기에 (있어서)

— *vt.* **1** 요람에 넣(어서 재우)다; 흔들어 어르다 **2** 〈배를〉 선가로 괴다, 미끄럼대 위에 놓다

cra·dle·song [-sɔ̀:ŋ | -sɔ̀ŋ] *n.* 자장가 (lullaby)

‡**craft** [kræft | krɑ:ft] *n.* **1** Ⓤ **기능**, 기교(skill), 교묘; (특수한) 기술, 재주; 수공업 **2** (특히 손끝의 기술을 요하는) 직업, 숙련 직업 **3** [집합적] 동업자들; 동업 조합 **4** Ⓤ 교활, 술책(cunning) **5** (*pl.* ~) (특히 소형의) 선박; 비행기, 비행선; 우주선

-craft [kræ̀ft | krɑ̀:ft] 《연결형》 「…의 기술[기예, 직업]; …의 탈것」의 뜻: state*craft*

cráft guìld 동업자 조합, 직업별 길드

*__crafts·man__ [krǽftsmən | krɑ́:fts-] *n.* (*pl.* **-men** [-mən]) **1** (숙련된) **장인**, 기능공, 숙련공 《journeyman의 위》 **2** 기예가, 기술자, 명공(名工), 명장(名匠)

~·shìp *n.* Ⓤ 장인의 기능; 숙련

cráft ùnion (숙련 직업 종사자의) 직업별 조합

*__craft·y__ [krǽfti | krɑ́:fti] *a.* (**craft·i·er**; **-i·est**) **교활한**(cunning), 간사한, 나쁜 꾀가 많은 **cráft·i·ly** *ad.*, **-i·ness** *n.*

crag [kræg] *n.* 울퉁불퉁한 바위, 험한 바위산

crags·man [krǽgzmən] *n.* (*pl.* **-men** [-mən]) 험한 바위산을 잘 타는 사람

crake [kreik] *n.* (*pl.* **~s**, ~) 〚조류〛 뜸부기

*__cram__ [kræm] *v.* (**~med**; **~·ming**) *vt.* **1** (좁은 곳에) **밀어 넣다**, 채워[다져] 넣다 (stuff) **2** 〈음식을〉 억지로 집어먹다; 포식시키다 《*with*》 **3** 주입식으로 가르치다[공부시키다] 《*for*》; 〈학과를〉 주입하다 《*up*》 — *vi.* **1** 포식하다, 게걸스럽게 먹다 **2** 《구어》 (시험 등을 위해) 벼락 공부를 하다 **3** 밀어닥치다, 몰려오다

— *n.* **1** 《구어》 (시험 준비의) 벼락 공부 **2** 《구어》 (사람이) 빽빽이 들어참; 혼잡

cram-full [krǽmfúl] *a.* Ⓟ 《영·구어》 빽빽하게 찬 《*of*》

cram·mer [krǽmər] *n.* **1** 주입식으로 시험 공부를 시키는 교사[하는 수험생] **2** 입시 준비 학원

*__cramp__[1] [kræmp] *n.* **1** 꺾쇠(= ~ iron); 죔쇠(clamp) **2** 구속물; 구속, 속박

— *vt.* **1** 죔쇠 등으로 바싹 죄다 **2** 속박하다 **3** 〈핸들을〉 (갑자기) 꺾다

cramp[2] *n.* **1** (근육의) 경련, 쥐: bather's ~ 헤엄칠 때 나는 쥐 **2** [*pl.*] 심한 복통

— *vt.* [보통 수동형] (…에) 경련을 일으키다, 쥐가 나게 하다

cramped [kræmpt] *a.* **1** 비좁은, 갑갑한; 〈필체·문체 등이〉 배배 꼬인, 읽기[알기] 어려운 **2** 경련을 일으킨

crámp ìron 꺾쇠, 걸쇠

cram·pon [krǽmpɑn | -pən], **-poon** [-pu:n] *n.* **1** [보통 *pl.*] 쇠갈고리, 쇠집게 **2** [*pl.*] (빙상용의) 동철(冬鐵), (등산용의) 아이젠, 스파이크

cran·ber·ry [krǽnbèri | -bəri] *n.* (*pl.* **-ries**) 〚식물〛 덩굴월귤; 그 열매 《소스·젤리의 원료로 씀》

‡**crane** [krein] *n.* **1** **기중기**, 크레인 **2** 사이펀(siphon); (기관차의) 급수관 **3** 〚조류〛 **학**(鶴); 《미》 왜가리; [**C~**] 〚천문〛 두루미자리

— *vt.* 기중기로 달아 올리다[움직이다, 나르다]; 〈목을〉 쑥 내밀다 — *vi.* 목을 길게 빼다; 〈말이〉 멈추고 머뭇거리다 《*at*》; 〈사람이〉 주저하다 《*at*》

cráne flỳ 〚곤충〛 꾸정모기(daddy-long-legs)

cra·ni·al [kréiniəl] *a.* 두개(頭蓋)(골)의

cra·ni·um [kréiniəm] *n.* (*pl.* **-ni·a** [-niə], **~s**) 〚해부〛 두개; 두개골(skull); 《익살》 대가리

*__crank__ [kræŋk] *n.* **1** 〚기계〛 **크랭크** **2** 묘한 표현; 기상(奇想), 변덕(fad) **3** 《구어》 기인(奇人), 괴짜(faddist), 변덕쟁이; 《미·구어》 (성미가) 까다로운 사람, 심술쟁이 **4** 회전반(盤) 《형벌로 죄수가 회전 시켰던 것》 — *vt.* 크랭크 모양으로 구부리다; 크랭크로 연결하다 — *vi.* 크랭크를 돌리다 — *a.* 〈기계·건물이〉 온전하지 못한, 흔들흔들하는(shaky); 《영·방언》 〈사람이〉 병약한; 괴짜의[에 의한]

crank·case [krǽŋkkèis] *n.* (내연 기관의) 크랭크실(室)[케이스]

crank·shaft [-ʃæ̀ft | -ʃɑ̀:ft] *n.* 〚기계〛 크랭크 샤프트, 크랭크축(軸)

crank·y [krǽŋki] *a.* (**crank·i·er**; **-i·est**) **1** 까다로운, 심기가 뒤틀린 **2** 괴팍한, 괴짜의; 변덕스런 **3** 〈기계·건물 등이〉 불안정한, 흔들흔들하는 **4** 〈길 등이〉 꾸불꾸불한

cran·nied [krǽnid] *a.* 금[틈]이 난

cran·ny [krǽni] *n.* (*pl.* **-nies**) 갈라진 틈, 깨어진 틈

crap[1] [kræp] *n.* 《미》 **1** (craps에서) 2개의 주사위를 굴리어 나온 지는 숫자 《2, 3, 12; 2번째 이후는 7》 **2** = CRAPS

— *vi.* (**~ped**; **~·ping**) 지는 숫자가 나오다 **~ *out*** 《속어》 단념하다, 손을 떼다, 포기하다

crap[2] *n.* Ⓤ 《속어·비어》 **1** 쓰레기; 배설물, 똥; 배변 **2** 허튼소리(nonsense); 거짓말; 허풍 — *vt.* 《미·속어》 허튼소리를 하다 — *vi.* (**~ped**; **~·ping**) 《비어》 배변하다 — *int.* 바보 같으니!

*__crape__ [kreip] [L 「(머리털이) 곱슬곱슬한」의 뜻에서] *n.* **검은 크레이프** (**상장**)(喪章) 《모자·팔소매에 두름》

crap·py [krǽpi] *a.* (**-pi·er**; **-pi·est**) 《속어》 **1** 쓰잘 데 없는, 시시한 **2** 지겨운, 터무니없는

craps [kræps] *n. pl.* [단수 취급] 《미》 크랩 노름 《두개의 주사위를 써서 하는》

crap·shoot·er [krǽpʃù:tər] *n.* 《미》 크랩 노름꾼

crap·u·lence [krǽpjuləns] *n.* Ⓤ 과음, 숙취

‡**crash**[1] [kræʃ] [의성어] *n.* **1** **와르르**, **쿵**, **쾅**; (천둥·대포의) 굉음(轟音) **2** (시세·장사 등의) 무너짐, 파멸, 붕괴 **3** (비행기의) **추락**; (차의) **충돌**; (충돌 등에 의한 차량의) **파괴** **4** 〚컴퓨터〛 (시스템의) 고장, 폭주

— *vi.* **1** 와지끈[산산이] 부서지다[무너지다]; **굉장한 소리를 내다**[내며 움직이다] **2** 와르르 무너지다 《*down, through*》; 무

섭게 충돌하다 《*into, against, together*》 **3** 실패[와해]하다, 파산하다 **4** 〈비행기가 착륙 때에〉 파손되다, **추락하다** **5** 〖컴퓨터〗 〈시스템·프로그램이〉 갑자기 기능을 멈추다 — *vt.* **1 와장창[산산조각으로] 바수다** **2** 〈요란한 소리를 내며〉 …을 달리다 **3** 〈착륙시에 비행기를〉 파괴[파손]하다, 불시착시키다; 〈적기를〉 추락시키다 **4** 〈사업 등을〉 실패하다 **5** 〖컴퓨터〗 갑자기 기능을 멈추게 하다 ~ one*'s* ***way through*** … 을 밀치고 나아가다
— *ad.* 《구어》 요란스러운 소리를 내며
— *a.* Ⓐ (위급 사태에 대처하기 위해) 전력을 다한, 응급의; 속성의

crash[2] *n.* Ⓤ 거친 아마포 《수건·하복·테이블보 등에 쓰임》

crásh bàrrier 《영》 (고속도로·활주로 등의) 방호 울타리, 가드레일

crásh dìve 〖항해〗 (잠수함의) 급속 잠항(潛航)

crash-dive [krǽʃdàiv] *vi.* **1** 〈잠수함이〉 급속히 잠항하다 **2** 〈비행기가〉 급강하하다 — *vt.* **1** 〈잠수함을〉 급속 잠항시키다 **2** 〈비행기를〉 급강하시키다

crásh hèlmet 〈자동차 경주자 등이 쓰는〉 (안전) 헬멧

crash·ing [krǽʃiŋ] *a.* 《구어》 완전한, 철저한

crash-land [krǽʃlǽnd] *vt., vi.* 〖항공〗 불시착시키다[하다], 동체(胴體) 착륙시키다[하다]

crash·land·ing [-lǽndiŋ] *n.* ⓊⒸ 불시착, 동체 착륙

crásh pàd **1** (자동차 내부의) 완충 패드 **2** 《속어》 무료 숙박소

crash·wor·thy [-wə̀:rði] *a.* 충돌[충격]에 견딜 수 있는

crass [kræs] *a.* 우둔한, 아주 어리석은; 형편없는, 지독한 **cráss·ly** *ad.*

-crat [kræt] 《연결형》 「-cracy의 지지자[일원]」의 뜻: auto*crat* 《형용사는 -cratic(al)》

***crate** [kreit] *n.* (병·오지그릇 등을 운반하는) **나무 상자**(의 분량), 나무틀; (과실 등을 나르는) 대[버들]바구니
— *vt.* 나무 상자[대바구니]에 채워 넣다

***cra·ter** [kréitər] *n.* **1 분화구**; (달의) 크레이터 **2** 〖군사〗 (폭탄·포탄·지뢰의 폭발로 생긴) 구멍, 탄공(彈孔)

cra·vat [krəvǽt] *n.* **1** 넥타이 **2** 《고어》 크러뱃 《17세기경 남성이 목에 감은 스카프 모양의 neckcloth》

***crave** [kreiv] *vt.* **1 간청하다**: ~ mercy *of*[*from*] a person …에게 관대한 처분을 간청하다 **2 열망[갈망]하다**: I ~ water. 물이 마시고 싶어 못견디겠다. **3** 〈사정이〉 필요로 하다(require)
— *vi.* 간청[갈망]하다 《*for, after*》

cra·ven [kréivən] *a.* 겁많은
— *n.* 겁쟁이 **~·ly** *ad.* **~·ness** *n.*

***crav·ing** [kréiviŋ] *n.* ⓊⒸ **갈망**; 열망

craw [krɔ:] *n.* (하등 동물의) 밥통; (새·곤충의) 모이주머니, 멀떠구니

craw·fish [krɔ́:fiʃ] *n.* (*pl.* **~, ~·es**) **1** 〖동물〗 가재(crayfish) **2** Ⓤ 가재살
— *vi.* 《미·구어》 꽁무니 빼다; 변절하다

⁑**crawl** [krɔ:l] *vi.* **1** (가만가만) **기어가다**, 기다, 포복하다 **2** 〈기차·교통 등이〉 **서행하다**; 느릿느릿 달리다[걷다] 《*about*》 **3** 살금살금 걸어다니다; 아첨하다 《*to, before*》; (사냥감에) 살금살금 다가가다 《*on, upon*》 **4** 〈장소가 벌레 등으로〉 **우글거리다, 들끓다** 《*with*》 **5** 〈벌레가 기듯이〉 근질근질하다, 오싹해지다
— *n.* **1** [a ~] 포복, 기어감; 천천히 걸음, 서행 **2** [보통 the ~] 〖수영〗 크롤 수영법(= **~ stròke**); (경기 종목으로서의) 크롤 ***go at a ~*** 느릿느릿 걷다; 서행하다, 〈자동차 등이 손님을 찾아〉 거리를 슬슬 돌아다니다

crawl·er [krɔ́:lər] *n.* **1** 기어가는 사람; 포복 동물, 파충(爬蟲)류(reptile); 《미》 뱀잠자리의 유충 **2** 《속어》 (비굴한) 알랑쇠; 게으름뱅이 **3** 《미·구어》 앉은뱅이 거지 **4** 《영·구어》 손님을 찾아 슬슬 돌아다니는 택시

crawl·y [krɔ́:li] *a.* (**crawl·i·er**; **-i·est**) 《구어》 근질근질한; 으스스한, 소름 끼치는

cray·fish [kréifìʃ] *n.* (*pl.* **~, ~·es**) 《영》 〖동물〗 **1** 가재; Ⓤ 가재살 **2** 왕새우, 대하

⁑**cray·on** [kréiɑn | -ən] [L 「초크(chalk)」의 뜻에서] *n.* **1 크레용** **2** 크레용 그림 — *vt., vi.* 크레용으로 그리다

***craze** [kreiz] *vt.* **1** [보통 수동형] **미치게 하다**, 발광시키다; 열중시키다: *be ~d about* a film star 영화 배우에게 미치다 **2** 〈오지그릇을〉 빙렬이 나타나게 굽다
— *n.* (일시적) 열광, 열중; 대유행(rage) 《*for*》

⁑**cra·zy** [kréizi] *a.* (**-zi·er**; **-zi·est**) **1 미친**; 흥분해 있는 **2** 《구어》 **열중한**; 반한 《*for, about, over*》, 열광적인 **3** 《속어》 굉장히 좋은, 나무랄 데 없는 **4** 결함이 많은, 〈건물·배 등이〉 흔들거리는
crá·zi·ly *ad.* 미친 듯이, 미친 사람처럼; 열광적으로 **crá·zi·ness** *n.*

crázy pàvement[pàving] 《영》 (산책길 등의) 고르지 못한 포장

***creak** [kri:k] [동음어 creek] [의성어] *n.* **삐걱거리는 소리**, 키익키익[삐걱삐걱] 울리는 소리, 삐걱거림
— *vi.* 삐걱거리다

creak·y [krí:ki] *a.* (**creak·i·er**; **-i·est**) 삐걱거리는 **-i·ly** *ad.* **-i·ness** *n.*

⁂**cream** [kri:m] *n.* Ⓤ **1 크림**, 유지(乳脂) **2** 크림 과자; 크림을 넣은 요리 **3** (화장용) **크림**; 크림 모양의 약 **4** (액체의) 더껑이 **5** [the ~] 정화(精華), 정수; (이야기의) 묘미 있는 곳 《*of*》 **6** 크림색, 담황색
get the ~ of …의 정수[가장 좋은 부분]를 빼내다 ***the ~ of society*** 최상층 사회, 사교계의 꽃들
— *vt.* **1** 〈우유에서〉 크림을 분리하다[빼다], 크림을 떠내다 **2** 알짜를 뽑다 《*off*》 **3** 〈홍차 등에〉 크림을 넣다 **4** 화장 크림을 바르다 — *vi.* **1** 〈우유에〉 크림[유지]이 생기다 **2** 〈액체에〉 더껑이가 생기다, 크림 모양으로 굳어지다
— *a.* **1** Ⓐ 크림으로 만든, 크림이 든; 크림 모양의 **2** 크림 색의, 엷은 황색의

créam chèese 크림 치즈 《생우유에 크림을 넣은 연한 치즈》
cream-col·ored [krí:mkʌ̀lərd] *a.* 크림색의
créam cràcker 《영》 (단맛이 없는) 크래커
cream·er [krí:mər] *n.* **1** 크림을 뜨는 접시; 크림 분리기 **2** 《미》 (식탁용) 크림 그릇 **3** 크리머 《커피 등에 타는 크림 대용품》
cream·er·y [krí:məri] *n.* (*pl.* **-er·ies**) **1** 버터[치즈] 제조소; 낙농장(酪農場) **2** 유제품 판매점
créam pùff 1 크림 퍼프, 슈크림 **2** 사내답지 못한 사람; 패기 없는 사나이 **3** 《미·속어》 새 차나 다름없는 중고차
créam sàuce 크림 소스(white sauce)
créam sóda 바닐라 향을 낸 소다수
créam tèa 《영》 크림 티 《잼과 고체 크림을 바른 빵을 먹는 오후의 차》
*__cream·y__ [krí:mi] *a.* (**cream·i·er**; **-i·est**) **1 크림 같은 2** 크림을 함유한[이 많은] **3** 크림 모양의; 반들반들하고 말랑말랑한 **4** 크림색의
crease [kri:s] *n.* **1 a** (종이·피륙 등의) 접은 자국[금] **b** [보통 *pl.*] (바지의) 주름 **c** (옷의) 주름, 큰 구김살 **2** 〚크리켓〛 투수[타자]의 한계선
— *vt.* **1** 〈바지·종이 등에〉 주름을 잡다 **2** 〈…을〉 주름투성이로 만들다; 구기다; 〈이마 등을〉 주름지게 하다 **3** 《영·속어》 〈사람을〉 포복절도시키다
— *vi.* **1** 접은 자국이 생기다; 구겨지다; 주름지다 **2** 《영·속어》 포복절도하다
⁑**cre·ate** [kriéit] [L 「낳다」의 뜻에서] *vt.* **1** 창조하다 **2** 창작하다 **3** 창립하다; 〈제도·관직 등을〉 창설하다 **4** 귀족으로 만들다, 〈위계·작위를〉 주다 **5** 〈새로운 사태·소동 등을〉 야기하다 — *vi.* **1** 창조적인 일을 하다 **2** 《영·구어》 몹시 떠들어대다 《*about*》
⁑**cre·a·tion** [kriéiʃən] *n.* Ⓤ **1** 창조; [the C~] 천지 창조, 창세(創世) **2** 창작; 창설 **3** 수작(授爵), 위계(位階)의 수여 **4** [집합적] (신의) 창조물, 삼라만상, 우주 ***the lord of*** (***all***) ~ 만물의 영장(man)
*__cre·a·tive__ [kriéitiv] *a.* **1** 창조적인 **2** 창작적인, 독창적인 **~·ness** *n.*
cre·a·tiv·i·ty [krì:eitívəti] *n.* Ⓤ 창조적임, 창조성, 독창력[성]
*__cre·a·tor__ [kriéitər] *n.* **1** 창조자, 창작자, 창설자 **2** [the C~] 조물주, 신(God) **3** (극의) 역(役) 창조자; 수작자(授爵者)
⁑**crea·ture** [krí:tʃər] [L 「창출된 자」의 뜻에서] *n.* **1** (신의) 창조물(cf. CREATION) **2** 생물, 《특히》 동물 **3** 인간, 사람 **4** [주로 애정·동정·경멸 등의 형용사와 함께] 사람, 녀석, 놈, 자식: Poor ~! 가엾어라! **5** 〈사람·사물 등에〉 지배 당하는 자, 예속자, 부하, 앞잡이(tool); 노예, 종 **6** 소산(所産), 산물, 아들
créature cómforts [종종 the ~] 육체적 안락을 주는 것; 《특히》 먹을[마실] 것, 음식물
crèche [kreʃ, kreiʃ] [F] *n.* 《영》 **1** 탁아소 **2** (구유 속의) 어린 예수상

cre·dence [krí:dəns] *n.* Ⓤ 신용, 신임: a letter of ~ 신임장
cre·den·tial [kridénʃəl] *n.* **1** [*pl.*] (대사·공사 등에게 수여하는) 신임장 **2** 자격증명서, 성적[인물] 증명서
cred·i·bil·i·ty [krèdəbíləti] *n.* Ⓤ 믿을 수 있음, 진실성; 신용, 신빙성
cred·i·ble [krédəbl] *a.* 신용[신뢰]할 수 있는, 확실한 **-bly** *ad.* 확실히; 믿을 만한 소식통에서
⁑**cred·it** [krédit] [L 「믿다」의 뜻에서] *n.* Ⓤ **1** 신뢰, 신용(trust) **2** 명성, 평판 **3 a** 〚상업〛 외상 (판매), 신용 대부; (크레디트에 의한) 지불 유예 기간 **b** 〚부기〛 대변(貸邊) 《略 cr. (opp. *debit*)》 **c** (은행의) 대출금, 예금 (잔고) **4** 신용장(letter of credit) **5** 칭찬, 명예(가 되는 것): He is *a* ~ to his family. 그는 가문의 명예이다. **6** Ⓒ 《미》 (어떤 과목의) 수료[이수] 증명; 이수 단위, 학점 **7** (공적·성질 등이 있다고) 인정함, 믿음 《*for*》 ***gain*** [***lose***] ~ (***with***) (…의) 신용을 얻다[잃다] ***get*** [***have, take***] ~ ***for*** …의 공로를 인정받다, …에 의하여 면목을 세우다 ***give*** a person ~ ***for*** 〈성질 등을〉 …이 당연히 가진 것으로 보다; 〈행위 등을〉 …에게 돌리다, …의 공로로 치다 ***have*** ~ 신용이 있다 《*with, at*》, 예금이 있다 《*at*》 ***letter of*** ~ 〚상업〛 신용장 《略 L/C》 ***on*** ~ 외상으로, 신용 대부로
— *vt.* **1** 믿다, 신용하다 **2** 〈…의 성질·감정 등을 가지고 있다고〉 믿다 《*with*》; 〈공로·명예를〉 …에게 돌리다; …덕분으로 돌리다(ascribe) 《*to*》 **3** 〚부기〛 〈얼마의 금액을 …의〉 대변에 기입하다 《*to*》
*__cred·it·a·ble__ [kréditəbl] *a.* **1** 명예가 되는; 칭찬할 만한 **2** 신용할 만한 **-bly** *ad.* 훌륭하게 **~·ness** *n.*
crédit accòunt 《영》 외상 계정(《미》 charge account)
crédit càrd 크레디트 카드, 신용 카드
crédit lìne 1 크레디트 라인 《뉴스·기사·사진·그림의 복제(複製) 등에 붙이는 제공자의 이름 등을 쓴 것》 **2** 신용[외상] 한도액; 신용장 개설 한도; 신용 한도
crédit nòte 〚상업〛 대변 전표 《입금·반품 때 판 사람이 보내는 전표》
*__cred·i·tor__ [kréditər] *n.* **1** 채권자 (opp. *debtor*) **2** 〚부기〛 대변(貸邊) 《略 cr.》
crédit sàle 신용 판매, 외상 판매
crédit squèeze (인플레이션 대책으로서 정부가 취하는) 금융 긴축 (정책)
crédit tìtles 크레디트 타이틀 《영화·텔레비전의 제작자·감독·출연자 기타 관계자의 자막》
crédit ùnion 소비자 신용 조합
cred·it·wor·thy [kréditwə̀:rði] *a.* 신용 대출할 가치가 있는; 신용 있는, 신용도 높은
cre·do [krí:dou, kréi-] [L 「나는 믿다」의 뜻에서] *n.* (*pl.* **~s**) **1** 《일반적으로》 신조(creed) **2** [the C~] 〚그리스도교〛 사도 신경(信經)(the Apostles' Creed), 니케아 신경(the Nicene Creed)
*__cre·du·li·ty__ [kridjú:ləti | -djú:-] *n.* Ⓤ 믿기 쉬움; 경신(輕信), 고지식함

***cred·u·lous** [krédʒuləs] *a.* **1** 〈남의 말 등을〉 **잘 믿는**; 속기 쉬운 **2** 경솔히 믿는 데서 오는
~·ly *ad.* 경솔히 믿어서 **~·ness** *n.*

‡creed [kri:d] [L 「믿다」의 뜻에서] *n.* **1** (종교상의) **신경**(信經); [the C~] 사도 신경(the Apostles' Creed) **2** 신조, 신념, 주의, 강령

‡creek [kri:k, krik] [동음어 creak] *n.* **1** 《미·캐나다·호주》 (작은) **내,** 지류, 크리크 **2** 《영》 (바다·강·호수의) 작은 만, 후미

Creek [kri:k] *n.* (*pl.* **~, ~s**) **1** [the ~] (크리크 동맹에 속하던) 크리크 족; 크리크 사람 **2** Ⓤ 크리크 말

creel [kri:l] *n.* **1** (낚시꾼의) 다래끼; 통발 **2** 〖방직〗 실꾸리 꽂는 틀

‡creep [kri:p] *vi.* (**crept** [krept]) **1 기다,** 포복하다; 〈덩굴·나무 뿌리 등이〉 뻗어 퍼지다: ~ *up* the wall 벽으로 뻗어 올라가다 《**creep**은 유아 등이 기어다님을 나타내는 말로 「느릿느릿, 슬금슬금」의 느낌이 내포되어 있음. **crawl**은 뱀 따위가 기어다니는 것을 나타낼 때 쓰는 말로 비유적으로는 비굴감이 담겨 있음》 **2 살금살금 걷다, 살살 기다 3** 근질근질하다; 섬뜩해지다 **4** 소리를 죽여 걷다; 슬며시 접근하다
make* a person*'s flesh* [*skin*] ~** = ***make* a person ~ *all over …을 소름끼치게 하다 **~ *into*** …에 몰래[슬며시] 들어가다
— *n.* **1** 포복; 서행(徐行) **2** [보통 the ~s] 전율(戰慄): It gave me *the* (cold) ~*s.* 그것은 나를 섬뜩하게 하였다.

creep·er [krí:pər] *n.* **1** 기는 것; (특히 기는) 곤충, 파충류의 동물; 〖식물〗 덩굴식물 **2** 비열한 사나이 **3** 〖항해〗 탐해구(探海鉤)

creep·ered [krí:pərd] *a.* 〈집 등이〉 담쟁이로 덮인

creep·hole [krí:phòul] *n.* **1** (짐승의) 숨는[드나드는] 구멍 **2** 발뺌, 핑계

creep·ing [krí:piŋ] *a.* **1** 기어 돌아다니는 **2** 느린(slow), 은밀한 **3** 남몰래 빌붙는; 비굴[비열]한 **4** 근질근질하는, 오싹하는

creep·y [krí:pi] *a.* (**creep·i·er**; **-i·est**) **1** 《구어》 근질근질[오싹오싹]한; 소름이 끼치는 **2** 기어 돌아다니는; 꾸물꾸물 움직이는 **créep·i·ly** *ad.* **-i·ness** *n.*

cre·mate [krí:meit | kriméit] *vt.* **1** 〈시체를〉 화장하다 **2** 〈서류 등을〉 소각하다

cre·ma·tion [kriméiʃən] *n.* Ⓤ 화장; 소각

cre·ma·tor [krí:meitər | kriméi-] *n.* **1** (화장터의) 화장 작업원; 쓰레기 태우는 인부 **2** 화장로(爐)

cre·ma·to·ri·um [krì:mətɔ́:riəm | krèmə-] *n.* (*pl.* **~s, -ri·a** [-riə]) 《영》 = CREMATORY

cre·ma·to·ry [krí:mətɔ̀:ri, krémə- | krémətəri] *a.* 화장의, 소각의
— *n.* (*pl.* **-ries**) 화장터; 쓰레기 소각장

crème de menthe [kréim-də-mɑ́:nt] [F] *n.* 박하가 든 리큐어 술

cren·el·lat·ed [krénəlèitid] *a.* 〈성벽 등이〉 총안을 설치한

Cre·ole [krí:oul] *n.* [종종 **c~**] **1** 크리올 사람: **a** 서인도 제도, Mauritius 섬, 남아메리카 등에 이주한 백인(특히 스페인 사람)의 자손 **b** (미국 Louisiana 주의) 프랑스계 이민의 자손 **c** 크리올과 흑인과의 혼혈아 **d** (서인도·아메리카 대륙 태생의) 흑인(= ∠ **Négro**) **2** Ⓤ 크리올 말 **3** Ⓤ 크리올 요리
— *a.* [종종 **c~**] **1** 크리올 (특유)의 **2** 〈요리가〉 크리올풍의 《토마토·양파·고추 등을 사용》

cre·o·sol [krí:əsɔ̀:l | kríəsɔl] *n.* Ⓤ 〖화학〗 크레오솔

cre·o·sote [krí:əsòut] *n.* Ⓤ 〖화학〗 크레오소트 《의료·방부용》 — *vt.* 크레오소트로 처리하다

***crepe, crêpe** [kreip] [동음어 crape] [F] *n.* Ⓤ **1 크레이프,** 주름진 비단의 일종; 검은 크레이프 상장(喪章) **2** = CREPE RUBBER **3** = CREPE PAPER **4** 크레이프 《팬 케이크의 일종》

crépe pàper 크레이프 페이퍼, 주름 종이 《조화(造花) 포장용》

crépe rùbber 크레이프 고무 《잔 주름이 가게 눌러 편 생고무; 구두 밑창에 사용》

crep·i·tate [krépətèit] *vi.* 타닥타닥[딱딱] 소리나다(crackle)

‡crept [krept] *v.* CREEP의 과거·과거분사

cre·pus·cu·lar [kripʌ́skjulər] *a.* **1** 어두컴컴한, 어둑어둑한, 황혼의(dim) **2** 반개화(半開化)의; (문화의) 여명기의: a ~ period 반개화 시대

cres(c). 〖음악〗 crescendo; crescent

cre·scen·do [kriʃéndou] [It. 「커지다」의 뜻에서] *ad.* **1** 〖음악〗 점점 세게 《略 cres(c).; 기호<》 (opp. *diminuendo*) **2** 〈감정·동작을〉 차차 강하게 — *n.* (*pl.* **~(e)s**) **1** 〖음악〗 점강(漸强)음[음절], 크레센도 **2** 최고조 — *a.* 크레센도의, 점강음의; 점점 강한

***cres·cent** [krésnt] [L 「증대하다」의 뜻에서] *n.* **1 초승달 2** 초승달 모양(의 것) **3** 《영》 초승달 모양의 광장(廣場)[거리]
— *a.* Ⓐ **1** 초승달 모양의 **2** 〈달이〉 차차 커지는[차는](waxing)

cre·sol [krí:sɔ:l, -soul | -sɔl] *n.* Ⓤ 〖화학〗 크레졸

cress [kres] *n.* Ⓤ 〖식물〗 큰 다닥냉이 《샐러드용》

cres·set [krésit] *n.* 화톳불용 기름통

Cres·si·da [krésədə] *n.* 〖그리스신화〗 크레시다 《애인 Troilus를 배반한 Troy 여자》

‡crest [krest] *n.* **1** (새의) **볏**; 관모(冠毛) **2** 새깃 장식(plume); (투구의) 앞꽂이 장식 **3** (봉인(封印)·접시·편지지 등에 찍힌) 문장(紋章); 가문(家紋) **4** 〖건축〗 용마루(장식) **5** (말 등의) 머리 장식; 갈기 **6** (물건의) 꼭대기; 산꼭대기; (파도의) 물마루; 최상(最上), 극치 — *vt.* **1** 〖건축〗 용마루 장식을 달다 **2** (산의) 꼭대기에 이르다, (파도의) 물마루를 타다 — *vi.* 〈파도가〉 물마루를 이루다, 놀치다
~ed *a.* 볏이 있는, 깃 장식이 있는

crest·fall·en [kréstfɔ̀:lən] *a.* 풀이 죽은, 맥빠진, 기운 없는

cre·ta·ceous [kritéiʃəs] *a.* **1** 백악질

(白堊質)의(chalky) **2** [**C~**] 〖지질〗 백악기(紀)[계]의 **—** *n.* [the C~] 〖지질〗 백악기[층]

Cre·tan [kríːtn] *a.* 크레타 섬(사람)의 **—** *n.* 크레타 섬 사람

Crete [kriːt] *n.* 크레타 섬 《그리스의 동남》

cre·tin [kríːtn | krétin] *n.* **1** 크레틴병 환자 **2** 《구어》 바보, 백치

cre·tin·ous [kríːtənəs] *a.* **1** 크레틴병의[에 걸린] **2** 바보 같은, 백치의[같은]

cre·tonne [kríːtɑn | kretɔ́n] *n.* Ⓤ 크레톤 사라사 《의자 덮개·휘장용》

cre·vasse [krivǽs] [F = crevice] *n.* **1** 크레바스 《빙하의 갈라진 깊은 틈》 **2** 《미》 (둑의) 틈이 난 곳, 파손된 틈

*****crev·ice** [krévis] *n.* (좁고 깊게) **갈라진 틈**

‡**crew**[1] [kruː] [「(군대의) 증강」의 뜻에서] *n.* [집합적] **1 a** (배·비행기·열차의) **승무원 전원 b** (고급 선원을 제외한) 일반 선원들 **2** (보트의) 크루, 보트팀 **3** 《구어》 동아리, 패거리(set, gang); 대(隊), 반(班) **—** *vi., vt.* …의 승무원의 일원으로서 일하다

crew[2] *v.* 《영》 CROW[1]의 과거

créw cùt 상고머리

crew·el [krúːəl] *n.* Ⓤ **1** (수·뜨개 등의 겹실로 쓰는) 털실 **2** = CREWELWORK

crew·el·work [krúːəlwə̀ːrk] *n.* Ⓤ 털실 자수

crew·man [krúːmən] *n.* (*pl.* **-men** [-mən]) (배·비행기·우주선 등의) 승무원, 탑승원

*****crib** [krib] *n.* **1 어린이 침대** 《테두리가 있는》 **2** (가로장이 있는) **구유**, 여물통 **3** (통나무) 오두막(hut); 저장소, 곳간 **4** 《구어》 (남의 작품의) 무단 사용, 표절(plagiarism) 《*from*》 **5** 《구어》 (학생용의) 자습서, 주해서; 커닝 페이퍼
— *v.* (**~bed**; **~·bing**) *vt.* **1** 구유를 비치하다[두다] **2** 《구어》 〈남의 작품을〉 무단 사용하다, 표절하다 《*from*》 **3** 〈좁은 곳에〉 밀어 넣다 **—** *vi.* 《구어》 남의 작품을 무단 사용하다, 표절하다; 커닝하다; 자습서를 쓰다

crib·bage [kríbidʒ] *n.* Ⓤ 크리비지 《2-4명이 하는 카드 놀이의 일종》

críb dèath 《구어》 유아의 돌연사

crick [krik] *n.* (목·등 등의) 근육[관절] 경련, 쥐: get[have] a ~ in one's neck 목 근육에 쥐가 나다 **—** *vt.* …에 경련을 일으키다, …에 쥐가 나다

‡**crick·et**[1] [kríkit] [의성어] *n.* 〖곤충〗 **귀뚜라미**

‡**crick·et**[2] [kríkit] [OF 「배트(bat)」의 뜻에서] *n.* Ⓤ **크리켓** 《영국의 국기(國技)라고 할 만한 스포츠; 11명씩 두 패로 갈려서 하는 옥외 구기》 **—** *vi.* 크리켓을 하다

crick·et·er [kríkitər] *n.* 크리켓 경기자

cri·er [kráiər] *n.* **1** 외치는[우는] 사람 **2** (공판정의) 정리(廷吏) **3** (동리·마을 등의) 포고(布告)를 알리는 광고꾼; 도붓장수

cri·key [kráiki] *int.* 《속어》 저런!, 이것 참 (놀랐는데)!

‡**crime** [kraim] [L 「판결」의 뜻에서] *n.* **1** (법률상의) **죄, 범죄 2** Ⓤ 《일반적으로》 죄악, 반 도덕적 행위(sin) **3** [a ~] 《구어》 유감스런[분한] 일; 부끄러운[한심스러운, 어리석은] 짓[일]
a capital ~ (사형에 처할 만한) 중죄
commit a ~ 죄를 범하다

Cri·me·a [kraimíːə, kri-] *n.* **1** [the ~] 크림 반도 《흑해 북쪽 해안의》 **2** 크림 《크림 반도에 있던 구소련 자치 공화국; 제2차 대전 후 우크라이나 공화국에 편입》
Cri·mé·an *a.*

Criméan Wár [the ~] 크림 전쟁 (1853-56) 《영국·프랑스·터키·사르디니아 연합국 대 러시아의 전쟁》

‡**crim·i·nal** [krímənl] *n.* **범인, 범죄자**: a habitual ~ 상습범 **—** *a.* **1** Ⓐ **범죄(성)의**; 형사상의(opp. *civil*): a ~ case 형사 사건 **2** 범죄적인; 죄를 범하고 있는: a ~ operation 낙태 **3** Ⓟ 《구어》 괘씸한, 한심스러운

crim·i·nal·i·ty [krìmənǽləti] *n.* **1** 범죄(행위) **2** Ⓤ 범죄성, 유죄(guiltiness)

crim·i·nal·ize [krímənəlàiz] *vt.* 법률로 금하다, 〈사람·행위를〉 유죄로 하다

críminal láw 형법(opp. *civil law*)

crim·i·nate [krímənèit] *vt.* **1** 죄를 지우다 **2** 고발[기소]하다; 유죄의 증언을 하다 **3** 힐난하다, 비난하다

crim·i·na·tion [krìmənéiʃən] *n.* ⓊⒸ 죄를 씌움, 고소, 기소; 비난

crim·i·nol·o·gy [krìmənɑ́lədʒi | -nɔ́l-] *n.* Ⓤ 범죄학, 형사학 **-gist** *n.* 범죄학자

crimp [krimp] *vt.* **1** 〈머리털을〉 곱슬곱슬하게 지지다; 〈천 등에〉 주름을 잡다 **2** 《미·구어》 방해하다, 훼방놓다
— *n.* 《미》 **1** [*pl.*] 지진 머리, 웨이브, 컬 **2** 주름, 주름살 ***put a ~ in*(*to*)** 《미·구어》 훼방하다, 방해하다

crim·ple [krímpl] *vt., vi.* 주름잡다[잡히다], 지지다; 곱슬곱슬해지게 하다[해지다]

crimp·y [krímpi] *a.* (**crimp·i·er**; **-i·est**) 곱슬곱슬한(curly); 주름진

*****crim·son** [krímzn] *a.* **1 진홍색의**, 〈석양이〉 진홍색의, 시뻘건 **2** 피비린내 나는
— *n.* Ⓤ **진홍색** (물감)
— *vt.* 진홍색으로 하다[물들이다]; 새빨갛게 하다 **—** *vi.* 진홍색이 되다; 새빨개지다

crímson láke 크림슨 레이크 《진홍색 안료》

cringe [krindʒ] [OE 「몸을 구부리다」의 뜻에서] *vi.* **1** (겁이 나서) 움찔하다(cower) **2** 굽실거리다 《*to*》; 알랑거리다

crin·kle [kríŋkl] *vi.* **1** 주름지다; 구기다, 오그라들다(shrink) 《*up*》 **2** 〈종이 등이〉 버스럭거리다 **—** *vt.* 주름 잡다; 오그라들게 하다 **—** *n.* **1** 주름, 굽이침; 구김살 **2** 버스럭거리는 소리

crin·kly [kríŋkli] *a.* (**-kli·er**; **-kli·est**) **1** 〈천이〉 주름살 진; 〈머리카락이〉 곱슬곱슬한, 물결 모양의 **2** 버스럭거리는
-kli·ness *n.*

crin·o·line [krínələn] *n.* **1** Ⓤ 크리놀린 《옛날 스커트를 부풀게 하기 위하여 쓰던 말총 등으로 짠 딱딱한 천》 **2** 크리놀린 스커트(hoopskirt)

‡crip·ple [krípl] *n.* **신체 장애자,** 불구자, 절름발이, 앉은뱅이; 병신
— *vt.* **1 병신으로 만들다 2 무능[무력]하게 하다**

crip·pling [kripliŋ] *a.* (기능을 상실할 정도의) 심하게 손상[부상]한

‡cri·sis [kráisis] [Gk 「결정하다」의 뜻에서] *n.* (*pl.* **-ses** [-si:z]) **1 위기,** 결정적 단계, 중대 국면 **2** (운명의) **분기점;** (병의) 고비, 위험한 고비 ***bring to a ~*** 위기에 몰아넣다 ***pass the ~*** 위기[고비]를 넘기다

crísis mànagement 《미》 (주로 국제적 긴급 사태에 대처하기 위한) 위기 관리

‡crisp [krisp] [L 「곱슬곱슬한」의 뜻에서] *a.* **1** 〈음식물이〉 **파삭파삭한,** 〈야채·과일 등이〉 **아삭아삭하는;** 신선한, 싱싱한; 〈종이 등이〉 빳빳한; 〈지폐 등이〉 갓 만들어진 **2** 상쾌한(fresh); 〈동작이〉 활발한(lively) **3** 〈말씨가〉 **또렷한;** 〈문체가〉 힘있는 **4** 〈양배추잎 등이〉 돌돌 말린; 〈머리카락이〉 곱슬곱슬한(curly); 잔 물결이 이는
— *vt.* **1** 〈머리털 등을〉 곱슬곱슬하게 하다; 물결이 일게 하다 **2** 바삭바삭하게 굽다
— *vi.* **1** 〈머리털 등이〉 곱슬곱슬하게 되다; 물결이 일다 **2** 바삭바삭하게 구워지다
— *n.* **1** 파삭파삭한 것 **2** [*pl.*] 《영》 얇게 썬 감자 프라이, 포테이토 칩 (《미》 potato chips) **crísp·ly** *ad.* **crísp·ness** *n.*

crisp·y [kríspi] *a.* (**crisp·i·er**; **-i·est**) 파삭파삭한, 아삭아삭하는; 부스러지기 쉬운; 활발한, 산뜻한; 곱슬곱슬한
crísp·i·ness *n.*

criss·cross [krískrɔ̀:s, -krɑ̀s] *n.* 열십자(十), 십자형; 십자형으로 교차한 물건
— *a.* **1** 십자의; 교차된 **2** 골을 잘 내는
— *ad.* **1** 십자로; 교차하여 **2** 의도와는 달리; 엇갈리어, 어긋나서
go ~ 〈일이〉 잘 안 되다, 엇갈리다
— *vt.* 십자를 그리다; 십자 모양으로 하다; 교차하다; 종횡으로 통하다
— *vi.* 십자 모양이 되다

***cri·te·ri·on** [kraitíəriən] *n.* (*pl.* **-ri·a** [-riə], **~s**) (판단·비판의) **표준, 기준** 《*of, for*》

‡crit·ic [krítik] [Gk 「식별하고 결정할 수 있는」의 뜻에서] *n.* **1 비판하는 사람;** 〈문예·미술 등의〉 **비평가,** 평론가; (고문서 등의) 감정가 **2** 혹평가

‡crit·i·cal [krítikəl] *a.* **1 비평(가)의,** 평론의 **2** 비판적인; 비평[감식]력이 있는; 엄밀한; 흠을 잘 잡는 **3 위기의,** 아슬아슬한, 위험한: be in a ~ condition 중태이다 **4 결정적인,** 중대한: a ~ situation 중대한 국면[형세] **5** 〖수학·물리〗 임계(臨界)의

***crit·i·cal·ly** [krítikəli] *ad.* **1 비평[비판]적으로;** 혹평하여 **2** 아슬아슬하게, 위태롭게

crítical páth anàlysis 크리티컬 패스 분석법 《최단 공기와 최소 경비로 작업을 진행하기 위해 컴퓨터로 작업 일정을 결정하는 방법; 略 CPA》

‡crit·i·cism [krítisìzm] *n.* ⓊⒸ **1 비평,** 비판, 평론 **2** 비난, 흠잡기
higher c~ 성서의 고등 비평 《성서의 문학적·역사적 연구》

‡crit·i·cize [krítisàiz] *vt.* **1 비평[비판, 평론]하다 2 비난하다,** 혹평하다
— *vi.* 흠잡다; 비평하다

cri·tique [kritíːk] *n.* ⓊⒸ (문예 작품 등의) 비평, 평론; 비평법

crit·ter, -tur [krítər] *n.* 《미·방언》 동물

***croak** [krouk] [의성어] *n.* **1 까악까악[개굴개굴] 우는 소리** 《까마귀·개구리 등의》 **2** 목쉰 소리
— *vi.* **1** 까악까악[개굴개굴] 울다 **2** 〈사람이〉 쉰 목소리를 내다 — *vt.* **1** 〈재앙 등을〉 음산한 목소리로 알리다 **2** 《속어》 죽이다(kill)

croak·er [króukər] *n.* **1** 개굴개굴[까악까악] 우는 것 **2** 불길한 예언을 하는 사람

Cro·a·tia [krouéiʃə | -ʃiə] *n.* 크로아티아 《유고슬라비아 연방의 한 공화국; 수도 Zagreb》

Cro·a·tian [krouéiʃən | -ʃiən] *a.* 크로아티아의; 크로아티아 사람[말]의

cro·chet [krouʃéi | króu-] [F 「작은 갈고리」의 뜻에서] *n.* Ⓤ 크로셰 뜨개질: a ~ hook[needle] 크로셰 뜨개질용 갈고리 바늘 — *vi., vt.* 크로셰 뜨개질하다

crock¹ [krɑk | krɔk] *n.* **1** 오지그릇 《항아리, 독 등》 **2** 사금파리 《화분의 구멍 마개》

crock² *n.* 《구어》 늙은 말, 못쓰게 된 말; 《구어》 폐인, 늙어빠진 사람, 병약자; 《속어》 운동을 하지 않는[하지 못하는] 사람; 《영·구어》 고물 자동차, 노후선(船)
— *vt.* [보통 수동형] 《구어》 폐인이 되게 하다, 쓸모없게 하다 — *vi.* 《구어》 못쓰게[쓸모없게] 되다; 폐인이 되다 《*up*》

crocked [krɑkt | krɔkt] *a.* 《미·속어》 술 취한

crock·er·y [krɑ́kəri | krɔ́k-] *n.* Ⓤ [집합적] 오지그릇, 도자기류

***croc·o·dile** [krɑ́kədàil | krɔ́k-] *n.* **1** 〖동물〗 **크로커다일** 《악어의 일종》; 《일반적으로》 **악어;** Ⓤ 그 가죽 **2** 《영·구어》 (2열 종대로 걷는) 초등학생 등의 긴 행렬

crócodile tèars [악어는 먹이를 먹으면서 눈물을 흘린다는 전설에서] 거짓 눈물: weep[shed] ~ 거짓 눈물을 흘리다

croc·o·dil·i·an [krɑ̀kədíliən | krɔ̀k-] *n.* 〖동물〗 악어 《악어목의 총칭》
— *a.* **1** 악어(류)의; 악어 같은 **2** 거짓의, 위선적인, 불성실한

***cro·cus** [króukəs] *n.* (*pl.* **~·es, -ci** [-sai, -kai]) 〖식물〗 **크로커스;** 그 꽃 《영국에서 봄에 맨 먼저 피는 꽃》

Croe·sus [krí:səs] *n.* **1** 크로이소스 《Lydia의 부왕(富王); 560-546 B.C.》 **2** 큰 부자 ***as rich as ~*** 막대한 재산을 가진

croft [krɔ:ft | krɑft] *n.* 《영》 **1** 집과 잇닿은 작은 농장 **2** (특히 crofter의) 소작지

croft·er [krɔ́:ftər | krɑ́ft-] *n.* 《영》 (Scotland 고지(高地) 등의) 소작인

crois·sant [krwɑ:sɑ́:ŋ] [F 「초승달(crescent)」의 뜻에서] *n.* (*pl.* **~s** [-z]) 크루아상 《초승달 모양의 롤 빵》

Cro-Ma·gnon [kroumǽgnən, -mǽnjən | -mǽnjɔ:ŋ] [유골이 발견된 프랑스의 동굴 이름에서] *n., a.* 크로마뇽인(人)(의) 《후기 구석기 시대의 키가 크고 머리가 긴 원시인》

crom·lech [krάmlek | krɔ́m-] *n.* 〖고고학〗 크롬렉, 환상 열석(環狀列石)

Crom·well [krάmwel, -wəl | krɔ́m-] *n.* 크롬웰 **Oliver** ~ (1599-1658) 《영국의 정치가》

crone [kroun] *n.* 쪼그랑 할멈

Cro·nus, -nos [króunəs] *n.* 〖그리스 신화〗 크로노스 《거인(Titans)의 하나; 부친의 왕위를 빼앗았으나 후에 아들 Zeus에게 쫓겨남; 로마 신화의 Saturn에 해당》

cro·ny [króuni] *n.* (*pl.* **-nies**) 《구어》 (오랜) 친구, 벗(chum)

*__crook__ [kruk] *vt.* **1** 〈팔·손가락 등을 갈고리 모양으로〉 **구부리다,** (활처럼) 굽히다 **2** 《속어》 훔치다(steal): ~ a friend 친구를 속이다 **—** *vi.* 구부러지다, (활처럼) 굽다 **—** *n.* **1 구부러진 갈고리**; 《스코》 갈고리 달린 냄비걸이 **2** 양치기의 (손잡이가 구부러진) 지팡이; = CROSIER **3** (길·강 등의) 굴절, 굴곡[만곡](부) **4** 《구어》 악한, 사기꾼, 도둑 ***by hook or by*** ~ 무슨 짓을 해서라도, 어떻게 해서라도 ***on the*** ~ 옳지 못한[나쁜] 짓을 하여

crook·backed [krúkbæ̀kt] *a.* 곱사등이의

⁑**crook·ed** [krúkid] *a.* **1 구부러진**; 굴곡된, 비뚤어진; **기형의**; 허리가 구부러진 **2** 《구어》 **부정직한,** 마음이 비뚤어진; 《구어》 부정 수단으로 얻은

~·**ly** *ad.* 구부러져서; 부정하게 ~·**ness** *n.*

croon [kru:n] *vt.* **1** (감상적으로) 낮은 소리로 노래하다, 입속 노래를 부르다; 중얼거리다 **2** 낮은 목소리로 노래하여 (…의 상태로) 만들다 **—** *vi.* 감상적으로 낮게 노래하다; 낮게 중얼거리는 듯한 소리를 내다 ~·**er** *n.*

⁑**crop** [krɑp | krɔp] [OE 「싹, 이삭」의 뜻에서] *n.* **1 농작물,** 수확물; **수확고,** 생산고: an abundant ~ 풍작 **2** (새의) 멀떠구니, 소낭(嗉囊)(craw) **3** 채찍의 손잡이 **4** [a ~] 무리(group), 떼 **5** 막깎기, 짧게 깎은 머리

a ~ of 잇달은; 썩 많은 ***out of ~*** 농작물이 심어져 있지 않은

— *v.* (~**ped**; ~·**ping**) *vt.* **1** 자르다, 베다; 자르다, 잘라내다 **2** 〈동물이 풀 등의 끄트머리를〉 잘라 먹다 **3** 〈농작물을〉 수확하다, 거두어들이다 **4** 〈농작물을〉 심다 **—** *vi.* [well 등의 부사와 함께] 농작물이 (…하게) 되다: The beans ~*ped well*[*badly*] that year. 그 해는 콩이 잘 되었다[잘 안 되었다].

~ ***out*** (1) 〈광상(鑛床) 등이〉 노출하다 (2) 나타나다, 생기다 ~ ***up*** (1)갑자기 나타나다[생기다]; 〈문제 등이〉 일어나다, 제기되다 (2) = CROP out (1): A bed of coal ~*ped up* there. 석탄층이 갑자기 노출되었다.

crop-dust·ing [krάpdʌ̀stiŋ | krɔ́p-] *n.* Ⓤ (비행기에 의한) 농약 살포

crop·per [krάpər | krɔ́p-] *n.* **1** 농작물을 재배하는 사람 **2** 농작물: a good [poor] ~ 잘 되는[잘 되지 않는] 농작물 **3** 농작물을 거두어들이는 사람; 〖기계〗 (베·종이 등의) 자투리 절단기 **4** 《미》 (지주에게 수확의 절반을 바치는 조건하의) 소작인(sharecropper)

come [***fall, get***] ***a ~*** (1) (말 등에서) 털썩 떨어지다 (2) (사업 등에) 크게 실패하다

cróp rotàtion 〖농업〗 윤작(輪作)

cro·quet [kroukéi | króu-] [F] *n.* Ⓤ 크로케 《잔디 위에서 하는 공놀이》

cro·quette [kroukét] [F] *n.* 〖요리〗 크로켓

cro·sier [króuʒər] *n.* 홀장(笏杖)(crook) 《주교·수도원장의 직권표(職權標)》

⁑**cross** [krɔ:s | krɔs] [L 「십자형」의 뜻에서] *n.* **1 십자가 2** [the C~] (그리스도가 못박힌) **십자가**; 그리스도의 수난, 속죄; 〖천문〗 북[남]십자성 **3** 수난; 고생 (거리), 불행 **4 십자형,** 십자 기호; ×표 《문맹자의 서명의 대용》; 성호 **5** 십자표, 십자탑 **6** (동식물의) 이종 교배(異種交配); 잡종; 절충, 중간물

bear [***take***] one***'s ~*** 십자가를 지다, 수난을 견디다 ***on the ~*** (1) 십자가에 못박혀 (2) 어긋나게, 비스듬하게 (3) 《속어》 나쁜 짓을 하여

— *vt.* **1 교차시키다,** 엇걸다; (서로) 교차하다 **2** 십자[성호]를 긋다 **3 가로줄을 긋다**; 말살하다 《*out, off*》 **4** 〈길·사막 등을〉 **가로지르다,** 횡단하다, 넘다, 〈강·다리를〉 건너다; 〈생각이〉 떠오르다; 〈웃음 등이 얼굴에〉 지나가다 **5** …와 스쳐 지나다; 〈편지·심부름꾼 등이 도중에서〉 엇갈리다; 〈편지가〉 잘못 가다 **6** 방해하다; 〈남의 계획·희망 등을〉 거스르다, 거역하다 **7** 〈동식물을〉 교배(交配)시키다; 잡종으로 만들다

~ one***'s fingers*** = ***keep*** one***'s fingers ~ed*** 가운뎃 손가락을 굽혀서 집게 손가락에 포개다 《성공[행운]을 비는 동작》; 《미·구어》 의심을 품고 경계하고 있다 ~ ***out*** [***off***] 줄을 그어 지우다, 말살하다, 말소하다 ~ a person***'s path*** = ~ ***the path of*** a person …와 만나다; …의 가는 길을 가로지르다, …의 계획을 가로막다, 방해하다

— *vi.* **1** 〈두 선이〉 **교차하다 2** (길·강을) 건너가다, (…에서 …으로) 건너다 《*over, from*》 **3** 〈두 사람이〉 스쳐 지나가다; 〈두 장의 편지 등이〉 엇갈리다 **4** 〈동식물이〉 교배하다, 잡종이 되다

— *a.* **1 교차한,** 가로의, 비스듬한, 가로지른 **2** …와 엇갈린, …에 반대되는 《*to*》; 반대의; 불리한 **3** 성 잘내는 《*with*》; 〈아기가〉 보채는 **4** 이종 교배의, 잡종의

cross-action [krɔ́:sæ̀kʃən] *n.* 〖법〗 반대 소송, 반소(反訴)

cross·bar [-bὰ:r] *n.* 크로스바; (축구·럭비의) 골 가로대; (높이뛰기 등의) 바

cross·beam [-bì:m] *n.* 대들보(girder)

cross·bench [-bèntʃ] *n.* [보통 *pl.*] (영국 하원의) 무소속[중립] 의원석 《다른 의원석과 직각으로 놓여 있음》

cross·bill [-bìl] *n.* 〖조류〗 솔잣새

cross·bones [-bòunz] *n. pl.* 대퇴골(大腿骨) 2개를 교차시킨 도형(圖形) 《죽음의 상징; 지금은 위험 경고로 쓰임》

skull and ~ 두개골 밑에 교차된 대퇴골을 그린 도형 《죽음의 상징, 해적의 기표(旗標)》

cross·bow [-bòu] *n.* 석궁(石弓) 《중세의 무기》

cross·bred [-brèd] *n., a.* 잡종(의)
cross·breed [-brì:d] *n.* 잡종(hybrid) — *vt., vi.* (**-bred** [-brèd]) 이종 교배하다, 잡종을 만들다
cróss bún 십자 무늬로 당의(糖衣)를 입힌 과자 빵(=hot ~)
cross-check [-tʃèk] *vt.* 〈여러 자료를〉 비교 검토하다, 다른 각도에서 검증하다 — *n.* 다른 각도에서의 검토
cróss cóunter 〖권투〗 크로스 카운터《상대방 공격에 교차적으로 가하는 반격》
cross-coun·try [-kʌ̀ntri] *a.* 산야를 횡단하는: a ~ race 크로스컨트리 레이스 — *n.* Ⓤ 크로스컨트리 경기 — *ad.* 산야를 횡단하여
cross-cul·tur·al [-kʌ́ltʃərəl] *a.* 비교 문화의, 이문화(異文化)간의
cross·cur·rent [-kə̀:rənt | -kʌ̀r-] *n.* 역류(逆流); [보통 *pl.*] 대립하는 경향《*of*》
cross·cut [-kʌ̀t] *a.* **1** Ⓐ 가로 켜는 〈톱〉 **2** 가로 자른 — *n.* 샛길, 지름길 — *vt.* (~; ~·**ting**) 가로 켜다; 가로지르다
cross-dress [-drés] *vi.* 《구어》 이성용(用)의 옷을 입다
crosse [krɔ:s | krɔs] *n.* 크로스《옥외 경기인 lacrosse 용의 손잡이가 긴 라켓》
crossed [krɔ:st | krɔst] *a.* **1** 십자 모양으로 놓은, 교차한 **2** 횡선을 그은: a ~ check 횡선 수표
cross-ex·am·i·na·tion [krɔ́:sigzæmənéiʃən | krɔ́s-] *n.* ⓊⒸ **1** 〖법〗 반대 심문 **2** 힐문, 준엄한 추궁
cross-ex·am·ine [-igzǽmin] *vt.* **1** 〖법〗〈증인에게〉 반대 심문하다 **2** 힐문하다
cross-eye [-ài] *n.* 내사시(內斜視); [*pl.*] 모들뜨기눈
cross-eyed [-àid] *a.* 내사시의, 모들뜨기눈의
cross-fer·til·i·za·tion [-fə̀:rtəlizéiʃən | -lai-] *n.* Ⓤ **1** 〖동물〗 타가 수정(他家受精); 〖식물〗 타화(他花) 수정 **2** (다른 사상·문화 등의) 상호 교류
cross-fer·ti·lize [-fə̀:rtəlàiz] *vt., vi.* **1** 〖동물〗 타가 수정시키다[하다]; 〖식물〗 타화 수정시키다[하다] **2** (다른 사상·문화 등을) 상호 교류시키다
cróss fire **1** 〖군사〗 십자 포화, 집중 공격 **2** (질문의) 일제 공세; (말의) 격렬한 응수
cross-grained [-gréind] *a.* **1** 〈목재가〉 엇결의 **2** 《구어》 심술궂은
cróss hàirs (망원경 등의 초점에 새긴) 십자선
cross·hatch [-hæ̀tʃ] *vt.* 〖회화〗 사교(斜交)[직교(直交)] 평행선의 음영(陰影)을 넣다
cross-hatch·ing [-hæ̀tʃiŋ] *n.* 〖회화〗 사교(斜交)[직교] 평행선의 음영(陰影)
cross·head·ing [-hèdiŋ] *n.* (신문의) 전단 폭을 꽉 채우는 타이틀
cross-in·dex [-índeks] *vt., vi.* 〈참고서·색인 등에〉 상호 참조 표시를 하다
‡**cross·ing** [krɔ́:siŋ | krɔ́s-] *n.* ⓊⒸ **1** 횡단; 교차; 도항(渡航) **2** Ⓒ (도로의) 교차점, (철도의) 건널목; 십자로; 횡단보도: a ~ gate 건널목 차단기
cross-leg·ged [krɔ́:slégid | krɔ́s-] *a., ad.* 발을 포갠[포개고], 책상다리를 한[하고]
*__cross·ly__ [krɔ́:sli | krɔ́s-] *ad.* **1 가로로,** 비스듬히 **2** 거꾸로, 반대로 **3 뿌루퉁하게**
cross-match [krɔ́:smæ̀tʃ | krɔ́s-] *vt.* 〖의학〗 〈혈액을〉 교차 (적합) 시험을 하다
cross·ness [krɔ́:snis | krɔ́s-] *n.* Ⓤ 심기가 나쁨, 뿌루퉁함, 짓궂음
cross·o·ver [krɔ́:sòuvər | krɔ́s-] *n.* **1** (입체) 교차로, 육교 **2** 《영》 〖철도〗 전철선로(轉轍線路) **3** 〖음악〗 크로스오버《재즈에 록·라틴 음악이 섞인 형태》
cross·patch [-pæ̀tʃ] *n.* 《구어》 까다로운 사람
cross·piece [-pì:s] *n.* 가로대[장]
cross-pol·li·nate [-pɑ́ləneit | -pɔ́l-] *vt.* 〖식물〗 타화 수분(他花受粉)시키다
cross-pol·li·na·tion [-pɑ̀lənéiʃən | -pɔ̀l-] *n.* Ⓤ 〖식물〗 타화 수분
cross-pur·pose [-pə́:rpəs] *n.* 반대 목적, (의향의) 상치(相馳) ***be at ~s*** 서로 오해하다; 서로 어긋난 짓[말]을 하다
cross-ques·tion [-kwéstʃən] *vt.* 반대 심문하다 — *n.* 반대 심문, 힐문
cross-re·fer [-rifə́:r] *v.* (**~red**; **~·ring**) *vi.* 전후 참조하다 — *vt.* 〈독자에게〉 상호 참조시키다
cross-ref·er·ence [-réfərəns] *n.* (같은 책 중의) 전후[상호] 참조 — *v.* = CROSS-REFER
*__cross·road__ [krɔ́:sròud | krɔ́s-] *n.* **1 교차로**; (간선 도로와 교차하는) 골목길, 샛길(byroad) **2** [종종 *pl.*; 단수·복수 취급] **십자로, 네거리**; (행동 선택의) 기로 ***stand*** [***be***] ***at the ~s*** 기로[갈림길]에 서다
cróss sèction 가로 자르기; 횡단면, 단면도; (사회 등의) 대표적인 면
cross-stitch [-stìtʃ] *n.* (X자 꼴의) 십자뜨기 — *vt., vi.* 십자뜨기로[를] 하다
cróss strèet 교차로, (큰 길과 교차되는) 골목길
cróss tàlk **1** 〖통신〗 혼선, 혼신 **2** 말다툼, 언쟁; 《영》 (의회에서) 당파 간의 말의 응수; (희극 배우의) 응수
cross·town [-táun] 《미》 *a.* 시내를 횡단하는 〈도로·버스 등〉 — *ad.* 시내를 가로질러
cross-trad·ing [-trèidiŋ] *n.* (해운 회사의) 3국간 운행[취항]; 3국간 환전
cross·trees [-trì:z] *n. pl.* 〖항해〗 돛대 꼭대기의 가로장
cross·walk [-wɔ̀:k] *n.* 《미》 횡단보도
*__cross·ways__ [krɔ́:swèiz | krɔ́s-] *ad.* = CROSSWISE
cross·wind [-wìnd] *n.* 〖항해·항공〗 옆바람
*__cross·wise__ [krɔ́:swàiz | krɔ́s-] *ad.* **1 십자형으로,** 엇갈리게; 가로로, 비스듬히 **2** 거꾸로; 심술궂게 — *a.* 십자형의; 가로의; 비스듬한
*__cross·word__ [krɔ́:swə̀:rd- | krɔ́s-] **크로스워드** (**퍼즐**)《글자 맞추기 놀이》(= ~ **pùzzle**)
crotch [krɑtʃ | krɔtʃ] *n.* (인체·바지의) 가랑이; (나무의) 아귀

crotched [kratʃt] *a.* 갈래진, 가랑이 진
crotch·et [krátʃit | krɔ́tʃ-] *n.* **1** 《영》 〘음악〙 4분 음표(cf. BREVE): a ~ rest 4분 쉼표 **2** 기상(奇想)
crotch·et·y [krátʃəti | krɔ́tʃ-] *a.* (**-et·i·er**; **-i·est**) 변덕스러운, 괴벽스러운, 〈노인이〉 외고집의
***crouch** [krautʃ] [OF 「굽다」의 뜻에서] *vi.* **1 몸을 구부리다,** 쪼그리고 앉다; 웅크리다(stoop) 《*down*》; 오그라지다 《*to*》 **2** (비굴하게) 굽실거리다, (두려워서) 위축되다 《*to*》: He *~ed to* his master. 그는 주인에게 굽실거렸다. **—** *n.* Ⓤ 웅크림; 비굴하게 굽실거림
croup[1] [kru:p] *n.* Ⓤ 〘병리〙 크루프, 위막성 후두염(僞膜性喉頭炎)
croup[2] *n.* (개·말의) 엉덩이
crou·pi·er [krú:piər] [F] *n.* (도박장의) 금전 책임자
crou·ton [krú:tan, ⸗⸗ | krú:tɔn] [F] *n.* 크루통 《샐러드 장식용의 가미된 말린 빵 조각》
***crow**[1] [krou] [의성어] *n.* **1 수탉의 울음소리**(cf. COCKCROW) **2** (갓난애의) 환성 **—** *vi.* (**~ed,** 《주로 영》 **crew** [kru:]; **~ed**) **1** 〈수탉이〉 **울다,** 때를 알리다 **2** 〈갓난애가 기뻐서〉 소리지르다 **3** 환성을 올리다, 의기양양해지다
‡**crow**[2] [krou] *n.* **까마귀**
as the ~ flies = ***in a ~ line*** 일직선으로, 지름길로 가서(cf. in a BEELINE)
Crow [krou] *n.* (*pl.* **~s, ~**) 크로 사람 《북미 원주민의 한 종족》; Ⓤ 크로 말
crow·bar [króubà:r] [그 끝이 까마귀 발 비슷한 데서] *n.* 쇠지레
‡**crowd** [kraud] [OE 「앞으로 밀다」의 뜻에서] *n.* **1 군중,** 인파; [the ~] 민중, 대중 **2 다수,** 많은 수 **3** 《구어》 패거리, 동료, 그룹(company, set); 청중, 관객 ***a ~ of*** 많은
— *vi.* **1 군집하다,** 붐비다 《*about, round, in*》 **2** 몰려들다, 밀치락달치락하며 들어가다 《*into*》
— *vt.* **1** 〈…에〉 **꽉 들어차다,** 군집하다 **2** (꽉) 들어차게 하다, 밀어 넣다 《*into, with*》 **3** 떠밀어대다 **4** 《미·구어》 다그치다
‡**crowd·ed** [kráudid] *a.* **1 붐비는,** 혼잡한, 만원의 **2** Ⓟ 〈사람·물건 등으로 장소가〉 가득 차서 《*with*》: The room was ~ *with* furniture. 방은 가구로 가득차 있었다. **~·ness** *n.*
crow·foot [króufùt] *n.* (*pl.* **-feet** [-fì:t]) **1** (*pl.* **~s**) 〘식물〙 미나리아재비, 젓가락나물 **2** = CALTROP
‡**crown** [kraun] [L 「화환, 관(冠)」의 뜻에서] *n.* **1 왕관,** 면류관; [the ~, C~] **왕위,** 제왕의 신분, 제위; (군주국의) 주권, 국왕의 지배[통치], 국왕의 영토 **2** (노력의 대가인) 영광, 명예(의 선물) **3** 왕관표 **4** 크라운 인쇄지[판](15×20인치; 381×508mm) **5** (물건의) 꼭대기(top), 최고부; 정수리 **6** [the ~] 절정, 극치 《*of*》 **—** *vt.* **1** 〈사람·머리에〉 관을 씌우다, **왕위에 앉히다 2** 〈영예를〉 지니게 하다 《*with*》 **3** …의 꼭대기에 올려 놓다, 씌우다 **4** …의 최후를 장식하다, 유종의 미를 거두다
to ~ (it) all 결국에 가서는, 게다가
crówn càp (맥주병 등의) 마개
crówn cólony [종종 **C~ C~**] 《영》 영국의 직할 식민지
Crówn Cóurt 〘영국법〙 영국의 순회 형사 법원
crowned [kraund] *a.* **1** 왕관을 쓴, 왕위에 오른; 관식(冠飾)을 단: ~ heads 국왕과 여왕 **2** [복합어를 이루어] (모자의) 춤이 있는: high-[low-]~ (모자의) 춤이 높은[낮은]
crówn jéwels [the ~] 《영》 대관식 때 쓰는 보기류(寶器類) 《왕관·홀(笏) 등》
crówn lànd 《영》 왕실 소유지
Crówn Òffice [the ~] 〘영국법〙 **1** (고등 법원의) 형사부 **2** 대법관청(Chancery)의 국새부(國璽部)
crówn prínce (영국을 제외한 나라의) 왕세자 《영국에서는 Prince of Wales라고 함》
crówn príncess (영국을 제외한 나라의) 왕세자비; 여자 왕위 추정(推定) 계승자
crow's-foot [króuzfùt] *n.* (*pl.* **-feet** [-fì:t]) **1** [보통 *pl.*] 눈꼬리의 주름살 **2** 〘군사〙 = CALTROP 1 **3** 삼각 자수
crów's nèst 〘항해〙 돛대 위의 망대(望臺)
cro·zier [króuʒər] *n.* = CROSIER
CRT cathode-ray tube 브라운관
CRT display [sí:à:rtí:-] 〘컴퓨터〙 브라운관에 문자·도형을 표시하는 컴퓨터 단말장치
***cru·cial** [krú:ʃəl] [F 「십자가의」의 뜻에서] *a.* **1 결정적인, 중대한 2** 〈시련·문제 등이〉 어려운, 혹독한 **~·ly** *ad.*
cru·ci·ble [krú:səbl] *n.* 〘야금〙 도가니; 가혹한 시련
cru·ci·fix [krú:səfìks] *n.* **1** 그리스도 수난상(像) **2** 《일반적으로》 십자가(cross)
cru·ci·fix·ion [krù:səfíkʃən] *n.* **1** Ⓤ 십자가에 못박음; [the C~] 그리스도를 십자가에 못박음 **2** ⓊⒸ 큰 시련, 고난
cru·ci·form [krú:səfɔ̀:rm] *a.* 십자형의, 십자가 모양의
***cru·ci·fy** [krú:səfài] [L 「십자가(cross)에 못박다」의 뜻에서] *vt.* (**-fied**) **1 십자가에 못박다 2** 몹시 괴롭히다 **3** 〈정욕 등을〉 억누르다
‡**crude** [kru:d] [L 「피묻은; 날것의」의 뜻에서] *a.* **1 천연 그대로의;** 날것의, 가공하지 않은, 조제(粗製)의 **2** 익지 않은; 소화가 안 된; 〈병 등이〉 초기인 **3 조잡한,** 거친(rough); 미완성인; 있는 그대로의, 노골적인(bare) **4** 〈색이〉 야한(garish)
— *n.* Ⓤ 원유(= ~ oil)
~·ly *ad.* **~·ness** *n.*
crúde óil[petróleum] 원유
cru·di·ty [krú:dəti] *n.* (*pl.* **-ties**) **1** Ⓤ 생것, 날것, 미숙; 생경; 조잡 **2** 미숙한 것, 미완성품 《예술 등의》
‡**cru·el** [krú(:)əl] [L 「날것의, 거친」의 뜻에서] *a.* (**~·er**; **~·est** | **~·ler**; **~·lest**) **1 잔혹한,** 잔인한, 무정한; 무참한 **2** 《구어》 심한, 지독한
— *ad.* 《구어》 지독하게 **~·ly** *ad.*

cru·el·ty [krú(:)əlti] *n.* (*pl.* **-ties**) **1** Ⓤ **잔학**, 잔혹, 잔인성 **2** [*pl.*] **잔인한 행위**, 학대

cru·et [krú:it] *n.* **1** 양념병 **2** 〖가톨릭〗 주수(酒水)병 《성찬식의 포도주[물] 그릇》 **3** 양념병대(臺)(= ∼ stànd)

cruise [kru:z] [Du. 「가로지르다」의 뜻에서] *vi.* **1** **순항(巡航)하다** **2** 《구어》 돌아다니다, 연애 상대를 찾아다니다 **3** 〈비행기가〉 순항 속도로 날다, 〈자동차가〉 경제 속도로 달리다 **4** 《미》 삼림지를 답사하다 —*vt.* **1** 〈지역을〉 순항하다; 〈삼림을〉 답사하다 **2** 《구어》 〈공원 등에서〉 여자[남자]를 낚으러 다니다 —*n.* 순항, 순양(巡洋); 《구어》 만보(漫步), 만유(漫遊)

crúise mìssile 〖군사〗 순항 미사일 《무인기(無人機)의 원리를 응용한 미사일》

cruis·er [krú:zər] *n.* **1** **순양함**; 유람용 요트(=cabin ∼); 《미》 경찰 순찰차; 순항 비행기 **2** 손님 찾아 돌아다니는 택시; 《미》 삼림 답사자; 《구어》 만유자(漫遊者)

crúis·ing spèed [krú:ziŋ-] 순항 속도 《경제 속도》

crul·ler [krʌ́lər] *n.* 《미》 꽈배기 도넛

crumb [krʌm] *n.* **1** [보통 *pl.*] (빵 등의) **작은 조각, 빵 부스러기** **2** Ⓤ 빵의 속 **3** 소량, 조금 《*of*》
—*vt.* **1** 〈빵을〉 부스러뜨리다 **2** 빵가루를 묻히다; 빵가루를 넣어서 〈수프 등을〉 걸게 하다 **3** 〈급사 등이 식탁에서〉 빵부스러기를 치우다

crum·ble [krʌ́mbl] *vt.* 〈빵 등을〉 **부스러뜨리다**, 가루로 만들다, 바수다 《*up*》 —*vi.* **1** **부스러지다**, 산산이 무너지다 **2** 〈건물·세력·희망 등이〉 힘없이 무너지다, 망하다 《*away*》 —*n.* Ⓤ 크럼블 《과일 푸딩》

crum·bly[krʌ́mbli] *a.* (**-bli·er**; **-bli·est**) 부서지기 쉬운, 푸석푸석한

crumb·y [krʌ́mi] *a.* (**crumb·i·er**; **-i·est**) **1** 빵부스러기투성이의; 빵가루를 묻힌 **2** 빵속 같은; (빵 속 같이) 말랑말랑한

crum·my [krʌ́mi] *a.* (**-mi·er**; **-mi·est**) **1** 《속어》 지저분한; 값싼, 싸구려의; 기분이 유쾌하지 못한 **2** 《영·속어》 〈여자가〉 포동포동한(plump), 귀여운

crump [krʌmp] [의성어] *n.* **1** 우지끈 하는 소리 **2** 《구어》 강타; 털썩 넘어짐 **3** 《군대속어》 폭음; 폭렬탄(爆裂彈), 대형 폭탄[포탄] —*vt.* **1** 우두둑 깨물다 **2** 《군대속어》 대형 포탄으로 폭격하다 —*vi.* 우지끈 소리내다; 폭음을 내며 폭발하다

crum·pet [krʌ́mpit] *n.* 《영》 핫케이크의 일종

crum·ple [krʌ́mpl] *vt.* **1** **구기다**, 구김살투성이로 만들다(crush) 《종종 *up*》 **2** 〈상대편을〉 압도하다, 찌부러뜨리다 《*up*》 —*vi.* **1** 구겨지다, 구김살투성이가 되다 **2** 무너지다, (지쳐서) 늘어지다 《*up*》 —*n.* 주름

crunch [krʌntʃ] [의성어] *vt., vi.* **1** 오도독[아삭아삭] 깨물다[먹다] **2** 〈눈길 등을〉 저벅저벅 밟다 《*along, up, through*》, 〈수레 바퀴가〉 삐걱거리다 **3** 〖컴퓨터〗 〈대량의 데이터를〉 고속 처리하다
—*n.* **1** 우두둑우두둑 부서지는 소리; 짓밟아 부숨 **2** [the ∼] 《구어》 결정적 시기, 위기; 요긴한 점

crunch·y [krʌ́ntʃi] *a.* (**crunch·i·er**; **-i·est**) 우두둑 깨무는[소리나는]; 자박자박 밟는

crup·per [krʌ́pər] *n.* 껑거리 끈 《마구(馬具)》; 말 엉덩이(croup); 《익살》 사람의 엉덩이

cru·sade [kru:séid] [Sp., F 「십자가를 단 집단」의 뜻에서] *n.* **1** [**C**∼] 〖역사〗 **십자군**; (종교상의) 성전(holy war) **2** 개혁[숙청, 박멸] 운동(campaign) 《*against*》

cru·sad·er [kru:séidər] *n.* **십자군 전사**; 개혁 운동가

crush [krʌʃ] *vt.* **1** **눌러 부수다**, 뭉개다 **2** 밀어[쑤셔] 넣다, 밀치고 나아가다 **3** 압착하다, 짜다; 분쇄하다 《*up, down*》 **4** 구김살투성이로 만들다 《*up*》; (힘있게) 껴안다 **5** 진압하다 **6** **궤멸시키다**, 압도하다 《*out*》; 〈정신·희망을〉 꺾다(overwhelm) —*vi.* **1** 서로 밀고 들어가다, 쇄도하다 《*into, through*》 **2** **부서지다**; 구겨지다
—*n.* **1** 눌러 터뜨림, 압착; 분쇄; 진압, 압도 **2** 붐빔; 군중 **3** 과즙, 스쿼시(squash) **4** 《구어》 홀딱 반함, 심취(하는 대상)(infatuation)

crúsh bàrrier 《영》 군중을 막기 위해 세운 철책

crush·er [krʌ́ʃər] *n.* **1** 눌러 터뜨리는 물건; 분쇄기 **2** 《구어》 맹렬한 일격

crush·ing [krʌ́ʃiŋ] *a.* Ⓐ 눌러 터뜨리는, 박살내는, 분쇄하는; 압도적인

crush-room [-rù:m] *n.* 《영》 (극장의) 휴게실

crust [krʌst] [OF 「겉껍질」의 뜻에서] *n.* **1** **빵 껍질**(opp. *crumb*) **2** 《일반적으로》 (물건의) 딱딱한 표면, 겉껍질; 〖동물〗 갑각(甲殼); [the ∼] 〖지질〗 지각(地殼)
***earn** one's* ∼ 밥벌이를 하다
—*vt.* 겉껍질로 덮다, 겉껍질로 싸다 —*vi.* 딱딱한 겉껍질이 생기다; 딱지가 앉다

crust·ed [krʌ́stid] *a.* 겉가죽[겉껍질]이 있는; 〈포도주가〉 버캐가 생긴, 잘 익은; 해묵은, 낡은, 고색이 깃든; 응고한

crust·y [krʌ́sti] *a.* (**crust·i·er**; **-i·est**) 피각질(皮殼質)의; 〈빵이〉 껍질이 딱딱하고 두꺼운; 까다로운, 쉬 화를 내는; 무뚝뚝한

crutch [krʌtʃ] *n.* **1** [보통 a pair of ∼*es*] **목다리, 협장**(脇杖) **2** 버팀목(prop) **3** 〖항해〗 고물의 팔꿈치 꼴 버팀목; (보트의) 크러치 **4** (사람의) 샅
—*vt.* 목다리 짚다; 버팀목을 대다

crux [krʌks] [L 「십자형」의 뜻에서] *n.* (*pl.* **∼·es, cru·ces** [krú:si:z]) 요점, 급소; 난문, 수수께끼(puzzle); (문장(紋章)에서의) 십자가(cross); [**C**∼] 〖천문〗 남십자성(the Southern Cross)

cry [krai] *v.* (**cried**) *vi.* **1** **부르짖다**(shout), 〈새·짐승이〉 울다, 〈사냥개가〉 짖다 **2** 큰소리로 부르다, 고함치다 **3** **엉엉 울다**, 울부짖다; 흐느끼다(sob)
—*vt.* **1** **외치다**, 큰소리로 부르다[말하다](shout) **2** 〈뉴스를〉 큰소리로 알리다; 〈물건을〉 소리치며 팔다 **3** (엉엉) 울다; 울며 …하다: ∼ bitter tears 피눈물을 흘리다

~ against …에 반대를 외치다 ***~ down*** 헐뜯다; 야유하여 깍아내리다(decry) ***~ for*** …을 울며 요구하다, …의 위급함을 호소하다; …을 절실히 필요로 하다 ***~ off*** 손을 떼다 《*from*》, 포기하다; 취소하다 ***~ out*** 고함지르다, 절규하다 ***~ out against*** 큰 소리로 …에 항의[불평]하다 ***~ out for*** …을 아주 필요로 하다, 요구하다 ***~ over*** 〈불행 등을〉 한탄하다 ***~ up*** 칭찬하다, 추켜 올리다 ***It is no use ~ing over spilt milk.*** 《속담》 엎지른 물은 도로 담을 수 없다.
— *n.* (*pl.* **cries**) **1 고함**, 외침, (새·짐승의) 우는 소리; (개 등의) 짖는 소리; (어린 아이의) 울음 소리 **2** 《구어》 **울부짖는 소리**, 통곡 **3** 탄원 **4 함성**; 표어, 슬로건 **5** 여론(의 소리), 요구 《*for, against*》; 소문 《*that* ...》
within ~ of …에서 부르면 들리는 곳에

cry- [krai], **cryo-** [kráiou] 《연결형》 「추위; 한랭; 냉동」의 뜻 《모음 앞에서는 cry-》

cry·ba·by [kráibèibi] *n.* (*pl.* **-bies**) 울보, 겁쟁이; (실패 등에) 우는 소리를 하는 사람

cry·ing [kráiiŋ] *a.* Ⓐ **1** 외치는; 울부짖는 **2** 긴급한 〈필요〉; 심한, 지독한

cry·o·gen·ic [kràiədʒénik] *a.* 극저온의; 극저온(저장)을 필요로 하는

cry·o·sur·ger·y [kràiousə́:rdʒəri] *n.* Ⓤ 저온[냉동] 수술

crypt [kript] *n.* 토굴, 지하실 《특히 성당의 납골 또는 예배용》

cryp·tic, -ti·cal [kríptik(əl)] *a.* **1** 이유를 알 수 없는; 숨은, 비밀의(mystic); 신비적인 **2** 암호를 사용한 **-ti·cal·ly** *ad.*

cryp·to·gram [kríptəgræ̀m] *n.* 암호(문)

cryp·to·graph·ic [krìptəgrǽfik] *a.* 암호(법)의 **-i·cal·ly** *ad.*

cryp·tog·ra·phy [kriptágrəfi | -tɔ́g-] *n.* Ⓤ 암호 작성[해독]법; 암호문

cryp·to·sys·tem [kríptousìstəm] *n.* 암호 체계

‡**crys·tal** [krístl] [Gk 「얼음」의 뜻에서] *n.* **1 a** Ⓤ **수정**(=rock ~) **b** 수정 제품[세공] **2 a** Ⓤ 컷글라스, 고급 납유리 **b** 크리스털[컷글라스] 제품 **3** 〖화학·광물〗 결정(체) **4** 〖전자〗 (검파용) 광석, 반도체; 광석 검파기, 광석 정류기[발진기]
(***as***) ***clear as ~*** 맑고 투명한
— *a.* **1** 수정(질[제])의, 크리스털[컷글라스]제의 **2** 수정 같은, 맑고 투명한 **3** 〖전자〗 수정 발진식의; 광석을 쓰는

crýstal báll 수정 구슬 《점치는 데 씀》

crys·tal-clear [-klíər] *a.* 맑고 투명한; 명명백백한

***crys·tal·line** [krístəlin | -làin] *a.* **1 수정 같은**, 투명한 **2** 결정(질)의, 결정체로 된

crýstalline léns 〖해부〗 (안구의) 수정체

crys·tal·li·za·tion [krìstəlizéiʃən | -lai-] *n.* Ⓤ 결정화; 구체화(된 것); Ⓒ 결정체; 설탕 절임

***crys·tal·lize** [krístəlàiz] *vt.* **1 결정시키다**, 결정화(結晶化)하다 **2** 〈사상·계획 등을〉 구체화하다 **3** 설탕에 절이다
— *vi.* **1** 결정하다, 결정화하다 **2** 〈사상·계획 등이〉 구체화되다

crys·tal·loid [krístəlɔ̀id] *a.* 결정상(結晶狀)의; 정질(晶質)의 — *n.* 〖화학〗 정질(晶質)(opp. *colloid*)

crýstal wédding 수정혼식 《결혼 15주년의 축하식》

Cs 〖화학〗 cesium; 〖기상〗 cirrostratus

CS Christian Science [Scientist]; Civil Service

CST 《미》 Central Standard Time 중앙 표준시

C-store [sí:stɔ̀:r] [때로 **c~**] 편의점

ct carat(s); cent(s); country; court

CT 《미》 Central Time; computerized tomography 컴퓨터 단층 촬영; 《미》 〖우편〗 Connecticut

CTC centralized traffic control

Ctrl. 〖컴퓨터〗 control (key)

Cu 〖화학〗 *cuprum* 《L =copper》

Cu, cu see you 안녕 《인터넷·휴대 전화 메시지의 약어》

***cub** [kʌb] *n.* **1** (곰·사자·이리 등) **짐승 새끼**, 어린 짐승(whelp) **2** [종종 an unlicked ~로] 《경멸》 버릇없는 자식 **3** 《미·구어》 견습생, 애송이, 풋내기; 풋내기 신문 기자 — *a.* Ⓐ 견습의, 풋내기의

cub. cubic

***Cu·ba** [kjú:bə] *n.* 쿠바 《서인도 제도의 공화국; 수도 Havana》

***Cu·ban** [kjú:bən] *a.* **쿠바** (**사람**)**의**
— *n.* 쿠바 사람

cub·by·hole [kʌ́bihòul] *n.* 아늑한 곳

***cube** [kju:b] *n.* **1 입방체**, 정6면체; 입방꼴을 한 것 **2** Ⓤ 〖수학〗 입방, 세제곱: 6 feet ~ 6피트 입방 **3** 각설탕
— *vt.* **1** 〈수를〉 3제곱하다; 체적[부피]을 구하다 **2** 깔림돌[나무 벽돌]을 깔다

cúbe róot 〖수학〗 입방근, 세제곱근 《*of*》

cúbe sùgar 각설탕

‡**cu·bic** [kjú:bik] *a.* 〖수학〗 **입방의**, 3차의, 3제곱의 — *n.* 〖수학〗 3차 (방정)식; 3차 곡선[함수]

cu·bi·cal [kjú:bikəl] *a.* 입방체의, 정6면체의; 부피[용적]의

cu·bi·cle [kjú:bikl] *n.* (기숙사 등의 칸막이 된) 작은 침실; (도서관 등의) 개인용 열람석; (수영장 등의) 탈의실

cúbic méasure 체적 도량법

cub·ism [kjú:bizm] *n.* Ⓤ 〖미술〗 입체파

cub·ist [kjú:bist] *n.* 〖미술〗 입체파의 예술가 《화가·조각가》 — *a.* 입체파[식]의

cu·bit [kjú:bit] *n.* 〖역사〗 완척(腕尺) 《팔꿈치에서 가운데 손가락 끝까지의 길이; 46-56 cm》

cúb repòrter 《구어》 풋내기[견습] 신문기자

cúb scòut [때로 **C~ S~**] Boy Scouts 중의 어린이 단원 《8-10세》

cuck·old [kʌ́kəld] [OF 「뻐꾸기(cuckoo)」의 뜻에서] 《경멸》 *n.* 오쟁이진 남편
— *vt.* 〈아내가 남편에게〉 부정한 짓을 하다; …의 아내와 사통하다

‡**cuck·oo** [kú:ku: | kúk-] [의성어] *n.* (*pl.* **~s**) **1** 〖조류〗 **뻐꾸기**; 뻐꾹 《그 울음소리》 **2** 《속어》 얼간이, 바보
— *a.* 《속어》 미친; 우둔한

cúckoo clòck 뻐꾹 시계
cúckoo spìt[spìttle] 〖곤충〗 좀매미; 그 거품
cu. cm. cubic centimeter(s)
∗**cu·cum·ber** [kjú:kʌmbər] *n.* 〖식물〗 오이 (*as*) ***cool as a*** ~ 태연자약한, 냉정한; 기분 좋게 시원한
cud [kʌd] *n.* 새김질감 《반추 동물이 제1위에서 입으로 게워 내어 씹는 음식물》 ***chew the*** ~ 새김질하다; 《구어》 숙고하다
∗**cud·dle** [kʌ́dl] *vt.* 꼭 껴안다, 껴안고 귀여워하다 ―*vi.* **1** 서로 껴안다 **2** 꼭 붙어 자다[앉다] 《*up together, up to*》; 새우잠 자다 《*up*》 **3** 《구어》 아첨하다
―*n.* 포옹
cud·dle·some [kʌ́dlsəm] *a.* 꼭 껴안고 싶은
cudg·el [kʌ́dʒəl] *n.* 곤장 《옛 형구·무기》 ―*vt.* (~**ed**; ~·**ing** | ~**led**; ~·**ling**) 곤봉으로 때리다
∗**cue**[1] [kju:] [동음어 queue] *n.* **1** 신호, 계기, 암시, 단서(hint) **2** 〖연극〗 큐 《대사의 마지막 문구 또는 배우의 몸짓; 딴 배우의 등장이나 발언의 신호》; 〖음악〗 연주 지시 악절
give a person ***the*** ~ …에게 암시를 주다, 훈수하다 ***that's*** one***'s*** ~ 《미·구어》 …할 차례다; 좋은 기회다
―*vt.* **1** …에게 신호를 주다; 행동 개시의 지시를 주다 《*in*》 **2** 〈대본에 음악 등을〉 추가하다, 삽입하다 《*in*》
cue[2] [queue의 변형 철자에서] *n.* **1** (당구의) 큐 **2** =QUEUE
∗**cuff**[1] [kʌf] [ME 「장갑」의 뜻에서] *n.* (장식용의) 소매 끝동; (와이셔츠의) 커프스; 《미》 바지의 접단; [보통 *pl.*] 《구어》 수갑(handcuffs)
cuff[2] *n.* 찰싹 때림[침]
―*vt.* (손바닥으로) 치다, 때리다
cúff lìnk 커프스 단추[링크]
cui·rass [kwirǽs] *n.* 동체 갑옷; (갑옷의) 흉갑(胸甲)
cui·sine [kwizí:n] [F 「부엌」의 뜻에서] *n.* Ⓤ 요리; 요리법
cuke [kju:k] *n.* 《구어》 오이(cucumber)
CUL, cul see you later 《인터넷·휴대전화 메세지의 약어》
cul-de-sac [kʌ̀ldəsǽk, kúl-] [F 「자루(sack) 밑」의 뜻에서] *n.* (*pl.* **culs-** [~], ~**s** [-s]) **1** 막다른 길[골목]; 〖군사〗 3면 포위 **2** 궁지, 곤경; (의론의) 막힘
-cule [kju:l], **-cle** [kl] *suf.* 「작은 …」의 뜻: animal*cule*, parti*cle*
cu·li·nar·y [kʌ́linəri] *a.* 부엌(용)의; 요리[조리]의
cull [kʌl] *vt.* **1** 〈꽃 등을〉 따다, 따 모으다 **2** 발췌하다
―*n.* 추림, 선택; 도태; (폐품·열등품으로) 추려낸 것, 쓰레기
cul·len·der [kʌ́ləndər] *n., vt.* = COLANDER
cul·let [kʌ́lit] *n.* (용해용) 유리 부스러기
culm *n.* **1** Ⓤ 《특히》 가루[하등] 무연탄 **2** 〖지질〗 쿨름 《하부 석탄계의 암층》
∗**cul·mi·nate** [kʌ́lmənèit] *vi.* **1** 최고점[극점, 절정]에 달하다; 드디어 …이 되다 《*in*》 **2** 〖천문〗 최고도[자오선]에 달하다, 남중하다
cul·mi·na·tion [kʌ̀lmənéiʃən] *n.* ⓊⒸ **1** 최고점, 정점; 최고조, 극치 **2** 〖천문〗 자오선 통과, 남중(southing)
cu·lottes [kju:lɑ́ts | kju(:)lɔ́ts] *n. pl.* 바지식 스커트, 치마바지
cul·pa·ble [kʌ́lpəbl] *a.* 과실 있는, 책잡을 만한; 《고어》 죄 있는(criminal)
cùl·pa·bíl·i·ty *n.* **-bly** *ad.* 괘씸하게도
∗**cul·prit** [kʌ́lprit] *n.* [the ~] 범죄자, 범인(offender)
∗**cult** [kʌlt] [L 「경작; 숭배」의 뜻에서] *n.* **1** 컬트, 제식(祭式), 의식 **2** 숭배, 존경, 동경: an idolatrous ~ 우상 숭배 **3** 예찬; 유행, …열(熱) **4** [집합적] 숭배자[예찬자] 집단 **5** 이교(異敎), 사교(邪敎); 종파
cult·ism [kʌ́ltizm] *n.* Ⓤ 예찬(주의); 극단적인 종파[유행]주의
-ist *n.* 예찬가; 열광자
cul·ti·va·ble [kʌ́ltəvəbl] *a.* 경작할 수 있는; 재배할 수 있는; 계발할 수 있는
‡**cul·ti·vate** [kʌ́ltəvèit] [L 「경작하다」의 뜻에서] *vt.* **1** 경작하다; 《미》 〈재배 중의 작물을〉 사이갈이하다 **2** 재배하다 **3** 〈재능·품성·습관 등을〉 양성하다; 교화하다, 계발하다 **4** 〈친구·교제를〉 구하다, 깊게 하다, …와 친분을 가지려 하다
∗**cul·ti·vat·ed** [kʌ́ltəvèitid] *a.* **1** 경작[재배, 양식]된: ~ land 경(작)지 **2** 교양 있는(refined), 교화[세련]된, 우아한: ~ manners 세련된 몸가짐
‡**cul·ti·va·tion** [kʌ̀ltəvéiʃən] *n.* Ⓤ **1** 경작; 양식; 배양 **2** 양성, 교화; 수양; 세련, 우아 **3** Ⓒ 배양균
∗**cul·ti·va·tor** [kʌ́ltəvèitər] *n.* **1** 경작자; 재배자 **2** 양성자, 개척자; 연구자; 수양자 **3** 〖농업〗 경운기
‡**cul·tur·al** [kʌ́ltʃərəl] *a.* **1** 문화의[에 관한], 문화적인 **2** 교양적인, 수양상의: ~ studies 교양 과목 **3** 배양[재배]상의
cúltural anthropólogy 문화 인류학
cúltural lág 〖사회〗 문화(적) 지체, 문화의 낙후
∗**cul·tur·al·ly** [kʌ́ltʃərəli] *ad.* **1** 교양으로서, 문화적으로 **2** 경작상(으로), 재배상(으로)
Cúltural Revolútion **1** [the ~] (중국의) 문화 대혁명 《1966-67》 **2** [**c**~ **r**~] 문화 혁명
‡**cul·ture** [kʌ́ltʃər] *n.* **1** ⓊⒸ 문화, 정신 문명, 개화 **2** Ⓤ 교양, 세련 **3** Ⓤ 훈련, 수양 **4** Ⓤ 재배, 양식 **5** ⓊⒸ 배양; 배양균
cul·tured [kʌ́ltʃərd] *a.* **1** 교화[세련]된, 교양 있는, 문화를 가진 **2** 재배[양식]된
cúltured péarl 양식 진주
cúlture gàp 문화 간의 격차
cúlture làg =CULTURAL LAG
cúlture pàttern 〖인류〗 문화 양식
cúlture shòck 문화 쇼크 《이질적인 문화나 새로운 생활 양식을 접할 때 받게 되는 충격》
cúlture tràit 〖인류〗 문화 특성
cúlture vùlture 《속어》 사이비 문화인
cul·tur·ist [kʌ́ltʃərist] *n.* **1** 재배자; 배양자 **2** 교화자; 문화주의자

cul·vert [kʌ́lvərt] *n.* **1** 암거(暗渠), 배수거 **2** 〖전기〗 선거(線渠)
cum [kʌm, kum | kʌm] [L =with] *prep.* [보통 복합어를 이루어] 「…이 붙은[딸린]」의 뜻: a bed-~-sitting room 침실 겸 거실
Cumb. Cumberland
cum·ber [kʌ́mbər] *vt.* =ENCUMBER
Cum·ber·land [kʌ́mbərlənd] *n.* 컴벌랜드《잉글랜드 북서부의 옛 주; Cumbria 주의 일부》
cum·ber·some [kʌ́mbərsəm] *a.* 방해가 되는, 귀찮은 **~·ly** *ad.* **~·ness** *n.*
Cum·bri·a [kʌ́mbriə] *n.* 컴브리아 주(州)《잉글랜드 북부의 주》
cum div. 〖증권〗 cum dividend
cùm dívidend [L] 배당부(配當附)《略 c.d., cum div.; opp. *ex dividend*》
cum·in [kʌ́min] *n.* **1** 〖식물〗 쿠민《미나릿과(科) 식물》 **2** 그 열매《양념·약용》
cum·mer·bund [kʌ́mərbʌ̀nd] *n.* (인도인 등의) 장식 허리띠, (야회복 등의) 웨이스트 밴드
*__cu·mu·la·tive__ [kjúːmjulətiv, -lèi-] [L 「증가한」의 뜻에서] *a.* **누적하는,** 누가(累加)하는: a ~ offense 〖법〗 반복 범죄 **~·ly** *ad.* 점증적으로
cu·mu·lo·nim·bus [kjùːmjulounímbəs] *n.* 〖기상〗 적란운(積亂雲)《略 Cb》
cu·mu·lo·stra·tus [kjùːmjuloustréitəs] *n.* 〖기상〗 층적운(層積雲)《略 Cs》
cu·mu·lus [kjúːmjuləs] *n.* (*pl.* **-li** [-lài], **~**) **1** 퇴적, 누적《*of*》 **2** 〖기상〗 적운(積雲)《略 Cu.》 **-lous** [-ləs] *a.*
cu·ne·i·form [kjuːníːəfɔ̀ːrm] *a.* **1** (문자 등의) 쐐기꼴의: ~ characters 설형문자 **2** 설형 문자의
— *n.* 설형 문자(에 의한 기록)
cun·ni·lin·gus [kʌ̀nəlíŋgəs] *n.* Ⓤ 여성 성기의 구강(口腔) 애무
‡**cun·ning** [kʌ́niŋ] [OE 「알고 있는」의 뜻에서] *a.* **1 교활한,** 간사한 **2** 교묘한 **3** (미·구어) 귀여운 〈아이, 동물〉; 매력 있는, 멋있는 〈물품 등〉
— *n.* Ⓤ **1** 교활, 빈틈없음, 잔꾀; 간사 **2** 솜씨, 숙련, 교묘 **~·ly** *ad.*
cunt [kʌnt] *n.* (비어) **1** 여성 성기; 성교 **2** [you ~로도 써서] 싫은 년[놈]
‡**cup** [kʌp] *n.* **1 찻종,** 잔: a ~ of coffee 커피 한 잔 **2 한 잔(의 분량)** **3** (흔히 굽이 달린) 컵, 술잔; 성찬배(聖餐杯), 성찬의 포도주 **4** 우승컵 **5** 잔 모양의 물건 **6** [*pl.* 또는 the ~] 술(wine); 음주(drinking) **7** 운명(fate) ***a bitter ~*** 고배(苦杯)《인생의 쓰라린 경험》
— *vt.* (**~ped**; **~·ping**) **1** 컵에 넣다[받다] **2** 〖의학〗 〈환자에게서〉 부항단지로 피를 빨아내다 **3** 〈손 등을〉 잔 모양으로 만들다 **4** 〖골프〗 땅바닥을 훑다《클럽으로 공을 칠 때》
cup·bear·er [kʌ́pbɛ̀ərər] *n.* 〖역사〗 술 따르는 사람, 잔 드리는 자《궁정 등의》
‡**cup·board** [kʌ́bərd] *n.* **1 식기장,** 찬장 **2** (영) 《옷·음식을 넣는》 벽장(closet)
cúpboard lòve 타산적인 사랑
cup·cake [kʌ́pkèik] *n.* ⓊⒸ 컵케이크《컵 모양의 틀에 넣어 구운 과자》
cùp fínal [the ~] (우승배 쟁탈의) 결승전
*__cup·ful__ [kʌ́pfùl] *n.* (*pl.* **~s, cups·ful**) **1 한 잔(의 분량)** **2** (미) 〖요리〗 컵《table-spoon 16개의 액량; 8온스》
*__Cu·pid__ [kjúːpid] [L 「욕망, 사랑」의 뜻에서] *n.* **1** 〖로마신화〗 **큐피드**《Venus의 아들로 사랑을 맺어주는 신; cf. EROS》 **2** [c~] 사랑의 사자(使者); 미소년; 연애
cu·pid·i·ty [kjupídəti] *n.* Ⓤ 탐욕, 욕심
Cúpid's bów **1** 큐피드의 활 **2** 이중 활꼴의 (윗)입술 모양[선]
cu·po·la [kjúːpələ] *n.* **1** 〖건축〗 둥근 지붕(의 꼭대기 탑); 둥근 천장 **2** 〖야금〗 큐폴라, 용선로(鎔銑爐)
cup·pa [kʌ́pə] [cup of의 단축형] *n.* (영·구어) 한 잔의 차
cup·ping [kʌ́piŋ] *n.* Ⓤ 〖의학〗 부항에 의한 방혈법(放血法)
cúpping glàss 부항단지
cu·pric [kjúːprik | kjúː-] *a.* 〖화학〗 구리의, 제2동(銅)의
cu·pro·nick·el [kjúːprounìkəl | kjúː-] *n.* Ⓤ 백동(白銅)
cu·prum [kjúːprəm | kjúː-] [L] *n.* Ⓤ 〖화학〗 구리(copper) 《기호 Cu》
cúp tìe (영) (특히 축구의) 우승배 쟁탈전
cur [kəːr] *n.* **1** 똥개 **2** 망종, 쌍놈, 겁쟁이
cur·a·bil·i·ty [kjùərəbíləti] *n.* Ⓤ 치료의 가능성
*__cur·a·ble__ [kjúərəbl] *a.* **치료할 수 있는,** 고칠 수 있는
cu·ra·cy [kjúərəsi] *n.* (*pl.* **-cies**) ⓊⒸ CURATE의 직위[임기]
cu·rate [kjúərət] *n.* **1** (영) (교구의) 보좌 신부, 부목사《rector 또는 vicar의 대리 또는 조수》; (고어) 《일반적으로》 목사 **2** (영·구어) 작은 부젓가락
cur·a·tive [kjúərətiv] *a.* 병에 잘 듣는, 치료의, 치유적인, 치유력 있는
— *n.* 의약; 치료법
cu·ra·tor [kjuəréitər] *n.* (박물관·도서관 등의) 큐레이터, 관리자, 관장
~·shìp *n.* Ⓤ CURATOR의 직위[신분]
*__curb__ [kəːrb] [L 「구부리다」의 뜻에서] *n.* **1 재갈,** 고삐 **2 구속,** 속박《*to*》 **3** ⒸⓊ (미) (인도와 차도 사이의) 연석(緣石)
— *vt.* **1** 〈말에〉 재갈을 물리다 **2** 억제하다 **3** (미) 〈인도에〉 연석을 깔다
cúrb ròof 〖건축〗 이중 물매 지붕
curb·side [kɔ́ːrbsàid] *n.* 가두(街頭), 거리
curb·stone [-stòun] *n.* (보도의) 연석
*__curd__ [kəːrd] *n.* **1** [종종 *pl.*] **응유**(凝乳), 굳어진 우유(cf. WHEY) **2** Ⓤ 굳어진 식품: bean ~ 두부
cur·dle [kɔ́ːrdl] *vi.*, *vt.* 응유(凝乳)로 굳어지다[굳히다]; 응고하다[시키다]
~ the [a person***'s***] ***blood*** 간담을 서늘케 하다
curd·y [kɔ́ːrdi] *a.* (**curd·i·er**; **-i·est**) 굳어진, 응유 모양의, 응결한, 응유분이 많은
‡**cure** [kjuər] [L 「조심, 돌봄」의 뜻에서] *vt.* **1 치료하다,** 고치다: be ~*d of* a disease 병이 낫다 **2** 〈나쁜 버릇을〉 고치다 **3** 〈육류·어류 등을〉 (말리거나 소금에

절여) 보존 처리하다 —*vi.* **1** 치료하다; 〈병이〉 낫다, 치유되다 **2** 바르게 고치다 **3** 〈고기 등이〉 보존에 적합한 상태가 되다
—*n.* **1** **치유**, 회복 **2** (특수한) **치료**(법), 의료 《*of*》; 치료제[법] **3** 〖그리스도교〗 **a** 영혼의 구제; 신앙의 감독 **b** 목사직; 관할 교구; 〖가톨릭〗 사제; 사제직 **4** (육류·어류의) 보존 처리(법)

cu·ré [kjuəréi, ⌐–|⌐–] [F] *n.* (프랑스의) 교구 목사, 사제

cure-all [kjúərɔ̀:l] *n.* 만능약, 만병 통치약(panacea)

cure·less [kjúə*r*lis] *a.* 치료법이 없는, 불치의; 구제[교정]할 수 없는

cu·ret·tage [kjùərətɑ́:ʒ, kjurétidʒ] [F] *n.* Ⓤ 〖외과〗 소파(搔爬)(술)

cu·rette, cu·ret [kjurét] [F] 〖의학〗 *n.* 퀴레트, 소파기《숟가락 꼴의 외과 기구》

cur·few [kə́:*r*fju:] *n.* **1** 만종(晩鐘), 저녁종 **2** 중세기의 소등령; 그 시간; 소등용 종 **3** (계엄령 등의) 소등 명령, 야간 외출[통행] 금지

cu·ri·a [kjúəriə] *n.* (*pl.* **-ae** [-riì:]) **1** 〖영국사〗 (노르만 왕조 시대의) 법정 **2** [the C~] 로마 교황청

Cu·rie [kjúəri, kjurí: | kjúəri] *n.* **1** 퀴리 **Pierre** ~ (1859-1906) 및 **Marie** ~ (1867-1934) 《라듐을 발견한 프랑스의 과학자 부처》 **2** [**c~**] 〖물리·화학〗 퀴리 《방사능 강도의 단위; 略 C, Ci》

cu·ri·o [kjúəriòu] [*curio*sity] *n.* (*pl.* **~s**) 골동품

⁑**cu·ri·os·i·ty** [kjùəriɑ́səti | -ɔ́s-] *n.* (*pl.* **-ties**) **1** Ⓤ **호기심** **2** Ⓤ 진기함, 신기함 **3** **진기한 것**, 골동품(curio)
out of ~ 호기심에서

curiósity shòp 골동품 상점

⁑**cu·ri·ous** [kjúəriəs] [L 「주의깊은」의 뜻에서] *a.* **1** **호기심이 강한**, 알고 싶어하는: I'm ~ *to* know. 알고 싶다. **2** 호기심을 끄는, 기이한 **3** 《고어·문어》 면밀한, 정성들인 **4** **진서**(珍書)**인** 《서점 목록에서 외설 서적을 지칭》 **5** 《구어》 **이상한, 묘한**: a ~ fellow 별난 사람, 괴짜 **~·ness** *n.*

***cu·ri·ous·ly** [kjúəriəsli] *ad.* **1** 신기한 듯이, **호기심에서** **2** **기묘하게**(**도**)

cu·ri·um [kjúəriəm] *n.* Ⓤ 〖화학〗 큐륨 《방사성 원소의 하나; 기호 Cm》

⁑**curl** [kə:*r*l] *vt.* **1** 〈머리털을〉 **곱슬곱슬하게 하다** **2** 〈…을〉 꼬다; 비틀다 《*up*》; 둥글게 감다 **3** 〈수면을〉 물결치게 하다 **4** 때려눕히다, 납작하게 만들다
~ *one's* ***lip***(***s***) (경멸하여) 입을 비쭉거리다 ~ *one**self*** ***up*** 웅크리고 자다 ~ ***up*** 끝부터 감아[말아] 올리다; 《구어》 〈사람을〉 쓰러뜨리다
—*vi.* **1** 〈머리털이〉 곱슬곱슬해지다 **2** 〈연기가〉 맴돌다, 비틀리다, 〈길이〉 굽이지다; 〈공이〉 커브하다: Smoke *~ed out of* the chimney. 연기가 굴뚝에서 소용돌이치며 올라갔다.
—*n.* **1** (머리털의) **컬, 곱슬털**; [*pl.*] 고수머리, 《일반적으로》 머리칼 **2** 나선형의 것, 소용돌이 꼴, 굽이침 **3** Ⓤ 감음, 말아 올림, 꼬임, 비틀림

curled [kə:*r*ld] *a.* **1** 곱슬털의; 소용돌이 꼴의 **2** 〈잎이〉 두르르 말린

curl·er [kə́:*r*lə*r*] *n.* **1** 머리를 지지는 사람; 컬 클립 **2** CURLING 경기자

cur·lew [kə́:*r*lu: | -lju:] *n.* (*pl.* **~s,** ~) 〖조류〗 마도요

curl·i·cue, cur·ly·cue [kə́:*r*likjù:] *n.* 소용돌이 장식; 소용돌이 모양의 장식 서체

curl·i·ness [kə́:*r*linis] *n.* ⓊⒸ 곱슬곱슬함, 뚤뚤 말림

curl·ing [kə́:*r*liŋ] *n.* Ⓤ 컬링 《얼음 위에서 돌을 미끄러뜨려 표적에 맞히는 놀이》

cúrling ìron [보통 *pl.*] 헤어 아이론, 머리인두

cúrling stòne 컬링 놀이용의 반반하고 둥근 무거운 화강암 《15-18 kg》

curl·pa·per [kə́:*r*lpèipə*r*] *n.* [보통 *pl.*] 컬용 종이 《지진 머리를 말아 두는》

***curl·y** [kə́:*r*li] *a.* (**curl·i·er**; **-i·est**) **1** **곱슬곱슬한**, 고수머리의, 말리기 쉬운 **2** 나뭇결이 물결 모양의 〈목재〉; 〈잎이〉 두르르 말린, 오그라진

cur·mudg·eon [kə*r*mʌ́dʒən] *n.* 심술궂은 구두쇠

cur·rant [kə́:rənt | kʌ́r-] [동음어 current] *n.* **1** 작은 씨 없는 건포도 **2** 〖식물〗 까치밥나무; 그 열매

⁑**cur·ren·cy** [kə́:rənsi | kʌ́r-] *n.* (*pl.* **-cies**) **1** ⓊⒸ **통화**, 통화 유통액: metallic[paper] ~ 경화(硬貨)[지폐] **2** Ⓤ **유통, 통용**

⁑**cur·rent** [kə́:rənt | kʌ́r-] [동음어 currant] [L 「달리는, 흐르는」의 뜻에서] *a.* **1** **지금의**, 현재의: the ~ issue[number] 최근호 《금월[금주]호》 **2** **현행의, 통용하는**, 유통[유포]되고 있는, 유행하는: ~ English 시사[일상] 영어
—*n.* **1** **흐름**, 유동(流動); 조류, 기류; 해류 **2** **경향**, 때의 흐름, 풍조 **3** 〖전기〗 **전류**; 전류의 세기
swim with the ~ 세상 풍조를 따르다

cúrrent accóunt **1** 〖경제〗 경상 계정 (cf. CAPITAL ACCOUNT) **2** 〖은행〗 당좌 계정(open account); 《영》 당좌 예금 (《미》 checking account)

cúrrent ássets 〖상업〗 유동 자산

***cur·rent·ly** [kə́:rəntli | kʌ́r-] *ad.* **1** 일반적으로, 널리 **2** **지금**, 목하(now)

cúrrent mòney 통화

cur·ric·u·lar [kəríkjulə*r*] *a.* 교과 과정의

⁑**cur·ric·u·lum** [kəríkjuləm] *n.* (*pl.* **-la** [-lə], **~s**) **교과**[**교육**] **과정**, 이수 과정

curríiculum ví·tae [-váiti:] [L= course of life] *n.* (*pl.* **cur·ric·u·la vi·tae** [-lə-]) 이력(서)

cur·rie [kə́:ri | kʌ́ri] *n.* =CURRY[1]

cur·ried [kə́:rid | kʌ́rid] *a.* 카레 가루로 조리한: ~ rice 카레라이스

cur·ri·er [kə́:riə*r* | kʌ́r-] *n.* **1** 제혁(製革)업자, 제혁공 **2** 말 손질하는 사람

cur·rish [kə́:riʃ] *a.* **1** 들개[똥개] 같은 **2** 딱딱거리는, 상스러운, 천한 **~·ly** *ad.*

***cur·ry**[1] [kə́:ri | kʌ́ri] [Tamil 「소스」의 뜻에서] *n.* (*pl.* **-ries**) **1** Ⓤ **카레** (가루) **2** ⓊⒸ 카레 요리: ~ and rice 카레 라이스(curried rice)

— *vt.* (**-ried**) 카레 요리로 하다, 카레로 맛들이다

curry[2] *vt.* (**-ried**) **1** 〈말을〉 빗질하다, 손질하다 **2** 〈가죽을 무두질하여〉 마무르다
~ favor with a person = ~ a person***'s favor*** …의 비위를 맞추다, …에게 아첨하다

cur·ry·comb [kə́:rikòum | kʌ́ri-] *n.* 말빗

cúrry pòwder 카레 가루

‡**curse** [kə:rs] *v.* (**cursed** [kə:rst], 《고어》 **curst** [kə:rst]) *vt.* **1 저주하다 2 욕지거리하다,** 악담하다 **3** [보통 수동형으로] 천벌을 내리다, 화를 끼치다 《*with*》 **4** 〖종교〗 파문(破門)하다
— *vi.* **1** 저주하다 《*at*》 **2** 욕지거리하다; 불경한 말을 하다 《*at*》
C~ it! 제기랄! ***C~ you!*** 뒈져라!
— *n.* **1 저주 2 저주의 말,** 악담, 독설 **3** 저주받는 것; 천벌, 재앙 **4** 〖종교〗 파문
under a ~ 저주받아, 천벌을 받아

***curs·ed** [kə́:rsid, kə:rst] *a.* **1 저주받은,** 천벌받은 **2** 저주할, 가증스러운 **3** [보통 curst] 《고어·방언》 심술궂은, 심사 사나운

curs·ed·ly [kə́:rsidli] *ad.* **1** 저주받아 **2** 《구어》 가증하게도, 터무니없이

cur·sive [kə́:rsiv] *a.* 초서체의, 흘림글씨의 — *n.* Ⓤⓒ 흘림글씨, 초서; 초서체로 쓴 것 《편지·원고 등》; 〖인쇄〗 필기체 활자 **~·ly** *ad.*

cur·sor [kə́:rsər] *n.* 커서 《(1) 계산자·측량 기계 등의 눈금선이 있는 이동판 (2) 〖컴퓨터〗 브라운관(CRT)의 문자가 입력되는 위치 표시 장치》

cur·so·ri·al [kə:rsɔ́:riəl] *a.* 〖동물〗 달리기에 적합한

cúrsor kèy 〖컴퓨터〗 커서 키

cur·so·ry [kə́:rsəri] *a.* 서두르는; 마구잡이의, 소홀한; 피상적인 **-ri·ly** *ad.*

curst [kə:rst] *v.* 《고어》 CURSE의 과거·과거분사 — *a.* = CURSED

curt [kə:rt] *a.* **1** 무뚝뚝한, 퉁명스러운 **2** 〈문체가〉 간략한; 짧은, 짧게 자른
cúrt·ly *ad.* **cúrt·ness** *n.*

curt. current

***cur·tail** [kə:rtéil] *vt.* **1 줄이다; 단축하다,** 생략하다 **2** 〈비용 등을〉 삭감하다: We are *~ed of* our expenses. 경비를 삭감당하였다. **3** 〈권리 등을〉 축소하다, 줄이다; 박탈하다 《*of*》: ~ a person *of* his privileges …의 권리를 박탈하다
~·ment *n.* Ⓤⓒ 단축; 삭감

‡**cur·tain** [kə́:rtn] [L 「작은 안뜰, 울 막은 곳」의 뜻에서] *n.* **1 커튼,** (문의) 휘장 **2 a** (극장의) **막, 휘장**: The ~ rises[falls]. 막이 오른다[내린다]. **b** = CURTAIN CALL **3** 휘장 꼴의 물건; (휘장 꼴의) 칸막이; 〖축성〗 막벽 《두 개의 능보(稜堡)를 연결하는》 **4** [보통 *pl.*] 《속어》 죽음
bring down the ~ on …을 끝마치다 ***draw the ~ on***[***over***] …을 끝내다, 비밀로 하다 ***drop***[***raise***] ***the ~*** (극장의) 막을 내리다[올리다]; 활동을 마치다[시작하다] ***lift the ~ on*** 시작하다; …을 터놓고 이야기하다, 드러내다 ***take a ~*** 〈배우가〉 관중의 갈채에 응하여 막 앞에 나타나다
— *vt.* **1** 막[커튼]을 치다[장식하다] **2** 막[커튼]으로 가리다[막다] 《*off*》

cúrtain càll 커튼콜 《공연이 끝난 후에 박수갈채로 관중이 배우를 막 앞으로 불러내는 일》

cúrtain ràiser 1 개막극 **2** 《구어》 (리그전의) 개막전; (게임의) 제1회

cúrtain spèech 1 (연극 종료 후) 막 앞에서의 인사말 **2** 연극[막, 장]의 마지막 대사

cúrtain wàll 〖건축〗 (구조물이 없는) 외벽, 막벽

***curt·sy** [kə́:rtsi] *n.* (*pl.* **-sies**) (왼발을 빼고 무릎을 굽히고 몸을 약간 숙이는 여자의) **절, 인사**
drop[***make***] ***a ~ to*** 〈여자가〉 …에게 절[인사]하다
— *vi.* (**-sied**; **-seyed**) 절하다 《*to*》

cur·va·ceous, -cious [kə:rvéiʃəs] *a.* 《미·구어》 곡선미의, 성적 매력이 있는

cur·va·ture [kə́:rvətʃùər, -tʃər] *n.* Ⓤ **1** 만곡(彎曲), 뒤틀림 **2** 〖수학〗 곡률(曲率), 곡도

‡**curve** [kə:rv] [L 「굽은」의 뜻에서] *n.* **1 곡선 2** (여자의 몸·도로 등의) **만곡부,** 굴곡 **3** 구부렁이; 곡선자 **4** 〖통계〗 곡선 도표, 그래프; 〖수학〗 곡선 **5** 〖야구〗 커브(공) **6** 〖교육〗 커브 평가, 상대 평가
throw a ~ 《구어》 속이다; 의표를 찌르다 — *vt.* **1** 굽히다, 만곡시키다 **2** 〖야구〗 〈공을〉 커브시키다
— *vi.* 구부러지다, 만곡하다; 곡선을 그리다

curve·ball [kə́:rvbɔ̀:l] *n.* 〖야구〗 커브(공)

curved [kə:rvd] *a.* 구부러진, 만곡한, 곡선 모양의

cur·vet [kə:rvét] *n.* 〖마장마술〗 커벳, 등약(騰躍) 《앞발이 땅에 닿기 전에 뒷발이 뛰는 보기 좋은 도약》
— *v.* (**~·(t)ed**; **~·(t)ing**) *vi.* 〈말이〉 등약하다 — *vt.* 〈기수가〉 말을 등약[도약]시키다

cur·vi·lin·e·ar [kə̀:rvilíniər], **-al** [-əl] *a.* 곡선의

curv·y [kə́:rvi] *a.* (**curv·i·er**; **-i·est**) **1** 〈길 등이〉 구불구불한, 굽은 (데가 많은) **2** = CURVACEOUS

‡**cush·ion** [kúʃən] [L 「허리, 엉덩이」의 뜻에서] *n.* **1 쿠션,** 방석, 안석 **2** 쿠션 꼴을 한 것 **3 완충물;** (당구대의) 쿠션 **4** 〖기계〗 공기 쿠션 《충격을 덜기 위한》
— *vt.* **1** 쿠션을 달다; **쿠션으로 받치다** 《*up*》 **2** 〈충격·고통 등을〉 흡수하다, 완화하다 **3** 〈사람을〉 지키다, 보호하다 《*from, against*》 **4** 〖당구〗 〈공을〉 쿠션에 대어[붙여] 놓다

cush·y [kúʃi] *a.* (**cush·i·er**; **-i·est**) 《속어》 쉬운(easy), 즐거운

cusp [kʌsp] *n.* **1** 첨단 **2** 〖천문〗 (초생달의) 뾰족한 끝 **3** (이·잎사귀 등의) 끝

cus·pid [kʌ́spid] *n.* 〖해부〗 (사람의) 송곳니

cus·pi·date, -dat·ed [kʌ́spədèit(id)] *a.* 끝이 뾰족한, 뾰족한 끝이 있는

cus·pi·dor [kʌ́spədɔ̀ːr] *n.* 《미》 담통(spittoon)

cuss [kʌs] *n.* 《미·구어》 **1** 저주, 악담 **2** 놈, 녀석
— *vt., vi.* 《미·구어》 = CURSE

cuss·ed [kʌ́sid] *a.* 《구어》 **1** 심술궂은, 고집센 **2** = CURSED **~·ly** *ad.* **~·ness** *n.*

cuss·word [kʌ́swə̀ːrd] *n.* 《미·구어》 저주하는 말, 악담, 욕지거리

*__cus·tard__ [kʌ́stərd] *n.* ⓊⒸ **커스터드** 《우유·계란에 설탕·향료를 넣어서 찐[구운] 과자》; 커스터드 소스 《디저트용》; 냉동 커스터드 《아이스크림과 비슷함》

cus·to·di·al [kʌstóudiəl] *a.* 보관의, 보호의

cus·to·di·an [kʌstóudiən] *n.* **1** 관리인, 보관자 **2** 수위

*__cus·to·dy__ [kʌ́stədi] *n.* Ⓤ **1 보관,** 관리; (미성년자의) **보호,** 후견 **2** 구류, 감금(imprisonment)
have the ~ of …을 보관하다 ***in ~*** 수감[구인]되어, 구류 중인 ***take*** a person ***into ~*** …을 수감[구인]하다

⁑**cus·tom** [kʌ́stəm] *n.* **1** ⓊⒸ **풍습, 관습,** 관례; **습관;** 《미》 (대학의) 규칙 **2** Ⓤ [집합적] **단골,** 고객; (상점 등의) 애고(愛顧) **3** [*pl.*] **관세;** [*pl.*; 단수 취급] **세관;** 통관 수속: pass[get through, go through] (the) *~s* 세관을 통과하다
— *a.* Ⓐ 《미》 주문한, 맞춤의(custom-made): a ~ tailor 맞춤 양복점

cus·tom·ar·i·ly [kʌ̀stəmérəli | kʌ́stəmərə-] *ad.* 습관적으로, 관례상

⁑**cus·tom·ar·y** [kʌ́stəmèri | -məri] *a.* **1 습관적인,** 통례의 **2** 〖법〗 관례에 의한, 관습상의: a ~ law 관습법

*__cus·tom·er__ [kʌ́stəmər] *n.* **1 고객, 단골,** 거래처(patron) **2** 《구어》 놈, 녀석: an awkward[a rum] ~ 다루기 어려운 녀석, 보기 싫은 놈

cus·tom·house [kʌ́stəmhàus] *n.* (*pl.* **-hous·es** [-hàuziz]) 《미》 세관

cus·tom·ize [kʌ́stəmàiz] *vt.* 《미》 주문을 받아서 만들다; 〖컴퓨터〗 커스터마이즈하다 《자기 취미에 맞도록 설정을 바꾸다》

cus·tom-made [kʌ́stəmméid] *a.* 주문품의, 맞춤의

cus·tom-make [-méik] *vt.* 주문으로 만들다

cústom òffice 세관 (사무소)

cústoms dùties 관세

cus·toms-free [kʌ́stəmzfríː] *a.* 무관세의

cústoms ùnion 관세 동맹

cus·tom-tai·lor [kʌ́stəmtéilər] *vt.* 주문에 따라 변경[기획, 제작]하다

cústom tàriff 관세율, 관세표

⁑**cut** [kʌt] *v.* (~; **~·ting**) *vt.* **1 베다:** ~ one's finger with a knife 칼로 손가락을 베다 **2 절단하다,** 베어버리다 《종종 *away, off, out*》 **3 중단하다,** 〈관계를〉 끊다 (sever), 절교하다; 모른 체하다; 《구어》 **수업을 빼먹다** **4** 가위로 자르다, 깎아버리다; 〈각본·영화 등을〉 **삭제[커트]하다;** 〈비용 등을〉 **줄이다**(curtail) **5** 〈보석을〉 깎아 다듬다; 〈돌·상(像)·이름을〉 조각하다, 새기다; 〈옷감·옷을〉 재단하다 **6** 〈물 등을〉 헤치며 나아가다, 돌진하다; 〈길 등을〉 터놓다; **가로지르다** **7** 〈찬 바람·서리 등이〉 …의 **살을 에다;** (매 등으로) 모질게 치다 **8** 〖카드〗 〈패를〉 떼다; 〖스포츠〗 〈공을〉 깎아 치다, 커트하다 **9** 〈말 등을〉 거세하다
— *vi.* **1 베다,** 절단하다; (고기·과자 등을) 베어 나누다 **2** 〈날이〉 **들다,** 베어지다: This knife *~s well.* 이 칼은 잘 든다. **3** 〈쟁기·배 등이〉 헤치며 나아가다, 뚫고 지나가다 《*through*》; 건너가다, 질러가다 《*across*》: ~ *across* a yard 뜰을 가로질러 가다 **4** (살을 에듯이) 아프다, 아리다 **5** 〖카드〗 패를 떼다; (테니스 등에서) 공을 깎아 치다 **6** 《미·구어》 (급히) 달아나다, 질주하다 《*along, down*》; [명령법] 물러가라(be off!)
be ~ out for [***to be***] [보통 부정문에서] …에[되기에] 적임이다[어울리다] ***~ across*** (1) 〈들판 등을〉 질러가다; …을 방해하다 (2) …와 대립[저촉]되다 (3) …을 넘다, 초월하다 (4) …에 널리 미치다 ***~ back*** (1) (꽃나무·과수의) 가지를 짧게 치다 (2) 〖영화〗 먼저의 장면으로 전환하다 ***~ down*** (1) 〈나무를〉 베어 넘어뜨리다; 〈칼로〉 베어 넘기다 (2) 〈병 등이 사람을〉 넘어뜨리다 (3) 〈치수 등을〉 줄이다 (4) 〈비용을〉 삭감하다《*on*》; 〈값을〉 깎다 (5) 〈담배 등의〉 양을 줄이다 ***~ in*** (1) 끼어들다, 간섭하다; 말참견하다 (2) 〈사람·자동차가 뒤에서 와서〉 앞질러 끼이다 (3) (전화에서) 남의 이야기를 몰래 듣다 ***~ into*** = CUT in (1); 〈예금 등을〉 까먹다, 줄이다 ***~ it fine*** [***close***] 《구어》 〈시간·돈 등을〉 최소한도로 줄이다 ***~ off*** (1) 베어내다; 삭제하다 (2) 중단하다, 끊다 (3) 가로막다; 방해하다 ***~ up*** (1) 근절하다; 썰다; 분할하다 (2) 〈적군을〉 궤멸시키다 (3) 《구어》 마구 깎아내리다; 《구어》 [보통 수동형] 몹시 마음 아프게 하다; 《미·구어》 〈소동을〉 일으키다, 장난치다 (4) 《속어》 쌍방이 묵계하여 부정한 수단으로 승부를 내다 (5) 재단되다, 마를 수 있다
— *a.* Ⓐ **1 벤,** 벤 자리가 있는 **2** 베어 가른, 베어낸 **3** 짧게 자른, 새긴 **4** 깎아 다듬은 **5** 줄인, 삭감한: ~ prices 할인 가격
— *n.* **1 베기,** 일격, 벤 상처, 벤 자리 **2 절단;** 삭제, 컷 **3 삭감,** 에누리 **4 지름길**(shortcut); 횡단로 **5** 무대의 홈 《배경을 오르내리게 하는》 **6** 벤 조각, 《특히》 고깃점 **7** (옷의) 마름질, (머리의) 깎는 법

cut-and-come-a·gain [kʌ̀təndkʌ́məgén] *n.* ⓊⒸ **1** 《구어》 (고기 등을) 몇 번이고 베어 먹기 **2** 풍부함

cut-and-dried [kʌ́tən*d*dráid], **-dry** [-drái] *a.* **1** 〈말·계획 등이〉 미리 준비된, 미리 결정된 **2** 신선함이 없는, 무미건조한, 활기 없는(dull); 틀에 박힌, 진부한

cút and páste 〖컴퓨터〗 문장의 일부를 떼어 이동 삽입하기

cut-and-paste [kʌ́tən*d*péist] *a.* 풀과 가위로 만든, 스크랩하여 편집한; 〖컴퓨터〗 잘라 붙이는

cut·a·way [kʌ́təwèi] *a.* **1** (모닝코트 등의 앞섶을 허리께부터) 비스듬히 재단한 **2** 〈모형·도해 등이〉 (안이 보이도록) 외부의 일부를 잘라낸
— *n.* **1** 모닝코트 **2** (안이 보이도록) 외부의 일부를 잘라낸 그림 [모형]

cut·back [-bæ̀k] *n.* **1** (인원·생산의) 축소, 삭감 **2** 〚영화〛 컷백, 장면 전환(cf. FLASHBACK)

∗**cute** [kjuːt] [acute의 두음(頭音) 소실] *a.* (**cut·er**; **-est**) **1** 《주로 미·구어》 〈아이·물건 등이〉 **귀여운, 예쁜** **2** 《구어》 영리한, 눈치 빠른, 기민한 **3** 《미》 뽐내는, 눈꼴신 **cúte·ly** *ad.* **cúte·ness** *n.*

cút gláss 컷글라스(의 그릇)

cu·ti·cle [kjúːtikl] *n.* **1** 〚해부·동물〛 표피(表皮); (손톱·발톱 뿌리의) 엷은 껍질 **2** 〚식물〛 상피, 각피(角皮), 큐티쿨라

cut·ie [kjúːti] *n.* 《구어》 **1** 귀여운[예쁜] 처녀[여자] **2** 모사(謀士) **3** 건방진 녀석

cu·tis [kjúːtis] *n.* (*pl.* **-tes** [-tiːz], **~·es**) 〚해부〛 피부, 《특히》 진피(眞皮)

cut·las(s) [kʌ́tləs] *n.* (휘고 폭이 넓은) 단검 《주로 옛날 선원들이 쓰던》

cut·ler [kʌ́tlər] *n.* 칼 장수, 칼 만드는 사람

cut·ler·y [kʌ́tləri] *n.* Ⓤ [집합적] 칼붙이; 식탁용 날붙이 《나이프·포크·스푼 등》

∗**cut·let** [kʌ́tlit] *n.* **1** (굽거나 프라이용의) **얇게 저민 고기** **2** (저민 고기·생선 살 등의) 납작한 크로켓

cut·line [kʌ́tlàin] *n.* (신문·잡지·사진 등의) 설명 문구(caption)

cut·off [-ɔ̀ːf | -ɔ̀f] *n.* **1** 절단, 차단; (회계의) 결산일, 마감날 **2** 《미》 지름길; (고속도로의) 출구 **3** 〚기계〛 차단 장치 **4** [보통 *pl.*] 무릎께에서 자른 청바지

cut·out [-àut] *n.* **1** 차단 **2** 도려내기[꿰매 붙이기] 세공 **3** (각본·영화 필름의) 삭제 부분 **4** 〚전기〛 컷아웃, 안전기(安全器)

cut·o·ver [-òuvər] *a.*, *n.* 《미》 벌목한 (땅)

cut-price [-pràis] *a.* **1** 할인[특가]의; 값을 깎는: a ~ sale 염가 할인 판매 **2** Ⓐ 특가품을 파는

cut-rate [-réit] *a.* 《미》 할인의

∗**cut·ter** [kʌ́tər] *n.* **1 베는 사람,** 재단사; 〚영화〛 필름 편집자 **2** 베는 도구, 재[절]단기; 〚해부〛 앞니 **3** 《미·캐나다》 소형 말썰매 《1-2 인승》 **4** 〚항해〛 커터 《군함에 딸린 소형 배》; 외돛대의 소형 범선; 《미》 감시선

cut·throat [kʌ́tθròut] *n.* **1** 살인자 **2** 《영》 (접을 수 있는) 서양 면도칼
— *a.* Ⓐ **1** 살인의; 흉악한 **2** 〈경쟁 등이〉 치열한

⁑**cut·ting** [kʌ́tiŋ] *n.* ⓊⒸ **1 절단**; 재단; 베어내기; 벌채(伐採) **2** Ⓒ 자른 가지 《꺾꽂이용》 **3** Ⓒ 《영》 **오려낸 것**; 베어낸 것 **4** 개착(開鑿), 파헤친 곳 **5** 《구어》 염가 판매, 할인; 치열한 경쟁 **6** 깎고 가는 가공 **7** 〚영화〛 필름 [녹음 테이프] 편집
— *a.* **1** Ⓐ 예리한 **2** 살을 에는 듯한 **3** 통렬한, 신랄한 **4** 〈눈 등이〉 날카로운 **5** 《구어》 (남보다) 싸게 파는 **~·ly** *ad.* 살을 에는 듯이, 날카롭게; 비꼬아

cútting édge (날붙이의) 날; 신랄함; 최첨단

cútting ròom (필름·테이프의) 편집실

cut·tle·bone [kʌ́tlbòun] *n.* 오징어의 뼈

cut·tle·fish [-fìʃ] *n.* (*pl.* **~, ~·es**) 〚동물〛 오징어, 《특히》 뼈오징어

cut·up [kʌ́tʌ̀p] *n.* 《미·속어》 장난꾸러기

cut·wa·ter [-wɔ̀ːtər] *n.* (뱃머리의) 물가름; (교각의) 물가름

cut·worm [-wə̀ːrm] *n.* 〚곤충〛 뿌리를 잘라 먹는 벌레, 야도충

CW chemical warfare (독가스 등을 사용하는) 화학전

cwt. hundredweight(s)

-cy [si] *suf.* **1** 「직·지위·신분」의 뜻: magistra*cy* **2** 「성질, 상태」의 뜻: bankrupt*cy*

cy·an [sáiæn, -ən] *n.*, *a.* 청록색(의)

cy·an·ic [saiǽnik] *a.* 〚화학〛 시안의[을 함유하는]

cy·a·nide [sáiənàid] *n.* 〚화학〛 **1** 시안[청(靑)] 화물(化物), 청산염(青酸鹽) **2** Ⓤ 청산칼리[나트륨]

cy·a·no·sis [sàiənóusis] *n.* (*pl.* **-ses** [-siːz]) Ⓤ 〚병리〛 치아노제 《산소 결핍 때문에 혈액이 검푸르게 되는 상태》

cy·an·o·type [saiǽnətàip] *n.* Ⓤ 청사진(법)(blueprint)

Cyb·e·le [síbəlìː] *n.* 퀴벨레 《Phrygia의 대지의 여신; the Great Mother라고 불리며 곡식의 결실을 표상; cf. RHEA》

cy·ber [sáibər] *a.* 컴퓨터와 관계 있는, 컴퓨터 (네트워크)의

cyber- [sáibər-] 《연결형》 「컴퓨터; 컴퓨터 네트워크」의 뜻

cy·ber·ca·fé [sáibərkæfèi] *n.* 사이버 카페, 인터넷 카페

cy·ber·cash [sáibərkæ̀ʃ] *n.* Ⓤ 전자 화폐 《컴퓨터 통신망 상에서 유통되는 화폐》

cy·ber·crime [sáibərkràim] *n.* 인터넷 상에서의 컴퓨터 범죄

cy·ber·nate [sáibərnèit] *vt.* (공정(工程)을 컴퓨터로) 자동 조절하다, 인공 두뇌화하다

cy·ber·na·tion [sàibərnéiʃən] [*cyber*netics+auto*mation*] *n.* Ⓤ 컴퓨터에 의한 자동 제어

cy·ber·net·ic, -i·cal [sàibərnétik(əl)] *a.* 인공 두뇌학의 **-i·cal·ly** *ad.*

cy·ber·net·ics [sàibərnétiks] *n. pl.* [단수 취급] 인공 두뇌학

cy·ber·porn [sáibərpɔ̀ːrn] *n.* 《속어》 사이버포르노, 인터넷 음란 외설물

cy·ber·punk [sáibərpʌ̀ŋk] *n.* 사이버펑크 《컴퓨터가 지배하는 미래 도시를 묘사한 공상 과학 소설》 **2** 《속어》 컴퓨터광(狂)(computer hacker)

cy·ber·sick·ness [-sìknis] *n.* 컴퓨터를 장시간 사용함으로 인해 생기는 메스꺼움

cy·ber·space [sáibərspèis] *n.* 사이버 스페이스 《cf. VIRTUAL REALITY》

cy·ber·squat·ter [-skwɑ̀tər | -skɔ̀t-] *n.* 〚컴퓨터〛 도메인 투기꾼

cy·ber·squat·ting [-skwɑ̀tiŋ | -skwɔt-] *n.* 〚컴퓨터〛 도메인 투기

cy·ber·stalk·ing [-stɔ̀ːkiŋ] *n.* 〚컴퓨터〛

사이버스토킹

cy·ber·ter·ror·ism [-tèrərizm] *n.* 〖컴퓨터〗 사이버테러리즘

cy·ber·ter·ror·ist [-tèrərist] *n.* 〖컴퓨터〗 사이버테러리스트

cy·borg [sáibɔːrg] [*cyb*ernetic+*org*anism] *n.* 사이보그 《특수한 환경에서도 살 수 있게 생리 기능의 일부가 기계에 의해 대행되고 있는 인간·생물체》

cy·cla·men [sáikləmən, sík-│sík-] [그 알뿌리가 둥근 모양(cycle)을 한 데서] *n.* 〖식물〗 시클라멘

‡**cy·cle** [sáikl] [Gk 「원」의 뜻에서] *n.* **1 순환(기), 주기**; 〖전기〗 사이클, 주파; 〖컴퓨터〗 사이클 **2 한 시대, 오랜 세월 3** (신화·전설 등의) 1단(團), 1군(群), 전체; 《특히》 일련의 사시(史詩)[전설] **4 자전거**(bicycle), 3륜차(tricycle), 오토바이 ***move in a*** ~ 주기적으로 순환하다
— *vi.* **1** 순환하다, 회귀(回歸)하다, 주기를 이루다 **2 자전거를 타다**[타고 가다], 자전거 여행을 하다

cy·cle·track [sáikltræ̀k] *n.* 자전거용 도로

cy·cle·way [-wèi] *n.* 《영》 = CYCLE-TRACK

cy·clic, -cli·cal [sáiklik(əl), sík-] *a.* **1** 순환기의; 주기적인 **2** (일련의) 사시(史詩)[전설]의 **cý·cli·cal·ly** *ad.*

‡**cy·cling** [sáikliŋ] *n.* Ⓤ **1 사이클링,** 자전거 타기 **2** 순환 운동

***cy·clist** [sáiklist] *n.* **자전거 타는 사람,** 자전거로 여행하는 사람

***cy·clone** [sáikloun] [Gk 「돌다」의 뜻에서] *n.* **1** 〖기상〗 **사이클론,** (인도양 등의) 열대성 저기압, 《일반적으로》 온대성 저기압 **2** 대폭풍[선풍]; 《미》 큰 회오리바람 **3** (원심 분리식) 집진(集塵) 장치

cy·clon·ic [saiklɑ́nik│-klɔ́n-] *a.* **1** 사이클론의 **2** 격렬한, 강렬한

Cy·clo·pe·an [sàikləpíːən] *a.* **1** Cyclops의[같은] **2** 거대한; 〖건축〗 거석(巨石)으로 쌓는 **3** 애꾸눈의

Cy·clops [sáiklɑps│-klɔps] *n.* (*pl.* **-clo·pes** [saiklóupiːz]) 〖그리스신화〗 키클롭스 《Sicily에 살았던 애꾸눈의 거인》

cy·clo·tron [sáiklətrɑ̀n│-trɔ̀n] *n.* 〖물리〗 사이클로트론 《원자 파괴를 위한 이온 가속 장치》

Cyg·nus [sígnəs] *n.* 〖천문〗 백조자리

cyl. cylinder; cylindrical

‡**cyl·in·der** [sílindər] [Gk 「구르다」의 뜻에서] *n.* **1 원통; 원주**(圓柱), 기둥, 통 **2** 실린더, 기통(汽筒), (펌프의) 통 **3** (회전식 권총의) 탄창 **4** 〖컴퓨터〗 실린더 《자기(磁氣) 디스크 기억 장소의 단위》

cyl·in·dered [sílindərd] *a.* [보통 복합어를 이루어] …기통의, …에 실린더가 달린: a six-~ car 6기통차

cy·lin·dri·cal [silíndrikəl], **-dric** [-drik] *a.* 원통 (모양)의 **-dri·cal·ly** *ad.*

***cym·bal** [símbəl] [동음어 symbol] *n.* [보통 *pl.*] 〖음악〗 **심벌즈** 《타악기》
~·ist, ~·er *n.* 심벌즈 연주자

Cym·ric [kímrik] *a.* 웨일스 사람[말]의
— *n.* Ⓤ 웨일스 말

***cyn·ic** [sínik] [Gk 「개 같은」의 뜻에서] *n.* **1 비꼬는 사람,** 빈정대는 사람 **2** [**C~**] 견유학파(犬儒學派)의 사람; [the C~s] 키니코스 학파, 견유학파
— *a.* **1** 비꼬는(cynical) **2** [**C~**] 견유학파적인

***cyn·i·cal** [sínikəl] *a.* **1 빈정대는,** 냉소적인(sneering) 《*about*》, 세상을 백안시하는 **2** [**C~**] 견유학파의 **~·ly** *ad.*

cyn·i·cism [sínisìzm] *n.* Ⓤ **1** 냉소, 비꼬는 버릇; 비꼬는 말 **2** [**C~**] 견유(犬儒) 철학, 시니시즘(cf. CYNIC *n.* 2)

cy·no·sure [sáinəʃùər, sín-│-zjùə] *n.* 《문어》 만인의 주목거리 《*of*》; 길잡이가 되는 것, 지침

Cyn·thi·a [sínθiə] *n.* **1** 〖그리스신화〗 킨티아 《달의 여신 Diana의 별명》 **2** 《시어》 달

cy·pher·punk [sáifərpʌ̀ŋk] *n.* 〖컴퓨터〗 사이퍼펑크 《수신자만이 알 수 있는 암호로 정보를 보내는 사람[프로그래머]》

***cy·press** [sáiprəs] *n.* **1** 〖식물〗 **사이프러스** 《편백나뭇과(科)의 상록 침엽수》; 그 재목 **2** 《시어》 (죽음의 상징으로서의) 사이프러스의 가지

Cy·prus [sáiprəs] *n.* 키프로스 《지중해 동부의 섬; 공화국; 수도 Nicosia》

Cy·re·ne [sairíːniː│-ni] *n.* **1** 키레네 《북아프리카 Cyrenaica 지방의 고대 그리스의 식민 도시》 **2** 〖그리스신화〗 키레네 《여자 사냥꾼》

Cy·ril·lic [sirílik] *a.* 키릴 문자의[로 쓰인] — *n.* Ⓤ 키릴 자모

cyst [sist] *n.* **1** 〖동물·식물〗 포낭(包囊), 피낭(被囊) **2** 〖병리〗 낭종(囊腫), 낭포(囊胞)

cyst·ic [sístik] *a.* **1** 포낭이 있는 **2** 〖해부〗 방광의; 담낭(gall bladder)의

cýstic fibrósis 〖병리〗 낭포성 섬유증

cys·ti·tis [sistáitis] *n.* Ⓤ 〖병리〗 방광염

cy·tol·o·gy [saitɑ́lədʒi│-tɔ́l-] *n.* Ⓤ 세포학

cy·to·plasm [sáitouplæ̀zm] *n.* 〖생물〗 세포질

czar [zɑːr] [Russ. =Caesar] *n.* **1** 황제, 군주 **2** [**C~**] 제정 러시아의 황제 **3** [종종 **C~**] 전제 군주(autocrat), 독재자; 권력자, 지도자

cza·ri·na [zɑːríːnə], **-rit·za** [-rítsə] *n.* (제정 러시아의) 황후

czar·ism [zɑ́ːrizm] *n.* Ⓤ 전제[독재] 정치 **czár·ist** *a., n.*

***Czech** [tʃek] [동음어 check] *n.* **1 체코 사람** 《주로 Bohemia와 Moravia에 사는 슬라브 족의 사람》 **2** 《혼히》 체코슬로바키아 사람; Ⓤ 체코 말 — *a.* 체코의; 체코 사람[말]의

Czech. Czechoslovakia(n)

Czech·o·slo·vak [tʃèkəslóuvɑːk│-væk] *n.* 체코슬로바키아 사람
— *a.* 체코슬로바키아 (사람)의

Czech·o·slo·vak·i·a [tʃèkəsl*ou*vɑ́ːkiə, -vǽk-] *n.* 체코슬로바키아 《유럽 중부의 구 공화국; 1993년 체코와 슬로바키아로 분리됨》

Czech·o·slo·vak·i·an [tʃèkəsl*ou*vɑ́ːkiən, -vǽk-] *a., n.* = CZECHOSLOVAK

D d

d, D [diː] *n.* (*pl.* **d's, ds, D's, Ds** [-z]) **1** 영어 알파벳의 제4자 **2** D자 모양(의 것) **3** 〖수학〗 제4의 기지수; 제4의 물건[사람] **4** (5 단계 평가에서) 가(可), D《최하위 합격 성적》 **5** 〖음악〗 라음, 라조 **6** (로마 숫자의) 500: *CD* = 400

D density; deuterium; diameter

d. date; daughter; dead; degree; delete; denarii 《L = pence》; denarius 《L = penny》; depart(s); diameter; died; dime; dividend; dollar(s); doses

D. December; Democrat(ic); Don; Duchess; Duke; Dutch

d' [d] *v.* do의 단축형

'd [d] *v.* **1** had, would, should의 단축형: I'*d* [aid] = I had[would, should] **2** [where, what, when 등 의문사 뒤에서] did의 단축형: When'*d* he start? = When did he start? 그는 언제 출발했니?

dab[1] [dæb] *v.* (**~bed**; **~·bing**) *vt.* **1** 가볍게 두드리다; 〈새 등이〉 가볍게 쪼다 **2** 살살 칠하다, 문지르다 《*on, onto, over*》 — *vi.* 가볍게 두드리다[스치다, 대다] — *n.* **1** 가볍게 두드림; (페인트·고약 등을) 칠하기[붙이기]; 천공(穿孔)[타인(打印)]기(機) **2** 《구어》 소량 **3** 《영·속어》 지문

dab[2] *n.* (*pl.* **~, ~s**) 〖어류〗 작은가자미 (flatfish)

***dab·ble** [dǽbl] *vt.* 〈물 등을〉 **튀기다**; 튀겨서 적시다 — *vi.* **1** 물을 **튀기다**, 물장난을 하다 **2** 취미[장난] 삼아 해보다 《*in, at, with*》

dab·bler [dǽblər] *n.* 물장난하는 사람; 장난 삼아 하는 사람

dab·chick [dǽbtʃìk] *n.* 〖조류〗 농병아리

DAC Development Assistance Committee 개발 원조 위원회 《OECD의 하부 기관》; digital-to-analog converter

da ca·po [dɑːkɑ́ːpou] [It. = (repeat) from the head] 〖음악〗 *ad.* 처음부터 (반복하라), 다카포 《略 D.C.》 — *a.* Ⓐ 다카포의

Dac·ca [dǽkə] *n.* 다카 《Bangladesh의 수도》

dace [deis] *n.* (*pl.* **~, ~s**) 〖어류〗 황어

dachs·hund [dɑ́ːkshùnt | dǽkshùnd] [G = badger dog] *n.* 닥스훈트 《사냥용 개》

Da·cron [déikrɑn, dǽk- | -krɔn] *n.* 데이크론 《셔츠·옷감 등의 합성 섬유의 일종; 상표명》; [*pl.*] 그것으로 만든 셔츠[옷 《등》]

dac·tyl [dǽktil] *n.* 〖시학〗 **1** (고전시의) 장단단격 《— ⏑ ⏑》 **2** (영시의) 강약약격(强弱弱格) 《´× ×》

****dad** [dæd] *n.* 《구어·소아어》 **아빠** (daddy); 아저씨 《낯선 사람에게》

DAD digital audio disc 디지털 오디오 디스크 《음향 프로그램을 담은 콤팩트 디스크》

Da·da(**·ism**) [dɑ́ːdɑː(ìzm)] *n.* Ⓤ 다다이즘 《문학·미술상의 허무주의》

Da·da·ist [dɑ́ːdɑːist] *n.* 허무주의적 예술가, 다다이스트 — *a.* 다다이스트의

***dad·dy** [dǽdi] *n.* (*pl.* **-dies**) 《구어》 **아버지** 《dad보다 더 친근한 표현》

dad·dy-long·legs [-lɔ́ːŋlègz | -lɔ́ŋ-] *n.* [단수·복수 취급] 〖곤충〗 소경거미 《harvestman의 속칭》; 꾸정모기 《crane fly의 속칭》

da·do [déidou] *n.* (*pl.* **~(e)s**) 〖건축〗 징두리 판벽; 기둥 밑동 《둥근 기둥 하부의 네모진 곳》

Dae·da·lus [dédələs | díːd-] *n.* 〖그리스신화〗 다이달로스 《Crete의 미로(迷路)를 만든 Athens의 명장(名匠)》

dae·mon [díːmən] *n.* = DEMON

****daf·fo·dil** [dǽfədìl] *n.* 〖식물〗 **수선화** 《Wales의 나라꽃》(cf. NARCISSUS)

daf·fy [dǽfi] *a.* (**-fi·er**; **-fi·est**) 《구어》 어리석은; 미친(crazy)

daft [dæft | dɑːft] *a.* 《영·구어》 어리석은, 얼간이의; 미친; 들떠서 떠들어대는 **~·ly** *ad.* **~·ness** *n.*

****dag·ger** [dǽgər] *n.* **단도**, 단검, 비수; 〖인쇄〗 칼표(obelisk) 《†》

at ~s drawn 서로 노려보고 《*with*》 ***look ~s at*** …을 노려보다

da·go, D- [déigou] *n.* (*pl.* **~(e)s**) 《구어·경멸》 스페인[포르투갈, 이탈리아] 사람

da·guerre·o·type [dəgέərətàip] [프랑스의 사진술 발명가의 이름에서] *n.*, *vt.* (옛날의) 은판(銀板) 사진(으로 찍다)

Dág·wood (**sàndwich**) [dǽgwud-] [미국의 신문 만화 *Blondie*에 나오는 남편; 그가 만드는 샌드위치의 이름] *n.* [종종 **d~**] 《미》 초대형 샌드위치

***dahl·ia** [dǽljə, dɑ́ːl- | déil-] [스웨덴의 식물학자 이름에서] *n.* 〖식물〗 **달리아**

Dail (**Eir·eann**) [dɔ̀il(-έərɔːn)] [the ~] 《아일》 아일랜드 공화국의 하원

****dai·ly** [déili] *a.* Ⓐ **1** **매일의**; 〈신문이〉 일간의; 일상의 **2** 매일 계산하는, 일당의 — *ad.* **매일, 날마다**(every day) — *n.* (*pl.* **-lies**) **1** 일간 신문 **2** 《영·구어》 통근하는 하녀, 파출부

dáily bréad [보통 one's ~] 생계, 나날의 양식

dáily dózen [원래 12종류로 이루어져 있었던 데서] 《구어》 (건강을 위해) 매일 하는 체조

****dain·ty** [déinti] [L 「품위」의 뜻에서] *a.* (**-ti·er**; **-ti·est**) **1** **섬약한**; 섬세한 **2** 《문어》 맛 좋은: ~ bits 맛있는 것, 진미 **3** **까다로운**; 《문어》 음식을 가리는 — *n.* (*pl.* **-ties**) 맛있는 것

dai·qui·ri [dáikəri] [쿠바 섬의 럼주(酒) 생산지 이름에서] *n.* 다이키리 《럼주·라임 주스·설탕·얼음을 섞은 칵테일》

⁑dair·y [dɛ́əri] [OE 「빵을 굽는 사람」의 뜻에서] *n.* (*pl.* **dair·ies**) **1** (농장 안의) **착유장**(搾乳場), 버터·치즈 제조장 **2 우유·버터 판매점** ― *a.* Ⓐ 우유의, 유제품의

dáiry càttle [집합적] 젖소(cf. BEEF CATTLE)

dáiry fàrm 낙농장

dair·y·ing [dɛ́əriiŋ] *n.* Ⓤ 낙농업

dair·y·maid [dɛ́ərimèid] *n.* 낙농장에서 일하는 여자

dair·y·man [-mən] *n.* (*pl.* **-men** [-mən]) 낙농장 일꾼; 낙농장 주인; 우유 장수

da·is [déiis] *n.* [보통 *sing.*] (홀·식당의) 단(壇), 높은 자리; (강당의) 연단(platform)

dai·sied [déizid] *a.* 《시어》 데이지가 피어 있는

⁑dai·sy [déizi] [OE의 「day's eye(태양)」의 뜻에서] *n.* (*pl.* **-sies**) **1** 〖식물〗 **데이지 2** 《속어》 일품(逸品), 아주 좋은 물건[사람]

(**as**) ***fresh as a ~*** 원기왕성하여, 발랄하여 ***push up daisies*** 《속어》 죽다(die); 죽어 파묻히다

― *a.* 훌륭한, 아주 좋은

― *ad.* 《미·속어》 굉장히

dáisy chàin 1 데이지 화환 **2** (사건·단계 등의) 연쇄 **3** 〖컴퓨터〗 데이지 체인 《컴퓨터와 주변 기기를 직렬로 이어 전송하기》

Da·kar [dəkɑ́ːr] *n.* 다카르 《Senegal의 수도》

Da·ko·ta [dəkóutə] *n.* **1** 다코타 《미국 중부의 지방; North Dakota, South Dakota 주로 나뉨; 略 Dak.》 **2** (*pl.* **~, ~s**) 다코타 족 《아메리칸 인디언의 한 종족》 **3** 다코타 말 《語》

Dal·ai La·ma [dɑ́ːlai-lɑ́ːmə] *n.* 달라이 라마 《티벳 라마교의 최고 지도자》

***dale** [deil] *n.* 《시어·북잉글》 (구릉지대 등에 있는 넓은) **골짜기**

dal·li·ance [dǽliəns] *n.* ⓊⒸ 《시어》 희롱, 장난, 애정 유희

dal·ly [dǽli] *v.* (**-lied**) *vi.* **1** 희롱하다, 갖고 놀다(toy) 《*with*》 **2** 빈둥빈둥 지내다; 우물쭈물하다

― *vt.* 〈시간 등을〉 낭비하다 《*away*》

⁑dam¹ [dæm] [동음어 damn] *n.* **댐**, 둑

― *vt.* (**~med**; **~·ming**) …에 댐을 만들다 《*up*》; 둑으로 막다 《*up*》; 〈감정 등을〉 억누르다 《*up*》

dam² *n.* (가축의) 어미 짐승; (cf. SIRE)

⁑dam·age [dǽmidʒ] [L 「해, 손상」의 뜻에서] *n.* **1** Ⓤ **손해**, 손상, 피해: do [cause] ~ to …에 손해를 끼치다 **2** [the ~] 《속어》 비용, 대가(cost) 《*for*》 **3** [*pl.*] 〖법〗 손해액, 배상금

― *vt.* **1 손해[피해]를 입히다 2** 〈명예 등을〉 손상시키다

dam·ag·ing [dǽmidʒiŋ] *a.* 손해를 끼치는, 해로운; (법적으로) 불리한 〈진술 등〉

Dam·a·scene [dǽməsìːn, ∸∸∸] *a., n.* Damascus의 (사람)

Da·mas·cus [dəmǽskəs] *n.* 다마스쿠스 《시리아의 수도》

dam·ask [dǽməsk] *n.* Ⓤ, *a.* **1** 다마스크 천(의) **2** 《시어》 장미색(의), 담홍색(의)

dámask róse 담홍색의 장미; 담홍색

***dame** [deim] [L 「여인」의 뜻에서] *n.* **1** 《고어·시어·익살》 **귀부인**(lady) **2** 《미·속어》 여자 **3** [**D~**] 《영》 baronet의 부인 《지금은 Lady》; [**D~**] 데임 《knight에 상당하는 작위를 받은 여인의 존칭》

dam·mit [dǽmit] *int.* 《구어》 제기랄 (damn it)

⁑damn [dæm] [동음어 dam] *vt.* **1** 〈비평가가〉 **헐뜯다**, 악평하다 **2** 〈하느님이 사람을〉 **영원히 벌주다**, 지옥에 떨어뜨리다 **3 저주하다**, 매도하다 **4** [분노·실망을 나타내어] 제기랄, 젠장 ― *vi.* **1** 저주하다, 매도하다 **2** 《속어》 제기랄

D~ [***God*** ***~***] ***it!*** 젠장, 제기랄! ***I'll be*** [***I am***] ***~ed if*** it is true[***if*** I do]. 천만에 그럴 리가 있나[내가 그런 짓을 할 리가 있나].

― *n.* **1** damn이란 말(을 하기) **2** 《구어》 [부정적으로] 조금도 ― *a.* Ⓐ 《속어》 = DAMNED: a ~ fool 지독한 바보 / a ~ lie 새빨간 거짓말 ― *ad.* 《속어》 = DAMNED: ~ cold 지독하게 추운

dam·na·ble [dǽmnəbl] *a.* **1** 가증한 **2** 저주받을 만한 **3** 《구어》 경칠 놈의, 지긋지긋한

dam·na·tion [dæmnéiʃən] *n.* Ⓤ **1** 저주, 욕설 **2** 지옥에 떨어뜨림[떨어짐], 천벌; 파멸(ruin) ― *int.* 제기랄, 젠장, 아차, 분하다!

dam·na·to·ry [dǽmnətɔ̀ːri | -təri] *a.* 저주의; 파멸적인; 비난의

***damned** [dæmd] *a.* (**~·er**; **~·est, dámnd·est**) **1 a** 〖신학〗 영겁의 정죄(定罪)를 받은, **저주받은 b** [the ~; 명사적; 복수 취급] 지옥의 망령들 **2** 《구어》 **넌더리나는**(odious); 《속어》 괘씸한, 얼토당토않은 ― *ad.* 《구어》 지독하게, 굉장히 《나쁜 뜻과 좋은 뜻으로 다 쓰임》

damn·ing [dǽmiŋ] *a.* 지옥에 떨어질; 〈죄가〉 파멸적인

Dá·mon and Pýthias [déimən-] 다몬과 피티아스 《고대 그리스에서 목숨을 걸고 맹세를 지킨 두 친구(cf. DAVID and Jonathan)》; 《일반적으로》 둘도 없는 친구, 절친한 친구

⁑damp [dæmp] [L 「습기」의 뜻에서] *a.* **축축한**, 습기찬 ― *n.* Ⓤ **1 습기**, 물기 **2** [보통 a ~] 의기소침; 낙담(시키는 것)

― *vt.* **1** 축축하게 하다 **2** [종종 ~ down] 〈불을〉 끄다; 〈소리를〉 약하게 하다; 〖음악〗 〈현의〉 진동을 멈추다 **3** 〈기를〉 꺾다, 풀죽게 하다 ― *vi.* **1** 축축해지다 **2** 〖전기〗 〈진폭이〉 감소되다

dámp còurse 벽 속의 방습층

damp·en [dǽmpən] *vt.* 축축하게 하다, 축이다; 〈기·열의 등을〉 꺾다

damp·er [dǽmpər] *n.* **1** 기를 꺾는 것; 야유: cast[put] a ~ on …의 기를 꺾다 **2** (피아노의) 지음기(止音器), (바이올린 등의) 약음기; (자동차 등의) 댐퍼(shock absorber); (전기 난로의) 통풍 조절기

dámp squíb 《영·구어》 실패로 끝난 기도
dam·sel [dǽmzəl] [L「젊은 숙녀(dame)」의 뜻에서] *n.* 《고어·문어》 처녀
dam·sel·fish [dǽmzəlfìʃ] *n.* 〚어류〛 자리돔
dam·sel·fly [dǽmzəlflài] *n.* (*pl.* **-flies**) 〚곤충〛 실잠자리
dam·son [dǽmzən] *n.* 〚식물〛 서양자두(나무)
Dan [dæn] *n.* 남자 이름 《Daniel의 애칭》
Dan. Daniel; Danish
‡**dance** [dæns | dɑːns] *vi.* **1** 춤추다 **2** 뛰어 돌아다니다: ~ *up* and *down* 깡충깡충 뛰어 돌아다니다 **3** 흔들리다; 〈심장·혈액 등이〉 약동[고동]하다
— *vt.* **1** 〈춤을〉 추다, 〈댄스를〉 하다 **2** 춤추게 하다; 〈아이를〉 어르다(dandle) **3** 춤추어 (어떤 상태에) 이르게 하다
~ ***attendance on*** [***upon***] a person …의 비위를 맞추다 ~ one***self into*** a person***'s favor*** 춤을 추어 …의 마음에 들게 하다, 알랑거려 …의 마음에 들다
— *n.* **1** 댄스, 무용: social ~ 사교댄스 **2** 댄스[무도]곡 **3** 댄스파티, 무도회
dance·a·ble [dǽnsəbl | dɑ́ːns-] *a.* 〈음악 등이〉 댄스에 알맞은, 댄스용의
dánce hàll 댄스홀
‡**danc·er** [dǽnsər | dɑ́ːns-] *n.* 춤추는 사람; 댄서, (전문적인) 무용가
danc·er·cise [dǽnsərsàiz | dɑ́n-] *n.* 댄서사이즈 《운동으로서 추는 춤》
‡**danc·ing** [dǽnsiŋ | dɑ́ːnsiŋ] *n.* Ⓤ 댄스(연습), 무도(법)
∗**dan·de·li·on** [dǽndəlàiən] [OF「사자의 이빨」의 뜻에서; 민들레의 잎 모양에서] *n.* 〚식물〛 민들레
dan·der [dǽndər] *n.* Ⓤ **1** (머리의) 비듬 **2** 《구어》 분통, 분노 ***get*** one***'s*** [a person***'s***] ~ ***up*** 화내다[…을 화나게 하다]
dan·di·fied [dǽndəfàid] *a.* 멋부린, 잔뜩 치장한
dan·dle [dǽndl] *vt.* 〈아이를〉 흔들어 어르다; 달래다; 귀여워하다
dan·druff [dǽndrəf], **-driff** [-drif] *n.* Ⓤ (머리의) 비듬
∗**dan·dy** [dǽndi] *n.* (*pl.* **-dies**) **1** 멋쟁이 (남자), 맵시꾼(fop) **2** 《구어》 훌륭한[멋진] 것 — *a.* (**-di·er**; **-di·est**) 《구어》 훌륭한, 굉장한
dándy brùsh 말빗 《고래뼈로 만든 말 솔》
∗**Dane** [dein] *n.* **1** 덴마크 사람 **2** [the ~s] 〚역사〛 데인 족 《9-11세기에 영국에 침입한 북유럽 사람》; 데인 족 사람
‡**dan·ger** [déindʒər] [OF「(군주의) 권력, 해를 가할 수 있는 힘」의 뜻에서] *n.* **1** ⓊⒸ 위험 (상태); 위험성 《*of*》 **2** 위험한 것[사람, 일], 위협 《*to*》 ***D~ past, God forgotten.*** 《속담》 뒷간에 갈 적 마음 다르고 올 적 마음 다르다. ***in*** ~ 위험[위독]하여: *in* ~ of life [being fired] 생명의[해고 당할] 위험이 있어 ***out of*** ~ 위험을 벗어나
dánger mòney 《영》 위험 수당
‡**dan·ger·ous** [déindʒərəs] *a.* **1** 위험한, 위태로운 **2** 〈사람·동물 등이〉 위해를 가할 것 같은 《*to*》
∗**dan·ger·ous·ly** [déindʒərəsli] *ad.* 위험하게, 위태롭게
∗**dan·gle** [dǽŋgl] *vi.* **1** (달랑달랑) 매달리다 **2** 〈남의 꽁무니를〉 따라다니다 《*about, after, round*》 — *vt.* 매달다; 〈유혹물을〉 달랑거려 보이다
dángling párticiple 〚문법〛 현수(懸垂) 분사 《문장의 주어와 문법적으로 결합되지 않은 채 쓰인 분사》
Dan·iel [dǽnjəl] *n.* **1** 남자 이름 **2** 〚성서〛 다니엘 《유대의 예언자 이름》; (구약성서 중의) 다니엘서 **3** (다니엘 같은) 명재판관
∗**Dan·ish** [déiniʃ] *a.* 덴마크 (사람[말])의, 데인 사람[족]의 — *n.* Ⓤ 덴마크 말
dank [dæŋk] *a.* 축축한, 습기찬(damp)
dánk·ness *n.*
Dan·ny [dǽni] *n.* 남자 이름 《Daniel의 애칭》
Dan·te [dɑ́ːntei, dǽnti] *n.* 단테 ~ **Alighieri** [àːligjɛ́əri] (1265-1321) 《이탈리아의 시인; 「신곡(神曲)」의 작가》
∗**Dan·ube** [dǽnjuːb] *n.* [the ~] 다뉴브강 《독일 남서부에서 시작하여 흑해로 들어감; 독일명 Donau》
Daph·ne [dǽfni] *n.* **1** 여자 이름 **2** 〚그리스신화〛 다프네 《Apollo에게 쫓기어 월계수로 변한 요정》 **3** [**d~**] 〚식물〛 서향나무
dap·per [dǽpər] *a.* 날씬한, 말쑥한 《*in*》; 작고 민첩한; 활기 있는
dap·ple [dǽpl] *a.* 얼룩진
— *n.* 얼룩, 얼룩배기; 얼룩배기의 동물
— *vt., vi.* 얼룩지(게 하)다
dap·pled [dǽpld] *a.* 얼룩(배기)의
dap·ple-gray | **-grey** [dǽplgréi] *a., n.* 회색에 검은 얼룩이 박힌 (말)
Dár·by and Jóan [dɑ́ːrbi-] [민요 중의 노부부에서] 의좋은 늙은 부부
Dar·da·nelles [dàːrdənélz] *n.* [the ~] 다르다넬스 해협 《마르마라(Marmara) 해와 에게(Aegean) 해를 잇는 유럽·아시아 대륙 간의 해협》(cf. HELLESPONT)
‡**dare** [dɛər] [OE「용감하다」의 뜻에서] *v.* (**~d,** 《고어·방언》 **durst** [dəːrst]; **~d**) *auxil. v.* 감히 …하다, 뱃심 좋게[겁내지 않고, 건방지게도] …하다(venture): He *~n't* do it. 그는 그럴 용기가 없다. ***I ~ say ...*** 아마 …일 것이다(maybe); 그럴거야 《종종 반어적》
— *vt.* **1** 감히 …하다, 뱃심 좋게[건방지게도] …하다 **2** 모험적으로 해보다, 〈위험을〉 무릅쓰다 **3** 도전하다 — *vi.* (…할) 용기가 있다 — *n.* 도전(challenge)
dare·dev·il [dɛ́ərdèvəl] *a.* Ⓐ, *n* 물불을 가리지 않는[무모한] (사람)
∗**dare·n't** [dɛ́ərnt] dare not의 단축형
dare·say [dɛ̀ərséi] *v.* 《주로 영》 [I ~로] = I DARE say
‡**dar·ing** [dɛ́əriŋ] *n.* Ⓤ 모험적인 기상[용기]; 대담성; 참신함· — *a.* 대담한; 앞뒤를 헤아리지 않는; 참신한
Dar·jee·ling [dɑːrdʒíːliŋ] *n.* **1** 다르질링 《인도의 피서지》 **2** 다르질링차(= ~ **téa**)
‡**dark** [dɑːrk] *a.* **1** 어두운, 캄캄한(opp. *clear, light*) **2** 〈피부·눈·머리칼이〉 거무스름한; 〈색이〉 진한 **3** 〈뜻이〉 애

매한, 모호한 **4** 비밀의, 숨은 **5** 우둔한, 몽매한 **6** 뱃속 검은, 음흉한 **7** 광명이 없는, 음울한 **8** 〈얼굴빛 등이〉 우울한 **9** 〖음성〗 〈[l]음이〉 흐린, 탁한

— *n.* Ⓤ **1** [the ~] **어둠**; **암흑** **2** [관사 없이] 밤, 저녁께 **3** 〖미술〗 어두운 색, 음영 ***after*** [***before***] ~ 어두워진 뒤에[지기 전에] ***at*** ~ 저녁녘에 ***in the*** ~ 어두운 데에(서); 모르고; 비밀로; 무지하여

Dárk Áges [the ~] 암흑 시대 《서로마 제국의 멸망(476년)부터 1000년경까지의 유럽 시대; 넓게는 중세(the Middle Ages) 전체》

*__dark·en__ [dá:rkən] *vt.*, *vi.* **어둡게 하다**[**되다**]; 희미하게 하다[되다]; 음침[음울]하게 하다[되다]

dárk hórse 다크호스 《경마에서 실력 미지수의 말》; (경기·선거 등에서) 의외의 강력한 경쟁 상대

dark·ie [dá:rki] *n.* = DARKY

dark·ish [dá:rkiʃ] *a.* 어스레한; 거무스름한

dark·ling [dá:rkliŋ] *ad.*, *a.* 《문어》 어스름[어둠] 속에[의]

*__dark·ly__ [dá:rkli] *ad.* **1 어둡게**; 거무스름하게 **2 음울하게**; 험악하게 **3 모호하게**; 희미하게 **4** 은밀히, 남몰래

look ~ 음울[험악]한 얼굴을 하다 《*at*》

⁑**dark·ness** [dá:rknis] *n.* Ⓤ **1 암흑**, **어둠** **2 무지**, 맹목 **3** 흑심(黑心) **4** 불명료, 모호

dark·room [dá:rkrù(:)m] *n.* 〖사진〗 암실

dark·y [dá:rki] *n.* 《구어·경멸》 검둥이, 흑인

⁑**dar·ling** [dá:rliŋ] *n.* **가장 사랑하는**[**귀여워하는**] **사람**, 사랑스런[귀여운] 사람

— *a.* Ⓐ 가장 사랑하는, 마음에 드는; 매력적인 《주로 여성어》

*__darn¹__ [da:rn] *vt.*, *vi.* 〈구멍을〉 **꿰매다**, 짜깁다, 감치다 — *n.* 꿰매기, 기움질, 짜깁기; 꿰맨 자리

darn² *v.*, *n.*, *a.*, *ad.* 《구어·완곡》 = DAMN

darned [da:rnd] *a.*, *ad.* 《구어·완곡》 = DAMNED

dar·nel [dá:rnl] *n.* 〖식물〗 독(毒)보리

darn·ing [dá:rniŋ] *n.* Ⓤ (해진 구멍의) 짜깁기; 꿰맨[꿰맬] 것

dárning nèedle 짜깁기 바늘

*__dart__ [da:rt] *n.* **1 a 던지는** (**화**)**살**, 다트 **b** [*pl.*; 단수 취급] 화살던지기 《실내 놀이》 **2** [a ~] 급격한 돌진 **3** 〖양재〗 다트

— *vt.* **1** 〈시선·빛·화살 등을〉 던지다, 쏘다; 발(사)하다 《*forth*》 **2** 〈의복에〉 다트를 달다 — *vi.* (던진 화살처럼) 날아가다 《*out*, *into*, *past*, etc.》; 돌진하다 《*forward*》

dart·board [dá:rtbɔ̀:rd] *n.* 다트판 《화살 던지기의 과녁판》

Dart·moor [dá:rtmùər] *n.* **1** 다트무어 《영국 Devon 주의 바위가 많은 고원》 **2** (그 곳의) 다트무어 교도소

Dart·mouth [dá:rtməθ] *n.* 다트머스 《영국 Devon 주의 항구》

Dar·win [dá:rwin] *n.* 다윈 **Charles** ~ (1809-82) 《영국의 박물학자; 진화론 제창자》 **~·ìsm** *n.* Ⓤ 다윈설, 진화론 **~·ist** *n.*, *a.* 다윈설의 (신봉자)

*__Dar·win·i·an__ [da:rwíniən] *a.* **다윈의**; 다윈설의 — *n.* 다윈설의 신봉자

⁑**dash** [dæʃ] *vt.* **1 내던지다**(fling, hurl) 《*to*, *against*; *away*, *off*, *out*, *down*》; (때려) 부수다 **2** 〈물 등을〉 끼얹다 《*in*, *over*》; 튀기다 《*with*》 **3** 〈희망 등을〉 꺾다; 낙담시키다 **4** 〈액체 등의 소량을〉 …에 타다, 가미하다 《*with*》

— *vi.* **1 돌진하다** 《*along*, *forward*, *off*, *on*, etc.》 **2** (세차게) **충돌하다** 《*against*, *into*, *upon*》 **3** 급히[단숨에] 하다

D~ it! 제기랄! (Damn it!) ~ ***off*** 급히 떠나다, 돌진하다; 〈문장·그림·편지 등을〉 단숨에 쓰다[그리다]

— *n.* **1** [the ~] (액체가) 세차게 부딪치는 소리 **2** [a ~] **돌진**, 돌격(onset) 《*at*》; [보통 *sing.*] (단거리의) 경주 **3 충돌**; (기운·희망 등을) 꺾는 일[것], 장애 **4** 주입(infusion); 소량, 소량의 가미(加味) **5** 단숨에 써내림, 필세(筆勢) **6** 대시 《—》 **7** Ⓤ 기세, 기운(vigor); 당당한 기세[풍채]

at a ~ 단숨에 ***in a*** ~ 서둘러

dash·board [dǽʃbɔ̀:rd] *n.* **1** (마차·썰매의) 진흙[눈]받이 **2** (자동차·비행기의) 계기반(計器盤), 대시보드

*__dash·ing__ [dǽʃiŋ] *a.* **1 기세 좋은**, 생기 있는 **2** 위세 당당한, 화려한 **~·ly** *ad.*

DAT differential aptitude test 적성 판별 검사; digital audiotape 디지털 오디오 테이프 《원음과 가깝게 녹음·재생을 하는》

dat. dative

⁑**da·ta** [déitə, dǽtə] *n. pl.* **1** [복수, 또는 단수 취급] **데이터**, 자료; (관찰·실험으로 얻은) 사실, 지식, 정보 **2** [보통 단수 취급] 〖컴퓨터〗 데이터

— *vt.* 《미》 정보를 수집하다

dáta bànk 데이터 뱅크 《컴퓨터용 정보와 그 축적·보관 및 제공 기관》

da·ta·base [-bèis] *n.* 데이터베이스 《컴퓨터 정보의 축적 및 이 정보의 제공 서비스》

dat·a·ble [déitəbl] *a.* 시일을 추정[측정]할 수 있는

dáta càpture[**collèction**] 〖컴퓨터〗 데이터 수집

dáta ìnterchange fórmat file 〖컴퓨터〗 데이터 교환 형식 파일 《DIF file이라고도 함》

dáta pròcessing 〖컴퓨터〗 데이터 처리, 정보화 과정 《略 DP》

dáta retríeval 〖컴퓨터〗 데이터 검색

⁑**date¹** [deit] [L 「주어진 (것)」의 뜻에서; 고대 로마에서 편지 서두에 *data Romae*(로마에서 주어진)라고 썼던 데서] *n.* **1 날짜**, (연)월일 **2** 《구어》 **만날 약속**, **데이트** 《특히 이성과의 약속》 **3** 《미·구어》 데이트의 상대 **4** 연대, 시대 **5** (정해진) 기일, 기한

(***down***) ***to*** ~ 이날까지, 지금[현재]까지 ***out of*** ~ 시대에 뒤떨어진, 구식의 ***up*** [***down***] ***to*** ~ (1) 이날[오늘날]까지(의) (2) 최신식으로[의], 현대적으로[인] (3) (시대 등에) 뒤지지 않고

— *vt.* **1** (편지·문서에) **날짜를 기입하다**;

D

〈사건·미술품 등에〉 날짜[연대]를 매기다 **2** 〈…을〉 시대에 뒤지게 하다 **3** 《미·구어》 〈이성과〉 만날 약속을 하다, …와 데이트하다 — *vi.* **1** 《미》 〈편지가〉 날짜가 적혀 있다 **2** (…부터) 시작되다, 기산(起算)되다 **3** 〈예술·문체 등이〉 특정 시대의 것이라고 인정되다 **4** 《미·구어》 (이성과 만날) 약속을 하다
~ back (…으로) 소급하다 《*to*》

date[2] [L 「손가락」의 뜻에서; 모양이 비슷하다 해서] *n.* 대추야자(의 열매)

dat·ed [déitid] *a.* **1** 날짜가 있는[적힌] **2** 시대에 뒤진, 구식의 **~·ness** *n.*

date·less [déitlis] *a.* **1** 날짜가 없는; 연대[시기]를 알 수 없는 **2** 《시어》 무한의 (endless); 태곳적부터의 **3** 불후의, 언제나 흥미 있는 **4** (이성의) 교제 상대(date)가 없는

date·line [déitlàin] *n.* 날짜 기입선 《편지·신문·잡지 등의 발신지와 날짜 등을 기입하는 난》 — *vt.* 〈기사 등에〉 발신지와 날짜를 기입하다

dáte lìne [the ~] 날짜 변경선 《동경 또는 서경 180도의 자오선》

dáte pàlm 〖식물〗 대추야자

dat·er [déitər] *n.* **1** 날짜 찍는 사람[기구], 날짜 스탬프 **2** 《구어》 데이트하는 사람

da·tive [déitiv] [L 「주어진」의 뜻에서] *n.* 〖문법〗 여격 《명사·대명사가 간접목적어로 되어 있을 때의 격: I gave *him* an apple. 에서의 him》 — *a.* 〖문법〗 여격의

***da·tum** [déitəm, dǽt-] [L 「주어진」의 뜻에서] *n.* (*pl.* **-ta** [-tə]) **자료** 《보통 복수형인 data를 씀》; 논거

daub [dɔːb] [L 「석회 도료를 바르다」의 뜻에서] *vt.* **1** 〈도료 등을 흠뻑〉 바르다, 칠하다 《*with*》 **2** 더럽히다 — *vi.* 《구어》 서투른 그림을 그리다 — *n.* **1** 바르기; 더러움 (smear) **2** 도료 **3** 서투른 그림

daub·er [dɔ́ːbər] *n.* **1** 칠하는 사람, 미장이 **2** 칠하는 솔[도구]

*** **daugh·ter** [dɔ́ːtər] *n.* **1** 딸(opp. *son*); (어떤 나라·장소 등의) 부녀자 **2** (사람·사건·시대의 정신적[지적] 소산인) 여자; …이 낳은 여성 《*of*》 — *a.* 딸로서의, 딸다운

dáughter élement 〖물리〗 딸원소 《방사성 원소의 붕괴에 의하여 생기는》

daugh·ter-in-law [dɔ́ːtərinlɔ̀ː] *n.* (*pl.* **daugh·ters-**) **1** 며느리 **2** 《속어》 = STEPDAUGHTER

dáughter lànguage (특정한 언어에서 발전해 나간) 파생 언어

daugh·ter·ly [dɔ́ːtərli] *a.* 딸로서의, 딸다운

***daunt** [dɔːnt] [L 「길들이다, 복종시키다」의 뜻에서] *vt.* **위압하다**; (한)풀을 꺾다, 기세[기운]를 꺾다
nothing ~ed 《문어》 조금도 굽히지 않고

***daunt·less** [dɔ́ːntlis] *a.* **겁없는**, 꿈쩍도 않는, 담대한, 불굴의 **~·ly** *ad.* **~·ness** *n.*

Dave [deiv] *n.* 남자 이름 《David의 애칭》

dav·en·port [dǽvənpɔ̀ːrt] [그 제작자의 이름에서] *n.* **1** 《영》 소형 책상 《경첩 달린 뚜껑을 열면 책상이 되는》 **2** 《미》 (침대 겸용의) 대형 소파

Da·vid [déivid] *n.* **1** 남자 이름 《애칭 Dave, Davy; 略 Dav.》 **2** 〖성서〗 다윗 《이스라엘 제2대 왕, 시편의 시의 작자》 **3** [St. ~] 성 다윗 《Wales의 수호 성인; 축일은 3월 1일》
~ and Jonathan 〖성서〗 막역한 친구

da Vin·ci [dəvíntʃi] *n.* 다빈치 **Leonardo ~** (1452-1519) 《이탈리아의 화가·조각가·건축가·과학자》

Da·vis [déivis] *n.* 남자 이름

Dávis Cúp **1** 데이비스컵 《1900년 미국의 정치가 D. F. Davis가 영미 테니스 시합(후에 국제 선수권 시합이 됨)을 위해 기증한 우승배》 **2** [the ~] 데이비스컵전

da·vit [dǽvit, déivit] *n.* 〖항해〗 (보트·닻을) 달아올리는 기둥, 대빗

Da·vy [déivi] *n.* 남자 이름 《David의 애칭; Davey, Dave라고도 함》

daw·dle [dɔ́ːdl] *vi.* 빈둥빈둥 시간을 보내다 《*along, over*》 — *vt.* 〈시간을〉 낭비하다 《*away*》 **-dler** *n.* 굼벵이, 게으름뱅이

*** **dawn** [dɔːn] *n.* Ⓤ **1** **새벽**, **동틀녘**, 여명(daybreak) **2** [the ~] (일의) 시초, 조짐, 서광 《*of*》
at ~ 새벽녘에 ***from ~ till dusk***[***dark***] 새벽부터 해질 때까지
— *vi.* **1** **날이 새다**, 〈하늘이〉 **밝아지다** **2** (서서히) 발달하기 시작하다; 〈사물이〉 **나타나기 시작하다**, 보이기 시작하다 **3** 〈일이 …에게〉 이해되기 시작하다 《*on, upon*》

*** **day** [dei] *n.* **1** **하루**, 날, 일주야 **2** Ⓤ **낮**, 해가 떠 있는 동안 **3** (노동[근무] 시간의) 하루 **4** [종종 **D~**] **기념일**, **축제일**; 특정일, 기일 **5** [종종 *pl.*] **시대**, 시절; [the ~] 그 시대, 당시; 현대 **6** [보통 the ~, one's ~] (사람의) **전성기**[**시대**]; [종종 *pl.*] 일생 **7** [the ~] 어느 날의 일, 《특히》 싸움, 승부, 승리
all ~ (***long***) = ***all the ~*** 하루 종일, 온종일 ***any ~*** (1) 언제든 (2) 《구어》 어떠한 조건[경우]이든, 어떻게든 (***as***) ***clear as ~*** 대낮처럼 밝은; 아주 명백한 ***by ~*** 해 있을 때는, 낮에는(opp. *by night*) ***by the ~*** 하루 단위로 〈일하다·지불하다 등〉 ***~ and night*** = ***night and ~*** 밤낮, 자지도 쉬지도 않고 ***~ by ~*** 매일매일; 날마다(daily) ***~ in, ~ out*** = ***~ in and ~ out*** 날이면 날마다 (every day) ***from ~ to ~*** = DAY by day ***have a ~ off*** 〈근로자 등이〉 하루 쉬다 ***Have a nice ~!*** 좋은 하루를! 《헤어질 때의 인사》 ***have*** one***'s ~*** 한때를 만나다, 전성기가 있다 ***not have all ~*** 《구어》 꾸물거릴 수 없다, 시간이 없다 ***one of these*** (***fine***) ***~s*** 근일 중에, 근간에 ***That'll be the ~.*** 《구어·익살》 그렇게 된다면야, 설마 (그럴 수 있을까), 그런 것은 (도저히) 믿을 수 없다. ***to this*** [***that***] ***~*** 오늘날[그 당시]까지 ***without ~*** 무기한으로

day·bed [déibèd] *n.* 소파 겸용의 침대

day·book [-bùk] *n.* **1** 일기 **2** 〖부기〗 거래 일기장

dáy bòy 《영》 (기숙제 학교의) 남자 통학생

** **day·break** [déibrèik] *n.* Ⓤ 새벽 (dawn)

dáy càre 데이 케어 《미취학 아동·고령자·신체 장애자 등을 주간만 돌봐주는 일》

day-care [-kὲər] *a.* Ⓐ 주간 탁아(소)의, 보육의
dáy còach 《미》 보통 객차(cf. CHAIR CAR)
***day·dream** [déidrìːm] *n.* **백일몽**, 공상 — *vi.* 공상에 잠기다 **~·er** *n.*
dáy gìrl 《영》 (기숙제 학교의) 여자 통학생
dáy làborer 날품팔이, 일급쟁이
dáy lètter 《미》 주간 보통 전보
‡**day·light** [déilàit] *n.* Ⓤ **1 일광**, 빛(light); 낮(daytime); 새벽(dawn) **2** (똑똑히 보이는) 틈, 간격 **3** [*pl.*] 《속어》 의식, 제정신 — *a.* 낮 동안의
— *vt.* …에 햇빛을 쬐다
— *vi.* 햇빛을 쬐다
dáylight sáving 일광 절약[이용] 《여름에 시계를 1시간 앞당겨 낮을 많이 이용하는 제도》
dáylight sáving tìme 일광 절약 시간, 서머타임 《略 DST; 《영》 summer time》
day·long [déilɔ̀ːŋ | -lɔ̀ŋ] *ad.*, *a.* 종일(의)
dáy nùrsery 탁아소
dáy óff 《구어》 비번(非番), 휴일
day·room [déirùːm] *n.* (기숙제 학교·군대·병원 등의 독서 등도 가능한) 주간 오락실
days [deiz] *ad.* 《미·구어》 (언제나) 낮에(는)
dáy schòol 사립 통학제 학교(opp. *boarding school*); 주간 (초·중등) 학교(opp. *night school*)
dáy shìft 1 (공장 등의) 주간 근무 **2** [집합적] 주간 근무자[반]
day·star [-stὰːr] *n.* **1** 샛별(morning star) **2** [the ~] 《시어》 낮의 별 《태양》
dáy stùdent (기숙제 학교의) 통학생
dáy tìcket 《영》 당일 통용의 할인 왕복 요금표
‡**day·time** [déitàim] *n.* **낮**, **주간**: in the ~ 주간에, 낮 동안에(opp. *at night*)
— *a.* Ⓐ 낮[주간]의: ~ burglaries 백주의 강도
day-to-day [-tədéi] *a.* Ⓐ **1** 나날의, 일상의 **2** 그날그날 살아가는
day-trip [déitrìp] *vi.* 《영》 당일치기로 여행하다 **~·per** *n.*
‡**daze** [deiz] [ON 「피곤해지다」의 뜻에서] *vt.* **멍하게 하다**; 눈부시게 하다; 어리둥절케하다
— *n.* [a ~] 현혹; 어리둥절한 상태
daz·ed·ly [déizidli] *ad.* 눈이 부셔, 멍하니
‡**daz·zle** [dǽzl] [daze의 반복형] *vt.* **1** 눈부시게 하다 **2** 현혹시키다
— *n.* ⓊⒸ 현혹; 눈이 부신 빛
***daz·zling** [dǽzliŋ] *a.* **눈부신**; 현혹적인 **~·ly** *ad.*
dB, db decibel(s)
DB 〖컴퓨터〗 database
DC 〖음악〗 da capo; 〖컴퓨터〗 data communication 컴퓨터 통신; direct current; District Court; District of Columbia
d.c. direct current
DD Doctor of Divinity
DDT [díːdìːtíː] *n.* 〖약학〗 디디티 《살충제》
DE 《미》 〖우편〗 Delaware

de- [diː, di, də] *pref.* **1** down from, down to의 뜻 **2** off, away, aside의 뜻 **3** entirely, completely의 뜻 **4** bad의 뜻 **5** un-의 뜻
***dea·con** [díːkən] *n.* 〖영국국교·가톨릭〗 **부제**(副祭); 〖그리스정교〗 보제(補祭); (장로 교회 등의) **집사**
dea·con·ess [díːkənis] *n.* (기독교의) 여자 집사; (기독교의) 자선 사업 여성 회원
‡**dead** [ded] *a.* **1 죽은**; **말라 죽은 2** Ⓐ **생명이 없는 3** (죽은 것처럼) **움직이지 않는**; 무감각한 **4** 생기[기력, 활기]가 없는; 〈소리·빛깔·빛 등이〉 흐릿한, 침침한 **5** Ⓐ 〈말 등이〉 **스러진**, 무효의 **6** 쓸모없는, 비생산적인 **7** 출입구가 없는, 〈앞이〉 막힌 **8** Ⓟ 《구어》 (죽은 것처럼) 기진맥진한, 녹초가 된 **9** Ⓐ (죽음같이) 필연적인, 틀림없는, 정확한 **10** Ⓐ 전적인, 완전한, 철저한 **11** 〈전지 등이〉 끊어진, 다 된; 〈전선 등이〉 전류가 통해 있지 않은 **12** 형식만의, (정신적으로) 무의미한
~ and gone 죽어 버려서 ***D~ men tell no tales.*** 《속담》 죽은 사람은 말이 없다. 《비밀을 아는 자는 죽이라는 뜻》 ***~ to*** … 에 무감각한
— *ad.* **1** 《구어》 **완전히 2** 똑바로; 정면으로; 꼭 **3** 갑자기, 느닷없이
— *n.* **1** [the ~; 보통 집합적; 복수 취급] **죽은 사람**; 고인 **2 죽은 듯이 고요한 때**
at* (*the*) *~ of night 한밤중에
dead·beat[1] [dédbìːt] *n.* **1** 《속어》 게으름뱅이, 부랑자; 기식자 **2** 《미·속어》 빚[대금]을 떼어먹는 사람
deadbeat[2] *a.* 〖시계〗 직진식(直進式)의; 〖기계〗 속시(速示)의
déad béat 《구어》 녹초가 된; 참패한
déad cénter [the ~] (선반(旋盤)의) 부동 중심
déad dúck 《속어》 가망 없는 사람[것]
dead·en [dédn] *vt.* **1** 〈활기·감수성·감정 등을〉 약하게 하다, 무감각하게 하다 **2** 〈소리·고통·광택·향기 등을〉 지우다, 덜다, 둔하게 하다; 〈술 등의〉 김을 빼다 **3** 〈속력을〉 늦추다
déad énd 1 (관(管) 등의) 막힌 끝; 막다른 골목 **2** (행동·상황 등의) 막다름, 막힘, 궁지
dead-end [dédénd] *a.* Ⓐ **1** 막다른: a ~ street 막다른 길 **2** 발전성[장래성]이 없는; 밑바닥 생활의: a ~ kid 빈민가의 비행 소년
dead·eye [dédài] *n.* 〖항해〗 삼공 활차(三孔滑車)
dead·fall [-fɔ̀ːl] *n.* 《미》 **1** (무거운 것을 떨어뜨려 짐승을 잡는) 함정 **2** (숲속의) 쓰러진 나무
déad hánd 1 〖법〗 = MORTMAIN **2** (현재[생존자]에 대한) 과거[죽은 자]의 압박감
dead·head [-hèd] *n.* **1** 《미》 (우대권·초대권을 가진) 무료 입장자[승객]; 회송(열)차[버스, 비행기] **2** 《미·구어》 무용지물, 무능한 사람 — *vi.*, *vt.* 〈차를〉 회송하다
déad héat (두 사람 이상의 경기자가 동시에 골인하는) 무승부
déad létter 1 (법률 등의) 사문(死文), 공문(空文) **2** 배달 불능 우편물

D

*__dead·line__ [dédlàin] *n.* **1** 《미》 **사선**(死線) **2** (신문·잡지의) **원고 마감 시간**; 최종 기한

déad lóad 〖건축·철도〗 정[사]하중(靜[死]荷重), 자중(自重)

*__dead·lock__ [dédlɑ̀k | -lɔ̀k] *n.* **1 막다른 골목**; 정돈(停頓) **2** 이중 자물쇠 **3** 〖컴퓨터〗 정치, 교착 《두 개의 작업을 동시에 진행할 때 발생하는》

déad lóss 1 (보상 받을 수 없는) 순전한 손실 **2** 전혀 쓸모없는 사람[것]

‡**dead·ly** [dédli] *a.* (**-li·er**; **-li·est**) **1 치명적인**, 치사의 **2** Ⓐ 죽음[죽은 사람]과 같은(deathlike) **3** 살려둘 수 없는 〈적 등〉; 집념이 강한 **4** 매우 효과적인 《*against*》 **5** 《구어》 심한 **6** Ⓐ 〖신학〗 〈죄악이〉 지옥에 갈 정도의 **—** *ad.* 죽은 듯이; 《구어》 지독하게, 무섭게, 몹시

D

déad·man's hándle [dédmænz-] 〖기계〗 (손을 떼면 동력이 멈추는) 자동 제어 핸들

déad màrch (특히 군대의) 장송 행진곡

dead-on [dédɔ́:n | -ɔ́n] *a.* 《구어》 바로 그대로의, 아주 정확한

dead·pan [-pæ̀n] *a.*, *ad.* 《구어》 무표정한[하게]

déad réckoning 〖항해·항공〗 추측 항법(推測航法)

déad rínger 《속어》 똑같이 닮은 사람

Déad Séa [the ~] 사해 《이스라엘과 요르단 사이의 함수호(鹹水湖)》

déad shót 1 명중탄 **2** 사격의 명수

déad sóldier [보통 *pl.*] 《미·속어》 빈 술병; 먹다 만 음식

déad stóck 1 팔리고 남은 상품, 사장(死藏) 재고 **2** (가축에 대해) 농구(農具)

déad tìme 〖전자〗 부동(不動) 시간, 불감(不感) 시간 《지령 후 작동하기까지의》

dead·weight [-wéit] *n.* **1** (생명·자동력이 없는 사람·물체의) 중량; 무거운 물건 **2** 〖건축·철도〗 사하중(死荷重), 자중(自重)(dead load) **3** (부채 등의) 무거운 짐[부담] 《*of*》

déadweight tón 중량톤 《2,240파운드》

dead·wood [-wùd] *n.* Ⓤ **1** 말라 죽은 가지[나무] **2** 무용지물; 무의미한 상투어구

‡**deaf** [def] *a.* (**~·er**; **~·est**) **1 귀머거리의**, 귀가 먼 **2** Ⓟ (탄원·충고 등에) 귀를 기울이지 않는 **—** *n.* [the ~; 복수 취급] 귀머거리들

deaf-aid [défèid] *n.* 《영》 보청기

deaf-and-dumb [défəndʌ́m] *a.* Ⓐ 농아의; 농아자(용)의

*__deaf·en__ [défən] *vt.* **귀머거리로 만들다**, …의 귀를 먹먹하게 하다

~·ed *a.* (일시적으로) 청각을 잃은

deaf·en·ing [défəniŋ] *a.* 귀청이 터질 것 같은 **~·ly** *ad.*

deaf-mute [défmjú:t] *n.*, *a.* 농아자(의)

‡**deal**[1] [di:l] [OE 「나누다」의 뜻에서] *v.* (**dealt** [delt]) *vt.* **1 나누어 주다, 분배하다** 《*out*》 **2** 〈카드 패를〉 **도르다** **3** 〈타격을〉 가하다 **4** 《미·속어》 (마약을) 불법적으로 사다[팔다] **—** *vi.* **1 다루다**, 처리하다, 취급하다 《*with*》 **2** 〈책·강연 등이〉 (주제 등을) 다루다, 논하다 《*with*》 **3** (상품을) 취급하다 《*in*》; …에 종사하다 《*in*》 **4** (사람·상점 등과) 거래하다 《*at*, *with*》 **5** 카드 패를 도르다

hard to ~ with 다루기 힘드는

— *n.* **1 거래**; 뒷거래, 밀약(密約) **2** 《구어》 취급, 처리 **3** 카드 패를 도르기 **4** (사회·경제상의) 정책, 계획 **5** [a ~] **분량**, 액(額); 다량, 대량

a big ~ ⇨ BIG DEAL. ***a great*** [***good***] ***~*** (1) 다량, 상당량, 많이 (2) [강조어로서 more, less, too many, too much, 또는 비교급 앞에 붙여서] 훨씬 더, 아주 더: *a great ~* more[cheaper] 훨씬 더 많은[싼] ***That's a ~.*** 좋아 알았다; 그것으로 결정짓자[계약하자].

deal[2] *n.* Ⓤ 전나무[소나무] 널빤지 **—** *a.* 전나무[소나무] 재목의

‡**deal·er** [dí:lər] *n.* **1 상인, 판매업자** **2** [the ~] 카드 패를 도르는 사람 **3** 《미·속어》 불법적인 마약 거래자

deal·er·ship [dí:lərʃìp] *n.* Ⓤ 판매권[업, 지역]; 《미》 판매 대리점, 특약점

‡**deal·ing** [dí:liŋ] *n.* **1** [보통 *pl.*] 교섭, 교제, **관계**; **거래**, 매매 **2** Ⓤ (남에 대한) 행동 **3** Ⓤ (카드 패 등의) 도름

‡**dealt** [delt] *v.* DEAL[1]의 과거·과거분사

*__dean__ [di:n] *n.* **1** 〖가톨릭〗 **지구(地區)장**; 〖영국국교〗 (cathedral의) **주임 사제** **2** (단과 대학의) **학장**; (미국 대학의) 학생과장 **3** 단체의 최고참자

dean·e·ry [dí:nəri] *n.* (*pl.* **-ries**) **1** Ⓤ dean의 직[지위, 임기]; dean의 관사[저택] **2** dean의 관구(管區)

‡**dear** [diər] [동음어 deer] *a.* (**~·er**; **~·est**) **1** Ⓐ **친애하는**, 귀여운, 그리운 **2** [보통 **D~**] Ⓐ **경애하는** **3 소중한**, 귀한 《*to*》: one's *~est* wish 간절한 소원 **4** Ⓟ 〈상품 등이〉 비싼, 값이 비싼

D~ [***My ~***] ***Mr.*** [***Mrs., Miss***] A (1) 여보세요 (A선생님[부인, 양]) 《말할 때의 공손한 부름말; 때로는 비꼼·항의의 기분을 나타냄》 (2) 근계(謹啓) 《편지의 첫머리에 쓰는 말》 ***D~ Sir*** [***Madam***] 근계(謹啓) 《상업문 또는 모르는 사람에 대한 편지의 서두 인사》 ***for ~ life*** 죽을 힘을 다하여, 죽살이치고

— *n.* 친애하는 사람, 귀여운 사람; 애인

— *ad.* **1** 귀여워하여, 소중히 **2** 비싸게

— *int.* 아이구!, 어머나!, 저런! 《놀람·연민·초조·곤혹·경멸 등을 나타냄》 ***D~, ~!*** = ***D~ me!*** = ***Oh***(,) ***~!*** 원!, 저런!, 어머나! ***Oh ~***(,) ***no!*** 원, 천만에!

~·ness *n.*

dear·ie [díəri] *n.* = DEARY

Déar Jóhn (**létter**) 《미·구어》 **1** (애인·약혼자가 보낸) 절연장 **2** 《일반적으로》 절교장

‡**dear·ly** [díərli] *ad.* **1 극진히, 끔찍이** **2 값 비싸게** 《보통 sell[buy] dear (비싸게 팔다[사다])는 dearly로 하지 않음》

*__dearth__ [də:rθ] *n.* Ⓤ [a ~] 《문어》 **부족**, 결핍 《*of*》; 기근(飢饉)

dear·y [díəri] *n.* 《익살》 귀여운 사람아 (darling) 《보통 호칭으로 씀》

‡**death** [deθ] *n.* ⓊⒸ **1 죽음**; [the ~] 파멸, 멸망(destruction), 종말

《*of*》 **2** [**D~**] 죽음의 신 《낫을 든 해골로 표시되는》 **3** 죽은 상태 **4** [the ~] (…의) 사인(死因) **5** 《구어》 공포
(**as**) ***pale as*** ~ 몹시 창백하여 (**as**) ***sure as*** ~ 아주 확실히 ***at ~'s door*** 빈사(瀕死) 상태로, 명재경각(命在頃刻)으로 ***be ~ on*** 《구어》 …에는 훌륭한 솜씨다; …을 몹시 싫어하다 ***put ... to ~*** 사형에 처하다, 처형하다; 죽이다 ***to ~*** 죽도록, 극단적으로, 몹시 〈피곤한 등〉

***death·bed** [déθbèd] *n.* **죽음의 자리**, 임종(臨終) — *a.* 임종의

death·blow [-blòu] *n.* 치명적 타격; 치명상

déath cèll 사형수 감방[독방]

déath certìficate 사망 진단서[확인서]

déath dùty 《영》 상속세(《미》 death tax)

déath hòuse 《미》 사형수 감방 건물

death·less [déθlis] *a.* 불사[불멸, 불후]의, 영구한 **~·ly** *ad.* **~·ness** *n.*

death·like [déθlàik] *a.* 죽음[죽은 사람]과 같은, 죽은 듯한

death·ly [déθli] *a.* **1** = DEATHLIKE **2** 치사(致死)의, 치명적인
— *ad.* 죽은 듯이; 극단적으로

déath màsk 데스 마스크, 사면(死面)

déath pènalty [the ~] 사형

déath ràte 사망률

déath ràttle (임종 때의) 가래 끓는 소리

déath ròll (전쟁·재해 등의) 사망자 명부; 사망자수

déath rów (한 줄로 늘어선) 사형수 감방

death's-head [déθshèd] *n.* 해골(骸骨), 두개골(의 그림 또는 모형) 《죽음의 상징》

déath tàx 《미》 상속세(《영》 death duty)

déath tòll (전쟁·사고 등의) 사망자수

death·trap [déθtræ̀p] *n.* 죽음의 함정 《인명 피해의 우려가 있는 건물·상태·장소》

Déath Válley 데스 밸리, 죽음의 계곡 《California 주 남동부의 건조 분지》

déath wàrrant **1** 사형 집행 영장 **2** 치명적 타격[사건]; (의사의) 임종 선언

death·watch [-wɑ̀tʃ | -wɔ̀tʃ] *n.* **1** 임종을 지켜봄; 경야(經夜)(vigil) **2** 〖곤충〗 살짝수염벌레(= **~ bèetle**)

déath wìsh 〖심리〗 〈자기 또는 남이〉 죽기를 바람; 자살 충동

deb [deb] *n.* 《구어》 = DEBUTANTE

de·ba·cle, dé·bâ·cle [deibɑ́:kl] [F 「빗장을 벗기다」의 뜻에서] *n.* **1** 강의 얼음이 부서지는 것; (산)사태 **2** 와해, 붕괴; (시세의) 폭락

de·bag [di:bǽg] *vt.* (**~ged**; **~·ging**) 《영·속어》 (장난·벌로서) 바지를 벗기다

de·bar [dibɑ́:r] *vt.* (**~red**; **~·ring**) 제외하다; 〈…하는 것을〉 (법으로) 금하다; 방해하다 《*from*》

de·bar·ka·tion [dì:bɑ:rkéiʃən] *n.* Ⓤ 양륙(揚陸), 상륙

de·base [dibéis] *vt.* **1** 〈품성·인격 등을〉 떨어뜨리다; [~ one*self* 로] 품성을 떨어뜨리다, 면목을 잃다 **2** 〈품질·가치·품위를〉 저하시키다
~·ment *n.* Ⓤ (품위·품질의) 저하; (화폐의) 가치 저하; 악화, 타락 **de·bás·er** *n.*

de·bat·a·ble [dibéitəbl] *a.* **1** 논쟁의 여지가 있는 **2** 계쟁 중의

****de·bate** [dibéit] [OF 「이기다」의 뜻에서] *vi.* **1 논쟁[토론]하다**, 토론에 참가하다 《*on, about*》 **2** 숙고하다 《*of, about*》
— *vt.* **1** 토의[토론]하다 **2** 숙고[검토]하다
— *n.* ⓊⒸ **토론**(discussion), 논쟁 《*upon*》: the question under ~ 논쟁 중인 문제 **de·bát·er** *n.*

de·bauch [dibɔ́:tʃ] *vt.* **1** (주색으로) 타락시키다 **2** 〈마음·취미·판단 등을〉 더럽히다 — *n.* 방탕, 난봉

de·bauched [dibɔ́:tʃt] *a.* 타락한, 부패한; 방탕의: a ~ man 방탕자

de·bauch·ee [dèbɔ:tʃí:] *n.* 방탕자, 난봉꾼

de·bauch·er·y [dibɔ́:tʃəri] *n.* (*pl.* **-er·ies**) **1** Ⓤ 방탕, 도락 **2** [*pl.*] 유흥, 환락

de·ben·ture [dibéntʃər] *n.* **1** (정부 발행의) 채무 증서 **2** 《영》 회사채(會社債); 《미》 무담보 회사채

de·bil·i·tate [dibílətèit] *vt.* 쇠약하게 하다

de·bil·i·ty [dibíləti] *n.* Ⓤ (병에 의한) 쇠약

deb·it [débit] *n.* 차변(借邊) 《장부의 좌측》; 차변 기입 — *vt.* 차변에 기입하다

débit càrd 직불 카드, 데빗 카드 《은행 예금을 직접 인출·예입할 수 있는 카드》

deb·o·nair(e) [dèbənέər] [F = of good breed] *a.* 〈남성이〉 사근사근한, 정중한; 유쾌한

de·bone [di:bóun] *vt.* (고기에서) 뼈를 발라내다(bone)

Deb·o·rah [débərə] *n.* 여자 이름

de·bouch [dibáutʃ, -bú:ʃ] [F 「넘쳐나오다」의 뜻에서] *vi.* **1** 〈강 등이〉 흘러나오다 《*into*》 **2** 〈길·군대 등이〉 넓은 곳으로 나오다 《*into*》

de·bouch·ment [dibáutʃmənt, -bú:ʃ-] *n.* Ⓤ 진출 (지점); (강 등의) 유출(구)

de·brief [di:brí:f] *vt.* 〈특수 임무를 마치고 온 사람에게서〉 보고를 듣다

de·bris [dəbrí: | débri:] [F 「부수다」의 뜻에서] *n.* (*pl.* ~ [-z]) 부스러기, (파괴물의) 파편, 잔해; 〖지질〗 (산·절벽 아래에 쌓인) 암석 부스러기

*****debt** [det] [F 「지불해야 할 것」의 뜻에서] *n.* **1** ⓊⒸ **빚**, 부채, 채무 **2** ⒸⓊ 〈남에게〉 빚진 것, 신세, 은혜 **3** 〖신학〗 죄(sin)
be in a person***'s ~*** = ***be in ~ to*** a person 남에게 빚[신세]을 지고 있다 ***~ of gratitude*** 은덕, 신세 ***~ of honor*** 체면상 갚아야 할 빚, 《특히》 노름빚

***debt·or** [détər] *n.* **1 채무자**, 차주(借主)(opp. *creditor*) **2** 〖부기〗 차변(debit)

de·bug [di:bʌ́g] *vt.* (**~ged**; **~·ging**) **1** 《미》 해충을 없애다 **2** 《구어》 〈비행기 등의〉 결함을 고치다; 〖컴퓨터〗 〈프로그램의〉 잘못을 찾아 고치다 **3** 도청 장치를 제거하다 — *n.* 《구어》 debug하는 컴퓨터 프로그램 **~·ger** *n.*

de·bunk [di:bʌ́ŋk] *vt.* 《구어》 〈사람·제도·사상 등의〉 정체를 폭로하다

D

***de·but, dé·but** [déibju:, –ˊ] [F] *n.* 처음으로 정식 사교계에 나감; 첫 무대[출연], 데뷔; 첫 등장, (사회 생활의) 첫걸음 ***make** one's* ~ 데뷔하다
— *vi.* 〈…로〉 데뷔하다

deb·u·tant [débjutɑ̀:nt] [F] *n.* 첫 무대에 선 배우; 사교계에 처음 나온 사람

deb·u·tante [débjutɑ̀:nt] [F] *n.* debutant의 여성형

dec- [dek], **deca-** [dékə] 《연결형》 「10(배)」의 뜻 《모음 앞에서는 dec-》

dec. deceased; decimeter; declension; decrease

Dec. December

***dec·ade** [dékeid, –ˊ] [Gk 「10의 단위」의 뜻에서] *n.* **1** 10년간 **2** 〔가톨릭〕 로사리오 염주

dec·a·dence, -den·cy [dékədəns(i)] *n.* Ⓤ 쇠미(衰微), 타락; (문예 사조의) 퇴폐(기); 데카당스

dec·a·dent [dékədənt] *a.* 퇴폐적인; (문예 사조의) 퇴폐기의, 데카당파의 — *n.* **1** 데카당파의 예술가·문인 **2** 퇴폐적인 사람

de·caf [dí:kæ̀f] *n.* 카페인을 제거한[줄인] 커피[콜라 《등》]

dec·a·gon [dékəgɑ̀n | -gən] *n.* 10각[변]형

dec·a·gram | -gramme [dékəgræ̀m] *n.* 데카그램 《10 grams》

de·cal·co·ma·ni·a [dikæ̀lkəméiniə] *n.* **1** Ⓤ (유리·도기·금속 등에의) 도안·그림 등의 전사(轉寫) 인쇄 **2** 전사한 도안[그림]

dec·a·li·ter | -tre [dékəlì:tər] *n.* 데카리터 《10 liters》

Dec·a·logue, -log [dékəlɔ̀:g | -lɔ̀g] *n.* [the ~] (모세의) 십계(十戒)(the Ten Commandments)

de·camp [dikǽmp] *vi.* **1** 야영을 거두다 **2** 도망하다 **~·ment** *n.*

de·cant [dikǽnt] *vt.* (용액의) 웃물을 가만히 따르다; 〈병 포도주를〉 decanter에 옮기다

de·cant·er [dikǽntər] *n.* (식탁용) 마개 있는 유리병 《보통 포도주를 담음》

de·cap·i·tate [dikǽpətèit] *vt.* …의 목을 베다(behead); 《미》 해고하다

de·cap·i·ta·tion [dikæ̀pətéiʃən] *n.* Ⓤ 목 베기; 《미》 해고, 파면

dec·a·pod [dékəpɑ̀d | -pɔ̀d] *n., a.* 〔동물〕 십각류(十脚類)(의) 《새우·게 등》

de·cath·lete [dikǽθli:t] *n.* 10종 경기 선수

de·cath·lon [dikǽθlɑn | -lɔn] *n.* Ⓤ [보통 the ~] 10종 경기(cf. PENTATHLON)

‡de·cay [dikéi] [OF 「떨어지다」의 뜻에서] *vi.* **1** 부식[부패]하다, 썩다; 〈이가〉 벌레 먹다 **2** 〈번영·체력 등이〉 쇠하다, 쇠퇴하다; 타락[퇴화]하다 **3** 〔물리〕 〈방사성 물질이〉 자연 붕괴하다 — *vt.* 부패시키다; 〈이가〉 썩게 하다 — *n.* Ⓤ 부식, 문드러짐; 쇠퇴; 충치; 〔물리〕 (방사성 물질의) 자연 붕괴 ***be in*** ~ 썩어 있다, 쇠미하여 있다

Dec·can [dékən] *n.* [the ~] (인도의) 데칸 고원

***de·cease** [disí:s] *n.* Ⓤ 사망(death) — *vi.* 사망하다

***de·ceased** [disí:st] *a.* 사망한(dead), 고(故)… — *n.* [the ~; 단수·복수 취급] 고인

de·ce·dent [disí:dnt] *n.* 〔미국법〕 사자(死者), 고인(故人)

‡de·ceit [disí:t] *n.* ⓊⒸ 사기, 기만; 책략: discover (a piece of) ~ 사기 행위를 간파하다

***de·ceit·ful** [disí:tfəl] *a.* 기만적인, 사기의; 허위의(false) **~·ly** *ad.* 속여서, 속이려고 **~·ness** *n.*

‡de·ceive [disí:v] [L 「덫에 걸리게 하다」의 뜻에서] *vt.* 속이다, 기만하다; …을 속여서 …하게 하다
~ one***self*** 잘못 생각하다, 오해하다
— *vi.* 사기치다, 속이다
de·céiv·er *n.* **de·céiv·ing·ly** *ad.*

de·cel·er·ate [di:sélərèit] *vt., vi.* 속도를 줄이다; 속도가 줄다, 감속하다

de·cel·er·a·tion [di:sèləréiʃən] *n.* Ⓤ 감속; 〔물리〕 감속도(opp. *acceleration*)

‡De·cem·ber [disémbər] [L 「10월」의 뜻에서; 고대 로마에서는 1년을 10개월로 하여, 3월을 첫달로 한데서] *n.* 12월 《略 Dec.》

***de·cen·cy** [dí:snsi] *n.* (*pl.* **-cies**) **1** Ⓤ 보기 흉하지 않음; 품위; 체면 **2** Ⓤ 예절 바름, 몸가짐의 단정함; [*pl.*] 예의범절(proprieties) **3** Ⓤ 《속어》 관대, 친절
for ~'s sake 체면[외관]상

de·cen·ni·al [diséniəl] *a.* 10년간[마다]의 — *n.* 《미》 10년제(祭)

‡de·cent [dí:snt] [L 「어울리는」의 뜻에서] *a.* **1** (사회 기준에) 맞는, 남부럽잖은, 어울리는: a ~ living 남부럽잖은 생활 **2** 점잖은, 예절 바른 **3** 《구어》 〈수입 등이〉 어지간한, 상당한 **4** 《구어》 친절한, 너그러운

de·cent·ly [dí:sntli] *ad.* **1** 단정하게, 점잖게 **2** 《구어》 상당히, 제법, 꽤 **3** 《영·구어》 친절하게, 상냥하게, 관대하게

de·cen·tral·i·za·tion [di:sèntrəlizéiʃən | -lai-] *n.* Ⓤ 분산; 집중 배제; 지방 분권

de·cen·tral·ize [di:séntrəlàiz] *vt.* 〈행정권·인구 등을〉 분산시키다; 지방으로 분산시키다 — *vi.* 분산화하다

***de·cep·tion** [disépʃən] *n.* Ⓤ **1** 속임, 사기 **2** 기만 수단; 속이는 물건

de·cep·tive [diséptiv] *a.* 〈사람을〉 속이는

deci- [dési, désə] 《연결형》 「10분의 1」의 뜻

dec·i·bel [désəbèl] *n.* 〔전기·물리〕 데시벨 《전력[음향]의 측정 단위; 略 dB, db》

‡de·cide [disáid] [L 「잘라내다」의 뜻에서] *vt.* **1** 결심[결의]하다(resolve) **2** 결정하다 **3** 〈…에게〉 결심시키다 **4** 〈논점 등을〉 해결하다; 〔법〕 판결하다: ~ a question 문제를 해결하다
— *vi.* **1** 결심[결정]하다 《*on, upon*》 **2** 판결을 내리다
~ ***against*** (1) …하지 않기로 결정하다 (2) …에게 불리한 판결을 내리다 ~ ***for*** [***in favor of***] (1) 하기로 결정하다 (2) …에게 유리하게 결정[판결]하다 ~ ***on*** [***upon***] (1) …으로 정하다 (2) …에 대하여 판결을 내리다

‡de·cid·ed [disáidid] *a.* **1 결정적인; 결연한,** 단호한 **2** 분명한, 명확한
***de·cid·ed·ly** [disáididli] *ad.* **1 확실히,** 명백히, 단연 **2 단호히**
de·cid·ing [disáidiŋ] *a.* 결정적인, 결승[결전]의
de·cid·u·ous [disídʒuəs | -dju-] *a.* **1** 〖생물〗 낙엽성의 **2** 덧없는, 일시적인
dec·i·gram | -gramme [désigræ̀m] *n.* 데시그램 《1/10 그램; 略 dg》
dec·i·li·ter | -tre [désəlì:tər] *n.* 데시리터 《1/10 리터; 略 dl》
***dec·i·mal** [désəməl] *a.* 〖수학〗 **십진법의,** 소수(小數)의 **—** *n.* 소수; [*pl.*] 십진법
décimal fràction 〖수학〗 소수(cf. COMMON FRACTION)
dec·i·mal·ize [désəməlàiz] *vt.* 〈통화 등을〉 십진법으로 하다
dèc·i·mal·i·zá·tion *n.* Ⓤ 십진법화(化)
dec·i·mate [désəmèit] [L 「10번째의 사람을 뽑다」의 뜻에서] *vt.* **1** (특히 고대 로마에서 처벌로서) 열 명에 한 명씩 뽑아 죽이다 **2** 〈질병·전쟁 등이〉 많은 사람을 죽이다 **dèc·i·má·tion** *n.*
dec·i·me·ter | -tre [désəmì:tər] *n.* 데시미터 《1/10 미터; 略 dm》
de·ci·pher [disáifər] *vt.* 〈암호·수수께끼를〉 해독[번역]하다 (opp. *cipher*)
‡de·ci·sion [disíʒən] *n.* ⓊⒸ **1 결정;** 해결 **2** 판결, 재결; Ⓒ 결의문, 판결문 **3** 〈…하려는〉 **결심,** 결단 **4** Ⓤ 결단력, 과단성 ***a man of ~*** 과단성 있는 사람 ***~ by majority*** 다수결 ***make*** [***take***] ***a ~*** 결정하다, 결단하다
de·ci·sion-mak·ing [-mèikiŋ] *a.* 〈정책·원칙 등을〉 결정하는
***de·ci·sive** [disáisiv] *a.* **1 결정적인,** 중대한 **2 과단성 있는 3** 〈차이가〉 명확한
‡deck [dek] *n.* **1** 〖항해〗 **갑판 2** 《미》 (철도의) 객차 지붕; (버스 등의) 바닥, 층 **3** 《미》 (카드 패의) 한 벌 **4** 《미·속어》 마약 봉지 **5** = TAPE DECK
— *vt.* **1** [oneself로] 장식하다, 꾸미다 《*out, with*》 **2** 갑판을 깔다 **3** 《미·속어》 때려눕히다
déck chàir 갑판 의자; 휴대용 의자, 접의자
deck·er [dékər] *n.* **1** 《구어》 갑판 선원 **2** [복합어로] …층의 갑판이 있는 함선[버스]: a double-~ 2층 버스
deck·hand [dékhæ̀nd] *n.* 갑판원, 평선원
déck·le édge [dékl-] 〖제지〗 (손으로 뜬 종이의) 도련하지 않은 가장자리
de·claim [dikléim] [L 「큰 소리로 외치다」의 뜻에서] *vt.* 〈시문을〉 (웅변조로) 낭독하다 **—** *vi.* 열변을 토하다; 격렬하게 비난[공격]하다
~ against …에 항의하다, 맹렬히 규탄하다
dec·la·ma·tion [dèkləméiʃən] *n.* **1** Ⓤ 낭독(법) **2** 연설, 장광설
de·clam·a·to·ry [diklǽmətɔ̀:ri | -təri] *a.* 낭독조의; 연설투의; 〈문장이〉 수사적(修辭的)인
de·clar·a·ble [dikléərəbl] *a.* **1** 선언할 수 있는 **2** (세관에서) 신고해야 할
‡dec·la·ra·tion [dèkləréiʃən] *n.* ⓊⒸ **1** 선언, 발표, 포고: a ~ of war 선전 포고 **2** (세관·세무서에의) 신고(서) **3** 〖법〗 진술(陳述), (증인의) 선언; 소장(訴狀)
the D~ of Human Rights 세계 인권 선언 《1948년 12월 유엔에서 채택》 ***the D~ of Independence*** (미국의) 독립 선언 《1776년 7월 4일》
***de·clar·a·tive** [diklǽrətiv] *a.* 〖문법〗 평서(平敍)의 **~·ly** *ad.*
***de·clar·a·to·ry** [diklǽrətɔ̀:ri | -təri] *a.* **선언[신고]의;** 진술[단정]적인
‡de·clare [dikléər] [L 「명백하게 하다」의 뜻에서] *vt.* **1 선언[포고]하다,** 공표하다; 선고하다 **2 언명[단언]하다 3** (세관에서) 신고하다 **4** 〖카드〗 〈가진 패를〉 알리다; 〈어느 패를〉 으뜸패로 선언하다 **5** 〈사물이〉 나타내다, …의 증거가 되다 **6** 〖크리켓〗 (중도에서) 회(回)의 종료를 선언하다 **—** *vi.* 〈찬성·반대 등을〉 선언[단언, 언명]하다
~ off 해약[취소]하다
de·clared [dikléərd] *a.* Ⓐ **1** 선언[언명]한, 공공연한 **2** 신고한 **de·clár·ed·ly** [dikléəridli] *ad.* 공공연하게
de·clar·er [dikléərər] *n.* 선언[단언]자; 신고자; 〖카드〗 으뜸패의 선언자
de·clas·si·fy [di:klǽsəfài] *vt.* (**-fied**) 〈서류·암호 등을〉 기밀 정보의 리스트에서 제외하다, 비밀 취급을 해제하다
de·clen·sion [diklénʃən] *n.* **1** ⓊⒸ 〖문법〗 어형 변화, 굴절 **2** 동일 어형 변화 어군
de·clin·a·ble [dikláinəbl] *a.* 〖문법〗 어형 변화가 되는, 격변화가 있는
dec·li·na·tion [dèklənéiʃən] *n.* ⓊⒸ **1** 기욺, 경사; 〖물리〗 (자침의) 편차; 〖천문〗 적위(赤緯) **2** (관직 등의) 정식 사퇴; 사절
‡de·cline [dikláin] *vi.* **1** (정중히) **거절하다,** 사절하다 **2** 《문어》 **기울다,** 내려가다 **3** 〈해가〉 기울다(sink) **4 쇠퇴하다**(fall off), 타락[퇴보]하다 **5** 〖경제〗 〈물가 등이〉 떨어지다[하락하다]
— *vt.* **1** 〈도전·초대·신청 등을〉 **거절[사절]하다**(opp. *accept*) **2 기울이다;** 〈고개를〉 팍 숙이다 **3** 〖문법〗 〈명사·대명사·형용사를〉 어형[격]변화시키다 **—** *n.* **1** (해가) **기욺 2** 쇠퇴, 퇴보; (귀족 계급 등의) 몰락; 만년 **3 감퇴;** (가격의) 하락
on the ~ 기울어져; 쇠퇴하여
de·clin·ing [dikláiniŋ] *a.* Ⓐ 기우는, 쇠퇴하는
de·cliv·i·tous [diklívətəs] *a.* 내리받이의
de·cliv·i·ty [diklívəti] *n.* (*pl.* **-ties**) 《문어》 내리받이(길)(opp. *acclivity*)
de·clutch [di:klʌ́tʃ] *vi.* 《영》 (자동차의) 클러치를 풀다
de·coct [dikɑ́kt | -kɔ́kt] *vt.* 〈약 등을〉 달이다
de·coc·tion [dikɑ́kʃən | -kɔ́k-] *n.* **1** Ⓤ 달임 **2** 달인 즙[약], 탕약
de·code [di:kóud] *vt., vi.* 〈암호문을〉 풀다, 번역하다(cf. ENCODE)
de·cod·er [di:kóudər] *n.* (암호문의) 해독자; 해독기; (전화 암호) 자동 해독 장치; 〖컴퓨터〗 디코더

D

dé·col·le·tage [dèikɑlətɑ́:ʒ | dèikɔltɑ́:ʒ] [F] *n.* 목덜미와 어깨를 드러냄; 목 둘레를 깊이 판 네크라인의 여성복

dé·col·le·té [dèikɑlətéi | deikɔ́ltei] [F =bare the neck of] *a.* 〈드레스가〉 어깨를 드러낸, 데콜테옷을 입은

de·col·o·nize [di:kɑ́lənàiz | -kɔ́l-] *vt.* 〈식민지에〉 자치[독립]를 부여하다, 비식민지화하다 **de·còl·o·ni·zá·tion** *n.*

de·col·or | **-our** [di:kʌ́lər] *vt.* 탈색[표백]하다(bleach)

de·col·or·ize [di:kʌ́ləràiz] *vt.* = DECOLOR

de·com·mu·nize [di:kɑ́mjunàiz | -kɔ́m-] *vt.* 비공산화하다

***de·com·pose** [dì:kəmpóuz] *vt.* **1** (성분·요소로) **분해시키다** ((*into*)) **2** 부패[변질]시키다 — *vi.* 분해하다; 부패하다

***de·com·po·si·tion** [di:kɑ̀mpəzíʃən | -kɔ̀m-] *n.* Ⓤ **분해**; 해체; 부패, 변질

de·com·press [dì:kəmprés] *vt.* 에어록(air lock)으로 압력을 감소시키다; 감압(減壓)하다; 〖의학〗 (기관·부위의) 압박을 완화하다; 〖컴퓨터〗 압축된 파일을 풀다 — *vi.* 감압되다; ((구어)) 긴장이 풀리다, 느슨해지다

de·com·pres·sion [dì:kəmpréʃən] *n.* Ⓤ 감압; 〖컴퓨터〗 압축된 파일 풀기

de·con·ges·tant [dì:kəndʒéstənt] *n.* ⓊⒸ 〖약학〗 (특히 코의) 충혈 완화제; 소염제(消炎劑)

de·con·struc·tion [dì:kənstrʌ́kʃən] *n.* 해체 비평

de·con·tam·i·nate [dì:kəntǽmənèit] *vt.* 오염을 제거하다, 정화하다; 독가스[방사능]를 제거하다

de·con·trol [dì:kəntróul] *vt.* (**~led**; **~·ling**) (정부 등의) 관리를 해제하다, 통제를 철폐하다 — *n.* Ⓤ 관리[통제] 해제

de·cor, dé·cor [deikɔ́:r] [F] *n.* Ⓤ 장식 (양식); 실내 장식; 무대 장치

‡**dec·o·rate** [dékərèit] *vt.* **1 장식하다** ((*with*)) **2** …의 장식물이 되다; 〈벽·방 등에〉 페인트를 칠하다, 벽지를 바르다 **3** …에게 **훈장을 주다**

‡**dec·o·ra·tion** [dèkəréiʃən] *n.* **1 a** Ⓤ **장식**(법) **b** [*pl.*] 장식물 **2 훈장**

Decorátion Dày ((미)) 현충일(Memorial Day)

***dec·o·ra·tive** [dékərətiv] *a.* **장식의**, 장식적인 **~·ness** *n.*

***dec·o·ra·tor** [dékərèitər] *n.* **장식자**; 실내 장식가(interior decorator) — *a.* 실내 장식용의

dec·o·rous [dékərəs] *a.* 예의 바른, 단정한; 품위 있는; 근엄한 **~·ly** *ad.* **~·ness** *n.*

de·co·rum [dikɔ́:rəm] *n.* Ⓤ **1** 단정(端正) **2** 예의 바름, 에티켓; [종종 *pl.*] (품위 있는) 예절

***de·coy** [dikɔ́i] *vt.* (미끼로) **유인[유혹]하다**, 꾀어내다 ((*away, from, into, out of*)) — [dí:kɔi, dikɔ́i] *n.* **1** 유인하는 장치, 미끼 **2** (오리 등의) 유인 못, 유인 장소

‡**de·crease** [dikrí:s] *vi.* (opp. *increase*) **1 줄다**, 감소하다 **2** 축소되다; 〈힘 등이〉 줄다 — *vt.* **줄이다**, 감소[축소, 저하]시키다 — [dí:kri:s, dikrí:s] *n.* ⓊⒸ **감소**, 축소; Ⓒ 감소량[액]

de·creas·ing [dikrí:siŋ] *ad.* 감소하는, 점점 줄어드는 **~·ly** *ad.*

‡**de·cree** [dikrí:] [L 「결정하다」의 뜻에서] *n.* **1 법령**, 율령(律令), 포고 **2** (법원의) **명령**, 판결 — *vt.* **1** 〈신이〉 명하다, 〈운명이〉 정하다 **2** (법령으로서) 포고하다 — *vi.* 법령을 포고하다

dec·re·ment [dékrəmənt] *n.* (opp. *increment*) ⓊⒸ **1** (드물게) 감소; 소모 **2** 감액, 감량

de·crep·it [dikrépit] *a.* **1** 노쇠한; 쇠약해진 **2** 〈건물 등이〉 오래 써서 낡은

de·crep·i·tude [dikrépətjù:d | -tjù:d] *n.* Ⓤ 노쇠(한 상태), 허약; 노후(老朽)

de·cre·scen·do [dèikriʃéndou | dì:-] [It.] 〖음악〗 *a.*, *ad.* 점점 약한[약하게] ((略 decresc.; 기호 >)) — *n.* (*pl.* **~s**) 점차 약음(의 악절), 데크레센도

de·cres·cent [dikrésnt] *a.* 〈달이〉 점점 줄어드는; 하현의

de·crim·i·nal·ize [di:krímənəlàiz] *vt.* 해금(解禁)하다; 〈사람·행위를〉 기소[처벌] 대상에서 제외하다

de·cry [dikrái] *vt.* (**-cried**) 비난하다, 헐뜯다

‡**ded·i·cate** [dédikèit] [L 「떼어놓다」의 뜻에서] *vt.* **1 봉납[헌납]하다 2** 〈생애·시간을〉 **바치다** ((*to*)) **3** 〈저서·작곡 등을〉 헌정하다

ded·i·cat·ed [dédikèitid] *a.* **1** 〈이상·정치·목표 등에〉 일신을 바친, 헌신적인 **2** 〈장치 등이〉 오로지 특정한 목적을 위한, 전용의

***ded·i·ca·tion** [dèdikéiʃən] *n.* Ⓤ **1** 바침, 봉헌, **봉납**, 헌납, 기부; **헌신** ((*to*)) **2** 헌정; Ⓒ 헌정사

ded·i·ca·tor [dédikèitər] *n.* 봉납자; 헌정자; 헌신자

ded·i·ca·to·ry [dédikətɔ̀:ri | -təri] *a.* 봉납[헌납]의[을 위한]; 헌정의

***de·duce** [didjú:s | -djú:s] [L 「아래로 이끌다」의 뜻에서] *vt.* **연역(演繹)하다**, 추론하다(infer) ((*from*))(opp. *induce*)

de·duc·i·ble [didjú:səbl | -djú:s-] *a.* 추론할 수 있는

***de·duct** [didʌ́kt] *vt.* **빼다**, 공제하다 ((*from, out of*)) — *vi.* 〈가치 등이〉 떨어지다 ((*from*))

de·duct·i·ble [didʌ́ktəbl] *a.* 공제할 수 있는 **~ *clause*** 〖보험〗 공제 조항

***de·duc·tion** [didʌ́kʃən] *n.* **1** Ⓤ **빼기**, **공제**, 삭감; Ⓒ 공제액 **2** ⓊⒸ 추론; 결론; Ⓤ 〖논리〗 연역(법)(opp. *induction*)

de·duc·tive [didʌ́ktiv] *a.* 추론적인; 〖논리〗 연역적인 **~·ly** *ad.*

‡**deed** [di:d] *n.* **1 행위**; 업적, **공적 2** 〖법〗 (정식 날인한) 증서 — *vt.* ((미)) 증서를 작성하여 〈재산을〉 양도하다

déed pòll 〖법〗 (당사자의 한 쪽만이 작성하는) 단독 날인 증서

dee·jay [dí:dʒèi] *n.* ((구어)) = DISK JOCKEY

*__deem__ [diːm] *vt.* 《문어》 (…으로) **생각하다**, 간주하다

***__deep__ [diːp] *a.* **1** (아래로) **깊은** (opp. *shallow*); (안으로) 깊은; **깊이가 …인** **2** 심원한; **난해한**; 뿌리 깊은; 열심인 《*in*》 **3** 《구어》 뱃속 검은 **4** 〈목소리 등이〉 굵고도 낮은, 장중한; 〈색 등이〉 짙은 **5** (시간적·공간적으로) 먼: the ~ past 먼 옛날 **6** 〈겨울·밤이〉 깊은, 〈잠이〉 깊은 **7** (신체의) 심부의; 〖언어〗 심층의
ankle-*[*knee-, waist-*]*~ in mud 진창에 발목[무릎, 허리]까지 빠져
— *ad.* **1** 깊이, 깊게 **2** 밤 늦게까지
~ down 《구어》 내심은; 사실은
— *n.* **1** [보통 *pl.*] **심연**(abyss), 심해 **2** [the ~] 《시어》 대양; 대해

__deep·en__ [díːpən] *vt.* **1 〈감정·지식 등을〉 깊게 하다; 〈사태 등을〉 심화시키다 **2** 〈색·어둠을〉 짙게 하다 — *vi.* **1** 〈감정·지식 등이〉 깊어지다; 〈사태 등이〉 심화되다 **2** 〈색·어둠이〉 짙어지다

déep fréeze (계획·활동 등의) 동결 상태; 《속어》 냉대 《특히 동맹자에 대한》

deep-freeze [-fríːz] *vt.* (**~d, -froze** [-fróuz]; **-fro·zen** [-fróuzn]) 급속 냉동하다

déep fréezer (급속) 냉동 냉장고

deep-fry [-frái] *vt.* (**-fried**) 기름을 듬뿍 넣어 튀기다(cf. SAUTÉ)

déep kíss 혀 키스(soul kiss, French kiss)

deep-laid [díːpléid] *a.* 주의 깊게[감쪽같이] 꾸민[계획한] 〈음모 등〉

__deep·ly__ [díːpli] *ad.* **1 **깊이**; 철저히 **2** 짙게 **3** 〈음조가〉 굵고 낮게 **4** 교묘히

déep mo´urning (전부 검은) 정식 상복(喪服)

deep-root·ed [-rúːtid] *a.* 〈관습·편견 등이〉 뿌리 깊은

deep-sea [-síː] *a.* 깊은 바다의; 원양의: ~ fishery[fishing] 원양 어업

deep-seat·ed [-síːtid] *a.* 뿌리 깊은; 고질적인

deep-set [-sét] *a.* 깊이 파인; 움푹하게 들어간 〈눈〉; 뿌리 깊은

deep-six [-síks] *vt.* 《속어》 (배에서) 바다로 내던지다; 폐기하다

Déep Sóuth [the ~] (미국의) 최남부 지방 《Georgia, Alabama, Mississippi, Louisiana 주 등》

déep spáce (지구에서) 먼 우주 공간

déep thérapy 〖의학〗 X선 심부 치료

__deer__ [diər] [동음어 dear] [OE 「동물」의 뜻에서] *n.* (*pl.* **~, ~s) 〖동물〗 **사슴**

deer·hound [díərhàund] *n.* 사슴 사냥개 《greyhound와 비슷함》

deer·skin [-skìn] *n.* ⓊⒸ 사슴 가죽, 녹비; 사슴 가죽 옷

deer·stalk·er [-stɔ̀ːkər] *n.* **1** 사슴 사냥꾼 **2** 사냥 모자

deer·stalk·ing [-stɔ̀ːkiŋ] *n.* Ⓤ 사슴 사냥

de-es·ca·late [diːéskəlèit] *vt.* 점감(漸減)시키다; 단계적으로 줄이다
de-ès·ca·lá·tion *n.*

def [def] [*def*initely] *ad.* 《미·속어》 전적으로, 정말 (그래)

def. defective; defendant; deferred; definite; definition

de·face [diféis] *vt.* **1** 외관을 더럽히다, 손상시키다 **2** 〈비명·증서 등을〉 마손시켜 잘 보이지 않게 하다

de fac·to [diː-fǽktou, dei-] [L =from the fact] *ad.*, *a.* 사실상(의)(actual) (opp. *de jure*)

de·fal·cate [difǽlkeit | díːfælkèit] *vi.* 위탁금을 유용하다 **-ca·tor** *n.*

de·fal·ca·tion [dìːfælkéiʃən] *n.* Ⓤ 〖법〗 위탁금 유용(流用); Ⓒ 부당 유용액

de·fam·a·to·ry [difǽmətɔ̀ːri | -təri] *a.* 중상하는, 비방하는

de·fame [diféim] *vt.* 중상하다, …의 명예를 훼손하다

de·fault [difɔ́ːlt] [OF 「빠져 있는」의 뜻에서] *n.* Ⓤ **1** 태만, 불이행(neglect); 〖법〗 채무 불이행 **2** (법정에의) 결석 **3** (경기 등에의) 불출장, 기권 **4** 〖컴퓨터〗 디폴트값
in ~ of …이 없을 때는; …이 없으므로
— *vi.* **1** 의무를 게을리하다 **2** 채무를 이행하지 않다 **3** 〈재판에〉 결석하다 **4** 〈시합에〉 출장하지 않다

de·fault·er [difɔ́ːltər] *n.* 태만자, 체납자, 계약[채무] 불이행자; (재판의) 결석자

de·fea·si·ble [difíːzəbl] *a.* 무효로 할 수 있는, 해제[취소, 폐기]할 수 있는

***__de·feat__ [difíːt] *vt.* **1** **쳐부수다**, **패배시키다**(beat) 《*in*》 **2** 〈…의 계획·희망 등을〉 헛되게 하다, 좌절시키다
— *n.* ⓊⒸ **1** **패배**, **짐** **2** 타파 **3** 좌절, 실패 《*of*》

de·feat·ism [difíːtizm] *n.* Ⓤ 패배주의; 패배주의적 행동 **-ist** *n.*, *a.*

def·e·cate [défikèit] *vt.*, *vi.* 정화하다[되다]; 배변(排便)하다
dèf·e·cá·tion *n.* Ⓤ 정화; 배변

__de·fect__ [díːfekt, difékt] *n.* **1 **결점**, 결함; 단점, 약점 **2** Ⓤ 결손, 부족; Ⓒ 부족액 — [difékt] *vi.* 탈퇴하다, 변절하다 《*from*》

de·fec·tion [difékʃən] *n.* ⓊⒸ (조국·주의·당 등을) 저버림, 탈당, 탈퇴; 결함, 부족

*__de·fec·tive__ [diféktiv] *a.* **1** **결점**[**결함**] **이 있는**, 불완전한 **2** Ⓟ 모자라는 점이 있는(wanting) 《*in*》 **3** 〖문법〗 〈단어가〉 활용형의 일부가 없는
— *n.* **1** 심신 장애자, 《특히》 정신 장애자 **2** 〖문법〗 결여어
~·ly *ad.* 불완전하게 **~·ness** *n.*

deféctive vèrb 〖문법〗 결여 동사 《변화형이 결여된 can, may, must, shall, will 등》

de·fec·tor [diféktər] *n.* 탈주자, 탈당자; 배반자, 망명자

**__de·fence__ [diféns] *n.* 《영》 = DEFENSE

__de·fend__ [difénd] [L 「격퇴하다」의 뜻에서] *vt.* **1 **방어하다**, 지키다 《*from, against*》 **2** 옹호하다 **3** 〖법〗 변호[항변, 답변]하다 **4** 〖스포츠〗 〈포지션을〉 지키다 — *vi.* 방어[변호]하다; 〖스포츠〗 수비하다 ~ one***self*** 자기를 변호하다

*__de·fend·ant__ [diféndənt] *n.* **피고**(**인**) (opp. *plaintiff*) — *a.* 피고(측)의

D

∗**de·fend·er** [diféndər] *n.* **1** 방어[옹호]자 **2** 〚스포츠〛 선수권 보유자
the D~ of the Faith 신앙의 옹호자 《영국왕의 전통적인 칭호》

‡**de·fense | de·fence** [diféns] *n.* **1** ⓊⒸ 방어, 방위, 수비 (opp. *offense, attack*) 《*against*》: national ~ 국방 **2** 방어물; [*pl.*] 〚군사〛 방어 시설 **3** Ⓤ 변명; ⓊⒸ 〚법〛 **변호,** 답변(서); [the ~] 피고측 《피고와 그 변호사》(opp. *prosecution*) **4** (경기에서) 수비(의 방법), 디펜스
in ~ of …을 지키기 위하여

∗**de·fense·less** [difénslis] *a.* **무방비의**
~·ness *n.* Ⓤ 무방비 (상태)

defénse mèchanism 〚심리·생리〛 방어 기제(機制), 방어 기구

de·fen·si·ble [difénsəbl] *a.* 방어[변호]할 수 있는
de·fèn·si·bíl·i·ty *n.* 방어 가능성

‡**de·fen·sive** [difénsiv] *a.* **1 방어적인,** 자위(自衛)의; 수비의 **2** 〈말씨·태도가〉 수세인 **3** Ⓟ 화를 잘 내는 **—** *n.* [the ~] 방어, 수세; 변호
be* [*stand, act*] *on the ~ 수세를 취하다
~·ly *ad.* **~·ness** *n.*

∗**de·fer¹** [difə́ːr] *v.* (**~red**; **~·ring**) *vt.* 연기하다, (뒤로) 미루다 《*till, until*》; 《미》 …의 징병을 유예하다
— *vi.* 연기[지연]되다

defer² *vi.* (**~red**; **~·ring**) (사람에게) 경의를 표하다; (경의를 표하여 남의 의견에) 따르다 《*to*》

∗**def·er·ence** [défərəns] *n.* Ⓤ **복종;** 존경, 경의 《*to*》
blind ~ 맹종 ***in ~ to*** …을 존중하여

def·er·en·tial [dèfərénʃəl] *a.* 경의를 표하는, 공손한(respectful)
~·ly *ad.* 경의를 표하여, 공손히

de·fer·ment [difə́ːrmənt] *n.* Ⓤ **1** 연기 **2** 《미》 징병 유예

de·fer·ral [difə́ːrəl] *n.* (예산의) 집행 연기

de·ferred [difə́ːrd] *a.* 연기된; 거치(据置)한

∗**de·fi·ance** [difáiəns] *n.* Ⓤ **도전;** 완강한 반항[저항]; (명령·관습·위험 등의) 무시 《*of*》 ***bid ~ to ... = set ... at ~*** …에 도전[반항]하다 ***in ~ of*** …에 구애하지 않고, …을 무시하고, …에 반항하여

∗**de·fi·ant** [difáiənt] *a.* **도전적인,** 반항적인; 거만한(insolent)
be ~ of …을 무시하다
~·ly *ad.*

∗**de·fi·cien·cy** [difíʃənsi] *n.* (*pl.* **-cies**) ⒸⓊ **1 부족,** 결핍 《*of*》 **2** 부족분[량, 액] **3** (심신의) 결함

defíciency disèase 〚병리〛 비타민 결핍증, 결핍성 질환

∗**de·fi·cient** [difíʃənt] *a.* Ⓟ **부족한** 《*in*》, 불충분한; 불완전한, 결함 있는 (defective); 멍청한
— *n.* 결함이 있는 것[사람] **~·ly** *ad.*

∗**def·i·cit** [défəsit] *n.* **부족(액),** 결손 《*in*》; 적자(opp. *surplus*)

déficit spénding (정부의) 적자 지출

de·fi·er [difáiər] *n.* 도전자; 반항자

de·file¹ [difáil] *vt.* 더럽히다, 불결[부정(不淨)]하게 하다 《*by, with*》; 〈신성(神聖)을〉 모독하다 《*by, with*》
~·ment *n.* Ⓤ 더럽힘, 오염

de·file² [difáil, díːfail] *vi.* 〚군사〛 (일렬) 종대로 행진하다
— *n.* 애로; (일렬) 종대 행진

de·fin·a·ble [difáinəbl] *a.* 한정할 수 있는; 설명할 수 있는

‡**de·fine** [difáin] *vt.* **1 정의를 내리다,** 〈말의〉 뜻을 명확히 하다 **2** 〈진의(眞意)·본질·입장 등을〉 밝히다 **3** 〈경계·범위를〉 **한정하다** **4** 〈사물이〉 특징짓다, …의 특징이 되다

∗**def·i·nite** [défənit] *a.* **1 분명히 한정된** **2 명확한** **3** 〚문법〛 한정하는 **~·ness** *n.*

définite árticle [the ~] 〚문법〛 정관사

‡**def·i·nite·ly** [défənitli] *ad.* **명확히;** 《구어》 [강한 긍정·동의] 확실히, 그렇고 말고; [부정어와 함께 강한 부정] 절대로 (…아니다) **—** *int.* 《구어》 물론, 그럼

∗**def·i·ni·tion** [dèfəníʃən] *n.* Ⓤ **1** 한정; 명확 **2** Ⓒ **정의(定義)** **3 선명도, 명료도**

de·fin·i·tive [difínətiv] *a.* **1** 한정적인; 최종적인(final) **2** 일정한, 명확한
~·ly *ad.*

de·flate [difléit] *vt.* **1** 공기[가스]를 빼다 **2** 〚경제〛 〈가격·통화를〉 수축시키다 **3** 《미·구어》 〈희망·자신 등을〉 꺾다
— *vi.* 공기가 빠지다; 통화가 수축하다

∗**de·fla·tion** [difléiʃən] *n.* Ⓤ **1 공기[가스]를 뺌;** (기구의) 가스 방출 **2 수축;** 〚경제〛 통화 수축, **디플레이션**(opp. *inflation*)

de·fla·tion·ar·y [difléiʃənèri | -ʃənəri] *a.* 통화 수축의, 디플레이션의

de·flect [diflékt] *vi., vt.* (광선·탄알 등이 한쪽으로) 비끼다[비끼게 하다], 빗나가다[빗나가게 하다] 《*from*》; 〈생각 등이〉 편향(偏向)하다[시키다]

de·flec·tion | -flex·ion [diflékʃən] *n.* ⓊⒸ 빗나감, 비뚤어짐, 비낌; 〚물리〛 편향; (계기 등의) 편차(偏差)

de·flec·tive [difléktiv] *a.* 편향적인, 빗나가는

de·flo·ra·tion [dèfləréiʃən | dìːflɔː-] *n.* Ⓤ 꽃을 땀; 아름다움을 빼앗음; 처녀 능욕

de·flow·er [diːfláuər] *vt.* …의 아름다움을 빼앗다; …의 처녀성을 빼앗다

De·foe [difóu] *n.* 디포 **Daniel ~** (1659?-1731) 《영국의 소설가, *Robinson Crusoe*의 저자》

de·fog [diːfɔ́ːg, -fɑ́g] *vt.* (**~ged**; **~·ging**) (자동차의 유리 등에서) 서린 김[물방울]을 제거하다

de·fo·li·ant [diːfóuliənt] *n.* 고엽제(枯葉劑)

de·fo·li·ate [diːfóulièit] *vt., vi.* 잎이 지게 하다[지다]; 《미》 고엽제를 뿌리다
de·fò·li·á·tion *n.* Ⓤ 낙엽; 고엽(枯葉) 작전

de·for·est [diːfɔ́ːrist | -fɔ́r-] *vt.* 삼림을 벌채[개간]하다

de·for·es·ta·tion [diːfɔ̀ːristéiʃən | -fɔ̀r-] *n.* Ⓤ 삼림 벌채, 산림 개간; 남벌(濫伐)

de·form [difɔ́ːrm] *vt.* 추하게 하다; 볼품없게 하다; 〚물리〛 변형시키다

***de·for·ma·tion** [dìːfɔːrméiʃən] *n.* Ⓤ **1** 변형 **2** 볼품없음, 추함

***de·formed** [difɔ́ːrmd] *a.* 변형된; 불구의(crippled); 일그러진

***de·for·mi·ty** [difɔ́ːrməti] *n.* (*pl.* **-ties**) **1** Ⓤ 기형 **2** Ⓤ 추함; 불쾌함 **3** ⓊⒸ (인격·작품 등의) 결함

***de·fraud** [difrɔ́ːd] *vt.* 속여서 빼앗다, 횡령하다 (*of*)

de·fray [difréi] *vt.* 《문어》 〈비용을〉 지불[부담]하다(pay), 지출하다
~·al [-əl], **~·ment** *n.*

de·frock [diːfrɑ́k | -frɔ́k] *vt.* 성직(聖職)을 빼앗다(unfrock)

de·frost [diːfrɔ́ːst | -frɔ́st] *vt.* 서리[얼음]를 없애다; 〈냉동 식품 등을〉 녹이다; 〈차창의〉 성에[김]를 없애다

deft [déft] *a.* 손재주 있는, 솜씨 좋은; 재치 있는

de·funct [difʌ́ŋkt] *a.* 《문어》 〖법〗 **1** 죽은, 고인이 된 **2** 없어져 버린, 현존하지 않는 **3** 효력을 잃은

de·fuse, -fuze [diːfjúːz] *vt.* **1** 〈폭탄·지뢰의〉 신관을 제거하다 **2** …의 위기를 해제하다, 진정시키다

⁑**de·fy** [difái] [L 「믿지 않다」의 뜻에서] *vt.* (**-fied**) **1** 무시하다, 문제삼지 않다, 얕보다; 공공연히 반항하다 **2** 〈사물이〉 허용하지 않다, 〈해결·시도 등을〉 좌절시키다 **3** (어려운 일을 해 볼테면 해봐 하고) 도전하다

deg. degree(s)

de·gas [diːgǽs] *vt.* (**~sed**; **~·sing**) 가스를 제거하다

de Gaulle [də-góul] *n.* 드골 **Charles ~** (1890-1970) 《프랑스의 장군·대통령》

de·gauss [diːgáus] *vt.* 〈선체·텔레비전 수상기 등을〉 소자(消磁)하다

de·gen·er·a·cy [didʒénərəsi] *n.* Ⓤ **1** 퇴화, 퇴보; 타락 **2** 성적 도착

***de·gen·er·ate** [didʒénərèit] [L 「자기의 종족과 달라지다」의 뜻에서] *vi.* 퇴보하다 (*from*); 타락하다 (*into*); 〖생물〗 퇴화하다 (*to*); 〖병리〗 변질하다
— [-rət] *a.* 퇴화한; 타락한; 변질한
— [-rət] *n.* 타락자; 퇴화한 것[동물]; 변질자; 성욕 도착자

***de·gen·er·a·tion** [didʒènəréiʃən] *n.* Ⓤ **1** 타락, 퇴보; 퇴폐 **2** 〖생물〗 퇴화; 〖병리〗 변성(變性), 변질

de·gen·er·a·tive [didʒénərèitiv, -rət-] *a.* 퇴화적인, 퇴행성(退行性)의; 타락한; 〖병리〗 변질[성]의

***deg·ra·da·tion** [dègrədéiʃən] *n.* Ⓤ **1** 좌천, 파면 **2** 하락, 타락, 퇴폐 **3** 퇴보; 〖생물〗 (기능) 퇴화; 〖지질〗 (지층·암석 등의) 붕괴; 〖화학〗 분해

***de·grade** [digréid] [L 「단을 낮추다」의 뜻에서] *vt.* **1** 지위를 낮추다 **2** 품위[가치]를 떨어뜨리다 **3** 〖생물〗 퇴화시키다
— *vi.* **1** 지위[신분]가 떨어지다 **2** 타락하다; 〖생물〗 퇴화하다

de·grad·ing [digréidiŋ] *a.* 품위를 떨어뜨리는

⁑**de·gree** [digríː] *n.* **1** ⒸⓊ 정도, 등급; 단계 **2** Ⓒ 학위 **3** 〖법〗 친등(親等) **4** (각도·경위도·온도계 등의) 도 **5** 〖문법〗 급: the positive[comparative, superlative] ~ 원[비교, 최상]급(級)
by ~s 차차[점차]로 ***in some ~*** 얼마간
not in the slightest [***least, smallest***] ~ 조금도 …않는 ***to a ~*** 《구어》 크게, 매우; 얼마간 ***to the last ~*** 극도로

de·horn [diːhɔ́ːrn] *vt.* 《미》 …의 뿔을 잘라내다

de·hu·man·ize [diːhjúːmənàiz] *vt.* …의 인간성을 빼앗다, 〈사람을〉 기계적[비개성적]으로 만들다
de·hù·man·i·zá·tion *n.* Ⓤ 인간성 말살

de·hu·mid·i·fi·er [dìːhjuːmídəfàiər] *n.* 제습기(除濕機)

de·hu·mid·i·fy [dìːhjuːmídəfài] *vt.* (**-fied**) 〈대기에서〉 습기를 없애다

de·hy·drate [diːháidreit] *vt.* 탈수(脫水)하다, 건조시키다: *~d* vegetables [eggs] 건조 야채[계란]
— *vi.* 수분이 빠지다, 탈수되다, 마르다

de·hy·dra·tion [dìːhaidréiʃən] *n.* Ⓤ 탈수(증)

de·ice [diːáis] *vt.* 〈비행기 날개·차창·냉장고 등에〉 제빙(除氷)[방빙(防氷)] 장치를 하다

de·ic·er [diːáisər] *n.* 제빙[방빙] 장치[제]

de·i·fi·ca·tion [dìːəfikéiʃən] *n.* Ⓤ 신으로 숭상함[섬김], 신격화; 신성시

de·i·fy [díːəfài] *v.* (**-fied**) *vt.* 신으로 섬기다; 신으로 받들다, 신성시하다

deign [dein] *vi.* **1** 황송하옵게도 …하여 주시다 **2** [주로 부정문에서] 머리를 숙여 …하다 **—** *vt.* [주로 부정문에서] 하사하다, 내리다

de·ism [díːizm] *n.* Ⓤ 〖철학〗 이신론(理神論), 자연신론[교] **dé·ist** *n.* 자연신교 신도

de·is·tic, -ti·cal [diːístik(əl)] *a.* 자연신교(도)의

***de·i·ty** [díːəti] *n.* (*pl.* **-ties**) **1** Ⓤ 신위(神位), 신격, 신성(神性) **2** 신(god) 《다신교의 남신·여신》; [the D~] (일신교의) 신, 하느님(God)

dé·jà vu [dèiʒɑːvjúː] [F = already seen] *n.* 〖심리〗 기시(감)(旣視(感)) 《일종의 착각》

de·ject [didʒékt] *vt.* …의 기를 꺾다, 낙심[낙담]시키다

***de·ject·ed** [didʒéktid] *a.* 낙심[낙담]한, 풀이 죽은 **~·ly** *ad.* 맥없이, 낙심하여

de·jec·tion [didʒékʃən] *n.* Ⓤ 낙담, 실의: in ~ 낙담하여

de ju·re [diː-dʒúəri] [L] *ad.*, *a.* 정당하게[한], 합법으로[의], 법률상(의)

dek(a)- [dék(ə)] 《연결형》 = DEC(A)-

dek·ko [dékou] *n.* (*pl.* **~s**) 《영·속어》 일별(一瞥), 엿봄

del. delegate; delete

Del. Delaware

***Del·a·ware** [déləwɛ̀ər] [행정관 De la Warr의 이름에서] *n.* **1** 델라웨어 주 《미국 동부에 있는 주; 略 Del.》 **2** 델라웨어 종의 포도

Del·a·war·e·an, -i·an [dèləwέəriən] *a.* 델라웨어 주의 **—** *n.* 델라웨어 주의 사람

⁑**de·lay** [diléi] *vt.* **1** 늦추다, 지체 시키다: Ignorance *~s* progress.

무지가 진보를 늦춘다. **2 미루다,** 연기하다
— *vi.* **우물쭈물하다;** 시간이 걸리다
— *n.* UC **1 지연,** 지체; 유예, 연기 **2** 지연 시간[기간]
without (***any***) ~ 지체 없이, 곧(at once)
de·layed-ac·tion [diléidǽkʃən] *a.* 지발(遲發)의; 시한식의
de·le [dí:li] [L =delete] *vt.* 〖교정〗 삭제하라 《보통 ♂라고 씀》(cf. DELETE)
de·lec·ta·ble [diléktəbl] *a.* [때때로 비꼬아] 즐거운, 기쁜; 맛있는
de·lec·ta·tion [dì:lektéiʃən] *n.* U 《문어》 환희, 쾌락(pleasure)
del·e·ga·cy [déligəsi] *n.* (*pl.* **-cies**) **1** U 대표 임명[파견]; 대표권 **2** 대표자단, 사절단
⁑**del·e·gate** [déligət] *n.* **대표, 사절,** 파견 위원(cf. REPRESENTATIVE)
— [-gèit] *vt.* **1** (대리자·대표자로서) **특파[파견]하다**(depute) **2** 〈권한 등을〉 위임하다 《*to*》 **3** 〖법〗 〈채무를〉 전부(轉付)하다
***del·e·ga·tion** [dèligéiʃən] *n.* **1** U **대표 임명;** (권력 등의) 위임; U 대표 파견 **2** [집합적] **대표단, 대위원단**
de·lete [dilí:t] *vt.* 삭제하다, 지우다 《*from*》 《교정 용어로서는 del. 또는 ♂로 약함(cf. DELE)》; 〖컴퓨터〗 삭제하다
deléte kèy 〖컴퓨터〗 삭제 키
del·e·te·ri·ous [dèlitíəriəs] *a.* 《문어》 (심신에) 해로운; 유독한 **~·ly** *ad.*
de·le·tion [dilí:ʃən] *n.* U 삭제; C 삭제 부분
delf(**t**) [delf(t)], **delft·ware** [délftwὲər] [생산지인 도시 이름 Delft에서] *n.* U (네덜란드의) 델프 오지 그릇 《일종의 채색 도기》
del·i [déli] *n.* 《구어》 =DELICATESSEN
***de·lib·er·ate** [dilíbərət] [L 「(머리 속으로) 무게를 달다」의 뜻에서] *a.* **1 신중한,** 생각이 깊은, 사려 깊은 **2** 찬찬한, 침착한, 느긋한 **3 고의의,** 계획적인
— [-rèit] *vt.* 숙고하다; 숙의(熟議)[심의, 토의]하다
— *vi.* 숙고하다; 심의하다 《*on, upon, over*》
⁑**de·lib·er·ate·ly** [dilíbərətli] *ad.* **신중히;** 고의로, 일부러; 찬찬히, 유유히
***de·lib·er·a·tion** [dilìbəréiʃən] *n.* U **1 숙고,** 곰곰이 생각함; [*pl.*] **심의,** 토의 **2** 신중함; (동작의) 완만, 찬찬함
de·lib·er·a·tive [dilíbərèitiv | -rətiv] *a.* 깊이 생각하는; 심의하는: a ~ assembly 심의회 **~·ly** *ad.*
***del·i·ca·cy** [délikəsi] *n.* (*pl.* **-cies**) U **1** (빛깔 등의) **고움 2** (용모·자태 등의) **우아, 고상함 3** 정교(함); (감각 등의) **섬세, 민감;** 정밀함 **4** (문제 등의) **미묘함 5 섬약;** 허약, 연약함: ~ of health 병약 **6** C **맛있는 음식, 진미**
⁑**del·i·cate** [délikət] *a.* **1 섬세한, 고운;** **우아한,** 고상한; **섬약한,** 연약한(frail); **깨지기 쉬운 2** 맛좋은 **3** 〈기계 등이〉 **정밀한; 예민한;** 〈성미가〉 까다로운 **4 미묘한,** 다루기 어려운, 세심한 주의[솜씨]가 필요한 **5** 자상한
***del·i·cate·ly** [délikətli] *ad.* **우아하게,** 섬세하게; 미묘하게; 정교하게; 고상하게
del·i·ca·tes·sen [dèlikətésn] *n. pl.* **1** [집합적] 조제(調製) 식품 《미리 요리된 고기·치즈·샐러드·통조림 등》 **2** [단수 취급] 조제 식품 판매점[식당]
⁑**de·li·cious** [dilíʃəs] [L 「매력이 있는」의 뜻에서] *a.* **1** (매우) **맛좋은, 맛있는;** 향기로운 **2** 상쾌한, 즐거운
— *n.* [**D~**] 딜리셔스 《미국산 사과의 일종》 **~·ly** *ad.* **~·ness** *n.*
⁑**de·light** [diláit] [L 「매력으로 당기다」의 뜻에서] *n.* **1** U **기쁨;** 즐거움 **2** 기쁘게 하는 것, 낙, 즐거운 것
take*[*have*]** ~ ***in …을 기뻐하다, …을 즐기다, …을 낙으로 삼다 ***to*** one***'s*** (***great***) ~ (매우) 기쁘게도 ***with*** ~ 기꺼이
— *vt.* **매우 기쁘게 하다,** 〈귀·눈을〉 즐겁게 하다: ~ the eyes 눈요기가 되다
— *vi.* 기뻐하다, 즐기다 《*in*》
***de·light·ed** [diláitid] *a.* **1** P **아주 기뻐하여** 《*at, in*》 **2** A 기뻐하는
⁑**de·light·ful** [diláitfəl] *a.* **매우 기쁜,** 즐거운, 몹시 유쾌한; 매혹적인, 귀염성 있는 **~·ly** *ad.* **~·ness** *n.*
De·li·lah [diláilə] *n.* **1** 〖성서〗 델릴라 《Samson을 배반한 여자》 **2** 《일반적으로》 배반한 여자, 요부
de·lim·it [dilímit], **-lim·i·tate** [-mətèit] *vt.* 범위[한계, 경계]를 정하다
de·lim·i·ta·tion [dilìmətéiʃən] *n.* **1** U 한계[경계] 결정 **2** 한계, 분계
de·lin·e·ate [dilínièit] *vt.* 윤곽을 그리다; 묘사[서술]하다
de·lin·e·a·tion [dilìniéiʃən] *n.* **1** U 묘사 **2** 도형; 설계, 도해; (재봉용) 본 **3** 서술, 기술
de·lin·quen·cy [dilíŋkwənsi] *n.* (*pl.* **-cies**) **1** U 직무 태만, 의무 불이행 **2** UC 과실, 범죄, 비행
de·lin·quent [dilíŋkwənt] *a.* **1** 직무 태만의; 비행을 저지른; 비행자의 **2** 〈세금·부채 등이〉 체납의
— *n.* (직무) 태만자; 범법자
del·i·quesce [dèlikwés] *vi.* 용해하다; 〖화학〗 조해(潮解)하다; 〖생물〗 융화(融化)하다
del·i·ques·cence [dèlikwésns] *n.* U 용해; 〖화학〗 조해(성)
***de·lir·i·ous** [dilíəriəs] *a.* **헛소리를 하는,** (일시적) 정신 착란의《*from, with*》; 정신없이 흥분한 《*with*》
de·lir·i·um [dilíəriəm] [L 「빗나가다」의 뜻에서] *n.* (*pl.* **~s, -lir·i·a** [-riə]) UC 섬망 상태, 일시적 정신 착란; 맹렬한 흥분(상태), 광희(狂喜)
delírium tré·mens [-trí:mənz, -menz] [L =trembling delirium] *n.* 〖의학〗 (알코올 중독에 의한) 진전 섬망증 《略 d.t.('s)》
⁑**de·liv·er** [dilívər] *vt.* **1** 〈물건·편지를〉 **배달하다,** 〈전언 등을〉 전하다; **넘겨주다** 《*up, over; to, into*》 **2** 〈연설·설교를〉 **하다,** 〈의견을〉 말하다 **3** 〈타격·공격 등을〉 주다, **가하다 4 구해내다,** 구원하다, **해방시키다** 《*from, out of*》 **5** [보통 수동형] 분만[해산]시키다 《*of*》 **6** 《미·구어》 후보자·정당을 위하여 〈표를〉

모으다 **—** *vi.* **1** 분만[해산]하다, 낳다 **2** 〈상품 등을〉 배달하다 **3** (기대에) 보답하다, 성공하다 ***be ~ed of*** 〈아이를〉 낳다; 〈시를〉 짓다 ***~ battle*** 공격을 개시하다 **~** one***self of*** an opinion (의견)을 말하다 ***~ the goods*** 물건을 넘기다; 《구어》 약속을 이행하다 ***~ up*** 넘겨 주다; 〈성(城) 등을〉 내주다

***de·liv·er·ance** [dilívərəns] *n.* Ⓤ 《문어》 **구출**, 구조 《*from*》; 석방(release), 해방

***de·liv·er·er** [dilívərər] *n.* **1 배달인**, 인도인(引渡人), 교부자 **2** 구조자; 석방자

‡de·liv·er·y [dilívəri] *n.* (*pl.* **-er·ies**) ⓊⒸ **1** (편지 등의) **배달**, …편 **2 인도**, 명도 **3 말투 4** 방출, 발사; 〖야구〗 투구법 **5 구조**, 해방 **6** 분만, 해산, 출산
on ~ 배달시에, 인도와 동시에 ***payment on ~*** 현품 상환 지불

de·liv·er·y·man [dilívərimən] *n.* (*pl.* **-men** [-mən]) 상품 배달원

delívery nòte 《영》 (물품) 배달 인수증

delívery ròom 1 (병원의) 분만실 **2** (도서관의) 도서 인수[인도]실

***dell** [del] *n.* (수목이 우거진) **작은 골짜기**

de·louse [di:láus] *vt.* 이를 잡다

Del·phi [délfai] *n.* 델포이 《그리스의 고대 도시; Apollo 신전이 있었음》

Del·phi·an [délfiən], **-phic** [-fik] *a.* Delphi의; Apollo 신전[신탁(神託)]의; 모호한

del·phin·i·um [delfíniəm] *n.* 〖식물〗 참제비고깔; 짙은 청색

***del·ta** [déltə] *n.* **1 델타** 《그리스어 알파벳의 넷째 자 Δ, δ; 영어의 D, d에 해당》 **2** Δ자 꼴의 물건; 〖수학〗 델타; (특히 하구의) **삼각주 3** [**D~**] 미국의 인공 위성 발사 로켓

Délta Fòrce 《미》 델타 포스 《특별 테러 타격 부대》

délta wíng (항공기의) 삼각 날개

del·toid [déltɔid] *a.* 델타자(Δ) 모양의, 삼각형의, 삼각주 모양의

***de·lude** [dilú:d] [L 「잘못해서 행동하다」의 뜻에서] *vt.* **속이다**, 착각하게 하다, 현혹하다; 속이어 …시키다

***del·uge** [délju:dʒ | -ju:dʒ] *n.* **1 대홍수**, 범람; 호우(豪雨); [the D~] 〖성서〗 노아의 대홍수 **2** (편지·방문객 등의) 쇄도
— *vt.* 범람시키다(flood); 밀어닥치다; 쇄도하다, 압도하다 《*with*》

***de·lu·sion** [dilú:ʒən] *n.* **1** Ⓤ **현혹**, 기만 **2** ⓊⒸ 미혹, 환상, 잘못된 생각; 〖정신의학〗 **망상**, 착각 **~·al** *a.*

de·lu·sive [dilú:siv] *a.* 기만적인; 망상적인 **~·ly** *ad.* **~·ness** *n.*

de·lu·so·ry [dilú:səri] *a.* = DELUSIVE

de·luxe, de luxe [dəlúks, -lʌ́ks] [F = of luxury] *a.* Ⓐ 호화로운, 사치스런: articles ~ 사치품

delve [delv] *vi.* 〈서적·기록 등을〉 탐구하다, 깊이 파고들다

de·mag·ne·tize [di:mǽgnətàiz] *vt.* 자기(磁氣)를 없애다; 〈테이프의〉 녹음을 지우다
de·màg·ne·ti·zá·tion *n.* Ⓤ 소자(消磁)

dem·a·gog [déməgàg | -gɔ̀g] *n.* 《미》 = DEMAGOGUE

dem·a·gog·ic, -i·cal [dèməgágik(əl), -gádʒ- | -gɔ́g-] *a.* 선동가의; 선동적인

dem·a·gogue [déməgàg | -gɔ̀g] [Gk 「민중의 지도자」의 뜻에서] *n.* **1** 선동 정치가 **2** (옛날의) 민중[군중] 지도자

dem·a·gogu·er·y [déməgàgəri | -gɔ̀g-] *n.* Ⓤ 민중 선동

dem·a·go·gy [déməgòudʒi | -gɔ̀gi] *n.* **1** Ⓤ 민중 선동 **2** demagogue에 의한 지배

‡de·mand [dimǽnd | -má:nd] [L 「맡기다」의 뜻에서] *vt.* **1 요구[요청]하다**(ask for), 청구하다 《*of, from*》: ~ too high a price *of* [*from*] a person …에게 엄청난 값을 청구하다 **2** 〈사물이〉 〈숙련·인내·시일 등을〉 **필요로 하다 3 묻다**, 힐문하다: ~ a person's business 무슨 용건인가 묻다
— *n.* **1 요구**(claim); 청구(request) 《*for*》 **2** Ⓤ 〖경제〗 **수요**
be in ~ 수요가 있다 ***~ and supply*** = ***supply and ~*** 수요와 공급 ***on ~*** 요구[수요]가 있는 즉시

de·mand·ing [dimǽndiŋ | -má:nd-] *a.* 〈사람이〉 요구가 지나친; 〈일이〉 큰 노력을 요하는

de·mand-pull [-pùl] *n.* 〖경제〗 수요 과잉 인플레이션(= **~ inflátion**) 《수요가 공급을 초과할 때의 물가 상승》

de·mar·cate [dimá:rkeit | dí:ma:kèit] *vt.* 한계를 정하다; 분리하다

de·mar·ca·tion [dì:ma:rkéiʃən] [Sp. = mark out] *n.* **1** 경계, 분계 **2** Ⓤ 경계[한계] 결정, 구분 **3** 《영》 〖노동〗 노동조합 간의 작업 관장 구분

de·mean¹ [dimí:n] *vt.* [보통 ~ one*self*로] 〈신분·품위·명성을〉 떨어뜨리다

demean² *vt.* [~ one*self*로] 《문어》 행동하다, 처신하다(behave)

***de·mean·or | de·mean·our** [dimí:nər] *n.* Ⓤ **처신**, 거동, 행실, 품행; **태도**, 몸가짐

de·ment·ed [diméntid] *a.* 《고어》 미친(mad); 《속어》 〈프로그램이〉 오류가 있는

de·men·tia [diménʃə] *n.* Ⓤ 〖정신의학〗 백치, 치매(痴呆)

de·mer·it [dimérit | di:-] *n.* 잘못, 과실; 단점, 결점(opp. *merit*)
the merits and ~s of …의 장단점, 득실, 공과(功過)

de·mesne [diméin, -mí:n] [F 「영토」의 뜻에서] *n.* **1** Ⓤ 〖법〗 토지의 점유 **2** 점유지 **3** [보통 *pl.*] 영지(estates); 사유지

De·me·ter [dimí:tər] *n.* 〖그리스신화〗 데메테르 《농업·결혼·사회 질서의 여신; 로마신화의 Ceres》

demi- [démi] 《연결형》 「반(半)…, 부분적…」의 뜻

dem·i·god [démigàd | -gɔ̀d] *n.* **1** 반신반인(半神半人) **2** 숭배받는 인물
~·dess *n.* demigod의 여성형

dem·i·john [démidʒàn | -dʒɔ̀n] *n.* (채롱으로 싼) 목이 가는 큰 유리병 《3-10갤런 들이》

de·mil·i·ta·ri·za·tion [di:mìlətərizéiʃən | -rai-] *n.* Ⓤ 비무장화, 비군사화

D

de·mil·i·ta·rize [di:mílətəràiz] *vt.* 비무장화하다, 〈원자력 등을〉 비군사화하다; 군정에서 민정으로 옮기다
de·míl·i·ta·rized zòne [di:mílətəràizd-] 비무장 지대 《略 DMZ》
dem·i·monde [démimànd | dèmimɔ́nd] [F] *n.* [the ~; 집합적] 화류계; 화류계 여자
de·mise [dimáiz] *n.* ⓊⒸ 붕어(崩御); 서거, 사망
dem·i·sem·i·qua·ver [dèmisémikwèivər] *n.* 《영》 〖음악〗 32분 음표(《미》 thirty-second note)
de·mist [di:míst] *vt.* 《영》 〈차의 창유리 등에서〉 흐림[안개]을 제거하다
dem·i·tasse [démitæ̀s] [F =half cup] *n.* (식후의 블랙 커피용) 작은 커피잔; 그 한 잔
dem·o [démou] *n.* (*pl.* **~s**) **1** 데모, 시위 행진 **2** 시청(試聽)용 음반[테이프] **3** 〖컴퓨터〗 시험[테스트]용 프로그램
de·mob [di:mɑ́b | -mɔ́b] 《영·구어》 *n.* =DEMOBILIZATION
— *vt.* (**~bed**; **~·bing**) =DEMOBILIZE
de·mo·bi·li·za·tion [di:mòubəlizéiʃən | -lai-] *n.* Ⓤ 〖군사〗 동원 해제, 제대
de·mo·bi·lize [di:móubəlàiz] *vt.* 〖군사〗 부대를 해산하다, 제대시키다
****de·moc·ra·cy** [dimɑ́krəsi | -mɔ́k-] [Gk 「민중의 정치」의 뜻에서] *n.* (*pl.* **-cies**) Ⓤ **민주주의**; 민주제, 사회적 평등, 민주 정치; Ⓒ 민주주의국
***dem·o·crat** [déməkræ̀t] *n.* **1 민주주의자**[정치론자] **2** [**D~**] 《미》 민주당원
****dem·o·crat·ic** [dèməkrǽtik] *a.* **1 민주정체[주의]의 2** 민주적인; 사회적 평등을 존중하는 **3** [**D~**] 《미》 민주당의
-i·cal·ly *ad.* 민주적으로
Democrátic Párty [the ~] 《미》 민주당 《the Republican Party와 더불어 현재 미국의 2대 정당; ⇨ donkey》
de·moc·ra·ti·za·tion [dimɑ̀krətizéiʃən | -mɔ̀k-] *n.* Ⓤ 민주화
de·moc·ra·tize [dimɑ́krətàiz | -mɔ́k-] *vt.* 민주화하다, 민주적[평민적]으로 하다
dé·mo·dé [dèimɔ:déi] [F =out-of date] *a.* 시대[유행]에 뒤진, 낡은
de·mog·ra·pher [dimɑ́grəfər | -mɔ́g-] *n.* 인구 통계학자
de·mo·graph·ic, -i·cal [dì:məgrǽfik(əl), dèmə-] *a.* 인구 (통계)학의
de·mo·graph·ics [dì:məgrǽfiks, dèmə-] *n. pl.* [단수 취급] 인구 통계
de·mog·ra·phy [dimɑ́grəfi | -mɔ́g-] *n.* Ⓤ 인구 통계학, 인구학
de·mol·ish [dimɑ́liʃ | -mɔ́l-] [L 「다 된 물건을 망가뜨리다」의 뜻에서] *vt.* **1** 〈건물을〉 헐다, 〈계획·지론 등을〉 뒤집다, 파괴하다; 폐지하다 **2** 《속어·익살》 모조리 먹어 치우다
dem·o·li·tion [dèməlíʃən, dì:-] *n.* **1** Ⓤ 파괴; (특권 등의) 타파 **2** [*pl.*] 폐허; [*pl.*] (전쟁용) 폭약
***de·mon** [dí:mən] [L 「악령」의 뜻에서] *n.* (*fem.* **~·ess** [-is, -es]) **1 악마, 귀신** (devil); 귀신 같은 사람 **2** 귀재, 명인 《*for, at*》
de·mon·e·tize [di:mɑ́nətàiz | -mʌ́n-] *vt.* 본위 화폐로서의 자격을 잃게 하다; 〈화폐·우표 등의〉 통용을 폐지하다
de·mo·ni·ac [dimóuniæ̀k] *a.* 귀신의[같은]; 마귀들린; 흉포한
— *n.* 마귀들린[같은] 사람; 미치광이
de·mo·ni·a·cal [dì:mənáiəkəl] *a.* = DEMONIAC
de·mon·ic, -i·cal [dimɑ́nik(əl) | -mɔ́n-] *a.* **1** 악마의[같은] **2** 귀신들린; 흉포한
-i·cal·ly *ad.*
de·mon·ism [dí:mənìzm] *n.* Ⓤ 귀신 숭배, 사신교(邪神敎)
de·mon·ol·a·try [dì:mənɑ́lətri | -ɔ́l-] *n.* Ⓤ 마귀[귀신] 숭배
de·mon·ol·o·gy [dì:mənɑ́lədʒi | -ɔ́l-] *n.* Ⓤ 귀신학[론], 악마 연구
de·mon·stra·ble [dimɑ́nstrəbl | démən-] *a.* 논증할 수 있는 **-bly** *ad.* 논증할 수 있도록; 명백히, 논증에 의하여
****dem·on·strate** [démənstrèit] [L 「나타내다」의 뜻에서] *vt.* **1 논증[증명]하다** (prove) **2 설명하다**, 실지로 해보이다 **3** 〈상품을〉 실물로 선전하다 **4** 〈감정 등을〉 표시하다, 내색하다 **—** *vi.* **1 시위 운동[데모]을 하다** 《*against, for*》 **2** 〖군사〗 양동(陽動) 작전을 하다 **3** 〈사물·실험이〉 증명되다
****dem·on·stra·tion** [dèmənstréiʃən] *n.* ⓊⒸ **1 논증**, 증명; 증거 **2 실물[실험] 교수**, 실연(實演) **3** (감정의) 표명 **4** 시위 운동, 데모 **~·al** *a.* 시위 (운동)의
***de·mon·stra·tive** [dimɑ́nstrətiv | -mɔ́n-] *a.* **1** 〖문법〗 **지시의 2** 예증적인, **논증할 수 있는 3** Ⓟ 분명히 나타내는, 입증하는 《*of*》 **4** 시위적인 **5** 감정을 드러내는 **—** *n.* 〖문법〗 지시사 《that, this 등》
~·ly *ad.* 논증적으로; 감정을 드러내어
~·ness *n.*
dem·on·stra·tor [démənstrèitər] *n.* **1** 논증자, 증명자 **2** (실험 과목·실기의) 실지 교수자[조수] **3** 시위 운동자
de·mor·al·i·za·tion [dimɔ̀:rəlizéiʃən | -mɔ̀r-] *n.* Ⓤ 풍속 문란; 혼란; 사기 저하
de·mor·al·ize [dimɔ́:rəlàiz | -mɔ́r-] *vt.* **1** 풍속을 문란하게 하다 **2** 사기를 꺾다
De·mos·the·nes [dimɑ́sθənì:z | -mɔ́s-] *n.* 데모스테네스(384?-322 B.C.) 《고대 그리스의 웅변가·정치가》
de·mote [dimóut] *vt.* 《미》 계급[지위]을 떨어뜨리다; 강등시키다
de·mot·ic [dimɑ́tik | -mɔ́t-] *a.* 《문어》 민중의; 통속적인
de·mo·tion [dimóuʃən] *n.* Ⓤ 좌천; 강등
de·mount [di:máunt] *vt.* 떼어내다, 뜯어내다; 분해하다
***de·mur** [dimə́:r] *vi.* (**~red**; **~·ring**) **1 난색을 표하다**, 이의를 제기하다, 반대하다 (object) 《*to, at, about*》 **2** 〖법〗 항변하다 **—** *n.* Ⓤ 이의, 반대
without [***with no***] **~** 이의 없이
de·mure [dimjúər] *a.* (**-·mur·er**; **-est**) **1** 얌전피우는, 점잔빼는 **2** 차분한, 삼가는;

태연한 **~·ly** *ad.* **~·ness** *n.*

de·mur·rage [dimə́:ridʒ | -mʌ́r-] *n.* Ⓤ 〚상업〛 초과 정박(碇泊); 일수(日數) 초과료

de·mur·ral [dimə́:rəl | -mʌ́r-] *n.* Ⓤ 이의 (신청)(demur); 항변

de·mys·ti·fy [di:místəfài] *vt.* (**-fied**) …의 신비성을 제거하다; 계몽하다

***den** [den] *n.* **1** (야수가 사는) **굴**, 동굴; (동물원의) 우리 **2** 밀실, (도둑 등의) 소굴 **3** 《구어》 (남성의) 사실(私室) 《서재·작업실 등》 **—** *vi.* 굴에 살다
— *vt.* 굴에 몰아 넣다

Den. Denmark

de·nar·i·us [dinέəriəs] [L =of ten] *n.* (*pl.* **-nar·ii** [-riài]) 고대 로마의 은화

de·na·tion·al·ize [di:nǽʃənəlàiz] *vt.* **1** 독립국의 자격을 박탈하다 **2** 국적[공민권]을 박탈하다 **3** 민영화하다

de·nat·u·ral·ize [di:nǽtʃərəlàiz] *vt.* **1** 본래의 성질[특질]을 바꾸다; 부자연하게 하다 **2** 귀화권[시민권]을 박탈하다

de·na·ture [di:néitʃər] *vt.* 〈에틸알코올·단백질·핵연료를〉 변성시키다

de·na·zi·fy [di:nɑ́:tsəfài, -nǽ-] *vt.* (**-fied**) 비(非)나치화하다

den·gue [déŋgi] *n.* Ⓤ 〚의학〛 뎅기열(熱)(= ∠ **fèver**)

Deng Xiao·ping [dʌ́ŋ-ʃàupíŋ] *n.* 덩샤오핑(鄧小平)(1904-97) 《중국 공산당의 지도자》

de·ni·a·bil·i·ty [dinàiəbíləti] *n.* 《미》 (고위 인사의 정치적 스캔들 등의) 관련 사실 부인; 진술 거부

de·ni·a·ble [dináiəbl] *a.* 부인[거부]할 수 있는

***de·ni·al** [dináiəl] *n.* ⓊⒸ **부정**, 부인; 거부; 절제, 자제, 극기(克己)

de·ni·er[1] [dináiər] *n.* 부정[거부]자

de·nier[2] [dəníər] *n.* 데니어 《생사·레이온·나일론의 굵기를 재는 단위》

den·i·grate [dénigrèit] *vt.* 더럽히다; 〈명예를〉 훼손하다; 헐뜯다
dèn·i·grá·tion *n.* Ⓤ 명예 훼손

den·im [dénim] *n.* Ⓤ 데님 《두꺼운 무명; 작업복·운동복을 만듦》; [*pl.*] 데님제 작업복[진(jeans)]
~ed [-d] *a.* 데님제 옷[진]을 입은

Den·is [dénis] *n.* 남자 이름

den·i·zen [dénəzn] *n.* **1** 주민; 거류자 **2** 《문어》 (숲·공중에 사는) 동식물 《새·짐승·나무 등》 **3** 《영》 거류민, 귀화 외국인

***Den·mark** [dénmɑ:rk] [Dan. 「덴마크 사람의 영토」의 뜻에서] *n.* **덴마크** 《수도 Copenhagen》

de·nom·i·nate [dinɑ́mənèit | -nɔ́m-] *vt.* 명명(命名)하다(name); …이라고 일컫다

***de·nom·i·na·tion** [dinɑ̀mənéiʃən | -nɔ̀m-] *n.* **1** Ⓤ **명명**; Ⓒ **명칭** **2** 계급, 파(派), 종류 **3** 〚수학〛 단위명(單位名) **4** (화폐·증권의) 액면 금액

de·nom·i·na·tion·al [dinɑ̀mənéiʃənl | -nɔ̀m-] *a.* 종파의, 교파의

de·nom·i·na·tive [dinɑ́mənətiv, -nèi- | -nɔ́m-] *a.* **1** 명칭적인 **2** 〚문법〛 명사[형용사]에서 나온 **—** *n.* 〚문법〛 명사[형용사] 유래어(由來語) 《특히 동사; to *man, open, warm* 등》

de·nom·i·na·tor [dinɑ́mənèitər | -nɔ́m-] *n.* **1** 명명자 **2** 〚수학〛 분모 **3** 공통 요소

de·no·ta·tion [dì:noutéiʃən] *n.* ⓊⒸ **1** 표시 **2** (말의) 명시적 의미; 〚논리〛 외연(外延)(opp. *connotation*)

de·no·ta·tive [dí:noutèitiv | dinóutət-] *a.* **1** 표시하는, 지시하는 《*of*》 **2** 〚논리〛 외연적인(opp. *connotative*) **~·ly** *ad.*

***de·note** [dinóut] *vt.* **1** **표시하다**, 나타내다 **2** 의미하다 **3** 〚논리〛 외연을 나타내다(opp. *connote*) **~·ment** *n.* ⓊⒸ 표시

de·noue·ment [dèinu:mɑ́:ŋ | -∠-] [F =unite] *n.* **1** (연극 등의) 대단원 **2** (분쟁·시비 등의) 해결, 낙착

***de·nounce** [dináuns] [L 「…의 반대 선언을 하다」의 뜻에서] *vt.* **1** **비난하다**; 탄핵하다 **2** 〈조약·휴전 등의〉 종결[파기]을 통고하다 **~·ment** *n.* = DENUNCIATION

de no·vo [di:-nóuvou] [L =from the new] *ad.* 처음부터, 새로(이), 다시

‡**dense** [dens] [L 「두터운」의 뜻에서] *a.* **1** **a** **밀집한**, 빽빽한 **b** 〈인구가〉 조밀한 **2** 농밀한; 농후한 **3** 《구어》 머리가 나쁜 **4** 〈문장이〉 난해한 **5** 〚물리〛 고밀도의
~·ly *ad.* 짙게, 밀집하여, 빽빽이
~·ness *n.*

***den·si·ty** [dénsəti] *n.* (*pl.* **-ties**) **1** Ⓤ **밀도**, 농도, (안개 등의) 짙음; (인구의) 조밀도 **2** ⓊⒸ 〚사진〛 (음화의) 농도; 〚물리〛 밀도 **3** 우둔함

***dent**[1] [dent] *n.* **1** **움푹 들어간 곳** **2** (수량적인) 감소; (약화·감소시키는) 효과; (높은 콧대를) 꺾기
— *vt., vi.* 움푹 들어가(게 하)다; 약화시키다

dent[2] *n.* (톱니바퀴 등의) 이, (빗)살

***den·tal** [déntl] *a.* **1** **이의**; 치과(용)의 **2** 〚음성〛 치음의 **—** *n.* 〚음성〛 치음

déntal flòss 〚치과〛 치실

déntal hygíene 치과 위생

déntal sùrgeon 치과 의사(dentist), 《특히》 구강(口腔) 외과 의사

déntal sùrgery 치과 (의학), 구강 외과(학)

den·tate [dénteit] *a.* 〚동물〛 이가 있는; 〚식물〛 톱니 모양의

den·ti·frice [déntəfris] *n.* Ⓤ 치분(齒粉), 치약(tooth powder, toothpaste)

den·tin [déntn], **-tine** [dénti:n] *n.* Ⓤ (이의) 상아질 **den·tin·al** [dentí:nl] *a.*

‡**den·tist** [déntist] *n.* **치과 의사**

den·tist·ry [déntistri] *n.* Ⓤ 치과 의술, 치과학

den·ture [déntʃər] *n.* [보통 *pl.*] 틀니, 의치(義齒), 《특히》 총(總)의치 《false teeth가 일반적임》

de·nu·cle·ar·ize [di:njú:kliəràiz | -njú:-] *vt.* 비핵화(非核化)하다
de·nù·cle·ar·i·zá·tion *n.* Ⓤ 비핵화

de·nu·da·tion [dì:nju:déiʃən | -nju:-] *n.* Ⓤ **1** 발가벗김; 발가숭이 (상태), 노출 **2** 〚지질〛 삭박(削剝), 표면 침식

D

de·nude [dinjú:d | -njú:d] *vt.* **1** 발가벗기다, 노출시키다; 〈껍질을〉 벗기다(strip) **2** 박탈하다(deprive) 《*of*》 **3** 〖지질〗 삭박(削剝)하다

∗**de·nun·ci·a·tion** [dinʌ̀nsiéiʃən] *n.* ⓊⒸ 탄핵, 공공연한 비난, 고발; (조약 등의) 폐기 통고

de·nun·ci·a·tor [dinʌ́nsièitər] *n.* 탄핵[고발]자

de·nun·ci·a·to·ry [dinʌ́nsiətɔ̀:ri | -təri] *a.* 비난의, 탄핵적인; 위협적인

Den·ver [dénvər] *n.* 덴버 《미국 Colorado 주의 주도》

‡**de·ny** [dinái] *vt.* (**-nied**) **1** 부인[부정]하다 **2** 〈요구 등을〉 거절하다, 〈…에게 줄 것을〉 주지 않다
~ one***self*** 극기[자제]하다; 〈쾌락 등을〉 멀리하다

de·o·dar [dí:ədɑ̀:r] *n.* 〖식물〗 히말라야삼나무

de·o·dor·ant [di:óudərənt] *a.* 방취(防臭)의 (효력 있는)
— *n.* 방취제(deodorizer)

de·o·dor·ize [di:óudəràiz] *vt.* 악취를 없애다 **de·ò·dor·i·zá·tion** *n.*

de·o·dor·iz·er [di:óudəràizər] *n.* 방취제, 탈취제

De·o gra·ti·as [déiou-grɑ́:tsiɑ̀:s] [L = thanks to God] *ad.* 신의 도움으로 《略 D.G.》

de·or·bit [di:ɔ́:rbit] *vt., vi.* 〈인공위성 등이〉 궤도에서 벗어나(게 하)다

De·o vo·len·te [déiou-vələ́nti] [L = God being willing] *ad.* 하늘[하느님]의 뜻이라면 《略 DV》

de·ox·i·dize [di:ɑ́ksədàiz | -ɔ́ks-] *vt.* 〖화학〗 …에서 산소를 제거하다; 〈산화물을〉 환원하다

de·ox·y·ri·bo·nu·clé·ic ácid [di:ɑ̀ksiràibounju:klí:ik-] 〖생화학〗 디옥시리보핵산 《略 DNA》

dep. department; depart(s); departure; deponent; deposit; depot; deputy

‡**de·part** [dipɑ́:rt] *vi.* **1** 《문어》 〈열차·비행기·사람 등이〉 출발하다 《*from, for*》: The flight *~s from* Seoul *for* Tokyo at 5: 15 P.M. 서울발 동경행 항공편은 오후 5시 15분에 출발한다. **2** (상도(常道)·습관 등에서) 벗어나다, 빗나가다 《*from*》
— *vt.* 《미》 출발하다(leave)
~ ***this life*** 이 세상을 하직하다

de·part·ed [dipɑ́:rtid] *a.* (최근에) 죽은(deceased); 과거의

‡**de·part·ment** [dipɑ́:rtmənt] *n.* **1** 부문, …부(部); (백화점의) …매장 **2** 《미》 (행정 조직의) 성(省), 부(部); 《영》 국(局), 과(課) **3** (대학의) 학부, 과 **4** [보통 one's ~] 《구어》 (지식·활동 등의) 분야, 영역

de·part·men·tal [dipɑ:rtméntl | dì:pɑ:t-] *a.* 부문[성, 국, 현]의

de·part·men·tal·ize [dipɑ:rtméntəlàiz | dì:pɑ:t-] *vt.* 각 부문으로 나누다

‡**depártment stòre** 백화점

‡**de·par·ture** [dipɑ́:rtʃər] *n.* ⓊⒸ **1** 출발; 발차 **2** (방침 등의) 새 발전: a new ~ 새 발전[시도], 신기축(新機軸) **3** 이탈, 배반 《*from*》

‡**de·pend** [dipénd] *vi.* **1 a** 의존하다, 의지하다 **b** 믿다, 신뢰하다(rely) 《*on, upon*》 **2** …나름이다 《*on, upon*》, …에 달려 있다
D~ upon it! 틀림없다!, 염려마라! ***That* [*It all*] *~s.*** 그것은[모두가] 때와 형편에 달렸다.

de·pend·a·bil·i·ty [dipèndəbíləti] *n.* Ⓤ 의존할[믿을] 수 있음

∗**de·pend·a·ble** [dipéndəbl] *a.* 의존할[믿을, 신뢰할] 수 있는
-bly *ad.* 믿음직하게

∗**de·pend·ence, -ance** [dipéndəns] *n.* Ⓤ **1** 의뢰; 의존 **2** 신뢰 **3** 〖의학〗 (마약) 의존(증)

‡**de·pend·ent** [dipéndənt] *a.* **1 a** Ⓟ 〈남에게〉 의지[의존]하는 《*on, upon*》 **b** 종속 관계의, 예속적인(opp. *independent*) **2** Ⓟ …에 좌우되는, …나름인 《*on, upon*》
— *n.* 남에게 의지하여 사는 사람; 부양가족 **~·ly** *ad.* 남에게 의지하여, 의존[종속]적으로

depéndent cláuse 〖문법〗 종속절

de·per·son·al·ize [di:pə́:rsənəlàiz] *vt.* 비인격[비인간]화하다, 인격[개성]을 박탈하다 **de·pèr·son·al·i·zá·tion** *n.* 몰개인화, 객관화

∗**de·pict** [dipíkt] *vt.* 《문어》 (그림·조각·말로) 그리다; 묘사하다 《*as*》

de·pic·tion [dipíkʃən] *n.* ⓊⒸ 묘사, 서술

dep·i·late [dépəlèit] *vt.* 털을 뽑다

dep·i·la·tion [dèpəléiʃən] *n.* ⓊⒸ 탈모(脫毛), (특히 동물 가죽의) 털뽑기

de·pil·a·to·ry [dipílətɔ̀:ri | -təri] *a.* 탈모의 (효능이 있는)
— *n.* (*pl.* **-ries**) 탈모제

de·plane [di:pléin] *vi., vt.* 《미·구어》 비행기에서 내리(게 하)다

de·plete [diplí:t] *vt.* 격감시키다; 〈세력·자원 등을〉 고갈시키다; 〖의학〗 방혈하다

de·ple·tion [diplí:ʃən] *n.* Ⓤ **1** (자원 등의) 고갈, 소모 **2** 〖의학〗 방혈(放血); 〖생리〗 체액 감소 (상태)

de·plor·a·bil·i·ty [diplɔ̀:rəbíləti] *n.* Ⓤ 한탄스러움, 비통, 비참

∗**de·plor·a·ble** [diplɔ́:rəbl] *a.* 통탄할, 한탄스러운; 슬픈 **-bly** *ad.*

∗**de·plore** [diplɔ́:r] *vt.* 〈죽음·과실 등을〉 비탄하다; 몹시 한탄[후회]하다

de·ploy [diplɔ́i] 〖군사〗 *n.* 전개, 배치
— *vi., vt.* 전개하다[시키다]; (전략적으로) 배치하다
~·ment *n.* ⓊⒸ 전개

de·pol·lute [dì:pəlú:t] *vt.* …의 오염을 제거하다

de·po·nent [dipóunənt] *n.* 〖법〗 선서증인

de·pop·u·late [di:pɑ́pjulèit | -pɔ́p-] *vt.* 주민을 없애다[줄이다]
de·pòp·u·lá·tion *n.* Ⓤ 인구 감소

de·port [dipɔ́ːrt] *vt.* **1** 국외로 추방하다 **2** 《문어》 [~ one*self*로; 부사구와 함께] 처신하다, 행동하다
de·por·ta·tion [dìːpɔːrtéiʃən] *n.* Ⓤ 국외 추방
de·port·ee [dìːpɔːrtíː] *n.* 피추방자
*__de·port·ment__ [dipɔ́ːrtmənt] *n.* Ⓤ 태도, 거동, 처신; 행실
*__de·pose__ [dipóuz] *vt.* **1** 〈높은 지위에서〉 **물러나게 하다,** 〈국왕을〉 **폐하다** **2** 〖법〗 (선서·공술서로) 증언하다
— *vi.* 〖법〗 증언하다
‡**de·pos·it** [dipɑ́zit | -pɔ́z-] [L 「내려놓다」의 뜻에서] *vt.* **1** **두다**(place); 〈동전을〉 집어넣다 **2** 침전[퇴적]시키다 **3** 〈돈을〉 **맡기다,** 예금하다 《*in, with*》 **4** 보증금을 주다 **5** 〈알을〉 낳다
— *n.* **1** 침전물, 퇴적물; 광상(鑛床), 매장물 **2** Ⓤ 맡김, 기탁 **3** 적립금; 공탁금, **예금**(액) **4** Ⓒ 보관소, 창고
make a ~ on a house (집의) 계약금을 치르다 ***on***[***upon***] ***~*** 은행에 예금해서
de·pos·i·ta·ry [dipɑ́zətèri | -pɔ́zitəri] *n.* (*pl.* **-tar·ies**) 맡는 사람, 보관인, 수탁자, 피공탁자; 보관소
de·po·si·tion [dèpəzíʃən, dìːp-] *n.* ⓊⒸ **1** 관직 박탈, 파면; 폐위 **2** 〖법〗 선서 증언[증서] **3** 공탁(물)
de·pos·i·tor [dipɑ́zitər | -pɔ́z-] *n.* 예금[공탁]자
de·pos·i·to·ry [dipɑ́zitɔ̀ːri | -pɔ́zitəri] *n.* (*pl.* **-ries**) **1** 공탁소, 수탁소, 보관소, 창고 **2** 보관인
depósitory lìbrary 《미》 정부 간행물 보관 도서관
*__dep·ot__ [díːpou | dép-] [F =deposit] *n.* **1** 《영》 저장소, **창고** **2** 〖군사〗 병참부; 《영》 연대 본부 **3** 《미》 (철도)역, 버스 터미널, 버스[전차, 기관차] 차고
— *vt.* depot에 두다[넣다]
de·pra·va·tion [dèprəvéiʃən] *n.* Ⓤ 악화; 부패, 타락
de·prave [dipréiv] *vt.* 악화시키다; 타락[부패]시키다
de·praved [dipréivd] *a.* 타락한, 저열한, 불량한
de·prav·i·ty [diprǽvəti] *n.* (*pl.* **-ties**) **1** Ⓤ 타락, 부패 **2** 악행, 비행
dep·re·cate [déprikèit] *vt.* **1** 비난[반대]하다 **2** 업신여기다
dep·re·cat·ing·ly [déprikèitiŋli] *ad.* 비난하듯이; 애원[탄원] 조로
dep·re·ca·tion [dèprikéiʃən] *n.* ⓊⒸ 반대, 불찬성, 항의
dep·re·ca·to·ry [déprikətɔ̀ːri | -təri] *a.* **1** 사과[변명]하는 **2** 비난[불찬성]의
de·pre·ci·a·ble [dipríːʃiəbl] *a.* 가격 인하가 되는
*__de·pre·ci·ate__ [dipríːʃièit] [L 「…의 값을 떨어뜨리다」의 뜻에서] *vt.* **1** (특히 시장) **가치를 저하[감소]시키다** **2** 얕보다
— *vi.* (화폐 등의) 가치가 떨어지다, 값이 내리다(opp. *appreciate*)
de·pre·ci·at·ing·ly [dipríːʃièitiŋli] *ad.* 얕보아, 경시하여
*__de·pre·ci·a·tion__ [diprìːʃiéiʃən] *n.* ⓊⒸ **1** 가치 하락, 가격의 저하 **2** 경시
in ~ (***of***) (…을) 경시하여
de·pre·ci·a·tive [dipríːʃièitiv] *a.* **1** 하락 경향의 **2** 얕보는
dep·re·da·tion [dèprədéiʃən] *n.* Ⓤ 약탈; [보통 *pl.*] 약탈 행위
*__de·press__ [diprés] *vt.* **1** **낙담시키다, 우울하게 하다** **2** 내리누르다 **3** 저하시키다 **4** 경기를 나쁘게 만들다; 〈시세를〉 하락시키다
de·pres·sant [diprésnt] *a.* 〖의학〗 진정[억제] 효과가 있는; 의기소침하게 하는
— *n.* 〖약학〗 진정제
‡**de·pressed** [diprést] *a.* **1** **의기소침한** **2** 불경기의, 부진한; 〈주(株)가〉 하락한 **3** **내려앉은,** 움푹 들어간 **4** 궁핍한, 빈곤한
depréssed área 불황(不況) 지역
de·press·ing [diprésiŋ] *a.* 억압적인; 침울하게 만드는, 울적한 **~·ly** *ad.*
‡**de·pres·sion** [dipréʃən] *n.* **1** Ⓤ **의기소침,** 우울 **2** ⓊⒸ (지반(地盤)의) 함몰; Ⓒ **움푹한 땅** **3** ⓊⒸ **불경기, 불황,** 불황기; [the D~] 대공황 **4** ⓊⒸ 강하, 침하 **5** 〖기상〗 저기압
de·pres·sive [diprésiv] *a.* =DEPRESSING — *n.* 울병 환자
dep·ri·va·tion [dèprivéiʃən] *n.* ⓊⒸ **1** 박탈 **2** (상속인의) 폐제(廢除); (성직의) 파면 **3** 상실, 손실(loss); Ⓤ 궁핍, 빈곤
‡**de·prive** [dipráiv] *vt.* **1** 〈사람에게서 물건을〉 **빼앗다,** 〈권리 등의 행사를〉 허용치 않다 **2** 면직[파면]하다
de·prived [dipráivd] *a.* 가난한, 불우한; [the ~; 명사적; 복수 취급] 가난한 사람들
de pro·fun·dis [dèi-proufúndis, dìː-proufʌ́n-] [L =out of the depths] *ad.*, *n.* [a ~] (슬픔·절망의) 구렁텅이에서(의 외침[절규]); [the D~ P~] 〖성서〗 시편 제130편
dept. department; deputy
‡**depth** [depθ] *n.* **1** ⓊⒸ **깊이,** 깊은 정도 **2** ⓊⒸ (건물 등의) 깊숙함 **3** [보통 *pl.*] **깊은 곳,** 깊음 **4** [*pl.*] 오지 **5** Ⓤ (인물·성격 등의) **깊이;** (감정의) 심각성, 강렬성(intensity); 심원(profundity) **6** Ⓤ (빛깔 등의) 짙음; (소리의) 낮은 음조
in ~ 깊이는; 깊이 있게[는], 철저히[한]
dépth chàrge[bòmb] 수중 폭뢰(爆雷)
dépth psychòlogy 심층 심리학
dep·u·ta·tion [dèpjutéiʃən] *n.* Ⓤ 대리(행위), 대표, 대리 파견(delegation); Ⓒ 대리 위원단, 대표단
de·pute [dipjúːt] *vt.* 대리자로 삼다; 〈일·직권을〉 위임하다
dep·u·tize [dépjutàiz] *vi.* 대리를 보다 《*for*》 — *vt.* 대리를 명하다
*__dep·u·ty__ [dépjuti] *n.* (*pl.* **-ties**) **1** 대리인, 대리역, 부관 **2** [**D~**] (프랑스 등의) 하원 의원 — *a.* 대리의, 부(副)의
der., deriv. derivation; derivative; derive(d)
de·rail [diréil] *vt.* [보통 수동형] 〈기차 등을〉 탈선시키다 — *vi.* 탈선하다
de·range·ment [diréindʒmənt] *n.* Ⓤ 교란, 혼란; 발광

D

∗Der·by [dɔ́ːrbi | dɑ́ː-] *n.* (*pl.* **-bies**) **1** 더비 《영국 Derbyshire의 주청 소재지》 **2** [the ~] **더비 경마**; 대경마 **3** [**d~**] = DERBY HAT

Dérby Dày 더비 경마일

dérby hát 《미》 중산모자

Der·by·shire [dɑ́ːrbiʃiər, -ʃər | dɑ́ːbiʃə] *n.* 더비셔 《영국 중부의 주》

de·reg·u·late [diːrégjulèit] *vt., vi.* 규칙을 폐지하다; 통제[규제]를 철폐하다

der·e·lict [dérəlìkt] *a.* **1** 유기[포기]된 **2** 《미》 의무 태만의, 무책임한
— *n.* **1** 유기물 《특히 버려진 배》; 버림받은 사람, 낙오자 **2** 《미》 직무 태만자

der·e·lic·tion [dèrəlíkʃən] *n.* ⓊⒸ 포기, 유기; 태만; 〖법〗 바닷물이 빠져 생긴 땅

∗de·ride [diráid] *vt.* **비웃다,** 조소[조롱]하다(mock)

de rigueur [də-riːgɔ́ːr] [F] *a.* Ⓟ 〈복장 등이〉 예식상 필요한

∗de·ri·sion [diríʒən] *n.* Ⓤ **비웃음,** 조소, 조롱; Ⓒ 웃음거리

de·ri·sive [diráisiv] *a.* 조소[조롱]하는

de·ri·so·ry [diráisəri] *a.* **1** = DERISIVE **2** 아주 근소한; 아주 시시한

deriv. derivation; derivative; derive(d)

∗der·i·va·tion [dèrəvéiʃən] *n.* ⓊⒸ **1** (다른 것·근원에서) **끌어냄, 유도 2** 유래, 기원(origin) **3** 〖언어〗 (말의) 파생, 어원; Ⓒ 파생어 **4** 파생(물)

∗de·riv·a·tive [dirívətiv] *a.* (근원에서) 끌어낸; 〖언어〗 파생적인
— *n.* **1** 파생물; 〖언어〗 파생어 **2** 〖화학〗 유도체; 〖수학〗 도함수(導函數) **~·ly** *ad.*

⁑de·rive [diráiv] [L 「강(river)에서 물을 끌어내다」의 뜻에서] *vt.* **1** (다른 것·근원에서) …을 **끌어내다,** 얻다 **2** 〈단어·관습 등이〉 …**에서 비롯되다,** …의 유래를 찾다(trace) — *vi.* **유래[파생]하다,** 나오다 《*from*》

derm [dəːrm], **der·ma** [dɔ́ːrmə] *n.* Ⓤ 〖해부〗 진피(dermis); 피부(skin)

der·mal [dɔ́ːrməl], **der·mat·ic** [dəːrmǽtik] *a.* 피부에 관한, 피부의

der·ma·ti·tis [dɔ̀ːrmətáitis] *n.* Ⓤ 피부염

der·ma·tol·o·gy [dɔ̀ːrmətɑ́lədʒi | -tɔ́l-] *n.* Ⓤ 피부병학
-gist *n.* 피부과 전문의, 피부병 학자

der·mis [dɔ́ːrmis] *n.* Ⓤ 진피(眞皮); 피부

der·o·gate [dérəgèit] *vi.* **1** 〈명성·품위·가치 등을〉 훼손하다, 떨어뜨리다 《*from*》 **2** 〈사람이〉 타락하다

der·o·ga·tion [dèrəgéiʃən] *n.* Ⓤ (명예·가치 등의) 감손(減損), 손상, 훼손, 저하; 타락

de·ro·ga·tive [dirɑ́gətiv | -rɔ́g-] *a.* 가치[명예]를 훼손하는

de·rog·a·to·ry [dirɑ́gətɔ̀ːri | -rɔ́gətəri] *a.* 〈명예·품격·가치 등을〉 손상하는 《*to*》; 경멸적인

der·rick [dérik] [1600년경의 런던의 사형 집행인 이름에서] *n.* **1** 데릭 《배 등에 화물을 싣는 기중기》 **2** (석유 갱(坑)의) 유정탑(油井塔) **3** 〖항공〗 이륙탑

der·ri·ère [dèriέər] [F] *n.* 《구어》 엉덩이

der·rin·ger [dérindʒər] [발명자인 미국인 이름에서] *n.* 데린저식 권총

derv [dəːrv] [*d*iesel-*e*ngined *r*oad *v*ehicle] *n.* Ⓤ 《영》 디젤 엔진용 연료

der·vish [dɔ́ːrviʃ] *n.* **1** (이슬람교의) 수도 탁발승 **2** 미친 듯이 춤추는 사람

DES data encryption standard 〖컴퓨터〗 데이터 암호화 규격

de·sa·li·nate [diːsǽlənèit] *vt.* = DESALT

de·sa·lin·ize [diːsǽlənàiz] *vt.* = DESALT

de·salt [diːsɔ́ːlt] *vt.* 〈바닷물을〉 탈염하다

de·scale [diːskéil] *vt.* 물때를 벗기다

des·cant [deskǽnt, dis-] *vi.* **1** 상세하게 설명하다 《*on, upon*》 **2** 〖음악〗 (다른 선율에 맞추어) 노래[연주]하다
— [déskænt] *n.* **1** 《시어》 가곡 **2** 〖음악〗 수창(隨唱), 수주(隨奏)

Des·cartes [deikɑ́ːrt] *n.* 데카르트 **René ~** (1596-1650) 《프랑스의 철학자·수학자》

⁑de·scend [disénd] [L 「아래로+오르다 → 내려가다」의 뜻에서] *vi.* **1 내려가다,** 내리다 **2** 내리받이가 되다 《*to*》; 〈토지·성질이〉 **전해지다,** 내림이다 《*from, to*》 **3** (…할 만큼) 타락하다, 비굴하게도 (…까지) 하다 《*to*》 **4** 〈집단이〉 습격하다; (갑자기) 몰려가다 《*on, upon*》; 〈노염·정적이〉 엄습하다 《*on, upon*》 — *vt.* 〈비탈·층계 등을〉 **내려가다**(go down); [수동형으로] …(의) 자손이다

⁑de·scend·ant [diséndənt] *n.* **자손,** 후예(opp. *ancestor*)

de·scend·ed [diséndid] *a.* Ⓟ 전해진, 유래한 《*from*》

de·scend·ent [diséndənt] *a.* 하강성(下降性)의, 강하[낙하]하는; 전해 내려오는, 세습의

de·scend·ing [diséndiŋ] *a.* 내려가는, 강하하는, 하향의(opp. *ascending*)

⁑de·scent [disént] [동음어 dissent] *n.* **1** ⓊⒸ **강하**(降下), 하강; 하락(opp. *ascent*) **2** 내리받이(길); ⓊⒸ 전락 **3** 급습 《*on, upon*》; (경관 등의) 돌연한 검색[임검] **4** Ⓤ **가계,** 출신, 혈통 **5** Ⓤ 〖법〗 세습, 상속; 유전

de·scrib·a·ble [diskráibəbl] *a.* 묘사[기술]할 수 있는

⁂de·scribe [diskráib] [L 「밑에 베끼다」의 뜻에서] *vt.* **1** 〈특징 등을〉 **묘사하다 2** 〈사람을〉 …라고 **칭하다,** 평하다 《*as*》 **3** 〈선·도형을〉 그리다 《draw쪽이 일반적》
~ *a circle* 원을 그리다

⁑de·scrip·tion [diskrípʃən] *n.* **1** ⓊⒸ **기술**(記述), 서술, 기재 **2 서술적 묘사**; (물품의) 설명서, 해설 **3** 《구어》 종류(kind); 등급(class) ***be beyond ~*** = ***beggar* (*all*) *~*** 이루 형용할 수 없다

∗de·scrip·tive [diskríptiv] *a.* **기술**(記述)[**서술**]**적인,** 기사체(記事體)의

de·scry [diskrái] *vt.* (**-scried**) 《문어》 어렴풋이[멀리] 알아보다, 발견하다; (관측·조사하여) 알아내다

Des·de·mo·na [dèzdəmóunə] *n.* 데스데모나 《셰익스피어 작 *Othello*에서 Othello의 처》
des·e·crate [désikrèit] *vt.* …의 신성을 더럽히다; 〈신성한 것을〉 속되게 쓰다 **-crat·er, -cra·tor** *n.* 신성 모독자
des·e·cra·tion [dèsikréiʃən] *n.* Ⓤ 신성 모독
de·seg·re·gate [di:sègrigèit] *vt., vi.* 《미》 (학교 등에서) 인종 차별 대우를 폐지하다
de·seg·re·ga·tion [dì:segrigéiʃən] *n.* Ⓤ 인종 차별 폐지(cf. SEGREGATION)
de·se·lect [dì:silékt] *vt.* 《미》 훈련에서 해제하다; 〖컴퓨터〗 선택 해제하다
de·sen·si·tize [di:sénsətàiz] *vt.* 〖사진〗 감도를 줄이다; 〖생리〗 민감성[과민성]을 줄이다
-tiz·er *n.* 〖사진〗 감감제(減感劑)
‡des·ert¹ [dézərt] [L 「버림받은」의 뜻에서] *n.* **사막** — *a.* Ⓐ **사막 같은; 불모의**(barren): a ~ island 무인도
de·sert² [dizə́:rt] [동음어 dessert] *n.* **1** 상[벌]을 받을 만한 가치[자격] **2** [종종 *pl.*] 당연한 응보, 상응한 상[벌]
‡de·sert³ [dizə́:rt] [동음어 dessert] *vt.* **1 버리다**; 〈선원·군인 등이〉 **탈주[탈영]하다 2** 〈신념 등이 사람에게서〉 없어지다 **3** [be ~ed의 형태로] **인적이 끊긴** — *vi.* 의무[직무]를 버리다, (무단히) 지위[자리]를 떠나다; 〖군사〗 탈영하다 《*from*》
***de·sert·ed** [dizə́:rtid] *a.* **1 인적이 끊긴; 황폐한**: a ~ street 인적이 끊긴 거리 **2** 버림받은
de·sert·er [dizə́:rtər] *n.* 유기자; 직장 포기자; 도망자, 탈영병
de·sert·i·fi·ca·tion [dèzə:rtəfikéiʃən] *n.* 사막화
de·ser·tion [dizə́:rʃən] *n.* Ⓤ 내버림; 유기, 직장 포기, 탈주, 탈당
‡de·serve [dizə́:rv] [L 「부지런히 봉사하다」의 뜻에서] *vt.* **…할[받을] 만하다; …할[될] 가치[값어치]가 있다**: ~ attention 주목할 만하다 — *vi.* 《문어》 값어치가 있다, …에 상당하다 《*of*》: efforts *deserving of* admiration 칭찬을 받을 만한 노력
de·served [dizə́:rvd] *a.* 〈상·벌·보상 등이〉 당연한
de·serv·ed·ly [dizə́:rvidli] *ad.* 당연히, 응당히
de·serv·ing [dizə́:rviŋ] *a.* **1** Ⓟ 마땅히 …을 받을 만한 《*of*》 **2** Ⓐ (경제적) 원조를 받을 만한 〈학생 등〉
de·sex [di:séks] *vt.* 거세하다; 성적 매력을 없애다; 《미》 성차별적 표현을 없애다
de·sex·u·al·ize [di:sékʃuəlàiz] *vt.* = DESEX
des·ha·bille [dèzəbí:l | dézæbì:l] [F] *n.* = DISHABILLE
des·ic·cant [désikənt] *a.* 건조시키는 (힘이 있는) — *n.* 건조제
des·ic·cate [désikèit] *vt.* 건조시키다, 〈식품을〉 물기를 빼서 건물(乾物)[가루]로 보관하다: ~*d* milk 분유
des·ic·ca·tion [dèsikéiʃən] *n.* Ⓤ 건조(작용), 탈수; 마름
des·ic·ca·tor [désikèitər] *n.* 건조기[장치]
de·sid·er·a·tum [disìdərɑ́:təm, -réi-] *n.* (*pl.* **-ta** [-tə]) 몹시 아쉬운 것; 절실한 요구
‡de·sign [dizáin] *n.* **1** Ⓤ Ⓒ **디자인, 도안**; Ⓒ 모형(pattern) **2** Ⓤ **설계 3 계획**, 의도; [*pl.*] 꿍꿍이수작, 음모 《*on, against*》 **4 줄거리**, 구상
by ~ 고의로, 계획적으로
— *vt.* **1 디자인하다 2 설계하다**; **계획하다 3** (어떤 목적을 위하여) 예정하다 《*for*》 **4** 목적을 품다, 뜻을 품다 — *vi.* 의장[도안]을 만들다, 디자이너 노릇을 하다; 설계하다; 뜻을 두다, …할 예정이다 《*for*》
‡des·ig·nate [dézignèit] [design과 같은 어원] *vt.* **1 명시하다, 가리키다 2 지명하다**, 선정하다; 임명하다 《*as, to, for*》 《종종 수동형으로 쓰임》 **3** …을 …이라고 부르다[칭하다](call)
— [-nət, -nèit] *a.* [명사 뒤에서] 지명을 받은, 지정된(designated)
dés·ig·nat·ed hít·ter [dézignèitid-] 〖야구〗 지명 타자 《略 DH》
***des·ig·na·tion** [dèzignéiʃən] *n.* **1** Ⓤ **지정**, 지시 **2 임명**, 지명, 선임 **3** 《문어》 명칭, 호칭; 칭호(title); (명칭 등의) 의미
des·ig·na·tor [dézignèitər] *n.* 지명[지정]인
de·signed [dizáind] *a.* 계획적인, 고의의
de·sign·ed·ly [dizáinidli] *ad.* 고의로, 계획적으로
‡de·sign·er [dizáinər] *n.* **디자이너**, 의장 도안가; 설계자 — *a.* 유명 디자이너에 의한[의 이름이 든]
de·sign·ing [dizáiniŋ] *n.* Ⓤ 설계; 의장(意匠), 도안 — *a.* **1** 설계의 **2** 뱃속이 검은
***de·sir·a·bil·i·ty** [dizàiərəbíləti] *n.* (*pl.* **-ties**) Ⓤ Ⓒ **바람직함**; (*pl.*) 바람직한 상황
‡de·sir·a·ble [dizáiərəbl] *a.* **바람직한**, 호감이 가는; 〈여성이〉 매력적인
— *n.* 호감이 가는 사람[물건]
~·ness *n.* **-bly** *ad.*
‡de·sire [dizáiər] [L 「별에서 (대망(待望)하다)」의 뜻에서] *vt.* **1 몹시 바라다**, 욕구하다; 원하다, 희망하다 **2 요구[요망]하다**
— *n.* **1 욕구**, 욕망 《*for*》; 정욕(lust) **2** Ⓤ **요망**, 요구; Ⓒ **요망되는 것[사람]**
at one***'s*** **~** 희망에 따라, 희망대로
de·sired [dizáiərd] *a.* 바랐던, 희망했던, 훌륭한
***de·sir·ous** [dizáiərəs] *a.* Ⓟ **원하는**, 바라는: He is ~ *to* know the truth about the affair. 그는 사건의 진상을 알고 싶어한다. **~·ly** *ad.* **~·ness** *n.*
de·sist [dizíst, -síst] *vi.* 《문어》 그만두다, 단념하다 《*from*》
‡desk [desk] *n.* **1 a 책상**, 공부[사무] 책상 **b** 《미》 설교단; [the ~] 성직(聖職) **c** 악보대 **2** [the ~] 사무, 문필직 **3** [the ~] 《미》 (신문의) 편집부, 데스크; [집합적] (호텔 등의) 프런트

***be*[*sit*] *at* one'*s* [*the*] ~** 글을 쓰고 있다; 사무를 보다
— *a.* Ⓐ 탁상용의; 사무의: a ~ dictionary 탁상판 사전

desk·bound [déskbàund] *a.* 앉아서 일하는; 책상에 얽매인

désk clèrk (미) (호텔 등의) 접수 담당자

desk·top [-tɑ̀p | -tɔ̀p] *a.* 〈컴퓨터 등이〉 탁상용의 — *n.* 데스크탑 컴퓨터

désktop públishing 탁상 출판 《편집·조판·도표 등을 컴퓨터로 함; 略 DTP》

désk wòrk 책상에서 하는 일, 사무, 문필업

‡**des·o·late** [désələt] *a.* **1 황량한**, 황폐한; 적막한 **2 쓸쓸한**, 고독한 — [-lèit] *vt.* **1 황폐시키다 2 쓸쓸**[적적]하게 하다

***des·o·lat·ed** [désəlèitid] *a.* Ⓟ 〈사람이〉 **쓸쓸한**, 외로운

***des·o·la·tion** [dèsəléiʃən] *n.* Ⓤ **1 황폐시킴**; Ⓒ 황량한 곳, 폐허(ruin) **2 쓸쓸함**, 처량함, 슬픔, 비참

‡**de·spair** [dispέər] [L「희망을 잃다」의 뜻에서] *n.* **1** Ⓤ **절망 2** [one's ~] 절망의 근원
drive a person ***to*** **~** = ***throw*** a person ***into*** **~** …을 절망 상태로 몰아 넣다
— *vi.* **절망하다**, 단념하다 《*of*》

***de·spair·ing** [dispέəriŋ] *a.* Ⓐ **절망적인**, 자포자기한 **~·ly** *ad.*

des·patch [dispǽtʃ] *vt., n.* (영) = DISPATCH

des·per·a·do [dèspərɑ́:dou, -éi-] [Sp.] *n.* (*pl.* **~(e)s**) 불량자, 물불을 가리지 않는 무법자

‡**des·per·ate** [déspərət] *a.* **1** Ⓐ **막가는**, 자포자기의 **2 필사적인**; Ⓟ 몹시 탐나는; (…하고 싶어) 못 견디는 《*for*, *to* do》 **3 절망적인 4** 극도의

‡**des·per·ate·ly** [déspərətli] *ad.* **1 절망적으로**; 자포자기하여; **필사적으로 2** (구어) 몹시, 지독하게(excessively)

***des·per·a·tion** [dèspəréiʃən] *n.* Ⓤ **절망, 자포자기**; 필사적임
drive a person ***to*** **~** 죽살이치게 하다; (속어) 노발대발하게 하다

de·spi·ca·ble [déspikəbl, dispík-] *a.* 치사한, 비루한, 비열한 **-bly** *ad.*

***de·spise** [dispáiz] [L「내려다보다」의 뜻에서] *vt.* **경멸하다**, 멸시하다

‡**de·spite** [dispáit] *prep.* **…에도 불구하고** — *n.* Ⓤ 무례; (고어) 악의, 경멸
(***in***) **~ *of*** (문어) …을 무시하고; …에도 불구하고 《despite 또는 in spite of가 보통임》

de·spoil [dispɔ́il] *vt.* 약탈하다; 〈자연환경 등을〉 파괴하다
~·er *n.* **~·ment** *n.* Ⓤ 약탈

de·spo·li·a·tion [dispòuliéiʃən] *n.* Ⓤ 약탈; (자연환경의) 파괴

de·spond [dispɑ́nd | -spɔ́nd] *vi.* (문어) 낙심하다, 낙담하다 《*of*》
— *n.* Ⓤ (고어) 낙담

de·spon·den·cy [dispɑ́ndənsi | -spɔ́n-], **-dence** [-dəns] *n.* Ⓤ 낙담, 의기소침

de·spon·dent [dispɑ́ndənt | -spɔ́n-] *a.* 기가 죽은, 의기소침한; Ⓟ 낙담한 《*at*, *about*, *over*》 **~·ly** *ad.*

***des·pot** [déspət | -pɔt] *n.* **전제 군주**, 독재자; 폭군(tyrant)

des·pot·ic, -i·cal [despɑ́tik(əl) | -pɔ́t-] *a.* 전제[독재]적인; 횡포한
-i·cal·ly *ad.* 전제적으로; 포학하게

des·pot·ism [déspətìzm] *n.* **1** Ⓤ 전제 정치, 독재제; 압제(tyranny) **2** 전제국; 전제 정부 **-ist** *n.* 전제론자

‡**des·sert** [dizə́:rt] [동음어 desert[2, 3]] [F「식탁을 치우다」의 뜻에서] *n.* ⓊⒸ **디저트**, 후식 — *a.* Ⓐ 디저트용의

des·sert·spoon [dizə́:rtspù:n] *n.* 디저트스푼 《teaspoon과 tablespoon의 중간 크기》

des·sert·spoon·ful [-spù:nfùl] *n.* 디저트스푼 하나의 분량

dessért wìne 디저트용 달콤한 포도주

de·sta·bi·lize [dì:stéibəlàiz] *vt.* 불안정하게 하다

‡**des·ti·na·tion** [dèstənéiʃən] *n.* **1 목적지**, 도착지[항] **2** ⓊⒸ 목적, 용도

‡**des·tine** [déstin] *vt.* **1** 〈어떤 목적·용도로〉 **예정해 두다** 《*for*》 **2** (운명으로) **정해지다**, 운명짓다 《보통 수동형으로》

‡**des·tined** [déstind] *a.* **1** (운명으로) **예정된**; 운명지어진 **2** Ⓟ (문어) (…로) 향하는 《*for*》

‡**des·ti·ny** [déstəni] *n.* Ⓤ **1 운명**, 숙명 **2** [**D~**] 하늘(의 뜻)(Providence); [the Destinies] 운명의 3여신(the Fates)

***des·ti·tute** [déstətjù:t | -tjù:t] *a.* **1** Ⓟ 〈…이〉 **결핍한**, 없는(in want) 《*of*》 **2 빈곤한**, 궁핍한(poor); [the ~; 명사적; 복수 취급] 가난한 사람들

des·ti·tu·tion [dèstətjú:ʃən | -tjú:-] *n.* Ⓤ 결핍 (상태); 극빈, 빈곤, 궁핍

‡**de·stroy** [distrɔ́i] [L「허물어뜨리다」의 뜻에서] *vt.* **1 파괴하다**(opp. *construct*); 〈문서 등을〉 파기하다; 훼손하다 **2 멸하다**, 구제(驅除)하다; 〈동물을〉 **죽이다**, 잡다 《보통 수동형으로》 **3** 〈계획·희망 등을〉 **망치다**

***de·stroy·er** [distrɔ́iər] *n.* **파괴[파기]자**; 박멸자; 〖군사〗 구축함

de·struct [distrʌ́kt] *vt.* 〈로켓 등을〉 자동 파괴하다
— *vi.* 〈로켓 등이〉 자동적으로 파괴되다, 자폭하다

de·struct·i·ble [distrʌ́ktəbl] *a.* 파괴할 수 있는 **de·strùct·i·bíl·i·ty** *n.* Ⓤ 파괴성; 파괴력

‡**de·struc·tion** [distrʌ́kʃən] *n.* Ⓤ **1 파괴**; (대량) 살인; (문서의) 파기(죄) **2 절멸 3** Ⓒ 파멸의 원인

‡**de·struc·tive** [distrʌ́ktiv] *a.* **1 파괴적인, 해를 끼치는** 《*of*, *to*》 **2** 파괴주의적인

de·struc·tiv·i·ty [dì:strʌktívəti, distrʌk-] *n.* Ⓤ 파괴 능력

de·struc·tor [distrʌ́ktər] *n.* **1** (영) 폐기물[오물] 소각로(爐) **2** (미사일의) 파괴 장치

des·ue·tude [déswitjù:d | -tjù:d] *n.* Ⓤ (문어) 폐지 (상태), 불용

des·ul·to·ri·ly [dèsəltɔ́:rəli | désəltərəli] *ad.* 산만하게, 종작없이, 띄엄띄엄

des·ul·to·ry [désəltɔ̀:ri | -təri] *a.* 일관성 없는; 산만한

*__de·tach__ [ditǽtʃ] [F 「떼다」와 「붙이다(attach)」에서] *vt.* **1 떼다,** 떼어내다(remove) ((*from*)); 분리하다 ((*from*)) **2** 〈군대·군함을〉 파견하다(dispatch)
~ one***self from*** …에서 이탈하다[벗어나다]

de·tach·a·ble [ditǽtʃəbl] *a.* 분리할 수 있는; 파견할 수 있는

*__de·tached__ [ditǽtʃt] *a.* **1 분리된,** 고립된: a ~ house 독립 가옥 **2 초연한,** 얽매이지 않은, 〈의견 등이〉 사심 없는, 공평한

de·tach·ed·ly [ditǽtʃidli] *ad.* 떨어져서, 고립하여; 사심 없이, 공평하게; 초연히

*__de·tach·ment__ [ditǽtʃmənt] *n.* Ⓤ **1 분리,** 이탈 **2** 초연함, 공평 **3** 파견; Ⓒ 파견(함)대

⁑**de·tail** [dí:teil, ditéil] [F 「잘게 썰다」의 뜻에서] *n.* **1 세부,** 세목, 항목(item); 사소한 일(trifle); [*pl.*] 상세한 설명 **2** ⓊⒸ 〖건축·미술〗 세부 (묘사) **3** 〖군사〗 행동 명령; 특별 임무(의 임명), (소수의) 특파 부대 ***go*** [***enter***] ***into ~s*** 상세히 말하다 ***in ~*** 상세히; 세부에 걸쳐
— *vt.* **1** 상술(詳述)하다 **2** 〖군사〗 분견하다, 특파하다 — *vi.* 상세도를 만들다

*__de·tailed__ [dí:teild, ditéild] *a.* **상세한**
~·**ly** *ad.*

*__de·tain__ [ditéin] *vt.* **1** 〈사람을〉 **못가게 붙들다,** 기다리게 하다 **2** 〖법〗 유치[구류, 감금]하다

de·tain·ee [ditéini:, dì:teiní:] *n.* 〖법〗 구류자, 억류자

⁑**de·tect** [ditékt] [L 「덮개를 벗기다」의 뜻에서] *vt.* **1** 〈나쁜 짓 등을〉 **발견하다**(discover); **간파하다;** 탐지하다 **2** 〖화학〗 검출하다 **~·a·ble, ~·i·ble** *a.* 발견할 수 있는, 탐지할 수 있는

de·tec·tion [ditékʃən] *n.* ⓊⒸ 간파, 탐지, 발각 ((*of*)); 발견; 검출

⁑**de·tec·tive** [ditéktiv] *n.* **탐정,** 형사: a private ~ 사립 탐정 — *a.* **탐정의**
detéctive stòry[**nòvel**] 탐정 소설

*__de·tec·tor__ [ditéktər] *n.* 탐지자[기], **발견자:** a lie ~ 거짓말 탐지기

de·tent [ditént] *n.* 〖기계〗 (시계·기계 등을 멈추게 하는) 멈춤쇠

dé·tente, de·tente [deitɑ́:nt] [F=relaxation] *n.* (국제 관계 등의) 긴장 완화, 데탕트

de·ten·tion [diténʃən] *n.* Ⓤ **1** 붙잡아 둠, 저지 **2** 구치, 유치, 구금

de·ter [ditə́:r] *vt.* (**~red**; **~·ring**) (겁먹어) 그만두게 하다, 단념시키다, (못하게) 막다 ((*from*))

de·ter·gent [ditə́:rdʒənt] *a.* 깨끗이 씻어내는 — *n.* 세정제, 합성[중성] 세제

*__de·te·ri·o·rate__ [ditíəriərèit] [L 「악화하다」의 뜻에서] *vt.* 〈질을〉 **나쁘게 하다;** 악화시키다; 〈가치를〉 저하시키다
— *vi.* 〈질·건강·날씨 등이〉 **나빠지다,** 악화[저하]하다, 타락하다

de·te·ri·o·ra·tion [ditìəriəréiʃən] *n.* ⓊⒸ 악화; 퇴보(opp. *amelioration*)

de·ter·mi·na·ble [ditə́:rmənəbl] *a.* 확정[결정]할 수 있는; 〖법〗 종결지어야 하는

de·ter·mi·nant [ditə́:rmənənt] *a.* 결정하는; 한정적인
— *n.* 결정자[물]; 〖생물〗 결정소(素); 〖논리〗 한정사(限定辭); 〖수학〗 행렬식

de·ter·mi·nate [ditə́:rmənət] *a.* 한정된, 명확한; 확정된; 결정적인, 결연한; 〖수학〗 기지수의
— [-nèit] *vt.* 확인하다, 명확히 하다
~·**ly** *ad.*

⁑**de·ter·mi·na·tion** [ditə̀:rmənéiʃən] *n.* Ⓤ **1 결심;** 결단(력); **결정 2** 〖물리〗 측정(법); 〖논리〗 한정; 〖법〗 판결; 종결
with ~ 단호히

de·ter·mi·na·tive [ditə́:rmənèitiv, -nə-] *a.* 결정력이 있는; 확정적인; 한정적인
— *n.* 결정[한정] 요인; 〖문법〗 한정사

⁑**de·ter·mine** [ditə́:rmin] [L 「한계를 정하다」의 뜻에서] *vt.* **1 결심시키다 2 결심하다 3 결정하다 4** 〈경계를〉 확정하다; 〖논리〗 한정하다; 〖법〗 판결[종결]하다
— *vi.* **결정하다;** 결심하다 ((*on*))

*__de·ter·mined__ [ditə́:rmind] *a.* **결연[단호]한**(resolute); Ⓟ **굳게 결심한**
~·**ly** *ad.* 결연히, 단호히 **~·ness** *n.*

de·ter·min·er [ditə́:rmənər] *n.* **1** 결정하는 사람[것] **2** 〖문법〗 한정사 ((the, a, this, your 등 명사를 한정하는 말))

de·ter·min·ism [ditə́:rmənìzm] *n.* Ⓤ 〖철학〗 결정론 **-ist** *n., a.* 결정론자(의)

de·ter·min·is·tic [ditə̀:rmənístik] *a.* 결정론(자)적인

de·ter·rence [ditə́:rəns | -tér-] *n.* Ⓤ **1** 제지, 저지 **2** 전쟁 억제(력)

de·ter·rent [ditə́:rənt | -tér-] *a.* 방해하는, 제지시키는, 기가 꺾이게 하는; 전쟁 억지의 — *n.* **1** 방해물 **2** 전쟁 억지력; ((특히)) 핵무기

*__de·test__ [ditést] [L 「신을 증인으로 호출하여 저주하다」의 뜻에서] *vt.* **혐오하다,** 몹시 싫어하다

de·test·a·ble [ditéstəbl] *a.* 혐오할 만한, 몹시 싫은 **-bly** *ad.* 가증하게

de·tes·ta·tion [dì:testéiʃən] *n.* **1** Ⓤ 아주 싫어함, 혐오, 증오(hatred) **2** 아주 싫은 것

de·throne [diθróun] *vt.* 〈왕을〉 폐위하다; 권위 있는 지위에서 몰아내다 ((*from*))
~·**ment** *n.* Ⓤ 폐위, 찬탈; 강제 퇴위

det·o·nate [détənèit] *vt., vi.* 〈폭약을〉 폭발[폭파]시키다[하다]

det·o·na·tion [dètənéiʃən] *n.* ⓊⒸ 폭발; 폭음

det·o·na·tor [détənèitər] *n.* 뇌관, 폭발 신관, 기폭부(起爆部); 기폭약

de·tour, dé·tour [dí:tuər, ditúər] [F=turning] *n.* 우회(迂回); 우회로(路)
make a ~ 우회하다
— *vi., vt.* 돌아서 가다[가게 하다] ((*(a)round*))

de·tox [dí:tɑks | -tɔks-] ((미·구어)) *n.*

D

해독(detoxification) 《알코올[마약] 중독자의 치료에서》 ━*vt.* 해독하다
de·tox·i·cant [di:tɑ́ksəkənt | -tɔ́ks-] *a.* 해독성의 ━*n.* 해독제
de·tox·i·cate [di:tɑ́ksəkèit | -tɔ́ks-] *vt.* =DETOXIFY **de·tòx·i·cá·tion** *n.*
de·tox·i·fi·ca·tion [di:tɑ̀ksəfikéiʃən | -tɔ̀ks-] *n.* Ⓤ 해독; 알코올 중독자의 치료 기간
detoxificátion cènter 알코올[마약] 중독자 치료 센터
de·tox·i·fy [di:tɑ́ksəfài | -tɔ́ks-] *vt.* (**-fied**) …에서 독을 제거하다
de·tract [ditrǽkt] *vi.* **1** 〈가치·명예가〉 떨어지다 《*from*》 **2** 나쁘게 말하다, 헐뜯다 ━*vt.* 〈주위를〉 딴 데로 돌리다 《*from*》 **de·trác·tor** *n.* 중상자
de·trac·tion [ditrǽkʃən] *n.* ⓊⒸ **1** 감손(減損) 《*from*》 **2** 험담, 중상
de·trac·tive [ditrǽktiv] *a.* 험담하는, 비난하는 **~·ly** *ad.*
de·train [di:tréin] *vi., vt.* 《문어》 열차에서 내리(게 하)다(opp. *entrain*)
det·ri·ment [détrəmənt] *n.* Ⓤ 상해(傷害), 손해, 손실; Ⓒ 유해물, 손해의 원인
det·ri·men·tal [dètrəméntl] *a.* Ⓟ 해로운, 불리한 《*to*》
de·tri·tion [ditríʃən] *n.* Ⓤ 마멸 (작용), 마모
de·tri·tus [ditráitəs] *n.* (*pl.* ~) 〖지질〗 암설(岩屑); 파편 (더미)
***De·troit** [ditrɔ́it] *n.* **디트로이트** 《미국 Michigan 주의 자동차 공업 도시》
de trop [də-tróu] [F =too many [much]] *a.* Ⓟ 군더더기의, 쓸모 없는
deuce[1] [djuːs | djuːs] [F 「2」의 뜻에서] *n.* **1** (카드의) 2의 패; 주사위의 2 (점) **2** Ⓤ 〖경기〗 듀스 《테니스에서는 40 대 40의 득점》
deuce[2] *n.* 《고어·문어》 **1** Ⓤ 액운(bad luck); 재앙 **2** [the ~][가벼운 욕으로서] 제기랄, 망할 것; [의문사의 센 뜻] 도대체; [부정] 전혀 않다[없다](not at all) ***What*** [***Who***] ***the ~*** is that? 《속어》 도대체 그게 뭐냐[누구냐]? ***Why*** [***Where***] ***the ~ ...?*** …은 도대체 왜 그래[어디냐]?
deuc·ed [djúːst, -id | djúːs-] 《영·구어》 *a.* Ⓐ 정말 분한; 굉장한 ━*ad.* 굉장히, 몹시 **~·ly** [-sidli] *ad.*
de·us ex ma·chi·na [déiəs-eks-mɑ́ːkinə] [L =god from the machine] *n.* **1** (고전극의) 다급할 때 등장하여 돕는 신 **2** 위급함을 구해 주는 기적[해결책]
Deut. Deuteronomy
deu·te·ri·um [djuːtíəriəm | djuː-] *n.* Ⓤ 〖화학〗 중수소 《기호 D》
deu·ter·on [djúːtərɑ̀n | djúːtərɔ̀n] *n.* 〖물리·화학〗 중양자 《deuterium의 원자핵》
Deu·ter·on·o·my [djùːtərɑ́nəmi | djùː-tərɔ́n-] *n.* 〖성서〗 신명기(申命記) 《구약 성서 중의 한 책》
Deut·sche Mark, d- m- [dɔ́itʃə-mɑ̀ːrk] [G] *n.* 독일 마르크 《略 DM》
de·val·u·ate [di:vǽljuèit] *vt.* = DEVALUE
de·val·u·a·tion [di:vælјuéiʃən] *n.* Ⓤ 〖경제〗 평가 절하(平價切下)
de·val·ue [di:vǽljuː] *vt.* 가치를 감하다; 〖경제〗 〈화폐를〉 평가 절하하다(opp. *revalue*)
***dev·as·tate** [dévəstèit] *vt.* 〈국토를〉 **황폐시키다**; 망연자실케 하다
dev·as·tat·ing [dévəstèitiŋ] *a.* 파괴적인, 참화를 가져오는 **~·ly** *ad.*
dev·as·ta·tion [dèvəstéiʃən] *n.* ⓊⒸ 황폐하게 함, 유린; 황폐 (상태)
dev·as·ta·tor [dévəstèitər] *n.* 약탈자; 파괴자
*****de·vel·op** [divéləp] [F 「포장을 풀다」의 뜻에서] *vt.* **1 발달시키다**, 발전[발육]시키다; 계발하다; 〈의론 등을〉 전개하다 **2** 〈자원·토지를〉 **개발하다**: ~ natural resources 천연 자원을 개발하다 **3** 〈경향·자질 등을〉 발현시키다 **4** 〈병을〉 발병시키다 **5** 〖사진〗 현상하다 ━*vi.* **1 발달하다**; 발전하다; 전개되다, 발육하다 《*from, into*》 **2** 〈사실 등이〉 밝혀지다; 〖사진〗 〈사진의 상(像)이〉 나타나다, 현상되다; 〖생물〗 진화하다 《*from*》
de·vel·op·er [divéləpər] *n.* **1** 개발자 **2** 택지 개발[조성]업자 **3** 〖사진〗 현상제[액]
de·vel·op·ing [divéləpiŋ] *a.* 발전 도상의
*****de·vel·op·ment** [divéləpmənt] *n.* Ⓤ **1 발달**, 성장; 발전, 진전; (자원 등의) **개발** **2** Ⓒ 발전의 소산; 진전된 새로운 단계; 새 사태[사실]: the latest news ~*s* from New York 뉴욕에서 보내는 최신 뉴스 **3** 〖음악〗 전개(부) **4** 〖사진〗 현상 **5** 〖생물〗 진화(evolution)
de·vel·op·men·tal [divèləpméntl] *a.* Ⓐ 개발[계발]적인; 발달[발육]상의
devélopment àrea 《영》 개발 촉진 지역
de·vi·ance, -an·cy [díːviəns(i)] *n.* (지능·사회 적응·성욕의) 이상 (행동)
de·vi·ant [díːviənt] *a.* (표준에서) 벗어난, 정상이 아닌 ━*n.* 사회의 상식[습관]에서 벗어난 사람, (특히 성적) 이상 성격자
de·vi·ate [díːvièit] *vi.* 빗나가다, 일탈하다, 벗어나다 《*from*》
***de·vi·a·tion** [dìːviéiʃən] *n.* ⓊⒸ **1** 탈선, **일탈** (행위) 《*from*》 **2** (자침(磁針)의) 자차(自差); 편향; 〖생물·통계〗 편차; 〖항해〗 항로 변경 **~·ism** *n.* Ⓤ 편향 **~·ist** *n.* (공산당 등의) 이탈자
****de·vice** [diváis] *n.* **1 장치**; 고안품: a safety ~ 안전 장치 **2** 고안, 방책 **3** 의장(意匠), 도안 ***leave*** a person ***to*** his ***own ~s*** …을 자기 생각대로 하게 내버려 두다 《충고나 도움도 주지 않고》
*****dev·il** [dévəl] [Gk 「욕설하는 사람」의 뜻에서] *n.* **1 악마**, 악귀, 마귀; [보통 the D~] 마왕, 사탄(Satan) **2** 극악한 사람 **3** 《구어》 저돌적인[무모한] 사람; 정력가 **4** [보통 수식어와 함께] (…한) 사람, 놈 **5** [the ~] [욕·놀람을 나타내어] 제기랄, 빌어먹을; [의문사와 함께] 도대체; [강한 부정] 결코 …아니다 ***be between the ~ and*** (***the***) ***deep*** (***blue***) ***sea*** 진퇴양난이다 ***go to the ~***

몰락[영락]하다; [명령법] 뒈져라!, 꺼져 버려라! ***like the*** ~ 맹렬히 ***play the*** ~ ***with*** 《구어》 …을 엉망진창으로 만들다 ***raise the*** ~ 대소동을 일으키다
— *v.* (~**ed**; ~·**ing** | ~**led**; ~·**ling**) *vt.* **1** 《미·구어》 괴롭히다, 곯리다, 학대하다 **2** 〈고기 등에〉 고추[후추]를 많이 쳐서 굽다

dev·il·fish [dévəlfìʃ] *n.* (*pl.* ~, ~·**es**) 〖어류〗 아귀; 낙지, 오징어; 가오리 《등》

*__dev·il·ish__ [dévəliʃ] *a.* **1** 악마 같은; 흉악한 **2** 《구어》 지독한, 극도의 — *ad.* 《구어》 지독하게, 엄청나게 ~·**ness** *n.*

dev·il-may-care [dévəlmeikέər] *a.* 물불을 가리지 않는; 아주 태평스러운

dev·il·ment [dévəlmənt] *n.* ⓊⒸ 악마의 행적; 나쁜 장난

dev·il·ry [dévəlri] *n.* = DEVILMENT

dévil's ádvocate **1** (논의에서) 일부러 [선의로] 반대를 하는 사람 **2** 〖가톨릭〗 시성(諡聖) 조사 심문관

dévil's fòod càke (맛이 농후한) 초콜릿 케이크

de·vi·ous [dí:viəs] *a.* **1** 멀리 돌아가는, 구불구불한 **2** 솔직하지 않은, 비뚤어진 ~·**ly** *ad.* ~·**ness** *n.*

‡**de·vise** [diváiz] *vt.* **1** 〈방법을〉 궁리하다, 고안[안출]하다; 발명하다 《1의 명사는 DEVICE》 **2** 〖법〗 〈부동산을〉 유증하다 《*to*》
— *n.* Ⓤ 〖법〗 (부동산) 유증

de·vis·er [diváizər] *n.* 고안[안출, 발명]자, 계획자

de·vi·tal·ize [di:váitəlàiz] *vt.* …에서 생명[활력]을 빼앗다[약화시키다]
de·vì·tal·i·zá·tion *n.*

de·vo·cal·ize [di:vóukəlàiz] *vt.* 〖음성〗 〈유성음을〉 무성음화하다

*__de·void__ [divɔ́id] *a.* Ⓟ 《문어》 결여된, …이 없는 《*of*》
— *vt.* 〈사람에게서〉 (…을) 빼앗다

de·vo·lu·tion [dèvəlú:ʃən] *n.* Ⓤ **1** 〖법〗 (권리·의무·지위 등의) 상속인에의 이전 **2** 〖의회〗 위원 위임 **3** 〖생물〗 퇴화

de·volve [divɑ́lv | -vɔ́lv] *vt.* 〈권리·의무·직분을〉 양도하다, 맡기다, 지우다 《*on, upon*》 — *vi.* 〈재산 등이〉 이전되다(pass) 《*to, on*》; 귀속하다 《*on, upon*》

Dev·on [dévən] *n.* **1** 데번 주(州) 《영국 남서부의 주》 **2** 데번종(種)의 소

De·vo·ni·an [divóuniən] *a.* **1** (영국) Devon 주의 **2** 〖지질〗 데본기(紀)[계(系)]의 — *n.* **1** Devon 주의 사람 **2** [the ~] 〖지질〗 데본기(紀)[계(系)]

Dev·on·shire [dévənʃər] *n.* Devon의 구칭

‡**de·vote** [divóut] [L 「맹세코 봉납하다」의 뜻에서] *vt.* 〈몸·노력·시간·돈을〉 **바치다**, 쏟다, 기울이다, 오로지 …하다 《*to*》 ~ ***oneself to*** …에 일신을 바치다, …에 전념하다

*__de·vot·ed__ [divóutid] *a.* **1** 헌신적인; 열심인 **2** Ⓟ 골몰하여[하는] 《*to*》; 열렬히 사랑하는 ~·**ly** *ad.* ~·**ness** *n.*

dev·o·tee [dèvətí:] *n.* **1** (광신적) 신자 **2** 애호가, 열애자 《*of*》

‡**de·vo·tion** [divóuʃən] *n.* Ⓤ **1** 헌신, 전념; 강한 애착 **2** 귀의(歸依), 신앙심 **3** [*pl.*] 기도: be at one's ~*s* 기도하고 있다

de·vo·tion·al [divóuʃənl] *a.* Ⓐ 기도의 — *n.* [때로 *pl.*] 짧은 기도

‡**de·vour** [diváuər] [L 「몽땅 삼키다」의 뜻에서] *vt.* **1** 〈사람·동물이〉 **게걸스레 먹다** **2** 〈질병·화재 등이〉 멸망시키다; 〈바다·어둠·시간·망각 등이〉 삼켜버리다 **3** 탐독하다; 열심히 듣다 **4** [보통 수동형으로] 〈호기심·근심 등이〉 이성을 빼앗다, 괴롭히다

de·vour·ing [diváuəriŋ] *a.* **1** 게걸스레 먹는 **2** 〈감정이〉 맹렬한, 열렬한 ~·**ly** *ad.*

*__de·vout__ [diváut] *a.* **1** 믿음이 깊은 **2** Ⓐ 마음에서 우러나는, 열렬한 **3** [the ~; 명사적; 복수 취급] 독실한 신자들 ~·**ness** *n.*

‡**dew** [dju: | dju:] [동음어 due] *n.* Ⓤ **1** 이슬 **2** (눈물·땀의) 방울 **3** [*pl.*] 《미》 10달러 — *vt., vi.* 이슬로 적시다[젖다]

DEW [dju: | dju:] Distant Early Warning 원거리 조기 경계(cf. DEW LINE)

dew·drop [djú:drɑ̀p | djú:drɔ̀p] *n.* 이슬방울

Déw·ey (décimal) classificàtion [sỳstem] [djú:i- | djú:i-] [미국의 고안자 Melvil Dewey에서] 〖도서관〗 [the ~] 듀이 (십진) 도서 분류법

dew·lap [djú:læ̀p | djú:-] *n.* (소 등의) 목 밑에 처진 살; 《속어》 (살찐 사람의) 군턱

DÉW lìne [the ~] 듀라인 《미국·캐나다 공동의 원거리 조기 경계망; 북위 70° 선 부근》

déw pòint [the ~] 〖기상〗 (온도의) 이슬점

déw pònd 《영》 이슬 못, (구릉지의) 인공 연못

*__dew·y__ [djú:i | djú:i] *a.* (**dew·i·er**; **-i·est**) **1** 이슬 맺힌; 이슬 같은 **2** 《시어》 눈물 젖은

dewy-eyed [djú:iáid | djú:i-] *a.* (어린 이처럼) 천진난만한 (눈을 가진), 티 없는, 순진한

dex·ter [dékstər] *a.* 오른쪽의

*__dex·ter·i·ty__ [dekstérəti] *n.* Ⓤ **1** 손재주 있음, 솜씨 좋음 **2** 재치; 민첩, 기민

dex·ter·ous [dékstərəs] [L 「오른쪽의」의 뜻에서] *a.* **1** 손재주가 있는, 솜씨 좋은 **2** 민첩한, 영리한 ~·**ly** *ad.* ~·**ness** *n.*

dex·tral [dékstrəl] *a.* (opp. *sinistral*) **1** 오른쪽의, 오른손잡이의 **2** 〈고등이〉 오른쪽으로 감긴 ~·**ly** *ad.*

dex·trin [dékstrin], **-trine** [-tri(:)n] *n.* Ⓤ 〖화학〗 덱스트린, 호정(糊精)

DF direction finder 방위 측정 장치

dg. decigram(s)

DH designated hitter 〖야구〗 지명 타자

DHA docosahexaenoic acid 《물고기 기름 속에 존재하는 *w*-3-지방산》

dhar·ma [dɑ́:rmə, dʌ́r-] [Sanskrit 「법」의 뜻에서] *n.* Ⓤ 〖힌두교·불교〗 (우주·인간의) 본성; 덕(virtue); 법(法)(law); (지켜야 할) 규범, 계율

dho·ti [dóuti], **dhoo·ti(e)** [dú:ti] *n.* 《인도》 (남자의) 허리에 두르는 천

dhow [dau] *n.* 다우선(船) 《인도양·아라비아해 등의 연안 무역 범선》

di [di:] *n.* 〖음악〗 디 《도와 레 사이의 음정》

di-[1] [dai] 《연결형》 〖화학〗 「둘의; 이중의」의 뜻: *di*acidic 〖화학〗 이산(二酸)(성)의

D

di-² [di, də, dai] *pref.* 「분리…」의 뜻 《dis-의 단축형》: *di*gest, *di*lute
di-³ [dai], **dia-** [daiə] *pref.* 「…을 통해서; …을 가로질러서; …으로 이루어지는」의 뜻 《과학 용어를 만듦; 모음 앞에서 di-》: *di*optric 굴절 광학의; 시력 보정용의
di·a·be·tes [dàiəbí:ti:z] *n.* Ⓤ 〖병리〗 당뇨병
di·a·bet·ic [dàiəbétik] *a.* 당뇨병의
—*n.* 당뇨병 환자
di·a·bol·ic, -i·cal [dàiəbɑ́lik(əl) | -bɔ́l-] *a.* **1** 악마의[같은], 마성의 **2** 극악무도한
di·ab·o·lism [daiǽbəlìzm] *n.* Ⓤ **1** 마술, 마법(sorcery) **2** 악마주의[숭배]
-list *n.* 악마주의자, 악마 신앙가
di·ab·o·lo [diǽbəlòu | diɑ́:b-] *n.* (*pl.* **~s**) **1** Ⓤ 디아볼로, 공중 팽이 놀이 **2** 그 팽이
di·a·chro·nic [dàiəkrɑ́nik | -krɔ́n-] *a.* 〖언어〗 통시(通時)적인
di·a·crit·ic [dàiəkrítik] *a.* = DIACRITICAL —*n.* = DIACRITICAL MARK
di·a·crit·i·cal [dàiəkrítikəl] *a.* 구별을 위한, 구별[판별]할 수 있는
diacrítical márk[**sígn**] 발음 구별 부호《ä, â, ā의 ¨ ^ ¯ 등》
di·a·dem [dáiədèm] *n.* **1** 《문어》 왕관(crown) **2** 왕권, 왕위
di·aer·e·sis [daiérəsis] *n.* (*pl.* **-ses** [-sì:z]) **1** 〖문법〗 (음절의) 분절(分切) **2** 〖음성〗 분음 기호《coöperate처럼 문자 위에 붙이는 ¨의 부호》
diag. diagonal; diagram
di·ag·nose [dáiəgnòus] [diagnosis의 역성(逆成)] *vt.* 〖의학〗 진단하다《사람은 목적어가 되지 않음》; 〖컴퓨터〗 〈프로그램 오류나 장애를〉 진단하다
***di·ag·no·sis** [dàiəgnóusis] [Gk 「식별하기」의 뜻에서] *n.* (*pl.* **-ses** [-si:z]) ⒸⓊ 〖의학〗 **진단**(법); 〖생물〗 정확한 분류; 식별
di·ag·nos·tic [dàiəgnɑ́stik | -nɔ́s-] *a.* 〖의학〗 진단상의; Ⓟ 증상을 나타내는 《*of*》; 〖컴퓨터〗 진단의
di·ag·nos·ti·cian [dàiəgnɑstíʃən | -nɔs-] *n.* 진찰 전문 의사; 진단자
di·ag·nos·tics [dàiəgnɑ́stiks | -nɔ́s-] *n. pl.* [단수 취급] 〖의학〗 진단(법)
di·ag·o·nal [daiǽgənəl] *a.* **1** 대각선의 **2** 비스듬한, 사선(斜線)의 **3** 〖방적〗 능직의
—*n.* **1** 〖수학〗 대각선 **2** 〖방적〗 능직
~·ly *ad.* 대각선으로; 비스듬하게
‡di·a·gram [dáiəgræ̀m] *n.* **1 도형**; 도식; 도해 **2** 〖수학·통계〗 **도표**; 일람표
—*vt.* (**~ed**; **~·ing** | **~med**; **~·ming**) 그림[도표]으로 나타내다
di·a·gram·mat·ic, -i·cal [dàiəgrəmǽtik(əl)] *a.* 도표의, 도식의; 개략의, 윤곽만의 **-i·cal·ly** *ad.* 도식으로
‡di·al [dáiəl] *n.* **1 다이얼**, (시계·나침반 등의) **문자반**; (전화기의) 숫자판 **2** [보통 sun ~] 해시계; 광산용 컴퍼스
—*vt.* (**~ed**; **~·ing** | **~led**; **~·ling**) **1** (다이얼을 돌려) 〈라디오·텔레비전의〉 파장에 맞추다 **2** 〈번호를〉 돌리다; …에 전화하다
—*vi.* 다이얼을 돌리다; 전화를 걸다
~ in (컴퓨터에서) 인터넷에 전화 접속하다
dial. dialect(al); dialectic(al)
***di·a·lect** [dáiəlèkt] [Gk 「고장의 말」의 뜻에서] *n.* **1 방언**; 지방 사투리 **2** (한 계급·직업 특유의) 통용어
di·a·lec·tal [dàiəléktl] *a.* 방언의
~·ly *ad.*
díalect àtlas 방언 (분포) 지도
díalect geógraphy 방언 지리학
di·a·lec·tic [dàiəléktik] *a.* 〖철학〗 변증(법)적인 —*n.* 〖철학〗 변증법
di·a·lec·ti·cal [dàiəléktikəl] *a.* = DIALECTIC **~·ly** *ad.*
dialéctical matérialism 변증법적 유물론
di·a·lec·ti·cian [dàiəlektíʃən] *n.* 변증가; 논법가
di·a·lec·tol·o·gy [dàiəlektɑ́lədʒi | -tɔ́l-] *n.* Ⓤ 방언학, 방언 연구
dí·al·ing còde [dáiəliŋ-] 《영》 (전화의) 지역 번호, 국번
‡di·a·log, 《영》 **-logue** [dáiəlɔ̀:g, -lɑ̀g | -lɔ̀g] *n.* **1** 대화 **2** 의견 교환; 회담 **3** Ⓤ (극·이야기 중의) 대화 부분
—*vi.* 대화하다 《*with*》
díal tòne (전화) 발신음
di·al·y·sis [daiǽləsis] *n.* (*pl.* **-ses** [-sì:z]) ⓊⒸ 〖의학·화학〗 투석(透析)
di·a·lyze [dáiəlàiz] *vt.* 〖화학〗 투석하다, 여막(濾膜) 분석하다
diam. diameter
di·a·mag·net [dáiəmæ̀gnit] *n.* 〖물리〗 반자성체(反磁性體)
di·a·mag·net·ic [dàiəmægnétik] *a.* 〖물리〗 반자성의
di·a·man·té [dì:əmɑ:ntéi] [F] **1** 디아망테《여성옷 장식용의 번쩍이는 금속조각이나 유리 장식》 **2** 그것으로 장식된 의류
‡di·am·e·ter [daiǽmətər] *n.* **1** 〖수학〗 **지름**, 직경: 3 inches in ~ 지름이 3인치 《in ~는 관사 없음》 **2** …배 《렌즈의 확대 단위》
di·a·met·ric, -ri·cal [dàiəmétrik(əl)] *a.* **1** 직경의 **2** 정반대의, 완전히 대립하는
di·a·met·ri·cal·ly [dàiəmétrikəli] *ad.* **1** 직경 방향으로 **2** 정반대로; 바로; 전혀
‡di·a·mond [dáiəmənd] [L = adamant (견고한 돌)에서 a-가 없어진 형태에서] *n.* **1 a** ⒸⓊ 〖광물〗 **다이아몬드**, 금강석 **b** 다이아몬드 장신구 **2** 다이아몬드 모양, 마름모꼴 **3** 〖카드〗 다이아몬드 패; [*pl.*] 다이아몬드 패 한 벌 **4** 〖야구〗 내야, 야구장
a ~ in the rough = ***a rough ~*** 천연 그대로의 금강석; (닦으면 빛날) 다듬어지지 않은 인물
—*a.* Ⓐ 다이아몬드가 박힌; 마름모꼴의
di·a·mond·back [dáiəməndbæ̀k] *a.* 등에 다이아몬드[마름모]꼴 무늬가 있는 〈나방 등〉
díamond wédding [보통 one's ~] 다이아몬드혼식(婚式) 《결혼 60주년 또는 75주년 기념》
***Di·an·a** [daiǽnə] *n.* **1** 〖로마신화〗 **다이아나** 《달의 여신, 처녀성과 수렵의 수호신; 그리스 신화의 Artemis》 **2** 여자 이름

di·an·thus [daiǽnθəs] *n.* 〖식물〗 패랭이속(屬)
di·a·pa·son [dàiəpéizn, -sn] *n.* **1** 〖음악〗 화성; 완전 협화음, 옥타브[8도] 음정 **2** (악기·음성의) 음역 **3** 〖물리〗 소리굽쇠
di·a·per [dáiəpər] *n.* **1** Ⓤ 마름모꼴 무늬가 있는 천 **2 a** 마름모꼴 무늬 있는 냅킨[수건] **b** (미) (아기의) 기저귀 **3** Ⓤ 마름모꼴 (장식) 무늬
di·aph·a·nous [daiǽfənəs] *a.* ((특히)) 〈천이〉 투명한
di·a·phragm [dáiəfræ̀m] *n.* **1** 〖해부〗 횡격막 **2** 칸막이; (전화기의) 진동판; 〖사진〗 (렌즈의) 조리개
di·a·rist [dáiərist] *n.* 일지 담당자; 일기 작가
di·ar·rhe·a | **di·ar·rhoe·a** [dàiəríːə | -ríə] [Gk 「흘러 지나감」의 뜻에서] *n.* ⓊⒸ 〖의학〗 설사 **-rh(o)e·al** *a.* 설사의
‡**di·a·ry** [dáiəri] [L 「일당(日當) (기록)」의 뜻에서] *n.* (*pl.* **-ries**) **일기**, 일지; 일기장: keep a ~ = write in one's ~ every day 일기를 쓰다
Di·as·po·ra [daiǽspərə] [Gk 「사방으로 흩어짐」의 뜻에서] *n.* **1** [the ~] (바빌론 포로 후의) 유대인의 분산 **2** [집합적] (분산된) 유대인; 분산된 장소
di·a·stase [dáiəstèis] *n.* Ⓤ 〖생화학〗 디아스타아제, 녹말 당화[소화] 효소
di·a·tom [dáiətàm | -tɔ̀m] *n.* 〖식물〗 규조, 돌말
di·a·ton·ic [dàiətánik | -tɔ́n-] *a.* 〖음악〗 온음계(적)인
di·a·tribe [dáiətràib] *n.* ⓊⒸ (문어) 통렬한 비난의 연설[문장, 비평] ((*against*))
dib·ber [díbər] *n.* = DIBBLE
dib·ble [díbl] *n.* 구멍 파는 연장 ((파종·모종용)) **—***vt., vi.* 〈땅에〉 구멍을 파다; 구멍을 파고 심다[뿌리다]
*__dice__ [dais] *n. pl.* (*sing.* **die** [dai]) **1 a 주사위 b** [단수 취급] 주사위 놀이, 도박 **2** 작은 입방체 **—***vi.* 주사위 놀이를 하다; 노름하다 ((*with*)) **—***vt.* **1** 도박으로 잃다 ((*away*)) **2** 〖요리〗 〈고기 따위를〉 주사위꼴로 자르다 **3** 주사위[체크] 무늬로 만들다
dic·ey [dáisi] *a.* (**dic·i·er**; **-i·est**) (속어) 위험한, 아슬아슬한; 불확실한
di·chot·o·my [daikátəmi | -kɔ́t-] [Gk 「둘로 자르다」의 뜻에서] *n.* (*pl.* **-mies**) ⓊⒸ 〖철학·논리〗 이분법; 이분, 양분
dick [dik] *n.* (속어) (사설) 탐정
Dick [dik] *n.* **1** 남자 이름 ((Richard의 애칭)) **2** 남자의 일반적인 명칭
dick·ens [díkinz] *n.* [the ~] (구어) = DEVIL; (속어) 개구쟁이 ((호칭))
What the ~ (is it)? 대체 어떻게 된 거야?, 뭐야?
Dick·ens [díkinz] *n.* 디킨스 **Charles ~** (1812-70) ((영국의 소설가))
dick·er [díkər] *vi., vt.* (구어) **1** 거래하다 **2** 물물 교환하다 **3** (조건을 내걸고) 협상하다 **—***n.* ⓊⒸ 작은 거래; 물물 교환
dick·ey, dick·y, dickie [díki] *n.* (*pl.* **dick·eys, dick·ies**) **1** 뗄 수 있는 와이셔츠의 가슴판 **2** (어린이용) 턱받이; (2인승 자동차 뒤의) 임시 좌석 **3** 작은 새 ((참새 등))
Dick·in·son [díkinsn] *n.* 디킨슨 **Emily ~** (1830-81) ((미국의 여류 시인))
di·cot·y·le·don [daikàtəlíːdn | -kɔ̀t-] *n.* 〖식물〗 쌍떡잎식물
dict. dictation; dictator; dictionary
Dic·ta·phone [díktəfòun] [*dictate* + *phone*] *n.* (속기용) 구술 녹음기 ((상표명))
‡**dic·tate** [díkteit | -ˊ] [L 「말하다」의 뜻에서] *vt.* **1 구술(口述)하다**, 〈필기자 등에게〉 불러 주어 받아쓰게 하다 **2** 〈강화(講和) 조건·방침 등을〉 지령[명령]하다
—*vi.* **1** 글을 받아쓰게 하다, 요건을 구두로 일러 주다 ((*to*)) **2** [보통 부정문으로] 지시하다 ((*to*))
— [ˊ-] *n.* [종종 *pl.*] (신(神)·이성·양심 등의) 명령, 지시
‡**dic·ta·tion** [diktéiʃən] *n.* **1** Ⓤ **구술**(口述); **받아쓰기 2** 받아쓴 것; 받아쓰기 시험 **3** Ⓤ 명령, 지시
*__dic·ta·tor__ [díkteitər | -ˊ-] *n.* (*fem.* **-tress** [-tris]) **1 독재자**, 절대 권력자 **2 구술자**, 받아쓰게 하는 사람
dic·ta·to·ri·al [dìktətɔ́ːriəl] *a.* 독재자의, 독재적인; 전횡적(專橫的)인
*__dic·ta·tor·ship__ [diktéitərʃìp, ˊ--ˋ] *n.* Ⓤ **절대[독재]권**; 독재자의 직[임기]; 독재 정권
*__dic·tion__ [díkʃən] [L 「말하기」의 뜻에서] *n.* Ⓤ **1 용어 선택**, **어법**, **말씨 2** (미) 발성법, 화법((영) elocution)
‡**dic·tion·ar·y** [díkʃənèri | -ʃənəri] [L 「단어집」의 뜻에서] *n.* (*pl.* **-ar·ies**) **사전**, **사서**
a walking [living] ~ 살아 있는 사전, 박식한 사람
Dic·to·graph [díktəgræ̀f | -gràːf] *n.* 딕토그래프 ((도청 또는 녹음용 고감도 확성 송화기; 상표명))
dic·tum [díktəm] [L = something said] *n.* (*pl.* **-ta** [-tə], **~s**) **1** (전문가의) 의견, 언명(言明) **2** 〖법〗 = OBITER DICTUM **3** 격언, 금언
‡**did** [did] *v.* DO[1]의 과거
di·dac·tic, -ti·cal [daidǽktik(əl)] *a.* **1** 교훈적인, 설교적인 **2** 남을 가르치고 싶어하는 **-ti·cal·ly** *ad.*
di·dac·tics [daidǽktiks] *n. pl.* [단수 취급] 교수법[학]; 교훈
did·dle[1] [dídl] *vt.* (구어) 속이다; 속여서 빼앗다
diddle[2] *vi., vt.* (구어) 앞뒤로 빠르게 움직이다[움직이게 하다]; (비어) …와 성교하다
‡**did·n't** [dídnt] did not의 단축형 (⇨ do[1])
di·do [dáidou] *n.* (*pl.* **~(e)s**) (미·구어) 장난, 까불기; (속어) 하찮은 것
cut [kick] (up) ~(e)s 까불거리다
didst [didst] *v.* (고어) DO[1]의 2인칭 단수 doest의 과거
‡**die**[1] [dai] [동음어 dye] *vi.* (**dy·ing** [dáiiŋ]) **1 죽다 2** 〖신학〗 정신적으로 죽다, 죽음의 고통을 맛보다; [보통 be dying] (구어) 죽도록[몹시] 갖고[하고] 싶어하다, 애타다 ((*for*)) **3 a** 시들어 죽다

D

b 무감각해지다 《*to*》 c 〈불·제도·예술·명성 등이〉 사라지다, 없어지다 d 〈소리·빛 등이〉 점점 작아지다, 희미해지다 《*away, down, off, out, into*》: The engine ~*d.* 엔진이 꺼졌다. 4 〖야구〗 아웃이 되다
— *vt.* [동족 목적어 death를 취하여] …한 죽음을 당하다 **~ away** 〈바람·소리 등이〉 점점 약해지다[사라지다]; 기절하다(faint) **~ in** (one**'s**) **bed** 집에서 죽다 《병·노령 등으로》 **~ in** one**'s shoes** [**boots**] = **~ with** one**'s boots** [**shoes**] **on** 횡사(橫死)하다; 근무[전투] 중에 죽다 **~ out** 죽어 없어지다; 낡아 없어지다, 차차 소멸하다

***die²** [동음어 dye] [L 「운(運)에 의해 주어진 것」의 뜻에서] *n.* (*pl.* **dice** [dais]) **1 주사위** 2 주사위 도박 3 주사위 꼴로 자른 것

die·a·way [dáiəwèi] *a.* 힘 없는, 풀이 죽은

díe càsting 〖야금〗 다이 캐스팅, 압력 주조; 다이 캐스팅 주물(鑄物)

die-hard [dáihὰ:rd] *a.* 끝까지 버티는; 완고한

die·hard [-hὰ:rd] *n.* 완강한 저항자; (정치상의) 완고한 보수주의자

di·e·lec·tric [dàiiléktrik] 〖전기〗 *a.* 유전체(誘電體)의 — *n.* 유전체

di·er·e·sis [daiérəsis] *n.* (*pl.* **-ses** [-sì:z]) = DIAERESIS

die·sel [dí:zl, -sl] *n.* **1** = DIESEL ENGINE **2** 디젤 기관차 **3** 디젤유(油)
— *a.* 디젤 엔진의

Die·sel [dí:zəl, -səl] *n.* 디젤 **Rudolf ~** (1858-1913) 《디젤 기관을 발명(1892)한 독일인 기사》

die·sel-e·lec·tric [dí:zəliléktrik] *a.* 디젤 발전기를 갖춘
— *n.* 디젤 전기 기관차

***díesel èngine**[**mòtor**] 디젤 엔진[기관]

Di·es I·rae [dí:eis-íərei] [L = day of wrath] *n.* **1** [**d~ i~**] 「진노의 날」 **2** 최후의 심판 날

‡**di·et¹** [dáiət] [L 「하루의 음식」의 뜻에서] *n.* **1** CU **일상의 음식물**: a meat [vegetable] ~ 육[채]식 **2** (치료·체중 조절을 위한) **규정식**; (병원 등의) 규정식 일람표(= ~ **shèet**)
be on a ~ 다이어트 중이다
— *vt., vi.* 〈환자에게〉 규정식을 주다; 규정식을 먹다

‡**di·et²** [L 「공식 회합」의 뜻에서] *n.* [the D~] **국회**, 의회

di·e·tar·y [dáiətèri | -təri] *a.* 음식물의; 규정식의; 식이 요법의: a ~ cure 식이 요법 — *n.* (*pl.* **-tar·ies**) 규정식

di·e·tet·ic, -i·cal [dàiətétik(əl)] *a.* A 영양(학)의

di·e·tet·ics [dàiətétiks] *n. pl.* [단수 취급] 영양학; 식이 요법(학)

di·e·ti·tian, -ti·cian [dàiətíʃən] *n.* 영양학자, 영양사

dif., diff. difference; different; differential

‡**dif·fer** [dífər] [L 「떨어져 나오다」의 뜻에서] *vi.* **1 다르다**, 틀리다 《*in, as to, from*》 **2 의견을 달리하다** 《*with, from*》

‡**dif·fer·ence** [dífərəns] *n.* CU **1 다름**, 상위; 차이, 차이점: a ~ in appearance[quality] 외관[질]의 차이 **2** [또는 a ~] (수·양의) 차, 차액; 〖수학〗 차 **3** [종종 *pl.*] 의견 차이; 불화, 다툼; (국제 간의) 분쟁
make a [***no***] **~** 차이가 생기다[없다], 효과가 있다[없다], 중요하다[하지 않다]; 차별을 두다[안 두다] 《*between*》 ***split the*** **~** 차액을 등분하다; 〈쌍방이〉 양보하다, 절충하다, 타협하다

‡**dif·fer·ent** [dífərənt] *a.* **1 딴**, (…와) **다른**, 별개의; 같지 않은 《*from*》 **2** A [복수 명사와 함께] **서로 다른**; A 여러 가지의, 갖가지의(various) **3** (미) 색다른, 독특한

dif·fer·en·ti·a [dìfərénʃiə] *n.* (*pl.* **-ti·ae** [-ʃiì:]) 차이점; 본질적 차이; 〖논리〗 종차(種差), 특이성

***dif·fer·en·tial** [dìfərénʃəl] *a.* **1 차이**[**구별**]**의**; 차별적인 **2** 특이한 **3** 〖수학〗 미분의
— *n.* **1** 임금 격차; 차별액 **2** U 〖수학〗 미분 **3** 차동(差動) 장치
~·ly *ad.* 달리, 구별하여, 별도로

differéntial cálculus [the ~] 〖수학〗 미분학

differéntial géar(**ing**) 〖기계〗 차동 장치

***dif·fer·en·ti·ate** [dìfərénʃièit] *vt.* **1 구별 짓다**, 식별하다 《*from*》 **2** 변이(變異)시키다, 특수화[분화]시키다 — *vi.* 구별이 생기다; 〈기관(器官)·종(種)·언어 등이〉 특수화[분화]하다 《*into*》

dif·fer·en·ti·a·tion [dìfərènʃiéiʃən] *n.* UC **1** 차별(의 인정), 구별; 차별 대우 **2** 〖생물〗 분화, 파생 《*into*》 **3** 〖수학〗 미분

***dif·fer·ent·ly** [dífərəntli] *ad.* **1 다르게**, 같지 않게 《*from, to, than*》 **2** 따로, 별도로(otherwise)

‡**dif·fi·cult** [dífikʌ̀lt | -kəlt] [difficulty의 역성(逆成)] *a.* **1 곤란한, 어려운**; …하기 어려운[힘든] **2** 〈사람이〉 **까다로운**, 완고한; (일이) 다루기 힘든

‡**dif·fi·cul·ty** [dífikʌ̀lti | -kəl-] [L 「쉽지 않음」의 뜻에서] *n.* (*pl.* **-ties**) **1** U **곤란, 어려움**; C 어려운 일, 난국 **2** [보통 *pl.*] **곤경**; 《특히》 재정 곤란 **3** [보통 *pl.*] 항의, 불평, 이의, 말썽: labor *difficulties* 노동 쟁의
be in difficulties for money (돈)에 곤란을 받고 있다 ***with*** **~** 겨우, 간신히 (opp. *easily*) ***without*** (***any***) **~** (아무런) 어려움 없이, 수월히

***dif·fi·dence** [dífədəns] *n.* U **자신이 없음**; 기가 죽음; 나서기 꺼림, 수줍음

***dif·fi·dent** [dífədənt] [L 「신용하지 않는」의 뜻에서] *a.* **자신 없는**; 숫기 없는, 수줍은, 소심한 **~·ly** *ad.*

dif·fract [difrǽkt] *vt.* 분산시키다; 〖물리〗 〈광파·음파·전파 등을〉 회절(回折)시키다

dif·frac·tion [difrǽkʃən] *n.* U 〖물리〗 회절

***dif·fuse** [difjú:z] *vt.* **1 흐트러뜨리다**; 〈빛·열·냄새 등을〉 발산하다 **2** 퍼뜨리다,

보급시키다; 〈친절·행복 등을〉 두루 베풀다 [미치게 하다] **3** 〖물리〗 확산시키다
— *vi.* 퍼지다, 흩어지다; 〖물리〗 확산하다
— [difjúːs] *a.* 널리 퍼진, 흩어진; 〈문체 등이〉 산만한, 말수가 많은

dif·fus·i·ble [difjúːzəbl] *a.* 퍼지는; 보급[확산]할 수 있는; 〖물리〗 확산성의

***dif·fu·sion** [difjúːʒən] *n.* **1** Ⓤ **방산**(放散); 보급, 유포 **2** 〖물리·기상〗 확산 (작용)

dif·fu·sive [difjúːsiv] *a.* 잘 퍼지는, 보급되기 쉬운; 확산성의; 산만한, 장황한 **~·ly** *ad.* **~·ness** *n.*

⁑dig [dig] *v.* (**dug**[dʌg], 《고어》 **~ged**; **~·ging**) *vt.* **1** 〈땅·밭을〉 **파다**, 파헤치다; 〈굴·묘를〉 파다, 파내다; 〈광물을〉 채굴하다: ~ a hole 구멍을 파다 **2** 《구어》 찌르다, 〈손가락 끝·칼 등을〉 찔러넣다 **3** 탐구하다, 찾아내다
— *vi.* **1** (도구·손 등으로) 땅을 파다 **2** 찔러넣다 《*in*》 **3** 탐구[연구]하다
~ ***in*** (1) 참호를 파다 (2) 의견을 바꾸지 않다 (3) 《구어》 부지런히 일하다[공부하다] ~ ***into*** (1) 〈옆구리 등을〉 쿡 찌르다 (2) 《구어》 …을 정력적으로 공부하다; …에 덥석 달려들다 (3) …을 파들어가다 ~ ***out*** (1) 파내다; 찾아내다 (2) 조사해 내다 ~ ***up*** (1) 〈황무지를〉 일구다, 개간하다; 파내다 (2) 발견하다; 명백히 드러내다 (3) 《구어》 〈비용 등을〉 그러모으다
— *n.* **1** 파기 **2** 《구어》 쿡 찌르기; 《비유》 빈정대기《*at*》 **3** 《미》 공부만 파는 학생 **4** [*pl.*] 《구어》 거처, 하숙(방)

⁑di·gest [daidʒést, di-] [L 「따로따로 나르다」의 뜻에서] *vt.* **1 소화하다**; 〈약·포도주가 음식의〉 소화를 돕다[촉진하다] **2** 〈지식 등을〉 **잘 이해하다**, 터득하다; 숙고하다 **3 간추리다**; 정리[분류]하다 — *vi.* 〈음식물이〉 소화되다 — [dáidʒest] *n.* **요약**, 적요; (문학 작품 등의) 개요

***di·gest·i·ble** [daidʒéstəbl, di-] *a.* **소화할 수 있는**; 요약할 수 있는
di·gèst·i·bíl·i·ty *n.* Ⓤ 소화성[율]

⁑di·ges·tion [daidʒéstʃən, di-] *n.* ⓊⒸ **1 소화** (작용), 소화력 **2** (정신적인) 동화 흡수; 동화력

***di·ges·tive** [daidʒéstiv, di-] *a.* Ⓐ **소화를 돕는** — *n.* 《드물게》 소화제

***dig·ger** [dígər] *n.* **1 파는 사람**[도구, 기계], (특히 금광의) 광부 **2** [때로 **D~**] 《속어》 호주[뉴질랜드] 군인 **3** 《호주·뉴질·구어》 어이, 자네 《부르는 말》

dig·ging [díɡiŋ] *n.* **1** Ⓤ 파기; 채굴, 채광; 〖법〗 발굴 **2** [*pl.*] 광산, 금광 **3** [*pl.*] 《영·구어》 하숙

dig·it [dídʒit] [L 「손가락」의 뜻에서] *n.* **1** 손[발]가락 **2** 손가락의 폭 《약 3/4인치》 **3** 아라비아 숫자

***dig·i·tal** [dídʒətl] *a.* Ⓐ **1** 〈녹음·통신·정보 등이〉 **디지털** (**방식**)**의**; 숫자를 사용하는 **2** 손가락 (모양)의; 손가락이 있는
— *n.* **1** 《익살》 손가락 **2** (피아노·오르간의) 건(鍵) **3** 디지털 시계[온도계]

dígital compúter 디지털 컴퓨터

dig·i·tal·is [dìdʒətǽlis | -téil-] *n.* **1** 〖식물〗 디기탈리스 **2** 디기탈리스 제제(製劑) 《강심제》

dígital recórding 디지털 녹음

díg·it·al-to-án·a·log convèrter [-tə-ǽnəlɔg-] 다지털 아날로그 변환기

dig·i·tate [dídʒətèit] *a.* 〖동물·식물〗 손바닥[손가락] 모양의; 손가락이 있는

dig·i·tize [dídʒətàiz] *vt.* 〖컴퓨터〗 디지털화하다, 계수화하다

***dig·ni·fied** [dígnəfàid] *a.* **위엄 있는**; 고귀한, 기품 있는(noble) **~·ly** *ad.*

***dig·ni·fy** [dígnəfài] *vt.* (**-fied**) **1** 위엄 있게 하다, 존귀[고귀]하게 하다 **2** 그럴듯하게 꾸미다

dig·ni·tar·y [dígnətèri | -təri] *n.* (*pl.* **-tar·ies**) 고위 인사, 고관; 《특히》 고위 성직자

⁑dig·ni·ty [dígnəti] [L 「가치」의 뜻에서] *n.* (*pl.* **-ties**) **1** Ⓤ **존엄**, 위엄, 품위 **2** Ⓤ (태도 등의) 위풍, 장중: a man[player] of ~ 관록 있는 사람[선수] **3** 위계, 작위 ***be beneath*** one***'s*** ~ 체면 깎이는 일이다 ***with*** ~ 위엄 있게; 점잔을 빼고

di·graph [dáigræf | -grɑːf] *n.* 〖음성〗 한 소리를 나타내는 두 글자, 이중음자 《*sh* [ʃ], *ea* [iː, e] 등》

di·gress [daigrés, di-] *vi.* 〈이야기 등이〉 빗나가다; 본 줄거리를 떠나다, 지엽으로 흐르다 《*from*》

di·gres·sion [daigréʃən, di-] *n.* ⓊⒸ 지엽으로 흐름, 여담, 탈선

di·gres·sive [daigrésiv, di-] *a.* 본론을 떠난, 지엽적인 **~·ly** *ad.* **~·ness** *n.*

dike [daik] *n.* **1** 도랑(ditch); 《영·방언》 수로 **2** 제방, 둑 **3** 방벽(防壁); 방어 수단
— *vt.* 제방으로 막다, …에 제방을 쌓다
— *vi.* 제방을 쌓다

dik·tat [diktɑ́ːt] *n.* (패자 등에 대한) 절대적 명령, 일방적 결정, 강권 정책

dil. dilute(d)

di·lap·i·date [dilǽpədèit] *vt., vi.* 〈건물 등을〉 헐다; 황폐케 하다[해지다]

di·lap·i·dat·ed [dilǽpədèitid] *a.* 황폐한, 무너져 가는; 〈가구 등이〉 헐어 빠진

di·lap·i·da·tion [dəlæ̀pədéiʃən] *n.* ⓊⒸ 황폐; 무너짐

di·la·ta·tion [dìlətéiʃən | dàilei-] *n.* Ⓤ 팽창, 확장; 〖의학〗 비대[확장](증)

***di·late** [dailéit, di-] [L 「넓히다」의 뜻에서] *vt.* **넓히다**, **팽창시키다**
— *vi.* **1** 넓어지다, 팽창하다 **2** 《문어》 자세히 말하다[쓰다] 《*on, upon*》

di·la·tion [dailéiʃən, di-] *n.* = DILATATION

di·la·tor [dailéitər, di-] *n.* 〖외과〗 확장기; 〖의학〗 확장약; 〖해부〗 확장근

dil·a·to·ry [dílətɔ̀ːri | -təri] *a.* 느린, 더딘; 시간을 끄는
dìl·a·tó·ri·ly *ad.* **-ri·ness** *n.* Ⓤ 지연, 꾸물거림, 완만

dil·do [díldou] *n.* (*pl.* **~s**) 《비어》 모조 남근[음경]

⁑di·lem·ma [dilémə] [Gk「2중의 가정」의 뜻에서] *n.* **1 진퇴양난**, 딜레마, 궁지 **2** 〖논리〗 양도 논법(兩刀論法)

dil·et·tante [dílitɑ̀ːnt, -tæ̀nti | dìlitǽnti] [It.] *n.* (*pl.* **~s**, **-ti**[-ti]) 문학·예술의 애호가; 아마추어 평론가

— *a.* (전문적이 아닌) 도락의, 아마추어의
dil·et·tant·ism [dílətɑːntìzm, -tæn-], **-tan·te·ism** [-tiìzm] *n.* Ⓤ 도락; 아마추어 예술
‡**dil·i·gence**¹ [dílədʒəns] *n.* Ⓤ 근면, 부지런함
dil·i·gence² [dílədʒɑ́ːns, -dʒəns] [F] *n.* (프랑스·스위스 등의) 합승 마차
‡**dil·i·gent** [dílədʒənt] [L 「높이 평가하는」의 뜻에서] *a.* **근면한,** 부지런한 《*in*》 (opp. *idle, lazy*); 애쓴, 공들인 〈일 등〉
∗**dil·i·gent·ly** [dílədʒəntli] *ad.* **부지런히,** 열심히, 애써
dill [dil] *n.* 〖식물〗 딜 《미나릿과(科), 열매나 잎은 향미료; 성경에서 일컫는 anise》
dil·ly·dal·ly [dílidæ̀li] *vi.* (**-lied**) 《구어》 (결심이 서지 않아) 꾸물거리다
di·lute [dailúːt, di-] *vt., vi.* 묽게 하다, 묽어지다 — *a.* 희석한; 묽은
di·lu·tion [dailúːʃən, di-] *n.* Ⓤ 묽게 함, 희석; 희박; 박약화; Ⓒ 희석물
di·lu·vi·al [dilúːviəl | dai-], **-vi·an** [-viən] *a.* **1** (특히 Noah의) 대홍수로 생겨난 **2** 〖지질〗 홍적(洪積)층[기]의
‡**dim** [dim] *a.* (**~·mer**; **~·mest**) **1 어둑한 2 흐릿한,** 희미한; Ⓐ 〈기억 등이〉 어렴풋한 **3** 《구어》 〈이해력이〉 둔한 **4** 《구어》 가망성이 희박한
— *v.* (**~med**; **~·ming**) *vi.* 어스레해지다, 흐려지다, 눈이 침침해지다: ~ *with* tears 눈물로 흐려지다 — *vt.* 어둑하게 하다; 흐리게 하다; 〈눈을〉 침침하게 하다
~ ***down*** 〈조명을〉 차차 약하게 하다 ~ ***out*** 《미》 〈전등을〉 어둡게 하다
dim. dimension; diminuendo; diminutive
∗**dime** [daim] [L 「10분의 1」의 뜻에서] *n.* **1 다임,** 10센트 동전 **2** [a ~; 부정문에서] 《미·구어》 단돈 한 닢
a ~ a dozen 《미·구어》 흔해빠진, 평범한; 헐값인
díme nóvel [원래 10센트였던 데서] 《미》 값싸고 선정적인 소설(책)
∗**di·men·sion** [diménʃən, dai-] [L 「재다」의 뜻에서] *n.* 《略 dim.》 **1** (길이·넓이·두께의) **치수 2** [*pl.*] **넓이,** 면적; 용적; 규모; 중요성 **3** (인격 등의) 양상, 특질 **4** 〖수학·물리〗 **차원**
di·men·sion·al [diménʃənl, dai-] *a.* [종종 복합어를 이루어] …치수의; …차원의
díme stòre 《미》 10센트[싸구려] 잡화점
dimin. diminish; 〖음악〗 diminuendo; diminutive
‡**di·min·ish** [dimíniʃ] [L 「작게 하다」의 뜻에서] *vt.* **줄이다,** 감소하다
— *vi.* 줄다, 감소[축소]되다
di·mín·ished responsibílity [dimíniʃt] 〖법〗 한정 책임 능력 《감형 대상이 되는, 정신 장애로 인한 판단력 감퇴 상태》
di·min·u·en·do [dimìnjuéndou] [It.] 〖음악〗 *ad., a.* 점점 약하게[약한] 《기호 >; 略 dim.》 — *n.* (*pl.* **~s**) **1** (힘·음량 등의) 점감(漸減) **2** 디미누엔도의 악절
∗**dim·i·nu·tion** [dìmənjúːʃən | -njúː-] *n.* Ⓤ **1 감소,** 축소 **2** Ⓒ 감소량[액]
∗**di·min·u·tive** [dimínjutiv] *a.* **1 소형의,** 작은; 《특히》 아주 작은 **2** 〖문법〗 지소(指小)의 — *n.* **1** 〖문법〗 지소어(語); 지소적 접미사 **2** 축소형; 애칭 《Tom, Dick 등》
dim·i·ty [díməti] *n.* (*pl.* **-ties**) ⓊⒸ 골지게 짠 줄무늬 무명 《커튼·침대 커버용》
∗**dim·ly** [dímli] *ad.* **어스레하게,** 어둑하게; 어렴풋이; 희미하게
∗**dim·ple** [dímpl] *n.* **보조개;** 옴폭 들어간 곳; 잔물결 — *vi., vt.* 보조개를 짓다, 옴폭해지다; 잔물결을 일으키다
dim·wit [dímwìt] *n.* 《구어》 멍청이, 얼간이
∗**din** [din] *n.* ⓊⒸ **소음,** (쟁쟁·쾅쾅 하는) 시끄러운 소리 — *v.* (**~ned**; **~·ning**) *vt.* 소음으로 〈귀를〉 멍멍하게 하다
— *vi.* (귀가 멍멍하도록) 울리다
DIN [din] [*D*eutsche *I*ndustrie *N*ormen] 독일 공업 규격
Di·nah [dáinə] *n.* 여자 이름
di·nar [dinɑ́ːr] *n.* 디나르 《이라크 등지의 화폐 단위》
‡**dine** [dain] [OF 「단식을 깨다」의 뜻에서] *vi.* (…와) **식사를 하다** 《*with*》; 정찬을 먹다 — *vt.* 정찬[만찬]을 대접하다, 정찬[만찬]에 초대하다 ~ ***out*** [***in***] 밖에서[집에서] 식사하다 ~ ***out on*** …의 일로 [···을 이야기해 주도록] 식사에 초대되다
din·er [dáinər] *n.* **1** 식사하는 사람 **2** 《미》 식당차(dining car); 《미·캐나다》 (도로변의) 식당차식의 간이식당
din·er-out [dáinəráut] *n.* (*pl.* **din·ers-**) 외식하는 사람, 자주 만찬에 가는 사람
di·nette [dainét] *n.* 《미》 (부엌 구석 등의) 식사 코너
ding [diŋ] *vt.* **1** 〈종 등을〉 땡땡 울리게 하다 **2** 《구어》 …을 구구하게 타이르다
— *vi.* 〈종 등이〉 땡땡 울리다
— *n.* 땡땡 《종소리》
ding·dong [díŋdɔ̀ːŋ | -dɔ̀ŋ] *n.* 땡땡 《종소리》 — *ad.* 《구어》 열심히, 부지런히 〈일하다 등〉 — *a.* Ⓐ 땡땡 울리는; 격전의, 격렬한
din·ghy [díŋgi] *n.* (*pl.* **-ghies**) 작은 배, 함재정(艦載艇); 작은 경주용 요트
din·gle [díŋgl] *n.* 깊고 좁은 골짜기 (dell)
din·go [díŋgou] *n.* (*pl.* **~es**) 〖동물〗 (호주산) 들개
ding·us [díŋəs] *n.* 《구어》 고안, 장치; 거시기 《이름을 알 수 없는 것》
∗**din·gy** [díndʒi] *a.* (**-gi·er**; **-gi·est**) **거무죽죽한;** 그을은, 때묻은
dín·gi·ly *ad.* **-gi·ness** *n.*
‡**din·ing** [dáiniŋ] *n.* **식사;** 정찬 《오찬·만찬》
díning càr 〖철도〗 식당차
‡**díning ròom** **식당** 《가정·호텔의 정찬용》
díning tàble 식탁(dinner table)
DINK, Dink, dink [diŋk], **Dink·ie, Dink·y** [díŋki] [*D*ouble *I*ncome, *N*o *K*ids] *n.* 《구어》 아이가 없는 맞벌이 부부
din·key [díŋki] *n.* (*pl.* **~s**) 《구어》 작은 것; (구내 작업용) 소형 기관차, 소형 전차

dink·y [díŋki] *a.* (**dinki·er**; **-i·est**) **1** 《영·구어》 말쑥한; 귀여운; 산뜻한 《여성어》 **2** 《미·구어》 작은, 사소한
— *n.* (*pl.* **-k·ies**) = DINKEY

‡din·ner [dínər] *n.* **1** [U.C] **정찬,** (하루의 주된) **식사** **2** 공식 만찬[오찬] **3** 정식(table d'hôte)
dínner bèll 정찬[식사]을 알리는 종
dínner drèss[gòwn] (여자용) 약식 야회복 《남자의 dinner jacket에 상당》
dínner jàcket (남자용) 약식 야회복; 그 상의(《미》 tuxedo)
dínner pàrty 만[오]찬회, 축하연
dínner sèrvice[sèt] 정찬용 식기 한 벌
dínner tàble [the ~] 정찬용 식탁
dínner thèater 극장식 식당
dínner tìme 저녁 식사 시간
din·ner·ware [dínərwɛ̀ər] *n.* [U] 식기류
***di·no·saur** [dáinəsɔ̀:r] *n.* **1** 〖고생물〗 **공룡** **2** 거대하여 다루기 힘든 것; 시대에 뒤떨어진 것[사람]
di·no·sau·ri·an [dàinəsɔ́:riən] *n., a.* 공룡(의)
***dint** [dint] *n.* **1** [U] **힘,** 폭력 **2 움푹 들어간 곳;** 상처
by ~ of …의 힘으로, …에 의해서
di·oc·e·san [daiɑ́səsən | -ɔ́s-] *a.* [A] 감독[주교] 관구의
di·o·cese [dáiəsis, -sì:z] *n.* 〖그리스도교〗 감독[주교] 관구
di·ode [dáioud] *n.* 〖전자〗 다이오드, 2극 진공관
Di·og·e·nes [daiɑ́dʒənì:z | -ɔ́dʒ-] *n.* 디오게네스(412?-323 B.C.) 《고대 그리스 철학자》
Di·o·ny·si·us [dàiəníʃiəs] *n.* 디오니시오스(430-367 B.C.) 《시라쿠사(Syracuse)의 왕》
Di·o·ny·sus, -sos [dàiənáisəs] *n.* 〖그리스신화〗 디오니소스 《술의 신; 로마 신화에서는 Bacchus》
Di·or [diɔ:r] *n.* 디오르 **Christian ~** (1905-57) 《프랑스의 의상 디자이너》
di·o·ram·a [dàiərǽmə | -rɑ́:-] [G 「광경」의 뜻에서] *n.* **1** 디오라마, 투시화(透視畵) **2** (입체 소형 모형에 의한) 실경(實景)
***di·ox·ide** [daiɑ́ksaid | -ɔ́k-] *n.* 〖화학〗 **이산화물**
‡dip [dip] *v.* (**~ped,** 《고어》 **dipt** [dipt]; **~·ping**) *vt.* **1** (살짝) **담그다** **2** 〈양초를〉 만들다 **3** 〈깃발 등을〉 잠시 내렸다 올리다 **4** 〖그리스도교〗 침례하다
— *n.* **1** 살짝 담금[잠금] **2** 한 번 푸기[퍼낸 양] **3** [U] 담가 씻는 액체; (푸딩에 치는) 소스 **4** (실 심지) 양초 **5** (토지·도로의) 침하; 경사, 움푹한 곳 《*in*》 **6** (자침의) 부각(俯角)
***diph·the·ri·a** [difθíəriə, dip-] *n.* [U] 〖병리〗 디프테리아
diph·thong [dífθɔ:ŋ, díp- | -θɔŋ] *n.* **1** 〖음성〗 이중 모음, 복모음 《[ai, au, ɔi] 등》 **2** 〖인쇄〗 합자 《œ, ﬁ 등》
diph·thon·gal [difθɔ́:ŋgəl, dip- | -θɔ́ŋ-] *a.*
***di·plo·ma** [diplóumə] [G 「둘로 접은 종이」의 뜻에서] *n.* (*pl.* **~s,** 《드물게》 **~·ta** [-tə]) **졸업 증서**; (학위·자격) 증서; 특허장(charter); 상장
get one's **~** 대학을 졸업하다
***di·plo·ma·cy** [diplóuməsi] *n.* [U] **외교**(술); 외교적 수완
diplóma mìll 《미·구어》 학위 남발 대학, 삼류 대학
***dip·lo·mat** [dípləmæ̀t] *n.* **외교관**; 외교가
***dip·lo·mat·ic** [dìpləmǽtik] *a.* **1** [A] **외교(상)의**; 외교관의 **2** 외교적 수완이 있는; 교섭[흥정]에 능한 **3** [A] 고문서학의; 원문대로의
diplomátic immúnity 외교관 면책 특권 《재판·수색·체포·과세 등의 면제 특권》
di·plo·ma·tist [diplóumətist] *n.* 《영》 = DIPLOMAT
***dip·per** [dípər] *n.* **1 국자** 《등》; 퍼[떠]내는 기구 **2** 담그는 사람[물건] **3** 잠수하는 새 《물까마귀·물총새 등》 **4** [the D~] 《미》 〖천문〗 **북두칠성**(= the Big[Great] D~) 《큰곰자리의 일곱 개의 별》; 소(小)북두칠성(= the Little D~) 《작은 곰자리의 일곱 개의 별》
dip·so [dípsou] 《구어》 *n.* 알코올 중독자(dipsomaniac)
dip·so·ma·ni·a [dìpsəméiniə, -sou-] *n.* [U] 〖병리〗 음주광(飮酒狂), 알코올 중독
dip·so·ma·ni·ac [dìpsəméiniæ̀k, -sou-] *n.* 〖병리〗 음주광, 알코올 중독자
dip·stick [dípstìk] *n.* (자동차의 기름을 재는) 계량봉(計量棒)
díp swìtch 《영》 (자동차의) 감광(減光) 스위치 《헤드라이트를 숙이는》
***dire** [daiər] *a.* **1** [A] **무서운,** 무시무시한; 비참한 **2** 〈필요·위험 등이〉 긴박한
‡di·rect [dirékt, dai-] *vt.* **1 지도하다**; 지배하다; 지휘하다; 연출[감독]하다 **2** 가리키다, 길을 대다 **3** 〈눈·주의·노력·방침 등을〉 **돌리다,** 향하게 하다 《*to, at, toward(s)*》 **4** 〈편지·소포의〉 **겉봉을 쓰다**
— *vi.* 지도[지휘]하다, 감독하다; 지시[명령]하다
— *a.* **1 똑바른**; 직행의, 직통의 **2 직접의** **3** 정면의: the ~ opposite[contrary] 정반대 **4 솔직한,** 단도직입적인
— *ad.* **곧장**; **직접으로**; 직행하여
diréct áction 직접 행동 《총파업 등》; 직접 작용
diréct cúrrent 〖전기〗 직류 《略 DC》
diréct dístance díaling 《미》 장거리 직통 다이얼 전화 《略 DDD》
‡di·rec·tion [dirékʃən, dai-] *n.* **1** [CU] **방향,** 방위 **2** 경향, 방침 **3** [U.C] **지도**; 관리 **4** [*pl.*] 지휘, **지시** **5** [U] (영화 등의) 감독, 연출
in all ~s = ***in every ~*** 사방팔방으로, 각 방면으로 ***in the ~ of*** …의 쪽으로
under the ~ of …의 지도[지휘] 아래
di·rec·tion·al [dirékʃənl, dai-] *a.* 방향[방위](상)의; 〖통신〗 지향성(指向性)의
diréction finder 〖통신〗 방향 탐지기, 방위 측정기 《略 D.F.》
di·rec·tive [diréktiv, dai-] *a.* [A] **1** 지시하는; 〖통신〗 지향식의 **2** 지도[지배]적인

— *n.* 지령(order); 〖컴퓨터〗 지시어

⁑di·rect·ly [diréktli, dai-] *ad.* **1** 곧장, 똑바로 **2** 직접(적)으로 **3** 전적으로, 바로(exactly): live ~ opposite the store 가게의 바로 맞은편에 살다 **4** 즉시로; 곧이어, 이내
— *conj.* 《영·구어》 …하자마자

diréct máil 다이렉트 메일 《회사·백화점에서 직접 소비자에게 우송하는 광고 인쇄물; 略 DM》

diréct mèthod [the ~] (외국어만으로의) 직접 교수법

di·rect·ness [diréktnis, dai-] *n.* Ⓤ 똑바름; 직접적임, 솔직함

⁑di·rec·tor [diréktər, dai-] *n.* **1** 지도자, 지휘자 **2** 관리자; 장관, 국장; 중역; 〖영화〗 감독; 〖음악〗 지휘자; 《미》 〖연극〗 연출가 (《영》 producer)
~·shìp *n.* director의 직[임기]

di·rec·to·rate [diréktərət, dai-] *n.* **1** Ⓤ 관리자의 직 **2** 중역회, 이사회

di·rec·to·ri·al [direktɔ́:riəl, dàirek-] *a.* 지휘[지도]상의; 지휘자[이사, 중역, 중역회]의

diréctor's chàir (앉는 자리와 등받이에 캔버스를 댄) 접의자 《영화감독들이 사용한 데서》

⁎di·rec·to·ry [diréktəri, dai-] *a.* 지휘의, 지도적인
— *n.* (*pl.* **-ries**) **1** 주소 성명록 **2** 〖컴퓨터〗 외부 기억 장치에 들어있는 파일 목록

diréct propórtion 〖수학〗 정비례

di·rec·tress [diréktris, dai-] *n.* DIRECTOR의 여성형

diréct táx 직접세

dire·ful [dáiərfəl] *a.* 《문어》 무서운; 비참한 **~·ly** *ad.* **~·ness** *n.*

dirge [də:rdʒ] *n.* 만가(挽歌), 장송가, 애도가

dir·i·gi·ble [dírədʒəbl, dirí-] *a.* 조종할 수 있는: a ~ balloon 비행선
— *n.* 기구(氣球), 비행선

dirn·dl [də́:rndl] *n.* (오스트리아 티롤 지방 농민의) 여자옷; (던들식) 헐렁한 스커트

⁑dirt [də:rt] *n.* Ⓤ **1** 진흙(mud); 쓰레기, 먼지; 흙 **2** 《미·호주》 욕설, 험담 **3** 무가치한 것 **4** 비열(한 행위) (*as*) ***cheap as*** ~ 《구어》 매우 싼 ***eat*** ~ 《속어》 굴욕을 참다 ***yellow*** ~ 《미·속어》 돈

dirt-cheap [-tʃí:p] *a.*, *ad.* 《구어》 아주 헐값의[으로]

dírt fàrmer 《미·구어》 자작농(自作農)

dirt-poor [-púər] *a.* 몹시 가난한

dírt róad 《미》 비포장도로

dírt tràck 진흙이나 석탄재 등을 깐 경주로 《오토바이 등의 경주로》

⁑dirt·y [də́:rti] *a.* (**dirt·i·er**; **-i·est**) **1** 더러운, 불결한 **2** 〈빛깔이〉 흐린, 탁한 **3** 상스러운; 〈행위 등이〉 비열한 **4** 〈날씨가〉 사나운 — *vt.*, *vi.* (**dirt·ied**) 더럽히다, 더러워지다
— *ad.* 《구어》 비열하게; 교활하게
dírt·i·ly *ad.* **dírt·i·ness** *n.*

dírty wòrk 궂은 일; 싫은 일; 모략

dis [dis] 《미·속어》 *n.* 실망
— *vt.* 경멸하다, 깔보다; 헐뜯다

Dis [dis] *n.* **1** 〖로마신화〗 디스 《저승의 신; 그리스 신화의 Pluto》 **2** 하계(下界), 지옥

dis- [dis] *pref.* **1** 「반대 동작」의 뜻: *dis*arm **2** 「빼앗음」의 뜻: *dis*mantle **3** 「…않게 하다」의 뜻: *dis*able **4** 「분리」의 뜻: *dis*continue **5** 「부정」의 뜻 강조: *dis*annul

⁎dis·a·bil·i·ty [dìsəbíləti] *n.* (*pl.* **-ties**) **1** ⓊⒸ 무능, 무력; (법률상의) 행위 무능력, 무자격 **2** 〖의학〗 (신체 등의) 불리한 조건, 장애, 핸디캡

⁎dis·a·ble [diséibl] *vt.* **1** 무능[무력]하게 하다 《*from, for*》 **2** 손상하다, 불구로 만들다 **3** 〖컴퓨터〗 (하드웨어·소프트웨어상의) 기능을 억제하다

dis·a·bled [diséibld] *a.* 불구가 된, 무능력해진

dis·a·buse [dìsəbjú:z] *vt.* (그릇된 관념·미몽에서) 깨게 하다, 풀리게 하다

dis·ac·cord [dìsəkɔ́:rd] *n.* 부조화
— *vi.* 일치[화합]하지 않다 《*with*》

⁎dis·ad·van·tage [dìsədvǽntidʒ | -vɑ́:n-] *n.* 불리한 처지[조건]; Ⓤ 불리, 손실, 손해

dis·ad·van·taged [dìsədvǽntidʒd | -vɑ́:n-] *a.* 불리한 조건을 가진; 혜택받지 못한

dis·ad·van·ta·geous [disæ̀dvəntéidʒəs | -vɑ:n-] *a.* **1** 불리한 **2** Ⓟ 형편상 나쁜, 불편한

dis·af·fect·ed [dìsəféktid] *a.* (정부 등에) 불평[불만]을 품은, 못마땅해 하는, 이반(離反)한(disloyal) 《*to, toward*(*s*)》

dis·af·fec·tion [dìsəfékʃən] *n.* Ⓤ 불평, (특히 정부에 대한) 불만, 민심 이탈

dis·af·fil·i·ate [dìsəfílièit] *vt.* …을 제명하다 — *vi.* 인연을 끊다; 탈퇴하다

dis·af·for·est [dìsəfɔ́rist] *vt.* **1** 〖영국법〗 (삼림법의 적용을 해제하여) 일반 토지로 만들다 **2** 〈삼림지를〉 개척하다

⁎dis·a·gree [dìsəgrí:] *vi.* **1** 일치하지 않다 《*with*》 **2** 의견이 다르다(differ); 사이가 나쁘다 《*with*》 **3** 〈풍토·음식이〉 체질에 맞지 않다 《*with*》

⁎dis·a·gree·a·ble [dìsəgrí:əbl] *a.* **1** 불(유)쾌한 **2** 마음에 안 드는, 싫은, 비위에 거슬리는

⁎dis·a·gree·ment [dìsəgrí:mənt] *n.* Ⓤ 불일치, 의견 차이; 논쟁; (체질에) 안 맞음, 부적합

dis·al·low [dìsəláu] *vt.* 《문어》 허가하지 않다, 금하다; 〈요구 등을〉 각하하다
~·ance *n.* Ⓤ 불허, 각하

dis·an·nul [dìsənʌ́l] *vt.* (**~led**; **~·ling**) (전면적으로) 취소하다 **~·ment** *n.*

⁑dis·ap·pear [dìsəpíər] *vi.* **1** 사라지다: ~ *in* the crowd 군중 속으로 사라지다 **2** 소멸[소실]하다 (opp. *appear*); 〖법〗 실종하다 — *vt.* 보이지 않게 하다, (시야에서) 없애다

⁎dis·ap·pear·ance [dìsəpíərəns] *n.* Ⓤ 사라짐, 소실, 소멸; 실종: ~ from home 가출

⁑dis·ap·point [dìsəpɔ́int] *vt.* **1** 실망시키다 **2** 〈기대·목적을〉 어긋나게[헛되게] 하다(baffle) **3** 〈계획을〉 좌절시키다(upset)

dis·ap·point·ed [dìsəpɔ́intid] *a.* 실망한, 기대가 어긋난; 실현되지 못한

*__dis·ap·point·ing__ [dìsəpɔ́intiŋ] *a.* **실망시키는**, 기대에 어긋나는, 시시한

‡**dis·ap·point·ment** [dìsəpɔ́intmənt] *n.* Ⓤ **실망**, 기대에 어긋남; Ⓒ 실망거리 ***to*** one***'s*** ~ 낙심천만하게도

dis·ap·pro·ba·tion [disæ̀prəbéiʃən] *n.* ((문어)) = DISAPPROVAL

*__dis·ap·prov·al__ [dìsəprúːvəl] *n.* Ⓤ **안 된다고 함**; 불찬성, 불만; 비난

*__dis·ap·prove__ [dìsəprúːv] *vt.* **안 된다[옳지 않다]고 하다**; 불만을 나타내다; 비난하다 **—** *vi.* **찬성하지 않다**; 불가하다고 하다 ((*of*))

dis·ap·prov·ing·ly [dìsəprúːviŋli] *ad.* 못마땅하여; 불찬성의 뜻을 나타내어; 비난하여

*__dis·arm__ [disáːrm] *vt.* **1 무기를 빼앗다**, 무장을 해제하다 **2** 〈노여움·의심 등을〉 가시게 하다 **—** *vi.* 무장을 해제하다; 군비를 축소[폐지]하다

*__dis·ar·ma·ment__ [disáːrməmənt] *n.* Ⓤ **무장 해제**; 군비 축소

dis·arm·ing [disáːrmiŋ] *a.* 흥분[노여움, 두려움, 적의 ((등))]을 가라앉히는

dis·ar·range [dìsəréindʒ] *vt.* 어지럽히다, 혼란시키다
 ~·ment *n.* Ⓤ 교란, 혼란

dis·ar·ray [dìsəréi] *n.* Ⓤ 혼란, 난잡; 단정치 못한 옷차림

dis·as·sem·ble [dìsəsémbl] *vt.* 해체하다, 분해하다; 〖컴퓨터〗 역(逆) 어셈블하다

dis·as·so·ci·ate [dìsəsóuʃièit, -sièit] *vt.* = DISSOCIATE

‡**dis·as·ter** [dizǽstər | -záːs-] [L 「별에서 멀리 떨어진」의 뜻에서] *n.* **1** Ⓤ (큰) **재해**, 재앙 **2** ((구어)) (큰) 실패; 실패작

disáster àrea ((미)) 재해 지역; 재해 지정 지구

*__dis·as·trous__ [dizǽstrəs | -záːs-] *a.* **비참한**, 재난의; 대실패의; ((고어)) 불길한, 불운한 **~·ly** *ad.*

dis·a·vow [dìsəváu] *vt.* ((문어)) 부인[부정]하다 **~·al** *n.*

dis·band [disbǽnd] *vt.* **1** 해산하다 **2** 〈군인을〉 제대시키다 **—** *vi.* 해산하다

dis·bar [disbáːr] *vt.* (**~red**; **~·ring**) 〖법〗 변호사(barrister)의 자격[특권]을 박탈하다

*__dis·be·lief__ [dìsbilíːf] *n.* Ⓤ **불신**, 믿으려 하지 않음, 의혹 ((*in*)); 불신앙

dis·be·lieve [dìsbilíːv] *vt.*, *vi.* 믿지 않다 **dìs·be·liév·er** *n.*

dis·bud [disbʌ́d] *vt.* (**~·ded**; **~·ding**) (쓸데없는) 눈[봉오리]을 따다

dis·bur·den [disbə́ːrdn] *vt.* …에서 짐을 내리다; 부담을 덜어주다 ((*of*)); 안심시키다 **—** *vi.* 안심하다

dis·burse [disbə́ːrs] *vt.*, *vi.* 지불하다

dis·burse·ment [disbə́ːrsmənt] *n.* **1** Ⓤ 지불, 지출 **2** 지불금, 지급금

*__disc__ [disk] *n.*, *vt.* ((주로 영)) = DISK

*__dis·card__ [diskáːrd] *vt.* **1** 〈폐습·신앙 등을〉 **버리다 2** 〈사람을〉 저버리다 **3** 〖카드〗 〈불필요한 패를〉 버리다
 — [´–] *n.* **1** Ⓤ 포기; 폐기 **2** 버려진[버림받은] 사람[물건] **3** Ⓤ 〖카드〗 가진 패를 버림; Ⓒ 버린 패

‡**dis·cern** [disə́ːrn, -zə́ːrn] [L 「나누어 분리시키다」의 뜻에서] *vt.* **1 식별하다 2** (눈으로) 보고 분간하다, 알아보다 **3** 뚜렷하게 인식하다 **—** *vi.* 차이를 알다, 분간하다, 식별하다
 ~·ment *n.* Ⓤ **1** 식별 **2** 통찰력, 안식(眼識)

dis·cern·i·ble, -a·ble [disə́ːrnəbl, -zə́ːrn-] *a.* 보고 알 수 있는; 인식[식별]할 수 있는 **-bly** *ad.*

dis·cern·ing [disə́ːrniŋ, -zə́ːrn-] *a.* 통찰력[식별력]이 있는, 총명한

‡**dis·charge** [distʃáːrdʒ] *vt.* **1** 〈배에서〉 **짐을 부리다 2** 〈물 등을〉 방출하다, 쏟다; **배출하다 3** 〈총포를〉 **발사하다 4** 〖전기〗 방전하다 **5** 〈속박·의무·근무 등에서〉 **해방하다**; 제대[퇴원]시키다 **6** 〈약속·채무를〉 **이행하다**, 〈부채를〉 갚다; 〈직무 등을〉 수행하다 **7** 〖법〗 〈명령을〉 취소하다
 — *vi.* **1** 짐을 부리다, 양륙하다 **2** 〈강이〉 흘러들다 ((*into*)) **3** 배출하다 **4** 〈총포가〉 발사되다
 — *n.* **1** Ⓤ **짐부리기**, 양륙 **2 발사**, 발포 **3** 방출, 유출; 배출물; Ⓤ유출량[률] **4** Ⓤ **해방**, 면제; 방면 **5** ⓊⒸ 해직, 해고 ((*from*)); Ⓒ 해임장; 제대 증명서 **6** Ⓤ (의무의) 수행; (채무의) 이행, 상환

*__dis·ci·ple__ [disáipl] [L 「배우다」의 뜻에서] *n.* **1 문하생**, 문인(門人), 제자 **2** 그리스도의 12사도(Apostles)의 한 사람

dis·ci·plin·a·ble [dísəplìnəbl] *a.* 훈련할 수 있는; 징계해야 할 〈죄 등〉

dis·ci·pli·nar·i·an [dìsəplinέəriən] *n.* 훈련자; 규율이 엄한 사람
 — *a.* 훈련적인, 훈련(상)의

dis·ci·pli·nar·y [dísəplinèri | -plìnəri] *a.* **1** 훈련상의, 훈육의 **2** 규율상의; 징계의 **3** 학과의

*__dis·ci·pline__ [dísəplin] [disciple과 같은 어원] *n.* **1** ⓊⒸ **훈련**, 단련, 수양 **2** Ⓤ 억제, 자제(심), 극기 **3** Ⓤ **기율**, 질서 **4** Ⓤ 징계 **5** 학과, 학문의 부문[분야]
 — *vt.* **1** 훈련[단련]하다 **2** 징계하다

dísc jòckey 디스크 자키 ((略 DJ; deejay라고도 함))

dis·claim [diskléim] *vt.* **1** 〈권리 등을〉 버리다, 기권하다 **2** 〈관계·책임 등을〉 부인하다

*__dis·close__ [disklóuz] *vt.* **드러내다**, 노출시키다; 폭로[적발]하다

*__dis·clo·sure__ [disklóuʒər] *n.* Ⓤ **폭로**, 발각; 발표; Ⓒ 발각된 일, 털어놓은 이야기

dis·co [dískou] *n.* (*pl.* **~s**) **1** ((구어)) 디스코 **2** Ⓤ 디스코 음악[춤]

dis·col·or | -our [diskʌ́lər] *vt.*, *vi.* 변색[퇴색]시키다[하다], 빛깔을 더럽히다[이 더러워지다]; 빛깔이 바래다

dis·col·or·a·tion [diskʌ̀ləréiʃən] *n.* Ⓤ 변색, 퇴색; Ⓒ (변색으로 생긴) 얼룩

dis·com·bob·u·late [dìskəmbábjulèit | -bɔ́b-] *vt.* ((미·구어)) 혼란시키다, 당황하게 하다

dis·com·fit [diskʌ́mfit] *vt.* **1** 무찌르다, 패주시키다 **2** 〈계획·목적을〉 뒤집어엎다; 당황케 하다

D

dis·com·fi·ture [diskʌ́mfətʃər] *n.* UC (계획 등의) 실패, 좌절; 당황
***dis·com·fort** [diskʌ́mfərt] *n.* U 불쾌, 불안; C 귀찮은 일, 불편
— *vt.* 불쾌[불안]하게 하다
discómfort ìndex 불쾌 지수 (略 DI)
dis·com·mode [dìskəmóud] *vt.* (문어) 불편하게[부자유스럽게] 하다; 폐를 끼치다, 괴롭히다
dis·com·pose [dìskəmpóuz] *vt.* (문어) 〈마음의〉 안정을 잃게 하다, 불안하게 하다; 산란하게 하다
dis·com·po·sure [dìskəmpóuʒər] *n.* U 마음의 동요, 심란, 불안, 당황
***dis·con·cert** [dìskənsə́:rt] *vt.* **1 당황하게[쩔쩔매게] 하다,** 어쩔줄 모르게 하다 **2** 〈계획 등을〉 뒤엎다, 혼란시키다
~·ing *a.* 당황케 하는
dis·con·cert·ed [dìskənsə́:rtid] *a.* 당혹한, 당황한
dis·con·nect [dìskənékt] *vt.* …와의 연락을 끊다, 떼어 놓다(separate)(*from, with*); 〈전화 등을〉 끊다
dis·con·nect·ed [dìskənéktid] *a.* 따로따로 떨어진; 연락이 끊긴 **~·ly** *ad.*
dis·con·nec·tion | **-nex·ion** [dìskənékʃən] *n.* U 단절; 분리; 〖전기〗 단선
dis·con·so·late [diskɑ́nsələt | -kɔ́n-] *a.* **1** 〈사람이〉 우울한, 서글픈, 비탄에 잠겨 (*about, at, over*) **2** 〈장소·사물이〉 음침한 **~·ly** *ad.*
***dis·con·tent** [dìskəntént] *n.* U **불만, 불평** — *a.* P 불평[불만]이 있는 (*with*)
— *vt.* 불만[불평]을 품게 하다, 기분을 상하게 하다 **~·ment** *n.* 불만
***dis·con·tent·ed** [dìskənténtid] *a.* **불만을 품은,** 불평스러운 **~·ly** *ad.*
dis·con·tin·u·ance [dìskəntínjuəns] *n.* U 정지, 중지, 단절; 〖법〗 (소송의) 취하, 불법 점유
dis·con·tin·u·a·tion [dìskəntìnjuéiʃən] *n.* = DISCONTINUANCE
***dis·con·tin·ue** [dìskəntínju:] *vt.* 〈계속하기를〉 **그만두다**(stop) (*doing*); 정지하다; **중지[중단]하다** — *vi.* 중지[휴지]되다; 〈잡지 등이〉 폐간[휴간]되다
***dis·con·ti·nu·i·ty** [dìskɑntənjú:əti | -kɔ̀ntinjú:-] *n.* **1** U **불연속(성)**; 단절, 두절 **2** 갈라진 금, 찢어진 데; U 〖수학〗 불연속점
dis·con·tin·u·ous [dìskəntínjuəs] *a.* 끊어진, 단절의, 비연속성의; 〖수학〗 불연속의 **~·ly** *ad.* **~·ness** *n.*
***dis·cord** [dískɔ:rd] *n.* **1** U **불일치, 불화 2** UC 〖음악〗 불협화음(opp. *harmony*) — [–´] *vi.* 일치하지 않다, 불화하다
dis·cor·dance, -dan·cy [diskɔ́:rdəns(i)] *n.* U 불화, 불일치
dis·cor·dant [diskɔ́:rdnt] *a.* **1** 〈생각이〉 조화[일치]하지 않는 **2** 〈음성이〉 귀에 거슬리는 **3** 〖음악〗 불협화음의
dis·co·theque, -thèque [dískətèk, ‿–´] [F 「레코드 라이브러리」의 뜻에서] *n.* 디스코텍
‡**dis·count** [dískaunt, –´] *vt.* **1 할인하다 2 에누리하여 듣다[생각하다]**; 도외시하다 **3** 가치[효과]를 줄이다, 감소시키다 **4** 〖상업〗 〈어음을〉 할인하여 팔다[사들이다]
— [´–] *n.* UC **할인,** 감가; 〖상업〗 할인액; 할인율
at a ~ (액면 이하로) 할인하여(below par; opp. *at a premium*); 값이 떨어져; 팔 곳이 없어; 얕뵈어
— [´–] *a.* A 할인의, 염가 판매의
díscount bròker 어음 할인 중개인
dis·coun·te·nance [diskáuntənəns] *vt.* 언짢은 표정을 짓다; …에 찬성하지 않다; 무안을 주다
díscount hòuse (영) 어음 할인업자; (미) 싸구려 가게, 염매(廉賣) 상점
díscount ràte 〖금융〗 어음 할인율; 재할인율
díscount stòre[shòp] 할인 점포, 싸구려 가게(discount house)
‡**dis·cour·age** [diskə́:ridʒ | -kʌ́r-] *vt.* **1 용기를 잃게 하다,** 낙담시키다(opp. *encourage*) **2** 방해하다, 훼방놓다
***dis·cour·age·ment** [diskə́:ridʒmənt | -kʌ́r-] *n.* **1** U **낙담,** 낙심, 실의(失意) **2** 기를 죽이는 것[행위, 사정], 방해 (*to*) **3** U 단념시킴
dis·cour·ag·ing [diskə́:ridʒiŋ | -kʌ́r-] *a.* 낙담시키는, 맥빠지게 하는 **~·ly** *ad.*
***dis·course** [dískɔ:rs, –´] *n.* **1 강화**(講話), 강연 (*upon, on*) **2** 논설, 논문 (*upon, on*) **3** U 〖언어〗 담화; 〖문법〗 화법
— [–´] *vi.* 이야기하다, 말하다; 연설[강연]하다, 설교하다; 논술하다 (*upon, on*)
dis·cour·te·ous [diskə́:rtiəs] *a.* 실례의, 무례한, 버릇없는 **~·ly** *ad.* **~·ness** *n.*
dis·cour·te·sy [diskə́:rtəsi] *n.* **1** U 무례, 실례(opp. *courtesy*) **2** 무례한 언행
‡**dis·cov·er** [diskʌ́vər] *vt.* **1 발견하다**(find out); 알다, 깨닫다 **2** 드러내다 — *vi.* 발견하다
~·a·ble *a.* 발견할 수 있는
***dis·cov·er·er** [diskʌ́vərər] *n.* **발견자**
‡**dis·cov·er·y** [diskʌ́vəri] *n.* (*pl.* **-er·ies**) **1** U **발견**; C 발견물 **2** U (연극 등의 줄거리의) 전개
***dis·cred·it** [diskrédit] *vt.* **1** 신용하지 않다 **2** 평판을 나쁘게 하다
— *n.* U **1 불신,** 불신임; 의혹 **2** 망신, 불명예
dis·cred·it·a·ble [diskréditəbl] *a.* 신용을 떨어뜨리는, 평판이 나빠지게 하는, 망신스러운, 남부끄러운
***dis·creet** [diskrí:t] [동음어 discrete] [L 「식별하다」의 뜻에서] *a.* **사려깊은, 분별[지각]있는**; 〈언어·행동 등이〉 신중한
~·ly *ad.*
dis·crep·an·cy [diskrépənsi] *n.* (*pl.* **-cies**) UC 모순, 불일치, 어긋남 (*between*)
dis·crep·ant [diskrépənt] *a.* 서로 어긋나는, 모순된, 앞뒤가 안 맞는
dis·crete [diskrí:t] [동음어 discreet] *a.* 분리된, 따로따로의; 불연속의
~·ly *ad.* **~·ness** *n.*
***dis·cre·tion** [diskréʃən] *n.* U **1 행동[판단, 선택]의 자유 2 분별, 신중**
dis·cre·tion·ar·y [diskréʃənèri | -əri]

a. 《문어》 임의의, 자유재량의
~ powers to act 임의로 행동할 수 있는 재량권

***dis·crim·i·nate** [diskrímənèit] *vi., vt.* **1 구별하다,** 식별[분간]하다 《*between*》 **2** 차별하다, 차별 대우하다 《*against*》
— [-nət] *a.* 《고어》 식별된 **~·ly** *ad.*

dis·crim·i·nat·ing [diskrímənèitiŋ] *a.* **1** 구별할 수 있는; 식별력이 있는 **2** Ⓐ 차별적인 《discriminatory가 일반적》

***dis·crim·i·na·tion** [diskrìmənéiʃən] *n.* Ⓤ **1 구별; 식별(력),** 판별(력), 안식; Ⓒ 차이점 **2 차별,** 차별 대우 《*against*》

dis·crim·i·na·tive [diskrímənèitiv, -nət-] *a.* 식별하는; 차별적인

dis·crim·i·na·tor [diskrímənèitər] *n.* **1** 식별[차별]하는 사람 **2** 〖전자〗 판별 장치 《주파수·위상(位相) 등을 판별하는》

dis·crim·i·na·to·ry [diskrímənətɔ̀ːri | -təri] *a.* **1** 차별적인 **2** 식별하는

dis·cur·sive [diskə́ːrsiv] *a.* **1** 〈제목 등이〉 광범위한; 〈글·이야기 등이〉 산만한 **2** 추론[논증]적인 **~·ly** *ad.* **~·ness** *n.*

dis·cus [dískəs] *n.* (*pl.* **~·es, -ci** [-kai]) (경기용) 원반; [the ~] 원반던지기(=~ throw)

***dis·cuss** [diskʌ́s] [L 「흔들어서 산산조각나게 하다」의 뜻에서] *vt.* **논의[심의]하다, 토론[토의]하다**(debate); 상의하다(talk over); (책 등에서 상세히) 논하다
— *vi.* 토의하다 **~·er** *n.*

dis·cus·sant [diskʌ́snt] *n.* (심포지움·토론회 등의) 토론(참가)자

***dis·cus·sion** [diskʌ́ʃən] *n.* **1** UC **토론,** 토의, 검토, 심의 **2** 논문, 논고 《*on*》

díscus thròw(ing) [the ~] 원반던지기

díscus thròwer 원반던지기 선수

***dis·dain** [disdéin] *vt.* **경멸하다**(look down on) **—** *n.* Ⓤ **경멸(감);** 거드름

dis·dain·ful [disdéinfəl] *a.* 거드름 부리는(haughty), 경멸적인(scornful)
~·ly *ad.* 경멸하여

***dis·ease** [dizíːz] *n.* UC **병,** 질병; 병폐, 폐해
a family [hereditary] ~ 유전병

***dis·eased** [dizíːzd] *a.* **1 병든,** 병에 걸린 **2** 병적인(morbid)

dis·em·bark [dìsimbɑ́ːrk] *vt., vi.* 양륙하다, 상륙하다[시키다]

dis·em·bar·ka·tion [disèmbɑːrkéiʃən] *n.* Ⓤ 양륙, 상륙; 하륙, 하선

dis·em·bar·rass [dìsimbǽrəs] *vt.* 곤란으로부터 해방하다(free); …을 안심시키다 **~·ment** *n.* Ⓤ 해방, 이탈 《*of*》

dis·em·bod·ied [dìsimbɑ́did | -bɔ́d-] *a.* Ⓐ **1** 육체에서 분리된 **2** 〈목소리 등이〉 모습이 안 보이는 사람에게서 나온

dis·em·bow·el [dìsimbáuəl] *vt.* (**~ed**; **~·ing** | **~led**; **~·ling**) 〈동물 등의〉 내장을 꺼내다 **~·ment** *n.*

dis·em·broil [dìsimbrɔ́il] *vt.* …의 엉킨 것을 풀다, …의 혼란을 진정시키다

dis·en·chant [dìsintʃǽnt | -tʃɑ́ːnt] *vt.* 〈사람을〉 마법에서 풀다; [보통 수동형으로] …의 미몽[환상]을 깨우다 《*with*》
~·ment *n.* 각성

dis·en·cum·ber [dìsinkʌ́mbər] *vt.* (방해물로부터) 해방시키다 《*of, from*》

dis·en·gage [dìsingéidʒ] *vt.* **1** 〈기계 등의〉 연결[접속]을 풀다; (…에서) 〈…을〉 풀다, 떼다 《*from*》 **2** (의무·속박에서) 〈사람을〉 해방하다 **3** 〈전투를〉 중지하다
— *vi.* **1** 〈기계 등이〉 연결이 풀리다 **2** 교전을 중지하다, 철수하다

dis·en·gaged [dìsingéidʒd] *a.* Ⓟ 《문어》 〈사람이〉 약속이 없는, 한가한

dis·en·gage·ment [dìsingéidʒmənt] *n.* Ⓤ 해방 상태, 자유, 여가; 이탈; 《특히》 파혼

dis·en·tan·gle [dìsintǽŋgl] *vt.* 〈엉킨 것을〉 풀다 《*from*》; 〈혼란에서〉 풀어내다 《*from*》; [~ one*self* 로] (분규·분쟁 등에서) 빠져나오다, 해방되다 《*from*》
— *vi.* 풀리다 **~·ment** *n.*

dis·en·thral(l) [dìsinθrɔ́ːl] *vt.* (**~led**; **~·ling**) 〈노예 등을〉 해방하다(set free)

dis·e·qui·lib·ri·um [disìːkwəlíbriəm, dìsiːk-] *n.* (*pl.* **~s, -ri·a** [-riə]) UC (경제의) 불균형, 불안정

dis·es·tab·lish [dìsistǽbliʃ] *vt.* 〈제도를〉 폐지하다; 〈교회의〉 국교제(國教制)를 폐지하다 **~·ment** *n.*

dis·es·teem [dìsistíːm] *vt.* 얕보다, 경시하다(slight) **—** *n.* Ⓤ 경멸, 냉대

dis·fa·vor | -vour [disféivər] *n.* Ⓤ 《문어》 **1** 냉대, 싫어함; 불찬성 **2** 인기 없음 **—** *vt.* 탐탁찮게 여기다, 냉대하다

***dis·fig·ure** [disfígjər | -fígər] *vt.* …의 **외관을 손상하다;** 가치를 손상하다
~·ment *n.* UC 미관 손상, 흠 《*to*》

dis·for·est [disfɑ́rist] *vt.* =DEFOREST

dis·fran·chise [disfrǽntʃaiz] *vt.* 〈개인의〉 공민권[선거권]을 빼앗다; 〈법인 등의〉 특권을 박탈하다 **~·ment** *n.*

dis·gorge [disgɔ́ːrdʒ] *vt., vi.* 〈먹은 것을〉 토해 내다; 〈강 등이〉 흘러들다 《*at, into*》; 〈부정한 이익 등을〉 게워 내다, 마지못해 내놓다

***dis·grace** [disgréis] *n.* **1** Ⓤ **불명예,** 망신, 치욕 **2** [a ~] 망신시키는 것 **3** Ⓤ 눈 밖에 나 있음 **—** *vt.* **1** 〈…의〉 수치가 되다; 욕보이다 **2** [보통 수동형] (벌로서) 면직[파면]하다

***dis·grace·ful** [disgréisfəl] *a.* **수치스러운,** 불명예스러운, 면목없는 **~·ness** *n.*

dis·grun·tled [disgrʌ́ntld] *a.* 불만인; 뿌루퉁한, 심술난(moody) 《*at, with*》

***dis·guise** [disgáiz] *vt.* **1 변장[위장]시키다** **2** 〈사실을〉 숨기다, 〈의도·감정을〉 속이다, 감추다(hide): ~ a fact *from* a person 사실을 …에게 감추다
— *n.* UC **1 변장,** 가장; 가면 **2** 거짓 행동; 구실
in ~ 변장한[하여] ***in [under] the ~ of ...*** …을 구실로, …이라 속이고

***dis·gust** [disgʌ́st] [L 「맛을 좋아하지 않다」의 뜻에서] *n.* Ⓤ (매우) **싫음, 혐오감** 《*at, for, toward, against, with*》
in ~ 싫증나서, 넌더리나서
— *vt.* **역겹게 하다,** 넌더리나게 하다

dis·gust·ed [disgʌ́stid] *a.* 정떨어진, 메스꺼운; 분개한 **~·ly** *ad.*

D

dis·gust·ful [disgʌ́stfəl] *a.* 메스꺼운, 넌더리나는; 지긋지긋한 **~·ly** *ad.*

⁑**dis·gust·ing** [disgʌ́stiŋ] *a.* **메스꺼운,** 넌더리나는: a ~ smell 메스꺼운 냄새 **~·ly** *ad.*

⁑**dish** [diʃ] [L 「원반(disk)」의 뜻에서] *n.* **1** (우묵한) **큰 접시,** 주발, 사발; [the ~es] **식기류 2** (접시에 담은) **요리 3 음식**

— *vt.* **1** 〈요리를〉 사발[접시]에 담다 《*up, out*》 **2** 《영·구어》 〈사람·계획·희망 등을〉 꺾다, 해치우다; 속이다

*~ **it out*** 《미·구어》 벌주다, 호통치다, 꾸짖다 *~ **up*** 음식을 내다, 음식을 접시에 담다; 〈이야기 등을〉 꺼내다, 그럴듯하게 꾸미다

dis·ha·bille [dìsəbíːl] [F 「의복을 벗다」의 뜻에서] *n.* Ⓤ 약장(略裝), 단정치 못한 복장

dis·har·mo·ni·ous [dìshɑːrmóuniəs] *a.* 조화되지 않는, 불협화(음)의

dis·har·mo·ny [dìsháːrməni] *n.* [UC] 불일치, 부조화; 불협화(음), 음조가 안 맞음(discord)

dish·cloth [díʃklɔ̀ːθ | -klɔ̀θ] *n.* (*pl.* **~s** [-klɔ̀ːðz | -klɔ̀θs]) 《영》 (접시 닦는) 행주(《미》 dish towel)

dishcloth gourd 《식물》 수세미외

***dis·heart·en** [dishάːrtn] *vt.* **낙심[낙담]시키다**

dis·heart·en·ing [dishάːrtniŋ] *a.* 낙심시키는 (듯한)

di·shev·eled | -elled [diʃévəld] *a.* **1** 〈머리가〉 흐트러진 **2** 단정치 못한

dish·ful [díʃfùl] *n.* (한) 접시 가득(한 양) 《*of*》

⁑**dis·hon·est** [disάnist | -ɔ́n-] *a.* **1** 〈사람이〉 **부정직한,** 불성실한 **2** 〈행위 등이〉 부정한, 눈속임의

~·ly *ad.* 부정직하게(도), 불성실하게(도)

***dis·hon·es·ty** [disάnəsti | -ɔ́n-] *n.* (*pl.* **-ties**) Ⓤ **부정직,** 불성실; Ⓒ 부정(행위), 사기

⁑**dis·hon·or | dis·hon·our** [disάnər | -ɔ́n-] *n.* Ⓤ **1 불명예,** 망신 **2** [또는 a ~] 수치스러운[망신시키는] 것 《*to*》 **3** 《상업》 (어음의) 부도

live in ~ 수치스러운[굴욕적인] 생활을 하다

— *vt.* **1** …의 명예를 손상시키다; 창피를 주다 **2** 〈약속 등을〉 어기다; 《상업》 〈은행이〉 〈어음·수표를〉 부도내다

dis·hon·or·a·ble [disάnərəbl | -ɔ́n-] *a.* **1** 〈행위가〉 불명예스러운, 수치스러운 **2** 도의[도리]에 어긋난; 비열한 **-bly** *ad.*

dish·pan [díʃpæ̀n] *n.* 《미》 접시 씻는 그릇, 개수통

dish·rag [-ræ̀g] *n.* 《미》 = DISHCLOTH

dish towel 《미》 (접시를 닦는) 행주 (《영》 dishcloth)

dish·wash·er [-wɔ̀ːʃər | -wɔ̀ʃ-] *n.* **1** 접시 닦는 사람[기계] **2** 《조류》 할미새

dish·wa·ter [-wɔ̀ːtər] *n.* Ⓤ 개숫물; (식기를 닦고 난) 구정물: (as) dull as ~ 몹시 지루한

dish·y [díʃi] *a.* (**dish·i·er**; **-i·est**) 《영·구어》 〈사람이〉 성적 매력이 있는

***dis·il·lu·sion** [dìsilúːʒən] *vt.* **1** …**의 환영[환상, 미몽]을 깨우치다 2** 환멸을 느끼게 하다 **—** *n.* 미몽을 깨우치기; 환멸

~·ment *n.* 환멸(감)

dis·il·lu·sioned [dìsilúːʒənd] *a.* 환멸을 느낀

dis·in·cen·tive [dìsinséntiv] *a., n.* 행동을 꺾는 (것)

dis·in·cli·na·tion [disìnklənéiʃən] *n.* Ⓤ [또는 a[some] ~, one's ~] 싫증, 마음이 내키지 않음 《*for, toward*》

dis·in·cline [dìsinkláin] *vt.* [수동형으로] 싫증이 나게 하다

dis·in·clined [dìsinkláind] *a.* Ⓟ …하고 싶지 않은, 내키지 않는 《*for, to, to* do》

dis·in·fect [dìsinfékt] *vt.* (살균) 소독하다; 《컴퓨터》 〈바이러스를〉 없애다

dis·in·fect·ant [dìsinféktənt] *a.* 살균성의, 소독력이 있는 **—** *n.* 살균[소독]제

dis·in·fec·tion [dìsinfékʃən] *n.* Ⓤ 소독, 살균 (작용)

dis·in·fest [dìsinfést] *vt.* 〈집 등에서〉 해충[쥐 《등》]을 박멸하다

dis·in·fla·tion [dìsinfléiʃən] *n.* Ⓤ 《경제》 디스인플레이션 《인플레이션 완화》

~·ar·y [-ʃənèri | -ʃənəri] *a.* 인플레이션 완화에 도움이 되는

dis·in·for·ma·tion [disìnfərméiʃən] *n.* Ⓤ 허위 정보

dis·in·gen·u·ous [dìsindʒénjuəs] *a.* 솔직하지 않은; 음흉한; 부정직[불성실]한 **~·ly** *ad.* **~·ness** *n.*

dis·in·her·it [dìsinhérit] *vt.* 《법》 폐적(廢嫡)하다, …의 상속권을 박탈하다

dis·in·her·i·tance [dìsinhéritəns] *n.* Ⓤ 《법》 폐적, 상속권 박탈

dis·in·te·grate [disíntəgrèit] *vt.* 붕괴[분해, 풍화]시키다 **—** *vi.* (…으로) 붕괴[분해]되다 《*into*》

dis·in·te·gra·tion [disìntəgréiʃən] *n.* [UC] 분해, 붕괴; 《물리》 (방사성 원소의) 붕괴; 《지질》 풍화 작용

dis·in·ter·est [disíntərist] *n.* Ⓤ 이해관계가 없음; 무관심

***dis·in·ter·est·ed** [disíntərèstid] *a.* **1** 사심 없는, 공평한 **2** 흥미 없는, 무관심한, 냉담한 《*in*》 **~·ly** *ad.* **~·ness** *n.*

dis·in·vest [dìsinvést] *vt., vi.* 《경제》 투자를 줄이다[회수하다] **~·ment** *n.*

dis·join [disdʒɔ́in] *vt., vi.* 분리하다[되다]

dis·joint [disdʒɔ́int] *vt.* **1** …의 관절을 삐게 하다, 탈구시키다 **2** (낱낱으로) 해체하다 **3** [보통 수동형] 지리멸렬하게 하다 **—** *vi.* 관절이 삐다; 해체되다

dis·joint·ed [disdʒɔ́intid] *a.* 관절이 삔; 낱낱으로 된; 〈사상·문체 등이〉 지리멸렬한

dis·junc·tion [disdʒʌ́ŋkʃən] *n.* [UC] 분리, 분열; 《논리》 선언(選言)[이접(離接)] (명제)

dis·junc·tive [disdʒʌ́ŋktiv] *a.* 분리성(性)의; 《문법》 이접적인 **—** *n.* 《문법》 이접적 접속사 《*but, yet* 등》 **~·ly** *ad.* 분리적으로

*__disk, disc__ [disk] *n.* **1** (납작한) **원반** (모양의 물건); (경기용) 원반 **2** [보통 **disc**] (축음기의) 레코드, 디스크 **3** 〖해부〗 추간판[연골] **4** 〖컴퓨터〗 자기 디스크

dísk drìve 〖컴퓨터〗 디스크 드라이브 《자기 디스크의 작동·판독 장치》

disk·ette [diskét] *n.* 〖컴퓨터〗 = FLOPPY DISK

dísk hàrrow 원판 써레 《트랙터용 농기구》

dísk jòckey = DISC JOCKEY

‡**dis·like** [disláik] *vt.* **싫어하다**, 좋아하지 않다 **—** *n.* UC 싫어함, 혐오

dis·lo·cate [dísloukèit] *vt.* 탈구(脫臼)시키다; 〈계획·사업 등을〉 뒤틀리게 하다

*__dis·lo·ca·tion__ [dìsloukéiʃən] *n.* UC **탈구**; 혼란 (기간); 전위; 〖지질〗 단층

dis·lodge [dislɑ́dʒ | -lɔ́dʒ] *vt.* 이동시키다; 제거하다; 몰아내다, 격퇴하다 《*from*》

*__dis·loy·al__ [dislɔ́iəl] *a.* **불충한**, 신의 없는 **~·ly** *ad.*

dis·loy·al·ty [dislɔ́iəlti] *n.* (*pl.* **-ties**) UC **1** 불충실; 신의 없음 **2** 불충실한[신의 없는] 행위

*__dis·mal__ [dízməl] [L 「불길한 나날」의 뜻에서] *a.* **1 음침한**, 음산한; 〈기분 등이〉 우울한, 침울한 **2** 〈경치 등이〉 쓸쓸한, 황량한 **3 비참한, 참담한** **~·ly** *ad.*

dis·man·tle [dismǽntl] *vt.* **1** 장비를 떼어내다 **2** 〈기계 등을〉 분해하다 **—** *vi.* 〈기계 등이〉 분해되다 **~·ment** *n.*

dis·mast [dismǽst | -mɑ́:st] *vt.* [종종 수동형] 〈폭풍이〉 돛대를 앗아가다[부러뜨리다], 돛대를 떼어 내다

*__dis·may__ [disméi] [OF 「기력을 없애다」의 뜻에서] *n.* U **1 당황**, 어찌할 바를 모름; **놀람** **2** 실망, 낙담

— *vt.* 당황케 하다; 놀라게 하다, 낙담[실망]케 하다

dis·mem·ber [dismémbər] *vt.* **1** 팔다리를 절단하다 **2** 〈국토를〉 분할하다 **~·ment** *n.*

‡**dis·miss** [dismís] *vt.* **1** 〈집회 등을〉 **해산시키다**; 〈사람을〉 퇴거시키다 **2 해고[면직]하다** **3** 〈생각 등을〉 버리다; 잊어버리다 《*from*》 **4** 〖법〗 〈소송 사건을〉 각하하다 **5** 〖크리켓〗 〈타자·팀을〉 아웃시키다

— *vi.* 해산[분산]하다

*__dis·miss·al__ [dismísəl] *n.* U **1 해산**, 퇴거 **2 면직**, 해고 《*from*》 **3** 〖법〗 (소송의) 각하, (상소의) 기각

dis·mis·sive [dismísiv] *a.* 각하하는, 거부하는

*__dis·mount__ [dismáunt] *vi.* 〈말·자전거 등에서〉 **내리다** 《*from*》 **—** *vt.* **1** 〈…을 말 등에서〉 내리게 하다; 〈사람을〉 낙마시키다 **2** 〈선반 등에서〉 아래로 내려놓다 **3** 〈기계 등을〉 분해하다

Dis·ney [dízni] *n.* 디즈니 **Walt(er) Elias ~** (1901-66) 《미국의 만화 영화 제작자》

Dis·ney·land [díznilæ̀nd] *n.* 디즈니랜드 《Walt Disney가 Los Angeles에 만든 유원지》

*__dis·o·be·di·ence__ [dìsəbí:diəns] *n.* U **1 불순종**, 불복종, 반항 《*to*》 **2** (명령·법률·규칙 등의) 위반, 반칙 《*to*》

dis·o·be·di·ent [dìsəbí:diənt] *a.* **1** 순종하지 않는, 말을 안 듣는 **2** P 위반하는, 반항하는 《*to*》 **~·ly** *ad.*

*__dis·o·bey__ [dìsəbéi] *vt., vi.* 〈분부·명령 등을〉 **따르지 않다, 불복종하다**; 어기다

dis·o·blige [dìsəbláidʒ] *vt.* 《문어》 불친절하게 대하다, …의 뜻을 거스르다

dis·o·blig·ing [dìsəbláidʒiŋ] *a.* 불친절한; 화나게 하는 **~·ly** *ad.*

*__dis·or·der__ [disɔ́:rdər] *n.* UC **1 무질서**, 혼란; 난잡 **2** (사회적·정치적) 불온, 소동, 소란 **3** (심신 기능의) 부조(不調), 장애; (가벼운) 병

be in ~ 혼란 상태에 있다

— *vt.* 〈질서 등을〉 어지럽히다, 혼란시키다; 〈심신을〉 탈나게 하다

dis·or·dered [disɔ́:rdərd] *a.* 혼란된; 탈난, 병든

dis·or·der·ly [disɔ́:rdərli] *a.* **1** 무질서한, 혼란한 **2** 난폭한, 무법의; 난잡한

disórderly hóuse 매음굴, 도박장

dis·or·ga·ni·za·tion [disɔ̀:rgənizéiʃən | -nai-] *n.* U 해체, 분열; 혼란

dis·or·ga·nize [disɔ́:rgənàiz] *vt.* 조직[질서]을 파괴[문란케]하다, …을 혼란시키다

dis·or·ga·nized [disɔ́:rgənàizd] *a.* 조직[질서]이 문란한

dis·o·ri·ent [disɔ́:riènt] *vt.* 〈사람의〉 방향 감각을 혼란시키다; 어리둥절하게 하다

dis·o·ri·en·tate [disɔ́:riəntèit] *vt.* = DISORIENT

dis·o·ri·en·ta·tion [disɔ̀:riəntéiʃən] *n.* U 방향 감각 상실; 혼미

dis·own [disóun] *vt.* 〈저작물 등을〉 자기 것이 아니라고 말하다; …와의 관계를 부인하다; 〈자식과〉 의절(義絕)하다

dis·par·age [dispǽridʒ] *vt.* **1** 얕보다, 깔보다 **2** 헐뜯다, 험담하다

~·ment *n.* U 경멸, 얕봄; 비난

dis·par·ag·ing [dispǽridʒiŋ] *a.* 얕보는; 험담하는, 비난하는 **~·ly** *ad.*

dis·pa·rate [dispǽrət, díspər- | díspər-] *a.* (본질적으로) 다른, 공통점이 없는; (전혀) 이종(異種)의

dis·par·i·ty [dispǽrəti] *n.* (*pl.* **-ties**) UC 상이, 부동, 부등(不等), 불균형 《*between, in, of*》

dis·pas·sion [dispǽʃən] *n.* U 냉정; 공평

dis·pas·sion·ate [dispǽʃənət] *a.* 감정적이 아닌, 냉정한; 공평한(impartial) **~·ly** *ad.* **~·ness** *n.*

‡**dis·patch** [dispǽtʃ] *vt.* **1** 〈군대·특사 등을〉 **급파[특파]하다** **2** 〈일 등을〉 **재빨리 해치우다** **3** 죽이다

— *n.* **1** U **급파**; 급송, 발송 **2** 급송 공문서; 〖신문〗 급보, 특전 **3** U (처리 등의) 신속; 날랜 처리

dispátch bòx[càse] (공문서의) 송달함

*__dis·pel__ [dispél] *vt.* (**~led**; **~·ling**) 쫓아버리다, 〈근심·의심 등을〉 없애다

dis·pen·sa·ble [dispénsəbl] *a.* 없어도 되는(opp. *indispensable*)

dis·pen·sa·ry [dispénsəri] *n.* (*pl.* **-ries**) (병원 등의) 약국; (학교·공장 등의) 의무실, 양호실

D

dis·pen·sa·tion [dìspənséiʃən, -pen-] *n.* Ⓤⓒ **1** 분배; 분배품, 시여물 **2** (의약의) 조제 **3** (법 등의) 시행 《*of*》 **4** 하늘의 뜻, (신의) 섭리 **5** 통치, 제도, 체제

*__dis·pense__ [dispéns] [L 「계량하여 분배하다」의 뜻에서] *vt.* **1 분배[시여]하다**; 〈법을〉 시행하다 **2** 〈약을〉 조제하다; 투여하다 **3** 〈의무를〉 면제하다
— *vi.* 면제하다; 〖가톨릭〗 특면하다
~ ***with*** (1) …없이 지내다 (2) …을 생략하다 (3) 불필요하게 만들다

dis·pens·er [dispénsər] *n.* **1** 약제사, 조제자 **2** 시여자, 분배자 **3** 자동판매기; 디스펜서 《휴지·종이컵 등을 빼내어 쓰게 된 장치》

*__dis·perse__ [dispə́:rs] *vt.* **1 흩뜨리다, 흩어지게 하다**(scatter) **2** 〈종자·지식 등을〉 퍼뜨리다 **3** 〖광학〗 〈빛을〉 분산시키다
— *vi.* 흩어지다, 분산[이산]하다

dis·per·sion [dispə́:rʒən | -ʃən] *n.* Ⓤ **1** 흩뜨림, 살포; 분산; 이산(離散); 살포도 **2** 〖광학〗 분산; 〖통계〗 분산

dis·per·sive [dispə́:rsiv] *a.* 흩어지는; 분산적인

dis·pir·it [dispírit] *vt.* …의 기를 꺾다, 낙담시키다

dis·pir·it·ed [dispíritid] *a.* 기가 꺾인, 풀죽은 **~·ly** *ad.*

*__dis·place__ [displéis] *vt.* **1 바꾸어 놓다,** (원래의 장소에서) 옮겨 놓다 《*from*》 **2 대신 들어서다 3** 〈관리를〉 면직[해임]하다
displáced pérson (전쟁·압제 때문에 고국에서 추방된) 난민, 유민(流民) 《略 DP, D.P.》

dis·place·ment [displéismənt] *n.* Ⓤ **1** 전치(轉置); 〖화학〗 치환; 이동; 배제 **2** 면직, 해임 **3** (선박의) 배수량[톤]; (엔진의) 배기량

‡**dis·play** [displéi] [OF 「펴다, 펼치다」의 뜻에서] *vt.* **1 전시[진열]하다 2** 〈감정 등을〉 **나타내다**; 〈능력 등을〉 **발휘하다 3** 〖컴퓨터〗 (화면에) 표시하다 — *n.* Ⓤⓒ **1 전시,** 진열; [집합적] 전시품 **2 표시**; 표명 **3** 〖컴퓨터〗 디스플레이, 화면 표시 장치 **4** 〖동물〗 과시 행동

‡**dis·please** [displí:z] *vt.* **불쾌하게 하다,** …의 비위를 거스르다, 성나게 하다

dis·pleased [displí:zd] *a.* 화난

dis·pleas·ing [displí:ziŋ] *a.* 불유쾌한, 화나는

*__dis·plea·sure__ [displéʒər] *n.* Ⓤ **불쾌,** 불만; 골, 화

dis·port [dispɔ́:rt] *vt.* [~ one*self* 로] 흥겹게 놀다, 즐기다 — *vi.* 흥겹게 놀다, 장난하다

dis·pos·a·ble [dispóuzəbl] *a.* **1** 처분할 수 있는, 마음대로 쓸 수 있는; 〈소득 등이〉 (세금을 지불하고) 자유로이 쓸 수 있는 **2** 〈종이 제품 등이〉 사용 후 버릴 수 있는 — *n.* [종종 *pl.*] 《미》 사용 후 버리는 물건, 일회용 물품

‡**dis·pos·al** [dispóuzəl] *n.* Ⓤ **1** (재산·문제 등의) **처분,** 처리; 매각 **2** 처분권 **3** 배치, 배열
be at [***in***] a person***'s*** ~ …의 마음대로 처분할 수 있다, 임의로 쓸 수 있다

‡**dis·pose** [dispóuz] *vt.* **1** 〈군대·물건을〉 **배치하다, 배열하다 2** …**할 마음이 나게 하다** 《*to*》 — *vi.* **1 처리하다,** 처치[처분]하다 **2** 일의 추세[성패]를 결정하다
~ ***of*** …을 처분하다, 처리하다

*__dis·posed__ [dispóuzd] *a.* Ⓟ …**할 생각이 있는**; … 경향[기질]이 있는 《*to* do》

dis·pos·er [dispóuzər] *n.* **1** 처리자 **2** (부엌 싱크대에 부착된) 음식 찌꺼기[쓰레기] 처리 장치

‡**dis·po·si·tion** [dìspəzíʃən] *n.* ⒸⓊ **1 배열,** 배치; [*pl.*] 작전 계획 **2** 처분, 매각; 처분권 **3 성질,** 기질, 성벽; 경향
at [***in***] a person***'s*** ~ …의 마음대로[임의로]

dis·pos·sess [dìspəzés] *vt.* 《문어》 **1** …에게서 재산[사용권]을 빼앗다 **2** (토지에서) 추방하다

dis·pos·sessed [dìspəzést] *a.* **1** 쫓겨난 **2** 토지·가옥을 빼앗긴

dis·pos·ses·sion [dìspəzéʃən] *n.* Ⓤ 몰아내기; 강탈, 탈취

dis·praise [dispréiz] *vt.* 헐뜯다, 나쁘게 말하다; 비난하다(blame)
— *n.* Ⓤⓒ 헐뜯기; 비난

dis·proof [disprú:f] *n.* Ⓤⓒ **1** 반증(反證), 논박, 반박 **2** 반증 물건

dis·pro·por·tion [dìsprəpɔ́:rʃən] *n.* Ⓤ 불균형; Ⓒ 불균형한 것
~·al *a.* = DISPROPORTIONATE

dis·pro·por·tion·ate [dìsprəpɔ́:rʃən-ət] *a.* 불균형의, 어울리지 않는 《*to*》
~·ly *ad.*

*__dis·prove__ [disprú:v] *vt.* (**~d**; **~d, -prov·en**) …**의 반증을 들다,** 논박하다

dis·put·a·ble [dispjú:təbl, díspjut-] *a.* 논쟁[의문]의 여지가 있는; 의심스러운

dis·pu·tant [dispjú:tənt] *n.* 《문어》 논쟁자; 논객 — *a.* 논쟁의; 논쟁 중인

dis·pu·ta·tion [dìspjutéiʃən] *n.* Ⓤⓒ 논쟁; 토론

dis·pu·ta·tious [dìspjutéiʃəs] *a.* 논쟁적인; 논쟁을 좋아하는 **~·ly** *ad.*

‡**dis·pute** [dispjú:t] *vi.* **논쟁하다** 《*with*》, (…에 대해) 논의하다 《*about*》
— *vt.* **1 논하다, 토의하다 2** 의심을 품다, 이의를 제기하다 **3** 항쟁[저항, 저지]하다 **4** 〈우위(優位)·승리 등을〉 겨루다
— *n.* **1 논쟁,** 논의 **2** 분쟁, 항쟁; 싸움 《*about, on*》 ***beyond*** [***past, without, out of***] (***all***) ~ 논쟁[의문]의 여지없이, 분명히 ***in*** [***under***] ~ 논쟁 중의[에], 미해결의[로]

dis·qual·i·fi·ca·tion [diskwɑ̀ləfikéiʃən | -kwɔ̀l-] *n.* **1** Ⓤ 자격 박탈; 무자격, 불합격, 실격 **2** 실격[결격] 사유[조항] 《*for*》

dis·qual·i·fy [diskwɑ́ləfài | -kwɔ́l-] *vt.* (**-fied**) **1** 실격시키다, 실격자[부적임자]로 판정하다 《*for, from*》 **2** 〖스포츠〗 출전 자격을 박탈하다 《*for, from*》

dis·qui·et [diskwáiət] *vt.* 두근거리게 하다; …을 불안하게 하다
— *n.* Ⓤ **1** (사회적) 동요 **2** (마음의) 불안, 걱정

dis·qui·et·ing [diskwáiətiŋ] *a.* 불안하게 하는, 걱정하게 하는

dis·qui·e·tude [diskwáiət*j*ù:d | -tjù:d] *n.* Ⓤ 불안한 상태, 불온

∗**dis·re·gard** [dìsrigɑ́:*r*d] *vt.* **무시[경시]하다**(ignore), 소홀히 하다 — *n.* ⓊⒸ 무시, 경시 (*of, for*)

dis·rel·ish [disréliʃ] *n.* Ⓤ 싫음, 혐오 (*for*) — *vt.* 싫어하다, 혐오하다(dislike)

dis·re·mem·ber [dìsrimémbə*r*] *vt.* 《미·구어》 잊다(forget), 생각이 안 나다

dis·re·pair [dìsripέə*r*] *n.* Ⓤ (손질·수리 부족에 의한) 파손 (상태), 황폐

dis·rep·u·ta·ble [disrépjutəbl] *a.* **1** 평판이 좋지 않은, 불명예스러운, 창피한 **2** 보기 흉한, 초라한 **~·ness** *n.* **-bly** *ad.*

dis·re·pute [dìsripjú:t] *n.* Ⓤ 악평; 불명예: fall into ~ 평판이 나빠지다

dis·re·spect [dìsrispékt] *n.* ⓊⒸ 무례, 실례, 경멸 (*for*)

dis·re·spect·ful [dìsrispéktfəl] *a.* 무례한, 실례되는 **~·ly** *ad.*

dis·robe [disróub] *vt.* **1** (…의) 옷을 벗기다; [~ one*self*로] 의복을 벗다 **2** 《비유》 …에서 …을 박탈하다

∗**dis·rupt** [disrʌ́pt] *vt.* **1** 〈제도·국가 등을〉 **붕괴시키다 2** 혼란시키다 **3** 〈물건을〉 분쇄하다, 파열시키다

∗**dis·rup·tion** [disrʌ́pʃən] *n.* Ⓤ **붕괴**; 분열; 중단, 두절; 혼란

dis·rup·tive [disrʌ́ptiv] *a.* 분열[붕괴]시키는; 혼란을 일으키는, 파괴적인

∗**dis·sat·is·fac·tion** [dìssætisfǽkʃən] *n.* Ⓤ **불만**, 불평; Ⓒ 불만의 원인

dis·sat·is·fac·to·ry [dìssætisfǽktəri] *a.* 불만(족)스러운

dis·sat·is·fied [dissǽtisfàid] *a.* 불만스러운, 불만을 나타내는
***be* ~ *with*[*at*]** …에 불만을 갖다

∗**dis·sat·is·fy** [dissǽtisfài] *vt.* (**-fied**) **불만을 느끼게 하다**

∗**dis·sect** [disékt] *vt.* **1 절개하다**; 해부하다 **2** 상세히 분석[비평]하다

dis·sect·ed [diséktid] *a.* **1** 절개[해부]한 **2** 〖식물〗 전열(全裂)의

dis·sec·tion [disékʃən] *n.* Ⓤ **1** 절개; 해부, 해체 **2** Ⓒ 해부체[모형] **3** 정밀한 분석[조사]

dis·sec·tor [diséktə*r*] *n.* 해부(학)자; 해부 기구

dis·sem·ble [disémbl] *vt.* **1** 〈성격·감정 등을〉 숨기다 **2** 가장하다(disguise) — *vi.* 진의를 숨기다, 시치미 떼다, 모른 체하다 **-bler** *n.* 위선자

dis·sem·i·nate [disémənèit] *vt.* **1** 〈씨를〉 흩뿌리다 **2** 〈주장·의견을〉 퍼뜨리다(diffuse)

dis·sem·i·na·tion [disèmənéiʃən] *n.* Ⓤ 파종; 보급

∗**dis·sen·sion, -tion** [disénʃən] *n.* ⓊⒸ **1 의견의 차이**, 불일치 **2 불화**, 의견의 충돌, 분쟁

∗**dis·sent** [disént] [L 「떨어져서 느끼다」의 뜻에서] *vi.* **1 의견을 달리하다, 이의를 말하다 2** 《영》 국교에 반대하다 — *n.* Ⓤ **1** 불찬성, 의견 차이, 이의 (*from*) **2** [보통 **D~**] 《영》 국교 반대

dis·sent·er [diséntə*r*] *n.* **1** 반대자 **2** [보통 **D~**] 《영》 국교 반대자; 비국교도

dis·sen·tient [disénʃiənt] *a., n.* 다수 의견에 반대하는 (사람)

dis·sent·ing [diséntiŋ] *a.* **1** 이의 있는, 반대 의견의 **2** 《영》 국교에 반대하는

dis·ser·ta·tion [dìsə*r*téiʃən] [L 「논하다」의 뜻에서] *n.* (긴) 학술[학위] 논문; 《특히》 박사 논문

dis·sev·er [disévə*r*] *vt.* 분리하다; 분할하다 **~·ance** [-sévərəns] *n.* Ⓤ

dis·si·dence [dísədəns] *n.* Ⓤ (의견·성격 등의) 차이, 불일치

dis·si·dent [dísədənt] *a.* (…와) 의견을 달리하는 (*from*); 반체제의 — *n.* 의견을 달리하는 사람; 반체제자

dis·sim·i·lar [dissímələ*r*] *a.* …와 비슷하지 않은 (*to, from*) **~·ly** *ad.*

dis·sim·i·lar·i·ty [dissìmələ́rəti] *n.* Ⓤ 비슷하지 않음; 부동성(不同性); Ⓒ 차이점

dis·sim·u·late [disímjulèit] *vt.* 〈의사·감정 등을〉 숨기다 — *vi.* 시치미 떼다

dis·sim·u·la·tion [disìmjuléiʃən] *n.* ⓊⒸ 시치미 뗌, (감정의) 위장; 위선

∗**dis·si·pate** [dísəpèit] *vt.* **1** 〈구름·안개 등을〉 **흩뜨리다**; 〈슬픔·공포 등을〉 가시게 하다, 없애다 **2** 〈시간·재산 등을〉 낭비[탕진]하다 **3** [종종 수동형] 〈열 등을〉 방산(放散)하다 — *vi.* **1** 〈구름 등이〉 흩어져 없어지다 **2** 난봉부리다 **3** 〈열 등이〉 방산(放散)하다

dis·si·pat·ed [dísəpèitid] *a.* 방탕한, 난봉부리는; 낭비된

dis·si·pa·tion [dìsəpéiʃən] *n.* Ⓤ **1** 소산(消散), 소실 (*of*) **2** 낭비 **3** 난봉, 방탕

dis·so·ci·ate [disóuʃièit, -si-] *vt.* 떼어놓다, 분리하다; 분리하여 생각하다 (*from*) (opp. *associate*)

dis·so·ci·a·tion [disòusiéiʃən, -ʃi-] *n.* Ⓤ 분리 (작용·상태)

dis·so·ci·a·tive [disóusièitiv, -ʃət-] *a.* 분리적인, 분열성의

dis·sol·u·bil·i·ty [disɑ̀ljubíləti | -sɔ̀l-] *n.* Ⓤ 분리[용해]성; 해소할 수 있음

dis·sol·u·ble [disɑ́ljubl | -sɔ́l-] *a.* **1** 분해할 수 있는 **2** 해산할 수 있는; 해제[해소]할 수 있는

dis·so·lute [dísəlù:t] *a.* 방종한, 타락한; 방탕한 **~·ly** *ad.* **~·ness** *n.*

∗**dis·so·lu·tion** [dìsəlú:ʃən] *n.* ⓊⒸ **1 해산**; (결혼 등의) 해소 **2** (기능의) 소멸, 사멸 **3 분해**, 분리 **4** 〖화학〗 용해, 융해

‡**dis·solve** [dizɑ́lv | -zɔ́lv] *vt.* **1 용해하다**; 분해하다 **2** 〈의회·단체 등을〉 해산하다, 해체하다 **3** 〈결혼·관계 등을〉 종료시키다, 해소하다; 〖법〗 무효로 하다
— *vi.* **1** (…으로) **용해하다** (*in*); 녹아서 (…이) 되다 (*into*) **2** 《영》 해산(을 선언)하다 **3** 〈결혼·관계 등이〉 해소되다 **4** 〈힘이〉 약해지다 ~ [***be* ~*d***] ***in*** [***into***] ***tears*** 하염없이 울다
— *n.* Ⓤ 〖영화·TV〗 디졸브, 오버랩(overlap)

dis·so·nance, -nan·cy [dísənəns(i)] *n.* ⓊⒸ **1** 〖음악〗 불협화(음)(opp. *consonance*) **2** 불일치, 부조화

D

dis·so·nant [dísənənt] *a.* 〖음악〗 불협화(음)의; 조화되지 않은

***dis·suade** [diswéid] *vt.* (설득하여) **단념시키다**, (…하지 않도록) 만류하다 《*from*》 (opp. *persuade*)

dis·sua·sion [diswéiʒən] *n.* Ⓤ 단념시킴, 만류, 말림(opp. *persuasion*)

dis·sua·sive [diswéisiv] *a.* 만류하는, 말리는 **~·ly** *ad.* **~·ness** *n.*

dist. distance; district

dis·taff [dístæf | -tɑ:f] *n.* (*pl.* **~s**) 실톳대, 실패; [the ~] 물레질

dístaff sìde [the ~] 모계(母系), 어머니 쪽, 외가(cf. SPEAR SIDE)

dis·tal [dístl] *a.* 〖해부·식물〗 말초(부)의, 말단의(opp. *proximal*)

‡**dis·tance** [dístəns] *n.* ⓊⒸ **1** 거리; 간격; 노정(路程) **2** [*sing.*] 먼 거리, 먼 곳 **3** [*sing.*] (시간의) 간격, 사이, 경과 **4** [보통 *pl.*] 공간, 넓이 **5** (혈연·신분 등의) 차이, 현격; (태도의) 소원, 서먹함

at a ~ 어떤 거리를 두고, 좀 떨어져 ***in the* (*far*) *~*** 먼 곳에(far away) ***keep*** a person ***at a ~*** (쌀쌀하게 굴어) 멀리하다 ***within striking* [*hailing, hearing, walking*] *~ of*** …에서 엎어지면 코 닿을 [부르면 들리는, 걸어갈 수 있는] 곳에

— *vt.* **1** 간격을 두다 **2** (경주·경쟁에서) 앞서다, 멀리 떼어 놓다

‡**dis·tant** [dístənt] [L 「떨어져 서다」의 뜻에서] *a.* **1** 〈거리가〉 **먼**, 원격의; …떨어져 (있는) 《*from*》: a ~ view 원경(遠景) **2** (시간적으로) 먼, 아득한 **3** 〈태도 등이〉 거리를 두는, 경원하는 **4** 〈눈매 등이〉 먼 데를 보는 듯한, 꿈꾸는 듯한

dis·tant·ly [dístəntli] *ad.* **1** 멀리, 떨어져서 **2** 쌀쌀하게, 냉담하게 **3** 〈친척 관계 등이〉 멀리

***dis·taste** [distéist] *n.* Ⓤ (음식물에 대한) **싫증**, 염증; 《일반적으로》 싫음, 혐오

dis·taste·ful [distéistfəl] *a.* 불쾌한; 싫은 《*to*》 **~·ly** *ad.* **~·ness** *n.*

dis·tem·per[1] [distémpər] *n.* Ⓤ **1** 디스템퍼 《개, 특히 강아지의 급성 전염병》 **2** (심신의) 병

distemper[2] *n.* Ⓤ **1** 디스템퍼 《아교·달걀 등에 갠 채료》; 《영》 수성 도료 **2** 디스템퍼화(법) — *vt.* **1** 디스템퍼로 그리다 **2** 《영》 수성 도료를 칠하다

dis·tend [disténd] *vt., vi.* (내부 압력에 의해) 팽창시키다[하다]

dis·ten·si·ble [disténsəbl] *a.* 팽창성의

dis·ten·sion, -tion [disténʃən] *n.* Ⓤ 팽창, 확대

***dis·till** | **dis·til** [distíl] [L 「아래로 떨어뜨리다」의 뜻에서] *v.* (**-tilled**; **-till·ing**) *vt.* **1** **증류하다**, 〈…을〉 증류하여 …으로 만들다 《*into*》 **2** 증류하여 〈불순물을〉 제거하다 《*off, out*》 **3** …의 정수(精粹)를 빼내다, 추출(抽出)하다 — *vi.* **1** 증류되다 **2** 방울방울 듣다; 스며[배어] 나오다

dis·til·late [dístəlèit, -lət] *n.* 증류된 물질; 증류액

dis·til·la·tion [dìstəléiʃən] *n.* Ⓤ 증류(법); ⓊⒸ 증류물

dis·till·er [distílər] *n.* **1** 증류주 제조업자 **2** 증류기

dis·till·er·y [distíləri] *n.* (*pl.* **-er·ies**) 증류소; (위스키·진 등의) 증류주 제조소

‡**dis·tinct** [distíŋkt] *a.* (**~·er**; **~·est**) **1** **별개의**; …와는 성질[종류]이 다른 **2** **뚜렷한**, 똑똑한, 명료한; 명확한

‡**dis·tinc·tion** [distíŋkʃən] *n.* **1** Ⓤ **구별**, 차별, **차이** **2** Ⓤ (구별되는) **특징**, 특질, 특이성 **3** Ⓤ (정신·성격 등의) **우수성**, 탁월 **4** ⓊⒸ 수훈(殊勳), 훌륭한 성적; 영예 **5** Ⓤ 저명

draw a ~* [*make no ~*] *between …사이에 구별을 짓다[짓지 않다]

***dis·tinc·tive** [distíŋktiv] *a.* **특유의**, 특이한; 차이[차별]를 나타내는

***dis·tinc·tive·ly** [distíŋktivli] *ad.* **특징적으로**; (다른 것과) 구별하여; 독특하게; 〖언어〗 판별적으로; 차이를 나타내어

‡**dis·tinct·ly** [distíŋktli] *ad.* **뚜렷하게**, 명백하게; 의심할 나위 없이; 《구어》 정말로, 참으로

‡**dis·tin·guish** [distíŋgwiʃ] [L 「구멍을 뚫어 표를 하여 따로 하다」의 뜻에서] *vt.* **1** **구별하다**, 식별[분간]하다; 분류하다: ~ colors 색깔을 식별하다 **2** …을 특징지우다; …의 차이를 나타내다 《*from*》 **3** [보통 ~ *oneself*로] **두드러지게 하다**, 유명하게 하다 《*by, for, in*》: ~ *oneself in* literature 문학으로 유명해지다

— *vi.* 구별하다, 식별[판별]하다

dis·tin·guish·a·ble [distíŋgwiʃəbl] *a.* 구별할 수 있는 **-bly** *ad.*

‡**dis·tin·guished** [distíŋgwiʃt] *a.* **1** 두드러진, 현저한, 발군의; **저명한** 《*for, as*》; **뛰어난** **2** 품위 있는

***dis·tort** [distɔ́:rt] *vt.* **1** [종종 수동형] 〈얼굴 등을〉 **찌푸리다**, 〈손발 등을〉 비틀다 《*by, with*》 **2** 〈사실 등을〉 왜곡하다; 곡해하다 **3** 〈라디오·텔레비전 등이 소리·화상을〉 일그러뜨리다

dis·tort·ed [distɔ́:rtid] *a.* 비뚤어진; 곡해된, 왜곡된 **~·ly** *ad.*

dis·tor·tion [distɔ́:rʃən] *n.* ⓊⒸ **1** 찌그러뜨림; 찌그러진 상태[부분] **2** 왜곡, 곡해

***dis·tract** [distrǽkt] [L 「떼어놓다」의 뜻에서] *vt.* **1** 〈마음·주의를〉 **흐트러뜨리다**, 전환시키다 《*from*》 **2** 〈마음을〉 괴롭히다, 당황하게 하다; 혼란시키다

dis·tract·ed [distrǽktid] *a.* 〈주의 등이〉 빗나간, 산만한; 미친 듯한 **~·ly** *ad.*

dis·tract·ing [distrǽktiŋ] *a.* 마음을 산란케 하는; 미칠 것 같은 **~·ly** *ad.*

***dis·trac·tion** [distrǽkʃən] *n.* **1** Ⓤ **정신이 흩어짐**, 주의 산만 **2** 기분 전환, 오락 **3** Ⓤ 마음의 혼란, 심란, 정신 착란

dis·train [distréin] *vt., vi.* 〖법〗 〈동산을〉 압류하다

dis·traint [distréint] *n.* Ⓤ 〖법〗 동산 압류

dis·trait [distréi] [F] *a.* (불안·근심으로) 멍한, 넋나간

dis·traught [distrɔ́:t] *a.* **1** Ⓟ (…으로) 정신이 혼란하여 《*with*》 **2** 미친

‡**dis·tress** [distrés] *n.* Ⓤ **1** **고민**, 고뇌, 비통; Ⓒ 고민거리 **2** **곤란**; 고난 **3** 빈곤,

곤궁, 재난; 〖항해〗 조난
— *vt.* **괴롭히다,** 고민하게 하다, 슬프게 하다; [종종 ~ one*self*로] 괴로워하다, 슬퍼하다 《*at, about*》
dis·tressed [distrést] *a.* 고민하는, 괴로운, 슬퍼하는; 궁핍한
distréssed área **1** 《미》 자연 재해 지구 **2** 《영》 (실업자가 많은) 불황 지구
dis·tress·ful [distrésfəl] *a.* 고민이 많은, 괴로운, 비참한 **~·ly** *ad.*
dis·tress·ing [distrésiŋ] *a.* 괴로움을 주는, 비참한; 애처로운 **~·ly** *ad.*
distréss sìgnal 조난 신호
⁑**dis·trib·ute** [distríbju:t] [L 「따로따로 주다」의 뜻에서] *vt.* **1 분배하다,** 배당하다; 배급하다 《*among, to*》; 유통시키다, 공급하다 **2 살포하다** 《*at*》, 분포시키다 《*over*》; [수동형으로] **분포되다** **3** 분류하다, 배치하다 《*into*》
⁑**dis·tri·bu·tion** [dìstrəbjú:ʃən] *n.* Ⓤ **1 분배,** 배급, 배포 **2** 구분, 분할, 분류 《*of*》 **3** (동식물 등의) **분포** (상태); Ⓒ 분포 구역 **4** 〖경제〗 (부의) 분배; (상품의) 유통 **5** 〖통계〗 분포
dis·trib·u·tive [distríbjutiv] *a.* Ⓐ **1** 분배의 **2** 〖문법〗 배분적인 **—** *n.* 〖문법〗 배분사(詞) 《each, every 등》 **~·ly** *ad.*
∗**dis·trib·u·tor, -ut·er** [distríbjutər] *n.* **1 분배[배달]자** **2** 〖경제〗 판매자 **3** 〖기계〗 배전기
⁑**dis·trict** [dístrikt] *n.* **1 지구,** 지역; 관구 **2** 《일반적으로》 지방, 지역 **3** 《미》 (하원 의원 등의) 선거구; 《영》 교구의 한 구역
dístrict attórney 《미》 지방 검사 《略 D.A.》
dístrict cóurt 《미》 지방 법원
dístrict héating 지역 난방
dístrict jùdge 《미》 지방 법원 판사
Dístrict of Colúmbia [the ~] 《미》 컬럼비아 특별구 《미국 연방 정부 소재지; 略 D.C.; 일반적으로는 Washington, D.C.라고도 함》
∗**dis·trust** [distrʌ́st] *vt.* **신용하지 않다** **—** *n.* Ⓤ [종종 a ~] 불신; 의혹 《*of*》
dis·trust·ful [distrʌ́stfəl] *a.* 의심 많은, (쉽게) 믿지 않는 《*of*》
~·ly *ad.* 의심스러운 듯이 **~·ness** *n.*
⁑**dis·turb** [distə́:rb] [L 「혼란시키다」의 뜻에서] *vt.* **1 방해하다, 어지럽히다;** 폐를 끼치다 **2** 혼란시키다 **3** 저해하다 **—** *vi.* 어지럽히다; 〈수면·휴식 등을〉 방해하다
⁑**dis·tur·bance** [distə́:rbəns] *n.* ⓊⒸ **1 소란,** 소동; **방해,** 장애 **2** (마음의) 동요, 불안, 걱정
dis·turbed [distə́:rbd] *a.* **1** 어지러운 **2** 〈마음이〉 산란한, 동요한, 불안한 **3** 정신[정서] 장애가 있는
dis·turb·ing [distə́:rbiŋ] *a.* 불안하게 하는; 불온한
dis·un·ion [disjú:njən] *n.* Ⓤ **1** 분리, 분열 **2** 내분, 알력, 불화
dis·u·nite [dìsju:náit] *vt., vi.* 분리[분열]시키다[하다]
dis·u·ni·ty [disjú:nəti] *n.* Ⓤ 불일치, 불통일; 불화
∗**dis·use** [disjú:s] *n.* Ⓤ **쓰지 않음,** 불사용; 폐지 **—** [disjú:z] *vt.* …의 사용을 그만두다
di·syl·la·ble [dáisìləbl, disílə-] *n.* 2음절어 **dì·syl·láb·ic** *a.*
⁑**ditch** [ditʃ] *n.* (관개용) **수로, 도랑,** 배수구(溝) **—** *vt.* **1** 도랑을 파다 **2** 〈자동차 등을〉 길에서 벗어나게 하다 **3** 〈비행기를〉 불시 착수(着水)시키다 **4** 《속어》 〈물건을〉 버리다; 〈사람을〉 따돌리다
— *vi.* 도랑을 파다; 도랑을 치다; 〈비행기가〉 불시 착수하다
ditch·wa·ter [dítʃwɔ̀:tər] *n.* Ⓤ 도랑에 괸 물
dith·er [díðər] *vi.* (걱정·흥분으로) 벌벌 떨다, 안절부절못하다, 당황하다 《*about*》
— *n.* [a ~; 《영》 the ~s] 《구어》 떨림, 당황(한 상태)
dit·to [dítou] [It. 「앞서 말한」의 뜻에서] *n.* (*pl.* **~s**) **1** Ⓤ 동상(同上), 위와 같음 《略 do., d°》 **2** 《속어》 꼭 닮은 것 **3** 사본, 복사 **—** *a., ad.* 《속어》 (앞의 것과) 같은[같게], 마찬가지로
dítto màrk[sìgn] 중복 부호 《〃》
dit·ty [díti] *n.* (*pl.* **-ties**) 소(가)곡
di·u·ret·ic [dàijurétik] *a.* 이뇨의, 오줌 잘 나오게 하는 **—** *n.* ⓊⒸ 이뇨제
di·ur·nal [daiə́:rnl] *a.* 낮의, 주간의; 〖식물〗 낮에 피는; 〖동물〗 주행성의 **~·ly** *ad.*
div. divide(d); dividend; division; divorce
di·va [dí:və] [It.] *n.* (*pl.* **~s, -ve** [-vei]) (가극의) 프리마돈나, 주연 여가수
di·va·gate [dáivəgèit] *vi.* 《문어》 **1** 헤매다 **2** 〈이야기 등이〉 본론에서 벗어나다, 일탈하다 《*from*》 **di·va·gá·tion** *n.* Ⓤ 방황; ⓊⒸ 여담(으로 흐르기)
di·van [divǽn, -vɑ́:n] *n.* (벽에 붙여 놓는 등·팔걸이 없는) 긴 의자; 침대 의자, 소파 겸 침대
⁑**dive** [daiv] *vi.* (**~d,** 《미·구어》 **dove** [douv]) **1** (물속으로) **뛰어들다;** 잠수하다: ~ *into* a river 강물에 뛰어들다 **2** 〈덤불 등에〉 들어가 숨다 **3** 손을 찔러 넣다 《*into*》 **4** 〈비행기·새가〉 급강하하다 **5** 〈연구·사업·오락 등에〉 몰두하다, 전념하다 《*in, into*》 **—** *vt.* **1** 〈잠수함 등을〉 잠수시키다 **2** 〈비행기 등을〉 급강하시키다
— *n.* **1** (수영의) **다이빙,** 잠수 **2** 〖항공〗 급강하 **3** 《미·속어》 싸구려 술집
dive-bomb [dáivbɑ̀m | -bɔ̀m] *vt., vi.* 급강하 폭격을 하다
díve bòmber 급강하 폭격기
∗**div·er** [dáivər] *n.* **1 물에 뛰어드는[잠수하는] 사람,** 다이빙 선수 **2** 〖조류〗 잠수하는 새 《아비 등》
∗**di·verge** [divə́:rdʒ, dai-] *vi.* **1** 〈길·선 등이〉 **분기(分岐)하다;** 〖물리·수학〗 〈수열·급수 등이〉 발산하다 **2** 빗나가다 《*from*》 **3** 〈의견 등이〉 갈라지다 《*from*》
di·ver·gence, -gen·cy [divə́:rdʒəns(i), dai-] *n.* (*pl.* **~s; -cies**) ⓊⒸ 분기; 일탈(逸脫); (의견 등의) 차이
di·ver·gent [divə́:rdʒənt, dai-] *a.* **1** 분기하는; 갈라지는 **2** 〈의견 등이〉 다른 **~·ly** *ad.*

***di·verse** [divə́:rs] *a.* **다른 종류의**, 다른 《*from*》; 여러 가지의, 다양한 **~·ly** *ad.*
di·ver·si·fi·ca·tion [divə̀:rsəfikéiʃən, dai-] *n.* **1** Ⓤ 다양화 **2** ⓊⒸ 변화, 변형 **3** ⓊⒸ 〖경제〗 (사업의) 다각화, (투자 대상의) 분산
di·ver·si·fied [divə́:rsəfàid, dai-] *a.* 변화가 많은, 여러 가지의, 다각적인
di·ver·si·fy [divə́:rsəfài, dai-] *v.* (**-fied**) *vt.* 여러 가지로 변화시키다
— *vi.* 〈기업이〉 다양화하다, 다각화하다
***di·ver·sion** [divə́:rʒən, dai- | -ʃən] *n.* ⓊⒸ **1 전환**; (자금의) 유용 **2** 〖군사〗 견제[양동] (작전) **3** Ⓒ 기분 전환, 오락 **4** 《영》 (통행 금지 시의) 우회로
***di·ver·si·ty** [divə́:rsəti, dai-] *n.* (*pl.* **-ties**) **1** ⓊⒸ **다양성** Ⓤ 상이, 차이; Ⓒ 상이점 **2** [a ~] 여러 가지, 잡다 《*of*》
***di·vert** [divə́:rt, dai-] *vt.* **1** …을 …으로 **전환하다** **2** 〈주의를〉 딴 곳으로 돌리다 《*from, to*》 **3** 기분 전환을 시키다, 즐겁게 해 주다
di·ver·ti·men·to [divə̀:rtəméntou] [It.] *n.* (*pl.* **-ti** [-ti]) 〖음악〗 디베르티멘토, 희유곡(嬉遊曲)
di·vert·ing [divə́:rtiŋ, dai-] *a.* 기분 전환이 되는, 즐거운 **~·ly** *ad.*
di·ver·tisse·ment [divə́:rtismənt] [F =diversion] *n.* **1** 오락, 연예 **2** (연극·오페라에서) 막간의 여흥 《짤막한 발레·무곡 등》
Di·ves [dáivi:z] *n.* 〖성서〗 부자(富者)
di·vest [daivést, di-] *vt.* **1** 〈…의〉 〈옷을〉 벗기다 《*of*》 **2** 〈권리·계급 등을 …에게서〉 빼앗다 《*of*》; 제거하다 《*of*》
‡**di·vide** [diváid] [L 「분리하다」의 뜻에서] *vt.* **1 나누다**, 분할하다 《*into*》 **2** 분배하다 《*among, between*》; 가르다 **3 분리하다**; 격리하다 **4** 〈도로·하천 등이〉 **가르다** **5 분류하다** 《*into*》 **6** 〈의견·관계 등을〉 **분열시키다**; 〈사람들의〉 사이를 갈라놓다 《*on*》 **7** 〖수학〗 〈어떤 수를 다른 수로〉 나누다 《*by*》
— *vi.* **1** 갈라지다, 쪼개지다; 〈강·길 등이〉 둘로 갈리다 《*into*》 **2** (…에 관하여) 의견이 갈라지다 《*on, over*》 **3** 표결(表決)하다 《*on*》 **4** 나눗셈하다
— *n.* **1** 분할 **2** 《미》 분수령, 분수계
di·vid·ed [diváidid] *a.* **1** 분할된, 갈라진; 분리된 **2** 〈의견 등이〉 각기 다른, 분열한 **3** 〖식물〗 〈잎이〉 열개(裂開)한
divíded híghway 《미》 중앙 분리대가 있는 고속 도로
divíded skírt (여자 승마용의) 치마 바지(culottes)
***div·i·dend** [dívədènd, -dənd] *n.* **1** 〖수학〗 **피제수**(被除數), **나뉨수** **2** (주식·보험의) 이익 배당, **배당금** **3** 《일반적으로》 나누어진 몫
di·vid·er [diváidər] *n.* **1** 분할자, 분배자 **2** 분열의 원인; 이간자 **3** [*pl.*] 분할기, 디바이더
div·i·na·tion [dìvənéiʃən] *n.* **1** ⓊⒸ 점(占) **2** [종종 *pl.*] 예언
‡**di·vine** [diváin] *a.* (**-vin·er**; **-est**) **1** 신의; 신성(神性)의: the ~ Being[Father] 하느님 **2 신성한**(holy); 종교적인 **3** 거룩한, 성스러운 **4** 비범한; 《구어》 아주 훌륭한, 멋진 — *n.* 《드물게》 신학자; 성직자, 목사 — *vt.* **1 점치다**, 미리 알다, 예언하다 **2** 점 막대기(divining rod)로 〈수맥·광맥을〉 찾아내다 **~·ly** *ad.* 신의 힘으로; 신처럼, 거룩하게; 《구어》 훌륭히
di·vin·er [diváinər] *n.* **1** 점쟁이 **2** 점 막대기로 (수맥·광맥을) 찾아내는 사람
‡**div·ing** [dáiviŋ] *n.* Ⓤ **잠수**; 〖수영〗 다이빙
díving bèll 〖항해〗 잠수 종 《종 모양의 잠수기(器)》
díving bòard (수영장 등의) 다이빙대
díving sùit[drèss] 잠수복
di·vin·ing [dəváiniŋ] *n.* Ⓤ, *a.* 점(占)(의)
divíning ròd (수맥 등을 찾는) 점 막대기 《끝이 갈라진》
***di·vin·i·ty** [divínəti] *n.* (*pl.* **-ties**) Ⓤ **1 a** [the D~] =DEITY, GOD **b** Ⓒ [종종 **D~**] 《일반적으로》 **신**(god) **2 신성**(神性); 신격(神格) **3** 신학
Doctor of D~ 신학 박사 《略 D.D.》
di·vis·i·ble [divízəbl] *a.* 나눌 수 있는; 〖수학〗 (우수리 없이) 나뉘어떨어지는 《*by*》 **-bly** *ad.*
‡**di·vi·sion** [divíʒən] *n.* **1** ⓊⒸ **분할**; 분배; Ⓤ 〖수학〗 나눗셈 **2** (분할된) **구분**, 부분; 단(段), 절(節) **3 경계선**; 칸막이 **4** 〖생물〗 (유(類)·과(科)·속(屬) 등의) 부문 **5** 〖육군〗 사단; 〖해군〗 분함대(分艦隊) **6** ⓊⒸ (의견 등의) **차이**, **불일치**, **분열** **7** 《미》 (관청·회사 등의) **부**, **국**, **과** 《略 Div》; (대학의) 학부
di·vi·sion·al [divíʒənl] *a.* **1** 분할상의, 구분적인 **2** 부분적인 **3** 〖군사〗 사단의
divísion sìgn[màrk] 〖수학〗 나눗셈 부호 《÷》; 분수를 나타내는 사선 《/》
di·vi·sive [diváisiv] *a.* 불화를 일으키는 **~·ly** *ad.* **~·ness** *n.*
***di·vi·sor** [diváizər] *n.* 〖수학〗 **제수**(除數); 약수
‡**di·vorce** [divɔ́:rs] [L 「떨어져서 향하다」의 뜻에서] *n.* **1** ⓊⒸ (법원 판결에 따른 법률상의) **이혼** **2** 분리
— *vt.* **1** 〈부부를〉 **이혼시키다** 《*from*》; 〈배우자와〉 이혼하다 **2** 〈밀접한 것을〉 분리시키다 — *vi.* 이혼하다
divórce còurt 이혼 법정
div·ot [dívət] *n.* **1** 《스코》 잔디, 뗏장(sod) **2** 〖골프〗 (클럽에 맞아서) 뜯긴 잔디의 한 조각
di·vulge [divʌ́ldʒ, dai-] *vt.* 〈비밀 등을〉 누설하다(reveal), …을 폭로하다
di·vul·gence [divʌ́ldʒəns, dai-] *n.* ⓊⒸ 비밀 누설; 폭로
div·vy [dívi] *n.* (*pl.* **-vies**) 《구어》 몫, 배당 — *vt., vi.* 《구어》 분배하다 《*up, between*》
dix·ie [díksi] *n.* (야영용) 큰 냄비, 반합(飯盒)
Dix·ie [díksi] *n.* 《미》 **1** 남부 여러 주의 별명 **2** 딕시 《남북 전쟁 때 남부에서 유행한 쾌활한 노래》
Dix·ie·land [díksilæ̀nd] *n.* Ⓤ **1** =DIXIE 1 **2** 딕시랜드 재즈(= ~ **jázz**)

DIY, D.I.Y., d.i.y. 《영》 do-it-yourself
***diz·zy** [dízi] *a.* (**-zi·er**; **-zi·est**) **1 현기증 나는**(giddy), 어지러운 **2** Ⓐ 〈운동·높은 데·성공 등이〉 어지러울 정도의, 아찔한 **3** 《구어》 지각 없는, 어리석은
— *vt.* (**-zied**) 현기증 나게 하다, 현혹시키다 **díz·zi·ly** *ad.* **díz·zi·ness** *n.* Ⓤ
D.J., DJ disk jockey; District Judge
Dja·kar·ta [dʒəkɑ́:rtə] *n.* =JAKARTA
djin·ni [dʒíni] *n.* =JINN
dl deciliter(s)
D́ làyer D층 《이온권의 최하층》
dm. decimeter
DM Deutsche mark(s)
DMZ demilitarized zone 비무장 지대
DNA [dí:ènéi] [*d*eoxyribo*n*ucleic *a*cid] *n.* Ⓤ 〖생화학〗 디옥시리보핵산(核酸)(cf. RNA)
D́NÁ fíngerprinting DNA 지문 감정법
D́NÁ replicátion 〖생화학〗 DNA 복제
D́NÁ tést DNA 감식
D-no·tice [dí:nòutis] [D<*d*efence] 《영》 D통고 《정부가 기밀 유지를 위해 보도 기관에 보내는 보도 금지 요청》

***do¹** [du:] *v.* (**did**[did]; **done**[dʌn]) **—** *vt.* **A 1 하다,** 행하다 **a** …을 하다: *do* repairs 수리하다 **b** 〈일·의무 등을〉 **다하다,** 수행하다; 진력하다: *Do* your duty. 본분[의무]을 다하라. **c** 〈…의 행위를〉 하다 **d** (직업으로서) …**을 하다 e** [보통 have *done,* be *done*의 형태로] **해 버리다**: Have you *done* reading? 다 읽었니? **2 주다 a** 〈…에게 이익·손해 등을〉 **주다,** 끼치다, 입히다 **b** 〈…에게 명예·경의·옳은 평가 등을〉 **나타내다,** 베풀다, 주다 《*to*》: *do* a person a service …의 시중을 들다 **c** 〈…에게 은혜 등을〉 **베풀다,** 〈…의 부탁 등을〉 들어주다 《*for*》: Will you *do* me a favor? =Will you *do* a favor *for* me? 부탁 좀 드릴까요? **3 처리하다 4** …에게 도움이 되다, …에 족하다 《수동형은 없음》 **5 a** …의 역을 맡아하다[연기하다] **b** 《영·구어》 [do a+고유 명사형으로] …인 체하다; …을 흉내내다: *do a* Chaplin 채플린의 흉내를 내다 **c** [the+형용사를 목적어로 하여] 《영·구어》 …하게 행동하다 **6** 《구어》 〈…을〉 **구경**[참관]**하다**: *do* the sights (of …) (…의) 명승지를 구경하다 **7 a** 〈어떤 거리를〉 답파하다; 여행하다 **b** 〈…의 속도로〉 달리다, 가다 **8** 《구어》 〈…을〉 속이다 **9** 《영·구어》 …을 골탕먹이다, 혼을 내주다 **10** 《구어》 〈형기를〉 복역하다: *do* time (in prison) 복역하다 **11 a** 〈손님의〉 볼일을 봐 주다 《수동형은 없음》 **b** 《영·구어》 …을 (잘) 대접하다 **c** [~ one*self*로; well 등과 함께] 사치를 하다 《수동형은 없음》
— B 1 [대동사로서 be, have 이외의 동사의 반복을 피하기 위하여 사용]: If you want to see him, *do* it now. 그 사람을 만나려거든 지금 만나시오. **2** [준동사로서 so, that를 목적어로 하여]: He was asked to leave the room, but he refused to *do so.* 그는 방에서 나가 달라고 요구를 받았으나 그러기를 거부했다.
— *vi.* **A 1** [well, right 등의 양태 부사 또는 부사절과 함께] **(행)하다, 행동하다**; 처신하다, 거동하다: *do as* an honorable man should 훌륭한 사람답게 행동하다 **2** [well, badly, how 등과 함께] 〈사람의 형편·건강 상태·성적 등이〉 …**한 형편이다**: He *does* fairly *well* for himself. 그는 상당히 잘해 나가고 있다. **3** [보통 will, won't와 함께] …**에 쓸모가 있다,** 충분하다 **4** [현재 분사형으로] 일어나고 있다, 생기고 있다
— B [대동사로서 be, have 이외의 동사의 반복을 피하기 위하여 사용; cf. *vt.* B] **1** [동일한 동사 (및 그것을 포함하는 어군)의 반복을 피하여]: You play the piano as well as he *did.* 당신은 그만큼 피아노를 잘 칩니다. **2** [부가의문문에서]: He lives in London, *does*n't he? 그는 런던에 살고 있죠? **3** [대답하는 문장에서]: Who saw it? 누가 그걸 봤지?— I *did.* 제가요. 《I를 강조함》 **4** [상대의 말에 맞장구를 칠 때]: He came to see me yesterday. 어제 그가 날 찾아왔었어. — Oh, *did* he? 아, 그랬어요?
do away with … 《수동형도 씀》 〈…을〉 없애다, 폐지하다 ***do for …*** 《영·구어》 …을 위해 주부 노릇[가정부 역]을 하다; 《구어》 …을 피로하게 하다 ***do in*** (1) 《구어》 〈사람을〉 녹초가 되게 하다 (2) 《구어》 〈사람을〉 파멸시키다, 못쓰게 만들다 (3) 《속어》 〈사람을〉 죽이다, 없애다 ***do it*** (1) 주효하다 (2) [주로 완료형으로] 실패[실수]하다 (3) 《속어》 성교하다 ***do out*** 《구어》 〈방 등을〉 깨끗이 치우다[청소하다] ***do up*** (1) …을 수리하다, 손질하다 (2) 〈머리를〉 손보다, 다듬다 (3) [do one*self up* 또는 be *done up*으로] 모양내다; 화장하다 (4) 〈물건을〉 싸다; 꾸리다 (5) …의 단추[훅《등》]를 잠그다 (opp. *undo*) (6) 《구어》 …을 기진맥진하게 만들다 《보통 수동형으로 씀》 ***do with …*** (1) [의문대명사 what를 목적어로 하여] (어떻게) …을 처리하다 (2) [can, could와 함께; 부정문·의문문에서] 《구어》 …으로 때우다 (3) [could와 함께] 《구어》 〈…을〉 갖고[하고] 싶다, …이 필요하다 ***do without …*** …없이 지내다 ***have done with …*** …을 마치다, 끝내다; …와 관계를 끊다 ***have to do with …*** (1) …와 관계가 있다 (2) …을 다루다
— *auxil. v.* [(자음 앞) də, (모음 앞) du, du:] (**did**[did]; 3인칭 단수 직설법 현재 **does** [dəz, dʌz]) **1 a** [be, have 이외의 동사(《미》는 have도 포함)의 부정문을 만들어]: I *do not*[*don't*] know. 난 모른다. **b** [부정의 명령법을 만들어] 《be 동사는 명령법에서만 do를 씀》: *Don't* go! 가지 마라! **2** [be, have 이외의 동사(《미》는 have도 포함)의 의문문에 쓰여서]: *Do* you hear me? 내 말이 들립니까? **3** [강조·균형 등을 위하여 술어(의 일부)를 문두에 놓을 때]: Never *did* I see such a fool. 일찍이 저런 바보를 본 적이 없다. **4** [긍정문을 강조하여]: I *do* think it's a pity. 정말 딱하게 생각한다.
— *n.* **1** 《구어·익살》 행위 **2** 《구어》 머리

모양 **3** 《구어》 축하연, 잔치 **4** 《영·속어》 사기, 기만 **5** [*pl.*] 명령 사항

do² [dou] *n.* (*pl.* **~s**) 〖음악〗 (도레미파 음계의) 「도」, 기음(基音)(cf. SOL-FA)

do., d° [dítou] ditto

DOA, D.O.A. dead on arrival 도착시 이미 사망 《의사 용어》; 〖컴퓨터〗 (제품 등의) 도착시 불량

do·a·ble [dú:əbl] *a.* (행)할 수 있는

DOB, d.o.b. date of birth 생년월일

dob·bin [dábin | dɔ́b-] *n.* 농사 말, 짐말, 복마(卜馬)

Do·ber·man (**pin·scher**) [dóubərmən (-pínʃər)] *n.* 도베르만 (핀셔) 《독일산 군용·경찰견》

doc [dak | dɔk] *n.* 《구어》 = DOCTOR

do·cent [dóusnt, doutsént] [G] *n.* 《미》 (대학의) 시간 강사(lecturer); (미술관·박물관의) 안내인

***doc·ile** [dásəl | dóusail] [L 「가르치다」의 뜻에서] *a.* **온순한**, 유순한; 〈사람이〉 다루기 쉬운 **~·ly** *ad.*

do·cil·i·ty [dasíləti | dou-] *n.* Ⓤ 온순, 유순; 다루기[가르치기] 쉬움

⁑**dock¹** [dak | dɔk] *n.* **1** 《미》 **선창**, 부두, 안벽(岸壁), 잔교 **2** **독**, 선거(船渠)
— *vt.* **1** (수리하기 위해) 〈배를〉 독에 넣다; 〈배를〉 부두에 대다 **2** 독을 설치하다
— *vi.* 〈배가〉 독에 들어가다; 부두에 들어가다

dock² *n.* [the ~] (형사 법정의) 피고석

dock³ *n.* **1** (짐승) 꼬리의 심 **2** 자른 꼬리
— *vt.* **1** 〈꼬리·털 등을〉 짧게 자르다 **2** 절감하다; 〈임금을〉 삭감하다 《*off*》; 〈어느 부분을〉 감하다 《*of*》

dock⁴ *n.* 〖식물〗 수영·소리쟁이 등의 식물

dock·age [dákidʒ | dɔ́k-] *n.* ⓊⒸ 독 사용료

dock·er [dákər | dɔ́k-] *n.* 《영》 독[부두] 노동자, 항만 노동자(longshoreman)

dock·et [dákit | dɔ́k-] *n.* **1** 〖법〗 소송인 명부 **2** 《영》 (서류·소포에 붙이는) 내용 적요(摘要), 명세서 **3** 《미》 (사무상의) 처리 예정표; (회의 등의) 협의 사항
— *vt.* **1** 〈판결 등을〉 요약서[사건표]에 기입하다 **2** 〈문서에〉 내용 적요를 달다; 〈소포에〉 꼬리표를 붙이다

dock·land [dáklæ̀nd | dɔ́k-] *n.* [종종 D~] 《영》 선창 지역 《특히 런던의》

dock·side [-sàid] *n.*, *a.* 선창(의)

dock·yard [-jà:rd] *n.* **1** 조선소 **2** 《영》 해군 공창(工廠)(《미》 navy yard)

⁑**doc·tor** [dáktər | dɔ́k-] [L 「가르치다」의 뜻에서] *n.* **1** **의사**; [호칭으로 쓰여] 선생 **2** **박사**, 의학 박사 《略 D., Dr.》; 박사 학위 **3** [보통 수식어와 함께] 《구어》 수리하는 사람
be under the ~ 의사의 치료를 받고 있다 ***D~ of Divinity*** [***Laws, Medicine***] 신학[법학, 의학] 박사
— *vt.* **1** 치료하다 **2** 〈기계 등을〉 손질[수선]하다 **3** 〈보고서·증거 등을〉 변조하다 《*up*》; 〈연극 등을〉 개작하다

doc·tor·al [dáktərəl | dɔ́k-] *a.* Ⓐ 박사의

doc·tor·ate [dáktərət | dɔ́k-] *n.* 박사 학위, 학위

doc·tri·naire [dàktrinέər | dɔ̀k-] *a.* 순이론적인; 공론의; 이론 일변도의
— *n.* 순이론가, 공론가

doc·trin·al [dáktrinl | dɔktrái-] *a.* Ⓐ 교의상(敎義上)의; 학리상의

doc·tri·nar·i·an [dàktrinέəriən | dɔ̀k-] *n.* = DOCTRINAIRE

⁑**doc·trine** [dáktrin | dɔ́k-] [L 「가르침」의 뜻에서] *n.* ⓊⒸ **1** (종교의) **교의**(敎義), 교리 **2** (정치·학문상의) **주의**; 《미》 공식 (외교) 정책; 원칙, 학설

doc·u·dra·ma [dákjudrà:mə | dɔ́k-] [*docu*mentary+*drama*] *n.* 다큐멘터리 드라마

⁑**doc·u·ment** [dákjumənt | dɔ́k-] [L 「공식 서류」의 뜻에서] *n.* **1** (증거·기록이 되는) **문서**, **서류**, 조서, 기록, 문헌; 증서 **2** 기록 영화
— [-mènt] *vt.* **1** 증거[자료]를 제공[첨부]하다 **2** 문서[증거 서류]로 증명하다; 〈저서·논문 등에〉 전거를 달다 **3** 상세히 보도[기록]하다

***doc·u·men·ta·ry** [dàkjuméntəri | dɔ̀k-] *a.* **1** **문서의**, 서류[증서]의 **2** 〖영화·문학〗 사실을 기록한
— *n.* (*pl.* **-ries**) (영화·TV 등의) 기록물; 기록 영화

doc·u·men·ta·tion [dàkjuməntéiʃən, -men- | dɔ̀k-] *n.* Ⓤ **1** 문서[증거 서류] 조사; 증거 서류 제출 **2** 증거 자료, 고증

DOD Department of Defense 《미》 국방부

dod·der [dádər | dɔ́d-] *vi.* 《구어》 (중풍이나 노령으로) 떨다; 비틀거리다

dod·der·ing [dádəriŋ | dɔ́d-] *a.* 비틀거리는, 비실거리는

dod·dle [dádl | dɔ́dl] *n.* [a ~] 《영·구어》 손쉬운 일

do·dec·a·gon [doudékəgàn | -gən] *n.* 〖기하〗 12변형, 12각형

do·dec·a·pho·ny [doudékəfòuni, dòudikǽfəni | dòudəkəfóuni] *n.* Ⓤ 〖음악〗 12음 음악[기법]
dò·dec·a·phón·ic [-fánik | -fɔ́n-] *a.*

***dodge** [dadʒ | dɔdʒ] *vt.* **1** (재빨리) **피하다**, 날쌔게 비키다 **2** 《구어》 〈질문·의무 등을〉 교묘히 회피하다[받아넘기다]
— *vi.* **1** **몸을 홱 피하다** **2** 말꼬리를 안 잡히다, 교묘하게 둘러대다, 얼버무리다
— *n.* **1** 몸을 홱 비킴 **2** 속임수, 발뺌

dódge bàll 도지 볼, 피구 《게임》

Dodg·em [dádʒəm | dɔ́dʒ-] [*dodg*e+*them*] *n.* [종종 *pl.*] 유원지 등에서 작은 전기 자동차를 타고 부딪치는 놀이 시설

dodg·er [dádʒər | dɔ́dʒ-] *n.* **1 a** 몸을 홱 비키는 사람 **b** 속임수[발뺌]를 잘 쓰는[하는] 사람 **2** 《미·호주》 전단

dodg·y [dádʒi | dɔ́dʒi] *a.* (**dodg·i·er**; **-i·est**) **1** 《영·구어》 〈사물이〉 위태로운 **2** 《영·구어》 〈사람이〉 교활한, 방심할 수 없는

do·do [dóudou] *n.* (*pl.* **~(e)s**) 〖조류〗 도도 《17세기 말에 절멸한 거위만한 날지 못하는 새》; 모자라는 사람, 팔푼이

doe [dou] [동음어 dough, do²] *n.* (*pl.* **~s**, **~**) 암사슴; (토끼·양·염소·쥐 등의) 암컷

Doe [dou] *n.* ⇨ John Doe

DOE Department of Energy 《미》 에너지부; Department of the Environment 《영》 환경부

***do·er** [dú:ər] *n.* **1** 행위자, 실행가 **2** 발육하는 동물[식물]

does [dʌz, dəz] *v.* DO[1]의 3인칭 단수 현재형

doe·skin [dóuskìn] *n.* ⓊⒸ **1** 암사슴 가죽; 무두질한 암사슴 가죽 **2** 도스킨 《암사슴 가죽 비슷한 나사(羅紗)》

does·n't [dʌ́znt] does not의 단축형 ⇨ do[1]

do·est [dú:ist] *v.* 《고어·시어》 DO[1]의 2인칭 단수 직설법 현재형

do·eth [dú:iθ] *v.* 《고어·시어》 DO[1]의 3인칭 단수 직설법 현재형: he[she] ~ =he[she] does

doff [dɑf, dɔ:f | dɔf] [*do*+*off*] *vt.* 《문어》 〈옷·모자 등을〉 벗다

dog [dɔ:g | dɔg] *n.* **1** 개, 갯과(科) 중의 몇 종류 《늑대·들개 등》 **2** (갯과 동물의) 수컷, 수캐 **3** 쓸모없는 인간; 매력없는 남자; 못생긴 여자; [욕으로] 빌어먹을 놈; 놈, 녀석(fellow)
a ~ in the manger 《구어》 (자기에게 소용없는 것도 남이 쓰려면 방해하는) 심술쟁이 《이솝 우화에서》 ***die a ~'s death*** [***the death of a ~***] 비참하게 죽다 ***Every ~ has his day.*** 《속담》 쥐구멍에도 볕들 날이 있다. ***go to the ~s*** 《구어》 영락[몰락]하다, 파멸하다; 타락하다 ***put on the ~*** 《미·구어》 젠체하다, 으스대다 ***treat*** a person ***like a ~*** 《구어》 …을 소홀히 대하다
— *vt.* (**~ged**; **~·ging**) **1** 미행하다, 귀찮게 따라다니다 **2** 〈재난·불행 등이〉 끝없이 따라다니다

dóg bìscuit 도그 비스킷 《개 먹이》; 《미·군대속어》 비상 휴대용 비스킷

dog·cart [dɔ́:gkɑ̀:rt | dɔ̀g-] *n.* 개 수레; 2륜 마차

dog·catch·er [-kæ̀tʃər] *n.* 《미》 들개 포획인

dóg còllar **1** 개 목걸이 **2** 《구어》 (목사 등의) 빳빳이 세운 칼라 **3** (꼭 끼는) 여자 목걸이

dóg dàys 복중(伏中), 삼복

dog-ear [dɔ́:gìər | dɔ́g-] *n.* 책장 모서리의 접힌 부분 — *vt.* (책장) 모서리를 접다

dog-eared [-ìərd] *a.* **1** 책장 모서리가 접힌 **2** 써서 낡은; 초라한

dog-eat-dog [-ì:tdɔ́:g | -dɔ́g] *a.* Ⓐ (골육상쟁하듯) 치열하게 다투는, 인정사정없는

dóg ènd 《영·속어》 담배꽁초

dog·fight [-fàit] *n.* 개싸움; 치열한 싸움; 〖군사〗 전투기의 공중전, 혼전(混戰)

dog·fish [-fìʃ] *n.* 〖어류〗 작은 상어 《돔발상어 등》

***dog·ged** [dɔ́:gid | dɔ́g-] *a.* 완고한, 끈덕진

Dógger Bánk [the ~] 도거 뱅크 《영국 북쪽 북해 중앙부의 해역; 세계 유수의 대어장》

dog·ger·el [dɔ́:gərəl, dɑ́g- | dɔ́g-] *n.* Ⓤ (운율이 맞지 않는) 엉터리 시

dog·gie [dɔ́:gi | dɔ́gi] *n.* 강아지; 《유아어》 멍멍

dóggie bàg (음식점에서 손님이 먹다 남은 것을 넣어 주는) 봉지

dog·go [dɔ́:gou | dɔ́g-] *ad.* 《영·속어》 숨어서, 보이지 않는 곳에서

dog·gone [dɑ́ggɑ́n | dɔ́gɔ́n] 《미·속어》 *int.* 빌어먹을, 제기랄 — *a.* Ⓐ 저주할, 괘씸한, 비참한 — *vt.* 저주하다

dog·gy [dɔ́:gi | dɔ́gi] *a.* (**-gi·er**; **-gi·est**) **1** 개의[에 관한] **2** 개를 좋아하는 **3** 《미·속어》 젠체하는; 멋 부리는
— *n.* (*pl.* **-gies**) = DOGGIE

dog·house [dɔ́:ghàus | dɔ́g-] *n.* (*pl.* **-hous·es** [-hàuziz]) 《미》 개집

dog·leg [dɔ́:glèg | dɔ́g-] *n.* (개의 뒷다리처럼) 굽은 것; (도로 등의) 급커브

dog·like [-làik] *a.* 개 같은; 충실한

***dog·ma** [dɔ́:gmə, dɑ́g- | dɔ́g-] *n.* (*pl.* **~s, ~·ta** [-tə]) ⓊⒸ **1** 교의, 교리; 교조 **2** 독단적 주장[견해]

***dog·mat·ic, -i·cal** [dɔ:gmǽtik(əl), dɑg- | dɔg-] *a.* **1** 교의상의, 교리에 관한 **2** 독단적인

dog·mat·ics [dɔ:gmǽtiks, dɑg- | dɔg-] *n. pl.* [단수 취급] 〖그리스도교〗 교리[신조]론, 교의학

***dog·ma·tism** [dɔ́:gmətìzm, dɑ́g- | dɔ́g-] *n.* Ⓤ 독단주의, 독단론; 독단적인 태도

dog·ma·tize [dɔ́:gmətàiz, dɑ́g- | dɔ́g-] *vi.* 독단적인 주장을 하다
— *vt.* 〈주의 등을〉 교리로 나타내다
dòg·ma·ti·zá·tion *n.* **-tiz·er** *n.*

do-good [dú:gùd] *a.* 《구어·경멸》 공상적인 사회 개량을 꾀하는; 자선가인 체하는
dó-good·ìsm *n.* Ⓤ 《구어·경멸》 (공상적) 사회 개량주의

dóg pàddle [the ~] 〖수영〗 개헤엄

dogs·bod·y [-zbɑ̀di | -zbɔ̀di] *n.* 《영·구어》 뼈빠지게 일하는 사람

dóg's brèakfast 《구어》 뒤죽박죽, 엉망

dog·sled [-slèd] *n.* 개썰매

dóg slèdge[slèigh] = DOGSLED

dóg's mèat 개에게 주는 고기 《말고기 등》

Dóg Stàr [the ~] = SIRIUS

dóg tàg 개패; 《군대속어》 인식표

dog-tired [-táiərd] *a.* 《구어》 녹초가 된

dog·tooth [-tù:θ] *n.* (*pl.* **-teeth** [-tì:θ]) **1** 송곳니 **2** 〖건축〗 송곳니 장식

dog·trot [-trɑ̀t | -trɔ̀t] *n.* 종종걸음

dog·wood [-wùd] *n.* 〖식물〗 층층나무

doi·ly [dɔ́ili] [이것을 만든 상인 이름에서] *n.* (*pl.* **-lies**) (레이스 등으로 만든) 탁상용 작은 그릇을 받치는 깔개

***do·ing** [dú:iŋ] *n.* **1** Ⓤ 하기, 수행 **2** [*pl.*] 《구어》 행동, 행위; 소행; 거동 **3** [the ~s] (이름이 생각나지 않는) 그것 **4** 《영·구어》 꾸지람, 야단침

do-it-your·self [dú:itʃərsélf | -itjɔ:-] *a.* Ⓐ (수리·조립 등을) 스스로[손수] 하는, 자작(自作)의
— *n.* Ⓤ 손수 함, 손수 만드는 취미 《略 D.I.Y.》

dol. dollar(s)

dol·drums [dóuldrəmz | dɔ́l-] *n. pl.* **1** 〖항해〗 (특히 적도 부근의) 열대 무풍대; 무풍 상태 **2** 답답함; 우울, 침울; 정체 상태[기간] ***be in the ~*** 〈배가〉 무풍지대에 들어가 있다; 《구어》 침울해 있다; 침체 상태에 있다, 불황이다

***dole** [doul] *n.* **1 시주, 구호품**; 분배물 **2** 《영·구어》 실업 수당 **—** *vt.* …을 나누어 주다, 베풀다; 조금씩 나누어 주다

***dole·ful** [dóulfəl] *a.* **서글픈**, 슬픈(sad), 수심에 잠긴; 음울한 **~·ly** *ad.*

‡doll [dɑl | dɔl] [Dorothy의 애칭 Doll에서] *n.* **1 인형**; 백치 미인; 《속어》 소녀 **2** 《미·구어》 친절한[마음씨 좋은] 사람 **—** *vt.* 《구어》 예쁘게[화려하게] 차려입다 **—** *vi.* 《구어》 한껏 차려 입다

Doll [dɑl | dɔl] *n.* 여자 이름 《Dorothy의 애칭》

‡dol·lar [dɑ́lər | dɔ́l-] [주조소가 있는 보헤미아의 Joachimstal에서 만들어진 화폐의 뜻에서] *n.* **1 달러** 《미국·캐나다·홍콩·싱가포르·호주·뉴질랜드 등의 화폐 단위; 기호 $; =100 cents》; 1 달러 화폐 **2** [the ~s] 금전, 부

dóllar diplòmacy 달러 외교; 금력 외교

dóllar gàp[shòrtage] 〖경제〗 달러 부족

doll·house [dɑ́lhàus | dɔ́l-] *n.* 《미》 인형의 집; 조그마한 집 (《영》 doll's house)

dol·lop [dɑ́ləp | dɔ́l-] *n.* (치즈·버터같이 말랑말랑한) 덩어리; 소량; 조금 《*of*》

dóll's hòuse 《영》 =DOLLHOUSE

***dol·ly** [dɑ́li | dɔ́li] *n.* (*pl.* **-lies**) **1** 《유아어》 **인형** 《애칭》 **2** =DOLLY BIRD **3** (짐 나르는) **바퀴 달린 작은 수레**; 〖영화·TV〗 돌리 《이동식 촬영기대(臺)》

Dol·ly [dɑ́li | dɔ́li] *n.* **1** =DOLL **2** 복제 양의 이름 《1997년 영국 Roslin 연구소에서 발표》

dólly bìrd 《영·속어》 (머리는 모자라는) 매력적인 여자

dol·man [dóulmən, dɑ́l- | dɔ́l-] *n.* (*pl.* **~s**) 케이프식 소매가 달린 여성용 망토

dol·men [dóulmən, dɑ́l- | dɔ́lmen] *n.* 〖고고학〗 고인돌, 지석묘(支石墓)(cf. CROMLECH)

do·lor | do·lour [dóulər] *n.* Ⓤ 《시어》 슬픔, 비탄(grief)

do·lor·ous [dóulərəs | dɔ́l-] *a.* 《시어》 슬픈, 비통한; 고통스러운

***dol·phin** [dɑ́lfin, dɔ́:l- | dɔ́l-] *n.* **1** 〖동물〗 **돌고래**; 〖어류〗 =DORADO **2** 〖항해〗 (배의) 계선주(繫船柱) **3** [the D~] 〖천문〗 돌고래자리

dolt [doult] *n.* 얼뜨기, 멍청이

dolt·ish [dóultiʃ] *a.* 우둔한 **~·ly** *ad.*

dom. domestic; dominion

-dom [dəm] *suf.* **1** 「…의 지위·위계; …권; …의 세력 범위」의 뜻: king*dom* **2** [추상적 관념]: free*dom* **3** 「…사회(의 사람들)」: official*dom*

***do·main** [do*u*méin, də-] [L 「소유권·지배」의 뜻에서] *n.* **1 영토**, 영지 **2** (학문·사상·활동 등의) 범위, …계; 〖수학〗 영역 **3** 〖컴퓨터〗 도메인

domáin àddress 〖컴퓨터〗 도메인 어드레스

domáin nàme 〖컴퓨터〗 도메인 이름

domáin nàme sèrver 〖컴퓨터〗 도메인 이름 서버 《略 DNS》

‡dome [doum] [It. 「대성당」의 뜻에서] *n.* **1** 〖건축〗 **둥근 천장**[지붕] **2** 반구형의 건물[물건]; (산·숲 등의) 둥그런 꼭대기 **3** 《미·속어》 머리(head)

domed [doumd] *a.* 둥근 지붕의[으로 덮은], 둥근 천장의; 반구형의

Dómes·day Bòok [dú:mzdei-] [the ~] (중세 영국의) 토지 대장 《William 1세가 1086년에 만들게 한 것》

‡do·mes·tic [dəméstik] *a.* **1 가정의**, 가사의: ~ affairs 가사 **2 가정적인**, 살림꾼인 **3** 〈동물이〉 **길든**: ~ animals 가축 **4 국내의**; 자국의, 국산의
— *n.* **1 하인**, 종, 하녀 **2** [*pl.*] 《미》 국내[가내] 제품; 집에서 짠 천[리넨]

do·mes·ti·cal·ly [dəméstikəli] *ad.* 가정적으로, 가사상; 국내에서; 국내 문제에 관해서

***do·mes·ti·cate** [dəméstəkèit] *vt.* **1** 〈동물을〉 **길들이다** **2** 〈사람을〉 가정[고장]에 정들게 하다

do·mes·tic·i·ty [dòumestísəti] *n.* (*pl.* **-ties**) ⓊⒸ 가정 생활; 가정적임; 가정에의 애착; [*pl.*] 가사(家事)

dom·i·cile [dɑ́məsàil | dɔ́m-], **-cil** [-səl] *n.* 《문어》 처소, 집; 〖법〗 주소 ***~ of choice*** [***origin***] 〖법〗 기류[본적]지 **—** *vt.* [종종 수동형] 《문어》 …의 주소를 정하다

dom·i·cil·i·ar·y [dɑ̀məsílièri | dɔ̀misíliəri] *a.* 주소지의, 가택의

dom·i·nance, -nan·cy [dɑ́mənəns(i) | dɔ́m-] *n.* Ⓤ 우월; 권세; 지배; 우세

***dom·i·nant** [dɑ́mənənt | dɔ́m-] *a.* **1 지배적인**, 권력을 장악한; 가장 유력한, 우세한 **2** 〖생물〗 우성의 **3** 월등히 높은, 우뚝 솟은 **4** 〖음악〗 (음계의) 제5도의
— *n.* **1** 주요[우세]한 물건 **2** 〖생물〗 우성(형질) **3** 〖음악〗 (음계의) 제5음

***dom·i·nate** [dɑ́mənèit | dɔ́m-] [L 「지배하다」의 뜻에서] *vt.* **1 지배[위압]하다** **2** 우위를 차지하다, 좌우하다 **3** 〈산이〉 빼어나게 솟다 **—** *vi.* 지배력을 발휘하다, 위압하다, 우위를 차지하다 《*over*》

***dom·i·na·tion** [dɑ̀mənéiʃən | dɔ̀m-] *n.* **1** Ⓤ **지배**, 통치(rule) 《*over*》 **2** Ⓤ 우세 **3** [*pl.*] 〖신학〗 주(主)천사 《9계급의 천사 중 제4 계급의 천사》

dom·i·na·tor [dɑ́mənèitər | dɔ́m-] *n.* 지배자

dom·i·neer [dɑ̀məníər | dɔ̀m-] *vi.* 권세를 부리다, 뻐기다, 압제하다 《*over*》

dom·i·neer·ing [dɑ̀məníəriŋ | dɔ̀m-] *a.* 횡포한, 거만한(arrogant) **~·ly** *ad.*

Dom·i·nic [dɑ́mənik | dɔ́m-] *n.* 도미니크 **1** 남자 이름 **2 Saint ~** (1170-1221) 《도미니크 (수도)회(Dominican Order)의 창립자》

Dom·i·ni·ca [dɑ̀məní:kə, dəmíni- | dɔ̀m-] *n.* **1** 도미니카 《서인도 제도의 영연방의 섬나라; 수도 Roseau》 **2** 여자 이름

Do·min·i·can [dəmínikən] *a.* **1** 성(聖) 도미니크의; 도미니크회의 **2** 도미니카 공화국의 **—** *n.* 도미니크회의 수도사(Black Friar); 도미니카 공화국 사람

Domínican Repúblic [the ~] 도미니카 공화국 《서인도 제도의 국가》

*****do·min·ion** [dəmínjən] *n.* **1** Ⓤ **지배[통치]권[력]**, 주권 **2** [종종 *pl.*] 영토 **3** [the D~] (영연방의) 자치령

Domínion Dày (캐나다의) 자치 기념일 《7월 1일》

dom·i·no [dámənòu | dóm-] *n.* (*pl.* ~(**e**)**s**) **1** 도미노 패 《뼈 혹은 상아로 만든 직사각형의 패》; [*pl.*; 단수 취급] 도미노 놀이 《28개의 패를 가지고 하는 점수 맞추기》 **2** 도미노 가장복 《무도회 등에서 입는 두건과 작은 가면이 달린 헐렁한 옷》

dómino effèct 도미노 효과 《한 가지 사건이 사건을 연쇄적으로 일으키는 누적적 효과》

*****don**[1] [dan | dɔn] [Sp. 「주인」의 뜻에서] *n.* **1** [**D~**] **님**, 씨 《스페인에서 남자의 세례명 앞에 붙이는 경칭, 본래는 귀인의 존칭》 **2** 스페인 신사; 《일반적으로》 스페인 사람(Spaniard) **3** (영국 대학에서) college의 학장; 학생감(監), 개인 지도 교수, 특별 연구원

*****don**[2] [do on에서] *vt.* (**~ned**; **~ning**) 《문어》 〈옷·모자 등을〉 **입다**, 쓰다(opp. *doff*)

Don [dan | dɔn] *n.* 남자 이름 《Donald의 애칭, Donnie라고도 함》

do·na [dóunə] [Port.] *n.* (포르투갈의) 귀부인

do·ña [dóunjə] [Sp. =lady] *n.* (스페인의) 귀부인; [**D~**] …부인

Don·ald [dánld | dɔ́n-] *n.* 남자 이름 《애칭 Don》

*****do·nate** [dóuneit | -ˊ] *vt.* 《주로 미》 (자선 사업·공공 기관에) **기부[기증]하다**; 증여하다 《*to*》 **—** *vi.* **기부[기증]하다**

*****do·na·tion** [dounéiʃən] *n.* Ⓤ **기부**, 기증; Ⓒ 기증물, 기부금

do·na·tor [dóuneitər] *n.* 기부[기증]자

*****done** [dʌn] *v.* DO[1]의 과거분사 **—** *a.* **1** Ⓟ **끝난**, 마친 **2** [보통 복합어를 이루어] 〈음식이〉 익은, 구워진 **3** 〈기업 등이〉 망쳐진; 《구어》 기진맥진한(exhausted) **4** [대개 부정문에서] 〈행위가〉 예의 바른, 관습에 따른 ***be ~ with*** 끝나다, 마치다 ***D~!*** 좋다!(Agreed!) 《내기에 응하여》 ***~ for*** 《구어》 망가진; 결딴난; 지쳐; 다 죽어가 ***~ up*** 녹초가 되어(cf. DO up) ***Well ~!*** 용하다, 잘 했다, 훌륭하다!

do·nee [douníː] *n.* 증여받는 사람; 구호받는 사람(opp. *donor*)

don·jon [dándʒən | dɔ́n-] *n.* (성의) 아성, 내성(內城)

Don Juan [dan-*h*wáːn, -dʒúːən | dɔn-dʒúːən] **1** 돈 후안 《스페인의 전설적 방탕자》 **2** 방탕자, 엽색가

*****don·key** [dáŋki, dɔ́ːn- | dɔ́ŋ-] *n.* **1** 〚동물〛 **당나귀**(ass) 《(1) 미국에서는 만화화하여 민주당의 상징으로 씀 (2) ass는 「궁둥이」란 뜻이 있어서, donkey 쪽을 일반적으로 씀》 **2** 《구어》 바보, 얼간이

dónkey èngine 〚기계〛 보조 엔진

dónkey jàcket 《영》 두꺼운 방수 작업복

don·key·work [-wə̀ːrk] *n.* [the ~] Ⓤ 《영·구어》 지루하고 힘든 일

don·na [dánə | dɔ́nə] [It. =lady] *n.* (*pl.* **-ne** [-nei]) (이탈리아의) 귀부인; [**D~**] …부인

don·nish [dániʃ | dɔ́n-] *a.* 학생감 같은 [다운]; 지나치게 근엄하게 구는

do·nor [dóunər] *n.* 기증자, 시주(opp. *donee*); 〚의학〛 혈액[조직, 장기] 제공자

do-noth·ing [dúːnʌ̀θiŋ] *a.* 아무 일도 안 하는, 태만한(idle) **—** *n.* 게으름뱅이

Don Quix·o·te [dàn-kihóuti, dan-kwíksət | dɔ̀n-kwíksət] **1** 돈키호테 《스페인 작가 Cervantes가 쓴 풍자 소설; 그 주인공》 **2** 현실을 무시한 이상가

*****don't** [dount] do not의 단축형 **—** *n.* [보통 *pl.*] 《익살》 금제, 금지 조항

do·nut [dóunət | -nʌt] *n.* =DOUGHNUT

doo·dad [dúːdæ̀d] *n.* 《미·구어》 하찮은 장식품, 값싼 것; 장치

doo·dle [dúːdl] *n.* 낙서 **—** *vt.*, *vi.* (딴 생각하면서) 낙서하다

doo-doo [dúːdùː] *n.* 《유아어》 응가 **—** *vi.* 《유아어》 응가를 하다

*****doom** [duːm] [OE 「판결」의 뜻에서] *n.* Ⓤ **1** (보통 나쁜) **운명**, 파멸 **2** (신이 내리는) 최후의 심판 **—** *vt.* [보통 수동형] (보통 나쁘게) 운명짓다

doomed [duːmd] *a.* 운이 다한, 불운한

doom·say·er [dúːmsèiər] *n.* (큰 재난 등의) 불길한 일을 예언하는 사람

dooms·day [dúːmzdèi] *n.* 최후의 심판일, 세상의 마지막 날

Dóomsday Bòok [the ~] =DOMESDAY BOOK

*****door** [dɔːr] *n.* **1** 문, 문짝 **2** 문간, (문짝이 달린) **출입구**: the front ~ 현관문 **3** 한 집, 1호(戶); 한 방 **4** 문호, …에 이르는 길[관문] 《*to*》 ***close*** [***shut***] ***the ~ on***[***upon, to***] 문을 닫아 …을 들여 놓지 않다; …에의 길을 막다 ***leave the ~ open for*** …의 여지[가능성]를 남겨두다 ***open a***[***the***] ***~ to*** [***for***] …에 문호를 개방하다, 편의[기회]를 주다(cf. OPEN DOOR) ***out of ~s*** 옥외에서(cf. OUT-OF-DOOR(S)) ***show*** a person ***to the ~*** …을 현관까지 배웅하다

*****door·bell** [dɔ́ːrbèl] *n.* **문간의 벨[초인종]**

door·case [-kèis] *n.* 문틀, 문얼굴

dóor chàin 도어 체인 《방범용 문의 쇠사슬》

do-or-die [dúːərdái] *a.* Ⓐ **1** (목적을 위해) 결사적인, 총력을 다한 **2** 위기에 처한

door·frame [dɔ́ːrfrèim] *n.* =DOORCASE

door·jamb [-dʒæ̀m] *n.* 문설주

door·keep·er [-kìːpər] *n.* 문지기, 수위

door·knob [-nàb | -nɔ̀b] *n.* 문 손잡이

door·man [-mæ̀n] *n.* (*pl.* **-men** [-mèn]) (호텔·백화점 등의) 현관 안내인

door·mat [-mæ̀t] *n.* (현관의) 구두 흙털개

door·nail [-nèil] *n.* (옛날 문의) 징 모양의 큰 못

door·plate [-plèit] *n.* (금속제의) 문패

door·post [-pòust] *n.* = DOORJAMB
dóor prìze (파티 등에서) 추첨이나 세련된 의상 등으로 받는 상
door·sill [-sìl] *n.* 문지방(threshold)
*__door·step__ [dɔ́ːrstèp] *n.* **현관의 층층대**
door·stop(·per) [-stɑ̀p(ər) | -stɔ̀p-] *n.* 문짝이 열려 있도록 괴는 쐐기꼴 멈추개; (문의 바깥벽·바닥에 대는) 고무를 씌운 돌기
door-to-door [-tədɔ́ːr] *a.* Ⓐ 집집마다의; 택배의 — *ad.* 집집마다, 호별로; 택배로
*__door·way__ [dɔ́ːrwèi] *n.* **문간, 현관, 출입구**; (…으로의) 문호 《*to*》
door·yard [-jɑ̀ːrd] *n.* 《미》 문[현관]의 앞마당
*__dope__ [doup] *n.* Ⓤ **1** 《속어》 마약; (선수·말에 먹이는) 흥분제 **2** 진한[풀 같은] 액체; 도프 도료 《비행기 날개 등에 칠하는 도료》 **3** 《속어》 내부 소식; (비밀) 정보 **4** Ⓒ 《구어》 멍청이 — *vt.* **1** 진한 액체로 처리하다 **2** 《속어》 마약[아편]을 먹이다; (경주마 등에) 흥분제를 먹이다
— *vi.* 마약을 상용하다
dope·ster [dóupstər] *n.* 《미·속어》 (선거·경마의) 예상가
dop·ey [dóupi] 《속어》 *a.* 마취된 것 같은, 멍한; 멍청한
dop·ing [dóupiŋ] *n.* 〖스포츠〗 도핑, 금지 약물 복용
Dop·pel·gäng·er, -gang- [dɑ́pəlgèŋər | dɔ́pəlgæ̀ŋə] *n.* [때로 **d~**] 생령(生靈) 《본인과 판박이인 분신령(分身靈)》
Dópp·ler effèct [dɑ́plər- | dɔ́p-] 〖물리〗 도플러 효과
dop·y [dóupi] *a.* (**dop·i·er**; **-i·est**) = DOPEY
Do·ra [dɔ́ːrə] *n.* 여자 이름 《Dorothea, Doris의 애칭》
do·ra·do [dərɑ́ːdou] *n.* (*pl.* **~s, ~**) **1** 〖어류〗 만새기 **2** [**D~**] 〖천문〗 황새치자리
Dor·ches·ter [dɔ́ːrtʃestər | -tʃis-] *n.* 잉글랜드 Dorset 주의 주도
Do·ri·an [dɔ́ːriən] *a.* **1** 고대 그리스의 Doris 지방 (사람)의 **2** 〖음악〗 도리아 선법의 — *n.* 도리스 사람
Dor·ic [dɔ́ːrik | dɔ́r-] *a.* **1** 도리스 (Doris) 지방의, 도리스 사람의(Dorian) **2** 〖건축〗 도리스식의 — *n.* Ⓤ **1** (고대 그리스의) 도리스 방언 **2** 〖건축〗 도리스 양식
Dor·is [dɔ́ːris | dɔ́r-] *n.* **1** 여자 이름 **2** 도리스 《그리스의 중부 지방》
dork [dɔːrk] *n.* **1** 《미·비어》 음경(penis) **2** 《속어》 촌뜨기; 바보
dorm [dɔːrm] *n.* 《구어》 = DORMITORY 1
dor·man·cy [dɔ́ːrmənsi] *n.* Ⓤ (동·식물의) 휴면 (상태); 비활동 상태, 휴지
*__dor·mant__ [dɔ́ːrmənt] [L 「자다」의 뜻에서] *a.* **1 잠자는** (것 같은); 수면 상태의 **2** 휴지 상태에 있는(opp. *active*); 잠복 중인 **3** 〈자금 등이〉 유휴 상태의; 〈권리 등이〉 미발동의
dor·mer [dɔ́ːrmər] *n.* 지붕창
*__dor·mi·to·ry__ [dɔ́ːrmətɔ̀ːri | -tri] [L 「자는 곳」의 뜻에서] *n.* (*pl.* **-ries**) **1 기숙사**; 공동 침실 **2** 《영》 (도시에 통근하는 사람들의) 교외 주택지
dórmitory sùburb[tòwn] 《영》 = DORMITORY 2
dor·mouse [dɔ́ːrmàus] *n.* (*pl.* **-mice** [-màis]) 〖동물〗 겨울잠쥐
Dor·o·thy [dɔ́ːrəθi, dɑ́r- | dɔ́r-] *n.* 여자 이름
dor·sal [dɔ́ːrsəl] 〖해부·동물〗 *a.* Ⓐ 등(부분)의; 등 모양의 — *n.* 〖해부·동물〗 등 지느러미; 척추
do·ry [dɔ́ːri] *n.* (*pl.* **-ries**) 〖어류〗 달고기류(John D~)
DOS [dɔːs, dɑs] [*d*isk *o*perating *s*ystem] *n.* 〖컴퓨터〗 도스 《디스크의 정보를 조작하는 프로그램》
dos·age [dóusidʒ] *n.* ⓊⒸ 〖의학·약학〗 투약, 조제; 1회분의 투약[복용]량, 적량; (전기·X선 등의) 조사(照射) 적량
*__dose__ [dous] *n.* **1** (약의) **1회분(량)** **2** (쓴) 약; 약간의 경험 — *vt.* **1** 투약하다, 복용시키다 《*with*》 **2** 〈약을〉 조제하다, 적량으로 나누다
doss [dɑs | dɔs] 《영·속어》 *n.* (여인숙의) 침대; [a ~] 잠 — *vi.* (여인숙에서) 자다
dóss hòuse 《영·속어》 값싼 여인숙
dos·si·er [dɔ́ːsièi, dɑ́s- | dɔ́s-] [F = bundle of papers] *n.* 일건 서류
dost [dʌst, dəst] *v.* 《고어》 DO[1]의 제2인칭 단수 직설법 현재형 《주어 thou일 때》
Do·sto·ev·sky [dɑ̀stəjéfski | dɔ̀s-] *n.* 도스토예프스키 **Fyodor M. ~** (1821-81) 《러시아의 소설가》
*__dot__ [dɑt | dɔt] *n.* **점**; 소수점; 〖음악〗 부점(附點)
— *vt.* (**~·ted**; **~·ting**) **1** …에 **점을 찍다** **2** 〈장소에〉 **점재하다** 《*with*》
~ the*[*one's*] *i's and cross the*[*one's*] *t's 상세히 표시하다, 명확히 설명하다
DOT 《미》 Department of Transportation 미군 운수부
dot·age [dóutidʒ] *n.* Ⓤ **1** 망령, 노망 **2** 맹목적 애정
dot-com, Dot-Com, .com [dɑ́tkɑ̀m | dɔ́t-] 《구어》 〖컴퓨터〗 *n.* 인터넷 회사, 닷컴
dote [dout] *vi.* **1** 망령들다 **2** 맹목적으로 사랑하다
doth [dʌ́θ, dəθ] *v.* 《고어》 DO[1]의 제3인칭 단수 직설법 현재형(cf. DOETH)
dot·ing [dóutiŋ] *a.* Ⓐ 맹목적으로 사랑하는, 〈자식을〉 지나치게 귀여워하는
dot·ted [dɑ́tid | dɔ́t-] *a.* 점이 찍힌; 점선이 든
dótted líne 점선; 절취선
sign on the ~ 문서에 서명하다; 《구어》 무조건 동의하다
dot·ty[1] [dɑ́ti | dɔ́ti] *a.* (**-ti·er**; **-ti·est**) 점이 있는; 점 같은; 점점이 산재하는
dotty[2] *a.* 《영·구어》 **1** 〈다리가〉 휘청휘청한 **2** 멍청한; 머리가 돈 **3** Ⓟ 열중한, 반한 《*about*》
Dou·áy Bíble[Vérsion] [duːéi-] [the ~] 두에이 성서
*__dou·ble__ [dʌ́bl] *a.* **1** 〈수량이〉 **두 배의**; 갑절의 **2 2중의**; 쌍의; 둘로 접은 **3** 〈방·침대 등이〉 **2인용의**; 1인 2역의 **4** 표리[딴 마음]가 있는, 음흉한; 애매한

5 〈꽃 등이〉 겹의 6 Ⓐ 〈위스키 등이〉 더블의 ── *ad.* **곱절로; 이중으로,** 겹으로, 두 가지로; 쌍으로 ── *n.* **1 두 배 2** 이중; 중복, 겹친 것 **3** 닮은 사람[것], 영상; 생령(生靈); 〚영화〛 대역 **4** [*pl.*] 〚경기〛 더블스, 복식 경기 **5** 〚야구〛 2루타; 〚카드〛 (점수의) 배가; 〚경마〛 (마권의) 복식
***at the* ~** 〈군인들이〉 구보로; = on the DOUBLE. **~ *or nothing* [*quits*]** (1) 져서 배로 손해보거나 이겨서 본전이 되느냐 하는 내기; 죽기 아니면 살기의 승부 (2) [부사적으로] 이판사판으로 ***on the* ~** 《구어》 황급히, 신속히
── *vt.* **1 두 배로 하다 2 둘로 접다;** 이중으로 하다, 겹치다 **3** (1인) 2역을 하다 **4** 〚항해〛 회항하다 **5** 〚카드〛 〈상대방의 점수를〉 배가시키다 ── *vi.* **1 두 배가 되다;** 둘로 접히다; (통증 등으로) 몸을 구부리다 **2** 1인 2역을 하다, 겸용이 되다 《*as*》 **3** 〚야구〛 2루타를 치다
~ *back* 둘로 접다; 〈길 등을〉 급히 되돌아가다 **~ *in brass*** 《미·속어》 부업을 하다[하여 수입을 얻다] **~ *up*** 둘로 접다[접히다, 접어 개다]; 〈고통 등이〉 몸을 구부리게 하다; 〈슬픔 등이 사람을〉 서지 못하게 하다; 몸을 (거의) 접힐 만큼 굽히다; 〚야구〛 병살하다

dóuble ágent 이중 간첩

dóuble bár 〚음악〛 (악보의) 겹세로줄

dou·ble-bar·reled | **-relled** [-bǽrəld] *a.* **1** 2연발식의; 쌍통식(雙筒式)의 〈쌍안경〉 **2** 〈진술 등이〉 이중 목적의; 애매한

dóuble báss 〚음악〛 = CONTRABASS

dóuble bíll 〚영화〛 2편 동시 상영

dóuble bóiler 이중 냄비[솥]

dou·ble-book [-búk] *vt.* 〈방·좌석의〉 예약을 이중으로 받다

dou·ble-breast·ed [-bréstid] *a.* 〈상의가〉 겹자락의, 더블의

dou·ble-check [-tʃék] *vt., vi.* 재확인하다

dou·ble-clutch [-klʌ́tʃ] *vi.* 《미》 (자동차에서) 더블 클러치를 밟다

dóuble créam 《영》 지방분 농도가 높은 크림

dou·ble-crop [-krάp | -krɔ́p] *vt., vi.* (**~ped; ~ping**) 이모작(二毛作)하다

dóuble cróss 1 《구어》 져 주겠다고 약속해 놓고 이김, 배반(betrayal) **2** 〚생물〛 이중 교잡(交雜)

dou·ble-cross [-krɔ́:s | -krɔ́s] *vt.* 《구어》 져주겠다는 약속을 어기고 이기다; 배반하다 **~·er** *n.* 배반자

dóuble dáte 《미·구어》 남녀 두 쌍의 데이트

dou·ble-date [-déit] *vi., vt.* 《미·구어》 (…와) 더블 데이트를 하다

dou·ble-deal·er [-dí:lər] *n.* 언행에 표리가 있는 사람, 딴 마음을 가진 사람

dou·ble-deal·ing [-dí:liŋ] *n.* 표리[딴 마음]가 있는 언행; 불성실
── *a.* 표리[딴 마음]가 있는

dou·ble-deck·er [-dékər] *n.* **1** 2층 버스[전차, 여객기] **2** 《미·구어》 (빵 3쪽의) 이중 샌드위치

dou·ble-dig·it [-dídʒit] *a.* Ⓐ 〈인플레이션·실업률 등이〉 두자리 수의

dóuble Dútch 《영·구어》 통 알아들을 수 없는 말

dou·ble-dyed [-dáid] *a.* **1** 두 번 염색한 **2** 악에 깊이 물든; 철저한 〈악한 등〉

dou·ble-edged [-édʒd] *a.* **1** 쌍날의 **2** 〈논의 등이〉 두 가지로 이해되는; 상반된 목적[효과]을 가진

dou·ble en·ten·dre [dʌ́:bl-ɑ:ntɑ́:ndrə] [F] *n.* 두 뜻으로 해석되는 말 《그 중 하나는 상스러운 뜻임》

dóuble éntry 〚부기〛 복식 기장법(cf. SINGLE ENTRY)

dou·ble-faced [dʌ́blféist] *a.* **1** 양면이 있는; 안팎으로 다 쓰이게 짠 〈피륙 등〉 **2** 딴 마음이 있는, 위선적인

dóuble fáult 〚테니스〛 더블 폴트 《서브를 두 번 연속해서 실패하기》

dou·ble-fault [-fɔ́:lt] *vi.* 〚테니스〛 더블 폴트를 범하다

dóuble féature 〚영화〛 두 편 동시 상영

dóuble fígures 두 자리 수 《10~99》

dóuble fírst 《영》 (대학 졸업 시험의) 2과목 최고 득점(자)

dóuble flát 〚음악〛 겹내림표 《♭♭》

dou·ble·head·er [-hédər] *n.* 《미》 **1** 〚야구〛 더블헤더 《두 팀이 하루 두 번 하는 시합》 **2** 기관차가 2대 달린 열차

dou·ble-joint·ed [-dʒɔ́intid] *a.* 〈전후 좌우 자유로이 움직이는〉 이중 관절을 가진

dóuble négative 〚문법〛 이중 부정

dou·ble-park [-pɑ́:rk] *vt., vi.* 〈주차한 차 옆에〉 이중 주차하다 《불법 주차》

dou·ble-quick [-kwík] *a., ad.* 《구어》 매우 급한[하게]

dóuble shárp 〚음악〛 겹올림표 《× 또는 𝄪》

dou·ble-space [-spéis] *vi., vt.* 〈타자할 때〉 한 행씩 띄어 치다

dóuble stár 〚천문〛 이중성(星) 《한 별처럼 보이는》

dou·ble-stop [-stάp | -stɔ́p] *vi., vt.* 〚음악〛 (현악기의) 2현을 동시에 누르고 켜다

dou·blet [dʌ́blit] *n.* **1** 허리가 잘록한 남자의 상의 《15-17세기 남자의 경장(輕裝)》 **2** 아주 닮은 물건의 한 쪽; 쌍을 이루는 한 쪽 **3** 〚언어〛 이중어 《같은 어원이면서 꼴이나 뜻이 분화된 말》

dóuble táke 《구어》 [다음 성구로]
***do a* ~** (희극 배우가) 처음엔 웃음으로 받아넘겼다가 깜짝 놀라는 시늉을 하다

dou·ble-talk [dʌ́bltɔ̀:k] 《구어》 *n.* Ⓤ 남을 어리벙벙하게 하는 허튼 소리; 앞뒤가 안 맞는 이야기, 애매모호한 말
── *vi., vt.* double-talk를 하다

dou·ble·think [-θìŋk] [G. Orwell이 '1984'에서 사용한 조어] *n.* 이중 신념 《모순된 두 생각을 동시에 용인하는 능력》

dóuble tìme 1 〚군사〛 구보 **2** (휴일 근무자에 대한 급여의) 2배 지급

dou·ble-time [-tàim] 《미》 *a.* Ⓐ 구보의 ── *vt., vi.* 구보시키다[하다]

***dou·bly** [dʌ́bli] *ad.* **두 곱으로;** 2중으로

*****doubt** [daut] [L 「두 가지 중에서 골라야 하다」의 뜻에서] *vt.* **1 의심하다,** 의혹을 품다 **2** 《고어·방언》 염려하다, …이 아닐까 생각하다

— *n.* [CU] **1** 의심, 회의(懷疑); 불신 **2** (결과 등이) 의심스러움, 불확실함 ***beyond[out of]*** ~ 의심할 여지 없이, 물론 ***no*** ~ (1) 의심할 바 없이, 물론 (2) 필시, 아마도(probably) ***throw*** ~ ***on*** …에 의심을 두다 ***without (a)*** ~ = no DOUBT (1)

⁑doubt·ful [dáutfəl] *a.* **1** [P] 〈사람이〉 의심을 품고 (있는) **2** 〈사물이〉 **의심스러운** **3** 〈결과 등이〉 불안한, 어찌 될지 (모르는) **4** 수상쩍은 **~·ly** *ad.* **~·ness** *n.*

dóubt·ing Thómas [dáutiŋ-] [도마가 예수 부활을 보지 않고는 믿지 않았다는 성서 「요한 복음」에서] (증거가 없으면) 무엇이나 의심하는 사람

⁑doubt·less [dáutlis] *a.* **의심 없는,** 확실한 — *ad.* **의심할 여지 없이,** 확실히, 틀림없이, 아마 **~·ly** *ad.*

douche [du:ʃ] *n.* **1** (의료상의) 주수(注水), 관주(灌注)(법); 관수욕(灌水浴) **2** 관수기(器)

***dough** [dou] [동음어 doe] *n.* [U] **1** 가루 반죽; 굽지 않은 빵 **2** ((미·속어)) 돈, 현금

dough·boy [dóubɔ̀i] *n.* ((미·구어)) 보병(infantryman)

***dough·nut** [dóunʌ̀t, -nət] *n.* **도넛;** 도넛 모양의 것

dough·ty [dáuti] *a.* (**-ti·er**; **-ti·est**) ((고어·익살)) 대담한(bold), 용맹스러운

dough·y [dóui] *a.* (**dough·i·er**; **-i·est**) **1** 가루 반죽[굽지 않은 빵] 같은; 설 구운 **2** ((구어)) 창백한; 〈지능이〉 둔한

Doug·las [dʌ́gləs] *n.* 남자 이름

Dóuglas fír[sprúce, píne] [the ~] 〖식물〗 미송(美松) ((미국산 커다란 소나무))

dour [dauər, duər | duə] *a.* **1** 음울한, 뚱한, 시무룩한(sullen) **2** 엄한; 완고한 **dóur·ly** *ad.*

douse [daus] *vt.* **1** 〈물속에〉 처박다 ((*in*)) **2** 〈물을〉 끼얹다 ((*with*)) **3** ((구어)) 〈등불을〉 끄다

⁑dove¹ [dʌv] *n.* **1** 비둘기 **2** (평화·유순·온화 등의 상징으로서의) 비둘기 **3** [**D~**] 성령 **4** 순결한[천진난만한, 유순한] 사람; 귀여운 사람; 비둘기파(의 사람), 온건 평화주의자(opp. *hawk*)

***dove²** [douv] *v.* ((미·구어)) DIVE의 과거

dove·cote [dʌ́vkòut], **-cot** [-kɑ̀t | -kɔ̀t] *n.* 비둘기장

***Do·ver** [dóuvər] *n.* **도버** ((영국 동남부의 항구 도시))

dove·tail [dʌ́vtèil] *n.* 〖목공〗 열장 장부촉 — *vt., vi.* 〖목공〗 열장이음으로 하다 ((*in, into, to*)); 꼭 맞추다; (긴밀하게) 서로 연계하다; 꼭 들어맞다

dov·ish [dʌ́viʃ] *a.* 비둘기 같은; ((구어)) 비둘기파와 같은, 온건 평화파의 **~·ness** *n.*

Dow [dau] *n.* = DOW-JONES AVERAGE

dow·a·ger [dáuədʒər] *n.* **1** 〖법〗 죽은 남편의 칭호·재산을 계승한 과부 **2** ((구어)) 기품 있는 귀부인

dow·dy [dáudi] *a.* (**-d·i·er**; **-i·est**) 단정치 못한; 초라한; 〈의복이〉 촌스러운 — *n.* (*pl.* **-dies**) (옷차림이) 초라한[단정치 못한] 여자 **-di·ly** *ad.* **-di·ness** *n.*

dow·el [dáuəl] 〖목공〗 *n.* 은못 — *vt.* (**~ed**; **~·ing** | **~led**; **~·ling**) 은못으로 맞추다

dow·er [dáuər] *n.* [UC] **1** 〖법〗 미망인의 상속몫 ((과부가 살아 있는 동안 분배받는 망부(亡夫)의 유류(遺留) 부동산)) **2** ((고어·시어)) = DOWRY **3** 천부의 재능, 타고난 자질 — *vt.* **1** ((문어)) 망부의 유산 일부를 그 미망인에게 주다 ((*with*)) **2** 〈재능을〉 부여하다 ((*with*))

Dów-Jónes àverage[index] [dáu-dʒóunz-] [the ~] 〖증권〗 다우존스 평균(주가)[지수]

⁑down¹ [daun] *ad.* **1 a** (높은 위치에서) **낮은 쪽으로,** 아래로[에] **b** **바닥에,** 지면에: fall ~ 넘어지다, 떨어지다 **c** (위층에서) **아래층으로:** come ~ 아래로 내려오다 **d** [be의 보어로 써서] 〈기둥이〉 **내려져;** 〈사람이〉 (위층에서) **내려와서** **2** 〈천체가〉 **져서:** The sun went ~. 해가 졌다. **3 a** (드러)**누워, 앉아:** lie ~ 드러눕다 **b** [동사를 생략하여 명령문으로] 내려, 앉아 **4 a** (북쪽에서) **남쪽으로[에]** **b** (내·강의) **하류로** **5** (특정한 장소·화자(話者)가 있는 데서) **떨어져** **6 a** 〈물가 등이〉 **내려;** 〈질이〉 **저하하여** **b** 〈신분·지위·인기 등이〉 **내려가서;** 영락하여: come ~ in the world 영락하다 **7 a** 〈양이〉 적어질 때까지, 〈농도가〉 진해질 때까지, 묽어질 때까지: boil ~ 바짝 졸이다 **b** 발견할 때까지: hunt ~ 끝까지 추적하다 **c** 그칠 때까지 **d** 〈음량·정도·어조 등이〉 **작아져** **8 a** **완전히** **b** 꽉, 단단히 **9 a** (위는 …으로부터) 아래는 …에 이르기까지 **b** (초기부터) 내리, 줄곧 **10** 넘어져; 〈사람이〉 쇠약해져, 〈건강이〉 나빠져; 〈풀기가〉 죽어: You seem rather ~. 어째 기운이 없어 보이는 군. **11** ((구어)) 완료하여, 마치고 **12** [be의 보어로 써서] (경기에서) 져서; (돈내기에서) 잃어 **13** …의 책임으로; …에게 맡겨져 ((*to*))

be ~ on ... ((구어)) …에게 화내고 있다; …을 미워하고 있다 ***~ and out*** (1) 영락하여, 빈털터리가 되어 (2) 〖권투〗 녹다운 되어 ***~ with ...*** (1) 병으로 쓰러지다 (2) [명령법으로] …을 타도하라: *D~ with* the tyrant! 폭군 타도! ***up and ~*** ⇨ up *ad.*

— *prep.* **1** [이동을 나타내어] **a** (높은 데서) **내려가,** …의 아래쪽으로: come ~ a hill 언덕을 내려오다 **b** (어떤 지점에서) …을 따라 **c** 〈흐름·바람을〉 **따라,** …을 타고; …을 남하하여 **2** [시간을 나타내어] …이래 (줄곧)

— *a.* [A] **1 a** **아래로의** **b** 내려가는, 내리받이의 **2** 〈열차 등이〉 **하행의:** a ~ train 하행 열차 **3** (구입 등에서) 계약금의; 현금의 **4** 기운 없는; 풀이 죽은 **5** 〈컴퓨터 등이〉 고장난 — *vt.* **1** 〈사람을〉 때려 눕히다; 지게 하다 **2** 〈액체 등을〉 삼키다, 마시다 ***~ tools*** ((영·구어)) 스트라이크에 들어가다; 일을 (일시) 그만두다

— *n.* **1** 하위, 하강 **2** [*pl.*] 쇠퇴, 쇠운, 내리막

down² [daun] *n.* [U] **1** (새의) 솜털 **2** 부드러운 털; 잔털; (민들레·복숭아 등의) 솜털, 관모(冠毛)

down³ *n.* [보통 *pl.*] (넓은) 고원지; [the D~s, ~s] (남부 잉글랜드의 수목 없는) 언덕진 초원지

down-and-dirt·y [dáunəndd̀ə́ːrti] *a.* 타락하고 더러운, 부도덕한

down-at-(the-)heel(s) [-ət(ðə)-híːl(z)] *a.* 《구어》 구두 뒤축이 닳아빠진; 가난한, 초라한

down·beat [-bìːt] *n.* 〖음악〗 강박(强拍), 하박(下拍) 《지휘봉을 위에서 밑으로 내려 지시하는》 — *a.* 《미·구어》 비관적인, 음울한, 비참한

*__down·cast__ [dáunkæ̀st | -kɑ̀ːst] *a.* 〈눈을〉 **내리뜬**; 풀이 죽은, 기가 꺾인

down·draft | **-draught** [-dræ̀ft | -drɑ̀ːft] *n.* (굴뚝 등으로) 불어 내리는 바람

dówn éast [종종 **D~ E~**] 《미·구어》 동부 연안 지방으로[에서, 의], 《특히》 Maine 주로[에서, 의]

dówn éaster [종종 **D~ E~**] 《미·구어》 뉴잉글랜드 사람, 《특히》 Maine 주 사람

down·er [dáunər] *n.* 《속어》 **1** 진정제 **2** 지겨운 경험[사람]

*__down·fall__ [dáunfɔ̀ːl] *n.* ⓊⒸ **1** (급격한) **낙하**, 전락(轉落) **2** 〈비·눈 등이〉 **쏟아짐** **3** **몰락**, 실각, 멸망; 몰락의 원인

down·fall·en [-fɔ̀ːlən] *a.* 《주로 미》 몰락[실각]한; 〈집 등이〉 무너진, 황폐한

down·grade [-grèid] *n., a.* 《미》 내리받이(의); 《비유》 내리막길(의), 운이 기움[기운] — *vt.* 품질[지위]을 떨어뜨리다; 강등[격하]시키다

*__down·heart·ed__ [dáunhɑ́ːrtid] *a.* **낙담한** **~·ly** *ad.*

*__down·hill__ [dáunhìl] *n.* **내리막길**; 몰락; 〖스키〗 활강 (경기) — [⌐⌐] *a.* **1** Ⓐ 내리막(길)의; 더 나빠진(worse) **2** Ⓐ 〖스키〗 활강 (경기)의 **3** 수월한, 쉬운
— [⌐⌐] *ad.* 내리받이로, 기슭쪽으로
go ~ 내리막을 내려가다; 《비유》 (질이) 더 나빠지다, 기울다; 〖스키〗 활강하다 《*in*》

Dów·ning Strèet [dáuniŋ-] *n.* **1** 다우닝가 《수상·재무장관의 관저가 있는 런던의 거리》 **2** 영국 정부

dówn jàcket 다운[오리털] 재킷 《솜털을 속에 넣어 누빈 재킷》

down·load [dáunlòud] *n.* 다운로드
— *vt.* 다운로드하다

down-mar·ket [-mɑ̀ːrkit] *a., ad.* 《영》 저소득층용의[으로], 대중용의[으로]; 싼[싸게]

down·play [-plèi] *vt.* 《미·구어》 줄잡다, 경시하다

down·pour [-pɔ̀ːr] *n.* 억수 (같은 비): get caught in a ~ 억수 같은 비를 만나다

down·range [dáunréindʒ] 《미》 *ad.* 〈미사일 등이〉 사정(射程)을 따라
— [⌐⌐] *n., a.* (미사일의) 사정 지역(의)

*__down·right__ [dáunràit] *a.* Ⓐ **1** 〈사람·성격 등이〉 **곧은**, 솔직한 **2** 〈악행·거짓말 등이〉 **철저한**, 순전한: a ~ lie 새빨간 거짓말 — *ad.* 철저하게, 아주, 완전히

down·scale [dáunskèil] 《미》 *vi., vt.* 규모를 축소하다 — *n., a.* 저소득층(의), 하층 그룹(의)

down·side [-sàid] *n.* 아래쪽; 하강
— *a.* 아래쪽의; 하강의

down·size [-sàiz] *vt.* 〈차를〉 소형화하다 — *a.* 소형의

down·spin [-spìn] *n.* 급락(急落)

down·spout [-spàut] *n.* 《미》 수직 낙수 홈통; 《영》 전당포

Dówn('s) sýndrome [영국의 의사 이름에서] 〖병리〗 다운 증후군

down·stage [-stéidʒ] *ad.* 〖연극〗 무대의 앞쪽에 — [⌐⌐] *a.* Ⓐ 무대 앞쪽의 — *n.* Ⓤ 무대 앞쪽(opp. *upstage*)

down·stair [-stέər] *a.* Ⓐ = DOWNSTAIRS

‡**down·stairs** [dáunstέərz] *ad.* **아래층으로[에]** — *n. pl.* [단수·복수 취급] 아래층; 《미》 극장의 1층(opp. *upstairs*)
— [⌐⌐] *a.* Ⓐ 아래층의

down·state [-stéit] 《미》 *n.* 주(州)의 남부 — [⌐⌐] *a.* Ⓐ, *ad.* 주남부의[에]

*__down·stream__ [dáunstríːm] *a., ad.* **하류의[에]**, 강 아래의[로]; (석유 산업의) 하류 부문의[에서]

down·stroke [-stròuk] *n.* **1** (피스톤 등의) 위에서 밑으로의 작동 **2** 아래로의 내려긋기

down·swing [-swìŋ] *n.* (경기 등의) 하강; 〖골프〗 다운스윙

down·time [-tàim] *n.* Ⓤ 정지[중단] 시간 《공장·기계의》; 〖컴퓨터〗 고장 시간

down-to-earth [-tuə́ːrθ] *a.* 현실적인, 실제적인

‡**down·town** [dáuntáun] 《미》 *ad.* **도심지에서[로]** — *a.* Ⓐ **도심(지)의**, 중심가[상가]의 — *n.* **도심지**, 상가, 상업 지구

down·trod·den [-trɑ̀dn | -trɔ̀dn] *a.* 짓밟힌; 학대받는

down·turn [-tə̀ːrn] *n.* (경기 등의) 하강(decline); 침체, 불활발

‡**down·ward** [dáunwərd] *a.* Ⓐ **1** 아래쪽으로의, **아래로 향한**; 내려가는; 〈시세 등이〉 하향의; 《비유》 내리막의 **2** 쇠퇴하여, 타락하여 — *ad.* **아래쪽으로**, 아래로 향하여; 떨어져, 타락하여; …이후, 이래

down·wind [-wínd] *a., ad.* 바람 불어 가는 쪽으로 (향한)

*__down·y__ [dáuni] *a.* (**down·i·er**; **-i·est**) **1** **솜털 같은**, 부드러운; 폭신폭신한 **2** 《속어》 마음 놓을 수 없는; 만만찮은

dow·ry [dáuəri] *n.* (*pl.* **-ries**) (신부의) 결혼 지참금

dowse[1] [daus] *vt.* = DOUSE

dowse[2] [dauz] *vi.* 점치는 막대기(divining rod)로 수맥[광맥]을 찾다

dóws·ing ròd [dáuziŋ-] = DIVINING ROD

doy·en [dɔ́iən, dɔién] [F] *n.* (단체의) 고참자, 원로; 수석자 《*of*》

doy·enne [dɔién] [F] *n.* DOYEN의 여성형

Doyle [dɔil] *n.* 도일 **Sir Arthur Conan** ~ (1859-1930) 《영국의 추리 소설가; 명탐정 Sherlock Holmes를 창조》

doy·ley [dɔ́ili] *n.* (*pl.* **~s**) = DOILY

doz. dozen(s)

*__doze__ [douz] *vi.* **꾸벅꾸벅 졸다**; 선잠자다 《*off*》 — *vt.* 졸면서 지내다[시간 보내다] 《*away, out*》 — *n.* 선잠, 겉잠, 졸기

‡**doz·en** [dʌ́zn] [L 「12」의 뜻에서] *n.* (*pl.* **~s,** ~) (동류의 물건의)

1다스, 1타(打), 12개; [~s] 다수 《略 doz., dz.》 —*a.* Ⓐ 1다스의, 12(개[명])의
doz·enth [dʌ́znθ] *n.* 12번째의, 제12의
doz·y [dóuzi] *a.* (**doz·i·er**; **-i·est**) **1** 졸음이 오는, 졸리는 **2** 《영·구어》 어리석은
DP, D.P. displaced person; data processing
D.Ph. Doctor of Philosophy 박사 학위; 박사
‡**Dr., Dr** [dɑ̀ktər | dɔ̀k-] 《주로 영》 Doctor의 약어: *Dr.* Smith 스미스 박사
drab[1] [dræb] *n.* Ⓤ 단조로움: 칙칙한 황갈색 —*a.* (**~·ber**; **~·best**) 단조로운; 칙칙한 황갈색의 **~·ly** *ad.* **~·ness** *n.*
drab[2] *n.* 단정치 못한 여자, 매춘부
drachm [dræm] *n.* **1** = DRACHMA **2** = DRAM
drach·ma [drǽkmə] *n.* (*pl.* **~s, -mae** [-miː]) **1** 드라크마 《그리스의 화폐 단위; 기호 d., D., dr., Dr.》 **2** (고대 그리스의) 은화
Dra·co [dréikou], **Dra·con** [dréikɑn | -kɔn] *n.* 드라콘 《기원전 7세기 말의 Athens의 입법가》
Dra·co·ni·an [dreikóuniən, drə-] *a.* **1** 드라콘 식의 **2** [**d~**] 엄격한, 가혹한
Drac·u·la [drǽkjulə] *n.* 드라큘라 《B. Stoker의 소설명 및 주인공인 흡혈귀 백작》
‡**draft** | **draught** [dræft | drɑːft] *n.* **1** 밑그림, 초고; 설계도; 도면 **2** 틈새 바람, 외풍; 통풍 장소[장치] **3** (단숨에) 마시기; [보통 draught] 흡인(吸引), (물약 등의) 1회분; (들여마신) 한 번의 공기[연기] **4** 《영》 분견대, 특파 부대 **5** 《미》 징병 **6** (차·짐 등을) 끌기: 견인량(量) **7** Ⓤ [보통 draught] (그릇에서 그릇으로) 따르기, (주류를) 통해서 따르기 **8** 어음 발행, 환으로 만들기; 환어음, 수표 **9** ⓊⒸ 〖항해〗 (배의) 흘수(吃水) **10** [the ~] 〖스포츠〗 드래프트제 《신인 선수 선발 제도》
make out a ~ of ... …의 초안을 잡다
—*a.* **1** Ⓐ 견인용의 **2** 통에서 따른 **3** Ⓐ 기초된; 초안의 —*vt.* **1** 기초[기안]하다; 〈설계도·그림 등의〉 초벌 그림을 그리다 **2** 선발하다; 징병하다; 〈군대의 일부를〉 선발 파견[특파]하다
dráft béer 생맥주
dráft bòard 《미》 징병 선발 위원회
draft·ee [dræftíː | drɑːftíː] *n.* 《미》 징집된 사람
draft·er [drǽftər | drɑ́ːft-] *n.* (문서의) 기안자; 밑그림 그리는 사람
dráft hòrse 복마, 짐수레 말
drafts·man [drǽftsmən | drɑ́ːfts-] *n.* (*pl.* **-men** [-mən]) **1** 제도공; 도안가 **2** 기초[기안]자; 데생(에 뛰어난) 화가
draft·y [drǽfti | drɑ́ːfti] *a.* (**draft·i·er**; **-i·est**) 외풍이 있는; 통풍이 잘 되는
‡**drag** [dræg] *n.* (**~ged**; **~·ging**) *vt.* **1** 〈무거운 것을〉 끌다; 〈발 등을〉 질질 끌다 **2** (닻·예인망을 끌어) 찾다, 〈물 밑바닥을〉 훑다 **3** (써레로)고르다(harrow) **4** 〈바퀴를〉 제동기로 멈추다 **5** 무리하게 끄집어내다, 쳐들다, 끌어넣다 《*in, into*》 **6** 〖컴퓨터〗 〈아이콘 등을〉 드래그하다
—*vi.* **1** 〈닻·사슬 등이〉 질질 끌리다 **2** 〈일이〉 질질 끌다; 느릿느릿 걷다 **3** 〈그물 등으로〉 물 바닥을 훑다
~ along 느릿느릿 나아가다 ***~ in*(*to*)** 질질 끌어넣다; (쓸데없는) 일을 어거지로 끄집어 대다 ***~ on*** 지루하게 계속하다, 질질 오래 끌다 ***~ out*** 질질 끌어내다; 오래 끌게 하다; 〈말을〉 오래 끌다 ***~ one's feet*** [***heels***] 발을 질질 끌며 걷다; 《미·속어》 일부러 늑장부리다[꾸물거리다]
—*n.* **1** 견인; 끌리는 물건 **2** 제동 장치; 방해물 **3** 〖사냥〗 (여우 등의) 냄새 자국 **4** 《미·속어》 영향력, 연고(pull) **5** 《속어》 여자 친구, 연인; 이성의 복장; 댄스 파티 **6** 〖컴퓨터〗 드래그
drág bùnt 〖야구〗 드래그 번트
drag·gle [drǽgl] *vt.* 질질 끌어 더럽히다[적시다] —*vi.* **1** 옷자락을 질질 끌다 **2** 터벅터벅 걸어가다
drag·net [drǽgnèt] *n.* **1** 저인망, 예인망, 후릿그물 **2** 《비유》 (경찰의) 수사망; 대량 검거
drag·o·man [drǽgəmən] *n.* (*pl.* **~s, -men** [-mən]) (아라비아·터키 등지의) 통역
‡**drag·on** [drǽgən] [Gk 「거대한 뱀」의 뜻에서] *n.* **1** (날개·발톱이 있으며 불을 토한다는 전설의) 용; [the D~] 〖천문〗 용자리(Draco) **2** (젊은 여자의) 엄중한 (여)감시인 《용이 「보물의 수호자」라는 전설에서》
***drag·on·fly** [drǽgənflài] *n.* (*pl.* **-flies**) 〖곤충〗 잠자리
dra·goon [drəgúːn] *n.* **1** (영국 중기병 연대 소속의) 기병; 〖역사〗 용기병 《기총(騎銃)을 가진 기마 보병》 **2** 사나운 사람 —*vt.* **1** 용기병[무력]으로 박해하다 **2** 박해를 가하여 …시키다 《*into*》
drág ràce 《속어》 (hot rod에 의한) 자동차의 가속 경주 《1/4마일의 직선 코스》
‡**drain** [drein] *vt.* **1** 배수[방수]하다; 〈토지에〉 배수 시설을 하다 **2** 〈물을〉 빼서 말리다; 〈잔을〉 쭉 마셔버리다 **3** 〈재물·힘 등을〉 차츰 소모시키다
—*vi.* **1** 〈액체가〉 흘러나가다, (흘러) 빠지다 《*off, away*》 **2** 〈땅이〉 배수되다; 〈늪 등이〉 말라버리다 **3** 〈체력 등이〉 점점 소모되다
~ away 〈물이〉 빠지다: 유출시키다[되다]; 〈생명이〉 서서히 쇠진하다
—*n.* **1** 배수로, 방수로; [*pl.*] 하수 (시설) **2** 배수(관) **3** (화폐 등의) 끊임없는[점차적] 유출; 고갈(의 원인) 《*on*》, 낭비, 출비
down the ~ 《구어》 소실되어; 낭비되어, 수포로 돌아가
***drain·age** [dréinidʒ] *n.* **1** Ⓤ 배수(draining), 배수법: ~ work 배수 공사 **2** 배수 장치: 배수로, 하수구, 배수 구역[유역] **3** 하수, 오수(汚水) **4** 〖외과〗 배액(排液)(법)
dráinage bàsin[**àrea**] (하천의) 배수 지역, 유역
drain·board [dréinbɔ̀ːrd] *n.* 《미》 (개수대 옆의) 그릇 건조대
dráin·ing bòard [dréiniŋ-] 《영》 = DRAINBOARD
drain·pipe [dréinpàip] *n.* **1** 배수관, 하수관 **2** [*pl.*] 《구어》 꼭 끼게 통이 좁은 바지(= **~ tròusers**)
***drake** [dreik] *n.* 수오리(male duck)

Drake [dreik] *n.* 드레이크 **Sir Francis ~** (1540-96) 《영국의 제독》
dram [dræm] *n.* **1** 드램 《무게의 단위》 **2** ⅛ 액량(液量) 온스 **3** (위스키 등의) 적은 양, 한 모금; 소량
‡dra·ma [drɑ́:mə, drǽ-] [Gk 「행위」의 뜻에서] *n.* **1 희곡**, 극시(劇詩), 각본 **2** Ⓤ [the ~] **연극**, 극문학 **3** 극적인 사건; Ⓤ 극적인 상태[효과] 《*of*》
‡dra·mat·ic [drəmǽtik] *a.* **1 희곡의**, 각본의; 연극의[에 관한] **2 극적인**; 연극 같은
∗dra·mat·i·cal·ly [drəmǽtikəli] *ad.* **희곡[연극]적으로**; 극적으로
dra·mat·ics [drəmǽtiks] *n. pl.* **1** [단수·복수 취급] 연출법, 연기술 **2** [복수 취급] 아마추어 연극, 학생 연극 **3** [복수 취급] 과장된 표현[태도]
dra·ma·tis per·so·nae [drǽ:mətis-pərsóuni:, drɑ:mətis-pə:sóunai] [L =persons of the drama] *n.* [복수 취급] 등장 인물; [단수 취급] 배역표
∗dram·a·tist [drǽmətist, drɑ́:m-] *n.* **극작가**, 각본 작가
dram·a·ti·za·tion [dræ̀mətizéiʃən | -tai-] *n.* Ⓤ 각색, 극화
∗dram·a·tize [drǽmətàiz] *vt.* **1** 〈사건·소설 등을〉 **각색하다**, 극화하다 **2** 극적으로 표현하다
—*vi.* 극이 되다, 각색되다; 연기하다, 연극적인 태도를 취하다
dram·a·tur·gy [drǽmətə̀:rdʒi] *n.* Ⓤ **1** 극작술[법] **2** (각본[극]의) 상연[연출]법
‡drank [dræŋk] *v.* DRINK의 과거
∗drape [dreip] [L 「천」의 뜻에서] *vt.* **1** 〈의류·포장 등으로〉 **낙낙하게 덮다**, 꾸미다, 〈옷 등을〉 우아하게 걸치다, 〈포장 등을〉 치다 **2** 〈몸을〉 아무렇게나 기대다 《*over*, (*a*)*round*, *against*》 **3** 〈스커트 등을〉 **주름잡아 낙낙하게[우아하게] 하다**
—*n.* **1** 덮는 천; [*pl.*] 《미》 (얇은 커튼 위에 치는) 커튼 **2** Ⓤ (스커트 등의) 드러워진 모양, 드레이프
drap·er [dréipər] *n.* 《주로 영》 포목상, 직물점
∗drap·er·y [dréipəri] *n.* (*pl.* **-er·ies**) **1** Ⓤ [종종 *pl.*] (포장·장막 등의) 부드러운 피륙의 우아한 주름; ⓊⒸ (주름 잡힌) **포장[장막, 옷 《등》]** **2** ⓊⒸ 《영》 **피륙**, 직물 **3** Ⓤ 《영》 포목업; 포목점; 포목상
∗dras·tic [drǽstik] *a.* 〈치료·변화 등이〉 **격렬한**, 맹렬한; 〈수단 등이〉 철저한, 과감한, 발본적(拔本的)인
∗dras·ti·cal·ly [drǽstikəli] *ad.* **과감하게, 철저하게**
drat [dræt] [God rot의 전와형(轉訛形)] *vt.*, *vi.* (**~·ted**; **~·ting**) 《속어》 저주하다 ***D~ it!*** 젠장!, 빌어먹을!
drat·ted [drǽtid] *a.* Ⓐ 《구어》 괘씸한
∗draught [dræft | drɑ:ft] *n.* =DRAFT
draught·board [drǽftbɔ̀:rd | drɑ́:ft-bɔ̀:d] *n.* 《영》 =CHECKERBOARD
draughts [dræfts | drɑ:fts] *n. pl.* [단수 취급] 《영》 =CHECKERS
draughts·man [drǽftsmən | drɑ́:fts-] *n.* (*pl.* **-men** [-mən]) 《영》 =DRAFTSMAN
draught·y [drǽfti | drɑ́:fti] *a.* (**draught·i·er**; **-i·est**) 《영》 =DRAFTY
Dra·vid·i·an [drəvídiən] *a.* 드라비다 사람의
—*n.* 드라비다 사람 《남인도에 사는 비(非)아리안계 종족》; Ⓤ 드라비다 말
‡draw [drɔ:] *v.* (**drew** [dru:]; **drawn** [drɔ:n]) *vt.* **1 당기다**, 끌다; 〈고삐·재갈 등을〉 잡아채다 **2** 〈물건을〉 **잡아빼다**, 〈이빨 등을〉 뽑다 **3** 〈두레박으로〉 **긷다**; 〈그릇에서 액체를〉 따르다; 〈차를〉 달이다, 끓이다 **4** 〈결론 등을〉 **내다**; 〈이야기에서 교훈을〉 얻다; 〈은행·계좌에서〉 돈을 찾다 **5** 〈남의 마음·주의·이목 등을〉 **끌다**; 〈파멸 등을〉 **가져오다**; 〈자석 등이〉 당기다 **6** 〈그림을〉 **그리다**; 〈선을〉 긋다, 베끼다; 〈말로〉 묘사하다 **7** 〈문서를〉 **작성하다** 《*up*, *out*》; 〖상업〗 〈어음 등을〉 발행하다 《*on*》 **8** 〈피를〉 흘리다, 흘리게 하다 **9** 〈숨을〉 **들이쉬다**; 〈바람을〉 통하게 하다 **10** 〈승부·시합을〉 비기게 하다 **11 잡아늘이다**; 〈실을〉 뽑다
—*vi.* **1 끌리다**, 끌어당기다; 끌다; **다가가다** **2** 칼을 뽑다; 권총을 빼다; 〈이빨 등이〉 빠지다 **3** 〈파이프 등이〉 바람이 통하다 **4** 〈차 등이〉 우러나다 **5** 주의를 끌다, 인기를 끌다 **6 그리다**, 선을 긋다, 묘사하다, 제도하다 **7** 어음을 발행하다 《*on*》 **8** 〖의학〗 〈고약 등이 고름을〉 빨아내다 **9** 〈승부·시합이〉 비기다 **10** 오므라지다(shrink)
~ away (경주 등에서) 앞서다; 〈내민 손을〉 빼다, 〈몸을〉 뒤로 빼다 《*from*》 ***~ back*** 물러서다; 되돌리다; 〈관세 등을〉 환불받다; 후퇴하다; 손을 떼다; 〈쳤던 막을〉 열어젖히다 ***~ in*** 〈비용을〉 삭감하다, 긴축하다; 빨아들이다; 꾀어들이다; 〈해가〉 짧아지다; 〈날이〉 저물어 가다; 〈기차가〉 역에 도착하다 ***~ level with*** a person (…와) 대등해지다; 〈경쟁에서〉 따라잡다 ***~ near*** 다가오다[가다] ***~ off*** 〈액체를〉 빼다, 빠지게 하다; 선발하다; 〈군대 등을〉 철수하다[시키다]; 〈주의를〉 딴 데로 돌리다; 〈장갑·구두 등을〉 벗다 ***~ on*** 〈장갑·구두 등을〉 끼다, 신다; …하도록 유인하다; …을 일으키다; …에 의지하다; 〈어음을〉 발행하다; 〈겨울·밤이〉 가까워지다; 다가오다 ***~ up*** 끌어올리다; 바치다; 정렬시키다[하다]; 〈문서를〉 작성하다; 박두하다 《*to*》, 따라잡다 《*with*》; 〈차 등을〉 멈추다, 세우다
—*n.* **1 끌어당김**, 끌기; 잡아 뽑음; 권총을 뺌 **2** 이목[인기]을 끄는 것; (사람을) 끄는 것 **3** (승부 등의) 비김 **4** 제비(뽑기), 복권 판매
∗draw·back [drɔ́:bæ̀k] *n.* **1 약점**, 결점 《*in*》; **장애**, 고장 《*to*》 **2** ⓊⒸ 공제 《*from*》 **3** Ⓤ 환불금, 환불 세금
draw·bridge [-brìdʒ] *n.* 가동교(可動橋), 도개교; (옛날 성의 해자에 걸쳐 놓은) 들어올리는 다리
draw·down [drɔ́:dàun] *n.* 《미》 삭감, 축소; 수위의 저하
draw·ee [drɔ:í:] *n.* 〖상업〗 (환)어음 수취인(opp. *drawer*)
‡draw·er [drɔ́:ər] *n.* **1** draw하는 사람[것]; 《특히》 **제도사** **2** 〖상업〗 어음 발행인 **3** [drɔ́:r] 서랍; [*pl.*] 장롱

drawers [drɔːrz] [draw on에서] *n. pl.* 드로어즈; 팬츠; 속바지: a pair of ~ 드로어즈 한 벌

‡**draw·ing** [drɔ́ːiŋ] *n.* **1** (연필·펜·숯 등으로 그린) **그림**, 데생, 스케치; Ⓤ 제도 **2** Ⓤ 〖상업〗(수표·어음의) 발행 **3** Ⓤ (철사 등을) 잡아늘이기 **4** 뽑기; 제비뽑기 **5** Ⓤ 〈차 등을〉 달이기
out of ~ 잘못 그려서; 조화되지 못하여

dráwing bòard 화판, 제도판

dráwing càrd 인기 연예인[강연자, 프로그램]; 인기 품목; 이목을 끄는 광고; (야구의) 멋진 대전

dráwing pàper 도화지, 제도 용지

dráwing pìn 《영》 압정, 제도용 핀 (《미》 thumbtack)

‡**dráwing ròom** 《영》 **응접실**; 객실 《현재는 living room이 일반적》 **2** 《미》 (열차의) 특별 객실

draw·ing-room [-rùːm] *a.* 객실용의; 상류사회를 다룬, 고상한

draw·knife [drɔ́ːnàif] *n.* (*pl.* **-knives** [-nàivz]) (양쪽에 자루가 달린) 앞으로 당겨서 깎는 칼

drawl [drɔːl] *vi., vt.* 느리게 말하다, 점잔 빼어 말하다 《*out*》 — *n.* 느린 말투

drawl·ing [drɔ́ːliŋ] *a.* 느리게 질질 끄는, 우물쭈물하는, 뜸직뜸직한 ~**·ly** *ad.*

‡**drawn** [drɔːn] *v.* DRAW의 과거분사 — *a.* **1** (칼집에서) **빼낸**(naked) **2** 비긴, 무승부의 **3** 〈물고기 등이〉 내장을 빼낸 **4** 〈선 등이〉 그어진 **5** 잡아당겨 늘어진[일그러진]

drawn·work [drɔ́ːnwə̀ːrk] *n.* 〖복식〗 드론워크 《레이스의 일종》

draw·string [drɔ́ːstrìŋ] *n.* (자루·옷자락 등을) 졸라매는 끈

dráw wèll 두레 우물

dray [drei] *n.* (바닥이 낮은 4륜의) 짐마차; 《미》 썰매(sledge); 화물 자동차

dráy hòrse 짐마차 말

‡**dread** [dred] *vt.* **무서워하다**; 걱정하다 — *n.* **1** Ⓤ **공포**; 불안 **2** 무서운 사람[물건], 공포[두려움]의 대상[원인]
— *a.* Ⓐ 《문어》 **1** 대단히 무서운 **2** 《고어》 외경심을 일으키는, 황공한

‡**dread·ful** [drédfəl] *a.* **1** 무서운 **2** 《구어》 몹시 불쾌한, 지겨운

dread·ful·ly [drédfəli] *ad.* **1** 무섭게; 겁에 질려 **2** 《구어》 몹시, 지독히

dread·locks [drédlɑ̀ks | -lɔ̀ks] *n. pl.* (자메이카 흑인이 하는) 여러 가닥의 로프 모양으로 땋아 내린 머리 모양, 라스타파리안(Rastafarian) 헤어 스타일

dread·nought, -naught [drédnɔ̀ːt] [영국의 전함 이름에서] *n.* [**D~**] 〖군사〗 드레드노트형 전함; 노급함(弩級艦)

‡**dream** [driːm] *n.* **1** 꿈 **2** 꿈결; 몽상, 백일몽(의 상태)(daydream) **3** 포부, 희망, 이상, (장래의) 꿈 **4** 《구어》 꿈인가 싶은[훌륭한, 아름다운, 매력 있는] 것[사람] ***like a*** ~ 《구어》 쉽게, 간단히; 완벽하게 ***read a*** ~ 해몽하다 ***Sweet ~s!*** 잘 자! 《부모가 아이에게 하는 말》
— *v.* (**~ed** [-d | dremt], **dreamt** [dremt]) *vi.* **1 꿈을 꾸다**, 꿈에 보다 《*of, about*》 **2** 꿈꾸듯 황홀해지다; 몽상하다 《*of*》; [부정문에서] 꿈에도 생각하지 않다 《*of*》 — *vt.* **1 꿈꾸다**; 몽상하다 **2** 꿈결처럼[멍하니] 〈세월을〉 보내다, 취생몽사하다 《*away, out*》 — *a.* Ⓐ **1** 꿈의 **2** 이상적인; 환상의, 비현실적인

dream·boat [dríːmbòut] *n.* 《속어》 이상적인 이성; 욕심나는 것, 아주 좋은 것

***dream·er** [dríːmər] *n.* **꿈꾸는 사람**; 공상가

dream·land [dríːmlæ̀nd] *n.* **1** ⓊⒸ 꿈나라, 유토피아 **2** Ⓤ 《익살·문어》 잠(sleep)

dream·less [dríːmlis] *a.* 꿈이 없는, 꿈꾸지 않는

dream·like [dríːmlàik] *a.* 꿈같은, 어렴풋한

***dreamt** [dremt] *v.* DREAM의 과거·과거분사

dream·world [dríːmwə̀ːrld] *n.* 꿈[공상]의 세계

***dream·y** [dríːmi] *a.* (**dream·i·er**; **-i·est**) **1** 꿈 많은 **2** 꿈꾸는 듯한, 환상에 잠기는, 아름다운 **3** 꿈같은, 덧없는, 어렴풋한 **dréam·i·ly** *ad.* 꿈결같이

‡**drear·y** [dríəri] *a.* **1** 〈풍경·날씨 등이〉 **적적한**, 쓸쓸한; 황량한 **2** 〈시간 등이〉 지루한(dull) — *n.* (*pl.* **drear·ies**) 따분하고 재미없는 사람 — *vi.* 쓸쓸하게[따분하게] 만들다 **dréar·i·ly** *ad.*

dredge[1] [dredʒ] *n.* 준설기[선]; 반두(그물) — *vt.* **1** 준설하다, 물 밑바닥을 훑다 **2** 〈반두로〉 훑어 잡다 《*up*》; 《구어》 〈스캔들·사실 등을〉 (애써) 캐내다 《*up*》
— *vi.* 물 밑바닥을 치다; 반두로 잡다

dredge[2] *vt.* 〈밀가루 등을〉 뿌리다 《*over*》, 〈밀가루를〉 묻히다 《*with*》

dredg·er[1] [drédʒər] *n.* 준설 인부; 준설기[선]

dredger[2] *n.* 밀가루[설탕] 뿌리는 기구[용기]

dreg [dreg] *n.* **1** [보통 *pl.*] 잔재, 찌꺼기, 앙금; 하찮은 것, 쓰레기 **2** 적은 분량의 나머지

‡**drench** [drentʃ] [OE 「마시게 하다」의 뜻에서] *vt.* **흠뻑 물에 적시다**(soak); 액체에 담그다 — *n.* 흠뻑 젖음[젖게 함]

drench·ing [dréntʃiŋ] *n.* 흠뻑 젖음

‡**dress** [dres] *n.* **1** Ⓤ **의복**, **옷**, 복장; 정장, 예복 **2** (여성·여아의) **드레스**, 원피스 — *a.* Ⓐ **1** 드레스(용)의 **2** 예복용의 〈옷〉; 예복을 입어야 할
— *v.* (**~ed**, 《고어·시어》 **drest** [drest]) *vt.* **1 옷을 입히다 2 정장시키다**; 몸치장하다 **3** 아름답게 장식하다 **4** 〈머리를〉 손질하다, 땋다; 〈말의〉 털을 빗겨주다; 〖군사〗 정렬시키다 **5** 〈상처를 붕대·고약 등으로〉 처매다; 〈가죽·직물·석재·목재 등을〉 다듬어 곱게 하다; 〈정원수 등을〉 전지하다; 〈땅을〉 갈다, 거름을 주다 ~ ***oneself*** 옷을 입다; 단장하다; 정장하다 ~ ***up*** 성장[분장]시키다; 〈부대를〉 정렬시키다
— *vi.* **1 옷을 입다**[입고 있다], 옷차림을 하다 **2** 정장하다, 야회복을 입다 《*for*》 **3** 〖군사〗 정렬하다

dres·sage [drəsɑ́ːʒ] [F] *n.* Ⓤ 말을 길들임, 조마(調馬); 마장 마술

dréss círcle 극장의 특등석 ((2층 정면 석; 원래는 야회복을 입는 것이 관례))
dréss cóat 연미복
dressed [drest] *v.* DRESS의 과거·과거분사 **—** *a.* **1** 옷을 입은 **2** 손질[화장]을 한 **3** 요리용으로 준비 된
*__dress·er__[1] [drésər] *n.* **1** (극장의) **의상 담당자**; (쇼윈도) 장식가 **2** ((영)) (외과 수술의) 조수
dresser[2] *n.* **1** ((미)) 경대, 화장대(dressing table) **2** ((영)) 찬장, 서랍장
*__dress·ing__ [drésiŋ] *n.* **1** UC **끝손질**; (도로 포장의) 마무리 재료; 〖건축〗 화장 석재(石材) **2** UC 〖요리〗 **드레싱**, 소스; ((미)) (조류 요리의) 소, 속 **3** UC (외과의) 처치 용품, 연고, **붕대** **4** U 비료 **5** U 옷 입기, 몸단장; 의상
dréssing càse[bàg] 화장 도구 가방
dress·ing-down [drésiŋdáun] *n.* ((구어)) 엄한 질책, 꾸지람; 구타
dréssing gòwn 화장복 ((잠옷 위에 입음; cf. BATHROBE))
dréssing ròom 화장하는 방 ((침실 옆)); (연극 배우 등의) 분장실
dréssing tàble 화장대, 경대
*__dress·mak·er__ [drésmèikər] *n.* **양재사, 양장점**(cf. TAILOR) **—** *a.* 〈여성복이〉 모양 있고 공들인
*__dress·mak·ing__ [drésmèikiŋ] *n.* U 여성복 제조(업), **양재**
dréss paràde 〖군사〗 정장 사열식
dréss rehéarsal 〖연극〗 (무대 의상을 입고 정식으로 하는) 총연습, 정식 무대 연습
dréss shírt (예복용) 와이셔츠
dréss súit (남자용) 예복, 야회복
dréss úniform 〖군사〗 예복
dress·y [drési] *a.* (**dress·i·er**; **-i·est**) ((구어)) **1** 옷차림에 신경 쓰는; 잘 차려 입은 **2** 맵시 있는(stylish)
‡**drew** [druː] *v.* DRAW의 과거
drey [drei] *n.* 다람쥐 집
drib·ble [dríbl] *vt.* **1** 〈물방울 등을〉 똑똑 떨어뜨리다, 〈침을〉 흘리다 **2** 〖구기〗 공을 드리블하다 **—** *vi.* **1** 〈물방울 등이〉 똑똑 떨어지다 **2** 침을 흘리다 **3** 〖구기〗 공을 드리블하다 **—** *n.* **1** (물방울 등이) 똑똑 떨어짐; 소량, 조금 **2** 〖구기〗 드리블
drib·(b)let [dríblit] *n.* 작은 물방울 ((*of*)); 소량, 소액, 근소
‡**dried** [draid] *v.* DRY의 과거·과거분사 **—** *a.* **건조한**
dried-up [dráidʌ́p] *a.* **1** 바싹 마른 **2** (늙어서) 쭈글쭈글한
*__dri·er__ [dráiər] *n.* **1 말리는 사람** **2** 건조기, 드라이어; = SPIN-DRIER **3** 건조제
‡**drift** [drift] *vi.* **1 표류하다,** 떠돌다 ((*with, on, down*)) **2** 무작정 나아가다, 되는 대로 지내다; 부지중에 빠지다 ((*into, toward*)); 방랑하다, 전전하다 **3** (바람에) 날려 쌓이다 **—** *vt.* **1** 표류시키다 **2** 〈바람이〉 날려 보내다, 불어서 쌓이게 하다
~ ***along*** 표류하다; 정처 없이 떠돌다; 엄벙덤벙 지내다 ~ ***apart*** 따로따로 흩어지다; 소원해지다
— *n.* **1** UC **표류,** 떠내려감 **2** U 되는 대로 내버려 둠: a policy of ~ 방임책, 미봉책 **3** UC 경향, 동향, 대세 ((*of*)); [*sing.*] (담화의) 주의(主意) **4** (눈·비·토사 등의) 불어 쌓임; 표류물; 〖지질〗 표적물
drift·age [dríftidʒ] *n.* U **1** 표류 작용 **2** 밀려 내려가는 거리, (선박의) 표정(漂程) **3** C 표류[표적]물
drift·er [dríftər] *n.* **1** 표류자[물] **2** 유망(流網) 어선 **3** 유랑자
dríft ìce 유빙(流氷)
dríft nèt 유망(流網)
drift·wood [-wùd] *n.* U 유목(流木); C 무용지물
‡**drill**[1] [dril] *n.* **1 송곳,** 천공기; 착암기 **2** UC **엄격한 훈련[연습]**, 반복 연습 ((*in*)); 〖군사〗 교련 **3** [the ~] ((영·구어)) 올바른 방법 **—** *vt.* **1** …에 **구멍을 뚫다** **2** 〖군사〗 교련하다 **3** (엄하게) **훈련하다,** 반복 연습시키다, 철저히 가르치다 ((*in*)) **4** ((미·구어)) 〈공을〉 강타하다; ((미·구어)) 총알로 꿰뚫다
— *vi.* **1** 구멍을 뚫다 ((*through*)) **2** 〖군사〗 교련을 받다 **3** 반복 연습을 하다
drill[2] *n.* 〖농업〗 **1** 조파기(條播機) **2** (씨를 뿌리는) 작은 두렁; 이랑(에 심은 농작물의 줄) **—** *vt., vi.* 이랑에 씨를 뿌리다[심다]
drill[3] *n.* U 능직(綾織)의 튼튼한 무명
dríll bòok **1** 〖군사〗 교련 교범(敎範) **2** 연습장
drill·ing[1] [dríliŋ] *n.* U 교련; 훈련, 연습
drilling[2] *n.* U (씨의) 조파법
drill·mas·ter [drílmæ̀stər | -màːs-] *n.* 군사 훈련 교관; (군대식) 체육 교사; 엄하게 가르치는 사람
dri·ly [dráili] *ad.* = DRYLY
‡**drink** [driŋk] *v.* (**drank** [dræŋk]; **drunk** [drʌŋk], ((시어)) **runk·en** [drʌ́ŋkən]) *vt.* **1** 〈물·술 등을〉 **마시다**; **쭉 마셔 비우다**(empty) **2** 〈임금·급료 등을〉 술로 없애다 ((*away*)) **3** …을 위해 축배를 들다; 건배하다 ((*to*)) **4** 〈수분을〉 흡수하다 **5** [종종 ~ one*self* 로] 마시어 …상태에 이르다 **—** *vi.* **1 술[음료]을 마시다** **2** (상습적으로) 술을 많이 마시다; 취해 버리다 **3** 건배하다, 축배를 들다 ((*to*))
~ ***away*** 술 때문에 〈이성·재산을〉 잃다; 술을 마시며 허송세월하다 ~ ***in*** 빨아들이다; 정신없이 듣다[바라보다] ~ ***off*** (단숨에 쭉) 들이키다 ~ ***up*** [보통 명령법으로] 다 마셔 버려; 빨아올리다
— *n.* **1** UC **마실 것,** 음료; **알코올 음료,** 주류 **2** (마실 것의) **한잔** **3** U 음주, 호주(豪酒), 폭주 **4** [the ~] ((구어)) 큰 강, ((특히)) 큰 바다
drink·a·ble [dríŋkəbl] *a.* 마실 수 있는, 마시기에 적합한 **—** *n.* [보통 *pl.*] 음료, 마실 것
*__drink·er__ [dríŋkər] *n.* **마시는 사람**; (특히 상습적인) 술꾼
‡**drink·ing** [dríŋkiŋ] *n.* U **1 마심,** 흡입 **2** (특히 상습적·과도한) **음주**
— *a.* **마시기에 알맞은,** 음용의
drínking fòuntain 분수식 물마시는 곳
drínking sòng 주연[연회석]의 노래
drínking wàter 음료수, 음용수
‡**drip** [drip] (cf. DROP) *v.* (**~ped, dript** [dript]) *vi.* **1** 〈액체가〉 **듣다,** 똑똑 떨어

지다 《*from*》 **2** (흠뻑 젖어서) 물방울이 떨어지다, 흠뻑 젖다 《*with*》 — *vt.* 물방울을 듣게 하다, 똑똑 떨어뜨리다 — *n.* **1** [*sing.*] 똑똑 **떨어지기,** 듣기; 〚의학〛 점적(약), 점적 장치 **2** [종종 *pl.*] **듣는 방울** **3** 《미·속어》 미련한[사교성 없는] 사람; 실없는 말

dríp còffee 드립 커피 《드립식으로 뺀 커피》

drip-dry [drípdrài] *v.* (**-dried**) *vt.*, *vi.* 짜지 않고 널어 말리다[마르다] — *a.* 짜지 않고 널어도 곧 마르는 천으로 만든

***drip·ping** [drípiŋ] *n.* Ⓤ **1** 똑똑 **떨어짐,** 적하 **2** 듣는 것, 물방울; [종종 *pl.*] (불고기에서) 떨어지는 육즙

— *a.* **1** 빗물이 떨어지는 **2** 흠뻑 젖은; [부사적] 흠뻑 젖을 만큼

drip·py [drípi] *a.* (**-pi·er**; **-pi·est**) 물이 똑똑 떨어지는; 축축히 비가 오는 〈날씨〉; 《구어》 감상적인

dript [dript] *v.* DRIP의 과거·과거분사

⁑**drive** [draiv] *v.* (**drove** [drouv]; **driv·en** [drívən]) *vt.* **1 몰다,** 쫓다; 〈마소를〉 **몰다,** 쫓다, 〈새·짐승·적을〉 몰아치다, 몰아내다 **2** 〈차 등을〉 **몰다, 운전[조종]하다:** ~ her home 그 여자를 차에 태워 집까지 바래다 주다 **3** 혹사시키다 **4** …**하게 내몰다,** 억지로 …하게 하다 **5** 〈바람이 구름·눈·비를〉 불어 보내다; 〈못·말뚝 등을〉 박다; 〈지식 등을〉 주입하다; 〈터널·굴을〉 뚫다, 〈철도를〉 부설하다 **6** 〈장사 등을〉 하다, 경영하다, 〈거래 등을〉 성립시키다 **7** 〚테니스〛 드라이브를 넣다; 〚야구〛〈안타·희생 플라이를 쳐서 주자를〉 진루시키다; 〚골프〛 〈드라이버로 공을〉 tee에서 멀리 치다 **8** 〈시간·날짜 등을〉 연기하다 — *vi.* **1 차를 몰다[운전하다];** 드라이브하다 **2** 〈배 등이〉 **질주[돌진]하다;** 〈구름이〉 날아가다 **3** 공을 강타하다; 속구를 던지다; 〚골프〛 드라이버로 힘껏 치다 **4** [보통 진행형으로] 《구어》 …할 작정이다, 추구하다 《*at*》

~ ***at*** ⇨ *vi.* 4. ~ ***away*** 몰아내다; 〈구름·불안 등을〉 날려 버리다; 차를 몰고 가 버리다 ~ ... ***home*** (1) 〈못 등을〉 단단히 박다 (2) 〈견해·사실을〉 납득[통감]시키다 (3) ⇨ *vt.* 2. ~ ***in*** 몰아[떼밀어] 넣다; 〈말뚝 등을〉 때려 박다; 차를 몰고 들어가다; 〚야구〛 히트를 쳐서 주자를 홈인시키다 ~ ***off*** 쫓아내다, 물리치다; 〈차 등이〉 가버리다; 〚골프〛 제1타를 치다 ***let*** ~ 겨누다, 쏘다, 덤벼들다, 겨누어 …에 던지다 《*at*》

— *n.* **1** Ⓒ (자동차 등의) **드라이브** **2** 드라이브 길; 《영》 차도 **3** (마차·자동차로 가는) 거리 **4** ⓊⒸ 박력, 추진력, 정력(energy); 〚심리〛 동기, 동인(動因), 충동, 본능적 욕구; (군대의) 대공세 **5** 《원래 미》 (기부금 모집 등의) 운동; 대선전 **6** 〈사냥감·적을〉 몰아댐; 〈짐승 떼를〉 몰기; 《고어》 (몰아 모은) 가축의 떼 **7** 〚구기〛 드라이브, 장타, 강타 **8** Ⓤ 〚기계〛 구동(驅動) 장치, 전동(傳動); (자동차의 자동 변속기의) 드라이브 위치

***drive-in** [dráivìn] *n.* 《미》 **드라이브인** 《차에 탄 채 이용할 수 있는 영화관·은행·백화점·간이 식당 등》 — *a.* Ⓐ **드라이브인 식의**

driv·el [drívəl] *v.* (**~ed**; **~·ing** | **~led**; **~·ling**) *vi.* **1** 침을 흘리다 **2** 철부지 소리를 하다 — *vt.* **1** 〈시간 등을〉 낭비하다 **2** 바보 소리를 하다 **~·er** *n.* 침 흘리는 사람; 바보

⁑**driv·en** [drívən] *v.* DRIVE의 과거분사

⁑**driv·er** [dráivər] *n.* **1 운전사**; (기계의) 조종자 **2** 소[말]몰이꾼, 가축 상인(drover) **3** 〚기계〛 동력 전달부; (기관의) 동륜 **4** 〚골프〛 드라이버, 1번 우드 클럽 **5** (말뚝 등을) 박는 기계 **6** 〚컴퓨터〛 드라이버

dríver's lìcense 《미》 운전면허(증) (《영》 driving licence)

dríver's sèat 운전석

drive-up [dráivʌ̀p] *a.* 《미》 〈은행·가게·식당 등이〉 드라이브인 식의

***drive·way** [dráivwèi] *n.* 《미》 **사유 차도,** (도로에서 현관까지의) 차도(《영》 drive)

⁑**driv·ing** [dráiviŋ] *a.* Ⓐ **1 추진하는;** 동력 전도(傳導)의 **2 정력적인** **3** 〈바람이〉 맹렬한 **4** 사람을 혹사하는

dríving lìcence 《영》 =DRIVER'S LICENSE

dríving rànge 골프 연습장

dríving tèst 운전면허 시험

dríving whèel 〚기계〛 동륜; (자동차 등의) 구동륜

***driz·zle** [drízl] *n.* Ⓤ **이슬비,** 가랑비, 보슬비 — *vi.* [종종 it를 주어로 하여] 이슬비[가랑비]가 내리다

driz·zly [drízli] *a.* 이슬비[가랑비] 내리는

drogue [droug] *n.* **1** (고래잡이) 작살 줄에 달린 부표 **2** (비행장의) 풍향 기드림 **3** 〚항공〛 (비행기가 끄는) 기드림 《사격 연습용 표적》 **4** 〚항공〛 드로그 《비행기의 공중 급유용의 원통형 기구》

droll [droul] *a.* 익살 떠는, 우스꽝스러운

droll·er·y [dróuləri] *n.* (*pl.* **-er·ies**) ⓊⒸ 익살 떠는 거동; 농담, 해학

-drome [dròum] 《연결형》 [명사형 어미] 「경주로; 넓은 시설」의 뜻: air*drome*

drom·e·dar·y [drɑ́mədèri | drɔ́mədəri] *n.* (*pl.* **-dar·ies**) 단봉(單峰) 낙타

***drone**[1] [droun] *n.* **1** (꿀벌의) **수벌**(cf. WORKER) **2** 게으름뱅이(idler) **3** (무선 조종의) 무인 비행 물체

— *vi.*, *vt.* 빈둥거리며 지내다(idle)

***drone**[2] [droun] *n.* **1 윙윙거리는 소리,** 단조로운 저음; 〚음악〛 bagpipe의 지속 저음(관) **2** 단조로운 말투의 사람

— *vi.*, *vt.* 윙윙거리다; 낮은 소리로 단조롭게 노래하다[이야기하다]

drool [dru:l] *vi.*, *vt.* 《주로 미》 =DRIVEL

⁑**droop** [dru:p] *vi.* **1 축 늘어지다,** 처지다; 〈눈을〉 내리깔다 **2** 〈초목이〉 시들다, 〈사람이〉 힘이 없어지다 — *vt.* 〈고개·얼굴 등을〉 **수그리다,** 〈눈을〉 내리깔다

— *n.* **1** 축 늘어짐, 수그러짐 **2** 〈가락이〉 처짐(fall)

droop·ing [drú:piŋ] *a.* 눈을 내리깐, 풀이 죽은

droop·y [drú:pi] *a.* (**droop·i·er**; **-i·est**) 축 늘어진, 수그린; 《구어》 지친, 의기소침한

⁑**drop** [drɑp | drɔp] *n.* **1** (액체의) **방울** **2 한 방울의 분량;** (물약의) 적량(滴量); [*pl.*] 점적약(點滴藥); [a ~; 부정문에서] 소량; 《구어》 소량[한잔]의 술 **3** 물방울 모양의 것; 펜던트(pendant)에 박은 보석 《진주 등》 **4 방울져 떨어짐**

(dropping); **급강하**; 〖군사〗 (낙하산에 의한) 공중 투하; 낙하 거리, 낙차; (가격·주식 등의) 하락 《*in*》, (온도의) 강하 《*in*》; 〖야구〗 드롭 **5** 떨어지는 장치; (교수대의) 발판; 《속어》 비밀 정보[장물, 밀수품] 은닉 장소 **~ *by* ~** 한 방울씩, 조금씩
— *v.* (**~ped, dropt** [drɑpt | drɔpt]; **~·ping**) *vi.* **1 방울져 떨어지다,** 뚝뚝 떨어지다, 듣다 **2 a** 〈갑자기〉 **떨어지다,** 〈꽃이〉 지다; 〈막 등이〉 내리다; 〈말이〉 무심결에 불쑥 나오다 **b 푹 쓰러지다;** 죽다 **c** 〈차츰 어떤 상태에〉 빠지다, 〈어떤 상태가〉 되다 《*into*》 **3** 〈사람이〉 훌쩍 내리다; 〈언덕·강 등을〉 내려가다 《*down*》; 〈해가〉 지다 **4** 〈바람이〉 자다; 〈일이〉 중단되다; 〈가격이〉 내리다; 〈온도·생산고가〉 내려가다, 〈소리가〉 약해지다 **5** 뒤떨어지다, 낙후하다; 탈락하다 **6** 《구어》 〈사람이〉 우연히 들르다 **—** *vt.* **1 똑똑 떨어뜨리다,** 방울져 듣게 하다, 엎지르다 **2** 〈물건을〉 **떨어뜨리다**(let fall), 손에서 떨어뜨리다; 투함(投函)하다; 낙하산으로 공중 투하하다; 〈짧은 편지를〉 써보내다; 〈지갑 등을〉 잃어버리다; 〈노름에서 돈을〉 잃다, 〈내기에서〉 지다; 《구어》 〈승객·짐을 도중에〉 **내려놓다** **3** 〈닻·막 등을〉 내리다; 〈눈을〉 내리깔다; 〈목소리를〉 낮추다 **4** 무심코 입 밖에 내다, 암시하다; 〈한숨·미소를〉 짓다 **5** 〈습관 등을〉 **버리다;** 〈의논 등을〉 중단하다, 그만두다; 절교하다 **6** 도끼로 찍어 눕히다, 쳐서[쏘아] 쓰러뜨리다 **7** 《미》 해고하다, 퇴학시키다 《*from*》 **8** 〖컴퓨터〗 〈아이콘 등을〉 드롭하다 **~ *across*** 우연히 만나다; 〈물건을〉 우연히 발견하다; 꾸짖다, 벌주다 **~ *by*** 《구어》 (…에) 잠깐 들르다 **~ *on*[*upon*]** 《구어》 우연히 만나다; 선발하다; 꾸짖다 **~ *out*** 떠나다; 사라지다; 빠지다, 없어지다; 〖럭비〗 드롭아웃하다; 〈선수가 경기에〉 결장하다, 빠지다; 낙오하다, 중퇴하다 **~ *over*** 《구어》 예고 없이 들르다

dróp cùrtain (무대의) 현수막(drop scene)

drop-in [drɑ́pìn | drɔ́p-] *n.* 《구어》 불쑥 들르는 사람[장소]

drop-kick [-kík] *vt., vi.* 드롭킥하다

drop·kick [-kìk] *n.* 〖럭비·미식축구〗 드롭킥

dróp lèaf 책상에 경첩으로 달아 접게 되어 있는 보조판 **dróp-lèaf** *a.*

drop·let [-lit] *n.* 작은 물방울

drop·light [-làit] *n.* (이동식) 현수등

drop·out [-àut] *n.* **1** 낙후, 탈락; 《구어》 (기성 사회로부터의) 탈락자; 중퇴자 **2** 〖럭비〗 드롭아웃 **3** 〖컴퓨터〗 드롭아웃 《자기 테이프의 데이터 소실 부분》

drop·per [drɑ́pər | drɔ́p-] *n.* 떨어뜨리는 사람; (안약 등의) 점적기(點滴器)

drop·ping [drɑ́piŋ | drɔ́p-] *n.* [UC] **1** 적하(滴下); 낙하 **2** [*pl.*] 방울져 떨어지는 것, 촛농; 낙하물, (새·짐승의) 똥

dróp scène 무대의 현수막(drop curtain)

dróp shòt 〖테니스·배드민턴〗 드롭 샷 《네트를 넘자 곧 떨어지는 공》

drop·si·cal [drɑ́psikəl | drɔ́p-] *a.* 〖병리〗 수종(水腫)의

drop·sy [drɑ́psi | drɔ́p-] *n.* [U] 〖병리〗 수종(水腫)(증)

dross [drɑs, drɔ:s | drɔs] *n.* [U] **1** 〖야금〗 쇠똥, 광재(鑛滓); 《특히》 떠 있는 찌꺼기, 불순물 **2** 쓸모 없는 것

∗**drought** [draut] *n.* [CU] **1 가뭄,** 한발; (장기간의) 부족, 결핍(scarcity) **2** 《고어》 건조; 《방언》 갈증(thirst)

drought·y [dráuti] *a.* (**drought·i·er**; **-i·est**) 가뭄의; 모자라는; 《방언》 목마른

‡**drove**[1] [drouv] *v.* DRIVE의 과거

drove[2] *n.* (소·돼지·양의) 떼지어 가는 무리

dro·ver [dróuvər] *n.* 가축을 시장으로 몰고 가는 사람, 가축 상인

‡**drown** [draun] *vi.* **물에 빠져 죽다,** 익사하다 ***A ~ing man will catch at a straw.*** 《속담》 물에 빠진 사람은 지푸라기라도 붙잡는다.
— *vt.* **1 a** 물에 빠져 죽게 하다, **익사시키다** **b** [~ one*self* 로] 투신자살하다 **2 a** [종종 수동형] 물바다가 되게 하다, 침수시키다 **b** 〈식품에〉 …을 잔뜩 치다 《*with*》 **3** 〈근심·걱정을〉 잊게 하다 《*in*》 **4** [~ one*self* 로] …에 몰두하다, 전념하다 《*in*》

drowned [draund] *a.* **1** 물에 빠져 죽은 **2** [P] …에 빠진, 몰두하고 있는

drowse [drauz] *vi., vt.* 꾸벅꾸벅 졸다, 깜박 졸다(doze); 졸게 하다, 졸며 〈시간을〉 보내다, 취생몽사하다 《*away*》
— *n.* [U] 졸음, 선잠

drows·i·ly [dráuzili] *ad.* 졸린 듯이, 꾸벅꾸벅

∗**drow·sy** [dráuzi] *a.* (**-si·er**; **-si·est**) **1 졸리는;** 잠오는 듯한, 꾸벅꾸벅 조는 **2** 나른한, 졸음을 자아내는 **3** 〈거리 등이〉 활기가 없는 **drów·si·ness** *n.* [U] 졸림

drub [drʌb] *vt., vi.* (**~bed**; **~·bing**) 〈막대 등으로〉 치다(beat); 〈발을〉 구르다; 압승하다 **~·bing** *n.*

drudge [drʌdʒ] *n.* 〈단조롭고 힘든 일을〉 꾸준히 하는 사람
— *vi.* 〈고된 일을〉 꾸준히 하다, 악착스럽게 일하다(toil) 《*at*》

drudg·er·y [drʌ́dʒəri] *n.* [U] (단조로운) 천역, 고역(cf. SLAVERY)

‡**drug** [drʌg] *n.* **1 약,** 약제, 약품; [*pl.*] 《미》 (치약 등) 위생 약품 **2 마약,** 마취제
— *v.* (**~ged**; **~·ging**) *vt.* **1** …에 약을 타다; 〈음식물에〉 독약[마취제]을 넣다 **2** 약[《특히》 마취제]을 먹이다

drug·get [drʌ́git] *n.* (인도산의) 거친 융단, 옛날의 나사(羅紗)의 일종

∗**drug·gist** [drʌ́gist] *n.* 《주로 미·스코》 약제사(《영》 chemist); drugstore의 주인

drug·gy [drʌ́gi] 《미》 *n.* (*pl.* **-gies**) 마약 중독자 **—** *a.* 마약 (사용)의

‡**drug·store** [drʌ́gstɔ̀:r] *n.* 《미》 **드러그스토어,** 약국 (《영》 chemist's shop) 《화장품·담배·책 따위도 판매》

dru·id [drú:id] *n.* [종종 **D~**] 고대 Gaul 및 Celt 족의 드루이드교의 사제(司祭)

dru·id·ism [drú:idìzm] *n.* [U] 드루이드교

‡**drum** [drʌm] *n.* **1 북,** 드럼; [*pl.*] (오케스트라·악대의) 드럼부(部) **2** 북소리 (비슷한 소리) **3** 〖해부〗 (귀의) 중이(中耳), 고막; (기계의) 몸통; 원통형 용기, 드럼통 ***beat the ~(s)*** 《구어》 요란하게 선전[지지]하다, 뽐내다 《*for*》

— *v.* (**~med**; **~·ming**) *vi.* **1** 북을 치다 **2** 둥둥[쿵쿵] 치다[때리다, 발을 구르다] ((*with, on, at*)) **3** 선전하다 **—** *vt.* **1** 〈곡을〉 북을 쳐서 연주하다 **2** 둥둥[쿵쿵] 소리를 내다 ((*with*)) **3** (귀가 따갑도록) 되풀이하여 …하게 하다 ((*into*)), 주입하다, 〈머리에〉 쑤셔넣다 ((*into*))

drum·beat [drʌ́mbìːt] *n.* 북소리

drum·fire [-fàiər] *n.* Ⓤ (돌격 전의) 연속 집중 포화; (질문·비판·선전 등의) 집중 공격

drum·head [-hèd] *n.* 북 가죽

drúmhead cóurt-martial 〖군사〗 전지 임시 군법 회의

drúm màjor 군악대장, 고수장, 악장

drúm majorètte (군악대의) 여자 악장

*__drum·mer__ [drʌ́mər] *n.* **1** 고수 ((특히 군악대의)), 드러머 **2** ((미·구어)) 지방 순회 상인 ((원래 북으로 고객을 끌었음)); ((속어)) 도둑

drum·stick [-stìk] *n.* **1** 북채 **2** 〖요리〗 닭·오리 등의 다리 ((북채와 비슷하여))

⁑**drunk** [drʌŋk] *v.* DRINK의 과거분사 **—** *a.* Ⓟ **1** (술에) 취한 **2** 도취된 ((*with*)) **—** *n.* ((구어)) 술주정뱅이; 술 사고

*__drunk·ard__ [drʌ́ŋkərd] *n.* 술고래

drúnk dríving 음주 운전

*__drunk·en__ [drʌ́ŋkən] *a.* Ⓐ 술취한, 만취한, 술주정뱅이의; 술로 인한: ~ driving 음주 운전 **~·ly** *ad.*

drunk·om·e·ter [drʌŋkɑ́mətər | -ɔ́m-] *n.* ((미)) 음주 측정기(((영)) Breathalyzer)

drupe [druːp] *n.* 〖식물〗 핵과, 석과

⁑**dry** [drai] *a.* (**dri·er,** **~·er**; **dri·est,** **~·est**) **1** 마른; 건성(乾性)의 **2** 가문; 건조성의; 갈수(渴水)의; 목마른; 고체의 **3** 〈포도주 등이〉 맛이 산뜻한(opp. *sweet*) **4** 눈물을 흘리지 않는, 정다운 맛이 없는; 무미건조한 **5** 〈사실 등이〉 적나라한, 노골적인; 무뚝뚝한; 〖미술〗 아취(雅趣)가 없는 **6** ((미·구어)) 금주의, 금주법을 실시[찬성]하는, 금주파의, 술이 나오지 않는 〈파티〉 **7** 버터를 바르지 않은

*~ **as a bone*** 바싹 마른

— *v.* (**dried**) *vt.* **1** 말리다, 건조시키다 **2** 닦아 말리다; 〈눈물을〉 닦아내다, 훔치다 **3** 〈식품을 보존하기 위해〉 말리다(cf. DRIED) **—** *vi.* 마르다

*~ **off*** 바싹 말리다[마르다] *~ **up*** (1) 바싹 말리다[마르다], 물기를 닦다 (2) 〈자금·상상력이〉 고갈되다 (3) ((구어)) 말을 그치다, 말이 그치다

— *n.* **1** (*pl.* **dries**) **a** 가뭄, 한발; 건조 상태 **b** 〖기상〗 건조기 **2** (*pl.* **~s**) ((미·구어)) 금주(법 찬성)론자(opp. *wet*)

dry·ad [dráiəd, -æd] *n.* 〖그리스신화〗 드라이어드 ((나무·숲의 요정))

dry·as·dust [dráiəzdʌ̀st] *a.* 무미건조한

drý bàttery 〖전기〗 건전지

dry-clean [-klíːn] *vt.* 드라이클리닝하다 **—** *vi.* 드라이클리닝되다

drý cléaner 드라이클리닝 약품 ((벤젠·나프타 등)); 드라이클리닝 업자

drý cléaning 드라이클리닝(한 세탁물)

drý dòck 〖항해〗 드라이 독, 건선거(乾船渠)

dry-dock [dráidɑ̀k | -dɔ̀k] *vt.*, *vi.* 건선거에 넣다[들어가다]

dry·er [dráiər] *n.* = DRIER

dry-eyed [dráiàid] *a.* 울지 않는, 냉정한

dry-farm [-fɑ̀ːrm] *vt.* 〈토지·작물을〉 건지 농법으로 경작하다

drý fármer 건지 농법을 쓰는 농부

drý gòods ((미)) 직물, 포목, 의류; ((영)) 곡물

drý íce 드라이아이스

dry·ing [dráiiŋ] *n.* Ⓤ 건조 **—** *a.* 건조용의; 건조성의

dry·land [dráilæ̀nd] *n.* (강수량이 적은) 건조 지역; (바다 등에 대하여) 육지

dry·ly [dráili] *ad.* 건조하여; 무미건조하게; 냉담하게

drý méasure 건량(乾量) ((건조된 곡물·과실 등의 계량; cf. LIQUID MEASURE))

drý mílk 분유

dry·ness [dráinis] *n.* Ⓤ 건조(한 상태); 무미건조; 냉담, 정열이 없음; 금주

drý nùrse (젖을 먹이지 않는) 보모

dry-nurse [dráinə̀ːrs] *vt.* 〈유아를〉 보육하다

drý rót **1** (균류에 의한) 마른 목재의 부패 **2** (도덕적·사회적) 퇴폐, 부패 ((*in*))

drý rún **1** 〖군사〗 실탄 없이 하는 모의 연습 **2** ((구어)) 예행 연습, 리허설; 시운전 **3** 〖컴퓨터〗 가상 동작 체크

dry-shod [-ʃɑ̀d | -ʃɔ̀d] *a.*, *ad.* 신[발]을 적시지 않는[않고]

drý wàll 〖건축〗 (모르타르를 쓰지 않는) 돌쌓기 담; ((미)) 건식 벽체(壁體)

DSC Distinguished Service Cross 〖군사〗 청동 수훈 십자장

DSM 〖군사〗 Distinguished Service Medal 공로 훈장

DSO Distinguished Service Order 〖영국군〗 수훈장(殊勳章)

DST daylight-saving time

DT's, d.t.'s, D.T.'s [díːtíːz] *n. pl.* [보통 the ~] ((구어)) = DELIRIUM TREMENS

Du. Duke; Dutch

*__du·al__ [djúːəl | djúː-] [동음어 duel] [L 「2의」 뜻에서] *a.* Ⓐ **1** 둘의; 양자의 **2** 이중의; 두 부분으로 된; 이원적(二元的)인 **3** 〖문법〗 양수(兩數)의

dúal cárriageway ((영)) = DIVIDED HIGHWAY

dúal contról (항공기·자동차의) 이중[복식] 조종 장치

du·al·ism [djúːəlìzm | djúː-] *n.* Ⓤ **1** 이중성, 이원(二元)성 **2** 〖철학〗 이원론

du·al·is·tic [djùːəlístik | djùː-] *a.* 이원적인, 이원론의

du·al·i·ty [djuːǽləti | djuː-] *n.* (*pl.* **-ties**) ⓊⒸ 이중[이원]성; 〖수학·논리〗 쌍대성(雙對性)

du·al-pur·pose [djúːəlpə́ːrpəs | djúː-] *a.* 이중 목적의(cf. MULTIPURPOSE)

dub[1] [dʌb] *vt.* (**~bed**; **~·bing**) **1** ((문어·고어)) (국왕이 칼로 어깨를 가볍게 치고) knight 작위를 주다 **2** 〈새 이름·별명·명칭을〉 주다, 붙이다, 〈…을 …이라고〉 부르다

dub[2] [double의 단축형] *vt.* (**~bed**; **~·bing**) 〖영화·TV〗 〈필름에〉 새로 녹음하다, 재녹음하다, 더빙하다; 〈필름·테이프에〉 음향 효과를 넣다

Dub. Dublin

Du·bai [du:bái] *n.* 두바이 《아랍 에미리트 연방의 주요 구성국의 하나》

dub·bin [dʌ́bin] *n.* Ⓤ 더빈유(油) 《피혁용 유지》 — *vt.* …에 더빈유를 바르다

dub·bing [dʌ́biŋ] *n.* Ⓤ 〖영화·TV〗 더빙, 재녹음

du·bi·e·ty [dju:báiəti | dju:-] *n.* (*pl.* **-ties**) Ⓤ 《문어》 의혹, 의아스러움; Ⓒ 의심스러운 것[일]

*__du·bi·ous__ [djú:biəs | djú:-] *a.* **1** **수상쩍은**, 의심스러운 **2** Ⓟ 〈사람이〉 의심을 품은, 반신반의하는 **3** 〈말 등이〉 **모호한**, 진의가 분명치 않은, 애매한 **4** 〈결과 등이〉 미덥지 않은, 마음 놓을 수 없는, 불안한

du·bi·ta·ble [djú:bətəbl | djú:-] *a.* 의심스러운

du·bi·ta·tive [djú:bətèitiv | djú:bitət-] *a.* 의심스러운 듯한, 의심을 표시하는, 주저하는

*__Dub·lin__ [dʌ́blin] *n.* **더블린** 《아일랜드 공화국의 수도; 略 Dub(l).》

du·cal [djú:kəl | djú:-] *a.* 공작(duke)의; 공작다운, 공작령(領)(dukedom)의

duc·at [dʌ́kət] *n.* (옛날 유럽 대륙에서 사용한) 금화, 은화

*__duch·ess__ [dʌ́tʃis] *n.* **1** **공작**(duke)**부인**[미망인] **2** 여공작(女公爵)

duch·y [dʌ́tʃi] *n.* (*pl.* **duch·ies**) **1** 공국, 공작령(dukedom) 《duke, duchess의 영지》 **2** 영국 왕실의 영지 《Cornwall 및 Lancaster》

‡**duck¹** [dʌk] [OE 「잠수하다」의 뜻에서] *n.* (*pl.* **~s,** [집합적] **~**) **1** **오리**, 집오리; 오리[집오리]의 암컷; Ⓤ 오리 고기 **2** [**~(s)**] 《미·속어》 사랑스러운 사람 **3** 〖크리켓〗 = DUCK'S EGG **4** = LAME DUCK **5** 《속어》 바보, 괴짜 ***make ~s and drakes of money*** = ***play ~s and drakes with money*** 돈을 물쓰듯 하다

duck² *vi.* **1** 물속으로 (쑥) 들어가다, 머리를 갑자기 물속에 처박다 **2** 머리를 홱 숙이다, 몸을 홱 굽히다 《*at*》 **3** 《구어》 (책임·의무·타격 등을) 피하다, 회피하다 《*out of*》 — *vt.* **1** 〈머리를〉 들었다 숙였다 하다 **2** 〈남의〉 머리를 물속에 집어넣다, 〈사람 등을 물속에〉 덤벙 밀어넣다 《*in*》 **3** 《구어》 〈책임·사람·타격을〉 피하다, 회피하다 — *n.* **1** 머리[전신]를 숙임[구부림] **2** 물속으로 쑥 들어감

duck³ *n.* Ⓤ 즈크, 범포(帆布)천; [*pl.*] 《구어》 즈크 바지

duck⁴ *n.* 《미·군대속어》 수륙 양용 트럭

duck·bill [dʌ́kbìl] *n.* 〖동물〗 오리너구리

duck·boards [-bɔ̀:rdz] *n. pl.* (진창길 등에 건너질러 깐) 널빤지 길

duck·ing [dʌ́kiŋ] *n.* ⓊⒸ 물속에 처박음; 머리[몸통]를 갑자기 숙임[구부림]; 〖권투〗 밑으로 빠져 나옴, 더킹

give a person ***a ~*** …을 물속에 처박다

dúcking stòol 물고문 의자

duck·ling [dʌ́kliŋ] *n.* **1** 오리 새끼 **2** Ⓤ 어린 오리 고기

dúck's ègg 《영·구어》 〖크리켓〗 (타자의) 영점 《영(0)이 오리 알과 같은 데서; 《미·구어》 goose egg》

dúck sóup 《미·속어》 식은 죽 먹기; (속이기 쉬운) 봉

duck·weed [dʌ́kwì:d] *n.* 〖식물〗 개구리밥

duck·y [dʌ́ki] 《구어》 *n.* (*pl.* **duck·ies**) 《영》 = DARLING — *a.* (**duck·i·er**; **-i·est**) 귀여운; 유쾌한, 즐거운

duct [dʌkt] *n.* **1** 송수관(送水管) **2** 〖생리〗 도관(導管), 수송관; 〖식물〗 도관, 맥관 **3** 〖건축〗 암거(暗渠); 〖전기〗 선거(線渠), 덕트

duc·tile [dʌ́ktl | -tail] *a.* **1** 〈금속이〉 두들겨 펼 수 있는, 연성(延性)이 있는 **2** 〈진흙 등이〉 어떤 모양으로도 되는, 유연한 **3** 양순한, 유순한, 고분고분한

duc·til·i·ty [dʌktíləti] *n.* Ⓤ **1** 연성(延性), 전성(展性); (아스팔트의) 신도(伸度) **2** 유연성 **3** 양순한 성품(docility)

duct·less [dʌ́ktlis] *a.* (도)관이 없는

dúctless glánd 〖해부〗 내분비선

dud [dʌd] 《구어》 *n.* 쓸모없는 것[사람]; 불발탄; [보통 *pl.*] (한 벌의) 옷, 누더기 — *a.* 쓸모없는, 가짜의, 무익한

dude [dju:d | dju:d] *n.* 《미·구어》 젠체하는 사람; 멋쟁이(dandy)

dúde rànch 《미》 (서부의) 관광 목장

dudg·eon [dʌ́dʒən] *n.* [다음 성구로] ***in*** (***a***) ***high*** [***great, deep***] ***~*** 몹시 화내어

dud·ish [djú:diʃ | djú:-] *a.* 《미·속어》 멋쟁이의, 멋부리는

‡**due** [dju: | dju:] [동음어 dew] *a.* **1** **지불 기일이 된**, 당연히 치러야 할: ~ date (어음의) 만기일 **2** Ⓟ 응당 받아야 할 《*to*》; Ⓐ **정당한**, 당연한 **3** Ⓟ (원인을 …에) 돌려야 할 《*to*》 **4** Ⓟ **도착할 예정인**; [부정사와 함께] (언제) …**하기로 되어 있는** ***~ to*** (1) …에 기인하는, …때문인 (2) …에게 치러야[주어야] 할; 〈…하는 것은〉 당연한

— *n.* **당연히 지불되어야**[**주어져야**] **할 것**, 당연한 권리; [보통 *pl.*] **부과금**, 세금, 요금, 수수료, 사용료

give a person ***his ~*** …을 공정하게 다루다, …에게 정당한 대우를 해주다

— *ad.* [방위의 이름 앞에 붙여서] 정(正)[바로] …

*__du·el__ [djú:əl | djú:-] [동음어 dual] [L 「두 사람의 싸움」의 뜻에서] *n.* **1** **결투** **2** 투쟁; (양자 간의) 싸움 — *vi., vt.* (**~ed**; **~·ing** | **~led, ~·ling**) 결투하다 **~·(l)er, ~·(l)ist** *n.* 결투자, 투쟁자

*__du·et__ [dju:ét | dju:-] *n.* 〖음악〗 **이중창, 이중주**, 이중창[주]곡(cf. DUO), 듀엣

duff¹ [dʌf] *n.* (자루에 밀가루를 넣어서 찐) 푸딩

duff² *vt.* 《속어》 〈물품을〉 속이다; 〈골프채가 공을〉 헛치다 — *a.* 《구어》 〈품질이〉 하등인, 보잘것없는, 가짜의

duf·fel [dʌ́fəl], **-fle** [-fl] *n.* **1** Ⓤ 두텁고 거친 모직물의 일종 **2** (나사로 만든) 갈아입을 옷

dúffel[**dúffle**] **bàg** (군용) 즈크제 원통형 잡낭(雜囊)

dúffle[**dúffel**] **còat** 더플코트 《후드가 달린 무릎까지 내려오는 코트》

*__dug¹__ [dʌg] *v.* DIG의 과거·과거분사

dug² *n.* (어미 짐승의) 젖통이; 젖꼭지

du·gong [dú:gɑŋ, -gɔ:ŋ | -gɔŋ] *n.* (*pl.* **~, ~s**) 〚동물〛 듀공(sea cow) 《인도양산 포유 동물》

∗**dug·out** [dʌ́gàut] *n.* **1** 〚군사〛 **방공[대피]호**; 〚야구〛 더그아웃 《야구장의 선수 대기소》 **2 마상이**(canoe)

⁑**duke** [dju:k | dju:k] [L 「지도자」의 뜻에서] *n.* **1** 《영》 **공작** **2** 〚역사〛 (유럽의 공국(公國) 또는 소국(小國)의) 군주, 공(公); 대공(大公) **3** [*pl.*] 《속어》 주먹(fists), 손 **dúke·dom** *n.* 공작령(領), 공국; Ⓤ 공작의 지위[신분]

dul·cet [dʌ́lsit] *a.* 《문어》 (듣기·보기에) 상쾌한, 〈음색이〉 아름다운, 감미로운

dul·ci·mer [dʌ́lsəmər] *n.* 〚음악〛 덜시머 《사다리꼴의 현(弦)이 달린 타악기의 일종》

dul·cin·e·a [dʌ̀lsəní:ə, dʌlsíniə] [Sp. Don Quixote가 동경한 시골 처녀의 이름에서] *n.* (이상적인) 애인, 연인

⁑**dull** [dʌl] [OE 「어리석은」의 뜻에서] *a.* **1** 〈칼날 등이〉 **무딘** **2** 〈색·빛·음색 등이〉 분명[똑똑]치 않은; 〈날씨가〉 우중충한, 흐린; 〈고통 등이〉 둔하게 느껴지는 **3** 〈머리가〉 **둔한** **4** 감각이 전혀 없는 **5 단조롭고 지루한, 활기 없는** — *vt.* **1** 둔하게 하다; 무디게 하다 **2** 〈고통 등을〉 덜다 **3** 〈지능·시력 등을〉 우둔하게 하다
— *vi.* 둔해지다

dull·ard [dʌ́lərd] *n.* 얼간이, 멍청이

dull-brained [dʌ́lbrèind] *a.* 머리가 둔한

dull·ish [dʌ́liʃ] *a.* 좀 둔한; 좀 멍청한[모자라는]; 긴장이 풀린 듯한

∗**dull·ness, dul-** [dʌ́lnis] *n.* Ⓤ **1 둔함**; 둔감; 멍청함, 아둔함 **2** 불경기; 느림 **3** 지루함; 답답함; 침울

dull-wit·ted [dʌ́lwítid] *a.* = DULL-BRAINED

∗**dul·ly** [dʌ́lli] *ad.* **둔하게,** 멍청하게; 활발치 못하게; 지루하게; 느리게

⁑**du·ly** [djú:li | djú:-] *ad.* **1 정식으로**; 온당하게; 당연히, 적당히 **2** 충분히 **3 제시간에,** 때에 알맞게; 기일[시간]대로

Du·mas [dju:mɑ́:] *n.* 뒤마 **Alexandre ~** (1802-70; 1824-95) 《프랑스의 같은 이름의 소설가·극작가 부자(父子)》

⁑**dumb** [dʌm] *a.* **1 a 말 못하는,** 벙어리의 **b** [the ~; 명사적; 복수 취급] 말 못하는 사람들 **2 말을 하지 않는,** 말없는 **3** 〈놀람 등 때문에〉 말문이 막힌[막힐 정도의]; 말로 표현할 수 없는 **4** 소리 없는, 소리 나지 않는 **5** 《미·구어》 우둔한

dumb·bell [dʌ́mbèl] *n.* **1** 아령 **2** 《미·속어》 바보, 멍청이

dumb·found(**·er**) [dʌmfáund(ər)] *vt.* 말문이 막히게[깜짝 놀라게] 하다, 어쩔 줄 모르게 하다

dumb·ly [dʌ́mli] *ad.* 말없이, 묵묵히

dúmb shòw 무언극; 무언의 손짓[몸짓]

dumb·struck [dʌ́mstrʌ̀k], **-strick·en** [-strìkən] *a.* 놀라서 말도 못하는

dumb·wait·er [-wèitər] *n.* 《미》 식품·식기 운반용 승강기; 소형 화물 승강기; 《영》 = LAZY SUSAN

dum·dum [dʌ́mdʌ̀m] [Calcutta 부근의 조병창의 이름 Dum Dum에서] *n.* 덤덤탄 《명중하면 상처를 확대시킴》

dum·found(**·er**) [dʌmfáund(ər)] *vt.* = DUMBFOUND(ER)

∗**dum·my** [dʌ́mi] *n.* (*pl.* **-mies**) **1** (양복점의) **인체 모형,** 마네킹; **장식용 인형** **2** 《속어》 바보, 멍청이 **3** 모조품, 가짜; 〚영화〛 대역 인형 **4** 명의[표면]상의 대표자, 허수아비, (남의) 앞잡이; 유령 회사; 《경멸》 벙어리, 과묵한 사람 — *a.* Ⓐ 가짜의, 모조의(sham); 앞잡이의, 명의만의, 가상의
— *vi.* 《속어》 입을 열지 않다 《*up*》

dúmmy rùn 공격[예행] 연습; 시행, 시주

∗**dump**[1] [dʌmp] *vt.* **1** 〈쓰레기를〉 **내버리다,** 〈쓰레기 버리는 곳에〉 와르르 쏟아버리다 **2** 〚상업〛 외국 시장에 헐값으로 팔다, 덤핑하다 **3** 《구어》 (무책임하게) 버리다
— *vi.* **1** 털썩 떨어지다 **2** 헐값으로 팔다, 투매[덤핑]하다 — *n.* **1** 《미》 쓰레기 버리는 곳, 쓰레기 더미; 〚군사〛 (식량·탄약 등의) 임시 집적소 **2** 더러운 장소 **3** 덤프차 **4** 〚컴퓨터〛 (메모리) 덤프 《컴퓨터에 기억시킨 정보가 인쇄된 리스트》

dump[2] *n.* [*pl.*] 《구어》 의기소침

dump·er [dʌ́mpər] *n.* = DUMP TRUCK

dump·ing [dʌ́mpiŋ] *n.* Ⓤ **1** 〈쓰레기 등을〉 쏟아 버림 **2** 투매, 덤핑

dump·ish [dʌ́mpiʃ] *a.* 우울한, 슬픈

dump·ling [dʌ́mpliŋ] *n.* **1** 고기만두, 과일 푸딩 《디저트》 **2** 《구어》 땅딸보

dúmp trùck 《미》 덤프트럭, 덤프차

dump·y [dʌ́mpi] *a.* 뚱한, 우울한, 시무룩한

dun[1] [dʌn] *vt.* (**~ned; ~·ning**) 빚 독촉을 하다; 귀찮게 굴다(pester) — *n.* **1** 빚 독촉장 **2** 채귀(債鬼), 재촉이 심한 채권자

dun[2] *a.* 암갈색의 — *n.* Ⓤ **1** 암갈색 **2** 암갈색[밤색] 말

Dun·can [dʌ́ŋkən] *n.* 덩컨 **Isadora ~** (1878-1927) 《미국의 무용가》

∗**dunce** [dʌns] *n.* **열등생,** 저능아

dúnce('s) càp 원추형의 종이 모자 《열등생이나 게으른 학생에게 벌로 씌우던》

dun·der·head [dʌ́ndərhèd] *n.* 바보

dùn·der·héad·ed [-id] *a.* 머리가 나쁜

dune [dju:n | dju:n] *n.* (해변 등의) 모래 언덕

dúne bùggy 모래 언덕·모래밭 주행용 소형차

dung [dʌŋ] *n.* Ⓤ (동물의) 똥; 거름; 비료

dun·ga·ree [dʌ̀ŋgərí:] *n.* Ⓤ 거친 무명천 《동인도산》; [*pl.*] 그것으로 만든 바지 《노동복》

∗**dun·geon** [dʌ́ndʒən] *n.* (성내의) **지하 감옥** — *vt.* 지하 감옥에 가두다 《*up*》

dung·hill [dʌ́ŋhìl] *n.* 똥[거름] 더미, 퇴비

dunk [dʌŋk] *vt., vi.* 〈빵 등을〉 커피[홍차]에 적시다[담그다]; 〚농구〛 덩크 숏하다

dúnk shòt 〚농구〛 덩크 숏

dun·nage [dʌ́nidʒ] *n.* Ⓤ **1** 《구어》 수하물, 휴대품(baggage) **2** 〚항해〛 짐 깔개

dun·no [dənóu] 《구어》 =(I) don't know.

du·o [djú:ou | djú:-] [It. 「two」의 뜻에서] *n.* (*pl.* **~s**) **1** 〚음악〛 이중주(곡) **2** (연예인 등의) 짝; 콤비, 2인조

du·o·dec·i·mal [djù:ədésəməl | djù:-]

[L「2와 10」의 뜻에서] *a.* 12의; 〖수학〗 12진법의 **—** *n.* **1** 12분의 1 **2** [*pl.*] 〖수학〗 12진법; 12진수

du·o·dec·i·mo [djùːədésəmòu | djùː-] *n.* (*pl.* **~s**) **1** Ⓤ 12절판(折判), 사륙판(四六判) **2** 사륙판 책

du·o·de·nal [djùːədíːnl | djùː-] *a.* 십이지장의

du·o·de·num [djùːədíːnəm | djùː-] *n.* (*pl.* **-na** [-nə], **~s**) 〖해부〗 십이지장

du·o·logue [djúːəlɔ̀ːg | djúːəlɔ̀g] [*duo* +mono*logue*] *n.* 대화(cf. MONOLOGUE); 대화극

dup. duplicate

dupe [djuːp | djuːp] *n.* 잘 속는 사람, '봉', '밥'; 앞잡이 **—** *vt.* 속이다

du·ple [djúːpl | djúː-] *a.* 2배의

du·plex [djúːpleks | djúː-] *a.* Ⓐ **1** 이중의, 두 부분으로 된 **2** 〖기계〗 복식의 **—** *n.* **1** = DUPLEX APARTMENT **2** 《미》 = DUPLEX HOUSE **3** 〖음악〗 2중 음표

dúplex apártment 복식 아파트 《상·하층을 한 가구가 쓰는》

dúplex hóuse 《미》 (두 세대용) 연립 주택(《영》 semidetached (house))

*__du·pli·cate__ [djúːplikət | djúː-] [L「두 겹으로 접다」의 뜻에서] *a.* Ⓐ **1 중복의**; 이중의; 한 쌍의 **2 똑같은**, 꼭 닮은, 짝의 **3** 복제의, 사본[복사]의 **—** *n.* (동일물의) 2통 중의 하나, 부본, 사본; 복사, **복제**, 복제품 **—** [-kèit] *vt.* **1** 이중[2배]으로 하다 **2** 복사[복제]하다 **3** 〖컴퓨터〗 복사하다

dú·pli·cat·ing machìne [djúːpləkèitiŋ- | djúː-] 복사기(duplicator)

*__du·pli·ca·tion__ [djùːplikéiʃən | djùː-] *n.* Ⓤ **1 이중**, 중복, 2배 **2 복사**; 복제, Ⓒ 복제[복사]품

du·pli·ca·tor [djúːplikèitər | djúː-] *n.* 복사기

du·plic·i·ty [djuːplísəti | djuː-] *n.* Ⓤ 일구이언, 표리부동; 불성실

du·ra·bil·i·ty [djùərəbíləti | djùər-] *n.* Ⓤ 내구성, 내구력

*__du·ra·ble__ [djúərəbl | djúər-] *a.* **영속성 있는**, 항구성의 **—** *n.* [*pl.*] 내구(소비)재 **-bly** *ad.* 영속[항구]적으로

du·ral·u·min [djurǽljumin | djuə-] *n.* Ⓤ 〖야금〗 두랄루민 《알루미늄 합금; 항공기 자재》

*__du·ra·tion__ [djuréiʃən | djuər-] [L「계속하다」의 뜻에서] *n.* Ⓤ **1 지속**; 계속, 존속 **2** 계속[존속] 기간

du·ress [djurés | djuər-] *n.* Ⓤ **1** 구속, 감금 **2** 〖법〗 강박, 강요

Dur·ham [dɔ́ːrəm | dʌ́rəm] *n.* **1** 더럼 《영국 북동부의 주, 그 주도; 略 Dur(h).》 **2** 더럼종의 육우(肉牛)

du·ri·an, -on [dúəriən | djúəriən] *n.* 〖식물〗 두리언 《말레이 군도산 나무 및 열매》

⁑**dur·ing** [djúəriŋ | djúər-] *prep.* **1** (특정 기간의) …**동안** (내내) **2** (특정 기간) …**사이에**, …하는 중에 《during은 특정한 기간 동안에 관하여 쓰고 for는 불특정의 기간에 관해서 씀》

du·rum [djúərəm | djúər-] *n.* Ⓤ 〖식물〗 (마카로니 등의 원료가 되는) 밀의 일종

*__dusk__ [dʌsk] *n.* Ⓤ **땅거미**, 황혼, 어스름

*__dusk·y__ [dʌ́ski] *a.* (**dusk·i·er**; **-i·est**) **1 어스레한**, 어둑어둑한 **2** (피부가) 거무스름한 **dúsk·i·ly** *ad.* **-i·ness** *n.*

⁑**dust** [dʌst] *n.* Ⓤ **1 먼지**, 티끌; 흙먼지 **2 a** 가루, 분말; 꽃가루 **b** 사금(= gold ~) **3** [a ~] 《문어》 흙, 땅 **4** [the ~] 《시어·문어》 시체; 인체 **5** 《영》 재, 쓰레기, 폐물(refuse) **6** 무가치한 것 ***~ and ashes*** 먼지와 재 《실망스러운 것, 하찮은 것》 ***kick up*** [***make, raise***] ***a ~*** 소동을 일으키다

— *vt.* **1** 〈가루 등을〉 **뿌리다**, 흩뿌리다, 끼얹다 **2** 〈먼지를〉 털다 **—** *vi.* **1** 〈새가〉 사욕(砂浴)을 하다 **2** 먼지를 털다

dúst bàth (새의) 사욕(砂浴), 토욕(土浴)

dust·bin [dʌ́stbìn] *n.* 《영》 쓰레기통(《미》 trash can, garbage can)

dúst bòwl (모래 폭풍이 부는) 황진지대

dúst càrt 《영》 쓰레기 차(《미》 garbage truck)

dúst còver **1** (가구 등의) 먼지막이 커버 **2** = DUST JACKET

*__dust·er__ [dʌ́stər] *n.* **1 먼지 터는 사람**, 청소부 **2** 먼지떨이, **총채**, 먼지 청소기; 먼지 닦는 헝겊[걸레] **3** 《미》 먼지막이 덧옷 **4** (분말 살충제 등의) 살포기

dúst jàcket 책 커버(book jacket)

dust·man [dʌ́stmæ̀n] *n.* (*pl.* **-men** [-mèn]) 《영》 쓰레기 수거인

dust·pan [dʌ́stpæ̀n] *n.* 쓰레받기

dúst shèet = DUST COVER 1

dúst stòrm (건조지의) 모래 폭풍

dust-up [-ʌ̀p] *n.* 《구어》 소동, 난투

⁑**dust·y** [dʌ́sti] *a.* (**dust·i·er**; **-i·est**) **1 먼지투성이의**, 먼지가 많은 **2** 무미건조한, 시시한 **3** 먼지빛의, 회색의(gray) **4** 가루 모양의

⁑**Dutch** [dʌtʃ] [본래「독일의」의 뜻이었는데 17세기부터「네덜란드의」의 뜻이 됨] *a.* **1 네덜란드의** 《네덜란드는 Holland라고 하며, 공식 명칭은 (the Kingdom of) the Netherlands이다. Dutch에는 경멸적인 뜻 내포》 **2** 네덜란드 사람[말]의; 《고어》 독일 (사람)의 **3** 네덜란드제[산]의 ***go ~*** 《구어》 비용을 각자 부담하다 《*with*》

— *n.* **1** Ⓤ **네덜란드 말** **2** [the ~] **네덜란드 사람**[국민]

Dútch áuction 값을 깎아 내려가는 경매

*__Dutch·man__ [dʌ́tʃmən] *n.* (*pl.* **-men** [-mən]) **1 네덜란드 사람** **2 네덜란드 배** **3** 《미·속어·경멸》 독일 사람

Dútch óven 고기 굽는 그릇[냄비]

Dútch tréat 《구어》 회비를 각자가 부담하는 회식[파티]

Dútch úncle 《구어》 엄하게 충고하거나 꾸짖는 사람

du·te·ous [djúːtiəs | djúː-] *a.* 《문어》 본분을 지키는(dutiful)

du·ti·a·ble [djúːtiəbl | djúː-] *a.* 〈수입품 등이〉 관세를 물어야 할

du·ti·ful [djúːtifəl | djúː-] *a.* 의무를 다하는, 본분을 지키는[다하는], 충성된 **~·ly** *ad.* **~·ness** *n.*

⁑**du·ty** [djúːti | djúː-] [OF「당연히 해야 할 일」의 뜻에서] *n.* (*pl.* **-ties**)

1 Ⓤ 의무, 본분, 의리 2 [종종 *pl.*] ⓊⒸ 임무, 직무, 직책 3 [종종 *pl.*] 세금, 관세 (cf. TAX) ***do ~ as*** [***for***] 〈사물이〉 …의 구실을 하다, …을 대신하다 ***do*** [***perform***] ***one's ~*** 본분을 다하다 ***military ~*** 병역 의무 ***off*** [***on***] ***~*** 비번[당번]으로

du·ty-free [-fríː] *a.*, *ad.* 관세가 없는[없이], 면세의[로]

du·ty-paid [-péid] *a.*, *ad.* 납세필의[로]

du·vet [djuːvéi | djúːvei] Ⓕ *n.* 깃털 이불

DV *Deo volente* 《L = God being willing》

DVD digital versatile[video] disc 디지털 다기능[비디오] 디스크

DVD-RW digital versatile disk-rewritable 여러 번 녹화·삭제가 가능한 DVD

Dvo·řák [dvɔ́ːrʒɑːk] *n.* 드보르작 **Anton** ~ (1841-1904) 《체코슬로바키아의 작곡가》

‡**dwarf** [dwɔːrf] *n.* (*pl.* **dwarves** [dwɔːrvz], **~s**) **난쟁이** —*a.* Ⓐ 자그마한, 소형의; 꼬마의; 위축된 —*vt.* …을 작게 하다; 성장을 방해하다, 위축시키다; …을 작아 보이게 하다

dwarf·ish [dwɔ́ːrfiʃ] *a.* 1 난쟁이 같은; 유난히 작은, 오그라져서 작은 2 〈지능이〉 발달하지 않은

dwárf stár 〖천문〗 왜성(矮星)

dweeb [dwiːb] *n.* 《미·속어》 기분 나쁜 녀석

‡**dwell** [dwel] *vi.* (**dwelt** [dwelt], **~ed** [-d, -t]) 1 《문어》 **살다,** 거주하다 《*at*, *in*, *near*, *on*, *among*》 《지금은 live가 일반적》 2 (어떤 상태에) 머무르다, 못 떠나다 《*in*》 ***~ on*** [***upon***] 곰곰이 생각하다; 자세히 설명하다; 강조하다

∗**dwell·er** [dwélər] *n.* **거주자,** 주민

‡**dwell·ing** [dwéliŋ] *n.* 《문어》 **거처, 주소,** 사는 집; Ⓤ 거주

dwélling hòuse 주택

dwélling plàce 주소

‡**dwelt** [dwelt] *v.* DWELL의 과거·과거분사

DWI driving while intoxicated 음주 운전

∗**dwin·dle** [dwíndl] *vi.* 1 **점차 감소하다,** 점점 작아[적어]지다 2 여위다; 〈명성이〉 떨어지다; 〈품질이〉 저하되다, 타락하다

DX [dìːéks] *n.*, *a.* 〖통신〗 장거리(의) (distance; distant)

Dy 〖화학〗 dysprosium

d'ya [djə] 《구어》 do you의 단축형

‡**dye** [dai] [동음어 die] *n.* ⓊⒸ **염료,** 물감 —*v.* (**dyed**; **~·ing**) *vt.* **물들이다,** 염색[착색]하다 —*vi.* 물들다

dyed-in-the-wool [dáidinðəwúl] *a.* 1 (짜기 전에) 실에 염색한 2 (사상적으로) 철저한, 골수의

dye·ing [dáiiŋ] *n.* Ⓤ 염색(법); 염색업

dy·er [dáiər] *n.* 염색업자, 염색소

dye·stuff [dáistʌ̀f], **dye·ware** [-wɛ̀ər] *n.* 물감, 염료

∗**dy·ing** [dáiiŋ] [동음어 dyeing] *a.* **죽어 가는;** 임종의; 빈사 상태의; 〈날·한해가〉 막 저물어가는; 사라져 가는

dyke[1] [daik] *n.* = DIKE

dyke[2] *n.* 《미·속어》 (남성 역할을 하는) 동성애자

∗**dy·nam·ic** [dainǽmik] [Gk 「강력한」의 뜻에서] *a.* 1 **동력의,** 동적인 2 **역학**(力學)(상)**의** 3 동태(動態)의; 에너지[원동력, 활동력]를 내는; 〈성격이〉 정력적인, **활동적인** 4 〖의학〗 기능적인 5 〖컴퓨터〗 동적(動的)인 —*n.* (원)동력

dy·nam·i·cal [dainǽmikəl] *a.* = DYNAMIC

dynámic ìmage 〖컴퓨터〗 동화상

dynámic RÁM 〖컴퓨터〗 다이내믹 램, 디램

∗**dy·nam·ics** [dainǽmiks] *n. pl.* 1 [단수 취급] 〖물리〗 **역학;** 동역학 2 원동력; 활력, 에너지 3 〖음악〗 강약법

dy·na·mism [dáinəmìzm] *n.* 1 Ⓤ 〖철학〗 역본설(力本說) 2 = DYNAMICS 2

∗**dy·na·mite** [dáinəmàit] *n.* Ⓤ 1 **다이너마이트** 2 《구어》 성격이 격렬한 사람, 위험 인물, 위험물 —*vt.* 다이너마이트로 폭파하다 —*a.* Ⓐ 《미·속어》 최고의, 강력한, 굉장한

∗**dy·na·mo** [dáinəmòu] *n.* (*pl.* **~s**) 〖전기〗 **발전기,** 다이너모; 《구어》 정력가

dy·na·mo·e·lec·tric, -tri·cal [dàinəmouiléktrik(əl)] *a.* 역학적 에너지와 전기적 에너지의 변환에 관한

dy·na·mom·e·ter [dàinəmɑ́mətər | -mɔ́m-] *n.* 검력계(檢力計), 동력계

dy·na·mom·e·try [dàinəmɑ́mətri | -mɔ́m-] *n.* Ⓤ 동력 측정법

dy·na·mo·tor [dáinəmòutər] *n.* 〖전기〗 발전동기(發電動機)

dy·nast [dáinæst, -nəst | dínəst] [Gk 「지배자」의 뜻에서] *n.* (왕조의 세습) 군주, 왕

dy·nas·tic, -ti·cal [dainǽstik(əl) | di-] *a.* 왕조의, 왕가의

∗**dy·nas·ty** [dáinəsti | dín-] *n.* (*pl.* **-ties**) **왕조,** 왕가

dyne [dain] *n.* 〖물리〗 다인 《힘의 단위》

d'you [dʒuː] = do you

dys- [dis] *pref.* 「악화; 불량; 곤란」 등의 뜻

dys·en·ter·y [dísəntèri | -tri] *n.* Ⓤ 〖병리〗 이질 **dỳs·en·tér·ic** *a.*

dys·func·tion [disfʌ́ŋkʃən] *n.* ⓊⒸ 〖병리〗 기능 장애; 〖사회〗 역기능

dys·gen·ic [dìsdʒénik] *a.* 〖생물〗 역도태(逆淘汰)의, 열생학(劣生學)의; 역(逆)선택의

dys·lex·i·a [disléksiə] *n.* Ⓤ 〖병리〗 난독증(難讀症)

dys·pep·si·a [dispépʃə, -siə], **-pep·sy** [-pépsi] *n.* Ⓤ 〖병리〗 소화 불량(증)

dys·pep·tic [dispéptik] *a.* 소화 불량(성)의; 우울하고 화를 잘 내는 —*n.* 소화 불량인[위가 약한] 사람

dys·pro·si·um [dispróusiəm | -ziəm] *n.* Ⓤ 〖화학〗 디스프로슘 《희토류(稀土類) 원소; 기호 Dy, 번호 66》

dys·to·pi·a [distóupiə] [*dis*+ *Utopia*] *n.* 반(反)유토피아 **-an** [-ən] *a.*

dys·tro·phy [dístrəfi], **-tro·phi·a** [distróufiə] *n.* Ⓤ 〖병리·생물〗 영양실조[장애]

dz. dozen(s)

E e

e, E [iː] *n.* (*pl.* **e's, es, E's, Es** [-z]) **1** 이《영어 알파벳의 제5자》 **2** E자형(의 것) **3** 〖음악〗 마음(音); 마조(調) **4** (부호로서) 다섯 번째의 것

E, E. Easter; east(ern); English

e- [i, iː] *pref.* =EX-[2] 《e-는 《미》에서는 종종 [ə]; 특히 l 앞에서》

ea. each

⁑each [iːtʃ] *a.* Ⓐ [단수명사를 수식하여] **각자의,** 각기의, 개개의, 각… 《each 앞에 the, one's나 기타의 수식어를 사용치 않음》: at[on] ~ side of the road 길 양쪽에

bet ~ way 〖경마〗 연승식(連勝式)으로 걸다 ***~ and every***[each 또는 every의 강조형으로] 각기[각자] 모두 ***~ time*** (1) 매번, 그 때마다, 언제나 (2) [접속사적으로] …할 때마다

— *pron.* **1 각자,** 각기 《부정문에서는 each를 쓰지 않고 no one이나 neither를 씀》 **2** [복수(대)명사의 동격으로 써서] 각자, 각기

~ and all 각자가 모두, 제각기 ***~ other*** [목적어·소유격으로만 써서] **서로(를),** 상호 간에

— *ad.* **한 사람[개]마다,** 제각기

⁑ea·ger [íːgər] [L「날카로운」의 뜻에서] *a.* (**~·er; ~·est**) **1** Ⓟ **열망[갈망]하는** 《*for, after, about*》; **간절히 …하고 싶어하는** 《*to* do》 **2** Ⓟ …에 열성적인 《*in*》 **3** Ⓐ 열심인

éager béaver 《구어》 일벌레, 노력가

⁑ea·ger·ly [íːgərli] *ad.* **열망하여;** 열심히; 간절히

ea·ger·ness** [íːgərnis] *n.* Ⓤ **열심,** 열망 ***with ~ 열심히

⁑ea·gle [íːgl] *n.* **1** 〖조류〗 **독수리 2** 독수리표 《미국의 국장(國章)》 **3** 〖골프〗 표준보다 두 타수 적은 타수 **4** [the E~] 〖천문〗 독수리 자리

éagle èye 날카로운 눈; 눈이 날카로운 사람; 탐정

ea·gle-eyed [íːglàid] *a.* 눈이 날카로운; 시력이 뛰어난; 형안(炯眼)의

éagle frèak 《미·속어·경멸》 자연[환경] 보호주의자, 야생 동물 보호주의자; (특히 천연자원 등의) 보호론자

ea·glet [íːglit] *n.* 독수리 새끼

⁑ear[1] [iər] *n.* **1 귀;** 《특히》 외이(外耳), 귓바퀴 **2** 청각, 청력; 음의 식별력, 음감 **3** 경청, 주의 **4** 귀 모양의 것; (찻잔·주전자 등의) 손잡이, (종 등의) 꼭지

be all ~s 《구어》 열심히 귀를 기울이다 ***catch***[***fall on, come to***] one***'s ~s*** 귀에 들어오다, 들리다 ***easy on the ~*** 《구어》 듣기 좋은 ***fall down about a*** person***'s ~s*** 〈조직·새로운 계획 등이〉 완전히 무너지다 ***fall on deaf ~s*** 주의를 끌지 못하다, 무시당하다 ***from ~ to ~*** 입을 크게 벌리고 ***give ~ to*** 《문어》 …에 귀를 기울이다 ***go in*** (***at***) ***one ~ and out*** (***at***) ***the other*** 한쪽 귀로 듣고 한쪽 귀로 흘려버리다; 깊은 인상[감명]을 주지 못하다 ***have an***[***no***] ***~ for*** music (음악)을 알다[모르다] ***have***[***keep***] ***an ~ to the ground*** 여론의 동향에 귀를 기울이다 ***have***[***win, gain***] a person***'s ~*** …의 주의를 끌다, …에게 듣게 하다 ***out on*** a person***'s ~*** 《속어》 갑자기 직장[학교, 조직]에서 쫓겨나서 ***pin*** a person***'s ~s back*** 《미·구어》 완전히 패배시키다 ***play it by ~*** 《구어》 임기응변으로 처리하다 ***prick up*** one***'s ~s to*** …에 귀를 기울이다 ***set*** persons ***by the ~s*** …들 사이에 싸움을 붙이다 ***turn a deaf ~ to*** …에 조금도 귀를 기울이지 않다 ***wet behind the ~s*** 《속어》 미숙한, 풋내기의

ear[2]** *n.* (보리 등의) **이삭;** 옥수수 알 ***be in (***the***) ***~*** 이삭이 패어 있다

ear·ache [íərèik] *n.* ⓊⒸ 귀앓이

ear·drop [íərdràp | -drɔ̀p] *n.* (특히 펜던트가 달린) 귀고리(earring)

ear·drum [-drʌ̀m] *n.* 귀청, 고막

eared[1] [iərd] *a.* [종종 복합어로] 귀 (모양의 것이) 있는, 귀가 달린; …의 귀가 있는: long-~ 귀가 긴

eared[2] *a.* [종종 복합어로] 이삭이 팬; …의 이삭이 있는

ear·flap [íərflæ̀p] *n.* [*pl.*] 방한모의 귀덮개

ear·ful [íərfùl] *n.* [an ~] 《구어》 허풍; 깜짝 놀랄 만한 소식; 잔소리

***earl** [əːrl] *n.* 《영》 **백작** 《영국 이외에서는 count》 (cf. COUNTESS)

earl·dom [ə́ːrldəm] *n.* Ⓤ 백작의 지위[신분, 영지]

ear·less [íərlis] *a.* 귀 없는; 들리지 않는

Éarl Márshal (영국의) 문장원(紋章院) 총재 《현재는 Norfolk 공작 집안의 세습직》

ear·lobe [íərlòub] *n.* 〖해부〗 귓불

⁑ear·ly [ə́ːrli] [OE「이전에」의 뜻에서] *ad.* (**-li·er; -li·est**) **1 일찍이, 일찍부터;** 초기에: ~ in the day[morning] 아침 일찍이 / get up ~ 아침 일찍 일어나다 **2** 시간 전에, 늦지 않게 **3** 예전에

~ on 《영》 초반에; 초기에, 곧 ***~ or late*** 조만간 ***~ to bed and ~ to rise*** 일찍 자고 일찍 일어나기

— *a.* (**-li·er; -li·est**) **1** (시각·계절 등이) **이른** (opp. *late*) **2** (보통보다) **이른;** 아직 젊은 **3 올된,** 이른 철에 나도는 **4 초기의;** 시초의 **5** 《문어》 **가까운 장래의**

at one***'s earliest convenience*** 형편이 닿는 대로, 되도록 빨리 ***at the earliest*** 일러도, 빨라도

éarly bìrd 《구어》 **1** 일찍 일어나는 사람, 정각보다 일찍 오는 사람 **2** 첫차

E

…e ~ **catches the worm.** (속담) 새…는 일찍 일어나야 벌레를 잡는다. ((부지런해야 수가 난다))

éarly clósing (dày) 조기 폐점(일)

Éarly Módern Énglish 초기 근대 영어 ((1500-1750년 사이의 영어))

éarly wárning (방공 등의) 조기 경보

ear·mark [íərmɑ̀:rk] *n.* 귀표 ((소유주를 밝히기 위하여 가축 등의 귀에 표시함)); [종종 *pl.*] 특징
— *vt.* 〈가축에〉 귀표를 하다; 〈자금 등을 특정 용도에〉 지정하다 ((*for*))

ear·muff [-mʌ̀f] *n.* [보통 *pl.*] 방한용 귀마개

‡**earn** [əːrn] [동음어 urn] *vt.* **1 벌다,** 일하여 얻다 **2** 〈명성·평판·지위 등을〉 **획득하다,** 얻다 ((*for*)): ~ fame 명성을 얻다 **3** 〈감사·보수 등을〉 받을 만하다 **4** 〈이익 등을〉 낳다, 얻게 하다, 가져오다 (bring)
~ one*'s* **bread**[**living**] 생활비를 벌다, 밥벌이를 하다

éarned íncome [ə́:rnd-] (세법상의) 근로 소득

éarned rún 〖야구〗 (투수의) 자책점, 언드 런 ((略 ER))

éarned rún àverage 〖야구〗 (투수의) 방어율 ((略 ERA))

‡**ear·nest**[1] [ə́:rnist] *a.* **1 진지한,** 열심인; 열렬한 **2** 진지하게 고려해야 할, 중대한 — *n.* Ⓤ 진지함, 진심
in ~ 진지하게, 진심으로; 본격적으로 ***in good***[***real, sober, dead***] ~ 진지하게, 진정으로

earnest[2] *n.* **1** 계약금, 약조금, 증거금 **2** 징조, 전조(前兆) ((*of*))

‡**ear·nest·ly** [ə́:rnistli] *ad.* **진지하게,** 진정으로

éarnest mòney 계약금, 약조금

***earn·ing** [ə́:rniŋ] *n.* **1** Ⓤ (일하여) **벌기 2** [*pl.*] **소득, 수입,** 번 것

earn·ings-re·lat·ed [ə́:rniŋzriléitid] *a.* 소득에 따른

***ear·phone** [íərfòun] *n.* **1 이어폰,** 수신기 ((양쪽 귀용은 복수형)) **2** (머리에 쓰고 듣는) 수화[수신]기(headphone)

ear·piece [-pì:s] *n.* **1** [보통 *pl.*] (방한모의) 귀덮개(earflaps) **2** [보통 *pl.*] 안경다리 **3** = EARPHONE 1

ear·pierc·ing [-pìərsiŋ] *a.* 귀청이 찢어질 것 같은 〈비명〉

ear·plug [-plʌ̀g] *n.* [보통 *pl.*] 귀마개 ((방수·방음용))

***ear·ring** [íərìŋ] *n.* [종종 *pl.*] **귀고리,** 이어링

ear·shot [-ʃɑ̀t | -ʃɔ̀t] *n.* Ⓤ 목소리가 닿는 거리 ***out of*** [***within***] ~ 불러서 들리지 않는[들리는] 곳에

ear·split·ting [-splìtiŋ] *a.* 귀청이 찢어질 듯한, 천지를 진동하는

‡**earth** [əːrθ] *n.* **1** [the ~; (the) E~] **지구;** [the ~; 집합적] 지구상의 주민 **2** [the ~] **대지,** 땅; 육지 **3** [the ~] (천국·지옥에 대하여) 이승 **4** Ⓤ 토양(土壤), **흙**(soil) **5** ⓊⒸ 여우[담비]의 굴 **6** [*pl.*] 〖화학〗 토류(土類) **7** [the ~] ⒸⓊ ((영)) 〖전기〗 어스, 접지(接地)(((미)) ground)
come back[***down***] ***to*** ~ (몽상에서) 현실 세계로 돌아오다 ***cost the*** ~ ((구어)) 비용이 엄청나게 들다 ***on*** ~ (1) 지상에 (살아 있는): while he was *on* ~ 그가 살아 있는 동안 (2) [최상급을 강조하여] 이 세상에서 (3) [의문사를 강조하여] (자네는) 도대체 ***run to*** ~ 〈여우 등이〉 굴로 도망치다; 궁지에 몰아넣다; 샅샅이 캐어 내다
— *vt.* **1** 〈나무·뿌리·채소 등에〉 흙을 덮다, 북주다; …을 흙 속에 묻다 **2** 〈여우 등을〉 굴에 몰아넣다 **3** ((영)) 〖전기〗 접지하다
— *vi.* 〈여우 등이〉 굴로 도망치다

earth·born [ə́:rθbɔ̀:rn] *a.* **1** 땅에서 태어난 **2** 죽을 운명의; 인간의

earth·bound [-bàund] *a.* **1** 〈뿌리 등이〉 땅에 고착되어 있는 **2** 〈동물·새 등이〉 땅 표면에서 떠날 수 없는 **3** 세속에 얽매인, 현실적인 **4** 〈우주선 등이〉 지구를 향한

éarth clòset ((영)) 토사 살포식 변소, 노천 변소 ((전쟁터에서 사용))

Éarth Dày 지구의 날 ((환경 보호의 날; 4월 22일))

***earth·en** [ə́:rθən] *a.* **흙으로 만든,** 오지(그릇)의; 세속적인

***earth·en·ware** [ə́:rθənwɛ̀ər] *n.* Ⓤ [집합적] **질그릇,** 오지그릇

earth·li·ness [ə́:rθlinis] *n.* Ⓤ 지상의 것으로서의 성질; 현세[세속]적임

earth·ling [ə́:rθliŋ] *n.* 지구인; 인간; 속인

‡**earth·ly** [ə́:rθli] *a.* (**-li·er**; **-li·est**) Ⓐ **1 지구[지상]의 2 이 세상의,** 이승의, 속세의 **3** ((구어)) [강조] **a** [부정문에서] 전혀, 조금도 **b** [의문문에서] 도대체
have not an ~ ((영·구어)) 전혀 가망이 없다 ((뒤에 chance, hope, idea 등이 생략됨))

earth·man [ə́:rθmæ̀n] *n.* (*pl.* **-men** [-mèn]) 지구에 사는 사람, 인간

éarth mòther [종종 **E- M-**] (만물의 생명의 근원으로서의) 대지

earth·mov·er [-mù:vər] *n.* 땅을 고르는 기계 ((대형 불도저, 파워 셔블 등))

earth·nut [-nʌ̀t] *n.* 〖식물〗 땅콩

‡**earth·quake** [ə́:rθkwèik] *n.* **지진** (cf. SEISMOLOGY); (사회·정치적) 대변동

éarthquake séa wàve 해일

éarth stàtion 지상국(局) ((위성·우주 통신용))

éarth trèmor 약한 지진

earth·ward [ə́:rθwərd] *ad., a.* 땅[지구]쪽으로 (향한) (cf. HEAVENWARD)

earth·wards [ə́:rθwərdz] *ad.* = EARTHWARD

earth·work [-wə̀:rk] *n.* **1** Ⓤ 토목 공사 **2** 〖군사〗 토루(土壘)

***earth·worm** [ə́:rθwə̀:rm] *n.* ((특히)) **지렁이,** 땅 속에 사는 벌레

earth·y [ə́:rθi] *a.* (**earth·i·er**; **-i·est**) **1** 흙의, 흙 같은, 토양성의 **2** ((고어)) 지상의; 세속적인 **3** 현실적인; 야비한

éar trùmpet (옛날의) 나팔형 보청기

ear·wax [íərwæ̀ks] *n.* Ⓤ 귀지

ear·wig [-wìg] *n.* 〖곤충〗 집게벌레

ease [i:z] *n.* Ⓤ **1** (몸의) **편함**, 안정 **2 마음 편함**, 평안 **3 용이함**; 쉬움, 평이(平易)함 **4** 안이(安易), 자유로움, 홀가분함, 여유 있음 **5** (생활의) 안락; 안일 **6** (의복·구두 등의) 넉넉함
at (one'***s***) **~** 마음 편하게; 여유 있게, 안심하고 ***ill at*** **~** (불안해서) 마음 놓이지 않는, 안절부절못하는 ***stand at*** **~** 〖군사〗 쉬어 자세로 서다(opp. *stand at attention*) ***with*** **~** 용이하게, 손쉽게
— *vt.* **1** 〈고통·고민 등을〉 **진정[완화]시키다**, 덜다; 편하게 하다, 안심시키다 **2** 느슨하게 하다(loosen); 〈속도 등을〉 늦추다 《*down*》 **3** 〈물건을〉 조심해서 움직이다, 천천히 …하다 **—** *vi.* **1** 〈통증 등이〉 **가벼워지다**, 편해지다 **2** 천천히 움직이다
~ *up* [***off***] 《구어》 (1) 〈아픔·긴장 등이〉 누그러지다, 완화되다 (2) 일을 경감시키다 (3) 〈태도를〉 누그러뜨리다 《*on*》: *E~ up on* her. 그녀에 대한 태도를 누그러뜨리시오. (4) 늦추다, 적게 하다 《*on*》

ease·ful [í:zfəl] *a.* 마음 편한, 안락한, 편안한; 태평스러운, 안일한

***ea·sel** [í:zəl] *n.* **화가(畫架)**, (칠판 등의) 받침틀

ease·ment [í:zmənt] *n.* **1** ⓊⒸ (고통 등의) 경감 **2** Ⓤ 〖법〗 지역권(地役權)

eas·i·ly [í:zili] *ad.* **1 용이하게**, 쉽게 **2** 원활하게, 술술 **3** 편안하게 **4 a** [can, may와 함께] 아마(probably) **b** [최상급, 비교급을 강조] 분명히, 물론

eas·i·ness [í:zinis] *n.* Ⓤ **1** 용이함, 평이(平易)함 **2** 소탈함, 마음 편함, 태연함

east [i:st] *n.* **1** [the ~] **동(쪽)**, 동방; 동부 (《略 e., E》) **2** [the ~] 동부 지방 **3** [the E~] 동양, 아시아; 동유럽 제국; 《미》 동부 (지방); (옛날의) 동로마 제국 **4** (교회의) 동쪽 끝, 제단 쪽
to [***in, on***] ***the*** **~ *of*** …의 동쪽[동부, 동쪽 끝]에
— *a.* Ⓐ **1 동(녘)의**, 동쪽에서 오는 **2** 동부의; 제단 쪽의 **—** *ad.* 동쪽에[으로]

east·bound [í:stbàund] *a.* 동쪽으로 가는

Éast Énd [the ~] 런던시의 동부 《빈민가; cf. WEST END》

Eas·ter [í:stər] *n.* (그리스도의) **부활절** **2 부활 주일** 《춘분 후, 만월(滿月) 다음의 첫 일요일; =~ Day [Sunday]》 **3** 부활절 주간

Éaster càrd 부활절 카드 《greeting card의 일종으로 부활절의 인사로 보냄》

Éaster Dáy = EASTER SUNDAY

Éaster ègg **1** 채색한 달걀 《부활절의 선물, 장식용; 그리스도 부활의 상징》 **2** 〖컴퓨터〗 (프로그램의) 숨은 기능[메시지]

Éaster Ísland [1772년 Easter Day에 발견된 데서] 이스터 섬 《남태평양상의 칠레령(領)의 화산섬; 석상(石像)이 많은 것으로 유명》

east·er·ly [í:stərli] *a.* 동쪽의; 〈바람이〉 동쪽으로부터의 **—** *ad.* 동쪽에[으로], 〈바람이〉 동쪽으로부터 **—** *n.* 동풍

Éaster Mónday Easter Sunday 다음 날 월요일 《영국·캐나다에서는 공휴일, 미국에서는 North Carolina 주에서 법정 공휴일로 정함》

east·ern [í:stərn] *a.* **1 동쪽의**, 동쪽으로부터의 **2** [**E~**] **동양의**

Éastern Chúrch [the ~] 〖그리스도교〗 동방 교회 《그리스 정교회 등》

east·ern·er [í:stərnər] *n.* [종종 **E~**] 《미》 동양 사람; 동부 지방[제주(諸州)]의 주민[출신]

éastern hémisphere [the ~; 종종 **E~ H~**] 동반구(東半球)

east·ern·most [í:stərnmòust] [eastern의 최상급에서] *a.* 가장 동쪽의

Éastern Órthodox Chúrch [the ~] 동방 정교회(the Orthodox Church)

Éastern (Róman) Émpire [the ~] 동로마 제국

Éastern (Stándard) Tíme 《미·캐나다》 동부 표준시 《Greenwich 표준시보다 5시간 늦음; 略 EST》

Éaster Súnday 부활 주일(cf. EASTER)

East·er·tide [í:stərtàid] *n.* **1** 부활절 계절 《부활 주일부터 성령 강림 주일(Whitsunday)까지의 50일간》 **2** 부활 주일부터 시작되는 1주일간(Easter week)

Éaster wéek 부활 주간 《Easter Sunday부터 시작됨》

Éast Índia Còmpany [the ~] 동인도 회사 《17-19세기에 동인도와의 무역을 위해 영국·네덜란드·프랑스 등이 설립》

Éast Índies [the ~] 동인도 《인도·인도네시아·말레이 제도를 포함한 아시아의 동남부; cf. WEST INDIES》

east-north·east [í:stnɔ̀:rθí:st | -nɔ̀:θ-] *n.* [the ~] 동북동 《略 ENE》
— *a.* 동북동의
— *ad.* 동북동으로[에서]

Éast Síde [the ~] 뉴욕시 Manhattan 섬의 동부 《원래 빈민가》

east-south·east [-sàuθí:st] *n.* [the ~] 동남동 《略 ESE》 **—** *a.* 동남동의
— *ad.* 동남동으로; 동남동으로부터

Éast Sússex 이스트 서섹스 《잉글랜드 남동부의 주》

***east·ward** [í:stwərd] *ad., a.* **동쪽으로(의)** **—** *n.* [the ~] 동쪽 (지역, 지점)

east·wards [í:stwərdz] *ad.* = EASTWARD

eas·y [í:zi] *a.* (**eas·i·er**; **-i·est**) **1 쉬운**, 용이한(opp. *difficult, hard*) **2 안락한**, 마음 편한 **3** 〈의복 등이〉 낙낙한 **4** 〈담화·문체 등이〉 부드러운, 매끈한; 〈기분·태도 등이〉 여유 있는, 딱딱하지 않은 **5** 〈속도 등이〉 알맞은, 느린 **6** 엄격하지 않은, 관대한 **7** 〖상업〗 〈상품의 수요가〉 풍부한; 〈시장의 거래가〉 완만한
~ *on the eye*(*s*) 보기 좋은; 아름다운 ***in*** **~ *circumstances*** 잘[편하게] 사는
— *ad.* (**eas·i·er**; **-i·est**) 《구어》 쉽게; (마음) 편하게, 자유로이, 여유 있게
E~ come, **~ *go.*** 《속담》 얻기 쉬운 것은 잃기도 쉽다. ***get off*** **~** 가벼운 죄로 모면하다 ***go*** **~** 서두르지 않고[태평스럽게] 하다 ***Stand*** **~*!*** 《영·구령》 쉬어! 《《미》에서는 보통 At ease!》 ***take things*** **~** = ***take it*** **~** 매사를 대범하게 생각하다,

E

서두르지 않다, 덤비지 않다
éasy chàir 안락의자
∗**eas·y·go·ing** [íːzigóuiŋ] *a.* **1 태평스러운**; 안이한, 게으른 **2** 〈말(馬) 등이〉 걸음이 완만한
éasy móney 쉽게 번 돈, 사취한 돈, 부정 이득; 손쉬운 돈벌이
éasy strèet [종종 **E~ S~**] 《구어》 유복한 신분; 재정적 독립
⁑**eat** [iːt] *v.* (**ate** [eit | et], 《고어》 **eat** [et, iːt]; **eat·en** [íːtn], 《고어》 **eat** [iːt, et]) *vt.* **1 먹다**; 〈국·죽 등을〉 떠내어 마시다 **2** 파괴하다, 침식[부식]하다; 〈해충 등이 …을〉 마구 먹어대다 《*away, out, up*》 **3** 〈병·근심 등이〉 서서히 침범하다 **4** 《구어》 낭비하다 **5** [진행형으로] 《구어》 초조하게 만들다, 괴롭히다
— *vi.* **1** 음식을 먹다, 식사를 하다 **2** 먹어 들어가다, 침식[부식]하다 《*into*》 **3** 《미·구어》 〈음식이〉 먹을 수 있다, …한 맛이 나다
~ ***out*** 다 먹어버리다; 침식하다; 외식하다 ~ a person ***out of house and home*** …의 재산을 탕진하다 ~ ***out of*** a person**'s *hand*** 전적으로 복종하다 ~ ***up*** 다 먹어버리다; 소비하다(consume); 지나가다; 〈도로를〉 마구 질주해 가다; 열중하게 하다 ***I'll*** ~ ***my hat*** [***hands, boots***] ***if*** ... 만약 …이라면 내 목을 베어라
— *n.* [*pl.*] 《구어》 음식; 식사(meals)
eat·a·ble [íːtəbl] *a.* 먹을 수 있는, 식용에 적합한(edible)
— *n.* [보통 *pl.*] 먹을 수 있는 것, 식료품
⁑**eat·en** [íːtn] *v.* EAT의 과거분사
eat·er [íːtər] *n.* 먹는 사람; 날로 먹을 수 있는 과일
eat·er·y [íːtəri] *n.* (*pl.* **-er·ies**) 《구어》 간이식당
⁑**eat·ing** [íːtiŋ] *n.* Ⓤ **1 먹기 2** 〈맛·품질에서 본〉 **음식(물)**, 식품 — *a.* 식용의; 《특히》 날로 먹을 수 있는
éating àpple 생식용 사과
éating hòuse[**plàce**] 음식점, 값이 싼 식당
eau de Co·logne [óu-də-kəlóun] [F 「쾰른의 물」이란 뜻에서] *n.* 오드콜로뉴 《향수의 일종》
∗**eaves** [iːvz] *n. pl.* **처마** 《단수로 eave를 쓰는 경우도 있음》
eaves·drop [íːvzdràp | -drɔ̀p] *vi.* 엿듣다 **~·per** *n.*
EB eastbound
∗**ebb** [eb] *n.* **1** [the ~] **썰물**, 간조(干潮) (opp. *flood, flow*) **2** 감퇴, 쇠퇴기
the ~ and flow (조수의) 간만, 썰물과 밀물; (사업·인생의) 성쇠
— *vi.* **1** 〈조수가〉 **빠지다**, 써다(opp. *flow*) **2** 〈혈액·힘 등이〉 줄다; 〈가산 등이〉 기울다
~ ***back*** 〈기운 등이〉 되돌아오다, 소생하다
ébb tìde [보통 the ~] **1** 썰물, 간조(干潮) **2** 쇠퇴(기)
EbN east by north 동미북(東微北)
E·bó·la vìrus [ibóulə-] 〖세균〗 에볼라 바이러스
eb·o·nite [ébənàit] *n.* Ⓤ 에보나이트, 경질(硬質)[경화] 고무(vulcanite)
∗**eb·on·y** [ébəni] *n.* (*pl.* **-on·ies**) **1** 〖식물〗 **흑단** 《인도산》 **2** Ⓤ 흑단재(材) 《고급 가구의 재료》 — *a.* 흑단으로 만든; (흑단처럼) 새까만
EbS east by south 동미남(東微南)
e·bul·lience, -lien·cy [ibúljəns(i), ibʌ́l-] *n.* Ⓤ 《문어》 비등(沸騰); (감정 등의) 격발, 격정의 발로
e·bul·lient [ibúljənt, ibʌ́l-] *a.* 끓어 넘치는; 〈원기·열정 등이〉 넘쳐 흐르는, 용솟음치는 《*with*》 **~·ly** *ad.*
eb·ul·li·tion [èbəlíʃən] *n.* ⓊⒸ 비등; 격발, 분출, 돌발 《*of*》
ec-[1] [iːk, ek], **eco-** [íːkou, ék-] 《연결형》 「환경; 생태」의 뜻 《모음 앞에서는 ec-》
ec-[2] [ek, ik] *pref.* = EX-[2]
EC European Community 유럽 공동체
E.C. East Central (London의) 동(東) 중앙 우편구; Established Church 영국 국교(회)
ec·ce ho·mo [éksi-hóumou, ékei-] [L = Behold, the man!] 〖미술〗 가시 면류관을 쓴 그리스도의 초상화
∗**ec·cen·tric** [ikséntrik, ek-] [Gk 「중심에서 떨어진」의 뜻에서] *a.* **1 별난**, 상궤(常軌)를 벗어난, **괴벽스러운 2** 〖기계〗 편심(偏心)의 **3** 〖수학〗 (원이 다른 원과) 중심을 달리하는(opp. *concentric*) **4** 〖천문〗 〈궤도가〉 편심적인(opp. *circular*)
— *n.* **1** 괴벽스러운 사람, 별난 사람 **2** 〖기계〗 편심기[륜] **3** 〖수학〗 이심원
∗**ec·cen·tric·i·ty** [èksentrísəti] *n.* (*pl.* **-ties**) **1** Ⓤ (옷차림·행동 등의) **남다름**, 기발 **2** 기행, 괴벽스러운 버릇
Eccl(**es**). Ecclesiastes
Ec·cle·si·as·tes [iklìːziǽstiːz] *n.* 〖성서〗 전도서 《구약 성경 중의 한 권》
ec·cle·si·as·tic [iklìːziǽstik] [Gk 「집회[교회]의」 뜻에서] *n.* (그리스도교의) 성직자 — *a.* = ECCLESIASTICAL
∗**ec·cle·si·as·ti·cal** [iklìːziǽstikəl] *a.* **교회 조직의**, 성직(聖職)의 **~·ly** *ad.*
ec·cle·si·as·ti·cism [iklìːziǽstəsìzm] *n.* Ⓤ 교회 (중심) 주의
Ec·cle·si·as·ti·cus [iklìːziǽstikəs] *n.* 집회서(書) 《구약 외전 중의 한 권》
ech·e·lon [éʃəlàn | -lɔ̀n] [F 「사닥다리의 가로대」의 뜻에서] *n.* **1** 〖군사〗 사다리꼴[제형(梯形)] 편성, 제대(梯隊), 제진(梯陣); 제형 배치의 군대 **2** [종종 *pl.*] (지휘 계통·조직 등의) 단계, 계층
in ~ 사다리꼴을 이루어
e·chid·na [ikídnə] *n.* (*pl.* **~s, -nae** [-niː]) 〖동물〗 바늘두더지
e·chi·no·derm [ikáinoudə̀ːrm] *n.* 〖동물〗 극피(棘皮)동물
e·chi·nus [ikáinəs] [Gk 「고슴도치」의 뜻에서] *n.* (*pl.* **-ni** [-nai]) **1** 〖동물〗 성게 **2** 〖건축〗 만두형(饅頭形) 《도리아식 건축 양식의 주관(柱冠)을 이루는 아치형》
⁑**ech·o** [ékou] [Gk 「소리」의 뜻에서] *n.* (*pl.* **~es**) **1 메아리**, 반향 **2** (여론 등의) 반향; 공감, 공명 **3** 반복, 흉내, 모방;

E

부화뇌동자, 모방자 **4** 〖통신〗 (레이더 등에 쓰는) 전자파의 반사, 에코 **5** [**E~**] 〖그리스신화〗 숲의 요정, 에코
— *vi.* **반향하다, 울리다,** 울려 퍼지다
— *vt.* **1** 〈소리를〉 **반향하다**; 〈감정을〉 반영 하다 **2** 〈남의 말·의견을〉 앵무새처럼 되풀이하다, 그대로 흉내내다

écho chàmber 반향실(反響室) 《연출상 필요한 에코 효과를 만들어 내는 방》

e·cho·ic [ekóuik] *a.* **1** 반향의; 반향 장치의 **2** 〖언어〗 의음(擬音)[의성(擬聲)]의

ech·o·lo·ca·tion [èkoulo*u*kéiʃən] *n.* 〖전자〗 반향 위치 결정법; 〖동물〗 반향 정위(定位) 《박쥐 등이 발사한 초음파의 반향으로 물체의 존재를 측정하는 능력》

écho sòunder 〖항해〗 음향측심기(測深器)

é·clair [eiklέər] [F 「번개」의 뜻에서; 초콜릿을 뿌린 모양에서] *n.* 에클레어 《가늘고 긴 슈크림에 초콜릿을 뿌린 것》

é·clat [eiklɑ́ː, ∠–] [F = clap] *n.* Ⓤ (명성·성공 등의) 화려함; (행위 등의) 과시; 갈채 ***with*** (***great***) **~** (대)갈채 속에; 화려하게, 성대하게

ec·lec·tic [ekléktik] [Gk 「선택하는」의 뜻에서] *a.* **1** 취사선택하는 **2** 절충주의의, 절충적인 — *n.* **1** 절충학파의 철학자 **2** 절충주의자
-ti·cal·ly *ad.* **-ti·cìsm** *n.* Ⓤ 절충주의

*****e·clipse** [iklíps] [L 「버리다」의 뜻에서] *n.* **1** 〖천문〗 (해·달의) **식**(蝕) **2** [CU] (영예·명성 등의) 그늘짐, 떨어짐, 실추(失墜)
***in* ~** 〈해·달이〉 일식[월식]이 되어; 광채[영향력]를 잃고; 〈새가〉 아름다운 깃을 잃고
— *vt.* **1** 〈천체가〉 가리다(hide); 〈빛·등불의 빛을〉 어둡게 하다 **2** 〈명성·행복 등을〉 그늘지게 하다, 무색하게 하다, 능가 하다

e·clip·tic [iklíptik] 〖천문〗 *a.* 식(蝕)의; 황도(黃道)의
— *n.* [the ~] 황도

e·clip·ti·cal [iklíptikəl] *a.* = ECLIPTIC

ec·logue [éklɔːg | -lɔg] *n.* 《시어》 (때때로 대화체의) 목가(牧歌), 전원시; 목가시

ECM European Common Market 유럽 공동 시장

ec·o·ca·tas·tro·phe [ìːko*u*kətǽstrəfi] *n.* (환경오염에 의한) 생태계의 대변동

ec·o·cide [íːkəsàid] *n.* Ⓤ 환경 파괴

ec·o·log·ic, -i·cal [ìːkəlɑ́dʒik(əl) | -lɔ́dʒ-] *a.* 생태학(生態學)의[적인]
-i·cal·ly *ad.*

e·col·o·gist [ikɑ́lədʒist | -kɔ́l-] *n.* 생태학자(生態學者); 사회 생태학자

e·col·o·gy [ikɑ́lədʒi | -kɔ́l-] [Gk 「환경과 학문」의 뜻에서] *n.* Ⓤ **1** 생태학; 사회 생태학 **2** 생태 《*of*》; (생태학적으로 본) 자연[생태] 환경 《*of*》

e-com·merce [íːkɑ̀mərs | -kɔ̀m-] *n.* 전자 상거래

econ. economic(s); economy

e·con·o·box [ikɑ́nəbɑ̀ks | ikɔ́nəbɔ̀ks] *n.* 《미》 경제차 《연료 소비가 적은 상자형 자동차의 별명》

e·con·o·met·rics [ikɑ̀nəmétriks | ikɔ̀n-] *n. pl.* [단수 취급] 〖경제〗 계량(計量)[통계] 경제학

⁑**ec·o·nom·ic** [èkənɑ́mik, ìːk- | -nɔ́m-] *a.* **1 경제학의 2 경제(상)의 3** (학문적이 아니고) 실리적인, 실용상의

⁑**ec·o·nom·i·cal** [èkənɑ́mikəl, -ìːkəl | -nɔ́m-] *a.* **1 경제적인,** 절약이 되는, 절약하는 **2** 경제상의, 경제학의
~·ly *ad.* 경제적으로, 경제상

económic geógraphy 경제 지리학

*****ec·o·nom·ics** [èkənɑ́miks, ìːk- | -nɔ́m-] *n. pl.* [보통 단수 취급] **경제학**; [보통 복수 취급] (한 나라의) 경제 상태 《*of*》; 경제적 측면

*****e·con·o·mist** [ikɑ́nəmist | ikɔ́n-] *n.* **1 경제학자 2** 《고어》 경제가; 절약가 《*of*》

*****e·con·o·mize** [ikɑ́nəmàiz | ikɔ́n-] *vt.* **절약하다**; 경제적으로 사용하다 — *vi.* 절약하다, 낭비를 삼가다 《*in, on*》

e·con·o·miz·er [ikɑ́nəmàizər | ikɔ́n-] *n.* **1** 절약자, 경제가, 검약자(儉約者) **2** (화력·연료 등의) 절약 장치

⁑**e·con·o·my** [ikɑ́nəmi | ikɔ́n-] [Gk 「가정 관리, 가계」의 뜻에서] *n.* (*pl.* **-mies**) Ⓤ **1 절약,** 검약; 효율적 사용 《*of*》 **2** Ⓤ **경제 3** 경제 기구
practice[***use***] **~** 절약하다
— *a.* Ⓐ 경제적인; (여객기의) 보통석의

ecónomy clàss (여객기의) 일반석, 보통석

ecónomy cláss sỳndrome 일반석 증후군 《장시간 비행기의 좁은 좌석에 앉아 있어서 생기는 혈전증 등의 증상》

e·con·o·my-size [ikɑ́nəmisàiz | ikɔ́n-] *a.* Ⓐ 값싸고 편리한[작은] 사이즈의

ECOSOC [íːko*u*sɑ̀k | -sɔ̀k] Economic and Social Council (of the United Nations) (국제 연합의) 경제 사회 이사회

e·co·sphere [íːko*u*sfìər] *n.* Ⓒ 생태권

e·co·sys·tem [íːko*u*sìstəm] *n.* [종종 the ~] 〖생태〗 생태계

ec·ru [ékruː, éik-] [F] *n.* Ⓤ, *a.* 베이지(색)(의), 엷은 갈색(의)

*****ec·sta·sy** [ékstəsi] [Gk 「사람을 의식 밖에 놓다」의 뜻에서] *n.* (*pl.* **-sies**) **1 무아경, 황홀경**; 환희, 광희 **2** (시인 등의) 망아(忘我), 법열(法悅) **3** 〖심리〗 엑스터시, 의식 혼탁 상태, 정신 혼미 **4** [때로 **E~**] 《미·속어》 엑스터시 《환각·각성제의 일종》
be in ecstasies over …에 아주 정신이 팔려 있다 ***go***[***get***] ***into ecstasies over*** …의 무아경에 이르다

ec·stat·ic [èkstǽtik] *a.* 희열에 넘친, 완전히 마음이 팔린; 황홀한, 무아경의
-i·cal·ly *ad.*

ECT electroconvulsive therapy 〖정신의학〗 전기 충격 요법

ec·to·derm [éktədə̀ːrm] *n.* 〖생물〗 외배엽

ec·to·plasm [éktəplæ̀zm] *n.* **1** 〖생물〗 외부 원형질 **2** 〖심령술〗 (영매(靈媒)의 몸에서 나오는) 가상(假想)의 심령체

ECU, ecu [eikúː, íːsiːjúː] [*E*uropean *C*urrency *U*nit] *n.* 유럽 화폐 단위 《유럽 공동체 통화의 계산 단위》

Ec·ua·dor [ékwədɔ̀ːr] [Sp. = equator] *n.* 에콰도르 《남미 북서부의 공화국; 수도 Quito》 **Ec·ua·do·ri·an** [èkwədɔ́ːriən] *n., a.* 에콰도르 사람(의)

E

ec·u·men·ic, -i·cal [èkjuménik(əl) | ìːk-] [Gk 「전 세계에서」의 뜻에서] *a.* 세계적인, 전반적인, 보편적인; 전(全) 그리스도 교회의, 세계 그리스도교(회) 통일의 **-i·cal·ly** *ad.*

ec·u·men·i·cal·ism [èkjuménikəlìzm | ìːk-] *n.* Ⓤ 〖그리스도교〗 세계 교회주의[운동], 전(全) 그리스도 교회 통일주의

ec·u·men·i·cism [èkjuménəsìzm | ìːk-] *n.* = ECUMENISM

ec·u·me·nism [ékjumənìzm | íːk-] *n.* Ⓤ (교파를 초월한) 세계 교회주의

ec·ze·ma [igzíːmə | éksi-] *n.* Ⓤ 〖병리〗 습진 **ec·zem·a·tous** [igzémətəs | eksém-] *a.*

Ed [ed] *n.* 남자 이름 (Edgar, Edmund, Edward, Edwin의 애칭)

ed. edited; edition; editor; education

-ed [(d 이외의 유성음(有聲音) 뒤) d; (t 이외의 무성음 뒤) t; (t, d의 뒤) id] *suf.* **1** [규칙동사의 과거·과거분사를 만듦]: call>call*ed* **2** [명사로부터 형용사를 만듦] 「…을 가진, …을 갖춘, …에 걸린」의 뜻: armor*ed* 갑옷을 입은

É·dam (chéese) [íːdəm-, íːdæm-] *n.* 에담 치즈 (겉을 빨갛게 물들인 네덜란드산 치즈)

EDB ethylene dibromide 이(二)브롬화(化) 에틸렌 (살충제)

Ed·da [édə] *n.* [the ~] 에더 (북유럽의 신화·시가집(詩歌集))

Ed·die [édi] *n.* 남자 이름 (Edgar, Edward의 애칭; cf. ED)

***ed·dy** [édi] *n.* (*pl.* **-dies**) **소용돌이,** 회오리바람 **—** *vi., vt.* (**-died**) 소용돌이치다[치게 하다]

e·del·weiss [éidlvàis, -wàis] *n.* [G 「고상한」과 「흰」의 뜻에서] 〖식물〗 에델바이스 (알프스산 고산 식물; 스위스 국화)

e·de·ma [idíːmə] *n.* (*pl.* **~s, ~·ta** [-tə]) ⓊⒸ 〖병리〗 부종(浮腫), 수종(水腫) **e·dem·a·tous** [idémətəs] *a.*

***E·den** [íːdn] [Heb. 「기쁨」의 뜻에서] *n.* 〖성서〗 **에덴 동산** (인류의 시조 Adam과 Eve가 살았다는 낙원); 낙토, 낙원; 극락(의 상태)

e·den·tate [iːdénteit] *a.* 이가 없는; 〖동물〗 (앞니와 송곳니가 없는) 빈치류(貧齒類)의
— *n.* 〖동물〗 빈치류의 동물 (개미핥기·나무늘보 등)

Ed·gar [édgər] *n.* **1** 남자 이름 (애칭 Ed) **2** 에드거상(賞) (미국에서 매년 우수한 추리 소설가에게 수여하는 E. A. Poe의 소흉상(小胸像))

‡edge [edʒ] *n.* **1 가장자리, 모; 끝,** 가, 언저리, 변두리 **2 a** (날붙이의) 날; (날의) 날카로움 **b** [보통 an ~, the ~] (욕망·말 등의) 날카로움, 격렬함 (*of*) **3** (미·구어) 우세, 유리 (*on, over*) **4** 경계; 위기, 위태한 판국
give a person ***the ~ of*** one***'s tongue*** …을 호되게 꾸짖다 ***have***[***get***] ***an***[***the***] ***~ on*** a person (미) …보다 우세하다 ***on the ~ of*** …의 가장자리[모서리]에; 막 …하려는 찰나에 ***put an ~ on*** a knife (칼)을 갈다, 날을 세우다 ***set an ~ on***[***to***] 〈식욕 등을〉 돋우다 ***take the ~ off*** 〈날붙이의 날을〉 무디게 하다; 〈힘·감흥(感興) 등의〉 기세를 무디게 하다, 꺾다
— *vt.* **1** 〈칼에〉 **날을 세우다;** 날카롭게 하다 **2** …에 **테를 달다,** …을 (…으로) 가두르다 (*with*) **3** 비스듬히 나아가다; 서서히 나아가다[움직이다] (*away, into, in, out, off, nearer*) **4** (구어) …에게 근소한 차로 이기다
— *vi.* (일정한 방향으로) 비스듬히 나아가다, 조금씩 나아가다
~ along 비스듬히 나아가다 ***~ in*** 서서히 (해안에) 접근하다 (*with*); 〈말을〉 끼어 넣다 ***~ out*** (조심하여) 천천히 나오다; (미) …에 근소한 차로 이기다

edge·ways [édʒwèiz], **-wise** [-wàiz] *ad.* **1** 날[가장자리, 끝]을 밖으로 대고; 언저리[가장자리]를 따라서 **2** 〈두 물건이〉 끝과 끝을 맞대고
get a word in ~ (구어) (기회를 보아) 한마디 하다, 말참견하다

edg·ing [édʒiŋ] *n.* **1** Ⓤ 가두리 침, 테두름 **2** 가장자리 장식, (화단 등의) 가두리

édging shèars 잔디 가위

edg·y [édʒi] *a.* (**edg·i·er; -i·est**) **1** 날이 날카로운 **2** (구어) 초조한; 신랄한 **3** 〈그림 등이〉 윤곽이 뚜렷한
édg·i·ly *ad.* **-i·ness** *n.*

ed·i·bil·i·ty [èdəbíləti] *n.* Ⓤ 식용(食用)에 알맞음

***ed·i·ble** [édəbl] *a.* **먹을 수 있는,** 식용에 알맞은(eatable)
— *n.* [보통 *pl.*] 식품

e·dict [íːdikt] *n.* **1** (국왕·정부 등이 발표하는) 포고(布告) **2** (일반적으로) 명령

ed·i·fi·ca·tion [èdəfikéiʃən] *n.* Ⓤ (덕성(德性) 등의) 함양; 계발, 교화

***ed·i·fice** [édəfis] *n.* **1 건물 2** (지적(知的)인) 구성물, 체계

ed·i·fy [édəfài] [L 「건조(建造)하다」의 뜻에서] *vt.* (**-fied**) 덕성을 북돋우다; (도덕적·정신적으로) 교화하다, 계발하다

ed·i·fy·ing [édəfàiiŋ] *a.* 계발하는; 교훈적인

Ed·in·burgh [édnbə̀ːrə | -bərə] *n.* **1** 에든버러 (스코틀랜드의 수도) **2** 에든버러 공(公) ***the Duke of ~*** (1921-) (현 영국 여왕 Elizabeth 2세의 부군)

Ed·i·son [édəsn] *n.* 에디슨 **Thomas A. ~** (1847-1931) (미국의 발명가)

***ed·it** [édit] *vt.* **1 편집하다 2** 〈신문·잡지·영화 등을〉 편집 (발행)하다 **3** 교정하다, 〈신문의 내용 등을〉 수정하다 **4** 〖컴퓨터〗 〈데이터를〉 편집하다
~ out 삭제하다

edit. edited; edition; editor

‡e·di·tion [idíʃən] *n.* **1** (초판·재판의) **판**(版) **2** (보급판·호화판의) 판: a cheap [pocket, popular] ~ 염가[포켓, 보급]판 / a revised[an enlarged] ~ 개정[증보]판

‡ed·i·tor [édətər] *n.* **1 편집자,** 교정자 **2** 편집 책임자, 편집장 **3** 논설위원
a city ~ (미) 사회부장; (영) 경제부장 ***a managing ~*** 편집국장 ***chief ~*** = ~

in chief 편집장, 주간, 주필(cf. SUBEDITOR); (각부) 부장

‡**ed·i·to·ri·al** [èdətɔ́:riəl] *n.* **사설, 논설**
— *a.* **1 편집자의, 편집(상)의 2** 사설[논설]의

ed·i·to·ri·al·ize [èdətɔ́:riəlàiz] *vi., vt.* 사설로 논하다; (사실 보도에) 사견을 섞다 ((*on, about*))

ed·i·tor·ship [édətərʃìp] *n.* Ⓤ 편집인[장]의 지위[직무]; 편집 수완; 교정

-ed·ly [idli] *suf.* -ed로 끝나는 단어의 부사 어미

Ed·mond, Ed·mund [édmənd] *n.* 남자 이름 ((애칭 Ed, Ned))

EDP electronic data processing 〖컴퓨터〗 전자 정보 처리

E.D.T., EDT Eastern daylight time (미) 동부 서머 타임

ed·u·ca·ble [édʒukəbl] *a.* 교육할 수 있는

*__ed·u·cate__ [édʒukèit] [L 「끌어내다」의 뜻에서] *vt.* **1 교육하다,** 육성하다 **2** 〈특수 능력·취미 등을〉 기르다; 〈귀·눈 등을〉 훈련하다(train) ((*in, to*)); 〈동물을〉 길들이다 **3** [종종 수동형으로] 학교에 보내다, 교육을 받게 하다 ***be ~d at*** [*in*] …에서 배우다 ~ one***self*** 독학[수양]하다

‡**ed·u·cat·ed** [édʒukèitid | édju-] *a.* Ⓐ **1 교육받은,** 교양 있는 **2** (구어) 지식[경험]에 의한; 근거가 있는

‡**ed·u·ca·tion** [èdʒukéiʃən] *n.* Ⓤ **1 교육 2** [때로 an ~] (직업을 위한) 전문적 교육; 학교 교육 **3** (품성·능력 등의) 도야, 훈육, 양성 **4** 교육학

‡**ed·u·ca·tion·al** [èdʒukéiʃənl] *a.* **교육상의; 교육적인**
~·**ist** *n.* = EDUCATIONIST ~·**ly** *ad.*

educátional párk 학교 (교육) 공원[단지]

ed·u·ca·tion·ist [èdʒukéiʃənist] *n.* **1** 교육 전문가 **2** (경멸) 교육학자

ed·u·ca·tive [édʒukèitiv | -kət-] *a.* 교육적인, 교육상 유익한, 교육의

*__ed·u·ca·tor__ [édʒukèitər] *n.* **교육자**[가], 교사(teacher)

e·duce [idjú:s | idjú:s] *vt.* (문어) **1** (드물게) 〈잠재하여 있는 성능 등을〉 끌어내다(cf. EDUCATE) **2** 〈결론 등을〉 끌어내다, 추단(推斷)하다; 연역(演繹)하다

Ed·ward [édwərd] *n.* 남자 이름(cf. ED, NED, TED)

Ed·ward·i·an [edwɑ́:rdiən, -wɔ́:r-] *a.* (영국의) 에드워드왕 시대의 ((특히 7세의)) — *n.* 에드워드 (7세) 시대 사람

Édwards Áir Fórce Bàse (미) 에드워드 공군 기지 ((캘리포니아 주 소재; 항공 테스트 센터가 있음))

Ed·win [édwin] *n.* 남자 이름 ((애칭 Ed, Ned))

-ee[1] [i:] *suf.* 「행위자(agent)를 나타내는 명사 어미의 -or에 대하여 보통 그 작용을 받는 사람」의 뜻: employ*ee*

-ee[2] *suf.* 지소사(指小辭) 어미(cf. -IE)

EEC European Economic Community 유럽 경제 공동체, 유럽 공동 시장

EEG electroencephalogram 〖의학〗 뇌파도

*__eel__ [i:l] *n.* (*pl.* ~, ~**s**) 〖어류〗 **뱀장어**
(***as***) ***slippery as an*** ~ (뱀장어처럼) 미끈미끈한; (비유) 붙잡을 수가 없는, 요리조리 잘 빠져나가는, 꼬리를 잡히지 않는

eel·grass [í:lgræ̀s | -grɑ̀:s] *n.* 〖식물〗 거머리말 ((거머리말속(屬)의 바닷말)); 나사말

e'en[1] [i:n] *ad.* (시어) = EVEN[1]

e'en[2] *n.* (시어) = EVEN[2]

*__e'er__ [ɛər] *ad.* (문어) = EVER

-eer [iər] *suf.* **1** [명사 어미; 때로 경멸적] 「…관계자; …취급자」의 뜻 **2** [동사 어미] 「…에 종사하다」의 뜻

ee·rie, ee·ry [íəri] [동음어 aerie] *a.* (-**ri·er**; -**ri·est**) 기분 나쁜, 무시무시한, 등골이 오싹한

EEZ exclusive economic zone 배타적 경제 수역

ef- [if] *pref.* = EX[2]- ((f- 앞의 변형))

eff [ef] *vt., vi.* (속어) 성교하다
~ ***and blind*** (속어) 더러운 말을 쓰다

*__ef·face__ [iféis] *vt.* **1 지우다,** 말살하다; 삭제하다 **2** 〈회상·인상 등을〉 지워 없애다 ((*from*)) **3** 〈사람을〉 눈에 띄지 않게 하다
~ one***self*** 눈에 띄지 않게 행동하다

‡**ef·fect** [ifékt] *n.* **1** UC **결과**(consequence) **2** UC **효과,** 영향; (법률 등의) 효력; (약 등의) 효험, 효능 **3** (색채·형태의) 배합, 광경, 인상; [*pl.*] 〖연극〗 효과 **4** Ⓤ 외양, 체면 **5** [the, that와 함께] 취지, 의미 **6** [*pl.*] 동산; 물건 **7** (물리·화학적) 효과
bring to ~ = ***carry into*** ~ 실행[수행]하다 ***come into*** ~ 효력을 나타내다, 실시되다 ***give*** ~ ***to*** …을 실행[실시]하다 ***in*** ~ 사실상, 실제에 있어서; 요컨대; 효력 있는, 활동하여 ***take*** ~ 효력을 나타내다, 실시되다 ***to no*** ~ 아무런 효과도 없이, 소용 없이
— *vt.* 〈변화 등을〉 **초래하다;** 〈목적·계획 등을〉 **달성하다,** 이루다

‡**ef·fec·tive** [iféktiv] *a.* **1 유효한, 효과적인,** 효력있는 **2** Ⓐ 〖군사〗 실(實)병력의, 실제 동원할 수 있는 **3 감동적인,** 눈에 띄는, 인상적인 **4** Ⓐ 〖경제〗 실제의, 사실상의 **5** 〈법률 등이〉 실행 중인, 유효한
— *n.* [보통 *pl.*] 〖미군〗 실(實)병력, 현역 근무에 적당한 군인

*__ef·fec·tive·ly__ [iféktivli] *ad.* **1 효과적으로,** 유효하게; 유력하게 **2** 실제로, 사실상

ef·fec·tive·ness [iféktivnis] *n.* Ⓤ 유효(성), 효과적임

*__ef·fec·tu·al__ [iféktʃuəl] *a.* (문어) **효과적인,** 유효한 ~·**ly** *ad.*

ef·fec·tu·ate [iféktʃuèit] *vt.* (문어) 실시하다, 〈법률 등을〉 유효하게 하다, 〈목적 등을〉 달성하다, 이루다

ef·fec·tu·a·tion [ifèktʃuéiʃən] *n.* Ⓤ 달성, 수행; (법률 등의) 실시

ef·fem·i·na·cy [ifémənəsi] *n.* Ⓤ 여자 같음, 나약, 유약, 우유부단

*__ef·fem·i·nate__ [ifémənət] [L 「여자답다」의 뜻에서] *a.* **여자 같은,** 나약한
~·**ly** *ad.* ~·**ness** *n.*

E

ef·fer·ent [éfərənt] *a.* 〚생리〛 〈신경이〉 원심성(遠心性)인
ef·fer·vesce [èfərvés] *vi.* **1** 〈탄산수 등이〉 부글부글 거품이 일다; 〈가스 등이〉 거품이 되어 나오다 **2** 〈사람이〉 흥분하다 《*with*》
ef·fer·ves·cence, -cen·cy [èfərvésns(i)] *n.* Ⓤ **1** 비등(沸騰), 거품이 남 **2** 감격, 흥분, 활기
ef·fer·ves·cent [èfərvésnt] *a.* **1** 비등성의, 거품이 이는 **2** 흥분한; 활기 있는
ef·fete [ifíːt] *a.* 정력이 빠진, 맥빠진, 쇠퇴한; 〈동식물·토지 등이〉 생산력이 없는
ef·fi·ca·cious [èfəkéiʃəs] *a.* 《문어》 효과 있는, 〈약이〉 잘 듣는; 〈수단·치료 등이〉 효능[효험] 있는 **~·ly** *ad.*
⁎**ef·fi·ca·cy** [éfikəsi] *n.* Ⓤ 《문어》 **효능**, 효험; 유효
⁑**ef·fi·cien·cy** [ifíʃənsi] *n.* Ⓤ **1 능력**, **능률** **2** 〚물리·기계〛 능률, 효율
effíciency apàrtment 《미》 간이 아파트 《작은 부엌이 딸린 거실 겸 침실에 욕실이 있음》
effíciency enginèer[**èxpert**] 《미》 능률[생산성] 향상 기사[전문가]
⁑**ef·fi·cient** [ifíʃənt] *a.* **1 능률적인**, **효과가 있는 2 유능한**, **실력 있는**, 민완(敏腕)의 **~·ly** *ad.* 능률적으로, 유효하게
ef·fi·gy [éfədʒi] *n.* (*pl.* **-gies**) **1** 조상, (화폐 등의) 초상 **2** (미워하는 사람을 닮게 만든) 인형, 우상
burn [***hang***] a person ***in*** ~ (악인·미운 사람 등의) 형상을 만들어 태우다[목매달다]
ef·flo·resce [èflərés] [L 「피기 시작하다」의 뜻에서] *vi.* **1** 《문어》 꽃피다 **2** 〈문물(文物) 등이〉 개화하다, 번영하다 《*into*》
ef·flo·res·cence [èflərésns] *n.* Ⓤ **1** 《문어》 개화(開花); 개화기 **2** 〚화학〛 풍화 (작용); 〚병리〛 발진
ef·flo·res·cent [èflərésnt] *a.* **1** 《문어》 꽃이 핀 **2** 〚화학〛 풍화성의
ef·flu·ence [éfluəns] *n.* **1** Ⓤ (광선·전기·액체 등의) 내뿜음, 발산, 방출 **2** 유출[방출]물
ef·flu·ent [éfluənt] *a.* 유출[방출]하는 — *n.* **1** (강·호수·저수지 등에서) 흘러나오는 물 **2** ⓊⒸ (공장 등에서의) 유해 방출물, 폐수, 폐기물
ef·flux [éflʌks], **ef·flux·ion** [iflʌ́kʃən] *n.* ⓊⒸ **1** (액체·공기·가스 등의) 유출 **2** 유출량[물]
⁑**ef·fort** [éfərt] [L 「힘을 밖으로 냄」의 뜻에서] *n.* **1** ⓊⒸ **노력**, 수고 **2** 역작, 노작(勞作) **3** Ⓤ 〚기계〛 작용력(作用力)
make an ~ = ***make ~s*** 노력하다, 애쓰다 《*to* do》
ef·fort·less [éfərtlis] *a.* 노력하지 않는, 힘들지 않은; 수월한 **~·ly** *ad.* **~·ness** *n.*
ef·fron·ter·y [ifrʌ́ntəri] *n.* (*pl.* **-ter·ies**) **1** Ⓤ 뻔뻔스러움, 몰염치 **2** [때때로 *pl.*] 뻔뻔스런 행위
ef·ful·gence [ifʌ́ldʒəns | ifúl-] *n.* Ⓤ 《문어》 광휘, 광채
ef·ful·gent [ifʌ́ldʒənt | ifúl-] *a.* 《문어》 광채가 나는, 눈부시게 빛나는 **~·ly** *ad.*

E

ef·fuse [ifjúːz] *vt.*, *vi.* 〈액체·빛·향기 등을〉 발산시키다[하다], 스며 나오게 하다[나오다]; 유출시키다[하다]
ef·fu·sion [ifjúːʒən] *n.* Ⓤ **1** 유출, 삼출, 스며 나옴; Ⓒ 유출물 **2** 토로, 발로 《*of*》; Ⓒ 토로한 말[시, 산문]
ef·fu·sive [ifjúːsiv] *a.* 심정을 토로하는, 〈감정이〉 넘쳐 흐르는 《*in*》 **~·ly** *ad.*
eft [eft] *n.* 〚동물〛 영원(蠑螈)(newt)
EFTA European Free Trade Association 유럽 자유 무역 연합
EFT(**S**) electronic funds transfer (system) 전자식 자금 이동 (시스템)
e.g. exempli gratia 《L = for example》
e·gal·i·tar·i·an [igæ̀lətɛ́əriən] *a.* 평등주의의 — *n.* 평등주의자
~·ism *n.* Ⓤ 평등주의
⁑**egg**[1] [eg] *n.* **1 알**; **달걀**, 계란: a raw ~ 날달걀 **2** = EGG CELL **3** 《속어》 [bad, good, dumb 등과 함께] 놈, 녀석 (chap)
(***as***) ***full as an*** ~ 꽉 찬 (***as***) ***sure as ~s is ~s*** 《익살》 틀림없이(for certain) ***have***[***put***] ***all*** one***'s ~s in one basket*** 한 사업에 모든 것을 걸다 ***lay an*** ~ 알을 낳다; 《속어》 〈익살·흥행 등이〉 실패하다; 《군대속어》 폭탄을 투하하다
egg[2] *vt.* 선동하다, 충동하다, 부추기다, 격려하다(incite) 《*on*》
egg·beat·er [égbìːtər] *n.* **1** 달걀을 저어 거품이 일게 하는 기구, 교반기 **2** 《미·속어》 = HELICOPTER
égg cèll 〚생물〛 난자(卵子), 난세포
égg crèam 《미》 우유·향료·시럽·소다를 섞은 음료
egg·cup [-kʌ̀p] *n.* 삶은 달걀 담는 컵 《식탁용》
egg·head [-hèd] *n.* 《구어·경멸》 지식인
egg·nog [-nɑ̀g | -nɔ̀g] *n.* ⓊⒸ 에그노그 《술에 우유와 설탕을 섞은 것》
egg·plant [-plæ̀nt | -plɑ̀ːnt] *n.* 〚식물〛 가지(나무); 진한 보라색
egg-shaped [-ʃèipt] *a.* 달걀 모양의
egg·shell [-ʃèl] *n.* 달걀 껍질; 깨지기 쉬운 것 — *a.* 얇고 부서지기 쉬운
égg spòon 삶은 달걀을 먹는 작은 숟가락
égg tìmer 달걀 삶는 시간을 재는 약 3분 정도의 (모래) 시계
egg·whisk [-*h*wìsk] *n.* = EGGBEATER
égg whìte 달걀 흰자위(cf. YOLK)
e·gis [íːdʒis] *n.* = AEGIS
eg·lan·tine [égləntàin, -tìːn] *n.* = SWEETBRIER
e·go [íːgou, égou] [L 「나」의 뜻에서] *n.* (*pl.* **~s**) ⒸⓊ **1** 〚철학·심리〛 자아(自我) **2** 《구어》 자만; 아욕(我欲)
e·go·cen·tric [ìːgouséntrik, ègou-] *a.* 자기 중심의, 이기적인 — *n.* 자기 (중심)주의자
e·go·cen·tric·i·ty [-sentrísəti] *n.* Ⓤ
e·go·cen·trism [ìːgouséntrizm, ègou-] *n.* 자기 중심; 〚심리〛 (아이들의) 자기 중심성
e·go·ism [íːgouìzm, égou-] *n.* Ⓤ **1** 이기주의, 자기 본위, 자기 중심[이기](적인 성향)(opp. *altruism*) **2** 자만, 이기심

e·go·ist [í:gouist, é-] *n.* **1** 〖논리〗 이기주의자 **2** 자기 본위의 사람, 제멋대로 하는 사람(opp. *altruist*; cf. EGOTIST)
e·go·is·tic, -ti·cal [ì:gouístik(əl), ègou-] *a.* 이기주의의; 자기 본위의, 제멋대로의, 아욕(我欲)이 강한 **-ti·cal·ly** *ad.*
e·go·ma·ni·a [ì:gouméiniə, ègou-] *n.* Ⓤ 병적인 자기 중심벽(癖)
e·go·ma·ni·ac [ì:gouméiniæ̀k, ègou-] *n.* 병적으로 자기 중심적인 사람
e·go·tism [í:gətìzm, égə-] *n.* Ⓤ **1** 자기 중심벽(癖) (I, my, me를 지나치게 많이 쓰는 버릇) **2** 자만, 자부(self-conceit) **3** 이기주의
e·go·tist [í:gətist] *n.* 자기 중심주의자; 자존가(自尊家); = EGOIST
e·go·tis·tic, -ti·cal [ì:gətístik(əl), ègə-] *a.* 자기 중심[본위]의; 독선적인; 이기적인 **-ti·cal·ly** *ad.*
égo trìp (구어) 이기적[자기 본위적] 행위
e·gre·gious [igrí:dʒəs] *a.* 악명 높은; 지독한, 언어도단의
e·gress [í:gres] *n.* (문어) **1** Ⓤ (특히 격리된 곳·울 안에서) 밖으로 나가기 **2** 출구, (연기가) 빠지는 곳 **3** Ⓤ 밖으로 나갈 수 있는 권리
e·gret [í:grit] *n.* 〖조류〗 큰 해오라기; 해오라기의 깃; 그 깃털 장식(aigrette)
⁑**E·gypt** [í:dʒipt] *n.* **이집트** (아프리카 북부의 공화국; 공식명 Arab Republic of Egypt; 수도 Cairo)
⁑**E·gyp·tian** [idʒípʃən] *a.* **이집트** (사람[말])**의** —*n.* 이집트 사람; Ⓤ (고대) 이집트 말
E·gyp·tol·o·gy [ì:dʒiptálədʒi | -tɔ́l-] *n.* Ⓤ 이집트학(學) **-gist** *n.* 이집트학자
∗**eh** [ei, e] *int.* **뭐라고,** 에, 그렇잖아 (놀람·의문·동의를 구하는 말)
ei·der [áidər] *n.* (*pl.* **~s, ~**) **1** 〖조류〗 솜털오리(= **~ dùck**) (북유럽 연안산) **2** = EIDERDOWN 1
ei·der·down [áidərdàun] *n.* **1** eider의 가슴에 난 솜털 **2** (그것을 넣은) 깃털 이불
ei·do·lon [aidóulən | -lɔn] *n.* (*pl.* **~s, -la**[-lə]) 유령, 허깨비, 환영(幻影); 이상(상(像))
Éif·fel Tówer [áifəl-] [the ~] 에펠 탑 (A. G. Eiffel이 1889년에 파리에 세운 높이 300미터의 철탑)
⁑**eight** [eit] [동음어 ate] *a.* **1** Ⓐ **8의,** 여덟 (개[사람])**의** **2** Ⓟ 8세의
an ~-day clock 8일에 한 번 태엽을 감는 시계
— *pron.* [복수 취급] 여덟 개[사람]
—*n.* **1** 8, 여덟 **2** 8의 기호 (viii) **3** 8시, 여덟 살 **4** 8개 한 조(組), 8인조, 8인조 보트; [the E~s] Oxford 대학·Cambridge 대학 대항 보트 경주 **5** 〖카드〗 8점짜리 패 ***a figure of ~*** 8자형; 〖스케이트〗 8자형 활주 ***have one over the ~*** (영·구어) 잔뜩 취하다
éight bít compúter 〖컴퓨터〗 8비트 컴퓨터
⁑**eigh·teen** [èití:n] *a.* **1** Ⓐ **18(개[명])의** **2** Ⓟ 18세의
— *pron.* [복수 취급] 18개[사람]
—*n.* ⓊⒸ [무관사] **18**; 18세; Ⓒ 18의 기호; 18개 한 조(組)
∗**eigh·teenth** [èití:nθ] *a.* **1** [보통 the ~] **제18(번째)의** **2** 18분의 1의
—*n.* **1** [보통 the ~] **제18** (略 18th); (달의) 제18일 **2** 18분의 1
— *pron.* [the ~] 제18번째 사람[물건]
eight·fold [éitfòuld] *a., ad.* 여덟 배의[로], 여덟 겹의[으로]
⁑**eighth** [eitθ] *n.* (*pl.* **~s**) **1** [보통 the ~] **제8** (略 8th), **여덟 번째** **2** 8분의 1
— *pron.* [the ~] 제8번째 사람[물건]
—*a.* **1** [보통 the ~] 제8의, **여덟 번째의** **2** 8분의 1의
—*ad.* 여덟 번째로
éighth·ly *ad.* 여덟 번째로
eight-hour [éitáuər] *a.* Ⓐ 8시간제의
∗**eight·i·eth** [éitiiθ] *n., a.* [보통 the ~] **제80(의),** 80번째(의); 80분의 1(의)
— *pron.* 제80번째 사람[물건]
⁑**eight·y** [éiti] *a.* **80(개[명])의** — *pron.* [복수 취급] 80개[명]
—*n.*(*pl.* **eight·ies**) **1** 80(의 수(數)), 80세; 80의 기호(80, LXXX) **2** [the eighties] (개인의) 80대(代); (세기의) 80년대
Ein·stein [áinstain] *n.* 아인슈타인 **Albert ~** (1879-1955) (미국으로 귀화한 유대인계 독일인 물리학자; 상대성 원리의 창설자)
ein·stein·i·um [ainstáiniəm] *n.* Ⓤ 〖화학〗 아인슈타이늄 (방사성 원소; 기호 Es, 번호 99)
Ei·re [ɛ́ərə] *n.* 에이레 (아일랜드(Ireland) 공화국의 옛 이름(⇨ Ireland))
Ei·sen·how·er [áizənhàuər] *n.* 아이젠하워 **Dwight David ~** (1890-1969) (미국의 장군, 제34대 대통령(1953-61))
eis·tedd·fod [aistéðvɔ:d | -vɔd] [Welsh = session] *n.*(*pl.* **~s, -fod·au** [àisteðvá:dai | -vɔ́d-])(영국 Wales에서 매년 개최되는) 음유 시인(詩人) 대회; (어떤 한 지방의) 음악 콩쿠르
⁑**ei·ther** [í:ðər, áiðər | ái-] *a.* [단수 명사를 수식하여] **1 a** [긍정문에서] (둘 중) **어느 한쪽[하나]의,** 어느 쪽의 …이든지: Sit on ~ side. 어느 쪽에든 앉으시오. **b** [부정문에서] (둘 중) **어느 쪽의 …도** (…아니다) **c** [의문문·조건문에서] (둘 중) **어느 한쪽의** …: Did you see ~ boy? 어느 한쪽 소년이라도 봤어요? **2** [보통 ~ side[end]로] **양쪽의,** 각각의 ***~ way*** (1) (두 가지 방법 중) 어느 쪽이든, 어느 쪽으로 하든, 어차피 (2) 어느 쪽에나 ***in ~ case*** 어느 경우에나, 좌우간
— *pron.* **1** [긍정문에서] (둘 중의) **어느 한쪽,** 어느 쪽도: *E~* will do. 어느 쪽이든 좋다. **2** [부정문에서] (둘 중) **어느 쪽도** **3** [의문문·조건문에서] (둘 중의) **어느 쪽인가**
—*conj.* [either ... or ...의 형태로] **…거나 …거나** (어느 하나가[것이라도])
—*ad.* **1** [부정문에서] **…도 또한** (…않다) **2** [특히 부정하는 내용의 앞 진술을 추가적으로 수정 표현해서] (구어) …이라고는 하지만 (…은 아니다): There was

E

a shop, and *not* so big ~. 가게가 하나 있었다, 그렇게 크지는 않지만.

ei·ther-or [í:ðərɔ́:r | áiðərɔ́:] *a.* 양자택일의

e·jac·u·late [idʒǽkjulèit] *vt.* **1** 《문어》 갑자기 외치다, 갑자기 소리 지르다 **2** 〖생리〗 〈액체를〉 내뿜다; 사정(射精)하다

e·jac·u·la·tion [idʒæ̀kjuléiʃən] *n.* UC **1** 갑자기 지르는 외침[탄식 소리], 절규(絶叫) **2** 〖생리〗 사출(射出); 사정(射精)

e·jac·u·la·to·ry [idʒǽkjulətɔ̀:ri | -təri] *a.* **1** 절규의 **2** 〖생리〗 사정의

e·ject [idʒékt] [L 「밖으로 던지다」의 뜻에서] *vt.* **1** (…을) 쫓아내다, 축출[추방]하다 《*from*》; 〖법〗 퇴거시키다 **2** 〈액체·연기 등을〉 뿜어내다, 배출하다; 배설하다
— *vi.* (고장 비행기의 사출 좌석에서) 긴급 탈출하다

e·jec·tion [idʒékʃən] *n.* **1** U 방출(放出), 분출, 배출; UC 방출물, 분출물 **2** U 〖법〗 방축(放逐), 퇴거

ejéction sèat 〖항공〗 사출 좌석 《조종사의 긴급 탈출을 위한 기체 밖 방출 장치》

e·ject·ment [idʒéktmənt] *n.* U 방출; 추방, 방축, 몰아냄《*from*》

e·jec·tor [idʒéktər] *n.* **1** 몰아내는 사람, 쫓아내는 사람 **2** 배출[방사]기(器) [관(管), 장치]

ejéctor sèat = EJECTION SEAT

eke [i:k] *vt.* 《고어·방언》 늘리다, 잡아 늘이다 ~ ***out*** 늘리다, 〈부족분을〉 보충하다 《*with*》; 《속어》 간신히 생계를 이어가다

EKG electrocardiograph

e·kis·tics [ikístiks] *n. pl.* [단수 취급] 인간 거주 공학[거주학]

el[1] [el] [*el*evated railroad] *n.* 《미·구어》 고가 철도

el[2] *n.* (알파벳의) L[l]자

el- [il] *pref.* = EN- 《l의 앞》

el. elected; elevation

‡**e·lab·o·rate** [ilǽbərət] [L 「만들어내다」의 뜻에서] *a.* **공들인**, 고심하여 만들어낸, 복잡한; 정교한
— [-rèit] *vt.* **애써 만들다**, 고심하여 만들다; 정교하게 만들다; 〈문장·고안 등을〉 퇴고(推敲)하다
— *vi.* 갈고 닦다; 상세히 말하다, 부연하다 《*on, upon*》 **~·ness** *n.*

*__e·lab·o·rate·ly__ [ilǽbərətli] *ad.* **공들여**, 애써서; 정교하게

e·lab·o·ra·tion [ilæ̀bəréiʃən] *n.* U **1** 고심하여 만듦[완성시킴], 공들임; 퇴고(推敲); 복잡함, 정교, 면밀 **2** C 고심작, 노작(勞作); (추가한) 상세한 말

é·lan [eilɑ́:n] [F =flight(비약)] *n.* U 기력, 예기(銳氣); 활기(vigor)

e·land [í:lənd] *n.* (*pl.* **~s,** [집합적] ~) 〖동물〗 큰 영양(羚羊) 《남아프리카산》

é·lan vi·tal [-vi:tɑ́:l] [F] *n.* 〖철학〗 생명의 비약, 생(生)의 약동

*__e·lapse__ [ilǽps] [L 「미끄러져 가다」의 뜻에서] *vi.* 《문어》 〈시간이〉 **경과하다**, 지나다
— *n.* (시간의) 경과

*__e·las·tic__ [ilǽstik] *a.* **1 탄력 있는**, 탄성의, 신축성이 있는; 휘기 쉬운, 낭창낭창한, 나긋나긋한 **2** 반발력이 있는; 활달한, 쾌활한; 융통성[순응성]이 있는
— *n.* 고무 끈; [보통 *pl.*] 고무줄이 든 천의 제품
-ti·cal·ly *ad.* 탄력적으로; 신축자재하게

e·las·tic·i·ty [ilæstísəti, ì:læs-] *n.* U **1** 탄력; 신축성; 〖물리〗 탄성 **2** 불행에서 일어서는 힘 **3** 융통성; 쾌활함

e·late [iléit] *vt.* 고무하다, 기운을 북돋아 주다; 뽐내게[우쭐대게]하다
— *a.* = ELATED

e·lat·ed [iléitid] *a.* 의기양양한, 득의만면의, 우쭐대는(proud) 《*at, by*》
~·ly *ad.* **~·ness** *n.*

e·la·tion [iléiʃən] *n.* U 의기양양

‡**el·bow** [élbou] [OE 「팔(ell)의 활(bow)」의 뜻에서] *n.* **1 팔꿈치**; (옷의) 팔꿈치 **2** 팔꿈치[L자] 모양의 것; (팔꿈치 모양의) 굽은 관(管); (팔꿈치 모양의) 굽은 이음매; 팔걸이(= ~ **rèst**) **3** 팔꿈치 모양의 굴곡, (하천·도로 등의) 급한 굽이
at** a person**'s** ~ = **at the** ~(**s**)* 팔 닿는 곳에, 바로 가까이에 ***out at ~s [***the*** ~] (옷의) 팔꿈치가 떨어져, 누더기가 되어 (shabby); 〈사람이〉 초라하여, 가난하여 ***rub*** [***touch***] ***~s with*** …와 사귀다 ***up to the***[one***'s***] ***~s*** (일 등에) 몰두하여 《*in*》
— *vt.* **팔꿈치로 쿡 찌르다[떼밀다]**
— *vi.* 밀어 제치고 나아가다

élbow grèase 《익살·구어》 팔의 힘으로 하는 일 《연마(硏磨) 등》; 힘드는 일; 끈기

el·bow·room [-rù:m] *n.* U **1** (팔꿈치를 자유롭게 움직일 수 있는) 여지, 여유; 충분한 활동 범위 **2** 기회

‡**el·der**[1] [éldər] [OE old의 비교급] *a.* A **1** 《영》 (형제 등의 혈연 관계에서) **나이가 위인**, 연장(年長)의(opp. *younger*) 《《미》에서는 older를 쓰는 일이 많음》: one's ~ brother[sister] 형, 오빠[누님, 언니] **2** 선배의, 고참의
— *n.* **1** 연장자; 선배, 웃어른 **2** 원로 **3** 장로《특히 장로교회의》

elder[2] *n.* 〖식물〗 딱총나무 무리

el·der·ber·ry [éldərbèri | -bəri] *n.* (*pl.* **-ries**) 말오줌나무 열매 《검보라색》

élderberry wíne elderberry 열매로 담근 술

*__el·der·ly__ [éldərli] *a.* **1 나이가 지긋한**, 늙숙한, 초로(初老)의 **2** [the ~; 집합적] 중장년층, 초로의 사람들

‡**el·dest** [éldist] [OE old의 최상급] *a.* A (형제 등의 혈연 관계에서) **가장 나이 많은**; 맏이의 《《미》에서는 oldest를 쓰는 일이 많음; cf. ELDER[1] 1》

El Do·ra·do [èl-dərɑ́:dou] [Sp. =the gilded (country) 황금의 나라] *n.* **1** 엘도라도 《남아메리카 아마존 강변에 있다고 상상되었던 황금향(鄕)》 **2** 《일반적으로》 황금향, 이상적인 낙토

El·ea·nor [élənər], **El·e·a·no·ra** [èliənɔ́:rə] *n.* 여자 이름 《Helen의 변형; 애칭 Nell, Nelly, Nellie, Nora》

‡**e·lect** [ilékt] [L 「선택하다」의 뜻에서] *vt.* **1** 선거하다 **2** 택하다,

고르다, 결정하다 **3** 《미》 〈과목 등을〉 선택하다 **4** 〖신학〗 〈하느님이 사람을〉 택하다
— *a.* **1** 선정[선발]된 **2** [보통 복합어를 이루어] (아직 취임하지 않았으나) 선출[선임]된 **3** 〖신학〗 (하느님에게) 선택된(opp. *reprobate*)
— *n.* [the ~; 집합적; 복수 취급] (문어) **1** 특권 계급, 엘리트 **2** 〖신학〗 하느님의 선민(選民)들

‡e·lec·tion [ilékʃən] *n.* **1** (투표에 의한) **선거**; 당선 **2** Ⓤ 〖신학〗 하느님의 선택 ***general*** ~ 총선거

Eléction Dày **1** 《미》 대통령 선거일 《11월 첫 월요일 다음의 화요일》 **2** [**e- d-**] 《일반적으로》 선거일

e·lec·tion·eer [ilèkʃəníər] *vi.* 선거 운동을 하다
— *n.* 선거 운동자[원]

e·lec·tion·eer·ing [ilèkʃəníəriŋ] *n.* Ⓤ 선거 운동 — *a.* 선거 운동의

e·lec·tive [iléktiv] *a.* **1** 선거에 의한; 선거의; 선거하기 위한, 선거권을 가진 **2** 《미》 〈과목이〉 임의로 선택할 수 있는(《영》 optional) — *n.* 《미》 선택 과목[과정] (《영》 optional) **~·ly** *ad.*

***e·lec·tor** [iléktər] *n.* **1 선거인**, 유권자 **2** 《미》 (대통령·부통령) 선거인

e·lec·tor·al [iléktərəl] *a.* 선거의; 선거인의

eléctoral cóllege [the ~; 집합적] 《미》 (대통령·부통령) 선거인단

eléctoral róll [régister] [보통 the ~] 선거인 명부

e·lec·tor·ate [iléktərət] *n.* [the ~; 집합적] 선거민 (전체), 유권자 (전원)

electr- [iléktr] **electro-** [iléktrou] 《연결형》 「전기의, 전기에 의한」의 뜻 《모음 앞에서는 electr-》

E·léc·tra còmplex [iléktrə-] 〖정신분석〗 엘렉트라 콤플렉스 《딸이 아버지에 대해서 무의식적으로 지니고 있는 성적인 사모감》 (cf. OEDIPUS COMPLEX)

‡e·lec·tric [iléktrik] [Gk 「호박(琥珀)」의 뜻에서; 호박을 마찰하면 전기가 일어나는 데서] *a.* **1 전기(성)의**; 전기를 띤[일으키는]; 전기 장치의; 전기 같은 **2** 전격적인, 충격적인, 자극적인
— *n.* **1** 전기로 움직이는[작용하는] 것; 전차; 전기 자동차[기관차] **2** [*pl.*] 전기 설비[장치]

‡e·lec·tri·cal [iléktrikəl] *a.* **1 전기에 관한**; 전기의[에 의한] **2** 전기 같은; 전격적인

e·lec·tri·cal·ly [iléktrikəli] *ad.* **1** 전기(작용으)로; 전기학상(으로) **2** 전격적으로

eléctric cháir **1** 전기의자 《사형용》 **2** [the ~] 전기의자로의 사형(electrocution)

eléctric éel 〖어류〗 전기뱀장어 《남아메리카산》

eléctric éye 〖전기〗 광전지(光電池) (photoelectric cell)

e·lec·tri·cian [ilektríʃən, ìːlek-] *n.* 전기 기사; 전공(電工), 전기 담당자

‡e·lec·tric·i·ty [ilektrísəti, ìːlek-] *n.* Ⓤ **1 전기** **2** 전류; (공급) 전력 **3** 심한 흥분, 열정

eléctric ráy 〖어류〗 전기가오리 《총칭》

eléctric shóck 전기 쇼크[충격], 전격, 감전

eléctric shóck thèrapy 〖정신의학〗 전기 쇼크 요법

eléctric stórm 심한 뇌우(雷雨)

e·lec·tri·fi·ca·tion [ilèktrəfikéiʃən] *n.* Ⓤ **1** 대전(帶電), 감전; 충전 **2** (철도·가정 등의) 전화(電化) **3** 몹시 감동시킴

***e·lec·tri·fy** [iléktrəfài] *vt.* (**-fied**) **1** (물체에) **전기를 통하게 하다**, 대전(帶電)시키다, 〈사람을〉 감전시키다 **2** 〈철도·가정 등을〉 전화(電化)하다 **3** 깜짝 놀라게 하다 (startle), 충격을 주다

e·lec·tro·car·di·o·gram [ilèktroukáːrdiəgræ̀m] *n.* 〖의학〗 심전도 《略 ECG》

e·lec·tro·car·di·o·graph [ilèktroukáːrdiəgræ̀f | -grɑ̀ːf] *n.* 〖의학〗 심전계(心電計)

e·lec·tro·chem·i·cal [ilèktroukémikəl] *a.* 전기 화학의 **~·ly** *ad.*

e·lec·tro·chem·is·try [ilèktroukémistri] *n.* Ⓤ 전기 화학

e·lec·tro·con·vúl·sive thèrapy [ilèktroukənvʌ́lsiv-] = ELECTROSHOCK THERAPY

e·lec·tro·cute [iléktrəkjùːt] *vt.* **1** 전기 (쇼크)로 죽이다, 감전사시키다 **2** (전기의자로) 전기 사형에 처하다

e·lec·tro·cu·tion [ilèktrəkjúːʃən] *n.* Ⓤ **1** 감전사 **2** = ELECTRIC CHAIR 2

e·lec·trode [iléktroud] *n.* 〖전기〗 전극(電極), 전극봉(棒)

e·lec·tro·dy·nam·ic, -i·cal [ilèktroudainǽmik(əl)] *a.* 전기력의; 전기 역학의[적인]

e·lec·tro·dy·nam·ics [ilèktroudainǽmiks] *n. pl.* [단수 취급] 전기 역학

e·lec·tro·en·ceph·a·lo·gram [ilèktrouenséfələgræ̀m] *n.* 〖의학〗 뇌파도, 뇌전도

e·lec·tro·en·ceph·a·lo·graph [ilèktroueenséfələgræ̀f | -grɑ̀ːf] *n.* 〖의학〗 뇌파 전위(電位) 기록 장치

e·lec·trol·y·sis [ilèktrɑ́ləsis | -trɔ́l-] *n.* Ⓤ **1** 〖화학〗 전기 분해, 전해 **2** 〖의학〗 전기 분해 요법 《모근·종양 등을 전류로 파괴하기》

e·lec·tro·lyte [iléktrəlàit] *n.* 〖화학〗 전해물[질, 액]

e·lec·tro·lyt·ic [ilèktrəlítik] *a.* 전해(질)의

e·lec·tro·lyze [iléktrəlàiz] *vt.* **1** 〖화학〗 전해 (처리)하다, 전기 분해하다 **2** 〖의학〗 전기 분해법으로 치료[제거]하다

e·lec·tro·mag·net [ilèktroumǽgnit] *n.* 전자석(電磁石)

e·lec·tro·mag·net·ic [ilèktroumægnétik] *a.* 전자석의; 전자기의

e·lec·tro·mag·ne·tism [ilèktroumǽgnətìzm] *n.* Ⓤ 전자기(학)(電磁氣(學))

e·lec·trom·e·ter [ilektrɑ́mətər | -trɔ́m-] *n.* 전위계(電位計)

e·lec·tro·mo·tive [ilèktroumóutiv] *a.* 전동(電動)의, 기전(起電)의

*__e·lec·tron__ [iléktrɑn | -trɔn] *n.* 〖물리·화학〗 전자, 일렉트론
__e·lec·tro·neg·a·tive__ [ilèktrounégətiv] *a.* (opp. *electropositive*) **1** 〖전기〗 음전기의; 음전성(性)의 **2** 〖화학〗 (전기에 대해) 음성의
__eléctron gùn__ 〖전자〗 (브라운관의) 전자류(流) 집주관(集注管), 전자총(銃)
*__e·lec·tron·ic__ [ilektrɑ́nik | -trɔ́n-] *a.* 전자의; 전자 공학의; 전자 음악의; 컴퓨터의, 컴퓨터 제품[서비스]의
__electrónic bóok__ 〖컴퓨터〗 전자책(e-book)
__electrónic cómmerce__ 전자 상거래 《컴퓨터를 이용한 거래 형태》
__electrónic dáta pròcessing__ 〖컴퓨터〗 전자 정보 처리 《略 EDP》
__electrónic enginéering__ 전자 공학
__electrónic flásh__ 〖사진〗 전자 플래시, 스트로브(라이트) 《발광 장치》
__electrónic léarning__ 전자 학습 《컴퓨터를 사용한 학습; 略 EL》
E
__electrónic màil__ = E-MAIL
__electrónic móney__ 전자 화폐
__electrónic músic__ 〖음악〗 전자 음악
__electrónic óffice__ 전자식 사무실 《전자기기에 의한 사무 처리의 자동화》
__electrónic órgan__ 전자 오르간
*__e·lec·tron·ics__ [ilektrɑ́niks | -trɔ́n-] *n. pl.* [단수 취급] **전자 공학**, 일렉트로닉스
__electrónic survéillance__ 전자 감시 [정보 수집] 《전화 도청 등》
__eléctron mìcroscope__ 전자 현미경
__eléctron òptics__ 전자 광학
__eléctron tùbe__ 〖전자〗 전자관 《진공관 등》
__eléctron vòlt__ 〖물리〗 전자 볼트 《기호 eV》
__e·lec·tro·plate__ [iléktrəplèit] *vt.* (은 등으로) 전기 도금하다
__e·lec·tro·pos·i·tive__ [ilèktroupɑ́zətiv | -pɔ́z-] *a.* (opp. *electronegative*) **1** 〖전기〗 양전기의; 양전성(性)의 **2** 〖화학〗 (전기에 대해) 양성(陽性)의, 염기성의(basic)
__e·lec·tro·scope__ [iléktrəskòup] *n.* 검전기(檢電器)
__e·léc·tro·shock thèrapy__[iléktrəʃɑk- | -ʃɔk-] 〖정신의학〗 전기 쇼크[충격] 요법
__e·lec·tro·stat·ic__ [ilèktroustǽtik] *a.* 〖전기〗 정전(靜電)(기)의
__e·lec·tro·stat·ics__ [ilèktroustǽtiks] *n. pl.* [단수 취급] 정전기학
__e·lec·tro·tech·nol·o·gy__ [ilèktroutekNɑ́lədʒi | -nɔ́l-] *n.* 전기 공학, 전자 공학
__e·lec·tro·ther·a·py__ [ilèktrouθérəpi] *n.* Ⓤ 〖의학〗 전기 요법
__e·lec·tro·type__ [iléktrətàip] *n.*, *vt.* 〖인쇄〗 전기판(版)(으로 뜨다)
__el·ee·mos·y·nar·y__ [èlimɑ́sənèri | èli:mɔ́sənəri] *a.* 《문어》 자선적인, 자선의
*__el·e·gance, -gan·cy__ [éligəns(i)] *n.* (*pl.* **-ganc·es**; **-cies**) **1** Ⓤ **우아, 고상** **2** [보통 *pl.*] 우아[고상]한 것, 점잖은[단정한] 말[몸가짐] **3** Ⓤ (과학적인) 정밀함, (사고·증명 등의) 간결함
⁑__el·e·gant__ [éligənt] [L 「선발된」의 뜻에서] *a.* **1 품위 있는, 우아한 2** 〈예술·문학·문체 등이〉 **기품 있는**, 격조 높은, 아취(雅趣)가 있는 **3** 《구어》 훌륭한, 멋진(fine, nice)
life of ~ ease 단아하고 안락한 생활, 화사한 생활
~·ly *ad.* 우아하게, 고상하게
__el·e·gi·ac, -a·cal__ [èlidʒáiək(əl)] *a.* **1** 엘레지 형식의, 슬픈 가락의 **2** 〖시학〗 애가조(哀歌調)의, 애가[만가(挽歌)] 형식의, 애수적인 **3** 〈시인이〉 애가를 짓는
—*n.* [*pl.*] 애가 형식의 시구(詩句)
__el·e·gize__ [élədʒàiz] *vi.* 애가[만가]를 만들다 《*upon*》; 애가조로 시를 짓다, 애가[만가]로 슬픔[칭송]을 나타내다
—*vt.* …의 애가를 짓다
*__el·e·gy__ [élədʒi] *n.* (*pl.* **-gies**) **1 애가**, 비가, 만가, 엘레지 **2** 애가[만가]조의 시
__elem.__ element(s); elementary
⁑__el·e·ment__ [éləmənt] [L 「제1 원리」의 뜻에서] *n.* **1 요소**, 성분, 구성 요소 **2** 〖물리·화학〗 **원소** **3 a** 〖철학〗 4대 원소 《땅·물·불·바람》의 하나 **b** [the ~s] 자연력; 폭풍우 **4** [the ~s] (학문의) 원리(principles); 초보, 입문 《*of*》 **5** [the E~s] 《문어》 〖신학〗 성찬식의 빵과 포도주 **6** [종종 *pl.*] (정치적인 의미에서 사회의) 집단, 분자 **7** [보통 an ~] (…의) 기미 《*of*》 《of 뒤는 추상명사》
be in one***'s ~*** 본래의 활동 범위 안[득의의 경지]에 있다 ***be out of*** one***'s ~*** 능력을 발휘 못하는[알맞지 않은] 환경에 있다
*__el·e·men·tal__ [èləméntl] *a.* **1 요소의**; 〖물리·화학〗 원소의[같은] **2** 《미》 기본[본질]적인; 기본 원리의 **3** 〖철학〗 4대 원소의; 자연력의 **4** 자연 그대로의, 숨김 없는, 단순 소박한
⁑__el·e·men·ta·ry__ [èləméntəri] *a.* **1 기본이 되는, 초보의**; Ⓐ 초등학교의 **2** 〈질문 등이〉 초보적인, 간단한
__eleméntary párticle__ 〖물리〗 소립자
__eleméntary schòol__ 《미》 초등학교 《미국에서는 6년 또는 8년제; 지금은 보통 grade school이라고 함》(cf. PRIMARY SCHOOL)
⁑__el·e·phant__ [éləfənt] *n.* (*pl.* **~s**, [집합적] **~**) **코끼리** 《수컷은 bull ~; 암컷은 cow ~; 새끼는 calf ~로 표현》
__el·e·phan·ti·a·sis__ [èləfəntáiəsis, -fæn-] *n.* Ⓤ 〖병리〗 상피병(象皮病)
__el·e·phan·tine__ [èləfǽnti:n | -tain] *a.* 코끼리의; 코끼리 같은, 거대한(huge); 느릿느릿한, 둔중한; 거추장스러운
⁑__el·e·vate__ [éləvèit] *vt.* **1** 〈사물을〉 **올리다**, 들어올리다(raise); 〈소리를〉 높이다 **2** 〈사람을〉 승진시키다, 등용하다 **3** 〈정신·성격 등을〉 높이다, 고상하게 하다, 향상시키다
~ the Host 〖가톨릭〗 성체를 거양하다
*__el·e·vat·ed__ [éləvèitid] *a.* **1** 〈지면 등이〉 **높여진, 높은** **2** 〈사상 등이〉 **고상한** **3** 《구어》 의기양양한, 명랑한 **4** 《구어》 한잔하여 기분이 좋은
__élevated ráilroad[ràilway]__ 《미》 고가 철도 《略 L, el》

***el·e·va·tion** [èləvéiʃən] *n.* **1** Ⓤ [an ~] **높이, 고도,** 해발; Ⓒ 높은 곳, 고지 (height) **2** Ⓤ 〈사상 · 문체 등의〉 고상함, 향상; 고결, 고상(高尙) 《*of*》 **3 높임,** 들어 올림; 등용, 승진 《*to*》 **4** [an ~] (포술·측량에서) 앙각(仰角) **5** 〖건축〗 입면도, 정면도
the E~ of the Host 〖가톨릭〗 성체 거양

‡el·e·va·tor [éləvèitər] *n.* **1** 《미》 **엘리베이터,** 승강기 **2** 물건을 올리는 사람[장치]; 양곡기, 양수기, 떠올리는 기계 **3** 《미》 큰 곡물 창고 **4** 〖항공〗 승강타(昇降舵)

‡e·lev·en [ilévən] [OE 「10을 세고 나머지 하나」의 뜻에서] *a.* **1** Ⓐ **11의,** 11개[사람]의 **2** Ⓟ 11세의
— *pron.* [복수 취급] 11개, 11사람
— *n.* **1** 11; 11의 기호 《11, xi, XI》 **2** 11시; 11세; 11달러[파운드, 센트, 펜스] **3** 11개 한벌[11명 1조]의 것; 《특히》 축구 [크리켓] 팀 **4** [the E~] 그리스도의 11사도 《12사도 중 Judas를 제외한》

e·lev·en-plus [-plʌ́s] *n.* [the ~] 《영》 (11세 이상 응시할 수 있는) 고교 입학 자격 시험(= ∠ **examinátion**) 《지금은 거의 폐지》

e·lev·ens·es [ilévənziz] *n. pl.* [단수 취급] 《영·구어》 오전 11시 경에 먹는 가벼운 식사[다과]

‡e·lev·enth [ilévənθ] *a.* [보통 the ~] **제11의,** 11번째의; 11분의 1의 — *n.* [보통 the ~] **제 11,** 11번째; 11분의 1; (달의) 제11일
— *pron.* [the ~] 11번째의 사람[것]

***elf** [elf] *n.* (*pl.* **elves** [elvz]) **꼬마 요정** 《숲·굴 등에 사는》

elf·in [élfin] *a.* 꼬마 요정의[같은]; 장난 잘하는

elf·ish [élfiʃ] *a.* 꼬마 요정 같은; 장난 잘하는 **~·ly** *ad.* **~·ness** *n.*

elf·lock [-lɑ̀k | -lɔ̀k] *n.* [보통 *pl.*] 헝클어진 머리카락, 난발

el·hi [élhai] [*el*ementary school + *hi*gh school] *a.* 초등학교에서 고등학교까지의, 초·중·고의

E·li·as [iláiəs] *n.* **1** 남자 이름(cf. ELIOT) **2** = ELIJAH 2

e·lic·it [ilísit] *vt.* 〈진리 등을 논리적으로〉 도출하다, 이끌어 내다; 〈사실·대답·웃음 등을〉 유도해 내다

el·i·gi·bil·i·ty [èlidʒəbíləti] *n.* Ⓤ 적임, 적격

***el·i·gi·ble** [élidʒəbl] [L 「고르다」의 뜻에서] *a.* **적격의,** 적임의; 〖법〗 자격이 있는 《*for*》; 바람직한, 적합한; 결혼 상대로서 알맞은[바람직한] **-bly** *ad.*

E·li·jah [iláidʒə] *n.* **1** 남자 이름 **2** 〖성서〗 엘리야 《Hebrew의 예언자》

‡e·lim·i·nate [ilímənèit] [L 「문지방에서부터 쫓아내다」의 뜻에서] *vt.* **1 제거하다,** 삭제하다; (예선에서) 탈락시키다, 떨어뜨리다; 〖수학〗 소거하다 **2** 〖생리〗 배출[배설]하다 《*from*》 **3** 《구어·익살》 〈사람을〉 죽이다

***e·lim·i·na·tion** [ilìmənéiʃən] *n.* ⓊⒸ **1 제거, 배제,** 삭제 **2** 〖경기〗 예선 **3** 〖생리〗 배출, 배설 **4** 〖수학〗 소거(법)

e·lim·i·na·tor [ilímənèitər] *n.* **1** 제거자; 배제기(排除器) **2** 〖전기〗 엘리미네이터 《교류를 직류로 바꾸는 장치》

el·int, ELINT [élint] [*el*ectronic *int*elligence] *n.* Ⓤ 전자 정찰[정보 수집]; 전자 정찰기[선]

El·i·ot [éliət] *n.* **1** 엘리엇 **George ~** (1819~80) 《영국의 여류 소설가; Mary Ann Evans의 필명》 **2** 엘리엇 **T(homas) S(tearns) ~** (1888-1965) 《미국 태생의 영국 시인이자 평론가, 노벨 문학상을 수상 (1948)》

e·li·sion [ilíʒən] *n.* ⓊⒸ 〖문법〗 (모음·음절 등의) 생략

***e·lite** [eilí:t] [F = chosen] *n.* **1** [보통 the ~; 집합적] **엘리트(층),** 선택된 사람들, 정예, (사회의) 중추 《*of*》 **2** Ⓤ (타이프라이터의) 엘리트 활자 《10포인트》
— *a.* 엘리트의[에게 적합한]; 정선된, 우량(품)의

e·lit·ism [eilí:tizm] *n.* Ⓤ **1** 엘리트주의 **2** 엘리트에 의한 지배; 엘리트 의식[자존심]

e·lit·ist [eilí:tist] *n.* 엘리트주의자, 엘리트 (자처자)
— *a.* 엘리트주의의

e·lix·ir [ilíksər] [Arab. = philosopher's stone] *n.* 《문어》 **1** 연금약액(鍊金藥液); [the ~] 불로불사의 영약(靈藥) **2** 《일반적으로》 만능약(cure-all)
the ~ of life 불로장생약

Eliz. Elizabeth; Elizabethan

E·li·za [iláizə] *n.* 여자 이름 《Elizabeth의 애칭》

‡E·liz·a·beth [ilízəbəθ] *n.* 여자 이름 《애칭은 Bess, Bessie, Bessy, Beth, Betty, Eliza, Lily, Lisa, Liz, Liza, Lizzie, Lizzy》

***E·liz·a·be·than** [ilìzəbí:θən] *a.* **엘리자베스 여왕 시대의** — *n.* 엘리자베스 여왕 시대의 사람들, 엘리자베스조(朝)의 문인[정치가]

elk [elk] *n.* (*pl.* **~s,** [집합적] **~**) 〖동물〗 엘크 《북유럽·아시아·북아메리카산의 큰 사슴》

elk·hound [élkhàund] *n.* (노르웨이 원산의) 사슴 사냥개

ell[1] [el] *n.* 엘 《척도의 단위; 영국에서는 45인치》

ell[2] *n.* **1** = EL[2] **2** L자 꼴의 것; 〖건축〗 물림, 퇴(간)

El·len [élən] *n.* 여자 이름

el·lipse [ilíps] *n.* 〖수학〗 타원, 타원주(周)

***el·lip·sis** [ilípsis] *n.* (*pl.* **-ses** [-si:z]) **1** ⓊⒸ 〖문법〗 **생략** 《*of*》 **2** 〖인쇄〗 생략 부호 《—, … 등》

el·lip·tic, -ti·cal [ilíptik(əl)] *a.* **1** 타원(형)의 **2** 〖문법〗 생략법의, 생략적인

***elm** [elm] *n.* 〖식물〗 **느릅나무;** Ⓤ 느릅나무 목재

El Ni·ño [el-ní:njou] [Sp.] *n.* 엘니뇨 현상 《페루 앞바다 적도 부근의 중부 태평양 해역의 해면 온도가 급상승하는 현상; cf. LA NIÑA》

***el·o·cu·tion** [èləkjú:ʃən] *n.* ⓊⒸ **웅변술,** 낭독법, 발성법; 연설법

E

el·o·cu·tion·ar·y [èləkjúːʃənèri | -ʃənəri] *a.* 발성법상의; 연설법[웅변술]상의

el·o·cu·tion·ist [èləkjúːʃənist] *n.* 연설법 전문가; 웅변가; 발성법 교사

e·lon·gate [ilɔ́ːŋgeit | íːlɔŋgèit] *vt.* 〈물건·일을〉 (시간·공간적으로) 연장하다, 늘이다(lengthen)

e·lon·ga·tion [ilɔ̀ːŋgéiʃən | ìːlɔŋ-] *n.* UC **1** 연장(선), 신장(伸張)(부), 늘어남 **2** 〖천문〗 이각(離角) 《태양과 행성 간의 각(角)거리》

e·lope [ilóup] *vi.* **1** 〈남녀가〉 눈이 맞아 달아나다, 〈여자가〉 애인과 달아나다 《*with*》 **2** 자취를 감추다, 도망하다

e·lope·ment [ilóupmənt] *n.* UC 가출(家出); 도망

‡el·o·quence [éləkwəns] *n.* U **1** 웅변, 능변 **2** 유창한 이야기[화술], 설득력

‡el·o·quent [éləkwənt] [L 「말하고 있는」의 뜻에서] *a.* 《문어》 **1** 웅변의, 능변인; 〈변설·문체 등이〉 사람을 감동시키는 힘이 있는, 감명적인 **2** 표정이 풍부한

be ~ of …을 잘 표현하다

~·ly *ad.*

El Sal·va·dor [el-sǽlvədɔ̀ːr] [Sp. =the Savior] *n.* 엘살바도르 《중앙 아메리카의 공화국; 수도 San Salvador》

‡else [els] *a.* [부정대명사·의문대명사 뒤에 써서] **그 밖의, 다른**: who ~'s = whose ~ 《전자보다 옛 용법》 어느 다른 사람의

— *ad.* **1** [anywhere, nowhere, somewhere 또는 의문부사의 뒤에 써서] **그 밖에, 달리**: You had better go *somewhere* ~. 다른 곳에 가는 게 낫겠다. **2** [보통 or ~] **그렇지 않으면,** …이 아니면

‡else·where [élshwɛ̀ər | ⌐⌐] *ad.* **어떤 딴 곳에[에서, 으로]**; 다른 장소에서는; 다른 경우에

e·lu·ci·date [ilúːsədèit] [L 「명료하게 하다」의 뜻에서] *vt.* 《문어》 〈사실·성명(聲明) 등을〉 명료하게 하다, 밝히다; 설명하다

e·lu·ci·da·tion [ilùːsədéiʃən] *n.* UC 《문어》 설명, 해명

e·lu·ci·da·tor [ilúːsədèitər] *n.* 설명[해명]하는 사람

***e·lude** [ilúːd] *vt.* **1** 〈포박·위험 등을〉 (교묘하게) **피하다,** 벗어나다; 〈법·의무·지불 등을〉 회피하다 **2** 〈사물이 이해·기억 등에서〉 빠져나가다; …에게 이해[인지]되지 않다: The meaning ~*s* me. 나는 (그 뜻)을 알 수가 없다.

e·lu·sion [ilúːʒən] *n.* U 도피, 회피

e·lu·sive [ilúːsiv] *a.* **1** (교묘히) 피하는, 달아나는 **2** 알기[기억하기] 어려운, 정의하기 어려운 **~·ly** *ad.* **~·ness** *n.*

e·lu·so·ry [ilúːsəri] *a.* =ELUSIVE

el·ver [élvər] *n.* 새끼 뱀장어 《바다에서 강물로 올라온》

***elves** [elvs] *n.* ELF의 복수

el·vish [élviʃ] *a.* =ELFISH

e·ly·sian [ilíʒən | -ziən] *a.* [종종 **E~**] **1** Elysium의[같은] **2** 지복(至福)의

E·lys·i·um [ilíʒiəm] *n.* **1 a** 〖그리스신화〗 엘리시움 《선량한 사람들이 죽은 후 사는 곳》 **b** 극락, (행복의) 이상향, 파라다이스(paradise) **2** 지상(至上)의 행복

em [em] *n.* M자; 〖인쇄〗 전각 《M자 크기의 4각형》

em- [im, em] *pref.* =EN- 《b, p, m의 앞》

EM 《미》 enlisted man[men]

EMA European Monetary Agreement 〖경제〗 유럽 통화 협정

e·ma·ci·ate [iméiʃièit] *vt.* [보통 수동형으로] 〈사람·얼굴 등을〉 수척해지게 하다, 여위게[쇠약하게] 하다

e·ma·ci·at·ed [iméiʃièitid] *a.* 수척한, 여윈, 쇠약한

e·ma·ci·a·tion [imèiʃiéiʃən] *n.* U 여윔, 초췌

E-mail, e-mail [íːmèil] [*e*lectronic *mail*] *n.* 〖컴퓨터〗 이메일, 전자 우편 《컴퓨터의 네트워크를 이용해 주고받는 메시지; 그 시스템》 — *vt.* [**e~**] …에게 전자 우편을 보내다

em·a·nate [émənèit] [L 「흘러나오다」의 뜻에서] *vi.* 〈빛·열·소리·증기·향기 등이〉 나다, 발산[방사]하다, 퍼지다; 〈생각·제안 등이〉 나오다 《*from*》 — *vt.* 발산시키다

em·a·na·tion [èmənéiʃən] *n.* U 내뿜음, 발산, 방사; C 방산물, 방사물

e·man·ci·pate [imǽnsəpèit] [L 「재산[권리]을 다른 데로 옮기다」의 뜻에서] *vt.* **1** 〈노예 등을〉 해방하다, 석방하다 **2** [~ one*self*로] (…에서부터) 자유로워지다 《*from*》

***e·man·ci·pa·tion** [imæ̀nsəpéiʃən] *n.* UC **1** (노예 등의) **해방** 《*of*》 **2** (미신 등으로부터의) 해방, 이탈, 벗어남

e·man·ci·pa·tor [imǽnsəpèitər] *n.* (노예) 해방자: the Great *E*~ 위대한 해방자 《Abraham Lincoln을 말함》

e·mas·cu·late [imǽskjulèit] [L 「남성이 아니게 하다」의 뜻에서] *vt.* **1** 거세하다 **2** 무기력하게 하다 — [-lət] *a.* **1** 거세된 **2** 무기력한; 골자가 빠진

e·mas·cu·la·tion [imæ̀skjuléiʃən] *n.* U **1** 거세 **2** 골자를 빼어 버림, 무력화

em·balm [imbáːm] *vt.* **1** 〈시체를〉 향료·약품으로 처리하여 썩지 않게 보존하다, 미라로 만들다 **2** 영원히 잊혀지지 않게 하다

em·balm·ment [imbáːmmənt] *n.* U (시체의) 방부(防腐) 보존, 미라로 만듦

em·bank [imbǽŋk] *vt.* 〈하천 등에〉 둑[제방]을 쌓다, 〈저수지 등을〉 방축으로 둘러싸다

***em·bank·ment** [imbǽŋkmənt] *n.* **1** 둑, 제방; U 축제(築堤) **2** U 둑을 쌓기 **3** [the E~] =THAMES EMBANKMENT

***em·bar·go** [imbáːrgou] [Sp. 「억제하다」의 뜻에서] *n.* (*pl.* **~es**) **1** (선박의) **출항[입항] 금지,** 억류 **2** 통상 정지 **3** 《일반적으로》 억제, 금지(prohibition), 금제(禁制) 《*on*》

gold ~ 금 수출 금지 ***under an ~*** 〈선박을〉 억류하다; 〈통상을〉 정지하다

— *vt.* **1** 〈배에〉 **출항[입항] 금지를 명하다** **2** 〈통상을〉 정지하다

*__em·bark__ [imbɑ́:rk] [L 「작은 배(bark)에 태우다」의 뜻에서] *vt.* **1** (배·비행기 등에) **태우다**, 싣다(opp. *disembark*) **2** 〈사업 등에〉 투자하다
~ one***self in*** …에 착수하다
— *vi.* **1** 승선[탑승]하다 **2** 착수하다, 종사하다(engage) 《*on, upon*》

*__em·bar·ka·tion__ [èmbɑ:rkéiʃən] *n.* Ⓤ **1 승선**, 탑승, 적재 **2** (새 사업 등에의) 착수

embarkátion càrd 출국 카드

‡__em·bar·rass__ [imbǽrəs] [Sp. 「장벽을 두다, 방해하다」의 뜻에서] *vt.* **1 어리둥절하게 하다**, 쩔쩔매게 하다, 부끄럽게[무안하게] 하다, 난처하게[낭패케] 하다 **2** [보통 수동형으로] 금전적으로 쪼들리게 하다

em·bar·rassed [imbǽrəst] *a.* **1** 어리둥절한, 당혹한, 창피한 《*at, by, with, for*》 **2** (금전적으로) 궁색한, 쪼들리는

em·bar·rass·ing [imbǽrəsiŋ] *a.* 쩔쩔매게 하는, 당황[창피, 무안]케 하는; 난처한, 곤란한 **~·ly** *ad.*

*__em·bar·rass·ment__ [imbǽrəsmənt] *n.* **1** Ⓤ **난처, 당황**, 낭패, 당혹 **2** 당황[무안]케 하는 것[사람] **3** Ⓒ [보통 *pl.*] 재정 곤란, 궁핍

*__em·bas·sy__ [émbəsi] *n.* (*pl.* **-sies**) **1 대사관 2** [집합적] 대사관 직원 (전원); 대사 일가[일행] **3** Ⓤ 대사의 임무[사명] **4** 사절 (일행)

em·bat·tle [imbǽtl] *vt.* **1** 〈군대에〉 전투 진용[태세]을 갖추게 하다 **2** 〈건물·성벽에〉 총안 흉장(銃眼胸牆)을 마련하다

em·bat·tled [imbǽtld] *a.* **1** 전투 태세를 갖춘, 포진한 **2** 〚건축〛 총안 흉장이 있는 **3** 적(군)에게 포위당한; 〈사람이〉 늘 괴롭혀지는, 지겨운

em·bay [imbéi] *vt.* **1** 〈배를〉 만(灣) 안에 넣다 **2** 〈선대(船隊)를〉 만처럼 둘러싸서 지키다 **3** 가두어 넣다, 포위하다 **4** 만 모양으로 하다

em·bed [imbéd] *vt.* (**~·ded**; **~·ding**) **1** [보통 수동형으로] 〈물건을〉 깊숙이 박다, 파묻다 **2** (마음 속 등에) 깊이 간직하다 《*in*》 **3** 〚언어·수학〛 끼워넣다

em·bel·lish [imbéliʃ] *vt.* **1** 아름답게 하다; 장식하다 **2** 〈문장을〉 꾸미다, 〈이야기 등을〉 윤색하다

em·bel·lish·ment [imbéliʃmənt] *n.* Ⓤ **1** 꾸밈, 장식; (이야기 등의) 윤색 **2** Ⓒ 장식물

*__em·ber__ [émbər] *n.* [보통 *pl.*] **타다 남은 것**, 깜부기불

émber dàys 〚가톨릭〛 사계 재일(四季齋日) 《단식과 기도를 함; 각각 3일간》

em·bez·zle [imbézl] *vt.* 〈위탁금 등을〉 쓰다, 횡령[착복]하다

em·bez·zle·ment [imbézlmənt] *n.* Ⓤ (위탁금 등의) 도용(盜用), 횡령, 착복

em·bez·zler [imbézlər] *n.* 〈위탁금 등을〉 써버리는 사람, 횡령[착복]자

em·bit·ter [imbítər] *vt.* **1** 쓰라리게[비참하게] 하다, 〈마음·감정 등을〉 몹시 상하게 하다; 〈원한·재앙 등을〉 더욱 격화시키다 **2** 〈남을〉 화내게 하다

em·bit·ter·ment [imbítərmənt] *n.* Ⓤ (괴로움 등의) 심각화; (원한 등의) 격화; 격분

em·bla·zon [imbléizn] *vt.* **1** 문장(紋章)으로 꾸미다 《*with, on*》 **2** (아름다운 색으로) 그리다, 장식하다 《*with*》 **3** 칭찬[찬양]하다

*__em·blem__ [émbləm] [L 「상감 세공」의 뜻에서] *n.* **1 상징**, 표상 《*of*》 **2** 상징적인 무늬[문장], 기장(記章)

em·blem·at·ic, -i·cal [èmbləmǽtik(əl)] *a.* 상징적인; 표상하는 《*of*》

em·bod·i·ment [imbɑ́dimənt | -bɔ́d-] *n.* **1** Ⓤ 구체화, 구현(具現) **2** (어떤 성질·감정·사상 등의) 구체화된 것, 화신(化身) 《*of*》

*__em·bod·y__ [imbɑ́di | -bɔ́di] *vt.* (**-bod·ied**) **1 구체화하다**, 구체적으로 표현하다, 구현하다 《*in*》 **2** 〈정신에〉 형태를 부여하다 **3** 합체(合體)시키다, 통합하다 **4** (…안에) 포함하다, 수록하다

em·bold·en [imbóuldn] *vt.* **1** 대담해지게 하다 **2** 용기를 돋우어 주다

em·bo·lism [émbəlìzm] *n.* Ⓤ **1** 〚병리〛 색전증(塞栓症) **2** 윤년[일, 달]을 넣음

em·bon·point [ɑ̃:mbɔ:mpwǽŋ] [F= in good condition] *n.* 《완곡》 (여성의) 비만(肥滿)

em·bos·om [imbúzəm] *vt.* 《문어·시어》 **1** [보통 수동형으로] 〈나무·언덕 등이〉 둘러싸다 **2** 가슴에 품다, 껴안다

*__em·boss__ [imbɑ́s, -bɔ́:s | -bɔ́s] *vt.* **1 부조(浮彫) 세공을 하다 2** 양각(陽刻)으로 하다; 〈금속에〉 돋을새김으로 넣다

em·bossed [imbɑ́st, -bɔ́:st | -bɔ́st] *a.* **1** 부조 세공을 한; 양각으로 무늬를 넣은 **2** 돋을새김의; 눌러서 도드라지게 한

em·boss·ment [imbɑ́smənt | -bɔ́s-] *n.* **1** Ⓤ 부조(浮彫)로 함, 도드라지게 함 **2** 부조 세공; 양각 무늬 (장식)

em·bow·er [imbáuər] *vt.* (푸른 잎 등으로) 가리다, 나무 그늘에 숨기다, 나무로 둘러싸다 《*in, with*》

*__em·brace__ [imbréis] [L 「팔(brace) 안에 안다」의 뜻에서] *vt.* **1 포옹하다**; 껴안다(hug) **2** 《문어》 〈제안 등을〉 **기꺼이 받아들이다**, 〈기회를〉 포착하다 **3** 〈주의 등을〉 채택하다, 〈교의를〉 받아들이다(adopt) **4** 〈많은 것을〉 포함하다(include) **5** 〈숲·산 등이〉 둘러싸다(surround)
— *vi.* 서로 포옹하다 — *n.* 포옹

em·bra·sure [imbréiʒər] *n.* **1** 〚건축〛 안쪽을 바깥쪽보다 넓게 낸 문이나 창구멍 **2** 〚축성〛 (나팔꽃 모양의) 성벽의 총안(銃眼)

em·bro·ca·tion [èmbrəkéiʃən] *n.* Ⓤ 《문어》 도포(塗布); Ⓒ (약용) 도포액, 습포

*__em·broi·der__ [imbrɔ́idər] *vt.* **1 수놓다 2** 〈이야기 등을〉 윤색하다, 과장하다
— *vi.* 수놓다; 장식하다; 〈말 등을〉 과장하다

*__em·broi·der·y__ [imbrɔ́idəri] *n.* (*pl.* **-der·ies**) **1** Ⓤ **자수**(刺繡); Ⓒ 자수품 **2** ⓊⒸ 윤색(潤色); 과장

em·broil [imbrɔ́il] *vt.* **1** 〈분쟁 등에〉 휩쓸어 넣다 《*in*》 **2** 혼란[분규]시키다 **3** 반목시키다 《*with*》

em·brown [imbráun] *vt.* 갈색으로 물들이다; 〈빛깔을〉 어둡게 하다

***em·bry·o** [émbriòu] *n.* (*pl.* **~s**) **1 a** (보통 임신 8주일까지의) **태아** **b** 〖동물·식물〗 배(胚); 애벌레 **2** 《일반적으로》 (발달의) 초기의 것
in ~ 《구어》 〈계획 등이〉 미완성의, 성숙하지 않은

em·bry·ol·o·gist [èmbriɑ́lədʒist | -ɔ́l-] *n.* 발생[태생]학자

em·bry·ol·o·gy [èmbriɑ́lədʒi | -ɔ́l-] *n.* Ⓤ 발생학; 태생학

em·bry·on·ic [èmbriɑ́nik | -ɔ́n-] *a.* **1** 배(胚)에 관한; 태아의, 태생의; 배[태아] 같은 **2** 발달되지 않은, 미발달의

émbryo trànsfer[trànsplant] 〖의학〗 배이식(胚移植) 《자궁 내의 태아를 외과적 수단으로 다른 자궁으로 옮기는 것》

em·cee [émsíː] [M.C.(=Master of Ceremonies)를 발음대로 철자한 것] 《미·구어》 *n.* 사회자
— *vt.*, *vi.* (**-ceed**; **-cee·ing**) 사회를 보다

e·mend [iménd] *vt.* 〈문서·서적의 본문 등을〉 교정(校訂)[수정]하다

e·men·date [íːmendèit] *vt.* =EMEND

e·men·da·tion [ìːmendéiʃən] *n.* **1** ⓊⒸ 교정, 수정 **2** [종종 *pl.*] 교정한 곳

***em·er·ald** [émərəld] *n.* **1** 〖광물〗 **에메랄드**, 취옥 **2** Ⓤ 에메랄드 빛, 밝은 초록색 **3** Ⓤ 《영》 〖인쇄〗 에메랄드 활자체 《약 6.5 포인트》
— *a.* **1** 에메랄드(제)의; 에메랄드를 박은 **2** 에메랄드 빛의, 밝은 초록색의

‡**e·merge** [imə́ːrdʒ] [L 「(물속에서) 나오다」의 뜻에서] *vi.* **1** (물속·어둠 속 등에서) **나오다, 나타나다** 《*from*》 **2** (빈곤 등에서) 벗어나다, 빠져 나오다 《*from*》 **3** 〈새로운 사실 등이〉 드러나다, 판명되다; 〈곤란·문제 등이〉 일어나다

e·mer·gence [imə́ːrdʒəns] *n.* Ⓤ 출현 《*of*》

‡**e·mer·gen·cy** [imə́ːrdʒənsi] *n.* (*pl.* **-cies**) ⓊⒸ **비상 사태**, 급변
— *a.* Ⓐ 비상용의, 긴급한

emérgency ròom (병원의) 응급실 《略 ER》

e·mer·gent [imə́ːrdʒənt] *a.* Ⓐ **1** 나타나는, 출현하는; 주목을 끌기 시작하는 **2** 불시의, 긴급한

e·mer·i·tus [imérətəs] *a.* Ⓐ 명예 퇴직의

e·mer·sion [iːmə́ːrʒən | -ʃən] *n.* ⓊⒸ 출현

***Em·er·son** [émərsən] *n.* 에머슨 **Ralph Waldo** ~ (1803-82) 《미국의 평론가·시인·철학자》

em·er·y [éməri] *n.* Ⓤ 금강사(金剛砂) 《연마용》

émery bòard 손톱 미는 줄 《매니큐어용》

émery pàper 사지(砂紙), 속새

e·met·ic [imétik] *a.* 토하게 하는, 구토를 일으키는
— *n.* 토제(吐劑)

emf, EMF electromotive force 〖전기〗 기전력(起電力), 전동력(電動力)

***em·i·grant** [émigrənt] *n.* (다른 나라로 가는) **이민**(移民), 이주자
— *a.* Ⓐ **1** (타국으로) **이주하는** **2** 이민의

***em·i·grate** [émigrèit] [L 「밖으로 이동하다」의 뜻에서] *vi.* (타국으로) **이주하다**, 이민하다

***em·i·gra·tion** [èmigréiʃən] *n.* Ⓤ **1** (타국으로의) **이주**(移住) (cf. IMMIGRATION) **2** [집합적] 이민

é·mi·gré [émigrèi] [F] *n.* (*pl.* **~s** [-z]) **1** (해외) 이주자 **2** (정치상의) 망명자; 《특히》 망명한 왕당원(王黨員) 《1789년 프랑스 혁명 당시의》; 망명자 《1918년 러시아 혁명 당시 혹은 나치 독일에서의》

Em·i·ly, Em·i·lie [éməli] *n.* 여자 이름

***em·i·nence** [émənəns] *n.* **1** Ⓤ (지위·신분 등의) **고위**, 높음; (학덕(學德) 등의) 탁월(*in*); 명성, **저명** **2** [His[Your] E~] 〖가톨릭〗 전하(殿下) 《추기경의 존칭·호칭》 **3** 《문어》 높은 곳, 고대(高臺)

é·mi·nence grise [èiminɑ́ːns-gríːz] [F =gray cardinal] *n.* (*pl.* **é·mi·nences grises** [~]) 심복, 앞잡이; 숨은 실력자, 배후 인물

‡**em·i·nent** [émənənt] [L 「돌출하는」의 뜻에서] *a.* **1** 〈지위·신분이〉 **높은**(lofty); **저명한** **2** 〈자질(資質)·행위 등이〉 **뛰어난**; 훌륭한, 탁월한

éminent domáin 〖법〗 토지 수용권

e·mir [imíər | emíə] [Arab. =commander] *n.* (이슬람 국가들의) 왕족(prince), 수장(首長)

e·mir·ate [imíərət | em-] *n.* emir의 관할 구역[권한]; 수장국(cf. UNITED ARAB EMIRATES)

em·is·sar·y [éməsèri | -səri] *n.* (*pl.* **-sar·ies**) **1** 사절, 사자(messenger), 《특히》 밀사(密使) **2** 밀정, 간첩(spy)

***e·mis·sion** [imíʃən] *n.* ⓊⒸ **1** (빛·열·향기 등의) **방사**, 내뿜음, 발산(發散); 방사물 **2** 배기, 배출; 배출물(질) **3** 〖생리〗 사정(射精)

e·mis·sive [imísiv] *a.* 방사성의

***e·mit** [imít] [L =send out] *vt.* (**~·ted**; **~·ting**) **1** 〈빛·열·향기 등을〉 **방사하다**; 〈소리를〉 내다 **2** 〈의견·말 등을〉 토로하다; 〈지폐·어음 등을〉 발행하다; 〈신호를〉 (전파로) 보내다

Em·ma [émə] *n.* 여자 이름 (cf. EMMY[1])

Em·man·u·el [imǽnjuəl] *n.* 남자 이름

Em·men·t(h)a·ler [éməntɑ̀ːlər], **-t(h)al** [-tɑ̀ːl] *n.* Ⓤ 에멘탈 (치즈) (Swiss cheese)

Em·my[1], **Em·mie** [émi] *n.* 여자 이름 《Emily, Emma의 애칭》

Emmy[2] *n.* (*pl.* **-mies**) Emmy Award에서 트로피로 수여되는 작은 조상(彫像)

Émmy Awárd 에미상 《미국의 텔레비전 우수 프로그램·우수 연기자·기술자 등에게 매년 1회 수여되는 상》

e·mol·lient [imɑ́ljənt | imɔ́l-] *a.* (피부 등을) 부드럽게 하는; (고통을) 완화하는 — *n.* 〖약학〗 (피부) 연화약(軟化藥); 완화제

e·mol·u·ment [imɑ́ljumənt | imɔ́l-] *n.* [보통 *pl.*] 《문어》 보수, 수당, 봉급

e-mon·ey [íːmʌ̀ni] *n.* =ELECTRONIC MONEY

e·mote [imóut] *vi.* 《구어》 **1** 과장된 거동[연기]을 하다 **2** 감정을 겉으로 나타내다

e·mo·ti·con [imóutikɑ̀n | -kɔ̀n] [*emo*tion+*icon*] *n.* 〖컴퓨터〗 이모티콘 《키보드로 입력할 수 있는 범위에서 기호를 조합해 만든 다양한 표정의 얼굴 모습》

‡**e·mo·tion** [imóuʃən] [L 「〈사람을〉 밖으로 움직이다, 흥분시키다」의 뜻에서] *n.* **1** Ⓤ **감동,** 강렬한 감정, 감격 **2** ⓊⒸ [종종 *pl.*] (희로애락의) **감정**; (이성·의지에 대하여) 감정, 정서

***e·mo·tion·al** [imóuʃənl] *a.* **1** 〈사람·성질 등이〉 **감정적인**; 정에 무른, 감수성이 강한 **2** 〈음악·문학 등이〉 감동적인

e·mo·tion·al·ism [imóuʃənəlìzm] *n.* Ⓤ **1** 감정에 흐름, 정서 본위, 감격성 **2** 감정 표출(벽) **3** 〖예술〗 주정(主情)주의

e·mo·tion·al·ist [imóuʃənəlist] *n.* **1** 감정적인 사람, 감정가 **2** 정에 무른 사람, 감격성의 사람 **3** 주정주의자

e·mo·tion·less [imóuʃənlis] *a.* 무표정한, 무감동의; 감정이 담기지 않은

e·mo·tive [imóutiv] *a.* **1** 감정의[에 관한] **2** 〈어구 등이〉 감정을 나타내는, 감정 표출의 **3** 감정에 호소하는, 감동적인
~·ly *ad.*

em·pan·el [impǽnl] *vt.* (**~ed**; **~·ing** | **~led**; **~·ling**) = IMPANEL

em·pa·thize [émpəθàiz] *vt., vi.* 감정이입(移入)하다, 마음으로부터 공감하다 《*with*》

‡**em·per·or** [émpərər] [L 「최고의 지배권을 가지다」의 뜻에서] *n.* (*fem.* **-press** [-pris]) **1 황제,** 제왕 **2** 〖역사〗 동[서]로마 황제

émperor pènguin 〖조류〗 엠퍼러[황제] 펭귄 《가장 큰 종류》

‡**em·pha·sis** [émfəsis] [Gk 「잘 보이게 하다」의 뜻에서] *n.* (*pl.* **-ses** [-sìːz]) ⓊⒸ **1 중요성, 강조,** 중점 **2** 〖언어〗 강세, 어세(語勢) ***lay*** [***place, put***] (***great***) **~ *on*** [***upon***] …에 (특히) 중점을 두다, …을 (크게) 강조[역설]하다

‡**em·pha·size** [émfəsàiz] *vt.* **강조하다,** 역설하다

***em·phat·ic** [imfǽtik] *a.* **1 어조(語調)가 강한,** (표현상의) 힘이 있는, 단호한 **2** 〈단어·음절이〉 강조된 **3** 두드러진, 현저한

***em·phat·i·cal·ly** [imfǽtikəli] *ad.* **1 강조하여;** 단호히 **2** 전혀, 단연코

em·phy·se·ma [èmfəzíːmə, -síː-] *n.* 〖병리〗 기종(氣腫), 《특히》 폐기종

‡**em·pire** [émpaiər] [L 「지배, 통치」의 뜻에서] *n.* **1 제국**(帝國) **2** Ⓤ 황제의 통치 **3** [the E~] 대영 제국; 〖역사〗 《일반적으로》 신성 로마 제국; (나폴레옹 시대의) 프랑스 제정 시대
the E~ of the East [***West***] = ***the Eastern*** [***Western***] ***E~*** 동[서]로마 제국
— *a.* [**E~**] 〈가구·복장 등이〉 프랑스 제정 시대풍의

Émpire Státe [the ~] New York 주의 속칭

Émpire Stàte Búilding [the ~] 엠파이어 스테이트 빌딩 《뉴욕 시에 있는, 지상 102층의 고층 건물》

em·pir·ic [impírik] *a.* = EMPIRICAL

***em·pir·i·cal** [impírikəl] *a.* **1 경험적인,** 경험[실험]상의 **2** 경험주의의 〈의사 등〉
~·ly *ad.*

em·pir·i·cism [impírəsìzm] *n.* Ⓤ **1** 경험주의[론] **2** 경험적[비과학적] 치료법

em·pir·i·cist [impírəsist] *n.* 경험주의자; 〖철학〗 경험론자

em·place·ment [impléismənt] *n.* **1** Ⓤ (포상(砲床) 등의) 설치, 정치(定置) **2** 〖군사〗 포상

em·plane [impléin] *vt.* 비행기에 태우다[싣다] **—** *vi.* 비행기에 타다(enplane)

‡**em·ploy** [implɔ́i] *vt.* **1** 〈사람을〉 **쓰다, 고용하다 2** [보통 수동형 또는 one*self*로] …에 종사하다 **3** 《문어》 〈물건·수단 등을〉 사용하다, 쓰다 **4** 《문어》 〈시간·정력 등을〉 **소비하다**
— *n.* Ⓤ 《문어》 고용
be in a person***'s ~*** = ***be in the ~ of*** a person …에게 고용되어 있다 ***in*** [***out of***] **~** 취직[실직]하여

em·ploy·a·ble [implɔ́iəbl] *a.* 고용하기에 적합한 **—** *n.* 고용 적격자

‡**em·ploy·ee, -ploy·e** [implɔ́iiː, èmplɔiíː] *n.* **고용인, 종업원** (opp. *employer*)

‡**em·ploy·er** [implɔ́iər] *n.* **고용주**; 사용자

‡**em·ploy·ment** [implɔ́imənt] *n.* Ⓤ **1** (노동자의) **사용, 고용 2** 일자리, 직업 **3** (시간·노력(勞力)·사물 등의) 사용, 이용 《*of*》 **4** Ⓒ 《문어》 (취미로서 하는) 일, 활동 ***be*** (***thrown***) ***out of ~*** 실직 상태이다; 해고되다

emplóyment àgency (민간의) 직업소개소[안내소]

em·po·ri·um [impɔ́ːriəm] *n.* (*pl.* **~s, -ri·a** [-riə]) 《문어》 **1** (중앙) 시장(市場)(mart), 상업 중심지 **2** 《미》 백화점, 큰 상점

***em·pow·er** [impáuər] *vt.* **1** (법률상) **…에게 권능[권한]을 부여하다 2** …**할 수 있도록 하다**(enable)

‡**em·press** [émpris] *n.* **황후,** 여제(女帝)

emp·ti·ly [émptəli] *ad.* 멍하게; 공허[허무]하게

emp·ti·ness [émptinis] *n.* Ⓤ **1** 공(空), (속이) 빔 **2** (마음·사상 등의) 공허; 무의미 **3** 공복

‡**emp·ty** [émpti] [OE 「한가한」의 뜻에서] *a.* (**-ti·er**; **-ti·est**) **1 빈 2** 《문어》 …이 없는, 결여(缺如)된(devoid) 《*of*》 **3** 공허한 〈마음〉; 무의미한; 《경멸》 〈내용·가치 등이〉 없는, 하찮은, 실없는 **4** 《구어》 배고픈
be on an ~ stomach 배가 고프다
— *n.* (*pl.* **-ties**) [보통 *pl.*] 빈 상자[광주리, 병, 차, 통]
— *v.* (**-tied**) *vt.* **1** 〈그릇 등을〉 **비우다**; 다 마셔버리다 **2** [it*self*로] 〈강 등이〉 …에 흘러들다 《*into*》: **~** *itself into* the sea 〈강이〉 바다로 흘러들다 **3** (다른 그릇에) 옮기다
— *vi.* **1** 비워지다 **2** 배변[배뇨]하다; 〈강 등이〉 흘러들다

E

émpty cálorie 〈단백질·비타민 등을 포함하지 않은〉 식물 칼로리
emp·ty-hand·ed [émptihǽndid] *a.* 맨손인, 아무런 수확도 없는
emp·ty-head·ed [-hédid] *a.* 《구어》 생각이 없는, 지각 없는, 무지한
émpty néster 《구어》 자식이 없는 사람[부부], 자식들과 따로 사는 외로운 부부
em·pur·ple [impə́:rpl] *vt, vi.* 자줏빛으로 하다[물들이다]
-pled [-pld] *a.* 자줏빛이 된
em·py·e·ma [èmpií:mə, -pai-] *n.* (*pl.* **~s, ~·ta** [-tə]) 〖병리〗 축농(증), 《특히》 농흉(膿胸)
em·py·re·al [èmpərí:əl, -pai-, empíriəl] *a.* 최고천(最高天)의; 하늘의
em·py·re·an [èmpərí:ən, -pai-, empíriən] *n.* [the ~] **1** (고대 우주론의 오천(五天) 중에서) 가장 높은 하늘, 최고천(最高天) **2** 창공, 하늘
EMS European Monetary System 〖금융〗 유럽 통화 제도

E

e·mu [í:mju:] *n.* (*pl.* **~s,** [집합적] **~**) 에뮤 《오스트레일리아산의 타조 비슷한 큰 새》
em·u·late [émjulèit] *vt.* **1** …와 경쟁하다, 우열을 다투다 **2** 열심히 흉내내다 **3** …에 필적하다
em·u·la·tion [èmjuléiʃən] *n.* Ⓤ **1** 경쟁, 겨룸, 대항 **2** 〖컴퓨터〗 에뮬레이션 《다른 컴퓨터의 기계어 명령대로 실행할 수 있는 기능》
em·u·la·tor [émjulèitər] *n.* **1** 경쟁자; 모방자 **2** 〖컴퓨터〗 에뮬레이터 《emulation을 하는 장치·프로그램》
em·u·lous [émjuləs] *a.* 경쟁적인, 경쟁심이 강한 **~·ly** *ad.*
e·mul·si·fi·ca·tion [imʌ̀lsəfikéiʃən] *n.* Ⓤ 유상화(乳狀化), 유제(乳劑)화, 유화(乳化) (작용)
e·mul·si·fy [imʌ́lsəfài] *vt., vi.* (**-fied**) 유상[유제]으로 만들다
e·mul·sion [imʌ́lʃən] *n.* ⓊⒸ **1** 〖화학〗 유제(乳劑); 유상액(乳狀液) **2** 〖사진〗 감광(感光) 유제 **3** 에멀션 페인트(= ∸ **pàint**) 《마르면 윤이 없어지는》
en [en] *n.* **1** N자 **2** 〖인쇄〗 반각(半角) 《전각(全角)(em)의 2분의 1》
en- [in, en] *pref.* 동사를 만듦: **1** [명사 앞에 붙여서] 「…의 안에 넣다」의 뜻: *en*case **2** [명사·형용사 앞에 붙여서] 「…으로 만들다, …이 되게 하다(make)」의 뜻: *en*slave **3** [동사 앞에 붙여서] 「…의 속[안]에(in, into, within)」의 뜻: *en*fold
-en¹, -n¹ [-ən] *suf.* [불규칙 동사의 과거분사 어미]: spok*en*
-en², -n² *suf.* [물질 명사에 붙여서] 「질(質)[성(性)]의, …으로 된, …제(製)의」의 뜻: ash*en*
-en³ *suf.* **1** [형용사에 붙여서] 「…으로 하다[되다]」의 뜻: dark*en* **2** [명사에 붙여서] 「…하다[되다]」의 뜻: height*en*
-en⁴ *suf.* [지소(指小)명사 어미]: chick*en*
⁑**en·a·ble** [inéibl] *vt.* **1** 〈사물이 사람에게〉 …할 수 있게 하다, 가능하게 하다, (…하는) 힘[권능, 권리, 자격, 수단, 기회]을 부여하다 **2** 허락[허용, 허가]하다 **3** 〖컴퓨터〗 〈장치를〉 작동시키다
en·a·bling [inéibliŋ] *a.* 〈법률이〉 (특별한) 권능을 부여하는; 합법화하는
∗**en·act** [inǽkt] *vt.* **1** 〈법률을〉 **제정하다,** 규정하다; 〈법률이 …이라고〉 규정하다 **2** 〈연극이나 어떤 장면을〉 상연하다
en·act·ment [inǽktmənt] *n.* 《문어》 **1** Ⓤ (법의) 제정 **2** 법령, 법규
∗**e·nam·el** [inǽməl] *n.* ⓊⒸ **1 에나멜,** 법랑 **2** 에나멜 도료, 광택제 **3** Ⓤ (치아 등의) 법랑질 **—** *vt.* (**~ed**; **~·ing** | **~led**; **~·ling**) …에 에나멜을 입히다[칠하다], 법랑을 입히다
e·nam·el·ware [inǽməlwɛ̀ər] *n.* Ⓤ [집합적] 법랑 철기
en·am·ored | **-oured** [inǽmərd] *a.* 매혹된, 홀딱 반한, 사랑에 빠진
en bloc [ɑ:m-blɑ́k | -blɔ́k] [F = in a lump] *ad.* 일괄하여, 총괄적으로
en·cage [inkéidʒ] *vt.* 새장[우리]에 넣다; 가두다
en·camp [inkǽmp] *vi., vt.* 야영하다[시키다]
en·camp·ment [inkǽmpmənt] *n.* **1** Ⓤ 야영(함) **2** 야영지, 진지; [집합적] 야영자
en·cap·su·late [inkǽpsjulèit | -sju-] *vt.* **1** 캡슐에 넣다[싸다] **2** 〈사실·정보 등을〉 요약하다 **en·càp·su·lá·tion** *n.*
en·case [inkéis] *vt.* 〈상자 등에〉 넣다; 싸다
en·caus·tic [inkɔ́:stik] *a.* 불에 달구어 착색한; 납화(蠟畵)의
— *n.* Ⓤ 납화법; Ⓒ 납화
-ence [əns] *suf.* -ent를 어미로 하는 형용사에 대한 명사 어미: sil*ence*
en·ceph·a·li·tis [ensèfəláitis] *n.* Ⓤ 〖병리〗 뇌염
en·ceph·a·lon [enséfəlɑ̀n | -lɔ̀n] *n.* (*pl.* **-a·la** [-ələ]) 〖해부〗 뇌수(brain)
en·chain [intʃéin] *vt.* 사슬로 매다; 〈주의·흥미를〉 끌다
en·chaîne·ment [ɑ̃:nʃeinmɑ́:ŋ] [F] *n.* (*pl.* **~s** [-z]) 〖발레〗 앙셴망 《pas와 pause의 결합》
⁑**en·chant** [intʃǽnt | -tʃɑ́:nt] [L 「(노래를 불러서) 마법에 걸다」의 뜻에서] *vt.* **요술을 걸다**(bewitch); **호리다, 황홀하게 하다,** 매혹하다(charm) ***be ~ed with*** [***by***] …로 황홀해지다, …에 매혹되다
~·ed [-id] *a.* 요술에 걸린
en·chant·er [intʃǽntər | -tʃɑ́:nt-] *n.* **1** 매력 있는 사람, 매혹하는 사람 **2** 마법사, 요술쟁이
∗**en·chant·ing** [intʃǽntiŋ | -tʃɑ́:nt-] *a.* Ⓐ **매혹적인, 황홀하게 하는**
∗**en·chant·ment** [intʃǽntmənt | -tʃɑ́:nt-] *n.* Ⓤ **1 매혹,** 매력 **2** 마법(을 걸기), 마술 **3** 마법에 걸린 상태, 황홀 **4** Ⓒ 매혹하는 것, 황홀하게 하는 것
en·chant·ress [intʃǽntris | -tʃɑ́:nt-] *n.* 여자 요술쟁이, 마녀(魔女); 매혹적인 여자

en·chase [intʃéis] *vt.* **1** …에 부각[조각]하다, 새기다 **2** 아로새기다, 박아 넣다(set), 새겨 넣다 《*in*》

en·chi·la·da [èntʃəlɑ́:də] *n.* 엔칠라다 《칠리 소스를 얹은 멕시코 요리의 일종》

en·ci·pher [insáifər] *vt.* 암호로 바꾸다(opp. *decipher*)

*__en·cir·cle__ [insə́:rkl] *vt.* **1** [보통 수동형으로] **에워[둘러]싸다**(surround) **2** 일주하다 ***be ~d by*** [***with***] …으로 둘러싸여 있다 **~·ment** *n.* Ⓤ 에워쌈, 포위; Ⓒ 일주

en·clave [énkleiv] [F 「갇힌」의 뜻에서] *n.* **1** 어떤 나라 땅으로 둘러싸인 타국의 영토(cf. EXCLAVE) **2** (대도시 등) 소수의 이문화 집단의 거주지

‡**en·close** [inklóuz] *vt.* **1 에워싸다,** (담·벽 등으로) 둘러싸다 **2 동봉하다 3** (상자 등에) **넣다**(shut up) **4** 〈소농지·공유지 등을〉 (사유지로 하기 위해) 둘러막다

*__en·clo·sure__ [inklóuʒər] *n.* **1** Ⓤ (담·울타리로) **둘러쌈**; 인클로저 《공유지를 사유지로 하기 위해》 **2** Ⓤ 울로 둘러싼 땅, 구내(構內); Ⓒ 울, 담 **3** 동봉(한 것), 동봉물

en·code [inkóud] *vt., vi.* 〈보통 문장을〉 암호로 바꿔 쓰다; 부호화하다(opp. *decode*)

en·co·mi·um [enkóumiəm] *n.* (*pl.* **~s, -mi·a** [-miə]) 《문어》 칭찬하는 말, 찬사 《*of, on*》

en·com·pass [inkʌ́mpəs] *vt.* 《문어》 **1** 둘러[에워]싸다, 포위하다(surround) **2** 〈일·사물 등이〉 …을 포함하다, 싸다 **3** 〈일 등을〉 완전히 처리하다 **~·ment** *n.*

en·core [ɑ́ŋkɔ:r | ɔ́ŋkɔ:r] [F=again] *int.* (재연(再演)을 요구하며) 재청이요!
— *n.* **1** 앙코르(Encore!)의 소리, 재연의 요청, 재청 **2** (앙코르에 응한) 연주
— *vt.* (앙코르를 외치며) 재연(주)을 요청하다: ~ a singer 가수에게 앙코르를 요청하다

‡**en·coun·ter** [inkáuntər] [F 「만나다」의 뜻에서] *vt.* **1** (우연히) **만나다,** 마주치다 **2** 〈위험·곤란 등에〉 **부닥치다 3** 〈적과〉 교전하다, 충돌하다 **4** 〈토론 등에서 상대편에게〉 대항하다(oppose) — *n.* **1 마주침** 《*with*》 **2** 교전, 충돌 《*with*》; 《미·속어》 경기

encóunter gròup 〖정신의학〗 집단 감수성 훈련 그룹

‡**en·cour·age** [inkə́:ridʒ | -kʌ́r-] *vt.* **1** 〈…의〉 **용기[기운]를 북돋우다**; 격려하다 **2 장려하다**; 〈발달 등을〉 촉진하다, 조장하다

*__en·cour·age·ment__ [inkə́:ridʒmənt | -kʌ́r-] *n.* Ⓤ **1 격려,** 장려 **2** 장려[격려]가 되는 것, 격려하여 주는 것, 자극

en·cour·ag·ing [inkə́:ridʒiŋ | -kʌ́r-] *a.* 격려[장려]의, 힘을 북돋아 주는, 유망한(opp. *discouraging*) **~·ly** *ad.*

en·croach [inkróutʃ] *vi.* **1** 침략하다, 침입하다 **2** (남의 권리 등을) 침해하다 《*on, upon*》 **3** 〈바다가〉 침식하다 《*on*》

en·croach·ment [inkróutʃmənt] *n.* **1** ⓊⒸ 잠식, 침략; 침해 **2** 침식지; 침략지

en·crust [inkrʌ́st] *vt., vi.* 외피(外皮)로 덮다[를 형성하다]; 아로새기다

en·crus·ta·tion [ènkrʌstéiʃən] *n.* = INCRUSTATION

*__en·cum·ber__ [inkʌ́mbər] *vt.* **1 방해하다,** 폐끼치다, 거추장스럽게 하다 **2** 〈방해물로 장소를〉 막다 **3** (채무 등을) 지우다

en·cum·brance [inkʌ́mbrəns] *n.* **1** 방해물, 거추장스러운 것 **2** 〖법〗 부동산상의 부담[채무] 《저당권 등》 **3** 계루(係累), 짐이 되는 것 ***be without ~*** 계루[자식]가 없다

-ency [ənsi] *suf.* [성질·상태를 나타내는 명사 어미]: consist*ency*

en·cyc·lic, -li·cal [insíklik(əl)] *n.* 회칙(回勅) 《특히 로마 교황이 전 성직자에게 보내는》 — *a.* 회람의, 회송(回送)의

‡**en·cy·clo·p(a)e·di·a** [insàikləpí:diə] [L 「전반적인 교육」의 뜻에서] *n.* **백과사전**

en·cy·clo·p(a)e·dic, -di·cal [insàikləpí:dik(əl)] *a.* **1** 백과사전적인 **2** 해박한, 박학의

en·cy·clo·p(a)e·dist [insàikləpí:dist] *n.* 백과사전 편집자

‡**end** [end] *n.* **1 끝**(close); (이야기 등의) 마지막, 결말 **2 끄트머리,** 가, 말단; (거리 등의) 끝나는 곳; (방 등의) 막다른 곳; (편지·책 등의) 결미(結尾) **3** (최후의) **한계,** 한(限) **4 목적**(aim) **5 결말,** 결과(result) **6 종지**(終止); 멸망; **최후,** 죽음 **7** [*pl.*] 지스러기, 나부랭이 **8** 〖미식축구〗 전위선 양끝의 선수 **9** (사업 등의) 부문, 면
all ~s up 완전히, 철저히 ***at a loose ~*** = ***at loose ~s*** ⇨ loose end. ***at an ~*** 다하여, 끝나서 ***at the ~*** 마침내(at last) ***~ on*** 끝을 앞으로 향하게 하여; 〖항해〗 정면으로 ***~ to ~*** 끝과 끝을 (세로로) 이어서 ***~ up*** 한 끝을 위로 하여 ***from ~ to ~*** 끝에서 끝까지 ***keep*** [***hold***] ***up*** one***'s ~*** 자기가 맡은 일을 훌륭히 해내다 ***make ~s meet*** 《주로 미》 = ***make both*** [***two***] ***~s meet*** 수입과 지출의 균형을 맞추다, 수입에 알맞은 생활을 하다 ***meet*** one***'s ~*** 죽다 ***near*** one***'s ~*** 죽을 때가 가까워 ***no ~*** 《구어》 몹시 ***no ~ of*** [***to***] 《구어》 (1) 한없는, 매우 많은 (2) 대단한, 훌륭한 ***on ~*** (1) 곤두서서(upright) (2) 계속하여 ***The ~ justifies the means.*** 《속담》 목적은 수단을 정당화한다. ***to no ~*** 헛되이(vain) ***to the*** (***bitter*** [***very***]) ***~*** = 《구어》 ***to the ~ of chapter*** 끝까지, 최후까지 ***to the ~ of time*** 언제까지나 ***without ~*** 끝없는(endless); 끝없이(forever)
— *a.* 끝의, 최종의, 궁극의 — *vt.* **1 끝내다,** 마치다 **2** …의 끝을 이루다 — *vi.* **1 끝나다 2** (…으로) 끝나다, 결국 …이 되다 《*in*》 **3** 《드물게》 죽다
~ in ⇨ *vi.* 2 ***~ in smoke*** 〈계획 등이〉 수포로 돌아가다 ***~ it*** (***all***) 《구어》 자살하다 ***~ off*** 〈연설·책 등을〉 끝맺다, 끝내다(conclude); 끝나다 ***~ up*** 끝나다; 《구어》 마침내는 …으로 되다 《*in, on*》

end- [end], **endo-** [éndou, -də] 《연결형》 「내부; 흡수」의 뜻 《모음 앞에서는 end-》

*__en·dan·ger__ [indéindʒər] *vt.* **위험에 빠뜨리다,** 위태롭게 하다

E

en·dan·gered [indéindʒərd] *a.* 위험에 처한; 〈동식물이〉 멸종될 위기에 이른

end-com·sum·er [éndkənsù:mər] *n.* 최종 소비자(end user)

*__en·dear__ [indíər] *vt.* **사랑[귀염]받게 하다**, 사모하게 하다 《*to*》

en·dear·ing [indíəriŋ] *a.* 사람의 마음을 끄는, 사랑스러운; 애정을 나타내는

en·dear·ment [indíərmənt] *n.* **1** Ⓤ 친애 **2** (행위·말에 의한) 애정의 표시, 애무

‡**en·deav·or** | **-our** [indévər] *n.* ⓊⒸ 《문어》 **노력** ***do*** [***make***] one**'s** (***best***) **~*s*** = ***make every ~*** 전력을 다하다 — *vi.* 《문어》 **노력하다** 《*at, after*》; 시도하다(try)

en·dem·ic [endémik] *a.* **1** 풍토[지방]병의, 풍토성의 **2** 〈동·식물이〉 그 지방 특산의(opp. *exotic*) — *n.* 지방병, 풍토병 **-i·cal·ly** *ad.*

énd gàme (체스·경기의) 최종회, 막판; 《일반적으로》 최종 단계

‡**end·ing** [éndiŋ] *n.* **1 종결**, 종료; 결말 **2** 최후, 임종(death) **3** 〖문법〗 (활용) 어미; (낱말의) 끝부분

en·dive [éndaiv] *n.* Ⓤ 〖식물〗 꽃상추 《샐러드용》; 《미》 〖식물〗 chicory의 어린 잎

‡**end·less** [éndlis] *a.* **1 끝이 없는**; 영원히 계속하는; 무한의 **2** 《구어》 장황한; 끊임없는; 무수한 **3** 〖기계〗 순환의 **~·ly** *ad.* **~·ness** *n.*

end·most [-mòust] *a.* 맨 끝의, 마지막의

endo- [éndou, -də] 《연결형》 = END-

en·do·carp [éndəkɑ̀:rp] *n.* 〖식물〗 내과피(內果皮), 속열매 껍질(cf. PERICARP)

en·do·crine [éndəkrin, -kràin] 〖생리〗 *a.* 내분비의 — *n.* **1** = ENDOCRINE GLAND **2** 내분비물, 호르몬(hormone)

éndocrine glànd 〖생리〗 내분비샘

en·do·cri·nol·o·gy [èndəkrənɑ́lədʒi, -krai- | -nɔ́l-] *n.* Ⓤ 〖의학〗 내분비학

en·do·derm [éndədə̀:rm] *n.* 〖생물〗 내배엽(內胚葉)(cf. ECTODERM)

en·dog·a·my [endɑ́gəmi | -dɔ́g-] *n.* Ⓤ 〖사회〗 동족(同族) 결혼(opp. *exogamy*)

*__en·dorse, in-__ [indɔ́:rs] *vt.* **1** 〈어음·증권 등에〉 **배서[이서]하다** **2** 《문어》 〈남의 언설(言說) 등을〉 뒷받침하다, 보증하다(confirm); 시인하다 **3** 《영》 〈자동차 등의 면허증에〉 위반 죄과(罪科)를 이서하다 **4** 〈상품을〉 추천하다

en·dor·see [indɔ̀:rsí:, èndɔ:r-] *n.* 피(被)배서인, 양수인

en·dorse·ment [indɔ́:rsmənt] *n.* ⓊⒸ 배서; 보증, 시인(approval); (상품 등의) 추천

en·dors·er, -dor·sor [indɔ́:rsər] *n.* 배서 (양도)인

en·do·scope [éndəskòup] *n.* 〖의학〗 (장내(臟內)·요도 등의) 내시경(內視鏡)

‡**en·dow** [indáu] [F 「수여하다」의 뜻에서] *vt.* **1** 〈학교·병원 등에〉 **재산을 증여하다**; …의 기금으로 기부[기증]하다 **2** [보통 수동형으로] 〈…에게 재능·특징 등을〉 **부여하다** 《*with*》

*__en·dow·ment__ [indáumənt] *n.* **1** Ⓤ **기증, 기부**; Ⓒ 기본 재산; 기부금 **2** [보통 *pl.*] (천부의) 자질, 재능

endówment insùrance 양로 보험

endówment pòlicy 양로 보험 증권

end·pa·per [éndpèipər] *n.* 〖제본〗 면지

énd pòint 종료점, 종점; 〖화학〗 (적정(滴定)의) 종점; = ENDPOINT

end·point [-pɔ̀int] *n.* 〖수학〗 단점(端點), 종점 《선분이나 광선의 끝을 나타내는 점》

énd pròduct (연이은 변화·과정·작용의) 최종 결과; 〖물리〗 최종 생성물[원소]

énd rùn 〖미식축구〗 엔드런 《공을 가진 선수가 아군 방어진의 측면을 돌아 후방으로 나가는 플레이》; 《구어》 교묘한 회피

énd tàble (소파·의자 곁에 놓는) 작은 테이블

en·due [indjú: | -djú:] *vt.* 《문어》 [종종 수동형으로] 〈능력·재능 등을 …에게〉 부여하다 《*with*》

en·dur·a·ble [indjúərəbl | -djúər-] *a.* 참을 수 있는, 견딜 수 있는 **-bly** *ad.*

‡**en·dur·ance** [indjúərəns | -djúər-] *n.* Ⓤ **1 지구력**, 내구성(耐久性) **2 인내**, 견딤, 참을성 ***beyond*** [***past***] **~** 참을 수 없을 만큼

‡**en·dure** [indjúər | -djúə] [L 「굳히다」의 뜻에서] *vt.* **1** [종종 부정문으로] 〈사람이〉 **참다**, 견디다 **2** 〈물건이〉 **견디다**, 지탱하다 — *vi.* 《문어》 **1** 지탱하다; 지속하다 **2** 참다, 견디다

*__en·dur·ing__ [indjúəriŋ | -djúər-] *a.* **참을성 있는**; 영속하는, 영구적인 **~·ly** *ad.*

énd ùser 최종 수요자, 실수요자

end·ways [éndwèiz], **end·wise** [-wàiz] *ad.* 끝을 앞으로[위로] 향하게 하여, 세로로, 똑바로; 끝과 끝을 맞대고

En·dym·i·on [endímiən] *n.* 〖그리스신화〗 엔디미온 《달의 여신 Selene에게 사랑받은 미소년》

ENE, E.N.E. east-northeast 동북동

en·e·ma [énəmə] *n.* (*pl.* **~s, ~·ta** [-tə]) 〖의학〗 **1** 관장(灌腸); 관장제(劑)[액(液)] **2** 관장기(器)

‡**en·e·my** [énəmi] [L 「친구가 아닌 것」의 뜻에서] *n.* (*pl.* **-mies**) **1 적**, 적대자, 경쟁 상대 **2** 적병, 적함; [the ~; 집합적] 적군, 적함대, 적국 **3** (…에) 해를 주는 것, 반대자 《*of, to*》 — *a.* Ⓐ 적(국)의

*__en·er·get·ic, -i·cal__ [ènərdʒétik(əl)] *a.* **정력적인**, 활기 찬, 원기 왕성한; 강력한 **-i·cal·ly** *ad.*

en·er·get·ics [ènərdʒétiks] *n. pl.* [단수 취급] 〖물리〗 에너지론[학]

en·er·gize [énərdʒàiz] *vt.* 정력을 주다, 격려하다; 〖전기〗 …에 전류를 통하다

‡**en·er·gy** [énərdʒi] [G 「작업 중; 활동 중」의 뜻에서] *n.* (*pl.* **-gies**) Ⓤ **1 정력**, 힘, 세력; 기력, 원기 **2** 〖물리〗 **에너지**, 세력 **3** [종종 *pl.*] (개인의) 활동력, 행동력 ***devote*** one**'s** ***energies to*** …에 정력을 기울이다

en·er·vate [énərvèit] *vt.* …의 기력을 약화시키다, 기운[힘]을 빼앗다

en·er·va·tion [ènərvéiʃən] *n.* Ⓤ 원기[기력] 상실, 쇠약; 나약

en fa·mille [ɑ̃:ŋ-fəmí:jə] [F = in the family] *ad.* 가족이 다 함께; 흉허물 없이; 비공식으로

en·fant ter·ri·ble [ɑ:ŋfɑ́:ŋ-terí:bl] [F = terrible child] *n.* (*pl.* **en·fants ter·ri·bles** [~]) **1** 무서운 아이, 올되고 깜찍한 아이 **2** 지각 없고 염치 없는[무책임한] 사람

en·fee·ble [infí:bl] *vt.* [종종 수동형] 약화시키다(weaken) **~·ment** *n.* Ⓤ 쇠약

en·fi·lade [énfəlèid | ⌐-⌐] 〖군사〗 *n.* 종사(縱射)(를 받을 위치) **—** *vt.* 종사하다

en·fold [infóuld] *vt.* 싸다 《*in, with*》; 안다, 포옹하다; 접다; 주름잡다

*‡***en·force** [infɔ́:rs] *vt.* **1** 〈법률 등을〉 **실시[시행]하다,** 집행하다 **2** 억지로 시키다, 강요하다 **3** 강력히 주장하다

en·force·a·ble [infɔ́:rsəbl] *a.* 시행[집행, 강제]할 수 있는

en·forced [infɔ́:rst] *a.* 강제된, 강제적인

***en·force·ment** [infɔ́:rsmənt] *n.* Ⓤ **1** (법률의) **시행,** 집행 **2** (복종 등의) 강제 **3** (의견 등의) 강조

en·fran·chise [infrǽntʃaiz] *vt.* **1** 참정권[선거권]을 주다 **2** 석방하다, 해방하다(set free) **3** 〈도시에〉 자치권을 주다, 선거구(區)로 하다

en·fran·chise·ment [infrǽntʃizmənt, -tʃaiz-] *n.* Ⓤ **1** 참정[선거]권 부여 **2** 해방, 석방

eng. engine; engineer(ing); engraved; engraving

Eng. England; English

*‡***en·gage** [ingéidʒ] *vt.* **1 약속하다,** 계약하다; 보증하다 **2** 《문어》 예약하다 **3** 〈시간 등을〉 채우다, 차지하다; 바쁘게 하다 **4** [보통 수동형 또는 ~ one*self* 로] **약혼시키다 5** [~ one*self* 로] (…에) **종사시키다,** 관여하다 《*in*》 **6 고용하다 7** 〈사람을 담화 등에〉 끌어들이다 **8** 〈마음·주의 등을〉 끌다 **9** 〈적군과〉 교전하다; 〈군대를〉 교전시키다 **10** 〖기계〗 〈톱니바퀴 등을〉 맞물리게 하다

— *vi.* **1 종사하다,** 관여하다 《*in*》; 착수하다 **2** 약속하다, 장담하다, 보증하다 **3** 교전하다 《*with*》 **4** 〖기계〗 〈톱니바퀴 등이〉 걸리다, 맞물다, 잘 돌아가다

en·ga·gé [ɑ̃:ŋgɑ:ʒéi] [F = engaged] *a.* 〈작가 등이〉 정치[사회] 문제에 적극 관여하는, 참가의

***en·gaged** [ingéidʒd] *a.* **1** Ⓟ **약속된;** 예약된 **2 약혼 중인,** 약혼한 《*to*》 **3** Ⓟ (…에) **종사하는** 《*in*》 **4** 바쁜; Ⓟ 《영》 〈전화·화장실 등이〉 사용 중인(《미》 busy)

*‡***en·gage·ment** [ingéidʒmənt] *n.* **1** (회합 등의) **약속, 계약 2 약혼 3** Ⓤ 고용; 고용 기간, 사용[업무] 시간 **4** 교전(交戰) **5** Ⓤ 〖기계〗 (톱니바퀴의) 맞물림

break off an ~ 해약하다, 파약하다

meet one***'s ~s*** 채무를 이행하다

engágement rìng 약혼반지

en·gag·ing [ingéidʒiŋ] *a.* 남의 마음을 끄는, 매력 있는, 애교 있는

~·ly *ad.* 애교 있게 **~·ness** *n.*

En·gels [éŋgəls] *n.* 엥겔스 **Friedrich ~** (1820-95) 《독일의 사회주의자; Marx의 협력자》

en·gen·der [indʒéndər] *vt.* 〈감정 등을〉 생기게 하다, 발생케 하다

*‡***en·gine** [éndʒin] [L 「타고난 재능(에 의해서 생긴 것)」의 뜻에서] *n.* **1 발동기;** 기계, 기관, 엔진; 증기 기관 **2 기관차**(locomotive); 소방차

éngine drìver 《영》 (특히 기차의) 기관사(《미》 engineer)

*‡***en·gi·neer** [èndʒiníər] *n.* **1 기사,** 기술자; 공학자 **2** (상선의) **기관사;** 《미》 (기차의) 기관사(《영》 engine driver) **3 a** (육군의) 공병 **b** (해군) 기관 장교 ***chief ~*** 기관장; 기사장(技師長) ***civil ~*** 토목 기사 ***first ~*** 1등 기관사 ***naval*** [***marine***] ***~*** 조선 기사

— *vt.* **1** (기사로서) …공사를 감독[설계]하다 **2** 솜씨 있게 처리하다; 공작하다, 꾀하다

*‡***en·gi·neer·ing** [èndʒiníəriŋ] *n.* Ⓤ **1 공학;** 기관학 **2** 공학[토목] 기술; 토목 공사 **3** 기사의 일[활동] **4** 교묘한 처리[공작]; 음모, 획책

éngine ròom (선박 등의) 기관실

en·gine·ry [éndʒinri] *n.* Ⓤ [집합적] 기계류, 기관류; 무기

*‡***Eng·land** [íŋglənd] [OE 「(영국인의 조상인) 앵글족(Angles)의 땅」의 뜻에서] *n.* **1** [좁은 뜻] **잉글랜드** 《Great Britain 섬의 스코틀랜드와 웨일스를 뺀 부분; 수도 London》 **2** [넓은 뜻] **영국**(Britain) 《略 Eng.》

*‡***Eng·lish** [íŋgliʃ] *a.* **1 잉글랜드**(England)**의; 잉글랜드 사람의 2 영어의 3** 영국의(British), 영국 사람의

— *n.* **1** Ⓤ **영어 2** [the ~; 복수 취급] 영국 사람, 영국 국민, 영국군

American ~ 미국 영어

Énglish Chánnel [the ~] 영국[영불] 해협 《영국과 프랑스를 분리함; 길이 565km, 폭 30-160km; the Channel이라고도 함》

Énglish dáisy 〖식물〗 데이지

Énglish hórn 《미》 〖음악〗 잉글리시호른(《영》 cor anglais) 《oboe류의 목관 악기》

*‡***Eng·lish·man** [íŋgliʃmən] *n.* (*pl.* **-men** [-mən]) **잉글랜드 사람,** 영국인 (남자)

Énglish múffin 영국식 머핀 《이스트를 넣은 머핀》

Énglish Revolútion [the ~] 〖영국사〗 영국 혁명, 명예[무혈] 혁명(1688-89)

Énglish sétter 영국종 사냥개

Énglish spárrow 〖조류〗 집참새(house sparrow)

Eng·lish-speak·ing [íŋgliʃspí:kiŋ] *a.* Ⓐ 영어를 말하는

Eng·lish·wom·an [-wùmən] *n.* (*pl.* **-wom·en** [-wìmin]) 영국 여자

en·gorge [ingɔ́:rdʒ] *vt.* **1** 마구 먹다; 게걸스레 먹다 **2** [보통 수동형으로] 〖병리〗 충혈시키다

~·ment *n.* Ⓤ 탐식; 〖병리〗 충혈

en·graft [ingrǽft | -grɑ́:ft] *vt.* **1** 접목(接木)하다, 접붙이다(insert) 《*into, on,* *upon*》 **2** 〈사상·주의·덕(德) 등을〉 뿌리박게 하다, 불어넣다 《*into*》 **3** 합치다; 혼합[융합]하다 《*into*》

en·grain [ingréin] *vt.* =INGRAIN

en·grained [ingréind] *a.* =INGRAINED

∗**en·grave** [ingréiv] *vt.* **1** 〈문자·도안 등을〉 **새기다**; …에 조각하다 **2** 〈판 등에 새긴 문자·도안 등을〉 인쇄하다 **3** 〈마음에〉 새겨 두다, …에게 감명을 주다

en·grav·er [ingréivər] *n.* 조각사, 조판공(彫版工)

∗**en·grav·ing** [ingréiviŋ] *n.* **1** Ⓤ **조각**(술), 조판술 **2** 조판(彫版); 판화

∗**en·gross** [ingróus] *vt.* **1** 〈주의·시간을〉 **집중시키다, 몰두[열중]시키다** **2** 〈문서를〉 큰 글씨로 쓰다, 정서하다

en·gross·ing [ingróusiŋ] *a.* 마음을 사로잡는, 전념[몰두]케 하는 **~·ly** *ad.*

en·gross·ment [ingróusmənt] *n.* Ⓤ **1** 전념, 몰두 **2** 정식 자체(字體)로 크게 씀, 정서(淨書); Ⓒ 정서한 것 **3** 독점, 매점(買占)

en·gulf [ingʌ́lf] *vt.* (심연·소용돌이 등에) 빨아들이다, 던져 넣다, 삼키다, 들이켜다

∗**en·hance** [inhǽns | -hɑ́:ns] [L 「높게 하다」의 뜻에서] *vt.* 〈질·능력 등을〉 **높이다**, 강화하다

en·hance·ment [inhǽnsmənt | -hɑ́:ns-] *n.* ⓊⒸ (가격·매력·가치 등의) 상승, 등귀; 향상, 증대

e·nig·ma [ənígmə] *n.* (*pl.* **~s, ~·ta** [-tə]) 수수께끼(riddle); 수수께끼 같은 인물, 불가해한 사물

en·ig·mat·ic, -i·cal [ènigmǽtik(əl)] *a.* 수수께끼의[같은], 알기 어려운; 〈인물이〉 정체 모를, 불가사의한

∗**en·join** [indʒɔ́in] [L 「부과시키다」의 뜻에서] *vt.* **1** 〈침묵·순종 등을〉 **명하다**; (의무로서) …을 과하다 《*upon, on*》 **2** 〖미국법〗 금하다(prohibit)

⁑**en·joy** [indʒɔ́i] *vt.* **1** **즐기다**, 향락하다 **2** 〈좋은 것을〉 **갖고 있다**, 향수[향유]하다, 누리다

en·joy·a·ble [indʒɔ́iəbl] *a.* 재미있는, 즐거운, 유쾌한

∗**en·joy·ment** [indʒɔ́imənt] *n.* **1** Ⓤ 향유, 향수 《*of*》 **2** Ⓤ **향락**; 유쾌 **3** ⓊⒸ **기쁨**, 유쾌하게 하는 것, 낙 **4** Ⓤ 〖법〗 (권리의) 보유

take* ~ *in …을 즐기다

en·kin·dle [inkíndl] *vt.* **1** 〈불이〉 타오르게 하다 **2** 〈정열·정욕을〉 불러일으키다

en·lace [inléis] *vt.* 레이스로 장식하다; 단단히 동이다[감다]; 에워싸다; 얽히게 하다 **~·ment** *n.*

⁑**en·large** [inlɑ́:rdʒ] *vt.* **1** **크게 하다**; 〈책을〉 증보(增補)하다; 〈사진을〉 확대하다 **2** 〈사업 등을〉 확장하다(expand); 〈마음·견해 등을〉 넓히다

— *vi.* **1** **커지다**, 넓어지다; 〈사진이〉 확대되다 **2** 상세하게 설명하다 《*on, upon*》

∗**en·large·ment** [inlɑ́:rdʒmənt] *n.* Ⓤ **1** **확대**, 증대, 확장 **2** (책의) 증보(增補); 증축; (사진의) 확대

en·larg·er [inlɑ́:rdʒər] *n.* 〖사진〗 확대기

⁑**en·light·en** [inláitn] *vt.* **1** **계몽하다**, 교화(教化)하다 **2** 〈뜻 등을〉 밝히다, 설명하다; 가르치다

en·light·ened [inláitnd] *a.* 계몽된; 개화된

en·light·en·ing [inláitəniŋ] *a.* 계몽적인, 밝혀 주는, 깨우치는

∗**en·light·en·ment** [inláitnmənt] *n.* Ⓤ **1** **계발**(啓發), 교화 **2** [the E~] 〖철학〗 계몽 운동 《18세기의 유럽, 특히 프랑스에서의 합리주의적》 **3** [보통 **E~**] (불교의) 깨달음

∗**en·list** [inlíst] *vt.* **1** **병적**(兵籍)**에 편입하다**; 모병(募兵)하다 **2** …의 찬조[협력, 지지]를 얻다 《*in*》

— *vi.* **1** 입대하다 《*in, for*》 **2** 〈주의·사업 등에〉 협력[참여]하다

enlísted màn [inlístid-] 《미》 사병(士兵)(《영》 private soldier) 《略 EM, E.M.》

enlísted wòman 《미》 여군 사병

en·list·ee [inlistí:] *n.* 지원병; 사병

en·list·ment [inlístmənt] *n.* **1** Ⓤ 병적 편입; 모병; 입대 **2** 병적 기간

∗**en·liv·en** [inláivən] *vt.* **1** **활기 있게 만들다**, 생기를 주다 **2** 〈광경·담화 등을〉 유쾌하게[흥겹게] 하다 **3** 〈거래·시장을〉 활발하게[호황으로] 하다

en masse [ɑ:ŋ-mǽs] [F=in a mass] *ad.* 《문어》 한 묶음으로, 통틀어서

en·mesh [inméʃ] *vt.* **1** 그물로 잡다, 그물에 걸리게 하다 **2** 〈사람을 곤란 등에〉 빠뜨리다, 말려들게 하다

∗**en·mi·ty** [énməti] *n.* (*pl.* **-ties**) ⓊⒸ **적의**(敵意), 악의, **원한**; 대립(antagonism) ***at* ~ *with*** …와 반목하여

∗**en·no·ble** [inóubl] *vt.* **1** **고상하게 하다** **2** 작위를 내리다, 귀족으로 만들다 **~·ment** *n.*

en·nui [ɑ:nwí:] [F=in dislike] *n.* Ⓤ 권태, 따분함, 무료함(boredom)

e·nor·mi·ty [inɔ́:rməti] *n.* (*pl.* **-ties**) **1** Ⓤ 악독, 극악무도; Ⓒ [보통 *pl.*] 범죄행위, 대죄 **2** Ⓤ 거대함, 터무니없음

⁑**e·nor·mous** [inɔ́:rməs] [L 「유별난」의 뜻에서] *a.* **1** **거대한, 막대한** **2** 《고어》 비정상의, 극악한(outrageous) **~·ness** *n.*

∗**e·nor·mous·ly** [inɔ́:rməsli] *ad.* **막대하게**, 엄청나게, 터무니없이

⁑**e·nough** [inʌ́f] *a.* **1** **충분한**, 필요한 만큼의: Thank you, that's ~. 고맙습니다, 그것으로 충분합니다. **2** (…하기에) 족한, (…에) 부족이 없는, (…할) 만큼의: time ~ *for* the purpose 그 목적을 위하여 충분한 시간

— *ad.* [형용사·부사 뒤에서] **1** **필요한 만큼**, (…하기에) 족할 만큼 **2** **충분히** (fully) **3** 그런대로, 꽤

***cannot* [*can never*] ... ~** 아무리 …해도 부족하다 ***sure* ~** 과연, 어김없이(certainly)

— *pron.* Ⓤ **1** **충분**(한 수·양) 《*to* do》 **2** 실컷

~ *and to spare* 넘칠[남을] 만큼의(것) ***E~ is ~.*** 이 정도로 충분하다(이젠 그만두자). ***more than* ~** 충분하고도 남게

en pas·sant [ɑ̃:m-pæsɑ́:ŋt] [F =in passing] *ad.* …하는 김에(by the way), 참 그런데
en·plane [inpléin] *vi.* 비행기를 타다 (opp. *deplane*)
∗**en·quire** [inkwáiər] *vt., vi.* =INQUIRE
en·quir·y [ínkwaiəri | inkwáiəri] *n.* (*pl.* **-r·ies**) =INQUIRY
∗**en·rage** [inréidʒ] *vt.* **몹시 성나게[화나게] 하다**
en·rapt [inrǽpt] *a.* 도취된, 황홀해진
en·rap·ture [inrǽptʃər] *vt.* 황홀하게 하다, 기뻐서 어쩔 줄 모르게 하다(⇨ enraptured)
en·rap·tured [inrǽptʃərd] *a.* **1** 황홀한, 도취된 **2** Ⓟ 황홀하여, 기쁨에 들떠 《*at, by*》
‡**en·rich** [inrítʃ] *vt.* **1 부유하게 하다 2 풍성[풍부]하게 하다 3** 〈내용·질·가치·영양가 등을〉 높이다, 〈맛·향기·빛깔 등을〉 진하게 [질게] 하다, 〈토지를〉 비옥하게 하다
~·ment *n.*
enríched uránium 〖화학〗 농축 우라늄
∗**en·roll | -rol** [inróul] *vt.* (**-rolled**; **-rol·ling**) **1** 〈이름을〉 **명부에 올리다,** 입학[입회]시키다, **등록하다 2** 병적에 넣다
∗**en·roll·ment** [inróulmənt] *n.* ⓊⒸ **1 등록;** 입학, 입대 **2** 《미》 등록[재적]자 수
en route [ɑ:n-rú:t] [F =on (the) route] *ad.* 도중에(on the way) 《*to, for*》
en·sconce [inskɑ́ns | -skɔ́ns] *vt.* **1** 감추다, 숨기다 **2** 편히 앉히다, 안치하다 《*on, in, among*》
~ one*self in* 〈안락의자 등에〉 푹석 앉다
∗**en·sem·ble** [ɑ:nsɑ́:mbl] [F =together] *n.* **1** [보통 the ~] **전체;** 전체적 효과 **2** 〖음악〗 **앙상블** 《중창과 합창을 섞은 대합창》, 합주곡 **3 앙상블** 《조화가 잡힌 한 벌의 여성복》
en·shrine [inʃráin] *vt.* **1** 사당[신전]에 모시다 《*in, among*》 **2** 〈기억 등을〉 간직하다, 소중히 지니다 《*in*》
en·shroud [inʃráud] *vt.* **1** 수의(壽衣)를 입히다 **2** 싸다, 뒤덮다 《*in, by*》
∗**en·sign** [énsain; 〖해군〗 énsn] *n.* **1** 기(旗) 《선박 등이 국적을 나타내기 위해 올리는》; 〖해군〗 군기 **2** 〖미해군〗 소위
national ~ 국기 ***red*** ~ 영국 상선기 ***St. George's*** [***white***] ~ 영국 군함기
en·si·lage [énsəlidʒ] *n.* Ⓤ **1** 목초의 신선 보존법 《사일로(silo) 등에 넣음》 **2** (신선하게 저장된) 목초, 저장 목초
— *vt.* =ENSILE
en·sile [insáil | ensáil] *vt.* 〈목초를〉 silo에 저장하다
∗**en·slave** [insléiv] *vt.* **노예로 만들다;** 사로잡다
~·ment *n.* Ⓤ 노예화; 노예 상태
en·snare [insnέər] *vt.* **1** 덫에 걸리게 하다; 함정에 빠뜨리다 《*in, into*》 **2** 유혹하다
∗**en·sue** [insú: | -sjú:] [L 「뒤를 잇다」의 뜻에서] *vi.* 《문어》 **1 뒤이어 일어나다,** 후에 일어나다 **2** …의 결과로서 일어나다 《*from, on*》
en·su·ing [insú:iŋ | -sjú:-] *a.* Ⓐ 《문어》 **1** 다음의, 뒤이은 **2** 뒤이어 일어나는, 결과로서 따르는
∗**en·sure** [inʃúər] *vt.* **1 안전하게 하다,** 지키다(guard) 《*against, from*》: ~ a person *against* danger 위험으로부터 …을 지키다 **2** 〈성공 등을〉 확실하게 하다, 보증하다, 〈지위 등을〉 확보하다
ENT ear, nose, and throat 이비인후(과)
-ent [ənt] *suf.* **1** 행위자(agent)를 나타내는 명사 어미: presid*ent* **2** 성질·상태를 나타내는 형용사 어미: preval*ent*
en·tab·la·ture [intǽblətʃùər] *n.* 〖건축〗 엔태블러처 《기둥(columns) 위에 걸쳐 놓은 수평 부분》
∗**en·tail** [intéil] *vt.* **1** 〈폐단 등을〉 남기다, (필연적 결과로서) **수반하다 2** 〈노력·비용 등을〉 들게 하다, 부과하다 **3** 〖법〗 상속인을 한정하여 양도하다
— *n.* **1** Ⓤ 〖법〗 한사 상속(限嗣相續), 계사 한정(繼嗣限定); Ⓒ 한사 상속 재산 **2** Ⓤ (관직 등의) 계승 예정 순위 **~·ment** *n.* 〖법〗 Ⓤ 계사 한정; Ⓒ 세습 재산
∗**en·tan·gle** [intǽŋgl] *vt.* **1** [종종 수동형으로] 〈실·망 등을〉 **뒤얽히게 하다;** 얽어 감다, 걸리게 하다 **2** 분규를 일으키게 하다, 혼란시키다 **3** 〈함정·곤란 등에〉 빠뜨리다, 휩쓸어 넣다(entrap), 관계를 맺게 하다 《*in, with*》
en·tan·gle·ment [intǽŋglmənt] *n.* **1** Ⓤ 얽히게 함; 얽힘; (사태의) 분규 **2** [*pl.*] 철조망
en·tente [ɑ:ntɑ́:nt] [F 「이해」의 뜻에서] *n.* **1** (정부 간의) 협약, 협상 《조약처럼 정식은 아님》 **2** Ⓤ [집합적] 협상국
en·tente cor·diale [-kɔ:rdjɑ́:l] [F = cordial understanding] *n.* 화친[우호] 협약
‡**en·ter** [éntər] [L 「안으로 가다」의 뜻에서] *vt.* **1** …**에 들어가다 2** 〈가시·탄알 등이 몸 속 등에〉 **박히다;** 넣다, 꽂아[끼워] 넣다 **3** 〈생각 등이〉 **떠오르다 4** …에 참가하다(join), **입학**[입회]**하다;** 〈병원에〉 들다: ~ a college 대학에 입학하다 《go to college, get into a college가 일반적》 **5** 입학[입회]시키다, 〈경기 등에〉 참가시키다 《*for, in*》 **6** 〈새 시대·새 생활·새 직업 등에〉 들어가다, 시작하다 **7** 〈이름·날짜 등을〉 기입하다; 기록[등록]하다 **8** 〖법〗 〈소송을〉 제기하다 《*against*》
~ ***the army*** [***church***] 군인[목사]이 되다
— *vi.* **1 들어가다,** 들다 《*at, by, through*》 **2** 〖연극〗 [3인칭 명령법] 등장하라 **3** 〈경기 등에〉 참가하다 《*for, in*》
~ ***into*** (1) 〈일·담화·교섭 등을〉 시작하다; 종사하다 (2) 〈세밀히〉 관여하다, 취급하다; 〈관계·협약 등을〉 맺다; 〈계산·계획 등의〉 속에 들어가다, …에 가담하다; …의 일부[성분]가 되다 (3) 〈감정 등에〉 공감하다, 공명하다; 〈재미 등을〉 알다, 이해하다
~ ***on*** [***upon***] …의 소유권을 얻다; 시작하다(begin); 〈문제를 연구 대상으로〉 채택하다, 문제로 삼다
en·ter·ic [entérik] *a.* 장(腸)의
en·ter·i·tis [èntəráitis] *n.* Ⓤ 〖병리〗 장염(腸炎)

énter kèy 〖컴퓨터〗 엔터 키

‡**en·ter·prise** [éntərpràiz] *n.* **1 기획**; 계획; ((특히)) 모험적인[중요한] 사업 **2 기업(체)**, 회사 **3** Ⓤ **기업열**, 모험심

en·ter·pris·er [éntərpràizər] *n.* 기업가, 사업가

***en·ter·pris·ing** [éntərpràiziŋ] *a.* **1** 〈사람이〉 **기업적인**, 기업열[진취적인 기상]이 강한 **2** 〈행동이〉 진취적인, 모험적인 **~·ly** *ad.*

‡**en·ter·tain** [èntərtéin] *vt.* **1 즐겁게 하다**, 위안하다 **2 대접하다, 환대하다** ((*with, at*, ((영)) *to*)) **3** 〈요청 등을〉 호의로써 받아들이다, 들어주다 **4** 〈감정·의견·희망 등을〉 간직하다, 지니다

***en·ter·tain·er** [èntərtéinər] *n.* (흥을 돋우는) **연예인**; 환대하는 사람

en·ter·tain·ing [èntərtéiniŋ] *a.* 재미있는, 유쾌한

en·ter·tain·ing·ly [èntərtéiniŋli] *ad.* 재미있게, 유쾌하게

‡**en·ter·tain·ment** [èntərtéinmənt] *n.* **1** ⓊⒸ **환대**, 대접 **2** 주연, 연회 **3** Ⓤ 오락(amusement); Ⓒ **연예**, 여흥
give ~s to …을 위하여 잔치를 베풀다, 대접하다 ***much to*** one***'s ~*** 아주 재미있게도

en·thral(l) [inθrɔ́:l] *vt.* (**-thralled**; **-thral·ling**) …의 마음을 사로잡다, 매혹시키다, 홀리게 하다

en·thrall·ing [inθrɔ́:liŋ] *a.* 마음을 사로잡는, 아주 재미있는

en·thrall·ment [inθrɔ́:lmənt] *n.* Ⓤ 마음을 사로잡음, 매혹

***en·throne** [inθróun] *vt.* **1 왕위에 올리다**; 〖그리스도교〗 bishop의 자리에 앉히다 **2** (마음·애정 등의) 왕좌[우위]를 차지하다, 경애하다

en·throne·ment [inθróunmənt] *n.* ⓊⒸ 즉위(식); 주교 추대[취임, 착좌(着座)](식)

en·thuse [inθjú:z] *vi., vt.* ((미·구어)) 열중[열광, 감격]하다[시키다]

‡**en·thu·si·asm** [inθjú:ziæ̀zm] [Gk 「신들린 (상태)」의 뜻에서] *n.* **1** Ⓤ **열광**, 감격; 열중; 열의, 의욕 ((*for, about*)) **2** 열중시키는 것

en·thu·si·ast [inθjú:ziæ̀st] *n.* 열광자, …팬(fan), …광(狂) ((*about, for*))

‡**en·thu·si·as·tic, -ti·cal** [inθjù:ziǽstik(əl)] *a.* **열렬한**, 열광적인 ((*about, over*))

***en·thu·si·as·ti·cal·ly** [inθjù:ziǽstikəli] *ad.* **열광적으로**(ardently), 매우 열심히

***en·tice** [intáis] [L 「불을 붙이다」의 뜻에서] *vt.* **꾀다**, 유혹하다; 부추기다; 꾀어서 …시키다

en·tic·ing [intáisiŋ] *a.* 마음을 끄는[끌 만한], 유혹적인(tempting) **~·ly** *ad.*

‡**en·tire** [intáiər] [L 「손상되지 않은」의 뜻에서] *a.* **1 전체의**(whole) **2 완전한 3** 〈품질 등이〉 **흠이 없는 4** 〈한 벌로 된 것이〉 **빠짐없이 갖추어진**
— *n.* 거세하지 않은 말 **~·ness** *n*

‡**en·tire·ly** [intáiərli] *ad.* **1 완전히, 아주**, 전적으로, 전혀 **2** 오로지, 한결같이

en·tire·ty [intáiərəti, -táiərti] *n.* (*pl.* **-ties**) ((문어)) **1** Ⓤ 완전, 온전함[한 상태] **2** [the ~] 전체, 전액 ((*of*))
in its ~ 온전히 그대로, 완전히

‡**en·ti·tle** [intáitl] *vt.* **1** …**의 칭호를 주다**, 〈…라고〉 칭하다; 〈…라고〉 표제를 붙이다 **2 권리[자격]를 주다** ((*to*))

en·ti·ty [éntəti] *n.* (*pl.* **-ties**) **1** Ⓤ 실재(實在), 존재 **2** 본체, 실체(實體), 실재물; 자주 독립체

en·tomb [intú:m] *vt.* ((문어)) **1** 무덤에 파묻다; 매장하다(bury) **2** …의 묘[비석]가 되다

en·to·mo·log·i·cal [èntəməlɑ́dʒikəl] *a.* 곤충학적인[상의] **-i·cal·ly** *ad.*

en·to·mol·o·gist [èntəmɑ́lədʒist | -mɔ́l-] *n.* 곤충학자

en·to·mol·o·gy [èntəmɑ́lədʒi | -mɔ́l-] *n.* Ⓤ 곤충학

en·tou·rage [ɑ̀:nturɑ́:ʒ | ɔ̀n-] [F 「둘러싸다」의 뜻에서] *n.* [집합적] 측근자

en·trails [éntreilz] *n. pl.* 내장, 창자

en·train [intréin] *vt., vi.* 〈특히 군대 등을〉 기차에 태우다[타다]

‡**en·trance**[1] [éntrəns] *n.* **1** ⓊⒸ **들어감**; 입장, 입항; (배우의) 등장 ((*to, into*)) **2 입학**, 입사, 입회; (새 생활·직업 등에) 들어섬, 취임, 취업 ((*into, upon*)) **3 입구**; 현관 ((*to, of*)) **4** ⓊⒸ 들어갈 기회[권리], 입장권
E~ free. ((게시)) 입장 자유[무료] ***have free ~ to*** …에 자유로이 들어갈 수가 있다 ***make*** [***effect***] one***'s ~*** 들어가다, 들어가는 데 성공하다 ***No E~.*** ((게시)) 입장 사절

en·trance[2] [intrǽns | -trɑ́:ns] *vt.* 넋을 잃게 하다, 무아경에 이르게 하다

éntrance examinátion 입학[입사] 시험

éntrance fée 입장료; 입회[입학]금

en·trance·ment [intrǽnsmənt | -trɑ́:ns-] *n.* **1** Ⓤ 실신 상태, 무아경(無我境), 광희(狂喜) **2** 황홀하게 하는 것

en·trance·way [éntrənswèi] *n.* = ENTRYWAY

en·tranc·ing [intrǽnsiŋ | -trɑ́:ns-] *a.* 넋을 빼앗아 가는, 황홀하게 하는 **~·ly** *ad.*

en·trant [éntrənt] *n.* **1** 들어가는 사람; 신입자[생], 신입 회원 **2** (콘테스트 등의) 참가자[동물]

en·trap [intrǽp] *vt.* (**~ped**; **~·ping**) ((문어)) **1** 덫에 걸리게 하다, 함정에 빠뜨리다 **2** 〈사람을〉 (곤란·위험 등에) 빠뜨리다, 모함하다 **3** 속이다, 속여서 …시키다 ((*into*)) **~·ment** *n.*

‡**en·treat** [intrí:t] *vt., vi.* ((문어)) **간청[탄원]하다**

en·treat·ing [intrí:tiŋ] *a.* 간청의, 탄원의 **~·ly** *ad.* 애원하다시피, 간청하듯이, 간절히

‡**en·treat·y** [intrí:ti] *n.* (*pl.* **-treat·ies**) ⓊⒸ **간청**, 탄원, 애원

en·trée, en·tree [ɑ́:ntrei | ɔ́n-] [F= entry] *n.* **1** ⓊⒸ 입장 (허가), 입장권(入場權) **2** 〖요리〗 앙트레 ((생선(fish)과 고기(joint) 사이에 나오는 요리)); ((미)) (구운

고기 이외의) 주요 요리

en·trench [intréntʃ] *vt.* **1** 〈도시·진지 등을〉 참호로 에워싸다 **2** [~ one*self* 로] 자기 몸을 지키다, 자기 입장을 굳히다
— *vi.* 참호를 파다

en·trench·ment [intréntʃmənt] *n.* **1** Ⓤ 참호 구축 작업 **2** 참호로 굳힌 보루

en·tre nous [ɑ̀:ntrə-nú:] [F = between ourselves] *ad.* 우리끼리의 이야기지만

en·tre·pre·neur [ɑ̀:ntrəprənə́:r | ɔ̀n-] [F = enterprise] *n.* **1** 기업가(enterpriser) **2** 중개업자 **3** 《특히》 가극의 흥행주

en·tro·py [éntrəpi] *n.* Ⓤ 〖열역학〗 엔트로피 《어떤 계통의 온도·압력·밀도의 함수로서 표시된 양의 단위》

***en·trust** [intrʌ́st] *vt.* 〈책임·임무 등을〉 **맡기다**, 위임하다 《*to*》; 〈금전 등을〉 맡기다, **위탁하다** 《*with*》

⁑**en·try** [éntri] *n.* (*pl.* **-tries**) **1 a 들어감**, 입장, **가입**, 입회 **b** 입장권(權) **2** 들어가는 길; 《미》 **입구**, 현관 **3** [CU] **기입**; 등록, 등기; 기재 사항 **4** (경주·경기 등의) **참가자**; 참가, 출장 **5** [UC] 〖법〗 (토지·가옥의) 점유(占有), 침입 **6** [CU] (사전 등의) **표제어**, 수록어
make an ~ (of an item) (사항을) 기입[등록]하다

en·try-lev·el [éntrilèvəl] *a.* 〈직업이〉 초보적인, 견습적인

éntry vìsa 입국 사증

en·try·way [-wèi] *n.* 입구의 통로

en·twine [intwáin] *vt.* **1** 엉키게 하다; 얽히게 하다, 감게 하다 《*about*, *round*, *with*》 **2** 〈화환(花環) 등을〉 엮다; 껴안다

É nùmber (EC의 규정에 의한) 식품 첨가물을 나타내는 코드 번호 《E와 숫자로 되어 있음》

***e·nu·mer·ate** [injú:mərèit | injú:-] [L 「세기 시작하다」의 뜻에서] *vt.* **열거하다**; **낱낱이 세다**; 계산하다

e·nu·mer·a·tion [injù:məréiʃən | injù:-] *n.* **1** Ⓤ (하나하나) 셈, 계산, 열거 **2** 목록, 일람표

e·nu·mer·a·tive [injú:mərèitiv, -rət- | injú:mərət-] *a.* 열거하는; 계산[계수(計數)]상의

e·nun·ci·ate [inʌ́nsièit] [L 「분명히 말하다」의 뜻에서] *vt.* **1** 〈목적·제안 등을〉 선언하다, 발표하다 **2** 〈단어를〉 똑똑히 발음하다

e·nun·ci·a·tion [inʌ̀nsiéiʃən] *n.* [UC] **1** 발음 (방법) **2** 언명, 선언

en·u·re·sis [ènjurí:sis] *n.* Ⓤ 〖병리〗 유뇨(遺尿)(증)

env. envelope

⁑**en·vel·op** [invéləp] *vt.* **1** 《문어》 **싸다** (wrap); 봉하다; 감추다 《*in*》 **2** 〖군사〗 〈적을〉 포위하다

⁂**en·ve·lope** [énvəlòup, ɑ́:n- | én-, ɔ́n-] *n.* **1 봉투 2** 싸개, 씌우개; 외피(外皮) **3** (기구의) 기낭(氣囊) (gasbag)

en·vel·op·ment [invéləpmənt] *n.* **1** Ⓤ 봉함, 싸기; 포위 **2** 싸개, 포장지

en·vi·a·ble [énviəbl] *a.* 샘나는, 부러운
~·ness *n.*

⁑**en·vi·ous** [énviəs] *a.* **시기심이 강한**; 부러워하는, 질투하는, 샘내는 **~·ly** *ad.*

***en·vi·ron** [inváiərən] *vt.* 《문어》 **둘러싸다**, 포위하다; 두르다 《*by*, *with*》

⁑**en·vi·ron·ment** [inváiərənmənt] *n.* **1** Ⓤ **환경**, 주위 **2** [UC] 포위, 둘러쌈 **3** 〖컴퓨터〗 환경 《하드웨어나 소프트웨어의 구성》

***en·vi·ron·men·tal** [invàiərənméntl] *a.* **환경의**, 주위의

environméntal árt 환경 예술 《관객을 포함하여 환경을 구상하는》

en·vi·ron·men·tal·ist [invàiərənméntəlist] *n.* **1** 환경 결정론자, 환경 (보호)론자 **2** 환경 예술가

environméntal scíence 환경 과학

en·vi·ron·ment-friend·ly [-fréndli] *a.* 환경에 해를 끼치지 않는, 환경 친화적인

en·vi·rons [inváiərənz] *n. pl.* (도시의) 주위, 근교, 교외

en·vis·age [invízidʒ] *vt.* (어떤 관점에서) 관찰하다; 마음에 그리다, 상상하다 (visualize)

en·vi·sion [invíʒən] *vt.* 〈장래의 일 등을〉 마음에 그리다, 상상하다, 계획하다

***en·voy** [énvɔi] [F 「내보내다」의 뜻에서] *n.* **1 사절**(使節) **2 공사**; 《특히》 전권공사

⁑**en·vy** [énvi] [F 「곁눈으로 보다」의 뜻에서] *n.* (*pl.* **-vies**) Ⓤ [때로 *pl.*] **질투**, **선망**, 시기; Ⓒ **선망의 대상**, 부러워하는 것[근거]
in ~ of …을 부러워하여 ***out of ~*** 시기심에서, 샘하여, 질투한[부러운] 나머지
— *vt.* (**-vied**) **1 부러워하다 2** 시기하다, 질투하다

en·wrap [inrǽp] *vt.* (**~ped**; **~·ping**) 싸다, 휘말다, 감싸다 《*in*》; 열중시키다

en·wreathe [inrí:ð] *vt.* 《문어》 화환으로[처럼] 휘감다

en·zyme [énzaim] [Gk = in leaven] *n.* 〖생화학〗 효소(cf. YEAST)

E·o·cene [í:əsì:n] *n.*, *a.* 〖지질〗 (제3기(紀)의) 시신세(始新世)(의)

E·o·li·an [i:óuliən] *a.* = AEOLIAN

e·on [í:ən] *n.* = AEON

e·o·sin [í:əsin] *n.* Ⓤ 〖화학〗 에오신 《선명한 붉은 색의 산성 색소(酸性色素); 세포질의 염색 등에 쓰임》

e·o·sin·o·phile [ì:əsínəfàil], **-phil** [-fil] *n.* 〖해부〗 호산(好酸) 백혈구; 호산성 물질

-eous [iəs] *suf.* 「…와 같은; …비슷한」의 뜻 《형용사 어미 -ous의 변형》

EP [í:pí:] [extended play] *n.* 이피반 레코드 《매분 45회전의 레코드; cf. LP》

Ep. Epistle

EPA Environmental Protection Agency 《미》 환경 보호국

ep·au·let(te) [èpəlét, ˊ-ˋ] *n.* (장교 정복의) 견장(肩章)

é·pée [épei, eipéi] [F 「칼」의 뜻에서] *n.* 〖펜싱〗 에페 《끝이 뾰족한 시합용 칼》

Eph. Ephesians

e·phed·rine [ifédrin, éfədrì:n] *n.* Ⓤ 〖화학〗 에페드린 《감기·천식 치료제》

e·phem·er·al [ifémərəl] [Gk 「(하루살이처럼) 명이 짧은 벌레의」의 뜻에서] *a.* **1** 하루살이 목숨의 **2** 순식간의, 덧없는
~·**ly** *ad.*

E·phe·sian [ifíːʒən] *a.* EPHESUS의
—*n.* 에베소 사람

E·phe·sians [ifíːʒənz] *n., pl.* [단수 취급] 〖성서〗 에베소서(書) 《略 Eph., Eph(e)s.》

Eph·e·sus [éfəsəs] *n.* 에베소 《소아시아 서부의 옛 도시; Artemis[Diana] 신전의 소재지》

epi- [épi, épə] *pref.* 「위(上); 더하여; 외(外)」의 뜻

*****ep·ic** [épik] [Gk 「노래」의 뜻에서] *n.* **1** 서사시(敍事詩), 사시(史詩) **2** (소설·극·영화 등의) 서사시적 작품
—*a.* 서사시의; 서사시적인; 웅장한

ep·i·carp [épəkɑ̀ːrp] *n.* 〖식물〗 외과피(外果皮)

ep·i·cure [épikjùər] [Epicurus에서] *n.* 향락주의자; 《특히》 식도락가, 미식가

ep·i·cu·re·an [èpikjuríːən] *a.* **1** 향락 취미의, 식도락의, 미식가적인 **2** [**E~**] 에피쿠로스(파)의
—*n.* **1** 미식가(epicure) **2** [**E~**] 에피쿠로스 학파의 사람

Ep·i·cu·re·an·ism [èpikjuríːənìzm] *n.* Ⓤ **1** 〖철학〗 에피쿠로스의 철학 **2** [**e~**] = EPICURISM

Ep·i·cur·ism [épikjurìzm] *n.* Ⓤ 식도락, 미식주의; 향락주의

Ep·i·cu·rus [èpikjúərəs] *n.* 에피쿠로스 (342?-270 B.C.) 《그리스의 철학자; 에피쿠로스파의 시조》

*****ep·i·dem·ic** [èpədémik] [Gk 「사람 사이에 유행하는」의 뜻에서] *a.* **1** 〖의학〗 **유행[전염]성의**(cf. ENDEMIC) **2** 유행하고 있는 —*n.* 유행[전염]병

ep·i·der·mal [èpədə́ːrməl], **-mic** [-mik] *a.* 상피(上皮)[표피(表皮)]의

ep·i·der·mis [èpədə́ːrmis] *n.* 〖해부·동물·식물〗 표피, 외피; 세포성 표피(表皮)

ep·i·du·ral [èpidjúərəl] *a.* 〖해부〗 경막(梗膜) 밖의

ep·i·glot·tis [èpəglɑ́tis | -glɔ́t-] *n.* 〖해부〗 후두개(喉頭蓋), 회염 연골(會厭軟骨)

ep·i·gone [épəgòun], **-gon** [-gɑ̀n | -gɔ̀n] *n.* 〖문예〗 (일류 예술가·사상가 등의) 모방[추종]자, 아류(亞流)

*****ep·i·gram** [épəgræ̀m] *n.* **1** **경구**(警句) **2** (짧고 날카로운) **풍자시**

ep·i·gram·mat·ic, -i·cal [èpəgrəmǽtik(əl)] *a.* 경구적인; 풍자시(적)인; 경구를 좋아하는
-i·cal·ly *ad.* 경구적으로, 짧고 날카롭게

ep·i·gram·ma·tist [èpəgrǽmətist] *n.* 경구가; 풍자 시인

ep·i·graph [épəgræ̀f | -grɑ̀ːf] *n.* **1** 제명(題銘), 비명(碑銘), 비문(inscription) **2** (책머리·장(章)의) 제사(題辭), 표어

e·pig·ra·phy [ipígrəfi] *n.* Ⓤ **1** 비명(碑銘)학, 금석학(金石學) **2** [집합적] 비명, 비문

ep·i·lep·sy [épəlèpsi] *n.* Ⓤ 〖병리〗 간질

ep·i·lep·tic [èpəléptik] *a.* 〖병리〗 간질(성)의; 간질병의
—*n.* 간질 환자

*****ep·i·logue, -log** [épəlɔ̀ːg, -lɑ̀g | -lɔ̀g] [Gk 「매듭」의 뜻에서] *n.* **1** (문예 작품의) **발문**(跋文), 후기 **2** 〖연극〗 **끝말** **3** 〖음악〗 종곡(終曲)

e·piph·a·ny [ipífəni] [Gk 「나타나다」의 뜻에서] *n.* (*pl.* **-nies**) **1** 〖그리스도교〗 **a** [the E~] (동방의 세 박사의 베들레헴 내방이 상징하는) 예수 공현 **b** 예수 공현 축일(Twelfth day) **2** (어떤 사물이나 본질에 대한) 직관, 통찰

ep·i·phyte [épəfàit] *n.* 〖식물〗 착생(着生)[기착(寄着)] 식물

e·pis·co·pa·cy [ipískəpəsi] *n.* (*pl.* **-cies**) **1** Ⓤ (교회의) 주교[감독] 제도 **2** [the ~; 집합적] 감독[주교]단(團)

*****e·pis·co·pal** [ipískəpəl] *a.* **1** **감독[주교]의** **2** [**E~**] (교회의) 감독파의

E·pis·co·pa·lian [ipìskəpéiljən] *a.* 감독 제도의 —*n.* 감독 교회 신도; [**e~**] 감독제[주교제]주의자

‡**ep·i·sode** [épəsòud] [Gk 「사이에 끼우는 것」의 뜻에서] *n.* **1** (소설·극 등의 중간의) **삽화** **2** 삽화적인 일, 에피소드 **3** (연속 방송 프로그램·영화의) 1회분의 이야기[작품]

ep·i·sod·ic, -i·cal [èpəsɑ́dik(əl) | -sɔ́d-] *a.* 에피소드풍(風)의, 삽화적인

e·pis·te·mo·log·i·cal [ipìstəməlɑ́dʒikəl | -lɔ́dʒ-] *a.* 인식론(상)의

e·pis·te·mol·o·gy [ipìstəmɑ́lədʒi | -mɔ́l-] *n.* Ⓤ 〖철학〗 인식론

*****e·pis·tle** [ipísl] [Gk 「보내는 물건」의 뜻에서] *n.* **1** 《문어》 (특히 형식을 갖춘) **서간, 편지** **2** [the E~] 〖성서〗 사도(使徒) 서간 《신약 성서 중의》; (성찬식에서 낭독하는) 사도 서간의 발췌
the E~ to the Romans 로마서

e·pis·to·lar·y [ipístəlèri | -ləri] *a.* **1** 신서(信書)[서간, 성간(聖簡)]의; 편지에 의한 **2** 서간문에 알맞은

*****ep·i·taph** [épitæ̀f | -tɑ̀ːf] [Gk 「묘 위에」의 뜻에서] *n.* **1** **비명**(碑銘), **비문**(碑文) **2** 비명체의 시(문)

ep·i·tha·la·mi·um [èpəθəléimiəm] *n.* (*pl.* **~s, -mi·a** [-miə]) 결혼 축가[축시]

*****ep·i·thet** [épəθèt] [Gk 「부가된 것」의 뜻에서] *n.* **1** (성질을 나타내는) **형용어구**, 형용사 **2** 별명, 통명, 통칭, 칭호 《보기: Richard the *Lion-Hearted*》; 모멸적인 어구, 욕

e·pit·o·me [ipítəmi] [Gk 「요약하다」의 뜻에서] *n.* **1** 발췌, 개요 **2** 《비유》 (…의) 축도(縮圖)

e·pit·o·mize [ipítəmàiz] *vt.* **1** …의 전형이다 **2** …의 발췌를 만들다

e plu·ri·bus u·num [íː-plúəribəs-júːnəm] [L = one out of many] *n.* 여럿으로 이루어진 하나 《1955년까지의 미국의 표어; 현재는 In God We Trust》

‡**ep·och** [épək, épɑk | íːpɔk] *n.* **1** **신기원** 《*in*》 **2** **중요한 사건**, 획기적인 일 **3** (중요한 사건이 일어났던) **시대** 《*of*》 **4** 〖지질〗 세(世)

***make*[*mark, form*] *an* ~** 하나의 신기원을 이루다

ep·och·al [épəkəl, épɑk- | épɔk-] *a.* 신기원의; 획기적인

*__ep·och-mak·ing__ [épəkmèikiŋ, épɑk- | í:pɔk-] *a.* **획기적인**

ep·o·nym [épənìm] *n.* 이름의 시조(始祖) 《국민·토지·건물 등의 이름의 유래가 되는 인명; 예컨대 Rome의 유래가 된 Romulus 등》

ep·on·y·mous [ipɑ́nəməs | ipɔ́n-] *a.* 이름의 시조가 된

ep·ox·y [ipɑ́ksi | ipɔ́ksi] 〖화학〗 *n.* (*pl.* **-ox·ies**) 에폭시 수지
— *vt.* 에폭시 수지로 접착하다
— *a.* 에폭시 (수지)의

ep·si·lon [épsəlɑ̀n, -lən | epsáilən] *n.* 그리스어 알파벳의 다섯째 문자 《E, ε; 영어의 E, e에 해당》

Ep·som [épsəm] *n.* 엡섬 《영국 Surrey 주의 도시》

Épsom sàlts 〖화학〗 황산 마그네슘 《설사제》

EQ emotional quotient 〖심리〗 감성 지수

eq. equal; equation; equivalent

eq·ua·bil·i·ty [èkwəbíləti, ì:k-] *n.* Ⓤ **1** (온도·기후 등의) 한결같음, 균등성 **2** (기분·마음의) 평안, 침착

eq·ua·ble [ékwəbl, í:k-] *a.* **1** 〈온도·기후 등이〉 한결같은, 균등한, 고른(even) **2** 〈마음이〉 고요한, 침착한 **-bly** *ad.*

‡**e·qual** [í:kwəl] *a.* **1** 〈수량·거리 등이〉 **같은 2 감당하는,** 필적(匹敵)하는 《*to*》 **3** 〈지위·입장 등이〉 **동등한,** 대등한, 균등한; 서로 맞먹는
on* ~ *terms (***with***) (…와) 같은 조건으로, 대등하게 ***other things being* ~** 다른 것[조건]이 같다고 하고[하면]
— *n.* **1 동등[대등]한 사람**; 동배(同輩) **2** 필적하는 사람[것]
without (***an***) **~** 필적할 만한 것[사람]이 없어
— *vt.* (**~ed**; **~·ing** | **~led**; **~·ling**) **1** …와 **같다 2 필적하다,** …와 대등한 것을 이룩하다

e·qual·i·tar·i·an [ikwɑ̀litέəriən | ikwɔ̀l-] *a.* 평등주의[론]의
— *n.* 평등주의; 평등론자[주의자]

*__e·qual·i·ty__ [ikwɑ́ləti | ikwɔ́l-] *n.* (*pl.* **-ties**) ⓊⒸ **1 같음,** 동등 **2 평등,** 대등
on an* ~ *with 〈사람이〉 …와 대등하여; 〈사물이〉 …와 동등[동격]으로

e·qual·i·za·tion [ì:kwəlizéiʃən | -lai-] *n.* Ⓤ 동등화, 평등화, 균등화

e·qual·ize [í:kwəlàiz] *vt.* 같게 하다, 평등[동등]하게 하다 《*to, with*》
— *vi.* (경기에서 상대방과) 동점이 되다

e·qual·iz·er [í:kwəlàizər] *n.* **1** 동등하게 하는 사람[것] **2** 〖항공〗 (비행기 보조 날개의) 평형(平衡) 장치 **3** (속어) (권총·칼 등의) 무기

‡**e·qual·ly** [í:kwəli] *ad.* **1 똑같게; 동등하게 2 균등하게,** 균일하게 **3** [접속사적] 그와 동시에, 그럼에도 불구하고

Équal Ríghts Amèndment (미) 남녀 평등 헌법 수정안 《略 ERA》

équal(s) sìgn 등호 《=》

e·qua·nim·i·ty [ì:kwənímәti, èk-] *n.* Ⓤ **1** (마음의) 평정; 침착, 태연: with ~ 침착하게 **2** 안정된 배열, 평형, 균형

e·quate [ikwéit] [L = to make equal] *vt.* **1** 동등하다고 생각하다, 서로 같음을 표시하다 **2** 동등하게 다루다, 동등시하다 《*to, with*》

*__e·qua·tion__ [ikwéiʒən] *n.* Ⓤ **1 동등하게 함**; 균등화 《*of*》 **2 평형 상태 3** Ⓒ 〖수학·화학〗 방정식, 등식
~ of the first [***second***] ***degree*** 1[2]차 방정식

e·qua·tion·al [ikwéiʒənl] *a.* **1** 균등한 **2** 방정식의

‡**e·qua·tor** [ikwéitər] *n.* [the ~] **적도**

*__e·qua·to·ri·al__ [ì:kwətɔ́:riəl, èk-] *a.* **1 적도의**; 적도 부근의 **2** 매우 무더운

Equatórial Guínea *n.* 적도 기니 《적도 아프리카 서쪽 끝의 공화국》

eq·uer·ry [ékwəri, ikwéri] *n.* (*pl.* **-ries**) (영국 왕실의) 시종 무관

e·ques·tri·an [ikwéstriən] *a.* **1** 기수의; 마술(馬術)의 **2** 말에 탄
— *n.* 승마자; 기수; 곡마사

e·ques·tri·an·ism [ikwéstriənìzm] *n.* Ⓤ 마술, 곡마술; 승마 연습

equi- [í:kwi, ékwi] 《연결형》 「같은(equal)」의 뜻

e·qui·an·gu·lar [ì:kwiǽŋgjulər] *a.* 등각(等角)의

e·qui·dis·tant [ì:kwidístənt] *a.* 등거리의 《*from*》 **~·ly** *ad*

e·qui·lat·er·al [ì:kwəlǽtərəl] *a.* 등변(等邊)의
— *n.* 등변(형)

e·quil·i·brate [ikwíləbrèit, ì:kwəlái-breit] *vt.* 〈두 개의 물건을〉 평형시키다, 균형을 유지하게 하다
— *vi.* 평형을 유지하다(balance)

e·quil·i·bra·tion [ikwìləbréiʃən | ì:-kwilai-] *n.* Ⓤ **1** 평형, 균형 **2** 평균 (상태)

*__e·qui·lib·ri·um__ [ì:kwəlíbriəm] *n.* (*pl.* **~s, -ri·a** [-riə]) ⓊⒸ **평형 상태,** 균형; (마음의) 평정, 평안, 안정

e·quine [ékwain, í:k-] *a.* 말《馬》의

e·qui·noc·tial [ì:kwənɑ́kʃəl | -nɔ́k-] *a.* **1** 주야 평분시(平分時)의 《춘분 또는 추분》 **2** 주야 평분의

*__e·qui·nox__ [í:kwənɑ̀ks | -nɔ̀ks] [L 「똑같은 밤」의 뜻에서] *n.* **주야 평분시,** 춘[추]분

‡**e·quip** [ikwíp] *vt.* (**~ped**; **~·ping**) **1** 〈…에게 필요한 것을〉 **갖추어 주다**(provide); 〈군대를〉 **장비하다 2 몸차림시키다**; [~ one*self*로] **채비를 하다,** 차려 입다 《*in, for*》 **3** 〈학문·지식·소양·기능을〉 **갖추게 하다,** 수여하다 《*with, for*》
be ~ped with …을 갖추고 있다

eq·ui·page [ékwəpidʒ] *n.* **1** (4륜)마차 **2** (말·마부·시종으로 완전히 장비된) 마차

‡**e·quip·ment** [ikwípmənt] *n.* ⓊⒸ **1** [집합적] **장비, 비품, 설비 2 준비,** 채비 **3** (일에 필요한) 지식, 기술, 능력

eq·ui·poise [ékwəpɔ̀iz] *n.* Ⓤ **1** 균형, 평형 **2** Ⓒ 평형추(錘)

E

eq·ui·ta·ble [ékwətəbl] *a.* **1** 공정[공평]한; 정당한 **2** 〖법〗 형평법상(衡平法上)의; 형평법상 유효한

eq·ui·ta·bly [ékwətəbli] *ad.* 공정[정당]하게

eq·ui·ta·tion [èkwətéiʃən] *n.* Ⓤ 마술(馬術), 승마

***eq·ui·ty** [ékwəti] 〔L 「평등」의 뜻에서〕 *n.* (*pl.* **-ties**) **1** Ⓤ **공평,** 공정 **2** Ⓤ 〖법〗 형평법 **3** 보통주 주권; [*pl.*] 보통주

équity càpital 〖경제〗 자기 자본, 투입 자본

e·quiv·a·lence, -len·cy [ikwívələns(i)] *n.* Ⓤ **1** (가치·힘·양이) 같음, 등가 **2** 〖화학〗 (원자의) 등가, 등량 **3** (말·표현의) 동의성(同義性)

***e·quiv·a·lent** [ikwívələnt] 〔L 「같은 가치의」의 뜻에서〕 *a.* **1 동등한,** 같은 가치[양]의; 〈말·표현이〉 같은 뜻의 《*to*》; 〖화학〗 등가(等價)의 **2 상당[대응]하는,** 맞먹는 《*to*》 **—** *n.* **1** 동등물, 등가[등량]물 **2** 〖문법〗 상당 어구, 동의어

e·quiv·o·cal [ikwívəkəl] 〔L 「같은 음의」의 뜻에서〕 *a.* **1** 두 가지 뜻으로 해석되는, 다의성의 **2** 〈인물·행동 등이〉 미심쩍은

e·quiv·o·cate [ikwívəkèit] *vi.* 모호한 말을 쓰다, 말끝을 흐리다; 속이다

e·quiv·o·ca·tion [ikwìvəkéiʃən] *n.* ⓊⒸ 모호한 말(을 쓰기); 얼버무림

***er** [əːr] *int.* **저어,** 에에, 어어 《주저하거나 말이 막힐 때에 내는 소리》

Er 〖화학〗 erbium

ER emergency room

-er [ər] *suf.* **1** [동사와 명사에서 동작자(動作者) 명사(agent noun)를 만듦] **a** 「…하는 것」 **b** 「(어느 고장)의 사람, …거주자」 **c** 「…에 종사하는 사람; …제작자; …상(商); …연구자[학자]」 **2** 《속어》 [원어에 관계 있는 동작 또는 물건을 표시함] **3** [다른 어미를 가진 명사의 속어화] **4** [비교급을 만듦]

‡**e·ra** [íərə] 〔L 「계산된 수」의 뜻에서〕 *n.* **1** 연대, 시대, 시기 **2** 기원 **3** 〖지질〗 …대(代) ***the Christian*** **~** 서력 기원, 서기

ERA earned run average 〖야구〗 (투수의) 방어율; 《미》 Equal Rights Amendment

***e·rad·i·cate** [irǽdəkèit] 〔L 「뿌리를 제거하다」의 뜻에서〕 *vt.* **뿌리째 뽑다;** 박멸하다, 근절하다 **e·rád·i·ca·ble** *a.*

e·rad·i·ca·tion [irӕdikéiʃən] *n.* Ⓤ 근절, 박멸

e·rad·i·ca·tor [irǽdikèitər] *n.* **1** 근절[박멸]하는 사람[것] **2** Ⓤ 잉크 지우개, 얼룩 빼는 약 **3** 제초제[기]

***e·rase** [iréis | iréiz] 〔L 「깎아내다」의 뜻에서〕 *vt.* **1** 〈글자 등을〉 **지우다,** 문질러 없애다; 삭제하다; 〈자기(磁氣) 테이프의 녹음을〉 지우다 《*from*》 **2** 〈마음 속에서 …을〉 지워 버리다, (씻은 듯이) 잊어버리다 《*from*》 **3** 《속어》 죽이다, 없애다(kill)

‡**e·ras·er** [iréisər | -zə] *n.* **칠판지우개,** 고무지우개, 잉크 지우개

E·ras·mus [irǽzməs] *n.* 에라스무스 **Desiderius ~** (1466?-1536) 《네덜란드의 인문학자, 문예 부흥 운동의 선각자》

e·ra·sure [iréiʃər | -ʒə] *n.* **1** Ⓤ 지워 없앰, 말소(抹消) 《*of*》 **2** 삭제 부분[어구], 지운 자국 《*in*》

Er·a·to [érətòu] *n.* 〖그리스신화〗 에라토 《서정시[연애시]를 맡은 여신》

er·bi·um [ə́ːrbiəm] *n.* Ⓤ 〖화학〗 에르븀 《희토류 원소; 기호 Er, 번호 68》

ere [ɛər] 《고어·시어》 *prep.* … 이전에 **—** *conj.* **1** …하기 전에, …에 앞서(before) **2** (…하는 것보다는) 오히려

Er·e·bus [érəbəs] *n.* 〖그리스신화〗 에레보스 《Earth와 Hades 사이의 암흑계》 (*as*) ***black as*** **~** 캄캄한

‡**e·rect** [irékt] *a.* **1 똑바로 선,** 직립한 **2** 〈(머리)털이〉 곤두선 **3** 〖생리〗 발기(勃起)한

— *vt.* **1 직립시키다,** 곤두세우다 **2** 〈건조물을〉 **세우다,** 건설[설립]하다 **3** 〈기계를〉 조립하다

e·rec·tile [iréktl | -tail] *a.* 〖생리〗 발기성(勃起性)의

***e·rec·tion** [irékʃən] *n.* Ⓤ **1 직립,** 기립 **2 a** 건설; 조립 **b** Ⓒ 건조물, 건물 **3** 〖생리〗 발기

e·rect·ly [iréktli] *ad.* 직립하여, 수직으로

erg [əːrg] *n.* 〖물리〗 에르그 《에너지의 단위; 1다인(dyne)의 힘이 물체에 작용하여 1센티만큼 움직이게 하는 일의 양; 기호 e》

er·go [ə́ːrgou] 〔L = therefore〕 *ad.* 《익살》 그런고로(therefore)

er·go·nom·ics [ə̀ːrgənɑ́miks | -nɔ́m-] *n. pl.* [단수·복수 취급] **1** 생물 공학 **2** 인간 공학

er·got [ə́ːrgət] *n.* Ⓤ **1** 〖식물〗 맥각병(麥角病) **2** 〖약학〗 맥각

Er·ic [érik] *n.* 남자 이름

E·rie [íəri] *n.* **Lake ~** 이리 호 《미국 동부에 있는 5대호의 하나》

Er·in [érin, íər-] *n.* 《시어》 에린 《아일랜드의 옛 이름》

E·ris [íəris | éris] *n.* 〖그리스신화〗 에리스 《불화의 여신; cf. the APPLE of discord》

Er·i·tre·a [èrətríːə | -tréiə] *n.* 에리트레아 《아프리카 북동부, 홍해에 임한 공화국》

er·mine [ə́ːrmin] *n.* (*pl.* **~s,** [집합적] **~**) **1** 〖동물〗 어민, 흰담비, 산족제비 **2** Ⓤ 어민의 털가죽; 어민 털가죽의 겉옷 《귀족·판사용》

er·mined [ə́ːrmind] *a.* 어민의 털로 덮인[장식한]; 어민 모피를 입은

-ern [ərn] *suf.* 「…쪽의」의 뜻: east*ern*

Er·nest [ə́ːrnist] *n.* 남자 이름

e·rode [iróud] *vt.* **1** 〈바닷물 등이〉 침식하다 《*away*》; 〈산이〉 부식시키다 《*away*》 **2** 〈병 등이〉 좀먹다 《*away*》; 〈신경·마음 등을〉 서서히 손상시키다

— *vi.* 부식[침식]되다 《*away*》

e·rog·e·nous [irɑ́dʒənəs | irɔ́dʒ-] *a.* 〖의학〗 성욕을 자극하는; 성적으로 민감한

E·ros [érɑs, íər- | íərɔs] *n.* **1** 〖그리스신화〗 에로스 《Aphrodite의 아들로서 연애의 신; 로마 신화의 Cupid에 해당》 **2** [**e~**] 성애(性愛)

***e·ro·sion** [iróuʒən] *n.* ⓊⒸ **부식;** 침식

e·ro·sive [iróusiv] *a.* 부식성의, 침식적인
*__e·rot·ic__ [irátik | irɔ́t-] *a.* **1 성애의**; 성욕을 자극하는 **2** 색정의, 호색의
e·rot·i·ca [irátikə | irɔ́t-] *n. pl.* [단수·복수 취급] 성애(性愛)를 다룬 문학[예술], 춘화도(春畵圖)
e·rot·i·cism [irátəsìzm | irɔ́t-] *n.* Ⓤ **1** 에로티시즘, 호색성 **2** 성욕
er·o·tism [érətìzm] *n.* Ⓤ 〖의학〗 = EROTICISM
er·o·tol·o·gy [èrətálədʒi | -tɔ́l-] *n.* Ⓤ 호색 문학[예술]
e·ro·to·ma·ni·a [iròutəméiniə] *n.* Ⓤ 〖정신의학〗 성욕 이상, 색정광(色情狂)
‡**err** [ɛər, əːr | əː] [동음어 air, heir] [L 「헤매다」의 뜻에서] *vi.* 《문어》 **1 잘못하다**, 틀리다 **2** 도덕[종교적 신조]에 어긋나다, 죄를 범하다
~ on the side of …에 치우치다
‡**er·rand** [érənd] [OE 「전언(傳言)」의 뜻에서] *n.* **1 심부름**, 심부름 가기 **2** (심부름의) 내용, 용건, 사명, 임무
fool's* [*gawk's*] *~ 쓸데없는 심부름 ***go* (*on*) *~s = run* (*on*) *~s*** 심부름 가다 ***send*** a person ***on an ~*** …을 심부름 보내다
er·rant [érənt] [OF 「헤매다」의 뜻에서] *a.* **1** (여러 나라를) 돌아다니는; (무예를 닦기 위한) 모험적 편력(遍歷)의 **2** 〈생각이〉 잘못된, 〈행위가〉 그릇된
er·ra·ta [iráːtə, -éi- | eráː-] *n.* **1** ERRATUM의 복수 **2** [단수 취급] 정오표(正誤表)
er·rat·ic [irǽtik] *a.* **1** 〈마음이〉 산만한, 변덕스러운; 엉뚱한 **2** 〖지질〗 〈돌이〉 표이성(漂移性)의 **—** *n.* 이상한 사람
-i·cal·ly *ad.*
er·ra·tum [iráːtəm, iréi- | eráː-] *n.* (*pl.* **-ta** [-tə]) (고쳐야 할) 오류, 오자(誤字), 오식, 오사(誤寫)
*__er·ro·ne·ous__ [iróuniəs] *a.* 《문어》 **잘못된**, 틀린 **~·ly** *ad.*
‡**er·ror** [érər] *n.* **1 잘못, 실수**, 틀림 **2** Ⓤ 그릇된 생각(delusion) **3 과실**, 죄 **4** 〖야구〗 에러, 실책 **5** 〖수학·통계〗 오차; 〖법〗 착오; 오심
fall into an ~ 잘못을 저지르다; 잘못 짐작하다 ***printer's ~*** 오식(誤植)
érror mèssage 〖컴퓨터〗 에러 메시지
er·satz [ɛ́ərzaːts | -zæts] [G 「대용」의 뜻에서] *n.* 대용품
— *a.* 대용의(substitute)
Erse [əːrs] *n.* Ⓤ 어스 어(語) 《스코틀랜드 고지의 게일릭 어》 **—** *a.* **1** (스코틀랜드 고지 등의) 켈트 족의 **2** 어스 어의
erst·while [ə́ːrst*h*wàil] *ad.* 《고어》 이전에, 옛날에 **—** *a.* 이전의, 옛날에
e·ruct [irʌ́kt], **e·ruc·tate** [irʌ́kteit] *vt., vi.* 《문어》 트림을 하다; 〈화산 등이〉 분출하다
e·ruc·ta·tion [irʌktéiʃən] *n.* Ⓤ 트림; (화산의) 분출(물)
er·u·dite [érjudàit] [L 「조잡하지 않은」의 뜻에서] *a.* 《문어》 **1** 학식 있는, 박학한 **2** 〈저작 등이〉 학식의 깊이를 나타내는 **~·ly** *ad.*
er·u·di·tion [èrjudíʃən] *n.* Ⓤ 박학, 박식; 학식
e·rupt [irʌ́pt] [L 「파열하다」의 뜻에서] *vi.* **1** 〈화산재·간헐천(間歇泉) 등이〉 분출하다 **2** 〈화산이〉 폭발하다, 분화하다 **3** 〈이가〉 나다 **4** 〈피부가〉 발진(發疹)하다
*__e·rup·tion__ [irʌ́pʃən] *n.* ⓊⒸ **1** (화산의) **폭발**, **분화** **2** (용암·간헐천 등의) 분출 **3** (분노·웃음 등의) 폭발 **4** 〖병리〗 발진 **5** Ⓤ 이(齒)가 남
e·rup·tive [irʌ́ptiv] *a.* **1** 폭발적인, 폭발성의; 분화에 의한, 분출성의 **2** 〖병리〗 발진성(發疹性)의
-ery [əri] *suf.* **1** 「성질; 행색; 습관」의 뜻: brav*ery* **2** 「…상(商); …업(業); …술(術)」의 뜻: pott*ery* **3** 「…제조소; …점(店)」의 뜻: bak*ery* **4** 「…류」의 뜻: drap*ery*
er·y·sip·e·las [èrəsípələs] *n.* Ⓤ 〖병리〗 단독(丹毒)
Es 〖화학〗 einsteinium
-es, -s [([s, z, ʃ, ʒ, tʃ, dʒ]의 뒤) iz, əz; (그 밖의 유성음의 뒤) z; (그 밖의 무성음 뒤) s] *suf.* **1** 명사의 복수 어미 **2** 동사의 제3인칭·단수·현재형의 어미
E·sau [íːsɔː] *n.* 〖성서〗 에서 《Isaac의 맏아들; 죽 한 그릇 때문에 아우 Jacob에게 상속권을 팔았음》
*__es·ca·late__ [éskəlèit] *vt.* **1** 〈전쟁 등을〉 **단계적으로 확대하다** **2** 〈임금·물가 등을〉 차츰 올리다
— *vi.* **1** 〈전쟁 등이〉 단계적으로 확대되다 《*into*》 **2** 〈임금·물가가〉 차츰 오르다
es·ca·la·tion [èskəléiʃən] *n.* Ⓤ (전쟁 등의) 단계적 확대, 에스컬레이션 《*of*》
‡**es·ca·la·tor** [éskəlèitər] *n.* **1 에스컬레이터**, 자동 계단 **2** (에스컬레이터 같은) 단계적 증감; (안락한) 출세 코스
es·ca·lope [èskəlóup] *n.* (기름으로 튀긴) 얇게 썬 돼지고기, 쇠고기[송아지고기] 요리
ESCAP Economic and Social Commission for Asia and Pacific (유엔) 아시아 태평양 경제 사회 위원회
es·ca·pade [éskəpèid] *n.* ⓊⒸ 탈선 행위; 엉뚱한 행위; 장난(prank)
‡**es·cape** [iskéip] *vi.* **1 달아나다**, 도망하다, 탈출하다 **2** (위험·죄·병 등을) **벗어나다**, 헤어나다《*from*》 **3** 〈액체·가스 등이〉 **새**(**나가**)**다** 《*from, out of*》; 〈머리털이〉 비어져 나오다 《*from, out of*》
— *vt.* **1** 〈추적·위험·재난 등을〉 (미연에) **벗어나다**, 면하다, 잘 피하다 **2** 〈기억에서〉 **잊혀지다**; 〈물건이 사람의 주의 등을〉 벗어나다 **3** 〈말·미소·탄식 등이〉 …에서 새어 나오다
— *n.* **1** ⒸⓊ **탈출**, **도망** 《*from, out of*》 **2** 벗어나는 수단; 피난 장치; 도피로; 배출구 **3** (가스·물 등의) 누출 **4** [an ~] 현실 도피 **5** 〖컴퓨터〗 에스케이프(키)
have a narrow* [*hairbreadth*] *~ 구사일생하다 ***make* (*good*)** one***'s ~*** 무사히 도망하다 《*from*》
escápe àrtist 동아줄 등을 빠져 나가는 곡예사

escápe clàuse 면책[도피] 조항; 제외 조항

es·ca·pee [iskèipí:] *n.* 도피자; 망명자; 탈옥수

escápe hàtch (배·항공기·승강기 등의) 피난용 비상구

escápe mèchanism 〖심리〗 도피 기제(機制)

es·cape·ment [iskéipmənt] *n.* **1** (시계의) 탈진기 **2** (타자기의) 문자 이동 장치 **3** 에스케이프먼트 《피아노의 해머를 되돌아오게 하는 장치》

escápe ròad 긴급 피난 도로 《자동차 경주로에서 운전 불능차의 긴급 정지용》

escápe velòcity 〖물리〗 (로켓의 중력권) 탈출 속도

es·cap·ism [iskéipizm] *n.* Ⓤ 현실 도피

es·cap·ist [iskéipist] *n.* 도피주의자 — *a.* 현실 도피(주의)의

es·cap·ol·o·gy [iskèipɑ́lədʒi | -pɔ́l-] *n.* Ⓤ 동아줄[바구니]을 빠져 나가는 곡예[기술]; 탈주법

es·car·got [èskɑ:rgóu] [F] *n.* (*pl.* **~s** [-z]) 식용 달팽이

es·carp·ment [iskɑ́:rpmənt] *n.* 절벽, 급경사면

-esce [és] *suf.* 「…하기 시작하다; …으로 되다, …으로 화(化)하다」의 뜻: coa*lesce*, effer*vesce*

-escence [ésəns] *suf.* 「…하는 작용, 경과, 과정, 변화; …상태」의 뜻: effer*vescence*

-escent [ésnt] *suf.* 「…기(期)의, …성(性)의」의 뜻: adol*escent*

es·cha·tol·o·gy [èskətɑ́lədʒi | -tɔ́l-] [Gk 「최후에 관한 학문」의 뜻에서] *n.* Ⓤ 〖신학〗 종말론 **-gist** *n.* 종말론자

es·chew [istʃú:] *vt.* 〈좋지 않은 일을〉 (의도적으로) 피하다, 삼가다

***es·cort** [éskɔ:rt] *n.* **1 호위자[대]**, 호송자[대]; 경호선, 호송선[함] **2** Ⓤ 호위, 호송 **3** (여성에 대한) 남성 동반자; (사교장의) 여성 파트너
under the ~ of …의 호위 하에
— [iskɔ́:rt] *vt.* **1** 〈군함 등을〉 **호위[경호]하다**; 호송하다 **2** 〈여성과〉 동행하다

es·crow [éskrou, iskróu] *n.* 〖법〗 조건부 날인 증서 《어떤 조건이 성립될 때까지 제3자에게 보관해 둠》

es·cu·do [eskú:dou] *n.* (*pl.* **~s**) 에스쿠도 《포르투갈의 화폐 단위; 기호 Esc, $; =100 centavos》

es·cu·lent [éskjulənt] *a.*, *n.* =EDIBLE

es·cutch·eon [iskʌ́tʃən] *n.* **1** 가문(家紋)이 그려진 방패 **2** 방패꼴의 물건
a (***dark***) ***blot on*** one***'s*** [***the***] ~ 불명예, 오명

-ese [í:z, í:s] *suf.* **1** [지명에 붙여서] 「…의; …말(의), …사람(의)」의 뜻 **2** [작가·단체 이름에 붙여서] 「…풍의, …에 특유한 (문체)」의 뜻 《종종 경멸의 뜻이 포함되기도 함: Johnson*ese*》

ESE east-southeast

****Es·ki·mo** [éskəmòu] *n.* (*pl.* **~**, **~s**) **에스키모 사람**; 에스키모종의 개; Ⓤ 에스키모 말 — *a.* 에스키모 (사람[말])의

Éskimo dòg 에스키모개 《썰매 개》

ESL [ésəl] [*E*nglish as a *s*econd *l*anguage] *n.* 제2 언어로서의 영어

e·soph·a·gus [isɑ́fəgəs | i:sɔ́f-] *n.* (*pl.* **-gi** [-gài, -dʒài]) 〖해부·동물〗 식도 (gullet)

es·o·ter·ic [èsətérik] [Gk 「내부의」의 뜻에서] *a.* **1** (선택된 소수에게만 전해지는) 비전(秘傳)의; 비법을 이어받은: ~ Buddhism 밀교(密敎) **2** 비밀의(secret); 심원한, 난해한

ESP extrasensory perception 〖심리〗 초감각적 감지

esp. especially

es·pa·drille [éspədrìl] *n.* 에스파드리유 《끈을 발목에 감고 신는 캔버스화》

es·pal·ier [ispǽljər] [It. 「지주(支柱)」의 뜻에서] *n.* 과수(果樹) 시렁으로 받친 나무; 과수로 된 울타리(trellis)

espec. especially

****es·pe·cial** [ispéʃəl] [L =of a particular kind; special과 같은 어원] *a.* Ⓐ (문어) **특별한**, 각별한 《지금은 special 쪽이 일반적임》

*****es·pe·cial·ly** [ispéʃəli] *ad.* **특히**, 유달리, 유별나게, 각별히

Es·pe·ran·tist [èspərǽntist, -rɑ́:n-] *n.* 에스페란토 학자[사용자]

Es·pe·ran·to [èspərǽntou, -rɑ́:n-] [창안자의 필명; 「희망하는 사람」의 뜻에서] *n.* Ⓤ 에스페란토 《폴란드 사람 Zamenhof가 창안한 국제어》; ⓊⒸ 국제어

es·pi·o·nage [éspiənɑ̀:ʒ, -nidʒ] [F = spying] *n.* Ⓤ (특히 다른 나라·기업에 대한) 스파이 활동, 정탐; 간첩망[조직]

es·pla·nade [ésplənɑ̀:d | -nèid] [Sp. =leveled place] *n.* (특히 해안이나 호숫가의) 산책길

ESPN Entertainment and Sports Programming Network 《미국의 오락·스포츠 전문의 유로 유선 텔레비전망》

es·pous·al [ispáuzəl] *n.* (문어) Ⓤ (주의·주장 등의) 지지, 옹호 《*of*》

es·pouse [ispáuz] *vt.* **1** 처로 삼다, 장가들다 **2** 〈딸을〉 시집보내다 **3** 〈주의·주장을〉 신봉하다, 지지하다

es·pres·so [esprésou] [It. =pressed-out (coffee)] *n.* (*pl.* **~s**) Ⓤ 에스프레소 커피 《분말에 스팀을 통과시켜 만듦》; Ⓒ 에스프레소 커피점 《일종의 사교장》

es·prit [esprí:] [F =spirit] *n.* Ⓤ 정신; 재치, 기지(機智)

es·prit de corps [esprí:-də-kɔ́:r] [F] *n.* 단체 정신, 단결심 《군대 정신·애교심·애당심 등》

***es·py** [ispái] *vt.* (**-pied**) (문어) 〈보통 먼 곳의 보기 힘든 것을〉 **발견하다**; 〈결점 등을〉 찾아내다

Esq., Esqr. Esquire

-esque [ésk] *suf.* 「…식의, …모양의」의 뜻: pictur*esque*

***es·quire** [éskwaiər | iskwáiə] *n.* [**E~**] (영) 씨, 님, 귀하 《편지에서 수취인 성명 뒤에 붙이는 경칭으로, 공문서 이외에는

보통 Esq., Esqr. 등으로 줄여 씀; 미국에서는 변호사 외에는 보통 Mr.를 씀》

ess [es] *n.* S자; S자꼴의 것

-ess [is, əs] *suf.* 여성 명사를 만듦(cf. -ER, -OR): actr*ess*

‡es·say [ései] *n.* **1 수필**, 에세이 《*on, upon*》; **소론**(小論); 평론 **2** 《문어》 기도, 시도 《*at, in*》 **—** [eséi, i-] *vt.* 《문어》 시도하다, 기도하다

***es·say·ist** [éseiist] *n.* **수필가**; 평론가

‡es·sence [ésns] [L 「존재함」의 뜻에서] *n.* **1** Ⓤ (사물의) **본질**, **정수**, 진수, (본질 구성의) 요소 **2** ⓊⒸ 정(精), 엑스; 에센스 《식물성 정유의 알코올 용액》; 향수 **3** Ⓒ 〖철학〗 실재, 실체; 영적 존재

in ~ 본질에 있어서, 본질적으로(essentially) ***of the ~*** (***of ...***) (…에) 없어서는 안 될, 가장 중요한

‡es·sen·tial [isénʃəl] *a.* **1** Ⓐ **본질적인**; 필수적인, 가장 중요한 《*to*》 **2** 정수[엑스]의, 정수를 모은

— *n.* **1** [보통 *pl.*] 본질적 요소; 주요점 **2** 필요 불가결한 것

***es·sen·tial·ly** [isénʃəli] *ad.* **본질적으로**, 본질상; 본래

esséntial óil (식물성) 정유, 방향유 《향수의 원료》

Es·sex [ésiks] [OE 「East Saxons」의 뜻에서] *n.* 에식스 《잉글랜드 남동부의 주》

est. established; estate; estimated

-est [ist, əst], **-st** [st] *suf.* **1** 형용사·부사의 최상급 어미 **2** 《고어》 thou에 수반하는 동사(제2인칭·단수·현재 및 과거)의 어미

‡es·tab·lish [istǽbliʃ] [L 「공고히 하다」의 뜻에서] *vt.* **1 설립하다**, 개설[창립]하다; 〈관계 등을〉 성립시키다, 수립하다 **2** 〈제도·법률 등을〉 **제정하다 3** 취임[종사]시키다, 앉히다, 자리 잡게 하다 **4** 〈선례·학설·기록 등을〉 **수립**[**확립**]**하다**; 정하다 **5** 〈사실 등을〉 확증[입증]하다 **6** 〈교회를〉 국교회(國敎會)로 하다

***es·tab·lished** [istǽbliʃt] *a.* **1 확립된**, 확정된 **2** 국립의, 국교(國敎)의 **3** (장소·직업·지위 등에) 정착하여, 안정되어 **4** 만성의

‡es·tab·lish·ment [istǽbliʃmənt] *n.* **1** Ⓤ **설립**, 창설 《*of*》; 확립, 수립; 입증; 제정 《*of*》 **2** [the E~] 기성의 권력 조직[체제]; 기성 사회; 주류파 **3** 가정, 세대(household); 사는 집 **4** 설립물, 시설 《학교·병원 등》 **5** [the E~] 《영》 국교회

keep a large ~ 대가족을 거느리고 있다, 큰 공장[회사]을 가지고 있다

es·tab·lish·men·tar·i·an [istæ̀bliʃməntέəriən] *a.* (영국) 국교주의의; 체제 지지의 **—** *n.* 국교 신봉자, 국교주의 지지자; 체제 지지자

‡es·tate [istéit] [L 「상태」의 뜻에서] *n.* **1 소유지 2** 《영》 (일정 규격의) 단지 **3** Ⓤ 〖법〗 **재산**; 재산권, 부동산권 **4** (정치·사회상의) 계급

the fourth ~ 《익살》 제4 계급, 언론계, 신문 기자단

estáte àgent 《영》 부동산 중개업자 (《미》 real estate agent); 부동산 관리인

estáte càr 《영》 = STATION WAGON

estáte tàx 《미》 상속세(death tax)

‡es·teem [istíːm] [L 「평가하다」의 뜻에서] *vt.* 《문어》 **1** 〈사람을〉 **존경**[**존중**]**하다**; 〈물건을〉 중하게 여기다 **2** 〈…을 …라고〉 **생각하다**, 여기다 **—** *n.* Ⓤ **존중**, 존경, 호의적 의견[판단]

es·ter [éstər] *n.* Ⓤ 〖화학〗 에스테르

Esth. 〖성서〗 Esther

Es·ther [éstər] *n.* **1** 여자 이름 **2** 〖성서〗 에스더서(書) 《구약 성서의 1서》

es·thete [ésθiːt | íːs-], **es·thet·ic, -i·cal** [esθétik(əl) | iːs-], **es·thet·ics** [esθétiks | iːs-] = AESTHETE, AESTHETIC, etc.

es·ti·ma·ble [éstəməbl] *a.* **1** 존경할 만한 **2** 어림[평가]할 수 있는

‡es·ti·mate [éstəmət] [L 「평가하다」의 뜻에서] *n.* **1 견적**, 어림, 개산, 추정 **2** (인물 등의) **평가**, 가치 판단

— *v.* [-mèit] *vt.* **1 평가하다**, 견적하다, 어림하다, 추정하다 **2** [부사와 함께] 〈인물 등을〉 평가하다, 판단하다

— *vi.* 개산(槪算)하다, 견적서를 만들다

es·ti·mat·ed [éstəmèitid] *a.* Ⓐ 견적의, 추측의

***es·ti·ma·tion** [èstəméiʃən] *n.* **1** Ⓤ (가치의) **판단**, 평가, 의견 **2** 견적, 추정; 평가 가치 **3** Ⓤ 《고어》 존경

es·ti·ma·tor [éstəmèitər] *n.* 평가자, 견적인

es·ti·vate [éstəvèit | íːs-] *vi.* 〈동물이〉 여름잠을 자다; 〈사람이〉 피서하다

Es·to·ni·a [estóuniə] *n.* 에스토니아 《발트 해 연안의 구소련 공화국의 하나; 수도 Tallinn》

es·trange [istréindʒ] [L 「낯선 사람(stranger)으로 대하다」의 뜻에서] *vt.* **1** 〈사람을〉 (친구·가족 등에게서) 떼어 놓다; 사이를 멀어지게 하다, 이간하다 《*from*》 **2** 〈사람을〉 (평상시의 환경에서) 멀리하다 《*from*》 ~ one***self from*** politics (정치를) 멀리 하다

es·tranged [istréindʒd] *a.* 소원해진, 사이가 틀어진

be [***become***] ***~ from*** …와 소원하게 되다, 사이가 멀어지다

es·trange·ment [istréindʒmənt] *n.* ⓊⒸ 소원(疎遠), 이간, 불화 《*from, between, with*》

es·tro·gen [éstrədʒən] *n.* Ⓤ 〖생화학〗 에스트로겐 《여성 호르몬의 일종》

es·trus [éstrəs], **-trum** [-trəm] *n.* Ⓤ 〖동물〗 (암컷의) 발정 (현상); 발정기

***es·tu·ar·y** [éstʃuèri | -tjuəri] [L 「조수의 출입구」의 뜻에서] *n.* (*pl.* **-ar·ies**) (조수가 드나드는 넓은) **강어귀**; 후미

ET Eastern Time; extraterrestrial

-et [it] *suf.* 주로 프랑스 어계의 지소(指小) 어미: bull*et*

e·ta [éitə | íː-] *n.* 그리스 문자의 제7자 (Η, η)

ETA, E.T.A. estimated time of arrival 도착 예정 시각

et al. [et-ǽl] **1** [L *et alibi*] 그리고 다른 곳에서(and elsewhere) **2** [L *et alii*] 그리고 다른 사람들(and others)

E

***etc.** [etsétərə, it-] =ET CETERA 《(미)에서는 보통 and so forth [əndsóufɔ̀ːrθ]로 읽음》

***et cet·er·a** [et-sétərəː | it-sétrə] [L = and the rest] **기타, …따위, …등등**

et·cet·er·a [etsétərə | it-] *n.* (*pl.* **~s**) **1** 기타 여러 가지[사람], 기타 등등 **2** [*pl.*] 잡동사니

etch [etʃ] *vt.* **1** 〈동판 등에〉 식각(蝕刻)[에칭]하다 **2** 선명하게 그리다, 마음에 새기다 **—** *vi.* 에칭[동판화]을 만들다

etch·er [étʃər] *n.* (에칭에 의한) 동판 화공; 에칭[동판] 화가

etch·ing [étʃiŋ] *n.* Ⓤ 에칭, 부식 동판술; Ⓒ 식각 판화, 부식 동판쇄(刷)

ETD, E.T.D. estimated time of departure 출발 예정 시각

***e·ter·nal** [itə́ːrnl] [L 「(긴) 세월의」의 뜻에서] *a.* **1 영원[영구]한** **2** 《구어》 끝없는, 끊임없는 **—** *n.* **1** [the ~] 영원한 것 **2** [the E~] 하느님

Etérnal Cíty [the ~] 영원한 도시 《Rome의 별칭》

e·ter·nal·ize [itə́ːrnəlàiz] *vt.* =ETERNIZE

***e·ter·nal·ly** [itə́ːrnəli] *ad.* **1 영원[영구]히**; 영원히 변치 않고 **2** 《구어》 끝없이, 끊임없이

etérnal tríangle [the ~] (남녀의) 삼각관계

***e·ter·ni·ty** [itə́ːrnəti] *n.* (*pl.* **-ties**) **1** Ⓤ **영원**, 영구; Ⓤⓒ 영원한 존재, 불멸 **2** Ⓤ (사후에 시작되는) 영원의 세계, 내세, 영세 **3** [an ~] (끝없는 것 같은) 오랜 시간

e·ter·nize [itə́ːrnaiz] *vt.* 영원성을 부여하다; 불후하게 하다, 영원히 전하다

-eth [iθ], **-th** [θ] *suf.* 《고어》 동사의 제3인칭·단수·현재형의 어미

eth·ane [éθein] *n.* Ⓤ 〖화학〗 에탄 《무색·무취·가연성의 가스》

eth·a·nol [éθənɔ̀ːl | -nɔ̀l] *n.* Ⓤ 〖화학〗 에탄올(alcohol)

Eth·el [éθəl] *n.* 여자 이름

***e·ther** [íːθər] *n.* Ⓤ **1** 〖물리〗 **에테르** 《빛·열·전자기의 복사(輻射) 현상의 가상적 매체》; 〖화학〗 **에테르** 《유기 화합물》 **2** 《시어·문어》 하늘, 창공, 창천

e·the·re·al [iθíəriəl] *a.* **1** 공기 같은 (airy); 아주 가벼운; 희박한 **2** 미묘한, 영묘한 **3** 《시어》 천상의, 하늘의 **4** 〖물리·화학〗 에테르의; 에테르성(性)의

e·ther·ize [íːθəràiz] *vt.* 〖의학〗 에테르로 마취하다

eth·ic [éθik] *n.* 윤리, 도덕(cf. ETHICS)

***eth·i·cal** [éθikəl] *a.* **1 도덕상의, 윤리적인** **2** 〈약품이〉 의사의 처방 없이 판매할 수 없는 **~·ly** *ad.*

***eth·ics** [éθiks] *n. pl.* **1** [단수 취급] **윤리학** **2** 도덕 원리, 윤리

***E·thi·o·pi·a** [ìːθióupiə] *n.* **에티오피아** 《이집트 남쪽의 공화국; 略 Eth.; 수도 Addis Ababa; cf. ABYSSINIA》

E·thi·o·pi·an [ìːθióupiən] *a.* (고대) 에티오피아의; (고대) 에티오피아 사람의 **—** *n.* (고대) 에티오피아 사람; 《고어》 (아프리카의) 흑인

E·thi·o·pic [ìːθiápik | -ɔ́p-] *a.* (고대) 에티오피아의 **—** *n.* Ⓤ (고대) 에티오피아 말

eth·nic [éθnik] [Gk 「민족의」의 뜻에서] *a.* **1** 인종의, 민족의 **2** 민족 특유의 **3** 소수 민족[인종]의 **—** *n.* 소수 민족의 사람

eth·ni·cal [éθnikəl] *a.* =ETHNIC

eth·ni·cal·ly [éθnikəli] *ad.* **1** 민족(학)적으로 **2** [문장 전체를 수식하여] 민족(학)적으로는[으로 말하면]

eth·nic·i·ty [eθnísəti:] *n.* 민족성

ethno- [éθnou] 《연결형》 「인종(race), 민족(nation)」의 뜻

eth·no·cen·tric [èθnouséntrik] *a.* 자기 민족 중심주의의

eth·no·cen·trism [èθnouséntrizm] *n.* Ⓤ 〖사회〗 자기 민족 중심주의 《타민족에 대하여 배타·멸시적인; cf. NATIONALISM》

eth·nog·ra·pher [eθnágrəfər | -nɔ́g-] *n.* 민족지(誌)학자

eth·no·graph·ic, -i·cal [èθnəgrǽfik(əl)] *a.* 민족지(誌)적인, 민족지학상의

eth·nog·ra·phy [eθnágrəfi | -nɔ́g-] *n.* Ⓤ 기술(記述) 민족학, 민족지(誌)학

eth·no·log·ic, -i·cal [èθnəládʒik(əl) | -lɔ́dʒ-] *a.* 민족학의, 인종학적인 **-i·cal·ly** *ad.*

eth·nol·o·gy [eθnálədʒi | -nɔ́l-] *n.* Ⓤ 민족학; 인종학

eth·no·sci·ence [èθnousáiəns] *n.* 민족 과학, 민족지(誌)학

e·thol·o·gy [i(ː)θálədʒi | -θɔ́l-] *n.* Ⓤ 인성학(人性學); (동물) 행동학

e·thos [íːθas | íːθɔs] [Gk 「특질」의 뜻에서] *n.* (한 국민·사회·제도 등의) 기풍, 정신, 민족[사회] 정신, 사조, 정서

eth·yl [éθəl] *n.* Ⓤ 〖화학〗 에틸(기); [**E~**] 앤티노크제(劑)의 일종(을 섞은 휘발유) 《상표명》

éthyl álcohol 〖화학〗 에틸 알코올 《보통의 알코올》

eth·yl·ene [éθəlìːn] *n.* Ⓤ 〖화학〗 에틸렌 《탄화 수소》

e·ti·o·late [íːtiəlèit] *vt.* 〈식물 등을〉 (일광을 차단하여) 누렇게 뜨게 하다; 〈얼굴 등을〉 창백하게 하다

e·ti·o·log·ic, -i·cal [ìːtiəládʒik(əl) | -lɔ́dʒ-] *a.* **1** 원인을 밝히는; 인과 관계학의 **2** 병인(病因)학의

e·ti·ol·o·gy [ìːtiálədʒi | -ɔ́l-] *n.* (*pl.* **-gies**) Ⓤⓒ **1** 원인의 추구; 인과 관계학, 원인론 **2** 〖의학〗 병인(病因)(학)

***et·i·quette** [étikit, -kèt] [F =ticket] *n.* Ⓤ **1 예의(범절)**, 예법, **에티켓**: a breach of ~ 실례 **2** (동업자 간의) 불문율, 예의, 의리

Et·na [étnə] *n.* [Mt. ~] 에트나 산 《시칠리아 섬(Sicily)의 활화산》

E·ton [íːtn] *n.* **1** 이튼 《런던 서남부의 도시》 **2** 이튼교(=~ College)

Éton cóllar (윗옷의 깃에 다는) 폭 넓은 칼라

Éton Cóllege 이튼교 《1440년에 설립된 영국의 전통 있는 public school》

E·to·ni·an [itóuniən] *a.* 이튼(교)의 **—** *n.* 이튼교 학생[졸업생]
Éton jácket[cóat] 이튼교(식)의 짧은 웃옷 《연미복과 비슷하나 꼬리가 없음》
E·tru·ri·a [itrúəriə] *n.* 에트루리아 《이탈리아 중서부에 있던 옛 나라》
E·trus·can [itrʌ́skən] *a.* 에트루리아의; 에트루리아 사람[말]의
— *n.* 에트루리아 사람; Ⓤ 에트루리아 말
-ette [et] *suf.* **1** 지소(指小) 어미 **2** 여성형 명사 어미 **3** 〖상업〗 「모조…, …대용품」의 뜻
é·tude [éitjuːd | -tjuːd] [F] *n.* (그림·조각 등의) 습작, 에튀드; 〖음악〗 연습곡
et·y·mo·log·ic, -i·cal [ètəməlɑ́dʒik(əl) | -lɔ́dʒ-] *a.* 어원의, 어원(학)상의
-i·cal·ly *ad.*
et·y·mol·o·gist [ètəmɑ́lədʒist | -mɔ́l-] *n.* 어원학자, 어원 연구가
***et·y·mol·o·gy** [ètəmɑ́lədʒi | -mɔ́l-] [Gk 「말의 본래의 뜻에 관한 학문」의 뜻에서] *n.* (*pl.* **-gies**) **1** (어떤 말의) **어원,** 어원의 설명[추정] **2** Ⓤ 어원 연구; 어원학
eu- [juː] 《연결형》 「좋은 《良·好·善》…」의 뜻(opp. *dys-*)
Eu 〖화학〗 europium **EU** European Union
eu·ca·lyp·tus [jùːkəlíptəs] *n.* (*pl.* **~·es, -ti** [-tai]) 〖식물〗 유칼리나무 《상록 거목》
eucalýptus òil 유칼리 기름 《의약·향수용》
Eu·cha·rist [júːkərist] [Gk 「감사」의 뜻에서] 〖그리스도교〗 *n.* **1** [the ~] 성만찬 **2** [the ~] 성체(聖體); 성체 성사 **3** 성찬[성체]용 빵과 포도주
Eu·cha·ris·tic, -ti·cal [jùːkərístik(əl)] *a.* 성만찬의; 성체의
***Eu·clid** [júːklid] *n.* **1 유클리드** 《기원전 300년경의 알렉산드리아의 기하학자》 **2** Ⓤ 유클리드 기하학
Eu·clid·e·an, -i·an [juːklídiən] *a.* 유클리드의; (유클리드) 기하학의
Eu·gene [juːdʒíːn] *n.* 남자 이름 《애칭 Gene》
eu·gen·ic, -i·cal [juːdʒénik(əl)] *a.* **1** Ⓐ 〖생물〗 우생(학)의 **2** 우수한 자손을 만드는, 인종 개량상의, 우생학적인(opp. *dysgenic*) **-i·cal·ly** *ad.*
eu·gen·ics [juːdʒéniks] [Gk 「좋은 태생의」의 뜻에서] *n. pl.* [단수 취급] 우생학
eu·lo·gist [júːlədʒist] *n.* 찬미자, 예찬자, 칭찬자
eu·lo·gis·tic, -ti·cal [jùːlədʒístik(əl)] *a.* 찬미의, 찬양하는 **-ti·cal·ly** *ad.*
eu·lo·gize [júːlədʒàiz] *vt.* 찬양하다, 칭송하다
eu·lo·gy [júːlədʒi] [Gk 「좋은 말씨」의 뜻에서] *n.* **1** Ⓤ 찬미, 칭송, 찬양 《*of, on*》 **2** 찬사 《*of, on*》
eu·nuch [júːnək] *n.* **1** 거세된 남자, (특히 옛날 동양의) 환관(宦官), 내시 **2** 유약한 남자
eu·phe·mism [júːfəmìzm] [Gk 「좋은 표현법」의 뜻에서] *n.* **1** Ⓤ 〖수사학〗 완곡어법 **2** 완곡 어구
eu·phe·mis·tic, -ti·cal [jùːfəmístik(əl)] *a.* 완곡 어법의; 완곡한 **-ti·cal·ly** *ad.*
eu·phen·ics [juːféniks] *n. pl.* [단수 취급] 인간 개조학
eu·phon·ic, -i·cal [juːfɑ́nik(əl) | -fɔ́n-] *a.* **1** 음조가 좋은 **2** 음조에 의한, 음운 변화상의 **-i·cal·ly** *ad.*
eu·pho·ni·ous [juːfóuniəs] *a.* 음조가 좋은, 듣기 좋은 **~·ly** *ad.*
eu·pho·ni·um [juːfóuniəm] *n.* 유포늄 《튜바(tuba) 비슷한 금관 악기》
eu·pho·ny [júːfəni] [Gk 「아름다운 목소리」의 뜻에서] *n.* (*pl.* **-nies**) 듣기 좋은 음조(opp. *cacophony*); 〖언어〗 활(滑)음조, 음운 변화
eu·pho·ri·a [juːfɔ́ːriə] *n.* Ⓤ 행복감; 〖정신의학〗 다행증(多幸症)
eu·phor·ic [-fɔ́ːrik] *a.*
***Eu·phra·tes** [juːfréitiːz] *n.* [the ~] **유프라테스 강** 《서부 아시아의 강; 유역의 Mesopotamia는 고대 문명의 발상지》
eu·phu·ism [júːfjuìzm] [16세기 영국인 John Lyly의 소설 *Euphues*에서] *n.* Ⓤ (16-17세기에 영국에서 유행한) 과식체(誇飾體), 화려하게 꾸민 문체; 미사여구
Eur. Europe; European
Eur- [juər], **Euro-** [júərou] 《연결형》 **1** 「유럽의, 유럽과 …의」의 뜻: *Eur*asian **2** 「유럽 금융 시장의」의 뜻: *Euro*dollar **3** 「유럽 경제 공동체의」의 뜻: *Euro*market 《모음 앞에서는 Eur-》
***Eur·a·sia** [juəréiʒə, -ʃə] *n.* **유라시아**
Eur·a·sian [juəréiʒən, -ʃən] *a.* **1** 유라시아의 **2** 유라시아 혼혈(종)의
Eur·at·om [juərǽtəm] [*Eur*opean *Atom*ic Energy Community] *n.* 유럽 원자력 공동체, 유라톰 《1957년 결성》
eu·re·ka [juríːkə] [Gk = I have found (it)] *int.* 《익살》 알았다, 됐다 《아르키메데스가 왕관의 금(金) 순도 측정법을 발견했을 때 지른 소리》
eu·rhyth·mic [juːríðmik], **eu·rhyth·mics** [-miks], **eu·rhyth·my** [-mi] = EURYTHMIC, etc.
Eu·ro [júərou] *n.* 유로화 《유럽 연합(EU)의 통합 화폐 단위; 1999년부터 시행》
Eu·ro·bond [júərоubɑ̀nd | -bɔ̀nd] *n.* 유러 채권
Eu·ro·cen·tric [jùərouséntrik] *a.* 유럽(인) 중심의
Eu·ro·cur·ren·cy [júəroukə̀ːrənsi | -kʌ̀r-] *n.* 〖경제〗 유러머니, 유럽 통화 《유럽 시장에서 쓰이는 각국의 통화》
Eu·ro·dol·lar [júəroudɑ̀lər | -dɔ̀lə] *n.* 〖경제〗 유러 달러 《유럽에서 국제 결제용으로 쓰이는 미국 달러》
Eu·ro·mar·ket [júəroumɑ̀ːrkit], **-mart** [-mɑ̀ːrt] *n.* [the ~] = COMMON MARKET
Eu·ro·pa [juəróupə] *n.* 〖그리스신화〗 유러파 《Zeus의 사랑을 받은 Phoenicia의 왕녀》
*****Eu·rope** [júərəp] *n.* **유럽,** 구라파; (영국과 구별하여) 유럽 대륙; 유럽 공동 시장

E

Eu·ro·pe·an [jùərəpí:ən] *a.* **1** 유럽의 **2** 전 유럽적인 **3** 《영》 백인의
— *n.* 유럽 사람; 유럽 공동 시장주의자 [가맹국]

Européan Commúnity [the ~] 유럽 공동체 《EEC, Euratom 등이 1967년에 통합된 것; 略 EC》

Européan Económic Commúnity [the ~] 유럽 경제 공동체 《the Common Market의 공식 명칭; 略 EEC》

Eu·ro·pe·an·ize [jùərəpí:ənàiz] *vt.* 유럽식으로 만들다, 유럽화시키다

Européan Mónetary Sỳstem 유럽 통화 제도 《略 EMS》

Européan Párliament [the ~] 유럽 의회 《EC 각국 국민이 직접 선출한 의원으로 구성》

Européan plàn [the ~] 《미》 유럽 방식 《호텔에서 방세와 식비를 따로 계산함; cf. AMERICAN PLAN》

Européan Únion [the ~] 유럽 연합 《EC의 후신으로 1993년 발족; 略 EU》

eu·ro·pi·um [juəróupiəm] *n.* Ⓤ 〖화학〗 유로퓸 《금속 원소; 기호 Eu, 번호 63》

Eu·ro·star [júərəstɑ̀:r] *n.* 유러스타 《영국·프랑스·벨기에 세 나라에 의해 공동 운영되는 고속 열차》

Eu·ro·vi·sion [júərəvìʒən] *n.* 〖TV〗 유로비전 《서유럽 텔레비전 방송망》

Eu·ro·zone [-zòun] *n.* [the ~] 유로화 지역

eu·ryth·mic, -rhyth- [ju:ríðmik] *a.* 〈음악·무용이〉 경쾌한 리듬의; 율동적인

eu·ryth·mics, -rhyth- [ju:ríðmiks] *n. pl.* [단수 취급] 율동 체조

Eu·stá·chian tùbe [ju:stéiʃən-] [이탈리아의 해부학자 이름에서] [종종 **e~**] 〖해부〗 (귀의) 유스타키오관(管), 이관(耳管)

Eu·ter·pe [ju:tə́:rpi] *n.* 〖그리스신화〗 에우테르페 《음악·서정시를 다스리는 nine MUSES의 하나》

eu·tha·na·sia [jù:θənéiʒiə | -ziə] [Gk] *n.* Ⓤ 안락사(安樂死); 〖의학〗 안락사술(術)

eu·tha·nize [jú:θənàiz] *vt.* 안락사시키다

eu·then·ics [ju:θéniks] *n. pl.* [단수 취급] 생활 개선학, 환경 우생학

eu·tro·phic [ju:tróufik, -trɑ́f- | -trɔ́f-] *a.* 〖생태〗 〈호수·하천이〉 부영양(富營養)의

eu·troph·i·ca·tion [ju:trɑ̀fikéiʃən | -trɔ̀f-] *n.* Ⓤ (호수의) 부영양화(富營養化)

E·va [í:və] *n.* 여자 이름

***e·vac·u·ate** [ivǽkjuèit] [L 「비우다」의 뜻에서] *vt.* **1** 〈장소·집 등을〉 **비우다**; (위험 지역 등에서) 소개(疎開)시키다, 피난[대피]시키다 **2** 〈군대를〉 **철수시키다** **3** 《문어》 〈위·장 등을〉 비우다; 〈대소변 등을〉 배설하다

***e·vac·u·a·tion** [ivæ̀kjuéiʃən] *n.* ⓊⒸ **1** 비우기, 명도(明渡) **2** 소개(疎開), 피난, 대피; 〖군사〗 철수; 후송 **3** 배설; 배설물

e·vac·u·ee [ivæ̀kjuí:] *n.* (공습 등의) 피난자; 철수자

***e·vade** [ivéid] [L 「밖으로 가다」의 뜻에서] *vt.* **1** (교묘하게) **피하다,** 면하다, 모면하다 **2** 〈질문 등을〉 회피하다; 〈의무·지불 등을〉 회피[기피]하다; 〈법률·규칙을〉 빠져나가다

***e·val·u·ate** [ivǽljuèit] *vt.* **평가하다,** 사정하다, 어림하다; 〖수학〗 …의 값을 구하다

***e·val·u·a·tion** [ivæ̀ljuéiʃən] *n.* Ⓤ **평가,** 사정; 〖수학〗 값을 구함

ev·a·nesce [èvənés] *vi.* (점점) 사라져 가다, 소실되다

ev·a·nes·cence [èvənésns] *n.* Ⓤ 《문어》 소실; 덧없음

ev·a·nes·cent [èvənésnt] *a.* 《문어》 (점점) 사라져 가는; 순간의, 덧없는
~·ly *ad.*

e·van·gel [ivǽndʒəl] *n.* **1** 복음(gospel); [보통 **E~**] 〖성서〗 (신약 성서 중의) 복음서; [the E~s] 〖성서〗 4복음서 **2** 희소식 **3** (정치 등의) 강령, 신조(信條)

e·van·gel·ic [ì:vændʒélik] *a.* = EVANGELICAL 2

e·van·gel·i·cal [ì:vændʒélikəl] *a.* **1** 복음(서)의, 복음 전도의 **2** 복음주의의 《영국에서는 Low Church 「저(低)교회파」를, 미국에서는 「신교 정통파」를 말함》 **3** = EVANGELISTIC 3
— *n.* 복음주의자, 복음파의 사람
~·ly *ad.*

e·van·gel·i·cal·ism [ì:vændʒélikəlìzm] *n.* Ⓤ 복음주의

e·van·ge·lism [ivǽndʒəlìzm] *n.* Ⓤ **1** 복음 전도 **2** 복음주의 《프로테스탄트의 일파로서 형식보다 신앙에 치중함》

e·van·ge·list [ivǽndʒəlist] *n.* **1** 복음서 저자 《Matthew, Mark, Luke, John》 **2** 복음 전도자 **3** 순회 설교자

e·van·ge·lis·tic [ivæ̀ndʒəlístik] *a.* **1** [**E~**] 복음서 저자의 **2** 복음 전도자의, 전도하는 **3** (복음) 전도적 열의에 불타는; 열렬한

e·van·ge·lize [ivǽndʒəlàiz] *vt.* 복음을 설교하다; 전도하다
— *vi.* 복음을 전하다; 전도하다

***e·vap·o·rate** [ivǽpərèit] [L 「증기(vapor)를 내다」의 뜻에서] *vt.* **1** 〈물 등을〉 **증발시키다**; (열 등으로 우유·야채·과일 등의) 수분을 빼다 **2** 〈희망 등을〉 소산(消散)시키다
— *vi.* **1** 증발하다 **2** 〈희망·열의 등이〉 사라지다, 소산하다

e·váp·o·rat·ed mílk [ivǽpərèitid-] 무가당 연유

***e·vap·o·ra·tion** [ivæ̀pəréiʃən] *n.* Ⓤ **1** 증발 (작용); 발산 **2** 증발 탈수법, 증발 건조 **3** (희망 등의) 소멸

e·va·sion [ivéiʒən] *n.* ⓊⒸ **1** (책임·의무 등의) 회피, 기피 **2** (대답을) 얼버무리기, 둘러대기

e·va·sive [ivéisiv] *a.* **1** 회피적인; 파악하기 어려운 **2** 〈대답 등을〉 둘러대는, 속임수의 **3** 〈시선 등을〉 똑바로 보려고 하지 않는; 교활한

⁑**eve** [i:v] [even²의 단축형] *n.* **1** 《고어·시어》 **저녁,** 밤 **2** (축제일의) **전날 밤, 전날** **3** (중요 사건·행사 등의) 직전 《*of*》

***Eve** [i:v] *n.* 〖성서〗 이브, 하와 《ADAM의 아내; 하느님이 창조한 최초의 여자》

Eve·lyn [évəlin, í:vlin] *n.* 여자 이름; 남자 이름

‡**e·ven**[1] [í:vən] *ad.* **1** [비교급을 강조하여] **한층** (더), **더욱** (더) **2** [일반적으로 수식하는 어구 앞에서] **a** …**까지도**, …**조차(도)**, …마저 **b** (그러기는 커녕) **오히려**, **정말로**

~ as ... 《문어》 마침[바로] …할 때에 […한 대로] ***~ if ...*** 비록 …할지라도 ***~ now*** (1) 지금이라도 (2) 《시어》 바로 지금 ***~ so*** (1) 비록 그렇다 하더라도 (2) 《고어》 정확히 그러하여 ***~ then*** (1) 심지어 그때에도, 그때라 할지라도 (2) 그렇다 하더라도, 그래도 ***~ though ...*** (1) …인[하는] 데도 (2) 비록 …할지라도

— *a.* (**~·er**; **~·est**) **1 a** 〈면이〉 **평평한**, **평탄한 b** 〈선 등이〉 **들쭉날쭉하지 않은**, 끊긴 데가 없는, 매끈한 **2** (…와) **같은 높이로**, 평행해서 《*with*》 **3 a** 〈동작이〉 **규칙적인**, 한결같은, 정연한 **b** 〈색 등이〉 **한결같은**, 고른 **c** 〈마음·기질 등이〉 한결같은, 차분한 **d** 〈음·생활 등이〉 단조로운, 평범한 **4** 《비교 없음》 **a 짝수의**(opp. *odd*) **b** 〈수·금액 등이〉 우수리 없는, 딱[꼭] (맞는) **5 a** 〈수량·득점 등이〉 **같은**, 동일한 **b** 균형 잡힌, 대등한, 막상막하의, 호각의 **c** 〈거래·심판 등이〉 공평한

get ~ (with) ... (1) …에게 보복하다, 대갚음하다 (2) 《미》 …에게 빚이 없어지다 ***on (an) ~ keel*** ⇨ keel

— *vt.* **1** 〈…을〉 평평하게 하다, 고르다 《*out, off*》 **2** 〈…을〉 평등[동등]하게 하다, 평형(平衡)하게 하다 《*up, out*》

~ (up) accounts 셈을 청산하다

— *vi.* **1** 평평하게 되다 《*out, off*》 **2** 균형이 잡히다, 호각이 되다, 균등해지다 《*up, out*》

~ up on[with] ... 《미·구어》 〈남(의 친절·호의)〉에 대해 보답하다, 답례하다

e·ven[2] [í:vən] *n.* 《고어·시어》 저녁, 밤 (evening)

e·ven·hand·ed [-hǽndid] *a.* 공평한, 공명정대한 **~·ly** *ad.*

‡**eve·ning** [í:vniŋ] *n.* ⒸⓊ **1 저녁** (때), **밤** 《일몰부터 잘 때까지》: early in the ~ 저녁 일찍 《이것이 in the early[late] ~보다도 많이 쓰임》 **2** [보통 수식어와 함께] …의 밤, 야회 **3** [the ~] 만년, 말로, 쇠퇴기 《*of*》

~ after[by] ~ 밤이면 밤마다, 매일 밤 ***good ~*** ⇨ good evening. ***of an ~*** 《고어》 저녁이면 흔히 ***this [yesterday, tomorrow] ~*** 오늘[어제, 내일] 저녁 ***toward ~*** 저녁 무렵에

— *a.* Ⓐ 저녁의; 저녁용의

évening clàss 야간 학급[수업]; 야학

évening drèss[clòthes] **1** 이브닝드레스 《여자용 야회복》 **2** (남자 또는 여자의) 야회용 예복, 야회복

évening gòwn (여성용) 야회복

évening pàper[edìtion] 석간

évening práyer [종종 **E~ P~**] 〖영국국교〗 저녁 기도

évening prímrose 〖식물〗 달맞이꽃

eve·nings [í:vniŋz] *ad.* 《미·방언》 저녁에는 (대개), 매일 저녁

évening schòol 야간 학교

évening stár [the ~] 금성 《해진 뒤 서쪽에 보이는 행성, 보통 Venus》 (cf. MORNING STAR)

*__e·ven·ly__ [í:vənli] *ad.* **1 고르게**, 평탄하게 **2** 평등하게; 공평하게

éven móney **1** (도박 등에서 거는) 대등한 금액의 돈 **2** 《비유》 동등한 가능성

e·ven·ness [í:vənnis] *n.* Ⓤ 반반함; 평등, 균등성; 공평; 침착

e·ven·song [í:vənsɔ̀:ŋ | -sɔ̀ŋ] *n.* ⒸⓊ **1** [종종 **E~**] 〖영국국교〗 저녁 기도 **2** [종종 **E~**] 〖가톨릭〗 저녁 기도

e·ven-ste·ven [-stí:vən] *a.* 《구어》 대등한; 동점인, 비긴

‡**e·vent** [ivént] [L 「밖으로 나오다, 나타나다」의 뜻에서] *n.* **1** (중요한) **사건**, 일어난 일, 행사; [(quite) an ~] 《구어》 대사건 **2** 《문어》 사상(事象) **3** 〖경기〗 종목, (경기 순서 중의) 한 게임, 한 판

at all ~s = ***in any ~*** 좌우간, 여하튼 간에 ***in either ~*** 여하간에 ***in that ~*** 그 경우에는, 그렇게 된다면 ***in the ~*** 결과적으로, 결국, 마침내(finally) ***in the ~ of*** = 《드물게》 ***in ~ of*** 만일 …의 경우에는(in case of) ***in the ~ (that) ...*** 《미》 (만약에) …할 경우에는 《if …가 일반적임》

e·ven-tem·pered [í:vəntémpərd] *a.* 마음이 안정된, 온화한 성질의, 침착한

e·vent·ful [ivéntfəl] *a.* **1** 사건[파란] 많은, 다사한 **2** 〈사건 등이〉 중대한: an ~ affair 중대 사건 **~·ly** *ad.* **~·ness** *n.*

e·ven·tide [í:vəntàid] *n.* Ⓤ 《시어》 황혼, 저녁 무렵

e·vent·less [ivéntlis] *a.* 사건 없는, 평온한

*__e·ven·tu·al__ [ivéntʃuəl] *a.* **최후의**, 결과로서[언젠가는] 일어나는

e·ven·tu·al·i·ty [ivèntʃuǽləti] *n.* (*pl.* **-ties**) **1** 예측 못할 사건, 일어날 수 있는 (좋지 않은) 사태 **2** Ⓤ 궁극, 결말

‡**e·ven·tu·al·ly** [ivéntʃuəli] *ad.* **결국**, 드디어, 마침내

e·ven·tu·ate [ivéntʃuèit] *vi.* 《문어》 **1** (좋은·나쁜) 결과가 되다; 결국 …으로 끝나다 《*in*》 **2** …에서 생기다, 일어나다 《*from*》

‡**ev·er** [évər] *ad.* **1 a** [의문문에서] **언젠가**, **일찍이**, 이제[지금]까지(에): Have you ~ seen a tiger? 호랑이를 본 일이 있습니까? **b** [no, nobody 등의 부정어로 시작되는 부정문에서] **전혀** (…하는 일이 없다); **결코** (…않다) 《not ever로 never의 뜻이 됨》: *Nobody* ~ comes to this part of the country. 이 지방에는 아무도 오는 사람이 없다. **c** [조건문에서] **언젠가**, 앞으로: If I ~ catch him! 그를 잡기만 해봐라! **d** [비교급·최상급 뒤에서 그 말을 강조하여] **이제까지**, 지금까지 **2 a** [긍정문에서] **언제나**, 항상, 줄곧, 시종(始終) **b** [복합어를 이루어] 언제나, 항상: *ever*-active 언제나 활동적인 **3 a** [의문사를 강조하여] **도대체**: *What* ~ is she doing? 그녀는

E

도대체 무엇을 하고 있는가? **b** [의문문의 형태로 감탄문에 써서] 《미·구어》 매우, 참으로: Is this ~ beautiful! 이것은 참으로 아름답지 않은가!

as ~ 여전히, 여느 때와 마찬가지로 ***Did you ~!*** 《구어》 금시초문이다, 정말인가, 별일 다 있군. 《Did you ever see[hear] the like?의 준말》 ***E~ yours*** = ***Yours ~*** 언제나 당신의 친구인 (아무개) 《친한 사이에서 사용하는 편지의 맺는 말; cf. YOURS》 ***for ~*** (1) 영원히 《《미》에서는 forever와 같이 한 단어로 적음》 (2) 언제나, 끊임없이 ***for ~ and ~*** = ***for ~ and a day*** 영원히, 언제까지나 ***hardly*** [***scarcely***] ~ 좀처럼[거의] …않다 ***If ~!*** 《구어》 = Did you EVER! ***never ~*** 《구어》 결코 …않다

***Ev·er·est** [évərist] 【인도의 측량 기사 Sir George Everest(1790-1866)의 이름에서】 *n.* **Mount ~ 에베레스트 산** 《히말라야 산맥(Himalayas) 중의 세계 최고봉; 8,850 m》

ev·er·glade [évərglèid] *n.* **1** 《미》 습지, 소택지 **2** [the E~s] 에버글레이즈 《미국 Florida 주 남부의 큰 소택지; 국립공원》

***ev·er·green** [évərgrìːn] *a.* **상록의**
— *n.* **1** 상록수, 늘푸른나무 **2** [*pl.*] 상록수의 가지 《장식용》

‡**ev·er·last·ing** [èvərlǽstiŋ | -láːst-] *a.* **1 영원히 계속되는**, 불후의, 영원한 **2** 영속성의, 내구성 있는 **3 끝없는**, 지루한
— *n.* **1** Ⓤ 영구, 영원 **2** [the E~] 영원한 존재, 신

ev·er·last·ing·ly [èvərlǽstiŋli | -láːst-] *ad.* 영구히; 끝없이

***ev·er·more** [èvərmɔ́ːr] *ad.* **항상**, 언제나(always); 영원토록, 영구히

‡**eve·ry** [évri] *a.* Ⓐ **1** [단수 가산명사와 함께 무관사로] **a 어느 …이나 다**, 모든, 모두(의) 《every …는 단수 구문을 취하나 all …은 복수 구문을 취함》 **b** [not와 함께 부분 부정을 나타내어] **모두가 다 …인 것은 아니다** **2** [추상명사와 함께] **가능한 한의**, 온갖, 충분한: He showed me ~ kindness. 그는 나에게 온갖 친절을 다 베풀어 주었다. **3 a** [단수 가산명사와 함께 무관사로] **매…**, **…마다** 《종종 부사구로 쓰임》: ~ day[week, year] 매일[주, 년] **b** [뒤에 '서수+단수명사' 또는 '기수 (또는 few 등)+복수명사'와 함께] **…걸러**, …간격으로, **…마다** 《종종 부사구로 쓰임》: ~ *second* week 1주일 걸러, 2주마다

~ man Jack (남자는) 누구나 모두 ***~ mother's son of them*** 《익살》 한 사람 남기지 않고, 누구나 다, 모두 ***~ now and then*** [***again***] = ***~ once in a while*** [***way***] 때때로, 이따금 ***~ one*** (1) [évriwʌ̀n] 모두, 누구나 《이 뜻으로는, 보통 everyone처럼 한 단어로 씀》 (2) [èvriwʌ́n] [특히 one의 뜻을 강조하여] 이것저것 모두, 어느 것이나 다 ***~ other*** (1) 그 밖의 모든 (2) 하나 걸러 ***~ so often*** = EVERY now and then ***~ time*** (1) [접속사적] (…할) 때마다 (2) 《구어》 언제고, 매번, 예외없이 ***~ which way*** 《미·구어》 (1) 사방팔방으로 (2) 뿔뿔이, 흩어져, 어수선하게

‡**eve·ry·bod·y** [évribɑ̀di, -bʌ̀di | -bɔ̀di] *pron.* **1 각자 모두, 누구든지** (모두): ~ else 다른 모든 사람 **2** [not와 함께 부분 부정을 나타내어] 누구나 다 …한 것은 아니다

‡**eve·ry·day** [évridèi] *a.* **1 매일의**, 나날의 **2** 일상의, 평상시의; 평범한

eve·ry·man [évrimæ̀n] *n.* 보통 사람 《15세기 영국의 권선징악극 *Everyman*의 주인공에서》

‡**eve·ry·one** [évriwʌ̀n] *pron.* = EVERYBODY

eve·ry·place [-plèis] *ad.* 《미》 = EVERYWHERE

‡**eve·ry·thing** [évriθìŋ] *pron.* **1 무엇이든지**, 모두, 매사, 만사 **2** [not와 함께 부분부정을 나타내어] 무엇이든지 …한 것은 아니다
— *n.* [be의 보어 또는 mean의 목적어로서] 가장 중요[소중]한 것[일]

and ~ 《구어》 그 밖에 이것저것 ***before ~*** 모든 것을 제쳐놓고, 무엇보다도 ***E~ has its drawback.*** 무엇이든지 결점이 없는 것은 없다. ***like ~*** 《미·구어》 전력을 다하여, 맹렬히

‡**eve·ry·where** [évrihwɛ̀ər] *ad.* **1 어디에나**, 도처에 **2** [접속사적으로] 어디에 …라도
— *n.* Ⓤ 《구어》 모든 곳

e·vict [ivíkt] *vt.* 〈소작인을〉 (법적 수속에 의해) 퇴거시키다; 《일반적으로》 축출하다(expel) 《*from*》

e·vic·tion [ivíkʃən] *n.* ⓊⒸ 축출, 쫓아냄; 되찾음

evíction òrder 퇴거 명령

e·vic·tor [ivíktər] *n.* 퇴거시키는 사람

‡**ev·i·dence** [évədəns] 【L 「눈에 분명히 보이는 것」의 뜻에서】 *n.* **1** Ⓤ **증거**, 물증 《*for, of*》; 【법】 증언; Ⓒ 증거 물건; 증인 **2 흔적**, 징표 《*of*》

in ~ 뚜렷이; 눈에 띄어; 증거로서 ***on ~*** 증거가 있어서

‡**ev·i·dent** [évədənt] 【L 「분명히 보이는」의 뜻에서】 *a.* **분명한**(plain), 명백한

ev·i·den·tial [èvədénʃəl] *a.* 증거의; 증거가 되는

‡**ev·i·dent·ly** [évədəntli, -dènt-] *ad.* **1** [문장 전체를 수식하여] **분명히**, 명백히 **2** 아무래도 (…듯하다)

‡**e·vil** [íːvəl] *a.* (**more ~, most ~**; 때로 **~·(l)er; ~·(l)est**) **1** (도덕적으로) 나쁜(bad), 사악한, 흉악한 **2 불길한**, 운이 나쁜, 흉한

fall on ~ days 불우한 때를 만나다 ***in an ~ hour*** [***day***] 운수 사납게, 불행히도
— *n.* **1** Ⓤ 악, 불선(不善), 사악(wickedness); 죄악 **2** 재난; 불행 **3** 해악, 악폐
— *ad.* 나쁘게

e·vil·do·er [-dùːər] *n.* 악행자, 악인

e·vil·do·ing [-dùːiŋ] *n.* Ⓤ 나쁜 짓, 악

évil éye 악의에 찬 눈초리; [보통 the ~] 흉안(凶眼)(을 가진 사람)

E

e·vil-look·ing [-lúkiŋ] *a.* 인상이 나쁜
e·vil·ly [íːvəlli] *ad.* 간악하게, 흉악하게
e·vil-mind·ed [íːvəlmáindid] *a.* 심사가 나쁜, 속 검은, 심술궂은
e·vil·ness [íːvəlnis] *n.* Ⓤ 악, 불선(不善), 사악
Évil Òne [the ~] 악마, 사탄(the Devil)
e·vil-tem·pered [-témpərd] *a.* 몹시 언짢은
e·vince [ivíns] *vt.* 《문어》 명시하다; 〈감정 등을〉 나타내다
e·vis·cer·ate [ivísərèit] *vt.* **1** 〖외과〗 창자[내장]를 빼내다 **2** 〈의논 등의〉 골자를 빼버리다
ev·o·ca·tion [ìːvoukéiʃən, èvə-] *n.* ⓊⒸ (강신(降神)·영혼의) 불러냄, 초혼(招魂); (기억 등의) 환기; 〖법〗 (상급 법원으로의) 소권(訴權) 이송
e·voc·a·tive [ivɑ́kətiv | ivɔ́k-] *a.* Ⓟ 〈…을〉 환기시키는 《*of*》
∗**e·voke** [ivóuk] [L 「부르다」의 뜻에서] *vt.* **1** 〈감정·기억 등을〉 **일깨우다, 환기시키다** **2** 〈웃음·갈채 등을〉 자아내다 **3** 〈영혼 등을〉 불러내다
‡**ev·o·lu·tion** [èvəlúːʃən, ìːv-] *n.* **1** Ⓤ **발달**, 전개, 발전 **2** Ⓤ 〖생물·천문〗 **진화**, 진화론: the theory[doctrine] of ~ 진화론
ev·o·lu·tion·al [èvəlúːʃənl, ìːv-] *a.* = EVOLUTIONARY **~·ly** *ad.*
∗**ev·o·lu·tion·ar·y** [èvəlúːʃənèri, ìːv- | -ʃənəri] *a.* **1 진화(론)적인** **2** 전개[진전]적인; 진화적인
ev·o·lu·tion·ism [èvəlúːʃənìzm, ìːv-] *n.* Ⓤ 진화론 **-ist** *n.*, *a.* 진화론자(의)
∗**e·volve** [ivɑ́lv | ivɔ́lv] [L 「회전하며 나오다[열리다]」의 뜻에서] *vt.* **1** 〈논리·의견·계획 등을〉 **서서히 발전[전개]시키다** **2** 〖생물〗 **진화[발달]시키다** **3** 〈냄새·증기 등을〉 방출하다 **—** *vi.* **1** 서서히 발전[전개]하다 **2** 〖생물〗 진화하다
EW enlisted woman
∗**ewe** [juː] [동음어 you, yew] *n.* **암양** (⇨ sheep)
ew·er [júːər] [동음어 your] *n.* (주둥이가 넓은 세안용) 물병, 물주전자(pitcher)
ex [eks] [L = from, out of] *prep.* **1** …으로부터 《*from*》 **2 a** 〖상업〗 …에서 인도(引渡)하는 **b** 〖증권〗 …락(落), …없이
ex-[1] [eks] *pref.* 「전의; 전…」(former)의 뜻
ex-[2] *pref.* 「…으로부터; 밖으로; 전적으로」의 뜻
ex. examination; examined; example; exception; exchange
Ex. Exodus
ex·ac·er·bate [igzǽsərbèit] *vt.* 〈고통·병·원한 등을〉 더욱 심하게 하다, 악화시키다; 〈사람을〉 격분시키다
ex·ac·er·ba·tion [igzæ̀sərbéiʃən] *n.* Ⓤ 격화, 악화; 분노
‡**ex·act** [igzǽkt] *a.* **1 정확[적확]한** **2** 엄중한, 엄격한 **3** 정밀한, 엄밀한 **4** 꼼꼼한 《*in*》 ***to be*** ~ 엄밀히 말하면
— *vt.* **1** 〈복종 등을〉 **강요하다**, 무리하게 요구하다; 〈세금 등을〉 가차없이 거두다 **2** 〈사정이 사람에게〉 강요하다, 부득이 …하게 하다 **~·ness** *n.*
ex·act·ing [igzǽktiŋ] *a.* 〈사람이〉 힘든 일을 요구하는; 가혹한, 엄격한; 〈일이〉 고된, 힘드는, 쓰라린
ex·ac·tion [igzǽkʃən] *n.* **1** Ⓤ 강청(强請), 강요, 강제 징수; 부당한 요구 **2** 강제 징수금, 가혹한 세금
ex·ac·ti·tude [igzǽktətjùːd | -tjùːd] *n.* ⓊⒸ 정확성, 정밀도; 엄정; 엄격
‡**ex·act·ly** [igzǽktli] *ad.* **1 정확하게(는)**, 엄밀하게(는) **2 꼭**, 바로, 조금도 틀림없이 **3** [yes의 대용] 그렇소, 바로 그렇습니다
not ~ 반드시 그렇지는 않다, 조금 틀리다
ex·ac·tor [igzǽktər] *n.* 강요하는 사람
‡**ex·ag·ger·ate** [igzǽdʒərèit] [L 「쌓아 올리다」의 뜻에서] *vt.* **1 과장하다**; 지나치게 강조하다 **2** 과대시하다
— *vi.* 과장해서 말하다
∗**ex·ag·ger·at·ed** [igzǽdʒərèitid] *a.* **과장된**; 〈기관(器官) 등이〉 비정상적으로 커진 **~·ly** *ad.*
∗**ex·ag·ger·a·tion** [igzæ̀dʒəréiʃən] *n.* Ⓤ **과장**; 과대시; Ⓒ 과장된 표현
∗**ex·alt** [igzɔ́ːlt] [L 「들어올리다」의 뜻에서] *vt.* **1** 《문어》 〈신분·지위·권력 등을〉 **높이다**, 올리다, 승진시키다 **2** 칭찬[찬양]하다 **3** 〈상상력 등을〉 강화하다, 높이다
ex·al·ta·tion [ègzɔːltéiʃən, èksɔːl-] *n.* **1** 승진; 칭찬, 찬미 **2** 의기양양, 기고만장; 열광적인 기쁨
∗**ex·alt·ed** [igzɔ́ːltid] *a.* **1 고귀한**, 지위[신분]가 높은 **2** 기뻐 날뛰는, 의기양양한 **~·ly** *ad.*
ex·am [igzǽm] [*exam*ination] *n.* 《구어》 시험
‡**ex·am·i·na·tion** [igzæ̀mənéiʃən] *n.* **1** ⓊⒸ **조사**, 검사, 심사(함); (학설·문제의) 고찰, 검토; 진찰 **2 시험**, (성적) 고사(test) 《*in*》 《중간 시험은 **midterm examination** 또는 **midyears**, 기말 시험은 **finals**, 주 1회 정도의 작은 시험은 **quiz**라고 함》 **3** ⒸⓊ 〖법〗 (증인) 심문 《*of*》; 심리
go in[***up***] ***for*** one***'s*** ~ 시험을 보다 ***make an*** ~ ***of*** …을 검사[심사]하다 ***on*** ~ 검사[조사]한 후에; 조사해 본즉 ***sit for***[***take***] ***an*** ~ 시험을 치르다
examinátion pàper 시험 문제지; 시험 답안지
‡**ex·am·ine** [igzǽmin] [L 「(무게를) 측정하다」의 뜻에서] *vt.* **1 검사[조사, 심사]하다** **2 진찰하다** **3 시험하다**, (구두) 시문(試問)하다(test) 《*in*, *on*》 **4** 〖법〗 〈증인을〉 심문하다, 심리하다
— *vi.* 조사[심리, 검토]하다 《*into*》
ex·am·in·ee [igzæ̀məníː] *n.* 수험자; 심리를 받는 사람
∗**ex·am·in·er** [igzǽmənər] *n.* **시험관**; **검사관**, 심사원; 〖법〗 증인 심문관
satisfy the ~(***s***) (시험에서) 합격점을 따다 《honours가 아니고 pass를 따다》
‡**ex·am·ple** [igzǽmpl | -zɑ́ːm-] [L 「집어낸 것」의 뜻에서] *n.* **1 보기**, **예**, 실례 **2 모범**, 본보기; **견본**,

표본 **3** 본보기(로서의 벌), 경고(warning) **4** 전례
as an ~ = by way of ~ 예증으로서, 한 예로서 ***follow the ~ of*** a person = ***follow*** a person***'s ~*** …을 본받다 ***for ~*** 예컨대, 이를테면 ***make an ~ of*** a person …을 본보기로 징계하다 ***set*** [***give***] ***a good ~ to*** …에게 좋은 본을 보이다 ***take ~ by*** a person …을 본받다 ***to give*** [(영) ***take***] ***an ~*** 일례를 들면

∗**ex·as·per·ate** [igzǽspərèit | -zɑ́:s-] 〔L 「거칠게 하다」의 뜻에서〕 *vt.* **1** 성나게 하다, 격분시키다 《*against, at, by*》 **2** (드물게) 〈감정·병 등을〉 악화시키다

ex·as·per·a·tion [igzæ̀spəréiʃən | -zɑ̀:s-] *n.* Ⓤ 격분, 분노; 격화, 악화
in ~ 격노하여

ex ca·the·dra [èks-kəθí:drə] 〔L = from the chair〕 *ad., a.* 권위를 가지고

ex·ca·vate [ékskəvèit] 〔L 「굴(cave)을 파다」의 뜻에서〕 *vt.* 〈굴·구멍을〉 파다, 굴착하다, 개착(開鑿)하다; 〈묻힌 것을〉 발굴하다

∗**ex·ca·va·tion** [èkskəvéiʃən] *n.* **1** 굴, 구덩이; 개착로 **2** Ⓤ 굴착, (구덩이를) 파기, 개착 **3** 〖고고학〗 발굴; Ⓒ 발굴물, 유적

ex·ca·va·tor [ékskəvèitər] *n.* **1** 발굴자; 굴착자[기] **2** 〖치과〗 엑스커베이터 《긁어내는 기구》

‡**ex·ceed** [iksí:d] 〔L 「넘어가다」의 뜻에서〕 *vt.* **1** 〈수·양·정도를〉 넘다 **2** 〈…의 한도를〉 넘다 **3 a** …보다 크다, 〈…만큼〉 초과하다 《*by*》 **b** 우월하다, 능가하다
— *vi.* 도를 넘다; 탁월하다 《*in*》

∗**ex·ceed·ing** [iksí:diŋ] *a.* 엄청난; 대단한, 굉장한

‡**ex·ceed·ing·ly** [iksí:diŋli] *ad.* 대단히, 굉장히, 엄청나게

‡**ex·cel** [iksél] 〔L 「위에 서다」의 뜻에서〕 *v.* (**~led**; **~·ling**) *vt.* 〈남을〉 능가하다, …보다 낫다 《*in, at*》
— *vi.* 빼어나다, 탁월하다 《*in, at*》

∗**ex·cel·lence** [éksələns] *n.* Ⓤ 우수, 탁월 《*at, in*》

∗**ex·cel·len·cy** [éksələnsi] *n.* (*pl.* **-cies**) [보통 **E~**] 각하 《장관·대사 등에 대한 존칭》: His[Her] *E~* 각하[각하 부인] 《간접 호칭》 《복수형은 Their *Excellencies*》 / Your *E~* 각하 부인 《직접 호칭》

‡**ex·cel·lent** [éksələnt] *a.* 우수한, 아주 훌륭한(very good), 뛰어난; 〈성적이〉 수의 **~·ly** *ad.*

ex·cel·si·or[1] [iksélsiər | eksélsiɔ̀:] *n.* Ⓤ 대패밥 《포장용》; (미) 〖인쇄〗 3포인트 활자

ex·cel·si·or[2] [iksélsiɔ̀:r | ek-] 〔L = higher〕 *int.* 더욱 더 높이 《미국 New York 주의 표어》

‡**ex·cept** [iksépt] 〔L 「집어내다」의 뜻에서〕 *prep.* …을 제하고는, …외에는
~ for …을 제하고는; …이 없다면(but for), …은 있지만 (그 이외는) ***~ that*** …인 것 외는[말고는]
— *conj.* **1** (구어) 다만(only) **2** [부사구나 절을 수반하여] …을 제외하고, …이외에는
— *vt.* …을 빼다, 제외하다 《*from*》
— *vi.* …에 반대하다 《*against, to*》

ex·cept·ed [ikséptid] *a.* Ⓟ [명사 뒤에서] 제외되어, 예외인

ex·cept·ing [ikséptiŋ] *prep.* [대개 문두, 또는 not나 without 뒤에서] …을 빼고, …말고는, …을 제외하면
always ~ (영) …을 제외하고(는); 〖법〗 다만 …은 차한(此限)에 부재(不在)로 하고

‡**ex·cep·tion** [iksépʃən] *n.* Ⓤ **1** 제외 **2** Ⓒ 예외, 이례 《*to*》 **3** 이의; 〖법〗 이의 신청
make an ~ of your case (너는) 예외로 하다, 특별 취급하다 ***make no ~(s)*** 예외 취급을 하지 않다 ***take ~*** 이의를 말하다, 불복이라고 말하다 《*to, against*》; 화를 내다《*at*》 ***The ~ proves the rule.*** (속담) 예외가 있다는 것은 곧 규칙이 있다는 증거이다. ***without ~*** 예외 없이 ***with the ~ of*** [***that ...***] …을 제외하고는, …외에는

ex·cep·tion·a·ble [iksépʃənəbl] *a.* [보통 부정문으로] (문어) 이의(異議)를 말할 수 있는, 비난의 여지가 있는

∗**ex·cep·tion·al** [iksépʃənl] *a.* **1** 예외적인 **2** 특별한, 보통을 벗어난, 드문; 비범한, 뛰어난

∗**ex·cep·tion·al·ly** [iksépʃənəli] *ad.* 예외적으로, 특별히

∗**ex·cerpt** [éksə:rpt] *n.* (*pl.* **~s, -cerp·ta** [eksə́:rptə]) 발췌록, 발췌, 초록(抄錄), 인용구
— [iksə́:rpt, eksə́:rpt] *vt.* 발췌하다, 인용하다 《*from*》

‡**ex·cess** [iksés, ékses] *n.* **1** Ⓒ 초과, 초과량[액]; Ⓤ 과다, 과잉 《*of*》 **2** Ⓤ 지나침; 과도 **3** Ⓤ 부절제; [*pl.*] 폭음, 폭식; [보통 *pl.*] 난폭
carry a thing ***to ~*** …을 지나치게 하다
in ~ of …을 초과하여
— [ékses, iksés] *a.* Ⓐ 여분의, 초과한

‡**ex·ces·sive** [iksésiv] *a.* 과도의, 지나친, 과대한, 엄청난
~·ly *ad.* **~·ness** *n.* Ⓤ 과도

exch. exchange; exchequer

‡**ex·change** [ikstʃéindʒ] *vt.* **1** 교환하다, 환전하다 《*for*》; 교역하다 《*with*》 **2** 주고받다 《*with*》 **3** 〈갑〉을 버리고 〈을〉을 취하다 《*for*》
— *vi.* 교환하다; 교체하다 《*from* A *into* B》; 환전되다 《*for*》
— *n.* **1** ⓊⒸ 교환 **2** 바꾼 것, 교환물 **3** Ⓤ 환금; 환(換); 환시세 **4** [보통 **E~**] 거래소(Change); (전화의) 교환국: the Stock[Corn] *E~* 증권[곡물] 거래소
bill of ~ 환어음 ***in ~*** (***for***) (…와) 교환으로 ***make an ~*** 교환하다 ***par of ~*** (환의) 법정 평가 ***the rate of ~*** 외환 시세, 환율

ex·change·a·ble [ikstʃéindʒəbl] *a.* 교환[교역]할 수 있는

exchánge ràte [the ~] 외환 시세, 환율

exchánge stùdent 교환 학생

ex·che·quer [ékstʃekər, ikstʃékər] *n.* **1** 국고; Ⓤ 《영·구어》 (개인·회사 등의) 재원, 재력, 자력 **2** [the E~] 《영》 재무부: the Chancellor of *the E~* 재무부 장관

ex·cise[1] [éksaiz] *n.* 소비세(= ∸ **tàx** [**dùty**])

ex·cise[2] [iksáiz] *vt.* **1** 《문어》 〈문장·구 등을〉 삭제하다 《*from*》 **2** 〈종기 등을〉 절제(切除)하다

ex·ci·sion [iksíʒən] *n.* Ⓤ **1** 삭제 **2** 《외과》 절단, 절제 **3** (교회로부터) 파문(破門)

ex·cit·a·bil·i·ty [iksàitəbíləti] *n.* Ⓤ 격하기 쉬운 성질; 흥분성

*__ex·cit·a·ble__ [iksáitəbl] *a.* **격하기 쉬운,** 흥분하기 쉬운; 흥분성의 **-bly** *ad.*

‡**ex·cite** [iksáit] [L 「불러내다」의 뜻에서] *vt.* **1 흥분시키다** **2** 〈감정 등을〉 **일으키다**; 〈주의 등을〉 환기하다, 〈흥미·호기심을〉 일깨우다 **3** 분기시키다; 〈폭동 등을〉 선동하다, 야기하다 **4** 《생리》 〈기관·조직을〉 자극하다

*__ex·cit·ed__ [iksáitid] *a.* **흥분한** 《*at, by, about*》

*__ex·cit·ed·ly__ [iksáitidli] *ad.* **흥분[격분]하여,** 기를 쓰고

‡**ex·cite·ment** [iksáitmənt] *n.* **1** Ⓤ **흥분 (상태)**; ⓊⒸ (기쁨의) 소동, (인심의) 동요 **2** 자극(하는 것) 《*of*》

ex·cit·er [iksáitər] *n.* 자극하는 사람[것]; 《의학》 자극[흥분]제

‡**ex·cit·ing** [iksáitiŋ] *a.* **흥분시키는,** 자극적인, 손에 땀을 쥐게 하는 **~·ly** *ad.*

‡**ex·claim** [ikskléim] [L 「바깥을 향해 소리지르다」의 뜻에서] *vi.* **외치다,** 소리[고함]치다, 소리 지르다 — *vt.* …이라고 큰소리로 말하다, 외치다: "You fool!" he *~ed.* 「바보야!」라고 그는 소리쳤다.

‡**ex·cla·ma·tion** [èkskləméiʃən] *n.* **외침; 감탄;** 절규; Ⓒ 《문법》 감탄사, 감탄문

exclamátion màrk[《미》 **pòint**] 느낌표, 감탄 부호 《!》

*__ex·clam·a·to·ry__ [iksklǽmətɔ̀:ri | -təri] *a.* **감탄조의,** 감탄을 나타내는: an ~ sentence 《문법》 감탄문

ex·clave [ékskleiv] *n.* 타국 내에 고립되어 있는 자국의 영토

‡**ex·clude** [iksklú:d] [L 「못 들어오게 하다」의 뜻에서] *vt.* **1 못 들어오[가]게 하다; 제외하다,** 배제하다 《*from*》 **2** 몰아내다 **3** 〈가능성·의혹의〉 여지를 전혀 주지 않다, 불가능하게 하다

ex·clud·ing [iksklú:diŋ] *prep.* …을 제외하고[한]

*__ex·clu·sion__ [iksklú:ʒən] *n.* ⓊⒸ **제외,** 배제 ***to the ~ of*** …을 제외할 만큼

‡**ex·clu·sive** [iksklú:siv] *a.* **1 배타[배제]적인** **2 독점적인**; 〈기사가〉 특종의 **3** (…을) 제외하고 《*of*》 **4** 〈호텔·상점 등이〉 회원을 엄선하는, 상류의, 고급의 **5** 유일의, 하나 밖에 없는
— *n.* 배타적인 사람; (신문 등의) 독점 기사, 특종; 독점적 권리 **~·ness** *n.*

*__ex·clu·sive·ly__ [iksklú:sivli] *ad.* **배타적으로; 독점적으로;** 오로지

ex·cog·i·tate [ekskɑ́dʒətèit | -kɔ́dʒ-] *vt.* 생각해 내다, 고안해 내다

ex·cog·i·ta·tion [ekskɑ̀dʒətéiʃən | -kɔ̀dʒ-] *n.* ⓊⒸ 생각해 냄, 안출; 고안(물)

ex·com·mu·ni·cate [èkskəmjú:nəkèit] *vt.* 〈교회가〉 제명하다, 파문하다; 추방하다

ex·com·mu·ni·ca·tion [èkskəmjù:nəkéiʃən] *n.* ⓊⒸ (종교상의 형벌로의) 파문

ex·con·vict [èkskɑ́nvikt | -kɔ́n-] *n.* 전과자

ex·co·ri·ate [ekskɔ́:rièit] *vt.* 《문어》 **1** 통렬히 비난하다 **2** 〈사람의〉 피부를 벗기다; 〈가죽을〉 벗기다

ex·co·ri·a·tion [ikskɔ̀:riéiʃən] *n.* **1** Ⓤ (피부를) 벗김; 찰과상 **2** Ⓤ 맹렬한 비난

ex·cre·ment [ékskrəmənt] *n.* Ⓤ 《문어》 배설물; [종종 *pl.*] 대변

ex·cres·cence, -cen·cy [ikskrésns(i)] *n.* **1** (동·식물체에 발생하는) 이상 생성물 **2** 쓸데 없는 것, 무용지물

ex·cres·cent [ikskrésnt] *a.* (병적으로) 불거져 나온; 군살의, 혹의

ex·cre·ta [ikskrí:tə] *n. pl.* 《생리》 [보통 단수 취급] 배설물 《대변·소변·땀 등》

ex·crete [ikskrí:t] *vt.* 《생리》 배설하다; 분비하다(cf. SECRETE[1])

ex·cre·tion [ikskrí:ʃən] *n.* ⓊⒸ 《생리》 **1** 배설 (작용) **2** 배설물

ex·cre·to·ry [ékskritɔ̀:ri | ikskrí:təri] *a.* 배설의

ex·cru·ci·ate [ikskrú:ʃièit] *vt.* (육체적·정신적으로) 몹시 괴롭히다; 고문하다

ex·cru·ci·at·ing [ikskrú:ʃièitiŋ] *a.* **1** 고문받는 (듯한); 몹시 괴로운, (괴로워) 견딜 수 없는 **2** 맹렬한, 대단한, 극도의 **~·ly** *ad.*

ex·cul·pate [ékskʌlpèit] *vt.* 《문어》 **1** 무죄로 하다; 무죄임을 증명하다 **2** 〈증거·사실 등이〉 죄를 면하게 하다

ex·cul·pa·tion [èkskʌlpéiʃən] *n.* Ⓤ 변명, 변호

‡**ex·cur·sion** [ikskə́:rʒən | -ʃən] [L 「밖으로 뛰어나가다」의 뜻에서] *n.* **소풍, 짧은 여행,** 유람; (특별 할인의) 왕복[일주] 여행
go on*[*for*] *an ~ 소풍 가다 ***make*** [***take***] ***an ~ to*[*into*]** …로 소풍 가다
~·ist *n.* 소풍 가는 사람; 유람 여행자

ex·cur·sive [ikskə́:rsiv] *a.* 본론에서 벗어난, 산만한

ex·cus·a·ble [ikskjú:zəbl] *a.* 용서할 수 있는, 변명이 서는 **-bly** *ad.*

‡**ex·cuse** [ikskjú:z] *vt.* **1 용서하다** **2 변명하다,** 핑계를 대다; [보통 부정어와 함께 쓰여서] 〈사정이〉 …의 변명이 되다 **3** 〈의무·빚 등을〉 **면제하다**
E~ me. [종종 skjú:z-mi:] (1) 미안합니다, 실례합니다: *E~* me, (but) ... 죄송합니다만 … (2) [상승조의 의문문으로] 《미》 뭐라고 하셨습니까? **~ one*self*** 변명하다 《*for*》; 사양하다, 면하여 주기를 바라다 《*from*》; 양해를 구하고 자리를 뜨다 《*from*》 ***May I be ~d?*** (학교에서 학생이) 화장실에 가도 되겠습니까?

— [ikskjúːs] *n.* ⓊⒸ **1** **변명**; 핑계, 구실; [보통 *pl.*] 사죄, 사과 **2** 이유, 근거 ((*for*))
a poor*[*bad*] ~** ((구어)) 명목뿐인 것 ((*for*)) ***in* ~ *of …의 변명으로서 ***make an* ~ (*for* ...)** (…의) 변명을 하다 ***without* ~** 이유 없이

ex·di·rec·to·ry [èksdiréktəri] *a.* ((영)) 〈전화번호가〉 전화번호부에 실리지 않은 (((미)) unlisted)

ex div. ex dividend

èx dívidend 〚증권〛 배당락(配當落) ((略 ex div., ed.; opp. *cum dividend*))

exec. executive; executor

ex·e·cra·ble [éksikrəbl] *a.* 저주할, 밉살스러운, 지긋지긋한; 형편없는
-bly *ad.*

ex·e·crate [éksəkrèit] *vt.*, *vi.* (통렬히) 비난하다; 몹시 싫어하다; (고어) 저주하다

ex·e·cra·tion [èksəkréiʃən] *n.* **1** Ⓤ 저주, 몹시 싫어함 **2** 주문(呪文); 저주받은 사람[것], 몹시 싫은 것

ex·e·cut·able [éksəkjùːtəbl] 실행[수행·집행]할 수 있는

éxecutable fíle 〚컴퓨터〛 실행 파일

ex·ec·u·tant [igzékjutənt] *n.* 실행자; 연주자

‡**ex·e·cute** [éksəkjùːt] [L 「바깥까지 쫓다」의 뜻에서] *vt.* **1** 〈계획·명령 등을〉 **실행하다, 수행하다** **2** **사형에 처하다,** 처형하다 **3** 〈미술품 등을〉 완성하다, 제작하다; 〈배역을〉 연기하다; 〈악곡을〉 연주하다 **4** 〚법〛 **a** 〈법률·판결 등을〉 **집행하다,** 실시하다 **b** 〈증서·계약서 등을〉 작성[완성]하다; (영) 〈재산을〉 양도하다 **5** 〚컴퓨터〛 〈프로그램 명령 등을〉 실행하다

∗**ex·e·cu·tion** [èksikjúːʃən] *n.* Ⓤ **1** (직무·재판·처분·유언 등의) **실행, 집행** **2** **사형 집행,** 처형; ((특히)) 강제 집행[처분] **3** (미술 작품의) 제작; (배우의) 연기; 〚음악〛 연주 **4** 〚법〛 (증서의) 작성
***carry into*[*put in*(*to*)] ~** 실행하다
***forcible* ~** 강제 집행

ex·e·cu·tion·er [èksikjúːʃənər] *n.* 사형 집행인

‡**ex·ec·u·tive** [igzékjutiv] *a.* Ⓐ **1** **실행[수행, 집행]의,** 집행력이 있는 **2** **행정적인,** 행정상의 **3** **관리의,** 경영의
— *n.* ((略 exec., ex.)) **1** (기업의) **임원, 관리직(원),** 경영진, 중역 **2 a** **행정관** **b** [the E~] (미) 행정 장관 ((대통령·주지사·시장 등)) **3 a** [the ~] (정부의) 행정부 **b** 실행 위원회, 집행부

Exécutive Mánsion [the ~] (미) 대통령 관저(the White House); 주지사 관저

∗**ex·ec·u·tor** [igzékjutər] *n.* (*fem.* **-trix** [-triks]) **1** 〚법〛 (지정) **유언 집행인** **2** [éksikjùːtər] 집행자

ex·ec·u·trix [igzékjutriks] *n.* (*pl.* **-tri·ces** [igzèkjutráisiːz], **~·es**) 〚법〛 여자 지정 유언 집행인

ex·e·ge·sis [èksidʒíːsis] *n.* (*pl.* **-ses** [-siːz]) (특히 성경의) 주해, 해석

ex·em·plar [igzémplər] *n.* 모범, 본; 견본, 표본; 〚철학〛 원형

ex·em·pla·ry [igzémpləri] *a.* 모범[전형]적인; 훌륭한; 본보기의, 대표적인
-plar·i·ly *ad.*

ex·em·pli·fi·ca·tion [igzèmpləfikéiʃən] *n.* **1** ⓊⒸ 예증(例證), 예시 **2** 사례, 적례(適例)

∗**ex·em·pli·fy** [igzémpləfài] [L 「예(example)를 만들다」의 뜻에서] *vt.* (**-fied**) **1** **예증[예시, 실증]하다;** 〈일이〉 …의 좋은 예가 되다 **2** 〚법〛 복사하다; 인증등본을 만들다

ex·em·pli gra·ti·a [egzémpli:-gráːtiàː, -plai-gréiʃiə] [L = for example] *ad.* 예컨대 ((略 e.g.))

∗**ex·empt** [igzémpt] [L 「집어내다」의 뜻에서] *vt.* 〈의무 등을〉 **면제하다**
— *a.* 면제된(free) ((*from*))
— *n.* (의무·책임 등을) 면제받은 사람; ((특히)) 면세자

∗**ex·emp·tion** [igzémpʃən] *n.* Ⓤ (세금의) **공제;** …의 면제 ((*from*))

‡**ex·er·cise** [éksərsàiz] *n.* **1** Ⓤ (몸의) **운동** **2** **연습,** 실습; 습작 **3** **연습 문제,** 과제 **4** [종종 the ~] (정신력 등을) **활동시킴,** 사용 ((*of*)); (능력·권리의) **행사,** 집행 ((*of*)) **5** [*pl.*] (미) 식, 의식
***do* one*'s* ~** 〈학생이〉 학과를 공부하다
— *vt.* **1** 〈사람·말·개 등을〉 **운동시키다;** 훈련하다; 〈손·발을〉 움직이다 **2** 〈힘·능력·지력 등을〉 작용시키다, 사용하다 **3** 〈권력 등을〉 **행사하다;** 〈맡은 일을〉 다하다 **4** 〈영향·감화 등을〉 미치다 ((*on, over*)) **5** [보통 수동형으로] (…대하여) 걱정[고민]하다
~ one*self* in …의 연습을 하다
— *vi.* 연습하다; 운동하다

éxercise bòok 연습장(notebook); 연습 문제집

‡**ex·ert** [igzɔ́ːrt] [L 「뻗치다」의 뜻에서] *vt.* **1** 〈힘·능력 등을〉 **쓰다,** 행사하다; [~ one*self* 로] 노력하다 ((*for*)) **2** 〈위력 등을〉 발휘하다, 〈압력을〉 가하다, 〈감화를〉 미치다

∗**ex·er·tion** [igzɔ́ːrʃən] *n.* **1** **노력,** 진력: use[make, put forth] ~*s* 진력하다, 힘쓰다 **2** (권력의) 행사(行使) ((*of*))

ex·e·unt [éksiʌnt, -ənt] [L = they go out] *vi.* 〚연극〛 퇴장하다

ex gra·ti·a [eks-gréiʃiə] [L = out of grace] *ad.*, *a.* 호의로서(의)

ex·ha·la·tion [èks*h*əléiʃən] *n.* **1** Ⓤ 발산, 증발, 숨을 내쉼(opp. *inhalation*) **2** ⓊⒸ 증발기(氣) ((수증기·안개 등)); (향기·취기 등의) 발산물

∗**ex·hale** [eks*h*éil] [L 「숨을 쉬다」의 뜻에서] *vt.* **1** 〈숨 등을〉 **내쉬다** **2** 〈증기·향기 등을〉 발산[방출]하다 — *vi.* **1** **숨을 내쉬다** **2** 발산[증발]하다

‡**ex·haust** [igzɔ́ːst] [L 「물을 퍼내다」의 뜻에서] *vt.* **1** **다 써버리다;** 〈그릇을〉 비우다, 내용물을 비우다 **2** [종종 수동형으로] 〈자원·국고를〉 **소진시키다,** 고갈시키다; 〈체력·인내력 등을〉 소모하다 **3** 〈국가·사람을〉 **피폐시키다** **4** 〈연구 과제 등을〉 철저히 규명하다

— *n.* [UC] (기체의) 배출; 배기가스; 배기 장치, 배기관(= ~ pipe)

∗**ex·haust·ed** [igzɔ́:stid] *a.* **1 다 써버린,** 소모된, 고갈된; 다 퍼버린, 물이 마른 〈우물 등〉 **2** 지칠대로 지친

∗**exháust gàs[fùmes]** **배기 가스** 《자동차의》

ex·haust·i·ble [igzɔ́:stəbl] *a.* 고갈시킬 수 있는, 다 사용할 수 있는

∗**ex·haus·tion** [igzɔ́:stʃən] *n.* [U] **1 다 써버림,** 소모, 고갈 《*of*》 **2** (극도의) 피로, 기진(맥진)

∗**ex·haus·tive** [igzɔ́:stiv] *a.* **철저한**; 고갈시키는, 소모적인

ex·haus·tive·ly [igzɔ́:stivli] *ad.* 철저하게, 남김없이, 속속들이

exháust pìpe (엔진의) 배기관

‡**ex·hib·it** [igzíbit] [L 「내놓다」의 뜻에서] *vt.* **1** 〈작품·상품을〉 **전시[전람]하다,** 출품하다 **2** 〈감정·관심 등을〉 **나타내다,** 보이다 **—** *vi.* 전시회를 개최하다, 출품하다 **—** *n.* **1 전시, 전람**; 전시회, 전람회; **전시품 2** 〖법〗 증거물

‡**ex·hi·bi·tion** [èksəbíʃən] *n.* **1** [UC] **전람,** 공개 **2 전람회,** 전시회 **3** 《영》 장학금 (cf. SCHOLARSHIP)

make an [***a regular***] ***~ of*** one***self*** (어리석은 짓을 하여) 웃음거리가 되다 ***on ~*** 진열되어

~·er *n.* 《영》 장학생 **~·ìsm** *n.* 〈능력 등의〉 과시벽; 〖정신의학〗 노출증 **~·ist** *n.*

ex·hil·a·rate [igzílərèit] *vt.* …의 기분을 들뜨게 하다, 유쾌[쾌활]하게 하다

be ~d by [***at***] …으로 기분이 들뜨다, 명랑해지다

ex·hil·a·rat·ing [igzílərèitiŋ] *a.* 기분을 돋우는, 상쾌한

ex·hil·a·ra·tion [igzìləréiʃən] *n.* [U] 기분을 돋움; 유쾌한 기분, 들뜸; 흥분

∗**ex·hort** [igzɔ́:rt] *vt.* 《문어》 **간곡히 타이르다,** 권하다

— *vi.* 훈계[권고]하다

∗**ex·hor·ta·tion** [ègzɔ:rtéiʃən, èks-] *n.* [U] **간곡한 권고,** 장려; 경고, 훈계

ex·hor·ta·tive [igzɔ́:rtətiv] *a.* 권고[훈계]적인

ex·hor·ta·to·ry [igzɔ́:rtətɔ̀:ri | -təri] *a.* = EXHORTATIVE

ex·hu·ma·tion [èkshju(:)méiʃən] *n.* [UC] 발굴(發掘), 시체[묘지] 발굴

ex·hume [igzjú:m, ekshjú:m] [L 「땅을 파내다」의 뜻에서] *vt.* 〈시체를〉 발굴하다; 〈묻힌 명작 등을〉 햇빛을 보게 하다, 발견[발굴]하다

ex·i·gen·cy [éksədʒənsi], **-gence** [-dʒəns] *n.* (*pl.* **-cies**; **-genc·es**) [UC] **1** 급박, 위급, 긴박 **2** [보통 **-cies**] (사정·상황 등의) 요구, 요건

in this ~ 이 위급한 때에

ex·i·gent [éksədʒənt] *a.* **1** 위급한 (critical) **2** 자꾸 요구하는 《*of*》

ex·ig·u·ous [igzígjuəs] *a.* 《문어》 근소한, 얼마 안 되는 **~·ly** *ad.*

∗**ex·ile** [égzail, éks-] *n.* **1** [U] [또는 an ~] **국외 추방; 망명,** 국외 방랑 **2 망명자,** 추방인, 유배자; 유랑자

— *vt.* 추방하다 ~ one***self*** 망명하다

‡**ex·ist** [igzíst] [L 「바깥에 서다」의 뜻에서] *vi.* **1 존재하다,** 현존하다 **2** (특수한 조건 또는 장소에) **있다,** 존재하다, 나타나다 **3 생존하다**

‡**ex·is·tence** [igzístəns] *n.* **1** [U] **존재,** 실재, 현존 **2** [an ~] 생활 양식

∗**ex·is·tent** [igzístənt] *a.* **현존하는**; 현행의, 목하의

ex·is·ten·tial [ègzisténʃəl] *a.* 존재에 관한 **~·ìsm** *n.* [U] 〖철학〗 실존주의 **~·ist** *n., a.* 실존주의자(의)

ex·ist·ing [igzístiŋ] *a.* = EXISTENT

∗**ex·it**[1] [égzit, éksit] *n.* **출구**; (배우의) 퇴장, (정치가의) 퇴진; 사망; 〖컴퓨터〗 (프로그램의) 종료, 출구

exit[2] [L = he[she] goes out] *vi.* 〖연극〗 퇴장하다(opp. *enter*; cf. EXEUNT)

éxit pèrmit 출국 허가(증)

éxit pòll[pòlling] 출구 조사 《투표를 마친 사람의》

éxit vìsa 출국 사증[비자] (opp. *entry visa*)

ex li·bris [eks-lí:bris, -lái-] [L = from from the library] *n.* (*pl.* ~) 장서표(藏書票) 《略 ex lib.》

— *ad., a.* …의 장서에서(의)

exo- [éksou, -sə] [Gk] 《연결형》 「바깥, 외부」의 뜻

ex·o·bi·ol·o·gy [èksoubaiɑ́lədʒi | -ɔ́l-] *n.* [U] 우주 생물학

Ex·o·cet [éksousèt] [F] *n.* 〖군사〗 엑조세 《프랑스제 대함(對艦) 미사일》

Exod. Exodus

ex·o·dus [éksədəs] [Gk 「밖으로 나가다」의 뜻에서] *n.* **1** (많은 사람의) 이동; (이민 등의) 출국, 이주 《*of, from*》 **2** [the E~] (이스라엘 사람의) 이집트 출국[퇴거] **3** [**E~**] 〖성서〗 출애굽기 《구약 성서 중의 한 책; 略 Exod.》

ex of·fi·ci·o [èks-əfíʃiòu] [L = from office] *ad., a.* 직권상; 직권에 의한 《略 ex off.》

ex·og·a·mous [eksɑ́gəməs | -sɔ́g-] *a.* 〖사회〗 이족(異族) 결혼의

ex·og·a·my [eksɑ́gəmi | -sɔ́g-] *n.* [U] 〖사회〗 족외(族外) 결혼 (제도), 이족 결혼 (cf. ENDOGAMY)

ex·og·e·nous [eksɑ́dʒənəs | -ɔ́dʒ-] *a.* 〖생물〗 외인성(外因性)의

ex·on·er·ate [igzɑ́nərèit | -zɔ́n-] *vt.* 무죄가 되게 하다, 무죄임을 입증하다; (의무 등에서) 면제하다

ex·on·er·a·tion [igzɑ̀nəréiʃən | -zɔ̀n-] *n.* [U] (원죄(冤罪)에서) 구하기, 면죄(免罪); (의무의) 면제, 책임의 해제

ex·or·bi·tance [igzɔ́:rbətəns] *n.* [U] 엄청남, 과대, 과도

ex·or·bi·tant [igzɔ́:rbətənt] [L 「궤도(orbit)를 벗어나다」의 뜻에서] *a.* 〈욕망·요구·값 등이〉 엄청난, 터무니없는, 과대한 **~·ly** *ad.*

ex·or·cise [éksɔ:rsàiz] *vt.* **1** 〈귀신을〉 내쫓다; 〈사람·장소에서〉 귀신을 몰아내다 《*from, out of*》 **2** 〈나쁜 생각 등을〉 몰아내다, 떨쳐버리다

ex·or·cism [éksɔːrsìzm] *n.* Ⓤ 귀신 쫓아내기; Ⓒ 구마 주문(呪文)[의식]
-cist *n.* 귀신을 쫓아내는 사람, 무당
ex·or·cize [éksɔːrsàiz] *vt.* = EXORCISE
ex·o·sphere [éksəsfìər] *n.* 〖기상〗 외기권 《대기권 중 고도 약 1,000 km 이상》
ex·o·ter·ic, -i·cal [èksətérik(əl)] *a.* **1** (종교적 교리·철학적 학설 등이 문외한에게) 개방적인 **2** 공개적인; 통속적인; 평범한 **-i·cal·ly** *ad.*
*__ex·ot·ic__ [igzɑ́tik | -zɔ́t-] [Gk 「외국의」의 뜻에서] **1** 이국적인, 이국 정서의 **2** 〈동식물 등이〉 외국산의, 외래의 《종종 열대산을 말함; opp. *indigenous*》
ex·ot·i·ca [igzɑ́tikə | -zɔ́t-] *n. pl.* 이국풍의 것; 별난 습속
exótic dáncer 스트립쇼·벨리 댄스의 무희
ex·ot·i·cism [igzɑ́təsìzm | -zɔ́t-] *n.* Ⓤ 이국 취미; 이국 정서
exp. expense(s); exportation; export(ed); express
‡**ex·pand** [ikspǽnd] [L 「밖으로 확대하다」의 뜻에서] *vt.* **1** 〈정도·크기 등을〉 **넓히다** **2** 〈부피 등을〉 팽창시키다 **3** 〈범위 등을〉 **확장**[확대]**하다** 《*into*》; 〈토론 등을〉 전개시키다; 〖수학〗 전개하다 **—** *vi.* **1** **퍼지다,** 넓어지다(opp. *contract*); 〈봉오리·꽃이〉 벌어지다, 피다 **2** 발전하다 《*into*》 **3** 〈마음이〉 넓어지다; 마음을 터놓다 **4** 자세히 말하다, 부연하다 《*on, upon*》
~·a·ble *a.*
*__ex·pand·ed__ [ikspǽndid] *a.* **넓어진,** 확대된
*__ex·panse__ [ikspǽns] *n.* [종종 *pl.*] **넓게 퍼진 공간**[장소]; 넓은 구역 《*of*》
ex·pan·si·ble [ikspǽnsəbl] *a.* 신장할 수 있는; 팽창할 수 있는[하기 쉬운]; 발전성 있는
ex·pan·sile [ikspǽnsil | -sail] *a.* 신장[확대]의, 확장[확대]할 수 있는, 팽창성의
‡**ex·pan·sion** [ikspǽnʃən] *n.* **1** Ⓤ **확장**; 《비유》 발전 《*of*》; 확대 **2** Ⓤ **팽창**; 신장(伸長), 전개 **3** 넓음, 널찍한 표면 **4** 〖수학〗 전개(식)
~·ism *n.* (영토 등의) 확장 정책; (통화 등의) 팽창 정책 **~·ist** *n., a.*
ex·pan·sive [ikspǽnsiv] *a.* **1** 팽창력 있는, 팽창성의; 확장적인; 전개적인 **2** 널찍한, 광대한 **3** 마음이 넓은, 포용력이 큰; 활달한, 개방적인
ex par·te [èks-pɑ́ːrti] [L] *ad., a.* 〖법〗 당사자 한쪽에 치우쳐[친], 일방적으로[인]
ex·pa·ti·ate [ikspéiʃièit] *vi.* 상세히 설명하다[말하다] 《*on, upon*》
ex·pa·ti·a·tion [ikspèiʃiéiʃən] *n.* ⓊⒸ 상세한 설명, 부연(敷衍)
ex·pa·tri·ate [ekspéitrièit | -pǽt-] *vt.* 국외로 추방하다
— [-eit, -ət] *a., n.* 국외로 추방된 (사람), 국적을 상실한 (사람)
ex·pa·tri·a·tion [ekspèitriéiʃən | -pæ̀t-] *n.* ⓊⒸ 국외 추방; 본국 퇴거, 국외 거주; 〖법〗 국적 이탈
‡**ex·pect** [ikspékt] [L 「밖을 보다, 기대하다」의 뜻에서] *vt.* **1** **기대하다,** 예기[예상]하다, 기다리다 **2** (당연한 일로서) **기대하다,** 〈…하기를〉 바라다, 요구하다 **3** 《구어》 〈…라고〉 **생각하다,** 추측하다 **4** [진행형으로] 《구어》 〈아기를〉 배고 있다
— *vi.* [진행형으로] 《구어》 임신 중이다
as might be ~ed 과연, 예기되는 바와 같이 ***E~ me when you see me.*** 《구어》 돌아올 때가 되면 오겠다, 언제 돌아올지 모르겠다.
*__ex·pect·an·cy__ [ikspéktənsi], **-ance** [-əns] *n.* (*pl.* **-cies**; **-anc·es**) ⓊⒸ **1** 기대; 대망 **2** 예상, 예기
*__ex·pect·ant__ [ikspéktənt] *a.* **1** **기다리는,** 기대하는, 바라는 《*of*》 **2** Ⓐ 임신한: an ~ mother 임신부
— *n.* **1** 기대하는 사람, 예기하는 사람; (관직 등의) 채용 예정자 **2** 〖법〗 추정 상속인 **~·ly** *ad.* 예기하여, 기대하여
‡**ex·pec·ta·tion** [èkspektéiʃən] *n.* **1** Ⓤ **기대, 예상,** 예기 **2** [*pl.*] **기대**[**예상**]**되는 것** ***according to ~*** 예상대로 ***against*** [***contrary to***] ***~*** 예상과 달리 ***beyond ~***(***s***) 예상 외로 ***~ of life*** = LIFE EXPECTANCY. ***in ~ of*** …을 기대하여 ***meet***[***come up to***] a person***'s ~s*** …의 기대에 부응하다, …의 예상대로 되다
ex·pec·to·rant [ikspéktərənt] *a.* 〖약학〗 가래를 나오게 하는
— *n.* 거담약(祛痰藥)
ex·pec·to·rate [ikspéktərèit] [L 「가슴에서 내다」의 뜻에서] *vt., vi.* 〈가래·혈담을〉 뱉다; 《미》 침을 뱉다
ex·pec·to·ra·tion [ikspèktəréiʃən] *n.* Ⓤ 가래[침] 뱉음; Ⓒ 뱉은 것
ex·pe·di·en·cy, -ence [ikspíːdiəns(i)] *n.* (*pl.* **-cies**; **-enc·es**) ⓊⒸ 편의, 형편 좋음; 방편, 편리한 방법; 〖윤리〗 편의주의; (악착 같은) 사리(私利) 추구
*__ex·pe·di·ent__ [ikspíːdiənt] *a.* **1** **쓸모있는,** 적당한 **2** 편의(주의)적인, 정략적인
— *n.* 수단, 편법, (변통의) 조치
~·ly *ad.* 편의상, 방편으로
ex·pe·dite [ékspədàit] [L 「발을 (족쇄에서) 벗기다」의 뜻에서] *vt.* **1** 《문어》 〈일을〉 진척시키다, 촉진시키다 **2** 〈일 등을〉 신속히 처리하다 **3** 〈문서 등을〉 급히 보내다
‡**ex·pe·di·tion** [èkspədíʃən] *n.* **1 a** **원정**; (탐험 등의) **여행** **b** 원정대, 탐험대 **2** Ⓤ 《문어》 급속, 신속
ex·pe·di·tion·ar·y [èkspədíʃənèri | -nəri] *a.* Ⓐ 원정의
ex·pe·di·tious [èkspədíʃəs] *a.* 급속한, 신속한 **~·ly** *ad.* **~·ness** *n.*
*__ex·pel__ [ikspél] [L 「밖으로 밀어내다」의 뜻에서] *vt.* (**~led**; **~·ling**) **1** **내쫓다,** 쫓아버리다, 구축하다 **2** 면직시키다, 추방하다 《*from*》 **3** (…에서) 〈가스 등을〉 방출[배출]하다, 〈탄환을〉 발사하다 《*from*》
*__ex·pend__ [ikspénd] [L 「무게를 재어 (지불하다)」의 뜻에서] *vt.* **1** 〈시간·노력 등을〉 **들이다,** 소비하다, 쓰다 《*on, upon, in*》 **2** 다 써버리다, 소진하다
ex·pend·a·ble [ikspéndəbl] *a.* 소비되는; 〖군사〗 〈병력·자재 등이〉 희생될 수 있는,

소모성의 **—** *n.* [보통 *pl.*; 집합적] 소모품 《자재·병력》

‡**ex·pen·di·ture** [ikspénditʃər] *n.* [UC] **지출; 지불,** 소비; 비용; 소비량: revenue and ~ 세입과 세출

‡**ex·pense** [ikspéns] [L 「지불된 (돈)」의 뜻에서] *n.* **1 지출,** 비용 **2** [an ~] 비용[돈]이 드는 일 **3** [보통 *pl.*] (소요) **경비**

at any ~ 아무리 비용이 들더라도, 어떤 희생을 치르더라도 ***at*** one***'s*** (***own***) ~ 자비로; 자기를 희생시켜 ***at the*** ~ ***of*** = ***at*** a person***'s*** ~ …의 비용으로, …을 희생하여

expénse accòunt (회사의) 소요 경비 (계정), 접대비, 출장비

ex·pense-ac·count [ikspénsəkàunt] *a.* Ⓐ 비용 계정의, 접대비의

‡**ex·pen·sive** [ikspénsiv] *a.* **값비싼,** 비용이 드는; 고가의(opp. *inexpensive*) **~·ly** *ad.* 비용을 들여, 비싸게 **~·ness** *n.*

‡**ex·pe·ri·ence** [ikspíəriəns] [L 「시험해 보기」의 뜻에서] *n.* **1** Ⓤ **경험,** 체험 **2** Ⓤ 경험 내용 **3 경험[체험]한 일**

— *vt.* **경험하다,** 체험하다

***ex·pe·ri·enced** [ikspíəriənst] *a.* **경험 있는;** 노련한

be ~ ***at*** [***in***] …에 경험이 있다

ex·pe·ri·en·tial [ikspìəriénʃəl] *a.* 경험(상)의, 경험적인

‡**ex·per·i·ment** [ikspérəmənt] [L 「시험해 보기」의 뜻에서] *n.* (과학상의) **실험** 《*in, on, with*》

— [-mènt] *vi.* **실험하다** 《*on, upon, with*》

***ex·per·i·men·tal** [ikspèrəméntl] *a.* **1 실험의,** 실험에 의한 **2 실험적인 3** 실험용의 **~·ism** *n.* 실험주의; 경험주의 **~·ist** *n.* **~·ly** *ad.* 실험적으로, 실험상

***ex·per·i·men·ta·tion** [ikspèrəmentéiʃən | -men-] *n.* Ⓤ **실험;** 실험법

‡**ex·pert** [ékspəːrt] *n.* **숙련가** (opp. *amateur*); **전문가** 《*in, at, on*》

— [ékspəːrt, ikspə́ːrt] *a.* **숙련된,** 노련한 《*in, at, on*》; 전문가인, 전문가에 의한

ex·per·tise [èkspəːrtíːz] *n.* Ⓤ 전문적 기술[지식]; 전문가의 감정서

ex·pi·a·ble [ékspiəbl] *a.* 보상할 수 있는

ex·pi·ate [ékspièit] *vt.* 〈죄를〉 갚다, 속죄하다

ex·pi·a·tion [èkspiéiʃən] *n.* Ⓤ 속죄, 〈죄를〉 선행으로 갚음, 보상

in ~ ***of*** one***'s sin*** [***crime***] 속죄하는 뜻에서

ex·pi·a·tor [ékspièitər] *n.* 속죄자

ex·pi·a·to·ry [ékspiətɔ̀ːri | -təri] *a.* 속죄의; 보상의

ex·pi·ra·tion [èkspəréiʃən] *n.* Ⓤ **1** (기간·임기 등의) 만료 《*of*》 **2** 숨을 내쉼, 내쉬는 숨(opp. *inspiration*)

at the ~ ***of*** …의 만료 때에

ex·pir·a·to·ry [ikspáiərətɔ̀ːri | -təri] *a.* 내쉬는 숨의, 숨을 내쉬는

***ex·pire** [ikspáiər] [L 「(숨을) 내쉬다」의 뜻에서] *vi.* **1 만기가 되다,** 〈기간이〉 **끝나다;** 〈자격 등이〉 소멸하다 **2** 《문어》 죽다 **3** 숨을 내쉬다(opp. *inspire*)

— *vt.* 〈숨을〉 내쉬다; 배출하다

ex·pi·ry [ikspáiəri, ékspəri] *n.* Ⓤ (기간의) 만료, 만기: at the ~ of the term 만기가 되는 때에

‡**ex·plain** [ikspléin] [L 「평평(plain)하게 하다」의 뜻에서] *vt.* **1** 〈사실·입장 등을〉 **설명하다;** 명백하게 하다 **2** 〈문구 등을〉 해석하다 **3** 〈행위 등을〉 해명하다, 변명하다

~ ***away*** 〈곤란한 입장 등을〉 잘 설명하다, 해명하여 빠져나가다 ~ one***self*** 자기의 말뜻을 알아듣게 설명하다; 자기 행위의 이유를 해명하다

— *vi.* 설명[변명]하다

ex·plain·a·ble [ikspléinəbl] *a.* 설명[해석, 해명]할 수 있는

‡**ex·pla·na·tion** [èksplənéiʃən] *n.* [UC] **설명;** 해석; 해명, 변명

by way of ~ 설명으로서 ***in*** ~ ***of*** …의 설명[해명]으로서

***ex·plan·a·to·ry** [iksplǽnətɔ̀ːri | -təri] *a.* **설명적인,** 해석상의

ex·plàn·a·tó·ri·ly *ad.*

ex·ple·tive [éksplətiv | ikspliː-] *a.* 단순히 부가적인, 덧붙이기의

— *n.* **1** 조사(助辭), 허사(虛辭) **2** 무의미한 감탄사 《O dear! 등》, 저주의 말, 비속어, 외설어

ex·pli·ca·ble [eksplíkəbl, iksplík-] *a.* 설명할 수 있는(opp. *inexplicable*)

ex·pli·cate [éksplәkèit] [L 「밖으로 열다」의 뜻에서] *vt.* 확실히 하다; 설명하다

ex·pli·ca·tion [èkspləkéiʃən] *n.* [UC] 설명, 해설; 전개

ex·pli·ca·tive [iksplíkətiv, éksplәkèi-] *a.* 설명이 되는, 해설적인

ex·pli·ca·to·ry [eksplíkətɔ̀ːri | -təri] *a.* = EXPLICATIVE

***ex·plic·it** [iksplísit] *a.* **1** 〈진술 등이〉 **명백한 2** 숨김없는

~·ly *ad.* 명쾌하게 **~·ness** *n.*

‡**ex·plode** [iksplóud] *vt.* **1 폭발[파열]시키다 2** 〈미신을〉 타파하다, 〈학설을〉 논파하다

— *vi.* **1 폭발[파열]하다 2** 〈감정이〉 **격발하다 3** 〈인구가〉 폭발적으로 증가하다

ex·plod·er [iksplóudər] *n.* 폭발 장치, 뇌관

***ex·ploit**[1] [éksplɔit] *n.* **공훈, 공적,** 위업

***ex·ploit**[2] [iksplɔ́it] [L 「열다」의 뜻에서] *vt.* **1** 〈산야 등을〉 **개척하다,** 〈자원을〉 **개발하다,** 이용하다 **2** 〈남을〉 (부당하게) **이용하다;** 〈노동력을〉 **착취하다**

***ex·ploi·ta·tion** [èksplɔitéiʃən] *n.* [UC] **1** (산야·삼림·광산 등의) **개척, 개발 2 이기적 이용;** (노동력의) **착취**

ex·ploit·a·tive [iksplɔ́itətiv] *a.* 자원 개발의; 착취적인

‡**ex·plo·ra·tion** [èkspləréiʃən] *n.* [UC] (실지) **답사,** 탐험 (여행) 《*of*》; (문제 등의) **탐구** 《*of, into*》; 〖의학〗 진찰, 검진

ex·plor·a·tive [iksplɔ́ːrətiv] *a.* = EXPLORATORY **~·ly** *ad.*

ex·plor·a·to·ry [iksplɔ́ːrətɔ̀ːri | -təri]

a. **1** (실지) 답사의, 탐험(상)의; 탐구를 위한 **2** 캐기 좋아하는 **3** 예비적인

‡ex·plore [iksplɔ́:r] [L 「(사냥감을 발견하여) 소리지르다」→「찾아내다」의 뜻에서] *vt.* **1 탐험[답사]하다 2** 〈문제 등을〉 **탐구하다,** 조사하다 **3** 〖의학〗 〈상처를〉 검진하다
— *vi.* **1** 탐험하다 **2** 탐사하다 《*for*》

‡ex·plor·er [iksplɔ́:rər] *n.* **탐험가;** 조사자, 검사자

‡ex·plo·sion [iksplóuʒən] *n.* [UC] **1 폭발,** 파열; 폭음 **2** (분노·웃음 등의) 격발, 폭발 **3** 〖음성〗 (폐쇄음의) 파열

＊ex·plo·sive [iksplóusiv] *a.* **폭발(성)의;** 폭발적인; 〖음성〗 파열음의
— *n.* [UC] **1 폭발물 2** 〖음성〗 파열음
~·ly *ad.* 폭발적으로 **~·ness** *n.* [U] 폭발성

ex·po [ékspou] [*expo*sition] *n.* (*pl.* **~s**) 전람회, 박람회; [보통 **E~**] 만국 박람회

＊ex·po·nent [ikspóunənt] *n.* **1 해설자,** 설명자; (음악의) 연주자 **2** (전형적인) 대표자 **3** 〖수학〗 멱(冪)지수

ex·po·nen·tial [èkspounénʃəl] *a.* **1** 설명자의 **2** 〖수학〗 지수의

‡ex·port [ikspɔ́:rt] [L 「밖으로 실어내다」의 뜻에서] *vt., vi.* **수출하다**(opp. *import*); 〈사상 등을〉 밖으로 전하다
— [ékspɔ:rt] *n.* **1** [U] **수출 2** 수출품; [보통 *pl.*] 수출액 **—** [ékspɔ:rt] *a.* [A] 수출의[에 관한]; 수출용의
~·a·ble *a.* 수출할 수 있는 **~·er** *n.* 수출업자, 수출국

ex·por·ta·tion [èkspɔ:rtéiʃən] *n.* (opp. *importation*) **1** [U] 수출 **2** 수출품

éxport rèject 수출 기준 불합격품

‡ex·pose [ikspóuz] [L 「바깥에 놓다」의 뜻에서] *vt.* **1** (공격·위험·조소 등에) 〈몸을〉 **드러내다** 《*to*》 **2** 〈작용·영향 등을〉 접하게[받게] 하다 《*to*》 **3** (햇볕·비바람 등에) **쐬다 4** 〈팔 물건을〉 **내놓다, 진열하다** 《*for*》 **5** 〈비밀 등을〉 **폭로하다 6** 〈어린애 등을〉 버리다 **7** 〖사진〗 노출하다
~ one*self* 〈노출증 환자가〉 음부를 내보이다

ex·po·sé [èkspouzéi | ekspóuzei] [F = exposure] *n.* (추문 등의) 폭로, 적발

＊ex·posed [ikspóuzd] *a.* **1** (위험 등에) **드러난, 노출된;** 비바람을 맞는 **2** 노출한 〈필름〉

＊ex·po·si·tion [èkspəzíʃən] *n.* [UC] **1** [C] **박람회 2** 설명, 해설 **3** 전시, 진열

ex·pos·i·tor [ikspɑ́zitər | -pɔ́z-] *n.* 설명자, 해설자

ex·pos·i·to·ry [ikspɑ́zətɔ̀:ri | -pɔ́zitəri] *a.* 설명[해설]적인

ex post fac·to [éks-pòust-fǽktou] [L = from what is done afterwards] *a., ad.* 〖법〗 사후의[에], 과거로 소급한[하여]

ex·pos·tu·late [ikspɑ́stʃulèit | -pɔ́s-] *vi.* 《문어》 간언(諫言)하다; 타이르다, 충고[훈계]하다 《*with*》 **-là·tor** *n.*

ex·pos·tu·la·tion [ikspɑ̀stʃuléiʃən | -pɔ̀s-] *n.* [U] 충고; [종종 *pl.*] 충언, 충고(의 말)

ex·pos·tu·la·to·ry [ikspɑ́stʃulətɔ̀:ri | -pɔ́stʃulətəri] *a.* 타이르는, 충고의

‡ex·po·sure [ikspóuʒər] *n.* [U] **1** (햇볕·비바람 등에) **드러내 놓음, 드러남;** 〖사진〗 노출(시간) **2 탄로, 폭로,** 적발 《*of*》 **3** [C] (집·방의) 방위 **4** 공개 석상에 나타남, 출연[출장]하기 **5 a** (상품의) 진열 **b** (음부) 노출

expósure mèter 〖사진〗 노출계

＊ex·pound [ikspáund] [L 「밖에 놓다」의 뜻에서] *vt.* **상세히 설명하다;** 〈경전 등을〉 설명하다, 해석하다

‡ex·press [iksprés] *vt.* **1** 〈감정 등을〉 **표현[표명]하다**(show); 〈사상 등을〉 표현하다 **2** [~ one*self* 로] **자기가 생각하는 바를 말하다;** 자기를 표현하다 **3** (기호·숫자 등으로) **나타내다,** 상징하다 **4** 《미》 〈물건을〉 (지급) 운송편으로 부치다 **5** 〈즙·우유를〉 짜내다 《*from, out of*》 **6** 〈냄새 등을〉 풍기다
— *a.* [A] **1 명시된,** 명백한 **2** 특별히 명시된, 특별[특수]한 **3** 《미》 **(지급) 운송편의;** 《영》 속달편의 **4** 〈열차·버스 등이〉 **급행의 5** 꼭 그대로의
— *n.* **1** [U] 《미》 **(지급) 운송편,** 택배편; 《영》 속달 **2 급행** (열차)
— *ad.* 《미》 (지급) 운송편으로; 《영》 속달로; 급행 열차로

ex·press·age [iksprésidʒ] *n.* [U] 《미》 지급편 취급(업); 지급료, 특별 배달료

expréss delívery 《영》 빠른우편(《미》 special delivery); 《미》 (운송 회사의) 지급 배달 (운송)

ex·press·i·ble [iksprésəbl] *a.* 표현할 수 있는; 짜낼 수 있는

‡ex·pres·sion [ikspréʃən] *n.* **1** [U] **표현;** (언어의) **표현법,** 어법; 말씨, 어구 **2** [UC] **표정,** 안색 《*of*》 **3** [U] (음성의) 가락, 음조, 억양 **4** 〖음악〗 발상(發想), 표현 **5** 〖수학〗 식
beyond* [*past*] ~** 말할 수 없이 ***find ~ in …에 나타나다 ***give ~ to*** one***'s*** feelings (감정)을 표현하다

ex·pres·sion·ism [ikspréʃənìzm] *n.* [U] 표현주의
-ist *n.* 표현주의자, 표현파 사람

ex·pres·sion·less [ikspréʃənlis] *a.* 무표정한, 표정이 없는(opp. *expressive*)

＊ex·pres·sive [iksprésiv] *a.* **1 표현적인 2** [P] (감정 등을) **나타내는 3** 표현[표정]이 풍부한(opp. *expressionless*); 의미심장한 **~·ly** *ad.* **~·ness** *n.*

ex·press·ly [iksprésli] *ad.* **1** 특별히, 일부러 **2** 명백히(definitely)

ex·press·man [iksprésmæ̀n] *n.* (*pl.* **-men** [-mèn]) 《미》 지급편 화물 집배원 《특히 운전사》

ex·press·way [-wèi] *n.* 《미》 고속도로 《주로 유료의》 (《영》 motorway)

ex·pro·pri·ate [ekspróuprièit] *vt.* 〈토지 등을〉 수용(收用)[징발]하다

ex·pro·pri·a·tion [ekspròupriéiʃən] *n.* [UC] (토지 등의) 수용, 징발; 몰수

expt. experiment

＊ex·pul·sion [ikspʌ́lʃən] *n.* [UC] **배제,** 구축(驅逐); **제명**(dismissal)

expúlsion òrder (외국인의) 국외 퇴거 명령

ex·pul·sive [ikspʌ́lsiv] *a.* 구축력이 있는; 배제성(性)의

ex·punge [ikspʌ́ndʒ] *vt.* 《문어》 지우다, 삭제하다, 말살하다 《*from*》; 〈죄 등을〉 씻다

ex·pur·gate [ékspərgèit] *vt.* 〈책·영화 등의〉 불온한[외설적인] 부분을 삭제하다

ex·pur·ga·tion [èkspərgéiʃən] *n.*

‡**ex·quis·ite** [ikskwízit, ékskwi-] [L 「찾아내어진」의 뜻에서] *a.* **1 아주 아름다운**; 더없이 훌륭한[맛있는], **절묘한 2 정교한**; 우아한, 섬세한 **3** 예민한; 격렬한 **~·ly** *ad.* **~·ness** *n.*

ex-ser·vice [èkssə́ːrvis] *a.* Ⓐ 《영》 〈군인이〉 퇴역한, 제대한; 〈물자가〉 군에서 불하된

ex-ser·vice·man [èkssə́ːrvismən] *n.* (*pl.* **-men** [-mən]) 《영》 제대 군인(《미》 veteran)

ext. extension; exterior; external(ly)

ex·tant [ékstənt | ekstǽnt] *a.* 〈서류 등이〉 지금도 남아 있는, 현존하는

ex·tem·po·ra·ne·ous [ekstèmpəréiniəs] *a.* 당장의, 즉석의; 일시 미봉책의, 임시변통의 **~·ly** *ad.*

ex·tem·po·rar·i·ly [ikstèmpərérəli | -témpərərəli] *ad.* 즉석에서, 임시변통으로

ex·tem·po·re [ikstémpəri] *ad.*, *a.* 〈연설 등이〉 준비 없이[없는], 즉석에서(의), 즉흥적으로[인], 임시변통으로[의]

ex·tem·po·ri·za·tion [ekstèmpərizéiʃən | -rai-] *n.* **1** Ⓤ 즉석에서 만듦, 즉흥 **2** 즉석에서 노래 부름, 즉석 연주

ex·tem·po·rize [ikstémpəràiz] *vt.*, *vi.* 즉석에서 만들다; 즉석에서 연설[작곡, 연주]하다, 임시변통을 하다

‡**ex·tend** [iksténd] [L 「밖으로 펴다」의 뜻에서] *vt.* **1** 〈손·발 등을〉 **뻗다**, 뻗치다, 내밀다; 〈밧줄·철사 등을〉 치다 **2** 〈철도·도로 등을〉 **연장하다**; 〈기간을〉 **늘이다 3** 〈범위·영토 등을〉 **넓히다**, 확장하다; 〈뜻을〉 **확대 해석하다 4** 〈은혜·친절 등을〉 **베풀다 5** 〈축하 인사를〉 하다; 〈초대장을〉 보내다 《*to*》

~ one***self*** 크게 노력하다, 분발하다

— *vi.* **1 넓어지다**, 퍼지다, 뻗다; 이르다, 달하다 《*into, to*》 **2** 〈시간이〉 계속되다, 〈…까지〉 걸치다

∗**ex·tend·ed** [iksténdid] *a.* **1 펼친**, 쭉 뻗은 **2** 〈기간 등을〉 연장한 **3** 넓은, 광대한 **4** 〈어의 등이〉 파생적인

exténded fámily 〖사회〗 확대 가족 《근친을 포함한 것; opp. *nuclear family*》

exténded mémory 〖컴퓨터〗 확장 메모리

exténded pláy EP판, 45회전 레코드 《略 EP》

ex·ten·si·ble [iksténsəbl] *a.* 펼 수 있는, 늘일 수 있는, 신장성이 있는

‡**ex·ten·sion** [ikstén∫ən] *n.* **1** Ⓤ **신장**(伸長), 뻗음 《*of*》; **확장** 《*of*》 **2 신장[연장, 확장] 부분**; 《미》 증축, 증축한 부분; (선로·전화의) 연장선, 내선(內線), **구내 전화 3** Ⓤ 〖논리〗 외연(外延) **4** (날짜의) 연기, 연장 **5** 〖컴퓨터〗 확장자, 확장기능 **by ~** 확대하면, 확대 해석하면

~·al [-∫ənl] *a.* 신장의, 확장의

‡**ex·ten·sive** [iksténsiv] *a.* (opp. *intensive*) **1 넓은, 광대한 2 넓은 범위에 걸치는, 광범한**, 대규모의 **3** 〖농업〗 조방(粗放)의

∗**ex·ten·sive·ly** [iksténsivli] *ad.* **널리**, 광범위하게

ex·ten·sor [iksténsər] *n.* 〖해부〗 신근(伸筋)(cf. FLEXOR)

‡**ex·tent** [ikstént] *n.* Ⓤ **1 넓이**, 크기(size); Ⓒ (넓은) 지역 《*of*》 **2 범위, 정도**, 한도 《*of*》 ***in* ~** 크기[넓이]는 ***to a great* ~** 대부분은, 크게 ***to some* [*a certain*] ~** 어느 정도까지는, 다소

ex·ten·u·ate [iksténjuèit] *vt.* 〈죄 등을〉 경감하다, 정상을 참작하다

ex·ten·u·at·ing [iksténjuèitiŋ] *a.* 참작할 만한

ex·ten·u·a·tion [ikstènjuéi∫ən] *n.* Ⓤ 정상 참작, (죄의) 경감; Ⓒ 참작할 점[사정] ***in* ~ *of*** …의 정상을 참작하여

∗**ex·te·ri·or** [ikstíəriər] [L 「밖의」란 뜻의 비교급에서] *a.* **1 외부의**, 밖의 (opp. *interior*) **2** 외관상의

— *n.* **1** [보통 the ~] **외부**, 외면 《*of*》 **2** 외모, 외관 **3** (영화·연극 등의) 옥외 세트[장면]

~·ly *ad.* 외부에; 외면적으로

∗**ex·ter·mi·nate** [ikstə́ːrmənèit] *vt.* **근절[절멸]하다**, 모조리 없애버리다

ex·ter·mi·na·tion [ikstə̀ːrmənéi∫ən] *n.* ⓊⒸ 근절, 절멸, 멸종; 구제(驅除)

ex·ter·mi·na·tor [ikstə́ːrmənèitər] *n.* 근절자; (해충 등의) 구제약

ex·tern [ékstəːrn] *n.* 통근자; 통학생; 외래 환자; 통근 의사 (cf. INTERN[2])

‡**ex·ter·nal** [ikstə́ːrnl] *a.* **1 외부의**, 외면의; 외용(外用)의 **2** 외국의, 대외적인 **3** 〖철학〗 외계의, 현상[객관]계의

— *n.* **1 외부**, 외면(outside) **2** [*pl.*] **외관**, 외형, 외모; 외부 사정

~·ism *n.* Ⓤ 외형주의; (특히 종교상의) 형식 존중주의; 〖철학〗 실재론 **~·ly** *ad.* 외부적으로, 외부에서

ex·ter·nal·i·ty [èkstəːrnǽləti] *n.* (*pl.* **-ties**) ⒸⓊ **1** 외부[외면]적 성질 **2** 외계; 외형, 외관 **3** 형식주의

ex·ter·nal·ize [ikstə́ːrnəlàiz] *vt.* 〈내적인 것을〉 외면화하다, 〈사상 등을〉 구체화하다

ex·ter·ri·to·ri·al [èksterətɔ́ːriəl] *a.* = EXTRATERRITORIAL

∗**ex·tinct** [ikstíŋkt] *a.* **1** 〈불 등이〉 **꺼진**; 〈희망 등이〉 **끊어진**; **사라진**; 〈화산 등이〉 활동을 멈춘 **2** 〈생명·생물이〉 **멸종된 3** 〈가계(家系) 등이〉 단절된; 소멸된; 〈관직 등이〉 폐지된

∗**ex·tinc·tion** [ikstíŋk∫ən] *n.* ⓊⒸ **소화**(消火), 진화; 〖생물〗 **멸종**; (종족의) 단절

‡**ex·tin·guish** [ikstíŋgwi∫] *vt.* **1** 〈불·빛 등을〉 **끄다 2** 〈정열·희망 등을〉 잃게 하다 **3** 〈가계 등을〉 절멸[단절]시키다

~·a·ble *a.* 끌 수 있는; 절멸시킬 수 있는

ex·tin·guish·er [ikstíŋgwi∫ər] *n.* 불을 끄는 사람[기구], 소화기(消火器); 촛불을

끄는 기구, (남포의) 소등기(消燈器) 《모자 모양의》

ex·tir·pate [ékstərpèit] *vt.* 《문어》 〈해충 등을〉 근절[절멸]하다

ex·tir·pa·tion [èkstərpéiʃən] *n.* ⓊⒸ 근절; 절멸

***ex·tol, -toll** [ikstóul] *vt.* (**-tolled**; **-tol·ling**) 《문어》 **크게 칭찬하다**, 격찬하다

ex·tort [ikstɔ́:rt] [L 「비틀어 내다」의 뜻에서] *vt.* **1** 강제로 탈취하다; 〈약속·자백 등을〉 무리하게 강요하다 《*from*》 **2** 〈의미 등을〉 억지로 해석하다

***ex·tor·tion** [ikstɔ́:rʃən] *n.* ⓊⒸ **1 강요**, 강탈, 강청 **2** 〖법〗 부당 취득

ex·tor·tion·ate [ikstɔ́:rʃənət] *a.* **1** 강요[강탈]하는 **2** 〈가격·요구 등이〉 엄청난, 폭리의 **~·ly** *ad.*

‡**ex·tra** [ékstrə] [*extra*ordinary] *a.* **1** Ⓐ **여분의**, 임시의: ~ pay 임시 급여 **2** Ⓐ **특별한**, 규정 외의 **3** Ⓟ [또는 명사 뒤에서] 별도 계산의

— *n.* **1** 가외의[특별한] 것 **2 할증 요금** **3** (신문의) 호외; 특별 프로 **4** 임시 고용인; (영화의) 보조 출연자

— *ad.* **여분으로**, 별도로; 《구어》 **특별히**

extra- [ékstrə] *pref.* 「…외의; …의 범위 외의」의 뜻

éx·tra-báse hít [ékstrəbéis-] 〖야구〗 장타 《2루타 이상의 안타》

‡**ex·tract** [ikstrǽkt] [L 「밖으로 끌어내다」의 뜻에서] *vt.* **1** 〈이빨 등을〉 **뽑다**, 뽑아내다 **2** 〈정수(精粹) 등을〉 **추출하다**, 증류해 내다 **3** 〈정보·돈 등을〉 **받아내다**, 끌어내다 **4** 《영·고어》 〈원리 등을〉 끌어내다; 〈쾌락을〉 얻다 **5** 〈글귀를〉 **발췌하다**, 인용하다; 〈문서의〉 초본을 만들다

— [ékstrækt] *n.* **1** ⓊⒸ **추출물**; Ⓤ 달여낸 즙, 엑스 **2** 발췌, 인용구; 초본

~·able, ~·i·ble *a.*

***ex·trac·tion** [ikstrǽkʃən] *n.* ⓊⒸ **1 뽑아냄**, 빼어냄, 적출(摘出)(법) **2** 〖화학〗 추출; (약 등의) 달여냄; (즙·기름 등의) 짜냄; 채취 **3** 혈통, 계통

ex·trac·tive [ikstrǽktiv] *a.* 발췌적인; 추출할 수 있는

— *n.* 추출물, 엑스

ex·trac·tor [ikstrǽktər] *n.* **1** 추출자; 발췌자 **2** 추출 장치; 뽑아내는 기구

ex·tra·cur·ric·u·lar [èkstrəkəríkjələr], **-lum** [-ləm] *a.* 과외의, 정규 과목 이외의

ex·tra·dit·a·ble [ékstrədàitəbl] *a.* 〈도주범이〉 인도되어야 할, 〈범죄가〉 인도 처분에 해당하는

ex·tra·dite [ékstrədàit] *vt.* **1** 〈외국의 도주 범인을 본국에〉 넘겨 주다, 송환하다 **2** 넘겨 받다, 인수하다

ex·tra·di·tion [èkstrədíʃən] *n.* Ⓤ 〖법〗 (어떤 나라로) 외국 범인의 인도, 본국 송환

ex·tra·ga·lac·tic [èkstrəgəlǽktik] *a.* 〖천문〗 은하계 밖의

ex·tra·ju·di·cial [èkstrədʒu:díʃəl] *a.* 사법 관할 밖의; 사법 수속에 의하지 않는; 재판 (사항) 밖의

ex·tra·le·gal [èkstrəlí:gəl] *a.* 법의 영역[권한] 밖의

ex·tra·mar·i·tal [èkstrəmǽrətl] *a.* Ⓐ 혼외(婚外)의; 불륜의

ex·tra·mu·ral [èkstrəmjúərəl] *a.* Ⓐ (opp. *intramural*) **1** (도시의) 성벽[성문] 밖의 **2** 대학 구외(構外)의, 교외(校外)의 〈강사·강연 등〉

ex·tra·ne·ous [ikstréiniəs] *a.* **1** 외래의; 외부에 발생한; 이질적인 **2** 관계없는 **~·ly** *ad.* **~·ness** *n.*

***ex·tra·or·di·nar·i·ly** [ikstrɔ̀:rdənérəli | -trɔ́:dənər-] *ad.* **비상하게**, 엄청나게, 유별나게, 이례적으로

‡**ex·tra·or·di·nar·y** [ikstrɔ́:rdənèri | -trɔ́:dənəri] [extra-+ordinary] *a.* **1 비상한**; 〈풍채 등이〉 색다른, 놀랄 만한 **2** Ⓐ 임시의; [대개 명사 뒤에서] 특파의, 특명의 **-nàr·i·ness** *n.* Ⓤ 엄청남; 비범함, 비상함

ex·trap·o·late [ikstrǽpəlèit] *vt.* 〖통계〗 〈미지의 수량·관계를〉 외삽법(外挿法)에 의해 추정하다; 《비유》 〈미지의 사항을〉 기지의 자료에 의거하여 추정하다 — *vi.* 〖통계〗 외삽[보외(補外)]법을 행하다 **-là·tive** *a.* **-là·tor** *n.*

ex·trap·o·la·tion [ikstræ̀pəléiʃən] *n.* ⓊⒸ 〖통계〗 외삽법, 보외법

ex·tra·sen·so·ry [èkstrəsénsəri] *a.* 지각(知覺)을 넘어선, 초감각적인

ex·tra·ter·res·tri·al [èkstrətəréstriəl] *a.* 지구 밖의, 지구 대기권 밖의

— *n.* 지구 밖의 생물, 우주인 《略 ET》

ex·tra·ter·ri·to·ri·al [èkstrətèrətɔ́:riəl] *a.* 치외 법권의

ex·tra·ter·ri·to·ri·al·i·ty [èkstrətèrətɔ̀:riǽləti] *n.* Ⓤ 치외 법권

éxtra tíme 《주로 영》 〖스포츠〗 (로스 타임을 보충하기 위한) 연장 시간(《미》 overtime)

ex·tra·u·ter·ine [èkstrəjú:tərain] *a.* 자궁 외의

***ex·trav·a·gance, -gan·cy** [ikstrǽvəgəns(i)] *n.* (*pl.* **-ganc·es**; **-cies**) **1** ⓊⒸ **사치**(품), **낭비**; 무절제, 방종 《*in*》 **2** 방종한 언행, 터무니없는 생각

***ex·trav·a·gant** [ikstrǽvəgənt] [L 「헤매어 나오다」, 「도를 지나치다」의 뜻에서] *a.* **1 낭비하는, 사치스러운** **2** 기발한, 엄청난; 〈요구·대가 등이〉 터무니없는, 지나친 **~·ly** *ad.*

ex·trav·a·gan·za [ikstræ̀vəgǽnzə] [It. =extravagance] *n.* ⓊⒸ **1** 광시문(狂詩文), 광상곡, 희가극 **2** 괴이한 이야기, 광태

ex·tra·ve·hic·u·lar [èkstrəvi(:)híkjulər] *a.* 〖항공〗 (우주선의) 선외(船外)(용)의

ex·tra·vert [ékstrəvə̀:rt] *n.*, *a.*, *vt.* =EXTROVERT

‡**ex·treme** [ikstrí:m] [L 「가장 바깥의」의 뜻에서] *a.* Ⓐ **1 극도의**, 극심한 **2 과격한**, 극단적인, 몹시 급격한(opp. *moderate*) **3 맨 끝의**, 맨 가장자리의, 앞끝[뒤끝]의 — *n.* **1 극단**; 극도 **2** [*pl.*] **극단적인 것**

in the ~ = to an ~ 극단적으로, 극도로 **~·ness** *n.* Ⓤ 극단적임, 극단성, 과격

‡ex·treme·ly [ikstríːmli] *ad.* **1 극단적으로**, 극히 **2** [강의적] 《구어》 **매우**, 몹시
extrémely lów fréquency 〖통신〗 극저주파(極低周波) 《30-300hertz; 略 ELF》
extréme únction [종종 **E~ U~**] 〖가톨릭〗 종부 성사 《지금은 보통 「병자 성사」(the Anointing of the Sick)라고 함》
ex·trem·ism [ikstríːmizm] *n.* Ⓤ **1** 극단성; 과격 **2** 극단론[주의]; 과격주의
ex·trem·ist [ikstríːmist] *n.* 극단[과격]론자, 극단적인 사람
— *a.* 극단[과격]론(자)의
***ex·trem·i·ty** [ikstréməti] *n.* (*pl.* **-ties**) **1 말단**, 첨단 **2** [*pl.*] 사지(四肢), 팔다리 **3** [때로 *pl.*] 곤경, 궁지 **4** [an ~] **극도**, 극치(*of*) **5** [보통 *pl.*] 극단책, 비상 수단
ex·tri·ca·ble [ekstríkəbl] *a.* 구출할 수 있는
ex·tri·cate [ékstrəkèit] *vt.* **1** (위험·곤란에서) 구해내다, 탈출시키다 (*from, out of*) **2** 〖화학〗 유리시키다
ex·tri·ca·tion [èkstrikéiʃən] *n.* Ⓤ **1** 구출, 탈출 **2** 〖화학〗 유리(遊離)
ex·trin·sic [ikstrínzik, -sik] *a.* **1** 외래의, 부대적인, 비본질적인 **2** 외부(로부터)의(external) **~ to** …와 관계없는
-si·cal·ly *ad.*
ex·tro·ver·sion [èkstrəvə́rʒən | -ʃən] *n.* Ⓤ 외전(外轉); 〖의학〗 외번(外翻); 〖심리〗 외향성(opp. *introversion*)
ex·tro·vert [ékstrəvə̀ːrt] 〖심리〗 *n.* **1** 외향적인 사람(opp. *introvert*) **2** 〖심리〗 외향성 — *a.* 외향적인
ex·tro·vert·ed [ékstrəvə̀ːrtid] *a.* = EXTROVERT
***ex·trude** [ikstrúːd] *vt.* **1 밀어내다**; 몰아내다 **2** 〈금속·플라스틱 등을〉 압출 성형하다 **ex·trúd·er** *n.* 〖기계〗 압출 (성형)기
ex·tru·sion [ikstrúːʒən] *n.* Ⓤ 밀어냄, 내밂; 구축(opp. *intrusion*); 압출 성형(한 제품); 〖지질〗 (용암 등의) 분출(물)
ex·tru·sive [ikstrúːsiv] *a.* 밀어내는, 내미는; 〖지질〗 (화산에서) 분출한
ex·u·ber·ance, -an·cy [igzúːbərəns(i) | -zjúː-] *n.* Ⓤ 풍부, 충일(充溢); 무성함
ex·u·ber·ant [igzúːbərənt | -zjúː-] *a.* **1** 열광적인 **2** 무성한, 우거진 **3** 원기 왕성한; 〈기력·건강 등이〉 넘쳐흐르는 **4** 〈상상력·재능 등이〉 풍부한; 〈문체가〉 화려한
~·ly *ad.*
ex·u·da·tion [èksjudéiʃən | ègzjuː-] *n.* Ⓤ 삼출 (작용); Ⓒ 삼출물[액]
ex·ude [igzúːd | -zjúːd] *vi.* Ⓤ 스며나오다, 삼출하다 — *vt.* 스며나오게 하다; 발산하다
***ex·ult** [igzʌ́lt] [L 「뛰면서 (승리를) 기뻐하다」의 뜻에서] *vi.* 《문어》 **크게 기뻐하다**, 기뻐 날뛰다; 승리를 뽐내다 (*in, at, over*)
ex·ul·tant [igzʌ́ltənt] *a.* 크게 기뻐하는; 의기양양한, 환희의, 승리를 뽐내는
~·ly *ad.*
***ex·ul·ta·tion** [èksʌltéiʃən, ègzʌl-] *n.* ⓊⒸ **크게 기뻐함**, 환희, 광희(狂喜), 열광

ex·urb [éksəːrb, égz-] [*ex*+sub*urb*] *n.* 《미》 준(準)교외 《교외보다 더 떨어진 반전원의 고급 주택지》
ex·ur·bi·a [eksə́ːrbiə, egz-] *n.* Ⓤ 《미》 [집합적] 준(準)교외 주택 지역
‡eye [ai] [동음어 I, ay(e)] *n.* (*pl.* **~s**, 《고어》 **ey·en** [áiən]) **1 눈 2 시력**, 시각; **관찰력**, 안식 **3** [종종 *pl.*] **눈의 표정**, 눈매, 눈빛 **4** [종종 *pl.*] **눈길**, **주목**, 주시 **5** [종종 *pl.*] 견지, 견해, 판단 **6** 싹; 무늬 《공작 꼬리의》; 바늘귀, 구멍 《훅단추를 끼우는》, 작은 고리; 〖기상〗 태풍의 눈
an ~ for an ~ 〖성서〗 눈은 눈으로, 같은 수단[방법]에 의한 보복 ***before*** one***'s*** (***very***) ***~s*** (바로) 눈앞에서 ***cannot believe*** one***'s ~s*** 자기 눈을 의심하다 ***catch*** a person***'s ~***(***s***) …의 눈을 끌다; 〈사람이〉 남의 눈에 띄다 ***close*** one***'s ~s to*** …을 눈감아 주다, 불문에 부치다 ***do*** (a person) ***in the ~*** 《영·속어》 속이다(cheat) ***give*** a person ***the ~*** 《속어》 …을 넋을 잃고 바라보다; …에게 추파를 던지다 ***have an ~ for*** …을 보는 눈이 있다 ***have an ~ to*** …을 유의해서 보고 있다; …을 돌보다 ***have an ~ upon*** …에서 눈을 떼지 않고[경계하고] 있다 ***have ~s only for*** …만 보고[바라고, 관심이] 있다 ***keep an ~ out for*** 망보고 있다 ***Oh my ~!*** = ***My ~***(***s***)***!*** 《속어》 수상한데; 어머나 (깜짝이야) ***one in the ~*** 《구어》 실망, 낙담, 실패, 타격, 쇼크 ***open*** a person***'s ~s to*** the truth (사실)에 대하여 …의 눈을 뜨게 하다[깨우쳐 주다] ***run an***[one***'s***] ***~ over*** …을 대강 훑어보다 ***see ~ to ~*** (***with*** a person) [종종 부정문에서] (…와) 견해가 완전히 일치하다 ***shut*** one***'s ~s to*** = close one's EYES to. ***throw dust in the ~s of*** …의 눈을 현혹하다, …을 속이다 ***to the ~*** 표면상으로는 ***turn a blind ~ to*** …을 못 본 체하다, 눈감아 주다 ***up to*** one***'s***[***the***] ***~s*** 〈일에〉 몰두하여 (*in*); 〈빚에〉 꼼짝 못하여 (*in*) ***with*** one***'s ~s open*** (사정은) 알면서, 고의로
— *vt.* (**~d**; **ey**(**e**)**·ing**) 훑어[눈여겨, 주의 깊게] 보다
eye·ball [áibɔ̀ːl] *n.* 눈알, 안구
~ to ~ 《구어》 (험악한 눈초리로) 얼굴을 맞대고
— *vt.* 《미·구어》 날카롭게[지그시] 쳐다보다
éye bànk 안구[각막] 은행
eye·brow** [áibràu] *n.* **눈썹**; 〖건축〗 눈썹꼴 쇠시리 ***up to the[one***'s***] ***~s*** 몰두하고 (*in*); 〈빚 등에〉 꼼짝 못하고 (*in*)
éyebrow pèncil 눈썹 연필 《화장품》
eye-catch·er [-kæ̀tʃər] *n.* 눈길을 끄는 것[사람]; 젊고 매력 있는 여자
eye-catch·ing [-kæ̀tʃiŋ] *a.* 눈길을 끄는
éye chàrt 시력 검사표
éye còntact 시선을 마주침
eye·cup [-kʌ̀p] *n.* 세안(洗眼) 컵
eyed [aid] *a.* **1** [복합어를 이루어] (…의) 눈을 한 **2** 눈구멍이 달린; 눈 모양의 얼룩이 있는

éye dòctor 《구어》 안과 의사; 검안사(檢眼士)
eye·drop·per [-drɑ̀pər | -drɔ̀pər] *n.* 점안기(點眼器)
eye·ful [áifùl] *n.* 《구어》 충분히 봄; 《속어》 눈을 끄는 사람[것]
get an ~ 《미·구어》 실컷 보다, 눈요기하다
eye·glass [áiglæ̀s | -glɑ̀:s] *n.* **1** 안경의 알 **2** 외알 안경; [*pl.*] 안경
eye·hole [-hòul] *n.* **1** 눈구멍, 안와 **2** 들여다보는 구멍; 바늘귀
eye·lash [-læ̀ʃ] *n.* **1** 속눈썹 《하나》 **2** [종종 *pl.*; 집합적] 속눈썹
by an ~ 근소한 차로 ***flutter*** one***'s ~es at ...*** 〈여자가〉 …에게 윙크하다
eye·less [áilis] *a.* 눈이 없는, 장님인; 맹목적인
eye·let [áilit] *n.* **1** (천의) 작은 구멍, (돛·구두 등의 끈·고리·줄 등을 꿰는) 작은 구멍 **2** 들여다보는 구멍; 총안(銃眼)
∗**eye·lid** [áilìd] *n.* [보통 *pl.*] 눈꺼풀
not bat an ~ 《구어》 눈 하나 깜짝하지 않다, 태연하다
eye·lin·er [-làinər] *n.* Ⓤ (눈에 선을 긋는) 아이라이너 《화장품》
éye lòtion 안약, 점안액
eye-o·pen·er [-òupənər] *n.* **1** 눈이 휘둥그래질 만한 것[짓, 미인]; 진상을 밝히는 새 사실[사람] **2** 해장술
eye·piece [-pì:s] *n.* 접안[대안]렌즈, 접안경
eye·pop·per [-pɑ̀pər | -pɔ̀pə] *n.* 《미·구어》 깜짝 놀라게 하는 것; 굉장한 것
eye·pop·ping [-pɑ̀piŋ | -pɔ̀p-] *a.* (눈이 튀어나오도록) 깜짝 놀라게 하는, 굉장한
eye·shade [-ʃèid] *n.* 보안용 챙
éye shàdow 아이섀도 《눈꺼풀에 바르는 화장품》
eye·shot [-ʃɑ̀t | -ʃɔ̀t] *n.* Ⓤ 눈에 보이는 범위, 시계(視界)
beyond[***out of***] ***~*** (***of***[***from***]) (…에서) 보이지 않는 곳에 ***in***[***within***] ***~*** (***of***) (…에서) 보이는 곳에
∗**eye·sight** [áisàit] *n.* Ⓤ **1** 시력, 시각; 바라봄 **2** 시야, 시계 ***lose*** one***'s ~*** 실명하다 ***within ~*** 시계(視界) 내에
éye sòcket 눈구멍, 안와(眼窩)
éyes ónly, eyes-on·ly [áiz-óunli] *a.* 《미》 〈기밀 문서 등이〉 묵독만 하는 《낭독·복사 등이 엄금된》
eye·sore [áisɔ̀:r] *n.* 눈꼴신 것
eye·tooth [áitù:θ] *n.* (*pl.* **-teeth** [-tì:θ] 송곳니, 견치(canine tooth) 《특히 윗니의》 ***cut*** one***'s eyeteeth*** (1) 세상 물정을 알게 되다, 어른이 되다 (2) 〈학문·기능 등을〉 처음으로 배우다 ***give*** one***'s eyeteeth for*** …을 얻기 위해서라면 어떤 희생이라도 치르다
eye·wash [-wɔ̀:ʃ | -wɔ̀ʃ] *n.* **1** 안약, 세안수(洗眼水) **2** 《구어》 눈속임, 엉터리
eye·wit·ness [-wítnis] *n.* 목격자, 목격 증인 — *vt.* 목격하다
ey·ot [áiət, eit] *n.* 《영·방언》 (호수·강 가운데의) 작은 섬
ey·rie, ey·ry [íəri] *n.* (*pl.* **-ries**) = AERIE, AERY[1]
E·ze·kiel [izí:kiəl] *n.* **1** 에스겔 《기원전 6세기경 유대의 예언자》 **2** 〖성서〗 에스겔서 《구약 성서 중의 한 책; 略 Ezek.》 **3** 남자 이름
Ez·ra [ézrə] *n.* **1** 에스라 《기원전 5세기의 유대의 율법학자》 **2** 〖성서〗 에스라서 《구약 성서 중의 한 책; 略 Ezr.》

F f

f, F [ef] *n.* (*pl.* **f's, fs, F's, Fs** [-s]) **1** 에프《영어 알파벳의 제6자》 **2** F자 모양(의 것) **3** 〖음악〗 F[바]음, F[바]조 **4**(미)(학업 성적에서) 불가(不可), 낙제(failure)

F fine (연필이) 심이 가는; 〖화학〗 fluorine

f. feet; female; feminine; filly; folio; following; foot; 〖야구〗 foul(s); franc(s); from; 〖수학〗 function

f. *forte* 《It. =loud》

f / 〖사진〗 ⇨ f-number

F. Fahrenheit; farad; February; France; French; Friday

fa [fɑː] *n.* 〖음악〗 파 《장음계의 제4음》

FAA Federal Aviation Administration 《미》 연방 항공국

fab [fæb] *a.* 《영·속어》 =FABULOUS

Fa·bi·an [féibiən] [지구전(持久戰)을 쓴 고대 로마의 장군 Fabius의 이름에서] *a.* Fabius 식의, 지구적인; 점진적인

— *n.* 페이비언 협회 회원

~·ism *n.* Ⓤ 페이비언주의; 점진주의

Fábian Society [the ~] 페이비언 협회 《1884년 Sidney Webb, G.B. Shaw 등이 창립한 영국의 점진적 사회주의 사상 단체》

⁑fa·ble [féibl] [L 「이야기」의 뜻에서] *n.* **1** 우화(寓話) **2** ⓊⒸ [집합적] 전설, 신화 **3** 꾸며낸[지어낸] 이야기

fa·bled [féibld] *a.* **1** 이야기[전설]로 유명한; 전설적인 **2** 꾸며낸 이야기의

⁑fab·ric [fǽbrik] [L 「작업장」의 뜻에서] *n.* ⒸⓊ **1** 직물, 천 **2** 구조, 조직 **3** 구조물, 건물

fab·ri·cate [fǽbrikèit] *vt.* **1** 만들다, 제작하다; 〈부품 등을〉 규격대로 만들다 **2** 〈전설·거짓말 등을〉 꾸며내다; 〈문서를〉 위조하다 **-cà·tor** *n.*

fab·ri·ca·tion [fæ̀brikéiʃən] *n.* **1** Ⓤ 제작, 구성 **2** 꾸며낸 것, 거짓말; 위조(물)

fab·u·list [fǽbjulist] *n.* 우화 작가; 거짓말쟁이

fab·u·los·i·ty [fæ̀bjulɑ́səti | -lɔ́s-] *n.* Ⓤ 전설적 성질, 가공성(架空性)

***fab·u·lous** [fǽbjuləs] *a.* **1** 믿어지지 않는, 거짓말 같은, 터무니없는 **2** (구어) 굉장한 **3** 전설상의, 전설적인

~·ly *ad.* 우화(寓話)[전설]적으로, 놀랄 만큼, 굉장히 **~·ness** *n.*

***fa·cade, -çade** [fəsɑ́ːd, fæ-] [F] *n.* (건물의) 정면(front); (길에 접해 있는) 앞면, 겉보기, 외관, 허울

⁑face [feis] *n.* **1** 얼굴, 낯, 얼굴 생김새; 안색 **2** [종종 *pl.*] 찌푸린 얼굴 **3** 표면; (시계 등의) 문자반; (책의) 겉장 **4** 〖상업〗 권면(券面), 액면 **5** 〖인쇄〗 활자면; 인쇄면 **6** (기구 등의) 쓰는 쪽, (망치·골프 클럽의) 치는 쪽 **7** (건물 등의) 정면 **8** 겉모양, 외관, 겉보기 **9** Ⓤ [the ~] (구어) 태연한[뻔뻔스러운] 얼굴 **10** Ⓤ 면목, 체면

~ down 얼굴을 숙이고, 겉을 밑으로 하여 ***~ on*** 얼굴을 그 쪽으로 향하여; 엎어져 《쓰러지는 등》 ***~ to ~*** 대면하여, 마주보고, …와 마주 대하여 《*with*》 ***~ up*** 얼굴을 들고; 표면을 위로 하여 ***fall*** (***flat***) ***on*** one***'s ~*** 폭 엎드러지다; 〈계획 등이〉 실패하다 ***have two ~s*** 표리가 있다, 딴마음을 가지다; 〈말의 뜻이〉 두 가지로 해석되다 ***in*** one***'s ~*** 정면으로; 눈앞에서, 공공연하게 ***in*** (***the***) ***~ of*** …의 정면에서; …와 마주 대하여; …에도 불구하고 ***look*** a person ***in the ~*** = ***look in*** a person***'s ~*** 똑바로[부끄러움 없이] 얼굴을 바라보다 ***lose*** (one***'s***) ***~*** 체면을 잃다, 망신을 당하다 ***on the*** (***mere***) ***~ of it*** 겉으로만 보아도, 언뜻 보기에는 ***put a bold ~ on*** …을 대담하게 해내다, …을 태연한 얼굴을 하고 대하다 ***save*** (one***'s***) ***~*** 체면을 지키다, 체면이 서다 ***show*** one***'s ~*** 얼굴을 드러내다, 나타나다 ***shut*** one***'s ~*** 《미·속어》 잠자코 있다 《특히 명령형으로》 ***to*** a person***'s ~*** 맞대놓고, 눈앞에서(opp. *behind a person's back*) ***turn ~ about*** 홱 얼굴을 돌리다

— *vt.* **1** …을 향하다, …에 면하다 **2** 정면으로 대하다, 대항하다(confront) **3** 〈사실 등에〉 직면하다, 직시하다; [종종 수동형으로] 〈문제 등이〉 다가오다 《*with*》 **4** [종종 수동형으로] 〈벽 등에〉 겉칠을 하다, 겉치장을 하다 **5** (옷에) 단을 대다, 옷단에 장식을 하다

— *vi.* **1** 〈건물이 어느 방향을〉 향하다, 면하다 **2** 〖군사〗 방향 전환하다

~ it out 〈비난·적의 등을〉 무시하다, 아무렇지 않게 여기다 ***~ off*** 〖아이스하키〗 경기가 시작되다 ***~ out*** 일을 대담하게 처리하다 ***~ up to*** …을 인정하고 대처하다; …에 정면으로 대들다, 감연히 맞서다 ***Left*** [***Right***] ***~!*** 《구령》 좌향좌[우향우]!

face-ache [féisèik] *n.* 안면 신경통

fáce càrd 〖카드〗 그림카드(《영》 court card) 《king, queen, knave[jack]의 3종》

face·cloth [-klɔ̀ːθ | -klɔ̀θ] *n.* 《영》 세수용 수건

faced [feist] *a.* [복합어를 이루어] **1** …한 얼굴을 한 **2** (물건의) 표면이 …한

face·down [féisdáun] *ad.* 얼굴을 숙이고; 겉을 아래로 하고

— [ㅅ ㅅ] *n.* 《미》 결정적 대결

fáce flànnel 《영》 =FACECLOTH

face·less [féislis] *a.* **1** 얼굴이 없는; 개성[주체성]이 없는 **2** 〈화폐 등이〉 면이 닳아 없어진; 〈시계가〉 문자반이 없는 **~·ness** *n.*

face-lift [féislìft] *n.* =FACE-LIFTING

— *vt.* (…에) face-lifting을 하다

face-lift·ing [-lìftiŋ] *n.* ⓊⒸ (얼굴의)

주름 펴는 성형 수술; (건물의) 외부 개장(改裝), (자동차 등의) 모델[디자인] 변경

fáce màsk (스포츠·위험한 활동 시에 쓰는) 안면 보호구, 얼굴 가리개 《헬멧이 딸린 것이 보통》

face-off [-ɔ̀:f | -ɔ̀f] *n.* **1** 〖아이스하키〗 시합 개시 **2** 《미·구어》 대결 《*with*》

face-pack [-pæ̀k] *n.* 미용 팩

fáce pòwder (화장) 분

fac·er [féisər] *n.* **1** 화장 마무리하는 사람[물건] **2** 《영·구어》 (권투의) 안면 펀치 **3** 《구어》 난처하게 하는 일, 뜻하지 않은 곤란[장애]

face-sav·ing [-sèiviŋ] *n.* 체면 세움 — *a.* 체면을 세우는[세워 주는]

fac·et [fǽsit] 〖F 「작은 얼굴」의 뜻에서〗 *n.* **1** (다면체, 특히 보석의) 한 면(面) **2** (사물의) 면, 상
— *vt.* (**~·ed, ~·ing** | **~·ted, ~·ting**) 〈보석 등을〉 깎아서 작은 면을 내다

fa·ce·tious [fəsí:ʃəs] *a.* 우스운, 익살맞은, 허튼소리의 **~·ly** *ad.* **~·ness** *n.*

face-to-face [féistəféis] *ad.* 정면으로 맞서서, 직면하여 《*with*》
— *a.* Ⓐ 정면으로 마주보는, 직면의; 〖컴퓨터〗 (PC 통신 상대가) 서로 만나는 사이인

fáce vàlue 액면가(격), 권면액(券面額); 표면상의 가치[의미]
take a person*'s* promise *at* ~ (…의 약속)을 액면대로[그대로] 믿다

fa·cia [féiʃə] *n.* (상점 정면의) 간판; 《영》 (자동차의) 계기판(=**≁ bòard**)

∗**fa·cial** [féiʃəl] *a.* **얼굴의**; 얼굴에 사용하는 — *n.* ⓊⒸ 《미·구어》 얼굴 마사지, 미안술

fac·ile [fǽsil | -sail] *a.* 《문어》 **1** Ⓐ 손쉬운, 힘들지 않는, 쉽사리 얻을 수 있는 **2** Ⓐ 쉽게 이해되는, 쓰기 편리한; 경묘한, 유창한(fluent); (혀가) 잘 돌아가는
~·ly *ad.* **~·ness** *n.*

∗**fa·cil·i·tate** [fəsílətèit] *vt.* 〈일을〉 **용이하게 하다**; 촉진[조장]하다 《사람을 주어로 쓰지 않음》

fa·cil·i·ta·tion [fəsìlətéiʃən] *n.* Ⓤ 용이[간편]하게 함, 편리[간이]화

‡**fa·cil·i·ty** [fəsíləti] *n.* (*pl.* **-ties**) ⓊⒸ **1** [보통 *pl.*] **설비, 시설,** 편익, **편의**; 《구어》 화장실 **2 쉬움**(opp. *difficulty*) **3** (쉽게 배우거나 행하는) 재주, 재간, 솜씨 **4** 〖컴퓨터〗 기능, 설비

∗**fac·ing** [féisiŋ] *n.* **1** Ⓤ **직면, 면함,** (집의) …향(向) **2** 〖건축〗 (외벽 등의) **겉단장,** 외장, 마무리 치장된 면 **3** Ⓤ (의복의) 깃[끝동, 섭, 단] 달기; [*pl.*] (군복의 병과를 표시하는) 금장(襟章)과 수장(袖章)

fac·sim·i·le [fæksíməli] *n.* **1** (필적·그림 등의 원본대로의) 복사, 복제 **2** 〖통신〗 사진 전송, 팩시밀리
in ~ 꼭 그대로, 원본대로
— *vt.* 복사[모사]하다; 〖통신〗 팩시밀리로 보내다

‡**fact** [fǽkt] 〖L 「이루어진 일, 행위」의 뜻에서〗 *n.* **1 a 사실,** (실제의) 일 **b** Ⓤ (이론·의견·상상 등과 대비하여) **사실, 실제,** 현실 **c** [보통 the ~] (…이라는) 사실 **2** [the ~, 종종 *pl.*] 〖법〗 (범죄 등의) 사실 **3** [종종 *pl.*] 진술한 사실
after [***before***] ***the*** ~ 범행 후[전]에, 사후[사전]에 ***as a matter of*** ~ = ***in*** (***actual***) ~ = ***in point of*** ~ 사실상, 실제로, 사실은 ~ ***of life*** 피할 수 없는 인생의 현실 ~***s and figures*** 정확한 사실[정보] ***The*** ~ (***of the matter***) ***is*** (***that***) ... 사실[일의 진상]은 …이다

fáct finder 진상 조사원

fact-find·ing [fǽktfàindiŋ] *n.* Ⓤ, *a.* 진상[현지] 조사(의)

∗**fac·tion**[1] [fǽkʃən] 〖L 「행위, 당파를 짓는 일」의 뜻에서〗 *n.* **1** (정당 내의) **당파,** 파벌, 도당 **2** Ⓤ **당쟁,** 내분; 당파심

faction[2] *n.* 실록 소설, 실화 소설

fac·tion·al [fǽkʃənl] *a.* 도당의, 당파적인 **~·ìsm** *n.* Ⓤ 파벌주의, 당파심

fac·tious [fǽkʃəs] *a.* 당파적인; 당파심이 강한, 당파 본위의; 당쟁을 일삼는 **~·ly** *ad.* **~·ness** *n.*

fac·ti·tious [fæktíʃəs] *a.* 인위[인공]적인; 부자연스러운 《factitious 「인위적인」 (artificial), fictitious 「허구에 입각한」의 뜻》 **~·ly** *ad.* **~·ness** *n.*

fac·ti·tive [fǽktətiv] *a.* 〖문법〗 〈동사·형용사가〉 작위(作爲)의

fact·oid [fǽktɔid] *n.* (활자화됨으로써) 사실로서 받아들여지고 있는 일[이야기], 유사[허구] 사실

‡**fac·tor** [fǽktər] 〖L 「만드는[이루는] 사람」의 뜻에서〗 *n.* **1** (어떤 현상의) **요인, 요소,** 원인 **2** 〖수학〗 인수, 인자(因子) **3** 대리상, 도매상, 중매인
common ~ 공통 인수, 공약수 ***prime*** ~ 소인수(素因數) ***resolution into*** ~***s*** 인수 분해
— *vt.* 〖수학〗 인수 분해하다

fac·tor·age [fǽktəridʒ] *n.* Ⓤ 대리업, 도매업; 중매 수수료, 도매상이 받는 구전

fáctor còst 〖경제〗 (생산) 요인[요소] 비용

fac·tor·ize [fǽktəràiz] *vt.* 〖수학〗 인수 분해하다

‡**fac·to·ry** [fǽktəri] 〖L 「만들다」의 뜻에서〗 *n.* (*pl.* **-ries**) **공장,** 제조소 《소규모의 것은 workshop이라고 함》 — *a.* 공장의

fáctory fàrm 공장식 농장[사육장, 양식장]

fáctory òutlet 공장 직판장[직매점]

fáctory shìp **1** 포경선, 고래 공선 **2** 《영》 공선(工船) 《포획한 어류를 가공·냉동하는 장치를 가진 어선》

fac·to·tum [fæktóutəm] *n.* 잡역부, 막일꾼

∗**fac·tu·al** [fǽktʃuəl] *a.* **사실의,** 실제의, 사실에 입각한[관한] **~·ly** *ad.*

‡**fac·ul·ty** [fǽkəlti] *n.* (*pl.* **-ties**) **1** ⒸⓊ **능력, 재능**; 《미·구어》 수완 **2** [종종 *pl.*] (신체·정신의) **기능 3** (대학의) **학부,** 학부의 교수단; 《미》 [집합적] **대학·고교의 전교직원**
the four faculties (중세 대학의) 4학부 《신학·법학·의학·문학》

∗**fad** [fǽd] *n.* **변덕; 일시적 유행**: the latest ~*s* 최신 유행

F

fad·dish [fǽdiʃ] *a.* 변덕스러운; 별난 것을 좋아하는 **~·ly** *ad.*

fad·dy [fǽdi] *a.* (**-di·er**; **-di·est**) = FADDISH

‡**fade** [feid] [OF 「희미한, 뚜렷하지 않은」의 뜻에서] *vi.* **1** 〈빛깔이〉 **바래다**; 〈소리가〉 **사라지다**; 〈안색이〉 나빠지다; 〈꽃이〉 **시들다**(wither); 〈기력이〉 쇠퇴하다; 〈기억 등이〉 희미해지다 《*away, out*》 **2** (미) 〈사람이〉 자취를 감추다, 〈물건이〉 차츰 안 보이게 되다, 〈희망이〉 사라지다 《*away, out*》
— *vt.* **1** 쭈그러들게 하다, 시들게 하다, 노쇠케 하다 **2** 색깔을 바래게 하다
~ in [**out**] 〖영화〗 차차 밝아[어두워]지다, 차차 밝게[어둡게] 하다, 용명(溶明)[용암(溶暗)]하다; 〖라디오·TV〗 수신[수상]기의 음량[영상]이 점차 뚜렷해[희미해]지다; 음향[영상]을 점점 뚜렷하게[희미하게] 하다
~ up = FADE in

fade-in [féidìn] *n.* [UC] 〖영화·TV〗 페이드인, 용명(溶明) 《음량·영상이 차차 분명해짐》; 〖라디오〗 〈소리가〉 차차 뚜렷해짐

fade·less [féidlis] *a.* 시들지 않는, 빛깔이 바래지 않는; 쇠퇴하지 않는, 불변의

fade-out [féidàut] *n.* [UC] **1** 〖영화·TV〗 페이드아웃, 용암(溶暗) 《음량·영상이 차차 흐려짐》; 〖라디오〗 (소리가) 차차 흐려짐 **2** 점점 보이지 않게 됨

fae·ces [fí:si:z] *n. pl.* = FECES

Fáer·oe Íslands [fέərou-] [the ~] 페로스 제도 《영국과 아이슬란드의 중간에 있는 군도》

faff [fæf] (영·구어) *vi.* 공연한 법석을 떨다; 빈둥빈둥 지내다
— *n.* 공연한 법석

fag¹ [fæg] *v.* (**~ged**; **~·ging**) *vi.* **1** 열심히 일하다(toil) 《*at*》 **2** (영) (public school에서) 〈하급생이 상급생의〉 심부름꾼 노릇을 하다 **3** (미·속어) 담배 피우다
— *vt.* **1** [보통 수동형] 〈일이 사람을〉 피곤하게 하다 《*out*》 **2** (영) (public school에서) 〈하급생을〉 심부름꾼으로 부리다 **3** (미·속어) …에게 담배를 주다; 〈담배를〉 피우다
be ~ged out 기진맥진하다
— *n.* **1** [U] (영·구어) 고역(苦役), 노역(勞役); 피로 **2** (영·구어) 상급생 시중드는 하급생

fag² *n., a.* (속어·경멸) (남자) 동성애자(의)

fág énd **1** 도려낸 끝 조각, 말단 **2** 남은 허섭스레기; (영·구어) 담배 (꽁초) **3** (직물의) 토끝; 새끼의 꼬지 않은 끄트머리

fag·got [fǽgət] *n.* (속어·경멸) 남성 동성애자

fag·ot | **fag·got** [fǽgət] *n.* **1 a** 장작뭇[단], 삭정이단 **b** 〖야금〗 (가공용의) 쇠막대 다발; 지금(地金) 뭉치 **2** (영) [보통 *pl.*] 간(肝) 요리의 하나 《고기 만두의 일종》 **3** (속어·경멸) 남성 동성애자
— *vt.* 단으로 묶다, 다발로 만들다

∗**Fahr·en·heit** [fǽrənhàit] [독일의 물리학자 이름에서] *a.* **화씨의** 《略 F., Fah., Fahr.》 《영·미에서 특별한 표시가 없을 때의 온도는 F》

fa·ience, fa·ïence [faiɑ́:ns, fei-] [F] *n.* [UC] 파양스 도자기 《프랑스 채색 도자기》

‡**fail** [feil] *vi.* **1** **실패하다**, 실수하다; **낙제하다**(opp. *succeed*) **2** (…하지) **못하다[않다]**, **게을리하다**; [not과 함께] 꼭 …하다 **3** 〈공급 등이〉 **부족하다**, **끊어지다**; 흉작이 되다 **4** 〈덕성 등이〉 모자라다 **5** 〈힘 등이〉 **약해지다** **6** 파산하다 **7** 〈기계 등이〉 **작동하지 않다**, 고장나다
— *vt.* **1** …의 **도움이 되지 않다**; 저버리다, 실망시키다 **2** (구어) 〈시험에서〉 〈교사가〉 〈학생을〉 **낙제시키다**, 떨어뜨리다, 〈학생에게〉 낙제점을 매기다
~ *of* 〈목적을〉 이루지 못하다; …에 실패하다 ***never*** [***not***] **~ *to*** do 반드시 ~하다
— *n.* [U] 낙제; 증권 양도 불이행; (폐어) 실패 ***without ~*** 틀림없이, 반드시, 꼭

fáil·ed *a.* 실패한; 파산한

∗**fail·ing** [féiliŋ] *n.* [UC] **1** **실패**; 낙제; 파산 **2** 결점, 약점; **부족**
— *prep.* …이 없을 경우에는

fail-safe [féilsèif] *n.* [때로 **F~**] (핵폭격기가 별도 지시 없이는 넘을 수 없는) 한계선 — *a.* 〖전자〗 (고장에 대비해) 비상[이중] 안전 장치를 한

‡**fail·ure** [féiljər] *n.* **1** [U] **실패**, 실수 (opp. *success*); 낙제; [C] 낙제점 **2** **실패자**, 낙제자, 낙선자; 잘못된 것, 실패한 계획 **3** 태만, 불이행 《*in*》 **4** [UC] 부족, 불충분 《*of*》 **5** [UC] (힘 등의) 감퇴, 쇠퇴, (신체 기관의) 기능 부전; 〖기계〗 **정지**, 고장 《*in, of*》 **6** [UC] 지불 정지; 파산

fain [fein] [동음어 feign] (고어·문어) *ad.* [would ~으로] 기꺼이, 쾌히
— *a.* [P] [부정사와 함께] 기꺼이 …하는

‡**faint** [feint] [OF 「꾸민, 가짜의」의 뜻에서; feign과 같은 어원] *a.* **1** **희미한**, 약한; **어렴풋한**; 실낱 같은 **2** 힘 없는, 연약한, 내키지 않는 **3** 활기[용기] 없는, 소심한 **4** 어질어질한: feel ~ 현기증이 나다 — *vi.* **1** **졸도하다**, 기절하다 **2** (고어) 희미해지다, 약해지다 — *n.* 기절; 졸도, 실신 ***fall into a ~*** 기절하다 ***in a dead ~*** 기절하여

faint·heart·ed [-hɑ́:rtid] *a.* 소심한, 겁많은, 뱃심 없는 **~·ly** *ad.* **~·ness** *n.*

‡**faint·ly** [féintli] *ad.* **희미하게**, 어렴풋이; 힘없이, 가냘프게; 소심하게

‡**fair¹** [fεər] [동음어 fare] *a.* **1** **공정한**, **공평한**; 〈임금·가격 등이〉 온당한, 적정한 **2** (경기에서) **규칙에 따른**(opp. *foul*); 〖야구〗 〈타구가〉 페어의 **3** **꽤 많은**, 상당한; 어지간한; 〈성적이〉 보통의 **4** 〖항해〗 〈바람이〉 순조로운, 알맞은 **5** **살결이 흰**, **금발의** **6** 〈하늘이〉 **맑은**, 갠(opp. *foul*) **7** (문어) 〈주로 여자가〉 아름다운 **8** 그럴듯한 **9** 깨끗한, 흠 없는 **10** 유망한, 가망이 있는 ***be in a ~ way to*** do …할 듯하다, …할 가망이 있다 ***by ~ means or foul*** 수단을 가리지 않고 ***~ and square*** (구어) 공명정대한[하게]
— *ad.* **1** **공명정대하게** **2** 깨끗하게, 말쑥히, 훌륭히 **3** 얌전하게, 정중하게 **4** 바로, 똑바로, 정통으로 ***bid ~ to*** do …할 가망이 충분히 있다 ***speak*** a person **~** (고어) …에게 정중히 말하다

F

—*n.* **1** [the ~] 여성 **2** [a ~] 《고어》 연인, 애인

—*vt.* **1** 문서를 정서하다 **2** 〈항공기·선박을〉 유선형으로 정형(整形)하다 《*up, off*》

—*vi.* 《방언》 〈날씨가〉 개다 《*up, off*》

‡fair² [fɛər] [동음어 fare] *n.* **1** 《미》 (농·축산물 등의) **품평회**, 공진회 **2** 《영》 정기시(定期市), 축제일 겸 장날 **3 박람회**, 견본시, 전시회

fáir báll 〖야구〗 페어 볼 (opp. *foul ball*)

fáir gáme 1 (공격·조소의) 좋은 목표; 《비유》 '봉' **2** 수렵 해금된 사냥감

fair·ground [fɛ́ərgràund] *n.* [종종 *pl.*] 정기 장터, 박람회·공진회·서커스 등이 열리는 장소

fair-haired [-hɛ̀ərd] *a.* 금발의

fáir-haired bóy 《구어》 (윗사람에게) 총애받는 청년; 후임자로 지목받는 청년

fair·ing [fɛ́əriŋ] *n.* Ⓤ 유선형으로 함, 정형(整形) 《비행기의》; Ⓒ 유선형 구조 (부분)

‡fair·ly [fɛ́ərli] *ad.* **1 공정[공평]히 2 꽤**, 어지간히; 그저 그런 《fairly는 보통 좋은 뜻으로, rather는 좋지 않은 뜻으로 씀》 **3** 《구어》 **아주**, 완전히 **4** 멋들어지게, 적절히 **5** 〈필적이〉 명료하게, 뚜렷이

fair-mind·ed [fɛ́ərmáindid] *a.* 공정[공평]한, 편견을 갖지 않은; 기탄없는

***fair·ness** [fɛ́ərnis] *n.* Ⓤ **1 공평**, 공명정대 **2 살결이 흼**; (머리칼의) 금빛

***fáir pláy 1 정정당당한 경기 태도**; 공명정대한 행동, 페어플레이 **2** 공정한 취급

fair-spo·ken [-spóukən] *a.* 정중한 (polite), 상냥한; 구변이 좋은

fáir tráde 〖경제〗 공정 거래, 호혜 무역

fair-trade [-tréid] 〖경제〗 *a.* 공정 거래의

fair·way [-wèi] *n.* **1** (강·만 등의) 항로, 안전한 뱃길 **2** 〖골프〗 페어웨이 《tee와 putting green 사이의 잔디밭》

‡fair·y [fɛ́əri] *n.* (*pl.* **fair·ies**) **요정**(妖精), 선녀; 《경멸》 남성 동성애자(gay)

—*a.* **1** 요정의, 요정에 관한 **2** 요정 같은; 우미(優美)한

fáiry gódmother 1 (옛날 이야기에서) 주인공을 돕는 요정 **2** (곤란할 때 갑자기 나타나는) 친절한 사람[아주머니]

***fair·y·land** [fɛ́ərilæ̀nd] *n.* **1** Ⓤ **요정[동화]의 나라, 선경**(仙境) **2** Ⓒ 더할 나위 없이 아름다운 곳, 신기한 세계, 도원경

fáiry rìng 요정의 고리 《풀밭에 버섯이 둥그렇게 나서 생긴 검푸른 부분; 요정들이 춤춘 자국이라고 했음》

‡fáiry tàle[stòry] 동화, 옛날 이야기; 꾸민 이야기

fair·y-tale [fɛ́əritèil] *a.* Ⓐ 동화 같은; 믿을 수 없을 정도로 아름다운

fait ac·com·pli [féit-əkɑmplíː | -kɔ́mpliː] [F] *n.* (*pl.* **-s -s** [-z]) 기정 사실

‡faith [feiθ] [L 「신뢰」의 뜻에서] *n.* Ⓤ **1 신뢰**, 믿음, 신용 《*in*》 **2 신념**(belief), **확신** 《*in*》 **3 a 신앙**, 신앙심 **b** [the ~] 참된 신앙 **c** Ⓒ 신조, 교지(教旨), 교의(教義) **4** 신의, 성실 **5 약속**, 서약 ***~, hope, and charity*** 믿음·소망·사랑 《기독교의 세 가지 기본 덕》 ***give*** [***engage, pledge, plight***] ***one's ~ to*** 맹세하다, 굳게 약속하다 ***have ~ in*** …을 믿고 있다[신앙하다] ***in ~*** 《고어》 정말, 참, 실로 ***keep*** [***break***] ***~ with*** …에 대한 맹세를 지키다[깨뜨리다]

fáith cùre (기도에 의한) 신앙 요법, 신앙 치료

fáith cùrer 신앙 요법을 베푸는 사람

‡faith·ful [féiθfəl] *a.* **1 충실한 2** 사실대로의, 〈사실·원본 등에〉 충실한(true), 정확한; 신뢰할 만한

—*n.* [the ~; 집합적; 복수 취급] 충실한 신도들

‡faith·ful·ly [féiθfəli] *ad.* **충실히**, 성실하게; 정확하게

deal ~ with …을 성실히 다루다; …을 엄하게 다루다, 벌하다 ***Yours ~*** = ***F~ yours*** 재배(再拜) 《그다지 친하지 않은 사람에게 내는 편지의 맺음말; cf. AFFECTIONATELY, TRULY, SINCERELY》

fáith hèaler = FAITH CURER

fáith hèaling = FAITH CURE

***faith·less** [féiθlis] *a.* **1 신의가 없는**, 불성실한, 부정(不貞)한 **2** 믿지 못할 **3** 신앙이 없는 **~·ly** *ad.* **~·ness** *n.*

***fake** [feik] *vt.* 《구어》 **1 위조하다; 날조하다; 속이다 2** …인 체하다 **3** 〖스포츠〗 페인트하다

—*vi.* **1** 위조하다; 속이다 **2** 〖스포츠〗 페인트하다 **3** 꾀병 부리다

—*n.* **1 모조품**, 위조품, 가짜; 헛소문 **2** 《미》 사기꾼 —*a.* **가짜의**, 위조의

fak·er [féikər] *n.* 《구어》 위조자, 《특히》 사기꾼; 《미》 노점 상인; 행상인

fa·kir, -quir [fəkíər | féikiə] *n.* (이슬람교·바라문교 등의) 고행자(苦行者), 탁발승

***fal·con** [fǽlkən, fɔ́ːl- | fɔ́ːlk-] *n.* (매사냥에 쓰는) **매, 송골매**

fal·con·ry [fǽlkənri, fɔ́ːl- | fɔ́ːlk-] *n.* Ⓤ 매 훈련법; 매사냥

fal·de·ral [fǽldəræ̀l], **-rol** [-rɑ̀l | -rɔ̀l] *n.* = FOLDEROL

‡fall [fɔːl] *vi.* (**fell** [fel]; **fall·en** [fɔ́ːlən]) **1 떨어지다**, 〈눈·비가〉 **내리다**, 〈꽃·잎이〉 지다, 낙하하다, 〈머리털 등이〉 빠지다 **2** 〈온도·기록 등이〉 **내려가다 3** 〈토지가〉 경사지다, 낮아지다 **4** 부상하여 쓰러지다; (전투 등으로) 죽다 **5** 〈머리털·옷 등이〉 **드리워지다 6** (걸려) **넘어지다**, 전락(轉落)하다; 납죽 엎드리다 **7** 〈건물 등이〉 **무너지다 8** 〈요새·도시 등이〉 **함락되다 9** 〈국가·정부 등이〉 쓰러지다, 실각(失脚)하다; 〈품위 등이〉 떨어지다 **10** 〈유혹 등에〉 넘어가다, 타락하다; 〈여자가〉 정조를 잃다 **11** 〈값이〉 내리다 **12** 〈졸음 등이〉 덮치다 **13** 〈사건이〉 일어나다; 이르다, 닿다 **14** 〈눈·시선이〉 아래를 향하다 **15** [보어와 함께] 〈어떤 상태로〉 **되다 16** 〈동물의 새끼가〉 태어나다 **17** 〈음성·말이〉 새어 나오다 **18** 분류되다

~ across …와 우연히 마주치다 ***~ apart*** 산산조각나다, 부서지다; 《구어》 실패로 끝나다; 《구어》 〈사람·부부등이〉 갈라서다, 헤어지다 ***~ away*** 저버리다; 배반하다; 쇠약해지다, 여위다; 〈배가〉 침로에서 벗어나다; 감소하다, 줄다; 사라지다

F

~ ***back*** 물러나다, 겁이 나서 주춤하다; 〈물 등이〉 줄어들다(recede); 약속을 어기다 ~ ***behind*** 뒤지다; 추월당하다; 〈지불·일이〉 늦어지다 ~ ***down*** 넘어지다; 엎드리다; 병들어 눕다; 흘러 내리다; 《미·속어》 …에 실패하다 《*on*》 ~ ***in*** (1) 〈지붕 등이〉 내려앉다; 〈땅바닥 이〉 움푹 들어가다; 〈볼 등이〉 쑥 들어가다 (2) 〖군사〗 정렬하다[시키다]; 《구령》 집합!, 정렬! (3) 차용(借用) 기한이 차다 (4) 마주치다 (5) 동의하다 ~ ***off*** 떨어져 내려오다; 〈친구 등이〉 떨어지다; 이반(離反)하다; 〈출석자 수 등이〉 줄다; 〈건강 등이〉 쇠퇴하다; 타락하다; 〖항해〗 〈바람 불어가는 쪽으로〉 배를 돌리다, 침로(針路)에서 벗어나다 ~ ***on*** [***upon***] …을 습격하다(attack); 〈행동을〉 시작하다; …와 마주치다; 〈축제일·일요일 등에〉 해당하다; 〈재난 등이〉 들이닥치다; 싸움에 참가하다; 먹기 시작하다 ~ ***out*** 싸우다, 사이가 틀어지다 《*with*》; 일어나다 《*that* ..., *to* be ...》; …이라고 판명되다, …한 결과가 되다(turn out); 〖군사〗 대열을 떠나다, 낙오하다 ~ ***over*** …의 위에 엎어지다; …너머에 떨어지다; 〈머리털이〉 축 드리워지다 ~ ***through*** 실패로 끝나다, 수포로 돌아가다 ~ ***to*** 〈일을〉 열심히 하기 시작하다; 주먹질을 시작하다; 먹기 시작하다; 〈문 등이〉 자동적으로 닫히다 ~ ***under*** …의 부류에 들다, …에 해당하다; 〈주목 등을〉 받다: ~ *under* a person's notice …의 눈에 띄다

— *n.* **1** **낙하**, 추락, 낙하물 **2** **강우**[강설](량) **3** [보통 *pl.*; 고유명사로서는 단수 취급] **폭포** **4 a** **전도**(轉倒), 도괴(倒壞) **b** 와해(瓦解); 함락; 항복, 쇠망, 몰락 **5** 타락; 악화 **6** (온도의) 내림, (가격 등의) 하락; 강하, 침강, 낙차 **7** 〖지질〗 경사, 비탈, 기울기 **8** 《주로 미》 **가을**(autumn) **9** 〖레슬링〗 폴, 한 판 (승부)

ride for a ~ 떨어지기 알맞게 타다; 무모한 짓을 하다

fal·la·cious [fəléiʃəs] *a.* **1** 그릇된; 논리적 오류가 있는; 허위의 **2** 사람을 현혹시키는, 믿을 수 없는 **~·ly** *ad*

*__fal·la·cy__ [fǽləsi] [L 「사기」의 뜻에서; false와 같은 어원] *n.* (*pl.* **-cies**) UC **그릇된 생각**[믿음]; 〖논리〗 허위(성)

fall·back [fɔ́:lbæ̀k] *n.* **1** 후퇴(retreat) **2** 의지(가 되는 것), 여축(餘蓄), 예비물[금]

‡**fall·en** [fɔ́:lən] *v.* FALL의 과거분사 — *a.* **1** **떨어진** **2** (싸움터에서) **쓰러진**, 죽은 **3** 《고어》 타락한 **4** 전복된, 파괴된; 함락된

fáll gùy 《미·속어》 잘 속는 사람; (돈을 받고) 남의 죄를 뒤집어 쓰는 사람

fal·li·bil·i·ty [fæ̀ləbíləti] *n.* U 오류를 범하기 쉬움(opp. *infallibility*)

fal·li·ble [fǽləbl] *a.* 오류에 빠지기 쉬운; 〈규칙 등이〉 오류를 면치 못하는 **-bly** *ad.*

fall·ing [fɔ́:liŋ] *n.* U **1** 낙하, 추락; 강하 **2** 전도(顚倒); 함락; (암석의) 붕괴

— *a.* 떨어지는; 내리는; 감퇴하는

fall·ing-out [fɔ́:liŋáut] *n.* (*pl.* **fallings-, ~s**) 싸움, 불화, 충돌

fálling stár 유성(meteor)

fall·off [fɔ́:lɔ̀:f | -ɔ̀f] *n.* 저하, 쇠퇴, 감소

Fal·ló·pi·an túbe [fəlóupiən-] [이탈리아의 해부학자 이름에서] 〖해부〗 나팔관, 수란관(oviduct)

fall·out, fall-out [fɔ́:làut] *n.* UC 방사성 낙진, 죽음의 재; (방사성 물질 등의) 강하

fállout shélter 방사성 낙진 지하 대피소

fal·low[1] [fǽlou] *a.* **1** 〈토지·밭 등이〉 경작하지 않은, 묵혀둔; 미개간의: leave land ~ 땅을 놀리다 **2** 수양을 쌓지 않은 ***lie*** ~ 〈땅이〉 묵고 있다

— *n.* U 휴한지(休閑地); 휴경, 휴작

— *vt.* 〈땅을〉 갈아만 놓고 놀리다, 묵혀 두다

fallow[2] *n.*, *a.* 연한 황갈색(의); 연한 회갈색(의)

fállow déer 〖동물〗 다마사슴 《담황갈색의 사슴; 여름에는 흰 얼룩이 생김》

‡**false** [fɔ:ls] *a.* **1** **그릇된**(wrong), 잘못된, 틀린 **2** **거짓의**, 허위의(opp. *true*) **3** **가짜의**, 위조의; **인조의**, 모조의; 부정의, 사기의 **4** 임시의, 일시적인; 보조의 **5** **불성실한**, 부정(不貞)한 **6** 〈행동 등이〉 **겉꾸민**, 어색한 **7** 〖식물〗 의사(擬似)의

bear ~ witness 위증하다

— *ad.* 거짓으로, 부실하게, 부정하게

play a person ~ …을 속이다, 배반하다

fálse acácia 〖식물〗 아까시나무

fálse bóttom (트렁크·상자 등의 바닥 안에 댄) 덧바닥, (비밀을 위한) 이중 바닥

fálse fáce 탈, 가면

false·heart·ed [fɔ́:lshɑ́:rtid] *a.* 성실하지 않은, 신의가 없는 **~·ly** *ad.*

*__false·hood__ [fɔ́:lshùd] *n.* U **허위**; C **거짓말**(opp. *truth*)

fálse imprísonment 〖법〗 불법 감금

false·ly [fɔ́:lsli] *ad.* 거짓으로, 속여서; 잘못하여; 부정하게; 불성실하게

false·ness [fɔ́:lsnis] *n.* U 불성실

fálse ríb 〖해부〗 가(假)늑골; (기익(機翼)의) 보조 소골(小骨)

fálse stárt (경주에서) 부정 스타트; 그릇된 출발[첫발]

fálse stép 헛디딤; 실수, 차질

fal·set·to [fɔ:lsétou] [It. =false] *n.* (*pl.* **~s**) 가성 《본 음성에 대한 꾸민 음성》, 가성 가수

— *a.*, *ad.* 가성의[으로]

false·work [fɔ́:lswə̀:rk] *n.* U 〖토목〗 비계, 발판

fal·si·fi·ca·tion [fɔ̀:lsəfikéiʃən] *n.* UC 위조, 변조; (사실의) 곡해; 허위임을 입증하기, 반증, 논파; 〖법〗 문서 위조, 위증

fal·si·fy [fɔ́:lsəfài] *v.* (**-fied**) *vt.* **1** 〈서류 등을〉 위조하다(forge); 〈사실을〉 속이다, 왜곡하다 **2** …의 거짓[잘못]임을 입증하다, 논파하다 **3** (결과가 기대 등에) 어긋나다 — *vi.* 거짓말하다, 그릇되게 전하다

fal·si·ty [fɔ́:lsəti] *n.* (*pl.* **-ties**) UC 사실에 어긋남; 허위; 배반

Fal·staff [fɔ́:lstæf | -stɑ:f] *n.* 폴스타프 **Sir John** ~ 《Shakespeare의 *Henry IV*와 *The Merry Wives of Windsor*

에 등장하는 쾌활하고 재치있는 허풍쟁이 뚱뚱보 기사》

falt·boat [fɑ́:ltbòut] *n.* (미) (고무천으로 만든) 접게 된 보트(foldboat)

***fal·ter** [fɔ́:ltər] *vi.* **1 비틀거리다,** (걸려) 넘어지다 **2 말을 더듬다,** 중얼거리다 **3** 주춤하다, 멈칫하다; 〈용기가〉 꺾이다 **4** 〈활동 등이〉 약해지다 **—** *vt.* 더듬거리며 말하다 《*out, forth*》

— *n.* 비틀거림; 주춤[머뭇]거림; 말더듬기, 중얼거림; (목소리 등의) 떨림 **~·er** *n.*

fal·ter·ing [fɔ́:ltəriŋ] *a.* 비틀거리는; 더듬거리는

~·ly *ad.* 비틀거리며; 말을 더듬거리며

‡fame [feim] [L 「목소리, 소문」의 뜻에서] *n.* Ⓤ **1 명성,** 고명, 명망 **2** 평판: ill ~ 오명, 악명

***famed** [feimd] *a.* **유명한,** 이름이 난

fa·mil·ial [fəmíljəl] *a.* 가족의; 〖유전〗 가족성의, 〈병이〉 가족 특유의

‡fa·mil·iar [fəmíljər] [L 「가족의, 친절한」의 뜻에서] *a.* **1** (자주 여러 번 경험하여) **잘 알려진,** 익숙한 《*to*》; 통속적인, 일상의, 드물지 않은 **2 잘 아는,** 정통한 《*with*》 **3 친한,** 허물 없는 《*with*》 **4** 〈문체 등이〉 격식을 차리지 않는 **5** 정도 이상으로 친하게 구는, 뻔뻔스러운 **—** *n.* **1** 친구, 친한 사람 **2** 〖가톨릭〗 (로마 교황·주교의) 심부름꾼

***fa·mil·i·ar·i·ty** [fəmìljǽrəti | -liǽr-] *n.* (*pl.* **-ties**) Ⓤ **1 잘 앎; 정통**(精通), 익히 앎 《*with*》 **2 친함, 친밀 3** [보통 *pl.*] (지나치게) 치근치근[무엄]하게 구는 짓

fa·mil·iar·i·za·tion [fəmìljərizéiʃən | -rai-] *n.* Ⓤ 친하게 함, 익숙하게 함, 정통케 함

fa·mil·iar·ize [fəmíljəràiz] *vt.* 친하게 하다; 익숙하게 하다 《*with*》; 통속화하다, (세상에) 널리 알리다, 보급[주지]시키다 《*to*》

fa·mil·iar·ly [fəmíljərli] *ad.* 친하게, 허물없이; 무엄[치근치근]하게

famíliar spírit 부리는 마귀 《사람·마법사 등을 섬기는 귀신》, (죽은 사람의) 영혼

‡fam·i·ly [fǽməli] [L 「(가족의) 심부름꾼」의 뜻에서] *n.* (*pl.* **-lies**) **1** [집합적] **가족,** 가구, 집안, 식구들 **2** (한 가정의) **아이들,** 자녀 **3 일족**(一族), 친척, 일가, 집안; Ⓤ (영) **가문,** 문벌, 명문 **4** 〖언어〗 어족(語族); 〖동물·식물〗 과(科) 《목(order)과 속(genus)의 중간》 **5** [종종 **F~**] (마피아 등의) 조직 단위 ***run in a*** [***the,*** one***'s***] **~** 〈정신병 등이〉 혈통에 있다 ***start a* ~** 맏아이를 보다

— *a.* Ⓐ **가족의,** 가정의, 가정용의

in a* ~ *way 허물없이, 거리낌없이; 《구어》 임신하여 ***in the* ~ *way*** (구어) 임신하여

fámily allówance 가족 수당; (영) 아동 수당의 구칭

fámily Bíble 가정용 성경 《출생·사망·혼인 등을 기록할 여백 페이지가 달린 큰 성경》

fámily círcle [보통 the ~; 집합적] 집안 (사람들), 일가; 《미》 (극장 등의) 가족석

fámily cóurt 가정 법원

Fámily Divìsion (영) (고등 법원의) 가정[가사]부(部) 《입양·이혼 등을 다룸》

fámily dóctor 가정의(醫)

fámily íncome sùpplement (영) 극빈 가족에 대한 국가 보조금

fámily màn 가족을 거느린 사람; 가정적인 사람

fámily médicine 가족 의료

fámily nàme 성(姓)

fámily plánning 가족 계획

fámily práctice =FAMILY MEDICINE

fámily skéleton (남의 이목을 꺼리는) 집안의 비밀

fámily stỳle (담아 놓은 음식을 각자가 자기 접시에 덜어 놓는) 가족 방식(의[으로])

fámily thérapy 〖정신의학〗 (환자의 가족을 포함하여 행하는) 가족 요법

fámily trée 가계도(家系圖), 족보, 계보

‡fam·ine [fǽmin] [L 「굶주림」의 뜻에서] *n.* Ⓤⓒ **1 기근 2 굶주림,** 배고픔 **3** (물자의) 고갈, 결핍, 태부족

***fam·ish** [fǽmiʃ] *vt.* [보통 수동형으로] 굶주리게 하다

fam·ished [fǽmiʃt] *a.* 굶주린, 몹시 배고픈

‡fa·mous [féiməs] *a.* **1 유명한,** 고명한, 이름난 《*for*》 **2** 《구어》 멋진, 훌륭한, 뛰어난(excellent)

fa·mous·ly [féiməsli] *ad.* 유명하게, 《구어》 뛰어나게, 훌륭하게

‡fan[1] [fæn] *n.* **1 부채; 선풍기;** 환풍기, 송풍기 **2** 부채꼴의 물건 《추진기의 날개·풍차의 날개·새의 꽁지 등》 **3** (곡식 고르는) 키; 풍구 **4** 〖지리〗 선상지(扇狀地)

— *v.* (**~ned**; **~·ning**) *vt.* **1** 부채로 부치다; 〈바람이〉 솔솔 불다 **2** 선동하다 **3** 부채꼴로 펴다 《*out*》 **4** (키로) 〈곡식을〉 까부르다 **5** 〈파리 등을〉 부채로 쫓다 《*away*》 **6** 〖야구〗 삼진(三振)시키다 **—** *vi.* **1** (부채꼴로) 펼쳐지다 《*out*》 **2** 〖야구〗 삼진당하다

‡fan[2] [fæn] [fanatic *n.*의 단축형] *n.* 《구어》 (영화·스포츠 등의) **팬,** …광(狂)

***fa·nat·ic** [fənǽtik] *a.* =FANATICAL

— *n.* **광신자, 열광자**

***fa·nat·i·cal** [fənǽtikəl] *a.* **광신[열광]적인 ~·ly** *ad*

fa·nat·i·cism [fənǽtəsìzm] *n.* Ⓤ 광신; 열광; 광신적임

fán bèlt (자동차의) 팬 벨트

fan·cied [fǽnsid] *a.* 상상의, 공상의, 가공의

fan·ci·er [fǽnsiər] *n.* **1** (꽃·새·개 등의) 애호가 **2** 공상가

***fan·ci·ful** [fǽnsifəl] *a.* **1 공상에 잠기는,** 상상력이 풍부한; 공상적인 **2** 기상천외한; 〈고안 등이〉 기발한

~·ly *ad.* **~·ness** *n.*

‡fan·cy [fǽnsi] *n.* (*pl.* **-cies**) **1** Ⓤⓒ **공상,** 상상(력); 기상(奇想), 환상(illusion) **2** Ⓤⓒ **홀연히 내킨 생각;** 추측, **변덕**(whim); 억측, 가정 **3** [a ~] **기호,** 애호

— *v.* (**-cied**) *vt.* **1 공상하다,** 상상하다, 마음에 그리다; [명령형으로] 생각해 보라 《놀람을 나타내거나 주의를 촉구하는 감탄사로 쓰임》 **2** (까닭없이 …하다고) 생각

하다, …라고 믿다 **3** [~ one*self* 로] (…라고) 자부하다, 자만하다 **4** 애호하다, 좋아하다, 마음에 들다 **—** *vi.* 공상[상상]하다; [명령형으로] 《구어》 상상[생각]해 보라 **—** *a.* (**-ci·er**; **-ci·est**) **1** **장식적인** **2** Ⓐ 《미》 고급의; 극상(極上)의, 특선(特選)의 **3** 〈꽃 등이〉 여러 색으로 된; 〈동물 등이〉 변종의, 진종(珍種)의 **4** 상상의; 공상적인

fáncy dréss 가장복; 색다른 옷

fan·cy-free [fǽnsifríː] *a.* 자유 분방한; 상상력이 풍부한

fáncy góods 잡화, 장신구

fáncy màn 《속어》 애인《남자》; 매춘부의 기둥서방; 도박사, 《특히》 경마[권투] 도박사

fáncy wòman 《속어》 정부, 첩(妾); 창녀

fan·cy·work [-wə̀ːrk] *n.* Ⓤ 수예(품), 편물, 자수

fan·dan·go [fændǽŋgou] [Sp.] *n.* (*pl.* **~s**) **1** 판당고 《스페인의 춤》; 그 곡(曲) **2** 《미·속어》 무도회

fan·fare [fǽnfɛər] [F 「트럼펫을 불다」의 뜻에서] *n.* Ⓤ **1** 〖음악〗 화려한 트럼펫 등의 취주, 팡파르 **2** (화려한) 과시; 선전

fang [fæŋ] *n.* **1** (육식 동물의) 송곳니, 엄니 **2** (뱀의) 독아(毒牙), (독거미의) 이 **3** (칼·창 등의) 슴베

fán héater 송풍식 전기 스토브, 온풍기

fan-jet [fǽndʒèt] *n.* 〖항공〗 팬제트, 터보팬 《송풍기가 달린 제트 엔진》; fan-jet 엔진을 장착한 비행기

fán lètter 팬레터

fan·light [-làit] *n.* 《영》 부채꼴 채광창 (《미》 transom) 《창문·출입문의 위쪽에 있는》

fán màil [집합적] 팬레터(fan letters)

Fan·nie, Fan·ny [fǽni] *n.* 여자 이름 (Frances의 애칭)

fan·ny [fǽni] *n.* (*pl.* **-nies**) 《미·속어》 엉덩이(buttocks); 《영·속어》 여성의 성기

Fánny Ádams 《영·속어》 **1** [때로 **f- a-**] 〖항해〗 통조림 고기, 스튜 **2** [종종 Sweet ~] 전혀 없음, 전무(nothing at all)

fánny pàck 《주로 미》 (허리의 belt에 매는) 지퍼 달린 작은 주머니

fan·tab·u·lous [fæntǽbjuləs] *a.* 《속어》 믿을 수 없을 만큼 훌륭한

fan·tail [fǽntèil] *n.* **1** 부채 모양의 꼬리 **2** 〖조류〗 공작비둘기

fan·ta·sia [fæntéiʒiə | -ziə] *n.* 〖음악〗 환상곡; (잘 알려진 곡의) 접속곡; 환상적 문학 작품

fan·ta·size [fǽntəsàiz] *vt.* 꿈에 그리다 **—** *vi.* 몽상하다, 공상에 잠기다

‡**fan·tas·tic, -ti·cal** [fæntǽstik(əl)] *a.* **1** **공상적인**, 환상적인 **2** **터무니없는**; 〈금액 등이〉 엄청난 **3** 《구어》 **굉장한**, 멋진 **4** 변덕스러운 **5** **별난**, 괴상한, 기이한 **-ti·cal·ly** *ad.*

***fan·ta·sy** [fǽntəsi, -zi] [Gk 「환상」의 뜻에서] *n.* (*pl.* **-sies**) **1** ⓊⒸ (터무니없는) **상상**, **공상**, 환상, 환각 **2** 공상 문학 작품 **3** 〖심리〗 백일몽 **4** 〖음악〗 환상곡

fan·zine [fǽnziːn] *n.* (SF 등의) 팬 대상 잡지

FAO Food and Agriculture Organization (유엔) 식량 농업 기구

FAQ 〖컴퓨터〗 frequently asked questions (and answers) 자주하는 질문에 대한 답변을 정리하여 게시한 파일

‡**far** [fɑːr] *ad.* (**far·ther, further**; **far·thest, fur·thest**; ⇨ 각 표제어 참조) **1** [거리·공간] **a** [부사 또는 전치사구와 함께] **멀리**(에), 아득히, 먼 곳으로: ~ *away*[*off*] 멀리 떨어진 곳에 **b** [대개 의문문·부정문에서 단독적으로] 멀리: How ~ did he go? 그는 얼마나 멀리 갔을까요? **2** [시간] [대개 부사 또는 전치사구와 함께] **멀리**: ~ *back* in the past 아득한 옛날에 **3** [정도] **a** **훨씬**, 크게: ~ different 크게 다른 **b** [비교급, 때로 최상급의 형용사·부사를 수식하여] **훨씬**, 단연: This is ~ better (than it was). 이 편이 (이전보다) 훨씬 낫다.

as ~ as ... (1) [전치사적으로] …까지 《부정문에서는 보통 so ~ as를 씀》 (2) [접속사적으로] …하는 한 멀리까지; …하는 한은[에서는] ***~ back*** 멀리 뒤쪽에; 먼 옛날에 ***F~ be it from me to*** do … 하려는 생각 따위는 내게는 전혀 없다 ***~ between*** = FEW and far between ***~ from ...*** (1) …에서 멀리(에) (2) 조금도 …않다 ***so ~*** 여태[지금]까지

— *a.* Ⓐ (비교 변화는 *ad.*와 같음) **1** 《문어》 **a** (거리적으로) 먼, 멀리 떨어진 **b** (시간적으로) 먼, 아득한 **c** 장거리[장시간]의 **2** [보통 the ~] (둘 중에서) 먼 쪽의, 저쪽의 **3** (정치적으로) 극단적인

far·ad [fǽrəd] *n.* 〖전기〗 패럿 《정전 용량의 단위》

Far·a·day [fǽrədèi, -di] *n.* 패러데이 **Michael ~** (1791-1867) 《영국의 물리학자·화학자》

***far·a·way** [fɑ́ːrəwéi] *a.* **1** **먼**, 멀리의; 〈소리 등이〉 멀리서 들리는 **2** 〈얼굴·눈이〉 멍한, 꿈꾸는 듯한

***farce** [fɑːrs] [L 「쑤셔 넣다」의 뜻에서] *n.* **1** ⓊⒸ **소극**(笑劇), **익살 광대극** **2** Ⓤ 익살, 웃기는 짓[것], 우스개 **3** 어리석은 짓거리, 연극 《나쁜 의미의》

far·ci·cal [fɑ́ːrsikəl] *a.* 익살맞은; 웃기는 **~·ly** *ad.*

‡**fare** [fɛər] [동음어 fair] *n.* **1** (기차·전차·버스·배 등의) **운임**, 요금 **2** (기차·버스·택시 등의) 승객 **3** Ⓤ 음식물, 식사 **—** *vi.* **1** 《문어》 지내다, 살아가다 **2** [비인칭 주어 it를 써서] 《문어》 일이 되어가다

Fár Éast [the ~] 극동 《원래 영국에서 보아 한국·중국·일본·타이완 등 아시아 동부의 여러 나라》

Fár Éastern 극동의

‡**fare·well** [fɛ̀ərwél] [fare well의 명령법에서] *int.* **안녕**, 잘 가시오

— *n.* **1** **작별** **2** 작별 인사

bid ~ to = ***take*** one***'s ~ of*** …에게 작별을 고하다 ***make*** one***'s ~s*** 작별 인사를 하다

— *a.* 고별의, 송별의, 작별의

far·fetched, far-fetched [-fétʃt] *a.* 에두른, 빙 둘러서 말하는; 억지의, 무리한

F

(forced), 부자연한
far-flung [-flʌ́ŋ] *a.* 광범위한, 널리 퍼진; 간격이 넓은, 멀리 떨어진
far-gone [-gɔ́:n | -gɔ́n] *a.* 먼, 먼 곳의; 〈병세 등이〉 꽤 진전된[심한]; 몹시 취한; 빚이 누적된
fa·ri·na [fəríːnə] *n.* Ⓤ **1** 곡식 가루 **2** (특히 감자의) 전분, 녹말 **3** 〖식물〗 꽃가루(pollen)
far·i·na·ceous [fæ̀rənéiʃəs] *a.* 곡식 가루의; 가루를 내는; 녹말질의
‡farm [fɑːrm] [F 「소작 계약, 소작지」의 뜻에서] *n.* **1 농장**, 농지, 농원 **2 사육장**, 양식장 **3** 농가, 농장의 집 **4** 〖야구〗 메이저 리그 소속의 2군팀(= ∠ tèam) **—** *vt.* 〈토지를〉 **경작하다**
— *vi.* 경작하다, 농사짓다, 농장을 경영하다 **~ *out*** 〈토지·시설 등을〉 빌려주다; 〈조세·요금의 징수를〉 도급주다; 〈일을 본점[원 공장] 등에서〉 도급주다; 〈어린이 등을〉 돈을 주고 맡기다
‡farm·er [fɑ́ːrmər] [OF 「소작인」의 뜻에서] *n.* **농부**, 농장 경영자, 농장주
farm-fresh [fɑ́ːrmfréʃ] *a.* 〈농산물이〉 농장[산지] 직송의
farm·hand [-hæ̀nd] *n.* 농장 노동자
∗farm·house [-hàus] *n.* (*pl.* **-hous·es** [-hàuziz]) **농가**
∗farm·ing [fɑ́ːrmiŋ] *a.* 농업의; 농업용의 **—** *n.* Ⓤ **농업**; 농장 경영
∗farm·land [fɑ́ːrmlæ̀nd] *n.* Ⓤ **농지**, 농토
farm·stead(·ing) [fɑ́ːrmstèd(iŋ)] *n.* 《영》 농장 《부속 건물도 포함》
∗farm·yard [fɑ́ːrmjɑ̀ːrd] *n.* **농장 구내**, 농가의 마당
far·o [fέərou] *n.* 은행 《내기 카드놀이의 일종》
Fár·oe Íslands [fέərou-] *n.* [the ~] = FAEROE ISLANDS
∗far-off [fɑ́ːrɔ́ːf | -ɔ́f] *a.* 〈시간·거리·관계가〉 **먼**
far-out [fɑ́ːráut] *a.* **1** 《영》 먼 **2** 《구어》 〈음악 등이〉 참신한, 전위적인, 파격적인; 《구어》 멋진; 극단적인
far·rag·i·nous [fərǽdʒənəs] *a.* 긁어모은, 뒤섞인
far·ra·go [fərɑ́ːgou, -réi-] [L] *n.* (*pl.* **~(e)s**) 잡동사니(mixture) 《*of*》
∗far-reach·ing [fɑ́ːrríːtʃiŋ] *a.* 〈효과·영향 등이〉 **멀리까지 미치는**; 원대한
far·ri·er [fǽriər] *n.* **1** 《영》 편자공(工) **2** 〖군사〗 군마(軍馬) 담당 하사관
far·row [fǽrou] *n.* (돼지의) 분만; 한 배의 돼지 새끼 **—** *vt.* 〈돼지 새끼를〉 낳다 **—** *vi.* 〈돼지가〉 새끼를 낳다 《*down*》
far·see·ing [fɑ́ːrsíːiŋ] *a.* 선견지명이 있는; 먼 데를 잘 보는(farsighted)
far·sight·ed [-sáitid] *a.* **1** 먼 데를 잘 보는; 〖병리〗 원시안의 (opp. *nearsighted*) **2** 선견지명이 있는, 현명한
~·ly *ad.* **~·ness** *n.*
fart [fɑːrt] *n.*, *vi.* 《속어》 방귀 (뀌다)
‡far·ther [fɑ́ːrðər] *ad.* [FAR의 비교급] **1** 〈거리·공간·시간이〉 **더 멀리**, 더 앞으로, 더 오래; 〈정도가〉 더 나아가 **2 더욱이**, 또한 게다가
~ *on* 더 나아가서[멀리] ***go ~ and fare worse*** 지나쳐서 오히려 잘 안되다 ***No ~!*** 이제 됐어, 이제 그만!
— *a.* [FAR의 비교급] (거리적으로) **더 먼[앞의]**; (시간적으로) **더 뒤[나중]의**
far·ther·most [fɑ́ːrðərmòust] *a.* 가장 먼
‡far·thest [fɑ́ːrðist] *a.* [FAR의 최상급] **가장 먼** ***at* (*the*) *~*** 늦어도; 고작해야
— *ad.* **가장 멀리에**
∗far·thing [fɑ́ːrðiŋ] [OE 「1/4 (fourth)」의 뜻에서] *n.* 《영》 **파딩** 《영국의 옛 화폐; 1/4 penny; 1961년 폐지》
be not worth a* (*brass*) *~ 동전 한 푼어치의 가치도 없다 ***don't care*[*matter*] *a ~*** 조금도 개의치 않다
far·thin·gale [fɑ́ːrðingèil] *n.* 파딩게일 《16-17세기에 스커트를 불룩하게 하는 데 썼던 버팀살》; 버팀살로 부풀린 스커트
Fár Wést [the ~] 극서부 지방 《미국 로키 산맥 서쪽 태평양 연안 일대》
fas·ces [fǽsiːz] *n. pl.* (*sing.* **fas·cis** [fǽsis]) [때로 단수 취급] 〖고대로마〗 막대기 다발 속에 도끼를 끼운 집정관의 권위 표지
fas·ci·a [fǽʃiə | féi-] *n.* (*pl.* **~s, -ci·ae** [-ʃiìː]) **1** (가게의 정면 상부의) 간판(facia) **2** 《영》 자동차의 계기판(= ∠ bòard) **3** 끈, 띠
fas·ci·cle [fǽsikl] *n.* **1** 작은 다발 **2** 분책 **3** 〖해부〗 섬유속(束)
∗fas·ci·nate [fǽsənèit] [L 「요술로 호리다」의 뜻에서] *vt.* **1 매혹하다**, 황홀하게 하다 **2** 〈뱀이〉 〈개구리 등을〉 노려보아 꼼짝 못하게 하다
∗fas·ci·nat·ing [fǽsənèitiŋ] *a.* **매혹적인, 황홀한**; 아주 재미있는
∗fas·ci·na·tion [fæ̀sənéiʃən] *n.* **1** Ⓤ **매혹**, 마음이 홀린 상태; (뱀의) 노려봄; Ⓒ 매력 **2** 매력있는 것
fas·ci·na·tor [fǽsənèitər] *n.* 매혹하는 사람[것]; 마법사; 매혹적인 여자
fas·cism [fǽʃizm] [L 「다발」, It. 「집단」의 뜻에서] *n.* Ⓤ [종종 **F~**] 파시즘, 독재적 국가 사회주의 《Mussolini를 당수로 한 이탈리아 국수당의 주의》
fas·cist [fǽʃist] *n.* [종종 **F~**] (이탈리아의) 파시스트 당원; 파시즘 신봉자, 국수주의자, 파쇼; 독재자
‡fash·ion [fǽʃən] [L 「만들기, 하기」의 뜻에서; faction과 같은 어원] *n.* **1** [*sing.*] ⓊⒸ **방법, 방식**, …풍(風) **2** ⓊⒸ **유행**(vogue), 유행의 양식 **3** [the ~] 인기 있는 사람[물건] **4** 양식, 형, 스타일 ***after*[*in*] *a ~*** 그럭저럭, 그런대로 ***after*[*in*] *the ~ of*** …을 본따서, …식으로 ***in* (*the*) *~*** 유행하고 있는
— *vt.* **1** 형성하다 《*into*》 **2** 맞추다, 적합시키다(fit) 《*to*》
‡fash·ion·a·ble [fǽʃənəbl] *a.* **최신 유행의, 유행하는**; **사교계의**; 상류 사회의; 상류 인사가 모이는[이용하는]
— *n.* 유행을 좇는 사람
~·ness *n.* **-bly** *ad.* 최신 유행대로, 멋지게
fáshion mòdel 패션 모델

fáshion plàte 유행복의 본; 《구어》 최신 유행의 옷을 입는 사람
fáshion shòw 패션 쇼
‡fast[1] [fæst | fɑːst] [OF 「굳은, 단단한」의 뜻에서] *a.* **1 빠른, 급속한** **2 날랜**, 민첩한; 속성의; 속구를 던지는 **3** Ⓟ 〈시계가〉 **빠른**, 빨리 가는 **4** 〖사진〗 고속 촬영의; 〈필름이〉 고감도의 **5** 환락을 좇는, 품행이 나쁜 **6 고정된**, 고착한, **견고한**, 단단히 붙은, 흔들거리지 않는(opp. *loose*) **7** 〈매듭·주먹 쥐기 등이〉 단단한, 굳게 닫힌 **8** 마음이 한결같은, 충실한 **9** 〈빛깔이〉 바래지 않는
~ and furious 〈경기가〉 한창 무르익어 ***lead a ~ life*** 방탕한 생활을 하다 ***make ... ~*** …을 고정시키다; 〈배를〉 잡아매다; 〈문 등을〉 꼭 닫다 ***take*** (***a***) ***~ hold of*** [***on***] …을 단단히 붙잡다
— *ad.* **빨리; 끊임없이; 단단히, 굳게**; 〈잠이〉 푹, 깊이
~ asleep 깊이 잠들어 ***play ~ and loose*** 태도가 확고하지 못해 믿을 수 없다; 언행이 일치하지 않다; 농락하다 《*with*》 ***stand ~*** 딱 버티고 서다; 고수하다
***fast**[2] [fæst | fɑːst] *vi.* **단식하다**, 금식하다, 종교적 수행을 위해 정진(精進)하다
— *n.* 단식, 금식; 단식일; 단식 기간
break one***'s ~*** 단식을 중지하다
fast·back [fǽstbæ̀k | fɑ́ːst-] *n.* 《미》 패스트백 《지붕에서 뒤끝까지 유선형으로 된 구조(의 자동차)》
fast·ball [-bɔ́ːl] *n.* 〖야구〗 (변화 없는) 속구
fást bréak (특히 농구의) 속공(速攻)
fást bréeder, fást-bréed·er reàctor [-bríːdər-] 〖물리〗 고속 증식로(增殖爐)
fást dày 〖종교〗 단식일
‡fas·ten [fǽsn | fɑ́ːsn] *vt.* **1 묶다**, 고착시키다 **2 죄다**, 잠그다 **3** …에 멈추다, 〈주의를〉 쏟다, 〈희망을〉 걸다 《*on, upon*》 **4** 〈별명을〉 붙이다; 〈누명·죄를〉 씌우다
— *vi.* **1** 〈문 등이〉 **닫히다**; 〈자물쇠 등이〉 잠기다; 고정되다 **2** 붙잡다, 꽉 매달리다 **3** 주의를 집중하다 《*on, upon*》
~ down 〈상자 뚜껑 등을〉 못질하여 박다; 〈의미 등을〉 확정시키다 ***~ one's eyes on*** …을 눈여겨보다
fas·ten·er [fǽsnər | fɑ́ːs-] *n.* 잠그는 사람[물건]; 죄는[잠그는] 금속구; 지퍼(zipper), 클립(clip), 스냅; 탈색 방지제
fas·ten·ing [fǽsniŋ | fɑ́ːs-] *n.* Ⓤ 죔, 잠금, 닫음, 붙임; Ⓒ 채우는[걸어 매는] (금속) 기구
fást fóod 《미》 (햄버거·통닭구이 등 즉석에서 나오는) 패스트푸드, 즉석 음식
fast-food [fǽstfúːd] *a.* Ⓐ 《미》 패스트푸드 전문의
fas·tid·i·ous [fæstídiəs, fəs-] *a.* 까다로운; 괴팍스러운
fást láne (도로의) 추월 차선
fast·ness [fǽstnis | fɑ́ːst-] *n.* Ⓤ **1** 고착, (빛깔의) 정착 **2** 신속 **3** Ⓒ 요새
fast-talk [fǽsttɔ́ːk | fɑ́ːst-] *vt.* 《미·구어》 허튼수작으로 구슬리다
‡fat [fæt] *a.* **1 살찐 2** 특별히 살찌운(fatted) **3** 〈고기가〉 **지방이 많은**(opp. *lean*) **4** 〈땅이〉 기름진, 비옥한 **5** 수입이 좋은, 유리한 **6** 〈어떤 성분을〉 많이 함유한 **7** 우둔한, 지둔한(dull)
(***a***) ***~ chance*** 《속어·반어》 희박한 가망 ***a ~ lot*** 《속어》 두둑이, 많이; [반어적] 조금도 … 않다(not at all)
— *n.* Ⓤ **1 지방**, 비계, 기름기, 유지(油脂)(opp. *lean*); (요리용) 기름(cf. LARD) **2** 가장 좋은[양분이 많은] 부분 **3** 여분의 것
chew the ~ 《미·구어》 장황하게 이야기하다 ***The ~ is in the fire.*** 큰 실수를 하였다 《무사하지는 못할 것이다》.
‡fa·tal [féitl] *a.* **1 치명적인** 《*to*》 **2 운명의**, 운명을 결정짓는; 중대한 **3** 숙명적인
fa·tal·ism [féitəlìzm] *n.* Ⓤ 〖철학〗 운명론, 숙명론
fa·tal·ist [féitəlist] *n.* 운명[숙명]론자
fa·tal·is·tic [fèitəlístik] *a.* 숙명(론)적인, 숙명론자의 **-ti·cal·ly** *ad.*
***fa·tal·i·ty** [feitǽləti, fə-] *n.* (*pl.* **-ties**) ⓊⒸ **1 재난, 참사**(disaster); 불운, 불행 **2** (사고·전쟁 등에 의한) **죽음**(death), 사망자 (수) **3 숙명**, 운명, 인연; 숙명론, (운명적인) 필연성 **4** (병 등의) 치사성, 불치 《*of*》
fatálity ràte 사망률
***fa·tal·ly** [féitəli] *ad.* **치명적으로**; 숙명적으로
fát cát 《미·속어》 정치 자금을 많이 바치는 부자; 세력가, 유명인, 특권의 혜택을 입은 부자
‡fate [feit] [동음어 fete] [L 「(신이) 말씀한 (것)」의 뜻에서] *n.* **1 운명**, 숙명 **2 죽음**(death), 비운(doom); 파멸; 종말 **3** [the F~s] 〖그리스·로마신화〗 운명의 3여신 《인간의 생명의 실을 잣는 Clotho, 그 실의 길이를 정하는 Lachesis, 그 실을 끊는 Atropos의 세 여신》 **4** (개인·국가의 종종 불운한) 운명, 운 **5** 예언
(***as***) ***sure as ~*** 틀림없는 ***decide*** [***fix, seal***] one***'s ~*** 운명을 결정짓다 ***go to*** one***'s ~*** 비운[파멸]으로 향하다 ***meet*** one***'s ~*** 최후를 마치다, 죽다; 자기 아내가 될 여자를 만나다
— *vt.* …할 운명이다; 운명지우다
fat·ed [féitid] *a.* 운명이 정해진; 운이 다 된
fate·ful [féitfəl] *a.* **1** 숙명적인; 결정적인 **2** (불길한) 운명을 안고 있는 **3** 예언적인 **4** 중대한; 치명적인(fatal) **~·ly** *ad.*
fat·head [fǽthèd] *n.* 《구어》 멍텅구리, 얼간이
fat·head·ed [-hèdid] *a.* 우둔한, 얼뜬
‡fa·ther [fɑ́ːðər] *n.* **1 아버지**, 부친; 부성애; [**F~**; 호칭으로서] 아버지 **2** 아버지로 숭상받는 사람, 보호자 **3** [종종 **F~s**] 교부(敎父) **4** [the F~] 하느님 아버지, 천주 **5** [보통 *pl.*] 조상, 선조 **6 시조**, 창시자 **7** [존칭으로서] 신부(神父), 수도원장, 고해 신부; …옹; [*pl.*] 지도적 인물, (시읍면 의회 등의) 최연장자; 원로, 고참자
be gathered to one***'s ~s*** 죽다(die) ***Like ~, like son.*** 《속담》 그 아버지에 그 아들, 부전자전.
— *vt.* **1** …의 아버지가 되다; (아버지로

F

서) 자식을 보다; 아버지 노릇을 하다 **2** 창시하다, 〈계획 등을〉 시작하다 **3** …의 아버지[작자]라고 나서다; 〈저작물을〉 …의 작품이라고 하다, 저작의 책임을 …에게 지우다 《*on, upon*》

Fáther Christmas (영) = SANTA CLAUS

fa·ther·hood [fɑ́:ðərhùd] *n.* Ⓤ 아버지임, 아버지의 자격, 부권(父權)

fáther ìmage[figure] 이상적인 아버지상을 지닌 사람

*__fa·ther-in-law__ [fɑ́:ðərinlɔ̀:] *n.* (*pl.* **fáthers-**) 시아버지, 장인

fa·ther·land [fɑ́:ðərlæ̀nd] *n.* 조국; 조상의 땅

fa·ther·less [fɑ́:ðərlis] *a.* **1** 아버지가 없는 **2** 작자 미상의

fa·ther·like [fɑ́:ðərlàik] *a., ad.* = FATHERLY

fa·ther·ly [fɑ́:ðərli] *a.* 아버지(로서)의; 아버지다운; 자부(慈父) 같은

Fáther's Dày (미) 아버지 날 《6월의 셋째 일요일》

Fáther Tíme [의인화하여] 시간 할아버지 《대머리에 수염을 길게 기르고, 손에 큰 낫과 모래시계를 든 노인》

*__fath·om__ [fǽðəm] [OE 「두 팔을 벌린 길이」의 뜻에서] *n.* (*pl.* **~s,** [집합적] **~**) 길 《길이의 단위; 6피트; 1.83m; 略 fm., fath.》

— *vt.* 〈…의 마음 등을〉 추측[간파]하다; 수심을 측정하다

fath·om·a·ble [fǽðəməbl] *a.* 잴[추측할] 수 있는

fath·om·less [fǽðəmlis] *a.* 잴 수 없는, 깊이를 알 수 없는; 불가해한

‡**fa·tigue** [fətí:g] *n.* **1** Ⓤ **피로,** 피곤; 노동 **2** Ⓤ 〚기계〛 (금속 재료의) 약화, 피로 **3** 〚군사〛 작업; [*pl.*] 작업복

— *a.* 〚군사〛 사역[작업]의

— *vt.* **피곤하게 하다**; 약화시키다

be ~d with …으로 지치다

fa·tigued [fətí:gd] *a.* 지친

fa·ti·guing [fətí:giŋ] *a.* 피로하게 하는

fat·ling [fǽtliŋ] *n.* 살찌운 가축 《식용으로 살찌운 송아지·새끼 염소·새끼 돼지 등》

fat·ted [fǽtid] *a.* 살찌운

kill the ~ calf 〚성서〛 (…을 위해) 성대한 환대 준비를 하다 《*for*》

*__fat·ten__ [fǽtn] *vt.* **살찌우다** 《도살하기 위해》; 〈땅을〉 기름지게 하다; 풍부하게 하다, 크게 하다

— *vi.* 살찌다; 비옥해지다

fat·tish [fǽtiʃ] *a.* 좀 살찐[퉁퉁한]

fat·ty [fǽti] *a.* (**-ti·er**; **-ti·est**) 지방질의; 지방이 많은; 지방 과다(증)의

— *n.* (*pl.* **-ties**) 《구어·경멸》 뚱보

fátty ácid 〚화학〛 지방산

fa·tu·i·ty [fətjú:əti | -tjú:-] *n.* (*pl.* **-ties**) **1** Ⓤ 어리석음 **2** 어리석은 짓[말]

fat·u·ous [fǽtʃuəs] *a.* **1** 얼빠진, 우둔한 **2** 《드물게》 실체가 없는 **~·ly** *ad.*

fau·cet [fɔ́:sit] *n.* (미) (수도·통의) 물꼭지, 물주둥이

faugh [pf:, fɔ:] *int.* 피이, 푸 《혐오·경멸을 나타내는 소리》

Faulk·ner [fɔ́:knər] *n.* 포크너 **William ~** (1897-1962) 《미국의 소설가》

‡**fault** [fɔ:lt] [L 「실수하다, 속이다」의 뜻에서] *n.* **1 결점,** 흠, 단점 **2 과실,** 잘못, 실수; 비행 **3** [보통 one's ~로] (과실의) 책임, 죄 **4** Ⓤ 〚사냥〛 (사냥감의) 냄새 자취를 잃음 **5** 〚지질〛 단층; 〚전기·컴퓨터〛 장애, 고장; 누전 **6** 〚테니스〛 폴트 《서브의 실패》 ***at ~*** 〈사냥개가〉 냄새 자취를 잃어; 어찌할 바를 모르고, 얼떨떨하여; 틀려, 잘못하여, 죄가 있어 ***find ~ with*** …의 흠을 찾다, …을 비난하다 ***to a ~*** 결점이라고 할만큼, 극단적으로

— *vt.* **1** 〚지질〛 단층이 생기게 하다 **2** …의 흠을 찾다; 비난하다

— *vi.* **1** 〚지질〛 단층이 생기다 **2** 〚테니스〛 서브에 실패하다 **3** 잘못을 저지르다

fault·find·er [fɔ́:ltfàindər] *n.* 흠잡는[탓하는] 사람, 잔소리꾼; 〚전기〛 (회로 등의) 장애점 측정기

fault·find·ing [-fàindiŋ] *n.* Ⓤ, *a.* 흠잡기[탓하기](를 일삼는)

*__fault·less__ [fɔ́:ltlis] *a.* **과실[결점]이 없는,** 나무랄 데 없는; (테니스 등에서) 폴트가 없는 **~·ly** *ad.*

fáult lìne 〚지질〛 단층선(斷層線)

fault-tol·er·ant [fɔ́:lttɑ́lərənt | -tɔ́l-] *a.* 〚컴퓨터〛 고장 방지의 《컴퓨터 부품이 고장나도 프로그램이나 시스템이 제대로 작동하는》

*__fault·y__ [fɔ́:lti] *a.* (**fault·i·er**; **-i·est**) **결점이 있는, 불완전한**; 비난할 만한

faun [fɔ:n] *n.* 〚로마신화〛 파우누 《반인반양(半人半羊)의 숲·들·목축의 신; 그리스 신화의 satyr에 해당》

fau·na [fɔ́:nə] *n.* (*pl.* **~s, -nae** [-ni:]) [보통 the ~; 집합적] (한 지역 또는 한 시대의) 동물군(群)[상(相)], (분포상의) 동물 구계(區系); 동물지(誌) (cf. FLORA)

Faust [faust] *n.* 파우스트 《16세기 독일의 전설적인 인물; 전지전능해지고 싶어해 Mephistopheles에게 혼을 팔았음; Marlowe나 Goethe의 작품의 주인공》

fau·vism [fóuvizm] *n.* Ⓤ [종종 **F~**] 〚미술〛 야수파[주의] 《20세기 초의》 **-vist** *n., a.* 야수파 화가(의)

faux pas [fóu-pɑ́:] [F = false step] *n.* (*pl.* ~ [-z]) 잘못, 과실, 실책

‡**fa·vor | fa·vour** [féivər] *n.* **1** Ⓤ **호의,** 친절 **2 친절한 행위,** 은혜 **3** Ⓤ **후원,** 애고(愛顧); 총애; 지원, 찬성 **4** Ⓤ 편애, 역성; 우세; 유리 **5** (호의·애정을 나타내는) 선물; 기념품 **6** [*pl.*] 《문어·완곡》 (여성이) 몸을 허락하는 것 ***do*** a person ***a ~*** = ***do a ~ for*** a person …을 위하여 힘[애]쓰다, …의 청을 들어주다, …에게 은혜를 베풀다 ***in ~ of*** (1) …에 찬성하여, …에 편들어 《*for*》(opp. *against*) (2) …의 이익이 되도록, …을 위하여 (3) …에게 지불되도록 《수표 등》 ***in ~ with*** …의 마음에 들어 ***lose ~ in*** a person***'s eyes*** = ***lose ~ with*** a person 눈밖에 나다 ***out of ~ with*** a person …의 눈밖에 나, …의 미움을 받아 ***win*** a person***'s ~*** …의 마음에 들다

— *vt.* **1 호의를 보이다, 찬성하다 2** …에 편들다 **3** …의 **영광을 주다**; 베풀다, 주다; 〈소질 등을〉 부여받다 《*with*》 **4 편애하다, 역성들다**; 〈다친 곳 등을〉 감싸다; 아끼다 **5** …에게 유리하다 **6** 《구어》 …와 얼굴이 닮다(look like): The baby *~s* its mother. 그 아기는 어머니를 닮았다.
~ed by 〈편지를〉 …편에 부쳐

‡fa·vor·a·ble [féivərəbl] *a.* **1 호의적인, 호의를 보이는**; 찬성[승인]하는(approving)《*to*》, 승낙의: a ~ comment 호평 / They are ~ *to* our plan. 그들은 우리의 계획에 찬성이다. **2 유리한**, 형편에 알맞은(suitable); 순조로운, 유망한: a ~ opportunity 호기 / ~ wind 순풍

***fa·vor·a·bly** [féivərəbli] *ad.* **호의적으로**, 호의를 가지고(with favor); **유리하게**, 순조롭게, (마침) 알맞게, 유망하게: be ~ impressed by a person …에게서 좋은 인상을 받다 / compare ~ with …에 필적하다

fa·vored [féivərd] *a.* **1** 호의[호감]를 사고 있는 **2** 혜택을 받고 있는; 특성·재능을 타고난 《*with*》 **3** [복합어를 이루어] 얼굴이 …한: ill-[well] ~ 못[잘]생긴

fa·vor·er [féivərər] *n.* 호의를 베푸는 사람; 보호자, 지원자; 찬성자

fa·vor·ing [féivəriŋ] *a.* 형편에 맞는, 순조로운 **~·ly** *ad.*

‡fa·vor·ite [féivərit] *a.* Ⓐ **1 마음에 드는**, 매우 좋아하는, 총애하는 **2** 특히 잘하는, 장기인
— *n.* **1 좋아하는 사람**, 인기 있는 사람; 총아 **2** 특히 좋아하는 물건 **3** [the ~] (경마의) 인기 있는 말; (경기에서) 인기 끄는 사람, 우승 후보; 〖증권〗 인기주(株)
a fortune's ~ 행운아 ***be a ~ with*** …의 총아이다, …에게 인기가 있다

fávorite séntence 〖언어〗 애용문 《사용 빈도가 높은 문형》

fávorite són 《미》 (당의 대통령 후보 지명 대회에서) 자기 주의 대의원의 지지를 받는 후보자

fa·vor·it·ism [féivərətìzm] *n.* Ⓤ 편애, 편파, 정실(unfair partiality)

fa·vus [féivəs] *n.* Ⓤ 〖병리〗 황선(黃癬), 기계충

***fawn**[1] [fɔ:n] *n.* (한 살 이하의) **새끼 사슴**; Ⓤ 엷은 황갈색(= ~ **brówn**)
in ~ 새끼를 배어
— *vi., vt.* 〈사슴이〉 **새끼를 낳다**

fawn[2] *vi.* 〈개가〉 (꼬리를 치며) 아양떨다; 비위를 맞추다, 아첨하다 《*on, upon*》

fawn-col·ored [fɔ́:nkʌ̀lərd] *a.* 엷은 황갈색의

fawn·ing [fɔ́:niŋ] *a.* 아양부리는; 알랑거리는, 아첨하는 **~·ly** *ad.*

***fax**[1] [fæks] [facsimile의 단축형] *n.* **팩스**
— *vt.* 팩스로 보내다

fax[2] *n.* 《구어》 사실, 정보

fay[1] [fei] *n.* 《시어》 요정(fairy)

fay[2] *vt., vi.* 〖조선〗 접합[밀착]시키다[하다]

fay[3] *n.* 《미·흑인속어·경멸》 백인

Fay, Faye [fei] *n.* 여자 이름 《Faith의 별칭》

faze [feiz] *vt.* [보통 부정문에서] 《미·구어》 마음을 어수선하게 하다, 당황케 하다, 어지럽히다: *Nothing* they say could ~ me. 그들이 뭐라해도 개의치 않겠다.

f.b. freight bill 운임 청구서; fullback

F.B.A. Fellow of the British Academy 영국 학술원 회원

FBI Federal Bureau of Investigation 《미》 연방 수사국

fc 〖야구〗 fielder's choice 야수 선택; 〖인쇄〗 follow copy 《원고대로 하라는 지시》

FC Free Church

FCC Federal Communications Commission 《미》 연방 통신 위원회

F̗ clèf 〖음악〗 바음 기호(bass clef) 《저음부 기호》

FD *Fidei Defensor* 《L =Defender of the Faith》 영국왕의 칭호의 하나; Fire Department

FDA Food and Drug Administration 《미》 식품 의약국

FDR Franklin Delano Roosevelt

feal [fi:l] *a.* 《고어》 충실한, 성실한 (faithful)

fe·al·ty [fí:əlti] *n.* Ⓤ (영주에 대한) 충의, 충절; 《고어·시어》 신의, 성실

‡fear [fiər] [OE 「갑작스런 재난, 위험」의 뜻에서] *n.* **1** Ⓤ **무서움**, 공포 **2** Ⓤ **불안**, 근심, 걱정; Ⓒ 걱정거리 **3** Ⓤ 《특히》 신에 대한 두려움, 경외(awe)
for ~ of …이 두려워; …을 하지 않도록, …이 없도록 ***in ~ of*** …을 무서워하여; …을 걱정[염려]하여 ***without ~ or favor*** 공평하게, 편벽됨이 없이
— *vt.* **1 무서워하다**, 두려워하다 **2 걱정하다, 근심하다**, 염려하다(opp. *hope*) **3** 망설이다, 머뭇거리다 **4** 경외하다
— *vi.* 걱정하다, 염려하다 《*for*》

‡fear·ful [fíərfəl] *a.* **1 무서운**, 무시무시한 **2 두려워**, 걱정[염려]하여(afraid) 《*of, to* do; *that*[*lest*] ... *should*》 **3** 《구어》 심한, 대단한 **~·ness** *n.*

***fear·ful·ly** [fíərfəli] *ad.* **무서워하며**, 걱정스럽게; 《구어》 **몹시**(very), 굉장히, 지독하게

‡fear·less [fíərlis] *a.* **무서워하지 않는** 《*of*》; 대담 무쌍한, 겁없는
~·ly *ad.* **~·ness** *n.*

fear·some [fíərsəm] *a.* 《익살》 〈얼굴 등이〉 무시무시한

fea·si·bil·i·ty [fi:zəbíliti] *n.* Ⓤ 실행할 수 있음, (실행) 가능성

feasibílity stùdy 예비 조사, 타당성 조사

***fea·si·ble** [fí:zəbl] *a.* **1 실행할 수 있는**; 가능한 **2** 그럴싸한, 있음직한 **3** 알맞은, 편리한 《*for*》 **-bly** *ad.*

‡feast [fi:st] [L 「축제」의 뜻에서] *n.* **1 축하연**, 향연, 잔치, 연회 **2** (눈·귀를) **즐겁게 하는 것**, …의 기쁨[즐거움] **3 축제일**
give*[*make*] *a ~ 잔치를 베풀다 ***movable*[*immovable*] *~*** 이동[고정] 축제일 《Christmas는 날짜가 고정된 축제일, Easter는 이동 축제일》
— *vt.* **1** 대접하다, 잔치를 베풀다 **2** 〈눈·귀를〉 기쁘게 하다, 즐겁게 하다
— *vi.* **1** 잔치를 베풀다 **2** 마음껏 즐기다, 구경하다 《*on*》

F

féast dày (종교적) 축제일; 잔칫날

∗**feat** [fiːt] [동음어 feet] *n.* **위업**; 공(적), 공훈; 묘기, 재주

⁑**feath·er** [féðər] *n.* **1** [집합적] **깃털**, 깃; (모자 등의) 깃털 장식; [*pl.*] 의상: Fine ~*s* make fine birds. 《속담》 옷이 날개다. **2** 깃 모양의 흠 《보석·유리의》, (깃털처럼) 가벼운[보잘것없는, 작은] 물건 **3** 〖양궁〗 (화살의) 살깃 **4** Ⓤ 〖조정〗 노깃을 수평으로 젓기 **5** 종류; 같은 털빛: Birds of a ~ flock together. 《속담》 유유상종. **6** Ⓤ (건강의) 상태, 기분: in fine[good, high] ~ 신바람이 나서, 의기양양하여; 건강하여, 원기 왕성하여

a ~ in one***'s cap***[***hat***] 공적, 명예, 자랑거리 (***as***) ***light as a ~*** 매우 가벼운

— *vt.* **1** 깃털로 덮다 **2** 〈모자 등에〉 깃털 장식을 달다; 〈화살에〉 살깃을 붙이다 **3** 〖조정〗 〈노깃을〉 수평으로 젓다

— *vi.* 깃털이 나다, 깃이 자라다; 〖조정〗 노깃을 수평으로 젓다

féather béd 깃털 침대[요]; 안락한 처지

feath·er·bed [féðərbèd] *vt.* (**~·ded**; **~·ding**) **1** 〈일을〉 과잉 고용으로 하다 **2** 〈산업·경제 등을〉 정부 보조금으로 원조하다 **3** 〈이익·편의를 제공하여〉 응석을 받아주다

feath·er·bed·ding [-bèdiŋ] *n.* Ⓤ 과잉 고용 요구, 생산 제한 행위 《실업을 피하기 위한 노동 조합의 관행》

feath·er·brain [-brèin] *n.* 얼간이, 바보

feath·ered [féðərd] *a.* 깃털이 난[있는]; 깃 모양의; 날개가 있는; 빠른

feath·er·edge [féðərèdʒ] *n.* 〖건축〗 (판자의) 얇게 깎은 쪽의 가장자리; 페더에지 《미장 연장의 하나》; 아주 얇은 날

— *vt.* 〈판자의〉 가장자리를 얇게 깎다

feath·er·less [féðərlis] *a.* 깃털 없는

feath·er·stitch [-stìtʃ] *n.* 갈지자 수놓기, 갈지자 수

— *vt.*, *vi.* 갈지자 수를 놓다, 갈지자 수로 꾸미다

feath·er·weight [-wèit] *n.* **1** [a ~] 매우 가벼운 물건[사람]; [a ~] 하찮은 사람[물건] **2** 〖권투·레슬링〗 페더급(의 선수)

— *a.* **1** 〖권투·레슬링〗 페더급의 **2** 매우 가벼운; 하찮은

feath·er·y [féðəri] *a.* 깃이 난, 깃털이 있는; 〈눈 등이〉 깃털 같은; 가벼운, 경박한

⁑**fea·ture** [fíːtʃər] *n.* **1** (두드러진) **특징**, 특색; 주안점 **2 얼굴의 생김새**, 이목구비; [*pl.*] **용모**, 얼굴 **3** (신문·잡지 등의) 특별 기사, 특집 기사 《뉴스 이외의 기사·소논문·수필·연재 만화 등》 **4** (영화·연예 등의) 인기 있는 것[프로]; 장편 영화(=~ film)

— *vt.* **1 특색[주요 프로]으로 삼다**, 〈배우를〉 주연시키다; 〈사건을〉 대서 특필하다 **2** …의 특색을 이루다; …의 특징을 그리다

fea·tured [fíːtʃərd] *a.* 《미》 특색으로 한, 주요 프로로 하는; [복합어를 이루어] …한 용모를 가진

féature film[**pìcture**] 장편 특작 영화

fea·ture·less [fíːtʃərlis] *a.* 특색이 없는; 아무 재미 없는, 평범한

féature stóry (신문·잡지의) 특집 기사; (잡지의) 주요 읽을거리

Feb. February

feb·ri·fuge [fébrifjùːdʒ] *a.* 열을 내리는

— *n.* 해열제; 청량음료

feb·rile [fíːbrail, féb-] *a.* 열병의; 열로 생기는

⁑**Feb·ru·ar·y** [fébruèri, fébju- | fébruəri] [L 「정화(淨化)의 달」의 뜻에서; 이 의식이 이달 15일에 거행된 데서] *n.* (*pl.* **-ar·ies**, **~s**) **2월** 《略 Feb.》

fe·cal [fíːkəl] *a.* 찌끼의; 똥의

fe·ces [fíːsiːz] *n. pl.* 찌끼; 똥, 배설물

feck·less [féklis] *a.* 무능한, 무기력한; 경솔한, 무책임한 **~·ly** *ad.*

fe·cund [fíːkənd, fék-] *a.* 다산의(prolific); 〈땅이〉 기름진; 창조력이 풍부한

fe·cun·date [fékəndèit, fíːk-] *vt.* **1** 다산하게 하다; 〈땅을〉 비옥하게 하다 **2** 〖생물〗 수태[수정]시키다

fe·cun·di·ty [fikʌ́ndəti] *n.* Ⓤ 생산력; 다산; 비옥; 풍부한 창조력[상상력]

⁑**fed**[1] [fed] *v.* FEED의 과거·과거분사

— *a.* **1** 〈가축이〉 (시장용으로) 비육된 **2** Ⓟ 《속어》 …에 진저리 난 《*with*》

be ~ to death[***the gills, the teeth***] 《속어》 아주 진저리나다[물리다]

fed[2] *n.* [종종 **F~**] 《미·구어》 연방 정부의 관리, 《특히》 연방 수사국(FBI)의 수사관

⁑**fed·er·al** [fédərəl] [L 「맹약, 동맹」의 뜻에서] *a.* **1 연방의**, 연방제의; 연방 정부의 **2** [보통 **F~**] 《미》 **연방 정부의**, 합중국의; 〖미국사〗 (남북 전쟁 시대의) 북부 연방 동맹의(opp. *Confederate*): the *F~* Government (of the U.S.) (각 주의 state government에 대한) 미국 연방 정부[중앙 정부] **3** 《고어》 연합의, 동맹의

— *n.* 연방주의자; [**F~**] 〖미국사〗 (남북 전쟁 당시의) 북부 연방 지지자, 북군 병사

the F~ Bureau of Investigation 《미》 연방 수사국 《略 FBI》 ***the F~ Constitution*** 미국 헌법

fed·er·al·ism [fédərəlìzm] *n.* Ⓤ 연방주의[제도]; [**F~**] 〖미국사〗 연방당(the Federalist Party)의 주의[주장]

fed·er·al·ist [fédərəlist] *n.*, *a.* 연방주의자(의); [**F~**] 〖미국사〗 북부 연맹 지지자(의), 연방당원(의); 세계 연방주의자(의)

fed·er·al·i·za·tion [fèdərəlizéiʃən | -lai-] *n.* Ⓤ 연방화

fed·er·al·ize [fédərəlàiz] *vt.* 연방화하다

fed·er·ate [fédərət] *a.* 연합의; 연방 제도의; 연합[연방화]한 — [fédərèit] *vt.* 〈독립 제주(諸州)를〉 중앙 정부 밑에 연합시키다; …에 연방제를 펴다; 연방화하다

∗**fed·er·a·tion** [fèdəréiʃən] *n.* ⓊⒸ **연합**, 동맹, 연맹; 연방 정부[제도]

fed·er·a·tive [fédərèitiv, fédərə-] *a.* 연합[연맹]의; 연방의

⁑**fee** [fiː] *n.* **1 보수**, 사례금 《의사·변호사·가정교사 등에 대한》; 수수료, **요금**; 수업료; 수험료; 입회금, 입장료 **2** ⒸⓊ 〖법〗 세습지, 상속 재산 《특히 부동산》

hold in ~ (***simple***) 〈토지를〉 무조건 상속[세습]지로서 보유하다

— *vt.* (**~d, ~'d**; **~·ing**) 요금을 치르다

‡fee·ble [fíːbl] [L「울고 있는」의 뜻에서] *a.* (**-bler**; **-blest**) **1** 〈몸이〉 **연약한**, 허약한 **2** 〈빛·목소리 등이〉 희미한, 미약한 **3** 의지가 박약한, 저능한

fee·ble·mind·ed [fìːblmáindid] *a.* 정신박약의; 저능한; 의지가 약한
~·ly *ad.* **~·ness** *n.*

‡feed[1] [fiːd] *v.* (**fed** [fed]) *vt.* **1** 〈동물 등에〉 **먹이[모이]를 주다**; 〈어린이·환자 등에게〉 음식을 먹이다; 〈아기에게〉 **젖을 주다**; 양육하다, 〈가족 등을〉 **부양하다**; 함양하다 **2** 〈연료를〉 **공급하다**; 석탄[장작]을 지피다; 〈기계에〉 원료를 대다; 〈강·호수 등이〉 …에 흘러들다 **3** 〈귀나 눈 등을〉 즐겁게 하다, 〈허영심 등을〉 만족시키다 《*with*》; 〈화 등을〉 돋우다 《*with*》 **4** 《구어》 〖연극〗 〈연기자에게〉 대사를 시작할 계기를 만들어주다 **5** 〖경기〗 …에게 패스하다 **—** *vi.* **1** 〈동물이〉 **먹이를 먹다**; 《구어·익살》 〈사람이〉 식사를 하다 **2** 〈동물이〉 (…을) **먹이로 하다** 《*on*》 **3** 〈정보 등이〉 (컴퓨터 등에) 들어가다
~ back [보통 수동형으로] 〖컴퓨터〗 〈출력·신호·정보 등을〉 (…로) 피드백하다 《*into, to*》; 〈청중의 반응 등이〉 되돌아오다 ***~ off*** 목초를 다 먹어치우다; …을 정보원(源)[식료, 연료]으로 이용하다 ***~ up*** 맛있는 것을 먹이다; 살찌우다, 물리도록 먹이다; [보통 수동형으로] 《구어》 싫증나게 하다, 물리게 하다 《*with*》
— *n.* **1** Ⓤ **먹이**, **사료**, 여물; Ⓒ 여물의 1회분: at one ~ 한 끼에 **2** 《구어》 식사 **3** 식량 공급 **4** 〖기계〗 급송(給送) (장치), 공급 재료
***be off** one's ~* 《속어》 〈마소가〉 식욕이 없다; 탈이 나 있다 《지금은 사람에게도 씀》

feed[2], **fee'd** [fiːd] *v.* FEE의 과거·과거분사

∗feed·back [fíːdbæ̀k] *n.* UC **1** (정보·질문·서비스 등을 받는 측의) **반응**, 의견, 감상 **2** 〖전기〗 피드백, 귀환(歸還) 《출력 에너지의 일부를 입력측에 반환하는 조작》 **3** 〖생물·심리·사회〗 피드백, 송환 **4** 〖컴퓨터〗 피드백 《출력 신호를 제어·수정의 목적으로 입력측에 돌리기》

∗feed·er [fíːdər] *n.* **1** 먹는 사람[동물] **2** 사육자 **3** 여물통, 모이통; 젖병 **4** 《영》 턱받이(bib) **5** 지류; (철도·항공 등의) **지선**(支線); 지선 도로 **6** 〖기계〗 공급기[장치]

féed·ing bòttle [fíːdiŋ-] 젖병(feeder)

‡feel [fiːl] *v.* (**felt** [felt]) *vt.* **1 만져 보다 2** (손으로) **더듬다**; 일을 신중히 진행시키다 **3** (신체적으로) **느끼다**, 감지하다, 지각하다 **4** 〈영향·불편 등을〉 **받다**, 당하다 **5** 깨닫다, 〈입장 등을〉 자각하다 **6** 〈희로애락을〉 느끼다; 절실히 느끼다 **7** 〈…하다고〉 느끼다 **8** 〈무생물이〉 …의 영향을 받다
— *vi.* **1** [보어와 함께] **a** 〈사람이〉 **…한 느낌[기분]이 들다 b** 〈사람이 …하게〉 느끼다, 〈…하게〉 생각하다 **c** 만져보면 〈…한〉 느낌이 들다 **2 동정하다**, 공감하다 《*for, with*》 **3** [양태의 부사와 함께] (…에 대하여 찬·부 등의) 의견을 가지다, 어떤 견해를 가지다 《*about, on, toward*》 **4** 더듬어 찾다; 동정을 살피다 《*after, for*》 **5** 감각[느낌]이 있다 ***~ like*** 어쩐지 …할 것 같다; …을 하고 싶다 《do*ing*》 ***~ (like)** oneself* = ***~ (quite)** oneself* 기분이 좋다, 심신의 상태가 정상적이다 ***~** a person **out*** (1) …의 의향 등을 넌지시 떠보다, 타진하다 (2) 〈이론 등을〉 시험해보다 ***~ sure*** …을 확신하다 《*of, that*》 ***~ up*** 《속어》 《특히》 〈여자의〉 국부 (언저리)에 손을 대다 ***~ up to*** [보통 부정구문에서] …을 해낼 수 있을 것 같다
— *n.* **1 감촉**, 촉감, 피부[손]에 닿는 느낌 **2** 느낌, 기미, 분위기 **3** 《구어》 직감, 육감; 센스 《*for*》
by the ~ (of it) (만져본) 느낌으로 (판단하여) ***get the ~ of*** 〈사물의〉 감각을 익히다, …에 익숙해지다

feel·er [fíːlər] *n.* **1** 〖동물〗 더듬이, 촉각, 촉모(觸毛), 촉수(觸鬚) **2** 떠보기, 타진 **3 a** 만져보는 사람 **b** 〖군사〗 척후(병), 염탐꾼, 첩자

feel·good [fíːlgùd] *n.* 《경멸》 시름없는 행복한 상태, 완전한 만족

‡feel·ing [fíːliŋ] *n.* **1** UC **감각**; 촉감; 지각 **2 a** UC **느낌**; 인상 **b 의견**; 예감 《*of*》 **3** [*pl.*] **감정**, 기분 **4** Ⓤ 동정 《*for*》 **5** Ⓤ 감수성; (예술 등에 대한) 센스, 적성 《*for*》 **6** Ⓤ 흥분; 반감, 적의
enter into** a person**'s ~s …의 감정을 헤아리다 ***good [ill] ~*** 호감[반감, 악감정] ***No hard ~s.*** 나쁘게 생각 말게.
— *a.* **1** 감각이 있는 **2** 다감한 **3** 동정심[인정] 있는 **4** 감정적인, 감정 서린

feel·ing·ly [fíːliŋli] *ad.* 감정을 담아, 다감하게, 실감나게

‡feet [fiːt] [동음어 feat] *n.* FOOT의 복수

∗feign [fein] [동음어 fain] [L「형성하다」의 뜻에서] *vt.* **1** …**인 체하다**, 가장하다 **2** 《고어》 〈구실 등을〉 꾸며대다; 〈목소리 등을〉 꾸미다, 흉내내다
— *vi.* 가장하다, 속이다

feigned [feind] *a.* 거짓의, 허위의; 가공의

feint [feint] *n.* 가장, 시늉; (권투·펜싱·전투 등에서) 페인트, 견제 행동; 〖군사〗 양동 작전 ***make a ~ of** doing* …하는 시늉을 하다, …하는 체하다
— *vi.* 공격하는 체하다, 거짓 공격을 하다, 페인트하다 《*at, upon, against*》

feist·y [fáisti] *a.* (**feist·i·er**; **-i·est**) 《미·구어》 **1** 성마른; 공격적인 **2** 뻔뻔한, 교만한

feld·spar [féldspɑ̀ːr] *n.* UC 〖광물〗 장석(長石)

fe·lic·i·tate [filísətèit] *vt.* 축하하다 《*on, upon*》 《congratulate보다 문어적임》

fe·lic·i·ta·tion [filìsətéiʃən] *n.* [보통 *pl.*] 축사 《*on, upon*》; [감탄사적으로] 축하합니다

fe·lic·i·tous [filísətəs] *a.* **1** 〈말·표현이〉 교묘한, 적절한 **2** 〈사람이〉 표현을 잘하는
~·ly *ad.* **~·ness** *n.*

∗fe·lic·i·ty [filísəti] *n.* (*pl.* **-ties**) UC **1 지복**(至福); 경사 **2** (말·표현의) 적절, 교묘함; 적절한 표현, 명문구

F

with ~ 적절하게, 솜씨 있게
fe·line [fíːlain] *a.* **1** 고양잇과(科)의 **2** 고양이 같은; 교활한; 음흉한
—*n.* 고양잇과(科)의 동물 《고양이·호랑이·사자·표범 등》
Fe·lix [fíːliks] *n.* 남자 이름
*****fell**[1] [fel] *v.* FALL의 과거
fell[2] [fall *v.*과 같은 어원] *vt.* **1** 〈나무를〉 베어 넘어뜨리다; 〈사람을〉 쳐서 넘어뜨리다 **2** 공그르다
—*n.* **1** 《미·캐나다》 (한 철의) 벌목량 **2** 공그르기
fell[3] *a.* **1** 《시어·문어》 잔인한, 사나운 **2** 《고어·문어》 치명적인, 파괴적인
fell[4] *n.* 수피(獸皮), 모피
fell[5] *n.* **1** 《스코·북잉글》 언덕진 황야(moor), 고원 지대 **2** 《북잉글》 [지명에 사용하여] …산(山)
fel·la, fel·lah [félə] *n.* 《구어》 = FELLOW
fel·la·ti·o [fəléiʃiòu] *n.* Ⓤ 펠라티오 《음경에 대한 구강 애무》
fell·er[1] [félər] *n.* 벌채자; 벌목기
feller[2] *n.* 《구어》 = FELLOW
*****fel·low** [félou] *n.* **1** 《구어》 사나이, 사람; **녀석**, 놈 《친한 사람을 부를 때 씀》 **2** 애인 《남자》 **3** [a ~] 《일반적으로》 사람, 누구든지; (말하는) 나 **4** [보통 *pl.*] **한패**, 패거리; 동지, **동료** **5** 동업자; 동시대 사람 **6** (한 쌍의 물건의) 한 쪽; 맞상대 **7** (졸업자 중에서 선발되는 대학의) 평의원; (미국 대학의) 장학금 급비 연구원; (Oxford, Cambridge 대학의) 특별[명예] 교우; (대학의) 특별 연구원 **8** [보통 **F~**] (학술 단체의) 특별 회원
my dear [***good***] ~ 여보게 자네 ***poor ~!*** 불쌍한 놈!, 가엾어라!
—*a.* **1 동무의**, 동배의, **동료의** **2** 동행하는
féllow féeling 동정, 공감; 상호 이해; 동료 의식
***fel·low·man** [féloumǽn] *n.* (*pl.* **-men** [-mén]) (같은) **인간**, 동포
***fel·low·ship** [félouʃìp] *n.* **1** Ⓤ **동료 의식**, 연대감; **친교**, 친목 **2** Ⓤ (이해 등을) 같이하기; 공동, 협력 《*in, of*》 **3** 단체, 협회, 조합 **4** 대학의 특별 연구원의 지위[연구비]; (미국 대학의) 장학금 급비 연구원의 지위[연구비]
féllow tráveler 길동무; (특히 공산당의) 동조자
fel·on [félən] *n.* 〖법〗 중죄 범인
fe·lo·ni·ous [fəlóuniəs] *a.* 〖법〗 중죄(범)의
fel·o·ny [féləni] *n.* (*pl.* **-nies**) ⓊⒸ 〖법〗 중죄 《살인·방화·강도 등》
fel·spar [félspɑ̀ːr] *n.* 《영》 = FELDSPAR
*****felt**[1] [felt] *v.* FEEL의 과거·과거분사
—*a.* (절실히) 느껴지는
felt[2] *n.* Ⓤ 펠트, 모전(毛氈); Ⓒ 펠트 제품
félt-tìp(ped) pén [félttìp(t)-], **félt pén[típ]** 펠트펜
fe·luc·ca [fəlúːkə | felʌ́kə] *n.* 펠러커배 《지중해 연안의 삼각 돛을 단 소형 범선》
fem [fem] *a.* 《미·속어》 여자 같은, 여성적인; 여자용의, 여성의
fem. female; feminine
*****fe·male** [fíːmeil] [L 「젊은 여자」의 뜻에서] *n.* **1** (남성에 대하여) **여성**, 여자 **2** (동물의) **암컷**; 〖식물〗 자성 식물
—*a.* **1 여성의**(opp. *male*) **2** 여자로 이루어진, 여자만의; 여자다운, 여성적인 **3 암컷의**; 〖식물〗 자성의, 암술만 있는 **4** 〖기계〗 〈부품이〉 암의 **~·ness** *n.*
fémale impérsonator 여장 남우(男優)
***fem·i·nine** [fémənin] [L 「여자의」의 뜻에서] (opp. *masculine*) *a.* **1 여자의**, 여성의; 여성다운, 상냥[연약]한 **2** 《경멸》 〈남자가〉 여자 같은, 나약한 **3** 〖문법〗 여성의 **4** 〖운율〗 여성 행말(行末)의, 여성운(韻)의
—*n.* 〖문법〗 여성; 여성형
féminine énding 〖운율〗 여성 행말(行末)(opp. *masculine ending*)
féminine rhýme 〖운율〗 여성운(韻)
fem·i·nin·i·ty [fèmənínəti] *n.* Ⓤ **1** 여자임, 여성의 특성; 여성다움 **2** 여자같이 나약함 **3** [집합적] 여성
fem·i·nism [fémənìzm] *n.* Ⓤ 페미니즘, 남녀 동권주의, 여권 확장 운동, 여성 해방론
***fem·i·nist** [fémənist] *n.* **남녀 동권주의자**, 페미니스트, 여권 주장자, 여권 확장론자
femme [fem] [F] *n.* 여자(woman), 아내(wife); 《미·구어》 레즈비언의 여자역
femme fa·tale [fém-fətǽl, -tɑ́ːl] [F] *n.* 요부
fem·o·ral [fémərəl] *a.* 〖해부〗 대퇴부(大腿部)의
femto- [fémtou] 《연결형》 「1,000조(兆)분의 1; 10^{-15}」의 뜻 《기호 f》
fe·mur [fíːmər] *n.* (*pl.* **~s, fem·o·ra** [fémərə]) 〖해부〗 대퇴골; 대퇴부, 넓적다리(thigh); 〖곤충〗 퇴절(腿節)
fen [fen] *n.* **1** 늪, 소택지 **2** [the F~s] (잉글랜드 동부의) 소택 지대
FEN Far East Network (미군의) 극동 방송(망) 《지금은 AFN》
*****fence** [fens] [ME defense의 두음 소실(頭音消失)에서] *n.* **1** (대지 등을 구획하는) 울, 둘러막는 것, 《영》 **울타리**; 《미》 **담** **2** (마술(馬術) 경기 등의) 장애물 **3** 《속어》 장물아비
come down on one side of the ~ or the other (토론에서) 어떤 편을 들다
sit [***be, stand***] ***on the ~*** [보통 나쁜 뜻으로] 형세를 관망하다, 중립적인 태도를 취하다
—*vt.* **1** …에 **울타리[담]를 치다**, 둘러막다 《*around, round*》 **2** 막다, 방호하다(protect) 《*from, against*》 **3** 〈장물을〉 매매하다, 고매(故買)하다
—*vi.* **1** 펜싱하다, 검술을 하다 **2** 〈질문 등을〉 잘 받아넘기다 《*with*》 **3** 〈말이〉 울타리를 뛰어넘다 **4** 장물을 매매하다
~ ***in*** (울로) 둘러싸다, 가두다
fence·less [fénslis] *a.* 울이 없는; 《고어·시어》 무방비의
fence-mend·ing [fénsmèndiŋ] *n.* Ⓤ 《미·구어》 (외국 등과의) 관계 회복
fenc·er [fénsər] *n.* **1** 검객, 검술가 **2** 《호주·뉴질》 담[울타리]을 만드는 사람
fence-sit·ter [fénssìtər] *n.* 형세를

관망하는 사람, 중립적 태도를 취하는 사람, 기회주의자

∗**fenc·ing** [fénsiŋ] *n.* Ⓤ **1 펜싱,** 검술 **2** (질문 등을) 교묘히 받아넘기기 **3** 울타리[담]의 재료; [집합적] 울타리, 담

fend [fend] [defend의 두음 소실(頭音消失)] *vt.* 〈타격·질문 등을〉 받아넘기다
— *vi.* 저항하다; 부양하다
~ ***for*** one***self*** 《구어》 자활하다, 혼자 힘으로 꾸려나가다

∗**fend·er** [féndər] *n.* **1** 《미》 (자동차·오토바이 등의) 펜더, 흙받이(《영》 wing) **2** (스토브 주위에 두르는) **펜더 3** (기관차·전차 등의) 완충 장치

fen·es·tra·tion [fènəstréiʃən] *n.* Ⓤ 〖건축〗 창문 내기; 〖해부·동물〗 창문 모양의 구멍이 있음; 〖외과〗 천공(술)

fen·nel [fénl] *n.* 〖식물〗 회향(茴香)(의 열매) 《열매는 향미료·약용》

fen·ny [féni] *a.* **1** 소택지의; 소택이 많은 **2** 《고어》 소택지산(産)의, 소택성의

feoff [fef, fiːf] *n.* 봉토(封土), 영지

fe·ral [fíərəl] *a.* **1** 〈동·식물이〉 야생의(wild); 야생으로 돌아간 **2** 〈사람·성격 등이〉 야성적인; 흉포한(brutal)

Fer·di·nand [fə́ːrdənæ̀nd | -nənd] *n.* 남자 이름

∗**fer·ment** [fərmént] [L 「효모」의 뜻에서] *vt.* **1** 〈술 등을〉 **발효시키다 2** 〈감정 등을〉 끓어오르게 하다, 자극하다; 〈정치적 동란을〉 불러일으키다
— *vi.* **1** 발효하다 **2** 〈감정이〉 끓어오르다; 흥분하다
— [fə́ːrment] *n.* **1** 효소; Ⓤ 발효 **2** 소요, 흥분
in a ~ 대소동이 나서, 동요하여
~·**a·ble** *a.*

∗**fer·men·ta·tion** [fə̀ːrmentéiʃən] *n.* Ⓤ **발효** (작용); 소동, 인심의 동요, 흥분

fer·mi·um [fɛ́ərmiəm, fə́ːr-] *n.* Ⓤ 〖화학·물리〗 페르뮴 《인공 방사성 원소; 기호 Fm, 번호 100》

∗**fern** [fəːrn] *n.* ⓊⒸ 〖식물〗 **양치류**(의 식물)

fern·er·y [fə́ːrnəri] *n.* (*pl.* **-er·ies**) 양치식물 재배지; 군생한 양치식물; 양치식물 재배 케이스 《장식용》

fern·y [fə́ːrni] *a.* (**fern·i·er**; **-i·est**) **1** 양치식물이 무성한 **2** 양치식물 모양의

∗**fe·ro·cious** [fəróuʃəs] *a.* **1 사나운,** 흉포한; 잔인한 **2** 《구어》 지독한, 굉장한, 맹렬한 ~·**ly** *ad.* ~·**ness** *n.*

∗**fe·roc·i·ty** [fərɑ́səti | -rɔ́s-] *n.* Ⓤ (몹시) **사나움,** 잔인[흉악]성(fierceness); Ⓒ 광포한 행위, 만행

fer·ret [férit] *n.* **1** 〖동물〗 흰족제비 **2** 극성스러운 수색자, 탐정
— *vt.* **1** 흰족제비를 써서 〈토끼·쥐를〉 사냥하다[몰아내다] 《*out, away*》 **2** 〈비밀·범인 등을〉 찾아내다, 색출하다 《*out*》
— *vi.* 흰족제비를 써서 사냥하다; 찾아다니다 《*about, around*》

fer·ric [férik] *a.* **1** 철질(鐵質)의, 철분을 함유한, 철의 **2** 〖화학〗 제2철의

Fér·ris whèel [féris-] [미국의 발명자의 이름에서] 페리스 대회전(大回轉)식 관람차

fer·rite [férait] *n.* **1** 〖화학〗 아철산염 **2** 〖광물·야금〗 페라이트

ferro- [férou] 《연결형》 「철분을 함유한, 철의; 〖화학〗 제1철의」의 뜻

fer·ro·con·crete [fèroukɑ́nkriːt | -kɔ́n-] *n.* Ⓤ, *a.* 철근 콘크리트(제의)

fer·ro·mag·net·ic [fèroumægnétik] 〖물리〗 *a.* 강(强)자성의

fer·ro·mag·net·ism [fèroumǽgnətìzm] *n.* Ⓤ 〖물리〗 강(强)자성

fer·ro·type [férətàip] 〖사진〗 *n.* **1** 페로타이프 《광택 인화법》 **2** 광택 사진
— *vt.* 〈인화를〉 페로타이프하다

fer·rous [férəs] *a.* **1** 《일반적으로》 철을 함유한 **2** 〖화학〗 제1철의
~ ***and non-~ metals*** 철금속과 비철금속

fer·rule [férəl, -ruːl] *n.* (지팡이·우산 등의) 물미; 쇠테, 페룰 《파이프 등의 접합·보강용》, 쇠고리
— *vt.* …에 페룰을 달다

⁑**fer·ry** [féri] [OE 「나르다」의 뜻에서] *n.* (*pl.* **-ries**) **1 나룻배**; 나룻배 편; Ⓤ 나룻배 영업권 **2 나루터 3** (새로 만든 비행기가 공장에서 현지까지 가는) 자력(自力) 현지 수송
— *v.* (**-ried**) *vt.* **1** 〈사람·자동차·화물 등을〉 **나룻배로 건네다**; 〈사람 등을〉 자동차로 나르다 **2** 〈새 비행기를〉 (승객·화물을 태우지 않고) 현지까지 수송하다; 공수하다
— *vi.* **나룻배[페리]로 건너다**; 〈나룻배가〉 다니다

∗**fer·ry·boat** [féribòut] *n.* **나룻배**; 연락선

fer·ry·man [férimən] *n.* (*pl.* **-men** [-mən]) 나룻배 업자; 나룻배 사공

⁑**fer·tile** [fə́ːrtl | -tail] *a.* **1** 〈토지가〉 **기름진,** 비옥한(opp. *sterile*) **2** 다산(多産)인 **3** 상상력·창의력이 풍부한 《*in, of*》
~·**ly** *ad.*

Fértile Créscent [the ~] 비옥한 초승달 지대 《Nile 강과 Tigris 강과 페르시아만을 연결하는 고대 농업 지대》

∗**fer·til·i·ty** [fəːrtíləti] *n.* (opp. *sterility*) Ⓤ **1** 비옥; 다산 **2** (토지의) 산출력 **3** 〖생물〗 수정(受精) 능력, 번식력

fer·ti·li·za·tion [fə̀ːrtəlizéiʃən | -lai-] *n.* Ⓤ 비옥화; 다산화(化); 〖생리·생물〗 수정, 수태

∗**fer·ti·lize** [fə́ːrtəlàiz] *vt.* **1** 〈토지를〉 **비옥하게 하다,** 기름지게 하다 **2** 〈정신 등을〉 풍요하게 하다 **3** 〖생리·생물〗 수정시키다, 수태시키다

∗**fer·ti·liz·er** [fə́ːrtəlàizər] *n.* ⓊⒸ **1 비료,** 《특히》 화학 비료 **2** Ⓒ 수정 매개물 《벌·나비 등》

fer·ule [férəl, -ruːl] *n.* **1** 나무막대기, 회초리 **2** 엄격한 학교 훈육
— *vt.* 매로 때려 벌주다

∗**fer·vent** [fə́ːrvənt] *a.* **1 열렬한,** 강렬한 **2** 뜨거운, 타는, 타오르는 ~·**ly** *ad.*

fer·vid [fə́ːrvid] *a.* 타오르는 듯한, 열렬한, 열정적인 ~·**ly** *ad.*

∗**fer·vor | fer·vour** [fə́ːrvər] [L 「비등(沸騰), 열화(熱火)」의 뜻에서] *n.* Ⓤ **1 열렬,** 열정 **2** 백열(白熱) 상태; 염열(炎熱)

fess(e) [fes] *n.* (문장(紋章)의) 가운데 띠 《방패의 한 가운데를 가로지르는 굵은 선》

-fest [fest] 《연결형》 《미·구어》 「비공식 회합」의 뜻

fes·tal [féstl] *a.* 축제의; 유쾌한, 즐거운

fes·ter [féstər] *vi.*, *vt.* 〈상처 등이〉 곪다; 곪게 하다; 아프(게 하)다; 괴로워하다, 괴롭히다

— *n.* 궤양(潰瘍); 농포(膿疱); 고름

‡**fes·ti·val** [féstəvəl] [L 「쾌활한, 즐거운」의 뜻에서] *n.* **1** Ⓤⓒ **축제**, 축전(祝典), 제전 **2** 축일, 축제일 **3 잔치**, 향연 **4** (정기적인) 축제 행사

— *a.* 축제[축하, 축일]의; 즐거운

*__fes·tive__ [féstiv] *a.* **축제의**, 경축의; 명절 기분의, 즐거운 **~·ly** *ad.*

*__fes·tiv·i·ty__ [festívəti] *n.* (*pl.* **-ties**) **1 축제, 제전**, 잔치 **2** [*pl.*] 경축 행사, 축제 소동 **3** 잔치 기분, 축제 분위기

*__fes·toon__ [festú:n] **1 꽃줄** **2** 〖건축〗 꽃줄 장식

— *vt.* 꽃줄로 장식하다; 꽃줄을 만들다; 꽃줄로 잇다

Fest·schrift [féstʃrìft] [G] *n.* (*pl.* **-schrif·ten** [-ʃrìftən], **~s**) (학술) 기념 논문집

fe·tal [fí:tl] *a.* 태아(胎兒)의

‡**fetch** [fetʃ] *vt.* **1** (가서) **가지고[데리고, 불러] 오다** **2** 〈물·눈물·피 등을〉 나오게 하다, 자아내다 **3** 〈숨을〉 내쉬다, 〈고함·신음소리 등을〉 내다 **4** 〈상품이〉 〈…값에〉 팔리다, 〈값을〉 부르다 **5** 《구어》 …의 마음을 사로잡다, 매혹하다, 〈청중의〉 인기를 끌다 **6** 《구어》 …에게 〈일격을〉 가하다 **7** 〈급격한 동작을〉 해내다 **8** 〖항해〗 …에 도착하다

— *vi.* **1** 가서 물건을 가지고 오다 **2** 〈사냥개가〉 잡은 것을 물어 오다 **3** 〖항해〗 (어느 방향으로) 진로를 잡다

__~ and carry__ (1) 〈소문 등을〉 퍼뜨리고 다니다 (2) 바쁘게 심부름하고 다니다, 허드렛일을 하다 《*for*》 *__~ up__* (1) 《속어》 게우다, 토하다(vomit) (2) 상기하다 (3) 〈잃은 것을〉 회복하다 (4) 《방언》 기르다 (5) 〖항해〗 …에 가 닿다(reach) (6) 갑자기 멈추다

fetch·ing [fétʃiŋ] *a.* 《구어》 사람의 눈을 끄는, 매혹적인 **~·ly** *ad.*

*__fete, fête__ [feit] [동음어 fate] [F= feast] *n.* **1 축제** **2** 축일, 제일, 휴일 **3** 축연, 향연, 잔치

— *vt.* (…을 위하여) 잔치를 베풀어 경축하다, (식을 올려) 축하하다

fe·ti·cide, foe- [fí:təsàid] *n.* Ⓤ 태아 살해, 낙태

fet·id, foet- [fétid, fí:t-] *a.* 악취가 나는, 구린

fet·ish [fétiʃ, fí:t-] *n.* **1** 주물(呪物), 물신(物神) **2** 미신의 대상, 맹목적 숭배물; 맹목적 애호, 광신 **3** 〖정신의학〗 성적(性的) 감정을 일으키는 대상물

__make a ~ of__ …을 맹목적으로 숭배하다, …에 열광하다

fet·ish·ism, -ich- [fétiʃìzm, fí:t-] *n.* Ⓤ **1** 주물[물신] 숭배 **2** 맹목적 숭배 **3** 〖정신의학〗 성욕 도착 **-ist** *n.*

fet·lock [fétlɑ̀k | -lɔ̀k] *n.* 구절(球節) 《말굽의 뒤쪽 위의 털이 난 부분》; 그 털

fe·tol·o·gy [fi:tɑ́lədʒi | -tɔ́l-] *n.* Ⓤ 〖의학〗 태아학

fe·tor, foe- [fí:tər] *n.* 강한 악취

fe·to·scope [fí:təskòup] *n.* 〖의학〗 태아경 《자궁 내 태아를 직접 관찰하는 광학 기계》

*__fet·ter__ [fétər] *n.* [보통 *pl.*] **족쇄**, 차꼬; 속박, 구속

__in ~s__ 차꼬가 채워져; 속박[구속]되어

— *vt.* **족쇄를 채우다**, 속박[구속]하다

fet·tle [fétl] *n.* Ⓤ (심신의) 상태

__in fine[good] ~__ 원기 왕성하여, 매우 건강하여

fe·tus, foe- [fí:təs] *n.* (임신 9주 후의) 태아

*__feud__[1] [fju:d] *n.* Ⓤⓒ (두 집안 사이의 또는 여러 대에 걸친) **불화**, 숙원, 반목; 다툼 *__deadly ~__* 불구대천의 원한

— *vi.* 〈두 집안이〉 반목하다; 서로 다투다 《*with*》

feud[2] *n.* 〖법〗 (봉건 시대의) 영지, 봉토 (fee)

*__feu·dal__ [fjú:dl] *a.* **1 영지[봉토]의** **2** 봉건 (제도)의

*__feu·dal·ism__ [fjú:dəlìzm] *n.* Ⓤ **봉건 제도**

feu·dal·is·tic [fjù:dəlístik] *a.* 봉건 제도[주의]의

feu·dal·i·ty [fju:dǽləti] *n.* (*pl.* **-ties**) **1** Ⓤ 봉건 제도 **2** 영지, 봉토(fief)

feu·da·to·ry [fjú:dətɔ̀:ri | -təri] *a.* **1** 봉건의 **2** 영지[봉토]를 받은; 가신(家臣)의

— *n.* (*pl.* **-ries**) **1** (봉건) 가신 **2** 영지, 봉토

‡**fe·ver** [fí:vər] *n.* **1** Ⓤⓒ **열**, 발열 **2** Ⓤ **열병**: intermittent ~ 〖의학〗 간헐열/ scarlet ~ 성홍열 **3** [a ~] **흥분 (상태)**; 열광 *__in a ~__* 열이 올라; 열광하여

féver blìster 〖병리〗 단순 포진

fe·vered [fí:vərd] *a.* Ⓐ **1** (병적인) 열이 있는; 열병에 걸린 **2** 몹시 흥분한

*__fe·ver·ish__ [fí:vəriʃ] *a.* **1 열이 있는**, 열띤; 열병의 **2** 〈지방 등이〉 열병이 많은[유행하는] **3** 열광적인 **~·ness** *n.*

féver pìtch 병적 흥분; 열광

‡**few** [fju:] *a.* (**~·er**; **~·est**) [ⓒ의 명사에 붙여서] **1** [a를 붙이지 않은 부정적 용법으로] **거의 없는**, 조금[소수] 밖에 없는 **2** [a ~; 긍정적 용법으로] **조금은 있는**, 다소의, 약간의(some) **3 a** Ⓟ 수가 적은, 소수인 **b** [the ~; 명사적; 복수 취급] (다수에 대하여) 소수의 사람

《(1) few는 수에, little은 양에 대해 쓴다 (2) 비교급에서 fewer는 수에, less는 양에 쓴다; 또 fewer number(s)보다 smaller number(s)가 나은 표현이다 (3) 부정관사의 유무에 따라 「조금은 있는; 거의 없는」으로 구분되나 이는 말하는 사람의 주관적 판단에 따른 것이며 반드시 수량의 많고 적음에 의한 것은 아니다》

__a good ~__ 《영·구어》 꽤 많은, 상당한 수의 *__~ and far between__* 아주 드문, 극히 적은 *__no ~er than ...__* …(만큼)이나 *__not a ~__* 적지 않은, 꽤 많은, 상당한 수의 *__only a ~__* 극히[불과] 소수의, 근소한 *__quite a ~__* 《구어》 꽤 많은, 상당한 수의 *__some ~__* 소수의, 약간의, 다소의

— *pron.* [복수 취급] **1** [a를 붙이지 않은 부정적 용법으로] (수가) **소수** (**밖에 …않다**) **2** [a ~; 긍정적 용법으로] **소수의 사람[것]** 《*of*》
— *n.* [the ~] 소수(의 사람)
not a **~** 꽤 많은 수, 상당수 《*of*》 ***only a*** **~** 불과[극히] 소수만 《*of*》 ***quite a*** **~** 《구어》 꽤 많은 수 《*of*》 ***some*** **~** 소수 《*of*》

few·ness [fjúːnis] *n.* Ⓤ 소수, 근소, 약간

fey [fei] *a.* **1** 〈사람 · 행동이〉 이상한; 머리가 돈, 변덕스러운 **2** 초자연적인, 마력을 가진 **~·ness** *n.*

fez [fez] *n.* (*pl.* **~·(z)es**) 페즈모(帽), 터키모

ff. 〖음악〗 fortissimo

ff. folios

F.G. Foot Guards

fi·an·cé [fìːɑːnséi | fiɑ́ːnsei] [F] *n.* [one's ~] 약혼자 《남자》

fi·an·cée [fìːɑːnséi | fiɑ́ːnsei] [F] *n.* [one's ~] 약혼녀[자] 《여자》

fi·as·co [fiǽskou] *n.* (*pl.* **~(e)s**) (연극 · 연주 등에서의) 큰 실수, 대실패

fi·at [fíːɑːt | fáiæt] *n.* **1** (권위에 의한) 명령, 엄명 **2** Ⓤ 인가, 허가
by **~** (절대) 명령에 의해

fíat mòney 《미》 법정 불환 지폐

fib [fib] *n.* 사소한[악의 없는] 거짓말
— *vi.* (**~bed**; **~·bing**) 악의 없는 거짓말을 하다

‡**fi·ber | fi·bre** [fáibər] *n.* **1** ⓊⒸ **섬유**; 섬유 조직 **2** Ⓤ 소질, 성질, 기질, 성격; 정신력 **3** ⓊⒸ 〖동물 · 해부〗 (신경 · 근(筋) 등의) 섬유

fi·ber·board [fáibərbɔ̀ːrd] *n.* 섬유판(板) 《건축 재료》

fi·ber·glass [fáibərglæ̀s | -glɑ̀ːs] *n.* Ⓤ 섬유 유리

fíber óptics 1 광섬유 **2** [단수 취급] 섬유 광학

fi·ber·scope [fáibərskòup] *n.* 〖광학〗 파이버스코프 《유리 섬유에 의한 위내시경 · 방광경 등》

fi·bril [fáibrəl] *n.* **1** 소(小)[원(原)]섬유 **2** 〖식물〗 근모(根毛)

fi·brin [fáibrin] *n.* ⓊⒸ 〖생화학〗 섬유소, 피브린; 〖식물〗 부질(麩質)

fi·bro·in [fáibrouin] *n.* Ⓤ 〖생화학〗 피브로인; 견섬유

fi·brous [fáibrəs] *a.* 섬유의[가 많은], 섬유질의; 섬유 모양의

fib·u·lar [fíbjulər] *a.* 〖해부〗 비골(부)의

-fication [fikéiʃən] *suf.* -fy로 끝나는 동사의 명사형으로, 「…화(化)하기」의 뜻: puri*fication*<purify

fiche [fi(ː)ʃ] *n.* (마이크로) 피시 《정보 처리용 마이크로카드나 필름류(類)》

fi·chu [fí(ː)ʃuː] [F] *n.* 피쉬 《여자용 삼각형 숄》

***fick·le** [fíkl] [OE 「사람을 속이다」의 뜻에서] *a.* **변하기 쉬운**; 마음이 잘 변하는 **~·ness** *n.*

‡**fic·tion** [fíkʃən] [L 「만들기, 만들어진 것」의 뜻에서] *n.* **1** [집합적] Ⓤ **소설**(novels) **2** **꾸민 이야기**, 허구, 상상 **3** 〖법〗 (법률상의) 의제(擬制), 가설

***fic·tion·al** [fíkʃənl] *a.* **1** **꾸며낸**, 허구의 **2** 소설의, 소설적인 **~·ly** *ad.*

fic·tion·al·ize [fíkʃənəlàiz] *vt.* 소설화하다

***fic·ti·tious** [fiktíʃəs] *a.* **1** **가공의**, 가상의, 상상의; 창작적인, 소설적인 **2** **거짓의**, 허구의, 허위의 **3** 〖법〗 의제의, 가설의 **~·ly** *ad.* **~·ness** *n.*

***fid·dle** [fídl] *n.* **1** 《구어 · 경멸》 **바이올린** **2** 《영 · 구어》 사기, 협잡
(***as***) ***fit as a*** **~** 건강하여, 원기 왕성하여 ***have a face as long as a*** **~** 몹시 침울한 얼굴을 하고 있다 ***play first*** [***second***] **~** 주역[단역]을 맡다, (남의) 위에 서다[아래에서 일하다] 《*to*》
— *vi.* **1** 《구어》 바이올린을 켜다 **2** 〈어린아이 등이〉 손장난하다; (손가락 등을) 무의미하게 움직이다; 만지작거리다 《*about, around, with, at*》 **3** 빈들빈들 시간을 보내다 《*about, around*》
— *vt.* **1** 《구어》 〈곡을〉 바이올린으로 켜다 **2** 〈시간을〉 빈들빈들 보내다 《*away*》

fíddle bòw 바이올린 활

fid·dle·de(e)·dee [fìdldiːdíː] *int.* 당찮은, 엉터리, 시시해

fid·dle-fad·dle [fídlfæ̀dl] 《구어》 *vi.* 시시한 짓을 하다; 하찮은 일로 법석대다 (fuss)
— *n.* Ⓤ 실없는 짓; [*pl.*] 시시한 것
— *int.* 엉터리, 시시해

***fid·dler** [fídlər] *n.* **1** **바이올리니스트** **2** 《속어》 사기꾼

fid·dle·stick [fídlstìk] *n.* 《구어》 **1** 바이올린 활 **2** [보통 a ~; 부정어와 함께] 조금

fid·dling [fídliŋ] *a.* **1** 바이올린을 켜는 **2** 시시한(petty), 실없는

fid·dly [fídli] *a.* 《구어》 (미세하여) 다루기 힘든, 품[시간]이 드는, 귀찮은; 〈일 등이〉 지겨운

***fi·del·i·ty** [fidéləti, fai-] [L 「충실한」의 뜻에서] *n.* (*pl.* **-ties**) ⓊⒸ **1** **충실**, 성실, **충성** 《*to*》 **2** (부부 간의) 정절 **3** 원물건과 꼭같음, 박진성(迫眞性) **4** 〖통신〗 (재생음의) 충실도

fidg·et [fídʒit] *vi.* **1** 안절부절못하다; 안달하다 《*about*》 **2** 만지작거리다 《*with*》
— *vt.* 안절부절못하게 하다
— *n.* **1** [종종 *pl.*] 안절부절못함, 안달부리기 **2** [you ~로; 보통 어린아이를 부를 때도 씀] 침착하지 못한 사람
be in a **~** 안절부절못하고 있다 ***give*** [***have***] ***the ~s*** 《영 · 구어》 안달나게 하다[안달하다]

fidg·et·y [fídʒiti] *a.* 《구어》 안절부절못하는, 조바심하는, 안달하는

FIDO, Fi·do [fáidou] [*F*og *I*nvestigation *D*ispersal *O*perations] *n.* 〖항공〗 파이도 《활주로 근처에서 기름 등을 태워 안개를 없애는 방법》

fi·du·ci·ar·y [fidjúːʃièri | -djúːʃiəri] *a.* **1** 〖법〗 신탁 받은; 수탁자의 **2** 신용상의; 신탁의 **3** 〈지폐가〉 신용 발행의 — *n.* (*pl.* **-ar·ies**) 〖법〗 수탁자, 피신탁자

F

fie [fai] *int.* 《고어》 저런, 에잇, 첫《경멸·불쾌·비난을 나타냄》
F~ upon you! 너는 싫어!

fief [fi:f] *n.* (봉건시대의) 봉토, 영지 (feud)

***field** [fi:ld] *n.* **1** [보통 *pl.*] **들판, 벌판,** 들, 벌 **2 밭,** 논밭, 목초지, 풀밭 **3** (특정한 용도를 가진) 지면, **사용지 4** (트랙 안쪽의) **경기장** (opp. *track*); 〘야구〙 (넓은 뜻으로) 내·외야; (좁은 뜻으로) 외야 **5** (광물의) 산지 **6 a** 싸움터, 전장 **b** 싸움, 전투 **7** (그림·기(旗)·화폐 등의) 바탕; 문장(紋章)의 문지(紋地) **8 분야,** 범위 **9** 〘물리·심리〙 장(場); 〘전기〙 계(界); 〘컴퓨터〙 필드 《정보를 전달하는 최소한의 데이터의 집합》 **10** 〘광학〙 (카메라·망원경 등의) 시야, 시역(視域); 〘TV〙 영상면 **11** [the ~; 집합적] 전(全) 경기자; 외야수
in the ~ (1) 출정[종군] 중에, 현역으로 (2) 경기에 참가하여; 수비 위치에 (3) 현지[현장]에 ***keep the ~*** 진지[전선]를 유지하다, 작전[활동]을 계속하다 ***play the ~*** (1) 〘경마〙 인기마(馬) 이외의 출전마 전부에 걸다 (2) 《구어》 이것저것 널리 손을 대다 (3) 《구어》 여러 이성과 교제하다(opp. *go steady*) ***take the ~*** 전투[경기]를 시작하다; 출전하다 ***take to the ~*** (구기 종목에서) 수비에 임하다
— *a.* Ⓐ **1** 들의, 들판의; 야생의; 야외(에서)의 **2** 현장의, 현지의 **3** 〘군사〙 야전의 **4** 〘경기〙 (트랙에 대하여) 필드의
— *vi.* 〘크리켓·야구〙 야수를 맡아하다; ((외)야수로서) 수비하다
— *vt.* **1** 〈팀 등을〉 수비에 세우다; 경기에 참가시키다; 전투 배치시키다 **2** 〈타구를〉 받아서 던지다, 잘 처리하다; 〈질문을〉 재치있게 받아넘기다

field artillery 야포, 야전 포병

field còrn 《미》 옥수수 《가축 사료용》

field dày **1** 〘군사〙 야외 훈련일 **2** 신나는 일이 있는 날 **3** 《미》 야외 활동[조사]의 날
have a ~ 크게 떠들며 즐기다

field èmission 〘물리〙 전계 방출[방사]

***field·er** [fí:ldər] *n.* 〘크리켓〙 **야수**; 〘야구〙 **외야수**

field glàss [보통 *pl.*] 쌍안경

field gòal 〘미식축구〙 필드 골 《필드에서 킥하여 얻은 골》; 〘농구〙 야투(野投)

field hànd 《미》 농장 노동자

field hòckey 《미》 (아이스하키와 구별하여) 필드하키

field hòspital 〘군사〙 야전 병원

field hòuse **1** 《미》 경기장 부속 건물 《탈의실·창고 등》 **2** (육상 경기 등을 하는) 실내 경기장

field·ing [fí:ldiŋ] *n.* Ⓤ 〘야구〙 수비; 〘컴퓨터〙 (문자의) 배치

field márshal 〘군사〙 (영국·독일·프랑스의) 육군 원수 《略 F.M.》

field mòuse 〘동물〙 들쥐

field òfficer 〘육군〙 영관(領官)(급의 장교)

fields·man [fí:ldzmən] *n.* (*pl.* **-men** [-mən]) 〘크리켓·야구〙 야수(fielder)

field spòrts 야외 스포츠, 《특히》 수렵, 총렵, 천렵

field tèst 실지 실험[시험]

field-test [-tèst] *vt.* 〈신제품을〉 실지 시험하다

field trìp (연구 조사를 위한) 야외 연구 여행

field·work [fí:ldwə̀:rk] *n.* 현지[실지] 조사; (학생 등의) 현장 견학[답사] 연구; 야외 채집; 현장 방문 **~·er** *n.*

***fiend** [fi:nd] [OE 「증오하는 사람, 적」의 뜻에서] *n.* **1 악마,** 마귀, 귀신; [the F~] 마왕 **2** 마귀 같은 사람, 잔인무도한 사람 **3** 《구어》 …에 미친 사람, …광(狂); (기술·학문 등의) 달인(達人) 《*at*》

fiend·ish [fí:ndiʃ] *a.* **1** 악마[귀신] 같은 **2** 《구어》 〈행동·계획 등이〉 매우 어려운; 대단한 **~·ness** *n.*

***fierce** [fiərs] [L 「몹시 사나운」의 뜻에서] *a.* (**fierc·er**; **-est**) **1 사나운,** 흉포한 **2** 〈열·감정 등이〉 **격렬한,** 맹렬한; 〈비·바람 등이〉 거센 **3** 《구어》 지독한, 불쾌한

***fierce·ly** [fíərsli] *ad.* **사납게,** 맹렬하게; 지독하게

***fierce·ness** [fíərsnis] *n.* Ⓤ **사나움;** 맹렬

***fier·y** [fáiəri] *a.* (**fi·er·i·er**; **-i·est**) **1 불**의, 맹화(猛火)의, 화염의 **2 불 같은;** 타는 듯한; 작열(灼熱)하는 **3** 〈조미료·맛 등이〉 얼얼한 **4** 성미가 사나운, 열렬한, 성급한, 격하기 쉬운 **5** 염증을 일으킨 **6** 〈가스·탄층(炭層) 등이〉 인화[폭발]하기 쉬운

fi·es·ta [fiéstə] [Sp. =feast] *n.* (스페인·라틴아메리카의 종교상의) 축제, 성일(聖日), 휴일(holiday)

FIFA [fí:fə] [F] *Fédération Internationale de Football Association* 국제 축구 연맹

fife [faif] [G 「피리」의 뜻에서] *n.* (주로 군악대의) 저, 횡적; 저를 부는 사람
— *vi.* 저를 불다
— *vt.* 저로 〈곡을〉 불다

fif·er [fáifər] *n.* 저를 부는 사람

***fif·teen** [fìftí:n] *a.* **1** Ⓐ **15의,** 15개[사람]의 **2** Ⓟ 15세의
— *pron.* [복수 취급] 15개[사람]
— *n.* **1** 15 **2** 15세 **3** 15의 글자[기호] 《15, XV》 **4** 〘럭비〙 (15인의) 팀 **5** 〘테니스〙 15점

***fif·teenth** [fìftí:nθ] *a.* **1** [보통 the ~] **제15(번째)의** **2** 15분의 1의
— *n.* **1** [보통 the ~] (서수의) **제15** 《略 15th》; (달의) **15일** **2** [a ~, one ~] 15분의 1

***fifth** [fifθ] [five(5)와 -th(서수를 만드는 접미사)에서] *a.* **1 제5(번째)의** **2 5분의 1의** — *ad.* 다섯 번째로
— *n.* **1** (서수의) **제5**; 5번; (달의) **5일** **2** [*pl.*] 〘상업〙 5등품 **3** [a ~, one ~] **5분의 1** **4** 《미》 5분의 1갤런 《주류 용량 단위》; 5분의 1갤런들이 병[그릇] **5** 〘음악〙 5도 음정, 제5도 ***take the F~*** 《미·구어》 묵비권을 행사하다; 《일반적으로》 …에 대해 답변을 거부하다
— *pron.* [the ~] **다섯 번째의 사람**[것]
fifth·ly *ad.*

Fifth Améndment [the ~] 《미》 헌법수정 제5조 《자기에게 불리한 증언의

거부, 자유·재산권의 보장 등이 규정된 미국의 헌법 조항》

Fífth Ávenue [the ~] 5번가(街) 《미국 New York 시의 번화가》

fífth cólumn 제5열, 제5부대 《전시에 후방 교란·간첩 행위 등으로 적국의 진격을 돕는 자》

fífth cólumnist 제5열 분자, 제5부대원; 배반자

fífth generátion compùter [the ~] 〖컴퓨터〗 제5세대 컴퓨터

fífth whéel **1** (4륜마차의) 전향륜(轉向輪); 예비 바퀴 **2** 좀처럼 쓰지 않는 것, 무용지물

∗**fif·ti·eth** [fíftiiθ] *a.* **1 제50의, 50번째의** **2** 50분의 1의 —*n.* **1** (서수의) 제50 **2** 50분의1 —*pron.* 50번째의 사람[것]

⁑**fif·ty** [fífti] *a.* **1** Ⓟ **50(개[사람])의** **2** Ⓟ 50세의 **3** (막연히) 수많은
—*n.* (*pl.* **-ties**) **1** 50; 50의 수[기호] 《50, l, L》 **2 a** 50세; 50달러[파운드, 센트, 펜스] **b** [the fifties] (세기의) 50년대, (나이의) 50대
—*pron.* [복수 취급] 50개, 50인

fif·ty-fif·ty [fíftifífti] *a.*, *ad.* 《구어》 50대(對) 50의[으로]; 반반의[으로]
go **~** (***with*** a person) …와 절반씩 나누다, 반반으로 하다

∗**fig**[1] [fig] *n.* **1** 〖식물〗 **무화과**; 무화과나무 **2** [a ~; 부정문에서 부사적으로] 조금도 **3** 두 손가락 사이에 엄지손가락을 끼워 넣는 상스러운 경멸의 손짓

fig[2] *n.* Ⓤ 《구어》 **1** 복장, 옷차림 **2** 건강 상태, 의기(意氣) ***in full*** **~** 《구어》 성장(盛裝)하고 ***in good*** **~** 원기 왕성하여
—*vt.* (~ged; ~·ging) 성장(盛裝)시키다 《*out, up*》

fig. figurative(ly); figure(s)

⁑**fight** [fait] *n.* **1 싸움,** 전투, 회전(會戰) **2 투쟁** 《*for, against*》; **격투,** 쟁투; 《특히》 권투 시합; 승부 **3** 논쟁, 격론 《*with, over*》 **4** Ⓤ 전의; 전투력; 투지 ***give*** [***make***] ***a*** **~** 한바탕 싸우다 ***put up a good*** **~** 선전(善戰)하다 ***show*** **~** 전의[투지]를 보이다, 저항하다
—*v.* (**fought** [fɔːt]) *vi.* **1 싸우다,** 전투하다, 격투하다; …와 싸우다 《*with, against*》 **2** 논쟁하다, 격론하다; 우열을 다투다 《*for*》
—*vt.* **1** …**와 싸우다**; 〈싸움을〉 하다 **2** 싸워서 …을 얻다, …을 얻기 위해 싸우다 **3** 〈권투 선수·투계·개 등을〉 싸움을 시키다 **4** 〈병사·군함·대포를〉 지휘 조종하다
~ *it out* 《구어》 끝까지 싸우다, 결판을 내다 **~ *off*** 싸워서 격퇴하다; …을 퇴치하다; …에서 손을 떼려고 애쓰다 **~ *out*** 〈문제·불화 등을〉 싸워서 해결하다 **~ one*'s way*** 분투하여 활로를 개척하다

∗**fight·er** [fáitər] *n.* **1** 〖군사〗 **전투기**(= **~ plàne**) **2 전사,** 투사, 무사 **3** 직업 권투 선수

fight·er-bomb·er [fáitərbɑ́mər | -bɔ́m-] *n.* 〖군사〗 전투 폭격기

⁑**fight·ing** [fáitiŋ] *a.* Ⓐ **싸우는**; 호전적인, 투지 있는, 무(武)를 숭상하는; **전투의,** 교전 중인, 전쟁의
—*n.* **1** Ⓤ Ⓒ **싸움, 전투**; 논쟁; 격투, 투쟁 **2** [형용사적으로] 전투(용)의

fíghting chàir 《미》 〖낚시〗 갑판에 고정시킨 회전 의자 《큰 고기를 낚기 위한 것》

fíghting chánce (노력 여하로 얻을 수 있을지도 모를) 성공의 가능성, 희박한 가망; 성공할 수 있는 기회

fíghting cóck **1** 싸움닭, 투계 **2** 《구어》 싸우기 좋아하는 사람

fight·ing-fit [-fit] *a.* 전투 능력 있는

fíghting wòrds[**tàlk**] 《구어》 도전적인[트집 잡는] 말

fíg lèaf **1** 무화과 잎 **2** (조각·회화에서 국부를 가리는) 무화과 잎 모양의 것 **3** 악취 나는 것을 덮는 뚜껑

fig·ment [fígmənt] *n.* 꾸며낸 것, 허구(虛構), 가공의 일

fig·u·ra·tion [fìgjuréiʃən] *n.* Ⓤ Ⓒ **1** 형체 부여; 성형(成形) **2** 형상(形狀), 형태, 형상(形象), 외형 **3** 비유적 표현, 상징(화) **4** (도안 등에 의한) 장식 **5** 〖음악〗 (음·선율의) 수식

∗**fig·u·ra·tive** [fígjurətiv] *a.* **1 비유적인** **2** 수식 문구가 많은, 화려한 **3** 회화[조소]적 표현의 **~·ly** *ad.*

⁑**fig·ure** [fígjər | -gə] *n.* **1** (아라비아) **숫자**; (숫자의) 자리; [보통 수식어와 함께] 합계수, 액, 값 **2** [*pl.*] (숫자) **계산** **3** (윤곽이 뚜렷한) **꼴**(shape), **형태,** 형상(形象), 형상(形狀) **4** (회화·조각 등의) **인물상,** 화상(畫像), 초상 **5** (사람의) **모습,** 풍모, 풍채, 외관 **6** [보통 수식어와 함께] (중요한) **인물**; 명사 **7 그림,** 도해; **도형**; 도안, 무늬 **8** 표상, 상징 《*of*》 **9** 〖무용〗 피겨 《선회 운동의 한가지》; 1선회; 〖스케이트〗 피겨 **10** 〖수사학〗 말의 수사(修辭); 비유
cut [***make***] ***a*** (***brilliant, conspicuous***) **~** 이채를 띠다, 두각을 나타내다 **~ *of speech*** (1) 〖수사학〗 수사적 표현《simile, metaphor 등》 (2) 말의 수식, 비유적 표현 ***keep*** one***'s*** **~** 모습이 날씬하다 ***significant*** **~*s*** 유효 숫자
—*a.* Ⓐ [숫자와 함께 복합어를 이루어] …자리의
—*vt.* **1 숫자로 나타내다**; **계산하다** **2** 《미·구어》 …라고 **생각하다, 판단하다** **3** 본뜨다; 조상·그림 등으로 나타내다 **4** 도형으로 나타내다; 묘사하다 **5** …에 무늬를 넣다 **6** 비유로 나타내다, 상징[표상]하다
—*vi.* **1** (어떤 인물로서) **나타나다,** 통하다, …역을 연기하다 《*as*》; 두드러지다, 두각을 나타내다 **2** 계산하다; 《미·구어》 궁리하다, 계획하다 《*for*》 **3** 《미·구어》 …을 고려하다, 의지하다(rely) 《*on, upon*》
~ *in* 《미·구어》 계산에 넣다; 등장하다 **~ *out*** (1) 계산해서 합계를 내다, 총계 …이 되다 (2) 《미》 이해하다 (3) 해결하다 ***That*** [***It***] **~*s.*** 《미·구어》 그것은 당연하다, 생각한 대로이다.

fig·ured [fígjərd | -gəd] *a.* **1** 무늬가 있는, 무늬를 박은 **2** 그림[도식]으로 표시한 **3** 〖음악〗 코드[화음]를 나타내는 숫자가 있는, 수식된

fig·ure·head [fígjərhèd | -gə-] *n.* **1** 〖항해〗 이물에 장식한 조상(彫像) **2** 명목상

F

의 두목, 표면상의 대표

fígure skàter 피겨 스케이팅 선수

fígure skàting 피겨 스케이팅

fig·u·rine [fìgjuríːn | ⸗-⸗] *n.* (금속·도토(陶土) 등으로 만든) 작은 입상(立像)(statuette)

Fi·ji [fíːdʒiː] *n.* 피지 《남태평양의 독립국; 수도 Suva》

Fi·ji·an [fíːdʒiːən | -⸗-] *a.* 피지 제도의
— *n.* 피지 제도 사람; Ⓤ 피지 말

Fíji Íslands [the ~] 피지 제도 《피지 나라의 대부분을 이루는 섬들》

*__fil·a·ment__ [fíləmənt] [L 「실을 잣다」의 뜻에서] *n.* **1** 〖전기〗 (전구·진공관의) **필라멘트** **2** 단섬유, 필라멘트 《방직 섬유》 **3** 가는 실; 섬사(纖絲); 〖식물〗 꽃실

fil·a·ture [fílətʃər, -tʃùər] *n.* **1** Ⓤ (고치로부터) 실뽑기, 제사(製絲) **2** 제사 공장

fil·bert [fílbərt] *n.* 〖식물〗 개암나무(열매)

filch [filtʃ] *vt.* 좀도둑질하다, 〈하찮은 것을〉 훔치다

‡**file**[1] [fail] [L 「실」의 뜻에서] *n.* **1** 서류철, 문서를 철하는 기구; 철해둔 문서; 서류 보관 케이스; (서류 등의) 철끈 **2** (항목 별로 정리된) (자료·기록)철 《*on*》 **3** 〖컴퓨터〗 파일 《한 단위로 다루어지는 관련 기록》
on ~ (1) 철해져 (2) 정리[기록] 보관되어
— *vt.* **1** (항목별로) **철하다**; 철하여 정리 보관하다 《*away*》 **2** 〖법〗 〈고소 등을〉 **제기하다** 《*against*》; 〈증서·서류를〉 정식으로 제출하다 **3** 〈기자가〉 〈기사를〉 전송하다
— *vi.* 신청하다 《*for*》

*__file__[2] *n.* **1** (세로 선) **줄**; 〖군사〗 오(伍), 종렬 **2** (체스판의) 세로줄
a blank ~ 결오(缺伍) 《후열이 없는 자리》
double the ~s 오를 겹치다 ~ ***by*** ~ 줄줄이; 잇달아 ***in*** ~ 오를 지어서; 2열 종대로
— *vi.* **열을 지어 행진하다** 《*with*》
~ ***away***[***off***] (1렬 종대로) 분열 행진하다
F~ left[***right***]***!*** (구령) 줄줄이 좌[우]로!

*__file__[3] *n.* (쇠붙이·손톱 가는) 줄
— *vt.* **1** 줄로 자르다; 줄질하다, 줄로 쓸다[깎다, 갈다] **2** 〈문장 등을〉 퇴고하다, 다듬다 ~ ***away***[***down, off***] 〈녹 등을〉 줄로 쓸어 버리다 ~ a thing ***smooth*** (…을) 줄질하여 매끈하게 하다

fíle clèrk 《미》 문서 정리원

fi·let [filéi | fílit] [F] *n.* **1** Ⓤ (그물눈 모양의) 레이스 **2** 〖요리〗 = FILLET 2

fi·let mi·gnon [filei-minjάn] [F] *n.* (*pl.* **-s -s** [~]) 소의 두터운 허리 고기, 필레 살

*__fil·i·al__ [fíliəl] *a.* **1** 자식(으로서)의 **2** 〖생물〗 제… 세대의 《略 F》

fil·i·bus·ter [fíləbʌ̀stər] *n.* **1** ⓊⒸ 《미》 의사 진행 방해; Ⓒ 의사 진행 방해자 **2** 불법 전사(戰士) 《외국을 침해하는 비정규병》
— *vi.* **1** 《미》 (긴 연설 등으로) 의사 진행을 방해하다 **2** 〈외국에〉 침입하다

fil·i·gree [fíləgrìː] *n.* Ⓤ (금·은 등의) 선조(線條) 세공; 맞비치게 한 금속 세공
— *a.* 선조 세공의, 맞비침 세공을 한

fil·ing[1] [fáiliŋ] *n.* ⓊⒸ (서류 등의) 철하기, 서류 정리

fil·ing[2] *n.* Ⓤ 줄질, 줄로 다듬기; [보통 *pl.*] 줄밥

fíling càbinet 서류 정리용 캐비닛

Fil·i·pine [fíləpìːn] *a.* = PHILIPPINE

Fil·i·pi·no [fìləpíːnou] *n.* (*pl.* **~s**; *fem.* **-na** [-nə]) 필리핀 사람
— *a.* = PHILIPPINE

‡**fill** [fil] *vt.* **1** **채우다** **2** 〈장소·공간을〉 차지하다, 메우다; 〈연기·냄새 등이 장소에〉 **가득 차다**, 충만하다 **3** 〈…의 마음을〉 (감정으로) **가득 채우다** **4** …을 배부르게 하다, 만족시키다 **5** 〈구멍·빈 자리를〉 채우다, 메우다; 〈충치에〉 봉박다 **6** 《미》 〈요구·직무 등을〉 충족시키다; 〈수요에〉 응하다 **7** 《미》 〖약학〗 〈처방약을〉 조제(調劑)하다 **8** 〖항해〗 〈바람이 돛을〉 팽팽하게 하다
— *vi.* **1** …**으로 가득 차다**; **충만하다** 《*with*》 **2** 〈돛이〉 바람을 가득 받다
~ ***in*** (1) 〈구멍·빈 곳을〉 메우다, 채우다; 충전하다 (2) 〈어음 등에 필요한 항목을〉 써넣다; 삽입하다: ~ *in* an application 지원서에 필요한 사항을 써넣다 (3) 《구어》 〈…에게〉 자세히 알리다[설명하다] (4) 막히다 (5) 《구어》 …의 대리[대역]를 하다 《*for*》 ~ ***out*** (1) 〈바람이〉 〈돛을〉 불룩하게 하다 (2) 〈술을〉 가득 따르다 (3) 〈문서 등의〉 여백을 메우다 (4) 〈돛이〉 불룩해지다 (5) 살찌다 ~ ***up*** (1) 충만시키다 (2) 〈자동차에〉 기름[가스]을 가득 채우다 (3) 잔뜩 틀어넣다[채우다] (4) 〈연못 등을〉 메우다[메워지다], 〈바닥이〉 얕아지다 (5) 《영》 〈서식 등을〉 빈 곳을 채우다, 〈여백에〉 써넣다 (6) 만원이 되다
— *n.* **1** [a ~] (그릇에) 가득 찬 양 《*of*》 **2** [one's ~] 원하는 만큼의 양, 배부를 만큼의 양: drink[eat, have, take] *one's* ~ 잔뜩 마시다[먹다]

fill·er [fílər] *n.* **1** 채우는 사람[물건] **2** (신문·잡지의) 여백 메움 기사; (판자의 구멍 등을) 메우는 나무, 충전재(充塡材); (양을 늘리기 위한) 혼합물

fíller càp (자동차의) 연료 주입구 뚜껑[캡]

*__fil·let__ [fílit] *n.* **1** 끈, 리본, 머리띠 **2** [filéi | fílit] 〖요리〗 필레 살 《소·돼지는 연한 허리 살, 양은 넓적다리 살》; 가시를 발라낸 생선 토막
— *vt.* **1** 리본 등으로 동이다, 〈머리를〉 끈으로 매다 **2** [filéi | fílit] 〈생선의〉 살을 발라내다; 〈소 등에서〉 필레 살을 베어내다

fill-in [fílìn] *n.* **1** 대리, 보결, 빈 자리를 메우는 사람[것] **2** 《미·구어》 개요 설명[보고]

*__fill·ing__ [fíliŋ] *n.* **1** (음식물의) **소**, **속** **2** **속에 넣는 것**, 속 채우는 것 **3** (치과의) 충전재(材) 《금 등》

fílling stàtion 주유소(cf. GAS STATION); 《미·속어》 소도시

fil·lip [fíləp] *vt.* **1** 손가락으로 튀기다 **2** 자극하다 — *vi.* 손가락을 튀기다
— *n.* **1** 손가락 끝[손톱]으로 튀기기 **2** 《구어》 자극

Fill·more [fílmɔːr] *n.* 필모어 **Millard** ~ (1800-74) 《미국 제13대 대통령(1850-53)》

fil·ly [fíli] *n.* (*pl.* **-lies**) **1** (4세 미만의) 암망아지(cf. HORSE) **2** 《구어》 말괄량이, (발랄한) 젊은 아가씨

F

***film** [film] *n.* **1** [보통 a ~] **엷은 막,** 엷은 껍질; 엷은 잎; 피막(被膜) **2** 가는 실; (공중의) 거미줄 **3** (눈의) 침침함, 흐림; 엷은 안개 **4** Ⓤⓒ 〖사진〗 **필름,** 감광막, 건판 **5** 《영》 **영화** ― *a.* Ⓐ 영화의
― *vt.* **1 엷은 껍질로 덮다;** 엷은 막으로 덮다 **2** 〖사진〗 필름에 찍다[담다] **3** 〖영화〗 촬영하다; 〈소설 등을〉 영화화하다
― *vi.* **1 엷은 껍질로 덮이다;** 엷은 막이 생기다 《*over*》; 흐릿해지다, 부옇게 되다 **2** 영화를 제작하다

film·a·ble [fílməbl] *a.* 〈이야기·소설 등이〉 영화에 적합한, 필름에 담을 수 있는

film·dom [fílmdəm] *n.* Ⓤⓒ 영화계, 영화 산업

film·go·er [fílmgòuər] *n.* 자주 영화 구경 가는 사람, 영화팬

fílm lìbrary 영화 도서관; 필름 대출소

film·mak·er [fílmmèikər] *n.* 영화 제작자, 영화 회사

film·og·ra·phy [filmágrəfi | -mɔ́g-] *n.* (*pl.* **-phies**) Ⓤⓒ 특정 배우·감독의 작품 리스트; 영화 관계 문헌

fílm stàr 영화 스타

film·strip [-strìp] *n.* 영사(映寫) 슬라이드

film·y [fílmi] *a.* (**film·i·er**; **-i·est**) **1** 얇은 껍질 (모양)의, 얇은 막 (모양)의; 〈천 등이〉 아주 얇은; 가는 실 같은 **2** 얇은 안개 같은, 흐린

***fil·ter** [fíltər] [L 「펠트」의 뜻에서; 펠트가 여과에 쓰인 데서] *n.* **1** (액체·가스 등의) **여과기**(濾過器)[장치] **2** 〖사진·광학〗 필터, 여광기 **3** 여과용 다공성(多孔性) 물질 《여과 작용을 하는 베·숯·자갈 등》
― *vt.* **1 거르다, 여과하다 2** 여과하여 제거하다 《*off, out*》 ― *vi.* **1** 여과되다 《*through*》; 〈액체·사상 등이〉 스며들다 《*through, into*》; 〈빛·소문 등이〉 새(어 나오)다 《*out, through*》 **2** 《영》 〈자동차가〉 (교차점에서 직진 방향 적신호시) 녹색 화살표 신호에 따라 좌[우]회전하다

fil·ter·a·ble [fíltərəbl] *a.* 여과할 수 있는

fílter bèd 여과상(床); 여과지(池), 물 거르는 탱크

fílter pàper 거름종이, 여과지(紙)

fílter tìp 담배의 필터, 필터 담배

fil·ter-tip(ped) [-tìp(t)] *a.* 〈담배가〉 필터 달린

***filth** [filθ] *n.* Ⓤ **1 오물;** 불결 **2** 음담패설, 음탕한 생각[마음]; 도덕적 타락

***filth·y** [fílθi] *a.* (**filth·i·er**; **-i·est**) **1 불결한,** 더러운 **2** 음탕한, 외설한 **3** 《미·속어》 (돈이) 많이 있는 **4** 《영·구어》 〈날씨 등이〉 지독한 ― *ad.* 《미·구어》 대단히, 매우 **filth·i·ly** *ad.* **-i·ness** *n.*

fílthy lúcre 《구어》 부정한 돈; 《익살》 금전

fil·tra·ble [fíltrəbl] *a.* = FILTERABLE

fil·trate [fíltreit] *vt., vi.* 여과하다
― *n.* 여과액[수]

fil·tra·tion [filtréiʃən] *n.* Ⓤ 여과법[작용]

***fin** [fin] *n.* **1 지느러미 2** 지느러미 모양의 기관(器官) **3** (잠수용) 물갈퀴; 〖항공〗 수직 안정판; 〖항해〗 (잠수함 등의) 수평타(舵) **4** 《미·속어》 5달러짜리 지폐

fin. finance; financial; finished

Fin. Finland; Finnish

fin·a·ble, fine- [fáinəbl] *a.* 〈행위·죄 등이〉 과료[벌금]에 처할 수 있는

fi·na·gle [finéigl] *vi., vt.* 《구어》 속임수 쓰다; 속여서 빼앗다; 사기치다

****fi·nal** [fáinl] [L 「최후의」의 뜻에서] *a.* **1** Ⓐ **마지막[최후]의,** 결국의 **2 결정적인,** 궁극적인 **3** 〖문법〗 목적을 나타내는 ― *n.* **1** 신문의 그날의 최종판(版) **2** [종종 *pl.*] (경기 등의) **결승전 3** [보통 *pl.*] 《구어》 (대학 등의) 최종[기말] 시험 (⇨ examination)
run* [*play*] *in the ~s 결승전까지 올라가다

***fi·na·le** [finǽli | -nɑ́ː-] [It.] *n.* **1** 〖음악〗 **종악장 2** 〖연극〗 최후의 막, 끝장 **3** 종국; 대단원

fi·nal·ist [fáinəlist] *n.* 결승전 출장 선수

fi·nal·i·ty [fainǽləti] *n.* (*pl.* **-ties**) **1** Ⓤ 최후적임; 결정적임 **2** Ⓤⓒ 최종적인 사물, 최후의 언행

fi·nal·ize [fáinəlàiz] *vt.* 〈계획 등을〉 완성하다, 끝내다; …에 결말을 짓다; 최종적으로 승인하다

****fi·nal·ly** [fáinəli] *ad.* **1 최후로[에];** 마지막으로 **2 드디어,** 마침내 **3 최종적으로,** 결정적으로

****fi·nance** [finǽns, fáinæns] [OF 「지불하다」의 뜻에서] *n.* **1** Ⓤ (특히 공적인) **재정**(財政), 재무: public ~ 국가 재정/the Minister of *F*~ 재무부 장관 **2** [*pl.*] **재원**(財源), 재력, 세입
― *vt.* 융자하다, 자금을 조달[공급]하다
― *vi.* 재정을 처리하다

fináncе còmpany (할부) 금융 회사

****fi·nan·cial** [finǽnʃəl, fai-] *a.* **재정(상)의,** 재무의; 재계의; 금융(상)의: ~ ability 재력(財力)

***fi·nan·cial·ly** [finǽnʃəli, fai-] *ad.* **재정적으로,** 재정상

fináncial yéar 《영》 회계[사업] 연도

***fin·an·cier** [fìnənsíər, fàinən- | fainǽnsiə] *n.* **재정가;** 재무관; 금융업자, 자본가

fin·back [fínbæ̀k] *n.* 〖동물〗 긴수염고래

finch [fintʃ] *n.* 〖조류〗 되새류 《콩새·멧쟁이새 등》

*****find** [faind] *v.* (**found** [faund]) *vt.* **1 우연히 발견하다**[만나다] **2 발견하다, 찾아내다 3** (연구·조사·계산하여) **알다,** 발견하다 **4** (경험하여) **알다,** 깨닫다, 인지(認知)하다, (시험해 보고) 알다 **5** (찾으면) **발견할 수 있다;** (…에) **있다,** 존재하다 **6** 〈…이 목표 등에〉 도달하다, 맞다 **7** 〈수단을〉 제공하다; 공급하다, 보급하다 **8** 〖법〗 〈배심(陪審)이〉 평결하다, 판정하다
― *vi.* **1** 찾아내다 **2** 〖법〗 〈배심이〉 평결하다 **3** 〈사냥개가〉 사냥감을 찾아내다
~ ***out*** (1) (조사하여) 발견하다, 생각해 내다; 〈해답을〉 얻어내다; 〈수수께끼를〉 풀다 (2) …임을 알아내다, 발견하다 (3) …의 정체[진의]를 간파하다; 〈범인을〉 찾아내다; 〈부정·죄를〉 간파하다 (4) 〈죄 등이〉 그 본인을 폭로하다 (5) 《미》 〈친척 등을〉 찾아내다 (6) …에 대해 진상을 알다 《*about*》
~ one***self*** (1) 자기가 〈어떤 장소·상태에〉

F

있음을 알다; 〈어떠한〉 기분이다 (2) 자기의 재능·적성 등을 깨닫다, 천직을 얻다 (3) 의식주를 자기가 부담하다
— *n.* **1** (보물·광천(鑛泉) 등의) 발견 (discovery); 〖수렵〗 여우의 발견 **2** 발견물, 발굴해낸 것; 주목되는 사람
***have*[*make*] *a great* ~** 희한한 것을 뜻밖에 찾아내다

find·er [fáindər] *n.* **1** 발견자, 습득자 《*of*》 **2** 〖사진〗 (카메라·망원경의) 파인더 **3** (방향·거리의) 탐지기; 측정기

fin de siè·cle [fǽŋ-də-sjékl] [F= end of the century] *n.* [the ~] (프랑스 등에서 문예 방면에 퇴폐적 경향이 강하게 나타난) (19)세기말

fin-de-siècle *a.* (19)세기말의; 퇴폐적인

∗**find·ing** [fáindiŋ] *n.* UC **1** [종종 *pl.*] 발견(물), 습득물, 조사[연구] 결과 **2** 〖법〗 (법원의) 사실 인정; 평결(評決) **3** [*pl.*] (미) (직업용의) 여러 가지 도구 및 재료; 부속품류

⁂**fine**[1] [fain] *a.* **1** 훌륭한, 멋진, 좋은 《종종 반어적으로 쓰임》 **2** (사람·작품이) **우수한**, 뛰어난 **3** 〈날씨가〉 갠, 맑은, 쾌청한 **4** 건강한; 〈집·환경 등이〉 쾌적한, 건강에 좋은 **5** 자디잔, 미세한, 고운 **6** 〈기체가〉 희박한 **7** (끝이) 날카로운 **8** 예민한 **9** 더할 나위 없는(perfect) **10** 세련된, 고상한, 예술적인 **11** 〈감정 등이〉 섬세한; 〈구별·조작 등이〉 미세한, 미묘한 **12** 〈옷차림이〉 훌륭한; 〈사람이〉 아름다운; 〈문체 등이〉 화려한 **13** 〈외관·형상 등이〉 크고 훌륭한 **14** 〈품질이〉 고급의; 정제(精製)한; 〈귀금속이〉 순도 높은, 순수한
not to put too ~ a point upon it 노골적으로 말하자면 ***one*[*some*] *~ day*[*morning*]** 어느 날[날 아침] 《날씨와는 무관》
— *ad.* **1** (구어) **훌륭하게**, 멋지게 **2** 잘게, 미세하게
— *vt.* **1** 가늘게 하다, 잘게 하다 《*down*》 **2** 〈금속 등을〉 정제하다; 〈문장·계획 등을〉 더욱 정확하게 하다 《*down*》
— *vi.* 가늘어지다, 잘아지다; 점차 작아지다 《*down*》

⁑**fine**[2] [L 「종말」의 뜻에서] *n.* **1 벌금**, 과료 **2** Ⓤ (고어) 끝, 종말 [다음 성구로만 쓰임] ***in ~*** (문어) 결국; 요컨대
— *vt.* **벌금을 과하다,** 과료에 처하다

fine·a·ble [fáinəbl] *a.* = FINABLE

fíne árt 1 [집합적] 미술품 **2** [the ~s] 미술 《회화·조각·공예·건축 등》

fíne chémical [종종 *pl.*] 정제 화학 제품, 정약품

fine-drawn [-drɔ́ːn] *a.* **1** 감쪽같이 꿰맨 **2** 아주 가늘게 늘인 **3** 〈논의·구별 등이〉 아주 자세한, 지나치게 세밀한

fine-grained [-gréind] *a.* **1** 〈석재·목재 등이〉 결이 고운 **2** 〖사진〗 〈필름이〉 미립자(微粒子)로 된

∗**fine·ly** [fáinli] *ad.* **1 훌륭하게**, 아름답게, 멋지게 **2** 미세하게; 정교(精巧)하게, 세밀하게 **3** 잘게, 가늘게

∗**fine·ness** [fáinnis] *n.* Ⓤ **1 훌륭함**, 절묘(絶妙), 아름다움 **2** 가느다람, 섬세함 **3** (정신 등의) 섬세, 세밀, 예민함, 정확함

fíne prínt 1 작은 활자 **2** [the ~] (계약서 등의) 작은 글자 부분

fin·er·y [fáinəri] *n.* (*pl.* **-er·ies**) UC [집합적] 미복(美服), 아름다운 장식품

fine·spun [fáinspʌ́n] *a.* **1** (아주) 가늘게 자아낸; 섬세한 **2** 〈학설·논의 등이〉 지나치게 세밀한

fi·nesse [finés] [F=fineness] *n.* UC **1** 교묘한 처리, 기교(技巧), 솜씨 **2** 술책, 책략 **3** 〖카드〗 피네스 《높은 패를 두고 낮은 패로 판에 깔린 패를 따려 하기》
— *vt.*, *vi.* 수완을 부리다, 술책을 쓰다 《*away, into*》; 〖카드〗 〈상대방의 점수 높은 패를〉 피네스하다

fíne-tooth(ed) cómb [fáintùːθ(t)-] 가늘고 촘촘한 빗, 참빗
go over ... with a ~ …을 면밀하게 조사[음미, 수사]하다

fine-tune [-tjúːn | -tjúːn] *vt.* 〈라디오·TV 등을〉 미(微)조정하다; 〈경제를〉 미조정하다

⁂**fin·ger** [fíŋgər] *n.* **1 손가락** 《보통 엄지손가락은 제외; cf. THUMB》 **2** (장갑의) 손가락 **3** 손가락 폭(幅) **4** 손가락 모양의 것; 손가락 모양의 조각; 지시물, (시계 등의) 지침(指針)(pointer) **5** (미·속어) 밀고자
burn* one's *~s (쓸데없이 참견하여) 혼나다 ***have a ~ in the pie*** (사건에) 손을 대다, 관계하다, 간섭하다 ***have ... at* one's *~(s') ends*** …에 정통하다 ***lay*[*put*] *a*[one's] *~ on*** (1) …을 (적의를 갖고) 손대다 (2) 〈원인 등을〉 정확히 지적하다 (3) 발견하다 ***twist*[*turn*]** a person ***around*[*round*]** one's (***little***) ***~*** …을 마음대로 조종하다 ***work* one's *~s to the bone*** (구어) 몸을 아끼지 않고 일하다
— *vt.* **1** 손가락으로 만지다 **2** 〖음악〗 〈악보에〉 부호를 달아 운지법(運指法)을 나타내다 **3** (미·속어) 밀고하다 — *vi.* 손가락으로 만지다

fínger àlphabet 수화(手話) 문자 《농아자용》

fin·ger·board [fíŋgərbɔ̀ːrd] *n.* (바이올린 등의) 지판(指板); (피아노 등의) 건반(keyboard)

fin·gered [fíŋgərd] *a.* **1** [보통 복합어를 이루어] …손가락의 **2** 〈가구 등이〉 손가락 자국이 난 **3** 〖식물〗 〈과실·뿌리 등이〉 손가락 모양의, 〈잎 등이〉 손바닥 모양의

fínger hòle (목관 악기의) 바람 구멍; 전화기의 다이얼 구멍; 볼링공의 손가락 구멍

fin·ger·ing [fíŋgəriŋ] *n.* Ⓤ **1** 손가락으로 만지작거림 **2** 〖음악〗 운지법(運指法); 운지 기호

fínger lànguage (농아자의) 지화(指話)

fin·ger·ling [fíŋgərliŋ] *n.* **1** (영) 작은 물고기 《특히 연어나 송어 새끼》 **2** 매우 작은 것

fin·ger·nail [-nèil] *n.* 손톱

fínger pàinting 1 지두화법(指頭畵法) **2** 손가락으로 그린 그림

fínger plàte 지판(指板) 《손가락 자국이 나지 않게 문의 손잡이 주위에 댄 금속판》

fin·ger·post [-pòust] *n.* **1** (손가락 모

양의) 도표(道標)(guidepost) **2** 안내서, 입문서

fin·ger·print [-prìnt] *n.* 지문(指紋)
— *vt.* …의 지문을 채취하다

fin·ger·spell·ing [-spèliŋ] *n.* (손가락 알파벳을 사용한) 손짓 대화[의사 전달]

fin·ger·stall [-stɔ̀:l] *n.* (가죽·고무의) 손가락 싸개 《상처 보호·수공예용》

fin·ger·tip [-tìp] *n.* 손가락 끝
have ... at one's ***~s*** (1) …을 당장 이용할 수 있다, 곧 입수(入手)할 수 있다 (2) …에 정통하다, …을 훤히 알고 있다

fin·i·cal [fínikəl] *a.* (외양 등에) 몹시 신경을 쓰는 **~·ly** *ad.*

fin·ick·ing [fínikiŋ] *a.* = FINICAL

fi·nis [fínis] [L =end] *n.* 끝, 결미 《책·영화 등의》; 최후, 죽음

*** **fin·ish** [fíniʃ] [L 「끝나다」의 뜻에서] *vt.* **1 끝내다**, 완료[완성]하다 **2** 〈음식물을〉 **다 먹어[마셔] 버리다**; 다 읽다[쓰다]; 〈물건을〉 다 써버리다 《*up, off*》 **3** 〈상대를〉 해치우다, 없애버리다, 죽이다 《*off*》 **4 마무르다, 끝손질하다** 《*off*》 **5** 《구어》 기진맥진하게 만들다 《*off*》
— *vi.* **1 끝나다**, 그치다 **2** 《구어》 [보통 완료형으로] 〈물건을〉 다 써 버리다; …을 끝내다, 그만두다 《*with*》 **3** (경기에서) 결승점에 닿다
~ up (1) (일을) 끝마치다, 마무르다 (2) 〈음식물을〉 먹어 치우다; 〈물건을〉 다 써버리다 ***~ up with*** …으로 끝장이 나다
— *n.* **1 끝**, 마지막, 종결, 최후; 종국, 최후의 장면 **2** 끝손질, 마무리
be in at the ~ (여우 사냥에서) 여우의 최후[죽음]를 보다; 최후 장면에 참여[입회]하다

***fin·ished** [fíniʃt] *a.* **1** 〈일·제품 등을〉 **끝마친**, 완성된; Ⓟ 《구어》 (사람과의 관계가) 끝난, 절교한 **2** 〈교양 등이〉 완전한, 말할 나위 없는; 세련된 **3** 《구어》 죽어[사라져] 가는, 몰락한; 희망이 끊긴

fin·ish·er [fíniʃər] *n.* **1** 완성자; 마무리하는 직공; 마무리 기계 **2** 《구어》 치명적 타격, 결정적인 사건

***fin·ish·ing** [fíniʃiŋ] *a.* **최후의**; 끝손질의, 마무리의
— *n.* **끝손질**, 마무리 손질

fínishing schòol 교양 학교 《젊은 여성의 사교계 진출 준비 학교》

fínish lìne 《미》 결승선

***fi·nite** [fáinait] [L 「한정된」의 뜻에서] *a.* **1 한정[제한]된**; 유한(有限)의(opp. *infinite*) **2** 〖문법〗 〈동사가〉 정형(定形)의 **~·ly** *ad.* **~·ness** *n.*

fink [fiŋk] *n.* 《미·속어》 **1** 마음에 안드는 놈 《젊은이끼리 쓰는 말》 **2** (경찰의) 밀고자 **3** (노동자의) 파업 파괴자; 노동 스파이
— *vi.* (경찰에) 밀고하다; 배반하다; 파업을 깨뜨리다
~ out (활동 등에서) 손을 떼다; 완전 실패하다

Fin·land [fínlənd] *n.* 핀란드 《수도 Helsinki》

***Finn** [fin] [동음어 fin] *n.* 핀란드 사람; 핀 사람

Finn. Finnish

fin·nan had·die [fínən-hǽdi] 훈제(燻製)한 대구의 일종

fínnan háddock = FINNAN HADDIE

Finn·ish [fíniʃ] *a.* 핀란드 (사람[말])의; 핀족의
— *n.* Ⓤ 핀란드 말

fin·ny [fíni] *a.* (**-ni·er**; **-ni·est**) **1** 지느러미 모양의; 지느러미가 있는 **2** 《시어》 물고기의; 물고기가 많은

fiord [fjɔ:rd] *n.* = FJORD

***fir** [fə:r] [동음어 fur] *n.* **1** 〖식물〗 (서양) **전나무**(= **~ trèe**) **2** Ⓤ 전나무 재목

*** **fire** [faiər] *n.* **1** Ⓤ **불** **2 a** (난방·요리용) **불**, 모닥불; 화톳불 **b** 《영》 난방기, 히터 **3** Ⓒ Ⓤ **화재** **4** Ⓤ 불빛, 번쩍임, 광휘 **5** Ⓤ **a** 정화(情火), 정염(情炎), 정열 **b** 활발한 상상력; 시적 영감 **6** Ⓤ (병의) (발)열, 열병; 염증 **7** [종종 *pl.*] 시련, 고난 **8** Ⓤ Ⓒ (총포의) **발사**, 사격; 포화; 폭파
a line of ~ 탄도(彈道), 사격 방향 ***between two ~s*** 앞뒤에 적의 포화를 받아; 협공당하여 ***go through ~ and water*** 물불을 가리지 않다, 온갖 위험을 무릅쓰다 ***hang ~*** (1) 〈화기(火器)가〉 늦게 발사되다 (2) 〈일이〉 시간이 걸리다, 더디다 ***lay a ~*** 불을 피울 준비를 하다 ***make*** [***build***] ***a ~*** 불을 지피다[피우다] ***miss ~*** 〈총포가〉 불발(不發)이 되다; 실패하다 ***on ~*** (1) 화재가 나서, 불타고 (2) 흥분하여 ***on the ~*** 《미·구어》 준비 중인; 집필 중인 ***open ~*** (1) 사격을 개시하다 (2) (일을) 시작하다 ***play with ~*** (1) 불장난하다 (2) 위험한 짓을 하다 ***pull ... out of the ~*** 〈승부 등의〉 실패를 성공으로 전환시키다 ***set on ~*** = ***set ~ to*** (1) …에 불을 지르다 (2) 흥분시키다, 격분시키다 ***take ~*** (1) 불이 붙다, 발화하다 (2) 《구어》 흥분하다, 격하다 ***under ~*** (1) 포화를 받고 (2) 비난[공격]을 받고
— *vt.* **1 불을 지르다** **2** 〈감정을〉 불타게 하다, 〈상상력을〉 자극하다; 열중시키다 **3** 불에 쬐다, 불에 굽다 **4** 불을 때다, 불을 넣다 **5 발사하다**, 발포하다; 〈폭약 등을〉 폭발시키다 **6** 〈질문·비난 등을〉 퍼붓다 《*at*》 **7** 《구어》 **해고하다**, 파면하다
— *vi.* **1 발포[사격]하다** 《*at, into, on*》; 〈총포가〉 발화하다 **2** 〈폭약 등이〉 불붙다; 〈내연 기관이〉 발화하다, 시동하다 **3** 번쩍이다, 빛나다, 빨개지다 **4** 열을 올리다, 흥분하다
~ away (1) 〈탄약을〉 다 써버리다 (2) 《구어》 〈질문·일 등을〉 서슴없이 시작하다 (3) 〈적에게〉 계속 발포하다 《*at*》 (4) …에게 질문을 퍼붓다 《*at*》 ***~ off*** (1) 〈탄환을〉 발사하다 (2) 〈우편·전보 등을〉 발송하다; 〈말을〉 하다 (3) 〈일련의 질문을〉 시작하다 (4) 〈화톳불을〉 끄다 ***~ up*** (1) 〈보일러에〉 불을 때다 (2) 격분하다, 화를 불끈 내다 (3) 《속어》 파이프[담뱃대]에 불을 붙이다

fíre alárm **1** 화재 경보 **2** 화재 경보기

***fire·arm** [fáiərà:rm] *n.* [보통 *pl.*] 화기; 《특히》 **소화기**(小火器)

fire·ball [-bɔ̀:l] *n.* **1** 불덩어리, 번개; 〖천문〗 큰 유성(流星) **2** 화구(火球) **3** 〖야구〗 속구(速球) **4** 《구어》 지칠 줄 모르는 정력가

F

fíre bèll 화재 경종
fire·boat [-bòut] *n.* 《미》 소방선(消防船)
fire·bomb [-bàm | -bɔ̀m] *n.* 소이탄 (incendiary bomb)
— *vt.* 소이탄으로 공격하다
fire·box [-bàks | -bɔ̀ks] *n.* **1** (보일러·기관의) 화실(火室) **2** 화재 경보기
fire·brand [-brǽnd] *n.* **1** 횃불; 불붙은 관솔, 불타는 나뭇조각 **2** (파업 등의) 선동자; 말썽꾼
fire·break [-brèik] *n.* (삼림·초원 등의) 방화대(防火帶), 방화선
fire·brick [-brìk] *n.* 내화(耐火) 벽돌
fíre brigàde 《영》 소방대
fire·bug [-bʌ̀g] *n.* 《미·구어》 방화광[범]
fíre chìef 《미》 소방서장, 소방부장
fire·clay [-klèi] *n.* Ⓤ 내화 점토(粘土)
fíre còmpany **1** 《영》 화재 보험 회사 **2** 《미》 소방대
fíre contról **1** 방화, 소화 **2** 〖군사〗 사격 통제
fire·crack·er [-krǽkər] *n.* 《미》 폭죽(爆竹), 딱총
fire·damp [-dǽmp] *n.* Ⓤ (탄갱 안의) 폭발성 메탄가스
fíre depàrtment 《미》 **1** 소방국, 소방서 **2** [집합적] 소방대원
fire·dog [-dɔ̀:g | -dɔ̀g] *n.* = ANDIRON
fíre dòor (보일러·난로 등의) 연료 주입구, 점화구; (자동) 방화문
fíre drìll 소방 연습; 방화[피난] 훈련
fire-eat·er [-ì:tər] *n.* **1** 불을 먹는 요술쟁이 **2** 싸우기 좋아하는 사람, 객기 부리는 사람
⁑**fíre èngine** **소방차**; 소방 펌프
fíre escàpe 화재 피난 장치 《비상 계단·사닥다리 등》
fíre èxit 비상구, 화재 대피구
fíre extìnguisher 소화기(消火器)
fire·fight [-fàit] *n.* 〖군사〗 포격전
fíre fìghter 《미》 소방수(fireman)
fíre fìghting 소방 (활동)
*__fire·fly__ [-flài] *n.* (*pl.* **-flies**) 〖곤충〗 반딧불이, 개똥벌레
fire·guard [-gà:rd] *n.* **1** 난로 울 **2** 《미서부》 (삼림·초원의) 방화 지대 **3** 화재 감시인
fíre hòse 소방용 호스
fire·house [-hàus] *n.* (*pl.* **-hous·es** [-hàuziz]) 《미》 소방 기구고(庫); 소방서 (fire station)
fíre hỳdrant 《미》 소화전(消火栓)
fíre insùrance 화재 보험
fíre ìrons 난로용 철물 《tongs, poker, shovel 등》
fire·less [-lis] *a.* **1** 불이 없는 **2** 활기가 없는
fire·light [-làit] *n.* Ⓤ 불빛; 난로 불빛
fire·light·er [-làitər] *n.* 불쏘시개
⁑**fire·man** [-mən] *n.* (*pl.* **-men** [-mən]) **1** **소방수**, 소방대원 **2** (용광로·보일러의) 화부(火夫) **3** 《미·속어》 〖야구〗 구원 투수
fíre màrshal 《미》 소방국장
fíre òffice 《영》 화재 보험 회사 (사무소)
⁑**fire·place** [-plèis] *n.* (벽)**난로**; 노상(爐床)
fire·plug [-plʌ̀g] *n.* 소화전(fire hydrant) 《略 FP》
fire·pow·er [-pàuər] *n.* **1** Ⓤ 〖군사〗 (부대·무기의) 화력 **2** (팀의) 득점력, 득점 행위
*__fire·proof__ [fáiərprù:f] *a.* **내화성의**, 방화의; 불연성의
— *vt.* 내화성으로 하다
fire-rais·ing [fáiərrèiziŋ] *n.* Ⓤ 《영》 방화죄(放火罪)
fire-re·sis·tant [-rizìstənt] *a.* 내화성의
fíre scrèen (난로의) 화열(火熱) 가리개
*__fire·side__ [fáiərsàid] *n.* [보통 the ~] **1** 난롯가, 노변(爐邊) **2** 가정; 일가 단란
— *a.* Ⓐ 난롯가의, 노변의; 가정적인
fíre stàtion 소방서
fire·stone [-stòun] *n.* ⓊⒸ **1** 내화 석재(石材) 《난로·용광로용》 **2** 부싯돌
fire·storm [-stɔ̀:rm] *n.* **1** (원폭 폭발 등의) **불바람**; 화재 폭풍 **2** 《미》 (감정 등의) 폭발
fíre tòwer (산꼭대기 등에 설치된) 화재 감시 망루(望樓)
fire·trap [-trǽp] *n.* 화재 때 비상구가 없는 건물[장소]
fíre trùck 《미》 소방(자동)차
fíre wàll[1] 〖컴퓨터〗 방화벽(防火壁) 《컴퓨터망 보안 시스템의 일종》
fíre wàll[2] 〖건축〗 방화벽
fíre wàrden 《미》 방화관(防火官) 《삼림 지의》; 소방 감독관; 불 지키는 사람 《캠프의》
fire-watch·er [-wàtʃər | -wɔ̀tʃər] *n.* 《영》 (공습) 화재 감시인
fire·wa·ter [-wɔ̀:tər] *n.* Ⓤ (구어·익살) 화주, 독주 《위스키·진·럼 등》
*__fire·wood__ [fáiərwùd] *n.* Ⓤ **장작**, 땔나무
*__fire·work__ [fáiərwə̀:rk] *n.* **1** **불꽃**; [*pl.*] 불꽃 놀이 (대회); [종종 *pl.*] 봉화 **2** [*pl.*; 때로 단수 취급] 기지(機智)[재기]의 번득임 **3** 감정[정열]의 격발
*__fir·ing__ [fáiəriŋ] *n.* **1** **발포**, **발사**; 발화, 점화 **2** 불에 쬠; (도자기 등의) 굽기 **3** 연료, 땔감
fíring lìne [the ~] **1** 〖군사〗 사선(射線), 포열선(砲列線)(의 병사); 사선 부대 **2** (활동의) 제일선
on [《영》 ***in***] ***the*** ~ (공격·비난 등의) 제일선에서
fíring squàd[**pàrty**] (군대 장례의) 조총(弔銃) 발사(부)대; 총살(형) 집행(부)대
fir·kin [fə́:rkin] *n.* **1** 영국의 용량 단위 《1/4배럴》 **2** (버터 등을 넣는) 작은 나무통 《8-9 갤런 들이》
⁂**firm**[1] [fə:rm] [L 「견고한, 강한」의 뜻에서] *a.* **1** **굳은**, 견고한 **2** **확고한** **3** 단호한, 과단성 있는, 강경한, 〈신념·주의 등이〉 변치 않는 **4** 〖상업〗 〈시세가〉 변동 없는; 〈시장 경기가〉 안정된
be ~ on one's legs 든든하게 (자기 발로) 서 있다 ***be on ~ ground*** 확고한 기초에 입각하고 있다
— *ad.* 단단히, 굳건히
hold ~ (***to***) 꼭 붙잡고 놓지 않다; 끝까지 고수하다 ***stand ~*** 꿋꿋이[굳건히] 서다; 단호히 양보하지 않다

— *vt., vi.* 단단하게 하다[되다] 《*up*》; 안정시키다[되다] 《*up*》

‡**firm**[2] [It. 「(상업의) 확인」의 뜻에서] *n.* **상회,** 상사, **회사**

***fir·ma·ment** [fə́ːrməmənt] [L 「받침」의 뜻에서] *n.* [보통 the ~] 《문어》 **창공,** 하늘

‡**firm·ly** [fə́ːrmli] *ad.* **단단하게, 견고하게,** 굳게; 확고하게

***firm·ness** [fə́ːrmnis] *n.* Ⓤ **견고,** 단단함, 견실; 확고부동, 결의가 굳음

firm·ware [fə́ːrmwὲər] *n.* Ⓤ 〖컴퓨터〗 펌웨어 《hardware도 software도 아닌 데이터 보존 부분》

‡**first** [fəːrst] [fore의 최상급에서] *a.* **1** [대개 the ~, one's ~] **첫째의, 첫번째의;** 최초의, 맨 처음[먼저]의(opp. *last*): *the* ~ snow of the season 첫눈 **2 수위의, 1등의,** 1급의; 으뜸의, 최고의: win (the) ~ prize 1등상을 타다 **3** [the ~; 부정문에서] 조금의 (…도 없다) **4** 〖자동차〗 제1단의, 최저속의

at ~ hand 직접, 바로 ***~ things*** 중요한 것부터 먼저, 우선 첫째로 ***for the ~ time*** 처음으로

— *ad.* **1 a** 〈때·순위 등이〉 **첫째로,** 수위에, 1등에, (다른 사람·것보다) 먼저: stand ~ 선두에 서다 / rank ~ 제1위에 있다 **b 1등으로 2** (만사 제쳐놓고) **우선 3** [대개 동사 앞에 써서] **처음으로** 《for the second[third] time (두[세] 번째로)과 대조적으로》 **4** [secondly, thirdly (둘[셋]째로)라고 열거할 때 문두에서] **우선 첫째로,** 맨 먼저 **5** [대개 동사 앞에 써서] 《미》 처음 무렵에는 **6** [would, will과 함께] (…할 바에는) 먼저 (…하다), 오히려 (…쪽을 택하다), 차라리 (…편이 낫다)

~ and last 전체를 통하여, 대체적으로, 일반적으로 ***~, last, and all the time*** 《미》 시종일관하여 ***~ of all*** 우선 첫째로 ***~ off*** 《구어》 (1) 우선, 첫째로 (2) 곧

— *n.* **1** Ⓤ [대개 the ~] **a** (서수(序數)의) **제 1** 《略 1st》; 제1위, **1등,** 1착, 우승, 수석; 제1호; 제1부; 제1세, 첫째 **b** (달의) **1일,** 초하루 **2** [the ~] 처음, 시초 **3** 〖음악〗 최고음부 **4** Ⓤ 〖자동차〗 제 1 단, 최저속(기어) **5** [무관사] 〖야구〗 1루(=~ base) **6** 《영》 (대학의) 제1급, 최우수 **7** [*pl.*] 〖상업〗 (밀가루 등의) 1 등품, 최고급품

at ~ 처음에는, 최초에는 ***from ~ to last*** 처음부터 끝까지, 시종, 내내

— *pron.* [the ~] (…하는) **최초의 사람[것]**

first áid 응급 치료[처치], 구급 치료

first-aid [fə́ːrstéid] *a.* 응급 치료의

first báse [보통 관사 없이] 〖야구〗 1루; 1루의 위치[수비]

get to [***reach, make***] ***~*** (1) 〖야구〗 1루에 나가다 (2) 《미·구어》 [보통 부정문에서] 조금 진보하다, (계획 등의) 제1보를 성취하다

first báseman 〖야구〗 1루수

first·born [-bɔ́ːrn] *a.* Ⓐ 최초로 태어난 — *n.* 첫 아이, 《특히》 장남

first cáuse 1 〖철학〗 제1 원인; 원동력 **2** [the F~ C~] 조물주

***first cláss 1** 1급, 제1류; **1등** 《기차·배 등의》 **2** (우편의) 제1종 **3** 《영》 (대학의 우등 시험에서) 제1[최상]급

— *ad.* = FIRST-CLASS

***first-class** [fə́ːrstklǽs | -klɑ́ːs] *a.* **1 최고급의,** 일류의, 최상의 **2 1등의** 《차·배 등의》; 〈우편이〉 제1종의 **3** 《구어》 심한, 지독한

— *ad.* **1** 1등으로 **2** 《미》 제1종 우편으로 **3** 《구어》 뛰어나게

first cóat (페인트의) 초벌칠, 밑칠

fírst-come-fírst-serve(d) bàsis [-kʌ̀mfə́ːrstsə́ːrv(d)-] 선착순

first·com·er [-kʌ́mər] *n.* 맨 먼저 오는 손님, 선착자(先着者)

first-day cóver [-dèi-] 초일(初日) 커버 《발행 첫날의 소인이 찍힌 우표가 붙은 봉투》

first-de·gree [-digríː] *a.* Ⓐ **1** 〈화상이〉 가장 낮은[가벼운], 제1도의 **2** 〈죄상(罪狀) 등이〉 제1급의, 최고의

first edítion (책의) 초판, 초판본; (신문의) 제1판

first fínger 집게손가락(forefinger)

first flóor [the ~] 《영》 2층; 《미》 1층 《미국에서도 호텔 등에서는 영국식으로 2층의 뜻으로 쓰이는 수가 있음》

first·fruits [-frúːts] *n. pl.* 햇것, 맏물, 햇곡식, 첫 수확; 최초의 성과

first-gen·er·a·tion [-dʒènəréiʃən] *a.* 《미》 **1** 이민[귀화민]의 자녀로 태어난 **2** 외국으로부터 이민한

***first·hand** [fə́ːrsthǽnd] *ad.* **직접,** 바로 — *a.* **직접의**

first lády [종종 the F- L-] 《미》 **1** 대통령[주(州)지사] 영부인 **2** (예술·직업 등 각계를 대표하는) 지도적 입장의 여성

first lánguage 제1언어, 모국어

first lieuténant 〖미육군〗 중위

first·ling [fə́ːrstliŋ] *n.* [보통 *pl.*] 《문어》 **1** 햇것, 맏물; (가축의) 첫배 **2** 최초의 산물[결과]

***first·ly** [fə́ːrstli] *ad.* **(우선) 첫째로**

first nàme (성(姓)과 대비한) 이름, 세례명(Christian name)

first-name [-nèim] *vt.* 세례명으로 부르다

first níght (연극 공연의) 첫날

first-night·er [-náitər] *n.* (연극의) 첫 공연을 빼지 않고 보는 사람, 첫공연의 단골 손님

first ófficer 1 〖항해〗 (상선의) 1등 항해사 **2** (항공기의) 부조종사(copilot)

first pérson [the ~] **1** 〖문법〗 1인칭 **2** 1인칭 문체

***first-rate** [fə́ːrstréit] *a.* **1 제1류[급]의,** 최상의 **2** 《구어》 굉장한, 훌륭한(excellent)

— *ad.* 《구어》 굉장히, 아주 잘

-rát·er *n.* 제1급의 사람[물건]

first rún (영화의) 개봉, 최초의 흥행 기간

first sérgeant 〖미육군〗 상사, 선임 하사관

first-strike [-stráik] *a.* 〖군사〗 (핵무기에 의한) 선제 공격의, 제1격의

first-string [-stríŋ] *a.* 《미》 (팀 등이) 일군(一軍)의; 1급[1류]의, 우수한

Fírst Wórld [the ~] 제1세계, 비공산 선진 공업국들 《서유럽 여러 나라·미국·일본 등》

Fírst Wórld Wár [the ~] = WORLD WAR I

firth [fəːrθ] *n.* 《주로 스코》 후미, 강어귀

***fis·cal** [fískəl] *a.* **1** 국고의 **2** 재정상의, 회계의

físcal yéar 《미》 회계 연도(《영》 financial year)

‡**fish** [fiʃ] *n.* (*pl.* **~, ~·es**) **1** 물고기, 어류 **2** [보통 복합어를 이루어] 수산 동물, 어패류 **3** Ⓤ 어육(魚肉), 생선 **4** [the F~(es); 복수 취급] 〖천문〗 물고기자리, 쌍어궁(雙魚宮) **5** [보통 수식어와 함께] 《구어·경멸》 (특별한) 사람, 녀석
(as) drunk as a ~ 곤드레만드레 취하여
There are [is] as good ~ in the sea as ever came out of it. 《속담》 물고기는 바다에 얼마든지 있다; 좋은 기회는 한 번만 있는 것은 아니다.
— *vi.* **1** 낚시질하다; 물고기를 잡다 **2** (물[개펄, 호주머니] 속을) 찾다, 뒤지다 **3** 〈강 등에서〉 물고기가 낚이다 **4** 《구어》 (넌지시 비추어) 이끌어내다 《*for*》 **—** *vt.* **1** 〈물고기를〉 낚다, 잡다 **2** 〈강 등에서〉 낚시질 하다 **3** 〈물·호주머니 속 등에서〉 끌어올리다, 꺼내다, 찾아내다
~ in troubled waters 혼란한 틈을 타서 이득을 보다, 불난 틈에 도둑질하다; 어부지리를 얻다; 도리에 어긋나는 짓을 하다
~ or cut bait 《미·구어》 어느 쪽을 택하는지를 분명히 정하다, 거취를 명백히 하다
~ out [up] …에서 물고기를 모조리 잡다; (물속·주머니 속에서) 끄집어내다, 집어내다; 〈정보·비밀 등을〉 염탐해 내다

físh bàll 어육 완자 (요리)

fish·bowl [fíʃbòul] *n.* **1** 어항 **2** 사방에서 빤히 보이는 것, 프라이버시가 전혀 없는 장소[상태] **3** 《미·속어》 유치장

físh càke 어육 완자 요리

fish·er [fíʃər] *n.* **1** 《고어》 어부(fisherman) **2** 〖동물〗 아메리카담비 《북미산》; Ⓤ 그 가죽

‡**fish·er·man** [fíʃərmən] *n.* (*pl.* **-men** [-mən]) 어부; 낚시꾼; 어선

***fish·er·y** [fíʃəri] *n.* (*pl.* **-er·ies**) **1** [보통 *pl.*] 어장; 양식장 **2** 어업; 수산업 **3** 〖법〗 어업권 **4** [*pl.*] 수산학

físh fàrm 양어장; 어장

fish·hook [-hùk] *n.* 낚시 바늘

‡**fish·ing** [fíʃiŋ] *n.* **1** Ⓤ 낚시질; 어업, 고기잡이 **2** 낚시터, 어장 **3** 〖법〗 어업권 **4** [형용사적으로] 낚시질(용)의, 어업(용)의

físhing bànks (바다의) 어초(魚礁); 어장

físhing lìne 낚싯줄

físhing tàckle [집합적] 낚시 도구

físh knìfe (식탁용) 생선 나이프

físh làdder 어제(魚梯) 《물고기가 상류로 거슬러 올라가게 만든 층층대식의 어도(魚道)》

fish·line [fíʃlàin] *n.* 《미》 낚싯줄

fish·mon·ger [-mʌ̀ŋgər, -mɑ̀ŋ-] *n.* 《영》 생선 장수, 생선 가게

fish·net [-nèt] *n.* 어망

fish·plate [-plèit] *n.* (레일의) 이음매 판

fish·pond [-pɑ̀nd | -pɔ̀nd] *n.* 양어지(養魚池); 《익살》 바다(sea)

físh slìce 《영》 (식탁용) 생선 칼 《주인이 생선을 베어 손님에게 권할 때 씀》

físh stòry 《구어》 터무니없는 이야기, 허풍

fish·tail [-tèil] *a.* 물고기 꼬리 모양의 **—** *vi.* (비행기가 착륙 때 속력을 늦추기 위해) 미익(尾翼)을 좌우로 흔들다

fish·wife [fíʃwàif] *n.* (*pl.* **-wives** [-wàivz]) **1** 《영》 여자 생선 장수 **2** 입이 사나운[건] 여자 **3** 《속어》 동성애 남자의 법적인 아내

fish·y [fíʃi] *a.* (**fish·i·er**; **-i·est**) **1** 물고기의; 물고기 같은; 비린내 나는 **2** (생선 눈처럼) 흐릿한, 무표정한 **3** 《구어》 〈이야기 등이〉 수상한, 의심스러운

fis·sile [físəl | -sail] *a.* 갈라지기 쉬운; 〖물리〗 핵(核)분열성의

fis·sion [fíʃən] *n.* ⓊⒸ **1** 열개(裂開), 분열 **2** 〖생물〗 분열, 분체(分體); 〖물리〗 (원자의) 핵분열(opp. *fusion*)

fis·sion·a·ble [fíʃənəbl] *a.* 〖물리〗 핵분열하는, 핵분열성의

físsion bòmb 핵분열 폭탄, 원자 폭탄

fis·sip·a·rous [fisípərəs] *a.* 〖생물〗 분열 번식의, 분체(分體) 생식의

‡**fist** [fist] *n.* **1** 주먹 **2** 《구어》 손 **3** 〖인쇄〗 손(가락)표(index) (☞)
make a good [bad, poor] ~ at [of] 《구어》 …을 잘[서투르게] 하다
— *vt.* 주먹으로 치다[때리다]

-fisted [fístid] 《연결형》 「주먹이 …한」의 뜻

fist·ful [fístfùl] *n.* = HANDFUL

fist·ic, -i·cal [fístik(əl)] *a.* 《익살》 권투의; 주먹다짐의

fist·i·cuff [fístikʌ̀f] *n.* [*pl.*] 주먹 싸움, 난투

fis·tu·la [fístʃulə | -tju-] *n.* (*pl.* **~s, -lae** [-lìː]) 〖의학〗 누(瘻), 누관(瘻管)

‡**fit**[1] [fit] *v.* (**~·ted, ~; ~·ting**) *vt.* **1** 〈의지·목적 등에〉 (꼭) 맞다, 적합하다; 〈의복 등이〉 …에 (알)맞다, 꼭 맞다 《색상, 무늬 등에는 become, suit를 씀》 **2** 맞게 하다, 〈치수·타입 등을〉 맞추다; 적응시키다; (치수를 맞추기 위해) 〈의복을〉 입혀 보다 **3** (적당한 물건을) 〈…에〉 달다, 설비하다 **4** …에게 자격을 주다, 힘을 넣어 주다; 《미》 (입학) 준비를 시키다[하다]
— *vi.* (꼭) 맞다 어울리다; 적합[일치]하다; 조화되다 《*in, into, with*》
~ in (1) (사이에) 잘 끼워 넣다; 꼭 맞다; (…와) 들어맞다, 적합하다 《*with*》; (…와) 조화[일치]하다 《*with*》 (2) (…에게) 시간을 내주다 ***~ on*** (1) 〈물건을〉 설비하다, 〈뚜껑 등이〉 잘 맞다 (2) 〈옷을〉 입어[입혀] 보다 ***~ up*** (1) (부속품·비품 등을) …에 비치[설비]하다 《*with*》 (2) 준비하다, 채비하다
— *a.* (**~·ter**; **~·test**) **1** 적당한, 꼭 맞는 **2** 감당해 낼 수 있는, 적임(適任)의 《*for*》 **3** (언제나 …할) 준비가 된 《*for*》 **4** 《구어》

컨디션이 좋은 **5** (구어) …할 것 같은, 당장이라도 …할 듯한 **6** [보통 부정문에 써서] 온당한 **—** *n.* ⓊⒸ **적합**; Ⓒ (의복 등의) 맞음새, 몸에 맞는 옷

‡fit² [OE =conflict] *n.* **1** (병의) **발작** **2** (감정의) **격발**(激發) 《*of*》 **3** 일시적인 흥분; 변덕
by [***in***] ***~s and starts*** 발작적으로, 때때로 생각난 듯이 ***give*** a person ***a ~*** (구어) …을 깜짝 놀라게 하다; 화나게 하다

fitch [fitʃ], **fitch·ew** [fítʃuː] *n.* **1** 〖동물〗 긴털족제비 《유럽산》; Ⓤ 그 털가죽 **2** (그 털로 만든) 화필(畫筆)

fit·ful [fítfəl] *a.* 발작적인, 단속적인; 변하기 쉬운 **~·ly** *ad.* **~·ness** *n.*

fit·ly [fítli] *ad.* **1** 적당히, 적절히, 알맞게 **2** 시기에 맞게

fit·ment [fítmənt] *n.* Ⓤ (영) 비품, 가구

***fit·ness** [fítnis] *n.* Ⓤ **1 건강함,** (건강 상태의) 양호함 **2** 적성, 적합, 적격(適格)
the (***eternal***) ***~ of things*** 사물 본래의 합목적성(合目的性), 사물의 합리성

fit·ted [fítid] *a.* **1** Ⓐ (형체에) 꼭 맞게 만들어진 **2** Ⓟ 〈…을〉 갖추어, 장비하여 《*with*》

fit·ter [fítər] *n.* **1** 조립공; 정비공 **2** (의복의) 가봉을 하는 사람 **3** 장신구[여행용품] 장수

***fit·ting** [fítiŋ] *a.* **적당한,** 적절한; 꼭 맞는, 알맞은
— *n.* **1** 입어보기, 가봉 **2** [보통 *pl.*] **부속품,** 가구류; 비품, 부속 기구류

Fitz- [fits] *pref.* 「…의 아들(the son of)」의 뜻(cf. MAC-, O')

‡five [faiv] *a.* **1** Ⓐ **5의,** 다섯 개[사람]의 **2** Ⓟ 다섯 살의 **—** *pron.* [복수 취급] **다섯,** 다섯 개[사람]
— *n.* **1** 5; 다섯 시; 다섯 개[사람] **2** 다섯의 글자, 다섯의 기호 《5, Ⅴ》 **3** 다섯 개 한 벌; 5인조; 농구 팀; (카드 등의) 5 **4** (영) 5파운드 지폐(fiver); (미·구어) 5달러 지폐

five-and-tén(-cènt stòre) [fáivən-(ténsènt-)] *n.* (미) 싸구려 잡화점

five-day wéek [-dèi-] 1주 5일 노동제

five·fold [fáivfòuld] *a.* **1** 5배의, 5겹의 **2** 5부분[요소]이 있는
— *ad.* 5배로, 5겹으로

fiv·er [fáivər] *n.* (구어) **1** (영) 5파운드 지폐; (미) 5달러 지폐 **2** 5점 득점자; 〖크리켓〗 5점타(點打)

fives [faivz] *n. pl.* [단수 취급] (영) 두 사람 또는 네 사람이 하는 핸드볼 비슷한 구기(球技)

five-star [-stɑ́ːr] *a.* **1** (미) 5성(星)의 《군대 계급을 표시》 **2** 일류의, 최고의

‡fix [fiks] *vt.* **1 고착**[**고정**]**시키다,** 갖다 붙이다[매다] **2** 〈생각·제도 등을〉 **고착시키다**; 〈의미·특징 등을〉 명확하게 하다; 〈마음에〉 **새겨 두다** 《*in*》 **3** 〈시선·주의 등을〉 …**에 집중시키다,** 쏟다; 〈생각·마음 등을〉 (…에) 집중하다; 〈사람을〉 (감정으로) 꼼짝 못하게 하다 《*in, with*》; 〈사물이 사람의 주의 등을〉 끌다 **4** 〈시일·장소 등을〉 **결정하다**; 〈주소 등을〉 정하다; 〈사람을 어떤 장소·지위에〉 있게 하다 《*in, at*》 **5** 〈죄·책임 등을〉 …에게 **지우다,** 씌우다 《*on*》 **6** (미) **수리하다,** 수선하다 **7** (미) 〈식사 등을〉 **마련**[**준비**]**하다**; (미·속어) 마약을 주다; 〈머리·얼굴을〉 매만지다, 화장하다 **8** (구어) 매수하다, (뇌물 등을 써서) 부정(不正)을 하다 **9** (구어) 정리하다; 죽이다; 〈…에게〉 복수하다 **10** 〖화학〗 〈유동체를〉 응고시키다; 빛[색]이 날지 않게 하다; 〖생물〗 〈표본을〉 고정시키다
— *vi.* **1 고정**[**고착**]**하다** **2** 〈시선·주의가 …에〉 집중되다, 멈춰지다 《*on, to*》 **3** 결정하다 《*on, upon*》 **4** …하기로 계획하다 **5** 마약 주사를 놓다
~ up (1) 〈…을〉 짓다, 고정시키다 (2) 〈회합·약속·날짜 등을〉 정하다 (3) (미·구어) 〈방 등을〉 정리하다, 청소하다; 〈방 등에〉 (…을) 설비하다 《*with*》 (4) …에게 〈필요한 것을〉 마련해 주다 《*with*》; …에 숙박시키다 《*in*》 (5) 조직[편성]하다 (6) (구어) 〈분쟁 등을〉 해결하다 (7) (미·구어) 수리하다 (8) (미·구어) …의 병을 고쳐주다 (9) 〈식사를〉 마련하다 (10) (미·구어) 몸차림을 하다, 채비를 갖추다
— *n.* **1** (구어) [보통 a ~] 곤경(困境) **2** (선박·비행기 등의) 위치; 위치의 결정 **3** (구어) [a ~] 매수, 매수(買收)될 수 있는 사람[것]; 서로 짜고 하는[속임수] 시합 **4** (구어) 마약 주사
get a ~ on (레이더 등으로) …의 위치[정체]를 알아내다 ***get*** one***self into a ~*** (구어) 곤경에 빠지다

fix·ate [fíkseit] *vt.* **1** 정착[고정]시키다 **2** 응시하다 **3** 〖정신분석〗 〈리비도를〉 고착시키다
— *vi.* **1** 정착하다, 고정하다 **2** 〖정신분석〗 고착하다

fix·a·tion [fikséiʃən] *n.* ⓊⒸ **1** 정착, 고착, 고정; 갖다 붙임 **2** 〖화학〗 응고, 불휘발성화(不揮發性化); 〖사진〗 정착; 〖염색〗 (염료) 고정(법) **3** 응시, 주시 **4** 〖정신분석〗 고착 《리비도의 대상에 대한》; 병적인 집착, 고집 《*on, about*》

fix·a·tive [fíksətiv] *n.* **1** (염색의) 염료 고정제, 고정액 **2** 〖사진〗 정착제(劑)[액]
— *a.* 고정[고착]력 있는, 정착성의

‡fixed [fikst] *v.* FIX의 과거·과거분사
— *a.* **1 고정된,** 정착된 **2** 결정된, 확고한(firm), 불변의; 〈시선이〉 움직이지 않는; 안정된 **3** 〖화학〗 응고한, 불휘발성의 **4** (미·구어) 내밀히[부정하게] 결정된, 매수된; 속임수의 **5** Ⓟ (미·구어) 〈돈 등이〉 충분히 지급되어[마련되어] 《*for*》

fíxed ássets 〖회계〗 고정 자산

fix·ed·ly [fíksidli, fíkst-] *ad.* 정착[고정, 안정]하여; 확고하게

fíxed stár 〖천문〗 항성(恒星)

fix·er [fíksər] *n.* **1** 설치[설비]하는 사람[물건] **2** 정착제(劑); 염료 고정제 **3** (구어) (사건 등을 매수로 해결하는) 중개인, 매수자; 조정자; 마약 밀매인

fix·ing [fíksiŋ] *n.* Ⓤ **1** 고정, 고착; 응고; 〖사진〗 정착 **2** 설치 **3** 조정, 수리 **4** [*pl.*] (미·구어) (실내 등의) 설비, 기구(器具), 비품; 요리에 곁들인 음식

fix·i·ty [fíksəti] *n.* (**-ties**) Ⓤ 정착, 고정; 불변성; (시선 등의) 부동(不動)

*__fix·ture__ [fíkstʃər] *n.* **1** **정착[고정]물,** 설치물; 설비한 물건, 비품 **2** 《구어》 (일정한 직(職)이나 장소에) 늘 붙어 있는[오래 있는] 사람 **3** 《영》 (기일이 확정된) 대회, 경기 종목[프로]; 개최일

fizz, fiz [fiz] *vi.* 쉿하고 소리나다(hiss), 쉿하고 거품이 일다
—*n.* **1** [a ~] 쉿하는 소리 **2** 《구어》 거품이 이는 음료, 발포성(發泡性) 음료; 《영·속어》 샴페인

fiz·zle [fízl] *vi.* **1** 약하게 쉿 소리나다 **2** 《구어》 실패하다
~ ***out*** (1) 〈눅눅한 화약 등이〉 쉿하며 꺼지다 (2) 《구어》 실패하다; 용두사미로 끝나다; 잠깐 좋았다 말다
—*n.* 쉿(소리); 《구어》 실패

fizz·wa·ter [fízwɔ̀:tər] *n.* 소다수

fizz·y [fízi] *a.* (**fizz·i·er**; **-i·est**) 〈음료가〉 쉿쉿 거품 이는, 발포성의

fjord [fjɔ:rd] *n.* 피오르드 《높은 절벽 사이에 깊숙이 들어간 협만(峽灣)》

FL 《미》 〖우편〗 Florida

fl. florin; fluid

Fl. Flanders; Flemish

Fla. Florida

flab [flæb] [flabby의 역성(逆成)] *n.* (지방으로) 뚱뚱함; 군살

flab·ber·gast [flǽbərgæ̀st | -gɑ̀:st] *vt.* 《구어》 깜짝 놀라게 하다, 어리둥절하게 하다

flab·by [flǽbi] *a.* (**-bi·er**; **-bi·est**) **1** 〈근육 등이〉 흐느적흐느적한, 축 늘어진 **2** 〈사람·성격이〉 연약한, 맥[기력]이 없는, 의지 박약한 **-bi·ly** *ad.* **-bi·ness** *n.*

flac·cid [flǽksid, flǽsid] *a.* **1** 〈근육·사람 등이〉 흐느적흐느적한, 축 늘어진 **2** 연약한

flac·cid·i·ty [flæksídəti] *n.* Ⓤ 연약, 맥없음, 무기력

flac·on [flǽkən] [F] *n.* (향수 등의) 작은 병

***__flag__**[1] [flæg] *n.* **1** **기(旗)** **2** (개의) 털이 북실북실한 꼬리 **3** 《영》 (택시의 'For Hire'라고 적힌) 빈차 표지판
keep the ~ flying 《구어》 기를 내리려고 들지 않다, 항복하지 않다
—*vt.* (**~ged**; **~·ging**) **1** 기를 올리다; 기로 장식하다 **2** 〈기차 등을〉 신호로 정지시키다 **3** 기로 신호하다[알리다]
~ ***down*** 〈기차·자동차·운전자 등을〉 (신호하여) 정지시키다

flag[2] *n.* 〖식물〗 **1** 붓꽃 무리 **2** 부들(cattail) **3** 칼 모양의 잎사귀

flag[3] *vi.* (**~ged**; **~·ging**) **1** 〈돛 등이〉 축 늘어지다; 〈초목이〉 시들다 **2** 〈기력 등이〉 떨어지다, 풀리다; 시들해지다

flag[4] *n.* **1** (길에) 까는 돌(flagstone), 포석(鋪石) **2** [*pl.*] 포석 도로
—*vt.* (**~ged**; **~·ging**) 포석을 깔다; 포석으로 포장하다

flág càptain 〖해군〗 기함(旗艦)의 함장

flág dày 《영》 기(旗)의 날(《미》 tag day) 《길에서 자선 사업 기금의 모집을 위하여 작은 기를 파는》; [**F- D-**] 《미》 국기의 날 《국기 제정(1777년) 기념일; 6월 14일》

fla·gel·lant [flǽdʒələnt] *n.* **1** 채찍질하는 사람; 자기를 채찍질하는 고행자 **2** 채찍질을 좋아하는 성적 도착자

flag·el·late [flǽdʒəlèit] *vt.* 채찍질하다; 힐난[질책]하다

flag·el·la·tion [flæ̀dʒəléiʃən] *n.* Ⓤ 채찍질, 태형(笞刑)

fla·gel·lum [flədʒéləm] *n.* (*pl.* **-la** [-lə], **~s**) 〖동물〗 편모(鞭毛); 〖식물〗 기는 가지; 《익살》 채찍

flag·eo·let [flæ̀dʒəlét] *n.* 〖음악〗 플래절렛 《6개의 소리 구멍이 있는 일종의 은(銀) 피리》; (파이프 오르간의) 플래절렛 음전(音栓)

flag·ging[1] [flǽgiŋ] *a.* 축 늘어지는, 맥이 빠지는; 쇠약해 가는 **~·ly** *ad.*

flagging[2] *n.* **1** Ⓤ (판석을 깐) 포장(鋪裝); [집합적] 판석류(板石類) **2** 판석 포장 도로

fla·gi·tious [flədʒíʃəs] *a.* 《문어》 극악무도한, 흉악한; 파렴치한, 무법한, 악명 높은

flag·man [flǽgmən] *n.* (*pl.* **-men** [-mən]) 신호 기수; 《미》 (철도의) 신호수, 건널목지기

flág òfficer 〖해군〗 장성 《탑승한 군함에 장성기를 올림》; (함대) 사령관

flag·on [flǽgən] *n.* **1** 목이 가는 포도주 병 《식탁 또는 성찬용》; 큰 포도주 병 **2** 그 한 병 분의 용량 (*of*)

flag·pole [flǽgpòul] *n.* 깃대

fla·gran·cy, -grance [fléigrəns(i)] *n.* Ⓤ 악명(notoriety); 극악(極惡)

fla·grant [fléigrənt] *a.* 〈거짓말·실수 등이〉 명백한; 악명 높은, 이름난(notorious), 극악한 **~·ly** *ad.*

flag·ship [flǽgʃìp] *n.* **1** 기함(旗艦) **2** (그룹·시스템에서) 가장 중요한[최고인] 것

flag·staff [-stæ̀f | -stɑ̀:f] *n.* (*pl.* **~s, -staves** [-stæ̀vz | -stèivs]) 깃대(flagpole)

flag·stone [-stòun] *n.* ⓊⒸ (포장용) 판석(板石), 까는 돌

flag-wav·ing [-wèiviŋ] *n.* Ⓤ 애국심을 끓게 하는 활동, 애국적[당파적] 선동

flail [fleil] *n.* 도리깨
—*vt.* **1** 〈곡물을〉 도리깨질하다; 〈물건을〉 때리다 **2** 〈팔 등을〉 휘두르다
—*vi.* **1** 도리깨질하다 **2** (도리깨질하듯이) 격렬하게 움직이다

flair [flɛər] *n.* [또는 a ~] 예민한 직감, 재능; 경향 (*for*)

flak, flack [flæk] *n.* (*pl.* ~) **1** 대공포[포화], 고사포화, 고사포의 작렬탄 **2** 잇단[격렬한] 비난

*__flake__[1] [fleik] *n.* **1** **얇은 조각** **2** (눈·구름·깃털 등의) **한 조각**; 불티 **3** [*pl.*] 플레이크 《낟알을 얇게 으깬 식품》 **4** 《미·속어》 매우 특이한 개성(을 가진 사람[선수]), 괴짜, 기인(奇人) ***fall in ~s*** 엷은 조각이 되어 벗겨지다; 〈눈이〉 펄펄 내리다
—*vi.* **1** 〈페인트 등이〉 **엷은 조각으로 벗겨지다** (*away, off*); 조각조각으로 떨어지다 **2** 〈눈이〉 **펄펄 내리다**

flake[2] *n.* (식료품 등의) 저장 선반

flák jàcket[vèst] 〖미공군〗 방탄조끼

flak·y [fléiki] *a.* (**flak·i·er**; **-i·est**) **1** 벗

겨지기 쉬운 **2** 엷은 조각 모양의, 조각조각의 **3** 《미·속어》 색다른, 별난

flam·beau [flǽmbou] [F = flame] *n.* (*pl.* **~x** [-z], **~s**) 횃불; 장식을 한 큰 촛대

flam·boy·ance, -an·cy [flæmbɔ́iəns(i)] *n.* Ⓤ (야하게) 화려[현란]함, 야함

flam·boy·ant [flæmbɔ́iənt] [F 「불꽃」의 뜻에서] *a.* **1** 〖건축〗 (15-16세기 경 프랑스에서 유행한) 플랑부아 양식의, 불꽃 모양의 **2** 불타오르는 듯한, 화려한

‡**flame** [fleim] [L 「타는 것, 불꽃」의 뜻에서] *n.* ⒸⓊ **1** [종종 *pl.*] 불꽃, 화염 **2** 불타는 듯한 광채 **3** 정열, 격정 **4** 《구어》 애인

burst into* ~(*s*)** 확 타오르다 ***commit a thing ***to the ~s*** (…을) 소각하다

— *vi.* **1 타오르다**; 화염[불길]을 내다[뿜다] 《*out, up*》 **2** 불꽃같이 빛나다; 〈얼굴이〉 확 붉어지다 《*up*》; 〈태양이〉 이글이글 빛나다 **3** 〈정열 등이〉 **타오르다** 《*out*》; **불끈 화를 내다** 《*up*》

~ *out* (1) ⇨ *vi.* 1, 3 (2) 〈제트 엔진이〉 연소 정지를 일으키다

fláme gùn 〖농업〗 화염 제초기

fla·men·co [fləméŋkou] *n.* (*pl.* **~s**) 플라멩코 《스페인 Andalusia 지방의 집시 춤》; 그 곡

flame·out [fléimàut] *n.* 《미》 〖항공〗 (제트 엔진의 갑작스런) 연소 정지

flame·proof [-prúːf] *a.* 내화성(耐火性)의, 불타지 않는

flame·throw·er [-θròuər] [G Flammenwerfer에서] *n.* 화염 방사기; 농업용 살충기

***flam·ing** [fléimiŋ] *a.* Ⓐ **1 불타는,** 불을 뿜는 **2** 〈빛깔이〉 타는 듯한; 타는 듯이 붉은 **3** 열정에 불타는, 열렬한; 눈이 이글이글 빛나는 **4** [강조어로 써서] 《영·속어》 괘씸한, 지독한 **~·ly** *ad.*

fla·min·go [fləmíŋgou] [Port.에서; L 「불꽃」의 뜻에서] *n.* (*pl.* **~(e)s**) 〖조류〗 플라밍고, 홍학(紅鶴)

flam·ma·ble [flǽməbl] *a., n.* 가연성(可燃性)의 (물건), 타기 쉬운 (것)

flan [flæn] *n.* **1** (커스터드) 푸딩 **2** 《영》 tart류의 과자 **3** 주화(鑄貨)를 만드는 지금(地金)

Flan·ders [flǽndərz | flάːn-] *n.* 플랑드르 《벨기에, 네덜란드 남부, 프랑스 북부에 걸친 중세의 나라》

flange [flændʒ] *n.* **1** 플랜지, 이음매 테두리 **2** (수레바퀴의) 테두리 가장자리 **3** (철도 레일의) 나온 귀 **4** (철관 끝의) 테두리, 귀

— *vt.* …에 플랜지를 붙이다

‡**flank** [flæŋk] *n.* **1 옆구리**; (소 등의) 옆구리 살 **2** (건물·산 등의) 측면; 〖군사〗 대열의 측면, (좌우)익(翼)

***in* ~** 〖군사〗 측면에[에서]

— *vt.* **1** …의 측면에 서다, …의 측면을 지키다 **2** 〖군사〗 〈적의〉 측면을 공격하다

flank·er [flǽŋkər] *n.* **1** 〖군사〗 측면 방위병 **2** 〖미식축구〗 좌[우]측면에 있는 선수[하프백]

***flan·nel** [flǽnl] [Welsh 「모직물」의 뜻에서] *n.* Ⓤ **1 플란넬**; 《미》 면(綿) 플란넬 **2** [*pl.*] 플란넬 제품 《봉대·속옷, 특히 경기[크리켓]용 바지》 **3** Ⓒ 플란넬제(製) 헝겊[타월, 걸레 《등》] **4** 《영·구어》 허튼소리, 허풍; 아첨 **—** *a.* Ⓐ 플란넬로 만든

— *v.* (**~ed**; **~·ing** | **~led**; **~·ling**) *vt.* **1** 플란넬 천으로 훔치다[비비다] **2** 《영·속어》 간살 부리다; 아첨하다

— *vi.* 알랑거리는 말을 하다

flan·nel·et(te) [flæ̀nəlét] *n.* Ⓤ 면(綿) 플란넬 《주로 속옷용》

‡**flap** [flæp] *v.* (**~ped**; **~·ping**) *vi.* **1** 〈기·커튼 등이〉 **펄럭이다,** 휘날리다, 나부끼다 **2** 〈새가〉 **날개를 치다**; 날개를 치며 날다 **3** 〈모자의 챙 등이〉 처지다, 늘어지다 **4** 《구어》 안절부절못하다, 조마조마해하다

— *vt.* **1** 〈날개를〉 퍼덕거리다 **2** (납작한 물건으로) 딱 때리다, (손바닥으로) 찰싹 때리다 **3** 〈파리 등을〉 (납작한 물건으로) 때려 쫓아 버리다 《*away, off*》 **4** 탁 소리를 내며 던지다, 탁 닫다

— *n.* **1 찰싹 치기,** 철썩때리는 소리; (새의) **날개침**[치는 소리]; (돛·깃발 등의) 펄럭거리는 소리 **2** (너불대는) 축 늘어진 물건, (모자의) 늘어진 챙; (봉투의) 뚜껑 **3** 파리채 **4** 〖항공〗 플랩, (비행기의) 보조익(翼) **5** [a ~] 《구어》 안절부절 못함, 흥분; 공황(恐慌), 대소동 **6** 〖음성〗 단전음(單顫音)

flap·doo·dle [flǽpdùːdl] *n.* ⓊⒸ 《구어》 허튼소리, 군소리(nonsense)

flap·jack [-dʒæ̀k] *n.* **1** 《미》 핫케이크, 팬케이크 **2** 《주로 영》 콤팩트 《화장용》

flap·pa·ble [flǽpəbl] *a.* 《속어》 (위기에 처했을 때) 흥분[동요]하기 쉬운, 안절부절못하는, 갈팡질팡하는

flap·per [flǽpər] *n.* **1** 가볍게[툭] 치는 사람[물건] **2** 파리채; (새 쫓는) 딱따기; (물고기의) 폭 넓은 지느러미 **3** 《구어》 말괄량이

***flare** [flɛər] *vi.* **1** 〈불꽃이〉 **너울거리다,** 〈불이〉 확 타오르다; 번쩍이다 **2** 〈싸움·병 등이〉 돌발하다 **3** 〈스커트가〉 나팔[깔때기] 모양으로 벌어지다; 플레어로 되다

— *vt.* **1** 〈바람 등이 불꽃을〉 너울거리게 하다, 확 타오르게 하다 **2** 섬광으로 신호하다 **3** 〈스커트 등을〉 플레어로 하다

~ *out* [*up*] (1) 타오르다; 갑자기 기세를 더하다 (2) 불끈 화내다

— *n.* **1** Ⓤ 너울거리는 불길, 흔들거리는 불[빛] **2** (해상 등에서 쓰는) 발광 신호, 조명탄(= **~ bòmb**) **3** (감정·분노·소리 등의) 폭발 **4** (스커트의) 플레어, 나팔꽃 모양으로 벌어짐

flared [flɛərd] *a.* 〈스커트 등이〉 플레어의

fláre pàth (비행기의 이착륙을 위한) 조명 활주로

flare-up [-ʌ̀p] *n.* **1** 번쩍 빛남, 확 타오름, (신호의) 섬광 **2** 《구어》 (감정의) 격발, 불끈 화를 냄 **3** (문제·분쟁 등의) 급격한 재발[표면화]; (병 등의) 재발

flar·ing [flɛ́əriŋ] *a.* **1** 너울너울[활활] 타는, 번쩍번쩍 빛나는 **2** 〈외관이〉 화려한, 요란한 **3** 나팔꽃 모양의; 〈스커트가〉 플레어로 된 **~·ly** *ad.*

‡**flash** [flæʃ] *n.* **1 번쩍임; 번쩍하는 빛,** 섬광 《*of*》 **2** (감흥·기지 등의) 번

F

득임 ((*of*)) **3** [a ~] 순간 **4** 뉴스 속보 **5** Ⓤ 야함, 화려함, 겉치레 **6** 〖사진〗 플래시; 〖영화〗 플래시 ((순간 장면))
a ~ in the pan 일시적으로 성공하는 기도(企圖)(를 하는 사람), 용두사미(로 끝마치는 사람) ***in***[***like***] ***a ~*** 순식간에, 눈 깜짝할 사이에
— *vt.* **1 번쩍거리게 하다**; 〈화약 등을〉 확 발화시키다; 〈눈으로 감정 등을〉 나타내다; 〈시선·미소 등을〉 흘끗 보내다 **2** 〈정보·신호 등을〉 순식간에 전하다 **3** (빛 등으로 신호를) 휙 보내다 **4** (구어) 뽐내 보이다, 과시하다
— *vi.* **1 번쩍 비치다, 번쩍거리다**; 〈눈 등이〉 번득이다, 타오르다 **2** 〈기지 등이〉 **문득 떠오르다 3** 휙 지나가다, 급히 통과하다 ***~ back*** 〈빛이〉 되비치다, 〈기억·영화 등이〉 갑자기 과거로 되돌아가다; 눈을 부릅뜨고 되노려 보다
— *a.* **1** 갑작스럽고 짧은, 순간적인 **2** 값싼; 지나치게 화려한, 저속하고 번지르르한 **3** 뽐내는, 젠체하는 **4** 불량배 사회[패거리]의

flash·back [flǽʃbæ̀k] *n.* ⓊⒸ 〖영화·TV·문예〗 플래시백 ((과거 장면으로의 순간적 전환))

flash·bulb [-bʌ̀lb] *n.* 〖사진〗 섬광 전구(閃光電球)

flásh bùrn (방사능에 의한) 섬광 화상(火傷)

flásh càrd 플래시 카드 ((수업중 교사가 단어·숫자·그림 등을 순간적으로 보여주는 순간 파악 연습용의 카드))

flash·cube [-kjù:b] *n.* 〖사진〗 플래시 큐브 ((섬광 전구 4개가 차례로 발광하는 장치))

flash-for·ward [flǽʃfɔ́:rwərd] *n.* ⓊⒸ 〖문학·영화〗 이야기의 도중에 미래의 어떤 장면을 삽입하는 표현 기법; 그 장면

flash-freeze [flǽʃfríz] *vt.* (**-froze, -frozen**; **-freez·ing**) 급속 냉동하다

flash·gun [-gʌ̀n] *n.* 〖사진〗 플래시건 ((카메라의 섬광 장치))

flásh làmp 섬광등(閃光燈)

***flash·light** [flǽʃlàit] *n.* **1** (미) **손전등**, 회중 전등 **2** Ⓤ (등대·신호 등의) 섬광 **3** 〖사진〗 플래시, 섬광; 섬광 촬영 사진

flash·y [flǽʃi] *a.* (**flash·i·er**; **-i·est**) **1** 일시적으로 화려한; 섬광적인 **2** 속되게 번지르르한, 야한 **3** 불같은, 격렬한, 충동적인 **flásh·i·ness** *n.*

***flask** [flæsk | flɑ:sk] *n.* **1 플라스크** ((화학 실험용)); (위스키 등의) 휴대용 병; 한 플라스크의 용량 ((*of*)) **2** (영) 보온병

*****flat**[1] [flæt] *a.* (**~·ter**; **~·test**) **1 평평한**, 평탄한 **2 납작 엎드린**, 발딱 누운; 〈건물 등이〉 납작하게 쓰러진, 무너진 **3** 〈요금·가격 등이〉 **균일한**; 〈그림이〉 단조로운, 명암이 없는; 무광의 **4** 〈거절 등이〉 단호한, 쌀쌀맞은, 솔직한, 전적인 **5** 단조로운, 둔한, 흥미 없는 **6** 〈타이어 등이〉 공기 빠진; 〈맥주·사이다 등이〉 김빠진; 맛없는; 〈전지가〉 다된 **7** 〖상업〗 〈시장이〉 활발치 못한, 불황의 **8** 〖음악〗 음이 내려가는; 변음(變音)의, 반음 내리는 ((기호 ♭)) **9** 〖문법〗 (품사를 나타내는) 어미[기호]가 없는 ((quick, slow 등의 부사))
fall ~ (1) 발딱 넘어지다 (2) 완전히 실패하다; 조금도 효과가 없다, 아무런 반응도 없다 ((이 경우의 flat는 부사로도 이해됨))
— *n.* **1 평면; 편평한 부분**, 편평한 쪽 **2** 평저선; 〖건축〗 평지붕; 〖광산〗 수평층(層)[광맥]; 〖극장〗 플랫 ((나무 테두리를 한 배경, 무대에 밀어 내기도 하고 밀어 올리기도 함)) **3** [종종 *pl.*] 평지, 평원 **4** 편편한 모래톱, 개펄 **5** 〖음악〗 변음 ((반음 낮은 음)); 내림표 ((♭)) **6** (미·구어) 바람 빠진 타이어 ***on the ~*** 평면에; 평지에
— *ad.* **1 평평하게 2 단호하게**, 단연코 **3** 꼭, 더하지도 덜하지도 않고 **4** 전적으로 **5** 〖음악〗 반음 낮게
~ out (구어) (1) 전속력으로 (2) 솔직하게, 딱잘라, 노골적으로

***flat**[2] [OE 「마루, 집」의 뜻에서] *n.* (영) 플랫((미) apartment) ((같은 층에 있는 여러 방을 한 가족이 살 수 있도록 꾸민 집)); [*pl.*] 플랫식 공동 주택, 아파트((미) apartment house)

flat·bed [flǽtbèd] *n.* (측면이 없는) 평상형(平床型) 트레일러[트럭]
— *a.* 평상형의

flat·boat [-bòut] *n.* 평저선(平底船) ((주로 얕은 물에 씀))

flat-bot·tomed [-bɑ́təmd | -bɔ́t-] *a.* (배의) 바닥이 평평한

flat·car [-kɑ̀:r] *n.* (미) (지붕·측면이 없는) 무개 화차, 목판차

flat-chest·ed [-tʃéstid] *a.* (미·속어) 〈여자가〉 가슴이 납작한

flat·fish [-fìʃ] *n.* (*pl.* **~, ~·es**) 〖어류〗 가자미; 넙치

flat·foot [-fút] *n.* (*pl.* **-feet** [-fí:t]) **1** 〖병리〗 편평족(扁平足) **2** [스스] (*pl.* **~s, -feet**) (속어) 순경

flat-foot·ed [-fútid] *a.* **1** 편평족의 **2** (구어) 단호한, 분명한 **3** (영·구어) 서투른, 둔한 **~·ly** *ad*

flat·i·ron [-àiərn] *n.* 다리미, 인두

flat·land [-lænd] *n.* 평지, 평탄한 토지

flat·let [flǽtlit] *n.* (영) 작은 플랫 ((침실과 안방을 겸하는 한 칸과 목욕실 및 부엌 정도의 아파트))

***flat·ly** [flǽtli] *ad.* **1 단호하게**, 사정 없이 **2** 단조롭게; 활기 없이; 맥이 빠져서 **3** 평평하게, 납작하게

flat·ness [flǽtnis] *n.* 평탄; 평범; 단호한 태도; 음(音)의 저하; 불경기

flat-out [-áut] *a.* 솔직한; 순전한

flát ràce (장애물 경주[경마]에 대해) 평지 경주[경마]

flát róof (수평에 가까운) 평평한 지붕

flát spín **1** 〖항공〗 (비행기의) 수평 나선 운동 **2** (구어) 동요, 당황, 홍분
be in[***go into***] ***a ~*** (구어) 몹시 당황해 있다[당황하다], 자제심을 잃고 있다[잃다], 어지럽다[어지러워지다]

***flat·ten** [flǽtn] *vt.* **1 평평하게 하다 2** 발딱 넘어뜨리다, 납작하게 엎어뜨리다 **3** …의 기를 꺾다; 때려눕히다 **4** 〖음악〗 반음 낮추다, 가락을 낮추다
— *vi.* **1** 평평해지다 **2** 〖음악〗 〈음조가〉 반음 낮아지다

⁑flat·ter [flǽtər] [OF 「매끈하게 하다」의 뜻에서] *vt.* **1 아첨하다,** 알랑거리다 **2** 〈사진·초상화 등이 사람을〉 실물 이상으로 좋게 나타내다 **3** 추켜세우다 **4** [~ one*self* 로] 우쭐해지다, 자임[자부]하다 **5** 〈귀·눈 등의 감각을〉 즐겁게 하다
feel (one***self highly***) ***~ed at*** [***by***] …으로 (크게) 기뻐하다, 우쭐해지다
***flat·ter·er** [flǽtərər] *n.* **아첨꾼,** 알랑거리는 사람
***flat·ter·ing** [flǽtəriŋ] *a.* **1 아첨하는;** 알랑거리는; 비위 맞추는 **2** 실물보다 좋게 보이는
⁑flat·ter·y [flǽtəri] *n.* (*pl.* **-ter·ies**) Ⓤ **아첨;** Ⓒ 감언
flát tíre 바람 빠진 타이어; 《미》 재미없는 사람
flat·tish [flǽtiʃ] *a.* 약간 평평한; 좀 단조로운
flat·top [flǽttɑ̀p | -tɔ̀p] *n.* 《미·구어》 **1** 항공모함 **2** 상고머리(crew cut)
flat·u·lence, -len·cy [flǽtʃuləns(i)] *n.* Ⓤ **1** 헛배부름, 고창 **2** 공허, 허세
flat·u·lent [flǽtʃulənt] *a.* **1** 〈사람이 배에〉 가스가 찬, 헛배부른; 〈음식이〉 가스를 발생시키는 **2** 〈이야기 등이〉 과장된, 공허한
fla·tus [fléitəs] [L = blowing] *n.* ⓊⒸ (위장 속의) 가스, 고창(鼓脹); 방귀
flat·ware [flǽtwɛ̀ər] *n.* Ⓤ (얕은) 접시류; 은식기류
flat·ways [flǽtwèiz], **-wise** [-wàiz] *ad.* 평평하게, 평면으로
flat·work [flǽtwə̀ːrk] *n.* 다림질이 쉬운 판판한 빨랫감 《시트·냅킨 등》
Flau·bert [floubɛ́ər] *n.* 플로베르 **Gustave ~** (1821-80) 《프랑스의 자연주의 소설가》
***flaunt** [flɔːnt] *vt.* **1** 〈부·지식 등을〉 **과시하다 2** 〈기 등을〉 펄럭이게 하다 **3** 《미》 〈규칙을〉 업신여기다
— *vi.* **1** 의기양양하게 활보하다; 과시하다 **2** 〈기 등이〉 펄럭이다
— *n.* Ⓤ 자랑하여 보임, 과시
flaut·ist [flɔ́ːtist] *n.* = FLUTIST
⁑fla·vor | -vour [fléivər] [OF 「냄새」의 뜻에서] *n.* ⓊⒸ **1** (독특한) **풍미,** 맛 **2 멋,** 운치, 풍치
— *vt.* **1 풍미[향기]를 더하다,** 맛을 내다, 맛을 곁들이다 **2** (…로) 멋을 더하다
fla·vored [fléivərd] *a.* [보통 복합어를 이루어] (…의) 맛[향기]이 나는, 풍미가 …한
fla·vor·ful [fléivərfəl] *a.* 풍미 있는, 맛 좋은
fla·vor·ing [fléivəriŋ] *n.* Ⓤ 맛내기, 조미(調味); Ⓒ 조미료, 양념
fla·vor·less [fléivərlis] *a.* 풍미 없는; 운치 없는
fla·vor·some [fléivərsəm] *a.* 풍미 있는, 맛좋은
***flaw¹** [flɔː] [ME 「(눈·불꽃의) 한 조각」의 뜻에서] *n.* **1** (보석·도자기 등의) **흠,** (갈라진) 금 **2** 결점, 약점, 결함
— *vt.* 금이 가게 하다; 〈작품·인격 등을〉 흠가게 하다(mar), 무효화하다
— *vi.* 금이 가다

flaw² *n.* 돌풍, 질풍; (눈이나 비를 수반하는) 잠시 동안의 폭풍우
flaw·less [flɔ́ːlis] *a.* 흠없는; 완전한, 완벽한 **~·ly** *ad.*
***flax** [flæks] *n.* Ⓤ **1** 〖식물〗 **아마(亞麻),** 삼, 삼베 **2** 아마 섬유; 아마포, 리넨
flax·en [flǽksən] *a.* **1** 아마의; 아마로 만든 **2** 〈머리털이〉 아마빛[엷은 황갈색]의
flax·seed [flǽkssìːd] *n.* ⓊⒸ 아마씨, 아마인(仁)
flay [flei] *vt.* **1** (짐승의) 가죽을 벗기다 **2** 〈사람에게서 금품 등을〉 빼앗다, 약탈하다; 〈사람을〉 심하게 매질하다 **3** 혹평하다
fl. dr. fluid dram
***flea** [fliː] [동음어 flee] *n.* **벼룩**
a ~ in one***'s ear*** 듣기 싫은 소리, 따끔하게 비꼬는 말
flea·bag [flíːbæ̀g] *n.* 《속어》 **1** 침대, 침낭 **2** 싸구려 여관; 초라한[불결한] 공공건물 《영화관 등》 **3** 벼룩이 있는 동물 **4** 《영》 지저분한 노파
flea·bite [-bàit] *n.* 벼룩이 문 자국; 약간의 아픔을 느끼는 고통
flea-bit·ten [-bìtn] *a.* **1** 벼룩에 물린 **2** 〈말이〉 흰 바탕에 갈색 얼룩이 있는 **3** 지저분한
fléa màrket (유럽 도시의) 벼룩 시장
fleck [flek] *n.* **1** (빛깔·광선의) 얼룩점, 반점(斑點); (피부의) 얼룩, 주근깨 (freckle) **2** [종종 부정문으로] 작은 조각
— *vt.* 얼룩점을 넣다, 얼룩덜룩하게 하다
flecked [flekt] *a.* 얼룩[반점]이 있는
flec·tion | flex·ion [flékʃən] *n.* **1** Ⓤ 굴곡, 만곡(灣曲), 휨 **2** 굽은 부분, 만곡부 **3** ⓊⒸ 〖문법〗 어미 변화, 굴절 **~·al** *a.*
⁑fled [fled] *v.* FLEE의 과거·과거분사
fledge [fledʒ] *vi.* 〈새 새끼가〉 깃털이 다 나다; 보금자리에서 날아갈 수 있게 되다 《*out*》 — *vt.* 〈새 새끼를〉 깃털이 다 날 때까지 기르다
fledged [fledʒd] *n.* **1** 깃털이 다 난; 날아갈 수 있을 만큼 성장한 **2** 〈사람이〉 다 자란, 제 구실을 할 나이가 된
fledg·ling [flédʒliŋ] *n.* 깃털이 갓난[겨우 날 수 있게 된] 어린 새; 풋내기, 애송이
⁑flee [fliː] [동음어 flea] *v.* (**fled** [fled]) *vi.* **1 달아나다,** 도망치다 《*from*》; (위험·추적자 등으로부터) 벗어나다, 피하다 《*from*》 **2 a** 〈차·구름 등이〉 빠르게 움직이다, 질주하다; 〈안개·꿈 등이〉 **사라지다,** 날아가다 **b** 〈시간 등이〉 급속히 지나가다[경과하다]
— *vt.* 〈사람·장소에서〉 달아나다, 도망치다; 피하다
***fleece** [fliːs] *n.* ⓊⒸ **1 양털;** 한 마리에서 한 번 깎은 양털 **2** 양털 모양의 것, 흰 구름; 송이송이 내리는 눈; 양털 같은 솜털; 보풀이 보들보들한 직물
— *vt.* **1** 〈양의〉 털을 깎다 **2** 〈돈 등을〉 빼앗다, 속여 빼앗다; 강탈하다 《*of*》
***fleec·y** [flíːsi] *a.* (**fleec·i·er**; **-i·est**) **양털로 덮인; 양털 같은,** 폭신폭신한
fleer¹ [fliər] *vi., vt.* 비웃다, 조소하다, 조롱하다 《*at*》
— *n.* 비웃음, 조롱, 우롱
fle·er² [flíːər] *n.* 도망자

F

fleet[1] [fliːt] [OE 「배」의 뜻에서] *n.* **1** 함대; [the ~] (한 나라의) 전(全) 함대 **2** (상선 등의) 선단 **3** (수송차 등의) 비행대, 차대(車隊) **4** (동일 회사 소유의) 전 선박[차량]

fleet[2] [fliːt] *a.* 《문어》 빠른, 쾌속의
—*vi.* 《문어》 빨리[나는 듯이] 지나가다 《*away*》

fléet àdmiral 《미》 해군 원수(《영》 ADMIRAL of the Fleet)

fleet-foot·ed [flíːtfútid] *a.* 발이 빠른, 쾌속의

***fleet·ing** [flíːtiŋ] *a.* 《문어》 **어느덧 지나가는**; 잠깐 동안의, 무상한, 덧없는(transient) **~·ly** *ad.* 빨리

Fléet Strèet [the ~] **1** 런던의 신문사 거리 **2** 런던[영국]의 신문(계); [집합적] 《영》 신문 기자, 신문인

Flem. Flemish

Flem·ing [flémiŋ] *n.* (벨기에의) 플랑드르 지방의 사람; 플라망 말을 쓰는 벨기에 사람

Flem·ish [flémiʃ] *a.* **1** 플랑드르[플란더스]의 **2** 플라망 사람[말]의
—*n.* **1** Ⓤ 플라망 말 《네덜란드 말의 방언; 프랑스 말과 함께 벨기에의 공용어; 略 Flem.》 **2** [the ~; 집합적] 플라망[플란더스] 사람

flesh [fleʃ] *n.* Ⓤ **1 살; 살집 2** (식용) 고기, 식육 《지금은 일반적으로 meat》; 짐승 고기, 수육(獸肉) 《어육·새고기와 구별하여》 **3** [the ~] (영혼(soul)·정신(spirit)과 구별하여) 육체; [one's (own) ~] 육친; 정욕, 육욕, 수성 **4** [집합적] 인류; 생물 **5** 살결; 살빛
all ~ 〖성서〗 모든 생물; 인류 ***become*** [***be made***] ***one ~*** 〖성서〗 (부부로서) 일심동체가 되다 ***~ and blood*** (1) 육체(body); 살아 있는 인간 (2) 인간성, 인정 (3) [one's own ~] 육친 (4) [형용사적으로] 살아 있는 육신의; 현실의 ***gain*** [***get***] ***~*** 살찌다 ***go the way of all ~*** 〖성서〗 죽다 ***in ~*** 살이 되어서, 살이 붙어서 ***live on ~*** 육식 하다 ***lose ~*** 살이 빠지다, 여위다 ***make*** a person***'s ~ creep*** [***crawl***] 소름끼치게 하다 ***press*** (***the***) ***~*** 《미·구어》 악수하다 ***the sins of the ~*** 육욕의 죄, 부정(不貞)의 죄
—*vt.* **1** 〈칼 등을〉 살에 찌르다; 〈재주 등을〉 실지로 시험해 보다 **2** 〈사냥개·매 등을〉 사냥감의 고기를 맛보여 자극시키다; (군인 등에게) 유혈의 맛을 알게 하다, 학살[전쟁]에 익숙하게 만들다

flesh-col·ored [fléʃkʌ̀lərd] *a.* (백인의) 피부색의

flesh·ings [fléʃiŋz] [*flesh*+stock*ings*] *n. pl.* (몸에 착 붙는) 살색 타이츠

flesh·ly [fléʃli] *a.* (**-li·er**; **-li·est**) **1** 육체의 **2** 《문어》 육욕의, 육욕에 빠지는

flesh·pot [fléʃpɑ̀t | -pɔ̀t] *n.* [보통 *pl.*] 환락가, 사창가

flésh sìde 가죽의 안쪽 《살이 붙은 쪽》

flésh wòund (뼈에는 미치지 못한) 얕은 상처, 경상

flesh·y [fléʃi] *a.* **1** 살의, 육질(肉質)의; 살집이 좋은, 꽤[너무] 살찐 **2** 〈과실이〉 다육질(多肉質)의; 다즙(多汁)의

fleur-de-lis [flə̀ːrdlíː, -líːs] [F = flower of lily] *n.* (*pl.* **fleurs-** [-z]) **1** 〖식물〗 붓꽃 **2** 붓꽃 모양의 문장(紋章) 《1147년 이래 프랑스 왕실의 문장》 **3** 프랑스 왕실

flew [fluː] [동음어 flu, flue] *v.* FLY[2]의 과거

flex [fleks] [*flex*ible] *vt.* 〈관절을〉 구부리다, 굽히다 —*n.* ⓊⒸ 《영》 〖전기〗 가요선(可撓線)

***flex·i·bil·i·ty** [flèksəbíləti] *n.* Ⓤ **1 구부리기[휘기] 쉬움**, 굴곡성, 유연성; 나긋나긋함 **2** 다루기 쉬움, 유순함 **3** 적응성, 융통성, 탄력성

***flex·i·ble** [fléksəbl] *a.* **1 구부리기[휘기] 쉬운**, 나긋나긋한 **2** 유순한, 다루기 쉬운, 시키는 대로 하는 **3** 융통성 있는, 적응성 있는, 탄력적인 **-bly** *ad.*

flex·i·time [fléksətàim] *n.* 《영》 = FLEXTIME

flex·or [fléksər] *n.* 〖해부〗 굴근(屈筋) (= ∠ **múscle**)

flex·time [flékstàim] [*flex*ible+*time*] *n.* 근무 시간 자유 선택제

flex·ure [flékʃər] *n.* ⓊⒸ 굴곡, 만곡; 만곡[굴곡]부

flib·ber·ti·gib·bet [flíbərtidʒìbit] *n.* 수다쟁이 (여자); 경박한 사람 《특히 여자》, 무책임한 사람

***flick**[1] [flik] [의성어, 또는 flicker의 역성(逆成)] *n.* **1** (매·채찍 등으로) **가볍게 치기**; (손가락 끝 등으로) 튀기기; 휙[딱] (하는 소리) **2** (물·진흙 등의) 튐 **3** 《속어》 = FLICK-KNIFE
—*vt.* **1** (채찍 등으로) 가볍게 치다 **2** 가볍게 떨어버리다(flip) 《*away, off*》 **3** 〈스위치 등을〉 탁 움직여 …하다
—*vi.* 홱[휙휙] 움직이다; 《구어》 (카드·페이지 등을) 휙 넘기다, 쓱 훑어보다 《*through*》

flick[2] *n.* 《속어》 **1** 영화 (한 편); [the ~s; 집합적] 영화 **2** 영화관

***flick·er** [flíkər] *vi.* **1** 〈등불·희망 등이〉 **깜박이다**, 명멸하다 **2** 〈나뭇잎·바람·뱀의 혀 등이〉 나불거리다, 나풀나풀 흔들리다 **3** 〈기 등이〉 나부끼다; 펄럭펄럭 날다 **4** 〈텔레비전의 화면이〉 깜박거리다
—*n.* **1** [*sing.*] (빛 등의) **깜박임**, 어른거림, (나뭇잎 등의) 살랑거림, 나불거림; 명멸하는 빛[불꽃] **2** [a ~] (희망 등의) 희미한 빛[표정] 《*of*》

flick-knife [flíknàif] *n.* 《영》 (단추를 누르면) 칼날이 튀어나오는 칼(《미》 switchblade (knife))

***fli·er, fly·er** [fláiər] *n.* **1 하늘을 나는 것** 《새·물고기·곤충 등》; 비행사; 비행기 **2** 쾌속선[정, 차, 마(馬)]; 《미》 급행 열차[버스] **3** 〖건축〗 (직선 계단의) 한 단 **4** 《미·구어》 (무모한) 투기, 사행, 모험 **5** 《미》 전단, 광고, 삐라

flight[1] [flait] *n.* **1** ⓊⒸ **날기, 비행 2** 항공 여행; (항공 회사의) (정기) **항공편**; 비행 거리 **3** (날아 가는 새의) **떼 4** Ⓤ (구름 등의) 빠른 움직임, 질주 《*of*》; (시간의 급속한) 경과 《*of*》 **5** ⓊⒸ (사상·야심·상상 등의) 비약, 고양(高揚), 약동, (언행의) 분방함 《*of*》 **6** (계단의 방

향이 변하지 않는) **한 연속**; (두 층계참 사이의) **계단**; (경기용 허들의) 단열(段列) **7** (활의) 일제 사격; [UC] 〖양궁〗 원시 경사(競射) ***in the first*** [***top***] **~** 《영》 (1) 선두에 서서; 중요한 지위를 차지하여 (2) 일류의, 우수한

*__flight__² *n.* [UC] **도주**; 패주, 탈출
put to **~** 패주시키다

flíght attèndant (여객기의) 객실 승무원 《stewardess, hostess 등의 대용어로 성별을 피한 말》

flíght bàg 항공 여행 가방

flíght chàrt 항공도

flíght contròl 〖항공〗 (이착륙용의) 항공 관제; 항공 관제소

flíght dèck (항공 모함의) 비행 갑판; 〖항공〗 플라이트덱 《비행기 조종실》

flíght fèather 〖조류〗 날개깃, 칼깃

flight·less [fláitlis] *a.* 〈새가〉 날지 못하는

flíght lieutènant 〖영국공군〗 대위

flíght òfficer 《미》 공군 준위

flíght pàth 〖항공·우주〗 비행 경로

flíght recòrder 〖항공〗 비행 기록 장치

flight-test [-tèst] *vt.* 〈항공기·비행 장치의〉 비행 시험을 하다

flight·wor·thy [-wə̀:rði] *a.* 안전 비행 가능 상태의, 내공성(耐空性)의

flight·y [fláiti] *a.* (**flight·i·er**; **-i·est**) 들뜬, 경솔한; 변덕스러운; 미친 듯한; 무책임한

flim·flam [flímflæ̀m] 《구어》 *n.* [UC] 엉터리, 터무니없는 소리; 속임, 사기
— *vt.* (**~med**; **~·ming**) 엉터리 말을 하다, 속이다, 사기치다(cheat)

*__flim·sy__ [flímzi] *a.* (**-si·er**; **-si·est**) **1** 〈피륙·종이 등이〉 **얇은**; 여린; 연약한 **2** 〈구실·이유 등이〉 박약한 **3** 보잘것없는; 천박한 — *n.* (*pl.* **-sies**) **1** 《주로 영》 얇은 종이, 복사지; (탐방 기자가 쓰는) 얇은 원고지 **2** [*pl.*] 얇은 여성복, 《특히》 얇은 속옷 **-si·ly** *ad.*

flinch [flintʃ] *vi.* (위험·책임 등에서) 겁내어 피하다, 움찔하다 《*from*》
— *n.* 겁내어 피함, 움찔함

flin·ders [flíndərz] *n. pl.* 파편, 부서진 조각

‡**fling** [fliŋ] *v.* (**flung** [flʌŋ]) *vi.* **1** (세차게) **던지다**, 동댕이치다; 〈욕지거리를〉 퍼붓다; 〈사람을〉 (어떤 상태에) 빠뜨리다; 집어넣다 《*into*》 **2** 〈양팔 등을〉 급히 뻗다; 〈몸을〉 던지다 **3** (레슬링 등에서) 넘어뜨리다, 〈말이〉 (탄 사람을) 흔들어 떨어뜨리다 **4** [~ one*self* 로] (…에) 의존하다, 매달리다 《*on, upon*》; (일 등에) 전념하다, 몰두하다
— *vt.* **1** 돌진하다; 세차게 대들다; 자리를 박차고 가다, 뛰어나가다 《*away, off, out, of*》 **2** 〈말 등이〉 날뛰다 《*about, out*》 **3** 거칠게 말하다, 욕지거리하다 《*out*》
~ *away* 뛰어나가다; 떨쳐버리다; 〈기회 등을〉 놓치고 말다; 낭비하다 **~ *off*** 뛰어나가다; 벗어던지다, 팽개치다 **~** one***self into*** (몸을 내던져) 뛰어들다; 〈말 안장 등에〉 훌쩍 올라 타다; 〈의자 등에〉 털썩 앉다; 〈사업 등에〉 투신하다; 전념[몰두]하다 **~ *up*** 던져 올리다; 〈발뒤꿈치를〉 차 올리다; 〈손을〉 들어 올리다[흔들다]; 〈머리·고개를〉 흔들어 대다
— *n.* **1** [a ~] **내던지기**, 팽개치기 **2** (스코틀랜드의) 활발한 민속춤 **3** [a ~] 약진; 돌진; (사나운 말 등의) 날뛰기 **4** [a ~, one's ~] (단시간의) 자유분방, (일시적인) 외도
give a **~** 내던지다 ***have*** [***take***] ***a*** **~** ***at*** …을 시도하다; …에게 악담하다, …을 조롱하다 ***have*** one***'s*** **~** (마음대로) 실컷 하다, 활개치고 놀다

*__flint__ [flint] *n.* [UC] **1 부싯돌**; 라이터 돌 **2** 아주 딴딴한 물건; 냉혹 무정한 것
a **~** ***and steel*** 부싯돌과 부시 ***a heart of*** **~** 비정한 마음 (***as***) ***hard as*** (***a***) **~** 돌 같이 단단한; 완고한

flínt còrn 〖식물〗 낟알이 딴딴한 옥수수의 일종

flínt glàss 플린트 유리, 납유리 《렌즈·프리즘 등 광학용의 고급 유리》

flint·lock [flíntlɑ̀k | -lɔ̀k] *n.* **1** 부싯돌식 발화 장치 **2** 부싯돌식 발화총, 수발총(燧發銃)

flint·y [flínti] *a.* (**flint·i·er**; **-i·est**) **1** 부싯돌 같은; 몹시 딴딴한 **2** 아주 완고한; 무정한; 피도 눈물도 없는

*__flip__¹ [flip] [의성어] *v.* (**~ped**; **~·ping**) *vt.* **1** (손가락으로) **튀기다**; 가볍게 치다; 〈화폐 등을 위로〉 휙 던져올리다 **2** 〈기구 등의〉 **스위치를 찰칵 누르다**, 〈물건을〉 휙 던지다; 〈레코드·달걀 프라이 등을〉 홱 뒤집다; 〈책 등을〉 홱 움직여 (…의 상태로) 만들다
— *vi.* **1** (손가락으로) 튀기다; 홱 움직이다[튀어나가다] 《*at*》 **2** (승부를 가리기 위해) 동전을 공중으로 튀겨올리다 《*up*》 **3** (채찍 등으로) 찰싹 때리다 《*at*》 **4** (책 등의) 페이지를 휙휙 넘기다; 〈책 등을〉 후딱 훑어보다 《*through*》 **5** 《속어》 정신을 잃다 《*out*》; 열중하다, 열을 올리다 《*over*》 **~** [***blow***] one***'s lid*** [***top, wig,*** 《미》 ***stack***] 《속어》 자제심을 잃다; 흥분하다; 발끈하다; 웃음을 터뜨리다
— *n.* **1** 손가락으로 튀김; 가볍게 침, 가벼운 채찍질 **2** 공중제비[회전] **3** 《속어》 단거리 비행

flip² *n.* [U] 플립 《맥주 · 브랜디에 달걀·향료·설탕 등을 넣고 따뜻하게 한 음료》

flip³ [*flip*pant] 《구어》 *a., n.* 약삭빠른 (사람); 건방진 (사람)

flíp chárt 플립 차트 《강연 등에서 사용하는 한 장씩 넘기게 된 도해용 카드》

flip-flop [flípflɑ̀p | -flɔ̀p] *n.* **1** 퍼덕퍼덕하는 소리 **2** 역공중제비; (방향·의견 등의) 급변, 전환: do a ~ 급하게 변경하다 **3** [**-flops**] 고무 슬리퍼
— *ad.* 퍼덕퍼덕하며, 덜컥덜컥하며

flip·pan·cy [flípənsi] *n.* (*pl.* **-cies**) [UC] 경솔, 경박

flip·pant [flípənt] *a.* 경박한, 경솔한, 까불까불한 **~·ly** *ad.*

flip·per [flípər] *n.* **1** 지느러미 모양의 발 《바다거북의 발, 고래 무리의 앞지느러미, 펭귄의 날개 등》 **2** [보통 *pl.*] (스킨 다이버용의) 고무 물갈퀴

flip·ping [flípiŋ] *a.*, *ad.* 《속어》 지독한[하게], 괘씸한[하게]

flíp sìde 《구어》 **1** (레코드의) 뒷면, B면 **2** 이면, 반대면

***flirt** [flə:rt] *vi.* **1 장난삼아 연애하다**; 〈남녀가〉 시시덕거리다 **2 획획 움직이다**, 펄럭펄럭[훨훨] 날다
— *n.* **1** 바람둥이 여자[남자] **2** (부채 등의) 급격한 움직임; 활발한 움직임

flir·ta·tion [flə:rtéiʃən] *n.* **1** Ⓤ (남녀의) 희롱, 시시덕거림, 연애 유희 **2** (어떤 일에의) 일시적 흥미[관심]; 가지고 놀기

flir·ta·tious [flə̀:rtéiʃəs] *a.* **1** 〈특히 여자가〉 불장난하는 **2** 들뜬, 경박한 **~·ly** *ad.*

***flit** [flit] [ON 「나르다」의 뜻에서] *vi.* (**~·ted**; **~·ting**) **1** 〈새·박쥐·모기 등이〉 **획획[훨훨] 날다**, 날아다니다 **2** 〈사람이〉 사뿐히 지나가다, 왔다갔다 하다 **3** 〈시간이〉 급속히 지나다, 지나가다; 〈환상 등이〉 머리 속을 스쳐가다 **4** 《영·구어》 야반도주하다 — *n.* **1** 날아 지나감 **2** 《영·구어》 야반도주

flitch [flitʃ] *n.* 돼지 옆구리 고기

flit·ter [flítər] *vi.* 〈박쥐·나비 등이〉 훨훨 날아다니다
— *vt.* 훨훨 날게 하다, 펄럭이게 하다
— *n.* 훨훨[펄럭펄럭] 나는[날아다니는] 것

fliv·ver [flívər] *n.* 《미·속어》 **1** (특히 소형의 낡은) 싸구려 자동차 **2** 실패

***float** [flout] *vt.* **1** (물 위에) **띄우다**, 부류[표류]시키다 **2** 〈소문 등을〉 퍼뜨리다; 〈사상 등을〉 제안하다 **3** 〖상업〗 〈회사 등을〉 설립하다; 〈공채 등을〉 발행하다; 〖경제〗 〈통화를〉 변동 환율제로 하다
— *vi.* **1** (물 위에) **뜨다**, 떠오르다(opp. *sink*) 《*on*, *in*》 **2** (물 위·공중에서) 떠돌다 **3** 〈환상 등이〉 떠오르다 《눈앞·마음 속에》; 〈소문이〉 퍼지다 **4** 〖경제〗 〈통화가〉 변동 환율제를 취하다 **5** 〈사람이 정처없이〉 떠돌아다니다; 〈절조·정책 등이〉 한결같지 않다; 〈생각이〉 흔들리다 **6** [보통 진행형으로] 〈찾는 것 등이〉 어디 그 근처에 있다
— *n.* **1** 뗏목; (수상기(水上機)의) 부주(浮舟); 부표(浮標); (물고기의) 부레; 구명대(救命帶) **2** (낚싯줄·어망에 달린) 찌 **3** 차체가 낮은 짐수레, 이동식 무대차 **4** 《영》 〖상업〗 잔돈, 소액 현금; 〖경제〗 변동 환율제

float·a·ble [flóutəbl] *a.* **1** 뜰 수 있는, 떠오르는 성질의 **2** 〈강물이〉 (배·뗏목 등을) 띄울 수 있는

float·age [flóutidʒ], **float·a·tion** [flou*t*éiʃən] *n.* = FLOTAGE, FLOTATION

float·er [flóutər] *n.* **1** 뜨는 사람[것] **2** 《구어》 주소·직업을 자주 바꾸는 사람, 뜨내기 노동자 **3** 《미》 이중[부정] 투표자; 부동(浮動) 투표자 **4** (회사의) 설립 발기인; 《구어》 부동(浮動) 증권 **5** 《영·속어》 잘못, 실수

flóat glàss 플로트 유리 《플로트 법(float process)으로 제조되는 고급 판유리》

***float·ing** [flóutiŋ] *a.* **1 떠있는**, 떠다니는 **2** 부동적인, 일정하지 않은 **3** 〖경제〗 〈자본 등이〉 고정되어 있지 않은, 유동하는; 〖경제〗 〈통화·외환 등이〉 변동하는

flóating brídge 《미》 부교, 뗏목 다리

flóating débt 〖경제〗 유동 부채

flóating ísland **1** 뜬 섬 《늪 등의 부유물이 뭉쳐 섬같이 된 것》 **2** (식후에 먹는) 일종의 커스터드

flóating kídney 〖해부〗 유주신(遊走腎)

flóating líght 부표등; 등대선

flóating ríb 〖해부〗 부동[유리(遊離)] 늑골

flóating vóte [the ~] 부동표; [집합적] 부동표층

flóating vóter 부동표 투표자

floc·cu·lent [flɑ́kjulənt | flɔ́k-] *n.* 양털[솜털]의[같은]; 유모성(柔毛性)의; 보드라운 털로 덮인

***flock**[1] [flɑk | flɔk] [OE 「사람의 떼」의 뜻에서] *n.* **1** (짐승의) **떼**, 《특히》 **양의 떼** **2** 사람의 무리; (사물의) 다수 《*of*》 **3** [집합적] 그리스도교회; (그리스도교회의) 신자[교우]들, 회중
come in ~s 떼지어 오다, 몰려 오다
— *vi.* **떼짓다**, 모이다 《*together*》; 떼지어 오다[가다]

***flock**[2] *n.* **한 뭉치[술]의 양털[머리털]**; [*pl.*] 털 부스러기, 솜 나부랭이, 넝마

floe [flou] *n.* [종종 *pl.*] (바다 위에 떠 있는) 빙원(氷原), 부빙(浮氷)

***flog** [flɑg | flɔg] *vt.* (**~ged**; **~·ging**) **1 채찍질하다**, (매질하는) 체형을 과하다; 매질하여 …하게 하다 **2** 《영·속어》 〈물건을〉 (부정하게) **팔다**, 고매(故賣)하다
~ a dead horse 죽은 말에 채찍질하다, 헛수고를 하다 ***~ … to death*** 《구어》 〈상품·이야기·요구 등을〉 자꾸 선전해서[되풀이해서] 지겹게 하다

flog·ging [flɑ́giŋ | flɔ́g-] *n.* ⓊⒸ 채찍질, (체형으로서의) 매질, 태형

***flood** [flʌd] *n.* **1** [종종 *pl.*] **홍수** **2** [a ~ 또는 *pl.*] **다수[대량]**(의 것·사람), 충만, 쇄도 **3** [the F~] 〖성서〗 노아의 홍수 **4** 밀물, 만조(opp. *ebb*)
at the ~ 밀물이 되어; 알맞은 때에[가 되어] ***before the F~*** 《구어》 먼 옛날에, 태곳적에 ***in ~*** 〈강이〉 넘쳐 흘러서, 홍수가 져서
— *vt.* **1 범람시키다** **2** 관개(灌漑)하다 **3** 〈광선 등을〉 가득 차게 하다 **4** …**에 많이 몰려들다**; 쇄도하다
— *vi.* **1** 〈하천이〉 **범람하다** **2** 〈조수가〉 밀려오다 **3** (홍수처럼) **쏟아져 들어오다** 《*in*》
be ~ed out 홍수로 집을 잃다

flood·ed [flʌ́did] *a.* 물에 잠긴, 침수된

flood·gate [flʌ́dgèit] *n.* **1** 수문(sluice), (밀물을 막는) 방조문(防潮門) **2** [the ~] (노여움 등의) 배출구, 출구《*of*》

flood·light [flʌ́dlàit] *n.* **1** 투광 조명 《건물·인물 등에 여러 각도에서 강한 광선을 비추어 뚜렷이 드러나게 하는 조명법》 **2** 투광 조명등, 투광기, 조명 투사기
— *vt.* (**~·ed**, **-lit** [-lìt]) 투광 조명으로 비추다

flood·plain [flʌ́dplèin] *n.* 〖지질〗 (수위가 높을 때 물에 잠기는) 범람원(原)

flóod tìde **1** [보통 the ~] 밀물(opp. *ebb tide*) **2** 최고조

***floor** [flɔ:r] *n.* **1 방바닥**; 마루 **2** (건물의) **층** **3** (바다·굴 등의) 바닥, 밑

바닥; (바닥처럼) 평평한 곳, 노면(路面) **4** [the ~] 의원석, 의장(議場); (의원의) 발언권; (거래소의) 입회장 **5** (가격·임금 등의) 최저 한도(opp. *ceiling*)
take the ~ (1) 《미》 토론에 참가하다 (2) (춤추기 위해) 일어서다, 춤추기 시작하다 ***walk the ~*** 《미》 (걱정 등으로) 방안을 이리저리 걸어다니다
— *vt.* **1** …에 (마룻)바닥을 깔다 **2** 〈상대방〉을 마루[땅]에 쓰러뜨리다; 《구어》 〈의론·난문제 등이 사람을〉 애먹이다, 당황케 하다

floor·board [flɔ́ːrbɔ̀ːrd] *n.* 바닥 널, 마루청; (자동차 등의) 바닥

floor·cloth [-klɔ̀ːθ | -klɔ̀θ] *n.* 마루 걸레

flóor èxercise (체조의) 마루 운동

floor·ing [flɔ́ːriŋ] *n.* Ⓤ **1** (마룻)바닥; [집합적] 마루청(floors) **2** 바닥을 까는 재료, 플로링 판자

flóor làmp 《미》 (방바닥에 세우는) 전기 스탠드

flóor lèader 《미》 (정당의) 원내 총무

flóor mànager 《미》 **1** 회의장 지휘자[감독] **2** (텔레비전의) 무대 감독 **3** (백화점의) 매장 감독

flóor plàn 〖건축〗 평면도

flóor shòw 플로어쇼《나이트클럽·카바레 등의 바닥에서 하는 음악·노래·댄스 등의 여흥》

floor-through [-θrùː] *n., a.* 《미》 하나의 층 전체를 차지하는 아파트(의)

floor·walk·er [-wɔ̀ːkər] *n.* 《미》 (백화점 등의) 매장 감독(《영》 shopwalker) 《floor manager라고도 함》

floo·zy, -zie, -sie, -sy [flúːzi] *n.* (*pl.* **-zies**; **-sies**) 《구어》 방종한 여자; 탕녀, 매춘부; 지성이 부족한 여자

***flop** [flɑp | flɔp] *v.* (**~ped**; **~·ping**) *vi.* **1** 펄썩[털썩] 쓰러지다, 맥없이 자빠지다 《*down*》; 벌렁 드러눕다; 털썩 주저앉다; 풍덩 뛰어들다 **2** 《미》 갑자기 태도를 바꾸다, 변절하다 **3** 〈연극·영화 등이〉 실패로 끝나다 **4** 퍼덕퍼덕 움직이다[흔들리다] **5** 《속어》 잠들다
— *vt.* **1** 툭 치다; 툭[털썩] 던지다, 쾅[쿵] 떨어뜨리다 《*down*》 **2** 〈날개 등을〉 퍼덕거리다
— *ad.* 퍽(하고), 털썩(하고), 펄썩(하고)
— *n.* **1** 펄썩[털썩] 떨어짐[쓰러짐]; 펄썩 주저앉음 **2** 《구어》 실패(자)(failure), (책·연극·영화 등의) 실패작 **3** 《미·속어》 잠자리, 《특히》 값싼 여관 **4** 배면 도약

flop·house [-hàus] *n.* (*pl.* **-hous·es** [-hàuziz]) 《미·속어》 간이 숙박소, 값싼 여인숙《보통 남자 전용》

flop·o·ver [flɑ́pòuvər | flɔ́p-] *n.* 〖TV〗 영상의 아래위로 움직임

flop·py [flɑ́pi | flɔ́pi] *a.* (**-pi·er**; **-pi·est**) 《구어》 **1** 퍼덕퍼덕 펄럭이는; 흘게 늦은, 늘어진; 느슨한 **2** 기운 없는, 약한 **-pi·ly** *ad.* **-pi·ness** *n.*

flóppy dísk 〖컴퓨터〗 플로피 디스크《컴퓨터용 데이터를 담는 플라스틱제 자기(磁氣) 원판》

***flo·ra** [flɔ́ːrə] *n.* (*pl.* **~s, -rae** [-riː]) **1** (한 지방 또는 한 시대에 특유한) **식물상**(相), (분포상의) 식물 구계(區系) (cf. FAUNA) **2** (한 지방 또는 한 시대의) 식물지(誌)

Flo·ra [flɔ́ːrə] *n.* **1** 〖로마신화〗 플로라 《꽃의 여신》 **2** 여자 이름

***flo·ral** [flɔ́ːrəl] *a.* **꽃의**; 식물(군)의; 꽃 비슷한; 꽃무늬의

***Flor·ence** [flɔ́ːrəns | flɔ́r-] *n.* **1 플로렌스**, 피렌체《이탈리아 중부의 도시; 이탈리아명 Firenze》 **2** 여자 이름

Flor·en·tine [flɔ́ːrəntìːn | flɔ́rəntàin] *a.* Florence의 — *n.* **1** 피렌체 사람 **2** [**f~**] Ⓤ 능견(綾絹)의 일종

flo·res·cence [flɔːrésns] *n.* Ⓤ **1** 개화(開花) **2** 꽃철, 개화기; 한창때, 번성기

flo·res·cent [flɔːrésnt] *a.* 꽃이 핀; 꽃이 한창인

flo·ret [flɔ́ːrit] *n.* 작은 꽃; 〖식물〗 (국화과 식물의) 작은 두상화(頭狀花)

flo·ri·cul·tur·al [flɔ̀ːrəkʌ́ltʃərəl] *a.* 화초 재배(상)의

flo·ri·cul·ture [flɔ́ːrəkʌ̀ltʃər, ⌐–⌐–] *n.* Ⓤ 화초 재배(법), 화초 원예
flò·ri·cúl·tur·ist *n.*

flor·id [flɔ́ːrid | flɔ́r-] 〔L 「꽃의, 꽃이 핀」의 뜻에서〕 *a.* **1** 〈안색이〉 불그스름한, 혈색이 좋은 **2** 화려한, 화려하게 장식한, 눈부신
~·ly *ad.* **~·ness** *n.* = FLORIDITY

***Flor·i·da** [flɔ́ːridə | flɔ́r-] 〔Sp. 「꽃의 (축제)」의 뜻에서〕 *n.* **플로리다**《미국 남동부 끝에 있는 주 및 그 남부의 반도; 주도 Tallahassee [tæ̀ləhǽsi(ː)]; 略 Fla., Flor.; 〖우편〗 FL》

Flor·i·dan [flɔ́ːrədn | flɔ́r-], **Flo·rid·i·an** [flərídiən | flɔ-] *a.* 플로리다의
— *n.* 플로리다 주의 주민

flo·rid·i·ty [flɔːrídəti] *n.* Ⓤ **1** 색깔의 화려함; 장밋빛; 혈색이 좋음, 좋은 혈색 **2** 호화로움; 야함

flor·in [flɔ́ːrin | flɔ́r-] *n.* 플로린 은화 《영국에서 쓰인 2실링 은화; 지금은 10펜스 화폐로서 통용됨》

flo·rist [flɔ́ːrist | flɔ́r-] *n.* 꽃장수; 화초 재배자[연구가]

floss [flɔːs, flɑs | flɔs] *n.* Ⓤ **1** 풀솜; 명주솜; 그 섬유로 자아낸 실(= ~ silk), 푼사《자수용 명주실》 **2** 풀솜 모양의 것 **3** 〖치과〗 플로스《치간 청소용 견사》

flóss sìlk 푼사, 풀솜(floss)

floss·y [flɔ́ːsi, flɑ́si | flɔ́si] *a.* (**floss·i·er**; **-i·est**) **1** 풀솜 같은 **2** 《미·속어》 (복장 등이) 멋부린, 야한

flo·tage, float·age [flóutidʒ] *n.* Ⓤ **1** 부유(浮遊), 부양(浮揚)(력), 부력 **2** 부유물, 표류물 **3** [집합적] (하천에 떠있는) 배[뗏목]들

flo·ta·tion, float·a·tion [floutéiʃən] *n.* Ⓤ **1** 뜸, 부양(浮揚) **2** (증권·채권 등을 발행하여) 기업의 자본금을 모으기; (회사의) 설립; 창업

flo·til·la [floutílə] *n.* 소함대, 소형 선대(船隊)

flot·sam [flɑ́tsəm | flɔ́t-] *n.* Ⓤ **1** (바다 위에 떠도는 조난선의) 표류 화물; 잡동사니 **2** [집합적] 부랑자; 건달패

flounce[1] [flauns] *vi.* **1** 몸부림치다, 허위적거리다, 발버둥이치다 《*about, away*》 **2** 튀어 나가다, 뛰어들다
— *n.* 버둥거림, (성이 나서) 몸부림침
flounce[2] *n.* (스커트의) 주름 장식
— *vt.* 주름 장식을 달다
***floun·der**[1] [fláundər] *vi.* **1** 버둥거리다; 발버둥이치다 **2** 허둥대다, 실수하다
— *n.* 버둥거림, 허둥댐
flounder[2] *n.* (*pl.* **~s,** [집합적] ~) 〖어류〗 가자밋과(科) 물고기의 총칭
***flour** [flauər] 〔동음어 flower〕 〔ME 「flower」의 특수 용법; 「(밀의) 가장 좋은 부분」의 뜻에서〕 *n.* Ⓤ **1 밀가루,** 소맥분 **2** 가루, 고운 가루
— *vt.* 가루를 뿌리다; 《미》 가루로 빻다
***flour·ish** [flə́:riʃ | flʌ́r-] 〔OF 「꽃이 피다」의 뜻에서〕 *vi.* **1 번창하다,** 융성하다; 〈초목이〉 **무성하게 자라다; 활약하다** **2** 〈무기 등을〉 휘두르다 **3** 과시하다; 자랑[과장]해서 말하다 **4** 장식체로 쓰다
— *vt.* **1** 〈무기·채찍 등을〉 휘두르다; 〈손·수건 등을〉 흔들다 **2** 과시하다
— *n.* **1** (무기·손 등을) 재빠르게 휘두르기 **2** (조각·인쇄의) 당초문 모양의 장식 곡선; (꽃 문자·서명 등의) 장식체(로 쓰기) **3** 〖음악〗 (나팔의) 화려한 취주; 장식 악구
with a ~ 화려하게
flour·ish·ing [flə́:riʃiŋ | flʌ́r-] *a.* 무성한, 번영하는, 성대한 **~·ly** *ad.*
flóur mìll 제분기; 제분소
flour·y [fláuəri] *a.* 가루의, 가루 모양의; 가루투성이의
flout [flaut] *vt., vi.* 모욕하다, 업신여기다 《*at*》 — *n.* 업신여기는 말; 경멸, 조롱
***flow** [flou] 〔동음어 floe〕 *vi.* **1 흐르다;** 흘러 나오다 《*from, out*》 **2** 〈피·전류 등이〉 순환하다, 통하다 **3** 〈피가〉 흐르다 **4** 〈근원에서〉 발하다, 샘솟다 《*from*》 **5** 넘쳐 흐르다, 범람하다; 충만하다 **6** 〈조수가〉 밀려 들어오다(opp. *ebb*) **7** 〈사람·자동차 등이〉 줄지어 나아가다; 술술 흘러 나오다; 〈깃발 등이〉 나부끼다
*~ **away*** 〈세월이〉 흐르다, 지나가다
*~ **down*** 흘러 내리다, 〈머리털 등이〉 늘어지다 *~ **over*** 넘쳐 흐르다
— *n.* Ⓤ **1 흐름** **2** 콸콸 샘솟듯함, 흐름 **3** [보통 a ~] 유출[공급]량 **4** [the ~] 밀물(opp. *ebb*) **5** 범람 **6** (의복의) 흐르듯 처짐
flow·chart [flóutʃɑ̀:rt] *n.* **1** 작업[생산] 공정도 **2** 〖컴퓨터〗 순서도
flów dìagram = FLOWCHART
***flow·er** [fláuər] *n.* 〔동음어 flour〕 **1 꽃; 화초** **2** Ⓤ **개화,** 만개: come into ~ 꽃이 피기 시작하다 **3** [the ~] 정수(精粹), 정화(精華) **4** [the ~] (원기가) 한창 왕성할 때, 성년(盛年), 한창 때 **5** [*pl.*; 단수 취급] 〖화학〗 화(華) 《승화로 생긴 분말 모양의 것》
in ~ 꽃이 피어; 만발하여
— *vi.* **꽃이 피다;** 만발하다; 번영하다
— *vt.* 꽃피우다; 꽃으로 장식하다
flówer bèd 화단
flówer bùd 〖식물〗 꽃눈, 꽃망울
flow·ered [fláuərd] *a.* **1** 꽃으로 덮인, 꽃무늬로 장식한 **2** [보통 복합어로] …으로 (꽃이) 피는
flow·er·er [fláuərər] *n.* 꽃이 피는 식물
flówer gàrden 꽃밭, 화원
flówer gìrl 《영》 꽃 파는 소녀[여자]; 《미》 결혼식에서 신부에 앞서서 꽃을 들고 들어가는 소녀
flow·er·ing [fláuəriŋ] *a.* **1** 꽃이 있는, 꽃이 피는, 꽃을 감상하기 위해 재배되는 **2** 꽃이 한창인
— *n.* Ⓤ 개화; 개화기; 꽃 장식을 달기; 꽃 모양의 것[장식]
flówering dógwood 〖식물〗 아메리카말채나무 《미국 Virginia 및 North Carolina 주의 주화(州花)》
flow·er·less [fláuərlis] *a.* 꽃이 없는, 꽃이 피지 않는; 은화(隱花)의
flow·er·let [fláuərlit] *n.* = FLORET
flow·er·pot [fláuərpɑ̀t | -pɔ̀t] *n.* 화분
flówer shòp 꽃가게, 꽃집
flówer shòw 화초 전시회[품평회]
***flow·er·y** [fláuəri] *a.* (**-er·i·er**; **-i·est**) **1** 꽃이 많은 **2** 꽃 같은, 꽃 모양의; 꽃으로 꾸민, 꽃무늬의 **3** 〈문체가〉 화려한, 미사여구를 쓴
***flow·ing** [flóuiŋ] *a.* **1** 흐르는, 물 흐르는 듯한; 거침없이 이어지는; 유창한 **2** 조수가 밀려 들어오는 **3** 〈머리 등이〉 미끈하게 처진
***flown** [floun] *v.* FLY[2]의 과거분사
fl. oz. fluid ounce(s)
***flu** [flu:] 〔동음어 flew, flue〕 〔influenza의 단축형〕 *n.* Ⓤ 《구어》 **인플루엔자,** 유행성 감기, 독감(flue)
flub [flʌb] 《미·구어》 *vt.* (**~bed**; **~·bing**) 실패하다, 실수하다
— *n.* 실패, 실수
***fluc·tu·ate** [flʌ́ktʃuèit] 〔L 「파도처럼 움직이다」의 뜻에서〕 *vi.* 〈양·정도·시세·열 등이〉 **변동하다,** 오르내리다
***fluc·tu·a·tion** [flʌ̀ktʃuéiʃən] *n.* ⓊⒸ 변동, 오르내림
***flue** [flu:] 〔동음어 flew, flu〕 *n.* (굴뚝의) **연통, 연도**(煙道); 가스 도관(導管); (굴뚝의) 연기 빠지는 길, (보일러의) 연관(煙管), 불길 나가는 길
***flu·en·cy** [flú:ənsi] *n.* Ⓤ **유창(함),** 능변
***flu·ent** [flú:ənt] 〔L 「흐르다」의 뜻에서〕 *a.* **1 유창하게 말하는, 유창한;** 말 잘하는, 입담 좋은; 거침없는 **2** 〈움직임·곡선 등이〉 완만한, 부드러운 **~·ly** *ad.*
flúe pìpe 〖음악〗 (파이프 오르간의) 순관(脣管)
fluff [flʌf] *n.* **1** (피륙 등의) 보풀, 솜털 **2** 잔털, (얼굴의) 솜털; 갓 난 수염 **3** [보통 the ~] 《미·속어》 시시한 일[것] **4** 《영·속어》 설 외운 대사(臺詞), 대사의 틀림 **5** 실수, 큰 실패 — *vi.* **1** 보풀다, 보풀이 일다 **2** 《구어》 실수하다, 틀리다; (경기에서) 실패하다 **3** 《영·속어》 대사를 틀리게 외다[잊다] — *vt.* 《구어》 실패하다, (경기에서) 실수하다; 〈대사를〉 잊다
fluff·y [flʌ́fi] *a.* (**fluff·i·er**; **-i·est**) **1** 보풀의, 솜털의; 보풀보풀[복슬복슬]한 **2** 불분명한, 모호한
***flu·id** [flú:id] 〔fluent와 같은 어원〕 *a.* **1** 유동성의(liquid) **2** 곧잘 변하는 《계획 등》,

F

유동적인 **3** 〈자산이〉 현금화될 수 있는
— *n.* [U,C] 〖물리〗 **유동체**, 유체 《액체·기체의 총칭》 **~·ly** *ad.*
flúid drám[dráchm] 액량 드램 《1/8 fluid ounce; 略 fl. dr.》
flu·id·ics [flu:ídiks] *n. pl.* [단수 취급] 유체 공학
flu·id·i·ty [flu:ídəti] *n.* [U] 유동성; 유동질; 변하기 쉬움
flúid óunce 액량 온스 《약제 액량의 단위; 《미》 1/16 pint, 《영》 1/20 pint; 略 fl. oz》
flu·i·dram, -drachm [flù:idrǽm] *n.* = FLUID DRAM[DRACHM]
fluke[1] [flu:k] *n.* **1** 닻혀, 닻가지 **2** (창·줄·화살 등의) 미늘(barb)
fluke[2] *n.* **1** 〖당구〗 플루크 《공이 요행수로 맞음》 **2** 《구어》 요행수, 요행: win by a ~ 요행수로 (이기다)
fluke[3] *n.* 흡충(吸蟲), 디스토마(trematode) 《양 등의 간장에 기생하는 편충》
fluk·y, fluk·ey [flú:ki] *a.* (**fluk·i·er**; **-i·est**) 《구어》 요행(수)의(lucky); 변덕스러운, 변하기 쉬운
flume [flu:m] *n.* **1** (가파르고 좁은) 골짜기 **2** 용수로, 인공 수로
flum·mer·y [flʌ́məri] *n.* (*pl.* **-mer·ies**) [U,C] **1** 《주로 영》 오트밀을 끓여서 만든 죽 **2** [보통 *pl.*] 실없는 소리
flum·mox, flum·mux [flʌ́məks] 《구어》 *vt.* 어리둥절하게 하다, 당혹하게 하다
flump [flʌmp] [의성어] 《구어》 *vt., vi.* 털썩 내던지다, 털썩 놓다; 털썩[와락] 떨어지다[넘어지다] 《*down*》
— *n.* 털썩(하는 소리)
⁑**flung** [flʌŋ] *v.* FLING의 과거·과거분사
flunk [flʌŋk] [*fl*inch+f*unk*] 《구어》 *vi.* (시험 등에) 실패하다(fail); 단념하다, 손을 떼다
— *vt.* **1** 〈시험 등을〉 잡치다, 실패하다 **2** 낙제점을 매기다, 낙제시키다
~ out 낙제하여 퇴학하다, 성적이 나빠서 퇴학시키다
flun·ky, -key [flʌ́ŋki] *n.* (*pl.* **-kies**; **-keys**) **1** 《경멸》 제복을 입은 고용인 《수위 등》 **2** 아첨꾼
flu·o·resce [fluərés] *vi.* 형광을 내다
flu·o·res·cence [fluərésns] *n.* [U] 〖물리〗 형광(성)
flu·o·res·cent [fluərésnt] *a.* 형광성의; 휘황한
flu·o·ri·date [flúərədèit] *vt.* 〈수돗물 등에〉 (충치 예방용) 불소를 넣다
flu·o·ri·da·tion [flùərədéiʃən] *n.* [U] 불소 첨가(법)
flu·or·ide [flúəraid] *n.* 〖화학〗 플루오르화물, 불화물
flu·o·rine [flúəri:n] *n.* [U] 〖화학〗 플루오르, 불소(弗素) 《기호 F》
flu·o·ro·car·bon [flùəroukɑ́:rbən] *n.* 〖화학〗 탄화플루오르, 플루오르화 탄소
flur·ry [flə́:ri | flʌ́ri] *n.* (*pl.* **-ries**) **1** 일진 광풍, 질풍, 강풍, 돌풍 **2** 혼란, 동요 **3** 〖증권〗 (시장의) 소공황(小恐慌)
in a ~ 허둥지둥
— (**-ried**) *vt.* 당황하게 하다, 쩔쩔매게 하다
⁑**flush**[1] [flʌʃ] *vi.* **1** 〈얼굴·볼이〉 **확 붉어지다** 《*up*》; 〈피가〉 달아오르다; 〈색·빛이〉 빛나기 시작하다, 〈하늘이〉 장밋빛이 되다 **2** 〈물이〉 **왈칵[쏴] 흘러나오다,** 쏟아져 나오다 **—** *vt.* **1** 〈얼굴 등을〉 **붉히다** **2** 〈물·액체를〉 **왈칵 흘리다,** 내뿜다; 〈하수도·거리 등을〉 물로 씻어 내리다 **3** 〈목장 등에〉 물을 가득 채우다; (연못 등의) 물을 빼다 **4** 흥분[상기]시키다, 의기양양하게 하다, 기세를 돋우다
— *n.* **1** (볼 등의) **홍조** **2** (갑작스러운) 증수(增水); 물을 왈칵 쏟음; 물로 씻어 냄 **3** (감정의) 갑작스런 고양, 흥분 **4** (새잎 등의) 싹틈; 새싹 **5** 발랄함; (힘의) 왕성
in a ~ 당황하여, 혼란을 일으켜 *in full ~* 〈초목이〉 온통 싹이 터서 *in the first [full] ~ of* (triumph) (승리)의 감격에 도취하여
***flush**[2] *a.* **1** [P] **동일 평면의, 같은 높이의** (level) **2** [P] 〈물이〉 가득 찬, 넘칠 듯한 **3** 《구어》 (돈을) 잔뜩 가진 《*of*》; 아낌없이 쓰는, 손이 큰(lavish) 《*with*》 **4** 원기 넘치는, 불그스레한(ruddy)
— *ad.* **1** 평평하게, 같은 높이로 **2** 바로, 정면으로 **—** *vt.* 평평하게 하다
flush[3] *vi.* 〈새가〉 푸드덕 날아오르다
— *vt.* 〈새를〉 푸드덕 날아오르게 하다
— *n.* [C,U] 날아오름, 날아오르게 함; (한꺼번에 푸드덕 날아오르는) 새떼
flush[4] *n.* 〖카드〗 플러시 《특히 poker에서 같은 종류의 패가 모이기》
flúsh tòilet[làvatory] 수세식 변소
flus·ter [flʌ́stər] *vt., vi.* 떠들썩하(게 하)다, 어리둥절하(게 하)다; 취하(게 하)다 **—** *n.* [U,C] 정신을 못차림, 당황
⁑**flute** [flu:t] *n.* **1** **플루트,** 피리; 플루트 주자 **2** (오르간의) 플루트 음전 **3** 피리 모양의 것; 가늘고 긴 술잔 **4** 가늘고 긴 프랑스 빵 **5** 〖건축〗 (기둥 장식의) 세로 홈
— *vi.* **1** 플루트를 불다 **2** 피리 같은 음[소리]을 내다
— *vt.* **1** 피리 같은 소리로 노래하다[말하다] **2** 〖건축〗 〈기둥 등에〉 세로 홈을 파다
flúte·lìke *a.*
flut·ed [flú:tid] *a.* **1** 피리 소리의; 〈음이〉 맑은 **2** 〖건축〗 (기둥에) 세로 홈을 판; 홈이 있는
flut·ing [flú:tiŋ] *n.* [U,C] **1** 피리 불기, 플루트 연주 **2** 〖건축〗 (기둥 등의) 홈 파기, 세로 홈 장식 **3** (옷의) 홈 주름
flut·ist [flú:tist] *n.* 《미》 플루트 주자
⁑**flut·ter** [flʌ́tər] *vi.* **1** 〈깃발 등이〉 **펄럭이다,** 나부끼다(flap); 〈꽃잎 등이〉 팔랑팔랑 떨어지다 **2** 〈새 등이〉 **날개치다** 《*about*》; 퍼덕거리며 날다; 〈나비 등이〉 펄펄[훨훨] 날다, 이리저리 날다(flit) **3** 〈맥박·심장이〉 빠르고 불규칙하게 뛰다; 가슴이 두근거리다 **4** 조마조마하다; 정처없이 거닐다
— *vt.* **1** 〈깃발·손수건 등을〉 **펄럭거리다;** 흔들어 움직이다; 나부끼게[휘날리게] 하다 **2** 〈날개를〉 **퍼덕이다** **3** 〈가슴을〉 두근거리게 하다; 안절부절못하게 하다
— *n.* **1** **펄럭임,** 날개치기; 두근거림 **2** 《구어》 (마음의) 동요; 야단법석 **3** (시장의) 작은 파동 **4** 《주로 영·구어》 한 판 걸기 **5**

F

들먹들먹하는[안절부절못하는] 무리 《*of*》 **6** 〖항공〗(비행기 날개 등의) 불규칙 진동; 〖TV〗(영상의) 불규칙 광도(光度)
be in a ~ (흥분하여) 가슴이 두근거리고 있다, 안절부절못하다 ***fall into a ~*** 어리둥절해 하다; 허둥거리다 ***make*** [***cause***] ***a great ~*** 세상을 떠들썩하게 하다 ***put*** a person ***in*** [***into***] ***a ~*** = ***throw*** a person ***into a ~*** 조마조마 하게[안절부절못하게] 하다

flútter kìck 〖수영〗(발로) 물장구질[치기]

flut·y [flúːti] *a.* (**flut·i·er**; **-i·est**) 〈음조가〉 피리 소리 같은

flu·vi·al [flúːviəl] *a.* 강[하천]의; 하류 작용으로 생긴

*__flux__ [flʌks] *n.* **1** 유동, 흐름 **2** Ⓤ 밀물 **3** Ⓤ 유전, 끊임없는 변화 **4** ⓊⒸ 〖병리〗 이상 유출; 설사 **5** 〖화학〗 융제(融劑), 용매제 ― *vt.* 녹이다, 융제로 처리하다
― *vi.* 녹다; 흐르다; 〈조수가〉 밀려들다

__fly__[1] [flai] [「나는(fly[2]) 것」의 뜻에서] *n.* (*pl.* **flies**) **1** 파리; 나는 곤충 **2** (동식물의) 해충; 충해(蟲害) **3** 〖낚시〗 제물낚시; (산)날벌레 미끼 ***a ~ in amber 호박(琥珀) 속의 파리 화석; 원형태로 보존되어 있는 유물 ***a ~ in the ointment*** 옥에 티; 흥을 깨는 것 ***a ~ on the*** (***coach***) ***wheel*** 허세 부리는 사람

***__fly__[2] *v.* (**flew** [fluː]; **flown** [floun]) *vi.* **1** 〈새가〉 날다; (비행기로) 날다; 〈총알 등이〉 날다 **2** (구어) 〈사람이〉 날아가듯 달리다 **3** 날아오르다, 흩날리다; 〈깃발·머리카락이〉 바람에 휘날리다 **4** 갑자기 (어떤 상태에) 빠지다[…이 되다] **5** 달아나다, 도망치다, 피하다 **6** (**flied**) 〖야구〗 플라이를 치다 **7** 《미·속어》 마약을 맞다
― *vt.* **1** 〈새 등을〉 날리다, 날아오르게 하다; 〈연을〉 띄우다 **2** 〈깃발을〉 달다, 휘날리다 **3** …을 비행기로 날다; 〈사람을〉 비행기[비행선]로 나르다[태워 가다] **4** (**fled** [fled]) …로부터 도주하다, 피하다
~ at …에 덤벼들다, 공격하다 ***~ high*** 높이 날다; 큰 뜻을 품다 ***~ in the face*** [***teeth***] ***of*** …에게 대들다, 반항하다 ***~ low*** (구어) 크게 바라지 않다 ***~ off*** 날아가다, 급히 가버리다 ***~ out*** 뛰어나가다; 대들다 《*at, against*》 ***let ~*** 〈탄환·화살 등을〉 날리다 ***make the money ~*** 돈을 마구 쓰다 ***send*** a person ***~ing*** …을 집어 던지다; 〈적 등을〉 내쫓다 ***send*** things ***~ing*** 물건을 내던지다[흩날리다]
― *n.* **1** 비행; 〖야구〗 비구(飛球), 플라이 **2** [*pl.*] (영) (한 필이 끄는) 전세 마차 **3** [종종 *pl.*] 《주로 영》 (양복의) 단추 덮개; (천막 입구의) 가림(천) **4** [*pl.*] 〖연극〗 (무대 천장의) 대도구(大道具) 조작 장소
on the ~ (미) 날고 있는, 비행중; 진행하고 있는; (구어) 서둘러, 바삐

fly·a·way [fláiəwèi] *a.* **1** 〈머리카락·옷 등이〉 바람에 나부끼는 **2** 〈사람이〉 들뜬 **3** 비행 준비가 된

fly·blown [-blòun] *a.* **1** 쉬파리가 쉬를 슨, 구더기가 끓는 **2** 더럽혀진, 썩은

fly·by [-bài] *n.* (*pl.* **~s**) 〖항공〗 (목표로의) 저공[접근] 비행

fly-by-night [-bainàit] *a.* (금전적으로) 무책임한, 믿을 수 없는 ― *n.* 야반도주하는 사람; 믿을 수 없는 사람

fly·catch·er [-kæ̀tʃər] *n.* 〖조류〗 딱새

fly·er [fláiər] *n.* = FLIER

fly-fish·ing [-fìʃiŋ] *n.* Ⓤ 제물낚시질

***__fly·ing__ [fláiiŋ] *n.* Ⓤ 날기, 비행
― *a.* Ⓐ **1** 나는, 비행하는; 공중에 뜬, 펄펄 휘날리는 **2** 나는 듯이 빠른, 아주 바쁜; 달아나는

flýing bòat 비행정

flýing bòmb 로봇 폭탄

flýing búttress 〖건축〗 (고딕식 건축물에서) 부벽(扶壁)과 주(主)건물을 연결한 벽받이

flýing cólors 승리, 성공

flýing còlumn 유격[별동]대

flýing drágon 〖동물〗 날도마뱀; 〖곤충〗 잠자리

Flýing Dútchman [the ~] 희망봉 부근에 출몰한다고 하는 네덜란드 유령선(의 선장)

flýing fish 〖어류〗 날치

flýing fóx 〖동물〗 큰박쥐 《얼굴이 여우와 닮았다고 해서》

flýing jíb 〖항해〗 이물 앞쪽의 삼각 돛

flýing lémur 〖동물〗 날다람쥐 원숭이 《필리핀·동남아시아산》

flýing lízard = FLYING DRAGON

flýing sáucer 비행접시

flýing squàd (주로 영) 기동 경찰대

flýing squírrel 〖동물〗 날다람쥐 《미국 동부산》

flýing stárt (자동차 경주에서) 도움닫기 출발; 신속한 시작

flýing wíng 〖항공〗 전익(全翼) 비행기 《꼬리 날개가 없는 비행기》

fly·leaf [fláilìːf] *n.* (*pl.* **-leaves** [-lìːvz]) 면지(面紙)

fly·off [-ɔ̀ːf | -ɔ̀f] *n.* 〖항공〗 (복수 후보기의) 성능 비교 비행, 기종 선정 비행

fly·o·ver [-òuvər] *n.* **1** (미) 전시[공중 분열] 비행, 의례(儀禮) 비행 **2** (영) 고가(高架) 횡단 도로

fly·pa·per [-pèipər] *n.* Ⓤ 끈끈이 종이 《파리 잡는》

fly·past [-pæ̀st | -pɑ̀ːst] *n.* (영) = FLYOVER 1

flý shèet **1** 한 장으로 된 인쇄물 《광고·취지서 등》; 광고용 전단(handbill) **2** (소형의) 설명서, 취지서

fly·speck [-spèk] *n.* **1** 파리똥의 얼룩 **2** 작은 점[결점] ― *vt.* …에 조그마한 얼룩을 찍다, 더럽히다

flý swàtter (미) 파리채

fly-tip [fláitìp] *vt.* (**~ped**; **~·ping**) (영) 〈쓰레기를〉 아무데나 버리다

fly·trap [-træ̀p] *n.* 파리통; 파리잡이 풀

fly·weight [-wèit] *n.* 〖권투〗 플라이급

fly·wheel [-*h*wìːl] *n.* 〖기계〗 플라이휠, 회전 속도 조절 바퀴

fm., fm 〖물리〗 fathom(s); from

Fm 〖화학〗 fermium

FM [éfém] [*f*requency *m*odulation] *n., a.* **1** 〖전자〗 주파수 변조(의) **2** FM 방송(의)

FM field marshal

fn. footnote
f-num·ber [éfnʌ̀mbər] *n.* 〚광학·사진〛 F 넘버《렌즈의 밝기 표시; 초점 거리를 구경으로 나눈 것; f는 focal length의 기호》: *f* / 8 [*f* : 8] 에프 넘버 8
FO 《영》 Foreign Office
foal [foul] *n.* 당나귀[노새]의 새끼, 망아지(colt, filly)
— *vt., vi.* 〈말이〉 (새끼를) 낳다
‡foam [foum] *n.* ⓊⒸ **1 거품,** 물거품, 포말(泡沫); 게거품 **2** (말 등의) 비지땀, 《시어》 바다 — *vi.* **1** 거품이 일다 **2** 거품을 내뿜으며 화내다
fóam rúbber 기포 고무, 스펀지 고무
foam·y [fóumi] *a.* (**foam·i·er**; **-i·est**) 거품의; 거품투성이의, 거품 같은
-i·ness *n.*
fob¹ [fɑb | fɔb] *n.* **1** 시계 등을 넣는 조그마한 주머니《양복 바지 위쪽의》 **2** 《미》 = FOB CHAIN
fob² *vt.* (**~bed**; **~·bing**) 《고어》 속이다, 거짓말하다 [다음 성구로] **~ *off*** …을 속이다; 교묘하게 회피하다《*with*》; 〈불량품 등을〉 속여서 팔다《*with, on, upon*》
FOB, fob free on board 《영》 〚상업〛 본선 인도《파는 사람이 배에 짐을 싣기까지의 비용을 부담함》; 《미》 화차 인도
fób chàin 시계줄[끈, 리본]《양복바지의 시계 넣는 주머니(fob)에서 늘어뜨리는》
***fo·cal** [fóukəl] *a.* **초점의;** 〚의학〛 병소(病巢)의
fo·cal·ize [fóukəlàiz] *vt.* 초점을 맞추다; 〈주의 등을〉 집중시키다; 〈감염 등을〉 국부적으로 막다
fócal pòint 〚광학·사진〛 초점
fo·ci [fóusai, -kai] *n.* FOCUS의 복수
fo'c'sle, fo'c's'le [fóuksl] *n.* = FORECASTLE
‡fo·cus [fóukəs] [L 「노(爐)의 소점(燒點)」의 뜻에서] *n.* (*pl.* **~·es, -ci** [-sai, -kai]) **1** 〚물리·수학〛 **초점;** 초점 정합(整合)《안경 등의》 **2** [보통 the ~] (흥미 등의) 쏠리는 점; (폭풍·분화(噴火)·폭동 등의) 중심 **3** 〚지질〛 (지진의) 진원
***bring ... into* ~** 〈…에〉 초점을 맞추다
***in* [*out of*] ~** 초점이 맞아[맞지 않아]; 또렷[흐릿]하게
— *vt., vi.* (**~(s)ed**; **~·(s)ing**) 초점에 모으다[모이다], **…의 초점을 맞추다; 집중시키다[하다]** 《*on, upon*》
***fod·der** [fɑ́dər | fɔ́d-] *n.* Ⓤ **가축의 먹이,** 꼴 — *vt.* 〈가축에〉 사료를 주다
‡foe [fou] *n.* 《문어·시어》 **적,** 원수
foehn [fein] [G] *n.* 〚기상〛 푄《산에서 내리 부는 건조하고 따뜻한 바람》
foe·tal [fíːtl] *a.* = FETAL
foe·tus [fíːtəs] *n.* = FETUS
‡fog [fɔːg, fɑg | fɔg] *n.* ⓊⒸ **1 안개;** 농무《**fog** 짙은 안개. **mist** fog보다 엷은 안개. **haze** mist보다 엷은 안개》 **2** 〚사진〛 (음화의) 흐림
***in a* ~** 어찌할 바를 몰라, 오리무중에
— *v.* (**~ged**; **~·ging**) *vt.* **1** 안개[분무]로 덮다; 흐릿하게 하다 **2** 어쩔 줄 모르게 하다 **3** 〚사진〛 〈음화·인화를〉 흐리게 하다
— *vi.* 안개가 끼다
~ *up* 안개가 자욱하게 끼다
fóg bànk 무봉(霧峰)《해상에 층운(層雲) 모양으로 끼는 짙은 안개》
fog·bound [-bàund] *a.* 짙은 안개로 항해[이륙]가 불가능한
fog·bow [-bòu] *n.* 안개 무지개, 무홍(霧虹)《안개 속에 나타나는 흐릿한 흰빛 무지개》
fo·gey [fóugi] *n.* = FOGY
***fog·gy** [fɔ́ːgi, fɑ́gi | fɔ́gi] *a.* (**-gi·er**; **-gi·est**) **1 안개가 자욱한 2** 〈생각 등이〉 몽롱한(dim); 흐릿한 **3** 〚사진〛 흐린
fóggi·ly *ad.*
Fóggy Bóttom 미국 국무부의 속칭
fog·horn [fɔ́ːghɔ̀ːrn | fɔ́g-] *n.* 〚항해〛 농무 경적(濃霧警笛); 크고 탁한 소리
fóg lìght[**làmp**] (자동차의) 안개등
fo·gy [fóugi] *n.* (*pl.* **-gies**) [보통 old ~] 시대에 뒤진 사람, 완고한 구식 사람
fo·gy·ish [fóugiiʃ] *a.* 케케묵은, 구식의
föhn [fein] [G] *n.* 〚기상〛 = FOEHN
foi·ble [fɔ́ibl] *n.* **1** (성격상의) 약점, 결점, 단점; 자만하는 점 **2** 〚펜싱〛 칼의 휜 부분《중앙에서 칼끝까지》(cf. FORTE¹ 2)
foie gras [fwɑ́ː-grɑ́ː] [F = goose liver] *n.* 푸아그라《집오리의 간요리; 진미(珍味)》
***foil¹** [fɔil] [L 「잎」의 뜻에서] *n.* Ⓤ **1** 박(箔), 얇은 금속 조각 **2** 거울 뒤쪽에 입힌 박 **3** Ⓒ (다른 것과의 대조로) 돋보이게 하는 것[사람] **4** Ⓒ 〚건축〛 꽃잎·잎사귀 모양의 장식《고딕식 건물에 새긴 장식》
— *vt.* **1** 박을 입히다, 뒤에 박을 붙이다 **2** 〚건축〛 꽃잎 모양 장식을 하다
foil² *vt.* 〈상대방·계략 등을〉 좌절시키다, 뒤엎다(baffle); 《고어》 〈공격을〉 물리치다 — *n.* 《고어》 격퇴
foil³ *n.* 〚펜싱〛 **1** 플뢰레《칼끝을 동그랗게 해 놓은 연습용 펜싱 칼》 **2** [*pl.*] (펜싱의) 플뢰레 종목
foist [fɔist] *vt.* **1** 〈부정한 기록 등을〉 몰래 써 넣다《*into*》 **2** 〈가짜 등을〉 떠맡기다, 속여서 팔다《*off, on*[*upon*]》
fol. followed; following
‡fold¹ [fould] *vt.* **1 접다,** 접어 포개다 **2** 〈단 등을〉 접어 넣다, 접어 젖히다《*back, down*》 **3** 〈양팔에〉 **안다;** 껴안다 **4** 〈손·팔·다리 등을〉 **끼다 5 싸다,** 둘둘 말다(wrap up), 두르다; 덮다《*in*》
— *vi.* **1** 포개지다, 접히다 **2** 《구어》 망하다, 실패하다
~ *up* 쓰러지다, 녹초가 되다; 〈사업 등이〉 망하다, 파산하다, 〈연극 등이〉 실패하다
— *n.* **1 주름;** 접은 자리 **2** 층(layer); 구김살; (땅의) 움푹 꺼진 곳; 〚지질〛 (지층의) 습곡(褶曲)
fold² *n.* **1** (특히 양의) 가축 우리 **2** (우리 안의) 양 떼; 집회, 신도들(cf. FLOCK)
— *vt.* 〈양을〉 우리에 넣다
-fold [fould] *suf.* 「…곱[겹]의」의 뜻: mani*fold*
fold·a·way [fóuldəwèi] *a.* Ⓐ (침대 등이) 접는 식의
fold·boat [-bòut] *n.* = FALTBOAT
fold·er [fóuldər] *n.* **1** 접는 사람[기구] **2** 서류철하는 종이 **3** 《미》 접는 광고지; 접는 책, 접는 지도[시간표]

__fol·de·rol__ [fάldəràl | fɔ́ldərɔ̀l] *n.* UC 1 시시한 것[생각], 헛소리 2 싸구려 장식품
__fóld·ing dóor__ [fóuldiŋ-] 접문
__fólding móney__ ((미·구어)) 지폐(paper money)
__fold·out__ [fóuldàut] *n.* (잡지의) 접어 넣은 페이지
__fold·up__ [-ʌ̀p] *a.* 접을 수 있는, 접게 된
*__fo·li·age__ [fóuliidʒ] [L 「잎」의 뜻에서] *n.* U 1 [집합적] (한 그루 초목의) 잎(전부) 2 (건축 등의) 잎 무늬 장식
__fóliage plànt__ 관엽(觀葉) 식물
__fo·li·ate__ [fóuliət, -lièit] *a.* 1 [보통 복합어로] 〚식물〛 잎이 있는; (…장의) 잎이 있는 2 잎 모양의
— *v.* [fóulièit] *vi.* 1 잎을 내다 2 얇은 잎으로 갈라지다 — *vt.* 1 〚건축〛 잎사귀 모양의 장식으로 꾸미다 2 얇은 조각[박(箔)]으로 하다; 박을 입히다 3 〈책에〉 장수(張數)를 매기다
__fó·lic ácid__ [fóulik-] 〚생화학〛 폴산, 엽산(葉酸) ((빈혈의 특효약))
*__fo·li·o__ [fóuliòu] [L 「잎」의 뜻에서] *n.* (*pl.* ~s) 1 전지(全紙)의 2절 ((4페이지분)) 2 U 2절판(책) — *a.* 2절판의
***__folk__ [fouk] *n.* (*pl.* ~, ~s) 1 사람들 ((집합적으로 복수취급을 하나, ((미·구어))에서는 이 뜻으로 ~s 형태도 쓴다. 지금은 대체로 people을 쓰는 것이 일반적)) 2 [*pl.*] ((구어)) 가족, 친척; 양친 3 [the ~; 복수 취급] 민중, 국민
__fólk etymólogy__ 민간[통속] 어원(설)
__folk·ie__ [fóuki] ((구어)) *n.* 민요 가수
*__folk·lore__ [fóuklɔ̀ːr] *n.* U 1 [집합적] 민속, 민간 전승(傳承) 2 민속학
__-lòr·ist__ *n.* 민속학자
__fólk mùsic__ 민속 음악, 민요
__folk·sing·er__ [-sìŋər] *n.* 민요 가수
__fólk sòng__ 민요, 포크송
__folk·sy__ [fóuksi] *a.* (__-si·er__; __-si·est__) ((미·구어)) 서민적인; 상냥한, 사교적인
__folk·tale__ [fóuktèil] *n.* 민간 설화, 전설
__folk·ways__ [-wèiz] *n. pl.* 〚사회〛 습관, 풍속 ((한 사회 집단의 공통적인 생활·사고·행동 양식))
***__fol·low__ [fάlou | fɔ́l-] *vt.* 1 〈순서로서〉 …의 뒤를 잇다, …의 다음에 오다; …의 결과로서 일어나다 2 따라가다[오다], (뒤를) 따르다; 동행[수행]하다 3 〈전례·풍습 등에〉 따르다; 〈충고·명령·교훈 등에〉 따르다 4 〈길 등을〉 따라가다; 동조하다; 종사하다 5 〈사람 등을〉 쫓다; 추구하다 6 눈으로 좇다, 주목하다; 귀로 듣다, 경청하다 7 이해하다 — *vi.* 1 잇따라 일어나다 2 뒤따르다, 수행하다 3 당연한 결과로서 …이 되다 ((*from*))
as ~s 다음과 같이 ***~ about***[***around***] 〈사람을〉 줄곧 따라다니다 ***~ on*** 잠시 있다가 이어지다; (결과로서) 〈사태가〉 일어나다 ***~ out*** 끝까지[철저하게] 해내다 ***~ through*** 〚야구·골프·테니스〛 공을 친 후에도 배트[클럽, 라켓]를 끝까지 휘두르다; 끝까지 다하다 ***~ up*** (1) 계속[끝까지] 추구하다, 철저히 추적하다; (여세를 몰아) 더욱 철저하게 하다 (2) 〈신문에〉 속보(續報)를 싣다
— *n.* 1 U 뒤따름, 추종, 추구 2 〚당구〛 밀어치기(= ~ shòt) 3 ((속어)) (음식점에서) 더 청하는 음식 ((보통량의 반쯤))
***__fol·low·er__ [fάlouər | fɔ́l-] *n.* 1 수행원, 종자(從者); 신하 2 신봉자, 제자 ((*of*)) 3 추격자, 추적자
***__fol·low·ing__ [fάlouiŋ | fɔ́l-] *a.* 1 다음의, 다음에 계속되는; 이하의 2 〚항해〛 순풍의; 〈조류가〉 순류(順流)의 — *prep.* …에 이어, …후에 — *n.* 1 [the ~; 단수·복수 취급] 다음에 말하는 것[일, 사람], 하기(下記)의 것 2 [집합적] 수행원, 제자, 부하
__fol·low-on__ [-ɔ̀ːn | -ɔ̀n] *n.* 1 〚크리켓〛 속행 제2회전 2 후속되는 것; 후속 공격
__fol·low-through__ [-θrùː] *n.* CU 1 〚야구·골프〛 타격 후의 마무리 동작 2 (계획 등의) 실행, 완수
*__fol·low-up__ [fάlouʌ̀p | fɔ́l-] *a.* A 잇따르는, 뒤따르는; 추적의 — *n.* 1 속행; 사후 점검 2 추가로 내는 권유장 3 (신문의) 속보(續報)
***__fol·ly__ [fάli | fɔ́li] *n.* (*pl.* __-lies__) 1 U 어리석음 2 어리석은 행동[생각], 바보짓 3 막대한 돈을 들인 어처구니없는 큰 건축 4 [*pl.*; 단수 취급] 글래머 여성 출연자; 그런 여자가 나오는 시사 풍자극
__fo·ment__ [fouméntt] *vt.* 1 찜질을 하다, 〈아픈 데를〉 (온)습포하다 2 〈반란·불화 등을〉 촉진[조장, 조성, 선동]하다
__fo·men·ta·tion__ [fòuməntéiʃən] *n.* 1 찜질(약) 2 U (불평·불만 등의) 조장, 유발
__fond__ [fɑnd | fɔnd] [ME 「어리석은」의 뜻에서] *a.* 1 P 좋아하는 ((*of*)) 2 정다운, 다정한(tender) 3 ((고어)) 어리석은; 맹신적인 ***be ~ of …을 좋아하다
__fon·dant__ [fάndənt | fɔ́n-] [F] *n.* 퐁당과자 ((입에 넣으면 곧 녹는 당과))
__fon·dle__ [fάndl | fɔ́n-] *vt.*, *vi.* 귀여워하다(pet), 애무하다
*__fond·ly__ [fάndli | fɔ́nd-] *ad.* 1 다정하게; 귀여워해서 2 [문장을 수식하여] 쉽게 믿어서, 어리석게도, 경망스럽게도
*__fond·ness__ [fάndnis | fɔ́nd-] *n.* UC 1 도타운 사랑, 자애 2 [a ~] 기호(嗜好), 취미 ((*for*))
__fon·due__ [fɑndjúː | fɔ́ndjuː] [F] *n.* 〚요리〛 퐁듀 ((백포도주에 치즈를 녹인 냄비 요리로 빵 등에 얹어 먹음))
__font__[1] [fɑnt | fɔnt] *n.* 1 (교회의) 세례반(洗禮盤), 성수반 2 기름통 ((등잔의)) 3 ((시어)) 샘, 원천; 근원
__font__[2] *n.* ((미)) 〚인쇄〛 폰트 ((종류와 크기가 같은 활자 한 벌))
__fon·ta·nel(le)__ [fɑ̀ntənél | fɔ̀n-] *n.* 〚해부〛 숫구멍, 정문(頂門)
***__food__ [fuːd] *n.* U 1 음식, 식량 2 (마실 것에 대하여) 먹을 것 3 (식물의) 양분 4 ((비유)) (마음의) 양식; (논리나 사고 등의) 재료 ((*for*))
~ for thought 생각할 거리
__fóod àdditive__ 식품 첨가물
__food·a·hol·ic__ [fùːdəhɔ́ːlik | -hɔ́l-] *n.* 식욕 과잉인 사람, 병적인 대식가
__fóod bànk__ ((미)) 식량 은행 ((극빈자용 식량 저장 배급소))

fóod chàin 〖생태〗 먹이 연쇄[사슬]
fóod cỳcle 〖생태〗 먹이순환
food-gath·er·ing [-gæ̀ðəriŋ] *n.* (수렵) 채집 생활의
food·ie [fú:di] [*food*+junk*ie*] *n.* 《속어》 식도락가, 미식가
fóod pòisoning 식중독
*__food·stuff__ [fú:dstʌ̀f] *n.* [종종 *pl.*] **식료품**, 식량
fóod vàlue (식품의) 영양가
fóod wèb 〖생태〗 먹이망(網)[그물]
⁑**fool**[1] [fu:l] [L 「풀무; 허풍쟁이」의 뜻에서] *n.* **1 바보**; 멍청이 **2** (옛날 왕후·귀족에게 고용되었던) 광대 **3** 바보 취급을 받는 사람, 곧잘 속아 넘어가는 사람(cf. APRIL FOOL) **4** 《미·구어》 …을 몹시 좋아하는 사람 《*for*》; 광(狂)
be ~ enough to do... 어리석게도 …하다 ***make a ~ of*** a person …을 놀리다 ***make a ~ of*** one***self*** 바보짓을 하여 웃음거리가 되다 ***play the ~*** 광대 노릇을 하다; 멍청한 짓을 하다; 실수하다 (blunder) ***play the ~ with*** …을 농락하다, 속이다(deceive); 망치다 ***suffer ~s gladly*** 《구어》 어리석은 사람에게 관대한 태도를 취하다
— *vi.* **1** 바보짓을 하다, **익살 떨다**, 장난치다; 농담하다 **2** 빈둥거리다, 어슬렁거리다
— *vt.* **1** 놀리다, 우롱하다 **2** 속이다
~ around[***about***] 빈들빈들 지내다, 빈둥빈둥 돌아다니다; 시간을 낭비하다 《*with*》 ***~*** a person ***into ...ing*** (…을) 속여서 …시키다 ***~ with*** 《구어》 …을 가지고 장난하다[놀다]; 참견하다 ***You could have ~ed me!*** 《미·구어》 그건 거짓말이겠지!
fool[2] *n.* Ⓤ 《영》 〖요리〗 풀 《삶은 과일을 으깨어 우유 또는 크림에 섞은 것》
fool·er·y [fú:ləri] *n.* (*pl.* **-er·ies**) ⓊⒸ 어리석은 짓; 바보 같은 소리
fool·har·dy [fú:lhɑ̀:rdi] *a.* (**-di·er**; **-di·est**) 무작정한, 소견머리 없는, 무모한 **-di·ly** *ad.* **-di·ness** *n.*
⁑**fool·ish** [fú:liʃ] *a.* **어리석은**; 바보 같은 **~·ly** *ad.* 어리석게도, 바보같이 **~·ness** *n.* Ⓤ 어리석음
fool·proof [fú:lprù:f] *a.* 《속어》 바보라도 할 수 있는, 아주 간단한
fools·cap [fú:lzkæ̀p] *n.* 《영》 풀스캡판(版) 《보통 17×13인치 크기》; 대판 양지(大版洋紙) 《접어서 약 16×13인치의 크기》; = FOOL'S CAP
fóol's càp 광대 모자; 원뿔꼴의 종이 모자(cf. DUNCE('S) CAP)
fóol's érrand 헛걸음, 헛수고
go on a ~ 헛걸음[헛수고]을 하다
fóol's góld 황철광, 황동광
fóol's páradise 어리석은 자의 낙원; 《비유》 행복의 환영(幻影), 헛된 기대
⁑**foot** [fut] *n.* (*pl.* **feet** [fi:t]) **1 발**; 발 부분 **2 피트** 《길이의 단위; = 12 inches》 **3** Ⓤ [집합적] 《주로 영》 보병 **4 걸음**, 걸음걸이 **5** 밑쪽; (산 등의) **기슭**; 최하[최저]부 **6** 〖운율〗 운각(韻脚)
at a person***'s feet*** …의 발밑에, 복종하여 ***find*** one***'s feet*** 설 수 있게 되다; 일어서다; 자신이 붙다 ***get*** one***'s feet wet*** 참가하다, 해보다 ***have a ~ in both camps*** 적과 아군 양쪽에 통하다 ***have*** one***'s feet on the ground*** (1) 발을 땅에 단단히 붙이고 있다 (2) 현실[실제]적이다 ***have the ball at*** one***'s feet*** 좋은 기회를 맞고 있다 ***keep*** one***'s ~*** [***feet***] 똑바로 서 있다[걷다]; 신중히 행동하다 ***on ~*** 일어서서, 걸어서, 도보로; 움직여서; 일이 일어나서; (착착) 진행하여 ***on*** one***'s feet*** 일어서서; 기운을 회복하여; (경제적으로) 독립하여 ***put a ~ wrong*** [보통 부정문에서] 그릇된 일을 말하다[저지르다] ***put*** one***'s ~ in*** [***into***] ***it*** [one***'s mouth***] 《구어》 (부주의로 말미암아) 어려운 처지에 빠지게 되다, 실수하다 ***with*** one***'s feet foremost*** 발을 앞으로 하여; 관 속에 들어가, 시체가 되어
— *vt.*, *vi.* 밟다, 디디다; 스텝을 밟다, 춤추다; 〈양말에〉 발 부분을 달다; 〈배가〉 나아가다; 《구어》 지불하다: ~ the bill 계산을 치르다
foot·age [fútidʒ] *n.* Ⓤ **1** 피트 단위의 척도 **2** (영화 필름·재목 등의) 피트 길이
⁑**foot·ball** [fútbɔ̀:l] *n.* **1** Ⓤ **풋볼**, 축구; Ⓒ 축구공 **2** 손님을 끌기 위한 싸구려 상품 **3** 거칠게 취급되는 사람[것]
foot·board [-bɔ̀:rd] *n.* 발판; 승강용 발판 《자동차·전차 등의》; (마부가 발을 올려놓는) 발판
foot·bridge [-brìdʒ] *n.* 인도교, 육교
foot-drag·ging [-drӕgiŋ] *n.* 《미·구어》 **1** 지체; 느림 **2** 망설임
foot·ed [fútid] *a.* **1** 발이 있는 **2** [보통 복합어로] 발이 …한; …발의
foot·er [fútər] *n.* **1** 보행인, 도보자 (walker) **2** 《영·구어》 축구 **3** (자료의 각 페이지 하단의) 1-2행의 반복 문구
foot·fall [fútfɔ̀:l] *n.* 발걸음, 발소리
fóot fàult 〖테니스〗 서브할 때 라인 안을 밟는 반칙
foot·fault [-fɔ̀:lt] *vt.* 〖테니스〗 …에게 풋 폴트를 선언하다
foot·gear [-gìər] *n.* Ⓤ [집합적] 신는 것 《신발·덧신·양말 등》
Fóot Guàrds [the ~] (영국) 근위 보병 연대
foot·hill [-hìl] *n.* [보통 *pl.*] 산기슭의 작은 언덕[구릉지대]
*__foot·hold__ [fúthòuld] *n.* **1 발판**, 발디딤 **2** 근거지; 확고한 발판
*__foot·ing__ [fútiŋ] *n.* ⒸⓊ **1 발밑**; 발판, 발디딤 **2** 입장, 확고한 지위, 근거지 **3** 지위, 신분, 자격 **4** 사이, 관계 **5** 〖건축〗 기초
foo·tle [fú:tl] *vi.* 《구어》 어리석은 짓을 하다; 쓸데없는 말을 하다
foot·less [fútlis] *a.* **1** 발 없는; 실체가 없는 **2** 《시어》 미답(未踏)의 **3** 《미·구어》 서투른, 쓸모없는, 무능한
*__foot·lights__ [fútlàits] *n. pl.* **1** 〖연극〗 **각광**(脚光) **2** 무대; 연극 배우의 직업
appear[***come***] ***before the ~*** 각광을 받으며 등장하다, 무대에 서다
foot·ling [-liŋ] *a.* 《구어》 싱거운, 하찮은

foot·loose [-lùːs] *a.* 《미·구어》 가고 싶은 곳에 갈 수 있는, 제 멋대로 할 수 있는, 속박 없는

*__foot·man__ [-mən] *n.* (*pl.* **-men**[-mən]) **1** (제복을 입은) **하인 2** 《고어》 보병

*__foot·mark__ [-mɑ̀ːrk] *n.* **발자국**

*__foot·note__ [-nòut] *n.* **각주**(脚註)
— *vt.* …에 각주를 달다

foot·pace [-pèis] *n.* 제[보통] 걸음

foot·pad [-pæ̀d] *n.* 노상 강도

foot·path [-pæ̀θ | -pɑ̀ːθ] *n.* (*pl.* **~s** [-pæ̀ðz | -pɑ̀ːðz]) 《영》 보도(footway)(《미》 sidewalk); 좁은 길 《들판 등의》(cf. TRAIL)

foot-pound [-páund] *n.* 〖물리〗 풋파운드 《1파운드의 중량을 1피트 들어올리는 일의 양》

*__foot·print__ [fútprìnt] *n.* **발자국**

foot·race [-rèis] *n.* 도보(徒步) 경주

foot·rest [-rèst] *n.* (이발용 의자 등의) 발판, 발걸이

fóot rùle 피트 자(尺)

foot·sie [fútsi] *n.* 《미·속어》 농탕질, 시룽거리기; 《미·유아어》 걸음마
play ~(s) with …와 시룽거리다; …의 비위를 맞추다

foot·slog [fútslɑ̀g | -slɔ̀g] *vi.* (**~ged**; **~·ging**) (진창길·장거리를) 애써 나아가다, 힘든 행군을 하다

fóot sòldier 보병

foot·sore [-sɔ̀ːr] *a.* 발이 아픈, 발병 난

__foot·step__ [fútstèp] *n.* **1 발소리 2 걸음걸이, 걸음 **3** 보폭(步幅) **4** 발자국 **5** 디딤대, 계단
follow [***tread***] ***in*** a person***'s ~s*** …의 선례를 따르다, 뜻을 잇다

foot·stool [-stùːl] *n.* 발 올려 놓는 대

foot·way [-wèi] *n.* 작은 길; 《영》 보도 (《미》 sidewalk)

foot·wear [-wɛ̀ər] *n.* Ⓤ [집합적] 신발류

*__foot·work__ [fútwə̀ːrk] *n.* Ⓤ **1** (구기·권투·무용 등의) **발놀림**; (유도의) 발기술 **2** (신문 기자의) 걸어다니면서 하는 취재

foot·worn [-wɔ̀ːrn] *a.* **1** 밟아서 닳은 **2** (너무 걸어) 피곤한, 발이 아픈

foo·zle [fúːzl] *vt., vi.* 서투른 짓을 하다, 실수하다; 잘못 치다 《골프 등에서》
— *n.* 실수; 서투른 타구 《골프의》; 《구어》 얼빠진 사람

fop [fɑp | fɔp] *n.* 맵시꾼, 멋쟁이

fop·per·y [fɑ́pəri | fɔ́p-] *n.* (*pl.* **-per·ies**) ⓊⒸ 겉치레, 멋 부리기; 어리석은 짓

fop·pish [fɑ́piʃ | fɔ́p-] *a.* 멋 부리는, 맵시 내는 **~·ly** *ad.* **~·ness** *n.*

__for__ [fɔːr, fər] [동음어 fore, four] *prep.* **1 [목적] **…을 위하여,** …을 목적으로; …을 노리고, …이 되려고, …을 하려고: go ~ a walk[a swim] 산책하러[헤엄치러] 가다 **2** [용도·적응] **…용의**[**으로**], …대상의[으로]; …에 적합한: a cupboard ~ dishes 식기장 **3** [획득·추구] **…을 얻기 위하여**[**위한**], …을 (찾아): an order ~ tea 차의 주문 **4** [받을 사람·수취인] **…에게 주려고**[**주려는**], …앞으로의: a present ~ you 당신에게 주는 선물 **5** [성향] **a …에 대하여**[**대한**], …을 이해하는: a great affection ~ her 그녀에 대한 큰 사랑 **b** [cause, reason, ground, motive, foundation 등의 뒤에서] **…에 대한,** …해야 할 **6** [보수·대상] 〈호의·결과 등〉 **에 대해서,** **…의 보답으로서**: five points ~ each correct answer 각 정답에는 5점 **7** [관련] **…에 관해서(는),** …의 점에서는 **8** [시간·기간] **…동안** (쭉); (예정 기간으로서) …동안(은) 《이 뜻의 for는 종종 《구어》에서는 생략됨》: ~ hours[days, years] 몇 시간[며칠, 몇 년] 동안이나 **9** [찬성·지지] **…을 지지하여**[**한**], …을 위하여, …에 편들어(opp. *against*): vote ~ Smith 스미스에게 투표하다 **10 a** [대용·대리] **…대신에**[**의**]: a substitute ~ butter 버터 대용품 **b** [표시] **…을 나타내어**: What's (the) German ~ "water"? 「물」은 독일어로 뭐라고 합니까? **c** [대표] **…을 대표하여 11 a** [이익·영향] **…을 위하여**[**위한**]; …에 (대해): give one's life ~ one's country 조국을 위해 목숨을 바치다 **b** [경의(敬意)] **…을 기념하여,** …을 위해 **c** [모방] 《미》 **…의 이름을 따서**(《영》 after) **12** [교환] **…와 교환으로;** 〈상품 등〉 **…에 대하여;** **…의 금액**[**값**]**으로 13** [목적지] **…을 향하여,** …으로 가기 위해[위한]; …에 입장하기 위해[위한]: start[leave] ~ India 인도를 향하여 출발하다 **14** [준비·보전] **…에 대비하기 위해**[**위한**], …을 유지하기[고치기] 위해[위한]: study ~ an exam 시험 공부를 하다 **15** [지정·할당·귀속] 〈몇일·몇시〉**에**[**의**]; **…때에**[**의**]; …로 정해진: an appointment ~ the afternoon 오후에 만날 약속 **16** [주로 too + 형용사·부사 + ~, 또는 enough + ~의 형태로] **…에게(는),** …하기에는: That hat is *too* small ~ me. 그 모자는 내게는 너무 작다. **17 a** [비율·대비] **…치고는,** …으로서는 **b** [each, every나 수사 앞에서] **…에 대하여 c** [앞 뒤에 같은 명사를 써서] (같은 자격·중요성·가치 등의) **…와 …을 비교하여**[**할 경우**] **18** [소속·자격] **…으로,** …라고 《이 용법에서는 종종 뒤에 형용사나 분사가 따름》 **19** [이유·원인] **a …때문에,** …으로(인하여): ~ many reasons 많은 이유로 **b** [결과] [대개 the+비교급 뒤에서] **…의 결과로서,** …탓으로 **20 a** [부정사의 주어 관계] **…이** (**…하다**): It is necessary ~ travelers *to* carry a passport. 여행자는 여권을 휴대하는 것이 필요하다. **b** [대개 it is ~ a person *to* do의 형태로] (…하는 것은) **…에게 어울리다,** **…이 할 일이다 21** [수량·금액] **…만큼(의),** …어치(의): a check ~ $100 100달러짜리 수표
be ~ it 《영·구어》 아마[꼭] 처벌받게[야단맞게] 되어 있다 ***be in ~ ...*** ⇨ in *ad.*
~ all ... (1) …에도 불구하고 (2) [종종 that와 함께 접속사적으로] 《영·드물게》 …이지만 (3) …(이 별것 아님)을 고려하여 (보면) ***~ ever*** (***and ever***) 영구히, 영원토록 ***if it were not***[***had not been***]

~ ⇨ if. ***That's ... ~ you.*** [상대의 주의를 환기시켜] (1) 저봐 …이죠 (2) 그런 일이 …에 자주 있다[…의 어려운 점이다]
— *conj.* [대개 콤마나 세미콜론을 앞에 찍고, 앞 문의 부가적 설명·이유로서] **왜냐하면 …이니까,** 그 까닭은 …이므로 《문어적이며 회화에서는 쓰지 않음》

for- [fɔ:r, fər] *pref.* 「금지, 제외, 무시」 등의 부정적인 뜻: *for*bid

for. foreign; forestry

FOR, f.o.r. free on rail 〖상업〗 화차[철도] 인도(cf. FOB)

fo·ra [fɔ́:rə] *n.* FORUM의 복수

for·age [fɔ́:ridʒ | fɔ́r-] *n.* **1** Ⓤ 마초, 꼴, (마소의) 먹이 **2** ⒸⓊ 마초 징발
— *vi.* **1** 마초를 찾아다니다, 식량을 징발하다 **2** 마구 뒤지며 찾다 《*among, about, for*》 **3** 침입[침략]하다 《*on, upon*》
— *vt.* **1** …에게서 마초[식량]를 징발하다; 약탈하다 **2** 〈마소 등에게〉 마초[꼴]를 주다

fórage càp 〖군사〗 (보병의) 약모(略帽)

for·as·much as [fɔ̀:rəzmʌ́tʃ-əz, fər-] *conj.* 《문어》 〖성서·법〗 …이므로

for·ay [fɔ́:rei | fɔ́r-] *vt., vi.* 침략하다, 약탈하다 — *n.* 침략, 약탈; (전문 분야 이외로의) 진출, 손대기 《*into*》

***for·bade** [fərbǽd, -béid], **for·bad** [fərbǽd] *v.* FORBID의 과거

‡**for·bear¹** [fɔ:rbέər] *v.* (**-bore** [-bɔ́:r]; **-borne** [-bɔ́:rn]) *vt.* **삼가다**; 참다
— *vi.* **삼가다,** 그만두다 《*from*》; **참다** 《*with*》
bear and ~ 잘 참고 견디다

for·bear² [fɔ́:rbὲər] *n.* = FOREBEAR

***for·bear·ance** [fɔ:rbέərəns] *n.* Ⓤ **1 관용,** 용서 **2 인내,** 참을성, 자제; 조심

for·bear·ing [fɔ:rbέəriŋ] *a.* 참을성 있는; 관대한

‡**for·bid** [fərbíd] *vt.* (**-bade** [-bǽd, -béid], **-bad** [-bǽd]; **-bid·den** [-bídn], ~; **~·ding**) **1 금하다, 허락하지 않다;** 〈사정 등이〉 불가능하게 하다, 방해하다 **2** [God[Heaven]을 주어로 한 가정법으로] …하는 일이 절대로 없기를

‡**for·bid·den** [fərbídn] *v.* FORBID의 과거분사 — *a.* **금지된,** 금제의, 금단의

forbídden frúit **1** 〖성서〗 금단의 열매 《Adam과 Eve가 뱀의 유혹으로 먹은 선악과》; 부도덕한 쾌락 **2** 월귤나무의 일종

forbídden gróund 금단의 장소; 토의해서는 안 되는 문제; 말해서는 안 되는 일

***for·bid·ding** [fərbídiŋ] *a.* **1 가까이하기 어려운,** 꺼림칙한, 험악한 **2** 무서운, 험상궂은 **~·ly** *ad.*

***for·bore** [fɔ:rbɔ́:r] *v.* FORBEAR의 과거

***for·borne** [fɔ:rbɔ́:rn] *v.* FORBEAR의 과거분사

‡**force** [fɔ:rs] [L 「강한」의 뜻에서] *n.* **1 힘,** 체력; 기력 **2** Ⓤ **폭력;** [a ~] 폭행 **3** (자연의) **힘,** 기세 **4 영향력;** (사회적) 권력, 세력; 유력한 인물 **5** Ⓤ **설득력,** 박력 **6** [the ~] **무력,** 병력; [종종 *pl.*] 군대 **7** Ⓤ 〖물리〗 **힘,** 에너지
by (***main***) ~ 폭력으로, 주먹다짐으로, 억지로 ***by*** (***the***) ~ ***of*** …의 힘으로, …에 의하여 ***come into*** ~ 〈법률이〉 실시되다, 효력을 발생하다
— *vt.* **1 억지로 …시키다; 강요하다 2** 억지로 떠밀다, 몰아대다 《*into, apart, back, down*》 **3** 〈뜻 등을〉 어거지로 갖다 붙이다; 〈목소리 등을〉 억지로 내다, 짜내다 **4** (억지로) 떠맡기다, 강요하다 **5** 강탈하다, 잡아채다 《*out of*》; 〈눈물·사실 등을〉 끌어내다, 나오게 하다 《*from*》 **6** 억지로 떠밀고 나아가다; 〈문 등을〉 떠밀어 부수다, 비틀어 열다 **7** 〈초목·과수를〉 (인위적으로) 속성 재배하다 **8** 〖카드〗 〈끗수가 높은 패를〉 버리게 하다; 〈어떤 패를〉 뽑아내게 하다

***forced** [fɔ:rst] *a.* **1 강요된 2** 무리한, 어거지의 **3** 불시의

for·ced·ly [fɔ́:rsidli] *ad.* 무리하게, 강제로

fórce féed (내연 기관 등의) 압력[강제] 급유

***force·ful** [fɔ́:rsfəl] *a.* **힘 있는;** 설득력 있는; 효과적인; 힘에 의한

force-land [fɔ́:rslǽnd] *vi.* 〈항공기가〉 불시착하다

force ma·jeure [fɔ́:rs-mɑ:ʒə́:r] [F = superior force] *n.* 〖법〗 불가항력; (강한 나라가 약한 나라에 가하는) 강압

force·meat [fɔ́:rsmì:t] *n.* Ⓤ 〖요리〗 포스미트 《가늘게 저미어 조린 고기》

force-out [-àut] *n.* 〖야구〗 봉살(封殺), 포스 아웃

fórce plày 〖야구〗 포스 플레이 《주자가 봉살되는 플레이》

for·ceps [fɔ́:rseps, -səps] *n.* (*pl.* ~, **-ci·pes** [-səpì:z]) **1** 집게, 핀셋, 족집게 **2** 〖동물〗 핀셋처럼 생긴 기관 《곤충 등의》

fórce pùmp 밀펌프(cf. LIFT PUMP)

***for·ci·ble** [fɔ́:rsəbl] *a.* **1 억지로 시키는,** 강제적인 **2** 강력한, 힘찬, 힘센, 유력한; 유효한

***for·ci·bly** [fɔ́:rsəbli] *ad.* **우격다짐으로,** 힘[무력]으로; **힘차게,** 강력하게

***ford** [fɔ:rd] *n.* **여울**
— *vt.* 여울을 건너다

***Ford** [fɔ:rd] *n.* **1** 포드 **Henry ~** (1863-1947) 《미국의 자동차왕》 **2** 포드형 자동차 **3** 포드 **Gerald R**(**udolph**) **~** (1913-) 《미국의 제38대 대통령(1974-77)》

ford·a·ble [fɔ́:rdəbl] *a.* 〈내 등이〉 걸어서 건널 수 있는

***fore** [fɔ:r] [동음어 four, for] *a.* Ⓐ **앞부분[전방, 앞면]의**
— *ad.* 〖항해〗 이물(쪽)에; 〖항공〗 (항공기) 기수(쪽)에
~ and aft 이물과 고물에; 배 전체에
— *n.* 앞부분, 앞면; 〖항해〗 이물쪽; 앞돛대 ***to the ~*** 앞면에; 눈에 띄는 곳에, 활약하여; 준비되어
— *int.* 〖골프〗 앞이 위험하다 《공이 가는 쪽에 있는 사람에게 경고하는 소리》

fore- [fɔ:r] 《연결형》 「미리…; 선(先)…; 예(豫)…」의 뜻: *fore*bode

fore·arm¹ [fɔ́:rɑ̀:rm] *n.* 〖해부〗 아래팔, 팔뚝

fore·arm² [fɔ:rɑ́:rm] *vt.* 미리 무장하다; 〈난관 등에〉 미리 대비하다

fore·bear [fɔ́ːrbὲər] *n.* [보통 *pl.*] 조상, 선조(ancestor)
fore·bode [fɔːrbóud] *vt.* **1** 전조가 되다, 예시하다 **2** 〈불길함을〉 예감하다
fore·bod·ing [fɔːrbóudiŋ] *n.* ⓊⒸ **1** 육감, 예감, 《특히》 불길한 일의 전조 **2** 예언
fore·brain [fɔ́ːrbrèin] *n.* 〖해부〗 전뇌(前腦)
‡**fore·cast** [fɔ́ːrkæ̀st | -kɑ̀ːst] *vt.* (~, ~**ed**) **1** 〈날씨를〉 **예보하다**; **예상**[예측]**하다** **2** 미리 계획하다 **3** …의 전조가 되다
— *n.* **예상**, 예측, **예보**
fore·cast·er [fɔ́ːrkæ̀stər] *n.* 예측자; (일기) 예보관, 기상 통보관
fore·cas·tle [fóuksl, fɔ́ːrkæ̀sl] *n.* 〖역사〗 선수루(船首樓) 《옛날 군용선의》
fore·close [fɔːrklóuz] *vt.* **1** 제외[배제]하다, 못 들어오게 하다 **2** 미리 대답해 두다, 미리 처리하다 **3** 〖법〗 〈저당권 설정자에게〉 저당물을 찾아갈 권리를 잃게 하다
— *vi.* 저당물을 유질 처분하다 《*on*》
fore·clo·sure [fɔːrklóuʒər] *n.* ⓊⒸ 〖법〗 담보물을 찾을 권리의 상실, 유질 처분
fore·court [fɔ́ːrkɔ̀ːrt] *n.* **1** (건물의) 앞마당 **2** (테니스·배드민턴 등의) 포코트 (opp. *backcourt*)
fore·deck [fɔ́ːrdèk] *n.* 〖항해〗 앞 갑판
fore·doom [fɔːrdúːm] *vt.* (처음부터) 미리 운명을 정하다
∗**fore·fa·ther** [fɔ́ːrfɑ̀ːðər] *n.* [보통 *pl.*] **조상**, 선조
Fórefathers' Dày 《미》 Pilgrim Fathers가 1620년 미대륙에 상륙한 기념일 《일반적으로 12월 22일; 상륙은 21일》
∗**fore·fin·ger** [fɔ́ːrfìŋgər] *n.* **집게손가락**
fore·foot [fɔ́ːrfùt] *n.* (*pl.* **-feet** [-fìːt]) 앞발 《네발짐승의》; 〖항해〗 용골의 앞끝; 이물 머리
fore·front [fɔ́ːrfrʌ̀nt] *n.* [the ~] **1** 맨 앞; 선두 **2** 중심 《활동·흥미 등의》
in the ~ of (1) (전투 등의) 최전선에서 (2) …의 선두가 되어
fore·gath·er [fɔːrgǽðər] *vi.* = FORGATHER
fore·go [fɔːrgóu] *vt.*, *vi.* (**-went** [-wént]; **-gone** [-gɔ́ːn | -gɔ́n]) **1** = FORGO **2** 앞에 가다, 앞서다(go before)
∗**fore·go·ing** [fɔːrgóuiŋ] *a.* **앞서 말한**; **앞의**
— *n.* [the ~] 앞서 말한 것
fore·gone [fɔːrgɔ́ːn | fɔːgɔ́n] *a.* Ⓐ 앞선, 기왕의; 기정(旣定)의, 과거의
foregóne conclúsion 필연적인 결론[결과]; 처음부터 알고 있는[뻔한] 결론
∗**fore·ground** [fɔ́ːrgràund] *n.* **1 전경**(前景) 《경치·그림의》 (cf. BACKGROUND) **2** 최전면
fore·hand [fɔ́ːrhæ̀nd] *a.* **1** 앞의, 앞쪽의(front); 맨 앞의, 선두의 **2** 앞당긴 **3** (테니스 등에서) 포핸드의, 바로 치는
— *n.* 앞 위치, 말의 앞 반신(半身) 《기수의 앞》
— *ad.* 포핸드로
fore·hand·ed [fɔ́ːrhǽndid] *a.* **1** 포핸드의 《테니스 등에서》 **2** 《미》 장래에 대비한; 돈을 아끼는 **3** 《미》 유복한

‡**fore·head** [fɔ́ːrid, fɔ́ːrhèd | fɔ́rid, fɔ́ːhèd] *n.* **1 이마** **2** (물건의) 앞 부분
‡**for·eign** [fɔ́ːrən | fɔ́r-] [L「밖으로」의 뜻에서] *a.* **1 외국의**; 외국에 있는; 외국풍의; 대외적인; 외국산의; 외국행의 **2** (고유의 것이 아닌) 외래의, **이질적인**; 전혀 다른, 서로 맞지 않는, 적합하지 않은 《*to*》
fóreign affáirs 외교 문제; 외무; 국제 관계
fóreign áid 대외 원조, 외국 원조
for·eign-born [-bɔ́ːrn] *a.* 외국 태생의
fóreign correspóndent (신문·잡지의) 해외 특파원
‡**for·eign·er** [fɔ́ːrənər | fɔ́r-] *n.* **외국인**
∗**fóreign exchánge 외국환**, 외환; 외자
fóreign légion 외인 부대; [**F~ L~**] (북아프리카 프랑스군의) 외인 부대
fóreign mínister [the F- M-] (영·미 이외의) 외무부 장관
fóreign óffice [the F- O-] 《영》 외무부 《the Foreign and Commonwealth Office의 구칭》
fore·judge [fɔːrdʒʌ́dʒ] *vt.* 미리 판단을 내리다, 예단(豫斷)하다
fore·know [fɔːrnóu] *vt.* (**-knew** [-njúː | -njúː]; **-known** [-nóun]) 미리 알다, 예지하다
fore·knowl·edge [fɔ́ːrnɑ̀lidʒ | fɔːnɔ́l-] *n.* Ⓤ 예지(豫知), 선견(先見)
fore·la·dy [fɔ́ːrlèidi] *n.* (*pl.* **-dies**) 《미》 (공장의) 여자 감독[십장]
fore·land [fɔ́ːrlæ̀nd] *n.* 곶, 갑(岬)
fore·leg [fɔ́ːrlèg] *n.* 앞다리 《짐승·곤충의》; (의자의) 앞다리
fore·lock [fɔ́ːrlɑ̀k | -lɔ̀k] *n.* 앞머리
take[***seize***] ***time***[***an occasion***] ***by the ~*** 기회를 놓치지 않다, 기회를 타다[이용하다]
∗**fore·man** [fɔ́ːrmən] *n.* (*pl.* **-men** [-mən]) **1** (노동자의) **십장**, 직장(職長), 현장 주임 **2** 배심장(陪審長)
fore·mast [fɔ́ːrmæ̀st | fɔ́ːmɑ̀ːst] *n.* 〖항해〗 앞돛대
‡**fore·most** [fɔ́ːrmòust] *a.* **1 맨 앞의 2 으뜸**[**일류**]**가는**, 주요한 — *ad.* 맨 먼저
first and ~ 맨 첫째로 ***head ~*** 거꾸로
fore·name [fɔ́ːrnèim] *n.* (surname에 대한) 이름(first name)
fore·named [fɔ́ːrnéimd] *a.* 전술(前述)한, 전기(前記)한
∗**fore·noon** [fɔ́ːrnùːn] *n.* 《문어》 **오전**, 아침나절 《특히 8-9시부터 정오경까지》
fo·ren·sic [fərénsik] *a.* 법정의[에 관한]; 변론의, 토론의
forénsic médicine 법의학
fore·or·dain [fɔ̀ːrɔːrdéin] *vt.* 〖신학〗 미리 운명을 정하다
fore·part [fɔ́ːrpɑ̀ːrt] *n.* 앞 부분, 전면; 첫 부분, 초기
fore·paw [fɔ́ːrpɔ̀ː] *n.* (개·고양이 등의) 앞발
fore·play [fɔ́ːrplèi] *n.* Ⓤ (성행위의) 전희(前戱)
fore·run [fɔːrrʌ́n] *vt.* (**-ran** [-rǽn]; **-run**; **~-ning**) **1** …의 앞을 달리다, …에

앞서다 **2** 예시[예고]하다
***fore·run·ner** [fɔ́:rrʌ̀nər] *n.* **선구자**, 선각자; 선인(先人), 선조
fore·sail [fɔ́:rsèil] *n.* 〖항해〗 앞돛
‡**fore·see** [fɔ:rsí:] *vt.* (**-saw** [-sɔ́:]; **-seen** [-sí:n]) **예견하다**, 미리 알아차리다
~·a·ble *a.* 예지할 수 있는
fore·shad·ow [fɔ:rʃǽdou] *vt.* 〈신이〉 예시하다, 징조를 보이다, …의 전조가 되다
fore·shore [fɔ́:rʃɔ̀:r] *n.* **1** 갯벌 《만조선과 간조선 사이》 **2** 물가, 바닷가
fore·short·en [fɔ:rʃɔ́:rtn] *vt.* **1** 〖회화〗 (원근법에 따라) 먼 쪽을 줄여 그리다, 원근법으로 그리다 **2** 단축하다, 축소하다
fore·show [fɔ:rʃóu] *vt.* (**~ed**; **-shown** [-ʃóun]) 예고[예언]하다, 예시하다
***fore·sight** [fɔ́:rsàit] *n.* Ⓤ **1 선견**(**지명**), 통찰 **2** (장래에 대한) 신중함, 조심 **3** (총포의) 가늠쇠
fore·skin [fɔ́:rskìn] *n.* Ⓤ (음경의) 포피(包皮)
‡**for·est** [fɔ́:rist | fɔ́r-] *n.* **1** UC **숲, 삼림**, 산림지 **2** [a ~] 숲처럼 총총 선 것, 숲을 이룬 것 **3** [**F~**] 〖영국사〗 (왕실 등의) 사냥터
cannot see the ~ for the trees 나무를 보고 숲을 보지 못하다, 작은 일에 사로잡혀 큰일을 놓치다
— *vt.* …에 식목하다
fore·stall [fɔ:rstɔ́:l] *vt.* **1** 앞서다, 선손 쓰다; 앞지르다 **2** 매점(買占)하다, 시장 거래를 방해하다
for·est·a·tion [fɔ̀:rəstéiʃən | fɔ̀r-] *n.* Ⓤ 조림(造林), 식림
fore·stay·sail [fɔ̀:rstéisèil; 〖항해〗 fɔ̀:rstéisl] *n.* 〖항해〗 앞돛대의 앞 밧줄에 맨 삼각돛
for·est·er [fɔ́:rəstər | fɔ́r-] *n.* **1** 삼림관, 산림 감독관 **2** 산림지 거주자, 산림 노동자; 숲의 동물 **3** (특히 수놈의) 대형 캥거루 **4** 〖곤충〗 알락나방의 일종
fórest fìre 산불
for·est·land [fɔ́:ristlæ̀nd | fɔ́r-] *n.* 삼림지
fórest rànger 《미》 삼림 감시원
for·est·ry [fɔ́:rəstri | fɔ́r-] *n.* Ⓤ **1** 임학(林學), 조림학, 임업 **2** 산림 관리 **3** 삼림지
fore·swear [fɔ:rswέər] *v.* = FORSWEAR
fore·taste [fɔ́:rtèist] *n.* **1** 시식(試食) **2** (장차의 고락 등을) 미리 조금 맛봄 《*of*》 **3** 예기, 예상
— [-ˊ] *vt.* **1** 시식하다 **2** 〈고락 등을〉 미리 맛보다[알다]
***fore·tell** [fɔ:rtél] *vt.* (**-told** [-tóuld]) **1 예고**[**예언, 예시**]**하다** **2** 〈사물이〉 예시하다, …의 전조가 되다
fore·thought [fɔ́:rθɔ̀:t] *n.* Ⓤ 깊은 생각, 신중, 조심; 사전의 고려[의도, 계획]; 선견
fore·to·ken [fɔ́:rtòukən] *n.* 전조
— [-ˊ-] *vt.* 전조를 보이다
***fore·told** [fɔ:rtóuld] *v.* FORETELL의 과거·과거분사
‡**for·ev·er** [fərévər] *ad.* **1 영원히**, 영구히 **2** 끊임없이, 항상, 줄곧 *~ and a day* = *~ and ever* 영원히
for·ev·er·more [fərèvərmɔ́:r, fɔ:r-] *ad.* 《문어》 = EVERMORE
fore·warn [fɔ:rwɔ́:rn] *vt.* 미리 경계하다; 미리 주의[통고]하다
F~ed is forearmed. 《속담》 미리 경계하는 것은 미리 무장하는 것이다, 유비무환.
fore·wom·an [fɔ́:rwùmən] *n.* (*pl.* **-wom·en** [-wìmin]) **1** 여자 배심장(陪審長) **2** 여자 감독[십장]
fore·word [fɔ́:rwə̀:rd] *n.* 머리말, 서문
***for·feit** [fɔ́:rfit] [OF 「위반하다」의 뜻에서] *n.* **1** UC **벌금**; 추징금; 몰수물 **2** Ⓤ (권리·명예 등의) **상실, 박탈**
— *a.* 몰수된, 상실한
— *vt.* (벌로서) **상실하다**, 〈권리를〉 잃다, 몰수[박탈]당하다
for·fei·ture [fɔ́:rfitʃər] *n.* **1** Ⓤ (재산의) 몰수; (명성의) 상실; (계약 등의) 실효 **2** 몰수물; 벌금, 과료
for·fend [fɔ:rfénd] *vt.* **1** 《미》 막다, 지키다 **2** 피하다, 방지하다
for·gath·er [fɔ:rgǽðər] *vi.* **1** 《문어》 모이다 **2** (우연히) 만나다
***for·gave** [fərgéiv] *v.* FORGIVE의 과거
***forge**[1] [fɔ:rdʒ] [L 「작업방」의 뜻에서] *n.* **1 단조**(鍛造) **공장**(smithy), 대장간 **2** (대장간의) 노(爐), 풀무; 괴철로(塊鐵爐) **—** *vt.* **1** 〈쇠를〉 **벼리다**; 벼려서 만들다 **2 위조**[**모조**]**하다** **3** 〈계획 등을〉 안출하다 **4** 〈거짓말 등을〉 꾸며내다, 날조하다
— *vi.* **1** 위조[모조]하다 **2** 대장간에서 일하다
forge[2] *vi.* 서서히 나아가다
forg·er [fɔ́:rdʒər] *n.* **1** 위조자[범], 날조자, 거짓말쟁이 **2** 대장장이
***for·ger·y** [fɔ́:rdʒəri] *n.* (*pl.* **-ger·ies**) **1** Ⓤ (문서·지폐의) **위조**; 〖법〗 문서 위조(죄) **2** 위조 문서[도장, 작품, 화폐]
‡**for·get** [fərgét] *v.* (**-got** [-gɑ́t | -gɔ́t], 《고어》 **-gat** [-gǽt]; **-got·ten** [-gɑ́tn | -gɔ́tn], 《미》 **-got**; **~·ting**) *vt.* **1 잊다** **2** 소홀히[등한시]하다, 무시하다; 개의치 않다 **—** *vi.* 잊다, 깜빡 잊다 ~ one***self*** (1) 자기(의 이익)을 돌보지 않다, 몰두하다 (2) 자기의 분수를 잊어버리다, 자제심을 잃다; 의식을 잃다
not ~ting …도 또한, …도 포함해서
***for·get·ful** [fərgétfəl] *a.* **1 잊기 쉬운**, 잘 잊어버리는 **2** Ⓟ **게을리하기 쉬운**
~·ly *ad.* 잘 잊어버리고, 깜빡 잊어서, 소홀하게도
***for·get·ful·ness** [fərgétfəlnis] *n.* **건망증**; 소홀, 태만
for·get-me-not [fərgétminɑ̀t | -nɔ̀t] *n.* 〖식물〗 물망초 《신의·우애의 상징》
for·get·ta·ble [fərgétəbl] *a.* 잊기 쉬운; 잊어야 할, 잊어도 좋은
forg·ing [fɔ́:rdʒiŋ] *n.* UC 대장일; 위조; 단조품(鍛造品)
for·giv·a·ble [fərgívəbl] *a.* 용서할 수 있는[해도 좋은]
‡**for·give** [fərgív] [OE 「포기하다」의 뜻에서] *v.* (**-gave** [-géiv]; **-giv·en** [-gívən]) *vt., vi.* **1 용서하다** **2** 〈빚 등을〉 면제하다, 탕감하다

for·giv·en [fərgívən] *v.* FORGIVE의 과거분사

for·give·ness [fərgívnis] *n.* Ⓤ 용서, (빚 등의) 면제, 탕감; 관용, 관대함

for·giv·ing [fərgíviŋ] *a.* (쾌히) 용서하는, 관대한 **~·ly** *ad.*

for·go [fɔːrgóu] *vt.* (**-went** [-wént]; **-gone** [-gɔ́ːn | -gɔ́n]) …없이 지내다, 삼가다, 보류하다

for·got [fərgát | -gɔ́t] *v.* FORGET의 과거·과거분사

for·got·ten [fərgátn | -gɔ́tn] *v.* FORGET의 과거분사

fork [fɔːrk] *n.* **1** (식탁용) **포크** **2** (농업용) 포크, **갈퀴**, 쇠스랑 **3** 〚음악〛 소리굽쇠 **4** 가랑이; 가랑이 모양의 것 **5** **분기**(分岐); 갈래진 전광(電光)
***a knife and* ~** (한 벌의) 나이프와 포크
— *a.* Ⓐ 서서 먹는, 입식의 〈식사〉
— *vi.* **1** 갈래가 지다, 분기하다 **2** (갈림길에서) 한쪽으로 가다 — *vt.* **1** 포크 모양으로 하다 **2** 포크로 찌르다 **3** (갈퀴·쇠스랑 등으로) 긁어 움직이다, 긁어 올리다

fork·ball [fɔ́ːrkbɔ̀ːl] *n.* 〚야구〛 포크볼

forked [fɔːrkt, fɔ́ːrkid] *a.* **1** 가랑이진, 갈래 진 **2** [보통 복합어로] …갈래의

fórked tóngue 《미》 일구이언

fork·ful [fɔ́ːrkfùl] *n.* (*pl.* **~s**) 한 포크 분

fork·lift [-lìft] *n.* **1** 〚기계〛 포크 리프트 《들어올리는 장치》 **2** 지게차 (= ∠ **trùck**)

fórk trùck 지게차

***for·lorn** [fərlɔ́ːrn] [OE 「잃은」의 뜻에서] *a.* 《문어》 **1** **버림받은**, 내버려진 **2** **쓸쓸한**, 비참한; 절망의 **~·ly** *ad.* **~·ness** *n.*

forlórn hópe 절망[결사]적 행동; 희미한 희망

form [fɔːrm] *n.* **1** ⒸⓊ **꼴**, 형상, 형태; 외관 **2** **사람**[**물건**]**의 형체** **3** **형**(型); 방식; **종류** **4** Ⓤ **형식**, 외형(opp. *content*); 표현 형식 **5** Ⓤ **예법**, 예절 **6** 문서의 양식, 서식; 신청 용지 **7** Ⓤ (경주마·운동 선수의) 심신의 상태, **몸 컨디션** **8** ⓊⒸ 〚문법〛 형식, 형태, **어형** **9** 《영》 **학년**
be in* ~** 형태상으로(는); 형식상; 컨디션이 좋은 ***in the* ~ *of …의 꼴[모습]로, …의 형태[형식]로 ***take the* ~ *of*** …의 형식을 취하다; …으로 나타나다
— *vt.* **1** **형성하다** **2** 〈인물·능력·품성을〉 만들어 내다 **3** 〈습관을〉 **붙이다** **4** 성립시키다; 구성하다 **5** 〈언어·음성 등을〉 명확하게 발음하다 **6** 〈생각을〉 짜내다, 〈개념·의견 등을〉 구상하다 **7** 〚군사〛 정렬시키다, 〈대형을〉 짓다 **8** 〈동맹·관계를〉 맺다
~ *part of* …의 요소가 되다
— *vi.* **1** 〈물건이〉 **형체를 이루다** **2** 〈생각·신념·희망 등이〉 생기다 **3** 〚군사〛 대형을 짓다, 정렬하다

-form [fɔ̀ːrm] 《연결형》 「…형[꼴, 모양]의, …양식의」의 뜻: uni*form*

for·mal [fɔ́ːrməl] *a.* **1** **형식적인**, 표면적인 **2** 예절의, 의례적인; **격식 차린**; **공식적인** **3** 모양의, 외형의

form·al·de·hyde [fɔːrmǽldəhàid] *n.* Ⓤ 〚화학〛 포름알데히드 《방부·소독제》

for·ma·lin [fɔ́ːrməlin] *n.* Ⓤ 〚약학〛 포르말린 《살균·소독제》

for·mal·ism [fɔ́ːrməlìzm] *n.* Ⓤ **1** (극단적) 형식주의, 허례 **2** (종교·예술상의) 형식주의; 형식론

for·mal·is·tic [fɔ̀ːrməlístik] *a.* 형식주의의; 형식에 지나치게 구애되는

***for·mal·i·ty** [fɔːrmǽləti] *n.* (*pl.* **-ties**) **1** Ⓤ **형식에 구애됨**; 딱딱함 **2** 정식, 본식 **3** **정규 절차**

for·mal·i·za·tion [fɔ̀ːrməlizéiʃən] *n.* Ⓤ 형식화

for·mal·ize [fɔ́ːrməlàiz] *vt.* 일정한 형태를 갖추게 하다, 정식화하다; 정식으로 승인하다

***for·mal·ly** [fɔ́ːrməli] *ad.* **정식으로**, 공식적으로; 형식적으로

***for·mat** [fɔ́ːrmæt] *n.* ⒸⓊ **판형** 《서적 등의》, 형(型), 판(判); 전체의 구성, 방식; 〚컴퓨터〛 포맷, 형식
— *vt.* (**~·ted**; **~·ting**) 〚컴퓨터〛 …의 포맷을 지정하다

for·ma·tion [fɔːrméiʃən] *n.* **1** Ⓤ **형성**, 구성, 편성 **2** Ⓤ 구조; 형태; Ⓒ 형성물, 구성물 **3** 〚지질〛 층, 층군(層群) **4** ⓊⒸ 〚군사〛 **대형**(隊形); 편대

for·ma·tive [fɔ́ːrmətiv] *a.* **1** Ⓐ 모양을 만드는; 형성하는 **2** 형성[발달]의
— *n.* = FORMATIVE ELEMENT
~·ly *ad.* **~·ness** *n.*

fórmative èlement 〚문법〛 (단어의) 구성 요소 《접미사·접두사·연결형 등》

for·mer[1] [fɔ́ːrmər] [OE *forma* 「제1의」의 비교급에서] *a.* **1** Ⓐ **전의**, 먼저의, 이전의 **2** [the ~] **a** **전자**(前者)**의**(opp. *the latter*) **b** [대명사적] **전자** (***in***) **~ *days*** [***times***] 옛날(에는)

form·er[2] [fɔ́ːrmər] *n.* **1** 형성자, 구성자 **2** (중학교의) …년생[의 학생]

for·mer·ly [fɔ́ːrmərli] *ad.* 전에, 이전에(는), 지난날(에), 옛날에(는)

form·fit·ting [fɔ́ːrmfìtiŋ] *a.* 〈옷이〉 몸에 꼭 맞는

for·mic [fɔ́ːrmik] *a.* 개미의; 〚화학〛 포름산의

For·mi·ca [fɔːrmáikə] *n.* 포마이카 《가구 등에 쓰는 내열성 합성수지; 상표명》

fórmic ácid 〚화학〛 포름산

***for·mi·da·ble** [fɔ́ːrmidəbl] [L 「공포를 일으키는」의 뜻에서] *a.* **1** **무서운** **2** **만만치 않은**, 얕잡을 수 없는 **3** 방대한, 엄청나게 많은 **~·ness** *n.* **-bly** *ad.*

form·less [fɔ́ːrmlis] *a.* 형태 없는, 무정형(無定形)의; 혼돈(混沌)한, 〈계획 등이〉 모호한 **~·ly** *ad.* **~·ness** *n.*

fórm létter 동문(同文) 편지《인쇄·복사한》

For·mo·sa [fɔːrmóusə] [Port. = beautiful] *n.* 대만(Taiwan) 《구칭》

For·mo·san [fɔːrmóusən] *n.* 대만 사람; Ⓤ 대만 말

for·mu·la [fɔ́ːrmjulə] [L 「작은 형식(form)」의 뜻에서] *n.* (*pl.* **~s**, **-lae** [-lìː]) **1** **판에 박은 말** **2** (일정한) **방식** **3** **a** 처방서[법] **b** (의견 차이를 조정하는) 처리 방안 **4** 〚수학·화학〛 **공식**, 식(式) **5** 《미》 유아용 유동식 — *a.* Ⓐ 〈경주용 자동차가〉 공식 규격에 따른

for·mu·la·ic [fɔ̀ːrmjuléiik] *a.* 공식적인

for·mu·lar·y [fɔ́ːrmjulèri | -ləri] *n.* (*pl.* **-lar·ies**) 식문(式文)[제문(祭文)]집(集); 상투어; 〖그리스도교〗 의식서(儀式書); 〖약학〗 처방서[집] **—** *a.* **1** 방식[법식]의; 규정의 **2** 의식상의

*__for·mu·late__ [fɔ́ːrmjulèit] *vt.* **1** 명확히 [조직적으로] 말하다 **2** 공식화하다 **3** 〈계획·의견을〉 조직적으로 세우다

*__for·mu·la·tion__ [fɔ̀ːrmjuléiʃən] *n.* Ⓤ 공식화, 공식 표시; 계통적 서술

for·mu·lize [fɔ́ːrmjulàiz] *vt.* = FORMULATE

for·ni·cate [fɔ́ːrnəkèit] *vi., vt.* 《문어》 사통(私通)하다; 간음하다

for·ni·ca·tion [fɔ̀ːrnəkéiʃən] *n.* Ⓤ **1** 사통 **2** 〖성서〗 우상 숭배

for·rad·er, for·rard·er [fɔ́ːrədər | fɔ́r-] [forward의 비교급에서] *ad.* 《영·구어》 더 앞으로[나아가]

‡**for·sake** [fərséik, fɔːr-] *vt.* (**-sook** [-súk]; **-sak·en** [-séikən]) **1** 〈친구 등을〉 저버리다, 버리다 **2** 〈습관 등을〉 버리다

*__for·sak·en__ [fərséikən] *v.* FORSAKE의 과거 분사 **—** *a.* 버림받은, 고독한

*__for·sook__ [fərsúk] *v.* FORSAKE의 과거

for·swear [fɔːrswέər] *vt.* (**-swore** [-swɔ́ːr]; **-sworn** [-swɔ́ːrn]) 맹세코[단연] 그만두다; 맹세코 부인하다
~ one***self*** 위증하다

for·syth·i·a [fɔːrsíθiə] *n.* 〖식물〗 개나리속(屬)

‡**fort** [fɔːrt] [L 「강한」의 뜻에서] *n.* **1** 요새(要塞), 성채, 보루 **2** 〖미국사〗 (변경 지대의) 교역 시장 《보루가 있었음》; 〖미육군〗 상설 주둔지
hold the ~ 요새를 지키다; 세력을 유지하다, (대신에) 직책을 수행하다

forte[1] [fɔːrt] *n.* **1** [one's ~] 장점, 특기 **2** 〖펜싱〗 칼 몸의 가장 강한 부분(opp. *foible*)

for·te[2] [fɔ́ːrtei, -ti] [It. 「강한」의 뜻에서] 〖음악〗 *a.* 강음(强音)의, 포르테의 **—** *ad.* 강하게 《略 f.》 **—** *n.* 강음부

‡**forth** [fɔːrθ] [동음어 fourth] *ad.* 《문어》 **1** 앞으로, 전방으로 **2** [보통 동사와 결합하여] 밖으로, 바깥으로 **3** [때를 나타내는 명사 뒤에서] (…) 이후
and so ~ …등, 운운 ***back and ~*** ⇨ back *ad.* ***from this day ~*** 오늘 이후에는, 앞으로는

FORTH [fɔːrθ] [*Fo*(u)*rth*(-generation language)] *n.* 〖컴퓨터〗 하드웨어를 직접 조종하는 고수준 프로그램 언어

*__forth·com·ing__ [fɔ̀ːrθkʌ́miŋ] *a.* **1** 곧 (닥쳐)올, 다가오는; 오는, 이번의 **2** Ⓟ [대개 부정문에서] (언제든지) 준비되어 **3** [대개 부정문에서] 《구어》 곧[기꺼이] 도와주는 **4** 〈사람이〉 외향적인, 사교적인

*__forth·right__ [fɔ́ːrθràit] *a.* 솔직한, 거리낌없는

forth·with [fɔ̀ːrθwíð, -wíθ] *ad.* 곧, 즉시

*__for·ti·eth__ [fɔ́ːrtiiθ] [forty(40)와 -th(서수를 만드는 접미사)에서] *n.* **1** [보통 the ~] 제40, 40번째 **2** 40분의 1 **—** *a.* **1** 제40의, 40번째의 **2** 40분의 1의

for·ti·fi·a·ble [fɔ́ːrtəfàiəbl] *a.* 요새로 방비할 수 있는, 방어 공사를 할 수 있는

*__for·ti·fi·ca·tion__ [fɔ̀ːrtəfikéiʃən] *n.* Ⓤ **1** 축성술[학] **2** [보통 *pl.*] 방어 시설; 성채, 요새 **3** 강화; 알코올 성분의 강화 《포도주의》; 영양가의 강화 《음식의》

fór·ti·fied wíne [fɔ́ːrtəfàid-] 보강 포도주 《알코올을 첨가한》

*__for·ti·fy__ [fɔ́ːrtəfài] [L 「강하게 하다」의 뜻에서] *v.* (**-fied**) *vt.* **1** 요새화하다, 방어 공사를 하다 **2** 〈조직·구조를〉 강화하다; 〈육체적·정신적으로〉 튼튼히 하다 **3** 〈술 등을〉 알코올을 타서 독하게 하다 **4** (비타민 등을 넣어서) 영양가를 높이다

for·tis·si·mo [fɔːrtísəmòu] [It. forte[2]의 최상급] 〖음악〗 *a., ad.* 아주 강한[강하게] 《略 ff》

*__for·ti·tude__ [fɔ́ːrtətjùːd | -tjùːd] [L 「강한」의 뜻에서] *n.* Ⓤ 꿋꿋함, 불요불굴, 견인불발

for·ti·tu·di·nous [fɔ̀ːrtətjúːdənəs | -tjúː-] *a.* 불굴의 정신이 있는[을 가진]

*__fort·night__ [fɔ́ːrtnàit, -nit] [OE = fourteen nights] *n.* 《주로 영》 2주일

FORTRAN, For·tran [fɔ́ːrtræn] [*for*mula *tran*slation] *n.* Ⓤ 〖컴퓨터〗 포트란 《과학 기술 계산용 프로그래밍 언어의 하나》

‡**for·tress** [fɔ́ːrtris] [F 「작은 요새」의 뜻에서] *n.* 요새; 요새지[도시] **—** *vt.* 요새로 방어하다

for·tu·i·ty [fɔːrtjúːəti | -tjúː-] *n.* (*pl.* **-ties**) Ⓤ 우연성, 우연; Ⓒ 우연한 일

‡**for·tu·nate** [fɔ́ːrtʃənət] *a.* **1** 운이 좋은, 행운의 **2** [the ~; 명사적; 복수 취급] 행운아 **3** 행운을 갖다 주는

‡**for·tu·nate·ly** [fɔ́ːrtʃənətli] *ad.* 다행히(도), 운이 좋게(도)

‡**for·tune** [fɔ́ːrtʃən] *n.* **1** ⒸⓊ 부(富), (많은) 재산, 큰 재물: a man of ~ 재산가 **2** Ⓤ 운; ⒸⓊ 운수, (장래의) 운명 **3** [F~] 운명의 여신 **4** Ⓤ 행운, 다행
a small ~ 《구어》 많은[큰] 돈 ***come into a ~*** 재산이 굴러 들다 《유산·상속 등으로》 ***have ~ on*** one***'s side*** 운이 트이다 ***make a ~*** 부자가 되다, 한 재산 벌다 ***tell*** a person***'s ~*** …의 운수를 점치다(cf. FORTUNE-TELLER)

fórtune hùnter 《구어》 재산을 노리는 구혼자

for·tune-tell·er [fɔ́ːrtʃəntèlər] *n.* 점쟁이, 사주쟁이

for·tune-tell·ing [-tèliŋ] Ⓤ 길흉 판단, 점

‡**for·ty** [fɔ́ːrti] *a.* **1** 40의, 40개[명]의 **2** Ⓟ 40세의 **—** *pron.* [복수 취급] 40개[명] **—** *n.* (*pl.* **-ties**) **1** 40; 40세; 40달러[파운드, 센트, 페니 《등》]; [*pl.*] (세기의) 40년대 **2** 〖테니스〗 포티 《3점째의 득점》

for·ty-five [-fáiv] *n.* **1** 45 **2** 45회전의 레코드 《보통 45라고 씀》 **3** 45구경의 권총 《보통 45라고 씀》

for·ty-nin·er [fɔ̀ːrtináinər] *n.* 《미》 1849년 금광 경기(gold rush)로 California에 밀어닥친 사람

fórty wínks [단수·복수 취급] 《구어》 (식후의) 낮잠(nap), 잠깐 졸기

*__fo·rum__ [fɔ́:rəm] [L 「공개 장소, 광장」의 뜻에서] *n.* (*pl.* **~s, -ra** [-rə]) **1** 〖고대로마〗 포럼, **공공 광장** 《공적인 집회 장소로 쓰이던 광장》 **2 공개 토론(장)**; 재판소, 법정; (여론의) 심판 **3** 〖컴퓨터〗 포럼

‡**for·ward** [fɔ́:rwərd] *ad.* (opp. *backward*) **1 앞으로,** 전방으로[에] **2 앞으로,** 금후 **3** 밖으로(out), 표면화하여 **4** 〖상업〗 (상품) 후일 인도[대금 선불]로

bring ~ 〈의견 등을〉 꺼내다, 제출하다; (장부의 앞 장에서) 이월하다 ***come*** ~ 자진해서 일을 맡아 나서다, (표면에) 나서다, (후보자로) 나서다 ***look*** ~ ***to*** ⇨ look. ***put*** ~ 제출하다; 제언하다, 주장하다; 촉진하다; 눈에 띄게 하다; 천거하다

— *a.* (opp. *backward*) **1** Ⓐ **앞쪽[전방]으로의;** 전진하는, 가는; 앞쪽의 **2** 철 이른; 조숙한, 올된, 일된 **3** Ⓟ 자진해서 … 하는 **4** 주제넘은 **5** 〖상업〗 선물(先物)의, 후일 인도(引渡)의 **6** Ⓐ 전진적인, 촉진적인, 진보[급진]적인 **7** Ⓟ 〈사람이〉 (일·계획 등에서) 진척된 《*with, in*》

— *vt.* **1** 〈편지 등을〉 **전송(轉送)하다,** 회송하다 《*to*》; 〈하물을〉 발송하다 **2** 《문어》 **나아가게 하다,** 촉진하다, 진척시키다 **3** 발육을 빠르게 하다 《식물 등의》

— *n.* 〖스포츠〗 (구기 종목의) 전위(前衛), 포워드; [*pl.*] 전위적 인물, 선봉

for·ward·er [fɔ́:rwərdər] *n.* 촉진하는 사람; 발송자; 운송업자

for·ward·ing [fɔ́:rwərdiŋ] *n.* ⓊⒸ 발송, 운송, 회송

for·ward-look·ing [fɔ́:rwərdlùkiŋ] *a.* 앞을 향하는, 장래를 고려한; 전진[진취, 진보]적인

for·ward·ly [fɔ́:rwərdli] *ad.* 주제넘게, 잘난 체하고; 자진하여; 앞으로

for·ward·ness [fɔ́:rwərdnis] *n.* Ⓤ 진보의 빠름; 조숙성(早熟性); 주제넘음, 건방짐

fórward páss 〖미식축구〗 볼을 적의 골 방향으로 패스하기

for·wards [fɔ́:rwərdz] *ad.* = FORWARD

fos·sa [fάsə | fɔ́sə] *n.* (*pl.* **-sae** [-si:]) 〖해부〗 와(窩), (뼈의) 구멍

fosse, foss [fαs | fɔs] *n.* 도랑, 운하, (성·요새 등의) 호(濠), 해자

*__fos·sil__ [fάsəl | fɔ́s-] [L 「발굴된」의 뜻에서] *n.* **1 화석**(化石) **2** 《구어》 구식 사람; 구제도; 낡은 사고 방식

— *a.* Ⓐ **1 화석의,** 화석이 된 **2** 구식의, 시대에 뒤떨어진

fóssil fùel 화석 연료 《석유·석탄·천연가스 등》

fos·sil·i·za·tion [fὰsəlizéiʃən | fɔ̀səlai-] *n.* Ⓤ 화석화(化石化); 폐습화

fos·sil·ize [fάsəlàiz | fɔ́s-] *vt., vi.* **1** 화석으로 만들다[되다] **2** 《구어》 화석 채집을 하다 **3** 고정화하다, 시대에 뒤지게 하다

‡**fos·ter** [fɔ́:stər | fɔ́s-] *vt.* **1 육성[촉진, 조성]하다** **2** (수양 자식으로서) **기르다;** 〈아이를〉 수양 부모에게 맡기다; 돌보다 **3** 마음에 품다

— *a.* Ⓐ (친부모와 같이) 애정을 주는[받는], 양(養)…

Fos·ter [fɔ́:stər | fɔ́s-] *n.* 포스터 **Stephen** ~ (1826-64) 《미국의 가요 작사·작곡가》

fóster chíld 수양 자녀

fóster hóme 양부모의 집

fos·ter·ling [fɔ́:stərliŋ | fɔ́s-] *n.* 수양 자녀

fóster párent 양부모

‡**fought** [fɔ:t] *v.* FIGHT의 과거·과거분사

‡**foul** [faul] [동음어 fowl] *a.* **1 더러운,** 불결한; **악취가 나는,** 구역질 나는; 〈공기·물이〉 탁하고 더러운; 〈음식물이〉 부패한 **2 a** Ⓐ 〈도로가〉 진흙투성이인 **b** (검댕·기름 등으로) 막힌 **3** 〈밧줄·쇠사슬 등이〉 엉클어진 **4** 〈날씨가〉 **나쁜,** 비바람 치는; Ⓐ 〈바람·조수가〉 역의, 반대의 **5 지저분한,** 음란한 **6** 〈범죄·행위 등이〉 악랄한, 비열한 **7** 《구어》 대단히 불쾌한 **8** Ⓐ (경기에서) 반칙의; 부당한

fall [***go, run***] ~ ***of*** …와 충돌하다; …와 다투다, …와 소송이 붙다

— *ad.* 부정하게, 위법으로

hit ~ 부정한 타격을 가하다 《권투에서》 ***play*** a person ~ (시합 등에서) …에게 반칙 수를 쓰다; (암살·기습과 같은) 비열한 짓을 하다

— *n.* **1** 〖항해〗 (보트·노 등의) 충돌, (밧줄 등의) 뒤엉킴 **2 반칙,** 파울

— *vt.* **1 더럽히다** **2** 〈밧줄 등을〉 엉클어지게 하다 **3** 〈총·굴뚝 등을〉 막히게 하다, 막다; 〈선로·교통 등을〉 봉쇄하다 **4** 〖경기〗 반칙을 범해서 〈상대를〉 방해하다 — *vi.* **1** 더러워지다 **2** 〈밧줄 등이〉 뒤엉키다 **3** 〈총·굴뚝 등이〉 막히다 **4** 〖경기〗 반칙을 범하다

~ ***out*** 〖야구〗 파울 볼이 상대방에게 잡혀 아웃되다; 아웃되어 퇴장하다 ~ ***up*** 《미·구어》 망쳐버리다, 혼란시키다; 실수하다; 당황하다

~·ly *ad.* 지저분하게; 상스러운 말로; 악랄하게; 부정(不正)하게

fóul báll 〖야구〗 파울 볼

fóul lìne 〖야구·농구〗 파울 라인

foul·mouth [fáulmàuθ] *n.* 입버릇이 상스러운 사람

foul·mouthed [-máuðd, -máuθt] *a.* 입버릇이 상스러운

fóul pláy 〖경기〗 반칙, 부정; 비겁한 짓; 범죄, 살인

fóul shòt 〖농구〗 = FREE THROW

foul-spo·ken [fáulspòukən], **-tongued** [-tʌ́ŋd] *a.* = FOULMOUTHED

fóul típ 〖야구〗 파울팁

foul-up [-ʌ̀p] *n.* 《구어》 혼란; (기계의) 고장

‡**found**[1] [faund] *v.* FIND의 과거·과거분사

‡**found**[2] *vt.* **1 기초를 세우다; 설립하다;** 창건[창시]하다 **2** …에 입각해서 만들다; …의 근거로 하다 《*on, upon*》 **3** …에 근거[기초]를 부여하다

be well [***ill***] ***~ed*** 근거가 충분[빈약]하다

found[3] *vt.* 〈금속을〉 녹이다, 녹여 붓다;

주조(鑄造)하다

‡foun·da·tion [faundéiʃən] *n.* **1** Ⓤ **창설**, 창건 **2** ⒸⓊ 근거 **3** 기초, 토대 **4** Ⓤ (기본금 기부에 의한) 설립; Ⓒ (기본금 기부에 의해 유지되는) 설립물, 재단 《사회사업 단체 등》 **5** ⓊⒸ 파운데이션 《화장품》 **6** = FOUNDATION GARMENT **7** (유화에서 캔버스 위에 칠하는) 바탕 물감[밑칠]

foundátion crèam 밑화장 크림

foundátion gàrment (몸매를 맵시있게 하는) 여자용 속옷 《corset, girdle 등》

foundátion schòol 재단 설립 학교

foundátion stòne 초석(礎石), 주춧돌; 기본 원리

found·ed [fáundid] *a.* [well, ill과 함께] **1** Ⓟ 기초[근거]가 …한 **2** Ⓐ [복합어를 이루어] 기초[근거]가 …의

‡found·er[1] [fáundər] *n.* **창설[설립]자**

founder[2] *vi.* **1** 〈배가〉 침수하여 침몰하다 **2** 〈토지·건물 등이〉 허물어지다, 무너지다 **3** 〈계획 등이〉 실패하다

— *vt.* 〈배를〉 침수하여 침몰시키다

founder[3] *n.* 주조자(鑄造者), 주물공

fóunder mèmber 창립 회원, 발기인

fóund·ing fáther [fáundiŋ-] (국가·제도·시설·운동의) 창립자, 창시자; [the F~ F~s] 〚미국사〛 (1787년의) 미국 헌법 제정자들

found·ling [fáundliŋ] *n.* 주운 아이, 기아(棄兒)

found·ry [fáundri] *n.* (*pl.* **-ries**) **1** Ⓤ 주조(鑄造)(업); 주물 **2** 주조소; 유리 공장

fount[1] [faunt] [*fount*ain] *n.* 《문어》 샘, 분수; 《문어·비유》 원천

fount[2] *n.* 《영》 = FONT[2]

‡foun·tain [fáuntən] [L 「샘」의 뜻에서] *n.* **1 분수**; 분수지(池), 분수반(盤), 분수탑 **2** = DRINKING FOUNTAIN; = SODA FOUNTAIN **3 샘**(spring); 수원(水源); 《비유》 원천, 근원

foun·tain·head [fáuntənhèd] *n.* 《문어》 수원(水源), 원천; 《비유》 근원

‡fóuntain pèn 만년필

‡four [fɔːr] [동음어 fore, for] *a.* **1** Ⓐ 4의, 4개[명]의 **2** Ⓟ 4살의

to the ~ winds 사방(팔방)으로

— *n.* **1** 넷, 4, 4살; 4라는 글자, 4의 기호 《4, iv》; 4시 **2** 4개 한 벌; 4점 《카드패·주사위 눈 등의》

in ~s 넷씩 한패[무리]가 되어 ***on all ~s*** 네 발로 기어; 《영》 꼭 맞아, 완전히 부합[일치]하여 《*with*》

four-bit [fɔ́ːrbít] *a.* 《속어》 50센트의

four-eyes [-àiz] *n. pl.* 《속어》 안경 낀 사람; 네눈박이 물고기

fóur flùsh 〚카드〛 포플러시 《포커에서 다섯 장 중 같은 조(組)의 패가 넉 장밖에 안 되는 것》; 《미·속어》 허세, 허풍

four-flush·er [-flʌ̀ʃər] *n.* 〚카드〛 (포커에서) FOUR-FLUSH하는 사람; 《구어》 허세 부리는 사람, 허풍선이

four·fold [fɔ́ːrfòuld] *a., ad.* 4중(四重)의[으로], 네 겹의[으로]; 4배의[로]

— *n.* 4배, 4중, 네 겹

four-foot·ed [-fútid] *a.* 네발의, 네발 짐승의

fóur fréedoms [the ~] 네 가지 자유 《1941년 미국의 F. D. Roosevelt 대통령이 선언한 freedom of speech and expression(언론의 자유), freedom of worship(신앙의 자유), freedom from want(가난으로부터의 자유), freedom from fear(공포로부터의 자유)》

four-hand(·ed) [fɔ́ːrhǽnd(id)] *a.* **1** 네 손 달린 〈원숭이 등〉 **2** 네 사람이 하는 〈게임 등〉; 〚음악〛 2인 합주의 〈피아노 곡〉

4-H[Fóur-H] Clùb [-éitʃ-] 4-H 클럽 《head, hands, heart, health를 모토로 하는 미국 농촌 청년 교육 기관의 한 단위》

four-in-hand [fɔ́ːrinhæ̀nd] *n.* **1** 마부 한 사람이 모는 4두마차 **2** 《미》 매듭 넥타이 《보통 Y자형으로 매는 법》

— *a.* 말 네 필이 끄는

— *ad.* (마부 한 사람이) 네 필의 말을 몰아

fóur-leaf clóver [-lìːf-] 네잎 클로버 《발견한 사람에게는 행복이 온다는》

fóur-leaved clóver [-lìːvd-] = FOUR-LEAF CLOVER

fóur-letter wórd [-lètər-] 네 글자 말, 외설어 《fuck, shit》

404 [fɔ́ːroufɔ́ːr] *a.* Ⓟ 《컴퓨터속어》 컴맹의, 전자기기에 깜깜한

411 [fɔ́ːrwʌ̀nwʌ́n] *n.* **1** 《미》 (전화)번호 안내 **2** 《미·속어》 (…에) 관한 정보 《*on*》

four-part [-pɑ̀ːrt] *a.* Ⓐ 〚음악〛 4부 합창의

four·pen·ny [-pèni, -pəni] *a.* Ⓐ 《영》 〈값이〉 4펜스의

four-post·er [-póustər] *n.* 사주식 침대 《커튼이나 닫집을 단 것》

four·score [fɔ́ːrskɔ́ːr] *a.* 《고어·문어》 80의

four·some [fɔ́ːrsəm] *n.* 4인조; 〚골프〛 포섬 《넷이 두 패로 나뉨》; 그 네 사람

four·square [fɔ́ːrskwέər] *a.* 정사각형의(square); 튼튼한, 견고한(firm); 솔직한 — *ad.* 정사각형으로; 견고히; 솔직히

— *n.* 정사각형

four-star [-stɑ̀ːr] *a.* 《미》 4성(四星)의; 〈호텔 등이〉 우수한, 최고급의

four-stroke [-stròuk] *a.* 〈내연 기관이〉 4행정(行程)의

‡four·teen [fɔ́ːrtíːn] *a.* **1** Ⓐ **14의**, 14개의, 14명의 **2** Ⓟ 14살의 — *pron.* [복수 취급] 14개[명]

— *n.* **1** 14(개), 14명; 14라는 글자[기호] 《14, xiv》 **2** 14살; 14달러[파운드, 센트, 펜스 《등》]

***four·teenth** [fɔ́ːrtíːnθ] [fourteen(14)과 -th[1](서수를 만드는 접미사)에서] *a.* **1** [보통 the ~] **열네 (번)째의**, 제14의 **2** 14분의 1의 — *n.* **1** [the ~] **제14**; (달의) 14일 **2** 14분의 1

‡fourth [fɔːrθ] [동음어 forth] *a.* **1** [보통 the ~] **네 (번)째의**, 제4의 **2** 4분의 1의 — *ad.* 네(번)째로

— *n.* **1 4분의 1**; 〚음악〛 제4도 음정 **2** [the ~] **제4**; (달의) 4일 **3** [*pl.*] 〚상업〛 4등품 **4** [the F~] 《미》 = FOURTH of July

— *pron.* [the ~] 네 번 째의 사람[것]

the F~ of July ⦅미⦆ (7월 4일의) 독립기념일
~·ly *ad.* 4번째로
fóurth cláss 제4 등급; ⦅미⦆ 제4종 우편물
fourth-class [fɔ́ːrθklǽs | -klɑ́ːs] *a.*, *ad.* ⦅미⦆ 제4종 우편물의[로]
fóurth diménsion [the ~] 제4차원
fóurth estáte [the ~; 종종 **F- E-**] 제4계급, 언론계
fóurth márket 〖증권〗 제4시장 ⟪상장되어 있지 않은 주를 투자자끼리 매매하는⟫
Fóurth Wórld [the ~] 제4세계 ⟪제3세계 가운데서 자원이 없는 나라들⟫
fóur-wheel dríve [-*h*wìːl- | -] 4륜 구동
four-wheel(ed) [-*h*wíːl(d)] *a.* 4륜식의
‡fowl [faul] [OE 「새」의 뜻에서] *n.* (*pl.* **~s,** [집합적] **~**) **1 가금**(家禽) ⟪거위, 칠면조 등⟫, ⟪특히⟫ 닭 **2** Ⓤ 새고기; 닭고기 **3** ⦅고어·시어⦆ 새 **4** [보통 복합어를 이루어] …새
— *vi.* 들새를 잡다, 엽조를 사냥하다
‡fox [fɑks | fɔks] *n.* (*pl.* **~·es,** [집합적] **~**) **1 여우**; 수여우 **2 교활한 사람** **3** Ⓤ 여우 모피 **4** ⦅미·속어⦆ 매력적인 여성[청년]
an old ~ 교활하기 짝이 없는 사람 ***play the ~*** 교활하게 굴다, 꾀부리다
— *vt.* **1** [보통 수동형] 〈책장·인화(印畵) 등을〉 변색시키다 **2** ⦅구어⦆ 속이다
— *vi.* 교활한 짓을 하다
fox·glove [fɑ́ksglʌ̀v | fɔ́ks-] *n.* 〖식물〗 디기탈리스
fox·hole [-hòul] *n.* 〖군사〗 호(壕); 간이호(簡易壕) ⟪1·2인용⟫
fox·hound [-hàund] *n.* 여우 사냥개
fóx hùnt (개를 이용한) 여우 사냥
fox-hunt [-hʌ̀nt] *vi.* (개를 사용하여) 여우 사냥을 하다
~·ing *n.*, *a.* 여우 사냥(하는)
fox·tail [fɑ́kstèil | fɔ́ks-] *n.* **1** 여우꼬리 **2** 〖식물〗 뚝새풀 무리
fóx térrier 폭스테리어 ⟪원래는 여우 사냥에 쓰였으나 지금은 주로 애완용⟫
fox-trot [-trɑ̀t | -trɔ̀t] *n.* **1** 폭스트롯 ⟪짧고 빠르며 활발한 스텝⟫; 그 무곡 **2** 〖승마〗 완만한 속보(速步)의 일종
— *vi.* (**~·ted**; **~·ting**) 폭스트롯을 추다
fox·y [fɑ́ksi | fɔ́ksi] *a.* (**fox·i·er**; **-i·est**) **1** 여우 같은; 교활한 **2** 여우 빛깔의; 〖회화〗 빨간색이 너무 강한 **3** 〈종이 등이〉 여우 빛으로 변색한 **4** ⦅미·속어⦆ 〈여자가〉 매력적인
fóx·i·ness *n.*
foy·er [fɔ́iər, fɔ́iei] [F =hearth] *n.* 휴게실 ⟪극장·호텔 등의⟫, 로비(lobby); 현관의 큰 방
Fr 〖화학〗 francium
fr. fragment; franc(s); from
Fr. Father; France; Frau; French; Friar; Friday
Fra, f- [frɑː] [It. 「형제」의 뜻에서] *n.* …사(師) ⟪칭호로서 수도사(friar)의 이름 앞에 씀⟫
fra·cas [fréikəs | frǽkɑː] [F] *n.* (*pl.* **~·es,** ⦅영⦆ **~** [-z]) 소동, 싸움, 난리
‡frac·tion [frǽkʃən] [L 「부수기」의 뜻에서] *n.* **1 파편**, 단편, 소부분; **조금** **2** 〖수학〗 **분수**
frac·tion·al [frǽkʃənl] *a.* 〖수학〗 분수의; 단편의, 우수리의; 아주 작은; 〖증권〗 단주(端株)의
frac·tious [frǽkʃəs] *a.* 성마른, 성미 까다로운; 다루기 어려운
***frac·ture** [frǽktʃər] [L 「부서짐」의 뜻에서] *n.* **1** Ⓒ 〖외과〗 **골절**, 좌상 **2** Ⓤ 깨짐, 부러짐, 파쇄; 분열 **3** 갈라진 곳[틈]; (광물의) 단구(斷口)
— *vt.* 부수다, 깨다, 파쇄하다(break); 〈뼈를〉 부러뜨리다, 삐다
— *vi.* 부서지다, 삐다, 부러지다
***frag·ile** [frǽdʒəl | -dʒail] [L 「부수다」의 뜻에서; frail과 같은 어원] *a.* **1 부서지기[깨지기] 쉬운**; 무른, 허약한, 연약한; (근거가) 박약한 **2** 덧없는 ~·ly *ad.*
fra·gil·i·ty [frədʒíləti] *n.* Ⓤ 부서지기 쉬움, 여림, 허약; 허무함
‡frag·ment [frǽgmənt] [L 「부서진 것」의 뜻에서] *n.* **부서진 조각**, **파편**, 단편; 단장(斷章), 미완성 유고(遺稿)
in ~s 산산조각이 되어, 단편적으로
— *vt.* 산산이 부수다[분해하다]
— *vi.* 산산조각이 되다, 부서지다 ⟪*into*⟫
frag·men·tal [frægméntl] *a.* = FRAGMENTARY
***frag·men·tar·y** [frǽgməntèri | -təri] *a.* **파편의**; 단편으로 이루어진
frág·men·tàr·i·ly *ad.*
frag·men·ta·tion [frӕgməntéiʃən] *n.* **1** Ⓤ 분열, 파쇄(破碎) **2** 분열[파쇄]된 것
fragmentátion bòmb 파편[파쇄성] 폭탄
***fra·grance, -gran·cy** [fréigrəns(i)] *n.* Ⓤ **향기로움**; 향기, **방향**(芳香)
‡fra·grant [fréigrənt] *a.* **향기로운**, 향긋한, 방향성의; ⦅문어⦆ 유쾌한, 즐거운
~·ly *ad.*
‡frail [freil] *a.* **1 무른**; 여린; 연약한, 허약한 **2** 덧없는 **3** 유혹에 빠지기 쉬운, 도덕적으로 약한, ⦅완곡⦆ 〈여자가〉 정숙하지 못한 ~·ly *ad.* ~·ness *n.*
***frail·ty** [fréilti] *n.* (*pl.* **-ties**) ⓊⒸ 여림, 무름; 덧없음; 약함; 유혹에 빠지기 쉬움; 약점, 단점, 과실
‡frame [freim] [ME 「이익」의 뜻에서] *n.* **1 창틀**, 테두리; (사진)틀; [*pl.*] (안경)테; 온상; 자수틀 **2** (건조물의) **뼈대**, (사람·동물의) 체격; (차량의) 차체 **3 구조**, 만듦새; 구성, 조직, 기구, 체제 **4** (영화 필름의) 한 토막, 구도(構圖); 배경; 〖TV〗 프레임 **5** (야구의) 회(回), 1이닝(inning); 〖볼링〗 회 **6** 기분, 심경, 심기(心氣) **7** = FRAME-UP
~ of mind (일시적인) 기분; 사고방식
~ of reference 〖사회〗 기준 틀, 준거(準據) 기준 ⟪행동·판단을 지배하는⟫; 〖수학〗 (준거) 좌표계
— *vt.* **1 틀을 잡다**, 짜맞추다(shape); 엮다, 짜다, 만들다 **2** 계획을 세우다; 고안하다 **3** ⦅구어⦆ 조작[날조]하다 ⟪*up*⟫ **4** 〈말을〉 발음하다, 말하다 **5** ⦅구어⦆ 〈사람을〉 모함하다, 〈누명을〉 씌우다 ⟪*on*⟫ **6 틀에 끼우다**, 테두리를 붙이다

fráme àerial[antènna] 프레임 안테나
fráme hóuse 《미》 (판자를 댄) 목조 가옥
frame-up [-ʌ̀p] *n.* 《구어》 음모, 허구(虛構)의 죄, 위증
∗**frame·work** [fréimwə̀ːrk] *n.* **1 틀 구조,** 얼개, 하부 구조 **2 뼈대,** 골격; Ⓤ 구조, 구성, 체제 **3** 틀에 끼우는 세공 《편물·자수 등》
within the ~ of …의 테두리 안에서, …의 관점에서
fram·ing [fréimiŋ] *n.* ⓊⒸ 구성, 짜 맞추기; 구상, 획책; 틀, 뼈대, 테
∗**franc** [fræŋk] 〔동음어 frank〕 〔L 「프랑크족(Franks)의 왕」의 뜻에서; 화폐의 명(銘)에서〕 *n.* **프랑** 《스위스 등의 화폐 단위; 기호 F, Fr》; 1프랑 화폐
∗∗∗**France** [fræns | frɑːns] 〔L 「프랑크족(Franks)」의 뜻에서〕 *n.* **1 프랑스** 《유럽 서부의 공화국; 수도 Paris》 **2** 프랑스 **Anatole ~** (1844-1924) 《프랑스의 작가》
Fran·ces [frǽnsis | frɑ́ːn-] *n.* 여자 이름 《애칭 Fanny》
∗**fran·chise** [frǽntʃaiz] *n.* **1 특권,** 특허 **2** [보통 the ~] **참정권, 선거권 3** 《미》 독점 판매권 《제조주(主)에게서 받는》, 체인점 영업권 **4** 〖야구〗 프랜차이즈 **5** 《스포츠 경기의》 방송권, 방영권
Fran·cis [frǽnsis | frɑ́ːn-] *n.* 남자 이름 《애칭 Frank》
Fran·cis·can [frænsískən] *a.* 프란체스코 (수도)회의 **—** *n.* 프란체스코회 수사; [the ~s] 프란체스코회
fran·ci·um [frǽnsiəm] *n.* Ⓤ 〖화학〗 프란슘 《알칼리 금속 원소; 기호 Fr; 원자 번호 87》
Fran·co [frǽŋkou] *n.* 프랑코 **Francisco ~** (1892-1975) 《스페인의 장군·총통》
Franco- [frǽŋkou] 《연결형》 「프랑스(의)」의 뜻
fran·gi·ble [frǽndʒəbl] *a.* 부러지기[깨지기, 부서지기] 쉬운, 약한
Fran·glais [frɑːŋgléi] [*Français* (= French) + *Anglais* (= English)] *n.* Ⓤ [때로 **f~**] 프랑스어화한 영어 (표현)
∗∗**frank**[1] [fræŋk] 〔OF; Frank 족이 갈리아 지방에서 자유민이었던 데서〕 *a.* **솔직한,** 숨김없는; 노골적인, 명백한
to be ~ with you 솔직히 말하면, 사실은
— *vt.* 무료로 부치다, 무료 송달이 되게 …에 서명하다
— *n.* 무료 송달의 서명[특권]; 무료 송달 우편물
frank[2] *n.* 《구어》 = FRANKFURT(ER)
Frank [fræŋk] *n.* **1** 남자 이름 《Francis의 애칭》 **2** 프랑크 사람 《라인 강변의 게르만 족》 **3** 서부 유럽 사람 《근동 지방에서 씀》; 《시어》 프랑스 사람
Frank·en·food [frǽŋkənfùːd] [*Frankenstein* + *food*] *n.* 《구어》 유전자 변형 식품
Frank·en·stein [frǽŋkənstàin] *n.* 프랑켄슈타인 《Mary W. Shelley 작(1818)의 괴기 소설의 주인공인 과학자》; 자기가 만든 것에 의해 파멸되는 사람
Fránkenstein mònster 자기가 만들어낸 저주의 씨
frank·furt(·er), -fort(·er) [frǽŋkfərt(ər)] 〔독일의 산지명 Frankfurt에서〕 *n.* 《미》 쇠고기·돼지고기가 섞인 소시지(= **fránkfort sáusage**)
frank·in·cense [frǽŋkinsèns] *n.* Ⓤ 유향(乳香) 《이스라엘 민족이 제사에 쓰던 향료》
frank·ing machìne [frǽŋkiŋ-] 《영》 = POSTAGE METER
Frank·ish [frǽŋkiʃ] *a.* 프랑크 족의; 유럽 사람의
— *n.* Ⓤ 프랑크 족의 언어
∗**Frank·lin** [frǽŋklin] *n.* **1** 남자 이름 **2** 프랭클린 **Benjamin ~** (1706-90) 《미국의 정치가·외교가·저술가·물리학자》
∗∗**frank·ly** [frǽŋkli] *ad.* **1 솔직히,** 숨김없이; 터놓고 **2** [문장 전체를 수식하여] 솔직히 말해서 **~ *speaking*** = ***speaking ~*** 솔직히 말해서
∗**frank·ness** [frǽŋknis] *n.* Ⓤ **솔직**
∗**fran·tic** [frǽntik] *a.* **1 광란의; 미친 사람 같은;** 극도로 흥분한, 《고어》 미친 **2** 《미·속어》 굉장한, 멋진
∗**fran·ti·cal·ly** [frǽntikəli] *ad.* **미친 듯이,** 극도로 흥분하여; 《미·속어》 굉장히, 몹시
frap·pé [fræpéi | ∠–] 〔F〕 *a.* [명사 뒤 또는 Ⓟ로] (얼음으로) 차게 한
— *n.* **1** 살짝 얼린 과즙; 빙수에 리큐어를 탄 음료 **2** 《미동부》 진한 밀크셰이크
∗**fra·ter·nal** [frətə́ːrnl] *a.* **형제의;** 형제 같은; 우애의 **~·ly** *ad.*
fratérnal twín 이란성 쌍생아 (중의 하나)
∗**fra·ter·ni·ty** [frətə́ːrnəti] *n.* (*pl.* **-ties**) **1** 《미》 (대학·고교의) **남학생 사교 클럽 2** [집합적] 동업자[동호자]들, …사람들 **3** 《특히》 종교 단체; 친교회; 공제 조합 **4** Ⓤ 형제임; 형제애, 우애, 동포애
frat·er·nize [frǽtərnàiz] *vi.* 형제처럼 친하게 사귀다, 화목하게 지내다 《*with, together*》; 군규를 어기고 〈적국 국민과〉 친하게 사귀다
frat·ri·cide [frǽtrəsàid] *n.* ⒸⓊ 형제[자매] 살해
Frau [frau] 〔G〕 *n.* (*pl.* **~·en** [fráuən], **~s**) **1** 부인 《Mrs. 또는 Madam에 상당하는 경칭; 略 Fr.》 **2** 아내; 독일 여인
∗**fraud** [frɔːd] *n.* **1** Ⓤ **사기,** 기만; 〖법〗 사기; 사기 행위, 부정 수단: a pious ~ 방편적인 거짓말 《종교상의》 **2** 《구어》 사기꾼; 협잡꾼 **3** 부정품(不正品), 가짜
fraud·u·lence, -len·cy [frɔ́ːdʒuləns(i)] *n.* Ⓤ 기만; 사기; 부정
fraud·u·lent [frɔ́ːdʒulənt] *a.* 사기 (행위)의, 부정의 **~·ly** *ad.*
∗**fraught** [frɔːt] *a.* Ⓟ **충만한,** 따르는 《*with*》
Fräu·lein [frɔ́ilain] 〔G *Frau*의 지소형(指小形)〕 *n.* (*pl.* **~s**) …양 《Miss에 해당하는 경칭; 略 Frl.》
fray[1] [frei] *n.* [the ~] 싸움, 소동, 난투
∗**fray**[2] *vt.* **1** 〈천 등을〉 **닳게 하다,** 해어지게 하다 《*out*》 **2** 〈신경을〉 소모시키다

—*vi.* **1** 해어지다, 풀리다 **2** 〈신경이〉 소모되다
fraz·zle [frǽzl] 《구어》 *vt., vi.* (너덜너덜) 닳아 떨어지게 하다[떨어지다]; 지치게 하다[지치다]
—*n.* (너덜너덜) 닳아 해어짐; 조각조각(으로 해어진 것); 기진맥진(한 상태)
FRB Federal Reserve Bank 《미》 연방 준비 은행; Federal Reserve Board 《미》 연방 준비 제도 이사회
*__freak__¹ [fri:k] *n.* **1 이상 현상**; 변칙; 일탈 **2 기형**(畸形), 변종(變種) **3** Ⓤ Ⓒ **변덕**, 일시적 기분: out of mere ~ 일시적 기분에서 **4** 열광자, …광(狂); 마약 상용자
—*a.* Ⓐ 진기한, 별난, 괴상한
—*vi., vt.* 변덕을 부리다, 괴상한 짓을 하다
~ ***out*** 《속어》 (환각제로) 흥분하다[시키다], 환각 상태가 되(게 하)다, 현실도피하다
freak² *vt.* [보통 과거분사로] 얼룩지게 하다 **—*n.*** 얼룩
freak·ish [frí:kiʃ] *a.* **1** 변덕스러운, 일시적 기분의, 장난의 **2** 기형적인, 괴상한
~·ly *ad.* **~·ness** *n.*
freak-out [frí:kàut] *n.* 《속어》 마약으로 인한 환각 상태, 현실 도피(자); 환각제 파티
*__freck·le__ [frékl] *n.* **주근깨**, 기미; [*pl.*] 햇볕에 탄 얼룩
—*vi., vt.* 주근깨가 생기다[생기게 하다]
-led [-ld] *a.* 주근깨가 있는
Fred [fred], **Fred·dy** [frédi] *n.* 남자 이름 《Frederick의 애칭》
Fred·er·ick [frédərik] *n.* 남자 이름 《애칭 Fred(dy)》
‡**free** [fri:] [OE 「사랑하는, 친한」의 뜻에서] *a.* **1 자유스러운**, 자주[독립]의, 속박이 없는 **2** 편견이 없는, (전통·권위 등에) 사로잡히지 않는 **3** Ⓟ **자유로이 …할 수 있는**; 마음대로의 **4** 개방된(open); Ⓟ 자유롭게 드나들 수 있는[통과하는] **5** 장애[제한]가 없는 **6 무료의**, 비과세[면세]의 **7** 아낌없는, 손이 큰 **8** 할 일이 없는, **한가한 9** 〈문자·규칙 등에〉 얽매이지 않는 (opp. *literal*) **10** 고정되지 않은, 매어 있지 않은; 〖화학〗 유리된
feel ~ to do [대개 명령형으로] 마음대로 …해도 좋다 ***for ~*** 《구어》 무료로 ***~ and easy*** 스스럼없는, 터놓은; 마음 편하게, 유유히; 대충 ***~ from*** …이 없는; …을 면한 ***~ of*** …을 떠나서; …을 면하여: ~ *of* charge[duty] 무료[비과세]로 ***have*** one***'s hands ~*** 손이 비어 있다, 할 일이 없다 ***make***[***set***] ***~*** 석방[방면]하다 ***make ~ use of*** …을 마음대로 쓰다 ***make ~ with*** …에 허물없이 굴다; …을 마음대로 쓰다
—*ad.* **1 무료로 2** 자유롭게
—*vt.* (**~d**; **~·ing**) **1** (…에서) **자유롭게 하다**, 석방[해방]하다 **2** 〈곤란 등에서〉 구하다 **3** 〈거추장스러운 것 등을〉 제거하다, 치우다 《*of, from*》
-free [fri:] 《연결형》 「…에서 풀려난; …을 면한」: trouble-*free*
frée ágent 자주적인 행위자; 《미·캐나다》 자유 계약 선수[배우]
free-as·so·ci·ate [frí:əsóuʃièit, -si-] *vi.* 자유 연상하다
free·base [-bèis] *n.* Ⓤ 순화 코카인 《코카인과 에테르의 혼합물》
free·bie, -bee [frí:bi:] *n.* 《미·구어》 공짜 물건, 경품
free·board [-bɔ̀:rd] *n.* 〖항해〗 건현(乾舷) 《흘수선에서 상갑판 윗면에 이르는 부분》; (댐 등의) 여유고(餘裕高)
free·boot [-bù:t] *vi.* 〈해적이〉 약탈하다
~·er *n.* 약탈자, 《특히》 해적
free·born [-bɔ̀:rn] *a.* 자유의 몸으로 태어난; 자유민다운
Frée Chúrch 자유[독립] 교회파 《교황·국가의 간섭을 받지 않는》
freed·man [frí:dmən, -mæ̀n] *n.* (*pl.* **-men** [-mən]) (노예의 신분에서 해방된) 자유민
‡**free·dom** [frí:dəm] *n.* Ⓤ **1 자유 2 a** 자유 행동, 자주성 **b** 제멋대로 함; Ⓒ 방자한 행동 **c** 자유자재, 소탈함 **3** 〈정신적 부담에서〉 해방되어 있음, 면제 《*from*》 **4** 특권; 특권 면허; 출입의 자유; 자유 사용권
take[***use***] ***~s with*** a person …에게 버릇없이 굴다, 스스럼없이 대하다 ***with ~*** 자유로이, 마음대로
frée fíght 《구어》 난투, 난전(亂戰)
frée flíght (로켓 등의) 자유 비행
free-float·ing [-flóutiŋ] *a.* 〈기분이〉 막연한 상태에 있는; 자유로이 움직이는, 부동성의
Free·fone, -phone [frí:fòun] *n.* 《영》 (전화 요금의) 회사 부담
free-for-all [-fərɔ̀:l] *a.* 입장 자유의, 누구나 참가할 수 있는 **—*n.*** 누구나 자유롭게 참가하는 경기[토론]; 난투
frée hánd 자유 재량, 자유 행동
free·hand [-hæ̀nd] *a.* (기구를 쓰지 않고) 손으로 그린 **—*ad.*** 자재화법으로
—*n.* 자재화
free·hand·ed [-hǽndid] *a.* 손이 큰, 아낌없는(generous); 손이 비어 있는
free-heart·ed [-há:rtid] *a.* 거리낌없는; 개방적인; 대범한(generous) **~·ly** *ad.*
free·hold [-hòuld] *n.* Ⓤ 〖법〗 (부동산의) 자유 보유권; Ⓒ 자유 보유 부동산[관직]
frée hòuse 《영》 단골 양조장이 없는 선술집
frée kíck 〖축구〗 프리킥
frée lábor 자유민의 노동 《노예의 노역에 대하여》; [집합적] 비조합 노동자
frée lánce 1 (중세의) 영주에 소속되지 않은 무사, 용병 **2** 자유로운 입장에 있는 사람; 자유 작가 《특별 계약이 없는》, 자유 계약의 기자[배우, 작가]
free-lance [-læ̀ns | -là:ns] *a.* 자유 계약[투고]의 **—*vi., vt.*** 자유 계약으로 일하다, 〈작품 등을〉 자유 계약으로 투고하다
free·lanc·er [-læ̀nsər | -là:nsə] *n.* 《특히》 자유 계약의 작가
frée líver 도락가; 미식가
frée líving 식도락
free·load [-lóud] *vi.* 《미·구어》 음식 등을 공짜로 얻어먹다; 남의 소유물·설비 등을 거저 쓰다, 식객이 되다

***free·ly** [fríːli] *ad.* **1 자유로이 2** 허물없이, 마음 터놓고, 거리낌없이 **3** 인심 후하게, 아낌없이; 대량으로

***free·man** [fríːmən, -mæ̀n] *n.* (*pl.* **-men** [-mən, -mèn]) (노예가 아닌) **자유민**; 자유 시민, 공민

Free·ma·son [-mèisn] *n.* 〖역사〗 숙련 석수(石手) 조합원 《중세의》; 프리메이슨단(團)의 회원

free·ma·son·ry [-mèisnri] *n.* **1** [**F~**] Freemason단의 주의[제도, 관습] **2** Ⓤ 묵계(默契)의 우애적인 이해, 우애 감정

frée pórt 자유 무역항

Free·post [-pòust] *n.* Ⓤ 《영》 요금 별납 우편

free-range [-rèindʒ] *a.* Ⓐ 《영》 (닭 등을) 놓아 기르는

frée réin (행동의) 무제한의 자유

frée ríde 《구어》 무임승차; 불로 소득

frée schóol 무료 학교; 자유 학교(제) 《교육 과정에 구애받지 않는》

free·si·a [fríːʒiə, -ziə] *n.* 〖식물〗 프리지아 《붓꽃속(屬)의 구근(球根) 식물》

free-spo·ken [-spóukən] *a.* 솔직한, 바른 말하는, 터놓고 말하는

free·stand·ing [-stǽndiŋ] *a.* 〈조각·담 등이〉 독립되어 있는, 버팀 없이 서 있는

Frée Státe (미) 자유주(州) 《남북 전쟁 전에 노예를 사용하지 않던 주》

free·stone [-stòun] *n.* **1** ⓊⒸ 자르기 쉬운 암석 **2** 씨를 발라내기 쉬운 과일

free·style [-stàil] *n., a.* 〖스포츠〗 자유형(의) **-stỳl·er** *n.*

free·think·er [-θíŋkər] *n.* (종교상의) 자유사상가

free·think·ing [-θíŋkiŋ] *n.* Ⓤ, *a.* 자유사상(을 지닌) 《특히 종교상의》

frée thóught 자유사상 《특히 종교상의》

frée thrów 〖농구〗 자유투

frée univérsity (대학의) 자주(自主) 강좌; 자유 대학

frée vérse 자유시(自由詩)

free·ware [fríːwɛ̀ər] *n.* Ⓤ 〖컴퓨터〗 프리웨어 《자유롭게 배포돼 누구나 사용 가능한 소프트웨어》

free·way [-wèi] *n.* 《미》 (보통 다차선식(多車線式)의) 고속도로; 무료 간선 도로

free·wheel [-*h*wíːl] *n.* (자전거·자동차의) 자재륜(自在輪), 자유 회전 장치
— *vi.* (페달을 멈추고 또는 동력을 끊고) 타성으로 달리다; 자유롭게[제멋대로] 움직이다[행동하다]

free·wheel·ing [-*h*wíːliŋ] *a.* 〈사람이〉 자유분방한, 〈말·행동 등이〉 제멋대로의

frée wíll 자유 의지; 〖철학〗 자유 의지설

Frée Wórld [the ~; 종종 **f~ w~**] (공산 세계와 대비된) 자유 세계[진영]

***freeze** [friːz] [동음어 frieze] *v.* (**froze** [frouz]; **fro·zen** [fróuzn]) *vi.* **1** [보통 it를 주어로] **얼음이 얼다**, 얼 정도로 춥다 **2** 〈물이〉 **얼다**, 얼어붙다 《*up, over*》 **3** 얼어 죽다; 몸이 언 것처럼 느끼다; 몸서리치다 《*with*》; 〈표정 등이〉 굳어지다
— *vt.* **1** 〈물을〉 **얼게 하다**, 결빙시키다 《*in, over, up*》 **2** 《구어》 〈몸을〉 **얼게 하다**, 동상이 걸리게 하다, 얼어 죽게 하다 **3** 〈고기 등을〉 냉장[냉동]하다 **4 간담을 서늘케 하다 5** 《구어》 〈물가·임금 등을〉 동결시키다
~ (*on*) *to* 《구어》 꼭 달라붙다, 붙들고 늘어지다 ~ ***out*** 《구어》 (냉대·격심한 경쟁 등으로) 몰아내다, 내쫓다; 혹한으로 〈행사 등을〉 개최 못하게 하다 ~ ***over*** 온통 얼다; 수면이 얼어붙다
— *n.* 결빙; 결빙기; 혹한; (물가·임금 등의) 동결, 고정

freeze-dry [fríːzdrái] *vt.* (**-dried**) 냉동 건조하다

freeze-frame [-frèim] *n.* 〖영화·TV〗 정지(靜止) 화면, 스톱 모션
— *vt. vi.* 프리즈 프레임 기능을 사용하다; (장면을) 일시 정지시키다

***freez·er** [fríːzər] *n.* **냉동 장치**, 냉동실

freeze-up [-ʌ̀p] *n.* 《구어》 결빙기[지대, 상태], 혹한기

***freez·ing** [fríːziŋ] *a.* **1 어는; 몹시 추운**; 냉담한, 소름 끼치는 **2** 결빙(結氷)의; 냉동용의
— *n.* ⓊⒸ 냉동, 결빙; 동결 《자산 등의》

fréezing pòint 어는 점, 빙점(氷點)

***freight** [freit] *n.* **1** Ⓤ **화물 운송 2** Ⓤ 용선(傭船); 화차 임대(賃貸); 운송료, 운임, 용선료 **3** 《미》 (운송) **화물**, 뱃짐
~ ***free*** 운임 무료로 ~ ***paid*** [***prepaid***] 운임 지불필[선불]
— *vt.* 화물을 싣다; 〈배·화차를〉 빌리다; 운송하다; 실어내다

freight·age [fréitidʒ] *n.* Ⓤ 화물 운송; 화물 운송료, 운임; 운송 화물

fréight càr 《미》 화차

freight·er [fréitər] *n.* 뱃짐 싣는 사람, 운송업자; 화물선

freight·lin·er [fréitlàinər] *n.* 《영》 컨테이너 화물 열차

fréight tràin 컨테이너 화물 열차

****French** [frentʃ] *a.* **프랑스** (**사람**, **어**)**의** — *n.* **1** Ⓤ **프랑스 말**, 불어 **2** [the ~; 복수 취급] **프랑스 사람**[**국민**], 프랑스 군(軍)

Frénch béan 《영》 강낭콩(kidney bean); 꼬투리 강낭콩(snap bean)

Frénch bréad 프랑스 빵 《보통 긴 막대꼴》

Frénch Canádian 프랑스계 캐나다 사람; 그들이 사용하는 프랑스어

Frénch chálk (재단사용) 활석 분필

Frénch Commúnity [the ~] 프랑스 공동체 《프랑스 본국과 구식민지로 된》

Frénch cúrve 운형(雲形)자 《곡선 제도용》

Frénch dóor [보통 *pl.*] (경첩에 의해) 좌우로 열리는 두짝 유리문

Frénch dréssing 프렌치드레싱 《샐러드용 소스》

Frénch fríed potátoes = FRENCH FRIES

Frénch fríes 프랑스식 감자튀김(potato chip) 《잘게 썰어서 튀김》

Frénch hórn 〖음악〗 프렌치호른 《소용돌이꼴 악기, 그냥 호른이라고도 함》

Frénch kíss 혀로 하는 키스(soul kiss)

Frénch léave [18세기 프랑스에서 손님이 주인측에 인사 없이 돌아간 습관에서] 인사 없이 가버리기
Frénch létter 《영·속어》 콘돔(condom)
Frénch lóaf (가늘고 긴) 프랑스 빵
‡French·man [fréntʃmən] *n.* (*pl.* **-men** [-mən]) **프랑스 사람,** 《특히》 프랑스 남자
Frénch pólish 프랑스 니스, 랙(lac)칠
French-pol·ish [-pɑ́liʃ | -pɔ́l-] *vt.* 랙칠하다, 랙으로 끝손질하다
***Frénch Revolútion** [the ~] 프랑스 혁명(1789-99)
Frénch séam 통솔
Frénch tóast 프렌치 토스트
Frénch wíndow [보통 *pl.*] 《영》 (경첩에 의해) 좌우로 열리는 두짝 유리창
French·wom·an [-wùmən] *n.* (*pl.* **-wo·men**[-wìmin]) 프랑스 여자
fre·net·ic [frənétik] *a.* 열광적인, 미친 듯이 흥분한(frantic) **-i·cal·ly** *ad.*
fren·zied [frénzid] *a.* 열광적인; 광포한
***fren·zy** [frénzi] *n.* (*pl.* **-zies**) UC **격분,** 격앙; **광포,** 광란
Fre·on [fríːɑn | -ɔn] *n.* 프레온 《무색 무취의 가스로서 냉동제; 상표명》
***fre·quen·cy** [fríːkwənsi] *n.* (*pl.* **-cies**) **1** UC **자주 일어남, 빈번,** 빈발 **2** 횟수 《통계상 등의》, 도수, 빈도 **3** 〖물리〗 진동수; 주파수: high[low] ~ 고[저]주파 **4** 〖수학·통계〗 도수
fréquency distribùtion 〖통계〗 도수 분포(度數分布)
fréquency modulàtion 〖통신〗 주파수 변조; 《특히》 FM 방송 《略 FM》
‡fre·quent [fríːkwənt] [L 「붐비는」의 뜻에서] *a.* **1 자주 일어나는, 빈번한;** 자주 있는 **2** 자주 …하는, 상습적인; 많은; 〈맥박이〉 빠른
as is ~ with …에(게)는 자주 있는 일이지만 ***be a ~ occurrence*** 자주 생기는[있는] 일이다
— [frikwént, fríːkwənt] *vt.* …**에 자주 가다**
fre·quen·ta·tion [frìːkwentéiʃən] *n.* U 자주 감[출입함]; 습관[조직]적인 독서
fre·quen·ta·tive [frikwéntətiv] 〖문법〗 *a.* (동작의) 반복 표시의 — *n.* 반복 동사
fre·quent·er [frikwéntər] *n.* 자주 가는 사람; 단골손님
‡fre·quent·ly [fríːkwəntli] *ad.* **자주,** 종종, 빈번히
fres·co [fréskou] [It. =fresh] *n.* (*pl.* ~(**e**)**s**) U 프레스코 화법 《갓 칠한 회벽토에 수채(水彩)로 그리는 벽화법》; C 프레스코 벽화 ***in ~*** 프레스코 화법으로
— *vt.* 프레스코 그림을[프레스코 화풍으로] 그리다
‡fresh [freʃ] *a.* **1 a 새로운**(new); **신선한,** 싱싱한 **b** A 새로 발생한[발견된, 공급된, 들어온] **2** 갓 만든 **3** A 신규의, 다시 하는 **4** A **짠맛이 없는 5** 화색이 도는, 건강한; 생기 넘치는, 싱싱한, 기운찬 **6 선명한,** 생생한, 〈색이〉 밝은 **7 맑은,** 시원한 **8** 〈바람이〉 센 **9** 숫된, 미숙한, 경험 없는 **10** 〈암소가〉 송아지를 갓 낳은, 새로 젖이 나오게 된
(***as***) ***~ as paint***[***a rose, a daisy***] 기운이 넘쳐 흐르는 ***break ~ ground*** 새로운 분야를 개척하다 ***~ from***[***out of***] (1) …에서 갓 만들어진 (2) …에서 갓 나온 ***green and ~*** 풋내기의
— *ad.* [주로 복합어로] 새로이, 새로
~ out of 《미·구어》 …이 방금 동이 나서: We're just ~ *out of* tomatoes. 토마토가 방금 동이나 버렸는데요.
— *n.* **1** (날·해·인생 등의) 초기, 신선한 시기 **2** = FRESHET
frésh bréeze 〖기상·항해〗 (초속 9미터 전후의) 흔들바람, 질풍
fresh·en [fréʃən] *vt.* 신선하게 하다; 새로이 힘을 북돋우다
fresh·er [fréʃər] *n.* 《영·구어》 = FRESHMAN 1
fresh·et [fréʃit] *n.* **1** 민물의 흐름 《바다로의》 **2** 증수, 홍수 《폭우·해빙(解氷)에 의한》
frésh gále 〖기상·항해〗 큰바람 《초속 18미터 전후의》
***fresh·ly** [fréʃli] *ad.* [보통 과거분사 앞에서] **새로이,** 새롭게; 산뜻하게; 싱싱하게
***fresh·man** [fréʃmən] *n.* (*pl.* **-men** [-mən]) **1** (대학의) **신입생,** 1학년생 **2** 《미》 초년생 《의원(議員) 등》, 신출내기, 신참자 — *a.* A 《미》 (대학·고교의) 1학년생의
***fresh·ness** [fréʃnis] *n.* U **신선미,** 새로움; 생생함, 선명; 상쾌함
fresh·wa·ter [-wɔ̀ːtər, -wɑ̀tər] *a.* A 민물의, 담수성(淡水性)의; 민물에서 나는
‡fret[1] [fret] [OE 「다 먹어버리다」의 뜻에서] *v.* (**~·ted**; **~·ting**) *vt.* **1 속타게 하다, 초조하게 하다,** 안달하게 하다 **2** 물결을 일으키다 **3** 〈녹 등이〉 차츰 부식하다
— *vi.* **1 애타다, 안달하다,** 고민하다 **2** 〈수면이〉 철썩거리다, 파도치다 **3** 부식하다, 좀먹다 — *n.* U **애달음, 초조,** 고뇌
in a ~ = on the ~ 초조하여, 화를 내어
fret[2] *n.* 〖건축〗 **1** 뇌문(雷紋), 만자(卍字) 무늬; 격자 세공 **2** (문장(紋章)의) 만자 무늬 — *vt.* (**~·ted**; **~·ting**) 뇌문으로 장식하다; 만자형 세공[모양]으로 하다
fret[3] *n.* 〖음악〗 프렛 《현악기의 지판(指板)을 구획하는 작은 돌기》
***fret·ful** [frétfəl] *a.* **화를 잘내는,** 성마른, 안달하는; 〈수면이〉 물결 이는
~·ly *ad.* **~·ness** *n.*
frét sàw 실톱 《도림질용》
fret·work [frétwə̀ːrk] *n.* **1** U 도림질 세공 《뇌문 등의》; 뇌문 세공 《천장 등의》 **2** 뇌문 무늬의 것
Freud [frɔid] *n.* 프로이트 **Sigmund ~** (1856~1939) 《정신 분석학을 수립한 오스트리아의 의학자》
Freud·i·an [frɔ́idiən] *a.* 프로이트 (학설)의; 《구어》 무의식중에서의 성(性)에 관한[에서 생기는] — *n.* 프로이트파의 사람
Fréudian slíp 본심[무의식적 욕구]을 드러낸 실언
FRG Federal Republic of Germany 독일 연방 공화국 《통일 후의 독일 공식명; 수도 Berlin》

Fri. Friday

fri·a·ble [fráiəbl] *a.* 부스러지기 쉬운, 무른 **frì·a·bíl·i·ty** [-bíləti], **~·ness** *n.*

∗**fri·ar** [fráiər] [L 「형제」의 뜻에서] *n.* **탁발 수도사**

fric·as·see [frìkəsíː] [F] *n.* 프리카세 《닭·송아지·토끼 등의 고기를 가늘게 썰어 스튜 또는 프라이로 한 프랑스 요리》 — *vt.* 〈고기를〉 프리카세로 요리하다

fric·a·tive [fríkətiv] 〖음성〗 *a.* 마찰로 생기는 —*n.* 마찰음 《[f, ʃ, θ, ʒ] 등의 자음》

∗**fric·tion** [fríkʃən] *n.* Ⓤ 〖역학·물리〗 **마찰**; 알력, 불화, (의견) 충돌

fric·tion·al [fríkʃənl] *a.* 마찰의; 마찰로 일어나는[움직이는] **~·ly** *ad.*

fríction màtch 마찰 성냥

fríction tàpe 《미》 전선 절연용 테이프

⁑**Fri·day** [fráidei, -di] *n.* **금요일** 《略 Fri.》 — *ad.* 《미》 금요일에(on Friday)

Fri·days [fráideiz, -diz] *ad.* 금요일마다

fridge [fridʒ] [refrigerator의 단축형] *n.* 《구어》 냉장고

fridge-freez·er [frídʒfríːzər] *n.* 《영》 냉동 냉장고 《냉장·냉동이 다 가능한》

∗**fried** [fraid] *v.* FRY[1]의 과거·과거분사 — *a.* **기름에 튀긴**, 프라이한, 프라이 요리의; 《속어》 술에 취한

fried·cake [fráidkèik] *n.* ⓊⒸ 튀김 과자 《도넛 등》

⁑**friend** [frend] *n.* **1 벗**, **친구**, 동무 **2 자기편**(opp. *enemy*); 후원자, 지지자, 공명자 **3** 도와주는 사람(helper); 시중드는 사람 **4 동료**, 한패 **5** [호칭이나 인용으로] (내) 친구, (우리) 동료, 여러분 **6** [**F~**] 프렌드파(派)(the Society of Friends)의 일원, 퀘이커 교도
be*[*keep, make*] *~s with …와 친하다[친히 사귀고 있다, 친해지다] ***make a ~ of*** a person …와 친하게 사귀다
***make ~s* (*again*)** 화해하다

∗**friend·less** [fréndlis] *a.* **친구[친지]가 없는** **~·ness** *n.*

∗**friend·li·ness** [fréndlinis] *n.* Ⓤ **우정**, **친선**, 친절; 친목

⁑**friend·ly** [fréndli] *a.* (**-li·er**; **-li·est**) **1 친한**; 친구다운; 정다운, 친절한 **2** 자기편의, 호의 있는 **3** 〈물건이〉 쓸모 있는, 마음에 드는
on ~ terms 사이가 좋은 《*with*》

fríendly socíety [종종 **F~ S~**] 《영》 = BENEFIT SOCIETY

⁑**friend·ship** [fréndʃip] *n.* ⓊⒸ **1 우정**, 우애 **2** 벗으로서의 사귐, 교우 **3** 친선, 친목, 화목

fri·er [fráiər] *n.* = FRYER

Frie·sian [fríːʒən] *a.* = FRISIAN — *n.* 《영》 = HOLSTEIN

frieze[1] [friːz] [동음어 freeze] *n.* 〖건축〗 프리즈, 소벽(小壁) 《조각으로 장식한 경우가 많음》; 띠 모양의 장식, 장식띠

frieze[2] *n.* ⓊⒸ 프리즈 《한 쪽만 보풀을 세운 거친 모직물; 아일랜드산》

frig[1] [frig], **frige** [fridʒ] *n.* 《영·구어》 = REFRIGERATOR

frig[2] [frig] *v.* (**~ged**; **~·ging**) 《비어》 *vi.* **1** 성교하다; 수음하다 **2** 빈둥빈둥[쓸데없이] 시간을 보내다 《*about, around*》 — *vt.* 사기치다

∗**frig·ate** [frígət] *n.* **1** 〖역사〗 프리깃 범선 《상하의 갑판에 28-60문의 대포를 갖춤》 **2** 〖미해군〗 **프리깃함**(艦)

frígate bìrd 군함새 《열대산의 큰 바닷새》

frig·ging [frígin, -giŋ] *a.*, *ad.* 《비어》 빌어먹을, 경칠놈의

⁑**fright** [frait] *n.* **1** ⓊⒸ (갑자기 느끼는) **공포**; 소스라쳐 놀람, 경악: take ~ at 소스라치다, 겁내다 **2** 《구어》 도깨비 같은 [보기 흉한] 사람[물건]

⁑**fright·en** [fráitn] *vt.* **1 소스라쳐 놀라게 하다**, 섬뜩하게 하다 **2** 위협하여 …하게 하다 《*into, out of*》

fright·ened [fráitnd] *a.* 깜짝 놀란 《*at, of*》; 겁먹은, 무서워하는 《*of*》

fright·en·er [fráitnər] *n.* 《구어》 공갈 전문의 깡패

fright·en·ing [fráitniŋ] *a.* 깜짝 놀라게 하는, 겁을 주는 **~·ly** *ad.*

∗**fright·ful** [fráitfəl] *a.* **1 무서운**, 놀라운, 무시무시한, 오싹 떨게 하는 **2** 《구어》 불쾌한, 싫은 **3** 《구어》 지독한, 대단한 **~·ness** *n.*

∗**fright·ful·ly** [fráitfəli] *ad.* **1 무섭게**, 무시무시하게 **2** 《구어》 지독히, 몹시

∗**frig·id** [frídʒid] [L 「차가운」의 뜻에서] *a.* **1 몹시 추운** **2** 쌀쌀한, 무뚝뚝한 **3** 〈여성이〉 불감증인 **~·ly** *ad.*

fri·gid·i·ty [fridʒídəti] *n.* Ⓤ 한랭(寒冷); 냉담; 쌀쌀함; 불감증 《여성의》

Frígid Zòne [the ~] 한대(寒帶)

fri·jol [friːhóul], **-jo·le** [-hóuli] [Sp.] *n.* (*pl.* **-jo·les** [-liz]) 강낭콩의 일종

∗**frill** [fril] *n.* **1 가장자리 주름 장식**, 주름잡이를 붙인 장식 **2** 종이로 만든 주름 장식 《햄 등의 장식에 씀》 **3** (새·짐승의) 목털 **4** [*pl.*] 《구어》 뽐냄, 우쭐거림 — *vt.*, *vi.* 가장자리 장식을 붙이다; 주름을 잡다

frilled [frild] *a.* 주름 장식을 한

fríll(ed) lízard 〖동물〗 (호주산) 목도리도마뱀

frill·ing [fríliŋ] *n.* ⓊⒸ 주름 장식; 주름 장식 재료

frill·y [fríli] *a.* (**frill·i·er**; **-i·est**) 주름 장식이 달린; 야하게 장식한

∗**fringe** [frindʒ] *n.* **1 술**, **술 장식** 《숄·테이블 보·치마 가두리 등의》 **2** 《일반적으로》 가, 언저리, 외변 **3** 드리운 앞머리 《여자의 이마 위의》; 송이털 《동식물의》 — *vt.* …에 술을 붙이다, 술로 장식하다; 가장자리를 달다

frínge àrea (도시) 주변 지역; 〖방송〗 프린지 에어리어 《수신[수상] 상태가 나쁜 지역》

frínge bènefit (노동자에 대한) 부가 급부(給付) 《연금·유급 휴가·보험 급여 등》

frínge gròup 비주류파

frip·per·y [frípəri] *n.* (*pl.* **-per·ies**) **1** Ⓤ 번지르르한 장식; Ⓒ 번드레한 의복 [장식품] **2** Ⓤ 점잔, 겉치레, 허식

Fris·bee [frízbi] [Frisbie 회사제 과자통의 뚜껑이 놀이에 사용된 데서] *n.* 프리스비 《던지기 놀이의 플라스틱 원반; 상표명》

Fris·co [frískou] *n.* 《구어》 = SAN FRANCISCO

Fri·si·an [fríʒən | fríziən] *a.* 프리슬란트(Friesland)의; 프리슬란트 사람[말]의
— *n.* 프리슬란트 사람; Ⓤ 프리슬란트 말

frisk [frisk] *vi.* (경쾌하게) 뛰어다니다, 까불며 뛰어다니다; 까불다
— *vt.* **1** (가볍게) 뒤흔들다 **2** 《미·속어》 〈경관이 범인의〉 옷 위로 몸수색하다; (옷 위로 뒤져) …의 물건을 훔치다
— *n.* **1** 뛰어 돌아다님, 까붊 **2** 《구어》 (옷 위로 하는) 몸수색

frisk·y [fríski] *a.* (**frisk·i·er**; **-i·est**) 기운 좋게 뛰어다니는; 까부는; 〈말이〉 놀라기 쉬운 **frísk·i·ly** *ad.*

fris·son [friːsɔ́ːŋ] [F] *n.* (*pl.* **~s** [-z]) 떨림, 전율, 스릴

frith [friθ] *n.* 《스코》 내포, 강어귀

frit·ter[1] [frítər] *vt.* 〈시간·돈·정력 등을〉 쓸데없는 일에 쓰다[낭비하다] 《*away*》

fritter[2] *n.* [보통 *pl.*] 〖요리〗 얇게 썬 과일[고기]의 튀김

fritz [frits] 《미·구어》 *n.* [다음 성구로] ***on the ~*** 고장이 나서; 술에 취해

friv·ol [frívəl] *vi.*, *vt.* (**~ed**; **~·ing** | **~led**; **~·ling**) 《구어》 허송세월하다, 보람 없는 생활을 하다; 낭비하다 《*away*》

fri·vol·i·ty [friválәti | -vɔ́l-] *n.* (*pl.* **-ties**) Ⓤ 천박, 경박; Ⓒ 경솔한 언동, 하찮은 일

***friv·o·lous** [frívələs] [L 「가치 없는」의 뜻에서] *a.* **천박[경박]한**; 사소한, 하찮은; 어리석은 **~·ly** *ad.* **~·ness** *n.*

frizz, friz [friz] 《구어》 *vt.*, *vi.* 머리털 등을 지지다 — *n.* 곱슬곱슬함, 지진 머리

friz·zle [frízl] *vt.* **1** 〈고기 등을 기름에〉 지글지글 튀기다; 〈베이컨 등을〉 꼬들꼬들하도록 튀기다 **2** 뜨거운 볕에 쬐다
— *vi.* 〈고기 등이〉 지글지글 소리를 내며 튀겨지다

friz·zly [frízli] *a.* (**-zli·er**; **-zli·est**) = FRIZZY

friz·zy [frízi] *a.* (**friz·zi·er**; **-zi·est**) 지진[컬한] 머리의(curly); 〈머리가〉 곱슬하게 지져진

⁑**fro** [frou] *ad.* **저쪽으로**
to and ~ 이리저리

⁑**frock** [frak | frɔk] *n.* **1** (여자·어린이의) 원피스 **2 성직자복** **3 작업복** **4** 프록코트(= ~ coat)

fróck còat 프록코트 《19세기에 신사의 정복이었으나 요즘은 거의 입지 않음》

⁑**frog** [frɔːg, frag | frɔg] *n.* **1 개구리** **2** [**F~**] 《구어·경멸》 프랑스인 《개구리를 식용으로 한다고 해서》 **3** 장식 단추 《저고리에 다는》; 걸어 매는 단추 《잠옷 등의》; 군복 상의 등의 늑골 모양의 장식
a ~ in the throat 《구어》 (목이 아파서) 쉰 목소리

frogged [frɔːgd | frɔgd] *a.* 늑골 모양의 장식이 붙은

frog·man [-mæ̀n, -mən] *n.* (*pl.* **-men** [-mən]) 잠수부, 잠수 공작원[병]

frog·march [-màːrtʃ] *vt.* 〈반항하는 죄수 등을〉 엎어뜨려 네 사람이 손발을 붙잡고 운반하다

fróg spàwn 개구리 알; 〖식물〗 민물 홍조(紅藻)

***frol·ic** [frálik | frɔ́l-] [Du. 「즐거운」의 뜻에서] *n.* **1** Ⓤ **장난; 흥겨워 떠들며 놀기,** 환락 **2** 흥겹게 떠들며 노는 친목회, 유쾌한 모임 — *vi.* (**-icked**; **-ick·ing**) 장난치며 놀다, 시시덕거리다, 뛰놀다

frol·ic·some [fráliksəm | frɔ́l-] *a.* 까불거리며 뛰노는; 흥겨운

⁂**from** [frəm, fram, frʌm | frɔm] *prep.* **1** [운동·이동 등의 출발점] **…에서,** …으로부터: go ~ London *to* Paris 런던에서 파리까지 가다 **2** [공간·시간 등의 기점] …**부터,** …에서: ~ early this morning 오늘 아침 일찍부터 **3** [수량·가격 등의 하한(下限)] (아래는) …**에서,** …부터는: Count ~ 1 *to* 20. 1에서 20까지 세시오. **4** [관점·견지] …**에서** (**보면**): ~ a child's point of view 어린이의 입장에서 보면 **5** [간격·부재(不在)] …**에서** (**떨어져**): absent[away] ~ home 집에 없어 **6** [출처·기원·유래] …**에서** (온, 따온 등); …으로부터의, …**출신의,** …산(産)의: quotations ~ Shakespeare 셰익스피어에서 따온 인용구 **7** [원인·이유] …**때문에,** …으로 인하여: die ~ hunger 굶주림으로 인하여 죽다 **8** [분리·제거 등] …**에서,** …에게서: If you take[subtract] 2 ~ 10, 8 remains. = 2 ~ 10 is [leaves] 8. 10에서 2를 빼면 8이 남는다. **9** [격리·해방 등] …**에서,** …으로부터: release a person ~ prison …를 교도소에서 석방하다 **10** [억제·방지 등] **a** …**에서** **b** [doing과 함께] 〈…하기를〉 (억제하다, 막다): refrain ~ laugh*ing* 웃음을 참다 **11** [선택] …**중에서:** Choose a book ~ (among) these. 이 중에서 한 권 고르시오. **12** [구별·차이] …**와,** …에서: know[tell] black ~ white 흑과 백을 분간하다 **13** [발송인·발신인 등] …**으로부터**(**의**): a letter ~ Jim *to* his wife 짐으로부터 아내 앞으로의 편지 **14** [원료·재료] …**으로,** …에서 **15** [변화·추이(推移)] …**에서** (…으로): go ~ bad *to* worse 점점 더 나빠지다 **16** [근거·동기] **a** …**에 의거하여,** …에 의하여: speak ~ notes[memory] 메모를 보면서[기억을 더듬으면서] 말하다 **b** [판단의 근거] …으로 (판단해 볼때): Judging ~[*F*~] her looks, she seemed to be tired. 얼굴로 미루어 보건대 그녀는 지쳐 있는 듯했다. **17** [본보기·기준] …**을 본보기로,** …을 본받아
as ~ ... 《영》 (법률, 계약 등에서) …〈날〉로부터 ***~ door to door*** 집집으로, 집집마다 ***~ out*** (***of***) …에서, …에게서 《out of의 강조형》 ***~ place to place*** 군데군데; 도처에 ***... week***(***s***)[***month***(***s***), ***year***(***s***)] ***~ today***[***tomorrow***, etc.] 오늘 [내일 《등》]부터 …주일[개월, 년] 지난 때에, …주일[개월, 년] 후의 오늘[내일 《등》]

frond [frand | frɔnd] *n.* 〖식물〗 엽상체; 잎 《양치류(羊齒類)·종려(棕櫚) 등의 잘게 갈라진》

⁑**front** [frʌnt] *n.* **1** (물건의) **앞**(**부분**), 전방 **2** (건물의) **정면,** 앞면, 프런트 **3** 〖군사〗 **최전선** **4** 활동 무대[범위, 영역]

5 《영》 [the ~] 산책길 《피서지·해변가의》 **6** 《미·구어》 (단체·회사 등의) 간판(으로 내세운 사람); 표면상의[위장] 사업; (와이셔츠의) 가슴받이 **7** 《미·구어》 겉꾸밈, 잘난 체함; 《드물게》 뻔뻔스러움 **8** Ⓤ 태도 **9** 〖기상〗 전선(前線) **10** 〖음성〗 전설면(前舌面)
at the ~ 정면에; 맨 앞 좌석에; 일선에 가 있는, 출정 중의; 〈문제 등이〉 표면화되어 ***come to the ~*** 정면에 나타나다, 뚜렷해지다, 이름이 나다 ***~ of*** = in FRONT of. ***get in ~ of oneself*** 《미·구어》 서두르다 ***in ~*** 앞에, 전방에; 앞부분에[인]; 앞 좌석에, 맨 앞줄에 ***in ~ of*** …의 앞에, …의 정면에(opp. *at the back of*); …의 면전에서 ***out ~*** 문 밖에서; 관객 속에
— *a.* Ⓐ **1 정면의,** 앞면의; 정면에서 본(opp. *back*) **2** 《구어》 앞잡이역의, 표면에 내세우는 **3** 〖음성〗 전설(음)(前舌(音))의
— *vi.* **1** 향하다, 면하다 《*to, toward, on*》 **2** 《구어》 앞잡이[이용물]로 쓰이다 **3** 〖군사〗 〈대열이〉 정면을 향하다
— *vt.* **1** …을 향하다, …에 면하다 《*toward*》 **2** 앞면을 붙이다, …의 앞면에 (…을) 달다
— *ad.* 정면으로, 앞으로 — *int.* 프런트로 《호텔의 보이에 대한 호출》

front·age [frʌ́ntidʒ] *n.* **1** (건물·토지의) 정면, 전면 **2** 임계지(臨界地) 《가로·물가에 면한》, 건물 전면과 경계[도로] 사이의 터

fron·tal [frʌ́ntl] *a.* Ⓐ **1** 정면의, 앞면의, 정면을 향한(opp. *back, rear*) **2** 이마의, 이마 부분의 — *n.* **1** 〖해부〗 전두골(前頭骨) **2** 〖건축〗 정면(facade)

frónt bénch [the ~] 《영》 (하원의) 정면석 《장관 및 야당 간부석》

front-bench·er [frʌ́ntbéntʃər] *n.* 《영》 (하원의 front bench에 앉는) 장관, 야당 간부

frónt búrner (가스레인지의) 앞쪽 버너

frónt dóor (집의) 정면 현관 《도로에 면하지 않은》; 《구어》 공명 정대한 방법

⁑**fron·tier** [frʌntíər, frɑn- | frʌ́ntiə] *n.* **1 국경** (지방), 《미》 **변경** **2** [종종 *pl.*] (지식·학문 등의) 최첨단, 새 분야; 미개척의 영역 — *a.* Ⓐ **1** 국경[변경]의, 국경에 있어서의 **2** 《미》 변경의

fron·tiers·man [frʌntíərzmən] *n.* (*pl.* **-men** [-mən]) 국경 지방의 주민, 변경 개척자

***fron·tis·piece** [frʌ́ntispìːs] *n.* (책의) **권두화**(畫); 《드물게》 (책의) 속표지; 〖건축〗 **정면,** (문 등의) 장식벽, 박공벽

front·lash [frʌ́ntlæ̀ʃ] *n.* (정치적 반동에 대한) 대항 조처

front·let [frʌ́ntlit] *n.* (리본 등의) 이마 부분을 장식하는 띠; (새·짐승의) 이마

frónt líne [the ~] **1** (활동·투쟁에서 책임 있는 입장에 서는) 선두, 최전선 **2** 〖군사〗 제1선, 전선(前線)

front-line [frʌ́ntlàin] *a.* **1** 전선(용)의; 최전선의 **2** 우수한, 일류의

frónt màn = FRONT *n.* 5

frónt mòney 《미》 착수금, 계약금

frónt óffice 《미》 (회사 등의) 본사; 수뇌부; 본부, 《특히》 경찰 본부

frónt páge (책의) 표제지; (신문의) 1면

front-page [frʌ́ntpéidʒ] *a.* Ⓐ 〈뉴스가〉 신문의 제1면에 실을 만한; 《구어》 중요한 — *vt.* 〈뉴스를〉 (신문의) 제1면에 싣다[보도하다]

frónt róom 앞쪽의 방; 《특히》 거실

front-run·ner [-rʌ́nər] *n.* 〖경기〗 선두 주자[말]; 《비유》 선구자

frónt vówel 〖음성〗 전(설)모음 《[i, e, ε, æ] 등》

front-wheel [frʌ́nthwìːl] *a.* (차 등의) 앞바퀴의; 앞바퀴에 작용하는

frónt yárd (집의) 앞뜰

⁑**frost** [frɔːst | frɔst] *n.* Ⓤ **1 서리, 서릿발** **2** ⓊⒸ 결빙, 동결(freezing); 서리 내리는 추위; 빙점하의 온도 **3** 냉담, 냉엄 《태도 등의》, 준엄 **4** 《영·구어》 실패 《연극·연주 등의》 — *vi.* [it을 주어로 하여] 서리가 내리다, 얼다 — *vt.* **1** 서리로 덮다 **2** (유리·금속의) 윤을 지우다; 〈케이크에〉 설탕을 입히다 **3** 〈서리로〉 얼리다; 〈식물에〉 상해(霜害)를 입히다

frost·bite [frɔ́ːstbàit] *n.* Ⓤ 동상(凍傷) 《chilblain보다 중증》

frost·bit·ten [-bìtn] *a.* 동상에 걸린; 상해를 입은

frost·bound [-bàund] *a.* 〈땅이〉 동결된; 〈태도 등이〉 냉랭한

frost·ed [frɔ́ːstid | frɔ́st-] *a.* **1** 서리로 덮인, 얼어붙은 **2** 〈머리 등이〉 희게 센; 설탕을 하얗게 친; 광택을 지운

frost·ing [frɔ́ːstiŋ | frɔ́st-] *n.* ⓊⒸ 설탕을 입힘 《케이크에》; 윤을 없앰 《유리 등의》, 윤을 없앤 젓빛 면[바탕], 유리 가루 《장식 세공용》

frost·work [-wə̀ːrk] *n.* Ⓤ 서리꽃, 성에 《유리창 등에 생기는》, 서리 무늬 장식 《금속 등에 입히는》

***frost·y** [frɔ́ːsti | frɔ́sti] *a.* (**frost·i·er**; **-i·est**) **1 서리가 내리는,** 추위가 매서운 **2** 얼어붙을 것 같은 **3** 〈머리가〉 반백[백발]의 **fróst·i·ness** *n.*

***froth** [frɔːθ | frɔθ] *n.* ⓊⒸ **1 거품** 《맥주 등의》, 포말 **2** (내용의) 공허, 객담, 시시함 — *vt.* 거품을 일게 하다; 거품투성이로 만들다 — *vi.* 〈말 등이〉 거품을 내뿜다

froth·y [frɔ́ːθi | frɔ́θi] *a.* (**froth·i·er**; **-i·est**) 거품 같은; 거품투성이의; 공허한, 천박한 **fróth·i·ness** *n.*

frou·frou [frúːfrùː] *n.* 옷자락 스치는 소리, 삭삭(rustling); 《구어》 고상한 체함

⁑**frown** [fraun] *vi.* **1 눈살을 찌푸리다**; 얼굴을 찡그리다 《*at, on, upon*》 **2** 난색을 표하다, 불찬성의 뜻을 나타내다 《*on, upon*》 **3** 〈사물이〉 형세가 시원치 않게[위태로운 상태가] 되다 《*down*》
— *vt.* 눈살을 찌푸려서 …하게 하다; 무서운 얼굴로 불찬성을 나타내다[위압하다] 《*away, off, back*》
— *n.* **찌푸린 얼굴**, 눈살을 찌푸림, 시무룩한 얼굴(scowl); 불쾌한[불찬성의] 표정

frown·ing [fráuniŋ] *a.* 찌푸린 얼굴의, 불쾌한; 〈절벽·탑 등이〉 위압하는 듯한, 가파른 **~·ly** *ad.*

frowst [fraust] 《영·구어》 *n.* (사람이 많이 모인 방의) 후끈함 **—** *vi.* 〈악취·훈김으로〉 숨막히는 곳에 있다
frowst·y [fráusti] *a.* (**frowst·i·er**; **-i·est**) 《영·구어》 (사람이 많이 모여) 후끈한, 퀴퀴한
frows·y [fráuzi] *a.* (**frowsi·er**; **-i·est**) = FROWZY
frowz·y [fráuzi] *a.* (**frowzi·er**; **-i·est**) 곰팡내 나는; 너저분한
***froze** [frouz] *v.* FREEZE의 과거
*****fro·zen** [fróuzn] *v.* FREEZE의 과거분사 **—** *a.* **1** 언; 결빙한, 냉동한 **2** 극한(極寒)의, 아주 추운 **3** 냉랭한, 냉담한, 냉혹한 **4** 《구어》 〈자금 등이〉 동결된, 〈물가 등이〉 고정된
FRS 《미》 Federal Reserve System 《미》 연방 준비 제도
frt freight
fruc·tif·er·ous [frʌktífərəs] *a.* 〈식물이〉 열매를 맺는
fruc·ti·fi·ca·tion [frʌ̀ktəfikéiʃən] *n.* Ⓤ 결실; 열매
fruc·ti·fy [frʌ́ktəfài] *v.* (**-fied**) *vi.* 〈식물이〉 열매를 맺다; 〈토지가〉 비옥하게 되다; 〈노력 등이〉 열매를 맺다 **—** *vt.* …에 열매를 맺게 하다; 〈토지를〉 비옥하게 하다
fruc·tose [frʌ́ktous] *n.* Ⓤ 〖화학〗 과당(果糖)
fruc·tu·ous [frʌ́ktʃuəs] *a.* 과실이 많은, 다산(多産)의; 과실을 맺는; 결실이 많은 **~·ly** *ad.* **~·ness** *n.*
frug [fru:g] *n.* 프루그 《twist에서 유래한 춤》 **—** *vi.* (**~ged**; **~·ging**) 프루그를 추다
fru·gal** [frú:gəl] *a.* **1 절약하는,** 간소한, 소박한(⇨ economical) **2** 검소한 《식사 등》 ***be ~ of [***with***] …을 절약하다 **~·ly** *ad.* 검소하게 **~·ness** *n.*
fru·gal·i·ty [fru:gǽləti] *n.* ⓊⒸ 절약, 검소: live in ~ 검소하게 살다
fru·gi·vore [frú:dʒəvɔ̀:r] *n.* 〖동물〗 《특히 영장목(目)에서》 과일을 상식하는 동물
*****fruit** [fru:t] 〖L 「농산물, 수익」의 뜻에서〗 *n.* (*pl.* **~s, ~**) **1** ⓊⒸ **a** [집합적] (먹는) **과일,** 실과 《개개의 과일에는 잘 쓰지 않음》: grow ~ 과일을 재배하다 **b** [집합적] (식물의) **열매 2** [*pl.*] (농작물의) 수확(물), 생산물, 소산 **3** [보통 *pl.*] …의 산물(product), 소산, 결과, 성과; 보수, 수익 《*of*》 **4** 《미·속어》 남자 동성애자 ***bear*** [***produce***] ***~*** 열매를 맺다; 효과를 내다
— *vi.* 과일이 생기다, 열매를 맺다
fruit·age [frú:tidʒ] *n.* Ⓤ **1** 결실, 열매 맺기 **2** [집합적] 과일, 열매 **3** 성과, 소산
frúit bàt 〖동물〗 큰박쥐 《과일을 상식함》
fruit·cake [frú:tkèik] *n.* ⒸⓊ 프루트 케이크
frúit cócktail 프루트 칵테일
fruit·er·er [frú:tərər] *n.* 《주로 영》 청과상
frúit flỳ 〖동물〗 과일파리 《과일·야채의 해충》
*****fruit·ful** [frú:tfəl] *a.* **1 열매를 많이 맺는;** 다산(多産)의 **2 풍작을 가져오는 3** 수확이 많은, 유리한 **~·ly** *ad.* **~·ness** *n.*
fru·i·tion [fru:íʃən] *n.* Ⓤ **1** 달성, 성과 **2** (소유·실현의) 기쁨 **3** 결실
frúit knìfe 과도
***fruit·less** [frú:tlis] *a.* **1 열매를 맺지 않는,** 결실하지 않는 **2 결과를 낳지 않는; 보람[효과] 없는,** 헛된 **~·ly** *ad.* **~·ness** *n.*
frúit machìne 《영》 슬롯머신(slot machine)
frúit sálad 프루트 샐러드; 《속어》 (군복에 단) 훈장과 훈장 띠
frúit sùgar 〖화학〗 = FRUCTOSE
frúit trèe 과수, 과목
fruit·y [frú:ti] *a.* (**fruit·i·er**; **-i·est**) **1** 과일 같은, 과일 맛이 나는 **2** 〈소리 등이〉 성량이 풍부한, 낭랑한 **3** 《구어》 흥미진진한, 아주 재미나는 **4** 《미·속어》 남자 동성애의 **frúit·i·ness** *n.*
frump [frʌmp] *n.* 지저분한 여자; 시대에 뒤진 옷차림을 한 사람
frump·ish [frʌ́mpiʃ] *a.* 지저분한
frump·y [frʌ́mpi] *a.* (**frump·i·er**; **-i·est**) = FRUMPISH
***frus·trate** [frʌ́streit] 〖L 「헛되게 하다, 실망시키다」의 뜻에서〗 *vt.* **1 좌절시키다,** 〈적의 계략 등을〉 실패시키다 **2** …을 방해하다 **3** …에게 좌절감을 일으키게 하다
***frus·tra·tion** [frʌstréiʃən] *n.* ⓊⒸ **1 좌절,** 차질, 실패 **2** 〖심리〗 욕구 불만, 좌절감
frus·tum [frʌ́stəm] *n.* (*pl.* **~s, -ta** [-tə]) 〖수학〗 절두체(截頭體)
*****fry**[1] [frai] *vt.* (**fried**) **1 기름에 튀기다,** 프라이로 하다 **2** 《속어》 〈죄수를〉 전기의자로 처형하다 **—** *vi.* **1** 프라이로 되다 **2** 《속어》 전기의자로 처형되다
— *n.* (*pl.* **fries**) **1** 튀김 (요리), 프라이, 《특히》 감자 튀김 **2** 《영》 (보통 프라이용) 내장
fry[2] *n.* (*pl.* **~**) **1** 물고기 새끼, 치어, 잔챙이 **2** [집합적] 작은 것
small ~ 치어; 《경멸》 잡것; 시시한 사람[것]; 《익살》 아이들
fry·er [fráiər] *n.* 프라이 요리사; 프라이용 고기 《특히 닭고기》; 프라이 냄비[팬]
***frý·ing pàn** [fráiiŋ-] **프라이팬** (《미》 skillet)
jump [***leap***] ***out of the ~ into the fire*** 작은 난을 피하려다 큰 난을 당하다
fry·pan [fráipæ̀n] *n.* 《미》 = FRYING PAN
fry-up [fráiʌ̀p] *n.* 《영·구어》 (먹다 남은 것으로 만드는) 즉석 볶음 음식
ft. foot; feet; fort(ification)
FTA Free Trade Agreement 자유 무역 협정
FTC Federal Trade Commission 《미》 연방 통상 위원회
fuch·sia [fjú:ʃə] *n.* 〖식물〗 후크샤, 수령초
***fuck** [fʌk] 《비어》 *vt., vi.* …와 **성교하다;** 가혹한 취급을 하다; 실수하다 **—** *n.* 성교; 성교의 상대 《여자》; [the ~; hell 등 대신에 쓰는 강의어로서] 도대체
fuck-all [fʌ́kɔ̀:l] *n.* 《영·비어》 전혀 없음
fuck·er [fʌ́kər] *n.* 《비어》 **1** fuck하는 사람 **2** [you ~로 호칭으로서] 바보 같은 놈

fuck·ing [fʌ́kiŋ] 《비어》 *a.* Ⓐ [거의 무의미한 부가어로서] 지독한
— *ad.* [강의어] 대단히, 지독히
fuck-up [fʌ́kʌ̀p] *n.* 《비어》 몹쓸 사람[것], 얼간이; 실패, 바보짓
fud·dle [fʌ́dl] *vt.* 술 취하게 하다; 〈술로 정신을〉 혼란케 하다
— *n.* ⓒⓤ 만취; 혼미; 혼란
fud·dy-dud·dy [fʌ́didʌ̀di] *n.* (*pl.* **-dies**) 《구어》 귀찮은 사람, 불평가; 시대에 뒤진 사람 — *a.* 시대에 뒤진, 낡아빠진; 귀찮은
fudge [fʌdʒ] *n.* ⓤⓒ 퍼지 《설탕·버터·우유·초콜릿으로 만든 물렁한 캔디》
— *int.* 실없는 소리! — *vt.* 〈신문 기삿거리 등을〉 날조하다, 적당히 꾸며 내다
— *vi.* 속이다; 우유부단하다
‡fu·el [fjúːəl] *n.* **1** Ⓤ **연료** 《석탄·기름·장작 등》 **2** Ⓤ 〈감정을〉 돋우는 것; 〈혼란 등을〉 야기시키는 것
add ~ to the fire[flames] 불에 기름을 붓다; 격정 등을 더욱 끓어오르게 하다
— *v.* (**~ed**; **~·ing** | **~led**; **~·ling**) *vt.* 연료를 공급하다, 연료를 때다
— *vi.* 연료를 얻다, 연료 보급을 받다; 〈배가〉 연료를 적재[보급]하다 《*up*》
fúel cèll 연료 전지
fúel òil 연료유
fug [fʌg] *n.* 《영·구어》 (환기가 나빠) 숨이 막힐 것 같은 공기
fug·gy [fʌ́gi] *a.* (**-gi·er**; **-gi·est**) 《영·구어》 〈방 등이〉 숨이 막힐 것 같은, 답답한, 탁한
***fu·gi·tive** [fjúːdʒətiv] [L 「달아나는」의 뜻에서] *n.* **도망자**, 탈주자; 망명자 《*from*》
— *a.* **1** Ⓐ **도망하는**, 도주한; 망명의 **2** 덧없는, 정처없는, 일시적인, 그때만의
fugue [fjuːg] *n.* 〖음악〗 둔주곡, 푸가
-ful *suf.* **1** [fəl] [형용사 어미] 「…이 가득 찬, …이 많은, …의 성질을 가진」의 뜻 **2** [fùl] [명사 어미] 「…에 가득(찬 양)」의 뜻
ful·crum [fúlkrəm, fʌ́l-] *n.* (*pl.* **~s**, **-cra** [-krə]) 〖기계〗 (지레의) 지점(支點), 지렛목; 지레받침; 받침대, 지주(支柱)
‡ful·fill | **-fil** [fulfíl] [*full*+*fill*] *vt.* (**-filled**; **-fill·ing**) **1 다하다, 이행하다**; 끝내다, 완료하다; 〈명령·조건을〉 완수하다 **2** 달성하다; 성취[실현]시키다
***ful·fill·ment** [fulfílmənt] *n.* Ⓤ (의무·직무 등의) **이행**, 수행; 실천; 실현, 달성; (예언의) 성취
‡full¹ [ful] *a.* **1 가득 찬, 만원의**, 충만한, 혼잡한 **2 완전한**(perfect); 〈자격이〉 정식의; 만(滿) …의; 전면적인 **3 최대한의**, 있는 힘을 다한 **4 배부른**; 〈가슴이〉 벅찬, 흐뭇한 **5** 넉넉한, 풍족한 **6** 〈의복이〉 품이 넉넉한, 풍만한; 살찐 **7** 〈성량이〉 풍부한; 〈포도주가〉 잘 익은 **8** 한창의; 최고도의 **9** 〖항해〗 〈돛이〉 바람을 가득 안은; 〈배가〉 돛에 바람을 받은
at ~ length 기장[길이]대로, 충분히 펴서; 손발을 쭉 뻗고; 아주 상세히 ***be ~ of*** …에 몰두하고 있다; …투성이다, …이 많다, 가득 차다 ***~ up*** 《구어》 꽉 차서, 싫증이 나서, 배 부른
— *ad.* **1 충분히**, 완전히 **2** 《주로 시어》 참으로, 매우 **3** 《고어》 꼭, 틀림없이
— *n.* Ⓤ **1 전부**; 충분 **2** (계절 등의) 한창, 절정 ***at the ~*** 한창인, 최고조에, 만월인 ***in ~*** 전부, 전액; 줄이지 않고, 고스란히, 자세히 ***to the ~*** 충분히, 마음껏
— *vt.* 〈의복·소매 등을〉 낙낙하게[헐렁하게] 짓다; 낙낙히 주름 잡다
— *vi.* 달이 차다
full² *vt.* (빨고 삶아서) 천의 올을 배게 하다; 더운 물에 넣었다 꺼내다, 빨아서 바래다
fúll áge 성년 《성년자를 major, 미성년자를 minor라고 함》
full·back [fúlbæ̀k] *n.* 〖럭비·축구·하키〗 풀백, 후위
fúll blòod **1** 순혈종의 사람[동물] **2** 같은 양친에게서 태어난 사람
full-blood·ed [-blʌ́did] *a.* **1** 순혈종의; 순수한 **2** 다혈질의; 혈기 왕성한
~·ness *n.*
full-blown [-blóun] *a.* 만발한, 활짝 핀, 무르익은; 〈돛이〉 바람을 가득 안은
full-bod·ied [-bɑ́did | -bɔ́d-] *a.* 잘 익은, 진한 〈술 등〉
full-cream [-krìːm] *a.* (탈지하지 않은) 전유의
fúll dréss 정장, 예장; 야회복
full-dress [-drés] *a.* 정장의, 예복을 입는; 정식의
full·er [fúlər] *n.* (천의 올을 배게 하는) 축융공(縮絨工); 천을 바래고 다듬는 직공
fúller's éarth 〖화학〗 백토(白土), 표토(漂土)
full-faced [-féist] *a.* 얼굴이 둥근, 볼이 탐스러운; 정면의
full-fash·ioned [-fǽʃənd] *a.* 《미》 〈스타킹·옷 등이〉 몸에 꼭 맞게 짠
full-fledged [-flédʒd] *a.* 깃털이 다 난; 완전히 성장한, 자격을 제대로 갖춘
full-fron·tal [-frʌ́ntl] 《구어》 *a.* 세부가 전부 드러난, 완전 누드의
full-grown [-gróun] *a.* 충분히 성장[발육]한; 성숙한
fúll hánd 〖카드〗 = FULL HOUSE
full·heart·ed [-hɑ́ːrtid] *a.* = WHOLEHEARTED
fúll hóuse 〖카드〗 풀하우스(full hand); (극장 등의) 만원
full-length [fúlléŋθ] *a.* 전신대(全身大)의, 등신의: a ~ portrait 전신 초상화
— *ad.* 등신대로 — *n.* 전신상(全身像)
fúll móon [a ~] 보름달, 만월; 만월시
fúll nélson 〖레슬링〗 풀 넬슨 《두 손으로 상대편의 목을 누르는 수법》
***full·ness** [fúlnis] *n.* Ⓤ **1 차 있음**; 가득함; 충분함 **2 오동포동하게 살찜 3** (음색 등의) **풍부함**
in the ~ of time 〖성서〗 때가 차서
the ~ of the heart 감개무량; 진정
full-page [-péidʒ] *a.* 페이지에 가득 찬, 전면에 걸친
full-rigged [-rígd] *a.* 전장비를 갖춘 〈돛단배〉; 완전 장비의
full-scale [-skéil] *a.* 실물 크기의; Ⓐ 전면적인, 철저한
full-serv·ice [fúlsə́ːrvis] *a.* (업무상) 포괄적인 편의를 제공하는, 풀서비스의

full-size [-sàiz] *a.* 보통[표준] 사이즈의; 〈침대가〉 풀사이즈인

fúll stóp[póint] 《영》 마침표, 종지부 《《미》에서는 period가 일반적》
come to a ~ 완전히 끝나다 ***put a ~ to*** …에 종지부를 찍다

full-term [fúltə́:rm] *a.* 〖의학〗 **1** 정상 임신 기간이 다 찬 **2** 집무 기한까지 근무하는

fúll tíme (작업·근무상의 정규의) 전시간; (구기 등에서) 경기 시간 전부

full-time [-táim] *a.* 전시간 (취업)의, 전임(專任)의

full-tim·er [-táimər] *n.* 상근자, 전임자; 《영》 전일제(全日制) 학교에 다니는 아동

‡**ful·ly** [fúli] *ad.* **1 충분히, 완전히 2** [수사 앞에서] **꼬박, 꼭**

fúlly fáshioned 《영》 = FULL-FASHIONED

fúlly flédged 《영》 = FULL-FLEDGED

ful·mar [fúlmər] *n.* 〖조류〗 풀마갈매기

ful·mi·nate [fʌ́lmənèit] *vi.* **1** 폭발음을 내다, 큰 소리를 내며 폭발하다 **2** 번갯불같이 번쩍이다 **3** 소리 지르다, 야단치다
— *vt.* 〈비난 등을〉 퍼붓다

ful·mi·na·tion [fʌ̀lmənéiʃən, fùl-] *n.* UC 폭발; 맹렬한 비난, 성난 부르짖음

***ful·ness** [fúlnis] *n.* = FULLNESS

ful·some [fúlsəm] *a.* 〈아첨 등이〉 지나친, 집요한, 지겨운 **~·ly** *ad.*

Ful·ton [fúltən] *n.* 풀턴 **Robert ~** (1765-1815) 《미국의 기계 기사; 증기선을 발명한 사람》

fu·ma·role [fjú:məròul] *n.* (화산의) 분기공

***fum·ble** [fʌ́mbl] *vi.* **1 손으로 더듬다,** 찾다 **2** 만지작거리다 《*with, at*》 — *vt.* 어설프게 다루다; 〖야구·미식축구〗 〈공을〉 실수하여 놓치다 — *n.* 〖야구·미식축구〗 펌블 《공을 잡았다 떨어뜨림》

‡**fume** [fju:m] [L 「연기」의 뜻에서] *n.* **1** [보통 *pl.*] (유해·불쾌한) **연기, 김,** 증기, 연무, 훈김, 열기, (자극성의) 발연(發煙); 향연(香煙) **2** [*pl.*] 독기(毒氣) **3** 노기, 흥분
be in a ~ 노기등등하다, 화나서 날뛰다
— *vi.* **1** 연기나다, 그을리다, 연기·김 등을 뿜다; 증발하다 **2** 약이 오르다, 성나 날뛰다 《*at, about, over*》
— *vt.* 〈목재 등을〉 훈증하다

fu·mi·gate [fjú:məgèit] *vt.* (연기로) 그을리다, 연기나게 하다; 훈증 소독하다

fu·mi·ga·tion [fjù:məgéiʃən] *n.* U 훈증, 훈증 소독(법); 향을 피움

fum·y [fjú:mi] *a.* (**fum·i·er**; **-i·est**) 연기[김, 가스]가 자욱한; 연기[김]를 내는; 연기 모양의

‡**fun** [fʌn] *n.* U **1 장난,** 놀이, 희롱 **2** [보통 be의 보어로] 재미있는 사물[사람] **3** 큰 소동, 격론
for* [*in*] *~ 장난으로, 놓으로 ***~ and games*** 《구어》 신나는 놀이, 기분 전환; 성애 행위, 성교 ***have ~*** 재미있게 놀다, 흥겨워하다 ***make ~ of*** = ***poke ~ at*** …을 놀림감으로 삼다, 놀리다
— *a.* 《구어》 즐거운, 재미나는

‡**func·tion** [fʌ́ŋkʃən] [L 「성취함」의 뜻에서] *n.* **1 기능,** 작용; 목적; 관능(官能) **2 직능,** 직무, 직분, 역할; 〖화학〗 관능기(基) **3 의식,** 행사; 제전, 축전(祝典) **4** 상관(관계); 함수적 성질의 것; 〖수학〗 함수
— *vi.* 기능을 하다, 작용하다; 직분[역할, 구실]을 다하다

***func·tion·al** [fʌ́ŋkʃənl] *a.* **1 기능의;** 〖의학〗 기능성의 **2** 직무상의 **3** 〈건물·가구 등이〉 기능 본위의, 편리[실용] 위주의, 편리한 **4** 〖수학〗 함수의

func·tion·ar·y [fʌ́ŋkʃənèri | -ʃənəri] *n.* (*pl.* **-ar·ies**) 《경멸》 직원, 공무원

fúnction kèy 〖컴퓨터〗 기능 키 《어떤 특정 기능을 갖는 키보드상의 키》

fúnction wòrd 〖문법〗 기능어 《관사·대명사·전치사·조동사·접속사·관계사 등》

‡**fund** [fʌnd] [L 「바닥」의 뜻에서] *n.* **1 기금,** 자금, 기본금 **2** [*pl.*] 재원; 소지금 **3** [the ~s] 《영》 공채, 국채 **4** [a ~] (지식 등의) **축적,** 온축(蘊蓄) 《*of*》
in* [*out of*] *~s 돈을 가지고[돈이 떨어지고]
— *vt.* 〈이자 지불에〉 **자금을 공급하다;** 〈일시 차입금을〉 장기 부채[공채]로 바꾸다; 《영》 〈돈을〉 공채에 투자하다

‡**fun·da·men·tal** [fʌ̀ndəméntl] [L 「기초」의 뜻에서] *a.* **1 기본적인,** 기초[기준]의, 근본적인 **2** Ⓐ **중요[주요]한;** 필수의
— *n.* **1** [종종 *pl.*] 기본, 근본, 기초; 원리, 원칙 **2** 〖음악〗 바탕음

fun·da·men·tal·ism [fʌ̀ndəméntəlìzm] *n.* U [종종 **F~**] 〖그리스도교〗 근본주의, 원리주의

***fun·da·men·tal·ly** [fʌ̀ndəméntəli] *ad.* **근본적으로;** 기초부터

fund·ie, fund·y [fʌ́ndi] *n.* 《구어》 종교적 근본주의[원리주의]자; 급진적 환경 보호론자

fund-rais·er [fʌ́ndrèizər] *n.* 《미》 기금 조달자; (기금) 모금 행사

fund-rais·ing [-rèiziŋ] *n., a.* (정당·자선 단체의) 모금 활동(의), 자금 조달(의): a ~ party 모금 파티, 자선 파티

‡**fu·ner·al** [fjú:nərəl] [L 「죽음, 매장」의 뜻에서] *a.* Ⓐ **장례의**
— *n.* **1 장례식,** 장의(葬儀); 장의 행렬; 《미》 고별식 **2** [one's ~로] 《구어》 싫은 일, 해야 할 일, 책임

fu·ner·ar·y [fjú:nərèri | -nərəri] *a.* 장례식의, 장송의

fu·ne·re·al [fju:níəriəl] *a.* 장송의; 장례식다운; 슬픈, 음울한 **~·ly** *ad.*

fun·fair [fʌ́nfὲər] *n.* 《영》 유원지, 이동 유원지

fun·gi [fʌ́ndʒai, fʌ́ŋgai] *n.* FUNGUS의 복수

fun·gi·cide [fʌ́ndʒəsàid, fʌ́ŋgə-] *n.* 살균제, 곰팡이 제거제

fun·go [fʌ́ŋgou] *n.* (*pl.* **~es**) 〖야구〗 수비 연습을 위한 타구 《특히 플라이》; 연습용 배트 (= **~ bàt[stìck]**)

fun·goid [fʌ́ŋgɔid] *a.* 버섯과 비슷한; 균성의; 《주로 영》 = FUNGOUS; 자꾸 증식하는

fun·gous [fʌ́ŋgəs] *a.* 균성[균질]의, 버섯의, 갑자기 생기는

*__fun·gus__ [fʌ́ŋgəs] *n.* (*pl.* ~·**es**, **-gi** [-dʒai, -gai]) **진균류**(眞菌類), 균; 버섯
fún hòuse (미) (유원지의) 유령의 집
fu·nic·u·lar [fjuːníkjulər] *a.* 밧줄의 견인력에 의한, 밧줄의
— *n.* = FUNICULAR RAILWAY
funícular ráilway 강삭(鋼索) 철도, 케이블카
funk[1] [fʌŋk] *n.* **1** (미·속어) (연기 등의) 고약한 냄새, 악취 **2** Ⓤ 펑키 재즈
funk[2] (구어) *n.* **1** 무서움, 겁; 의기소침; 공황 **2** 겁쟁이
be in a ~ of …을 겁내다
— *vi., vt.* 겁내다[내게 하다]; (겁나서) 기가 죽다; 위협하다
funk·y[1] [fʌ́ŋki] *a.* (**funk·i·er**; **-i·est**) (구어) 겁내는; 겁쟁이의
funky[2] *a.* (**funk·i·er**; **-i·est**) (속어) 케케묵은; (구어) 고약한 냄새가 나는, 구역질 나는; (속어) 관능적인, 멋진; 〖재즈〗 소박한 블루스조의, 펑키한
*__fun·nel__ [fʌ́nl] *n.* **깔때기**; (깔때기 꼴의) 통풍통, 채광 구멍; **굴뚝** (기관차·기선 등의) — *v.* (**~ed**; **~·ing** | **~led**; **~·ling**) *vt.* **1** 〈손 등을〉 깔때기 모양이 되게 하다 **2** 〈정력 등을〉 집중하다 (*into*); 좁은 통로로 흐르게 하다; 〈정보 등을〉 흘리다
— *vi.* 깔때기 모양이 되다; 깔때기[좁은 통로]를 통과하다
fun·ni·ly [fʌ́nəli] *ad.* 우습고 재미있게, 우스꽝스럽게; 기묘하게
~ enough 기상천외하게도, 기묘하게도
‡**fun·ny** [fʌ́ni] *a.* (**-ni·er**; **-ni·est**) **1** **익살맞은**; 재미있는, 우스운 **2** (구어) **이상한**, 기묘한; 수상한; 부정(不正)의, 사기의 **3** Ⓟ (구어) 기분이 언짢은; 머리가 좀 돈
— *n.* (*pl.* **-nies**) (구어) 농담; [*pl.*] (보통 4장면의) 연속 만화, (신문의) 만화란
fúnny bòne (팔굽의) 척골(尺骨) 끝 (때리면 짜릿한 뼈); 유머 감각
fúnny bùsiness (구어) 우스운 짓, 농담; 수상한 짓, 사기
fúnny fàrm (속어) 정신병원
fun·ny-ha-ha [fʌ́nihɑ̀ːhɑ́ː] *a.* (영·구어) 우스운, 해학의
fúnny mòney 가짜 돈, 장난감 돈
fúnny pàper (미·구어) 신문의 만화란
fun·ny-pe·cu·liar [fʌ́nipikjúːljər] *a.* (영·구어) 이상한
fún rùn (자선 모금이나 재미로 시민이 참가하는) 장거리 달리기 대회
‡**fur** [fəːr] [동음어 fir] *n.* **1** Ⓤ **부드러운 털** **2** Ⓤ [집합적] 모피 동물 **3** **모피**; [보통 *pl.*] 모피 제품 (모피 옷·털목도리 등) **4** Ⓤ (혀의) 백태(白苔), 설태
make the ~ fly 큰 소동[싸움]을 벌이다
— *a.* Ⓐ 모피(제)의
— *v.* (**~red**; **~·ring**) *vt.* **1** 부드러운 모피를 붙이다; 모피로 덮다; 모피로 안[가장자리]을 대다 **2** 백태가 끼게 하다
— *vi.* 백태[물때]가 생기다
fur·be·low [fə́ːrbəlòu] *n.* 옷단 장식 (여성복의); 옷자락 주름; [*pl.*] 지나치게 화려한 장식 — *vt.* 복잡한 장식을 하다
fur·bish [fə́ːrbiʃ] *vt.* 닦다, 윤을 내다; 닦고 빛내다, 광내다 (*up*)
~ up 잘 닦다; 면목을 새롭게 하다
fur·cate [fə́ːrkeit, -kət] *a.* 갈래진, 두 갈래로 갈라진 — [fə́ːrkeit] *vi.* 두 갈래로 갈라지다, 분기(分岐)하다
Fu·ries [fjúəriz] *n. pl.* [the ~] 〖그리스·로마신화〗 세 자매의 복수의 여신 (머리카락은 뱀이고 날개를 닮)
‡**fu·ri·ous** [fjúəriəs] *a.* **1** **노하여 펄펄 뛰는,** 성내어 날뛰는 **2** 〈속도 등이〉 **맹렬한** **3** 격렬한
*__fu·ri·ous·ly__ [fjúəriəsli] *ad.* **미친 듯이 노하여**[날뛰어]
furl [fəːrl] *vt.* 〈기·돛 등을〉 감다, 말다; 〈날개·양산 등을〉 접다 (*up*) — *vi.* 〈기·돛 등이〉 감기다; 〈양산 등이〉 접히다 (*up*) — *n.* 말아 넣음; 마는 법; 만 것
fur·long [fə́ːrlɔːŋ | -lɔŋ] *n.* 펄롱 (길이의 단위; 1/8마일; 201.17 미터)
fur·lough [fə́ːrlou] *n.* UC (군인·공무원의) 휴가; (조업 단축 등에 의한) 일시 해고
‡**fur·nace** [fə́ːrnis] [L 「난로, 화덕」의 뜻에서] *n.* **1** 노(爐), **난방로; 용광로** **2** 몹시 더운 곳, 초열 지옥
‡**fur·nish** [fə́ːrniʃ] [OF 「완성시키다, 보급하다」의 뜻에서] *vt.* **1** **공급하다, 제공하다, 주다** (*with*) **2** **갖추다** (*with*) **3** 〈집·방에〉 가구를 설비하다, 들여놓다
*__fur·nished__ [fə́ːrniʃt] *a.* **가구 딸린**(opp. *unfurnished*)
fur·nish·er [fə́ːrniʃər] *n.* 공급자, 조달자; (특히) 가구상(家具商)
*__fur·nish·ing__ [fə́ːrniʃiŋ] *n. pl.* **1** **가구,** 비품, 건구 (집·방의) **2** (미) 복식품(服飾品)
‡**fur·ni·ture** [fə́ːrnitʃər] *n.* Ⓤ [집합적; 단수 취급] **가구,** 비품, 세간, 시설품
fu·ror [fjúərɔːr] *n.* UC 격렬한 감격; (일시적인) 열중, 열광; 열광적 유행; 열광적 칭찬
fu·rore [fjúərɔːr | fjuərɔ́ːri] *n.* UC **1** (영) = FUROR **2** (영) [furɔ́ːri] 〖음악〗 푸로레, 격정, 정열
furred [fəːrd] *a.* 부드러운 털로 덮인; 모피제의, 모피를 붙인, 모피로 안[가장자리]을 댄; 모피 (제품)을 입은; 백태(白苔)가 낀; 물때가 앉은
fur·ri·er [fə́ːriər | fʌ́r-] *n.* 모피 상인
fur·ri·er·y [fə́ːriəri | fʌ́ri-] *n.* UC 모피상
*__fur·row__ [fə́ːrou | fʌ́r-] *n.* **1** **밭고랑** (둑과 둑 사이의), 도랑, 이랑의 홈 **2** 길쭉한 홈 (도랑과 같은); 항적(航跡); (문어) (얼굴의) **깊은 주름살** — *vt.* **1** 이랑을 짓다, (쟁기로) 갈다 **2** …에 주름살지게 하다
— *vi.* 주름살이 지다
fur·ry [fə́ːri] *a.* (**-ri·er**; **-ri·est**) 부드러운 털의; 모피로 덮인; 모피가 붙은, 모피로 만든; 백태[물때]가 낀
fúr sèal 〖동물〗 물개
‡**fur·ther** [fə́ːrðər] *ad.* [far의 비교급] **1** 〈거리·공간·시간이〉 **더 멀리,** 더 앞에 **2** 〈정도가〉 **더 나아가서, 그 이상으로** **3** **게다가,** 또

~ **on** 더 가서 ~ **to** [상용문에서] …에 부언하자면

— *a.* Ⓐ **1** 더 먼[앞의] **2** 그 이상의, 한층 더한 **3** 뒤따른

until [***till***] ~ ***notice*** 다음 통지가 있을 때까지

— *vt.* 진행시키다, 조장[촉진]하다

fur·ther·ance [fə́:rðərəns] *n.* Ⓤ 조장, 조성, 추진, 촉진

fúrther educátion (영) 성인 교육

‡**fur·ther·more** [fə́:rðə:rmɔ̀:r] *ad.* 더욱이, 게다가, 더군다나

fur·ther·most [-mòust] *a.* 가장 먼

fur·thest [fə́:rðist] *a.*, *ad.* = FARTHEST

fur·tive [fə́:rtiv] *a.* **1** 몰래 하는, 남의 눈을 속이는, 내밀한, 은밀한 **2** 속임수가 많은; 믿을 수 없는 **~·ness** *n.*

fur·tive·ly [fə́:rtivli] *ad.* 몰래, 살그머니, 슬쩍

‡**fu·ry** [fjúəri] *n.* (*pl.* **-ries**) **1** UC 격노, 격분, 광포; Ⓤ 격렬 **2** [**F~**] 〚그리스·로마신화〛 복수의 여신의 하나; [*pl.*] 복수의 3여신 **3** 표독스러운 계집 ***in a*** ~ 격노하여 ***like*** ~ (구어) 맹렬히; 마구잡이로

furze [fə:rz] *n.* 〚식물〛 가시금작화

∗**fuse**[1] [fju:z] *n.* 신관(信管), 도화선[삭(索)]; 〚전기〛 퓨즈 ***blow a*** ~ 퓨즈를 터지게 하다; (구어) 몹시 화내다

— *vt.* 신관을 달다, 퓨즈를 달다

— *vi.* (주로 영) 퓨즈가 녹아서 전등이 꺼지다

∗**fuse**[2] [L 「녹이다」의 뜻에서] *vt.*, *vi.* 녹이다, 녹다; 용화(鎔和)시키다[하다]; 융합시키다[하다]; 연합[합동]하다

fu·see [fju:zí:] *n.* **1** 내풍(耐風) 성냥 **2** 신관(fuse); 〚철도〛 붉은 섬광 신호 《위험 신호》

fu·se·lage [fjú:səlɑ̀:ʒ, -zə-] *n.* (비행기의) 동체, 기체

fuse-wire [fjú:zwàiər] *n.* Ⓤ 도화선

fus·i·ble [fjú:zəbl] *a.* 잘 녹는, 가용성의

fu·sil·lade [fjú:səlèid, -zə- | fjù:ziléid] *n.* **1** 일제 사격, 연속 사격 **2** (질문·비난의) 연발 — *vt.* 일제 사격을 가하다

∗**fu·sion** [fjú:ʒən] *n.* **1** Ⓤ 용해; 융해; Ⓤ 용해한 것 **2** Ⓤ 〚물리〛 원자핵의 결합[융합] (opp. *fission*) **3** UC (정당·당파 등의) 연합, 합동, 제휴; Ⓤ 연합체 **4** 〚음악〛 퓨전 《재즈에 록 등이 섞인 음악》

~·ìsm *n.* Ⓤ 합동[융합]주의 **~·ist** *n.*

‡**fuss** [fʌs] *n.* **1** UC (쓸데없이) 몸달아 설침, 흥분 **2** UC 야단법석, 헛소동, 호들갑 **3** 야단법석하는 사람 — *vi.* 몸달아 설치다, 야단법석하다 《*about*, *over*》; 몸달아 돌아다니다 《*about*, *up and down*》

— *vt.* 〈사람을〉 법석을 떨게 하다; 안달복달하게 하다

fuss·budg·et [fʌ́sbʌ̀dʒit], **fuss·pot** [-pɑ̀t | -pɔ̀t] *n.* (구어) 공연히 떠들어대는 사람, 수다쟁이, 쓸데없이 헐뜯는 사람

∗**fuss·y** [fʌ́si] *a.* (**fuss·i·er**; **-i·est**) **1** (하찮은 일에) 야단법석하는; 귀찮은, 까다로운 **2** 지나치게 꾸민 《의복·문장 등》, 공들여 꾸민, 세심한 주의를 요하는, 섬세하려고 애쓰는 **fúss·i·ness** *n.*

fus·tian [fʌ́stʃən | -tiən] *n.* UC 퍼스티언 천 《한쪽 면에 보풀을 세운 코르덴, 면 벨벳 등의 능직 면직물을 말함》 — *a.* 퍼스티언 천의; 야단스러운, 과대한; 쓸데없는

fus·ty [fʌ́sti] *a.* (**-ti·er**; **-ti·est**) 곰팡내 나는(musty); 케케묵은, 진부한, 고루한 **-ti·ly** *ad.* **-ti·ness** *n.*

fut. future

‡**fu·tile** [fjú:tl | -tail] *a.* **1** 〈행동 등이〉 헛된, 효과 없는; 쓸데없는; 무익한 **2** 〈사람·이야기 등이〉 하찮은, 변변찮은

~·ly *ad.* **~·ness** *n.*

∗**fu·til·i·ty** [fju:tíləti] *n.* (*pl.* **-ties**) Ⓤ 무용(無用), 무익; [종종 *pl.*] 경박한 행동, 무익한 언동

‡**fu·ture** [fjú:tʃər] [L 「앞으로 일어나려고 하다」의 뜻에서] *n.* **1** CU [보통 the ~] 미래, 장래, 앞날; [the F~] 내세 **2** (유망한) 전도, 장래성, 성공의 가능성 **3** 〚문법〛 미래 시제(= ~ ténse) **4** [*pl.*] 〚상업〛 선물(先物)(계약)

have a bright [***brilliant***] ~ 빛나는 장래가 있다 《*before*》 ***have no*** ~ 장래성이 없다 ***in*** ~ 앞으로는 ***in*** ~ ***ages*** 후세에 ***in the distant*** [***far***] ~ 먼 장래에 ***in the*** ~ 앞으로, 장차 ***in the near*** ~ = ***in no distant*** ~ = ***in the not too distant*** ~ 가까운 장래에 ***There is no*** ~ ***in it.*** 가망이 없다.

— *a.* Ⓐ **1** 미래의, 장래의; 내세의 **2** 〚문법〛 미래 시제의

fu·ture·less [fjú:tʃərlis] *a.* 미래가 없는, 장래성 없는

fu·tur·ism [fjú:tʃərìzm] *n.* [때로 **F~**] Ⓤ 미래파 《1910년 무렵 이탈리아에서 일어난 예술 운동으로 입체주의(cubism)가 발전한 것》; (구어) 초현대적[전위적] 예술

fu·tur·ist [fjú:tʃərist] *n.* [때로 **F~**] 미래파 예술가

fu·tur·is·tic [fjù:tʃərístik] *a.* 미래파의; (구어) 초현대적인, 전위적인

-ti·cal·ly *ad.*

fu·tu·ri·ty [fju:tjúərəti, -tʃú- | -tjúə-] *n.* (*pl.* **-ties**) **1** Ⓤ 미래, 장래; 내세, 후세 **2** [*pl.*] 미래의 일 **3** Ⓤ 후대의 사람들, 후손들

fu·tur·ol·o·gy [fjù:tʃərɑ́lədʒi | -rɔ́l-] *n.* Ⓤ 미래학

fuze [fju:z] *n.* **1** 신관, 기폭 장치 《지뢰·폭뢰 등의》 **2** = FUSE[1]

fu·zee [fju:zí:] *n.* (말의 다리에 생기는) 외골종(外骨腫)

fuzz [fʌz] *n.* Ⓤ **1** 잔털, 솜털, 보풀 **2** (구어) 고수머리 **3** 흐림 《사진 등》 **4** 《속어》 **a** [보통 the ~; 집합적] 경찰 **b** 순경; 형사

— *vi.*, *vt.* 보풀이 나다[나게 하다], 부드럽게 되다[만들다], 훨훨 날아 흩어지다

fuzz·y [fʌ́zi] *a.* (**fuzz·i·er**; **-i·est**) **1** 보풀 같은, 잔털 모양의, 보풀이 선 **2** 흐트러진; 고수머리 같은 **3** 흐린, 희미한, (소리 등이) 탁한 **fúzz·i·ly** *ad.* **-i·ness** *n.*

fúzzy lógic 퍼지 이론

-fy [fai] *suf.* 「…로 하다; …화하다」의 뜻: beauti*fy*, satis*fy*, paci*fy*

fyl·fot [fílfɑt | -fɔt] *n.* 卍모양 (swastika)

G g

g, G [dʒiː] *n.* (*pl.* **g's, gs, G's, Gs** [-z]) **1** 지《영어 알파벳의 제7자》 **2** G자 모양(의 것)

G [dʒiː] *n.* (*pl.* **G's, Gs** [-z]) **1** (미·속어) 1,000 달러(grand) **2** 〖물리〗 중력 가속도 **3** (연속한 것의) 제7번째(의 것) **4** 〖음악〗「사」음, 「사」장조: *G* clef 사음 기호/*G* flat[sharp] 내림[올림] 사조/*G* major[minor] 사장조[단조] **5** (미) 〖영화〗 일반 영화

g. gauge; gender; general; genitive; going back to; gram(me); guinea(s)

G. German(y); guilder(s); gulf

Ga 〖화학〗 gallium

Ga. Gallic; Georgia

G.A., GA General Agent; General American; General Assembly

gab [gæb] (속어) *n.* Ⓤ 수다; 잡담
the gift of the ~ (구어) 말재주
— *vi.* (**~bed**; **~·bing**) 잡담하다; 수다 떨다

gab·ar·dine [gǽbərdìːn, ⌐—⌐] *n.* **1** Ⓤ 개버딘《능직 방수 복지》; Ⓒ 개버딘제의 옷 **2** 품이 크고 긴 상의《특히 중세 유대인의》

gab·ber [gǽbər] *n.* **1** (구어) 수다쟁이 **2** (미·속어) (라디오의) 해설가

***gab·ble** [gǽbl] [의성어] *vi.* **1** **빠르게 지껄이다**, 재잘[종알]거리다 **2** 〈거위 등이〉 꽥꽥 울다(⇨ goose)
— *vt.* 빠르게 말하다, 〈영문도 모를 말을〉 지껄여대다
— *n.* Ⓤ 뜻 모를 말을 빨리 지껄임
gáb·bler *n.* 수다쟁이

gab·by [gǽbi] *a.* (**-bi·er**; **-bi·est**) (구어) 말 많은, 수다스러운

gab·er·dine [gǽbərdìːn, ⌐—⌐] *n.* = GABARDINE

gab·fest [gǽbfèst] *n.* (미·구어) 잡담[수다]의 모임, 간담회

***ga·ble** [géibl] 〖건축〗 *n.* **박공**(牔栱), 박풍(牔風), 박공 지붕; 박공 구조

ga·bled [géibld] *a.* 박공 구조의, 박공을 단

gáble ènd 박공벽

gáble ròof 박공 지붕

Ga·bon [gæbɔ́ːŋ] *n.* 가봉《아프리카 중서부의 공화국》

Gab·o·nese [gæ̀bəníːz] *a.* 가봉의; 가봉 사람의
— *n.* (*pl.* ~) 가봉 사람

Ga·bri·el [géibriəl] *n.* **1** 남자 이름 **2** 천사 가브리엘《성모 마리아에게 예수의 잉태를 알린》

gad[1] [gæd] *vi.* (**~·ded**; **~·ding**) 나다니다, 돌아다니다, 쏘다니다《*about*》
— *n.* 나다님

gad[2] **1** 뾰족한 막대기(goad)《가축을 모는 데 쓰는》 **2** 〖광산〗 정, 끌

Gad, gad[3] [God의 완곡한 변형] *int.* 저런, 당치도 않다
by G~! = by GOD

gad·a·bout [gǽdəbàut] *a.*, *n.* (구어) 나다니는 (사람); 여행하며 다니는 (사람)

gad·fly [-flài] *n.* (*pl.* **-flies**) **1** 〖곤충〗 등에 **2** 귀찮은 사람

***gadg·et** [gǽdʒit] *n.* (구어) (가정용) **간단한 기계[전기] 장치**, 솜씨 있게 만든 작은 도구, 장치; 묘안, 신안(新案), 궁리

gadg·e·teer [gæ̀dʒitíər] *n.* 기계 만지기를 좋아하는 사람

gad·o·lin·i·um [gæ̀dəlíniəm] *n.* Ⓤ 〖화학〗 가돌리늄《희토류의 금속 원소; 기호 Gd, 번호 64》

Gae·a [dʒíːə] *n.* 〖그리스신화〗 가이아《대지(大地)의 여신》

Gael [geil] *n.* 게일 사람《스코틀랜드 고지(高地) 사람 또는 아일랜드의 켈트 사람》

Gael·ic [géilik] *a.* 게일 족[말]의
— *n.* Ⓤ 게일 말

gaff[1] [gæf] *n.* **1** 갈고랑이《작살의 일종》 **2** 〖항해〗 개프, 사형(斜桁)《종범(縱帆) 상부의》 — *vt.* 〈물고기를〉 갈고랑이로 끌어올리다[찍다]

gaff[2] *n.* 학대, 혹사; 비난

gaff[3] (속어) *n.* **1** 속임수, 사기 **2** 싸구려 흥행장; [보통 penny ~] 삼류 극장 **3** 집, 아파트

gaffe [gæf] [F] *n.* (사교·외교상의) 과실, 실수(blunder)

gaf·fer [gǽfər] *n.* **1** (영) (시골의) 늙은이, 영감 **2** (영) 두목, 감독, 십장(foreman); (술집) 아저씨 **3** (구어) (영화·TV의) 전기[조명] 주임

***gag**[1] [gæg] [질식 소리를 흉내낸 의성어] *n.* **1** **재갈**, 입마개 **2** 언론 압박
— *v.* (**~ged**; **~·ging**) *vt.* **1** 〈남의〉 **입을 막다**; 언론을 억압하다 **2** 재갈을 물리다
— *vi.* **1** 목이 막히다 **2** 구역질 나다

gag[2] *n.* (대본·대사에 삽입된) **익살, 개그**
— *vi.* (**~ged**; **~·ging**) *vt.* 〈배우가〉 개그를 하다

ga·ga [gάːgɑː] (속어) *a.* 열광한(crazy); 어리석은, 얼빠진, 노망한

gage[1] [geidʒ] [동음어 gauge] *n.* **1** 도전의 표시《던진 장갑 또는 모자》; 도전 **2** 저당물

gage[2] *n.* (미) = GAUGE

gag·gle [gǽgl] [의성어] *n.* **1** 거위떼; 꽥꽥 우는 소리 **2** 시끄러운 여자들

gag·man [gǽgmæ̀n] *n.* (*pl.* **-men** [-mèn]) **1** 개그 작가 **2** 개그맨《개그에 능한 희극 배우》

gág rùle 함구령; 언론 통제법

gag·ster [gǽgstər] *n.* 개그 작가; 농담꾼

***gai·e·ty** [géiəti] *n.* (*pl.* **-ties**) **1** Ⓤ **명랑함**, 유쾌, 흥겨움, 쾌활 **2** [종종 *pl.*] 잔치 기분, 환락 **3** Ⓤ (복장의) **화려**, 화미

G

*__gai·ly, gay·ly__ [géili] *ad.* **1 흥겹게,** 유쾌하게 **2 야하게,** 화려하게

‡**gain** [gein] *vt.* **1** 〈원하는 것을〉 (노력해서) **얻다** **2** 〈무게·힘 등을〉 **늘리다** **3 얻다, 벌다**(earn); 이익을 보다(opp. *lose*): ~ one's living 생활비를 벌다 **4 획득하다,** 〈싸움에〉 이기다(win) **5** 설득하다 **6** 〈시계가〉 더 **가다**(opp. *lose*) **7 도달하다**(reach)

~ ***ground*** 확실한 지반을 얻다, 우세해지다 ~ a person ***over*** …을 자기 편에 끌어넣다 ~ one***'s point*** 자기의 의견을 관철시키다 ~ ***strength*** 힘이 늘다, 강해지다 ~ ***the upper hand*** 우세한 위치에 서다, 이기다 《*of*》 ~ ***time*** (일을 빨리 해 치우고) 시간을 절약하다; 시간의 여유를 얻다

— *vi.* **1** 〈체중이〉 **늘다;** 〈가치·인기 등이〉 오르다, 〈병자가〉 좋아지다 《*in*》: ~ *in* weight 체중이 늘다 **2** 돋보이다 《*by*》 **3** 〈시계가〉 빨리 가다 **4 이득을 얻다,** 이익을 보다(profit)

— *n.* **1 벌이,** 이득; [종종 *pl.*] **이익,** 수익; 상금; 돈벌이 **2 증진**(시키는 것), 증가시키는 것 《*to*》; 증가, 증대 《*of, in*》 **3** Ⓤ 획득(하기)

No ~s without pains. 《속담》 수고가 없으면 소득도 없다. ***on the ~*** 잘 되어

gain·er [géinər] *n.* **1** 획득자; 이득자; 승리자(opp. *loser*) **2** 〖수영〗 뒤로 재주넘는 다이빙

gain·ful [géinfəl] *a.* 이익이 있는, 벌이가 되는, 수지맞는; 《미》 〈직업 등이〉 유급(有給)인 **~·ly** *ad.* 이익이 나도록; 유급으로

gain·ings [géiniŋz] *n. pl.* 소득(액); 이익, 수익

gain·say [gèinséi] *vt.* (**-said** [-séd, -séid]) 《문어》 반박[부정]하다 **~·er** *n.*

*__gait__ [geit] [동음어 gate] *n.* **1 걷는 모양,** 걸음걸이; 《미》 **보조** **2** 〖승마〗 (말의) 보조 ***go*** one***'s own ~*** 자기 나름대로의 방식으로 하다

gait·ed [géitid] *a.* [보통 복합어를 이루어] 걸음걸이가 …한: slow-~ 느릿느릿 걷는

gai·ter [géitər] *n.* [보통 *pl.*] **1** 각반 **2** 《미》 각반 모양의 목 긴 구두

gal [gæl] *n.* 《구어》 = GIRL

gal. gallon(s)

Gal. 〖성서〗 Galatians

ga·la [géilə, gǽ- | gɑ́:-] [It. 「환락」의 뜻에서] *a.* 잔치의, 축제[잔치] 기분의, 흥겨운; 특별 개최의: a ~ day 잔칫날

— *n.* 축제, 잔치; 특별 개최

ga·lac·tic [gəlǽktik] *a.* **1** 〖천문〗 은하계(Galaxy)의; 성운의 **2** 〖생리〗 젖의

ga·lac·tose [gəlǽktous] *n.* 〖화학〗 갈락토오스 《젖당의 성분》

Gal·a·had [gǽləhæ̀d] *n.* **1 Sir ~** 갤러해드 《아서왕 이야기에 나오는 원탁의 기사》 **2** 고결한 남자

gal·an·tine [gǽləntì:n] *n.* 갤런틴 《닭고기·송아지 고기 등의 뼈를 바르고 향미료를 넣어 삶은 음식》

Ga·lá·pa·gos Ìslands [gəlɑ́:pəgəs- | -lǽpəgəs-] [the ~] 갈라파고스 제도(諸島) 《에콰도르 서쪽 해상의》

Ga·la·tia [gəléi, -ʃiə] *n.* 갈라티아 《소아시아 중부의 옛 왕국》

Ga·la·tian [gəléiʃən, -ʃiən] *a.* 갈라티아(사람)의

— *n.* 갈라티아 사람; [the ~s] 〖성서〗 갈라디아서(書) 《略 Gal.》

*__gal·ax·y__ [gǽləksi] [Gk 「밀크의 길」의 뜻에서] *n.* (*pl.* **-ax·ies**) **1** [the G~] 〖천문〗 **은하, 은하수**(the Milky Way); 은하계, 성운(星雲) **2** (미인·고관·재사 등의) 화려한 모임[무리], 기라성 같은 무리

‡**gale** [geil] *n.* **1 질풍,** 사나운 바람 **2** 《시어》 미풍

Gal·i·le·an[1] [gæ̀ləlí:ən] *a.* 갈릴리(Galilee)(인)의 — *n.* 갈릴리 사람; [the ~] 《경멸》 예수(Jesus)

Ga·li·le·an[2] [gæləléiən, -lí:ən] *a.* 갈릴레오(Galileo)의: a ~ telescope 갈릴레오식 망원경

Gal·i·lee [gǽləlì:] *n.* 갈릴리 《이스라엘 북부 지방; 그리스도가 전도하던 땅》

Ga·li·le·o [gæ̀ləlí:ou, -léiou] *n.* 갈릴레오 ~ **Galilei** (1564-1642) 《이탈리아의 천문학자》

*__gall__[1] [gɔ:l] *n.* Ⓤ **1** (동물의) **담즙** **2** 쓴맛; 원한 **3** [the ~] 《구어》 뻔뻔스러움, 철면피 ***dip*** one***'s pen in ~*** = ***write in ~*** 독필(毒筆)로 쓰다

gall[2] *vt.* **1** 〈피부 등을〉 스쳐서 벗기다 **2** 안달나게 하다, 성나게 하다

— *n.* **1** 찰(과)상, 벗겨짐 **2** (특히 말의) 안장이 닿아 벗겨진 곳 **3** 심통(心痛), 고민(거리)

gall[3] *n.* 충영(蟲癭), (벌레) 혹, 균혹

gall. gallon(s); gallery

‡**gal·lant** [gǽlənt] [OF 「즐기다」의 뜻에서] *a.* **1 용감한,** 씩씩한 **2** 화려한, 훌륭한, 당당한 **3** [gəlǽnt, -lɑ́:nt] 《문어》 여성에게 친절[정중]한

— [gəlǽnt | gǽlənt] *n.* **1** 여자에게 친절한 사나이, 오입쟁이 **2** 정부, 애인(lover)

*__gal·lant·ly__ [gǽləntli] *ad.* **1 용감하게;** 씩씩하게 **2** [gəlǽntli] (여성에게) 정중하게

*__gal·lant·ry__ [gǽləntri] *n.* (*pl.* **-ries**) Ⓤ **1 용감,** 무용(武勇) **2** 여성에 대한 공대; Ⓒ 정중한 행위[말]

gall·blad·der [gɔ́:lblæ̀dər] *n.* 〖해부〗 쓸개

gal·le·on [gǽliən] *n.* 갤리온선(船) 《고대 스페인의 3[4]층 갑판의 대범선》

gal·le·ri·a [gæ̀lərí:ə] *n.* (*pl.* **-ri·as**) 갤러리아 《상점가 등이 있고 아치형의 유리천장과 상업시설을 갖춘 넓은 통로》

‡**gal·ler·y** [gǽləri] *n.* (*pl.* **-ler·ies**) **1** (교회당·회관 등의) **중2층,** 높이 불쑥 나온 별석(別席) **2** (극장의) **맨 위층 관람석** 《가장 싼》 **3 화랑**(畵廊); 미술관, 미술품 진열실[전시장] **4 회랑**(回廊), 주랑(柱廊); 복도 **5** 노대(露臺)(balcony) **6** 《미》 사진 촬영소[실] **7** 좁고 긴 방: a shooting ~ 실내 사격 연습장 **8** 〖광산〗 갱도(坑道); 〖건축〗 지하도; (두더지 등의) 지하 통로

play to the ~ 대중석 관중을 상대로 연기를 하다, 대중에 영합하다

G

***gal·ley** [gǽli] *n.* **1** 갤리선(船) 《옛날 노예나 죄수들에게 젓게 한 2단으로 노가 달린 돛배》; (고대 그리스·로마의) 전함(戰艦) **2** (배·항공기 안의) 요리실(kitchen) **3** 〖인쇄〗 게라 《조판해 놓은 활자를 담아 두는 목판》, 교정쇄(刷) (= ~ proof)

gálley pròof 〖인쇄〗 교정쇄(刷)

gall·fly [gɔ́ːlflài] *n.* (*pl.* **-flies**) 〖곤충〗 어리상수리혹벌, 몰식자(沒食子)벌

Gal·lic [gǽlik] *a.* **1** 골(Gaul) (사람)의 **2** (종종 익살) 프랑스의(French)

Gal·li·cism [gǽləsìzm] *n.* [U][C] **1** 프랑스 어법 **2** 프랑스인의 특징[풍습], 프랑스인 기질

gall·ing [gɔ́ːliŋ] *a.* 짜증나게 하는(irritating), 화나는 **~·ly** *ad.*

gal·li·um [gǽliəm] *n.* [U] 〖화학〗 갈륨 《희금속 원소; 기호 Ga, 번호 31》

gal·li·vant [gǽləvæ̀nt] *vi.* [보통 ~ing로] (구어) (이성(異性)과) 건들건들 돌아다니다(gad about); 놀러 다니다

***gal·lon** [gǽlən] [MF 「사발」의 뜻에서] *n.* 갤런 《용량의 단위; (미) 3.785리터, (영) 4.546리터》

⁑gal·lop [gǽləp] [OF 「잘 달리다」의 뜻에서] *n.* **1** 갤럽 《말 등 네발 짐승이 단속적으로 네 발을 땅에서 떼고 전속력으로 달리기》 **2** 갤럽으로 말을 몰기, 질구(疾驅)
(**at**) ***full*** **~** = ***at a*** **~** 전속력으로, 갤럽으로
— *vi.* **1** 〈말 등이〉 **갤럽으로 달리다**; (말을 타고) 갤럽[전속력]으로 달리다, 질주하다 《*off*》 **2** 서두르다(hurry); 빨리 지껄이다, 몹시 급히 말하다 《*away*》; 급히 읽다 《*through, over*》
— *vt.* 〈말을〉 갤럽으로 몰다

gal·lop·ing [gǽləpiŋ] *a.* **1** 급속도의 **2** 〈병세가〉 급속히 진행하는

***gal·lows** [gǽlouz] *n.* (*pl.* **~, ~·es**) 교수대; [the ~] 교수형

gállows bìrd (구어) 교수형에 처해야 할[처한] 악인, 극악인(極惡人)

gall·stone [gɔ́ːlstòun] *n.* [U][C] 〖의학〗 담석

Gál·lup póll [gǽləp-] [창설자인 미국의 통계학자 이름에서] 갤럽 (여론) 조사

gal·lus·es [gǽləsiz] *n. pl.* (미·구어) 바지 멜빵

ga·lop [gǽləp] *n.* 갤럽 《2/4박자의 경쾌한 선회 무용(곡)》

ga·lore [gəlɔ́ːr] *a.* [명사 뒤에 쓰여] 많은, 풍부한

***ga·losh** [gəlɑ́ʃ | -lɔ́ʃ] *n.* [보통 *pl.*] **오버슈즈**(overshoes)

Gals·wor·thy [gɔ́ːlzwə̀ːrði, gǽlz-] *n.* 골즈워디 **John ~** (1867-1933) 《영국의 극작가·소설가; 노벨 문학상 수상 (1932)》

ga·lumph [gəlʌ́mf] [*gal*lop + tri*umph*] *vi.* (구어) 의기양양하게 걷다; 육중하게 걷다

gal·van·ic [gælvǽnik] *a.* **1** 〖전기〗 갈바니[직류] 전기의 **2** 〈웃음 등이〉 경련적인, 발작적인 **-i·cal·ly** *ad.*

gal·va·nism [gǽlvənìzm] *n.* [U] **1** 직류 전기 **2** 〖의학〗 직류 전기 요법

gal·va·ni·za·tion [gæ̀lvənizéiʃən | -nai-] *n.* [U] **1** 직류 전기를 통함 **2** 〖의학〗 직류 전기 치료 **3** 아연 도금

gal·va·nize [gǽlvənàiz] *vt.* **1** 직류 전기로 자극하다 **2** 갑자기 활기를 띠게 하다 **3** 〈철판 등에〉 아연 도금을 하다

gal·va·nom·e·ter [gæ̀lvənɑ́mətər | -nɔ́m-] *n.* 검류계(檢流計)

gam [gæm] *n.* (미·속어) 다리, (특히 여자의) 날씬한 다리

Ga·ma [gǽmə | gɑ́ː-] *n.* 가마 **Vasco da ~** (1460-1524) 《포르투갈의 항해자》

Gam·bi·a [gǽmbiə] *n.* 감비아 《서아프리카의 공화국; 수도 Banjul》

Gam·bi·an [gǽmbiən] *n.* 감비아 사람
— *a.* 감비아 (사람)의

gam·bit [gǽmbit] *n.* **1** 〖체스〗 (졸 등을 희생시키는) 초반 첫 수 **2** 행동[거래]의 시작

⁑gam·ble [gǽmbl] [OE 「놀다」의 뜻에서] *vi.* **1** **노름[도박]을 하다** 《*on, at*》 **2** 투기를 하다 《*on, in*》 **3** 성패를 건 모험을 하다, (…에) 금품 (등)을 걸다 《*with*》
— *vt.* 노름으로 잃다: ~ away one's fortune 노름으로 가산을 탕진하다
~ *on* …에 걸다; (속어) 의지하다, 신용하다
— *n.* **노름**, 도박; **모험**, 투기
go on the **~** 노름을 하다

***gam·bler** [gǽmblər] *n.* **노름꾼**, 도박[투기]꾼

***gam·bling** [gǽmbliŋ] *n.* [U] **노름**, 도박

gam·boge [gæmbóudʒ, -búːʒ] [생산지인 「캄보디아(Cambodia)」에서] *n.* [U] (그림물감의) 자황(雌黃), 불그스름한 노랑

gam·bol [gǽmbəl] *n.* (특히 염소 새끼나 어린이의) 깡충깡충 뛰어다님, 희롱거림
— *vi.* (**~ed**; **~·ing** | **~led**; **~·ling**) 깡충깡충 뛰어다니다, 희롱거리다

gam·brel [gǽmbrəl] *n.* (미) 2단 맞배지붕(= **~ ròof**)

⁂game¹ [geim] *n.* **1** **놀이**(sport), 유희, 오락: What a ~! 이건 참 재미있구나! **2** 놀이의 도구 **3** **경기**, 스포츠; **게임**; 승부, 시합: a close ~ 팽팽한 승부[경기], 접전 **4** 승부의 점수; 경기 방법; 승부의 형세 **5** 계획, 의도, 속셈; [보통 *pl.*] 계략, 수작 **6** 엽조(獵鳥)류; 목적물; 사냥감 **7** 기르고 있는 짐승 떼 《집오리 등》 《*of*》
~ *and* = **~ *and set*** 〖테니스〗 게임 세트
~ *and* **~** 득점 1대 1 **~, *set and match*** 〖테니스〗 (1) 게임 세트, 시합 끝 (2) 완전한 승리, 압승 《*to*》 ***give the*** **~** ***away*** 의도[계획]를 드러내다 ***make*** **~** ***of*** …을 놀려대다, 조롱하다 ***play*** **~*s with ...*** (미·속어) …을 속이다 ***play the*** **~** (구어) 정정당당하게 시합을 하다; 공명정대하게 행동하다 ***spoil the*** **~** 모처럼의 수고를 헛되게 하다 ***The*** **~** ***is up.*** 계획은 실패[수포]로 돌아갔다.
— *a.* **1** 사냥[낚시질]의; 엽조(獵鳥)[엽수(獵獸)]의 **2** 투계(鬪鷄) 같은, 쓰러질 때까지 굴하지 않는 **3** 〈…할〉 용기가 있는 (ready, willing) 《*for*》
— *vi.* 내기하다, 노름을 하다

game² *a.* 불구의

gáme bìrd 엽조(獵鳥), 사냥새

G

game·cock [-kɑ̀k | -kɔ̀k] *n.* 투계, 싸움닭; 용감한 사람
gáme fish 낚싯고기
game·keep·er [-kìːpər] *n.* 《영》 사냥터지기
gam·e·lan [gǽməlæ̀n] *n.* 가멜란 《가멜란 음악에 쓰이는 실로폰 비슷한 타악기》
game·ly [géimli] *ad.* 투계같이; 용감하게
gáme plàn 《미》 (경기의) 작전 계획; (면밀한) 행동 방침, 작전
gáme pòint (테니스 등의) 게임 포인트 《한 게임의 승리를 결정하는 점수》
gáme presèrve 조수 보호림; 금렵 구역
gam·er [géimər] *n.* **1** 《속어》 비디오[컴퓨터] 게임광 **2** 《미·속어》 운동에 소질이 있는 사람
gáme resèrve = GAME PRESERVE
gáme ròom 오락실
games·man·ship [géimzmənʃìp] *n.* Ⓤ 반칙 비슷한[비신사적] 술수를 써서 이기려 하기 《경기·경쟁에서》
game·some [géimsəm] *a.* 놀이를 좋아하는(playful), 장난을 좋아하는, 뛰노는, 희롱거리는 **~·ly** *ad.*
game·ster [géimstər] *n.* 노름꾼
gam·ete [gəmíːt] *n.* 〖생물〗 배우자(配偶者), 생식체 **ga·met·ic** [gəmétik] *a.*
gáme thèory 〖경제〗 게임 이론 《이익의 극대화와 손실의 극소화를 꾀하는 수학적 전략[영업] 이론》
gáme wàrden 수렵구(區) 관리인
gam·ey [géimi] *a.* = GAMY
gam·in [gǽmin] [F] *n.* 집없는 아이, 부랑아 《남자 아이》
ga·mine [gæmíːn, ⌐⌐] [F] *n.* 말괄량이, 깜찍한 장난꾸러기 계집애; 여자 부랑아
gam·ing [géimiŋ] *n.* **1** 도박, 내기 **2** 비디오[컴퓨터] 게임을 하는 것
— *a.* 도박의
gáming hòuse 노름집, 도박장
gáming tàble 도박대
gam·ma [gǽmə] *n.* **1** 감마 《그리스 자모의 세 번째 글자: Γ, γ = G, g》 **2** 제 3의 것 **3** (*pl.* ~) 〖물리〗 감마 《100만분의 1그램》; 감마선 양자
gámma glóbulin 〖생화학〗 감마글로불린 《혈장(血漿) 단백질의 한 성분》
gámma ràý [보통 *pl.*] 〖물리〗 감마선(線)
gam·mon [gǽmən] *n.* (베이컨용) 돼지의 아랫배 고기; Ⓤ 훈제(燻製) 햄
gam·my [gǽmi] *a.* (**-mi·er**; **-mi·est**) 《영·구어》 다리가 불편한(game[2])
gamp [gæmp] [Dickens작 *Martin Chuzzlewit*에 나오는 간호사 이름; 그녀가 가졌던 큰 우산에서] *n.* 《영·구어》 크고 볼품없는 우산
gam·ut [gǽmət] *n.* **1** 〖음악〗 전음계(全音階); 전음역(音域); 장음계 **2** 전범위, 전반
gam·y [géimi] [game[1] *n.* 6에서] *a.* (**gam·i·er**; **-i·est**) **1** 사냥 고기의 냄새가 많이 나는 **2** 원기 있는, 용감한 **3** 《미》 외설적인, 아슬아슬한
-gamy [gəmi] 《연결형》 「…결혼; …결합」의 뜻: bi*gamy*, exo*gamy*
gan·der [gǽndər] *n.* **1** 거위의 수컷(⇨ goose) **2** 바보, 얼간이(simpleton) **3** 《미·속어》 한번 흘낏 봄(look)
take [***have***] ***a*** ~ 살짝[흘낏] 보다 《*at*》
Gan·dhi [gɑ́ːndi, gǽn-] *n.* 간디 **Mohandas K.** ~ (1869-1948) 《인도 해방 운동의 지도자》
⁑**gang** [gæŋ] *n.* **1** (노예·노동자·죄수 등의) 한 떼; 《구어》 패거리 **2** 일단, 한패; 폭력단, 깡패, 갱 **3** (아이들의) 놀이 동무; 비행 소년 그룹 **4** (같이 움직이는 도구의) 한 벌(set) 《*of*》
— *vi.* 《구어》 일단이 되다, 집단을 이루다 — *vt.* **1** 집단 습격하다 **2** 조로 편성하다 **3** 〈도구 등을〉 한 벌로 갖추다
gáng bàng 《미·속어》 (한 여성 상대의) 난교(亂交) 파티, 윤간
gang-bang [gǽŋbæ̀ŋ] 《속어·비어》 *vt.*, *vi.* (한 여성을 상대로) 윤간하다; 윤간에 끼다
gang·bust·er [-bʌ̀stər] *n.* 《미·속어》 강력계 경찰
come on like ~s 《속어》 요란스럽게 들어오다[시작하다]
gang·er [gǽŋər] *n.* 《영》 (노동자들의) 두목, 십장(foreman)
Gan·ges [gǽndʒiːz] *n.* [the ~] 갠지스강 《벵골 만으로 흐르는 인도의 큰 강》
gang·land [gǽŋlæ̀nd, -lənd] *n.* ⓊⒸ 《미》 (갱들이 판치는) 암흑가
gan·gle [gǽŋgl] *vi.* 〈사람·물건 등이〉 어색하게 움직이다
gan·gli·a [gǽŋgliə] *n.* GANGLION의 복수
gan·gling [gǽŋgliŋ] *a.* 《구어》 키가 호리호리하게 큰
gan·gli·on [gǽŋgliən] *n.* (*pl.* **-gli·a** [-gliə], **~s**) **1** 〖해부·동물〗 신경절(節); 〖의학〗 건초류(腱鞘瘤) **2** (지적·산업적) 활동의 중심, 중추
gan·gly [gǽŋgli] *a.* (**-gli·er**, **-gli·est**) = GANGLING
gang·plank [gǽŋplæ̀ŋk] *n.* 〖항해〗 트랩 《배와 부두 또는 선창을 연결하는 널판》
gan·grene [gǽŋgriːn] *n.* Ⓤ 〖병리〗 괴저(壞疽), 탈저(脫疽)
gán·gre·nous [-grənəs] *a.*
__gang·ster__ [gǽŋstər] *n.* **갱 단원**, 폭력단원 《한 사람》, 악한
gang·way [gǽŋwèi] [OE 「길」의 뜻에서] *n.* **1** (극장·강당 등의) 좌석 사이의 통로 **2** = GANGPLANK; 현문(舷門) 《배의》
— *int.* (군중 속에서) 비켜라, 비켜
gan·net [gǽnit] *n.* (*pl.* **~s**, [집합적] ~) 〖조류〗 북양가마우지
gant·let[1] [gɔ́ːntlit, gǽnt-] 〖철도〗 *n.* 곤틀릿 궤도
gantlet[2] *n.* = GAUNTLET[1]
gantlet[3] *n.* = GAUNTLET[2]
gan·try [gǽntri] *n.* (*pl.* **-tries**) **1** 통을 올려 놓는 대(臺) **2** 〖철도〗 과선교(跨線橋) 《철도 신호가 달린》 **3** 〖우주〗 로켓 발사 정비탑
GAO General Accounting Office 《미》 회계 감사원
***gaol** [dʒeil] *n.* 《영》 = JAIL
gaol·bird [dʒéilbə̀ːrd] *n.* 《영·구어》 = JAILBIRD

gaol·er [dʒéilər] *n.* 《영》 =JAILER

***gap** [gæp] *n.* **1** (벽·담·울 등의) **갈라진**[**터진**] **틈**, 구멍 **2** 빈 곳, 공백, 틈새; 단절; 결함: make[leave] a ~ 틈이 생기게 하다 **3** (의견·성격 등의) **큰 차이**, **격차**: a wide ~ between the two views 두 견해의 큰 차이 **4** 산협(山峽), 협곡; 고갯길 **5** 〖전기〗 갭, 간극(間隙)
bridge [***fill, stop***] ***a*** ~ (1) 틈새를 막다 (2) 결함을 보완하다, 부족을 보충하다

***gape** [geip] [ON 「입을 벌리다」의 뜻에서] *vi.* **1** (놀람·감탄으로) **입을 딱 벌리다**, 입을 벌리고 멍하니 바라보다 《*at*》 **2** 하품하다(yawn) **3** 〈지면 등이〉 크게 갈라지다; 〈상처 자리 등이〉 빼끔히 벌어지다
— *n.* **1 쩍 벌어진**[**갈라진**] **틈 2 입을 딱 벌림**; 입을 딱 벌리고 멍하니 바라봄; 놀람; 하품

gap·er [géipər] *n.* **1** 입을 딱 벌리고 멍하니 바라보는 사람, 하품하는 사람 **2** 〖패류〗 다랑조개의 일종 **3** 〖조류〗 넓적부리새

gap·ing·ly [géipiŋli] *ad.* 입을 벌리고, 멍하니, 어이없이

gap·less [gǽplis] *a.* 끊어진 데가 없는, 갈라진 틈이 없는

gapped [gæpt] *a.* 금[틈]이 많은

gap-toothed [gǽptú:θt] *a.* 치열(齒列)에 틈이 생긴

gar [gɑ:r] *n.* (*pl.* **~, ~s**) = GARFISH

***ga·rage** [gərɑ́:ʒ, -rɑ́:dʒ | gǽrɑ:ʒ] [F 「오두막집에 넣다」의 뜻에서] *n.* (자동차) **차고**; (자동차) 수리[정비] 공장
— *vt.* 차고[정비 공장]에 넣다

ga·rage·man [gərɑ́:ʒmæ̀n | gǽrɑ:ʒ-] *n.* (*pl.* **-men** [-mèn]) 자동차 수리공

garáge sàle 《미》 (자택의 차고에 벌여 놓는) 중고 가정용품[불용품] 염가 판매

garáge shòp 자택의 차고를 개조한 것 같은 조그마한 공장

***garb** [gɑ:rb] [OF 「우아(優雅)」의 뜻에서] *n.* Ⓤ **1** (직업·시대·나라에 특유한) **복장 2** 의상(衣裳) **3** Ⓤ Ⓒ 외관, 몸차림
— *vt.* 옷을 입히다(dress) ***be ~ed in*** …을 입고 있다 ~ one***self in*** …을 입다

***gar·bage** [gɑ́:rbidʒ] [ME 「동물의 창자」의 뜻에서] *n.* Ⓤ **1** (부엌에서 나오는) **음식 찌꺼기**, **쓰레기 2** 《영》 (생선·고기 등의) 찌꺼기 **3** 보잘것없는 것, 폐물: literary ~ 시시한 읽을거리

gárbage càn (부엌) 쓰레기통

gárbage collèctor[**màn**] 《미》 쓰레기 수거인

gárbage trùck[**wàgon**] 《미》 쓰레기차

gar·ble [gɑ́:rbl] *vt.* **1** 〈사실을〉 왜곡(歪曲)하다, 〈기사(記事)를〉 마음대로 뜯어 고치다 **2** 오전(誤傳)하다

gar·çon [gɑ:rsɔ́:ŋ] [F 「소년」의 뜻에서] *n.* (*pl.* **~s** [-z]) (호텔 등의) 급사, 보이

gar·den** [gɑ́:rdn] [OF 「울타리를 두른 땅」의 뜻에서] *n.* **1** Ⓒ Ⓤ **뜰**, **정원**; 화원, 과수원, 채소밭: a kitchen ~ 가정용 채소밭 **2** [종종 *pl.*] **유원지**, 공원 **3** 땅이 기름진 농경(農耕) 지대 **4** [**G~s**] [지명 뒤에 써서] 《영》 …가(街), …광장 **5** 《미·속어》 (야구장의) 외야(外野) ***cultivate one***'s*** (***own***) ~ 묵묵히 자신의 일에 힘쓰다 ***lead*** a person ***up the*** ~ (***path***) 《속어》 …을 유혹하다, 속이다
— *a.* Ⓐ **1** 정원의, 정원용의; 정원 재배의 **2** 흔히 있는(common)
— *vi.* 정원을 가꾸다; 원예를 하다

gárden apártment 《미》 (저층의) 정원 딸린 아파트

gárden cíty 전원도시

***gar·den·er** [gɑ́:rdnər] *n.* **1 원예사**, 정원사; 조원(造園)업자 **2 원예**(애호)**가**, 취미로 정원 가꾸는 사람

gárden hòuse **1** 정원에 있는 정자 **2** 옥외 변소(privy) 《주로 미국 남부·중부》

gar·de·ni·a [gɑ:rdí:njə] *n.* 〖식물〗 치자나무; 치자나무 꽃

***gar·den·ing** [gɑ́:rdniŋ] *n.* Ⓤ **1 조원**(술)(造園(術)) **2 원예**

gárden pàrty 원유회(園遊會), 가든파티

gárden plànt(**s**) 원예 식물, 재배 식물

Gárden Státe [the ~] 미국 New Jersey 주의 속칭

gárden stùff 야채류, 청과물

gárden súburb 《영》 전원주택지

gar·den-va·ri·e·ty [gɑ́:rdnvəràiəti] *a.* 흔해빠진, 보통 (종류)의

Gar·field [gɑ́:rfi:ld] *n.* 가필드 **James A.** ~ (1831-81) 《미국 제 20 대 대통령 (1881)》

gar·fish [gɑ́:rfiʃ] *n.* (*pl.* **~·es, ~**) 〖어류〗 동갈치

gar·gan·tu·an [gɑ:rgǽntʃuən] *a.* 거대한; 원대한, 엄청난

gar·gle [gɑ́:rgl] *vi.* **1** 양치질하다 **2** 목 울리는 소리를 내다
— *n.* 양치질(하기); Ⓤ 양치질 약

gar·goyle [gɑ́:rgɔil] [OF 「목구멍」의 뜻에서] *n.* 〖건축〗 (고딕 건축에서) 괴물꼴 홈통 주둥이, 이무깃돌

gar·i·bal·di [gæ̀rəbɔ́:ldi] *n.* (*pl.* **~es**) **1** 가리발디 《여성·어린이용의 헐거운 블라우스》 **2** 《영》 건포도를 넣고 살짝 구운 비스킷

gar·ish [gέəriʃ] *a.* 번쩍거리는; 야한, 화려한, 지나치게 꾸민 **~·ly** *ad.* **~·ness** *n.*

***gar·land** [gɑ́:rlənd] *n.* **1** (머리·목에 두르는) **화환**, 화관(花冠) **2** 영관(榮冠); 영예 **3** (시문(詩文)) 선집(選集)
gain[***carry away, win***] ***the*** ~ 승리의 영관을 얻다
— *vt.* 화환으로 장식하다

gar·lic [gɑ́:rlik] *n.* Ⓤ **1** 〖식물〗 마늘; 《넓은 뜻으로》 파속의 식물 **2** 마늘 《조미료(調味料)》

gar·lick·y [gɑ́:rliki] *a.* 마늘 냄새[맛]가 나는

***gar·ment** [gɑ́:rmənt] [OF 「몸을 지키는 것」의 뜻에서] *n.* 《문어》 **1 의복** (한 점), 《특히》 긴 웃옷; [*pl.*] 옷, 의상 **2** (물건의) 외피(外被), 외관
— *vt.* [보통 수동형으로] 의상을 입히다

gárment bàg (여행용) 양복 커버 《접어서 휴대함》

gar·ner [gɑ́:rnər] 《시어·문어》 *vt.* **1** 모으다; 저축하다 **2** (노력하여) 얻다, 획득하다 — *n.* **1** 곡창(granary) **2** 저장, 축적

G

gar·net [gɑ́:rnit] *n.* **1** UC 〚광물〛 석류석(石榴石), 가닛 **2** U 가닛색, 심홍색

∗**gar·nish** [gɑ́:rniʃ] [OF 「지키다」의 뜻에서] *n.* **1 장식물,** 장식품 **2** (요리의) 고명, 곁들인 요리 **3** 문식(文飾), 수식(修飾), 운치 —*vt.* **1** 장식하다, 꾸미다 **2** 〈요리에〉 고명을 곁들이다

gar·nish·ee [gɑ̀:rniʃí:] *vt.* 〚법〛 **1** (압류 명령에 따라) 〈채권을〉 압류하다 **2** …에 압류 통고를 하다

gar·nish·ment [gɑ́:rniʃmənt] *n.* **1** UC 장식 **2** 〚법〛 채권 압류 통고 **3** (제3자에 대한) 소환 통고

gar·ni·ture [gɑ́:rnitʃər] *n.* **1** UC 장식; 장식물 **2** (요리의) 고명

∗**gar·ret** [gǽrət] [OF 「망루(望樓)」의 뜻에서] *n.* **다락방**(attic); 제일 위층, 《특히》 초라한 작은 방

∗**gar·ri·son** [gǽrəsn] [OF 「지키다」의 뜻에서] *n.* **1** [집합적] **수비대, 주둔병**[**군**] **2** 요새(要塞), 주둔지
—*vt.* 〈도시·요새 등에〉 수비대를 두다; 〈군대·병력을〉 주둔시키다

gárrison tòwn 수비대 주둔 도시

gar·rot(t)e [gəróut | -rɔ́t] *n.* **1** (스페인의) 교수형틀; 교수형 **2** 교살 강탈 《사람 뒤에서 줄 등으로 목을 졸라 금품을 빼앗는》 —*vt.* **1** 교수형에 처하다 **2** 목을 졸라 금품을 빼앗다

gar·ru·li·ty [gərú:ləti] *n.* U 수다, 말 많음

gar·ru·lous [gǽrələs] *a.* 잘 지껄이는, 말 많은, 수다스러운, 군말이 많은
~·ly *ad.* **~·ness** *n.*

∗**gar·ter** [gɑ́:rtər] [OF 「장딴지」의 뜻에서] *n.* **1 양말 대님,** 가터 **2** [the G~] 가터 훈장 《영국의 최고 훈장》
G~ King of Arms 《영》 가터 문장관(紋章官) ***Knight of the G~*** 가터 훈작사 《略 K.G.》 ***the Order of the G~*** 가터 훈위
—*vt.* **1 양말 대님으로 동이다** **2** 가터 훈위[훈작]를 수여하다

gárter bèlt 《미》 (여성용) 양말[가터] 벨트

gárter snàke 〚동물〛 누룩뱀 《북미·중미산》

gárter stìtch 가터 뜨개질

⁂**gas** [gæs] [Gk 「chaos(공기)」의 뜻의 조어(造語)] *n.* (*pl.* **~·(s)es**) **1** UC 〚물리〛 **기체** 《공기 이외의》 **2** U (연료·난방용) **가스**; 최루 가스 (= **téar** ~); 〚군사〛 독가스 (=poison ~) **3** U 아산화질소(亞酸化窒素) 가스 《마취용》 **4** U 《미·구어》 **휘발유,** 가솔린(《영》 petrol); (자동차 등의) 가속 페달 **5** U 《속어》 잡담, 허풍 **6** 《미·속어》 뱃속에 찬 가스: Do you have ~? 배에 가스가 찹니까?
step on the ~ 《속어》 (자동차의) 가속 페달(accelerator)을 밟다, 속력을 내다, 서두르다(hurry up) ***turn on the ~*** (마개를 틀어서) 가스가 나오게 하다; 《속어》 기염을 토하다 ***turn out*** [***off***] ***the ~*** (마개를 틀어서) 가스를 막다[끄다]; 《속어》 허풍 떨기를 그치다
—*v.* (**~·sed**; **~·sing**) *vt.* **1** 〈방 등에〉 가스를 공급하다, 〈기낭(氣囊)에〉 가스를 채우다 **2** 〚군사〛 독가스로 공격하다 **3** (실·천 등의 솜털을 없애기 위하여) 가스로 그을리다 **4** 가스로 처리하다[태우다]
—*vi.* **1** 〈축전지 등이〉 가스를 내다 **2** 독가스 공격을 하다 **3** 《속어》 잡담하다, 허풍을 치다
~ ***up*** 《미·구어》 〈차에〉 휘발유를 채우다; 차에 급유하다; 더 재미있게 하다

gás attàck 독가스 공격

gas·bag [gǽsbæ̀g] *n.* **1** 가스주머니 《비행선·경기구의》 **2** 《속어》 허풍선이; 수다쟁이

gás bùrner 가스버너

gás chàmber 가스 처형실(處刑室)

gás còoker 《영》 가스 레인지

gas-cooled [gǽskú:ld] *a.* 〈원자로가〉 가스 냉각식의

gas-ef·fi·cient [-ifíʃənt] *a.* 연료 효율이 좋은, 휘발유 소비량이 적은

gás èngine 가스 기관[엔진]

∗**gas·e·ous** [gǽsiəs] *a.* **1 가스(체)의,** 가스 상태의; 기체의 **2** 《구어》 텅 빈, 속없는; 믿을 수 없는 〈정보 등〉

gás fìeld 천연 가스 산지

gás fìre 가스 난로(의 불)

gas-fired [-fàiərd] *a.* 가스 연료를 사용하는

gás fìtter 가스 기구 설치·수리공

gás gáuge 《미》 연료계

gas-guz·zler [-gʌ̀zlər] *n.* 《미·구어》 연료 소비가 많은 차

gas-guz·zling [-gʌ̀zliŋ] *a.* 《미·구어》 〈자동차 엔진 등이〉 연료를 많이 소비하는

∗**gash** [gæʃ] *n.* **1 깊은 상처 2** (지면·바위 등의) 깊이 갈라진 틈 **3** 《속어》 입(mouth); 《비어》 여성의 성기
—*vt.* …에 깊은 상처를 입히다, 갈라진 틈을 만들다

gás hèater 가스 난방기[가열기]

gas·hold·er [gǽshòuldər] *n.* 가스탱크

gas·i·fi·ca·tion [gæ̀səfikéiʃən] *n.* U 《미》 가스화, 기화; 가스 발생

gas·i·fy [gǽsəfài] *vt.* (**-fied**) 가스화[기화]하다 —*vi.* 가스가 되다, 기화되다

gas·ket [gǽskit] *n.* **1** 〚항해〛 괄범삭(括帆索) **2** 〚기계〛 개스킷 《실린더·파이프 등의 결합부를 메우는 고무·석면·코르크 등의 판 또는 테》

gás làmp 가스등

gas·light [gǽslàit] *n.* **1** 가스등(燈); U 가스등의 불빛 **2** 가스등의 점화구
—*a.* 가스등 시대의

gás lìghter 가스 점화 장치; 가스라이터

gas·man [gǽsmæ̀n] *n.* (*pl.* **-men** [-mèn]) 가스 검침원; 가스 사용량 검사원; 가스료 수금원

gás màsk 방독면, 방독 마스크

gás mèter 가스 계량기[미터]

gas·o·hol [gǽsəhɔ̀:l | -hɔ̀l] [*gaso*line+alco*hol*] *n.* 가소홀 《휘발유에 알코올을 10% 정도 탄 연료》

gás òil 경유

⁑**gas·o·line, -lene** [gǽsəlì:n] *n.* U 《미》 **휘발유,** 가솔린(《영》 petrol)

gas·om·e·ter [gæsɑ́mətər | -sɔ́m-] *n.* 가스 계량기; 가스 저장기; 《영》 가스 탱크

gasp [gæsp | gɑːsp] [ON 「입을 크게 벌리다」의 뜻에서] *n.* **1 헐떡거림**: breathe with ~*s* 숨을 헐떡이다 **2** (공포·놀람 등으로) 숨막힘 ***at** one's* [***the***] ***last*** ~ 임종 때에; 최후 순간에 ***to the last*** ~ 최후까지, 숨을 거두기까지
— *vi.* **1 헐떡거리다**; (놀람 등으로) **숨이 막히다** **2** 열망[갈망]하다 (*for, after*)
— *vt.* 헐떡거리며 말하다 (*out*)
~ ***out*** [***away***] *one's **life*** = ~ *one's **last*** 마지막 숨을 거두다

gasp·er [gǽspər | gɑ́ːsp-] *n.* **1** 헐떡거리는 사람 **2** (영·속어) 값싼 궐련

gasp·ing [gǽspiŋ | gɑ́ːsp-] *a.* **1** 헐떡거리는, 숨결이 가쁜 **2** 경련하는

gasp·ing·ly [gǽspiŋli | gɑ́ːsp-] *ad.* 헐떡이면서, 숨이 턱에 차서

gás pìpe 가스관(管)

gás rìng 가스 풍로

gas·ser [gǽsər] *n.* (구어) 수다스러운 사람; 허풍선이(boaster); (미·속어) 우스운 사람[물건]

gás shèll 독가스탄

gás stàtion (미) 주유소(filling station)

gás stòve 가스난로

gas·sy [gǽsi] *a.* (**-si·er**; **-si·est**) **1** 가스질(質)[상태]의(gaseous) **2** 가스가 가득 찬 **3** (구어) 제 자랑이 많은, 허풍떠는

gás tànk **1** 가스탱크(gasometer) **2** (비행기 등의) 연료 탱크

gastr- [gæstr], **gastro-** [gǽstrou] (연결형) 「위(胃)」의 뜻 (모음 앞에서는 gastr-)

gas·trec·to·my [gæstréktəmi] *n.* (*pl.* **-mies**) 〖의학〗 위 절제 (수술)

gas·tric [gǽstrik] *a.* 위(胃)의

gástric júice 〖생리·생화학〗 위액

gástric úlcer 〖병리〗 위궤양

gas·trin [gǽstrin] *n.* 〖생화학〗 가스트린 (위액 분비를 촉진하는 호르몬)

gas·trit·ic [gæstrítik] *a.* 〖병리〗 위염의

gas·tri·tis [gæstráitis] *n.* Ⓤ 〖병리〗 위염

gastro- [gǽstrou] (연결형) = GASTR-

gas·tro·cam·era [gæ̀stroukǽmərə] *n.* 위 카메라 (위장 내부를 촬영하는 초소형 카메라)

gas·tro·en·ter·i·tis [gæ̀strouèntəráitis] *n.* Ⓤ 〖병리〗 위장염(胃腸炎)

gas·tro·en·ter·ol·o·gy [gæ̀strouèntərɑ́lədʒi | -rɔ́l-] *n.* ⓊⒸ 위장병학

gas·tro·in·tes·ti·nal [gæ̀strouintéstənl] *a.* 위장(胃腸)의; 위장 내의

gas·tro·nom·ic, -i·cal [gæ̀strənɑ́mik(əl) | -nɔ́m-] *a.* 미식법(美食法)의; 요리법의

gas·tron·o·my [gæstrɑ́nəmi | -trɔ́n-] *n.* Ⓤ **1** 미식법 **2** (특정 지역의 독특한) 요리법

gas·tro·pod [gǽstrəpɑ̀d | -pɔ̀d] 〖동물〗 *n.* 복족(腹足)류 (달팽이·괄태충 등)
— *a.* 복족류의

gas·tro·scope [gǽstrəskòup] *n.* 〖의학〗 위내시경(胃內視鏡)

gás tùrbine 가스 터빈

gas·works [gǽswə̀ːrks] *n. pl.* [단수 취급] 가스 공장[제조소]

gat [gæt] *v.* (고어) GET[1]의 과거

gate [geit] *n.* **1 대문**, 출입문; 성문, 관문(關門); 문짝 **2** 수문, 갑문; (공항의) 탑승구; 개찰구; (유료 도로의) 요금 징수소; (도로의) 차단[개폐]기 **3** 〖스키〗 (회전 활강에서의) 기문(旗門) **4** Ⓤ (구어) (경기 대회의) 총 입장자 (수); 입장료 (총액)
break [***crash***] ***the*** ~ (구어) (1) (파티 등에) 불청객으로서 밀어닥치다 (2) (극장 등에) 공짜로 들어가다 ***get the*** ~ (미·속어) 내쫓기다, 해고당하다 ***give** a person **the*** ~ (미·속어) …에게 퇴장을 명하다, …을 해고하다, 쫓아버리다, 〈남자 애인을〉 차버리다(jilt) ***open a*** [***the***] ~ ***to*** [***for***] …에 문호를 열다, 기회를 주다
— *vt.* …에 대문을 달다; (영) 〈학생의〉 외출을 금하다

-gate [gèit] [Water*gate*에서] (연결형) 「추문; 스캔들」의 뜻: Hollywood*gate*

gâ·teau [gætóu, gɑː-] [F = cake] *n.* (*pl.* **~x** [-(z)]) 과자, 케이크

gáte bàr 대문 빗장

gate-crash [géitkræ̀ʃ] *vt., vi.* (구어) 입장권 없이[초대되지 않고] 들어가다
~·er *n.* (구어) 불청객

gate·fold [-fòuld] *n.* 〖인쇄〗 (잡지 등의) 접은 페이지

gate·house [-hàus] *n.* (*pl.* **-hous·es** [-hàuziz]) **1** 수위실 **2** (옛 성문의) 문루(門樓) (감옥으로 사용함)

gate·keep·er [-kìːpər] *n.* 문지기, 수위; 건널목 지키는 사람

gáte·leg(ged) táble [-lèg(id)-] 접을 수 있는 탁자

gáte mòney 총 입장[관람]료 수입

gate·post [-pòust] *n.* 문기둥

gate·way [géitwèi] *n.* **1** (벽·담·울타리 등에 있는) **대문**, **출입구**, 통로 **2** (…에) 이르는 길 (*to*): a[the] ~ *to* success 성공에 이르는 길

gath·er [gǽðər] *vt.* **1 모으다**, 그러모으다 **2** 〈꽃·과실 등을〉 **따다**, 채집하다; 수확하다, 거두어들이다: *G*~ roses while you may. (속담) 젊을 때 청춘을 즐겨라, 「젊어서 노세」 **3** 〈속력 등을〉 **더하다**; 차차로 불리다; 〈용기 등을〉 불러 일으키다: ~ one's strength 기력을 회복하다 **4** 〈지식·소식을〉 얻다, 수집하다, 축적하다 **5 헤아리다**; **추정**[**추측**]**하다**: What did you ~ from his statement? 그의 말을 너는 어떻게 받아들였나? **6** 줄이다; 주름지게 하다, 옷주름을 잡다 **7** 끌어안다 **8** 〖제본〗 접지를 맞추다
A rolling stone ~s no moss. (속담) 구르는 돌에는 이끼가 끼지 않는다, 전석무태(轉石無苔). ***be ~ed to** one's **fathers*** [***people***] 죽다 ~ ***in*** 거두어들이다 ~ *one's **breath*** 잠시 숨을 죽이다 ~ *one's **brows*** 미간을 찌푸리다 ~ *one**self up*** [***together***] 용기를 내다, 기운을 내다 (*for*); 정신을 차리다 ~ *one's **energies*** 있는 힘을 다 내다 ~ ***speed*** 점점 속력을 늘리다 ~ ***together*** 모으다 ~ ***up*** 한데 모으다, 주워[그러] 모

으다; 〈이야기의 줄거리 등을〉 요약하다; 〈손발·몸을〉 움츠리다
— *vi.* **1** 모이다 **2** 부풀어 커지다, 점점 늘다, 점점 더해지다 **3** 〈종기가〉 곪다, 부어오르다 **4** 오므라들다, 〈이마에〉 주름이 잡히다
— *n.* [*pl.*] 〚의복〛 주름, 개더

gath·ered [gǽðərd] *a.* **1** 눈살을 찌푸린 **2** 주름을 잡은

gath·er·er [gǽðərər] *n.* **1** 모으는[채집하는] 사람 **2** 채집인; 수금원 **3** (재봉틀의) 주름잡는 장치

⁑gath·er·ing [gǽðəriŋ] *n.* **1** 《문어》 모임, 집회, 집합: a social ~ 친목회 **2** 곪음, 부어 오름, 종기

Gát·ling (**gùn**) [gǽtliŋ-] [발명자의 이름에서] 개틀링 기관총

GATT, G.A.T.T. [gæt] General Agreement on Tariffs and Trade 관세 무역 일반 협정, 가트

gauche [gouʃ] [F = left-handed] *a.* 〈태도가〉 어색한; 눈치 없는, 요령 없는; 서투른(awkward)

gau·che·rie [gòuʃərí:] [F] *n.* **1** Ⓤ 어색함, 서투름 **2** 어색한[서투른] 행동[말]

gau·cho [gáutʃou] *n.* (*pl.* **~s**) 가우초 《남미의 카우보이로서 스페인 사람과 인디언과의 혼혈아》

gaud [gɔ:d] *n.* **1** 싸구려 장식품, 외양만 번지르르한 싼 물건 **2** [*pl.*] 화려한 의식

gaud·i·ly [gɔ́:dəli] *ad.* 저속하고 화려하게

***gaud·y¹** [gɔ́:di] *a.* (**gaud·i·er**; **-i·est**) **화려한,** 촌스럽게 번지르르한, 야한
-i·ness *n.* Ⓤ 저속한 화려함, 야한 미(美)

gaudy² *n.* (*pl.* **gaud·ies**) 《영》 향연(饗宴), (매년 졸업생을 초청하는) 대만찬회

***gauge** [geidʒ] [OF = measure] *n.* **1 계량[측정] 기준,** 규격 **2 표준 치수 3 계량기,** 계기 《우량계·유력계(流力計)·시조기(示潮器)·풍속계·압력계 등》; 표준자 《尺·規》 **4** (평가·계량·검사의) 수단, 방법 **5** 용적, 용량, 넓이; 범위, 한계 **6** (총포의) 표준 구경(口徑) **7** 〚철도〛 표준 궤간(軌間): the broad [narrow] ~ 광[협]궤(廣[狹]軌)《표준 궤간(軌間) 이상[이하]의 궤폭(軌幅)》/ the standard ~ 표준 궤간 《4 피트 8인치 반(半)》 **8** (철판의) 표준 두께
get the ~ of …의 의향을 캐다 ***take the ~ of*** …을 재다, 평가하다
— *vt.* 측정하다, 재다; 표준 치수에 맞추다; 평가하다

Gau·guin [gougǽŋ] *n.* 고갱 **Paul ~** (1848-1903) 《프랑스의 후기 인상파 화가》

Gaul [gɔ:l] *n.* **1** 골, 갈리아 《고대 켈트 사람의 땅; 지금의 북이탈리아·프랑스·벨기에 등을 포함함》 **2 a** 골 사람 **b** 프랑스 사람

***gaunt** [gɔ:nt, gɑ:nt] *a.* **1 수척한,** 여윈; 말라 빠진 **2** 〈장소 등이〉 쓸쓸한, 적막한 **~·ly** *ad.* **~·ness** *n.*

gaunt·let¹ [gɔ́:ntlit, gɑ́:nt-] *n.* **1** (갑옷에 딸린) 목이 긴 장갑 《쇠나 가죽으로 만든》 **2** (승마·검도용의) 긴 장갑
fling [***throw***] ***down the ~*** 도전하다
take [***pick***] ***up the ~*** 도전에 응하다

gauntlet² *n.* [the ~] 태형 《두 줄로 선 사람들 사이를 지나가게 하여 양쪽에서 매질하는 형벌》 ***run the ~*** 태형을 당하다; 위험을 겪다; 혹심한 공격[비평]을 받다; 호된 시련을 겪다

gauss [gaus] [독일의 수학자 이름에서] *n.* (*pl.* **~, ~·es**) 〚물리〛 가우스 《전자(電磁) 단위》

***gauze** [gɔ:z] [얇은 천이 처음으로 생산된 팔레스타인의 고을 Gaza의 이름에서] *n.* ⓊⒸ **1** (얇은) 깁, 사(紗), 외올베; 거즈 **2** (가는 쇠줄로 뜬) 쇠그물 **3** 엷은 안개 (thin mist)

gauz·y [gɔ́:zi] *a.* (**gauz·i·er**; **-i·est**) 사(紗)[깁] 같은, 얇게 비치는: a ~ mist 엷은 안개

⁑gave [geiv] *v.* GIVE의 과거

gav·el [gǽvəl] *n.* (의장·경매자 등의) 망치, 의사봉, 사회봉

gav·el-to-gav·el [gǽvəltəgǽvəl] *a.* 개회부터 폐회까지의, 전(全)회기의

ga·vi·al [géiviəl] *n.* 〚동물〛 인도악어

ga·votte [gəvɑ́t | -vɔ́t] *n.* 가보트 《쾌활한 4/4 박자의 프랑스 춤》; 그 곡

gawk [gɔ:k] *n.* 둔한 사람, 얼간이
— *vi.* 《구어》 멍하니 바라보다 《*at*》
~·er *n.*

gawk·y [gɔ́:ki] *a.* (**gawk·i·er**; **-i·est**) **1** 얼빠진, 멍청한 **2** 수줍은 **-i·ness** *n.*

gawp [gɔ:p] *vi.* 《영》 = GAWK

⁑gay [gei] *a.* **1 명랑한**(merry), **쾌활한, 즐거운 2** 《완곡》 방탕한, 놀아나는 **3 화사한,** 화려한, 찬란한(bright) **4** 《미》 (특히 남자) **동성애(자)의**
get ~ 《미·속어》 버릇없이 굴다
— *n.* 《미》 (특히 남자) 동성애자

gáy bár 《미·속어》 게이 바 《동성애자들이 출입하는 술집》

gay·e·ty [géiəti] *n.* (*pl.* **-ties**) = GAIETY

gay·ly [géili] *ad.* = GAILY

gay-rights [géiràits] *n. pl.* 동성애자의 권리

Ga·za [gɑ́:zə, gǽzə] *n.* 가자 《팔레스타인 남서부의 해항(海港)》

Gáza Stríp [the ~] 가자 지구 《이스라엘 Gaza 시를 포함한 인접 항만 지역》

⁑gaze [geiz] *vi.* (주로 놀라움·기쁨·흥미를 가지고) **뚫어지게 보다,** 응시하다 《*at, on, upon, into*》
— *n.* **주시,** 뚫어지게 봄, 응시(steady look)

ga·ze·bo [gəzéibou | -zí:-] *n.* (*pl.* **~(e)s**) 전망대 《옥상의 망루·정자 등》

ga·zelle [gəzél] *n.* (*pl.* **~s, ~**) 〚동물〛 가젤 《영양(羚羊)의 일종》

gaz·er [géizər] *n.* 응시[주시]하는 사람

***ga·zette** [gəzét] *n.* **1 신문,** (시사 문제 등의) 정기 간행물 **2** [the G~] 《영》 관보; (Oxford대학 등의) 학보: an official ~ 관보; 공보(公報) — *vt.* 〈임명 등을〉 관보에 게재하다, 관보로 고시하다

gaz·et·teer [gæ̀zətíər] *n.* 지명(地名) 사전; 지명 색인

ga·zump [gəzʌ́mp] *vt.* 《영·구어》 (매매 계약 후에 집값을 올려) 〈산 사람을〉 곤란하게 하다; 사기치다

G

ga·zun·der [gəzʌ́ndər] *vt.* 《영·구어》 주택 매매 계약서를 주고 받기 바로 전에 값을 깎다
G.B. Great Britain
GBH grievous bodily harm
GBS George Bernard Shaw
G.C. George Cross
GCA ground-controlled approach 〖항공〗 지상 유도 착륙
g.c.d., G.C.D. greatest common divisor 최대 공약수
G.C.E. 《영》 General Certificate of Education
G cléf 〖음악〗 「사」 음자리표
Gd 〖화학〗 gadolinium
Gdn(s). Garden(s)
GDP gross domestic product
gds. goods
Ge 〖화학〗 germanium
‡**gear** [giər] *n.* **1** ⓒⓤ 〖기계〗 **톱니바퀴** (**장치**), **기어**, 전동(傳動) 장치; (자동차의) 변속 기어: high[low] ~ 고속[저속] 기어; 《구어》 고속[저속] **2** (작업용) 장치, 도구, 용구; 도르래, 활차(滑車) **3** 마구(馬具)(harness); 삭구(索具)(rigging); 장구, 장비 **4** ⓤ 가구, 가재 도구; 물품 **5** ⓤ [집합적] (특정한 용도의) 의복, 복장
in ~ 기어가 들어가서; 원활하게 운전하여, 잘 돌아가서 ***in high*** ~ (1) 최고 속도로 (2) (일이) 본궤도에 올라서 ***out of*** ~ 기어가 풀려서; 컨디션이 어긋나서 ***shift*** [***change***] ~***s*** 기어를 바꾸다; 《구어》 방식을 바꾸다
— *vt.* **1 기어를 넣다**, 전동 장치로 연결하다, 〈기계를〉 연동시키다 **2** 설치하다, 〈말 등에〉 마구를 달다 《*up*》 **3** 〈계획·요구 등에〉 맞게 하다, 조정하다 《*to*》
— *vi.* 연결되다, 〈톱니바퀴가〉 맞물리다 《*into*》; 〈기계가〉 걸리다 《*with*》; 태세를 갖추다, 준비하다
~ ***down*** (1) 기어를 저속으로 넣다 (2) 〈생산 등을〉 감소시키다 (3) 〈양·정도를〉 …까지 내리다 《*to*》 ~ ***up*** (1) 기어를 고속에 넣다 (2) 준비를 갖추다 《*for*》 (3) 〈산업·경제 등을〉 확대하다 (4) (…에) 대비시키다
gear·box [gíərbàks | -bɔ̀ks] *n.* **1** = GEAR-CASE **2** 《영》 (자동차 등의) 변속 장치
gear-case [-kèis] *n.* 톱니바퀴 통
gear·change [-tʃèindʒ] *n.* 《영》 (특히 자동차의) 변속 레버, 기어 전환 장치 (《미》 gearshift)
gear·ing [gíəriŋ] *n.* ⓤⓒ 〖기계〗 전동 장치
géar lèver 《영》 = GEARSHIFT
gear·shift [gíərʃìft] *n.* 《미》 변속 기어, 기어 전환 장치
géar stìck 《영》 = GEARSHIFT
géar whèel (큰) 톱니바퀴(cogwheel)
geck·o [gékou] *n.* (*pl.* ~(**e**)**s**) 〖동물〗 도마뱀붙이
gee[1] [dʒiː] *int.* (말이나 소에게) 이러, 어디여 — *n.* 《영·속어》 말 《馬》
gee[2] [Jesus를 완곡하게 단축한 것] *int.* 《미·구어》 아이구머니나, 저런, 아이 깜짝이야
gee[3] *n.* 《미·속어》 1,000달러(grand)
gee-gee [dʒíːdʒìː] *n.* 《구어·유아어》 말 《馬》
‡**geese** [giːs] *n.* GOOSE의 복수
gée whíz(z) = GEE[2]
gee-whiz [dʒíːhwíz] *a.* 깜짝 놀랄 만한; 〈말·표현 등이〉 선정적인
gee·zer [gíːzər] *n.* 《속어》 괴짜, 괴상한 늙은이
Ge·hen·na [gihénə] *n.* **1** 지옥(hell); 〖성서〗 초열(焦熱) 지옥 **2** 《일반적으로》 고난의 땅
Géi·ger(-Mül·ler) cóunter [gáigər-(mjúːlər)-] 〖물리〗 가이거(뮐러) 계수관(計數管) 《방사능 측정기》
Gei·gers [gáigərz] *n. pl.* 《구어》 방사성 입자; [집합적] 방사능
Geist [gaist] [G] *n.* (철학의) 정신, 영혼
gel [dʒel] [*gel*atin] *n.* 젤라틴; 겔 《교화체(膠化體)》 — *vi.* (~**led**; ~·**ling**) 교질화(膠質化)하다; 〈계획·생각 등이〉 굳어지다, 뚜렷해지다
∗**gel·a·tin** [dʒélətn | -tin], **-tine** [-tn | -tìːn] *n.* ⓤ **젤라틴, 갖풀**
vegetable ~ 우무(agaragar)
ge·lat·i·nous [dʒəlǽtənəs] *a.* 젤라틴[아교] 모양의, 아교질의; 젤라틴에 관한, 젤라틴으로 된
geld [geld] *vt.* (~·**ed, gelt** [gelt]) 〈말 등을〉 거세(去勢)하다, 고환(睾丸)[난소(卵巢)]을 없애다; 약체화하다
geld·ing [géldiŋ] *n.* 거세한 말[짐승]
gel·id [dʒélid] *a.* 얼음 같은, 얼어붙는 듯한, 매우 차가운(icy)
gel·ig·nite [dʒélignàit] *n.* ⓤ 젤리그나이트 《니트로글리세린이 들어 있는 강력한 폭약의 일종》
gelt [gelt] *vt.* GELD의 과거·과거분사
‡**gem** [dʒem] *n.* **1 보석**, 보옥(jewel) **2** 귀중품; 일품(逸品)(treasure)
— *vt.* (~**med**; ~·**ming**) …에 보석을 박다, 보석으로 장식하다
gém cùtting 보석 연마(술)
gem·i·nate [dʒémənèit] *vt., vi.* 이중[두 겹]으로 하다[되다]
— [-nət, -nèit] *a.* 〖동물·식물〗 쌍생(雙生)의(twin), 한 쌍의, 짝으로 된
Gem·i·ni [dʒémənìː, -nài] *n. pl.* **1** 〖천문〗 쌍둥이자리, 쌍자궁(雙子宮) **2** 〖우주과학〗 미국의 2인승 우주 비행 계획 《달 여행을 위한 Apollo 계획의 예비 단계》
gem·ma [dʒémə] *n.* (*pl.* **-mae** [-miː]) **1** 〖식물〗 무성아(無性芽), 자아(子芽) **2** 〖동물〗 아체(芽體)
gem·(m)ol·o·gy [dʒemálədʒi | -mɔ́l-] *n.* ⓤ 보석학
-gist *n.* 보석학자, 보석 감정인
gem·stone [dʒémstòun] *n.* ⓤⓒ 보석의 원석(原石); 준(準)보석
gen [dʒen] [*gen*eral information] *n.* [the ~] 《영·속어》 정확한 정보, 진상
— *v.* (~**ned**; ~·**ning**) *vt.* 〈…에게〉 정보를 알리다 《*up*》 — *vi.* 정보[진상]를 알다
~ ***up*** (1) 정보를 얻다, 배우다 《*about, on*》 (2) 정보를 주다, 알리다 《*about, on*》
-gen [dʒən, dʒèn] 《연결형》 「…을 내는 것; …에서 나온 것」의 뜻: oxy*gen*, endo*gen*

G

gen. gender; genera; general(ly); generic; genitive; genus
Gen. General; Genesis; Geneva(n)
gen·darme [ʒɑ́:ndɑ:rm] [F「무장한 병사」의 뜻에서] *n.* (*pl.* **~s** [-z]) **1** (프랑스의) 경찰관, 헌병 **2** 〔지질〕 (능선의) 뾰족한 바위
*__gen·der__ [dʒéndər] [L「종류」의 뜻에서] *n.* [UC] **1** 〔문법〕 성(性) **2** 《구어》 성, 성별(sex) ***masculine*** [***feminine, neuter, common***] ~ 남[여, 중, 통]성
gen·der-bend·er [-bèndər] *n.* 《구어》 (행동·복장 등을) 상대 성(性)을 흉내 내어 하는 사람
génder gàp 성별(性別) 격차
gen·der-neu·tral [-njú:trəl | -njú:-] *a.* 〈낱말 등이〉 성중립적인
gen·der-spe·cif·ic [-spisífik] *a.* 남성[여성]에 국한된[특징적인], 남성[여성]을 위한
gene [dʒi:n] *n.* 〔생물〕 유전자(遺傳子), 유전 인자(因子)
Gene [dʒi:n] *n.* 남자 이름 《Eugene의 애칭》
ge·ne·a·log·i·cal [dʒì:niəlɑ́dʒikəl | -lɔ́dʒ-] *a.* 족보의, 계보(系譜)의, 계도(系圖)의, 계통의; 가계(家系)를 나타내는: a ~ table 족보 **-i·cal·ly** *ad.*
genealógical trée = FAMILY TREE
ge·ne·al·o·gy [dʒì:niɑ́lədʒi, -ǽl-] *n.* (*pl.* **-gies**) **1** [UC] 가계(家系), 혈통; (동식물·언어의) 계통, 계보 **2** [U] 계통 조사, 계도학(系圖學)
géne amplificàtion 〔유전〕 유전자 증폭
géne bànk 유전자 은행 《유전 물질을 생존시킨 상태로 보존하는 시설》
géne engineéring 유전자 공학
géne manipulàtion 〔유전〕 유전자 조작
géne màpping 〔유전〕 유전자 지도 작성
géne pòol 〔유전〕 유전자 풀, 유전자 공급원 《어떤 생물종의 모든 개체가 가지고 있는 유전자 전체》
gen·er·a [dʒénərə] *n.* GENUS의 복수
*** __gen·er·al__ [dʒénərəl] *a.* **1 일반의,** 총체적인, 전반[전체, 보편]적인(opp. *special*): as is ~ with …에게는 일반적인 일이지만 **2 세상 일반의,** 사회의 대부분에 공통되는, 보통의: matter of ~ interest[experience] 널리 사람들이 흥미를 갖는[경험하는] 일 **3 일반적인;** 잡다한, 잡용(雜用)의 **4 대체적인,** 개괄적인(opp. *specific*): have a ~ idea (of ...) (…이) 대개 어떻다는 것을 알고 있다 **5** 부정(不定)의, 막연한(vague) **6** 장성급의; 장(長)의, 장관의; 주된, 총(總)…
as a ~ rule 일반적으로, 보통은 ***in a ~ way*** 일반적으로, 보통은
— *n.* **1 대장**; 장군(將軍), 장성: a major ~ 육군 소장/a lieutenant ~ 육군 중장/a full ~ 육군 대장 **2** 군사령관 **3** 전략[전술]가 **4** 〔가톨릭〕 수도회 총장; (구세군의) 대장 **5** [the ~] 일반, 전반, 총체(opp. *the particular*); [보통 *pl.*] 일반 원리, 보편적 사실
G~ of the Armies [the ~] 미국 총사령관 ***in ~*** 대개, 일반적으로; [명사 뒤에 두어] 일반의, 대개의: the world *in* ~ 세상 일반 / people *in* ~ 일반 대중
in the ~ 개설(槪說)[개괄]적으로
géneral accóunt 일반 회계
Géneral Accóunting Óffice 《미》 회계 감사원 《略 GAO》
géneral affáirs 서무, 총무
géneral ágent 총대리인[점]
Géneral Américan 일반 미국 영어 《중서부 전역에서 쓰이는 대표적인 미국 영어; 略 GA》
géneral anesthétic 〔약학〕 전신 마취약
Géneral Assémbly [the ~] **1** 《미》 주의회(州議會) **2** (UN의) 총회 《略 GA》 **3** (장로 교회의) 총회
Géneral Certíficate of Educátion 《영》 **1** 일반 교육 수료 증명서 **2** [the ~] 교육 수료 시험 《略 G.C.E.》
géneral delívery 《미》 유치(留置) 우편; (우체국의) 유치 우편과
géneral dischárge 〔군사〕 보통 제대(증명서)
géneral éditor 편집장[주간](chief editor)
géneral educátion (전문[기술] 교육에 대하여) 일반 교육, 보통 교육
géneral eléction 《영》 총선거
Géneral Eléction Dáy 《미》 총선거일 《4년마다 11월 첫 월요일의 다음 화요일》
géneral héadquarters [보통 복수 취급] 총사령부 《略 G.H.Q., GHQ》
géneral hóspital 종합 병원; 〔군사〕 통합 병원
gen·er·al·ist [dʒénərəlist] *n.* **1** 종합[일반] 의사 **2** 다방면의 지식을 가진 사람, 갖가지 일을 할 수 있는 사람
gen·er·al·i·ty [dʒènərǽləti] *n.* (*pl.* **-ties**) **1** [U] 일반적임, 일반성, 보편성 **2** 개략(槪略), 개론, 통칙(通則): come down from *generalities* to particulars 개론에서 각론으로 들어가다 **3** [the ~; 복수 취급] 대부분, 과반수, 태반(majority)
*__gen·er·al·i·za·tion__ [dʒènərəlizéiʃən | -lai-] *n.* [U] **일반화; 종합; 개괄;** 통칙
*__gen·er·al·ize__ [dʒénərəlàiz] *vt., vi.* **1 개괄[종합]하다,** 법칙화하다 **2** 〔회화〕 일반 성만을 그리다 **3 일반적으로 말하다,** 개괄적으로 말하다 **4** 일반화하다, 보급시키다
*** __gen·er·al·ly__ [dʒénərəli] *ad.* **1 일반적으로 2 대개, 보통 3 개괄적으로,** 대체로 **4 전체적으로**
~ speaking = ***speaking*** (***quite***) ***~*** 대체로 (말하자면)
géneral magazíne 종합 잡지, 일반(대중) 잡지
géneral mánager 《미》 총지배인
géneral méeting 총회
géneral mobilizátion 국가 총동원
géneral órders 〔군사〕 **1** 일반 명령 **2** 보초 일반 수칙
Géneral Póst Òffice [the ~] 《영》 중앙 우체국 《London 등지의》
géneral práctice 〔의학〕 일반 진료
géneral practítioner 일반 개업의(醫)(cf. SPECIALIST)

gen·er·al-pur·pose [dʒénərəlpə́:rpəs] *a.* 다용도의, 다목적의; 만능의(all-(a)-round)

géneral sécretary [종종 **G~ S~**] **1** (중국 공산당의) 총서기 **2** (공산당·사회당 등의) 서기장

géneral semántics 〖언어〗 일반 의미론

gen·er·al·ship [dʒénərəlʃìp] *n.* Ⓤ **1** 장수(將帥)다운 틀[인물]; 용병(用兵)의 지략, 용병술; 지휘[통솔]력 **2** 장군의 직[지위, 신분]

géneral stáff 〖군사〗 [the ~; 집합적] (사단·군단 등의) 참모(부)

géneral stóre 《미》 (시골의) 잡화점

géneral stríke 총(동맹)파업

Géneral Wínter 동장군 《의인화; 군사 행동에 큰 영향을 주었다 해서》

***gen·er·ate** [dʒénərèit] [L 「낳다」의 뜻에서] *vt.* **1** 《문어》 〈결과·상태·행동·감정 등을〉 **일으키다**, 초래하다, 가져오다 **2** 〖물리·화학〗 〈열·전기 등을〉 **발생시키다**, 산출하다, 생기게 하다 **3** 〖수학〗 (점·선·면이 움직여서) 〈선·면·입체를〉 이루다 **4** 〖언어〗 (규칙의 적용에 의해) 〈문장을〉 생성하다 **5** 〖생물〗 〈새로운 개체를〉 **낳다**

‡**gen·er·a·tion** [dʒènəréiʃən] *n.* **1 동시대의 사람들**: the rising ~ 청년층/the present ~ 현대의 사람들/future ~*s* 후대, 후세, 자손 **2 세대**, **대**(代) **3** Ⓤ **발생**: the ~ of heat 열의 발생 **4** 자손, 일족 **5** Ⓤ (감정 등의) 유발, 발생; 진전(development) **6** Ⓤ 〖수학〗 (도형 이동에 의한 새로운 도형의) 생성; 〖언어〗 생성 ***for ~s*** 여러 세대에 걸쳐서 ***from ~ to ~*** = ***~ after ~*** 대대로 (계속해서)

generátion gàp 세대 차이, 세대 간의 단절

Generátion X́ X세대 《1980년대 중반에서 후반의 번영에서 소외되어 실업과 불황의 고통을 겪은 세대》

gen·er·a·tive [dʒénərèitiv, -nərə-] *a.* **1** 생식[생산]하는; 생식[발생, 생성]력이 있는 **2** 〖언어〗 생성적인

génerative grámmar 〖언어〗 생성 문법 《Chomsky에 의해 시작된 언어 이론》

***gen·er·a·tor** [dʒénərèitər] *n.* **1 발전기** (dynamo) **2** 발생시키는 사람[물건], 낳는 사람[물건] **3** 〖화학〗 **발생기**《가스·증기 등의》

ge·ner·ic [dʒənérik] *a.* **1** 〖생물〗 속(屬)의; 속에 특유한 **2** 〈명칭 등이〉 일반적인, 포괄적인(general)(opp. *specific*) **3** 〖문법〗 총칭적인 **4** 〈상품명·약 등이〉 상표 등록이 되어 있지 않은

ge·ner·i·cal·ly [dʒənérikəli] *ad.* **1** 속(屬)에 관하여 **2** 일반적으로; 총칭적으로

***gen·er·os·i·ty** [dʒènərɑ́səti | -ɔ́s-] *n.* (*pl.* **-ties**) Ⓤ **1 관대**, 관용, 아량 **2 마음이 후함**, 아낌없는 마음씨 **3** [보통 *pl.*] 관대한 행위; 대범한 행위

‡**gen·er·ous** [dʒénərəs] [L 「고귀하게 태어난」의 뜻에서] *a.* **1** (돈 등을) **아끼지 않는**, 손이 큰, 후한 **2 관대한**, 아량 있는; 편견이 없는 **3** 많은, 풍부한(plentiful) **4** 〈토지가〉 기름진, 비옥한(fertile) **5** 〈빛깔이〉 진한, 짙은(deep); 〈술이〉 독한한, 감칠맛 있는(rich) **~·ness** *n.*

***gen·er·ous·ly** [dʒénərəsli] *ad.* **아낌없이**, 후하게; **관대하게**; 풍부하게

***gen·e·sis** [dʒénəsis] [Gk 「기원」의 뜻에서] *n.* (*pl.* **-ses** [-sì:z]) **1** [보통 the ~] **기원**, 발상(發祥)(origin), **발생**, 창시 **2** [**G~**] 〖성서〗 **창세기**(創世紀) 《略 Gen.》

géne splícing 〖유전〗 유전자 접합

géne thèrapy 〖의학〗 유전자 요법 《결손된 유전자를 보충하여 유전병을 고치는 요법》

ge·net·ic, -i·cal [dʒinétik(əl)] *a.* **1** 기원의, 발생(론)적인 **2** 〖생물〗 유전학적인; 유전(상의); 유전자의 **-i·cal·ly** *ad.*

genétic códe 〖생물〗 유전 코드[암호]

genétic engineéring 유전자 공학

ge·net·i·cist [dʒinétəsist] *n.* 유전학자

genétic máp 〖유전〗 유전자 지도 《유전자(군)의 상대 위치를 나타내는 염색체 지도》

ge·net·ics [dʒinétiks] *n. pl.* [단수 취급] 〖생물〗 유전학

géne transplantátion 유전자 이식

***Ge·ne·va** [dʒiní:və] *n.* **제네바** 《스위스의 도시; 국제 적십자사 본부의 소재지》

Genéva Convéntion [the ~] 제네바 협정 《1864년에 제네바에서 체결된 적십자 조약》

Gen·ghis Khan [dʒéŋgis-kɑ́:n] 칭기즈칸(1162?-1227) 《원나라의 태조; 몽골 제국의 시조》

***gen·ial** [dʒí:njəl, -niəl] [L 「수호신(genius)에 바친; 축제의; 즐거운」의 뜻에서] *a.* **1** 〈성질·태도 등이〉 **정다운**, 친절한, 상냥한, 싹싹한: a ~ disposition 싹싹한 성질 **2** 〈기후·풍토 등이〉 **온화한**, 온난한, 쾌적한

ge·ni·al·i·ty [dʒì:niǽləti] *n.* **1** Ⓤ 친절, 온정, 상냥[싹싹]함 **2** [보통 *pl.*] 친절한 행위

gen·ial·ly [dʒí:njəli] *ad.* 친절하게, 상냥스럽게, 싹싹[쾌활]하게

gen·ic [dʒí:nik, dʒén-] *a.* 〖생물〗 유전자의

ge·nie [dʒí:ni] *n.* (*pl.* **~s, -ni·i** [-niài]) (아라비아 동화에 나오는) 요정(妖精), 정령(jinn)

ge·ni·i [dʒí:niài] *n.* GENIUS, GENIE의 복수

gen·i·tal [dʒénətl] *a.* 생식(기)의: the ~ gland[organs] 생식선(腺)[기]
— *n.* [*pl.*] 성기, (외부) 생식기

gen·i·ta·li·a [dʒènətéiliə] *n. pl.* 〖해부〗 성기, (외부) 생식기, 외음부

gen·i·tive [dʒénətiv] 〖문법〗 *a.* 속격의, 소유격의, 제2격의
— *n.* 속격, 소유격, 제 2 격

‡**gen·ius** [dʒí:njəs, -niəs] *n.* (*pl.* **~·es**) **1** Ⓤ **천재** 《자질》, 비범하고 창조적인 재능: a man of ~ 천재 **2 천재**, 귀재(鬼才): an infant ~ 신동 **3** [a ~] **특수한 재능**, …의 재주 《*for*》: have *a ~ for* music[poetry] 음악에 재주[시재(詩才)]가 있다 **4** [보통 the ~] Ⓤ (인종·언어·법률·제도 등의) 특징, 특질, 진수(眞髓) 《*of*》; (시대·국민·사회 등의) 경향, 정신, 풍조 《*of*》; Ⓤ (어떤 장소의) 분위기, 기풍 《*of*》 **5** (*pl.* **-ni·i** [-niài]) (사람·장소·시설 등의) 수호신, 서낭신

G

ge·ni·us lo·ci [dʒíːniəs-lóusai] [L] *n.* 수호신; (그 땅의) 분위기, 기풍

Gen·o·a [dʒénouə] *n.* 제노바《이탈리아 북서부의 항구 도시》

gen·o·cid·al [dʒènəsáidl] *a.* 집단[대량] 학살의[을 초래하는]

gen·o·cide [dʒénəsàid] *n.* (인종·국민 등에 대한 계획적인) 대량[집단] 학살

Gen·o·ese [dʒènouíːz, -íːs] *a.* 제노바 (사람)의 — *n.* (*pl.* ~) 제노바 사람

ge·nome [dʒíːnoum], **-nom** [-nɑm | -nɔm] *n.* 〖생물〗 게놈《염색체의 1조(組)》

génome próject 〖유전〗 게놈 프로젝트《genome을 해독해 유전자 지도를 작성하고 유전자 배열을 분석·연구하는 작업》

gen·o·type [dʒíːnətàip] *n.* 〖생물〗 유전자형(型), 인자형(因子型)

gen·re [ʒɑ́ːnrə] [F「종류」의 뜻에서] *n.* **1** (특히, 예술 작품의) 유형, 형식, 양식(樣式), 장르 **2** Ⓤ 풍속화

génre páinting 풍속화

gent [dʒent] *n.* **1** 《구어》 신사; 《익살》 신사인 체하는 사람, 사이비 신사; 놈, 녀석 **2** = GENTS(')

*__gen·teel__ [dʒentíːl] [F =gentle] *a.* **1** 가문이 좋은, 지체 있는 집안에서 태어난 **2** 품위 있는 **3** 점잖은 체하는, 뽐내는

do the ~ 점잔 빼다, 뽐내다

~·ism *n.* 점잖은 말 **~·ly** *ad.* **~·ness** *n.*

gen·tian [dʒénʃən] *n.* 〖식물〗 용담

gen·tian-bit·ter [dʒénʃənbítər] *n.* 용담 고미액(苦味液)《건위(健胃) 강장제》

*__gen·tile, G-__ [dʒéntail] *n.* (유대인이 말하는) 이방인, 《특히》 그리스도 교도 — *a.* 유대인이 아닌, 이교(도)의, 《특히》 그리스도 교도의

gen·til·i·ty [dʒentíləti] *n.* (*pl.* **-ties**) **1** Ⓤ Ⓒ [반어적] 얌전뺌, 상류 출신인 체하는 태도 **2** [the ~] 상류 계급

‡**gen·tle** [dʒéntl] *a.* **1** 〈기질·성격이〉 **상냥한**, 친절한(mild, kindly) **2** 〈자연 현상 등이〉 **온화한**, 조용한 **3** 〈행동·몸가짐이〉 예의 바른(courteous), 너그러운(tolerant); 점잖은 집안에 태어난, 양가의, 문벌[가문] 좋은(wellborn): (a man) of ~ blood[birth] 좋은 집안에 태어난 (사람) **4** 〈소리 등이〉 부드러운, 차분한(quiet) **5** 〈경사 등이〉 완만한: a ~ heat 알맞은 열(熱) **6** 〈동물이〉 온순한 **7** 〈약·담배 등이〉 독하지 않은(mild)

— *n.* (낚시 미끼로 쓰는) 구더기

— *vt.* 《구어》 **1** 〈말을〉 길들이다 **2** 마음을 풀어주다 **3** 어루만지다

géntle bréeze 산들바람; 〖기상〗 연풍(軟風)

gen·tle·folk [dʒéntlfòuk] *n.* [때로 *pl.*; 복수 취급] 지체 있는 집안의[신분이 높은] 사람들, 양반들

‡**gen·tle·man** [dʒéntlmən] *n.* (*pl.* **-men** [mən]) **1** 신사; 범절 있는 의협적인 사람, 훌륭한 사람 **2** [경칭] **남자분** **3** [*pl.*] 여러분《남자 청중에 대하여》; 근계(謹啓)《회사 같은 곳에 보내는 편지의 서두》: Ladies and *Gentlemen!* 신사 숙녀 여러분! **4** 문벌이 좋은 사람, 신분이 높은 사람 **5** 《영》 (궁궐·귀족 등의) 시종, 종복(valet) **6** [*pl.* 단수 취급] 《영》 남자용 화장실《*For Gentlemen*을 줄인 것; Men이라고도 씀》

gen·tle·man-at-arms [dʒéntlmənət-ɑ́ːrmz] *n.* (*pl.* **-men-** [-mən-]) 《영》 의장병(儀仗兵)

géntleman fármer **1** 취미로 농사를 짓는 상류 사람 **2** 호농(豪農)

gen·tle·man·like [dʒéntlmənlàik] *a.* 신사적인, 신사다운(gentlemanly)

gen·tle·man·ly [dʒéntlmənli] *a.* 신사적인, 신사다운

géntleman's[géntlemen's] agréement 신사협정

gen·tle·man·ship [dʒéntlmənʃìp] *n.* Ⓤ 신사의 신분, 신사임, 신사다움

*__gen·tle·ness__ [dʒéntlnis] *n.* Ⓤ **1** 상냥함, 점잖음 **2** 온화함; 관대함

gen·tle·per·son [dʒéntlpəːrsn] *n.* 《미》 **1** [종종 비꼼·익살스런 호칭] 여러분, 제군, 신사(분) **2** [**G~s**] 근계《회사 앞으로의 편지의 서두》

géntle séx [the ~; 집합적] 여성

‡**gent·ly** [dʒéntli] *ad.* **1** 상냥하게, 온화하게, 친절히; 조용히; 천천히 **2** 서서히, 완만하게 **3** 양반답게, 범절 있게: ~ born 문벌이 좋은

gen·tri·fi·ca·tion [dʒèntrəfikéiʃən] *n.* (주택가의) 고급 주택화

gen·tri·fy [dʒéntrəfài] *vt.* (**-fied**) 〈하층[노동] 계급의 거주 지역 등을〉 고급화하다

*__gen·try__ [dʒéntri] *n.* **1** [보통 the ~; 집합적; 복수 취급] **상류 사회**, 신사 사회 **2** 《경멸》 패거리, 무리: these ~ 이 패들, 이 무리들

gents('), Gents(') [dʒents] *n.* (*pl.* ~) [보통 the ~] 《구어》 남자용 (공중) 화장실

gen·u·flect [dʒénjuflèkt] *vi.* 〈특히 경의를 표하거나 예배 보기 위하여〉 (한쪽) 무릎을 꿇다

gen·u·flec·tion | -flex·ion [dʒènjuflékʃən] *n.* Ⓤ **1** (예배 보기 위한) 무릎 꿇기 **2** 비굴한 태도

‡**gen·u·ine** [dʒénjuin] [L「타고난, 진성(眞性)의」의 뜻에서] *a.* **1** **진짜의**, 틀림없는: a ~ writing 진필 **2** 성실한, 진심의, 참된 **3** 순종의 **~·ness** *n.*

*__gen·u·ine·ly__ [dʒénjuinli] *ad.* **진정으로**, 성실하게; 순수하게

*__ge·nus__ [dʒíːnəs] [L「종류」의 뜻에서] *n.* (*pl.* **gen·e·ra** [dʒénərə], **~·es**) **1** 〖생물〗 속(屬)《「과(科)」(family)」와 「종(種)」(species)」의 중간》 **2** **종류**, 부류, 유(類)

geo- [dʒíːou] 《연결형》「지구; 토지」의 뜻

ge·o·cen·tric, -tri·cal [dʒìːouséntrik-(əl)] *a.* 지구를 중심으로 한; 지구의 중심에서 본[측정한]

-i·cal·ly *ad.* 지구를 중심으로, 지구의 중심에서 재어

ge·o·chem·is·try [dʒìːoukémistri] *n.* Ⓤ 지구 화학 **-chém·ist** *n.*

ge·o·chro·nol·o·gy [dʒìːoukrənɑ́lədʒi | -nɔ́l-] *n.* Ⓤ 지질 연대학

ge·o·des·ic [dʒìːədésik] *a.* = GEODETIC

ge·od·e·sy [dʒiːɑ́dəsi | -ɔ́d-] *n.* Ⓤ 측지학

G

ge·o·det·ic, -i·cal [dʒìːədétik(əl)] *a.* **1** 측지학의 **2** 〖수학〗 최단선(最短線)의, 측지선의

Geof·frey [dʒéfri] *n.* 남자 이름

geog. geographer; geographic(al); geography

***ge·og·ra·pher** [dʒiɑ́grəfər | dʒiɔ́g-] *n.* 지리학자

***ge·o·graph·ic, -i·cal** [dʒìːəgrǽfik(əl) | dʒìə-] *a.* **지리학(상)의,** 지리(학)적인: *geographical* features 지세(地勢) **-i·cal·ly** *ad.* 지리적으로

geográphical míle 지리 마일 《적도에서의 경도 1분; 약 1,854m》

‡**ge·og·ra·phy** [dʒiɑ́grəfi | dʒiɔ́g-] *n.* (*pl.* **-phies**) **1** Ⓤ **지리학**: linguistic [commercial, historical, political] ~ 언어[상업, 역사, 정치] 지리학 / physical [human] ~ 자연[인문] 지리학 **2** ⓊⒸ (어떤 지역의) 지리, 지형, 지세 **3** 《영·구어》 화장실의 위치; (건물 등의) 방 배치

geol. geologic(al); geologist; geology

ge·o·lin·guis·tics [dʒìːouliŋgwístiks] *n. pl.* [단수 취급] 〖언어〗 지리 언어학, 언어 지리학

ge·o·log·ic, -i·cal [dʒìːəlɑ́dʒik(əl) | dʒìəlɔ́dʒ-] *a.* **지질학(상)의,** 지질의: a *geological* epoch 지질 연대 **-i·cal·ly** *ad.* 지질학상으로

geológical súrvey 지질 조사

geológic máp 지질도(地質圖)

geológic tíme 지질(地質) 연대

***ge·ol·o·gist** [dʒiɑ́lədʒist | dʒiɔ́l-] *n.* 지질학자

ge·ol·o·gy** [dʒiɑ́lədʒi | dʒiɔ́l-] *n.* (*pl.* **-gies**) **지질학**; [the ~] (어떤 지역의) 지질 ***structural ~ 구조 지질학

geom. geometric; geometrical; geometry

ge·o·mag·net·ic [dʒìːoumæ̀gnétik] *a.* 지자기(地磁氣)의

geomagnétic stórm 자기 폭풍 《태양 흑점에 의한다고 생각되는 지구 자기의 이변》

ge·o·mag·ne·tism [dʒìːoumǽgnətìzm] *n.* Ⓤ 지구 자기학

ge·om·e·ter [dʒiɑ́mətər | dʒiɔ́m-] *n.* **1** 기하학자 **2** 〖곤충〗 자벌레

***ge·o·met·ric, -ri·cal** [dʒìːəmétrik(əl)] *a.* **1 기하학(상)의,** 기하학적인 **2** 기하학적 도형의 **-ri·cal·ly** *ad.*

geométrical propórtion 등비 비례

ge·o·me·tri·cian [dʒiɑ̀mətríʃən | dʒiɔ̀mə-] *n.* 기하학자

geométric méan 상승[기하] 평균

geométric progréssion 등비(等比) 수열

geométric séries 〖수학〗 기하[등비] 급수

‡**ge·om·e·try** [dʒiɑ́mətri | dʒiɔ́m-] *n.* (*pl.* **-tries**) Ⓤ **기하학**: plane [solid, spherical] ~ 평면[입체, 구면] 기하학

ge·o·mor·phol·o·gy [dʒìːoumɔːrfɑ́lədʒi | -fɔ́l-] *n.* Ⓤ 지형학

ge·o·phys·i·cal [dʒìːoufízikəl] *a.* 지구 물리학(상)의

ge·o·phys·i·cist [dʒìːoufízisist] *n.* 지구 물리학자

ge·o·phys·ics [dʒìːoufíziks] *n. pl.* [단수 취급] 지구 물리학

ge·o·pol·i·tic [dʒìːoupɑ́lətik | -pɔ́l-] **-po·lit·i·cal** [-pəlítikəl] *a.* 지정학(地政學)(상)의 **gè·o·po·lít·i·cal·ly** *ad.*

ge·o·pol·i·tics [dʒìːoupɑ́lətiks | -pɔ́l-] *n. pl.* [단수 취급] 지정학(地政學)

George [dʒɔːrdʒ] *n.* **1** 남자 이름 **2** 영국왕의 이름 **3** [St. ~] 성 조지 《영국 및 가터 훈장의 수호 성자》 **4** 《영·속어》 〖공군〗 자동 조종 장치 ***by ~!*** 정말, 실로! 《맹세 혹은 감탄의 말투》

Géorge Cróss [**Médal**] 《영》 조지 십자 훈장 《민간인의 용감한 행위에 대해 수여함; 略 G.C., G.M.》

geor·gette [dʒɔːrdʒét] [파리의 재봉사 이름에서] *n.* 조젯 《엷은 명주 크레이프》

***Geor·gia** [dʒɔ́ːrdʒə] *n.* **1 조지아 주** 《미국 동남부의 주; 주도 Atlanta》 **2** 그루지야 《독립 국가 연합 가맹국의 하나》

Geor·gian[1] [dʒɔ́ːrdʒən] *a.* **1** (영국의) 조지 왕조 시대의 《George I-George IV 까지》 **2** 조지 왕조 시대풍의 —*n.* 조지 왕조 시대의 사람

Georgian[2] *a.* **1** 미국 Georgia 주의 **2** (서부 아시아의) 그루지야 (공화국)의 —*n.* **1** Georgia 주 사람 **2** 그루지야 사람; Ⓤ 그루지야 말

ge·o·sci·ence [dʒìːousáiəns] *n.* 지구과학

ge·o·sci·en·tist [dʒìːousáiəntist] *n.* 지구 과학자

ge·o·sta·tion·ar·y [dʒìːoustéiʃənèri] *a.* 〖우주〗 〈인공 위성이〉 지구에서 보아 정지한: ~ orbit 정지 궤도 / a ~ satellite 대지(對地)정지 위성

ge·o·ther·mal [dʒìːouθə́ːrməl], **-mic** [-mik] *a.* 지열(地熱)의[에 관한]

geothérmal pówer generátion 〖전기〗 지열 발전 《지열로 분출하는 증기·열수를 이용하는 발전》

ger. gerund

Ger. German(ic); Germany

Ger·ald [dʒérəld] *n.* 남자 이름 《애칭 Jerry》

Ger·al·dine [dʒérəldìːn] *n.* 여자 이름 《애칭 Jerry》

ge·ra·ni·um [dʒəréiniəm] *n.* 〖식물〗 제라늄, 양아욱

ger·ber·a [gə́ːrbərə, dʒə́ːr-] *n.* 〖식물〗 거베라, 솜나물 《국화과》

ger·bil(**le**) [dʒə́ːrbəl] *n.* 〖동물〗 게르빌루스쥐

ge·ri·at·ric [dʒèriǽtrik] *a.* **1** Ⓐ 노인병학[과(科)]의 **2** 노인의 —*n.* 노인; 노인병 환자

ge·ri·a·tri·cian [dʒèriətríʃən], **-at·rist** [-ǽtrist] *n.* 노인병 전문 의사

ger·i·at·rics [dʒèriǽtriks] *n. pl.* [단수 취급] 노인병학

germ** [dʒəːrm] *n.* **1 세균,** 병원균, 병균 **2** [보통 the ~] 싹틈, 눈틈; 기원, 근원 **3** 〖생물〗 유아(幼芽), 배(胚), 배종(胚種); 생식 세포 (= ~ cell) ***in ~ 싹트고 있는, 아직 발달하지 않은

ger·man [dʒə́ːrmən] *a.* 같은 부모[조부모]에서 난 ***brother*** [***sister***] ~ 친형제[자매] ***cousin*** ~ 친사촌 형제[자매]

‡Ger·man [dʒə́ːrmən] *a.* **1** 독일의 **2** 독일 사람[말]의 — *n.* **1** 독일 사람 **2** Ⓤ 독일 말
High ~ 고지(高地) 독일 말 《지금은 독일의 표준어》 ***Low*** ~ 저지(低地) 독일말 《북부 독일에서 쓰는 방언》

ger·mane [dʒə(ː)rméin] *a.* 밀접한 관계가 있는, 적절한(pertinent) 《*to*》

Ger·man·ic [dʒə(ː)rmǽnik] *a.* **1** 독일(사람)의; 독일적인 **2** 게르만 민족[말]의 — *n.* Ⓤ 게르만 말

ger·ma·ni·um [dʒə(ː)rméiniəm] *n.* Ⓤ 〖화학〗 게르마늄 《희금속 원소; 기호 Ge, 번호 32》

Gérman méasles 〖병리〗 풍진(風疹)(rubella)

Gérman shépherd 《미》 (독일종) 셰퍼드 《경찰견·맹도견(盲導犬) 등으로 사용》

Gérman sílver 양은 《아연·구리·니켈의 합금》

‡Ger·ma·ny [dʒə́ːrməni] *n.* 독일 《略 G., Ger.; 1949년부터 통일이 되던 1990년까지 동독(East Germany)과 서독(West Germany)으로 분할되어 있었음》

gérm cèll 〖생물〗 생식 세포

ger·mi·cid·al [dʒə̀ːrməsáidl] *a.* 살균(성)의, 살균력이 있는

ger·mi·cide [dʒə́ːrməsàid] *n.* 살균제

ger·mi·nal [dʒə́ːrmənl] *a.* **1** 새싹의, 배종(胚種)의, 씨방의 **2** 초기의, 미발달의

***ger·mi·nate** [dʒə́ːrmənèit] *vi.* **1 싹이 트다**; 발아(發芽)하다 **2** 〈생각·감정 등이〉 생겨나다, 싹트다
— *vt.* **1** 〈씨를〉 발아시키다 **2** 〈생각 등을〉 생겨나게 하다

gérm plàsm 〖생물〗 생식(세포)질

gérm wárfare 세균전(戰)

gérm wéapon 세균 무기

ge·ron·to·log·i·cal [dʒirɑ̀ntəlɑ́dʒikəl | -rɔ̀ntəlɔ́dʒ-] *a.* 노인학[노년학]의

ger·on·tol·o·gy [dʒèrəntɑ́lədʒi | -tɔ́l-] *n.* Ⓤ 노인학 **-gist** *n.* 노인학자

Ger·ry [géri] *n.* 남자[여자] 이름

ger·ry·man·der [dʒérimæ̀ndər] *n.* 자기 당(黨)에 유리한 선거구 개정, 게리맨더링
— *vt.* **1** 〈선거구를〉 자기 당에 유리하게 개정하다 **2** 야바위치다, 부정으로 속이다
— *vi.* 선거구를 제멋대로 개정하다

Gersh·win [gə́ːrʃwin] *n.* 거슈윈 **George** ~ (1898-1937) 《미국의 작곡가》

Ger·trude [gə́ːrtruːd] *n.* 여자 이름 《애칭 Gertie, Trudy》

‡ger·und [dʒérənd] *n.* 〖문법〗 **동명사**

ge·stalt [gəʃtɑ́ːlt] [G 「모양, 형태」의 뜻에서] *n.* (*pl.* **~s, -stalt·en** [-ʃtɑ́ːltn]) ⓊⒸ [때로 **G~**] 〖심리〗 형태, 게슈탈트 《경험의 통일적 전체》

Gestált psychólogy 형태 심리학

ge·sta·po [gəstɑ́ːpou | ge-] [G = *Ge*heime *Sta*ats*po*lizei (= secret state police)] *n.* (*pl.* **~s**) [보통 the ~; 집합적] 게슈타포 《옛 나치스 독일의 비밀 국가 경찰》

ges·tate [dʒésteit] *vt.* **1** 회태[회임]하다 **2** 마음에 품다; 입안(立案)[창안]하다

ges·ta·tion [dʒestéiʃən] *n.* Ⓤ **1** 회임, 잉태 (pregnancy); 회태 기간: a ~ period 임신[회태] 기간 **2** (사상·계획 등의) 배태, 창안, 형성

ges·tic·u·late [dʒestíkjulèit] *vt., vi.* 몸짓[손짓]으로 나타내다[말하다]

ges·tic·u·la·tion [dʒestìkjuléiʃən] *n.* Ⓤ 몸짓[손짓]하기[으로 말하기]

ges·tic·u·la·to·ry [dʒestíkjulətɔ̀ːri | -təri] *a.* 몸짓[손짓]이 섞인[많은]

ges·to·sis [dʒestóusis] *n.* (*pl.* **-ses** [-siːz]) 〖의학〗 임신 중독(증)

‡ges·ture [dʒéstʃər] [L 「거동하다」의 뜻에서] *n.* **1** ⓊⒸ (어떤) **몸짓,** 손짓, 얼굴의 표정; 동작, 제스처 **2 a** (의사 표시로서의) 행위 **b** (형식적인) 의사 표시, 의례적인 언사[거동], 선전 (행위) — *vt., vi.* 몸짓[손짓, 제스처]을 하다[로 나타내다]
-tur·al [-tʃərəl] *a.*

gésture lànguage 몸짓 언어(sign language)

‡get[1] [get] *v.* (**got** [gɑt | gɔt], 《고어》 **gat** [gæt]; **got,** 《미·고어》 **got·ten** [gɑ́tn | gɔ́tn]; **~·ting**) 《ill-*gotten*처럼 복합어에서는 《영·미》 모두 **-got·ten**을 씀》 *vt.* **1 a 얻다, 입수하다**; 가지다 **b 받다,** 벌다; 따다, 획득하다, 타다; 〈편지·전보 등을〉 **받다 2 가서 가져오다 3** (전화로) 불러내다 《*on*》; …와 연락이 닿다 《무선 등으로》 **4** 〈기차·버스 등에〉 **대다,** 타다 **5** 〈식사를〉 차리다, 준비하다 **6** 《구어》 〈식사 등을〉 하다, 먹다 **7** 《구어》 〈타격·공격 등이〉 치다, 맞다(hit) 《*on*》; 〖야구〗 〈주자를〉 아웃시키다; 죽이다 **8** …을 압도하다; (토론 등에서) 이기다 **9** 〈병에〉 **걸리다**: ~ a cold 감기에 걸리다 **10** 〈벌을〉 서다 **11** 《구어》 …을 감동시키다, 매혹하다; 흥분시키다 **12** 《구어》 궁지에 빠뜨리다, 화나게 하다 **13** 〈결과·답 등을〉 얻다; 〈득점을〉 **얻다 14** 《구어·경멸》 …에 주목하다 **15** 《구어》 **이해하다,** 알아듣다: Don't ~ me wrong. 오해하면 안됩니다. **16** 〈수컷이 새끼를〉 보다
— *vi.* **1 이르다, 도달하다,** 오다, 가다 **2** [부정사와 함께] **a** 〈…하게〉 **되다**: ~ *to* like it 좋아하게 되다 **b** 그럭저럭 …하다 **3** …로 되다(become): ~ well 병에서 회복되다 **4** …**당하다**: ~ hurt 다치다 **5** 《구어》 …하기 시작하다
~ about (1) 돌아다니다; (앓고 난 후에) 걸을 수 있게 되다 (2) 《구어》 (여기저기) 여행하다 (3) (소문이) 퍼지다 (4) 열심히 일하다 ***~ across*** (1) …을 건너다, 〈국경 등을〉 넘다 (2) 《영·구어》 …을 화나게 하다, 괴롭히다 (3) 〈말·뜻 등이〉 통하다, 이해되다; 《구어》 〈농담·취지 등을〉 이해시키다, 전하다 《*to*》 (4) 〈연극 등이〉 성공하다 ***~ after*** (1) …을 뒤쫓다 (2) 《구어》 …을 꾸짖다 《*for*》 (3) (…하도록) 조르다 ***~ ahead*** (1) 나아가다, 진보하다; 따라잡아 앞서다 (2) 출세[성공]하다 ***~ along*** (1) 나아가다, 나아가게 하다 (2) 시간이 흐르다 (3) 진척되다 《*with*》; 진척시키다 (4) 살아가다, 꾸려나가다 (5) 의좋게 살다 《*with*》 ***G~ along*** (***with you***)***!***

《구어》 (1) 저리 가, 꺼져 버려! (2) 농담이겠지, 설마. **~ around** (1) 돌아다니다 (2) 교제 범위가 넓다 (3) 〈소문 등이〉 널리 퍼지다 (4) 〈곤란 등을〉 잘 피하다, 극복하다 **~ at** (1) …에 이르다, 닿다; …을 얻다, 찾아내다 (2) 〈의미·진리 등을〉 파악하다, 이해하다 (3) 알다, 확인하다, 명백히 하다 (4) 《구어》 (매수·협박으로) …을 움직이(려 하)다; (경마 등에) 부정 수단을 쓰다 (5) 《구어》 공격하다; 야유하다 (6) (늦은 다음에) 〈일 등에〉 착수하다 (7) …을 비치다, 밝히려 하다 **~ away** (1) …에서 떠나다; (여행 등에) 나서다 (2) …에서 도망치다 (3) [부정문에서] (사실 등에서) 도망치다, 피하다, 인정하지 않다 (4) (경주 등에서) 출발하다 (5) …을 데리고 가다 (6) 〈불필요한 것을〉 …에서 제거하다 (7) 보내다, 내보내다 **~ back** (1) 돌아오다; 되찾다 (2) 〈정당 등이〉 정권을 되찾다 (3) [종종 명령문에서] (뒤로) 물러서다 (4) …을 되돌리다; 돌려보내다 **~ down** (*vi.*) (1) 말[기차, 나무]에서 내리다 (2) 《구어》 침울해지다, 낙심하다 (*vt.*) (3) 피곤하게 하다 (4) …에서 내려 놓다 (5) 적어 두다, 받아쓰다 **~ in** (*vi.*) (1) (안으로) 들어가다; 〈비·빛 등이〉 새어들다 (2) 차에 타다; 거두어 들이다 (3) 도착하다 (4) 당선하다 (5) 입학하다, 입회하다 (6) …와 친해지다 《*with*》 (7) 참가하다 (*vt.*) (8) (안에) 들여놓다 **~ into** (1) …에 들어가다; 〈차에〉 타다 (2) 〈직무·일 등에〉 종사하다 (3) 〈옷을〉 입다, 〈신발을〉 신다 **~ it** (1) 《구어》 꾸중듣다, 벌받다 (2) 《구어》 이해하다 (3) 〈걸려온 전화를〉 받다 **~ off** (*vi.*) (1) (차에서) 내리다, 하차하다 (2) 출발하다 (3) 〈편지 등이〉 발송되다 (4) 형벌[불행]을 모면하다 (5) 일에서 해방되다, 퇴근하다 (6) 잠들다 (7) 《미·구어》 (마약 등에) 도취하다 《*on*》 (8) 〈잔디밭 등에〉 들어가지 않다 (9) 〈화제 등에서〉 벗어나다, …을 그만두다 (*vt.*) (10) …을 제거하다; 〈옷을〉 벗다; 〈얼룩을〉 빼다, 제거하다 **~ on** (*vi.*) (1) (버스 등에) 타다 (2) 〈일 등이〉 진척되다 (3) 성공하다 (4) 〈옷을〉 입다 **~ over** (1) 〈담 등을〉 넘다, 〈강·다리 등을〉 건너다 (2) 〈장애·혼란 등을〉 극복하다 (3) 〈병·충격 등에서〉 회복하다 (4) 《구어》 …에 놀라다 (5) 〈사실 등을〉 부정하다 (6) 〈어떤 거리·길을〉 가다 (7) 《구어》 〈생각 등을〉 이해시키다 (8) 〈싫은 일 등을〉 끝마치다, 해치우다 **~ through** (*vi.*) (1) …을 통과하다; 목적지에 도달하다 (2) 〈어려운 때를〉 타개해 나가다; 〈시간을〉 보내다 (3) …을 마치다, 끝내다 (4) 〈시험에〉 합격하다 (5) 〈의회 등을〉 통과하다 (6) …을 (목적지에) 도달하게 하다 **~ through with** …을 끝내다, 마무리짓다; …을 해치우다, 패배시키다 **~ to** (1) …에 도착하다 (2) 〈일〉에 착수하다; 〈식사〉를 하기 시작하다 **~ together** (*vi.*) (1) 모이다 (2) 《구어》 의논하다; 〈의견이〉 일치하다 (3) 단결하다, 협력하다 (*vt.*) (4) …을 모으다 (5) 〈생각 등을〉 정리하다 **~ under** 〈불·소동 등을〉 진압하다, 가라앉히다 **~ up** (*vi.*) (1) 일어나다 (*vt.*) (2) 〈행사·모임 등을〉 준비하다, 시작하다; 계획하다, 개최하다

get[2] *n.* **1** (동물의) 새끼 **2** 《스코·경멸》 어린애, 개구쟁이 **3** (테니스 등에서) 어려운 공을 받아치기

get·at·a·ble [getǽtəbl] *a.* 《구어》 **1** 〈장소 등이〉 도달할 수 있는, 근접하기 쉬운 **2** 〈책 등이〉 쉽사리 구할 수 있는; 〈사람이〉 접근하기 쉬운

get·a·way [gétəwèi] 《구어》 *n.* **1** (범인의) 도주 **2** (자동차·경마의) 출발, 스타트 ***make*** one***'s***[***a***] ~ 도망하다
— *a.* 도주용의

Geth·sem·a·ne [geθséməni] *n.* **1** 〖성서〗 겟세마네 《Jerusalem 동쪽에 있는 동산; 그리스도가 유다의 배반으로 이 곳에서 잡혔음》 **2** [**g~**] 고난의 장소[때]

get-out [gétàut] *n.* 《구어》 (궁지에서의) 탈출, 회피(책), 도피 (수단)
as [***like, for***] ***all*** ~ 《미·구어》 아주, 몹시, 극도로

get-rich-quick [gètrítʃkwík] *a.* 《미》 일확천금(식)의

get·ta·ble [gétəbl] *a.* 얻을 수 있는, 손에 넣을 수 있는

get-to·geth·er [géttəgèðər] *n.* 《미·구어》 사교회, 간담회, 친목회

get-tough [géttʌ́f] *a.* 《미·구어》 단호한, 강경한: a ~ policy 강경책

Get·tys·burg [gétizbə̀ːrg] *n.* 게티즈버그 《미국 Pennsylvania 주 남부의 도시; 남북 전쟁의 결전장(1863년)》

Géttysburg Addréss [the ~] 게티즈버그 연설 《1863년 11월 19일 Lincoln이 Gettysburg에서 한 연설; 민주주의를 정의한 유명한 말 "government of the people, by the people, for the people"로 유명》

get·up, get-up [gétʌ̀p] *n.* 《구어》 **1** (색다른) 옷차림, 차림새, 복장 **2** 외관; 〈책의〉 장정 **3** 패기, 의욕, 열의; 적극성

get-up-and-go [gétʌ̀pənd*g*óu] *n.* Ⓤ 《구어》 = GETUP 3

gew·gaw [g*j*úːgɔː | gjúː-] *n.* 값싸고 허울만 좋은 물건, 굴퉁이

gey·ser [gáizər] *n.* **1** 간헐(間歇)(온)천 **2** [gíːzər] 《영》 (목욕탕 등의) 자동 온수기

Gha·na [gɑ́ːnə] *n.* 가나 《아프리카 서부의 공화국; 수도 Accra》

Gha·na·ian [gɑ́ːniən | gɑːnéi-], **Gha·ni·an** [gɑ́ːniən] *n., a.* 가나(Ghana)(의), 가나 사람(의)

***ghast·ly** [gǽstli | gɑ́ːst-] [ME 「깜짝 놀란」의 뜻에서] *a.* (**-li·er**; **-li·est**) **1** 무시무시한; 소름 끼치는 **2** 송장[유령] 같은 **3** 《구어》 지독한, 기분 나쁜, 지겨운
— *ad.* **무섭게**, 소름이 끼칠 만큼, 무시무시하게 **-li·ness** *n.*

gher·kin [gə́ːrkin] *n.* (초에 담그는) 작은 오이

ghet·to [gétou] [It. 「주조소」의 뜻에서] *n.* (*pl.* ~(**e**)**s**) **1** 《미》 (소수 민족, 특히 흑인이 모여 사는) 빈민가(slum) **2** 유대인 강제 거주 지구

‡**ghost** [goust] *n.* **1 a 유령**, 망령, 원혼, 원령 **b** 환영, 허깨비 **2** 조금, 근소 **3** 그림자[허깨비] 같은 것; 파리한 사람 **4** 《고어》 혼, 영혼 **5** 〖광학·TV〗 가상(假像), 고스트, 제2영상(映像)(= ∠ **ìmage**) **6** 《구어》 = GHOSTWRITER
(***as***) ***pale*** [***white***] ***as a*** ~ 〈얼굴이〉 핼쑥[파리]하여 ***give up the*** ~ (1) 죽다

G

(2) 《구어》 단념하다 ***the Holy G~*** 성령 《삼위일체의 제3위》
— *vt.* 〈책·서류 등을〉 대작(代作)하다
— *vi.* 대작하다 **~·like** *a.*
ghost·li·ness [góustlinis] *n.* Ⓤ 유령 같음, 요괴스러움; 유령이 나올 듯함
*__ghost·ly__ [góustli] *a.* (**-li·er**; **-li·est**) **1** **유령의, 유령 같은,** 유령이 나올 듯한, 유령에 관한 **2** 희미한, 그림자 같은
ghóst tòwn 《미》 (천재지변·불황 등으로 황폐한) 유령 도시
ghost·write [góustràit] *vi., vt.* (**-wrote** [-ròut]; **-writ·ten** [-rìtn]) 〈연설문·문학 작품을〉 대필[대작]하다
-writ·er *n.* 대필자, 대작자
ghoul [gu:l] *n.* **1** (이스람교국에서) 무덤을 파헤치고 시체의 살을 먹는다고 하는 귀신 **2** 잔인한 사람
ghoul·ish [gú:liʃ] *a.* 송장 먹는 귀신 같은; 잔인한, 잔학한 **~·ly** *ad.* **~·ness** *n.*
GHQ, G.H.Q. 〖군사〗 general headquarters
GHz gigahertz
GI, G.I. [dʒí:ái] [*G*overnment[*G*eneral] *I*ssue] *n.* (*pl.* **GIs, GI's, G.I.'s, G.I.s**) 《미·구어》 미군 병사: a ~ Joe (남자) 병사
— *a.* Ⓐ 관급의, 군 규격의
⁑**gi·ant** [dʒáiənt] [Gk 「거대한 사람」의 뜻에서] *n.* **1** (신화·전설 등의) 거인(巨人) **2** 거한(巨漢); 거대한 것[동물, 식물] **3** 거물, 위인
— *a.* Ⓐ 거대한; 위대한; [종종 동식물의 명칭에 사용하여] 특대의, 대(大)…
gi·ant·ess [dʒáiəntis] *n.* 여자 거인
gi·ant·ism [dʒáiəntìzm] *n.* Ⓤ 〖병리〗 거인증(巨人症)
gíant kìller [영국의 동화 *Jack and Giant Killer*에서] [the ~] (스포츠에서) 거물 잡는 선수[팀]
gíant pánda 〖동물〗 자이언트 판다
gíant sequóia 〖식물〗 세쿼이아(big tree) 《California산의 거대한 침엽수》
gíant stár 〖천문〗 거성(巨星) 《직경·광도·질량 등이 현저하게 큰 항성》
giaour [dʒáuər] [Pers. 「배화(拜火)교도」의 뜻에서] *n.* 불신자(不信者), 이단자 《터키 사람이 그리스도교 신자를 멸시하여 부르는 말》
Gib. Gibraltar
gib·ber [dʒíbər, gíb-] *vi.* **1** (추위·무서움으로) 달달 떨며 말하다, 영문 모를 말을 (빨리) 지껄이다 **2** 〈원숭이 등이〉 끽끽거리다
gib·ber·ish [dʒíbəriʃ, gíb-] *n.* Ⓤ 영문 모를 말, 횡설수설
gib·bet [dʒíbit] *n.* 교수대, 교수형
— *vt.* 교수대에 매달아 효수(梟首)하다; 공공연히 욕보이다
gib·bon [gíbən] *n.* 긴팔원숭이 《동남아시아산》
gib·bous [gíbəs] *a.* **1** 〈달이〉 반원보다 불룩한 모양의 **2 a** 불룩한 모양의, 융기한 **b** 꼽추의 **~·ly** *ad.*
gibe [dʒaib] *vi., vt.* 놀려대다, 비웃다, 조롱하다(jeer) 《*at*》
— *n.* 비웃음, 조롱(sneer)
gib·let [dʒíblit] *n.* [보통 *pl.*] (닭 등의) 내장
Gi·bral·tar [dʒibrɔ́:ltər] *n.* 지브롤터 《스페인 남단의 항구 도시》
the Strait of ~ 지브롤터 해협
Gib·son [gíbsn] *n.* ⓊⒸ 기브슨 《dry martini에 양파를 곁들인 칵테일》
gid·di·ly [gídəli] *ad.* 아찔하게; 현기증 나게; 정신을 못 차려; 경솔하게
gid·di·ness [gídinis] *n.* Ⓤ 현기증; 경솔
*__gid·dy__ [gídi] [OE 「광기의」의 뜻에서] *a.* (**-di·er**; **-di·est**) **1 현기증 나는;** 눈이 핑핑 도는 듯한 **2** 들떠 있는, 경솔한 ***feel***[***turn***] **~** 현기증을 느끼다 ***My ~ aunt!*** [놀라움을 나타내어] 《속어》 저런, 이런, 어머나! ***play***[***act***] ***the ~ goat*** 경솔한 짓을 하다
Gide [ʒi:d] *n.* 지드 **André ~** (1869-1951) 《프랑스의 소설가·비평가; 노벨 문학상 수상(1947)》
gie [gi:] *v.* (**~d**; **~d, gien**[gi:n]) 《스코》 =GIVE
⁑**gift** [gift] *n.* **1 a 선물,** 선사품: Christmas[birthday] ~*s* 크리스마스[생일] 선물 **b** (…이 준) 선물, 은혜 **2 타고난 재능:** a person of many ~*s* 다재다능한 사람 **3** 《고어》 증여(贈與); 증여권 **4** [보통 a ~] 《구어》 거저나 다름없이 싼 물건; 아주 간단한 일
a ~ from the Gods 횡재, 행운, 호기 ***by***[***of***] ***free*** **~** 거저, 무상으로
— *vt.* **1** 선물로 주다, 〈돈·물건을〉 주다 **2** 〈재능 등을〉 부여하다
gíft certìficate 《미》 상품권
*__gift·ed__ [gíftid] *a.* **타고난 재능이 있는** 《*at, in*》: He is ~ *in* music. 그는 음악에 재능이 있다.
gíft hòrse 선물로 주는 말
gíft shòp 선물 가게
gíft tàx 《미》 증여세(贈與稅)(《영》 capital transfer tax) 《증여자에게 부과함》
gíft vòucher 《영》 상품권
gift-wrap [gíftræ̀p] *vt.* (리본 등으로 묶어) 선물용으로 포장하다
gig[1] [gig] *n.* **1** 말 한 필이 끄는 2륜 마차 **2** 배에 실은 소형 보트 《선장 전용》 **3** 《구어》 〖컴퓨터〗 =GIGABYTE
gig[2] *n.* (고기잡이용) 작살
— *v.* (**~ged**; **~·ging**) *vi.* 작살을 쓰다
— *vt.* 〈물고기를〉 작살로 찍다
gig[3] *n.* 재즈[록] 연주회; 《구어》 (특히 하룻밤만의) 재즈[록] 연주 (계약); 그 연주 (회장) — *vi.* (**~ged**; **~·ging**) (재즈 연주가로) 일하다
giga- [dʒígə, gígə] 《연결형》 「10억; 무수」의 뜻: *giga*meter 기가미터 《100만 킬로미터》
gig·a·bit [gígəbìt, dʒíg-] *n.* 〖컴퓨터〗 기가비트 《10억 비트 상당의 정보 단위》
gig·a·byte [gígəbàit, dʒíg-] *n.* 〖컴퓨터〗 기가바이트 《10억 바이트 상당의 정보 단위》
gig·a·hertz [gígəhə̀:rts, dʒíg-] *n.* 〖전기〗 기가헤르츠 《10억 헤르츠; 기호 GHz》
*__gi·gan·tic__ [dʒaigǽntik] *a.* **1 거대한,** 거창한 **2** 거인 같은 **-ti·cal·ly** *ad.*

G

***gig·gle** [gígl] [의성어] *vi.* **낄낄 웃다**
— *n.* 낄낄 웃음; 재미있는 사람[것]; 《구어》 여자 아이들의 모임
for a ~ 재미로, 장난삼아

gig·gly [gígli] *a.* (**-gli·er**; **-gli·est**) 낄낄 웃는 (버릇이 있는)

gig·o·lo [dʒígəlòu, ʒíg-] [F] *n.* (*pl.* **~s**) (창녀 등의) 기둥서방; (남자) 직업 댄서

Gí·la mónster [híːlə-] 〖동물〗 독 있는 큰도마뱀 《미국 New Mexico 및 Arizona산》

Gil·bert [gílbərt] *n.* **1** 남자 이름 《애칭은 Gil》 **2** 길버트 **Sir William S. ~** (1836-1911) 《영국의 희극 작가》

***gild**[1] [gild] *vt.* (**~·ed, gilt** [gilt]) **1 a 금[금박]을 입히다,** 도금하다 **b** 금빛으로 바르다; 《시어》 황금빛으로 빛나게 하다 **2** 꾸미다, 빛내다; 겉바름하다, 겉꾸리다

gild[2] *n.* = GUILD

gild·ed [gíldid] *a.* **1** 금박을 입힌, 도금한, 금빛으로 바른; 황금색의 **2** 부자의, 부유한

gild·ing [gíldiŋ] *n.* Ⓤ **1 a** (입히거나 바른) 금[금박, 금가루] **b** 금박 입히기, 도금(술) **2** 외식(外飾), 허식, 분식(粉飾)

gill[1], **Gill** [dʒil] *n.* 처녀, 소녀; 애인, 연인
Every Jack has his G~. 《속담》 어떤 남자에게도 제각기 짝이 있다, 짚신도 짝이 있다.

gill[2] *n.* 질 《액량 단위; 1파인트(pint)의 1/4; =《미》 0.118 *l*, 《영》 0.14 *l*》

***gill**[3] [gil] *n.* **1** [보통 *pl.*] **아가미 2 a** (닭·칠면조 등의) 턱 밑의 처진 살 **b** [보통 *pl.*] 《구어·익살》 턱과 귀밑의 군살
be rosy [blue, green, white, yellow] about the ~s 《구어》 혈색이 좋다[나쁘다]

gil·lie [gíli] *n.* 《스코》 (특히 사냥꾼·낚시꾼의) 안내인, 가이드

gíll nèt 자망(刺網) 《물 속에 수직으로 설치함》

gil·ly·flow·er [dʒíliflàuər] *n.* 〖식물〗 카네이션; 스토크, 비단향꽃무

gilt[1] [gilt] *v.* GILD[1]의 과거·과거분사
— *a.* = GILDED
— *n.* Ⓤ 입힌[바른] 금[금박, 금가루], 금니(金泥); 겉치장
take the ~ off the gingerbread 《영·구어》 허식[가면]을 벗기다

gilt[2] *n.* (새끼를 낳은 일이 없는) 암퇘지

gilt-edged [-èdʒd] *a.* **1** 〈종이·책 등이〉 금테를 두른 **2** 〈증권·배역 등이〉 일류의, 우량한: ~ securities 금테 증권, 우량 증권

gim·crack [dʒímkræ̀k] *a.*, *n.* 값싸고 번지르르한 (물건), 허울만 좋은 (물건)

gim·crack·er·y [dʒímkræ̀kəri] *n.* Ⓤ [집합적] 값싸고 번지르르한 물건

gim·let [gímlit] *n.*, *vt.* 나사송곳(으로 구멍을 뚫다)

gim·let-eyed [gímlitàid] *a.* 눈이 날카로운

gim·me [gími] [give me의 단축형] 《속어》 *n.* [보통 *pl.*] 물욕, 탐욕

gim·mick [gímik] *n.* 《구어》 **1** 《미》 (요술쟁이·약장수 등의) 비밀 장치, 트릭(trick) **2** (광고 등에서 주의를 끌기 위한) 궁리, 장치, 수법; 새 고안품

gim·mick·ry [gímikri], **-mick·er·y** [-mikəri] *n.* Ⓤ 《구어》 **1** [집합적] (속임수의) 장치 **2** 장치의 사용

gim·mick·y [gímiki] *a.* 《구어》 **1** 교묘한[속임수] 장치를 한 **2** 눈길을 끌기 위한, 허울만의

gimp [gimp] 《속어》 *n.* 불구자; 절름발이 **—** *vi.* 다리를 절다

***gin**[1] [dʒin] [Geneva의 변형] *n.* Ⓤ **진** 《노간주나무(juniper)의 열매를 향료로 넣은 독한 술》

gin[2] [OF engine(엔진)의 두음 소실(頭音消失)] *n.* **1** 기계 (장치); 조면기(繰綿機)(= cotton ~) **2** 덫 **—** *vt.* (**~ned**; **~·ning**) 〈목화씨를〉 씨아[조면기]로 빼다

gín fízz [dʒín-] 진피즈 《진에 탄산수·레몬 등을 탄 칵테일》

***gin·ger** [dʒíndʒər] *n.* Ⓤ **1** 〖식물〗 **생강 2** 《구어》 정력, 원기, 기운 **3** 생강빛, 황[적]갈색 **4** Ⓒ 《영》 붉은 머리털(인 사람)
— *a.* **1** Ⓐ 생강맛의 **2** 〈머리털이〉 생강빛의; 《영》 붉은
— *vt.* **1 생강으로 맛들이다,** 향미를 돋우다 **2** 활기를 돋우다, 격려하다 《*up*》

gínger åle[《영·구어》 **póp**] 진저 에일[팝] 《생강 맛을 들인 탄산 청량음료》

gínger béer 진저 비어 《진저 에일 비슷하나 향미가 강함》

***gin·ger·bread** [dʒíndʒərbrèd] *n.* Ⓤ **1 생강 빵[쿠키] 2** (가구·건물 등의) 허울만의 장식, 값싼 장식

gin·ger·ly [dʒíndʒərli] *a.*, *ad.* 몹시 조심스러운[스럽게], 아주 신중한[하게]

gin·ger·snap [-snæ̀p] *n.* 생강 쿠키

gin·ger·y [dʒíndʒəri] *a.* **1 a** 생강의 **b** 생강 맛이 나는 **2** 《영》 〈머리칼이〉 불그스레한, 붉은 **3** 기운찬, 원기 왕성한

ging·ham [gíŋəm] *n.* Ⓤ 깅엄 《줄무늬나 바둑판 무늬의 무명 또는 리넨의 일종》; Ⓒ 《영·구어》 큰 우산

gin·gi·vi·tis [dʒìndʒəváitəs] *n.* Ⓤ 〖치과〗 치은염(齒齦炎)

ging·ko [gíŋkou, dʒíŋ- | gíŋ-] *n.* (*pl.* **~(e)s**) = GINKGO

gink·go [gíŋkou, dʒíŋ- | gíŋ-] *n.* (*pl.* **~(e)s**) 《미》 〖식물〗 은행나무

gínkgo nùt 은행, 은행나무 열매

gín mìll [dʒín-] 《미·속어》 (싸구려) 술집

gi·nor·mous [dʒainɔ́ːməs] *a.* 《영·속어》 터무니없이 큰

gin·seng [dʒínsèŋ] [Chin. = jên shên (人蔘)] *n.* ⒸⓊ **1 a** 〖식물〗 인삼 **b** 그 뿌리 **2** 인삼으로 만든 약

Gio·con·da [dʒoukɑ́ndə | -kɔ́n-] [It.] *n.* [**La ~**] 모나리자(Mona Lisa)의 초상화

Giot·to [dʒɑ́tou | dʒɔ́t-] *n.* 조토 **~ di Bondone** (1266?-1337) 《이탈리아의 화가·건축가》

***Gip·sy** [dʒípsi] *n.* (*pl.* **-sies**) = GYPSY

‡**gi·raffe** [dʒərǽf | -rɑ́ːf] *n.* (*pl.* **~s,** [집합적] **~**) **1** 〖동물〗 **기린 2** [the G~] 〖천문〗 기린자리

gir·an·dole [dʒírəndòul] *n.* **1** 가지 달린 장식 촛대 **2** 회전 꽃불; 회전 분수(噴水)

G

3 큰 보석 둘레에 작은 보석을 박은 귀걸이《등》

*__gird__ [gə:rd] *vt.* (**~·ed,** 《문어》 **girt** [gə:rt]) **1 허리띠로 매다,** 매다, 띠다: ~ the waist with a sash 장식띠로 허리를 졸라매다 **2** 〈칼 등을〉 허리에 차다; 〈갑옷을〉 입다; 〈의복 등을〉 띠로 조르다 **3** 〈권력 등을〉 부여하다 **4** 〈성 등을〉 **둘러싸다,** 두르다 《*with*》: ~ a castle *with* a moat 성에 해자를 두르다 **5** [~ one*self* 로] 〈싸움·시련 등에〉 대비하다, 차리다; 긴장하다 《*for*》

gird·er [gə́:rdər] *n.* 〖건축〗 도리, 대들보

*__gir·dle__ [gə́:rdl] *n.* **1** 띠, 허리띠, 벨트 **2** 거들 《코르셋의 일종》 **3** 《문어》 (주위를) 둘러싸는 것

— *vt.* **띠로 조르다,** 띠 모양으로 둘러싸다 《*about, in, round*》; 둘러싸다, 에워싸다

‡**girl** [gə:rl] *n.* **1 계집아이, 소녀**(opp. *boy*); 미혼 여성, 처녀: a ~s' school 여학교 **2 a** [보통 복합어를 이루어] 여사무원, 여자 종업원, 여성 근로자 **b** 하녀 **3** [보통 one's ~] (여자) 애인, 연인 **4** [종종 one's ~] (나이에 관계없이) 딸 **5** [the ~s] 한 집의 딸들, 여자들 《미혼·기혼을 통틀어서》

gírl Fríday [man Friday를 본뜬 조어] [보통 one's ~] (무슨 일이든지 충실히 해주는) 여사무원, 여비서, 여자 조수

‡**girl·friend** [gə́:rlfrènd] *n.* **여자 친구,** 애인

Gírl Guíde 《영》 걸가이드, 소녀단원

*__girl·hood__ [gə́:rlhùd] *n.* Ⓤ **1 소녀**[처녀] **시절 2** [집합적; 복수 취급] 소녀들

girl·ie, girl·y [gə́:rli] *n.* 《애칭》 아가씨

— *a.* Ⓐ 《구어》 〈잡지·쇼 등에서〉 여자의 누드가 특색인

girl·ish [gə́:rliʃ] *a.* **1** 소녀 같은, 소녀다운, 순진한 **2** 〈소년이〉 계집애 같은, 연약한 **~·ly** *ad.* **~·ness** *n.*

Gírl Scòut 《미》 걸스카우트, 소녀단원 《1912년 미국에서 창설된 소녀단 the Girl Scouts의 일원》

gi·ro, G- [dʒáiərou] [Gk 「회전」의 뜻에서] *n.* (유럽의) 지로제(制), 은행[우편] 대체(代替) 제도 ***National G~*** 《영》 우편 대체 제도 《1968년 시행》

girt [gə:rt] *v.* GIRD의 과거·과거분사

girth [gə:rθ] *n.* ⓊⒸ **1** (말 등의) 뱃대끈; 포장을 덮기 위한 살대 《차량 제조에 있어서의》; 〖건축〗 중인방(中引枋) **2** 몸통 둘레(의 치수); (물건의) 둘레(의 치수): 10 ft. in ~ 둘레가 10피트

— *vt.* **1** 뱃대끈을 매다[으로 졸라 매다] 《*up*》 **2** 둘러싸다 **3** 둘레의 치수를 재다

— *vi.* 둘레의 치수가 …이다: This tree ~*s* ten feet. 이 나무는 둘레가 10피트이다.

gis·mo [gízmou] *n.* (*pl.* **~s**) = GIZMO

Gis·sing [gísiŋ] *n.* 기싱 **George** (**Robert**) ~ (1857-1903) 《영국의 소설가》

*__gist__ [dʒist] *n.* [the ~] **요점,** 요지, 골자

git [git] *n.* 《영·속어》 쓸모없는 놈, 멍텅구리

‡**give** [giv] *v.* (**gave** [geiv]; **giv·en** [gívən]) *vt.* **1** (거저) **주다 2 건네다,** 넘겨주다, 인도하다, 교부하다; 〈음식물을〉 **주다**; 투약하다; 치료하다: Please ~ me sugar. 설탕 좀 건네주시오. **3 맡기다,** 위탁하다; 넘겨주다; 버리다 《*into*》 **4** 〈지위·명예·임무·허가 등을〉 **주다,** 수여[부여]하다; 〈축복·장려·인사 등 을〉 **주다,** 하다; 〈애정·신뢰를〉 **주다**; 〈안부를〉 전하다: *G~* my love to Mr. Kim. 김형에게 안부 전해 주시오. **5** 〈지식·보도·명령 등을〉 주다, 전달하다, 말하다; 〈온도계 등이〉 가리키다 **6** 〈병을〉 옮기다 **7 a** …에게 〈생각·이유·증거 등을〉 **제시하다 b** …에게 〈보기·모범을〉 들다, 보이다; 〈표시·징조를〉 나타내다, 보이다 **8** (대가로) 주다; 치르다, 지불하다; (벌로서) 씌우다, 부과하다 **9** 〈여흥 등을〉 **제공하다**; 〈모임을〉 **개최하다,** 열다; 상연하다; 〈강의 등을〉 하다; 〈노래를〉 부르다; 낭독하다, 암송하다: ~ a song 한 곡 부르다 **10 a** 〈시간·기회·유예 등을〉 **주다 b** 〈타격·고통·벌 등을〉 주다, 가하다 **11** [동사형을 그대로 목적어로 하여] …**하다 12** (자연 또는 물리적 작용의 결과로서) **주다,** 생기다, 일어나다(produce, supply) **13** 〈전화를〉 연결하다, 대주다 **14** 〈주의·고려 등을〉 **하다**; 〈시간·노력 등을〉 쏟다, 바치다, 기울이다 **15 a** …에게 〈판결 등을〉 선고하다, …을 〈어느 기간의〉 형에 처하다 **b** 《영》 〈심판이〉 〈선수에게〉 …을 선고하다 **16** 허락하다; 〈논점을〉 양보하다 **17** …에게 〈언질 등을〉 주다 **18** …에게 〈손·팔을〉 내밀다 **19** 그리다, 묘사하다

— *vi.* **1** 주다, 베풀다 **2** (압력 등에) 무너지다, 우그러지다; (압력 등을 받아) 움직이다, 〈문 등이〉 열리다 **3** 〈날씨가〉 풀리다, 누그러지다; 〈서리가〉 녹다 **4** 〈사람이〉 마음을 터놓다, 양보하다 **5** 〈용기 등이〉 꺾이다 **6** 흥이 나다 **7** 〈창문·복도 등이〉 향하다, 면하다, 통하다 《*on, upon, into*》 **8** [명령법으로]《구어》 말해라, 털어 놓아라

~ and take (1) 서로 양보하다; 공평한 거래를 하다 (2)의견을 교환하다 ***~ away*** (*vt.*) (1) 거저 주다 (2) [보통 수동형으로] 〈결혼식에서 신부를〉 신랑에게 인도하다 (3) 밀고하다, 저버리다, 배반하다 (4) (일부러 또는 우연히) 폭로하다, 누설하다 (5) 〈사람·사물이〉 …의 정체를 밝히다 (6) 남에게 맡기다 (7) 분배하다 (*vi.*) (8) 〈다리 등이〉 무너지다 ***~ back*** (*vt.*) (1) 반환하다, 되돌려주다 (2) 갚음하다, 응수하다 (3) 〈사물이〉 …에게 〈건강·자유 등을〉 되돌려주다 (4) 〈소리·빛 등을〉 되돌리다, 반향[반사]하다 (*vi.*) (5) 물러서다, 물러나다 ***~ forth*** (1) 〈소리·냄새 등을〉 내다, 풍기다 (2) 〈소문 등을〉 퍼뜨리다 (3) 〈작품 등을〉 발표하다 ***~ in*** (*vt.*) (1) 〈보고서 등을〉 제출하다, 건네주다 (2) (후보자로서) 〈이름을〉 신고하다 (3) 공표하다 (4) [과거분사형으로 사용하여] (…에) 보태서[더하여] (*vi.*) (5) 굴복하다 (6) 양보하다 (7) 싸움[논쟁]을 그만두다 ***~ into*** …으로 통하다 ***~ off*** (1) 〈증기·냄새·빛 등을〉 발하다, 내다; 방출하다; 〈목소리 등을〉 내다 (2) 〈가지를〉 내다 ***~ of*** one***'s best*** (…에 대하여) 최선을 다하다 ***~ on*** [***upon, onto***] …으로 통하다, …에 면하다 ~ one***self away*** (1)저도 모르게 본심을 드

러내다 (2) 제 약점을 불필요하게 말하다 (3) 남에게 비밀을 털어놓다 ~ one***self out as***[***to be***] …이라고 자칭하다 ~ ***or take*** (수량·시간 등의) 다소의 차이는 있다고 치더라도 ~ ***out*** (*vt.*) (1) 배부하다, 배포하다; 할당하다 (2) 발표하다, 공표하다 (3) 〈소리·냄새등을〉 내다, 발산하다 (4) 〖크리켓·야구〗 〈타자를〉 아웃으로 판정하다 (*vi.*) (5) 〈공급물·힘·도로 등이〉 다하다, 없어지다 (6) 〈엔진·시계 등이〉 멎다; 〈사람이〉 기진하여 주저앉다 (7) 《미·구어》 (목소리·웃음 등으로) 기분을 나타내다 (8) 주장하다, 일컫다 ~ ***over*** (*vt.*) (1) 내어주다, 양도하다, 맡기다; 〈범인 등을〉 (경찰에) 인도하다 (2) 〈습관 등을〉 버리다, 그만두다 (3) 《영·구어》 중지하다 《*doing*》 (4) 《고어》 〈환자를〉 포기하다, 〈애인을〉 버리다, 단념하다 (5) 〈장소·시간 등을〉 (어떤 용도에) 충당하다 (6) 〈생애 등을〉 …에 바치다 (*vi.*) (7) 《영·구어》 그만두다; (…에) 몰두하다 《*to*》 (8) [수동형으로] 전용(專用)으로 할당되다 ~ ***up*** (*vt.*) (1) 〈신앙 등을〉 맹세하고 버리다; 〈술·담배 등을〉 끊다; 〈직장을〉 그만두다; 포기하다 (2) 남의 손에 넘기다; 〈자리 등을〉 내주다; 〈토지·가옥 등을〉 양도[명도]하다; 〈범인 등을〉 인도하다 (3) 〈공범자 등의 이름을〉 말해 버리다 (4) 〈감정·일 등에〉 흐르다, 빠지다, 열중하다, 몰두하다 (5) [수동형으로] …에 충당하다 《*to*》 (6) 〈집·차 등을〉 처분하다
— *n.* Ⓤ **1** (재료 등의) 탄력성(elasticity); 유연성 **2** (사람의) 순응성

give-and-take [gívəntéik] *n.* Ⓤ **1** 공평한 조건으로의 교환[타협], 호양(互讓) **2** 의견 교환, (말을) 주고받기

give·a·way [gívəwèi] 《구어》 *n.* **1** 포기 **2** (비밀·정체 등의) 누설, 폭로 **3 a** (판촉을 위한) 경품(premium), 무료 견본(free sample) **b** 〖라디오·TV〗 상품이 붙은 퀴즈 프로 — *a.* Ⓐ 헐값의
at ~ prices 《구어》 거저나 다름없는 헐값에

⁂giv·en [gívən] *v.* GIVE의 과거분사 — *a.* **1 주어진**, 정해진, 일정한 **2** 〖수학·논리〗 주어진, 가설의, 기지(旣知)의 **3** …이라고 가정하면, …이 주어지면 **4** Ⓟ **버릇이 있는**, 경향이 있는, 빠지는 《*to*》 **5** [공문서에서 몇 월 며칠에] 작성된 (dated)
— *n.* **1** 이미 아는 것, 기지 사항 **2** 기정 사실, 당연한 일

gíven náme (성에 대한) 이름 (Christian name, first name)

giv·er [gívər] *n.* 주는 사람, 증여자, 기증자

Gi·za, Gi·zeh [gí:zə] *n.* 기자 《이집트 Cairo 부근의 도시; 피라미드와 스핑크스로 유명》

giz·mo, gis·mo [gízmou] *n.* (*pl.* **~s**) 《미·속어》 장치(gadget), 기계; 거시기 《이름이 생각나지 않는 것》

giz·zard [gízərd] *n.* 〖조류〗 사낭(砂囊), 모래주머니 ***stick in*** one***'s ~*** 숨이 막히다; 마음에 차지 않다, 마음에 들지 않다

Gk., Gk Greek

gla·brous [gléibrəs] *a.* 〖생물〗 털 없는 (hairless)

gla·cé [glæséi | ⌐–] [F 「언, 동결한」의 뜻에서] *a.* **1 a** 〈과일·과자 등을〉 설탕을 바른[익힌] **b** 《미》 얼음에 얼린 **2** 반들반들 윤이 나는

gla·cial [gléiʃəl] *a.* **1 a** 얼음의[같은] **b** 《구어》 얼음같이 찬 **c** 차가운, 냉담한 **2 a** 빙하 시대의 **b** 빙하 작용에 의한 **c** (빙하의 진행처럼) 더딘, 느린 **~·ly** *ad.*

glácial pèriod[**èpoch**] [the ~] 〖지질〗 빙하기

gla·ci·ate [gléiʃièit] *vt.* **1** 얼리다, 결빙시키다 **2** 〖지질〗 …에 빙하 작용을 미치다
— *vi.* 결빙하다, 얼음으로 덮이다

gla·ci·a·tion [glèiʃiéiʃən] *n.* Ⓤ 빙하 작용; 빙결

***gla·cier** [gléiʃər | glǽsiə] [F 「얼음」의 뜻에서] *n.* **빙하**

gla·ci·ol·o·gy [glèiʃiɑ́lədʒi | -siɔ́l-] *n.* Ⓤ 빙하학(氷河學)

⁂glad[1] [glæd] *a.* (**~·der**; **~·dest**) **1** Ⓟ **기쁜**, 반가운, 즐거운, **기꺼이** (…하는): I am ~ of it. 그것 기쁜 일이군. **2** Ⓐ **a** 〈얼굴·표정·목소리 등이〉 기뻐하는 **b** 〈소식·사건 등이〉 기쁜, 반가운, 좋은: ~ news 기쁜 소식 **3** Ⓐ 〈자연 등이〉 찬란한, 아름다운

glad[2] *n.* 《구어》 글라디올러스 (gladiolus)

glad·den [glǽdn] *vt.* 〈사람·마음을〉 기쁘게 하다

glade [gleid] *n.* 숲 속의 빈 터

glád èye [the ~] 다정한 눈길, 《특히》 추파: give a person *the* ~ …에게 추파를 던지다

glád hànd [the ~] 《구어》 정다운 악수; 따뜻한 환영; 호들갑스런 환대: give a person *the* ~ …을 따뜻하게 환영하다

glad·i·a·tor [glǽdièitər] [L 「검을 쓰는 사람」의 뜻에서] *n.* **1** 〖고대로마〗 검투사 **2** 논쟁자, 논객

glad·i·o·lus [glæ̀dióuləs] *n.* (*pl.* **~**, **-li**[-lai], **~·es**) 〖식물〗 글라디올러스 《붓꽃속(屬)》

⁂glad·ly [glǽdli] *ad.* **기꺼이, 즐거이**

***glad·ness** [glǽdnis] *n.* Ⓤ **기쁨**, 즐거움

glád ràgs [종종 one's ~] 《구어》 나들이옷(best clothes), 《특히》 야회복

Glad·stone [glǽdstoun | -stən] *n.* **1** 글래드스턴 **William E. ~** (1809-98) 《영국의 정치가》 **2** [또는 **g~**] (양쪽으로 열리는) 직사각형의 여행 가방(= ⌐ **bàg**)

glam [glæm] 《구어》 *n.* = GLAMOUR
— *a.* = GLAMOROUS

glam·or [glǽmər] *n.* = GLAMOUR

glam·or·ize, glam·our·ize [glǽməràiz] *vt.* **1** 〈사람·물건을〉 매력적으로 만들다, 돋보이게 하다 **2** 〈사물을〉 낭만적으로 다루다, 미화하다

glam·or·ous, glam·our·ous [glǽmərəs] *a.* 매력에 찬, 매혹적인 **~·ly** *ad.*

***glam·our, glam·or** [glǽmər] *n.* ⓊⒸ (현혹적인·신비한) **매력**, 매혹; 《특히》 (여성의) **성적 매력**
— *vt.* **매혹하다**, 호리다

⁂glance [glæns | glɑ:ns] *n.* **1 흘긋 봄**, **일견**(一見), 일별, 얼핏 봄 (swift look) 《*at, into, over,* etc.》; 눈

G

짓 **2** 섬광, 번득임 **3** 〈탄환 등의〉 빗나감, 튐 **4** 빗대어 빈정거리는 말
at a[***the first***] ~ 첫눈에, 일견하여, 잠깐 보아서
— *vi.* **1 흘긋 보다**, 잠깐 보다, 일별하다 《*at*》; 대강 훑어보다 《*over*》: ~ *about* 주위를 흘긋 보다 **2** 번득이다, 번쩍이다 (flash); 〈물건이〉 빛을 반사하다, 빛나다 **3** 〈화살·총탄·타격 등이〉 비스듬히 맞다, 스치다 《*aside, off*》; 〈이야기가〉 빗나가다 《*from, off*》: ~ *off* [*from*] the subject 그 화제에서 벗어나다 **4** …에 잠깐 언급하다 《*over*》; 암시하다 《*at*》
— *vt.* **1** 〈눈·시선 등을〉 흘긋 주다[보내다] 《*at, over*》 **2** 〈칼·탄환 등이〉 …에 맞고 빗나가다, …을 스치다
~ ***off*** (1) 〈칼·탄환·공 등이〉 맞고 빗나가다, 스치다 (2) 〈잔소리·빗대는 말 등이〉 …에게는 통하지 않다

glanc·ing [glǽnsiŋ | glɑ́ːns-] *a.* Ⓐ **1** 번뜩이는, 번쩍이는 **2** 〈타격·총탄 등이〉 맞고 빗나가는 **3** 〈언급 등이〉 넌지시 빗대는 **~·ly** *ad.*

***gland** [glænd] *n.* 〖생리·식물〗 **선**(腺), 분비 기관: ductless ~*s* 내분비선

glan·du·lar [glǽndʒulər], **-lous** [-ləs | -dju-] *a.* **1** 선(腺)의, 선 같은, 선이 있는 **2** 선척적인, 타고난

glans [glænz] *n.* (*pl.* **glan·des** [glǽndiːz]) 〖해부〗 (음경) 귀두

‡glare[1] [glɛər] *n.* **1** Ⓤ **섬광**(閃光); 눈부신 빛, **번쩍이는 빛 2 노려봄**, 쏘아봄, 눈의 번득임 **3** Ⓤ 현란함, 화려함, 눈에 띔
— *vi.* **1 번쩍번쩍 빛나다**, 눈부시게 빛나다 **2 노려보다**, 눈을 부릅뜨다 《*at, upon*》: The lion ~*d at* its prey. 사자는 사냥감을 노려보았다. **3** 빛깔이 휘황하다, 〈색이〉 야하게 진하다; 〈잘못 등이〉 눈에 띄다
— *vt.* 날카로운 눈초리로 〈적의·증오 등을〉 나타내다: ~ defiance at each other 서로 덤벼들 듯한 표정을 짓다

glare[2] *a.*, *n.* 《미》 (얼음 등의) 번지르르 빛나는 (표면)

***glar·ing** [glɛ́əriŋ] *a.* **1** 〈빛 등이〉 **번쩍번쩍 빛나는**, 눈부신 **2** 〈색·장식 등이〉 휘황찬란한, 야한; 눈에 거슬리는 **3** 〈결점·모순 등이〉 유별나게 눈에 띄는, 역력한: a ~ lie 빤히 들여다보이는 거짓말 **4** 〈눈이〉 노려보는 **~·ly** *ad.* **~·ness** *n.*

glar·y[1] [glɛ́əri] *a.* (**glar·i·er**; **-i·est**) 번쩍번쩍 빛나는, 눈부신, 휘황한

glary[2] *a.* (얼음처럼) 매끄러운

***Glas·gow** [glǽsgou, -skou | glɑ́ːzgou] *n.* **글래스고** 《스코틀랜드 남서부의 항구 도시》

glas·nost [glǽsnɑ̀st | -nɔ̀st] [Russ.] *n.* (구소련의) 정보 공개, 글라스노스트

‡glass [glæs | glɑːs] *n.* **1 a** Ⓤ **유리**; Ⓒ 창유리 **b** ⓊⒸ 유리질의 것 **2 a 컵**; 유리 그릇[기구]; 글라스, 잔 **b** 한 컵(의 양); 술(drink) **3** Ⓤ [집합적] **유리 제품**(glassware) **4 a** 《영·구어》 **거울**, 체경(=looking ~) **b** 렌즈, 망원경; 확대경; 현미경 **c** [*pl.*] **안경**(eyeglass) **d** 청우계 **e** 모래 시계(sandglass)
have a ~ too much (과음하여) 취하다
raise a[*one's*] ~ …을 위해 건배하다
— *a.* Ⓐ **1** 유리의, 유리로 만든 **2** 유리를 끼운[로 덮은] — *vt.* 유리를 끼우다; 유리로 덮다(glaze)

glass·blow·er [glǽsblòuər | glɑ́ːs-] *n.* 유리 부는 직공[기계]

glass·blow·ing [-blòuiŋ] *n.* Ⓤ 유리를 불어서 만드는 제법

gláss cáse 유리 상자; 유리 그릇[진열장]

gláss céiling (여성의) 승진의 최상한선

gláss clòth 유리 섬유 직물; 유리 닦는 천; (연마용) 유리 사포(砂布)

gláss cùtter 유리 자르는 도구[직공]; 유리 세공사

gláss cùtting 유리 자르기; 유리 세공

gláss éye 유리눈, 의안(義眼)

gláss fíber 유리 섬유

glass·ful [glǽsfùl | glɑ́ːs-] *n.* 컵 한 잔(의 양) 《*of*》

glass·house [glǽshàus | glɑ́ːs-] *n.* (*pl.* **-hous·es** [-hàuziz]) **1** 《미》 유리 공장 **2** 《영》 온실(greenhouse); [the ~] 《영·속어》 (군의) 영창

glass·ine [glæsíːn] *n.* Ⓤ 글라신지(紙) 《얇은 반투명의 종이; 책 커버·식품 포장용》

gláss jáw 《미·속어》 (권투 선수의) 약한 턱

glass·mak·er [glǽsmèikər | glɑ́ːs-] *n.* 유리 제조인

glass·mak·ing [-mèikiŋ] *n.* Ⓤ 유리(기구) 제조술[업]

gláss snàke 유리도마뱀 《북미 남부산》

gláss strìng (연 싸움에 쓰는) 유리 파편을 바른 연줄

***glass·ware** [glǽswɛ̀ər | glɑ́ːs-] *n.* Ⓤ [집합적] **유리 제품** 《특히 식기류》

gláss wóol 유리 솜 《산(酸)의 여과·절연 등에 씀》

glass·work [-wə̀ːrk] *n.* Ⓤ **1** 유리 제조(업) **2** 유리 제품[세공]

glass·work·er [-wə̀ːrkər] *n.* 유리 제조인[세공인, 직공]

glass·works [-wə̀ːrks] *n. pl.* [보통 단수 취급] 유리 공장

***glass·y** [glǽsi | glɑ́ːsi] *a.* (**glass·i·er**; **-i·est**) **1 a 유리 모양[성질]의 b** 〈수면이〉 거울같이 잔잔한 **2** 〈눈·표정 등이〉 (지루하여) 흐릿한, 생기 없는: ~ eyes 흐리멍덩한 눈 **gláss·i·ly** *ad.* **-i·ness** *n.*

Glas·we·gian [glæswíːdʒiən | glɑ́ːz-] *a.* Glasgow (시민)의 — *n.* Glasgow 시민

glau·co·ma [glɔːkóumə, glau-] *n.* Ⓤ 〖병리〗 녹내장(綠內障)

glau·cous [glɔ́ːkəs] *a.* 〖식물〗 〈포도·자두 등이〉 흰 가루로 덮인; 연한 청록색의

***glaze** [gleiz] *vt.* **1 a** 〈창문·액자에〉 **판유리를 끼우다**; 〈건물에〉 유리창을 끼우다 **b** 유리로 덮다[싸다] **2 a** 〈오지그릇에〉 유약[잿물]을 칠하다, 〈그림 등에〉 윗칠을 하다 **b** 〈종이·천·가죽 등에〉 광택제를 먹이다 **c** 〈과자·요리 등에〉 투명한 시럽 따위를 바르다 **3** 윤나는 약을 바르다, 광내다
— *vi.* **1 유리 모양이 되다**; 윤이 나다 **2** 〈눈·표정이〉 흐릿해지다, 흐려지다

—*n.* [U,C] **1** [U] **유리 끼우기**; 유약칠 **2 a** (오지 그릇의) 유약, 잿물 **b** (종이 등의) 광활제(光滑劑) **c** (그림 화면에 바르는) 투명한 웃칠 **d** 〖요리〗 글레이즈 《겉입히는 재료; 시럽·젤라틴 등》 **3** 반들반들한 표면, (표면의) 윤 **4** 〖기상〗 《미》 우빙(雨氷) 《빗물이 지면·수목 등에 얼어붙는 현상》 **5** (눈에 생기는) 흐릿한 막

glazed [gleizd] *a.* **1** 유리[창]를 끼운 **2 a** 유약을 칠한, 웃칠한 **b** 윤낸, 윤나는 **c** 글레이즈를 바른 **3** 〈눈·표정 등이〉 흐리멍덩한

gla·zier [gléiʒər | -ziə] *n.* 유리 끼우는 직공; 유약 칠하는 직공

glaz·ing [gléiziŋ] *n.* **1** [U] 유리 끼우기 **2** 창유리 **3** [U] 유약칠 **4** 유약 **5** (각종) 광활제 재료

glaz·y [gléizi] *a.* (**glaz·i·er**; **-i·est**) 유리[유약] 같은, 유약을 바른; 〈눈이〉 흐릿한

‡**gleam** [gli:m] *n.* **1 a 어스레한 빛**, 미광(微光) **b** (순간적인) 번득임, 번쩍임 **2** (감정·기지(機智)·희망 등의) 번득임, 징후
—*vi.* **1** 어슴푸레 빛나다; 번쩍이다, 번득이다 **2** 〈감정이〉 (눈에) 살짝 나타나다, 비치다

***glean** [gli:n] *vt.* **1** 〈이삭을〉 **줍다**, 주워 모으다 **2** 〈정보·사실·지식 등을〉 (애써 조금씩) 수집하다 《*from*》

glean·er [glí:nər] *n.* 이삭줍는 사람; 수집가

glean·ing [glí:niŋ] *n.* **1** [U] 이삭줍기 **2** [*pl.*] **a** 주워 모은 이삭 **b** 수집물, 단편적 모음, 선집(選集)

glebe [gli:b] *n.* **1** [U] 《시어》 토지(earth), 밭 **2** 교회 소속지, 교회의 영지

***glee** [gli:] *n.* **1** [U] **큰 기쁨**, 환희(joy), 기뻐 날뜀 **2** 〖음악〗 (무반주의 3부 또는 그 이상의) 글리 합창곡
in high ~ = full of ~ 매우 좋아서, 대단히 기뻐서

glée clùb 《미》 (특히 남성) 합창단

glee·ful [glí:fəl] *a.* 매우 기뻐하는, 대단히 기분이 좋은; 즐거운 **~·ly** *ad.*

glee·some [glí:səm] *a.* 《고어》 =GLEEFUL

***glen** [glen] *n.* (스코틀랜드·아일랜드의) **산골짜기**, 계곡, 협곡

glen·gar·ry [glengǽri] *n.* (*pl.* **-ries**) (스코틀랜드 고지 사람의) 챙 없는 모자

glib [glib] *a.* (**~·ber**; **~·best**) **1** 말 잘하는, 입심 좋은 **2** 〈변명·설명 등이〉 겉발림의, 그럴듯한 **glíb·ly** *ad.*

‡**glide** [glaid] *vi.* **1 미끄러지다**, 미끄러지듯 움직이다, 활주하다 **2** 〈시간이〉 어느덧 지나가다 《*by*》; 〈물이〉 소리 없이 흘러가다; 휙 날다 **3** 〖항공〗 **활공(滑空)하다**, 활강하다; 글라이더로 날다 **4** 〖음악〗 음을 매끄럽게 변화시키다 《*on, to*》 **5** 점점 변하다, 점점 사라져 …이 되다 《*into*》
—*vt.* **1** 〈비행기를〉 활공시키다 **2** 〈배 등을〉 미끄러지듯 달리게 하다
—*n.* **1 미끄러지듯 움직임**; 미끄러짐 **2** (글라이더·비행기의) **활공**, 활주 **3** (가구의 다리 끝에 다는) 미끄럼쇠 **4** 〖음악〗 활창(滑唱), 활주(滑奏); 〖음성〗 운음(運音) **5** 미끄럼틀, 활주대, 진수대(進水臺)

‡**glid·er** [gláidər] *n.* **1** 〖항공〗 **a 글라이더**, 활공기 **b** 글라이더 조종사 **2** 《미》 (베란다 같은 곳에 두는) 그네 의자

glid·ing [gláidiŋ] *n.* [U] 활공, 활주

***glim·mer** [glímər] *vi.* **1 희미하게 빛나다**, 깜박이다, 명멸하다(flicker) **2** 희미하게 나타나다
go ~ing 〈희망 등이〉 소멸하다, 사라지다
—*n.* **1 희미한 빛**, 명멸하는 빛, 가물거리는 빛: a ~ of hope 한 가닥의 희망 **2** 어렴풋한 이해; (…의) 낌새 《*of*》

***glim·mer·ing** [glímәriŋ] *n.* **1 가냘픈 빛 2** 어렴풋이 나타남, 기색
—*a.* 깜박이는 **~·ly** *ad.*

‡**glimpse** [glimps] *n.* **1 흘끗 봄[보임]**, 일견, **일별** 《*of*》 **2** 어렴풋이 감지함
catch [***get***] ***a ~ of*** …을 어렴풋이 알다
—*vt., vi.* **흘끗 보다**

***glint** [glint] *vi.* **반짝이다, 반짝반짝 빛나다**; 반사하다
—*vt.* 반짝이게 하다, 빛나게 하다; (반짝반짝) 반사시키다: A mirror ~*s* back light. 거울은 빛을 반사시킨다.
—*n.* **1 반짝임**, 섬광(flash) **2** …의 기색, 낌새

glis·sade [glisɑ́:d, -séid] [F 「미끄러지다」의 뜻에서] *n.* **1** (빙설이 덮인 가파른 비탈의) 제동 활강 《등산에서》 **2** 〖무용〗 글리사드, 활보(滑步)
—*vi.* **1** 제동 활강하다 **2** 글리사드로 추다

glis·san·do [glisɑ́:ndou] [It. 「미끄러지다」의 뜻에서] 〖음악〗 *n.* (*pl.* **-di** [-di:], **~s**) **1** 글리산도, 활주(법) **2** 글리산도 악절, 활주음부
—*ad., a.* 글리산도로 (연주되는)

***glis·ten** [glísn] *vi.* **반짝이다**, 반짝반짝 빛나다, 번쩍거리다
—*n.* 반짝임, 반짝이는 빛, 섬광

glitch [glitʃ] *n.* 《구어》 (기계 등의) 돌연한[사소한] 고장; 《구어》 전류의 순간적 이상

‡**glit·ter** [glítər] *vi.* **1 반짝반짝 빛나다**, 반짝이다 **2** 〈복장 등이〉 화려하다, 야하다, 화려하여 눈에 띄다: a lady ~*ing* with jewels 보석으로 화려하게 꾸민 귀부인
All is not gold that ~s. 《속담》 번쩍이는 것이 다 금은 아니다.
—*n.* **1** [U,C] **반짝거림**, 빛남 **2** [U] 화려, 광휘, 광채 **3** [U] [집합적] 반짝이는 작은 장식[장신구]

glit·te·ra·ti [glìtərɑ́:ti] [*glitter*+liter*ati*] *n. pl.* 《구어》 사교계의 사람들

***glit·ter·ing** [glítәriŋ] *a.* **1 반짝이는**, 빛나는 **2** 화려한, 눈부신 **3** 겉만 번지르르한

glit·ter·y [glítәri] *a.* =GLITTERING

glitz [glits] *n.* 《미·캐나다》 야함, 화미, 현란

glitz·y [glítsi] *a.* 《미·캐나다》 야한, 화미한, 현란한

gloam·ing [glóumiŋ] *n.* [the ~] 《시어》 박모(薄暮), 황혼, 땅거미(dusk)

gloat [glout] *vi.* **1** 자못 흡족한[기분 좋은, 반한] 듯이 바라보다 **2** 〈남의 불행 등을〉 고소한 듯이 바라보다 《*upon, over*》
—*n.* 만족해 함, 고소해 함

G

gloat·ing·ly [glóutiŋli] *ad.* **1** 자못 기쁜 듯이[만족스러운 듯이] **2** 고소하다는 듯이

glob [glɑb | glɔb] *n.* (액체의) 작은 방울; 덩어리, 반고체의 구슬

*__glob·al__ [glóubəl] *a.* **1** 세계적인(worldwide), 지구 전체의, 전 세계에 걸친: a ~ war 세계 전쟁 **2** 전체적인, 포괄적인 **3** 구형(球形)의, 공 모양의 **~·ly** *ad.*

glob·al·ism [glóubəlìzm] *n.* Ⓤ 세계적 관여주의; 세계적 규모화(化)

glob·al·ize [glóubəlàiz] *vt.* 전 세계에 퍼지게하다, 전 세계적으로 하다

glóbal víllage 지구촌 《통신의 발달로 일체화된 세계를 가리킴》

glóbal wárming 지구 온난화 (현상)

glo·bate [glóubeit] *a.* 구형의(spherical)

‡**globe** [gloub] [L 「구(球)」의 뜻에서] *n.* **1** 구(球), 공, 구체(ball) **2** [the ~] 지구; 천체 《태양·행성 등》; 지구의(地球儀), 천체의(儀) **3** 공 모양의 것 **a** 금구(金球) 《제왕권의 상징》 **b** 〖해부〗 눈알 **c** 유리로 된 구형의 물건 《램프의 등피·어항·전구 등》

the whole habitable ~ 전 세계

globe·fish [glóubfìʃ] *n.* (*pl.* **~, ~·es**) 〖어류〗 복어(puffer)

globe·like [glóublàik] *a.* 공 모양의

globe-trot·ter [-trɑ̀tər | -trɔ̀tə] *n.* 세계 관광 여행가; 늘 세계 각지를 여행하는 사람

globe-trot·ting [-trɑ̀tiŋ | -trɔ̀t-] *n.* Ⓤ, *a.* 세계 관광 여행(의)

glo·bin [glóubin] *n.* Ⓤ 〖생화학〗 글로빈 《헤모글로빈 중의 단백질 성분》

glo·bose [glóubous, ─́] *a.* 구형의, 공 모양의

glob·u·lar [glɑ́bjulər | glɔ́b-] *a.* **1** 구형의 **2** 작은 구체로 된

glóbular clúster 〖천문〗 구상 성단(球狀星團)

glob·ule [glɑ́bju:l | glɔ́b-] *n.* (특히 액체의) 작은 구체; 작은 방울; 혈구(血球); 환약

glob·u·lin [glɑ́bjulin | glɔ́b-] *n.* ⓊⒸ 글로불린 《단순 단백질의 일군》, 《특히》 혈장 단백질

glo·cal [glóukəl] [*glo*bal+lo*cal*] *a.* 《구어》 〖경제〗 (사업·거래 등에서) 범세계적이면서 현지[지역] 실정도 고려하는 **~·ize** *v.*

glock·en·spiel [glɑ́kənspì:l | glɔ́k-] [G = bell play] *n.* 철금(鐵琴)

glom [glɑm | glɔm] *vt.* (**~med**; **~·ming**) 《속어》 **1** 보다(look at) **2** 붙잡다(grab); 《특히》 체포하다 **3** 훔치다(steal)

‡**gloom** [glu:m] [ME 「얼굴을 찌푸리다」의 뜻에서] *n.* **1** 어둠침침함, 어둠, 그늘, 암흑(darkness); [때로 *pl.*] 어두운 곳[나무 그늘]: the ~*s* of London 런던의 어두운 곳 **2** ⓊⒸ 우울, 침울, 음울

cast a ~ over …에 어두운 그림자를 던지다, …을 음침하게 하다

— *vi.* **1** [it를 주어로] 어두워지다 **2** 침울해지다; 어두운 얼굴을 하다, 우울해지다

— *vt.* …을 어둡게 하다; 우울하게 하다

‡**gloom·y** [glú:mi] *a.* (**gloom·i·er**; **-i·est**) **1** 〈방·날씨 등이〉 어두운, 음침한 **2** 〈기분 등이〉 우울한, 침울한 **3** 우울하게 만드는, 비관적인, 음산한

glóomi·ly *ad.* **-i·ness** *n.*

glop [glɑp | glɔp] 《미·속어》 *n.* **1** 맛없는[질척한] 음식 **2** 감상벽

Glo·ri·a [glɔ́:riə] [L 「영광」의 뜻에서] *n.* (기도서(the Liturgy) 중의) 영광의 찬가, 송영가(頌榮歌)

glo·ri·fi·ca·tion [glɔ̀:rəfikéiʃən] *n.* Ⓤ **1** (신의) 영광을 찬양함; 찬미 **2** 칭찬[찬미]을 받음 **3** 《영·구어》 **a** 축제, 축연(celebration) **b** 미화(美化); Ⓒ 미화한 것

*__glo·ri·fy__ [glɔ́:rəfài] *vt.* (**-fied**) **1** 찬미하다, 〈신의〉 영광을 찬양하다 **2** 칭찬[찬양]하다 **3** 영광스럽게 하다, 영광을 더하다 **4** 실제 이상으로 미화하다

‡**glo·ri·ous** [glɔ́:riəs] *a.* **1** 영광스러운, 영예[명예]로운, 빛나는: a ~ day 영광스러운 날; 훌륭한 날씨 **2** 장려한, 훌륭한; 찬란한: a ~ view 절경 **3** 《구어》 **a** 유쾌한, 멋진, 놀라운 **b** 《반어》 대단한, 지독한 **4** 《구어》 기분 좋은, 거나한

*__glo·ri·ous·ly__ [glɔ́:riəsli] *ad.* 장려하게, 훌륭히; 멋지게, 근사하게; 기분이 썩 좋게

Glórious Revolútion [the ~] 〖영국사〗 명예혁명 (1688-89)(English Revolution)

‡**glo·ry** [glɔ́:ri] [L 「영광」의 뜻에서] *n.* (*pl.* **-ries**) **1 a** Ⓤ 영광, 영예, 명예 **b** [종종 *pl.*] 영광을 주는 것[사람], 영예가 되는 것[사람] **2** Ⓤ **a** 영화; 성공[번영]의 절정, 전성(全盛) **b** 득의양양, 기고만장 **3** Ⓤ 장관, 미관; 광휘, 눈부심 **4** Ⓤ **a** (신의) 영광, 영화 **b** 천상의 영광, 천국 **5** 후광, 광륜(halo); 〖미술〗 원광(圓光), 광륜(의 그림), 광배(光背)

be in one***'s*** ~ 기고만장하다, 환희의 절정에 있다 ***G~ be*** (to God)***!*** 《구어》 (1) 이건 놀라운데! (2) 아이 고마워라!

— *vi.* (**-ried**) 기뻐하다; 자랑으로 여기다 《*in*》

glóry hòle 《영·구어》 잡동사니를 넣어 두는 방[서랍, 찬장]

Glos. Gloucestershire

*__gloss__[1] [glɑs, glɔ:s | glɔs] [ON 「빛, 빛남」의 뜻에서] *n.* **1** 광택, 윤; 광택 나는 면 **2** 허식, 겉치레, 허영

put [***set***] ***a ~ on*** …을 빛나게 꾸미다

— *vt.* **1** 광택[윤]을 내다 **2** [보통 ~ over] 겉꾸미다, 그럴듯한 말로 얼버무리다, 말을 꾸며 발뺌하다

— *vi.* 광택[윤]이 나다

gloss[2] *n.* **1 a** (행간·난외의) 어구 주석 **b** (페이지 아래·책의 말미의 간결한) 주석, 주해(注解), 평주(評注) **2** 그럴듯한 설명, (좋도록) 꾸며 대기

— *vt.* 주석을 달다, 주해하다

*__glos·sa·ry__ [glɑ́səri, glɔ́:s- | glɔ́s-] *n.* (*pl.* **-ries**) (어려운 말·폐어·방언·술어 등의) 소사전, 용어집, 어휘사전

*__gloss·y__ [glɑ́si, glɔ́:si | glɔ́si] *a.* (**gloss·i·er**; **-i·est**) **1** 광택[윤]이 나는, 번질번질한 **2** 모양 좋은, 그럴듯한(plausible)

G

— *n.* (*pl.* **gloss·ies**) = GLOSSY MAGAZINE **glóss·i·ly** *ad.* **glóss·i·ness** *n.*
glóssy mágazine 《구어》 유광 종이에 원색 사진을 많이 곁들인 고급 잡지
glot·tal [glɑ́tl | glɔ́tl] *a.* 〖해부〗 성문(聲門)의; 〖음성〗 성문으로 발음되는
glóttal stóp 〖음성〗 성문 폐쇄음(閉鎖音)
glot·tis [glɑ́tis | glɔ́tis] *n.* (*pl.* **~·es, -ti·des** [-tədì:z]) 〖해부〗 성문(聲門)
Glouces·ter·shire [glɑ́stərʃìər, glɔ́:s- | glɔ́s-] *n.* 글로스터셔 《영국 남서부의 주(州)》
***glove** [glʌv] *n.* [보통 *pl.*] **1** 장갑 **2 a** (야구용) 글러브(cf. MITTEN) **b** 권투용 글러브(= boxing ~)
be hand in*[*and*] *~ with ... …와 매우 친한 사이이다 ***fit like a ~*** 꼭 맞다 ***handle*[*treat*] *with* (*kid*) *~s*** 부드럽게 다루다; 신중히 대처하다 ***throw down*[*take up*] *the ~*** 도전하다[도전에 응하다] ***without ~s*** = ***with ~s off*** (1) 사정없이, 가차없이 (2)진지하게; 대담하게, 결연히
— *vt.* …에 장갑을 끼다
glóve bòx **1** (실험실·병원 등의) 글러브박스 《오염을 방지하거나 위험 물질 등을 다루는 밀폐 투명 용기》 **2** 《영》 = GLOVE COMPARTMENT
glóve compàrtment (자동차 앞좌석 앞에 있는) 장갑 등을 넣는 작은 칸
glóve dòll[**pùppet**] 손가락 인형
***glow** [glou] *n.* [the ~, a ~] **1** 백열, 작열; 백열광, 불꽃없이 타는 빛 **2** 타오르는 듯한 빛깔; 홍조: *the* ~ of sunset 저녁놀 **3** (몸의) 달아오름 **4 a** (감정의) 고조(高潮) **b** 만족감, 행복감; 열심[열렬](한 얼굴 표정)
all of a ~ = ***in a ~*** 《구어》 후끈 달아서, 시뻘겋게 빛나서
— *vi.* **1** 〈쇠 등이〉 백열하다, 시뻘겋게 되다; 〈등불·반딧불이 등이〉 빛을 내다, 빛나다: His face *~ed* at the idea. 그 생각이 나자 그의 얼굴은 빛났다. **2** 〈빛깔이〉 타오르는 듯하다; 〈뺨이〉 홍조를 띠다, 〈몸이〉 달아오르다: Her face *~ed* with joy. 기뻐서 그녀의 얼굴은 홍조를 띠었다. **3** 감정이 복받치다; 격정[분노]이 타오르다, 자랑으로 빛나다
glow·er [gláuər] *vi.* 상을 찡그리다, 노려보다 《*at, upon*》
— *n.* (성난 얼굴로) 노려봄; 못마땅한[찌푸린] 얼굴
glow·er·ing·ly [gláuəriŋli] *ad.* 상을 찡그려
***glow·ing** [glóuiŋ] *a.* **1 a** 백열[작열]하는, 시뻘건(red-hot) **b** [부사적으로] 타는 듯이 **2** 열렬한; 열정적인, 맹렬한 **3** 〈빛깔 등이〉 강렬한, 선명한 **4** 〈뺨이〉 빨갛게 달아오른; 〈건강 등이〉 아주 좋은 **~·ly** *ad.*
glow·worm [glóuwə̀:rm] *n.* (빛을 내는) 반딧불이의 유충
glox·in·i·a [glɑksíniə | glɔks-] *n.* 〖식물〗 글록시니아 《큰 꽃이 피는 브라질 원산의 관상용 구근 식물》
gloze [glouz] *vt.* [보통 ~ over] 그럴듯한 설명을 붙이다, 둘러대다
glu·co·sa·mine [glu:kóusəmì:n] *n.* 〖생화학〗 글루코사민 《척추동물의 조직 중 다당류가 많이 포함된 아미노당》
glu·cose [glú:kous] *n.* Ⓤ 〖화학〗 포도당
***glue** [glu:] [OF 「끈끈이」의 뜻에서] *n.* ⓊⒸ 아교; 접착제
stick like ~ to a person …에게 귀찮게 붙어 다니다, 추근추근 달라붙다
— *vt.* **1** …을 아교[접착제]로 붙이다; [종종 수동형으로] 달라붙어서 떨어지지 않다 **2** …에 열중[집중]하다 《*to, on*》
***with one's eyes ~d on*[*to*]** …을 뚫어지게 보며, 응시하며
— *vi.* 접착하다, 아교로 붙다
glue-sniff·er [glú:snìfər] *n.* 《미》 본드 등의 냄새를 맡는[흡입하는] 사람
glue·y [glú:i] *a.* (**glu·i·er**; **-i·est**) **1** 아교를 바른 **2** 아교질[모양]의; 들러붙는(sticky)
glum [glʌm] *a.* (**~·mer**; **~·mest**) 시무룩한, 음울한, 무뚝뚝한(sullen)
~·ly *ad.* **~·ness** *n.*
glut [glʌt] [L 「삼키다」의 뜻에서] *v.* (**~·ted**; **~·ting**) *vt.* **1** 배불리 먹이다, 〈식욕·욕망을〉 채우다 **2** 〈시장에 물건을〉 과도하게 공급하다 《*with*》
— *n.* 차고 넘침; 포만(飽滿), 식상(食傷); (상품의) 공급 과잉: a ~ in the market 시장의 재고(在庫) 과잉
glu·tám·ic ácid [glu:tǽmik-] 〖화학〗 글루타민산(酸)
glu·ta·mine [glú:təmì:n] *n.* Ⓤ 〖화학〗 글루타민 《아미노산의 일종》
glu·ten [glú:tn] *n.* Ⓤ 〖화학〗 글루텐, 부질(麩質)
glu·ti·nous [glú:tənəs] *a.* 아교질의; 점착성의, 끈적끈적한
glut·ton [glʌ́tn] *n.* **1** 대식가 **2** 《구어》 열성가, 파고드는[끈덕진] 사람: a ~ of books 탐독가 **3** 〖동물〗 굴로 《북부 유럽과 아시아에 서식하는 족제빗과(科)의 육식류 동물》
glut·ton·ous [glʌ́tənəs] *a.* 게걸스러운, 많이 먹는; 탐욕한(greedy); 열중하는 《*of*》 **~·ly** *ad.*
glut·ton·y [glʌ́təni] *n.* Ⓤ 대식, 폭음
***glyc·er·in**(**e**) [glísərin] *n.* Ⓤ 〖화학〗 글리세린
gly·co·gen [gláikədʒən, -dʒèn] *n.* Ⓤ 〖생화학〗 글리코겐, 당원(糖原)
glyph [glif] *n.* 〖건축〗 세로홈(vertical groove); 그림[도안] 표지
gm guided missile 〖항공〗 유도탄
gm. gram(s); gramme(s)
GM 《미》 General Motors; guided missile
G.M. General Manager; General Motors
G-man [dʒí:mæ̀n] [*G*overnment *man*] *n.* (*pl.* **G-men** [dʒí:mèn]) 《미·구어》 지맨 《미국 연방 수사국(FBI)의 수사관》, 비밀 경찰관
Gmc. Germanic
GMO genetically modified organism
G.M.T. Greenwich Mean Time 그리니치 표준시

***gnarl** [nɑːrl] *n.* (나무) **마디, 옹이, 혹** **—** *vt.* **비틀다**(twist); 마디지게 하다

gnarled [nɑːrld] *a.* **1** 마디[혹, 옹이]투성이의 **2** 〈손·손가락 등이〉 뼈마디가 굵은 **3** 비비 꼬인, 〈마음이〉 비뚤어진

gnarl·y [nɑ́ːrli] *a.* (**gnarl·i·er**; **-i·est**) = GNARLED

gnash [næʃ] *vi., vt.* 이를 갈다

gnat** [næt] *n.* **1** 〖곤충〗 **각다귀** **2** 사소한 일 ***strain at a ~ 〖성서〗 (큰 일은 소홀히 하고) 작은 일에 구애되다

***gnaw** [nɔː] *v.* (**~ed**; **~ed, gnawn** [nɔːn]) *vt.* **1 a** (앞니로) **갉다,** 쏠다 **b** 물어 끊다[뜯다], 갉아먹다 **c** 부식하다, 침식하다 **2** [종종 수동형으로] 〈걱정·병 등이〉 (끊임없이) 괴롭히다, 좀먹다, 들볶다; 지치게 하다, 약하게 하다

— *vi.* **1 갉다,** 쏠다, (야금야금) **갉아먹다** **2 a** (끊임없이) 괴롭히다, 좀먹다, 들볶다; 기력을 꺾다 **b** 침식하다

gnaw·ing [nɔ́ːiŋ] *n.* Ⓤ **1** 갉기, 쏠기 **2** [보통 *pl.*] 끊임없는 고통

— *a.* 갉는, 쏘는; 〈고통 등이〉 에는 듯한; 괴롭히는 **~·ly** *ad.*

gneiss [nais] *n.* Ⓤ 〖암석〗 편마암(片麻岩)

gnoc·chi [nɑ́ki | nɔ́ki] [It.] *n. pl.* 뇨키 《이탈리아 요리로 경단의 일종》

gnome[1] [noum] *n.* **1 a** (땅속의 보물을 지킨다는) 땅 신령; 난쟁이(dwarf) **b** 땅 신령의 상(像) **2** [the ~s] 《구어》 국제적 금융업자

gnome[2] [noum, nóumiː] [Gk 「알다」의 뜻에서] *n.* 격언, 금언

gno·mic, -mi·cal [nóumik(əl), nɑ́m-] *a.* 금언의, 격언적인

gno·sis [*g*nóusis] *n.* Ⓤ 영적 인식, 영지(靈知)

GNP, G.N.P. gross national product 〖경제〗 국민 총생산

gnu [njuː, nuː] *n.* (*pl.* **~s,** ~) 〖동물〗 누 《남아프리카산의 암소 비슷한 영양(羚羊)》

*****go** [gou] *v.* (**went** [went]; **gone** [gɔːn, gɑn | gɔn]; **~·ing**) *vi.* **1 가다,** 나아가다, 움직여 가다, 지나가다, 다니다 **2 a 떠나가다, 출발하다;** 〈시간이〉 **지나다, 경과하다** **b** 《구어》 **죽다;** 〈물건이〉 무너지다, 쓰러지다: The bank may *go* any day. 그 은행은 언제 파산할지 모른다. **3** 〈기계·기관(器官) 등이〉 **움직이다,** 작동하다; 〈종·대포 등이〉 **울리다,** 치다; 〈심장이〉 고동하다 **4 행동을 개시하다,** 동작하다; 활동하다, 일을 진척시키다 **5** 〈소문·병 등이〉 퍼지다; 〈화폐 등이〉 통용되다; …의 이름으로 통하다, 인정되다, 받아들여지다: Dollars *go* anywhere. 달러는 어디서나 통용된다. **6** (…까지) **미치다;** 〈손·선 등이〉 뻗다, 〈토지 등이〉 뻗치다(extend), 〈도로 등이〉 **이르다,** …으로 통하다: This road *goes* to Seoul. 이 길은 서울로 통한다. **7** 〈일이〉 **진행되다,** 진척되다, 진전하다: How are things *going*? 형세는 어떠한가? **8 놓이다**(be placed), 들어가다, 속하다: *Where* do the knives *go*? 이 칼은 어디 두는 것입니까? **9** (내용으로서) **포함되다,** 들어가다: Six into twelve *goes* twice. 12를 6으로 나누면 2가 된다. **10 팔리다; 쓰이다:** The eggs *went for* 3 shillings a dozen. 그 달걀은 한 다스에 3실링에 팔렸다. **11** (…의) **것이 되다,** (…에게) 주어지다 **12** 〈…하는 데〉 도움되다, 이바지하다 **13 a** 〈수단 등에〉 호소하다; 〈권위 등에〉 의지하다 《*to*》 **b** 〈일·행동 등에〉 착수하다, …을 시작하다 **c** …하려하다 **14** 〈보통 나쁜 상태로〉 **되다**(become, grow): *go* bad 잘못되다, 썩다 **15** 〈유권자·정치가 등이〉 (정치적으로) …(편)이 되다, …의 입장을 취하다 **16** 〈어떠한 상태에〉 있다 **17** …라고 씌어 있다, …라고 되어 있다, 대체로[보통] …이다: as the proverb *goes* 속담에 이르기를

— *vt.* **1** 《구어》 견디다, 참다: I can't *go* this arrangement. 이 결정에는 응할 수 없다. **2** 《구어》 〈돈 등을〉 걸다(bet) **3** 《영》 〈시계가 몇 시를〉 치다, 알리다 **4** 〈음식물을〉 먹다, 마시다 **5** 《구어》 …라고 말하다

as far as ... go 그 일에 관한 한, 어떤 범위 내에서는 ***be going*** (***on***) 《구어》 〈시각·연령이〉 거의 …이다: She *is going* (*on*) seventeen. 그 여자는 곧 17세가 된다. ***be going to*** do (1) …하려 하고 있다, 막 …하려는 참이다 (2) …할 작정[예정]이다 (3) [가까운 미래] …할 것이다 (4) [가망·확신] (곧) …할 것 같다; …할 터이다 ***go about*** (*vt.*) (1) 돌아다니다; (병후에 회복하여) 나다니다 (2) 부지런히 …하다 (3) 〈일·문제 등에〉 착수하다: *Go about* your business! 자기 일이나 해라; 남의 일에 참견 마라! (4) 노력하다 《*to* do》 (*vi.*) (5) 〈소문 등이〉 퍼지다 (6) …와 사귀다, 교제하다 《*with*》 (7) 〖군사〗 「뒤로 돌아」 하다 (8) 〖항해〗 뱃머리를 돌리다, 진로를 바꾸다 ***go after*** (1) 〈여자 등의〉 뒤를 좇아다니다 (2) 〈일·상 등을〉 구하다, 타려고 하다 ***go against*** (1) …에 반대하다, …에 거스르다 (2) …에게 불리해지다 ***go and*** do (1) …하러 가다(go to do): *Go and* see what he's doing. 그가 무엇을 하고 있는지 가 보고 오너라. (2) [움직이는 뜻이 없는 단순한 강조]: *Go and* try it yourself. 어디 혼자 해 보아라. (3) 마음대로 …하라: *Go and* be miserable! 실컷 고생 좀 해 봐라! ***go around*** (1) 돌다; 돌아가다 (2) 〈머리가〉 어찔어찔하다 (3) 돌아다니다; (여기저기) 여행하다; 잠깐 방문하다, 들르다 《*to*》 (4) …와 나다니다, 교제하다 《*with*》 (5) 〈소문·병 등이〉 퍼지다 (6) 〈음식물 등이〉 모든 이에게 고루 돌아가다 ***go at*** (1) …에 덤벼들다, 달려들다; (심한 말로) 공격하다 (2) 〈일 등에〉 발벗고 나서다, 다잡아 하다 ***go away*** (1) 가다, 떠나다; 〈휴가·신혼 여행을〉 떠나다 (2) …을 가져가 버리다, 갖고 도망가다; …와 사랑의 도피행을 하다 ***Go away*** (***with you***)***!*** 《구어》 (1) 저리 가! (2) 어리석은 소리 마라! ***go back*** (1) 되돌아가다 (2) (과거로) 거슬러 올라가다 《*to*》; 회고하다 (3) 〈식물이〉 한창때가 지나다, 내리막이 되다 ***go back on*** [***upon***] (1) 〈약속 등을〉 취소하다, 〈주의(主義)를〉 버리다, 철회하다 (2) 〈남을〉 배반하다, 속이다 ***go before*** (1) …보다 앞서다 (2) (변명하기 위해) …앞에 나가다 (3) 〈문제 등이〉 …에 제출되다

go between (1) …의 사이를 지나가다 (2) …의 사이에 들어가다 (3) 중개[중매]하다 ***go by*** (1) 〈옆을〉 지나가다 (2)〈시간이〉 지나가다 (3) 〈기회·잘못 등이〉 간과되다 (4) …으로[을 타고] 가다 (5) …을 기준으로 결정되다 (6)…라는 이름으로 통하다 (7) 《미·구어》 방문하다, 들르다 ***go down*** (1) 내려가다, 〈막 등이〉 내리다 (2)〈사람·건물이〉 쓰러지다 (3)〈비행기 등이〉 추락하다, 떨어지다 (4)〈물가·세금 등이〉 내리다 (5)〈물결·바람이〉 잔잔해지다, 가라앉다 ***go for*** (1) …을 가지러[부르러, 얻으러] 가다 (2) …하러 가다 (3) 얻고자 노력하다 (4) 맹렬히 공격하다 (5) …을 지지하다, …에 호의를 보이다 ***go for nothing*** [***little, something***] 아무 소용도 없다[별로 쓸모가 없다, 다소 쓸모가 있다] ***go in*** (1) (집)안으로 들어가다 (2)〈경기 등에〉 참가하다 ***go into*** (1) …에 들어가다 (2)〈문 등이〉 …으로 통하다 (3) (직업으로서) 종사하다; …의 일원이 되다; 참가하다 (4) …한 태도를 취하다; 〈히스테리 등의 정신상태가〉 되다 ***go off*** (1)〈총알이〉 나가다, 〈폭탄이〉 터지다 (2) (말이나 행동으로) 나타나다, 폭발하다 《*into*》 (3) 악화되다, 약해지다 (4) 잠들다; 의식을 잃다, 실신하다 (5) 〈고통·흥분이〉 가라앉다 (6) 행하여지다, 〈일이〉 되어가다 《*well, badly*, etc.》 (7) (떠나) 가버리다, 도망가다; 〈배우가〉 퇴장하다 (8) 시작하다 (9) 죽다 (10) 갑자기 떨어지다, 없어지다; 팔려버리다 ***go on*** (1) 나아가다 (2) 계속하다 (3)〈사태 등이〉 계속되다; 〈물건이〉 존속하다 (4) [종종 ~ing형으로] 〈일이〉 일어나다; 〈행사 등이〉 행해지다 (5)〈등불 등이〉 켜지다; 〈가스·수도 등이〉 들어오다, 쓸 수 있게 되다 ***Go on!*** 《구어》 계속하라, 자꾸 하라; 《반어》 어리석은 소리 마라! ***go out*** (1) 외출하다 (2)〈불·등불이〉 꺼지다; 〈열의 등이〉 없어지다 (3)〈유행이〉 쇠퇴하다; 〈사물이〉 유행하지 않게 되다 (4)〈내각·정당이〉 퇴진하다, 물러나다 (5) 《미》 〈댐 등이〉 무너지다 (6) 《미》 〈엔진 등이〉 멎다 ***go over*** (1) 건너다, 넘다 (2)〈비용이〉 초과하다 (3) 〈공장 등을〉 시찰하다; 〈건물·방 등을〉 예비 검사하다 (4)〈회의 등이〉 연기되다 (5) 복습하다, 되읽다; 〈설명 등을〉 되풀이하다 (6)〈짐·범인 등을〉 주의 깊게 조사하다 ***go round*** 《영》 =GO around ***go through*** (1) …을 통과하다, 관통하다 (2) (학문·업무 등의) 전 과정을 마치다; 〈의식·암송 등을〉 행하다, …에 참가하다 (3)〈방·호주머니·짐 등을〉 샅샅이 조사하다 (4)〈법안 등이 의회를〉 통과하다 (5) 〈고난·경험을〉 겪다, 경험하다 ***go through with*** …을 완수하다, 〈계획을〉 실행하다 ***go together*** (1) 같이 가다; 동반하다 (2) 어울리다, 조화되다 (3) 《구어》 연인으로서 사귀다 (4)〈사물이〉 공존하다, 양립하다 ***go under*** (1) 가라앉다 (2) 굴복하다, 지다 (3) 실패하다 (4) 파멸하다, 망하다 (5) 《미·속어》 죽다 (6) (마취 당하여) 의식을 잃다 (7) …아래를 지나가다[로 들어가다, 가라앉다] ***go up*** (1) 오르다 (2)〈길 등이〉 …으로 올라가다, …에 이르다 (3)〈계기·온도·압력 등이〉 상승하다; 〈물가 등이〉 오르다 (4)〈사람·물건의〉 평가[값]가 오르다; 〈질이〉 향상되다 ***go with*** (1) …와 동행[동반]하다 (2) 《구어》 〈이성〉과 교제하다(date); 《완곡》 …와 성적 관계를 갖다 (3) …에 속하다 (4) …와 어울리다, 조화하다 (5)〈사물이〉 …에 따르다, 부수하다 ***go without*** (1) …이 없다, …을 갖지 않다 (2) …없이 해나가다[지내다]

— *n.* (*pl.* **~es**) **1** 가기[떠나기]; 진행 **2** Ⓤ 《구어》 정력, 기운; 의욕, 열의 **3** [the ~] 《구어》 유행(fashion) **4** 《구어》 해보기, 시도(試圖); 기회: Let's have a *go* at it. 한번 해보자. **5** (놀이 등에서의) 차례 **6** 《영·구어》 (술 등의) 한 모금(의 양), 한 잔; (음식의) 한 입 **7** 《영·구어》 사태, 난처한 일 **8** 《구어》 **a** 성공 **b** 결정

a near go 《영·구어》 아슬아슬한 고비, 위기일발 ***at one go*** 《구어》 단번에, 한번에 ***make a go of it*** 《미》 성공하다 ***on the go*** 《구어》 (1) 끊임없이 활동하여, 줄곧 일하여 (2) 막 출발하려고, 나가자[떠나자]마자 (3) 《속어》 얼근히 취하여

— *a.* Ⓟ 《구어》 준비가 된; 순조로운, 정상인

goad [goud] *n.* **1** (가축·코끼리 등의) 몰이 막대기; 몰이하는 곤봉 **2** (정신적) 자극(물), 격려(하는 것) — *vt.* **1**〈가축 등을〉 막대기로 찌르다[몰다] **2** 자극하다; 격려하다, 선동하다《*on*》; 괴롭히다, 못살게 굴다

go-a·head [góuəhèd] 《구어》 *a.* Ⓐ **1** 전진의 **2**〈사람·회사 등이〉 진취적인(enterprising), 활동적인: a ~ person 진취적인 사람 — *n.* **1** [the ~] 전진 신호[명령, 허가] **2** Ⓤ 《미》 원기, 진취적 기상 **3** 《미》 적극적인 사람, 정력가

goal [goul] [ME 「경계」의 뜻에서] *n.* **1** (노력·야심 등의) **목적, 목표 2 목적지 3 결승선[점] 4** 〖구기〗 **a 골** 《골라인에 세워진 문》 **b** 골에 넣어서 얻은 득점 **c** = GOALKEEPER **~·less** *a.*

góal àrea 〖축구·하키〗 골 에어리어

góal àverage 〖축구〗 평균 득점, 득점률

góal dìfference 골 득실차(得失差)

goal·ie, goal·ee [góuli] *n.* 《구어》 = GOALKEEPER

goal·keep·er [góulkì:pər] *n.* 〖축구·하키〗 골키퍼

góal kìck 〖축구·럭비〗 골킥

góal lìne 〖육상〗 골라인, 결승선

goal·mouth [-màuθ] *n.* 〖축구·하키〗 골문 앞

goal·post [-pòust] *n.* 〖축구〗 골포스트, 골대

go-a·round [góuəràund] *n.* 한 차례의 승부; 격론; 우회 도로(detour); 회피(evasion)

go-as-you-please [-əzju:plí:z] *a.* 규칙에 얽매이지 않는; 아무런 제약을 받지 않는, 자유로운

goat [gout] [OE 「암염소」의 뜻에서] *n.* (*pl.* **~s,** ~) **1 a** 〖동물〗 **염소**: a billy ~ = a he-~ 숫염소 / a nanny ~ = a she-~ 암염소 **b** Ⓤ 염소 가죽 **2** [the G~] 〖천문〗 염소자리[궁] (Capricorn) **3** 《구어》 호색한 **4** 조롱받는 사람, 놀림감, 바보 **5** 《미·구어》 = SCAPEGOAT

act [***play***] ***the*** (***giddy***) ~ 바보짓을 하다, 까불다 ***get*** a person***'s*** ~ 《구어》 …을 화나게 하다, 약올리다

goa·tee [gòutí:] *n.* (턱밑의) 염소 수염
goat·herd [góuthə̀:rd] *n.* 염소 치기
goat·skin [góutskìn] *n.* **1** Ⓤ 염소 가죽 **2** 염소 가죽제 의복[물주머니]
gob[1] [gɑb | gɔb] *n.* **1** (점토·크림·구름 등의) 덩어리(lump, mass) **2** [보통 *pl.*] (미·구어) 많음 《*of*》
gob[2] *n.* (미·속어) 수병(sailor)
gob[3] *n.* (영·속어) 입(mouth)
gob·bet [gɑ́bit | gɔ́b-] *n.* (날고기·음식의) 한 덩어리, 한 입
gob·ble[1] [gɑ́bl | gɔ́bl] *vt.* 게걸스럽게 먹다; (구어) (탐욕스럽게) 잡아 채다[덤비다]; 탐독하다 《*up*》 **—** *vi.* 게걸스럽게 먹다
gobble[2] [의성어] *vi.* 〈수칠면조가〉 골골 울다 **—** *n.* 칠면조 울음 소리
gob·ble·dy·gook, -de- [gɑ́bldigùk | gɔ́bl-] *n.* ⓊⒸ (구어) (공문 등의) 까다로운[우회적인] 표현
gob·bler[1] [gɑ́blər | gɔ́b-] *n.* 칠면조의 수컷
gobbler[2] *n.* 걸귀; 남독가(濫讀家)
Go·be·lin [góubəlin] [파리의 염색가(染色家)의 이름에서] *n.*, *a.* 고블랭 직물(의): a ~ stitch 고블랭 바느질
go-be·tween [góubitwì:n] *n.* 중개자, 거간꾼, 중매인(middleman)
*__gob·let__ [gɑ́blit | gɔ́b-] *n.* **굽 달린 잔**
*__gob·lin__ [gɑ́blin | gɔ́b-] *n.* **악귀(惡鬼),** 도깨비
go·by [góubi] *n.* (*pl.* **-bies,** ~) 〘어류〙 망둥이
go-by [góubài] *n.* (구어) 못 본 체하고 지나감 ***get the ~*** 무시당하다 ***give*** a person ***the ~*** 〈…을〉 모르는 체하고 지나가다; 〈…을〉 일부러 피하다, 무시하다
go-cart [-kɑ̀:rt] *n.* **1 a** (고어) (유아의) 보행기(器) **b** (미) 접을 수 있는 유모차 **2** 손수레(handcart); 경장(輕裝) 마차; (속어) 소형 자동차
⁂**god** [gɑd | gɔd] *n.* **1** [**G~**] Ⓤ (특히 그리스도교의) **하느님,** (창조의) **신,** 조물주 **2** (특히 다신교에서) **신 3** 신상(神像), 우상 **4** 신같이 숭앙받는 사람; 숭배의 대상 **5** [the ~s] (극장의) 맨 위층 관람석(의 관객)
by G~ 하느님께 맹세코, 반드시, 꼭 ***for G~'s sake*** 제발 ***G~ bless ...!*** …을 축복하옵소서! ***G~ helps those who help themselves.*** (속담) 하늘은 스스로 돕는 자를 돕는다. ***G~ knows that ...*** …임을 하느님은 아신다, 하느님을 두고 맹세한다 ***G~ knows what*** [***who, where,*** etc.] 하느님만이 아신다, 아무도[나는] 모른다 ***G~ speed you!*** 성공[안전]을 빈다! ***G~ the Father, G~ the Son, G~ the Holy Ghost*** 성부, 성자, 성령《성삼위(聖三位)를 말함》 ***G~ willing*** 하느님이 허락하신다면, 사정이 허락한다면 ***My*** [***Good, Oh***] ***G~!*** 야단났다!, 슬프다!, 괘씸하다! ***So help me G~!*** ⇨ help. ***Thank G~!*** [삽입구] 아, 고마워라[살았다]! ***the Lord G~*** 주 하느님
god-aw·ful [gɑ́dɔ́:fəl | gɔ́d-] *a.* (속어) 지독한, 엄청난
god·child [-tʃàild] *n.* (*pl.* **-chil·dren** [-tʃìldrən]) 대자(代子)
god·damn, god·dam [gɑ́ddǽm | gɔ́d-] (구어) *int.* 망할, 빌어먹을, 제기랄 **—** *n.*, *vt.* [종종 **G~**] = DAMN **—** *ad.* 대단히
-damned [-dǽmd] *a.*, *ad.*
god·daugh·ter [-dɔ̀:tər] *n.* 대녀(代女)
⁑**god·dess** [gɑ́dis | gɔ́d-] *n.* **1** (신화 등의) **여신**(cf. GOD) **2** 숭배[동경]의 대상인 여성
go·de·tia [goudí:ʃiə, gə-] *n.* 〘식물〙 고데티아《달맞이꽃 비슷한 관상용 1년초》
go-dev·il [góudèvəl] *n.* (미) **1** 유정(油井) 안의 다이너마이트 폭파기 **2** 급유관 청소기 **3** 《특히》 목재 운반용 썰매
*__god·fa·ther__ [gɑ́dfɑ̀:ðər | gɔ́d-] *n.* **1** 대부(代父) **2** 후원 육성자 **3** [종종 **G~**] (구어) 마피아[폭력 조직]의 수령
God-fear·ing [-fìəriŋ] *a.* **1** 신을 두려워하는 **2** 신앙심 깊은, 독실한
god·for·sak·en [gɑ́dfərsèikən | gɔ́d-] *a.* **1** 하느님께 버림받은; 타락하여 버린 **2** 〈장소가〉 황폐한, 쓸쓸한
God·frey [gɑ́dfri | gɔ́d-] *n.* 남자 이름
god·head [-hèd] *n.* **1** Ⓤ 신격(神格), 신성(神性) **2** [the G~] 하느님
god·hood [gɑ́dhùd | gɔ́d-] *n.* Ⓤ 신임, 신격, 신성(神性)
Go·di·va [gədáivə] *n.* [**Lady** ~] 〘영국 전설〙 고다이버《11세기의 영국 머시아백작 Leofric의 아내; 알몸으로 백마를 타고 Coventry 거리를 다니면 주민의 세금을 면해 주겠다는 남편의 약속을 그대로 실행했다고 함》
god·less [gɑ́dlis | gɔ́d-] *a.* **1** 신의 존재를 부인하는, 신을 인정하지[믿지] 않는 **2** 믿음이 없는; 불경(不敬)한
~·ly *ad.* **~·ness** *n.*
*__god·like__ [gɑ́dlàik | gɔ́d-] *a.* **신 같은,** 존엄한, 위엄 있는
god·ly [gɑ́dli | gɔ́d-] *a.* (**-li·er**; **-li·est**) 신을 공경하는, 믿음이 깊은, 경건한; [the ~; 명사적; 종종 반어적] 믿음이 깊은 사람들 **gód·li·ness** *n.*
*__god·moth·er__ [gɑ́dmʌ̀ðər | gɔ́d-] *n.* **대모(代母)**; 후견인
god·par·ent [gɑ́dpɛ̀ərənt | gɔ́d-] *n.* 대부모
Gód's ácre (문어) (교회 부속의) 묘지
god·send [-sènd] [ME 「신탁(神託)」의 뜻에서] *n.* 하느님이 주신 선물, 뜻하지 않은 행운; 횡재
god·sent [-sènt] *a.* 하늘이 주신
god·ship [gɑ́dʃip | gɔ́d-] *n.* Ⓤ 신(神)임, 신위(神位), 신격(神格)
god·son [gɑ́dsʌ̀n | gɔ́d-] *n.* 대자(代子)
God·speed [-spí:d] *n.* Ⓤ 성공; 성공[행운]의 축복[기원]
go·er [góuər] *n.* **1 a** 가는 사람, 행인; 가는 것 **b** [보통 수식어와 함께] 발이 …한 사람[것] **2** [보통 복합어를 이루어] …에 자주 가는[다니는] 사람: a movie ~ 영화팬
comers and ~s 오가는 사람들
Goe·the [gə́:tə] *n.* 괴테 **Johann W. von ~** (1749-1832) 《독일의 시인·극작가》
go·fer [góufər] [go for의 변형] *n.*

《미·속어》 (회사의) 잡일 담당자, 잔심부름꾼
go-get·ter [góugétər, -gèt-] *n.* 《구어》 (특히 사업 등의) 수완가, 민완가, 재주꾼
gog·gle [gágl | gɔ́gl] *vi.* 〈눈알이〉 희번덕거리다; 〈눈알을〉 부라리다, 눈을 부릅뜨다 **—** *n.* **1** 눈을 크게 뜸[부릅뜸] **2** [*pl.*] 먼지 막는 안경; (용접공 등의) 보호 안경, 잠수 안경, 물안경; 《영·속어》 (둥근 렌즈의) 안경
gog·gle-box [gáglbàks | gɔ́glbɔ̀ks] *n.* 《영·속어》 텔레비전
gog·gle-eyed [-áid] *a.* 부리부리한 눈의; 《특히》 놀라서 눈을 부릅뜬
Gogh [gou, gɔːx] *n.* ⇨ van Gogh
go-go [góugòu] 〖Paris의 디스코 이름에서〗 *a.* **1** 고고의, 록 리듬으로 춤추는 **2** 활발한, 정력적인
go·ing** [góuiŋ] *v.* GO의 현재분사 **—** *n.* Ⓤ **1** 가기, 보행, 여행 **2 a** 출발, 떠나기 **b** 사거(死去), 사망 **3** 도로[경주로]의 상태; 《영》 《특히》 경마장 상태; 《구어》 (일반적으로) 상황, 형세 **4** (일의) 진척, 진행 속도: heavy [hard] ~ 어려운 진행[진척] ***while the ~ is good 형세가 불리해지기 전에
— *a.* **1** Ⓐ 활동[운동] 중인; 진행[운전, 영업] 중인; 성업 중인: a ~ business [concern] 영업 중인[수지가 맞는] 사업[회사, 상점] **2** Ⓐ 현행의, 통례의: the ~ rate 현행 이율 **3** [명사 뒤에서] 《구어》 현재 있는; 손에 들어오는, 이용할 수 있는, 얻을 수 있는 ***keep ~*** 계속하다; 계속시키다; 유지하다 ***set ~*** 운전을 시작하다; (활동을) 개시하다; 창립하다
gó·ing-a·way drèss [góuiŋəwèi-] (신부의) 신혼여행 드레스
go·ing-o·ver [-óuvər] *n.* (*pl.* **go·ings-**) 《구어》 **1** 철저한 조사[심문, 점검, 검사] **2** 심한 매질[질책]
góing pùblic 〖증권〗 주식 공개
go·ings-on [góuiŋzɔ́:n | -ɔ́n] *n. pl.* 《구어》 (비난받을 만한) 행위; 이상한 행동; 사건, 사태
goi·ter | -tre [gɔ́itər] *n.* Ⓤ 〖병리〗 갑상선종(甲狀腺腫)
goi·trous [gɔ́itrəs] *a.* 갑상선종(성)의
go-kart [góukɑ̀:rt] *n.* =GO-CART
gold** [gould] *n.* Ⓤ **1** 금; 황금 **2** [집합적] 금화; 금제품 **3** 부(富), 재보(treasure); 돈, 금전 **4 a** 황금처럼 고귀한 것 **b** 친절, 온화: a heart of ~ 친절[선량]하게 남을 생각하는 마음 **5** 금빛, 황금색 ***(as) good as ~ 〈어린아이가〉 아주 착하고[얌전하고]; 아주 친절하고 ***the age of ~*** 황금시대 ***voice of ~*** 아름다운 목소리 ***worth*** one***'s*** [***its***] ***weight in ~*** 《구어》 〈물건이〉 천금의 가치가 있는; 〈사람이〉 매우 쓸모있는
— *a.* **1** 금의, 금으로 만든, 금…: a ~ coin 금화 **2** 금빛의, 황금색의
góld bàsis (통화의) 금본위
gold·beat·er [góuldbì:tər] *n.* 금박공
gold·beat·ing [-bì:tiŋ] *n.* Ⓤ 금박 제조 (기술)
góld bèetle 풍뎅이
gold·brick [-brìk] *n.* **1** 《구어》 가짜 금덩어리; 모조품 **2** 《미·구어》 게으름뱅이, 뜨내기(loafer); 꾀병을 앓는 사람; 《미·군대속어》 근무 태만병
— *vi.* 《미·군대속어》 꾀병 앓다, 꾀부리다
góld cárd 우대 크레디트 카드 《신용 상태가 양호한 사람에게 발급; 금색》
Góld Còast **1** [the ~] 황금 해안 《지금의 Ghana 공화국의 일부; 이전의 노예 무역 중심지》 **2** 《미·구어》 고급 주택가
góld dìgger 금광꾼, 사금꾼; 황금광; 《속어》 남자를 우려먹는 계집
góld dùst 사금(砂金), 금가루
***gold·en** [góuldən] *a.* **1** 금빛의, 황금빛의, 누런빛의: ~ hair 금발 **2** 금의, 금으로 만든 《지금은 gold가 일반적》 **3** 금이 가득찬 **4** 귀중한, 가장 좋은, 훌륭한; 절호의 〈기회〉; 전성의 〈시대 등〉: a ~ opportunity 절호의 기회 **5** 50년째의
gólden áge [the ~] **1** (예술·문학 등의) 황금 시대, 전성기 《*of*》 **2** [종종 the G~ A~] 〖그리스·로마신화〗 황금시대 《태고의 인류 지복 시대》
gold·en-ag·er [-éidʒər] *n.* 초로의 은퇴한 사람
gólden annivérsary 50주년 기념일
gólden bálls 전당포 간판 《금빛 공 3개》
gólden bòy 인기 있는 사람, 총아
gólden cálf [the ~] 금송아지 《이스라엘 사람이 숭배한 우상》; 부(富), 돈(money)
Gólden Créscent [the ~] 황금의 초승달 지대 《이란·아프가니스탄·북부 파키스탄에 걸친 마약 생산·거래 지대》
Gólden Delícious 골든 딜리셔스 《미국 원산의 노란 사과 품종》
gólden dísc =GOLD RECORD
gólden éagle 〖조류〗 검독수리
Gólden Fléece [the ~] 〖그리스신화〗 황금 양모 《Jason이 Argonauts를 이끌고 원정하여 훔침》
Gólden Gáte [the ~] 금문 해협 《San Francisco 만을 태평양에 잇는 해협; 여기에 Golden Gate Bridge가 놓여 있음》
gólden góal (축구 경기 등의) 골든골, 연장 결승골
gólden góose 황금알을 낳는 거위 《그리스 전설 속의》
gólden hándcuffs 《구어》 〖경영〗 특별 우대 조치 《전직(轉職) 방지 및 인재 확보를 위한 특별 고용 계약》
gólden hándshake 고액의 퇴직금 《정년 전의 퇴직자에게 지급하는》
gólden júbilee 50년 축전
gólden kéy **1** 〖성서〗 천국의 열쇠 **2** 뇌물
gólden méan [the ~] 중용, 중도; 황금 분할
gold·en·mouthed [-máuðd] *a.* 웅변의, 구변이 좋은
gólden óldie[óldy] [종종 **G~ O~**] 그리운 옛 노래[스포츠, 영화]
gólden pálm [the ~] 황금 종려 《the Cannes Film Festival에서 장·단편의 각 대상에 수여함》

G

gólden párachute 〖경영〗 고액의 퇴직 수당 지불 보증 고용 계약
gólden retríever 골든 리트리버 《영국 원산의 조류 사냥개》
gold·en·rod [-rɑ̀d | -rɔ̀d] *n.* 〖식물〗 메역취속(屬)의 식물
gólden rúle [the ~] 〖성서〗 황금률
gólden séction [the ~] 〖수학·미술〗 황금 분할, 황금비
Gólden Státe [the ~] 미국 California 주의 속칭
gólden sýrup 골든 시럽 《꿀 시럽》
gólden wédding 금혼식 《결혼 50주년 기념》
gólden yèars (구어) 노후 《보통 65세 이후》
gold·field [-fìːld] *n.* 채금지, 금광 지대
gold-filled [-fíld] *a.* 〈보석에〉 금을 입힌
gold·finch [-fìntʃ] *n.* 〖조류〗 오색방울새, 황금방울새 《유럽산》
‡**gold·fish** [góuldfìʃ] *n.* (*pl.* ~, ~·**es**) 금붕어
góldfish bòwl 어항
góld fóil 금박 《gold leaf보다 두꺼운 것》
gold·ie [góuldi] *n.* = GOLD RECORD
Gol·ding [góuldiŋ] *n.* 골딩 **William Gerald** ~ (1911-) 《영국의 소설가; *Lord of the Flies* (1954), 노벨 문학상 수상 (1983)》
góld láce 금 레이스
góld léaf 금박(金箔)
góld médal 금메달
góld mìne 금광; 부원(富源), 돈벌이가 되는 것, 달러 박스; 보고(寶庫) 《*of*》: a ~ *of* information 지식의 보고
góld pláte [집합적] 금식기류
gold-plate [góuldpléit] *vt.* …에 금을 입히다, 금도금하다
góld récord 황금 레코드(golden disc) 《싱글판으로 100만매, LP 앨범으로 50만 세트 팔린 레코드(집)의 가수·그룹에 주는 상》
góld rùsh 골드러시, 새 금광지로의 쇄도
gold·smith [-smìθ] *n.* 금 세공인
góld stàndard [the ~] 〖경제〗 (통화의) 금본위제
‡**golf** [gɑlf, gɔːlf | gɔlf] [Du. 「곤봉」의 뜻에서] *n.* Ⓤ **골프**(⇨ par)
— *vi.* 골프를 치다
gólf bàg 골프백 《클럽이나 공을 넣는》
gólf bàll 골프공
gólf càrt 골프 카트 《골프백을 나르는 손수레, 골퍼를 나르는 전동차》
gólf clùb **1** 골프채 **2** 골프 클럽
gólf còurse 골프장, 골프 코스
golf·er [gɑ́lfər, gɔ́ːlf- | gɔlf-] *n.* 골프 치는 사람, 골퍼
gólf lìnks = GOLF COURSE
Gol·go·tha [gɑ́lgəθə | gɔ́l-] *n.* **1** 골고다 《그리스도가 십자가에 못박힌 곳; Jerusalem 부근의 언덕; 라틴명 Calvary (갈보리)》 **2** [**g~**] 묘지; 수난[희생]의 땅
Go·li·ath [gəláiəθ] *n.* **1** 〖성서〗 골리앗 《David에게 살해된 블레셋 족의 거인》 **2** [**g~**] 거인, 장사 **3** 이동식 대형 기중기
gol·ly [gɑ́li | gɔ́li] [God의 완곡어] *int.* [놀람·감탄을 나타냄] (구어) 어머나, 아이고, 저런
***By* [*My*] ~!** 아이고, 어머나, 저런!
go·losh [gəlɑ́ʃ | -lɔ́ʃ] *n.* (영) = GALOSH
Go·mor·rah, -rha [gəmɔ́ːrə, -mɑ́rə | -mɔ́rə] *n.* 〖성서〗 고모라 《Sodom과 함께 멸망된 도시》
-gon [gɑn | gən] 《연결형》 「…각형(角形)」의 뜻: hexa*gon*, poly*gon*
go·nad [góunæd] *n.* 〖해부〗 생식선(生殖腺)
***gon·do·la** [gɑ́ndələ | gɔ́n-] [It.] *n.* **1** 곤돌라 《Venice 특유의 평저 유람선·나룻배》; (미) 평저선 **2** (기구의) 조롱(吊籠); (비행선의) 조선(吊船) **3** (미) 대형 무개화차(無蓋貨車)(= ∠ **càr**)
gon·do·lier [gɑ̀ndəlíər | gɔ̀n-] *n.* 곤돌라 사공
‡**gone** [gɔːn, gɑn | gɔn] *v.* GO의 과거분사 — *a.* **1 지나간, 과거의, 이전의, 옛날의**; (완곡) 죽은: dead and ~ 죽어버린 **2** 틀린, 가망 없는: a ~ case 절망적인 일[상태]; 파멸; 희망 없는 것; 가망 없는 사람 **3** (구어) (이성에게) 반한, 정신이 팔린 《*on, upon*》 **4** (구어) 임신한 **5** (속어) 멋진 **6** (영) 〈시간·나이를〉 지난, 넘은 **7** [종종 far ~로] 많이 나아간, 많이 진전된, 〈밤이〉 깊어져서, 깊숙이 빠져서; 다 죽어가는, 몹시 지쳐서 **8** 〈화살 등이〉 과녁을 빗나간 **9** [the ~; 명사적] 죽은 사람들
***be* [*have*] ~ *of* [*with*]** …이 〈어떻게〉 되다: What *has* ~ *of* [*with*] him? 그는 어떻게 되었는가? ***far* ~** ⇨ *a.* 7. **~ *feeling* [*sensation*]** 정신이 아득해지는 듯한 느낌, 까무러질 것 같은 기분 ***past and* ~** 지나가 버린, 기왕의
góne góose [gósling] (구어) 가망 없는 사람; 절망적인 일[상태]
gon·er [gɔ́ːnər, gɑ́n- | gɔ́n-] *n.* (구어) 영락한 사람, 패잔자, 가망 없는 것, 죽은 사람
gon·fa·lon [gɑ́nfələn | gɔ́n-] *n.* 깃발, 기드림 《중세 이탈리아 도시 국가 등에서 쓴》
***gong** [gɔːŋ, gɑŋ | gɔŋ] [의성어] *n.* **1** 징; 공(= ∠ **bèll**) 《접시 모양의 종; 권투 등에서 쓰는 것은 bell》 **2** (영·속어) 훈장 (medal)
gon·na [gɔ́ːnə, gənə] (미·구어) …할 예정인(going to)
go/no-go, go-no-go [góunóugòu], **gó or nó-gò** *a.* 계속하느냐, 중지하느냐의 결정(시기)에 관한
gon·or·rhe·a, -rhoe·a [gɑ̀nəríːə | gɔ̀nəríə] *n.* Ⓤ 〖병리〗 임질
gon·zo [gɑ́nzou | gɔ́n-] *a.* (미·속어) 머리가 돈, 정신이 이상해진
goo [guː] *n.* Ⓤ (미·속어) (아교·엿 등) 끈적거리는 것; 감상(sentimentality)
‡**good** [gud] *a.* (**bet·ter** [bétər]; **best** [best]) **1 좋은,** 착한, 우량한, 훌륭한, 고급의, **맛있는**; 〈성적이〉 우(優)의: of ~ family 양가 출신의 **2** (비·구름이 없는) 맑은, 날씨가 좋은 **3** 행복한, 유쾌한, 기분 좋은, 즐거운, 기쁜 **4 친절한,** 친한, 인자한: It is ~ *of* you *to* invite me. 초청해 주셔서 대단히 감사합

니다. **5 착한, 선량한,** 덕이 있는, 충실한, 훌륭한, 본분을 지키는, 품행이 단정한: There's[That's] a ~ boy[girl, fellow]. 착한 아이니까 (그렇게 해 다오), (잘했다) 착하기도 하지. 《어른에게도 말함》 **6 충분한,** 만족스러운, 완전한, 더할 나위 없는; 바람직한; 《구어》 꽤, 상당히, 제법: a ~ day's work 꼬박 하루는 걸리는 일 **7** 완전한; 신용할 수 있는, 가짜가 아닌, 〈화폐 등이〉 진짜의; 신선한; 나쁘지 않은, 〈물고기·달걀 등이〉 썩지 않은 **8** 강한, 건전한, 튼튼한, 활기찬 **9** 유익한, 알맞는(beneficial) 《*for, to*》: This water is ~ *to* drink. 이 물은 마실 수 있다[음료수로서 적당하다]. **10 유능한,** 수완 있는; **잘하는,** 능숙한; 적임의(suitable), 자격이 있는 (qualified) 《*at*》: ~ *at* English 영어를 잘 하는

as ~ as (1) …에 충실한[하여]: a man *as ~ as* his word 약속을 잘 지키는 남자 (2) …이나 마찬가지(다): He is *as ~ as* dead. 그는 죽은 거나 다름이 없다. ***have a ~ mind to*** do 몹시 …하고 싶어하다 ***have a ~ night*** (밤에) 푹[잘] 자다 ***hold ~*** 효력이 있다 ***in ~ time*** 때마침, 알맞게 때를 맞추어 ***make ~*** 〈손해 등을〉 벌충하다; 〈부족 등을〉 보충하다; 〈약속을〉 이행하다; 〈계획을〉 달성하다; 〈목적을〉 성취하다; 〈탈출 등을〉 해내다; 입증[실증]하다; 〈지위·입장 등을〉 유지[확보]하다; 회복하다, 수복(修復)하다; 《미·구어》 (특히 장사에) 성공하다

— *int.* [찬성·만족 등의 뜻을 나타내어] **좋소, 좋아,** 찬성이요

— *ad.* 《구어》 훌륭히, 잘(well): It suits you ~. 네게 잘 맞는다. ***have it ~*** 《구어》 유복하다, 즐겁게 시간을 보내다

— *n.* Ⓤ **1** 이익, 행복, **소용**; 장점: What is the ~ of doing it? 그런 짓을 해서 무슨 소용이 있느냐? **2 선(善),** 덕, 미덕 **3** [the ~] 선량한 사람들(opp. *the wicked*) **4 좋은 것[일],** 바람직한 일 **5** [*pl.*] = GOODS

be any [***some, much***] ***~*** 얼마간[다소, 크게] 쓸모가 있다 ***be no ~*** 아무 쓸모도 없다, 소용없다 ***be up to*** [***after***] ***no ~*** 못된 일을 꾸미고 있다; 전혀 쓸모가 없다 ***come to no ~*** 나쁜 결과를 맺다 ***do ~*** 착한 일을 하다, 친절을 베풀다; 효력이 있다 《*to*》; 도움이 되다 ***for the ~ of*** …을 위하여, …의 이익을 위하여

‡**gòod afternóon** 안녕하십니까 《오후 인사》; 안녕히 가[계]십시오

Góod Bóok [the ~] 《구어》 성서(the Bible)

‡**good-bye, -by** [gùdbái] *int.* 안녕, 안녕히 가[계]십시오 《작별 인사》

— *n.* (*pl.* **~s**) **작별 인사,** 하직, 고별 (farewell): say ~ 작별[하직] 인사를 하다, 이별을 고하다 《goodby(e)라고 하이픈 없이도 씀》

good-con·di·tioned [-kəndíʃənd] *a.* 컨디션이 좋은, 호조(好調)의

‡**gòod dáy** 안녕하십니까; 안녕히 가[계]십시오 《좀 딱딱한 낮 인사》

góod déal [a ~] 다수, 다량; [부사적; a ~] 많이(a great deal); [감탄사적] 《미·속어》 그것 좋군, 훌륭하군(Very good!)

góod égg 《구어》 좋은 사람, 명랑한[믿을 수 있는] 사람

‡**gòod évening** 안녕하십니까 《저녁 인사》; 안녕히 가[계]십시오

góod fáith [보통 in ~] 정직, 성실: act *in* ~ 성실하게 행동하다

góod féllow 착한 사람; 친한 친구

good-fel·low·ship [gúdféloușip] *n.* Ⓤ 친목, 정다운 우정

good-for-naught [-fərnɔ̀:t] *a., n.* = GOOD-FOR-NOTHING

good-for-noth·ing [-fərnʌ́θiŋ] *a., n.* 쓸모없는 (사람), 건달(의), 밥벌레(의)

Góod Fríday 성(聖)금요일, 수난일 《그리스도의 수난 기념일; Easter 전의 금요일》

góod gúy 《구어》 좋은 사람, 공정한 사람

good-heart·ed [-há:rtid] *a.* 친절한 **~·ly** *ad.* **~·ness** *n.*

Gòod Hópe [the Cape of ~] 희망봉 《남아프리카 남단의 곶》

good-hu·mored [-*h*jú:mərd | -hjú:-] *a.* 기분이 좋은, 명랑한; 사근사근한, 상냥한 **~·ly** *ad.* **~·ness** *n.*

good·ie [gúdi] *n.* 《구어》 (영화 등의) 주인공; 《익살》 (정직하고 용감한) 좋은 사람; 선인인 체하는 사람(goody-goody)

good·ish [gúdiʃ] *a.* 꽤 좋은, 나쁘지 않은, 대체로 괜찮은; 《영》 〈수량·크기·거리 등이〉 적지[작지] 않은, 상당한

good-look·er [gúdlúkər] *n.* 미녀, 미남

‡**good-look·ing** [gúdlúkiŋ] *a.* **잘 생긴,** 아름다운; 〈의복 등이〉 잘 어울리는

góod lóoks 잘 생긴 얼굴, 미모

góod lúck 행운

***good·ly** [gúdli] *a.* (**-li·er**; **-li·est**) **1** 〈크기·수량 등이〉 **상당한,** 어지간한 **2** 고급의, 훌륭한 **3** 용모가 단정한, 잘생긴

góod móney 양화(良貨); 《속어》 좋은 벌이, 많은 임금

‡**gòod mórning** (밤새) 안녕하십니까 《오전 중의 인사》; 안녕히 가[계]십시오

‡**good-na·tured** [gúdnéitʃərd] *a.* **친절한,** 사람이 좋은, 마음씨 고운, 온후한 **~·ly** *ad.* **~·ness** *n.*

good-neigh·bor [-néibər] *a.* 〈나라와 나라가〉 선린(善隣)의, 우호적인

Góod Néighbor Pòlicy 선린 외교 정책 《1933년 미국 Roosevelt 대통령이 제창》

‡**good·ness** [gúdnis] *n.* Ⓤ **1 선량,** 착함, 덕, **친절**; **우수,** 우량, 양호 **2** 미점, 장점, 진수(眞髓); (식품의) 영양분 **3** [감탄사 용법] = GOD(의 대용어)

for ~' sake 제발, 부디

góod néws 좋은 소식; 복음(gospel); 《미·캐나다》 바람직한 인물[상황, 사태]

‡**gòod níght** 안녕히 주무십시오, 안녕히 가[계]세요 《밤의 취침·작별 인사》

góod óffices 알선, 주선, 소개; 〖외교〗 중재, 조정(調停)

G

goods [gudz] [good의 명사 용법에서] *n. pl.* **1 a** 상품, 물품; 물자: canned ~ 통조림류 **b** 《미》 옷감, 천, 피륙 **2** 《영》 (철도) 화물 **3 a** 동산, 가재도구, 세간 **b** 재산, 재화, 소유물 **4** [the ~] 안성맞춤인 물건[사람]; 《구어》 약속된[기대되는] 것 **5** 범죄의 증거, 장물
***deliver* [*produce*] *the* ~** 《구어》 약속을 이행하다, 기대대로 하다
— *a.* Ⓐ (철도) 화물의

góod Samáritan **1** 〖성서〗 착한 사마리아 사람 《도둑의 습격을 당한 행인을 구해 준 사람》 **2** 친절한 사람

góod sénse 양식, 분별

Góod Shépherd [the ~] 선한 목자 《그리스도를 말함》

good-sized [gúdsáizd] *a.* 대형의, 꽤 큰

gòod spéed 행운, 성공(good luck)

góods tràin 《영》 화물 열차 (《미》 freight train)

good-tem·pered [gúdtémpərd] *a.* 무던한, 성미가 좋은, 온순한 **~·ly** *ad.*

góod thíng 《구어》 좋은 일; 좋은 착상; 행운; 경구; 진미; 사치품
***It is a* ~ (*that*) ...** 《구어》 …했다니 다행이다 ***too much of a* ~** 좋지만 도가 지나쳐서 귀찮은 것

góod túrn 선행, 친절한 행위, 호의

góod úse[úsage] (언어의) 표준 어법

good·will [gúdwíl], **góod wìll** *n.* Ⓤ **1** 호의, 친절, 후의; 친선 《*to, toward*》; 기꺼이 하기, 쾌락(快諾) **2** 〖상업〗 (상점·상업의) 신용, 고객; (전통 있는) 상호, 영업권

góod wórd **1** 호의적인[유리한] 말 **2** 《미》 [the ~] 좋은 소식(good news)

góod wórks 자선 행위, 선행

good·y[1] [gúdi] *n.* (*pl.* **good·ies**) [종종 *pl.*] 《구어》 맛있는 것, 당과(糖菓), 캔디; 특별히 매력 있는 것

goody[2] [goodwife의 단축형] *n.* (*pl.* **good·ies**) **1** (하층 계급의) 아주머니 《종종 성 앞에 붙임》 **2** 《미·속어》 (대학 등의) 청소부(婦)

goody[3] *int.* 《미·유아어》 근사하다, 굉장하다

good·y-good·y [gúdigúdi] *a., n.* 선인(善人)같이 행동하는 (사람)

goo·ey [gúːi] *a.* (**goo·i·er**; **-i·est**) 《미·속어》 **1** 끈적끈적한, 들러붙는; 끈적끈적하고 달콤한 **2** 감상적인

goof [guːf] *n.* (*pl.* **~s** [guːvz]) 《속어》 멍청이, 숙맥, 바보; 실수 — *vi., vt.* 바보짓을 하다, 실수하여 잡치다; 빈둥거리다, 농땡이부리다 《*off, around*》; 마약으로 멍해지다[지게 하다]

goof·ball [gúːfbɔ̀ːl] *n.* 《속어》 신경 안정제, 진정제; 괴짜, 얼간이

goof·er [gúːfər] *n.* 《속어》 잘 속는 사람, 숙맥

go-off [góuɔ̀ːf | -ɔ̀f] *n.* 《구어》 출발, 착수, 개시
***at one* ~** 단숨에 ***succeed* (*at*) *the first* ~** 단번에 성공하다

goof-off [gúːfɔ̀ːf | -ɔ̀f] *n.* 《속어》 비겁한 자, 게으름뱅이; 농땡이

goof-up [gúːfʌ̀p] *n.* **1** (부주의·태만으로) 실수를 저지르는 사람 **2** 《구어》 실수, 대실책; 고장

goof·y [gúːfi] *a.* (**goof·i·er**; **-i·est**) 《속어》 바보 같은, 얼빠진
góof·i·ly *ad.* **-i·ness** *n.*

goo-goo[1] [gúːgùː] *n.* (*pl.* **~s**) 《경멸》 정치 개혁자

goo-goo[2] *a.* 〈눈매가〉 요염한, 호색적인: ~ eyes 추파

gook [gu(ː)k] *n.* 《미·속어》 **1** Ⓤⓒ 오물, 때, 찌끼 **2** Ⓤ 점액 **3** 바보; 난폭한 사람 **4** 《경멸》 아라비아인; 동양인

goon [guːn] *n.* 《속어》 **1** 폭한; 폭력 단원, 불량배 **2** 바보

goose [guːs] *n.* (*pl.* **geese** [giːs]) **1** 거위; 거위[기러기]의 암컷; Ⓤ 거위고기 《거위의 수컷은 gander, 새끼는 gosling, 울음소리는 gabble이다》 **2** 바보, 멍청이, 얼간이(simpleton) **3** 《속어》 (거위 소리를 흉내낸) 야유: get the ~ (연극에서) 관객에게 야유당하다
***cook* a person*'s* ~** 《구어》 …의 기회[계획, 희망]를 결딴내다
— *vt.* 《속어》 (놀라게 하기 위하여) 궁둥이를 쿡 찌르다

goose·ber·ry [gúːsbèri, -bəri | gúzbəri] *n.* (*pl.* **-ries**) 〖식물〗 구스베리, 서양까치밥나무(의 열매)

góoseberry búsh 구스베리 나무

góose bùmps = GOOSEFLESH

góose ègg [영(0)을 달걀로 보아] 거위알; 《미·속어》 (경기의) 0점

goose·flesh [gúːsflèʃ] *n.* Ⓤ 소름: be ~ all over (오싹하여) 온몸에 소름이 끼치다

goose·foot [-fùt] *n.* (*pl.* **~s**) 〖식물〗 명아주

goose·herd [-hə̀ːrd] *n.* 거위 기르는 사람

goose·neck [-nèk] *n.* S[U]자 모양의 관

góoseneck lámp 목이 자유롭게 돌아가는 전기 스탠드

góose pìmples = GOOSEFLESH

góose quìll 거위의 깃; 깃펜

góose stèp [보통 the ~] 다리를 곧게 뻗는 걸음걸이

goose-step [-stèp] *vi.* (**~ped**; **~·ping**) 무릎을 굽히지 않고 걷다

G.O.P., GOP Grand Old Party 《1880년 이후 미국 공화당의 이명(異名)》

go·pher [góufər] *n.* 〖동물〗 뒤쥐 《북미산》; 땅다람쥐 《북미 초원산》

Gópher Státe [the ~] 미국 Minnesota 주의 속칭

Gor·ba·chev [gɔ̀ːrbətʃɔ́ːf | -tʃɔ̀f] *n.* 고르바초프 **Mikhail Sergeyevich ~** (1931-) 《구소련의 정치가; 공산당 서기장》

Gór·di·an knót [gɔ́ːrdiən-] [the ~] (고대 Phrygia 국왕인) 고르디오스(Gordius)의 매듭 《Alexander 대왕이 칼로 끊었음》; 어려운 문제[일] ***cut the* ~** 비상 수단으로 난문제를 해결하다

gore[1] [gɔːr] *n.* Ⓤ 《문어》 (상처에서 나온) 피, 핏덩이, 엉긴 피

gore[2] *vt.* 〈소·산돼지 등이〉 뿔[엄니]로 찌르다[받다]

gore[3] *n.* 3각형의 헝겊, 의복의 살폭, (치마·양산·낙하산 등의) 한 폭; 《미》 3각형의 땅 **—** *vt.* 〈의복·스커트 등에〉 삼각천을 대다

*__gorge__ [gɔːrdʒ] [OF 「목」의 뜻에서] *n.* **1** **골짜기**, 협곡, 산협 **2** 《고어·문어》 목구멍; 식도 **3** (통로·수로를 막는) 장애물; 장벽 ***cast*** [***heave***] ***the ~ at*** …에 구역질이 나다, …을 싫어하다 ***make*** a person***'s ~ rise*** …에게 불쾌감을 주다, 역겹게 하다 One***'s ~ rises at the sight.*** 그 꼴을 보니 속이 메스꺼워진다.
— *vt.* [~ one*self*로] **게걸스럽게**[걸귀같이] **먹다**, 배불리 먹다, 쑤셔 넣다, 가득 차게 하다 《*on, with*》: ~ *oneself with* cake 과자를 잔뜩 먹다
— *vi.* 포식하다, 게걸스럽게 먹다, 꿀꺽꿀꺽 마시다: ~ *on* good dinners 좋은 음식을 실컷 먹다

‡**gor·geous** [gɔ́ːrdʒəs] *a.* **1** **호화스러운**, 화려한, 찬란한, 눈부신 **2** 《구어》 멋진, 굉장한, 훌륭한, 근사한
~·ly *ad.* **~·ness** *n.*

gor·get [gɔ́ːrdʒit] *n.* (갑옷의) 목 가리개, 목에 두르는 갑옷

Gor·gon [gɔ́ːrgən] *n.* **1** 〖그리스신화〗 고르곤 《머리털이 뱀이어서 보는 사람은 무서워 돌이 되어버렸다는 세 자매 중의 하나, 특히 Perseus에게 살해된 Medusa》 **2** [**g~**] 무서운 사람; 지지리 못생긴 여자, 추녀

Gor·gon·zo·la [gɔ̀ːrgənzóulə] [이탈리아의 원산지명에서] *n.* 이탈리아산 고급 치즈(= ~ **chéese**)

*__go·ril·la__ [gərílə] [동음어 guerrilla] [Gk 「털이 많이 난 여자 종족」의 뜻에서] *n.* **1** 〖동물〗 **고릴라**, 큰 성성이 **2** 《구어》 폭한(暴漢)

gork [gɔːrk] *n.* 《속어》 식물인간

Gor·ki, -ky [gɔ́ːrki] *n.* 고리키 **Maxim ~** (1868-1936) 《러시아의 소설가·극작가》

gor·mand·ize [gɔ́ːrməndàiz] *vi.* 많이 먹다, 폭식하다

gorm·less [gɔ́ːrmlis] *a.* 《영·속어》 얼띤, 아둔한

gorse [gɔːrs] *n.* Ⓤ 〖식물〗 가시금작화

gor·y [gɔ́ːri] *a.* (**gor·i·er**; **-i·est**) **1** 《문어》 피투성이의 **2** 유혈의, 살인적인

*__gosh__ [gɑʃ | gɔʃ] [God의 완곡어] *int.* **이크!**, 아이고 (큰일 났다)!, 꼭!: (By) ~! 이크!

gos·hawk [gɑ́shɔ̀ːk | gɔ́s-] *n.* 〖조류〗 참매

gos·ling [gɑ́zliŋ | gɔ́z-] *n.* **1** 거위 새끼 (⇨ goose) **2** 풋내기, 애송이; 바보

go-slow [góuslóu] *n.* 《영》 태업 전술 (《미》 slowdown) 《일부러 천천히 하는 수법》

*__gos·pel__ [gɑ́spəl | gɔ́s-] *n.* Ⓤ **1** [the ~] **복음**; 그리스도의 교의(教義) **2** **a** [**G~**] **복음서** 《신약 성서의 처음 4 복음서》: the *G~* according to St. Mark 마가복음 **b** 성찬식에서 낭독하는 복음서의 일절 **3** Ⓤ.Ⓒ 교의, 신조, 주의 **4** (절대의) 진리, 진실 **5** = GOSPEL SONG
— *a.* Ⓐ 복음의; 복음 전도의; 가스펠송의

gos·pel·er | -pel·ler [gɑ́spələr | gɔ́s-] *n.* 성찬식에서 복음서를 읽는 성직자; 복음 전도자

góspel mùsic (흑인 음악과 rhythm and blues의 발달에 영향을 준) 영가적 음악

góspel sòng **1** 복음 찬송가 **2** 가스펠송 《흑인의 종교 음악》

góspel trúth [보통 the ~] 복음서에 있는 진리; 절대적 진리

gos·sa·mer [gɑ́səmər | gɔ́s-] *n.* **1** Ⓤ.Ⓒ 섬세한 거미줄[집] **2** Ⓤ 섬세한 것, 가냘픈 것; 덧없는 것; 얇은 비단, 얇은 천: the ~ of youth's dreams 청춘의 덧없는 꿈 **3** Ⓤ.Ⓒ 《미》 (여자용) 아주 얇은 비옷; Ⓒ 《영》 가벼운 실크 해트
— *a.* 섬세한 거미줄 같은, 얇고 가벼운; 가냘픈, 섬세한; 박약한; 덧없는

‡**gos·sip** [gɑ́sip | gɔ́s-] *n.* **1** **잡담**, **한담**, 부질없는 세상 이야기 **2** Ⓤ **남의 뒷말**, 험담, 뒷공론; **가십**, 신문의 만필, 뜬소문 이야기 **3** 수다쟁이, 가납사니 《특히 여자》
— *vi.* **1** 잡담[한담]하다 **2** 남의 이야기를 지껄이다, 가십 기사를 쓰다

góssip còlumn (신문·잡지의) 가십란

gos·sip·mon·ger [gɑ́sipmʌ̀ŋgər | gɔ́s-] *n.* 가납사니, 수다쟁이, 떠버리

gos·sip·y [gɑ́sipi | gɔ́s-] *a.* 〈사람이〉 말하기 좋아하는, 수다스러운; 〈신문·잡지 등이〉 가십거리가 많은

‡‡**got** [gɑt | gɔt] *v.* GET[1]의 과거·과거분사 《구어에서는 have *got* =have의 뜻: I've ~ to go now. 이제 가야겠다.》

Goth [gɑθ | gɔθ] *n.* 고트 사람 《3-5세기에 로마 제국에 침입하여 이탈리아·프랑스·스페인에 왕국을 건설한 튜튼 민족의 한 파》; 야만인, 난폭한 사람

Goth·am [gɑ́θəm, góuθ- | góuθ-] *n.* **1** 《미》 뉴욕 시의 속칭 **2** [《영》 góutəm] 바보 마을 《옛날 바보들만 살았다는 영국 마을》; 영국 Newcastle 시의 속칭
wise men of ~ 바보들

*__Goth·ic__ [gɑ́θik | gɔ́θ-] *a.* **1** **고딕 양식의** **2** 〖인쇄〗 고딕체의 **3** 고트 사람의[같은], 고트 말의 **4** [**g~**] 교양 없는, 야만의, 몰취미의, 멋없는 **5** 〖문학〗 고딕파의, 괴기적인
— *n.* Ⓤ **고트 말**; 〖건축·미술〗 **고딕 양식**; 〖인쇄〗 고딕체; 《미》 = SANS SERIF

Góthic árchitecture 고딕 건축 《12-16세기에 서구에 널리 유행한 끝이 뾰족한 아치형의 양식》

Góthic tỳpe 〖인쇄〗 고딕 활자체

go-to-meet·ing [góutəmíːtiŋ] *a.* 〈의복·모자 등이〉 교회 가는 차림의, 나들이용의

got·ta [gɑ́tə | gɔ́tə] 《구어》 =(have [has]) got a[to]

*__got·ten__ [gɑ́tn | gɔ́tn] *v.* 《미》 GET[1]의 과거분사
— *a.* [보통 복합어를 이루어]: ill-~ wealth 부정 축재

gouache [gwɑːʃ, guɑ́ːʃ] [F] *n.* Ⓤ.Ⓒ 구아슈 《아라비아 고무 등으로 만든 불투명한 수채화 물감》; 구아슈 수채 화법

Gou·da [gáudə] *n.* Ⓤ (네덜란드의) Gouda산 치즈(= ~ **chéese**)

gouge [gaudʒ] *n.* **1** 둥근끌, 둥근 정; 《미·구어》 둥근끌로 홈[구멍]을 팜; (둥근 끌로 판) 홈[구멍] **2** 《미·구어》 부정 착취, 금품의 강요, 사기(꾼)
— *vt.* **1** 둥근끌로 파다 **2** 〈코르크를〉 둥글게 잘라 내다 《*out*》, 〈해협 등을〉 개착(開鑿)하다; 〈특히 눈알을〉 후벼내다 《*out*》 **3** 《미·구어》 속임수를 쓰다, 돈을 착취하다

gou·lash [gúːlɑːʃ] *n.* Ⓤ,Ⓒ 〖요리〗 굴라시 《paprica로 맵게 한 쇠고기와 야채 스튜》

gourd [gɔːrd | guəd] *n.* **1** 〖식물〗 호리병박 《열매·식물》 **2** 조롱박 《그릇》, 바가지
the bottle ~ 호리병박

gour·mand [guərmάːnd | gúəmənd] [F] *n.* 미식가; 대식가, 먹쇠

gour·met [guərméi] [F 「포도주에 밝은 사람」의 뜻에서] *n.* (*pl.* **~s** [z]) 음식에 밝은 사람, 식도락가, 미식가

gout [gaut] *n.* **1** Ⓤ [종종 the ~] 〖병리〗 통풍(痛風) **2** 《고어·시어》 (특히 피의) 방울(drop), 응혈

gout·y [gáuti] *a.* (**gout·i·er**; **-i·est**) 통풍(痛風)성의[에 걸린]; 통풍을 잘 일으키는

gov., Gov. Government; Governor

‡**gov·ern** [gʌ́vərn] [L 「배의 키를 잡다」의 뜻에서] *vt.* **1 다스리다, 통치하다 2** 운영하다, 관리[주관]하다 **3** 〈사람·행동 등을〉 **좌우하다**, 결정하다 **4** 〈감정 등을〉 **제어[억제]하다**; 〈속력을〉 조절하다; …의 의미를 결정[제한]하다 **5** 〈법률이〉 …에 적용되다 — *vi.* 통치하다; 지배하다

gov·ern·a·ble [gʌ́vərnəbl] *a.* 다스릴 수 있는, 지배[통제, 관리]할 수 있는
gòv·ern·a·bíl·i·ty [-bíləti] *n.*

gov·er·nance [gʌ́vərnəns] *n.* Ⓤ 지배, 통치, 관리; 지배권

*__gov·ern·ess__ [gʌ́vərnis] *n.* **여자 가정 교사**; 여성 지사

gov·ern·ing [gʌ́vərniŋ] *a.* 통치하는, 관리하는, 통할하는, 통제하는; 지배[지도]적인: the ~ classes 지배 계급

‡**gov·ern·ment** [gʌ́vərnmənt] *n.* **1** Ⓤ **정치**, 시정, 통치(권), 지배(권), 행정권 **2** Ⓤ 정치 체제, 정치[국가] 조직 **3** [**G~**] [집합적] **정부**, 내각 **4** 국가(state), 영토(territory) **5** Ⓤ 〖문법〗 지배
form a ~ 《영》 조각(組閣)하다 ***under the ~ of*** …의 관리하에

*__gov·ern·men·tal__ [gʌ̀vərnméntl] *a.* Ⓐ **정치(상)의**, 통치의, 정부의; 관영의

góvernment bònd 국채

góvernment íssue [보통 **G~ I~**] 관급품 — *a.* 관급의, 정부 발행[발급]의 《略 GI》

gov·ern·ment-op·er·at·ed [gʌ́vərnməntάpərèitid | -ɔ́p-] *a.* 국영의, 관영의: ~ enterprise 국영 기업체

góvernment pàper 정부 발행 국채 증서

góvernment párty [the ~] 여당, 집권당

góvernment secúrity [보통 *pl.*] 정부 발행 유가 증권 《공채 등》

‡**gov·er·nor** [gʌ́vərnər] *n.* **1 통치자**, 지배자 **2** 《미국의》 **주지사 3** 《영국 식민지의》 총독; 《도·지방·도시 등의》 장관; 《조직 등의》 회장, 총재, 행장, 소장; 《영·속어》 교도소장; 《영·구어》 우두머리, 두목, 보스 **4** 〖기계〗 《가스·증기·물 등의》 조절기, 조속기(調速機)

gov·er·nor-gen·er·al [-dʒénərəl] *n.* (*pl.* **gov·er·nors-, ~s**) (식민지 등의) 총독

gov·er·nor·ship [gʌ́vərnərʃip] *n.* Ⓤ 지사[장관, 총재 등]의 직[지위, 임기]

govt., Govt. government

gowk [gauk] *n.* 《영·방언》 바보, 얼간이

‡**gown** [gaun] *n.* **1** (특히 여성용) **긴 겉옷**, 드레스 《파티의 정장》 **2 가운**; (시장·시의원 등의) 긴 겉옷; 법복(法服), 법의(法衣); 성직자복; 고대 로마의 겉옷(toga); 문관복 **3** 잠옷, 화장복; (외과의의) 수술복 **4** [집합적] 대학 관계자들; [the ~; 집합적] 판사·변호사·성직자
arms and ~ 전쟁과 평화 ***in wig and ~*** 법관의 정복을 입고

gowns·man [gáunzmən] *n.* (*pl.* **-men** [-mən]) 대학 관계자; 직업상 가운을 입는 사람 《변호사·법관·성직자》

goy [gɔi] *n.* (*pl.* **~·im** [-im], **~s**) (유대인 측에서 본) 이방인, 이교도(gentile)

Go·ya [gɔ́iə] *n.* 고야 **Francisco José de ~** (1746-1828) 《스페인의 화가》

G.P. 《영》 general practitioner; Grand Prix 《F =grand prize》

GPA grade point average

G.P.O. General Post Office

gr. grade; grain(s); gram(s); grammar; grand; great; gross; group

Gr. Grecian; Greece; Greek

*__grab__ [græb] *v.* (**~bed**; **~·bing**) *vt.* **1 부여잡다**, 붙들다, **움켜쥐다**(snatch), 잡아채다; 〈기회 등을〉 놓치지 않고 잡다: He *~bed* me by the arm. 그는 나의 팔을 붙잡았다. **2** 횡령하다, 가로채다, 빼앗다 **3** 《미·속어》 마음을 사로잡다, 흥미를 주다, 자극하다 **4** 《구어》 〈택시 등을〉 급히 잡다; 〈샤워 등을〉 급히 하다
— *vi.* 덮치다; 손을 쑥 뻗치다, 붙잡으려고 하다 《*at*》: ~ *at* a chance 기회를 잡다 ***~ hold of*** …을 갑자기 움켜잡다
— *n.* 부여잡기, 휘잡아 쥠; 횡령, 약탈, 날쌔게 채기; 〖기계〗 (흙 등을 쳐 내는) 그랩
up for ~s 《구어》 아무나 입수할 수 있는

gráb bàg 1 《미》 보물찾기 주머니(《영》 lucky dip) **2** 《구어》 온갖 잡다한 것, 잡동사니

grab·ber [grǽbər] *n.* **1** 부여잡는 사람; 강탈자; 욕심꾸러기 **2** 흥미진진한 것, 깜짝 놀라게 하는 것

grab·by [grǽbi] *a.* (**-bi·er**; **-bi·est**) 《구어》 욕심 많은, 탐욕스러운

‡**grace** [greis] *n.* Ⓤ **1 우아**, 우미, 기품, 점잖음, 얌전함, 고상함 **2** 〈문체·표현 등의〉 아치, 세련미(polish) **3** [*pl.*; 집합적] 미덕, 장점; 매력, 애교 **4 a** 은혜, 애호 **b** 친절, 호의, 배려, 두둔, 인자, 자비 **c** 유예, 지불 유예 (기간); 특사(特赦), 대사 **5** 〖신학〗 (하느님의) **은총 6** 식전[식후]의 감사 기도 **7 a** 자진해서 일하는 태도, 기꺼이 하는 태도: She had the ~ to apologize. 그녀는 깨끗이 사과했다.

b 체면, 면목 **8** [the G~s] 〖그리스신화〗 미(美)의 여신들 **9** [**G~**] 각하, 각하 부인, 예하(猊下) 《공작·공작 부인·대주교에 대한 경칭》 **10** 〖음악〗 장식음 **11** 《영》 평의원 회의 허가, 인가 《Oxford 및 Cambridge 대학의》
act of ~ 대사령, 특사 ***be in*** a person'***s good***[***bad***] ***~s*** …의 마음에 들다[안 들다], …의 호감[미움]을 사고 있다 ***by*** (***the***) ***~ of God*** 하느님의 은총으로 《특히 정식 문서에서 국왕 이름에 붙임》 ***fall from ~*** 하느님의 은총을 잃다, 타락하다 ***have the ~ to*** do …하는 아량이 있다, 기꺼이 …하다 ***the year of ~*** 그리스도 기원, 서기 : in *the* [this] *year of* ~ 1992 서기 1992년에 ***with*** (***a***) ***bad***[(***an***) ***ill***] ***~*** 마지못해서, 내키지 않는 마음으로, 겸연쩍게 ***with*** (***a***) ***good ~*** 기꺼이, 자진하여, 떳떳이
— *vt.* 우아하게 하다, 아름답게 꾸미다; 명예[영광]를 주다 《*with*》

Grace [greis] *n.* 여자 이름

‡**grace·ful** [gréisfəl] *a.* **1 우아한**, 우미한, 얌전한, 아치 있는, 품위 있는 **2** 〈언동이〉 깨끗한, 솔직한 : a ~ apology 솔직한 사과 **~·ly** *ad.* **~·ness** *n.*

grace·less [gréislis] *a.* **1** 버릇없는, 무례한, 야비한 **2** 품위 없는, 상냥하지 못한 **~·ly** *ad.* **~·ness** *n.*

gráce nòte 〖음악〗 장식음

gráce pèriod 〖보험〗 유예 기간

‡**gra·cious** [gréiʃəs] *a.* **1 상냥한**, 정중한, 공손한, 친절한 **2** (관례적으로 왕·여왕에게 사용하여) 인자하신, 자비로우신 **3** 우아한, 품위 있는 **4** 《고어》 도움이 되는, 고마운, 은혜가 넘쳐 흐르는, 자비심이 많은 — *int.* [놀람을 나타내어] 이크, 이런, 야단났군 **~·ness** *n.*

***gra·cious·ly** [gréiʃəsli] *ad.* **우아하게**, 상냥하게; 고맙게도; 자비롭게

grad [græd] [*grad*uate] *n.* 《구어》 졸업생; 대학원생

gra·date [gréideit | grədéit] *vt., vi.* 〈빛깔을〉 바림하다, 차차 다른 빛깔로 변(하게)하다; 단계를 짓다
— *a.* 단계적인

***gra·da·tion** [greidéiʃən | grə-] *n.* Ⓤ **1** Ⓤ.Ⓒ **단계적 변화**, 점차적 이행, 서서히 변화함 : by ~ 서서히 **2** 〈색채·색조의〉 바림; 〖미술〗 농담법(濃淡法) **3** 순서를 정함, 등급 매김, 계급별로 함; Ⓒ 순서, 차례, 등급, 등차, 계급, 부류 **4** 〖언어〗 모음 전환(ablaut)

‡**grade** [greid] *n.* **1 등급**, 계급, 등위, 품등(step, degree); (숙달·지능·과정 등의) **정도** **2** 동일 계급[학년, 정도, 등급]에 속하는 자 **3** 《미》 (초·중·고교의) **학년**(《영》 form) **4** (학생의) **성적**, 평점, 평가(mark) **5** 《미》 (도로·철도 등의) 기울기, 경사도(《영》 gradient); 비탈
at ~ 《미》 (철도와 도로가 교차할 경우) 같은 수평면에서
make the ~ 《미》 가파른 비탈을 오르다, 어려움을 이겨내다; 성공[합격]하다 ***on the down***[***up***] ***~*** 《미》 내리받이[오르막길]에, 쇠[성]하여
— *vt.* **1** …을 **등급별로 나누다**, 분류하다 **2** 등급 매기다 **3** 《미》 성적을 매기다, 채점하다(《영》 mark) **4** …의 기울기[경사]를 완만하게 하다 — *vi.* **1** …등급이다 **2** 점차 변화하다 《*into*》
~ down 등급[계급]을 낮추다 《*to*》 ***~ up*** 등급[계급]을 높이다 《*to*》

Gráde Á 《미》 제1급의, 최고급의

gráde cròssing 《미》 (철도와 도로 등의) 수평 건널목, 평면 교차(점)(《영》 level crossing)

grade·mark [gréidmɑ̀ːrk] *n., vt.* 품질[등급] 표시(를 하다)

gráde pòint 《미》 (숫자로 나타낸) 성적 평점

gráde pòint àverage 《미》 성적의 평균점 《가령 A 2과목, B 4과목, C 2과목이면 평균 3점; 略 GPA》

grad·er [gréidər] *n.* **1** 등급을 매기는 사람[물건] **2** 《미》 …학년생 : a fourth ~ 4학년생 **3** 《미》 채점자, 평점자 **4** 그레이더, 땅 고르는 기계

gráde schóol 《미》 (6년제 또는 8년제의) 초등학교(elementary school; 《영》 primary school)

***gra·di·ent** [gréidiənt] *n.* 《영》 (도로·철도의) **기울기**, 물매, 경사도(《미》 grade); 언덕, 비탈

‡**grad·u·al** [grǽdʒuəl] *a.* **점차적인**, 점진적인, 단계적인, 서서히 하는 **~·ness** *n.*

grad·u·al·ism [grǽdʒuəlìzm] *n.* Ⓤ 점진주의

‡**grad·u·al·ly** [grǽdʒuəli] *ad.* **차차**, **차츰**, **점차로** : His health is improving ~. 그의 건강은 차츰 좋아지고 있다.

‡**grad·u·ate** [grǽdʒuèit] [grade와 같은 어원] *vt.* **1** 《미》 …**에게 학위를 수여하다**, 〈학생을〉 졸업시키다 : He was ~*d* from Yale. 그는 예일 대학을 졸업했다. 《지금은 《미》에서도 *vi.* 1의 용법이 일반적》 **2** 등급 매기다; 누진적으로 하다 **3** 눈금을 긋다
— *vi.* **1 졸업하다** 《*in, from*》 《in 다음에는 학과명, from 다음에는 학교명이 옴, 《영》에서는 from 대신 at도 씀》 : He ~*d from* Yale[Oxford]. 그는 예일[옥스퍼드] 대학을 졸업했다. **2** 〈윗 단계로〉 올라가다, 승진하다 《*into, to*》
— [-ət, -èit] *n.* **1** (대학의) **졸업생** 《*of*》, 학사 《《미》에서는 보통 각종 학교의 졸업생, 《영》에서는 학위를 딴 대학 졸업생》 **2** 《미》 대학원 학생
— [-ət, -èit] *a.* 대학 졸업생의, 학사 학위를 받은; 《미》 (대학의) 졸업생을 위한, 대학원의(postgraduate) : ~ students 대학원 학생

grad·u·at·ed [grǽdʒuèitid] *a.* **1** 등급별로 배열된, 계급을 붙인; 〈세금이〉 누진적인 **2** 눈금을 새긴

gráduated detérrence (전략 핵무기 사용의) 단계적 억지 전략

gráduate schòol 《미》 대학원

‡**grad·u·a·tion** [grӕdʒuéiʃən] *n.* **1** Ⓤ 《영》 **학위 획득**; 《주로 미》 (각종 학교로부터의) **졸업**; Ⓤ.Ⓒ 《미》 **졸업식**; 《영》 (대학의) 학위 수여식 : hold the ~ 졸업식을

거행하다 **2** [*pl.*] 눈금 **3** ⓊⒸ 등급[계급] (매김)

graf·fi·ti [grəfí:ti:] [It.] *n.* GRAFFITO 의 복수

graffíti árt (보도·벽·공중 화장실 등에 하는) 낙서 예술

graf·fi·to [grəfí:tou] [It.] *n.* (*pl.* **-ti** [-ti:]) 고적의 기둥·벽을 긁어서 그려 놓은 그림[문자]; [*pl.*] (벽등에 한) 낙서

***graft**[1] [græft | grɑ:ft] [Gk 「철필」의 뜻에서] *vt.* **1 접목하다** 《*in, into, on, upon, together*》; 〖외과〗 〈조직을〉 이식하다 **2** 합체[융합]시키다
— *vi.* 접목되다 《*on*》
— *n.* **1 접붙이기**, 접지(接枝); 접목(법) **2** 〖외과〗 이식 조직

graft[2] *n.* Ⓤ 《구어》 (특히 정치 관계의) 부정 이득; 독직, 사취, 수회(收賄)
— *vi.* 《구어》 뇌물을 받다, 독직하다

graft·er[1] [grǽftər | grɑ́:ft-] *n.* 접붙이는 사람

graft·er[2] *n.* 《구어》 독직 공무원[정치가], 수회자

gra·ham [gréiəm] *a.* 《미》 (정맥하지 않은) 전맥(全麥)의

Gra·ham [gréiəm] *n.* 남자 이름

grail [greil] *n.* 큰 접시(platter), 잔(cup); [the G~] 성배(⇨ Holy Grail)

*****grain** [grein] *n.* **1** 《미》 **a** Ⓤ [집합적] **곡물**, 곡류(《영》 corn) **b** (쌀이나 보리 등의) **낟알** **2** (특히 모래·소금·설탕·커피 등의) 한 알 **3** [부정 구문에 써서] (극)**미량**, 티끌 《*of*》 **4** 그레인 《형량의 최저 단위 = 0.064g.; 略 gr., g.》 **5** Ⓤ (목재·무두질한 가죽·암석 등의) 조직(texture), 나뭇결, 돌결, 살결, 결; 천의 결 **6** 표면이 까칠까칠[도톨도톨]한 것 **7** Ⓤ (사람의) 성질, 기질
against the ~ 성미에 맞지 않게, 못마땅하여 ***in*** ~ 타고난, 본질적인; 철저한; 지울 수 없는 ***receive***[***take***] ***with a*** ~ ***of salt*** 에누리하여[가감하여] 듣다

gráin bèlt 곡창 지대 《미국에서는 Middle West의 대농업 지역을 가리킴》

grained [greind] *a.* 나뭇결[돌결]이 있는; 나뭇결[돌결] 무늬로 칠한; 거죽이 도톨도톨한; 털을 없앤

gráin èlevator 《미》 대형 곡물 창고

grain·field [gréinfi:ld] *n.* 곡식밭

gráin sìde (짐승 가죽의) 털이 있는 쪽 (opp. *flesh side*)

grain·y [gréini] *a.* (**grain·i·er**; **-i·est**) 낟알 모양의; 낟알이 많은; 나뭇결 같은

****gram** | **gramme** [græm] [Gk 「적은 무게」의 뜻에서] *n.* **그램** 《미터법의 중량의 단위; 略 g., gm., gr.》

-gram[1] [græm] 《연결형》 「기록; 그림; 문서」의 뜻: epi*gram*, tele*gram*

-gram[2] 《연결형》 …그램 《미터법의 중량의 단위》: kilo*gram*

gra·ma [grɑ́:mə] *n.* 〖식물〗 미국 서부 및 서남부에 많은 목초(= ∽ **gràss**)

****gram·mar** [grǽmər] [Gk 「문자를 쓰는 기술」의 뜻에서] *n.* **1** Ⓤ **문법**, 문법학; 어법 **2** 문법책, 문전(文典)
bad [***good***] ~ 틀린[올바른] 어법

***gram·mar·i·an** [grəmέəriən] *n.* **문법학자**, 문법자; 고전어 학자

grámmar schòol **1** 《미》 초급 중학교 《8년제 초등학교에서 하급 학년을 primary school이라 하는데 대하여 상급 4년간을 말함》 **2** 《영》 그래머 스쿨 《16세기에 창립되어 라틴어를 주요 교과로 삼은 학교였으나 1944년부터는 11+(eleven plus) 시험에 합격한 학력이 상위인 학생에게 대학 진학 준비 교육을 시키는 중등 학교》

***gram·mat·i·cal** [grəmǽtikəl] *a.* **1 문법(상)의**, 문법적인 **2** 문법에 맞는, 문법적으로 바른 **~·ly** *ad.* 문법적으로; 문법에 맞게: ~ speaking 문법적으로 말하면 **~·ness** *n.* = GRAMMATICALITY

gram·mat·i·cal·i·ty [grəmæ̀tikǽləti] *n.* 〖언어〗 문법성

***gramme** [græm] *n.* = GRAM

grám mòlecule 〖화학〗 그램 분자

Gram·my [grǽmi] *n.* (*pl.* **~s, -mies**) 《미》 그래미상(賞) 《레코드 대상》

****gram·o·phone** [grǽməfòun] *n.* 《영·드물게》 **축음기**, **유성기**(《미》 phonograph) 《지금은 record player가 일반적》

Gram·pi·an [grǽmpiən] *n.* 그램피언 《1975년 신설된 스코틀랜드 동부의 주; 주도 Aberdeen》

gram·pus [grǽmpəs] *n.* 〖동물〗 범고래; 《구어》 숨결이 거친 사람

gran [græn] [*gran*dmother] *n.* 《구어·유아어》 할머니

Gra·na·da [grənɑ́:də] *n.* 그라나다 《스페인 남부의 주; 그 주도; 중세 서사라센 왕국의 수도》

***gra·na·ry** [gréinəri | grǽn-] *n.* (*pl.* **-ries**) **곡물 창고**; 곡창 지대

*****grand** [grænd] *a.* **1 a 웅장한**, 웅대한, 당당한, 으리으리한: a ~ mountain 웅장한 산 **b** 화려한, 호화로운, 상류 사회의 **2 위엄 있는**, **위대한**, **장중한** **3** 중요한, 저명한 **4** 으쓱대는, 오만한 **5** 주된, 주요한; 완전한 **6** 《구어》 **근사한**, 훌륭한
do the ~ 젠체하다, 뻐기다 ***in the*** ~ ***manner*** 장중한 작풍[투]으로 ***live in*** ~ ***style*** 호화로운 생활을 하다
— *n.* **1 그랜드 피아노** **2** (*pl.* ~) 《속어》 1,000달러[파운드] **3** [the ~] 웅장한 것

gran·dad [grǽndæ̀d] *n.* = GRANDDAD

grand·aunt [grǽndæ̀nt | -ɑ̀:nt] *n.* 종조모, 대고모

Gránd Bánks[**Bánk**] [the ~] 그랜드뱅크 《Newfoundland 남동부 근해의 얕은 바다로 세계 4대 어장의 하나》

Gránd Canál [the ~] 대운하 《(1) Venice의 주요 수로 (2) 중국 톈진(天津)에서 항저우(杭州)에 이르는 세계 최장의 수로》

Gránd Cányon [the ~] 그랜드 캐니언 《미국 Arizona 주 북서부의 대협곡》

Gránd Cányon Státe [the ~] 미국 Arizona 주의 속칭

***grand·child** [grǽndtʃàild] *n.* (*pl.* **-chil·dren** [-tʃìldrən]) **손자**, 손녀

Gránd Cróss [the ~] 《영》 대십자훈장 《knight의 최고 훈장; 略 G.C.》

grand·dad [grǽndæ̀d] *n.* 할아버지 (grandfather)
grand·daugh·ter [-dɔ̀:tər] *n.* 손녀
gránd dúchess 대공비 《대공의 처[미망인]》; 여성 대공 《대공국의 여성 군주》
gránd dúke 대공 《대공국의 군주》
gran·dee [grændí:] *n.* 대공 《스페인·포르투갈의 최고 귀족》; 고관, 귀인
*__gran·deur__ [grǽndʒər] *n.* Ⓤ **1** 웅장, 장대, 장려, 화려 **2** 위세, 위엄, 권위 **3** 장관, 숭고
⁑**grand·fa·ther** [grǽndfɑ̀:ðər] *n.* **할아버지**; 조상
~·ly *a.* 할아버지 같은; 자상하게 걱정해 주는, 인자한
grándfather('s) clóck [미국의 동요 작가 H.C. Work의 노래 *My Grandfather's Clock*에서] 대형 괘종시계 《흔들이식》
gránd finále 대단원, 장엄한 종말
gran·dil·o·quence [grændíləkwəns] *n.* Ⓤ 호언장담, 큰소리, 자랑
gran·dil·o·quent [grændíləkwənt] *a.* 과장된, 호언장담하는 **~·ly** *ad.*
gran·di·ose [grǽndiòus] *a.* **1** 웅장[웅대]한, 숭고[장엄]한, 당당한 **2** 뽐내는, 으쓱대는, 과장한
gran·di·os·i·ty [grǽndiɑ́səti | -ɔ́s-] *n.* Ⓤ **1** 웅장함, 당당함 **2** 과장, 떠벌림
gránd júror 대배심원
gránd júry 대배심, 기소 배심
Gránd Láma [the ~] = DALAI LAMA
*__grand·ly__ [grǽndli] *ad.* **웅장하게**; 화려하게; **당당하게**; 오만하게; 장중하게
*__grand·ma__ [grǽndmɑ̀:], **-ma(m)·ma** [-mɑ̀:mə | -məmɑ́:], **-mam·my** [-mæ̀mi] *n.* 《유아어》 **할머니**
⁑**grand·moth·er** [grǽndmʌ̀ðər] *n.* **1 할머니**, 조모 **2** 여자 조상(ancestress); 노부인
grand·moth·er·ly [-mʌ̀ðərli] *a.* 할머니 같은; 친절한, 지나치게 돌보는
Gránd Nátional [the ~] (영국 Liverpool에서 해마다 3월에 열리는) 대장애물 경마
grand·neph·ew [-nèfju: | -nèv-] *n.* 조카(딸)의 아들, 형제자매의 손자, 종손
grand·ness [grǽndnis] *n.* **1** Ⓤ 웅장, 웅대; 호기; 오만 **2** 위대한 업적, 공적
grand·niece [grǽndnì:s] *n.* 조카(딸)의 딸, 형제자매의 손녀, 종손녀
gránd òld mán [the ~; 종종 **G~ O~ M~**] (정계·예술계의) 원로, 장로 《W. E. Gladstone, Winston Churchill 등을 지칭함》
Gránd Òld Párty [the ~] 미국 공화당(the Republican Party)의 속칭 《略 G.O.P.》
gránd ópera 그랜드 오페라, 대가극
*__grand·pa__ [grǽndpɑ̀:], **-pa·pa** [-pɑ̀:pə | -pəpɑ́:] *n.* 《구어·유아어》 **할아버지** (grandfather)
*__grand·par·ent__ [grǽndpɛ̀ərənt] *n.* **조부, 조모**, 조부모
gránd piáno [pianofórte] 그랜드 피아노
gránd plán 대계획, 웅장한 전략
grand prix [grɑ́:n-prí:] [F =grand prize] *n.* (*pl.* **grands prix** [~], **~es** [-z]) **1** 그랑프리, 대상, 최고상 **2** [**G~ P~**] 그랑프리 (경주) 《프랑스 파리의 국제 경마; 세계 각지의 국제 자동차 경주》
grand-scale [grǽndskéil] *a.* 대형의, 대규모의; 정력적인
gránd slám 1 (트럼프 등의) 압승 **2** 〖야구〗 만루 홈런 **3** 그랜드 슬램 《한 시즌의 각종 큰 경기에서 우승하기》 **4** (구어) 대성공, 완승
grand-slam·mer [-slǽmər] *n.* 〖야구〗 만루 홈런
*__grand·son__ [grǽndsʌ̀n] *n.* **손자**
grand·stand [-stæ̀nd] *n.* (경마장·경기장 등의) 특별 관람석
— *vi.* 《구어》 갈채를 노리는 연기를 하다
grándstand finish 〖스포츠〗 대접전[백열전]의 결승
grándstand plày 《구어》 기교를 부려 박수갈채를 노리는 연기, 연극적인 제스처
gránd tóur 1 영국의 상류계급 자녀의 유럽 주유 여행 **2** 대여행: make *the* ~ of …을 일주[순회]하다
grand·un·cle [grǽndʌ̀ŋkl] *n.* 종조부
gránd vizíer (이슬람교 국가의) 수상
grange [greindʒ] *n.* (여러 부속 건물이 딸린) 농장; 《일반적으로》 부농의 저택
grang·er [gréindʒər] *n.* 《미》 농민 (farmer)
*__gran·ite__ [grǽnit] [It. 「낟알」의 뜻에서] *n.* Ⓤ **화강암**, 쑥돌
Gránite Státe [the ~] 미국 New Hampshire 주의 속칭
gran·ite·ware [grǽnitwɛ̀ər] *n.* Ⓤ 화강암 무늬의 도기(陶器)[에나멜 철기(鐵器)]
*__gran·ny, -nie__ [grǽni] *n.* (*pl.* **-nies**) **1** 《구어·유아어》 **할머니**; **노파** **2** 《구어》 수선쟁이, 공연히 남의 걱정을 하는 사람 **3** 세로 매듭 《끈의 옭맨 두 끝이 끈의 원 방향과 +자를 이루는 매듭》
gránny glàsses 할머니 안경 《젊은이들이 쓰는 둥근 금테 안경》
gra·no·la [grənóulə] *n.* Ⓤ 그라놀라 《귀리에 건포도나 황설탕을 섞은 아침 식사용 건강 식품》
⁑**grant** [grænt | grɑ:nt] [OF 「신용하다」의 뜻에서] *vt.* **1 주다**, 수여하다: ~ a right *to* him 그에게 권리를 부여하다 **2** 〈탄원·간청 등을〉 **승인하다**, 허가하다, 들어주다(allow): ~ a person a favor …의 부탁을 들어주다 **3 a 인정하다**, 시인하다(admit): ~ it *to be* true 그것을 사실로 인정하다 // I ~ you are right. 자네가 옳다고 인정하네. **b** (논의하기 위해) 가정하다 **4** (법률상 정식으로) 양도하다
~[*~ing, ~ed*] *that ...* 가령 …이라 치고, …이라 하더라도 ***Granted.*** (상대의 말을 일단 인정하여) 맞았어. 《보통 그 뒤에 But …가 이어진다》: *Granted.* But do you still believe him? 맞았어. 하지만 너는 아직도 그를 믿니? ***take ... for ~ed (that ...)*** 당연한 일로 생각하다 ***This ~ed, what next?*** 이것은 그렇다 치고 다음은 어떤가?

— *n.* **1** ⓊⒸ 허가, 인가; 수여; 교부, 하사 **2** 교부된 물건, 하사금, (특정 목적을 위한) 보조금, 조성금, 장학금 **3** Ⓤ 〖법〗 양도, 부여; Ⓒ 증서

Grant [grænt | grɑ:nt] *n.* 그랜트 **Ulysses Simpson ~** (1822-85) 《미국 남북 전쟁 때의 북군 총사령관, 제18대 대통령(1869-77)》

gránt àid 무상 원조

grant·ee [græntí: | grɑ:n-] *n.* 〖법〗 피(被)수여자, 양수인; (장학금 등의) 수령자

grant-in-aid [grǽntinéid | grɑ́:nt-] *n.* (*pl.* **grants-**) 보조금, 교부금(subsidy)

gran·tor [grǽntər | grɑ:ntɔ́:] *n.* 〖법〗 양도인, 수여자, 교부자

grants·man [grǽntsmən | grɑ́:nts-] *n.* (*pl.* **-men** [-mən]) (대학교수 등으로서 재단 등에서) (연구) 보조금을 타내는 데 능숙한 사람 **~·shìp** *n.* 그 기술[솜씨]

gran tu·ris·mo [grɑ́:n-tu:rí:zmou] [It.] *n.* [종종 **G~ T~**] 그란투리스모, GT카 《장거리·고속 주행용의 고성능 자동차》

gran·u·lar [grǽnjulər] *a.* 낟알의, 낟알 모양의; 과립 모양의

gran·u·lar·i·ty [grænjulǽrəti] *n.* Ⓤ 낟알 모양, 입도(粒度)

gran·u·late [grǽnjulèit] *vt.* 낟알 (모양으)로 만들다; 꺼칠꺼칠하게 만들다 — *vi.* 낟알 (모양으)로 되다; 꺼칠꺼칠하게 되다

grán·u·lat·ed súgar [grǽnjulèitid-] 그래뉴당(糖)

gran·u·la·tion [grænjuléiʃən] *n.* ⓊⒸ 낟알이 되기, 낟알 모양을 이루기, 꺼칠꺼칠해지기, 낟알이 있는 면

gran·ule [grǽnju:l] *n.* 잔 낟알, 가느다란 낟알; 미립(微粒)

gran·u·lo·cyte [grǽnjulousàit] *n.* 〖해부〗 과립성 백혈구, 과립구

‡grape [greip] *n.* 포도 (열매); 포도나무 (=grapevine)

sour ~s ⇨ sour grapes. ***the ~s of wrath*** 〖성서〗 분노의 포도 《신의 분노의 상징》

grape·fruit [gréipfrù:t] [포도처럼 송이로 열매를 맺는 데서] *n.* (*pl.* **~, ~s**) 그레이프프루트 《pomelo와 비슷한 북아메리카 남부의 특산 과일》

grápe jùice 포도즙

grape·shot [gréipʃɑ̀t | -ʃɔ̀t] *n.* (옛 대포의) 포도탄(彈)

grápe sùgar 포도당

grape·vine [-vàin] *n.* **1** 포도 덩굴[나무] **2** [the ~] 《구어》 소문, 허보, 유언비어; ⒸⓊ 정보가 퍼지는 경로(= ~ **tèlegraph**)

***graph** [græf, grɑ:f] *n.* 도표, 그래프, 도식, 그림 — *vt.* 그래프[도표, 도식]로 나타내다, 도시하다

-graph [græ̀f | grɑ̀:f] 《연결형》 **1** 「…을 쓰는[그리는, 기록하는] 기구」의 뜻: phono*graph* **2** 「…을 쓴 것[그림]」의 뜻: photo*graph*

***graph·ic, -i·cal** [grǽfik(əl)] *a.* **1** 그림[회화, 조각]의; 눈앞에 보는 것 같은, 생생한, 여실한 **2** 도표의, 도해의, 도식으로 나타낸, 그래프식의: a ~ method 도식법, 그래프법 **3** 글자로 쓰는, 글자[기호]의; 서화[인각(印刻)]의

— *n.* 시각 예술[인쇄 미술] 작품, 그래픽 아트 작품

-i·cal·ly *ad.* 그림을 보는 것같이, 생생하게; 도표로; 글자로

gráphic árts [the ~] 그래픽 아트 《일정한 평면에 문자·그림 등을 표시·장식·인쇄하는 기술이나 예술의 총칭》

gráphic desígn 그래픽 아트를 응용하는 상업 디자인

graph·ics [grǽfiks] *n. pl.* **1** [단수 취급] 제도법; 도학(圖學); 도식[그래프] 산법(算法); 〖컴퓨터〗 그래픽스 《컴퓨터의 출력을 브라운관에 표시하여 다시 그것을 light pen 등으로 조작하는 기술》 **2** = GRAPHIC ARTS

gráphics càrd [**adàptor**] 〖컴퓨터〗 그래픽 카드[어댑터] 《그래픽스 회로를 탑재한 확장 카드》

graph·ite [grǽfait] *n.* Ⓤ 〖화학〗 그래파이트, 석묵(石墨), 흑연(black lead)

gra·phol·o·gist [græfɑ́lədʒist | -fɔ́l-] *n.* 필적학자

gra·phol·o·gy [græfɑ́lədʒi | -fɔ́l-] *n.* Ⓤ 필적학, 필적 관상법 《필적으로 사람의 성격을 판단》

gráph pàper 모눈종이, 그래프 용지

-graphy [grəfi] 《연결형》 **1** 「…화풍, 화법, 서풍, 서법, 기록법」의 뜻: litho*graphy*, steno*graphy* **2** 「…지(誌), …기(記)」의 뜻: geo*graphy*, bio*graphy*

grap·nel [grǽpnl] *n.* 〖항해〗 네 갈고리 닻; 쇠갈퀴, 쇠갈고리에 줄을 단 연장

***grap·ple** [grǽpl] *vt.* 잡다, 꽉 쥐다, 파악하다; 〖항해〗 쇠갈퀴로 걸어 잡다; …와 격투하다 — *vi.* **1** 격투하다, 맞붙어 싸우다, 드잡이하다 《*with*》: The two wrestlers *~d together.* 두 레슬러는 서로 맞붙었다. **2** (쇠갈퀴로) 걸어 고정하다 **3** 해치우려고[해결하려고, 이기려고] 노력하다 《*with*》: They *~d with* the new problem. 그들은 새 문제와 씨름했다.

— *n.* **1** 붙잡기, 맞잡고 싸우기, 드잡이, 격투, 접전 **2** 〖항해〗 = GRAPNEL

come to ~s with …와 맞잡고 싸우다, …와 격투하다

gráp·pling ìron[**hòok**] [grǽpliŋ-] 〖항해〗 (적선 등을 걸어 잡아당기는) 쇠갈고리 (grapnel)

GRAS [græs] [*g*enerally *r*ecognized *a*s *s*afe] *n.* 〖약학〗 (식품 첨가물에 대한) 미국 식품 의약국의 합격증

‡grasp [græsp | grɑ:sp] *vt.* **1** 붙잡다, (몸·옷 등을) 움켜잡다(grip); 끌어안다, 꽉 껴안다 《*by*》 《몸·의복의 부분을 나타내는 명사 앞에는 the를 씀: He *~ed* me *by* the arm. 그는 내 팔을 잡았다.》 **2** 터득하다, 파악하다, 이해하다

G~ all, lose all. 《속담》 (욕심부려) 다 잡으려다가는 몽땅 놓친다.

— *vi.* **1** 움켜잡다, 단단히 쥐다 **2** 붙잡으려고 하다 《*at, for*》: He tried to ~ *for* any support. 그는 어떤 지원에라도 매달리려 하였다.

~ *at* …을 잡으려 하다, (욕심나는 것에) 달려들다 ~ *the nettle* 자진해서 난국에 부닥치다

— *n.* UC **1** 움켜잡기, 꽉 쥐기, 쥐는 힘; 끌어안기 《*at*》 **2** 통제, 지배; 점유 《*on*》 **3** 이해력; 파악하는 힘[가능성]

beyond*[*within*] one's ~** 손이 미치지 않는[미치는] 곳에; 이해할 수 없는[있는] 곳에 ***get*[*take*] *a* ~ *on oneself 자기의 감정을 억제하다 ***have a good ~ of*** …을 잘 이해하고 있다 ***in the ~ of*** …의 손아귀에

grasp·ing [grǽspiŋ | grɑ́:sp-] *a.* 붙잡는; 욕심 많은 **~·ly** *ad.* **~·ness** *n.*

‡grass [græs | grɑ:s] *n.* U **1** 풀, 꼴풀, 목초; [*pl.*] 풀의 잎이나 줄기 **2** 풀밭, 초원, 목장 **3** 잔디(lawn) **4** 〖식물〗 벼과(科)의 식물 《곡류·갈대·대나무 등도 포함》 **5** 《속어》 아스파라거스(asparagus) **6** C 《영·속어》 밀고자, (경찰 등의) 끄나풀 **7** 《속어》 환각제(marijuana)

as green as ~ 《구어》 애송이인, 철부지의 ***go to ~*** 〈가축이〉 목장으로 가다; 《속어》 일을 그만두다, 쉬다; 〈권투 등에서〉 맞아 쓰러지다 ***Keep off the ~.*** 《게시》 잔디밭에 들어가지 마시오. ***let the ~ grow under one's feet*** [보통 부정구문] (우물거리다가) 기회를 놓치다 ***put*[*send, turn*] *out to ~*** 〈가축을〉 방목하다; 《구어》 해고하다; 《속어》 때려 눕히다

— *vt.* **1** 풀을 나게 하다, 풀로 덮다; 잔디밭으로 만들다 **2** 《미》 〈가축에〉 풀을 먹이다, 방목하다

— *vi.* 〈가축이〉 풀을 뜯다; 《영·속어》 (경찰에) 밀고하다 《*on*》

gráss chàracter (한자의) 초서(草書)

gráss cóurt 잔디를 심은 테니스 코트

gráss cùtter 풀 베는 사람, 풀 베는 인부; 풀[잔디] 베는 기계; 《야구속어》 강한 땅볼

grass·eat·er [-ì:tər] *n.* 《미·속어》 (뇌물을 요구하지는 않으나 주면 받는) 수회[부패] 경관

gráss gréen [때로 a ~] (싱싱한) 풀빛, 연두색

grass-green [-grí:n] *a.* 풀빛의, 연두색의

gráss hànd **1** (한자 등의) 초서 **2** 《영·속어》 〖인쇄〗 임시 고용인

‡grass·hop·per [grǽshɑ̀pər | grɑ́:s-hɔ̀p-] *n.* 〖곤충〗 베짱이, 메뚜기, 황충, 여치 ***knee-high to a ~*** 《구어》 아주 어린

grass·land [grǽslæ̀nd | grɑ́:s-] *n.* U 목초지, 목장; 대초원

grass·plot [grǽsplɑ̀t | grɑ́:splɔ̀t] *n.* U 잔디밭

gráss róots [the ~; 종종 단수 취급] **1** 일반 대중 **2** 풀뿌리 **3** (사상 등의) 기초, 근본

grass-roots [-rú:ts] *a.* 민중의, 서민의, 민중으로부터 나온; 시골의 (rural)

gráss snàke (영국에 흔히 있는) 독이 없는 뱀

gráss stỳle 초서; 묵화법(墨畵法)

gráss wídow 이혼 또는 별거 중인 아내

gráss wídower 이혼 또는 별거 중인 남편

***grass·y** [grǽsi | grɑ́:si] *a.* (**grass·i·er**; **-i·est**) 풀이 우거진, 풀로 덮인, 풀의[같은]; 연초록색의

***grate[1]** [greit] [동음어 great] [L 「격자 세공품」의 뜻에서] *n.* **1** (벽난로의 연료 받이) 쇠살대, 화상(火床) **2** (창문 등의) 쇠격자

***grate[2]** *vt.* **1** 비비다, 갈다, 문지르다; 삐걱거리게 하다: ~ one's teeth 이를 갈다 **2** 비벼 부스러뜨리다, 뭉개다, 〈강판에〉 갈다 **3** 초조하게 하다, 성질나게 하다

— *vi.* **1** 비비다, 삐걱거리다 **2** 〈신경에〉 거슬리다 《*on*》, 불쾌감을 주다

G-rat·ed [dʒí:rèitid] *a.* 〈영화가〉 관객의 연령 제한이 없는, 일반용의 《G는 general의 약어》: a ~ film 일반용 영화

‡grate·ful [gréitfəl] *a.* **1** 고맙게 여기는, 감사하는(thankful) 《*to, for*》; 사의를 표하는: a ~ letter 감사의 편지 **2** 고마운, 기분 좋은, 쾌적한, 반가운

***grate·ful·ly** [gréitfəli] *ad.* 감사하여, 기꺼이

grate·ful·ness [gréitfəlnis] *n.* U 고맙게 여김, 감사(한 마음)

grat·er [gréitər] *n.* 가는[문지르는] 사람; 강판

***grat·i·fi·ca·tion** [græ̀təfikéiʃən] *n.* U 만족시키기, 흐뭇하게 해주기; 만족(감), 희열; C 만족시키는 것

grat·i·fied [grǽtəfàid] *a.* 만족한, 기뻐하는 《*with, at*》: I am ~ *with*[*at*] the result. 나는 그 결과에 만족하고 있다.

‡grat·i·fy [grǽtəfài] *vt.* (**-fied**) **1** 만족시키다; 기쁘게 하다 **2** 〈욕망·충동 등을〉 충족시키다

grat·i·fy·ing [grǽtəfàiiŋ] *a.* 만족을 주는, 만족한, 기분 좋은, 유쾌한 **~·ly** *ad.*

gra·tin [grǽtn | -tæŋ] [F] *n.* 그라탱 《고기·감자 등에 치즈·빵가루를 입혀서 굽는 요리》

grat·ing[1] [gréitiŋ] *n.* 창살, 격자, 격자 세공

grating[2] *a.* 삐걱거리는, 삐걱삐걱하는, 귀에 거슬리는; 신경에 걸리는 **~·ly** *ad.*

gra·tis [grǽtis, gréit-] *a.* P [종종 free ~로] 무료로: Entrance is ~. 입장 무료. — *ad.* 무료로

‡grat·i·tude [grǽtətjù:d | -tjù:d] *n.* U 감사(하는 마음) 《*to*》, 사의 《*for*》

in ~ for …에 감사하여 ***in token of one's ~*** 감사의 표시로 ***out of ~*** 은혜의 보답으로, 감사한 마음에서

gra·tu·i·tous [grətjú:ətəs | -tjú:-] *a.* **1** 무료의(free), 무보수의, 호의상의; 〖법〗 〈계약 등이〉 무상의 **2** 불필요한; 까닭[근거] 없는 **~·ly** *ad.*

gra·tu·i·ty [grətjú:əti | -tjú:-] [F 「선물」의 뜻에서] *n.* (*pl.* **-i·ties**) UC 행하, 팁(tip); 선물(gift); 〖군사〗 (특히 제대·퇴직 시의) 급여금(bounty), 퇴직금 ***No ~ accepted.*** 《게시》 팁은 안 받습니다.

‡grave[1] [greiv] [OE 「굴」의 뜻에서] *n.* **1** 무덤, 묘(tomb) **2** [the ~] 《문어》 죽음, 파멸, 종말

G

(*as*) ***silent*** [***quite, secret***] ***as the*** ~ 무덤과 같이 말없는[절대로 비밀인] ***dig*** one***'s own*** ~ 스스로 무덤을 파다, 자멸하다 ***from the cradle to the*** ~ ⇨ cradle. ***have one foot in the*** ~ 《구어》 무덤 속에 한 발을 넣고 있다, 다 죽어가다 ***make*** a person ***turn*** (***over***) ***in his*** ~ …을 죽어서도 눈을 감지[편히 잠들지] 못하게 하다 ***rise from*** one***'s*** ~ 소생하다 ***turn*** (***over***) ***in*** one***'s*** ~ 〈고인이〉 무덤 속에서 탄식하다

grave[2] *a.* **1 중대한**, 심상치 않은 **2 근엄한**, 의젓한, 위엄 있는, 엄숙한 **3** 근심스러운, 수심을 띤 **4** 〈빛깔이〉 수수한, 침침한 **5** 〔음성〕 저(低)악센트(`)의, 억음(抑音)의 — [greiv, grɑːv] *n.* 〔음성〕 억음( = ∸ **áccent**); 억음 부호 《è, æ̀ 등의 (`)》 ~**·ness** *n.*

grave[3] *vt.* (~**d**; **grav·en** [gréivən], ~**d**) 《문어》 **1** 조각하다, 새기다(engrave) **2** [종종 수동형] (마음에) 새기다, 명심하다 《*on, in*》: His words *are graven on* my memory. 그의 말은 나의 뇌리에 아로새겨져 있다.

grave·dig·ger [-dìgər] *n.* 무덤 파는 일꾼; 〔곤충〕 송장벌레

grav·el [grǽvəl] *n.* **1** Ⓤ [집합적] **자갈** **2** UC 〔병리〕 신사(腎砂), 요사(尿砂), 요결석(尿結石), 요사증
— *vt.* (~**ed**; ~**·ing** | ~**led**; ~**·ling**) **1** 자갈로 덮다[보수하다], 자갈을 깔다 《종종 과거분사로 형용사적으로 씀: a ~*ed* path 자갈길》 **2 a** 《영》 어리둥절케 하다, 곤혹스럽게 하다(puzzle, perplex) **b** 《미·구어》 짜증나게 하다, 성나게 하다

grav·el·ly [grǽvəli] *a.* 자갈의[같은], 자갈이 든, 자갈로 된; 〈목소리가〉 귀에 거슬리는

grav·el·stone [grǽvəlstòun] *n.* **1** 자갈, 조약돌(pebble) **2** 〔병리〕 신사(腎砂)

grável wàlk[**ròad**] 자갈길

grave·ly [gréivli] *ad.* **중대하게**; 근엄하게, **진지하게**; 장중하게

grav·en [gréivən] *v.* GRAVE[3]의 과거분사

gráven ímage 우상, 조상(彫像)

grav·er [gréivər] *n.* (동판용) 조각칼

grave·stone [gréivstòun] *n.* 묘석, 묘비

*__grave·yard__ [gréivjɑ̀ːrd] *n.* **묘지**, 묘소

Gráveyard schòol [the ~] 묘지파 《18세기 중엽의 영국 서정 시인들의 한 파》

gráveyard shìft (3교대제에서) 밤 12시부터 오전 8시까지의 근무; 그 근로자들

gráveyard wàtch 1 자정부터 오전 4시[8시]까지의 당직 **2** = GRAVEYARD SHIFT

grav·id [grǽvid] *a.* 《문어》 임신하고 (있는); 〔동물〕 〈고기·곤충이〉 알이 가득한

gra·vim·e·ter [grævímətər] *n.* (고체·액체의) 비중계; 중력계

gráv·ing tòol [gréiviŋ-] 조각용 도구; 동판 조각칼

grav·i·sphere [grǽvəsfìər] *n.* Ⓤ 〔천문〕 (천체의) 중력권, 인력권

grav·i·tate [grǽvətèit] *vi.* 인력에 끌리다; 가라[내려]앉다(sink) 《*toward, to*》; (…에) 자연히 끌리다 《*toward, to*》

*__grav·i·ta·tion__ [græ̀vətéiʃən] *n.* Ⓤ **1 중력, 인력**: terrestrial ~ 지구 인력, 중력 **2** 가라앉기, 하강(sinking) **3** (자연의) 경향(tendency)

grav·i·ta·tion·al [græ̀vətéiʃənl] *a.* 중력의, 인력 (작용)의 ~**·ly** *ad.*

grav·i·ty [grǽvəti] *n.* Ⓤ **1 a** 〔물리〕 **중력**, 인력 **b** 무게(weight) **2** 《일반적으로》 끌림, 인력 **3 a 진지함**, 엄숙, 침착 **b** 중대함, 심상치 않음; 위험, 위협; 심상찮은 죄

gra·vure [grəvjúər] *n.* UC 〔인쇄〕 그라비어 인쇄, (사진 제판에 의한) 요판(凹版) 인쇄; 그라비어 인쇄물[판]

*__gra·vy__ [gréivi] *n.* (*pl.* **-vies**) **1** UC **육즙**, 고깃국물, 그레이비: ~ soup 육즙 수프 **2** Ⓤ 《미·속어》 쉽게 번 돈, 부정 이득 ***in the*** ~ 돈 있는, 부자의

grávy bòat (배 모양의) 그레이비 그릇

grávy tràin [the ~] 《미·속어》 일하지 않고 편히 지낼 수 있는 지위[수입]

gray | grey [grei] *n.* **1** UC **회색**, 쥐색 **2** [the ~] 어스레한 빛, 미명; 땅거미, 어스름: in *the* ~ of the daybreak 미명에, 여명에 **3** Ⓤ 회색[쥐색]의 옷 **4** Ⓤ 회색[쥐색] 그림물감[염료] **5** [주로 *pl.*] 회색말 **6** 《속어》 평범한 중년 남자 **7** [종종 **G~**] 《미》 회색 군복 《특히 미국 남북 전쟁 때 남군의》 ***the blue and the gray*** (미국 남북 전쟁의) 북군과 남군
— *a.* **1 회색의**, 쥐색의, 납빛의; 〈안색이〉 창백한: ~ eyes 회색 눈 **2 a** 흐린, 우중충한 **b** 어스레한(dim), 음침한 **3** 〈머리털이〉 반백의 **4** 《비유》 회색의, 어두운; 음울한, 외로운 **5** 노년의; 경험을 쌓은, 원숙한: ~ experience 원숙한 경험, 노련
— *vt.* 회색[쥐색]으로 만들다; 백발이 되게 하다 — *vi.* 회색[쥐색]이 되다; 백발이 되다

gráy área (양극 사이의) 중간 영역, 이도 저도 아닌[애매한] 부분[상황]

gray·beard [-bìərd] *n.* 노인; 현인

gray-col·lar [-kɑ̀lər | -kɔ̀l-] *a.* 수리·보수 작업에 종사하는

gráy ecònomy = GREY ECONOMY

gráy éminence = ÉMINENCE GRISE

Gráy Fríar 프란체스코회 수도사(Franciscan)

gray-head·ed [-hédid], **-haired** [-hέərd] *a.* 백발의, 백발이 섞인; 늙은, 노련한 《*in*》, 오래된

gray·hound [-hàund] *n.* = GREYHOUND

gray·ing [gréiiŋ] *n.* Ⓤ 고령화; 노화

gray·ish [gréiiʃ] *a.* 회색[쥐색]이 도는, 희끄무레한

gray·mail [gréimèil] *n.* 《미》 (소추 중의 피의자에 의한) 정부 기밀의 폭로를 비치는 협박

gráy márket 〔경제〕 회색 시장 《품귀 상품을 비싸게 판매; 불법은 아님》

gráy màtter 1 (뇌·척수의) 회백질 **2** 《구어》 두뇌, 지력

gráy pówer 《미》 노인 파워

gráy síster 프란체스코회 수녀

gráy squírrel 〔동물〕 회색 큰다람쥐 《북미 원산》

gráy zóne 1 이도 저도 아닌 (상태), 애매

한 (범위) **2** 회색 지대(의) 《어느 초강대국의 세력하에 있는지 애매한 지역》

‡graze[1] [greiz] *vi.* 〈가축이〉 **풀을 뜯어먹다**; 방목하다; 《미·속어》 식사하다
— *vt.* 〈가축에게〉 생풀을 먹이다; 〈풀밭을〉 목초지로 사용하다; 풀을 먹게 밖에 내놓다 ***send*** a person ***to ~*** …을 내쫓다
— *n.* **방목**; 풀 먹이기[먹기]

graze[2] *vt., vi.* 가볍게 닿으며[스치며] 지나가다, 스치다 《*along, through, by, past*》; 스쳐 벗겨지게 하다[벗겨지다] 《*against*》
— *n.* 스치기, 스쳐 벗겨지기; 찰과상

gra·zier [gréiʒər | -ziə] *n.* 목축업자

graz·ing [gréiziŋ] *n.* Ⓤ 목초지; 방목

grázing lànd 방목지

Gr. Br(it). Great Britain

GRE graduate record examination 미국 (일반) 대학원 입학 자격 시험

‡grease [griːs] [동음어 Greece] *n.* Ⓤ **1 그리스**; 유지(油脂), (윤활유 등의) 기름, 양털의 지방분; 기름 빼지 않은 양털(= **~ wòol**) **2** 지방(fat) **3** 《구어》 뇌물; 아첨
— [griːs, griːz] *vt.* **1 a** 기름을 바르다[치다] **b** 기름으로 더럽히다 **2** 《구어》 〈일을〉 원활히 진척시키다; 뇌물을 주다
~ a person***'s palm***[***hand, fist***] 《속어》 …에게 뇌물을 쓰다 ***~ the wheels*** 일을 원활히 진행되게 하다 ***like***[***quick as***] ***~d lightning*** 매우 빨리

gréase gùn 윤활유 주입기

gréase mònkey 《속어》 (특히 자동차·비행기의) 수리공, 정비공

grease·paint [-pèint] *n.* Ⓤ (배우가 쓰는) 화장용 기름; (배우 등의) 분장

grease·proof [-prùːf] *a.* 기름이 안 배는: ~ paper 《영》 납지(蠟紙)

greas·er [gríːsər, -zər] *n.* **1** 기름 치는 사람; (기선의) 기관사, (자동차) 정비공 **2** 《속어》 폭주족의 젊은이

greas·i·ly [gríːsili | -zi-] *ad.* 기름지게; 미끈미끈하게; (말을) 번드르르하게

***greas·y** [gríːsi | -zi] *a.* (**greas·i·er**; **-i·est**) **1 기름이 묻은**, 기름을 바른 **2** 기름진 **3** 미끈미끈한 **4** 알랑거리는; 《미·속어》 지저분한 **gréas·i·ness** *n.*

gréasy spóon[**réstaurant**] 《미·익살》 불결한 싸구려 식당

‡great [greit] *a.* **1 큰**, **대**(大)…: a ~ city 대도시 **2 많은**; 장기(長期)의, 오랜; 먼: a man of ~ age 고령자 **3 중대한**, 주요한, 〈성질 등이〉 두드러진, 현저한; 고도의, 극심한 **4 위대한**, 탁월한, 저명한 **5** 숭고한, 심원한, 장엄한 **6** 신분[지체]이 높은, 귀한, 지위가 높은 **7** 즐겨 쓰는, 마음에 드는, 좋아하는 〈말 등〉 **8** 《구어》 능란한, 잘하는 《*at*》; 정통한 《*on*》 **9** 《구어》 굉장한, 재미나는, 신나는, 멋진, 훌륭한, 대단한 **10** 《문어》 〈가슴이〉 벅찬; 《고어》 (임신하여) 배가 부른 《*with*》 **11** [the G~; 고유 명사·칭호 등의 뒤에 붙여서] … 대왕[제(帝)]: Alexander *the G~* 알렉산더 대왕
a ~ many, a ~ number of (people, etc.) 많은, 숱한, 다수의 ***~ little man*** 몸은 작으나 마음이 큰 사람 ***no ~*** 대수롭지 않은 《*to*》 ***the ~er***[***~est***] ***part of*** …의 대부분, …의 태반 ***the ~est happiness of the ~est number*** 최대 다수의 최대 행복 《J. Bentham의 공리주의》 ***the ~ majority***[***body, part***] 대부분
— *ad.* 《미·구어》 훌륭히, 썩 잘(very well); 몹시, 되게(very): Things are going ~. 만사 순조롭게 되어 간다.
— *n.* **1** 위인, 명사, 거물 **2** [the ~(s); 집합적; 복수 취급] 위인들, 명사들, 일류 인사들 **3** [the ~est] 《구어》 아주 멋진 사람[물건]
~ and small 빈부귀천

great- [greit] 《연결형》 「1대(代)가 먼 또는 grand보다 1대가 먼 친등(親等)의」의 뜻: *great*aunt

gréat ápe 유인원 《고릴라·침팬지 등》

great-aunt [gréitæ̀nt | -ɑ̀ːnt] *n.* = GRANDAUNT

Gréat Bárrier Rèef [the ~] 대보초(大堡礁) 《오스트레일리아 북동부의 Queensland 해안과 병행하는 큰 산호초》

Gréat Béar [the ~] 〖천문〗 큰곰자리, 북두칠성(Ursa Major)

‡Grèat Brítain *n.* **대브리튼섬**, 영 본국 《잉글랜드, 웨일스, 스코틀랜드를 합친 것에 대한 명칭》

gréat cálorie 킬로 칼로리 《물 1kg을 1℃ 높이는 데 필요한 열량; 식품의 영양가를 표시하는 데도 씀》

Gréat Chárter [the ~] 〖영국사〗 대헌장, 마그나 카르타(Magna Charta)

gréat círcle (구면(球面)의) 대원(大圓); (지구의) 대권(大圈)

great·coat [-kòut] *n.* 《영》 두꺼운 천으로 만든 큰 외투

Gréat Dáne 그레이트 데인 《Denmark종(種)의 큰 축견》

Gréat Depréssion [the ~] (1929년 미국에서 비롯한) 대공황

Gréat Divíde [the ~] **1** 대분수계, 《특히》 북미 대륙 분수계(the Rockies) **2** 《비유》 죽음, 중대 시기, 위험
cross the ~ 《완곡》 유명을 달리하다, 죽다

Gréat Dóg [the ~] 〖천문〗 큰개자리

Great·er [gréitər] *a.* [지역명으로] 대(大)…: ~ New York 대뉴욕

Gréater Lóndon 대런던 《1965년 이후, 구 London에 구 Middlesex 주 및 구 Essex, Kent, Hertfordshire, Surrey 각 주의 일부를 병합시킨 행정 지구로서 현재의 London과 같은 뜻; 1986년 폐지》

gréatest cómmon méasure[**divísor**] [the ~] 〖수학〗 최대 공약수

Gréat Fíre [the ~] 〖영국사〗 (1666년의) 런던 대화재

great-grand·child [gréitgrǽndtʃàild] *n.* (*pl.* **-chil·dren** [-tʃìldrən]) 증손

great-grand·daugh·ter [-dɔ̀ːtər] *n.* 증손녀

great-grand·fa·ther [-fɑ̀ːðər] *n.* 증조부

great-grand·moth·er [-mʌ̀ðər] *n.* 증조모

great-grand·par·ent [-pɛ̀ərənt] *n.* 증조부[모]

great-grand·son [-sʌ̀n] *n.* 증손자

great·heart·ed [-hɑ́ːrtid] *a.* **1** 고결한, 마음이 넓은, 아량 있는, 관대한 **2** 용감한 **~·ly** *ad.* **~·ness** *n.*

Gréat Lákes [the ~] 미국과 캐나다 국경의 5대호 《동쪽에서부터 차례로 Ontario, Erie, Huron, Michigan, Superior》

⁑great·ly [gréitli] *ad.* **1** [보통 동사·과거분사·소수의 비교급 형용사를 강조하여] **크게, 몹시, 매우; 훨씬:** I was ~ amused. 나는 무척 재미있었다. **2 위대하게; 숭고하게**

great-neph·ew [gréitnèfjuː | -nèv-] *n.* = GRANDNEPHEW

***great·ness** [gréitnis] *n.* Ⓤ **1 큼,** 거대함 **2 중대,** 중요 **3 위대(함),** 웅대; 저명, 탁월

great-niece [gréitnìːs] *n.* = GRANDNIECE

Gréat Pláins [the ~] 대초원 지대 《Rocky 산맥 동부의 미국·캐나다에 걸친》

Gréat Pówer 강국; [the ~s] (세계의) 열강

Gréat Rebéllion [the ~] 〖영국사〗 대반란, 청교도 혁명(English Civil War)

Gréat Sált Láke 그레이트 솔트 호 《미국 Utah주에 있는 얕은 함수호》

gréat séal 1 [the ~] 국새 **2** [the G~ S~] 《영》 국새 상서(尙書)

gréat tóe 엄지발가락(big toe)

great-un·cle [-ʌ̀ŋkl] *n.* = GRANDUNCLE

Gréat Wáll of Chína [the ~] (중국의) 만리장성

Gréat Wár [the ~] 제1차 세계 대전 《World War I, 1914-18》

greave [griːv] *n.* [보통 *pl.*] (갑옷의) 정강이받이

grebe [griːb] *n.* 〖조류〗 농병아리

***Gre·cian** [gríːʃən] *a.* **그리스(식)의** 《**Grecian**은 건축, 미술, 사람의 얼굴 등에 대해 사용하며, 그 외에는 **Greek**를 사용》 **—** *n.* 그리스 사람(Greek)

Grécian nóse 그리스 코 《콧등의 선이 이마로부터 일직선》

Gre·co-Ro·man [grìːkouróumən] *a.* 그리스·로마의; 그리스의 영향을 받은 로마의: ~ art 그레코로만 미술(양식) **—** *n.* 〖레슬링〗 그레코로만형 《허리 아래의 공격을 금지하는 스타일》

⁑Greece [griːs] [동음어 grease] *n.* **그리스, 헬라,** 희랍 《옛이름 Hellas; 수도 Athens》

***greed** [griːd] [greedy에서의 역성(逆成)] *n.* Ⓤ Ⓒ **탐욕, 큰 욕심** 《*for, of*》: ~ *for* money 금전욕

***greed·i·ly** [gríːdili] *ad.* **욕심내어,** 탐욕을 부려; 게걸스럽게

greed·i·ness [gríːdinis] *n.* Ⓤ Ⓒ 탐욕

⁑greed·y [gríːdi] *a.* (**greed·i·er**; **-i·est**) **1 탐욕스러운,** 욕심 사나운, 몹시 탐내는 《*for, of*》 **2 게걸스러운,** 탐식하는 **3** 갈망[열망]하는 《*of, for*》

⁂Greek [griːk] *a.* **그리스 사람[말]의, 그리스(식)의**(⇨ Grecian 비교) **—** *n.* **1 그리스 사람 2** 그리스화한 유대인; 그리스 정교회 신자; 그리스 문화·정신의 세례를 받은 사람 **3** Ⓤ **그리스어 4** Ⓤ 무슨 소린지 알아들을 수 없는 말: That is (all) ~ to me. 도무지 알아들을 수 없는 소리이다.

***Ancient* [*Classical*] ~** 고대 그리스어 《서기 200년 무렵까지의》

Gréek álphabet [the ~] 그리스어 알파벳, 그리스 문자

Gréek Cátholic 그리스 정교회 신자

Gréek Chúrch [the ~] = GREEK ORTHODOX CHURCH

Gréek cróss 그리스 십자가

Gréek frét 뇌문(雷紋)

Gréek gíft 사람을 해치기 위한 선물

Gréek-let·ter fratérnity [-lètər-] 《미》 그리스 문자 클럽 《대학 등에서 그리스 자모(字母)를 딴 이름의 사교·학술 클럽》

Gréek Órthodox Chúrch [the ~] 그리스 정교회 《동방 정교회(Orthodox Eastern Church)의 일부로, 그리스의 국교》

⁂green [griːn] *a.* **1 녹색의,** 초록빛의, 풀빛의; 〈신호가〉 **청색의 2 야채**[푸성귀, 채소]의 **3 a** 〈과일 등이〉 **익지 않은,** 〈목재·담배 등이〉 말리지 않은, 굽지 않은, 생(生)의 **b** 〈사람이〉 **미숙한;** 서투른, 풋내기의(raw): a ~ hand 미숙한 사람 **c** 쉽사리 믿는, 속기 쉬운 **d** 〈말이〉 아직 길들지 않은 **4** 〈기억 등이〉 생생한, 새로운: The accident is still ~ in my memory. 그 사고는 아직도 내 기억에 생생하다. **5** 〈얼굴빛이〉 창백한, 혈색이 나쁜; 질투하는 기색이 나타난 《*with*》 **6** 《속어》 샘[질투] 많은(jealous) **7** 원기 왕성한, 젊은, 활기 있는, 싱싱한(fresh) **8** 푸른 빛으로 덮인(verdant); 온난한(mild)

***keep a memory* ~** 잊지 않고 기억해 두다

— *n.* **1** Ⓤ Ⓒ **초록,** 녹색, 풀빛 **2** 녹색 안료[도료, 염료, 그림물감]; 녹색 물건; 녹색 천[옷감] **3** [*pl.*] **a** 식물, 초목, 녹수(綠樹) **b** 푸른 잎, 푸른 가지 《크리스마스 등의 장식용》 **c** 푸성귀, 야채; 야채 요리 **4** [the G~] 녹색 휘장(徽章) 《아일랜드의 국장(國章)》; [*pl.*] 녹색당 **5** Ⓤ 청춘, 활기; 《속어》 경험 없는[미숙한] 티[표시] **6** 《속어》 돈, 지폐 **7** 풀밭, 녹지, 잔디밭; 〖골프〗 = PUTTING GREEN; 골프 코스 **—** *vt.* **1** 녹색으로 하다[칠하다, 물들이다]; 〈도시 등을〉 녹화하다 **2** 《속어》 속이다, 기만하다 **—** *vi.* 녹색이 되다, 녹화되다

green·back [gríːnbæ̀k] [뒷면이 녹색인 데서 유래] *n.* 《미·속어》 달러 지폐 《미국 정부 발행의 법정 지폐》

gréen béan (식용의) 깍지콩; 콩깍지

green·belt [-bèlt] *n.* (도시 주변의) 녹지대, 그린벨트

Gréen Berèt 그린베레 《미국의 대(對)게릴라 특전(特戰) 부대》

green-blind [-blàind] *a.* 녹색 색맹의

gréen blìndness 녹색 색맹

gréen bòok [종종 G~ B~] 그린 북 《영국·이탈리아 등의 정부 간행물·공문서》

gréen cárd 1 《미》 (특히 멕시코인 등 외국인 노동자에게 발부하는 미국에의) 입국 허가증; 《미》 영주권 **2** 《영》 국제 자동차 사고 상해 보험증

G

gréen Chrístmas 눈이 오지 않는 크리스마스

gréen còrn ⦅미⦆ 풋옥수수 ⦅요리용의 덜 여문⦆

green·er·y [gríːnəri] *n.* (*pl.* **-er·ies**) **1** Ⓤ [집합적] 푸른 잎[나무]; (장식용의) 푸른 가지[잎] **2** 온실(greenhouse) **3** ⦅속어⦆ [집합적] 돈, 지폐

green-eyed [gríːnáid] *a.* 푸른 눈의; ⦅비유⦆ 질투가 심한
the ~ monster 질투, 시기

gréen fát 바다거북의 기름 ⦅진미⦆

green·field [-fìːld] *a.* ⦅영⦆ 전원[미개발] 지역의, 녹지대의[에 관한]

green·finch [-fìntʃ] *n.* 〖조류〗 방울새

gréen fíngers ⦅영⦆ = GREEN THUMB

green·fly [-flài] *n.* (*pl.* **-flies**) ⦅영⦆ (초록색의) 진딧물

gréen fóod 채소, 야채

green·gage [-gèidʒ] *n.* 서양자두(plum)의 우량 품종

green·gro·cer [-gròusər] *n.* ⦅영⦆ 청과상(인), 채소 장수

green·gro·cer·y [-gròusəri] *n.* (*pl.* **-cer·ies**) ⦅영⦆ **1** 청과류 판매(업), 채소 장사 **2** Ⓤ [집합적] 채소류, 청과류

green·horn [-hɔ̀ːrn] [「뿔이 나기 시작한 소」의 뜻에서] *n.* 미숙한 사람, 초심자, 풋내기(novice); 얼간이(simpleton); ⦅미·속어⦆ 갓 들어온 이민

***green·house** [gríːnhàus] *n.* (*pl.* **-hous·es** [-hàuziz]) **온실**, 건조실

gréenhouse effèct 〖기상〗 [the ~] (탄산 가스 등에 의한 지구 대기의) 온실 효과

gréenhouse gàs (온실 효과의 주원인인) 이산화탄소

***green·ish** [gríːniʃ] *a.* **초록빛을 띤**, 초록빛이 도는

green·keep·er [gríːnkìːpər] *n.* 골프장 관리인(= greenskeeper)

***Green·land** [gríːnlənd] [이민을 유치하기 위한 미칭] *n.* **그린란드** ⦅북미 북동부의 섬; 덴마크령⦆

gréen líght 1 (교통 신호의) 청신호; 안전 신호 **2** [the ~] (계획 등에 대한) 허가, 승인 *get* [*give*] *the* ~ 허가를 얻다[주다]

green·ly [gríːnli] *ad.* **1** 초록빛으로 **2** 새롭게, 신선하게, 싱싱하게(freshly); 원기 있게 **3** 미숙하게; 어리석게(foolishly)

gréen manúre 녹비, 안 썩은 퇴비

Gréen Móuntain Státe [the ~] 미국 Vermont 주의 속칭

green·ness [gríːnnis] *n.* Ⓤ 초록색; 신선함; 미숙, 풋내기임

gréen ónion 골파 ⦅샐러드·양념용⦆

gréen páper, G- P- ⦅영⦆ 녹서(綠書) ⦅정부의 견해를 발표하는 문서⦆

Gréen Pàrty [the ~] (독일의) 녹색당 ⦅원자력 발전 반대, 환경 보호 등을 주장⦆

Green·peace [gríːnpìːs] *n.* 그린피스 ⦅핵실험·포경 반대·환경 보호를 주장하는 국제 단체⦆

gréen pépper 양고추, 피망(pimiento)

gréen pówer ⦅미·속어⦆ 금력, 재력

gréen revolútion [the ~] 녹색 혁명 ⦅품종 개량에 의한 식량 증산⦆

green·room [gríːnrùːm] [옛날에 벽을 녹색으로 칠했던 데서] *n.* 배우 휴게실

greens·keep·er [gríːnzkìːpər] *n.* 골프장 관리인

green·stuff [-stʌ̀f] *n.* Ⓤ 청과류, 야채류; 초목

green·sward [-swɔ̀ːrd] *n.* 잔디밭

gréen téa 녹차

gréen thúmb ⦅미·구어⦆ 원예의 재능 (⦅영⦆ green fingers): have a ~ 원예의 재능이 있다

gréen túrtle 〖동물〗 바다거북 ⦅주로 수프용⦆

***Green·wich** [grínidʒ, -nitʃ, grén-] *n.* **그리니치** ⦅런던 교외 템스 강가의 자치구; 본초 자오선의 기점인 그리니치 천문대(Greenwich Royal Observatory)의 소재지⦆

Gréenwich (**Méan**[**Cívil**]) **Tìme** 그리니치 표준시 ⦅略 GMT⦆

Gréenwich Víllage [grénitʃ-, grín-] 그리니치 빌리지 ⦅뉴욕에 있는 예술가·작가가 많은 주택 지구⦆

green·wood [gríːnwùd] *n.* ⦅시어⦆ 푸른 숲, 녹림(綠林) ⦅무법자들의 소굴⦆

green·y [gríːni] *a.* (**green·i·er**; **-i·est**) 녹색을 띤(greenish)

*****greet** [griːt] [OE 「다가가다」의 뜻에서] *vt.* **1** (…에게) **인사하다**; 환영하다, 맞이하다 ⦅*with*⦆; 인사장을 보내다 **2** 〈눈에〉 띄다, 〈귀에〉 들어오다 **~·er** *n.*

****greet·ing** [gríːtiŋ] *n.* **1** (만났을 때의) **인사**; 경례; 환영의 말 **2** [보통 *pl.*] 인사말, 인사장 **3** ⦅미⦆ 편지 서두의 인사말 (⦅영⦆ salutation) ⦅Dear Mr ... 등⦆
Season's G~s! 성탄을 축하합니다! ⦅크리스마스 카드의 인사말⦆

gréeting càrd 축하장, 인사장

gre·gar·i·ous [grigέəriəs] *a.* **1** 떼지어 사는, 군거성의; 〖식물〗 송이를 이루는, 족생(簇生)하는 **2** 〈사람이〉 사교적인, 집단을 좋아하는
~·ly *ad.* 군거[군생]하여; 집단적으로
~·ness *n.* Ⓤ 군거[사교]성

Gre·go·ri·an [grigɔ́ːriən] *a.* 로마 교황 Gregory의

Gregórian cálendar [the ~] 그레고리오[그레고리우스]력(曆) ⦅1582년에 교황 Gregory XIII세가 제정한 현행의 태양력⦆

Gregórian chánt [the ~] 〖음악〗 그레고리오 성가 ⦅Gregory 1세가 집대성한 것⦆

Greg·o·ry [grégəri] *n.* **1** 남자 이름 **2** 그레고리우스, 그레고리오 ⦅1세부터 16세까지의 역대 로마 교황의 이름⦆

grem·lin [grémlin] *n.* ⦅구어⦆ 비행기에 고장을 일으키는 눈에 보이지 않는 악마

Gre·na·da [grənéidə] *n.* 그레나다 ⦅서인도 제도 동부의 독립국; 수도 St. George's⦆

gre·nade [grinéid] [OF 「석류」의 뜻에서; 모양이 비슷함] *n.* 수류탄(= hand ~); 소화탄

gren·a·dier [grènədíər] *n.* 〖역사〗 척탄병(擲彈兵); 키가 큰 보병

gren·a·dine [grènədíːn] *n.* **1** Ⓤ 그레나딘 ⦅명주[인견, 털]로 짠 엷은 천⦆ **2** Ⓤ 석류 시럽

Grésh·am's láw[**théorem**] [gréʃəm-] [제창자의 이름에서] 그레셤의 법칙 《악화는 양화를 구축한다는 법칙》

⁑**grew** [gru:] *v.* GROW의 과거

⁑**grey** [grei] *a.* 《영》 = GRAY

gréy ecónomy 회색[장부 외] 경제 《공식 통계에 계정되지 않은 경제 활동》

*__grey·hound__ [gréihàund] *n.* **그레이하운드** 《잘 달리는 사냥개》

gréyhound ràcing 그레이하운드 경주 《전기 장치로 뛰는 모형 토끼를 그레이하운드로 하여금 쫓게 하는 내기 놀이》

grey·ish [gréiiʃ] *a.* 《영》 = GRAYISH

gréy màrket 《영》 = GRAY MARKET

grid [grid] *n.* **1** (쇠)격자, 석쇠 **2** 〚전기〛 (전자관의) 그리드 **3** (지도의) 격자[바둑판] 눈금 **4** 《미·속어》 미식 축구 경기장
~ planning 〚건축〛 격자상(狀) 평면 계획

grid·dle [grídl] *n.* (과자 등을 굽는) 번철 *on the ~* 《구어》 심한 시험[심문]을 받고 있는
— *vt.* 번철로 굽다

grid·dle·cake [grídlkèik] *n.* (griddle로 양면을 구운) 핫케이크류의 과자

grid·i·ron [grídàiərn] *n.* **1** 굽는 그물, 석쇠, 적쇠 **2** 《미·구어》 미식 축구 경기장

gríd lòck 자동차 교통망의 정체

⁑**grief** [gri:f] *n.* **1** Ⓤ **큰 슬픔**, 비탄, 비통 **2** 비탄[고민]의 원인[씨], 통탄할 일
bring to ~ 실패시키다, 불행하게 만들다, 파멸시키다 *come to ~* 다치다, 재난을 당하다; 실패하다 *Good*[*Great*] *~!* [놀람·불신을 나타내어] 아이고, 야단났구나!

grief-strick·en [grí:fstrìkən] *a.* 비탄에 잠긴, 고뇌하고 있는

*__griev·ance__ [grí:vəns] *n.* (특히 부당 취급에 대한) **불평 거리**, 불만의 원인 《*against*》; 불평(의 호소)
~ machinery (노동 관계의) 고충 처리 기관 *~ procedure* 분규 처리 수단 《노사간의 쟁의 악화 방지책》

grìevance commìttee (노동 조합의) 고충 처리 위원회

⁑**grieve** [gri:v] *vt.* **몹시 슬프게 하다**, 마음을 아프게 하다
— *vi.* **몹시 슬퍼하다**, 마음 아파하다, 가슴 아파하다 《*at, for, about, over*》 《be sorry나 be sad보다 문어적인 표현이며 뜻이 강함》

grieved [gri:vd] *a.* 슬퍼하는, 슬픈: a ~ look 슬픈 표정

*__griev·ous__ [grí:vəs] *a.* **1 통탄할**, 슬퍼해야 할; **슬픈**, 비탄하게 하는 **2** 고통을 주는; 쓰라린; 몹시 아픈 **3** 중대한, 심한, 가혹한: a ~ fault 중대한 과실
~·ly *ad.* *~·ness* *n.*

grìevous bódily hárm 〚영국법〛 중상, 중대한 신체 상해

grif·fin [grífin] *n.* = GRIFFON[1]

grif·fon[1] [grífən] *n.* 〚그리스신화〛 그리폰 《독수리의 머리·날개에 사자의 몸통을 가진 괴수》

griffon[2] *n.* 그리폰 《포인터의 개량종》

grift [grift] 《미·속어》 *n.* [the ~; 때로 복수 취급] 사기 (도박), 협잡(한 돈)
— *vt., vi.* 사기치다

grift·er [gríftər] *n.* 《미·속어》 야바우꾼, 사기 도박꾼; 떠돌이, 부랑자

grig [grig] *n.* 《방언》 귀뚜라미, 메뚜기; 다리가 짧은 닭의 일종; 작은 뱀장어
(*as*) *merry*[*lively*] *as a ~* 매우 쾌활한

*__grill__ [gril] [동음어 grille] *n.* **1 석쇠**, 적철(gridiron) **2** 구운 고기[생선] **3** = GRILLROOM
— *vt.* **1 석쇠로 굽다** 《《미》에서는 boil이 일반적》; 〈굴 등을〉 얕은 냄비로 지지다 **2** 뜨거운 열을 쬐다; 《미》 〈경찰 등이〉 엄하게 심문하다 — *vi.* **1** 석쇠로 구워지다 **2** 뜨거운 열에 쬐어지다

grille [gril] [F = grill] *n.* 격자(grating), 쇠창살; (은행 출납구·표파는 곳·교도소 등의) 창살문

grilled [grild] *a.* 창살이 있는; 구운, 그을은

grill·room [grílrù:m] *n.* 그릴 《호텔 등의 간이식당》

grill·work [-wə̀:rk] *n.* 격자 모양으로 만든 것

grilse [grils] *n.* (*pl.* **~, grils·es**) (처음 바다에서 강으로 산란하러 온) 어린 연어의 수컷

⁑**grim** [grim] *a.* (**~·mer; ~·mest**) **1 엄한, 엄격한**(severe, stern); 잔인한, 냉혹한(cruel) **2 험상스러운**; 무서운; 불길한, 으스스해지는 **3** 완강한; 불굴의; 엄연한, 움직일 수 없는: a ~ reality[truth] 엄연한 사실[진리] **4** 《구어》 불쾌한, 싫은, 지겨운, 재수 없는 *~ humor* 정색을 하고 하는 심한 재담 *hang*[*hold*] *on like ~ death* 결사적으로 매달리다

*__gri·mace__ [gríməs, griméis] *n.* **얼굴을 찌푸림**, 찌푸린 얼굴, 우거지상
make ~s 얼굴을 찌푸리다
— *vi.* 얼굴을 찌푸리다

gri·mal·kin [grimɔ́:lkin, -mǽl-] *n.* 고양이, 늙은 암코양이; 짓궂은 노파

grime [graim] *n.* Ⓤ **1** 때, 먼지, 더럼; 구중중함 **2** (도덕적인) 오점 — *vt.* 때[그을음, 먼지]로 검게 하다, 더럽히다

grim·i·ness [gráiminis] *n.* 때묻음, 더러움

*__grim·ly__ [grímli] *ad.* **잔인하게; 엄하게**, 무섭게, 험악하게, 으스스하게

Grimm [grim] *n.* 그림 **Jakob ~** (1785-1863), **Wilhelm ~** (1786-1859) 《독일의 언어학자·동화 작가 형제》

grim·ness [grímnis] *n.* Ⓤ 잔인; 엄격함; 무서움, 험악함, 으스스함

grim·y [gráimi] *a.* (**grim·i·er; -i·est**) 때[그을음]로 더러워진, 때묻은, 더러운

⁑**grin** [grin] [OE 「이를 드러내다」의 뜻에서] *v.* (**~ned; ~·ning**) *vi.* **1** (기뻐서, 만족하여) **이를 드러내고 싱긋 웃다**; …을 보고 싱긋이 웃다 《*with, at*》 **2** (아파서) 이를 악물다; (분노·멸시 등으로) 이를 드러내다 《*at*》 — *vt.* 이를 드러내고 감정을 나타내다 《*at*》
~ and bear it 쓴웃음 지으며 참다 *~ from ear to ear* 입이 째지게 웃다 *~ like a Cheshire cat* 공연히 벙긋벙긋 웃다
— *n.* **싱긋 웃음**, 이빨을 드러냄

‡grind [graind] *v.* (**ground** [graund], **~·ed**; **~·ing**) *vt.* **1** (맷돌로) **타다,** 찧다, 빻다, 갈아 가루로 만들다, 씹어 으깨다 **2** [종종 수동형] 아주 지치게 하다, 억누르다(oppress), 짓밟다 《*down*》 **3** 〈다이아몬드·렌즈 등을〉 **갈다,** 닦다, 연마하다 (polish) **4** 〈맷돌을〉 돌리다 **5** 《구어》 힘써 가르치다, 주입하다(cram) 《*in, into*》
— *vi.* **1** 빻음질하다, 맷돌질하다 **2** 빻아지다, 가루가 되다: This wheat *~s well.* 이 밀은 잘 갈린다. **3** 갈리다, 닦이다 **4** 〈맷돌이〉 돌다; 삐거덕거리다, 끽끽 소리나다; 이를 갈다 **5** 《미·구어》 힘써 일하다[공부하다] 《*at, for*》 **6** 《속어》 (댄서 등이 도발적으로) 허리를 돌리다
~ out 갈아서 만들다; 이를 갈며 말하다; 손으로 돌리는 풍금 손잡이를 돌려 연주하다; 고생하여 만들다 ***~ the teeth*** 이를 갈다 ***~ up*** 갈아 가루를 만들다, 빻다
— *n.* **1** 갈기, 빻기, 찧기, 가루로 만들기, 으깨기; 그 소리 **2** 《구어》 고되고 단조로운 일, 지루하고 하기 싫은 공부 **3** 《속어》 (선정적인) 허리 꼬기

***grind·er** [gráindər] *n.* **1** [복합어로] (연장을) **가는 사람,** 빻는[찧는, 타는] 사람 **2** 분쇄기, 그라인더, 숫돌; 맷돌의 위짝; 어금니; [*pl.*] 《구어》 이빨

***grind·ing** [gráindiŋ] *n.* Ⓤ **1** **빻기,** 찧기, 갈기; 갈음질; 분쇄 **2** 삐걱거리기, 마찰 **3** 《구어》 주입식 교육 — *a.* **1** 빻는, 가는 **2** 삐걱거리는 **3** 힘드는; 싫증나는, 지루한 **4** 압박[압제]하는; 계속해서 고통을 주는: ~ poverty 뼈에 사무치는 가난

gríndìng whèel 회전 숫돌, 바퀴 숫돌; 연마 공장

***grind·stone** [gráin*d*stòun] *n.* **회전 숫돌;** 숫돌용의 돌; 맷돌
have* [*hold, keep, put*] *one's nose to the ~ 힘써 공부하다[일하다]; …을 혹사하다 ***with one's nose to the ~*** 애써서, 부지런히 벌어서

grin·go [gríŋgou] *n.* (*pl.* **~s**) 《경멸》 (중남미에서) 외국인, 《특히》 미국[영국]인

‡grip [grip] *n.* **1** **잡음,** 붙듦, 쥠, 움켜쥠 (grasp, clutch) **2** 〈배트 등을〉 잡는 법, 쥐는 법, 그립; 쥐는 힘, 악력; 특수한 악수법 **3** (기물의) **손잡이,** 자루, 잡는 곳 (handle); 쥐는 기계, 맞물리게 하는 장치 **4** **파악력,** 이해력, 터득, 납득(mastery) 《*of, on*》 **5** **지배력,** 통제력 《*on*》; 주의를 끄는 힘, 매력 《*on, of*》 **6** 《미》 = GRIPSACK **7** 갑작스런 통증
at ~s 맞붙어, 씨름하며 《*with*》 ***come* [*get*] *to ~s* (*with*)** 〈씨름꾼이〉 (…와) 맞붙다; 맞붙잡고 싸우다; 〈문제 등에〉 정면대처하다 ***get a ~ on*** …을 파악하다[억제하다] ***in the ~ of*** …에 붙잡혀, 속박되어, 사로잡혀 ***lose one's ~*** 손을 떼다, 놓아주다; 능력[열성]이 없어지다, 통제할 수 없게 되다, 지배력을 잃다
— *v.* (**~ped, gript** [gript]; **~·ping**) *vt.* **1** **꽉 잡다,** 움켜쥐다 《grasp보다 쥐는 강도가 셈》 **2** 〈마음을〉 사로잡다, 〈관심·주의를〉 끌다, 끌어당기다(arrest) **3** 방해하다, 못 움직이게 하다 **4** 〈기계 등이〉 잡다, 죄다, 걸다; 브레이크를 걸다
— *vi.* 꽉 잡다 《*on*》

gripe [graip] *vt.* **1** 꽉 쥐다, 움켜쥐다, 붙잡다 **2** 〈배를〉 몹시 아프게 하다; 괴롭히다, 압박하다
— *vi.* **1** 《미·속어》 잔소리하다; 불평하다 **2** 복통으로 괴로워하다
— *n.* **1** 쥐기, 움켜잡기; 파악; 제어 **2** [the ~s] 《구어》 복통(colic) **3** 《속어》 불유쾌, 고민의 원인, 불평

grippe [grip] [F] *n.* Ⓤ [보통 the ~] 유행성 감기, 인플루엔자, 독감

grip·ping [grípiŋ] *a.* 주의[흥미]를 끄는, 매력 있는 **~·ly** *ad.*

grip·sack [grípsæ̀k] *n.* 《미》 손가방, 여행 가방

gris·ly [grízli] *a.* (**-li·er**; **-li·est**) **1** 소름끼치게 하는, 무서운 **2** 《구어》 불쾌한, 싫은

grist [grist] *n.* Ⓤ 제분용 곡식

gris·tle [grísl] *n.* Ⓤ (특히 요리한) 연골
in the ~ 아직 뼈가 굳지 않은, 아직 덜 성숙한

gris·tly [grísli] *a.* (**-tli·er**; **-tli·est**) 연골질의, 연골과 같은

grist·mill [grístmìl] *n.* 방앗간, 제분소

grit [grit] *n.* Ⓤ **1** [집합적] (기계 등에 끼이는) 잔모래; 왕모래; 자갈; 거친 가루; 석질(石質) **2** 《암석》 사암(砂岩)의 일종 **3** 《구어》 용기, 기개, 담력, 투지
— *vi., vt.* (**~·ted**; **~·ting**) 쓸리다, 삐걱삐걱 (소리나게) 하다; 이를 갈다; 왕모래를 뿌리다

grits [grits] *n. pl.* [단수·복수 취급] 《미》 거칠게 찧은 곡식 《특히 밀》

grit·ty [gríti] *a.* (**-ti·er**; **-ti·est**) **1** 모래[자갈]가 든, 모래 같은[투성이의] **2** 《미》 견실한, 용기 있는

griz·zle [grizl] *vi.* 《영·구어》 〈아이가〉 보채다, 찡얼거리다; 불평하다, 투덜대다

griz·zled [grízld] *a.* 회색이 도는, 회색의; 반백의

***griz·zly** [grízli] *a.* (**-zli·er**; **-zli·est**) = GRIZZLED
— *n.* (*pl.* **-zlies**) 회색곰(= ∠ **bèar**)

‡groan [groun] [동음어 grown] *n.* **1** **신음[끙끙거리는] 소리** **2** 불평하는 소리 **3** 삐걱거리는 소리
— *vi.* **1** **신음하다,** 끙끙거리다; 괴로워하다, 번민하다 《*with*》 **2 a** (식탁·시렁 등에) 삐걱댈 정도로 무거운 짐이 얹혀 있다 《*with*》: The table literally *~ed with* food. 상다리가 휘어지도록 성찬이 차려져 있었다. **b** 무거운 짐에 시달리다, 허덕이다 《*under*》 **3** 불평하다, 투덜대다 **4** 열망하다 《*for*》 ***~ inwardly*** 남모르게 괴로워하다 ***~ under*** (압제 밑에서) 시달리다
— *vt.* **1** 신음하는 듯한 소리로 말하다 《*out*》 **2** 으르렁대어 침묵시키다[말을 막다] 《*down*》

groan·er [gróunər] *n.* 신음하는 사람; 《속어》 장례식 등에 문상객을 가장해 끼어드는 도둑; 《미》 프로 레슬링 선수

groats [grouts] *n. pl.* [단수·복수 취급] 거칠게 빻은 밀가루

‡gro·cer [gróusər] *n.* **식료품 장수,** 식료 잡화상: a *~'s* (shop) 《영》 식품점, 반찬 가게

‡gro·cer·y [gróusəri] *n.* (*pl.* **-cer·ies**) 식료 잡화점, 식품점(= ∽ **stòre**); [보통 *pl.*] 식료 잡화류

grod·y [gróudi] *a.* 《미·속어》 불쾌감을 일으키는, 메스꺼운; 비열한

grog [grɑg | grɔg] *n.* Ⓤ 그로그주 《물 탄 럼주》; 《일반적으로》 독주

grog·gy [grɑ́gi | grɔ́gi] [grog에서] *a.* (**-gi·er**; **-gi·est**) 《구어》 비틀거리는, (권투에서 얻어맞아) 비쓱거리는, 그로기가 된 **grόg·gi·ly** *ad.* **grόg·gi·ness** *n.*

groin [grɔin] *n.* **1** 〖해부〗 샅, 사타구니 **2** 〖건축〗 궁륭(穹窿) **3** 〖토목〗 방사제(防砂堤) **—** *vt.*, *vi.* 궁륭을 만들다

GROM [grɑm | grɔm] [*g*raphic *r*ead *o*nly *m*emory] *n.* 〖컴퓨터〗 컴퓨터 그래픽용 판독 전용 메모리

grom·met [grɑ́mit | grɔ́m-] *n.* 〖기계〗 (구멍 가장자리의) 덧테쇠

***groom** [gru:m, grum] *n.* **1** 신랑(bridegroom) **2** 마부 **3** 《고어》 남자 하인(manservant); 궁내관(宮內官)
— *vt.* **1** 〈말을〉 돌보다 **2** [주로 과거분사로] 몸차림하다 **3** 《미》 〈사람을〉 관직·선거 등의 후보자로 훈련시키다, 〈후보자를〉 성원하다

grooms·man [grú:mzmən, grúmz-] *n.* (*pl.* **-men** [-mən]) 《고어》 (결혼식의) 신랑의 들러리 《들러리가 여럿일 때에는 그 중 주요한 사람을 best man이라 함》

groove** [gru:v] *n.* **1** 홈, 홈통; 《일반적으로》 가늘고 길게 패인 곳; 바퀴 자국 **2** 상례, 관례, 상습, 습관 **3** 적소(niche): His ~ is in teaching. 그에게는 교사가 적격이다. **4** 최고조(top form); 《속어》 멋진 일[것] ***in the ~ 《속어》 호조로
— *vt.* 홈을 파다[만들다]

groov·y [grú:vi] *a.* (**groov·i·er**; **-i·est**) **1** 《속어》 매우 자극적인, 매혹적인; 뛰어난 **2** 천편일률적인; 편협한

***grope** [group] *vi.* **1** 손으로 더듬다, 손으로 더듬어 찾다 《*about, around*》, 암중모색하다 《*for, after*》 **2** 찾다, 캐다 《*for, after*》 **—** *vt.* **1** [~ one's way로] 더듬어 나아가다 **2** 《속어》 〈여자의〉 몸을 더듬다[더듬으려고 하다]
— *n.* 손으로 더듬기; 암중모색

grop·ing [gróupiŋ] *a.* 손으로 더듬는, 암중모색하는 **~·ly** *ad.*

‡gross¹ [grous] *a.* **1** (공제하기 전의) 총체의, 전체의(total); 〈무게가〉 포장까지 친: the ~ amount 총액 **2** 엄청난, 심한, 큰, 지독한 **3** 《문어》 〈태도·농담 등이〉 천한, 무식한, 야비한; 《미·속어》 지겨운, 불쾌한 **4** 커다란, 굵은, 뚱뚱한 **5** 〈초목이〉 무성한, 우거진 **6** 대충의, 전반적인 **7** 거친; 날림의, 조잡한: ~ food 조식(粗食) **8** 〈감각이〉 둔감한(dull) **9** 짙은(dense), 탁한 **—** *n.* [the ~] 총체, 총계
in the ~ 《고어》 대체로, 일반적으로
— *vt.* …의 총이익을 올리다
~ out 《미·속어》 불쾌한 말로 화나게 만들다, 지저분한 언행으로 충격을 주다
~·ly *ad.* **~·ness** *n.*

gross² *n.* (*pl.* **~, ~·es**) 〖상업〗 그로스 《12다스, 144개》 ***by ~*** 그로스당 얼마로; 도매로

gróss doméstic próduct 〖경제〗 국내 총생산 《略 GDP》

gróss íncome 〖회계〗 총소득, 총수입

gróss nátional próduct 〖경제〗 국민 총생산 《略 GNP》

gróss tón 영국톤 《2,240파운드》

grot [grɑt | grɔt] *n.* 《시어》 = GROTTO

***gro·tesque** [groutésk] [It. 「동굴(의 그림)」의 뜻에서] *a.* **1** 〖미술〗 그로테스크풍의 《인간·동물·식물의 공상적인 형상을 결합시킨 장식의》 **2** 괴상한, 그로테스크한, 괴기한; 우스꽝스러운
— *n.* **1** [the ~] 〖미술〗 그로테스크풍, 괴기주의 **2** [a ~] 괴기한 물건[모양, 얼굴, 사람] **~·ly** *ad.* 괴기하게 **~·ness** *n.*

grot·to [grɑ́tou | grɔ́t-] *n.* (*pl.* **~(e)s**) 작은 동굴, (조가비 등으로 아름답게 장식한) 돌집 《피서용》

grot·ty [grɑ́ti | grɔ́ti] *a.* (**-ti·er**; **-ti·est**) 《영·속어》 꾀죄죄한, 볼품없는, 초라한, 불쾌한

grouch [grautʃ] 《구어》 *vi.* 투덜대다; 토라지다 **—** *n.* 지르퉁함, 잔소리; 불평꾼

grouch·y [gráutʃi] *a.* (**grouch·i·er**; **-i·est**) 《구어》 지르퉁한, 성난

‡ground¹ [graund] *n.* **1** Ⓤ [the ~] 지면, 땅, 토양, 흙(soil), 토지 **2** [종종 *pl.*] 운동장, 장소 **3** [*pl.*] (건물 주위의) 뜰, 정원 **4** Ⓤ 바닥; 해저 **5** [*pl.*] (커피 따위의) 찌꺼기 **6** ⒸⓊ 지반; 입장, 의견 **7** Ⓤ [종종 *pl.*] 기초, 근거, 이유, 동기, 전제 **8** [보통 관사 없이] (연구의) 분야; 문제 **9** 배경; (장식이나 양각의) 밑바탕
above ~ = ABOVEGROUND. ***below ~*** 죽어서 땅에 묻혀 ***bite the ~*** ⇨ bite. ***break fresh*** [***new***] ~ 처녀지를 갈다, 개간하다, 신천지를 개척하다 ***break ~*** 땅을 파다, 갈다; 기공[착수]하다 ***burn to the ~*** 전소하다, 잿더미가 되다 ***come*** [***go***] ***to the ~*** 지다, 망하다 ***cover*** (***the***) ***~*** 일정량의 일을 마치다, 특정 거리[지역]를 가다; 여행하다 ***cut the ~ from under*** a person[a person***'s feet***] …의 계획을 선수를 써서 뒤집어엎다 ***down to the ~*** 땅에 쓰러져; 《구어》 철저하게 ***fall to the ~*** 〈계획 등이〉 실패로 돌아가다 ***get off the ~*** 이륙하다; 진척하다 ***give*** [***lose***] ~ 퇴각하다; 우세한 지반을 잃다, 양보하다 ***go to ~*** 〈짐승이〉 굴로 도망치다; 〈범인이〉 숨다 ***hold*** [***stand, keep, maintain***] one***'s ~*** 자기의 지반[입장, 주장]을 고수하다, 한 걸음도 물러서지 않다 ***on*** one***'s own ~*** 익숙한 장소에서; 자신 있는 범위에서; 자기 집에서 ***on the ~ of*** = ***on*** (***the***) ***~s of*** …이라는 이유로, …을 구실로 ***run into the ~*** 《구어》 …을 지나치게 하다 ***shift*** one***'s ~*** 위치[주장, 의도]를 바꾸다
— *a.* **1** 지면의, 지면 가까이의; 지상의, 지상 근무의: ~ forces[troops] 지상 부대 **2** 기초의, 기본의
— *vt.* **1** 〈…에〉 근거를 두다 《*on*》; 〈사실에〉 입각하다 《*on, in*》 **2** 땅 위에 놓다 [내리다] **3** 《미》 〖전기〗 어스[접지]하다 (《영》 earth) **4** 〖항해〗 좌초시키다 **5** 〖항공〗 〈질

은 안개 등이 비행기의〉 이륙을 불가능하게 하다 **6** 《구어》 《벌로》 외출 금지시키다
— *vi.* **1** 지상에 떨어지다; 착륙하다 **2** 〖항해〗 좌초하다 **3** …에 근거[입각]하다 《*on, upon*》 **4** 〖야구〗 땅볼을 치다; 땅볼로 아웃되다 《*out*》

***ground**[2] *v.* GRIND의 과거·과거분사
— *a.* **1** 빻은, 가루로 만든 **2** 연마한, 〈육류·야채 등을〉 간

gróund bàit (물고기를 모으는) 밑밥

gróund báll 〖야구〗 땅볼(grounder)

ground·break·er [gráundbrèikər] *n.* 창시자, 개척자; 독창적인 아이디어[제품]

ground-break·ing [-brèikiŋ] *n.* Ⓤ 기공(起工)

gróund clòth **1** 무대 바닥에 까는 방수(防水)천 **2** = GROUNDSHEET

gróund contròl 〖항공〗 지상 관제

gróund-con·trolled appròach [-kəntròuld-] 〖항공〗 (레이더에 의한) 지상 관제 접근 《略 GCA》

gróund còver 〖생태〗 지피(地被) (식물), 지표 식피(植被)

gróund crèw [집합적] 《미》 (비행장의) 지상 근무원

ground·er [gráundər] *n.* 〖야구·크리켓〗 땅볼

gróund flóor 《영》 1층(《미》 first floor)

gróund fròst 지표의 서리; 언 지면

gróund gláss 젖빛 유리; 가루 유리 《연마제》

ground·hog [-hɔ̀:g | -hɔ̀g] *n.* 〖동물〗 마멋(woodchuck)

ground·ing [gráundiŋ] *n.* ⓊⒸ 기초 교육[지식]; 〖항해〗 좌초

ground·keep·er [gráundkì:pər] *n.* 《미》 (공원·구장(球場)의) 관리인, 정비원 (《영》 groundsman)

ground-launched [-lɔ̀:ntʃt] *a.* 〈미사일 등이〉 지상 발사의

gróund-launched crúise mìssile 지상 발사 순항 미사일 《略 GLCM》

ground·less [gráundlis] *a.* 기초[근거]가 없는, 사실무근의 **~·ly** *ad.* **~·ness** *n.*

ground·ling [gráundliŋ] *n.* **1** 지상[지면] 가까이에 사는 동물[자라는 식물]; 포복 동물[식물] **2** 물 밑에 사는 물고기 **3** 〖역사〗 (엘리자베스조(朝) 시대 극장의) 1층 바닥의 관람객, 저급한 관객; 저급한 독자

ground·nut [-nʌ̀t] *n.* 《영》 땅콩(peanut)

ground·out [-àut] *n.* 〖야구〗 땅볼로 아웃됨

gróund plàn **1** 〖건축〗 평면도 **2** 기초 계획; 기초안(案), 원안

gróund pollùtion 토양 오염

gróund rènt 《주로 영》 땅세, 지대(地代)

gróund rùle [보통 *pl.*] (행동·협상 등의) 기본 원칙; (운동의) 규칙

ground·sel [gráun*d*səl] *n.* 〖식물〗 개쑥갓

ground·sheet [gráundʃì:t] *n.* 《영》 (텐트 속에 까는) 방수(防水) 깔개(《미》 ground cloth)

gróunds kèeper 《미》 = GROUNDKEEPER

grounds·man [gráundzmən] *n.* (*pl.* **-men** [-mən]) 《영》 = GROUNDKEEPER

gróund spèed 〖항공〗 대지(對地) 속도

gróund squìrrel 〖동물〗 (북미산) 얼룩다람쥐

gróund stàff 《영》 **1** = GROUND CREW **2** (경기장 등의) 관리인, 정비원

gróund stàtion 〖통신〗 지상국, 추적소

gróund stròke 〖테니스〗 그라운드 스트로크 《공이 바운드한 것을 치기》

gróund swèll **1** (먼 곳의 폭풍 등으로 인한) 큰 파도, 여파 **2** (여론 등의) 고조 《*of*》

ground-to-air [-tu:ɛ́ər] *a.* 〖군사〗 지대공(地對空)의: ~ missiles 지대공 미사일

ground-to-ground [-təgráund] *a.* 〖군사〗 지대지(地對地)의: ~ missiles 지대지 미사일

gróund tròops 지상 부대

ground·wa·ter [-wɔ̀:tər] *n.* Ⓤ 지하수

gróund wìre 《미》 라디오의 접지선, 어스 선

ground·work [-wə̀:rk] *n.* Ⓤ [보통 the ~] 기초, 토대; 기초 작업[연구]; 기본 원리, 원칙

gróund zéro (폭탄의) 낙하점; 폭심지 《핵폭발 바로 아래[위]의 지점》; 《미》 뉴욕 세계무역센터 테러 현장의 피폭 중심지

***group** [gru:p] [F 「덩어리」의 뜻에서] *n.* **1** 떼, 그룹, 무리, 집단, 덩어리, 모임 《*of*》: in a ~ 한 데 몰려, 떼지어 / in ~*s* 여러 떼를 지어, 삼삼오오 **2** (공통된 목적·이익을 가진) **집단**, 동호회; 파(派), 단(團) **3** 〖화학〗 기(基), 단(團) **4** 〖영국공군〗 비행 연대; 〖미공군〗 비행 대대 《wing과 squadron의 중간》 **5** 〖음악〗 음표군 **6** 〖수학〗 군(群) **7** (동식물 분류상의) 군(群)
— *a.* Ⓐ **1** 집단의, 단체의: a ~ discussion 집단 토론 **2** 〖문법〗 어군으로 된
— *vt.* **1** 불러 모으다 **2** (계통적으로) 분류하다: ~ ... into 〈…을〉 …으로 분류하다 **3** (색·모양별로 모아) 미적으로 배치[배열]하다, 조화시키다 — *vi.* 무리를 짓다, 〈집단이〉 조화되어 있다

gróup càptain 〖영국공군〗 비행 대장 《대령》

gróup dynámics [단수 취급] 〖사회〗 집단 역학

grou·per[1] [grú:pər] *n.* (*pl.* **~s,** ~) 〖어류〗 그루퍼 《농엇과(科)의 식용어》

grouper[2] *n.* **1** (관광객 등) 그룹의 일원 **2** 《구어》 (여름 휴양지에서) 집을 세내어 사용하는 그룹의 일원

group·ie [grú:pi] *n.* 《구어》 록그룹 등의 뒤를 쫓아다니는 여자 팬; 열광적인 팬

***group·ing** [grú:piŋ] *n.* **그룹으로 나누기,** 집단화, 분류

gróup insùrance 《주로 미》 단체 보험

gróup márriage 합동 결혼; (원시인의) 집단혼

gróup mìnd 군중 심리

gróup práctice (여러 전문의의) 집단 의료; (여러 환자에 대한) 집단 검진

gróup psychólogy 군중 심리학

gróup sèx 집단 성교

gróup thérapy 〖심리〗 집단 요법
group·think [grú:pθìŋk] *n.* Ⓤ 〖논리〗 **1** 집단 사고 《집단 구성원의 토의에 의한 문제 해결법》 **2** 집단 순응 사고
group·ware [grú:pwɛ̀ər] *n.* 〖컴퓨터〗 그룹웨어 《그룹으로 작업하는 사람들에게 효율적인 작업 환경을 제공하는 소프트웨어》
gróup wòrk 집단 (사회) 사업
***grouse**[1] [graus] *n.* (*pl.* **~, grous·es**) 〖조류〗 **뇌조**(雷鳥); Ⓤ 뇌조 고기
grouse[2] 《구어》 *vi.* 투덜거리다, 불평을 하다 《*about*》
— *n.* 불평 **gróus·er** *n.*
grout [graut] *n.* Ⓤ (쪼개진 바위틈 등에 개어 넣는) 그라우트, 시멘트 풀, 모르타르 풀
— *vt.* 시멘트 풀로 마무리하다, 그라우트를 개어 넣다
‡**grove** [grouv] *n.* **1 작은 숲** 《wood보다 작은 것》 **2** (귤 등의) 과수원
grov·el [grάvəl | grɔ́v-] *vi.* (**~ed**; **~·ing** | **~led**; **~·ling**) **1** 비굴하게 굴다 **2** 기다; 엎드리다; 굴복하다
~·(l)er *n.* 아첨꾼, 비굴한 사람
‡**grow** [grou] *v.* (**grew** [gru:]; **grown** [groun]) *vi.* **1 성장[생장]하다,** 발육하다; 〈초목·털 등이〉 나다, 자라다 **2** 〈크기·수량·길이가〉 **커지다,** 증대하다, 늘다, 붇다; 발달[발전]하다 《*into*》 **3** 《주로 문어》 [형용사·부사·명사 등을 보어로 하여] (차차) …**하게 되다**(become, turn, come) **—** *vt.* **1** 〈식물 등을〉 **기르다, 재배하다**(cultivate); 〈수염·손톱 등을〉 기르다: ~ a beard 수염을 기르다 **2** (초목으로) 덮여 있다 《*over, up*》
~ away from 〈친구 등〉에서 차츰 멀어져 가다, 소원해지다; 〈습관 등〉에서 벗어나다; 〈식물이〉 …에서 떨어져 자라다 *~ into* (1) (성장하여) …이 되다 (2) 〈옷 등이〉 몸에 맞을 만큼 자라다; …에 충분히 익숙해지다 *~ on*[*upon*] 〈습관·취미가〉 점점 자라다[세어지다], 점점 몸에 배어가다; 점점 좋아하게 되다 *~ out of* (1) …에서 생기다 (2) 〈나쁜 버릇〉을 버리다, …에서 탈피하다; 〈옷 등이〉 작아져서 입을 수 없게 되다 *~ up* 어른이 되다; 자라나다; 다 자라다; 〈습관이〉 생기다
grów·a·ble *a.*
grow·er [gróuər] *n.* **1** (꽃·과일·야채 등의) 재배자 **2** …하게 자라는 식물: a slow [fast, quik] ~ 만생[조생] 식물
‡**grow·ing** [gróuiŋ] *a.* **성장하는,** 발육에 따르는; 성장을 촉진하는; 한창 자라는; 〈크기·넓이·힘 등이〉 증대하는
grówing pàins **1** (소년에서 청년으로의) 성장기의 신경통 **2** (새 사업 등에 따른) 초기의 고통 **3** (청춘기의) 정서 불안정
‡**growl** [graul] [의성어] *vi.* **1** 〈개 등이〉 **으르렁거리다** 《*at*》 **2** 〈사람이〉 딱딱거리다; 투덜거리다 **3** 〈천둥 등이〉 울리다
— *vt.* …이라고 성내어 말하다, 〈으르렁거리는 소리를〉 내다 《*out*》
— *n.* **으르렁거리는 소리,** 딱딱거리는 소리; 노성
growl·er [gráulər] *n.* **1** 으르렁거리는 사람[동물], 딱딱거리는 사람 **2** (선박에 위험한) 작은 빙산
growl·ing [gráuliŋ] *a.* 으르렁[딱딱]거리는
‡**grown** [groun] [동음어 groan] *v.* GROW의 과거분사 **—** *a.* **1** Ⓐ **성장[발육, 성숙]한**: a ~ man 성인, 어른 **2** Ⓟ 무성한 《*with*》
‡**grown-up** [gróunʌ̀p] *n.* 《구어》 **어른**(adult), 성인 **—** *a.* **성숙한,** 어른이 된; 성인용의; 어른다운
‡**growth** [grouθ] *n.* Ⓤ **1 성장,** 생장, 발육; **발전,** 발달(development); 성숙 **2 증대,** 증가(increase) **3** 재배, 배양(cultivation) 《*of*》 **4** Ⓒ 생장물 《초목·모발 등》; 〖병리〗 종양, 병적 증식 **5** …산(産), 원산
in full ~ 완전히 성장한 〈식물〉 apples *of foreign*[*home*] ~ 외국산[국산] (사과)
grówth hòrmone 〖생화학〗 성장 호르몬
grówth industry 성장 산업
grówth rìng 〖식물〗 나이테
grówth stòck 〖증권〗 성장주
groyne [grɔin] *n.* = GROIN 3
***grub** [grʌb] *v.* (**~bed**; **~·bing**) *vt.* **1 개간하다, 뿌리째 뽑다, 파내다** **2** 《속어》 〈…에게〉 음식을 주다; 《속어》 졸라서 얻다 **3** (기록·책 등에서) 애써 찾아내다[뽑아내다] 《*up, out*》 **—** *vi.* **1 땅을 파헤치다**; 뿌리를 캐내다; 개간하다 **2 열심히 일하다**(toil) 《*on, along, away*》 **3** 《속어》 열심히[애써서] 찾다 《*about*》: ~ *about* in one's bag *for* the paper 가방 속의 서류를 열심히 찾다 **4** 음식을 먹다
— *n.* **1** 땅벌레, 굼벵이; 너절한 사람 **2** Ⓤ 《구어》 음식(food)
grub·by [grʌ́bi] *a.* (**-bi·er**; **-bi·est**) 땅벌레가 많은; 더러운(dirty); 단정치 못한
-bi·ly *ad.* **-bi·ness** *n.*
grub·stake [-stèik] 《미·구어》 *vt.* (이익의 일부를 받는 조건으로) 〈탐광자에게〉 자금을 대다; 물질적 원조를 하다
— *n.* (새 사업의) 자금; 물질적 원조
Grúb Strèet [가난한 작가들이 살았던 London의 옛 동네 이름에서] 삼류 문인들
grub·street, G- [-strì:t] *a.* Ⓐ 삼류 문인의, 저급 소설의
***grudge** [grʌdʒ] [OF 「투덜투덜 불평하다」의 뜻에서] *vt.* **1 주기 싫어하다, 인색하게 굴다** **2** 샘내다, 못마땅해 하다
— *n.* **원한,** 악의, 유감
bear[*owe*] a person *a ~* = *bear*[*have, nurse*] *a ~ against* a person …에게 원한을 품다
grudg·ing [grʌ́dʒiŋ] *a.* 인색한; 악의를 가진; 마지못해 하는, 싫어하는
~·ly *ad.* 마지못해
gru·el [grú:əl] *n.* Ⓤ 오트밀 죽
gru·el·ing | **-el·ling** [grú:əliŋ] *a.* 녹초로 만드는; 엄한 **~·ly** *ad.*
grue·some [grú:səm] *a.* 소름 끼치는, 무시무시한 **~·ly** *ad.* **~·ness** *n.*
gruff [grʌf] *a.* **1** 〈목소리가〉 거친, 쉰 **2** 거친, 퉁명스러운, 우락부락한
~·ly *ad.* **~·ness** *n.*
‡**grum·ble** [grʌ́mbl] [의성어] *vi.* **1 투덜거리다, 불평하다** 《*at, about, over*》: ~ *for* wine 술이 없다고 불평하다 **2** 낮게

으르렁거리다; 〈천둥 등이〉 울리다
— *vt.* [종종 ~ out] 불평하는 투로 말하다: ~ *out* a protest 투덜투덜 항의하다
— *n.* **1 투덜댐,** 투덜대는 소리; 불평 **2** (천둥의) 우르르하는 소리

grum·bler [grʌ́mblər] *n.* 불평가

grum·bling [grʌ́mbliŋ] *a.* **1** 투덜거리는, 불평을 늘어 놓는 **2** 《영·구어》 늘 쑤시고 아픈

grump [grʌmp] *n.* **1** 불평가 **2** 《영·구어》 [*pl.*] 심기 나쁨, 저기압

grump·y [grʌ́mpi] *a.* (**grump·i·er**; **-iest**) 성미 까다로운, 심술난
grúmp·i·ly *ad.* **-i·ness** *n.*

Grun·dy [grʌ́ndi] [18세기 희극의 등장인물 이름에서] *n.* [Mrs. ~] 세상의 평판: What will *Mrs.* ~ say? 세상에서는 뭐라고들 할까?
~·ism *n.* Ⓤ 《영》 지나친 인습 존중; 세상에 대한 체면에 구애됨

grunge [grʌndʒ] *a., n.* 《미·속어》 맛없는[보잘것없는, 지저분한, 따분한] (것[사람])

grun·gy [grʌ́ndʒi] *a.* (**-gi·er**; **-gi·est**) 《미·속어》 = GRUNGE

***grunt** [grʌnt] *vi.* 〈돼지가〉 **꿀꿀거리다;** 〈사람이〉 **툴툴거리다,** 불평하다
— *vt.* 으르렁거리듯 말하다 《*out*》: ~ (*out*) an answer 투덜거리며 대답하다
— *n.* 꿀꿀[툴툴]거리는 소리; 물에서 건져내면 꿀꿀하는 물고기 《벤자리과》

grunt·er [grʌ́ntər] *n.* 툴툴[꿀꿀]거리는 사람[동물], 돼지(pig); 벤자리과의 물고기

Gru·yère [gru:jέər, gri- | grú:jεə] [스위스의 원산지명에서] *n.* Ⓤ 그뤼예르 치즈(= ∠ **chèese**)

gryph·on [grífən] *n.* = GRIFFIN

G.S. General Staff

G-string [dʒí:strìŋ] *n.* **1** 〚음악〛 G선 《바이올린의 최저음선》 **2** (스트리퍼의) 음부를 가리는 천조각

G-suit [-sù:t] [*G*ravity *suit*] *n.* 〚항공〛 내중력복(耐重力服)

GT Gran Turismo

Gt. Br(**it**)**.** Great Britain

GTG got to go 《전자 우편이나 휴대폰의 문자 메시지 등에서 사용》

Guam [gwɑ:m] *n.* 괌 《북태평양의 미국령 섬》

gua·na·co [gwənɑ́:kou] *n.* (*pl.* **~s,** [집합적] **~**) 〚동물〛 과나코 《남미 안데스 산맥의 야생 라마》

gua·no [gwɑ́:nou] *n.* (*pl.* **~s**) Ⓤ 구아노, 분화석(糞化石) 《물새의 똥이 굳은 것》

‡**guar·an·tee** [gæ̀rəntí:] [guaranty의 변형] *n.* **1** Ⓤ,Ⓒ **보증 2** 개런티 《최저 보증 출연료》; 보증서, 담보(물)(security) **3** 보증인 **4** 〚법〛 피보증인(opp. *guarantor*) ***be*** [***go, stand***] **~ *for*** …의 보증인이다[이 되다] ***under*** [***on a***] **~ *of*** …의 보증 아래, …을 보증하여
— *vt.* (**~d**; **~·ing**) **1 보증하다 2** 〈일의 실현·확실성 등을〉 다짐하다, 장담하다

guarantée fùnd 보증 기금

guar·an·tor [gæ̀rəntɔ́:r] *n.* 〚법〛 보증[담보]인

***guar·an·ty** [gǽrənti] [warrant(보증)와 같은 어원] *n.* (*pl.* **-ties**) **1 보증;** 〚법〛 보증 계약 **2** 보증물, 담보; 보증인
— *vt.* (**-tied**) = GUARANTEE

‡**guard** [gɑ:rd] *vt.* **1 지키다,** 수호[보호, 호위]하다 《*from, against*》 **2** 〈죄수 등을〉 **망보다,** 감시[경계]하다 **3** 〈노여움 등을〉 억제하다, 〈말을〉 삼가다, 조심하다 **4** 〈기계에〉 위험 방지 장치를 하다 **5** 〚스포츠〛 〈나오는 상대를〉 막다, 가드하다 — *vi.* **1** 《문어》 **경계하다,** 조심하다 《*against*》: ~ *against* fires 화재를 예방하다 **2** 망을 보다, 감시하다
— *n.* **1 보호자,** 호위자, 수위, 파수, **감시인;** 《미》 교도관; 〚군사〛 보초, 위병; **호위병**[대] **2** Ⓤ **경계, 망보기,** 감시 **3** 방호물, 위험 방지기; (칼의) 코등이, (총의) 방아쇠울 **4** Ⓒ,Ⓤ (총검술·권투에서) 방어 자세 **5** Ⓒ,Ⓤ (농구·축구 등의) 가드 **6** 《영》 (기차·합승 마차의) 차장(conductor) ***keep* ~** 지키다, 경계를 하다 ***mount*** (***the***) **~** 〚군사〛 보초 서다 ***off* one's ~** 경계를 게을리하여, 방심하여: throw[put] a person *off his* ~ …을 방심하게 하다 ***on* one's ~** 보초 서서, 지키고 (있다): put[set] a person *on his* ~ …에게 경계시키다, 조심하게 하다 ***stand* ~** 보초 서다, 감시하다

guar·dant [gɑ́:rdnt] *a.* (문장(紋章)에서) 〈동물이〉 정면을 향한

guárd bòat 〚해군〛 순찰정; (수상) 감시선

guárd chàin (회중시계 등의) 사슬 줄

guárd dùty 〚군사〛 보초[호위] 근무

guard·ed [gɑ́:rdid] *a.* 방어[감시]되어 있는; 〈말 등이〉 조심성 있는, 신중한
~·ly *ad.*

guard·house [gɑ́:rdhàus] *n.* (*pl.* **-hous·es** [-hàuziz]) 위병소; 영창

‡**guard·i·an** [gɑ́:rdiən] *n.* **보호자,** 수호자; **감시인,** 보관인; 〚법〛 (미성년자 등의) 후견인

guárdian ángel (개인·사회·지방의) 수호천사; 크게 원조해 주는 사람

guard·i·an·ship [gɑ́:rdiənʃip] *n.* Ⓤ 〚법〛 후견인역[직]; 보호, 수호: under the ~ of …의 보호 하에

guard·less [gɑ́:rdlis] *a.* 지키는 사람이 없는, 무방위의; 방심한; 칼코등이가 없는

guard·rail [gɑ́:rdrèil] *n.* (도로의) 가드레일; (계단 등의) 난간; 〚철도〛 (커브 길에서 탈선을 막기 위해 레일 안쪽에 깐) 보조 레일

guard·room [gɑ́:rdrù:m] *n.* 위병실[초소]

guard·ship [gɑ́:rdʃip] *n.* 경비[감시]함

guards·man [gɑ́:rdzmən] *n.* (*pl.* **-men** [-mən]) 《영·뉴질》 근위병; 《미》 주병(州兵)

guárd's ván 《영》 〚철도〛 = CABOOSE

Gua·te·ma·la [gwɑ̀:təmɑ́:lə] *n.* 과테말라 《중앙 아메리카의 공화국》

gua·va [gwɑ́:və] *n.* 〚식물〛 반석류 《열대 아메리카산 관목》; 그 열매 《젤리·잼의 원료》

gu·ber·na·to·ri·al [gjù:bərnətɔ́:riəl] *a.* Ⓐ 《미》 지사(governor)의: a ~ election 지사 선거

gud·geon [gʌ́dʒən] *n.* **1** 〖어류〗 모샘치 **2** 잘 속는 사람

guél·der ròse [géldər-] 〖식물〗 불두화나무

gue·ril·la [gərílə] *n.* = GUERRILLA

Guern·sey [gə́:rnzi] *n.* **1** 건지 섬 《영국 해협에 있는 섬》 **2** 건지종의 젖소

***guer·ril·la** [gərílə] [동음어 gorilla] [Sp. 「작은 전쟁」의 뜻에서] *n.* **게릴라병,** 비정규병 — *a.* Ⓐ 게릴라병의: ~ war[warfare] 게릴라전

guerrílla théater (반전·반체제적인) 게릴라 연극, 가두 연극(street theater)

‡**guess** [ges] *vt.* **1** **짐작하다, 추측하다,** 추정하다: ~ the woman's age *at* 25 그 여자의 나이를 25세로 추정하다 **2** **알아맞히다,** 억측하다, 짐작해서 말하다: *G~ which* hand holds a coin. 어느쪽 손에 동전이 들었는지 맞춰 봐. **3** 《미·구어》 …이라고 생각하다[여기다](suppose, think): I ~ I'll go to bed. 자려고 생각한다.

— *vi.* **추측하다,** 미루어서 살피다, 짐작하다; 알아맞히다: ~ *right*[*wrong*] 바로[잘못] 맞히다

*~ **at*** 짐작하다 ***I ~ so*** [***not***]. 그렇게[그렇지 않다고] 생각해. ***keep*** a person ***~ing*** 《미·구어》 (어찌 될까 해서) 마음 졸이게 하다

— *n.* **추측,** 짐작, 억측

anybody's ~ 아무도 짐작할 수 없는 것, 순전한 억측 ***at a ~*** = ***by ~*** (***and by god***) 추측으로, 어림잡아서, 짐작으로

guess·ti·mate [géstəmèit] [*guess*+es*timate*] *vt.* 짐작으로 견적하다, (되는 대로) 추측하다 — *n.* 추측

guess·work** [géswə̀:rk] *n.* Ⓤ **짐작,** 추측, 어림잡기; 짐작에서 나온 의견[설] ***by ~ 어림짐작으로

‡**guest** [gest] *n.* **1** (초대받은) **손님,** 내빈; 객원(客員), 임시 회원 **2** (여관·하숙의) 숙박인 **3** (라디오·텔레비전·오케스트라의) 특별 출연자, 객원 연주자 **4** 기생 동물[식물] **5** 〖컴퓨터〗 게스트 《네트워크 등에 정식으로 등록되어 있지 않은 사람》 — *a.* Ⓐ 손님용의; 빈객으로서 행하는; 초대[초빙]받은: a ~ conductor [professor] 객원 지휘자[교수]

— *vi.* 《미》 (라디오·텔레비전 등에) 게스트로 출연하다 《*on*》

— *vt.* 손님으로서 접대하다

guest·house [gésthàus] *n.* (*pl.* **-hous·es** [-hàuziz]) (순례자용) 숙소; 고급 하숙, 여관

guést ròom 객실 《여관·하숙의》; 손님용 침실

guff [gʌf] *n.* Ⓤ 《미·속어》 허튼소리, 난센스

guf·faw [gʌfɔ́:] *n.* 갑작스러운 큰 웃음, (상스러운) 홍소(哄笑)

— *vi., vt.* 실없이 크게 웃다

‡**guid·ance** [gáidns] *n.* Ⓤ **안내,** 지도, 길잡이, 지시; (학생) **지도**

‡**guide** [gaid] *vt.* **1** 〈사람을〉 **안내하다,** 인도하다: ~ a stranger *through* the woods *to* the house 낯선 사람을 숲 속을 통해 집에 안내하다 **2** **지도하다,** 가르치다: ~ students *in* their studies 학생들에게 공부를 지도하다 **3** 다스리다, 통치하다 **4** 〈사상·감정 등이〉 지배하다, 좌우하다, 관리하다 **5** 〈무생물이〉 …의 방향을 가리키다, …의 지표가 되다

— *n.* **1** **안내자, 길잡이** **2** 〖군사〗 향도(嚮導); [*pl.*] 정찰대 **3** 소녀단 단원 **4** 지도자, 교도자 **5** **지침,** 규준(規準), 입문서; 도표(道標), 이정표; 안내서, 편람; 여행 안내(서)

‡**guide·book** [gáidbùk] *n.* **편람,** (**여행**) 안내서

guíded míssile 유도탄[미사일]

guíde dòg 맹도견(盲導犬)

guíded tóur 안내원이 딸린 (관광) 여행

guide·line [gáidlàin] *n.* (장래에 대한) 지침, 정책

***guide·post** [gáidpòust] *n.* **길표지,** 도표(道標); 지침(guideline)

guíde wòrd (책의 페이지 윗부분에 인쇄된) 찾아보기 말, 색인어

***guild, gild** [gild] *n.* **1** (중세의) **상인 단체,** 길드 **2** **동업 조합;** 《일반적으로》 조합, 회(society)

guil·der [gíldər] *n.* **1** 길더 《네덜란드의 화폐 단위; 기호 G; =100 cents》; 1길더 은화 **2** 네덜란드·독일의 옛 금화[은화]

guild·hall [gíldhɔ̀:l] *n.* **1** 시청; 읍사무소 **2** [the G~] 런던시 청사

guilds·man [gíldzmən] *n.* (*pl.* **-men** [-mən]) 길드 조합원

guíld sócialism 길드 사회주의 《제1차 대전 전의 영국 사회주의 사상》

***guile** [gail] *n.* Ⓤ **교활,** 음험함, 엉큼함

guile·ful [gáilfəl] *a.* 교활한, 음험한 **~·ly** *ad.* **~·ness** *n.*

guile·less [gáillis] *a.* 교활하지 않은, 정직한, 솔직한 **~·ly** *ad.* **~·ness** *n.*

guil·le·mot [gíləmàt | -mɔ̀t] *n.* 〖조류〗 바다오리

guil·lo·tine [gílətì:n] [이 참수 형틀의 사용을 제안한 프랑스의 의사 J.I. Guillotin의 이름에서] *n.* **1** 기요틴, 단두대 **2** (종이 등의) 재단기; 〖외과〗 (편도선 등을) 잘라내는 기구 **3** 《영》 토론 시간 한정 《의회에서 의사 방해를 막기 위한》

— *vt.* **1** 단두대로 목을 자르다 **2** 〈토론을〉 종결하다, 〈의안의〉 통과를 강행하다

‡**guilt** [gilt] [동음어 gilt] *n.* Ⓤ **1** **죄를 범했음, 죄가 있음**(opp. *innocence*) **2** 죄(sin); 〖법〗 범죄

***guilt·less** [gíltlis] *a.* **죄가 없는,** 무고한, 결백한(innocent) 《*of*》; 알지 못하는, 기억에 없는 《*of*》 **~·ly** *ad.* **~·ness** *n.*

‡**guilt·y** [gílti] *a.* (**guilt·i·er**; **-i·est**) **1** …의 **죄를 범한, 유죄의**(criminal; opp. *innocent*) 《*of*》: be found ~ 유죄로 판결되다 **2** 〈과실 등을〉 저지른, …의 결점이 있는 《*of*》 **3** **떳떳지 못한,** 죄를 자각하는, 가책을 느끼는 《*about, over, for*》: a ~ conscience 양심의 가책

G~[***Not G~***] 유죄[무죄(입니다)] 《배심 평결에서》 ***plead ~***[***not ~***] 죄를 인정하다[무죄를 주장하다] 《*to*》 **guílt·i·ly** *ad.* 유죄로; 죄진 것처럼 **-i·ness** *n.*

***guin·ea** [gíni] [Guinea산 금으로 만든 데서] *n.* **1** **기니** 《21실링에 해당하는 영국의 옛 금화; 지금은 단순한 계산 단위로 사

례·기부금의 가치 표시로 씀》 **2** = GUINEA FOWL

Guin·ea [gíni] *n.* 기니 《아프리카 서부 해안 지방; 그 지역의 공화국, 수도 Conakry》

Guin·ea-Bis·sau [gínibisáu] *n.* 기니비사우 《서아프리카의 공화국; 구 Portuguese Guinea; 수도 Bissau》

guínea fòwl 〖조류〗 뿔닭 《서아프리카산》

guínea hèn 뿔닭의 암컷

guínea pìg **1** 〖동물〗 돼지쥐, 천축쥐 《속칭 모르모트》 **2** 《미》 실험 재료, 시험대

Guin·e·vere [gwínəvìər] *n.* 여자 이름; (아서왕 전설에 나오는) Arthur의 왕비

Guin·ness [gínis] *n.* 기네스 《아일랜드산의 흑맥주; 상표명》 ***the ~ Book of World Records*** 기네스북 《맥주회사 기네스가 해마다 발행하는 세계 기록집》

guise** [gaiz] *n.* [보통 in a ... ~로] 외관 (appearance), 겉모양; 가장, 변장, 구실; 《영·고어》 복장, 옷차림(aspect) ***under the ~ of friendship (우정)을 가장하여

‡**gui·tar** [gitɑ́:r] *n.* **기타**: an electric ~ 전기 기타 **~·ist** [-tɑ́:rist] *n.* 기타 연주가

gulch [gʌltʃ] *n.* 《미》 (양쪽이 깎아지른 듯한) 협곡

gul·den [gú:ldn, gúl-] *n.* (*pl.* **~s,** ~) = GUILDER

‡**gulf** [gʌlf] *n.* **1 만**(灣) **2** 깊은 금[틈]; 《시어》 **심연**(深淵), 심해(abyss) **3** 《비유》 넘을 수 없는 한계[장벽]: the ~ between rich and poor 빈부의 격차

Gúlf Stàtes [the ~] **1** 《미》 멕시코만 연안 5개주 《Florida, Alabama, Mississippi, Louisiana, Texas》 **2** 페르시아만 연안 8개국 《Iran, Iraq, Kuwait, Saudi Arabia, Bahrain, Qatar, the United Arab Emirates, Oman》

Gúlf Strèam [the ~] 멕시코 만류

Gúlf Wàr 걸프 전쟁 《이라크와 유엔 연합군과의 전쟁》

gulf·weed [gʌ́lfwì:d] *n.* 〖식물〗 모자반속(屬)의 해초

***gull¹** [gʌl] *n.* 〖조류〗 **갈매기**

gull² *vt.* 속이다 **—***n.* 잘 속는 사람, 얼간이; 《속어》 사기꾼

Gul·lah [gʌ́lə] *n.* 걸러 《미국 동남부의 해안 및 섬에 사는 흑인》; Ⓤ 그 사투리 영어

gul·let [gʌ́lit] *n.* 《구어》 식도(esophagus), 목구멍(throat)

gul·li·bil·i·ty [gʌ̀ləbíləti] *n.* Ⓤ 잘 속음

gul·li·ble [gʌ́ləbl] *a.* 잘 속는 **-bly** *ad.*

Gúl·li·ver's Trávels [gʌ́livərz-] 걸리버 여행기(Jonathan Swift 작의 풍자소설)

gul·ly [gʌ́li] *n.* (*pl.* **-lies**) (보통 물이 마른) 협곡; 《영》 도랑, 하수구; 홈통형 레일 **—***vt.* (**-lied**) …에 도랑을 만들다; 〈물이〉 협곡을 파다

gulp** [gʌlp] 〔의성어〕 *vt.* **꿀꺽꿀꺽 마시다**; 〈눈물 등을〉 삼키다, 참다, 억누르다 《*back, down*》; 〈이야기를〉 덮어놓고 믿다: ~ *down* water 물을 꿀꺽꿀꺽 마시다 **—vi.* 숨을 죽이다; 들이켜다, 꿀꺽꿀꺽 마시다

—*n.* 꿀꺽꿀꺽[쭉] 마심, 들이켜는 소리[분량]; 입속에 하나 가득(한 양); 〖컴퓨터〗 걸프 《여러 바이트로 이루어지는 2진 숫자의 그룹》

at [***in***] ***one ~*** 한입에, 단숨에

‡**gum¹** [gʌm] *n.* **1** Ⓤ **고무질**, 점성(粘性) 고무; 나무진, 수지; 《미》 탄성 고무 (= ~ elastic) **2** Ⓤ 껌(chewing ~) **3** [*pl.*] 《미》 고무 덧신, 고무신 **4** Ⓤ 눈곱; (과실나무의) 병적 분비 수액 **5** = GUMDROP

—*v.* (**~med**; **~·ming**) *vt.* **1** 고무질을 입히다[칠하다], 고무(질)로 굳히다, 고무풀로 붙이다 《*down, together, up, in*》 **2** 《미·속어》 속이다 **—***vi.* 고무질을 분비[형성]하다; 〈과실나무가〉 병적 수액을 분비하다; 진득진득해지다

gum² *n.* [보통 *pl.*] 잇몸, 치은(齒齦), 치육(齒肉)

gum³ *n.* 《영·비어》 = GOD

By [***My***] ***~!*** 맹세코, 틀림없이, 원 이런! 《저주·맹세할 때 씀》

gúm árabic 아라비아 고무

gum·bo [gʌ́mbou] *n.* (*pl.* **~s**) 《미》 **1** 〖식물〗 오크라(okra); 오크라의 꼬투리 **2** ⓊⒸ 오크라 수프 《꼬투리의》

gum·boil [gʌ́mbɔ̀il] *n.* 〖치과〗 치은 궤양

gúm bòot 고무장화; 《미·속어》 형사

gum·drop [-dràp | -drɔ̀p] *n.* 《미》 (젤리 모양의) 캔디(《영》 gum)

gúm elàstic 탄성 고무, 고무(rubber)

gum·ma [gʌ́mə] *n.* (*pl.* **~s, ~·ta** [-tə]) 〖병리〗 (제3기 매독의) 고무종(腫)

gum·my¹ [gʌ́mi] *a.* (**-mi·er**; **-mi·est**) **1** 고무(성)의, 점착성의; 고무질로 덮인 **2** 〈정강이·발목 등이〉 부어오른

gúm·miness *n.* Ⓤ 고무질, 점착성

gummy² *a.* 이빨 없는, 잇몸을 드러낸

gump [gʌmp] *n.* 《미·속어》 얼간이, 멍청이

gump·tion [gʌ́mpʃən] *n.* Ⓤ 《구어》 적극성, 진취의 기상

gúm rèsin 고무 수지 《고무와 수지의 혼합물》

gum·shoe [gʌ́mʃù:] *n.* **1** [보통 *pl.*] 오버슈즈, 고무 덧신(galoshes); 고무창의 구두(sneakers) **2** 《미·속어》 형사

—*vi.* 《구어》 살금살금 걷다, 몰래 가다

gúm trèe 〖식물〗 고무나무, 《특히》 유칼리나무(eucalyptus)

‡**gun** [gʌn] *n.* **1** 〖군사〗 **대포**, 포; (통속적으로) **총**; 엽총(shotgun); (연발) 권총(revolver) **2** (살충제의) 분무기 **3** 《속어》 사기꾼; 도둑(thief); 《영》 총렵대(銃獵隊)의 일원; 포수(gunner) **4** 대포의 발사 **5** 《익살》 (담배의) 파이프

bring up [***out***] one***'s big ~s*** (토론·게임 등에서) 비장의 수를 쓰다 ***go great ~s*** 《미·속어》 급히[마구] 해내다 ***great*** [***big***] ***~*** 거물, 고급 장교 ***jump the ~*** (스포츠에서) 스타트를 잘못하다[서두르다]; 조급히 굴다, 성급하게 말하다 ***spike*** a person***'s ~s*** …을 무력하게 만들다, 굴복시키다 ***stand by*** [***stick to***] one***'s ~s*** 입장[주장]을 고수하다, 굴복하지 않다

—*vt., vi.* (**~ned**; **~·ning**) 총으로 (…을) 쏘다; 총사냥가다; 《미·속어》 (발동기의) 스로틀을 열어 가속하다

~ ***down*** …을 포화로 격멸하다

gún bàrrel 포신, 총신

gun·boat [gʌ́nbòut] *n.* 포함(砲艦)

gúnboat diplómacy 포함 외교《소국에 대한 무력 외교》

gún càrriage 포차, 포가(砲架)

gun·cot·ton [-kὰtn | -kɔ̀tn] *n.* Ⓤ 솜화약

gun·dog [-dɔ̀:g | -dɔ̀g] *n.* 총사냥개《pointer, setter 등》

gun·fight [-fàit] *vi.* (**-fought** [-fɔ̀:t]) 총질하다, 총격전을 벌이다 — *n.* 총격전; 《미》 권총에 의한 결투 **~·er** *n.* (특히 미국 서부 개척 시대의) 사격의 명수

gun·fire [-fàiər] *n.* Ⓤ 포화, 포격; 발포

gung ho [gʌ́ŋ-hóu] [Chin. 「함께 일하다」의 뜻에서] 《미·속어》 멸사봉공의, 열렬한

gunk [gʌŋk] *n.* 《속어》 **1** 끈적끈적[찐득찐득]한 것[오물] **2** 화장품 **3** 놈, 녀석; 《미》 〔군사〕 건조[분말] 식품

*__gun·man__ [gʌ́nmən] *n.* (*pl.* **-men** [-mən]) **1 총기 휴대자,** 무장 경비원; 《주로 미·속어》 권총을 찬 악한[갱], 총잡이; 사격의 명수 **2** 총포공(工)(gunsmith)

gun·met·al [-mètl] *n.* Ⓤ 〔야금〕 포금(砲金), 청동; 암회색(= ~ **gray**)

gun·nel [gʌnl] *n.* 〔어류〕 베도라치

*__gun·ner__ [gʌ́nər] *n.* **1 포수**(砲手); 《영》 포병대원; 〔해군〕 포술장(砲術長)《준사관》 **2** 총사냥꾼

gun·ner·y [gʌ́nəri] *n.* Ⓤ 포술, 사격법; 포격; [집합적] 포, 총포(guns)

gun·ny [gʌ́ni] *n.* (*pl.* **-nies**) Ⓤ 굵은 삼베; = GUNNYSACK

gun·ny·sack [gʌ́nisæ̀k] *n.* 굵은 삼베[즈크] 자루《감자·석탄을 넣는》

gun·play [-plèi] *n.* Ⓤ 《미》 맞총질, 총싸움, 총격전

gun·point [-pɔ̀int] *n.* 총부리, 총구
at ~ 《미·속어》 총[권총]으로 위협하여[받고]

*__gun·pow·der__ [gʌ́npàudər] *n.* Ⓤ **화약,** 흑색 화약: smokeless[white] ~ 무연[백색] 화약

Gúnpowder Plòt [the ~] 〔영국사〕 화약 음모 사건《1605년 11월 5일 영국 국회의 폭파를 음모한 Guy Fawkes를 주범으로 하는 천주교도의 음모》

gún ròom 총기실; 〔영국해군〕 하급 장교실

gun·run·ner [-rʌ̀nər] *n.* 총포 화약의 밀수입자

gun·run·ning [-rʌ̀niŋ] *n.* Ⓤ 총포 화약의 밀수입

gun·sel [gʌ́nsəl] *n.* 《속어》 **1** 멍청이 **2** 배반자 **3** = GUNMAN **4** (남색의) 상대자, 미동

gun·ship [gʌ́nʃip] *n.* 무장 헬리콥터《지상군을 근접 지원하는》

gun·shot [-ʃὰt | -ʃɔ̀t] *n.* **1** 발사된 탄환 **2** 사격, 발포, 포격 **3** Ⓤ 탄착거리
within [***beyond***] ~ 사정 내[밖]에

gun-shy [-ʃài] *a.* 〈말이나 사냥개가〉 총성을 무서워하는

gun·sling·er [-slìŋər] *n.* 《미·속어》 권총을 가진 악한

gun·smith [-smìθ] *n.* 총포 장인, 총포공

gun·stock [-stὰk | -stɔ̀k] *n.* 개머리판, 총상(銃床)

gun·wale [gʌ́nl] *n.* 〔항해〕 뱃전; 배 가장자리

gup·py [gʌ́pi] [이 물고기를 처음으로 영국에 소개한 영국인 이름에서] *n.* (*pl.* **-pies**) 〔어류〕 구피《송사릿과(科)의 관상용 열대어》

*__gur·gle__ [gə́:rgl] *vi., vt.* 〈물 등이〉 **꼴꼴[콸콸] 흘러나오다,** 꼴꼴[콸콸] 소리내다[나게 하다]; 〈사람이〉 목을 꿀꺽거리다《기쁠 때 등》 — *n.* [보통 the ~] 꼴꼴[콸콸] 하는 소리

Gur·kha [gúərkə, gə́:r-] *n.* (*pl.* **~, ~s**) 구르카족《네팔에 사는 용맹한 종족》

gu·ru [gúəru:] *n.* 힌두교의 교사, 도사(導師); 《익살·구어》 (정신적) 지도자

*__gush__ [gʌʃ] *vi.* 〈액체·소리 등이〉 **세차게 흘러나오다,** 분출하다, 내뿜다《*out, forth*》; 《구어》 (감상적으로) 지껄여대다《*about, over*》 — *n.* **1 분출,** 솟아나옴 **2** 감정[말]의 쏟아져 나옴; 감정[열의]의 과시; 과장된 감정적인 이야기[글]

gush·er [gʌ́ʃər] *n.* 쏟아져 나오는 것; 분유정(噴油井); 과장하여 감정을 나타내는 사람

gush·ing [gʌ́ʃiŋ] *a.* **1** Ⓐ 솟아[쏟아져] 나오는, 분출하는 **2** 지나치게 감상적인
~·ly *ad.*

gush·y [gʌ́ʃi] *a.* (**gush·i·er**; **-i·est**) = GUSHING **gúsh·i·ly** *ad.*

gus·set [gʌ́sit] *n.* **1** 〔역사〕 갑옷의 겨드랑 밑에 대는 쇠미늘 **2** 삼각천, 덧붙이는 천, 무; 장갑의 덧댄 가죽 **3** 〔기계〕 보강판; 계판(繫板)《교량용》

gus·sy [gʌ́si] *vt.* (**-sied**) 모양내다, 차리다《*up*》

*__gust__ [gʌst] *n.* **1 한바탕 부는 바람,** 질풍, 돌풍《*of*》 **2** 소나기; 갑자기 타오르는 불길; 별안간 나는 소리《*of*》 **3** (감정의) 격발(outburst)《*of*》
— *vi.* 〈바람이〉 갑자기 세게 불다; 〈감정 등이〉 격발하다

gus·ta·tion [gʌstéiʃən] *n.* Ⓤ 맛보기, 상미, 미각

gus·ta·to·ry [gʌ́stətɔ̀:ri | -təri] *a.* 〔해부·생리〕 미각의

gus·to [gʌ́stou] *n.* Ⓤ **1** 즐김, 기호, 취미 **2** (고어) 맛, 풍미 ***with*** ~ 매우 맛있게, 입맛을 다시며; 즐겁게, 신나게

gust·y [gʌ́sti] *a.* (**gust·i·er**; **-i·est**) **1** 돌풍이 많은, 바람이 심한 **2** 돌발적인

gut [gʌt] *n.* **1** 소화관; 장, 창자; [*pl.*] 《속어》 내장: the blind ~ 맹장 / the large[small] ~ 대[소]장 **2** [주로 *pl.*] 《구어》 끈기, 지구력, 기운, 용기; 결단력 **3** 거트, 장선(腸線)(catgut) **4** (낚시를 낚싯줄에 연결하는) 명주실 **5** 좁은 수로(水路), (좁은) 해협; 도랑; (가로의) 좁은 길, 골목길; (Oxford, Cambridge 대학의 보트 레이스에서) 코스의 굴곡부 **6** [*pl.*] 《구어》 내용, 속, 실질(contents): have no ~s 내용[속]이 없다, 비어 있다; 기운이 없다
hate a person***'s*** ~***s*** …을 몹시 미워하다

— *a.* Ⓐ **1** 《구어》 몸에서 충동적으로 나오는, 본능적인 **2** 〈문제 등이〉 근본[기본]적인 — *vt.* (**~·ted**; **~·ting**) **1** 창자를 빼다; 속을 제거하다 **2** 깡그리 약탈하다; 〈건물의〉 내부를 파괴하다[태워버리다] **3** 〈책·논문 등의〉 요소[요점]를 뽑아내다

gút còurse 《미·구어》 학점을 따기 쉬운 과목

*** Gu·ten·berg** [gú:tnbə̀:rg] *n.* **구텐베르크 Johannes ~** (1400?-68) 《독일의 활판 인쇄술 발명자》

Gútenberg Bíble [the ~] 구텐베르크 성서 《1456년 이전에 인쇄된 라틴어 성서》

gut·less [gʌ́tlis] *a.* **1** 무기력한, 패기가 없는 **2** 실질(實質)이 없는

guts·y [gʌ́tsi] *a.* (**guts·i·er**; **-i·est**) 《구어》 용감한, 기세 좋은

gut·ta-per·cha [gʌ́təpə́:rtʃə] *n.* Ⓤ 구타페르카 《나무진을 말린 고무 같은 물질; 절연재·치과 충전재·골프공 등에 사용》

*** gut·ter** [gʌ́tər] *n.* **1** (지붕의) **홈통** **2** (차도와 인도 사이의) 도랑 **3** (흐르는 물 등의) **흐른 자국**; 물자국; 홈, 우묵한 선 **4** [the ~] 하층 사회, 빈민굴: rise from *the* ~ 비천한 신분에서 출세하다 **5** 〖인쇄〗 (인쇄 때 판 사이에 놓는) 나무 조각; 〖제본〗 좌우 양 페이지 사이의 여백

***in the* ~** 《미·구어》 술 취하여 (도랑에 빠져); 영락하여

— *vt.* **1** 홈통을 달다 **2** 도랑을 내다[파다] — *vi.* **1** 도랑이 생기다, 도랑이 되어 흐르다 **2** (촛불의) 촛농이 흘러내리다

gútter préss [the ~] 선정적인 저급한 신문

gut·ter·snipe [gʌ́tərsnàip] *n.* 《구어》 집 없는 아이, 부랑아; 쓰레기꾼, 넝마주이

gut·tur·al [gʌ́tərəl] *a.* 목구멍의; 목구멍에서 나오는; 〖음성〗 후음(喉音)[연구개음(軟口蓋音)]의 — *n.* 〖음성〗 후두음(문자), 연구개음 《[k, g, x] 등》

gut·ty *a.* (**-ti·er**; **-ti·est**) **1** 원기 왕성한, 용기 있는; 도전적인 **2** 〈표현 등이〉 대담한

guv [gʌv], **guv'·nor** [gʌ́vnər] *n.* 《영·구어》 = GOVERNOR

‡guy¹ [gai] *n.* **1** 《구어》 **녀석**, 사람, 놈 (fellow): a queer ~ 괴상한 녀석 **2** [*pl.*] 《미》 사람들, 당신들 **3** 《주로 영》 웃음거리가 된 사람, 괴상한 차림의 사람, 기괴망측한 사람

— *vt.* 이상한 인형으로 나타내다; 《구어》 웃음거리로 만들다, 조롱하다(ridicule)

guy² *n.* 〖항해〗 가이, 당김 밧줄

— *vt.* 가이[당김 밧줄]로 고정시키다[버티다]

Guy·a·na [gaiǽnə] *n.* 가이아나 《남미 동북부의 공화국; 수도 Georgetown》

Guy·a·nese [gàiəní:z, -ní:s] *a.* 가이아나의 — *n.* (*pl.* ~) 가이아나 사람

Gúy Fáwkes Dày [gái-fɔ́:ks-] 《영》 (화약 음모 사건(Gunpowder Plot)의 주모자 중 한 사람인) Guy Fawkes의 체포 기념일 《11월 5일》

guz·zle [gʌ́zl] *vi.* 폭음하다; 게걸스럽게 먹다 — *vt.* 〈술을〉 꿀꺽꿀꺽 마시다; 〈돈 등을〉 술마셔 없애다 《*away*》

gúz·zler *n.* 대주가

‡gym [dʒim] *n.* 《구어》 **체육관**(gymnasium); Ⓤ 체조, 체육(gymnastics)

gym·kha·na [dʒimkɑ́:nə] [Hindi 「라켓 코트」의 뜻에서] *n.* 《원래 영》 경기장; (운동·승마) 경기 대회; 자동차 장애물 경기

‡gym·na·si·um [dʒimnéiziəm] *n.* (*pl.* **~s**, **-si·a** [-ziə]) **1 체육관**, (실내) 경기장; 체육 학교; (고대 그리스의) 연무장(演武場) **2** [dʒimnɑ́:ziəm, gimnɑ́:-] (유럽의) 김나지움 《특히 독일의 9[7]년제 대학 예비 교육 기관》

gym·nast [dʒímnæst] *n.* 체육 교사, 체육가, 체조 선수

‡gym·nas·tic [dʒimnǽstik] *a.* Ⓐ **체조의**, 체육(상)의 **-ti·cal·ly** *ad.* 체조[체육]상

‡gym·nas·tics [dʒimnǽstiks] *n. pl.* [복수·단수 취급] **체조**; [단수 취급] 체육 《학과》

gym·no·sperm [dʒímnəspə̀:rm] *n.* 〖식물〗 겉씨[나자] 식물

gym·no·sper·mous [dʒìmnəspə́:rməs] *a.* 〖식물〗 겉씨의, 겉씨가 있는

gým shòe [보통 *pl.*] 운동화(sneaker)

gym·slip [dʒímslìp] *n.* 《영》 (소매가 없고 무릎까지 오는) 여학생 옷 《교복의 일부》

gým sùit 체육복

gy·n(a)e·co·log·ic, -i·cal [dʒìnikəlɑ́dʒik(əl)] *a.* 〖의학〗 부인과 의학의

gy·n(a)e·col·o·gy [gàinikɑ́lədʒi] *n.* Ⓤ 〖의학〗 부인과 의학 **-gist** *n.* 부인과 의사

gy·n(a)e·cop·a·thy [dʒìnikɑ́pəθi] *n.* 〖병리〗 부인병

gyp¹ [dʒip] 《영·속어》 *n.* 협잡꾼(swindler); 사기(swindle) — *vt.* (**~ped**; **~·ping**) 속이다; 사취하다 《*out of*》

gyp² *n.* 《영·속어》 혼남, 호된 꼴 [다음 성구로] ***give*** a person **~** …을 혼내주다; 〈상처 등이〉 …을 고통으로 괴롭히다

gyp·soph·i·la [dʒipsɑ́fələ | -sɔ́f-] *n.* 〖식물〗 안개꽃

gyp·sum [dʒípsəm] *n.* Ⓤ 〖광물〗 석고, 깁스

*** Gyp·sy** [dʒípsi] *n.* (*pl.* **-sies**) **1 집시** **2** Ⓤ 집시어(語) **3** [**g~**] 방랑벽이 있는 사람; 살색이 거무스름한 여자, 장난 좋아하는 여자 — *a.* Ⓐ 집시의

gýpsy mòth 〖곤충〗 매미나방 《식물의 해충》

gýpsy vàn[wàgon] 집시가 유랑 생활에 사용하는 포장마차

gy·rate [dʒáireit | -ˊ] *vi.* 선회[회전]하다

gy·ra·tion [dʒairéiʃən] *n.* ⓊⒸ 선회, 회전; 〖동물〗 (고둥의) 나선

gy·ra·to·ry [dʒáirətɔ̀:ri] *a.* 선회의, 선회[회전] 운동을 하는

gy·ro·com·pass [dʒáiəroukʌ̀mpəs] *n.* 〖항해〗 자이로컴퍼스, 회전 나침반

gy·ro·scope [dʒáiərəskòup] *n.* 자이로스코프, 회전의; 회전 운동을 하는 물체

gy·ro·scop·ic [dʒàiərəskɑ́pik | -skɔ́p-] *a.* 회전의(回轉儀)의, 회전 운동의

gy·ro·sta·bi·liz·er [dʒàiəroustéibəlàizər] *n.* 자이로스태빌라이저 《선박·비행기의 동요를 방지하는 장치》

H h

h, H [eitʃ] *n.* (*pl.* **h's, hs, H's, Hs** [-iz]) **1** 에이치 《영어 알파벳의 제8자》 **2** H형(의 것) **3** (속어) 헤로인 **4** (이어진 것의) 8번째(의 것)
H hard; 〖화학〗 hydrogen; 〖전기〗 henry
h. harbor; hardness; height; high; 〖야구〗 hit(s); hour(s); hundred
‡**ha, hah** [hɑː] *int.* 하아, 어유, 어마, 어머 《놀람·슬픔·기쁨·의심·불만·주저 등의 발성》; **하하** 《웃음소리》
ha hectare(s)
HA 〖컴퓨터〗 home automation 가정 자동화
Hab. 〖성서〗 Habakkuk
Ha·bak·kuk [həbǽkək, hǽbəkʌ̀k] *n.* 〖성서〗 **1** 하박국 《기원전 7세기의 히브리 예언자》 **2** (구약성서의) 하박국서(書) 《略 Hab.》
ha·ba·ne·ra [hɑ̀ːbənέərə] [Sp. 「아바나(Havana)」의 뜻에서] *n.* 하바네라 《쿠바의 2박자 무용(곡)》
ha·be·as cor·pus [héibiəs-kɔ́ːrpəs] [L] *n.* **1** 〖법〗 인신 보호 영장 **2** 인신 보호 영장의 청구권
hab·er·dash·er [hǽbərdæ̀ʃər] *n.* **1** (영) 잡화 상인 **2** (미) 신사용 장신구 상인
hab·er·dash·er·y [hǽbərdæ̀ʃəri] *n.* (*pl.* **-er·ies**) ⓊⒸ **1** (영) 잡화류; 잡화 상점 **2** (미) 신사용 장신구; 그 상점
ha·bil·i·ment [həbíləmənt] *n.* (문어) [보통 *pl.*] (특정한 경우·직업 등의) 의복, 복장
‡**hab·it** [hǽbit] *n.* **1** ⒸⓊ (개인의) **버릇; 습관** **2** (속어) 마약의 상용 **3** (사회적) **관습, 선례** **4** ⓊⒸ 기질, 성질 **5** ⓊⒸ 체질 **6** 〖동물·식물〗 습성 **7** 여성용 승마복; (특히 수사·수녀의) 의복
break** a person **of a ~ …의 버릇을 고치다 ***form*[*fall into, get into*] *the ~ of*** do***ing*** …하는 버릇이 생기다 ***H~ is* (*a*) *second nature.*** (속담) 습관은 제2의 천성이다. ***have*[*be in*] *the ~ of*** do***ing*** …하는 버릇이 있다 ***make a ~ of*** do***ing*** = ***make it a ~ to*** do …하는 습관이 있다
hab·it·a·ble [hǽbitəbl] *a.* 거주할 수 있는, 거주하기에 적당한
hàb·it·a·bíl·i·ty *n.* **~·ness** *n.* **-bly** *ad.*
hab·i·tant [hǽbitənt] *n.* 주민, 거주자
***hab·i·tat** [hǽbitæ̀t] *n.* **1** (동식물의) 서식지, 자생지, 산지(産地) **2** 거주지, 주소
***hab·i·ta·tion** [hæ̀bitéiʃən] *n.* (문어) **1** Ⓤ 거주(권) **2** 주소; 주택; 부락; 군락
hab·it-form·ing [hǽbitfɔ̀ːrmiŋ] *a.* 〈마약 등이〉 습관성인
***ha·bit·u·al** [həbítʃuəl] *a.* **1** Ⓐ **습관적인, 평소의** **2** 상습적인 **~·ly** *ad.* **~·ness** *n.*
ha·bit·u·ate [həbítʃuèit] *vt.* 길들이다 《*to*》 ***be ~d*** 익숙하다 《*to*》 ***~*** one***self to*** …하는 습관을 들이다, …에 익숙해지다
ha·bit·u·a·tion [həbìtʃuéiʃən] *n.* 습관(작용)화; 상용벽
hab·i·tude [hǽbitjùːd | -tjùːd] *n.* Ⓤ 체질, 기질, 성향; ⓊⒸ 습관, 습성
ha·bit·u·é [həbítʃuèi] [F] *n.* (술집·극장·음식점 등의) 단골 손님; 마약 상용자
ha·ci·en·da [hɑ̀ːsiéndə | hæ̀si-] [Sp.] *n.* (중남미에서 가옥이 딸린) 대농장, 목장; (농장·목장의) 가옥, 주인집
***hack**[1] [hæk] *vt.* **1** (도끼 등으로) **마구 패서 자르다,** 난도질하다; 〈초목 등을〉 베며 나아가다 **2** 〈울타리 등을〉 짧게 깎다 **3** 〖컴퓨터〗 〈프로그램을〉 교묘히 바꾸다 **4** (영) 〖럭비〗 〈상대의〉 정강이를 차다 《반칙》; 〖농구〗 〈상대의〉 팔을 치다 《반칙》 **5** 〈망치로 돌을〉 다듬질하다
— *vi.* **1** 내려치다, 마구 자르다 **2** (자꾸) 헛기침을 하다 **3** 〖컴퓨터〗 (구어) 프로그램을 연구하며 즐기다; 컴퓨터로 장난치다
— *n.* **1** 마구 패서 자름, 찍어 잘게 자름 **2** 새긴 자국; (벤) 깊은 상처 **3** (미) 짧은 헛기침 **4** 〖럭비〗 정강이 차기; 〖농구〗 〈상대의〉 팔을 치기
hack[2] *n.* **1** (영) 세놓는 말; (미) 세놓는 마차(taxicab); (미·구어) 택시 **2** 늙은 말, 몹쓸 말 **3** (보통의) 승마용 말 **4** (경멸) 악착스럽게 일하는 사람; (저술가의) 조수
— *a.* Ⓐ **1** 고용된(hired), 돈을 위해 일하는; 글 품팔이의 **2** 낡아빠진, 진부한
— *vt.* **1** 〈말을〉 세놓다 **2** 잡무를 시키려고 고용하다 — *vi.* **1** 전세 말을 쓰다 **2** (구어) 택시를 타다[운전하다]
hack·ber·ry [hǽkbèri] *n.* (*pl.* **-ries**) 〖식물〗 팽나무의 일종 《미국산》; Ⓤ 그 재목
hack·er [hǽkər] *n.* **1** (구어) 〖컴퓨터〗 컴퓨터광(狂) 《컴퓨터 프로그래밍에 열중하는 사람》; 해커 《남의 네트워크 등에 불법 칩입하여 정보를 빼내거나 프로그램을 파괴하는 사람》
hack·ie [hǽki] *n.* (미·구어) 택시 운전사
háck·ing jàcket[**còat**] [hǽkiŋ-] (영) 승마복, 승마복과 비슷한 운동복
hack·le[1] [hǽkl] **1** 바디, 삼빗 《명주실·삼 등을 빗질하는》; 가는 실, 생사(生絲) **2** [*pl.*] (싸우기 전의 수탉·개 등의) 곤추선 목털 **3** 목털로 만든 제물 낚시
get a person***'s ~s up*** = ***raise*** a person***'s ~s*** …을 화나게 하다 ***with*** one***'s ~s up*** 싸울 태세를 갖추어; 성이 나서
hackle[2] *vt.* 잘게 썰다, 조각조각 자르다
hack·ney [hǽkni] *n.* **1** (보통의) 승마용 말 **2** (옛날의) 전세 마차[자동차] **3** 잡무(雜務) 보는 사람
háckney còach[**càrriage**] (옛날의) 전세 마차; 택시
hack·neyed [hǽknid] *a.* 낡은, 진부한
hack·saw [hǽksɔ̀ː] *n.* 쇠톱
hack·work [-wə̀ːrk] *n.* Ⓤ (돈벌이를

H

위한 예술 작품 등의) 하청 작업, (특히 삼류 작가의) 매문(賣文) 쓰기

*****had** [hæd] *v.* HAVE의 과거·과거분사 —*auxil. v.* ⇨ have *auxil. v.*
~ as good [***well***] do …하는 것도 좋을 것이다; …하는 것이 좋다 ***~ better*** [***best***] do …하는 편이 낫다[가장 좋다] ***~ rather*** do 차라리 …하는 편이 낫다

had·dock [hǽdək] *n.* (*pl.* **~**, **~s**) 〖어류〗 해덕 《대구의 일종; 북대서양산》

Ha·des [héidi:z] *n.* **1** 〖그리스신화〗 **a** 사자(死者)의 나라, 저승, 황천 **b** 하데스(Pluto) 《저승의 신》 **2** [**h~**] Ⓤ 《구어》 지옥(hell)

hadj [hædʒ] *n.* =HAJJ

hadj·i [hǽdʒi] *n.* =HAJJI

*****had·n't** [hǽdnt] had not의 단축형

hadst [hædst] *v.* 《고어·방언》 HAVE의 2인칭 단수의 과거 《주어는 thou》: *thou ~* =you had

haem- [hi:m, hem], **haema-** [hí:mə, hémə], **haemo-** [hí:mou, hém-] 《연결형》 =HEMO-

haf·ni·um [hǽfniəm] *n.* Ⓤ 〖화학〗 하프늄 《희금속 원소; 기호 Hf, 번호 72》

haft [hæft | hɑ:ft] *n.* **1** (단도 등의) 손잡이, 자루 **2** 〖방직〗 방추(紡錘)의 잡이
—*vt.* 손잡이[자루]를 달다

hag [hæg] *n.* **1** 보기 흉한[심술궂은] 노파 **2** 마녀; 여자 마술사 **3** =HAGFISH

Hag. 〖성서〗 Haggai

hag·fish [hǽgfiʃ] [HAG에서] *n.* (*pl.* **~**, **~·es**) 〖어류〗 먹장어

Hag·ga·i [hǽgiài, -gai] *n.* 〖성서〗 (구약성서의) 학개서(書) 《略 Hag.》

***hag·gard** [hǽgərd] [OF 「야생의 (매)」의 뜻에서] *a.* **1** 여윈, 수척한 **2** 〈매가〉 길들지 않은, 야생의 —*n.* (잡힌) 야생의 매, 사나운 매 **~·ly** *ad.*

hag·gis [hǽgis] *n.* 《스코》 해기스 《양 등의 내장을 다져 오트밀, 양념 등과 함께 그 위(胃)에 넣어 삶은 요리》

hag·gish [hǽgiʃ] *a.* 마귀할멈 같은; (나이가 들어) 추악한

hag·gle [hǽgl] *vi.* 〈값·조건 등을〉 끈질기게 깎다; (값 등을 깎으려고) 옥신각신[입씨름]하다 —*n.* 값 깎음; (값 등을 깎으려는) 옥신각신, 입씨름

hag·i·og·ra·phy [hæ̀giɑ́grəfi | -ɔ́g-] *n.* (*pl.* **-phies**) **1** ⓊⒸ 성인전, 성인 연구 **2** 주인공을 이상화한 전기 《책》

hag·i·ol·o·gy [hæ̀giɑ́lədʒi | -ɔ́l-] *n.* (*pl.* **-gies**) ⓊⒸ 성인(전) 연구; 성인 문학; 성인 (열)전

hag·rid·den [hǽgrìdn] *a.* 악몽에 시달린; 가위눌린

Hague [heig] *n.* [The ~] 헤이그 《네덜란드 서부의 행정상의 수도; 공식 수도는 Amsterdam》

hah [hɑ:] *int.* =HA

ha-ha[1] [hɑ̀:hɑ́:] *int.* 하하, 아하하 《웃음소리》 —*n.* (즐거움·비웃음 등을 나타내는) 웃음소리

ha-ha[2] [hɑ́:hɑ̀:] *n.* =SUNK FENCE

hahn·i·um [hɑ́:niəm] *n.* Ⓤ 〖화학〗 하늄 《인공 방사성 원소; 기호 Ha; 번호 105》

****hail**[1] [heil] 〔동음어 hale〕 *n.* **1** Ⓤ [집합적] **싸락눈, 우박** **2** [a ~ of …로] …의 빗발 —*vi.* [it를 주어로 하여] 싸락눈[우박]이 내리다; 빗발치듯 오다 《*on*》

****hail**[2] [OE 「완전한, 건강한」의 뜻에서] *int.* 만세, 행복하기를 《환영·축복의 인사》 ***All ~!*** =***H~ to you!*** 만세!, 환영!
—*vt.* **1 환호하며 맞이하다**; 〈사람을〉 (…이라고) 부르며 맞이하다 **2** 〈배·차·사람을〉 큰소리로 부르다, 불러서 세우다
—*vi.* (사람·배 등에) 소리치다 《*to*》 ***~ from*** 〈배가〉 …으로부터 오다; 〈사람이〉 …의 출신이다
—*n.* ⒸⓊ 부르는 소리, 큰소리로 부르기; 인사, 환영
within [***out of***] ***~*** (큰소리로) 부르는 소리가 들리는[안 들리는] 곳에

hail-fel·low [héilfèlou] *a.* 친한, 의좋은; (지나치게) 싹싹한, 붙임성 있는 《*with*》

Háil Máry =AVE MARIA

hail·stone [-stòun] *n.* 우박, 싸락눈

hail·storm [-stɔ̀:rm] *n.* 우박을 동반한 폭풍

*****hair** [hɛər] 〔동음어 hare〕 *n.* **1 a** Ⓤ [집합적] **털, 머리털** **b** 털 한 가닥, 머리카락 **2** Ⓤ 〖식물〗 모용(毛茸) 《잎·줄기 표면에 난》 **3** [a ~; 부정문에서] 털끝만한 것, 극미(極微); 조금
by (***the*** [***a***] ***turn of***) ***a ~*** 간신히, 위기일발(危機一髮)로 ***do*** [***put***] ***up*** one***'s ~*** 머리를 땋다 ***get*** [***have***] a person ***by the short ~s*** 《구어》 (토론·다툼 등에서) …을 완전히 누르다[지배하다] ***get in*** a person***'s ~*** 《구어》 …을 괴롭히다, 안달나게 하다 ***hang by a*** (***single***) ***~*** 풍전등화와 같다, 위기일발이다 ***keep*** one***'s ~ on*** [보통 명령법으로] 《속어》 침착하다, 태연하다; 화내지 않다 ***let*** [***put***] one***'s ~ down*** 〈여자가〉 머리를 풀고 늘어뜨리다; 《구어》 느긋하게 쉬다; 《구어》 터놓고 이야기하다 ***make*** a person***'s ~ curl*** (공포로) 머리털이 곤두서게 하다, 등골이 오싹하게 하다 ***put*** [***turn***] ***up*** one***'s ~*** = ***put*** one***'s ~ up*** (소녀가 장성하여 어른과 같이) 머리를 얹다 ***split ~s*** (토론·논의 등에서) 부질없는 일을 따지고 들다 ***to*** (***the turn of***) ***a ~*** 한 치도 틀리지 않고, 똑같이(exactly)

hair·breadth [hɛ́ərbrèdθ], **hair's-breadth** [hɛ́ərz-] *n.* [a ~] 털끝만한 틈[폭, 간격, 거리]
by a ~ 간일발로, 가까스로, 아슬아슬하게
—*a.* Ⓐ 매우 좁은; 간일발(間一髮)의, 가까스로의

hair·brush [-brʌ̀ʃ] *n.* 머리 빗는 솔, 헤어브러시

hair·cloth [-klɔ̀:θ | -klɔ̀θ] *n.* **1** Ⓤ 모포, 마모직(馬毛織)(cf. HORSEHAIR) **2** =HAIR SHIRT

hair·cut [-kʌ̀t] *n.* 이발, 조발; (특히 남성의) 머리 모양, 헤어스타일

hair·do [-dù:] *n.* (*pl.* **~s**) 《구어》 (특히 여성의) 머리 손질, 조발; 머리 모양, 헤어스타일

hair·dress·er [-drèsər] *n.* **1** (특히 여성 상대의) 이발사, 미용사 **2** 《영》 이발사

3 미용실
hair·dress·ing [-drèsiŋ] *n.* Ⓤ (특히 여성의) 조발[이발](업), 미용(업); 조발법; 모발용 화장품 — *a.* 이발[조발]용의
háir drìer[drỳer] 헤어 드라이어(drier)
haired [hɛərd] *a.* [보통 복합어를 이루어] 머리털이 …인
hair·grip[hɛ́ərgrìp] *n.* 《영》 (단발머리용) 헤어핀
hair·less [hɛ́ərlis] *a.* 털[머리털]이 없는, 대머리의
hair·like [hɛ́ərlàik] *a.* 털 같은; 매우 가는
hair·line [hɛ́ərlàin] *n.* **1** (이마의) 머리털이 난 선 **2** (서화(書畵) 등의) 털끝 같이 가는 선(線) **3** 〖광학〗 헤어라인《핀트글라스·조준기 등의 가는 선》
hair·net [-nèt] *n.* (보통 여성의) 헤어네트
hair·piece [hɛ́ərpìːs] *n.* (여성용) 심은 머리, 헤어피스; (남성용) 가발
hair·pin [-pìn] *n.* (U자의) 헤어핀; 헤어핀[U자] 모양의 것
hair-rais·ing [-rèiziŋ] *a.* 《구어》 머리털이 쭈뼛해지는, 소름이 끼치는, 몸이 오싹해지는, 끔찍한
hair-re·stor·er [-ristɔ̀ːrər] *n.* 양모제(養毛劑), 발모제
hairs·breadth [hɛ́ərzbrèdθ] *n.*, *a.* = HAIRBREADTH
háir shírt (고행자가 입는) 마모직(馬毛織) 셔츠
háir slìde 《영》 헤어클립
hair·split·ter [-splìtər] *n.* 사소한 일을 야단스럽게 따지는 사람
hair·split·ting [-splìtiŋ] *a.*, *n.* Ⓤ 사소한 일을 따지는[따지기]
háir spràу 헤어 스프레이
hair·spring [-sprìŋ] *n.* (시계의) 실 태엽, 유사(遊絲)
hair·style [-stàil] *n.* 머리형(型), 헤어스타일
háir trìgger (총의) 촉발 방아쇠
hair-trig·ger [hɛ́ərtrìgər] *a.* 반응이 빠른, 예민한; 즉각적인
***hair·y** [hɛ́əri] *a.* (**hair·i·er**; **-i·est**) **1** 털이 많은; 털 모양의 **2** 《속어》 섬뜩한 **3** 《속어》 힘드는, 어려운; 의욕을 돋우는
Hai·ti [héiti] *n.* 아이티《서인도 제도의 공화국; 수도 Port-au-Prince》
Hai·tian [héiʃən, -tiən] *a.* 아이티 (사람)의 — *n.* 아이티 사람
hajj, hadj [hædʒ] *n.* (*pl.* **~·es**) 〖이슬람교〗 메카(Mecca) 순례
haj·ji, had·ji, haj·i [hǽdʒi] *n.* 〖이슬람교〗 하지《메카 순례를 마친 남자 이슬람교도; 종종 **H~**로 칭호로도 씀》
hake [heik] *n.* (*pl.* **~, ~s**) 〖어류〗 메를루사《대구 비슷한 물고기》; Ⓤ 그 살
Ha·ken·kreuz [hɑ́ːkənkrɔ̀its] [G] *n.* (*pl.* ***-kreu·ze*** [-tsə]) 하켄크로이츠, 갈고리 십자(장)《나치스 독일의 기장(記章) 卐》
Hal [hæl] *n.* 남자 이름《Henry, Harold의 애칭》
ha·la·tion [heiléiʃən | hə-] *n.* ⓊⒸ 〖사진〗 헐레이션《강한 광선으로 흐릿해지기》

hal·berd [hǽlbərd, hɔ́ːl-] *n.* 〖역사〗 미늘창《창과 도끼를 겸한 15~16세기경의 무기》
hal·bert [hǽlbərt, hɔ́ːl-] *n.* = HALBERD
hal·cy·on [hǽlsiən] *n.* **1** 〖그리스신화〗 할시온《동지(冬至) 무렵에 바다 위에 보금자리를 만들어 풍파를 가라앉히고 알을 깐다고 상상된 전설상의 새》 **2** 〖조류〗 물총새 — *a.* 물총새 같은; 평온한
hálcyon dàys [the ~] **1** 동지 전후의 날씨가 평온한 2주일 **2** 평온한 시대
***hale** [heil] [동음어 hail] *a.* (특히 노인이) **건강한**, 노익장(老益壯)의
~ ***and hearty*** (노인·병후의 사람이) 정정한, 원기 왕성한
*****half** [hæf, hɑːf | hɑːf] *n.* (*pl.* **halves** [hævz, hɑːvz | hɑːvz]; 5는 **~s, halves**) **1 반**(半), 2분의 1 **2 반 시간**, 30분: at ~ past five 5시 30분에 **3 a** 〖스포츠〗 시합의 전[후]반, 하프(cf. QUARTER) **b** 〖축구·하키 등〗 = HALFBACK **c** 〖야구〗 초(初), 말(末) **4 a** 《구어》 반 마일 **b** 《영·구어》 반 파인트(halfpint) **c** 《영·구어》 (어린이의) 반액표 **d** 《미》 50센트; 《영》 반 페니 **5** 《영》 반 학년, (1년 2학기 제도의) 학기
... and a ~ 《구어》 큰, 굉장한 ***by ~*** (1) 반만 (2) [too ... by ~로 반어적] 《영·구어》 (불쾌할 정도로) 지나치게 …하다 ***by halves*** [보통 부정문에서] 어중간하게, 불완전하게 ***go halves*** 《구어》 (남과) 〈비용·수입 등을〉 반씩 나누다, 절반씩 가지다 《*with*; *in*, *on*》 ***in ~*** = ***into halves*** 반으로, 2등분으로
— *pron.* (집단·사물 등의) **반**, 절반
— *a.* **1 a 반의**, 1/2의; 약 반의 **b** [관사 또는 one's가 붙은 명사 앞에서] …**의 반의** **2** 불충분한, 불완전한 — *ad.* **1 반쯤**, 반만큼 **2** 어중간하게, 어설프게, 불충분하게, 적당하게 **3** 《구어》 약간, 다소, 꽤 **4** 《영·구어》 (시간이) 30분 지나서
~ and ~ 반반으로, 등분으로 ⇨ HALF-AND-HALF ***~ as much[many] (...) again (as)*** (…의) 1배 반(의 …) ***~ as much[many] (...) as ...*** …의 반(의…) ***~ the time*** 《구어》 거의 언제나 ***not ~*** (1) 조금도 …하지 않다 (2) [반어적으로] 《영·구어》 몹시[지독하게] …하는 ***not ~ as ... as ...*** …의 반에도 미치지 못하다
half-a-crown [hǽfəkráun | hɑ́ːf-] *n.* = HALF CROWN
half-and-half [-ənhǽf | -hɑ́ːf] *a.* 반반의; 이도저도 아닌, 얼치기의 — *ad.* 반반으로, 반분하여, 등분하여 — *n.* Ⓤ **1** 반반의 것 **2** 《영》 혼합 맥주《에일(ale)과 흑맥주(porter)와의》 **3** 《미》 우유와 크림과의 혼합물
half-assed [-ǽst] *a.* 《비어》 저능한, 어리석은; 엉터리의, 제멋대로의; 불충분한
half·back [-bæ̀k] *n.* 〖스포츠〗 하프백, 중위(中衛)
half-baked [-béikt] *a.* **1** 〈빵 등이〉 설구워진 **2** 《구어》 〈계획 등이〉 불완전한, 준비부족의; 〈생각 등이〉 미숙한, 천박한
hálf bìnding 〖제본〗 반가죽 장정

H

half-blood [-blʌ̀d] *n.* **1** 혼혈아 **2** 배다른 형제(자매) **—** *a.* =HALF-BLOODED
half-blood·ed [-blʌ̀did] *a.* 잡종[혼혈]의; 씨[배]가 다른
hálf bóard 《영》 (호텔·하숙 등에서의) 부분적 식사 제공, 1박 2식 (제공)
hálf bòot [보통 *pl.*] 반장화 《정강이의 절반까지 오는》
half-bred [-brèd] *a.* 혼혈의; 잡종의 (mongrel)
half-breed [-brì:d] *n.* **1** 혼혈아 **2** 《경멸》 (특히 아메리칸 인디언과 백인과의) 혼혈아 **3** 〖동물·식물〗 잡종 **—** *a.* 혼혈의; 잡종의
***hálf bròther** 배다른 [의붓] 형제 (cf. STEPBROTHER)
half-caste [-kæ̀st | -kɑ̀:st] *n.*, *a.* 《영》 (영국인과 인도인의) 혼혈아(의)
hálf cóck (총의) 반(半)안전 장치
go off (*at*) ~ 너무 빨리 발포하다; 조급히 굴다; 조급히 굴어 실패하다
half-cocked [-kɑ́kt | -kɔ́kt] *a.* **1** 〈총(銃)이〉 (반)안전 장치된 **2** 준비 부족의
go off ~ = go off (at) HALF COCK
hálf crówn (영국 구화폐 단위의) 반 크라운 경화 《2실링 6펜스의 백동화; 원래는 금화》
hálf dóllar (미국·캐나다의) 반 달러[50센트] 은화
hálf gàiner 〖다이빙〗 하프 게이너 《앞을 향한 자세에서 점프해서 반대 방향으로 거꾸로 뛰어들기》
half-har·dy [-hɑ́:rdi] *a.* 〖원예〗 〈식물이〉 반내한성(半耐寒性)의
half·heart·ed [-hɑ́:rtid] *a.* 마음이 내키지 않는, 냉담한 **~·ly** *ad.* **~·ness** *n.*
half-hol·i·day [-hɑ́lədèi | -hɔ́l-] *n.* 《영》 반휴일
half-hour [-áuər] *n.* **1** 반 시간, 30분(간) **2** [the ~] (…시 반이라고 할 때의) 반, 30분
half·hour·ly [-áuərli] *a.* 반 시간[30분]의; 반 시간마다의 **—** *ad.* 반 시간[30분]마다
hálf lànding 《영》 (계단 중간의) 층계참
half-length [-léŋkθ] *a.* 반신(半身)의, 반신상[초상화]의 **—** *n.* 반신상(像), 반신(초상)화
half-life (**pèriod**) [-làif-] *n.* 〖물리·약학〗 (방사성 원소 등의) 반감기(半減期)
half-light [-làit] *n.* 어슴푸레한 빛; (미술품 등의) 어슴푸레한 부분
half-mast [-mǽst | -mɑ́:st] *n.* Ⓤ 마스트의 중간쯤; 반기(半旗)의 위치 《조의를 나타내는》 **—** *a.* 반기의 위치에 단
— *vt.* 〈기를〉 반기의 위치에 달다
hálf mèasure [보통 *pl.*] 미봉책, 임시변통
half-moon [-mú:n] *n.* 반달; 반월형; 속손톱
hálf mòurning 반상복(半喪服); 반상복을 입는 기간
hálf nélson 〖레슬링〗 하프 넬슨, 목누르기
hálf nòte 《미》 〖음악〗 2분 음표(《영》 minim)

half·pence [héipəns] *n.* **1** HALFPENNY 2의 복수 **2** [보통 a few ~] 잔돈
half·pen·ny [héipəni] *n.* (*pl.* **-nies**) **1** (영국의 1985년 이전의) 반 페니 동전 **2** (*pl.* **-pence** [-pəns]) 반 페니(의 값) **3** 《영·구어》 잔돈(coppers); 소량
not have two halfpennies to rub together 《영》 찢어지게 가난하다 ***not worth a*** ~ 《영》 아무런 가치도 없는, 보잘것없는
— *a.* 반 페니의; 값싼, 값없는
half·pen·ny·worth [héipəniwə̀:rθ] *n.* [a ~] 반 페니 값의 물건; 극소량 《*of*》
hálf pínt **1** 반 파인트 《1/4 quart》 **2** 《미·속어》 몸집이 작은 사람; 하찮은 사람
half-plate [hǽfplèit] *n.* 절반 크기의 건판[필름], 절반 크기 건판의 사진 《16.5×10.8cm》
hálf-seas óver [-sì:z-] 〖항해〗 항로 중간의; 《속어》 술취한
hálf sìster 배다른 자매, 아버지[어머니]만 같은 자매
half-slip [-slìp] *n.* 하프슬립 《스커트 안에 받쳐 입는 짧은 페티코트》
hálf sòle (구두의) 앞창
half-sole [-sòul] *vt.* 〈구두에〉 새로 앞창을 대다
half-staff [-stǽf | -stɑ́:f] *n.*, *vt.* =HALF-MAST
hálf stèp 《미》 **1** 〖음악〗 반음(半音)(semitone) **2** 〖군사〗 반보(半步)
hálf térm 《영》 학기 중의 중간 휴가 《보통 2, 3일에서 1주일》
half-tim·ber(ed) [-tímbər(d)] *a.* 〈집이〉 목골(木骨)로 된, 목골 연와조[석조]의
half·time, half-time [-tàim] *n.* 〖스포츠〗 하프 타임, 중간 휴식
half·tone [-tòun] *n.* **1** 〖인쇄·사진〗 망판(網版), 망판화 **2** 명암 중간부, 반(半)바림 **3** 《미》 〖음악〗 반음
half-track [-træ̀k] *n.* 반무한궤도식(半無限軌道式) (군용) 자동차 《뒷바퀴만 무한궤도식의 장갑차 등》
half-truth [-trù:θ] *n.* ⓊⒸ 반의 진리 (밖에 없는 말) 《종종 중요한 부분이 빠져 있음》
hálf vòlley (테니스 등에서) 공이 튀어 오르는 순간에 치기, 하프 발리
****half·way** [hǽfwèi | hɑ́:f-] *a.* 중간의, 중도의 **—** *ad.* **1** 중도에서[까지] **2** 거의; 조금이라도, 다소라도
meet a person ~ 서로 다가서다, 타협하다 ***meet trouble*** ~ 군걱정을 하다, 지레 걱정하다
hálfway hòuse **1** (두 고을 등의) 중간쯤에 있는 주막; 잠정적인 장소 **2** 사회 복귀 (훈련) 시설 《출감자·정신 장애자 등을 위한》
half-wit [-wìt] *n.* 얼빠진 놈, 반편; 정신박약자
half-wit·ted [-wítid] *a.* 얼빠진(stupid); 정신박약의 **~·ly** *ad.*
half-year·ly [-jíərli] *ad.*, *a.* 반년마다(의); 연 2회(의)
hal·i·but [hǽləbət] *n.* (*pl.* **~s,** [집합적] ~) **1** 〖어류〗 넙치무리; Ⓤ 그 살 **2**

〖사진〗 심해 촬영기
hal·ide [hǽlaid, héil-], **hal·id** [-id] *n., a.* 〖화학〗 할로겐화물(化物)(의)
Hal·i·fax [hǽləfæ̀ks] *n.* 핼리팩스 《캐나다의 항구 도시(Nova Scotia 주의 주도)》
hal·ite [hǽlait, héil-] *n.* Ⓤ 〖광물〗 암염(岩鹽)(rock salt)
hal·i·to·sis [hæ̀lətóusis] *n.* Ⓤ 〖병리〗 구취(口臭), 입냄새, 악취나는 숨
***hall** [hɔ:l] [동음어 haul] [OE 「지붕이 있는 넓은 장소」의 뜻에서] *n.* **1** 현관의 넓은 방, 홀; (보통 집의) 현관 마루; 《미》 복도 **2 a** [종종 H~] 공회당, 회관; 사무소, 본부 **b** 집회[집합]장, 홀 **3** [종종 H~] **a** 《미》 (대학의) 독립 교사(校舍), 강당, 부속 회관 **b** (대학의) 기숙사; (어떤 대학의) 학부, 《영》 학료(學寮) **4** 《영》 (대학의) 큰 식당(에서의 회식); (대학의) 직원 주택 **5** 《영》 (왕족·귀족 저택의) 넓은 방
the H~ of Fame (for Great Americans) 《미》 영예의 전당 《위인이나 공로자의 액자나 흉상을 장식해 놓은 기념관; New York 대학에 1900년 창설》
hal·le·lu·jah, -iah [hæ̀ləlú:jə] *int.* 〖그리스도교〗 할렐루야, 알렐루야(alleluia) 《하나님을 찬양하라》
Hál·ley's cómet [hǽliz-] 〖천문〗 핼리 혜성 《76년 주기》
hal·liard [hǽljərd] *n.* =HALYARD
hall·mark [hɔ́:lmɑ̀:rk] [London의 Goldsmiths' Hall에서 금 등의 순분 검증을 한 데서] *n.* **1** (금은의) 순분 인증 각인(純分認證刻印) **2** (사람·사물의) 성질[품질] 우량 증명; 보증 — *vt.* 각인[인증]을 찍다, 〈품질 등을〉 보증하다
***hal·lo** [həlóu] *int.* **1** 여보(세요), 이봐, 야, 어이, 이것 보세요 《인사나 주의 환기의 발성》 **2** (사냥개를 추기며) 쉿, 어서, 자 — *n.* (*pl.* **~s**) 주의를 끌기 위해 지르는 큰 소리 — *vi., vt.* 어이하고 불러서 (남의) 주의를 끌다; (전화에서) '여보세요'라고 하다
***hal·low** [hǽlou] *vt.* 신성하게[정하게] 하다
hal·lowed** [hǽloud] *a.* 신성화한; 신성한 ***H~ be thy name! 〖성서〗 (당신의) 이름이 거룩히 여김을 받으시옵소서!; 아버지의 이름이 거룩히 빛나시옵소서!
***Hal·low·een, -e'en** [hæ̀louí:n] *n.* 핼로윈, Hallowmas의 전야 《10월 31일》
Hal·low·mas, -mass [hǽloumǝs, -mæ̀s] *n.* 《고어》 제성첨례(諸聖瞻禮), 만성절(All Saints' Day) 《11월 1일》
háll pòrter 《영》 (호텔의) 짐 운반인
háll stànd 홀스탠드 《옷걸이·모자걸이·우산꽂이 등이 있는 현관용 가구》
háll trèe 《미》 현관의 모자[외투]걸이(hallstand)
hal·lu·ci·nate [həlú:sənèit] *vt.* 환각에 빠뜨리다, 환각을 일으키게 하다 — *vi.* 〈사람이〉 환각을 일으키다
hal·lu·ci·na·tion [həlù:sənéiʃən] *n.* ⓊⒸ 환각; Ⓒ 환상, 곡두, 망상
hal·lu·ci·na·to·ry [həlú:sənətɔ̀:ri | -təri] *a.* 환각의
hal·lu·ci·no·gen [həlú:sənədʒən] *n.* 환각제
hal·lu·ci·no·gen·ic [həlù:sənədʒénik] *a.* 환각 유발(성)의
hall·way [hɔ́:lwèi] *n.* 《미》 현관; (빌딩 등의) 복도
ha·lo [héilou] *n.* (*pl.* **~(e)s**) **1** (성상(聖像) 등의) 후광, 원광 **2** (비유) 영광, 광영 **3** (해·달의) 무리, 훈륜(暈輪) — *vt., vi.* 후광을 씌우다, 후광이 되다; 무리를 씌우다, 무리가 서다
hal·o·gen [hǽlədʒən, -dʒèn] *n.* Ⓤ 〖화학〗 할로겐
halt**[1] [hɔ:lt] *vi., vt.* 멈추다, 서다; 정지하다[시키다] — *n.* **1** 정지, 휴식; 멈춤 **2** 《영》 (철도의) 작은 역, (전차·버스의) 정류장 ***bring to a ~ 정지시키다, 멈추게 하다 ***come to [make] a ~*** 멈추다, 서다, 정지하다
halt[2] *vi.* **1** 주저하다; 머뭇거리며 걷다[말하다] **2** 〈시형(詩形)이〉 불완전하다 — *a., n.* 《고어》 절뚝거리는 (사람) **~·er** *n.*
hal·ter [hɔ́:ltər] *n.* **1** 고삐 《소나 말의 굴레 끝의》 **2** 목매는 밧줄 **3** 홀터 《팔과 등이 드러나는 여성용 운동복·드레스》
halt·ing [hɔ́:ltiŋ] *a.* **1** (말을) 더듬는, 더듬거리는 **2** 〈시형·이론 등이〉 불완전한, 앞뒤가 맞지 않는 **~·ly** *ad.*
halve [hæv | hɑ:v] [동음어 have] *vt.* **1** 2등분하다; 반씩 나누다 **2** 반감(半減)하다 **3** 〖골프〗 〈…을〉 비기다; (상대와) 같은 타수(打數)로 〈시합을〉 하다
~ a match 〖골프〗 비기다, 동점이 되다
***halves** [hævz | hɑ:vz] *n.* HALF의 복수
hal·yard, hal·liard [hǽljərd] *n.* 〖항해〗 용층줄, 마룻줄, 이어줄 《돛·기 등을 올리고 내리는 밧줄》
***ham**[1] [hæm] *n.* **1** Ⓤ 햄; [*pl.*] 《미》 햄 샌드위치 **2** Ⓤ 돼지의 허벅다리 (고기) **3** [종종 *pl.*] 허벅다리 뒤쪽; 허벅다리와 궁둥이
ham[2] [옛날, 배우의 메이크업에 햄의 기름기를 쓴 데서] *n.* **1** 《속어》 (연기가 지나친) 삼류[엉터리] 배우(= ∠ **àctor**) **2** 《구어》 아마추어(amateur); 아마추어 무선사, 햄 — *vi., vt.* (**~med**; **~·ming**) 《속어》 연기가 지나치다
~ it up 과장된 연기를 하다
Ham [hæm] *n.* 〖성서〗 함 《Noah의 차남》
ham·a·dry·ad [hæ̀mədráiəd] *n.* (*pl.* **~s, -a·des** [-ədì:z]) **1** 〖그리스신화〗 하마드리아데스 《나무의 요정(妖精)(dryad)》 **2** =KING COBRA
Ham·burg [hǽmbə:rg] *n.* **1** 함부르크 《독일의 항구 도시》 **2** 《미》 [보통 **h~**] = HAMBURGER 2
***ham·burg·er** [hǽmbə̀:rgər] **1** 햄버거 **2** 햄버그스테이크(Hamburg steak)
Hámburg stèak [종종 **h~ s~**] 햄버그스테이크
ham-fist·ed [hǽmfístid] *a.* 《영》 = HAM-HANDED
ham-hand·ed [-hǽndid] *a.* 굉장히 큰 손을 가진; 서투른, 솜씨 없는
Ham·il·ton [hǽməltən] *n.* 남자 이름
Ham·ite [hǽmait] *n.* **1** Noah의 차남

Ham의 자손 **2** 함 족(族) 《Ham의 자손이라는 속설에서; 북아프리카 북동부의 원주민족》

Ham·it·ic [hæmítik, həm-] *a.* 함족의; 함 어족(語族)의(cf. SEMITIC)
— *n.* Ⓤ 함 어족

***ham·let** [hǽmlit] *n.* **작은 마을,** 촌락

***Ham·let** [hǽmlit] *n.* **햄릿** 《Shakespeare 작의 4대 비극의 하나》; 그 주인공

‡ham·mer [hǽmər] *n.* **1 해머,** 망치 **2** (총포의) 공이 **3** (육상 경기용의) 해머 **4** 〖해부〗 (중이(中耳)의) 추골(槌骨)
bring[send] under[to] the ~ 경매에 붙이다 ***come[go] under the ~*** 경매에 붙여지다
— *vt.* **1 망치로 두드리다[때리다];** 망치로 두드려 단련하다 **2** 《구어》 주먹으로 마구 때리다; 맹렬히 공박하다 **3** 〈사상 등을〉 억지로 주입하다 《*into*》 **4** 《영》 〖증권〗 (나무 망치를 세 번 두드려 지불 불능자로서) 〈회원의〉 거래 정지를 발표하다, 〈회원을〉 제명 처분하다 — *vi.* **1 망치로 치다;** 탕탕 치다 《*at, on*》 **2** 꾸준히 일하다[공부하다] 《*at*》
~ down 못으로 처박다 ***~ out*** (1) 망치로 두드려 …으로[…을] 만들다 (2) 망치로 두드려 평평하게 펴다 (3) 〈안 등을〉 고생하며[애써] 생각해 내다; 〈문제 등을〉 머리를 짜서 풀다

ham·mer·head [hǽmərhèd] *n.* **1** 해머 대가리 **2** 〖어류〗 귀상어

ham·mer·lock [hǽmərlɑ̀k | -lɔ̀k] *n.* 〖레슬링〗 해머록 《상대편의 한쪽 팔을 등뒤로 틀어 올리기》

hámmer thròw [the ~] 〖육상경기〗 해머 던지기
hámmer thròwer 해머 던지기 선수

***ham·mock** [hǽmək] [Sp.] *n.* **해먹** 《달아매는 그물 침대》: sling[lash] a ~ 해먹을 달다[접다]

Hám·mond órgan [hǽmənd-] [미국의 발명가의 이름에서] 해먼드 오르간 《피아노와 비슷한 전기 오르간; 상표명》

Ham·mu·ra·bi [hæ̀murɑ́ːbi] *n.* 함무라비 《기원전 18세기경의 바빌로니아 왕; 법령 제정으로 유명》
the Code of ~ 함무라비 법전

***ham·per**[1] [hǽmpər] *vt.* **방해하다**(hinder), 훼방놓다; 제한[구속]하다

hamper[2] *n.* (채소·빨래 등을 넣는) 광주리, 손으로 드는 바구니; 거기에 넣은 식료품

Hamp·shire [hǽmpʃiər] *n.* **1** 햄프셔 《영국 남해안의 주; Hants라고도 함》 **2** 햄프셔 종의 양[돼지]

Hámp·ton Cóurt [hǽmptən-] 햄프턴 코트 《London의 옛 왕궁》

ham·ster [hǽmstər] *n.* 〖동물〗 햄스터, 비단털쥐 《큰 쥐의 일종》

ham·string [hǽmstrìŋ] *n.* 〖해부〗 **1** (사람의) 오금의 건(腱) **2** (네발짐승의) 뒷다리 관절 뒤의 건 — *vt.* (**-strung** [-strʌ̀ŋ]) **1** 슬건을 끊어서 절름발이로 만들다 **2** 병신으로 만들다; 무력하게 하다, 좌절시키다

Han [hɑːn | hæn] *n.* **1** (중국의) 한조(漢朝) **2** 한(漢)민족

han·ap [hǽnæp] *n.* (장식이 있는 중세의) 뚜껑 달린 술잔

‡hand [hænd] *n.* **1** (사람의) **손;** (척추동물의) 앞발; (원숭이 등의) 손, 발 **2** (바나나의) 송이; (시계 등의) 바늘 **3 a 일손,** 노력 **b** 일꾼, 노동자 **4 a 솜씨,** 능력, 수완 **b** 수완[기량]이 …한 사람; 전문가 **5 a 소유;** 관리, 지배, 감독 **b** [a ~] 지배력, 영향력; 관리권 **6** [a ~] 하는 방식 **7** [a ~] (원조의) **손길,** 조력; [a ~] 참가, 관여; 관계 **8** …쪽, 방면, 방향 **9 a** [또는 a ~] 필적, 필치, 서법; 서체 **b** [one's ~로] 《문어》 서명 **10** 뼘
at first ~ 직접으로 ***at ~*** 가까이에; 《문어》 가까운 장래에(near) ***at second ~*** (1) 간접으로; 간접적으로 들어 (2) 중고(中古)로 ***at*** a person***'s ~(s)*** = ***at the ~(s) of*** …의 손에서[으로], …의 힘으로 ***by ~*** 손으로 ***change ~s*** 소유주가 바뀌다 ***clean*** one***'s ~s of*** …와의 관계를 끊다, …에서 손을 떼다 ***come to ~*** 손에 들어오다; 〈물건이〉 발견되다, 나타나다 ***eat[feed] out of*** a person***'s ~*** 《구어》 〈남이〉 시키는 대로 하다 ***from ~ to ~*** 이 사람 손에서 저 사람 손으로, 갑(甲)에서 을(乙)로 ***get out of ~*** 과도해지다; 걷잡을 수 없게 되다 ***get*** one***'s ~ in*** 《구어》 연습하여 익숙해지다[숙달하다] ***~s down*** 《구어》 (1) 노력하지 않고, 손쉽게 (2) 명백히, 뚜렷이 ***H~s off!*** 손을 대지 마라!; 간섭하지 마라! ***H~s up!*** 손들어! 《찬성 또는 항복의 표시》 ***~ to ~*** 백병[육박]전으로, 접전(接戰)으로 ***have*** one***'s ~ in*** …에 관계하고 있다, …에 익숙하다 ***have*** one***'s ~s full*** 손이 차 있다, 몹시 바쁘다 ***hold*** a person***'s ~*** …의 손을 잡다; 《구어》 …을 위로하다, 격려하다 ***in ~*** 손에 갖고; 수중에; 제어(制御)하여; 지배[보호]하에; 착수[준비]하여; 연구[진행] 중의 ***join ~s*** 손을 맞잡다; 제휴하다, 동무가 되다; 결혼하다 ***keep*** one***'s ~ in*** (끊임없이 연습하여) 솜씨가 떨어지지 않게 하다 ***keep*** one***'s ~[a firm ~] on*** …의 지배권을 쥐고 있다, …을 통제하고 있다 ***lay[put]*** (one***'s***) ***~s on*** …에 손을 대다; …이 있는 곳을 찾아내다; …을 붙잡다, 쥐다; 손을 대어 축복하다; 안수(按手)하여 성직에 앉히다; 습격하다 ***lend a*** (***helping***) ***~*** 손을 빌려 주다, 조력하다 ***off ~*** 준비 없이, 즉시로, 당장 ***off*** one***'s***[a person***'s***] ***~s*** …의 손을 떠나서, 책임[소임]이 끝나서 ***on all ~s*** = ***on every ~*** 《문어》 사방팔방으로[에서]; 모두에게, 모두로부터 ***on ~*** 마침 가지고 있어; 바로 곁에; 《미》 출석해서 ***on the other ~*** 다른 한편, 그 반면, 이에 반해서 ***out of ~*** 손쓸 수 없게 되어; 즉석에서 ***shake*** a person***'s ~*** = ***shake ~s with*** a person …와 악수하다 ***take a ~ at[in]*** …에 가입하다, 관계하다 ***take … in ~*** …에 착수하다; 처리하다; 통어(統御)하다; …의 시중을 떠맡다, 돌보다; 버릇을 들이다, 단련시키다 ***to ~*** 손 닿는 곳에; 수중에, 소유하여 ***try*** one***'s ~ at*** …을 해보다 ***turn*** one***'s ~ to*** [보통 부정문에서] …에 착수하다 ***under*** one***'s ~***

H

손 가까이 있는, 바로 쓸 수 있는; 소유하고 있는
— *vt.* **1 수교(手交)하다, 건네주다,** 넘겨주다; 〈음식이 담긴 접시 등을〉 집어 주다, 돌리다 **2** 손을 잡고 돕다 《*into, out of*》 ~ ***back*** 〈…을〉 (본래의 소유자에게) 돌려주다, 반환하다 ~ ***down*** (1) 집어 내려주다 (2) 〈판결을〉 내리다, 언도하다 (3) 유산을 물리다; 〈관습·전통 등을〉 후세에 전하다 《*to*》; 〈특징 등을〉 유전하다 《*to*》 ~ ***in*** 〈집안 사람 등에게〉 수교하다; 상사에게 내놓다, 제출하다 ~ ***it to*** a person 《구어》 …의 위대함[장점]을 인정하다, …에게 경의를 표하다; 못 당하겠다고 말하다 ~ ***out*** (1) 나누어 주다, 분배하다 (2) 부축해서 내리다 (3) 〈충고 등을〉 많이 해 주다; 《구어》 〈벌 등을〉 과하다 (4) 돈을 내다[쓰다] ~ ***over*** 수교하다, 넘겨주다; 〈지배권 등을〉 양도하다; 〖군사〗 〈임무·명령 등을〉 인계하다 《*to*》 ~ ***round*** 차례로 돌리다, 나누어 주다

hand·bag [hǽndbæ̀g] *n.* 핸드백 《여성용》; 손가방 《여행용》

hand·ball [-bɔ̀ːl] *n.* **1** Ⓤ 핸드볼, 송구 **2** 핸드볼용의 공

hand·bar·row [-bæ̀rou] *n.* **1** 들것 **2** 손수레(handcart)

hand·bell [-bèl] *n.* (손으로 흔드는, 특히 연주용의) 종, 요령

hand·bill [-bìl] *n.* (손으로 나누어 주는) 광고지, 전단(傳單)

***hand·book** [hǽndbùk] *n.* **1** 안내서; 여행 안내서 《*to, of*》 **2** 편람

hánd bràke 수동식(手動式) 브레이크 《보조용》

hand·breadth [-brèdθ] *n.* 손의 폭, 손폭 치수, 뼘 《지금은 약 4인치》

hand·car [-kɑ̀ːr] *n.* 《미》 〖철도〗 수동차(手動車)

hand·cart [-kɑ̀ːrt] *n.* (미는) 손수레

hand·clap [-klæ̀p] *n.* 박수

hand·clasp [-klæ̀sp | -klɑ̀ːsp] *n.* (굳은) 악수

hand·craft [-kræ̀ft | -krɑ̀ːft] *n.* = HANDICRAFT

hand·cuff [-kʌ̀f] *n.* [보통 *pl.*; 종종 a pair of ~s로] 수갑 — *vt.* 수갑을 채우다; 구속하다, 무력하게 하다

hand·ed [hǽndid] *a.* [보통 복합어로] **1** 손이 있는 **2** 손이 …한, (…한) 손을 가진; (…의) 손을 사용한 **3** (몇) 사람이 하는

Han·del [hǽndl] *n.* 헨델 **George Frideric** ~ (1685-1759) 《영국에 귀화한 독일 작곡가》

⁑**hand·ful** [hǽndfùl] *n.* **1 한 움큼,** 한 손 가득, 한 줌 **2** [a ~] 소량, 소수 **3** 《구어》 주체스러운 사람[일], 귀찮은 것

hánd glàss 1 손거울 **2** 손잡이가 달린 확대경, 독서용 확대경

hánd grenàde 수류탄; 소화탄(消火彈)

hand·grip [-grìp] *n.* 악수, 손잡기; 손잡이, 자루; [*pl.*] 드잡이, 격투

hand·gun [-gʌ̀n] *n.* 《미》 권총(pistol)

hand·hold [-hòuld] *n.* 손으로 잡기[쥐기], 파악(把握); 손잡이, 붙잡는 곳

⁑**hand·i·cap** [hǽndikæ̀p] [hand in cap(모자 안에 벌금 제비가 들어 있고 그것을 뽑은 사람이 벌금을 내던 옛날 놀이)에서] *n.* **1** 〖스포츠〗 **핸디캡** 《나은 사람에게 불리한[뒤진 사람에게 유리한] 조건을 지우기》; 핸디캡이 붙은 경주 **2** 불리한 조건 **3** (신체적·정신적) 장애
— *vt.* (**~ped**; **~·ping**) **1 핸디캡을 붙이다 2 불리한 입장에 세우다**

hand·i·capped [hǽndikæ̀pt] *a.* **1** 〈사람이〉 신체[정신]적 장애가 있는 **2** 〈경쟁자가〉 핸디캡이 붙은[있는] — *n.* [the ~; 집합적; 복수 취급] 신체[정신]장애자

hand·i·craft [hǽndikræ̀ft | -krɑ̀ːft] *n.* **1** [보통 *pl.*] **수세공,** 수공예, 손으로 하는 일 **2** Ⓤ 손끝의 숙련

hand·i·crafts·man [hǽndikræ̀ftsmən | -krɑ̀ːfts-] *n.* (*pl.* **-men** [-mən]) 수공업자, 수공예자, 수예가, 기공(技工)

hand·i·ly [hǽndili] *ad.* 솜씨 있게, 잘; 편리하게; 쉽게; 바로 가까이에

hand·i·work [hǽndiwə̀ːrk] *n.* **1** Ⓤ 손세공, 수공; 제작, 공작 **2** Ⓤ **a** 제작물, 작품 **b** (특정인의) 소행, 짓 《*of*》 **3** 수공품, 세공품

⁑**hand·ker·chief** [hǽŋkərtʃif, -tʃìːf] [「손으로 쓰는 kerchief」의 뜻에서] *n.* (*pl.* **~s, -chieves** [-tʃìːvz]) **손수건**

hand-knit [-nít] *vt.* (**~·ted**, ~; **~·ting**) 손으로 짜다 — *a.* 손으로 짠[뜬]

⁂**han·dle** [hǽndl] [OE 「손으로 만지다」의 뜻에서] *n.* **1 a 손잡이,** 핸들, 자루, (통 등의) 귀 **b** 틈탈 기회, 구실 《*for*》 **2** 《속어》 (Sir 등의) 직함 《*to*》; 이름 ***fly off the*** ~ 《구어》 자제심을 잃다, 홧김에 앞뒤를 잊다, 발끈하다
— *vt.* **1 손을 대다,** 만지다 **2** 〈도구 등을〉 다루다, 쓰다; 조종하다 **3** 처리하다; 지휘하다, 통어(統御)하다 **4** 〈사람을〉 **다루다, 대우하다,** 취급하다; 〈문제 등을〉 다루다, 논하다 **5** 〖상업〗 장사하다 — *vi.* [well 등과 함께] 〈차·배 등이〉 (…하게) 조종되다, 다루어지다

han·dle·bar [hǽndlbɑ̀ːr] *n.* [보통 *pl.*] (자전거 등의) 핸들(바)

hándlebar mustáche 《구어》 팔자 수염

han·dler [hǽndlər] *n.* **1** 손을 쓰는 사람; …을 다루는[취급하는] 사람 **2** 〖권투〗 트레이너, 세컨드 **3** (말·개 등의) 조련사(調練師)

han·dling [hǽndliŋ] *n.* Ⓤ 손을 댐; 취급; 운용, 조종; 솜씨; (상품의) 출하

hand·loom [hǽndlùːm] *n.* (손으로 짜는) 베틀, 수직기(手織機)

hánd lùggage 《영》 (여행자의) 수하물, 기내(機內) 반입용 수하물

hand·made [-méid] *a.* 손으로 만든, 수제의, 수공의(cf. MACHINE-MADE)

hand-me-down [-midàun] 《미·구어》 *a.* 만들어 놓은, 기성복의; 헌 옷의
— *n.* [보통 *pl.*] 물림옷, 기성복, 헌 옷 (《영·구어》 reach-me-down)

hand-off [-ɔ̀ːf | -ɔ̀f] *n.* 〖미식축구〗 손으로 넘겨주는 패스; 손으로 패스한 공

hánd òrgan 손으로 돌리는 풍금

hand·out [-àut] *n.* 《구어》 **1 a** 광고 전단 **b** 유인물, 인쇄물 **2** 동냥 (물품)

H

hand·o·ver [-òuvər] *n.* **1** 〈책임·경영권 등의〉 이양 **2** 〖통신〗 핸드오버 《휴대 전화 시스템에서 통화자가 다른 지역으로 이동하여도 통화를 유지할 수 있는 기능》
hand·pick [-pík] *vt.* **1** 손으로 따다 **2** 주의해서 고르다, 정선하다
hand·picked [-píkt] *a.* 손으로 딴; 정선한
hand·rail [-rèil] *n.* 〈계단 등의 폭이 좁은〉 난간
hand·saw [-sɔ̀ː] *n.* 한 손으로 켜는 톱
hand·sel [hǽnsəl] *n.* **1** 〈신혼·개업 등의〉 선물; 새해 선물, 세뱃돈 **2** 첫시험, 마수, 시식
hand·set [hǽndsèt] *n.* 〈주로 무선기의〉 핸드세트; 〈이동 전화의〉 핸드폰 《단말기》
hands·free [hǽndzfrìː] 〈기구의 조작이〉 손을 쓸 필요가 없는 **—** *n.* 핸즈프리 전화기
***hand·shake** [hǽndʃèik] *n.* **1** 악수 **2** =GOLDEN HANDSHAKE
hands-off [hǽndzɔ́ːf | -ɔ́f] *a.* 무간섭 〈주의〉의; 〈기계 등이〉 자동의
⁑**hand·some** [hǽnsəm] *a.* (**-som·er**; **-est**) **1 a** 〈남자가〉 **잘생긴, 핸섬한 b** 〈여자가〉 큼직하고 매력적인, 당당한 **2** 〈사물이〉 **좋은, 훌륭한,** 당당한 **3** 〈금액·재산·선물 등이〉 **상당한,** 〈행위가〉 후한, 인심 좋은 **4** 《미》 재간 있는, 능숙한 ***H~ is that*** [***as***] ***~ does.*** 《속담》 하는 짓이 훌륭하면 외모도 아름답다. **~·ly** *ad.* **~·ness** *n.*
hands-on [hǽndzɑ́n | -ɔ́n] *a.* Ⓐ 실지 훈련(용)의, 실제의
hand·spike [-spàik] *n.* 〈나무〉 지레; 〈감는 녹로의〉 심대
hand·spring [-sprìŋ] *n.* 〈손으로 땅을 짚고 하는〉 재주넘기
hand·stand [-stæ̀nd] *n.* 물구나무서기
hand-to-hand [-təhǽnd] *a.* Ⓐ 백병전(白兵戰)의, 일대일로 붙은
hand-to-mouth [-təmáuθ] *a.* Ⓐ 그날 벌어 그날 먹는; 한때 모면의
hand·work [-wə̀ːrk] *n.* Ⓤ 수공, 수세공(手細工)
hand·worked [-wə́ːrkt] *a.* 수세공의, 손으로 만든
hand·wo·ven [-wóuvən] *a.* 손으로 짠, 수직(手織)의
⁑**hand·writ·ing** [hǽndràitiŋ] *n.* Ⓤ **손으로 쓰기,** 육필(肉筆); **필적;** 필치
hand·writ·ten [-rìtn] *a.* 손으로 쓴
⁑**hand·y** [hǽndi] *a.* (**hand·i·er**; **-i·est**) **1** Ⓟ 《구어》 **바로 곁에 있는,** 곧 쓸 수 있는 **2** 〈쓰기〉 **편리한,** 〈다루기〉 쉬운, 알맞은 **3** Ⓟ **손재주 있는** 《*with, at, about*》 ***come in ~*** 여러모로 편리하다, 곧 쓸 수 있다
hand·y·man [-mæ̀n] *n.* (*pl.* **-men** [-mèn]) 〈회사·아파트 등의〉 잡역부, 사환
⁑**hang** [hæŋ] *v.* (**hung** [hʌŋ], **~ed**) *vt.* **1 걸다, 달아매다,** 달다; 〈고개를〉 숙이다 **2** 〈문 등을〉 〈자유로이 움직일[여닫을] 수 있도록〉 달다; 〈문짝 등을〉 경첩에 끼우다 《*on*》 **3** (**hanged,** 《속어》 **hung**) **교수형에 처하다;** 목을 매달다; 저주하다 **4** 걸어서 장식하다 《*with*》 **5** 〈벽지를〉 벽에 바르다; 〈커튼을〉 창·입구에 치다 **6** 〈그림을〉 〈화랑[전람회장]에〉 내걸다
— *vi.* **1 매달리다,** 걸리다, 늘어지다 **2** 〈위험 등이〉 가까이 오다, 접근해 있다, 임박하다 《*about, over*》 **3** 교수형에 처해지다 **4** 《구어》 결정되다, 좌우되다; 의존하다 **5** 〈…에 열심히〉 귀를 기울이다, 주의를 집중하다 《*on, upon*》 **6** 〖야구〗 〈커브가〉 잘 이뤄지지 않다 ***~ about*** [***round***] 《구어》 (1) 휘감기다, 들러붙다; 출몰하다 (2) 어슬렁거리다, 배회하다 (3) 꾸물거리다 (4) 기다리다 ***~ down*** 늘어지다; 전해지다 ***~ heavy*** [***heavily***] ***on*** a person[a person***'s hand***] 〈시간 등이〉 주체 못할 지경이다, 따분하다 ***~ in the balance***[***wind, doubt***] 어느 쪽으로도 결정이 안되다, 미결이다; 〈생사·결과 등이〉 미지수이다 ***~ in*** (***there***) 《미·구어》 곤란을 견디다, 버티다 ***H~ it*** (***all***)***!*** 《구어》 아이 속상해, 제기랄! ***~ loose*** 〈팽팽하던 것이〉 축 처지다; 《미·속어》 푸근히[차분히] 있다 ***~ off*** 놓다 ***~ on*** (1) 매달리다, 붙잡고 늘어지다 《*to*》 (2) 일을 끈기 있게 하다, 꾸준히 매달려 일하다 (3) 〈전화를〉 끊지 않다[않고 기다리다] ***~*** one***self*** 목매어 죽다 ***~ out*** (1) 〈간판·기 등을〉 내달다, 내걸다; 〈빨래 등을〉 밖에 널다 (2) 몸을 내밀다 (3) 《구어》 〈…에〉 살다, 묵다 (4) 《구어》 서성거리다, 〈…에〉 출입하다 (5) 《영》 〈임금 인상 등을〉 완강하게 계속 요구하다 《*for*》 ***~ over*** (1) 〈결정·안건 등이〉 연기되다, 미해결인 채로 남다 (2) 〈위험·근심 등이〉 다가오다 (3) 〈관습 등이〉 계속되다, 잔존하다 ***~ together*** (1) 단결하다; 밀착하다 (2) 〈이야기 등이〉 앞뒤가 맞다, 조리가 서다 ***~ tough*** 《미·속어》 결심을 바꾸지 않다, 양보하지 않다 《*on*》 ***~ up*** (1) 걸다, 달다 (2) 지체시키다; 진행을 방해하다; 〈계획을〉 중지하다, 늦추다 (3) 전화를 끊다 (4) 《미》 전당포에 잡히다 (5) 《속어》 얻다, 거두어 들이다
— *n.* **1** [the ~] 걸림새, 늘어진 모양, 매달림새 **2 a** [the ~] 《구어》 〈올바르게〉 다루는 법, 사용법, 요령 **b** [the ~] 《구어》 의미, 취지 《*of*》
han·gar [hǽŋər] *n.* 격납고; 곳간; 차고
hang·dog [hǽŋdɔ̀ːg | -dɔ̀g] *a.* Ⓐ 비굴한, 비열한
***hang·er** [hǽŋər] *n.* **1 옷걸이, 걸이,** 갈고리 **2** 〈버스·전차 등의〉 손잡이 **3** 매다는 사람, 거는 사람
hang·er-on [hǽŋərɑ́n | -ɔ́n] *n.* (*pl.* **hang·ers-**) 식객; 붙어다니는 측근자, 매달려 사는 부하; 《미》 사모하는 사람
hang-glide [-glàid] *vi.* 행글라이더로 날다
háng glìder 행글라이더
háng glìding 행글라이더 비행
***hang·ing** [hǽŋiŋ] *n.* **1** ⓊⒸ **교수형, 교살 2** [보통 *pl.*] 거는 물건, 족자, 발, 커튼 **3** Ⓤ **달아맴,** 늘어뜨림, 매달기; 현수 〈상태〉 **—** *a.* Ⓐ **1** 교수형 〈처분〉의 **2** 걸린, 매달린
hánging gárden 가공원(架空園) 《낭떠러지의 중턱 등에 만들어 공중에 걸려 있는 것처럼 보이게 한 정원》

H

hang·man [-mən] *n.* (*pl.* **-men**[-mən]) 교수형 집행인

hang·nail [-nèil] *n.* 손거스러미(agnail)

hang·out [-àut] 《구어》 (사람의) 집; 집합소, 소굴《악당 등의》

hang·o·ver [-òuvər] *n.* 잔존물, 유물; 숙취(宿醉); (약의) 부작용

Han·gul [hɑ́:ŋgu:l] *n.* 한글

hang-up [-ʌ̀p] *n.* 《속어》 **1** (심리적인) 거리낌, 구애; 저항, 콤플렉스; 고민거리 **2** 장애(obstacle) **3** 〖컴퓨터〗 단절

hank [hæŋk] *n.* **1** 실의 한 타래《면사 840야드, 털실 560야드; cf. SKEIN》 **2** 다발, 묶음

han·ker [hǽŋkər] *vi.* 동경하다, 갈망하다《*after, for*》

han·ker·ing [hǽŋkəriŋ] *n.* [보통 a ~] 《구어》 갈망, 열망

han·key [hǽŋki] *n.* = HANKY

han·ky, han·kie [hǽŋki] *n.* (*pl.* **-kies**) 《구어·유아어》 손수건

han·k(**e**)**y-pan·k**(**e**)**y** [hǽŋkipǽŋki] *n.* Ⓤ 《구어》 **1** 협잡, 속임수; 무의미한[부질없는] 행위[일] **2** (성적으로) 부도덕한 행위

Han·ni·bal [hǽnəbəl] *n.* 남자 이름; 한니발(247~183? B.C.)《카르타고(Carthage)의 명장》

Ha·noi [hænɔ́i, hə-] *n.* 하노이《베트남의 수도》

Han·o·ver [hǽnouvər] *n.* (영국의) 하노버 왕가의 사람

the House of **~** 하노버 왕가

Han·o·ve·ri·an [hæ̀nouvíəriən] *a., n.* (영국의) 하노버 왕가의 (사람); 하노버 왕가 지지자(의)

Hans [hænz] *n.* 남자 이름

Han·sard [hǽnsərd | -sɑ:d] [영국의 최초의 발간자 Luke Hansard의 이름에서] *n.* (영국의) 국회 의사록

Han·se·at·ic [hæ̀nsiǽtik] *a., n.* 한자 동맹의 (가맹 도시)

the **~** ***League*** 한자 동맹

Hán·sen's dis·èase [hǽnsnz-] 〖병리〗 한센병, 문둥병(leprosy)

han·som [hǽnsəm] *n.* 핸섬(= **~ cáb**) 《마부석이 뒤에 높다랗게 있고 말 한 필이 끄는 2인승 2륜마차》

han't, ha'nt, ha'n't [heint] 《방언》 have[has] not의 단축형

Hants [hænts] *n.* = HAMPSHIRE

Ha·nuk·kah, -nu·kah [hɑ́:nəkə], **Cha·nu·kah** [xɑ́:nəkə] *n.* 〖유대교〗 하누카《신전 정화 기념 제전, 성전 헌당 기념일》

hap [hæp] [ON 「행운」의 뜻에서] 《고어》 *n.* Ⓤ 우연, 운(運), 요행; Ⓒ 우연한 사건[일] **—** *vi.* (**~ped**; **~·ping**) 우연히 일어나다, 뜻밖에 …하다(happen)《*to* do》

hap·haz·ard [hæphǽzərd] *a., ad.* 우연한[히]; 아무렇게나 (하는)
— [́-̀-] *n.* Ⓤ 단순한 우연(chance)
at[***by***] **~** 우연히; 되는 대로, 함부로
~·ly *ad.* **~·ness** *n.*

hap·less [hǽplis] *a.* 《시어》 운이 나쁜, 불운한(unlucky) **~·ly** *ad.* **~·ness** *n.*

haplo- [hǽplou] 《연결형》 「단일의」, 「단순한」의 뜻

hap·log·ra·phy [hæplɑ́grəfi | -lɔ́g-] *n.* Ⓤ 중자(重字) 탈락

hap·loid [hǽplɔid] *a.* 단일의, 단순한; 〖생물〗 (염색체가) 반수(半數)(성)의
— *n.* 반수체(體)《반수 염색체 생물 또는 세포》 **-loi·dy** [-lɔidi] *n.* Ⓤ 반수성(性)

hap·lol·o·gy [hæplɑ́lədʒi | -lɔ́l-] *n.* Ⓤ 중음(重音) 탈락
hap·lo·log·ic [-lәlɑ́dʒik | -lɔ́dʒ-] *a.*

hap·ly [hǽpli] *ad.* 《고어》 우연히; 아마, 어쩌면

hap'orth, ha'porth, ha'p'orth [héipərθ] *n.* 《영·구어》 = HALFPENNYWORTH

‡**hap·pen** [hǽpən] *vi.* **1** 〈일·사건 등이〉 일어나다, 생기다《*to*》 **2** 우연히 …하다 **3** 우연히 마주치다[생각나다, 발견하다]《*on, upon, across*》
as it **~*s*** 우연히; 마침; 공교롭게도 ***be likely to*** **~** 일어날 성싶다 **~ *in***[***into***] 《미》 우연히 (들어)오다, 우연히 들르다 **~ *on***[***upon, across***] 우연히 …을 만나다[발견하다, …이 생각나다] **~ *what may***[***will***] = ***whatever may*** **~** 어떤 일이 있더라도 (꼭)

***hap·pen·ing** [hǽpniŋ] *n.* **1** [종종 *pl.*] (우연히 일어난) 일, 사건 **2** [종종 **H~**] 《미》 해프닝

hap·pen-so [hǽpənsòu] *n.* 《미남부》 = HAPPENSTANCE

hap·pen·stance [-stæ̀ns] [*happen*+circum*stance*] *n.* 생각지도 않던 일, 우연한 일

‡**hap·pi·ly** [hǽpili] *ad.* **1** 행복하게, 유쾌히 **2** [문장 전체를 수식하여] 운좋게, 다행히도

‡**hap·pi·ness** [hǽpinis] *n.* Ⓤ **1** 행복, 만족, 기쁨 **2** 행운 **3** (표현 등의) 교묘, 적절

‡**hap·py** [hǽpi] *a.* (**-pi·er**; **-pi·est**) **1** 행복한, 기쁜, 즐거운, 만족한 **2** 행운의, 다행한 **3** 행복을 더하는, 행복을 낳는, 경사스러운 **4** 〈표현·생각 등이〉 적절한, 교묘한, 멋진 **5** 《속어》 약간 취한, 얼근하게 취한, 만취한 **6** [보통 복합어를 이루어] 《구어》 멍해진, 넋을 잃은 **7** Ⓐ [축복·축하의 말] …축하합니다 (***as***) **~** ***as the day is long*** = (***as***) **~** ***as a king***[***lark***] 매우 행복한, 매우 즐거운

hap·py-go-luck·y [hǽpigoulʌ́ki] *a.* 태평스러운, 낙천적인; 되는대로의, 운명에 내맡기는

háppy hòur 《구어》 (술집 등에서의 할인 또는 무료로 제공되는) 서비스 타임

háppy húnting gròund 1 [the ~] (북미 인디언 무사의) 천국 **2** (원하는 것을 입수할 수 있는) 절호의 장소, 만물이 풍성한 곳

háppy médium [보통 *sing.*] 중도(中道), 중용(中庸)(golden mean)
strike[***hit***] ***the***[***a***] **~** 중용을 취하다

ha·ra-ki·ri [hɑ̀rəkíri] [Jap.] *n.* 할복(割腹); 자살 (행위)

ha·rangue [həræ̃ŋ] *n.* (대중 앞에서의)

H

긴 연설, 열변(tirade); 장광설
— *vi.*, *vt.* 열변을 토하다, 장광설을 늘어놓다; 긴 설교를 하다

***ha·rass** [hərǽs, hǽrəs] [OF 「개를 부추기다」의 뜻에서] *vt.* **괴롭히다, 귀찮게 굴다,** 지긋지긋하게 굴다; 〖군사〗 (쉴 새 없이 공격하여) 괴롭히다

ha·rassed [hərǽst, hǽrəst] *a.* 매우 지친, 몹시 시달린 《*with*》; 초조한; 성가신 듯한

ha·rass·ment [hərǽsmənt] *n.* Ⓤ 괴롭힘, 애먹음; Ⓒ 고민(거리)

har·bin·ger [hɑ́:rbindʒər] *n.* 《문어》 선구자; 조짐, 전조(前兆)

*****har·bor | har·bour** [hɑ́:rbər] [OE 「(군대의) 피난처」의 뜻에서] *n.* **1 항구 2 피난처,** 은신처, 잠복처
— *vt.* **1** 〈죄인 등을〉 **숨겨 주다 2** 〈감정 등을〉 품다 — *vi.* 잠복하다; 〈배 등이〉 항구에 피난[정박]하다; 보호를 받다

har·bor·age [hɑ́:rbəridʒ] *n.* **1** Ⓤ 피난 (시설), 보호 **2** ⓊⒸ 피난처, 정박소

hárbor màster 항만장

hárbor sèal 〖동물〗 점박이 바다표범

*****hard** [hɑ:rd] *a.* **1 굳은,** 단단한, 견고한(opp. *soft*); 〈몸이〉 건장한, 튼튼한 **2 a** 〈문제·일 등이〉 **곤란한, 하기 힘든,** 이해[설명]하기 어려운; 견디기 어려운, 쓰라린, 괴로운(opp. *easy*) **b** 〈날씨가〉 거친, 험악한, 사나운 **3 열심인,** 부지런한 **4 맹렬한,** 강렬한 **5 격렬한,** 엄한, 매몰한, 냉혹한 《*on*》 **6** 〈관찰 등이〉 날카로운, 면밀한 **7** Ⓐ 〈사실·증거 등이〉 엄연한, 확실한, 신뢰성이 있는, 구체성이 있는 **8** 〈빛깔·윤곽 등이〉 너무 짙은, 너무 강한 **9** 〈소리 등이〉 딱딱한, 금속성의; 〖음성〗 경음 **10** 냉정(冷靜)한, 현실적인 **11** 《미》 알코올분이 많은, 독한 **12** 〈물이〉 경질(硬質)인, 경수(硬水)인
be ~ at ... 열심히 …하다 ***have a ~ time*** (***of it***) 혼이 나다, 욕보다 ***play ~ to get*** 〈여자가〉 (남의 권유, 이성의 접근 등에 대해) 일부러 관심이 없는 체하다 ***the ~ way*** 《구어》 (1) 고생하면서; 견실[착실]하게 (2) (쓰라린) 경험에 의하여
— *ad.* **1 굳게,** 단단히 **2 열심히,** 애써서, 노력하여, 힘껏 **3 몹시,** 심하게; 가만히, 뚫어지게 **4** 괴롭게, 간신히, 겨우; 좀처럼 (…않다) **5** 접근해서, 바로 가까이 ***be ~ put*** (***to it***) 곤경에 빠져 있다 ***come ~*** 하기 어렵다, 어려워[곤란해]지다 ***go ~ with*** a person …을 혼내다 ***~ and fast*** 단단히, 꼭, 꽉; 견고하게 ***~ by*** 바로 가까이 ***take it ~*** 몹시 괴로워하다[슬퍼하다 《등》]

hard-and-fast [hɑ́:rdən*d*fǽst | -fɑ́:st] *a.* Ⓐ 〈규칙 등이〉 엄중한, 변경을 허락지 않는; 명확한 〈구별〉

hard·back [-bæ̀k] *n.*, *a.* = HARDCOVER

hard·ball [-bɔ̀:l] 《미》 *n.* 경구(硬球); Ⓤ (경식) 야구(baseball)

hard-bit·ten [-bítn] *a.* 《구어》 **1** 완고한, 고집 센 **2** 만만치 않은; 엄격한

hard·board [-bɔ̀:rd] *n.* 판지(板紙), 하드보드 《톱밥 등으로 만든 목재 대용품》

hard-boiled [-bɔ́ild] *a.* **1** 〈달걀 등을〉 단단하게 삶은; 단단하게 풀칠한 **2** 《구어》 무감각한; 〈태도·심정 등이〉 딱딱한; 실속 차리는, 현실적인 **3** 《미》 〖문학〗 비정한

hard·bound [-báund] *a.* 〈책이〉 두꺼운 표지를 씌운

hárd cásh 경화; (수표·어음에 대해) 현금

hárd cóal 무연탄(anthracite)

hárd cópy 〖컴퓨터〗 하드 카피 《컴퓨터 처리 결과를 눈으로 볼 수 있게 인쇄한 것》

hárd córe 1 쉽사리 변하지 않는 부분; (사회·조직의) 비타협 분자, 강경파; (단체·운동 등의) 중핵(中核), 핵심 **2** 《영》 하드 코어 《도로 등의 토대층(土臺層)》

hard-core [-kɔ́:r] *a.* Ⓐ **1** 핵심의 **2** 〈사람이〉 단호한, 철저한 **3** 〈실업·빈곤 등이〉 장기에 걸친, 만성적인 **4** 〈포르노 영화·소설 등이〉 극도로 노골적인

hárd còurt 〖테니스〗 하드 코트 《아스팔트·콘크리트 등으로 닦은 옥외 테니스 코트》 (cf. GRASS COURT)

hard·cov·er [-kʌ́vər] *n.* 딱딱한 표지로 제본한 책, 양장본 (cf. PAPERBACK)
— *a.* 딱딱한 표지로 제본된, 경(硬) 표지본의

hárd cúrrency 〖경제〗 경화(硬貨) 《주조 화폐, 또는 금 내지 달러와 쉽게 교환 가능한 통화》 (cf. SOFT CURRENCY)

hárd dísk 〖컴퓨터〗 하드 디스크

hárd dísk drìve 〖컴퓨터〗 하드 디스크 장치

***hard·en** [hɑ́:rdn] *vt.* **1 딱딱하게 하다,** 경화(硬化)시키다 **2** 〈물을〉 경수(硬水)로 하다 **3** 무감각[무자비]하게 하다 **4** 강하게 하다, 단련하다; 《영》 용기를 내게 하다
— *vi.* **1 딱딱해지다,** 굳다; 〈얼굴 표정이〉 굳어지다, 긴장하다 **2** 〈물이〉 경수로 되다 **3** 공고해지다, 강해지다 **4** 무감각해지다, 무자비해지다, 잔인해지다

hard·ened [hɑ́:rdnd] *a.* 굳어진, 강해진; 무정[냉담]한; 상습적인

hard·en·ing [hɑ́:rdniŋ] *n.* **1** Ⓤ (강철의) 표면 경화 **2** 〖화학〗 경화제; 〖병리〗 (동맥의) 경화(증)

hard-fist·ed [-fístid] *a.* **1** (노동하여) 손이 굳은[딱딱한, 거친] **2** 인색한; 무자비한; 의지가 굳은; 완고한

hárd hàt 1 (공사 작업원의) 안전모(安全帽), 헬멧 **2** 《미》 (안전모를 쓴) 건설 노동자 **3** 극단적인 보수[반동]주의자, 강경 탄압주의자

hard·head·ed [-hédid] *a.* **1** 완고한, 고집센 **2** 빈틈없는, 실제적인

hard·heart·ed [-hɑ́:rtid] *a.* 무정한, 냉혹한(merciless) **~·ly** *ad.* **~·ness** *n.*

hard-hit [-hít] *a.* 심각한 영향을 받은, 큰 타격을 입은; 불행으로 재기 불능케 된

hard-hit·ting [-hítiŋ] *a.* 《구어》 활기가 있는; 적극적인; 아주 효과적인

har·di·hood [hɑ́:rdihùd] *n.* Ⓤ 대담; 배짱; 뻔뻔스러움; 불굴의 정신

har·di·ly [hɑ́:rdili] *ad.* 대담하게, 뻔뻔스럽게(도)

Har·ding [hɑ́:rdiŋ] *n.* 하딩 **Warren G. ~** (1865-1923) 《미국 제29대 대통령(1921-23)》

H

hárd lábor (형벌로서의) 중노동

hárd líne (정치상의) 강경 노선, 강경책

hard-lin·er [-láinər] *n.* 강경 노선의 사람, 강경파

hárd línes 《영·속어》 곤경, 불운《*on*》

hárd lúck 불행, 불운(hard lines): a ~ story 《구어》 (동정을 끌기 위한) 가련한 신세 이야기[타령]

‡hard·ly [hɑ́ːrdli] *ad.* **1** 거의 …않다[하지 않다] **2** 애써서; 힘껏, 열심히 **3** 심하게, 냉혹하게 ***~ ever*** 좀처럼 …하지 않다 ***~ ... when*** [***before***] …하자마자

∗hard·ness [hɑ́ːrdnis] *n.* Ⓤ **1** 단단함, 견고; 경도 **2** 무정, 무자비 **3** 곤란, 난해; 준엄, 가혹

hard-nosed [-nóuzd] *a.* 《구어》 **1** 콧대 센, 고집 센 **2** 빈틈없는, 실제적인

hárd nút 《구어》 다루기 어려운 것[사람, 문제]

hard-on [-ɔ̀ːn | -ɔ̀n] *n.* 《비어》 (남자 성기의) 발기

hárd pálate 경구개(硬口蓋)(opp. *soft palate*)

hard·pan [-pæ̀n] *n.* 〖지질〗 경토층(硬土層)

hard-pressed [-prést] *a.* (과로 등에) 압박당한, 시달리는; 곤경에 빠진

hárd róck 〖음악〗 하드 록

hárd scíence 자연 과학 《물리학·화학·생물학·지질학·천문학 등》

hard·scrab·ble [-skræ̀bl] 《미》 *a.* 일한 만큼의 보답을 못 받는, 열심히 일해야 겨우 먹고 살 수 있는

hárd séll [보통 the ~] 적극적인[끈질긴] 판매[광고](opp. *soft sell*)

hard-set [-sét] *a.* **1** 곤경에 빠진 **2** 딱딱해진 **3** 결심이 굳은; 고집 센, 완고한

hard-shell(ed) [-ʃél(d)] *a.* **1** 껍질이 딱딱한 **2** 《구어》 자기 주장을 굽히지 않는, 비타협적인

‡hard·ship [hɑ́ːrdʃip] *n.* ⓊⒸ 곤란, 신고(辛苦), 고충; 결핍

hárd shóulder (도로의) 대피선, 단단한 갓길 《긴급 대피용》

hard·stand(·ing) [-stæ̀nd(iŋ)] *n.* (비행장의) 포장(鋪裝) 주기장(駐機場)

hard·tack [-tæ̀k] *n.* Ⓤ (선박·군용의) 딱딱한 비스킷, 건빵 《비상용》

hárd tíme 어려움; [*pl.*] 불경기

hard·top [-tɑ̀p | -tɔ̀p] *n.* 하드톱 《지붕이 금속제이고 창 중간에 창틀이 없는 승용차》

‡hard·ware [hɑ́ːrdwɛ̀ər] *n.* Ⓤ [집합적] **1** 철물, 쇠붙이, 금속 기구류 **2** 〖컴퓨터〗 하드웨어 《정보 처리용 전자 기기의 총칭》 (cf. SOFTWARE) **3** 《구어》 (군용의) 무기[기재]류

hard·wear·ing [-wɛ̀əriŋ] *a.* 《영》 〈옷 등이〉 오래가는, 〈천 등이〉 질긴

hárd whéat 경질 소맥 《마카로니·스파게티·빵 제조용》

hard·wired [-wàiərd] *a.* 〖컴퓨터〗 하드웨어에 내장된; 〈단말(端末)이〉 회로 접속의; 〈전기·전자 부품이〉 배선에 의해 접속된

hard·wood [-wùd] *n.* **1** Ⓤ 경재(硬材) **2** 활엽수(cf. SOFTWOOD)

∗hard·work·ing [hɑ́ːrdwə́ːrkiŋ] *a.* 근면한, 열심히 일[공부]하는

‡har·dy [hɑ́ːrdi] [OF 「대담하게 하다」의 뜻에서] *a.* (**-di·er**; **-di·est**) **1 a** 단련된, 튼튼한, 고난에 견딜 수 있는, 강건한 **b** 〖원예〗 내한성(耐寒性)의 **2** 대담한, 배짱이 좋은; 뻔뻔스러운; 무모한

Har·dy [hɑ́ːrdi] *n.* 하디 **Thomas ~** (1840~1928) 《영국의 시인·소설가》

hárdy ánnual **1** 〖식물〗 내한성(耐寒性) 1년생 식물 **2** 해마다 으레 대두되는 문제

‡hare [hɛər] [동음어 hair] *n.* (*pl.* **~s,** ~) **1** 산토끼 **2** (「토끼와 사냥개(hare and hounds)」 놀이의) 토끼역

(***as***) ***mad as a*** (***March***) ~ (3월의 교미기의 토끼같이) 미쳐 날뛰는, 변덕스러운, 난폭한 (***as***) ***timid as a ~*** 몹시 수줍어하는, 소심한 ***hold***[***run***] ***with the ~ and run***[***hunt***] ***with the hounds*** 이편 저편에 다 좋게 굴다, 양다리 걸치다 ***start a ~*** 토끼를 굴에서 뛰어나오게 하다, (논의 등에서) 주제에서 빗나가게 하다, 지엽(枝葉)에 흐르다, 관계없는 문제를 꺼내다

— *vi.* 《영·구어》 질주하다 《*off*》

hare·bell [hɛ́ərbèl] *n.* 〖식물〗 실잔대

hare·brained [-brèind] *a.* 변덕스러운, 들뜬, 경솔한, 무모한

hare·lip [hɛ́ərlìp] *n.* 언청이

-lipped [-lìpt] *a.*

har·em [hɛ́ərəm | hɛ́ər-] *n.* **1** 하렘 《이슬람교국의 여자의 방》; [집합적] 규방의 여자들 **2** [집합적] (한 남자를 둘러싸고) 따라다니는 여자들

har·i·cot [hǽrəkòu] *n.* 강낭콩(kidney bean)

∗hark [hɑːrk] *vi.* [주로 명령문으로] 《문어》 듣다 《*at, to*》

~ back (1) 〈사냥개가〉 냄새 자취를 찾으려고 길을 되돌아가다; 출발점에 되돌아가다 (2) 〈생각·이야기 등이〉 처음으로 되돌아가다 《*to*》 (3) 〈사냥개를〉 되불러들이다

hark·en [hɑ́ːrkən] *vi.* = HEARKEN

Har·lem [hɑ́ːrləm] *n.* 할렘 《New York 시 Manhattan 섬의 동북부에 있는 흑인 거주 구역》

har·le·quin [hɑ́ːrləkwin, -kin] [OF 「악마」의 뜻에서] *n.* **1** [**H~**] 할리퀸 《pantomime 극의 주역, Pantaloon의 하인이며 Columbine의 애인》 **2** 어릿광대(buffoon)

har·le·quin·ade [hɑ̀ːrləkwənéid] *n.* **1** (pantomime에서) harlequin이 나오는 막 **2** 어릿광대짓

Hár·ley Strèet [hɑ́ːrli-] *n.* (영국 London의) 할리가(街) 《일류 의사들의 동네》

har·lot [hɑ́ːrlət] *n.* 《문어》 매춘부

‡harm [hɑːrm] *n.* Ⓤ **1** 해, 해악 **2** 손해, 손상

come to ~ 혼나다 ***No ~*** (***is***) ***done.*** 전원 이상 없음. ***out of ~'s way*** 안전한 곳에, 무사히 ***Where***[***What***] ***is the ~ in trying?*** (해 보아서) 나쁠 것이 뭐냐?

— *vt.* 해치다, 상하게 하다, 훼손하다

H

***harm·ful** [hɑ́:rmfəl] *a.* **유해한** 《*to*》 **~·ly** *ad.* **~·ness** *n.*

***harm·less** [hɑ́:rmlis] *a.* **해롭지 않은,** 무해한; 악의 없는, 순진한 **~·ly** *ad.* **~·ness** *n.*

har·mon·ic [hɑ:rmɑ́nik | -mɔ́n-] *a.* **1** 조화적인 **2** 〖음악〗 화성의 **—** *n.* 〖음악〗 배음 **-i·cal·ly** *ad.*

har·mon·i·ca [hɑ:rmɑ́nikə | -mɔ́n-] *n.* 〖음악〗 하모니카

harmónic mótion 〖물리〗 조화 운동

har·mon·ics [hɑ:rmɑ́niks | -mɔ́n-] *n. pl.* [단수 취급] 〖음악〗 화성학

***har·mo·ni·ous** [hɑ:rmóuniəs] [Gk 「선율적인」의 뜻에서] *a.* **1 조화된;** 〖음악〗 화성의; 협화적인, 협화음의 **2** 사이가 좋은 **~·ly** *ad.* **~·ness** *n.*

har·mo·ni·um [hɑ:rmóuniəm] *n.* 발풍금, 페달식 오르간

har·mo·ni·za·tion [hɑ̀:rmənizéiʃən] *n.* Ⓤ 조화; 일치, 화합

***har·mo·nize** [hɑ́:rmənàiz] *vt.* **1** 〈상이점이 있는 것을〉 (솜씨 있게) **조화[화합]시키다;** 일치시키다 《*with*》 **2** 〖음악〗 화성을 가하다 **—** *vi.* **조화[일치]하다** 《*with*》

har·mo·ny** [hɑ́:rməni] [Gk 「음악적인 일치」의 뜻에서] *n.* (*pl.* **-nies**) ⓊⒸ **1 조화,** 일치, 융화 **2** 〖음악〗 화성, 화성법 ***be in*[*out of*] ~** 조화되어 있다[있지 않다] 《*with*》 ***the ~ of the spheres 천체의 화성 《천체의 운행으로 생기는 음악으로서 사람의 귀에는 들리지 않는다고 함》

har·ness** [hɑ́:rnis] [OF 「무구(武具)」의 뜻에서] *n.* [보통 *sing.*; 집합적] Ⓤ (마차 끄는 말의) **마구**(馬具) ***die in ~ 일하다가 죽다, 죽을 때까지 일하다 **—** *vt.* **1** 〈말 등에〉 **마구를 채우다 2** 〈폭포 등의 자연력을〉 동력화하다

Har·old [hǽrəld] *n.* 남자 이름 《애칭 Hal》

***harp** [hɑ:rp] *n.* **하프 —** *vi.* **1** 하프를 타다 **2** 같은 말을 되풀이하여 말하다 《*on, upon*》 **hárp·ist** *n.* 하프 연주자

***har·poon** [hɑ:rpú:n] *n.* (고래잡이용) **작살 —** *vt.* 작살을 박아 넣다, 작살로 죽이다

***harp·si·chord** [hɑ́:rpsikɔ̀:rd] *n.* **하프시코드** 《16-18세기의 건반 악기; 피아노의 전신》

har·py [hɑ́:rpi] *n.* (*pl.* **-pies**) **1** [**H~**] 〖그리스신화〗 하피 《여자의 얼굴과 새의 몸을 가진 탐욕스러운 괴물》 **2** 욕심 많은 사람; 심술궂은 여자

har·que·bus [hɑ́:rkwəbəs] *n.* 화승총(火繩銃)

har·ri·dan [hǽrədn] *n.* 심술궂은 노파, 마귀할멈

har·ri·er[1] [hǽriər] *n.* 약탈자, 침략자

harrier[2] [「hare를 쫓는 것」의 뜻에서] *n.* **1** 해리어 개 《토끼 사냥용》 **2** cross-country의 주자(走者)

Har·ri·et, -ette [hǽriət] *n.* 여자 이름

Har·ro·vi·an [həróuviən] *a.* (영국의) Harrow 학교의 **—** *n.* Harrow 학교 재학생[출신자]

***har·row** [hǽrou] *n.* **써레,** 쇄토기 **—** *vt.* **1** 〈땅을〉 써레질하다, 써레로 고르다 **2** [종종 수동형으로] (정신적으로) 괴롭히다 《*with*》 **—** *vi.* 〈땅이〉 (써레질로) 고르게 되다

Har·row [hǽrou] *n.* 해로 교(校) 《London에 있는 영국의 유명한 public school의 하나; 1571년 창립》

har·row·ing [hǽrouiŋ] *a.* 〈경험·시련 등이〉 비참한, 괴로운

***har·ry** [hǽri] *vt.* (**-ried**) **1 약탈하다;** 침략하다, 유린하다 **2 괴롭히다;** 귀찮게 요구하다 《*for*》

Har·ry [hǽri] *n.* 남자 이름 《Henry의 애칭》

***harsh** [hɑ:rʃ] *a.* **1 거친**(rough) **2 가혹한,** 엄한; 잔인한, 무정한 **3 귀에 거슬리는 4** 까칠까칠한, 거센 **hársh·ly** *ad.* **hársh·ness** *n.*

***hart** [hɑ:rt] [동음어 heart] *n.* (*pl.* **~s,** ~) **수사슴**(stag), 《특히》 다섯 살 이상의 붉은 수사슴

har·te·beest [hɑ́:rtəbì:st] *n.* (*pl.* **~s,** ~) 〖동물〗 큰 영양(羚羊) 《남아프리카산》

har·um-scar·um [hέərəmskέərəm] 《구어》 *a., ad.* 방정맞은[맞게](hasty); 덤벙대는[대어], 경솔한[하게], 무모한[하게](rash) **—** *n.* **1** 덤벙대는 사람 **2** 무모한 짓

Har·vard [hɑ́:rvərd] *n.* 하버드 대학 (= **~ Univérsity**) 《Massachusetts 주 Cambridge에 있는 미국 최고(最古)의 대학; 1636년 창립》

***har·vest** [hɑ́:rvist] *n.* ⒸⓊ **1 수확,** 추수(crop); (사과·꿀 등의) 채취 **2 수확기,** 추수기 **3** 수확물, 채취물 **4** 《비유》 결과, 소득, 보수 **—** *vt., vi.* 거두어들이다; 수납하다

har·vest·er [hɑ́:rvistər] *n.* 수확자, 거두어들이는 일꾼(reaper); 수확기(機)

hárvest féstival 《영》 수확제; 추수 감사절

hárvest hóme 1 수확의 완료 **2** 《영》 수확 축제 **3** 수확 축하의 노래

har·vest·man [hɑ́:rvistmən] *n.* (*pl.* **-men** [-mən]) (수확 때) 거두어들이는 일꾼; 〖곤충〗 장님거미

hárvest móon 중추(仲秋)의 만월

Har·vey [hɑ́:rvi] *n.* 남자 이름

***has** [hæz; həz, əz, z] *v.* have의 제3인칭·단수·현재·직설법 ⇨ have

has-been [hǽzbìn | -bì:n] 《구어》 *n.* **1** 한창때가 지난 사람, 과거의 사람[물건] **2** [*pl.*] 《미》 지난날(의 일)

hash [hæʃ] *n.* Ⓤ **1 a** 다진 고기 요리, 해시 요리 **b** 《미·구어》 음식(food), 식사 **2** 〈작품·연구 등을〉 되우려낸 것, 재탕; 뒤범벅 **3** 〖컴퓨터〗 잡동사니, 쓰레기 ***make a ~ of*** 《구어》 〈일 등을〉 엉망으로 만들다, 망치다 ***settle*** a person***'s ~*** 《구어》 찍소리 못하게 하다; 제거하다 **—** *vt.* **1** 〈고기를〉 저미다, 다지다 《*up*》 **2** 《구어》 요절내다, 망쳐 놓다 《*up*》 ***~ out*** 《구어》 충분한 이야기를 나누어 해결하다 ***~ over*** 《구어》 (지난 일을) 다시 논하다, 되풀이하다

hásh bròwns 해시 브라운스 《감자를

H

잘게 썰어 기름에 튀긴 후 으깨서 동그랗게 한 것》

hash·er[hǽʃər] *n.* 《속어》 **1** 급사, 심부름꾼 **2** 조리사

hásh hòuse 《미·속어》 간이 식당

hash·ish [hǽʃiːʃ] [Arab.] *n.* Ⓤ 해시시《인도 대마(大麻) 잎으로 만든 마취제》

‡**has·n't** [hǽznt] has not의 단축형 ⇨ have

hasp [hæsp | hɑːsp] *n.* 걸쇠, 잠그는 고리 **—** *vt.* 고리로 잠그다, 걸쇠를 채우다

has·sle, has·sel [hǽsl] 《미·구어》 *n.* **1** 혼전, 혼란 **2** 싸움, 말다툼 **3** 불요불굴의 노력 **—** *vt.* 괴롭히다, 들볶다 **—** *vi.* 말다툼하다, 싸우다

has·sock [hǽsək] *n.* **1** (교회에서 기도할 때 쓰는) 무릎 방석 **2** 풀숲

*__hast__ [hæst] *v.* (고어) have의 제2인칭·단수·현재·직설법

‡**haste** [heist] *n.* Ⓤ **1 급함,** 급속 **2** 서두름, 조급, 성급, 경솔 ***H~ makes waste.*** 《속담》 서두르면 일을 그르친다. ***in ~*** 급히, 서둘러: *in* hot [great] ~ 몹시 급하게 ***make ~*** 서두르다 ***More ~, less***[***worse***] ***speed.*** 《속담》 급할수록 천천히.

‡**has·ten** [héisn] *vt.* **재촉하다,** 독촉하다 **—** *vi.* **서두르다,** 서둘러 …하다

‡**hast·i·ly** [héistili] *ad.* **1 급히,** 서둘러서 **2** 허둥지둥; 성급하게, 경솔하게

Has·tings [héistiŋz] *n.* 헤이스팅스 **Warren ~** (1732-1818) 《영국의 정치가; 초대 인도 총독(1773-85)》

‡**hast·y** [héisti] *a.* (**hast·i·er**; **-i·est**) **1** 급한, 황급한 **2 성급한,** 경솔한, 조급한

hásty púdding 《영》 속성 푸딩

‡**hat** [hæt] *n.* **1 모자** 《테가 있는 것》 《**hat**은 테가 있는 모자, **cap**은 테가 없거나 야구모처럼 앞에 챙이 있는 모자를 가리키며 여성모의 경우 **hat**는 테의 유무와는 관계 없음》 **2** 《미·속어》 (소액의) 뇌물 (bribe); 부정 이득(graft) ***hang up*** one***'s ~*** 오래 머무르다; 편히 쉬다 ***~ in hand*** 모자를 손에 들고; 공손히 ***lift*** one***'s ~*** 모자를 살짝 들어 인사하다 ***My ~!*** 《영·속어》 어머나!, 어쩌면 《놀라움을 나타냄》 ***old ~*** 케케묵은, 낡은 ***pass***[***send***] ***around the ~*** 기부[회사]를 요청하다 ***raise***[***take off, touch***] one***'s ~ to*** 모자를 들어[벗어, 에 손을 대고]인사하다 ***talk through*** one***'s ~*** 《구어》 큰소리치다 ***throw*** one***'s ~ in the air*** 크게 (날뛰며) 기뻐하다 **—** *vt.* (**~·ted**; **~·ting**) 모자를 씌우다

‡**hatch**[1] [hætʃ] *vt.* **1** 〈알을〉 **까다,** 부화시키다 **2 꾸미다,** 기획하다 **—** *vi.* **1** 〈알이〉 깨다 **2** 〈음모·계획이〉 꾸며지다 **—** *n.* 한 배(의 병아리); 부화

‡**hatch**[2] [OE「격자(格子)」의 뜻에서] *n.* **1** 〖항해〗 **승강구,** 해치; 〖항공〗 비행기의 출입[비상]구 **2** (마루·천장 등의) 위로 젖히는 출입문 **3** (상하로 칸막이한 문의) 아래쪽, 쪽문 **4** 수문; 통발

hatch[3] *vt.* 〖제도·조각〗 (음영(陰影)이 되게) 가는 평행선을 긋다[새기다] **—** *n.* 〖제도·조각〗 평행선의 음영, 선영(線影)

hatch·back [hǽtʃbæ̀k] *n.* 트렁크 문이 위로 열리는 자동차(의 뒷부분)

hat·check [hǽttʃèk] *a.* 《미》 (모자 등) 휴대품을 보관하는[보관하기 위한]

hatch·er·y [hǽtʃəri] *n.* (*pl.* **-er·ies**) (물고기의) 부화장

*__hatch·et__ [hǽtʃit] [F「쳐서 자르다」의 뜻에서] *n.* **1** (북아메리카 인디언들의) **전투용 도끼**(tomahawk) **2 자귀,** 손도끼 ***bury the ~*** 강화(講和)하다, 화해하다

hátchet fàce 여위고 모난 얼굴(의 사람)

hatch·et-faced [hǽtʃitfèist] *a.* 얼굴이 여위고 모난

hátchet jòb 《구어》 **1** 악의에 찬 비평, 욕, 중상 **2** (종업원 등의) 해고

hátchet màn 《미·구어》 **1** (부탁받고) 중상 기사를 쓰는 기자 **2** 살인 청부업자, 자객(刺客)

hatch·ing [hǽtʃiŋ] *n.* Ⓤ 〖제도〗 해칭, 선영(線影)

hatch·ment [hǽtʃmənt] *n.* 상중(喪中)임을 알리는 문표(紋標) 《문 앞·교회 등에 거는》

‡**hate** [heit] *vt.* **1 미워하다,** (몹시) 싫어하다 《dislike, do not like보다 감정적으로 강한 의미를 나타냄》 **2** 유감으로 여기다(regret); 언짢게 생각하다 **—** *n.* **1** Ⓤ 미움, 증오 **2** 《구어》 몹시 싫은 사람

‡**hate·ful** [héitfəl] *a.* **1 미운,** 가증스러운, 싫은, 지긋지긋한 **2** 증오[악의]에 찬 **~·ly** *ad.* **~·ness** *n.*

hath [hæθ] *v., auxil. v.* 《고어·방언》 have의 제3인칭·단수·현재·직설법 ⇨ have

hat·less [hǽtlis] *a.* 모자 없는[안 쓴]

hat·pin [-pìn] *n.* 여자 모자의 고정 핀

hat·rack [-ræ̀k] *n.* 모자걸이

‡**ha·tred** [héitrid] *n.* Ⓤ **증오,** 미움, 원한; 《구어》 몹시 싫음 ***have a ~ for*** …을 미워하다 ***in ~ of*** …이 미워서

hat·ted [hǽtid] *a.* 모자 쓴

hat·ter [hǽtər] *n.* 모자 만드는[파는] 사람, 모자 파는 상점 (***as***) ***mad as a ~*** 《속어》 아주 미쳐서; 몹시 화내어

hát trèe 《미》 = HALL TREE

hát trìck [모자를 상(賞)으로 준 데서] **1** 〖크리켓〗 해트 트릭 《투수가 연속 3명의 타자를 아웃시킴》 **2** 〖아이스하키·축구〗 해트 트릭 《혼자서 3골을 넣기》

Hat·ty [hǽti] *n.* 여자 이름 《Harriet의 애칭》

hau·berk [hɔ́ːbəːrk] *n.* 중세의 쇠사슬 갑옷

‡**haugh·ty** [hɔ́ːti] [OF「높은」의 뜻에서] *a.* (**-ti·er**; **-ti·est**) **오만한,** 거만한, 건방진, 도도한 **-ti·ly** *ad.* **-ti·ness** *n.*

*__haul__ [hɔːl] [동음어 hall] *vt.* **1 세게 잡아당기다,** 끌어당기다; 끌고 가다 **2 운반하다,** 차로 나르다 **—** *vi.* **1** 잡아당기다 **2** 〈바람이〉 바뀌다; 〖항해〗 침로[진로]를 돌리다 ***~ off*** (1) 〖항해〗 (피하기 위하여) 침로를 바꾸다 (2) 후퇴하다, 물러나다 (3) 《구어》 (사람을 치기 위해) 팔을 뒤로 빼다 **—** *n.* **1** 세게 잡아당김; 끌어당김, 끌기; 운반 (거리) **2** 한 그물에 잡힌 고기 (분량);

《구어》 소득, 벌이
***a*[*the*] *long*[*short*]** ~ 꽤 먼[가까운] 거리; 긴[짧은] 시간 ***get*[*make*] *a fine* [*good, big*]** ~ 《구어》 물고기를 많이 잡다; 크게 벌다; 크게 훔치다

haul·age [hɔ́ːlidʒ] *n.* Ⓤ **1** 당기기, 끌기; 운반 **2** 화차 사용료, 운임

haul·er [hɔ́ːlər] *n.* **1** 잡아당기는 것[사람] **2** 트럭 운송 회사

haul·ier [hɔ́ːljər] *n.* 《영》 **1** 당기는 사람, 짐마차꾼 **2** (옛날 탄광의) 갱내(坑內) 운반인 **3** (트럭) 운송 회사[업자]

haulm [hɔːm] *n.* [집합적] 《영》 (수확이 끝난) 콩이나 감자 줄기

haunch [hɔːntʃ, hɑːntʃ] *n.* **1** [보통 *pl.*] (사람의) 궁둥이, 둔부, 허리; (식용으로서의 동물의) 다리와 허리 부분 **2** 〖건축〗 홍예 허리 ***squat*[*sit*] *on* one's *~es*** 웅크리고 앉다

‡haunt [hɔːnt, hɑːnt] *vt.* **1 자주 가다 2** [종종 수동형] 〈유령 등이〉 **출몰하다 3** [보통 수동형] 〈생각 등이〉 머리에서 떠나지 않다, 괴롭히다 **—** *n.* [종종 *pl.*] 늘 드나드는 곳, 무상출입하는 곳; (짐승 등이) 잘 나오는 곳, 사는 곳

haunt·ed [hɔ́ːntid] *a.* **1** 〈귀신 등이〉 붙은 **2** 고뇌에 시달린

haunt·ing [hɔ́ːntiŋ] *a.* 마음에서 떠나지 않는, 잊혀지지 않는

haute cou·ture [òut-kuːtúər] [F 「고급 바느질」의 뜻에서] *n.* **1** (새 유행을 창출하는) 고급 양복점 **2** 고급 양재 (기술) **3** 새 유행(의 형), 뉴 모드

haute cui·sine [-kwizíːn] [F =high kitchen] *n.* 고급(프랑스) 요리

haut·eur [houtə́ːr] [F] *n.* ⓊⒸ 거만함, 오만불손, 건방짐(haughtiness)

Ha·van·a [həvǽnə] *n.* **1** 아바나 《Cuba의 수도》 **2** 아바나산 엽궐련 (= **~ cigár**)

‡have [hæv] *v* (**had** [hæd]; **hav·ing**) *vt.* **A 1 가지고 있다 : a** 〈…을〉 **가지고 있다,** 소유하다 **b 몸에 지니고 있다** 《*about, on, with, around*》 (cf. HAVE on) **c** 〈…하여야 할[할 수 있는] 일·시간 등을〉 **가지고 있다,** 주어져 있다 **2** (어떤 관계를 나타내어) **가지고 있다 : a** 〈육친·친구 등이〉 **있다,** 〈…이〉 있다; 〈고용인 등을〉 두고 있다 **b** 〈동물을〉 (애완동물로서) **기르고 있다 3** (부분·속성으로서) **지니고 있다 : a** 〈사람이〉 〈신체 부분·신체 특징·특질·능력 등을〉 지니고[가지고] 있다, 〈…에게는〉 〈…이〉 있다 **b** 〈물건이 부분·부속물·특징 등을〉 **가지고 있다,** 〈…에는 …이〉 **있다,** 〈…을〉 포함하고 있다 **4 a** (마음에) **품고 있다 b** 〈원한 등을〉 **품다** 《*against*》 **c** 〈감정 등을〉 **나타내다** 《*on, for*》 **d** 〈(…하는) 친절[용기 등]이〉 **있다 5** 〈병 등에〉 **걸리다[걸려 있다],** 〈…을〉 **앓다**

— B 1 손에 넣다 : a 〈…을〉 **얻다, 받다 b** (…에게서) 〈…을〉 **얻다, 받다** 《*from*》 **c** 〈…을〉 (골라) 잡다[가지다] **d** 〈정보 등을〉 **입수하다[하고 있다],** 들어서 알다[알고 있다] **2 a** 〈식사 등을〉 **하다,** 들다; **먹다, 마시다;** 〈담배를〉 피우다 **b** 〈음식물을 …하여〉 먹다 **3** 《구어》 〈…을〉 **하다,** 행하다 **4 a** 〈…을〉 **경험하다,** 〈사고 등을〉 당하다 **b** 〈시간 등을〉 **보내다,** 지내다 **5** 〈회합 등을〉 **가지다,** 개최하다 **6** 〈…을〉 (손님 등으로) **맞다,** 초대하여 (…에) 오게 하다 **7** 〈새끼를〉 **낳다,** 출산하다 **8 a** 〈…을〉 붙잡아 놓다, 붙잡다 **b** 《구어》 (경기·토론 등에서) 〈…을〉 지게 하다, 패배시키다, 해치우다 **c** 《구어》 〈…을〉 속이다; 매수하다 **9** 《구어》 **a** 〈여자를〉 제것으로 만들다, 〈여자와〉 성교하다 **b** [~ sex로] (…와) 성교하다 《*with*》 **10** [~ one*self*로] 《미·구어》 〈…을〉 즐기다 **11** 《고어》 〈언어·과목 등을〉 알고있다

— C 1 a 〈…을〉 (…의 위치·상태로) **유지하다,** …인 채로 두다 **b** 〈…을 하게〉 **하다 c** (사람·물건을) 〈…하게〉 **해두다;** 〈…에게〉 〈…하도록〉 **만들다 2 a** 〈사물·사람을〉 …**하게 하다,** 〈…을〉 **시키다 b** 〈…을〉 **당하다 c** 〈…을〉 **해버리다,** 마치다 **3 a** 〈…에게〉 …**시키다,** …하게 하다 **b** 《문어》 〈…에게〉 꼭 〈…해〉 달라고 하고 싶다 **c** 〈사람·사물에게〉 〈…을〉 당하다 **4 a** 〈…을〉 용납하다, 참다 **b** 〈…할 것을〉 용납하다, 참다 **c** 〈…이〉 〈하는 것을〉 용납하다, 참다 **d** 〈…이〉 〈당하는 것을〉 용납하다, 참다 **e** 〈…이 하는 것을〉 용납하다, 참다

— *vi.* 재산이 있다, 돈을 가지고 있다

~ at 《고어》 …을 공격하다 ***~ in*** (1) 〈직공·의사 등을〉 (집·방안으로) 들이다, 부르다; 〈…을〉 (집으로) 잠깐 맞아들이다 (2) 〈물건을〉 (집·상점 등에) 저장[비축]하여 두다, 사들여 놓다 ***~ it*** (1) 이기다, 유리하다 (2) [I를 주어로 하여] 〈답 등을〉 알다 (3) (…에게서) 들어서 알다[알고 있다] 《*from*》 (4) (…라고) 표현하다, 말하다, 확언하다, 주장하다 (5) (어떤 방식으로) 일을 하다 (6) 인정하다, 받아들이다 (7) 〈운명 등이〉 지배하다 ***~ on*** (1) 〈옷·모자·구두 등을〉 **걸치고 있다,** 입고[쓰고, 신고] 있다 (2) (…에는) 〈약속·할 일 등이〉 있다, 〈회합 등을〉 예정하고 있다; 〈일 등에〉 묶여 있다 (3) 〈전등·라디오 등을〉 켜 놓고 있다 ***~ out*** (1) 〈…을〉 밖으로 내다[내놓고 있다] (2) 〈이·편도선 등을〉 뽑게[절제하게] 하다 (3) 〈조명 등을〉 꺼 두다 (4) (…와의 사이에서) 〈문제 등을〉 철저하게 토론하다, (…에) 결말[매듭]을 짓다 《*with*》 (5) 《영》 〈수면 등을〉 끝까지 계속하다, 중단되지 않다 ***~ over*** (1) 〈…을〉 (집에) 손님으로 맞이하다 (2) 〈…을〉 전복[전도] 시키다 (3) (…보다 어떤 점에서) 우위에 있다 ***~ to*** do[be] (1) …**하여야 한다** (2) [부정문에서] …할 필요가 없다

— *n.* **1** [*pl.*; 보통 the ~] 유산자, 가진 자; (자원·핵 등의) 보유국, 가진 나라 **2** 《영·구어》 사기, 협잡

— *auxil. v.* [həv, v] (변화형은 *v.*와 같음) **1** [현재완료] : **a** [현재에 일·행동이 끝나고 있음을 뜻하는 완료] …**하였다,** 해버렸다, …**한 참이다 b** [결과] …**했다,** …**해버렸다,** …**하고 말았다 c** [경험] …**한 일이 있다 d** [계속] (죽) …**해오고 있다,** …해왔다 **e** [부사절에서 미래완료의 대신으로 쓰여] **2** [과거완료] : **a** [과거 어떤 때에 일어난 동작의 완료·결과] **b** [과거의 어떤 때까지의 동작·상태의 계속] **c** [과거의 어떤 때까지의 경험] **d** [과거의 어떤 때보다

먼저 일어난 일] **e** [가정법에 쓰여] **f** [expect, hope, intend, mean, think, want 등의 동사와 함께 「실현되지 못한 희망·의도」 등을 나타내어] **3** [미래완료]: **a** [미래의 어떤 때까지의 완료] **b** [미래의 어떤 때까지의 동작·상태의 계속] **4** [완료부정사]: **a** [주(主)동사보다 앞선 때] **b** [조동사와 함께 과거·완료의 일에 언급하여] **c** [「희망·의도·예정」 등을 나타내는 동사의 과거형 뒤에 쓰여 「실현되지 못한 사항」을 나타내어] **d** [claim, expect, hope, promise 등 뒤에 쓰여 「미래에 완료할 사항」을 나타내어] **5** [완료분사; 보통 분사구문으로] …**하고 나서, …하였으므로**, …하였기 때문에 **6** [완료동명사] …했던 일

∗**ha·ven** [héivən] *n.* **1** 《문어》 **항구**, 정박소 **2 피난처**, 안식처

have-not [hǽvnɑ̀t | -nɔ̀t] *n.* [보통 *pl.*] 《구어》 무산자; (자원·핵병기 등) 가진 것 없는[가난한] 나라

⁑**have·n't** [hǽvənt] have not의 단축형

ha·ver [héivər] *n.*, *vi.* 《스코》 객담(을 늘어놓다), 쓸데없는 소리(를 지껄이다)

hav·er·sack [hǽvərsæ̀k] *n.* (군인·여행자의) 배낭, 잡낭

⁑**hav·ing** [hǽviŋ] *v.* HAVE의 현재 분사 **1** [be(am / are / is / was / were) + having 의 형태로 진행형] …**하고 있다**, …**하고 있었다** (「가지고 있다」의 뜻으로는 진행형을 쓰지 않음) **2** [분사구문] …을 갖고 있으므로, …을 갖고 있으면 — *auxil. v.* [분사구문] …해 버리고, …을 마치고[끝내고]: *H*~ done my homework, I went out. 나는 숙제를 끝내고 외출했다.

∗**hav·oc** [hǽvək] [OF 「약탈하다; 약탈 때 신호로 지르는 고함 소리」의 뜻에서] *n.* Ⓤ (대규모의) **파괴**, **황폐**; 대혼란, 무질서 ***cry*** ~ 위험[재해]을 경고하다 ***play***[***work, create***] ~ ***with***[***among***] = ***make*** ~ ***of*** …을 혼란시키다, …을 엉망으로 만들다; …을 파괴하다, 파멸시키다

haw[1] [hɔː] *n.* 〖식물〗 산사나무(의 열매)

haw[2] *vi.* (말이 막히거나 점잔 빼느라고) 「에에」 하다, 말이 막히다
hum and ~ 《영》 더듬다; 망설이다
— *n.* 「에에」 하는 소리

haw[3] *int.* 저라, 이랴! 《소·말을 왼쪽으로 돌릴 때 지르는 소리》

⁑**Ha·wai·i** [həwɑ́ːiː, -wáiiː] *n.* **1** 하와이 (제도) 《미국의 한 주, 1959년 주(州)로 승격; 주도 Honolulu》 **2** 하와이 섬 《하와이 제도 최대의 섬》

⁑**Ha·wai·ian** [həwáiən, -wɑ́ːjən] *a.* **하와이의, 하와이 사람[말]의**
— *n.* **1** 하와이 사람 **2** Ⓤ 하와이 말

Hawáiian guitár 하와이안 기타

Hawáiian Íslands [the ~] 하와이 제도

haw-haw [hɔ̀ːhɔ́ː] *int.*, *n.* = HA-HA[1]

⁑**hawk**[1] [hɔːk] *n.* **1** 〖조류〗 매 **2** 남을 등쳐먹는 사람, 욕심사나운 사람, 사기꾼 **3** 《미》 강경론자, 주전론자, 매파 《국제 관계에서》

hawk[2] 소리치며 팔다, 외치며 돌아다니다

hawk[3] [의성어] *vi.*, *vt.* 기침을 하다, 기침을 해서 〈가래 등을〉 내뱉다 《*up*》

hawk·er [hɔ́ːkər] *n.* **1** 행상인 **2** 매부리 《사람》, 매사냥꾼

hawk-eyed [-àid] *a.* 매 같은 눈초리의; 방심하지 않는

hawk·ing [hɔ́ːkiŋ] *n.* Ⓤ 매사냥

hawk·ish [hɔ́ːkiʃ] *a.* 매파(派)적인, 호전적인

haw·ser [hɔ́ːzər] *n.* 〖항해〗 굵은 밧줄, 배 끄는[매는] 밧줄

∗**haw·thorn** [hɔ́ːθɔ̀ːrn] *n.* 〖식물〗 **산사나무속(屬)**, 《특히》 서양산사나무

⁑**hay** [hei] [동음어 hey] *n.* Ⓤ **건초**, 꼴 ***make*** ~ 건초를 만들다; 기회를 살리다; 잔뜩 벌다 ***make*** ~ ***of*** …을 혼란시키다, 뒤죽박죽[엉망]으로 만들다

hay·cock [héikɑ̀k | -kɔ̀k] *n.* 《영》 (원뿔형의) 건초 더미

Hay·dn [háidn] *n.* 하이든 **Franz Joseph** ~ (1732~1809) 《오스트리아의 작곡가》

háy fèver 〖병리〗 건초열 《꽃가루로 인한 눈·코·목구멍 등의 카타르》

hay·field [héifìːld] *n.* (건초용) 풀밭, 목초장

hay·fork [-fɔ̀ːrk] *n.* 건초용 쇠스랑, 자동식 건초 하역 기구

hay·loft [-lɔ̀ːft | -lɔ̀ft] *n.* 건초 두는 곳

hay·mak·er [-mèikər] *n.* **1** 건초 만드는 사람; 건초기 **2** 《속어》 〖권투〗 녹아웃 펀치, 강타

hay·mak·ing [-mèikiŋ] *n.* Ⓤ 건초 만들기

hay·mow [-màu] *n.* **1** (곳간에 쌓인) 건초 더미 **2** (곳간의) 건초 두는 곳[시렁]

hay·rack [-ræ̀k], **hay·rig** [-rìg] *n.* **1** 건초 얹는 선반[시렁] **2** (짐수레의) 짐받이 틀

hay·rick [-rìk] *n.* 《영》 = HAYSTACK

hay·seed [-sìːd] *n.* **1** Ⓤ (건초에서 떨어진) 풀씨 **2** Ⓤ 건초 부스러기 **3** 《미·구어》 시골뜨기

hay·stack [-stæ̀k] *n.* (비에 젖지 않게 지붕을 해 씌운) 큰 건초 더미, 건초의 노적가리 ***look for a needle in a*** ~ 가망 없는 일을 하다, 헛수고하다

hay·wire [-wàiər] *n.* Ⓤ 건초를 묶는 철사 — *a.* **1** 뒤섞인, 얽힌 **2** 《구어》 미친, 흥분한 ***go*** ~ 《구어》 흥분하다, 발광하다

∗**haz·ard** [hǽzərd] [OF 「주사위 게임」의 뜻에서] *n.* **1 a 위험**, 모험 **b** ⒸⓊ 우연, 운; 운에 맡기고 해보기 **2** 〖골프〗 장애 구역 《bunker 등》; 〖당구〗 친 공이 목적한 공을 맞힌 후 포켓에 들어가게 치는 법 ***at all*** **~s** 만난을 무릅쓰고, 기어이 ***at***[***by***] ~ 《고어》 운에 맡기고; 위험하게 되어 — *vt.* 위험을 무릅쓰고 하다, 운에 맡기고 해보다

haz·ard·ous [hǽzərdəs] *a.* 모험적인, 위험한, 운에 맡기는 **~·ly** *ad.* **~·ness** *n.*

∗**haze**[1] [heiz] *n.* ⓊⒸ **1 아지랑이**, 안개; 엷은 연기 **2** (정신 상태의) 흐릿함, 의식의 몽롱 — *vi.* 흐릿해지다; 안개가 끼다
— *vt.* 흐릿하게 하다, 희미하게 하다

haze[2] *vt.* **1** 《미·속어》 골탕먹이다, 괴롭히다, 곯리다 **2** 〖항해〗 중노동시키다, 혹사시키다

H

***ha·zel** [héizəl] *n.* **1 개암나무** (열매) **2** Ⓤ 엷은 갈색 **—** *a.* **1** 개암나무의 **2** 엷은 갈색의《특히 열매의 색깔》

ha·zel·nut [héizlnʌ̀t] *n.* 개암

***ha·zy** [héizi] *a.* (**-zi·er**; **-zi·est**) **1 흐린, 안개 낀 2** 멍한, 몽롱한 **3**〈거울 등이〉 증기로 흐린《*with*》 **há·zi·ness** *n.*

Hb hemoglobin

HB 〖미식축구·럭비〗 halfback; hard-black《연필심의 경도》

H.B.M. His[Her] Britannic Majesty 영국 국왕[여왕] 폐하

H-bomb [éitʃbɑ̀m | -bɔ̀m] [*h*ydrogen *bomb*] *n.* 수소 폭탄(cf. A-BOMB)

HC House of Commons《영》 하원

hcf, HCF highest common factor 최대 공약수

HDTV high-definition television

*****he**[1] [hiː, iː] *pron.* ([목적격 **him**; 소유격 **his**; *pl.* **they**]) **1** [3인칭 단수 남성 주격] **그는[가]**, 그 사람은[이] **2** [남녀 공통으로] 그 사람은[이]: Go and see who is there and what *he* wants. 누가 왔는지 무슨 볼일인지 가서 알아보아라. **3** [어린 아이에 대한 친밀한 호칭] 아가《you》: Did *he* bump his little head? 아가야 머리를 부딪쳤니? **—** *n.* (*pl.* **hes, he's**[-z]) **1** 남자, 남성 **2** 수컷 **—** *a.* Ⓐ **1** [동물 이름 앞에서 복합어로] 수컷의 **2** [복합어를 이루어] 남성적인, 씩씩한

he[2] [hiː] *int.* 히, 히히《우스움·조소의 뜻》

He 〖화학〗 helium

HE His Eminence 예하(猊下); His Excellency 각하

*****head** [hed] *n.* **1 a 머리**, 두부(頭部) **b** 화폐의 겉 **c** (*pl.* ~) **머릿수**, 마릿수, 한 사람, 한 사람 몫 **2 두뇌**, 지력, 지혜, 추리력 **3 수위, 수석**, 윗자리, 사회자[좌장]석; **우두머리**, 지배자, 지휘자; 《미》 장관, 회장, 사장; [the H~] 《구어》 교장 **4 a 꼭대기**, 정상 **b** (강·샘 등의) 근원, 수원 **c** 거품; 《영》 우유 표면에 뜨는 크림 **d** (나무의) 가지 끝; (풀·나무의) 꼭대기(의 꽃·잎), 이삭, (양배추 등의) 결구(結球) **e** 상부, 상단; 첫머리, 모두(冒頭) **f** 벼랑 꼭대기; 갑(岬); (고개 등의) 마루, 정상; 〖항해〗 이물, 돛의 상단 **5** 항목, 제목 **6** 《구어》 두통

come*[*draw, gather*] *to a* ~** 〈종기가〉 곪아 터질 지경이 되다; 〈사태가〉 위기에 처하다, 극도로 악화되다 ***count* ~*s (출석자 등의) 머릿수를 세다 ***eat* one*'s* ~ *off*** 《구어》 많이 먹기만 하고 일을 하지 않다 ***from* ~ *to foot*[*heel, toe*]** 머리끝에서 발끝까지, 전신에; 온통 ***get it into* one*'s* ~** (어떤 일이) 머리에 떠오르다, 생각해 내다 ***get* one*'s* ~ *down*** 《구어》 (1) 하던 일로 되돌아가다 (2) (자기 위해) 눕다 ***H~s up!*** 《구어》 비켜라!, 조심해라! ***hold* one*'s* ~ *high*** 거만하게 굴다 ***hold up* one*'s* ~** 긍지 있게 행동하다; 의기를 잃지 않다 ***keep* one*'s* ~** 침착을 유지하다 ***keep* one*'s* ~ *down*** (1) (머리를 숙이고) 숨어 있다 (2) 자중(自重)하다 ***off*[*out of*] one*'s* ~** 《구어》 머리가 돌아, 미쳐 ***on*[*upon*] one*'s* ~** (1) 물구나무서서 (2) 자기 책임으로[탓으로] ***out of*[*on, upon*] one*'s* (*own*) ~** 자신이 생각해 내어, 자기의 재량으로 ***over* a person*'s* ~** …에게 (너무 어려워) 이해되지 않는 ***put* (a thing) *into*[*out of*] a person*'s* ~** (어떤 일을) 생각나게[잊게] 하다 ***put*[*lay*] (*their*) ~*s together*** 이마를 맞대고 의논하다 ***take the* ~** 앞장서다, 선도하다 ***talk* a person*'s* ~ *off*** 지루한 얘기로 사람을 싫증나게 하다 ***turn* a person*'s* ~** 우쭐대게 만들다; 머리가 멍해지다

— *a.* **1 우두머리의**, 최상위의, 선두의 **2** [종종 복합어로] 머리의

— *vt.* **1** …의 **선두에 있다**; 인솔[지휘]하다 **2** (…의 방향 쪽으로) 나아가게 하다《*for, towards*》 **3** 표제[제목《등》]를 달다 **4** 머리로 받다, 박치기를 하다; 〖축구〗 〈공을〉 헤딩하다

— *vi.* **1** (…을 향하여) **나아가다**《*for*》 **2**〈식물이〉 결구(結球)하다 **3**《미》〈강이〉 발원(發源)하다《*in, from*》

****head·ache** [hédèik] *n.* Ⓒ **두통**; 《구어》 골칫거리, 두통거리, 걱정거리

head·ach·y [-èiki] *a.* (**-ach·i·er**; **-i·est**) 두통이 나는

head·band [-bæ̀nd] *n.* 머리띠, 헤어 밴드

head·bang·er [-bæ̀ŋər] *n.* 《속어》 **1** 정신이상자; 충동적으로 폭력을 휘두르는 사람 **2** 헤비메탈의 열광적인 팬

head·board [-bɔ̀ːrd] *n.* (침대 등의) 머리쪽 판자; 우리의 머리쪽 판자《소 등을 고삐로 매는》

héad bùtt 〖레슬링〗 박치기

head·cheese [-tʃìːz] *n.* Ⓤ 《미》 헤드치즈《돼지나 송아지의 머리·족을 고아 치즈 모양으로 만든 식품》

héad còld 코감기

héad còunt 《구어》 인원수, 머릿수

head·dress [-drès] *n.* 머리 장식물

head·ed [hédid] *a.* [복합어를 이루어] 머리가 …인, …머리의

head·er [hédər] *n.* **1** 두목, 수령 **2** 《구어》 거꾸로 뛰어듦, 거꾸로 떨어짐; 곤두박질 **3** 이삭 끝을 베는 기계

head·first [-fə́ːrst], **head·fore·most** [-fɔ́ːrmòust] *ad.* 거꾸로, 곤두박질로; 황급히; 무턱대고

héad gàte 수문(水門)

head·gear [-gìər] *n.* Ⓤ **1** 머리 장식물, 쓸것, 모자 **2** 헤드기어, 머리 덮개 **3** 말머리에 쓰이는 마구《굴레 따위》

head·hunt·er [-hʌ̀ntər] *n.* **1** 사람 사냥하는 야만인 **2** 《미·속어》 인재[간부] 스카우트 담당자

head·hunt·ing [-hʌ̀ntiŋ] *n.* Ⓤ **1** (야만인의) 사람 사냥 **2** 인재 스카우트

***head·ing** [hédiŋ] *n.* **1 표제**, 제자(題字) **2** (뱃머리 등의) 방향, 비행 방향 **3** ⓊⒸ 〖축구〗 헤딩

head·lamp [-læ̀mp] = HEADLIGHT

head·land [hédlənd] *n.* **1** 갑(岬), 곶(cape) **2** (밭 가장자리의) 두렁

***head·less** [hédlis] *a.* **1 머리 없는 2** 우두머리 없는 **3** 양식[분별] 없는; 어리석은

H

***head·light** [hédlàit] *n.* [종종 *pl.*] **헤드라이트**, 전조등

***head·line** [hédlàin] *n.* (신문 기사 등의) **큰 표제**; 책[신문]의 꼭대기 난; (방송 뉴스의) 주요 제목
go into ~s* = *hit*[*make*] *the ~s (1) 신문에 크게 취급되다 (2) 유명해지다
— *vt.* 표제를 달다; 큰 표제로 다루다

head·lin·er [-làinər] *n.* 《미·속어》 (광고 등에 이름이 크게 나는) 주요 연기자, 인기[주역] 배우, 스타

head·lock [-lɑ̀k | -lɔ̀k] *n.* 〖레슬링〗 상대의 머리를 팔에 끼어 누르는 기술

⁑**head·long** [hédlɔ̀:ŋ | -lɔ̀ŋ] *ad.* **1 곤두박이로**, 거꾸로; 신속하게 **2 무모하게**; 황급히, 허둥지둥 — *a.* **1** 몹시 서두르는 **2** 앞뒤를 가리지 않는, 성급한 **3** 곤두박이의

head·man [-mən, -mæ̀n] *n.* (*pl.* **-men** [-mən, -mèn]) 두목, 수령, 추장

***head·mas·ter** [hédmǽstər | -mɑ́:s-] *n.* **교장**

head·mis·tress [-místris] *n.* 여교장

head·most [-mòust] *a.* 맨 앞의, 선두의

héad òffice 본점, 본사, 본부

head-on [-ɔ́:n | -ɔ́n] *a.* Ⓐ 정면의
— *ad.* 정면으로

head·phone [-fòun] *n.* [종종 *pl.*] 헤드폰, 머리에 쓰는 수화기[수신기] (cf. EARPHONE)

head·piece [-pì:s] *n.* **1** 투구, 헬멧; (말머리의) 굴레; 모자 **2** 〖인쇄〗 책의 장, 페이지 첫머리의 장식 도안

head·pin [-pìn] *n.* 〖볼링〗 선두[1번] 핀

⁑**head·quar·ters** [hédkwɔ̀:rtərz] *n. pl.* [종종 단수 취급] **본부**, 본영(本營), 사령부, 본서(本署); 본사, 본국

head·rest [-rèst] *n.* 머리 받침 《치과 의자·자동차 좌석 등의》

head·room [-rù:m] *n.* Ⓤ (문 입구, 터널 등의) 머리 위의 공간 《머리와 천장 사이의 공간》

head·scarf [-skɑ̀:rf] *n.* 머리 스카프

head·set [-sèt] *n.* = HEADPHONE

head·ship [hédʃìp] *n.* Ⓤ 우두머리임; 우두머리의 지위[권위], 지도적인 지위

head·shrink·er [-ʃrìŋkər] *n.* 《미·속어》 정신과 의사[학자](psychiatrist)

heads·man [hédzmən] *n.* (*pl.* **-men** [-mən]) 사형 집행인

head·stall [-stɔ̀:l] *n.* (마구의) 굴레 끈 《말 머리에서 재갈에 걸친 끈》

head·stand [-stæ̀nd] *n.* 물구나무서기 (cf. HANDSTAND)

héad stárt 1 (경주 등의) 타인보다 유리한 스타트 **2** 《일반적으로》 (…보다) 앞선 출발 《*over, on*》

head·stone [-stòun] *n.* 〖건축〗 주춧돌, 초석; 묘석

head·stream [-strì:m] *n.* (강의) 원류(源流)

head·strong [-strɔ̀:ŋ | -strɔ̀ŋ] *a.* 완고한, 고집 센, 억지 쓰는; 방자한, 제멋대로인

head-to-head [-təhéd] 《미》 *n.* 접(근)전 — *a.* Ⓐ 접(근)전의

héad trìp 《속어》 마음에 영향을 주는 체험; 정신을 자극하는 일; 자유로운 연상

héad vòice 〖음악〗 두성(頭聲) 《음조가 가장 높은 소리; cf. CHEST VOICE》

head·wait·er [-wèitər] *n.* 급사장

head·way [-wèi] *n.* Ⓤ **1** 전진; 진보 **2** 운전 간격 《배·기차 시간의》

héad wìnd 역풍, 맞바람

head·word [-wə̀:rd] *n.* **1** (서적 등의) 표제어 **2** 〖문법〗 주요어, 중심어

head·work [-wə̀:rk] *n.* Ⓤ 머리 쓰는 일, 정신 노동

head·y [hédi] *a.* (**head·i·er**; **-i·est**) **1** 분별없는, 성급한, 무모한 **2** 〈술이〉 취하게 하는 **3** 흥분시키는; 영리한

⁑**heal** [hi:l] [동음어 heel] [OE 「완전하다」의 뜻에서] *vt.* **1** 〈상처·아픔·고장 등을〉 **고치다**, 낫게 하다 **2** 화해시키다 — *vi.* 〈병·상처 등이〉 낫다

heal-all [hí:lɔ̀:l] *n.* 만병통치약(cure-all)

heal·er [hí:lər] *n.* **1** 치료자, 의사; 약 **2** 《특히》 신앙 요법가

⁂**health** [helθ] [OE 「완전」의 뜻에서] *n.* Ⓤ **1 건강**, 건전, 건강 상태; 보건법; 위생 **2** (건강을 축복하는) 축배, 건배
be out of ~ 건강이 좋지 않다 ***bill of ~*** (선원·선객의) 건강 증명서 《略 B.H.》 ***drink*** (***to***) ***the ~ of*** a person = ***drink*** (***to***) a person***'s ~*** = ***drink a ~ to*** a person …의 건강을 위하여 축배를 들다 (***To***) ***your ~!*** 건강을 축하합니다! 《축배》

health·care [hélθkɛ̀ər] *n.* 건강 관리; 의료

héalth cènter 보건소; 의료 센터

héalth certìficate 건강 증명서[진단서]

héalth fòod 건강 식품 《자연 식품 등》

***health·ful** [hélθfəl] *a.* **1 건강에 좋은**, 위생적인, 유익한 **2** 건강한, 건전한
~·ly *ad.* **~·ness** *n.*

héalth sèrvice 건강 보험; 공공 의료 서비스

héalth vìsitor 《영》 (가정으로 방문하는) (여성) 순회 보건관

⁑**health·y** [hélθi] *a.* (**health·i·er**; **-i·est**) **1 건강한**, 건전한 **2 건강에 좋은**, 위생적인 **3** (도덕적으로) 건전한, 유익한

⁑**heap** [hi:p] [OE 「군대, 다수(多數)」의 뜻에서] *n.* **1** (쌓아 올린) **더미**, 무더기 **2** [보통 a ~ of ..., 또는 ~s of ...로] 《구어》 **많음 3** 《속어》 《특히》 고물 자동차 **4** [종종 *pl.* 부사적] 대단히, 매우
(***all***) ***of a ~*** 《구어》 깜짝 놀라; 갑자기, 느닷없이
— *vt.* **1 쌓아 올리다**[올려서 만들다] **2** 쌓다; 축적하다; 듬뿍 주다; 〈접시 등에〉 수북이 담다 ***~ insults on*** a person …에게 숱한 모욕을 주다
— *vi.* (쌓여) 산더미가 되다, 모이다 《*up*》

⁂**hear** [hiər] [동음어 here] *v.* (**heard** [hə:rd]) *vt.* **1 듣다**, 〈…이〉 들리다 **2** 방청[청강]하다 **3** 들어주다, …에 응하다 **4** 들어 알다, 얻어듣다, 전해 듣다, 소문에 듣다
— *vi.* **1 듣다**, (귀가) 들리다 **2 소식을 듣다**, …의 일[이야기, 소문]을 듣다, 정보를 얻다, 통신을 받다 《*about, from, of*》 **3** 《미·구어》 들어 주다, 동의하다, 승낙하다

H

《*of, to*》《부정문에 쓰일 때가 많음》 **4** 《구어》 야단맞다, 꾸지람 듣다 《*from*》; 칭찬받다 《*about, of*》 **5** [명령법으로] 《영》 경청[근청]하다, 찬성하다: *H*~! *H*~! 찬성이오!, 옳소!

~ about …에 관해서 (상세한 이야기·꾸지람 등을) 듣다: You will ~ *about* this later. 자네는 이 일로 후에 꾸지람을 듣게 될 것이다. ***~ from*** …에게서 편지를 받다; …에게서 벌[비난]을 받다 ***~ of*** (1) …의 기별[소식]을 듣다; …의 꾸중[벌]을 받다: You will ~ *of* this. 이 일에 관해서는 추후에 알려드리겠습니다. (2) …을 승낙하다, 들어주다: I won't ~ *of* such a thing. 그러한 것은 용납할 수 없다. ***~ out*** 〈이야기 등을〉 끝까지 듣다, …의 말을 알아듣다 ***~ say[tell] of*** (구어) …을 이야기하는 것을 듣다, …을 소문에 듣다 ***make oneself heard*** (소음 때문에 큰소리로 말하여) 들리게 하다, 자신의 생각 등을 들려 주다

‡heard [həːrd] *v.* HEAR의 과거·과거분사

***hear·er** [híərər] *n.* 듣는 사람; 청취자, 방청자

‡hear·ing [híəriŋ] *n.* **1** Ⓤ 청각; 듣기, 청취 **2** 들어줌; 들려줌, 발언의 기회 **3** Ⓤ 들리는 거리[범위] **4** ⓊⒸ 〚법〛 심문, 청문회 ***gain[get] a ~*** 들려주다, 발언의 기회를 얻다 ***give*** a person ***a (fair) ~*** …의 말[주장]을 (공평하게) 들어주다 ***in*** a person***'s ~*** …이 듣고 있는 데서, 들으라는 듯이 ***out of[within] ~*** 들리지 않는[들리는] 곳에서

héaring àid 보청기

hear·ing-im·paired [híəriŋimpɛ̀ərd] *a.* 청각 장애를 가진, 난청의

hear·ken [hɑ́ːrkən] *vi., vt.* (고어) 귀를 기울이다, 경청하다 《*to*》

hear·say [híərsèi] *n.* Ⓤ 풍문, 소문, 평판

héarsay èvidence 〚법〛 전문(傳聞) 증거

hearse [həːrs] *n.* 영구차, 장의용 마차[자동차]

‡heart [hɑːrt] [동음어 hart] *n.* **1** 심장, 염통 **2** 마음, 가슴, 감정, 심정; 기분 **3** Ⓤ 애정, 동정심 **4** Ⓤ 용기; 열심, 열의 **5** 사람; 사랑하는 사람; 용사 **6** 중심, 핵심, 본질; 〚식물〛 (나무 등의) 고갱이 **7** 심장 모양(의 것); [*pl.*] 〚카드〛 하트(의 패)

after one***'s (own) ~*** 마음먹은 대로의, 마음에 맞는 ***at ~*** 마음에; 내심으로는, 실제로는 ***break*** a person***'s ~*** 비탄에 잠기게 하다 ***by ~*** 외워서, 암기하여: learn *by* ~ 외다, 암기하다 ***change of ~*** 〚그리스도교〛 개종, 회심 ***find it in*** one***'s ~ to*** do …할 마음이 나다 ***get to the ~ of*** …의 핵심을 잡다 ***give [lose]*** one***'s ~ to*** …에게 마음을 주다, …을 사랑하다 ***go to*** a person***'s ~*** 마음에 울리다; 마음을 아프게 하다 ***go to the ~ of the matter*** 사건의 핵심[급소]에 이르다 ***have a ~*** (구어) 인정이 있다 ***have*** a person***'s ~*** …의 사랑을 얻다 ***have*** one***'s ~ in*** …에 열중하고 있다, 심혈을 기울이다 ***keep (a good) ~*** 용기를 잃지 않다 ***lay ... to ~*** …을 마음에 새기다 ***near[nearest, next] (to)*** a person***'s ~*** …에게 그리운, 가장 친애하는; 소중한 ***out of ~*** 기운 없이, 풀이 죽어서; 〈토지가〉 메말라 ***put ~ into*** a person …의 용기를 북돋우다 ***put*** one***'s ~ into*** …에 열중하다 ***take ... to*** one***'s ~*** …을 따뜻하게 맞이하다 ***to*** one***'s ~'s content*** 만족할 때까지, 흡족하게 ***win the ~ of*** a person = ***win*** a person***'s ~*** …의 사랑을 얻다 ***with a heavy [light] ~*** 무거운[가벼운] 마음으로, 풀이 죽어[신이 나서] ***with all*** one***'s ~*** = ***with*** one***'s whole ~*** 진심으로; 기꺼이, 의심없이

heart·ache [hɑ́ːrtèik] *n.* Ⓤ 마음의 고통; 비탄

héart attàck 〚병리〛 심장 발작[마비], 《특히》 심근경색

heart·beat [-bìːt] *n.* Ⓤ 심장의 고동, 심장 박동

heart·break [-brèik] *n.* Ⓤ 비탄, 비통, 애끓는 마음

heart·break·er [-brèikər] *n.* **1** 애끓게 하는 것[사람], 《특히》 무정한 미인 **2** 여성의 애교머리(lovelock)

heart·break·ing [-brèikiŋ] *a.* **1** 애끓는 마음을 자아내는 **2** 《구어》 (지루하여) 싫증나는

heart·bro·ken [-bròukən] *a.* 비탄에 잠긴, 애끓는 **~·ly** *ad.*

heart·burn [-bəːrn] *n.* Ⓤ **1** 〚병리〛 가슴앓이 **2** 질투

heart·burn·ing [-bəːrniŋ] *n.* Ⓤ (질투·시기로 인한) 언짢음; 불만, 불평; 원한

héart disèase 심장병

heart·ed [hɑ́ːrtid] *a.* [보통 복합어를 이루어] …한 마음씨의, 마음이 …한

heart·en [hɑ́ːrtn] *vt.* 기운나게 하다, 고무하다 **—** *vi.* 기운나다 《*up*》 **~·ing** *a.* **~·ing·ly** *ad.*

héart fàilure 심장마비; 심장 장애

heart·felt [hɑ́ːrtfèlt] *a.* 진심에서 우러난

‡hearth [hɑːrθ] *n.* **1** 노(爐), 난로; 노변(爐邊); 가정 **2** 〚야금〛 노상(爐床) 《용광로의 도가니 부분》

~ and home 따뜻한 가정

hearth·rug [hɑ́ːrθrʌ̀g] *n.* 벽난로 앞 깔개

hearth·side [-sàid] *n.* 노변; 가정

‡heart·i·ly [hɑ́ːrtili] *ad.* **1** 마음으로부터, 충심으로; 진정으로 **2** 충분히, 마음껏 **3** 철저하게, 완전히

heart·land [hɑ́ːrtlæ̀nd] *n.* 핵심 지역, 심장 지대

***heart·less** [hɑ́ːrtlis] *a.* **1** 무정[박정]한, 냉혹한 **2** 《고어》 용기[열정] 없는 **~·ly** *ad.* **~·ness** *n.*

héart-lúng machìne [hɑ́ːrtlʌ́ŋ-] 인공 심폐(心肺)

heart·rend·ing [-rèndiŋ] *a.* 가슴이 찢어질 듯한, 비통한(grievous) **~·ly** *ad.*

heart's-blood [hɑ́ːrtsblʌ̀d] *n.* **1** 《드물게》 심장 내의 혈액 **2** 생명(life)

heart-search·ing [-səːrtʃiŋ] *n.* (철저한) 반성[성찰]

H

hearts·ease, heart's-ease [hɑ́:rtsì:z] *n.* **1** Ⓤ 마음의 평화, 안심 **2** 〖식물〗 삼색제비꽃

heart·sick [-sìk] *a.* 상심한, 풀이 죽은 **~·ness** *n.*

heart·sore [-sɔ̀:r] *a.* 슬퍼하는, 슬픔에 젖은

heart·strings [-strìŋz] *n. pl.* 심금(心琴), 깊은 감정[애정]

***tug*[*pull*] *at* a person*'s* ~** …의 감정을 뒤흔들다, 심금을 울리다

heart·throb [-θrɑ̀b | -θrɔ̀b] *n.* **1** 심장의 빠른 고동 **2** 정열, 감상(感傷) **3** 《구어》 연인, 애인; 동경의 대상

heart-to-heart [-təhɑ́:rt] *a.* **1** 솔직한, 숨김없는(frank) **2** 진심어린(sincere)

heart·warm·ing [-wɔ̀:rmiŋ] *a.* 마음을 따뜻하게 하는, 흐뭇하게 하는, 기분 좋은

heart·wood [-wùd] *n.* Ⓤ (재목의) 적목질(赤木質), 심재(心材)

‡heart·y [hɑ́:rti] *a.* (**heart·i·er**; **-i·est**) **1** 마음에서 우러난, 정성어린, 애정어린, 친절한 **2** 원기 왕성한, 건강한 **3** 〈식사의 양이〉 듬뿍 있는, 풍부한; 영양 있는; 식욕이 왕성한 **4** 비옥한

‡heat [hi:t] *n.* Ⓤ **1** 열, 뜨거움, 더움(opp. *cold*); 더위, 따뜻한[더운] 기운 **2** 열도, 온도 《*of*》 **3** (몸의) 열, 홍조 **4** 매운 맛 《후추·겨자 등의》 **5** (감정의) 격함, 열렬; 흥분; 열정, 열의 **6** [a ~] 1회의 동작; 〖스포츠〗 (경쟁·경기의) 1회 **7** [the ~] (투쟁·토론 등의) 최고조 **8** 《미·속어》 압력, 추적, 조사 **9** 《속어》 총격, 권총, 총 **10** (암컷의) 암내, 발정; 발정[교미]기

in the ~ of …이 한창일 때에

—*vt.* **1** 뜨겁게 하다, 데우다 **2** 흥분시키다, 격분시키다 —*vi.* 뜨거워지다, 따뜻해지다; 흥분하다

héat bàrrier = THERMAL BARRIER

héat capàcity 〖물리〗 열용량

heat·ed [hí:tid] *a.* **1** 뜨거워진 **2** 격한, 흥분한; 성난 **~·ly** *ad.*

héat èngine 열기관

***heat·er** [hí:tər] *n.* **1** 가열[발열]기; 난방 장치 **2** 《속어》 권총

héat exchànger 〖기계〗 열 교환기

héat exhàustion **1** 〖병리〗 소모성 열사병 **2** 더위에 지침

heath [hi:θ] *n.* ⓊⒸ **1** 〖식물〗 히스 **2** 《영》 (특히 히스 무리가 무성한) 황야

***hea·then** [hí:ðən] *n.* (*pl.* **~s**, [집합적] ~) **1** 〖성서〗 이방인(Gentile) 《유대인 아닌 국민 또는 민족》; [the ~; 집합적; 복수 취급] 이방인들; 이교도들 **2** 이교도 **3** 불신자(infidel) **4** 미개인 —*a.* 이교도의, 이교의; 무신앙의; 미개의

hea·then·ish [hí:ðəniʃ] *a.* **1** 이교(도)의; 비그리스도교적인 **2** 야만스런 **~·ly** *ad.*

hea·then·ism [hí:ðənìzm] *n.* Ⓤ **1** 이교, 이단, 우상 숭배 **2** 야만, 만풍(蠻風)

***heath·er** [héðər] *n.* Ⓤ 〖식물〗 헤더 《히스(heath)속(屬)의 상록 관목》

héather mìxture 《영》 혼색 모직물

heath·er·y [héðəri] *a.* 히스가 무성한; (흐린 색의) 갖가지 작은 반점의

Héath·row (**Áirport**) [hí:θrou-] 히스로 공항 《통칭 London Airport; 런던 서부의 국제 공항》

heath·y [hí:θi] *a.* (**heath·i·er**; **-i·est**) 히스의; 황야가 많은

***heat·ing** [hí:tiŋ] *a.* 가열하는, 덥게 하는, 가열[난방]용의

—*n.* Ⓤ 난방 (장치); 가열

héat lìghtning (여름밤의) 천둥 소리가 나지 않는 번개

heat·proof [hí:tprù:f] *a.* 내열의

héat pùmp 열 펌프 《열을 옮기는 장치》; (빌딩 등의) 냉난방 장치

héat ràsh 〖병리〗 = PRICKLY HEAT

heat-seek·ing [-sì:kiŋ-] *a.* 열[적외선]을 추적[탐지]하는: ~ missile 열[적외선] 추적 미사일

héat shìeld 〖항공우주〗 (우주선의) 열 차폐(熱遮蔽)

heat·stroke [-stròuk] *n.* Ⓤ 열사병, 일사병(cf. HEAT EXHAUSTION)

héat wàve **1** 장기간의 혹서 **2** 〖기상〗 열파(opp. *cold wave*)

‡heave [hi:v] *v.* (**~d**, 〖항해〗 **hove** [houv]) *vt.* **1** 〈무거운 것을〉 (들어)올리다 **2** 〈탄성(歎聲)·앓는 소리를〉 괴로운 듯이 내다, 발하다 **3** 〖항해〗 〈닻을〉 밧줄로 끌어올리다[끌다], 당겨들이다 **4** 던지다; 내던지다 《*at*》 **5** 토하다, 게우다

~ *in* 〈닻줄 등을〉 감아 들이다, 당기다 **~ *out*** 〖항해〗 배를 기울여 〈어떤 부분을〉 수면 위에 드러내다 **~ one*self*** 몸을 일으키다 **~ *to*** 이물을 바람받이로 돌려서 〈배를〉 세우다

—*vi.* **1** 〈가슴이〉 울렁거리다; 〈바다·파도가〉 물결치다[넘실거리다], 기복하다 **2** 높아지다, 위로 올라가다, 융기하다; 부풀다 **3** 《구어》 토하다, 구역질나다 **4** 헐떡이다 **5** 〖항해〗 밧줄을 당기다[감다] 《*at*》; 〈배가〉 (어떤 방향으로) 움직이다[나아가다]

~ *at* (1) 밧줄을 당기다 (2) …을 들어올리려고 하다 ***H~ away*[*ho*]*!*** 영차 감아라! 《밧줄을 감아 올릴 때 지르는 소리》; 옜다 《물건을 던질 때의 소리》(cf. HEAVE-HO) **~ *in sight*** 〈배가〉 보이기 시작하다, 나타나다 **~ *to*** 〈배가〉 멈추다, 정선하다

—*n.* **1** 들어올림; (무거운 것을) 내던짐 **2** 융기, 높아짐 **3** (단층에 의한 지층·광맥의) 수평 전위

heave-ho [hí:vhóu] *n.* (*pl.* **~s**) [the (old) ~] 《구어》 퇴짜 놓기, 거절

‡heav·en [hévən] [OE 「하늘」의 뜻에서] *n.* **1** [*pl.*] 《문어》 하늘, 창공 **2** Ⓤ [종종 **H~**] 천국, 천당, 극락(opp. *hell*); [집합적] 천국의 주민, 신들: go to ~ 천국에 가다, 죽다 **3** [보통 **H~**] Ⓤ 신(神), 하느님 **4** Ⓤ 매우 행복한 상태; Ⓒ 매우 행복한 장소, 낙원

By H~*(*s*)*! 맹세코, 꼭! ***for ~'s sake*** 제발, 아무쪼록, 부디 《다음에 오는 명령문을 강조》 ***Good*[*Great, Gracious*] *H~*(*s*)*!*** 어머나, 야단났네, 저런! 《놀람·연민을 나타내는 소리》 ***H~ knows.*** 하느님만이 아신다; 맹세코. ***in* (*the*) *~'s name*** [의문문을 강조하여] 도대체 ***move ~ and earth*** 있는 힘을 다하다

****heav·en·ly** [hévənli] *a.* (**-li·er**; **-li·est**) **1 하늘의**, 창공의 **2 천국의[같은]**, 거룩한; 천래(天來)의, 절묘한 **3** 《구어》 훌륭한

heav·en-sent [hévənsènt] *a.* 천래의, 하늘이 주신; 절호의

heav·en·ward [hévənwərd] *a.*, *ad.* 하늘[천국]을 향하는[향하여] (cf. EARTHWARD)

heav·en·wards [hévənwərdz] *ad.* = HEAVENWARD

****heav·i·ly** [hévili] *ad.* **1 무겁게**; 육중하게; 힘겨운 듯이 **2 몹시**, 심하게, 엄하게; 대량으로; 《고어》 답답하게

***heav·i·ness** [hévinis] *n.* Ⓤ **1 무거움**, 무게 **2** (정신적인) 중압감, 괴로움 **3** 무기력; 낙담

*****heav·y¹** [hévi] *a.* (**heav·i·er**; **-i·est**) **1 무거운**; 묵직한(opp. *light*) **2 대량의 3 힘겨운**, 쓰라린, 심한 **4 격렬한 5** 〈음식이〉 **기름진**, 소화가 잘 안 되는, 〈빵이〉 설 구워진; 〈음료가〉 진한, 알코올을 넣은; 〈냄새가〉 짙은 **6** 근심에 젖은, 침울한, 슬픈, 풀죽은 **7** 〈하늘이〉 음울한, 잔뜩 흐린 **8** 서투른; 〈동작이〉 무거운; 둔한 **9** 〈문장 등이〉 답답한, 재미없는 **10** 〖연극〗 심각한 역의, 장중한, 비극적인 **11** 《미·속어》 중요[심각]한 **12** 〖군사〗 중장비의 **13** 〖화학〗 〈동위 원소가〉 더 큰 원자량을 지닌, 중… **14** 〖운율〗 장음의 **15** 〈산업이〉 제철·기계·조선 등을 다루는, 중…
~ with …으로 무거운 ***~ with child*** 임신한, 만삭의, 산월의 ***make ~ weather*** (***of***) 작은 일을 너무 심각하게 생각하다 ***with a ~ hand*** 서투르게, 어색하게; 압제적으로
— *n.* (*pl.* **heav·ies**) **1** 〖연극〗 심각한 역; 《특히》 원수역, 악역(惡役) **2** [*pl.*] 중공업; 중기병; 중포(重砲); 중폭격기 **3** 《영·구어》 (권투·레슬링 등의) 중량급 선수

hea·vy² [hí:vi] *a.* 〖수의학〗 〈말이〉 폐기종에 걸린

heav·y-armed [hévià:rmd] *a.* 〈부대 등이〉 중장비의

héavy artíllery [집합적] 중포; 중포병대

héavy bómber 중폭격기 《장거리 전략 폭격기》

heav·y-du·ty [-djú:ti | -djú:-] *a.* **1** 〈의복·기계 등이〉 내구성이 강한, 아주 튼튼한 **2** 관세가 고율인

heav·y-foot·ed [-fútid] *a.* **1** 발걸음이 무거운, 둔중(鈍重)한 **2** 〈자동차를〉 맹렬한 속도로 모는, 질주하는

heav·y-hand·ed [-hǽndid] *a.* **1** 고압적인 **2** 서투른 **~·ly** *ad.*

heav·y-heart·ed [-há:rtid] *a.* 마음이 무거운, 침울한 **~·ly** *ad.*

héavy índustry 중공업

heav·y-lad·en [-léidn] *a.* **1** 무거운 짐을 진 **2** 압박감을 받은; 근심이 많은

héavy métal 1 〖화학〗 중금속 《비중 5.0 이상》 **2** 〖음악〗 헤비 메탈(록) 《묵직한 비트와 금속음이 특징》

héavy óil 중유

heav·y·set [-sét] *a.* 몸집이 큰, 튼튼한; 땅딸막한

héavy wáter 〖화학〗 중수

heav·y·weight [-wèit] *n.* **1** 평균 체중 이상의 사람 《특히 기수(騎手) 또는 레슬링 선수》; 헤비급 선수 **2** 《구어》 유력자

Heb., Hebr. Hebrew(s)

heb·dom·a·dal [hebdɑ́mədl | -dɔ́m-] [L 「7일 동안」의 뜻에서] *a.* 1주일의, 매주의

He·be [hí:bi] [Gk 「젊음」의 뜻에서] *n.* **1** 〖그리스신화〗 헤베 《헤라클레스의 아내; 청춘과 봄의 여신》 **2** 《익살》 여급, 술집 종업원

He·bra·ic [hibréiik] *a.* 히브리 사람[말, 문화]의(Hebrew)
-i·cal·ly *ad.* 히브리 사람[말]식으로

He·bra·ism [hí:breiìzm] *n.* Ⓤ,Ⓒ **1** 히브리 어법[어풍] **2** 히브리 사상[정신, 문화] **3** 유대교

He·bra·ist [hí:breiist] *n.* **1** 히브리 어[문]학자, 히브리 학자 **2** 히브리 정신 신봉자

He·bra·is·tic [hì:breiístik] *a.* 히브리적인, 히브리 학자의 **-ti·cal·ly** *ad.*

***He·brew** [hí:bru:] [Gk 「(강) 건너 온 사람」의 뜻에서] *n.* **1 히브리 사람**, 이스라엘 사람, 유대인 **2** Ⓤ 고대 히브리 어 **3** Ⓤ 《구어》 알아들을 수 없는 말
— *a.* 히브리 인[어, 문화]의

Hec·a·te [hékəti] *n.* 〖그리스신화〗 헤카테 《천상과 지상 및 지하계를 다스리는 여신》

hec·a·tomb [hékətòum] *n.* **1** 〖고대그리스·로마〗 황소 100마리의 희생 **2** (인간·동물의) 수많은 희생, 대학살

heck [hek] [hell의 완곡어] *n.* Ⓤ 《구어》 지옥
a ~ of a ... 《구어》 대단한, 터무니없는
— *int.* 제기랄, 빌어먹을

heck·le [hékl] *vt.* **1** 야유해 대다, 질문으로 몰아대다, 힐문하다 **2** 〈삼·아마 등을〉 삼빗으로 훑다

hect- [hekt], **hecto-** [héktou] 《연결형》 「100…; 다수의」의 뜻 《모음 앞에서는 hect-》

hec·tare [héktɛər, -tɑ:r] *n.* 헥타르 《면적 단위: 100아르, 1만 평방미터; 略 ha.》

hec·tic [héktik] [F 「습관적인, 소모적인」의 뜻에서] *a.* **1** 소모열(消耗熱)의; 〈열이〉 소모성의; 병적으로 붉어진 **2** 《구어》 흥분한, 열광적인; 몹시 바쁜
héc·ti·cal·ly *ad.*

hec·to·gram | -gramme [héktəgræ̀m] *n.* 헥토그램 《100그램》

hec·to·li·ter | -tre [héktəlì:tər] *n.* 헥토리터 《100리터; 略 hl》

hec·to·me·ter | -tre [héktəmì:tər] *n.* 헥토미터 《100미터; 略 hm》

hec·to·pas·cal [héktəpæskæ̀l] *n.* 〖물리〗 헥토파스칼 《100 pascal; 1밀리바에 해당; 略 hPa》

hec·tor [héktər] [옛날 연극에서 헥토르(Hector)가 허세를 부리는 인물로 묘사된 데에서] *n.* **1** [**H~**] 헥토르 《Homer의 시 *Iliad*에 나오는 트로이 전쟁의 용사》 **2** 호통치는 사람, 허세부리는 사람 — *vt.*, *vi.* 호통을 치다, 괴롭히다(bully); 허세부리다 《*over*》

*****he'd** [hi:d] he had[would]의 단축형

‡hedge [hedʒ] *n.* **1** 산울타리, 울타리 **2** 장애, 장벽 《*of*》 **3** 방지책; (내기에서) 양다리 걸치기; 〖상업〗 연계 매매
— *vt.* **1** 산울타리를 치다; 둘러싸다 **2** 〈남을〉 (규칙·제약으로) 속박하다 **3** 양쪽에 걸어서 손해를 막다
— *vi.* **1** 산울타리를 만들다 **2** (투전·투기에서) 양쪽에 걸다; 연계 매매하다 **3** 애매한 태도를 취하다, 변명의 여지를 남겨두다

***hedge·hog** [hédʒhɔ̀:g | -hɔ̀g] *n.* 〖동물〗 **고슴도치**; 《미》 호저(豪猪)

hedge·hop [-hɑ̀p | -hɔ̀p] *vi.* (**~ped**; **~·ping**) (농약 살포 등을 위해) 초저공 비행을 하다
~·per *n.* 《영·군대속어》 파일럿, 공군 신병

hedge·row [hédʒròu] *n.* (산울타리의 이룬) 죽 늘어선 관목; 산울타리

hédge spàrrow 〖조류〗 바위종다리의 일종

he·don·ism [hí:dənìzm] *n.* Ⓤ 쾌락[향락]주의 **-ist** *n.* 쾌락주의자

he·don·is·tic [hì:dənístik] *a.* 쾌락주의(자)의

hee·bie-jee·bies, hee·by- [hí:bi-dʒí:biz] [미국의 Billy De Beck(1890~1942)가 연재 만화 *Barney Google*에서 만들어낸 말] *n. pl.* [the ~] 《구어》 안절부절못함; 극도의 신경과민; 심한 혐오감

‡heed [hi:d] 《문어》 *vt.*, *vi.* **주의[조심]하다**, 마음에 두다
— *n.* Ⓤ **주의**, 조심, 유의
give[pay] ~ to …에 주의하다 ***take ~ of*** …을 주의하다, 조심하다, 중시하다

***heed·ful** [hí:dfəl] *a.* **주의 깊은**, 조심하는 《*of*》 **~·ly** *ad.* **~·ness** *n.*

***heed·less** [hí:dlis] *a.* **부주의한**, 조심성 없는 《*of*》 **~·ly** *ad.* **~·ness** *n.*

hee-haw [hí:hɔ̀:] *n.* **1** 당나귀 우는 소리 **2** 바보 웃음 — *vi.* **1** 〈당나귀가〉 울다 **2** 바보처럼 웃다

‡heel[1] [hi:l] [동음어 heal] *n.* **1** (발)**뒤꿈치**; (말 등의) 뒷발굽 **2** 양말의 뒤축, 신발의 뒤축[굽]; [*pl.*] 하이힐 **3** 뒤꿈치 모양의 것 **4** 꽁지, 말단 《*of*》 **5** 《구어》 비열한 녀석, 배반자 **6** 〖럭비〗 힐 《스크럼 때 공을 뒤꿈치로 차기》
at ~ 바로 뒤를 따라서 ***bring … to ~*** 뒤따라 오게 하다; 복종시키다 ***come [keep] to ~*** 따르다; 복종하다; 《개에 소리쳐》 따라와 ***cool[kick]*** one***'s ~s*** 오랫동안 기다리다 ***down at (the) ~*** = ***down at the ~s*** 〈구두가〉 뒤축이 닳아; 뒤축이 닳은 신을 신고; 허술한[초라한] 차림새로 ***on the ~s of*** a person …바로 뒤를 따라서, …에 이어 ***show*** one***'s ~s*** = ***show a clean pair of ~s*** = ***take to*** one***'s ~s*** (부리나케) 달아나다, 줄행랑치다, (경쟁자를) 앞서다, 따돌리다 ***turn on*** one***'s ~(s)*** 홱 뒤돌아서다, 갑자기 떠나다 ***under ~*** …에게 지배당하여, 굴복하여
— *vt.* **1** 바로 뒤에서 따라가다 **2** (신 등에) 뒤축을 대다 **3** 〈춤을〉 뒤꿈치로 추다 **4** 〖럭비〗 스크럼 때에 뒤꿈치로 공을 뒤로 밀어내다 《*out*》 — *vi.* **1** 〈개가〉 따라오다 **2** 뒤꿈치로 춤추다

heel[2] [OE 「경사지다」의 뜻에서] *vi.*, *vt.* 〈배가〉 기울어지다 《*over*》; 〈배를〉 기울이다 — *n.* (배의) 경사, 기울기

heel-and-toe [hí:ləndtóu] *a.* 경보(競步)식으로 걷는

heel·ball [-bɔ̀:l] *n.* **1** 뒤꿈치의 아랫부분 **2** 검은 구두약의 일종

heeled [hi:ld] *a.* [종종 복합어를 이루어] **1** 뒷굽이 있는; 〈싸움닭이〉 쇠발톱을 단 **2** 《속어》 (권총 따위로) 무장한

heel·tap [-tæ̀p] *n.* **1** 신발 뒤축의 가죽 **2** (잔 바닥의) 마시다 남은 술

heft [heft] *n.* Ⓤ **1** 무게, 중량 **2** [the ~] 《고어》 대부분; 주요부, 요점 — *vt.* 들어서 무게를 대중하다; 들어올리다

heft·y [héfti] *a.* (**heft·i·er**; **-i·est**) 《구어》 **1** 무거운 **2** 크고 튼튼한; 강한 **3** 풍부한

He·gel [héigəl] *n.* 헤겔 **G. W. Friedrich ~** (1770-1831) 《독일의 철학자》

He·ge·li·an [heigéiliən | heigí:-] *a.*, *n.* 헤겔 철학의 (신봉자)

he·gem·o·ny [hidʒéməni, hédʒəmòu- | higéməni] [Gk 「지도자」의 뜻에서] *n.* ⓊⒸ 헤게모니, (특히 한 나라의 연맹 제국에 대한) 지배권, 맹주권(盟主權), 패권

He·gi·ra [hidʒáirə, hédʒərə] [Arab. 「출발」의 뜻에서] *n.* **1** 〖이슬람교〗 [the ~] 헤지라 《마호메트의 Mecca에서 Medina로의 이동; 서기 622년》 **2** [the ~] 헤지라[이슬람] 기원 《위의 사건이 일어난 해부터 시작》 **3** [**h~**] 도피(행), 《특히》 대량 이주

he-goat [hí:góut] *n.* 숫염소(opp. *she-goat*)

Hei·del·berg [háidlbə̀:rg] *n.* 하이델베르크 《독일 서남부의 도시; 대학과 고성(古城)으로 유명함》

heif·er [héfər] *n.* **1** (3살 미만의 아직 새끼를 안 낳은) 암소 **2** 《속어·경멸》 젊은 여자

heigh [hei, hai | hei] [의성어] *int.* 야, 여, 헤이 《주의·질문·격려·환희 등의 소리》

heigh-ho [héihóu, hái- | héi-] *int.* 아, 어, 아이고 《놀람·피로·권태·낙담 등의 소리》

‡height [hait] *n.* **1** ⓊⒸ **높음** **2** ⓊⒸ **높이**; 고도, 해발, 표고(標高)(altitude); **신장**, 키 **3** [종종 *pl.*] **높은 곳**, 고지, 언덕; 정점, 정상 **4** [the ~] 절정, 극치 ***at a ~ of*** (5,000 meters) (5천미터의) 고도에서 ***in the ~ of fashion*** 한창 유행 중인

***height·en** [háitn] *v.* **1** **높게 하다**, 높이다; 고상하게 하다(opp. *lower*) **2** 증가시키다, 강화하다; 과장하다
— *vi.* **1** 높아지다 **2** 증가하다; 강화되다

height·ism [háitizm] *n.* 키 작은 사람에 대한 멸시[차별]

Hei·ne [háinə] *n.* 하이네 **Heinrich ~** (1797-1856) 《독일의 시인·비평가》

hei·nous [héinəs] *a.* 가증스러운, 극악[흉악]한 **~·ly** *ad.* **~·ness** *n.*

‡heir [ɛər] *n.* [동음어 air] (*fem.* **~·ess** [ɛ́əris]) **1** 〖법〗 **상속인**, 법정 상속인: an ~ to property[a house] 재산[가독(家督)] 상속인 **2** 후계자, 계승자

fall ~ to …의 상속인이 되다, …을 상속하다

héir appárent (*pl.* **heirs-**) 〖법〗 법정 추정 상속인

héir at láw 〖법〗 법정 상속인

∗**heir·ess** [ɛ́əris] *n.* **여자 상속인**[후계자]

heir·less [ɛ́ərlis] *a.* 상속인이 없는

heir·loom [ɛ́ərlùːm] *n.* **1** 〖법〗 (부동산과 함께 상속되는) 법정 상속 동산 **2** 조상 대대의 가재(家財), 가보

héir presúmptive 〖법〗 추정 상속인

heir·ship [ɛ́ərʃip] *n.* Ⓤ 상속인의 지위; 상속(권)

heist [haist] 《미·캐나다·속어》 *n.* 강도 — *vt.* 강도질하다, 훔치다

He·ji·ra [hidʒáirə, hédʒə-] *n.* = HEGIRA

‡**held** [held] *v.* HOLD의 과거·과거분사

Hel·en [hélən] [Gk 「횃불」의 뜻에서] *n.* **1** 여자 이름 **2** 〖그리스신화〗 헬렌 《Sparta 왕의 아내로 절세 미녀; Troy 왕자 Paris에게 잡혀가 Troy 전쟁이 일어났음》

Hel·e·na [hélənə] *n.* 여자 이름 《Helen의 별칭》

heli- [híːli], **helio** [híːliou] 《연결형》 「태양」의 뜻 《모음 앞에서는 heli-》

hel·i·borne [hélәbɔ̀ːrn] *a.* 헬리콥터 수송의[에 의한](cf. AIRBORNE)

hel·i·cal [hélikəl] *a.* 나선형(螺旋形)의 (spiral) **~·ly** *ad.* 나선형으로

Hel·i·con [héləkɑ̀n | -kən] *n.* **1** 〖그리스신화〗 헬리콘 산(山) 《Apollo 및 Muses가 살던 곳이라고 전하여짐》 **2** 시상(詩想)의 원천 **3** [**h~**] 〖음악〗 저음(低音) 튜바 《어깨에 걸고 연주》

‡**he·li·cop·ter** [hélikɑ̀ptər | -kɔ̀p-] [Gk 「나선형 날개」의 뜻에서] *n.* **헬리콥터** — *vi., vt.* 헬리콥터로 가다[운반하다]

he·li·o·cen·tric [hìliouséntrik] *a.* 〖천문〗 태양 중심의(opp. *geocentric*)

he·li·o·graph [híːliəgræ̀f | -grɑ̀ːf] *n.* **1** 일광 반사 신호기, 회광(回光) 통신기 **2** 〖천문〗 태양 촬영기 **3** 〖기상〗 일조계(日照計)

He·li·os [híːliɑ̀s | -ɔ̀s] *n.* 〖그리스신화〗 헬리오스 《태양의 신》

he·li·o·trope [híːliətròup, hél-] *n.* **1** 〖식물〗 헬리오트로프 **2** Ⓤ 엷은 자줏빛

he·li·o·trop·ic [hìliətrɑ́pik | -trɔ́p-] *a.* 해굽성의, 굴일성(屈日性)의

he·li·ot·ro·pism [hìliɑ́trəpìzm | -ɔ́t-] *n.* Ⓤ 〖식물〗 해굽성, 굴일성

hel·i·pad [héləpæ̀d] *n.* = HELIPORT

hel·i·port [héləpɔ̀ːrt] [*heli*copter + air*port*] *n.* 헬리포트, 헬리콥터 발착소(發着所)

∗**he·li·um** [híːliəm] *n.* Ⓤ 〖화학〗 **헬륨** 《희(稀)기체 원소: 기호 He, 번호 2》

he·lix [híːliks] *n.* (*pl.* **hel·i·ces** [héləsiːz], **~·es**) **1** 나선(螺旋) **2** 나선형의 것 《코르크 뽑개·시계 태엽 등》 **3** 〖건축〗 (기둥 꼭대기의) 나선형 장식

‡**hell** [hel] [OE 「저승」의 뜻에서] *n.* **1** Ⓤ **지옥**(opp. *heaven*) **2** 지옥과 같은 장소[상황], 생지옥 **3** Ⓤ [노여움 등의 발성·강조어로서] **4** [The ~; 상대방의 의견에 강한 반대를 나타내어 부사적으로] 《속어》 절대로 …않다 ***a ~ of a*** (noise, row, etc.) 《구어》 굉장한, 지독한 《소란 등》; 굉장히 좋은 ***a ~ of a lot*** 《구어》 매우, 대단히, 엄청나게 ***come ~ and***[***or***] ***high water*** 《구어》 어떠한 장애가 있더라도 ***give*** a person ***~*** 《구어》 혼내주다, 못 배기게 하다 ***Go to ~!*** 거꾸러져라, 뒈져라! ***~ to pay*** 《구어》 굉장히 곤란한 일, 후환 ***like ~*** 《구어》 맹렬히, 악착스럽게, 지독스럽게; 전혀 …아니다

‡**he'll** [híːl] [동음어 heel] he will[shall]의 단축형

Hel·las [héləs] *n.* 《문어》 헬라스 《그리스의 옛 이름》

hell-bent [hélbènt] *a.* 《구어》 **1** Ⓟ 열중한, 필사적인 《*for*》 **2** Ⓐ 맹렬한 속도로 달리는, 무모한

hell·cat [-kæ̀t] *n.* **1** 말괄량이 **2** 악독한 여자, 심술쟁이 노파; 마녀

Hel·lene [héliːn] *n.* (순수한) 그리스 사람

Hel·len·ic [helénik] *a.* (특히 고대의) 그리스 사람[말]의

Hel·len·ism [hélənìzm] *n.* Ⓤ,Ⓒ **1** 그리스 문화[정신, 국민성], 헬레니즘(cf. HEBRAISM) **2** 그리스 어법

Hel·len·ist [hélənist] *n.* 그리스 문명 연구자, 그리스 학자

Hel·len·is·tic [hèlənístik] *a.* Hellenism[Hellenist]에 관한

hell·er [hélər] *n.* 《미·속어》 난폭자, 망나니

Hel·les·pont [héləspɑ̀nt | -pɔ̀nt] *n.* [the ~] 헬레스폰트 《Dardanelles 해협의 고대 그리스 이름》

hell·fire [hélfàiər] *n.* Ⓤ 지옥의 불[형벌]; 격심한 괴로움

hell-for-leath·er [-fərléðər] *a., ad.* 《구어》 전속력의[으로], 맹렬한[하게]

hell·hole [-hòul] *n.* 지옥; 지옥 같은 곳; 불쾌한[불결한, 악명 높은] 장소

hel·lion [héljən] *n.* 《미·구어》 망나니, 깡패, 불한당

hell·ish [héliʃ] *a.* **1** 지옥의, 지옥 같은 **2** 《구어》 몹쓸, 흉악한; 몸서리쳐지는, 소름 끼치는 — *ad.* 몹시, 굉장히 **~·ly** *ad.* **~·ness** *n.*

‡**hel·lo** [hélóu, hə-] *int.* **여보, 이봐;** 어이; 어머; **여, 안녕하세요** 《가벼운 인사; 《영》에서 많이 씀》; 《전화로》 **여보세요** — *n.* (*pl.* **~s**) hello라고 말하기: Say ~ to your mother. 어머니에게 안부 전해 주시오. — *vi., vt.* hello라고 부르다[말하다]

hell-rais·er [hélrèizər] *n.* 《미·속어》 (상습적으로) 소란을 피우는 사람[사물]

hell·uv·a [héləvə] [a hell of a에서] 《속어》 *a.* **1** 대단한 **2** 지독한, 형편없이 나쁜 **3** 굉장히 좋은 — *ad.* 매우, 극단적으로

‡**helm** [helm] *n.* **1** 〖항해〗 **키**(**자루**), 타륜(wheel); 조타 장치, 타기(舵機) **2** [the ~] 지배, 지도 — *vt.* 키를 조종하다

‡**hel·met** [hélmit] *n.* **1 헬멧,** 철모; 소방모; 투구; 〖펜싱〗 면(面), 마스크; 〖미식 축구〗 (플라스틱으로 만든) 헬멧; 〖야구〗 헬멧 **2** (문장(紋章)의) 투구 모양 **3** 투구 모양의 것

H

helms·man [hélmzmən] *n.* (*pl.* **-men** [-mən]) 키잡이

Hel·ot [hélət] *n.* **1** 고대 스파르타의 노예 **2** [**h~**] 농노, 노예(serf), 천민

⁑**help** [help] *v.* (**~ed,** 《고어》 **holp** [houlp]; **~ed,** 《고어》 **hol·pen** [hóulpən]) *vt.* **1 돕다,** 조력하다, 원조하다; **거들다 2** 거들어서 …하게 하다, 도와서 …시키다 **3 a** 〈병 등을〉 고치는 데 도움이 되다(cure): Honey ~*s* the cough. 꿀은 기침에 좋다. **b** …에 **도움되다;** 촉진하다 **4** [can(not) ~ (do*ing*) it의 꼴로] 피하다, 삼가다, 그만두다 **5 a** 〈음식물을〉 집어 주다, 술을 부어 주다, 권하다, 시중들다 **b** 《구어》 (식탁에서) 〈음식 등을〉 **나누어 주다;** 〈음식물을〉 담다, 차려서 내다
— *vi.* **1 돕다,** 거들다; 힘이 되다, 보탬이 되다 **2** 식사 때 시중들다, 음식물을 집어주다, 술을 따르다, 붓다, 담다
God ~ him! 가엾어라; 불쌍한 놈이로구나! **~ *on*** 도와서 나아가게 하다, 진척시키다 **~ *out*** 도와서 나가게 하다, 구출하다; 〈비용 등을〉 보태주다; 도와서 완성시키다 **~ *over*** 도와서 넘어가게[건너가게] 해 주다, 이겨내게 하다 **~ one*self*** (1) 필요한 일을 자기 스스로 하다, 자조(自助)하다 (2) 자기 스스로를 어떻게 하다 **~ one*self to*** (1) 마음대로 집어먹다 (2) 《구어》 착복하다, 횡령하다, 마음대로 취하다 **~ *up*** 도와 일으키다, 떠받치다 ***so ~ me (God)*** 《구어》 정말로, (신께) 맹세코
— *n.* **1** Ⓤ **도움,** 구조; 조력; 원조; 거듦 **2** 도움이 되는[요긴한] 것, 도움이 되는 사람 **3** [부정문] Ⓤ 구제법, 치료; 피할 길 **4** 고용인; 종업원; 《영》 가정부; [집합적] 《미》 고용인들 **5** (음식물을 담은) 한 그릇
***be (of)* ~** 힘이 되다, 도움이 되다

⁑**help·er** [hélpər] *n.* **돕는[도움이 되는] 사람[것]; 조수,** 거드는 사람, 협력자, 원조자; 지지자

⁑**help·ful** [hélpfəl] *a.* **도움[소용]이 되는,** 유익한, 요긴한, 편리한 《*to*》
~·ly *ad.* **~·ness** *n.*

help·ing [hélpiŋ] *a.* 돕는, 도움이 되는
— *n.* **1** Ⓤ 거들어 줌, 조력 **2** (음식의) 한 번 담는 분량, 한 그릇

hélping hánd 원조, 도움

⁑**help·less** [hélplis] *a.* **1** (제 힘으로) **어찌할 수 없는,** 주체 못하는, 속수무책인, 무력한 **2** 도움 없는 **3** 의지할 데 없는
~·ness *n.*

***help·less·ly** [hélplisli] *ad.* **어찌해 볼 수도 없이,** 의지할 데 없이

help·mate [hélpmèit], **-meet** [-mì:t] *n.* **1** 협력자, 동료 **2** 《문어》 내조자, 배우자

Hel·sin·ki [hélsiŋki, ─∸─] *n.* 헬싱키 《핀란드의 수도》

hel·ter-skel·ter [héltərskéltər] *n.* 당황, 혼란 — *a.* 당황한; 난잡한
— *ad.* 허둥지둥하여

helve [helv] [OE 「도끼 자루」의 뜻에서] *n., vt.* (연장·무기의) 자루(를 달다)

Hel·ve·tia [helví:ʃə] [L 「스위스」의 뜻에서] *n.* **1** 헬베티아 《고대 로마의 알프스 지방》 **2** 스위스의 라틴어 이름

***hem¹** [hem] *n.* **1** (천·옷의) **가두리,** 옷단; 《특히》 옷단 대기, 감침질 **2** 가장자리, 경계 — *vt.* (**~med**; **~·ming**) **1 가장자리를 감치다,** 옷단을 대다 **2** 둘러싸다, 두르다, 둘러막다 《*in, about, round, up*》

hem² [의성어] *int.* 헴, 에헴 《주저하거나 주의를 환기시킬 때 내는 소리》
— *n.* 헛기침
— *vi.* (**~med**; **~·ming**) 에헴하다, 헛기침하다

hem- [hi:m, hem], **hemo-** [hí:mou, hémə], **hema-** [hí:mə, hémə] 《연결형》 「피」의 뜻 《모음 앞에서는 hem-》

he-man [hí:mǽn] *n.* (*pl.* **-men** [-mén]) 《구어》 남성적인 사나이

he·ma·tite [hí:mətàit] *n.* Ⓤ 〖광물〗 적철광(赤鐵鑛) **hè·ma·tít·ic** [-títik] *a.*

hemi- [hémi] 《연결형》 「반(half)」의 뜻 (cf. SEMI-, DEMI-)

Hem·ing·way [hémiŋwèi] *n.* 헤밍웨이 **Ernest ~** (1899~1961) 《미국의 소설가》

⁑**hem·i·sphere** [hémisfìər] *n.* **1** (지구·천체의) **반구 2** 반구체(半球體) **3** 〖해부〗 대뇌[소뇌] 반구

hem·i·spher·ic, -i·cal [hèmisfér-ik(əl)] *a.* 반구상(狀)의

hem·line [hémlàin] *n.* (스커트·드레스의) 공그른 단

***hem·lock** [hémlɑ̀k | -lɔ̀k] *n.* 〖식물〗 **1** 《영》 **헴록** 《미나릿과(科)의 독초》; Ⓤ 그것에서 뽑은 독약 **2** 《미》 = HEMLOCK FIR[SPRUCE]

hémlock fír[sprúce] 〖식물〗 북미산 솔송나무

hemo- [hí:mou, hém-] 《연결형》 = HEM-

he·mo·glo·bin [hì:məglóubin] *n.* Ⓤ 〖생화학〗 헤모글로빈, 혈색소 《略 Hb》

he·mo·phil·i·a [hì:məfíliə] *n.* Ⓤ 〖병리〗 혈우병

he·mo·phil·i·ac [hì:məfíliæ̀k] *n.* 혈우병 환자

hem·or·rhage, haem- [hémərid͡ʒ] *n.* Ⓤ 〖병리〗 출혈(bleeding)

hem·or·rhoids [hémərɔ̀idz] *n. pl.* 치질

he·mo·stat [hí:məstæ̀t] *n.* 지혈기(止血器); 지혈제

***hemp** [hemp] *n.* Ⓤ **1 삼,** 대마(大麻); 그 섬유 **2** [the ~] 인도 대마(bhang)로 만든 마약, 《특히》 대마초, 마리화나

hemp·en [hémpən] *a.* 대마의, 대마로 만든

hem·stitch [hémstìtʃ] *n., vt.* 헴스티치(를 하다) 《씨줄을 몇 올 단위로 뽑아 날줄을 감치는 자수법》

⁂**hen** [hen] *n.* **1** 암탉 **2** (물고기의) 암컷 **3** 《구어·경멸》 여자; 《구어》 젊은 여자; 소심한 사람

hen·bane [hénbèin] *n.* **1** 〖식물〗 사리풀 《가짓과(科)의 유독 식물》 **2** Ⓤ 그것에서 뽑은 독

⁑**hence** [hens] [ME 「여기서부터」의 뜻에서] *ad.* **1** 《문어》 **그러므로, 따라서 2** 《문어》 **지금부터,** 향후

⁑**hence·forth** [hènsfɔ́:rθ], **-for·ward** [-fɔ́:rwərd] *ad.* 《문어》 **앞으로,** 이제부터는, 금후, 차후

H

hench·man [héntʃmən] *n.* (*pl.* **-men** [-mən]) **1** 믿을 만한 부하; 심복 부하, 오른팔 **2** (정치적) 후원자
hen-coop [hénkù:p] *n.* 닭장, 새장
hen·di·a·dys [hendáiədis] *n.* Ⓤ 〖수사학〗 중언법(重言法) 《buttered bread를 bread and butter로 하는 따위》
*__hen·house__ [hénhàus] *n.* (*pl.* **-hous·es** [-hàuziz]) *n.* **닭장**
hen·na [hénə] *n.* **1** 〖식물〗 헤너 《이집트산; 향기로운 흰 꽃이 핌》 **2** Ⓤ 헤너 물감 《머리털·수염 등을 물들임》; 적갈색 — *vt.* 헤너 물감으로 물들이다
hen·naed [-nəd] *a.* 헤너 물감으로 물들인, 적갈색의
hen·ner·y [hénəri] *n.* (*pl.* **-ner·ies**) 양계장
hén pàrty 《구어》 여자끼리의 모임(opp. *stag party*)
hen·peck [hénpèk] *vt.* 〈남편을〉 쥐고 흔들다
hen·pecked [-pèkt] *a.* 내주장(內主張)의, 엄처시하의, 공처가의
Hen·ri·et·ta [hènriétə] *n.* 여자 이름
hen·ry [hénri] [미국의 물리학자 J. Henry의 이름에서] *n.* (*pl.* **-ries, ~s**) 〖전기〗 헨리 《자기 유도계수의 단위; 略 H》
Hen·ry [hénri] *n.* **1** 남자 이름 《애칭 Harry, Hal》 **2** ⇨ O. Henry
hep [hep] *a.* 《미·속어》 최근의 사정에 밝은, 내막을 잘 아는 《*to*》
he·pat·ic [hipǽtik] [Gk 「간장(肝腸)」의 뜻에서] *a.* **1** 간장의; 간장에 좋은 **2** 간장 빛의, 암갈색의
he·pat·i·ca [hipǽtikə] *n.* (*pl.* **~s, -cae** [-sì:]) 〖식물〗 노루귀; 설앵초
hep·a·ti·tis [hèpətáitis] *n.* Ⓤ 〖병리〗 간염
Hep·burn [hépbə̀:rn | hépb-] *n.* 헵번 **1 James C. ~** (1815~1911) 《미국의 선교사·의사·어학자; 헵번식 로마자 철자법의 창시자》 **2 Katharine ~** (1909-) 미국의 여배우 **3 Audrey ~** (1929-93) 미국의 여배우
hept- [hept], **hepta-** [héptə] 《연결형》 「7」의 뜻 《모음 앞에서는 hept-》
hep·ta·gon [héptəgàn] *n.* 7각[변]형
hep·tag·o·nal [heptǽgənl] *a.*
hep·tam·e·ter [heptǽmətər] *n.* 〖운율〗 7음각(音脚), 7보격
hep·tar·chy [héptɑ:rki] [Gk = seven sovereignty] *n.* (*pl.* **-chies**) **1** 7두(頭)정치 **2** [the H~] 〖영국사〗 옛 영국의 7왕국 《Kent, Sussex, Wessex, Essex, Northumbria, East Anglia, Mercia》
hep·tar·chic, -chi·cal [-kik(əl)] *a.*
‡**her** [hə:r] *pron.* **1** [SHE의 목적격] **그 여자를[에게]** **2** [SHE의 소유격] **그 여자의**
He·ra [híərə] *n.* 〖그리스신화〗 헤라 《Zeus의 아내; 로마 신화의 Juno》
Her·a·cles, -kles [hérəklì:z] *n.* = HERCULES 1
‡**her·ald** [hérəld] *n.* **1 왕[공식]의 사자** **2** 포고자(布告者), 보도자, 통보관 **3** [H~] …지(紙), …신문 **4** 선구(자), 전구 **5** 문장관(紋章官) — *vt.* **고지[포고]하다; 보도하다,** 예고하다
he·ral·dic [herǽldik] *a.* 전령(관)의; 의전관의; 문장(학)의
her·ald·ry [hérəldri] *n.* (*pl.* **-ries**) Ⓤ **1** 문장학 **2** 문장(blazonry) **3** = HERALDSHIP
her·ald·ship [hérəldʃìp] *n.* Ⓤ herald의 직[지위, 임무]
*__herb__ [hə:rb | hə:b] *n.* **1 풀** **2 식용[약용, 향료] 식물** **3** 풀잎 **4** 《미·속어》 마리화나, 대마초
Herb [hə:rb] *n.* 남자 이름 《Herbert의 애칭》
her·ba·ceous [hə:rbéiʃəs] *a.* 풀의, 초본의; 풀잎 모양의; 풀이 심어진
herb·age [hə́:rbidʒ | hə́:-] *n.* Ⓤ [집합적] 풀, 목초; 약초(류)
herb·al [hə́:rbəl | hə́:-] *a.* 풀의, 초목의; 약초의[로 만든]
herb·al·ist [hə́:rbəlist | hə́:-] *n.* (옛날의) 식물 학자, 약초의(藥草醫); 약초상
her·bar·i·um [hə:rbέəriəm | hə:-] *n.* (*pl.* **~s, -i·a** [-iə]) (분류한) 식물 표본집; 식물 표본실[관]
hérb dòctor 한의사, 약초의
Her·bert [hə́:rbərt] *n.* 남자 이름
her·bi·cide [hə́:rbəsàid | hə́:-] *n.* 제초제
her·bi·vore [hə́:rbəvɔ̀:r | hə́:-] *n.* 초식동물(cf. CARNIVORE)
her·biv·o·rous [hə:rbívərəs | hə:-] *a.* 초식성(草食性)의(cf. CARNIVOROUS)
hérb téa 약초를 달인 약, 약초탕
herb·y [hə́:rbi | hə́:bi] *a.* (**herb·i·er; -i·est**) 초본성(草本性)의; 풀이 많은
Her·cu·le·an [hə̀:rkjulí:ən, hə:rkjú:liən] *a.* 헤라클레스의; [h~] (헤라클레스 같은) 큰 힘을 요하는, 괴력의; 아주 어려운
*__Her·cu·les__ [hə́:rkjulì:z] *n.* **1** 〖그리스신화〗 **헤라클레스** 《Zeus 신의 아들로 힘센 영웅》 **2** [h~] 힘이 장사인 사람 **3** [the ~] 〖천문〗 헤라클레스자리
the Pillars of ~ ⇨ pillar
‡**herd** [hə:rd] [동음어 heard] *n.* **1 가축의 떼, 무리** 《*of*》 **2** [the ~] 《경멸》 군중, 민중, 서민; [a ~] 대량, 다수 《*of*》
ride ~ on ⇨ ride
— *vi.* 무리를 지어 가다 《*with*》; 모이다 《*together*》 — *vt.* 〈소·양 등의〉 망을 보다; 선도하다; 모으다
herd·er [hə́:rdər] *n.* 《주로 미》 목자, 목동, 목양자
*__herds·man__ [hə́:rdzmən] *n.* (*pl.* **-men** [-mən]) **목자, 소치는 사람**; 소떼의 소유자; [the H~] 〖천문〗 목동자리(Boötes)
‡**here** [hiər] [동음어 hear] *ad.* **1 여기에[서],** 이곳에 (opp. *there*) **2 a** [문두에 써서] **자 여기에** **b** [목적지에 도착했을 때 등에 써서] **자 (왔다)** **3** [문두에 써서] (이야기 등이) 이 점에서, 여기서 **4** 이 세상에서 **5** 이곳으로, 이리 **6** [H~] (호명에 대한 답) 예(Present!) **7** 이봐, 자 《꾸중할[달랠] 때 쓰는 말》
~ and now 지금 당장에, 즉각 ***~ and there*** 여기저기에 ***H~ goes!*** 《구어》 자

시작이다, 자 간다! ***H~ I am.*** 다녀왔습니다, 자 왔다. ***H~ it is!*** 자 여기 있다; 자 이걸 주마! ***H~'s how!*** (건강을 위해) 건배! ***H~ you are.*** (찾는 물건·원하는 물건을 내주면서) 자. ***Look ~!*** 여보게, 이것 좀 봐!《주의를 환기시킬 때》 ***neither ~ nor there*** 아무데도 없는; 전혀 관계없는, 하찮은
— *n.* Ⓤ 여기, 이점; 현세

here·a·bout(s) [híərəbàut(s)] *ad.* 이 부근에, 이 주변에

‡**here·af·ter** [hìərǽftər | -ɑ́:f-] *ad.* 차후[이후]에, 앞으로, 장차, 장래(in the future); 내세[저승]에서 — *n.* Ⓤ [the ~] 장래, 미래; 내세

here·by [hìərbái] *ad.* 《문어》 이로써, 이에 의하여, 이 결과《의식·법률문에 씀》

he·red·i·ta·ble [hərédətəbl] *a.* = HERITABLE

her·e·dit·a·ment [hèrədítəmənt] *n.* 〖법〗 상속 (가능) 재산; 부동산

***he·red·i·tar·y** [hərédətèri | -təri] *a.* **1** 유전성의, 유전적인(opp. *acquired*) **2** 상속권에 의한; 세습의; 조상 대대의

he·red·i·ty [hərédəti] [L 「상속」의 뜻에서] *n.* (*pl.* **-ties**) ⓊⒸ **1** (형질) 유전 **2** 상속, 세습

Her·e·ford [hérəfərd] *n.* **1** 헤리퍼드《잉글랜드 Hereford and Worchester 주 서부의 도시》 **2** [hə́:rfərd] 헤리퍼드종(의 소)《얼굴이 희고 털이 붉은》

Héreford and Wórcester *n.* 헤리퍼드 우스터《1974년에 신설된 잉글랜드 서부의 주; 주도 Worcester》

Her·e·ford·shire [hérəfərdʃìər] *n.* 헤리퍼드셔《잉글랜드 서부의 옛 주; 1974년 Hereford and Worcester 주로 편입》

***here·in** [híərìn] *ad.* 《문어》 여기에, 이 속에; 이 글[문서] 속에

here·in·af·ter [hìərinǽftər | -ɑ́:f-] *ad.* 《문어》 (서류 등에서) 아래에(서는), 이하에

here·in·be·fore [-bifɔ́:r] *ad.* 《문어》 (서류 등에서) 위에, 윗글에, 전조(前條)에

here·of [-ʌ́v | -ɔ́v] *ad.* 《문어》 이것의, 이것에 관하여(of this)

here·on [-ɔ́:n | -ɔ́n] *ad.* = HEREUPON

‡**here's** [hiərz] here is의 단축형

***her·e·sy** [hérəsi] [Gk 「선택」의 뜻에서] *n.* (*pl.* **-sies**) ⒸⓊ 〖가톨릭〗 이교, 이단; 이설, 반대론

***her·e·tic** [hérətik] *n.* 〖가톨릭〗 이교도, 이단자, 이설을 주창하는 사람

he·ret·i·cal [hərétikəl] *a.* 이교의, 이단의, 이설의 **~·ly** *ad.*

here·to [hìərtú:] *ad.* 《문어》 여기까지; 이것에 관하여

here·to·fore [hìərtəfɔ́:r] *ad.* 《문어》 지금까지, 여태까지(hitherto); 이전에는

here·un·der [hìərʌ́ndər] *ad.* 《문어》 아래 (문장)에; 이 기록[조건]에 따라, 이에 의거하여

here·up·on [-əpɔ́:n | -əpɔ́n] *ad.* 《문어》 이에 관해서, 여기에 있어서; 이 시점에서; 이 직후에, 즉시

***here·with** [hìərwíð, -wíθ] *ad.* 《문어》 **1** 이와 함께 (동봉하여), 여기 첨부하여 **2** 이 기회에; 이로써

her·it·a·ble [héritəbl] *a.* 물려 줄 수 있는; 상속할 수 있는; 유전성의
hèr·i·ta·bíl·i·ty *n.* Ⓤ 물려 줄 수 있음, 상속 가능성 **-bly** *ad.* 상속(권)에 의하여

***her·it·age** [héritidʒ] [L 「계승하다 (inherit)」의 뜻에서] *n.* **1** 세습[상속] 재산 **2** 유산; 대대로 전해 오는 것

her·maph·ro·dite [hə:rmǽfrədàit] **1** 남녀 양성자 **2** 〖동물〗 자웅 동체, 암수한몸; 〖식물〗 양성화

her·maph·ro·dit·ic, -i·cal [hə:rmæ̀frədítik(əl)] *a.* 남녀 양성을 구비한, 암수한몸의; 상반되는 두 성질을 가진

Her·mes [hə́:rmi:z] *n.* 〖그리스신화〗 헤르메스《신들의 사자(使者), 과학·웅변·상업 등의 신》

her·met·ic, -i·cal [hə:rmétik(əl)] *a.* **1** 밀봉[밀폐]한 **2** [때로 **H~**] 《고어》 연금술의; 비법의, 난해한
-i·cal·ly *ad.* 밀봉[밀폐]하여

‡**her·mit** [hə́:rmit] [Gk 「고독한」의 뜻에서] *n.* 종교적 은둔자; 은자, 세상을 등진 사람(recluse); 독거성(獨居性)의 동물

her·mit·age [hə́:rmitidʒ] *n.* 은둔자의 집[암자], 쓸쓸한 외딴집

hérmit cràb 〖동물〗 소라게

her·ni·a [hə́:rniə] *n.* (*pl.* **~s, -ae** [-niì:]) ⓊⒸ 〖병리〗 헤르니아, 탈장(脫腸)
-al [-əl] *a.* 탈장의

her·ni·ate [hə́:rnièit] *vi.* 〖병리〗 헤르니아가 되다

‡**he·ro** [híərou] *n.* (*pl.* **~es**) **1** 영웅, 용사; (경모의 대상이 되는) 이상적 인물 **2** (시·극·소설 등의) (남자) 주인공, 주요인물(cf. HEROINE)
make a ~ of a person …을 영웅화하다, 떠받들다

Her·od [hérəd] *n.* 〖성서〗 헤롯 대왕 (73?-4 B.C.)《유대의 왕, 잔학무도하기로 유명; cf. OUT-HEROD》

Hérod Án·ti·pas [-ǽntipæ̀s] 헤롯 안티파스(4 B.C.-A.D. 40)《헤롯 대왕의 아들》

He·ro·di·as [həróudiəs | -diæ̀s] *n.* 〖성서〗 헤로디아《헤롯 안티파스의 후처, 살로메의 어머니; 세례 요한을 죽이게 함》

He·rod·o·tus [hərɑ́dətəs | -rɔ́d-] *n.* 헤로도투스(484?~425? B.C.)《그리스의 역사가》

‡**he·ro·ic** [hiróuik] *a.* **1** 영웅[용사]의; 용맹스러운, 씩씩한, 장렬한; 대담한, 모험적인 **2** 〈문체·음성 등이〉 웅대한, 당당한; 과장된 **3** 〖미술〗 〈조상(彫像) 등이〉 실물보다 큰 — *n.* **1** [*pl.*] = HEROIC VERSE **2** [*pl.*] 과장한 어조[행위, 감정]
go into ~s 감정을 과장하여 말하다

he·ro·i·cal·ly [hiróuikəli] *ad.* 영웅답게, 용맹스럽게, 늠름하게, 장렬하게

heróic cóuplet (2행씩 운(韻)을 밟아 대구(對句)를 이루는) 영웅시격(의 시)

heróic vérse 영웅시, 사시(史詩); 영웅시격(格), 사시격《영시에서는 약강 오보격(五步格)》

her·o·in [hérouin] *n.* Ⓤ 헤로인《모르핀으로 만든 진정제·마약》

H

‡**her·o·ine** [hérouin] [hero의 여성형] *n.* **1** 여걸, 여장부; 열녀 **2** (극·시·소설 등의) 여주인공(cf. HERO)

∗**her·o·ism** [hérouìzm] *n.* Ⓤ 영웅적 자질[성격]; 영웅적 행위

∗**her·on** [hérən] *n.* 〖조류〗 왜가리, 해오라기 무리

her·on·ry [hérənri] *n.* (*pl.* **-ries**) 왜가리 떼

héro sándwich 《미·속어》 대형 샌드위치 《길쭉한 빵에 고기·야채 등을 듬뿍 끼운 것》

héro wòrship 영웅 숭배

her·pes [hə́:rpi:z] *n.* Ⓤ 〖병리〗 포진(疱疹), 헤르페스

her·pe·tol·o·gy [hə̀:rpətɑ́lədʒi | -tɔ́l-] *n.* Ⓤ 파충(류)학 **-gist** *n.* 파충류 학자

Herr [hɛər] [G] *n.* (*pl.* **Her·ren** [hɛ́ərən]) 님, 씨 《영어의 Mr.에 해당》; 독일 신사

∗**her·ring** [hériŋ] *n.* (*pl.* **~, ~s**) 청어

her·ring·bone [hériŋbòun] *n.* 청어의 뼈[가시]; 청어 가시 무늬(의 짜임새·솔기) **—** *a.* Ⓐ 청어 가시 무늬의

hérring gùll 〖조류〗 재갈매기

‡**hers** [hə:rz] *pron.* [SHE의 소유 대명사] 그 여자의 것
of ~ 그녀의

‡**her·self** [hərsélf] *pron.* [SHE의 강조, 재귀형] **1** [강조 용법] 그 여자 자신 **2** [-ㅅ] [재귀 용법] 그 여자 자신을[에게] **3** 정상적인[평상시와 같은] 그녀 《보통 be의 보어로 씀》

her·sto·ry [hə́:rstɔ̀:ri] *n.* 《속어》 (여성의 처지[시각]에서 본) 역사; (여성에 관한[의한]) 역사적 저작물

Hert·ford·shire [hɑ́:rtfərdʃìər] *n.* 하트퍼드셔 《잉글랜드 남동부의 주; 주도는 Hertford》

Herts. [hɑ:rts] Hertfordshire

hertz [hə:rts] [독일의 물리 학자 H. Hertz에서] *n.* 〖전기〗 헤르츠 《주파수·진동수의 단위; 매초 1사이클; 略 Hz》

Hértz·i·an wáve [hə́:rtsiən-] 〖전기〗 헤르츠파(波), 전자파(電磁波)

‡**he's** [hí:z] he is[has]의 단축형

hes·i·tan·cy, -tance [hézətəns(i)] *n.* (*pl.* **-cies, -tanc·es**) = HESITATION

hes·i·tant [hézətənt] *a.* 주저하는; 머뭇거리는, 우물쭈물하는 **~·ly** *ad.*

‡**hes·i·tate** [hézətèit] [L 「부착하다」의 뜻에서] *vi.* **1** 주저하다, 머뭇거리다, 망설이다 **2** 말을 더듬다 **3** 잠깐 쉬다[멈추다]
He who ~s is lost. 《속담》 망설이는 자는 기회를 놓친다.

hes·i·tat·ing·ly [hézətèitiŋli] *ad.* 머뭇거리며, 망설이며; 더듬거리며

∗**hes·i·ta·tion** [hèzətéiʃən] *n.* **1** Ⓤ 주저, 망설임; 어물어물함, 우물쭈물함 《*in*》 **2** (말)더듬기 ***without ~*** 주저하지 않고, 서슴지 않고, 즉각; 단호히

Hes·pe·ri·an [hespíəriən] 《시어》 *a.* 서쪽의, 서방의(Western)

Hes·per·i·des [hespérədì:z] *n. pl.* [the ~] 〖그리스신화〗 헤스페리데스 《황금 사과밭을 지킨 4 자매의 요정》; [단수 취급] 황금 사과밭

Hes·per·us [héspərəs] *n.* 개밥바라기, 장경성(長庚星), 금성(Venus) (cf. VESPER)

Hes·se [hésə] *n.* 헤세 **Hermann ~** (1877~1962) 《독일의 시인·소설가; 노벨 문학상 수상(1946)》

Hés·sian bóots [héʃən- | -siən-] 앞에 술이 달린 군용 장화 《19세기 초에 영국에서 유행》

Hes·ter [héstər] *n.* 여자 이름 《Esther의 별칭》

Hes·ti·a [héstiə] *n.* 〖그리스신화〗 헤스티아 《난로·아궁이의 신; 로마 신화의 Vesta에 해당》

het [het] *a.* 《미·속어》 흥분한 《*up*》; 안달[신경질]이 난 《*up*》

heter- [hétər], **hetero-** [hétərou] [Gk] 《연결형》 「타(他), 이(異)」의 뜻(opp. *homo-*, *iso-*) 《모음 앞에서는 heter-》

het·er·o·dox [hétərədɑ̀ks | -dɔ̀ks] *a.* 이교(異教)의; 이설의, 이단의(opp. *orthodox*)

het·er·o·dox·y [hétərədɑ̀ksi | -dɔ̀k-] *n.* (*pl.* **-dox·ies**) ⓊⒸ 이교; 이단, 이설

het·er·o·ge·ne·i·ty [hètəroudʒəní:əti] *n.* (*pl.* **-ties**) ⓊⒸ 이종, 불균질(不均質); 이류 혼교(混交); 이질 성분

het·er·o·ge·ne·ous [hètərədʒí:niəs] *a.* 이종의, 이질적인(opp. *homogeneous*) **~·ly** *ad.* **~·ness** *n.*

het·er·o·nym [hétərənìm] *n.* 동철 이음 이의어(同綴異音異義語)(cf. HOMONYM, SYNONYM)

het·er·o·sex·ism [hétərouséksizm] *n.* 이성애주의

het·er·o·sex·u·al [hètərousékʃuəl] *a.*, *n.* 이성애(異性愛)의 (사람) **~·ly** *ad.*

het·er·o·sex·u·al·i·ty [hètərousèkʃuǽləti] *n.* Ⓤ 이성애

heu·ris·tic [hjuərístik] *a.* (학생에게) 스스로 발견하게 하는, (자기) 발견적 학습의; 〖컴퓨터〗 발견적인 **—** *n.* [보통 *pl.*; 단수 취급] 발견적 교수법 **-ti·cal·ly** *ad.*

∗**hew** [hju:] [동음어 hue, whew] *v.* (**~ed**; **hewn** [hju:n], **~ed**) *vt.* **1** (도끼 등으로) 패다, 자르다, 나무를 쳐서[찍어] 넘어뜨리다 《*down*》 **2** 쪼개어[쪼아] 만들다 **—** *vi.* (도끼 등으로) 자르다, 패다 《*at*》; 《미》 (규칙·습관 등에) 따르다, 고수하다 《*to*》

hew·er [hjú:ər] *n.* (나무·돌 등을) 패는[찍는, 쪼개는] 사람; 채탄부(採炭夫)
~s of wood and drawers of water 〖성서〗 나무 패며 물 긷는 자, 하급 노동자

hewn [hju:n] *v.* HEW의 과거분사

hex [heks] 《미·구어》 *vt.* 마법을 걸다, 홀리게 하다
— *n.* 마법, 주술; 마녀(witch)

hex- [heks], **hexa-** [héksə] 《연결형》 「6」의 뜻 《모음 앞에서는 hex-》

hex·a·gon [héksəgɑ̀n | -gən] *n.* 6변[각]형

hex·ag·o·nal [heksǽgənl] *a.* 6각형의; 〖광물〗 6방정계(方晶系)의

hex·a·gram [héksəgræ̀m] *n.* 6각의 별 모양(✡) 《2개의 정삼각형을 거꾸로 하여 겹친 모양, 유대교의 상징》

H

hex·a·he·dron [hèksəhíːdrən] *n.* (*pl.* **~s, -dra** [-drə]) 6면체

hex·am·e·ter [heksǽmətər] 〖운율〗 *n.* 6보격(步格)[음각(音脚)](의 시)
— *a.* 〈시행이〉 6보격의

hex·a·pod [héksəpɑ̀d | -pɔ̀d] *a.* 6각(脚)의; 곤충의 — *n.* 6각류의 동물, 곤충

∗**hey** [hei] [동음어 hay] *int.* 어이, 아이고, 이런, 저런, 어머나 《기쁨·놀람·물음·주의 등의 소리》
H~ for ...! 《영》 잘한다, 잘했다! ***H~ presto!*** 《영》 얏, 자아, 자 보세요! 《요술쟁이가 지르는 소리》; 갑자기!

hey·day, hey·dey [héidèi] *n.* [the ~, one's ~] 한창(때), 전성기, 절정(prime) 《of》

Hez·bol·lah [hezbəlɑ́ː] *n.* 헤즈볼라 《레바논의 이슬람교 시아파의 과격파 조직》

hf half

Hf 〖화학〗 hafnium

Hg 〖화학〗 hydrargyrum 《L = mercury》 수은

HG High German

HH 《영》 double hard 《연필심의 경도》; His[Her] Highness 전하; His Holiness 《교황의 칭호》

hhd hogshead

HHH treble hard 《연필심의 경도》

H-hour [éitʃàuər] [*H*(hour의 첫째 자) + *hour*] *n.* 〖육군〗 공격[작전] 개시 시각(cf. D-DAY)

∗**hi** [hai] [동음어 high, hie] *int.* **1** 《영》 야 《주의를 끌 때 지르는 소리》 **2** 《구어》 여, 안녕(하세요) 《hello보다 친숙한 표현이며, 특히 《미》에서 자주 쓰임》

HI 《미》 〖우편〗 Hawaii

H.I. Hawaiian Islands; 《미》 human interest (보도·기사에서) 독자의 흥미를 돋우는 것[사건], 인간적 흥미

hi·a·tus [haiéitəs] *n.* (*pl.* **~·es, ~**) **1** 틈, 갈라진 금, 틈새기, 균열 **2** 궐문(闕文); 탈문(脫文), 탈자 **3** 〖음성〗 모음 접속 《모음으로 끝나는 말과 모음으로 시작되는 말 사이의 두절》

hi·ber·nal [haibə́ːrnl] *a.* 《문어》 겨울의, 겨울 같은

hi·ber·nate [háibərnèit] *vi.* 동면(冬眠)하다, 〈사람이〉 피한(避寒)하다; 칩거하다, 들어박히다 **hì·ber·ná·tion** *n.* Ⓤ 동면

Hi·ber·ni·an [haibə́ːrniən] *a.* 아일랜드(사람)의 — *n.* 《문어》 아일랜드 사람 (Irishman)

hi·bis·cus [haibískəs, hi-] *n.* 〖식물〗 하이비스커스 《부용속(屬)의 식물; Hawaii 주의 주화(州花)》

hic·cough [híkʌp, -kəp] *n., vi., vt.* = HICCUP

hic·cup [híkʌp, -kəp] [의성음] *n.* [보통 *pl.*; 때로 단수 취급] 딸꾹질
— *vi., vt.* (~(p)**ed**; ~(p)**ing**) 딸꾹질하다, 딸꾹질하면서 이야기하다

hic ja·cet [hík-dʒéiset] [L = here lies] *n.* 묘비명(epitaph); 여기 잠들다 《묘비명의 글귀》

hick [hik] 《미·구어》 *n.* 시골뜨기
— *a.* Ⓐ 시골의, 시골뜨기의

hick·ey[1] [híki] *n.* 《미》 **1** 《구어》 (이름 모르는) 기구, 장치 **2** (전기 기구의) 연결기

hickey[2] *n.* **1** 《속어》 여드름 **2** 《속어》 키스 마크

∗**hick·o·ry** [híkəri] *n.* (*pl.* **-ries**) Ⓤ **1** Ⓒ 〖식물〗 **히코리** 《북미산 호두나뭇과(科)의 나무》 **2** 히코리 재목; Ⓒ 히코리 지팡이

‡**hid** [hid] *v.* HIDE[1]의 과거·과거분사

‡**hid·den** [hídn] *v.* HIDE[1] 의 과거분사
— *a.* **숨겨진**, 숨은, 비밀의; 신비한

hídden agénda (성명·정책 등의) 숨은 동기, 숨겨진 의도

hídden fíle 〖컴퓨터〗 숨은 파일 《보조 기억 장치에 저장된 파일 중 일반적인 방법으로는 볼 수 없는 파일》

‡**hide**[1] [haid] *v.* (**hid** [hid]; **hid·den** [hídn], **hid**) *vt.* **감추다**, 숨기다; 가리다; 〈감정 등을〉 드러내지 않다, 비밀로 하다 《*from*》 ~ one***self*** 숨다
— *vi.* **숨다**, 잠복하다
~ ***away*** (1) (산·정글 등에) 숨다 《*in*》 (2) (들키지 않게) 숨기다 《*from*》 ~ ***out*** [***up***] 《미》 숨어 버리다, 잠복하다

∗**hide**[2] [haid] *n.* (특히 큰) **짐승의 가죽**; 《구어》 (사람의) 피부
have a thick ~ 낯가죽이 두껍다; 무신경하다 ~ ***or***[***nor***] ***hair*** 《구어》 (행방불명자·분실물 등의) 흔적, 자취
— *vt.* 호되게 매질하다(beat)

hide-and-seek [háidəndsíːk], **hide-and-go-seek** [-əndgòusíːk] *n.* Ⓤ 숨바꼭질 ***play*** (***at***) ~ 숨바꼭질하다 《*with*》; 피하다, 속이다 《*with*》

hide·a·way [-əwèi] *n.* 숨는 곳, 은신처; 잠복 장소; 궁벽한 곳
— *a.* Ⓐ 숨은; 눈에 안 띄는

hide·bound [-bàund] *a.* 〈가축이〉 야위어 가죽만 남은; 〈식물이〉 껍질이 말라붙은; 마음이 좁은, 편협한; 고루한

∗**hid·e·ous** [hídiəs] [OF 「공포」의 뜻에서] *a.* **끔찍한**, 소름끼치는, 무시무시한 (horrible); 흉측한; 가증할, 불쾌한, 고약한 **~·ly** *ad.* **~·ness** *n.*

hide·out [háidàut] *n.* 《미》 (범죄자의) 은신처

hid·ing[1] [háidiŋ] *n.* **1** Ⓤ 숨김; 은폐; 숨기 **2** 은신처 ***be in*** ~ 세상에서 숨어 살다 ***come***[***be brought***] ***out of*** ~ 나타나다[세상에 드러나게 되다] ***go into*** ~ 숨다, 행방을 감추다

hiding[2] *n.* 채찍질, 매질
give a person ***a good*** ~ …을 호되게 때리다; (벌로서) 볼기를 치다

hie [hai] [동음어 hi, high] *vi., vt.* (**~·ing, hy·ing** [háiiŋ]) 《고어·시어》 서두르다 《*to*》; 재촉하다

hi·er·arch [háiərɑ̀ːrk] *n.* 〖종교〗 대제사장(high priest); 주교; 고위 성직자; 권력자, 고관 **hì·er·ár·chal** *a.*

hi·er·ar·chi·cal [hàiərɑ́ːrkikəl], **-chic** [-kik] *a.* **1** 계층제의 **2** 성직자 위계제 정치의

∗**hi·er·ar·chy** [háiərɑ̀ːrki] *n.* (*pl.* **-chies**) **1 계층제**, 계급제 **2** 성직자 계급 제도; 성직자 정치 **3** 〖가톨릭〗 (천사의) 9계급; 천사들 **4** 〖생물〗 분류의 체계

hi·er·o·glyph [háiərəglìf] *n.* =HIEROGLYPHIC 1
hi·er·o·glyph·ic [hàiərəglífik] *n.* **1** (고대 이집트의) 상형 문자 **2** [보통 *pl.*] 상형 문자 표기법 **3** 비밀 문자 **—** *a.* 상형 문자의[같은], 그림 문자의; 상징적인
hi-fi [háifái] [*h*igh-*fi*delity] 《구어》 *n.* (*pl.* **~s**) =HIGH FIDELITY; Ⓒ 하이파이 장치 《레코드 플레이어·스테레오 등》
— *a.* Ⓐ 하이파이의
— *vi.* 하이파이 장치로 듣다
hig·gle [hígl] *vi.* =HAGGLE
hig·gle·dy-pig·gle·dy [hígldipígldi] 《구어》 *a., ad.* 엉망진창인[으로], 뒤죽박죽의[으로]
***high** [hai] [동음어 hi, hie] *a.* **1** 높은; 높이가 …인; 높은 곳에 있는; 높은 곳으로(부터)의, 고공의 **2** 〈신분·지위 등이〉 **높은**, 상류의 **3** 〈가격·요금 등이〉 **비싼**; 귀중한, 사치스러운 **4** 고급[고등]의 **5** **고도의**, 고율의; 굉장히 큰, **세찬**, 격심한 **6** 〈빛깔이〉 짙은, 붉은 **7** Ⓐ 〈시절이〉 무르익은, 한창의
~ and low 상하 귀천의 (모든 사람들); 모든 곳에, 어디서나 ***~ up*** 아주 높은 곳에서; 상위(上位)의, 지위가 높은 ***in ~ places*** (정부 등의) 높은 자리의[에], 유력자 중의[에] ***on the ~ horse*** 거만하여, 우쭐거려
— *ad.* **1** **높이**; 높은 자리에 **2** 고가(高價)로, 비싸게 **3** 세게, 높게; 몹시, 크게 **4** 사치하게 ***~ and low*** 모든 곳을[에서]; 샅샅이 ***~, wide and handsome*** 《속어》 당당하게, 점잖게, 멋있게 ***run ~*** 〈바다가〉 거칠어지다; 〈말·감정 등이〉 격해지다; 〈시세(時勢)가〉 상승하다 ***stand ~*** 높은 위치를 차지하다
— *n.* **1** 높은 곳 **2** Ⓤ 《미》 『자동차』 하이 기어 **3** 고액의 숫자; 최고 기록 **4** 『기상』 고기압(권) **5** 《미·구어》 =HIGH SCHOOL **6** [the H~] 《속어》 =HIGH STREET 《특히 Oxford의 큰 거리》; =HIGH TABLE **7** 《속어》 (마약에 의한) 도취
on ~ 높은 곳에, 하늘에
-high [hái] 《연결형》 「…높이의」의 뜻
high-and-might·y [háiən*d*máiti] *a.* 《구어》 거만한, 불손한
high·ball [-bɔ̀:l] *n.* 《미》 **1** 하이볼 《whisky 등에 소다수나 ginger를 섞고 얼음 덩어리를 넣은 것》 **2** 『철도』 (열차에 대한) (전속) 진행 신호; 급행 열차
— *vi., vt.* 《속어》 질주하다(speed)
hígh béam [보통 the ~s] 하이 빔 《원거리용 상향(上向) 헤드라이트》
high·born [-bɔ̀:*r*n] *a.* 고귀한 태생의
high·boy [-bɔ̀i] *n.* 《미》 다리가 높은 서양 장롱(cf. LOWBOY)
high·bred [-brèd] *a.* **1** 명문가 출신의 **2** 교양이 높은, 교육을 잘 받은
high·brow [-bràu] 《구어》 *n.* 지식인, 교양인, 인텔리; 지식인으로 자처하는 사람 (opp. *lowbrow*)
— *a.* 지식인의[에 알맞은]
high·chair [-tʃɛ̀ə*r*] *n.* (어린이의) 식사용 높은 의자
Hígh Chúrch [the ~] 고교회파 《영국 국교회에서 교회의 권위와 의식을 중히 여기는 파》
Hígh Chúrchman 고교회파 신도
high-class [háiklǽs | -klɑ́:s] *a.* 고급의, 제1급의, 일류의
hígh commánd [the ~] 『군사』 최고 사령부; 수뇌부
hígh commíssioner [종종 **H~ C~**] 고등 판무관
Hígh Cóurt (of Jústice) [the ~] 《영》 고등 법원
hígh dày (교회의) 축제일, 성일(聖日)
hígh-def·i·ní·tion télevision [-dèfəníʃən-] 『방송』 고선명도[고품위] 텔레비전 《略 HDTV》
high·er-up [háiərʌ́p] *n.* [보통 *pl.*] 《구어》 상관, 상사, 상부
hígh explósive 고성능 폭약[폭탄]
high·fa·lu·tin [hàifəlú:tn | -tin] 《구어》 *a.* 〈문체 등이〉 허풍 떠는, 큰소리치는
hígh fáshion (의복의) 최신 유행 스타일[디자인], 하이 패션; =HAUTE COUTURE
hígh fidélity (라디오·전축이 원음을 재생하는) 고충실도, 하이파이(cf. HI-FI)
high-fi·del·i·ty [-fidéləti, -fai-] *a.* Ⓐ 〈스테레오 등이〉 충실도가 높은, 하이파이의(cf. HI-FI)
hígh fínance 대형 금융 거래
high-five [háifáiv] *n.* 《미·속어》 하이파이브 《스포츠 등에서 승리의 몸짓으로 두 사람이 손을 들어 마주치는 것》; 《비유》 축하, 경축
high·fli·er, -fly·er [-fláiə*r*] *n.* **1** 높이 나는 사람[새] **2** 야망[포부]이 큰 사람, 야심가; 우수한 인재
high-flown [-flóun] *a.* 공상적인, 야심적인; 과장된
high-fly·ing [-fláiiŋ] *a.* 높이 나는, 고공 비행의; 포부가 큰, 야심적인
hígh fréquency 『통신』 고주파; 단파 《3-30 megahertz》
hígh géar 《미》 최고속 기어(cf. LOW GEAR); 《구어》 최고 속도, 최고조
Hígh Gérman 고지(高地) 독일어 《현재 독일의 표준어》
high-grade [-gréid] *a.* 우수한, 고급의
high-hand·ed [-hǽndid] *a.* 고압적인, 횡포한; 오만한 **~·ly** *ad.* **~·ness** *n.*
hígh hát 《미》 =TOP HAT
high-hat [-hǽt] 《미·구어》 *vt., vi.* (**~·ted**; **~·ting**) 거만하게 굴다; 업신여기다 **—** *a.* 멋부린(stylish); 으스대는, 빼기는 **—** *n.* 거만한 사람
hígh hórse [옛날 귀인이 키 큰 말을 탄 데서] [one's ~] 거만, 오만(한 태도)
high·jack [-dʒæ̀k] *vt.* =HIJACK
hígh jìnks[jìnx] 《구어》 신나게[흥청망청] 떠들기
hígh jùmp [the ~] 높이뛰기
be for the ~ 《영·구어》 엄한 벌을 받을 것이다
high-keyed [-kí:d] *a.* 음조가 높은; 신경과민인, 신경질적인; 몹시 흥분[긴장]한
***high·land** [háilənd] *n.* **1** [종종 *pl.*] **고지**(高地), 산악지(opp. *lowland*) **2** [the H~s] 스코틀랜드 고지 지방 《스코틀랜드

북부 및 북서부》 **—** *a.* **1** Ⓐ 고지의 **2** [**H~**] 스코틀랜드 고지 지방 (특유)의
~·er *n.* 고지 사람; [**H~**] 스코틀랜드 고지 사람

Híghland flíng 스코틀랜드 고지인의 민속춤

high-lev·el [-lévəl] *a.* **1** 고공(高空)으로부터의 **2** 상부의, 상급 간부의[에 의한]

***high·light** [háilàit] *n.* **1** [종종 *pl.*] (역사·이야기의) **가장 중요한**[**두드러진**] **부분**[**장면**], 빛나는 장면; 인기의 초점 **2** 〖그림·사진〗 가장 밝은 부분
— *vt.* **1** 〖그림·사진〗 〈화면의 일부를〉 특히 밝게 하다 **2** 돋보이게 하다; 강조하다, …에 흥미를 집중시키다

high·light·er [-làitər] *n.* 하이라이터 《얼굴에 입체감을 주는 화장품》; (강조하기 위해 줄을 치는) 형광 컬러 펜[마커]

*****high·ly** [háili] *ad.* **1 높이**; 고귀하게 **2 a 크게**; 고도로 **b** 크게 칭찬하여, 높이 평가하여 **3** 〈가격 등이〉 비싸게
speak ~ of …을 격찬하다 ***think ~ of*** …을 존중하다

high·ly-strung [-strʌ́ŋ] *a.* = HIGH-STRUNG

Hígh Máss 〖가톨릭〗 장엄 미사, 대미사

high-mind·ed [-máindid] *a.* 고매한, 고결한 **~·ly** *ad.* **~·ness** *n.*

high-necked [-nékt] *a.* 〈옷의〉 깃이 높은(opp. *low-necked*)

***high·ness** [háinis] *n.* Ⓤ **높음, 높이**; 높은 위치; 고도, 고율(高率); 고가
His [***Her, Your***] ***H~*** 전하

high-oc·tane [-ɑ́ktein | -ɔ́k-] *a.* 〈가솔린 등이〉 옥탄가(價)가 높은

H

high-pitched [-pítʃt] *a.* **1** 음조[격조]가 높은 **2** 경사가 가파른 **3** 격한, 격렬한 **4** 고상한, 고매한(lofty)

hígh pólymer 〖화학〗 고분자 화합물

high-pow·er(ed) [-páuər(d)] *a.* 고성능의; 정력적인, 활동적인

high-pres·sure [-préʃər] *a.* 고압의; 고도의 긴장을 요하는; 강요하는
— *vt.* 《미》 강요[강제]하다; 강요하여 …하게 하다 《*into*》

high-priced [-práist] *a.* 값비싼, 고가의

hígh príest 대사제, 제사장; (옛 유대교의) 대제사장; 《구어》 (주의·운동의) 지도자

hígh prófile 명확한 태도[정책], 선명한 입장

high-rank·ing [-rǽŋkiŋ] *a.* Ⓐ 고위(高位)의, 높은 계급의

high-re·so·lu·tion [-rèzəlú:ʃən] *a.* 〖전자〗 고해상도의, 선명도가 뛰어난, 〈텔레비전이〉 고화질[고품위]의

high-rise [-ràiz] *n.* 고층 건물 《빌딩이나 아파트》 **—** *a.* Ⓐ **1** 〈빌딩 등이〉 고층의; 〈지역 등이〉 고층 건물이 많은 **2** 〈자전거의〉 핸들이 높은

high·road [-ròud] *n.* 《영》 큰길, 한길(highway); 쉬운 길 《*to*》

****hígh schòol** 《미》 **하이스쿨,** 고등학교

hígh séa [보통 the ~s] 공해(公海), 외양(外洋)

hígh séason [때로 the ~] (장사에서 거래·가격 등이 가장 좋은) 전성기, 성수기

hígh shériff 《영》 주장관(州長官)

hígh sìgn 《미·구어》 (경고 등의) 비밀 신호

high-sound·ing [-sáundiŋ] *a.* 어마어마한, 떠벌리는, 거들먹거리는

high-speed [-spí:d] *a.* Ⓐ 고속(도)의; 고감도의

high-spir·it·ed [-spíritid] *a.* 원기 왕성한, 씩씩한, 기운찬, 기개 있는; 〈말이〉 성질이 사나운 **~·ness** *n.*

hígh spót 《구어》 중요한 점, 가장 두드러진[기억에 남는] 부분, 하이라이트 《*of*》

high-step·per [-stépər] *n.* 발을 높이 들며 걷는 말; 위세가 당당한 사람

high-step·ping [-stépiŋ] *a.* 〈말이〉 발을 높이 들며 나아가는; 쾌락에 빠진

Hígh Strèet 《영》 큰[번화한] 거리(cf. MAIN STREET)

high-strung [-strʌ́ŋ] *a.* 극도로 긴장[흥분]한; 예민한; 몹시 신경질적인

hígh stýle 첨단[최신] 패션[디자인], 고급 패션

hígh tàble 《영》 주빈석; (대학 식당에서) 한 단 높은 교수 자리

high·tail [háitèil] *vi.* 급히 달리다[달아나다]; 차로 바싹 뒤를 좇다

hígh téa 《영》 오후 늦게 또는 저녁 일찍 먹는 가벼운 식사

high-tech [-ték] *n.* = HIGH TECHNOLOGY **—** *a.* 고도 기술의, 첨단 기술의, 하이테크의

hígh technólogy 첨단 기술, 고도 과학 기술 **hígh-tech·nól·o·gy** *a.*

hígh ténsion 고전압

hígh tíde 만조 (때); 《비유》 최고조, 절정 《*of*》

hígh tíme 무르익은 때, 이미 …해야 할 때

high-toned [-tóund], **-tone** [-tóun] *a.* **1** 고결한 **2** 격조 높은 **3** 《미·구어》 〈클럽·가게 등이〉 고급의

high-up [háiʌ̀p] *a., n.* 사회적 지위가 높은 (사람)

hígh wáter 1 고조(高潮), 만조; (강·호수의) 최고 수위 **2** 절정, 최고조

hígh-wáter màrk [-wɔ́:tər-] **1** 최고 수위선; (해안의) 고조선 **2** 절정, 최고점

****high·way** [háiwèi] *n.* **1 간선 도로,** 공로(公路), 한길; 공수로(公水路), (수륙의) 교통로 **2** 평탄한 길 《*to*》

high·way·man [-wèimən] *n.* (*pl.* **-men** [-mən]) (옛날의) 노상강도 《대개 말을 탄》

híghway róbbery 노상강도짓, 날강도짓; 《구어》 폭리

hígh wíre [the ~] (높게 친) 줄타기 줄

H.I.H. His[Her] Imperial Highness 전하

***hi·jack** [háidʒæ̀k] *vt.* **1 공중 납치하다;** 강탈하다 **2** 강요하다, 강제하다
— *n.* (비행기 등의) 공중 납치
~·er *n.* 항공기 납치범 **~·ing** *n.*

****hike** [haik] *vi.* **하이킹하다;** 도보 여행하다 **—** *vt.* 《미》 〈집세·물가 등을〉 (갑자기) **올리다;** 끌어올리다, 밀다; 〈바지 등을〉 추어올리다
— *n.* **1** (시골의) **도보 여행,** 하이킹 **2**

《미》 (급료·가격 등의) 인상 《*in*》
go on a ~ 도보 여행을 가다 《*to*》
*__hik·er__ [háikər] *n.* **도보 여행자**, 하이커
‡__hik·ing__ [háikiŋ] *n.* Ⓤ **하이킹**, 도보 여행
hi·lar·i·ous [hiléəriəs] *a.* 유쾌한, 즐거운(merry); 신나게 노는, 들떠서 떠드는 ~**·ly** *ad.* ~**·ness** *n.*
hi·lar·i·ty [hilǽrəti] *n.* Ⓤ 환희, 유쾌; 들떠서 떠들기
Hil·a·ry [híləri] *n.* 남자[여자] 이름
Hil·da [híldə] *n.* 여자 이름
‡__hill__ [hil] *n.* **1** **언덕**, 낮은[작은] 산 《영국에서는 보통 2,000ft. 이하의 것》 **2** 쌓아올린 흙더미, 흙무더기 **3** 고개, 고갯길
a ~ of beans [부정문에서] 《미·구어》 아주 조금 (***as***) ***old as the ~s*** 매우 오래된 ***over the ~*** (1) 나이 먹어; 절정기를 지나서 (2) 피곤해진 (3) 거의 성공한, 고비를 넘겨 ***the Seven H~s*** (***of Rome***) 로마의 7 언덕 《이곳을 중심으로 고대 로마가 건설되었음》 ***up ~ and down dale*** 산을 넘고 골짜기를 건너; 여기저기, 곳곳에
hill·bil·ly[hílbìli] 《미·구어; 종종 경멸》 남부 미개척지의 주민; 두멧사람; 시골 사람
híllbilly mùsic 힐빌리 음악 《미국 남부 산악 지대의 민요조의 음악》
hill·ock [hílək] *n.* 낮은 산; 토총(土塚)
‡__hill·side__ [hílsàid] *n.* **산허리**, 구릉의 중턱
*__hill·top__ [híltɑ̀p | -tɔ̀p] *n.* **언덕[작은 산] 꼭대기**
hill·y [híli] *a.* (**hill·i·er**; **-i·est**) 언덕이 많은, 구릉성의; 가파른
*__hilt__ [hilt] *n.* (칼의) **자루**; (곡괭이의) 자루; (권총 등의) 손잡이
(***up***) ***to the*** ~ 자루 밑까지 (푹); 철저히
‡__him__ [him] [동음어 hymn] *pron.* **1** [HE의 목적격이며 직접목적어·간접목적어·전치사의 목적어] **그를[에게]** **2** 《구어》 **a** [보어로서] =HE: It's ~. 그 남자다. **b** [독립하여]: *H~* and his promises! 그의 약속이야 뻔하지! **c** [동명사의 의미상의 주어] =HIS
HIM His[Her] Imperial Majesty 황제[황후] 폐하
*__Him·a·lá·ya Móuntains__ [hìməléiə-, himɑ́:ljə-] [the ~] =HIMALAYAS
Hi·ma·la·yan [hìməléiən, himɑ́:ljən] *a.* 히말라야 산맥의
Himaláyan cédar 『식물』 히말라야삼나무
*__Him·a·la·yas__ [hìməléiəz, himɑ́:ləjəz] *n. pl.* [the ~] 히말라야 산맥
‡__him·self__ [himsélf] *pron.* (*pl.* **them-selves**) **1** [강조 용법] **그 자신** **2** [—́] [재귀 용법] 그 자신을[에게] **3** 여느 때의[정상적인] 그 **4** 《아일·스코》 유력한 남자, 《특히》 한 집안의 가장(家長)
beside ~ 제자신을 잃고, 미쳐서
Hi·na·ya·na [hì:nəjɑ́:nə] [Skt. =the Lesser Vehicle] *n.* 『불교』 소승(小乘) 불교(cf. MAHAYANA)
‡__hind__[1] [haind] [behind의 생략에서] *a.* Ⓐ **뒤쪽의**, 후방의(opp. *fore*)
hind[2] *n.* 암사슴 《세 살 이상의 붉은 사슴의》
‡__hin·der__[1] [híndər] [OE 「누르다」의 뜻에서] *vt.* **방해하다**, 저지하다, 훼방하다
hind·er[2] [háindər] *a.* Ⓐ 후방의, 후부의
Hin·di [híndi:] *n.* Ⓤ 힌디 말 《북부 인도 지방의 말; 인도의 공용어》 — *a.* 북부 인도의; 힌디 말의
hind·most [háindmòust] *a.* [HIND[1]의 최상급] 제일 뒤쪽의, 최후부의
Hin·doo [híndu:] *n.* (*pl.* **~s**), *a.* 《고어》 =HINDU
hind·quar·ter [háindkwɔ̀:rtər] *n.* (짐승 고기의) 뒤쪽 4분의 1; [*pl.*] 뒷다리와 궁둥이
*__hin·drance__ [híndrəns] *n.* Ⓤ **방해**, 장애; Ⓒ 방해물, 장애물; 고장 《*to*》
hind·sight [háindsàit] *n.* (총의) 가늠자; Ⓤ 《구어》 뒤늦은 꾀[지혜], 뒷궁리 (opp. *foresight*)
*__Hin·du__ [híndu:] *n.* **1** **힌두 사람**; 힌두교 신자 **2** 인도 사람 — *a.* **1** 힌두교 (신자)의 **2** 인도 (사람)의
*__Hin·du·ism__ [híndu:ìzm] *n.* Ⓤ **힌두교**
Hin·du·stan [hìndu:stɑ́:n, -stǽn] *n.* (힌디 말이 사용되는) 인도 북부 지방
Hin·du·sta·ni [hìndu:stɑ́:ni, -stǽni] *n.* 힌두스타니 말 《북부 인도의 상용어》 — *a.* 힌두스탄의; 힌두스탄 사람[말]의
*__hinge__ [hindʒ] [ME 「매달다」의 뜻에서] *n.* **1** **경첩**, 돌쩌귀; 관절 **2** 사북, 요점, 중심점 — *vt.* **1** …에 경첩[돌쩌귀]을 달다 **2** 조건으로 삼다, …나름으로 정하다 《*on, upon*》 — *vi.* **1** 〈문 등이〉 경첩[돌쩌귀]식으로 움직이다 **2** …에 따라[나름으로] 정해지다 《*on, upon*》
hinged [hindʒd] *a.* 경첩[돌쩌귀]이 달린
hin·ny [híni] *n.* (*pl.* **-nies**) 버새 《수말과 암나귀의 잡종; cf. MULE》
‡__hint__ [hint] [OE 「붙잡다」의 뜻에서] *n.* **1** **힌트**, **암시**, 넌지시 알림, 귀띔 **2** 기미, 기색; [a ~] 극소량, 조금, 미량(의…) 《*of*》 ***give*** [***drop, let fall***] ***a ~*** 암시를 주다, 변죽을 울리다 ***take a ~*** (암시를 받고) 알아차리다, 눈치채다
— *vt.* **넌지시 말하다**; 암시하다, 빗대어 말하다, 비치다 — *vi.* 넌지시 말하다[비치다], 암시하다 《*at*》
hin·ter·land [híntərlæ̀nd] [G] *n.* (강가·해안 지대의) 후배지(後背地)(opp. *foreland*); [종종 *pl.*] 오지(奧地), 시골
‡__hip__[1] [hip] *n.* **1** **히프**, **둔부**(臀部), 엉덩이; [종종 *pl.*] 히프 둘레 (치수); =HIP JOINT **2** 『건축』 추녀마루, 귀마루
shoot from the ~ 《구어》 생각없이 말하다[행동하다]
hip[2] [hip] *n.* (들)장미의 열매
hip[3] *int.* 힙 《응원 등의 소리》 ***H~, ~, hurrah!*** 힙, 힙, 후라! 《만세》
híp bàth 좌욕
hip·bone [hípbòun] *n.* 『해부』 관골, 무명골
híp bòot [보통 *pl.*] 허리까지 오는 장화 《어부·낚시꾼용》
híp flàsk (바지 뒷주머니에 넣는) 포켓 위스키 병
hip-hop, hip hop [híphɑ̀p | -hɔ̀p] *n.* 힙합 《도시 젊은이의 문화로 랩 뮤직·

브레이크 댄싱·낙서 예술 등이 포함됨》

hip-hug·ger [-hʌ̀gər] 《미》 *a.* 〈바지·스커트가〉 허리춤이 낮은 —*n.* [*pl.*] 허리뼈에 걸쳐 입는 바지[스커트]

híp jòint 고관절(股關節)

hipped¹ [hipt] *a.* 엉덩이가 있는; 〖건축〗〈지붕이〉 추녀마루가 있는

hipped² *a.* Ⓟ 《미·구어》 열중한, 사로잡힌 《*on*》

hip·pie [hípi] *n.* 히피족(族)

hip·po [hípou] [*hip*po*potamus*] *n.* (*pl.* **~s**) 《구어》 하마

híp pòcket (바지의) 뒷주머니

Hip·poc·ra·tes [hipɑ́krətìːz | -pɔ́k-] *n.* 히포크라테스(460?-377? B.C.) 《그리스의 의사; the Father of Medicine (의학의 아버지)이라고 불림》

Hip·po·crá·tic óath [hipəkrǽtik-] [the ~] 히포크라테스의 선서 《의사가 되려는 사람이 하는 윤리 강령의 선서》

Hip·po·crene [hípəkrìːn, hìpəkríːni] *n.* 〖그리스신화〗 히포크레네 《Helicon 산의 샘으로 the Muses에게 바쳐졌음》; Ⓤ 《시어》 시상(詩想)

hip·po·drome [hípədròum] *n.* 〖고대 그리스·로마〗 대경기장 《경마·전차 경주의》; 마술 연기장(馬術演技場); 곡마장

***hip·po·pot·a·mus** [hìpəpɑ́təməs | -pɔ́t-] [Gk *hippos*(말)+*potamos*(강)] *n.* (*pl.* **~·es, -mi** [-mài]) 〖동물〗 하마

hip·py [hípi] *n.* (*pl.* **-pies**) = HIPPIE

híp ròof 〖건축〗 모임 지붕, 우진각 지붕

hip·ster¹ [hípstər] *n.* 《미》 **1** 최신 정보통 **2** 유행을 좇는 사람

hipster² 《속어》 *n.* [*pl.*] = HIP-HUGGER —*a.* Ⓐ = HIP-HUGGER

H

hir·a·ble [háiərəbl] *a.* 임차(賃借)할[빌릴] 수 있는; 고용할 수 있는

*****hire** [haiər] [OE 「임금」의 뜻에서] *vt.* **1 고용하다**; 세내다, 임차하다, (사용료를 내고) **빌리다 2** (사용료를 받고) **빌려주다, 세주다** 《*out*》

~ **out** (1) ⇨ *vt.* 2 (2) [~ one*self* out 로] (…으로서) 고용되다 《*as*》 (3) 《미》 (하인·노동자로서) 고용되다 《*as*》

—*n.* Ⓤ **1** (사람의) 고용; (물건의) 임차 **2** 세, 사용료; 급료, 임금 **3** 《구어》 피고용자 **for[on]** ~ (1) 임대의[로], 세내는[내어] (2) 〈사람이〉 고용되어

hire·ling [háiərliŋ] *n.* 《경멸》 돈을 목적으로 일하는 사람; 부하 —*a.* Ⓐ 《경멸》 돈을 목적으로 일하는, 돈만 아는

híre púrchase 《영》 분할불 구입 (방식), 할부(《미》 installment plan)

hir·er [háiərər] *n.* 고용주

hir·sute [hə́ːrsuːt | hə́ːsjuːt] *a.* **1** 털 많은; 텁수룩한; 털의 **2** 〖생물〗 억센 긴 털로 덮인

*****his** [hiz] *pron.* [HE의 소유격] **1 그의 2** [HE의 소유대명사] **그의 것**(cf. MINE, YOURS, HERS)

His·pa·ni·a [hispéiniə] *n.* 《시어》 = SPAIN

His·pan·ic [hispǽnik] *a.* = SPANISH —*n.* 《미》 (미국 내의 스페인 말을 쓰는) 라틴 아메리카 사람[계 주민]

His·pan·io·la [hìspənjóulə] *n.* 히스파니올라 《서인도 제도 중에서 둘째로 큰 섬; Haiti와 Dominica의 두 공화국을 포함함; 옛 이름 Haiti》

***hiss** [his] [의성음] *vi.* **1** 〈증기·뱀·거위 등이〉 **쉿 하는 소리를 내다 2** 쉿 하고 불만의 소리를 내다 《*at*》 —*vt.* 쉿 하고 꾸짖다[제지하다] **~ away** 쉬 하며 내쫓다 **~ down** 쉬쉬하며 야유하다

—*n.* **1** 쉿 《제지·힐책의 소리》, 쉬쉬하는 소리; 슛슛[솨]하고 나는 소리 **2** 〖음성〗 = HISSING SOUND

híss·ing sòund [hísiŋ-] 〖음성〗 치찰음(齒擦音) 중의 [s, z]의 음

hist. histology; historian; historic(al); history

his·ta·mine [hístəmìːn, -min] *n.* Ⓤ 〖생화학〗 히스타민 《자궁 수축·혈압 저하의 약》

his·tol·o·gy [histɑ́lədʒi | -tɔ́l-] *n.* Ⓤ 조직학 《생물 조직의 구조·발생·분화 등을 연구》; (생물의) 조직 구조

his·to·log·i·c(al) [histəlɑ́dʒik(əl)] *a.*

*****his·to·ri·an** [histɔ́ːriən] *n.* **역사가,** 사학자, 사학 전공자

*****his·tor·ic** [histɔ́ːrik | -tɔ́r-] *a.* **1 역사(상)의,** 역사적인 **2** 역사적으로 유명한

*****his·tor·i·cal** [histɔ́ːrikəl | -tɔ́r-] *a.* **역사상의;** 역사적인 **~·ly** *ad.*

histórical présent [the ~] 〖문법〗 역사적 현재 《과거 사실의 서술을 생생하게 하기 위하여 쓰는 현재 시제》

his·to·ri·og·ra·pher [histɔ̀ːriɑ́grəfər | -ɔ́g-] *n.* 사료 편찬 위원, 수사가(修史家); 역사가

his·to·ri·og·ra·phy [histɔ̀ːriɑ́grəfi | -ɔ́g-] *n.* (*pl.* **-phies**) ⓊⒸ 사료 편찬, 수사(修史); 역사 문헌

*****his·to·ry** [hístəri] *n.* (*pl.* **-ries**) **1** Ⓤ **역사;** 사학: ancient ~ 고대사, 상고사 《보통 서력 476년 서로마 제국의 멸망까지》/ medieval ~ 중세사 《서로마 제국의 멸망에서 15세기까지》/ modern ~ 근세사 《15세기에서 현대까지》 **2 a 역사책,** 사서(史書) **b** (제도·학문 등의) 발달사, 변천사 **3** 연혁(沿革) **4 경력,** 내력, 유래; 병력 **5** Ⓤ (자연계의) 조직적 기술 **6** 사극 **7** Ⓤ 과거의 일

go down in ~ 역사에 남다 **make ~** 역사에 남을 만한 일을 하다

his·tri·on·ic [hìstriɑ́nik | -ɔ́n-] *a.* 배우의; 연극상의; 《경멸》 연극조의

his·tri·on·ics [hìstriɑ́niks | -ɔ́n-] *n. pl.* [단수·복수 취급] 연극; 연극 같은 언동

*****hit** [hit] *v.* (~; **~·ting**) *vt.* **1** (겨누어) **때리다, 치다,** 〈타격을〉 가하다; 〖야구〗〈안타 등을〉 치다 **2** 〈폭풍 등이 어떤 곳을〉 **덮치다**; 습격하다 **3 맞히다,** …에 명중시키다 **4 부딪치다**; …에 맞다 **5** 〈생각 등이 …에게〉 **떠오르다** —*vi.* **1** 때리다 **2** 부딪치다, 충돌하다 **3** 문득 생각나다, …에 생각이 미치다 《*on, upon*》

~ at …에 덤벼들다; 비웃다 **~ it** 바로 알아맞히다; 사이좋게 지내다; 빨리 가다 **~ it off** 《구어》 사이좋게 지내다, 잘 어울려 지내다, 성미에 맞다 《*with, together*》 ~

off 즉석에서 〈곡·시 등을〉 짓다, 그리다; 모방하다, 흉내내다 **~ *or miss*** [부사적] 성패를 운에 맡기고, 무작정으로, 되는대로 **~ *out*** (주먹 등으로) 공격[반격]하다 《*at*》; 맹렬히 비난[공격]하다《*at, against*》 **~ *up*** (1) 재촉하다 (2) 〖크리켓〗 점수를 내다, 득점하다 (3) …에게 부탁하다 《*for*》
── *n.* **1 침, 타격**; 명중, 적중; 명중탄 **2** (우연히) **맞힘, 성공**; (복권 등의) 당첨 **3** 적절한 말, 급소를 찌르는 비꼼[빈정거림] 《*at*》, 적평(適評) **4** 〖야구〗 히트, 안타

hit-and-miss [hítənmís] *a.* =HIT-OR-MISS

hit-and-run [-ənrʌ́n] *a.* Ⓐ **1** 〖야구〗 히트 앤드 런의 **2** 〖군사〗 전격적인 **3** 사람을 치고 달아나는

hitch** [hitʃ] [ME 「움직이다」의 뜻에서] *vt.* **1 걸다** 《고리·열쇠·밧줄 등을》; 《미》 〈마소를〉 (말뚝에) **매다 2** (갑자기) **확 움직이다**[비틀다, 잡아당기다], 낚아채다 ***get[***be***] **~*ed*** 《속어》 결혼하다 **~ *a ride*** 《구어》 히치하이크하다; 편승하다 **~** one***'s way*** 히치하이크로 가다 **~ *up*** 확 끌어올리다; 〈말 등을 마차에〉 매다; 《속어》 결혼하다
── *vi.* **1 급격히**[**왈칵**] **움직이다**[**나아가다**] **2** 절름거리다 《*along*》 **3** 걸리다, 엉키다 《*on, on to*》
── *n.* **1** 왈칵 당김[움직임] **2** 절름거림 **3** 연결, 확 걸어 맴; 엉킴, 걸림; 장애, 지체, 고장 **4** 《미·속어》 병역[복무] 기간

Hitch·cock [hítʃkɑk | -kɔk] *n.* 히치콕 **Sir Alfred ~** (1899-1980) 《미국의 영화 감독; 서스펜스 영화의 거장》

hitch·hike [hítʃhàik] *vi., vt.* **지나가는 자동차에 편승하며 도보 여행하다**, 히치하이크하다 ── *n.* **히치하이크**

hitch·hik·er [hítʃhàikər] *n.* 자동차 편승 여행자

hi-tech [háiték] *n., a.* 《미》 =HIGH-TECH

hith·er** [híðər] *ad.* 《문어》 **이리로**, 이쪽으로 **~ *and thither[***yon, yond***] 여기 저기에, 사방팔방으로[에]
── *a.* 《고어·방언》 이쪽의
on the ~ side (***of ...***) (…보다) 이쪽 편에; (…보다) 젊은

hith·er·most [híðərmòust] *a.* 가장 가까운 쪽의

hith·er·to [híðərtù:] *ad.* **지금까지**(**는**), 지금까지로 봐서는 (아직)

Hit·ler [hítlər] *n.* 히틀러 **Adolf ~** (1889-1945) 《독일의 총통(Führer)》

hít lìst 《속어》 **1** (갱의) 암살자 리스트 **2** 정리[해고, 공격] 대상자 리스트

hít màn 《속어》 암살자; 난폭한 선수

hit-or-miss [hítərmís] *a.* 무작정[되는 대로]의, 소홀히 하는, 부주의한

hít paràde 유행가[베스트셀러]의 인기 순위

hit·ter [hítər] *n.* 치는 사람, 타자

Hit·tite [hítait] *n.* 히타이트 족 《소아시아의 고대 민족》; Ⓤ 히타이트 어(語)
── *a.* 히타이트 족[말, 문화]의

HIV human immunodeficiency virus 인체 면역 결핍 바이러스 《AIDS 바이러스》

hive [haiv] *n.* **1 꿀벌통 2** 한 벌통 속에 사는 벌떼 **3** 바쁜 사람들이 붐비는 곳 **4** 와글와글하는 군중 ── *vt.* **1** 〈꿀벌을〉 통에 몰아넣다; 〈사람 등을〉 모여 살게 하다 **2** 〈꿀을〉 벌통에 저장하다; 모으다 ── *vi.* 〈꿀벌이〉 통에 자리잡다[살다]; 모여 살다
~ *off* 〈꿀벌이〉 분봉하다; 분리하다《*from, into*》; 《영·구어》 (말없이) 떠나다, 사라지다

hives [haivz] *n. pl.* 두드러기(nettle rash) 《의학 전문 용어는 urticaria》; 《영》 후두염(croup)

HJ(**S**) 《묘비명》 hic jacet (sepultus) 《L =here lies (buried)》

hl hectoliter(s)

HL House of Lords

hm hectometer(s)

h'm [hmm, m] *int.* =HEM², HUM¹

HM His[Her] Majesty('s) 국왕[여왕] 폐하(의)

HMS 《영》 His[Her] Majesty's Service[Ship] 영국 군함

HMSO 《영》 His[Her] Majesty's Stationery Office (영국의) 정부 (간행물) 출판국

***ho, hoa** [hou] [동음어 hoe] [의성어] *int.* **1 호**, **어이** 《부름·주의·놀람·피로·칭찬·득의·조소 등을 나타내는 소리》: *H~*, there! 어이, 야, 이봐! **2** 멈춰 《말 등을 멈추게 하는 소리》
Westward ho! 〖항해〗 가세 서쪽으로!
What ho! 허, 뭐라고!

Ho 〖화학〗 holmium

HO head office; Home Office

hoar [hɔ:r] 《고어·시어》 *a.* =HOARY

***hoard** [hɔ:rd] [동음어 horde] [OE 「보물」의 뜻에서] *n.* **1** (재물·보물 등의) **비장**(秘藏), **축적**, 퇴장(退藏); **저장물**; 매점(買占) **2** (지식 등의) 축적, 보고(寶庫)
── *vt.* 저장하다, 축적하다 《*up*》 ── *vi.* (몰래) 축적하다, 저장하다

hoard·ing¹ [hɔ́:rdiŋ] *n.* Ⓤ 저장, 비장; 퇴장, 축적; [보통 *pl.*] 저장[축적]물

hoarding² *n.* (널)판장 《건축 현장 등의》; 《영》 광고[게시]판(《미》 billboard)

hoar·frost [hɔ́:rfrɔ̀:st | -frɔ̀st] *n.* Ⓤ 흰 서리(white frost)

***hoarse** [hɔ:rs] [동음어 horse] *a.* **1** 목쉰(husky); 쉰 목소리의 **2** 〈냇물·폭풍·천둥 등이〉 쏴아 하는 **~·ly** *ad.* **~·ness** *n.*

***hoar·y** [hɔ́:ri] *a.* (**hoar·i·er**; **-i·est**) 〈털이〉 (늙어서) **흰**, 회백색의; **백발의**; 고색 창연한; 나이 들어 점잖은

hoax [houks] *vt.* 장난으로 속이다, 골탕 먹이다; 속여서 …하게 하다 《*into*》
── *n.* 골탕 먹임; 속임, 장난 **hóax·er** *n.*

hob¹ [hɑb | hɔb] *n.* 벽난로(fireplace) 안[옆]의 시렁 《주전자·냄비 등을 데우기 위하여 얹는 곳》

hob² *n.* 장난꾸러기 요정; 《구어》 장난
play ~ with 《미》 …에 해를 끼치다
raise ~ 《미》 …을 망쳐놓다 《*with*》

Hobbes [hɑbz | hɔbz] *n.* 홉스 **Thomas ~** (1588-1679) 《영국의 철학자》

***hob·ble** [hɑ́bl | hɔ́bl] *vi.* **절뚝거리며 걷다**(limp) 《*along, about*》

H

— *vt.* 절뚝거리게 하다; 〈말 등을〉 두 다리를 함께 묶다; 방해하다, 곤란하게[난처하게] 하다
— *n.* 절뚝거림, 절면서 걸어가기
hob·ble·de·hoy [hábldihɔ̀i] *n.* 《고어·방언》 풋내기, 덩치만 크고 눈치 없는 청년
hóbble skìrt 밑통을 좁게 한 긴 스커트
hob·by [hábi | hɔ́bi] *n.* (*pl.* **-bies) 취미, 도락
hob·by·horse [hábihɔ̀ːrs | hɔ́bihɔ̀ːs] *n.* **1** (merry-go-round의) 목마; 흔들 목마; 막대말 **2** 장기(長技)
hob·by·ist [hábiist | hɔ́b-] *n.* 취미 생활자
hob·gob·lin [hábgàblin | hɔ́bgɔ̀b-] *n.* 도깨비; 장난꾸러기 꼬마 귀신; 개구쟁이
hob·nail [-nèil] *n.* 구두징; 촌뜨기
-nailed [-nèild] *a.*
hob·nob [-nàb | -nɔ̀b] *vi.* (**~bed**; **~·bing**) 친하게 사귀다, 사이좋게 지내다 《*with*》
ho·bo [hóubou] *n.* (*pl.* **~(e)s**) 《미》 뜨내기 일꾼; 부랑자, 룸펜
Hób·son's chóice [hábsnz- | hɔ́b-] 주어진 것을 갖느냐 안 갖느냐의 선택의 자유, 마음대로 고르지 못하는 선택
Hó Chì Mính Cíty [hóu-tʃìː-mín-] *n.* 호치민 시 《옛 사이공》
hock[1] [hak | hɔk] *n.* **1** (개·말 등의 뒷다리의) 무릎, 그 관절 **2** (돼지의) 족 살
hock[2] *n.* 《영》 = RHINE WINE
hock[3] 《미·구어》 *n.* Ⓤ 전당(pawn); 교도소
in ~ 《구어》 전당 잡혀; 곤경에 빠져; 《속어》 투옥되어; 《구어·속어》 빚을 져 ***out of*** ~ 《구어》 전당품을 되찾아서; 《속어》 빚지지 않은
— *vt.* 전당 잡히다
***hock·ey** [háki | hɔ́ki] [OF 「구부러진 지팡이」의 뜻에서] *n.* Ⓤ **하키**
hock·shop [hákʃàp | hɔ́kʃɔ̀p] 《미·구어》 전당포
ho·cus-po·cus [hóukəspóukəs] *n.* Ⓤ (요술쟁이 등의) 라틴말 비슷한 주문(呪文); 요술, 기술(奇術); 속임수
hod [had | hɔd] *n.* **1** 벽돌통 《벽돌을 나르는 상자》 **2** 석탄통
hód càrrier 《미》 hod로 벽돌 등을 나르는 인부(《영》 hodman)
Hodge [hadʒ | hɔdʒ] *n.* **1** 남자 이름 《Roger의 애칭》 **2** [**h~**] 《영·구어》 (전형적인) 농부
hodge·podge [hádʒpàdʒ | hɔ́dʒpɔ̀dʒ] *n.* [a ~] 《미》 뒤범벅, 잡동사니(《영》 hotchpotch) 《*of*》
hod·man [hádmən | hɔ́d-] *n.* (*pl.* **-men** [-mən]) 《영》 = HOD CARRIER
***hoe** [hou] [동음어 ho] *n.* **괭이**; (괭이꼴의) 제초기(除草器)
— *vt.*, *vi.* (**~·ing**) **괭이질하다**; 제초기로 〈잡초를〉 파내다 《*up*》
hoe·down [hóudàun] *n.* 《미》 활발 명랑한 춤[스퀘어 댄스]
***hog** [hɔːg, hag | hɔg] *n.* **1** 《미》 (식용) **돼지**, 《특히》 거세된 수퇘지 **2** 《구어》 돼지 같은 놈, 욕심꾸러기 **3** 《미·속어》 대형차
go (the) whole ~ 《속어》 철저히 하다
— *v.* (**~ged**; **~·ging**) *vt.* **1** 〈말갈기를〉 짧게 깎다 **2** 게걸스럽게 먹다, 탐내어 먹다 **3** 〈배밑을〉 청소용 솔로 문지르다 **4** 〈말 등이〉 머리를 숙이고 〈등을〉 불룩하게 하다
— *vi.* **1** 〈가운데가〉 돼지 등처럼 구부러지다 **2** 《구어》 자동차를 마구 몰다(cf. ROAD HOG)
hog·gish [hɔ́ːgiʃ, hág- | hɔ́g-] *a.* 돼지 같은; 탐욕스러운; 더러운
~·ly *ad.* **~·ness** *n.*
hogs·head [hɔ́ːgzhèd | hɔ́gz-] *n.* **1** 큰 통 《63-140갤런 들이》 **2** 액량의 단위 《《영》 52.5갤런; 《미》 63갤런》
hog·tie [hɔ́ːgtài | hɔ́g-] *vt.* (**~d**; **-ty·ing**) 《구어》 (동물의) 네 발을 묶다, 행동의 자유를 빼앗다, 무력하게 만들다
hog·wash [-wɔ̀ːʃ | -wɔ̀ʃ] *n.* Ⓤ 돼지죽; 데데한[흘게늦은] 선전; 시시한 작품
hog-wild [-wáild] *a.* 《미·구어》 몹시 흥분한
ho-hum [hóuhʌ́m] [의성어] *int.* 아아 《하품 소리》 — *a.* 따분한
hoick, hoik [hɔik] *vt.*, *vi.* 《영·구어》 홀쩍 들어올리다; 〈비행기를〉 급각도로 상승시키다
hoi pol·loi [hɔ́i-pəlɔ́i] [Gk = the many] [the ~] 《경멸》 민중, 대중
***hoist** [hɔist] *vt.* 〈돛·기 등을〉 **올리다**, 끌어올리다, 감아올리다 — *n.* **1 감아올리기**, 끌어올리기, 달아올리기; 게양 **2** 〖기계〗 감아올리는 기계[장치], 호이스트; 《영》 (화물용) 승강기
hoi·ty-toi·ty [hɔ́ititɔ́iti] *int.* 아유, 별꼴이야 《경멸·놀라움을 나타냄》 — *a.* 《구어》 성 잘내는; 뽐내는, 거만한; 《영》 들뜬, 변덕스러운
hoke [houk] 《미·속어》 *vt.* 속이다
hok·ey [hóuki] *a.* 《미·속어》 진부한, 지나치게 감상적인; 짐짓 꾸민, 속임수의
ho·key-po·key [hóukipóuki] *n.* Ⓤ 《구어》 속임수, 요술
ho·kum [hóukəm] *n.* Ⓤ 《속어》 인기를 노린 극·영화의 줄거리; 시시한[엉터리] 수작, 난센스; 아첨
***hold**[1] [hould] *v.* (**held** [held]) *vt.* **1** (손에) **들다**, **갖고 있다**, 붙들다, **잡다**, 쥐다; **유지하다**, 받치다; 대고 있다 《*to*, *on*》; 안다 《*in*》 **2** 〈그릇이 액체 등을〉 **담다**; **수용하다**; 함유하다 **3 소유[보유]하다**; 보관하다; 〈지위 등을〉 **차지하다** **4** 〈신념 등을〉 **품다**; 〈기억 등에〉 **남기다**; 〈…라고〉 **생각하다**, 여기다; 판결하다 **5 억누르다**, 억제하다, 삼가다 **6** 지속하다; 〈주의·애정 등을〉 끌어두다; 〈약속·의무·책임 등을〉 지키게 하다 **7 개최하다**, 〈식을〉 거행하다 **8** 〈사물이〉 마련[준비]하고 있다
— *vi.* **1** 〈밧줄 등이〉 **견디다**, 지탱하다, 유지되다, 잡고 있다, 쥐고 있다 **2 지속하다**, 〈날씨 등이〉 계속하다; 지니다, 버티다 《*for*, *with*》 **3** (계속하여) 효력이 있다, 적용할 수 있다 **4** 굳게 지키다, 고수하다 《*by*, *to*》 **5** [보통 부정문에서] 같은 의견이다; 찬성하다 《*by*, *with*》
~ ***back*** 걷어들이다, 걷어치우다, 취소하다; 제지하다; 감추다; 자제하다 《*from*》;

주저하다 **~ down** 〈물가 등을〉 억제하다; 종속시키다; …의 자유를 억누르다; 〈지위를〉 유지하다 **~ in** 억제하다; 자제하다, 삼가다 **~ off** (1) 가까이 오지 못하게 하다, 막다; 멀어지다 (2) 《미》 〈결단·행동 등을〉 미루다, 연기하다; 어물어물하다 (3) 〈비 등이〉 내릴 것 같지 않다 **~ on** 계속하다, 지속하다; 매달리다 《*by, to*》; 버티다, 견디다, 사수(死守)하다; [보통 명령법으로] 〈전화 등을〉 끊지 않고 기다리다; 《구어》 [명령법으로] 서라 **~ out** (1) 〈손 등을〉 내뻗다; 내밀다; 제공[약속]하다 (2) 가까이 못 오게 하다 (3) 《속어》 〈마땅히 내놓을 것을〉 주지 않고 가지고 있다 (4) (최후까지) 버티다, 저항을 계속하다 (5) 〈재고품 등이〉 계속 남아 있다 **~ over** 연기하다; (예정 이상으로) 계속하다; 〖법〗 기간 이상 유임(留任)하다 **~ one*self*** 가만히 [잠자코] 있다, 움직이지 않다 **~ together** 한데 모아 두다, 뭉쳐 놓다; 결합시키다, (어디까지나) 단결을 계속하다, 들러붙다 **~ up** (1) 위로 치켜들다; 올리다, 쳐들다 (2) …을 (모범적 예로) 들다 《*as*》; …을 (웃음거리로) 내세우다 《*to*》 (3) 길을 막다[방해하다]; 지지하다; 세우다, [명령형] 서라!

— *n.* **1** ⓊⒸ 쥠, (붙)잡음, 파악, 포착 **2** Ⓤ 장악(掌握), 지배력, 위력 《*on, over*》; 파악력, 이해력 《*on, upon, of*》 **3** 잡을 곳; 손붙일[발디딜] 곳, 받침, 버팀 **4** 요새; 은신처, 피난소 **5** 보류, 중지, (미사일 발사 등에서의) 초읽기의 중지, 발사 연기

catch*[*get, lay, seize, take*] *~ of …을 붙잡다, 파악하다(grasp); …을 이해하다; …을 손에 넣다 ***have a ~ on* [*over*]** …에 지배력[위력, 권력]을 가지다, …의 급소를 쥐고 있다 ***keep* (one*'s*) *~ on* =*keep ~ of*** …을 (꼭) 붙잡고 있다 ***lose ~ of*** …을 붙잡은 것을 놓치다, …에서 손을 떼다 ***on ~*** 《미》 〈사람이〉 전화에 나와, 통화하기를 기다리고 ***take ~*** 달라붙다; 확립하다, 뿌리내리다

hold[2] *n.* 〖항해〗 배의 짐칸, 화물창

break out* [*stow*] *the ~ 뱃짐을 내리기[싣기] 시작하다

hold·all [hóuldɔ̀ːl] *n.* 《영》 잡낭(雜囊), (천으로 된) 큰 가방

hold·back [-bæ̀k] *n.* 방해(hidrance), 저지; 보류하고 있는 것[돈]

hold-down [-dàun] *n.* 꺾쇠, 죔쇠; 억제

***hold·er** [hóuldər] *n.* [보통 복합어를 이루어] **보유자**, 소유주, 소지인; 버티는 것, 받침, 그릇, 용기

hold·fast [hóuldfæ̀st | -fɑ̀ːst] *n.* **1** 꽉 잡음, 붙들기 **2** 꽉 누르는 것 《못·죔쇠·거멀못·꺾쇠 등》

***hold·ing** [hóuldiŋ] *n.* **1** Ⓤ **보유**, 쥠, 붙들기; Ⓒ 〖스포츠〗 홀딩 **2 a** Ⓤ **토지 보유** (조건), 점유; 소유권 **b** 보유지; [보통 *pl.*] 보유물, 《특히》 소유 주권(株券)

hólding còmpany 지주(持株) 회사, 모회사

hold·out [hóuldàut] *n.* **1** (완고한) 저항; 인내 **2** 협조[타협]를 거부하는 사람

hold·o·ver [-òuvər] *n.* **1** 잔존물, 유물 《*from*》; 잔류자, 유임자 **2** 숙취(hangover)

hold·up [-ʌ̀p] *n.* **1 a** (열차·차 또는 그 승객 등의) 불법 억류; 강탈; 노상강도 **b** 바가지, 터무니없는 값의 요구 **2** (수송 등의) 정체, 정지

***hole** [houl] [OE 「움푹한(hollow) (곳)」의 뜻에서] *n.* **1 구멍**; 구덩이, 개울 바닥 등의 파인 곳; (짐승의) 굴, 소굴; 아주 누추한 집[숙소] **2** [a ~] 함정; 꼼짝할 수 없는 곤경; 《특히》 경제적 곤경 **3** 결점, 결함; 손실 **4 a** 〖골프〗 구멍, (코스의 1구분으로서의) 홀, 티(tee)에서 그린(green)까지의 구역, 거기서 얻은 타점 **b** (공 또는 구슬치기의) 쳐넣는 구멍

every ~ and corner 샅샅이, 구석구석 ***in ~s*** 구멍이 나도록 닳아빠져 ***in* (*no end of*) *a ~*** (밑빠진) 수렁에 빠져서, 궁지에 빠져서 ***in the ~*** 《구어》 적자(赤字)가 되어 ***make a ~ in*** …에 구멍을 내다; 큰 돈을 축내다 ***pick ~s* [*a ~*] *in*** …의 흠을 찾다

— *vt.* **1** …에 구멍을 뚫다; …에 구멍을 파다; 〈터널을〉 파다; 〖광산〗 〈탄층을〉 꿰뚫어 파다 **2** 〈당구에서 공을〉 구멍에 굴려 넣다; [종종 ~ out] 〈골프공을〉 구멍에 쳐 넣다

~ up 동면하다; 밀어[집어, 쑤셔] 넣다

hole-and-cor·ner [hóuləndkɔ́ːrnər] *a.* Ⓐ 《구어》 비밀의, 남몰래 하는

hóle in óne 〖골프〗 홀인원 《한 번 쳐서 공이 홀에 들어가기》

hol·ey [hóuli] *a.* 구멍투성이의

***hol·i·day** [hɑ́lədèi | hɔ́lədèi] *n.* **1 휴일**, 휴업일(opp. *workday*) **2 축제일**(holy day) **3** [종종 *pl.*] 《영》 (일정한 기간의) **휴가**(《미》 vacation)

be home for the ~s 휴가로 집에 와 있다 ***make ~*** 《영》 휴업하다, 일을 쉬다 ***on ~* = *on* one*'s ~s*** 《영》 휴가 중, 휴가를 얻어 ***take* (*a*) *~*** 휴가를 얻다, 쉬다

— *a.* Ⓐ **1** 휴일의, 휴가 중의 **2** 즐거운, 축제일 같은; 나들이의; 격식을 차린

— *vi.* 《영》 휴가를 가지다, 휴가를 보내다(《미》 vacation)

hóliday càmp 《영》 (해변의) 휴가촌, 행락지

hol·i·day·mak·er [hɑ́lədèimèikər | hɔ́lədèi-] *n.* 《영》 휴일의 행락객, 휴일을 즐기는 사람(《미》 vacationer)

hol·i·day·mak·ing [-mèikiŋ] *n.* Ⓤ 《영》 휴일의 행락

ho·li·er-than-thou [hóuliərðənðáu] *a.* 《구어》 군자연하는, 독선적인

***ho·li·ness** [hóulinis] *n.* **1** Ⓤ **신성함** **2** [His[Your] H~] 성하(聖下) 《로마 교황의 존칭》

ho·lism [hóulizm] *n.* Ⓤ 〖철학〗 전체론

ho·lis·tic [houlístik] *a.*

***Hol·land** [hɑ́lənd | hɔ́l-] [Du. 「나무의 나라」의 뜻에서] *n.* **1 네덜란드** **2** [**h~**] ⓊⒸ 표백하지 않은 삼베

Hol·land·er [hɑ́ləndər | hɔ́l-] *n.* 네덜란드 사람[선박]

hol·ler [hɑ́lər | hɔ́l-] [holla의 변형] 《미·구어》 *vi., vt.* 고함지르다, 외치다 《*at*》;

큰 소리로 …라고 말하다 《*that*》
— *n.* 외침, 큰 소리

hol·lo(a) [hálou | hɔ́l-] *int.* 어이, 이봐 《주의·응답하는 소리》
— *n.* (*pl.* **~s**) (특히 사냥에서) 어이 하고 외치는 소리
— *vi., vt.* 큰 소리로 외치다; 〈사냥개를〉 큰 소리로 부추기다

***hol·low** [hálou | hɔ́l-] [hole(구멍)과 같은 어원] *a.* **1 속이 빈**; 텅 빈 **2 오목한**, 움푹 들어간, 야윈 **3 공허한**(empty); 불성실한, 겉치레만의, 무의미한, 거짓의 — *n.* **1** 움푹한 곳, 파인 곳 **2** 우묵한 땅, 분지, 계곡 **3** 구멍(hole); (나무 밑둥·바위의) 공동(空洞)
in the ~ of a person's ***hand*** …에게 완전히 예속[장악]되어
— *ad.* 텅 비어; 《구어》 완전히, 철저히
beat a person (***all***) **~** 《영·구어》 완전히 이기다, 꼼짝 못하게 하다
— *vt.* 움푹 들어가게 하다, 후벼내다; 파내다 《*out*》; (…을 후벼내어) 만들다 《*out of*》 **~·ly** *ad.* **~·ness** *n.*

hol·lo·ware [hálouwɛ̀ər | hɔ́l-] *n.* = HOLLOWWARE

hol·low-eyed [hálouàid | hɔ́l-] *a.* 눈이 (움푹) 들어간

hol·low-heart·ed [-há:rtid] *a.* 불성실한

hol·low·ware [hálouwɛ̀ər | hɔ́l-] *n.* Ⓤ (도자기·은제(銀製) 등의) 오목한 그릇 《접시·냄비》

***hol·ly** [háli | hɔ́li] *n.* (*pl.* **-lies**) 〖식물〗 **서양호랑가시나무**; 그 가지[잎] 《크리스마스 장식용》

hol·ly·hock [hálihàk | hɔ́lihɔ̀k] *n.* 〖식물〗 접시꽃

***Hol·ly·wood** [háliwùd | hɔ́l-] [「서양호랑가시나무(holly)의 숲」이란 뜻에서] *n.* **1 할리우드** 《Los Angeles 시의 한 지구, 영화 제작 중심지》 **2** Ⓤ 미국의 영화계[산업]

Holmes [houmz] **1** 남자 이름 **2** 홈스 **Sherlock ~** 《영국의 소설가 Conan Doyle의 작품 중의 명탐정》

hólm òak [hóum-] 〖식물〗 털가시나무

hol·mi·um [hóulmiəm] *n.* Ⓤ 〖화학〗 홀뮴 《희토류(稀土類) 원소; 기호 Ho, 번호 67》

hol·o·caust [háləkɔ̀:st | hɔ́l-] *n.* **1** 〖유대교〗 번제(燔祭) 《짐승을 통째로 구워 신(神)에게 바치는 유대 제사》 **2** 전시 소각(全市燒却), 대학살, 몰살, 대파괴; [the H~] (나치스에 의한) 유대인 대학살

Hol·o·cene [hóuləsì:n | hɔ́l-] *a.* 〖지질〗 완신세(完新世)의

hol·o·gram [hóuləgræ̀m | hɔ́l-] *n.* 홀로그램 《피사체에 레이저 광선을 비치면 입체상이 나타남》

hol·o·graph [hóuləgræ̀f | hɔ́ləgrà:f] *n.* 자필의 문서[증서] — *a.* Ⓐ 자필의

ho·log·ra·phy [houlágrəfi | hɔlɔ́g-] *n.* Ⓤ 〖광학〗 홀로그래피 《레이저 광선을 이용하는 입체 사진술》

hols [halz | hɔlz] *n. pl.* 《영·구어》 휴가, 방학

Hol·stein [hóulstain, -sti:n | hɔ́lstain] [독일의 지명에서] *n.* 《미》 홀스타인 종(의 소)

hol·ster [hóulstər] *n., vt.* (가죽) 권총집[케이스](에 넣다)

ho·lus-bo·lus [hóuləsbóuləs] *ad.* 《구어》 단숨에, 순식간에, (송두리째) 꿀꺽

***ho·ly** [hóuli] [동음어 wholly] *a.* (**-li·er**; **-li·est**) **1 신성한**, 성스러운, 거룩한; 신께 바치는 **2** 경건한; 성자의, 덕이 높은 **3** 《구어》 지독한, 심한
H~ cats [***cow, mackerel, Moses, smoke(s)***]***!*** 《속어》 어머!, 저런!, 설마!, 야단났군! 《놀람·노염·기쁨을 나타냄》
— *n.* (*pl.* **-lies**) 신성한 것[장소]

Hóly Bíble [the ~] 성서, 성경

Hóly Cíty [the ~] 성도 《Jerusalem, Mecca, Benares 등》; 천국

Hóly Commúnion 〖가톨릭〗 영성체(領聖體)

hóly dày (종교적) 축제일, 성일(聖日)

Hóly Fáther [the ~] 〖가톨릭〗 교황 성하(聖下)

Hóly Ghóst [the ~] = HOLY SPIRIT

Hóly Gráil [the ~] 성배(聖杯)(the Grail) 《중세의 전설로, 그리스도가 최후의 만찬에서 썼다는 술잔》

Hóly Jóe 《속어》 군목(軍牧); 독실한 신자

Hóly Lànd [the ~] 성지 《팔레스타인》

hóly órders [종종 **H~ O~**] 〖가톨릭〗 성품(聖品); 성직

Hóly Róller 《미·경멸》 열광적인 종파의 신자 《특히 오순절 교회 계통의》

Hóly Róman Émpire [the ~] 신성 로마 제국 《962-1806년의 독일 제국의 칭호》

Hóly Sáturday 성(聖)토요일 《부활절 전주의 토요일》

Hóly Scrípture(s) [the ~] 성서(the Bible)

Hóly Sée [the ~] 〖가톨릭〗 성좌(聖座); 교황청

Hóly Sépulcher [the ~] (그리스도가 부활할 때까지 누워 있었던) 성묘(聖墓)

Hóly Spírit [the ~] 성령(Holy Ghost)

Hóly Thúrsday (그리스도의) 승천일(Ascension Day); 〖가톨릭〗 성(聖)목요일 《부활절 전주의 목요일》

hóly wàter 〖가톨릭〗 성수(聖水)

Hóly Wèek [the ~] 성주간(聖週間) 《부활절 전의 1주일간》

Hóly Wrít [the ~] 성서(the Bible)

hom- [ham, houm | hɔm, houm], **homo-** [hóumou, hám- | hɔ́m-] 《연결형》 「동일 (the same), 같은」의 뜻 《모음 앞에서는 hom-》 (opp. *heter(o)-*)

***hom·age** [hámidʒ | hɔ́m-] *n.* Ⓤ **경의**; (봉건 시대의) 신하의 예, 충성의 선서
pay[***do, render***] **~ *to*** …에게 경의를 표하다; (정식으로) 신하의 예를 다하다

hom·bre [ámbri | ɔ́m-] [Sp.] *n.* 《미·속어》 (스페인계의) 사람(man), 놈; 녀석

hom·burg [hámbə:rg | hɔ́m-] [처음 만들어진 독일의 지명에서] *n.* 홈부르크 모자 《챙이 좁은 펠트제 중절모자》

***home** [houm] *n.* **1** ⓊⒸ **자기의 집, 주택**, 생가 **2 가정**, 한 집안, 세대; 가정 생활 **3** Ⓤ **고향**; 본국, 고국 **4 원**

산지, 본거지; 서식처 ⟪*of*⟫; 발상지, 본고장 **5 수용 시설**, 숙박소; 요양소, 양육[고아]원 ⟪등⟫; 수용소 ⟪*for*⟫ **6** (놀이에서) 진(陣); 〖스포츠〗 결승점(goal); 〖야구〗 본루(本壘)(= ~ plate)

(***a***) ***~ from ~*** = ⟪미⟫ (***a***) ***~ away from ~*** ⟪구어⟫ (마음 편한 점에서) 마치 제집 같은 곳 ***at ~*** (1) 집에 있어; 면회일로 (2) 자기 나라에, 본국에(opp. *abroad*) (3) 마음 편히 ***from ~*** 외출 중인; 집[본국]을 떠나서

— *a.* Ⓐ **1 가정의 2 본국의**; 내국의, 국내의, 내정(內政)상의; **고향의 3** 본부의 **4** 〖스포츠〗 결승의; 〖야구〗 본루 (생환)의 **5** 급소를 찌르는, 통렬한 **6** (스포츠 팀의) 홈그라운드(에서)의, 본고장의(opp. *away*)

— *ad.* **1 a 자기 집에[으로, 에서]**; 고향에[으로], 고국에[으로] **b** (자택·자기 나라로) **돌아가[와] c** ⟪미⟫ 집에 있어 **d** 〖야구〗 본루로 **2** 〈화살 등이〉 과녁에 맞아; 〈못 등을〉 깊이, 충분히; 철저히, 통렬히, 가슴에 사무치게, 핵심으로

bring ~ to a person …에게 간절히 호소하다, …을 확신시키다, 〈죄과 등을〉 …에게 절실히 자각시키다 ***come ~ to*** …이 절실히 느껴지다, 가슴에 사무치다 ***get ~*** (1) 귀착(歸着)하다 (2) 들어맞다, 적중하다 (3) (결승점 등에) 1착으로 도착하다 (4) 충분히 이해시키다 ⟪*to*⟫ ***go ~*** (1) 귀가[귀국]하다 (2) ⟪구어⟫ 죽다 (3) 급소를 깊이 찌르다; 가슴 깊이 호소하다

— *vi.* 집에 돌아오다(cf. HOMING); 〈비둘기 등이〉 둥지에 돌아오다; 〈미사일 등이〉 (자동 유도 장치로) 표적으로 향하다, 나아가다 ⟪*in, on*⟫

hóme automàtion 〖컴퓨터〗 가정 자동화

hóme bánking 홈 뱅킹 ⟪가정에서 단말기로 계좌의 대체·지급·예금 등을 처리하기⟫

hóme báse = HOME PLATE

home·bod·y [-bàdi | -bɔ̀di] *n.* (*pl.* **-bod·ies**) ⟪구어⟫ 주로 집에 들어박혀 있는 사람; 가정적인 사람

home·bound [hóumbáund] *a.* 본국행[귀환]의, 귀항(歸航)의; 집에 틀어박힌

home·boy [-bɔ̀i] *n.* ⟪미·속어⟫ 동료; 동향[이웃] 사람; 불량소년

home·bred [-bréd] *a.* 제집[나라]에서 자란; 국산의

hóme bréw 자가 양조주[맥주 ⟪등⟫]

home-brewed [-brú:d] *a.* 자가 양조의

hóme càre 자택 요양[치료]

home·com·ing [-kʌ̀miŋ] *n.* Ⓤ 귀가, 귀성; 귀국; Ⓒ (미국 대학의 연 1회의) 동창회

hóme compúter 가정용 컴퓨터

Hóme Cóunties [the ~] 런던 주변의 여러 주

hóme económics [단수 취급] 가정학; 가정과

hóme fàrm ⟪영⟫ (대지주의) 자작 농장

hóme frònt [the ~] (전시(戰時)의) 후방, 국내 전선; [집합적] 후방의 국민

hóme gróund [one's ~] 홈 그라운드 ⟪팀 소재지의 경기장⟫, 본거지; 잘하는 분야[화제]

home·grown [-gróun] *a.* 〈야채 등이〉 자택에서 가꾼; 본국산의, 토착의

hóme guárd ⟪미⟫ 지방 의용병; ⟪영⟫ [the H~ G~; 집합적] 국방 시민군

hóme hélp ⟪영⟫ 가정부, 파출부

home·land [-læ̀nd] *n.* 본국, 고국; (남아프리카 공화국의) 흑인 원주민 반투족의 자치구

*__home·less__ [hóumlis] *a.* **집 없는**; 기르는 사람이 없는 **~·ness** *n.*

home·like [hóumlàik] *a.* 제집 같은; 마음 편한 **~·ness** *n.*

*__home·ly__ [hóumli] *a.* (**-li·er**; **-li·est**) **1** ⟪영⟫ 〈사람·분위기 등이〉 **가정적인**; 검소한; 소박한 **2** ⟪미⟫ 〈사람·얼굴이〉 못생긴

⁑**home·made** [hóummèid] *a.* **집에서 만든**, 손수 만든; 국산의

*__home·mak·er__ [-mèikər] *n.* ⟪미⟫ **가사[가정]을 꾸리는 사람**, 주부

home·mak·ing [-mèikiŋ] *n.* Ⓤ 가사, 가정 관리; ⟪미⟫ 가정과 ⟪학과⟫

Hóme Óffice [the ~] ⟪영⟫ 내무부; [**h~ o~**] (회사의) 본사, 본점

ho·me·o·path·ic [hòumiəpǽθik] *a.* 동종 요법의

ho·me·op·a·thy [hòumiɑ́pəθi | -ɔ́p-] *n.* Ⓤ 〖의학〗 동종 요법(同種療法)(opp. *allopathy*)

ho·me·o·sta·sis [hòumiəstéisis] *n.* Ⓤ 〖생리〗 항상성(恒常性) ⟪신체 내부의 체온·화학적 성분 등이 평형을 유지·조절하는 일⟫

home·own·er [hóumòunər] *n.* 자기 집을 가진 사람

hóme pàge 〖컴퓨터〗 홈 페이지 ⟪인터넷의 월드 와이드 웹 서비스 접속시 처음으로 나타나는 화면⟫

hóme pláte 〖야구〗 본루(本壘)

hóme pórt 모항(母港), (선박의) 소속항

*__hom·er__ [hóumər] *n.* **1** ⟪구어⟫ 〖야구〗 본루타, 홈런 **2** 전서구(傳書鳩)(homing pigeon) — *vi.* ⟪구어⟫ 〖야구〗 홈런을 치다

Ho·mer [hóumər] *n.* 호메로스, 호머 ⟪고대 그리스의 시인⟫

(***Even***) ***~ sometimes nods.*** ⟪속담⟫ 명수도 때로는 실수가 있는 법.

hóme rànge 〖생태〗 (정주성(定住性) 동물의) 행동권(圈)

Ho·mer·ic [houmérik] *a.* 호머(식)의

⁑**home·room, hóme ròom** [hóum-rù(:)m] *n.* ⓊⒸ 〖교육〗 **홈룸** ⟪학급 전원이 모이는 생활 지도 교실[시간]⟫

hóme rúle 지방[내정] 자치

⁑**hóme rún** 〖야구〗 **홈런**(homer), **본루타**

home·school·ing [-skù:liŋ] *n.* 〖교육〗 자택 학습

Hóme Sécretary [the ~] ⟪영⟫ 내무장관

hóme shòpping 홈 쇼핑

⁑**home·sick** [hóumsìk] *a.* **향수병의** **~·ness** *n.* Ⓤ 회향병, 향수병(nostalgia)

*__home·spun__ [hóumspʌ̀n] *a.* **손으로 짠**; 소박한, 세련되지 않은, 투박한, 수수한 — *n.* Ⓤ **홈스펀** ⟪수직물 비슷한 올이 굵은 모직물⟫; 수직물(手織物); Ⓒ ⟪고어⟫ 촌뜨기

home·stay [-stèi] *n.* 《미》 홈스테이 《외국 유학생이 체재국의 일반 가정에서 지내기》

***home·stead** [hóumstèd] *n.* **1 집과 대지,** (특히 부속 건물·농장이 있는) **농장 2** 《미·캐나다》 (이민에게 이양되는) 자작 농장 **~·er** *n.*

hóme stráight 《영》 =HOMESTRETCH

home·stretch [-strétʃ] *n.* [보통 the ~] 《미》 **1** 최후의 직선 코스, 홈스트레치(cf. BACKSTRETCH) **2** (일의) 최종 단계[부분]

hóme théater 《미》 안방 극장; 〚컴퓨터〛 홈 시어터 시스템 《가정용 영사 시스템》

home·town [-táun] *n.* 자기가 태어난 읍[도시], 고향

hóme trúth [종종 *pl.*] 괘씸한[불쾌한] 사실; 명백한 사실의 진술

hóme vídeo 가정용 비디오 테이프 (플레이어)

***home·ward** [hóumwərd] *a.* **집으로 향하는;** (본국으로) 귀항(歸航)하는
— *ad.* **집으로 향하여;** 본국으로

home·ward-bound [hóumwərd-bàund] *a.* 본국행의[을 향하는], 귀항 중의(opp. *outwardbound*)

home·wards [hóumwərdz] *ad.* = HOMEWARD

*****home·work** [hóumwə̀ːrk] *n.* Ⓤ **1 숙제,** 예습 **2** (회의 등의) 사전 조사[준비] ***do** one's* **~** 《구어》 숙제를 하다; 미리 충분히 검토하다

home·work·ing [hóumwə̀ːrkiŋ] *n.* 재택 근무

hom·ey [hóumi] *a.* (**hom·i·er**; **-i·est**) 《미·구어》 가정의, 가정다운, 마음 편한, 거리낌 없는

***hom·i·cide** [hɑ́məsàid | hɔ́m-] *n.* Ⓤ 〚법〛 **살인**(죄); 살인 행위; Ⓒ 살인범

hòm·i·cí·dal [-sáidl] *a.* 살인(범)의

hom·i·let·ic, -i·cal [hɑ̀məlétik(əl) | hɔ̀m-] *a.* 설교(술)의; 설교[훈계]적인

hom·i·let·ics [hɑ̀məlétiks | hɔ̀m-] *n. pl.* [단수 취급] 설교술; 설교학

hom·i·ly [hɑ́məli | hɔ́m-] *n.* (*pl.* **-lies**) 설교; 훈계

hom·ing [hóumiŋ] *a.* **1** Ⓐ 집으로 돌아가는; 귀소[회귀]성을 가진 **2** (미사일 등의) 자동 유도[추적]의
— *n.* Ⓤ 집으로 돌아감, 귀환; 귀소(歸巢) 본능; (미사일 등의) 자동 추적

hóming pìgeon 전서구(傳書鳩)

hom·i·nid [hɑ́mənid | hɔ́m-] *n.* 〚인류〛 사람과(科)의 동물

hom·i·ny [hɑ́məni | hɔ́m-] *n.* Ⓤ 《미》 굵게 간 옥수수

ho·mo [hóumou] *n.*, (*pl.* **~s**) *a.* 《속어》 =HOMOSEXUAL

Ho·mo [hóumou] [L] *n.* 〚동물〛 사람속(屬)

homo- [hóumou, hɑ́m-] 《연결형》 =HOM-

ho·mo·ge·ne·i·ty [hòumədʒəníːəti] *n.* Ⓤ 동종(同種), 동질(성); 〚수학〛 동차성(同次性)

ho·mo·ge·ne·ous [hòumədʒíːniəs] *a.* 동종[질, 성]의, 등[균]질의, 균등질(均等質)의; 〚수학〛 동차(同次)의 **~·ly** *ad.*

ho·mog·e·nize [houmɑ́dʒənàiz, hə- | hɔmɔ́dʒ-] *vt.* 균질(均質)이 되게 하다

hom·o·graph [hɑ́məgræ̀f | hɔ́məgrɑ̀ːf] *n.* 〚언어〛 동형 이의어(異義語) 《seal「바다표범」과 seal「인장」 등》

hòm·o·gráph·ic *a.*

ho·mo·log [hóuməlɔ̀ːg, hɑ́m- | hɔ́mə-lɔ̀g] *n.* =HOMOLOGUE

ho·mol·o·gous [həmɑ́ləgəs | -mɔ́l-] *a.* 〈성질·위치·구조 등이〉 일치하는; 〚수학〛 상사(相似)의; 〚화학〛 동족의; 〚생물〛 상동(相同) (기관)의, 이형 동원(異形同源)의(cf. ANALOGOUS)

ho·mo·logue [hóuməlɔ̀ːg, hɑ́m- | hɔ́məlɔ̀g] *n.* 상동하는 것; 〚생물〛 상동 기관 《등》; 〚화학〛 동족체

ho·mol·o·gy [həmɑ́lədʒi | hɔmɔ́l-] *n.* (*pl.* **-gies**) ⓊⒸ 상동 관계(cf. ANALOGY); 〚생물〛 (이종(異種)의 부분·기관의) 상동; 〚화학〛 동족 관계; 〚수학〛 상사(相似)

hom·o·nym [hɑ́mənìm | hɔ́m-] *n.* **1** 동음[동형] 이의어 **2** 동명 이물(異物)[이인(異人)]

hom·o·phone [hɑ́məfòun | hɔ́m-] *n.* 동음이자 《c[s]와 s, 또는 c[k]와 k》; = HOMONYM 1; 이형 동음 이의어(異形同音異義語) 《right와 write와 wright 등》

hom·o·phon·ic [hɑ̀məfɑ́nik | hɔ̀mə-fɔ́n-] *a.* 동음의; 동음 이어의; 〚음악〛 단성(單聲)[단선율]의, 제창의; 호모포니의

ho·moph·o·ny [həmɑ́fəni | hɔmɔ́f-] *n.* Ⓤ 동음(성); 〚음악〛 제창; 호모포니, 단음(單音)[단선율]적 가곡(cf. POLYPHONY)

Hó·mo sá·pi·ens [-séipiənz | -sǽ-piènz] *n.* [L = wise man] 〚인류〛 사람 《현세인》; 인류

ho·mo·sex·u·al [hòuməsékʃuəl] *a.*, *n.* 동성애를 하는 (사람)

ho·mo·sex·u·al·i·ty [hòuməsèkʃuǽlə-ti] *n.* Ⓤ 동성애; 동성애적 행위

hom·y [hóumi] *a.* 《속어》 =HOMEY

hon [hʌn] [*honey*] *n.* 《구어》 =HONEY 3

Hon., hon. honor; Honorable; Honorary

Hon·du·ras [hɑndjúərəs | hɔndjúə-] *n.* 온두라스 《중앙 아메리카의 공화국; 수도 Tegucigalpa; 略 Hond.》
-ran [-rən] *a.*, *n.* 온두라스의 (사람)

hone [houn] *n.*, *vt.* 숫돌(로 갈다)

*****hon·est** [ɑ́nist | ɔ́n-] *a.* **1 정직한,** 공정한, 염직한(upright); 성실한; 믿음직한 **2** 〈언행 등이〉 **거짓 없는,** 솔직한; 〈이득 등이〉 정당한; 섞인 것 없는 ***be* ~ *with*** …에게 정직하게 터놓다; …와 떳떳하게 사귀다 **~ *to God*** [***goodness***] 《구어》 정말로, 진짜로, 참으로, 절대로 ***make an* ~ *woman of*** 《익살》 〈관계한 여자를〉 정식 아내로 삼다 ***to be quite* ~ *about it*** 정직하게 말해서
— *ad.* 《구어》 정말로, 참말로

hónest íngun[**Ínjun**] 《구어》 정말로, 참말이야

****hon·est·ly** [ɑ́nistli | ɔ́n-] *ad.* **1 정직하게;** 정직하게 일해서, 정당하게 **2** [보통 문두에 놓아 문장 전체를 수식하여] 솔직히 말해서, 정말로

hon·est-to-God [ɑ́nisttəgɑ́d | ɔ́nisttəgɔ́d], **-good·ness** [-gúdnis] *a.* 《구어》 진짜의, 정말의

‡hon·es·ty [ɑ́nisti | ɔ́n-] *n.* (*pl.* **-ties**) Ⓤ **정직**, 성실 ***H~ is the best policy.*** 《격언》 정직은 최선의 방책.

‡hon·ey [hʌ́ni] *n.* **1** Ⓤ (벌)꿀 **2** Ⓤ 화밀(花蜜), 당밀(糖蜜); ⓊⒸ (꿀처럼) 단 것 **3** [호칭으로] 귀여운 사람[여자]; 여보, 당신 **4** 《미·구어》 멋진[훌륭한] 것, 최고급품
my ~ 귀여운 사람, 여보, 당신, 아가야
— *a.* Ⓐ (**hon·i·er**; **-i·est**) 벌꿀의; 꿀의; (꿀처럼) 달콤한, 감미로운; 벌꿀색의

hon·ey·bee [hʌ́nibìː] *n.* 꿀벌

***hon·ey·comb** [hʌ́nikòum] *n.* (꿀)벌집; 벌집 모양의 것; (반추 동물의) 벌집위 — *a.* 벌집의, 벌집 모양의
— *vt.* 벌집 모양으로 만들다

hon·ey·dew [-djùː | -djùː] *n.* Ⓤ **1** (잎·줄기에서 나오는) 단물; (진디 등이 분비하는) 꿀 **2** 《시어》 감로(甘露) **3** 감로멜론(= **~ mélon**)

hon·eyed [hʌ́nid] *a.* 꿀이 있는[많은]; 꿀로 달게 한; 달콤한

***hon·ey·moon** [hʌ́nimùːn] [감미롭고 행복한 신혼기를 보름달에 비유하여, 곧 이지러져 감을 암시한 익살스러운 조어(造語)] *n.* **신혼 여행**, 허니문; **신혼 후 첫 한 달, 밀월**, 밀월 시대 — *vi.* **신혼 여행을 하다**; 신혼 휴가를 보내다 《*at, in*》 **~·er** *n.*

hon·ey·suck·le [hʌ́nisʌ̀kl] *n.* 〖식물〗 인동덩굴

hon·ey-sweet [-swíːt] *a.* 꿀같이 단

***Hong Kong, Hong·kong** [hɑ́ŋkɑ̀ŋ | hɔ̀ŋkɔ́ŋ] *n.* **홍콩**(香港)

hon·ied [hʌ́nid] *a.* = HONEYED

honk [haŋk, hɔːŋk | hɔŋk] [의성어] *n.* 기러기의 울음 소리; (자동차의) 나팔식 경적 소리 — *vi.* 〈기러기가〉 울다; 경적을 울리다

hon·ky, hon·kie [hɔ́ːŋki, hɑ́ŋ- | hɔ́ŋ-] *n.* 《미·속어》 백인

honk·y-tonk [hɑ́ŋkitɑ̀ŋk | hɔ́ŋkitɔ̀ŋk] *n.* 《미·속어》 저급한 카바레[술집]; 저급한 흥행물; 사기 흥행사 — *a.* 싸구려 술집의; 〖재즈〗 홍키통크조(調)의 《래그타임에 의한 피아노 연주》

‡Hon·o·lu·lu [hɑ̀nəlúːluː | hɔ̀n-] *n.* **호놀룰루** 《미국 Hawaii 주의 주도》

‡hon·or | hon·our [ɑ́nər | ɔ́n-] *n.* **1** Ⓤ **명예**, 영예; **영광** **2** Ⓤ 면목, 체면 **3** Ⓤ 도의심, 자존심; 신의, 신용; 정절 **4** Ⓤ 경의, 존경 **5** 명예상, 훈장; [*pl.*] 의례 **6** [His H~, Your H~] 각하 《(영) 주로 지방 판사, 《미》 재판관에 대한 경칭》 **7** [*pl.*] 우등; 〖골프〗 제일 먼저 치기; [*pl.*] 〖카드〗 최고의 패
be on one***'s ~ to*** do = ***be bound in ~ to*** do 명예를 위하여 꼭 …하지 않으면 안 되다 ***do ~ to*** a person = ***do*** him ***~*** …의 명예가 되다, …에게 면목을 세워주다 ***in ~ of*** …에 경의를 표하여, …을 축하하여 ***on*** a person***'s ~*** …의 책임[도의심]에 맡겨져 ***pledge*** one***'s ~*** 자기 명예를 걸고 맹세하다 ***put*** a person ***on his ~*** 명예를 걸고 서약시키다 ***upon*** one***'s*** (***word of***) ***~*** 맹세코
— *vt.* **1 존경하다** **2 a 명예를 주다**; 영작(榮爵)[관위 등]을 주다; 예우하다 **b** 감사히[삼가] 받다 **3** 〖상업〗 〈어음을〉 인수하여 (기일에) 지불하다, 받아들이다

‡hon·or·a·ble [ɑ́nərəbl | ɔ́n-] *a.* **1 고결한, 존경할 만한**, 지조가 있는, 훌륭한 **2 a 명예로운, 영광스러운 b** 고귀한(noble), 명예를 표창하는 **3** [**H~**] 《경칭》 각하, 님, 선생

hónorable méntion (전시회에서) 선외 가작; 선외 가작상, 감투상

***hon·or·a·bly** [ɑ́nərəbli | ɔ́n-] *ad.* **장하게**, 훌륭히

hon·o·rar·i·um [ɑ̀nərέəriəm | ɔ̀n-] *n.* (*pl.* **~s, -i·a** [-iə]) (연설 등에 대한) 사례금(fee)

hon·or·ar·y [ɑ́nərèri | ɔ́nərəri] *a.* **1** 명예상의, 직함만의, 명예직의; 무급(無給)의 **2** 〈부채 등이〉 도의상의

hon·ored [ɑ́nərd | ɔ́n-] *a.* **1** 명예로운 **2** Ⓟ 영광[명예]으로 생각하여 《*by, with, that*》

hon·or·if·ic [ɑ̀nərífik | ɔ̀n-] *a.* 경의를 표하는; 경칭의, 존칭적인
— *n.* 경어; 경칭 (어구)

hónor ròll (초·중·고교의) 우등생 명단; 수상자 일람; 재향 군인 명부

hónor sỳstem 《영》 우등생 제도; 《미》 무감독 시험 제도; (교도소의) 자주 관리 제도

hon·our [ɑ́nər | ɔ́n-] *n.*, *vt.* 《영》 = HONOR

hooch [huːtʃ] *n.* Ⓤ 《미·속어》 술, 밀조주, 밀매주

‡hood[1] [hud] *n.* **1 두건** **2** 《미》 자동차의 보닛(《영》 bonnet); (매·말의) 머리 씌우개; 《영》 마차 등의 포장; 굴뚝덮개; 덮개, (포탑의) 씌우개 **3** 대학 예복(禮服)[교수의 정장]의 등에 드리는 천
— *vt.* 두건으로 가리우다; 가리워 숨기다; 눈가림하다 《*with*》

hood[2] [huːd] *n.* 《미·속어》 = HOODLUM

-hood [hud] *suf.* **1** [성질·상태·계급·신분 등을 나타내는 명사 어미] **2** [집합 명사 어미] 「무리·사회」 등의 뜻

hood·ed [húdid] *a.* **1** 두건을 (깊숙이) 쓴 **2** 포장[갓] 달린; 〖식물〗 모자 모양의; 〖동물〗 두건 모양의 관모(冠毛)가 있는

hood·lum [húːdləm] *n.* 《속어》 불량자, 폭력단원, 깡패, 폭력배

hoo·doo [húːduː] *n.* (*pl.* **~s**) **1** 《미》 = VOODOO **2** 《구어》 재수없는 것[사람]; 불운 — *vt.* 불운[불행]을 가져오다

hood·wink [húdwìŋk] *vt.* (남의) 눈을 속이다, 농락하다; 《고어》 눈가림을 하다 (blindfold)

hoo·ey [húːi] 《미·구어》 *int.* 바보 같은! — *n.* Ⓤ 허튼소리(nonsense)

‡hoof [huf, huːf | huːf] *n.* (*pl.* **hooves** [huvz, huːvz | huːvz], **~s**) **발굽**; 발굽을 가진 동물(의 발); 《익살·경멸》 사람의 발 ***on the ~*** 〈가축이〉 아직 살아서 《도살 전》

— *vi.* (구어) 걷다; (속어) 춤추다
— *vt.* **1** [~ it] (속어) 걷다, 도보 여행을 하다; (속어) 춤추다 **2** 〈말 등이〉 발굽으로 차다

hoof·beat [húfbì:t] *n.* 발굽 소리

hoofed [huft, hu:ft | hu:ft] *a.* …한 발굽이 있는, 유제(有蹄)의, 발굽 모양의

hoof·er [húfər, hú:f- | hú:f-] *n.* 도보 여행자; (미·속어) 직업 댄서 (특히 tap dancer)

hoo-ha [hú:hà:] [의성어] (구어) *n.* Ⓤ 야단법석, 소동

‡hook [huk] *n.* **1** 갈고리; 갈고리쇠 **2** 낚싯바늘, 코바늘, 올가미 **3** 갈고리 모양의 낫 **4** 인용 부호 (' '); 〖음악〗 (음표의) 꼬리 (♪ 등의 깃발 모양의 부분); 하천의 굴곡부 **5** 〖권투〗 훅 **6** [*pl.*] (미·속어) 손(가락); 도둑, 소매치기

off the ~ (구어) 궁지를 벗어나; (전화의) 수화기가 벗어나 ***on*** one***'s own*** ~ (속어) 제힘으로; 자발적으로

— *vt.* **1** 갈고리로 걸다; 훅으로 잠그다 **2** 낚시에 걸다; 〈사람을〉 잘 낚다; 슬쩍 훔치다 **3** (미·속어) 〈노동자를〉 매수하여 동료의 정보를 제공케 하다 **4** 〖골프〗 좌곡구로 치다 **5** 〖야구〗 〈공을〉 커브로 던지다; 〖권투〗 훅으로 치다 **6** 〖럭비〗 (스크럼 태세로) 〈공을〉 뒤쪽으로 차다 **7** 〈갈고리 모양으로〉 구부리다 — *vi.* **1** 훅으로 채워지다[잠기다] **2** 갈고리 모양으로 구부러지다 **3** 〖야구〗 커브로 던지다[들어가다]

~ ***it*** (속어) 도망치다 ~ ***on*** 훅으로 붙이다; 갈고리로 걸다 ~ ***up*** 훅으로 잠그다[잠기다]; 〈라디오·전화 등의 부품을〉 짜맞추다; (구어) 〖라디오〗 중계하다

hook·ah, hook·a [húkə] [Arab.] *n.* 수연통

hóok-and-lád·der trùck [húkənlǽdər-] 사닥다리 소방차

***hooked** [hukt] *a.* **1** 갈고리 모양의[으로 굽은] **2** 갈고리[훅]가 달린 **3** (미·속어) 마약 중독의; 기혼의

hóoked schwá 〖음성〗 훅트슈와 (발음 기호 [ɚ]의 명칭, 이 사전의 [ər]에 해당)(cf. SCHWA)

hook·er[1] [húkər] *n.* (네덜란드식) 쌍돛대 범선; (아일랜드 연안의) 돛대 하나인 어선; (일반적으로) 배

hooker[2] *n.* **1** 갈고리로 거는 사람[것] **2** (미·속어) 매춘부 **3** (미·속어) 대량의 술 **4** 〖럭비〗 후커 (스크럼 앞줄에서 공을 차는 선수)

hook·ey [húki] *n.* = HOOKY[2]

hook·nose [húknòuz] *n.* 매부리코
hóok-nòsed *a.* 매부리코의

hook·up [-ʌ̀p] *n.* **1** 〖통신〗 접속; (수신기의) 접속도(圖) **2** 〖방송〗 중계 **3** (미·구어) 연결; 협력, 제휴

hook·worm [-wə̀:rm] *n.* 십이지장충

hook·y[1] [húki] *a.* (**hook·i·er**; **-i·est**) 갈고리가 많은; 갈고리 모양의

hooky[2] *n.* Ⓤ (미·구어) 학교(등)을 꾀부려 빼먹기
play ~ 학교를 빼먹다, 꾀부려 쉬다

hoo·li·gan [hú:ligən] *n.* 무뢰한; 불량소년, 부랑아; 훌리건 (축구 시합 등에서 난폭한[난동 부리는] 관객)
~·ìsm *n.* Ⓤ 폭력(행위), 깡패 생활

***hoop** [hup | hu:p] [동음어 whoop] *n.* **1 a** 테, 쇠테 **b** 굴렁쇠 **2** (기둥의) 가락지, (포신(砲身) 등의) 환대(環帶) **3 a** 넓적한 가락지 **b** (서커스의) 곡예용 테 **c** (농구의) 링 **4** (고래 뼈·강철 등의) 버팀테 **5** 〖크로케〗 주문(柱門), 활 모양의 작은 문

go through the ~(***s***) (구어) 시련을 겪다, 고생하다 ***put*** a person ***through the*** ~(*s*) (구어) …을 단련하다, 혼내주다

— *vt.* **1** 테를 두르다 **2** 둘러싸다

hoop·la [hú:plɑ:] *n.* Ⓤ **1** 고리 던지기 (놀이) **2** (미·구어) 요란한 선전; 야단법석

hoo·poe, -poo [hú:pu:] *n.* 〖조류〗 후투티

hoop·skirt [húpskə̀:rt | hú:p-] *n.* 버팀테가 든 스커트; 그 버팀테

hoo·ray [huréi] [hurrah의 변형] *int., n., vi.* 만세(를 부르다)(hurrah)

hoose·gow, hoos- [hú:sgau] *n.* (미·속어) 교도소; 영창

Hoo·sier [hú:ʒər] *n.* (미) Indiana 주의 주민

***hoot** [hu:t] *n.* **1** 부엉부엉 (올빼미 울음소리) **2** 야유하는 소리, 빈정대는[불찬성의] 외침 **3** 뚜뚜, 빵빵 (기적·경적 소리) **4** [부정문] (구어) 무가치한 것; 조금, 소량 — *vi.* **1** [경멸·분노하여] 우우하다; 우우하고 야유하다, 야료하다 (*at*) **2 a** 〈올빼미가〉 부엉부엉 울다 **b** 〈기적·사이렌·자동차 경적 등이〉 뚜뚜[빵빵] 울리다

— *vt.* **1** (우우하고) 야유하다 **2** 야유하여 쫓아버리다 (*off, away, out*)

hoot·en·an·ny [hú:tənæ̀ni] *n.* (*pl.* **-nies**) (미·구어) 포크송 음악[연주]회

hoot·er [hú:tər] *n.* **1** 야유하는 사람 **2** 올빼미 **3** 기적, 경적, 사이렌 **4** (영·속어) 코

hóot òwl 〖조류〗 (부엉부엉 우는) 큰 부엉이

Hoo·ver *n.* (영) 후버 전기 청소기 (상표명)

Hoo·ver [hú:vər] *n.* 후버 **Herbert** (**Clark**) ~ (1874~1964) (미국 제31대 대통령(1929~33))

Hóover Dám 후버 댐 (미국 Colorado 강 상류의 댐; 1936년 완성)

hooves [huvz | hu:vz] *n.* HOOF의 복수

‡hop[1] [hɑp | hɔp] [OE 「뛰다, 춤추다」의 뜻에서] *v.* (**~ped**; **~·ping**) *vi.* **1** 깡충 뛰다 **2** (미·구어) 〈비행기로〉 …에 가다; 단기간 여행하다

— *vt.* **1** 〈도랑 등을〉 뛰어넘다 **2** (미·구어) 〈열차·차에〉 뛰어 오르다 **3** (구어) 〈비행기로〉 날아 넘다, 횡단하다

~ ***in*** (구어) 자동차에 올라타다 ~ ***it*** (영·속어) 훌쩍 떠나가다 ~ ***off*** 이륙하다 ~ ***to*** (***it***) (미·구어) (급히) 일을 시작하다; 서두르다

— *n.* **1** 깡충깡충 뜀; 두 발로 뜀 **2** (구어) **a** (비행기의) 이륙 **b** 비구(飛球) **c** (장거리 비행 중의) 1항정; 단거리[단기] 여행; (1회의 비행으로 나는) 비행 거리 **3** (구어) 춤(dance); (비공식) 무도회 **4** 〖크리켓〗 도비구(跳飛球)

a ~, ***step***[***skip***], ***and*** (***a***) ***jump*** 삼단뛰기 ***on the*** ~ (영·구어) (1) 바쁘게 돌아

다니고 (2) 현장을 불시에; 방심하고, 준비없이

hop[2] *n.* **1 a** 〖식물〗 홉 **b** [*pl.*] 홉 열매 《맥주에 쓴맛을 내는 것》 **2** Ⓤ [때로 *pl.*] 《미·속어》 마약; 《특히》 아편 **—** *vt.* (**~ped**; **~·ping**) **1** 홉으로 맛을 내다 **2** 《미·속어》 **a** …을 마약으로 자극하다 《*up*》 **b** 〈엔진의〉 출력을 강화하다 《*up*》

‡hope [houp] *n.* **1** ⓊⒸ **희망,** 소망 (opp. *despair*) **2** ⓊⒸ 기대; 가망 《*of*》 **3** 희망을 거는 것, 기대를 갖게 하는 것
be in great ~s (***that …***) (…을) 크게 기대하고 있다 ***be past***[***beyond***] (***all***) ***~*** 전혀 희망이 없다 ***hold out ~*** 희망을 갖게 하다 《*of*》 ***in ~s of***[***that***] = ***in the ~ of***[***that***] …의 희망을 가지고; …을 기대하여
— *vi.* **희망을 가지다; 기대하다** 《*for*》
— *vt.* **바라다,** 기대하다; …하고 싶어하다, …이기를 기대하다 《I hope는 내용이 좋은 일에 쓰임; 나쁜 일에는 보통 I am afraid 또는 I fear를 씀》
~ against ~ 《구어》 요행을 바라다 ***~ for the best*** 낙관하다, 희망을 버리지 않다 ***I ~ so.*** 그러기를 바란다, 그렇게 생각한다.

hópe chèst 《미》 **1** 처녀의 혼수감 **2** 처녀의 혼수감 궤(《영》 bottom drawer)

‡hope·ful [hóupfəl] *a.* **1 희망에 차 있는,** 기대에 부푼 《*of, about; that*》 **2** (전도) **유망한, 희망적인,** 가망있는, 장래가 촉망되는 **—** *n.* **1** (전도) 유망한 사람 **2** 입후보자; 지원자

hope·ful·ly [hóupfəli] *ad.* **1** 희망을 가지고, 유망하게 **2** [문장 전체를 수식하여] 《구어》 잘만 되면, 아마

‡hope·less [hóuplis] *a.* **1 희망을 잃은** 《*of*》, **절망적인 2** 《구어》 쓸모없는, 헛된
be ~ of …을 단념하다

***hope·less·ly** [hóuplisli] *ad.* **절망하여**

hope·less·ness [hóuplisnis] *n.* Ⓤ 절망 (상태)

hop·head [hɑ́phèd] *n.* 《미·속어》 마약 상용자

Ho·pi [hóupi] *n.* (*pl.* **~s, ~**) 호피족(族) 《Arizona 북부에 사는 Pueblo족》; 호피 말

hop-o'-my-thumb [hɑ́pəmiθʌ́m | hɔ́pəmi-] *n.* 난쟁이, 엄지동자

hop·per[1] [hɑ́pər | hɔ́p-] [hop[1]에서] *n.* **1 a** 깡충깡충 뛰는 사람[것] **b** 뛰는 벌레 **c** 《구어》 (차례로) 돌아다니는 사람 **2 a** 깔때기 모양의 그릇[상자]; (가공 재료·연료 등을 넣는) 깔때기 모양의 장치 **b** 밑바닥이 열리는 운반선

hopper[2] [hop[2]에서] *n.* 홉 따는 사람 (hop-picker)

hop-pick·er [hɑ́ppìkər | hɔ́p-] *n.* 홉 따는 사람[기계]

hop·ping [hɑ́piŋ | hɔ́p-] *a.* **1** 깡충 뛰는; 여기저기 돌아다니는 **2** 바삐 움직이는
keep a person ***~*** …을 바삐 움직이게[일하게] 해두다

hop·scotch [-skɑ̀tʃ | -skɔ̀tʃ] *n.* Ⓤ 돌차기 놀이

ho·ra [hɔ́:rə] *n.* 호라 《루마니아·이스라엘의 원무(圓舞)》

Hor·ace [hɔ́:rəs | hɔ́r-] *n.* **1** 남자 이름 **2** 호라티우스 《로마 시인(65-8 B.C.)》

Ho·ra·tian [həréiʃən] *a.* 호라티우스(Horace)(풍)의

***horde** [hɔ:rd] 〔동음어 hoard〕 〔Turk. 「야영지」의 뜻에서〕 *n.* **1 유목민[유민(流民)]의 무리 2** 다수 《*of*》

‡ho·ri·zon [həráizn] 〔Gk 「한정하다」의 뜻에서〕 *n.* **1 지평[수평]선 2** [보통 *pl.*] (사고·지식의) 범위, 한계, 시야 《*of*》
on the ~ (1) 지평선에 접하여, 지평선상에 (2) 《비유》 〈사건 등이〉 임박한; 분명해지고 있는

‡hor·i·zon·tal [hɔ̀:rəzɑ́ntl | hɔ̀rizɔ́n-] *a.* **1 수평의,** 가로의 **2 지평[수평]선상의 3** 수평면의; 평면의, 수평한; 〈기계가〉 수평으로 움직이는
— *n.* [the ~] 수평 위치; 수평물 《선·면 등》

horizóntal bár 철봉

hor·mon·al [hɔ:rmóunl], **-mon·ic** [-mɑ́nik | -mɔ́n-] *a.* 호르몬의[에 의한]

***hor·mone** [hɔ́:rmoun] *n.* 〖생리〗 **호르몬**

hor·mo·nol·o·gy [hɔ̀:rmənɑ́lədʒi | -nɔ́l-] *n.* Ⓤ 호르몬학, 내분비학

‡horn [hɔ:rn] *n.* **1** 뿔 《사슴·노루 등의》 **2** 신축성 있는 뿔 《달팽이 등의》, 촉각, 촉수, 뿔 모양의 기관[돌기] **3** 각재(角材) **4** 각제품 **5 a 뿔나팔,** 각적 **b** (자동차 등의) **경적 c** 〖음악〗 호른 **6 a** 초승달의 한쪽 끝 **b** 모래톱[곶 《등》]의 첨단
draw [***haul, pull***] ***in*** one***'s ~ s*** (1) 기가 죽다, 수그러지다 (2) 《영》 지출을 억제하다 ***lock ~s*** 격투하다, 싸우다 《*with*》
— *vt.* 뿔로 받다

horn·beam [hɔ́:rnbì:m] *n.* 〖식물〗 서나무속(屬) 《자작나뭇과(科)의 낙엽수》; 그 목재

horned [hɔ:rnd, 《시어》 hɔ́:rnid] *a.* **1** 뿔이 있는 **2** 뿔 모양의

hórned ówl 〖조류〗 수리부엉이

hor·net [hɔ́:rnit] *n.* 〖곤충〗 호박벌

horn·less [hɔ́:rnlis] *a.* 뿔 없는

horn·like [hɔ́:rnlàik] *a.* 뿔 같은; 뿔 모양의

horn·pipe [-pàip] *n.* **1** (양 끝에 뿔이 달린) 나무 피리 **2** 활발한 춤 《선원들 간에 유행했던》; 그 춤곡

horn-rimmed [-rìmd] *a.* 〈안경이〉 뿔[별갑]테의

horn·y [hɔ́:rni] *a.* (**horn·i·er**; **-i·est**) **1** 뿔의; 뿔 모양의 **2** 각질의 **3** 《비어》 성적으로 흥분한, 호색의

hor·o·loge [hɔ́:rəlòudʒ | hɔ́rəlɔ̀dʒ] *n.* 시계 《특히 원시적인 측시기(測時器)》

ho·rol·o·gy [hərɑ́lədʒi | -rɔ́l-] *n.* Ⓤ 시계학; 시계 제작법, 측시법(測時法)

hor·o·scope [hɔ́:rəskòup | hɔ́r-] *n.* **1** 〖점성술〗 별점, (탄생시의) 천체 위치 관측 **2** (점성용) 천궁도(天宮圖), 12궁도(宮圖) ***cast a ~*** 운세도(運勢圖)를 만들다, 별점을 치다

ho·ros·co·py [hɔ:rɑ́skəpi | hɔrɔ́s-] *n.* 《고어》 Ⓤ 점성술; 별점; 천궁도

hor·ren·dous [hɔːréndəs | hɔr-] *a.* 《구어》 무서운, 끔찍한 **~·ly** *ad.*

‡hor·ri·ble [hɔ́ːrəbl | hɔ́r-] *a.* (cf. HORRID) **1 무서운,** 끔찍한, 소름 끼치는 **2** 《구어》 **소름 끼치도록 싫은,** 지독한, 지겨운

***hor·ri·bly** [hɔ́ːrəbli | hɔ́r-] *ad.* **1 무시무시하게,** 끔찍하게 **2** 《구어》 지독하게

***hor·rid** [hɔ́ːrid | hɔ́r-] *a.* **1 무시무시한,** 징글맞은 **2** 《구어》 지독한, 매우 불쾌한, 지겨운 **~·ly** *ad.* **~·ness** *n.*

hor·rif·ic [hɔːrífik | hɔr-] *a.* 무서운, 소름 끼치는 **-i·cal·ly** *ad.*

***hor·ri·fied** [hɔ́ːrəfàid] *a.* **겁에 질린,** 공포감을 주는

***hor·ri·fy** [hɔ́ːrəfài] *vt.* (**-fied**) **소름 끼치게 하다,** 무서워 떨게 하다

hor·ri·fy·ing [hɔ́ːrəfàiiŋ | hɔ́r-] *a.* 무서운, 소름 끼치는

‡hor·ror [hɔ́ːrər | hɔ́r-] [L「(무서워) 털이 곤두서기」의 뜻에서] *n.* **1** Ⓤ **공포, 전율 2 a** 소름 끼칠 듯이 싫은 것[사람] **b** [*pl.*] 참사 **3** ⓊⒸ [a ~] (…에 대한) 혐오 **4** 《구어》 **a** 지독한 것 **b** 망나니 《아이》, 개구쟁이 **5** [the ~s] 《구어》 **a** 오싹하는 기분, 우울 **b** (알코올 중독의) 떨림 《발작》 **—** *a.* Ⓐ 공포의, 전율의

hor·ror-struck [hɔ́ːrərstrʌ̀k | hɔ́r-], **-strick·en** [-strìkən] *a.* 공포에 질린

hors de com·bat [ɔ́ːr-də-kɔːmbɑ́ː] [F] *a., ad.* 전투력을 잃은[잃고]

hors d'oeu·vre [ɔ̀ːr-də́ːrvr] [F] *n.* (*pl.* **~, ~s** [-z]) [보통 *pl.*] 오르되브르, 전채(前菜) 《수프 전에 나오는 가벼운 요리》

‡horse [hɔːrs] [동음어 hoarse] *n.* (*pl.* **~s, ~**) **1 말,** (성장한) 수말: eat like a ~ 대식(大食)하다 **2** [집합적; 단수 취급] 기병; 기병대: light ~ 경기병 **3 a** (체조용) 안마 **b** 높은 발판; 받침대, 나무 받이; 빨래 너는 대; 수건걸이 **4** Ⓤ [종종 *pl.*] 《구어》 마력(馬力) **5** Ⓤ 《속어》 헤로인 ***a ~ of another*** [***a different***] ***color*** (전혀) 별개의 사항 ***back the wrong ~*** 《구어》 (1) (경마에서) 질 말에 걸다 (2) 약한 쪽을 지지하다 (3) 판단을 그르치다 ***play the ~s*** 《미》 경마에 돈을 걸다 (***straight***) ***from the ~'s mouth*** 《구어》 가장 믿을 만한 계통으로부터; 직접 본인한테서 ***To ~!*** 《구령》 승마! ***work like a ~*** 매우 힘차게 일하다, 충실히 일하다

— *vt.* **1** 〈마차에〉 말을 매다 **2** 말에 태우다; …에게 말을 공급하다 **3** 《구어》 …을 밀다; 질질 끌고 다니다

— *vi.* **1** 말을 타다, 말타고 가다 **2** 《구어》 법석 떨다; 희롱거리다 《*around, about*》

horse-and-bug·gy [hɔ́ːrsəndbʌ́gi] *a.* Ⓐ 《미·구어》 **1** (자동차 이전의) 경장마차의 〈시대〉 **2** 구식의, 낡은

‡horse·back [hɔ́ːrsbæ̀k] *n.* **말 등** ***on ~*** 말 타고

— *a.* 말 등의: ~ riding 승마

hórse blòck (승마용) 발판

hórse bòx 《영》 (경마 등) 마필 운송차; 말우리

horse·break·er [-brèikər] *n.* 조마사

horse·car [-kɑ̀ːr] *n.* 《미》 (옛날의) 철도 마차; 마필 운송차

hórse chèstnut 〖식물〗 마로니에; 그 열매

horse·cloth [-klɔ̀ːθ | -klɔ̀θ] *n.* 말 옷

hórse dòctor 《구어》 말 의사, 수의사; 돌팔이 의사

horse·feath·ers [-fèðərz] *n. pl.* 《미·속어》 난센스, 허튼소리

horse·flesh [-flèʃ] *n.* Ⓤ 말고기; [집합적] 말(horses); Ⓒ 《비어》 여자

horse·fly [-flài] *n.* (*pl.* **-flies**) 말파리, 쇠등에

Hórse Guàrds 《영》 **1** [the ~] 근위(近衛) 기병 여단 《3개 연대》 **2** [the ~; 단수 취급] 영국 육군 총사령부

horse·hair [-hɛ̀ər] *n.* Ⓤ **1** 말털 《말갈기 또는 말총》 **2** 마미단(馬尾緞)

horse·hide [-hàid] *n.* 말가죽, 마피; 《미·속어》 야구공

hórse látitudes 〖항해〗 (대서양, 북위 및 남위의 각 30도 부근의) 무풍대(無風帶)

horse·laugh [-læ̀f | -lɑ̀ːf] *n.* [보통 the ~] (남을 무시하는) 너털웃음, 홍소(guffaw)

hórse màckerel 〖어류〗 다랑어(tunny); 전갱이

‡horse·man [hɔ́ːrsmən] *n.* (*pl.* **-men** [-mən]) **승마자,** 기수; 승마술에 능한 사람 **~·shìp** *n.* Ⓤ 승마술

hórse mùshroom 말버섯 《식용》

hórse òpera (텔레비전·영화·소설의) 서부극

horse·play [-plèi] *n.* Ⓤ 소란스러운 장난[놀이]

horse·pond [-pɑ̀nd | -pɔ̀nd] *n.* 말에게 물을 먹이거나 씻기는 못

***horse·pow·er** [hɔ́ːrspàuər] *n.* 〖기계〗 마력 《1초에 75kg을 1m 높이에 올리는 힘의 단위; 略 hp., h.p., HP., H.P.》

hórse ràcing 경마

horse·rad·ish [-ræ̀diʃ] *n.* 〖식물〗 양고추냉이

hórse sènse 《미·구어》 (일상적) 상식, 양식

horse·shit [-ʃìt] 《미·속어·비어》 *n.* **1** 말똥 **2** 허튼소리, 난센스 **—** *int.* [불신·회의 등을 나타내어] 바보 같이, 헛소리 마

***horse·shoe** [hɔ́ːrsʃùː, hɔ́ːrʃʃùː] *n.* **1 편자,** 말편자 **2 a** 편자 모양의 것 **b** U자형의 것 **3** [*pl.*; 단수 취급] 편자 던지기 《놀이》 **—** *vt.* 편자를 대다

hórseshoe cráb 〖동물〗 투구게(king crab)

horse·tail [hɔ́ːrstèil] *n.* **1** 말꼬리 **2** 〖식물〗 속새

hórse tràde 말의 교환[매매]; 《미·구어》 빈틈없는 거래, 현실적 타협

horse·whip [-*h*wìp] *n.* 말채찍

— *vt.* (**~ped**; **~·ping**) 말을 채찍으로 때리다; 호되게 벌주다

horse·wom·an [-wùmən] *n.* (*pl.* **-wom·en** [-wìmin]) 여기수, 여자 승마자

hors·y, hors·ey [hɔ́ːrsi] *a.* (**hors·i·er**; **-i·est**) **1** 말의[같은] **2** 말을 좋아하는, 경마[승마]를 좋아하는

hor·ta·tion [hɔːrtéiʃən] *n.* Ⓤ 권고; 장려

hor·ta·tive [hɔ́ːrtətiv] *a.* 권고[장려]적인

hor·ti·cul·ture [hɔ́ːrtəkʌ̀ltʃər] *n.* Ⓤ 원예(술[학]) **hòr·ti·cúl·tur·al** *a.*

hor·ti·cul·tur·ist [hɔ̀ːrtəkʌ́ltʃərist] *n.* 원예가

Hos. 〖성서〗 Hosea

ho·san·na [houzǽnə] *int., n.* 〖성서〗 호산나 《하느님을 찬송하는 외침[말]》

*__hose__ [houz] *n.* **1** (*pl.* **~s**) ⓊⒸ (물을 끄는) **호스,** 수도용 관 **2** (*pl.* **~**) **a** 긴 양말, (여자용) 스타킹 **b** (옛날의 남자용) 타이츠; 반바지 — *vt.* 호스로 물을 뿌리다, 〈자동차 등을〉 호스물을 뿌려 씻다

Ho·se·a [houzíːə | -zíə] *n.* 〖성서〗 **1** 호세아 《히브리의 예언자》 **2** 호세아서(書) 《略 Hos.》

hose·pipe [hóuzpàip] *n.* 호스(hose)

ho·sier [hóuʒər | -ziə] *n.* 양말·메리야스 장수

ho·sier·y [hóuʒəri | -ziəri] *n.* Ⓤ 양말·메리야스류 (제조 판매)

hosp. hospital

hos·pice [háspis | hɔ́s-] *n.* **1** 여행자 휴식[숙박]소 《특히 순례자·참배자를 위한》 **2** 〖의학〗 (말기 환자를 위한) 병원

*__hos·pi·ta·ble__ [háspitəbl | hɔ́s-] [L 「손님을 접대하다」의 뜻에서] *a.* **1 대접이 좋은, 손님 접대를 잘하는;** 공손한, 극진한 **2** 〈환경 등이〉 쾌적한 **-bly** *ad.*

‡**hos·pi·tal** [háspitl | hɔ́s-] [L 「손님을 접대하는 곳」의 뜻에서] *n.* **1 병원** **2** 《영·고어》 자선 시설; 양육원

***enter*[*go to*] (*the*) ~** 입원하다 ***in*[*out of*] (*the*) ~** 《영》 입원[퇴원]하여

‡**hos·pi·tal·i·ty** [hɑ̀spətǽləti | hɔ̀s-] *n.* (*pl.* **-ties**) ⓊⒸ **환대,** 친절히 접대함, 후대

hos·pi·tal·i·za·tion [hɑ̀spitəlizéiʃən | hɔ̀spitəlai-] *n.* Ⓤ **1** 입원 **2** 입원 기간

hos·pi·tal·ize [háspitəlàiz | hɔ́s-] *vt.* **1** [종종 수동형] 입원시키다 **2** 병원 치료하다

‡**host**[1] [houst] [L 「손, 손님」의 뜻에서] *n.* **1** (손님을 접대하는) **주인** (노릇), 호스트(역)(cf. HOSTESS; opp. *guest*); (대회 등의) 주최자[국] **2** 《고어·익살》 (여관 등의) 주인(landlord) **3** 〖생물〗 (기생 동식물의) 숙주(宿主) **4** 〖컴퓨터〗 = HOST COMPUTER

— *vt.* **1** (파티 등의) 주인 노릇을 하다 **2** (국제 회의 등의) 주최국 노릇을 하다

‡**host**[2] [L 「적, 군세」의 뜻에서] *n.* **1** 무리, 떼, 다수(의 …) **2** (시어·문어) **군**(軍), 군세(army)

*__hos·tage__ [hástidʒ | hɔ́s-] *n.* **인질,** 담보: hold[take] a person ~ …을 인질[볼모]로 잡아 놓다

hóst compùter 〖컴퓨터〗 (단말기·마이크로 컴퓨터를 거느린) 호스트 컴퓨터

‡**hos·tel** [hástl | hɔ́s-] [OF 「호텔」의 뜻에서] *n.* **1 호스텔** **2** 《영》 대학 기숙사

hos·tel·(l)er [hástələr | hɔ́s-] *n.* 호스텔의 관리자; 숙박자, 호스텔 여행자

hos·tel·ry [hástəlri | hɔ́s-] *n.* (*pl.* **-ries**) 《영》 (유스) 호스텔; 《고어·문어》 여관(inn)

‡**host·ess** [hóustis] *n.* **1 여주인** (**노릇**), 안주인, 호스티스(역) **2** (비행기의) 스튜어디스

‡**hos·tile** [hástl | hɔ́stail] *a.* **1 적**(敵)**의; 적대하는,** 적국의 **2** 불리한; 〈기후·환경 등이〉 부적당한 **~·ly** *ad.*

‡**hos·til·i·ty** [hastíləti | hɔs-] *n.* (*pl.* **-ties**) ⓊⒸ **1 적의,** 적성(敵性), 적개심 《*toward*》 **2 a 적대 행위** **b** [*pl.*] 전쟁 (행위); 교전

hos·tler [háslər | ɔ́s-] *n.* 《미》 마부 《옛 여관에서 손님의 말을 돌봄》

‡**hot** [hɑt | hɔt] *a.* (**~·ter**; **~·test**) **1 뜨거운;** 더운 **2** 〈몸이〉 **열이 있는,** 달아오른 **3** (혀·코를) **톡 쏘는,** 매운, 강렬한 **4** 성난(angry), 흥분한 **5** 《구어》 **열렬한,** 격렬한, 불타는 **6 a** 호색(好色)의 **b** 〈책 등이〉 음란한, 흥분시키는 **7 a** 〈요리 등이〉 갓 만들어진 **b** 〈보도 등이〉 **새로운,** 방금 들어온 **c** 《영·구어》 새로 나온 〈지폐〉 **8** 《구어》 **a** 〈배우·경기자 등이〉 잘하는, 훌륭한 **b** 잘 아는, 정통한 《*on, in*》 **9** 《구어》 바로 뒤에 다가온, 가까운 **10** 《구어》 〈상품 등이〉 인기있는 **11** 《속어》 부정 수단으로 손에 넣은; 금제(禁制)의

~ and bothered 《구어》 (잘못될까봐) 안달하여 ***~ under the collar*** 《구어》 화를 내어, 흥분하여 ***make it*[*a place, things,*** etc.] ***too ~ for*** a person (박해 등으로) 배겨나지 못하게 하다 ***not so ~*** 《구어》 별로 쓸모[효과] 없는, 흡족하지 못한

— *ad.* 뜨겁게; 열심히; 심하게; 성내어

— *v.* (**~·ted**; **~·ting**) *vt.* **1 a** 〈식은 음식을〉 데우다, 뜨겁게 하다 **b** 〈음식을〉 (조미료를 쳐서) 맵게 하다 《*up*》 **2** 〈일을〉 활기띠게 하다, 격렬해게 하다

— *vi.* **1** 더워지다 **2** 활발[격렬]해지다

hót áir **1 a** 열기 **b** (난방용) 열풍 **2** 《구어》 허풍, 자기 자랑

hót-air ballóon [hɑ́tέər- | hɔ́t-] 열기구

hot·bed [-bèd] *n.* **1** 온실 **2** (죄악 등의) 온상, 소굴 《*of*》

hót blàst 〖야금〗 용광로에 불어 넣는 열풍

hot-blood·ed [-blʌ́did] *a.* **1** 열렬한; 혈기찬, 피끓는 **2** 성급한, 성마른

hót bútton 《미》 (선택을 좌우하는) 중요 문제, 결정적 요인

hót càke 핫케이크(pancake)

sell*[*go*] *like ~s 날개 돋친 듯이 팔리다

hotch·potch [hɑ́tʃpɑ̀tʃ | hɔ́tʃpɔ̀tʃ] *n.* **1** Ⓤ 잡탕 찌개 《특히 양고기와 야채의》 **2** 《영》 뒤범벅

hót cròss bún = CROSS BUN

hót dòg **1** 핫도그 **2** 《미·구어》 (서핑·스키 등에서) 묘기를 가진 사람; 묘기를 과시하는 사람 — *int.* 《미·구어》 좋다, 찬성이다, 고맙다

‡**ho·tel** [houtél] [F 「손님을 접대하는 곳」의 뜻] *n.* **호텔,** 여관 《넓고 최신식 설비를 갖춘 곳》

ho·tel·ier [hòutəlíər] *n.* = HOTEL-KEEPER

ho·tel·keep·er [houtélkì:pər] *n.* 호텔 경영자[소유자]
hót flásh[flúsh] 〖생리〗 (폐경기의) 일과성[전신] 열감(熱感)
hot·foot [hátfùt | hɔ́t-] *ad.* 부리나케, 황급히 **—** *vt.* 《미·구어》 부리나케 가다
hot·head [-hèd] *n.* 성급한 사람, 성마른 사람
hot·head·ed [-hédid] *a.* 성급한, 성마른 **~·ly** *ad.*
hot·house [-hàus] *n.* (*pl.* **-hous·es** [-hàuziz]) **1** 온실 **2** (범죄·악습 등의) 온상
hót lìne **1** [the ~] 핫라인, (정부 수뇌 간의) 긴급 직통 전화
hót lìnk 〖컴퓨터〗 핫 링크 《두 개의 application 중 한 쪽의 변화가 즉시 다른 쪽에도 작용하도록 연결시키는 일》
***hot·ly** [hátli | hɔ́t-] *ad.* **1 열렬히**; 맹렬히, 열심히 **2** 흥분하여, 골나서, 노기를 띠고 **3** 뜨겁게
hót móney 《구어》 핫머니 《국제 금융 시장에서 높은 수익을 노리고 유동하는 단기 자금》
hót pànts 핫팬츠 《여자용 짧은 반바지》
hót pépper 고추; 고춧가루
hót plàte **1** 요리용 철판 **2** 전열기 **3** 음식 보온기
hót pòt 《영》 〖요리〗 쇠고기나 양고기에 다 감자 등을 섞어서 냄비에 찐 것
hót potáto **1** 《영·구어》 (껍질째) 구운 감자 **2** 《구어》 곤란한[위험한] 문제, 난문제
hót ròd 《속어》 고속 주행이 가능토록 개조한 (중고) 자동차
hót ródder *n.* 《미·속어》 hot rod 운전자; 폭주족
hót sèat **1** 《미·속어》 (사형용) 전기 의자 **2** 불안한[곤란한] 입장, 중책이 있는 처지
hot·shot [-ʃàt | -ʃɔ̀t] 《미·속어》 *a.* 유능한; 뽐내는, 젠체하는
— *n.* **1** 급행 화물 열차 **2 a** 유능한 (체하는) 사람, 민완가; 훌륭한 (체하는) 사람 **b** (스포츠의) 명수, 일류 선수
hót spòt **1** (정치·군사적) 분쟁 지역 **2** 《속어》 나이트클럽, 환락가
***hót spríng** 온천, [보통 *pl.*] 온천지
hot·spur [-spə̀:r] *n.* 무모한 사람, 성급한 사람
hót stúff 《속어》 **1** (능력·품질 등이) 뛰어난 사람[것] **2** 성적 매력이 있는 사람; 외설적인 것 **3** 유행하는 것
hot-tem·pered [háttémpərd | hɔ́t-] *a.* 성급한, 화 잘 내는
Hot·ten·tot [hátəntàt | hɔ́tntɔ̀t] *n.* (*pl.* **~, ~s**) **1** 호텐토트 사람 《남아프리카의 인종》 **2** Ⓤ 호텐토트 말
— *a.* 호텐토트 사람[말]의
hot·tie, -ty [háti | hɔ́ti] *n.* 《호주·구어》 탕파(湯婆); 《속어》 성적 매력이 있는 사람[여자]
hót wár [종종 **H~ W~**] 열전, 본격적 (무력) 전쟁(cf. COLD WAR)
hót wáter 열탕, 뜨거운 물; 《구어》 (자초한) 곤경, 말썽, 걱정거리
hót-wá·ter bàg[bòttle] [-wɔ́:tər-] 각파(脚婆), 탕파(湯婆)
hót wèll = HOT SPRING
hot-wire [-wáiər] *vt.* 《속어》 (점화 장치를 단락시켜 자동차·비행기의) 시동을 걸다
*****hound** [haund] [OE 「개」의 뜻에서] *n.* **1** 사냥개 **2** 비열한 사내, 비겁한 놈 **3** 《구어》 (취미 등을) 좇는 사람, 열중하는 사람, 팬
follow* (*the*) *~s* = *ride to ~s (여우 사냥에서) 말타고 사냥개를 앞세워 사냥하다
— *vt.* **1** 사냥개로 사냥하다 **2** 〈사람을〉 맹렬하게 추적하다; 집요하게 괴롭히다 **3 a** 〈개를〉 부추겨 뒤쫓게 하다 《*at*》 **b** 〈사람을〉 격려하다, 부추기다, 선동하다 《*on*》
hóund's-tooth chéck [háundztù:θ-] 개 이빨[톱니] 모양의 격자무늬
*****hour** [auər] [동음어 our] [L 「시기, 시절」의 뜻에서] *n.* **1 한 시간** (cf. MINUTE[1], SECOND[2]) **2** (일정한) **시각** **3 a** (특정한) 때; … 무렵, 시대 **b** [the ~] 현재 **c** [the ~, one's ~] 중대한 때, 결단의 시간; 임종시 **4 a** (정해진) 시간 **b** [*pl.*] 근무 시간 **5** [*pl.*] 〖가톨릭〗 시과(時課) 《정시 기도》
after ~s 근무[집무] 시간 후에, 폐점 후에 ***at all ~s*** 때를 가리지 않고, 언제고 ***by the ~*** 시간제로 (***every ~***) ***on the half ~*** (매) 정시(正時) 30분에 (***every ~***) ***on the ~*** (매) 정시(正時)에 ***keep regular ~s*** 규칙적인 생활을 하다; 일찍 자고 일찍 일어나다 ***out of ~s*** 근무[수업] 시간 외에 ***to*[*till*] *all ~s*** 밤 늦게까지
hour·glass [áuərglæ̀s | -glɑ̀:s] *n.* (특히 한 시간용의) 모래시계, 물[수은]시계, 누각(漏刻)
hóur hànd (시계의) 단침(短針), 시침(時針)
hou·ri [húəri] *n.* **1** 〖이슬람교〗 천국의 미녀 **2** 요염한 여자
***hour·ly** [áuərli] *a.* **1 a 시간마다의**; 1시간의 **b** 〈임금 등이〉 한 시간 단위의 **2** 끊일 사이 없는, 빈번한 **—** *ad.* **1 시간마다**, 매시 **2** 끊임없이, 번번히
*****house** [haus] *n.* (*pl.* **hous·es** [háuziz]) **1 집**, 가옥, 주택 **2 a** 가정; 일가(一家), 가족 **b** [종종 **H~**] 가계(家系), 혈통 **3 a** (가축 등의) 우리 **b** (특정의 목적을 위한) 건물 **4 a** 극장, 연예장 **b** [집합적] 구경꾼, 청중 **c** 흥행 **5 a** 의원들 **b** [the H~] 《영》 의회, 의사당, 상원[하원] **c** [the H~] 《영·구어》 런던 증권 거래소 **6** 상사(商社), 상점; 회사 **7 a** 여관 **b** 기숙사; [집합적] 기숙생 **8** 〖점성〗 (하늘을 12분한) 12궁(宮)의 하나
bring down the ~* = *bring the ~ down 《구어》 〈연극·연기가〉 만장의 갈채를 받다 ***clean ~*** (1) 집을 청소하다, 대청소하다 (2) (폐습·장애 등을) 일소하다, 숙청하다 ***from ~ to ~*** 가가호호 ***get on*[*along*] *like a ~ on fire*** 금방 친해지다 ***~ and home*** [강의적] 가정, 가정의 단란 ***keep ~*** 살림을 하다; 살림을 꾸려 나가다; 《영》 채권자를 피해 외출하지 않다 ***keep the*[*one's*] *~*** 집에 들어박히다 (stay indoors) ***on the ~*** (비용을) 술집[회사, 주최자] 부담으로, 거저 ***play ~***

소꿉장난하다 ***the H~ of Commons*** [***Lords***] 《영》 하원[상원] ***the H~s of Parliament*** 《영》 국회 의사당
— [hauz] *vt.* **1 집을 주다,** 주거를 제공하다; 재우다, 숙박시키다 **2** 〈물건을〉 간수하다, 수용[수납]하다 — *vi.* 유숙하다, 묵다
hóuse àgent 《영》 복덕방, 부동산 중개업자
hóuse arrèst 연금, 자택[병원] 감금
house·boat [háusbòut] *n.* (주거·유람용) 집배; 숙박 시설이 있는 요트
house·bound [-bàund] *a.* 두문불출하는
house·boy [-bɔ̀i] *n.* =HOUSEMAN 1
house·break·er [-brèikər] *n.* 침입강도《사람》; 가택 침입자
house·break·ing [-brèikiŋ] *n.* 침입강도《죄》; 주거 침입
house·bro·ken [-bròukən] *a.* **1** 《미》 〈개·고양이 등이〉 집에 길들여진 **2** 《익살》 〈사람이〉 온순한
hóuse càll (의사의) 왕진; (외판원 등의) 가정 방문
house·clean·ing [-klì:niŋ] *n.* Ⓤ **1** 대청소 **2** 숙청
house·coat [-kòut] *n.* 실내복 《여성의 평상복》
house·craft [-kræ̀ft | -krɑ̀:ft] *n.* Ⓤ 가사 처리 솜씨; 《영》 가정학, 가정과(科)
hóuse detèctive[**dìck**] 경비원
hóuse dòctor =HOUSE PHYSICIAN
house·dress [-drès] *n.* 홈드레스, 실내복 《여자의 긴 원피스》
house·fa·ther [-fɑ̀:ðər] *n.* (기숙사 등의) 사감
house·fly [-flài] *n.* (*pl.* **-flies**) 집파리
house·ful [háusfùl] *n.* 집에 가득함
house·guest [-gèst] *n.* (묵어가는) 손님, 유숙객
⁑**house·hold** [háus*h*òuld] *n.* **1** [집합적] **가족**; 온 집안 식구; 가구(家口) **2** [the H~] 《영》 왕실
— *a.* Ⓐ **1** 가족의, 일가의 **2** 신변의, 비근한, 귀에 익은 **3** 《영》 왕실의
Hóusehold Cávalry [the ~] 《영》 근위[의장] 기병대
house·hold·er [-hòuldər] *n.* 가장, 세대주
hóuse hùnting 셋집[파는 집] 찾기
house·hus·band [-hʌ̀zbənd] *n.* (가사를 돌보는) 전업 남편(opp. *housewife*)
⁑**house·keep·er** [háuskì:pər] *n.* **1 가정부 2** 살림하는 사람
*****house·keep·ing** [háuskì:piŋ] *n.* Ⓤ **1 살림살이 2** (기업의) 경영
— *a.* Ⓐ 가정의, 가정용의
house·less [háuslis] *a.* 집 없는
house·lights [-làits] *n. pl.* 극장 객석의 조명
house·maid [-mèid] *n.* 가정부, 식모
hóusemaid's knée 〖병리〗 무릎 피하의 염증
house·man [-mən] *n.* (*pl.* **-men** [-mən]) **1** (가정·호텔 등의) 잡역부, 허드렛일꾼 **2** 《영》 (병원 입주) 의학 연수생, 인턴(《미》 intern)
hóuse màrtin 〖조류〗 (유럽의) 흰털발제비의 일종
house·mas·ter [-mæ̀stər | -mɑ̀:s-] *n.* 《영》 (사립 남자 학교의) 사감; 집주인
house·moth·er [-mʌ̀ðər] *n.* (기숙사의) 여사감
hóuse pàrty 하우스 파티 《별장 등에 묵으면서 며칠이고 하는》
hóuse physícian 1 (병원 입주) 연수 내과의 **2** (호텔 등의) 입주[전속] 내과의
house·plant [-plæ̀nt | -plɑ̀:nt] *n.* 실내 화분용 화초
house-proud [-pràud] *a.* 《영》 〈주부 등이〉 집의 정리·미화에 열심인; 집 자랑하는
house-rais·ing [-rèiziŋ] *n.* Ⓤ 《미》 (시골에서 이웃 사람들끼리 하는) 상량식
house·room [-rù(:)m] *n.* Ⓤ (사람이) 집에 있을[묵을] 곳, (물건이) 집에 둘 곳
house-sit [-sìt] *vi.* 《미》 남의 집을 지켜 주다
hóuse sìtter 《미》 남의 집보는 사람
hóuse spàrrow 〖조류〗 (유럽산) 참새
hóuse stỳle (출판사·인쇄소의 독자적인) 용자 용어(用字用語) (규칙); (회사의) 통일 로고
hóuse sùrgeon (병원 입주) 연수 외과의사
house-to-house [-təháus] *a.* 호별의, 집집마다의
*****house·top** [háustɑ̀p | -tɔ̀p] *n.* **지붕** (roof)
proclaim[***cry, shout***] ***upon***[***on, from***] ***the ~***(***s***) 세상에 퍼뜨리다
hóuse tràiler 《미》 (자동차로 끄는) 이동 주택
house-trained [-trèind] *a.* 《영》 = HOUSEBROKEN
house·wares [-wɛ̀ərz] *n. pl.* 가정용품 《부엌 세간, 쟁반, 유리 그릇 등》
house·warm·ing [-wɔ̀:rmiŋ] *n.* Ⓤ 집들이
⁑**house·wife** [háuswàif] *n.* **1** (*pl.* **-wives** [-wàivz]) (전업) **주부 2** [háuswàif | hʌ́zif] (*pl.* **~s, -wives** [-wàivz | hʌ́zivz]) 《영》 바느질 상자, 반짇고리
house·wife·ly [-wàifli] *a.* 주부다운; 알뜰한
house·wife·ry [-wàifəri | -wìfəri] *n.* Ⓤ 가사, 가정(家政), 주부의 역할
*****house·work** [háuswə̀:rk] *n.* Ⓤ **가사,** 집안일
house·wreck·er [-rèkər] *n.* 가옥 해체업자
*****hous·ing**[1] [háuziŋ] *n.* Ⓤ **1 주거**; 숙소; [집합적] **주택 2 주택 공급 3** 〖기계〗 (공작 기계의) 틀, 가구(架構)
housing[2] *n.* **1** (장식용·방한용의) 마의(馬衣) **2** [*pl.*] 말 장식
hóusing associàtion 《영》 (공동) 주택 건축[구입] 조합
hóusing devèlopment[(《영》) **estàte**] (특히 민간의) 주택[아파트] 단지
hóusing pròject 《미》 (주로 저소득층을 위한) 공영 주택[아파트] 단지

Hous·ton [hjú:stən] *n.* 휴스턴 《미국 Texas 주의 공업 도시; 유인 우주 비행 관제 센터 소재지》

Hou·yhn·hnm [hu:ínəm | húihnəm] *n.* 인간의 이성을 갖춘 말(馬) 《Swift 작 *Gulliver's Travels*에 나오는 말》

HOV high-occupancy vehicle 다인승 차량

hove [houv] *v.* HEAVE의 과거·과거분사

hov·el [hʌ́vəl, hɑ́v- | hɔ́v-] *n.* **1** 오두막집 **2** 광, 헛간(shed) **3** 벽감(壁龕)

‡**hov·er** [hʌ́vər, hɑ́v- | hɔ́v-] *vi.* **1 a** **공중을 맴돌다,** 〈새가〉 공중에서 정지하다; 〈헬리콥터가〉 호버링[공중 정지]하다 《*about, over*》 **b** 〈미소 등이〉 떠오르다 **2** 배회하다, 어슬렁거리다《*about, around*》 **3** 주저하다, 망설이다 《*between*》

— *n.* 공중을 떠다님; 배회

hov·er·craft [-kræ̀ft | -krɑ̀:ft] *n.* (*pl.* ~) [때로 **H~**] (영) 호버크라프트 《분출하는 압축 공기를 타고 수면 위 등을 나는 탈것; 상표명》

Hov·er·train [-trèin] *n.* 호버트레인, 자기(磁氣) 부상 열차

‡**how** [hau] *ad.* **A** [의문사] **1** [방법·수단] **a** **어떻게,** 어떤 방법[수단]으로: *H~* shall I do it? 어떻게 하면 좋을까요? **b** [to do 또는 절을 이끌어서] …**하는 방법**; 어떻게 …하는가: He knows ~ *to* play chess. 그는 체스 두는 방법을 알고 있다. **2** [정도] **a** **어느 정도,** 어느 만큼 **b** [절을 이끌어] **3** [상태] **어떤 상태로**: *H~* is she now? 그녀는 지금 어떤 상태입니까? **4** [이유] **어떤 이유로,** 왜: *H~* can you live alone? 어떻게 혼자 살아갈 수 있습니까? **5** [상대방의 의견·설명 등을 구하여] **어떻게, 무슨 뜻으로,** 어떠세요: *H~?* (미) [되물을 때] 뭐(라구요)? **6** [감탄문에서] **a** **얼마나, 참으로**(cf. WHAT): *H~* foolish (you are)! (당신은) 참으로 바보군! **b** [절을 이끌어]: I saw ~ sad he was. 그가 얼마나 슬퍼하고 있는가를 알았다.

— B [관계사] **1** [명사절을 이끌어] **a** …의 자초지종, …이라고 하는 사정, 어떻게 해서든지 **b** (구어) …라고 하는 것 **2** [부사절을 이끌어] 어떤 식으로든지: Do it ~ you can. 어떤 방법을 써도 좋으니 해 봐.

and ~! (미·구어) 매우, 굉장히; 그렇고 말고! ***H~ about …?*** …은 어떻습니까?, …에 대해서 어떻게 생각합니까? (cf. WHAT about …?) ***H~ about that!*** (구어) 그건 정말 훌륭해[정말 좋았어, 놀랐어]! ***H~ are you?*** 안녕하십니까? 《인사말》 ***H~ come …?*** (구어) 어째서, 왜, …은 어찌된 일인가? ***H~ come you to*** do ***…?*** 어째서 그렇게 하는가 ***H~ do you do?*** 처음 뵙겠습니다; 안녕하십니까? ***H~ far*** (…)***?*** (1) [거리] 얼마나 먼가[되는가] (2) [정도] 어느 정도, 얼마만큼 ***H~ long*** (…)***?*** 〈길이·시일이〉 얼마나, 몇 년[달, 날, 시간, 분《등》], 언제부터, 언제까지 ***H~ many*** (…)***?*** 몇 개 ***H~ much?*** (1) (값은) 얼마입니까? (2) (영·속어) 뭐라고요?, 다시 한 번 말씀해 주십시오. ***H~ often*** (…)***?*** 몇 차례나, 몇 번이나 ***H~ so?*** 어째서 그런가, 어째서인가? ***H~ soon*** (…)***?*** 얼마나 빨리 ***H~'s that?*** (1) (구어) 그것은 무슨 까닭인가, 어째서 그런가; 그것[이것]을 어떻게 생각하는가? (2) (미·구어) 뭐라고요? (3) 〖크리켓〗 (심판을 향하여) 지금 것은 어떤가? 《타자는 아웃인가 세이프인가》 ***H~ then?*** 이건 어찌된 일인가; 그럼 어쩌면 좋지; (만약에 그렇다면) 어떻다는 겁니까?

— *n.* [the ~] 방법

How·ard [háuərd] *n.* 남자 이름

how·dah [háudə] *n.* 코끼리 등에 얹는 가마

how·dy [háudi] [how do you do의 단축형] *int.* (미·구어) 여! (hello), 안녕! 《인사말》

how·e'er [hauέər] *ad., conj.* (문어) = HOWEVER

‡**how·ev·er** [hauévər] *ad.* **1** [접속부사로서] **그렇지만,** 그러나, …라고는 하지만 **2** [양보 부사절을 이끌어] **아무리** …**해도[할지라도]**(no matter how) **3** [의문사 how의 강조형으로서] (구어) 도대체 어떻게 《how ever로 떼어 쓰는 것이 정식》

— *conj.* 그러나, 그렇지만; (…하는) 어떤 방법[방식]으로라도

how·itz·er [háuitsər] *n.* 〖군사〗 곡사포

‡**howl** [haul] *vi.* **1 a** 〈개·이리 등이〉 **긴 소리로 짖다** **b** 〈사람이〉 **울부짖다,** 악쓰다 **c** 〈바람 등이〉 윙윙거리다 **2** 크게[호탕하게] 웃다

— *vt.* **1** 악쓰며 말하다 **2** 소리 질러 침묵시키다 《*down*》

— *n.* **1** (멀리서) **짖는 소리** **2** 악쓰는 소리; 큰 웃음 **3** 〖통신〗 하울링 《수신기의 파장을 맞출 때의》

howl·er [háulər] *n.* **1 a** 짖는 짐승 **b** 울부짖는 사람; 곡꾼 《장례식에 고용되어 우는》 **2** (구어) 큰 실수, 대실패

how·so·ev·er [hàusouévər] *ad.* (문어) 아무리 …이라도, 제아무리 …해도 《however의 강의형(强意形)으로 how … soever로 나누어 쓰기도 함》

how-to [háutú:] *a.* (미·구어) 입문서의, 초보적인

hoy·den [hɔ́idn] *n., a.* 말괄량이(의) **~·ish** *a.*

Hoyle [hɔil] *n.* 카드 놀이법(의 책) ***according to*** ~ 규칙대로, 공정하게

h.p., HP high pressure; horsepower

hr hour(s) **h.r., HR** 〖야구〗 home run(s) **HR** House of Representatives (미 의회·주 의회의) 하원 **HRH** His [Her] Royal Highness 전하 **hrs.** hours **h.s.** high school **HSH** His [Her] Serene Highness 각하 **HSP** 〖컴퓨터〗 high-speed printer 고속 프린터 **HST** hypersonic transport 극초음속 수송기 **ht** height **HTML, html** 〖컴퓨터〗 hypertext markup language 《인터넷의 하이퍼텍스트를 표현하기 위한 언어》 **HTTP, http** 〖컴퓨터〗 hypertext transport protocol 《인터넷의 하이퍼텍스트 통신 규칙》

Huang He[Ho] [hwɑ́:ŋ-hʌ́] 황허(黃河) 강(the Yellow River)
hub [hʌb] *n.* **1** (차륜의) 바퀴살이 모인 부분 **2** (활동의) 중심, 중추 **3** 〖컴퓨터〗 허브《몇 개의 장치가 접속된 장치》
hub·ble-bub·ble [hʌ́blbʌ̀bl] *n.* **1** 물담뱃대, 수연통 **2** 부글부글《소리》; 와글와글; 대소동
Húbble Spáce Tèlescope [the ~] 허블 우주 망원경《지구 궤도를 도는 NASA의 천체 관측 망원경》
hub·bub [hʌ́bʌb], **hub·ba·boo, hub·bu·boo** [hʌ̀bəbú:] *n.* Ⓤ 왁자지껄, 소음; 함성; 소동, 소란
hub·by [hʌ́bi] *n.* (*pl.* **-bies**) 《구어》 남편
hub·cap [hʌ́bkæ̀p] *n.* (자동차의) 휠캡
Hu·bert [hjú:bərt] *n.* 남자 이름
hu·bris [hjú:bris] [Gk] *n.* 오만, 자기 과신
huck·a·back [hʌ́kəbæ̀k] *n.* Ⓤ 허커백 직(織)《투박하고 튼튼한 리넨 또는 무명의 타월감》
huck·le·ber·ry [hʌ́klbèri | -bəri] *n.* (*pl.* **-ries**) **1** 〖식물〗 월귤나무 무리의 관목《북미산》 **2** 그 열매
huck·ster [hʌ́kstər] *n.* (*fem.* **huck-stress** [-stris]) **1** 《미》 도붓장수, 행상인 **2** 《미·구어》 (라디오·텔레비전의) 광고업자, 광고 작가
HUD Department of Housing and Urban Development 《미》 주택·도시 개발부《1965년 설립》
∗**hud·dle** [hʌ́dl] *vt.* **1** 《영》 **뒤죽박죽 쌓아 올리다**; (이것저것) 그러모으다 《*together, up*》 **2** [~ one*self*나 수동형으로] 몸을 움츠리다; 아무렇게나 해치우다 《*over, through, up*》; 《드물게》 〈옷 등을〉 급히 입다, 걸치다《*on*》
— *vi.* **1** 붐비다, 밀치락달치락하다, 모이다; (떼지어) 몰리다《*together*》 **2** 《구어》 모여서 협의[상담]하다 **3** 〖미식축구〗 선수들이 스크럼선 후방에 집합하다
— *n.* **1** 어중이떠중이의 집단, 군중 **2** 〖미식축구〗 선수들의 집합 **3** 《구어》 비밀 회담, 밀담 **4** Ⓤ 혼잡, 난잡
all in a ~ 난잡하게 ***go into a*** ~ 《구어》 밀담하다
∗**Hud·son** [hʌ́dsn] *n.* [the ~] **허드슨 강**《New York 주 동부에 있는 강》
Húdson Báy 허드슨 만《캐나다 동북쪽의 만》
‡**hue**[1] [hju:] [동음어 hew] [OE 「모양, 양상(樣相)」의 뜻에서] *n.* **1 a 색조**, 빛깔 **b** 색상; 색 **2** (의견·태도 등의) 특색, 경향
hue[2] *n.* (추적자의) 고함 소리
húe and cry **1** 〖역사〗 추적의 고함 소리 **2** 심한[시끄러운] 비난《*against*》
hued [hju:d] *a.* [보통 복합어를 이루어] …색조의
huff [hʌf] *n.* 발끈 화를 냄, 화
take ~ = ***get*** [***go***] ***into a*** ~ 발끈 화내다
— *vt.* 화나게 하다 — *vi.* **1** 벌컥 성내다 **2** 가쁘게 숨쉬다, 헐떡이다
huff·ish [hʌ́fiʃ] *a.* 화난, 골난; 거만한, 뻐기는
huff·y [hʌ́fi] *a.* (**huff·i·er**; **-i·est**) = HUFFISH
‡**hug** [hʌg] *v.* (**~ged**; **~·ging**) *vt.* **1 a** (보통 애정을 가지고) **꼭 껴안다 b** (곰이 앞발로) 끌어안다 **c** 〈물건을〉 (두 팔로) 안다, 껴안다 **2** 〈편견 등을〉 품다, 고수하다 **3 a** 〈보행자·자동차가〉 …에 접근하여 나아가다 **b** 〖항해〗 가까이를 항해하다
~ one***self on*** [***over***] …을 기뻐하다
— *vi.* 달라붙다, 꽉 껴안다
— *n.* 포옹; 〖레슬링〗 껴안기
‡**huge** [hju:dʒ] *a.* **1** (모양·크기 등이) **거대한**; 막대한 **2** (정도·성질 등이) 무한한, 한없는
~·ly *ad.* **húge·ness** *n.*
hug·ger-mug·ger [hʌ́gərmʌ̀gər] *n.* Ⓤ **1** 난잡, 혼란 **2** 비밀
— *a., ad.* **1** 난잡한[하게] **2** 비밀의[히]
Hugh [hju:], **Hughes** [hju:z] *n.* 남자 이름
Hu·go [hjú:gou] *n.* **1** 남자 이름 **2** [*hjú:*-] 위고 **Victor** ~ (1802-85) 《프랑스의 작가》
Hu·gue·not [*hjú:gənɑ̀t* | hjú:gənɔ̀t] *n.* 〖역사〗 위그노 교도《16-17세기경의 프랑스 신교도》
huh [hʌ, hə] *int.* 하, 흥, 그래, 뭐라고(What?) 《놀람·경멸·의문을 나타내는 소리》
Hu·la-Hoop [hú:ləhù:p] *n.* 훌라후프《플라스틱 등의 테로서 허리를 빙빙 돌리는 고리; 상표명》
hu·la(-hu·la) [hú:lə(hú:lə)] *n.* (하와이 여자의) 훌라 춤 — *vi.* 훌라 춤을 추다
hulk [hʌlk] *n.* **1** 폐선(廢船)의 선체《저장소 등으로 씀》 **2** 덩치 큰 사람; 부피가 큰 물건
hulk·ing [hʌ́lkiŋ], **hulk·y** [hʌ́lki] *a.* 몸집이 큰, 부피가 큰; 보기 흉한
∗**hull**[1] [hʌl] *n.* **1 a 겉껍질**, 외피(外皮), 껍데기, (특히 콩의) **꼬투리**, 깍지 **b** (딸기·감 등의) 꽃받침 **2** 덮개; [*pl.*] 의복
hull[2] *n.* **1** 선체(船體) **2** 〖항공〗 (비행정의) 정체(艇體); (비행선의) 선체
hul·la·ba·loo [hʌ́ləbəlù: | ⌐−−⌐] *n.* (*pl.* **~s**) 와글와글[왁자지껄]하는 소리, 소란
∗**hul·lo** [həlóu] *int., n., vi., vt.* **1** = HALLO **2** 《영》 = HELLO
‡**hum**[1] [hʌm] *v.* (**~med**; **~·ming**) *vi.* **1** 〈벌·팽이·기계 등이〉 **윙윙거리다**; **콧노래를 부르다** **2** 〈사업 등이〉 경기가 좋다
— *vt.* **1** 웅얼웅얼 말하다; 〈노래를〉 콧노래로 부르다 **2** 〈…에게〉 콧노래를 불러 …하게 하다 ~ ***along*** 〈자동차 등이〉 씽씽 달리다; 〈사업이〉 잘 되어가다
— *n.* **1** 윙윙 (소리) **2** 멀리서 들리는 잡음, 와글와글 **3** (라디오·재생 장치의) 잡음, 험 **4** 《영》 (주저·불만 등을 나타내는) 흠 — *int.* 《영》 흥!, 흠! 《의심·불찬성 등을 나타내는 소리》
hum[2] *n.* UC 《구어》 사기, 협잡(hum-bug)
‡**hu·man** [hjú:mən] [L 사람(homo)의」 뜻에서] *a.* **1 인간의**, 사람의; 인간에게 흔히 있는 **2** 인간다운;

인간적인(opp. *divine, animal*)
more [***less***] ***than*** ~ 인간 이상[이하]의
— *n.* 《구어》 사람, 인간(= ∸ **béing**)
húman cháin 인간 사슬 《반핵 평화 운동 그룹의 시위 행동의 한 형태》
‡**hu·mane** [*h*ju:méin] [human의 변형] *a.* **1** 자비로운, 사람의 도리에 맞는, 인도적인, 인정 있는 **2** 〈학문·연구 등이〉 사람을 고상하게 하는, 우아한 **~·ness** *n.*
húman ecólogy 인간 생태학
hu·mane·ly [*h*ju:méinli] *ad.* 자비롭게, 인도적으로
húman engineéring 인간 공학; (기업 등의) 인사 관리
húman grówth hòrmone 〖생화학〗 인간 성장 호르몬 《인간의 성장을 지배하는 뇌하수체 종합 호르몬; 略 HGH》
*__hu·man·ism__ [*h*jú:mənìzm] *n.* Ⓤ **1** 인문(人文)주의, 인간[인도]주의 **2** 인문학 《특히 14-16세기의 고전 문학 연구》
hu·man·ist [*h*jú:mənist] *n.* **1** 인본주의자 **2** [때로 **H~**] 인문주의자 《특히 고전 문학 연구가》
hu·man·is·tic [*h*jù:mənístik] *a.* **1** 인본주의적인 **2** 인문학의, 인문주의적인; 인도주의적인
*__hu·man·i·tar·i·an__ [*h*ju:mæ̀nətέəriən] *a.* 인도주의의; 인간애의
— *n.* 인도주의자; 박애가
hu·man·i·tar·i·an·ism [*h*ju:mæ̀nətέəriənìzm] *n.* Ⓤ 인도주의, 박애(주의)
‡**hu·man·i·ty** [*h*ju:mǽnəti] *n.* (*pl.* **-ties**) **1** 인류, 인간 **2 a** Ⓤ 인간성 **b** [*pl.*] 사람의 속성 **3** Ⓤ 인간애, 자애, 자비, 인정, 친절 **4** [the humanities] (그리스·라틴의) 인문학, 고전 문학; 인문 과학 연구
hu·man·ize [*h*jú:mənàiz] *vt.* **1** 인간화하다, 인간성을 부여하다 **2** 교화하다, 다정하게 하다 — *vi.* 인간다워지다, 인정있게 되다
hu·man·kind [*h*jú:mənkàind] *n.* Ⓤ 인류, 인간(mankind)
hu·man·ly [*h*jú:mənli] *ad.* **1** 인간답게; 인정에서 **2** 인간적 견지에서, 인력으로 ~ ***possible*** 인력으로 가능한
húman náture 1 인성, 인간성 **2** 인정
hu·man·oid [*h*jú:mənɔ̀id] *a.* 〈형태·행동 등이〉 인간에 가까운, 로봇의 — *n.* **1** 원인(原人) **2** (SF에 나오는) 인간 같은 우주인[로봇]
Hum·ber·side [hʌ́mbərsàid] *n.* 험버사이드 주 《1974년에 신설된 잉글랜드 북부의 주》
‡**hum·ble** [hʌ́mbl] *a.* **1** 겸손한, 겸허한; 소박한, 수수한 **2** 〈신분 등이〉 비천한; 보잘것없는, 초라한
in my ~ opinion 비견[사견(私見)]으로는 ***your ~ servant*** 돈수(頓首) 《공식 편지 끝에 쓰는 말》; 《익살》 소생(I, me)
— *vt.* **1** 〈남을〉 비하하다, 천하게 하다, 낮추다 **2** 〈교만·권위 등을〉 꺾다 **3** 〈사람의 기분을〉 겸허하게 하다
hum·ble·bee [hʌ́mblbì:] *n.* 《영》 = BUMBLEBEE
hum·bly [hʌ́mbli] *ad.* **1** 겸손하여, 황송하여 **2** 초라하게, 비천하게

hum·bug [hʌ́mbʌ̀g] *n.* **1** ⓊⒸ 거짓말, 속임수, 사기; 바보짓 **2** ⓊⒸ 허풍; 허튼 소리; 아첨 **3** 협잡꾼; 허풍선이; 아첨꾼 **4** 겉보기뿐인 것 **5** 《영》 박하사탕
— *v.* (**~ged**; **~·ging**) *vt.* **1** 속여 넘기다 **2** 속여서 …시키다[을 빼앗다] 《*into, out of*》
— *vi.* 속이다; 사기치다
— *int.* 엉터리!, 시시하다!
hum·ding·er [hʌ́mdìŋər] *n.* 《미·구어》 아주 훌륭한 사람[물건]
hum·drum [hʌ́mdrʌ̀m] *a.* 평범한, 보통의; 단조로운, 지루한
Hume [hju:m] *n.* 흄 **David ~** (1711-76) 《스코틀랜드 태생의 철학자·역사가》
hu·mer·us [hjú:mərəs] *n.* (*pl.* **-mer·i** [-mərài]) 〖해부〗 상박골; 상완골(上腕骨)
*__hu·mid__ [hjú:mid] *a.* 〈날씨·공기 등이〉 습기 있는, 눅눅한
hu·mid·i·fi·er [hju:mídəfàiər] *n.* 가습기, 습윤기(濕潤器)
hu·mid·i·fy [hju:mídəfài] *vt.* (**-fied**) 축이다, 적시다(moisten)
humìd·i·fi·cá·tion *n.*
*__hu·mid·i·ty__ [hju:mídəti] *n.* Ⓤ 습기, 축축한 기운; 〖물리〗 습도
hu·mi·dor [hjú:mədɔ̀:r] *n.* 담배 저장 상자[실] 《적당한 습도를 유지》
*__hu·mil·i·ate__ [hju:mílièit] *vt.* 굴욕감을 느끼게 하다, 창피를 주다, …의 자존심을 상하게 하다
hu·mil·i·at·ing [hju:mílièitiŋ] *a.* 굴욕적인, 면목 없는
*__hu·mil·i·a·tion__ [hju:mìliéiʃən] *n.* ⓊⒸ **1** 창피를 줌[당함] **2** 굴욕, 굴복; 창피, 면목 없음
‡**hu·mil·i·ty** [hju:míləti] *n.* (*pl.* **-ties**) Ⓤ 겸손, 비하
hum·mer [hʌ́mər] *n.* **1** 윙윙거리는 것; 콧노래하는 사람 **2** = HUMMINGBIRD
*__hum·ming__ [hʌ́miŋ] *a.* **1** 윙윙거리는; 콧노래 부르는 **2** 《속어》 활발한 — *n.* Ⓤ 윙윙거리는 소리; 콧노래 (부르기)
hum·ming·bird [-bɔ̀:rd] *n.* 〖조류〗 벌새 《미국산》
húmming tòp 윙윙 소리내는 팽이 《장난감》
hum·mock [hʌ́mək] *n.* 작은 언덕(hillock); 빙원(氷原)에 있는 얼음 언덕; (부근의 늪지보다 높은) 수림지대
hu·mon·gous [hju:mʌ́ŋgəs] *a.* 《미·속어》 거대한, 터무니없이[엄청나게] 큰
‡**hu·mor** | **hu·mour** [*h*jú:mər | hjú:-] [L 「습기」의 뜻에서] *n.* **1** Ⓤ 유머, 익살, 해학; 유머 감각: a sense of ~ 유머 감각 **2** [보통 a ~] (일시적) 기분, 마음; 변덕 **3** Ⓤ 《문어》 기질, 성미 **4 a** 〖생리〗 액 **b** 《고어》 체액(體液)
in good [***ill***] ~ 기분이 좋아서[나빠서]
in the ~ for …할 마음이 나서, …에 마음이 내켜 ***out of ~*** 《문어》 기분이 언짢아, 화나서
hu·mored [*h*jú:mərd | hjú:-] *a.* 기분이 …한, …한 기분의
hu·mor·esque [*h*jù:mərésk | hjù:-] *n.* 〖음악〗 해학곡(諧謔曲), 유머레스크

hu·mor·ist [*hjú:mərist* | hjú:-] *n.* **1** 유머가 있는 사람, 해학가(諧謔家) **2** 유머 작가[배우]

hu·mor·less [*hjú:mərlis* | hjú:-] *a.* 유머가 없는, 멋없는; 재미없는

‡**hu·mor·ous** [*hjú:mərəs* | hjú:-] *a.* **유머러스한,** 익살스러운, 해학적인, 재미있는, 우스운 **~·ly** *ad.* **~·ness** *n.*

‡**hu·mour** [*hjú:mər* | hjú:-] *n. vt.* 《영》 = HUMOR

***hump** [hʌmp] *n.* **1 a** (잔등의) **혹;** (낙타 등의) **혹,** 육봉(肉峰) **b** 둥근 언덕 **2** [the ~] 《영·속어》 우울, 짜증 **3** 《비어》 성교

get the ~ 《속어》 풀이 죽다, 우울해지다; 기분이 언짢아지다 ***give*** a person ***the ~*** 《속어》 …을 풀이 죽게 하다, 우울하게 하다; 기분을 언짢게 하다 ***over the ~*** 《구어》 고비를 넘겨, 위기를 벗어나; 반 이상 마쳐

— *vt.* **1** 〈등을〉 구부리다 **2** 《비어》 …와 성교하다 **3** 《영·호주》 〈크고 무거운 것을〉 등에 메고 나르다

— *vi.* **1** 등을 구부리다 **2** 《미·구어》 **a** 노력하다 **b** 질주하다

hump·back [hʌ́mpbæ̀k] *n.* **1** 곱사등(이) **2** 혹등고래(= ~ **whále**)

hump·backed [-bæ̀kt] *a.* **1** 곱사등의, **2** 홍예다리 모양의

húmpbacked brìdge 홍예다리 《가운데가 반원형으로 볼록한》

humped [hʌmpt] *a.* 혹이 있는; 등이 굽은

humph [hʌmf, hm, m̩m̩m, mm̩m] *n., int.* 흥!, 흠! 《의심·경멸·불만을 나타냄》

Hum·phrey [hʌ́mfri] *n.* 남자 이름

Hump·ty-Dump·ty [hʌ́mptidʌ́mpti] *n.* (*pl.* **-ties**) 땅딸보; 한 번 부서지면 원래대로 고쳐지지 않는 것

hump·y [hʌ́mpi] *a.* (**hump·i·er**; **-i·est**) **1 a** 혹[돌기]이 있는 **b** 혹투성이의 **2** 곱사등의

hu·mus [*hjú:məs* | hjú:-] *n.* Ⓤ 부식, 부식질, 부식토(腐植土)

Hun [hʌn] *n.* **1** 훈족(族), 흉노(匈奴) 《4-5세기에 유럽 일대를 휩쓴 호전적인 아시아의 유목민》 **2** [종종 **h~**] (문화 등의) 파괴자, 야만인 **3** 《속어·경멸》 독일 군인[사람] 《제 1, 2차 세계대전 중에 쓰임》

***hunch** [hʌntʃ] *n.* **1** 《구어》 **예감,** 직감, 육감 **2 혹,** 군살 **3** 두꺼운 조각; 덩어리

— *vt.* **1** 〈등 따위를〉 **둥글게 구부리다** 《*up, out*》 **2** …할 예감이 들다 《*that*》

hunch·back [hʌ́ntʃbæ̀k] *n.* 곱사등이, 꼽추

hunch·backed [-bæ̀kt] *a.* = HUMPBACKED

‡**hun·dred** [hʌ́ndrəd] *n.* **1 a** 100(개), 100명 《수사나 수를 나타내는 형용사를 동반할 때 복수형의 -s를 붙이지 않음》 **b** 백의 기호 《100, C》 **c** 《영》 100 파운드, 《미》 100 달러 **d** [the ~] 〔경기〕 100야드 경주 **2** 다수; [*pl.*] 몇[기]백 **3** 〔영국사〕 촌락

a ~ to one (1) 거의 틀림없이, 십중팔구 (2) 거의 가망 없는 ***by ~s*** = ***by the ~***(***s***) 수백씩, 무수히

— *a.* **1** 100(개)의, 100명의; 100번째의 《보통 a, an 또는 one, four 등의 수사와 함께 쓰임》 **2** 수백의; 다수의

a ~ and one 다수의, 아주 많은 ***a*** [***one***] ***~ percent*** 《미》 100퍼센트; 완전히

hun·dred·fold [-fòuld] *a., ad.* 100배의[로]

— *n.* [a ~] 100배(의 수[양])

hun·dred-per·cent [-pərsént] *a.* 완전한, 철저한, 확실한

— *ad.* 아주, 전혀

hun·dred-per·cent·er [-pərséntər] *n.* 《미》 과격한 국수주의자; 극단론자

***hun·dredth** [hʌ́ndrədθ] *a.* **1** [보통 the ~] **100번째의 2** 100분의 1의

— *n.* **1** [보통 the ~] 100번째 **2** 100분의 1

hun·dred·weight [hʌ́ndrədwèit] *n.* (*pl.* **~s,** [수사 뒤에서] **~**) 헌드레드웨이트 《중량의 단위》 **1** 《미》 100파운드, 45.36kg **2** 《영》 112파운드, 50.8kg **3** (미터법에서) 50kg 《略 cwt》

Húndred Yéars' Wár [the ~] 백년 전쟁 《1337-1453의 영국과 프랑스 간의 전쟁》

‡**hung** [hʌŋ] *v.* HANG의 과거·과거분사

Hung. Hungarian; Hungary

Hun·gar·i·an [hʌŋgέəriən] *a.* 헝가리(사람, 말)의

— *n.* **1** 헝가리 사람 **2** Ⓤ 헝가리 말

***Hun·ga·ry** [hʌ́ŋgəri] *n.* **헝가리** 《유럽 중부의 공화국; 수도 Budapest》

‡**hun·ger** [hʌ́ŋgər] *n.* ⓊⒸ **1 굶주림,** 배고픔 **2** 《고어》 기근 **3** [a ~] **갈망,** 열망 《*for, after*》

— *vi.* **1** 굶주리다, 배고프다 **2** 갈망[열망]하다 《*for, after*》

húnger màrch 기아 행진 《실업자의 시위 운동》

húnger strìke 단식 투쟁

húnger strìker 단식 투쟁자

húng júry 〔미국법〕 불일치 배심, 의견이 엇갈려 판결을 못 내리는 배심원단

hung·o·ver [hʌ́ŋòuvər] *a.* 《구어》 숙취의; 언짢은

hun·gri·ly [hʌ́ŋgrəli] *ad.* **1** 주려서, 시장한 듯이, 게걸스럽게 **2** 탐욕스럽게, 열심히

go at [***to***] ***it ~*** 맹렬히 하기 시작하다

‡**hun·gry** [hʌ́ŋgri] *a.* (**-gri·er**; **-gri·est**) **1 배고픈,** 주린; 시장한 듯한 **2** Ⓟ …을 갈망하는, 동경하는 《*for*》 **3** 〈토지가〉 불모의(barren), 부족한 **4** 《드물게》 식욕을 돋우는

feel ~ 시장하다 ***go ~*** 굶주리다

hunk [hʌŋk] *n.* 《구어》 큰 덩어리, 《특히》 빵·고기의 큰 조각

hun·ker [hʌ́ŋkər] *vi.* 쭈그리고 앉다 《*down*》

hunk·y-do·ry [hʌ́ŋkidɔ́:ri] *a.* 《미·속어》 훌륭한, 최고의

‡**hunt** [hʌnt] *vt.* **1 사냥하다,** 수렵하다, 유렵하다 **2** 〈말·사냥개 등을〉 사냥에 쓰다 **3 a 추적하다 b** 몰아내다, 내쫓다 **4** 찾다, 뒤지다

— *vi.* **1** 사냥하다 **2** 찾다, 뒤지다 《*after, for*》 **3** 〈기계 등이〉 불규칙하게 움직이다 **~ down** 몰아 넣다[대다], 추적하여 잡다 **~ up** 〈숨어 있는 것을〉 찾다; 찾아내다

— *n.* **1** 사냥, 수렵 **2** 추적; 탐구 《*for*》

‡**hunt·er** [hʌ́ntər] *n.* **1** 사냥꾼 **2** 탐구자, …을 찾는 사람 《*for, after*》 **3 a** 사냥개 **b** 사냥말 **4** 헌터 《수렵자에 알맞은 이중 뚜껑의 회중 시계》

húnter's móon [보통 the ~] 수렵월 《중추의 만월(harvest moon) 다음의 만월》

‡**hunt·ing** [hʌ́ntiŋ] *n.* Ⓤ **1 a** 수렵; 《영》 《특히》 여우 사냥 《《영》에서는 shooting, racing과 함께 3대 스포츠라 함》 **b** 《미》 총렵(銃獵) **2** 탐구, 추구, 수색

húnting bòx 《영》 사냥꾼의 오두막

húnting càp 사냥모자, 헌팅캡

húnting cròp 수렵용 말채찍

húnting gròund 사냥터; 찾는 장소: ⇨ HAPPY HUNTING GROUND

húnting hòrn 수렵용 나팔

húnting pínk (여우 사냥꾼이 입는) 짙은 다홍색 상의(의 옷감)

hunt·ress [hʌ́ntris] *n.* 여성 수렵가

*__hunts·man__ [hʌ́ntsmən] *n.* (*pl.* **-men** [-mən]) **1** 《영》 (여우 사냥의) **사냥개 담당자** **2** 사냥꾼, 수렵가

*__hur·dle__ [hə́ːrdl] *n.* **1 장애물, 허들**; [the ~s; 단수 취급] 장애물 경주(= **~ ràce**) **2** 《비유》 장애물, 곤란 **3** 《영》 바자 울타리

— *vt.* **1 a** 허들을 뛰어 넘다 **b** 〈장애·곤란 등을〉 극복하다 **2** 바자 울타리를 하다 《*off*》 — *vi.* 장애물 경주에 나가다

hur·dler [hə́ːrdlər] *n.* **1** 바자 울타리를 엮는 사람 **2** 허들 경주자

hur·dy-gur·dy [hə́ːrdigə́ːrdi] *n.* (*pl.* **-dies**) **1** 허디거디 《기타 모양의 옛 현악기; 손잡이를 돌려 연주함》 **2** 《구어》 = BARREL ORGAN

‡**hurl** [həːrl] *vt.* **1 세게 내던지다** **2** [~ one*self* 로] …에게 덤벼[달려]들다; 〈욕설 등을〉 퍼붓다 《*at*》 — *n.* 투척(投擲)

hurl·er [hə́ːrlər] *n.* **1** 던지는 사람 **2** 〖야구〗 투수

hurl·ing [hə́ːrliŋ] *n.* Ⓤ 헐링 《아일랜드식 하키; 규칙은 하키와 거의 같음》

hur·ly-bur·ly [hə́ːrlibə́ːrli] *n.* Ⓤ [또는 a ~] 소동, 혼란

Hu·ron [hjúərən] *n.* [Lake ~] 휴런호 《북미 5대호(湖) 중 제2의 큰 호수》

‡**hur·rah** [hurɔ́ː, -rɑ́ː], **hur·ray** [həréi] *int.* 만세, 후라 — *n.* 환호[만세] 소리

— *vi.* 만세를 부르다, 환호하다

*__hur·ri·cane__ [hə́ːrəkèin, hʌ́r- | hʌ́rikən] *n.* **1 폭풍, 허리케인** **2** (감정 등의) 격발(激發), 폭풍우

húrricane làmp[**làntern**] (폭풍우용) 간데라, 내풍(耐風) 램프

‡**hur·ried** [hə́ːrid | hʌ́r-] *a.* **황급한**, 허둥지둥한; **재촉받은**, 서둘러서 한

hur·ried·ly [hə́ːridli | hʌ́r-] *ad.* 황급히, 다급하게, 허둥지둥

‡**hur·ry** [hə́ːri | hʌ́ri] *n.* (*pl.* **-ries**) Ⓤ **1 서두름**, 황급, 허둥지둥함 **2** [부정·의문문에서] 서두를 필요 ***in a ~*** (1) 허둥지둥, 급히 (2) 조급하게 (3) [보통 부정문에서] 《구어》 자진하여 (4) [보통 부정문에서] 《구어》 쉽사리 ***in no ~*** (1) 서두르지 않고 (2) …할 마음이 내키지 않고

— *v.* (**-ried**) *vt.* **1 서두르게 하다**; 재촉하다 **2** (…으로) 급히 보내다 **3** …을 재촉하여 …하게 하다 — *vi.* **1 서두르다**, 서둘러가다 **2** 서둘러[허둥지둥] …하다

~ along 급히 가다, 서둘러 나아가다 ***~ away***[***off***] 급히 가버리다 ***~ back*** 급히[허둥지둥] 되돌아오다 ***~ on*** 급히 가다; 급히 입다 ***~ over*** …을 허둥지둥 끝마치다 ***~ up*** (1) [종종 명령법] 서두르다 (2) 〈사람·동작을〉 재촉하다 (3) 〈일 등을〉 서둘러 하다

hur·ry·ing·ly [hə́ːriiŋli | hʌ́r-] *ad.* 급히, 서둘러, 허둥지둥

hur·ry-scur·ry, -skur·ry [hə́ːriskə́ːri | hʌ́riskʌ́ri] *ad.* 허둥지둥

— *a.* 허둥지둥하는

— *n.* (*pl.* **-ries**) 허둥지둥함; 법석, 혼란

‡**hurt** [həːrt] *v.* (**hurt**) *vt.* **1** 〈사람·신체의 일부를〉 **다치게 하다**; 아프게 하다 **2** 〈감정을〉 **상하게 하다**; 〈물건 등에〉 손상[손해]을 주다; 〈명성·평판 등을〉 손상시키다 ***feel ~*** 불쾌하게 생각하다 ***get ~*** = ***~ oneself*** 부상하다, 다치다

— *vi.* **1 a** 아프다 **b** 감정을 상하게 하다 **2** [보통 it를 주어로] 《구어》 **지장이 있다**

— *n.* **1 상처**; 아픔, (정신적) 고통 **2** Ⓤ 손해, 손실 ***do ~ to*** …을 손상하다, …을 해치다

— *a.* **1** 부상한 **2** 《미》 파손된 **3** 점포에 내놓아서 바래진

hurt·ful [hə́ːrtfəl] *a.* **1** 고통을 주는 **2** (건강 등에) 유해한 《*to*》 《harmful 쪽이 일반적》 **~·ly** *ad.* **~·ness** *n.*

hur·tle [hə́ːrtl] *vi.* 《고어》 충돌하다; 〈돌·화살·열차 등이〉 휙 소리 내며 (날아) 가다 — *vt.* 《고어》 충돌시키다; 휙 던지다, 내던지다

hurt·less [hə́ːrtlis] *a.* 무해한, 해가 없는

‡**hus·band** [hʌ́zbənd] [ON「집에 사는 사람」의 뜻에서] *n.* **남편** — *vt.* **절약하다**

*__hus·band·ry__ [hʌ́zbəndri] *n.* Ⓤ **1** (낙농·양계 등을 포함하는) **농업**, 경작 **2** 《고어》 가정(家政) **3** 절약(thrift)

‡**hush** [hʌʃ] *vt.* **1 잠잠하게 하다**, 입다물게 하다 **2** …을 입다물게 하여 …시키다 **3** 〈불안 등을〉 진정시키다, 달래다

— *vi.* 잠잠해지다, 침묵하다

~ up (1) 달래다, 진정시키다 (2) 〈악평 등을〉 쉬쉬해 버리다 (3) 입을 다물다, 입 밖에 내지 않다

— *int.* 쉿, 조용히

— *n.* ⓊⒸ **침묵**, 고요함

hush·a·by(e) [hʌ́ʃəbài] *int.* 자장자장

hushed [hʌʃt] *a.* 조용해진, 고요한

hush-hush [hʌ́ʃhʌ̀ʃ] *a.* 《구어》 〈계획 등이〉 극비의

húsh mòney 입막음 돈, 무마비

*__husk__ [hʌsk] *n.* **1 a 껍질**, 깍지(cf. GRAIN) **b** 《미》 옥수수 껍질 **2** [*pl.*] (갑각류·곤충 등의) 외피(外皮); 가치없는 부분

— *vt.* 껍질[깍지]을 벗기다
husk·ing [hʌ́skiŋ] *n.* ((미)) Ⓤ 옥수수 껍질 벗기기
húsking bèe ((미)) 옥수수 껍질 벗기기 모임 ((친구나 이웃이 돕는))
***husk·y**[1] [hʌ́ski] *a.* (**husk·i·er**; **-i·est**) **1** 껍질[깍지]의 **2** 쉰 목소리의; 〈재즈 가수의 목청이〉 허스키한 **3** ((구어)) 〈체격이〉 건장한, 튼튼한, 억센
— *n.* (*pl.* **husk·ies**) (체격이) 건장한 사람, 거인
husky[2] *n.* (*pl.* **-k·ies**) **1** 에스키모종의 개 **2** [**H~**] ((방언·캐나다)) 에스키모인 (Eskimo); Ⓤ 에스키모 어(語)(Innuit)
Huss [hʌs] *n.* 후스 **John** ~ (1369?-1415) ((보헤미아의 종교 개혁자·순교자))
hus·sar [huzɑ́:*r*] *n.* 경기병(輕騎兵)
hus·sy [hʌ́si, hʌ́zi] *n.* (*pl.* **-sies**) 말괄량이; 바람둥이 처녀; 왈패
hus·tings [hʌ́stiŋz] *n. pl.* **1** ((영)) [the ~] 정견 발표장, 국회 의원 후보자를 지명하는 연단(演壇) **2** (국회 의원) 선거 절차 **3** 선거 운동[연설, 유세]
***hus·tle** [hʌ́sl] *vt.* **1** **난폭하게 밀치다**; 밀어 넣다 ((*into*)), 밀어내다 ((*out of*)) **2** 강요하다 ((*into*)) **3** ((미·구어)) 정력적으로 척척 처리하다 **4** 재촉하다 **5** ((미·속어)) 〈물건을〉 강매하다
— *vi.* **1** **척척 해치우다** **2** 서두르다 **3 a** 세게 밀다 **b** 서로 떼밀다 ((*against*)) **c** 밀어젖히고 나아가다 ((*through*)) **4** ((미·속어)) **a** 부정한 수단으로 돈을 벌다 **b** 〈창녀가〉 손님을 끌다
— *n.* ⓊⒸ **1** ((구어)) 정력적 활동, 원기 **2** 매우 서두름; 소동 **3** ((미·속어)) 신용 사기, 사취(詐取)
hus·tler [hʌ́slə*r*] **1** 활동가, 민완가 **2** ((미·속어)) 소매치기의 한패; 사기꾼, 야바위꾼; 도박꾼; 매춘부
‡**hut** [hʌt] *n.* **1** (통나무) **오두막**; 오두막집 **2** 〖군사〗 임시 막사
hutch [hʌtʃ] *n.* **1** (작은 동물을 기르는) 장, 상자 **2** 오두막
hut·ment [hʌ́tmənt] *n.* ⓊⒸ 숙영(宿營); 임시 막사에서의 숙박
Hux·ley [hʌ́ksli] *n.* 헉슬리 **1 Thomas Henry** ~ (1825-95) ((영국의 생물학자)) **2 Aldous** ~ (1894-1963) ((영국의 소설가·비평가, Thomas의 손자))
Hwang Ho [hwɑ́:ŋ-hóu] *n.* = HUANG HE
***hy·a·cinth** [háiəsinθ] *n.* **1** 〖식물〗 **히아신스** **2** Ⓤ 히아신스색; ((특히)) 보라색 **3** ⓊⒸ 〖광물〗 풍신자석 ((zircon의 일종으로 보석))
hy·a·cin·thine [hàiəsínθin | -θain] *a.* 히아신스의[같은]; 보라색의
hy·ae·na [haií:nə] *n.* = HYENA
hy·a·line [háiəlìn] *a.* 유리의; 유리질의, 수정 같은; 투명한
hy·a·lite [háiəlàit] *n.* ⓊⒸ 〖광물〗 옥적석(玉滴石) ((무색 투명))
hy·a·loid [háiəlɔ̀id] 〖해부〗 *a.* 유리 모양의, 투명한 — *n.* (안구의) 유리체막 (= ∠ **mèmbrane**)
***hy·brid** [háibrid] [L 「집돼지와 멧돼지의 혼종」의 뜻에서] *n.* **1** **잡종, 튀기,** 혼혈아; **혼성물** **2** 〖언어〗 혼종어 ((서로 다른 언어·방언에서 유래한 요소가 뒤섞여 생긴 말)) — *a.* **1** 잡종의, 혼혈의 **2** 혼성의
hy·brid·ism [háibridìzm] *n.* Ⓤ **1** 잡종임; 교배 **2** 〖언어〗 혼종, 혼성
hy·brid·i·za·tion [hàibridizéiʃən] *n.* Ⓤ (이종) 교배
hy·brid·ize [háibrədàiz] *vt.* 잡종을 만들다; 〖언어〗 혼종어를 만들다
— *vi.* 잡종이 생기다
Hyde [haid] *n.* 하이드 씨 **Mr.** ~ ⇨ Jekyll
Hýde Párk 하이드파크 ((London에 있는 공원))
hydr- [haidr], **hydro-** [háidrou] ((연결형)) 「물의; 수소의」의 뜻 ((모음 또는 h 앞에서는 hydr-))
hy·dra [háidrə] *n.* (*pl.* **~s, -drae** [-dri:]) **1** [**H~**] 〖그리스신화〗 히드라 ((구두사(九頭蛇); Hercules가 죽인 괴물; 머리 하나를 자르면 그 자리에 머리가 둘 생겼다고 함)) **2** 근절하기 어려운 재해(災害), 큰 재난 **3** 〖동물〗 히드라속(屬) ((강장(腔腸) 동물의 일종)) **4** [**H~**] 〖천문〗 바다뱀자리
hy·dran·gea [haidréindʒə] *n.* 〖식물〗 수국속(屬); 수국꽃
hy·drant [háidrənt] *n.* 소화전(消火栓), 수도[급수]전(栓)
hy·drate [háidreit] 〖화학〗 *n.* 함수화합물(含水化合物); 수화물(水化物)
— *vt., vi.* 수화(水和)시키다[하다], 수산화시키다[하다]
***hy·drau·lic** [haidrɔ́:lik] *a.* **1** **수력**[수압]의; 유압의[으로 작동하는] **2** 물속에서 굳는, 수경성(水硬性)의 **3** 수력학(水力學)의, 수력 공학의
hy·drau·lics [haidrɔ́:liks] *n. pl.* [단수 취급] 수력학
hy·dra·zine [háidrəzì:n, -zin] *n.* Ⓤ 〖화학〗 히드라진 ((환원제; 로켓 연료용))
hy·dric [háidrik] *a.* 〖화학〗 수소의[를 함유한]
hy·dro [háidrou] *n.* (*pl.* **~s**) ((구어)) **1** 수상 비행기(hydroplane) **2** ((영)) = HYDROPATHIC **3** Ⓤ ((캐나다)) 수력 전기; 수력 발전소
hydro- [háidrou] ((연결형)) = HYDR-
hy·dro·car·bon [hàidroukɑ́:*r*bən] *n.* Ⓤ 〖화학〗 탄화수소
hy·dro·ceph·a·lus [hàidrouséfələs] *n.* Ⓤ 〖병리〗 수두증(水頭症)
hy·dro·chlo·ric [hàidroukl5ɔ́:rik] *a.* 〖화학〗 염화수소의
hydrochlóric ácid 〖화학〗 염화 수소산, 염산
hy·dro·cy·an·ic [hàidrousaiǽnik] *n.* 〖화학〗 시안화 수소의
hydrocyánic ácid 시안화 수소산, 청산
hy·dro·dy·nam·ic [hàidroudainǽmik] *a.* 수력학(水力學)의, 유체 역학의 **-i·cal·ly** *ad.*
hy·dro·dy·nam·ics [hàidroudainǽmiks] *n. pl.* [단수 취급] 유체 역학, 수력학
***hy·dro·e·lec·tric** [hàidrouiléktrik] *a.* **수력 전기의**; 수력 발전의 **-tri·cal·ly** *ad.*

*__hy·dro·e·lec·tric·i·ty__ [hàidrouilèktrísəti] *n.* Ⓤ **수력 전기**

hy·dro·flu·or·ic [hàidrəflúərik] *a.* 〖화학〗 플루오르화(化) 수소의

hydrofluóric ácid 플루오르화(化) 수소산

hy·dro·foil [háidroufɔ̀il] *n.* **1** 수중익(水中翼) **2** 수중익선(船)

‡**hy·dro·gen** [háidrədʒən] [L 「물을 만드는 것」의 뜻에서] *n.* Ⓤ 〖화학〗 **수소** 《기호 H》

hýdrogen bòmb 수소 폭탄(H-bomb)

hýdrogen ìon 〖화학〗 수소이온

hy·drog·e·nous [haidrádʒənəs | -drɔ́dʒ-] *a.* 수소의[를 함유한]

hýdrogen peróxide 과산화수소 《방부제, 표백제》

hýdrogen súlfide 황화(黃化) 수소

hy·drog·ra·phy [hàidrágrəfi | -drɔ́g-] *n.* Ⓤ 수로학(水路學), 수로 측량(술)

hy·dro·graph·ic, -i·cal [hàidrougrǽfik(əl)] *a.*

hy·dro·me·chan·ics [hàidroumikǽniks] *n. pl.* [단수 취급] 유체 역학

hy·drom·e·ter [haidrámətər | -drɔ́m-] *n.* 액체 비중계, 부칭

hy·dro·met·ric, -ri·cal [hàidrəmétrik(əl)] *a.* 비중 측정의; 유속 측정의

hy·drom·e·try [haidrámətri | -drɔ́m-] *n.* Ⓤ 액체 비중 측정(법)

hy·dro·path·ic [hàidrəpǽθik] *a.* 수치요법(水治療法)의
— *n.* 《영》 수치료원(水治療院), 수치료 탕치장(湯治場), 수치료 요양지

hy·drop·a·thy [haidrápəθi | -drɔ́p-] *n.* Ⓤ 〖의학〗 수치요법(水治療法) 《물 또는 약수[광천]를 마시거나 목욕함》

hy·dro·pho·bi·a [hàidrəfóubiə] *n.* Ⓤ **1** 〖병리〗 공수병(恐水病), 광견병(rabies) **2** 물에 대한 공포 **-phó·bic** [-fóubik] *a.*

hy·dro·plane [háidrəplèin] *n.* **1** 수상(비행)기 **2** 수중익(hydrofoil), 수상 활주정(滑走艇) **3** (잠수함의) 수평타(水平舵)
— *vi.* 〈자동차가〉 하이드로플레이닝을 일으키다

hy·dro·plan·ing [háidrəplèiniŋ] *n.* Ⓤ 〖자동차〗 하이드로플레이닝 《자동차가 빗길을 달릴 때 타이어의 접지면에 생기는 수막으로 미끄러지는 현상》

hy·dro·pon·ics [hàidrəpániks | -pɔ́n-] *n. pl.* [단수 취급] 〖농업〗 수경법(水耕法), 물재배 **-pón·ic** *a.*

hy·dro·scope [háidrəskòup] *n.* 수중투시경

hy·dro·stat·ic, -i·cal [hàidrəstǽtik(əl)] *a.* 정수(靜水)의; 유체 정역학적(流體靜力學的)인

hy·dro·stat·ics [hàidrəstǽtiks] *n. pl.* [단수 취급] 유체 정역학, 정수 역학

hy·dro·ther·a·py [hàidrəθérəpi] *n.* Ⓤ 〖의학〗 수치 요법 《환부를 물·광천에 담가서 치료하는 방법; cf. HYDROPATHY》

hy·dro·tro·pic [hàidroutrápik | -trɔ́p-] *a.* 굴수성의

hy·drot·ro·pism [haidrátrəpìzm | -drɔ́t-] *n.* Ⓤ 〖생물〗 (식물의 주근(主根) 등의) 굴수성

hy·drox·ide [haidráksaid | -drɔ́ks-] *n.* 〖화학〗 수산화물(水酸化物)

hy·dro·zo·an [hàidrəzóuən] *a.* 히드로충(의)

hy·e·na [haiíːnə] *n.* 〖동물〗 하이에나

Hy·gie·ia [haidʒíːə] *n.* 〖그리스신화〗 히게이아 《건강의 여신》

*__hy·giene__ [háidʒiːn] [Gk 「건강의 (기술)」의 뜻에서] *n.* Ⓤ **1 위생**; 건강법 **2** 위생학 **3** 《컴퓨터속어》 컴퓨터 바이러스 예방

hy·gi·en·ic, -i·cal [hàidʒiénik(əl), haidʒén-] *a.* **1** 위생학의 **2** 위생적인, 위생에 좋은 **-i·cal·ly** *ad.*

hy·gi·en·ics [hàidʒiéniks, haidʒén- | haidʒíːn-] *n. pl.* [단수취급] 위생학

hy·gien·ist [haidʒíːnist | ⌐‒‒] *n.* 위생학자; 위생사

hy·grom·e·ter [haigrámətər | -grɔ́m-] *n.* 습도계

hy·grom·e·try [haigrámətri | -grɔ́m-] *n.* Ⓤ 습도 측정(법)

hy·gro·met·ric [hàigrəmétrik] *a.*

hy·gro·scop·ic [hàigrəskápik | -skɔ́p-] *a.* 검습기(檢濕器)의; 축축해지기 쉬운, 습기를 흡수하는

hy·ing [háiiŋ] *v.* HIE의 현재분사

hy·men [háimən | -men] *n.* **1** 〖해부〗 처녀막 **2** [**H~**] 〖그리스신화〗 휘멘 《혼인의 신》

hy·me·ne·al [hàimənίːəl | -me-] *a.* Ⓐ 《고어·시어》 결혼의, 혼인의

‡**hymn** [him] [동음어 him] *n.* (교회의) **찬송가**, 찬미가, 성가; 찬가(讚歌)
— *vt.* (찬송가를 불러) 〈신을〉 찬송하다; (찬송가로) 〈찬미·감사 등을〉 나타내다
— *vi.* 찬송가를 부르다

hym·nal [hímnl] *a.* 찬송가의; 성가의
— *n.* 찬송가[성가]집

hymn·book [hímbùk] *n.* = HYMNAL

hyp- [haip], **hypo-** [háipou] *pref.* 「아래에; 이하; 조금; 〖화학〗 차아(次亞)의」 뜻 《모음 앞에서는 hyp-》

hype[1] [haip] *n.* 《속어》 **1** 피하 주사침 **2** 마약 중독자

hype[2] 《구어》 *n.* **1** 사기 **2** 과대 선전[광고] — *vt.* **1 a** …을 속이다 **b** …에게 거스름돈을 속이다 **2** 과대 선전하다 《*up*》

hyped-up [háiptʌ́p] *a.* 《속어》 **1** 흥분한; 과장의, 과대한 **2** 속임수의, 겉발림의

hyp·er [háipər] *a.* 매우 흥분[긴장]한; 열광적인

hyper- [háipər] *pref.* 「건너편의; 초월; 과도히, 비상한」의 뜻

hy·per·ac·id [hàipərǽsid] *a.* 위산 과다의

hy·per·a·cid·i·ty [hàipərəsídəti] *n.* 〖병리〗 위산 과다(증)

hy·per·ac·tive [hàipərǽktiv] *a., n.* 지나치게[비정상적으로] 활동적인[과민한] (사람)

hy·per·bo·la [haipə́ːrbələ] *n.* (*pl.* **~s, -lae** [-lìː]) 〖수학〗 쌍곡선

hy·per·bo·le [haipə́ːrbəli] *n.* ⓊⒸ 〖수사학〗 과장(법)

hy·per·bol·ic [hàipərbálik | -bɔ́l-] *a.* 과장법의; 과대한; 과장적인
hy·per·crit·i·cal [hàipərkrítikəl] *a.* 혹평하는
hy·per·in·fla·tion [hàipərinfléiʃən] *n.* Ⓤ 〖경제〗 초인플레이션 (기간)
hy·per·link [háipərlìŋk] *n.* 〖컴퓨터〗 하이퍼링크 《데이터 파일을 서로 연결시키는 것》
hy·per·mar·ket [háipərmɑ̀:rkit] *n.* 《영》 하이퍼마켓
hy·per·o·pi·a [hàipəróupiə] *n.* Ⓤ 〖안과〗 원시(遠視)(opp. *myopia*)
-op·ic [-ápik | -ɔ́p-] *a.*
hy·per·sen·si·tive [hàipərsénsətiv] *a.* 과민한; 〖병리〗 (특정한 약에 대한) 과민증의 **~·ness** *n.*
hy·per·sen·si·tiv·i·ty [hàipərsènsətívəti] *n.* Ⓤ 과민증
hy·per·son·ic [hàipərsánik | -sɔ́n-] *a.* 극초음속의 《음속의 5배 이상의 속도에 대해 말함; cf. SUPERSONIC》
hy·per·ten·sion [hàipərténʃən] *n.* Ⓤ 〖병리〗 고혈압(증), 긴장 항진(증)
hy·per·ten·sive [hàipərténsiv] 〖병리〗 *a.* 고혈압의[을 일으키는] **—** *n.* 고혈압인 사람(cf. HYPOTENSIVE)
hy·per·tro·phy [haipə́:rtrəfi] *n.* Ⓤ **1** 〖병리〗 비대; 영양 과도(opp. *atrophy*) **2** 이상 발달
— *vi.* (**-phied**) 비대해지다
‡**hy·phen** [háifən] [Gk 「함께」의 뜻에서] *n.* **하이픈**
— *vt.* = HYPHENATE
hy·phen·ate [háifənèit] *vt.* 하이픈으로 잇다, 하이픈을 사용하여 쓰다
hy·phen·at·ed [háifənèitid] *a.* **1** 하이픈으로 연결한 **2**〈시민이〉 외국계의
Hyp·nos [hípnas | -nɔs] *n.* 〖그리스신화〗 히프노스 《잠의 신; 꿈의 신 Morpheus의 아버지; 로마 신화의 Somnus에 해당》
hyp·no·sis [hipnóusis] *n.* (*pl.* **-ses** [-si:z]) ⓊⒸ 최면 (상태); 최면술
hyp·no·ther·a·py [hìpnouθérəpi] *n.* Ⓤ 최면(술) 요법(療法)
hyp·not·ic [hipnátik | -nɔ́t-] *a.* 〈약이〉 최면성의; 최면술의
— *n.* **1** 수면제, 최면제(劑) **2** 최면 상태에 있는 사람; 최면술에 걸리기 쉬운 사람
-i·cal·ly *ad.*
hyp·no·tism [hípnətìzm] *n.* Ⓤ 최면(술), 최면 상태 **-tist** *n.* 최면술사(師)
hyp·no·tize [hípnətàiz] *vt.* **1** 최면술을 걸다 **2** 매혹하다 **-tiz·a·ble** *a.* 잠재울 수 있는, 최면술에 걸리는
hy·po[1] [háipou] [*hypo*sulfite] *n.* Ⓤ 〖사진〗 하이포 《정착액용 티오황산나트륨》
hypo[2] *n.* (*pl.* **~s**) 《구어》 = HYPODERMIC
hypo- [háipou] *pref.* = HYP-
hy·po·cen·ter [háipousèntər] *n.* **1** (핵폭발의) 폭심(爆心)(지(地)) **2** (지진의) 진원지(震源地)
hy·po·chon·dri·a [hàipəkándriə | -kɔ́n-] *n.* Ⓤ 〖정신의학〗 히포콘드리증(症), 심기증(心氣症) 《자기의 건강에 대해 필요 이상으로 염려하는 상태》
hy·po·chon·dri·ac [hàipəkándriæ̀k | -kɔ́n-] *a., n.* 〖정신의학〗 히포콘드리증의 (환자), 심기증의 (환자)
***hy·poc·ri·sy** [hipákrəsi | -pɔ́k-] [Gk 「무대에서 연기함」의 뜻에서] *n.* (*pl.* **-sies**) Ⓤ **위선(僞善)**; Ⓒ 위선 행위
***hyp·o·crite** [hípəkrit] [Gk 「배우」의 뜻에서] *n.* **위선자**, 겉으로 착한 체하는 사람
***play the* ~** 위선을 부리다
hyp·o·crit·i·cal [hìpəkrítikəl] *a.* 위선의, 위선(자)적인 **-i·cal·ly** *ad.*
hy·po·der·mic [hàipədə́:rmik] *a.* 〖의학〗 피하(皮下)의, 피하 주사용의
— *n.* **1** 피하 주사 **2** 피하 주사기
hy·po·gly·ce·mi·a [hàipouglaisí:miə] *n.* Ⓤ 〖병리〗 저혈당(증)
hy·pos·ta·sis [haipástəsis | -pɔ́s-] *n.* (*pl.* **-ses** [-sì:z]) **1** 〖의학〗 혈액 강하[침체] **2** 〖신학〗 삼위 일체의 하나 **3** 〖철학〗 본질, 실체
hy·pos·ta·tize [haipástətàiz | -pɔ́s-] *vt.* 〈개념 등을〉 실체시하다, 실체화하다
hy·po·sul·fite [hàipousʌ́lfait] *n.* 〖화학〗 차아황산염; 차아황산나트륨
hy·po·tax·is [hàipətǽksis] *n.* Ⓤ 〖문법〗 종위, 종속 (구문)(opp. *parataxis*)
hy·po·ten·sion [hàipəténʃən] *n.* Ⓤ 〖병리〗 저혈압(증)
hy·po·ten·sive [hàipəténsiv] *a., n.* 〖병리〗 저혈압의 (사람); 혈압 강하제
hy·pot·e·nuse [haipátənjù:s | -pɔ́tənjù:z] *n.* 〖기하〗 (직각 3각형의) 사변(斜邊), 빗변
***hy·poth·e·sis** [haipáθəsis | -pɔ́θ-] *n.* (*pl.* **-ses** [-sì:z]) **가설**, 가정; (조건 명제의) 전제
hy·poth·e·size [haipáθəsàiz | -pɔ́θ-] *vi.* 가설을 세우다 **—** *vt.* 가정하다
hy·po·thet·ic, -i·cal [hàipəθétik(əl)] *a.* 가설의; 〖논리〗 가정의; 가언의
-i·cal·ly *ad.*
***hys·te·ri·a** [histériə | -tíər-] [Gk 「자궁」의 뜻에서] *n.* Ⓤ 〖병리〗 (특히 여자의) **히스테리**; (개인이나 집단의) 병적 흥분, 광란
hys·ter·ic [histérik] *a.* = HYSTERICAL
— *n.* [보통 *pl.*; 단수 취급] 히스테리의 발작; 히스테리성의 사람; 히스테리 환자
***hys·ter·i·cal** [histérikəl] *a.* **1 히스테리성(性)의** **2** 병적으로 흥분한; 이성을 잃은 **3** 히스테리에 걸린 **~·ly** *ad.*
Hz, hz 〖물리〗

I i

i, I[1] [ai] [동음어 aye, eye] *n.* (*pl.* **i's, is, I's, Is** [-z]) **1** 아이 《영어 알파벳의 제9자》 **2** (로마 숫자의) 1 **3** I자형(의 것) **4** (연속된 것의) 아홉 번째(의 것)
dot the [one's] ***i's and cross the*** [one's] ***t's*** ⇨ dot

‡**I**[2] [ai] *pron.* [인칭대명사 제1인칭 단수 주격; 소유격 **my,** 목적격 **me**; 소유대명사 **mine,** 복합 인칭 대명사 **myself**; ⇨ we] 나는, 내가 ─*n.* (*pl.* **I's**) **1** (소설 등에서) I(나)라는 말 **2** [the ~] 〖철학〗 자아, 나: *another I* 제2의 나

I 〖화학〗 iodine

i. interest; intransitive; island

I. Idaho; Independent; Island(s)

IAEA International Atomic Energy Agency 국제 원자력 기구

I·a·go [iɑ́:gou] *n.* **1** 남자 이름 **2** 이아고 《Shakespeare 작 *Othello*에 나오는 음험하고 간악한 인물》

-ial [iəl] *suf.* -AL의 변형: celest*ial*

i·amb [áiæmb] *n.* (*pl.* **~s**) 〖운율〗 = IAMBUS

i·am·bic [aiǽmbik] *a., n.* 〖운율〗 (고전시(詩)에서) 단장격(短長格)의 (시), (영시(英詩)에서) 약강격(弱强格)의 (시)

i·am·bus [aiǽmbəs] *n.* (*pl.* **-bi** [-bai], **~·es**) 〖운율〗 (영시의) 단장격 《◡ –》, 약강격(× ´)(cf. TROCHEE)

-ian [iən] *suf.* -AN의 변형

IATA [aiɑ́:tə] International Air Transport Association 국제 민간 항공 수송 협회

i·at·ro·gen·ic [aiæ̀troudʒénik] *a.* 〈병이〉 의사에게 원인이 있는

ib. *ibidem*

I·be·ri·a [aibíəriə] [L 「스페인 사람」의 뜻에서] *n.* 이베리아 《이베리아 반도의 옛 이름》

I·be·ri·an [aibíəriən] *a.* **1** 이베리아 반도의; 스페인·포르투갈의 **2** (고대) 이베리아 사람[말]의 ─*n.* **1** 이베리아(반도에 사는) 사람; 고대 이베리아 사람 **2** Ⓤ 고대 이베리아 말

Ibérian Península [the ~] 이베리아 반도 《스페인과 포르투갈을 포함하는 반도》

i·bex [áibeks] *n.* (*pl.* **~·es, ib·i·ces** [íbəsì:z, áib-], [집합적] **~**) 아이벡스 《알프스·아펜니노·피레네 산맥 등에 사는 야생 염소》

***ibid.** [íbid] *ibidem*

i·bi·dem [íbədəm] [L = in the same place] *ad.* 같은 장소에, 같은 책[페이지, 절, 장]에 《略 ib., ibid.》

i·bis [áibis] *n.* (*pl.* **~·es,** [집합적] **~**) 〖조류〗 따오기 ***sacred ~*** 아프리카 따오기 《고대 이집트의 영조(靈鳥)》

-ible [əbl] *suf.* -ABLE의 변형

IBM intercontinental ballistic missile 대륙간 탄도탄; International Business Machines Corporation 미국의 컴퓨터 제조 회사

IBRD International Bank for Reconstruction and Development 국제 부흥 개발 은행

Ib·sen [íbsn] *n.* 입센 **Henrik ~** (1828-1906) 《노르웨이의 극작가·시인》

IC 〖전자〗 integrated circuit

-ic [ik] *suf.* **1** 「…의, …같은, …한 성질의」의 뜻: hero*ic,* magnet*ic* **2** 명사를 만듦: crit*ic,* publ*ic,* mus*ic*

-ical [ikəl] *suf.* 「…에 관한, …의, …와 같은」의 뜻: geometr*ical,* mus*ical*

-ical·ly [ikəli] *suf.* -IC(AL)로 끝나는 형용사를 부사로 만듦: crit*ically*

ICAO International Civil Aviation Organization 국제 민간 항공 기구

Ic·a·rus [íkərəs, áik-] *n.* 〖그리스신화〗 이카로스 《밀랍으로 붙인 날개로 날다가 태양에 너무 접근해 밀랍이 녹아 바다에 떨어졌다는 인물》

ICBM intercontinental ballistic missile 대륙간 탄도 미사일

‡**ice** [ais] *n.* Ⓤ **1 a** 얼음 **b** [the ~] 얼음판 **2** Ⓒ 과즙을 섞은 빙과; 《영》 아이스크림 **3** (과자 등의) 당의(糖衣) **4** 《미·속어》 다이아몬드 **5** (태도 등의) 차가움, 쌀쌀함 **6** 《미·속어》 (경찰에) 바치는 뇌물
break the ~ (1) (딱딱한 분위기를 누그러뜨리기 위하여) 좌중에서 처음으로 입을 떼다; 긴장을 풀게 하다 (2) 어려운 일의 실마리를 찾다; 위험한 일을 시작하다; 감행해 보다 ***cut no***[***not much***] ***~*** (***with*** a person) (…에게) 아무[별로] 효과가 없다, 전혀[별로] 도움이 되지 않다 ***on ~*** 《구어》 (1) 〈사람이〉 대기하여 (2) 보류하여 (3) 《미》 (승리·성공이) 확실하여, 승산이 충분하여 (4) 《미》 옥에 갇히어 ***on thin ~*** 살얼음을 밟듯이; 위험한 상태에서
─*a.* **1** 《미》 얼음의[을 넣은] **2** 빙상의 **3** 얼음을 넣기 위한[넣는 데 쓰는]
─*vt.* **1** 얼리다; 얼음으로 차게 하다 **2** 얼음으로 덮다 《*over, up*》 **3** (과자 등에) 당의(糖衣)를 입히다 ─*vi.* 얼다; 얼음으로 덮이다 《*over, up*》

íce àge [the ~] [종종 **I~ A~**] 〖지질〗 빙하 시대(glacial epoch)

íce àx 쇄빙(碎氷) 도끼, 피켈 《등산용》

íce bàg 얼음 주머니[베개]

***ice·berg** [áisbə:rg] [Du. 「얼음의 산」의 뜻에서] *n.* 빙산
the tip of the ~ 빙산의 일각

ice·boat [-bòut] *n.* 빙상 요트[활주선]; 쇄빙선(碎氷船)

ice·bound [-bàund] *a.* 얼음에 뒤덮인, 얼음에 갇힌

ice·box [-bɑ̀ks | -bɔ̀ks] *n.* **1** (얼음을 사용하는) 냉장고, 아이스박스; (냉장고의) 냉동실 **2** 《미》 냉장고

ice·break·er [-brèikər] *n.* **1** 쇄빙선; 쇄빙기 **2** 서먹서먹함[딱딱한 분위기]을 푸는 것[사람] 《파티에서의 게임·춤 등》
ice·cap [-kæ̀p] *n* (산꼭대기·극지 등의) 만년설[빙원](cf. ICE SHEET)
ice-cold [-kóuld] *a.* **1** 얼음같이 찬 **2** 〈감정·태도 등이〉 냉담한, 냉정(冷靜)한
⁑**íce crèam** **1** 아이스크림 **2** 《미·속어》 결정(結晶)꼴의 마약, 아편
íce-cream còne 아이스크림을 담는 원뿔형 웨이퍼(wafer)(에 담은 아이스크림)
íce-cream sóda (아이스)크림 소다
íce cùbe (냉장고에서 만드는) 각빙(角氷), 각얼음
ice·fall [áisfɔ̀:l] *n.* 빙하(氷河)의 붕락(崩落); 얼어붙은 폭포
íce fìeld **1** (떠다니는) 빙원(氷原) **2** (육상의) 빙원
íce flòe (해상의) 빙원, 부빙(浮氷)
ice-free [-frí:] *a.* 얼지 않는, 결빙(結氷)하지 않는
íce hòckey 〖스포츠〗 아이스하키
ice·house [-hàus] *n.* **1** 얼음 창고, 제빙실 **2** = IGLOO
*__Ice·land__ [áislənd] *n.* **아이슬란드** 《북대서양의 공화국; 수도 Reykjavik》
~·er *n.* 아이슬란드 사람
Ice·lan·dic [aislǽndik] *a.* 아이슬란드의; 아이슬란드 사람[말]의
— *n.* Ⓤ 아이슬란드 말
íce[íced] lòlly 《영·구어》 (막대기가 있는) 아이스캔디 (《미》 Popsicle)
ice·man [-mæ̀n] *n.* (*pl.* **-men** [-mèn]) **1** 《미》 얼음 장수[배달인] **2** 《미·속어》 보석 도둑 **3** 《미·속어》 냉정을 잃지 않는 도박사[선수]
íce pìck 얼음 깨는 송곳
íce rìnk (실내) 스케이트장
íce shèet 대륙 빙하, 대빙원; 빙상(氷床)
íce shòw 아이스 쇼, 빙상 쇼
íce skàte [보통 *pl.*] 스케이트화(의 날)
ice-skate [-skèit] *vi.* 스케이트를 타다
íce skàter (빙상) 스케이트를 타는 사람
íce skàting 빙상 스케이트 《경기》
íce stàtion (남극·북극의) 극지 관측소[기지]
íce tòngs [보통 a pair of ~로] 얼음 집게
íce tRày (냉장고의 각빙을 만드는) 제빙 그릇
ice-up [-ʌ̀p] *n.* **1** (눈·물의) 빙결, 동결 **2** 〖기상〗 착빙(着氷) 《고체 표면에 대기 중의 수분이 얼어 붙기》; 〖항공〗 (비행기 날개에 생기는) 착빙
íce wàter **1** 《미》 빙수, 얼음 냉수 **2** 얼음이 녹은 물
ich·neu·mon [iknjú:mən | -njú:-] *n.* **1** 〖동물〗 이집트 몽구스 **2** 〖곤충〗 맵시벌 (= ∽ **flỳ**)
ich·nol·o·gy [iknɑ́lədʒi | -nɔ́l-] *n.* 족적 화석학
-ician [íʃən] *suf.* [-ic(s)로 끝나는 명사·형용사에 붙임] 「…에 능한 사람, …을 배운 사람; …가(家)」의 뜻: phys*ician*
*__i·ci·cle__ [áisikl] *n.* **고드름**
i·ci·ly [áisili] *ad.* 얼음같이, 쌀쌀하게

i·ci·ness [áisinis] *n.* Ⓤ 얼음같이 차가움; 냉담함
ic·ing [áisiŋ] *n.* **1** Ⓤ (과자 등의) 당의(糖衣) **2** = ICE-UP 2 **3** 얼음에 의한 보존
ícing sùgar 《영》 가루 설탕(powdered sugar)
ICJ International Court of Justice 국제 사법 재판소
ick·y [íki] *a.* (**ick·i·er**; **-i·est**) 《구어》 **1** 끈적끈적한; 불쾌한, 싫은, 역겨운 **2** 〈재즈·가사 등이〉 너무 감상적인 **3** 세련되지 않은
i·con [áikɑn | -kɔn] [Gk 「상(象)」의 뜻에서] *n.* **1** (그림·조각의) 상(像), 초상 **2** 〖그리스정교〗 성화상(聖畫像), 성상 《그리스도·성모·성인·순교자 등의》; 《일반적으로》 우상; 우상시되는 사람 **3** 〖컴퓨터〗 아이콘 《컴퓨터의 각종 기능이나 메시지를 표시한 그림 문자》
i·con·ic [aikɑ́nik | -kɔ́n-] *a.* **1** 상[초상]의; 우상의; 성상의 **2** 〖회화〗 〈성(화)상이〉 (비잔틴의) 전통적 양식의, 인습적인 **3** 〖논리·언어〗 (아)이콘[도상]적인
i·con·o·clasm [aikɑ́nəklæ̀zm | -kɔ́n-] *n.* Ⓤ 성상[우상] 파괴(주의); 인습 타파
i·con·o·clast [aikɑ́nəklæ̀st | -kɔ́n-] *n.* 성상[우상] 파괴(주의)자; 인습[미신] 타파주의자
i·con·o·clas·tic [aikɑ̀nəklǽstik | -kɔ̀n-] *a.* 성상[우상] 파괴(자)의; 인습 타파의
i·co·nog·ra·phy [àikənɑ́grəfi | -kɔnɔ́g-] *n.* (*pl.* **-phies**) **1** ⓊⒸ 도해(법); 도상법 **2** Ⓤ 도상학(圖像學)
ICPO International Criminal Police Organization 국제 형사 경찰 기구 《통칭 Interpol》
-ics [iks] *suf.* 「…학, …술(術), …론」의 뜻(cf. -IC) 《복수 어형이지만 보통 (1) 「학술·기술의 이름」으로는 단수 취급: linguist*ics* (2) 구체적인 「활동·현상」을 가리킬 때는 복수 취급: athlet*ics* (3) 그 중에는 단수·복수 두 가지로 취급되는 것도 있음: acoust*ics*》
ic·tus [íktəs] *n.* (*pl.* **~·es**, **~**) **1** 〖운율〗 강음, 양음(揚音) **2** 〖병리〗 발작 증상
ICU intensive care unit 〖의학〗 집중 치료실
⁑**i·cy** [áisi] *a.* (**i·ci·er**; **i·ci·est**) **1** 얼음의; 얼음으로 덮인 **2** 쌀쌀한, 냉담한
í·ci·ly *ad.*
id [id] *n.* [the ~] 〖정신분석〗 이드, 원아(原我) 《자아(ego)의 기저(基底)를 이루는 본능적 충동》
⁑**I'd** [aid] 《구어》 I had[would, should]의 단축형
id. *idem* (L = the same)
Id., Ida. Idaho
I·da [áidə] *n.* 여자 이름
I·da·ho [áidəhòu] *n.* 아이다호 《미국 북서부의 주》 **~·an** *a.*, *n.*
ÍD càrd = IDENTIFICATION CARD, IDENTITY CARD
⁑**i·de·a** [aidí:ə | -díə] *n.* **1 a** ⒸⓊ 생각 **b** 의견, 견해 **c** 착상, 아이디어, 고안(plan) **2** ⒸⓊ (일반적인) **관념**, 개념, 사상; 사고 (방식); 지식 **3** 〖철학〗

이데아, 개념; 〚심리〛 표상(表象), 관념 **4** [one's ~; 보통 부정문에서] 이상(ideal), 취향 《*of*》 **5** (…이라는 막연한) 느낌, 예감, 직관 **6** 어림(짐작), 공상, 환상(fancy), 망상, 상상 **7** 이해, 인식
from an ~ of …을 마음 속에 그리다; 해석[이해]하다 ***give up the ~ of*** …을 단념하다 ***The ~ (of it)!*** = ***The very ~!*** = ***What an ~!*** 《구어》 (그런 생각을 하고 있다니) 너무하군, 질렸어!

‡**i·de·al** [aidíːəl] *n.* **1** 이상, 극치 **2** 이상적인 것[사람], 전형
— *a.* **1** 이상의, 이상적인, 더할 나위 없는 **2** 관념적인, 상상의, 가공적인 **3** 〚철학〛 관념에 관한, 관념론적인, 유심론의

i·de·al·ism [aidíːəlìzm] *n.* Ⓤ **1** 이상주의 **2** 〚철학〛 관념론, 유심론(opp. *materialism*) **3** 〚예술〛 관념주의(opp. *realism*)

i·de·al·ist [aidíːəlist] *n.* **1** 이상가, 이상주의자; 공상가, 몽상가 **2** 관념론자, 관념주의자 — *a.* = IDEALISTIC

i·de·al·is·tic [aidìːəlístik, àidiəl-] *a.* 관념[유심]론(자)의; 이상주의(자)의

i·de·al·ize [aidíːəlàiz] *vt.* 이상화하다, 이상적이라고 생각하다 — *vi.* 이상을 그리다[추구하다]

i·de·al·ly [aidíːəli] *ad.* **1** 이상적으로, 더할 나위 없이 **2** 관념적으로

i·de·ate [áidièit, aidíːeit] *vt., vi.* 관념화하다; 생각하다, 상상하다

i·dée fixe [iːdéi-fíːks] [F = fixed idea] *n.* 고정관념; 강박 관념

i·dem [áidem, ídem] [L = the same] *pron., a.* 《略 id.》 **1** 같은 저자(의) **2** 같은 말(의); 같은 책[전거(典據)](의)

i·den·tic [aidéntik] *a.* 〚외교〛 〈문서 등이〉 동문(同文)의

‡**i·den·ti·cal** [aidéntikəl] **1** [보통 the ~] Ⓐ 동일한, 꼭 같은 **2** (쌍둥이가) 일란성의 — *n.* **1** [*pl.*] 꼭 닮은 것 **2** 일란성 쌍둥이(의 한 쪽)
~·ly *ad.* 꼭 같게, 동등하게

∗**i·den·ti·fi·ca·tion** [aidèntəfikéiʃən] *n.* Ⓤ **1 a** 동일함, 동일하다는 증명[확인, 감정] **b** ⓊⒸ 신분 증명, 신원 확인; 신분증 《略 I.D.》 **2** 〚사회·심리〛 동일시, 일체화

identificátion càrd 신분 증명서, 신분증(ID card)

identificátion paràde 《영》 (범인 확인을 위해 세우는) 피의자들(의 줄) (《미》 line-up)

‡**i·den·ti·fy** [aidéntəfài] *v.* (**-fied**) *vt.* **1** 〈…에 틀림 없음을〉 확인하다; 감정하다, 증명하다 **2** 동일시하다 **3** [~ one*self* 나 수동형으로] …와 제휴하다; …에 관계[공명]하다 《*with*》 — *vi.* **1** (…와) 자기를 동일시[동화]하다 《*with*》 **2** 일체감을 가지다, 공명하다 《*with*》
~ one*self* (1) (자기) 신분을 증명하다, 〈자기가 …이라고〉 말하다[밝히다] 《*as*》 (2) (정당·정책 등과) 행동을 같이하다, 제휴하다; 관계하다, 공명하다《*with*》
i·dén·ti·fi·a·ble *a.*

I·den·ti-kit [aidéntəkìt] *n.* 몽타주식 얼굴 사진 합성 장치 《상표명》

∗**i·den·ti·ty** [aidéntəti] [L 「동일」의 뜻에서] *n.* (*pl.* **-ties**) **1** Ⓤ 동일함, 일치, 동일성 **2** ⓊⒸ **a** 동일한 사람[물건]임, 본인임; 정체, 신원 **b** 본질, 독자성, 주체성 **3** 《미·구어》 신분 증명서 **4** 〚수학〛 항등(恒等)(식); 항등 함수
establish [***prove, recognize***] a person***'s ~*** 신원을 확인하다

idéntity càrd 신분 증명서(ID card)

idéntity thèft 신분 위장 절도 《신용카드·컴퓨터 ID 따위를 훔쳐 물건을 구입하는 것》

id·e·o·gram [ídiəgræ̀m, áid-], **-graph** [-græ̀f | -grὰːf] *n.* 표의 문자(表意文字) (cf. PHONOGRAM)

i·de·o·log·ic, -i·cal [àidiəlɑ́dʒik(əl), ìd- | -lɔ́dʒ-] *a.* **1** 이데올로기의, 관념 형태의 **2** 관념학의; 공론의

i·de·ol·o·gist [àidiɑ́lədʒist, ìd- | -ɔ́l-] *n.* **1** 특정 이데올로기의 신봉자 **2** 공론가, 공상가 **3** 관념론자

i·de·o·logue [áidiəlɔ̀ːg, íd- | -lɔ̀g] *n.* 공론가, 몽상가; 특정 이데올로기 창도자

∗**i·de·ol·o·gy** [àidiɑ́lədʒi, ìdi- | -ɔ́l-] *n.* (*pl.* **-gies**) **1** Ⓒ 〚사회〛 (사회·정치상의) 이데올로기, 관념 형태 **2** Ⓤ 〚철학〛 관념학[론] **3** Ⓤ 공리(空理), 공론

ides [aidz] *n. pl.* [보통 the ~] (고대 로마력(曆)의) nones 후의 8일째 《3월·5월·7월·10월은 15일; 그 이외의 달은 13일》

id est [id-ést] [L = that is] 즉, 바꿔 말하면 《略 i.e., *i.e.*》

id·i·o·cy [ídiəsi] *n.* (*pl.* **-cies**) Ⓤ 백치(白痴); Ⓒ 백치 같은 행위

‡**id·i·om** [ídiəm] [Gk 「자기의 것을 만들다」의 뜻에서] *n.* **1** 관용구, 숙어, 이디엄 **2** 개성적 표현 형식, 작풍(作風)

∗**id·i·o·mat·ic, -i·cal** [ìdiəmǽtik(əl)] *a.* **1** 관용적인, 관용 어법에 맞는[에 관한, 이 많은, 을 포함한] **2** (어떤 언어의) 특징을 나타내는, 꼭 그 나라 말 같은
-i·cal·ly *ad.*

id·i·op·a·thy [ìdiɑ́pəθi | -ɔ́p-] *n.* (*pl.* **-thies**) ⓊⒸ 〚의학〛 특발증(特發症), 특발성 질환

id·i·o·syn·cra·sy [ìdiəsíŋkrəsi] *n.* (*pl.* **-sies**) **1 a** (개인의) 특질, 특징, 개성; (그 사람) 특유의 표현법 **b** 《구어》 기행(奇行) **2** 〚의학〛 특이체질(cf. ALLERGY)

id·i·o·syn·crat·ic [ìdiəsinkrǽtik | -siŋ-] *a.* **1** (개인에게) 특유한; 기이한, 색다른 **2** 특이체질의 **-i·cal·ly** *ad.*

∗**id·i·ot** [ídiət] [Gk 「무식한 사람」의 뜻에서] *n.* **1** 천치; 《구어》 바보, 얼간이 **2** 《폐어》 〚심리〛 백치

ídiot bòard 《속어》 〚TV〛 (출연자 용의) 대사(臺詞) 지시판

ídiot bòx 《속어》 텔레비전

ídiot càrd 텔레비전 출연자용 큐(cue) 카드 《대사 등을 쓴 대형 카드》

id·i·ot·ic, -i·cal [ìdiɑ́tik(əl) | -ɔ́t-] *a.* 백치[천치]의 [같은]; 바보스러운, 비상식적인

‡**i·dle** [áidl] [동음어 idol, idyll] *a.* (**i·dler**; **i·dlest**) **1** 한가한 (⇨ lazy) **2** 게으른, 나태한, 빈둥거리는(lazy) **3** 〈기

계·공장·돈 등이〉 놀고 있는 **4 쓸데없는,** 무의미한, 근거 없는 **—** *vi.* **1 빈둥거리고** [**놀고**] **있다 2**〈엔진 등이〉 (저속으로) 공전하다 **—** *vt.* **1**〈시간을〉 **빈둥거리며 보내다,** 놀고 보내다 《*away*》 **2**〈기계를 저속으로〉 공전시키다 **3** 《미》〈불경기·감산 등이〉〈노동자 등을〉 놀게 하다

i·dle·ness [áidlnis] *n.* Ⓤ 게으름, 무위(無爲); 놀고 지냄
I~ is the mother [***root***] ***of all vice.*** 《속담》 나태는 백악의 근원이다.

i·dler [áidlər] *n.* **1** 게으름뱅이; 쓸모없는 인간 **2** 〖기계〗 유동(遊動) 바퀴

ídle whèel 〖기계〗 유동 바퀴 《2개의 톱니 바퀴 사이에 쓰는 톱니 바퀴》

***i·dly** [áidli] *ad.* **1 하는 일 없이,** 빈둥거려; 게으르게 **2** 멍하니; 무익하게

‡**i·dol** [áidl] [동음어 idle] [Gk 「형태, 환영(幻影)」의 뜻에서] *n.* **1 우상**; 사신(邪神) **2** 우상시되는[숭배받는] 사람[물건] **3** 〖논리〗 선입적 오류, 그릇된 인식
make an ~ of …을 숭배하다

i·dol·a·ter [aidálətər | -dɔ́l-] *n.* **1** 우상 숭배자 **2** (맹목적인) 숭배자, 심취자

i·dol·a·trous [aidálətrəs | -dɔ́l-] *a.* 우상을 숭배하는; (맹목적으로) 숭배하는
~·ly *ad.*

***i·dol·a·try** [aidálətri | -dɔ́l-] *n.* (*pl.* **-tries**) ⓊⒸ **우상**[잡신] **숭배**; 맹목적 숭배, 심취

i·dol·i·za·tion [àidəlizéiʃən | -lai-] *n.* Ⓤ 우상화[시(視)]; 심취

i·dol·ize [áidəlàiz] *vt.* **1** 우상화[시]하다 **2** 심취하다 **—** *vi.* 우상을 숭배하다

i·dyl(l) [áidl | ídil] [동음어 idle, idol] *n.* **1** 전원시, 목가; (전원시에 적합한) 낭만적인 이야기 **2** 전원 풍경[생활 《등》] **3** 〖음악〗 전원시곡(田園詩曲)

i·dyl·lic [aidílik] *a.* **1** 전원시(풍)의, 목가적인 **2** 아주 좋은[멋진], 아름다운

-ie [i] *suf.* = -Y²

IE Indo-European; Industrial Engineering

***i.e.** [áií:, ðǽtíz] [L=*id est*(=that is)] **즉,** 다시 말하면

-ier [iər, -jər] *suf.* -ER의 변형 《「…직업의 사람」의 뜻》: glazi*er*

‡**if** [if] *conj.* **1** [가정·조건을 나타내어] **만약 …면 2** [양보를 나타내어] **비록**[**설사**] **…일지라도**[…이라 하더라도] (even though) **3** [때를 나타내어] …할 때는 언제나(whenever) 《if절의 동사와 주절의 동사의 시제는 보통 같음》 **4** [주절 없이 독립적으로] …라면!, …라니! **5** [간접 의문문을 이끌어] **…인지** (**아닌지**)
as if ⇨ as¹ ***even if*** 비록[설령] …하더라도[일지라도] ***if a day***[***an inch, a man, a penny, a yard,*** etc.] 단 하루[1인치, 1명, 1페니, 1야드]라도; 확실히; 적어도 ***if any*** 설사 있다 해도, 만약 있다면 ***if anything*** 어느 편인가 하면, (그렇기는 커녕) 오히려; 아무튼 ***if it had not been for …*** [과거의 사실과 반대되는 가정을 나타내는 경우] 만약 …이 없었다면(But for …) ***if it were not for …*** [현재의 사실과 반대되는 가정을 나타내는 경우] 만약 …이 없다면(But for …) ***if necessary***[***possible***] 필요[가능]하다면 ***if not*** (1) 비록 …은 아니라 할지라도 (2) 만약 …아니라면 ***if only*** (1) …이기만[하기만] 하다면 (2) 다만 …만이라도, 단지 …만 하면 (좋겠는데)
— *n.* (*pl.* **~s**) 조건, 가정

if·fy [ífi] *a.* 《구어》 의심스러운, 불확실한, 조건부의

Í formàtion 〖미식축구〗 두세 명의 back이 quarterback 바로 뒤에 I자 꼴로 서는 공격 대형

ig·loo, ig·lu [íglu:] [Eskimo 「집」의 뜻에서] *n.* (*pl.* **~s**) 이글루 《얼음·눈덩어리로 만드는 에스키모 사람의 집》

ig·ne·ous [ígniəs] [L 「불의」의 뜻에서] *a.* **1** 불의[같은] **2** 〖지질〗 불로 인하여 생긴, 화성(火成)의

ig·nis fat·u·us [ígnis-fǽtʃuəs] [L=foolish fire] *n.* (*pl.* **ig·nes fat·u·i** [-ni:z-fǽtʃuài]) **1** 도깨비불, 인화(燐火) **2** 사람을 현혹시키는 것[이상, 희망]

ig·nite [ignáit] *vt.* **1 a**〈…에〉 불을 붙이다; 발화시키다 **b** 〖화학〗 고도로 가열하다, 연소시키다 **2**〈사람의〉 감정을 타오르게 하다 **—** *vi.* 점화하다, 발화하다

ig·nit·er [ignáitər] *n.* 점화자, 점화기[장치]

ig·ni·tion [igníʃən] *n.* **1** Ⓤ 점화(點火), 발화 **2** (엔진 등의) 점화 장치

ig·ni·tron [ignáitrɑn | -trɔn] *n.* 〖전자〗 이그나이트론 《수은 방전관》

***ig·no·ble** [ignóubl] [L 「무명의, 신분이 비천한」의 뜻에서] *a.* **1 a 저열한,** 야비한, 멸시할 만한(opp. *noble*) **b**〈일이〉 불명예스러운, 수치스러운 **2** 《고어》 신분[태생]이 천한

ig·no·min·i·ous [ìgnəmíniəs] *a.* 면목없는, 불명예스러운, 수치스러운 **~·ly** *ad.*

ig·no·min·y [ígnəmìni] *n.* (*pl.* **-nies**) Ⓤ 면목없음, 불명예, 모욕; Ⓒ 수치스러운 행위, 추행

ig·no·ra·mus [ìgnəréiməs] *n.* [L] 무식[무지]한 사람

‡**ig·no·rance** [ígnərəns] *n.* Ⓤ **무지,** 무식; 부지(不知), (어떤 일을) 모름
be in ~ of …을 모르다

‡**ig·no·rant** [ígnərənt] [L 「모르는」의 뜻에서] *a.* **무지한,** 무식한; 무지[무식]에서 비롯되는; 《구어》 (사교상의 무지에서) 실례의, 무례한 **~·ly** *ad*

‡**ig·nore** [ignɔ́:r] [L 「모르다」의 뜻에서] *vt.* **무시하다,** 모르는 체하다

i·gua·na [igwɑ́:nə] *n.* 〖동물〗 이구아나 《열대 아메리카산의 큰 도마뱀》

IGY International Geophysical Year 국제 지구 관측년

IHS [Gk=*Iesous*] Jesus 《예수를 그리스어로 표기했을 때의 처음의 3자를 로마자화한 것》

IIRC if I remember correctly 내 기억이 맞다면

Ike [aik] *n.* 아이크 《Dwight D. Eisenhower의 애칭》

i·kon [áikɑn | -kɔn] *n.* = ICON

IL Illinois

il- [il] *pref.* = IN-[1,2] (l 앞에 올 때의 변형)

-ile [əl | ail] *suf.* **1** 「…에 관한, …할 수 있는, …에 적합한」의 뜻의 형용사 어미: serv*ile* **2** 「…와 관계 있는 것」의 뜻의 명사 어미: miss*ile*

i·lex [áileks] *n.* 〖식물〗 털가시나무(holmoak); 감탕나무속(屬)의 나무

Il·i·ad [íliəd] [Gk 「일리움 《고대 Troy의 라틴어 이름》의 시가(詩歌)」의 뜻에서] *n.* **1** [the ~] 일리아드 《Homer 작이라고 전해지는 Troy 전쟁을 읊은 서사시》 **2** [때로 **i~**] 일리아드풍의 서사시, 장편 소설 **3** [종종 **i~**] 거듭되는 불행[고난]

ilk [ilk] *n.* 가족, 동류(同類)
of that ~ 같은 종류[종족, 가족]의, 동류의; 그와 동일한

‡**ill** [il] *a.* (**worse** [wəːrs]; **worst** [wəːrst]) **1** 《영》 병든 **2** (도덕적으로) 나쁜, 부덕(不德)한; 악의 있는, 불친절한 **3** 상서롭지 못한, 불길한 **4** 서투른, 졸렬한, 부적절한, 결점이 있는 ***do*** a person ***an ~ turn*** …에게 앙갚음하다
— *n.* **1** Ⓤ 악, 사악, 죄악 **2** [*pl.*] 괴롭히는 것; 불행, 재난; 병고
— *ad.* (**worse**; **worst**) **1** 나쁘게(badly); 사악하게, 부정하게 **2** 형편에 맞지 않게; 운 나쁘게 **3** 불친절하게, 심술궂게, 가혹하게 **4** 불완전하게, 불충분하게, 부적당하게; 거의 …않다
be ~ off 살림 형편이 좋지 않다, 어렵게 지내다 ***speak*** [***think***] ***~ of*** a person …을 나쁘게 말하다[여기다]

***I'll** [ail] [동음어 isle, aisle] I will [shall]의 단축형

ill-ad·vised [ìlədváizd] *a.* 무분별한, 지각없는 **-vís·ed·ly** [-zidli] *ad.*

ill-af·fect·ed [-əféktid] *a.* 호감이 없는

ill-as·sort·ed [-əsɔ́ːrtid] *a.* = ILL-MATCHED

ill-be·haved [ílbihéivd] *a.* 버릇없는(ill-mannered)(opp. *well-behaved*)

ill blóod = BAD BLOOD

ill-bred [-bréd] *a.* 본데없이 자란, 버릇없는

íll bréeding 본데없음, 버릇없음

ill-con·sid·ered [-kənsídərd] *a.* 분별없는, 부적당한

ill-de·fined [-difáind] *a.* 정의가 불명료한; 〈윤곽이〉 불명확한

ill-dis·posed [-dispóuzd] *a.* **1** 성질이 나쁜, 심술궂은 **2** Ⓟ 호감을 갖지 않은, 악의를 품은 《*toward*》

‡**il·le·gal** [ilíːgəl] *a.* 불법[위법]의
~·ly *ad.*

il·le·gal·i·ty [ìliːgǽləti] *n.* (*pl.* **-ties**) **1** Ⓤ 위법, 불법 **2** Ⓒ 불법 행위

il·leg·i·ble [ilédʒəbl] *a.* 〈문자가〉 읽기 어려운, 판독하기 어려운
il·lèg·i·bíl·i·ty *n.* **-bly** *ad.*

il·le·git·i·ma·cy [ìlidʒítəməsi] *n.* Ⓤ **1** 위법, 비합법 **2** 사생(私生), 서출 **3** 부조리(不條理), 불합리

***il·le·git·i·mate** [ìlidʒítəmət] *a.* **1** 위법의 **2** 서출의, 사생의 **3** 비논리적인, 부조리한 **4** 〈단어·성구 등이〉 오용된
— *n.* 서자, 사생아

ill-famed [ílféimd] *a.* 악평의, 악명 높은

ill-fat·ed [-féitid] *a.* **1** 불운한, 불행한 **2** 불운[불행]을 가져오는, 불길한

ill-fa·vored [-féivərd] *a.* **1** 〈사람·얼굴 등이〉 못생긴, 못난 **2** 불쾌한, 꺼림칙한, 싫은

ill-found·ed [-fáundid] *a.* Ⓐ 근거가 박약한, 정당한 이유가 없는

ill-got·ten [-gɑ́tn | -gɔ́tn] *a.* 부정한 수단으로 얻은, 부정한

ill-hu·mored [-*h*júːmərd] *a.* 기분이 좋지 않은, 심기가 나쁜 **~·ly** *ad.*

il·lib·er·al [ilíbərəl] *a.* **1** 인색한, 구두쇠의 **2** 도량이 좁은, 편협한, 옹졸한 **3** 교양 없는, 저속한 **~·ly** *ad.*

il·lib·er·al·i·ty [ilìbərǽləti] *n.* Ⓤ 인색; 옹졸; 저질, 저속

***il·lic·it** [ilísit] *a.* **불법[부정]의, 불의의;** 금제(禁制)의, 무허가의
~·ly *ad.* **~·ness** *n.*

il·lim·it·a·ble [ilímitəbl] *a.* 무한의, 광대한, 끝없는 **-bly** *ad.*

***Il·li·nois** [ìlənɔ́i, -nɔ́iz] *n.* 일리노이 《미국 중부의 주; 略 Ill.》
~·an [-ən] *a.*, *n.* Illinois 주의 (사람)

il·liq·uid [ilíkwid] *a.* 〈자산이〉 현금으로 바꾸기 어려운, 비유동적인

il·lit·er·a·cy [ilítərəsi] *n.* (*pl.* **-cies**) Ⓤ 문맹, 무식

***il·lit·er·ate** [ilítərət] *a.* **1** **무식한; 글자를 모르는** **2** 〈말씨·표현 등이〉 관용에서 벗어난 — *n.* 무교육자; 무식자

ill-judged [íldʒʌ́dʒd] *a.* 무분별한, 생각이 깊지 않은

ill-man·nered [-mǽnərd] *a.* 버릇없는, 예의 없는, 무례한

ill-matched [-mǽtʃt], **-mat·ed** [-méitid] *a.* 어울리지 않는

***ill-na·tured** [ílnéitʃərd] *a.* **심술궂은,** 마음보가 비뚤어진 **~·ly** *ad.*

‡**ill·ness** [ílnis] *n.* **1** Ⓤ 《일반적으로》 **병** (opp. *health*) **2** (특정의) 병

il·log·i·cal [ilɑ́dʒikəl | ilɔ́dʒ-] *a.* 비논리적인, 불합리한, 조리에 맞지 않는

il·log·i·cal·i·ty [ilɑ̀dʒikǽləti | ilɔ̀dʒ-] *n.* Ⓤ 불합리, 부조리, 불합리한 일

ill-o·mened [ílóumənd] *a.* 불길한; 불운한

ill-starred [-stɑ́ːrd] *a.* 팔자가 사나운; 불운한

ill-suit·ed [-súːtid] *a.* 어울리지 않는; 부적당한

ill-tem·pered [-témpərd] *a.* 성마른, 성미가 까다로운

ill-timed [-táimd] *a.* 때가 좋지[알맞지] 않은, 계제[시기]가 나쁜

ill-treat [-tríːt] *vt.* 학대하다, 냉대하다
~·ment *n.*

il·lu·mi·nant [ilúːmənənt] *a.* 발광성의, 비추는 — *n.* 광원(光源), 발광체[물]

***il·lu·mi·nate** [ilúːmənèit] [L 「비추다」의 뜻에서] *vt.* **1** **조명하다;** 비추다 **2** 조명 장식을 달다; 조명 등으로 장식하다 《*with*》 **3** 〈사본(寫本) 등을〉 (빛깔 무늬·장식 글자 등으로) 꾸미다 **4 a** **계몽[계발]하다** **b** …을 명백히 하다, 해명하다 **c** 《비유》 〈…에〉

광채를 더하다, 유명하게 하다

il·lu·mi·nat·ed [ilúːmənèitid] *a.* **1** 조명 장식을 한 **2**〈사본 등이〉 채식(彩飾)된: an ~ manuscript 채색 사본 **3** 《미·속어》 술취한(drunk)

il·lu·mi·na·ti [ilùːmənáːti] *n. pl.* (*sing.* **-to** [-tou]) **1** 터득한 예지를 자랑하는 사람들, (자칭) 철인(哲人)들 **2** [**I~**] (18세기 프랑스의) 계몽주의자; [**I~**] (16세기 스페인의) 광명파 《그리스도교 신비주의의 일파》 **3** [**I~**] (중세 독일에 있었던) 비밀 결사

il·lu·mi·nat·ing [ilúːmənèitiŋ] *a.* **1** 비추는, 조명하는 **2** 밝히는, 계몽적인 〈의견 등〉 **~·ly** *ad.*

illúminating projéctile 〖군사〗 조명탄

‡**il·lu·mi·na·tion** [ilùːmənéiʃən] *n.* **1** Ⓤ 조명; 조도(照度); [*pl.*] 전광 장식 **2** Ⓤ 계몽; 해명 **3** [*pl.*] (사본의) 채식(彩飾)

il·lu·mi·na·tive [ilúːmənèitiv | -nət-] *a.* 밝게 하는; 계몽적인; 조명의, 비추는

il·lu·mi·na·tor [ilúːmənèitər] *n.* **1** 빛을 주는 사람[물건]; 조명계(원), 조명기, 발광체 **2** 계몽자 **3** (사본·책 등의) 채식사(彩飾師)

il·lu·mine [ilúːmin] *vt., vi.* = ILLUMINATE

ill-us·age [íljúːsidʒ] *n.* Ⓤ 학대, 혹사

ill-use [-júːz] *vt.* 학대[혹사]하다
— [-júːs] *n.* Ⓤ 학대, 혹사(ill-usage)

‡**il·lu·sion** [ilúːʒən] [L 「놀리기」의 뜻에서] *n.* ⓊⒸ 환각, 환영(幻影); 착각, 오해 **-sioned** *a.*

il·lu·sion·ar·y [ilúːʒənèri | -ʒənəri], **-sion·al** [ʒənəl] *a.* 환영의; 환상의, 착각의

il·lu·sion·ism [ilúːʒənìzm] *n.* Ⓤ **1** 〖철학〗 환상설, 미망설 《물질 세계는 하나의 환영이라고 하는》 **2** 〖예술〗 환각법

il·lu·sion·ist [ilúːʒənist] *n.* **1** 미망설론자, 환상가 **2** 착각에 빠진 사람 **3** 〖예술〗 환각법을 쓰는 화가[예술가]; 요술사

il·lu·sive [ilúːsiv] *a* = ILLUSORY **~·ly** *ad.* **~·ness** *n.*

il·lu·so·ry [ilúːsəri] *a.* **1** 사람을 미혹하는, 착각의, 현혹시키는 **2** 가공의, 실체가 없는 **-ri·ly** *ad.* **-ri·ness** *n.*

illus(**t**). illustrated; illustration

‡**il·lus·trate** [íləstrèit] *vt.* **1** 설명하다, 예증(例證)하다 **2** (책 등에) 삽화[도판]를 넣다, 도해하다 — *vi.* 예를 들어 설명하다, 예증[예시]하다

il·lus·trat·ed [íləstrèitid] *a.* 삽화[사진, 도해]를 넣은

‡**il·lus·tra·tion** [ìləstréiʃən] *n.* **1** (책의) 삽화, 도해, 도판 **2** (설명을 위한) 실례 ***by way of*** ~ 실례로서 ***in*** ~ ***of*** …의 예증으로서

***il·lus·tra·tive** [ilʌ́strətiv, íləstrèit-] *a.* 실례가 되는, 예증이 되는 《*of*》 **~·ly** *ad.*

***il·lus·tra·tor** [íləstrèitər, ilʌ́streit-] *n.* 삽화가; 도해[설명]자

***il·lus·tri·ous** [ilʌ́striəs] *a.* **1** 저명한, 유명한 **2**〈업적 등이〉 혁혁한, 빛나는

ill will 적의, 앙심, 악감정, 반감, 증오, 원한(opp. *good will*)

ill-wish·er [ílwíʃər] *n.* 남이 잘못되기를 비는 사람

ILO International Labor Organization 국제 노동 기구

ILS instrument landing system 〖항공〗 계기 착륙 장치[방식]

IM Isle of Man 맨 섬

‡**I'm** [aim] I am의 단축형

im- [im] *pref.* = IN-[1,2] 《b, m, p 앞에 올 때의 변형》

‡**im·age** [ímidʒ] [L 「유사(類似), 초상」의 뜻에서] *n.* **1 a** 상(像), 조상(彫像), 화상 **b** 성상(聖像), 우상 **c** 형태, 모습 **2** 닮은 사람[것] **3** 〖광학〗 (거울 또는 망막상의) 상, 영상 **4** 상징, 화신(化身), 전형 《*of*》 **5** 이미지, 인상; 관념 **6** (사실적인) 묘사, 표현 **7** 〖심리〗 심상(心象), 표상(表象) **8** 〖수사학〗 형상(形象), 직유(直喩), 은유 — *vt.* **1** …의 상을 만들다[그리다] **2** …의 상을 비추다 **3** 마음속에 그리다, 상상하다 **4** 생생하게 그리다 **5** …와 비슷하다

im·age·ry [ímidʒəri] *n.* (*pl.* **-ries**) ⓊⒸ [집합적] **1** 상, 조상(彫像); 심상 **2** 〖문학〗 비유적 묘사[설명]; 수사적 표현, 문학적 형상, 이미지

***im·ag·i·na·ble** [imǽdʒənəbl] *a.* 상상할 수 있는, 생각할 수 있는 《강조하기 위해 최상급 형용사 또는 all, every, no 등에 덧붙여 씀》 **~·ness** *n.* **-bly** *ad.*

‡**im·ag·i·nar·y** [imǽdʒənèri | -nəri] *a.* **1** 상상의, 가공의 **2** 〖수학〗 허(虛)(수)의

‡**im·ag·i·na·tion** [imæ̀dʒənéiʃən] *n.* ⓊⒸ **1 a** 상상; 상상력 **b** (작가 등의) 창조력, 창작력, 구상력 **2** [종종 one's ~] 심상(心像); (구어) 상상의 산물; 공상

***im·ag·i·na·tive** [imǽdʒənətiv] *a.* **1** 상상의, 상상적인 **2** 상상력[창작력, 구상력]이 풍부한; 상상하기 좋아하는 **~·ly** *ad.*

‡**im·ag·ine** [imǽdʒin] [L 「마음에 그리다」의 뜻에서] *vt.* **1** 상상하다 **2** …라고 생각하다; 짐작하다, 추측하다 — *vi.* 상상하다

im·ag·ism [ímədʒìzm] *n.* Ⓤ 〖문학〗 사상(寫像)주의, 이미지즘 《낭만파에 대항하여 1912년 경에 일어난 시인 일파의 주장》

i·ma·go [iméigou, imáː-] *n.* (*pl.* **~es, -gi·nes** [-gənìːz]) **1** 〖곤충〗 (나비, 나방 등의) 성충 **2** 〖정신분석〗 이마고 《어렸을 때의 사랑의 대상이 이상화된 것》

i·mam [imáːm], **i·maum** [imɔ́ːm] *n.* **1** [**I~**] 이슬람교의 수니파에서 칼리프나 뛰어난 학자의 존칭 **2** 이슬람교 사원에서의 집단 예배를 인도하는 자

im·bal·ance [imbǽləns] *n.* Ⓤ 불균형, 불안정 《imbalance: 「불안정」의 뜻으로 일반적으로 사용하는 말. unbalance: 주로 정신적인 불안정의 뜻으로 사용》

im·bal·anced [imbǽlənst] *a.* 불균형의

im·be·cile [ímbəsəl] *a.* 저능한
— *n.* 저능한 사람, 바보

im·be·cil·i·ty [ìmbəsíləti] *n.* **1** Ⓤ 저능; 우둔함 **2** 바보 짓, 어리석은 말

im·bed [imbéd] *vt.* (**~·ded**; **~·ding**) = EMBED

I

im·bibe [imbáib] *vt.* **1** 흡수하다, 섭취하다 **2** 〈술 등을〉 마시다 **3** 〈사상 등을〉 흡수하다, 동화하다 **—** *vi.* 술을 마시다; 수분을 흡수하다

im·bro·glio [imbróuljou] [It. =confusion] *n.* (*pl.* **~s**) **1** (연극의) 복잡한 줄거리 **2** (사물의) 뒤얽힘, 분규, 혼란

im·brue, em- [imbrú:] *vt.* 〈손·칼을〉 (피로) 더럽히다, 물들이다 《*with, in*》

im·bue [imbjú:] *vt.* **1** (빛깔로) 물들이다 《*with*》 **2** 〈감정·사상·의견 등을〉 불어넣다

IMF International Monetary Fund 국제 통화 기금

im·i·ta·ble [ímətəbl] *a.* 모방할 수 있는

‡im·i·tate [ímətèit] [L 「흉내내다」의 뜻에서] *vt.* **1 모방하다, 흉내내다 2 모사(模寫)[모조]하다,** …와 비슷하게 하다

‡im·i·ta·tion [ìmətéiʃən] *n.* **1** Ⓤ **모방,** 흉내; **모조,** 모사 **2 모조품,** 비슷하게 만든 것; 위조품, 가짜

im·i·ta·tive [ímətèitiv | -tət-] *a.* **1** 흉내내기 좋아하는 **2** 모방적인; 모조의, 모사의 **3** 〖생물〗 의태의; 의성(擬聲)적인 ***be* ~ *of*** …을 흉내내다, 본뜨다
~·ly *ad.* **~·ness** *n.*

im·i·ta·tor [ímətèitər] *n.* 모방[모조, 위조]하는 사람

im·mac·u·la·cy [imǽkjuləsi] *n.* Ⓤ 결백, 티 없음, 무구

***im·mac·u·late** [imǽkjulət] *a.* **1 오점[결점]없는,** 흠 없는; 완전한 **2** 깨끗한, 순결한, 티 없는 **~·ly** *ad.*

Immáculate Concéption [the ~] 〖가톨릭〗 (성모 마리아의) 원죄 없는 잉태(설), 무염시태(無染始胎)

im·ma·nence, -nen·cy [ímənəns(i)] *n.* Ⓤ **1** 내재(內在)(성) **2** 〖신학〗 (신의 우주에 있어서의) 내재[편재](성)(opp. *transcendence*); 내재론

im·ma·nent [ímənənt] *a.* **1** 내재하는, (…의) 안에 있는 《*in*》 **2** 〖철학〗 마음 속에서만 일어나는, 주관적인 **3** 〖신학〗 〈신이〉 (우주·시간 등에) 내재하는[내재적인]

Im·man·u·el [imǽnjuəl] *n.* **1** 남자 이름 **2** 〖성서〗 구세주; 그리스도

im·ma·te·ri·al [ìmətíəriəl] *a.* **1** 실체 없는, 비물질적인; 영적인 **2** 중요하지 않은

im·ma·te·ri·al·i·ty [ìmətìəriǽləti] *n.* (*pl.* **-ties**) ⓊⒸ **1** 비물질성, 비실체성 **2** 비물질적인 것; 실체 없는 것 **3** 중요하지 않음

***im·ma·ture** [ìmətʃúər, -tjúər | ìmətjúə] *a.* **1 미숙한,** 생경한; 미완성의(opp. *ripe*) **2** 〖지질〗 〈지형이〉 유년기의 **~·ly** *ad.*

im·ma·tu·ri·ty [ìmətʃúərəti | ìmətjúə-] *n.* Ⓤ 미숙; 미성숙

***im·meas·ur·a·ble** [iméʒərəbl] *a.* **헤아릴 수 없는,** 끝없는; 광대한(vast)
-bly *ad.* 헤아릴 수 없을 정도로

im·me·di·a·cy [imí:diəsi] *n.* (*pl.* **-cies**) Ⓤ 직접; 즉시(성); [*pl.*] 긴급히 필요한 것

‡im·me·di·ate [imí:diət] *a.* **1 즉각의,** 당장의, 즉시의 **2 직접의**(direct); 바로 옆[이웃]의 **3 a** 당면한, 목하의 **b** 〈장래·관계 등이〉 아주 가까운

immédiate constítuent 〖문법〗 직접 구성 요소, 직접 성분

‡im·me·di·ate·ly [imí:diətli] *ad.* **1 곧, 즉각,** 즉시로 **2 a** 직접(으로) **b** 바로 가까이에, 인접하여 **—** *conj.* 《영》 …하자마자(as soon as)

im·med·i·ca·ble [imédikəbl] *a.* 불치의, 고칠 수 없는; 돌이킬 수 없는

***im·me·mo·ri·al** [ìməmɔ́:riəl] *a.* **사람의 기억[기록]에 없는, 먼 옛날의,** 태고 때부터의 ***from*[*since*] *time* ~** 태고 때부터

‡im·mense [iméns] [L 「잴 수 없는」의 뜻에서] *a.* **1 거대한, 막대한,** 광대한 **2** 이루 헤아릴 수 없는, 한없는 **3** 《구어》 멋진, 굉장한
~·ly *ad.* 막대[광대]하게; 《속어》 아주, 굉장히

im·men·si·ty [iménsəti] *n.* (*pl.* **-ties**) Ⓤ 광대, 막대; 무수; 무한; 막대한 것[수량]

***im·merse** [imə́:rs] *vt.* **1 담그다,** 가라앉히다, 적시다 《*in*》 **2** 〖그리스도교〗 …에게 침례를 베풀다 **3** [보통 수동형 또는 ~ one*self* 로] 열중[몰두]시키다, 빠져들게 하다 《*in*》

im·mer·sion [imə́:rʒən | -ʃən] *n.* Ⓤ **1** 담금 **2** 〖그리스도교〗 침례 **3** 열중, 골몰, 몰두

immérsion hèater 물 끓이는 투입식 전열기

***im·mi·grant** [ímigrənt] *n.* **1** (외국으로부터의) **이민,** (입국) **이주자**(cf. EMIGRANT) **2** 귀화 식물, 외래 동물
— *a.* Ⓐ 이주해 오는; 이주자의

***im·mi·grate** [íməgrèit] [L 「안으로 옮기다」의 뜻에서] *vi.* (외국에서) **이주하다** 《*to, into*》 (cf. EMIGRATE)
— *vt.* 이주시키다

***im·mi·gra·tion** [ìməgréiʃən] *n.* ⓊⒸ **1** (입국) **이주,** 이민; Ⓤ 입국 관리[심사] **2** (일정 기간 내의) **이민(자)**수

im·mi·nence [ímənəns] *n.* Ⓤ **1** 절박, 촉박, 급박 **2** 절박한 위험[사정]

im·mi·nen·cy [ímənənsi] *n.* = IMMINENCE 1

***im·mi·nent** [ímənənt] [L 「위로 덮이다」의 뜻에서] *a.* **절박한,** 촉박한, 박두한, 곧 닥쳐올 것 같은 **~·ly** *ad.*

im·mo·bile [imóubəl, -bi:l | -bail] *a.* 움직일 수 없는, 고정된, 부동의; 정지(靜止)의

im·mo·bi·lize [imóubəlàiz] *vt.* **1 a** 움직이지 않게 하다, 고정시키다 **b** 〈깁스 등으로〉 〈관절·환부 등을〉 고정시키다 **2** 〖금융〗 (정화(正貨)의) 유통을 정지시키다; 〈유동 자본을〉 고정 자본화하다

im·mod·er·a·cy [imɑ́dərəsi | imɔ́d-] *n.* 무절제, 지나친 행동; 과도

im·mod·er·ate [imɑ́dərət | imɔ́d-] *a.* **1** 무절제한, 중용(中庸)을 잃은 **2** 지나친, 극단적인 **~·ly** *ad.* **~·ness** *n.*

im·mod·est [imɑ́dist | imɔ́d-] *a.* **1** 〈특히 여성의 행위·복장 등이〉 조심성 없는, 천박한, 음란한 **2** 무례한, 버릇없는, 건방진, 뻔뻔스러운, 안하무인격의 **~·ly** *ad.*

im·mod·es·ty [imɑ́disti | imɔ́d-] *n.* **1** Ⓤ 천박함; 무례, 염치없음, 뻔뻔스러움

2 버릇[조심성] 없는 짓[말]
im·mo·late [íməlèit] *vt.* 1 제물로 바치다 2 희생하다
im·mo·la·tion [ìməléiʃən] *n.* UC 1 제물로 바침, 제물이 됨 2 제물; 희생
***im·mor·al** [imɔ́:rəl | imɔ́r-] *a.* 부도덕한, 품행이 나쁜, 음란한; 〈책·그림·영화 등이〉 외설적인 **~·ly** *ad.*
im·mor·al·ist [imɔ́:rəlist] *n.* 부도덕을 부르짖는[행하는] 사람, 부도덕가[주의자]
im·mo·ral·i·ty [ìmərǽləti] *n.* (*pl.* **-ties**) 1 U 부도덕; 품행이 나쁨, 난잡함; 음란 2 부도덕[패륜] 행위; 추행, 난행, 풍속문란
im·mor·tal [imɔ́:rtl] *a.* 1 불사의 2 불멸의, 영원한; 영구한 3 불후의 **—** *n.* 1 불사신 같은 사람 2 불후의 명성을 가진 사람 《특히 작가·시인》 3 [종종 I~] (고대 그리스·로마의) 여러 신(神)들 중 하나 **~·ly** *ad.*
***im·mor·tal·i·ty** [ìmɔ:rtǽləti] *n.* U 1 불사, 불멸, 불후성(不朽性), 영속성; 영원한 생명 2 불후의 명성
im·mor·tal·ize [imɔ́:rtəlàiz] *vt.* 1 불멸[불후]하게 하다, 〈…에게〉 영원성을 부여하다 2 〈…에게〉 불후의 명성을 주다
***im·mov·a·ble** [imú:vəbl] *a.* 1 움직일 수 없는 2 부동의, 확고한, 태연자약한; 감정에 좌우되지 않는 3 〈축제일·기념일 등이〉 해마다 같은 날짜의, 고정된 4 〖법〗 〈재산이〉 부동의 **—** *n.* [보통 *pl.*] 〖법〗 부동산 **im·mòv·a·bíl·i·ty** *n.* **~·ness** *n.* **-bly** *ad.*
im·mune [imjú:n] *a.* 1 〈전염병·독 등을〉 면한, 면역성의 《*to, from*》 2 〈과세·공격 등에서〉 면제된(exempt), 〈…을〉 당할 염려가 없는 《*from, against*》 3 (…에) 영향을 받지 않는 《*to*》
— *n.* 면역[면제]자
***im·mu·ni·ty** [imjú:nəti] *n.* (*pl.* **-ties**) U 1 (책임·채무 등의) 면제; 특전 2 (전염병 등에 대한) 면역(성), 면역질 《*from*》
im·mu·ni·za·tion [ìmjunizéiʃən | -nai-] *n* U 면역(법), 면역 조치
im·mu·nize [ímjunàiz] *vt.* 면역[면제]시키다 《*against*》
im·mu·no·de·fi·cien·cy [ìmjunoudifíʃənsi] *n.* 면역 결여[부전(不全)]
im·mu·nol·o·gy [ìmjunálədʒi | -nɔ́l-] *n.* U 면역학
im·mu·no·sup·pres·sion [ìmjunousəpréʃən] *n.* 〖병리〗 (X선 조사·약물 등을 사용하는) 면역 억제
im·mu·no·sup·pres·sive [ìmjunousəprésiv] *n.* 〖약학〗 면역 억제약
— *a.* 면역 억제(성)의
im·mure [imjúər] *vt.* 감금하다, 가두다 ~ one***self*** 집에 틀어박히다
~·ment *n.* 감금, 칩거(蟄居)
im·mu·ta·bil·i·ty [imjù:təbíləti] *n.* U 불변(성), 불역성(不易性)
im·mu·ta·ble [imjú:təbl] *a.* 불변의, 변경되지 않는 **~·ness** *n.* **-bly** *ad.*
i-mode [áimóud] *n.* 아이 모드 《휴대폰과 인터넷을 연결시킨 무선 이동 인터넷 서비스; 상표명》

***imp** [imp] *n.* 1 꼬마 도깨비, 마귀 새끼 2 《익살》 장난꾸러기, 왈패
imp. imperative; imperfect; imperial; impersonal; import(ed); importer
***im·pact** [ímpækt] *n.* UC 1 (물체와 물체의) 충돌 2 《비유》 충격, 충격력; (강한) 영향, 감화, 효과 《*on, upon*》
— *v.* [-ˊ] *vt.* 꽉 밀어 넣다; 채워 넣다; 밀착시키다; 충돌하다
— *vi.* 1 강한 충격을 주다 《*on, upon, against*》 2 강한 영향을 주다 《*on, upon*》
im·pact·ed [impǽktid] *a.* 1 꽉 채워진 2 〖치과〗 〈이가〉 (치조에) 매복해 있는 3 《미》 a 인구가 조밀[과밀]한 b 〈지역이〉 (인구 증가에 따라 공공 시설의 증설이 부득이하여) 재정적으로 애먹고 있는
***im·pair** [impέər] [L 「더 나쁘게 하다」의 뜻에서] *vt.* 〈가치·힘·건강 등을〉 감하다, 덜다, 손상시키다, 해치다 **~·ment** *n.*
im·pal·a [impǽlə, -pá:lə] *n.* (*pl.* **~s,** ~) 임팔라 《아프리카산 영양(羚羊)》
im·pale [impéil] *vt.* (뾰족한 것으로) 찌르다, 꿰뚫다 《*upon, with*》; 꼼짝 못하게 하다
im·pal·pa·ble [impǽlpəbl] *a.* 1 실체가 없는, 무형의 2 쉽게 이해하기 어려운; 미묘한 **-bly** *ad.*
im·pan·el [impǽnl] *vt.* (**~ed**; **~·ing** | **~led**; **~·ling**) 〖법〗 배심 명부에 기록하다; 배심 명부에서 〈배심원을〉 선출하다
***im·part** [impá:rt] [L 「분배하다」의 뜻에서] *vt.* 《문어》 1 a 나누어 주다, 주다 《*to*》 b (사물에) 〈성질 등을〉 덧붙이다, 첨가하다 2 〈지식·비밀 등을〉 전하다, 알리다 《*to*》
***im·par·tial** [impá:rʃəl] *a.* 〈판단 등이〉 치우치지 않은, 편견이 없는; 공평한
im·par·ti·al·i·ty [impà:rʃiǽləti] *n.* U 불편부당(不偏不黨), 공평무사, 공명정대
im·pass·a·ble [impǽsəbl | -pá:s-] *a.* 1 통과[횡단] 할 수 없는 2 극복할 수 없는 **im·pàss·a·bíl·i·ty** *n.*
im·passe [ímpæs, -ˊ | æmpá:s] [F] *n.* [보통 *sing.*] 막다른 골목; 난국, 곤경, 막다름
im·pas·sion [impǽʃən] *vt.* 크게 감동[감격]시키다 **-sioned** *a.* 감동한; 정열적인
im·pas·sive [impǽsiv] *a.* 1 무감각한; 의식 없는 2 무표정한, 감동 없는, 열성 없는; 냉정한 **~·ly** *ad.* **~·ness** *n.*
ìm·pas·sív·i·ty *n.*
‡**im·pa·tience** [impéiʃəns] *n.* U [때로 an ~] 1 성급함; 안달, 조바심 《*of*》; (고통·압박 등을) 참을 수 없음 2 갈망
im·pa·ti·ens [impéiʃiènz, -ʃənz] *n.* 〖식물〗 봉선화
‡**im·pa·tient** [impéiʃənt] *a.* 1 성급한, 조급한, 참을성 없는 2 P 안달하는, 조바심하는; 몹시 …하고 싶어하는; 몹시 기다려지는
be ~ for …이 탐나서 못 견디다 ***be ~ of*** …을 참을 수 없다, 못 견디다; …을 아주 싫어하다
***im·peach** [impí:tʃ] *vt.* 1 《미》 〈공무원 등을〉 탄핵(彈劾)하다 2 비난하다, 탓하다

I

3 …에게 죄를 지우다, 고소[고발]하다 《*of, with*》 4 〈행동·인격 등을〉 의심하다, 문제삼다

im·peach·ment [impíːtʃmənt] *n.* UC 비난; 고소, 고발; 〖법〗 탄핵

im·pec·ca·ble [impékəbl] *a.* **1** 죄를 범하지 않는, 죄[과실] 없는 **2** 결점 없는, 나무랄 데 없는

im·pèc·ca·bíl·i·ty *n.* **-bly** *ad.*

im·pe·cu·nious [ìmpikjúːniəs] *a.* (항상) 돈 없는, 가난한 **~·ly** *ad.*

im·ped·ance [impíːdəns] *n.* U 〖전기〗 임피던스 《교류 회로에서 전압의 전류에 대한 비율》

***im·pede** [impíːd] *vt.* **방해하다,** 지연시키다

***im·ped·i·ment** [impédəmənt] *n.* **1** 방해(물), 장애 **2 신체 장애**; 《특히》 언어 장애, 말더듬 《*in*》

im·ped·i·men·ta [impèdəméntə] [L =impediment] *n. pl.* **1** 방해물; (방해가 되는) 수하물 **2** 〖군사〗 보급품

***im·pel** [impél] *vt.* (**~led**; **~·ling**) 〈생각·감정 등이〉 **몰아대다,** 재촉하다, 억지로 …시키다 《*to*》; 추진시키다

im·pel·lent [impélənt] *a.* 추진하는, 밀어붙이는; 억지스러운

— *n.* 추진하는 것, 추진력

im·pend [impénd] *vi.* 〈위험·파멸 등이〉 임박하다, 절박하다

***im·pend·ing** [impéndiŋ] *a.* 〈위험·파멸 등이〉 임박한, 절박한

im·pen·e·tra·bil·i·ty [impènətrəbíləti] *n.* U **1** 꿰뚫기 어려움 **2** 불가해; 무감각; 완고

im·pen·e·tra·ble [impénətrəbl] *a.* **1** 꿰뚫을 수 없는 **2** 〈사물이〉 헤아릴 수 없는, 불가해의 **3** 〈사상·감정 등을〉 받아들이지 않는, 완고한; 무감각한

im·pen·i·tence, -ten·cy [impénətəns(i)] *n.* U **1** 뉘우치지 않음, 개전의 정이 없음 **2** 억척스러움, 완고

im·pen·i·tent [impénətənt] *a.* **1** 개전의 정이 없는 **2** 완고한

— *n.* 뉘우치지 않는 사람; 완고한 사람 **~·ly** *ad.*

imper., imperat. imperative

***im·per·a·tive** [impérətiv] [L 「명령어」의 뜻에서] *a.* **1 피할 수 없는, 긴급한**; 필수적인, 긴요한 **2** 명령적인, 단호한; 위엄 있는, 엄숙한 **3** 〖문법〗 명령법의

— *n.* **1** 명령; (정세 등에 따른) 필요(성), 의무, 요청 **2** 〖문법〗 [the ~] 명령법; 명령법의 동사[문장] **~·ly** *ad.*

im·per·cep·ti·ble [ìmpərséptəbl] *a.* **1** 지각[감지]할 수 없는, 알 수 없는 **2** 미세한, 경미한 **-bly** *ad.*

imperf. imperfect

‡**im·per·fect** [impə́ːrfikt] *a.* **1 불완전한,** 불충분한; 결점[결함]이 있는 **2** 〖문법〗 〈시제가〉 미완료의, 반과거의

— *n.* 〖문법〗 미완료 시제[동사]

***im·per·fec·tion** [ìmpərfékʃən] *n.* U **불완전**; C **결함,** 결점

im·per·fo·rate [impə́ːrfərət, -rèit] *a.* 구멍이 없는; 〈우표에〉 절취선이 없는

‡**im·pe·ri·al**[1] [impíəriəl] [L 「제국(empire)의, 황제(emperor)의」의 뜻에서] *a.* **1 a 제국의 b** [종종 **I~**] 《영》 대영제국의 **2** 황제의, 황실의 **3** 최고 권위의 **4** 장엄한, 당당한 **5** 우수한

— *n.* **1** (종이의) 임피리얼판 **2** 특대품 **3** 황제, 황후

imperial[2] *n.* 황제 수염 《아랫입술 밑에 끝이 뾰족하게 기른》

impérial gállon 영(英) 갤런 《4.546*l*》

im·pe·ri·al·ism [impíəriəlìzm] *n.* U **1** 제정(帝政); 제국주의; 영토 확장주의 **2** 개발 도상국 지배(정책)

im·pe·ri·al·ist [impíəriəlist] *n.* **1** 황제 지지자 **2** 제정[제국]주의자

— *a.* = IMPERIALISTIC

im·pe·ri·al·is·tic [impìəriəlístik] *a.* 제정의; 제국주의의[적인]

-ti·cal·ly *ad.* 제국주의적으로

im·per·il [impérəl] *vt.* (**~ed**; **~·ing** | **~led**; **~·ling**) 〈생명·재산 등을〉 위태롭게 하다, 위험하게 하다(endanger)

***im·pe·ri·ous** [impíəriəs] *a.* **1 전제적인**; 오만한, 거만한 **2 긴급한**; 피할 수 없는, 필수의

im·per·ish·a·ble [impériʃəbl] *a.* **1** 불멸의, 불사의, 불후의 **2** 〈식품 등이〉 부패하지 않는

im·pèr·ish·a·bíl·i·ty *n.* **-bly** *ad.*

im·per·ma·nence, -nen·cy [impə́ːrmənəns(i)] *n.* UC 비영구[비영속]성; 일시성, 덧없음

im·per·ma·nent [impə́ːrmənənt] *a.* 비영구적인, 영속하지 않는, 일시적인

im·per·me·a·ble [impə́ːrmiəbl] *a.* **1** 스며[배어]들지 않는, 불침투성의 《*to*》 **2** 〈통로 등이〉 지나갈 수 없는, 빠져나갈 수 없는

im·per·mis·si·ble [ìmpərmísəbl] *a.* 〈사물이〉 허용[용납]할 수 없는

impers. impersonal

***im·per·son·al** [impə́ːrsənl] *a.* **1 인격을 가지지 않은,** 비인간적인 **2 개인에 관계가 없는,** 비개인적인, 일반적인; 객관적인 **3** 〖문법〗 **비인칭의**

im·per·son·al·i·ty [impə̀ːrsənǽləti] *n.* (*pl.* **-ties**) UC **1** 비인격성; 비개인성 **2** 인간 감정의 부재(不在); 냉담함

im·per·son·ate [impə́ːrsənèit] *vt.* 〈배우 등이〉 …의 역을 하다, …으로 분장하다(act); 〈음성을〉 흉내내다; …인 체하다

im·per·son·a·tion [impə̀ːrsənéiʃən] *n.* UC **1** 인격화, 의인화 **2** (배우의) 분장(법); 〈역을〉 맡아함, 연기 **3** 음성[말투, 태도] 흉내내기

im·per·son·a·tor [impə́ːrsənèitər] *n.* **1** 분장자 **2** 배우; 〈음성·태도 등을〉 흉내내는 사람

***im·per·ti·nence, -nen·cy** [impə́ːrtənəns(i)] *n.* **1** U **건방짐,** 무례한 행위[말]; 무례한[건방진] 사람 **2** U 부적절, 무관계; C 부적절한 행위[말]

***im·per·ti·nent** [impə́ːrtənənt] *a.* **1 건방진,** 주제넘은, 무례한 《*to*》 **2** 적절하지 못한, 관계없는 《*to*》 **~·ly** *ad.*

im·per·turb·a·bil·i·ty [ìmpərtə̀ːrbəbíləti] *n* U 침착, 냉정, 태연함

im·per·turb·a·ble [ìmpərtə́:rbəbl] *a.* 침착한, 냉정한, 태연한, 쉽게 동요하지 않는

im·per·vi·ous [impə́:rviəs] *a.* Ⓟ **1** 〈물·공기 등을〉 통과시키지 않는, 불침투성의 《*to*》 **2** (…에) 상처를 입지 않는, 손상되지 않는 《*to*》 **3** (비평 등에) 영향받지 않는, 좌우되지 않는, 둔감한 《*to*》
~·ly *ad.* **~·ness** *n.*

im·pet·u·os·i·ty [impètʃuɑ́səti | -tjuɔ́s-] *n.* (*pl.* **-ties**) **1** Ⓤ 격렬, 맹렬; 열렬; 성급함 **2** 성급한[격렬한] 언동

*__im·pet·u·ous__ [impétʃuəs | -tju-] *a.* **1** 〈바람·흐름·속도 등이〉 **맹렬[격렬]한** **2** 〈기질·행동 등이〉 열렬한, 성급한, 충동적인
~·ly *ad.*

*__im·pe·tus__ [ímpətəs] *n.* **1** ⓊⒸ 힘, 기세, 자극, 기동력 **2** Ⓤ 〖역학〗 운동력
give*[*lend*] (*an*) ~ *to …에 자극을 주다, …을 촉진하다

imp. gal(l). imperial gallon

im·pi·e·ty [impáiəti] *n.* (*pl.* **-ties**) **1** Ⓤ 신앙심이 없음, 경건하지 않음 **2** Ⓤ 불경, 불손; 무례 **3** 신앙심 없는[불경한, 사악한] 행위[말]

im·pinge [impíndʒ] *vi.* **1** 〈…에〉 영향을 미치다 《*on, upon*》 **2** (남의 권리·재산 등을) 침범하다, 침해하다 《*on, upon*》 **3** 치다, 부딪치다, 충돌하다 《*on, upon, against*》

im·pi·ous [ímpiəs] *a.* 신앙심 없는, 경건치 않은; 불경한, 사악한
~·ly *ad.* **~·ness** *n.*

imp·ish [ímpiʃ] *a.* 꼬마 도깨비의[같은]; 개구쟁이의, 장난꾸러기의
~·ly *ad.* **~·ness** *n.*

im·plac·a·bil·i·ty [implæ̀kəbíləti, -plèik-] *n.* Ⓤ 달래기 어려움; 〈노여움 등을〉 풀기 어려움; 앙심 깊음

im·plac·a·ble [implǽkəbl, -pléik-] *a.* 〈적·증오심 등이〉 달래기 어려운, 무자비한; 화해할 수 없는, 앙심 깊은
~·ness *n.* **-bly** *ad.*

im·plant [implǽnt | -plɑ́:nt] *vt.* **1** 꽂아 넣다, 박다; 〈씨 등을〉 심다 **2** 〈주의·사상 등을〉 주입하다, 불어넣다 《*in, into*》 **3** 〖의학〗 〈장기·피부 등을〉 이식하다
— [ㅅㅡ] *n.* **1** 〖의학〗 신체에 이식되는 조직 조각 **2** 〖치과〗 임플란트 《인공 치아(를 유지하기 위해 쓰는 금속 프레임)》

im·plan·ta·tion [ìmplæntéiʃən | -plɑ:n-] *n.* ⓊⒸ **1** 이식; 주입, 고취(鼓吹) **2** 〖의학〗 피하 주입; 〖병리〗 (체내) 이식 **3** 〖발생〗 (수정란의) 착상

im·plau·si·ble [implɔ́:zəbl] *a.* 받아들이기[믿기] 어려운; 그럴 듯하지 않은
im·plàu·si·bíl·i·ty *n.* **-bly** *ad.*

*__im·ple·ment__ [ímpləmənt] [L 「속에 채우는 것」의 뜻에서] *n.* **1 도구**, 용구, 기구; [*pl.*] 의복[가구] 한 벌 **2** 수단; 앞잡이, 대리인 **—** [-mènt] *vt.* **1** …에게 도구[수단]를 주다 **2** 이행하다, 실행[실시]하다 **3** 충족시키다; 채우다

im·ple·men·ta·tion [ìmpləməntéiʃən] *n.* Ⓤ 이행, 실행; 완성, 성취; 충족

im·pli·cate [ímplikèit] [L 「안에 휩쓸어 넣다」의 뜻에서] *vt.* (범죄 등에) 관련시키다, 휩쓸리게 하다

*__im·pli·ca·tion__ [ìmplikéiʃən] *n.* **1** ⓊⒸ **함축**; 내포; 암시 **2** 연루
***by* ~** 함축적[암시적]으로, 넌지시

*__im·plic·it__ [implísit] *a.* **1** Ⓐ **맹목적인**, 절대적인 **2 함축적인**, 분명히 표현하지 않은, 암시적인 **~·ly** *ad.* **~·ness** *n.*

im·plied [impláid] *a.* 함축된, 은연중의, 암시적인, 언외의(opp. *express*)

im·plode [implóud] *vi.* **1** 〈진공관 등이〉 안쪽으로 파열하다, 내파(內破)하다 **2** 〖음성〗 〈파열음이〉 내파하다
— *vt.* 〖음성〗 〈파열음을〉 내파시키다

‡**im·plore** [implɔ́:r] [L 「울부짖다」의 뜻에서] *vt.* **간청[탄원, 애원]하다**
— *vi.* 애원[탄원, 간청]하다

im·plor·ing [implɔ́:riŋ] *a.* 탄원하는, 애원하는 (듯한) **~·ly** *ad.*

im·plo·sion [implóuʒən] *n.* ⓊⒸ 〖음성〗 (파열음의) 내파; (진공관의) 내파 (opp. *explosion*)

im·plo·sive [implóusiv] 〖음성〗 *a.* 〈파열음이〉 내파의 **—** *n.* 내파음

‡**im·ply** [implái] [L 「안에 싸다」의 뜻에서] *vt.* (**-plied**) **1 포함하다**, 수반하다, 내포하다, 함축하다, **의미하다** **2 암시하다**

im·pol·der [impóuldər] *vt.* 〈바다를〉 메우다; 간척(干拓)하다

*__im·po·lite__ [ìmpəláit] *a.* **버릇없는**, 무례한 **~·ly** *ad.* **~·ness** *n.*

im·pol·i·tic [impɑ́lətìk | -pɔ́l-] *a.* 지각 없는, 득책이 못되는, 졸렬한 **~·ly** *ad.*

im·pon·der·a·ble [impɑ́ndərəbl | -pɔ́n-] *a.* 무게를 달 수 없는; 극히 가벼운 **—** *n.* [보통 *pl.*] 〖물리〗 불가량물(不可量物) 《열·빛 등》; 계량[평가]할 수 없는 것 《성질·감정 등》

‡**im·port** [impɔ́:rt] *vt.* **1** 〈상품을〉 **수입하다** 《*from, into*》(opp. *export*) **2** 들여오다; 〈감정 등을〉 개입시키다 **3** …**의 뜻을 내포하다**, 의미하다 **—** *vi.* 중요하다
— [ㅅㅡ] *n.* Ⓤ **1 수입**; [보통 *pl.*] 수입품; 《캐나다·속어》 외국인 선수; [보통 *pl.*] 수입액 **2** [종종 the ~] 취지, 의미 **3** 《문어》 중요(성)

‡**im·por·tance** [impɔ́:rtəns] *n.* Ⓤ **1 중요[중대](성)**, 의의, 가치 **2** 중요한 지위; 무게; 관록 **3** 거드름, 오만
***be conscious of*[*know, have a good idea of*] one's *own* ~** 젠체하다, 거드름 피우다 ***be of* ~** 중요[중대, 유력]하다 ***of no* ~** 보잘것없는, 하찮은 ***with an air of* ~** 거드름 피우며, 대단한 것처럼

‡**im·por·tant** [impɔ́:rtənt] [L 「(결과를) 가지고(들어)오다」의 뜻에서] *a.* **1 중요한**, 중대한, 소중한 **2** 〈사람·지위 등이〉 유력한, 영향력 있는, (사회적으로) 중요한, 저명한 **3** 거드름 피우는, 오만한 **~·ly** *ad.*

im·por·ta·tion [ìmpɔ:rtéiʃən] *n.* Ⓤ 수입; Ⓒ 수입품 (opp. *exportation*)

im·port·er [impɔ́:rtər] *n.* 수입자[상], 수입업자, 수입국

im·por·tu·nate [impɔ́:rtʃunət] *a.* 성가신, 끈질긴, 귀찮게 조르는

I

im·por·tune [ìmpɔːrtjúːn, impɔ́ːrtʃən | impɔ́ːtjuːn] *vt.* 〈…에게〉 끈덕지게 조르다, 성가시게 부탁하다; 괴롭히다

im·por·tu·ni·ty [ìmpɔːrtjúːnəti | -tjúː-] *n.* (*pl.* **-ties**) Ⓤ 끈덕짐; [*pl.*] 끈덕진 요구[간청]

‡**im·pose** [impóuz] [L 「위에 놓다」의 뜻에서] *vt.* **1** 〈의무·벌·세금 등을〉 **지우다, 과하다, 부과하다** **2** 〈의견 등을〉 **강요[강제]하다** **3** 〈불량품을〉 떠맡기다, 속여서 사게 하다 **4** 〖인쇄〗 〈조판을〉 정판(整版)하다 — *vi.* **1** 속이다; 〈…에〉 편승하다 《*on, upon*》 **2** (남의 일에) 주제넘게 나서다 ~ ***on*** [***upon***] (1) 위압[강요]하다 (2) 속이다 (3) 〈호의 등을〉 악용하다; 응석부리다

***im·pos·ing** [impóuziŋ] *a.* **인상적인,** 당당한, 훌륭한, 남의 눈을 끄는 **~·ly** *ad.* **~·ness** *n.*

im·po·si·tion [ìmpəzíʃən] *n.* **1** Ⓤ 부과 **2** 부과물, 세금; 부담; 《영·구어》 (학생에게) 벌로 과하는 과제 **3** 〖인쇄〗 조판 **4** 사기, 협잡

***im·pos·si·bil·i·ty** [impɑ̀səbíləti | -pɔ̀s-] *n.* (*pl.* **-ties**) Ⓤ **불가능(성)**; Ⓒ 불가능한 일

‡**im·pos·si·ble** [impɑ́səbl | -pɔ́s-] *a.* **1 불가능한** **2 있을 수 없는,** 믿기 어려운 **3** 《구어》 〈사람·상황 등이〉 참을 수 없는, 몹시 싫은 **4** 〈계획 등이〉 현실성 없는

im·pos·si·bly [impɑ́səbli | -pɔ́s-] *ad.* 어처구니없이, 극단적으로; 불가능하게

im·post [ímpoust] *n.* **1** 세금; 《특히》 수입세, 관세 **2** 〖경마〗 부담 중량 《핸디캡로 경주마에 싣는 짐》

im·pos·tor, -post·er [impɑ́stər | -pɔ́s-] *n.* (타인을 사칭하는) 사기꾼, 협잡꾼

im·pos·ture [impɑ́stʃər | -pɔ́s-] *n.* ⓊⒸ 사기 (행위), 협잡

im·po·tence, -ten·cy [ímpətəns(i)] *n.* Ⓤ **1** 무력, 무기력, 허약 **2** (남성의) 성교 불능, 음위(陰萎), 발기 부전

***im·po·tent** [ímpətənt] *a.* **1 a 무력한,** 무기력한 **b** Ⓟ (…할) 능력이 없는 **2** 효과가 없는 **3** 〈남성이〉 성교 불능의, 음위의, 발기 부전의 **~·ly** *ad.*

im·pound [impáund] *vt.* **1** 〈밖에 잘못 나간 가축 등을〉 우리 속에 넣다 **2** 〈물을〉 (관개용으로) 모으다 **3** 〖법〗 〈물건을〉 몰수[압수]하다

***im·pov·er·ish** [impɑ́vəriʃ | -pɔ́v-] *vt.* **1** 〈사람·국가 등을〉 **가난하게 하다** **2** 〈토지 등을〉 메마르게 하다, 불모로 만들다 **~·ment** *n.*

im·prac·ti·ca·bil·i·ty [impræ̀ktikəbíləti] *n.* ⓊⒸ **1** 실행[실시] 불가능 **2** 실행 불가능한 일

***im·prac·ti·ca·ble** [impræ̀ktikəbl] *a.* **1 실행 불가능한** **2** 〈토지·장소 등이〉 통행할 수 없는

***im·prac·ti·cal** [impræ̀ktikəl] *a.* **1** 〈사람 등이〉 **현실에 어두운,** 실천력이 없는 **2** 〈생각·계획 등이〉 실행할 수 없는, 비실용적인

im·prac·ti·cal·i·ty [impræ̀ktikǽləti] *n.* (*pl.* **-ties**) **1** Ⓤ 비실제성, 실행 불가능 **2** 현실성이 없는[실행 불가능한] 일

im·pre·cate [ímprikèit] *vt.* 〈재난·저주 등을〉 빌다 **-cà·tor** *n.*

im·pre·ca·tion [ìmprikéiʃən] *n.* **1** Ⓤ (재난 등을) 빌기, 저주하기 **2** 저주(의 말)

im·pre·cise [ìmprisáis] *a.* 부정확한 **~·ly** *ad.* **~·ness** *n.*

im·pre·ci·sion [ìmprisíʒən] *n.* Ⓤ 부정확, 불명확

im·preg·na·bil·i·ty [imprègnəbíləti] *n.* Ⓤ 난공불락; 견고

im·preg·na·ble[1] [imprégnəbl] *a.* **1** 난공불락의 **2** 〈신념·의론 등이〉 흔들리지 않는, 확고한 **-bly** *ad*

impregnable[2] *a.* 〈알 등이〉 수정(受精)[수태] 가능한

im·preg·nate [imprégneit, ⌐—⌐] *vt.* **1** 임신[수태]시키다; 〖생물〗 수정시키다 **2** 스며들게 하다, 포화[충만]시키다 《*with*》 **3** 〈마음에〉 스며들게 하다, 깊은 인상을 주다; 주입하다 《*with*》 — [imprégnət] *a.* **1** 임신한 **2** Ⓟ 스며든, 포화된; 고취[주입]된 《*with*》

im·preg·na·tion [ìmpregnéiʃən] *n.* Ⓤ **1** 수태; 수정 **2** 포화, 충만 **3** 고취, 주입

im·pre·sa·ri·o [ìmprəsɑ́ːriòu] [It. 「청부인」의 뜻에서] *n.* (*pl.* **~s**) **1** (가극·음악회 등의) 흥행주, 주최자 **2** (가극단·악단 등의) 감독, 지휘자

‡**im·press**[1] [imprés] [L 「위에 찍다」의 뜻에서] *vt.* (**~ed,** 《고어》 **-prest** [-prést]) **1** …에게 (깊은) **인상을 주다** **2 감동시키다,** 감명을 주다 **3** 〈도장 등을〉 찍다, 누르다

be favorably [***unfavorably***] **~*ed*** 좋은[나쁜] 인상을 받다 ***be ~ed by*** [***with, at***] …에 감동하다, 깊은 감명을 받다

— [⌐—] *n.* 《문어》 **1** (도장 등을) 찍음, 날인; 흔적 **2** 특징 **3** 인상, 감명; 영향

impress[2] *vt.* (**~ed,** 《고어》 **-prest**) (특히 해군에) 강제 징모하다(press); 〈재산 등을〉 징발하다

im·press·i·ble [imprésəbl] *a.* 다감한, 감수성이 강한 **-bly** *ad.*

‡**im·pres·sion** [impréʃən] *n.* **1** ⓊⒸ **인상, 감명** **2** (막연한) **느낌,** 생각, 기분 **3** 〖인쇄〗 인쇄; 1회의 인쇄 총부수; (같은 원판에 의한) 쇄(刷) **4** Ⓤ 영향, 효과 **5** ⓊⒸ 날인, 인각(印刻) **6** 자국, 흔적 **7** (유명한 사람을) 흉내내기, 성대모사

make an ~ on …에게 인상을 주다

***im·pres·sion·a·ble** [impréʃənəbl] *a.* **감수성이 강한,** 감동하기 쉬운

im·pres·sion·ism [impréʃənìzm] *n.* Ⓤ 〖예술〗 인상파[주의]

im·pres·sion·ist [impréʃənist] *n.* **1** [보통 **I~**] 인상주의자; 인상파 화가 [조각가, 작가] **2** 유명 인사의 흉내를 내는 연예인 — *a.* [보통 **I~**] 인상파[주의]의

im·pres·sion·is·tic [imprèʃənístik] *a.* 인상주의의, 인상파의; 인상에 근거한

‡**im·pres·sive** [imprésiv] *a.* **강한 인상을 주는,** 감명을 주는 **~·ly** *ad.* **~·ness** *n.*

im·pri·ma·tur [ìmprimɑ́ːtər, -méi-]

I

[L =let it be printed] *n.* **1** (특히 가톨릭 교회가 주는 저작물의) 인쇄[발행] 허가 **2** 허가, 인가, 면허, 승인

***im·print** [ímprint] *n.* **1 누른[박은, 찍은] 자국**, 인장 자국; 흔적 **2** 인상, 모습 **3** (서적 등의) 간기(刊記) 《발행자·인쇄인의 주소·성명 등》 **—** [-ˊ] *vt.* **1** 〈도장 등을〉 **누르다, 찍다 2** (마음·기억 등에) 명기(銘記)시키다, **감명을 주다**

im·print·ing [imprínti ŋ] *n.* 〖동물·심리〗 각인 《태어난 직후에 획득하는 행동 양식》

‡im·pris·on [imprízn] *vt.* **1 교도소[감옥]에 넣다,** 수감하다 **2** 가두다, 구속하다

im·pris·on·ment [imprízn mənt] *n.* Ⓤ **1** 투옥, 구금, 금고 **2** 감금, 유폐, 속박

im·prob·a·bil·i·ty [imprὰbəbíləti | -prɔ̀b-] *n.* (*pl.* **-ties**) ⓊⒸ **1** 사실 같지 않음 **2** 사실 같지 않은 일; 있을[일어날] 것 같지 않은 일

***im·prob·a·ble** [imprάbəbl | -prɔ́b-] *a.* **일어날 듯[있음직]하지 않은**; 사실 같지 않은

im·prob·a·bly [imprάbəbli | -prɔ́b-] *ad.* 있음직하지 않게

im·promp·tu [imprάm*p*t*j*uː | -prɔ́m*p*-tjuː] [L =in readiness] *ad.* 즉석에서, 준비 없이; 즉흥적으로; 임시변통으로 **—** *a.* **1** 즉석에서의, 즉흥적인 **2** 〈식사 등이〉 급히 지은, 임시로 마련한
— *n.* 즉석 연설[연주], 즉흥시, 즉흥곡

***im·prop·er** [imprάpə*r* | -prɔ́p-] *a.* **1 부적당한**, 어울리지 않는 **2** (사실·규칙 등에) 맞지 않는 **3** 버릇없는; 부도덕한 **~·ly** *ad.*

impróper fráction 〖수학〗 가분수

im·pro·pri·e·ty [ìmprəpráiəti] *n.* (*pl.* **-ties**) ⓊⒸ **1** 부적당, 온당치 않음; (단어의) 오용(誤用) **2** 버릇없는[상스러운, 음란한] 행위[말]

im·prov·a·ble [imprúːvəbl] *a.* 개량[개선]할 수 있는

‡im·prove [imprúːv] [OF「이익으로」의 뜻에서] *vt.* **1 개선[개량]하다**, 진보[향상]시키다 **2** 〈시간·기회 등을〉 **이용하다, 활용하다 3** (경작·건설 등으로) 〈토지·부동산의〉 가치를 높이다 **—** *vi.* **1 나아지다**, 개선되다, 진보하다, 증진하다 《*in*》 **2** 〈가치·수요 등이〉 증대하다, 오름세가 되다 **~ *on*** …을 개량[개선]하다; (기록 등을) 경신하다

‡im·prove·ment [imprúːvmənt] *n.* **1 a** ⓊⒸ **개량**, 개선 《*in*》; 진보, **향상** 《*on*》 **b** (동일물의) 개량[개선]된 것, 개량[개선](점) 《*in*》; 향상된 것 《*on, upon*》 **2** (토지·시간 등의) 이용, 활용

im·prov·i·dence [imprάvədəns | -prɔ́v-] *n.* Ⓤ **1** 선견지명[지각]이 없음; 경솔함 **2** 절약 정신이 없음

im·prov·i·dent [imprάvədənt | -prɔ́v-] *a.* **1** 선견지명이 없는; 경솔한, 부주의한 **2** 절약하지 않는 **~·ly** *ad.*

im·pro·vi·sa·tion [imprὰvəzéiʃən] *n.* **1** Ⓤ 즉석에서 하기, 즉흥 **2** 즉석에서 한[지은] 것 《즉흥시[곡], 즉석화(畵) [연주] 등》 **~·al** *a.*

***im·pro·vise** [ímprəvàiz] *vt.* **1** 〈시·음악 등을〉 **즉석에서 짓다[연주하다] 2** 임시 대용으로 마련하다[만들다] **—** *vi.* 즉석에서[즉흥적으로] 작곡[연주, 노래]하다 **-vìsed** *a.* 즉석에서 지은, 즉흥의

***im·pru·dence** [imprúːdns] *n.* **1** Ⓤ **경솔**, 경망, 무분별 **2** 경솔한 언행

***im·pru·dent** [imprúːdnt] *a.* **경솔한**, 분별없는, 경망스러운 **~·ly** *ad.*

***im·pu·dence** [ímpjudns] *n.* **1** Ⓤ **뻔뻔스러움**, 건방짐 **2** ⓊⒸ 건방진 언행

‡im·pu·dent [ímpjudnt] *a.* **뻔뻔스러운**, 염치없는, 건방진 **~·ly** *ad.*

im·pugn [impjúːn] *vt.* 《문어》 이의를 제기하다, 논박하다; 〈남을〉 비난[공격]하다 **~·ment** *n.* Ⓤ 비난, 공격

‡im·pulse [ímpʌls] [L「밀다」의 뜻에서] *n.* **1 추진(력), 충격**; 자극 **2** ⓊⒸ **충동**, 충동적인 행위; 변덕, 일시적 감정
on **~** 충동적으로 ***on the* ~ *of the moment*** 그 순간의 충동으로 ***under the* ~ *of*** …에 이끌려서

ímpulse bùying[pùrchase] 충동구매 《소비재의》

im·pul·sion [impʌ́lʃən] *n.* ⓊⒸ 충동, 충격, 자극, 추진; 순간적인 동기[기분]

im·pul·sive [impʌ́lsiv] *a.* **1** 충동적인, 감정에 끌린 **2** 〈힘 등이〉 추진력[작용]이 있는 **3** 〖역학〗 순간력의

***im·pu·ni·ty** [impjúːnəti] *n.* Ⓤ **형벌[해, 손실]을 받지 않음**
with **~** 벌을 받지 않고, 무난히, 무사히

***im·pure** [impjúə*r*] *a.* **1 더러운**, 불결한 **2 순수하지 않은 3** 〈의도 등이〉 **불순한**, 외설한 **~·ly** *ad.* **~·ness** *n.*

***im·pu·ri·ty** [impjúərəti] *n.* (*pl.* **-ties**) **1** Ⓤ **불결, 불순**; 음란, 외설 **2** 불순물, 혼합물; 불순한[부도덕한] 행위

im·put·a·ble [impjúːtəbl] *a.* Ⓟ (…의 탓으로) 돌릴 수 있는, 지울 수 있는, 전가할 수 있는 《*to*》

im·pu·ta·tion [ìmpjutéiʃən] *n.* **1** Ⓤ 〈죄 등을〉 (…에게) 돌림, 전가 **2** 비난, 비방; 오명

***im·pute** [impjúːt] *vt.* **1** 〈죄 등을〉 …에게 **돌리다**, 씌우다, 전가하다, …의 탓으로 하다 《*to*》 **2** 〈성질·속성 등을〉 귀속시키다

‡in [in, ən | in] *prep.* **1** [장소·위치·방향 등을 나타내어] **a** …**안[속]에[에서, 의]**: *in* the house 집안에[에서] **b** …**에서**, …에: *in* Korea 한국에서 **c** …**쪽에[으로, …으로부터]**: *in* that direction 그 방향에[으로] **d** (탈것 등)을[에] **타고**: *in* a car 차를 타고, 차로 **e** [장소의 기능을 생각하여 관사 없이] …**중**(에), …에: *in* school 재학중; 교내에 **2** [이동을 나타내는 동사와 함께 행위·동작의 방향을 나타내어] …**안[속]에**: fall *in* a river 강물에 빠지다 **3 a** [상태를 나타내어] …**의 상태에[로]**: *in* bad[good] health 건강이 나빠[좋아] **b** [환경을 나타내어] …**속에서[을]**: *in* the dark 어둠 속에(서) **4 a** [행위·활동·종사를 나타내어] …**하여**, …에 종사하여 **b** [소속·직업을 나타내어] …**하여**, …에: *in* the army 입대하여, 군대에 **5** [착용을 나타

내어] …을 **입고**, 착용하여: *in* uniform 제복을 입고 **6 a** [범위를 나타내어] …**에서**, …안[속]에: *in* (one's) sight 시야 안에 **b** [특정 부분을 나타내어] …**의**, …에 관하여: a wound *in* the head 머리의 상처 **c** [수량 등을 한정하여] …**에 서**, …이: a foot *in* length 길이 1피트 **d** [성질·능력·기예 등의 분야를 한정하여] …**에서**, …이, …을 **e** [최상급(상당)의 형용사를 한정하여] …**의 면에서** **7** [시간을 나타내어] **a** …(**사이**)**에**, …**동안**, …(기간) 중에 ((at보다 비교적 긴 시간을 나타냄)): *in* another moment 순식간에 **b** …**지나면**, …후에 **c 지난** …**간**[**중**, **동안**]**에** **8 a** [전체와의 관계를 나타내어] …**중에서**, …가운데에서 **b** [비율·정도를 나타내어] …**마다**, …당: sell *in* dozens 다스로 팔다 **9** [사람의 능력·성격·재능을 나타내어] (사람)**안**[**속**]**에**, …**에게는** **10** [도구·재료·표현 양식 등을 나타내어] …**으로**, …을 가지고, …으로 만든 **11** [방법·양식을 나타내어] …**으로**, …을 가지고 **12** [배치·형상을 나타내어] …**을 이루어**, …**으로 되어** **13 a** [이유·동기를 나타내어] …**때문에**, …의 이유로 **b** [목적을 나타내어] …**의 목적으로** **c** …**으로서**(**의**): *in* return for his present 그의 선물에 대한 답례로 **d** [조건을 나타내어] …**하므로**, (만약 …의 경우)에는 **14** [동격 관계를 나타내어] …이라고 하는

in as much as … = INASMUCH AS ***in itself*** 그 자체로서(는); 본래[원래]는, 본질적으로 ***in so far as*** [***that***] ***…*** = INSOFAR as [that] ***in so much that …*** = INSOMUCH that ***in that*** …이라는 점에서, …이므로(since, because)

— *ad.* **1 a** [운동·방향을 나타내어] **안에**[**으로**], 속에[으로](opp. *out*): Come *in.* 들어오시오. **b** (나중에) 넣어 **2 집**[**사무실**]**에**; 출근하여: Is he *in*? 그분 계십니까[그가 출근했습니까]? **3 a** 〈탈것이〉 도착하여 **b** 〈계절 등이〉 접어들어 **4** 〈과일·식품 등이〉 제철이고, 한창[한물]이고 **5** 〈복장 등이〉 유행하고 **6** 〈정당이〉 정권을 쥐어 **7** 〈기사 등이〉 게재되어 **8** (영) 〈불이〉 타고, 타올라, 〈등불이〉 켜지고 **9** 〈조수가〉 밀려와, 만조가 되어 **10** 〖스포츠〗 공격할 차례에

be in for … (구어) (험한 날씨나 달갑잖은 일 등)에 말려들 것 같다, …을 겪어야만 하다 ***be in on …*** (구어) 〈계획 등〉에 관여[관계]하다

— *a.* Ⓐ **1** 안의 **2** (구어) 상류 사회의, 유행의; 인기 있는 **3** (구어) 특수한 내부 자밖에는 모르는, 자기들끼리만의 **4** 〖스포츠〗 공격 (측)의

— *n.* **1** [the ~s] 여당, 집권당 **2** (미·구어) 연줄, 연고, 백 ((*with*)) **3** [the ~s] 〖스포츠〗 공격측

the ins and outs (1) (강 등의) 굽이, 굴곡 (2) 세부, 곡절, 자초지종 ((*of*))

In 〖화학〗 indium

IN (미) 〖우편〗 Indiana

in. inch(es)

in-[1] [in] *pref.* 「무(無)…; 불(不)… (not)」의 뜻: *in*conclusive

in-[2] *pref.* 「in, on, upon, into, against, toward」의 뜻 ((l 앞에서는 *il-*; b, m, p 앞에서는 im-; r 앞에서는 ir-가 됨)): *in*fer

***in·a·bil·i·ty** [ìnəbíləti] *n.* Ⓤ **무능**, 무력; …할 수 없음

in ab·sen·tia [in-æbsénʃə] [L = in (one's) absence] *ad.* 부재 중에

in·ac·ces·si·bil·i·ty [ìnəksèsəbíləti | -æk-] *n.* Ⓤ 가까이 가기[접근하기, 닿기, 얻기] 어려움

***in·ac·ces·si·ble** [ìnəksésəbl | -æk-] *a.* **1 가까이 하기**[**도달하기**, **얻기**] **어려운** **2** 친해지기 어려운; (감정 등에) 움직여지지 않는 **-bly** *ad.*

in·ac·cu·ra·cy [inǽkjurəsi] *n.* (*pl.* **-cies**) **1** Ⓤ 부정확, 정밀하지 않음 **2** [종종 *pl.*] 잘못, 틀림

in·ac·cu·rate [inǽkjurət] *a.* **1** 부정확한, 정밀하지 않은 **2** 틀린 **~·ly** *ad.*

in·ac·tion [inǽkʃən] *n.* Ⓤ 무활동; 게으름; 휴지(休止), 휴식

in·ac·ti·vate [inǽktəvèit] *vt.* **1** 활발치 않게 하다 **2** 〖면역〗 〈혈청 등을〉 비활성화하다

***in·ac·tive** [inǽktiv] *a.* **1 a 활동하지 않는**, 활발하지 않은 **b** 게으른; (시황이) 한산한 **c** 〈기계 등이〉 움직이지 않는, 사용되지 않고 있는 **2** 〖화학·물리〗 비활성의; 불선광성(不旋光性)의 **3** 〖군사〗 현역이 아닌 **~·ly** *ad.* **ìn·ac·tív·i·ty** *n.*

in·ad·e·qua·cy [inǽdikwəsi] *n.* (*pl.* **-cies**) ⓊⒸ **1** 부적당, 불충분; 무능 **2** [종종 *pl.*] 부적당[불충분]한 점[부분]

‡in·ad·e·quate [inǽdikwət] *a.* **1** Ⓟ 부적당한, 부적절한 ((*to*)) **2 불충분한** ((*for*)) **3** 〈사람이〉 (사회적으로) 적응성이 없는[부족한] **~·ly** *ad.* **~·ness** *n.*

in·ad·mis·si·bil·i·ty [ìnədmìsəbíləti] *n.* Ⓤ 용납[승인]하기 어려움

in·ad·mis·si·ble [ìnədmísəbl] *a.* 용납할 수 없는, 승인할 수 없는 **-bly** *ad.*

in·ad·ver·tence, -ten·cy [ìnədvə́ːr-tns(i)] *n.* (*pl.* **-tenc·es**; **-cies**) **1** (부주의에 따른) 실수, 잘못 **2** Ⓤ 부주의

in·ad·ver·tent [ìnədvə́ːrtənt] *a.* **1** 부주의한, 소홀한 **2** 고의가 아닌, 우연의; 의도하지 않은 **~·ly** *ad.*

in·ad·vis·a·ble [ìnədváizəbl] *a.* 권할 수 없는, 현명하지 않은 **ìn·ad·vìs·a·bíl·i·ty** *n.* **-bly** *ad.*

in·al·ien·a·ble [inéiljənəbl] *a.* 〈권리 등이〉 양도할 수 없는, 빼앗을 수 없는 **-bly** *ad.*

in·al·ter·a·ble [inɔ́ːltərəbl] *a.* 변경할 수 없는, 불변(성)의 **-bly** *ad.*

in·ane [inéin] *a.* 어리석은; 공허한, 텅빈 — *n.* [the ~] 허공, 무한한 공간 **~·ly** *ad.*

***in·an·i·mate** [inǽnəmət] *a.* **1 생명이 없는**, 죽은 **2** 활기 없는 **~·ly** *ad.* **~·ness** *n.*

in·a·ni·tion [ìnəníʃən] *n.* Ⓤ **1** 영양실조, 기아 **2** 공허; 무기력

in·an·i·ty [inǽnəti] *n.* (*pl.* **-ties**) **1** Ⓤ 어리석음, 우둔; 헛됨, 공허 **2** 지각없는 언행

in·ap·pli·ca·ble [inǽplikəbl] *a.* **1** 응용[적용]할 수 없는 **2** 들어맞지 않는, 부적당한 《*to*》 **in·ap·pli·ca·bíl·i·ty** *n.*
in·ap·po·site [inǽpəzit] *a.* 적절하지 않은; 엉뚱한 **~·ly** *ad.* **~·ness** *n.*
in·ap·pre·ci·a·ble [ìnəprí:ʃiəbl] *a.* 감지(感知)할 수 없을 정도의, 근소한, 보잘것없는 **-bly** *ad.*
in·ap·pre·ci·a·tive [ìnəprí:ʃiətiv, -ʃièi-] *a.* 올바르게 평가[이해]할 수 없는, 감식력이 없는 《*of*》
in·ap·proach·a·ble [ìnəpróutʃəbl] *a.* 가까이 갈 수 없는; 쌀쌀한; 당해낼 수 없는
in·ap·pro·pri·ate [ìnəpróupriət] *a.* 부적당한, 타당하지 않은 **~·ly** *ad.* **~·ness** *n.*
in·apt [inǽpt] *a.* 부적당한 《*for*》; 서투른 《*at*》 **~·ly** *ad.* **~·ness** *n.*
in·ap·ti·tude [inǽptətjù:d | -tjù:d] *n.* Ⓤ 부적당 《*for*》; 서투름, 졸렬
*__in·ar·tic·u·late__ [ìnɑ:rtíkjulət] *a.* **1 발음이 분명하지 않은 2** (노여움·흥분·고통 등으로) 말을 못하는, 말이 나오지 않는 **3** 〖해부〗 관절이 없는 **~·ly** *ad.* **~·ness** *n.*
in·ar·tis·tic, -ti·cal [ìnɑ:rtístik(əl)] *a.* 비예술적인; 예술을 모르는, 몰취미한 (cf. UNARTISTIC) **-ti·cal·ly** *ad.*
*__in·as·much as__ [ìnəzmʌ́tʃ-əz, -ǽz] 《문어》 **…이므로**; …하는 한은
in·at·ten·tion [ìnəténʃən] *n.* Ⓤ 부주의, 태만; 경솔한 행동
in·at·ten·tive [ìnəténtiv] *a.* 부주의한; 무뚝뚝한 **~·ly** *ad.*
in·au·di·ble [inɔ́:dəbl] *a.* 알아들을 수 없는, 들리지 않는 **-bly** *ad.*
*__in·au·gu·ral__ [inɔ́:gjurəl] *a.* **취임(식)의**, 개시[개회]의 **—** *n.* 《영》 (교수의) 취임 기념 공개 강의; 《미》 취임식
*__in·au·gu·rate__ [inɔ́:gjurèit] [L 「점(augur)을 치다」의 뜻에서] *vt.* **1 …의 취임식을 거행하다, 취임시키다 2** …의 개통[준공, 개막]식을 행하다; 발족시키다 **3** 〈새 시대를〉 개시하다
*__in·au·gu·ra·tion__ [inɔ̀:gjuréiʃən] *n.* **1** ⓊⒸ **취임(식) 2** 정식 개시; 개업, 창업 **3** 준공[개업, 개통, 제막]식
Inaugurátion Dày 《미》 대통령 취임식 날 《당선된 다음 해의 1월 20일》
in·aus·pi·cious [ìnɔ:spíʃəs] *a.* 불길한; 불운[불행]한 **~·ly** *ad.* **~·ness** *n.*
in-be·tween [ìnbitwí:n] *a.* 개재하는, 중간의 **—** *n.* 중개자
in·board [ínbɔ̀:rd] *a.*, *ad.* **1** 배 안의[에]; 〈엔진이〉 선체[기체] 내에 있는(opp. *outboard*) **2** 〖항공〗 비행기의 동체에 가까운 쪽의[에]
*__in·born__ [ínbɔ́:rn] *a.* **타고난**, 선천적인, 천부의(opp. *acquired*)
in·bound [ínbáund] *a.* **1** 본국행의, 귀항의(opp. *outbound*) **2** 〈교통 기관 등이〉 시내로 가는
in·bred [ínbréd] *a.* 타고난; 동종 번식의
in·breed [ínbrì:d] *vt.* (**-bred** [-brèd]) 〈가축을〉 동종 번식시키다
in·breed·ing [ínbrì:diŋ] *n.* Ⓤ 동종 번식; 근친 교배
in·built [ínbílt] *a.* =BUILT-IN

inc. inclosure; including; inclusive; income; incorporated; increase
*__Inc., inc__ Incorporated 《미》 **주식회사**, 유한 책임 회사
In·ca [íŋkə] *n.* **1** 잉카 제국 황제 **2** 잉카족, 잉카 사람
in·cal·cu·la·ble [inkǽlkjuləbl] *a.* **1** 헤아릴 수 없는 **2** 예상[대중]할 수 없는 **3** 변덕스러운 **-bly** *ad.*
In·can [íŋkən] *a.* 잉카 사람[제국, 문화]의 **—** *n.* 잉카 사람
in·can·des·cence, -cenc·y [ìnkəndésns(i) | -kæn-] *n.* Ⓤ 백열광, 고온 발광
in·can·des·cent [ìnkəndésnt, -kæn-] *a.* 백열의, 백열광을 내는; 빛나는; 열렬한
in·can·ta·tion [ìnkæntéiʃən] *n.* ⓊⒸ 주문(呪文)(을 욈); 마법, 요술
in·ca·pa·bil·i·ty [inkèipəbíləti] *n.* Ⓤ 불능, 무능, 무자격
‡**in·ca·pa·ble** [inkéipəbl] *a.* **1 할 수 없는**, 〈개선 등이〉 **불가능한 2** 부적격한; 무능한 **3** 〖법〗 자격이 없는 **4** 〈사정 등이〉 허용하지 않는, 받아들일 수 없는 《*of*》
drunk and ~ 곤드레만드레 취한
~·ness *n.* **-bly** *ad.*
in·ca·pac·i·tate [ìnkəpǽsətèit] *vt.* **1** 무능력하게 하다 **2** 〖법〗 자격을 박탈하다, 실격시키다
in·ca·pac·i·ty [ìnkəpǽsəti] *n.* Ⓤ **1** 무능, 무력 《*for*》 **2** 〖법〗 무능력; 자격 박탈, 실격
in·car·cer·ate [inkɑ́:rsərèit] *vt.* 감금하다, 투옥[유폐]하다
in·car·cer·a·tion [inkɑ̀:rsəréiʃən] *n.* Ⓤ 감금, 투옥, 유폐
in·car·na·dine [inkɑ́:rnədàin, -dì:n | -dàin] 《문어》 *a.* 살구색의, 연분홍색의, 진홍색의
— *n.* Ⓤ 살구색, 연분홍색
— *vt.* 붉게 물들이다
in·car·nate [inkɑ́:rnət, -neit] *a.* **1** 육체를 갖춘, 사람의 모습을 한 **2** 구체화한
— [-neit] *vt.* **1** 육체를 부여하다 **2** …의 화신이 되다; 구체화하다, 구현[실현]시 키다
in·car·na·tion [ìnkɑ:rnéiʃən] *n.* ⓊⒸ **1** 육체를 부여함, 인간화; 구체화, 실현 **2** (성질·관념 등의) 구체화한 것으로서의 사람[사물], 화신 《*of*》 **3** 〖신학〗 [the I~] 성육신 《신(神)이 인간의 모습으로 나타나는 것》
in·case [inkéis] *vt.* =ENCASE
in·cau·tious [inkɔ́:ʃəs] *a.* 경솔한; 무모한 **~·ly** *ad.* **~·ness** *n.*
in·cen·di·ar·y [inséndièri | -diəri] *a.* **1** 방화의; 불을 내는, 발연용의 **2** 선동적인 **—** *n.* (*pl.* **-ar·ies**) **1** 방화범 **2** 선동자 **3** 소이탄[물질]
*__in·cense__[1] [ínsens] [L 「태워진 것」의 뜻에서] *n.* Ⓤ **향**, 향내; 방향(芳香)
— *vt.* …에 향을 피우다; 분향하다
incense[2] [inséns] [L 「태우다」의 뜻에서] *vt.* (몹시) 성나게 하다; [수동형으로] 격노하다
*__in·cen·tive__ [inséntiv] *n.* **격려, 자극**, 유인(誘因), 동기 《*to*》; 장려금, 보상물

— *a.* **자극적인**, 고무하는, (능률 향상 등을) 격려하는, 보상의

in·cep·tion [insépʃən] *n.* [UC] 시초, 발단, 개시
at the* (*very*) *~ of 처음에, 당초에

in·cep·tive [inséptiv] *a.* 시초[발단]의; 〖문법〗 동작[상태]의 개시를 나타내는, 기동(상)(起動(相))의 — *n.* 〖문법〗 기동 동사 《begin, burst out, start 등》

in·cer·ti·tude [insə́:rtətjù:d | -tjù:d] *n.* [U] 불확실; 부정(不定), 불안정

‡**in·ces·sant** [insésnt] *a.* **끊임없는**, 그칠 새 없는, 쉴 새 없는
~·ly *ad.* **~·ness** *n.*

in·cest [ínsest] *n.* [U] 근친상간(죄), 상피(相避)

in·ces·tu·ous [inséstʃuəs] *a.* 근친상간의 **~·ly** *ad.* **~·ness** *n.*

‡**inch** [intʃ] [L 「(1피트의) 1/12」의 뜻에서] *n.* **1 인치** 《1/12 피트, 2.54cm; 略 in.》: an ~ of rain 1인치의 강우량 **2** [*pl.*] 키, 신장 **3 a** [an ~] 근소한 거리; 소량, 소액 **b** [부정문에서; 부사적으로] 조금도 (…않다)
by ~es 조금씩, 차츰 ***every ~*** 철두철미, 전혀 빈틈없는
— *vi.*, *vt.* 조금씩 움직이다[움직이게 하다]

inch·meal [íntʃmì:l] *ad.* 조금씩, 차츰

in·cho·ate [inkóuət, -eit] *a.* 방금 시작한; 불완전한, 미완성의

inch·worm [íntʃwə̀:rm] *n.* 〖곤충〗 자벌레

in·ci·dence [ínsədəns] *n.* **1** (사건·영향의) 범위, 발생, 발생률 **2** 〖경제〗 부담, 귀착(歸着) **3** [UC] 〖물리〗 투사(投射), 입사(入射)

‡**in·ci·dent** [ínsədənt] [L 「떨어지는, (갑자기) 발생하는」의 뜻에서] *n.* **1 일어난 일**; **우발[부수]적 사건** **2** 사변, 사건 《전쟁·폭동 등》 **3** (시·소설 중의) 삽화 (episode) **4** 〖법〗 부대 조건 《부수된 권리·의무 등》
— *a.* **1 일어나기 쉬운**, 흔히 있는, 있기 쉬운 《*to*》 **2** 〖법〗 부대적인, 부수적인 《*to*》 **3** 〖물리〗 투사의, 입사(入射)의 《*on*, *upon*》

***in·ci·den·tal** [ìnsədéntl] *a.* **1 부수하여 일어나는**, 흔히 있는 《*to*》 **2 우연히 일어나는**, 부차적인, 지엽적인 — *n.* 부수적[우발적] 사건; [종종 *pl.*] 잡비

***in·ci·den·tal·ly** [ìnsədéntəli] *ad.* **1 부수적으로**; 우연히 **2** [문장 수식어로] 말이 난 김에 (말하자면), 덧붙여 말하자면

in·cin·er·ate [insínərèit] *vt.* **1** 태우다, 소각하다; 〈사체를〉 화장하다 **2** 〖화학〗 태워서 재가 되게 하다

in·cin·er·a·tion [insìnəréiʃən] *n.* [U] **1** 소각 **2** 《미》 화장(火葬)

in·cin·er·a·tor [insínərèitər] *n.* (쓰레기 등의) 소각로(爐); 화장로

in·cip·i·en·cy [insípiənsi], **-ence** [-əns] *n.* [U] 《문어》 최초, 발단; (병 등의) 초기

in·cip·i·ent [insípiənt] *a.* 시작의, 초기의, 발단의

in·cise [insáiz] *vt.* **1** 〖의학〗 베다, 째다, 절개(切開)하다 **2** 새기다, 조각하다

in·ci·sion [insíʒən] *n.* [UC] **1** 〖의학〗 절개(술) **2** 베기, 째기; 새기기; 짼[벤] 자국[상처]

in·ci·sive [insáisiv] *a.* 예리한; 예민한, 재빠른, 기민한; 〈목소리·말 등이〉 날카로운, 통렬[신랄]한 **~·ly** *ad.* **~·ness** *n.*

in·ci·sor [insáizər] *n.* 〖치과〗 앞니

in·ci·ta·tion [ìnsaitéiʃən] *n.* = INCITEMENT

***in·cite** [insáit] [L 「안에서 심하게 움직이다」의 뜻에서] *vt.* **1 자극하다**, 격려하다, 고무하다, 선동하다 **2** 〈분노·호기심을〉 일으키게 하다

in·cite·ment [insáitmənt] *n.* [UC] **1** 자극, 고무(鼓舞), 선동 《*to*》 **2** 자극물; 유인(誘因), 동기 《*to*》

in·ci·vil·i·ty [ìnsivíləti] *n.* (*pl.* **-ties**) **1** [U] 무례, 버릇없음 **2** 무례한 짓[말]

incl. inclosure; including; inclusive(ly)

in·clem·en·cy [inklémənsi] *n.* [U] (날씨의) 험악, (기후의) 혹독함

in·clem·ent [inklémənt] *a.* 〈날씨가〉 험한, 거칠고 궂은, 〈기후가〉 혹독한, 추운

‡**in·cli·na·tion** [ìnklənéiʃən] *n.* [UC] **1** (정신적인) **경향**, 성향 《*for*, *toward*》; 기호(嗜好), 좋아하는 것; 의향 《*to* do》 **2** [an ~, the ~] (…하는) (체질적) 경향 **3 a 기울어짐**, 기울기, 〈머리를〉 숙임 **b** 빗면, 사면

‡**in·cline** [inkláin] *vt.* **1** 〈마음을〉 **내키게 하다**, …의 경향이 생기게 하다 **2 기울이다**, 경사지게 하다 **3** 〈몸을〉 구부리다, 〈머리를〉 숙이다
— *vi.* **1 기울다**, 비탈지다; 〈몸을〉 기울이다 **2** …하고 싶어지다, …할 마음이 내키다 **3** …하는 경향이 있다, …하는 체질이다, …하기 쉽다 《*to*》
— [ㅡ] *n.* 경사, 기울기; 비탈

in·clined [inkláind] *a.* **1** [P] (…하고) 싶어하는; 경향[성향]이 있는 《*to*》: I am [feel] ~ *to* go for a walk. 산책을 하고 싶다. **2** 경사진; (선·평면과) 각도를 이루는

inclíned pláne 사면(斜面)

in·cli·nom·e·ter [ìnklənɑ́mətər | -nɔ́m-] *n.* 〖항공〗 경각계(傾角計), 경사계

***in·close** [inklóuz] *vt.* = ENCLOSE

in·clo·sure [inklóuʒər] *n.* = ENCLOSURE

‡**in·clude** [inklú:d] [L 「안에 가두다」의 뜻에서] *vt.* (opp. *exclude*) **1 포함하다**, 함유하다 **2 넣다**, (전체의 일부로서) 계산하다, 포함시키다, 끼우다

***in·clud·ing** [inklú:diŋ] *prep.* …을 포함하여[함께 넣어서](opp. *excluding*)

***in·clu·sion** [inklú:ʒən] *n.* **1** [U] **포함**, 포괄; 산입(算入); 〖논리〗 포섭 **2** 함유물

***in·clu·sive** [inklú:siv] *a.* (opp. *exclusive*) **1** [수사 등의 뒤에 놓아] **포함하여**, 함께 넣어, 함께 계산하여 **2 모든 것을 포함한[넣은]**, 포괄적인
~ of …을 포함하여
~·ly *ad.* **~·ness** *n.*

in·cog [ínkɑ́g | inkɔ́g] *a.*, *ad.*, *n.* 《구어》 = INCOGNITO

in·cog·ni·to [ìnkɑgní:tou | -kɔg-] [It. 「알려져 있지 않은」의 뜻에서] *a.*, *ad.* 익명의[으로], 가명의[으로], 암행의[으로] — *n.* (*pl.* **~s**) 익명(자), 가명(자), 암행(자)

in·co·her·ence, -en·cy [ìnkouhíərəns(i)] *n.* Ⓤ 조리가 서지 않음, 논리가 맞지 않음, 지리멸렬

in·co·her·ent [ìnkouhíərənt] *a.* 논리가 일관되지 않는; 점착력이 없는, 흐트러진

in·com·bus·ti·bil·i·ty [ìnkəmbʌ̀stəbíləti] *n.* Ⓤ 불연성(不燃性)

in·com·bus·ti·ble [ìnkəmbʌ́stəbl] *a.*, *n.* 불연성의 (물질)

‡**in·come** [ínkʌm] [ME 「안으로 들어오는 것」의 뜻에서] *n.* ⓊⒸ (정기적) **수입**, 소득(cf. REVENUE): earned[unearned] ~ 근로[불로] 소득

live within[beyond] one's ~ 수입에 맞는[맞지 않는] 생활을 하다

íncome gròup 〖사회〗 소득층

íncomes pòlicy 〖경제〗 소득 정책

íncome tàx 소득세

in·com·ing [ínkʌ̀miŋ] (opp. *outgoing*) *n.* **1** Ⓤ (들어)옴, 찾아듦 《*of*》 **2** [*pl.*] 수입, 소득, 세입 — *a.* **1** 들어오는 **2** 뒤를 잇는, 후임의

in·com·men·su·ra·ble [ìnkəménsərəbl] *a.* **1** 같은 표준으로 잴 수 없는; 비교할 수 없는, 현격한 차이가 나는 《*with*》 **2** 〖수학〗 약분할 수 없는

in·com·men·su·rate [ìnkəménsərət] *a.* **1** 어울리지 않는, (…에) 부적당한, 불충분한 《*with, to*》 **2** = INCOMMENSURABLE **~·ly** *ad.* **~·ness** *n.*

in·com·mode [ìnkəmóud] *vt.* …에게 불편을 느끼게 하다; 훼방하다

in·com·mo·di·ous [ìnkəmóudiəs] *a.* 불편한, 형편이 마땅치 않은; 〈방 등이〉 비좁은, 옹색한 **~·ly** *ad.* **~·ness** *n.*

in·com·mu·ni·ca·ble [ìnkəmjú:nikəbl] *a.* **1** 전달할 수 없는, 말로 할 수 없는 **2** 말없는, 입이 무거운

in·com·mu·ni·ca·do [ìnkəmjù:nəkɑ́:dou] [Sp. = isolated] *a.* 《미》 〈특히 죄수가〉 외부와의 연락이 두절된; 독방에 감금된

in·com·mu·ni·ca·tive [ìnkəmjú:nəkətiv, -kèit-] *a.* 말하기 싫어하는, 말수가 적은, 과묵한, 붙임성 없는

in·com·mut·a·ble [ìnkəmjú:təbl] *a.* 교환할 수 없는; 불변의 **-bly** *ad.*

***in·com·pa·ra·ble** [inkɑ́mpərəbl | -kɔ́m-] *a.* **비교할 수 없는** 《*with, to*》; 비길 데 없는

in·còm·pa·ra·bíl·i·ty *n.* **-bly** *ad.*

in·com·pat·i·bil·i·ty [inkəmpæ̀təbíləti] *n.* (*pl.* **-ties**) Ⓤ 양립할 수 없음, 상반; 성격의 불일치

in·com·pat·i·ble [ìnkəmpǽtəbl] *a.* **1** 성미가 맞지 않는; 서로 용납하지 않는 **2** 〖논리〗 양립할 수 없는, 모순된 《*with*》 **3** 〖컴퓨터〗 호환성이 없는 **-bly** *ad.*

in·com·pe·tence, -ten·cy [inkɑ́mpətəns(i) | -kɔ́m-] *n.* Ⓤ 무능력; 부적격; 〖법〗 무자격, 금치산

***in·com·pe·tent** [inkɑ́mpətənt | -kɔ́m-] *a.* **1** 무능한, 쓸모없는, 능력 없는 **2** 〖법〗 무능력의, 무자격의 — *n.* 무능력자, 부적격자; 〖법〗 무자격자 **~·ly** *ad.*

***in·com·plete** [ìnkəmplí:t] *a.* **불완전한**, 불충분한, 미비의 **~·ly** *ad.*

in·com·ple·tion [ìnkəmplí:ʃən] *n.* Ⓤ 불완전, 미비, 미완성

in·com·pli·ant [ìnkəmpláiənt] *a.* 순종하지 않는, 승낙하지 않는; 고집센

in·com·pre·hen·si·bil·i·ty [ìnkɑmprihènsəbíləti | -kɔm-] *n.* Ⓤ 이해할 수 없음, 불가해성(不可解性)

***in·com·pre·hen·si·ble** [ìnkɑmprihénsəbl | -kɔ̀m-] *a.* **이해할 수 없는**; 《고어》 〈특히 신(神)의 능력이〉 무한한 **-bly** *ad.*

in·com·pre·hen·sion [inkɑ̀mprihénʃən | -kɔm-] *n.* Ⓤ 이해력의 부족, 몰이해

in·com·press·i·ble [ìnkəmprésəbl] *a.* 압축할 수 없는

in·con·ceiv·a·bil·i·ty [ìnkənsì:vəbíləti] *n.* Ⓤ 불가해(不可解), 상상도 할 수 없음

***in·con·ceiv·a·ble** [ìnkənsí:vəbl] *a.* **1** **상상할 수도 없는**, 인지(人智)를 초월한 **2** 《구어》 터무니없는, 믿을 수 없는 **-bly** *ad.*

in·con·clu·sive [ìnkənklú:siv] *a.* 결정[확정]적이 아닌 **~·ly** *ad.* **~·ness** *n.*

in·con·gru·i·ty [ìnkəngrú:əti | -kɔŋ-] *n.* (*pl.* **-ties**) **1** Ⓤ 부조화, 모순, 부적합 **2** 부조화한 것

in·con·gru·ous [inkɑ́ŋgruəs | -kɔ́ŋ-] *a.* **1** 조화하지 않는 **2** 모순된, 부조리한 《*with, to*》 **~·ly** *ad.* **~·ness** *n.*

in·con·se·quence [inkɑ́nsikwèns | -kɔ́nsikwəns] *n.* Ⓤ 모순, 불합리; 부조화; 엉뚱함

in·con·se·quent [inkɑ́nsikwènt | -kɔ́nsikwənt] *a.* 비논리적인, 조리에 맞지 않는, 당찮은; 부조화의 **~·ly** *ad.*

in·con·se·quen·tial [ìnkɑnsikwénʃəl | -kɔ̀n-] *a.* 하찮은; 이치에 맞지 않는 **~·ly** *ad.*

in·con·sid·er·a·ble [ìnkənsídərəbl] *a.* 중요치 않은; 하찮은 **-bly** *ad.*

in·con·sid·er·ate [ìnkənsídərət] *a.* **1** 남의 일을 배려할 줄 모르는, 인정없는 《*of*》 **2** 지각[분별]없는, 경솔한 **~·ly** *ad.* **~·ness** *n.*

***in·con·sis·ten·cy** [ìnkənsístənsi] *n.* (*pl.* **-cies**) **1** Ⓤ **불일치**, 모순; 무정견(無定見) **2** 모순된 사물[행위, 언어]

***in·con·sis·tent** [ìnkənsístənt] *a.* **1** **일치하지 않는**, 조화되지 않는 《*with*》 **2** 모순된; 무정견한, 지조없는, 변덕스러운 **~·ly** *ad.*

in·con·sol·a·ble [ìnkənsóuləbl] *a.* 위로할 길 없는, 슬픔에 잠긴 **-bly** *ad.*

in·con·spic·u·ous [ìnkənspíkjuəs] *a.* 눈에 띄지 않는, 뚜렷하지 않은

in·con·stan·cy [inkɑ́nstənsi | -kɔ́n-] *n.* (*pl.* **-cies**) **1** Ⓤ 변하기 쉬움, 부정(不定) **2** Ⓒ 변덕스러운 행위

in·con·stant [inkɑ́nstənt | -kɔ́n-] *a.* 변덕스러운; 신의가 없는 **~·ly** *ad.*

in·con·test·a·ble [ìnkəntéstəbl] *a.* 논의의 여지가 없는, 명백한 **-bly** *ad.*
in·con·ti·nence, -nen·cy [inkántənəns(i) | -kɔ́n-] *n.* Ⓤ **1** 〖병리〗 (대소변의) 실금(失禁) **2** 자제할 수 없음 **3** 음란
in·con·ti·nent [inkántənənt | -kɔ́nti-] *a.* 〖병리〗 (대소변) 실금의; 자제할 수 없는 《*of*》; 음란한
in·con·trol·la·ble [ìnkəntróuləbl] *a.* 제어[억제]할 수 없는
in·con·tro·vert·i·ble [ìnkantrəvə́:rtəbl | -kɔ̀n-] *a.* 논쟁의 여지가 없는 **-bly** *ad.*
‡in·con·ve·nience [ìnkənví:njəns] *n.* **1** Ⓤ 불편, 부자유, 귀찮음 **2** 불편한 것, 귀찮은 일 — *vt.* 불편을 느끼게 하다, 폐를 끼치다
‡in·con·ve·nient [ìnkənví:njənt] *a.* **1** 불편한, 부자유스런 **2** 형편이 마땅하지 않은, 폐가 되는 《*to, for*》 **~·ly** *ad.*
in·con·vert·i·ble [ìnkənvə́:rtəbl] *a.* 교환할 수 없는; 〈지폐가〉 태환할 수 없는
in·con·vinc·i·ble [ìnkənvínsəbl] *a.* 납득시킬 수 없는, 벽창호인
‡in·cor·po·rate [inkɔ́:rpərèit] [L 「안에 육체를 주다」의 뜻에서] *vt.* **1** 법인[조직]으로 만들다; 《미》 유한 (책임) 회사[주식회사]로 하다 **2** 통합[합동]시키다 《*with*》 **3** 가입시키다 **4** 구체화하다 《*in*》
— *vi.* **1** 법인이 되다; 《미》 유한 (책임) 회사[주식 회사]가 되다 **2** 합동[통합]하다, 결합하다, 섞이다 《*with*》
— [-pərət] *a.* 법인[회사 조직]의
***in·cor·po·rat·ed** [inkɔ́:rpərèitid] *a.* **1** 《미》 〈회사가〉 법인 조직의; 유한 책임의 **2** 합병한, 합동한, 편입한
in·cor·po·ra·tion [inkɔ̀:rpəréiʃən] *n.* **1** 〖법〗 법인격 부여, 법인[《미》 회사] 설립 **2** 결합, 합동, 합병, 편입; Ⓒ 결사, 법인 단체, 회사
in·cor·po·ra·tor [inkɔ́:rpərèitər] *n.* 《미》 법인[회사] 설립자; 합병[편입]하는 사람
in·cor·po·re·al [ìnkɔ:rpɔ́:riəl] *a.* 형체가 없는, 무형의; 영적인 **~·ly** *ad.*
‡in·cor·rect [ìnkərékt] *a.* 부정확한, 틀린; 온당치 못한, 관례상 어긋난 **~·ly** *ad.* **~·ness** *n.*
in·cor·ri·gi·ble [inkɔ́:ridʒəbl | -kɔ́-] *a.* 교정(矯正)[선도]할 수 없는; 다루기 힘든
in·cor·rupt·i·bil·i·ty [ìnkərʌ̀ptəbíləti] *n.* Ⓤ 부패하지 않음, 청렴결백
in·cor·rupt·i·ble [ìnkərʌ́ptəbl] *a.* 부패하지 않는; 불후(不朽)의; 매수되지 않는, 청렴결백한 **-bly** *ad.*
‡in·crease [inkrí:s] [L 「…의 위에 자라다」의 뜻에서] *vi.* **1** 늘다, 증가[증대, 증진]하다; 커지다, 강해지다 《*in*》(opp. *decrease*) **2** 번식하다, 증식하다
— *vt.* **1** 늘리다, 불리다 **2** 〈영토 등을〉 확장하다; 증강하다
— [ㅅㅡ] *n.* ⓊⒸ **1** 증가, 증대, 증진 《*in, of*》 **2** Ⓒ 증가액, 증대량 《*in, of*》
on the ~ 증가하여, 증대하여
in·creas·ing [inkrí:siŋ] *a.* 증대[증가]하는(opp. *decreasing*)
***in·creas·ing·ly** [inkrí:siŋli] *ad.* 점점, 더욱 더
in·cred·i·bil·i·ty [inkrèdəbíləti] *n.* Ⓤ 믿어지지 않음; 신용할 수 없음
‡in·cred·i·ble [inkrédəbl] *a.* **1** 《구어》 놀라운, 훌륭한, 굉장한 **2** 믿어지지 않는, 의심스런
~·ness *n.* **-bly** *ad.* 믿을 수 없을 만큼; 《구어》 대단히, 놀랍게도
in·cre·du·li·ty [ìnkrədjú:ləti | -djú:-] *n.* Ⓤ 쉽사리 믿지 않음, 의심 많음
***in·cred·u·lous** [inkrédʒuləs] *a.* **1** 의심 많은, 쉽사리 믿지 않는 《*of*》 **2** 의심하는 듯한 **~·ly** *ad.*
in·cre·ment [ínkrəmənt] [L 「증가하다」의 뜻에서] (opp. *decrement*) *n.* **1** Ⓤ 증가, 증대, 증강, 증식 **2** 증가량, 증액 **3** Ⓤ 〖수학〗 증분(增分) **ìn·cre·mén·tal** *a.*
in·crim·i·nate [inkrímənèit] *vt.* **1** 〈남에게〉 죄를 씌우다 **2** (…의) 원인으로 간주하다
in·crim·i·na·to·ry [inkrímənətɔ̀:ri | -təri] *a.* 유죄로 하는, 죄를 씌우는
in·crust [inkrʌ́st] *vt.* **1** 외피로 덮다; 겉장식을 하다, 〈보석 등으로〉 장식하다 《*with*》 **2** 외피를 형성하다
in·crus·ta·tion [ìnkrʌstéiʃən] *n.* **1** Ⓤ 외피로 덮음[덮임] **2** 피각, 겉껍질, 딱지 **3** ⓊⒸ 상감(象嵌); 겉치장
in·cu·bate [íŋkjubèit] *vt.* **1** 〈알을〉 품다 **2** 〈세균 등을〉 배양하다; 〈조산아 등을〉 보육기에 넣어 기르다 **3** 숙고하다, 궁리하다, 생각해내다
— *vi.* **1** 알을 품다, 둥우리에 들다; 〈알이〉 깨다 **2** 〖의학〗 〈병이〉 잠복하다 **3** 〈생각이〉 구체화되다
in·cu·ba·tion [ìŋkjubéiʃən] *n.* Ⓤ **1** 알을 품음, 부화; (미숙아 등의) 보육 **2** 〖의학〗 잠복; Ⓒ 잠복기
in·cu·ba·tor [íŋkjubèitər] *n.* **1** 부란기, 미숙아 보육기 **2** 세균 배양기 **3** 〖경영〗 벤처 기업 창업 지원·육성 회사
in·cu·bus [íŋkjubəs] *n.* (*pl.* **-bi** [-bài], **~·es**) **1** (잠자는 여자를 범한다고 하는) 몽마(夢魔); 악몽 **2** 압박하는 사람[것] 《빚·시험 등》
in·cul·cate [inkʌ́lkeit, ㅅㅡㅅ] *vt.* **1** 〈사상·지식·습관을〉 되풀이하여 가르치다, 열심히 설득하다 《*on, upon*》 **2** 〈사상·감정 등을〉 …에게 주입하다, 심어주다 《*with*》
in·cul·ca·tion [ìnkʌlkéiʃən] *n.* Ⓤ 설득함, 터득시킴, 가르쳐 줌 《*of*》
in·cul·pa·ble [inkʌ́lpəbl] *a.* 죄없는, 결백한
in·cul·pate [inkʌ́lpeit, ㅅㅡㅅ] *vt.* 죄를 씌우다; 비난하다; 연루(連累)시키다
in·cum·ben·cy [inkʌ́mbənsi] *n.* (*pl.* **-cies**) **1** (공직자·대학 교수 등의) 현직(의 지위); 재직 기간 **2** 의무, 책무
in·cum·bent [inkʌ́mbənt] *a.* **1** 현직[재직]의 **2** 의무로서 지워지는 《*on, upon*》
— *n.* **1** 《영》 성직록 소유자, 목사 **2** 현직[재직]자; 《미》 현직 의원
‡in·cur [inkə́:r] [L 「…에 부딪치다」의 뜻에서] *vt.* (**~red**; **~·ring**) 〈분노·위험을〉 초래하다; 〈빚을〉 지다, 〈손실을〉 입다

in·cur·a·bil·i·ty [inkjùərəbíləti] *n.* Ⓤ 불치(不治); 교정(矯正) 불능

in·cur·a·ble [inkjúərəbl] *a.* 불치의; 교정[개량, 선도] 불능의
— *n.* 불치의 환자; 구제 불능자

in·cu·ri·ous [inkjúəriəs] *a.* 부주의[무관심]한; 호기심 없는, 파고드는 것을 좋아하지 않는

in·cur·sion [inkə́:rʒən, -ʃən] *n.* 침입; 습격

in·curve [ínkə̀:rv] *n.* 만곡
— [–⌐] *vt.* 안쪽으로 굽게 하다

in·curved [inkə́:rvd] *a.* 안으로 굽은

Ind [ind] *n.* 《고어·시어》 = INDIA; 《폐어》 = INDIES

ind. independent; index; indicated; indicative; industrial

***in·debt·ed** [indétid] *a.* **부채가 있는** 《*to*》; **신세를 진** 《*to*》 **~·ness** *n.* Ⓤ 부채; 신세, 은혜; Ⓒ 부채액

in·de·cen·cy [indí:snsi] *n.* (*pl.* **-cies**) **1** Ⓤ 예절[버릇]없음; 외설 **2** 추잡한 말[행위]

in·de·cent [indí:snt] *a.* 버릇없는, 점잖지 못한, 꼴불견의; 추잡한, 음란[외설]한 **~·ly** *ad.*

in·de·ci·pher·a·ble [ìndisáifərəbl] *a.* 〈암호 등이〉 판독[해독]할 수 없는

in·de·ci·sion [ìndisíʒən] *n.* Ⓤ 우유부단

in·de·ci·sive [ìndisáisiv] *a.* **1** 결정적이 아닌 **2** 우유부단한
~·ness *n.* **~·ly** *ad.*

in·de·clin·a·ble [ìndikláinəbl] 〖문법〗 *a.* 어미가 변화하지 않는, 불변화의
— *n.* 불변화사 《격(格)변화를 하지 않는 말》

in·dec·o·rous [indékərəs, ìndikɔ́:-] *a.* 버릇없는 **~·ly** *ad.* **~·ness** *n.*

in·de·co·rum [ìndikɔ́:rəm] *n.* **1** Ⓤ 버릇없음 **2** 버릇없는 행동

‡in·deed [indí:d] [in deed (실행상, 사실상)가 합친 것] *ad.* **1** [강조] **a 실로, 참으로,** 실제로 **b** [very+형용사·부사 뒤에서 그것을 다시 강조] 정말, 대단히 **c** [질문의 답을 강조] 정말, 아주 **2** [앞의 말을 반복하여, 동감을 나타내어; 때로 반어적] **정말** **3** [양보] **하기는 그래,** 과연 그래 **4 사실은 그게 아니라**
— *int.* [관심·회의·분개·빈정댐·의심 등] 설마; 정말

indef. indefinite

in·de·fat·i·ga·ble [ìndifǽtigəbl] *a.* 질리지 않는, 끈기 있는 **-bly** *ad.*

in·de·fea·si·ble [ìndifí:zəbl] *a.* 파기할 수 없는, 무효로 할 수 없는 **-bly** *ad.*

in·de·fin·a·ble [ìndifáinəbl] *a.* 정의[형용]하기 어려운; 막연한 **-bly** *ad.*

‡in·def·i·nite [indéfənit] *a.* **1** 〈수량·크기 등이〉 **일정치 않은,** 한계가 없는; 《특히》 〈시간·기한이〉 정해져 있지 않은 **2 명확하지 않은,** 애매한, 막연한; 《특히》 〈시간·기한이〉 정해져 있지 않은 **3** 〖문법〗 부정(不定)의 **~·ness** *n.*

indéfinite árticle 〖문법〗 부정 관사 《a, an; cf. DEFINITE ARTICLE》

in·def·i·nite·ly [indéfənitli] *ad.* **1** 불명확하게, 막연히 **2** 무기한으로

in·del·i·ble [indéləbl] *a.* 〈잉크 등이〉 지울[씻을] 수 없는; 〈오점·인상 등이〉 잊혀지지 않는 **-bly** *ad.*

in·del·i·ca·cy [indélikəsi] *n.* (*pl.* **-cies**) Ⓤ 상스러움; 야비함; 버릇없음; 외설; Ⓒ 상스러운 언동

in·del·i·cate [indélikit] *a.* 상스러운; 야비한; 버릇없는; 외설스런 **~·ly** *ad.*

in·dem·ni·fi·ca·tion [indèmnəfikéiʃən] *n.* **1** Ⓤ 보증, 보장; 면책; 배상, 보상 **2** 배상금, 보상물

in·dem·ni·fy [indémnəfài] *vt.* (**-fied**) **1** 보호하다, 보장하다 《*from, against*》 **2** 갚다, 배상하다 **3** …의 법적 책임[형벌]을 면제하다 《*for*》 **-fi·er** *n.*

in·dem·ni·ty [indémnəti] *n.* (*pl.* **-ties**) **1** ⓊⒸ 보장; 배상, 변상; Ⓤ (형벌의) 면책, 사면 **2** 보장되는 것; 보상금; (전승국이 요구하는) 배상금

***in·dent** [indént] [L 「이를 달다」의 뜻에서] *vt.* **1 만입(灣入)시키다,** 움푹 들어가게 하다 **2** 〖인쇄〗 〈새로 시작되는 줄의 첫머리를〉 안으로 약간 넣어 짜다 **3** 〈계약서 등을〉 2통 작성하다 **4** 톱니 모양의 자국을 내다 **5** 《영》 2통의 주문서로 주문하다 《한 통은 자기가 보관》
— *vi.* 《영》 두 장 잇달린 주문서를 작성하다 《*on, upon*》
— [⌐–, –⌐] *n.* **1** 톱니 모양의 결각[자국]; 움푹 들어감 **2** 두 장 잇달린 계약서 **3** 《영》 신청(서), 청구(서); 주문서; 구매 위탁 **4** 〖인쇄〗 (새로 시작되는 줄의 첫머리를) 들여 짜기

in·den·ta·tion [ìndentéiʃən] *n.* **1** (해안선 등의) 만입(灣入) **2** Ⓤ 톱니 모양으로 함; 톱니 모양 **3** 〖인쇄〗 = INDENTION

in·den·tion [indénʃən] *n.* Ⓤ **1** 〖인쇄〗 (새 줄을) 들여 짬; Ⓒ (들여 짜서 생긴) 공백 **2** = INDENTATION

in·den·ture [indéntʃər] *n.* (2통으로 만들어서 날인한) 계약서, 정식 증서; [보통 *pl.*] 도제 계약 문서
— *vt.* 〈고용을〉 계약서로써 정하다; 기한부 도제로 받아들이다

‡in·de·pen·dence [ìndipéndəns] *n.* Ⓤ **독립,** 자립; 독립심 《*of, from*》(opp. *dependence*)

Indepéndence Dày 《미》 독립 기념일 《7월 4일; the Fourth of July라고도 함》

Indepéndence Háll 《미》 독립 기념관 《Philadelphia 소재; 독립이 선언된 곳》

in·de·pen·den·cy [ìndipéndənsi] *n.* (*pl.* **-cies**) **1** Ⓤ = INDEPENDENCE; [**I~**] Ⓒ 〖그리스도교〗 독립 교회주의 **2** 독립국

‡in·de·pen·dent [ìndipéndənt] *a.* **1 독립한,** 자주의, 자유의 《*of*》 **2 독립심이 강한** **3** 일하지 않고 지낼 수 있는 (자산[수입]이 있는); 〈사람이〉 자활하는 **4** 남에게 의존하지 않는, 독자적인 **5** 〖정치〗 무소속의, 독립당의 **6** 〖문법〗 〈절이〉 독립의
~ *of* …으로부터 독립하여, …와 관계없이 (apart from)(opp. *dependent on*)
— *n.* 독립한 사람[것]; 무소속자[의원]

***in·de·pen·dent·ly** [ìndipéndəntli] *ad.* **독립하여,** 자주적으로; …와 관계없이 《*of*》

indepéndent schóol 《영》 (정부 보조가 없는) 사립 학교
in-depth [índépθ] *a.* 면밀한, 상세한, 철저한
*****in·de·scrib·a·ble** [ìndiskráibəbl] *a.* 형언할 수 없는; 말로 표현할 수 없는 **-bly** *ad.*
in·de·struc·ti·bil·i·ty [ìndistrʌ̀ktəbíləti] *n.* Ⓤ 파괴할 수 없음, 불멸성
in·de·struc·ti·ble [ìndistrʌ́ktəbl] *a.* 파괴할 수 없는, 불멸의 **-bly** *ad.*
in·de·ter·mi·na·ble [ìndité:rmənəbl] *a.* 확정할 수 없는, 해결할 길이 없는 **-bly** *ad.*
in·de·ter·mi·nate [ìndité:rmənət] *a.* 불확정한, 부정(不定)의; 막연한 **~·ly** *ad.*
in·de·ter·mi·na·tion [ìnditə̀:rmənéiʃən] *n.* Ⓤ 부정, 불확정; 우유부단
‡in·dex [índeks] [L 「가리키는 것, 집게손가락」의 뜻에서] *n.* (*pl.* **~·es, -di·ces** [-dəsì:z]) **1** (*pl.* **~·es**) **a** (책 등의) 색인(索引) **b** (계기 등의) 눈금, 바늘 **2** 표시, 지침, 지표 **3** 〖인쇄〗 손(가락)표 (☞) **4** (*pl.* **-di·ces**) 〖수학〗 지수, (대수의) 지표 **5** 〖통계〗 지수(= ~ number)
— *vt.* **1** 〈책에〉 색인을 달다, 색인에 올리다 **2** 나타내다; 지적하다
índex càrd 색인 카드
índex fínger 집게손가락(forefinger)
in·dex-link [índekslíŋk] *vt.* 《영》 〖경제〗 〈연금·세금 등을〉 물가 (지수)에 연동시키다
índex nùmber 〖수학·경제·통계〗 지수
‡In·di·a [índiə] [Gk 「인더스 강(Indus)」의 뜻에서] *n.* **인도**(아(亞)대륙); **인도** (공화국) 《수도 New Delhi》
Índia ínk [때로 **i~ i~**] 《미》 먹 (Chinese ink)
‡In·di·an [índiən] *a.* **1 인도의**, 인도제(製)의, 인도 사람의 **2 아메리칸** 인디언(어)의, 아메리칸 인디언 특유의
— *n.* **1 인도 사람**; 인도에 사는 유럽인 **2** 《미》 **아메리칸 인디언**; Ⓤ 인디언 말
*****In·di·an·a** [ìndiǽnə] [NL 「인디언(Indian)의 땅」의 뜻에서] *n.* 인디애나 《미국 중부의 주; 주도 Indianapolis》
In·di·an·ap·o·lis [ìndiənǽpəlis] *n.* 인디애나폴리스 《Indiana 주의 주도》
Índian clùb (체조용) 곤봉
Índian còrn 《미》 옥수수 《미국·캐나다·호주에서는 그냥 corn이라고 하며, 영국에서는 maize라고도 한다》
Índian fíle [아메리칸 인디언의 종렬 공격 대형에서] 일렬 종대(로)(single file)
Índian gìver [아메리칸 인디언의 습관에서] 《미·구어》 한 번 준 것을 되찾는 사람, 보답을 바라고 서비스하는 사람
Índian hémp 〖식물〗 **1** 인도대마; 인도대마로 만드는 마(취)약, 마리화나 **2** 《미》 개정향풀속(屬)의 관목
Índian Ócean [the ~] 인도양
Índian súmmer (늦가을의) 봄날 같은 화창한 날씨; 평온한 만년(晩年)
Índian Térritory [the ~] 〖미국사〗 인디언 특별 보호구

Índia pàper 인도지(紙) 《얇고 불투명한 인쇄 용지; 사전 등에 씀》
Índia rúbber [때로 **i~ r~**] 지우개; 탄성 고무
In·dic [índik] *a.* 인도 (사람[반도])의; 인도아리아 사람의
— *n.* Ⓤ 인도아리아 말
‡in·di·cate [índikèit] [L 「가리키다」의 뜻에서] *vt.* **1 가리키다, 지적하다**, 지시하다 **2 나타내다**, 보이다, 표시하다; 〈운전자·차가〉 (방향 지시기로) 〈도는 방향을〉 표시하다 **3** (몸짓 등으로) 은연중 나타내다 **4** …의 징조를 나타내다, …의 징조이다 **5** 〖의학〗 병의 징후가 필요한 치료법을 지시하다
*****in·di·ca·tion** [ìndikéiʃən] *n.* ⓊⒸ **1 지시**, 지적; 암시; **표시**; **징조**; 〖의학〗 **징후** (*of*) **2** (계기(計器)의) 시도(示度), **표시 도수**(度數)
*****in·dic·a·tive** [indíkətiv] *a.* **1 나타내는**, 표시하는; 암시하는 (*of*) **2** 〖문법〗 **직설법의** **~·ly** *ad.*
*****in·di·ca·tor** [índikèitər] *n.* **1 지시하는 사람[사물]**; (신호) 표시기, 표지(標識); 계기, 바늘; 《영》 (자동차의) 방향 지시기 **2** 〖화학〗 반응 지시약 《리트머스 시약 등》 **3** 압력 지시기, 지침
*****in·di·ces** [índəsì:z] *n.* INDEX의 복수
in·di·ci·a [indíʃiə] *n. pl.* (*sing.* **-ci·um** [-ʃiəm]) **1** 《미》 (요금 별납 우편물의) 증인(證印) 《우표·소인 대용》 **2** 표시, 징후
in·dict [indáit] [동음어 indite] *vt.* 〖법〗 기소[고발]하다 (*for, on*)
in·dict·a·ble [indáitəbl] *a.* 기소되어야 할
*****in·dict·ment** [indáitmənt] *n.* Ⓤ **기소**(절차), 고발; Ⓒ 〖법〗 기소[고발]장
in·die [índi] [*ind*ependent] *n.* 《미·구어》 (영화·레코드 등의) 독립 프로덕션, 독립 방송국 (제작의 영화·레코드)
*****In·dies** [índiz] *n. pl.* [the ~] **인도 제국**(諸國) 《인도·인도차이나·동인도 제도를 총칭하는 옛 이름》
the East [***West***] **~** 동[서]인도 제도(諸島)
‡in·dif·fer·ence [indífərəns] *n.* Ⓤ **1 무관심**, 냉담, 개의치 않음 (*to, toward*) **2** 중요치 않음
‡in·dif·fer·ent [indífərənt] *a.* **1 무관심한**, 개의치 않는 (*to, toward*) **2 중요치 않은** **3** 공평한, 중립의 **4** 평범한; 변변치 않은 **5** 〈화학적·전기적 성질이〉 중성(中性)의 **—** *n.* (종교 또는 정치에) 무관심한 사람 **~·ly** *ad.*
in·dif·fer·ent·ism [indífərəntìzm] *n.* Ⓤ 무관심주의; 〖종교〗 신앙 무차별론
in·di·gence [índidʒəns] *n.* Ⓤ 극심한 곤궁, 극빈
in·dig·e·nous [indídʒənəs] *a.* **1** 토착의, (그) 지역 고유의 (*to*); 원산의; 재래(在來)의 (*to*) **2** 타고난, 고유의 (*to*) **~·ly** *ad.* 토착하여
in·di·gent [índidʒənt] *a.* 《문어》 궁핍[빈곤]한
in·di·gest·ed [ìndidʒéstid] *a.* **1** 혼란 상태의 **2** 소화가 안되는 **3** 〈계획 등이〉 충분히 고려되지 않은, 어설픈

∗**in·di·gest·i·ble** [ìndidʒéstəbl] *a.* **1 소화되지 않는** **2** 이해되지 않는
ìn·di·gèst·i·bíl·i·ty *n.* **-bly** *ad.*
∗**in·di·ges·tion** [ìndidʒéstʃən] *n.* Ⓤ **1** 소화 불량(증) **2** 이해 부족
∗**in·dig·nant** [indígnənt] [L 「가치 없다고 보는」의 뜻에서] *a.* **분개한**, 성난 《*at, with, over*》 **~·ly** *ad.*
∗**in·dig·na·tion** [ìndignéiʃən] *n.* Ⓤ **분개**, 분노, 의분(義憤)
∗**in·dig·ni·ty** [indígnəti] *n.* (*pl.* **-ties**) **1** Ⓤ **모욕**, 경멸 **2** 모욕적인 대우, 냉대
∗**in·di·go** [índigòu] [Gk 「인도의 (염료)」의 뜻에서] *n.* (*pl.* **~(e)s**) Ⓤ **인디고** 《남색 염료》; 남색, 쪽빛
índigo blúe 〖화학〗 인디고틴; 남색
∗**in·di·rect** [ìndirékt] *a.* (opp. *direct*) **1** 〈길 등이〉 **똑바르지 않은**, 우회하는 **2 간접적인**, 이차적인 **3** 〈행위·표현 등이〉 빙 둘러대는, 에두른 **4** 정직하지 않은 **5** 〖문법〗 간접 화법의 **~·ly** *ad.* **~·ness** *n.*
in·di·rec·tion [ìndirékʃən] *n.* ⓊⒸ 에두름; 부정직, 사기; 무목적(無目的)
in·dis·cern·i·ble [ìndisə́ːrnəbl] *a.* 식별할 수 없는, 분간하기 어려운, 잘 보이지 않는 **-bly** *ad.*
in·dis·ci·pline [indísəplin] *n.* Ⓤ 규율이 없음, 훈련[자제심]의 결여, 무질서
∗**in·dis·creet** [ìndiskríːt] [동음어 indiscrete] *a.* **지각[분별]없는**, 경솔한 **~·ly** *ad.*
in·dis·crete [ìndiskríːt] *a.* (따로따로) 나뉘어져 있지 않은, 밀착한(compact)
∗**in·dis·cre·tion** [ìndiskréʃən] *n.* **1** Ⓤ **무분별**, 지각없음 **2** 경솔한 언동, 근신하지 않는 행위
in·dis·crim·i·nate [ìndiskrímənət] *a.* 무차별의, 가리지 않는, 마구잡이의; 난잡한
in·dis·pen·sa·bil·i·ty [ìndispènsəbíləti] *n.* Ⓤ 긴요성, 필요; 불가결한 일
‡**in·dis·pen·sa·ble** [ìndispénsəbl] *a.* **1 없어서는 안 되는**, 필요 불가결한 《*to, for*》 **2** 〈의무 등이〉 피할 수 없는
— *n.* 필요 불가결한 사람[것]
-bly *ad.* 반드시
in·dis·pose [ìndispóuz] *vt.* (문어) **1** (가벼운) 병이 나게 하다 **2** 부적당하게 하다 《*for, to* do》 **3** …할 마음을 없애다, 싫증나게 하다 《*to* do, *for, toward, from*》
in·dis·posed [ìndispóuzd] *a.* Ⓟ **1** 기분이 언짢은, 몸이 좀 아픈 《*with*》 **2** 마음이 내키지 않는 《*for, to, toward*》
in·dis·po·si·tion [ìndispəzíʃən] *n.* ⓊⒸ **1** 기분이 언짢음, 가벼운 병 《두통·감기 등》 **2** 마음이 내키지 않음, 싫증 《*to, toward*》
in·dis·put·a·ble [ìndispjúːtəbl, indíspjut-] *a.* 논란의 여지가 없는(unquestionable), 명백[확실]한 **-bly** *ad.*
in·dis·sol·u·ble [ìndisɑ́ljubl | -sɔ́l-] *a.* **1** 분해[분리, 용해]될 수 없는 **2** 확고한, 굳은, 영속적인, 불변의 **-bly** *ad.*
in·dis·tinct [ìndistíŋkt] *a.* 〈형상·기억 등이〉 뚜렷하지 않은, 희미한, 흐릿한 **~·ly** *ad.* **~·ness** *n.*
in·dis·tinc·tive [ìndistíŋktiv] *a.* 두드러지지 않은, 흐릿한, 특색이 없는; 차별[구별]이 없는
in·dis·tin·guish·a·ble [ìndistíŋgwiʃəbl] *a.* 구별[분간]할 수 없는 **-bly** *ad.*
in·di·um [índiəm] *n.* Ⓤ 〖화학〗 인듐 《희금속 원소; 기호 In, 번호 49》
‡**in·di·vid·u·al** [ìndəvídʒuəl] [L 「가를(divide) 수 없는」의 뜻에서] *n.* **1** (집단의 일원으로서의) **개인** **2** [수식어와 함께] (구어) **사람** **3** 〖철학〗 개체; (사물의) 한 단위; 〖생물〗 개체 — *a.* **1 개개의**, 개별의 **2 개인의**, 개인적인, 개인용의 **3 독특한**, 특유의, 개성을 발휘한
∗**in·di·vid·u·al·ism** [ìndəvídʒuəlìzm] *n.* Ⓤ **1 개인주의**(cf. TOTALITARIANISM) **2** 이기주의(egoism)
in·di·vid·u·al·ist [ìndəvídʒuəlist] *n.* **1** 개인주의자 **2** 이기주의자(egoist)
ìn·di·vìd·u·al·ís·tic *a.* 개인[이기]주의적인
∗**in·di·vid·u·al·i·ty** [ìndəvìdʒuǽləti] *n.* (*pl.* **-ties**) **1 a** Ⓤ **개성**, 인격 **b 개인**, 개체, 단일체 **2** [*pl.*] 개인적인 특성[특질]
in·di·vid·u·al·ize [ìndəvídʒuəlàiz] *vt.* **1** 개성을 발휘시키다[부여하다] **2** 개별적으로 취급하다; 특기(特記)하다 **3** 개인의 기호[개개의 사정]에 맞추다
∗**in·di·vid·u·al·ly** [ìndəvídʒuəli] *ad.* **1 개인으로**, 개인적으로; **개별적으로**, 하나하나 **2** 개성[독자성]을 발휘하여
in·di·vid·u·ate [ìndəvídʒuèit] *vt.* 낱낱으로 구별을 짓다, 개별[개체]화하다
in·di·vis·i·bil·i·ty [ìndivìzəbíləti] *n.* Ⓤ 분할할 수 없음; 〖수학〗 나눌 수 없음
in·di·vis·i·ble [ìndivízəbl] *a.* **1** 분할할 수 없는, 불가분(不可分)의 **2** 〖수학〗 나눌 수 없는 — *n.* 분할할 수 없는 것; 극미(極微) 분자, 극소량 **-bly** *ad.*
In·do- [índou] 《연결형》 「인도(사람)의 (Indian)」의 뜻
In·do·chi·na [índoutʃáinə] *n.* 인도차이나 반도
In·do·chi·nese [índoutʃainíːz] *a.* 인도차이나의 — *n.* (*pl.* ~) 인도차이나 사람[말]
in·doc·ile [indɑ́səl | -dóusail] *a.* 교육하기 힘든, 순종하지 않는, 말을 잘 듣지 않는
in·do·cil·i·ty [ìndɑsíləti | -dou-] *n.* Ⓤ 가르치기 힘듦, 순종치 않음
in·doc·tri·nate [indɑ́ktrinèit | -dɔ́k-] *vt.* 〈교의(教義)·사상 등을〉 주입하다, 가르치다 《*in, with*》
in·doc·tri·na·tion [indɑ̀ktrinéiʃən | -dɔ̀k-] *n.* Ⓤ (교의 등의) 주입, 가르침, 교화
In·do-Eu·ro·pe·an [índoujùərəpíːən] *n.* Ⓤ, *a.* 인도유럽[인도게르만] 어족(의), 인구 어족(印歐語族)(의)
in·do·lence [índələns] *n.* Ⓤ 게으름, 나태, 〖병리〗 무통(無痛)
∗**in·do·lent** [índələnt] *a.* **게으른**, 나태한; 〖병리〗 무통(성)의
∗**in·dom·i·ta·ble** [indɑ́mətəbl | -dɔ́m-] *a.* **굴복하지 않는**, 불굴의; 지지 않으려는
∗**In·do·ne·sia** [ìndəníːʒə | -ziə] *n.* 인도네시아(공화국) 《수도 Jakarta》

I

In·do·ne·sian [ìndəníːʒən | -ziən] *a.* 인도네시아의 **—** *n.* 인도네시아 사람; Ⓤ 인도네시아 말

∗**in·door** [índɔ̀ːr] *a.* 실내[옥내]의(opp. *outdoor*)

‡**in·doors** [indɔ́ːrz] *ad.* 옥내[실내]에(서) ***stay*** [***keep***] ~ 외출하지 않다

in·dorse [indɔ́ːrs] *vt.* =ENDORSE

in·drawn [índrɔ̀ːn] *a.* **1** 내성적인 **2**〈숨을〉 들이마신

in·du·bi·ta·ble [indjúːbətəbl | -djúː-] *a.* 의심할 나위 없는, 확실[명백]한

‡**in·duce** [indjúːs | -djúːs] [L 「이끌어들이다」의 뜻에서] *vt.* **1** 권유하다; 설득하여[권하여] …시키다 **2** 야기하다, 일으키다 **3** 〚논리〛 귀납하다(opp. *deduce*) **4**〈아기를〉 인공적으로 출산시키다 **5** 〚물리〛〈전기·자기·방사능을〉 유도하다

∗**in·duce·ment** [indjúːsmənt | -djúːs-] *n.* **1** Ⓤ 권유, 유도(誘導), 유인(誘引) **2** 유인(誘因); 유인[유도]하는 것

in·duc·er [indjúːsər] *n.* 〚생화학·유전〛 유도 인자[물질]

in·duct [indʌ́kt] *vt.* **1** (문어) 〈성직 등에〉 취임시키다; 정식 입회시키다 **2** (미) 병역에 복무시키다 《*into*》

in·duct·ance [indʌ́ktəns] *n.* ⓊⒸ 〚전기〛 인덕턴스

in·duc·tee [ìndʌktíː] *n.* (미) 징집병, 응모병

∗**in·duc·tion** [indʌ́kʃən] *n.* **1** 유도, 유발 **2** Ⓤ 〚전기〛 유도, 감응 **3** ⓊⒸ 〚논리〛 귀납(법)(opp. *deduction*) **4** (성직) 취임식 **5** (미) 징병 **6** (진통·분만의) 인공적 유발

indúction accèlerator =BETATRON

indúction còil 〚전기〛 유도 코일

indúction hèating 유도 가열 《전자(電磁) 유도로 전류를 도입하여 가열함》

in·duc·tive [indʌ́ktiv] *a.* **1** 〚논리〛 귀납적인(opp. *deductive*) **2** 〚전기〛 유도의, 감응의 **~·ly** *ad.* **ìn·duc·tív·i·ty** *n.*

in·duc·tor [indʌ́ktər] *n.* **1** 성직 수여자 **2** 〚전기〛 유도자(子); 〚화학〛 감응 물질, 유도질(質)

in·due [indjúː | -djúː] *v.* =ENDUE

‡**in·dulge** [indʌ́ldʒ] [L 「…에게 친절하다」의 뜻에서] *vt.* **1** [~ one*self* 로] 〈욕망·환락 등에〉 빠지다; 탐닉하다 《*in*》 **2** 마음대로 하게 하다, 〈아이를〉 버릇없이 기르다 **3** 기쁘게 하다
— *vi.* **1**〈욕망·환락에〉 빠지다, 탐닉하다, 마음대로 하다 《*in*》 **2** (구어) 술을 많이 마시다

∗**in·dul·gence** [indʌ́ldʒəns] *n.* Ⓤ **1** 마음대로 하게 함, 관대; Ⓒ 도락 **2** 방자, 방종, 탐닉, 빠짐 **3** 〚상업〛 지불 유예 **4** 〚가톨릭〛 대사, 은사
the Declaration of I~ 신앙 자유의 선언 《1672, 1678년에 선언됨》

in·dul·gent [indʌ́ldʒənt] *a.* 멋대로 하게 하는, 관대한 **~·ly** *ad.*

in·du·rate [índjurèit | -djuər-] *vt.* 단단하게 하다, 경화(硬化)하다; 무감각하게 하다 **—** *vi.* 경화하다; 무감각하게 되다

in·du·ra·tive [índjurèitiv] *a.* 굳어지는, 경화성의; 완고한

In·dus [índəs] *n.* [the ~] 인더스 강

‡**in·dus·tri·al** [indʌ́striəl] *a.* **1** 산업(상)의, 공업(상)의, 공업용의 **2** 산업[공업]이 고도로 발달한 **3** 산업[공업]에 종사하고 있는 **4** 산업[공업] 노동자의 **~·ly** *ad.*

indústrial áction (영) (노동자측의) 쟁의 행위

indústrial archaeólogy 산업 고고학 《산업 혁명 초기의 공장·기계·제품 등을 연구하는 학문》

indústrial árts [단수 취급] (미) (중고등 학교·실업 학교에서 하는) 공예 기술

indústrial desígn 공업[산업] 디자인
indústrial desígner 공업[산업] 디자이너

indústrial diséase 직업병

indústrial engineéring 생산 관리[경영, 산업] 공학 《略 IE》

indústrial estáte (영) =INDUSTRIAL PARK

in·dus·tri·al·ism [indʌ́striəlìzm] *n.* Ⓤ 산업[공업]주의

in·dus·tri·al·ist [indʌ́striəlist] *n.* (특히 생산 관계의) (대)기업가, 제조[생산]업자

in·dus·tri·al·i·za·tion [indʌ̀striəlizéiʃən] *n.* Ⓤ 산업[공업]화

in·dus·tri·al·ize [indʌ́striəlàiz] *vt.*, *vi.* 산업[공업]화하다

indústrial párk 공업 단지

indústrial psychólogy 산업 심리학

indústrial relátions 노사(勞使) 관계; 노무 관리

indústrial revolútion [보통 **I~ R~**; the ~] 산업 혁명 《1760년경 영국에서 시작됨》

indústrial schòol 실업학교

indústrial únion 산업별 노동 조합

‡**in·dus·tri·ous** [indʌ́striəs] *a.* 근면한, 부지런한 **~·ly** *ad.* **~·ness** *n.*

‡**in·dus·try** [índəstri] *n.* (*pl.* **-tries**) **1** Ⓤ 산업, 공업, 제조업; Ⓒ …업 **2** Ⓤ [집합적] 산업계, 경영자측 **3** Ⓤ 근면, 열심, 노력

in·dwell [indwél] *vt.*, *vi.* (**-dwelt** [-dwélt]) (…의) 안에 살다(dwell in), 〈정신·영혼 등이〉 내재(內在)하다
~·ing *a.* 내재하는

-ine[1] *suf.* [iːn, ain, in] **1** [형용사 어미] 「…에 속하는; …성질의」의 뜻: serpent*ine* **2** [여성 명사 어미]: hero*ine* **3** [in] [추상 명사 어미]: doctr*ine*

-ine[2] *suf.* 〚화학〛 [염기 및 원소명 어미]: caffe*ine*

in·e·bri·ate [iníːbrièit] *vt.* 취하게 하다
— [-ət] *a.* 취한
— [-ət] *n.* 대주가, 술꾼

in·e·bri·a·tion [inìːbriéiʃən] *n.* Ⓤ 명정(酩酊), 술 취하게 함, 술 취한 상태

in·e·bri·e·ty [ìnəbráiəti] *n.* Ⓤ 취함, 명정; 술마시는 버릇(opp. *sobriety*)

in·ed·i·ble [inédəbl] *a.* 먹을 수 없는, 식용에 적합치 않은

in·ed·u·ca·ble [inédʒukəbl] *a.* (정신 장애 등으로) 교육할 수 없는

in·ef·fa·ble [inéfəbl] *a.* **1** 말로 표현할 수 없는 **2**〈신(神)의 이름 등이〉 입게 올리

기에도 황송한 **-bly** *ad.*
in·ef·face·a·ble [ìniféisəbl] *a.* 지울 수 없는, 지워지지 않는 **-bly** *ad.*
in·ef·fec·tive [ìniféktiv] *a.* **1** 효과가 없는, 쓸모없는 **2** 무능한, 무력한 **~·ly** *ad.* **~·ness** *n.*
in·ef·fec·tu·al [ìniféktʃuəl] *a.* 효과가 없는, 쓸데없는; 무력한 **~·ly** *ad.*
in·ef·fi·ca·cious [ìnefəkéiʃəs] *a.* 〈약 등이〉 효력[효험]이 없는 **~·ly** *ad.*
in·ef·fi·ca·cy [inéfikəsi] *n.* Ⓤ 무효과, 무효력
in·ef·fi·cien·cy [ìnifíʃənsi] *n.* (*pl.* **-cies**) **1** Ⓤ 비능률, 무능, 무효력 **2** 비능률적인 것
in·ef·fi·cient [ìnifíʃənt] *a.* 〈사람이〉 무능한; 〈사물이〉 효력[효과]이 없는; 〈기계 등이〉 비능률적인 **~·ly** *ad.*
in·e·las·tic [ìnilǽstik] *a.* 탄력[탄성]이 없는; 적응력[융통성]이 없는
in·e·las·tic·i·ty [ìnilæstísəti] *n.* Ⓤ 탄력[탄성]이 없음; 부적응성, 비융통성
in·el·e·gance, -gan·cy [inéligəns(i)] *n.* (*pl.* **-ganc·es**; **-cies**) Ⓤ 우아하지 못함, 멋없음, 몰취미, 무뚝뚝함; Ⓒ 운치 없는 행위[말, 문체]
in·el·e·gant [inéligənt] *a.* 우아하지 못한, 운치 없는, 멋없는; 세련되지 못한 **~·ly** *ad.*
in·el·i·gi·bil·i·ty [inèlidʒəbíləti] *n.* Ⓤ (선출될) 자격이 없음, 무자격; 부적격, 부적임
in·el·i·gi·ble [inélidʒəbl] *a.* (선출될) 자격이 없는, 부적당한; 부적격의 ((*for*)) **—** *n.* 부적격자 **-bly** *ad.*
in·e·luc·ta·ble [ìnilʌ́ktəbl] *a.* 불가항력의, 불가피한 **-bly** *ad.*
in·ept [inépt] *a.* **1** 부적당한, 부적절한; 서투른 ((*at, in*)) **2** 터무니없는, 어리석은, 바보 같은
in·ept·i·tude [inéptətjù:d | -tjù:d] *n.* Ⓤ 부적당; 어리석음; Ⓒ 어리석은 행위[말]
∗**in·e·qual·i·ty** [ìnikwɑ́ləti | -kwɔ́l-] *n.* (cf. UNEQUAL *a.*) **1** ⓊⒸ **같지 않음,** 고르지 못함, **불평등,** 불공평 **2** ⓊⒸ 〈표면의〉 기복 **3** ⓊⒸ 〖수학〗 부등식
in·eq·ui·ta·ble [inékwətəbl] *a.* 불공평한, 불공정한 **-bly** *ad.*
in·eq·ui·ty [inékwəti] *n.* (*pl.* **-ties**) **1** Ⓤ 불공정, 불공평 **2** 불공평한 사태[처치]
in·e·rad·i·ca·ble [ìnirǽdəkəbl] *a.* 근절할 수 없는, 뿌리깊은 **-bly** *ad.*
in·er·rant [inérənt] *a.* 잘못[틀림]이 없는
∗**in·ert** [inə́:rt] [L 「기술이 없는」의 뜻에서] *a.* **1 자동력(自動力)이 없는 2** 〖화학〗 활성이 없는, 화학 작용을 일으키지 않는 **3** 둔한, 완만한, 활발치 못한, 느린 **~·ly** *ad.* **~·ness** *n.*
in·er·tia [inə́:rʃə] *n.* Ⓤ **1** 불활발, 굼뜸, 지둔(遲鈍) **2** 〖물리〗 관성, 타성, 타력 **3** 〖의학〗 무력(증), 이완
in·er·tial [inə́:rʃəl] *a.* 활발치 못한; 타력(惰力)의; 관성의
inértial navigátion (sỳstem) 〖항공·우주과학〗 관성항법 (시스템)
inértia sélling (영) 강매 ((멋대로 상품을 보내 놓고 반품하지 않으면 대금을 청구하는 방식))
∗**in·es·cap·a·ble** [ìniskéipəbl] *a.* **피할 수 없는,** 면할 수 없는, 불가피한
in·es·sen·tial [ìnisénʃəl] *a.* 긴요[중요]하지 않은, 없어도 무방한 ((*to*)) **—** *n.* [종종 *pl.*] 없어도 되는 것, 불필요한 것
∗**in·es·ti·ma·ble** [inéstəməbl] *a.* **1 측량할 수 없는,** 헤아릴 수 없는 **2** 평가할 수 없는, 더할 나위 없이 귀한 **-bly** *ad.*
in·ev·i·ta·bil·i·ty [inèvətəbíləti] *n.* Ⓤ 피할 수 없음, 불가피함, 필연성
⁑**in·ev·i·ta·ble** [inévətəbl] [L 「피할 수 없는」의 뜻에서] *a.* **1 피할 수 없는;** 필연적인, 당연한 **2** [one's ~, the ~] ((구어)) 변함없는, 어김없는, 판에 박은 **—** *n.* 피할 길 없는 일, 어쩔 수 없는 운명
∗**in·ev·i·ta·bly** [inévətəbli] *ad.* **불가피하게, 필연적으로**
in·ex·act [ìnigzǽkt] *a.* 엄밀하지 못한, 부정확한 **~·ly** *ad.* **~·ness** *n.*
in·ex·act·i·tude [ìnigzǽktətjù:d | -tjù:d] *n.* Ⓤ 부정확; 부정확한 것
in·ex·cit·a·ble [ìniksáitəbl] *a.* 냉정한; 자극을 느끼지 않는
in·ex·cus·a·ble [ìnikskjú:zəbl] *a.* 변명할 도리가 없는, 용서할 수 없는 **-bly** *ad.*
∗**in·ex·haust·i·ble** [ìnigzɔ́:stəbl] *a.* **1 무진장한 2 지칠 줄 모르는 -bly** *ad.*
∗**in·ex·o·ra·ble** [inéksərəbl] *a.* **냉혹[무정]한,** 용서 없는; 굽힐 수 없는, 움직일 수 없는 **-bly** *ad.*
in·ex·pe·di·ence ,-en·cy [ìnikspí:diəns(i)] *n.* Ⓤ 불편, 부적당, 부적절
in·ex·pe·di·ent [ìnikspí:diənt] *a.* Ⓟ 부적당한, 적절하지 않은; 불편한
∗**in·ex·pen·sive** [ìnikspénsiv] *a.* **비용이 많이 들지 않는,** (별로) 비싸지 않은; (가격에 비해) 품질이 좋은 **~·ly** *ad.* **~·ness** *n.*
∗**in·ex·pe·ri·ence** [ìnikspíəriəns] *n.* Ⓤ **무경험,** 서투름 **-enced** [-t] *a.* 경험이 없는, 서투른 ((*in, at*))
in·ex·pert [inékspə:rt, ìnikspə́:rt] *a.* 미숙한, 서투른, 솜씨 없는 **~·ly** *ad.* 서투르게 **~·ness** *n.*
in·ex·pi·a·ble [inékspiəbl] *a.* **1** 속죄할 길 없는, 죄 많은 **2** ((고어)) 〈분노 등이〉 달랠길 없는, 앙심을 품은
∗**in·ex·pli·ca·ble** [inéksplikəbl] *a.* **설명할 수 없는,** 불가해한
in·ex·pli·ca·bly [inéksplikəbli] *ad.* 불가해하게; [문장 전체를 수식하여] 설명할 수 없는 일이지만, 알 수 없는 일이지만
in·ex·press·i·ble [ìniksprésəbl] *a.* 말로 표현할 수 없는, 이루 말할 수 없는 **-bly** *ad.*
in·ex·pres·sive [ìniksprésiv] *a.* 무표정한 **~·ly** *ad.* **~·ness** *n.*
in·ex·tin·guish·a·ble [ìnikstíŋgwiʃəbl] *a.* 소멸[말살]할 수 없는; 〈감정이〉 억제할 수 없는
in ex·tre·mis [ìn-ikstrí:mis] [L] *ad.* 임종시에, 죽음에 이르러; 극단적 상황에서

I

in·ex·tri·ca·ble [ìnikstríkəbl] *a.* **1** 탈출할 수 없는(opp. *extricable*) **2** 해결할 수 없는; 뒤얽힌 **-bly** *ad.*

INF intermediate-range nuclear forces 중거리 핵전력

inf. infantry; 〖문법〗 infinitive; infinity

in·fal·li·bil·i·ty [infæ̀ləbíləti] *n.* Ⓤ **1** 무과실성; 절대 확실 **2** 〖가톨릭〗 (교황·공의회의) 무류성(無謬性)
His I~ 로마 교황의 존칭 *papal ~* 교황 무류설

*__in·fal·li·ble__ [infǽləbl] *a.* 절대 오류가 없는; 절대적으로 확실한
— *n.* 오류가 없는 사람[것] **-bly** *ad.*

*__in·fa·mous__ [ínfəməs] *a.* **1** 수치스러운, 불명예스러운, 부끄러워할 만한 **2** 악명 높은 **~·ly** *ad.*

*__in·fa·my__ [ínfəmi] *n.* (*pl.* **-mies**) **1** Ⓤ 불명예, 악명, 오명 **2** [종종 *pl.*] 추행, 비행, 파렴치 행위

‡**in·fan·cy** [ínfənsi] *n.* (*pl.* **-cies**) ⓊⒸ **1** 유년; 유소(幼少); 유년 시대 **2** 초기; 요람기 **3** 〖법〗 미성년
in one's[*its*] *~* 어린아이 때에; 초기에

‡**in·fant** [ínfənt] [L 「말을 못하는」의 뜻에서] *n.* **1** 유아(乳兒), (7세 미만) 유아(幼兒), 소아 **2** 〖법〗 미성년자(minor) (((미))에서는 보통 21세 미만, ((영))에서는 18세 미만) — *a.* 유아의, 소아의; 유아용의; 유치한; 초기의

in·fan·ti·cide [infǽntəsàid] *n.* **1** Ⓤ 유아[영아] 살해((범죄)) **2** 유아[영아] 살해범

in·fan·tile [ínfəntàil, -təl] *a.* 유아(기)의, 소아의; 어린아이 같은, 유치한

ínfantile parálysis 〖병리〗 소아마비 ((지금은 poliomyelitis라고 함))

in·fan·til·ism [ínfəntəlìzm] *n.* Ⓤ **1** 〖병리〗 유치증 ((성인이면서도 체구·지능이 어린아이 같음)) **2** 어린아이 같은 언행

in·fan·tine [ínfəntàin, -tin] *a.* = INFANTILE

ínfant pròdigy 신동

*__in·fan·try__ [ínfəntri] [It. 「젊은이」의 뜻에서] *n.* Ⓤ [집합적] 보병; 보병대

in·fan·try·man [ínfəntrimən] *n.* (*pl.* **-men** [-mən]) (개개의) 보병(foot soldier)

in·farc·tion [infɑ́:rkʃən] *n.* ⓊⒸ 〖병리〗 경색

in·fat·u·ate [infǽtʃuèit] *vt.* 얼빠지게 만들다, 〈사람을〉 호리다, 열중하게 하다

in·fat·u·at·ed [infǽtʃuèitid] *a.* 얼빠진, 미친; 홀린 ((*with*))

in·fat·u·a·tion [infæ̀tʃuéiʃən] *n.* **1** Ⓤ 정신을 잃게[열중하게] 함[됨]; 심취 ((*for, with*)) **2** 열중[심취]하게 하는 것[사람]

in·fea·si·ble [infí:zəbl] *a.* 실행 불가능한

*__in·fect__ [infékt] [L 「안에 넣다, 더럽히다」의 뜻에서] *vt.* **1** 〈공기·물 등에〉 병독[병균]을 퍼뜨리다, 오염시키다 **2** (병을) 전염시키다, 감염시키다 ((*with*)) **3** 〈나쁜 버릇에〉 물들이다, 젖게 하다 ((*with*)) **4** 영향을 미치다(affect) **5** 〖컴퓨터〗 〈바이러스 등이 메모리에〉 침입하다

‡**in·fec·tion** [infékʃən] *n.* ⓊⒸ **1** (병독의) 공기 전염, 병균 감염(cf. CONTAGION); **2** (도덕적으로) 나쁜 감화[영향] **3** Ⓒ 전염병, 감염증

*__in·fec·tious__ [infékʃəs] *a.* **1** 전염성의, 전염병의 **2** 옮기[전달되기] 쉬운 **~·ly** *ad.* **~·ness** *n.*

in·fec·tive [inféktiv] *a.* = INFECTIOUS

in·fe·lic·i·tous [ìnfəlísətəs] *a.* 불행[불운]한; 부적절한 〈표현·행위〉 **~·ly** *ad.*

in·fe·lic·i·ty [ìnfəlísəti] *n.* (*pl.* **-ties**) **1** Ⓤ 불행; 불운; 부적절 ((*of*)) **2** 부적절한 표현

*__in·fer__ [infə́:r] [L 「안으로 운반하여 들여오다」의 뜻에서] *v.* (**~red**; **~·ring**) *vt.* **1** 추론하다, 추단[추량]하다, 추측하다 ((*from*)) **2** (결론으로서) 의미하다; 암시하다

in·fer·a·ble [infə́:rəbl] *a.* 추단(推斷)[추론, 추리]할 수 있는 ((*from*))

*__in·fer·ence__ [ínfərəns] *n.* Ⓤ 추론, 추리; Ⓒ 추론의 결과; 추정, 결론
draw[*make*] *an ~* 단정을 내리다, 추단하다

in·fer·en·tial [ìnfərénʃəl] *a.* 추리[추론](상)의, 추정[추리]에 의한 **~·ly** *ad.*

‡**in·fe·ri·or** [infíəriər] [L 「아래의」의 뜻의 비교급에서] *a.* (opp. *superior*) **1** 하위의, 아래 쪽의; 하등(下等)의 **2** 열등한, 하급의 **3** 〖식물〗 〈꽃받침[자방(子房)]이〉 하위의, 밑에 붙은 **4** 〖인쇄〗 밑에 붙는 ((H_2, D_n 의 2, n 등))
~ to …보다 열등한; …보다 하위[하급]의
— *n.* **1** 손아랫사람, 열등한 사람[물건], 후배 **2** 〖인쇄〗 밑에 붙는 문자[숫자]

*__in·fe·ri·or·i·ty__ [infìəriɔ́:rəti | -ɔ́r-] *n.* Ⓤ (opp. *superiority*) **1** 하위, 열등, 하급, 열세 **2** 조악(粗惡)

inferiórity cὸmplex 〖정신의학〗 열등 콤플렉스, 열등 의식 (opp. *superiority complex*)

*__in·fer·nal__ [infə́:rnl] [L 「아래에 누운, 지하의」의 뜻에서] *a.* **1** 지옥의(opp. *supernal*) **2** 악마 같은, 비인간적인, 악독한 **3** ((구어)) 지독한, 지긋지긋한

in·fer·nal·ly [infə́:rnəli] *ad.* 악마처럼; ((구어)) 지독하게

in·fer·no [infə́:rnou] [infernal과 같은 어원] *n.* (*pl.* **~s**) **1** [the I~] 지옥편(篇) ((Dante의 *Divina Commedia*(신곡)의 첫째 편)) **2** 지옥(hell); 지옥 같은 곳

in·fer·tile [infə́:rtl | -tail] *a.* 메마른; 불모(不毛)의; 불임의, 생식[번식]력이 없는

in·fer·til·i·ty [ìnfərtíləti] *n.* Ⓤ 불모; 불임

*__in·fest__ [infést] [L 「공격하다, 못살게 굴다」의 뜻에서] *vt.* 〈쥐·해충·해적·병 등이〉 횡행(橫行)하다; 만연하다

in·fes·ta·tion [ìnfestéiʃən] *n.* Ⓤ 침략; 횡행; 만연

in·fi·del [ínfədl] *n.* 〖종교〗 특정 신앙(특히 그리스도교)의 불신자; 〖역사〗 이교도, 이단자 ((일찍이 그리스도교도와 이슬람교도가 서로를 부르던 말))
— *a.* 신앙심이 없는(unbelieving); 이교도의, 이단자의

in·fi·del·i·ty [ìnfədéləti] *n.* (*pl.* **-ties**) ⓊⒸ **1** 신앙이 없음, 무신앙 ((그리스도교를 믿지 않음)) **2** 불신, 배신; 부정(不貞),

불의(不義), 간통; Ⓒ 배신 행위

in·field [ínfìːld] *n.* **1** 〖야구·크리켓〗 내야(內野); [집합적] 내야수(opp. *outfield*) **2** 농가 주변[부근]의 밭; 경작지
~·er *n.* 내야수

in·fight·ing [ínfàitiŋ] *n.* Ⓤ 〖권투〗 접근전; 내부 항쟁, 내분; 난투

in·fil·trate [infíltreit, ⌐−⌐] *vt., vi.* 침투[침윤(浸潤)]시키다[하다], 스며들게 하다, 스며들다; 〖군사〗 잠입하다
ín·fil·tràtor *n.*

in·fil·tra·tion [ìnfiltréiʃən] *n.* Ⓤ 침입, 침투; 〖군사〗 잠입; 〖병리〗 침윤

infin. infinitive

‡**in·fi·nite** [ínfənət] *a.* **1 무한한**; 무궁한, 막대한, 끝없는 **2** 〖문법〗 부정형의, 부정의 《인칭·수·시제·법 등의 한정을 받지 않는 부정사·분사·동명사의 형태를 말함》 **3** 〖수학〗 무한의 **—** *n.* **1** [the ~] 무한한 공간[시간] **2** 〖수학〗 무한대 **3** [the I~] 조물주, 신(God)

in·fi·nite·ly [ínfənətli] *ad.* **1** 무한히 **2** 《구어》 대단히, 몹시, 지독히 **3** [비교급 앞에서] 훨씬

in·fin·i·tes·i·mal [ìnfinətésəməl] *a.* **1** 미소한, 극미한 **2** 〖수학〗 무한소(無限小)의, 미분의 **—** *n.* 극미량; 무한소
~·ly *ad.*

infinitésimal cálculus 〖수학〗 미적분학

in·fin·i·ti·val [ìnfinətáivəl] *a.* 〖문법〗 부정사(infinitive)의

‡**in·fin·i·tive** [infínətiv] [L 「한정되지 않는」의 뜻에서] 〖문법〗 *n.* ⓊⒸ **부정사**
— *a.* 부정사의

in·fin·i·tude [infínətjùːd | -tjùːd] *n.* Ⓤ 무한(無限); Ⓒ 무한한 수량[넓이]
an ~ of 무수한…

in·fin·i·ty [infínəti] *n.* (*pl.* **-ties**) ⓊⒸ **1** = INFINITUDE **2** 〖수학〗 무한대 《기호 ∞》 ***to ~*** 무한히

*****in·firm** [infə́ːrm] *a.* (**~·er**; **~·est**) **약한**, 허약한; 〈의지가〉 박약한; 결단력 없는
~·ly *ad.* **~·ness** *n.*

in·fir·ma·ry [infə́ːrməri] *n.* (*pl.* **-ries**) 진료소, 병원; 양호실, 의무실, 치료소

*****in·fir·mi·ty** [infə́ːrməti] *n.* (*pl.* **-ties**) **1** Ⓤ **허약**, 병약; 연약 **2** 질병, 질환 **3** 결점, 약점

in·fix [infíks] *vt.* **1** 고정시키다, 꽂아 넣다, 끼워 넣다; 스며들게 하다, 명심시키다 **2** 〖문법〗 〈삽입사를〉 삽입하다 **—** [⌐−⌐] *n.* 〖문법〗 삽입사 《보기: whosoever의 *so*》

‡**in·flame** [infléim] [L 「불(flame)을 붙이다」의 뜻에서] *vt.* **1 불태우다 2** 〈사람을〉 노하게 하다, **흥분시키다**; 〈감정·식욕 등을〉 자극하다 **3** (흥분 등으로) 〈얼굴 등을〉 새빨개지게 하다(⇨ inflamed 3) **4** 〖의학〗 염증을 일으키다 **—** *vi.* **1** 불타오르다 **2** 격노[흥분]하다 **3** 빨갛게 부어오르다 **4** 〖의학〗 염증이 생기다

in·flamed [infléimd] *a.* **1** 염증을 일으킨, 충혈된 **2** Ⓟ 흥분한 **3** 얼굴이 빨개진

in·flam·ma·bil·i·ty [inflæ̀məbíləti] *n.* Ⓤ 연소성, 인화성; 흥분성

*****in·flam·ma·ble** [inflǽməbl] *a.* **1 불타기 쉬운**, 가연성(可燃性)의 **2** 격분하기 쉬운, 흥분하기 쉬운 **—** *n.* 가연물

in·flam·ma·tion [ìnfləméiʃən] *n.* **1** ⓊⒸ 〖병리〗 염증 **2** Ⓤ 점화(點火), 연소 **3** Ⓤ 격노, 흥분

in·flam·ma·to·ry [inflǽmətɔ̀ːri | -təri] *a.* **1** 격앙시키는, 선동적인 **2** 염증을 일으키는, 염증성의

in·flat·a·ble [infléitəbl] *a.* (공기 등으로) 부풀게 할 수 있는

*****in·flate** [infléit] [L 「불어넣다」의 뜻에서](opp. *deflate*) *vt.* **1** (공기·가스 등으로) **부풀게 하다 2** [종종 수동형] 득의양양하게 하다 **3** 〖경제〗 〈물가를〉 올리다; 〈통화를〉 팽창시키다 **—** *vi.* **1** 팽창하다, 부풀다 **2** 인플레가 일어나다

in·flat·ed [infléitid] *a.* **1** (공기·기체로) 부푼, 팽창한 **2** 〈사람이〉 우쭐해진 **3** 〈문체·말투가〉 과장된 **4** 〈물가가〉 폭등한; 〈통화가〉 크게 팽창한

‡**in·fla·tion** [infléiʃən] *n.* ⓊⒸ **1** 〖경제〗 **인플레이션**, 통화 팽창(opp. *deflation*) **2 팽창 3** 자만심; 과장

in·fla·tion·ar·y [infléiʃənèri | -əri] *a.* 인플레[통화 팽창]의, 인플레를 일으키는

in·fla·tion·ism [infléiʃənìzm] *n.* Ⓤ 인플레 정책; 통화 팽창론

in·flect [inflékt] *vt.* **1** 〈음성을〉 조절하다, 억양을 붙이다(modulate) **2** 〖문법〗 어미를 변화시키다, 활용시키다 **3** 안으로 구부리다, 굴곡시키다(bend) **4** 〖음악〗 〈음을〉 반음 높이다[낮추다] **—** *vi.* 〖문법〗 〈낱말이〉 활용하다

*****in·flec·tion** [inflékʃən] *n.* **1** Ⓤ **억양, 음성의 조절 2** 〖문법〗 Ⓤ **a** 굴절, 어형 변화 **b** Ⓒ 변화[활용]형, 어형 변화에 쓰이는 어미 **3** ⓊⒸ 굴곡, 굽음

in·flec·tion·al [inflékʃənl] *a.* 굴곡의; 〖문법〗 굴절[활용, 어미 변화]의[이 있는]; 억양의

in·flex·i·bil·i·ty [inflèksəbíləti] *n.* Ⓤ 굽힐 수 없음; 불요성(不撓性); 불요불굴; 강직

in·flex·i·ble [infléksəbl] *a.* **1** 구부러지지 않는; 경직된 **2** 〈사람·생각 등이〉 완고한, 유연성이 없는; 확고한 **3** 변경할 수 없는 **-bly** *ad.*

in·flex·ion [inflékʃən] *n.* 《영》 = INFLECTION

‡**in·flict** [inflíkt] *vt.* **1** 〈벌 등을〉 **주다, 과하다** 《*on*》 **2** 〈싫은 것을〉 짊어지우다, 과하다; 괴롭히다 **3** 〈구타·상처 등을〉 가하다[입히다] 《*on, upon*》
~ one*self*[one's *company*] *on* …에게 폐를 끼치다

in·flic·tion [inflíkʃən] *n.* **1** Ⓤ 〈고통·벌을〉 가함 《*on*》 **2** 형벌, 고통, 시련, 폐

in-flight [ínflàit] *a.* 비행 중의, 기상(機上)의

in·flo·res·cence [ìnflɔːrésns] *n.* Ⓤ **1** 꽃이 핌, 개화(開花) **2** 화서(花序) **3** [집합적] 꽃 **-cent** *a.* 꽃이 핀

in·flow [ínflòu] *n.* **1** 유입(流入); 유입물 **2** 유입량

‡**in·flu·ence** [ínfluəns] *n.* **1** ⓊⒸ **영향,**

감화 ((*of*; *on, upon*)) **2** Ⓤ **세력, 영향력**; 명망 **3** 세력가, 유력자 **4** Ⓤ 〖전기〗 유도(誘導), 감응 **5** Ⓤ 〖점성술〗 (천체로부터 발생하는 흐름이 사람의 성격·운명에 미친다고 하는) 감응력
have ~ on*[*upon*]** …에 영향을 끼치다, 감화를 주다 ***have ~ with*[*over*]** …을 움직이는 힘이 있다, …을 좌우하는 세력이 있다 ***through* one's *~ …의 힘[덕]으로 ***under the ~*** ((구어)) 술에 취하여 ***under the ~ of*** …의 영향을 받아, …을 힘입어
— *vt.* **1** 영향을 끼치다 **2** 좌우하다 **3** ((완곡)) 뇌물을 바치다, 매수하다

in·flu·ent [ínfluənt] *a.* 유입하는, 흘러 들어가는
— *n.* 지류; 유입수(流入水)

***in·flu·en·tial** [ìnfluénʃəl] *a.* **1** Ⓟ **영향력이 있는** **2 세력 있는,** 유력한 **~·ly** *ad.*

‡**in·flu·en·za** [ìnfluénzə] [It.] *n.* Ⓤ 〖병리〗 **인플루엔자,** 유행성 감기(flu)

in·flux [ínflʌ̀ks] *n.* **1** 유입(流入)(opp. *efflux*) **2** [an ~] 밀어닥침, 쇄도(殺到) ((*of*)) **3** (본류와 지류가 합치는) 유입점(流入點), 강어귀

in·fo [ínfou] *n.* Ⓤ ((구어)) 정보 (= information)

in·fold [infóuld] *vt.* = ENFOLD

‡**in·form** [infɔ́:rm] [L 「…에 형태를 부여하다」의 뜻에서] *vt.* **1 알리다,** 알려주다, **통지하다** **2** 채우다, 불어넣다 — *vi.* (경찰 등에) 밀고하다, 고발하다 ((*on, upon, against*))
be ~ed of …을 통지받다, …을 들어서 알고 있다

‡**in·for·mal** [infɔ́:rməl] *a.* **1 형식[격식]을 따지지 않는,** 탁 터놓은; 평상복의 **2** 약식의, **비공식의**(opp. *formal*) **3** 〈말 등이〉 회화체[구어체]의

***in·for·mal·i·ty** [ìnfɔ:rmǽləti] *n.* (*pl.* **-ties**) **1** Ⓤ **비공식,** 약식 **2** 약식 행위

in·for·mal·ly [infɔ́:rməli] *ad.* **1** 비공식으로, 약식으로 **2** 형식에 구애되지 않고 **3** 구어(口語)로

***in·for·mant** [infɔ́:rmənt] *n.* **1 a 통지자,** 정보 제공자 **b 밀고자** **2** 〖언어〗 피(被)조사자, (그 지방 고유의 문화·언어 등의) 정보[자료] 제공자

in·for·mat·ics [ìnfərmǽtiks] *n. pl.* [단수 취급] = INFORMATION SCIENCE

‡**in·for·ma·tion** [ìnfərméiʃən] *n.* Ⓤ **1 정보,** 소식; 자료 ((*on, about*)) **2 지식,** 견문 **3** 접수[안내]처[원] **4** 〖컴퓨터〗 정보; 데이터
ask for ~ 문의하다, 조회하다 ***for your ~*** 참고가 되시도록 ***lodge*[*lay*] *an ~ against*** …을 고발[밀고]하다
~·al [-ʃənl] *a.* 정보의, 정보를 제공하는

informátion dèsk[**bòoth**] 안내소

informátion òffice (역 등의) 안내소

informátion pròcessing 〖컴퓨터〗 (컴퓨터 등에 의한) 정보 처리

informátion retrìeval 〖컴퓨터〗 정보 검색

informátion scìence 정보 과학

informátion technòlogy 정보 기술[공학] ((컴퓨터 시스템과 전기 통신을 이용하여 정보를 수집·저장·이용·송출하는 기술; 略 IT))

informátion thèory 정보 이론

***in·for·ma·tive** [infɔ́:rmətiv] *a.* **1 정보를 제공하는,** 소식을 알리는 **2** 지식을 주는, 교육적인, 유익한 **~·ly** *ad.*

in·formed [infɔ́:rmd] *a.* **1** 정보에 근거한, 견문이 넓은, 소식통의 **2** 교양있는, 학식이 풍부한

infórmed consént 〖의학〗 고지(告知)에 입각한 동의[승낙] ((수술·의학 실험에 대한 환자의))

in·form·er [infɔ́:rmər] *n.* **1** 통지자 **2** (특히 범죄의) 밀고자, 고발인, 스파이 **3** 정보 제공자

in·fra [ínfrə] *n.* = INFRASTRUCTURE

in·fra [ínfrə] [L = below] *ad.* 아래에, 아래쪽에; (서적·논문에서) 아래에, 뒤에 (opp. *supra*)

infra- [ínfrə] *pref.* 「아래에, 아래쪽에 (below); …안에」의 뜻

in·frac·tion [infrǽkʃən] *n.* **1** Ⓤ 위반 **2** 〖의학〗 불완전 골절

in·fra dig·ni·ta·tem [-dìgnətéitəm] [L = beneath one's dignity] *a.* Ⓟ ((익살)) 품격을 떨어뜨리는, 체면에 관계되는

in·fra·red [ìnfrəréd] 〖물리〗 *n.* Ⓤ 적외선 — *a.* 적외(선)의; 적외선에 민감한

infraréd radiátion 적외선

in·fra·struc·ture [ínfrəstrʌ̀ktʃər] *n.* **1** (단체 등의) 하부 조직 **2** (경제) 기반; (사회의) 기본적 시설

in·fre·quen·cy, -quence [infrí:kwəns(i)] *n.* Ⓤ 드묾(rarity)

in·fre·quent [infrí:kwənt] *a.* 드문, 좀처럼 없는, 보통이 아닌, 진기한

in·fre·quent·ly [infrí:kwəntli] *ad.* 드물게, 어쩌다 ***not ~*** 종종, 가끔

***in·fringe** [infríndʒ] *vt.* 〈법 등을〉 **어기다,** 위반하다, 범하다, 침해하다
— *vi.* 침해하다 ((*on, upon*))

in·fringe·ment [infríndʒmənt] *n.* Ⓤ (법규) 위반; (특허권·판권 등의) 침해; Ⓒ 위반[침해] 행위

in·fu·ri·ate [infjúərièit] *vt.* 격노하게 하다

in·fu·ri·at·ing [infjúərièitiŋ] *a* 격분[분개]하게 하는 **~·ly** *ad.*

***in·fuse** [infjú:z] [L 「주입(注入)하다」의 뜻에서] *vt.* **1 붓다,** 부어 넣다 ((*into*)) **2** 〈사상 등을〉 **주입**(注入)**하다**(inspire), 불어넣다, 고취하다 **3** 〈약·차 등을〉 우리다
— *vi.* 〈약·차 등이〉 우러나다

in·fus·i·ble [infjú:zəbl] *a.* 용해되지 않는, 불용해성의

in·fu·sion [infjú:ʒən] *n.* **1** Ⓤ 주입, 불어넣음, 고취 **2** 주입물, 혼합물 **3** 우려낸 물, 우려냄 **4** Ⓤ 〖의학〗 (정맥에의) 주입; 주입액

-ing [iŋ] *suf.* [현재분사·동명사를 만듦]

in·gath·er [íngæ̀ðər] ((고어)) *vt.* 〈수확물 등을〉 거둬들이다

in·gath·er·ing [íngæ̀ðəriŋ] *n.* ⓊⒸ (농산물의) 거둬들임, 수확

‡**in·gen·ious** [indʒí:njəs] [L 「타고난 재능」의 뜻에서] *a.* **1 재간[재치] 있는,** 영리한

2 독창적인, 창의력이 있는; 교묘한, 정교한 **~·ly** *ad.* **~·ness** *n.*

in·ge·nue, -gé- [ǽndʒənjùː | -ǽnʒeinjúː] [F] *n.* (*pl.* **~s** [-z]) **1** 천진난만[순진]한 소녀 **2** 그 역을 하는 여배우

***in·ge·nu·i·ty** [ìndʒənjúːəti | -njúː-] *n.* Ⓤ **1 발명의 재주,** 고안력, 독창력 **2** 정교, 교묘함 **3** [*pl.*] 교묘한 장치[발명품]

***in·gen·u·ous** [indʒénjuəs] *a.* **1 솔직 담백한;** 천진난만한 **2 순진한,** 꾸밈없는 **~·ly** *ad.* **~·ness** *n.*

in·gest [indʒést] *vt.* 〈음식물 등을〉 섭취하다

in·ges·tion [indʒéstʃən] *n.* Ⓤ (음식물 등의) 섭취

in·gle·nook [íŋglnùk] *n.* (영) = CHIMNEY CORNER

in·glo·ri·ous [inglɔ́ːriəs] *a.* (문어) 불명예스러운, 면목없는, 창피한, 수치스러운 **~·ly** *ad.* **~·ness** *n.*

in·go·ing [íngòuiŋ] *a.* Ⓐ 들어오는, 취임하는

in·got [íŋgət] *n.* 주괴(鑄塊), 잉곳, ((특히)) 금은괴

in·graft [ingrǽft | -gráːft] *vt.* = ENGRAFT

in·grain [íngrèin] *a.* **1** 깊이 배어든, 뿌리 깊은 **2** (감으로 짜기 전에) 염색한
— *n.* 섬유에 물들인 실
— [-ˊ] *vt.* 〈습관·생각 등을〉 스며[배어] 들게 하다

in·grained [ingréind, ˊˊ] *a.* **1** 깊이 배어든; 뿌리 깊은 **2** 타고난, 바탕부터의, 철저한 **3** 물이 든

in·grate [íngreit | -ˊ] *a.* (고어) 은혜를 모르는 **—** *n.* 은혜를 모르는 사람

in·gra·ti·ate [ingréiʃièit] *vt.* [~ one*self* 로] 환심을 사다, …의 비위를 맞추다 ((*with*))

in·gra·ti·at·ing [ingréiʃièitiŋ] *a.* **1** 매력 있는 **2** 알랑거리는, 애교부리는 **~·ly** *ad.*

‡**in·grat·i·tude** [ingrǽtətjùːd | -tjùːd] *n.* Ⓤ **배은망덕,** 망은(忘恩)

***in·gre·di·ent** [ingríːdiənt] [L 「안으로 들어가는 것」의 뜻에서] *n.* **1** (혼합물의) **성분,** 원료, 재료 ((*of, for*)) **2** 구성 요소[분자]

in·gress [íngres] *n.* **1** Ⓤ 들어감[옴], 진입 **2** 입장권(權), 입장의 자유

in-group [íngrùːp] *n.* 〖사회〗 배타적인 소집단; 내(內)집단

in·grow·ing [íngròuiŋ] *a.* Ⓐ **1** ((특히)) 발톱이 살 속으로 파고 드는 **2** 안으로 자라는

in·grown [íngròun] *a.* Ⓐ **1** 〈발톱이〉 살로 파고든 **2** 안쪽으로 성장한

‡**in·hab·it** [inhǽbit] [L 「안에 살다」의 뜻에서] *vt.* **1** …**에 살다,** 거주[서식]하다 ((live와는 달리 타동사로 쓰며, 보통 개인에는 쓰지 않고 집단에 씀)) **2** (비유) …에 존재하다, …에 깃들다

in·hab·it·a·ble [inhǽbitəbl] *a.* 살기에 적합한

‡**in·hab·it·ant** [inhǽbətənt] *n.* **1** (장기 거주의) **주민,** 거주자 ((*of*)) **2** 서식 동물 ((*of*))

in·hal·ant [inhéilənt] *a.* 빨아들이는, 흡입용의 **—** *n.* 흡입기[공(孔), 제(劑)]

in·ha·la·tion [ìnhəléiʃən] *n.* **1** Ⓤ 흡입 (opp. *exhalation*) **2** 흡입제[약]

in·ha·la·tor [ínhəlèitər] *n.* 〖의학·광산〗 흡입기[장치]

***in·hale** [inhéil] *vt.* 〈공기·가스 등을〉 **들이쉬다** **—** *vi.* 숨을 들이쉬다
— *n.* 흡입

in·hal·er [inhéilər] *n.* 흡입자; 흡입기

in·har·mon·ic, -i·cal [ìnhaːrmánik(əl) | -mɔ́n-] *a.* 조화되지 않은, 불협화의

in·har·mo·ni·ous [ìnhaːrmóuniəs] *a.* **1** 조화되지 않은, 가락[음]이 어울리지 않는, 불협화의 **2** 원만하지 않은, 불화의 **~·ly** *ad.*

in·here [inhíər] *vi.* **1** 〈성질 등이〉 타고나다 **2** 〈권리 등이〉 부여되어 있다 ((*in*))

in·her·ence, -en·cy [inhíərəns(i)] *n.* Ⓤ 고유, 타고남, 천부(天賦)

‡**in·her·ent** [inhíərənt] *a.* **고유의, 본래부터의,** 타고난 **~·ly** *ad.*

‡**in·her·it** [inhérit] [L 「상속인으로서 소유하다」의 뜻에서] *vt.* **1** 〖법〗 **상속하다,** 물려받다 **2 물려받다,** 유전하다
— *vi.* 재산을 상속하다; 계승하다 ((*from*))

in·her·it·a·ble [inhéritəbl] *a.* **1** 상속할 수 있는; 유전하는 **2** 상속권[자격]이 있는

‡**in·her·it·ance** [inhérətəns] *n.* **1 상속 재산,** 유산 **2** 〖생물〗 유전적 성질[체질] **3** Ⓤ 〖법〗 (가독(家督)) **상속**

in·her·i·tor [inhéritər] *n.* (유산) 상속인, 후계자(heir)

in·her·i·tress [inhéritris], **-trix** [-trìks] *n.* INHERITOR의 여성형

***in·hib·it** [inhíbit] [L 「만류하다」의 뜻에서] *vt.* **1 억제하다 2 금하다,** 못하게 막다 ((*from*))

in·hib·it·ed [inhíbitid] *a.* 〈사람·성격 등이〉 억제된, 억압된; 내성적인

***in·hi·bi·tion** [ìnhəbíʃən] *n.* ⓊⒸ **1** 금지, 금제(禁制) **2** 〖심리·생리〗 **억제,** 억압

in·hib·i·tor [inhíbitər] *n.* 억제자[물]; 〖화학〗 반응 억제제

in·hib·i·to·ry [inhíbitɔ̀ːri | -təri] *a.* 금지의, 제지[억제]하는

***in·hos·pi·ta·ble** [inhάspitəbl | -hɔ́s-] *a.* **1 손님을 냉대하는,** 야박한, 불친절한 **2** 머무를 곳이 없는, 황폐한 〈황야 등〉 **-bly** *ad.*

in·hos·pi·tal·i·ty [ìnhɑspətǽləti | -hɔ̀s-] *n.* Ⓤ 푸대접, 냉대, 불친절

in-house *a.* [ínhàus], *ad.* [ˊˊ] 조직 내의[에서], 사내(社內)의[에서]: ~ training 사내 연수

***in·hu·man** [inhjúːmən | -hjúː-] *a.* **1 몰인정한,** 냉혹한, 잔인한 **2** 비인간적인, 초인적인 **~·ly** *ad.* **~·ness** *n.*

in·hu·mane [ìnhjuːméin | -hjuː-] *a.* 몰인정한, 무자비한, 잔인한 **~·ly** *ad.*

in·hu·man·i·ty [ìnhjuːmǽnəti | -hjuː-] *n.* (*pl.* **-ties**) **1** Ⓤ 몰인정, 잔인, 무자비 **2** [종종 *pl.*] 몰인정한 행위, 잔인한 행위

in·hume [inhjúːm] *vt.* (문어) 토장하다, 매장하다

in·im·i·cal [inímikəl] *a.* **1** 적대하는, 불리한, 해로운 ((*to*)) **2** 적의(敵意) 있는, 반목하고 (있는), 불화한 ((*to*)) **~·ly** *ad.*

in·im·i·ta·ble [inímətəbl] *a.* 흉내낼 수 없는, 추종을 불허하는 **-bly** *ad.*

in·iq·ui·tous [iníkwətəs] *a.* 부정[불법]의; 사악한, 간악한 **~·ly** *ad.*

***in·iq·ui·ty** [iníkwəti] *n.* (*pl.* **-ties**) **1** Ⓤ **부정**, 불법, 사악 **2** 부정[불법] 행위

init. initial

‡**in·i·tial** [iníʃəl] [L 「안으로 들어가다, 시작하다」의 뜻에서] *a.* **1 처음의**, 최초의, 시초의 **2** 낱말 첫머리[어두]에 있는
— *n.* **머리글자**; [주로 *pl.*] (성명의) 첫글자((John Smith를 생략한 J.S. 등))
— *vt.* (**~ed**; **~·ing** | **~led**; **~·ling**) 머리글자로 서명하다 **~·ly** *ad.* 처음에, 시초에

in·i·tial·ism [iníʃəlìzm] *n.* 두문자어(acronym) ((DDD, NATO 등의 머리글자로 된 약어))

in·i·tial·ize [iníʃəlàiz] *vt.* 〚컴퓨터〛 〈디스크·내부 기억 장치 등을〉 초기화하다

inítial wórd = INITIALISM

***in·i·ti·ate** [iníʃièit] [L 「시작하다」의 뜻에서] *vt.* **1 시작하다**(begin), 일으키다, 창시하다 **2** 가입[입회]시키다 **3** 〈…에게 비법[비결]을〉 전하다, 전수하다; 초보를 가르치다 — [-ʃiət, -ʃièit] *a.* **1** 착수된, 시작된, 창업기의 **2** 초보 지도를 받은; 비법을 전수 받은 — [-ʃiət, -ʃièit] *n.* **1** 전수 받은 사람 **2** 신입자, 입회자

***in·i·ti·a·tion** [inìʃiéiʃən] *n.* Ⓤ **1 가입**, 입문; Ⓒ 입회식, 입문식 **2 개시**, 창시, 창업 **3** 초보 지도, 비법[비결]을 전함, 전수(傳授)

‡**in·i·ti·a·tive** [iníʃətiv] *n.* Ⓤ **1 시작**; 솔선, 주도(권) **2 독창력**, 창업의 재간, 기업심(企業心) **3** [보통 the ~] 〚정치〛 **국민[주민] 발안**; **의안 제출권**, 발의권
have the ~ 주도권을 쥐고 있다 ***on one's own ~*** 자진하여 ***take the ~*** 솔선해서 하다, 자발적으로 선수를 쓰다, 주도권을 잡다
— *a.* 처음의, 발단의

in·i·ti·a·tor [iníʃièitər] *n.* **1** 창시자; 선창자 **2** 교도자, 전수자

in·i·ti·a·to·ry [iníʃiətɔ̀:ri | -təri] *a.* **1** 처음의; 초보 지도의 **2** 입회[입문, 입당]의

***in·ject** [indʒékt] [L 「안으로 던져 넣다」의 뜻에서] *vt.* **1** 주사[주입]하다 **2** 〈새것·다른 것을〉 삽입하다, 도입하다 ((*into*)) **3** 〚우주과학〛 〈인공위성 등을〉 궤도에 쏘아 올리다

***in·jec·tion** [indʒékʃən] *n.* **1** Ⓤ Ⓒ **주입**, **주사**; 관장(灌腸) **2** 주사액; 관장약 **3** Ⓤ 〚우주과학〛 〈인공 위성이나 우주선을〉 궤도에 진입시킴 **4** Ⓤ 〚기계〛 (연료·공기 등의) 분사

in·jec·tor [indʒéktər] *n.* **1** 주사기; (엔진의) 연료 분사 장치 **2** 주사 놓는 사람

in-joke [índʒòuk] *n.* 특정 그룹에만 통용되는 조크

in·ju·di·cious [ìndʒu:díʃəs] *a.* 분별없는, 지각 없는 **~·ly** *ad.*

In·jun [índʒən] *n.* ((미·구어·방언)) 아메리칸 인디언

‡**in·junc·tion** [indʒʌ́ŋkʃən] *n.* **1 명령**, 훈령, 지령 **2** 〚법〛 (법정의) 금지[강제] 명령

***in·jure** [índʒər] *vt.* **1 상처 입히다**, 다치게 하다, 부상시키다 **2** 〈명예·감정 등을〉 해치다

***in·jured** [índʒərd] *a.* **1 a 상처 입은**, 부상한 **b** [the ~; 명사적; 복수 취급] 부상[전상(戰傷)]자들 **2** 감정이 상한; 〈명예가〉 손상된

***in·ju·ri·ous** [indʒúəriəs] *a.* **1** 해로운 **2** 불법의, 부정한 **3** 중상적인 〈언사〉 **~·ly** *ad.*

‡**in·ju·ry** [índʒəri] [L 「부정(不正)」의 뜻에서] *n.* (*pl.* **-ries**) **1 상해**, **손상** **2** 〈감정·평판 등을〉 해침, 무례, 모욕, 명예 훼손 ((*to*)) **3** 〚법〛 Ⓤ 권리 침해; Ⓒ 위법 행위
be an ~ to …을 해치다, …에 해가 되다 ***do*** a person ***an ~*** …에게 위해를 가하다[손해를 주다] ***suffer injuries*** 부상하다 ((*to*))

ínjury tìme (축구·럭비 등에서) 부상 등으로 소비한 시간만큼의 경기 시간의 연장

‡**in·jus·tice** [indʒʌ́stis] *n.* **1** Ⓤ **불법**, **부정**, **불공평** **2** 부정[불법] 행위
do a person ***an ~*** …에게 부당한 짓을 하다, …을 불공평하게 판단하다, …을 오해하다

‡**ink** [iŋk] *n.* Ⓤ **1 잉크**: write in[with] ~ 붉은 잉크로 쓰다 **2** 먹물; (오징어가 내뿜는) 먹물
China*[*Chinese, India, Indian*] *~ 먹
— *vt.* **1** 잉크로 쓰다; 잉크로 더럽히다[지우다] **2** ((미·속어)) 서명하다
***~ in*[*over*]** 〈연필 밑그림을〉 잉크로 칠하다

ink·blot [-blɑ̀t | -blɔ̀t] *n.* (심리 테스트용의) 잉크 얼룩

ink-bot·tle [-bɑ̀tl | -bɔ̀tl] *n.* 잉크병

ink·ling [íŋkliŋ] *n.* **1** 어렴풋이 알고 있음 **2** 암시(hint)
give a person ***an ~ of*** …에게 …을 넌지시 비추다

ink·pad [íŋkpæ̀d] *n.* 스탬프, 인주

ink·pot [-pɑ̀t | -pɔ̀t] *n.* 잉크병

ink·stand [íŋkstæ̀nd] *n.* 잉크스탠드; = INKWELL

ink·well [-wèl] *n.* (책상에 박아 넣는) 잉크병

ink·y [íŋki] *a.* (**ink·i·er**; **-i·est**) **1** 잉크 같은; 새까만 **2** 잉크로 표를 한

***in·laid** [ínlèid] *a.* **상감(象嵌) 세공을 한**, 〈물건의 표면에〉 박아 넣은

‡**in·land** [ínlæ̀nd, -lənd] *n.* **내륙**(內陸), 오지(奧地) — [ínlənd] *a.* **1** (바다·국경에서 먼) **오지의**, 내륙의 **2** ((영)) **국내의**, 내국(內國)의, 내지의 — *ad.* **내륙으로**[에], 국내로[에]

Ínland Révenue [the ~] ((영)) **1** 내국세 세입청 **2** [**i~ r~**] 내국세 수입(((미)) internal revenue)

in-law [ínlɔ̀:] *n.* [보통 *pl.*] ((구어)) 인척(姻戚)

in·lay [ínlèi, ˌ⌐] *vt.* (**-laid**) **1** 박아 넣다; 상감(象嵌)하다, 새겨 넣다 ((*with*)) **2** 〚원예〛 〈접눈을〉 대목(臺木)에 끼워 넣다
— [⌐ˌ] *n.* Ⓤ Ⓒ **1** 상감 세공[재료]; 상감 모양 **2** 〚치과〛 충치의 봉박기 **3** 〚원예〛 눈접붙임 **~·er** *n.* 상감공

I

***in·let** [ínlet, -lit] *n.* **1** 후미 **2** 입구, 들이는 곳(opp. *outlet*) **3** 박아 넣기[넣는 물건], 상감물 — [inlèt, ⌐⌐] *vt.* (~; ~·**ting**) 박아[끼워] 넣다

ín-line skátes 인라인 스케이트화 《롤러가 한 줄로 된 롤러스케이트화》

in lo·co pa·ren·tis [in-lóukou-pəréntis] [L =in the place of a parent] *ad.* 부모 대신에, 부모 입장이 되어

in·ly [ínli] *ad.* 《시어》 **1** 속으로, 내심(內心)에 **2** 충심으로; 친하게

***in·mate** [ínmèit] *n.* **1** (병원·교도소 등의) 피수용자, 입원 환자, 입소자 **2** 《고어》 동거인, 한집 사람

in me·mo·ri·am [ìn-məmɔ́:riəm] [L =in memory (of)] *prep.* …의 기념으로; …을 추도하여

in·most [ínmòust] *a.* Ⓐ **1** 맨 안쪽의 **2** 마음 깊은 곳의, 내심의, 깊이 간직한 〈감정 등〉

‡inn [in] [OE 「집, 숙소」의 뜻에서] *n.* 여인숙, 여관; (작은) 호텔; 주막(tavern),

in·nards [ínərdz] *n. pl.* 《구어》 **1** 내장(內臟) **2** (기계 등의) 내부, 내부 구조

***in·nate** [inéit, íneit] *a.* 〈성질 등을〉 타고난, 천부의, 선천적인(opp. *acquired*) ~·**ly** *ad.* ~·**ness** *n.*

‡in·ner [ínər] *a.* **1** 안의, 안쪽의(opp. *outer*) **2** 보다 친한 **3** 내적인, 정신적인 **4** 은밀한, 비밀의
— *n.* **1** 과녁의 내권 《과녁의 중심(bull's eye)과 외권(外圈) 사이의 부분》 **2** 내권 명중(탄)

ínner círcle 권력 중추부의 측근 그룹

ínner cíty **1** 도심(부) **2** 《미》 대도시 중심부의 저소득층 거주 지역

in·ner-di·rect·ed [ìnərdiréktid] *a.* 『사회』 내부 지향적인, 비순응형의

ínner éar 『해부』 내이(內耳)

ínner mán[wóman] [the ~] **1** 정신, 영혼 **2** 《익살》 밥통 《위》; 식욕

Ínner Mongólia 내(內)몽고 《중국의 자치령》

***in·ner·most** [ínərmòust] *a.* =INMOST
— *n.* 가장 깊은 부분

in·ner·sole [-sòul] *n.* =INSOLE

in·ner·spring [-sprìŋ] *a.* 《미》 〈매트리스 등이〉 속에 스프링이 든

***in·ning** [íniŋ] *n.* **1** 『야구』 회(回), 이닝 **2** [*pl.*; 단수·복수 취급] 『크리켓』 칠 차례 **3** [종종 *pl.*; 단수·복수 취급] (정당의) 정권 담당 기간, 활동기

***inn·keep·er** [ínkì:pər] *n.* 여관 주인

‡in·no·cence, -cen·cy [ínəsəns(i)] *n.* Ⓤ **1** 때묻지 않음, 순결; (도덕적) 무해(無害) **2** 무죄, 결백 **3** 순진, 천진난만

‡in·no·cent [ínəsənt] [L 「상처가 없는」의 뜻에서] *a.* **1** 순진한, 천진난만한, 악의 없는; 〈머리가〉 단순한 **2** 때묻지 않은, 순결한; 죄 없는, 결백한 《*of*》 **3** 무해한 **4** Ⓟ 《구어》 …이 없는 《*of*》 — *n.* 결백한 사람; 천진난만한 아이, 호인; 바보
~·**ly** *ad.*

in·noc·u·ous [inákjuəs | inɔ́k-] *a.* 〈뱀 등이〉 해[독] 없는 ~·**ly** *ad.* ~·**ness** *n.*

in·no·vate [ínəvèit] *vi.* 혁신하다, 쇄신하다 《*in, on, upon*》 — *vt.* 〈새로운 사물을〉 받아들이다, 시작하다

***in·no·va·tion** [ìnəvéiʃən] *n.* **1** Ⓤ 혁신, 쇄신, 일신 **2** 신기축(新機軸), 새 제도; 새로 도입한 것

in·no·va·tive [ínəvèitiv] *a.* 혁신적인

in·no·va·tor [ínəvèitər] *n.* 혁신자

in·nu·en·do [ìnjuéndou] [L =by hinting] *n.* (*pl.* ~(**e**)**s**) 풍자, 빈정대는 말

In·nu·it [ínju:it | ínju:-] *n.* (*pl.* ~**s,** ~) 이뉴잇족 《북미·그린란드의 에스키모; 캐나다에서 부르는 에스키모족의 공식 호칭》; 그 언어

‡in·nu·mer·a·ble [injú:mərəbl | injú:-] *a.* 셀 수 없이 많은, 무수한 -**bly** *ad.*

in·nu·mer·ate [injú:mərəit | injú:-] *a., n.* 수학[과학]을 모르는 (사람)

in·nu·tri·tion [ìnnju:tríʃən | ìnju:-] *n.* Ⓤ 영양 불량[부족]

in·ob·ser·vance [ìnəbzə́:rvəns] *n.* Ⓤ **1** 부주의 **2** (관습·법규 등의) 위반, 무시

in·oc·u·late [inákjulèit | inɔ́k-] [L 「접목(接木)하다」의 뜻에서] *vt.* **1** 〈병균을〉 접종하다; 〈사람에게〉 (백신 등을) 접종하다 **2** 〈사상 등을〉 심다, 부식(扶植)하다 《*with*》 -**là·tor** *n.*

in·oc·u·la·tion [inàkjuléiʃən | inɔ̀k-] *n.* ⓊⒸ **1** (예방) 접종 **2** (사상 등의) 부식, 주입

in·of·fen·sive [ìnəfénsiv] *a.* **1** 〈동물·약 등이〉 해를 안 끼치는 **2 a** 〈사람·행위가〉 악의가 없는 **b** 〈말 등이〉 거슬리지 않는 ~·**ly** *ad.* ~·**ness** *n.*

in·op·er·a·ble [inápərəbl | -ɔ́p-] *a.* **1** 실행[실천]할 수 없는 **2** 『의학』 수술이 불가능한

in·op·er·a·tive [inápərətiv, -pərèi- | -ərə-] *a.* **1** 작용하지 않는 **2** 효력[효과]이 없는; 〈법률 등이〉 무효인

in·op·por·tune [inàpərtjú:n | inɔ́pə-tjù:n] *a.* **1** 시기를 놓친, 시기가 나쁜(ill-timed) **2** 부적당한, 형편이 나쁜
~·**ly** *ad.* ~·**ness** *n.*

in·or·di·na·cy [inɔ́:rdənəsi] *n.* Ⓤ 과도, 지나침; Ⓒ 과도한 행위

in·or·di·nate [inɔ́:rdənət] *a.* **1** 지나친, 과도한 **2** 난폭한; 무절제한: keep ~ hours 불규칙한 생활을 하다
~·**ly** *ad.* ~·**ness** *n.*

***in·or·gan·ic** [ìnɔ:rgǽnik] *a.* **1** 생활 기능이 없는, 무생물의(inanimate) **2** 유기 조직이 없는 **3** 『화학』 무기(無機)의, 무기성의: ~ matter[compounds] 무기물[화합물] -**i·cal·ly** *ad.*

inorgánic chémistry 무기 화학(cf. ORGANIC CHEMISTRY)

in·or·gan·i·za·tion [inɔ̀:rgənizéiʃən | -nai-] *n.* 무조직, 무체제

in·or·nate [ìnɔ:rnéit] *a.* 꾸미지 않은, 간소한

in·os·cu·late [ináskjulèit | -ɔ́s-] *vi., vt.* 〈혈관 등이〉 접합(接合)하다[시키다]; 〈섬유 등이〉 서로 얽히다[얽히게 하다]; 합체하다[시키다]

in·os·cu·la·tion [inàskjuléiʃən | -ɔ̀s-] *n.* Ⓤ **1** (혈관 등의) 접합 **2** 결합 **3** 합체

in·o·sín·ic ácid [ìnəsínik-, àin-] 〖생화학〗 이노신산(酸)

in·o·si·tol [inóusətɔ̀:l | -tɔ̀l] *n.* Ⓤ 〖생화학〗 이노시톨, 근육당(筋肉糖) 《비타민 B 복합체의 하나》

in·o·tro·pic [ìnətrápik | -trɔ́p-] *a.* 근육의 수축을 지배하는

in·pa·tient [ínpèiʃənt] *n.* 입원환자 (opp. *outpatient*)

***in·put** [ínpùt] *n.* ⓊⒸ **1** 〖경제〗 **투입**(投入)(량)(opp. *output*) **2** 정보, 데이터 **3** 〖기계·전자〗 **입력**(入力); 〖컴퓨터〗 입력(신호), 입력 조작 《*to*》(opp. *output*)
— *vt., vi.* (~, **~·ted**; **~·ting**) 〖컴퓨터〗 〈정보 등을〉 입력하다

in·put/out·put [ínpùtáutpùt] *n., a.* 〖컴퓨터〗 입출력(의) 《略 I/O》

in·quest [ínkwest] *n.* **1** 〖법〗 (배심원 앞에서의) 심리(審理); 배심(陪審) **2** (검시관이 행하는) 검시(檢屍) **3** [집합적] 검시 배심

in·qui·e·tude [inkwáiətjù:d | -tjù:d] *n.* Ⓤ **1** 불안, 동요 **2** [*pl.*] 근심

‡**in·quire** [inkwáiər] [L 「찾다」의 뜻에서] *vt.* (…에게) **묻다,** 알아보다 《*of, from*》(ask)
— *vi.* 질문[문의]하다; 조사하다 《ask보다 격식차린 말》
~ ***after*** …의 안부를 묻다, 문병하다; …에 관하여 묻다 ~ ***for*** …을 방문하다, 면회를 청하다, 〈가게의 물품 유무를〉 문의하다; …의 안부를 묻다 ~ ***into*** …을 조사하다 ~ ***of*** …에게 묻다

***in·quir·er** [inkwáiərər] *n.* **묻는 사람,** 문의자; 조사원, 탐구자

in·quir·ing [inkwáiəriŋ] *a.* **1** 묻는 **2** 알고 싶어하는, 캐묻기 좋아하는 **3** 미심쩍은 **~·ly** *ad.*

‡**in·quir·y** [inkwáiəri] *n.* (*pl.* **-ies**) ⒸⓊ **1 연구,** 탐구 **2 조사,** 취조, 심리 **3 질문, 문의,** 조회
a court of ~ 〖군사〗 사문(査問) 위원회
make inquiries 질문하다, 문의하다 《*about*》, 조사[취조]하다 《*into*》

inquíry àgent (영) 사설 탐정

***in·qui·si·tion** [ìnkwəzíʃən] *n.* **1** (배심·공적 기관의) **심리 2** Ⓤ (엄격한) **조사,** 심문 **3** [the I~] 〖가톨릭〗 (중세의 이단 심리의) 종교 재판(소)

***in·quis·i·tive** [inkwízətiv] *a.* **질문**[연구]을 **좋아하는,** 호기심이 강한, 알고[듣고] 싶어하는 **~·ly** *ad.*

in·quis·i·tor [inkwízətər] *n.* **1** 심문자 **2** [I~] 종교 재판관

in·quis·i·to·ri·al [inkwìzətɔ́:riəl] *a.* 심문자[종교 재판관]의[같은] **~·ly** *ad.*

in re [in-rí:, -réi] [L =in the matter of] *prep.* …의 소건(訴件)으로, …에 관하여

in-res·i·dence [inrézədəns] *a.* (본업과의 다른 자격으로 대학 등에) 재직[거주]하는

INRI *Iesus Nazarenus, Rex Iudaeorum* 《L =Jesus of Nazareth, King of the Jews》 유대인의 왕, 나사렛 예수

in·road [ínròud] *n.* [보통 *pl.*] **1** 침략, 침입, 내습 **2** 침해 《*upon, into*》
make ~s into[***on, upon***] …을 먹어들어가다, …에 침입하다

in·rush [ínrʌ̀ʃ] *n.* 돌입, 침입; 유입(流入), 쇄도

ins. inches; inspector; insulated; insulation; insulator; insurance

in·sa·lu·bri·ous [ìnsəlú:briəs] *a.* 〈기후·토지가〉 건강에 좋지 못한

‡**in·sane** [inséin] *a.* (**in·san·er**; **-est**) **1 제정신이 아닌,** 미친, 광기의(opp. *sane*) **2** 정신 이상자를 위한: an ~ asylum [hospital] 정신병원 《현재는 보통 mental hospital이라고 함》 **3** (구어) 미친 듯한, 어리석은, 몰상식한 **~·ly** *ad.*

in·san·i·tar·y [insǽnətèri | -təri] *a.* 건강에 해로운, 비위생적인

***in·san·i·ty** [insǽnəti] *n.* (*pl.* **-ties**) **1** Ⓤ **광기**(狂氣), 정신 이상[착란], (급성) 정신병 **2** (구어) **미친 짓,** 어리석은 짓

in·sa·tia·ble [inséiʃəbl] *a.* 만족할 줄 모르는, 탐욕스러운 **-bly** *ad.*

in·sa·ti·ate [inséiʃiət] *a.* = INSATIABLE

***in·scribe** [inskráib] [L 「위[안]에 쓰다」의 뜻에서] *vt.* **1** 〈비석 등에〉 **새기다,** 파다 **2** 헌정하다 **3** 명심하다 **4** (영) 〈주주·신청자의 이름을〉 등록하다; 〈성명을〉 (정식으로) 기입하다: an ~*d* stock (영) 기명 공채[주식] **5** 〖수학〗 〈원 등을〉 내접(內接)시키다(opp. *circumscribe*)

‡**in·scrip·tion** [inskrípʃən] *n.* **1 명**(銘), 비명(碑銘), 비문; (화폐 등의) 명각(銘刻) **2** (책의) 제명(題銘)

in·scru·ta·ble [inskrú:təbl] *a.* 헤아릴 수 없는, 불가해한; 수수께끼 같은 **-bly** *ad.*

in·seam [ínsì:m] *n.* (바지·구두·장갑 등의) 안쪽 솔기

‡**in·sect** [ínsekt] [L 「안을 자르다」의 뜻에서; 몸에 마디가 있다고 해서] *n.* **1 곤충;** 《일반적으로》 벌레 **2** 벌레 같은 놈, 소인

in·sec·ti·cide [inséktəsàid] *n.* 살충제

in·sec·ti·vore [inséktəvɔ̀:r] *n.* 식충(食蟲) 동물[식물]; 식충류 동물

in·sec·tiv·o·rous [ìnsektívərəs] *a.* 곤충을 먹는, 식충성의

in·se·cure [ìnsikjúər] *a.* (**-cur·er**; **-est**) **1** 불안정한; 위태로운 **2** 불안한, 확신이 안 가는 **~·ly** *ad.*

in·se·cu·ri·ty [ìnsikjúərəti] *n.* (*pl.* **-ties**) **1** Ⓤ 불안정, 위험; 불안(감) **2** 불안정[불확실]한 것

in·sem·i·nate [insémənèit] *vt.* **1** 수태[인공 수정]시키다 **2** 씨를 뿌리다

in·sem·i·na·tion [insèmənéiʃən] *n.* Ⓒ 씨뿌림; (인공) 수정(受精)

in·sen·sate [insénseit] *a.* **1** 감각이 없는 **2** 비정(非情)의; 무정[잔인]한 **3** 분별[이해력]이 없는 **~·ly** *ad.*

***in·sen·si·bil·i·ty** [insènsəbíləti] *n.* Ⓤ **1** 무감각, 무지각 《*to*》; 무의식, 인사불성 **2** 무신경, 태연, 냉담 《*to*》

***in·sen·si·ble** [insénsəbl] *a.* **1** Ⓟ **무감각한,** 감지할 수 없는 《*to, of*》 **2 의식이 없는,** 인사불성의 **3** 감수성이 둔한 **4** 눈에

I

띄지 않을 정도의
-bly *ad.* 눈에 띄지 않을 정도로 (서서히)
in·sen·si·tive [insénsətiv] *a.* 무감각한, 둔감한 《*to*》
in·sen·si·tiv·i·ty [insènsətívəti] *n.* Ⓤ 무감각, 둔감
in·sen·tient [insénʃiənt] *a.* **1** 지각[감각]이 없는 **2** 비정의 **3** 생명[생기]이 없는
in·sep·a·ra·bil·i·ty [insèpərəbíləti] *n.* Ⓤ 불가분성(不可分性)
∗**in·sep·a·ra·ble** [insépərəbl] *a.* **분리할 수 없는**; 떨어질 수 없는 《*from*》
— *n.* [*pl.*] 떨어질 수 없는 사람[친구]
-bly *ad.*
‡**in·sert** [insə́:rt] [L 「안에 놓다」의 뜻에서] *vt.* **1 끼워 넣다, 삽입하다** 《*in, into, between*》 **2** 〈말 등을〉 써넣다, 〈신문 기사 등을〉 게재하다 《*in, into*》 — [<-] *n.* 삽입물; (신문 등의) 삽입 광고; 〖영화·TV〗 삽입 자막
∗**in·ser·tion** [insə́:rʃən] *n.* **1** Ⓤ **삽입**, 끼워 넣음 **2** 삽입물, 〈어구 등을〉 써넣은 것; (신문·잡지 등의) 삽입 광고 **3** (레이스나 수놓은 것 등) 사이에 꿰매어 넣은 천
in-ser·vice [insə́:rvis] *a.* Ⓐ 근무 중의, 현직의
in·set [insét] *vt.* (**~, ~·ted**; **~·ting**) 삽입하다, 끼워 넣다 — [<>] *n.* **1** 삽입; (책장 사이의) 삽입지(挿入紙); 삽입 광고; 삽입화[도(圖), 사진] **2** (꿰매어 넣은) 헝겊 조각
in·shore [ínʃɔ́:r] *a.*, *ad.* 해안에 가까운[가까이], 연해[근해]의(opp. *offshore*)
~ *of* …보다 해안에 가깝게
‡**in·side** [ìnsáid, <>] (opp. *outside*) *n.* **1** [*sing.*; 보통 the ~] 안쪽, 내부 **2** [*pl.*](구어) 뱃속 **3** (도로 등의) 인가에 가까운 부분, 보도의 건물 쪽 **4** [*sing.*; 보통 the ~] 내막; 속마음, 본성
~ *out* [부사적으로] (1) 뒤집어서 (2) 구석까지 샅샅이
— *a.* Ⓐ **1 내부에 있는**, 내부의 **2** 비밀의, 내면의 — *ad.* **1 내부[내면]에**, 안쪽에 **2** 마음속으로 **3** 《영·구어》 교도소에 갇히어
get ~ (1) 집안으로 들어가다 (2) (조직 등의) 내부로 들어가다 (3) 안쪽 사정을 환히 알다 ***~ of*** (구어) (1) …안에 (2) …이내에
— *prep.* **1** …의 내부에[로], …의 안쪽에 **2** (구어) …이내에
ínside jób (구어) 내부 범죄
in·sid·er [ìnsáidər] *n.* (opp. *outsider*) **1** 내부 사람, 회원, 부원(部員) **2** 《미·구어》 내막에 밝은 사람, 소식통
insíder tràding[**dèaling**] 인사이더[내부자] 거래 《내부자에 의한 주식의 매매》
ínside tráck [the ~] **1** (경기장 등의) 안쪽 트랙 **2** (구어) 유리한 입장[처지]
have*[*get, be on*] *the ~ (구어) 안쪽 주로를 달리다; 유리한 처지에 있다
in·sid·i·ous [insídiəs] *a.* **1** 교활한; 사람을 함정에 빠뜨리는, 흉계의 **2** 〈병 등이〉 잠행성(潛行性)의 **~·ly** *ad.* **~·ness** *n.*
∗**in·sight** [ínsàit] *n.* ⓊⒸ **1 통찰**, 간파; **통찰력 2** 식견 ***gain*[*have*] *an ~ into*** …을 간파하다, 통찰하다

in·sig·ni·a [insígniə] [L 「다른 것과의 구별을 나타내는 표지」의 뜻에서] *n.* (*pl.* **~, ~s**) **1** 기장(記章), 표장(標章) **2** 휘장
in·sig·nif·i·cance [ìnsignífikəns] *n.* Ⓤ **1** 무의미, 무가치 **2** 사소한 일 **3** 비천한 신분
‡**in·sig·nif·i·cant** [ìnsignífikənt] *a.* **1 대수롭지 않은,** 하찮은, 시시한 **2** 〈신분 등이〉 천한 **~·ly** *ad.*
in·sin·cere [ìnsinsíər] *a.* 성의 없는, 성실치 못한; 거짓의 **~·ly** *ad.*
in·sin·cer·i·ty [ìnsinsérəti] *n.* (*pl.* **-ties**) **1** 불성실, 무성의; 위선 **2** 불성실한 언행
∗**in·sin·u·ate** [insínjuèit] [L 「몸을 굽히고 들어가다」의 뜻에서] *vt.* **1 넌지시 비치다**, 둘러서 말하다, 빗대어 말하다 《*to*》 **2** 〈사상 등을〉 **교묘하게 불어넣다**, 스며들게 하다 《*into*》 **3** [~ one*self* 로] 살며시 들어가다[스며들다]; 교묘하게 환심을 사다 《*into*》
in·sin·u·at·ing [insínjuèitiŋ] *a.* **1** 넌지시 비치는 **2** 교묘하게 환심을 사는, 간사한
in·sin·u·a·tion [insìnjuéiʃən] *n.* Ⓤ **1** 암시, 풍자, 빗댐 **2** 천천히 들어감, 교묘하게 환심을 삼
by ~ 넌지시 둘러서
in·sin·u·a·tive [insínjuèitiv, -njuət-] *a.* **1** 교묘하게 환심을 사는, 간사한 **2** 넌지시 말하는
in·sip·id [insípid] *a.* **1** 무미건조한, 재미없는 **2** 풍미가 없는, 맛없는
~·ly *ad.* **~·ness** *n.*
in·si·pid·i·ty [ìnsipídəti] *n.* (*pl.* **-ties**) Ⓤ 맛없음; 평범, 무미건조
‡**in·sist** [insíst] [L 「…위에 놓다, …위를 누르다」의 뜻에서] *vi.* **1 강요하다** 《*on, upon*》 **2 우기다, 주장하다**; 역설[강조]하다 《*on, upon*》 — *vt.* 강력히 주장하다; 강요하다
∗**in·sist·ence, -en·cy** [insístəns(i)] *n.* Ⓤ **1 주장**, 강조 《*upon*》 **2** 강요《*upon*》
with ~ 집요하게
∗**in·sist·ent** [insístənt] *a.* **1 강요하는,** 우기는 《*on*》 **2** 주의를 끄는, 눈에 띄는, 뚜렷한 **~·ly** *ad.* 고집 세게, 끈질기게
in si·tu [in-sáitju: | -tju:] [L =in place] *ad.* 본래의 장소에, 원위치에
in·so·bri·e·ty [ìnsəbráiəti] *n.* Ⓤ 무절제; 폭음(暴飮)
in·so·far [ìnsəfɑ́:r, -sou-] *ad.* (문어) …하는 한에 있어서는
***~ as*[*that*]** …하는[인] 한에 있어서(는) 《《영》에서는 in so far as가 일반적이며, (구어)에서는 as[so] far as가 일반적임》
in·so·la·tion [ìnsouléiʃən] *n.* Ⓤ **1** 햇볕에 쬠[말림]; 일광욕 **2** 〖병리〗 일사병
in·sole [ínsòul] *n.* 구두의 깔창[안창]
∗**in·so·lence** [ínsələns] *n.* **1** Ⓤ **건방짐,** 거만함, 오만 **2** 건방진 태도[말]
∗**in·so·lent** [ínsələnt] [L 「익숙하지 않은」의 뜻에서] *a.* **건방진,** 오만한, 무례한 **~·ly** *ad.*
∗**in·sol·u·ble** [insɑ́ljubl | -sɔ́l-] *a.* **1 녹지 않는,** 불용해성의 **2** 풀 수 없는, 해결[설명, 해석]할 수 없는 **-bly** *ad.*

I

in·solv·a·ble [insɑ́lvəbl | -sɔ́l-] *a.* = INSOLUBLE

in·sol·ven·cy [insɑ́lvənsi | -sɔ́l-] *n.* Ⓤ 지불 불능, 채무 초과, 파산 (상태)

in·sol·vent [insɑ́lvənt | -sɔ́l-] *a.* 지불 불능한, 파산(자)의
— *n.* 지불 불능자, 파산자

in·som·ni·a [insɑ́mniə | -sɔ́m-] *n.* Ⓤ 불면(증)

in·som·ni·ac [insɑ́mniæ̀k | -sɔ́m-] *n.* 불면증 환자 — *a.* 불면증의

in·so·much [ìnsəmʌ́tʃ, -sou-] *ad.* …할 정도까지, …만큼 《*that, as*》

‡in·spect [inspékt] [L 「안을 보다」의 뜻에서] *vt.* **1 면밀하게 살피다,** 점검[검사]하다 **2 시찰하다,** 검열하다, 사열하다

‡in·spec·tion [inspékʃən] *n.* [UC] **1 정밀 검사,** 점검; (서류의) 열람 **2** (공식·정식) 시찰, 감찰, 검열, 사열 ***on the first ~*** 일단 조사한[한 번 본] 바로는

‡in·spec·tor [inspéktər] *n.* **1 검사자[관],** 조사자[관], 시찰자 **2** 검열[사열]관, 장학사

in·spec·tor·ate [inspéktərət] *n.* Ⓤ **1** inspector의 직(職)[지위, 임기, 관할 구역] **2** [집합적] 검사관 일행, 사찰단

‡in·spi·ra·tion [ìnspəréiʃən] *n.* Ⓤ **1 영감;** Ⓒ 영감에 의한 착상 **2** 고취, 고무; Ⓒ 격려가 되는 사람[일] **3** 암시, 시사 **4** 〖그리스도교〗 성령 감응, 감화 **5** 들이마시는 숨, 숨을 들이마심(opp. *expiration*)
~·al *a.* 영감의; 고무적인

‡in·spire [inspáiər] *vt.* **1 고무[격려]하다 2** 《문어》 〈사상·감정을〉 **불어넣다,** 고취하다 **3** 〈사람에게〉 〈사상·감정을〉 일어나게 하다 **4** 《문어》 **영감을 주다 5** 시사하다 **6** 들이쉬다, 흡입하다(opp. *expire*) — *vi.* 숨을 들이쉬다

in·spired [inspáiərd] *a.* **1** 영감을 받은, 영감으로 쓰여진 **2 a** (어떤 계통의) 내의(內意)를 받은 **b** 〈추측 등이〉 사실[확실한 정보]에 기인하지 않는

in·spir·ing [inspáiəriŋ] *a.* **1** 영감을 주는 **2** 고무하는

in·spir·it [inspírit] *vt.* 활기를 띠게 하다, 기운을 북돋우다, 고무하다

inst. instrument; instrumental

in·sta·bil·i·ty [ìnstəbíləti] *n.* Ⓤ **1** 불안정한 성질[상태] **2** (마음의) 불안정, 변덕

‡in·stall [instɔ́ːl] [L 「…에 놓다」의 뜻에서] *vt.* **1** 〈난방 장치 등을〉 **장치[설치]하다 2 취임시키다,** 임명하다; 자리에 앉히다: ~ a chairman 의장에 임명하다

∗in·stal·la·tion [ìnstəléiʃən] *n.* **1** Ⓤ **설치,** 설비, 가설; Ⓒ (설비된) **장치,** 시설 **2** Ⓤ 취임; Ⓒ 임명[임관]식 **3** 군사 시설[기지]

‡in·stall·ment | -stal- [instɔ́ːlmənt] *n.* **1 분할 불입(금)**(의 1회분) **2** (전집·연재물 등의) 1회분
in* [*by*] *~s 분납으로; 몇 번으로 나누어

instállment plàn 《미》 할부 판매(법)

‡in·stance [ínstəns] [L 「눈 앞의 사태」의 뜻에서] *n.* **1 보기,** 실례, **사례,** 실증 **2** 단계; 경우 **3** 〖법〗 소송 (사건)
at the ~ of …의 의뢰에 따라, …의 발기로 ***for ~*** 이를 테면 ***in the first ~*** 제1심(審)에서; 첫째로, 우선
— *vt.* 보기로 들다, 예거하다; 예증하다

‡in·stant [ínstənt] [L 「가까이에 서다」의 뜻에서] *n.* **1 즉시;** 순간, 순식간 **2** Ⓤ 《구어》 인스턴트 식품; 《특히》 인스턴트 커피 **3** [*pl.*] 《미·속어》 즉석 복권 ***for an ~*** 잠시 동안, 일순간 ***in an ~*** 눈 깜짝할 사이에, 즉시 ***on the ~*** 당장에, 즉시
— *a.* **1 즉각[즉시]의 2** Ⓐ **긴급한,** 절박한 **3 인스턴트의,** 즉석 (요리용)의 **4** 이달의 《略 inst.》

∗in·stan·ta·ne·ous [ìnstəntéiniəs] *a.* **즉시[즉각]의,** 순간의; 즉시 일어나는
~·ly *ad.* **~·ness** *n.*

ínstant bóok 즉석본 《재판(再版)처럼 편집이 거의 필요없는 책》

ínstant cámera 인스턴트 카메라

‡in·stant·ly [ínstəntli] *ad.* **즉시로,** 즉석에서
— *conj.* …하자마자(as soon as)

in·state [instéit] *vt.* 〈사람을〉 임명하다, 취임시키다

‡in·stead [instéd] *ad.* **그 대신에; 그보다도:** Give me this ~. 대신 이것을 주시오. ***~ of*** …대신에; …하지 않고, …하기는 커녕

in·step [ínstèp] *n.* **1** 발등 **2** 구두[양말]의 등

in·sti·gate [ínstəgèit] *vt.* **1** 〈사건을〉 유발시키다, 조장하다 **2** 부추기다, 충동하다, 선동하여 …시키다 **-gà·tor** *n.*

in·sti·ga·tion [ìnstəgéiʃən] *n.* **1** Ⓤ 선동, 교사(敎唆) **2** 자극, 유인
at* [*by*] *the ~ of …에게 부추김을 받아, …의 선동으로

∗in·still, in·stil [instíl] *vt.* **1 스며들게 하다,** 서서히 가르쳐 주다 《*into, in*》 **2** 한 방울씩 떨어뜨리다 《*into, in*》

in·stil·la·tion [ìnstəléiʃən] *n.* [UC] **1** 한 방울씩 떨어뜨림 **2** 〈사상 등을〉 서서히 주입시킴

‡in·stinct[1] [ínstiŋkt] [L 「자극하다」의 뜻에서] *n.* [UC] **1 본능 2** 타고난 재능 **3** 직관, 직감 ***by* [*from*] *~*** 본능적으로

in·stinct[2] [instíŋkt] *a.* Ⓟ 가득찬, 넘치는, 배어든 《*with*》

∗in·stinc·tive [instíŋktiv] *a.* **본능적인,** 직관적인 **~·ly** *ad.*

in·stinc·tu·al [instíŋktʃuəl] *a.* = INSTINCTIVE

‡in·sti·tute [ínstətjùːt | -tjùːt] [L 「설립하다」의 뜻에서] *vt.* **1 세우다, 설립하다,** 제정하다 **2** 《문어》 〈조사를〉 시작하다; 〈소송을〉 제기하다 **3** 임명하다
— *n.* **1** (학술·미술의) **회(會),** 협회, 연구소; (학회 등의) 회관 **2** (이공과 계통의) 전문학교, 대학 **3** 《미》 (교원 등의) 강습회, 집회 **4** Ⓒ 규칙, 관습

‡in·sti·tu·tion [ìnstətjúːʃən | -tjúː-] *n.* **1 학회,** 협회, 원(院), 단(團) **2** (공공) 시설 《학교·병원·교회 등》 **3 제도,** 법령, 관례 **4** 《구어》 명물, 잘 알려진 사람[것, 일] **5** Ⓤ **설립;** 제정, 설정

*__in·sti·tu·tion·al__ [ìnstətjúːʃənl | -tjúː-] *a.* **1** 제도상의 **2** (공공)시설의, 회(會)의 **3** 《미》 〈광고가〉 (판매 증가보다는) 기업의 이미지를 살리기 위한

in·sti·tu·tion·al·ize [ìnstətjúːʃənəlàiz | -tjúː-] *vt.* **1** 규정하다, 제도화하다 **2** 《구어》 〈범죄자·정신병자 등을〉 공공시설에 수용하다

‡**in·struct** [instrʌ́kt] [L 「쌓아 올리다」의 뜻에서] *vt.* **1** 가르치다, 교육하다 **2** 지시[명령]하다 **3** 통고하다, 알리다
be ~ed in …에 밝다, …에 정통하다

‡**in·struc·tion** [instrʌ́kʃən] *n.* Ⓤ **1** 교수, 교육; 교훈 **2** [*pl.*] 훈령, 지령, 명령, 지시 **3** [*pl.*] (제품 등의) 사용 설명서 **4** Ⓒ 〖컴퓨터〗 명령(어)
give*[*receive*] ~ *in French (프랑스어)의 교수를 하다[받다]
~·al *a.* 교육(상)의

‡**in·struc·tive** [instrʌ́ktiv] *a.* 교육적인, 교훈적인, 유익한 **~·ly** *ad.* **~·ness** *n.*

‡**in·struc·tor** [instrʌ́ktər] *n.* (*fem.* **-tress** [-tris]) **1** 교사, 지도자 《*in*》 **2** 《미》 (대학의) 전임 강사

‡**in·stru·ment** [ínstrəmənt] [L 「연장, 도구」의 뜻에서] *n.* **1** (정밀) 기계, 기구, 도구 **2** 〈비행기 등의〉 계기(計器) **3** 악기 **4** 수단, 방법; 매개(자) **5** 〖법〗 증서, 문서

*__in·stru·men·tal__ [ìnstrəméntl] *a.* **1** 수단이 되는, 도움이 되는 《*in*》 **2** 악기(용)의 (opp. *vocal*) **3** 기계의[를 사용하는]
~·ist *n.* 기악연주가(opp. *vocalist*)
~·ly *ad.*

in·stru·men·tal·i·ty [ìnstrəməntǽləti] *n.* (*pl.* **-ties**) **1** Ⓤ 수단, 방편, 도움 **2** (정부 등의) 대행 기관 **3** Ⓤ 매개, 중개
by*[*through*] *the ~ of …에 의해서, …의 도움으로

in·stru·men·ta·tion [ìnstrəmentéiʃən] *n.* Ⓤ **1** 〖음악〗 기악 편성(법) **2** 기계[기구] 사용

ínstrument bòard = INSTRUMENT PANEL

ínstrument flỳing 〖항공〗 계기 비행 (opp. *contact flying*)

ínstrument lànding 〖항공〗 계기 착륙

ínstrument pànel (항공기 등의) 계기판

in·sub·or·di·nate [ìnsəbɔ́ːrdənit] *a.* **1** 순종하지 않는, 반항하는 **2** 하위(下位)가 아닌 **~·ly** *ad.*

in·sub·or·di·na·tion [ìnsəbɔ̀ːrdənéiʃən] *n.* Ⓤ 순종치 않음, 반항

in·sub·stan·tial [ìnsəbstǽnʃəl] *a.* 실체가 없는, 비현실적인, 내용이 없는

in·suf·fer·a·ble [insʌ́fərəbl] *a.* 참을 수 없는, 비위에 거슬리는, 밉살스러운

in·suf·fi·cien·cy [ìnsəfíʃənsi] *n.* **1** Ⓤ 불충분, 부족(lack); 부적임(不適任) **2** [종종 *pl.*] 불충분한 점, 결점 **3** Ⓤ 〖의학〗 (심장 등의) 기능 부전

‡**in·suf·fi·cient** [ìnsəfíʃənt] *a.* **1** 불충분한, 부족한 **2** 부적당한, 능력이 없는 《*to, for*》 **~·ly** *ad.*

*__in·su·lar__ [ínsələr | -sju-] [L 「섬의」의 뜻에서] *a.* **1** 섬의, 섬 같은 **2** 섬사람의, 섬나라 백성의 **3** 섬나라 근성의, 편협한

in·su·lar·i·ty [ìnsəlǽrəti | -sju-] *n.* Ⓤ 섬나라 근성, 편협

in·su·late [ínsəlèit | -sju-] [L 「섬으로 만들다」의 뜻에서] *vt.* **1** 〖물리·전기〗 절연[단열, 방음]하다 **2** 격리하다, 고립시키다

in·su·la·tion [ìnsəléiʃən | -sju-] *n.* Ⓤ **1** 〖전기〗 절연, 절연체; 절연물[재(材)], 단열재; 뚱딴지 **2** 격리, 고립

in·su·la·tor [ínsəlèitər | -sju-] *n.* **1** 〖전기〗 절연체[물, 재], 뚱딴지 **2** 격리자[물]

in·su·lin [ínsəlin | -sju-] *n.* Ⓤ 〖생화학〗 인슐린 《췌장 호르몬; 당뇨병의 특효약》

‡**in·sult** [insʌ́lt] [L 「덤벼들다」의 뜻에서] *vt.* 모욕하다, 욕보이다, …에게 무례한 짓을 하다 — [⌐–] *n.* **1** ⓊⒸ 모욕, 무례 **2** 〖의학〗 손상
add ~ to injury 혼내주고 모욕까지 하다

in·sult·ing [insʌ́ltiŋ] *a.* 모욕적인, 무례한 **~·ly** *ad.*

in·su·per·a·ble [insúːpərəbl] *a.* 〈어려움 등이〉 이겨내기[극복하기] 어려운

in·sup·port·a·ble [ìnsəpɔ́ːrtəbl] *a.* 참을[견딜] 수 없는, 지탱할 수 없는
-bly *ad.*

in·sur·a·ble [inʃúərəbl] *a.* 보험에 넣을[들] 수 있는, 보험에 적합한

‡**in·sur·ance** [inʃúərəns] *n.* Ⓤ **1** 보험 (cf. ASSURANCE) **2** 보험금(액) **3** (실패·손실 등에 대한) 대비, 보호 《*against*》

insúrance pòlicy 보험 증권

insúrance prèmium 보험료

in·sur·ant [inʃúərənt] *n.* 보험 계약자, (생명 보험의) 피보험자

‡**in·sure** [inʃúər] [동음어 ensure] *vt.* **1** 보증하다, 보증이 되다 **2** (위험 등에서) 지키다, 안전하게 하다 **3** 보험에 들다 **4** 〈보험업자가〉 …의 보험을 맡다

in·sured [inʃúərd] *a.* 보험이 걸린, 보험에 가입한

in·sur·er [inʃúərər] *n.* 보험업자[회사]

in·sur·gence [insə́ːrdʒəns] *n.* ⓊⒸ 모반, 반란 (행위)

in·sur·gen·cy [insə́ːrdʒənsi] *n.* (*pl.* **-cies**) 폭동[반란] 상태; = INSURGENCE

in·sur·gent [insə́ːrdʒənt] *a.* **1** 반란[폭동]을 일으킨 **2** 〈물결이〉 거친, 거센; 〈파도가〉 밀려 오는 — *n.* **1** 폭도, 반란자 **2** 《미》 (정당 내의) 반대 분자

in·sur·mount·a·ble [ìnsərmáuntəbl] *a.* 능가할 수 없는, 이겨내기 어려운
-bly *ad.*

*__in·sur·rec·tion__ [ìnsərékʃən] *n.* ⓊⒸ 폭동, 반란

in·sur·rec·tion·ist [ìnsərékʃənist] *n.* 폭도, 반도, 폭동[반란] 선동자

in·sus·cep·ti·ble [ìnsəséptəbl] *a.* **1** 〈치료 등을〉 받아들이지 않는 《*of*》; 영향 받지 않는 《*to*》 **2** 감동하지 않는, 느끼지 않는, 무신경한 《*of, to*》

int. interest; interior; interjection; internal; international; interpreter; intransitive; interim

in·tact [intǽkt] *a.* Ⓟ **1** 손대지 않은, 손상되지 않은 **2** (고스란히) 완전한

in·tagl·io [intǽljou, -tɑ́ːl-] [It. = engraving] *n.* (*pl.* **~s, -gli** [-lji]) **1** Ⓤ

음각(陰刻), 요조(凹彫); UC 음각 무늬 2 U 〖인쇄〗 음각 인쇄[주형] 3 〈보석·인장 등의〉 음각 세공물(opp. *cameo*)
— *vt.* 〈무늬를〉 새겨 넣다, 음각하다

***in·take** [íntèik] *n.* **1** 〈물·공기 등을〉 받아들이는 곳; (탄갱 등의) 통풍 구멍 **2** UC 빨아 들이는 양, 섭취량

in·tan·gi·bil·i·ty [intæ̀ndʒəbíləti] *n.* U **1** 손으로 만질 수 없음, 만져서 알 수 없는 것 **2** 막연하여 파악할 수 없음

***in·tan·gi·ble** [intǽndʒəbl] *a.* **1 손으로 만질 수 없는**; 실체가 없는, 무형의 **2** 막연한(vague)

intángible ásset[próperty] 무형 자산《특허권·영업권 등》

in·te·ger [íntidʒər] *n.* **1** 〖수학〗 정수(整數)(opp. *fraction*) **2** 완전체, 완전한 것

***in·te·gral** [íntigrəl] [L 「완전한」의 뜻에서] *a.* A **1 없어서는 안 될 2 완전한 3** 〖수학〗 정수의; 적분의
— *n.* **1** 전체 **2** 〖수학〗 적분

íntegral cálculus 〖수학〗 적분학

***in·te·grate** [íntəgrèit] [L 「완전하게 하다」의 뜻에서] *vt.* **1** 〈부분·요소를〉 **통합하다 2** (부족한 부분을 보충해) 완전한 것으로 하다 **3** 인종 차별을 철폐하다 **4** 〖수학〗 적분하다 — *vi.* **1** 통합되다 **2** 〈학교 등이〉 인종[종교]적 차별을 폐지하다 — *a.* 각 부분이 갖추어져 있는, 완전한

in·te·grat·ed [íntəgrèitid] *a.* **1** 통합된, 합성된; 완전한 **2** (학교 등에서) 인종 차별을 하지 않는(opp. *segregated*) **3** 〖심리〗 〈인격이〉 원만한, 융화된

íntegrated círcuit 〖전자〗 집적 회로(集積回路)(microcircuit)《略 IC》

***in·te·gra·tion** [ìntəgréiʃən] *n.* U **1** (부분·요소의) **통합**; 완성 **2** 〖수학〗 적분(법) **3** 《미》 차별 철폐에 의한 인종 통합(정책)

in·te·gra·tion·ist [ìntəgréiʃənist] *n.* 인종 차별 폐지론자

***in·teg·ri·ty** [intégrəti] [L 「완전」의 뜻에서] *n.* U **1 고결, 성실 2 완전, 흠 없음**

in·teg·u·ment [intégjumənt] *n.* **1** 〖해부·동물·식물〗 외피(外皮) **2** 외피(外被), 씌우개 **in·tèg·u·mén·ta·ry** *a.*

‡**in·tel·lect** [íntəlèkt] [L 「식별, 이해」의 뜻에서] *n.* **1** U **지력, 지성**; 이해력 **2** [집합적] 지식인, 식자

‡**in·tel·lec·tu·al** [ìntəléktʃuəl] *a.* **1 지적인**, 지력의(cf. PHYSICAL, MORAL) **2** 머리를 쓰는 **3** 지력이 발달한, 이지적인
— *n.* **지식인, 식자** **~·ly** *ad.*

in·tel·lec·tu·al·i·ty [ìntəlèktʃuǽləti] *n.* U 지력, 지성, 총명

in·tel·lec·tu·al·ize [ìntəléktʃuəlàiz] *vt.* **1** 지적으로 하다 **2** (감정적·심리적 의미를 무시하고) 〈문제를〉 이치로 설명하다

‡**in·tel·li·gence** [intélədʒəns] *n.* U **1** 지능, 이해력, 사고력 **2 지성**, 총명, 지혜 **3 정보**, 보도; (군사 기밀을 탐지하는) 정보 기관 **4** [종종 **I~**] 지적 존재
the Supreme I~ 신(神)

intélligence depártment[bùreau] 정보부[국]

intélligence quòtient 〖심리〗 지능 지수《略 IQ, I.Q.》

intélligence tèst 〖심리〗 지능 검사

‡**in·tel·li·gent** [intélədʒənt] [L 「이해하다」의 뜻에서] *a.* **1 이해력 있는**, 이성적인; **지적인 2 총명한**, 재치 있는 **3** 〖컴퓨터〗 정보 처리 기능을 가진 **~·ly** *ad.*

in·tel·li·gent·si·a, -zi·a [intèlədʒéntsiə] [Russ.] *n.* [보통 the ~; 집합적] 지식 계급, 인텔리겐치아

in·tel·li·gi·bil·i·ty [intèlədʒəbíləti] *n.* U 이해할 수 있음, 알기 쉬움, 명료(도)

in·tel·li·gi·ble [intélədʒəbl] *a.* 이해할 수 있는, 명료한, 알기 쉬운 **-bly** *ad.*

In·tel·post [intelpòust] *n.* 《영》 인텔샛 위성(Intelsat)을 통한 국제 전자 우편

In·tel·sat [intélsæ̀t] [*In*ternational *Tel*ecommunications *Sat*ellite Organization] *n.* 국제 상업 위성 통신 기구; 인텔샛 통신 위성

in·tem·per·ance [intémpərəns] *n.* U **1** 음주벽, 폭음, 대주(大酒) **2** 무절제, 방종, 과도

in·tem·per·ate [intémpərit] *a.* **1** 절제하지 않는, 과도한 **2** 술에 빠지는 **~·ly** *ad.*

‡**in·tend** [inténd] [L 「늘이다, 주의를 돌리다」의 뜻에서] *vt.* **1** …**할 작정이다**, …하려고 생각하다 **2 의도하다**, 고의로 하다 **3** 〈사람·물건을〉 어떤 목적에 쓰고자 하다 **4** 의미하다

in·tend·ed [inténdid] *a.* **1** 의도된, 계획된, 고의의 **2** 《구어》 약혼한
— *n.* 《구어》 약혼자

‡**in·tense** [inténs] [L 「팽팽하게 친」의 뜻에서] *a.* (**in·tens·er; -est**) **1 강렬한, 격렬한 2** 〈감정 등이〉 열정적인

in·ten·si·fi·ca·tion [intènsəfikéiʃən] *n.* U 강화, 극화, 증대

in·ten·si·fi·er [inténsəfàiər] *n.* **1** 강화[증강]시키는 것 **2** 〖문법〗 강의어(强意語)

***in·ten·si·fy** [inténsəfài] *v.* (**-fied**) *vt.* **세게 하다, 강렬하게 만들다**
— *vi.* 세어[격렬해]지다

in·ten·sion [inténʃən] [동음어 intention] *n.* U **1** 강화, 보강 **2** 세기, 강도(强度) **3** (정신적) 긴장, 노력 **4** 〖논리〗 내포(內包)(opp. *extension*)

‡**in·ten·si·ty** [inténsəti] *n.* U **1 강렬, 격렬**, 맹렬 **2** 세기, 강도

***in·ten·sive** [inténsiv] *a.* **1 강한**, 격렬한 **2** 철저한, **집중적인**(opp. *extensive*) **3 a** 〖농업·경제〗 집약적인 **b** [보통 복합어를 이루어] …집약적 **4** 〖문법〗 강의(强意)의, 강조하는 **5** 〖논리〗 내포적인
— *n.* 〖문법〗 강의어《very, awfully 등》 **~·ly** *ad.*

inténsive cáre 〖의학〗 집중 (강화) 치료

inténsive cáre ùnit 〖의학〗 집중 (강화) 치료부[병동]《略 ICU》

‡**in·tent**[1] [intént] *n.* U **의지, 의향**(intention); 의미, 취지 ***to[for] all ~s and purposes*** 어느 점으로 보아도, 사실상 ***with evil[good] ~*** 악의[선의]로

‡**in·tent**[2] *a.* **1** 〈시선·주의 따위가〉 **집중된 2 열심인** **~·ness** *n.*

‡**in·ten·tion** [inténʃən] [동음어 intension] *n.* **1** UC **의도, 의향**, 목적 **2** [*pl.*]

《구어》 결혼할 의사
by ~ 고의로 ***without*** ~ 무심히 ***with the*** ~ ***of*** do*ing* …할 작정으로
∗**in·ten·tion·al** [inténʃənl] *a.* **고의적인, 계획된**
in·ten·tioned [inténʃənd] *a.* [복합어를 이루어] …할 작정의
∗**in·tent·ly** [inténtli] *ad.* **골똘하게, 오로지**
in·ter [intə́ːr] *vt.* (**~red**; **~·ring**) 《문어》 매장하다
inter- [íntər] *pref.* 「속; 사이; 상호」의 뜻: *inter*collegiate
in·ter·act [ìntərǽkt] *vi.* 상호 작용하다, 서로 영향을 끼치다 《*with*》
in·ter·ac·tion [ìntərǽkʃən] *n.* UC 상호 작용, 상호의 영향
in·ter·ac·tive [ìntərǽktiv] *a.* 서로 작용하는[영향을 미치는]
in·ter a·li·a [íntər-éiliə] [L = among other things] *ad.* (사물에 대하여) 그 중에서도, 특히
in·ter·breed [ìntərbríːd] *vt.*, *vi.* (**-bred** [-bréd]) 이종 교배(異種交配)시키다[하다], 동계(同系)[근친] 교배시키다[하다]
in·ter·ca·lar·y [intə́ːrkəlèri | -ləri] *a.* **1** 윤(閏)(연·월·일)의 **2** 사이에 낀 **3** 〖지질〗 다른 층 사이의
in·ter·ca·late [intə́ːrkəlèit] *vt.* **1** 윤일[달, 년]을 넣다 **2** 사이에 끼워 넣다
in·ter·cede [ìntərsíːd] [L 「사이로 가다」의 뜻에서] *vi.* 중재하다, 조정하다
in·ter·cel·lu·lar [ìntərséljulər] *a.* 세포 사이에 있는
∗**in·ter·cept** [ìntərsépt] [L 「중간에서 잡다」의 뜻에서] *vt.* **1 도중에서 잡다**[**빼앗다**], 가로채다 **2** 〈통신을〉 엿듣다; 〈방송을〉 수신[모니터]하다 **3** 〈빛·열 등을〉 가로막다 **4** 〖수학〗 두 점[선]으로 잘라내다 **5** 〖군사〗 〈적기를〉 요격하다
— [⌐⌐] *n.* **1** 가로채기, 방해 **2** 도청 내용[장치]
in·ter·cep·tion [ìntərsépʃən] *n.* UC **1** 도중에서 잡음[빼앗음], 가로챔 **2** 차단, 방해 **3** 〖군사〗 요격, 저지 **4** (통신의) 방수
in·ter·cep·tive [ìntərséptiv] *a.* 가로막는, 방해하는
in·ter·cep·tor, -cept·er [ìntərséptər] *n.* **1** 가로채는 사람[것] **2** 가로막는 사람[것] **3** 〖군사〗 요격기
in·ter·ces·sion [ìntərséʃən] *n.* UC **1** 중재, 조정, 알선 **2** (남을 위한) 기도[간청, 진정] **~·al** *a.*
in·ter·ces·sor [ìntərsésər] *n.* 중재자, 조정자, 알선자
in·ter·ces·so·ry [ìntərsésəri] *a.* 중재의
∗**in·ter·change** [ìntərtʃéindʒ] *vt.* **1 서로 교환하다**, 바꾸다 **2** 서로 바꾸어 놓다, 교대시키다 《*with*》
— [⌐⌐] *n.* **1** UC 교환, 교역, 교체 **2** (고속 도로의) 입체 교차(점)
in·ter·change·a·ble [ìntərtʃéindʒəbl] *a.* 교환[교대]할 수 있는
in·ter·cit·y [ìntərsíti] *a.* Ⓐ 도시 간의[을 연결하는]
in·ter·col·le·gi·ate [ìntərkəlíːdʒət] *a.* 대학[전문 학교] 간의, 대학 대항의
in·ter·com [íntərkàm | -kɔ̀m] *n.* 《구어》 = INTERCOMMUNICATION SYSTEM
in·ter·com·mu·ni·cate [ìntərkəmjúːnəkèit] *vi.* **1** 서로 교제[통신]하다 《*with*》 **2** 〈방 등이〉 서로 통하다 《*with*》
in·ter·com·mu·ni·ca·tion [ìntərkəmjùːnəkéiʃən] *n.* Ⓤ 상호 간의 교통, 교제, 연락 《*between, with*》
intercommunicátion sỳstem (배·비행기·전차 등의) 내부 통화 장치, 인터콤; 인터폰
in·ter·com·mu·nion [ìntərkəmjúːnjən] *n.* Ⓤ 친교(親交); 상호 교제[연락]
in·ter·con·nect [ìntərkənékt] *vt.*, *vi.* 서로 연결[연락]시키다[하다]
in·ter·con·ti·nen·tal [ìntərkàntənéntl | -kɔ̀n-] *a.* 대륙 간의, 대륙을 잇는
in·ter·cos·tal [ìntərkástl | -kɔ́s-] *a.* 〖해부〗 늑간(肋間)의 **~·ly** *ad.*
⁑**in·ter·course** [íntərkɔ̀ːrs] [L 「사이로 감」의 뜻에서] *n.* Ⓤ **1 교제**, 교통 **2 성교**, 육체 관계(= sexual ~) **3** 영적인 교통, 영교 《*with*》
have[***hold***] ~ ***with*** …와 교제하다
in·ter·cru·ral [ìntərkrúərəl] *a.* 〖해부〗 하지(下肢)[가랑이] 사이의
in·ter·cul·tur·al [ìntərkʌ́ltʃərəl] *a.* 이(종) 문화 간의
in·ter·de·nom·i·na·tion·al [ìntərdinàmənéiʃənl | -nɔ̀m-] *a.* 각 종파(宗派) 간의
in·ter·de·part·men·tal [ìntərdipɑ̀ːrtméntl] *a.* 각 부[국(局)] 간의
in·ter·de·pend [ìntərdipénd] *vi.* 서로 의존하다
in·ter·de·pen·dence, -den·cy [ìntərdipéndəns(i)] *n.* Ⓤ 상호 의존
in·ter·de·pen·dent [ìntərdipéndənt] *a.* 서로 의존하는 **~·ly** *ad.*
in·ter·dict [ìntərdíkt] *vt.* **1** 금지하다 **2** (미) (폭격 등으로) 수송을 방해하다
— [⌐⌐] *n.* **1** 금지 (명령), 금제(禁制) **2** 〖가톨릭〗 파문, 성직 정지
in·ter·dic·tion [ìntərdíkʃən] *n.* UC 금지, 금제
in·ter·dis·ci·pli·nar·y [ìntərdísəplənèri | -nəri] *a.* 둘 이상의 학문이 관여하는, 이분야(異分野) 제휴의, 학제 간의
⁂**in·ter·est** [íntərəst] [L 「사이에 존재하다, 관계하다」의 뜻에서] *n.* **1** Ⓤ **관심, 흥미**: take an[no] ~ in …에 흥미[관심]를 가지다[갖지 않다] **2 중요성 3 이해 관계** 《*in*》; 이권, 권익 《*in*》 **4** [종종 *pl.*] **이익 5** [보통 the ~(s); 집합적] (같은 이해 관계의) 동업자들, 주장을 같이 하는 사람들, …당[파] **6** 사리, 사심 **7** Ⓤ **이자** 《*at, on*》
buy an ~ ***in*** …의 주(株)를 사다, …의 주주가 되다 ***have an*** ~ ***in*** …에 이해 관계를 가지다 ***in the*** ~***s of*** …을 위하여 ***know*** one***'s own*** ~ 자기 이익을 잘 알다, 약삭빠르다 ***look after*** one***'s own*** ~***s*** 사리를 도모하다 ***of*** ~ 흥미있는: places *of* ~ 이름난 곳 ***with*** ~ (1) 흥미

를 가지고 (2) 이자를 붙여서
— *vt.* **1 흥미를 일으키게 하다, 관심을 갖게 하다** ((*in*)) **2 a** 관계[가입]시키다, 관여하게 하다; 끌어 넣다 **b** [~ *oneself* 로] 관계하다, 가입하다 ((*in*))
be ~ed in …에 흥미가 있다; …에 이해관계를 가지다, …에 관계하고 있다

‡**in·ter·est·ed** [íntəristid] *a.* **1 흥미를 가진 2** Ⓐ 타산적인, 사심이 있는(opp. *disinterested*) **3** 이해 관계가 있는
~·**ly** *ad.*

ínterest gròup 이익 집단, 압력 단체

‡**in·ter·est·ing** [íntərəstiŋ] *a.* **흥미 있는**, 재미있는
~·**ly** *ad.*

in·ter·face [íntərfèis] *n.* **1** 경계면, 접점, 공유[접촉] 영역 **2** 〖컴퓨터〗 인터페이스 ((CPU와 단말 장치와의 연결 부분을 이루는 회로)) — *vt.* 〖컴퓨터〗 인터페이스로 접속[연결]하다 — *vi.* 결부하다

in·ter·fac·ing [íntərfèisiŋ] *n.* 〖복식〗 (접는 부분의) 심

in·ter·faith [ìntərféiθ] *a.* 이종파(異宗派)[교도] 간의, 종파를 초월한

∗**in·ter·fere** [ìntərfíər] [OF 「서로 치다」의 뜻에서] *vi.* **1 방해하다**, 훼방하다 ((*with*)) **2** 손상하다, 해치다 **3 간섭하다**, 참견하다 ((*in*)) **4** 중재[조정]하다 **5** 〖스포츠〗 (불법으로) 방해하다
~ ***with*** …을 방해하다, 간섭하다

∗**in·ter·fer·ence** [ìntərfíərəns] *n.* UC **1** 간섭, 참견, **방해**, 저촉 **2** 〖스포츠〗 불법 방해 **3** 〖물리〗 (광파·음파·전파 등의) 간섭; 〖통신〗 방해, 혼신(원(源))

in·ter·fer·on [ìntərfíəran | -rɔn] *n.* 〖생화학〗 인터페론 ((바이러스 증식 억제 물질))

in·ter·fuse [ìntərfjú:z] *vt.* **1** 배어들게 하다, 침투시키다 **2** 혼합시키다 — *vi.* **1** 스며들다 **2** 혼합하다 **in·ter·fú·sion** *n.*

in·ter·gla·cial [ìntərgléiʃəl] *a.* 〖지질〗 간빙기(間氷期)의

in·ter·gov·ern·men·tal [ìntərgʌvərnméntl] *a.* 정부 간의

in·ter·im [íntərəm] [L = in the meantime] *n.* 한동안, 중간기, 잠시
in the ~ 그 사이에
— *a.* 당분간[임시]의, 중간의, 가(假)…

∗**in·te·ri·or** [intíəriər] [L 「안쪽의」의 뜻의 비교급에서] *a.* Ⓐ **1 안의[에 있는]**, 내부의, **안쪽의 2** 내륙의, 내지의 **3** 내국의, 국내의: the ~ trade 국내 무역 **4** 내면의, 정신적인 — *n.* **1 내부**, 안쪽; 실내(도) **2** 내지, 오지 **3** 내정, 내무 **4** (건물의) 내부 사진 **5** 내심, 본성; ((속어)) 배(belly)

intérior desígn[decorátion] 실내 장식

intérior desígner[décorator] 실내 장식가

intérior mónologue 〖문학〗 내적 독백 ((등장 인물의 의식의 흐름을 나타내는 소설 내의 독백))

interj. interjection

in·ter·ject [ìntərdʒékt] [L 「사이에 던져 넣다」의 뜻에서] *vt.* 〈말 따위를〉 불쑥 끼워 넣다, 던져 넣다, 사이에 끼우다

‡**in·ter·jec·tion** [ìntərdʒékʃən] *n.* **1** UC **갑자기 지르는 소리**, 감탄 **2** 〖문법〗 **감탄사** ((ah!, eh?, Heavens!, Wonderful! 등))

in·ter·jec·to·ry [ìntərdʒéktəri] *a.* 감탄사의, 감탄사적인

in·ter·lace [ìntərléis] *vt.* 서로 엇갈리게 짜다, 섞어 짜다; 얽히게 하다 — *vi.* 서로 엇갈리게 꼬이다, 섞어 짜지다; 얽히다

in·ter·lard [ìntərlá:rd] *vt.* 〈이야기 등에〉 섞다

in·ter·leaf [íntərlì:f] *n.* (*pl.* **-leaves** [-lì:vz]) 책갈피에 삽입한 백지, 간지(間紙)

in·ter·leave [ìntərlí:v] *vt.* 〈책 등에〉 백지를 삽입하다; …에 (끼워) 넣다

in·ter·lí·brar·y lóan [ìntərláibrèri- | -brəri-] 도서관 상호 대출 (제도)

in·ter·line[1] [ìntərláin] *vt.* (책 등의) 행간에 글씨를 써 넣다

interline[2] *vt.* 〈의류 등에〉 심을 넣다

in·ter·lin·e·ar [ìntərlíniər] *a.* (책 등의) 행간에 써 넣은

in·ter·link [ìntərlíŋk] *vt.* 이어붙이다, 연결하다

in·ter·lock [ìntərlák | -lɔ́k] *vi.* **1** 서로 맞물리다, 연동하다; 서로 겹치다 **2** 〖철도〗 〈신호기 등이〉 연동 장치로 작동하다: an ~*ing* signal 연동 신호기 — *vt.* 연결하다[시키다], 결합하다 — [⌐-⌐] *n.* 연결, 연동; (안전을 위한) 연동 장치

in·ter·lo·cu·tion [ìntərləkjú:ʃən] *n.* UC ((문어)) 대화, 문답(dialogue)

in·ter·loc·u·tor [ìntərlákjutər | -lɔ́k-] *n.* ((문어)) 대화[대담]자; 질문자

in·ter·loc·u·to·ry [ìntərlákjutɔ̀:ri | -lɔ́kjutəri] *a.* 대화(체)의, 문답체의

in·ter·lope [ìntərlóup] *vi.* **1** 허가 없이 영업하다 **2** 〈남의 일에〉 참견하다; 주제넘게 나서다

in·ter·lop·er [íntərlòupər] *n.* **1** 남의 일에 참견하고 나서는 사람 **2** (불법) 침입자

∗**in·ter·lude** [íntərlù:d] *n.* **1** (시간과 시간의) **사이**, 중간, **짬**; (두 사건) 사이에 일어난 일 **2** 막간; 막간극(劇), 막간 여흥 **3** 중간극 ((초창기의 희극)) **4** 〖음악〗 간주곡

in·ter·mar·riage [ìntərmǽridʒ] *n.* U **1** (다른 종족·계급·씨족 간의) 결혼 **2** 근친[혈족] 결혼

in·ter·mar·ry [ìntərmǽri] *vi.* (**-ried**) **1** 〈다른 종족 등과〉 결혼하다 **2** 근친[혈족] 결혼을 하다

in·ter·med·dle [ìntərmédl] *vi.* 간섭하다, 참견하다 ((*with, in*))

in·ter·me·di·ar·y [ìntərmí:dièri | -diəri] *n.* (*pl.* **-ar·ies**) **1** 매개[중개]자[물]; 중재인 **2** 중개, 매개

∗**in·ter·me·di·ate** [ìntərmí:diət] *a.* **중간의** — *n.* **1 중간물 2** ((미)) 중형차 — [-dièit] *vi.* **1** 사이에 들어가다 **2** 중재하다, 중개하다 ((*between*)) ~·**ly** *ad.*

in·ter·ment [intə́:rmənt] *n.* UC 매장, 토장(土葬)

in·ter·mez·zo [ìntərmétsou, -médzou] [It.] *n.* (*pl.* **-mez·zi** [-métsi:, -médzi], ~**s**) **1** (극·가극 등의) 막간 연예 **2** 〖음악〗 간주곡

in·ter·mi·na·ble [intə́ːrmənəbl] *a.* 끝없는, 한없는; 지루하게 긴; [the I~] 무한의 실재(實在), 신 **-bly** *ad.*

∗**in·ter·min·gle** [ìntərmíŋgl] *vt.* 섞다, 혼합하다
— *vi.* 섞이다, 혼합되다

∗**in·ter·mis·sion** [ìntərmíʃən] *n.* **1** (미) (수업·연극 등의) **휴식 시간** **2** UC 중지, 중단

in·ter·mit [ìntərmít] [L 「사이로 보내다」의 뜻에서] *v.* (**~·ted**; **~·ting**) *vt.* **1** 일시 멈추다 **2** 중절[중단]시키다
— *vi.* **1** 일시 멎다 **2** 〖의학〗 〈맥박이〉 결체(結滯)하다

in·ter·mit·tence, -ten·cy [ìntərmítns(i)] *n.* U 간간이 중단됨, 간헐(間歇)(상태)

in·ter·mit·tent [ìntərmítnt] *a.* 때때로 중단되는, 단속하는, 간헐성(性)의
~·ly *ad.*

in·ter·mix [ìntərmíks] *vt., vi.* 섞다, 섞이다, 혼합하다

in·ter·mix·ture [ìntərmíkstʃər] *n.* **1** U 혼합 **2** 혼합물

in·tern[1] [intə́ːrn] *vt.* 〈포로 등을〉 (일정한 구역 안에) 구금[억류]하다
— [ㅅ-] *n.* 피억류자

intern[2] [íntəːrn] (미·캐나다) *n.* **1** 인턴, 수련의(醫)((영) houseman 2) (cf. RESIDENT 2) **2** 교육 실습생, 교생 — *vi.* 인턴으로 근무하다

‡**in·ter·nal** [intə́ːrnl] *a.* **1 내부의**; 체내의 **2 내면적인**, 내재적인, 본질적인 **3 국내의**, 내국의 — *n.* **1** (사물의) 본질, 실질 **2** [*pl.*] 내장(內臟)

in·ter·nal-com·bus·tion [intə́ːrnl-kəmbʌ́stʃən] *a.* 〖기계〗 내연식의; 내연기관의

in·ter·nal·i·za·tion [intə̀ːrnəlizéiʃən | -nəlai-] *n.* **1** 내면화 **2** (미) 〖증권〗 (거래의) 내부화

in·ter·nal·ize [intə́ːrnəlàiz] *vt.* **1** 〈사상 등을〉 자기 것으로 하다, 내면화[주관화]하다 **2** 〈문화·습관 등을〉 흡수하다, 습득하다

intérnal révenue (미) 내국세 수입 ((영) inland revenue)

Intérnal Révenue Sèrvice [the ~] (미) 국세청 (略 IRS)

‡**in·ter·na·tion·al** [ìntərnǽʃənl] *a.* **국제(상)의**, 국제간의 — *n.* **1** [the I~] 국제 노동자 동맹, 인터내셔널(International Workingmen's Association) **2** 국제 경기 출전자 **3** 국제 경기 대회
the First I~ 제1 인터내셔널 (런던에서 조직; 1864-76년) ***the Second I~*** 제2 인터내셔널 (파리에서 조직; 1889-1914) ***the Third I~*** 제3 인터내셔널 (모스크바에서 조직; 1919-43; 약칭 Comintern)

Internátional Dáte Lìne [the ~] 국제 날짜 변경선

In·ter·na·tio·nale [ìntərnæ̀ʃənǽl, -nɑ́ːl] [F = international (song)] *n.* [the ~] 인터내셔널의 노래 (공산주의자들이 부르는 혁명가)

in·ter·na·tion·al·ism [ìntərnǽʃənəl-ìzm] *n.* U **1** 국제주의 **2** 국제성

in·ter·na·tion·al·ist [ìntərnǽʃənəlist] *n.* **1** 국제주의자 **2** 국제법 학자

in·ter·na·tion·al·ize [ìntərnǽʃənəlàiz] *vt.* **1** 국제화하다 **2** 국제 관리하에 두다
in·ter·nà·tion·al·i·zá·tion *n.* U 국제화; 국제 관리화

internátional láw 국제법

internátional relátions **1** 국제 관계 **2** [단수 취급] 국제 관계론

Internátional Stàndard Bóok Nùmber 국제 표준 도서 번호 (略 ISBN)

in·terne [íntəːrn] *n.* (미) = INTERN[2]

in·ter·ne·cine [ìntərníːsiːn | -sain] *a.* **1** 서로 죽이는[파멸시키는] **2** 대량 살육적인(deadly)

in·tern·ee [ìntəːrníː] *n.* 피억류자

In·ter·net [íntərnèt] *n.* [the ~] 인터넷 (전자 메일·서비스를 중심으로 한 국제적 컴퓨터 네트워크)

Ínternet accòunt 〖컴퓨터〗 인터넷 계정

Ínternet addrèss 〖컴퓨터〗 인터넷 주소

Ínternet bànking 〖컴퓨터〗 인터넷 뱅킹 (은행이 제공하는 인터넷 업무 서비스)

Ínternet pròtocol 〖컴퓨터〗 인터넷 통신 규약

in·ter·nist [íntəːrnist] *n.* (미) 내과 전문의

in·tern·ment [intə́ːrnmənt] *n.* U 유치, 억류, 수용

in·tern·ship [íntəːrnʃìp] *n.* U INTERN[2]의 신분[기간, 직, 지위]

in·ter·nu·cle·ar [ìntərnjúːkliər | -njúː-] *a.* **1** 〖생물〗 세포핵 간의 **2** 〖물리〗 원자핵 간의

in·ter·of·fice [ìntərɔ́ːfis | -ɔ́f-] *a.* (동일 조직 내에서) office와 office 간의, 부국(部局) 간의

in·ter·pel·late [ìntərpéleit] *vt.* 〖의회〗 〈장관에게〉 질문[질의]하다, 설명을 요구하다

in·ter·pel·la·tion [ìntərpəléiʃən | intə̀ː-pel-] *n.* UC (의회에서 장관에 대한) 질문, 설명 요구

in·ter·pen·e·trate [ìntərpénətrèit] *vt.* 상호 침투하다, 스며들다

in·ter·per·son·al [ìntərpə́ːrsnəl] *a.* 인간 사이에 존재하는[일어나는]; 대인 관계의

∗**in·ter·phone** [íntərfòun] *n.* (배·비행기·회사 내부) **통화 장치**(intercom), 인터폰 (원래 상표명)

in·ter·plan·e·tar·y [ìntərplǽnətèri | -təri] *a.* 〖천문〗 행성 간의

in·ter·play [íntərplèi] *n.* UC 상호 작용[운동], 교차

In·ter·pol [íntərpòul | -pɔ̀l] *n.* 국제 형사 경찰 기구 (the International Criminal Police Organization의 통칭; 略 ICPO)

in·ter·po·late [intə́ːrpəlèit] [L 「사이에 장식하다」의 뜻에서] *vt.* **1** 〖수학〗 (급수에) 〈중간항(項)을〉 삽입하다 **2** (책·사본에) 수정 어구를 써넣다; (이야기 등에) 의견을 삽입하다

I

— *vi.* 써넣다; 기입하다

in·ter·po·la·tion [intə̀ːrpəléiʃən] *n.* **1** Ⓤ 써넣음; Ⓒ 써넣은 어구[사항] **2** Ⓤ 〖수학〗 보간법(補間法), 내삽법(內挿法)

∗**in·ter·pose** [ìntərpóuz] [L「사이에 놓다」의 뜻에서] *vt.* **1 사이에 끼우다[두다]**, 삽입하다; 〈장애 등을〉 개입시키다 **2** 〈이의 등을〉 제기하다; 간섭[개입]하다
— *vi.* **1** 중재하다 **2** 간섭하다

in·ter·po·si·tion [ìntərpəzíʃən] *n.* Ⓤ **1** 사이에 넣음; Ⓒ 삽입물 **2** 중재, 조정 **3** 간섭

‡**in·ter·pret** [intə́ːrprit] [L「두 사람의 중개인이 되다」의 뜻에서] *vt.* **1 해석하다**, 설명하다; 해몽(解夢)하다 **2** 〈…의 뜻으로〉 이해하다 **3 통역하다 4** (자기 해석에 따라) 〈음악·연극 등을〉 연주[연출]하다
— *vi.* 통역하다

in·ter·pret·a·ble [intə́ːrpritəbl] *a.* 해석[설명, 통역]할 수 있는

‡**in·ter·pre·ta·tion** [intə̀ːrprətéiʃən] *n.* ⓊⒸ **1 해석**, 설명 **2** (꿈·수수께끼 등의) 판단 **3 통역 4** (극·음악 등의 자기 해석에 따른) 연출, 연주

in·ter·pre·ta·tive [intə́ːrprətèitiv | -tət-] *a.* 해석의; 통역의; 해석[설명]적인

‡**in·ter·pret·er** [intə́ːrpritər] *n.* **1 해석자**, 설명자; **통역(자) 2** 〖컴퓨터〗 해석 프로그램

in·ter·pre·tive [intə́ːrprətiv] *a.* = INTERPRETATIVE **~·ly** *ad.*

in·ter·ra·cial [ìntərréiʃəl] *a.* 이(異)인종간의, 인종 혼합의

in·ter·reg·num [ìntərrégnəm] [L「치세(治世) 사이의」의 뜻에서] *n.* (*pl.* **~s, -na** [-nə]) **1** (제왕의 서거·폐위 등에 의한) 공위(空位) 기간; (내각 경질 등에 의한) 정치 공백 기간 **2** 휴지[중절, 중단] 기간

in·ter·re·late [ìntərriléit] *vt.* 상호 관계를 갖게 하다
— *vi.* 상호 관계를 가지다 (*with*)

in·ter·re·lat·ed [ìntərriléitid] *a.* 서로 관계가 있는

in·ter·re·la·tion [ìntərriléiʃən] *n.* ⓊⒸ 상호 관계 (*between*)
~·ship *n.* Ⓤ 상호 관계가 있음

interrog. interrogation; interrogative(ly)

∗**in·ter·ro·gate** [intérəgèit] [L「물어보다」의 뜻에서] *vt.* **심문하다**, 질문하다

‡**in·ter·ro·ga·tion** [intèrəgéiʃən] *n.* **1** ⓊⒸ **질문, 심문**; 의문 **2** 의문 부호

interrogátion màrk[pòint] 의문 부호, 물음표(question mark)

‡**in·ter·rog·a·tive** [ìntərάgətiv | -rɔ́g-] *a.* **의문의, 미심쩍어하는**; 〖문법〗 의문(문)의 — *n.* 〖문법〗 의문사 **~·ly** *ad.*

in·ter·ro·ga·tor [intérəgèitər] *n.* 질문자, 심문자

in·ter·rog·a·to·ry [ìntərάgətɔ̀ːri | -rɔ́gətəri] *a.* 의문의, 질문의, 의문을 나타내는 — *n.* (*pl.* **-ries**) 의문, 질문; 심문; [*pl.*] 〖법〗 (피고·증인에 대한) 질문서, 심문 조서

‡**in·ter·rupt** [ìntərʌ́pt] [L「사이에서 꺾다」의 뜻에서] *vt.* **1 가로막다**, 저지하다, 〈말 등을〉 도중에서 방해하다; **중단하다 2** 〖컴퓨터〗 (다른 프로그램 수행을 위해) 일시 중단하다 — *vi.* 방해하다; 중단하다

∗**in·ter·rupt·ed** [ìntərʌ́ptid] *a.* **가로막힌, 중단된**; 단속적인

in·ter·rupt·er, -rup·tor [ìntərʌ́ptər] *n.* 방해자; (전류) 단속기(斷續器)

‡**in·ter·rup·tion** [ìntərʌ́pʃən] *n.* ⓊⒸ **중단, 방해**; 중절, 불통
without ~ 끊임없이, 연달아

in·ter·scho·las·tic [ìntərskəlǽstik] *a.* Ⓐ 학교 간의, 학교 대항의

∗**in·ter·sect** [ìntərsékt] *vt.* **가로지르다**
— *vi.* 〈선·면 등이〉 **교차하다**, 엇갈리다

∗**in·ter·sec·tion** [ìntərsékʃən] *n.* **1** Ⓤ **교차**, 횡단 **2** (도로의) 교차점; 〖수학〗 교점(交點), 교선(交線)

in·ter·space [íntərspèis] *n.* Ⓤ 사이의 공간[시간], 짬 — [∸-∠] *vt.* …의 사이에 공간을 두다[남기다]; 빈 데를 차지하다

in·ter·sperse [ìntərspə́ːrs] [L「사이에 흩뿌리다」의 뜻에서] *vt.* (사이에) 흩뜨리다, 산재(散在)시키다, 점철(點綴)하다

in·ter·sper·sion [ìntərspə́ːrʒən | -ʃən] *n.* Ⓤ 산포; 산재, 점재(點在)

∗**in·ter·state** [ìntərstéit] *a.* Ⓐ (호주·미국 등에서) **각 주(州) 간의** (略 ICC)

Ínterstate Cómmerce Commìs·sion [the ~] (미) 주간 통상 위원회 (略 ICC)

in·ter·stel·lar [ìntərstélər] *a.* Ⓐ 별과 별 사이의, 성간(星間)의

in·ter·stice [intə́ːrstis] *n.* (*pl.* **-stic·es** [-stəsìːz]) 틈, 틈새; 갈라진 데, 금

in·ter·tid·al [ìntərtáidl] *a.* 만조와 간조 사이의, 한사리와 조금 사이의; 〈생물이〉 조간대(潮間帶) 해안에 서식하는

in·ter·trib·al [ìntərtráibəl] *a.* Ⓐ (다른) 종족 간의, 부족 간의

in·ter·twine [ìntərtwáin] *vt.* 서로 얽히게 하다, 서로 엮다, 얽어 짜다

in·ter·twist [ìntərtwíst] *vt., vi.* 합쳐 꼬(이)다, 서로 얽히(게 하)다

in·ter·ur·ban [ìntərə́ːrbən] *a.* Ⓐ 도시간의

‡**in·ter·val** [íntərvəl] [L「성벽 사이(의 공간)」의 뜻에서] *n.* **1** (장소·시간의) **간격 2 틈**; (연극 등의) 막간, 휴식 시간((미) intermission) **3** (정도·질·양 등의) 차, 거리 **4** 〖음악〗 음정
at ~s 띄엄띄엄, 여기저기에; 때때로, 이따금 ***at ~s of*** fifty feet[two hours] (50피트[두 시간]) 간격으로 ***at long [short] ~s*** 간혹, 자주 ***at regular ~s*** 일정한 시간 간격을 두고 ***in the ~*** 그 사이에

‡**in·ter·vene** [ìntərvíːn] [「사이에 오다」의 뜻에서] *vi.* **1 사이에 들다**, 사이에 일어나다, 개재하다(lie) (*between*) **2** 〈어떤 일이〉 **방해하다 3** 중재하다, 간섭하다, 개입하다 (*between, in*)

∗**in·ter·ven·tion** [ìntərvénʃən] *n.* ⓊⒸ **사이에 듦**, 조정, 중재; 간섭

in·ter·ven·tion·ist [ìntərvénʃənist] *n.* (내정) 간섭주의자

‡**in·ter·view** [íntərvjùː] [F「서로 보다」의 뜻에서] *n.* **1 회견**, 대담, 인터뷰; **면접**

2 (신문 기자의) 방문[면담]; 회견[방문] 기사
have[***hold***] ***an ~ with*** …와 회견하다
— *vt.* 회견하다; 〈기자가〉 〈사람을〉 방문하다 **—** *vi.* 면접[인터뷰]하다

in·ter·view·ee [ìntərvju:í:] *n.* 피회견자, 면접 받는 사람

in·ter·weave [ìntərwí:v] *v.* (**-wove** [-wóuv], **~d**; **-wo·ven** [-wóuvən], **~d**) *vt.* (실·끈 등을) 짜넣다, 섞어 짜다; 섞다

in·tes·ta·cy [intéstəsi] *n.* Ⓤ 유언을 남기지 않고 죽음

in·tes·tate [intésteit, -tət] *a.* Ⓟ (법적인) 유언장을 남기지 않은 **—** *n.* 유언 없이 죽은 사람

in·tes·ti·nal [intéstənl | -tinl] *a.* 창자의, 장의[에 있는]

*__in·tes·tine__ [intéstin] *n.* [보통 *pl.*] **창자**, 장 **—** *a.* Ⓐ 내부의, 체내의; 국내의

*__in·ti·ma·cy__ [íntəməsi] *n.* (*pl.* **-cies**) Ⓤ **1 친밀**, 친교 **2** 《완곡》 정교(情交), 간통; [종종 *pl.*] 친밀함을 나타내는 행위 《포옹·키스 등》

‡**in·ti·mate**[1] [íntəmət] *a.* **1 친밀한**, 친숙한 **2** 마음속으로부터의, 충심의 **3** 일신상의, 개인적인 **4** (지식 등이) 깊은, 자세한, 상세한 ***be ~ with*** …와 친하다, 친교가 있다; (이성과) 깊은 관계에 있다 ***be on ~ terms with*** …와 친한 사이이다
— *n.* [보통 one's ~] 친한[허물없는] 친구 《*of*》

in·ti·mate[2] [íntəmèit] [L 「알리다」의 뜻에서] *vt.* **1** 암시하다, 넌지시 알리다 **2** 《고어》 고시(告示)하다, 공표하다 《*that*》

in·ti·mate·ly [íntəmətli] *ad.* **친밀히**; 충심으로

in·ti·ma·tion [ìntəméiʃən] *n.* Ⓤ Ⓒ 암시, 넌지시 비춤

in·tim·i·date [intímədèit] *vt.* 협박하다; 위협하여 …을 시키다 **-dà·tor** *n.*

in·tim·i·da·tion [intìmədéiʃən] *n.* Ⓤ 협박, 위협
surrender to ~ 협박에 굴복하다

intl. international

‡**in·to** [(자음 앞) ìntə, (모음 앞) ìntu, (주로 문장 끝) ìntu:] *prep.* **1 a** …안[속]에[으로], …에[으로](opp. *out of*): come ~ the house 집(안)에 들어오다 **b** …까지: far[well] ~ the night 밤 늦게까지 **2** [변화·결과를 나타내어] …으로 (하다, 되다): turn water ~ ice 물을 얼음으로 바꾸다 **3** [충돌을 나타내어] …에 부딪쳐: The car ran ~ a wall. 차가 담에 부딪쳤다. **4** 〚수학〛 …을 나누어: 2 ~ 6 goes 3 times[equals 3]. 6 나누기 2는 3. **5** 《구어》 …에 관심을 가지고, …에 열중하여: She is ~ aerobics. 그녀는 에어로빅스에 열중하고 있다. **6** 《미·속어》 〈남에게〉 빚져: How much are you ~ him for? 그에게 얼마를 빚지고 있느냐?
— *a.* 〚수학〛 〈사상(寫像)·함수가〉 안으로의: an ~ mapping 안으로의 함수

*__in·tol·er·a·ble__ [intálərəbl | -tɔ́l-] *a.* **참을 수 없는**, 견딜 수 없는
-bly *ad.* 참을[견딜] 수 없이[없을 만큼]

in·tol·er·ance [intálərəns | -tɔ́l-] *n.* Ⓤ 참을 수 없음; 아량이 없음, 옹졸, 편협

in·tol·er·ant [intálərənt | -tɔ́l-] *a.* **1** Ⓟ 참을 수 없는 《*of*》 **2** 옹졸한, 편협한; Ⓟ 〈이설 등을〉 용납하지 않는 《*of*》
~·ly *ad.*

in·to·nate [íntounèit] *vt.* **1** 억양을 넣어서 말하다 **2** 박자에 맞추어 읽다

*__in·to·na·tion__ [ìntounéiʃən] *n.* **1** Ⓤ Ⓒ (소리의) **억양**, 어조 **2** Ⓤ 읊음, 영창, 음창(吟唱)

in·tone [intóun] *vt., vi.* 〈기도문 등을〉 읊다, 영창하다; 억양을 붙이다

in to·to [in-tóutou] [L = in the whole] *ad.* 전체로서, 완전히

in·tox·i·cant [intáksikənt | -tɔ́ks-] *n.* (술·마약 등) 취하게 하는 것
— *a.* 취하게 하는

*__in·tox·i·cate__ [intáksikèit | -tɔ́ks-] [L 「독을 바르다」의 뜻에서] *vt.* **1 취하게 하다** **2 흥분시키다**, 열중[도취]시키다

in·tox·i·cat·ed [intáksikèitid | -tɔ́ks-] *a.* **1** 술취한 **2** 흥분한, 도취된

in·tox·i·cat·ing [intáksikèitiŋ | -tɔ́ks-] *a.* 취하게 하는; 열중[도취]케 하는
~·ly *ad.*

in·tox·i·ca·tion [intɑ̀ksikéiʃən | -tɔ̀ks-] *n.* Ⓤ 취함; 흥분, 도취

intr. intransitive

intra- [íntrə] *pref.* 「안에, 내부[안쪽]에」의 뜻

in·trac·ta·bil·i·ty [intræ̀ktəbíləti] *n.* Ⓤ 고집스러움; 다루기 힘듦, 처치 곤란

in·trac·ta·ble [intrǽktəbl] *a.* **1** 억지[고집]스러운 **2** 처치[가공]하기 어려운 **3** 〈병이〉 고치기 어려운 **-bly** *ad.*

in·tra·mo·lec·u·lar [ìntrəməlékjulər] *a.* 〚화학〛 분자 내의[에서 일어나는]

in·tra·mu·ral [ìntrəmjúərəl] *a.* Ⓐ 교내(校內)의; 도시 안의, 건물 안의(opp. *extramural*)

in·tra·mus·cu·lar [ìntrəmʌ́skjulər] *a.* 근육 내의

in·tra·net [íntrənèt] *n.* 〚컴퓨터〛 인트라넷 《기업 내 컴퓨터를 연결하는 종합 통신망》

in·tran·si·gence, -gen·cy [intrǽnsədʒəns(i)] *n.* Ⓤ (정치상의) 비타협적인 태도, 타협[양보]하지 않음

in·tran·si·gent, -geant [intrǽnsədʒənt] *a., n.* 비타협적인 (사람)

‡**in·tran·si·tive** [intrǽnsətiv] 〚문법〛 *a.* **자동(사)의**(opp. *transitive*)
— *n.* **자동사** (= ~ **vérb**)
~·ly *ad.* 자동사로(서)

*__intránsitive vérb__ 〚문법〛 **자동사** 《略 v.i., vi.》

in·tra·state [ìntrəstéit] *a.* 《미》 주(州) 내의

in·tra·u·ter·ine [ìntrəjú:tərin] *a.* 자궁 내의

in·tra·vas·cu·lar [ìntrəvǽskjulər] *a.* 혈관 내의

in·tra·ve·nous [ìntrəví:nəs] *a.* 〚의학〛 정맥 내의; 정맥 주사의

in·tray [íntrèi] *n.* (사무실의) 도착[미결] 서류함(cf. OUT-TRAY)

I

in·trep·id [intrépid] *a.* 용맹한, 대담한 **~·ly** *ad.*

in·tre·pid·i·ty [ìntrəpídəti] *n.* **1** Ⓤ 대담, 용맹, 겁없음 **2** 대담한 행위

in·tri·ca·cy [íntrikəsi] *n.* (*pl.* **-cies**) **1** Ⓤ 복잡(함) **2** [*pl.*] 얽힌[복잡한] 일[행위]

*****in·tri·cate** [íntrikət] [L 「얽힌」의 뜻에서] *a.* **얽힌, 복잡한**; 난해한 **~·ly** *ad.*

*****in·trigue** [intríːg] [L 「얽히게 하다」의 뜻에서] *n.* ⓊⒸ **음모** **—** *vi.* **음모를 꾸미다,** 술책을 쓰다 (*against*)
— *vt.* …의 호기심[흥미]을 돋우다
in·trí·guer *n.*

in·tri·guing [intríːgiŋ] *a.* 흥미를 자아내는, 호기심을 자극하는 **~·ly** *ad.*

*****in·trin·sic, -si·cal** [intrínzik(əl)] [L 「내부의」의 뜻에서] *a.* **본질적인,** 본래 갖추어진, 고유의 **-si·cal·ly** *ad.*

in·tro [íntrou] [*intro*duction] *n.* (*pl.* **~s**) = INTRODUCTION; (음악의) 전주, 서주

intro- [íntrou] *pref.* 「안으로」의 뜻

intro(d). introduction; introductory

‡in·tro·duce [ìntrədjúːs | -djúːs] [L 「이끌어 들이다」의 뜻에서] *vt.* **1 소개하다 2 창안하다; 도입하다;** 처음으로 수입하다; 전하다, 채용하다 (*into, in*) **3** 처음으로 경험하게 하다, 초보를 가르치다 (*to*) **4** 〈의안 등을〉 제출하다 **5** 〈논문 등에〉 서론을 달다; 〈이야기 등을〉 …으로 시작하다 (*with*) **6** 끼워 넣다 (*into*), 삽입하다 **~ one*self*** 자기 소개를 하다 **-dúc·er** *n.* 소개자; 전래자; 창시자

‡in·tro·duc·tion [ìntrədʌ́kʃən] *n.* **1** Ⓤ **도입;** 채용; 창시; 첫 수입 (*into, to*) **2** Ⓤ **소개 3 서론 4 입문**(서), 개론 (*to*) **5** 〖음악〗 서곡, 전주곡 **6** Ⓤ 끼워 넣음, 삽입 (*into*) ***make an ~ of*** A ***to*** B A를 B에게 소개하다

*****in·tro·duc·to·ry** [ìntrədʌ́ktəri] *a.* **소개의; 서론의,** 서두의, 예비의

in·tro·it [íntrouit, -trɔit] [L=entrance] *n.* 〖가톨릭〗 입당송(入堂誦); 〖영국국교〗 성찬식 전에 부르는 성가

in·tro·spec·tion [ìntrəspékʃən] *n.* Ⓤ 내성(內省), 자기 반성

in·tro·spec·tive [ìntrəspéktiv] *a.* 내성적인, 내관적(內觀的)인, 자기 반성의 **~·ly** *ad.*

in·tro·ver·sion [ìntrəvə́ːrʒən | -və́ːʃən] *n.* Ⓤ **1** 내향, 내성 **2** 〖의학〗 내전(內轉), 내반(內反) **3** 〖심리〗 내향성(opp. *extroversion*)

in·tro·vert [ìntrəvə́ːrt] *vt.* 〈마음·생각을〉 안으로 향하게 하다, 내성시키다; 안으로 구부리다; 〖동물〗 〈기관을〉 내전(內轉)시키다 **—** [ˊ-ˋ] *n.* 내향적인 사람(opp. *extrovert*) **—** [ˊ-ˋ] *a.* 안으로 향하는[굽은], 내성적인

‡in·trude [intrúːd] [L 「안으로 밀어넣다」의 뜻에서] *vt.* **1** [~ one*self*로] **억지로 …에 들이닥치다 2** 강요하다, 강제하다
— *vi.* **1 억지로 밀고 들어가다,** 침입하다 (*into*) **2** (남의 일에) 참견하다, 방해하다 (*upon*)

*****in·trud·er** [intrúːdər] *n.* **침입자,** 난입자, 방해자

*****in·tru·sion** [intrúːʒən] *n.* ⓊⒸ **1** (의견 등의) **강요;** (장소에의) **침입** (*into, upon*); (사생활) 침해, 방해 **2** 〖법〗 (무권리자의) 토지 침입 점유; (교회 소유지의) 점유 횡령

in·tru·sive [intrúːsiv] *a.* (opp. *extrusive*) **1** 침입의; 주제넘게 참견하는, 방해하는 **2** 〖음성〗 (비어원적으로) 끼어든, 감입적(嵌入的)인

in·trust [intrʌ́st] *vt.* = ENTRUST

in·tu·it [intjúːit | -tjúː-] [L 「보다」의 뜻에서] *vt., vi.* 직각[직관]하다

*****in·tu·i·tion** [ìntjuːíʃən | -tjuː-] *n.* Ⓤ **직각(直覺), 직관(直觀),** 직감, 육감; Ⓒ 직관적 행위[지식]

in·tu·i·tion·al [ìntjuːíʃənl | -tjuː-] *a.* 직각(直覺)의, 직각[직관]적인 **~·ly** *ad.*

in·tu·i·tive [intjúːətiv | -tjúː-] *a.* 직각[직관]에 의한 **~·ly** *ad.* **~·ness** *n.*

in·tu·mes·cence [ìntjuːmésns | -tju-] *n.* Ⓤ 부어[부풀어] 오름; Ⓒ 부어 오른 종기

In·u·it [ínjuːit] *n.* = INNUIT

in·un·date [ínəndèit] *vt.* [주로 수동형] **1** 〈장소를〉 범람시키다, 물에 잠기게 하다 **2** 〈장소에〉 몰려오다, 쇄도하다; 충만시키다, 넘치게 하다

in·un·da·tion [ìnəndéiʃən] *n.* ⓊⒸ 범람, 침수; (비유) 충만, 쇄도 (*of*)

in·ure [injúər | -júə] *vt.* [보통 ~ one*self* 또는 수동형으로] 익히다, 단련하다 **~·ment** *n.*

inv invented; inventor; invoice

‡in·vade [invéid] [L 「안으로 들어가다」의 뜻에서] *vt.* **1 침략하다 2 밀어닥치다,** 몰려들다 **3** 〈권리 등을〉 **침해하다 4** 〈병·감정 등이〉 침범[엄습]하다, 내습하다; 〈소리·냄새 등이〉 퍼지다, 충만하다
— *vi.* 침입하다; 대거 몰려오다

‡in·vad·er [invéidər] *n.* **침략자[군],** 침입자

‡in·va·lid¹ [ínvəlid | -lìːd] *a.* **병약한,** 허약한; 환자용의 **—** *n.* 병자, 병약자
— *vt.* [보통 수동형] **1** 병약하게 하다 **2** (영) 〈군인을〉 병약자로서 면제[송환]하다, 상이(傷痍) 군인 명부에 기입하다

in·val·id² [invǽlid] *a.* 〈의론 등이〉 박약한, 가치 없는; 〈계약 등이〉 (법적으로) 무효의 **~·ly** *ad.*

in·val·i·date [invǽlədèit] *vt.* 무효로 만들다; …의 법적 효력을 없게 하다

in·val·i·da·tion [invæ̀lədéiʃən] *n.* Ⓤ 무효로 함, 실효(失效)

in·va·lid·ism [ínvəlidìzm] *n.* Ⓤ **1** 병약(함), 허약 **2** (인구에 대한) 병자의 비율

in·va·lid·i·ty [ìnvəlídəti] *n.* Ⓤ 무가치, 무효력

*****in·val·u·a·ble** [invǽljuəbl] *a.* **값을 헤아릴 수 없는,** 평가 못할 만큼의, 매우 귀중한 **-bly** *ad.*

in·var·i·a·bil·i·ty [invὲəriəbíləti] *n.* Ⓤ 불변(성)

*****in·var·i·a·ble** [invέəriəbl] *a.* **불변의,** 변화없는; 〖수학〗 일정한, 상수(常數)의 **—** *n.* **변치 않는 것;** 〖수학〗 상수, 불변량

‡in·var·i·a·bly [invέəriəbli] *ad.* **변함없이,** 일정 불변하게; 늘, 반드시

***in·va·sion** [invéiʒən] *n.* UC **1 침입, 침략** **2** (권리 등의) **침해**

in·va·sive [invéisiv] *a.* 침입하는, 침략적인; 침해의

in·vec·tive [invéktiv] *n.* U 비난; C 독설, 비난의 말, 욕설

— *a.* 독설의

in·veigh [invéi] *vi.* 통렬히 비난하다, 독설을 퍼붓다, 욕설하다 《*against*》

in·vei·gle [invéigl, -víː-] *vt.* **1** 꾀다, 유인하다, 속이다 **2** 비위를 맞추어[감언으로] 얻어내다 《*from, out of*》

‡in·vent [invént] [L 「마주치다, 찾아내다」의 뜻에서] *vt.* **1 발명하다, 창안하다** **2 날조하다,** 조작하다

‡in·ven·tion [invénʃən] *n.* **1** U **발명(품),** 창안(물) **2** CU **날조,** 조작한 것, 꾸며낸 일, 허구 **3** U 발명[창안]의 재능, 창작력

***in·ven·tive** [invéntiv] *a.* **발명의** (재능이 있는), 독창적인 **~·ly** *ad.* **~·ness** *n.*

‡in·ven·tor, -vent·er [invéntər] *n.* **발명자,** 창출자

***in·ven·to·ry** [ínvəntɔ̀ːri | -təri] [L 「사후(死後) 발견된 재산 목록」의 뜻에서] *n.* (*pl.* **-ries**) **1** (상품·재산 등의) **목록,** 재고품 목록; 표 《*of*》 **2** 재고품 (총액); U 《미》 재고 조사; 재고 조사 자산

take* [*make*] (*an*) *~ of …의 목록을 작성하다; 〈재고품 등을〉 조사하다; 〈기능·성격 등을〉 평가하다

— *vt.* 〈비품·상품 등의〉 목록을 만들다, 목록에 기입하다; 《미》 재고품 조사를 하다

in·ver·ness [ìnvərnés] *n.* 인버네스 《남자용의 소매가 없는 외투의 일종》

in·verse [invə́ːrs] *a.* 역(逆)의, 반대의, 거꾸로 된; 〖수학〗 역(함)수의

— *n.* 역, 역(함)수

~·ly *ad.* 거꾸로, 반대로, 역비례하여

in·ver·sion [invə́ːrʒən | -ʃən] *n.* UC **1** 역, 전도(轉倒) **2** 〖문법〗 어순 전도, 도치(법) **3** 〖음악〗 자리바꿈 **4** 〖음성〗 반전 **5** 〖정신의학〗 (성)도착

***in·vert** [invə́ːrt] [L 「역전하다」의 뜻에서] *vt.* **1 거꾸로[반대로] 하다,** 전도시키다 **2** 〖음악〗 전회시키다; 〖화학〗 전화시키다

— [´–] *n.* **1** 〖건축〗 역 아치 **2** 〖화학〗 전화; 〖정신의학〗 성도착자

in·ver·te·brate [invə́ːrtəbrət, -brèit] 〖동물〗 *a.* 척추가 없는, 척골이 없는; 《비유》 줏대 없는, 우유부단한 — *n.* 무척추 동물; 줏대 없는 사람

in·vért·ed cómma [invə́ːrtid-] 역콤마 (‘, “); [*pl.*] 《영》 인용 부호(quotation mark)

‡in·vest [invést] [L 「옷을 입히다」의 뜻에서] *vt.* **1 투자하다;** 〈시간·정력 등을〉 들이다, 쓰다 《*in*》 **2** 〈권력·훈장 등을〉 주다 《*with*》 **3** 〈어떤 성질·능력 등을〉 지니게 하다, 부여하다 《*with*》 **4** 뒤덮다, 둘러싸다 《*with*》 **5** 〖군사〗 포위하다

— *vi.* **1 투자[출자]하다** 《*in*》 **2** 《구어·익살》 사다 《*in*》

‡in·ves·ti·gate [invéstəgèit] [L 「안에서 흔적(vestige)을 더듬다」의 뜻에서] *vt., vi.* **조사하다,** 수사하다, 연구하다

‡in·ves·ti·ga·tion [invèstəgéiʃən] *n.* UC **조사,** 수사, 연구 《*of, into*》

make an ~ into …을 조사하다 ***under ~*** 조사 중 ***upon*[*on*] *~*** 조사해 보니

in·ves·ti·ga·tive [invéstigèitiv] *a.* 조사의, 연구의

***in·ves·ti·ga·tor** [invéstigèitər] *n.* **조사자,** 연구자; 수사관

in·ves·ti·ture [invéstətʃər, -tʃùər] *n.* **1** UC 《영》 (관직·성직 등의) 수여, 임관(任官); 수여식, 임관[인증]식 **2** U (자격의) 부여 《*with*》 **3** U 《문어》 차려입히기; 착용

‡in·vest·ment [invéstmənt] *n.* **1** UC **투자,** 출자; C 투하 자본, 투자금; 투자 대상 **2** U 입힘, 피복 **3** U 서임(敍任); 수여 **4** 〖군사〗 포위, 봉쇄

invéstment còmpany[trùst] 투자(신탁) 회사

***in·ves·tor** [invéstər] *n.* **1 투자자** **2** 포위자 **3** 서임자, 수여자

in·vet·er·a·cy [invétərəsi] *n.* **1** U 〈습관 등이〉 뿌리 깊음; 끈덕진 원한 **2** (병 등의) 만성, 고질

in·vet·er·ate [invétərət] [L 「오래 된」의 뜻에서] *a.* A 〈병·습관 등이〉 뿌리 깊은, 만성의, 상습적인; 〈감정 등이〉 뿌리 깊은; 집념어린

in·vid·i·ous [invídiəs] *a.* **1** 〈언동 등이〉 기분 나쁘게[미워하게] 만드는 **2** 〈비평·비교 등이〉 불공평한, 부당한 **3** 〈지위·명예 등이〉 남의 시기를 살 만한

~·ly *ad.* **~·ness** *n.*

in·vig·i·late [invídʒəlèit] *vi., vt* 《영》 (시험) 감독을 하다

in·vig·or·ate [invígərèit] *vt.* 기운 나게 [활기 띠게] 하다, 상쾌하게 하다, 고무하다

in·vig·or·at·ing [invígərèitiŋ] *a.* 기운 나게 하는; 〈공기·미풍 등이〉 상쾌한 **~·ly** *ad.*

in·vin·ci·bil·i·ty [invìnsəbíləti] *n.* U 무적(無敵), 정복 불능

***in·vin·ci·ble** [invínsəbl] *a.* **1 정복할[이길] 수 없는,** 무적의 **2** 〈장애 등이〉 극복할 수 없는, 완강한 **-bly** *ad.*

Invíncible Armáda [the ~] (스페인의) 무적 함대 《1588년 영국 해군에 격파됨》

in·vi·o·la·bil·i·ty [invàiələbíləti] *n.* U 불가침(성), 신성

in·vi·o·la·ble [inváiələbl] *a.* (신성하여) 침범할 수 없는, 불가침의 **-bly** *ad.*

in·vi·o·late [inváiələt] *a.* 침범되지 않은; 신성한, 모독되지 않은, 더럽혀지지 않은 **~·ly** *ad.* **~·ness** *n.*

in·vis·i·bil·i·ty [invìzəbíləti] *n.* U 눈에 보이지 않음, 나타나 있지 않음

‡in·vis·i·ble [invízəbl] *a.* **1 눈에 안 보이는** 《*to*》 **2** 모습을 나타내지 않는 — *n.* [the ~] 영계(靈界); [the I~] 신(神)

invísible éxports 무역 외 수출, 무형 수출품 《특허료·외국품 수송료·보험료 등》

invísible ímports 무역 외 수입, 무형 수입품(cf. INVISIBLE EXPORTS)

‡in·vi·ta·tion [ìnvətéiʃən] *n.* **1** UC **초대,** 초빙, 권유; C **초대장,** 안내장 《*to*》 **2** UC 매력, 유혹, 도전; 유인 《*for*》

at* [*on*] *the ~ of …의 초대로

in·vi·ta·tion·al [ìnvətéiʃənl] *a.* 초대 받

은 선수[팀]만이 참가하는

‡in·vite [inváit] *vt.* **1 초청하다,** 초대하다: ~ a person *to* one's house …을 집에 초대하다 **2** 〈…에게〉 〈…할 것을〉 권하다 **3** (정중히) 부탁하다, 청하다: ~ an opinion 의견을 구하다 **4** 〈마음 등을〉 끌다, 쏠리게 하다, 〈관심을〉 자아내다 **5** 〈비난·위험 등을〉 가져오다, 초래하다, 당하다 **—** *vi.* 초대하다; 매혹하다 **—** [ㅗ—] *n.* 《구어》 초대(장)

in·vit·ing [inváitiŋ] *a.* 초대하는; 마음을 끄는; 좋아[맛있어] 보이는

in vi·tro [in-ví:trou] 〚L〛 *ad., a.* 시험관[유리관] 안에(의); 〚생물〛 생체 (조건) 밖에서(의)

in vi·vo [in-ví:vou] 〚L〛 *ad., a.* 〚생물〛 생체 (조건) 안에서(의)(opp. *in vitro*)

in·vo·ca·tion [ìnvəkéiʃən] *n.* 〔U,C〕 **1** (신에의) 기도, 기원 **2** 악마를 불러내는 주문(呪文) **3** (시의 첫머리의) 시신(詩神)의 영감을 비는 말 **4** (법의) 발동

***in·voice** [ínvɔis] *n.* 〚상업〛 **송장**(送狀)(에 의한 송부), (송장에 적힌) 화물 **—** *vt., vi.* 〈화물 등의〉 송장을 만들다[보내다]

***in·voke** [invóuk] 〚L「부르다」의 뜻에서〛 *vt.* **1** 〈천우신조 등을〉 **빌다,** 기원하다 **2** 〈법에〉 **호소하다,** 의지하다; 〈법을〉 발동하다 **3** 〈혼령 등을〉 불러내다; 연상시키다 **4** 〈사고 등을〉 가져오다, 야기하다

in·vol·un·tar·i·ly [inválәntèrәli] *ad.* 모르는 사이에, 부지불식간에; 본의 아니게

***in·vol·un·tar·y** [inválәntèri | -vɔ́lәntәri] *a.* **1 본의 아닌,** 마음이 내키지 않는 **2 무의식 중의,** 부지불식간의 **3** 〚해부〛 불수의(不隨意)의 **-tar·i·ness** *n.* 〔U〕

in·vo·lute [ínvәlù:t] *a.* 복잡한; 〚식물〛 내선(內旋)의; 〚동물〛 소용돌이꼴로 말린, 나선의 **—** *n.* 〚수학〛 신개선(伸開線)

***in·vo·lu·tion** [ìnvәlú:ʃәn] *n.* 〔U,C〕 **1** 말아 넣음[넣은 선]; 안으로 말림 **2 복잡,** 혼란

‡in·volve [inválv | -vɔ́lv] *vt.* **1 포함하다, 수반하다;** 뜻하다, 필요로 하다 **2** …에 영향을 미치다; 관계시키다 **3** [~*oneself* 로] 열중[몰두]시키다 **4 말려들게 하다,** 연루[연좌]시키다《*in*》 **5** 복잡하게 하다

in·volved [inválvd | -vɔ́lvd] *a.* **1** 복잡한, 뒤얽힌; 혼란한 **2** (사건 등에) 깊이 관련된, 말려든 **3** 열중하여 《*in, with*》

***in·volve·ment** [inválvmәnt | -vɔ́lv-] *n.* 〔U〕 **1 말려들게 함,** 휩쓸리게 함, 연루, 연좌 《*in*》, 어쩔 수 없는 관계 《*in*》 **2** 곤란한 일, 성가신 일; 재정 곤란

in·vul·ner·a·ble [inválnәrәbl] *a.* **1** 상하지 않는, 죽지 않는 **2** 이겨낼 수 없는 **3** 반박할 수 없는 **-bly** *ad.*

‡in·ward [ínwәrd] *ad.* **1 안으로,** 속에서 **2** 마음 속에서; 은밀히
— *a.* **1** 안(**쪽으로**)의, 내부의 **2** 내적인, 마음의 **3** 〈목소리가〉 (뱃속에서 나오는 듯한) 낮은
— *n.* [ínәrdz] *n.* [*pl.*] 《구어》 창자, 내장

***in·ward·ly** [ínwәrdli] *ad.* **1 내부[안쪽]에 2** 마음 속에; 작은 목소리로

in·wards [ínwәrdz] *ad.* = INWARD

in·wrought [inrɔ́:t] *a.* Ⓟ 〈무늬 등을〉 짜 넣은, 수 놓은; 잘 섞은 《*with*》

I·o [áiou, í:ou] *n.* 〚그리스신화〛 이오 《Zeus의 사랑을 받았으나 Hera의 미움을 받아 흰 암소로 변함》

Io 〚화학〛 ionium

I/O input / output 〚컴퓨터〛 입·출력

IOC International Olympic Committee 국제 올림픽 위원회

i·o·dine [áiәdàin | -dì:n], **-din** [áiәdin] *n.* 〔U〕 〚화학〛 요오드, 옥소 《기호 I》; 《구어》 요오드팅크 ***tincture of ~*** 요오드팅크

i·o·dize [áiәdàiz] *vt.* 요오드로 처리하다, 옥소를 가하다, 옥화(沃化)하다

i·o·do·form [aióudәfɔ̀:rm, aiád- | aiɔ́d-] *n.* 〔U〕 〚화학〛 요오드포름

IOM Isle of Man 맨 섬

i·on [áiәn] *n.* 〚화학〛 이온

-ion [-jәn, ([ʃ, ʒ, tʃ, dʒ] 뒤에서는) -әn] *suf.* 라틴어계 동사 어미에 붙어서「상태·동작」을 나타내는 명사 어미: un*ion*, reg*ion*

íon exchànge 〚물리·화학〛 이온 교환

I·o·ni·a [aióuniә] *n.* 이오니아 《그리스의 Athens를 중심으로 하는 한 지방》

I·o·ni·an [aióuniәn] *a.* 이오니아 (사람)의; 〚음악〛 이오니아식의 **—** *n.* 이오니아 사람

Iónian Séa [the ~] 이오니아 해(海)

I·on·ic [aiánik | -ɔ́n-] *a.* 이오니아(식)의; 이오니아 방언의; 〚건축〛 이오니아식의

i·o·ni·um [aióuniәm] *n.* 〔U〕 〚화학〛 이오늄 《방사성 우라늄의 동위 원소》

i·on·i·za·tion [àiәnizéiʃәn | -àiәnai-] *n.* 〔U〕 〚화학〛 이온화, 전리(電離)

i·on·ize [áiәnàiz] *vt.* 이온화하다, 전리하다

i·on·o·sphere [aiánәsfìәr | aiɔ́n-] *n.* 〚천문·통신〛 전리층(電離層) 《성층권의 상부, 무선 전파가 반사됨》; 이온권(圈), 전리권

i·on·o·spher·ic [aiànәsférik | aiɔ̀n-] *a.* 전리층의[에 관한]; 이온권[전리권]의

-ior[1] [iәr] *suf.* 형용사의 비교급을 나타냄: infer*ior*, super*ior*

-ior[2] [iәr] *suf.* 「…하는 사람」의 뜻: sav*ior*

i·o·ta [aióutә] *n.* **1** 이오타 《그리스어 알파벳의 제9자(I, ι); 로마자의 I, i에 해당》 **2** 미소(微少)(bit); [부정문에서] 아주 조금 ***not an ~*** 조금도 …않다[없다]

IOU [I owe you의 발음에서] *n.* (*pl.* **~s, ~'s**) 약식 차용증(서)

-iour [iәr] *suf.* 《영》 = IOR[2]

IOW Isle of Wight 와이트 섬

***I·o·wa** [áiәwә] [북미 인디언의 부족명에서] *n.* **아이오와** 《미국 중부의 주; 주도 Des Moines》

I·o·wan [áiәwәn] *a., n.* Iowa 주의 (사람)

IPA International Phonetic Alphabet 국제 음표 문자

ÍP addréss 〚컴퓨터〛 인터넷 규약 주소 《TCP/IP로 통신할 때 송신원이나 송신처를 식별하기 위한 주소》

ip·so fac·to [ípsou-fǽktou] 〚L = by the fact itself〛 *ad.* 사실 그 자체에

의해; 결과적으로

IQ intelligence quotient

Ir 〖화학〗 iridium

Ir. Ireland; Irish

ir- [i] 《연결형》 (r앞에 올 때의) IN-[1,2]의 변형

IRA individual retirement account 《미》 개인 퇴직금 적립 계정; Irish Republican Army 아일랜드 공화국군

I·ran [irǽn | irɑ́:n] *n.* 이란 《아시아 남서부의 공화국; 수도 Teheran; 옛이름 Persia》

I·ra·ni·an [iréiniən] *a.* 이란 (사람)의, 이란 말의 **—** *n.* 이란 사람; Ⓤ 이란[페르시아] 말

I·raq [irɑ́:k] *n.* 이라크 《아시아 남서부의 공화국; 수도 Baghdad》

i·ras·ci·ble [irǽsəbl] *a.* 성마른, 화 잘 내는, 성급한

i·ràs·ci·bíl·i·ty *n.* **-bly** *ad.*

i·rate [airéit] *a.* 《문어》 노한, 성난 (angry) **~·ly** *ad.*

IRBM Intermediate range ballistic missile 〖군사〗 중거리 탄도탄

IRC International Red Cross 국제 적십자(사)

ire [aiər] *n.* Ⓤ 《문어》 화, 분노(anger)

Ire. Ireland

ire·ful [áiərfəl] *a.* 《문어》 화난, 성난, 분노한 **~·ly** *ad.* **~·ness** *n.*

‡Ire·land [áiərlənd] [OE 「아일랜드 사람(Irish)의 땅」의 뜻에서] *n.* **1** 아일랜드 (섬) 《the Republic of Ireland와 Northern Ireland로 된 섬》 **2** 아일랜드 (공화국) 《수도 Dublin》

I·rene [airí:n | -rí:ni] *n.* 여자 이름

ir·i·des [írədì:z, áiər-] *n.* IRIS의 복수

ir·i·des·cence [ìrədésns] *n.* Ⓤ 무지개빛, 보는 각도에 따라 달라지는 빛, 훈색(暈色)

ir·i·des·cent [ìrədésnt] *a.* 무지개 빛깔의, 진주빛의 **~·ly** *ad.*

i·rid·i·um [irídiəm] *n.* Ⓤ 〖화학〗 이리듐 《금속 원소; 기호 Ir, 번호 77》

***i·ris** [áiəris] [Gk 「무지개」의 뜻에서] *n.* (*pl.* **~·es, ir·i·des** [írədì:z, áiər-]) **1** 〖해부〗 (눈알의) **홍채** **2** 〖식물〗 참붓꽃속(屬), **붓꽃**

I·ris [áiəris] *n.* **1** 여자 이름 **2** 〖그리스신화〗 이리스 《무지개의 여신》

‡I·rish [áiəriʃ] *a.* **아일랜드 (사람[말])의, 아일랜드 풍의**

— *n.* **1** Ⓤ **아일랜드 말** **2** [the ~] 아일랜드 국민, 아일랜드군(軍)

I·rish-A·mer·i·can [áiəriʃəmérikən] *n., a.* 아일랜드계 미국인(의)

Írish búll 그럴 듯하나 모순된 말[표현]

I·rish·ism [áiəriʃìzm] *n.* ⓊⒸ 아일랜드풍[기질]; 아일랜드 말투[사투리]

I·rish·man [áiəriʃmən] *n.* (*pl.* **-men** [-mən]) 아일랜드 사람

Írish potáto 감자 《sweet potato와 구별하여》

Írish Renáissance [the ~] 아일랜드 문예 부흥 《19세기 말 Yeats, Synge 등이 일으킨 민족 문예 운동》

Írish Séa [the ~] 아일랜드 해(海) 《아일랜드 섬과 잉글랜드 사이》

Írish sétter 적갈색의 새 사냥개

Írish stéw 양고기·감자·양파 등을 넣은 스튜

Írish térrier 아일랜드 종의 테리어 《털이 붉고 곱슬곱슬한 작은 개》

Írish whískey 아이리시 위스키 《주원료는 보리》

I·rish·wom·an [áiəriʃwùmən] *n.* (*pl.* **-wom·en** [-wìmin]) 아일랜드 여자

irk [ə:rk] *vt.* [보통 it를 주어로] 지루하게[지겹게] 하다

irk·some [ə́:rksəm] *a.* 진저리[싫증]나는, 지루한 **~·ly** *ad.* **~·ness** *n.*

‡i·ron [áiərn] *n.* **1** Ⓤ **철, 쇠** 《금속 원소; 기호 Fe, 번호 26》 **2** 철제 기구: **a** 아이론, 다리미, 인두 **b** 〖골프〗 쇠머리가 달린 골프채 **c** [보통 *pl.*] 등자(鐙子); [*pl.*] 족쇄, 수갑 **d** [*pl.*] (철제의) 다리 교정기 **3** Ⓤ 〖약학〗 철제(鐵劑); (영양소로서의) 철분 **4** 《속어》 자동차(car); 《미·속어》 권총, 총, 작살

have* (*too*) *many ~s in the fire 한꺼번에 여러 가지 일에 손대다 ***in ~s*** 수갑[족쇄]을 차고; 〖항해〗 (범선이 이물에 바람을 받고) 꼼짝 못하여 ***muscles of ~*** 무쇠 같은 근육 ***rule with a rod of ~*** (사람·국가 따위를) 압제[학정]를 하다

— *a.* Ⓐ **1 철의**, 철제의 **2 쇠 같은**, 쇠같이 단단한[강한]

— *vt.* **1 다림질하다** **2** 수갑[족쇄]을 채우다 **3** 쇠를 입히다[대다], 장갑(裝甲)하다

— *vi.* 다림질하다; 〈옷이〉 다림질이되다

~ *out* (1) 다리미로 다리다; 롤러로 〈길을〉 고르게 하다 (2) 《미》 원활하게 만들다; 〈곤란·문제 등을〉 제거하다, 해결[해소]하다 (3) 〈가격의〉 변동을 억제하다

Íron Àge [the ~] **1** 〖고고학〗 철기 시대 **2** [때로 **i~ a~**] 〖그리스신화〗 흑철(黑鐵)시대 《golden age, silver age, bronze age에 계속되는 가장 타락했던 시대》

i·ron·bound [-báund] *a.* **1** 쇠를 씌운; 단단한, 굽혀지지 않는 **2** 〈해안 등이〉 바위가 많은

Íron Cháncellor [the ~] 철혈재상(鐵血宰相) 《비스마르크; 독일의 정치가》

i·ron·clad [-klǽd] *a.* **1** 철갑의, 장갑(裝甲)의 **2** 《미》 〈규약·약속 등이〉 어길 수 없는, 엄한

— [-klæ̀d] *n.* 철[장]갑함(艦)

íron cúrtain [the ~; 때로 **I~ C~**] 철의 장막 《구소련측과 서방측을 갈라놓는 정치적·사상적 벽》

íron gráy 철회색(鐵灰色)

***i·ron·ic, -i·cal** [airɑ́nik(əl) | -rɔ́n-] *a.* **반어(反語)의, 반어적인; 빈정대는, 빗대는, 비꼬는**

i·ron·i·cal·ly [airɑ́nikəli | -rɔ́n-] *ad.* **1** 비꼬아, 반어적으로 **2** [문장 전체를 수식하여] 얄궂게도

i·ron·ing [áiərniŋ] *n.* Ⓤ 다림질; [집합적] 다림질하는 옷[천]

íron lúng 철폐(鐵肺) 《철제 호흡 보조 장치》

íron mòld 쇠붙이의 녹, 잉크 얼룩

i·ron·mon·ger [-mʌŋgər] *n.* 《영》 철물상[장사]

i·ron·mon·ger·y [-mʌ̀ŋgəri] *n.* (*pl.* **-ger·ies**) Ⓤ 《영》 철기류(類), 철물(업); Ⓒ 철물점

i·ron-on [-ɑ̀:n | -ɔ̀n] *a.* 아이론으로 고착시키는

íron óxide 〖화학〗 산화철(酸化鐵)

íron ràtion [종종 *pl.*] 《미》 비상 휴대 식량

i·ron·side [-sàid] *n.* 굳센 사람

i·ron·stone [-stòun] *n.* Ⓤ 철광석, 철광

i·ron·ware [-wɛ̀ər] *n.* Ⓤ [집합적] 철기(鐵器), 철물 《특히 주방 용품》

i·ron·wood [-wùd] *n.* ⓊⒸ 경질(硬質) 목재 《흑단 등》; 경질 수목

i·ron·work [-wə̀:rk] *n.* **1** Ⓤ (구조물의) 철로 된 부분; 철제품 **2** [*pl.*; 단수·복수 취급] 제철소, 철공소 **~·er** *n.* 철공(鐵工)

⁑i·ro·ny[1] [áiərəni] [Gk 「모른 체하기」의 뜻에서] *n.* (*pl.* **-nies**) Ⓤ **1** (부드럽게) **빈정댐**, 비꼼, 빗댐, **풍자**; 비꼬는 말 **2** 반어(反語); 〖수사학〗 반어법 **3** Ⓒ (운명 등) 예상 외의 전개[결과]

***the ~ of fate*[*circumstances*]** 운명의 장난, 기구한 인연

i·ron·y[2] [áiərni] *a.* 쇠의, 쇠로 만든; 쇠 같은

Ir·o·quoi·an [ìrəkwɔ́iən] *a.* 이로쿼이족[어족]의 **—** *n.* Ⓤ 이로쿼이 어족; Ⓒ 이로쿼이족의 사람

Ir·o·quois [írəkwɔ̀i, -kwɔ̀iz] *n.* (*pl.* ~) 이로쿼이족(의 사람) 《New York 주에 살았던 아메리칸 인디언》; Ⓤ 이로쿼이 어족

ir·ra·di·ance, -an·cy [iréidiəns(i)] *n.* Ⓤ 발광(發光), 광휘(光輝)

ir·ra·di·ate [iréidièit] [L 「휘황하게 빛나다」의 뜻에서] *vt.* **1** 비추다, 밝히다 **2** 계발하다 **3** 〈얼굴 등을〉 기뻐서 빛나게 하다 **4** 복사 에너지로 발하다 **5** (치료 등을 위해) 〈…에〉 방사선을 조사(照射)하다

ir·ra·di·a·tion [irèidiéiʃən] *n.* Ⓤ **1** 빛을 투사함, 조사(照射) **2** 방사선 요법[조사, 치료] **3** 계발(啓發), 계몽

***ir·ra·tion·al** [iræ̀ʃənl] *a.* **1 이성을 잃은; 불합리한 2** 〖수학〗 무리수(無理數)의 **—** *n.* 〖수학〗 무리수 **~·ly** *ad.*

ir·ra·tion·al·i·ty [iræ̀ʃənǽləti] *n.* (*pl.* **-ties**) ⓊⒸ 이성이 없음; 불합리, 부조리

ir·re·claim·a·ble [ìrikléiməbl] *a.* 개간할 수 없는, 메울[매립할] 수 없는 **-bly** *ad.*

ir·rec·on·cil·a·ble [irèkənsáiləbl] *a.* 화해할 수 없는, 융화하기 어려운; 조화하지 않는, 양립할 수 없는, 모순되는 《*to, with*》 **—** *n.* 비타협적인 사람; [*pl.*] 서로 상충하는 생각[신념]

ir·rèc·on·cìl·a·bíl·i·ty *n.*

ir·re·cov·er·a·ble [ìrikʌ́vərəbl] *a.* 돌이킬 수 없는, 회복[회수]하기 어려운 **-bly** *ad.*

ir·re·deem·a·ble [ìridí:məbl] *a.* **1** 되살 수 없는; 〈국채 등이〉 상환되지 않는 **2** 〈지폐가〉 불환(不換)의 **3** 〈병 등이〉 불치의, 치료 불가능한

ir·re·duc·i·ble [ìridjú:səbl | -djú:-] *a.* **1** 감할[삭감할] 수 없는 **2** 뜻하는 상태[형태]로 만들[돌릴] 수 없는 《*to*》 **3** 〖수학〗 약분할 수 없는 **-bly** *ad.*

ir·ref·ut·a·ble [iréfjutəbl, ìrifjú:-] *a.* 반박할 수 없는 **-bly** *ad.*

⁑ir·reg·u·lar [irégjulər] [*ir*-(not)+*regular*] *a.* **1 불규칙한**, 변칙적인 **2 고르지 못한**, 같지 않은, 갖추지 못한; 〈길 등이〉 울퉁불퉁한 **3** 〈행위 등이〉 불법의, 반칙의, 무효의 **4** 규율이 없는, 난잡한 **5** 정규가 아닌 **6** 〖문법〗 불규칙 (변화)의
— *n.* 불규칙; [보통 *pl.*] 비정규병(兵), 비정규군; [*pl.*] 규격에 맞지 않는 상품, 2급품, 등외품 **~·ly** *ad.*

***ir·reg·u·lar·i·ty** [irègjulǽrəti] *n.* (*pl.* **-ties**) **1** Ⓤ **불규칙**, 변칙 **2** 불규칙적인 일[물건]; 반칙, 불법; [*pl.*] 부정 행위[사건]; 난잡한 행실 **3** 생리 불순

ir·rel·e·vance, -van·cy [iréləvəns(i)] *n.* (*pl.* **-vanc·es**; **-cies**) **1** Ⓤ 부적절, 엉뚱함, 무관계 **2** 엉뚱한 말[진술, 행위]

ir·rel·e·vant [iréləvənt] *a.* **1** 엉뚱한, 부적절한, 무관계한 《*to*》 **2** 〖법〗 〈증거 등이〉 소송의 쟁점과 관계없는 **3** 무의미한 **~·ly** *ad.*

ir·re·li·gious [ìrilídʒəs] *a.* **1** 무종교의; 신앙심이 없는 **2** 반종교적인, 불경한 **~·ly** *ad.*

ir·re·me·di·a·ble [ìrimí:diəbl] *a.* 불치의; 돌이킬 수 없는, 회복할 수 없는 **-bly** *ad.*

ir·re·mov·a·ble [ìrimú:vəbl] *a.* 옮길[움직일]수 없는; 제거할 수 없는; 종신직의 **-bly** *ad.*

ir·rep·a·ra·ble [irépərəbl] *a.* 수선[회복]할 수 없는, 돌이킬 수 없는 **-bly** *ad.*

ir·re·peal·a·ble [ìripí:ləbl] *a.* 〈법률이〉 폐지할 수 없는, 취소[철회] 할 수 없는

ir·re·press·i·ble [ìriprésəbl] *a.* 억압할[억누를] 수 없는, 견딜 수 없는 **-bly** *ad.*

ir·re·proach·a·ble [ìripróutʃəbl] *a.* 비난할 여지가 없는, 결점이 없는, 흠잡을 데 없는 **-bly** *ad.*

***ir·re·sist·i·ble** [ìrizístəbl] *a.* **1 저항할 수 없는**; 억누를[억제할] 수 없는 **2** 사람을 녹이는, 뇌쇄적인 《애교·매력 등》 **3** 싫다좋다 할 수 없는 **-bly** *ad.*

ir·res·o·lute [irézəlù:t] *a.* 결단력 없는, 우유부단한, 우물쭈물하는 **~·ly** *ad.*

ir·res·o·lu·tion [irèzəlú:ʃən] *n.* Ⓤ 우유부단

ir·re·spec·tive [ìrispéktiv] *a.* [보통 다음 성구로] **~ *of*** …에 상관 없이

ir·re·spon·si·bil·i·ty [ìrispɑ̀nsəbíləti | -spɔ̀n-] *n.* Ⓤ 책임을 지지 않음, 무책임

***ir·re·spon·si·ble** [ìrispɑ́nsəbl | -spɔ́n-] *a.* **무책임한**, 신뢰할 수 없는; 책임을 지지 않는, 책임이 없는 **—** *n.* 책임(감)이 없는 사람 **-bly** *ad.*

ir·re·triev·a·ble [ìritrí:vəbl] *a.* 회복할 수 없는, 만회할 가망이 없는 **-bly** *ad.*

ir·rev·er·ence [irévərəns] *n.* Ⓤ 불경(不敬), 불손; Ⓒ 불손한 언행

ir·rev·er·ent [irévərənt] *a.* 불경한, 불손한 **~·ly** *ad.*

ir·re·vers·i·ble [ìrivə́:rsəbl] *a.* **1** 거꾸로 할[뒤집을] 수 없는 **2** 철회[취소]할 수 없는 **-bly** *ad.*

ir·rev·o·ca·ble [irévəkəbl] *a.* 되부를 수 없는; 취소[변경]할 수 없는 **-bly** *ad.*

ir·ri·ga·ble [írigəbl] *a.* 〈토지가〉 관개(灌漑)할 수 있는

***ir·ri·gate** [írəgèit] [L 「…에 물을 끌다」의 뜻에서] *vt.* **1** 〈토지에〉 **물을 대다, 관개하다** **2** 〖외과〗〈상처 등을〉 관주(灌注)하다, 세척하다 —*vi.* 관개하다; 관주하다

***ir·ri·ga·tion** [ìrəgéiʃən] *n.* Ⓤ **1 관개 2** 〖외과〗 관주법

ir·ri·ta·bil·i·ty [ìrətəbíləti] *n.* Ⓤ 화를 잘 냄, 성급함; 〖생리·생물〗 자극 감수성, 과민성

***ir·ri·ta·ble** [írətəbl] *a.* **1 화를 잘 내는,** 성마른; 안달하는 **2** (자극에) 반응하는; 민감한

ir·ri·tant [írətənt] *a.* Ⓐ 자극하는; 〈약 등이〉 자극성의 —*n.* 자극제, 자극물

‡**ir·ri·tate** [írətèit] [L 「흥분시키다」의 뜻에서] *vt.* **1 짜증나게[초조하게] 하다, 화**나게 하다, 안달하게 하다 **2** 〖생리〗 자극하다, 염증을 일으키다

ir·ri·tat·ed [írətèitid] *a.* **1** 신경질이 난 **2** 자극 받은; 염증을 일으킨, 따끔따끔한

ir·ri·tat·ing [írətèitiŋ] *a.* 흥분시키는, 자극하는; 화나는, 짜증나는

***ir·ri·ta·tion** [ìrətéiʃən] *n.* **1** Ⓤ **짜증나게 함**; 화; Ⓒ 짜증나는 것, 자극하는 것 **2** Ⓤ 〖생리〗 자극 (상태); 염증, 아픔

ir·ri·ta·tive [írətèitiv] *a.* **1** 짜증나게 하는 **2** 자극성의

ir·rupt [irʌ́pt] *vi.* **1** 돌입[침입, 난입]하다 《*into*》 **2** 〖생태〗 〈개체수가〉 급격히 증가하다

ir·rup·tion [irʌ́pʃən] *n.* **1** ⓊⒸ 돌입, 침입, 난입 《*into*》 **2** (동물의 개체수의) 급증, 격증

IRS Internal Revenue Service 《미》 국세청

Ir·ving [ə́:rviŋ] *n.* 어빙 **Washington** ~ (1783-1859) 《미국의 작가·역사가》

Ir·win [ə́:rwin] *n.* 남자 이름

‡**is** [iz, (유성음 뒤) z, (무성음 뒤) s, iz] *vi.* BE의 3인칭 단수 현재 ⇨ be

is- [ais], **iso-** [aious, -sə] 《연결형》 「등(等)」, 동(同), 동질 이성체(同質異性體)」의 뜻

is. island(s), isle(s)

Is. 〖성서〗 Isaiah; island(s)

Isa. 〖성서〗 Isaiah

I·saac [áizək] *n.* **1** 남자 이름 **2** 〖성서〗 이삭 《Abraham의 아들, Jacob과 Esau의 아버지》

Is·a·bel, -belle [ízəbèl], **Is·a·bel·la** [ìzəbélə] *n.* 여자 이름 《Elizabeth의 변형》

I·sa·iah [aizéiə | -záiə] *n.* **1** 남자 이름 **2** 〖성서〗 이사야 《히브리의 대 예언자, 기원전 720년경의 사람》; (구약 성서 중의) 이사야서(書) 《略 Isa.》

ISBN International Standard Book Number 국제 표준 도서 번호

Is·car·i·ot [iskǽriət] *n.* 〖성서〗 이스가리옷 《예수를 배반한 Judas의 성(姓)》

-ise [aiz] *suf.* 《영》 = -IZE

-ish [iʃ] *suf.* [형용사·명사에 자유로이 붙여서 쓰임] **a** 「…의, …에 속하는, …성(性)의」: Engl*ish* **b** 「…와 같은, …다운」: fool*ish* **c** 「약간 …을 띤, …의 기미가 있는」: whit*ish* **d** 《구어》 「대략 …무렵, …쯤 되는」: 4: 30-*ish* 4시 반 경의

Ish·ma·el [íʃmiəl] *n.* **1** 〖성서〗 이스마엘 《Abraham의 아들》 **2** 세상에서 버림받은 자, 사회의 적

Ish·ma·el·ite [íʃmiəlàit] *n.* 이스마엘의 자손; 사회의 적(Ishmael)

i·sin·glass [áizninglæ̀s | -ziŋglɑ̀:s] *n.* Ⓤ 부레풀 《물고기의 부레로 만듦》; 〖광물〗 운모(mica)

I·sis [áisis] *n.* 이시스 《고대 이집트의 풍요의 여신》

isl., Isl. island; isle

***Is·lam** [islɑ́:m, iz- | ízlɑ:m] *n.* **1 이슬람교 2** [집합적] 전(全)이슬람교도 **3** 이슬람 문화[문명]; 전체 이슬람교국

Is·lam·a·bad [islɑ́:məbɑ̀:d, -bæ̀d] *n.* 이슬라마바드 《파키스탄의 수도》

Is·lam·ic [islǽmik | izlǽm-] *a.* 이슬람교(도)의

Is·lam·ism [islɑ́:mizm, iz-] *n.* 이슬람교, 회교

Is·lam·ite [islɑ́:mait, iz-] *n.* 이슬람교도

‡**is·land** [áilənd] [OE 「물에 둘러싸인 땅」의 뜻에서] *n.* **1 섬** 《略 Is.》 **2** 섬과 비슷한 것; 고립된 언덕; (가로상의) 안전 지대
—*vt.* **1** 섬으로 만들다; 고립시키다 **2** [보통 수동형] (섬처럼) 산재(散在)시키다 《*with*》

is·land·er [áiləndər] *n.* 섬의 주민, 섬(나라) 사람

‡**isle** [ail] [동음어 aisle] *n.* 《시어》 **작은 섬, 섬** 《산문(散文)에서는 고유명사하고만 함께 씀》

***is·let** [áilit] *n.* **작은 섬**

isls., Isls. islands; isles

ism [izm] *n.* 《구어》 주의, 학설, 이즘 (doctrine)

-ism [izm] *suf.* **1** [행동, 상태, 작용]: bap*tism* **2** [체계, 주의, 신앙]: Darwin*ism* **3** [특성, 특징]: Irish*ism* **4** [병적 상태]: alcohol*ism*

‡**is·n't** [íznt] is not의 단축형

ISO International Standardization [Standards] Organization 국제 표준화 기구

iso- [áisou] 《연결형》 = IS-

i·so·bar [áisəbɑ̀:r] *n.* 〖기상〗 등압선(等壓線)

i·sog·a·mous [aisɑ́gəməs | -sɔ́g-] *a.* 〖생물〗 동형 배우자(配偶子)에 의하여 생식하는

‡**i·so·late** [áisəlèit, ís-] [L 「섬처럼 고립된」의 뜻에서] *vt.* **1 고립시키다,** 격리[분리]시키다 **2** 〖전기〗 절연하다; 〖화학〗 단리(單離)시키다, 유리시키다; 〈미생물을〉 분리하다

***i·so·lat·ed** [áisəlèitid, ís-] *a.* **고립된,** 격리된; 〖화학〗 단리된; 〖전기〗 절연된

‡i·so·la·tion [àisəléiʃən, ìs-] *n.* ⓊⒸ **1** 격리, 분리; 고립, 고독 **2** 〚화학〛 단리(單離); 〚전기〛 절연

isolátion hòspital 격리 병원

i·so·la·tion·ism [àisəléiʃənìzm, ìs-] *n.* Ⓤ 고립주의

-ist *n., a.* 고립주의자(적인)

isolátion wàrd 격리 병동

i·so·mer [áisəmər] *n.* 〚화학〛 (동질) 이성체(異性體)

i·so·mer·ic [àisəmérik] *a.* 〚화학〛 이성체의

i·so·met·ric, -ri·cal [àisəmétrik(əl)] *a.* 같은 크기[길이, 각, 용적]의

i·sos·ce·les [aisɑ́səlìːz | -sɔ́s-] *a.* 〚기하〛 2등변의

i·so·therm [áisəθə̀ːrm] *n.* 〚기상〛 등온선(等溫線)

i·so·ther·mal [àisəθə́ːrməl] *a.* 등온선의 —*n.* 〚기상〛 등온선

i·so·tope [áisətòup] *n.* 〚화학〛 동위 원소, 동위체; 핵종(核種)

i·so·tron [áisətrɑ̀n | -trɔ̀n] *n.* 〚물리〛 아이소트론《동위 원소의 전자 분리기의 일종》

i·so·trop·ic [àisətrɑ́pik | -trɔ́p-] *a.* 〚물리·동물〛 등방성(等方性)의

ISP Internet service provider 인터넷 접속 서비스를 제공하는 회사

***Is·ra·el** [ízriəl | -reiəl] *n.* **1** 이스라엘 《서남 아시아의 유대인의 공화국; 수도 Jerusalem》 **2** 〚성서〛 야곱(Jacob)의 별명 **3** [집합적; 복수 취급] 이스라엘 사람, 유대 사람 **4** 하느님의 선민, 그리스도 교도

Is·rae·li [izréili] *n.* (*pl.* **~s,** ~) (현대의) 이스라엘 사람 —*a.* (현대의) 이스라엘 (사람)의

Is·ra·el·ite [ízriəlàit] *n.* 이스라엘 사람, 유대 사람(Jew); 하느님의 선민 —*a.* 이스라엘의; 유대 (사람)의

is·su·a·ble [íʃuəbl] *a.* **1** 발포[발행]할 수 있는 **2** 〚법〛(소송) 쟁점이 될 수 있는

is·su·ance [íʃuəns] *n.* Ⓤ 배급, 배포; 발행, 발포(發布)

‡is·sue [íʃuː] *n.* **1** 발행물; (특히 출판물의) 발행 부수, (제…)판[쇄(刷)] **2** ⓊⒸ **발행,** 발포 **3** ⓊⒸ **유출,** 배출; Ⓒ 유출물 **4** (과정의) **결과,** 결말 **5 논(쟁)점,** 계쟁(係爭)점, 문제(점) **6** Ⓤ 《고어》 〚법〛 자식, 자녀, 자손

at ~ (1) 계쟁[논쟁] 중에[의], 미해결로[의] (2) 불화로, 다투고; 모순되어 《*with*》 ***~ of fact*** [***law***] 〚법〛 사실[법률]면의 논쟁점 ***make an ~ of*** …을 문제화하다 ***take ~ with*** …와 논쟁하다, (…의 의견에) 이의를 제기하다

—*vi.* **1** 나오다, 나서다, 유출하다, 분출하다 《*forth, out*》 **2** 유래하다, 비롯되다, 생기다 —*vt.* **1** 〈명령·면허증 등을〉 **내다,** 내리다, 발행하다, 발포(發布)하다 **2** 배급[지급]하다, 넘겨주다 **3** 간행[발행]하다, 출판하다; 유포시키다; 〈어음을〉 발행하다

-ist [ist] *suf.* 「…하는 사람; …을 신봉하는 사람; …주의자; …가」의 뜻

Is·tan·bul [ìstɑːnbúːl | -tæn-] *n.* 이스탄불《터키의 옛 수도: 구칭은 Constantinople》

isth·mi·an [ísmiən] *a.* **1** 지협(地峽)의 **2** [**I~**] Corinth 지협의; Panama 지협의

isth·mus [ísməs] *n.* (*pl.* **~·es, -mi** [-mai]) **1** 지협; [the I~] 파나마 지협, 수에즈 지협 **2** 〚해부·식물·동물〛 협부(峽部)

ISV International Scientific Vocabulary 국제 과학 용어

‡it¹ [it] *pron.* 《소유격 **its,** 목적격 **it,** 복합인칭대명사 **itself**; ⇨ they; it의 소유대명사는 없음》 **1** [3 인칭 단수 중성 주격] **그것은[이]** **2** [3 인칭 단수 중성 목적격] **a** [직접목적어] **그것을** 《용법은 1과 같음》 **b** [간접목적어] 그것에(게) **c** [전치사의 목적어]: I gave food to *it.* 나는 그것에게 먹을 것을 주었다. **3** [심중에 있거나 문제로 되어 있는 사람·물건·사정·사건·행동 등을 가리켜]: Who is *it?* 누구세요? **4 a** [형식 주어로서 뒤에 나오는 사실상의 주어인 부정사구·동명사구·that-절 등을 대표하여]: *It* is no use try*ing.* 해 봐야 헛수고다. **b** [형식목적어로서 뒤에 나오는 사실상의 목적어인 부정사구·동명사구·that-절 등을 대표하여]: I make *it* a rule *to* get up early. 아침에 일찍 일어나기로 하고 있다. **c** [후속 어구를 가리켜]: *It* is a nuisance, this delay. 골치 아프다, 이렇게 늦다니. **5** [비인칭 동사(impersonal verb)의 주어로서] 《특별히 가리키는 것 없이 문장의 형식적 주어가 되며, 번역하지 않음》 **a** [날씨·기온을 막연히 가리켜]: *It* is raining. 비가 오고 있다. **b** [시간·시일을 막연히 가리켜]: *It* will soon be a New Year. 곧 새해가 될 거다. **c** [거리를 막연히 가리켜]: *It* is 2 miles to the station. 역까지 2마일이다. **d** [명암을 막연히 가리켜]: How dark *it* is! 굉장히 어둡구나! **e** [사정·상황을 막연히 가리켜]: How's *it* going with you? 요새 어떠십니까? **f** [seem [appear, happen, *etc.*] that ...의 주어로서] 《that는 생략되기도 함》 **6** 《구어》 **a** [어떤 종류의 동사의 무의미한 형식상 목적어로서]: Let's walk *it.* 걸어가자. **b** [명사를 임시 동사로 한 뒤에 무의미한 형식상 목적어로서]: If we miss the bus, we'll have to foot *it.* 버스를 놓치면 걸어가야 해. **c** [전치사의 무의미한 형식적 목적어로서]: I had a good time *of it.* 즐겁게 지냈다. **7** [It is[was] ... that [who, whom, which, *etc.*]의 구문으로 문장의 주어·(동사 또는 전치사의) 목적어·부사 어구를 강조하여] 《이 it의 다음에 오는 be의 시제는 clause 안의 동사에 따라 is 또는 was가 되며, clause 안의 동사의 인칭은 바로 앞의 명사·대명사와 일치함》: *It was* Mary (*that*) we saw. 우리가 본 사람은 메리였다.

have had it 《구어》 (1) 《미》 진저리가 나다, 질리다 (2) 《미》 이제 끝장이다, 글렀다 (3)고물이 다 되었다, 쓸모없게 되다 (4) 죽임을 당하다; 지다 ***have what it takes*** 《구어》 (어떤 목적 달성에) 필요한 재능[자질, 돈]을 지니고 있다 《*to* do》 ***if it had not been for*** ⇨ if ***if it were not for*** ⇨ if

it² [it] [it¹의 전용(轉用)] *n.* **1** (술래잡

기의) 술래 **2** Ⓤ 《구어》 극치, 지상(至上), 이상; 중요 인물, 제1인자 **3** Ⓤ 《속어》 성적 매력
That's it. 《구어》 (1) (바로) 그게 문제야, 바로 그거야. (2) 바로 그걸 원하는 거야. (3) 그로써 끝. ***This is it.*** 《구어》 드디어 온다, 올 것이 왔다, 이거다. ***with it*** (1) 시대에 뒤떨어지지 않는, 유행을 잘 아는, 현대적인 (2)이해가 빠른; 빈틈없는, 주의 깊은, 기민한 (3) 게다가
it[3] *n.* Ⓤ 《영·구어》 이탈리아산 베르무트: gin and *it* 이탈리아산 베르무트와 진의 칵테일
It., Ital. Italian; Italy
ital. italic(s)
‡**I·tal·ian** [itǽljən] *a.* **이탈리아 (사람)의**; 이탈리아 말의 —*n.* **이탈리아 사람**; Ⓤ **이탈리아 어(語)**
*∗***i·tal·ic** [itǽlik] [L 「이탈리아(Italy)」의 뜻에서] *a.* 〖인쇄〗 **이탤릭체**[사체(斜體)]**의** —*n.* **1** [종종 *pl.*] **이탤릭체 2** [**I~**] Ⓤ 〖언어〗 이탈리아 어계
*∗***i·tal·i·cize** [itǽləsàiz] *vt.* **이탤릭체로 인쇄하다**; 이탤릭체를 지시하는 밑줄을 긋다 —*vi.* 이탤릭체를 사용하다
‡**It·a·ly** [ítəli] *n.* **이탈리아** 《유럽 남부의 공화국; 수도 Rome》
*∗***itch** [itʃ] *n.* **1 가려움**; 〖병리〗 옴 **2 참을 수 없는 욕망**, 갈망 《*for*》
have an ~ for[***to*** do] …하고 싶어 못 견디다
—*vi.* **1 가렵다**, 근질근질하다 **2** [대개 진행형으로] (…하고 싶어) 못 견디다 《*for*》 one***'s fingers ~ to*** (do) …하고 싶어서 손이 근질근질하다
—*vt.* 《구어》 가려운 곳을 긁다
itch·y [ítʃi] *a.* (**itch·i·er**; **-i·est**) **1** 옴에 걸린; 가려운, 근질근질한 **2** 탐이 나서 안달하는, 갈망하는 **ítch·i·ness** *n.*
‡**it'd** [ítəd] 《구어》 it had[would]의 단축형
-ite [ait] *suf.* **1** [명사 어미] 「…의 사람, …을 신봉하는 사람」의 뜻: Israel*ite* **2** [화석·염류·폭약·상품 등의 명칭]: dynam*ite*
‡**i·tem** [áitəm] [L 「마찬가지로」의 뜻에서] *n.* **1 항목**, 조목, 조항; 종목, 품목, 세목 **2** (신문 기사의) 1항, 한 절[항목] **3** 〖컴퓨터〗 데이터 항목
~ by ~ 한 항목씩, 축조적으로 ***local ~s*** (신문의) 지방 (발신) 기사
i·tem·ize [áitəmàiz] *vt.* 항목[조목]별로 쓰다, …의 명세를 적다
it·er·ate [ítərèit] *vt.* 되풀이하다(repeat); 〖컴퓨터〗 반복하다
it·er·a·tion [ìtəréiʃən] *n.* ⓊⒸ 되풀이, 반복; 〖컴퓨터〗 반복
it·er·a·tive [ítərèitiv, -rə-] *a.* 되풀이하는, 반복의, 〖컴퓨터〗 반복하는
*∗***i·tin·er·ant** [aitínərənt, itín-] [L 「여행을 하는」의 뜻에서] *a.* Ⓐ **1 순방[순회]하는**, 편력 중인 **2** 순회의
—*n.* 순방자, 편력자; 순회 설교자[판사]; 행상인, 지방 순회 공연 배우[흥행사]
i·tin·er·ar·y [aitínərèri, itín- | -nərəri] *n.* (*pl.* **-ar·ies**) 여행 스케줄, 여정, 도정; 여행기, 여행 일기; 여행 안내서
—*a.* Ⓐ 순방[순회]하는; 여정의
i·tin·er·ate [aitínərèit, itín-] *vi.* 순방[순회]하다, 순유하다, 순회 설교하다
-itis [áitis] *suf.* **1** 〖병리〗 「염증」의 뜻: bronch*itis* **2** 《익살》 「…광」의 뜻: golf*itis*
-itive [itiv] *suf.* [라틴어계의 형용사 및 명사 어미]: infin*itive*
‡**it'll** [itl] 《구어》 it will의 단축형
‡**its** [its] (동음어 it's) *pron.* [it의 소유격] **그것의**
‡**it's** [its] 《구어》 it is, it has의 단축형
‡**it·self** [itsélf] *pron.* **1** [it의 강조형] **그것 자체, 바로 그것 2** [it의 재귀형] 그 자체를[에] **3** 평소의 그것, 정상적인 그것
by ~ 그것만으로, 단독으로, 홀로; 저절로, 자연히 ***for ~*** 독력으로, 단독으로; 그 자체를 (위해서) ***in ~*** 그 자체로서; 원래, 본질적으로 ***of ~*** 《고어》 저절로, 자연히 (by itself) ***to ~*** 그 자체에, 그 자체의 것으로서
it·sy-bit·sy [ítsibítsi] *a.* = ITTY-BITTY
it·ty-bit·ty [ítibíti] *a.* Ⓐ 《익살》 조그마한, 하찮은
ITU International Telecommunication Union (유엔) 국제 전기 통신 동맹
-ity [əti] *suf.* [추상명사 어미] 「상태·성질·정도」 등을 나타냄: prob*ity*
-ium [iəm] *suf.* **1** [라틴어계 명사 어미]: med*ium* **2** [화학 원소명 어미]: rad*ium*
‡**I've** [aiv] I have의 단축형
-ive [iv] *suf.* 「…한 경향·성질을 가진」의 뜻: nat*ive*, capt*ive*, fest*ive*, sport*ive*
i·vied [áivid] *a.* 담쟁이로 덮인, 담쟁이가 무성한
‡**i·vo·ry** [áivəri] *n.* (*pl.* **-ries**) **1** Ⓤ **상아 2** [종종 *pl.*] 《구어》 상아로 만든 것 《당구공·피아노 건반·주사위 등》 **3** 《속어》 이, 치아 **4** Ⓤ 상아색 —*a.* Ⓐ 상아로 된[만든]; 상아 같은
Ívory Cóast [the ~] 코트디부아르(Côte d'Ivoire)의 구칭 《서아프리카의 공화국》
ívory tówer 상아탑 《실사회와 동떨어진 사색·몽상의 세계》
*∗***i·vy** [áivi] *n.* (*pl.* **i·vies**) ⓊⒸ 〖식물〗 **담쟁이덩굴** ***the poison ~*** 덩굴옻나무
—*a.* 학원의; 학구적인; [종종 **I~**] IVY LEAGUE의
Ívy Léague 1 [the ~] 아이비 리그 《미국 북동부의 오랜 전통을 가진 명문 8개 대학: Harvard, Yale, Columbia, Princeton, Brown, Pennsylvania, Cornell, Dartmouth》 **2** [형용사적으로] 아이비리그의[적인]
IWA International Whaling Agreement 국제 포경 협정
IWW Industrial Workers of the World 세계 산업 노동자 동맹
-ization [izeiʃən | ai-] *suf.* [-IZE (동사 어미)에 대응하는 명사 어미]: civil*ization*
-ize [aiz] *suf.* 「…으로 만들다, …화(化)하다」의 뜻: civil*ize*

J j

j, J [dʒei] *n.* (*pl.* **j's, js, J's, Js** [-z]) **1** 제이 《영어 알파벳의 제10자》; J자 모양의 것, J 기호로 표시되는 것 **2** 열 번째(의 것)

J, j 〖물리〗 joule

J. James; Journal; Judge; Justice

ja [jɑː] [G] *ad.* = YES

Ja. January

JA joint account; Judge Advocate

jab [dʒæb] *v.* (**~bed**; **~·bing**) *vt.* **1** 콱[쿡] 찌르다(stab) **2** 〖권투〗 잽을 먹이다 — *vi.* 찌르다, 찌르듯 치다 《*at*》; 잽을 먹이다 — *n.* (콱) 찌르기; 〖권투〗 잽

jab·ber [dʒǽbər] *vi., vt.* 재잘거리다 — *n.* Ⓤ 재잘거림(chatter)

jab·ber·wock·y [dʒǽbərwɑ̀ki | -wɔ̀ki], **-wock** [-wɑ̀k | -wɔ̀k] *n.* (*pl.* **-wock·ies**; **-wocks**) Ⓤ 무의미한 말[글], 알아들을 수 없는 말[글]

ja·cinth [dʒéisinθ, dʒǽs-] *n.* = HYACINTH 3; Ⓤ 적황색

***jack** [dʒæk] [Jack의 전용(轉用)] *n.* **1** 잭 《나사 잭·수압 잭·자동차 잭 등》 **2** 〖카드〗 잭(knave) **3** [보통 **J~**] 놈, 녀석, 소년; 《구어》 [**J~**; 보통 호칭으로 쓰여] 여보게, 친구 **4** [종종 **J~**] 수병, 《애칭》 선원; 노동자, 고용인, 잡역부 **5** 〖전기〗 잭 《플러그를 꽂는 장치》 **6** 〖항해〗 선수기(船首旗) 《선박에 다는 국적을 나타내는 작은 기; cf. UNION JACK》
— *vt.* **1** 〈차 등 을〉 잭으로 들어 올리다 《*up*》 **2** 《미》 횃불[섬광등]을 써서 〈물고기·짐승을〉 유인하다[잡다]
— *vi.* 횃불[섬광등]로 밤 낚시질[사냥]하다
~ in 《영·속어》 〈일 등을〉 그만두다, 치우다 *~ off* 《영·속어》 가버리다 *~ out* 《속어》 총을 빼다 *~ up* (1) 잭으로 밀어 올리다 (2) 《미·구어》 〈값·품삯 등을〉 올리다(raise) (3) 《주로 영·속어》 포기하다(give up) (4) 비행[태만]에 대하여 꾸짖다(reproach)

Jack [dʒæk] *n.* 남자 이름 《John[때로 James, Jacob]의 애칭》

jack-a-dan·dy [dʒæ̀kədǽndi] *n.* (*pl.* **-dies**) 멋쟁이(fop)

jack·al [dʒǽkəl, -ɔːl] *n.* **1** 자칼 《갯과(科)의 야생 동물》 **2** 앞잡이
— *vi.* 앞잡이 노릇을 하다 《*for*》

jack·a·napes [dʒǽkənèips] *n.* **1** 《고어》 원숭이 **2** 건방진 놈; 되바라진 아이

jack·a·roo, jack·e·roo [dʒæ̀kərúː] *n.* 《호주·구어》 (*pl.* **~s**) (목장의) 신출내기 일꾼; 《미·속어》 카우보이
— *vi.* 신출내기 일꾼으로 일하다

jack·ass [dʒǽkæ̀s] *n.* **1** 수탕나귀 **2** [《영》 보통 -ɑ̀ːs] 바보, 멍청이

jack·boot [-bùːt] *n.* **1** (무릎 위까지 닿는 17-18세기의 기병용) 군화; (어부 등의) 긴 장화 **2** [the ~] 강압적 태도

jack·daw [-dɔ̀ː] *n.* 〖조류〗 갈가마귀; 수다쟁이

‡**jack·et** [dʒǽkit] *n.* **1** 재킷, 상의; 상반신을 덮는 것 **2** 덮개, 피복물 **3** [보통 in their ~s 로] 삶은 감자 등의 껍질 **4** (책표지에 씌우는) 커버 — *vt.* **1** 재킷을 입히다; 덮어 싸다[씌우다], (책에) 커버를 씌우다 **2** 《구어》 후려 갈기다[치다](thrash)

jack·fish [dʒǽkfìʃ] *n.* (*pl.* **~**, **~·es**) 〖어류〗 강꼬치고기의 속칭; 그 새끼

Jáck Fróst [의인법] 서리, 엄동 추위, 동장군

jack·ham·mer [-hæ̀mər] *n.* 수동 착암기

Jack·ie [dʒǽki] *n.* 여자 이름 《Jacqueline의 애칭》

jack-in-of·fice [dʒǽkinɔ̀ːfis | -ɔ̀f-] *n.* (*pl.* **jacks-**) 《영·속어》 거드름 피우는 하급 관리

jack-in-the-box [-inðəbɑ̀ks | -bɔ̀ks] *n.* (*pl.* **~·es, jacks-**) 뚜껑을 열면 인형이 튀어 나오는 장난감; (일종의) 꽃불; 〖기계〗 차동(差動) 장치

jack-in-the-pul·pit [-inðəpúlpit] *n.* (*pl.* **~s, jacks-**) 〖식물〗 천남성류(類) 《북미산》

jáck jòb 《비어》 용두질(masturbation)

Jáck Kétch [-kétʃ] 《영·고어》 교수형 집행인(hangman)

jack·knife [dʒǽknàif] *n.* (*pl.* **-knives** [-nàivz]) **1** 잭나이프 《튼튼한 휴대용 접칼》 **2** 〖수영〗 잭나이프, 새우형 다이빙
— *vt., vi.* **1** 잭나이프로 베다[자르다] **2** (jackknife처럼) 접다[접히다], 〈연결된 열차 등이〉 V자형으로 구부러지다

jack·leg [-lèg] *a., n.* 《미남부》 미숙한 〈사람〉; 임시 변통의 (것)(makeshift)

jack·light [-làit] 《미》 *n.* 횃불, 섬광등 《사냥·야간 고기잡이용; 단지 jack이라고도 함》 — *v.* = JACK *vt.* 2, *vi.*
~·er *n.* jacklight를 써서 낚시질[사냥]하는 사람

jack-of-all-trades [dʒæ̀kəvɔ́ːltrèidz] *n.* (*pl.* **jacks-**) [때로 **J~**] 만물박사, 팔방미인

jack-o'-lan·tern [dʒǽkəlæ̀ntərn] *n.* **1** 도깨비불(will-o'-the-wisp) **2** 호박 초롱 《Halloween날에 속을 판 호박에 눈·코·입 등의 모양을 뚫고 속에 촛불을 켜 놓음》

jáck plàne 《큰》 막대패, 건목 대패

jack·pot [-pɑ̀t | -pɔ̀t] *n.* **1** 〖카드〗 (포커에서) 계속해서 거는 돈 **2** (정답자가 없어 쌓인) 거액의 상금 《퀴즈 등에서》 **3** 《구어》 (뜻밖의) 큰 성공, 횡재
hit the ~ 《구어》 (1) 쌓인 돈[상금]을 타다 (2) 땡잡다; 대성공하다

jack·rab·bit [-ræ̀bit] *vi.* 《속어》 〈차 등이〉 갑자기 출발하다, 급발진하다
— *a.* 급발진하는

jack·screw [-skrùː] *n.* 〖기계〗 나사식 잭

jack·snipe [-snàip] *n.* (*pl.* [집합적] **~, ~s**) 〖조류〗 꼬마도요

Jack·son [dʒǽksn] *n.* **1** 남자 이름 **2** 잭슨 **Andrew ~** (1767-1845) 《미국 제7대 대통령》

Jack·so·ni·an [dʒæksóuniən] *a.*, *n.* Andrew JACKSON의 (지지자)

jáck stàff 〖항해〗 이물 깃대

jack·stone [dʒǽkstòun] *n.* 공깃돌; 공기놀이

jack·straw [-strɔ̀ː] *n.* **1** [*pl.*; 단수 취급] 나무·뼈 조각 등을 상 위에 쌓아 놓고 다른 것을 움직이지 않게 한 가지만 뽑아내는 놀이; 그 나무, 뼈조각 **2** 《폐어》 짚인형

jack-tar [-tɑ́ːr] *n.* [종종 **J~ T~**] 수병, 선원

jáck tòwel 회전식 타월

*__Ja·cob__ [dʒéikəb] *n.* **1** 〖성서〗 **야곱** 《이삭의 아들, 아브라함의 손자》 **2** 남자 이름

Jac·o·be·an [dʒæ̀kəbíːən] [James의 라틴어 이름에서] *a.* **1** 영국왕 James I세 시대(1603-25)의 **2** 〈가구가〉 암갈색[오크재(材)빛]의
— *n.* James I세 시대 사람 《작가·정치가 등》

Jac·o·bin [dʒǽkəbin] *n.* 자코뱅 당원 《프랑스 혁명의 과격 공화주의자》; 과격한 정치가

Jac·o·bin·ism [dʒǽkəbinìzm] *n.* Ⓤ **1** 자코뱅 주의 **2** (정치적) 과격 급진주의

Jácob's ládder 〖성서〗 (야곱이 꿈에 본 하늘까지 닿는) 야곱의 사닥다리; 〖항해〗 줄사다리(rope ladder)

Jac·que·line [dʒǽkəlin, -lìːn | dʒǽk-liːn] *n.* 여자 이름

jac·ti·ta·tion [dʒæ̀ktətéiʃən] *n.* ⓊⒸ **1** 〖법〗 사칭: ~ of marriage 결혼 사칭 **2** 〖병리〗 (열병 환자 등이) 몸부림치기 **3** 허풍, 허세

*__jade__[1] [dʒeid] *n.* Ⓤ **비취**, 옥(玉); 비취색, 옥색

jade[2] *n.* **1** 야윈 말 **2** 《경멸·익살》 닳고 닳은 여자, 계집년
— *vt.*, *vi.* 〈말을〉 지치게 하다, 지칠대로 지치다

jad·ed [dʒéidid] *a.* 지칠대로 지친; 진저리가 난, 물린 **~·ly** *ad.* **~·ness** *n.*

jae·ger [jéigər] *n.* **1** 〖조류〗 도둑갈매기(skua) **2** 저격병 **3** 사냥꾼(hunter)

jag[1] [dʒæg] *n.* (암석 등의) 뾰족한 끝; (톱니같이) 깔쭉깔쭉함; (옷 가두리의) 들쭉날쭉한 천
— *vt.* (**~ged**; **~·ging**) (톱니처럼) 깔쭉깔쭉하게 만들다 — *vi.* 찔리다; 덜컹거리다

jag[2] *n.* **1** 《방언》 (건초·목재 등의) 소량의 짐 **2** 《속어》 취함; 주연

JAG Judge Advocate General

*__jag·ged__ [dʒǽgid] *a.* **뾰족(뾰족)한**, 들쭉날쭉한 **~·ly** *ad.* **~·ness** *n.*

jag·gy [dʒǽgi] *a.* (**-gi·er**; **-gi·est**) = JAGGED

jág hòuse 《미·속어》 남성 동성애자를 위한 매음굴

jag·uar [dʒǽgwɑːr | -gjuə] *n.* (*pl.* **~s, ~**) **1** 〖동물〗 재규어 《중남미산 표범》 **2** [**J~**] 재규어 《영국제 고급 스포츠카》

Jah·veh [jɑ́ːve | -vei], **Jah·weh** [jɑ́ːwe | -wei] *n.* = JEHOVAH

jai a·lai [hái-əlài, hài-əlái] [Sp.] *n.* 하이알라이 《squash 비슷한 스페인·중남미의 실내 구기(球技)》

‡**jail** [dʒeil] [L 「우리」의 뜻에서] *n.* **1 교도소**, 감옥, 구치소 **2** 구류, 감금, 구치 ***break ~*** 탈옥하다 ***in ~*** 입감하여
— *vt.* **투옥하다**

jail·bird [dʒéibə̀ːrd] *n.* 《구어》 죄수; 상습범, 전과자

jail·break [-brèik] *n.* 탈옥
~·er *n.* 탈옥수

jáil càptain 《속어》 교도소장

jáil delìvery **1** 《미》 집단 탈옥, (폭력에 의한) 죄수 해방 **2** 《고어》 〖영국법〗 (순회 심판에 의한) 미결감 석방

*__jail·er, jail·or__ [dʒéilər] *n.* 《미》 (교도소의) **교도관**

jáil·house láwyer [dʒéilhaus-] 《미·속어》 **1** 교도소 출입 변호사 **2** 《미·속어》 법률에 밝은 수감자[죄수]

Ja·kar·ta [dʒəkɑ́ːrtə] *n.* 자카르타 《인도네시아 공화국의 수도》
-tan [-tən] *n.* 자카르타 시민

jake[1] [dʒeik] *a.* 《미·속어》 좋은, 훌륭한(satisfactory, fine), 나무랄 데 없는

jake[2] *n.* 《미·속어》 시골뜨기; 《경멸》 놈, 녀석

jakes [dʒeiks] *n. pl.* 《방언》 옥외 변소

jal·lop·y [dʒəlɑ́pi | -lɔ́pi] *n.* (*pl.* **-lop·ies**) 《구어·익살》 고물 자동차[비행기]; 구식 기계

jal·ou·sie [dʒǽləsiː | ʒǽluziː] [F] *n.* 미늘살창문, 미늘 발(Venetian blind)

‡**jam**[1] [dʒæm] *v.* (**~med**; **~·ming**) *vt.* **1 쑤셔 넣다**, 채워넣다 《*into*》: get **~*med*** 처박히다, 짓눌리다 **2** 〈장소·통로를〉 막다[메우다](block up): Crowds **~*med*** the door. 군중들이 문간을 메웠다. **3** 〈손가락 등을〉 (기계·문 등에) 끼우다 《*in*》; (기계의 일부를 고장 내어) 움직이지 않게 하다 — *vi.* **1** (기계의 운전 부분에 무엇이 끼어) 움직이지 않게 되다; (좁은 곳에) 떼밀고 들어가다 **2** 《구어》 (재즈 연주 중에) 즉흥적으로 변주하다
— *n.* **1** 꽉 들어참, 붐빔, (차량 등의) 혼잡: a traffic ~ 교통 정체 **2** (기계의) 고장, 정지, 잼 **3** 《구어》 곤란, 궁지(difficulty)
— *a.* 《구어》 즉흥 재즈 연주회의; 즉흥적인 — *ad.* 《구어》 완전히, 철저히

‡**jam**[2] [dʒæm] *n.* Ⓤ **1 잼** **2** 《영·구어》 유쾌한 일, 쉬운 일
— *vt.* (**~med**; **~·ming**) 잼으로 만들다; 〈빵 등에〉 잼을 바르다

Jam. Jamaica; James

Ja·mai·ca [dʒəméikə] *n.* 자메이카 《서인도 제도의 독립국》

Ja·mai·can [dʒəméikən] *a.* 자메이카(섬)의; 자메이카 사람의
— *n.* 자메이카 사람

Jamáica rúm 자메이카산(産) 럼주

jamb(e) [dʒæm] *n.* 〖건축〗 문설주 《입구·창 등의 양쪽 옆기둥》; [*pl.*] 볏돌 《벽난로의 옆기둥》
jam·bo·ree [dʒæ̀mbərí:] *n.* **1** 《구어》 흥겹고 즐거운 모임 **2** (전국적·국제적) 보이 스카우트 대회, 잼버리(cf. CAMPOREE)
James [dʒeimz] *n.* **1** 남자 이름 **2** 〖성서〗 야고보 《12 사도 중의 한 사람》; 야고보서 《신약 성서 중의 한 권》 **3** 제임스 **Henry ~** (1843-1916) 《영국에 귀화한 미국 소설가》
jam·ming [dʒǽmiŋ] *n.* 〖통신〗 전파 방해
jam·my [dʒǽmi] *a.* (**-mi·er**; **-mi·est**) (잼처럼) 진득진득한; 기분 좋은, 편안한; 쉬운
jam-pack [dʒǽmpǽk] *vt.* 빈틈없이 꽉 채우다, 가득 채우다, 처박다(cram)
jam-packed [-pǽkt] *a.* 《미·구어》 빽빽하게 넣은, 콩나물시루처럼 꽉 찬
jams [dʒæmz] *n. pl.* 《구어》 **1** = PAJAMAS **2** 파자마 모양의 수영 팬츠
jám sèssion 《미》 즉흥 재즈 연주회
*****Jan.** January
Jane [dʒein] *n.* **1** 여자 이름 **2** [j~] 《속어》 여자(woman), 처녀, 아가씨(girl)
Jáne Dóe JOHN DOE의 여성형
Jan·et [dʒǽnit] *n.* 여자 이름
*****jan·gle** [dʒǽŋgl] *vt.*, *vi.* **1** 땡땡 울리다 **2** 싸움[말다툼]하다
—*n.* **1** (종 등의) 어지러운 소음; 소란스러움 **2** 말다툼
jan·is·sar·y[dʒǽnəsèri | -səri], **jan·i·zar·y** [-zèri | -zəri] *n.* (*pl.* **-sar·ies**; **-zar·ies**) [종종 **J~**] **1** 〖역사〗 터키의 친위 보병 《1826년 폐지》; 터키 병사 **2** (압제 등의) 앞잡이
‡**jan·i·tor** [dʒǽnətər] *n.* **문지기**(door-keeper); 수위; 《미》 (건물의) 관리인
jan·i·tress [dʒǽnətris] *n.* JANITOR의 여성형
‡**Jan·u·ar·y** [dʒǽnjuèri | -əri] [L 「Janus 신의 달」의 뜻에서] *n.* **1월** 《略 Jan., Ja.》: in ~ 1월에
Ja·nus [dʒéinəs] *n.* 〖로마신화〗 야누스, 양면신(兩面神) 《머리 앞뒤에 얼굴이 있는 문·입구의 수호신》
Ja·nus-faced [dʒéinəsfèist] *a.* 얼굴이 둘인; 표리가 있는, 이심(二心)을 품은
Jap [dʒæp] *a.*, *n.* 《속어·경멸》 = JAPANESE
Jap. Japan; Japanese
ja·pan [dʒəpǽn] *n.* Ⓤ **1** 칠(漆), 옻칠(lacquer) **2** 칠기 **—***vt.* (**~ned**; **~·ning**) 옻칠을 하다; 검은 니스를 칠하다
~·ner *n.* 칠장이
‡**Ja·pan** [dʒəpǽn] *n.* **일본**
Japán Cúrrent [the ~] 일본 해류, 구로시오(黑潮)
*****Jap·a·nese** [dʒæ̀pəní:z] *a.* **일본의; 일본인[어]의** **—***n.* (*pl.* ~) **1** 일본인 **2** Ⓤ 일본어
Jápanese quáil 〖조류〗 메추라기
Jap·a·nesque [dʒæ̀pənésk] *a.* 일본식[풍]의
Jap·a·nize [dʒǽpənàiz] *vt.*, *vi.* 일본식으로 하다[되다], 일본화하다

Jap·a·nol·o·gy [dʒæ̀pənálədʒi | -nɔ́l-] *n.* Ⓤ 일본학, 일본 연구 **-gist** *n.*
jape [dʒeip] *n.*, *vi.* 《문어》 농담(을 하다)(joke)
Jap·lish [dʒǽpliʃ] [*Ja*panese + Eng*lish*] *n.* Ⓤ, *a.* 일본식 영어(의)
ja·pon·i·ca [dʒəpánikə | -pɔ́n-] *n.* 〖식물〗 **1** 동백나무 **2** 모과나무
‡**jar**[1] [dʒɑ:r] [Arab. 「토기」의 뜻에서] *n.* **1** (아가리 넓은) **병, 단지,** 항아리 **2** 한 병[단지]의 양 《*of*》
*****jar**[2] [dʒɑ:r] [의성어] *v.* (**~red**; **~·ring**) *vi.* **1 삐걱거리다,** (귀·신경 등에) 거슬리다 《*on, upon*》: His loud laugh *~red on*[*upon*] my ears[nerves]. 그의 큰 웃음소리가 내 귀[신경]에 거슬렸다. **2** 진동하다 **3** 〈진술·행동 등이〉 어긋나다, 충돌하다 《*with*》 **—***vt.* **1** 깜짝 놀라게 하다 **2** (삐걱삐걱·덜커덕덜커덕) 진동시키다
—*n.* **1** (신경에 거슬리게) **삐걱거리는 소리** **2** 격렬한 진동; 충격(shock) **3** (의견 등의) 충돌, 불화, 알력
jar[3] *n.* 《고어》 회전 [다음 성구로]
***on the*[*a*] ~** 〈문 등이〉 조금 열리어(ajar)
jar·di·niere [dʒɑ̀:rdəníər | ʒɑ̀:dinjέə] [F] *n.* 화분 《장식용》; (고기 요리에) 깍둑썰기하여 넣는 야채
jar·ful [dʒɑ́:rfùl] *n.* (*pl.* **~s, jars·ful**) 병[단지]에 가득함[가득한 양] 《*of*》
jar·gon [dʒɑ́:rgən, -gɑn] *n.* Ⓤ **1** ⓊⒸ (특정 집단의) 변말(cant), 은어; 전문어 **2** 종잡을 수 없는 말; 허튼 소리 **3** 지독한 사투리 **—***vi.* 종잡을 수 없는 말을 지껄이다
jar·gon·ize [dʒɑ́:rgənàiz] *vi.* 뜻을 알 수 없는[어려운] 말을 쓰다 **—***vt.* 〈보통 어구를〉 전문어[어려운 말]로 바꿔 말하다[나타내다]
jar·rah [dʒǽrə] *n.* 〖식물〗 마호가니고무나무 《오스트레일리아 원산》; 그 목재
jar·ring [dʒɑ́:riŋ] *n.* ⓊⒸ 삐걱거림, 진동; 부조화, 알력, 충돌 《이해 등의》
—*a.* 삐걱거리는, 귀[신경]에 거슬리는; 〈색이〉 조화되지 않은; 알력의
Jas. James 《성서》
jas·mine [dʒǽzmin] *n.* **1** 〖식물〗 재스민 《인도 원산의 상록 관목》 **2** Ⓤ 재스민 향수; 재스민색 《밝은 노랑》 **3** [**J~**] 여자 이름
jásmine téa 재스민 차
Ja·son [dʒéisn] *n.* 남자이름; 〖그리스신화〗 이아손(Iason) 《금빛 양털(Golden Fleece)을 차지한 용사》
jas·per [dʒǽspər] *n.* 〖광물〗 Ⓤ 벽옥(碧玉)
Jas·per [dʒǽspər] *n.* 남자 이름
já·to ùnit [dʒéitou-] 〖항공〗 이륙용 보조 로켓 《연료가 떨어지면 버림》
jaun·dice [dʒɔ́:ndis, dʒɑ́:n-] *n.* Ⓤ **1** 〖병리〗 황달 **2** 옹졸한 생각, 질투, 편견
—*vt.* **1** 황달에 걸리게 하다 **2** …에게 옹졸한 생각[편견]을 갖게 하다
jaunt [dʒɔ:nt, dʒɑ:nt] *n.*, *vi.* 《구어》 소풍(excursion)(을 가다), (짧은) 유람 여행(을 하다)
jáunt·ing càr [dʒɔ́:ntiŋ-, dʒɑ́:nt-] (아일랜드의) 경장(輕裝) 이륜마차

J

jaun·ty[dʒɔ́:nti, dʒɑ́:n-] *a.* (**-ti·er**; **-ti·est**) **1** 쾌활한; 의기양양한, 뽐내는 **2** 멋진(stylish), 말쑥한
jáun·ti·ly *ad.* **-ti·ness** *n.*
Jav. Java; Javanese
Ja·va [dʒɑ́:və] *n.* **1** 자바 《인도네시아 공화국의 본섬》 **2** Ⓤ 자바산 커피 **3** 자바종(의 검은색 큰 닭) **4** 〖컴퓨터〗 자바 《프로그램 언어 소프트 웨어》
Jáva màn [the ~] 자바 원인(原人) 《1891년 Java에서 발굴된 화석 인류》
Ja·van [dʒɑ́:vən, dʒǽv-] *a.*, *n.* = JAVANESE
Jav·a·nese [dʒæ̀vəní:z | dʒɑ̀:v-] *a.* **1** 자바의 **2** 자바 섬 사람의; 자바 어의 **—** *n.* (*pl.* ~) **1** 자바 섬 사람 **2** Ⓤ 자바 어
Jáva spárrow 〖조류〗 문조(文鳥)
*__jav·e·lin__ [dʒǽvəlin] *n.* **1** (무기로서의) 던지는 창 **2** Ⓤ [the ~] 〖경기〗 투창 **3** (폭격기 등의) 종렬 비행 편대
‡**jaw** [dʒɔ:] *n.* **1** 턱 《위턱·아래턱》: the lower[upper] ~ 아래[위]턱 **2** [*pl.*] (동물의) 입 **3** [*pl.*] 좁은 입구 《골짜기 등의》; 물건을 끼워 잡는 부분 《집게 등의》; 사지(死地), 위기 **4** 《구어》 수다; 잔소리, 설교
— *vi.*, *vt.* 《구어》 지껄이다; 지리하게 말하다; 설교하다, 타이르다
jaw·bone [dʒɔ́:bòun] *n.* 턱뼈, 《특히》 아래턱뼈
— *vt.*, *vi.* **1** 《속어》 〈정부 등이〉 설득 공작을 하다, 압력을 가하다 **2** 《미·속어》 빌리다, 외상으로 사다
— *a.* 《속어》 설득공작의
— *ad.* 《미·속어》 외상으로
jaw·break·er [-brèikər] *n.* 《구어》 **1** 발음하기 어려운 말 **2** 《미》 딱딱한 캔디[풍선껌]
jaw·break·ing [-brèikiŋ] *a.* 《구어》 발음하기 어려운
*__jay__ [dʒei] [의성어] *n.* **1** 〖조류〗 어치 《땅위를 비스듬히 뛰어다님》 **2** 《구어》 수다쟁이; 얼간이
Jay·cee [dʒéisí:] [*j*unior *c*hamber] *n.* 청년 상공 회의소(junior chamber of commerce)의 회원
jay·gee [-dʒí:] [lieutenant *j*unior *g*rade] *n.* 《미·구어》 중위
Jay·hawk·er [-hɔ̀:kər] *n.* **1** 《미·구어》 Kansas 주의 사람 《별명》 **2** [j~] 《미·속어》 약탈자; 게릴라 대원 《남북 전쟁 당시의》
jay·vee [-ví:] [*j*unior *v*arsity] *n.* = JUNIOR VARSITY; [보통 *pl.*] 그 일원
jay·walk [-wɔ̀:k] [jay의 걸음걸이에서] *vi.* 《구어》 (교통 규칙·신호를 무시하고) 길을 횡단하다 **~·er** *n.*
‡**jazz** [dʒæz] *n.* Ⓤ **1** 〖음악〗 **재즈**; 재즈 댄스 **2** 《속어》 소동, 흥분, 자극, 활기
— *a.* **1** 재즈의 **2** 얼룩덜룩한
— *vi.* **1** 재즈를 연주하다; 재즈 댄스를 추다 **2** 《속어》 쾌활하게 행동하다
— *vt.* **1** 재즈풍으로 연주[편곡]하다; 재즈화하다 **2** 《속어》 허풍을 떨다
~ ***up*** 《미·속어》 재즈식으로 연주하다; 활기 있게 하다, 떠들썩하게 하다, 다채롭게 하다

jazz·man [dʒǽzmæ̀n] *n.* (*pl.* **-men** [-mèn]) 재즈 연주가
jazz·y [dʒǽzi] *a.* (**jazz·i·er**; **-i·est**) 재즈식의; 《구어》 마구 떠들어대는, 활발한
jázz·i·ly *ad.*
J-bar lift [dʒéibɑ̀:r-] 《미》 (1인용) J자형 스키 리프트
J.C., JC Jesus Christ; Julius Caesar
jct(n). junction
Je. June
‡**jeal·ous** [dʒéləs] [L 「열심」의 뜻에서; zealous와 같은 어원] *a.* **1 질투가 많은; 시샘하는**, 선망하는(envious) 《*of*》 **2** 몹시 경계하는 《*of*》, 방심 않는
‡**jeal·ou·sy** [dʒéləsi] *n.* (*pl.* **-sies**) **1** ⓊⒸ **질투**, 투기, 시샘 **2** Ⓤ 빈틈없는 주의, 경계심
*__jean__ [dʒi:n] [ME 「이탈리아 제노바산의 (면포)」의 뜻에서] *n.* **1** [때로 *pl.*; 단수 취급] **진** 《올이 가는 능직 면포》 **2** [*pl.*] 진[데님] 바지
Jean [dʒi:n] *n.* 여자 이름
Jeanne d'Arc [ʒɑ:n-dɑ́:rk] *n.* = JOAN OF ARC
Jean·nette, Jean·ette [dʒənét] *n.* 여자 이름
Jed·da(h) [dʒédə] *n.* 제다 《사우디아라비아의 홍해 연안의 도시》
jeep [dʒi:p] [G.P. (*g*eneral-*p*urpose)] *n.* 지프차; [**J~**] 그 상표명 **—** *vi.*, *vt.* 지프차로 가다[나르다]
*__jeer__ [dʒiər] *vi.* **조롱하다**, 야유하다 《*at*》
— *vt.* 조소하다, 조롱[희롱]하다
— *n.* **조롱**, 희롱, 빈정거리는 말
~·er *n.* **~·ing·ly** *ad.* 조롱[희롱]하여
Jeff [dʒef] *n.* 남자 이름 《Jeffrey의 애칭》
Jef·fer·son [dʒéfərsn] *n.* 제퍼슨 **Thomas** ~ (1743-1826) 《미국 제3대 대통령(1801-9)》
Jef·fer·so·ni·an [dʒèfərsóuniən] *a.* 제퍼슨식 (민주주의)의
— *n.* 제퍼슨(주의) 숭배자[지지자]
Jef·frey [dʒéfri] *n.* 남자 이름 《애칭 Jeff》
*__Je·ho·vah__ [dʒihóuvə] *n.* 〖성서〗 **여호와**, 야훼 《구약 성서의 신》
Jehóvah's Wítnesses 여호와의 증인 《그리스도교의 한 종파》
Je·hu [dʒí:hju:] *n.* **1** 〖성서〗 예후 《이스라엘 왕》 **2** [j~] 《익살》 마부, 운전사(driver), 마구 몰아대는 마부[운전사]
je·june [dʒidʒú:n] *a.* 《문어》 **1 a** 영양분이 적은 **b** 불모의, 메마른(barren) **2** 무미건조한(dry) **3** 《미》 미숙한, 유치한
~·ly *ad.* **~·ness** *n.*
je·ju·ni·ty [dʒidʒú:nəti] *n.* Ⓤ 빈약함; 무미건조
je·ju·num [dʒidʒú:nəm] *n.* (*pl.* **-na** [-nə]) 〖해부〗 공장(空腸)
Je·kyll [dʒékəl, dʒí:k-] *n.* 지킬 박사 **Dr.** ~ 《*The Strange Case of Dr. Jekyll & Mr. Hyde*의 주인공》
Jékyll and Hýde [a ~] 이중인격자
jell [dʒel] [jelly의 역성(逆成)] *vi.* 《구어》 **1** 젤리 모양으로 되다 **2** 〈계획·의견 등이〉 굳어지다

J

— *vt.* **1** 젤리 모양으로 굳히다 **2** 〈계획·의견 등을〉 굳히다
— *n.* = JELLY

jel·lied [dʒélid] *a.* 젤리 모양으로 굳힌; 젤리로 싼

Jell-O [dʒélou] *n.* Ⓤ 젤로 《과일의 맛과 빛깔과 향을 낸 디저트용 젤리; 상표명》

‡**jel·ly** [dʒéli] [L 「얼리다」의 뜻에서] *n.* (*pl.* **-lies**) **1** Ⓤ **젤리** **2** ⓊⒸ 젤리 모양의 것
— *v.* (**-lied**) *vi.* 젤리가 되다, 젤리 모양으로 굳어지다 — *vt.* **1** 젤리 모양으로 만들다[굳히다] **2** 〈식품을〉 젤리에 넣다, 젤리로 덮다[채우다]

***jel·ly·fish** [dʒélifiʃ] *n.* (*pl.* [집합적] **~**, **~·es**) **해파리**; 《구어》 의지가 약한 사람

jem·my [dʒémi] *n.* (*pl.* **-mies**) 《영》 **1** = JIMMY **2** 구운 양의 머리

Jen·ghis[Jen·ghiz] Khan [dʒéŋgis-kɑ́ːn, -giz-] *n.* = GENGHIS KHAN

Jen·ner [dʒénər] *n.* 제너 **Edward ~** (1749-1823) 《영국의 의사; 종두의 창시자》

jen·net [dʒénit] *n.* 스페인종의 조랑말; 암탕나귀

jen·ny [dʒéni] [Jeeny의 전용(轉用)] *n.* (*pl.* **-nies**) **1** 자동 기중기 **2** 제니 방적기 **3** (여러 동물·새의) 암컷; 암탕나귀

Jen·ny [dʒéni] *n.* 여자 이름 《Jane의 애칭》

jeop·ard [dʒépərd] *vt.* 《미》 = JEOPARDIZE

***jeop·ard·ize** [dʒépərdàiz] *vt.* **위태롭게 하다**

jeop·ard·ous [dʒépərdəs] *a.* 위험한

***jeop·ard·y** [dʒépərdi] *n.* **1** Ⓤ [보통 in ~로] **위험**(risk) **2** 〖미국법〗 (피고의) 유죄가 될 위험성
— *vt.* = JEOPARDIZE

Jer. Jeremiah; Jeremy; Jerome; Jersey

jer·bo·a [dʒərbóuə, dʒɛər-] *n.* 〖동물〗 날쥐

jer·e·mi·ad [dʒèrəmáiəd] *n.* (장황한) 넋두리[푸념], 한탄

Jer·e·mi·ah [dʒèrəmáiə] *n.* 〖성서〗 예레미야 《히브리의 예언자》; 예레미야서 《구약 성서의 한 권; 略 Jer.》

Jer·e·my [dʒérəmi] *n.* 남자 이름

je·rid [dʒəríːd] *n.* **1** 투창 《터키·이란·아라비아 기병의 나무창》 **2** (마상) 투창 경기

‡**jerk**[1] [dʒəːrk] *n.* **갑자기 잡아당김[밀침, 비틂, 찌름, 던짐]**; 반사 운동, 경련; 바보
— *vt.* **1 갑자기 움직이다[당기다, 밀치다, 찌르다, 비틀다]**, 홱 던지다: He *~ed* the carpet *from* under my feet. 그는 내 발밑에서 융단을 홱 잡아당겼다. **2** 내뱉듯이 말하다, 갑자기 말을 퍼붓다: He *~ed out* an insult at me. 그는 갑자기 내게 욕을 퍼부었다. — *vi.* **1** 갑자기 움직이다; 경련하다: The train *~ed along.* 기차는 덜커덩거리며 나아갔다. **2** 내뱉듯이 말하다, 더듬더듬 말하다
~ out 내뱉듯이 말하다 ***~ up*** 〈얼굴 등을〉 갑자기 쳐들다

jerk[2] *vt.* 〈쇠고기를〉 포로 만들다 《저장용》 — *n.* Ⓤ = JERKY[2]

jer·kin [dʒə́ːrkin] *n.* 〖역사〗 16-17세기의 남자용 짧은 상의 《주로 가죽》; 부녀자용 소매 없는 짧은 조끼

jerk·wa·ter [dʒə́ːrkwɔ̀ːtər] 《미·구어》 *n.* 지선(支線) 열차
— *a.* 지선의; 시골의; 작은, 시시한

jerk·y[1] [dʒə́ːrki] *a.* (**jerk·i·er**; **-i·est**) 갑자기[덜커덩, 홱] 움직이는, 경련적인; 변덕스러운
— *n.* (*pl.* **jerk·ies**) 《미》 (스프링이 없는) 덜커덕거리는 마차
jérk·i·ly *ad.* **-i·ness** *n.*

jer·ky[2] [dʒə́ːrki] *n.* Ⓤ 《미》 포육; 《특히》 쇠고기포

Je·rome [dʒəróum] *n.* **1** 남자 이름 《애칭 Jerry》 **2** 성 제롬 **Saint ~** (347?-420?) 《라틴어역 성서를 완성》

jer·ry [dʒéri] *n.* (*pl.* **-ries**) 《영·속어》 실내 변기, 요강(chamber pot)

Jer·ry [dʒéri] *n.* **1** 남자 이름 《Gerald, Gerard, Jeremiah, Jeremy, Jerome의 애칭》 **2** 여자 이름 《Geraldine의 애칭》

jer·ry-build [dʒéribìld] *vt.*, *vi.* (**-built** [-bìlt]) 〈집을〉 날림으로 짓다; 아무렇게나 만들다; 어름어름 해치우다 **~·er** *n.* 날림일 목수 **~·ing** *n.* Ⓤ 날림 공사; 날림 집 **jér·ry-bùlt** *a.* 날림으로 지은

***jer·sey** [dʒə́ːrzi] [제조지인 Jersey 섬 이름에서] *n.* **1** Ⓤ **저지** 《신축성 있는 양복감》 **2** 저지 셔츠 《럭비·축구 선수용》; 저지 스웨터
— *a.* 털실로 짠, 메리야스의

Jer·sey [dʒə́ːrzi] *n.* **1** 저지 섬 《영국 해협 제도 중 최대의 섬》; (이 섬에서 산출되는) 저지 젖소(= **~ cōw**) **2** 《미》 = NEW JERSEY

***Je·ru·sa·lem** [dʒirúːsələm] *n.* **예루살렘**

Jerúsalem ártichoke 〖식물〗 뚱딴지 《덩이줄기는 식용》

Jerúsalem cróss 예루살렘 십자가 《네 가지 끝에 가로 막대가 있는 십자가》

Jerúsalem póny 《익살》 당나귀(donkey)

jess [dʒes] *n.* [보통 *pl.*] (매사냥에서 매의 발에 매는) 젓갖
— *vt.* 〈매에〉 젓갖을 매다

jes·sa·min(e) [dʒésəmin] *n.* = JASMINE

Jes·sa·myn [dʒésəmin] *n.* 여자 이름

Jes·se [dʒési] *n.* **1** 남자 이름 **2** 〖성서〗 이새 《다윗왕의 아버지》

Jes·si·ca [dʒésikə] *n.* 여자 이름

Jes·sie [dʒési] *n.* 여자 이름 《Jessica의 애칭》

‡**jest** [dʒest] [L 「공로담」의 뜻에서] *n.* **1 농담**(joke), 익살; 장난, 희롱 **2** 웃음거리 ***in ~*** 농담으로, 장난으로 ***make a ~ of*** …을 희롱하다
— *vi.* **1** 농담하다, 익살부리다 《*about*》 **2** 희롱하다
— *vt.* 놀리다; 조롱하다

jest·book [dʒéstbùk] *n.* 만담집, 소화집(笑話集)

jest·er [dʒéstər] *n.* **1** 농담하는 사람 **2** 어릿광대 《특히 중세의 왕후·귀족이 거느리던》

J

jest·ing [dʒéstiŋ] *n.* Ⓤ 익살, 시시덕거림; 희롱거림
— *a.* 농담의; 농담을 잘하는, 익살스러운 **~·ly** *ad.*
Je·su [dʒíːzuː, -suː | -zjuː] *n.* 《문어》 =JESUS
Je·su·it [dʒéʒuit, -zju-] *n.* **1** 〖가톨릭〗 예수회(Society of Jesus)의 일원[수사] **2** [**j~**] 《경멸》 음흉한 사람; 궤변가
Jes·u·it·ic, -i·cal [dʒèʒuítik(əl), -zju-] *a.* **1** 예수회의 **2** [**j~**] 《경멸》 음흉한; 궤변적인
⁑**Je·sus** [dʒíːzəs] 〔Heb. 「여호와의 도움」의 뜻에서〕 *n.* **예수**(= **~ Christ**)
~ (*Christ*)! = ***Holy ~!*** 《속어》 이크, 제기랄!
⁑**jet**[1] [dʒet] *n.* **1 분사**, 분출, 사출(spurt) 《*of*》; 사출[분출]물 **2 제트기**(=~ plane) **3** 분출구, 사출구
— *a.* **1** 분출하는, 분사하는 **2** 제트기의[에 의한]
— *v.* (**~·ted**; **~·ting**) *vt.* 내뿜다, 사출[분출]하다
— *vi.* **1** 분출하다, 뿜어나오다 **2** 분사 추진으로 움직이다[나아가다]; 급속히 움직이다[나아가다]
jet[2] *n.* Ⓤ **1** 흑옥(黑玉)(탄), 패갈탄(貝褐炭) 《새까만 석탄》 **2** 흑옥색, 칠흑
— *a.* 흑옥(제)의; 칠흑의
jét áirplane =JET PLANE
jet-black [dʒétblǽk] *a.* 새까만, 칠흑의
jet-borne [-bɔ̀ːrn] *a.* 제트기로 운반되는
jét éngine[mótor] 제트[분사 추진] 엔진
jét fatìgue =JET LAG
jét fighter 제트 전투기
jét gùn (소형의) 백신 주사기 《압착식》
jét làg (제트기 여행의) 시차로 인한 피로
jet·lin·er [-làinər] *n.* 제트 여객기
jét pláne 제트기
jet·port [-pɔ̀ːrt] *n.* 제트기 비행장
jet-pro·pelled [-prəpéld] *a.* 분사 추진식의; 매우 빠른, 힘이 넘친
jét propúlsion (로켓식) 분사 반동 추진
jet·sam [-səm] *n.* Ⓤ 〖해상보험〗 투하(投荷) 《선박 조난 시 바다에 버리는 화물》; 폐기물(cf. FLOTSAM)
jét sèt [보통 the ~] 《구어》 제트족 《제트 여객기로 세계를 돌아 다니는 상류 계급》
jét strèam 〖기상〗 제트 기류; 〖항공〗 (로켓 엔진의) 분류(噴流)
jet·ti·son [dʒétəsn, -zn] *vt.* 배·항공기에서 투하하다; 〈방해물 등을〉 내던지다, 버리다
— *n.* Ⓤ **1** 투하 (행위) **2** 폐기(물)
jet·ty[1] [dʒéti] *n.* (*pl.* **-ties**) 돌제(突堤); 방파제; 선창; 부두(pier)
jetty[2] *a.* (**-ti·er**; **-ti·est**) 흑옥색의; 칠흑의
jeu [ʒəː] 〔F〕 *n.* 장난; 오락
jeu de mots [ʒəː-də-móu] 〔F〕 *n.* 결말, 익살
jeu d'es·prit [-desprí:] 〔F〕 *n.* 기발한 명구, 경구(警句)
jeu·nesse do·rée [ʒəːnés-dəːréi] 〔F〕 *n.* [집합적] 돈 많고 멋진 귀공자[청년]들

⁑**Jew** [dʒuː] 〔Heb. 「Judah 사람」의 뜻에서〕 *n.* **1 유대인**, 히브리 인; 유대교 신자 **2** 《고어·경멸》 고리대금업자, 간상배, 수전노 — *vt.* [**j~**] 《구어·경멸》 속이다, 협잡하다(cheat)
Jew. Jewish
⁑**jew·el** [dʒúːəl] *n.* **1 보석**(gem); (보석 박은) 장신구, 보석 장식 **2** 소중한 사람[물건], 보배
— *vt.* (**~ed**; **~·ing** | **~led**; **~·ling**) [보통 과거분사로] 보석으로 장식하다, 주옥을 박아넣다 **~·lìke** *a.*
jéwel bòx[càse] 보석함, 보석 상자
***jew·el·er** | **jew·el·ler** [dʒúːələr] *n.* **1 보석 세공인 2 보석 상인**
***jew·el·ry** | **jew·el·lery** [dʒúːəlri] *n.* Ⓤ **1 보석류**(jewels) **2** 보석 세공, 보석 장식
jew·el·weed [dʒúːəlwìːd] *n.* 〖식물〗 물봉선화
Jew·ess [dʒúːis] *n.* 《경멸》 JEW의 여성형
jew·fish [dʒúːfìʃ] *n.* (*pl.* **~**, **~·es**) 〖어류〗 농엇과(科) 참바리속(屬)의 큰 물고기
***Jew·ish** [dʒúːiʃ] *a.* **1 유대인의**; 유대인 특유의 **2** 유대교의
— *n.* 《구어》 =YIDDISH
Jew·ry [dʒúːri] *n.* (*pl.* **-ries**) **1** [집합적] 유대인[민족](the Jews) **2** 유대인 사회; 유대인의 종교[문화] **3** 《고어》 유대인 거주 지역
Jew's-ear [dʒúːzìər] *n.* 〖식물〗 목이(木耳)
Jéw's[Jéws'] hàrp 〖음악〗 구금(口琴) 《입에 물고 손가락으로 타는 악기》
Jez·e·bel [dʒézəbèl, -bəl] *n.* **1** 〖성서〗 이세벨 《Israel 왕 Ahab의 방종한 왕비》 **2** [종종 **j~**] 독부, 요부, 음란한 여자
JFK John Fitzgerald Kennedy
jg, j.g. junior grade 《미·해군 속어》 하급
jib[1], **jibb** [ʒib] *n.* **1** 〖항해〗 지브, 이물의 삼각형돛 **2** 〖기계〗 지브 《기중기의 돌출한 회전부》
— *v.* (**~bed**; **~·bing**) *vt.* 〖항해〗 〈돛·활대를〉 한쪽 뱃전에서 다른 뱃전으로 돌리다 — *vi.* 〈돛이〉 삥 돌다
jib[2] *vi.* (**~bed**; **~·bing**) **1** 〈말이〉 옆으로 날뛰거나 뒷걸음질치다; 〈기계가〉 딱 멈추다 **2** 주저하다, …하기 싫어하다 《*at*》
jib·ber [dʒíbər] *n.* 날뛰는 버릇이 있는 말
jíb bòom 〖항해〗 이물 제2사장(斜檣)
jibe[1] [dʒaib] *vi.*, *vt.* 《미》 〖항해〗 =JIB[1]
jibe[2] *n.*, *v.* =GIBE
jibe[3] *vi.* 《미·구어》 조화하다, 일치하다 《*with*》
jib-head·ed [dʒíbhèdid] *a.* 〖항해〗 〈돛이〉 끝이 뾰족한, 지브형의; 〈모든 돛이〉 삼각형인
Jid·da [dʒídə] *n.* =JEDDA
jif·fy [dʒífi], **jiff** [dʒif] *n.* 《구어》 순간: Wait (half) a ~. 잠깐 기다려.
jig [dʒig] *n.* **1** 지그 《빠르고 활발한 4분의 3박자의 춤》; 지그 무곡(舞曲) **2** 〖기계〗 지그 《절삭 공구를 정해진 위치로 이끄는 장치》 **3** 〖광산〗 지그, 비중 선광기

J

— *v.* (**~ged**; **~·ging**) *vt.* **1** 지그 춤을 추다, 지그조로 노래 부르다[연주하다] **2** 급격히 상하로 움직이게 하다 《*up, down*》 **3** 〈광석을〉 지그로 선광(選鑛)하다
— *vi.* **1** 지그 춤을 추다; 뛰어 돌아다니다 **2** 급격하게 상하[전후]로 움직이다

jig·ger[1] [dʒígər] *n.* **1** 지그를 추는[연주하는] 사람 **2** 《미·구어》 (작은) 기계 장치, 대용물(gadget) **3** 《미》 작은 컵 《칵테일 등의 계량용》 **4** 〖낚시〗 지그 낚시 《상하 운동을 하는 제물낚시의 일종》 **5** 〖당구〗 큐 걸이

jigger[2] *n.* 〖곤충〗 모래벼룩; 《미》 진드기의 일종

jig·gered [dʒígərd] *a.* **1** 《구어》 = DAMNED: Well, I'm ~! 설마! **2** 《영·방언》 몹시 지친 《*up*》

jig·ger·mast [-mæ̀st | -mɑ̀:st] *n.* 〖항해〗 4[5]대박이 돛배의 맨 뒤 돛대

jig·ger·y-pok·er·y [dʒígəripóukəri] *n.* 《영·구어》 속임수, 사기, 협잡

jig·gle [dʒígl] *vt., vi.* 가볍게 흔들다[흔들리다] **—** *n.* 가볍게 흔듦

jig·gly [dʒígli] *a.* (**-gli·er**; **-gli·est**) 흔들리는, 불안정한
— *n.* 여배우가 도발적으로 몸을 움직이는 텔레비전 장면

jig·saw [dʒígsɔ̀:] *n.* **1** 실톱, 크랭크톱 《복잡한 곡선을 켜는 데 씀》 **2** = JIGSAW PUZZLE

jígsaw pùzzle 조각 그림 맞추기

jig·time [dʒígtáim] *n.* 《미·구어》 잠깐, 즉각(a short time)

ji·had [dʒihɑ́:d] *n.* **1** (이슬람교도의) 성전(聖戰), 지하드 **2** (주의를 위한) 열광적[맹렬한] 활동; 《속어》 목숨을 건 공격[폭력]

jill [dʒil] *n.* [때로 **J~**] 여자, 처녀; 애인

jil·lion [dʒíljən] *n., a.* 《구어》 막대[방대]한 수(의)

jilt [dʒilt] *n.* 바람난 여자, 남자를 버리는 여자 **—** *vt.* 〈여자가 남자를〉 끝내 차버리다 **jílt·er** *n.*

Jim [dʒim] *n.* 남자 이름 《James의 애칭》

Jím Crów·ism [-króuizm] [때로 **j~ c~**] 《미·구어》 흑인 차별주의[정책]

jim·i·ny [dʒíməni] *int.* 《구어》 허, 으악 《놀람·공포 등을 나타내어》

jim·jams [dʒímdʒæ̀mz] *n. pl.* [the ~] 《구어》 **1** = DELIRIUM TREMENS **2** 신경과민, 조마조마함, 오싹함

jim·my [dʒími] *n.* (*pl.* **-mies**) 《미》 조립식 쇠지렛대 (《영》 jemmy) 《강도의 용구》 **—** *vt.* (**-mied**) 〈문 등을〉 쇠지렛대로 억지로 열다

Jim·my, Jim·mie [dʒími] *n.* 남자 이름 《James의 애칭》

jimp [dʒimp] *a.* 《스코》 날씬한, 마른 편인; 부족한(scanty)
— *ad.* 거의 …없이

jim·son·weed [dʒímsnwì:d] *n.* [종종 **J~**] 〖식물〗 흰독말풀

Jin·ghis Khan [dʒíŋgiz-kɑ́:n] *n.* = GENGHIS KHAN

***jin·gle** [dʒíŋgl] [의성어] *n.* 딸랑딸랑[짤랑짤랑], 따르릉 《울리는 소리》
— *vt.* 딸랑딸랑[짤랑짤랑] 울리게 하다
— *vi.* **1** 짤랑짤랑 울리면서 움직이다[나아가다] **2** 듣기 좋게 울리다; (시의) 운이 맞다; 압운(押韻)하다(rhyme)

jíngle bèll 딸랑거리는 방울; 썰매의 방울

jin·gly [dʒíŋgli] *a.* 듣기 좋게[딸랑딸랑] 울리는

jin·go [dʒíŋgou] *n.* (*pl.* **~es**) 강경 외교론자, 주전론자, 맹목적 애국자
— *a.* 감정적인 대외 강경론의, 주전론의

jin·go·ism [dʒíŋgouìzm] *n.* Ⓤ 호전적 애국주의, 침략적 배외주의 정책
-ist *n., a.*

jin·go·is·tic [dʒìŋgouístik] *a.* 주전론적인, 대외 강경론의

jink [dʒiŋk] *vt., vi.* 《주로 영》 속이다; 날쌔게 몸을 피하다
— *n.* **1** 《주로 영》 쓱 피함, 날쌔게 비킴 **2** [*pl.*] 홍청망청 떠들기

jinn [dʒin] *n.* (*pl.* **~s**, **~**) (이슬람교 신화의) 정령, 신령(genie)

jin·ni, jin·nee [dʒiní:, dʒíni | dʒiní:] *n.* = JINN

jinx [dʒiŋks] [그리스에서 마술에 쓰인 새 이름에서] *n.* 《미·속어》 (불운을 가져오는) 재수없는 것[사람], 불운, 불길, 징크스: put a ~ *on* …에 불행을 가져오다
— *vt.* …에게 불운을 가져오다

JIS Japanese Industrial Standards 일본 공업 규격

jism [dʒism] *n.* 《속어》 원기, 정력, 활력; 《속어》 흥분; 《비어》 정액

jit·ney [dʒítni] *n.* 《미·구어》 **1** 5센트 백동화(nickel) **2** (단거리 운행의) 요금이 싼 소형 버스
— *a.* 5센트의, 값싼, 날림의

jit·ter [dʒítər] 《구어》 *vi.* **1** 안달하다, 신경질적으로 행동하다 **2** 조금씩 움직이다
— *n.* **1** [the ~s] 신경 과민, 초조, 공포감 **2** 〖전자〗 지터 《파형의 순간적인 흐트러짐》 **—** *a.* 겁내는, 신경질적인

jit·ter·bug [dʒítərbʌ̀g] 《구어》 *n.* **1** 재즈광, 스윙 (음악)팬; 지르박 **2** 신경질적인 사람 **—** *vi.* (**~ged**; **~·ging**) 요란스레 춤추다, 지르박을 추다

jit·ter·y [dʒítəri] *a.* 《구어》 신경 과민의

jive [dʒaiv] 《속어》 *n.* **1** Ⓤ 재즈, 스윙 (음악) **2** 《미》 시시한 이야기 **—** *vt.* 스윙을 연주하다; 스윙에 맞추어 춤추다
— *a.* 거짓의, 엉터리의

Jl. July

jna·na [dʒənɑ́:nə] *n.* 〖힌두교〗 (Brahman에 이르기 위한 명상·학습을 통한) 지식, 지(智)

Jno. John

jnr. junior

jnt. joint

jo [dʒou] *n.* (*pl.* **joes**) 《스코》 애인, 연인

Joan of Arc [dʒóun-əv-ɑ́:rk] 잔 다르크(Jeanne d'Arc) (1412-31) 《100년 전쟁에서 나라를 구한 프랑스의 성녀》

*****job** [dʒɑb | dʒɔb] *n.* **1 a** 일; 삯일, 품팔이 **b** 일터, (건축 등의) 현장 **2** 《구어》 직업, 직장 **3** 《주로 영·구어》 [보통 a good[bad] ~] 사건(affair), 사정, 사태; 운(luck) **4** 《주로 영》 (공직을 이용한) 부정행위, 독직

J

a bad*[*good*] ~** 난처한[좋은] 상태 ***a ~ of work 《영·구어》 (힘드는) 일(task) ***by the ~*** 품삯을 정하여, 도급으로 ***just the ~*** 《구어》 안성맞춤의 것 ***lie down on the ~*** 직무를 태만히 하다 ***make the best of a bad ~*** 어려운 사태를 잘 수습하다 ***on the ~*** 《구어》 일에 종사하고 (있는 동안에) ***out of a ~*** 실직하여
— *v.* (**~bed**; **~·bing**) *vi.* **1** 삯[도급]일 하다 **2** (공직을 이용하여) 부정한 돈벌이를 하다
— *vt.* **1** 〈일을〉 도급주다 《*out*》 **2** 주식을 매매[중매]하다, 도매하다 **3** 《영》 직권을 이용하여 (어떤 자리에) 앉히다 《*into*》

Job [dʒoub] *n.* 〚성서〛 욥 《히브리의 족장; 인고(忍苦)·독신(篤信)의 전형》; (구약성서의) 욥기(記)

jób anàlysis 〚경영〛 직무 분석

jo·ba·tion [dʒoubéiʃən] *n.* 《영·구어》 장황한 잔소리, 긴 사설

job·ber [dʒábər | dʒɔ́b-] *n.* **1** 도매상인 **2** 삯일꾼 **3** 《영》 (거래소의) 장내 중매인

job·ber·nowl [dʒábərnòul | dʒɔ́b-] *n.* 《영·구어》 바보, 얼간이

job·ber·y [dʒábəri | dʒɔ́b-] *n.* Ⓤ (공직을 이용한) 부정 이득, 부정 축재

job·hold·er [-hòuldər] *n.* 일정 직업을 가진 사람; 《미·구어》 공무원, 관리

job-hop [-hàp | -hɔ̀p] *vi.* 직장을 전전하다

job-hop·per [-hàpər | -hɔ̀pə] *n.* 《구어》 직장을 전전하는 사람

job-hunt·er [-hʌ̀ntər] *n.* 《구어》 구직자

job·less [dʒáblis | dʒɔ́b-] *a.* **1** 실직한(unemployed), 무직의; 실업자를 위한: a ~ rate 실업률 **2** [the ~; 집합적] 실업자들 **~·ness** *n.* Ⓤ 실직; 무직

jób lòt (한 무더기 얼마의) 싸구려 물건

jób prìnter (명함·초대장·전단 등) 잡물 인쇄업자

jób prìnting 잡물 인쇄

Jób's cómforter [dʒóubz-] [성서 「욥기」에서] 욥의 위안자 《위로하는 체하면서 오히려 괴로움을 더 주는 사람》

jób tìcket 작업[업무] 일지, 작업표

jób wòrk 도급[삯]일; 잡물 인쇄

Jo·cas·ta [dʒoukǽstə] *n.* 〚그리스신화〛 요카스타 《모르고 아들 Oedipus와 결혼한 테베의 왕비》

Joc·e·lyn [dʒásəlin | dʒɔ́s-] *n.* 여자 이름

***jock·ey** [dʒáki | dʒɔ́ki] *n.* **1** 〚경마〛 기수 **2** (엘리베이터·트럭 등의) 운전사, 조종자; = DISK JOCKEY **3** 《영》 젊은이, 아랫사람 — *vt.* **1** 〚경마〛 기수로서 〈말을〉 타다 **2** 교묘하게 조정하여 움직이다[가져오다, 놓다] **3** 속이다, 협잡하다 《*into, out of*》 — *vi.* **1** 기수로서 일하다 **2** 사기치다, 협잡하다 **3** (…을 얻으려고) 책략을 쓰다 《*for*》

jóckey càp 기수 모자

jóckey clùb 경마 클럽

jock·strap [dʒákstræ̀p | dʒɔ́k-] *n.* **1** (남자 운동선수용) 국부 서포터 **2** 《속어》 (남자) 운동선수

jo·cose [dʒoukóus] *a.* 우스꽝스러운, 익살맞은, 까부는(facetious) **~·ly** *ad.*

jo·cos·i·ty [dʒoukásəti | -kɔ́s-] *n.* (*pl.* **-ties**) Ⓤ 익살(맞음); Ⓒ 익살스러운 언행

joc·u·lar [dʒákjulər | dʒɔ́k-] [L 「작은 조크(joke)」의 뜻에서] *a.* 익살맞은, 우스꽝스러운(humorous)

joc·u·lar·i·ty [dʒàkjulǽrəti | dʒɔ̀k-] *n.* (*pl.* **-ties**) Ⓤ 익살, 우스꽝스러움; Ⓒ 익살맞은 언행

***jo·cund** [dʒákənd | dʒɔ́k-] *a.* 《문어》 **명랑한,** 쾌활한, 유쾌한 **~·ly** *ad.*

jo·cun·di·ty [dʒoukʌ́ndəti] *n.* (*pl.* **-ties**) 《문어》 Ⓤ 명랑, 쾌활; Ⓒ 명랑한 언행

jodh·pur [dʒádpər | dʒɔ́d-] *n.* [*pl.*] 승마 바지: ~ boots 승마용 장화

Joe [dʒou] *n.* **1** 남자 이름 《Joseph의 애칭》 **2** 여보, 형씨 《이름을 모르는 사람을 부를 때》

***jog**[1] [dʒag | dʒɔg] *v.* (**~ged**; **~·ging**) *vt.* **1** **살짝 밀다,** 흔들다 **2** (주의를 끌기 위하여) 꾹 찌르다(nudge); 《구어》 〈기억을〉 환기[상기] 시키다 **3** 〈말을〉 느린 속보로 몰다
— *vi.* **1** 〈사람·말이〉 **느리게[천천히] 달리다;** (건강을 위해) **조깅하다** 《*on, along*》 **2** 터벅터벅 걸어가다[타고 가다] **3** 출발하다(depart)
— *n.* **1** 가벼운 흔들림; 슬쩍 밀기, (팔꿈치로) 찌르기(nudge) **2** (말의) 느린 속보 (= ~ trot)

jog[2] *n.* 《미》 울퉁불퉁함
— *vi.* (**~ged**; **~·ging**) 급히 돌다

jog·ging [dʒágiŋ | dʒɔ́g-] *n.* Ⓤ 조깅, 느린 구보

jog·gle [dʒágl | dʒɔ́gl] *vt.* 흔들다
— *vi.* 흔들리다
— *n.* 가벼운 흔들림

jóg tròt **1** 터벅터벅 걸음; 〚승마〛 느린 속보 **2** 단조로운 방식[생활]

Jo·han·nes·burg [dʒouhǽnisbə̀:rg] *n.* 요하네스버그 《남아프리카 공화국 북부의 도시》

***John** [dʒan | dʒɔn] *n.* **1** 〚성서〛 **세례 요한**(=~ the Baptist) **2 St. ~** 사도 요한 **3** 요한복음 **4** 남자 이름 **5** 존 왕 (1167?-1216) 《영국왕(1199-1216); Magna Carta의 서명자》

Jóhn Bírch Socìety [the ~] 《미》 존 버치 협회 《미국의 반공 극우 단체; 1958년 창설》

Jóhn Búll [John Arbuthnot의 풍자문 *The History of John Bull*에서] 영국, 영국민(cf. UNCLE SAM)

Jóhn Chínaman 《경멸》 중국인

Jóhn Cítizen 《구어》 일반 시민, 보통 사람

Jóhn Dóe 〚영국법〛 존 도 《토지 회복 소송에서 원고의 가상적 이름》

Jóhn Dóry 〚어류〛 = DORY

Jóhn Hán·cock [-hǽnkak | -kɔk] [John Hancock이 미국 독립 선언서의 서명자인데 그 굵은 글씨에서] 《미·구어》 자필 서명

J

John·ny [dʒɑ́ni | dʒɔ́ni] *n.* (*pl.* **-nies**) **1** 남자 이름 《John의 애칭》 **2** 멋쟁이 (dandy)

john·ny·cake [dʒɑ́nikèik | dʒɔ́-] *n.* [UC] (미) 옥수수빵

Jóhnny Canúck (캐나다) **1** 캐나다 《의인화한 표현》 **2** (구어) (전형적인) 캐나다 사람

John·ny-come-late·ly [-kʌ̀mléitli] *n.* (*pl.* **-lies, John·nies-**) (속어) 풋내기; 벼락부자

John·ny-jump-up [-dʒʌ́mpʌ̀p] *n.* (미) 〖식물〗 (야생) 팬지(pansy); 제비꽃

Jóhn Pául II [-ðə-sékənd] 요한 바오로 2세(1920-2005) 《로마 교황(1978-2005)》

John·son [dʒɑ́nsn | dʒɔ́n-] *n.* 존슨 **1 Samuel** ~ (1709-84) 《영국의 문인·사전 편찬가》 **2 Lyndon Baines** ~ (1908-73) 《미국의 제36대 대통령(1963-69)》 **3 Andrew** ~ (1808-75) 《미국의 제17대 대통령》

John·son·ese [dʒɑ̀nsəníːz | dʒɔ̀n-] *n.* [U] Samuel Johnson의 문체 《라틴어가 많고 과장된 문체》

John·so·ni·an [dʒɑnsóuniən | dʒɔn-] *a.* (새뮤얼) 존슨식의 〈문체 등〉
— *n.* 존슨 모방자[숭배자, 연구가]

Jóhn the Báptist 〖성서〗 세례 요한

joie de vi·vre [ʒwɑ́ː-də-víːvrə] [F =joy of living] *n.* 삶의 기쁨

⁑join [dʒɔin] *vt.* **1 결합하다,** 맞붙이다 《*together, up*》: ~ one thing *to* another 어떤 것을 딴 것과 결합하다 **2** 연결하다, 잇다, 갖다 붙이다(connect); 연락하다 **3 참가하다,** 축에 끼다, 가입하다 《*in, for*》; 합류하다 **4** 입대하다 **5** (결혼 등으로) **맺어주다,** 결합시키다: ~ two persons *in* marriage 두 사람을 결혼시키다 **6** 〈강·길이 …와〉 **합치다,** 합류하다
— *vi.* **1 연결[결합]되다,** 합쳐지다(meet, come together) **2** 〈터 등이〉 인접하다, 접하다 **3** 행동을 같이 하다 《*with*》, **참가하다**(take part) 《*in*》 **4** 합동하다, 동맹하다
~ ***up*** 동맹[제휴]하다; 입대하다
— *n.* 이은 자리[점, 선, 면], 이음매
jóin·a·ble *a.*

join·der [dʒɔ́indər] *n.* [UC] **1** 결합하기 **2** 〖법〗 공동 소송; (상대방에 의한 소송의) 수리(受理)

join·er [dʒɔ́inər] *n.* **1** 결합자, 접합물 **2** (영) 가구장이, 소목장이

join·er·y [dʒɔ́inəri] *n.* [U] 소목장이 일; 가구류

⁑joint [dʒɔint] *n.* **1 이음매;** 접합(법); 이은 자리; 〖기계〗 조인트 **2** 〖해부〗 **관절 3** 〖식물〗 (가지·잎의) 마디 **4** 〖지질〗 (암석의) 절리 ***out of*** ~ 탈구하여, 관절이 빠져; 고장 나서, 혼란해져서
— *vt.* 잇대다; 이음새[마디]로 나누다; 〈고기를〉 관절에서 큰 덩어리로 자르다; 〖건축〗 〈접합부를〉 회칠하다, 〈판자를〉 맞춰 끼우다
— *a.* [A] **공동의; 합동[연합]의,** 공유의; 연대의: ~ authors 공저자
jóint·ly *ad.* 공동[연대적]으로

jóint accóunt (주로 부부 명의의) 공동 예금 계좌

jóint commúnique 공동 성명

jóint convéntion (미) 양원 합동 회의

joint·ed [dʒɔ́intid] *a.* 이음매[관절]가 있는

jóint·ing rùle [jɔ́intiŋ-] 〖석공〗 접자

joint·less [jɔ́intlis] *a.* 이음매[관절]가 없는

jóint retúrn (부부의) 소득세 합산 신고서

jóint séssion[méeting] (미) 양원 합동 회의

jóint stóck 합자, 공동 출자; 주식 자본

jóint-stóck cómpany [dʒɔ́intstɑ́k- | -stɔ́k-] (미) 합자 회사; (영) 주식 회사

join·ture [dʒɔ́intʃər] 〖법〗 *n.* 과부 급여 《남편 사후 처의 소유가 되도록 정해진 부동산》 — *vt.* 〈처에게〉 과부 급여를 설정하다

jóint vénture 공동 사업(체); 합작 (사업), 합작 회사

joist [dʒɔist] *n.* (마루청·천장 등을 받치는) 장선, 들보
— *vt.* 장선을 놓다
~·ed [-id] *a.* 장선을 놓은; 장선을 단

⁂joke [dʒouk] *n.* **1 농담,** 익살, 조크; 놀림, 장난(jest) **2** 웃음거리 《*of*》
as* [*for*] *a ~ 농담 삼아 ***be* [*go*] *beyond a*** ~ (구어) 웃을 일이 아니다 ***in*** ~ 농담으로 ***It is no*** ~. 농담이 아니다. ***play a*** ~ ***on*** a person …을 놀리다
— *vi.* **농담하다,** 익살부리다; 희롱하다
— *vt.* **놀리다**(banter), 조롱하다, 비웃다
***joking apart* [*aside*]** 농담은 그만두고

joke·book [dʒóukbùk] *n.* 소화집(笑話集)

***jok·er** [dʒóukər] *n.* **1 농담하는 사람,** 익살꾼 **2** 예기치 않은 곤란, 뜻밖의 장애 **3** 〖카드〗 **조커 4** (구어) 놈, 녀석(fellow) **5** 책략

joke·smith [dʒóuksmìθ] *n.* (구어) 조크 작가

jok·ing·ly [dʒóukiŋli] *ad.* 농담[장난]으로

jok·y, jok·ey [dʒóuki] *a.* (**jok·i·er; -i·est**) 농담을 좋아하는

jo·lie laide [ʒɔlíː-léid] [F] *n.* 예쁘지 않으나 매력있는 여자

Jo·liot-Cu·rie [ʒɔ́ːljoukjuríː] *n.* 졸리오퀴리 **1** (**Jean**) **Frédéric** ~ (1900-58) 《프랑스의 물리학자; 노벨 화학상(1935)》 **2 Irène** ~ (1897-1956) 《Curie 부처의 장녀, 1의 아내; 프랑스의 물리학자; 노벨 화학상(1935)》

jol·li·er [dʒɑ́liər | dʒɔ́l-] *n.* 추어 올리는[놀리는, 야유하는] 사람

jol·li·fi·ca·tion [dʒɑ̀ləfikéiʃən | dʒɔ̀l-] *n.* **1** [UC] 흥청망청 놀기, 환락 **2** [종종 *pl.*] 잔치판, 놀이

jol·li·fy [dʒɑ́ləfài | dʒɔ́l-] *vi., vt.* (**-fied**) (술로) 신명이 나다, 유쾌하게 떠들어대다

jol·li·ly [dʒɑ́lili | dʒɔ́l-] *ad.* 유쾌하게, 명랑하게

jol·li·ness [dʒɑ́linis | dʒɔ́l-] *n.* [U] 명랑, 유쾌; 들뜸

J

jol·li·ty [dʒáləti | dʒɔ́l-] *n.* (*pl.* **-ties**) Ⓤ 즐거움, 유쾌; Ⓒ 《영》 술잔치, 떠들며 놀기

‡**jol·ly** [dʒáli | dʒɔ́li] 〔OF 「쾌활한」의 뜻에서〕 *a.* (**-li·er**; **-li·est**) **1 즐거운,** 유쾌한, **명랑한 2** (술로) 기분 좋은, 얼근한
— *ad.* 《영·구어》 매우, 대단히(very): a ~ good fellow 참 좋은 친구
— *n.* (*pl.* **-lies**) [*pl.*] 《속어》 홍청망청 (놀기)
— *vt.* (**-lied**) 《구어》 **1** (기분을 맞춰) 즐겁게 하다, 추어 올리다(flatter) 《*along, up*》 **2** 놀리다, 야유하다(kid)

jólly bòat (선박 부속의) 작은 보트

Jólly Róger [the ~] 해적기 《검은 바탕에 흰색으로 해골과 두 개의 뼈를 엇걸어 그린 기》

＊**jolt** [dʒoult] *vt.* **1** 〈마차 등이 승객을〉 **갑자기 세게 흔들다,** 덜커덩거리게 하다 **2 세게 치다;** 〈기억 등을〉 갑자기 되살리다
— *n.* **1** 심한 상하 요동, 급격한 동요 **2** 정신적 충격, 쇼크; 놀람 **3** 《주로 미·속어》 (독한 술의) 한 모금 **jólt·er** *n.*

jolt·y [dʒóulti] *a.* (**jolt·i·er**; **-i·est**) 동요가 심한, 덜거덕덜거덕 흔들리는

Jon. 〔성서〕 Jonah; Jonathan

Jo·nah [dʒóunə] *n.* **1** 〔성서〕 요나 《히브리의 예언자》; 요나서(書) **2** 화·불행을 가져오는 사람

Jon·a·than [dʒánəθən | dʒɔ́n-] *n.* **1** 남자 이름 **2** 미국 사람, 《특히》 New England의 주민(cf. UNCLE SAM, JOHN BULL) **3** 〔성서〕 요나단 《Saul의 아들로서 David의 친구》 **4** 《미》 홍옥(紅玉) 《사과의 품종》

Jones [dʒounz] *n.* **1** 남자 이름 **2** [the ~es] 이웃[동네] 사람들 **3** 존스 **Daniel** ~ (1881-1967) 《영국의 음성학자》

jon·gleur [dʒáŋglər] 〔F〕 *n.* (중세 프랑스·영국의) 방랑 시인

jon·quil [dʒáŋkwil | dʒɔ́ŋ-] *n.* 〔식물〕 노랑수선화; Ⓤ 연한 황색

Jon·son [dʒánsn | dʒɔ́n-] *n.* 존슨 **Ben(jamin)** ~ (1572-1637) 《영국의 시인·극작가》

Jor·dan [dʒɔ́:rdn] *n.* **1** 요르단 《아시아 서남부의 왕국; 수도 Amman》 **2** [the ~] 요단강 《Palestine의 강》

Jor·da·ni·an [dʒɔ:rdéiniən] *n., a.* 요르단 사람(의)

Jos. Joseph; Josephine; Josiah

Jo·sé [houséi] 〔Sp.〕 *n.* 남자 이름

＊**Jo·seph** [dʒóuzəf] *n.* **1 a** 〔성서〕 **요셉** 《야곱의 아들》 **b** 지조가 굳은 남자 **2** 〔성서〕 **요셉** 《그리스도의 어머니 마리아의 남편; 나사렛의 목수》 **3** 남자 이름

Jo·se·phine [dʒóuzəfi:n] *n.* 여자 이름

josh [dʒaʃ | dʒɔʃ] 《미·속어》 *n.* 악의 없는 농담[조롱] — *vt., vi.* 놀리다, 농담하다

Josh. 〔성서〕 Joshua

Josh·ua [dʒáʃwə | dʒɔ́ʃ-] *n.* **1** 남자 이름 **2** 〔성서〕 여호수아 《이스라엘 민족의 지도자; 모세의 후계자》; 여호수아서(書) 《略 Josh.》

Jo·si·ah [dʒousáiə] *n.* 남자 이름; 〔성서〕 요시야 《종교 개혁을 수행한 유대왕》

Jo·sie [dʒóusi, -zi] *n.* 여자 이름 《Josephine의 애칭》

joss [dʒas | dʒɔs] *n.* (중국인이 섬기는) 우상, 신상(神像)

jóss hòuse 중국의 절(Chinese temple)

jóss stìck 선향(線香) 《joss 앞에 피우는》

＊**jos·tle** [dʒásl | dʒɔ́sl] *vt.* **1** (난폭하게) **밀다,** 밀치다, 떼밀다(push) **2** …와 인접하여 있다 **3** (이익·지위를 놓고) …와 겨루다 — *vi.* **1** 밀다, 밀치다, 물리치다, 서로 밀다, 부딪다 《*against, with*》 **2** 다투다, 겨루다 — *n.* 밀치락달치락함, 혼잡

＊**jot** [dʒat | dʒɔt] *n.* [a ~; 보통 부정문에서] (매우) **적음,** 조금: I do*n't* care *a* ~. 전연 상관 없다.
not one* [*a*] ~ *or tittle 조금도 …않다
— *vt.* (**~·ted**; **~·ting**) 간단히 몇 자 적어두다, 메모하다 《*down*》

jot·ting [dʒátiŋ | dʒɔ́t-] *n.* Ⓤ 대강 적어 두기; [보통 *pl.*] 메모, 비망록

joule [dʒu:l, dʒaul] 〔James Prescot Joule(1818-89)의 이름에서〕 *n.* 〔물리〕 줄 《일과 에너지의 SI 단위; = 10 million ergs; 기호 J》

jounce [dʒauns] *vt., vi.* 덜커덕덜커덕 흔들다[흔들리다], 덜커덕거리다
— *n.* (상하의) 동요

jour. journal; journalist; journeyman

‡**jour·nal** [dʒə́:rnl] *n.* **1 일지,** 일기 《보통 diary보다 문학적인 것》 **2 신문,** 일간 신문 **3 잡지,** 정기 간행물; (학술 단체 등의) **기관지**: a monthly ~ 월간 잡지 **4** [the J~s] 《영》 국회 의사록 **5** 〔항해〕 항해 일지(logbook) **6** 〔부기〕 분개장(分介帳) **7** 〔기계〕 저널 《회전축의 베어링 부분》

jóurnal bòx 〔기계〕 저널 박스 《베어링과 그 급유 장치가 들어있는 케이스》

jour·nal·ese [dʒə̀:rnəlí:z] *n.* Ⓤ 《경멸》 신문 잡지 기사체; 신문 기사식 논조[말투]; 신문[보도] 용어

‡**jour·nal·ism** [dʒə́:rnəlìzm] *n.* Ⓤ **1 저널리즘;** 신문 잡지 편집[경영](업) **2** 신문·잡지계, 언론계 **3** 신문·잡지식 잡문

‡**jour·nal·ist** [dʒə́:rnəlist] *n.* **저널리스트** 《신문·잡지·방송 기자》; 보도 관계자; 언론인

＊**jour·nal·is·tic** [dʒə̀:rnəlístik] *a.* **신문 잡지 같은,** 신문 잡지 기자식의
-ti·cal·ly *ad.*

jour·nal·ize [dʒə́:rnəlàiz] *vt.* 일기에 적다; 〔부기〕 분개하다
— *vi.* 일기를 적다; 〔부기〕 분개장에 써넣다

‡**jour·ney** [dʒə́:rni] *n.* **1 여행**: a ~ into the country 시골 여행 **2** 여행 일정, 여정; (인생의) 행로, 편력
break* one's ~** 여행을 중단하다, 도중 하차하다 ***go* [*start, set out*] *on a* ~** 여행을 떠나다 ***make* [*take*] *a* ~** 여행을 하다 ***on a* ~** 여행에 나서서, 여행 중에 ***one's ~'s end 《문어》 여로의 끝; (인생) 행로의 종말
— *vi.* 《문어》 여행하다 **~·er** *n.* 여행자

J

jour·ney·man [dʒə́ːrnimən] *n.* (*pl.* **-men** [-mən]) 장인(匠人), 기능인
jour·ney·work [-wə̀ːrk] *n.* Ⓤ (장인의) 일; 날품팔이 일; 허드렛일
joust [dʒaust] *n.* 마상 창시합(tilt); [종종 *pl.*] 마상 창시합 대회
— *vi.* 마상 창시합을 하다; 시합[경기]에 참가[출전]하다
Jove [dʒouv] *n.* =JUPITER
By ~! 《영·구어》 신에 맹세코; 천만에! 《놀람·찬성·강조·기쁨·혐오 등을 나타냄》
jo·vi·al [dʒóuviəl] [본래 목성(Jove)은 유쾌한 기분을 감응시킨다고 생각한 데서] *a.* 명랑한, 즐거운, 유쾌한(merry)
~·ly *ad.*
jo·vi·al·i·ty [dʒòuviǽləti] *n.* (*pl.* **-ties**) **1** Ⓤ 즐거움, 유쾌, 명랑 **2** [*pl.*] 명랑한 말[행위]
Jo·vi·an [dʒóuviən] *a.* **1** Jupiter 신의; (Jupiter 신처럼) 의젓한, 당당한 **2** 목성(Jupiter)의
Jo·vi·ol·o·gist [dʒòuviɑ́lədʒist | -ɔ́l-] *n.* 목성학자
jow [dʒau, dʒou] 《스코》 *n.* 종소리, 방울 소리 **—** *vi., vt.* 〈종·방울을[이]〉 울리다; 〈머리를〉 때리다
jowl [dʒaul] *n.* **1** 턱뼈(jawbone); 턱(jaw), 아래턱 **2** 뺨(cheek) **3** (소·돼지·새의) 늘어진 목살 **4** 물고기의 대가리
jowl·y [dʒáuli] *a.* 아래턱이 발달한; 군턱의
⁑joy [dʒɔi] *n.* **1** Ⓤ **기쁨**, 즐거움, 환희: in ~ 기뻐서 **2** 기쁨을 가져다 주는 것, 기쁨의 근원 **3** Ⓤ [부정·의문문에서] 《영·구어》 일이 잘됨, 성공, 만족
for ~ 기뻐서 ***in ~ and in sorrow*** 기쁠 때나 슬플 때나 ***I wish you ~ of*** your success. (성공을) 축하합니다. ***~s and sorrows*** 기쁨과 슬픔, 희비, 고락 ***no ~*** 《구어》 불만족 ***to*** one***'s ~*** 기쁘게도
— *vi.* (주로 시어) 기뻐하다(rejoice): He *~ed in* my good luck. 그는 나의 행운을 기뻐해 주었다.
— *vt.* 《폐어》 기쁘게 하다(gladden)
joy·ance [dʒɔ́iəns] *n.* 《시어》 기쁨; 즐거움; 오락
joy-bells [dʒɔ́ibèlz] *n. pl.* (교회의) 경축의 종
Joyce [dʒɔis] *n.* **1** 조이스 **James ~** (1882-1941) 《아일랜드의 소설가·시인》 **2** 남자[여자] 이름
⁑joy·ful [dʒɔ́ifəl] *a.* **기쁜, 반가운,** 즐거운: a ~ look 기뻐하는 표정
~·ly *ad.* **~·ness** *n.*
joy·less [dʒɔ́ilis] *a.* 기쁨이 없는, 쓸쓸한 **~·ly** *ad.* **~·ness** *n.*
***joy·ous** [dʒɔ́iəs] *a.* 《문어》 =JOYFUL
~·ly *ad.* =JOYFULLY
~·ness *n.* =JOYFULNESS
joy·ride [dʒɔ́iràid] *n.* **1** 《구어》 폭주(暴走) 드라이브 《특히 남의 차를 훔치거나 하여 타는》 **2** (비용·결과를 무시한) 분방한 행동 **—** *vi.* (**-rode** [-ròud]; **-rid·den** [-rìdn]) 《미·구어》 (남의 차를 훔치거나 하여) 폭주 드라이브를 즐기다 **-rìd·er** *n.*
joy·stick [dʒɔ́istik] *n.* **1** 《구어》 (비행기의) 조종간 **2** 《구어》 (제어 장치·게임기 등의) 수동식 조작 장치
JP jet propulsion
JPEG [dʒéipég] [*J*oint *P*hotographic *E*xperts *G*roup] *n.* 〖컴퓨터〗 제이페그 《정지 화상 데이터 압축 방식》
Jr., jr. junior
JRC Junior Red Cross 청소년 적십자
JSA Joint Security Area (판문점의) 공동 경비 구역
ju·bi·lance, -lan·cy [dʒúːbələns(i)] *n.* Ⓤ 환희
ju·bi·lant [dʒúːbələnt] *a.* (환성을 올리며) 좋아하는, 기쁨에 넘치는 **~·ly** *ad.*
ju·bi·la·tion [dʒùːbəléiʃən] *n.* Ⓤ 환희, 환호; Ⓒ 축하, 경축, 축제
***ju·bi·lee** [dʒúːbəlìː, ⌐—⌐] *n.* **1** 〖성서〗 희년(禧年), 요벨[안식]의 해 《유대 민족이 Canaan에 들어간 해부터 기산하여 50년마다의 해》; 〖가톨릭〗 성년(聖年), 대사(大赦)의 해 **2 a** 50[25]**년제 b** 축제, 축전 **c** Ⓤ 환희
Jud. 〖성서〗 Judges; Judith
Ju·dae·a [dʒuːdíːə] *n.* =JUDEA
Ju·dah [dʒúːdə] *n.* **1** 유다 (왕국) 《팔레스타인 남부의》 **2** 남자 이름 **3** 〖성서〗 유다 《Jacob의 넷째 아들》
Ju·da·ic [dʒuːdéiik] *a.* 유대 (민족)의, 유대 사람[식]의(Jewish)
Ju·da·ism [dʒúːdiìzm | -dei-] *n.* Ⓤ **1** 유대교(의 교의(敎義)) **2** 유대주의, 유대인 기질, 유대 문화
-ist *n.* 유대교도; 유대주의자
Ju·da·ize [dʒúːdiàiz | -dei-] *vt., vi.* 유대인[유대교]식으로 하다[되다] **-iz·er** *n.*
Ju·das [dʒúːdəs] *n.* 〖성서〗 가롯 유다 《Judas Iscariot; 예수를 배반한 사도》; (우정을 가장한) 배반자, 배신자(traitor)
Júdas kíss 〖성서〗 유다의 키스; (친절을 가장한) 배반 행위
Júdas trèe [유다가 이 나무에 목매었다는 전설에서] 〖식물〗 유다나무 《개소방목의 속명》
jud·der [dʒʌ́dər] *n.* 〖음악〗 (가수의) 성조의 돌연한 변화; 《영》 (기계의) 심한 진동
— *vi.* 《영》 맹렬히 진동하다
Jude [dʒuːd] *n.* **1** 남자 이름 **2** 〖성서〗 유다, (신약의) 유다서(書)
Ju·de·a [dʒuːdíːə] *n.* 고대 유대 《팔레스타인 남부에 있었던 고대 로마령(領)》
Ju·de·an [dʒuːdíːən] *n., a.* 고대 유대(의); 고대 유대인(의)
Judg. Judges 〖성서〗 사사기, 판관기
⁑judge [dʒʌdʒ] *n.* **1 재판관, 법관, 판사**: a side ~ 배석 판사 **2 심판관, 심사원 3 감정가,** 전문가 **4** 〖성서〗 사사(士師), 판관(判官); [**J~s**: 단수 취급] 사사기(記), 판관기(記) 《略 Jud(g).》 **5** (최고 절대의 심판자인) 신
— *vt., vi* **1 재판하다,** 심리[심판]하다(try); 재결하다, 판결하다: The court *~d* him guilty. 법정은 그에게 유죄 판결을 내렸다. **2 판단하다,** 비판하다: You must not ~ a man *by* his income. 사람을 그의 수입으로 평가해선 안된다. **3**

J

판정하다; **심사**[감정]**하다**: She was *~d* "Miss U.S.A." 그녀는 '미스 미국'으로 뽑혔다. **4** …이라고 판단하다
~ by …으로 판단하다 ***judging from*** [***by***] the fact that… (…이라는 사실)로 미루어 보면

júdge ádvocate 〖군사〗 (군사 법원의) 법무관

júdge ádvocate géneral 《미》 육군[해군] 법무감

judge-made [dʒʌ́dʒmèid] *a.* 판사가 내린 판례에 의하여 결정된: the ~ law 판례법

***judg·ment | judge·ment** [dʒʌ́dʒmənt] *n.* **1** Ⓤ **a 판단**, 심사, 감정 **b 판단력**, 사려 분별: in my ~ 나의 판단으로는 **2 a** Ⓤ **재판**, 심판 **b** ⓊⒸ **판결**, 선고: a written ~ 판결문 **3 의견**, 견해 (opinion): form a ~ 견해를 가지다 《*on, of*》 **4** [(the) (Last) J~] 〖신학〗 최후의 심판(cf. JUDGMENT DAY); (신이 내리는) 천벌, 벌, 재앙 **5** 비판, 비난
pass ~ on[***upon***] a person[cases] (사람[사건]에) 대해 판결을 내리다 ***sit in ~*** 재판하다 《*on*》; 판단을 내리다, 비판하다 《*upon*》

judg·men·tal | judge- [dʒʌdʒméntl] *a.* 재판의[에 관한]; 도덕적 판단의

júdgment crèditor 〖법〗 판결 확정 채권자

Júdgment Dày [the ~] 최후의 심판의 날 《이 세상의 종말》

ju·di·ca·to·ry [dʒú:dikətɔ̀:ri | -təri] *a.* 재판의, 사법의
— *n.* (*pl.* **-ries**) **1** 법정, 재판소 **2** Ⓤ 사법

ju·di·ca·ture [dʒú:dikətʃùər] *n.* **1** Ⓤ 사법[재판](권) **2** Ⓤ 법관의 권위[직권] **3** 재판 관할(구); Ⓤ 사법 사무 **4** 사법부, 법원; [집합적] 재판관(judges)

***ju·di·cial** [dʒu:díʃəl] *a.* **1 사법의**, 재판의; 법관[판사]의, 재판관의, 재판에 의한 **2** 법관 같은[다운]; 공정한, 공평한 (impartial) **3** 판단력 있는, 비판적인 (critical) **4** 천벌의
~·ly *ad.* 사법상; 재판에 의하여; 법관답게

ju·di·ci·ar·y [dʒu:díʃièri | -əri] *n.* (*pl.* **-ar·ies**) 사법부; [집합적] 법관, 판사(judges)
— *a.* 사법의(judicial): ~ proceedings 재판[사법] 절차

ju·di·cious [dʒu:díʃəs] *a.* 사려 분별이 있는, 현명한(wise) **~·ly** *ad.* **~·ness** *n.*

Ju·dith [dʒú:diθ] *n.* **1** 여자 이름 **2** 유디트 《Assyria의 장군 Holofernes를 죽이고 고대 유대를 구한 과부》

ju·do [dʒú:dou] [Jap.] *n.* 유도

Ju·dy [dʒú:di] *n.* 여자 이름 《Judith의 애칭》

***jug** [dʒʌg] *n.* **1** 《영》 (주둥이가 넓고 손잡이가 달린) **물주전자** **2** 큰 맥주잔, 조끼 **3** [(the) ~] 《속어》 교도소; 《미·속어》 은행, 금고 **—** *vt.* (**~ged**; **~ging**) **1** [보통 과거분사로] 〈토끼 고기 등을〉 단지[질냄비]에 삶다 **2** 《속어》 감옥에 넣다

júg bànd 저그 밴드 《주전자 등 악기 대용품으로 연주하는》

jug·ful [dʒʌ́gfùl] *n.* 물주전자[조끼] 하나(의 분량)

Jug·ger·naut [dʒʌ́gərnɔ̀:t] *n.* **1** (인도 신화에서 비슈누(Vishnu) 신의 제8 화신인) 크리슈나(Krishna) 신상(神像) **2** [종종 **j~**] 사람을 희생으로 요구하는 것 《미신 등》; 불가항력 《전쟁 등》

jug·gins [dʒʌ́ginz] *n.* 《영·속어》 얼간이, 바보

***jug·gle** [dʒʌ́gl] *vt., vi* **1** (…으로) **요술을 부리다** **2** (속이기 위해) 조작하다 **3** 속이다; 속여서 빼앗다
— *n.* ⓊⒸ **1** 요술 **2** 사기, 속임수

jug·gler [dʒʌ́glər] *n.* 요술쟁이, 마술사; 사기꾼: a ~ with words 궤변가

jug·gler·y [dʒʌ́gləri] *n.* (*pl.* **-gler·ies**) ⓊⒸ 마술, 요술; 사기

jug·u·lar [dʒʌ́gjulər] *a.* **1** 〖해부〗 경부(頸部)의; 인후부의 **2** 〖어류〗 배지느러미가 목에 있는 **—** *n.* 경정맥(= ∠ **véin**); [the ~] (상대의) 약점, 급소

jug·u·late [dʒʌ́gjulèit] *vt.* **1** 목을 따서 죽이다 **2** (과감한 치료로) 병세의 진행을 막다

***juice** [dʒu:s] *n.* Ⓤ **1** ⓊⒸ (과일·야채·고기 등의) **즙, 주스**, 액: fruit ~ 과즙 **2** 정수, 본질(essence); 분비액, [the ~s] 체액(體液); 《구어》 기운, 활기 **3** 《속어》 전기; 휘발유, 석유
— *vt.* …**의 즙을 짜다**; …에 즙을 타다
~ up 기운나게 하다, 활기를 돋우다
júice·less *a.* 즙이 없는

júice dèaler 《미·속어》 (불법적인) 고리대금업자

juice·head [dʒú:shèd] *n.* 《미·속어》 모주꾼, 알코올 중독자

juic·er [dʒú:sər] *n.* **1** (극장·TV·영화 등의) 조명 기사 **2** 과즙기 **3** 《속어》 술고래

juic·i·ness [dʒú:sinis] *n.* Ⓤ 즙[수분]이 많음

***juic·y** [dʒú:si] *a.* (**juic·i·er**; **-i·est**) **1 즙 많은**, 수분이 많은 **2** 《구어》 실속 있는, 수지 맞는 **3** 《구어》 〈이야기가〉 흥미진진한 **4** 〖미술〗 〈빛깔이〉 윤택이 있는 **5** 원기 왕성한, 활기 있는 **6** 《구어》 〈날씨가〉 비 내리는

ju·ju [dʒú:dʒu:] *n.* (서부 아프리카 원주민의) 부적(charm); 주문; 액막이

ju·jube [dʒú:dʒu:b] *n.* 〖식물〗 대추나무; 대추; 대추 모양의 사탕

juke [dʒu:k] 〖미식축구〗 *vt.* (상대방을 속이기 위한) 몸놀림을 하다
— *n.* 상대를 속이는 몸놀림

juke·box [dʒú:kbɑ̀ks | -bɔ̀ks] *n.* 《미·속어》 자동 전축, 주크박스 《동전을 넣어 원하는 음악을 듣는 장치》

júke jòint 《미·속어》 (jukebox가 있는) 대중 식당; 자그마한 술집

Jul. Julius; July

ju·lep [dʒú:lip] *n.* Ⓤ 《미》 줄렙 《위스키에 설탕·박하 등을 넣은 청량 음료》; 〖의학〗 물약; (먹기 힘든 약에 타는) 설탕물

Jul·ia [dʒú:ljə] *n.* 여자 이름

Jul·ian [dʒú:ljən] *n.* **1** 남자 이름 **2** 율리아누스(331-363) 《로마 황제(361-363); 이교(異敎)로 개종하여 그리스도교도를 탄압》

J

— *a.* Julius Caesar의; 율리우스력(曆)의

Ju·li·an·a [dʒùːliǽnə | -ɑ́ːnə] *n.* 여자 이름

Júlian cálendar [the ~] 율리우스력(曆) 《Julius Caesar가 정한 옛 태양력; cf. GREGORIAN CALENDAR》

Ju·lie [dʒúːli] *n.* 여자 이름

ju·li·enne [dʒùːlién] [F] *n.* 잘게 썬 야채를 넣은 멀건 수프 — *a.* 잘게 썬[다져 놓은] 〈과일 · 야채 등〉

Juli·et [dʒúːliət, dʒùːliét] *n.* **1** 여자 이름 **2** 줄리엣 《Shakespeare 작 *Romeo and Juliet*의 여주인공》

Ju·lius [dʒúːljəs] *n.* 남자 이름

Július Cáesar *n.* = CAESAR

⁑Ju·ly [dʒuːlái] [Julius Caesar의 생월] *n.* 7월 《略 Jul., Jy.》

jum·bal [dʒʌ́mbəl] *n.* 얇은 고리 모양의 쿠키

***jum·ble** [dʒʌ́mbl] *vt.* **1 뒤범벅을 만들다,** 난잡하게 엉클어놓다 《*up, together*》: ~ *up* things in a box 상자 속의 것을 뒤범벅으로 만들다 **2** (정신적으로) 혼란스럽게 만들다, 당황하게 하다

— *vi.* 뒤범벅이 되다; 부산하게 떠들어대다; 질서 없이 떼를 지어 나가다

— *n.* **1** 뒤범벅(이 된 물건), 긁어모은 것, 허섭스레기 **2** 혼란, 동요

júmble shòp 《영》 잡화점, 싸구려 상점

jum·bly [dʒʌ́mbli] *n.* 《영·속어》 (바자 등의) 잡동사니 판매

jum·bo [dʒʌ́mbou] [19세기 말 미국의 서커스에서 부린 코끼리 이름에서] 《구어》 *n.* (*pl.* **~s**) 덩치 크고 꼴불견으로 생긴 것; 끔찍이 큰 사람[짐승]; 《영·속어》 대성공자; 점보 제트기(= ~ jet)

— *a.* 거대한, 굉장히 큰(huge)

jum·bo·ize [dʒʌ́mbouàiz] *vt.* 초대형화하다

júmbo jèt 점보 제트기 《초대형 여객기》

jum·buck [dʒʌ́mbʌ̀k] *n.* 《호주·구어》 양(羊)

⁑jump [dʒʌmp] *vi.* **1 뛰다, 뛰어오르다,** 도약하다(leap); 〈동물이〉 장애물을 뛰어넘다 **2** 약동하다, 뛰놀다; 꿈틀하다 **3** 《구어》 덤벼들다, 기꺼이 응하다 《*at*》; 뛰어들다 《*into*》 **4** 갑자기 변하다; 〈물가 등이〉 폭등하다: Prices *~ed up.* 물가가 폭등했다. **5** 〈결론 등을〉 서두르다; 비약하다: *~to* [*at*] a conclusion 성급하게 결론을 내리다

— *vt.* **1 뛰어넘다 2** 뛰어넘게 하다 **3** 〖체커〗 뛰어넘어 〈상대방의 말을〉 잡다 **4 a** 〈아이를〉 아래위로 흔들다[어르다](dandle) **b** 〈물가를〉 올리다 **c** 〈사냥감을〉 날아오르게[뛰어나오게] 하다; 〈사람·신경을〉 펄쩍 뛰게[깜짝 놀라게] 하다(startle) **5** 〈책의 중간을〉 건너뛰어[띄엄띄엄] 읽다(skip over) **6** 〈사람을〉 속여 넘기다; 횡령하다 **7** [보통 과거분사로] 〈감자 등을〉 프라이팬으로 살짝 튀기다

~ ***on*** [***upon***] (사람 등에게) 덤벼들다; 《구어》 〈사람 등을〉 맹렬히 비난[공격]하다, 호통치다 ~ ***up*** 벌떡 일어서다 《*from*》

— *n.* **1 뜀, 뛰어오름, 도약,** 점프 경기(leap): the broad[long] ~ 멀리뛰기 **2** 낙하산 강하 **3** 《구어》 (보통 비행기에 의한) 짧은 여행 **4** [보통 the ~s] (알코올 중독증 등의) 신경성 경련[떨림], 진전 섬망증(震顫譫妄症)(delirium tremens) **5** (토론 등의) 급전, (화제의) 비약, 중절, 중단(break) **6** (가격·시세 등의) 급등, 폭등, 급증

— *a.* 〖재즈〗 박자가 빠른, 급템포의

júmp àrea 〖군사〗 낙하산 부대의 강하지(降下地)

júmp bàll 〖농구〗 점프 볼

júmp cùt 〖영화〗 장면의 급전

***jump·er**[1] [dʒʌ́mpər] *n.* **1 뛰는 사람;** 도약 선수; 장애물 경주마 **2** 뛰는 벌레 《벼룩 등》 **3** 〖항해〗 돛대 사이를 유지하는 밧줄 **4** 〖광산·석공〗 착암기

***jump·er**[2] [dʒʌ́mpər] *n.* **1 점퍼,** 작업용 상의 **2** 점퍼 드레스[스커트] 《여성·어린이용 소매 없는 원피스》 **3** 《영》 (블라우스 위에 입는) 풀오버식 스웨터

jump·ing [dʒʌ́mpiŋ] *n.,* Ⓤ *a.* 도약(하는): a ~ rope 줄넘기 줄

júmping bèan[sèed] 〖식물〗 멕시코산 등대풀의 씨 《속에 든 벌레 때문에 씨가 춤추듯이 움직임》

júmping jàck 춤추는 꼭두각시 《실로 조종하는》

júmp·ing-óff plàce[pòint] [-ɔ́ːf- | -ɔ́f-] **1** 《미》 문명 세계의 극한지; 외떨어진 곳 **2** 한계(점) **3** (연구 등의) 기점(起點), 출발점 《*for*》

júmp jèt 《영·구어》 수직 이착륙 제트기

júmp jòckey 《영》 〖경마〗 장애물 경주 기수

júmp lìne (신문·잡지의) 기사가 계속되는 페이지의 지시; 〖컴퓨터〗 점프 행(行)

jump·mas·ter [dʒʌ́mpmæ̀stər | -mɑ̀ːs-] *n.* 〖군사〗 낙하산 부대 강하 지 휘관

jump-off [-ɔ̀ːf | -ɔ̀f] *n.* 강하; (경기의) 출발(점), (공격의) 개시; 〖승마〗 (장애물 경기에서 동점자의) 우승 결정전

júmp ròpe 《미》 줄넘기; 줄넘기 줄

júmp sèat (자동차의) 접좌석; 보조 좌석

jump·suit [-sùːt] *n.* (낙하산 강하용) 낙하복

jump·y [dʒʌ́mpi] *a.* (**jump·i·er**; **-i·est**) 튀어오르는; 〈탈것이〉 흔들리는; 급변하는; (병적으로) 신경과민한, 경련성의

Jun. June; Junior

junc., Junc. junction

jun·co [dʒʌ́ŋkou] *n.* (*pl.* **~s**) 〖조류〗 검은방울새의 일종 《북미산》

***junc·tion** [dʒʌ́ŋkʃən] [L 「접합하다」의 뜻에서] *n.* **1 a** Ⓤ **접합,** 연합, 연락 **b 접합점;** 교차점; (강의) 합류점 **2 연락역,** 환승역 **3** Ⓤ 〖문법〗 연접(連接) **4** 〖전기〗 (회로의) 중계선; (반도체 등의) 접합부

~·al *a.*

junc·ture** [dʒʌ́ŋktʃər] *n.* **1** Ⓤ **접합;** 접속, 연결; Ⓒ 접합점, 이음매, 관절 **2** Ⓤ 시점; 전기(轉機); Ⓒ 중대한 시점[국면, 정세], 위기(crisis) **3** ⓊⒸ 〖언어〗 연접(連接) ***at this ~ 이 중대한 때에

⁑June [dʒuːn] [L 「로마 신화의 Juno의 달」의 뜻에서] *n.* **6월** 《略 Jun., Je.》

J

Júne bèetle[**bùg**] 〖곤충〗 (미국산) 왕풍뎅이의 일종
Jung·frau [júŋfràu] *n.* [the ~] 융프라우 《스위스의 Bernese Alps 중의 최고봉; 해발 4,158m》
‡**jun·gle** [dʒʌ́ŋgl] [Hind. 「사막, 미개의 삼림」의 뜻에서] *n.* **1** [보통 the ~] **밀림(숲) 지대,** 정글 **2** 미로, 혼란, 복잡 **3** (대도시 등의) 번잡하고 소란한 곳
the law of the ~ 밀림[약육강식]의 법칙
— *vi.* 정글에 살다
júngle càt 〖동물〗 (아시아 남동부의) 살쾡이
júngle féver 〖병리〗 밀림 열 《악성 말라리아》
júngle fòwl 멧닭 《동남아시아산 야생닭》
jun·gle·gym [-dʒìm] *n.* 정글짐
jun·gli [dʒʌ́ŋgli] *n.* (인도의) 정글 주민
jun·gly [dʒʌ́ŋgli] *a.* 정글의, 밀림의[같은]
‡**jun·ior** [dʒú:njər] [L 「젊은」의 뜻에서] *a.* **1 손아래의,** 연소한 (younger) **2 a** (…보다) **연하의**(younger) 《*to*》 《than은 쓰지 않음》: She is three years ~ *to* me. = She is ~ *to* me *by* three years. 그녀는 나보다 세 살 아래이다. **b** 〈제도·임명 등이〉 (…보다) 새로운 《*to*》: He is ~ *to* me by a year. 그는 나보다 1년 늦게 들어왔다. **3** 후배의, 후진의, 하위의: a ~ partner (주식 회사의) 하급 사원 **4** 《미》 4년제 대학·고등학교의 3학년의 **5** 연소자용의, 〈옷 등이〉 주니어(사이즈)의 **6** 소형의: a ~ hurricane 소형의 허리케인
— *n.* **1 연소자,** 손아랫사람 **2 a** 《미·구어》 [때로 **J~**] 아들(son); 너, 자네 **b** 젊은 여자 **3** 후진, 후배, 하급자 **4** 《미》 (4년제 대학·고등학교의) 3학년생; (2년제 대학의) 1학년생
júnior cóllege 《미》 2년제 대학; 성인 교육 학교
júnior hígh (**schòol**) 《미》 중학교 《7, 8, 9학년의 3년제; 그 위는 senior high (school)에 이어짐》
jun·ior·i·ty [dʒu:njɔ́:rəti, -jɑ́r-] *n.* Ⓤ **1** 손아래임, 연소 **2** 후진[후배]임; 하급, 하위
júnior míss 《미》 (13-16세의) 젊은 아가씨
júnior schòol 《영》 초등 학교(primary school)의 일부로서 7-10세의 어린이를 대상으로 하는 학교
júnior vársity 《미》 대학[고교] 2군 팀 (cf. JAYVEE)
ju·ni·per [dʒú:nəpər] *n.* 〖식물〗 노간주나무속(屬); 곱향나무
***junk**[1] [dʒʌŋk] *n.* Ⓤ 《구어》 **폐물,** 허섭스레기, 시시한 것[일]; 《구어》 마약 《특히 헤로인》 — *a.* 《구어》 허섭스레기의, 고물의: a ~ car 고물차
— *vt.* 《구어》 (허섭스레기로) 내버리다
junk[2] *n.* 정크 《중국의 세대박이 평저선》
junk·er [dʒʌ́ŋkər] *n.* 고물 자동차; 《미·속어》 마약 중독자[밀매자]
jun·ket [dʒʌ́ŋkit] *n.* **1** 응유(凝乳) 식품 **2** 유람 여행, 환락; 잔치(feast); 《미》 (관비) 호화 유람 여행
— *vi.* 연회를 베풀다; 《미》 (관비로) 호화 여행하다
jun·ke·teer [dʒʌ̀ŋkitíər], **jun·ket·er** [dʒʌ́ŋkitər] *n.* 《미》 관비 호화 여행자
jun·ket·ing [dʒʌ́ŋkitiŋ] *n.* 흥겨워 떠들기, 연회; (공금에 의한) 호화 여행
junk·ie, junk·y [dʒʌ́ŋki] *n.* 《속어》 아편쟁이, 마약 중독자; 《구어》 …광(狂)
júnk màil 《미·구어》 쓰레기 취급 받는 선전·광고 우편물
junk·man [dʒʌ́ŋkmæ̀n] *n.* (*pl.* **-men** [-mèn]) 《미》 고철상, 고물상
junk·yard [dʒʌ́ŋkjɑ̀:rd] *n.* 고물 집적소
Ju·no [dʒú:nou] *n.* **1** 〖로마신화〗 주노 《Jupiter의 아내, 그리스 신화의 Hera》; 품위 있는 미인 **2** 〖천문〗 제3 소행성, 주노
Ju·no·esque [dʒù:nouésk] *a.* 〈여성이〉 Juno처럼 기품 있고 아름다운
jun·ta [húntə, dʒʌ́n-] [Sp.] *n.* **1** (스페인·남미 등의) 의회 **2** (쿠데타 후의) 군사 정권, 임시 정부 **3** 위원회, 협의회 (council)
jun·to [dʒʌ́ntou] *n.* (*pl.* **~s**) (정치적) 비밀 결사, 파당(faction)
‡**Ju·pi·ter** [dʒú:pətər] *n.* **1** 〖로마신화〗 **주피터** 《모든 신의 우두머리로 하늘의 지배자, 그리스 신화의 Zeus》(cf. JOVE, JUNO) **2** 〖천문〗 **목성**
ju·ral [dʒúərəl] *a.* **1** 법률상의(legal) **2** 권리·의무에 관한 **~·ly** *ad.*
Ju·ras·sic [dʒuərǽsik] 〖지질〗 *a.* 쥐라기[계]의: the ~ period 쥐라기
— *n.* [the ~] 쥐라기[층]
ju·rid·i·cal, -ic [dʒuərídik(əl)] *a.* **1** 사법[재판]상의(judicial): ~ days 재판일, 개정일(開廷日) **2** 법률상의(legal): a ~ person 법인 **~·ly** *ad.*
***ju·ris·dic·tion** [dʒùərisdíkʃən] *n.* **1** Ⓤ **사법[재판]권**; 지배(권); 관할, 권한; 관할권: have[exercise] ~ over …을 관할하다 **2** 관할구, 관구
jurisp. jurisprudence
ju·ris·pru·dence [dʒùərisprú:dns] *n.* Ⓤ **1** 법률학, 법리학 **2** 법률 지식 **3** 법률 체계, 법제
ju·ris·pru·dent [dʒùərisprú:dnt] *a.* 법률[법리]에 정통한
— *n.* 법학 전공자, 법리학자 **~·ly** *ad.*
ju·ris·pru·den·tial [dʒùərispru:dénʃəl] *a.* 법학상의, 법리학상의
***ju·rist** [dʒúərist] *n.* **1 법학자**; 《영》 법학도 **2** 《미》 변호사(lawyer); 《특히》 판사 (judge)
ju·ris·tic, -ti·cal [dʒurístik(əl)] *a.* 법학자다운, 법학도의; 법학의, 법률상의 (legal) **-ti·cal·ly** *ad.*
jurístic áct 법률 행위
jurístic pérson 〖법〗 법인
ju·ror [dʒúərər] *n.* **1** 배심원(juryman) **2** 선서자 **3** 심사원 《경기·경연 등의》
***ju·ry**[1] [dʒúəri] [L 「선서하다」의 뜻에서] *n.* (*pl.* **-ries**) [집합적] **1 배심(원단) 2 심사 위원회** 《경기·경연·전시회 등의》 **3** 여론의 귀결 《공사(公事)에 관한》
jury[2] *a.* 〖항해〗 임시변통의, 응급의
júry bòx (법정의) 배심원석

J

ju·ry·man [dʒúərimən] *n.* (*pl.* **-men** [-mən]) 배심원(juror)

ju·ry-pack·ing [-pækiŋ] *n.* 《미》 배심원 매수

***just**[1] [dʒʌst] *ad.* **1 바로,** 틀림없이, 마침, 꼭(exactly, precisely): ~ then = ~ at that time 바로 그때 **2 오직,** 단지, 다만(only): I came ~ because you asked me to come. 네가 오라고 하니까 왔을 따름이다. **3** [종종 only와 함께] **간신히,** 겨우(barely) **4** [완료형·과거형과 함께] **이제 방금, 막** (…하였다): He *has* (*only*) ~ *come.* 그는 이제 막 왔다. **5** 《구어》 **정말,** 아주(quite), 확실히(positively): I am ~ starving. 정말 배고파 죽을 지경이다. **6** [부정·의문문에 써서; 반어적] 《속어》 아주, 대단히: Do you like beer? 맥주 좋아하세요?—Don't I, ~! 좋아하다마다! **7** [명령형의 뜻을 부드럽게 해서] 잠깐만, 좀: *J*~ look at this picture. 이 그림을 한번 보십시오. **8** [의문사 앞에 놓아] 정확히 말해서: *J*~ *what* it is I don't know. 그것이 정확히 무엇인지는 모른다.

~ about 《미·구어》 (1) 그럭저럭 겨우, 간신히(barely) (2) [강조] 정말로, 아주(quite): ~ *about* everything 몽땅, 모조리 ***~ now*** [상태를 나타내는 현재형 동사와 함께] 바로 지금, 방금; [주로 동작을 나타내는 과거형과 함께] 바로 전에, 직전에: He came ~ *now.* (cf. JUST *ad.* 4); [미래형과 함께] 바로 ***~ so*** 꼭 그대로(quite so); 〈사물이〉 정리되어: Everything passed ~ *so.* 만사가 그렇게 되었답니다.

only ~ enough 겨우, 간신히

—*a.* **1** 〈사람·행위 등이〉 **올바른,** 공정한, 공명정대한 **2** 〈행위가〉 정당한(lawful); 〈요구·보수 등이〉 **정당한 3** 〈생각 등이〉 충분히 근거가 있는 **4** 적정한, 적절한; 정확한

just[2] *n., vi.* = JOUST

***jus·tice** [dʒʌ́stis] *n.* Ⓤ **1 정의; 공정;** 공명정대(fairness) **2 정당(성),** 타당(성), 적정 **3** (당연한) **응보,** 처벌 **4 a 사법, 재판 b** Ⓒ 법관, 재판관(judge)

in ~ to a person = ***to do*** a person ~ …을 공평하게 평하자면 ***see ~ done*** 일의 공평을 기하다; 보복하다 ***with ~*** 공평하게; 도리에 맞게

jústice còurt 〚법〛 치안 재판소 《치안 판사가 다스리는》

jus·ti·ci·ar [dʒʌstíʃiər | -ʃiɑ̀:] *n.* 〚영국사〛 (중세의) 법무 장관; 고등 법원 판사

jus·ti·ci·ar·y [dʒʌstíʃièri | -ʃiəri] *n.* (*pl.* **-ar·ies**) 법무 장관(justiciar)의 직[권한, 신분, 자격]; = JUSTICIAR

—*a.* 사법상의(judicial)

***jus·ti·fi·a·ble** [dʒʌ́stəfàiəbl] *a.* **정당하다고 인정할 수 있는,** 정당한

jùs·ti·fi·a·bíl·i·ty *n.* Ⓤ 정당시할 수 있음

***jus·ti·fi·ca·tion** [dʒʌ̀stəfikéiʃən] *n.* Ⓤ **1** (행위의) **정당화,** (정당하다고 하는) 변명, 변명의 사유 **2** 〚신학〛 의인(義認)

in ~ of … 을 정당화하기 위하여, …을 변호하여 ***~ by faith*** 〚가톨릭〛 신앙 의인(義認)

jus·ti·fi·ca·to·ry [dʒʌstífikətɔ̀:ri | dʒʌ́stifikèitəri] *a.* 정당화하는, 정당화할 힘이 있는; 변명의

jus·ti·fy** [dʒʌ́stəfài] *v.* (**-fied**) *vt.* **1 옳다고 하다,** 정당하다고 주장하다 **2 정당화하다,** …의 정당한 이유가 되다 **—vi.* **1** 〚법〛 충분한 근거를 보이다; 면책 사유를 대다 **2** 〚인쇄〛 정판되다

Jus·tin [dʒʌ́stin] *n.* 남자 이름

Jus·ti·na [dʒʌstí:nə] *n.* 여자 이름

Jus·tin·i·an [dʒʌstíniən] 유스티니아누스 1세 《동로마 제국의 황제; 재위 527-565》

Justínian Códe [the ~] 유스티니아누스 법전

jus·tle [dʒʌ́sl] *v., n.* = JOSTLE

***just·ly** [dʒʌ́stli] *ad.* **1 바르게,** 공정하게; 정확하게 **2** [문장 전체를 수식하여] 당연히: She ~ said so. 그녀가 그렇게 말한 것은 당연한 일이다.

just·ness [dʒʌ́stnis] *n.* Ⓤ 올바름, 공정; 타당, 정당

Jus·tus [dʒʌ́stəs] *n.* 남자 이름

jut** [dʒʌt] *n.* **돌기, 돌출부,** 돌출한 끝 **—vi.* (**~·ted**; **~·ting**) **돌출하다**(project) 《*out, forth*》

jute [dʒu:t] *n.* Ⓤ 〚식물〛 황마(黃麻), 주트; 주트 섬유 《범포(帆布)·밧줄·자루 등의 재료》

Jute [dʒu:t] *n.* 주트 사람; [the ~s] 주트 족 《5-6세기에 영국에 침입한 게르만족》

Jút·ish *a.*

Jut·land [dʒʌ́tlənd] *n.* 유틀란트 반도 《독일 북부의 반도; 덴마크가 그 대부분을 차지함》

ju·ve·nes·cence [dʒù:vənésns] *n.* Ⓤ **1** 젊음, 청춘(youth) **2** 되젊어지기, 회춘

ju·ve·nes·cent [dʒù:vənésnt] *a.* 청년기에 달한; 새파랗게 젊은(youthful); 회춘하는

***ju·ve·nile** [dʒú:vənl, -nàil] [L 「젊은」의 뜻에서] *a.* **1 소년[소녀]의,** 어린이다운; 소년[소녀]에 알맞은 **2** 젊은

—*n.* **소년 소녀**; 어린이 역; 젊은이 역을 연기하는 배우; [*pl.*] 아동(용) 도서

júvenile cóurt 소년 심판소[법원]

júvenile delínquency 미성년[소년] 범죄[비행]

ju·ve·nil·i·ty [dʒù:vəníləti] *n.* (*pl.* **-ties**) **1** Ⓤ 연소; 젊음; [집합적] 소년 소녀(young persons) **2** [*pl.*] 소년 소녀다운 언행

jux·ta·pose [dʒʌ́kstəpòuz, ㅡㅡ́] *vt.* 병렬하다, 병치(竝置)하다

jux·ta·po·si·tion [dʒʌ̀kstəpəzíʃən] *n.* ⓊⒸ 병렬, 병치 **~·al** *a.*

K k

k, K [kei] *n.* (*pl.* **k's, ks, K's, Ks** [-z]) **1** 케이 《영어 알파벳의 제11자》 **2** K자 모양의 것, K 기호로 나타내는 것 **3** (연결한 것의) 제11번째의 것

k kilo-

K 〖음악〗 Köchel (number)

k., K. karat; kilogram(me)(s); 〖체스·카드〗 king; knight; knot(s); kopeck(s)

Kaa·ba [kɑ́:bə] *n.* [the ~] 카바 신전 《Mecca에 있는 이슬람교도가 가장 신성시하는 신전》

ka·bob [kəbɑ́b | kəbɔ́b] *n.* [보통 *pl.*] (고기와 야채의) 산적(散炙)요리; (인도의) 불고기

Ka·bul [kɑ́:bul | kəbúl] *n.* 카불 《Afghanistan의 수도》

Kaf·fir [kǽfər] *n.* (*pl.* **~s, ~**) **1 a** 카피르 사람 《남아프리카 Bantu 족의 하나》 **b** 《경멸》 아프리카 흑인 **c** Ⓤ 카피르 말 **2** [*pl.*] 《영》 남아프리카 광산주(鑛山株)

Kaf·ka [kɑ́:fkɑ:] *n.* 카프카 **Franz ~** (1883-1924) 《오스트리아의 유대인 소설가》

kaf·tan [kǽftən, -tæn] *n.* = CAFTAN

kail [keil] *n.* = KALE

***kai·ser** [káizər] *n.* [종종 **K~**] **1** 황제 **2** 카이저 《신성 로마 제국·독일 제국·오스트리아 제국의 황제의 칭호》

KAIST Korea Advanced Institute of Science and Technology 한국 과학 기술원

Ka·la·ha·ri [kɑ̀:ləhɑ́:ri] *n.* [the ~] 칼라하리 사막 《남아프리카 남서쪽에 위치》

kale [keil] *n.* ⓊⒸ **1** 〖식물〗 케일 《결구(結球)하지 않음》; 《스코》 양배추류(類), 야채 **2** 《미·속어》 돈, 현금

ka·lei·do·scope [kəláidəskòup] *n.* **1** 주마등(走馬燈), 만화경(萬華鏡) **2** 끊임없이 변화하는 것

ka·lei·do·scop·ic, -i·cal [kəlàidəskɑ́pik(əl) | -skɔ́p-] *a.* 〈경치·색 등이〉 주마등[만화경] 같은; 〈효과·인상(印象) 등이〉 변화 무쌍한 **-i·cal·ly** *ad.*

kal·ends [kǽlindz] *n. pl.* = CALENDS

Kam·chat·ka [kæmtʃǽtkə] *n.* [the ~] 캄차카 (반도) 《러시아의 북동 시베리아의》

ka·mi·ka·ze [kɑ̀:mikɑ́:zi] [Jap.] *n.* (태평양 전쟁시) 일본 가미카제(神風) 특공기[대원]

Kan. Kansas

Ka·nak·a [kənɑ́:kə, -nǽk-] *n.* 카나카 사람 《하와이 및 남양 제도의 원주민》

***kan·ga·roo** [kæ̀ŋgərú:] [호주 토어로 「뛰는 것」의 뜻에서] *n.* (*pl.* **~s,** [집합적] **~**) 〖동물〗 **캥거루**

kángaroo clósure [the ~] 《영》 캥거루식 토론 종결법 《위원장이 수정안을 선택하여 토의에 붙이고 다른 안은 버림》

kángaroo cóurt 《미·구어》 사적 재판, 린치, (린치식의) 인민 재판

kangaróo ràt 〖동물〗 캥거루쥐 《북아메리카 서부·멕시코산》; 쥐캥거루 《호주산》

Kans. Kansas

Kan·san [kǽnzən] *a., n.* Kansas 주의 (사람)

Kan·sas [kǽnzəs] *n.* 캔자스 《미국 중부의 주; 略 Kan(s).》

Kant [kænt] *n.* 칸트 **Immanuel ~** (1724-1804) 《독일의 철학자》

Kant·i·an [kǽntiən] *a.* **1** 칸트의 **2** 칸트파 철학의 **—** *n.* 칸트학파의 사람 **~·ìsm** *n.* Ⓤ 칸트 철학

ka·o·lin(e) [kéiəlin] *n.* Ⓤ **1** 고령토(高嶺土), (백)도토(陶土) **2** 〖화학〗 카올린 《함수규산(含水珪酸) 알루미늄》

ka·pok [kéipɑk | -pɔk] *n.* Ⓤ 케이폭 《판야나무(kapok tree)의 씨를 싸고 있는 솜》

kap·pa [kǽpə] *n.* 그리스 자모의 제10자 《*K*, κ; 영어의 K, k에 해당》

ka·put [kɑ:pút] [G] *a.* Ⓟ 《속어》 두들겨 맞은, 결딴난, 폐허화한; 구식의

Ka·ra·chi [kərɑ́:tʃi] *n.* 카라치 《파키스탄 남부의 도시》

Ka·ra·o·ke [kɑ̀:rəóuki] [Jap.] *n.* 가라오케 《미리 녹음된 반주곡에 맞추어 노래하고 녹음할 수 있는 음향 장치》

kar·at [kǽrət] *n.* 《미》 캐럿(《영》 carat) 《순금 함유도를 나타내는 단위; 순금은 24 karats; 略 k., kt.》

ka·ra·te [kərɑ́:ti] [Jap.] *n.* 가라테 《태권도 비슷한 일본의 호신술》

Kar·en [kǽrən, kɑ́:r-] *n.* 여자 이름

kar·ma [kɑ́:rmə] *n.* Ⓤ **1** 〖힌두교〗 갈마(羯磨), 업(業) **2** 〖불교〗 인과 응보, 인연 **3** 숙명(론) **4** 《구어》 (사람·물건·장소가 풍기는) 특징적인 분위기

karst [kɑ:rst] *n.* 〖지질〗 카르스트 지형 《침식된 석회암 대지(臺地)》

kart [kɑ:rt] *n.* = GO-KART

Kash·mir [kǽʃmiər | kæʃmíə] *n.* **1** 카슈미르 《인도 북서부의 지방》 **2** [**k~**] = CASHMERE

Kate [keit] *n.* 여자 이름 《Katherine의 애칭》

Kath·er·ine, Kath·a·rine [kǽθərin], **Kath·ryn** [kǽθrin] *n.* 여자 이름

Kath·y [kǽθi], **Ka·tie** [kéiti] *n.* 여자 이름 《Katherine의 애칭》

Kat·man·du, Kath- [kɑ̀:tmɑ:ndú:] *n.* 카트만두 《네팔의 수도》

kau·ri, -ry [káuri] *n.* (*pl.* **~s, -ries**) 〖식물〗 카우리소나무 《뉴질랜드산; 수지를 채취》

kay·ak [káiæk] [Esk.] *n.* **1** 카약 《에스키모인의 가죽을 입힌 카누》 **2** (스포츠용) 카약

kay·o [kéióu, ⌐⌐] *n.* (*pl.* **~s**) 《미·속어》 = KO

Ka·zakh·stan [kɑ́:zɑ:kstɑ́:n] *n.* 카자흐스탄 (공화국) 《서아시아에 있는 독립 국가 연합의 가맹국》

ka·zoo [kəzú:] *n.* (*pl.* **~s**) 《미·속어》 커주피리 《장난감》

kc kilocycle

K.C. King's Counsel

Keats [ki:ts] *n.* 키츠 **John ~** (1795-1821) 《영국의 시인》

ke·bab, ke·bob [kəbɑ́b | -bǽb] *n.* = KABOB

keel** [ki:l] *n.* **1** (배·비행기의) **용골**(龍骨) **2** 《시어》 배 ***on an even ~ (1) 〖항해〗 흘수선이 수평이 되어 (2) 안정되어
— *vt.* **1** 〈배를〉 뒤집어 엎다 《*over, up*》 **2** 넘어뜨리다, 졸도시키다 《*over*》
— *vi.* **1** 〈배가〉 전복하다 《*over, up*》 **2** 《구어》 졸도하다, 쓰러지다 《*over*》

keel·haul [kí:lhɔ̀:l] *vt.* **1** 〖항해〗 (벌로서) 〈사람을〉 밧줄로 묶어 배밑을 통과하게 하다 **2** 호되게 꾸짖다

‡**keen**[1] [ki:n] *a.* **1 날카로운,** 예리한 **2** 신랄한, 통렬한 **3** 〈바람·추위 등이〉 심한, 살을 에는 듯한, 〈고통·경쟁 등이〉 강렬한, 격렬한 **4** Ⓐ 〈감각 등이〉 **예민한**; 〈사람이〉 빈틈없는 **5 열심인**; 열중한; 열망하는 《*about, on, for; to* do》 **6** 《영》 〈값이〉 경쟁적인, 싼 **7** 《구어》 훌륭한, 멋진
(***as***) ***~ as mustard*** 매우 열심인, 열망하여

keen[2] *n.* 《아일》 (곡하며 부르는) 장례식 노래; (죽은 사람에 대한) 통곡(痛哭), 곡, 울며 슬퍼함 — *vi., vt.* 슬퍼하며 울다, 통곡하다

‡**keep** [ki:p] *v.* (**kept** [kept]) *vt.* **1 보유하다,** 계속 갖고 있다; 보존하다, 간수하다 **2** 〈어떤 상태·동작을〉 **계속하다** **3 a** 〈어떤 위치·관계·상태에〉 **두다,** …하여 두다, 유지하다 **b** 계속 …하게 하다 **4 붙들어 두다**; **붙잡고**[**쥐고**] **있다**; 구류[감금]하다 **5** 〈상품을〉 갖추어 놓다; 상품으로서 팔다[취급하다] **6 부양하다**; 〈하인 등을〉 고용해 두다; 〈개·고양이·꿀벌 등을〉 기르다, 치다 **7** 〈약속·비밀·조약 등을〉 **지키다**; 〈법률·규칙 등을〉 **따르다** **8** 사귀다, 교제하다 **9 a 기입하다,** 적다 **b** 〈시간을〉 기록하다 **10** 〈의식·제사 등을〉 올리다, 거행하다, 축하하다 **11** 〈집·방 등에〉 틀어박히다 **12 관리**[**경영**]**하다** **13 수호하다,** 보호하다; 손질하다
— *vi.* **1** [보어와 함께] 〈어떤 상태·위치에〉 있다, 죽 …하고 있다; 계속해서 …하다 **2 a** (썩지 않고) **견디다** **b** 〈일·이야기 등이〉 뒤로 미루어도 되다 **3** 그만두다, 삼가다 《*from*》

~ at (1) 〈사람에게〉 …을 계속해서 시키다; 〈일〉을 귀찮게 조르다, 애원하다 (2) 꾸준히 힘쓰다, 열심히 하다 ***~ away*** (1) 가까이 못하게 하다 (2) 가까이 하지 않다; 피하다 (3) 〈음식물을〉 입에 대지 않다 ***~ back*** (1) 억제하다 (2) 〈일부를〉 간직해 두다 (3) 〈돈 등을〉 …에서 공제하다 (4) 〈비밀·정보 등을〉 감추다 (5) 물러나 있다, 나서지 않다 ***~ down*** (1) 〈반란 등을〉 진압하다 (2) 〈감정 등을〉 억누르다 (3) 〈경비 등을〉 늘리지 않다 (4) 억압하다 (5) 〈음식물 등을〉 받아들이다 (6) 몸을 낮추다, 엎드리다 (7) 〈바람 등이〉 자다 ***~ in*** (*vt.*) (1) 〈감정을〉 억제하다 (2) (집안에) 가두다; 〈벌로서 학생을〉 붙들어 두다 (3) 〈불을〉 피워 두다 (4) 〖인쇄〗 활자를 빽빽하게 짜다 (*vi.*) (5) 집안에 틀어박히다 (6) 〈불이〉 계속해서 타다 ***~ in with*** 《영·구어》 (자기 편의를 위해) …와 사이좋게 지내다 ***~ it up*** 《구어》 곤란을 무릅쓰고 계속하다 ***~ off*** (*vt.*) (1) 〈적·재해 등을〉 막다, 가까이 못 오게 하다 (2) 떼어놓다, 가까이 못하게 하다 (3) 〈음식물 등을〉 입에 대지 못하게 하다 (*vi.*) (4) 떨어져 있다; 〈비·눈 등이〉 그치다 (5) …에서 떨어지다, …에 들어가지 않다 (6) 〈음식물 등을〉 먹지 않다 (7) 〈화제 등에〉 언급하지 않다, 피하다 ***~ on*** (1) 계속 고용해 두다 (2) 〈옷을〉 입은 채로 있다 (3) 〈집·자동차 등을〉 계속 소유[차용]하다 (4) 계속 나아가다[움직이다] (5) …을 계속 켠 채로 있다 (6) 계속 …하다 ***~ out*** (1) 못 들어오게 하다 (2) 막다 (3) 〖인쇄〗 간격을 벌려 짜다 (4) 밖에 있다, 들어가지 않다 ***~ out of*** (1) …을 못 들어오게 하다 (2) 〈비·냉기 등을〉 들이지 않다 (3) 〈싸움 등에〉 끼지 않(게 하)다 (4) …의 밖에 있다, 들어가지 않다 ***~ to*** (1) …에 계속해 있다 (2) 〈길·진로 등을〉 따라 나아가다, 떠나지 않다 (3) 〈본론·화제 등에서〉 이탈하지 않다 (4) 〈계획·예정·약속 등을〉 지키다; 〈규칙·신념 등을〉 고수하다 (5) 〈집 등에〉 틀어박히다 ***~ to*** one***self*** (1) 〈물건 등을〉 독차지하다 (2) 〈정보 등을〉 남에게 알리지 않다 (3) 교제를 피하다 ***~ under*** 억제하다; 복종시키다; 〈불을〉 끄다 ***~ up*** (1) 가라앉지 않게 하다 (2) 〈가격·수준을〉 떨어뜨리지 않다 (3) 〈체면·원기 등을〉 유지하다 (4) 〈활동·상태 등을〉 지속하다 (5) 〈가정·자동차 등을〉 유지하다 (6) …을 밤잠을 못 자게 하다 (7) 선 채로 있다 (8) 〈용기·원기 등이〉 꺾이지 않다, 쇠하지 않다; 버티어 내다 (9) 〈날씨·비가〉 계속되다 (10) 자지 않고 있다 (11) 뒤지지 않고 따라가다 (12) 〈활동·수업 등이〉 계속되다 ***~ up on*** (***with***) 〈사정 등을〉 잘 알고 있다 ***~ up with*** (1) 〈사람·시류 등에〉 뒤떨어지지 않다, 지지 않다 (2) …와 (편지 등으로) 접촉을 유지하다, 교제를 계속하다
— *n.* Ⓤ **1** 지님; 보존, 유지 **2** 생활 필수품; 생활비; 사육비 **3** Ⓒ (성(城)의) 본성(本城), 아성(牙城)
earn one***'s ~*** (1) 생활비를 벌다 (2) 채산이 맞다 ***for ~s*** (1) (놀이에서) 따먹은 것은 돌려 주지 않는 조건으로; 진지하게, 진정으로 (2) 《구어》 언제까지나

‡**keep·er** [kí:pər] *n.* **1 파수꾼,** 간수; 지키는 사람 **2 a** 관리인, 보관자 **b** 경영자, 소유주 **c** (동물의) **사육자** **3** (축구·하키 등의) (골)키퍼; (타임)기록원
the K~ of the Exchange and Mint 《영》 조폐국장 ***the K~ of the Privy Seal*** 《영》 옥새 보관관

keep-fit [kí:pfít] 《영》 *a.* 건강 유지[체조]의

‡**keep·ing** [kí:piŋ] *n.* Ⓤ **1 지님,** 보유; 보존, 저장; 유치 **2 맡음**; 관리, 보관 **3**

부양, 사육; 사료, 식량 **4** 조화, 일치, 상응 《*with*》 **5 a** (규칙 등을) 지키기, 준수 **b** (의식 등의) 거행, 축하
have the ~ of …을 맡고 있다 ***in ~ with*** …와 조화[일치]하여

⁎**keep·sake** [kíːpsèik] *n.* **1** **기념품,** 유품(遺品) **2** (19세기 초에 유행한) 선물용 장식책 ―*a.* 선물용 책 같은, 허울뿐인

keg [keg] *n.* 작은 나무통 《용량 5-10갤런》

keg·ler [kégləɹ] *n.* 《미·구어》 볼링 경기자(bowler)

Kel·ler [kéləɹ] *n.* 켈러 **Helen** (**Adams**) ~ (1880-1968) 《미국의 여류 저술가·교육가; 맹농아(盲聾啞)의 3중고(重苦)를 극복하여 사회 운동에 공헌함》

ke·loid [kíːlɔid] *n., a.* 〖병리〗 켈로이드(의)

kelp [kelp] *n.* Ⓤ **1** 켈프 《다시마 등의 대형 갈조(褐藻)》 **2** 켈프[해초]재(灰) 《요오드를 채취함》

kel·vin [kélvin] *n.* Ⓤ 〖물리〗 켈빈[절대] 온도 《열역학 온도의 단위; 물의 3중점의 1/273.16; 기호 K》

Kélvin scàle [the ~] 〖물리〗 켈빈[절대 온도] 눈금 《온도의 시점(始點)은 -273.15° C; 0° C는 273.15K》

⁎**ken** [ken] *n.* ⓊⒸ **1** **시야,** 안계(眼界) **2** (지식의) 범위; 이해

Ken. Kentucky

Ken·ne·dy [kénədi] *n.* 케네디 **John Fitzgerald** ~ (1917-63) 《미국의 제35대 대통령(1961-63); Dallas에서 암살됨》

Kénnedy (**Internátional**) **Áirport** 케네디 국제 공항 《New York 시 소재》

Kénnedy Spáce Cènter (NASA의) 케네디 우주 센터 《Florida 주의 Cape Canaveral에 있음》

⁎**ken·nel** [kénl] *n.* **1** **개집** **2** [*pl.*] (개·고양이 등의) 사육[훈련]장; (여우 등의) 굴 (lair) **3** (땅을 파서 지은) 오두막; 노름집 **4** (사냥개 등의) 떼
―*v.* (~·**ed**; ~·**ing** | ~**led**; ~·**ling**) *vt.* 〈개를〉 개집에 넣다[에서 기르다]
―*vi.* 개집에 살다; 보금자리에 들다

Ken·neth [kéniθ] *n.* 남자 이름

Kent [kent] *n.* 켄트 《잉글랜드 남동부의 주(州); 고대 왕국》

Kent·ish [kéntiʃ] *a.* Kent 주(州)의

Ken·tuck·i·an [kəntʌ́kiən | ken-] *a., n.* Kentucky 주(州)의 (주민); Kentucky 태생의 (사람)

⁎**Ken·tuck·y** [kəntʌ́ki | ken-] *n.* **켄터키** 《미국 남부의 주(州); 略 Ky., Ken.》

Kentúcky Dérby 《미》 켄터키 경마 《Kentucky 주 Louisville에서 매년 5월에 열림》

Ken·ya [kénjə, kíːn-] *n.* 케냐 《동아프리카의 공화국; 수도 Nairobi》

kep·i [kéipi, képi] *n.* 케피 모자 《프랑스의 군모, 위가 평평함》

Kep·ler [képləɹ] *n.* 케플러 **Johannes** ~ (1571-1630) 《독일의 천문학자; 행성 운동에 관한 세 가지 법칙(Kepler's laws)을 발견》

⁂**kept** [kept] *v.* KEEP의 과거·과거분사 ―*a.* 원조를 받는; 유지[손질]된

ker·a·tin [kérətin] *n.* Ⓤ 〖생화학〗 각질(角質)

kerb·stone [kə́ːɹbstòun] *n.* 《영》 = CURBSTONE

ker·chief [kə́ːɹtʃif] *n.* (*pl.* ~**s**, **-chieves** [-tʃìːvz]) **1** (여자의) 머릿수건, 스카프 **2** 목도리 **3** 손수건

ker·fuf·fle [kəɹfʌ́fl] *n.* ⒸⓊ 《영·속어》 (대)소동, 공연한 법석

⁎**ker·nel** [kə́ːɹnl] [동음어 colonel] *n.* **1** 인(仁) 《복숭아·매실 등의》 **2** (밀 등의) **낟알** **3** (문제 등의) 핵심, 중핵, 심수(心髓)

⁎**ker·o·sene, -sine** [kérəsìːn, ⸗⸗⸗] [Gk 「납, 밀」의 뜻에서] *n.* Ⓤ 《미》 **등유,** 등불용 석유(《영》 paraffin oil)

ker·sey [kə́ːɹzi] *n.* (*pl.* ~**s**) Ⓤ **1** 커지 직물 《두꺼운 모직물》 **2** [*pl.*] 커지직 바지 또는 작업복

kes·trel [késtrəl] *n.* 〖조류〗 황조롱이

ketch [ketʃ] *n.* 〖항해〗 쌍돛대 범선(帆船)의 일종

⁎**ketch·up** [kétʃəp] *n.* Ⓤ (토마토 등의) **케첩**(《미》 catsup)

ke·tone [kíːtoun] *n.* 〖화학〗 케톤

⁂**ket·tle** [kétl] *n.* **1 a** **솥, 탕관** **b** 쇠주전자 **2** 〖지질〗 구혈(歐穴) 《빙하 밑바닥의》
a pretty [***nice***] ~ ***of fish*** 《구어》 난처한[골치아픈] 일, 분규; 대혼란, 소동

ket·tle·drum [kétldrʌ̀m] *n.* 〖음악〗 케틀드럼 《반구형의 큰 북》

Kéw Gárdens [kjúː-] [종종 단수 취급] (London 서부 교외 Kew에 있는) 큐 왕립 식물원

Kew·pie [kjúːpi] *n.* 큐피 (인형) 《상표명》

⁂**key**[1] [kiː] [동음어 quay] *n.* **1** **열쇠** **2** 열쇠 꼴의 물건 **3** [the ~] 요소, 관문 《*to, of*》 **4 a** (문제·사건 등을 푸는) **열쇠,** 실마리, 해답(clue) 《*to*》; (성공 등의) 비결 《*to*》 **b** 직역본; 해답서, 자습서 **c** 기호 풀이 **d** (암호의) 작성서, 해독법 **5** 태엽 감개 **6** 키 《타자기 등의》; 〖통신〗 전건(電鍵), 키; (오르간·피아노·취주 악기의) 건(鍵) **7** 〖음악〗 조(調) 《장단(長短)의》 **8** 어조 **9 a** 〖사진〗 기조, 키 **b** 〖미술〗 (그림의) 색조 **10** 〖식물〗 시과(翅果)
in ~ (…와) 조화하여, (…에) 적절하여[한] 《*with*》 ***lay***[***put***] ***the ~ under the door*** 문지방 밑에 열쇠를 놓다 《살림을 걷어치우고 떠나다》 ***out of ~*** …와 조화하지 않고, 부적절하여 《*with*》
―*a.* **기본적인,** 중요한
―*vt.* **1** 〈이야기·문장 등을〉 분위기에 맞추다 **2** 〈악기를〉 조율(調律)하다 **3** 〈문 등에〉 쇠를 채우다 **4** 〈문제집 등에〉 해답을 달다 **5** 〖컴퓨터〗〈데이터를〉 입력하다 《*in, into*》 ***be ~ed up*** …에 흥분[긴장]해 있다 ~ ***up*** (1) 음조를 올리다 (2) 긴장[흥분]시키다, 고무(鼓舞)하다 (3) 〈요구 등을〉 강화하다(raise)

key[2] *n.* 모래톱, 사주(砂洲); 산호초

⁎**key·board** [kíːbɔ̀ːɹd] *n.* **1** (피아노·타자기의) **건반,** (컴퓨터 등의) **키보드,** 자판; 건반 악기 **2** (호텔의 접수처 등에서) 각 방의 열쇠를 걸어두는 판 ―*vt.* **1** 〈컴퓨터 등의〉 키를 치다 **2** 〈컴퓨터 등에서〉 키를 쳐서 〈데이터를〉 입력하다

key·board·ist [kíːbɔ̀ːrdist] *n.* 건반 악기 연주자
kéy càrd 키 카드 ((전자식으로 자물쇠를 열거나 기계 등을 조작하는 자기(磁氣) 카드))
kéy clùb ((미)) (각자 열쇠를 가진) 회원제 나이트클럽, 식당, 카페 ((등))
keyed [kiːd] *a.* **1** 건(鍵)이 있는 **2** Ⓟ 〈이야기·문장 등〉 분위기[스타일]에 맞추어 ((*to*)) **3** 〖기계〗 쐐기가 있는[로 죈]; 홈예머리로 죈
key·hole [kíːhòul] *n.* 열쇠 구멍; 마개 구멍 **—***a.* 〈기사 등이〉 내막을 캔; 〈기자가〉 내막을 캐는
kéy mòney ((영)) 보증금, 권리금 ((세입자가 내는))
Keynes [keinz] *n.* 케인스 **John Maynard ~** (1883-1946) ((영국의 경제학자))
Keynes·i·an [kéinziən] *a.* 케인스의, 케인스 학설의
—*n.* 케인스 학도
*__key·note__ [kíːnòut] *n.* **1** 〖음악〗 **주음**(主音), 으뜸음 ((음계의 제1음)) **2** 요지 ((연설 등의)); 기조(基調), 기본 방침
give the ~ to …의 기본 방침을 정하다
strike*[*sound*] *the ~ of …의 기조에 언급하다[를 살피다]
—*vt.* ((구어)) **1** 〈당 대회 등에서〉 기조 연설을 하다 **2** 〈어떤 생각을〉 강조하다
kéynote addréss[**spéech**] ((미)) (정당의) 기조 연설
key·pad [kíːpæ̀d] *n.* **1** 키패드 ((컴퓨터 등의 소형 키보드)) **2** (TV·비디오 등의) 리모콘
kéy pàl ((구어)) 이메일 친구
key·punch [-pʌ̀ntʃ] *n.* 〖컴퓨터〗 천공기, 키펀치
—*vt.* 〈펀치 카드·테이프에〉 키펀치로 구멍을 내다
key·punch·er [-pʌ̀ntʃər] *n.* 키펀처
kéy rìng 열쇠 (꿰는) 고리
kéy sìgnature 〖음악〗 조호(調號), 조표 ((악보 첫머리의 #, ♭의 기호))
key·stone [-stòun] *n.* **1** 〖건축〗 종석 ((아치 꼭대기의)); 쐐기돌 **2** 요지(要旨), 근본 원리
Kéy Wést 키웨스트 ((미국 Florida 주 남서단의 섬; 그 섬의 해항(海港); 미국 최남단의 도시))
key·word [kíːwə̀ːrd] *n.* **1** (암호문 뜻풀이의) 열쇠가 되는 낱말 **2** (철자·발음 등의 설명에 쓰이는) 보기말 **3** 주요 단어 ((찾는 단어를 나타내는 어구·책명 등))
kg, kg. keg(s); kilogram(s)
K.G. Knight (of the Order) of the Garter 가터 훈작사(勳爵士)
KGB *Komitet Gosudarstvennoi Bezopasnosti* (구소련의) 국가 안보 위원회 ((Russ. =Committee of State Security; 비밀 경찰))
*__khak·i__ [kǽki | kɑ́ːki] [Hindi 「먼지색의」의 뜻에서] *a.* **1 카키색**[**황갈색**]**의 2** 카키색 천의
—*n.* **1** Ⓤ **카키색 2 a** Ⓤ 카키색 옷감 **b** [종종 *pl.*] 카키색 군복[제복]
Khar·t(o)um [kɑːrtúːm] *n.* 하르툼 ((수단(Sudan)의 수도))
Khmer [kəmέər] *n.* **1** 크메르 족 ((중세에 번영했던 Cambodia의 주요 민족)) **2** Ⓤ 크메르 말
Khmér Róuge 크메르 루주 ((1975-79년까지 캄보디아를 통치하고 대량 학살한 급진 공산주의 혁명 단체))
kHz kilohertz
KIA killed in action 〖군사〗 전사(자)
kib·butz [kibúː(ː)ts] *n.* (*pl.* **-but·zim** [-butsíːm]) 키부츠 ((이스라엘의 집단 농장))
kibe [kaib] *n.* 〖의학〗 (특히 뒤꿈치의) 틈, 동상(凍傷)
kib·itz [kíbits] *vi.* ((미·구어)) **1** (노름을 구경하며) 참견[훈수]하다 **2** 중뿔나다, 주제넘게 참견하다
ki·bosh [káibɑʃ | káibɔʃ] *n.* ((구어)) 끝(장), 종언, 파국; ((구어)) 억제하는 것
put the ~ on ((속어)) …에 결정타를 가하다, 아주 결딴내다, 끝장을 내다
***__kick__ [kik] [ON 「무릎을 구부리다」의 뜻에서] *vt.* **1 차다,** 걷어차다 **2** 〖축구〗 공을 〈골에〉 차넣다 **3** ((구어)) 〈마약·악습 등을〉 끊다, 극복하다 **4** ((미)) 비평하다, 깎아내리다
—*vi.* **1 a** 차다 ((*at, in*)) **b** 〈말이〉 차는 버릇이 있다, 차다 **2** ((구어)) 물리치다, 반항하다; 강력히 항의하다; ((미·속어)) 불평을 말하다, 반대하다 **3** 〈총이〉 반동하다
~ around ((미·구어)) (1) 〈물건을〉 혹사하다; 함부로 다루다 (2) 〈제안 등을〉 이것저것 토의[검토]하다 (3) 〈사람이〉 배회하다; (아직) 살아 있다 (4) 〈물건이〉 방치되어 있다; 입수할 수 있다 ***~ back*** ((미)) (1) 되차다; 역습하다 ((*at*)); 앙갚음하다 (2) 도로 튀다 (3) (임금·훔친 물건 등의 일부를) 돌려주다; 두목에게 상납하다; ((구어)) 〈돈의 일부를〉 리베이트로서 환불하다 ***~ it*** ((미·속어)) 나쁜 습관을 끊다 ***~ off*** (1) 걷어차다; 〈신을〉 차벗다 (2) 〖축구〗 킥오프하다, 처음 차다(cf. KICKOFF) (3) ((미·구어)) 〈회합 등을〉 시작하다 (4) ((미·구어)) 떠나다 (5) ((미·구어)) 죽다 ***~ out*** (1) ((구어)) 쫓아내다; 해고하다 (2) 〖축구〗 공을 라인 밖으로 차내다 ***~ up*** (1) 차올리다 (2) 〈먼지 등을〉 일으키다; ((구어)) 〈소동·혼란 등을〉 일으키다
—*n.* **1 차기,** 걷어차기 **2** 〖축구〗 (공의) 차기, 킥; ((영)) 차는 사람 **3** ((구어)) 반대, 거절, 항의 **4** ((미·구어)) 자극, 흥분, 스릴; Ⓤ 반발력, 원기 **5** Ⓤ ((미·구어)) 자극성 ((위스키 등의)) **6** 반동 ((발사한 총포의)) **7** [the ~] ((속어)) 해고
a ~ in the pants ((미·속어)) 비참한 패배[역전]; 스릴; 우스꽝스러움; 재미있는 사람 (***just***) ***for ~s*** 재미 삼아, 스릴을 맛보려고
kick·back [kíkbæ̀k] *n.* ((구어)) **1** (고장·오작동으로 인한) 역전, 반동; 강한 반동[부작용] **2** (훔친 물건의) 반환; 환불금, 리베이트 **3** (임금의 일부를) 가로채기; 정치 헌금, 상납(上納)
kíck bòxing 킥복싱 ((타이식 복싱))
kick·down [-dàun] *n.* 〖자동차〗 킥다운 장치 ((자동 변속기 차에서, 가속 페달을 힘껏 밟고 기어를 변속하는))

K

kick·er [kíkər] *n.* **1 a** 차는 사람 **b** 차는 것, 차는 버릇이 있는 말 **2** 《미·속어》 뜻밖의 결말; 의외의 난문제

kick·off [kíkɔ̀:f | -ɔ̀f] *n.* **1** 〚축구〛 킥오프 **2** 《구어》 시작, 개시(start)

kick·stand [-stæ̀nd] *n.* 《구어》 (자전거·오토바이를 세워 놓을 때 발로 세우는) 받침대, 외발 스탠드

kíck stàrt(er) (오토바이 등의) 발로 밟는 시동 페달

kíck tùrn 킥 턴 《스키·스케이트보드에서 180° 로 방향을 바꾸는 기술》

***kid¹** [kid] *n.* **1 a** 《구어》 아이 **b** 《미·구어》 젊은이, 청년 **2** 새끼 염소; 새끼 영양 **3** Ⓤ 새끼 염소 고기; 새끼 염소 가죽, 키드 가죽; [*pl.*] 키드 가죽 장갑[구두]
— *a.* **1** 새끼 염소 가죽의, 키드 가죽의 **2** 《미·구어》 손아래의

*__kid²__ *v.* (**~·ded**; **~·ding**) 《구어》 *vt.* 놀리다, 속이다, 사기하다 **—** *vi.* 놀리다
No ~ding! 정말이야, 농담이 아니다!; 농담 마라, 설마!
kíd·der *n.*

kid·die [kídi] *n.* **1** 새끼 염소 **2** 《구어》 아이

kid·do [kídou] *n.* (*pl.* **~(e)s**) 《미·속어》 [친한 사이의 호칭어로서] 자네, 너, 야

kíd glóve [보통 *pl.*] 키드 가죽 장갑
handle[***treat***] ***with ~s*** 《미·구어》 부드럽게 다루다; 신중히 대처하다

*__kid·nap__ [kídnæ̀p] *vt.* (**~(p)ed**; **~·(p)ing**) 〈아이를〉 유괴하다; 〈사람을〉 납치하다
— *n.* 유괴
~·(p)er *n.* **~·(p)ing** *n.*

*__kid·ney__ [kídni] *n.* **1 a** 〚해부〛 신장 **b** (식품으로서의 소·양·돼지 등의) 콩팥 **2** 《문어》 기질, 종류, 형(type)
a man of that[***this***] **~** 그런[이런] 기질의 사람 ***a man of the right ~*** 성질이 좋은 사람

kídney bèan 강낭콩

kídney machìne 인공 신장

kid·ney-shaped [kídniʃèipt] *a.* 신장[강낭콩] 모양의

kídney stòne 〚병리〛 신장 결석(結石)

kid·skin [kídskìn] *n.* Ⓤ 새끼 염소 가죽, 키드 가죽

kíd[《영》 **kíd's**] **stùff** 《구어》 어린애 같은 짓; 아주 간단한[쉬운] 일

Ki·ev [kí:ef] *n.* 키예프 《우크라이나 공화국의 수도》

Kil·i·man·ja·ro [kìləmənd͡ʒɑ́:rou] *n.* 킬리만자로 **Mount ~** 《Tanzania에 있는 아프리카의 최고봉》

***kill** [kil] *vt.* **1** 죽이다, 살해하다; 〈식물을〉 말라죽게 하다, 목숨을 앗아가다; 죽게 하다 **2** 망치다(ruin); 없애다; 〈애정·희망 등을〉 소멸시키다 **3** 《미》 **a** 〈빛깔 등을〉 중화하다 **b** 〈엔진 등을〉 멈추다, 끄다 **c** 〈조명 등을〉 끄다 **4** 〈효과를〉 약하게 하다 **5** 〈남는 시간을〉 보내다 **6 a** 〈복장·모양·눈초리 등이 사람을〉 뇌쇄하다, 황홀케 하다 **b** 〈재미있는 이야기 등이〉 우스워 못 견디게 하다 **c** 〈환부 등이〉 …에게 심한 고통을 주다 **d** …을 녹초가 되게 하다 **7** 《속어》 〈음식을〉 먹어치우다; 〈술병을〉 비우다 **8** 〚테니스〛 〈공을〉 강타[스매시]하다; 〚미식축구〛 〈공을〉 딱 멈추다; 《미》 〚인쇄〛 지우다, 삭제하다 **9** 〈의안 등을〉 부결하다, 깔아뭉개다 **10** 〈바람·병 등의〉 기세를 꺾다, 가라앉히다
— *vi.* **1** 사람을 죽이다, 살생하다 **2** 〈식물이〉 말라 죽다 **3** 《구어》 사람을 뇌쇄하다 **4** (소·돼지 등을 도살하여 얼마의) 고기가 나다
~ off[***out***] 절멸시키다 ***~ well***[***badly***] 〈소·돼지 등을 잡았을 때〉 많은 고기가 나다[안 나다] ~ a person ***with kindness*** 《구어》 친절이 지나쳐 도리어 화를 입히다; 〈어린아이를〉 응석 받아 주어 버려놓다
— *n.* **1** [the ~] 〈사냥에서 짐승을〉 (쏴) 죽이기 **2** (사냥에서) 잡은 사냥감
be in at the ~ (1) 사냥감을 쏴 죽이는 자리에 있다 (2) 끝까지 지켜보다

*__kill·er__ [kílər] *n.* **1** 죽이는 것[사람]; 살인마 **2** 강렬한[굉장한] 것; 《미·속어》 경이적인 사람[것] **3** 《구어》 목숨을 앗아가는 일; 매우 힘든 일

kíller whále 〚동물〛 범고래

*__kill·ing__ [kíliŋ] *a.* **1** 죽이는, 치사(致死)의; 말라 죽게 하는 **2** 죽을 것 같은; 아주 힘드는 **3 a** 《미·구어》 우스워 못 견딜 **b** 뇌쇄적인, 황홀케 하는
— *n.* **1** ⓊⒸ 살해; 도살 **2** 《구어》 큰 벌이, (사업 등의) 대성공

kílling bòttle (채집한 곤충의) 살충병

kill-joy [kíld͡ʒɔ̀i] *n.* 흥을 깨는 사람[사물]

kiln [kiln] *n.* (굽거나 말리는) 가마, 화로

ki·lo [kí:lou] [kilogram, kilometer, kiloliter 등의 단축형] *n.* (*pl.* **~s**) 킬로

kilo- [kílou-] 《연결형》 「1,000」의 뜻

kil·o·byte [kíləbàit] *n.* 〚컴퓨터〛 킬로바이트 《1,024 bytes; 略 KB》

kil·o·cal·o·rie [kíləkæ̀ləri] *n.* 킬로칼로리 《1,000칼로리; 略 kcal》

kil·o·cy·cle [kíləsàikl] *n.* 〚전기〛 킬로사이클 《주파수의 단위; 略 kc》

*__kil·o·gram__ | **-gramme** [kíləgræ̀m] *n.* 킬로그램 《1,000그램; 略 kg》

*__kil·o·hertz__ [kíləhə̀:rts] *n.* 〚전기〛 킬로헤르츠 《1000헤르츠; 주파수의 단위; 略 kHz》

*__ki·lo·li·ter__ | **-tre** [kíləlì:tər] *n.* 킬로리터 《1,000리터; 略 kl》

*__kil·o·me·ter__ | **-tre** [kilɑ́mətər | kíləmì:-] *n.* 킬로미터 《1,000미터; 略 km》

kil·o·ton [kílətʌ̀n] *n.* 1,000톤; 킬로톤 《TNT 1,000톤에 상당하는 원자탄·수소탄의 폭발력》

*__kil·o·watt__ [kíləwɑ̀t | -wɔ̀t] *n.* 〚전기〛 킬로와트 《1,000와트; 전력의 단위; 略 kw》

kil·o·watt-hour [kíləwɑ̀táuər | -wɔ̀t-] *n.* 〚전기〛 킬로와트시(時) 《에너지·전력량의 단위; 略 kWh, kwh》

kilt [kilt] *n.* **1** 킬트 《스코틀랜드 고지(高地)의 남자·군인이 입는 체크 무늬의 주름치마》 **2** 킬트식 스커트 **—** *vt.* 〈자락을〉 걷다; 세로 주름을 잡다(pleat)

kilt·ed [kíltid] *a.* 세로 주름을 잡은; 킬트를 입은

kil·ter [kíltər] *n.* Ⓤ 《미·구어》 정상 상태, 순조, 호조 ***in*** [***out of***] ~ 〈엔진 등이〉 좋은[나쁜] 상태에

Kim·ber·ley [kímbərli] *n.* 킴벌리 《남아프리카 공화국 중부의 도시; 다이아몬드 산지》

kim·chi, kim·chee [kímtʃi] *n.* (한국의) 김치

ki·mo·no [kəmóunə | kimóunou] *n.* 기모노 《일본의 전통 의상》

***kin** [kin] *n.* Ⓤ [집합적] **친척**, 친족, 일가; **혈족**
near of ~ 근친인 ***next of*** ~ (1) 최근 친자 (2) [보통 the ~] 〖법〗 최근친 ***of*** ~ (1) 친척의 (2) 같은 종류의 《*to*》
— *a.* Ⓟ **1** 동족인, 친족인 **2** 동질인, 동류인 《*to*》 ***be*** ~ ***to*** …의 친척이다; …와 유사하다, …에 가깝다

-kin [kin] *suf.* 「…의 작은 것」의 뜻

‡**kind**[1] [kaind] *n.* **1 a** **종류** **b** 성미에 맞는 사람 **c** (…한) 종류(의 사람) **2** (동식물 등의) 유(類), 족(族)(race), **종**(種), 속(屬) **3** Ⓤ 본질, 본성; 성질; 바탕 **4** 〖그리스도교〗 성찬의 하나 《빵 또는 포도주》
a ~ ***of*** (1) 일종의 … (2) …같은 것[사람] ***all*** **~s** ***of*** (1) 온갖 종류의 (2) 다수[다량]의 ***in a*** ~ 어느 정도는, 다소; 말하자면 ***in*** ~ (1) 본래의 성질이, 본질적으로 (2) 〈지불이〉 〈돈이 아니고〉 물품으로 ~ ***of*** 《구어》 거의, 약간, 어느 쪽인가 하면 ***of a*** ~ (1) 같은 종류의 (2) 《경멸》 (저래도) 일종의, 이름뿐인, 엉터리의

‡**kind**[2] [kaind] [OE 「본성에 따라」의 뜻에서] *a.* **1** **친절한**, 상냥한, 동정심 있는 **2** 사려 깊은 **3** 〈날씨·성질 등이〉 온화한 **4** [편지 등에서] 정성어린
Give my ~ ***regards to*** your brother. (형님)에게 안부전해 주십시오. ***with*** ~ ***regards*** 재배(再拜) 《편지의 맺음말》

kind·a [káində], **kind·er** [káindər] *ad.* 《구어》 = KIND[1] of 《발음대로 철자 한 것》

***kin·der·gar·ten** [kíndərgɑ̀ːrtn] *n.* (미국의) **유치원**

kin·der·gart·ner, -gar·ten·er [kíndərgɑ̀ːrtnər] *n.* **1** 보모 《유치원의》 **2** 《미》 유치원생

kind·heart·ed [káindhɑ́ːrtid] *a.* 친절한, 마음씨 고운 **~·ly** *ad.*

‡**kin·dle** [kíndl] *vt.* **1** **불붙이다**, 태우다, 불을 켜다 **2** 밝게 하다, 빛내다 **3** 〈정열 등을〉 타오르게 하다; 자극하다, 부채질하다, 부추기다 — *vi.* **1** **불붙다**, 타기 시작하다, 타오르다 《*up*》 **2** 흥분하다, 격하다 **3** 〈얼굴 등이〉 빛나다, 화끈 달다, 뜨거워지다; 번쩍이다

kind·li·ness [káindlinis] *n.* **1 a** Ⓤ 친절, 온정 **b** 친절한 행위 **2** Ⓤ (기후의) 온화

kin·dling [kíndliŋ] *n.* **1** CU 점화; 발화; 흥분 **2** 불쏘시개

‡**kind·ly** [káindli] *a.* (**-li·er**; **li·est**) **1** **상냥한**, 다정한, 인정 많은 **2** 〈기후·환경 등이〉 온화한, 쾌적한 **3** 〈토지 등이〉 …에 알맞은, 적합한 《*for*》
— *ad.* **1** **친절하게**, 다정하게, 상냥하게 **2** 부디 〈…해 주시오〉 **3** 쾌히, 기꺼이
take ~ ***to*** [종종 부정문에서] (자연히) …을 좋아하다, …에 정들다 ***Thank you*** **~.** 대단히 감사합니다.

‡**kind·ness** [káindnis] *n.* **1** Ⓤ **친절**, 상냥함 《*of*》; 애정, 호의 **2** **친절한 행위**[태도]
out of ~ 친절심[호의]에서

‡**kin·dred** [kíndrid] *n.* **1** **일족**, 집안; Ⓤ [집합적; 복수 취급] 일가, 친척(되는 사람들) **2** UC **혈연**, 혈족 관계 — *a.* **1** 혈연의 **2** 같은 성질의; 동종[동질, 동류]의

kin·e·mat·ic, -i·cal [kìnəmǽtik(əl), kàin-] *a.* 〖물리〗 운동학(運動學)적인[상의]

kin·e·mat·ics [kìnəmǽtiks, kàin-] *n. pl.* [단수 취급] 〖물리〗 운동학

kin·e·scope [kínəskòup] *n.* 《미》 〖전자〗 키네스코프 《수신용 브라운관》; (그것을 사용한) 키네스코프 녹화

ki·ne·sics [kiníːsiks, kai-] *n. pl.* [단수 취급] 동작학(動作學) 《몸짓 등의 신체 언어의 연구》

ki·net·ic [kinétik, kai-] *a.* **1** 〖물리〗 운동(학상)의 **2** 활동적인, 동적인

ki·net·ics [kinétiks, kai-] *n. pl.* [단수 취급] 〖물리〗 동역학(動力學)(opp. *statics*)

kin·folk(s) [kínfòuk(s)] *n.* (*pl.*) 《미·구어》 = KINSFOLK

‡**king** [kiŋ] *n.* **1** [종종 **K~**] **왕**, 국왕, 군주 **2** **거물**(巨物); …왕 **3** 최상품 《과실·식물 등의》 《*of*》 **4** 〖카드〗 킹; 〖체스〗 장, 장군 **5** [**K~**] 영국 문장원 장관 《King of Arms의 약칭》 **6** [the (Book of) K~s] 〖성서〗 열왕기(列王記)
the K~ of Heaven 신(神) ***the K~ of K~s*** (1) 하느님; 예수 그리스도 (2) 왕중왕, 황제 《옛 동방 여러 나라의 왕의 칭호》
— *vt.* [보통 ~ it로] 군림(君臨)하다; 으스대다 《*over*》

king·bird [kíŋbə̀ːrd] *n.* 《미》 〖조류〗 타이란새의 일종 《미국산 딱새의 무리》

king·bolt [-bòult] *n.* 〖기계·건축〗 킹[중심] 볼트

Kíng Chárles's hèad (벗어나지 못하는) 고정 관념 《Dickens의 *David Copperfield*에서》

kíng cóbra 〖동물〗 킹코브라 《동남아시아산; 세계 최대의 독사》

kíng cráb 〖동물〗 투구게(horseshoe crab)

king·cup [-kʌ̀p] *n.* 〖식물〗 = BUTTERCUP

‡**king·dom** [kíŋdəm] *n.* **1** **왕국** **2 a** 지배하는 장소 **b** (학문·예술 등의) 세계, 영역 **3** 〖생물〗 (동식물 분류상의) 계(界) **4** 〖신학〗 신정(神政), 하느님 나라
come into one***'s*** ~ 권력[세력]을 쥐다

kíngdom cóme 《구어》 내세, 천국

king·fish [-fìʃ] *n.* (*pl.* **~, ~·es**) **1** 민어과(科)의 바닷물고기 **2** 《구어》 거물, 거두(巨頭)

king·fish·er [-fìʃər] *n.* 〖조류〗 물총새

Kìng Jámes Vérsion[**Bíble**] [the ~] = AUTHORIZED VERSION

Kíng Kóng [-kɔ́ːŋ | -kɔ́ŋ] 킹콩 《미국 영화에 등장한 거대한 고릴라》

Kíng Léar 리어왕 《Shakespeare 작 4대 비극의 하나; 1606년 작》; 그 주인공

K

king·let [kíŋlit] *n.* **1** 소국(小國)의 왕[군주] **2** 〖조류〗 상모솔새
***king·ly** [kíŋli] *a.* (**-li·er**; **-li·est**) **1** 왕의, 왕자(王者)의 **2** 왕다운
king·mak·er [kíŋmèikər] *n.* **1** 국왕 옹립자 **2** 정계의 실력자 《대통령·고위 공직자 등의 요직 취임에 영향력이 큰 사람》
king·pin [kíŋpìn] *n.* **1** 〖볼링〗 헤드핀, 5번 핀; 〖기계〗 = KINGBOLT **2** 중심 인물, 우두머리
kíng pòst[**pìece**] 〖건축〗 마룻대공
Kíng's Cóunsel [the ~] 〖영국법〗 칙선 법정 변호사(단) 《여왕 통치 중은 Queen's Counsel; 略 K.C.》
Kíng's Énglish [the ~] (잉글랜드 남부의) 표준 영어
kíng's évil [the ~] 《고어》 연주창(scrofula) 《옛적에 왕의 손이 닿으면 낫는다고 여겼음》
king·ship [kíŋʃip] *n.* Ⓤ **1** 왕의 신분; 왕위, 왕권 **2** 왕정
king-size(**d**) [-sàiz(d)] *a.* 《미·구어》 **1** 특대의 **2** 특대 침대용의
kíng's ránsom 왕의 몸값; 막대한 금액
kink [kiŋk] *n.* **1** (실·밧줄 등의) 꼬임, 비틀림, (머리털의) 곱슬곱슬함 **2** 《구어》 **a** (마음의) 비꼬임, 편협 **b** 변덕 **3** (근육의) 경련 **4** (계획 등의) 결함; 지장, 곤란
— *vi.* 〈밧줄 등이〉 꼬이다, 비틀리다
— *vt.* 〈밧줄 등을〉 꼬이게 하다, 비틀리게 하다 《*up*》
kin·ka·jou [kíŋkədʒù:] *n.* 〖동물〗 킹카주 《중·남미산의 미국너구릿과(科)의 동물》
kink·y [kíŋki] *a.* (**kink·i·er**; **-i·est**) **1 a** 비틀린, 엉클린 **b** 《미》 (짤막한) 곱슬머리의 **2** 《구어》 **a** 괴팍스러운, 괴상한 **b** 변태적인
-kins [kinz] *suf.* = -KIN
kins·folk(**s**) [kínzfòuk(s)] *n. pl.* 친척, 일가
kin·ship [kínʃip] *n.* ⓊⒸ **1** 친척 관계, 혈족 관계 **2** (성질 등의) 유사(類似)
***kins·man** [kínzmən] *n.* (*pl.* **-men** [-mən]) **동족인 사람**; 일가[친척]의 남자
kins·wom·an [-wùmən] *n.* (*pl.* **wom·en** [-wìmin]) 일가[친척]의 여자
ki·osk, -osque [kí:ɑsk | -ɔsk] [Turk.] *n.* **1** 정자(亭子) **2** 키오스크 같은 간이 건물 《가두 등에 있는 신문·잡지·담배 등의 매점》; 《영》 공중전화 박스
kip[1] [kip] *n.* Ⓤ 킵 가죽 《송아지 등 어린 짐승의 가죽》
kip[2] *n.* 《영》 **1** 《속어》 하숙; 여인숙; 침상(寢床) **2** 《구어》 잠, 수면 — *vi.* (**~ped**; **~·ping**) 《구어》 잠자다 《*down*》
Kip·ling [kípliŋ] *n.* 키플링 **Rudyard ~** (1865-1936) 《영국의 단편 소설가·시인》
kip·per [kípər] *n.* **1** 산란기 (후)의 연어[송어] 수컷 **2** 훈제(燻製) 청어
— *vt.* 훈제하다
Kir·ghiz [kiərgí:z | kə́:giz] *n.* (*pl.* [집합적] **~, ~·es**) **1** 키르기스 사람 《중앙 아시아 키르기스 초원 지방의 몽고계 종족》 **2** Ⓤ 키르기스 말
Ki·ri·ba·ti [kìəribɑ́:ti | kìribǽs] *n.* 키리바시 《태평양 중서부의 공화국; 수도 Tarawa》
kirk [kə:rk] *n.* 《스코》 교회(church); 《영》 [the K~] 스코틀랜드 장로교회
kirsch(**·was·ser**) [kíərʃ(vɑ̀:sər)] [G] *n.* Ⓤ 버찌 브랜디
kis·met [kízmit] [Turk.] *n.* Ⓤ 《문어》 숙명, 운명
*****kiss** [kis] *n.* **1** 키스, 입맞춤 **2 a** 《시어》 가볍게 닿음; (산들바람 등이) 스침 **b** 〖당구〗 (공과 공의) 접촉, 키스
blow a ~ to …에게 키스를 보내다 ***give a ~ to*** …에 키스하다 ***the ~ of life*** 《영》 (1) (입에 대서 하는) 인공호흡 (2) 기사회생책
— *vt.* **1** 키스하다, 입맞추다 **2** 《시어》 〈미풍·파도가〉 가볍게 스치다
— *vi.* **1** 입맞추다, 키스하다 **2** 〖당구〗 〈공이〉 서로 맞닿다
KISS [kis] Keep it short and simple 〖컴퓨터〗 간단 명료하게 《프로그램·통신문의 용어》
kiss·a·ble [kísəbl] *a.* 〈여자의 입·입술이〉 키스하고 싶어지는
kíss cùrl 《영》 이마[뺨]에 납작하게 붙인 곱슬머리
kiss·er [kísər] *n.* **1** 키스하는 사람 **2** 《속어》 입; 입술; 얼굴
kíss·ing cóusin[**kín**] [kísiŋ-] 《미·구어》 **1** 만나면 인사로 키스할 정도의 먼 친척 **2** 친한 사람
KIST Korea Institute of Science and Technology 한국 과학 기술 연구원
***kit**[1] [kit] *n.* **1** **도구 한 벌**; (여행·운동 등의) 용구 한 벌 **2** (모형 비행기 등의) 조립 용품 한 벌 **3** 《영》 **나무통**, 물건[시장] 바구니 **4** 《영》 **a** Ⓤ 〖군사〗 (무기 이외의) 장구(裝具) **b** Ⓤ 장비, 복장
the whole ~ (***and caboodle***) 《미·구어》 이것저것[이 사람 저 사람] 모두, 전부
— *vt.* (**~·ted**; **~·ting**) 《영》 …에 장비를 달다 《*out, up*》
kit[2] *n.* 소형 바이올린 《옛 댄스 교사용》
kit[3] *n.* 새끼 고양이 《kitten의 축약형》
kít bàg 〖군사〗 잡낭(雜囊); 여행 가방
*****kitch·en** [kítʃən] *n.* **1** **부엌**, 취사장, 주방 **2** 조리부, 조리장
kítchen càbinet 부엌 찬장; [종종 **K~ C~**] 《미·구어》 (대통령·주지사 등의) 사설 고문단, 브레인
kitch·en·et(**te**) [kìtʃənét] *n.* (아파트 등의) 간이 부엌
kítchen gàrden 《영》 채마밭, 남새밭
kitch·en·maid [kítʃənmèid] *n.* 식모
kítchen mìdden 〖고고학〗 패총(貝塚)
kítchen políce 〖미군〗 **1** 취사반 근무 《종종 벌로서 과함; 略 K.P.》 **2** [집합적; 복수 취급] 취사 (근무)병
kítchen sínk 부엌의 싱크(대)
everything [***all***] ***but the ~*** 《영·구어》 필요 이상으로 많은 것, 무엇이나 다
kitch·en-sink [-síŋk] *a.* (생활상의 깨끗하지 못한 면을 묘사한) 극단적으로 리얼리스틱한 〈연극·그림 등〉
kitch·en·ware [-wɛ̀ər] *n.* Ⓤ 부엌 세간 《냄비·솥 등》
***kite** [kait] *n.* **1** 연 **2** 〖조류〗 솔개 **3** 《상업속어》 융통 어음 **4** 《영·속어》 비행기

K

fly a ~ (1) 연을 날리다 (2) 융통 어음을 발행하다 (3) (여론의) 반응을 살피다 ***Go fly a ~!*** 《미·속어》 꺼져 버려, 뒈져라!
— *vi.* **1** 솔개같이 빠르게 날다[움직이다] **2** 〖상업〗 융통 어음으로 돈을 마련하다
— *vt.* 〖상업〗 〈어음을〉 융통 어음으로서 사용하다

kíte ballòon 〖군사〗 연 모양의 계류 기구(繫留氣球)

kite·mark [káitmɑ̀ːrk] *n.* [때로 **K~**] 《영》 카이트 마크 《영국 규격 협회 검사증》

kith [kiθ] *n.* = KIN [다음 성구로]
~ and kin 친척과 지인(知人); 일가친척

kitsch [kítʃ] *n.* Ⓤ 저속한 작품

kitsch·y [kítʃi] *a.* (**kitsch·i·er**; **-i·est**) 《속어》 〈작품이〉 저속한, 저질의

*****kit·ten** [kítn] *n.* **새끼 고양이**; 말괄량이

kit·ten·ish [kítniʃ] *a.* 고양이 새끼 같은; 재롱부리는; 말괄량이의; 교태부리는

kit·ti·wake [kítiwèik] *n.* 〖조류〗 세발가락갈매기

*****kit·ty**[1] [kíti] *n.* (*pl.* **-ties**) **새끼 고양이** (kitten)

kitty[2] *n.* (*pl.* **-ties**) **1** 〖카드〗 적립금 통 《딴 돈에서 자릿값·팁 등을 넣어 두는 통》; 〖카드〗 건 돈 전부 **2** 《구어》 공동 적립금

Kit·ty [kíti] *n.* 여자 이름 《Catharine, Katherine의 애칭》

kit·ty-cor·ner(ed) [kìtikɔ́ːrnər(d)] *a.*, *ad.* 《미·구어》 = CATERCORNER(ED)

Ki·wa·nis [kiwɑ́ːnis] *n.* 《미》 키와니스 클럽 《미국·캐나다 사업가들의 봉사 단체》

ki·wi [kíːwi] *n.* **1** 〖조류〗 키위 **2** 《속어》 (비행대의) 지상 근무원 **3** [**K~**] 《영·구어》 뉴질랜드 사람(New Zealander) **4** = KIWI FRUIT

kíwi frùit[bèrry] 〖식물〗 키위, 양다래 《뉴질랜드산 과일》

KKK Ku Klux Klan

kl, kl. kiloliter(s)

Klan [klæn] *n.* = KU KLUX KLAN

Klans·man [klǽnzmən] *n.* (*pl.* **-men** [-mən]) Ku Klux Klan의 회원

klax·on [klǽksən] *n.* (자동차용) 경적(警笛), 클랙슨; [**K~**] 그 상표명

Klee [klei] *n.* 클레 **Paul ~** (1879-1940) 《스위스의 추상파 화가》

Kleen·ex [klíːneks] *n.* 《미》 클리넥스 《tissue paper의 일종; 상표명》

klep·to·ma·ni·a [klèptəméiniə] *n.* Ⓤ (병적) 도벽(盜癖), 절도광

klep·to·ma·ni·ac [klèptəméiniæ̀k] *a.* 도벽이 있는, 절도광의
— *n.* 절도광

Klon·dike [klɑ́ndaik | klɔ́n-] *n.* [the ~] 클론다이크 강 《캐나다 Yukon 강의 지류》; 그 유역의 금광 지대

klutz [klʌts] *n.* 《미·속어》 손재주 없는 사람, 얼간이

km, km. kilometer(s)

*****knack** [næk] *n.* 《구어》 **기교**, **솜씨**; **요령** 《*of*, *for*》
get the ~ of …의 요령을 터득하다

knack·er [nǽkər] *n.* 《영》 **1** 폐마 도축업자 **2** 고가(古家)[폐선(廢船)]매입 해체업자

knack·ered [nǽkərd] *a.* 《영·속어》 기진맥진한

*****knap·sack** [nǽpsæ̀k] *n.* **배낭**

knave [neiv] [동음어 nave] [OE 「어린아이」의 뜻에서] *n.* **1** 악한, 악당 **2** 〖카드〗 잭(jack)

knav·er·y [néivəri] *n.* (*pl.* **-er·ies**) **1** Ⓤ 악당 근성 **2** 부정 행위

knav·ish [néiviʃ] *a.* **1** 악당 같은, 망나니의 **2** 부정한, 못된 **~·ly** *ad.*

*****knead** [niːd] [동음어 need] *vt.* **1 a 반죽하다**, 개다 **b** 〈빵·도자기를〉 반죽해서 만들다 **2** 〈근육 등을〉 주무르다, 안마하다 (massage) **3** 〈인격을〉 도야하다

*******knee** [niː] *n.* **1 무릎**, 무릎 관절; (의복의) 무릎 부분; (동물의) 무릎, (특히 말·개 등의) 완골; (새의) 경골(脛骨) **2** 무릎 모양의 물건; 〖건축〗 까치발, 모나게 굽은 나무[쇠]; 곡재(曲材); (그래프의) 심한 굴곡부
at one***'s mother's ~s*** 어머니 슬하에서, 어렸을 적에 ***bend***[***bow***] ***the ~ to***[***before***] (1) …에게 무릎을 꿇고 탄원하다 (2) 굴종(屈從)[굴복]하다 ***be on*** one***'s ~s*** 무릎을 꿇고 있다 ***bring*** a person ***to his ~s*** 사람을 굴복시키다 ***gone at the ~s*** (1) 《구어》 〈말·사람이〉 늙어 빠져서 (2) 《구어》 〈바지가〉 무릎이 닳아 해져 ***~ to ~*** (1) 무릎을 맞대고 (2) 나란히
— *vt.* (**~d**; **~·ing**) **1** 무릎으로 건드리다[찌르다, 밀다] **2** 《구어》 (양복바지의) 무릎을 부풀리다
— *vi.* 굽히다 《*over*》; 무릎 꿇다

knée brèeches (무릎 밑에서 홀친) 반바지

knee·cap [níːkæ̀p] *n.* **1** 슬개골(膝蓋骨)(patella) **2** 무릎받이 《무릎 보호용》
— *vt.* (총으로) …의 무릎을 쏘다

knee-deep [-díːp] *a.* **1** 무릎 깊이의, 무릎까지 빠지는 **2** 열중하여, 깊이 빠져 《*in*》

knee-high [-hái] *a.* 무릎 높이의
~ to a grasshopper 《구어》 〈사람이〉 꼬마인, 아주 어린

knee·hole [-hòul] *n.* (책상 밑 등의) 무릎 공간

knée jèrk 〖의학〗 무릎 반사

knee-jerk [-dʒə̀ːrk] *a.* 《미》 **1** 〈반응 등이〉 반사적인 **2** 〈사람·행동 등이〉 판에 박은 반응을 나타내는

knée jòint **1** 무릎 관절 **2** = TOGGLE JOINT

*****kneel** [niːl] [OE 「무릎」의 뜻에서] *vi.* (**knelt** [nelt], **~ed**) **무릎 꿇다**, 무릎을 구부리다 ***~ down*** 꿇어 앉다; 굴복하다 《*to*, *before*》

kneel·er [níːlər] *n.* 무릎 꿇는 사람; 무릎 방석

knee-length [níːlèŋkθ] *a.* 〈의복·부츠 등이〉 무릎까지 오는

knee·pad [níːpæ̀d] *n.* 무릎받이

knee·pan [-pæ̀n] *n.* = KNEECAP 1

knees-up [níːzʌ̀p] *n.* 《영·구어》 즐거운 무도회

*****knell** [nel] *n.* **1 종소리**; 조종(弔鐘); (죽음·실패를 알리는) 소리, 신호; 곡하는 소리 **2** 흉조(凶兆)

K

ring*[*sound, toll*] *the* ~ *of (1) …의 조종(弔鐘)을 울리다 (2) …의 소멸[몰락]을 알리다
— *vi.* **1** 조종이 울리다; 종을 울려 부르다; 슬픈 소리를 내다 **2** 불길하게 울리다
— *vt.* 〈흉사 등을〉 알리다

knelt [nelt] *v.* KNEEL의 과거·과거 분사

knew [nju: | nju:] 〔동음어 new〕 *v.* KNOW의 과거

knick·er·bock·er [níkərbɑ̀kər | -bɔ̀kə] *n.* 《미》 **1** [**K~**] 니커보커 이민(移民) 《지금의 New York에 이주한 네덜란드 사람》; 뉴욕 사람 《특히 네덜란드계(系)의》 **2** [*pl.*] 니커 바지 《무릎 아래에서 졸라매는 느슨한 반바지》

knick·ers [níkərz] *n. pl.* **1** 《미·구어》 = KNICKERBOCKER 2 **2** 《영》 (블루머 같은) 여자[여아]용 내의
get*[*have*] one*'s* ~ *in a twist 《영·속어·익살》 당혹하다; 화내다; 애태우다
— *int.* 《속어》 제기랄, 바보같이 《경멸·초조 등을 나타냄》

knick·knack [níknæ̀k] *n.* 《구어》 **1** (장식적인) 작은 물건; 자지레한 장신구, 패물 **2** (장식용) 골동품

knife [naif] *n.* (*pl.* **knives** [naivz]) **1** 나이프, 칼, 부엌칼 《**kitchen knife** 부엌용 식칼, **carving knife** 고기 써는 큰 칼, **bread knife** (톱니의) 빵 써는 칼, **fruit knife** 과도, **paper knife** 종이 자르는 칼, **pocketknife** 주머니 칼, **table knife** 식탁용 나이프》 **2** 《시어》 〖수사학〗 단검, 검 **3** 〖기계〗 (절단기의) 날 **4 a** 수술용 칼, 메스 **b** [the ~] 외과 수술
***before you can say* ~** 《구어》 순식간에; 갑자기 ***get*[*have*] one*'s* ~ *into*[*in*]** 《구어》 …에게 원한을 품다[적의를 나타내다] ***under the* ~** 수술을 받고; 파멸로 치닫는
— *vt.* **1** 작은 칼로 베다; 단도로 찌르다, 찔러 죽이다 **2** 《구어》 (음흉한 수단으로) 해치(려 하)다 — *vi.* (파도 등을) 헤치고 나아가다

knife·board [náifbɔ̀:rd] *n.* **1** 칼 가는 대 **2** 《영》 등을 맞대고 앉는 좌석

knife-edge [-èdʒ] *n.* **1** 나이프의 날 **2** 칼날 같은 능선 ***on a* ~** (1) 〈일의 성패가〉 아슬아슬한 고비에 (2) 〈사람이〉 일의 성패를 몹시 걱정하고 《*about*》

knífe grìnder 칼 가는 사람[회전 기구]

knífe plèat 나이프 플리트 《같은 방향으로 칼날처럼 잡은 폭이 좁은 잔주름》

knífe rèst (식탁의) 칼 놓는 대

knight [nait] 〔동음어 night〕 〔OE 「하인, 종자」의 뜻에서〕 *n.* **1 a** (중세의) 기사(騎士); (귀부인을 따라 다닌) 무사 **b** 《영》 나이트작(爵), 훈공작 **c** 훈작사(勳爵士) **2** 용사, 의협심 있는 사람; 여성에게 헌신적인 사람 **3** 〖체스〗 나이트
~ of the air*[*brush, cue, needle*[*thimble*], *pen*[*quill*], *pestle, road*]** 비행가[화가, 당구가, 재봉사, 문필가, 약제사, 노상강도] ***the K~ of the Rueful Countenance 우수(憂愁)의 기사 《돈키호테》 ***the K~s of the Round Table*** 원탁(圓卓) 기사단
— *vt.* 나이트 작위를 수여하다(cf. DUB[1])

knight báchelor (*pl.* **-(s) -s**) 《영》 최하위 훈작사

knight-er·rant [náitérənt] *n.* (*pl.* **knights-**) **1** (중세의) 무사 수행자(修行者) **2** 협객(俠客); 돈키호테 같은 인물

knight-er·rant·ry [-érəntri] *n.* Ⓤ **1** 무사 수행(修行) **2** 의협적 행위

knight·hood [náithùd] *n.* Ⓤ **1** 무사[기사]의 신분 **2** 기사 기질(氣質); 기사도(道) **3** 나이트 작위(爵位), 훈작사(勳爵士)임 **4** [the ~; 집합적] 훈작사단(團)

knight·ly [náitli] *a.* (**-li·er**; **-li·est**) **1** 기사의; 훈작사(勳爵士)의 **2** 기사다운; 의협적인

knish [kniʃ] *n.* 감자·쇠고기 등을 밀가루를 입혀서 튀기거나 구운 것 《유대 요리》

knit [nit] 〔OE 「매듭을 만들다」의 뜻에서〕 *v.* (~, **~·ted**; **~·ting**) *vt.* **1** 뜨다, 짜다 **2** 밀착시키다, 접합하다; (서로의 이익·결혼 등으로) 굳게 결합시키다 《*together*》 **3** 〈눈살을〉 찌푸리다
— *vi.* **1** 뜨개질을 하다 **2** 결합하다; 밀착하다 **3** 〈눈살이〉 찌푸려지다
~ *up* (1) 짜깁다 (2) 〈토론 등을〉 끝맺다, 정리하다 (3) 〈털실 등이〉 잘 떠[짜]지다

knit·ted [nítid] *a.* 짠, 뜬, 뜨개것의; 메리야스의

knit·ter [nítər] *n.* **1** 짜는 사람, 메리야스 직공 **2** 편물[메리야스] 기계

knit·ting [nítiŋ] *n.* Ⓤ,Ⓒ **1** 뜨개질 **2** 뜨개질 세공; 편물 **3** 니트, 메리야스

knítting machìne 메리야스 기계; 편물 기계

knítting nèedle 뜨개바늘

knit·wear [nítwɛ̀ər] *n.* Ⓤ 니트웨어 《뜨개질한 의류의 총칭》

knives [naivz] *n.* KNIFE의 복수

knob [nɑb | nɔb] *n.* **1** (문·서랍 등의 둥근) 손잡이; (깃대 등의) 둥근 꼭지; 〖건축〗 (기둥머리의) 모조 구슬 장식; (전기 기구의) 꼭손, 손잡이 **2** (설탕·버터·석탄 등의) 덩이 《*of*》 **3** 《미》 (고립된) 둥근 언덕, 작은 산 **4** (나무 줄기 등의) 혹, 마디
(*the*) *same to you with* (*brass*) *~s* 당신이야 말로 《비아냥거리는 말대꾸》 ***with* (*brass*) *~s on*** 게다가, 그뿐 아니라
— *vt.* (**~bed**; **~·bing**) 손잡이를 달다
— *vi.* 혹이 생기다 《*out*》

knobbed [nɑbd | nɔbd] *a.* 혹이 있는; (끝이) 혹 모양인; 손잡이가 달린

knob·bly [nɑ́bli | nɔ́b-] *a.* (**-bli·er**; **-bli·est**) = KNOBBY

knob·by [nɑ́bi | nɔ́bi] *a.* (**-bi·er**; **-bi·est**) **1** 혹[마디]이 많은; 혹 같은; 우툴두툴한 **2** 둥근 언덕[작은 산]이 많은 **3** 곤란한

knock [nɑk | nɔk] *vt.* **1** 〈머리·공 등을〉 치다, 〈문을〉 두드리다 **2** 쳐서 …이 되게 하다[을 만들다] **3** 부딪치다, 충돌시키다 **4** 《영·속어》 깜짝 놀라게 하다, 깊은 인상을 주다 **5** 《구어》 깎아내리다, 흠잡다
— *vi.* **1** 때리다, 노크하다 **2** 부딪치다, 충돌하다; …와 우연히 마주치다 **3** 〈내연 기관이〉 노킹을 일으키다 **4** 《미·속어》 험담하다, 비판하다

K

~ ***about***[***around***] 《구어》 (1) 마구 두들기다, 난타하다 (2)〈파도·폭풍이 배를〉 뒤흔들다, 난폭하게 다루다 (3) 방랑하다 (4) [진행형으로]〈물건·사람이〉(어디엔가) 있다 (5) 《속어》 …와 동행이다; (이성과) 성적 관계가 있다 《*with*》 ~ ***about together***〈두 사람이〉 동행하다;〈남녀가〉(성적으로) 관계하다 ~ ***back*** 《영·구어》 (1)〈술을〉 꿀꺽꿀꺽 마시다 (2) …에게 지출시키다 (3) …을 깜짝 놀라게 하다 ~ ***down*** (1) …을 때려 눕히다;〈자동차 등이〉 …을 치어 넘어뜨리다 (2)〈집 등을〉 헐어 넘어뜨리다 (3) 〖상업〗〈기계 등을〉 분해[해체]하다(cf. SET up) (4)〈이론 등을〉 뒤집어 엎다, 논파하다 (5) 《구어》 값을 내리다; 값을 깎다 ~ ***in*** (1)〈못 등을〉 때려 박다 (2) 《영·속어》 폐문 후 문을 두드리고 들어가다 ~ something ***into a cocked hat*** 《속어》 볼품없이 만들어 놓다 ***K~ it off!*** 《속어》 그만두어라; 잠자코 있거라! ~ ***off*** (1) 두드려 떨어버리다 (2) 《구어》 파멸시키다; 《미》 죽이다;〈상대방을〉 해치우다 (3) 《영·구어》〈물건을〉 훔치다 (4) 《구어》 …에 들어가 강도질하다, …에서 훔치다 (5)〈금액을〉 깎다, 할인하다 (6)〈남자가〉 여자와 성교하다 (7) 《속어》 일을 그만두다[쉬다] (8) 《구어》〈일을〉 척척 해치우다 ~ ***out*** (1) 두들겨 내쫓다 (2) 〖권투〗 녹아웃시키다(cf. KNOCKOUT) (3) 〖야구〗〈투수를〉 녹아웃시키다 (4)〈팀 등을〉 탈락시키다, 패퇴시키다 (5) 《구어》〈계획 등을〉 급히 생각해 내다;〈곡 등을〉(피아노로) 난폭하게[서투르게] 연주하다 (6) …을 깜짝 놀라게 하다 (7)〈마약이〉 …을 잠들게 하다 (8) 《구어》 …을 기진맥진하게 하다 (9) …을 파괴하다 ~ ***together*** (1) 부딪치다 (2)〈둘 (이상의 것)을〉 부딪뜨리다 (3)〈물건을〉 급히 만들어내다[짜맞추다] ~ ***under*** 항복하다 《*to*》 ~ ***up*** (1)〈공 등을〉 쳐 올리다;〈남의 팔을 쳐서〉 올리다 (2) 〖크리켓〗 《영·구어》 공을 마구 쳐서 〈점수를〉 따다 (3) 《영·구어》 …을 문을 두들겨 깨우다 (4) 《구어》 녹초가 되게 하다 (5) 급히 만들다 (6) 〖제본〗 (종이) 가장자리를 가지런히 하다 (7) 충돌하다, 마주치다 《*with*》 (8) 《미·속어》 임신시키다

— *n.* **1 두드리기**; [종종 a ~] (문의) 노크 (소리); **구타** 《*on*》; 타격 **2** (엔진의) 노킹 (소리) **3** 〖크리켓〗 타격 차례 **4** 《구어》 (경제적·정신적) 타격, 불행

take the ~ 《속어》 타격을 받다; 돈에 궁하다

knock·a·bout [nákəbàut | nɔ́k-] *n.* **1** 《속어》 법석떠는 희극 (배우) **2** 일종의 소형 요트

— *a.* **1** 난타의; 소란한 **2** 《구어》 방랑 (생활)의 **3** (옷 등이) 막일할 때 입는

∗**knock·down** [nákdàun | nɔ́k-] *n.* **1 때려눕히기,** 타도하는 일격 **2** (가격·수량의) 할인, 삭감

— *a.* **1** Ⓐ **타도하는**[할 정도의]; 압도적인 **2** 분해할 수 있는, 조립식(組立式)의 **3** (경매 등에서)〈가격이〉 최저의

knock-down-drag-out [-drǽgàut] *a.* Ⓐ 가차없는, 철저한

knock·er [nákər | nɔ́kə] *n.* **1** 문을 노크하는 사람 《*at*》 **2** 노커 《현관의》, 문 두드리는 고리쇠 **3** 《미·속어·경멸》 독설가, 혹평가 **4** 《영·구어》 호별 방문 외판원 **5** [*pl.*] 《속어》 유방

on the ~ 《영·구어》 호별 방문[판매]하여

knóck·ing shòp [nákiŋ- | nɔ́kiŋ-] 《영·속어》 매음굴

knock-knee [náknìː | nɔ́k-] *n.* 〖의학〗 외반슬(外反膝); [*pl.*] 안짱다리

knock-kneed [-nìːd] *a.* 안짱다리의

knock-off [-ɔ̀ːf | -ɔ̀f] *n.* (일 등의) 중지, 중지하는 시간

knock-on [-ɔ̀ːn | -ɔ̀n] *n.* 도미노 효과, 연쇄 효과; 〖럭비〗 녹온 《반칙》

∗**knock·out** [nákàut | nɔ́k-] *n.* **1** 〖권투〗 **녹아웃** 《略 KO, K.O.》 **2** 결정적인 타격; 《구어》 매력적인 사람[것]; 크게 히트한 영화[상품] **3** 《영》 실격(失格)제 경기, 토너먼트 — *a.* **1** 녹아웃의;〈타격이〉 맹렬한 **2** 《구어》 굉장한, 훌륭한

knóckout dròps 《미·속어》 몰래 음료(飮料)에 타는 마취제

knock·up [nákʌ̀p | nɔ́k-] *n.* 《영》 (테니스 등에서) 시합 개시 전에 하는 연습 (시간)

knoll [noul] *n.* 작은 산, 둥근 언덕; 둔덕

⁑**knot** [nɑt | nɔt] [동음어 not] *n.* **1 매듭,** 고 **2** (장식용의) 매는 끈; 나비[꽃] 매듭; (견장 등의) 장식 매듭 **3** (사람·동물의) **무리,** 집단, 일파 《*of*》 **4 혹,** 사마귀; 나무마디, 옹두리; 널빤지의 옹이 **5** 〖해부〗 (근육 등의) 결절 **6** 난관, 난국, 난제 (cf. GORDIAN KNOT) **7** 〖항해〗 측정선의 마디; 해리(海里) 《약 1,852 m》; 노트 《1시간에 1해리를 움직이는 속도》 **8** 인연, 유대

at a rate of ~s 《영·구어》 매우 빨리 ***tie*** a person ***up in***[***into***] ***~s*** 《구어》 곤경에 빠뜨리다, 당황[걱정]하게 하다

— *v.* (**~·ted**; **~·ting**) *vt.* **1**〈끈 등을〉 매다; …에 매듭을 짓다;〈짐을〉 싸서 묶다; 결합하다 **2** 엮어 술을 만들다 **3**〈눈살을〉 찌푸리다(knit) **4** 얽히게 하다

— *vi.* **1** 매듭을 짓다 **2** 매듭이 생기다 **3** 혹이 생기다

knot·hole [náthòul | nɔ́t-] *n.* (목재의) 옹이 구멍

knot·ted [nátid | nɔ́t-] *a.* **1 a** 마디가 있는, 울퉁불퉁한 **b** 매듭[장식]이 있는 **2** 얽힌; 어려운 ***Get ~!*** 《영·구어》 귀찮아!, 시끄러워!, 꺼져!

knot·ty [náti | nɔ́ti] *a.* (**-ti·er**; **-ti·est**) **1** 옹이가 있는, 마디가 많은, 혹투성이의; 매듭이 많은 **2**〈문제 등이〉 분규 중의, 해결이 곤란한

knot·work [nátwə̀ːrk | nɔ́t-] *n.* Ⓤ 매듭 장식[세공]

⁂**know** [nou] [동음어 no] *v.* (**knew** [njuː | njuː]; **known** [noun]) *vt.* **1 알다, 알고 있다** **2** (잘) 알고 있다, …에 정통하다; …와 아는 사이이다; …와 친하다 **3**〈공포·고통 등을〉 알다, 경험하다; 경험해서 알고 있다 **4 구별할 수 있다,** 식별할 수 있다

— *vi.* **1** (틀림없이) **알고 있다** 《*about, of*》 **2** 알다

God[***Heaven***] ***~s*** that it is true. 하느님에게 맹세코 (정말이다). ***God***[***Heaven***]

~s where he fled. (그가 어디로 도망쳤는지) 아무도 모른다(Nobody knows ...). *~ better* (*than to* do) …할 만큼 어리석지는 않다 *~ no better* 그 정도의 지혜밖에 없다 ~ a person *to speak to* (만나면) 말을 걸 정도의 사이다 *make ... known* 《문어》 (1) 〈사물을〉 …에 알리다, 선언하다 《*to*》 (2) …을 소개하다 《*to*》, 자기 소개를 하다 *Not if I ~ it.!* 《구어》 누가 그런 짓을 해, 천만의 말씀! (*Well*) *what do you ~* (*about that*)*!* 《구어》 그것은 몰랐다, 놀랐다, 설마! *who ~s* 혹시 모르지, 어쩌면 *you ~* 《구어》 (1) [단지 간격을 두기 위해] 저, 에…: He is a bit, *you* ~, crazy. 그는 좀 정신이 이상한 거야. (2) [다짐하기 위해] …이겠죠, …일거야 *you never ~* 《구어》 어쩌면, 아마도

— *n.* 《구어》 지식(knowledge) [다음 성구로] *in the ~* 《구어》 (기밀·내부 사정 등을) 잘 알고 있는

know·a·ble [nóuəbl] *a.* **1** 알 수 있는, 인식할 수 있는 **2** 가까이하기 쉬운, 알기 쉬운

know-all [nóuɔ̀:l] *a., n.* = KNOW-IT-ALL

*__know-how__ [-hàu] *n.* Ⓤ 《미·구어》 **실제적[전문적] 지식, 기술 정보, 노하우;** (제조) 기술; 요령

*****know·ing** [nóuiŋ] *n.* Ⓤ 앎; 지식

— *a.* **1 사물을 아는 2** 아는 것이 많은, 영리한 **3** 아는 체하는 **4** 고의적인 **5** 《구어》 〈모자 등이〉 멋있는

know·ing·ly [nóuiŋli] *ad.* **1** 아는 체하고; 영악하게 **2** 고의로

know-it-all [nóuitɔ̀:l] *a., n.* 《구어》 아는 체하는 (사람), 똑똑한 체하는 (사람)

*****knowl·edge** [nálidʒ | nɔ́l-] *n.* Ⓤ **1 지식,** 아는 바 **2 a 학식,** 견문(見聞), 학문 **b** 숙지(熟知), 정통(精通) **3** 인식, 이해 《*of*》 *come to* a person*'s ~* …에게 알려지다 *of* one*'s own ~* …자신의 지식으로서, 직접적으로 *to* (*the best of*) one*'s ~* …이 알고 있는 바로는, 확실히, 틀림없이

knowl·edg(e)·a·ble [nálidʒəbl | nɔ́l-] *a.* **1** 지식 있는; 아는 것이 많은 **2** 식견이 있는; 총명한

*****known** [noun] *v.* KNOW의 과거분사 — *a.* Ⓐ **알려진;** 이미 알고 있는

know-noth·ing [nóunʌ̀θiŋ] *n.* 무지[무식]한 사람, 문맹자

*__knuck·le__ [nʌ́kl] *n.* **1 a** (특히 손가락 밑 부분의) **손가락 관절**[마디] **b** [the ~s] (주먹의) 손가락 관절부, 주먹 **2 a** (네발 짐승의) 무릎 관절 돌기(突起) **b** (송아지·돼지의) 무릎도가니 **3** 〖기계〗 돌쩌귀 암쇠 *give a wipe over the ~s* 사납게 꾸짖다 *near the ~* 아슬아슬한, 노골적인

— *vt.* 주먹으로 치다, 손가락 마디로 치다[누르다, 비비다]

~ down (1) (구슬치기할 때) 손가락 마디를 땅에 대다 (2) 《구어》 열심히 일하기 시작하다 《*to*》; 마음을 가다듬고 대들다 《*to*》; 굴복하다 《*to*》 *~ under* 《구어》 …에 굴복[항복]하다 《*to*》

knuck·le·bone [-bòun] *n.* **1** 손가락 마디뼈 **2** (네발 짐승의) 지골(趾骨)

knuck·le-dust·er [-dʌ̀stər] *n.* = BRASS KNUCKLES; 〖야구〗 타자의 손등 가까이로 던진 투구

knuck·le·head [-hèd] *n.* 《구어》 바보, 멍청이

knúckle sàndwich 《속어》 (상대방의 입·얼굴을) 주먹으로 침

knurl [nə:rl] *n.* **1** 마디, 옹이 **2** 도톨도톨한 알맹이 《금속 표면의》; (동전 등의) 깔쭉깔쭉한 데

KO [kéióu] [*k*nock*o*ut] 《구어》 〖권투〗 *n.* (*pl.* **~'s**) 녹아웃 — *vt.* (**~'s**; **~'d**; **~'ing**) 녹아웃시키다

ko·a·la [kouá:lə] *n.* 〖동물〗 코알라 《오스트레일리아산》

Kö·chel num·ber [kɔ́:ʃəl-nʌ̀mbər] 〖음악〗 쾨헬 번호 《Mozart의 전 작품을 쾨헬이 정리한 번호; 略 K.》

Ko·dak [kóudæk] *n.* 코닥 《미국 Eastman Kodak 회사제 카메라 및 필름; 상표명》

Koh·i·noor [kóuənùər] [Pers. 「빛의 산」의 뜻에서] *n.* [the ~] 코이누르 《1849년 이래 영국 왕실 소장의 인도산 다이아몬드; 108 캐럿으로 세계 최대》

kohl [koul] *n.* Ⓤ 화장먹 《안티몬 분말; 아랍 여인 등이 눈 언저리를 검게 칠하는 데 씀》

kohl·ra·bi [koulrá:bi] *n.* (*pl.* **~es**) 〖식물〗 구경(球莖) 양배추

ko·la [kóulə] *n.* 〖식물〗 콜라나무; 그 열매(= **∠ nùt**) 《청량 음료의 자극제》; Ⓤ 콜라 《청량음료》

ko·lin·sky [kəlínski] *n.* (*pl.* **-skies**) 〖동물〗 시베리아담비; Ⓤ 그 모피

kol·khoz, -khos [kɑlkɔ́:z | kɔl-] [Russ.] *n.* 콜호스 《구소련의 집단 농장 (collective farm)》

koo·doo [kú:du:] *n.* (*pl.* **~s,** [집합적] **~**) 〖동물〗 얼룩영양(羚羊) 《남아프리카산》

kook [ku:k] *n.* 《미·속어》 기인(奇人), 괴짜, 미치광이

kook·a·bur·ra [kúkəbə̀:rə | -bʌ̀rə] *n.* 〖조류〗 (오스트레일리아산) 물총새의 일종

kook·y [kú:ki] *a.* (**kook·i·er**; **-i·est**) 《미·속어》 괴짜의, 머리가 좀 돈

ko·peck, -pek [kóupek] *n.* **1** 코펙 《러시아의 화폐 단위; 1/100 ruble》 **2** 코펙 동전

Ko·ran [kərǽn | kɔ:rá:n] [Arab. 「암송」의 뜻에서] *n.* [the ~] 코란 《이슬람교의 경전》 **~·ic** *a.*

*****Ko·re·a** [kərí:ə | -ríə] [Kor. 「고려(高麗)」에서 생긴 말] *n.* **한국** (= the Republic of ~)

*****Ko·re·an** [kərí:ən | -ríən] *a.* **한국의; 한국 사람의;** 한국어의

— *n.* **1 한국 사람 2** [the ~s] **한국인** 《총칭》; Ⓤ 한국어

Koréan Wár [the ~] 한국 전쟁(1950-53)

Koréa Stráit [the ~] 대한 해협

KOSDAQ, Kos·daq [kɔ́:sdæk, kɔ́:z-] *n.* 코스닥 《한국 증권업 협회가 운영하는 시세 정보 시스템; 또는 한국 장외 주식 시장》

K

ko·sher [kóuʃər] *a.* 〖유대교〗 **1** 적법(適法)의, 율법에 맞는; 정결한 〈음식〉 **2** 정결한 음식을 판매하는 **3** ((구어)) 순수한; 합법의 **—** *n.* ((구어)) 정결한 음식물 (판매점)

kou·miss [kú:mis] *n.* Ⓤ 쿠미스, 마유주(馬乳酒) ((말·낙타 젖으로 만든 아시아 유목민의 술))

kow·tow [káutáu] [Chin. 「고두(叩頭)」에서] *n.* (옛 중국식) 고두 ((머리로 조아려 하는 절)) **—** *vi.* **1** 고두하다 ((*to*)) **2** 비굴하게 아부하다

KP kitchen police

Kr 〖화학〗 krypton

Kr, kr krona; krone(n); kroner

kraal [krɑ:l] *n.* **1** (남아프리카 원주민의 울타리를 둘러친) 촌락 **2** 우리 ((가축용))

kráft (**pàper**) [krǽft- | krɑ́:ft-] 크라프트 종이 ((시멘트 부대 등에 씀))

krait [krait] *n.* 〖동물〗 우산뱀 ((인도·보르네오 등에 사는 코브라과(科)의 독사))

Krem·lin [krémlin] [Russ. 「성채(城砦)」의 뜻에서] *n.* [the ~] 크렘린 궁전 ((Moscow에 있는 옛날 궁전)); 구소련 정부

krill [kril] *n.* (*pl.* ~) 〖동물〗 크릴 (새우) ((남극해산 새우 무리의 갑각류; 고래의 먹이))

Krish·na [kríʃnə] *n.* 〖인도신화〗 크리슈나신(神) ((Vishnu의 제8 화신(化身)))

Kriss Krin·gle [krís-kríŋgl] [G] ((미)) = SANTA CLAUS

kro·na[1] [króunə] *n.* (*pl.* **-nor** [-nɔ:r]) 크로나 ((스웨덴의 화폐 단위; = 100 öre; 기호 Kr)); 크로나 은화

krona[2] *n.* (*pl.* **-nur** [-nər]) 크로나 ((아이슬란드의 화폐 단위; = 100 aurar; 기호 Kr)); 크로나 동전

kro·ne [króunə] *n.* (*pl.* **-ner** [-nər]) 크로네 ((덴마크·노르웨이의 화폐 단위; = 100 öre; 기호 Kr)); 크로네 은화

kru·ger·rand [krú:gərræ̀nd] *n.* 크루거란드 ((남아프리카 공화국의 1온스 금화(金貨)))

kryp·ton [kríptɑn | -tɔn] *n.* Ⓤ 〖화학〗 크립톤 ((무색 불활성 기체 원소; 기호 Kr; 번호 36))

KS 〖미국우편〗 Kansas

kt karat; kiloton(s); knot

K2 [kéitú:] *n.* K2봉(峰) ((Karakoram 산맥에 있는 세계 제2의 고봉; 8,611 m))

Kua·la Lum·pur [kwɑ́:lə-lumpúər] 콸라룸푸르 ((말레이시아의 수도))

Ku·blai Khan [kú:blai-kɑ́:n] 쿠빌라이칸 ((원나라의 초대 황제; 1260-94))

ku·chen [kú:kən] [G] *n.* (*pl.* ~) 견과·과일을 넣어 구운 과자

ku·do [kjú:dou | kjú:-] [Gk] *n.* Ⓤ ((영·구어)) 명성, 영예, 위신; 칭찬

kud·zu [kúdzu:] [Jap.] *n.* 〖식물〗 칡 ((다년생 덩굴 식물))

Ku Klux Klan [kú:-klʌ́ks-klǽn | kjú:-] ((미)) 큐클럭스클랜, 3K단(團) ((미국의 가톨릭교도·유대인·흑인 등을 배척하는 백인 지상주의 비밀 결사))

ku·miss [kú:mis] *n.* = KOUMISS

kum·quat [kʌ́mkwɑt | -kwɔt] [Chin. 「金橘」에서] *n.* 〖식물〗 금귤나무; 그 열매

kung fu [kʌ̀ŋ-fú:] [Chin.] 쿵후(功夫) ((태권도 비슷한 중국의 호신 권법))

Kurd [kə:rd] *n.* 쿠르드 사람 ((Kurdistan 지방의 유목민으로 이슬람교도))

Kú·ril(**e**) **Íslands** [kúəril- | kurí:l-] [the ~] 쿠릴 열도 ((the Kuril(e)s라고도 함))

Ku·wait, -weit [kuwéit] *n.* 쿠웨이트 ((아라비아 동북부 페르시아 만에 면한 이슬람 군주국; 그 수도))

Ku·wai·ti [kuwéiti] *a.* 쿠웨이트 (사람)의 **—** *n.* 쿠웨이트 사람

kvass [kvɑ:s] [Russ.] *n.* Ⓤ (호밀 등으로 만드는) 러시아의 알코올성 청량 음료

kvetch [kvetʃ] ((속어)) *vi.* 늘 불평만 하다 **—** *n.* 불평만 하는 사람; 불평

kW, kw kilowatt(s)

kWh, kwhr kilowatt-hour(s)

Ky. Kentucky

Ky·mo·graph [káiməgræ̀f | -grɑ̀:f] *n.* 〖의학〗 카이머그래프, 동태(動態)기록기 ((혈압·맥박·근육의 움직임 등에 대한 파동곡선 기록기))

Kyr·i·e e·le·i·son [kírièi-eléiəsɔ̀:n] [Gk] [종종 **K~ C~**] *n.* **1** 〖그리스도교〗 기리에, 「주여 불쌍히 여기소서」의 뜻의 기도 문구 ((가톨릭·그리스 정교의 미사 첫머리에 암송)) **2** 〖음악〗 기리에의 악곡

K

L l

l, L[1] [el] *n.* (*pl.* **l's, ls, L's, Ls** [-z]) **1** 엘《영어 알파벳의 제12자》 **2** (연속된 것의) 12번째(의 것); (J를 넣지 않을 때의) 11번째(의 것) **3** (로마 숫자의) 50: *LVI* =56

L[2] *n.* (*pl.* **L's, Ls** [-z]) **1** L자형(의 것) **2** [the ~] 《미·구어》 고가 철도 《elevated railroad의 약어; cf. EL[1]》

l. land; large; latitude; leaf; league; left (fielder); length; line; lira(s); lire; liter(s)

L. Lady; Lake; Latin; Latitude; Law; Left; Lord; Low **£** *libra(e)* 《L = pound(s) sterling》

*__la__ [lɑː] *n.* 〖음악〗 라 《sol-fa식 계명 창법의 여섯째 음; cf. GAMUT》

La 〖화학〗 lanthanum

LA, La. Louisiana

L.A. Latin America; Law Agent; Legislative Assembly; Library Association; Los Angeles

lab [læb] *n.* 《구어》 =LABORATORY

Lab. Labor; Laborite; Labrador

‡**la·bel** [léibəl] [OF 「자투리」의 뜻에서] *n.* **1** 라벨, 꼬리표, 레테르 **2** (사람·단체·유파·운동 등의 특색을 간단히 표시한) 부호, 표지(標識) **3** (레코드 회사 등의) 상표 (trademark) **4** (후면에 고무풀을 칠한) 우표 **—** *vt.* (**~ed**; **~·ing** | **~led**; **~·ling**) **1** 라벨을 붙이다 **2** (라벨을 붙여서) 분류하다(classify); 〈…을 …이라고〉 부르다 (designate)

la·bi·al [léibiəl] *a.* **1** 〖해부·동물〗 입술의, 입술 모양의 **2** 〖음성〗 순음(脣音)의
— *n.* 순음(= ∠ **sóund**) 《[p, b, m, f, v] 등》
~·ìsm *n.* Ⓤ 순음화(化)의 경향 **~·ly** *ad.*

la·bi·a ma·jo·ra [léibiə-mədʒɔ́ːrə] [L] *n.* 〖해부〗 대음순

la·bi·a mi·no·ra [-minɔ́ːrə] [L] *n.* 〖해부〗 소음순

la·bi·o·den·tal [lèibioudéntl] 〖음성〗 *a.* 순치음(脣齒音)의 **—** *n.* 순치음《[f, v] 등》

‡**la·bor | la·bour** [léibər] [L 고생」의 뜻에서] *n.* Ⓤ **1** 노동, 근로 **2** (육체적·정신적) 수고, 애씀, 고심, 노고, 노력 **3** Ⓒ 일, 업무 **4** [종종 **L~**; 집합적] (자본가·기업에 대하여) 노동자; 노동 계급(cf. CAPITAL 4) **5** [보통 **Labour**] (영국의) 노동당(Labour Party) **6** 진통, 분만의 고통: easy[hard] ~ 순산[난산]
be in **~** 분만 중이다
— *a.* Ⓐ **1** 노동의, 노동에 관한 **2** [보통 **Labour**] (영국의) 노동당의
— *vi.* **1** 노동하다, 일하다; 애쓰다, 힘쓰다(strive) **2** 〈사람·자동차 등이〉 헐떡이며 나아가다 **3** (질병 등으로) 고생하다; (오해 등으로) 괴로워하다(suffer) **4** 산고(産苦)를 치르다, 진통을 겪다
— *vt.* **1** 자세히 설명하다, 장황하게 논하다 **2** …에 싫증나게 하다(tire); 괴롭히다 (distress)
~ *for* …을 얻으려고 애쓰다; …을 위해 노력하다 **~ one*'s way*** 곤란을 무릅쓰고 나아가다

‡**lab·o·ra·to·ry** [lǽbərətɔ̀ːri | ləbɔ́rətəri] [L 「작업장」의 뜻에서] *n.* (*pl.* **-ries**) **1** 실험실, 시험소 **2 a** (교육·사회 과학 등에서 설비가 갖추어진) 실습실, 연습실(演習室), 연구실[소], 랩(lab) **b** (대학 과정에서의) 실험 (시간), 실습 **3** (약품 등의) 제조소
— *a.* Ⓐ **1** 실험실(용)의: a ~ rat 실험용 쥐 **2** 실습의, 연습의

lábor bànk 노동 은행《노동조합이 경영하는》

lábor càmp **1** (구소련 등의) 강제 노동 수용소 **2** (미국 서부의) 이주 노동자 합숙소

Lábor Dày (미국·캐나다의) 노동절 《9월의 첫째 월요일; 유럽의 May Day에 해당함》

lábor dispùte 노동 쟁의

la·bored [léibərd] *a.* **1** 〈문장 등이〉 고심한 흔적이 있는 **2** 무리한, 부자연스러운 **3** 〈동작·호흡 등이〉 하기 어려운, 힘드는

‡**la·bor·er** [léibərər] *n.* 노동자, 인부

lábor fòrce 노동력; 노동 인구

la·bor-in·ten·sive [léibərinténsiv] *a.* 노동 집약적인, 많은 노동력을 요하는

*__la·bo·ri·ous__ [ləbɔ́ːriəs] *a.* **1** 힘드는, 어려운, 귀찮은 **2** 근면한 **3** 〈문체 등이〉 고심한 흔적이 보이는 **~·ly** *ad.* **~·ness** *n.*

la·bor·ite [léibəràit] *n.* **1** 노동자 옹호 단체의 일원 **2** [**L~**] 《미》 노동자 옹호 정당원, 노동당원[지지자]

la·bor-man·age·ment [léibərmǽnidʒmənt] *n.* 노사(勞使)
— *a.* 노사의: ~ issue 노사 간의 쟁점

Lábor-Mánagement Relátions Àct [the ~] 노사 관계법《미국의 현행 중요 노동법》

lábor màrket [the ~] 노동 시장

lábor mòvement 노동(조합) 운동

lábor pàins 진통; 창업기의 곤란

lábor relàtions 노사(勞使) 관계

la·bor·sav·ing [-sèiviŋ] *a.* 노동 절약의: a ~ device[appliance] 노동 절약 장치[기구]

lábor ùnion 《미》 노동조합(《영》 trade union)

lábor wàrd (병원의) 분만실

‡**la·bour** [léibər] *n., v.* 《영》 =LABOR

lábour exchànge [종종 **L- E-**] 《영·구어》 공공 직업 안정소《정식 명칭은 Employment Service Exchange》

La·bour·ite [léibəràit] *n.* (영국의) 노동당원

Lábour Pàrty [the ~] (영국의) 노동당

Lab·ra·dor [lǽbrədɔ̀ːr] *n.* **1** 래브라도 반도 《북미 허드슨 만과 대서양 사이에 있는 반도》 **2** = LABRADOR RETRIEVER

Lábrador retríever[**dóg**] 래브라도 리트리버 《Newfoundland 원산의 사냥개》

la·bur·num [ləbə́ːrnəm] *n.* 〖식물〗 금련화(金蓮花) 무리 《부활절 장식에 쓰임》

lab·y·rinth [lǽbərìnθ] *n.* **1** 미궁(迷宮), 미로(maze) **2** [the L~] 〖그리스신화〗 라비린토스 《Daedalus가 Minotaur를 감금하기 위해 Crete왕 Minos의 명령에 의해 만든 미로》 **3** 분규, 복잡한 관계; 복잡하게 뒤얽은 것

lab·y·rin·thine [læ̀bərínθi(ː)n | -θain], **-thi·an** [-θiən] *a.* Ⓐ 미궁[미로]의, 미로와 같은; 복잡한, 엉클어진

lac [læk] *n.* Ⓤ **1** 〖도료〗 랙 《니스의 원료》 **2** 〖염료〗 랙 염료

*‡***lace** [leis] [L 「올가미」의 뜻에서] *n.* **1** (구두 등의) 끈, 엮은[꼰] 끈, 짠 끈 **2** Ⓤ 레이스 **3** Ⓤ (군복 등을 장식하는) 몰

— *a.* Ⓐ 레이스의

— *vt.* **1** 끈으로 묶다[졸라매다]: ~ (*up*) one's shoes 구두끈을 졸라매다 **2** 〈끈 등을〉 꿰다 **3** 엮다, 섞어 짜다(interlace), 수를 놓다(embroider) 《*with*》 **4** 레이스로 장식하다; (몰·레이스 등으로 …에) 가장자리 장식을 달다 **5** (소량의 알코올성 음료를) 〈마실 것에〉 가미하다(flavor)

— *vi.* **1** 끈으로 매어지다; (끈으로) 허리를 졸라매다 **2** 치다, 매질하다; 비난하다, 공격하다, 헐뜯다 《*into*》

lace-cur·tain [léiskə̀ːrtn] *a.* (노동자 계급에 대하여) 중산 계급의; 중산 계급 지향의; 젠체하는

laced [leist] *a.* **1** 끈이 달린[으로 졸라맨]; 레이스로 장식된 **2** 알코올을 가미한

lac·er·ate [lǽsərèit] *vt.* **1** 〈얼굴·팔 등을〉 (손톱이나 유리 파편 등으로) 찢다, 잡아 찢다(tear) **2** 〈마음·감정 등을〉 상하게 하다, 괴롭히다

— [lǽsərèit, -rət] *a.* = LACERATED

lac·er·at·ed [lǽsərèitid] *a.* **1** 찢어진: a ~ wound 열상(裂傷) **2** 〖식물〗 〈잎 등이〉 가장자리에 톱니가 있는

lac·er·a·tion [læ̀səréiʃən] *n.* **1** Ⓤ 잡아 찢음; 〈감정 등을〉 상하게 함, 괴롭힘; 고뇌 **2** 찢어진 상처, 찢어진 틈

lace-up [léisʌ̀p] *a.* Ⓐ 〈구두가〉 끈으로 묶는 — *n.* [보통 *pl.*] 편상화, 부츠

lace·work [-wə̀ːrk] *n.* Ⓤ (속이 비치게 한) 레이스 세공

lach·es [lǽtʃiz, léitʃ-] *n. pl.* [단수 취급] **1** 〖법〗 태만(죄) **2** 의무 불이행

Lach·e·sis [lǽkəsis] *n.* 〖그리스신화〗 라케시스 《운명의 3 여신(Fates)의 하나; 인간의 생명의 실의 길이를 정함》

lach·ry·mal, lac·ry- [lǽkrəməl] *a.* **1** 눈물의, 눈물을 잘 흘리는 **2** 〖해부〗 눈물을 분비하는(lacrimal)

lach·ry·ma·tor [lǽkrəmèitər] *n.* 최루가스, 최루탄

lach·ry·ma·to·ry [lǽkrəmətɔ̀ːri | -təri] *a.* 눈물의; 눈물을 흘리게 하는 — *n.* (*pl.* **-ries**) 눈물 단지 《고대 로마의 묘에서 발견되는 단지로서 친구들의 눈물을 담았다고 함》

lach·ry·mose [lǽkrəmòus] *a.* 눈물을 잘 흘리는; 눈물을 자아내는 **~·ly** *ad.*

lac·ing [léisiŋ] *n.* ⓊⒸ **1** 끈 종류; 레이스(의 가장자리); 금[은]몰 **2** 레이스로 장식하기 **3** 끈으로 잡아매기 **4** 색줄무늬 《*of*》

*‡***lack** [læk] [MDu. 「결여」의 뜻에서] *n.* **1** Ⓤ 부족, 결핍(want), 결여 **2** 부족한[결핍되는] 것

for [***by, from, through***] **~ *of*** …이 부족하기 때문에

— *vt.* **1** …이 없다, 결핍되다, 필요로 하다: She ~*s* common sense. 그녀는 상식이 없다. **2** …만큼 모자라다

— *vi.* 결핍하다, 모자라다 《*in*》: She is ~*ing in* common sense. 그녀는 상식이 없다.

lack·a·dai·si·cal [læ̀kədéizikəl] *a.* **1** 기력이 없는, 열의 없는 **2** 태도를 꾸민 **3** 게으른 **~·ly** *ad.*

lack·ey [lǽki] *n.* **1** 하인 《보통 제복을 입힘》 **2** 추종자, 아첨자

*****lack·ing** [lǽkiŋ] *a.* Ⓟ **1** 부족하여, 결핍되어; 모자라는 《*in*》: Money is ~ for the trip. 여행하기에는 돈이 모자란다. **2** 《영·구어》 머리[지혜]가 모자라는

lack·lus·ter [-lʌ̀stər] *a.* 광택[윤]이 없는; 〈눈 등이〉 흐리멍텅한, 혼탁한, 활기 없는

la·con·ic [ləkɑ́nik | -kɔ́n-] [Laconia 사람은 말이 간결했다는 데서] *a.* **1** 간결한, 간명한(concise) **2** 말수가 적은 **-i·cal·ly** *ad.*

lac·o·nism [lǽkənìzm], **la·con·i·cism** [ləkɑ́nəsìzm | -kɔ́n-] *n.* **1** Ⓤ 간결, 간결한 표현[화술] **2** 간명한 문장, 경구(警句)

*****lac·quer** [lǽkər] *n.* Ⓤ **1** 래커 **2** 옻; 《영》 헤어스프레이 **3** [집합적] 칠기(漆器)

— *vt.* 래커[옻]를 칠하다 **~·er** *n.*

lac·quer·ware [lǽkərwɛ̀ər] *n.* 칠기

lac·ri·mal [lǽkrəməl] *a.* = LACHRYMAL

lac·ri·ma·tor [lǽkrəmèitər] *n.* = LACHRYMATOR

la·crosse [ləkrɔ́ːs | -krɔ́s] *n.* Ⓤ 라크로스 《hockey 비슷한 구기》

lac·tase [lǽkteis, -teiz] *n.* Ⓤ 〖화학〗 락타아제 《유당(乳糖) 분해 효소》

lac·tate [lǽkteit] *vi.* 젖을 분비하다

lac·ta·tion [læktéiʃən] *n.* Ⓤ 젖의 분비(기(期)); 수유(授乳) (기간)

lac·te·al [lǽktiəl] *a.* **1** 젖의; 젖 모양의 **2** 〈림프관이〉 유미(乳糜)를 보내는[넣는]

lac·tic [lǽktik] *a.* Ⓐ 〖화학〗 젖의; 유즙의; 젖에서 뽑아내는

láctic ácid 젖산, 유산(乳酸)

láctic ácid bactéria 젖산균, 유산균

lac·tom·e·ter [læktɑ́mətər | -tɔ́m-] *n.* 검유기(檢乳器); 유지계(乳脂計), 유즙 비중[농도]계

lac·tose [lǽktous] *n.* Ⓤ 락토오스, 유당(乳糖)

la·cu·na [ləkjúːnə] [L 「빈틈」의 뜻에서] *n.* (*pl.* **-nae** [-niː], **~s**) **1 a** (원고·책 등의) 누락[탈락] (부분), 탈문 《*in*》;

(인용문에서의) 원문의 생략 부분 《*in*》 **b** (지식 등의) 빈틈, 공백, 결함 《*in*》 **2** 〖해부〗 소와(小窩), 열공(裂孔)

la·cus·trine [ləkʌ́strin | -train] *a.* **1** 호수의 **2** 호상(湖上)에서 생활하는

lac·y [léisi] *a.* (**lac·i·er**; **-i·est**) 레이스의, 레이스 같은[모양의]

‡lad [læd] *n.* **1 젊은이, 소년, 청년 2** 《구어》 (연령과는 관계없이) 남자(man), 녀석: my ~*s* 제군들, 자네들 **3** 《영·구어》 원기 왕성한 남자, 대담한 남자

‡lad·der [lǽdər] *n.* **1 사닥다리**: climb up[down] a ~ 사닥다리를 오르다[내리다] **2** 사닥다리 꼴의 물건 **3** 출세의 연줄, 수단 《*of*》 **4** [보통 the ~] (신분·지위 등의) 단계 **5** 《영》 (스타킹의) 세로 올의 풀림(《미》 run)
the (***social***) ~ 사회 계층; 출셋길 ***the top of the*** ~ 최고의 지위
— *vi.* **1** 출세하다 **2** 《영》 〈스타킹이〉 세로 올이 나가다 — *vt.* **1** 사닥다리로 오르다 **2** 《영》 〈스타킹을〉 세로 올이 나가게 하다

ládder trùck 《미》 사다리 소방차

lad·die [lǽdi] *n.* 《주로 스코·구어》 젊은이, 총각(cf. LASSIE)

lad·dish [lǽdiʃ] *a.* 젊은이다운, 소년 같은; 《영·구어》 (남자답게) 난폭한

lade [leid] *vt.* (**lad·ed**; **lad·en** [léidn]) **1** 〈화물·짐을〉 싣다 **2** 〈화물·짐을〉 배[차]에 싣다 **3** [주로 수동형으로] 〈책임 등을〉 지우다; 괴롭히다 **4** [수동형] 《문어》 풍성하게 덮다: trees *laden* with fruit 열매가 많이 열린 나무 **5** 《드물게》 (국자 등으로) 떠내다 — *vi.* 짐을 싣다; 떠내다

***lad·en** [léidn] *a.* **1 a 짐을 실은,** 화물을 적재한 **b** [복합어를 이루어] (책임 등을) 지고 있는; (…을) 많이 가진, 충분히 지닌 **2** (…으로) 괴로워하는 《*with*》

la-di-da, lah-di-dah [lɑ́:didɑ́:] *n.* 《영·구어》 젠체하는[거드름 빼는] 사람[언동, 이야기] — *a.* **1** 거드름 빼는, 젠체하는 **2** 품위 있는; 사치한

la·dies, La·dies' [léidiz] *n.* (*pl.* ~) [보통 the ~; 단수 취급] 《영·구어》 여성용 (공중) 화장실

ládies'[lády's] màn 여성과 즐겨 교제하는 남자; 바람둥이

ládies' ròom [때로 **L- r-**] 《미》 (호텔·극장 등의) 여성용 화장실

lad·ing [léidiŋ] *n.* Ⓤ **1** 짐싣기, 적재, 선적 **2** 뱃짐, 화물

la·dle [léidl] [OE 「떠내는 것」의 뜻에서] *n.* 구기, 국자 — *vt.* **1** 국자로 뜨다, 푸다(scoop); 떠내다 《*up, out*》 **2** 《구어》 〈돈·선물 등을〉 무차별로[무턱대고] 주다 《*out*》

la·dle·ful [léidlfùl] *n.* 국자 하나 가득 《*of*》

‡la·dy [léidi] [OE 「빵(loaf)을 반죽하여 만들다」의 뜻에서] *n.* (*pl.* **-dies**) **1** [woman에 대한 정중한 대용어] **여자, 부인 2 귀부인; 숙녀 3** [Our L-] 성모마리아 **4** [*pl.*] 《호칭》 숙녀 여러분 **5** 마님, 사모님, 아씨; 아가씨 **6** [**L~**] 《영》 **레이디**
my ~ 마나님, 아씨 《특히 귀부인에 대한 하인의 말》; 《속어》 마누라
— *a.* Ⓐ 여성 …, 여(류)…: a ~ aviator 여류 비행가

lády bèetle = LADYBUG

la·dy·bug [léidibʌ̀g], **-bird** [-bə̀:rd] *n.* 〖곤충〗 무당벌레

Lády chàpel 성모 예배소 《성당에 부속된》

Lády Dày 1 성모 영보(領報) 대축일 《성모 마리아에게 그리스도의 잉태를 알린 날; 3월 25일》 **2** 《영》 4기(期) 지불일의 하나

la·dy·fin·ger [-fìŋgər] *n.* 가느다란 카스텔라 모양의 과자

la·dy-in-wait·ing [léidiinwéitiŋ] *n.* (*pl.* **la·dies-**) (여왕·공주의) 여관(女官); 나인, 상궁, 시녀

la·dy-kill·er [-kìlər] *n.* 여자를 잘 호리는 사나이

la·dy·like [léidilàik] *a.* **1** 〈여자가〉 귀부인다운, 품위 있는; 정숙한 **2** 〈남자가〉 여자 같은, 연약한

la·dy's-fin·ger [léidizfìŋgər] *n.* 콩과(科)의 식물 《가축 사료》

la·dy·ship [léidiʃìp] *n.* **1** Ⓤ 귀부인의 신분[품위] **2** [종종 **L~**] Lady 칭호를 가진 여성에 대한 경칭: your[her] ~(*s*) 영부인, 영애

lády's màid (귀부인의) 시녀, 몸종

‡lag[1] [læg] *vi.* (**~ged**; **~·ging**) **1** 〈속도 등이〉 **뒤떨어지다** 《*behind*》 **2 천천히 걷다 3** 〈경기 등이〉 침체하다 **4** 〈관심·흥미 등이〉 줄다, 엷어지다
— *n.* **1** 뒤처짐 **2** ⒸⓊ 지연, 지연의 정도 **3** 〖기계·전기〗 느림, 지체(량)
time ~ 시간의 지체

lag[2] *vt.* (**~ged**; **~·ging**) 〈보일러·파이프 등을〉 (보온재 등으로) 싸다 《*with*》

lag[3] 《속어》 *vt.* (**~ged**; **~·ging**) **1** 투옥하다 **2** 체포하다(arrest)
— *n.* **1** 죄수; 전과자 **2** 복역 기간

la·ger [lɑ́:gər] [G 「저장실의 맥주」의 뜻에서] *n.* ⓊⒸ 라거 비어, 저장 맥주(= ∠ **béer**) 《저온으로 냉장하여 익게 함; ale보다 약함》

láger lòut 《영》 많은 양의 맥주를 마시며 여가를 보내는 젊은이

lag·gard [lǽgərd] *n.* 느린 사람[것], 꾸물거리는 사람 — *a.* 느린, 꾸물거리는
~·ly *ad.*

lag·ging[1] [lǽgiŋ] *a.* 뒤떨어지는, 느린
— *n.* Ⓤ 뒤떨어짐, 지체

lagging[2] *n.* Ⓤ **1** 〖기계〗 래깅 《보일러·파이프 등의 보온을 위해 단열 피복재를 씌우기》 **2** 보온재, 피복재

La Gio·con·da [lɑ̀:-dʒoukɑ́ndə | -kɔ́n-] [It.] *n.* = MONA LISA

la·gniappe [lǽnjæp, ─∠] *n.* 《미》 **1** 덤, 경품 《물건을 산 손님에게 주는》 **2** 팁, 행하

la·goon [ləgú:n] *n.* **1** 석호(潟湖); 《미》 늪, 못 《강·호수 등으로 통하는》 **2** 초호(礁湖) 《환초(環礁)에 둘러싸인 얕은 바다》

la·ic, la·i·cal [léiik(əl)] *a.* (성직자에 대해서) 신자의, 평신도의, 속인의(lay)
— *n.* 속인, 평신도(layman)

L

la·i·cize [léiəsàiz] *vt.* **1** 환속(還俗)[속화(俗化)]시키다 **2** 속인에게 맡기다

‡laid [leid] *v.* LAY[1]의 과거·과거분사
— *a.* 가로 눕힌, 가로놓인

laid-back [léidbǽk] *a.* 《미·구어》 〈음악 (연주) 등이〉 한가롭고 평온한, 느긋한

‡lain [lein] *vi.* LIE[2]의 과거분사

lair [lεər] *n.* (들짐승의) 굴, 집; (도둑 등의) 은신처, 잠복처, 소굴

lais·sez-faire, lais·ser- [lèseifέər] [F =let do, leave alone] *n.* Ⓤ 불간섭주의, (자유) 방임주의(의 정책)
— *a.* 불간섭주의의, (자유) 방임주의의

la·i·ty [léiəti] *n.* [the ~; 집합적; 복수 취급] **1** (성직자가 아닌) 속인들(laymen); 평신도 **2** 문외한

‡lake[1] [leik] *n.* **호수**; (공원 등의) 샘물, 못

lake[2] *n.* ⓊⒸ **1** 레이크 《진홍색의 안료》 **2** 진홍색

Láke Dìstrict[Còuntry] [the ~] (잉글랜드 북서부의) 호수 지방(the Lakes)

lake·front [léikfrʌ̀nt] *n.* [보통 the ~] 호반, 호안(湖岸)

lake·land [-lənd] *n.* 호수 지방

lake·let [léiklit] *n.* 작은 호수

Láke Pòets [the ~] 호반 (湖畔) 시인 《Lake District에 거주한 Wordsworth, Coleridge, Southey 등》

Láke Schòol [the ~] 호반(시인)파

lake·side [léiksàid] *n.* [the ~] 호안, 호반(lakefront)

la(l)·la·pa·loo·za [lɑ̀ːləpəlúːzə] *n.* 《미·속어》 월등히 우수한[기발한] 것[사람]; 모범으로 삼을 만한 걸작

lal·ly·gag [lɑ́ːligæ̀g] *vi.* (**~ged**; **~·ging**) 《미·속어》 **1** 게으름 피우다 **2** (남이 보는 앞에서) 껴안고 애무하다

lam[1] [læm] *vt., vi.* (**~med**; **~·ming**) 《속어》 (지팡이 등으로) 치다, 때리다, 매질하다; 〈남의 머리 등을〉 때리다, 갈기다

lam[2] 《미·속어》 *vi.* (**~med**; **~·ming**) 급히 도망치다 《*out*》
— *n.* [the ~] 도망, 급히 달아남
***on the* ~** 도주 중인

Lam. Lamentations (of Jeremiah)

la·ma [lɑ́ːmə] *n.* 라마승(僧)
***the Dalai[Grand] L* ~** 달라이 라마, 대(大)라마

La·ma·ism [lɑ́ːməìzm] *n.* Ⓤ 라마교
-ist *n.* 라마교도

La·marck [ləmɑ́ːrk] *n.* 라마르크 **Jean de ~** (1744-1829) 《프랑스의 생물학자·진화론자》

la·ma·ser·y [lɑ́ːməsèri | -səri] *n.* (*pl.* **-ser·ies**) 라마교 사원(寺院)

La·maze [ləmɑ́ːz] *a.* 〖의학〗 라마즈(법)의: the ~ technique[method] 라마즈법 《무통 분만법의 일종》

‡lamb [læm] *n.* **1** 새끼 양(⇨ sheep) **2** Ⓤ 새끼 양의 고기 **3** 《구어》 순진한 사람, 온순한 사람 **4** 《구어》 잘 속는 사람, 풋내기 투기사 **5** 《애칭》 아가, 귀염둥이 **—** *vi.* 〈양이〉 새끼를 낳다
— *vt.* 〈새끼 양을〉 낳다

lam·ba·da [læmbɑ́ːdə] *n.* **1** 람바다 《브라질의 빠르고 색정적인 춤; 상대와 서로 배를 맞대고 춤》 **2** 람바다 춤곡

lam·baste, -bast [læmbéist, -bǽst] *vt.* 《구어》 **1** 몹시 때리다 **2** 깎아내리다, 비난하다, 꾸짖다

lamb·da [lǽmdə] *n.* 람다 《그리스 어의 제11 자모 Λ, λ; 로마자의 L, l에 해당》

lam·ben·cy [lǽmbənsi] *n.* (*pl.* **-cies**) Ⓤ **1** (불꽃·빛의) 나불거림 **2** (눈·하늘 등의) 부드럽게 빛남 **3** (기지 등의) 경묘함, (농담 등의) 재치 있음

lam·bent [lǽmbənt] *a.* **1** 〈불꽃·빛이〉 나불거리는, 희미하게 빛나는 **2** 〈눈·하늘 등이〉 부드럽게 빛나는 **3** 〈농담 등이〉 재치 있는, 경묘한 **~·ly** *ad.*

lamb·kin [lǽmkin] *n.* **1** 새끼 양 **2** 《애칭》 귀둥이

lamb·like [lǽmlàik] *a.* 새끼 양 같은; 유순한, 온화한, 부드러운; 순진한

lamb·skin [lǽmskìn] *n.* **1** 새끼 양의 털가죽 《장식용》 **2** Ⓤ 새끼 양의 가죽 《무두질한》

‡lame [leim] *a.* **1 절름발이의,** 절뚝거리는, 불구의 **2** 〈설명·변명 등이〉 불충분한, 서투른 **3** 〈운율·시가〉 불완전한
— *vt.* **1** 절름발이로 만들다, 불완전[불충분]하게 하다 **2** 〈일을〉 망치다, 거덜나게 하다 **~·ly** *ad.* **~·ness** *n.*

la·mé [læméi | lɑ́ːmei] [F =laminated] *n.* Ⓤ 라메 《금·은 등의 금속 실을 짜 넣은 직물》

lame·brain [léimbrèin] *n.* 《구어》 바보, 얼간이

láme dúck 《구어》 **1** 《미》 (임기가 남아 있는) 낙선 의원[대통령] **2** 쓸모없는[없게 된] 사람[물건], 낙오자; 《속어》 파손된 비행기[배] **3** 파산자 **láme-dúck** *a.*

la·mel·la [ləmélə] *n.* (*pl.* **-lae** [-liː], **~s**) (뼈·동식물 조직 등의) 얇은 판(板)[층, 막, 잎] **-lar** [-lər] *a.*

la·mel·late [lǽməlèit, ləméleit] *a.* lamella로 만든

‡la·ment [ləmént] [L 「울다」의 뜻에서] *vt.* **1 슬퍼하다,** 비탄하다, 애도하다 **2** (깊이) 후회하다, 애석히 여기다, 안타까워하다
— *vi.* 슬퍼하다, 애도하다: ~ *for*[*over*] the death of a friend 친구의 죽음을 애도하다 **—** *n.* **1** 비탄, 한탄 **2** 애가(哀歌)

***lam·en·ta·ble** [lǽməntəbl, ləmén-] *a.* **1** 슬퍼할, 슬픈 **2** 유감스러운, 한탄스러운 **3** 《고어·시어》 구슬픈, 가엾은 **-bly** *ad.*

***lam·en·ta·tion** [læ̀məntéiʃən | -men-] *n.* **1** Ⓤ 비탄, 애도 **2** 비탄의 소리; 애가 **3** [the L~s; 단수 취급] 〖성서〗 예레미야 애가 《구약 성서 중의 하나; 略 Lam.》

la·ment·ed [ləméntid] *a.* **1** 애도를 받는: the late ~ 고인, 《특히》 작고한 남편 **2** 애석한, 한탄스러운

lam·i·na [lǽmənə] *n.* (*pl.* **-nae** [-nìː], **~s**) 얇은 조각[층, 막]

lam·i·nar [lǽmənər], **-nal** [-nl], **-nar·y** [-nèri | -nəri] *a.* 얇은 판(板)[조각, 층]을 이루는; 얇은 조각으로 된; 층류의

lam·i·nate [lǽmənèit] *vt.* **1** 얇은 조각으로 자르다 **2** 얇은 판(板)으로 만들다[늘이다]; 얇은 판을 씌우다 **3** (열·압력을

가하여 재료를) 플라스틱으로 만들다
— *vi.* 얇은 조각으로 잘리다 [찢어지다, 되다] — [lǽmənèit, -nət] *a.* = LAMINATED — [lǽmənèit, -nət] *n.* ⓊⒸ 적층물(積層物), 적층 플라스틱

lam·i·nat·ed [lǽmənèitid] *a.* **1** 얇은 판[조각] 모양의 **2** 얇은 판[층]으로 된, 얇은 판이 겹쳐서 된

lam·i·na·tion [læ̀mənéiʃən] *n.* **1** Ⓤ 얇은 조각 모양 **2** 적층물, 적층 구조물

Lam·mas [lǽməs] *n.* 《영》 라마스, 수확제(收穫祭)(= ∼ **Dày**) 《옛날 8월 1일에 행하여졌음》

*****lamp** [lǽmp] [Gk 「횃불」의 뜻에서] *n.* **1** (전기·가스·기름 등의) 조명 장치, **램프, 등불**; 전기 스탠드; (의료용 등의) 전등 **2** (마음·지식 등의) 광명 **3** 《시어》 횃불; (해·달·별 등 빛을 내는) 천체 **4** [*pl.*] 《속어》 눈(eyes)
smell of the ∼ 〈문장·작품 등이〉 밤이 이슥토록 애쓴 흔적이 보이다
— *vt.* 램프를 준비하다
— *vi.* 빛나다

lamp·black [lǽmpblæ̀k] *n.* Ⓤ 램프 그을음; 흑색 물감

lámp chìmney 램프의 등피

lamp·light [lǽmplàit] *n.* Ⓤ 램프[가로등]의 불빛, 등불, 등화

lamp·light·er [-làitər] *n.* (가로등의) 점등원(點燈員); (가스) 등불을 켜는 기구 《얇고 가는 나무 조각, 꼰 종이 등》

lam·poon [læmpúːn] *n.* 풍자문[시]
— *vt.* 글[시]로써 풍자하다, …을 풍자문[시]으로 비방하다
∼·er, ∼·ist *n.* 풍자문 작가

lamp·post [lǽmppòust] *n.* 가로등의 기둥

lam·prey [lǽmpri] *n.* 〖어류〗 칠성장어

lamp·shade [lǽmpʃèid] *n.* (램프·전등의) 갓

LAN [læn] [*l*ocal *a*rea *n*etwork] *n.* 구내정보 통신망 《빌딩·사무실 내》

Lan·ca·shire [lǽŋkəʃìər, -ʃər] *n.* 랭커셔 《잉글랜드 북서부의 주; 면업(綿業) 지대》

Lan·cas·ter [lǽŋkəstər] *n.* **1** 랭커스터 왕가 《1399 - 1461년간의 영국 왕조》 **2** 랭커스터 《랭커셔 주의 옛 주도》

Lan·cas·tri·an [læŋkǽstriən] *a., n.* **1** (영국) Lancaster의 (주민); 랭커셔 주(州)의 (주민) **2** 〖영국사〗 (장미 전쟁 시대의) 랭커스터 왕가 (출신)의 (사람); 랭커스터[붉은 장미]당(黨)의 (당원)

****lance** [læns | lɑːns] *n.* **1** (옛날 창기병(槍騎兵)의) **창**(槍) **2** 창기병 **3** (물고기나 고래를 잡는) 작살 **4** = LANCET 1
— *vt.* **1** 창으로 찌르다 **2** 〖외과〗 랜싯(lancet)으로 절개하다

Lance [læns | lɑːns] *n.* 남자 이름 《Lancelot, Launcelot의 애칭》

lánce còrporal 〖영국육군〗 하사 근무 병장; 〖미해병〗 병장

lanc·er [lǽnsər | lɑ́ːns-] *n.* 창기병

lánce sèrgeant 〖영국군〗 최하위 중사, 중사 근무 하사

lan·cet [lǽnsit | lɑ́ːn-] *n.* **1** 〖외과〗 랜싯, 피침(披針), 바소 **2** 〖건축〗 (위가 뾰족한 높고 좁은) 예첨창(銳尖窓)(= ∼ **wíndow**); 첨두(尖頭) 아치(= ∼ **àrch**)

*****land** [lǽnd] *n.* **1** Ⓤ **뭍, 육지 2** Ⓤ **토지, 땅**: arable[barren] ∼ 경작[불모]지 **3** [the ∼] 시골, 전원 **4 나라, 국토,** 국가: from all ∼*s* 각국으로부터 **5** [the ∼] 영역, …의 세계 《*of*》: *the* ∼ *of* dreams 꿈나라; 이상향(理想鄕) **6** Ⓤ 〖경제〗 (생산 요소로서의) 토지, 자연 자원
by ∼ 육로로(opp. *by sea*) ***in the*** ∼ ***of the living*** 현세[이승]에 있어서, 살아서
— *vt.* **1 상륙시키다,** 양륙하다 **2** 착륙시키다, 착수시키다: ∼ an airplane *in* an airport 비행기를 공항에 착륙시키다 **3** 〈사람을〉 하선[하차]시키다, 차[배]에서 내리게 하다: He was ∼*ed on* a lonely island. 그는 쓸쓸한 섬에 내렸다. **4** …에게 (달갑지 않은 일 등을) 떠맡기다 《*with*》; 〈사람을 곤경(困境)에〉 빠뜨리다 《*in*》: This ∼*ed* me *in* great difficulties. 이것은 나를 몹시 난처하게 만들었다. **5** (물고기를 잡아) 끌어[낚아] 올리다; 《구어》 (노력의 결과로서) 획득하다 **6** (어떤 지점에) 놓다, 두다
— *vi.* **1** 〈배가〉 해안[항구]에 닿다, 〈비행기 등이〉 착륙[착수]하다 《*in, at*》: The boat ∼*ed at* the port. 배가 항구에 닿았다. **2** (탈것에서) 내리다, 상륙하다: ∼ *from* a train 열차에서 내리다 **3** 땅에 부딪치다: He ∼*ed* (*on*) the head. 그는 거꾸로 떨어져서 머리를 부딪쳤다. **4** (달갑지 않은 장소·상태에) 이르다, **빠지다**《*up; in*》: ∼ *in* trouble 곤경에 빠지다

lánd àgent 1 토지 매매 소개업자, 부동산 업자 **2** 《영》 토지 관리인

lan·dau [lǽndɔː] [독일의 마을 이름에서] *n.* 랜도 마차 《2인승 4륜 마차》; 랜도형 자동차

lánd bànk 토지[부동산] 저당 은행

lánd brèeze 육풍(陸風), 뭍바람

lánd cràb 참게 《번식할 때만 바다로 이동함》

***land·ed** [lǽndid] *a.* Ⓐ **1 토지를 가지고 있는**: a ∼ proprietor 지주 **2** 토지의[로 된]: ∼ estate[property] 토지, 소유지, 부동산 **3** 양륙된 **4** 궁지에 빠진

land·er [lǽndər] *n.* 상륙자; 양륙인; (달 등에의) 착륙선[기]

land·fall [lǽndfɔ̀ːl] *n.* **1 a** (긴 항해·비행 후에) 처음 육지를 봄: make a good [bad] ∼ 예측대로[예측에 어긋나게] 육지를 찾다 **b** 그 육지 **2** (배의) 육지 접근, 상륙; (비행기 등의) 착륙

land·fill [-fìl] *n.* ⓊⒸ **1** 매립식(埋立式) 쓰레기 처리 **2** (쓰레기로 메운) 매립지

lánd fòrce [종종 *pl.*] 육상 부대, 육군

land·form [-fɔ̀ːrm] *n.* 지세, 지형

lánd grànt 《미》 (정부의) 무상 토지 불하; 그 토지

land·hold·er [lǽndhòuldər] *n.* 토지 소유자, 지주; 차지인(借地人)

land·hold·ing [-hòuldiŋ] *n.* Ⓤ 토지 소유 — *a.* 토지 소유의

****land·ing** [lǽndiŋ] *n.* **1** ⓊⒸ **상륙**; 양륙(揚陸): ∼ charge 화물 양륙비, 하역료

L

2 UC 〚항공〛 착륙, 착수 **3** = LANDING PLACE **4** 층계참(站)
***make* [*effect*] *a* ~** 착륙[상륙]하다
lánding cràft 〚해군〛 상륙용 주정(舟艇)
lánding field[gròund] 〚항공〛 발착장, 경비행장
lánding gèar [집합적] 〚항공·우주과학〛 착륙[착수] 장치
lánding nèt (낚은 고기를 떠올리는) 그물
lánding plàce 상륙장, 양륙장, 부두
lánding stàge 부잔교(浮棧橋)
lánding strìp 〚항공〛 가설 활주로
‡**land·la·dy** [lǽndlèidi] *n.* (*pl.* **-dies**) **1** 안[여]주인 《여관·하숙 등의》 **2** 여자 집주인 **3** 여자 지주
lánd làw [보통 *pl.*] 토지 (소유)법
land·less [lǽndlis] *a.* **1 a** 토지가 없는, 토지를 가지지 않은 **b** [the ~; 명사적; 복수 취급] 토지가 없는 사람들 **2** 육지가 없는
land·locked [-lɑ̀kt | -lɔ̀kt] *a.* **1** 〈나라 등이〉 육지로 둘러싸인 **2** 〈물고기가〉 민물에 사는
‡**land·lord** [lǽndlɔ̀ːrd] *n.* **1** 주인 《하숙집·여관의》 **2** 집주인 **3** 지주 **~·ism** *n.* U 지주임; 지주 기질; 지주 제도
land·lub·ber [lǽndlʌ̀bər] *n.* 《구어》 〚항해〛 풋내기 선원; 육지 사람
‡**land·mark** [lǽndmɑ̀ːrk] *n.* **1** 경계표; 육표(陸標) **2** 현저한[획기적인] 사건 **3** (문화재로 지정된) 역사적 건조물
land·mass [lǽndmæ̀s] *n.* 광대한 땅, 《특히》 대륙
lánd mìne 지뢰; (낙하산이 붙은) 투하 폭탄
lánd òffice 《미》 국유지 관리국
lánd-of·fice búsiness [-ɔ̀ːfis- | -ɔ̀f-] 《미·구어》 활기 있는 영업 활동; 급성장 사업, 이익이 엄청난 사업
lánd of Nód [the ~] **1** [**L-**] 〚성서〛 놋의 땅 《카인(Cain)이 살던》 **2** 잠과 꿈의 나라; 잠
∗**land·own·er** [lǽndòunər] *n.* 토지 소유자, 지주
land-poor [-pùər] *a.* 수익성이 없는 땅을 가져 가난한, 땅은 많아도 현금이 없는
lánd refòrm 토지[농지] 개혁
Lánd Ròver 랜드 로버 《지프 비슷한 영국제 4륜 구동차; 상표명》
Land·sat [-sæ̀t] [*Land*+*sat*ellite] *n.* 랜드샛 《미국의 지구 자원 탐사 위성》
‡**land·scape** [lǽndskèip] *n.* **1** 풍경, 경치 **2** 풍경화 **3** U 풍경화법 **4** 전망, 조망 **5** 조경술, 도시 계획 사업 — *vt.* (조경술로) 미화하다, 녹화하다
lándscape àrchitect 조경가[사], 경관 건축가
lándscape àrchitecture 조경술, 풍치 도시 계획술[법]
lándscape gàrdener 정원사
lándscape gàrdening 조원술[법]
lándscape pàinter 풍경화가
Lánd's Énd [lǽndz-] [the ~] 랜즈엔드 《England의 Cornwall 주 서쪽 끝의 곳; 영국의 최서단(最西端)》
∗**land·slide** [lǽndslàid] *n.* **1** 사태, 산사태 **2** 산사태로 무너진 토사 **3** (선거의) 압도적 대승리 — *a.* A 〈선거 등이〉 압도적인, 압승의 — *vi.* **1** 산사태가 나다 **2** (선거에서) 압승하다
land·slip [-slìp] *n.* 《영》 사태, 산사태 (landslide)
lands·man [lǽndzmən] *n.* (*pl.* **-men** [-mən]) **1** 육상 생활자 **2** 〚항해〛 풋내기 선원
land-to-land [-təlǽnd] *a.* (미사일 등이) 지대지(地對地)의
land·ward [lǽndwərd] *a.*, *ad.* 육지 쪽의[으로], 육지 가까이의[로]
land·wards [lǽndwərdz] *ad.* 《영》 = LANDWARD
‡**lane** [lein] [동음어 lain] *n.* **1** (산울타리·집 등의 사이의) 좁은 길; 골목길 **2** (사람이 늘어선 줄 사이의) 통로 **3** (기선·비행기 등의) 규정 항로 **4** (도로의) 차선(車線) **5** (단거리 경주·경영의) 코스 **6** 〚볼링〛 레인; [*pl.*] 볼링장
***a blind* ~** 막다른 골목
lang·syne [lǽŋzáin, -sáin] 《스코》 *n.*, *ad.* 옛날(에)(long ago)
‡**lan·guage** [lǽŋgwidʒ] *n.* U **1** C (한 나라·한 민족 등의) 국어, …말 **2** (음성·문자에 의한) 언어 **3** (비언어적) 전달 기호 체계 **4** 울음 소리 《새·짐승 등의》 **5** 어학, 언어학 **6** C 술어, 전문어, 통용어 **7** 어법, 말씨, 표현: fine ~ 아름답게 꾸민 표현, 화려한 문체 **8** 〚컴퓨터〛 인공 언어, (컴퓨터) 언어 **9** 상스러운 말, 욕지거리
in the* ~ *of …의 말을 빌면 ***speak the same* [a person*'s*] ~** 생각 등이 일치하다, 기분이 서로 통하다
lánguage làboratory[《구어》 **làb**] 어학 연습실
langue [lɑːŋg] [F] *n.* U 〚언어〛 랑그, 지식 언어 《한 언어 사회의 구성원이 공유하는 추상적 언어 체계; 체계로서 파악한 언어》
∗**lan·guid** [lǽŋgwid] *a.* **1** 나른한, 노곤한, 활발하지 못한 **2** 기운[맥]이 없는; 흥미[관심] 없는 **3** 불경기의 **~·ly** *ad.*
∗**lan·guish** [lǽŋgwiʃ] *vi.* **1** 기운[생기]이 없어지다, 나른해지다, 쇠약해지다 **2** 몹내 그리워하다; 동경하다 《*for*》: ~ *for* home 고향을 몹시 그리워하다 **3** 시들다; 초췌해지다; 풀 죽다 **4** (역경 등에서) 괴로워하다, 번민하다 **5** 애달픈 기색을 보이다
lan·guish·ing [lǽŋgwiʃiŋ] *a.* **1** 차츰 쇠약해지는 **2** 못내 그리워하는, 사모하는 **3** 〈질병 등이〉 질질 끄는, 오래가는
lan·guor [lǽŋgər] *n.* U **1** 나른함, 권태; 무기력; 침체 **2** 음울함, 답답함; 활기 없음 **3** [종종 *pl.*] 우수(憂愁), 번민
lan·guor·ous [lǽŋgərəs] *a.* **1** 나른한, 피곤한 **2** 지리한, 울적한 **~·ly** *ad.*
lan·gur [lʌ́ŋgúər] *n.* 〚동물〛 랑구르 《몸이 여윈 인도산 원숭이》
La Ni·ña [lɑ-níːnjə] [Sp.] *n.* 라니냐 현상 《페루 앞바다의 수온 하강으로 인한 기상 이변; cf. EL NIÑO》
lank [læŋk] *a.* **1** 여윈, 호리호리한 **2** 길고 나긋나긋한 **3** 〈머리털이〉 곱슬곱슬하지 않은, 길고 부드러운

lank·y [lǽŋki] *a.* (**lank·i·er**; **-i·est**) 마르고 키 큰, 호리호리한

lan·o·lin [lǽnəlin], **-line** [-lìːn, -lin] *n.* Ⓤ 〚화학〛 라놀린 《정제 양모지(羊毛脂); 연고·화장품 원료》

Lan·sing [lǽnsiŋ] *n.* 랜싱 《미국 Michigan 주의 주도》

‡lan·tern [lǽntərn] [Gk 「횃불, 등불」의 뜻에서] *n.* **1 랜턴,** 칸델라, 각등(角燈), 초롱: a ~ procession[parade] 제등 행렬 **2** 환등기 **3** (등대의) 등실(燈室) **4** 〚건축〛 채광창(採光窓); 정탑(頂塔)

lan·tern-jawed [lǽntərndʒɔ̀ːd] *a.* 갸름하고 뾰족한 턱의, 핼쑥한 얼굴의

lan·tha·num [lǽnθənəm] *n.* Ⓤ 〚화학〛 란탄 《금속 원소의 일종; 기호 La; 번호 57》

lan·yard [lǽnjərd] *n.* **1** 〚항해〛 매는 밧줄 **2** (호각이나 칼 등을 매다는 목에 거는) 가는 끈 **3** 〚군사〛 (대포 발사용의) 방아끈

La·oc·o·ön [leiɑ́kouɑ̀n | -ɔ́kouɔ̀n] *n.* 〚그리스신화〛 라오콘 《Troy의 Apollo 신전 사제(司祭)》

La·os [lɑ́ːous, láus, léiɑs] *n.* 라오스 《인도차이나 북서부의 공화국; 수도 Vientiane》

La·o·tian [leióuʃən, láu- | láuʃiən] *a.* 라오스 (사람·말)의

— *n.* **1** 라오스 사람 **2** Ⓤ 라오스 말

Lao-tzu [làudzʌ́ | -tsúː], **-tse** [-dzʌ́ | -tséi] *n.* 노자(老子)(604?-531 B.C.) 《중국의 철학자》

‡lap[1] [læp] [OE 「내려뜨린 부분, 자락」의 뜻에서] *n.* **1 무릎** 《앉았을 때 허리에서 무릎마디까지》; (스커트 등의) 무릎 부분 **2** (의복·안장 등의) 내려뜨린 부분, 자락 **3** 《시어》 산간의 움푹 들어간 곳, 산골짜기; 면(面) 《*of*》 **4** 겹치는 부분 **5** 〚경기〛 (경주로의) 한 바퀴; (경영로(競泳路)의) 한 왕복, 랩

Everything falls into his ~. 무엇이든 (그의) 뜻대로 된다. ***the last*** ~ 《미·구어》 최후의 단계[부분]

— *v.* (**~ped**; **~·ping**) *vt.* **1** 휘감다, 입다, 두르다 《*about, round*》; 접다 《*up*》: ~ a blanket *around* 담요를 몸에 두르다 **2 겹치게 하다,** 겹쳐 얹다(overlap), (지붕에) …을 이다 《*on, over*》 **3** 둘러싸다(surround); …을 품다, 껴안다, 소중히 하다: a house ~*ped in* woods 숲에 둘러싸인 집

— *vi.* **1** 접혀 겹치다; 겹쳐지다, 덮이다; 비어져 나오다 **2** (둘러)싸이다 **3** 〈장소 등이 경계를 넘어 …으로〉 펼쳐지다; 〈모임·시간이〉 (정시를 지나 …까지) 연장되다

***lap**[2] [læp] [OE 「마시다」의 뜻에서] *v.* (**~ped**; **~·ping**) *vt.* **1** 〈개·고양이 등이〉 **핥다,** 핥아먹다; 〈술 등을〉 꿀꺽꿀꺽 마시다 《*up*》 **2** 〈파도 등이 물가를〉 씻다, 찰싹거리다 **3** 〈걸치레 말 등을〉 열심히 듣다 《*up*》

— *vi.* **1** 핥다, 핥아먹다 **2** 〈파도가〉 씻다, 찰싹찰싹 밀려오다[소리를 내다]

~ *up*[*down*] (1) 핥아[마셔] 버리다 (2) 〈걸치레 말 등을〉 곧이곧대로 받아들이다, 〈정보 등을〉 액면대로 알아듣다

— *n.* **1** 핥기 **2** Ⓤ [the ~] (기슭을 치는) 잔물결의 소리 **3** (개에게 주는) 유동식(流動食)

lap·board [lǽpbɔ̀ːrd] *n.* (무릎에 올려 놓는) 탁자 대용 판자

láp dànce[**dàncing**] 랩 댄스 《누드 댄서가 관객의 무릎에 앉아 추는 선정적인 춤》

lap·dog [-dɔ̀ːg | -dɔ̀g] *n.* (무릎에 올려 놓고 귀여워하는) 애완용의 작은 개

la·pel [ləpél] *n.* [보통 *pl.*] (양복 저고리 등의) 접은 옷깃

lap·ful [lǽpfùl] *n.* (*pl.* **~s**) 무릎 위[앞치마] 가득(의 분량) 《*of*》

lap·i·dar·y [lǽpədèri | -dəri] *a.* Ⓐ **1** 돌의, 보석의 **2** 구슬[보석] 세공의, 구슬을 새기는[닦는] **3** 돌에 새긴[판] **4** 비문(碑文)의, 비문체의, 비명(碑銘)에 적합한

— *n.* (*pl.* **-dar·ies**) **1** 보석 세공인, 보석공 **2** 보석 전문가[감정사] **3** Ⓤ 보석 세공술

la·pis laz·u·li [lǽpis-lǽzjuli: | -lǽzjulài] [L] **1** 〚광물〛 청금석(青金石) **2** 〚색소〛 군청(群青) 《청금석에서 빼내는 안료》 **3** 군청색, 유리(琉璃)색

Lap·land [lǽplæ̀nd] *n.* 라플란드 《유럽 최북부의 지역》

~·er *n.* 라플란드 사람(Lapp)

Lapp [læp] *n.* **1** 라플란드 사람(Laplander) **2** Ⓤ 라플란드 말

— *a.* 라플란드(사람)의

lap·pet [lǽpit] *n.* **1** (의복 등의) 단, 드림, 주름 **2** 늘어진 살; (칠면조 등의) 육수(肉垂); 귓불

láp ròbe 《미》 무릎 덮개(《영》 rug) 《썰매 탈 때나 스포츠 관전 때 씀》

‡lapse [læps] *n.* **1** (기억·말 등의 사소한) **착오, 실수,** 잘못(slip): a ~ of the pen[tongue] 오기(誤記)[실언] **2** (자신 등의) 상실; (습관 등의) 쇠퇴, 폐지 **3 a** (시간의) **경과,** 추이 **b** (과거의) 짧은 기간, 시간 **4** (정도(正道)에서) 일시적으로 벗어나기, 일시적 타락: a ~ from virtue = a moral ~ 타락 **5** (지위·수량 등의) 감소, 하락; (고도 증가에 따른 기압·기온의) 저하 **6** 〚법〛 (권리·특권의) 소멸, 실효

— *vi.* **1** 타락하다; 실수하다; (정도에서) 벗어나다: ~ *into* a bad habit 나쁜 버릇이 붙다 **2** (…의) 상태가 되다, (…에) 빠지다: ~ *into* silence 침묵하다 **3** 〈시간이〉 경과하다 《*away*》 **4** 〚법〛 〈권리·재산 등이〉 남에게 넘어가다 《*to*》; 실효[소멸]하다, 〈임기가〉 끝나다

lapsed [læpst] *a.* **1** 지나간, 없어진 **2** 타락한, 신앙을 잃은 **3** 〈관습 등이〉 폐지된 **4** 〚법〛 〈권리·재산이〉 남의 손으로 넘어간, 실효한

lápse ràte 〚기상〛 (고도 증가에 따르는 기온·기압 등의) 체감률

láp tìme 〚경기〛 랩타임 《트랙의 일주 또는 경영(競泳) 코스의 한 왕복에 요하는 시간》

láp·top compùter [lǽptɑ̀p- | -tɔ̀p-] (무릎에 올려 놓을 수 있을 정도의 크기의) 휴대용 (퍼스널) 컴퓨터

La·pu·ta [ləpjúːtə] *n.* 라퓨터 섬 《비현실적인 공상에 잠긴 인간들이 사는 떠 있는 섬; Swift 작 *Gulliver's Travels*에서》

La·pu·tan [ləpjúːtən] *n.* 라퓨터 섬 사람;

공상가 — *a.* **1** 라퓨터 섬 사람의 **2** 공상적인, 터무니없는

lap·wing [lǽpwìŋ] *n.* 〖조류〗 댕기물떼새

lar·ce·nist [lɑ́:rsənist], **-ner** [-nər] *n.* 절도범, 도둑

lar·ce·nous [lɑ́:rsənəs] *a.* 절도의, 절도질하는, 손 버릇 나쁜 **~·ly** *ad.*

lar·ce·ny [lɑ́:rsəni] *n.* (*pl.* **-nies**) **1** 절도, 도둑질 **2** Ⓤ 〖법〗 절도죄[범](theft) 《(영)에서는 지금은 theft를 씀》

larch [lɑ:rtʃ] *n.* **1** 〖식물〗 낙엽송 **2** Ⓤ 낙엽송 재목

***lard** [lɑ:rd] *n.* Ⓤ **라드** 《돼지비계를 녹여 정제한 기름》 — *vt.* **1 a** 라드를 바르다 **b** (맛을 내려고 요리하기 전에) 돼지고기[베이컨]를 몇 점 넣다 **2** 〈말·문장 등을 비유·인용 등으로〉 꾸미다, 윤색하다 《*with*》

lar·der [lɑ́:rdər] *n.* **1** 고기 저장소; 식료품실 **2** 저장 식료품

lard·y [lɑ́:rdi] *a.* (**lard·i·er**; **-i·est**) 라드의, 라드질(質)의; (돼지)기름이 많은

*****large** [lɑ:rdʒ] *a.* (opp. *small, little*) **1 a 큰 b 넓은**; 광대한, 대규모의: ~ insight 탁견(卓見) **c** 〈수·양·액수·인구 등이〉 **많은**; 다수의; 다량의, 풍부한(copious) **2 도량이 넓은**, 관대한; (권한 등이) 광범위한 **3 a** 〖항해〗 〈바람이〉 순풍의 **b** 〈작품 등이〉 자유로운, 호방한 **4** 과장된, 허풍 떠는

— *n.* [다음 성구로]

at **~** (1) 상세히, 충분히 (2) 〈범인 등이〉 잡히지 않고, 도주 중인; 자유로운 (3) 뚜렷한 목적도 없이, 특정한 임무 없이: an ambassador *at* ~ 무임소 대사 (4) [명사 뒤에 써서] 전체로서, 일반적으로, 널리 일반에

— *ad.* **1** 크게, 대대적으로: write ~ 크게 쓰다 **2** 허풍 치며, 과장해서: talk ~ 호언장담하다

by and **~** 전반적으로, 대체로

~·ness *n.*

large-heart·ed [-hɑ́:rtid] *a.* 마음[도량]이 큰; 인정 많은, 박애의, 관대한

lárge intéstine 〖해부〗 대장(大腸)

****large·ly** [lɑ́:rdʒli] *ad.* **1 주로**, 대부분(은) **2 대량으로**, 풍부하게, 후하게 **3** 크게; 대규모로 **4** 과장해서

large-mind·ed [lɑ́:rdʒmáindid] *a.* 도량이 큰, 관용하는, 관대한

~·ly *ad.* **~·ness** *n.*

larg·er-than-life [lɑ́:rdʒərðənláif] *a.* **1** 실물보다 큰, 실지보다 과장된 **2** 영웅적인, 전설적인

large-scale [lɑ́:rdʒskéil] *a.* **1** 대규모의 **2** 〈지도가〉 대축척(大縮尺)의, 축소 비율이 큰

lárge-scale integrátion 〖컴퓨터〗 대규모[고밀도] 집적 회로 《略 LSI》

lar·gess(e) [lɑ:rdʒés, lɑ́:rdʒis] [F= large] *n.* ⓊⒸ (지위나 신분이 높은 사람의) 많은 부조; Ⓤ 아낌없이 금품을 주기

lar·ghet·to [lɑ:rgétou] [It.] 〖음악〗 *a.*, *ad.* 라르게토, 약간 느린[느리게]

— *n.* (*pl.* **~s**) 라르게토[약간 느린] 악곡[악장, 악절]

larg·ish [lɑ́:rdʒiʃ] *a.* 약간 큰

lar·go [lɑ́:rgou] [It.] 〖음악〗 *ad.*, *a.* 라르고, 아주 느리게[느린]

— *n.* (*pl.* **~s**) 라르고[아주 느린] 악곡[악장, 악절]

lar·i·at [lǽriət] *n.*, *vt.* 《미》 =LASSO

****lark**[1] [lɑ:rk] *n.* **1** 〖조류〗 **종다리**, 종달새(skylark); 그 종류의 새의 총칭 **2** 시인, 가수

(*as*) ***happy as a*** **~** 매우 즐거운

lark[2] *n.* 《구어》 희롱, 장난; 농담; 유쾌

for a **~** 농담으로; 장난삼아 ***have a*** **~ *with*** …에게 장난을 하다

— *vi.* 희롱하다, 장난하다, 놀다

lark·spur [lɑ́:rkspə̀:r] *n.* 〖식물〗 참제비고깔속(屬)

larn [lɑ:rn] *vt.* **1** 《속어·익살》 공부하다, 배우다 **2** 《구어》 가르치다, 깨닫게 하다

— *vi.* 《속어·익살》 공부하다, 배우다

Lar·ry [lǽri] *n.* 남자 이름 《Laurence, Lawrence의 애칭》

***lar·va** [lɑ́:rvə] [L 「유령」의 뜻에서] *n.* (*pl.* **-vae** [-vi:]) **1** 〖곤충〗 **애벌레**, 유충 **2** 〖생물〗 유생(幼生)

la·ryn·ge·al [lərín dʒiəl, læ̀rindʒí:əl] *a.* 〖해부〗 후두(부)(喉頭(部))의; 후두 치료용의

lar·yn·gi·tis [læ̀rindʒáitis] *n.* Ⓤ 〖병리〗 후두염

lar·ynx [lǽriŋks] *n.* (*pl.* **~·es, la·ryn·ges** [lərín dʒi:z]) 〖해부〗 후두

la·sa·gna [ləzɑ́:njə, lɑ:-] *n.* 라자냐 《파스타·치즈·고기·토마토 소스 등으로 만든 이탈리아의 요리》

las·civ·i·ous [ləsíviəs] *a.* **1** 음란한, 음탕한, 호색의 **2** 도발적인, 선정적인, 외설적인 **~·ly** *ad.* **~·ness** *n.*

lase [leiz] *vi.*, *vt.* 레이저 (광선)을 발하다, 레이저 (광선)을 쬐다

la·ser [léizər] [*l*ightwave *a*mplification by *s*timulated *e*mission of *r*adiation (유도 방출에 의한 빛의 증폭)] *n.* 레이저 《일정한 주파수의 위상(位相)으로 빛을 내는 장치》 — *a.* Ⓐ 레이저의

láser bèam 레이저 광선

láser dìsc[dìsk] 레이저 디스크 《optical disc의 상표명》

láser prìnter 레이저 프린터 《고속·고해상도의 컴퓨터 프린터》

láser sùrgery 〖의학〗 레이저 수술 《레이저 광선을 쬐어 세포를 파괴하는 수술》

láser vìsion 〖컴퓨터〗 레이저 비전 《레이저 광선을 이용해서 화상이나 음성을 정밀하게 재생하는 시스템》

****lash**[1] [læʃ] *n.* **1 채찍 끈**, 채찍의 휘청거리는 부분 **2 a** 채찍질 **b** [the ~] 《고어》 태형(笞刑) **3 심한 비난**; 빈정거리기 **4** [the ~] 심한 충돌; (비·바람·파도의) 몰아침

— *vt.* **1 a 채찍으로 때리다 b** 부딪치다, 치고 덤비다 **c** 자극하다: ~ a person *to* fury[*into* a frenzy of anger] 사람을 격분[격노]시키다 **2** 욕을 퍼붓다, 마구 빈정대다, 심하게 나무라다

— *vi.* **1** 심하게 때리다 《*at*》 **2** 〈비·눈물 등이〉 쏟아지다 **3** 심하게 움직이다[움직여 대다] **4** 심하게 욕설하다 《*out*》

L

~ out (1) 격렬하게 덤벼들다, 맹렬히 공격하다 《*at, against*》 (2) 욕[폭언]을 퍼붓다 《*at, against*》

lash² *vt.* (끈·밧줄 등으로) 묶다, 매다 《*down, on*》: ~ a thing *down* 어떤 것을 단단히 동여매다

lash·ing¹ [lǽʃiŋ] *n.* **1 a** ⓤⓒ 매질, 채찍질 **b** 빈정거리기, 심한 꾸지람[비난] **2** [*pl.*] 《영·구어》 많음(plenty) 《*of*》

lashing² *n.* **1** ⓤⓒ 끈으로 묶기 **2** 끈, 밧줄

lash-up [lǽʃʌ̀p] *n.* **1** 급히 임시변통한 것; 즉석에서 고안한 것 **2** 장비, 설비 **3** 《속어》 실수, 실패

⁑lass [læs] *n.* 《스코》 **1 젊은 여자,** 계집애, 처녀, 소녀(cf. LAD) **2** 아가씨 《친밀한 뜻의 호칭》 **3** 애인, 연인 《여자》

Lás·sa féver [lɑ́ːsə-] 라사열 《서아프리카의 바이러스성 열병》

las·sie [lǽsi] *n.* 《스코》 계집애, 소녀; 《애칭》 아가씨

las·si·tude [lǽsətjùːd | -tjùːd] *n.* ⓤ 나른함, 권태, 피로; 마음이 안 내킴

las·so [lǽsou, læsúː] [Sp. lace와 같은 어원] *n.* (*pl.* ~(**e**)**s**) 던지는 올가미, 올가미 밧줄 《끝이 고리로 된 긴 밧줄》
— *vt.* 〈가축·야생마 등을〉 올가미 밧줄로 잡다

⁂last¹ [læst | lɑːst] *a.* **1** (순서상) **최후의,** 맨 마지막의 **2 a** [보통 the ~] (시간적으로) 최종의: She was *the* ~ to come. 그 여자가 제일 마지막에 왔다. **b** [보통 the ~] (행동 등이) 최후의 **c** [보통 the ~, one's ~] 최종의; 임종의; 종말의: *his* ~ breath 마지막 숨 **3 a 바로 요전의, 지난…, 작(昨)…, 전…:** ~ evening 어제 저녁 **b** [보통 the ~, one's ~] **최근의:** *the* ~ (news) I heard ... 최근의 소식은 … **4** [the ~] 결코 …할 것 같지 않은; 가장 부적당한[안 어울리는] **5 a** [the ~] 최상의(supreme): It is of *the* ~ importance. 그것이 가장 중요하다. **b** [the ~] 최하위의, 최저의(lowest) **6** 〈결론·결정 등이〉 결정적인, 최후적인, 궁극의
for the ~ time 마지막으로 ***in the ~ place*** 최후로, 마지막으로 ***to the ~ man*** 마지막 한 사람까지; 철저하게
— *ad.* **1 제일 끝으로**(finally), 최후로: ~ mentioned 최후에 말한 **2** 요전에, 지난번에, 최근에: since I saw you ~ 지난번 너와 만난[헤어진] 후로
— *pron.* **1** [보통 the ~; 단수·복수 취급] **최후의 것[사람] 2** [the ~, one's ~, this 《etc.》 ~] 마지막에 든 것[사람]; 최근의 것 《소식·농담·아이 등》
— *n.* **1** [the ~] 맨 끝(the end); 결말, 끝장 **2** [one's ~] 죽음, 임종 **3** [the ~] 주말, 월말 《반드시 최종일만을 가리키지는 않음; opp. *first*》
at ~ 끝에 가서, 마침내, 드디어 ***to* [*till*] *the ~*** 최후까지, 죽을 때까지

⁑last² *vi.* **1 계속하다;** 지속[존속]하다 **2 견디다;** 오래가다, 질기다 **3** 충분하다
~ out 끝까지 견디다[가다]
— *vt.* **1** (얼마 동안) …에게 쓰이다, 쓰기에 충분하다 **2** …의 끝까지 가다[견디다], …을 배겨내다 《*out*》

last³ *n.* 구두 골

last-ditch [lǽstdítʃ | lɑ́ːst-] *a.* Ⓐ 최후까지 버티는, 사력을 다한; 완강한

⁑last·ing [lǽstiŋ | lɑ́ːst-] *a.* **영속하는,** 영구적인, 영구불변의; 오래 견디는, 내구력 있는 **~·ly** *ad.* **~·ness** *n.* ⓤ 영속성

Lást Júdgment [the ~] 최후의 심판(일)

∗last·ly [lǽstli | lɑ́ːst-] *ad.* [문장 첫머리에 써서] (열거한 다음) **마지막으로,** 끝으로

last-min·ute [lǽstmínit | lɑ́ːst-] *a.* 최종 순간의, 막바지의

∗lást náme 성(姓)(surname)

lást rítes [the ~] 〖가톨릭〗 병자 성사(病者聖事), 종부(終傅) 성사

lást stráw [the ~] (더 이상 견디지 못하게 되는) 마지막의 얼마 안 되는 부가물[부담], 인내의 한계를 넘게 하는 것

Lást Súpper [the ~] 최후의 만찬; 그 그림 《특히 da Vinci 작의》

lást thíng 1 [the ~] 최신 유행 《*in*》 **2** [the L- T-s] 세상의 종말을 알리는 여러 사건 — *ad.* [(the) ~] 《구어》 마지막으로, 《특히》 자기 전에

lást wórd [the ~] **1** 마지막 말; 결정적인 말[사실]; 결정권 **2 a** 완전한[나무랄 데 없는] 것, 결정판 **b** 《구어》 최신 유행품[발명품]; 최신식(의 것)

Las Ve·gas [lɑːs-véigəs] 라스베이거스 《미국 Nevada 주의 유흥 도시; 도박으로 유명》

lat. latitude

Lat. Latin

∗latch [lætʃ] [OE 「붙잡다」의 뜻에서] *n.* **걸쇠,** 빗장
on* [*off*] *the ~ 빗장을 걸고[벗기고]
— *vt.* **걸쇠를 걸다**
— *vi.* 〈문에〉 걸쇠가 걸리다

latch·key [lǽtʃkìː] *n.* 걸쇠의 열쇠, 현관문의 열쇠

látchkey chìld kìd 맞벌이 부부의 아이

⁂late [leit] *a.* (**lat·er** [léitər], **lat·ter** [lǽtər]; **lat·est** [léitist], **last** [læst | lɑːst]) 《later, latest는 「때」의, latter, last는 「차례」의 관계를 나타냄》 **1 a 늦은, 지각한, 더딘:** be ~ for[at] school 학교에 지각하다 **b** 여느 때보다 늦은; 철 늦은 **2** 마지막에 가까운, 후기의, 말기의 **3** Ⓐ **최근의**(recent), 근래[요즈음]의 **4** Ⓐ 이전의, 전임의, 전…(former, ex-): the ~ prime minister 전(前)총리 **5** [the ~, one's ~] **최근에 죽은, 고**(故)…: *my* ~ father 선친
of ~ years 근년에, 이 몇해 동안 ***the ~ period of* one*'s life*** 만년(晚年)
— *ad.* (**lat·er**; **lat·est, last**) **1 늦게,** 뒤늦게; **지각하여,** 너무 늦어(too late): We arrived an hour[one train] ~. 한 시간[한 열차] 뒤늦게 도착했다. **2 밤이 깊어**[깊도록] **3 a** (시기가) 늦어: They were married ~ in life. 두 사람은 만혼이었다. **b** (시기의) 끝 가까운 무렵에: ~ in the eighteenth century 18세기 말에 **4** 최근에, 요즈음 **5** 《문어》 전에는, 이전에(는)

L

Better ~ than never. 《속담》 늦어도 안 하느니 보다 낫다.
— *n.* [다음 성구로]
of ~ 최근에 ***till*** ~ 늦게까지: sit[stay] up *till* ~ 밤늦게까지 자지 않다
late·com·er [-kʌ̀mər] *n.* **1** 지각자 **2** 최근에 온 사람[물건], 신참자
la·teen [lətíːn] *n.* 〖항해〗 큰 삼각돛(= ∠ **sàil**); 큰 삼각돛을 단 배
— *a.* 큰 삼각돛의
‡**late·ly** [léitli] *ad.* **요즈음**, 최근에, 근래 ***till*** ~ 최근까지
late-mod·el [léitmɑ̀dl | -mɔ̀dl] *a.* 신형의: a ~ car 신형차
la·ten·cy [léitnsi] *n.* Ⓤ 숨어 있음, 보이지 않음; 잠복, 잠재
látency pèriod 1 〖정신분석〗 잠재기 **2** 〖병리〗 (병의) 잠복기
*__la·tent__ [léitnt] *a.* **1 숨어 있는**, 보이지 않는 **2** 〖의학〗 잠복성[기]의; 〖심리〗 잠재성의 **~·ly** *ad.*
‡**lat·er** [léitər] [LATE의 비교급] *a.* **더 늦은, 더 뒤의**; 더 최근의
— *ad.* **뒤에**, 나중에(afterward(s))
~ ***on*** 나중에 ***See you ~.*** 안녕히 가세요, 또 만나요. ***sooner or*** ~ 조만간
*__lat·er·al__ [lǽtərəl] *a.* **1 옆의**, 옆으로의, 옆으로부터의; 측면의 **2** 〖식물〗 측생(側生)의 **3** 〖음성〗 측음(側音)의: a ~ consonant 측음 《[l]》
— *n.* **1** 옆쪽; 측면에서 나는 것 **2** 〖식물〗 곁순, 곁가지 **3** 〖음성〗 측음 **~·ly** *ad.*
láteral líne 〖어류〗 측선(側線)
láteral thínking 수평 사고 《상식·기성 관념에 근거를 두지 않는 사고 방식》
‡**lat·est** [léitist] *a.* **1** [보통 the ~, one's ~] **최신의**, 최근의: ~ fashions 최신 유행 **2** 가장 늦은, 최후의
— *n.* [the ~] **1** 최신 유행품 **2** 최신 뉴스 ***at*** (***the***) ~ 늦어도
la·tex [léiteks] *n.* (*pl.* **lat·i·ces** [lǽtəsìːz], **~·es**) ⓊⒸ 〖식물〗 유액(乳液) 《고무나무 등의》
lath [læθ | lɑːθ] *n.* (*pl.* **~s** [læðz, læθs | lɑːθs]) **1** 〖건축〗 외(椳), 욋가지 《지붕·벽 속에 엮은 나무》, 잡장(雜杖) **2** 외(椳) 비슷한 것; 얇은 나무쪽 **3** 마른 사람
— *vt.* 〈천장·벽 등에〉 욋가지 엮음을 대다
lathe [leið] *n., vt.* 선반(旋盤)(에 걸다)
lath·er [lǽðər | lɑ́ː-] *n.* **1** 비누 거품 **2** (말의) 거품같은 땀 (***all***) ***in a*** ~ 땀에 함빡 젖어서; 《구어》 흥분하여
— *vt.* **1** (면도하기 위해) 비누 거품을 칠하다 **2** 《구어》 후려갈기다 **3** 《구어》 〈사람을〉 흥분시키다
— *vi.* **1** 〈비누가〉 거품이 일다 《*up*》 **2** 〈말이〉 땀투성이가 되다
‡**Lat·in** [lǽtən] *a.* **1 라틴 어의 2** 라틴의, 라티움(Latium)의 **3** 라틴 사람의; 라틴계의 **4** 가톨릭(교회)의
— *n.* **1 라틴계 사람**; 고대 로마 사람 **2** Ⓤ 라틴 어 《略 L》 **3** (그리스 정교회 교도와 구별하여) (로마) 가톨릭 교도
Classical ~ 고전 라틴 어 《대략 75 B.C.-175 A.D.》 ***Modern*** ~ 근대 라틴 어 《1500년 이후》

*__Látin América__ 라틴 아메리카 《스페인어·포르투갈 어를 쓰는 중·남미 나라들의 총칭》
Lat·in-A·mer·i·can [lǽtənəmérikən] *a.* 라틴 아메리카 (사람)의
Látin cróss 라틴 십자가 《세로대의 밑쪽이 긴》
Lat·in·ism [lǽtənìzm] *n.* ⓊⒸ 라틴 어투[어법] **-ist** *n.* 라틴어 학자
lat·in·ize [lǽtənàiz] *vt.* [종종 **L-**] **1** 라틴 어투로 하다; 라틴 (어)화하다; 라틴 어로 번역하다 **2** 고대 로마식으로 하다 **3** 로마 가톨릭식으로 하다
— *vi.* 라틴 어법을 쓰다
làt·in·i·zá·tion [-nizéiʃən | -nai-] *n.*
La·ti·no [lætíːnou, lə-] *n.* (*pl.* **~s**) 《미》 라틴 아메리카 사람
Látin Quàrter [the ~] (파리의) 라틴구(區) 《학생·예술가가 많이 사는 구역》
lat·ish [léitiʃ] *a., ad.* 좀 늦은[늦게]; 느지막한[하게]
‡**lat·i·tude** [lǽtətjùːd | -tjùːd] [L 「폭, 넓이」의 뜻에서] *n.* Ⓤ **1** 〖지리〗 **위도** 《略 lat.》: the north[south] ~ 북[남]위 **2** [*pl.*] 지방 《위도상으로 본》 **3** (견해·사상·행동 등의) 허용 범위, 자유 **4** 《드물게》 범위, 정도 **5** 《고어》 폭, 넓이 **6** 〖사진〗 (노출) 허용도 **7** 〖천문〗 황위(黃緯)
lat·i·tu·di·nal [læ̀tətjúːdənl | -tjúː-] *a.* 위도의 **~·ly** *ad.* 위도로 말하여[보아서]
lat·i·tu·di·nar·i·an [læ̀tətjùːdənέəriən | -tjùː-] *a.* **1** 〈사상·행동 등이〉 관용적인 **2** 〖그리스도교〗 교의에 사로잡히지 않는, 광교파(廣敎派)의 — *n.* **1** 자유주의자 **2** [종종 **L~**] 〖그리스도교〗 광교파의 사람
La·ti·um [léiʃiəm] *n.* 라티움 《지금의 로마 동남쪽에 있었던 옛 나라》
la·trine [lətríːn] *n.* (수도가 없는) 변소 《특히 병사(兵舍)·병원·공장 등의》
lat·te [lǽtei, lɑ́ːtei] *n.* 뜨거운 우유를 탄 에스프레소(espresso) 커피
‡**lat·ter** [lǽtər] [late의 비교급] *a.* Ⓐ **1** [the ~] **a** (시간적으로) **나중 쪽의**, 끝의, 후반의: *the* ~ half 후반부 **b** 요즈음의, 작금의, 최근의 **2** [the ~] **a** **후자의**; (셋 중의) 맨 나중의 **b** [대명사적으로] **후자**: Of the two, the former is better than *the* ~. 양자 중 전자가 후자보다 좋다. **3** 《고어》 최후의, 임종의
in these ~ days 근래에는, 요즘에는
lat·ter-day [lǽtərdèi] *a.* Ⓐ 《고어》 근대의, 현대의, 당세(當世)의
Látter-day Sáint 말일 성도(末日聖徒) 《모르몬 교도의 정식 호칭》
lat·ter·ly [lǽtərli] *ad.* **1** 요즈음에, 근래에, 최근에 **2** 후기[말기]에
*__lat·tice__ [lǽtis] *n.* **1 격자**(格子); 격자 모양의 것 **2** 격자창(= ∠ **wìndow**); 격자문(= ∠ **dòor**[**gàte**]) **3** = LATTICEWORK
— *vt.* 격자를 붙이다; 격자무늬로 하다
lat·ticed [lǽtist] *a.* 격자로 한, 격자를 단
lat·tice·work [lǽtiswə̀ːrk] *n.* Ⓤ **1** 격자 세공 **2** [집합적] 격자
Lat·vi·a [lǽtviə] *n.* 라트비아 《발트 해 연안의 공화국; 1991년 구소련으로부터 독립; 수도 Riga》

Lat·vi·an [lǽtviən] *a.* 라트비아 (사람·말)의 **—** *n.* **1** 라트비아 사람 **2** Ⓤ 라트비아 말

lau·an [lú:ɑ:n] *n.* 〖식물〗 나왕; Ⓤ 나왕 목재 《필리핀 원산》

laud [lɔ:d] *vt.* 칭송하다(praise), 찬미[찬양]하다

laud·a·ble [lɔ́:dəbl] *a.* **1** 칭찬할 만한, 훌륭한, 갸륵한 **2** 《폐어》 〖의학〗 건전한 **~·ness** *n.* **-bly** *ad.*

lau·da·num [lɔ́:dənəm | lɔ́d-] *n.* Ⓤ 아편 팅크; 《일반적으로》 아편제(劑)

lau·da·tion [lɔ:déiʃən] *n.* Ⓤ 칭찬, 찬미

lau·da·to·ry [lɔ́:dətɔ̀:ri | -təri] *a.* 《문어》 칭찬[찬미]의

‡laugh [læf | lɑ:f] [의성어] *vi.* **1** (소리내어) **웃다** **2** 재미있어[만족스러워]하다 **3** 〈물·경치·곡식 등이〉 미소짓다, 생기가 넘치다

— *vt.* **1** 웃으며 …을 나타내다: He *~ed* assent. 그는 웃으며 승낙했다. **2** 〈남을〉 웃겨서[웃어서] …하게 하다: ~ one*self into* convulsions[*to* death] 배꼽이 빠지도록[숨이 넘어갈 만큼] 웃다 **3** [동족 목적어를 동반하여] …한 웃음을 웃다: He *~ed* a long, bitter *laugh.* 그는 긴 쓴 웃음을 웃었다.

*~ **at*** (1) …을 보고[듣고] 웃다, 우스워하다 (2) 비웃다, 냉소하다: He *~ed at* me[my proposal]. 그는 나를 비웃었다[내 제안을 일소에 붙였다]. (3) 〈곤란·위험·위협 등을〉 아랑곳하지 않다, 무시하다 *~ **in** a person**'s face*** 맞대 놓고 조소하다 *~ **in**[**up**] one**'s sleeve*** 속으로 웃다[좋아하다]

— *n.* **1** 웃음; 웃음소리; 웃는 투 **2** 웃음거리, 농담 **3** [*pl.*] 《구어》 기분 전환, 기분풀이 ***burst*** [***break***] ***into a ~*** 웃음을 터뜨리다, 폭소하다 ***give a ~*** 웃음소리를 내다 ***have a good*** [***hearty***] *~* 실컷 웃다, 대소하다 《*at, about, over*》 ***raise a ~*** 실소(失笑)하게 하다, 웃기다

laugh·a·ble [lǽfəbl | lɑ́:f-] *a.* **1** 우스운, 재미있는 **2** 우스꽝스러운, 어처구니없는 **~·ness** *n.* **-bly** *ad.*

***laugh·ing** [lǽfiŋ | lɑ́:f-] *a.* **1 웃는,** 명랑한 **2** 웃을 만한, 우스운: It is no ~ matter. 웃을 일이 아니다. **—** *n.* Ⓤ 웃음: hold one's ~ 웃음을 참다

burst out *~* 폭소하다

~·ly *ad.* 웃으면서; 비웃듯이

láughing gàs 〖화학〗 소기(笑氣), 아산화질소(nitrous oxide)

láughing hyéna 〖동물〗 점박이하이에나 《짖는 소리가 악마의 웃음소리에 비유됨》

láughing jáckass 〖조류〗 웃음물총새 《호주산》

laugh·ing·stock [lǽfiŋstɑ̀k | lɑ́:fiŋ-stɔ̀k] *n.* 웃음거리, 웃음감

‡laugh·ter [lǽftər | lɑ́:f-] *n.* Ⓤ **웃음; 웃음소리**

‡launch[1] [lɔ:ntʃ, lɑ:ntʃ] *vt.* **1** 〈새로 만든 배를〉 **진수(進水)시키다,** 〈보트 등을〉 물에 띄우다 **2** 〈사람을〉 (세상 등에) **내보내다,** 나서게 하다 《*into, on, in*》 **3** 〈기업·계획 등을〉 착수하다, 일으키다; 〈신제품 따위를〉 시장에 내다: ~ a scheme[an enterprise] 계획[기업]에 착수하다 **4** 〈화살·창 등을〉 쏘다, 던지다; 〈어뢰·유도탄·로켓 등을〉 발사하다, 쏘아 올리다; 〈비행기 등을〉 날려 보내다 **5** 〈공격 등을〉 개시하다, 시작하다 **—** *vi.* **1** 진수하다; (비행기 등이 공중으로) 날아가다 **2** (바다·사업에) 나서다, 진출하다 《*out, forth; into*》; (위세 당당하게) 시작하다 《*into*》: ~ *into* politics 정계에 진출하다 **3** 돈을 헤프게 쓰다 《*out*》

— *n.* **1** [보통 the ~] (배의) 진수; (미사일·로켓·우주선 등의) 발진, 발사 **2** 〖조선〗 진수대

launch[2] *n.* **1** 론치 《함선에 싣는 대형 보트》 **2** 론치, 기정(汽艇) 《유람용 등》

launch·er [lɔ́:ntʃər, lɑ́:n-] *n.* 〖군사〗 **1** 발사통[대, 기, 장치] **2** 함재기 발사기

láunch·ing pàd [lɔ́:ntʃiŋ-, lɑ́:n-] (미사일·로켓 등의) 발사대

láunching sìte (미사일·로켓·우주선 등의) 발사 기지

láunch vèhicle (미사일·인공위성·우주선 등의) 발사용 로켓

láunch wìndow 1 (로켓·우주선 등의) 발사 가능 시간대(帶) 《목표 도달 등을 위한》 **2** 《구어》 (사업 착수의) 호기

laun·der [lɔ́:ndər, lɑ́:n-] [L 「씻다, 빨다」의 뜻에서] *vt.* **1** 세탁하다 **2** …의 때를 벗기다; …의 결점을 없애다; 정화하다; 검열하다 **3** 〖정치〗 〈불법적인 돈을 출처 위장 등으로〉 합법적인 것으로 보이게 하다, 돈 세탁하다 **—** *vi.* **1** 세탁하다 **2** 세탁이 되다, 세탁에 견디다 **~·er** *n.* 세탁자[업자]

laun·der·ette [lɔ̀:ndərét, lɑ̀:n-] *n.* 셀프서비스식 세탁소 《동전을 넣고 사용》

laun·dress [lɔ́:ndris, lɑ́:n-] *n.* 세탁부(婦)

Laun·dro·mat [lɔ́:ndrəmæ̀t, lɑ́:n-] [*laundry*+auto*matic*] *n.* 《미》 자동 세탁기·건조기 《상표명》

‡laun·dry [lɔ́:ndri, lɑ́:n-] *n.* (*pl.* **-dries**) **1** [the ~; 집합적] **세탁물** **2 세탁장, 세탁소[실]**

láundry bàsket 빨래 광주리

láundry lìst 1 세탁물 기입표 **2** 상세한 표

laun·dry·man [lɔ́:ndrimən, lɑ́:n-] *n.* (*pl.* **-men** [-mən]) 세탁업자; 세탁소 종업원

laun·dry·wom·an [-wùmən] *n.* (*pl.* **-wom·en** [-wìmin]) = LAUNDRESS

Lau·ra [lɔ́:rə] *n.* 여자 이름

***lau·re·ate** [lɔ́:riət, lɑ́r-] *a.* **1** (명예의 상징인) **월계관을 쓴** **2** [종종 명사 뒤에 두어] 〈시인이〉 명예[영관(榮冠)]를 받은

— *n.* **1** 영관을 받은 사람, 수상자: a Nobel prize ~ 노벨상 수상자 **2** 계관(桂冠) 시인

~·shìp *n.* Ⓤ 계관 시인의 지위[직]

‡lau·rel [lɔ́:rəl | lɔ́r-] *n.* **1** 〖식물〗 **월계수** **2** (승리의 표시로서의) 월계수 잎[가지], **월계관** **3** [*pl.*] 명예, 영관(榮冠); 승리 ***win***[***gain, reap***] ***~s*** 영예를 얻다, 찬양을 받다

— *vt.* …에게 월계관을 씌우다; …에게 영예를 주다

láurel wàter 로럴수(水) 《진통제 등에 사용함》

L

Lau·rence [lɔ́ːrəns | lɔ́r-] *n.* 남자 이름 《Lawrence의 별칭》

lav [læv] *n.* 《영·구어》 = LAVATORY

***la·va** [lɑ́ːvə, lǽvə] [L 「씻다」의 뜻에서] *n.* Ⓤ (유동 상태의) **용암**; (응고한) 용암, 화산암

***lav·a·to·ry** [lǽvətɔ̀ːri | -təri] [L 「씻다」의 뜻에서] *n.* (*pl.* **-ries**) **1 a 세면장, 화장실 b** 《완곡》 변소 **2** 《미》 (벽에 고정시킨) 세면대

lávatory páper = TOILET PAPER

lave [leiv] *vt.* 《시어》 **1** 씻다, 〈물에〉 담그다 **2** 〈시내가 기슭을〉 씻다 **3** 〈액체를〉 붓다, 따르다

***lav·en·der** [lǽvəndər] *n.* Ⓤ **1** 〖식물〗 **a** Ⓒ **라벤더** 《향기가 좋은 꿀풀과(科)의 관목》 **b** 라벤더의 꽃[줄기, 잎] **2** 라벤더 색 《엷은 자주색》 **—** *a.* 라벤더(꽃)의; 라벤더 색의

lávender wàter 라벤더 수(水)[향수]

la·ver [léivər] *n.* ⓊⒸ 〖식물〗 파래, 바닷말

láver brèad 파래로 만드는 웨일스 지방의 빵 비슷한 식품

***lav·ish** [lǽviʃ] [OF 「폭우, 호우」의 뜻에서] *a.* **1 아끼지 않는,** 후한(generous) 《*of, in*》 **2** 낭비벽이 있는, 헤픈, 사치스러운 **3** 풍부한, 넉넉한; 너무 많은, 무절제한: ~ expenditure 낭비 **—** *vt.* **1 아낌없이[후하게] 주다** 《*on, upon*》 **2 낭비하다** 《*on, upon*》 **~·er** *n.* 낭비자 **~·ly** *ad.* 함부로 **~·ness** *n.*

⁑**law** [lɔː] [ON 「놓인 것, 정해진 것」의] *n.* **1 a** ⒸⓊ (개개의) **법률,** 법규 **b** ⒸⓊ [the ~] **법** 《법률·법규의 전체》 **c** Ⓤ 법률학, 법학 **d** [보통 the ~] 법률업, 변호사의 직, 법조계 **2** Ⓤ 법률적 수단[절차] **3** 계율(戒律), 율법: the new[old] ~ 〖성서〗 신약[구약] **4** Ⓤ 《영》 (성문율과 불문율을 포함하는) 보통법 **5** Ⓤ (과학·철학상의) 법칙, 정칙(定則), 정률, 원리(principle): the ~ of gravity 중력의 법칙 **6** (기술·예술상의) 법, 원칙《*of*》; (운동 경기의) 규칙, 규정; 관례, 관습, 상례(usages) 《*of*》: the *~s of* honor 예의범절

be at ~ 소송[재판] 중이다 ***be learned in the ~*** 법률에 조예가 깊다 ***by ~*** 법률적으로 ***go to ~ with*** [***against***] = ***have*** [***take***] ***the ~ of*** [***on***] …을 기소[고소]하다 ***moral ~*** 도덕률 ***private*** [***public***] ***~*** 사법[공법] ***the ~ of nations*** 국제(공)법 ***the ~ of nature*** (1) 〖철학〗 자연법칙 (2) 〖법〗 자연법(natural law)

law-a·bid·ing [lɔ́ːəbàidiŋ] *a.* 준법(遵法)의, 법을 지키는 **~·ness** *n.*

law·break·er [lɔ́ːbrèikər] *n.* 법률 위반자, 범법[위법]자, 범죄자

law·break·ing [-brèikiŋ] *n., a.* 법률 위반(의)

láw cèntre 《영》 (무료) 법률 상담소

***láw còurt** **법정**(court of law)

‡**law·ful** [lɔ́ːfəl] *a.* **1 합법[적법]의,** 법률이 인정하는 **2** 법률상 유효한, 법정(法定)의 **3** 정당한, 타당한 **~·ly** *ad.* **~·ness** *n.*

láwful áge 법정 연령, 성년

láwful móney 법정 화폐, 법화(法貨)

law·giv·er [lɔ́ːgìvər] *n.* 입법자; 법전 제정자

***law·less** [lɔ́ːlis] *a.* **1 법률이 없는[실행되지 않는],** 법률을 지키지 않는 **2** 비합법적인, 불법의 **3** 〈사람이〉 무법의: a ~ man 무법자 **~·ly** *ad.* **~·ness** *n.*

law·mak·er [lɔ́ːmèikər] *n.* 입법의원, (입법부의) 의원, 국회의원

law·mak·ing [-mèikiŋ] *n.* Ⓤ, *a.* 입법(의)

law·man [lɔ́ːmən] *n.* (*pl.* **-men**[-mən]) 《미》 법 집행자; 보안관; 경관

‡**lawn**[1] [lɔːn] *n.* **1 잔디, 잔디밭 2** 《고어·방언》 숲속의 빈 터

lawn[2] *n.* Ⓤ 한랭사(寒冷紗), 론천 《엷은 면포》

láwn bòwling 론볼링 《잔디에서 하는 볼링》

láwn mòwer 잔디 깎는 기계

láwn tènnis **1** 론 테니스 《잔디 코트에서 하는》 (cf. COURT TENNIS) **2** 테니스의 정식 명칭

Law·rence [lɔ́ːrəns, lɑ́r- | lɔ́r-] *n.* **1** 남자 이름 **2** 로렌스 **D. H.** ~ (1885-1930) 《영국의 소설가·시인》

law·ren·ci·um [lɔːrénsiəm | lɔr-] *n.* Ⓤ 〖화학〗 로렌슘 《인공 방사성 원소; 기호 Lr, 번호 103》

láw schòol 《미》 법과 대학원 《3년제》

law·suit [lɔ́ːsùːt | -sjùːt] *n.* 소송, 고소: enter[bring in] a ~ against …에 대해 소송을 제기하다

láw tèrm **1** 법률 용어 **2** 재판 개정기(開廷期)

‡**law·yer** [lɔ́ːjər, lɔ́iər] *n.* **1 법률가; 변호사;** 법률학자 **2** 〖성서〗 모세 율법의 해석가

lax [læks] [L = slack(느슨한)] *a.* **1** 느슨한, 완만한 **2** 〈규율·사람 등이〉 엄격하지 못한; 단정치 않은, 방종한 **3 a** 〈직물 등이〉 촘촘하지 않은, 성긴 **b** 힘이 약한 **4** 정확하지 않은, 애매한 **5** 〖음성〗 이완된 **~·ly** *ad.* **~·ness** *n.*

lax·a·tive [lǽksətiv] *a.* 설사하게 하는 **—** *n.* 완하제(緩下劑), 하제

lax·i·ty [lǽksəti] *n.* ⓊⒸ **1** 이완, 단정치 않음, 방종됨 **2** 부정확함, 모호함 《말투·문체 등의》 **3** 부주의, 소홀함

⁑**lay**[1] [lei] *v.* (**laid** [leid]) *vt.* **1 놓다;** (눕히듯이) 두다, **눕히다** 《*on*》: ~ a book *on* a desk 책을 책상 위에 놓다 **2** 〈벽돌 등을〉 깔다, 쌓다; 부설[건조]하다: ~ a floor 마루를 깔다 **3** 〈식탁·좌석 등을〉 준비하다, 식사 준비를 하다 《*for*》 **4** 〈계획 등을〉 준비하다, 안출[고안]하다 **5 a** 〈애정·희망·신뢰·중점 등을〉 두다 《*to, on*》: ~ trust *upon* a person …을 신임하다 **b** 〈이야기의 장면을 어떤 위치·장소에〉 놓다; 〈함정·덫을〉 놓다, 장치하다 **6** 〈새·곤충이 알을〉 **낳다 7 넘어뜨리다, 때려 눕히다, 쓰러뜨리다 8 a** 〈먼지 등을〉 가라앉히다 **b** 〈걱정·두려움·불안 등을〉 가라앉히다, 진정시키다 **9** 〈죄·과실을〉 (…에게) **돌리다,** 전가(轉嫁)하다 **10** 〈생각·문제 등을〉 **제시하다, 제출하다;** 〈권리를〉 주장하다: ~ claim *to* …의 권리[소유권]를

주장하다 **11** 걸다, 내기를 하다(bet) 《*on, down*》 **12** 〈새끼 등을〉 꼬다, 엮다, 짜다 《*up*》: ~ a rope 밧줄을 꼬다 **13** 향하게 하다, 겨누다: ~ a gun 총을 겨누다 **14** 〈벌·명령·의무·무거운 짐을〉 과하다; 〈비난을〉 퍼붓다; 〈채찍·폭력을〉 가하다 《*on, upon*》

— *vi.* **1** 〈새·곤충이〉 **알을 낳다[까다]** **2** 내기를 하다 《*on*》; 보증하다: You may ~ to that. 틀림없다. **3** 전력을 기울이다, 전념하다 《*to*》 **4** 숨어 기다리다 《*for*》 **5** 《구어·방언》 준비하다, 계획하다(plan) 《*out, off*》

~ ***about*** (one) 사면 팔방을 마구 휘둘러 치다, 격전하다 ~ ***aside*** (1) 간직해[떼어] 두다 《*for*》 (2) 버리다, 그만두다, 포기하다 (3) 감당 못하게 하다, 일하지 못하게 하다 ~ ***away*** 간직해 두다; 〈돈을〉 저축하다 ~ ***bare*** (1) 벌거벗기다, 드러내다 (2) 터놓다; 입밖에 내다, 누설하다; 폭로하다 ~ ***by*** 저축하다, 불행에 대비하다 ~ ***down*** (1) 아래에 놓다, 내리다; 〈붓을〉 놓다; 세우다 (2) 건조하다, 부설하다 (3) 〈돈을〉 지불하다, 걸다 (4) 저장하다 (5) 주장하다, 단언하다 ~ ***for*** 준비하다; 《미·구어》 숨어 기다리다, 매복하다 ~ ***in*** (사서 모아) 저장하다; 《속어》 먹다; 〖원예〗 임시로 얕게 심다, 〈햇가지를〉 손질하다 ~ ***into*** 《구어》 때리다, 공격하다; 비난하다, 꾸짖다 ~ ***off*** (1) 〖항해〗 〈해안 또는 다른 배로부터〉 떼다[떨어지다] (2) 따로 제쳐[간직해] 두다 (3) 《구어》 그만두다; 〈술·담배 등을〉 끊다 (4) 임시 해고하다 (5) 구획하다, 구분하다 ~ ***on*** (1) 〈타격 등을〉 가하다, 주다 (2) 〈페인트 등을〉 칠하다, 바르다 (3) 《영》 〈가스·전기 등을〉 끌다, 부설하다 (4) 〈세금·벌 등을〉 (부)과하다; 〈명령 등을〉 내리다, 발하다 ~ ***out*** (1) 펼치다, 진열하다 (2) 입관(入棺)의 준비를 하다 (3) 《구어》 기절시키다, 때려눕히다; 죽이다 (4) 〈정원·도시 등을〉 설계하다, 레이아웃하다 (5) 〈책 등의〉 레이아웃을 하다 ~ ***over*** (1) 바르다, 씌우다, 장식하다 (2) 연기하다 (3) 《미·방언·속어》 …보다 낫다 (4) 《미》 도중하차하다, 들르다 ~ ***up*** (1) 쓰지 않고 따로 간직해 두다, 모으다 (2) 〈골치 아픈 일을〉 떠맡다 (3) 〈병이 사람을〉 일하지 못하게 하다, 앓아눕게 하다 (4) 〖항해〗 (수리를 위해) 계선(繫船)하다, 일시 퇴역(退役)시키다

— *n.* **1** Ⓤ [종종 the ~] (사물이 놓인) 위치, 지형, 방향; 형세 **2** 《구어》 직업, 사업, 일 **3** (새끼 등의) 꼬임새 **4** 《미·구어》 대가, 값 **5** (어부 등이 급료 대신 받는) 배당, 어획 배당량

***lay**[2] *vi.* LIE[2]의 과거

lay[3] [Gk 「인민의」의 뜻에서] *a.* **1** (성직자에 대하여) 속인의, 평신도의 **2** 전문[본직]이 아닌, 문외한의 **3** 〖카드〗 으뜸패가 아닌

lay[4] *n.* **1** 이야기 시(詩), 담시(譚詩) **2** 《고어·시어》 노래, 시; 새의 지저귐

lay·a·bout [léiəbàut] *n.* 《영·구어》 게으름뱅이; 부랑자, 떠돌이

láy·a·way plàn [léiəwèi-] 예약 할부제

lay-by [-bài] *n.* **1** 《영》 (고속도로 등의) 대피소 **2** 〖철도〗 대피선

***lay·er** [léiər] *n.* **1 층(層), 쌓은[겹친, 칠한] 켜 2 놓는[쌓는, 까는] 사람; 계획자 3** 〖경마〗 사설 마권업자 **4** 알 낳는 닭, 새의 암컷 **5** 〖원예〗 휘묻이 **6** 굴 양식장

— *vt.* **1** 층으로 만들다 **2** 휘묻이법으로 번식시키다 — *vi.* 땅과 접한 가지 부분에서 뿌리를 내리다

láyer càke 레이어 케이크 《여러 켜 사이에 크림·잼 등을 넣은 스펀지케이크》

lay·ette [leiét] [F] *n.* 갓난아이 용품 한 벌 《옷·기저귀·이불 등》

láy figure 1 (관절이 있는) 인체 모형 《미술가가 모델 대신 쓰는》; 마네킹 《옷 진열에 쓰는》 **2** 아무 쓸모없는 사람

***lay·man** [léimən] *n.* (*pl.* **-men** [-mən]) **1 속인(俗人)**; (성직자에 대하여) 평신도 **2** (전문가에 대하여) 아마추어, 문외한

lay·off [-ɔ̀ːf | -ɔ̀f] *n.* **1** (일시적) 해고 (기간); 강제 휴업 **2** (선수 등의) 시합[활동] 중지 기간, 시즌 오프

***lay·out** [léiàut] *n.* **1** ⓊⒸ **배치(도), 설계(법)**, 터잡이 《땅·공장 등의》, 구획, 기획 **2** ⓊⒸ (책·신문·잡지·광고 등의 편집상의) 지면(紙面) 배정, 레이아웃; 〖컴퓨터〗 판짜기 **3** 《미》 도박 용구 한 벌, 한 벌의 도구; (공들여) 늘어놓은 것; (식탁상의) 배치 **4** 《미》 한패, 일당 **5** 《미·구어》 (큰 건조물의) 짜임새; 저택, 공장

lay·o·ver [-òuvər] *n.* 《미》 도중하차

lay·per·son [-pə̀ːrsn] *n.* **1** 평신도; 속인 **2** 아마추어, 문외한

láy rèader 〖영국국교〗 평신도 전례 집행자

laze [leiz] *vi., vt.* 게으름 피우다; 빈들빈들 지내다 ~ ***away*** 빈들빈들 지내다

— *n.* [a ~] 빈들빈들 지내는 시간; 잠시 쉬기

***la·zy** [léizi] *a.* (**-zi·er**; **-zi·est**) **1 게으른, 나태한**: a ~ correspondent 편지를 잘 안 쓰는 사람 **2** 졸음이 오게 하는, 나른한 **3** 움직임[흐름]이 느린

lá·zi·ly *ad.* **lá·zi·ness** *n.*

la·zy·bones [léizibòunz] *n. pl.* [보통 단수 취급] 《구어》 게으름뱅이

lázy Súsan 《미》 회전대[쟁반] 《음식이나 조미료를 올려 놓고 돌리며 덜어내게 한 것》

lázy tòngs (멀리 떨어져 있는 것을 집는 데 쓰는) 신축(伸縮) 집게

lb, lb. libra(e) 《L = pound(s) in weight》

lbs. pounds

LC lance corporal

LC, L.C. 《미》 landing craft; 《미》 Library of Congress; 《영》 Lord Chamberlain

l.c. *loco citato* 《L = in the place cited》; 〖인쇄〗 lower case

L/C, l/c, L.C. letter of credit

LCD, lcd liquid crystal display [diode] 액정 표시 장치, 액정 소자

L.C.D., l.c.d. lowest common denominator 〖수학〗 최소 공분모(公分母)

L.C.J. Lord Chief Justice

L.C.M., l.c.m. lowest[least] common multiple 〖수학〗 최소 공배수

Ld. limited; Lord

L

ldg. landing; loading
L-driv·er [éldràivər] [*Learner-driver*] *n.* 《영》 (교사가 동승한) 자동차 운전 실습자
lea [liː] [동음어 lee] *n.* 《시어》 초원, 풀밭, 목초지
leach [liːtʃ] *vt.* **1** 〈재 등으로 액체를〉 거르다 **2** 〈광석 등을〉 여과수(濾過水)에 담그다 —*vi.* 걸러지다, 용해하다
—*n.* **1** 거르기; 거른 액, 거르는 재 **2** 여과기
***lead**[1] [liːd] *v.* (**led** [led]) *vt.* **1 인도하다, 안내하다**; 데리고 가다[오다], (손을 잡고) 이끌고[끌고] 가다: ~ a person *to* a place …을 어떤 장소로 데리고 가다 **2** 앞장서다, 지도하다 **3** 〈행렬의〉 **선두에 서다**; 〖경기〗 리드하다 **4** 〈도로 등이 사람을〉 **이르게 하다**: This road will ~ you *to* the station. 이 길을 따라 가면 정거장에 이릅니다. **5** 〈물·밧줄을〉 끌다, 통하게 하다, 꿰다: ~ a rope *through* a hole 구멍에 밧줄을 꿰다 **6** [부정사를 동반하여] **꾀다**, 끌어넣다; 유혹하다; 일으키다; (어떤 결과로) 이끌다: He was easily *led.* 그는 쉽사리 마음이 끌렸다[그럴 마음이 생겼다]. **7** 지내다, 보내다, (어떻게) 살아가다; 지내게 하다: ~ an easy life 편히 지내다
~ ***in*** [***into***] 이끌어 넣다, 끌어들이다 ~ ***off*** 시작하다, 개시하다; 데리고 가다 ~ ***on*** (1) (계속하여) 안내하다 (2) 꾀다, 속이다, 끌어넣다; 〈사람을 속여〉 …하게끔 하다 《*to* do》 ~ ***the way*** 길을 안내하다
—*vi.* **1 안내하다,** 선도하다; 지휘하다; 〖음악〗 지휘자가 되다 《*for*》 **2 a** 〖경기〗 선두에 서다, 리드하다 **b** 〈남보다〉 **뛰어나다**, 수위를 차지하다 **3** 〈도로 등이 …에〉 **이르다,** 통하다; 〈일이〉 (어떤 결과로) 되다 《*to*》 **4** 〈말 등이〉 끌려가다, 〈동물이〉 다루기 쉽다: This horse ~*s* easily. 이 말은 다루기 쉽다. **5** 시작하다 《*off*》
~ ***anywhere*** [부정문에서] = ~ ***nowhere*** 아무 성과도 안 나다, 허사가 되다 ~ ***up to*** 차츰 …에 이르다; 서서히 …으로 이야기를 돌리다
—*n.* **1** [a ~] **선도,** 솔선, **지휘**; 통솔력 **2** 지시(directions); 조언; 모범, 본 **3** 《구어》 (문제 해결의) 계기, 실마리(clue) **4** [the ~] 〖경기〗 리드, 선두, 수위; 우세(priority): gain [have] *the* ~ in a race 레이스에서 1위가 되다[되어 있다] **5** (말·개 등을) 끄는 줄 **6** (신문 기사의) 머리글, 첫머리; 톱기사; 〖라디오〗 톱뉴스 **7** [the ~] 〖연극〗 주역
follow the ~ of …의 본을 따다 ***take the ~*** 선두에 서다, 선도하다; 솔선하다, 주도권을 잡다 《*in, among*》
—*a.* Ⓐ **1** 앞서 가는, 선도하는(leading): the ~ car 선도차 **2** (신문·텔레비전 등의) 주요 기사의, 톱뉴스의: a ~ editorial 사설, 논설
***lead**[2] [led] [동음어 led] *n.* **1** Ⓤ 〖광물〗 납 《금속 원소; 기호 Pb; 번호 82》; Ⓒ 연제품(鉛製品) **2** 측연(測鉛)(plummet) **3** [*pl.*] 《영》 지붕용 납판자; 함석 지붕; [*pl.*] (유리창의) 납틀 **4** Ⓤ [집합적] (납) 탄환; (스토브 등을 닦는) 흑연; Ⓒ 연필심: an ounce of ~ 탄환
(***as***) ***heavy as ~*** 매우 무거운 ***cast*** [***heave***] ***the ~*** 측연을 던져서 물 깊이를 재다
—*a.* Ⓐ 납으로 만든, 납의
—*vt.* **1** 납으로 씌우다, …에 납을 입히다 **2** 납으로 추를 달다; 〈창문에〉 납틀을 붙이다; …에 납을 채우다
lead·ed [lédid] *a.* **1** (특히 휘발유에) 납을 첨가한 **2** 납 중독에 걸린
lead·en [lédn] *a.* **1** 납의, 납으로 만든 **2** 납빛의 **3** 답답한, 빠근한, 나른한 **4** 무가치한 ~**·ly** *ad.*
***lead·er** [líːdər] *n.* **1 지도자, 선도자**; 지휘관 **2** 〖음악〗 **a** (관현악의) 제1 바이올린 연주자; (취주악단의) 제1 코넷 연주자; (합창단의) 제1 소프라노 가수; (관현악의) 지휘자 **b** 《미》 (댄스 밴드의) 지휘자 **3 a** 《영》 사설, 논설: a ~ writer 논설 위원 **b** 〖영화·TV〗 리더 《필름이나 테이프의 끝 부분》 **4** 〖경제〗 (경기 동향의) 선행 지표 ~**·less** *a.*
***lead·er·ship** [líːdərʃip] *n.* Ⓤ **1 지도자**[지휘자]**의 지위**[**임무**] **2 지도**(권); 지도(력), 통솔(력); 지휘 **3** [집합적] 지도자들, 지도부, 수뇌부
lead-free [lédfrìː] *a.* (휘발유가) 무연(無鉛)의
lead-in [líːdìn] *n.* **1** 〖전기〗 도입선(線), (안테나의) 인입선 **2 a** (독자·청중의 주의를 끌기 위한) 도입부, 전주 **b** (방송 광고의) 도입부
***lead·ing**[1] [líːdiŋ] *n.* Ⓤ **1 지도,** 선도, 지휘, 통솔 **2** 이끌기, 유도 **3** 통솔력
—*a.* Ⓐ **1 이끄는,** 선도하는, 지도[지휘]하는 **2 손꼽히는,** 일류의, 뛰어난 **3** 주요한, 주된; 주역(主役)의, 주연의 **4** 유력한: a ~ figure in economic circles 경제계의 중진
lead·ing[2] [lédiŋ] *n.* Ⓤ **1** 납세공; (창유리용의) 납틀 **2** [집합적] (지붕용의) 납 판자
léad·ing árticle [líːdiŋ-] **1 a** 《영》 사설, 논설 **b** 《미》 주요[톱] 기사 **2** 《영》 손님을 끌기 위한 특매품
lead·ing-edge [líːdiŋédʒ] *a.* 첨단 기술의
léad·ing líght [líːdiŋ-] **1** (조직·교회 등에서) 지도적 영향력을 가진 사람; 대가, 태두 **2** (항구·운하 등의) 유도등, 길잡이등
léad·ing quéstion [líːdiŋ-] 〖법〗 유도 심문
léad·ing strìngs [líːdiŋ-] **1** 어린애가 잡고 걸음을 익히는 줄 **2** 지도; 속박: be in ~ 아직 혼자 힘으로 해나갈 수 없다
lead-off [líːdɔ̀ːf | -ɔ̀f] *n.* 개시, 착수
—*a.* 최초의: the ~ batter [hitter, man] 선두 타자
léad péncil [léd-] 연필
léad-pipe cínch [lédpàip-] 《미·속어》 매우 쉬운[확실한] 일[것]
léad póisoning [léd-] **1** 〖병리〗 납 중독 **2** 《미·속어》 탄환으로 인한 사망
léad tìme [líːd-] 리드 타임 《기획에서 제품화까지의 소요 시간; 기획에서 실시까지의 준비 기간》

lead-up [lí:dʌ̀p] *n.* (다른 일의) 사전 준비가 되는 것, 앞서 가는 것

‡leaf [li:f] *n.* (*pl.* **leaves** [li:vz]) **1** 잎, 나뭇잎, 풀잎: a ~ blade 엽편(葉片) **2** Ⓤ [집합적] **a** 군엽(群葉) **b** (상품으로서의) 잎; 《특히》 찻[담뱃]잎 **3** 《구어》 꽃잎 **4** (책의) **한 장**, 두 페이지 **5** (금속의) 박(箔): a ~ gold 금박 ***come into ~*** 잎이 피기 시작하다 ***in ~*** 잎이 나서
— *vi.* **1** 잎이 나다 **2** 〈책 등의 페이지를〉 빨리 넘기다
— *vt.* 〈책 등의 페이지를〉 빨리 넘기다

leaf·age [lí:fidʒ] *n.* Ⓤ [집합적] 잎

léaf bùd 〖식물〗 잎눈, 엽아(葉芽)

leafed [li:ft] *a.* [보통 복합어를 이루어] (…의) 잎이 있는[난, 달린]

***leaf·less** [lí:flis] *a.* **잎이 없는** **~·ness** *n.*

***leaf·let** [lí:flit] *n.* **1** **작은**[**어린**] **잎**, 조각잎 《겹잎의 한 조각》 **2** 광고, 전단; 낱장으로 된 인쇄물

léaf mòld[《영》 **mòuld**] 부엽토(腐葉土), 부식토(腐植土)

leaf·stalk [-stɔ̀:k] *n.* 잎꼭지

***leaf·y** [lí:fi] *a.* (**leaf·i·er**; **-i·est**) **1** **잎이 많은**, 잎이 무성한 **2** 잎으로 된, 잎이 이루는: a ~ shade 녹음, 나무 그늘 **3** 광엽(廣葉)의; 잎 모양의

‡league¹ [li:g] [L 「결속하다」의 뜻에서] *n.* **1** **연맹**, **동맹**, 리그 **2** [집합적] 연맹 참가자[단체, 국](leaguers) **3** (야구 등의) 경기 연맹: a ~ match 리그전(戰) **4** 《구어》 (동질의) 그룹, 조(組); 부류 ***in ~ with*** …와 동맹[맹약, 연합]하여, 결속[결탁]하여
— *vi.*, *vt.* 동맹[맹약]하다[시키다]; 단결[연합]하다[시키다] 《*with*》

league² *n.* **1** 리그 《거리의 단위, 영·미에서는 약 3마일》 **2** 평방 리그 《지적(地積)의 단위》

lea·guer [lí:gər] *n.* **1** 연맹 가입자[단체, 국] **2** 〖야구〗 연맹의 선수

***leak** [li:k] [ON 「방울져 떨어지다, 듣다」의 뜻에서] *n.* **1** **새는 구멍**[**곳**] 《*in*》 **2** **a** 새는 물, 새어 나오는 증기[가스] **b** 누출; [보통 a ~] 누출량 **c** 〖전기〗 리크, 누전 **3** (비밀의) 누설; 누설된 비밀 **4** [a ~] 《속어》 배뇨(排尿), 방뇨(放尿)
— *vi.* **1** 〈지붕·배 등이〉 **새다**; 〈물·가스·광선 등이〉 새다, 새어 나오다: The boat is *~ing*. 배에 물이 새어 들어오고 있다. **2** 〈비밀 등이〉 누설되다 《*out*》: The secret *~ed out*. 비밀이 누설되었다.
— *vt.* **1** 〈물·공기 등을〉 **새게 하다**, 누출[누입]시키다: That pipe *~s* gas. 저 파이프는 가스가 샌다. **2** 〈비밀 등을〉 누설하다 《*out*, *to*》

leak·age [lí:kidʒ] *n.* **1** Ⓤ 샘, 누출(漏出); 〈비밀 등의〉 누설 **2** 누출량; 〖상업〗 누손(漏損); 누출물

leak·y [lí:ki] *a.* (**leak·i·er**; **-i·est**) **1** **a** 새는 구멍이 있는, 새는 **b** 오줌을 가리지[참지] 못하는 **2** 비밀을 누설시키기 쉬운 **léak·i·ly** *ad.* **léak·i·ness** *n.*

‡lean¹ [li:n] *v.* (**~ed** [li:nd | lent, li:nd], 《영》 **leant** [lent]) *vi.* **1** **a** **기대다**: ~ *on* a person's arm …의 팔에 기대다 **b** **의지하다** 《*against*, *on*, *upon*》 **2** (똑바른 자세에서) 상체를 굽히다 **3** 〈건물 등이〉 기울다, 비스듬해지다: The tower *~s to* the south. 탑이 남쪽으로 기울어져 있다. **4** 〈사람·관심 등이〉 (…으로) 기울어지다, 마음이 쏠리다, …쪽을 좋아하다, …의 경향이 있다 《*to*, *toward*(*s*)》: ~ *toward* socialism 사회주의로 기울다
— *vt.* **1** **비스듬히 기대어 놓다**, 기대어 세우다: ~ one's stick *against* a wall 지팡이를 벽에 기대어 세우다 **2** 기울게 하다, 굽히다: ~ one's head *forward* 머리를 앞으로 숙이다
~ against …에 비우호적이다, 반대하다
— *n.* [a ~] 기울기, 경사; 치우침; 구부러짐

‡lean² *a.* **1** **a** 〈사람·동물이〉 **야윈**(thin), 마른 **b** 〈고기가〉 기름기 없는, 살코기의 (opp. *fleshy*, *fat*) **2** 결핍된, 수확이 적은, 흉작인: ~ crops 흉작 **3** **a** 영양분이 적은[없는] **b** 빈약한 **4** 〖인쇄〗 (글자의 획이) 가는 **—** *n.* **1** Ⓤ [종종 the ~] 기름기 없는 고기, 살코기(opp. *fat*) **2** 〖인쇄〗 수지가 안 맞는 일[원고]

lean-burn [lí:nbə́:rn] *a.* 〈엔진이〉 연료가 적게 드는

lean·ing [lí:niŋ] *n.* **1** Ⓤ 기울기, 경사 **2** 경향, 성벽; 기호, 편애(偏愛)

Léaning Tówer of Písa [the ~] 피사의 사탑(斜塔)

***leant** [lent] *v.* LEAN의 과거·과거분사

lean-to [lí:ntù:] *a.* Ⓐ 기대어 지은: a ~ roof[shed] 기대어 지은 지붕[집]
— *n.* (*pl.* **~s**) 기대어 지은 집[지붕]

‡leap [li:p] *v.* (**leapt** [li:pt, lept], **~ed** [li:pt, lept]) *vi.* **1** **껑충 뛰다**, 날뛰다, 도약하다: ~ *at* a person …에게 달려들다[뛰어오르다] **2** **a** 〈경기·가격 등이〉 급격히 상승하다 **b** 갑자기 (어떤 상태·화제에) 달하다 **3** 〈마음·가슴이〉 뛰다, 약동하다 《*up*》 **4** 날듯이 가다[행동하다]; 갑자기 (…으로) 변하다[되다] 《*to*, *into*》 **—** *vt.* [말에 대하여 쓸 때는 종종 [lep]로 발음] **1** (장애물을) **뛰어넘다** **2** 뛰게 하다 ***~ at*** …에 달려들다 ***~ for*** [***with***] ***joy*** 깡충깡충 뛰면서 기뻐하다 ***~ to*** one***'s feet*** 후닥닥 일어서다
— *n.* **1** **뜀**, **도약**(跳躍); 한 번 뛰는 거리[높이], 뛰어 넘어야 할 것[장소]; 뛰는 자리, 도약대 **2** 교미 **3** 〖광산〗 단맥(斷脈)
a ~ in the dark 무모한 짓, 폭거 ***by ~s and bounds*** 껑충껑충 뛰듯 빨리, 급속도로
léap·er *n.*

léap dày 윤일(閏日) 《leap-year day라고도 함; 2월 29일》

leap·frog [lí:pfrɔ̀:g | -frɔ̀g] *n.* Ⓤ 등짚고 넘기 **—** *v.* (**~ged**; **~·ging**) *vi.* 등짚고 넘기를 하다 《*over*》 **—** *vt.* **1** 뛰어넘다 **2** 〈장애물을〉 피하다 **3** (서로) 앞서거니 뒤서거니 하며 나아가다

leapt [li:pt, lept] *v.* LEAP의 과거·과거분사

‡learn [lə:rn] *v.* (**~ed** [-d | -t, -d], **learnt** [-t]) *vt.* **1** **배우다**, 공부하다, 익히다, 습득하다 **2** (들어서) **알다**, 듣

L

다《*from*》: ~ the truth 진실을 알다 **3** 외다, 암기하다 **4** 《고어·속어·익살》 가르치다(teach)
~ (*off*) ***by heart*** 외다, 암기하다
— *vi.* **1 배우다, 익히다,** 공부하다, 외다 《*from, by*》 **2** 〈들어서〉 알다, 듣다 《*of, about*》: ~ *of* an accident 사고에 관하여 듣다[알다]

‡learn·ed [lə́ːrnid] *a.* **1 학문[학식]이 있는,** 박학한, 박식한: a ~ man 학자 **2** 학문(상)의, 학구적인
be ~ in …에 조예가 깊다
~·ly *ad.* 학자답게 **~·ness** *n.*

‡learn·er [lə́ːrnər] *n.* **1 배우는 사람,** 학생; 제자 **2** 초학자, 초심자

learn·er-driv·er [lə́ːrnərdráivər] *n.* 《영》 임시 면허 운전자

‡learn·ing [lə́ːrniŋ] *n.* Ⓤ **1 배움,** 학습, 습득 **2 학문,** 학식, 지식; 박학, 박식: a man of ~ 학자

léarning cùrve 〘경제〙 학습 곡선 《숙련도·습득도를 그래프로 나타낸 것》

léarning disabìlity 〘정신의학〙 학습 불능[곤란](증)

learn·ing-dis·a·bled [-diséibld] *a.* 〘정신의학〙 학습 불능(증)의

‡learnt [ləːrnt] *v.* LEARN의 과거·과거분사

lease** [liːs] [L 「(토지를) 넓히다, 풀어놓다」의 뜻에서] *n.* **1** Ⓤ **차지(借地)[차가(借家)] 계약,** 임대차 (계약), 리스 **2** 임차권(賃借權); 차용[임대차] 기간 ***by*[*on*] ~** 임대[임차]로 ***take*[*get, have*] *a new*[*fresh*] *~ on*[《영》 *of*] *life (1) (고질적인 병 등이 완쾌되어) 수명이 늘다; (사태가 호전되어) 보다 행복한 생활을 할 수 있다 (2) (물건이 수리 등으로) 더 오래 견디게 되다
— *vt.* 〈토지·가옥을〉 **임대[임차]하다**

lease·back [líːsbæ̀k] *n.* 임대차 계약부 매각, 매각 차용(賣却借用) 《매각하고 임차하는 것》

lease·hold [-hòuld] *n.* 차지(借地); 토지 임차권; 정기(定期) 대차권
— *a.* 임차의, 조차(租借)의
~·er *n.* 차지인(人)

leash [liːʃ] *n.* **1** (개 등을 매어 두는) 가죽끈[줄], 사슬 **2** [a ~] (한데 묶인 개 등의) 세 마리 한 조 **3** Ⓤ 속박 **4** (길쌈의) 무늬
hold*[*have, keep*] *in ~ 가죽끈으로 매어 두다; 속박[지배]하다 ***on*[*in*] (*the*[*a*]) *~*** 〈개 등이〉 가죽끈에 매인[매이어]
— *vt.* **1** 가죽끈으로 매다 **2** 속박하다, 억제하다

‡least [liːst] [LITTLE의 최상급] (opp. *most*) *a.* **1 가장 작은, 가장 적은 2** (중요성·가치가) 가장 낮은 **3** 《미·속어》 시시한, 하찮은, 보잘것없는
not the ~ (1) 최소의 …도 없다, 조금도 …않다 (2) [not를 강조하여] 적지 않은: There's *not the* ~ danger. 적지 않은 위험이 있다.
— *n.* [보통 the ~] 최소; 최소량[액, 정도]
at (***the***) ***~*** (1) [보통 수사 앞에 써서] 적어도; 하다못해 (2) [at least로] 아무튼, 어쨌든 ***not in the ~*** 조금도 …않다, 전혀 …아니다(not at all)
— *ad.* [때로 the ~] **가장 적게**
last but not ~ 마지막으로 말하지만 아주 중요한 ***~ of all*** 가장 …아니다, 무엇보다도 …않다: I like that ~ *of all*. 나는 그것이 제일 싫다. ***not ~*** 특히, 그 중에서도

least·wise [líːstwàiz] *ad.* 《구어》 적어도; 하여간, 어쨌든

‡leath·er [léðər] *n.* **1** Ⓤ (털을 제거하고 무두질한) **가죽 2** 가죽 제품 **a** 가죽끈, 등자(鐙子) 가죽 **b** [the ~] (야구·크리켓·풋볼의) 공: ~ hunting 외야 수비 **c** [*pl.*] 가죽 반바지 **3** Ⓤ 《속어》 피부(skin) — *vt.* **1** 무두질하다, 가죽을 붙이다 **2** 부드러운 가죽으로 닦다 **3** 《구어》 (가죽끈 등으로) 때리다
— *a.* Ⓐ 가죽의, 혁제(革製)의

leath·er-bound [-bàund] *a.* 〈책이〉 가죽 장정[제본]의

Leath·er·ette [lèðərét] *n.* **1** 재생피(再生皮), 모조 가죽 《상표명》 **2** 가죽처럼 만든 종이

leath·er·neck [léðərnèk] *n.* 《미·속어》 해병대원

leath·er·y [léðəri] *a.* **1** 가죽 같은; 가죽빛의 **2** 〈쇠고기 등이〉 (가죽같이) 질긴 (tough)

‡leave[1] [liːv] *v.* (**left** [left]; **leav·ing**) *vt.* **1 떠나다,** 출발하다 《*for*》 **2** 〈업무 등을〉 **그만두다,** 탈퇴하다; 〈학교를〉 그만두다; 《영》 〈초·중·고교를〉 졸업하다 **3 남기다,** 〈편지 등을〉 두고 가다; 두고 오다: ~ a book *on* the table 책상 위에 책을 놓고 가다 **4** 〈사람·가정 등을〉 **버리다,** 버리고 가다 **5** [보어를 동반하여] **…한 상태로 놓아 두다,** 방치하다: ~ the door open 문을 열어 두다 **6** (간섭하지 않고) 〈남이〉 하는 대로 내버려 두다: ~ a person *to* himself …에게 마음대로 하게 하다, 멋대로 하게 해 두다 **7** 〈결과·흔적·감정 등을〉 남기다: ~ a deep impression 깊은 인상을 남기다 **8** 〈재산 등을〉 남기고 죽다 **9** 〈사물·판단 등을〉 **맡기다,** 위임하다 《*to*》 **10** (빼고 난 뒤에) 〈수를〉 남기다; (사용한 뒤에) …을 남기다: Two from four ~*s* two. 4에서 2를 빼면 2가 남는다. **11 그치다,** 그만두다: He *left* drink*ing* for nearly two years. 그는 술을 끊은 지 거의 2년이 된다.
be left with …을 뒤에 남기다; 〈사건 등이 있은 후에 어떤 감정·생각 등을〉 가지다
~ alone 혼자 내버려 두다, 상관 안하다, 간섭하지 않다 ~ a person ***alone to*** do …에게 상관하지 않고 …하게 내버려 두다; …을 신용하여 …하게 두다 ***~*** a person[thing] ***be*** 《미·구어》 내버려 두다, 상관하지 않다 ***~ behind*** (1) 두고 가다, 둔 채 잊고 가다 (2) 〈처자·재산·명성·기록·피해 등을〉 남기고 죽다, 뒤에 남기다 (3) 통과하다, 지나가다 ***~ in*** 〈자구(字句) 등을〉 (생략하지 않고) 그대로 두다, 남겨두다 ***~ off*** (1) 그만두다; 금하다 (2) 〈옷을〉 입는 것을 그만두다, 벗은 채로 있다

(3) 빠뜨리다, 생략하다 ~ ***on*** 〈…을〉 입은[켠, 둔] 채로 두다 ~ ***out*** (1) 내놓은 채 버려두다 (2) 생략하다; 제외하다 (3) 무시하다; 잊다 (4) 가버리다; 끝나다 ~ ***... out of ...*** (1) …을 …에서 제외하다, 생략하다 (2) 〈…을〉 (고려에서) 없애다, 무시하다 ~ ***over*** (1) 〈음식 등을〉 남기다 (2) 〈일 등을〉 미루다, 연기하다 ~ ***room for*** …의 여지가 있다

— *vi.* **1** 가 버리다, 사라지다; 출발하다, 〈기차·배 등이〉 떠나다 《*for*, *from*》: It's time to ~ now. 이젠 돌아갈 시간이다. **2 a** 일을 그만두다, 퇴직하다 **b** 퇴학하다; 《영》 졸업하다

‡**leave**[2] [OE 「허가」의 뜻에서] *n.* Ⓤ **1** 허가: You have my ~ *to* act as you like. 내가 허락하겠으니 좋을 대로 해라. **2 a** (특히 공무원·군인이 받는) 휴가의 허가: ask for ~ (of absence) 휴가를 신청하다 **b** ⓊⒸ (신청에 따른) 휴가 (기간): (a) six months' ~ (of absence) 6개월의 휴가 **3** 작별

on ~ 휴가를 얻어, 휴가로

leave[3] *vi.* 〈식물이〉 잎을 내다, 잎이 나다(leaf)

leaved [li:vd] *a.* [보통 복합어를 이루어] **1** …의 잎이 있는; 잎이 …개인: a four-~ clover 네 잎 클로버 **2** 〈문짝 등이〉 …장의: a two-~ door 문짝이 둘인 문

*****leav·en** [lévən] [L 「들어올리다」의 뜻에서] *n.* **1** Ⓤ **a** 효모, 발효소(yeast) **b** 발효한 밀가루 반죽 **c** 베이킹파우더 **2** 〔성서〕 감화[영향]를 주는 것 **3** (…의) 기미

— *vt.* **1** 발효시키다 **2** 영향[잠세력(潛勢力)]을 미치다 **3** 스며들게 하다, (…의) 기미가 있게 하다 《*with*》

‡**leaves** [li:vz] *n.* LEAF의 복수

leave-tak·ing [lí:vtèikiŋ] *n.* Ⓤ 작별, 고별

leav·ing [lí:viŋ] *n.* 남은 것; [*pl.*] 잔물(殘物), 쓰레기, 찌꺼기

Leb·a·nese [lèbəní:z] *a.* 레바논 (사람)의 — *n.* (*pl.* ~) 레바논 사람

*****Leb·a·non** [lébənən] *n.* **레바논** 《아시아 남서부의 지중해 동단(東端)의 공화국; 수도 Beirut》

Lébanon cédar 레바논 삼목(杉木) 《히말라야 삼목의 변종》

lech [letʃ] 《속어》 *n.* ⓊⒸ **1** [보통 a ~] 정욕, 호색 **2** 호색가 《남자》

— *vi.* 호색하다

lech·er [létʃər] *n.* 호색가

lech·er·ous [létʃərəs] *a.* 호색의, 음란한; 색욕을 자극하는, 도발적인 **~·ly** *ad.* **~·ness** *n.*

lech·er·y [létʃəri] *n.* **1** Ⓤ 호색; 색욕 **2** 음란한 행위

lec·i·thin [lésəθin] *n.* Ⓤ 〔생화학〕 레시틴 《신경 세포 및 알의 노른자위 속에 있는 지방 비슷한 화합물》; 레시틴 함유물

lec·tern [léktərn] *n.* **1** (교회의) 성서대(聖書臺) **2** 강의[연설]대

‡**lec·ture** [léktʃər] [L 「읽기」의 뜻에서] *n.* **1** 강의, 강연, 강화(講話) 《*on*》 **2** 설교, 잔소리, 꾸지람, 훈계

have*[*get*] *a* ~ *from …에게서 훈계를 받다 ***read*** [***give***] a person ***a*** ~ 훈계하다, 꾸짖다

— *vi.* 강의[강연]를 하다 《*on*, *about*》

— *vt.* **1** 〈…에게〉 강의하다 **2** 설교하다, 훈계하다

lécture háll 강당; 큰 교실

‡**lec·tur·er** [léktʃərər] *n.* **1** 강연자; 훈계자 **2** 《영》 (대학 등의) 강사: a ~ in English at ... University …대학 영어 강사 **3** (영국 국교회의) 설교자, 설교사

lec·ture·ship [léktʃərʃip] *n.* Ⓤ **1** 강사의 직[직위] **2** (영국 국교회의) 설교사의 직[직위]

lécture thèater 계단식 교실[강의실]

*****led** [led] *v.* LEAD[1]의 과거·과거분사

LED light-emitting diode 발광 소자 《컴퓨터·전자 시계 등에 씀》

‡**ledge** [ledʒ] *n.* **1** (벽·창 등에서 내민) 선반 **2** (암벽의 측면이나 특히 해안에 가까운 바다 속의) 암붕(岩棚)

led·ger [lédʒər] *n.* **1** 〔회계〕 원장(元帳): ~ balance 원장 잔고 **2** 〔건축〕 비계 여장(= **~ bòard**), 발판 횡목 **3** (묘의) 대석(臺石)

lédger lìne 〔음악〕 덧줄, 가선(加線)

*****lee** [li:] [동음어 lea] *n.* [the ~] **1** 〔항해〕 **바람 불어가는 쪽** **2** 바람이 닿지 않는 [없는] 곳, 그늘

— *a.* Ⓐ 〔항해〕 바람 불어가는 쪽의: the ~ side 바람 불어가는 쪽

Lee [li:] *n.* **1** 남자 이름 **2** 리 **Robert E(dward)** ~ (1807-70) 《미국 남북 전쟁 때의 남군 지휘관》

*****leech** [li:tʃ] *n.* **1** 〔동물〕 **거머리** **2 a** 흡혈귀, 고리대금업자 **b** 《구어》 (악랄한) 착취자, 기생충 (같은 사람) **3** 《고어·익살》 의사

stick*[*cling*] *like a ~ 달라붙어서 떨어지지 않다

— *vt.* **1** 거머리를 붙여 피를 빨아내다 **2** 〈사람·재산을〉 달라붙어 짜내다, 희생물로 하다 — *vi.* 〈사람·재산에〉 달라붙어 떨어지지 않다

leek [li:k] *n.* 〔식물〕 부추

leer [liər] *vi.* 곁눈질하다, 추파를 던지다; 흘기다 《*at*, *upon*》

— *n.* 곁눈질, 추파, 심술궂은 눈초리

leer·ing [líəriŋ] *a.* 곁눈질하는, 심술궂게 보이는 눈초리의 **~·ly** *ad.*

leer·y [líəri] *a.* (**leer·i·er**; **-i·est**) **1** 상스러운 눈초리의 **2** 《속어》 의심 많은, 조심[경계]하는 《*of*》 **3** 《고어·방언》 교활한, 약삭빠른

lees [li:z] *n. pl.* (술 등의) 앙금, 찌꺼기

lee·ward [lí:wərd; 〔항해〕 lú:ərd] *a.* 바람 불어가는 쪽의 — *ad.* 바람 불어가는 쪽으로[에] — *n.* Ⓤ 바람 불어가는 쪽 (opp. *windward*)

to ~ 바람 불어가는 쪽을 향하여

lee·way [lí:wèi] *n.* Ⓤ **1** 〔항해〕 풍압(風壓); 풍압차(差)[각] **2** (시간의) 손실 **3** 《구어》 (공간·시간·돈 등의) 여유, 여지

‡**left**[1] [left] [OE 「약한, 가치 없는」의 뜻에서] (opp. *right*) *a.* **1** Ⓐ **왼쪽의**, 왼편의: the ~ hand 왼손; 좌측, 왼쪽 **2** [보통 **L~**] (정치적으로) 좌익의, 좌파의 **3** 〔수학〕 좌측의

***have two ~ feet*[*hands*]** 《미·구어》 동작이 어설프다[솜씨가 서투르다]
— *ad.* **왼쪽에**, 왼편에, 좌측에: turn ~ 왼편을 향하다
— *n.* **1** [the ~, one's ~] 좌(左), 왼쪽: turn to *the* ~ 왼쪽으로 구부러지다 **2** [보통 the L~] 〖정치〗 좌파 (세력), 좌파 정당 (의원), 혁신파, 급진당; 의장석 좌측의 의원들 **3** 〖군사〗 좌익; 〖야구〗 좌익 (수) **4** 레프트, 왼손(의 타격)

⁂**left**[2] *v.* LEAVE[1]의 과거·과거분사

léft bráin 〖해부〗 좌뇌

léft fíeld 〖야구〗 좌익(左翼), 레프트 필드

léft fíelder 〖야구〗 좌익수

left-hand [léfthǽnd] *a.* Ⓐ **1** 왼편[왼쪽]의 **2** 왼손의, 왼손으로 하는 **3** 왼쪽으로 돌리는

left-hand·ed [-hǽndid] *a.* Ⓐ **1** 왼손잡이의; 서투른 **2** 어정쩡한, 애매한, 성의 없는: a ~ compliment 겉치레의 칭찬 **3** 신분 차이가 나는 〈결혼〉 **4** 왼쪽으로 돌리는 〈나사못 등〉 — *ad.* 왼손으로, 왼손을 써서 **~·ly** *ad.* **~·ness** *n.*

left-hand·er [-hǽndər] *n.* **1** 왼손잡이, 왼손잡이 투수 **2** 왼손의 타격; 불의의 공격

left·ie [léfti] *n.* =《구어》 LEFTY

left·ism [léftizm] *n.* Ⓤ 좌익주의

left·ist [léftist] *n.* 좌파 (사람), 좌익, 급진파 — *a.* 좌파의, 좌익의(opp. *rightist*)

léft lúggage 《영》 (역의 임시 보관소 등에) 맡겨 둔 수하물

left·most [-mòust] *a.* 가장 왼편의, 극좌의

left-of-cen·ter [léftəvséntər] *a.* 〈정당 등이〉 급진[혁신] 지지의; = LEFT-WING

left·o·ver [-òuvər] *a.* 나머지의, 남은
— *n.* [보통 *pl.*] 나머지, 찌꺼기, (먹다) 남은 음식

left·ward [-wərd] *a.* 왼쪽 방향(에)의
— *ad.* 왼쪽에

left·wards [-wərdz] *ad.* = LEFTWARD

léft wíng **1** [the ~; 집합적] (정치의) 좌파, 좌익 **2** 좌익수; [the ~] (축구 등의) 좌익

left-wing [-wíŋ] *a.* 좌파[좌익]의 **~·er** *n.*

left·y [léfti] *n.* (*pl.* **left·ies**) 《구어》 **1** 왼손잡이 《종종 별명》, 왼손잡이 투수; 왼손잡이용 도구[용품] **2** 좌익[좌파]의 사람

⁂**leg** [leg] *n.* **1 다리**; (식용 동물의) 다리; 의족(義足) **2** (의자·책상 등의) 다리; 받침 부분 《기계 등의》, 지주(支柱) **3** 다리 부분 《의복의》 ***as fast as*** one***'s ~s would*** [***will***] ***carry*** one 전속력으로 ***be*** (***up***) ***on*** one***'s ~s*** (오래도록) 서[걷고] 있다; (병이 나아서) 기동하게 되다 ***feel*** [***find***] one***'s ~s*** 걷게 되다; 자신이 붙다[생기다] ***give*** a person ***a ~ up*** …을 거들어서 말 등에 태우다, 지원하다 ***have no*** [***not have a***] ***~ to stand on*** 《구어》 〈의론이〉 성립되지 않는다, 입증할 수 없다 ***keep*** one***'s ~s*** 넘어지지 않고 있다, 계속해서 서 있다 ***on*** one***'s*** [***its***] ***last ~s*** 다 죽어가며, 기진맥진하여; 〈사물이〉 파멸되어 가고, 망가져 가고 ***pull*** [***draw***] a person***'s ~*** 《구어》 …을 놀리다, 속이다 ***shake a ~*** 《고어》 춤추다; 《속어》 서두르다 ***show a ~*** 《속어》 = shake a LEG; (잠자리에서) 일어나다 ***stretch*** one***'s ~s*** 산책하다 ***take to*** one***'s ~s*** 달아나다
— *vi.* (**~ged**; **~·ging**) [보통 ~ it로] 《구어》 걷다; 달리다, 도망치다

leg. legal; legislative; legislature

***leg·a·cy** [légəsi] *n.* (*pl.* **-cies**) **유산**, 유증 (재산); 물려받은 것: a ~ of hatred [ill will] 대대로 내려오는 원한

⁂**le·gal** [lí:gəl] *a.* (opp. *illegal*) **1 법률** (상)의, 법률에 관한 **2** 법률이 요구[지정]하는, 법정의 **3** 합법의 **~·ist** *n.*

légal áge 법정 연령, 성년

légal áid 《영》 법률 구조(救助) 《극빈자의 소송 비용을 대주는 등》

légal hóliday 《미》 법정 공휴일(《영》 bank holiday)

le·gal·ism [lí:gəlìzm] *n.* Ⓤ 〖신학〗 율법주의; (법률의 자의(字義)에 구애되는) 법률 존중[만능]주의

le·gal·is·tic [lì:gəlístik] *a.* 법률을 존중하는, 형식에 구애되는

le·gal·i·ty [ligǽləti] *n.* (*pl.* **-ties**) ⓊⒸ 적법, 합법, 정당함; 율법주의; [*pl.*] 법적 의무

le·gal·i·za·tion [lì:gəlizéiʃən | -lai-] *n.* Ⓤ 적법화, 법률화; 공인(公認)

le·gal·ize [lí:gəlàiz] *vt.* 법률상 정당하다고 인정하다; 적법화하다

***le·gal·ly** [lí:gəli] *ad.* **법률적[합법적]으로**

légal médicine 법의학

légal separátion 법적 별거

légal ténder 법화(法貨), 법정 화폐

leg·ate [légət] *n.* (로마) 교황 특사; 공식 사절(envoy)

leg·a·tee [lègətí:] *n.* 〖법〗 유산 수령인

***le·ga·tion** [ligéiʃən] *n.* **1 공사관** **2** [집합적] 공사관원 **3** Ⓤ 사절 파견

le·ga·to [ləgɑ́:tou] [It.] *ad.* 〖음악〗 끊지 않고 부드럽고 매끄럽게

⁂**leg·end** [lédʒənd] [L 「읽혀야 할 것」의 뜻에서] *n.* **1 전설**; Ⓤ 전설 문학 **2** (기념비·문장(紋章)·그림 등의) 제명, 제목 **3** (도서·도표 등의) 범례 《사용 부호의 설명》 **4** (메달·화폐 표면 등의) 명(銘) **5** 《폐어》 성인 이야기, 성인전(聖人傳); 《일반적으로》 위인전

***leg·end·ar·y** [lédʒəndèri | -əri] *a.* **1 전설(상)의**; 믿기 어려운 **2** 《구어》 전설로 남을 만한
— *n.* (*pl.* **-ar·ies**) 전설집, 《특히》 성인전(傳); 전설 편집자

leg·er·de·main [lèdʒərdəméin] *n.* Ⓤ 손으로 하는 요술; 손으로 부리는 재주; 속임수

-legged [légid | légd] 《연결형》 「…개의 다리가 있는, 다리가 …인, 다리를 가진」의 뜻: long-~ 다리가 긴

***leg·ging** [légiŋ], **leg·gin** [légin] *n.* [보통 *pl.*] **각반**; 정강이받이; (어린이용) 레깅스 《보온용바지》

lég guàrd 〖크리켓·야구〗 (포수 등의) 정강이받이

leg·gy [légi] *a.* (**-gi·er**, **-gi·est**) 다리가 긴; 〖식물〗 줄기가 가늘고 긴 **-gi·ness** *n.*

leg·horn [léghɔ̀ːrn] 〔이탈리아의 산지명에서〕 *n.* [때로 **L~**] 레그혼종(種) 《닭》

leg·i·bil·i·ty [lèdʒəbíləti] *n.* Ⓤ 〈문자가〉 읽기 쉬움

leg·i·ble [lédʒəbl] *a.* 〈필적·인쇄가〉 읽기 쉬운 **~·ness** *n.* **-bly** *ad.* 읽기 쉽게

∗**le·gion** [líːdʒən] 〔L 「골라내다」의 뜻에서〕 *n.* **1** [보통 *pl.*] **군대,** 군단, 대군 **2** 〖고대로마〗 군단 《소수의 기병을 포함한 3,000-6,000의 병력의 보병 부대》 **3** 《문어》 다수(multitude)

le·gion·ar·y [líːdʒənèri | -dʒənəri] *a.* 고대 로마 군단의, 군단으로 이루어진 **—** *n.* (*pl.* **-ar·ies**) (고대 로마의) 군단병

leg·is·late [lédʒislèit] *vi.* 법률을 제정하다 《*against, for*》 **—** *vt.* 《미》 법률에 의해 (어떤 상태로) 하다: ~ a person *into*[*out of*] office 법률로 임관[퇴임]시키다

⁑**leg·is·la·tion** [lèdʒisléiʃən] *n.* Ⓤ **법률 제정,** 입법; [집합적] 법률, 법령

∗**leg·is·la·tive** [lédʒislèitiv | -lət-] *a.* **입법상의,** 법률을 제정하는; 입법권을 가진; 입법부의[에 의해 만들어진]: a ~ body 입법부 《국회·의회》 **—** *n.* Ⓤ 입법권; Ⓒ 입법부 **~·ly** *ad.*

∗**leg·is·la·tor** [lédʒislèitər] *n.* (*fem.* **-tress** [-tris]) **입법자,** 법률 제정자; 입법부[국회] 의원

∗**leg·is·la·ture** [lédʒislèitʃər] *n.* **입법부;** 《미》 《특히》 주의회

le·git [lidʒít] 《구어》 *a.* = LEGITIMATE

le·git·i·ma·cy [lidʒítəməsi] *n.* Ⓤ **1** 합법성, 적법; 합리[타당]성 **2** 적출(嫡出), 정통, 정계(正系)

∗**le·git·i·mate** [lidʒítəmət] *a.* **1 합법적인,** 적법의, 정당한 **2 적출의:** a ~ son 적출자(嫡出子) **3** 이치에 맞는, 합리적인: ~ self-defense 정당방위 **4** 본격적인, 진정한, 정통의 **—** [-mèit] *vt.* **1** 합법으로 인정하다, 합법[정당]화하다 **2** 〈서자를〉 적출로 인정하다 **~·ly** *ad.*

le·git·i·ma·tize [lidʒítəmətàiz] *vt.* = LEGITIMATE

leg·less [léglis] *a.* **1** 다리가 없는 **2** 《특히 영·속어》 몹시 취한

leg·man [légmæ̀n, -mən] *n.* (*pl.* **-men** [-mèn]) **1** 정보 수집·심부름하는 사람 **2** 《미》 〖신문〗 취재만 하고 기사는 쓰지 않는 기자

leg-of-mut·ton [légəvmʌ́tn] *a.* Ⓐ 양(羊) 다리 모양의, 어깨 부분이 부풀고 소맷부리가 좁아진, 3각형의 〈돛 등〉

leg-pull [-pùl] *n.* 《구어》 장난, 골탕 먹이기

leg-rest [-rèst] *n.* (환자용) 발받침

leg·room [-rù(ː)m] *n.* Ⓤ (극장·자동차 등의 좌석 앞의) 다리를 뻗는[발치의] 공간

lég shòw 《구어》 각선미를 보이는 쇼

leg·ume [légjuːm, ligjúːm] *n.* 콩과(科) 식물; 꼬투리(pod); 콩류

le·gu·men [ligjúːmin] *n.* (*pl.* **-mi·na** [-mənə]; **~s**) = LEGUME

le·gu·mi·nous [ligjúːmənəs] *a.* 〖식물〗 콩과(科)의

lég wàrmer 레그 워머 《발목에서 무릎까지 싸는 뜨개질한 방한구》

leg·work [légwɔ̀ːrk] *n.* Ⓤ 《미·구어》 걷기, 걸어 돌아다니기; 탐방; (범죄의) 상세한 조사

le·hu·a [leihúːɑː] *n.* 〖식물〗 레후아 《다홍색 꽃이 피는 상록수; 하와이 제도산》

lei [leiː, lei] *n.* (하와이 군도의) 레이, 화환

Leib·niz, -nitz [láibnits] *n.* 라이프니츠 **Gottfried Wilhelm von ~** (1646-1716) 《독일의 철학자·수학자》

Leices·ter [léstər] *n.* **1** 레스터 《영국 중부의 도시; Leicestershire의 주도》 **2** 레스터종의 양(羊)

Leices·ter·shire [léstərʃiər, -ʃər] *n.* 레스터셔 《잉글랜드 중부의 주(州); 略 Leics.》

Leics. Leicestershire

Leigh [liː] *n.* 남자 이름 《Lee의 변형》

⁑**lei·sure** [líːʒər, léʒ- | léʒ-] 〔L 「허락되어 있다」의 뜻에서〕 *n.* Ⓤ **1** (일에서 해방된) **자유 시간,** 한가한 시간: a life of ~ 한가한 생활 **2 틈, 여가** 《*for*》: I have no ~ *to* read[*for reading*]. 책을 읽을 한가한 시간이 없다.

at **~** 한가하여; 서두르지 않고, 천천히

at one'***s*** **~** 한가한 때에, 느긋하게

— *a.* Ⓐ **1** 한가한, 여가가 있는, 볼일이 없는(free) **2** 여가 때 입는; 레저용의

lei·sured [líːʒərd, léʒ- | léʒ-] *a.* **1** 틈이 있는, 볼일이 없는, 한가한: the ~ class(es) 유한 계급 **2** = LEISURELY

∗**lei·sure·ly** [líːʒərli, léʒ- | léʒ-] *a.* (**-li·er, -li·est**) **느긋한,** 유유한, 여유 있는 **—** *ad.* 천천히, 유유히

-li·ness *n.* 느릿함, 유유함

leit·mo·tif, -tiv [láitmoutìːf] [G] *n.* 〖음악〗 주악상(主樂想), 시도 동기(示導動機); (문학 작품·행위 등에 일관해서 나타나는) 주요 동기, 중심 사상[테마]

LEM, Lem [lem] 〔*l*unar *e*xcursion *m*odule〕 *n.* 달 착륙[탐사]선

lem·me [lémi] 《구어》 let me의 단축형

lem·ming [lémiŋ] *n.* 〖동물〗 나그네쥐 《북유럽산》

⁑**lem·on** [lémən] *n.* **1** ⓊⒸ **레몬** (**열매**) **2** 레몬나무 **3** Ⓤ 레몬색, 엷은 황색(= ∼ **yéllow**) **4** 《미·속어》 불쾌한 것[일]; 하찮은 것; 불량품 **—** *a.* **1** Ⓐ 레몬이 든 **2** 레몬 빛의, 엷은 황색의

∗**lem·on·ade** [lèmənéid] *n.* Ⓤ **레모네이드**

lémon cùrd[**chèese**] 레몬 커드 《레몬에 설탕·달걀을 넣어 잼 모양으로 만든 것》

lémon làw 《미·속어》 불량품법 《불량품의 교환 또는 환불을 규정한 소비자 보호법》

lémon lìme 레몬 라임 《무색 투명한 탄산 음료》

lémon sòda 《미》 레몬 소다 《레몬 맛이 나는 탄산 음료》

lémon sòle 〖어류〗 식용 가자미의 일종 《유럽산》

lémon squásh 《영》 레몬 스쿼시 《청량음료》

lémon squèezer 레몬즙을 짜는 기구

lem·on·y [léməni] *a.* 레몬 맛[향]이 나는

le·mur [líːmər] *n.* 〖동물〗 여우원숭이

Le·na [líːnə] *n.* 여자 이름 《Helena, Magdalene의 애칭》

***lend** [lend] [OE =loan] *v.* (**lent** [lent]) *vt.* **1** 빌려 주다, 빌리다, 〈돈을〉 대출[대부]하다 **2** 〈원조 등을〉 제공하다, 주다; 보태다, 더하다 《*to*》: ~ one's aid *to* a person …에게 원조를 제공하다 **3** [~ one*self*로] 〈물건이〉 …에 알맞게 하다; 〈사람이〉 인수하게 하다 《*to*》
~ a* (*helping*) *hand in* [*at*]** …을 돕다, 거들다 ***~ an ear 귀를 기울이다
— *vi.* 돈을 빌려 주다, 융자하다
~·er *n.* 빌려 주는 사람; 고리대금업자

lénding lìbrary **1** =RENTAL LIBRARY **2** 《영》 (공립 도서관의) 대출부; 공립 도서관

***length** [leŋkθ] *n.* **1** Ⓤ 길이; 키; Ⓒ (보트의) 1정신(艇身), (경마의) 1마신(馬身): win by a ~ 1정신[1마신]의 차로 이기다 **2** Ⓤ (시간적인) 길이, 기간 《*of*》; (시간·거리의) 긺, 긴 상태 **3** (도로 등의 특정한) 부분, 구간 《*of*》; (물건의) 특정한[표준] 길이 《*of*》: a ~ *of* rope 한 발의 밧줄 **4** [UC] (행동·의견 등의) 범위, 정도
at arm's ~ 팔이 닿는 거리에; 거리를 두고, 멀리하여 ***at full ~*** (1) 팔다리를 쭉 펴고, 큰 대자로 (2) 장황하게, 지루하게 (3) 충분히, 상세히 ***at great ~*** 기다랗게, 장황하게 ***at ~*** 드디어, 마침내; 충분히, 상세히; 장황하게, 오랫동안 ***at some ~*** 상당히 상세하게[길게]

***length·en** [léŋkθən] *vt.* 길게 하다, 늘이다, 연장하다
— *vi.* **1** 길어지다, 늘어나다: The days have begun to ~. 해가 길어지기 시작했다. **2** (늘어나) (…으로) 되다[바뀌다] 《*into*》: Summer ~*s into* autumn. 여름이 지나고 가을이 된다.

length·ways [léŋkθwèiz] *ad.* 길게, 세로로

***length·wise** [léŋkθwàiz] *a.*, *ad.* 세로의[로], 긴[길게]

***length·y** [léŋkθi] *a.* (**length·i·er**; **-i·est**) 〈시간이〉 긴, 오랜; 〈연설 등이〉 장황한; 지리한 **léngth·i·ly** *ad.* **-i·ness** *n.*

le·nien·cy, -nience [líːniəns(i)] *n.* (*pl.* **-cies**; **~s**) **1** Ⓤ 관대, 관용, 너그러움, 자비(로움) **2** 관대[인자]한 행위

le·ni·ent [líːniənt] *a.* **1** 너그러운, 인자한, 다정한 **2** 관대한

Le·nin [lénin] *n.* 레닌 **Nikolai ~** (1870-1924) 《구소련의 혁명가》

Len·in·grad [léningræ̀d] *n.* 레닌그라드 《구소련 북서 해안의 도시; St. Peterburg(상트페테르부르크)로 바뀜》

Le·nin·ism [léninìzm] *n.* Ⓤ 레닌주의

Le·nin·ist [léninist], **-ite** [-àit] *n.*, *a.* 레닌주의자(의)

len·i·tive [lénətiv] *a.* 〈약이〉 진정[완화]시키는
— *n.* 〖의학〗 진정제, 완화제

len·i·ty [lénəti] *n.* (*pl.* **-ties**) Ⓤ 자비(로움), 관대함; Ⓒ 관대한 조치[행위]

***lens** [lenz] [L 「렌즈콩(lentil)」의 뜻이며, 모양이 비슷한 데서] *n.* **렌즈**; 〖해부〗 (눈알의) 수정체

***lent** [lent] *v.* LEND의 과거·과거분사

Lent [lent] *n.* 〖그리스도교〗 사순절(四旬節) 《Ash Wednesday부터 Easter Eve까지의 40일간; 광야의 그리스도를 기념하기 위하여 단식·참회를 함》

Lent·en [léntn] *a.* **1** 사순절의 **2** 고기를 안 넣은; 검소한; 궁상스러운; 음울한: ~ fare 고기가 안 든 요리

len·til [léntil] *n.* 〖식물〗 렌즈콩

len·to [léntou] [It.] *a.*, *ad.* 〖음악〗 느린, 느리게(opp. *allegro*)

Lént tèrm 《영》 봄 학기 《크리스마스 휴가 후에 시작되어 부활절 무렵에 끝남》

Le·o [líːou] *n.* **1** 남자 이름 **2** 〖천문〗 사자자리, 사자궁(宮) 《12궁의 제5궁》

Le·o·nar·do da Vin·ci [lìːənɑ́ːrdou-də-víntʃi] *n.* 레오나르도 다 빈치(1452-1519) 《이탈리아의 예술가·과학자》

Le·o·nid [líːənid] *n.* (*pl.* **~s, Le·on·i·des** [liɑ́nidìːz | liɔ́n-]) [the ~s] 〖천문〗 사자자리의 유성군(流星群)

le·o·nine [líːənàin] [L 「사자의」의 뜻에서] *a.* 사자의, 사자 같은; 당당한, 용맹한

Le·o·no·ra [lìːənɔ́ːrə] *n.* 여자 이름

***leop·ard** [lépərd] *n.* 〖동물〗 **표범**(panther)

Le·o·pold [líːəpòuld | líə-] *n.* 남자 이름

le·o·tard [líːətɑ̀ːrd] [프랑스 곡예사의 이름에서] *n.* 몸에 착 붙는 옷 《곡예사·댄서가 입는》

lep·er [lépər] *n.* **1** 나병 환자, 문둥이 **2** 세상에서 버림받은 사람

lep·i·dop·ter·ous [lèpədɑ́ptərəs | -dɔ́p-] *a.* 인시류(鱗翅類)의, 인시를 가진

lep·re·chaun [léprəkɑ̀n | -kɔ̀ːn] *n.* 《아일》 장난을 좋아하는 작은 요정(妖精)

lep·ro·sy [léprəsi] *n.* Ⓤ 나병, 문둥병: moral ~ (옮기 쉬운) 도덕적 부패, 타락

lep·rous [léprəs] *a.* 나병의, 문둥병에 걸린

lep·tin [léptin] *n.* 〖병리〗 렙틴 《체내 지방 용해 물질》

les·bi·an [lézbiən] [Gk 「Lesbos 섬의」 뜻에서; 이 섬에 살던 여류 시인 Sappho가 제자들과 동성애를 했다는 전설에서] *a.* (여성끼리의) 동성애의(opp. *gay*)
— *n.* 동성애에 빠진 여자
~·ism *n.* Ⓤ 여성 동성애

lèse-ma·jes·té, lese maj·es·ty [líːz-mǽdʒisti] [F =injured majesty] *n.* 〖법〗 불경죄, 대역죄; 《구어》 불경스러운 행위; 모욕

le·sion [líːʒən] *n.* Ⓤ 〖병리〗 (조직·기능의) 장애, 손상; 정신적 상해

Le·so·tho [ləsúːtuː | -sóutou] *n.* 레소토 《남아프리카 공화국에 둘러싸인 왕국; 수도 Maseru》

***less** [les] *a.* [LITTLE의 비교급] **1** 〈양·정도가〉 **보다 적은**(opp. *more*) **2** 〈크기가〉 …보다 작은, 더 작은(opp. *greater*) **3** …보다 못한, 열등한; 신분이 낮은

L

— *n.*, *pron.* **1** Ⓤ **보다[더] 적은 수**[양, 액] **2** 그다지 중요하지 않은 일[물건, 사람]
— *ad.* **1** [LITTLE의 비교급] **a** [형용사·명사를 수식하여] **보다 적게,** 더 적게, …만 못하게 **b** [동사를 수식하여] **적게 2** [부정문에 이어 much, still, enven, far 등을 앞에 놓고] 하물며 …가 아니다
~ and ~ 차츰 줄어[적게] ***little ~ than*** …와 거의 같은 정도로 ***more or ~*** 얼마간, 다소 ***no ~*** (1) (수량·정도가) 같은 정도로, 그 정도, 마찬가지로 (2) 바로, 틀림없이 ***no ~ than*** …에 못지않게(even), …와 마찬가지로; [수사와 함께] …이나 ***none the ~ = not the ~ = no ~*** 그래도 역시, 그럼에도 불구하고 ***not ~ than*** (1) …보다 나을망정 못하지 않다(as … as) (2) 적어도: It did *not* cost ~ *than* $100. 적어도 100달러는 들었다. ***nothing ~ than*** (1) 적어도 …정도는: We expected *nothing ~ than* an attack. 적어도 공격이 있으리라고 예상했다. (2) …이나 다름없는, …만큼의: It is *nothing ~ than* fraud. 그것은 사기나 마찬가지다.
— *prep.* (양·시간 따위를) 줄인[뺀]: a year ~ three days 3일 모자라는 1년

-less [lis, les] *suf.* **1** [명사에 자유로이 붙여서 형용사를 만듦] …이 없는: end*less* **2** [동사에 붙여서 형용사를 만듦] …할 수 없는, …하기 어려운: cease*less* **3** [드물게 부사를 만듦] …없이: doubt*less*

‡less·en [lésn] [동음어 lesson] *vt.* **1 적게 하다, 작게 하다,** 줄이다 **2** 《고어》 소홀히 여기다, 업신여기다, 경시하다
— *vi.* 적어지다, 작아지다, 줄다

***less·er** [lésər] *a.* [LITTLE의 이중 비교급] Ⓐ **더욱 작은[적은],** 작은[적은] 편의; 더 못한, 시시한 **—** *ad.* [보통 복합어를 이루어] 보다 적게: ~-known 별로 유명하지 않은

lésser pánda 〖동물〗 레서 판다 《히말라야산의 작은 판다》

‡les·son [lésn] [동음어 lessen] [L 「읽기」의 뜻에서] *n.* **1 학과,** 과업; [종종 *pl.*] **수업,** 연습, 레슨: give [teach] ~*s* in music 음악을 가르치다/take[have] ~*s* in Latin, etc. 라틴어 등을 배우다 **2** (교과서 중의) **과**: *L*~ Two 제2과 **3 교훈,** (경험 등으로 얻은) 지혜: learn one's ~ 경험으로 배우다 **4** 질책, 훈계
— *vt.* 훈계[견책]하다; 교습[수업]하다

les·sor [lésɔːr, –⌐] *n.* 임대인, 대지인(貸地人), 대가인(貸家人)

‡lest [lest] *conj.* **1** …**하지 않게,** …하면 안되니까(for fear that …): Hide it ~ he (*should*) see it. 그가 보면 안 되니 감추어라. **2** [fear, afraid 등에 계속되어] …하지나 않을까 하고(that …): I *fear* ~ he (*should*) die. 그가 죽지나 않을까 걱정이다.

‡let[1] [let] *v.* (~; ~·ting) *vt.* **1 a** …**에게 …시키다,** …하게 해주다, …할 것을 허용하다 **b** [1인칭·3인칭의 명령법에 사용해 「권유·명령·가정·허가」 등을 나타냄]: *L*~ us[*L*~'s] go at once. 곧 갑시다. **2** 들여보내다, 가게[오게, 통과하게, 움직이게] 하다 《*into, to, through,* etc.》: He ~ me *into*[*in*] his study. 그는 나를 서재로 안내하였다. **3** 〈액체·공기를〉 내다, 새게 하다 **4** 《영》 **세놓다,** 임대하다(rent) 《*off, out*》: ~ a house 집을 세놓다 **5** 〈일을〉 주다, 청부[도급] 맡게 하다: ~ work *to* a carpenter 목수에게 일을 도급 주다 **6** 〈어떤 상태로〉 되게 하다[해두다]: You shouldn't ~ your dog loose. 개를 풀어 놓지 마라.
— *vi.* **1** 세놓아지다, 세들 사람이 있다 **2** 〈비행기가〉 고도를 낮추다
~ … be 내버려두다, 상관하지 않다 ***~ down*** 《구어》 〈위신 등을〉 떨어뜨리다, 낮추다, 내리다; 〈사람을〉 낙심시키다, 실망시키다 ***~ go*** 해방하다, 놓아주다; 〈쥐었던 것을〉 놓다 《*of*》; 눈감아주다, 묵과하다; 해고하다 ***~ in*** 〈사람을〉 들이다, 들여보내다; 끼워 넣다; 속이다; 곤경에 빠뜨리다 《종종 *for*》: *Let* him *in.* 그를 안에 들여 보내라. ***~ into*** (*vt.*) …에 넣다, 들이다, 삽입하다; 〈비밀 등을〉 가르쳐 주다, 일러주다; (*vi.*) 《속어》 공격하다, 때리다, 욕하다 ***~ loose*** 놓아 주다, 풀어 주다, 해방하다; 마음껏 하다; 드러내다 ***~ off*** (1) 〈형벌을〉 면제하다 (2) 쏘다, 발사하다 (3) 〈농담 등을〉 마구 하다 (4) 풀어 주다 (5) (가볍게) 벌하다 《*with*》 (6) 〈흐름·불길 등을〉 끊어지게 하다, 끄다 ***~ on*** 《구어》 고자질하다; 비밀을 누설하다, 진상을 폭로하다; 가장하다, (…인) 체하다 ***~ out*** (*vt.*) (1) 〈비밀·정보 등을〉 흘러나오게 하다, 흘리다; 입밖에 내다; 해방[방면]하다; 〈옷을〉 늘리다, 크게 고치다, 느슨하게 하다; 〈말 등을〉 빌려주다, 세놓다 (*vi.*) (2) 《구어》 맹렬히 치고 덤비다, 심하게 욕하다 《*at*》; 《미·구어》 〈학교·극장 등이〉 파하다, 해산하다, 끝나다 ***~ … pass*** …을 간과하다, 눈감아 주다 ***~ through*** 통과시키다; 〈과오 등을〉 눈감아 주다 ***~ up*** 《미》 그만두다 《*on*》; 느스러지다; 〈폭풍우 등이〉 자다, 가라앉다
— *n.* 《영》 빌려주기, 임대, 세놓기; 《영·구어》 세들 사람

let[2] *vt.* (~, ~·ted; ~·ting) 《고어》 방해하다 **—** *n.* **1** 〖테니스〗 네트에 스쳐 들어간 서브 공 **2** 《고어》 방해

-let [lit] *suf.* [명사 어미] 「소(小) …」의 뜻: ring*let*, stream*let*

letch [letʃ] *n., vi.* = LECH

let·down [létdàun] *n.* **1** (속도·노력의) 감소, 감쇠, 감퇴 **2** 실망 **3** (착륙을 위한) 강하

le·thal [líːθəl] *a.* 죽음의[에 이르는], 치사의, 치명적인(fatal): ~ weapons 흉기; 죽음의 무기 《핵무기》 **~·ly** *ad.*

le·thar·gic, -gi·cal [ləθáːrdʒik(əl) | le-] *a.* 기면(嗜眠)성[증]의; 혼수(상태)의; 무기력한, 활발하지 못한; 둔감한: ~ sleep 혼수 **-gi·cal·ly** *ad.*

leth·ar·gy [léθərdʒi] *n.* Ⓤ **1** 기면(嗜眠), 혼수(상태) **2** 무기력; 무감각

Le·the [líːθiː] *n.* **1** [the ~] 〖그리스신화〗 망각의 강 《그 물을 마시면 생전의 모든 것을 잊어버린다는 Hades에 있는 강》

2 [보통 l~] Ⓤ 《시어》 망각
Le·the·an [lí:θiən, liθí:ən] *a.* 망각의 강의; 과거를 잊게 하는
let-out [-áut] *n.* 《영》 빠져나갈 길
‡**let's** [lets] let us의 단축형 《권유의 뜻일 때》
‡**let·ter** [létər] *n.* **1 a 편지**, 서한, …장(狀) **b** [보통 *pl.*] 증서, 면허장, …증, …장: a ~ of attorney 위임장/~(*s*) of credence = ~*s* credential 신임장 《대사·공사에게 주는》 **2 글자**, 문자 **3** 〖인쇄〗 활자(type); 자체(字體) **4** [the ~] 자의(字義), 자구(字句) **5** [*pl.*; 단수·복수 취급] **문학**, 교양, 학문; 문필업: art and ~*s* 문학 예술/a man of ~*s* 문학자, 저술가, 학자
— *vt.* **1** …에 글자를 (박아) 넣다; 써넣다 **2** 〈책 등에〉 표제를 넣다 **3** 인쇄체로 쓰다 **4** 글자로 분류하다
— *vi.* 글자를 넣다
létter bòmb 우편 폭탄(mail bomb) 《우편물에 폭탄을 장치한 것》
létter bòx 《영》 우편함(《미》 mail box); 우체통
let·ter·card [-kà:rd] *n.* 《영》 봉함엽서
létter càrrier 《미》 우편집배원 (《영》 postman)
let·tered [létərd] *a.* **1** 글자를 넣은 **2** 학문[교양, 문학적 소양]이 있는
let·ter·head [-hèd] *n.* 편지지 위쪽의 인쇄 문구 《회사명·소재지·전화번호·전신약호 등》; 그것이 인쇄된 편지지
let·ter·ing [létəriŋ] *n.* Ⓤ **1** 글자 쓰기[새기기], 레터링 《문자 도안화》 **2** [집합적] 쓴[새긴] 글자, 명(銘); 편지 쓰기
let·ter·less [létərlis] *a.* 무교육의, 문맹의
let·ter-per·fect [-pə́:rfikt] *a.* 자기의 대사(臺詞)[학과]를 똑똑히 외고 있는; 〈문서·교정 등이〉 완벽한; 말 그대로의, 축어적인
let·ter·press [-près] *n.* **1** Ⓤ 활판 인쇄(법); 인쇄한 자구(字句); Ⓒ 활판 인쇄기 **2** Ⓤ 본문 《삽화에 대하여》 **3** 편지 복사기
létters pátent 《영》 (전매) 특허증
***let·tuce** [létis] *n.* Ⓤ **1** 〖식물〗 **상추**, 양상추 **2** 《미·속어》 지폐, 현찰
let·up [létʌ̀p] *n.* 《미·구어》 정지, 휴지, 완화; 감소, 감속
leu·co·cyte [lú:kəsàit | ljú:-] *n.* = LEUKOCYTE
leu·k(a)e·mi·a [lu:kí:miə | ljú:-] *n.* Ⓤ 〖병리〗 백혈병 **-mic** [-mik] *a.*
leu·ko·cyte [lú:kəsàit | ljú:-] *n.* 백혈구
Lev. Leviticus
le·vant [livǽnt] *vi.* 《영·속어》 (빚을 안 갚고) 도망치다, 자취를 감추다
Le·vant [livǽnt] *n.* [the ~] 레반트 《동부 지중해 및 그 섬과 연안 제국》; [종종 l~] 고급 모로코 가죽
Lev·an·tine [lévəntàin, -tì:n] *a.* 레반트(Levant)의 **—** *n.* 레반트 사람
lev·ee[1] [lévi] [동음어 levy] *n.* **1** 충적제(沖積堤) **2** (강의) 제방, 둑, 논둑길 **3** 선창, 부두
le·vee[2] *n.* **1** 〖영국사〗 접견 《군주 또는 그 대리자가 남자에게만 하는》; 프랑스 궁정의 집회 **2** 《미》 대통령의 접견회
‡**lev·el** [lévəl] *n.* **1 수평**; 수평면; 수평선: the ~ of the sea 해면 **2** 〖기계〗 수준기: take a ~ (두 지점의) 고도차를 재다 **3** (수평면의) **높이**, 고도(altitude): on a ~ with …와 동일 수준에, …와 동격으로 **4** [《영》 *pl.*] 평지, 평원; 무변화, 단조 **5** (사회적·정신적) 표준, 수준, 정도: the ~ of living 생활 수준
***find* one's (*own*) ~** 분에 맞는 지위를 얻다, 알맞은 곳에 자리잡다 ***on the* ~** 《구어》 공명정대하게, 정직하게; 참말로; [문장 전체를 수식하여] 《미》 정직하게 말해서
— *a.* **1 수평의**, 평평한, 평탄한 **2 같은 수준[높이]의**, 동등한 《*with*, *to*》 **3** 〖음악·음성〗 평조(平調)의, 〈색 등이〉 고른, 한결같은 **4** 〈어조 등이〉 차분한; 〈판단 등이〉 냉철한; 〈태도 등이〉 흔들리지[끄떡도] 않는: have [keep] a ~ head 분별이 있다
— *v.* (**~ed**; **~·ing** | **~led**; **~·ling**) *vt.* **1 평평하게 하다**; 고르다: ~ the ground 땅을 고르다 **2** 수평으로 놓다 《*up*, *down*》 **3** 〈건물을〉 쓰러뜨리다, 무너뜨리다; 《구어》 〈사람을〉 때려눕히다(knock down) **4** 평등하게 하다; 〈차별을〉 없애다 《*out*, *off*》: ~ the various classes 계급의 차이를 없애다 **5** 〈색·어조 등을〉 평균하다; 고르게 하다 **6** 겨누다(aim); 〈비난·공격 등을〉 퍼붓다(direct) 《*at*, *against*》: ~ a gun *at* …에게 총부리를 돌리다[겨누다] **7** 〖측량〗 수준 측량하다 **—** *vi.* **1** 같은 높이로 하다, 평등화하다 **2** 겨냥하다, 조준하다 《*at*》 **3** 수준 측량을 하다 **4** 《속어》 사실대로 털어놓다, 솔직히 말하다[행동하다]; 공평히 다루다[대하다] 《*with*》: I'll ~ *with* you. 너에겐 사실대로 털어 놓겠어.
~ *off* 평평하게 하다[되다]; 〖항공〗 수평 비행을 하다; 〈물가 등이〉 안정 상태가 되다 **~ *out*** (1) = LEVEL off (2) (차이를 없애어) 같은 수준으로[고르게] 하다
lével cróssing 《영》 평면 교차(《미》 grade crossing)
lev·el·er | **-el·ler** [lévələr] *n.* **1** 수평하게 하는 사람[것] **2** 평등주의자, 평등론자 **3** 수준 측량자
lev·el·head·ed [lévəlhédid] *a.* 온건한; 분별 있는; 냉정한 **~·ness** *n.*
lev·el·ing | **-el·ling** [lévəliŋ] *n.* Ⓤ **1** 평평하게 함, 땅을 고름; 평등화 **2** 수준[고저] 측량
lével pégging 《영·구어》 동점임, 백중지세
***lev·er** [lévər | lí:v-] [L 「들어올리다」의 뜻에서] *n.* **1** 〖기계〗 **지레**, 레버 **2** (목적 달성의) 수단, 방편 **—** *vt.*, *vi.* **지레를 쓰다[로 움직이다]** 《*along*, *away*, *out*, *over*, *up*, etc.》
lev·er·age [lévəridʒ | lí:v-] *n.* Ⓤ **1** 지레의 작용; 지레 장치 **2** (목적 달성의) 수단, 효력; 권력, 세력
lev·er·et [lévərit] *n.* 새끼[어린] 토끼

le·vi·a·than [liváiəθən] *n.* **1** [종종 **L~**] 〖성서〗 거대한 바다짐승 **2** 거대한 것; 고래; 《특히》 거대한 배

Le·vi's [lí:vaiz] 〔미국의 제조업자 이름에서〕 *n.* 리바이스 《진(jeans)의 상표명》

lev·i·tate [lévətèit] *vi., vt.* 〖심령〗 (특히 초자연적인 힘에 의해) 공중에 떠돌다[떠돌게 하다]

lèv·i·tá·tion *n.* Ⓤ 공중 부양(浮揚)

Le·vit·i·cus [livítikəs] *n.* 〖성서〗 레위기(記) 《略 Lev.》

lev·i·ty [lévəti] *n.* (*pl.* **-ties**) Ⓤ 경솔; 변덕; [보통 *pl.*] 경거망동

*__lev·y__ [lévi] 〔동음어 levee〕 〔F 「들어올리다」의 뜻에서〕 *v.* (**lev·ied**) *vt.* **1** 〈세금 등을〉 **징수하다**, 부과하다, 할당하다; 강탈하다 **2** 〖법〗 압류하다(seize) **3** 〈군인을〉 소집하다, 징집[징모]하다 **—** *vi.* 징세[과세]하다; 돈을 받아내다, 거두다, 압류하다 《*on*》 **—** *n.* (*pl.* **lev·ies**) ⓊⒸ **1** 부과, 징세; 징수(액): capital ~ 자본 과세 **2** 〖군사〗 소집, 징용: ~ in mass 국가 총동원, 국민군 소집

*__lewd__ [lu:d] *a.* **1** 외설적인, 음탕한, 음란한 **2** 《폐어》 비천한 **~·ly** *ad.* **~·ness** *n.*

lew·is [lú:is] *n.* 돌덩이 등을 끌어 올리고 내리는 쇠집게

Lew·is [lú:is] *n.* **1** 남자 이름 《Louis의 이형》 **2** 루이스 **Sinclair ~** (1885-1951) 《미국의 소설가》

lex·es [léksi:z] *n.* LEXIS의 복수

lex·i·cal [léksikəl] *a.* 어휘의; 사전 (편찬)의 **~·ly** *ad.* 사전적[식]으로

lex·i·cog·ra·pher [lèksəkágrəfər | -kɔ́g-] *n.* 사전 편찬자

lex·i·co·graph·i·cal, -ic [lèksəkougrǽfik(əl)] *a.* 사전 편찬 상의

-i·cal·ly *ad.*

lex·i·cog·ra·phy [lèksəkágrəfi | -kɔ́g-] *n.* Ⓤ 사전 편찬(법)

lex·i·col·o·gy [lèksəkálədʒi | -kɔ́l-] *n.* Ⓤ 어의학(語義學)

-gist *n.* 어휘[어의] 학자

lex·i·con [léksəkàn | -kən] 〔Gk 「낱말의」의 뜻에서〕 *n.* (*pl.* **-ca** [-kə], **~s**) **1** (특히 그리스어·라틴어·히브리어의) 사전 **2** (특정 작가·작품 등의) 어휘(집) **3** 〖언어〗 어휘 목록 **4** 목록; 대요

lex·is [léksis] *n.* (*pl.* **lex·es** [-si:z]) (특정 언어·작가 등의) 어휘; 용어집; 〖언어〗 어휘론

ley [lei, li: | lei] *n.* 목초지(lea)

lez, lezz [lez], **lez·zie** [lézi] *n.* 《속어·경멸》 동성애를 하는 여자

lf, l.f., LF, L.F. left field(er); 〖전기〗 low frequency

LG, L.G. Life Guards

l.h., L.H. 〖음악〗 left hand 왼손 (사용)

L.H.C. 《영》 Lord High Chancellor

Li 〖화학〗 lithium

L.I. Long Island

*__li·a·bil·i·ty__ [làiəbíləti] *n.* (*pl.* **-ties**) **1** Ⓤ **책임 있음**, 책임; 부담, 의무 《*for*》: limited[unlimited] ~ 유한[무한] 책임 / ~ *to* pay taxes 납세 의무 **2** Ⓤ (…한) 경향이 있음, (…에) 빠지기[걸리기] 쉬움 《*to*》 **3** [*pl.*] 부채, 채무 **4** 《구어》 불리한 일[사람]

‡**li·a·ble** [láiəbl] 〔L 「묶여 있는」의 뜻에서〕 *a.* Ⓟ **1 책임져야 할**, 책임 있는 《*for, to*》 **2** 〈…에〉 처해져야 할, 당해야 할, 받아야 할, 면할 수 없는 《*to*》 **3** (병 등에) 걸리기 쉬운; (의심 등의) 여지가 있는 《*to*》 **4 자칫하면 …하는**; 《미·구어》 (…할) 듯한, (…할) 것 같은

li·aise [liéiz] *vi.* 《군대속어》 (사람과) 연락하다 《*between, with*》; 연락 장교로 근무하다

*__li·ai·son__ [lì:eizɔ́:ŋ, lí:əzàn | liéizən] 〔F 「연결」의 뜻에서〕 *n.* **1** ⓊⒸ 〖군사〗 **연락**, 접촉: a ~ officer 연락 장교 **2** (남녀의) 사통(私通), 밀통 **3** 〖음성〗 연성(連聲), 연음, 리에종 《특히 프랑스어에서 앞 어미의 자음과 다음 말의 두모음(頭母音)을 잇는 발음, 또 영어에서 r음을 다음 말의 두(頭)모음과 잇는 발음》

‡**li·ar** [láiər] 〔lie[1]에서〕 *n.* **거짓말쟁이**

lib [lib] 〔*lib*eration〕 《구어》 *n.* Ⓤ, *a.* (여성) 해방 운동(의)

lib. librarian; library

Lib. Liberal; Liberia(n)

li·ba·tion [laibéiʃən] *n.* Ⓤ **1** 제주(祭酒) **2** 《익살》 술, 음주

lib·ber [líbər] *n.* 《미·구어》 여성 해방 운동가

li·bel [láibəl] *n.* **1** 중상하는 글; Ⓤ 〖법〗 문서 비방죄(文書誹謗罪) **2** 모욕[불명예]이 되는 것, 모욕 《*on*》

— *vt.* (**~ed**; **~·ing** | **~led**; **~·ling**) **1** 비방[중상]하다 **2** 《구어》 〈사람의 품격·모습 등을〉 비방[중상]하다 **—** *vi.* (…을) 중상[비방]하다 《*against, on*》

~·(l)er, ~·(l)ist *n.* 중상자, 비방자

li·bel·(l)ous [láibələs] *a.* 비방하는, 중상적인

‡**lib·er·al** [líbərəl] *a.* **1** (정치·종교상의) **자유주의의** **2** [**L~**] 자유당의 **3 관대한**, 개방적인, 편견 없는: a ~ view 편견 없는 (자유로운) 견해 **4 a 후한**, 너그러운(generous); 인색하지 않은 《*of, with, in,* etc.》: a ~ giver 아낌없이 주는 사람 **b 많은**, 풍부한: a ~ table 맛있는 것이 많은 식탁 **5** 자유로운, 자의(字義)에 구애되지 않는: a ~ translation 자유역(譯), 의역(意譯) **6** 일반 교양의

— *n.* **1** 편견 없는 사람, 자유주의자 **2** [보통 **L~**] 자유 당원

líberal árts [the ~] (대학의) 교양 과목

*__lib·er·al·ism__ [líbərəlìzm] *n.* Ⓤ **자유주의**

lib·er·al·ist [líbərəlist] *n.* 자유주의자 **—** *a.* 자유주의적인

lib·er·al·is·tic [lìbərəlístik] *a.* 자유주의적인

lib·er·al·i·ty [lìbərǽləti] *n.* (*pl.* **-ties**) **1** Ⓤ 후함, 인색하지 않음 **2** 관대함, 너그러움; 공평무사 **3** 주는 것, 기증물

lib·er·al·ize [líbərəlàiz] *vt.* **1** …의 제약을 풀다, 자유화하다; 자유주의화하다 **2** 관대하게 하다 **—** *vi.* 자유로워지다; 관대해지다; 개방적이 되다

lib·er·al·i·za·tion [-lizéiʃən | -lai-] *n.*

lib·er·al·ly [líbərəli] *ad.* **1** 자유로이; 후하게; 관대히; 개방적으로; 편견 없이 **2** (구어) 대체로, 대충 말하여

Líberal Párty [the ~] (영국의) 자유당

*__lib·er·ate__ [líbərèit] *vt.* **1 자유롭게 만들다**; 해방[석방, 방면]하다: ~ a slave 노예를 해방하다 **2** 〖화학〗 유리(遊離)시키다 《*from*》; 〖물리〗 〈힘을〉 작용시키다 **3** 《미·군대속어》 훔치다, 약탈하다

-àt·ed *a.* 해방된, 자유로운

lib·er·a·tion [lìbəréiʃən] *n.* Ⓤ **1** 해방, 석방; 해방 운동 **2** 〖화학〗 유리(遊離)

~·ist *n.*

liberátion theòlogy 해방 신학

lib·er·a·tor [líbərèitər] *n.* 해방자

Li·be·ri·a [laibíəriə] *n.* 라이베리아 《아프리카 서부의 공화국; 수도 Monrovia》

-ri·an [-riən] *a., n.* 라이베리아의 (사람)

lib·er·tine [líbərtìːn] *n.* 방탕자, 난봉꾼; 〖종교〗 자유 사상가 **—** *a.* 방탕한

lib·er·tin·ism [líbərtiːnìzm] *n.* Ⓤ 방탕, 난봉; 자유 사상

⁑**lib·er·ty** [líbərti] [L 「자유」의 뜻에서] *n.* (*pl.* **-ties**) **1** Ⓤ **자유**; 해방 **2** 임의(任意), 권리 **3 멋대로 함**, 지나친 자유 **4** [*pl.*] 《문어》 (칙허·시효로 얻은) 특권 《자치권·선거권 등》 **5** 《영·고어》 특권을 가진 구역, 자유 구역

at ~ 자유로; 마음대로 …해도 좋은《*to*》; 한가하여 ***take liberties with*** …에게 버릇없이 굴다; 〈사실을〉 왜곡하다

Líberty Bèll [the ~] 《미》 자유의 종 《1776년 7월 4일 독립 기념일에 울린》

líberty càp 자유의 모자 《자유를 상징하는 삼각 두건》

Líberty Ísland 리버티 섬 《미국 New York 만 내의 작은 섬; 자유의 여신상이 있음》

li·bid·i·nal [libídənəl] *a.* libido의

li·bid·i·nous [libídənəs] *a.* **1** 호색의 (lustful); 선정적인 **2** = LIBIDINAL

~·ly *ad.* **~·ness** *n.*

li·bi·do [libíːdou] *n.* (*pl.* **~s**) **1** 〖정신분석〗 (성욕·생활력의 근원인) 생명력, 리비도 **2** 성적 충동, 성욕

li·bra [líːbrə, lái-] [L] *n.* (*pl.* **-brae** [-briː]) **1** 중량 파운드 《略 lb., lb》: 5 *lb(s)* 5파운드 **2** [líːbrə] 통화 파운드 《略 £》: £5 5파운드 **3** [**L~**] 〖천문〗 천칭자리(the Scales); 천칭궁(天秤宮) 《12궁의 일곱 번째》

*__li·brar·i·an__ [laibrέəriən] *n.* **도서관원**, 사서(司書)

~·shìp *n.* Ⓤ 도서관원의 지위[직무]

⁑**li·brar·y** [láibrèri, -brəri | -brəri] *n.* (*pl.* **-brar·ies** [-z]) **1 도서관**, 도서실: (신문사 등의) 자료실: a traveling ~ 순회 문고[도서관] **2 장서**; (개인의) 문고; 서재 **3** 지식의 보고; 지식의 샘 **4** (레코드·필름 등의) 라이브러리 **5** 《미》 대본집 **6** (출판사의) 총서, 문고, 시리즈

the L~ of Congress 《미》 국회 도서관 《略 LC》

líbrary edìtion 도서관판(版) 《인쇄·제본 특제판》; (장정이 같은) 전집판, 총서판

líbrary scíence 《미》 도서관학

li·bret·tist [librétist] *n.* 가극의 가사 작자

li·bret·to [librétou] *n.* (*pl.* **~s, -ti** [-tiː]) 가극의 가사[대본]

Lib·y·a [líbiə] *n.* 리비아 《아프리카 북부의 공화국; 수도 Tripoli》; 《고어》 아프리카 북부의 이집트 서부 지방

Lib·y·an [líbiən] *a.* 리비아의

— *n.* 리비아 사람; 베르베르 사람; Ⓤ 베르베르 말

Líbyan Désert [the ~] 리비아 사막

lice [lais] *n.* LOUSE의 복수

⁑**li·cense, -cence** [láisəns] [L 「자유; 마음대로 할 수 있는 허가」의 뜻에서] *n.* **1** ⒸⓊ **면허**, 승낙, 허락 《*to*》: under ~ 면허[허가]를 받고 **2 면허장**, 인가서, 감찰(鑑札) **3** Ⓤ 《문어》 (행동의) 자유: have a ~ to do …할 자유가 있다 **4** ⓊⒸ (문학 등의) 파격(破格): poetic ~ 시적 파격 어법

— *vt.* 면허[인가, 허가, 특허]를 내주다; 면허장을 주다; 허용하다

li·censed [láisənst] *a.* **1** 인가[허가]된, 면허를 받은, 감찰을 받은 **2** 세상이 인정하는

li·cen·see [làisənsíː] *n.* 면허[인가] 받은 사람, 감찰을 받은 사람; 공인 주류 판매인

lícense plàte 인가 번호판; 《미》 (자동차) 번호판(《영》 number plate); 개패(牌) 《개의 목에 매어 둠》

li·cen·ti·ate [laisénʃiət] *n.* 면허장 소유자, (개업) 유자격자 《*in*》

li·cen·tious [laisénʃəs] *a.* 방탕한, 음탕한; 방자한, 방종한 **~·ly** *ad.* **~·ness** *n.*

*__li·chen__ [láikən] [동음어 liken] *n.* Ⓤ 〖식물〗 **지의(地衣)**, 이끼; 〖병리〗 태선(苔蘚) **lí·chened** *a.* 지의가 난[낀] **~·ous** *a.* 지의의, 지의가 많은

lích gàte 묘지의 대문

lic·it [lísit] *a.* 《문어》 합법의, 정당한

⁑**lick** [lik] *vt.* **1 핥다** 《*off, up, from*》; 핥아서 …하게 하다 **2** 〈파도가〉 철썩거리다, 넘실거리다, 〈불길이〉 날름거리다 **3** 《구어》 때리다, 매질하다: be well ~*ed* 호되게 얻어맞다 **4** 《영·구어》 이해 못하게 하다: It ~*s* me how he did it. 그가 어떻게 그것을 했는지 도무지 모르겠다.

— *vi.* **1** 핥듯이 움직이다, 날름거리다, 너울거리다, 살살 흔들리다 《*about*》 **2** 《구어》 서두르다 **3** 《구어》 이기다

— *n.* **1** 핥기, 한 번 핥음 **2** [a ~] 소량; (페인트 등의) 한 번 칠하기[하는 양] **3** 동물이 소금을 핥으러 가는 곳(= salt ~) **4** 《구어》 강타, 일격; 《미·구어》 한바탕의 수고 **5** 《속어》 속력, 속도

lick·e·ty-split [líkətisplít], **lick·e·ty-cut** [-kʌ́t] *ad.* 《구어》 전속력으로, 맹렬하게

lick·ing [líkiŋ] *n.* **1** ⓊⒸ (한 번) 핥기 **2** 《구어》 채찍질, 때리기; 패배: give [get] a good ~ 호되게 때리다[얻어맞다]

lick·spit·tle [líkspìtl], **-spit** [-spìt] *n.* 알랑쇠

lic·o·rice [líkəriʃ, -ris] *n.* 〖식물〗 감초; Ⓤ 말린 감초 뿌리 《약·과자 등의 원료》

:lid [lid] *n.* **1** 뚜껑 **2** 눈꺼풀(eyelid) **3** 《속어》 모자; (책의) 표지 **4** 《구어》 (경찰의) 단속, 규제, 억제 **5** 〚식물·패류〛 덮개, 딱지 ***blow*** [***lift, take***] ***the ~ off*** 《구어》 〈추문·내막 등을〉 폭로하다, …의 진실을 드러내 보이다
~·less *a.* 뚜껑[눈꺼풀]이 없는

li·do [líːdou] *n.* (*pl.* **~s**) 《영》 (특히 여객선의) 옥외 수영장; 해변 휴양지

:lie¹ [lai] *n.* **1** (고의로 속이려는) **거짓말**: tell a ~ 거짓말하다 / a white ~ 악의 없는 거짓말 **2** [보통 a ~] 속임, 사기: act *a* ~ 행동으로 남을 속이다 **3** [the ~] 거짓말에 대한 비난 **4** 그릇된 신념[관습]
give a person ***the ~*** 거짓말했다고 하여 …을 비난하다 ***live a ~*** 거짓 생활을 하다, 배신을 계속하다
— *v.* (**~d**; **ly·ing**) *vi.* **1 거짓말하다** 《*to, about*》 **2** 〈사물이〉 사람을 속이다[어리둥절하게 하다, 걷잡을 수 없게 하다]
— *vt.* 거짓말하여[속여서] 빼앗다 《*away, out of*》; 속여서 (…을) 하게 하다 《*into*》
~ in one***'s teeth*** [***throat***] 새빨간 거짓말을 하다 ***~*** one***self*** [one***'s way***] ***out of*** 거짓말을 하여 …에서 벗어나다

:lie² [lai] *vi.* (**lay** [lei]; **lain** [lein]; **ly·ing**) **1 a** 〈사람·동물이〉 **눕다,** 드러눕다, 누워 있다 《*down*》 **b** 〈송장이〉 묻혀 있다, 지하에서 잠자다 《*at, in*》; 〈물건이〉 잠자고[놓고] 있다: the money *lying* [that *~s*] *at*[*in*] the bank 은행에서 잠자고 있는 돈 **2** 〈물건이〉 가로 놓이다 **3** (…의 상태에) **있다,** (…한 상태로) 가로놓여 있다 **4 a** 〈책임 등이〉 …에 걸리다[달리다] **b** 〈일이〉 (…에) 의거하다, …에 달려 있다 《*on, upon*》 **5 존재하다,** 〈…의 관계에〉 있다 **6 a** [장소의 부사(구)를 동반하여] 《문어》 〈토지 등이〉 (…에) **위치하다** (be situated): Suwon *~s south* of Seoul. 수원은 서울의 남쪽에 있다. **b** 〈장소·인생·미래 등이〉 (…앞에) 펼쳐져 있다: Life *~s before* you. 여러분의 인생은 이제부터입니다. **c** 〈길이〉 통해 있다 《*through, by, along, among,* etc.》
as far as in one ***~s*** 내 힘이 미치는 한 ***Let it ~.*** 그대로 내버려 둬. ***~ about*** 빈둥빈둥 지내다 ***~ by*** …에 보관되어 있다; 꼼짝 않고 있다; 쓰이지 않고 있다, 치워져 있다 ***~ down*** (휴식하려고) 눕다 《*on*》; 《구어》 굴복하다, 감수하다 《*under*》 ***~ in*** …에 있다; …에 모이다; …에 달리다; 《영》 평소보다 늦게까지 누워 있다; 《드물게》 산욕기(産褥期)에 있다 ***~ off*** 〚항해〛 〈육지 또는 다른 배로부터〉 좀 떨어져 있다; 잠시 일을 쉬다, 휴식하다 ***~ over*** 연기되다; (기일이 지나도) 〈어음 등이〉 지불되지 않고 있다 ***~ to*** 〚항해〛 정선(停船)하고 있다, 접근하다; …에 전력을 쏟다: ~ *to* the oars 죽을 힘을 다해서 노를 젓다 ***~ up*** 은퇴하다, 틀어박히다; 〈병으로〉 드러눕다; 〈배가〉 선창에 들어가다, 선거(船渠)에 매여 있다 ***~ with*** …의 역할[의무, 죄]이다
— *n.* **1** 방향, 위치; 상태, 형세: the ~ of the land 지세; 형세, 사태 **2** 〚골프〛 (공의) 위치 **3** (동물의) 서식지, 보금자리, 굴

Liech·ten·stein [líktənstàin] *n.* 리히텐슈타인 《오스트리아와 스위스 사이에 있는 공국(公國); 수도 Vaduz》

lied [liːd] [G = song] *n.* (*pl.* **lie·der** [líːdər]) 〚음악〛 리트, 가곡

líe detèctor 《구어》 거짓말 탐지기

lie-down [láidàun] *n.* 《구어》 드러눕기, 선잠; 드러눕기 데모[파업]

lief [liːf] *ad.* 《고어·문어》 기뻐서, 기꺼이 [보통 다음 성구로] ***would*** [***had***] ***as ~ … as*** = ***would*** [***had***] ***~er … than …*** …하느니 차라리 …하는 편이 낫다: I *would as* ~ go there *as* anywhere else. 어디 딴 곳에 가느니 차라리 그 곳으로 가는 편이 좋다.

liege [liːdʒ] *n.* **1** 군주, 왕후: My ~! 《호칭》 우리 임금님이시여! **2** [보통 the ~s] 가신(家臣): His Majesty's *~s* 폐하의 신하
— *a.* Ⓐ **1** 군주인, 지존(至尊)의: a ~ lord 영주 **2** 신하로서의, 신종(臣從)하는: ~ homage 신하로서의 충성

lie-in [láiìn] *n.* **1** 《구어》 드러눕기 데모 **2** 《영·구어》 늦잠, 아침잠

lien [liːn | liən] [동음어 lean] *n.* 〚법〛 선취 특권(先取特權), 유치권 《*on*》

lieu [luː | ljuː] *n.* Ⓤ 장소(place) [다음 성구로]
in ~ of …의 대신에(instead of)

Lieut. (**Col.**) lieutenant (colonel)

***lieu·ten·ant** [luːténənt | 〚육군〛 leftén-, 〚해군〛 lətén-] *n.* 《略 Lieut., 복합어의 경우는 Lt.》 **1 상관 대리,** 부관 **2 a** 〚미육군·공군·해병대〛 **중위,** 소위(second ~) **b** 〚미·영국해군〛 **대위**: a sub*lieutenant* 해군 중위 **3** 《미》 (경찰·소방서의) 부서장

lieuténant cólonel 〚육군·공군·해병대〛 중령

lieuténant commánder 〚해군〛 소령

lieuténant géneral 〚육군·공군·해병대〛 중장

lieuténant góvernor 《영》 (식민지의) 부총독, 총독 대리; 《미》 (주의) 부지사

lieuténant júnior gráde 〚미해군〛 중위

:life [laif] *n.* (*pl.* **lives** [laivz]) **1 a** Ⓤ 《일반적으로》 **생명**: the origin of ~ 생명의 기원 **b** (개인의) **목숨**; ⒸⓊ 수명: a long ~ 장수 / a matter [case] of ~ and death 사활 문제, 생사에 관한 문제 / take one's own ~ 자살하다 **c** (생명 있는) **사람** **d** Ⓤ [집합적] **생물,** 생명체: animal[vegetable] ~ 동[식]물 **2** 세상 사람, 이 세상; Ⓤ **인생**: Such is [That's] ~. 인생이란 그런 것이다, 어쩔 도리가 없다. **3** [one's ~] (사람의) **일생,** 생애 **4** (기계·도로 등 무생물들의) 수명: a machine's ~ 기계의 수명 **5 a** ⒸⓊ **생활** (상태): married[single] ~ 결혼[독신] 생활 **b** Ⓤ [보통 one's ~] 생활비: earn[make] *one's* ~ 생활비를 벌다 **6 전기**(傳記), 언행록 **7** Ⓤ **원기,** 정력, 활기, 생기; [the ~] 《구어》 활기[생기]를 주는 것, 중심[인기 있는] 인물 《*of*》: full of ~ 원기 왕성한; 〈거리 등이〉 번화하여

L

8 《속어》 종신형 9 Ⓤ **실물**, 산모습, 실물 크기(의 모양): taken from (the) ~ 실물을 그대로 사생한 / paint to the ~ 실물 그대로[생생하게] (그리다) / true to ~ 박진하여; 현실 그대로
all** one's ~ (**through**) = **through** ~* 평생토록 ***bring ... to** ~* …을 소생시키다 ***come to** ~* 소생하다; 활기를 띠다 ***for** ~* 종신(終身)의, 무기의 ***for** one's ~* = ***for dear**[**very**] ~* 목숨을 걸고, 죽을 힘을 다해서, 가까스로 ***for the** ~ **of** one* [보통 부정구문] 《구어》 아무리 해도 (…않다): I *can't for the ~ of* me understand it. 나로서는 아무리 해도 그것을 알 수가 없다. ***nothing in** ~* 전무(全無) ***take** one's ~ **in** one's **hands (위험을 알면서) 목숨을 걸고 하다 ***this** ~* 이승, 현세 ***upon**['**pon**] **my** ~* 목숨을 걸고, 맹세코; 아이 깜짝이야, 이것 놀랐는걸 ***What a ~!*** 멋지다!, 아이고 맙소사!《슬픔·행복의 표현》
— *a.* Ⓐ **1** 평생[일생]의, 종신의 **2** 생명의; 생명 보험의 **3** 긴급 구조를 위한 〈재정 조치〉

life-and-death [láifəndéθ] *a.* Ⓐ 생사에 관계되는, 지극히 중요한

life bèlt 안전 벨트; 《영》 구명 기구

life·blood [láifblʌ̀d] *n.* **1** 생혈(生血) **2** 원기[활력]의 근원 **3** 입술[눈까풀]의 경련

***life·boat** [-bòut] *n.* **구명 보트**, 구조선

life bùoy 구명 부표(浮標)[부륜(浮輪)]

life cỳcle 〖생물〗 생활환(環), 생활사(史)

life expèctancy 평균 여명

life-giv·ing [-gìviŋ] *a.* 생명[생기]을 주는; 활기 띠게 하는

life·guard [-gɑ̀ːrd] *n.* **1** 《미》 수영장의 감시[구조]원(《영》 lifesaver) **2** 경호원, 호위병

Life Guàrds [the ~] 《영》 근위 기병 연대

life hístory 〖생물〗 생활사

life jàcket 구명(救命) 재킷

***life·less** [láiflis] *a.* **1 생명 없는**; 죽은; 기절한 **2** 생물이 살지 않는 **3 활기 없는**, 맥빠진(dull) ***fall** ~* 까무러치다, 기절하다 **~·ly** *ad.* **~·ness** *n.*

life·like [láiflàik] *a.* 살아 있는 것 같은; 바로 그대로의, 실물 그대로 그린

life·line [láiflàin] *n.* **1** 구명 밧줄; (잠수부·우주 유영자의) 생명줄 **2** 보급로, 생명선 《중요한 항로·수송로 등》 **3** (손금의) 생명선

life·long [láiflɔ̀ːŋ | -lɔ̀ŋ] *a.* Ⓐ 일생의, 필생의: a ~ study 평생의 연구

life màsk 라이프 마스크 《석고로 본떠서 만든 산 사람의 얼굴》

life nèt (소방용의) 구명망

life pèer 《영》 일대(一代) 귀족 《세습이 아닌》

life preserver 《미》 구명 기구; 《영》 (끝에 납 등을 박은) 호신용 단장

lif·er [láifər] *n.* **1** 《속어》 무기 징역수; 종신형의 선고 **2** 《미·경멸》 직업 군인

life ràft 구명 뗏목

life·sav·er [-sèivər] *n.* **1** 인명 구조자 **2 a** 《미·구어》 수난[해난] 구조 대원 **b** 《영》 = LIFEGUARD 1 **3** 《구어》 곤경에서 구해 주는 사람[것], 구원자

life·sav·ing [-sèiviŋ] *a.* Ⓐ 구명(救命)의; 《미》 수난[해난] 구조의
— *n.* Ⓤ 수난[인명] 구조(법)

life scíence 생명 과학 《생물학·생화학·의학·심리학 등》

life séntence 종신형, 무기 징역

life-size(d) [-sáiz(d)] *a.* 실물 크기의, 등신대의

life spàn 수명 《생물체의》

life·style [-stàil] *n.* (개성적) 생활 양식

life-sup·port [-səpɔ̀ːrt] *a.* 생명 유지 장치의, 생명 유지를 위한

life-support sỳstem 생명 유지 장치

⁑**life·time** [láiftàim] *n.* **일생**, 생애; **수명**
— *a.* Ⓐ 일생의: ~ employment 종신 고용

life vèst 《영》 = LIFE JACKET

life·work [-wə́ːrk] *n.* 필생의 사업

⁑**lift** [lift] [ON 「하늘」의 뜻에서] *vt.* **1 올리다, 들어올리다**; 〈값 등을〉 올리다 《*up, off, out*》 **2** 〈눈·얼굴 등을〉 들다 (raise), 위를 향하게 하다 《*up, from*》 **3** 《구어》 **a** 〈세금 등을〉 철폐하다 **b** 〈봉쇄 등을〉 풀다 **c** 〈천막을〉 걷다 **4** 《구어》 〈기·돛 등을〉 달다, 올리다 **5** 《문어》 **a 향상시키다**, 고상하게 하다 **b** [~ one*self* 로] 입신하다, 향상하다 **6** 《문어》 〈목소리를〉 높이다, 소리 지르다 《*up*》 **7** 《구어》 훔치다, 〈남의 문장을〉 표절하다 **8** 공중 수송하다 **9** 〈농작물을〉 캐내다; 〈모종을〉 뽑아내다 **10** 〈크리켓·골프 공을〉 쳐 올리다 **11** 《미》 성형 수술에 의하여 〈얼굴의〉 주름살을 없애다[펴다] *~ one's **hand*** 맹세하다, 선서하다 *~ (**up**) **a finger*** 《속어》 노력하다(make an effort); 원조하다(assist)
— *vi.* **1** [보통 부정문에서] **올라가다**, 들리다, 열리다 **2** 〈구름·안개·비 등이〉 개다, 걷히다, 〈기분이〉 고조되다; 〈표정이〉 밝아지다 **3** 〈마루·깔개 등이〉 휘어[부풀어] 오르다 **4** 〈비행기·우주선 등이〉 이륙하다; 발진하다 《*off*》 **5** 〈배가〉 파도를 타다
— *n.* **1 a 올림, 들어올림 b** 승진, 출세 (rise) 《*in*》; (물가의) 상승 《*in*》 **2 a** 들어 올린 거리, 상승 거리 《*of*》 **b** (한번에 들어 올리는[올라가는]) 중량(의 물건), 짐 **3** [보통 a ~] (걸어가는 사람을) **차에 태워 줌**; 도움, 거들기 **4** [a ~] (정신의) 앙양, (감정의) 고조; 《미·구어》 원기를 돋움 **5** 《영》 **승강기**, 엘리베이터 **6** 토지의 융기

lift·boy [líftbɔ̀i] *n.* 《영》 엘리베이터 보이

lift·er [líftər] *n.* 들어올리는 것[사람]; 《속어》 들치기, 좀도둑

lift·man [líftmæ̀n] *n.* (*pl.* **-men** [-mèn]) 《영》 엘리베이터 운전사

lift·off [-ɔ̀ːf | -ɔ̀f] *n.* 〖항공〗 (로켓 등의) 수직 이륙, 발진(發進), 발사 (순간) (cf. TAKEOFF)

lift pùmp 빨펌프

lig·a·ment [lígəmənt] *n.* **1** 〖해부〗 인대(靭帶) **2** 유대; 단결력

lig·a·ture [lígətʃùər, -tʃər] *n.* **1** Ⓤ 동여[묶어]맴 **2** 끈, 띠; 연줄(bond);

〖외과〗 봉합사 **3**〖음악〗 연결선
— *vt.* 묶다, 동이다, 매다

*****light**[1] [lait] *n.* **1** Ⓤ **빛** **2**〖물리〗 광선; 밝음 **3 a 발광체**, 광원; [집합적] 등불, 등화 **b** Ⓤ 광명, 광휘, 빛남; 밝은 곳 **4** Ⓤ **일광**; 대낮, 새벽 **5** (발화를 돕는) **불꽃**, 화염; 담뱃불; 성냥: a box of ~*s* 성냥 한 갑 **6 a** 신호등; (컴퓨터 등의) 표시등 **b** 등대; 봉화 **7** [보통 a ~, the ~] 《문어》 관점, 견해 **8** Ⓤ 밝힘, 명백, 노출, 탄로 **9** 지도적인 인물, 대가, 권위자: shining ~*s* 대가들 **10** Ⓤ〖미술〗 밝은 부분 **11** [*pl.*] 정신적 능력, 재능; [*pl.*] 《문어》 지식, 식견; Ⓤ 지성, 명지(明知) **12** (채광용) 창문, 채광창 **13** Ⓤ〖법〗 일조권, 채광권 **14** Ⓤ 시신경의 지각; 《고어》 시력; [*pl.*] 《미·구어》 눈(eyes)
according to** one's* **~s** 각자의 지식에 따라서, 자기 나름대로 ***bring to ~ 폭로하다 ***by the ~ of nature*** 직감으로, 자연히 ***come to ~*** 《구어》 나타나다, 드러나다 ***in*** (***the***) ***~ of*** 《문어》 …로서(as); …의 견지에서; …에 비추어서, …로 미루어 보아 ***see the ~*** (***of day***) 《구어》 (1) 태어나다; 세상에 나오다 (2) 이해하다: Now I *see the* ~. 이제 납득이 갑니다. (3) (종교적으로) 깨닫다; 개종(改宗)하다 ***stand in*** a person***'s ~*** …의 앞에서 빛을 가로막다; …의 출세[행복]를 방해하다 ***strike a ~*** (성냥 등으로) 그어서 불을 켜다 ***the ~ of*** one***'s eyes*** 썩 마음에 드는 것, 가장 사랑하는 사람 ***throw***[***shed***] ***~ on***[***upon***] …의 해명에 도움을 주다, …을 해명하다, …에 광명을 던지다
— *a.* (opp. *dark*) **1 밝은**(bright) **2** 〈색이〉 **연한**, 엷은: ~ brown 연한 갈색, 담갈색 — *v.* (**~·ed, lit** [lit]) *vt.* **1 a 불을 붙이다**, 점화하다, 켜다 《*up*》 **b** 〈불을〉 지피다, 때다(kindle) **2** 등불을 켜다, 비추다 《*up*》 **3** 밝게 하다; 활기 띠게 하다 《*up*》 **4** 등불을 켜서 〈사람을〉 안내하다 《*to*》 — *vi.* **1** (등)**불이 붙다**, 켜지다 《*up*》: The street *lit up.* 거리에 불이 켜졌다. **2** 밝아지다, 빛나다, 비치다 **3** 〈얼굴·눈이〉 빛나다, 명랑해지다 《*up*》: His eyes *lit up* with joy. 그의 눈은 기쁨으로 빛났다. **4** 불붙다, 불타다; (담배·파이프에) 불을 붙이다 《*up*》

***light**[2] *a.* **1** 가벼운(opp. *heavy*) **2** 〈강도가〉 약한; 〈작업 등이〉 **쉬운**, 수월한: ~ work 수월한 작업 **3** 〈세금·비용 등이〉 가벼운; 〈벌 등이〉 심하지 않은, 관대한; 경미한, 사소한: a ~ offense 경범죄 **4** 〈문학·음악 등이〉 힘들지 않은, 오락적인: a ~ novel 가벼운 소설, 오락 소설 **5** 소화(消化)가 잘 되는; 양이 적은: a ~ meal 가벼운 식사 **6** 〈건물·몸매 등이〉 우아한, 날씬한 **7** 〈동작이〉 **경쾌한**, 홀가분한: with ~ footsteps 가벼운 걸음으로 **8** 경솔한, 차분하지 않은 **9** 〈수송 기관이〉 짐이 가벼운, 적재량이 적은
make ~ of …을 얕보다, …을 경시하다
with a ~ heart 쾌활하게; 경솔하게
— *ad.* 가볍게; 경장(輕裝)으로; 〈잠이〉 깨기 쉽게; 수월하게; 쉽사리, 간단히

light[3] *v.* (**~·ed, lit** [lit]) *vi.* **1** (말·차 등에서) 내리다 《*from*》 **2** (장소 위에) 머물다; 착륙하다 《*on, upon*》 **3** 우연히 만나다, 우연히 보다 《*on*》; 〈싼 물건·단서 등을〉 우연히 얻게 되다 《*on*》 **4** 〈불행 등이〉 닥치다 《*on, upon*》

líght áir 〖기상〗 실바람

líght áirplane[**áircraft**] 경비행기

líght ále 라이트 에일 《영국제 병맥주》

líght bréeze 〖기상〗 남실바람 《시속 4-7마일》

líght bùlb 백열 전구

***light·en**[1] [láitn] *vt.* **1 밝게 하다**, 비추다; 점화하다 **2** 명백히 하다, 밝히다 **3** …의 빛깔을 엷게 하다 **4** 〈얼굴을〉 밝게[환하게] 하다, 〈눈을〉 빛나게 하다
— *vi.* **1** 밝아지다, 빛나다, 비치다; 개다 **2** [it를 주어로] 번갯불이 번쩍이다

***lighten**[2] *vt.* **1 가볍게 하다**; 완화하다, 경감하다, 부드럽게 하다 **2** 기운나게 하다, 기쁘게[즐겁게] 하다 — *vi.* 〈배·마음 등이〉 가벼워지다; 쾌활한 기분이 되다

***light·er**[1] [láitər] [light[1]에서] *n.* **1 불을 붙이는 사람**[**것**] **2** 점등[점화]기, **라이터**; 불쏘시개

lighter[2] *n., vt.* 〖항해〗 거룻배(로 운반하다)

light·er·age [láitəridʒ] *n.* Ⓤ 거룻배 삯; 거룻배 운반; [집합적] 거룻배

light·er-than-air [-ðənέər] *a.* 〖항공〗 공기보다 가벼운; 비행선[기구]의

light·face [láitfèis] *n.* Ⓤ 〖인쇄〗 획이 가는 활자(opp. *boldface*)

líght·fàced [-t] *a.*

light-fin·gered [-fíŋgərd] *a.* 손재주가 있는; 손버릇이 나쁜: a ~ gentleman 소매치기

light-foot·ed [-fútid] *a.* 발걸음이 가벼운, 걸음이 빠른; 민첩한(nimble)
~·ly *ad.* **~·ness** *n.*

light-hand·ed [-hǽndid] *a.* **1** 일손이 부족한(short-handed) **2** 빈 손의 **3** 손재주가 있는, 솜씨 좋은 **~·ness** *n.*

light·head·ed [-hédid] *a.* 머리가 어찔어찔한; 변덕스러운; 경솔한, 생각이 모자라는 **~·ly** *ad.* **~·ness** *n.*

light·heart·ed [-hɑ́ːrtid] *a.* 근심 걱정 없는, 마음 편한; 쾌활한, 명랑한(cheerful)

light-horse·man [-hɔ̀ːrsmən] *n.* (*pl.* **-men** [-mən]) 경기병

***light·house** [láithàus] *n.* (*pl.* **-hous·es** [-hàuziz]) 등대

líghthouse kèeper 등대지기

líght índustry 경공업(opp. *heavy industry*)

***light·ing** [láitiŋ] *n.* Ⓤ **1 조명**(법); 조명 장치; [집합적] 무대 조명: ~ fixtures 조명 기구 **2** 점화; 점등 **3** (사진·그림 등에서) 빛의 배치, 명암

líght·ing-up tìme [láitiŋʌ̀p-] 《영》 점등 시각[시간], (자동차의) 법정 점등 시각

***light·ly** [láitli] *ad.* **1 가볍게**, 사뿐히, 조용히; **부드럽게**, 온화하게 **2 약간 3 민첩하게**, 재빠르게 **4 경솔히**, 신중하지 않게 **5** 무관심하게; 얕보고, 소홀히 **6** 명랑하게, 경쾌하게; 예사로 **7** [종종 부정문에서] 함부로, 쉽게 **8** 노력 없이, 수월하게

líght mèter 노출계(exposure meter); 광도계

light-mind·ed [láitmáindid] *a.* 경솔[경박]한, 무책임한 **~·ly** *ad.* **~·ness** *n.*

light·ness[1] [láitnis] *n.* Ⓤ 밝음; 밝기; (빛깔의) 엷음, 연함

lightness[2] *n.* Ⓤ **1** 가벼움 **2** 민첩, 날램 **3** 수완 좋음 **4** 경솔, 경거(輕擧); 행실이 나쁨 **5** 부드러움; 온화

‡**light·ning** [láitniŋ] *n.* Ⓤ **1** 번개, 번갯불, 전광: The ~ has struck a house. 집에 벼락이 떨어졌다. **2** 《속어》 질이 나쁜 위스키 **3** 뜻밖의 행운 ***like*** (***greased*** [***a streak of***]) **~** 번개같이

— *a.* Ⓐ 번개의[같은]; 매우 빠른: at[with] ~ speed 전광석화로, 번개같이

líghtning arrèster (전기 기구에 부착시키는) 피뢰기(器)(arrester)

líghtning bùg[**bèetle**] 《미》 반딧불이

líghtning ròd **1** 《미》 피뢰침 **2** 비판[공격]을 대신 받는 사람

light-o'-love [láitəlʌ́v] *n.* 바람난 여자; 매춘부; 애인

líght pèn 〖컴퓨터〗 라이트펜《스크린 상에 문자나 도형을 수정하거나 이동시킬 수 있는 펜 모양의 수동(手動) 입력 장치》

líght pollùtion 광해(光害)《천체 관측 등에 지장을 주는 도시 인공광》

light·proof [-prú:f] *a.* 광선이 안 통하는

lights [laits] [다른 내장보다 가벼운 데서] *n. pl.* 가축의 허파《특히 개·고양이 등의 먹이》

light·ship [-ʃip] *n.* 〖항해〗 등대선(船)

líght shòw 다채로운 빛에 의한 전위 예술 표현[환상적인 연출]

light·some[1] [láitsəm] [light[2]에서] *a.* 《고어·시어》 **1** 경쾌한, 민첩한; 부드러운, 고상한, 우아한 **2** 쾌활한, 즐거운 **3** 경박한 **~·ly** *ad.* **~·ness** *n.*

lightsome[2] [light[1]에서] *a.* 빛나는(luminous); 밝게 조명된, 밝은

líghts óut 〖군사〗 소등(消燈) 신호[나팔]; 소등 시간; 정전

light·weight [-wèit] *n.* **1** 표준 중량 이하의 사람[동물] **2** 라이트급 선수 **3** 《미·구어》 쓸모없는[시시한] 사람 — *a.* **1** 경량의; 라이트급의 **2** 《미·구어》 진지하지 못한; 시시한, 별것 아닌

light-year [-jìər] *n.* 〖천문〗 광년(光年)

lig·ne·ous [lígniəs] *a.* 〖식물〗 〈풀이〉 나무같이 생긴; 목질(木質)의(woody)(cf. HERBACEOUS)

lig·ni·fy [lígnəfài] *vt., vi.* (**-fied**) 〖식물〗 목(질)화하다

lig·nite [lígnait] *n.* Ⓤ 갈탄(brown coal), 아탄(亞炭)

lik·a·ble, like- [láikəbl] *a.* 호감이 가는, 마음에 드는

‡**like**[1] [laik] *a.* (**more ~, most ~**; 《드물게·시어》 **lik·er, -est**) **1** Ⓐ 같은, 비슷한, 유사한(similar); 동일한(equal): a ~ sum 동액(同額) **2** Ⓟ 닮은; Ⓐ (…와) 같은: What is he ~? 그는 어떤 사람인가?

— *ad.* **1** 《구어》 약, 거의 **2** [~ enough의 형태로] 《구어》 아마, 십중팔구(probably) **3** …처럼, …와 같이 (***as***) ***~ as not*** 《속어》 아마도, 십중팔구

— *prep.* **1** …와 같이, …처럼: swim ~ a fish 물고기처럼 헤엄치다 **2** 〈모양·외관 등이〉 마치 …같이 **3** …의 특징을 나타내는, …다운 **4 a** …할 것 같은: It looks ~ rain(ing). 비가 올 것 같다. **b** …하고 싶은: I feel ~ *going* out for a walk. 산책이나 하고 싶다. ***~ anything***[***crazy, mad, the devil***] 《구어》 맹렬히, 몹시, 아주 ***~ that*** (1) 그렇게 (2) 문제없이, 쉽게 ***something ~*** (1) 약간 …비슷한; 거의, 약 (2) [like에 악센트를 두어] 《구어》 훌륭한 것 ***That's more ~ it.*** 《구어》 그 쪽이 더 낫다.

— *conj.* **1** 《구어》 …(하)듯이, 같이(as) **2** 《미·구어》 마치, 흡사(as if): It looks ~ he means to go. 그는 가려나 봐.

— *n.* **1** [the ~, one's ~] 비슷한 사람[것]; 같은 사람[것]; 동류《*of*》: Did you ever hear *the* ~ *of* it? 당신은 그런 것을 들어 본 일이 있어요? **2** [보통 one's ~] 같은 부류[유형]의 사람[것]

and the ~ 기타 같은 종류의 것 《etc. 보다 형식적인 표현》 ***or the ~*** 또는 그런 종류의 다른 것; … 등등

‡**like**[2] [laik] *vt.* **1** 좋아하다 **2** 바라다, 원하다 **3** 〈음식이〉 건강에 좋다(suit), 체질에 맞다 ***would***[***should***] ***~ ...*** (1) …을 원하다 (2) …하고 싶다; 〈사람·물건에〉 …시키고 싶다

— *vi.* 마음에 들다, 마음이 내키다

as you ~ 마음대로, 좋을 대로 ***How do you ~ ...?*** (1) …을 좋아하세요, 어떻습니까: *How do you* ~ my new dress? 내 새 옷이 마음에 드십니까? (2) …을 어떻게 할까요: *How do you* ~ your tea? 차를 어떻게 해드릴까요? — I ~ my tea iced. 얼음을 넣어 주세요. (3) [예기치 않은 결과에 놀람을 나타내어] 《구어》 깜짝이야, 저런: (Well,) *how do you* ~ that! 아이구, 깜짝이야! ***if you ~*** 좋으시다면; 그렇게 말하고 싶다면: You will come, *if you* ~. 괜찮으시다면 오세요. ***~ it or not*** 좋아하든 좋아하지 않든 간에

— *n.* [보통 *pl.*] 좋아하는 것, 기호(likings)

-like [laik] *suf.* [명사에 자유롭게 붙여서 형용사를 만듦] 「…같은, …다운」의 뜻: gold*like*, woman*like*

like·a·ble [láikəbl] *a.* = LIKABLE

***like·li·hood**[láiklihùd], **-li·ness**[-linis] *n.* Ⓤ 있음 직함, 가능성(probability): in all ~ 아마, 십중팔구

‡**like·ly** [láikli] *a.* (**-li·er**; **-li·est**) **1** …할 것 같은 **2** 있음 직한, …함 직한(probable); 정말 같은 **3** 적당한(suitable), 알맞은《*for*》 **4** 가망 있는, 유망한(promising): a ~ young man 유망한 청년 — *ad.* [종종 very, most 뒤에서] 아마(probaly)

(***as***) ***~ as not*** 어쩌면 …일지도 모른다, 아마

like-mind·ed [láikmáindid] *a.* 같은 생각[의견, 취미]의 **~·ly** *ad.* **~·ness** *n.*

lik·en [láikən] *vt.* (…에) 비유하다, 비기다 《*to*》
‡like·ness [láiknis] *n.* **1** Ⓤ **비슷함, 닮음,** 유사 《*between, to*》; Ⓒ 닮은 것, 유사점 **2** 초상(肖像), 화상, 사진; **흡사한 사람[물건]**: a good[bad, flattering] ~ 꼭 닮은[닮지 않은, 실물보다 잘 된] 사진[초상] / a living ~ 판에 박은 듯 닮은 것 **3** Ⓤ 외관, **탈,** 가장
‡like·wise [láikwàiz] *ad.* **1 같이,** 마찬가지로 **2** 또, 역시(also), 그리고, 게다가 **3** [동의를 나타내어] 《구어》 (나도) 마찬가지[동감]이다
∗lik·ing [láikiŋ] *n.* ⓊⒸ **1 좋아함,** 애호 《*for, to*》 **2** 취미(taste)
have a ~ for …을 좋아하다, …에 취미를 갖다 ***take a ~ for[to]*** …이 마음에 들다
∗li·lac [láilək] *n.* 〖식물〗 **라일락,** 자정향(紫丁香); Ⓤ 엷은 자색
— *a.* 엷은 자색의
Lil·li·put [lílipʌ̀t, -pət] *n.* 난쟁이 나라 《Swift 작 *Gulliver's Travels*에 나오는 상상의 나라》
Lil·li·pu·tian [lìlipjúːʃən | -ʃiən] *a.* 난쟁이 나라의 — *n.* Lilliput 사람; 난쟁이
Li·lo [láilou] *n.* (*pl.* **~s**) 《영》 라일로 《플라스틱[고무]제의 에어매트리스; 상표명》
lilt [lilt] *n.* 즐겁고 쾌활한 곡조[리듬, 가락]; 경쾌한 동작 — *vi.* 즐겁게[쾌활하게] 노래하다[지껄이다]; 경쾌하게 움직이다
— *vt.* 〈노래를〉 경쾌한 리듬으로 부르다
lilt·ing [líltiŋ] *a.* Ⓐ 〈노래·목소리 등이〉 경쾌한 (리듬의), 즐겁고 신나는 **~·ly** *ad.*
‡lil·y [líli] *n.* (*pl.* **lil·ies**) **1** 〖식물〗 **나리, 백합; 백합꽃 2** 순결한 사람; 순백한 것 **3** [종종 *pl.*] 나리 무늬 《프랑스 왕가의》
— *a.* Ⓐ **1** 나리의 **2** 나리꽃 같은; 순백한, 청순한
Lil·y [líli] *n.* 여자 이름
lil·y-liv·ered [lílilívərd] *a.* 겁 많은
lil·y-white [-*h*wáit] *a.* **1** 나리같이 흰 **2** 결점 없는, 순진한, 순수한
Li·ma [líːmə] *n.* 리마 《페루의 수도》
lí·ma bèan [láimə-] 〖식물〗 리마콩
‡limb¹ [lim] *n.* **1 사지**(四肢), **팔다리,** 날개(wing) **2** 큰 가지(bough) **3** 돌출부, 뻗어 나온 부분 **4** 일부, 일원 **5** (문장의) 구(句), 절(節)(clause) **6** 《구어》 앞잡이, 부하; 장난꾸러기 ***sound in wind and ~*** 더할 나위 없이 건강한
— *vt.* …의 **팔다리를 자르다**; …의 가지를 치다
~·less *a.* 팔다리[날개, 가지]가 없는
limb² *n.* 〖천문〗 가장자리, 둘레 《해·달의》; 눈금 있는 언저리, 분도권(分度圈) 《사분의(四分儀) 등의》; 〖식물〗 엽편(葉片)
limbed [limd] *a.* [보통 복합어를 이루어] …한 다리[가지]가 있는: crooked-~ 가지가 굽은
lim·ber¹ [límbər] *a.* **1** 〈근육 등이〉 나긋나긋한, 유연한 **2** 경쾌한 — *vt.* 유연하게 하다 《*up*》 — *vi.* 몸을 유연하게 하다, 준비 운동을 하다 《*up*》
limber² *n.* **1** 〖군사〗 (대포의) 앞차 **2** [보통 *pl.*] 〖항해〗 뱃바닥의 오수로(汚水路)
— *vt., vi.* 〈포가(砲架)에〉 앞차를 매달다; 포와 앞차를 연결시키다 《*up*》
lim·bic [límbik] *a.* 〖해부〗 (대뇌) 변연계(邊緣系)의: *L*~ system (대뇌) 변연계
lim·bo¹ [límbou] *n.* (*pl.* **~s**) **1** Ⓤ [종종 **L~**] 〖가톨릭〗 지옥의 변방 《지옥과 천국 사이에 있으며 그리스도교를 믿을 기회가 없었던 착한 사람 또는 세례를 받지 않은 어린이·이교도·백치의 영혼이 사는 곳》 **2** ⓊⒸ 유치장, 교도소 **3** 망각(oblivion)의 구렁[장소]
limbo² *n.* (*pl.* **~s**) 림보 《서인도 제도의 춤》
‡lime¹ [laim] *n.* Ⓤ **1 석회**(石灰): caustic[burnt] ~ 생석회 **2** 새 잡는 끈끈이(birdlime) — *vt.* **1** 석회를 뿌리다, 석회로 소독하다; 석회수에 담그다 **2** 새 잡는 끈끈이를 칠하다; 끈끈이로 잡다; 덫에 걸리게 하다
lime² *n.* **1** 〖식물〗 라임 《감귤 무리의 관목》; 그 열매 《라임 주스의 원료》 **2** = LIME JUICE
lime·ade [làiméid] *n.* Ⓤ 《미》 라임에이드 《라임 과즙에 설탕·물 등을 혼합한 음료》
líme jùice 라임 주스 《라임 과즙》
lime-juic·er [láimdʒùːsər] *n.* **1** 《호주》 새로 온 영국인 **2** 《미·속어》 영국 수병, 영국배; 영국인
lime·kiln [-kìln] *n.* 석회 가마
lime·light [-làit] *n.* **1** Ⓤ 석회광(石灰光); 회백등(灰白燈) 《무대 조명용》 **2** [the ~] 《비유》 각광[주목]의 대상: in *the* ~ 각광을 받고, 눈에 띄게, 남의 주목을 끌고
lim·er·ick [límərik] *n.* 리머릭 《예전에 아일랜드에서 유행된 5행 희시(戱詩)》
∗lime·stone [láimstòun] *n.* Ⓤ **석회암**
lime·wa·ter [-wɔ̀ːtər] *n.* Ⓤ 석회수(石灰水)
lim·ey [láimi] [원래 영국 수병에게 괴혈병 예방을 위해 라임 주스를 준 데서] *n.* 《미·속어》 = LIME-JUICER 2
‡lim·it [límit] [L 「경계」의 뜻에서] *n.* **1 한계(선),** 극한; 제한: the upper[lower] ~ 상한[하한] / out of all ~*s* 무제한으로, 터무니없이 / without ~ 한없이, 제한 없이 **2** [종종 *pl.*] 《미》 경계; 범위, 구역 **3** 〖수학〗 극한(치) **4** [the ~] 《속어》 (참을 수 있는) 한도: That's[He's] *the* ~. 이건[저 녀석은] 참을 수 없는데. **5** (노름판에 거는) 최대액 **6** 〖상업〗 지정 가격 ***off[on] ~s*** 《미》 출입 금지[자유](의) ***to the utmost ~*** 극한까지 ***within ~s*** 적당하게
— *vt.* **한정하다**; 제한하다(restrict), …에 한계를 두다
‡lim·i·ta·tion [lìmətéiʃən] *n.* **1** ⓊⒸ **한정,** 제한; 극한; Ⓒ 제한하는 것: armament ~*s* 군축 **2** 한도, 한계: know one's ~*s* 자기의 한계를 알다 **3** 〖법〗 출소 기한(出訴期限) 《*of*》
‡lim·it·ed [límitid] *a.* **1 한정된,** 유한한(restricted); 얼마 안 되는, 좁은 **2** (법률과 헌법에 의해) 제한을 받는 **3** 《미》 승객을 제한한 《특별 열차》 **4** 〈회사가〉 유한 책임의 《略 Ltd.》 — *n.* 《미》 특별 열차[버스] **~·ly** *ad.*

lim·it·ing [límitiŋ] *a.* 제한하는: a ~ adjective 〖문법〗 제한적 형용사 《명사를 한정하는 구실뿐인 this, some, certain 등》

lim·it·less [límitlis] *a.* 무한한; 무기한의; 망막한 **~·ly** *ad.*

lim·nol·o·gy [limnɑ́lədʒi | -nɔ́l-] *n.* Ⓤ 육수학(陸水學); 호소학(湖沼學)

lim·o [límou] *n.* (*pl.* **~s**) = LIMOUSINE

li·mo·nite [láimənàit] *n.* Ⓤ 〖광물〗 갈철광(褐鐵鑛)

lim·ou·sine [líməzìːn, ⌐-∠] *n.* 리무진 《운전대와 객석 사이를 (열리는) 유리로 막은 자동차》; 여객 수송용 공항 버스; 5인승 고급 택시; (전속 운전사가 있는) 대형 고급 승용차

‡**limp**[1] [limp] *vi.* **1 절뚝거리다**; 〈배가〉 느릿느릿 가다 **2** 〈작업·경기 등이〉 진척이 안 되다 **3** 〈시가(詩歌)의〉 음률[억양]이 흐트러지다 **—** *n.* [a ~] 절뚝거리기 **límp·er** *n.* **límp·ing·ly** *ad.*

limp[2] *a.* **1** 흐느적거리는, 부드러운, 낭창낭창한 **2** 약한, 기운이 없는; 맥빠진; 지친 **3** 〖제본〗 판지를 쓰지 않은 〈표지 등〉 **límp·ly** *ad.* **límp·ness** *n.*

lim·pet [límpit] *n.* **1** 〖패류〗 삿갓조개무리 **2** 《익살》 의자에 늘 붙어 있는 공무원 《지위·관직에 집착하여》

lim·pid [límpid] *a.* 《문어》 맑은(clear), 투명한; 명쾌한 **~·ly** *ad.* **~·ness** *n.*

lim·pid·i·ty [limpídəti] *n.* Ⓤ 투명; 명쾌

límp wrìst (미·속어·경멸) 연약한 남자, 호모

limp-wrist·ed [límprìstid] *a.* 《미·속어·경멸》 여자 같은, 호모의; 연약한

lim·y [láimi] *a.* (**lim·i·er**; **-i·est**) **1** 석회질의; 석회를 함유한 **2** 끈끈이를 바른; 끈적끈적한

lin·age [láinidʒ] *n.* Ⓤ 일렬(一列) 정렬[정돈], 일직선; 행수(行數) 《인쇄물의》; 행수에 의한 계산 《원고료의》

linch·pin [líntʃpìn] *n.* (차의) 바퀴 고정핀; (부채의) 사북; (결합에) 요긴한 것

‡**Lin·coln** [líŋkən] *n.* **1** 남자 이름 **2** 링컨 **Abraham ~** (1809-65) 《미국 제16대 대통령(1861-65)》 **3** 링컨종(種)의 양 《식용》

Líncoln's Bírthday 링컨 탄생일 《2월 12일; 미국의 여러 주에서 법정 공휴일》

Lin·coln·shire [líŋkənʃìər, -ʃər] *n.* 링컨셔 《영국 동부의 주(州); 略 Lincs.》

Lincs. Lincolnshire

linc·tus [líŋktəs] *n.* Ⓤ 〖약학〗 목 아플 때 먹는 시럽, 기침 물약

Lin·da [líndə] *n.* 여자 이름

Lind·bergh [líndbəːrg] *n.* 린드버그 **Charles A. ~** (1902-74) 《처음으로 대서양을 무착륙 비행한(1927) 미국 비행가》

***lin·den** [líndən] *n.* 〖식물〗 린덴 《보리수·참피나무 무리》

‡**line**[1] [lain] *n.* **1 a 끈, 노끈, 밧줄 b** 낚싯줄 **2** 측연선(測鉛線); 전선, 통신선: The ~*s* are crossed. 전화가 혼선이 되었다. **3 선, 줄, 라인**; 묘선(描線); 〖음악〗 (오선지의) 선; 솔기(seam); 주름살(wrinkle); 손금: the ~ of fortune (수상(手相)의) 성공선 / the ~ of life (수상(手相)의) 생명선 **4** [종종 *pl.*] 윤곽(outline); [종종 *pl.*] (드레스 등의) 라인, 스타일 **5 a** (글자의) **행**(行); 한 절(節), 일필(一筆); 〖컴퓨터〗 (프로그램의) 행(行) **b** (시의) 한 줄, 시구(詩句); [*pl.*] 단시(短詩) 《*upon, to*》 **6** 계열, 역대; 계통, 가계: the male ~ 남계 **7** 노정(路程), 진로, 길: an air ~ 항공로 **8** 노선 《기차·버스 등의》; (정기) 항로; 선로, 궤도: the main[branch] ~ 본[지]선 **9** [종종 *pl.*] 방침; 경향, 방향 **10 a 열**, 줄(row); 《미》 (순번을 기다리는) 사람들의 열(《영》 queue): in a ~ 일렬로, 정렬하여 **b** 〖군사〗 횡대(橫隊): form ~ 횡대를 짓다 **c** 〖군사〗 전투선, 방어선: a ~ of battle 전열, 전선 **11** 〖상업〗 상품의 종류; 재고품: a cheap ~ in hats 값이 싼 모자

all (***the way***) ***along the ~*** 전선(全線)에 걸친 〈승리 등〉; 도처에, 남김없이 모두 ***below the ~*** 일정한 표준에 미치지 못하는 ***between the ~s*** 짐작으로; 암암리에; 간접적으로 ***bring ... into ~*** 정렬시키다; 일치[협력]시키다 ***draw the*** [***a***] ***~*** (1) 선을 긋다, (…을) 구별하다 《*between*》 (2) (…에) 한계를 두다, (…까지는) 하지 않다 《*at*》: One must *draw the ~* somewhere. 참는 것도 한도가 있다. ***get a ~ on*** …에 관한 정보를 모으다 ***in ~*** (1) 한 줄로 《*with*》; 줄을 서서 〈기다리다〉 《*for*》; 횡대를 이루어 (2) (…와) 일치[조화]하여 《*with*》 ***keep in ~*** 정렬해 있다[하게 하다]; 규칙[관행]을 지키(게 하)다 ***keep to one's own ~*** 자기의 갈 길을 가다; 자기의 본분을 지키다 ***~ upon ~*** 〖성서〗 착착 ***on a ~*** 같은 평면[높이]에(서); 대등하게; 〖야구〗 〈공이〉 직선으로 ***on the ~s of*** (1) …의 선[방침]에 따라[따른] (2) …와 (꼭) 닮은, 같은 ***out of ~*** 한 줄이 아닌; 일치[조화]되지 않은

— *vt.* **1 선[줄]을 긋다**; 선을 그어 나누다 《*in, off, out*》; [보통 과거분사로] 주름살을 짓다: a face ~*d* by age 늙어 주름살이 잡힌 얼굴 **2** 선으로 그리다, (선으로) …의 윤곽을 그리다 **3** (말·글로) …의 대략을 말[묘사]하다(outline) 《*out*》 **4** [종종 ~ up] 일렬로 세우다, 정렬시키다 **5** 〈벽·길가 등에〉 늘어세우다[서다] 《*with*》 **6** 할당하다(assign) 《*to*》

— *vi.* **1** 줄 서다, 정렬하다 《*up*》 **2** 〖야구〗 직선 타구를 치다[쳐서 아웃이 되다]

~ through 줄을 그어 지우다 ***~ up*** (1) 한 줄로 늘어서다(cf. *vt.* 4, *vi.* 1) (2) 전원 집합하다 《구기에서》; 〈지지(자) 등을〉 모으다; 〈증거 등을〉 확보하다

***line**[2] [안감으로 linen을 사용한 데서] *vt.* **1** …에 **안감을 대다**, 안을 붙이다 《*with*》 **2** 가득 채우다

lin·e·age[1] [líniidʒ] *n.* Ⓤ 혈통, 계통

line·age[2] [láinidʒ] *n.* = LINAGE

lin·e·al [líniəl] *a.* **1** 직계의, 정통(正統)의: a ~ ascendant[descendant] 직계 존속[비속] **2** 조상 대대로 이어온 **3** 선(모양)의(linear) **~·ly** *ad.*

lin·e·a·ment [líniəmənt] *n.* [보통 *pl.*] **1** 얼굴 모양, 생김새; 외형, 윤곽 **2** 특징

***lin·e·ar** [líniər] *a.* **1 선의**, 직선의; 선 모양의 **2** 〖수학〗 1차의 **3** 〖생물〗 실 모양의

línear méasure 길이; 척도(법)
línear mótor 리니어 모터 《추력(推力)을 직선에 생기게 하는 전동기》
line·back·er [láinbæ̀kər] *n.* 〖미식축구〗 라인배커 《스크럼 라인의 후방을 지키는 선수》
lined¹ [laind] *a.* 선[줄]을 그은: ~ paper 괘선지
lined² *a.* 안(감)을 댄
líne dràwing 선화(線畵) 《펜·연필 등의》
líne dríve 〖야구〗 직선 타구
line·man [láinmən] *n.* (*pl.* **-men** [-mən]) **1** 가선공(架線工), 보선공(保線工), 철도원 **2** 〖미식축구〗 라인맨 《공격선·방어선에 있는 선수》
‡lin·en [línin] *n.* Ⓤ **1 아마포(亞麻布), 리넨**; 아마사(絲) **2** [집합적] 리넨 제품
— *a.* Ⓐ **리넨의**; 리넨처럼 흰
línen bàsket = LAUNDRY BASKET
línen dràper 《영》 리넨[셔츠류] 상인
líne organizàtion 〖경영〗 직계 조직
line-out [láinàut] *n.* 〖럭비〗 라인아웃 《터치라인 밖으로 나간 공을 스로인하기》
***lin·er¹** [láinər] [line¹에서] *n.* **1 정기선**(定期船), **정기 항공기**; 전열함(戰列艦) **2** 〖야구〗 직선 타구(line drive) **3** 선을 긋는 사람[기구]
liner² [line²에서] *n.* **1** 안(감)을 대는 사람; 안에 대는 것, 안감; 라이너 **2** (마찰 방지용) 덧입힘쇠, 깔판 **3** (해설이 있는) 레코드 재킷
lin·er·train [-trèin] *n.* 《영》 (컨테이너 수송용) 급행 화물 열차
lines·man [láinzmən] *n.* (*pl.* **-men** [-mən]) 〖군사〗 전열 보병(戰列步兵); 보선공(保線工); 〖구기〗 선심, 라인즈맨
line·up [láinʌ̀p] *n.* **1** 사람[물건]의 열[늘어서기] **2** (혐의자의) 얼굴을 살피기 위한 정렬 **3** 〖구기〗 (시합 개시 때의) 정렬; 진용, 라인업; 인원, 구성
ling¹ [liŋ] *n.* 〖식물〗 히스(heather)의 일종
ling² *n.* (*pl.* **~, ~s**) 〖어류〗 수염대구 무리
-ling [liŋ] *suf.* **1** [명사에 붙여서 종종 경멸적인 지소사(指小辭)를 만듦]: duck*ling* **2** [명사·형용사·부사에 붙여서 「…에 속하는[관계 있는] 사람·물건」의 뜻의 명사를 만듦]: nurs(e)*ling*
‡lin·ger [líŋgər] [OE 「지체시키다」의 뜻에서] *vi.* **1** (아쉬운 듯이) **남아 있다,** (떠나지 않고) 꾸물거리다 《*round, about, over, upon*》; 서성대다 《*on*》 **2** 〈겨울·눈·의심 등이〉 좀처럼 사라지지 않다[없어지지 않다], 질질 끌다 《*on*》 **3** 시간이 소비되다, 지체되다 **4** 언제까지나 생각에 잠겨 있다 《*on, over*》; 〈…하기를〉 망설이고 있다
— *vt.* 〈시간을〉 하는 일 없이[어정버정] 보내다 《*away, out*》: ~ *out* one's life 하는 일 없이 살아가다 **~·er** *n.*
lin·ge·rie [lɑ̀:nʒəréi | lǽnʒəri:] [F= linen] *n.* Ⓤ 리넨 제품; (주로 여자·어린이용) 속옷류, 란제리
lin·ger·ing [líŋgəriŋ] *a.* **1** 질질 끄는, 우물쭈물하는: a ~ disease 오래 끄는 병, 숙환(宿患) **2** 망설이는, 미련이 있는 듯한 **~·ly** *ad.*
lin·go [líŋgou] *n.* (*pl.* **~es**) 《경멸》 알아들을] 수 없는 말; 외국어, 술어(術語); 전문 용어(jargon)
lin·gua fran·ca [líŋgwə-frǽŋkə] [It. = Frankish language] *n.* (*pl.* **~s, lin·guae fran·cae** [líŋgwi:-frǽŋki:, -si:]) **1** 동지중해에서 쓰는 이탈리아어·프랑스어·그리스어·스페인어의 혼합어 **2** 혼성 상업어; 공통어
lin·gual [líŋgwəl] *a.* **1** 혀의 **2** 〖음성〗 설음(舌音)의 **3** 말의, 언어의
— *n.* 설음, 설음자(字) 《t, d, th, s, n, l, r》 **~·ly** *ad.* 설음으로; 언어로서
***lin·guist** [líŋgwist] *n.* **(언)어학자**; 외국어에 능통한 사람: a good[bad] ~ 어학에 능통한[능통하지 못한] 사람
***lin·guis·tic, -ti·cal** [liŋgwístik(əl)] *a.* **말의,** 언어의; (언)어학(상)의
-ti·cal·ly *ad.*
linguístic átlas 〖언어〗 언어 지도
***lin·guis·tics** [liŋgwístiks] *n. pl.* [단수 취급] **언어학,** 어학
lin·i·ment [línəmənt] *n.* ⓊⒸ 〖약학〗 (액체·반액체의) 바르는 약
***lin·ing** [láiniŋ] [line²에서] *n.* **1** Ⓤ **안(감) 대기,** 안 받치기 **2** ⓊⒸ 안, 안감 **3** 〖제본〗 등 붙이기 **4** (지갑·주머니 등의) 알맹이, 내용물 **5** 내층, 내면 **6** [*pl.*] 《영·방언》 속옷, 《특히》 속바지(drawers)
‡link¹ [liŋk] *n.* **1** (사슬의) **고리**; [*pl.*] 커프스 버튼(=cuff ~s); (뜨개질의) 코, 끈 꿰는 구멍; 한 토막 **2** 결합시키는 사람[것]; 연결, 유대, 관련 《*between*》 **3** 〈간선 도로·철도·항공로 등을 연결하는〉 접속로; (사람과의) 통신 수단 **4** 〖컴퓨터〗 링크, 연계 **5** 〖기계〗 링크, 연접봉(連接棒), 연동 장치(連動裝置); 〖전기〗 퓨즈 링크 《가용(可溶) 부분》
— *vt.* **1** 연결[연접]하다, **잇다 2** 〈손을〉 맞잡다(clasp); 〈팔을〉 끼다(hook) 《*in, through*》
— *vi.* **연결되다,** 이어지다 《*up, together*》 **~ *up with*** …와 연결[동맹]하다
link² *n.* 《고어》 횃불(torch)
link·age [líŋkidʒ] *n.* 결합, 연쇄(連鎖), 연계; 〖기계〗 연동 장치; 〖컴퓨터〗 연계; (국제 협상에서) 서로 다른 정치적 쟁점을 조종하기
línk·ing vèrb [líŋkiŋ-] 〖문법〗 연결 동사(copula), 계사
link·man [líŋkmən] *n.* (*pl.* **-men** [-mən]) 《영》 (방송의) 사회자; 중개자
links [liŋks] *n. pl.* **1** [단수·복수 취급] 골프장 **2** 《스코》 (기복이 있는) 해안의 모래땅[언덕]
link·up [líŋkʌ̀p] *n.* **1** 연결, 연합, 제휴; (우주선의) 도킹 **2** 연결 장치; 연결부
Lin·nae·us [liní:əs] *n.* 린네 **Carolus** ~ (1707-78) 《스웨덴의 식물학자》
lin·net [línit] *n.* 〖조류〗 홍방울새
li·no [láinou] *n.* (*pl.* **~s**) 《영·구어》 = LINOLEUM; = LINOTYPE
li·no·cut [láinəkʌ̀t] *n.* 리놀륨 인각(화)(印刻(畵))
***li·no·le·um** [linóuliəm] [L 「아마(亞麻) 기름」의 뜻에서] *n.* Ⓤ **리놀륨**
Li·no·type [láinətàip] *n.* 주조 식자기

(鑄造植字機), 라이노타이프 《상표명》; Ⓤ 라이노타이프 인쇄(법)
*__lin·seed__ [línsì:d] *n.* Ⓤ 아마(亞麻)씨, 아마인(亞麻仁)
__línseed òil__ 아마인유(油) 마
__lint__ [lint] *n.* Ⓤ 린트 천 《붕대용 메리야스 천》; 면화의 긴 섬유, 조면
__lin·tel__ [líntl] *n.* 〖건축〗 상인방 《문·창 등의 위로 가로지른 나무》; 상인방돌; 〖인쇄〗 린텔
__lint·er__ [líntər] *n.* 솜부스러기 채취기; [*pl.*] (조면기로 긴 섬유를 앗은 뒤 씨에 남은) 잔 솜털
__LINUX, Li·nux__ [línəks, lí:n-] *n.* 〖컴퓨터〗 리눅스 《PC용 UNIX 호환 운영 시스템(OS)》
‡__li·on__ [láiən] *n.* (*fem.* __~·ess__ [-is]) __1__ 사자 __2 a__ 용맹한 사람 __b__ 유명한 사람, 인기 연예인 《등》: the ~ of the day 당대의 명물[인기인] __3__ [*pl.*] 《영》 (도시 등의) 명승, 명물, 유명한 것 __4__ [the L~] 〖천문〗 사자자리(Leo) __5__ (문장(紋章)의) 사자인[문](印[紋]) __6__ 《스코》 금화 《표면에 그려진 사자상(像)에서》 ***(as) bold as a ~*** 대담무쌍한 ***beard the ~ in his den*** 벅찬 상대에게 대담하게 덤비다 《논쟁에서》 ***like a ~*** 용맹스럽게
__li·on·ess__ [láiənis] *n.* 암사자
__li·on·heart·ed__ [-hà:rtid] *a.* 용맹한
__li·on·ize__ [láiənàiz] *vt.* __1__ 추어올리다, 명사 대우를 하다 __2__ 《영》 …의 명승지를 구경하다, …에게 명승지를 안내하다
__lì·on·i·zá·tion__ *n.*
__líon's shàre__ [이솝 우화에서] [the ~] 제일 좋은[큰] 몫, 알짜
‡__lip__ [lip] *n.* __1__ 입술; [*pl.*] 입 《발음 기관으로서의》: one's upper[lower, under] ~ 윗[아랫]입술 __2__ 《속어》 수다, 주제넘은[뻔뻔스러운] 말: None of your ~! 《속어》 건방진 소리 마라! __3__ 〖음악〗 (관악기의) 주둥이, 취구(吹口) __4__ 입술 모양의 것; 가장자리
curl one***'s ~(s)*** 입술을 비죽거리다 《경멸의 표정》 ***lick*[*smack*]** one***'s ~s*** 입맛을 다시다; 기뻐하다 ***put*[*lay*]** one***'s finger to*** one***'s ~s*** 입술에 손가락을 대다 《침묵을 지키라는 신호》
— *a.* Ⓐ __1__ 입술의; 입술용의; 〖음성〗 순음(脣音)의 __2__ 말뿐인
— *v.* (__~ped__; __~·ping__) *vt.* __1__ …에 입술을 대다; 《시어》 입맞추다 __2__ 〈물·파도가 물가를〉 철썩철썩 치다(lap)
— *vi.* __1__ 입술을 쓰다 《관악기를 연주할 때》 __2__ 〈물이〉 철썩철썩 소리를 내다
__li·pase__ [láipeis, líp-] *n.* Ⓤ 〖생화학〗 리파아제 《췌액(膵液)·아주까리씨 등에 포함된 지방 분해 효소》
__li·pid__ [lípid, lái-], __lip·ide__ [lípaid, -pid, lái-] *n.* Ⓤ 〖생화학〗 지질(脂質)
__lip·o·suc·tion__ [lìpəsʌ́kʃən, làip-] *n.* (지방 제거의) 미용[성형] 수술의 한 기법 《지방질 부분을 절개하여 진공 펌프로 지방질을 뽑아냄》
__lipped__ [lipt] *a.* __1__ 입술이 있는, 〈그릇이〉 귀때가 달린: a ~ jug 귀때가 달린 물병 __2__ [보통 복합어를 이루어] 입술이 …한: red-~ 입술이 붉은
__lip·py__ [lípi] *a.* (__-pi·er__; __-pi·est__) 《구어》 입술이 두툼한; 건방진 (소리를 하는), 수다스러운 — *n.* Ⓤ 《영·구어》 립스틱
__lip·read__ [líprì:d] *vt.* (__lip·read__ [-rèd]) 독순술(讀脣術)로 해독하다
__lip·read·ing__ [-rì:diŋ] *n.* Ⓤ 독순술, 시화(視話) 《농아자의》
__lip·salve__ [-sæ̀v | -sælv] *n.* Ⓤ 입술 연고(軟膏); 입에 발린 말, 아첨(flattery)
__líp sèrvice__ 말뿐인 호의, 빈 인사; 말뿐인 신앙
*__lip·stick__ [lípstìk] *n.* ⓊⒸ (막대 모양의) __입술연지__, 립스틱 — *vt.* …에 입술연지를 바르다
__lip-sync(h)__ [-siŋk] [*lip synch*ronization] *vt.*, *vi.* 녹음[녹화]에 맞추어 말[노래]하다 — *n.* Ⓤ (녹음에) 입맞추기, 맞추어 노래[말]하기
__liq.__ liquid; liquor
__liq·ue·fac·tion__ [lìkwəfǽkʃən] *n.* Ⓤ 액화, 용해: ~ of coal 석탄 액화
__líq·ue·fied nátural gàs__ [líkwifàid-] 액화 천연 가스 《略 LNG》
__líquefied petróleum gàs__ 액화 석유 가스 《略 LPG》
__liq·ue·fy, -ui·fy__ [líkwəfài] *vt.*, *vi.* (__-fied__) 녹(이)다; 용해시키다; 액화하다
__-fi·er__ *n.*
__li·ques·cence, -cen·cy__ [likwésəns(i)] *n.* Ⓤ 액화 (상태)
__li·ques·cent__ [likwésənt] *a.* 액화하기 쉬운; 액화 상태의
__li·queur__ [likə́:r | -kjúə] [F =liquor] *n.* Ⓤ 리큐어 《식물성 향료·단맛 등을 가한 강한 알코올 음료, 주로 식후에 작은 잔으로 마심》
‡__liq·uid__ [líkwid] [L 「흐르고 있다」의 뜻에서] *n.* __1__ ⓊⒸ __액체__, 유(동)체(fluid) __2__ 〖음성〗 유음(流音); 유음 문자 《[l, r]; 때로는 [m, n, ŋ] 등》
— *a.* __1__ __액체의__; 유동체의: ~ fuel (로켓의) 액체 연료 __2__ 투명한 __3__ 유동성의; 융통성 있는: ~ assets[capital] 유동 자산[자본] __4__ 〈소리·시 등이〉 유창한, 흐르는 듯한; 〖음성〗 유음의 __~·ly__ *ad.* __~·ness__ *n.*
__liq·ui·date__ [líkwidèit] *vt.* __1__ 〈빚 등을〉 청산하다 __2__ 《속어》 〈증권을〉 현금으로 바꾸다 __3__ 없애다; 《완곡》 해치우다, 죽이다 __4__ 〈회사의 부채·자산을〉 정리하다 — *vi.* 정리하다, 청산하다; 〈회사 등이〉 도산하다
__-dà·tor__ *n.* 청산인
__liq·ui·da·tion__ [lìkwidéiʃən] *n.* Ⓤ __1__ (부채의) 청산; (회사의) 파산 __2__ 일소; 살해, 근절
__líquid crýstal__ 〖물리〗 액정(液晶): ~ display 액정 표시 (장치) 《略 LCD》
__li·quid·i·ty__ [likwídəti] *n.* Ⓤ __1__ 유동성; 유창함; 유동 자산 보유 __2__ (소리의) 맑음
__liq·uid·ize__ [líkwidàiz] *vt.* 액화하다, 믹서로 액상화하다
__liq·uid·iz·er__ [líkwidàizər] *n.* 《영》 (요리용) 믹서(《미》 blender)
__líquid méasure__ 액량 (단위)
__líquid óxygen__ 〖화학〗 액체[액화] 산소
‡__liq·uor__ [líkər] [L 「액체 상태」의 뜻에서]

L

n. **1** ⓊⒸ **알코올 음료**; 《미》 술, 증류주: the ~ traffic 주류 판매 **2** Ⓤ 분비액; 달인 즙, 육즙(肉汁); 양조수 **3** Ⓤ 〔약학〕 물약; 염료[매염(媒染)]액
— *vt.* **1** 《구어》 술에 취하게 하다 《*up*》 **2** 〈엿기름·약초 등을〉 용액에 담그다; 〈구두 등에〉 기름을 칠하다
— *vi.* 《구어》 술에 취하다 《*up*》

liq·uo·rice [líkəriʃ, -ris] *n.* 《영》 = LICORICE

li·ra [líərə] [It.; L *libra*(=pound)에서] *n.* (*pl.* **li·re** [-rei | -ri], **~s**) 리라 《이탈리아의 화폐 단위; 기호 L, Lit.; = 100 centesimi》; 1리라 화폐[지폐]

Li·sa [líːsə, -zə | líːzə, lái-] *n.* 여자 이름 《Elizabeth의 애칭》

Lis·bon [lízbən] *n.* 리스본 《포르투갈의 수도》

lisle [lail] *n.* 라일사(絲), 레이스사(絲) 《꼰 무명실》 **—** *a.* 라일사로 짠

lísle thrèad 라일실, 레이스 실 《질긴 무명실》

lisp [lisp] *vi.*, *vt.* 혀짤배기 소리로 《[s]를 [θ] 같이》 발음하다; 혀 짧은 소리로 말하다 《*out*》 **—** *n.* 혀 짧은 발음; 살랑거리는 소리 《잎·물결 등의》

lisp·ing [líspiŋ] *n.* Ⓤ 혀 짧은 발음; 혀짤배기말 **—** *a.* 혀가 잘 돌지 않는
~·ly *ad.*

lis·som(e) [lísəm] *a.* 유연한, 나긋나긋한; 민첩한(agile) **~·ly** *ad.* **~·ness** *n.*

‡**list**[1] [list] *n.* **목록**(catalog(ue)), **명부,** 일람표, 명세서, 가격표; 〔컴퓨터〕 (데이터) 리스트; 〔증권〕 상장주 일람표 ***free ~*** 무료 입장자 명부; 면세품 목록 ***make[draw up] a ~ of*** …의 표를 작성하다 ***on[in] the ~*** 명부[표]에 실려서
— *vt.* **목록[명부]에 올리다**; 〈주식을〉 상장주(上場株) 명부에 올리다
— *vi.* (목록·명부·가격표에) 오르다 《*at*》

list[2] *n.* **1** 직물의 가장자리, 변폭(邊幅) **2** 얼룩무늬 **3** 《미》 (밭의) 이랑 **4** [*pl.*] 울짱; 경기장

list[3] *vi.* 기울다 **—** *vt.* 기울이다
— *n.* 기울기, 경사

list[4] *v.* (**~·ed,** 《고어》 **~**; **~·ed**; [3인칭 단수 현재] **~, ~·eth**) 《고어》 *vt.* …의 마음에 들다; 바라다 《*to* do》 **—** *vi.* 바라다

‡**lis·ten** [lísn] *vi.* **1 듣다,** 귀를 기울이다 《*to*》; 주의하다 **2** 들어주다, (충고·요구 등을) **듣다,** 따르다 《*to*》 **3** 《미·구어》 (…처럼) 들리다, 생각되다(sound) ***~ for*** (…을 기대하고) 귀를 기울이다 ***~ in*** 〈재학생 이외의 사람이〉 청강하다; 〔라디오〕 청취하다; 도청하다
— *n.* 듣기: Have a ~. 들어보시오.

lis·ten·a·ble [lísnəbl] *a.* 듣기 쉬운, 듣기 좋은

‡**lis·ten·er** [lísnər] *n.* **1 경청자**; 〔라디오〕 청취자; (대학의) 청강생: ~ research 인기 프로 조사 **2** 《속어》 귀

∗**lis·ten·ing** [lísniŋ] *n.* Ⓤ **청취,** 귀를 기울임, 경청 **—** *a.* 주의 깊은; 열중한

list·er[1] [lístər] [list[1]에서] *n.* **1** 리스트[카탈로그]를 만드는 사람 **2** 세액 사정자(稅額查定者)

lister[2] [list[2]에서] *n.* 《미》 이랑 일구는 농기구

list·ing [lístiŋ] *n.* **1** Ⓤ 리스트 작성; 명부에 올림 **2** 일람표

list·less [lístlis] *a.* **1** 마음내키지 않는, 무관심한 **2** 생기[활기] 없는
~·ly *ad.* **~·ness** *n.*

líst príce 표시[기재] 가격, 정가

list·serv, LISTSERV [lístsə̀ːrv] *n.* 〔컴퓨터〕 리스트서브 《특정 그룹 전원에게 메시지를 이메일로 자동 전송하는 시스템》

Liszt [list] *n.* 리스트 **Franz ~** (1811-86) 《헝가리의 작곡가》

‡**lit** [lit] *v.* LIGHT[1, 3]의 과거·과거분사
— *a.* 빛나는, 불 밝힌; 《속어》 취한 《*up*》

lit. literal; literally; literary; literature; liter(s)

lit·a·ny [lítni] *n.* (*pl.* **-nies**) **1** 〔교회〕 연도(連禱), 호칭 기도 《사제가 읊은 기도문을 따라 신도들도 읊는 형식》; [the L~] 기도서 중의 연도 **2** 장황한[같은 말을 되풀이하는] 이야기

li·tchi [líːtʃiː | làitʃíː] *n.* 〔식물〕 여지(荔枝)(의) 열매

∗**li·ter** | **-tre** [líːtər] *n.* **리터** 《1,000 cc, 약 5홉 5작; 略 l., lit.》

∗**lit·er·a·cy** [lítərəsi] *n.* Ⓤ **1 읽고 쓸 줄 앎,** 식자(opp. *illiteracy*) **2** 교양 있음 **3** (특정 분야·문제에 관한) 지식, 능력

‡**lit·er·al** [lítərəl] [L 「글자의」의 뜻에서] *a.* **1 글자대로의**; 〈번역·해석 등이〉 원문 어구에 충실한(opp. *free*): a ~ translation 직역 **2** 〈설명·기술 등이〉 정확한; 《구어》 정말인, 순전한 **3** 융통성 없는, 상상력 없는 **4 문자(상)의** ***in the ~ sense of the word*** 그 단어의 뜻 그대로
— *n.* 《영》 오자(誤字), 오식(誤植)
~·ness *n.*

lit·er·al·ism [lítərəlìzm] *n.* Ⓤ **1** 문자대로 해석함; 직해(直解)[직역]주의 **2** 〔미술·문학〕 직사(直寫)주의 **-ist** *n.*

lit·er·al·ize [lítərəlàiz] *vt.* 글자 뜻대로 해석하다, 글자 뜻에 구애되다

‡**lit·er·al·ly** [lítərəli] *ad.* **1 글자 뜻대로**; 축어적(逐語的)으로; 문자에 구애되어 **2** 사실상, 정말로(exactly), 완전히: be ~ destroyed 완전히 파괴되다

‡**lit·er·ar·y** [lítərèri | lítərəri] [L 「글자」의 뜻에서] *a.* **1 문학의,** 문학적인, 문예의; 학문(상)의: ~ works[writings] 저작물 **2** 문어의, 문어적인(opp. *colloquial*): ~ style 문어체 **3** Ⓐ 문학에 능통한; 저술을 직업으로 하는: a ~ man 문학자, 학자, 저작가
-àr·i·ly *ad.* 문학[학술]상으로

lit·er·ate [lítərət] *a.* **1** 글을 읽고 쓸 줄 아는(opp. *illiterate*) **2** 교양 있는 **3** (특정 분야에 관해) 지식이 있는
— *n.* **1** 글을 아는 사람; 학자 **2** 〔영국국교〕 학위 없이 성직 취임을 허락받은 사람

lit·e·ra·ti [lìtərɑ́ːtiː] [L] *n. pl.* (*sing.* **-tus** [-təs]) 지식 계급; 문학자들

lit·e·ra·tim [lìtəréitim | -rɑ́ː-] [L] *ad.* 한 자 한 자씩, 축어적으로(letter for letter), 문자대로(literally)

‡**lit·er·a·ture** [lítərətʃùər, -tʃər | -tʃə]

[L 「쓴 것」의 뜻에서] *n.* Ⓤ **1 a** ⓊⒸ **문학**, 문예 **b** 저술 **2 문헌**; 논문: the ~ of chemistry 화학 논문 **3** 《고어》 학문, 학식 ***light*** ~ 대중 문학

lithe [laið] *a.* 나긋나긋한, 유연한 **líthe·ly** *ad.* **líthe·ness** *n.*

lithe·some [láiðsəm] *a.* =LISSOM(E)

lith·i·a [líθiə] *n.* Ⓤ 〖화학〗 산화(酸化) 리튬

lith·i·um [líθiəm] *n.* Ⓤ 〖화학〗 리튬 《가장 가벼운 금속 원소; 기호 Li, 번호 3》

lith·o [láiθou, líθ-] 《구어》 *n.* (*pl.* **~s**) =LITHOGRAPH; LITHOGRAPHY

lith·o·graph [líθəgræ̀f, -grɑ̀:f] *n.* 석판(화) **—** *vt.* 석판으로 인쇄하다

li·thog·ra·pher [liθɑ́grəfər | -θɔ́g-] *n.* 석판 인쇄공

lith·o·graph·ic, -i·cal [lìθəgrǽfik(əl)] *a.* 석판술의 **-i·cal·ly** *ad.*

li·thog·ra·phy [liθɑ́grəfi | -θɔ́g-] *n.* Ⓤ 석판술, 석판 인쇄

Lith·u·a·ni·a [lìθjuéiniə] *n.* 리투아니아 《발트해 연안의 한 공화국; 수도 Vilnius》

Lith·u·a·ni·an [lìθjuéiniən] *a.* 리투아니아 (사람, 말)의
— *n.* 리투아니아 사람; Ⓤ 리투아니아 말

lit·i·gant [lítəgənt] *a.* 소송에 관계 있는: ~ parties 소송 당사자
— *n.* 소송 당사자 《원고 또는 피고》

lit·i·gate [lítəgèit] *vi.* 소송을 제기하다
— *vt.* 법정에서 다투다; 논쟁하다
-gà·tor *n.* 소송자

lit·i·ga·tion [lìtəgéiʃən] *n.* Ⓤ 소송, 기소

li·ti·gious [litídʒəs] *a.* 소송[논쟁]하기 좋아하는; 소송할 수 있는[해야 할]; 소송(상)의 **~·ly** *ad.* **~·ness** *n.*

lit·mus [lítməs] [ON 「색소 이끼」의 뜻에서] *n.* Ⓤ 〖화학〗 리트머스 《청색 염료》

lítmus pàper 〖화학〗 리트머스 시험지

lítmus tèst 〖화학〗 리트머스 시험; 그것만 보면 사태[본질]가 분명해지는 일

li·to·tes [láitətì:z] *n.* Ⓤ 〖수사학〗 곡언법(曲言法) 《*not bad*(=pretty good) 같이 반의어의 부정으로 강한 긍정을 나타내는》

∗**li·tre** [lí:tər] *n.* 《영》 =LITER

Litt. D. *Lit(t)erarum Doctor* 《L= Doctor of Letters[Literature]》 문학박사

∗**lit·ter** [lítər] [L 「침대」의 뜻에서] *n.* **1** Ⓤ **어질러진 물건**, 잡동사니; 쓰레기 **2 난잡**, 혼란 **3** 한배 새끼 《개·돼지 등의》 **4** 가마; 들것(stretcher) **5** Ⓤ (가축의) **깃**, 깔짚; 마구간의 두엄 ***at a***[***one***] **~** 한배에 〈몇 마리 낳다 등〉 ***in a*** **~** 지저분하게 ***in*** **~** 〈개·돼지 등이〉 새끼를 밴
— *vt.* **1** 〈방 안 등을〉 어질러 놓다 《*up*》 **2** 〈물건을〉 흩뜨리다 **3** 〈방 등에〉 흩어지다 《*up*》 **4** 〈동물이 새끼를〉 낳다 **5** 〈외양간·마루 등에〉 짚을 깔다; 깃을 깔아주다 《*down*》
— *vi.* **1** 〈동물이〉 새끼를 낳다; 《속어》 아이를 낳다 **2** 《드물게》 (짚 위에서) 자다 **3** 물건을 흩뜨리다

lit·té·ra·teur [lìtərətə́:r] [F =literary man] *n.* 문학자, 문인

lit·ter·bag [lítərbæ̀g] *n.* (자동차 안 등에서 쓰는) 쓰레기 주머니[봉지]

lit·ter·bas·ket [-bæ̀skit] *n.* = LITTERBIN

lit·ter-bin [-bìn] *n.* 《영》 (공원 등의) 휴지통

lit·ter·bug [-bʌ̀g] *n.* 《미》 (거리·공원 등 공공 장소에) 휴지·쓰레기를 버리는 사람

lit·ter·lout [lítərlàut] *n.* 《구어》 =LITTERBUG

⁂**lit·tle** [lítl] *a.* **A** [가산 명사, people 등의 집합 명사를 수식하여] **1** Ⓐ **a** 〈형상·규모가〉 **작은**(opp. *big, large*), (작고) 귀여운 《small보다도 감정적 요소가 들어감》: a ~ bird 작은 새 **b 어린** (young): our ~ ones 우리집 아이들 **2** Ⓐ 〈시간·거리 등이〉 **짧은, 잠시의**(brief): our ~ life 우리들의 짧은 목숨 **3** 〈목소리·웃음 등이〉 힘이 없는, 약한 **4** (opp. *great*) **a** [the ~; 명사적; 복수 취급] 중요하지 않은[권력이 없는] 사람들 **b 하찮은**, 어린애 같은; 옹졸한, 쩨쩨한: a ~ mind 좁은 마음 **5** 귀여운, 사랑스러운
— B [불가산 명사를 수식하여] 《비교 변화는 **less**; **least**》 Ⓐ **1** [a ~의 형태로 긍정적 용법으로] **조금은** (**있는**), 약간의 (opp. *no, none*): There is *a* ~ hope. 약간의 희망은 있다. **2** [a를 붙이지 않고 부정적 용법으로] **조금 밖에 없는**(opp. *much*): There was ~ applause. 박수가 거의 없었다. **3** [the ~ 또는 what ~로] 적지만 있는 대로의
~ ..., *if any* **= ~ *or no ...*** 거의 없는: I have ~ hope, *if any*. =I have ~ *or no* hope. 가망은 거의 없다. ***no*** **~ = *not a*** **~** 많은(very much): You've been *no* ~ help (to me). 덕택으로 (내게는) 적지 않은 도움이 되었습니다. ***only a*** **~ = *but*** **~** 극히 적은, 조금뿐인: There is *only a* ~ wine. 포도주가 조금 밖에 없다. ***quite a*** **~** 《미·구어》 많은, 상당한: He saved *quite a* ~ pile (of money). 그는 (돈을) 잔뜩 저축했다.
— *ad.* (**less**; **least**) **1** [a를 붙이지 않고 부정적 용법으로] **a** [know, think, care, suspect 등의 동사 앞에서] **전혀 …않다**(not at all): I ~ *knew* what awaited me. 무엇이 나를 기다리고 있는지 나는 조금도 몰랐다. **b 거의 …않다**: They see each other very ~. 그들은 좀처럼 만나는 일이 없다. **2** [a ~의 형태로 긍정적 용법으로; 때때로 비교급의 형용사·부사와 함께] **조금**, 약간, 다소
~ better than ... …와 거의 같은 정도로 나쁜[못한]: It is ~ *better than* robbery. 그것은 강도질이나 다름없다. ***~ less than ...*** …와 같을 정도로 큰; 거의 …인[한] ***~ more than ...*** …정도, …가량: It costs ~ *more than* a dollar. 값은 1 달러 가량이다. ***not a*** **~** 적지 않게, 매우: He was *not a* ~ perplexed. 그는 적잖이 당황하였다.
— *n.* (**less**; **least**) **1** [a를 붙이지 않고 부정적 용법으로] 〈정도·양이〉 **조금**(밖에 없음), 소량, 약간: He has seen ~ of life. 그는 세상 물정을 잘 모른다. **2** [a ~의 형태로 긍정적 용법으로] **a** 〈정도·양이〉 **조금**(은 있음): Every ~ helps. 《속담》

L

티끌 모아 태산. **b** 〈시간·거리가〉 **잠깐**, 잠시 《부사적으로도 쓰임》: after *a* ~ 잠시 후 **3** [the ~ (that) 또는 what ~로] 적으나마 있는 것 모두
in **~** 소규모의[로]; 정밀화로 그린[그려서], 축소한[하여] ***~ by ~*** = ***by ~ and ~*** 조금씩, 점점 ***~ if anything*** = ***~ or nothing*** (비록 있다고 해도) 거의 없는 ***make ~ of ...*** (1) …을 얕보다, 업신여기다 (2) …을 거의 이해 못하다 ***not a ~*** 적잖은 양[물건, 일] ***quite a ~*** 《미·구어》 다량, 풍부 ***think ~ of*** (1) …을 얕잡다, 경시하다 (2) …을 서슴지 않다

Líttle América 미국 남극 탐험대 기지 《남극 Ross 해 남부의 Whales 만에 면한》

Líttle Béar [the ~] 〖천문〗 작은곰자리

Líttle Dípper [the ~] 〖천문〗 소북두칠성 《작은곰자리의 7개 별》

Líttle Dóg [the ~] 〖천문〗 작은개자리 (Canis Minor)

líttle fínger 새끼손가락

Líttle Lèague [the ~] 《미》 (8-12세의) 소년 야구 리그

líttle magazíne (판형이 작은) 동인(同人) 잡지

líttle móther (동생들의 뒷바라지를 하는) 어머니 역할을 하는 딸

líttle pèople[fòlk] [the ~] **1** 작은 요정들(fairies); 어린이들 **2** 소시민, 일반 서민

Líttle Rússia 소러시아 《주로 우크라이나 지방》

líttle slám 〖카드〗 13에서 12트릭을 따기

líttle théater **1** 실험적인 연극 **2** 소극장; 소극장용 연극

líttle tóe 새끼발가락

líttle wóman [the ~] 《구어》 아내

lit·to·ral [lítərəl] *a.* **1** 해안의, 연해(沿海)의 **2** 〖생태〗 해안에 사는 **—** *n.* **1** 연해 지방 **2** 〖생태〗 연해대(沿海帶), 《특히》 조간대(潮間帶)

li·tur·gic, -gi·cal [litə́:rdʒik(əl)] *a.* **1** 예배식의 **2** 예배식[전례]의 규정에 의한; 성찬식의 **-gi·cal·ly** *ad.*

lit·ur·gy [lítərdʒi] *n.* (*pl.* **-gies**) **1** 예배식, 전례; 기도식문 **2** [the L~] 〖영국 국교〗 기도서 **3** [the L~] (그리스 정교의) 성찬식

liv·a·ble, live·a·ble [lívəbl] *a.* **1** 사는 보람이 있는 **2** 살기 좋은 **3** 같이 살 수 있는; 사귀기 쉬운

⁑**live**[1] [liv] *vi.* **1** **살아 있다** 《지금은 보통 be alive 또는 be living》 **2 a** **오래 살다**, 살아 남다(remain alive): ~ *to* a ripe old age 고령까지 장수하다 **b** 〈그려진 인물 등이〉 생생하다 **3** 〈기억 등이〉 **남아 있다** 《*on, in*》; (원상태 그대로) 남다; 〈배 등이〉 파손되지 않고 있다 **4** **살다** (dwell): Where do you ~? 어디 사십니까? **5** 동거하다 《*together, with*》 **6** (…을) 주식으로 하다, **먹고 살다** 《*on, upon*》 **7** **살아가다**; (…로) **생계를 이어가다** 《*on, upon, by*》 **8** [부사(구)·보어를 동반하여] (…로서) 살다; (…한) 생활[생활 방식]을 하다: ~ *happily* 행복하게 살다 **9** **인생을 즐기다**

— *vt.* **1** [동족 목적어를 동반하여] …**한 생활을 하다**(pass): ~ an idle *life* 게으른 생활을 보내다 **2** (자기 생활 속에) 나타내다, 실행하다 **3** 〈배우가 맡은 역을〉 잘 해내다: ~ a role in a play 연극에서 맡은 역을 열연하다
(***as sure***) ***as I ~*** 틀림없이 ***~ a lie*** 거짓 생활을 하다 ***~ by*** one***'s hands***[***fingers' ends***] 손일을 하여[손끝 일로] 입에 풀칠을 하다 ***~ for*** …을 위해 살다, 헌신하다 ***~ free from care*** 걱정 없는 생활을 하다 ***~ hard*** 방탕한 생활을 하다; 고난을 견디다 ***~ in*** 《영》 기숙하면서 근무하다 ***~ in a small way*** 검소하게 살다 ***~ in ease*** 안락하게 살다 ***~ off*** (1) …에게 폐를 끼치다, 얹혀살다 (2) …으로 생계를 잇다 ***~ on***[***upon***] ⇨ *vi.* 6 ***~ on air*** 아무것도 먹지 않고 있다 ***~ out*** (1) 통근하다 (2) 〈평생을〉 살아남다; 〈환자가 어느 시기를〉 지탱하다 ***~ through*** 목숨을 부지하다; 〈전쟁 등을〉 겪고 지내다 ***~ up to*** …에 맞는 생활을 하다 ***~ well*** 넉넉하게 지내다; 고결한 생활을 하다 ***~ with*** …와 함께 살다, …에 기숙하다; 〈상황 등을〉 받아들이다

⁑**live**[2] [laiv] [alive의 두음 소실(頭音消失)] *a.* **1** Ⓐ **살아 있는**(living); [real ~로] 《익살》 진짜의: ~ bait (낚시의) 산 미끼 **2** **생생한**; 똑똑한, 활달한 **3** 빈틈이 없는, 시세에 뒤지지 않은 **4** 〈불 등이〉 일어나고 있는, 불타고 있는; 〈화산이〉 활동 중인 **5** Ⓐ 〈문제 등이〉 당면한: a ~ issue 당면한 문제 **6** 〈총알이〉 아직 폭발하지 않은; 〈성냥이〉 아직 켜지 않은 **7** 〈방송·연주 등이〉 녹음[녹화]이 아닌; 〈연극이〉 실연하는 **8** 〈색이〉 선명한; 〈공기가〉 신선한 **9** 아직 캐어내지 않은(native), 땅에 박힌 〈바위 등〉 **10** 〖스포츠〗 경기 중인
— *ad.* **생방송으로**, 실황으로

lived [livd, laivd] *a.* [보통 복합어를 이루어] 생명이 …한: long-[short-]~ 장수[단명]의

live-in [lívìn] *a.* Ⓐ 입주하고 있는 〈종업원 등〉; 동거하는 〈애인〉

***live·li·hood** [láivlihùd] *n.* [보통 a ~, one's ~] **생계**, 살림, 호구지책
earn[***gain, get, make***] ***a***[one***'s***] ***~ by*** (…로) 생계를 세우다

live·long [lívlɔ̀:ŋ | -lɔ̀ŋ] *a.* 《시어》 〈시간이〉 긴: the ~ day 하루 종일

⁑**live·ly** [láivli] *a.* (**-li·er**; **-li·est**) **1** **생기[활기]에 넘친**; 명랑한, 경쾌한 〈음악 등〉 **2** 선명한; 살아서 움직이는 듯한: a ~ sense of gratitude 깊은 감사의 마음
be ~ with (the crowd) (군중)으로 활기에 차 있다 ***have a ~ time of it*** 대활약을 하다; 곤란을 겪다, 혼나다
— *ad.* 힘차게 **líve·li·ly** *ad.*

liv·en [láivən] *vt.* 활기를 북돋우다 《*up*》
— *vi.* 활기를 띠다 《*up*》

⁑**liv·er**[1] [lívər] *n.* **1** 〖해부〗 **간장**: a ~ complaint 간장병 **2** Ⓤ (식용의) 간 **3** Ⓤ 간장색, 적갈색
a hot[***cold***] ***~*** 열정[냉담]
— *a.* 간장색의, 적갈색의

***liver**[2] [lívər] *n.* **1** **생활자**, …**식으로 생활**

하는 사람: a fast ~ 방탕자 **2** 《특히 미》 거주자

liv·er·ied [lívərid] *a.* 제복[정복]을 입은 〈하인 등〉

liv·er·ish [lívəriʃ] *a.* 《구어》 **1** 적갈색의 **2** 간장병의 **3** 화를 잘 내는

Liv·er·pool [lívərpùːl] *n.* 리버풀 《영국 북서부 Merseyside 주의 주도》

Liv·er·pud·li·an [lìvərpʌ́dliən] *a., n.* Liverpool의 (시민)

líver sáusage 간(肝) 소시지, 간 순대

liv·er·wort [lívərwə̀ːrt] *n.* 〖식물〗 우산이끼

liv·er·wurst [-wə̀ːrst] [G = liver sausage] *n.* ⓊⒸ 《미》 = LIVER SAUSAGE

***liv·er·y**[1] [lívəri] *n.* (*pl.* **-er·ies**) **1** Ⓤ 제복, 정복(定服) **2** (특징 있는) 장식, 차림새 **3** Ⓤ (삯을 받고) 말을 맡기[기르기] **4** 마차[말] 대여업; 《미》 = LIVERY STABLE; 《미》 보트[자전거] 대여업 **5** Ⓤ 〖법〗 교부 **6** 《영》 = LIVERY COMPANY
out of ~ 평복[사복]을 입고 ***the*** ~ ***of grief*** [***woe***] 상복(喪服)

livery[2] [lívəri] *a.* **1** 간장 같은; 간장병의; 간장색의 **2** 화 잘 내는

lívery còmpany 《영》 (런던의) 동업 조합 《조합원들은 특수한 제복(livery)을 입었음》

liv·er·y·man [lívərimən] *n.* (*pl.* **-men** [-mən]) **1** 《영》 (런던의) 동업 조합원 **2** 마차 전세업자

lívery stàble 말[마차] 세 놓는 집; 사료값을 받고 말을 보관하는 집

⁑**lives** [laivz] *n.* LIFE의 복수

***live·stock** [láivstɑ̀k | -stɔ̀k] *n.* Ⓤ [집합적; 단수·복수 취급] **가축,** 가축류

líve wíre [láiv-] **1** 전기가 통하고 있는 전선 **2** 《구어》 활동가, 정력가

liv·id [lívid] *a.* **1** 납빛의, 흙빛의 **2** 《구어》 노발대발한 **~·ly** *ad.*

⁑**liv·ing** [líviŋ] *a.* **1 a 살아 있는**(opp. *dead*), 생명이 있는: a ~ model 산 귀감 **b** [the ~; 명사적; 복수 취급] 생존자 **2** 현대의, 현존하는: ~ English 현대 영어 **3 활발한,** 활기 있는(lively); 〈감정·신앙 등이〉 강렬한; 〈공기·태양 등이〉 생명[활기]을 주는 **4** 〈물 등이〉 흐르고 있는; 〈숯 등이〉 불붙은; 〈바위 등이〉 자연 그대로의, 아직 캐어내지 않은 **5** 〈초상(肖像) 등이〉 꼭 닮은 ***within*** [***in***] ~ ***memory*** 아직도 기억에 생생한
— *n.* **1** Ⓤ **생활**; 생존 **2** [종종 복합어를 이루어] 살아가는 방식[형편] **3** [a ~, one's ~] **생계,** 생활비: What does he do for *a* ~? 그는 무엇을 하며 생계를 꾸려 나가고 있니? ***earn*** [***get, make***] ***a*** [one***'s***] ~ 생계를 세우다

líving déath 죽음과 다름없는 생활

líving fóssil **1** 살아 있는 화석, 화석 동물 **2** 《구어》 시대에 뒤떨어진 사람

líving ròom 거실(parlor)

líving spàce **1** 생활권 《한 나라의 생활 유지에 필요한 영토》 **2** (주택의) 거주 부분

líving stàndard 생활 수준

Liv·ing·stone [líviŋstən] *n.* 리빙스턴 **David** ~ (1813-73) 《스코틀랜드의 선교사·아프리카 탐험가》

líving wáge 최저 생활 임금

líving wíll 〖미국법〗 사망 선택 유언, 생전(生前) 유서 《식물인간보다는 죽기를 원한다는 뜻의 문서》

Liz [liz], **Li·za** [láizə] *n.* 여자 이름 《Elizabeth의 애칭》

***liz·ard** [lízərd] *n.* 〖동물〗 **도마뱀**: a house ~ 도마뱀붙이

Liz·zie, -zy [lízi] *n.* 여자 이름 《Elizabeth의 애칭》

ll. leaves; lines

'll [l] will[shall]의 단축형: I'*ll*, he'*ll*, that'*ll*

lla·ma [lɑ́ːmə] *n.* **1** 〖동물〗 라마 《남미산》 **2** Ⓤ 라마의 털(로 만든 천)

lla·no [lɑ́ːnou, lǽn-] [L 「평원(平原)」의 뜻에서] *n.* (*pl.* **~s**) 나무가 없는 대초원 《남미 Amazon 강 이북의》

Lloyd [lɔid] *n.* 남자 이름

Lloyd's [lɔidz] *n.* 로이즈 (해상 보험) 조합 《선주와 보험업자의 조합》

Llóyd's Régister **1** 로이즈 (선급(船級)) 협회 《공익 법인》 **2** 로이즈 선박 등록부[통계]

LNG liquefied natural gas 액화 천연 가스

***lo** [lou] *int.* **보라!,** 자!, 이봐!
Lo and behold! 자 보시라! 《놀랄 만한 사실을 말할 때의 허두(虛頭)》

loach [loutʃ] *n.* 〖어류〗 미꾸라지

⁂**load** [loud] [OE 「길」, 「물건을 나르는 동작」의 뜻에서] *n.* **1 적재 하물**(burden), 짐 《*of*》 **2** [보통 복합어를 이루어] 한 짐; 적재량 《*of*》 **3** (사람·기계에 할당된) 작업량; 부담 **4** (정신적인) 무거운 짐 《*of*》 **5** [~s of ... 또는 a ~ of ...로] 《구어》 담뿍, 가득: He has ~*s of* money. 그는 많은 돈을 가지고 있다. **6** 장전(裝塡) 《화약·필름 등의》 **7** 〖컴퓨터〗 로드 《외부의 보조 기억 장치에 저장된 프로그램이나 데이터를 읽어서 주기억 장치에 기억시키는 것》
have a ~ ***on*** one***'s mind*** [***conscience***] 마음에 걸리는[양심에 거리끼는] 일이 있다 ***take a*** ~ ***off*** one***'s mind*** 마음의 짐을 덜어 주다, 안심시키다
— *vt.* **1 짐을 싣다,** 적재하다: ~ a cargo of cotton *into* a car[*on* a boat] 목화를 차[배]에 싣다 **2** 쌓아 올리다(heap up); 〈위 등에〉 …을 (마구) 채워넣다 **3** 〈사람에게〉 (…을) 마구 주다; 괴롭히다 《*with*》; …에게 무거운 부담을 지우다 《*on*》 **4 탄알을 재다**(charge); 〈카메라에〉 필름을 넣다; 〖컴퓨터〗 〈프로그램·데이터를〉 로드하다 **5** 〈주사위·단장 등에〉 납을 박다; 〈술에〉 섞음질을 하다
— *vi.* **1** 짐을 싣다; 짐을 지다 《*up*》 **2** 장전(裝塡)하다; 장탄할 수 있다 **3** 《속어》 잔뜩 틀어넣다 **4** 올라타다 《*into*》
~ ***up*** 짐을 싣다; 잔뜩 처넣다, 양껏 먹다

load·ed [lóudid] *a.* **1** 짐을 실은[진]; 〈탈 것이〉 만원인; 〖야구〗 만루의: a ~ bus 만원 버스 **2** 탄알을 잰; 〈카메라가〉 필름이 든 **3** 〈진술·논의가〉 한쪽에 치우친; 〈질문 등이〉 숨은 저의가 있는 **4** 〈술 등이〉

L

섞음질을 한 **5** ⦅구어⦆ 돈이 많은 **6** 〈자동차 등이〉 부속품을 완전히 갖춘
lóad fàctor 〖전기〗 부하율; 〖항공〗 좌석 이용률
load·ing [lóudiŋ] *n.* Ⓤ **1** 짐싣기; 선적 **2** (탄약의) 장전 **3** 〖전기〗 장하(裝荷); 〖컴퓨터〗 올리기
lóad lìne 〖항해〗 만재 흘수선
load-shed·ding [-ʃèdiŋ] *n.* 〖전기〗 전력 평균 분배(법)
‡**loaf**[1] [louf] [OE 「빵」의 뜻에서] *n.* (*pl.* **loaves** [louvz]) **1** (일정한 크기를 틀에 넣어 구운) **한 덩어리의 빵**: a brown [white] ~ 검은[흰] 빵 한 덩어리 **2** 원뿔꼴 백설탕(=~-sugar); ⦅영⦆ 통포기 ⦅양배추 등의⦆ **3** ⦅영·속어⦆ 머리; 두뇌
Half a ~ is better than no bread. ⦅속담⦆ 반이라도 없느니보다 낫다.
loaf[2] *vi.* **1** (일을) 빈둥거리며 하다 ⦅*on*⦆: ~ *on* one's job 빈둥빈둥 일을 하다 **2** 어슬렁거리다; 배회하다 ⦅*about*⦆: ~ *about* 빈둥빈둥 돌아다니다
— *vt.* 〈시간을〉 놀며 보내다 ⦅*away*⦆: ~ one's life *away* 일생을 놀고 지내다
loaf·er [lóufər] *n.* 놈팡이, 건달
loaf-sug·ar [-ʃúgər] *n.* 원뿔꼴의 설탕 (sugarloaf)
loam [loum] [OE 「진흙」의 뜻에서] *n.* Ⓤ **1** 양토(壤土), 롬 ⦅진흙·모래·유기물로 된 흙⦆ **2** 찰흙 ⦅모래·진흙·톱밥·짚 등의 혼합물; 벽토 등을 만듦⦆
loam·y [lóumi] *a.* (**loam·i·er**; **-i·est**) 롬(질)의
‡**loan** [loun] *n.* **1** Ⓤ **대부**(貸付) **2** 대부금; 공채, 차관: a ~ insurance 대부금 보험 **3** 대차물(貸借物) **4** 외래어(loanword); 외래의 풍습
ask*[*apply*] *for a*[*the*] *~ of …의 차용을 청하다 ***have the ~ of*** …을 차용하다 ***on ~*** 대부하여; 차입하여
— *vt., vi.* ⦅미⦆ 대부하다, 빌려 주다 ⦅*to*⦆
lóan collèction (전시할 목적의) 차용 미술품
loan·hold·er [lóunhòuldər] *n.* 공채 증서 소유자; 채권자, 저당권자
lóan shàrk ⦅구어⦆ 고리대금업자
lóan translàtion 〖언어〗 차용 번역 (어구) ⦅외국어를 문자 그대로 번역하는 일⦆
loan·word [-wə̀ːrd] *n.* 외래어, 차용어
*__loath__ [louθ, louð] [OE 「싫어하는」의 뜻에서] *a.* Ⓟ **지긋지긋하여, 싫어서**
nothing ~ 싫기는커녕, 기꺼이
*__loathe__ [louð] *vt.* **몹시 싫어하다**; 지겨워하다, 질색하다
loath·ing [lóuðiŋ] *n.* Ⓤ 강한 혐오: be filled with ~ 싫어서 견딜 수 없다
*__loath·some__ [lóuðsəm, lóuθ-] *a.* **1** 싫은, 싫어서 견딜 수 없는 **2** (육체적으로) 기분 나쁜 **~·ly** *ad.* **~·ness** *n.*
*__loaves__ [louvz] *n.* LOAF[1]의 복수
lob [lɑb | lɔb] *vt., vi.* (**~bed**; **~·bing**) **1** 〖테니스〗 높고 느린 공을 보내다; 〖크리켓〗 낮고 느리게 던지다 **2** 느릿느릿[맥없이] 걷다[뛰다, 움직이다] **—** *n.* **1** 〖테니스〗 로브, 높고 느린 공; 〖크리켓〗 낮고 느린 공 **2** ⦅영·방언⦆ 굼뜬[서투른] 사람

lo·bar [lóubər] *a.* **1** 귓불의 **2** 〖식물〗 열편(裂片)의 **3** 〖의학〗 (뇌·폐·간 등의) 엽성(葉性)의
‡**lob·by** [lɑ́bi | lɔ́bi] [L 「주랑(柱廊), 현관」의 뜻에서] *n.* (*pl.* **-bies**) **1** **로비,** (현관의) 홀 ⦅휴게실·응접실 등으로 사용되는⦆ **2** ⦅영⦆ 투표 대기 복도(= **divísion ~**) **3** (의회에 출입하여 의원에게 진정·탄원을 하는) 원외단(院外團), 압력 단체; [집합적] 원외단의 사람들, 로비스트들
— *v.* (**-bied**) *vi.* **1** (의회의 lobby에서) 운동하다, 법안 통과 운동을 하다 **2** 이면 공작을 하다 **—** *vt.* **1** 〈의원에게〉 압력을 가하다 **2** 〈법안의〉 통과 운동을 하다
Lób·by·ing Regulátion Àct [lɑ́biiŋ- | lɔ́b-] ⦅미⦆ 로비 활동 규제법 ⦅1946년 제정⦆
lob·by·ism [lɑ́biìzm | lɔ́b-] *n.* Ⓤ **1** (원외에서의) 의안 통과[부결] 운동 **2** 진정 운동, 압력 행사, 의회 공작
lob·by·ist [lɑ́biist | lɔ́b-] *n.* ⦅미⦆ 의안 통과[부결] 운동자, 진정자, 로비스트
lobe [loub] *n.* **1** 둥근 돌출부; 귓불 **2** 〖해부〗 엽(葉) ⦅폐엽·간엽 등⦆ **3** 〖식물〗 (주로 잎의) 열편(裂片), 판(瓣) **4** 〖기계〗 로브, 돌출부
lobed [loubd] *a.* 〖식물〗 잎 모양의; 열편의
lo·bel·ia [loubíːljə] [플랑드르의 식물학자 Matthias de Lobel의 이름에서] *n.* 〖식물〗 로벨리아, 숫잔대 무리
lo·bot·o·my [ləbɑ́təmi | -bɔ́t-] *n.* (*pl.* **-mies**) ⓊⒸ 〖외과〗 (대뇌의) 백질 절제(술), 엽절단
*__lob·ster__ [lɑ́bstər | lɔ́b-] [OE 「거미」의 뜻에서; 그 모양이 비슷하므로] *n.* (*pl.* **~s,** ~) **1** 〖동물〗 **바닷가재**; 대하, 왕새우 (= spiny ~) **2** Ⓤ **바닷가재**[대하]**의 살** ⦅식용⦆
lóbster pòt[**tràp**] 왕새우잡이 통발
lob·u·lar [lɑ́bjulər | lɔ́b-] *a.* 소열편(小裂片)의; 소엽(小葉)의
lob·ule [lɑ́bjuːl | lɔ́b-] *n.* **1** 귓불 **2** 〖식물〗 소열편 **3** 〖해부〗 소엽
‡**lo·cal** [lóukəl] [L 「장소」의 뜻에서] *a.* **1** **공간의,** 장소의 **2** (특정한) **지방의,** 한 지방 특유의 **3** 〖철도〗 역마다 정거하는, 완행의 **4** 〈병 등이〉 국부적인: a ~ pain 국부적인 통증 **5** 〈생각 등이〉 편협한 **6** ⦅영⦆ 동일 구내의, 근거리의, 시내 배달의 ⦅봉투에 쓰는 주의⦆; 〈전화 등이〉 시내의, 특정 지역 내의 **7** 〖컴퓨터〗 로컬 ⦅통신 회선을 통하지 않고 직접 채널을 통하여 컴퓨터와 접속된 상태⦆ **—** *n.* **1** 보통 열차[버스 ⦅등⦆] **2** [종종 *pl.*] 지방민 **3** 지방 설교자[전도사]; 지방 개업 의사 **4** 지방 기사 ⦅신문의⦆; 지방 프로 ⦅TV의⦆ **5** ⦅영·구어⦆ 집 근처의 술집
lócal área nétwork 기업 내[지역] 정보 통신망 ⦅略 LAN⦆
lócal authórity 지방 (자치 단체) 당국
lócal cáll 시내 통화 ⦅기본 요금에 포함되는 구역 내에서의 통화⦆
lócal cólor **1** 지방[향토]색 **2** (그림 등의) 부분적 색채; 고유색
lo·cale [loukǽl | -kɑ́ːl] *n.* **1** (사건 등의) 현장 **2** (극·소설·영화 등의) 장면, 배경
lócal examinátions ⦅영⦆ 지방 시행

시험《대학 감독하에 실시해 학생에게 자격증을 수여》

lócal góvernment **1** 지방 자치 **2** 지방 자치 단체; [집합적] 지방 자치 단체의 직원

lo·cal·ism [lóukəlìzm] *n.* Ⓤ **1** 향토 편애, 지방[향토]주의 **2** 지방적 편협성 **3** Ⓒ 지방색, 지방 사투리

***lo·cal·i·ty** [loukǽləti] *n.* (*pl.* **-ties**) **1** **장소,** 소재(所在) **2** 부근 **3** 소재지; (사건 등의) 현장; 산지(産地) **4** (풍습 등의) 지방성

lo·ca·li·za·tion [lòukəlizéiʃən | -lai-] *n.* Ⓤ **1** 지방 분권, 지방화 **2** 국한(局限) **3** 국지 해결 **4** 위치 측정

lo·cal·ize [lóukəlàiz] *vt.* **1** 지방화하다 **2** …을 어떤 장소에 배치하다 **3** 한 지방[국부]에 제한하다 **4** 〈주의를〉 집중하다 (*upon*)

lo·cal·ly [lóukəli] *ad.* 장소[위치]상으로, 지방[국부]적으로; 지방주의로

lócal óption (미) 〖정치〗 지방 선택권 《주류 판매 등에 관해 주민이 투표로 결정하는 권리》

lócal tìme 지방 시간, 현지 시간

lócal wár 국지전(局地戰)

‡lo·cate [lóukeit, ─ˊ | ─ˊ] [L 「(장소에) 놓다」의 뜻에서] *vt.* **1** 〈상점·사무소 등을〉 (어떤 장소에) **정하다,** (…에) 차리다[두다]: The office is centrally ~*d in* Paris. 사무실은 파리의 중심부에 있다. **2** 〈물건의 위치 등을〉 알아내다(find out) **3** (미) 〈토지의〉 권리를 주장하다, 〈토지를〉 점거하다; 〈토지·광구 등의〉 장소[경계]를 정하다
— *vi.* (미) 거처를 정하다(settle)

‡lo·ca·tion [loukéiʃən] *n.* **1** Ⓤ **위치 선정**; (어떤 장소에) 둠 **2** **위치**; (특정의) 장소 **3** (토지의) 구획, 측량 **4** ⓊⒸ 〖영화〗 야외 촬영(지), 로케이션 **5** Ⓤ 〖법〗 임대 《토지·가옥 등의》 **6** 〖컴퓨터〗 (데이터의) 기억 장소[위치]

loc. cit. [lɑ́k-sít | lɔ́k-] *loco citato*

loch, Loch [lɑk, lɑx | lɔk, lɔx] [Gael. 「호수」의 뜻에서] *n.* (스코) **1** 호수 **2** (좁다란) 협만(狹灣)

lo·ci [lóusai, -kai] *n.* LOCUS의 복수

‡lock¹ [lɑk | lɔk] [OE 「가두다」의 뜻에서] *n.* **1** **자물쇠** **2** (일반적으로) 고정하는 장치; (자동차의) 제륜(制輪) 장치 **3** (총의) 발사 장치; 안전 장치 **4** 맞붙음, 맞닥뜨림 **5** (교통 등의) 정체, 체증 **6** 〖레슬링〗 조르기 **7** 갑문(閘門)(= ~ gate); 〖기계〗 기갑(氣閘) ***on*** [***off***] ***the*** ~ 자물쇠를 채우고[채우지 않고]
— *vt.* **1** 자물쇠를 채우다; 닫다(shut) **2** 〈물건을〉 챙겨 넣다 (*away*), 가두어 넣다 (*up*; *in, into*) **3** 고정[고착]시키다 **4** 맞게 꼭 끼우다 **5** 맞닥뜨리다; 껴안다 — *vi.* **1** 자물쇠가 잠기다 **2** 움직이지 않게 되다 **3** 서로 얽히다 **4** 〈배가〉 수문을 통과하다
~ ***away*** (자물쇠를 채워) 안전하게 저장하다 ~ ***in*** 가두다, 감금하다; 간수하다 ~ ***on*** 〖항공〗 〈레이더 등으로 목표를〉 자동 추적하다 ~ ***out*** (쫓아내어) 못 들어오게 잠가버리다; 〈공장을〉 폐쇄하다 ~ ***up*** 문을 닫다, 폐쇄하다; 감금하다; 〈자본을〉 고정시키다

lock² *n.* **1** 타래 《머리의》, 머리 단; 한 뭉치 《양모·목화의》 **2** [*pl.*] 《시어》 머리털 **3** (양모·마른 풀 등의) 약간의 양

‡lock·er [lɑ́kər | lɔ́k-] *n.* **1** **로커,** (자물쇠가 달린) 사물함, 작은 벽장 **2** 〖항해〗 (선원들이 제각기 옷·무기 등을 넣는) 장[궤] **3** 잠그는 사람[물건]

lócker ròom (체육 시설·클럽 등의) 로커룸, 탈의실

lock·er-room [lɑ́kərrù:m | lɔ́k-] *a.* (탈의실에서 주고받는) 야비한[상스러운] 〈말·농담〉

lock·et [lɑ́kit | lɔ́k-] [OF 「걸쇠」의 뜻에서] *n.* 로켓《조그마한 사진·머리카락·기념물 등을 넣어 목걸이 등에 다는 금속제 작은 상자》

lóck gàte 수문, 갑문(閘門)

lock·jaw [-dʒɔ̀:] *n.* Ⓤ 〖병리〗 파상풍(tetanus)

lock·keep·er [-kì:pər] *n.* 수문 관리인

lóck nùt 〖기계〗 (다른 나사 위에 끼우는) 고정 나사, 보조 나사

lock·out [-àut] *n.* ⓊⒸ **1** 공장 폐쇄, 로크아웃 **2** 축출 **3** 〖컴퓨터〗 잠금

lock·smith [lɑ́ksmìθ | lɔ́k-] *n.* 자물쇠 제조공[장수]

lóck stìtch (재봉틀의) 박음질

lock·up [-ʌ̀p] *n.* **1** 《구어》 유치장, 구치소; 교도소 **2** ⓊⒸ 감금 **3** 임대 차고[점포]

lo·co [lóukou] [Sp. 「미친」의 뜻에서] *n.* (*pl.* ~**(e)s**) = LOCOWEED
— *vt.* **1** 로코초(草) 중독에 걸리게 하다 **2** 《속어》 미치게 하다
— *a.* 《속어》 미친

lo·co ci·ta·to [lóukou-saitéitou, -sitɑ́:-] [L =in the place cited] *ad.* 인용문 중에 《略 l.c., loc. cit.》

lo·co·mo·tion [lòukəmóuʃən] *n.* Ⓤ 운동, 이동; 운동[운전]력

‡lo·co·mo·tive [lòukəmóutiv] [L 「장소를 옮기다」의 뜻에서] *n.* **1** **기관차** **2** (미) 기관차식 성원 《응원단의》 **3** [*pl.*] 《속어》 다리(legs) — *a.* **1** 기관차의 **2** 운동의, 이동하는; 운전의; 운동[이동]성의: ~ faculty[power] 이동력 **3** 《익살》 여행의; 여행을 즐기는

locomótive enginèer (미) 기관사 (《영》 engine driver)

lo·co·weed [lóukouwì:d] *n.* 로코초(草) 《미국산 유독 콩과(科) 식물》

lo·cum te·nens [lóukəm-tí:nenz] [L] *n.* (*pl.* **lo·cum te·nen·tes** [-tənénti:z]) 《영》 임시 대리인; 대리 목사, 대진(代診) 의사

lo·cus [lóukəs] [L =place] *n.* (*pl.* **lo·ci** [lóusai, -kai], **-ca** [-kə]) **1** 〖법〗 현장; 장소, 위치; 활동의 중심 **2** 〖수학〗 궤적(軌跡)

lo·cus clas·si·cus [-klǽsikəs] [L = classical passage] *n.* (*pl.* ***lo·ci clas-si·ci*** [lóusai-klǽsisài, lóukai-klǽsikài]) 표준구(標準句), 전거 있는 글귀

***lo·cust** [lóukəst] *n.* **1** **메뚜기,** 방아깨비 **2** (미) 매미 **3** 〖식물〗 개아카시아(= ~ **trèe**) 《북미산》

lo·cu·tion [loukjú:ʃən] *n.* **1** Ⓤ 말투; 어법 **2** 관용어법

L

lode [loud] *n.* **1** 광맥 **2** 원천 **3** 《영·방언》 수로(水路)

lode·star [lóudstὰ:r] *n.* **1** 길잡이가 되는 별; [the ~] 북극성 **2** 지침; 지표

lode·stone [-stòun] *n.* **1** [UC] 천연 자석 **2** 사람을 끄는 것

‡lodge [lɑdʒ | lɔdʒ] [OF 「오두막집」의 뜻에서] *n.* **1 조그만 집,** 오두막; 《미》 (행락지 등의) 여관 **2** 문간방; 수위실 **3** 《영》 (Cambridge 대학의) 학장 사택 **4** (공제 조합·비밀 결사 등의) 지부 (집회소); [집합적] 지부 회원들 **5** 천막으로 된 오막살이 《북미 인디언의》 **6** 해리(海狸)의 소굴 **7** 〖광산〗 선광장(選鑛場)

— *vi.* **1** (일시적으로) **숙박하다,** 머무르다; 《영》 하숙[기숙]하다 《*at, with*》: ~ *at* a hotel 호텔에 묵다 **2** 〈총알 등이〉 (체내에) 박히다 《*in*》 **3** 〈농작물 등이〉 쓰러지다

— *vt.* **1** (일시적으로) **숙박시키다**; 하숙[동거]시키다 **2** 〈돈 등을〉 (은행에) 예치하다 《*in, with*》 **3** 〈총알 등을〉 쏘아 넣다; 〈화살을〉 꽂다 **4** 〈권능 등을〉 위임하다 《*with, in*》 **5** 〈고소장·신고서 등을〉 제출하다 《*against*》 **6** 〈반대·항의 등을〉 제기하다 《*with, before*》 **7** [부사 well, ill과 함께 과거분사로] 〈호텔 등이〉 설비가 좋다[나쁘다]: The hotel is *well* ~*d.* 그 호텔은 설비가 좋다.

lodge·ment [lɑ́dʒmənt | lɔ́dʒ-] *n.* 《영》 =LODGMENT

lodg·er [lɑ́dʒər | lɔ́dʒə] *n.* 숙박인, 하숙인, 동거인, 세든 사람: take in ~*s* 하숙인을 두다

‡lodg·ing [lɑ́dʒiŋ | lɔ́dʒ-] *n.* **1** [CU] **하숙**; (일시적인) 숙박: ask for a night's ~ 하룻밤의 숙박을 청하다 **2** (일시적인) 주소; [*pl.*] 전셋방, 하숙집 ***live in***[***at private***] **~s** 세들어 있다 ***make***[***take*** (***up***)] one**'s ~s** 하숙하다

lódging hòuse (주로 식사 없는) 하숙집

lodg·ment | lodge- [lɑ́dʒmənt | lɔ́dʒ-] *n.* **1** 숙박; 숙소 **2** 〖군사〗 점령, 점거

lo·ess [les, lóuəs | lóuis] *n.* [U] 〖지질〗 뢰스, 황토 《바람에 날려온 loam질의 퇴적토》

***loft** [lɔ:ft | lɔft] [ON 「하늘, 위층 방」의 뜻에서] *n.* **1 지붕밑 방**(attic), 다락방; (헛간·외양간의) 다락 **2** (극장의) 맨 위층 보통 관람석(gallery); 《미》 최상층 《회관·교회 등의》 **3** 비둘기 집; [집합적] 비둘기 떼 **4** 〖골프〗 (공을) 쳐올리기

— *vt.* **1** 다락에 저장하다 **2** 비둘기를 기르다 **3** 〈골프채에〉 경사를 만들다; 〈공을〉 높이 쳐올리다 **4** 공처럼 높이 날다

loft·er [lɔ́:ftər | lɔ́ft-] *n.* 〖골프〗 로프터 《쳐올리기용 아이언 클럽》

‡loft·y [lɔ́:fti | lɔ́fti] *a.* (**loft·i·er**; **-i·est**) **1 매우 높은,** 우뚝 솟은 **2 고상한,** 당당한; 거만한: ~ contempt[disdain] 거들떠보지도 않음 **lóft·i·ly** *ad.*

‡log [lɔ:g, lɑg | lɔg] *n.* **1 통나무 2** 동작이 느린 사람; 움직임이 없는 것: sleep like a ~ 통나무같이 꼼짝 않고 정신없이 잠자다 **3** 항해[항공] 일지; 여행 일기 **4** (재봉 직공·품팔이꾼의) 노동 시간표 **5** 〖항해〗 측정기(測程器) 《배의 속도를 측정하는》 **6** 〖컴퓨터〗 로그 《입출력 정보 등을 기록한 데이터》

— *vt.* (**~ged**; **~·ging**) **1** 통나무로 자르다; 〈재목을〉 베어내다 **2** 항해[항공, 공정] 일지를 쓰다 **3** …의 속도로 항해[비행]하다

— *vi.* 나무를 베어 통나무를 만들다

~ *in*[***on***] 〖컴퓨터〗 접속하다, 사용 개시하다 **~ *off***[***out***] 〖컴퓨터〗 사용을 종료하다

log. 〖수학〗 logarithm; logarithmic; logic; logistic

lo·gan·ber·ry [lóugənbèri | -bəri] *n.* (*pl.* **-ries**) 〖식물〗 로건베리

log·a·rithm [lɔ́:gərìðm, lɑ́g- | lɔ́g-] *n.* 〖수학〗 대수(對數)

log·a·rith·mic, -mi·cal [lɔ̀:gəríðmik(əl), lɑ̀g- | lɔ̀g-] *a.* 대수의 **-mi·cal·ly** *ad.*

log·book [lɔ́:gbùk | lɔ́g-] *n.* 항해[항공] 일지; 업무 일지(log)

loge [louʒ] [F] *n.* (극장의) 칸막이 관람석, 특별석

log·ger [lɔ́:gər, lɑ́g- | lɔ́gə] *n.* **1** 《미》 벌목꾼 **2** 통나무 운반 트랙터

log·ger·head [lɔ́:gərhèd | lɔ́g-] *n.* 〖동물〗 붉은바다거북(= ~ **túrtle**)

log·gi·a [lóudʒiə, lɑ́dʒə] [It. =lodge] *n.* (*pl.* **~s, -gie** [-dʒei]) 〖건축〗 로지아 《한 쪽이 트인 주랑(柱廊)》

log·ging [lɔ́:giŋ, lɑ́g- | lɔ́g-] *n.* **1** [U] 재목 벌채 **2** 벌목량(量)

‡log·ic [lɑ́dʒik | lɔ́dʒ-] *n.* [U] **1 논리학**; [C] 논리학 서적 **2** [또는 a ~] **논리,** 논법 **3** 조리(條理), (꼼짝 못하게 하는) 사실 또는 필연의 힘 《*of*》: the irresistible ~ *of* facts 움직일 수 없는 사실의 힘, 꼼짝 못하게 하는 사실의 증명 ***deductive***[***inductive***] **~** 연역[귀납] 논리학

‡log·i·cal [lɑ́dʒikəl | lɔ́dʒ-] *a.* **논리학(상)의**; 논리적인; 필연적인; 〖컴퓨터〗 논리 (회로)의 **~·ness** *n.*

***log·i·cal·ly** [lɑ́dʒikəli | lɔ́dʒ-] *ad.* **논리적으로,** 논리상; 필연적으로

lógic ànalyzer 〖컴퓨터·전자〗 로직 애널라이저 《마이크로 프로세서 등의 논리 회로 동작을 조사하는 시험 장치》

lo·gi·cian [loudʒíʃən] *n.* 논리학자

-logist [lədʒist] 《연결형》 「…학자, …연구자」의 뜻: geo*logist*

lo·gis·tic[1], **-ti·cal** [loudʒístik(əl)] *a.* 병참(학)의

logistic[2] *n.* [U] 기호(記號) 논리학

— *a.* 기호 논리학의

lo·gis·tics [loudʒístiks] *n. pl.* [단수·복수 취급] **1** 〖군사〗 병참술[학]; 병참 업무 **2** (업무의) 세부 계획

log·jam [lɔ́:gdʒæ̀m | lɔ́g-] *n.* 《미》 **1** (강물에 떠내려간) 통나무가 한 곳에서 몰림 **2** 정체(停滯)(deadlock); 정지, 봉쇄

lo·go [lóugou] *n.* 《구어》 **1** 표어문자[기호], 어표(語標) **2** 〖인쇄〗 =LOGOTYPE **3** 모토; 표어

LOGO, Lo·go [lóugou] *n.* 〖컴퓨터〗 로고 《그래픽 기능이 뛰어난 프로그래밍 언어; 주로 교육·인공 지능 연구용》

log·on [lɔ́:gɔ̀:n] *n.* 〖컴퓨터〗 로그온

L

lo·gos [lóugɑs | lɔ́gɔs] [Gk 「언어」의 뜻에서] *n.* **1** [종종 **L~**] 〘철학〙 이성(理性), 로고스 **2** [**L~**] 〘신학〙 **a** 하느님의 말씀(the Word) **b** (삼위 일체의 제2위인) 그리스도(Christ)

log·o·type [lɔ́:gətàip | lɔ́g-] *n.* **1** 〘인쇄〙 합자(合字) 활자 《in, an 등 한 낱말 또는 한 음절을 한 개로 주조한 활자》 **2** (회사의) 사장(社章), (상표 등의) 심벌 마크

log·roll [lɔ́:gròul | lɔ́g-] *vt.* 《미》 〈의안·주장을〉 협력[결탁]하여 통과시키다 ― *vi.* 《미》 의안을 통과시키기 위하여 서로 협력[결탁]하다

log·roll·ing [-ròuliŋ] *n.* Ⓤ 《구어》 **1 a** (협력해서 하는) 통나무 굴리기 **b** 통나무 타기 《경기》 **2** 《미》 (특히 정치적으로의) 협력, 결탁; (작가끼리) 서로 칭찬하기

-logue [lɔ̀:g, lɑ̀g | lɔ̀g] [Gk =word] 《연결형》 「담화; 편찬; 연구자」의 뜻: mono*logue*

log·wood [lɔ́:gwùd | lɔ́g-] *n.* Ⓤ 〘식물〙 로그우드 《콩과(科)의 작은 교목》

lo·gy [lóugi] *a.* (**-gi·er**; **-gi·est**) 《미·구어》 〈동작·지능이〉 느린, 둔한(dull); 탄력이 없는

-logy [lədʒi] 《연결형》 **1** 「말함, 말, 담화」의 뜻: eu*logy* **2** 「학문; …론(論), …학」의 뜻: geo*logy*

***loin** [lɔin] *n.* **1** [보통 *pl.*] 허리 **2** Ⓤ (짐승의) 허리 고기 **3** [*pl.*] 음부(陰部)

loin·cloth [lɔ́inklɔ̀:θ | -klɔ̀θ] *n.* (미개인 등이) 허리에 두르는 것, 간단한 옷

****loi·ter** [lɔ́itər] [MDu. 「꾸물거리다」의 뜻에서] *vi.* **1** 빈둥거리다, 어슬렁어슬렁 걷다 **2** 게으름 피우다, 늑장부리다(loaf) ― *vt.* 〈시간을〉 빈둥거리며 보내다 《*away*》 **~·er** *n.*

loll [lɑl | lɔl] [의성어] *vi.* **1** 하는 일 없이 빈둥거리다 《*about*》 **2** 축 늘어져 기대다[앉다] **3** 〈혀 등이〉 축 늘어지다 《*out*》 ― *vt.* **1** 〈혀·머리·손발 등을〉 축 늘어뜨리다 《*out*》 **2** 빈둥거리며 지내다 《*away*》

lol·li·pop, lol·ly- [lɑ́lipɑ̀p | lɔ́lipɔ̀p] *n.* 《영》 **1** (가는 막대 끝에 붙인) 사탕 **2** 《영·구어》 (아동 교통 정리원이 갖고 있는) 「멈춤」 표지판

lóllipop màn[**wòman**] 《영·구어》 아동 도로 횡단 감시원, 아동 교통 정리원

lol·lop [lɑ́ləp | lɔ́l-] *vi.* 《구어》 **1** 느릿느릿[터벅터벅] 걷다 **2** 튕기듯 나아가다

lol·ly [lɑ́li | lɔ́li] *n.* (*pl.* **-lies**) **1** 《구어》 =LOLLIPOP 1 **2** Ⓤ 《속어》 돈(money)

Lom·bard [lɑ́mbɑ:rd, -bərd | lɔ́m-] *n.* **1** 〘역사〙 롬바르드족(族) 《6세기에 이탈리아를 정복한 게르만계의 일족》 **2** Lombardy 사람 **3** 대금업자, 은행가 ― *a.* Lombardy (사람)의

Lómbard Strèet **1** 롬바르드 가(街) 《런던의 은행가(街)》 **2** 런던의 금융계 **3** 《일반적으로》 금융계[시장]

Lom·bard·y [lɑ́mbərdi | lɔ́m-] *n.* 롬바르디아 《이탈리아 북부의 주; 주도 Milan》

lon. longitude

Lond. London

****Lon·don** [lʌ́ndən] *n.* 런던 《영국의 수도》 **~·er** *n.* 런던 사람

Lóndon Brídge the City of London과 템스 강 남안 지구를 연결하는 다리

Lon·don·der·ry [lʌ̀ndəndéri, ⌐⌐⌐] *n.* 런던데리 《북아일랜드의 주; 그 주도》

lone [loun] [동음어 loan] [alone의 두음 소실(頭音消失)] *a.* Ⓐ 《시어》 **1** 고독한, 혼자의 **2** 고립된, 인적이 드문 **3** 적막한 **4** 독신의, 배우자가 없는

lóne hánd 혼자서 일을 하는 사람

***lone·li·ness** [lóunlinis] *n.* Ⓤ 고독: live in ~ 혼자 외롭게 살다

****lone·ly** [lóunli] *a.* (**-li·er**; **-li·est**) **1** 고독한, 고립된 **2** 쓸쓸한 ***feel*** **~** 쓸쓸하다, 외롭다

lone·ly-hearts [-hɑ̀:rts] *n. pl.*, *a.* 친구나 연인을 찾는 사람들(의)

lon·er [lóunər] *n.* 《구어》 고독한 사람[동물]

****lone·some** [lóunsəm] *a.* **1** 쓸쓸한, 외로운 **2** 고독한; 인적이 드문 ― *n.* 《구어》 혼자(self) (***all***) ***by*** [***on***] ***one's*** **~** 혼자서 **~·ly** *ad.* **~·ness** *n.*

lóne wólf **1** 외톨이 늑대 **2** 《구어》 고립주의자; 독신자; 단독범

****long**[1] [lɔ:ŋ | lɔŋ] *a.* (**~·er** [lɔ́:ŋgər | lɔ́ŋg-]; **~·est** [lɔ́:ŋgist | lɔ́ŋg-]) **1** 긴(opp. *short*) **a** 〈물건·거리 등이〉 긴, 멀고 긴 **b** 〈시간·과정·행위 등이〉 긴, 장기간에 걸치는 **c** Ⓟ (…하는 데에) 오래 걸리는 《*in*》 **2 a** [보통 수량을 나타내는 명사군과 함께] 〈길이·거리·시간 등이〉 …의 길이인, 길이가 …인 **b** 〈모양이〉 길쭉한 **c** 《구어》 〈사람이〉 키가 큰 **3 a** 〈시간·행위 등이〉 길게 느껴지는, 지루한: a ~ lecture 지루한 강의 **b** Ⓟ 꾸물대는, 오래 걸리는 《*about*, *over*》: He is ~ *about* his work. 그는 일을 하는 데에 오래 걸린다. **4 a** 넉넉한, …이상: a ~ hour 1시간 이상 **b** 〈리스트·계산서 등이〉 항목이 많은: a ~ bill 많이 밀린 계산 **5 a** 〈시력·청력·식견·타구 등이〉 멀리까지 미치는: a ~ sight 원시 **b** 〈기억이〉 먼 옛날까지 미치는: He has a ~ memory. 그는 대단한 기억력을 가지고 있다[기억력이 좋다]. **6** 〘음성〙 장음의 **7** 〘운율〙 강음(强音)의

be **~**[***a*** **~** ***time***] (***in***) **do*ing*** …하는 것이 늦다, 좀처럼 …하지 않다 ***go a*** **~** ***way*** (1) 〈돈 등이〉 쓸모가 있다 (2) 성공하다, 유명하게 되다 ***in the*** **~** ***run*** 긴 안목으로 보면, 결국은 ***L~ time no see.*** 《구어》 오랜만입니다. ***take a***[***the***] **~** ***view*** (***of life***) 긴 안목으로 보다

― *n.* **1** Ⓤ 오랫동안: It will not take ~. 오래 걸리지는 않을 거야. 《take long은 보통 의문문·부정문에 씀》 **2** 〘운율〙 장음(절) **3** 〘음성〙 장모음, 장음절 **4** [the L~] 《영·구어》 (대학의) 여름 방학

before **~** 머지않아, 이윽고(soon): We shall know the truth *before* ~. 머지않아 진상을 알게 될 것입니다. ***for*** (***very***) **~** [주로 부정문·의문문 또는 조건절에서] 오랫동안: He won't be away *for very* ~. 그가 그리 오래 가 있지 않을 걸세. ***the*** **~** ***and*** (***the***) ***short of it*** 요점, 요지; 본질

― *ad.* (**~·er**; **~·est**) **1 a** 오래, 오랫동안: live ~ 오래 살다 **b** 길게; 멀리(까지)

L

2 [기간을 나타내는 명사 앞에 all과 함께] …**동안 줄곧**: *all* day[night] ~ 온종일[밤새도록] **3** [때를 나타내는 부사 또는 접속사 앞에서] (어떤 때보다) **훨씬**(전 또는 후에): ~ ago 먼 옛날에

as ~ as … (1) …하는 동안: Stay here *as* ~ *as* you want to. 있고 싶은 만큼 여기에 있거라. (2) …하기만 하면 ***no ~er*** = ***not … any ~er*** 더 이상 …않다 ***So ~!*** 안녕(good-bye), 그럼 또! ***so ~ as …*** …하는 동안은, …하기만 하면

‡**long²** [OE 「나에게는 길게 보이다」의 뜻에서] *vi.* **애타게 바라다**; 열망[갈망]하다 《*for*》

long. longitude

long-a·go [-əgóu] *a.* Ⓐ 옛날의: in the ~ days 옛날에

Lóng Bèach 롱비치 《미국 California 주 Los Angeles 남쪽의 도시; 해수욕장》

long·boat [-bòut] *n.* (범선에 싣는) 대형 보트

long·bow [-bòu] *n.* 큰 활, 긴 활

long-dat·ed [-déitid] *a.* 장기(長期)의 〈어음·채권 등〉

lóng dístance 장거리 전화; 장거리 전화 교환수[국]

long-dis·tance [-dístəns] *a.* Ⓐ **1** 장거리의: a ~ call 《미》 장거리 (전화) 통화(《영》 trunk call) **2** 《영》 〈일기 예보가〉 장기(長期)의 **—** *ad.* 장거리 전화로

lóng dózen 13, 13개

long-drawn-out [-drɔ́:náut], **-drawn** [-drɔ́:n] *a.* 길게 끈[잡아 늘인], 길게 이어지는

long-eared [lɔ́:ŋíərd | lɔ́ŋ-] *a.* **1** 기다란 귀를 가진 **2** 멍청한(stupid)

*__lon·gev·i·ty__ [lɑndʒévəti | lɔn-] [L= long age] *n.* Ⓤ **1 장수 2** 수명

lóng fáce 시무룩[침통]한 얼굴

long-faced [lɔ́:ŋféist | lɔ́ŋ-] *a.* **1** 슬픈 얼굴의; 엄숙한(solemn) **2** 얼굴이 긴

Long·fel·low [lɔ́:ŋfèlou | lɔ́ŋ-] *n.* 롱펠로 **Henry Wadsworth ~** (1807-82) 《미국의 시인》

long·hair [lɔ́:ŋhὲər | lɔ́ŋ-] *n.* 《구어》 **1** 《미》 **a** 지식인 **b** 클래식 음악 애호가[연주가] **2** 《미》 장발족; 머리가 긴 예술가 **3** 히피

— *a.* **1** 장발의 **2 a** 지식 계급의 **b** (재즈보다) 클래식 음악을 좋아하는[연주하는] **3** 젊고 반사회적인, 히피적인 《longhaired 라고도 함》

long·hand [-hæ̀nd] *n.* Ⓤ (속기에 대하여) 보통 서법(書法)(의 필적)

lóng hául 1 장거리 (수송) **2** [the ~] (괴로운) 장시간 **3** 장기에 걸친 일[어려움] **lóng-hául** *a.*

long·head [-hèd] *n.* **1** 머리가 길쭉한 사람 **2** 《영·속어》 선견지명

long·head·ed [-hédid] *a.* **1** 머리가 길쭉한 **2** 선견지명이 있는 **~·ness** *n.*

long·horn [-hɔ̀:rn] *n.* 롱혼 《미국 남서부의 뿔이 긴 소》; [**L~**] 《미·속어》 텍사스 사람(Texan)

lóng húndredweight 《영》 112파운드 《50.8 kg; 중량 단위》

‡**long·ing** [lɔ́:ŋiŋ | lɔ́ŋ-] *n.* ⓊⒸ **갈망**, 열망, **동경** 《*for*》: She has a great ~ *for* home. 그녀는 고향을 몹시 그리워하고 있다.

— *a.* Ⓐ 갈망하는, 동경하는 **~·ly** *ad.*

long·ish [lɔ́:ŋiʃ | lɔ́ŋ-] *a.* 기름한, 길쭉한

Lòng Ísland 롱아일랜드 《미국 New York 주 남동부의 섬》

*__lon·gi·tude__ [lɑ́ndʒətjù:d | lɔ́ndʒitjù:d] [L 「길이, 세로」의 뜻에서] *n.* Ⓤ **1** 《지리》 **경도**(經度), 경선(經線) 《略 lon(g).; cf. LATITUDE 1》 **2** 《천문》 황경(黃經)

lon·gi·tu·di·nal [lɑ̀ndʒətjú:dənl | lɔ̀n-dʒitjú:-] *a.* **1** 경도[경선]의 **2** 세로의

lóng jòhns 《구어》 (손목·발목까지 덮는) 긴 내의

lóng jùmp [the ~] 《영》 《육상》 멀리뛰기(《미》 broad jump)

long·legged [-légd] *a.* **1** 다리가 긴 **2** 《구어》 발이 빠른

long-life [lɔ́:ŋlàif] *a.* 〈소모품이〉 수명이 긴, 오래가는

long-lived [-láivd, -lívd] *a.* 수명이 긴; 오래 계속하는, 지속하는

lóng méasure 척도, 길이의 단위

long·neck [lɔ́:ŋnèk | lɔ́ŋ-] *n.* 《미·구어》 병맥주, (맥주) 큰 병

lóng pláy LP반(盤) 레코드 《略 LP》

long-play·ing [-pléiiŋ] *a.* 장시간 연주 레코드의: a ~ record LP반 레코드

long-range [-réindʒ] *a.* Ⓐ **1** 원대한, 장기(長期)의 **2** 장거리에 달하는

lóng rùn 1 장기간 **2** 《연극·영화》 장기 공연, 롱런

long-run [-rʌ́n] *a.* 장기 흥행의

long·shore [-ʃɔ̀:r] [along shore의 두음 소실(頭音消失)] *a.* Ⓐ 연안의, 항만의: ~ fishery 연안 어업

long·shore·man [-ʃɔ̀:rmən] *n.* (*pl.* **-men** [-mən]) 《미》 부두 노동자

lóng shòt 1 《영화·TV》 원사(遠寫) **2** [a ~] 《미》 대담한[가능성이 희박한] 시도; (경마에서) 승산이 없는 말; (도박·내기 등에서의) (기대와 결과의) 큰 차이

long·sight·ed [-sáitid] *a.* 《영》 먼 데 것을 볼 수 있는; 원시(遠視)의; 선견지명이 있는

long·stand·ing [-stǽndiŋ] *a.* Ⓐ 다년간의; 오래 계속되는

lóng stòp 1 《크리켓》 롱 스톱 《wicket-keeper 바로 뒤에서 그가 놓친 공을 잡는 야수; 그 수비 위치》 **2** 《비유》 최후 수단, 비장의 솜씨

long-suf·fer·ing [-sʌ́fəriŋ] *a.* 참을성이 많은 **—** *n.* Ⓤ 인고(忍苦) **~·ly** *ad.*

lóng súit 1 《카드》 4장 이상의 짝지워진 패 **2** [one's ~] 《구어》 장점, 특기: English is *her* ~. 영어는 그녀의 특기 과목이다.

long-term [-tə̀:rm] *a.* 장기(長期)의

long·time [-tàim] *a.* Ⓐ 오랫동안의

lóng tón 영국톤, 대(大)톤 《2,240 파운드, 약 1,016 kg; 略 L/T》

lóng únderwear 《미·속어》 **1** 통속적[감상적]으로 연주하는 재즈 **2** (즉흥 연주는 못하는) 서툰 재즈 연주자

lóng vác 《영·구어》 =LONG VACATION

lóng vacátion 《영》 (법정·대학 등의) 하기 휴가《보통 8, 9, 10월의 3개월》

lóng wàve 〖통신〗 장파(長波) 《파장이 60 m 이상의 전자파》

long·ways [lɔ́:ŋwèiz | lɔ́ŋ-] *ad.* 세로로, 길이로

long·wear·ing [-wɛ́əriŋ] *a.* 《미》 〈옷 등이〉 질긴(《영》 hardwearing)

long-wind·ed [-wíndid] *a.* **1** 말이 긴; 행동이 느린 **2** 숨이 오래 지속되는 **~·ly** *ad.* **~·ness** *n.*

long·wise [lɔ́:ŋwàiz | lɔ́ŋ-] *ad.* = LONGWAYS

loo [lu:] *n.* (*pl.* **~s**) 《영·구어》 변소, 화장실(toilet)

loo·fa(h) [lú:fə] *n.* =LUFFA(H)

⁂**look** [luk] *vi.* **1 보다, 바라보다** 《*at*》: ~ *off* 눈을 딴 곳으로 돌리다 **2** 주시하다, 주목하다: ~ *at* the facts 사실에 주목하다 **3** 조사[검토, 고찰]하다 《*into*》; 확인하다 《*if, how, who*》: ~ deeper 더 깊이 고찰하다 **4** 〈사실·정세 등이〉 …경향이다(tend) 《*to, toward*》 **5** [보어 또는 부사구[절]를 수반하여] **얼굴[모양]이** (…으로) **보이다,** (…으로) 생각되다: He ~*s* very ill. 그는 몹시 편찮은 모양이다. **6** 〈집 등이〉 (…)향(向)이다: The terrace ~*s seaward.* 테라스는 바다를 향하고 있다.

— *vt.* **1** 자세히 보다, 주시[응시]하다 《*in*》: He ~*ed* me straight *in* the face. 그는 내 얼굴을 정면으로 응시했다. **2** …에 어울리게 보이다 **3** …한 눈치[표정]를 보이다 **4** 노려[흘겨]보아 …시키다 《*to, into, out of*》 **5** 확인하다, 조사해 보다 **6** 기대하다(expect): I did not ~ *to* meet you here. 여기서 너를 만날 줄은 몰랐다. **7** 찾다, 구하다(seek) 《*up*》

L~! 저것 (봐), 저런, 어마! ***~ about*** 두리번거리며 찾다 《*for*》 ***~ after*** …에 주의하다; …을 보살피다 ***~ at*** (1) …을 바라보다 (2) 고찰하다; 돌이켜보다 (3) …을 조사하다 ***~ down on***[***upon***] …을 경멸하다; …에 냉담하다 ***~ for*** 찾다; 기다리다; 귀찮은 일이 생길 것 같다; 기대하다 ***~ forward*** 앞을 보다, 장래를 생각하다 ***~ forward to*** do***ing*** …을 기대하다, (기대를 갖고) 기다리다 ***~ in*** 잠깐 들여다보다; 들르다 《*at*》; 텔레비전을 보다 《*at*》 ***~ in on*** …을 방문하다 ***~ into*** …을 들여다보다; …을 조사하다 ***~ like*** …인 것 같다: What does it ~ *like*? 어떻게 생긴 것이냐? ***~ off*** …에서 눈을 떼다 ***~ on with*** 《미·구어》 함께 보다 ***~ out*** 바깥을 내다보다; 주의를 딴 데로 돌리다; 경계하다 《*for*》: ~ *out* (of) the window 창밖을 내다보다 ***~ out on***[***upon***] 《미·구어》 …을 향하다 ***~ over*** …을 대충 훑어보다; 일일이 조사[음미]하다; 눈감아 주다 ***~ through*** …을 통하여 보다[보이다]; …을 충분히 조사하다; 간파하다: ~ *through* one's eye 〈마음 등이〉 눈에 나타나다 ***~ to*** …에 시선을 돌리다; …에 주의하다, …을 보살피다; …을 기대하다 《*for, to* do》; 의지하다, …을 믿다; 《미》 …에 기울어지다, …을 목표로 삼다; 〈건물이〉 …으로 면하다 ***~ up*** (*vt.*) 방문하다; (사전 등으로) 찾아보다; (*vi.*) 큰 뜻을 품다; 쳐다보다; 〈물가 등이〉 오르다 ***~ upon*** 관찰하다; 고려하다

— *n.* **1** [보통 a ~] **봄, 바라봄** 《*at*》; 일별(glance) **2 a** [보통 a ~] **눈빛,** 눈치; 얼굴 표정; **모양,** 외관: the ~ of the sky 날씨 **b** [보통 *pl.*] **용모,** 모습 **3** (유행 등의) 디자인

cast[***shoot***] ***a ~ at*** …을 힐끗 보다 ***have***[***take, give***] ***a ~ at*** …을 훑어보다

look-a·like [-əlàik] *n.* 매우 흡사한 사람[것] — *a.* 꼭 빼닮은

look·er [lúkər] *n.* **1** 《구어》 보는 사람 **2** 풍채가 (…한) 사람 **3** 《구어》 미인, 미남자

look·er-on [lùkərɔ́:n | -ɔ́n] *n.* (*pl.* **look·ers-**) 방관자, 구경꾼(spectator)

look-in [lúkìn] *n.* **1** 잠깐 들여다봄; 잠시의 방문 **2** 조사 **3** 《구어》 승리의 가망성, 승산: have a ~ 이길 것 같다

look·ing [lúkiŋ] *a.* [보통 복합어를 이루어] …으로 보이는, …한 얼굴을 한: angry-~ 화난 얼굴을 한

lóoking glàss **1** 거울 **2** 거울 유리

look·ism [lúkizm] *n.* 얼굴 생김새로 사람을 판단하는 것; 용모에 따른 차별

∗**look·out** [lúkàut] *n.* **1 망보기,** 조심, **경계**(watch) 《*for*》 **2** 전망 **3** 《영》 **가망,** 전도(前途)(prospect): It's a bad ~ for him. 그의 전도가 걱정이다. **4** 망대, 망루

keep[***take***] ***a sharp***[***good***] ***~ for*** …을 빈틈없이 조심하다, 경계하다 ***on the ~*** 망을 보고, 경계하여 《*for, to* do》

look-o·ver [-òuvər] *n.* 검토, 음미

look-see [-sì:] *n.* 《속어》 죽 훑어봄, 검사, 조사; 시찰: have[take] a ~ 점검하다, 시찰하다

∗**loom**[1] [lu:m] [OE「도구」의 뜻에서] *n.* 베틀, 직기(織機)

∗**loom**[2] [lu:m] *vi.* **1 어렴풋이 나타나다** **2** 〈거대한 것이〉 불쑥 나타나다 **3** [종종 ~ large로] 〈위험·근심 등이〉 불안하게 다가오다; 〈사물이〉 매우 중대하게[확대되어] 보이다 — *n.* [a ~] 몽롱하게 나타남

∗**loon**[1] [lu:n] *n.* 《미》 〖조류〗 아비(阿比) 《물새의 일종》

loon[2] *n.* 《구어》 바보; 미치광이

loon·y, loo·ney [lú:ni] *n.* (*pl.* **loon·ies**; **~s**) 《구어》 미치광이; 얼간이, 《구어》 바보

— *a.* (**loon·i·er**; **-i·est**) 미친; 바보의

lóony bìn 《속어》 정신병원

⁑**loop** [lu:p] *n.* **1** (실이나 끈 등으로 만든) **고리,** 올가미 **2** 고리 모양으로 생긴 것 **3** (피륙의) 귀; 고리 《장대 등을 꿰는》 **4** 〖스케이트〗 만곡선 **5** 〖수학〗 자폐선(自閉線) **6** 〖항공〗 공중제비 (비행)(loop-the-loop) **7** 〖물리〗 (진폭의) 파복(波腹) 《정규 진동 또는 정상파(定常波)에 있어서》

— *vt.* **1** 〈끈 등을〉 고리로 만들다; 고리로 두르다 **2** 귀를 달다 **3** (고리로) 묶다 《*up, back*》; 고리로 매다 《*together*》 **4** 〈비행기를〉 공중제비를 넘게 하다

~ *the* ~ 곡예비행을 하다; (자전거로) 공중 곡예를 하다
— *vi.* **1** 동그라미를 만들다, 고리가 되다 **2** 공중제비(비행)을 하다
looped [lu:pt] *a.* 동그라미가 된, 고리가 달린; 《미·속어》 취한, 열중하는
loop·er [lú:pər] *n.* **1** 고리를 만드는 사람[것] **2** 〖곤충〗 자벌레 **3** 〖야구〗 크게 원을 그리는 공
*__loop·hole__ [lú:phòul] *n.* **1** 총안(銃眼), 공기 빼는 구멍, 엿보는 구멍 **2** 틈새기; 도망할 길: a ~ in the law 법의 허점
lóop lìne 〖철도·전신〗 환상선(環狀線)
loop·y [lú:pi] *a.* (**loop·i·er**; **-i·est**) **1** 테(loop)가 많은 **2** 《속어》 미친
‡**loose** [lu:s] *a.* **1** 풀린, 벗겨진; 매여 있지 않은, 떼어 놓은; 포장 안된, 흩어진 **2** 헐거운, 느슨한 **3** 《구어》 〈자금 등이〉 자유롭게 쓸 수 있는; 〈시간이〉 빈, 한가한 **4** 〈문·이빨·기계의 부분 등이〉 꽉 죄지 않은, 성긴 **5** (육체적으로) 축 처진 **6** 〈직물 등의〉 눈이 굵은; 〈흙 등이〉 푸석푸석한 **7** 〈대형(隊形) 등이〉 산개(散開)한: in ~ order 〖군사〗 산개 대형으로 **8** (정신적으로) 해이한, 주의력이 산만한; 〈말·생각 등이〉 부정확한; 〈문체가〉 산만한: in a ~ sense 막연한 뜻으로 **9** 《경멸》 〈사람·언동 등이〉 품행이 나쁜(opp. *strict*)
break ~ 속박에서 벗어나다; (…에서) 도망치다 《*from*》: *break ~ from* prison 탈옥하다 ***cast*** ~ 풀어 놓아주다, (스스로) 풀려 나오다 ***get*** ~ 달아나다 ***keep*** one***'s money ~ in*** one***'s pocket*** 잔돈을 호주머니 속에 넣어두다 ***let*** [***turn***] ~ 놓아주다; 〈노여움·웃음 등을〉 폭발시키다 ***set*** ~ (풀어) 놓아주다 ***shake*** one***self*** ~ 몸을 뒤흔들어 벗어나다
— *ad.* 느슨하게
— *n.* **1** UC 방임, 해방 **2** 발사, (활을) 내쏨 ***be on the*** ~ 흥겹게 떠들어대다, 마음대로 하다 ***give*** (***a***) ~ ***to*** 〈감정·공상이〉 쏠리는 대로 두다
— *vt.* **1** 〈매듭 등을〉 풀다, 끄르다, 늦추다: ~ a knot 매듭을 풀다 **2** 놓아주다; 풀어놓다 **3** 〈활·총을〉 쏘다 《*off*》
~ one***'s hold*** (***of***) (…에서) 손을 늦추다, 자유롭게 하다
— *vi.* **1** 총을 쏘다 《*off*》 **2** 《고어》 느슨해지다 **3** 출범하다 **4** 쥐고 있던 것을 놓다
loose-box [lú:sbɑ̀ks | -bɔ̀ks] *n.* 《영》 (소·말 등을 매지 않고 자유롭게) 놓아 기르는 외양간
lóose énd **1** (끈·밧줄의) 매지 않은 쪽 끝 **2** [보통 *pl.*] 미해결 부분
at a ~ = 《미》 ***at ~s*** 일정한 직업이 없이; 어찌할 바를 몰라서; 미결인 채로; 무질서하게
loose-fit·ting [-fítiŋ] *a.* 〈의복이〉 헐렁한(opp. *close-fitting*)
loose-joint·ed [-dʒɔ́intid] *a.* 관절이 헐거운; 자유롭게 움직이는; 짜임새가 느슨한
loose-leaf [-lì:f] *a.* 루스리프식의 《페이지를 마음대로 뺐다 끼웠다 하게 되어 있는》
loose-limbed [-límd] *a.* 팔다리가 유연한 〈운동 선수 등〉
*__loose·ly__ [lú:sli] *ad.* **1** 느슨하게 **2** 막연히 **3** 짜임새 없이, 단정치 못하게
‡**loos·en** [lú:sn] *vt.* **1** 풀다, 놓다, 놓아주다 《*up*》 **2** 늦추다, 흐트러뜨리다 **3** 〈억제 등을〉 완화하다 《*from*》 — *vi.* **1** 느슨해지다 **2** 늘어지다; 흩어지다
~ ***up*** 《미》 (1) 인색하게 굴지 않고 돈을 내놓다 (2) (솔직히) 터놓고 얘기하다, 마음을 편하게 먹다 (3) 《미》 (시합 전에) 근육을 풀다: ~ one*self up* (경기 등을 앞두고) 몸을 풀다
loose-tongued [-tʌ́ŋd] *a.* 입이 가벼운, 수다스러운
loot [lu:t] *n.* U **1** 전리품, 약탈품 **2** (관리의) 부정 이득; 장물 **3** 강탈 **4** 《속어》 돈
— *vt.* **1** 약탈하다 **2** 부정 이득을 얻다
— *vi.* 약탈하다; 부정하게 취득하다
loot·er [lú:tər] *n.* **1** 약탈자; 도둑 **2** 부정 취득자
lop[1] [lɑp | lɔp] *v.* (**~ped**; **~·ping**) *vt.* **1** 〈가지를〉 베다 《*off, away*》; 가지를 치다: ~ branches *off*[*away*] 가지를 치다 **2** 〈목·손발 등을〉 잘라버리다; 〈불필요한 것을〉 깎다, 삭감하다 《*off, away*》: ~ *off* a page 한 페이지를 삭제하다
— *vi.* 나무의 가지 등을 치다; (일부를) 잘라내다 — *n.* **1** 가지 치기 **2** 베어낸 가지
lop[2] *vi.* (**~ped**; **~·ping**) **1** (축) 늘어지다, 드리우다 **2** 축 늘어져 자다[기대다] **3** 빈둥거리다 《*about, around, round*》
— *n.* 귀가 축 늘어진 토끼
lope [loup] *vi., vt.* 〈토끼 등이〉 껑충껑충 뛰다[뛰게 하다] 《*along*》; 〈사람이〉 성큼성큼 걷다[뛰다] — *n.* 도약; 가볍고 보폭이 큰 구보
lop-eared [lɑ́pìərd | lɔ́p-] *a.* 귀가 늘어진 〈토끼 등〉
lop·sid·ed [lɑ́psáidid | lɔ́p-] *a.* 한쪽으로 기울어진; 균형을 잃은(uneven)
~·ly *ad.* **~·ness** *n.*
lo·qua·cious [loukwéiʃəs] *a.* 수다스러운; 떠들썩한 **~·ly** *ad.* **~·ness** *n.*
lo·quac·i·ty [loukwǽsəti] *n.* U 수다, 다변
lo·quat [lóukwɑt | -kwɔt] *n.* 〖식물〗 비파나무(의 열매)
lor, lor' [lɔ:r] *int.* 《영·속어》 어마, 어
lo·ran [lɔ́:rən] [*lo*ng *ra*nge *n*avigation] *n.* UC 로란 《배·항공기가 2개의 무선 전신국으로부터 받는 전파의 시간차를 측정하여 자신의 위치를 산출하는 장치》
‡**lord** [lɔ:rd] *n.* **1** 주(主), 지배자, 주인 **2** [보통 the L~] 하느님(God); [보통 our L~] 구세주 **3** 군주 《국왕에 대한 존칭》 **4** 〖역사〗 영주(領主) **5** 《영》 귀족(peer); [the L~s] 《영》 상원 (의원); [**L~**] 경(卿); 《호칭》 ⇨ my LORD. **6** 《시어·익살》 남편 **7** 중요 인물, 거물: a cotton ~ 면업왕(綿業王)(cf. KING)
(***as***) ***drunk as a*** ~ 곤드레만드레 취하여 ***live like a*** ~ 호화롭게 살다 ***my L~***[~] [mi-lɔ́:rd; (변호사의 발언은 종종) mi-lʌ́d] 각하
— *vi.* 주인으로서 행동하다; 주인인 체하다, 뽐내다

— *vt.* 귀족으로 삼다; 귀족 취급을 하다
~ (*it*) *over* …에 군림하다[뽐내다]

Lòrd Chámberlain [the ~ (of the Household)] (영) 시종장, 궁내 장관 《略 LC》

Lórd Chìef Jústice [the ~ (of England)] (영) 수석 재판관 《略 L.C.J.》

Lórd (Hìgh) Cháncellor (영) 대법관 《상원 의장으로 국새(國璽)를 보관하며, 재판관으로서도 최고의 관직; 略 L.H.C., L.C.》

lord·ling [lɔ́:rdliŋ] *n.* 소(小)군주; 시시한 귀족

∗**lord·ly** [lɔ́:rdli] *a.* (**-li·er**; **-li·est**) **1** 귀족[군주]다운, 위엄 있는 **2** 오만한

Lòrd Máyor [the ~] (영국 런던 및 대도시의) 시장

Lòrd Présidentof the Cóuncil [the ~] (영) 추밀원 의장

Lórd Prívy Séal [the ~] (영) 옥새 상서

Lórd Protéctor [the ~ (of the Commonwealth)] 〖영국사〗 호민관(護民官) 《공화 정치 시대의 Oliver Cromwell과 그의 아들 Richard의 칭호》

Lórd's dày [the ~] 주일, 일요일

∗**lord·ship** [lɔ́:rdʃip] *n.* Ⓤ **1** [종종 **L~**] 《영·호칭》 **각하** 《공작을 제외한 귀족 및 재판관의 존칭이나 농담으로는 보통 사람에게도 씀》 **2** **귀족[군주]임** **3** 통치권; 지배 《*over*》 **4** Ⓒ 영지(領地)

Lòrd Spíritual (영) (상원의) 성직자 의원 《대주교 또는 주교》

Lórd's Práyer [the ~] 〖성서〗 주기도문

Lórd's Súpper [the ~] 주(主)의 만찬; 성찬(식)

Lòrd Témporal (영) (상원의) 세속 의원 《역대 귀족의 당대 또는 1대 귀족》

∗**lore** [lɔ:r] [OE 「가르침」의 뜻에서] *n.* ⓊⒸ **1** (전승(傳承)적) **지식**; 민간 전승 **2** 《일반적으로》 학문, 지식
***animal* ~** 동물에 대한 지식

Lor·e·lei [lɔ́:rəlài] *n.* 로렐라이 《라인 강가의 바위에 출몰하여 아름다운 노래로 뱃사람을 유혹하여 파선시켰다고 하는 독일 전설의 마녀》

lor·gnette [lɔ:rnjét] [F 「곁눈으로 보다」의 뜻에서] *n.* **1** 손에 쥐는 테가 달린 안경 **2** 손잡이가 달린 쌍안경; 오페라 글라스

lorn [lɔ:rn] *a.* (시어) 고독한; 적적한
lórn·ness *n.*

∗**lor·ry** [lɔ́:ri | lɔ́ri] *n.* (*pl.* **-ries**) **1** (영) **화물 자동차**((미) truck) **2** (철도의) 무개 화차; (광산 철도의) 광차 **3** 4륜 짐마차

Los An·ge·les [lɔ:s-ǽndʒələs, -lì:z | -ǽndʒəlì:z] 로스앤젤레스 《미국 California 주의 공업 도시; Hollywood를 포함함; 略 L.A.》

⁑**lose** [lu:z] *v.* (**lost** [lɔ:st | lɔst])(cf. LOSS *n.*) *vt.* **1** **잃다**; 상실[분실]하다: ~ one's life 목숨을 잃다 **2** 〈병·공포 등을〉 벗어나다: ~ one's fear 무서움이 가시다 **3** [~ one*self*로] 〈길을〉 **잃다**: ~ one*self* in a wood 숲속에서 길을 잃다 **4** 잊어버리다 **5** **지다**; 〈상 등을〉 받지 못하다; [이중 목적어와 함께] 잃게 하다: This *lost* them the victory. 이것 때문에 그들은 승리를 놓쳤다. **6** [보통 수동형으로] 멸망시키다 **7** 〈시계가〉 **늦게 가다**: ~ five minutes a day 하루에 5분 늦다 **8** 〈차를〉 **놓치다** **9** [~ one*self*로] …에 몰두하다
~ *a patient* 〈의사가〉 환자 하나를 잃다 [죽게 하다] **~ one's *character*** 신용을 잃다 **~ one*self*** 길을 잃다; 정신 팔리다 《*in*》; 보이지 않게 되다 《*in*》 **~ one's *hair*** (1) 머리가 벗어지다 (2) 와락 성미를 내다 **~ one's *place*** 지위를 잃다 **~ one's *way*** 길을 잃다 **~ *way*** 〖항해〗 속력을 잃다
— *vi.* **1** **지다**; 실패하다: I *lost* (*to* him). 나는 (그에게) 졌다. **2** 손해를 입다 《*by*》 **3** 쇠하다; 〈가치·효력 등이〉 감소하다 《*in*》: The invalid is *losing*. 그 병자는 쇠약해지고 있다. **4** 〈시계가〉 늦어지다(opp. *gain*): This watch *~s by* twenty seconds a day. 이 시계는 하루에 20초 늦어진다.
~ *out* (구어) 지다; 실패하다

∗**los·er** [lú:zər] *n.* **1** **실패자**; 분실자 **2** 진편 《경기에서》, 진 말 《경마에서》; 패자: *L~s* are always in the wrong. (속담) 이기면 충신, 지면 역적. **3** (영) 〖당구〗 = HAZARD 2 **4** (구어) 전과자(前科者) **5** 전연 쓸모없는 것[사람]
***a good*[*bad*] ~** 깨끗이 지는[지고 군소리 많은] 사람

los·ing [lú:ziŋ] *a.* Ⓐ 지는; 손해 보는: a ~ game[pitcher] 이길 가망이 없는 시합[패전 투수]

⁑**loss** [lɔ:s | lɔs] [OE 「파괴」의 뜻에서] *n.* ⓊⒸ **1** **분실, 유실; 손실, 손해** **2** **손실물**; 손실 액수 **3** **감소**; 낭비: ~ in weight 무게의 감소 **4** **실패**, 패배 **5** **사망**; [*pl.*] 〖군사〗 사망자, 손해: suffer heavy *~es* 큰 손해를 입다
***at a* ~** (1) 당황하여: I was *at a* ~ *for* answer. 나는 대답할 바를 몰랐다. (2) 〈사냥개가〉 짐승 냄새의 자취를 잃어(버린) (3) 손해를 보고: sell *at a* ~ 손해를 보고 팔다
for a* ~** 우울한, 지칠 대로 지친 **~ *of face 체면 손상 ***without* ~ *of time*** 지체없이, 곧

lóss lèader 〖상업〗 (손님을 끌기 위해 밑지고 파는) 특매품((영) leading article)

⁑**lost** [lɔ:st | lɔst] *v.* LOSE의 과거·과거분사 **—** *a.* **1** **잃은**, 분실한; 행방불명 된(missing): ~ territory 실지(失地) **2** (경기 등에서) **진**; 놓쳐버린 **3** **헛된**: ~ labor 헛수고, 도로(徒勞) **4** 죽은, 멸망한 [파멸된]: ~ souls 지옥에 떨어진 영혼 **5** 길을 잃은; 당황[방황]하는: a ~ child 미아(迷兒) **6** Ⓟ 정신이 팔린 《*in*》: He was ~ *in* reverie[thought]. 그는 공상[사색]에 잠겨 있었다.
be*[*get*] ~ *in thought (생각)에 몰두하다
***be* ~ *on*[*upon*]** …에 효력이 없다: The advice *was* ~ *on* him. 그 충고는 그에게 효과가 없었다. ***get* ~** 길을 잃다, 미아가 되다, 어찌할 바를 모르다; [명령형으로] (속어) 냉큼 꺼져 버려[나가]

lóst cáuse 실패로 돌아간[성공할 가망이 없는] 목표[주장, 운동]

Lóst Generátion **1** [the ~] 잃어버린 세대 《제1차 세계 대전 이후의 환멸과 회의에 찬 미국의 젊은 세대》 **2** [집합적] 잃어버린 세대의 사람들[작가들] **3** 《일반적으로》 가치관을 잃은 세대

lóst próperty [집합적] 유실[분실]물

⁑lot [lɑt | lɔt] [OE 「할당」의 뜻에서] *n.* **1 제비**; Ⓤ 제비뽑기; 추첨: The ~ fell upon me. 내가 당첨되었다. **2 몫** (share) **3 운**, 운명 **4 지구**(地區); 《미》 토지의 한 구획 **5** (매품(賣品)·경매품의) **한 벌**[무더기, 몫] **6** (사람·물건의) 떼, 패 **7** [a ~; 종종 *pl.*] 《구어》 **많음**, 다수, 다량 《*of*》: *a* ~[*~s*] *of* books 많은 책 **8** Ⓤ 《영》 과세(課稅) **9** [the ~] 《구어》 모두: That's *the* ~. 그것이 전부다.

a ~ of = ***~s of*** = ***~s and ~s of*** = ***a good ~ of*** 《구어》 많은(⇨ *n.* 7) ***by ~*** 제비로 ***cast in*** one***'s ~ with*** … 와 운명을 같이하다 ***cast***[***draw***] ***~s*** 주사위를 던져서[제비를 뽑아서] 정하다 ***It falls to***[***It is***] one***'s ~ to*** do …이 …하게 되다, …할 운명이다

— *v.* (**~·ted**; **~·ting**) *vt.* **1** 제비뽑기로 정하다 **2** 할당하다 **3** 〈토지 등을〉 구분하다 《*out*》

— *vi.* 제비뽑기를 하다

loth [louθ] *a.* = LOATH

***lo·tion** [lóuʃən] *n.* ⓊⒸ **1 세척제**, 외용 물약; 화장수, 로션

***lot·ter·y** [lɑ́təri | lɔ́t-] *n.* (*pl.* **-ter·ies**) **1 제비뽑기** **2** 운, 재수 **3** 카드놀이의 일종

Lot·tie, Lot·ty [lɑ́ti | lɔ́ti] *n.* 여자 이름 《Charlotte의 애칭》

lot·to [lɑ́tou | lɔ́t-] *n.* Ⓤ **1** 로토 《최고 당첨 금액의 제한이 없는 복권》 **2** 숫자 카드 맞추기 놀이

***lo·tus** [lóutəs] *n.* **1** 〚식물〛 연(蓮) **2** 〚그리스신화〛 로터스, 로터스의 열매 《그 열매를 먹으면 이 세상의 괴로움을 잊고 즐거운 꿈을 꾼다고 생각되었던 상상의 식물》

lo·tus-eat·er [lóutəsìːtər] *n.* **1** 〚그리스신화〛 lotus의 열매를 먹고 모든 괴로움을 잊은 사람 **2** 안일(安逸)을 일삼는 사람

Lotus 1-2-3 〚컴퓨터〛 로터스 1-2-3 《스프레드시트를 기본으로 데이터베이스, 그래프 기능 등이 통합되어 있는 IBM PC용의 통합 소프트웨어》

lótus position[**pòsture**] 〚힌두교〛 연화좌(蓮花座), 결가부좌(結跏趺坐)

⁑loud [laud] *a.* **1 소리가 큰, 큰 목소리의** **2 시끄러운**(noisy) **3** 귀찮게 구는: He was ~ *in* his demands[*in* denounc*ing* it]. 그는 귀찮게 계속 요구했다[그것을 비난했다]. **4** 〈색·의복이〉 화려한, 허식을 부리는(showy) **5** 《구어》 〈태도 등이〉 야비한(vulgar), 유난히 눈에 띄는: a ~ lie 새빨간 거짓말 **6** 《미》 〈냄새가〉 구린, 지독한 — *ad.* **큰소리로**

out ~ 큰소리로(aloud)

loud-hail·er [láudhéilər] *n.* 《영》 (앰프가 내장된) 휴대용 확성기

⁑loud·ly [láudli] *ad.* **1 큰소리로** **2** 사치스럽게, 화려하게

loud·mouth [láudmàuθ] *n.* 《구어》 큰 소리로 떠들어대는 사람

loud·mouthed [-màuðd, -màuθt] *a.* 큰 목소리의[로 이야기하는]; 소란스러운

***loud·ness** [láudnis] *n.* Ⓤ **1 큰 목소리**; 소리의 세기; 소란스러움 **2** 지나치게 화려함

***loud·speak·er** [láudspìːkər] *n.* **확성기**

Lou·is [lúːis] *n.* 남자 이름

Lou·i·sa [luːíːzə], **Lou·ise** [-íːz] *n.* 여자 이름 《Louis의 여성형》

Lou·i·si·an·a [luːìːziǽnə, lùːi- | luːì-] *n.* 루이지애나 《미국 남부의 주; 略 La.》

***lounge** [laundʒ] *vi.* **1 어슬렁어슬렁 거닐다** 《*around, along*》 **2** 축 늘어져서 기대다[눕다] 《*in, on*》 **3** 빈둥빈둥 놀고 지내다(idle) 《*about, around*》

— *vt.* 〈시간을〉 빈둥빈둥 보내다 《*away, out*》 — *n.* **1** 어슬렁어슬렁 거닒 **2** (호텔 등의) 로비, **휴게실** **3** 안락 의자 **4** 《영》 신사복

lóunge bàr 《영》 (퍼브(pub)[호텔] 내의) 고급 바

lóunge lìzard 《속어》 **1** 놈팡이 **2** = GIGOLO

loung·er [láundʒər] *n.* **1** 거니는 사람 **2** 놈팡이

lóunge sùit 《영》 신사복(《미》 business suit)

lour [lauər] *vi., n.* = LOWER[3]

lour·ing [láuəriŋ] *a.* = LOWERING

louse [laus] *n.* (*pl.* **lice** [lais]) **1** 〚곤충〛 이 **2** 기생충 《새·물고기·식물 등의》 **3** (*pl.* **lous·es** [láusiz]) 《속어》 천한[못된] 녀석

— [laus, lauz] *vt.* 이를 잡다

~ up 《미·속어》 망치다, 엉망으로 만들다 (spoil)

lous·y [láuzi] *a.* (**lous·i·er**; **-i·est**) **1** 이가 들끓는 **2** 《구어》 비열한, 혐오스러운; 형편없는, 저질의; 몸이 안 좋은; 나쁜

lout [laut] *n.* 촌스러운 사람

lout·ish [láutiʃ] *a.* 촌스러운; 너저분한

lou·ver, -vre [lúːvər] *n.* 지붕창(窓) 《채광·통풍용》; 정탑(頂塔)

***lov·a·ble** [lʌ́vəbl] *a.* **사랑스러운**, 매력적인 **~·ness** *n.* **-bly** *ad.*

⁑love [lʌv] *n.* Ⓤ **1 사랑**, 호의 《*for, of, to, toward*(*s*)》 **2** [보통 one's ~] (안부를 전하는) 인사말: Give *my* ~ to Dan. 댄에게 안부 전해 줘요. **3 a** **연애**; 정욕 **b** (사물에 대한) **애호** **4** Ⓒ 사랑하는 사람; 애인 《보통 여성》 **5** [**L~**] 연애의 신, 큐피드 **6** (신의) 사랑, 자비; (신에 대한) 경애 **7** Ⓒ 《구어》 유쾌한 사람, 예쁜[귀여운] 물건[사람]; [*pl.*] 어린애들 **8** 〚테니스〛 영점, 무득점: ~ all 0대 0

be[***fall***] ***in ~ with*** …에게 반해 있다; …을 사랑하다 ***for the ~ of Heaven*** [***your children,*** etc.] 제발 ***make ~ to*** 애정 행위를 하다; 구애하다 ***send***[***give***] one***'s ~ to*** …에게 안부를 전하다

— *vt.* **1 사랑하다**; 사모하다 **2 좋아하다** (like), 기뻐하다; 찬미[찬양]하다: ~ music 음악을 좋아하다 **3** 〈동식물이 빛 등

을〉 좋아하다 **4** …에게 구애하다; …와 성적 관계를 갖다 **5** 껴안다
— *vi.* 사랑하다
*__love·a·ble__ [lʌ́vəbl] *a.* = LOVABLE
lóve affàir **1** 연애 사건, 정사 《*with*》 **2** 열중 《*with*》
love·bird [-bə̀ːrd] *n.* **1** 〖조류〗 모란앵무 《암컷과 수컷이 거의 언제나 붙어 다님》 **2** [*pl.*] 《구어》 열애 중의 남녀; 잉꼬 부부
lóve chìld 사생아
lóve gàme 〖테니스〗 제로 게임 《패자가 1포인트도 못 얻은 게임》, 완승; 완패
love-hate [lʌ́vhéit] *n., a.* (동일 대상에 대한) 강한 애증(의)
lóve knòt 사랑 매듭 《애정을 나타내기 위한 리본의 장식 매듭》
love·less [lʌ́vlis] *a.* **1** 무정한 **2** 호감이 가지 않는 **~·ly** *ad.* **~·ness** *n.*
lóve lètter 연애 편지
love·lock [lʌ́vlɑ̀k | -lɔ̀k] *n.* **1** (여자의) 애교머리 《이마 등에 늘어뜨린》 **2** 〖역사〗 (17-18세기 조신(朝臣)들이) 어깨까지 늘어뜨린 머리
love·lorn [-lɔ̀ːrn] *a.* 실연한, 사랑에 번민하는
⁑**love·ly** [lʌ́vli] *a.* (**-li·er**; **-li·est**) **1** 귀여운, 사랑스런 **2** 《속어》 즐거운, 멋진: ~ weather 매우 좋은 날씨 **3** 애교 있는 **4** 순결한; (정신적으로) 뛰어난
— *n.* (*pl.* **-lies**) 《구어》 미인
love·mak·ing [lʌ́vmèikiŋ] *n.* Ⓤ **1** 구애 **2** 애무, 포옹; 성교
lóve màtch 연애 결혼
love-phil·ter [-fìltər] *n.* 미약(媚藥)
love-po·tion [-pòuʃən] *n.* = LOVE-PHILTER
⁑**lov·er** [lʌ́vər] *n.* **1** 연인, 애인 《단수일 때는 남자》 **2** 정부(情夫); [*pl.*] 애인들 **3** 애호자 《*of*》
lóve sèat 러브 시트 《2인용 의자 또는 소파》
lóve sèt 〖테니스〗 러브 세트 《한 편이 1게임도 못 얻은 세트》
love·sick [lʌ́vsìk] *a.* 사랑에 번민하는 **~·ness** *n.* Ⓤ 상사병
lóve sòng 사랑의 노래, 연가
lóve stòry 연애 소설
lov·ey [lʌ́vi] *n.* 《영·구어》 애인; 여보 (darling)
love·y-dove·y [lʌ́vidʌ́vi] *a.* 《구어》 **1** (맹목적으로) 사랑한, 홀딱 반한 **2** 지나치게 감상적인, 매우 달콤한
⁑**lov·ing** [lʌ́viŋ] *a.* **1** 애정 있는, 정다운, 친애하는 **2** [one's ~] 충실한 **3** [종종 복합어를 이루어] (…을) 사랑하는
lóving cùp 우의의 술잔, 돌려 가며 마시는 큰 잔 《은제의 대형 잔; 지금은 우승배》
lov·ing-kind·ness [lʌ́viŋkáindnis] *n.* Ⓤ **1** (신의) 자애 **2** 친애, 인정, 인자
⁑**low**[1] [lou] *a.* **1** 〈위치·온도·가치 등이〉 낮은 **2** 〈물이〉 준; 썰물의 **3** 〈소리·음성이〉 낮은, 저음의 **4** 기운 없는, 침울한; 〈신체가〉 약한: ~ spirits 무기력, 의기소침 **5** 영양이 적은, 빈약한: a ~ diet 조식(粗食) **6** 〈계급·위치 등이〉 낮은, 천한: of ~ birth 천하게 태어난 **7** 〈생물 등이〉 미발달의, 단순한 **8** 〈열·압력 등이〉 약한, 낮은 **9** 〈사고·표현·행동이〉 점잖지 못한, 저급한 **10** 〈값이〉 싼 **11** 〖음성〗 혀의 위치가 낮은 **12** 〈지갑이〉 빈, 돈이 거의 없는 ***have a ~ opinion of*** …을 대수롭지 않게 여기다, 경시하다 ***lay ~*** 망치다; 타도하다 ***lie ~*** 쭈그리고 앉다; 나가떨어져 있다, 죽어 있다; 《속어》 호기(好機)를 엿보고 있다
— *ad.* **1** 낮게 **2** 싸게 **3** 낮은 음성으로 **4** 조식(粗食)하여 **5** 천하게, 비열하게 **6** 소액의 (노름) 밑천으로 **7** 풀이 죽어 **8** 근년에 ***bring ~*** 〈재산·건강·위치 등을〉 줄게 하다, 몰락[영락]하게 하다 ***fall ~*** 타락하다 ***~ down*** 훨씬 아래에; 천대하여, 냉대하여
— *n.* **1** 낮은 것 **2** 《미》 최저 수준[기록, 숫자], 최저 가격: an all-time ~ 사상 최저 수준[상태] **3** 〖기상〗 저기압권
low[2] *vi.* 〈소가〉 음매 울다
— *vt.* 울부짖듯 말하다
— *n.* (소의) 음매하고 우는 소리
lów béam (자동차 헤드라이트의) 하향 광선
lów blóod prèssure 〖병리〗 저혈압
low·born [lóubɔ́ːrn] *a.* 태생이 천한, 천하게 태어난
low·boy [-bɔ̀i] *n.* 《미》 다리가 달린 낮은 옷장 《약 3피트 높이의》
low·bred [-bréd] *a.* 버릇없이 자란, 버릇없는, 막된
low·brow [-bràu] *a., n.* 《미·속어》 교양[지성]이 낮은 (사람)
low-cal [-kǽl] *a.* 저칼로리의 〈식사〉
lów cámp 예술적으로 진부한 것을 무의식적으로 그대로 사용함
Lów Chúrch [the ~] 저(低)교회파 《영국 국교 중 의식을 경시하며 복음을 강조함》
Lów Chúrchman 저교회파 사람
low-class [-klǽs | -klɑ́ːs] *a.* = LOWER-CLASS
lów cómedy 익살극, 저속한 희극
Lów Còuntries [the ~] (북해 연안의) 낮은 지대 《지금의 Benelux의 총칭》
low-down [-dàun] *n.* [the ~] 《구어》 실정, 내막, 진상; 기밀 정보 ***get*** [***give***] ***the ~ on*** …의 내막을 알다[알리다]
— *a.* Ⓐ 《구어》 천한, 비열[야비]한
⁑**low·er**[1] [lóuər] *vt.* **1** 낮추다; 〈보트 등을〉 내리다 **2** 〈가치 등을〉 떨어뜨리다 **3** 〈기(旗) 등을〉 끌어 내리다, 〈수위 등을〉 내리다 **4** 내리누르다, 〈희망 따위를〉 꺾다: ~ one's dignity 품위를 떨어뜨리다 **5** …의 힘[체력]을 감소시키다[약하게 하다] ~ one***self*** 자기 고집을 굽히다, 몸을 굽히다, 굴복하다
— *vi.* **1** 〖항해〗 보트[돛]를 내리다 **2** 내려지다 **3** 줄다 **4** 〈값 등이〉 떨어지다 **5** 가락이 내리다
⁑**lower**[2] [low[1]의 비교급] *a.* Ⓐ **1** 아래쪽의 **2** 하급의, 열등한: ~ animals 하등 동물 **3** (강의) 하류의; 《미》 남부의 **4** [**L~**] 〖지질〗 전기(前期)의(earlier) (opp. *upper*)
low·er[3] [láuər] [ME 「찌푸리다」의 뜻에서] *vi.* **1** 얼굴 표정을 찌푸리다(frown)

《*at, on, upon*》 **2**〈날씨가〉 험악해지다
— *n.* **1** 언짢은 얼굴 **2** 험악한 날씨
low·er·case [lóuərkèis] 〖인쇄〗 *a.* 소문자의, 소문자로 인쇄한[짠, 쓴]
— *vt.* 소문자로 인쇄하다
— *n.* Ⓤ 소문자 (활자) 《略 lc, l.c.》
Lówer Chámber = LOWER HOUSE
lówer cláss **1** 하층 계급, 노동자 계급 **2** [the ~es] 하층 사회 (사람들)
low·er-class [-klǽs | -klɑ́:s] *a.* 하층 계급의
low·er·class·man [-klǽsmən | -klɑ́:s-] *n.* (*pl.* **-men** [-mən]) 4년제 대학의 1·2년생(underclassman)
lówer déck **1** 〖항해〗 하갑판 **2** [the ~; 집합적] 《영》 수병
Lówer Hóuse [the ~] 하원
low·er·ing [láuəriŋ] [lower[3]에서] *a.* **1** 날씨가 험악한 **2** 언짢은, 침울한
~·ly *ad.* 언짢은[싫은] 얼굴을 하여; 험악해지며
low·er·most [lóuərmòust] *a.* 최저의, 밑바닥의
lówer wórld [the ~] **1** 저승 **2** 이승, 현세
low·est [lóuist] [low[1]의 최상급] *a.* 최하의, 최저의; 제일 싼
at the ~ 적어도; 낮아도
lów fréquency 〖통신〗 저주파 《30-300 kHz; 略 LF》
lów géar 《미》 (자동차의) 저속 기어 (《영》 bottom gear)
Lów Gérman 저지 독일어 《High German에 대하여 북부 독일에서 쓰는 방언; 略 LG, L.G.》
low-key [lóukí:], **low-keyed** [-kí:d] *a.* **1** 감정을 내색하지 않는 **2** 〖사진〗 〈화면이〉 어둡고 명암의 대비가 적은
***low·land** [lóulənd] *n.* **1** [주로 *pl.*] **저지**(低地)(opp. *highland*) **2** [the L~s] 스코틀랜드 남동부의 저지 지방
— *a.* 저지의; [**L~**] 스코틀랜드 저지의
~·er *n.* 저지에서 사는 사람; [**L~**] 스코틀랜드 저지 사람
low-lev·el [-lévəl] *a.* Ⓐ **1** 저지의 **2** 저수준의, 하급의, 하층(부)의 **3** 소량의; (질적으로) 낮은
low·life [-làif] *n.* (*pl.* **~s, -lives** [-làivz]) 《미·속어》 **1** 못된 놈 **2** 범죄자
***low·ly** [lóuli] *a.* (**-li·er**; **-li·est**) **1 지위가 낮은 2** 겸손한 **3**〈생물·사회 등이〉 발달 정도가 낮은 — *ad.* **1 천하게**; 초라하게 **2** 겸손하게 **3** 작은[낮은] 목소리로
low-ly·ing [lóuláiiŋ] *a.* 낮은, 저지의
Lów Máss (음악·성가대 합창이 없는) 독창(讀唱) 미사
low-mind·ed [-máindid] *a.* 마음씨가 더러운, 천한, 비열한(mean)
low-neck(ed) [-nék(t)] *a.* 〈여자 옷이〉 목을 깊숙이 판
low-pitched [-pítʃt] *a.* **1** 가락이 낮은, 낮은 음역의 **2** 경사[물매]가 뜬
low-pres·sure [-préʃər] *a.* Ⓐ **1** 저압의, 저기압의 **2** 유유한, 만사태평한
lów prófile 저자세(인 사람), 삼가는 태도(를 취하는 사람)
lów relíef 얕은 돋을새김
low-res·o·lu·tion [-rèzəlú:ʃən] *a.* 〖컴퓨터〗 〈화면·프린터 따위가〉 저해상도의
low·rid·er [-ràidər] *n.* 《미·속어》 차대(chassis)를 낮춘 차; 그 운전자
low-rise [-ráiz] *a.* Ⓐ 〈건물이〉 층수가 적은, 저층의
— *n.* 저층 건물
lów séason [보통 the ~] (행락 등의) 한산기, 시즌 오프; 가격이 가장 싼 시기
low-spir·it·ed [-spíritid] *a.* 기운 없는, 우울한, 시들한
Lów Súnday 부활절 다음의 첫 일요일, 부활 제2주일
low-tech·nol·o·gy [-teknɑ́lədʒi | -nɔ́l-], **low-tech** [-tèk] *a.* (일용품 생산에 이용될 정도의) 수준이 낮은 기술의
lów ténsion 〖전기〗 저전압
lów tíde 썰물; 최저점
lów wáter **1** 저조(低潮) **2** (강·호수 등의) 저수위 **3** 부진[최저] 상태
in (***dead***) ~ 돈에 궁색하여, 의기소침하여
lów-wá·ter màrk [-wɔ́:tər-] **1** 간조표(干潮標) **2** 최저[최부진] 상태
lox [lɑks | lɔks] [*l*iquid *ox*ygen] *n.* Ⓤ 액체[액화] 산소
⁑**loy·al** [lɔ́iəl] [L 「법률의」의 뜻에서] *a.* **1** (국가·군주 등에) **충성스러운 2** (약속·의무 등에) **성실한**, 충실한 **3** 정직한
— *n.* 충신, 애국자, 성실한 사람
~·ly *ad.* 충성스럽게
loy·al·ist [lɔ́iəlist] *n.* **1** 충성스러운[충실한] 사람 **2** [**L~**] 〖영국사〗 왕[보수]당원; 〖미국사〗 (독립 전쟁 때의) 영국당원 **3** (스페인 내란 때의) 국왕 지지자
***loy·al·ty** [lɔ́iəlti] *n.* (*pl.* **-ties**) ⓊⒸ **1 충성**, 충의 **2** 성실, 충실
lóyalty càrd 고객 (우대) 카드 《물품 구입액에 따라 점수를 매겨 할인 등의 기초로 삼는 것》
loz·enge [lɑ́zindʒ | lɔ́z-] *n.* **1** 마름모꼴 **2** (문장(紋章)에서) 마름모꼴 무늬 **3** (보석의) 마름모꼴 면; 마름모꼴 창유리 **4** 마름모꼴 사탕과자
LP [élpí:] [*l*ong *p*laying record] *n.* (*pl.* **~s, ~'s**) (레코드의) 엘피반(盤)
L.P. Labour Party
LPG liquefied petroleum gas 액화 석유 가스
LPGA Ladies Professional Golf Association 《미》 여자 프로 골프 협회
LP-gas [élpì:gæ̀s] *n.* 액화 석유가스
L-plate [élplèit] [*Learner-plate*] *n.* 《영》 (자동차의) 임시 면허[초보 운전] 표지판
LPM, lpm lines per minute 〖컴퓨터〗 행/분
LPN, L.P.N. licensed practical nurse 면허 실무 간호사
Lr. 〖화학〗 lawrencium
LSD [élèsdí:] [*l*ysergic acid *d*iethylamide] *n.* 〖약학〗 엘에스디 《환각제》
£.s.d., l.s.d., L.S.D. [élèsdí:] [L *librae, solidi, denarii*(=pounds, shillings, pence)의 약어] *n.* **1** 파운드·실링·펜스 《보통 구두점은 £5. 6s. 5d.》

2 《속어》 돈; 부(富)
a matter of ~ 금전 문제, 돈만 있으면 되는 일
LSI large-scale integration 대규모 집적 회로
LST [èlèstí:] [*l*anding *s*hip *t*ank] *n.* (병사·전차 등의) 상륙용 주정
LT letter telegram 서신 전보
Lt. Lieutenant
Ltd., ltd. Limited
Lu 〖화학〗 lutetium
Lu·an·da [luǽndə] *n.* 루안다 《Angola의 수도》
lu·au [lú:au, ─́] *n.* 《미》 하와이식 파티
lub·ber [lʌ́bər] *n.* **1** (덩치 큰) 미련퉁이 **2** 풋내기 선원
lub·ber·ly [lʌ́bərli] *a., ad.* 무뚝뚝한[하게], 볼품 없는[없게]
lube [lu:b] [*lub*ricating oil] *n.* 윤활유
lu·bri·cant [lú:brikənt] *a.* 미끄럽게 하는 **—** *n.* 윤활유, 윤활제(劑)
lu·bri·cate [lú:brəkèit] [L 「미끄럽게 하다」의 뜻에서] *vt.* **1** 기름을 치다 **2** 〖사진〗 광택제를 바르다 **3** 매끄럽게 하다 **4** 《속어》 술을 권하다; 〈사람을〉 매수하다
— *vi.* **1** 윤활제 구실을 하다 **2** 《속어》 취하다
lu·bri·ca·tion [lù:brəkéiʃən] *n.* Ⓤ 미끄럽게 함; 주유[급유](법)
lu·bri·ca·tive [lú:brəkèitiv] *a.* 미끄럽게 하는, 윤활성의
lu·bri·ca·tor [lú:brəkèitər] *n.* **1** 미끄럽게 하는 사람[것] **2** 윤활 장치; 주유기
lu·bri·cious [lu:bríʃəs] *a.* = LUBRICOUS
lu·bric·i·ty [lu:brísəti] *n.* (*pl.* **-ties**) ⓊⒸ **1** 매끄러움 **2** 포착하기 어려움, 불확실성; (정신적) 불안정 **3** 음란
lu·bri·cous [lú:brikəs] *a.* **1** 미끄러운; 포착하기 어려운 **2** 정해지지 않은, 덧없는 **3** 음탕한, 호색의
lu·cent [lú:snt] *a.* **1** 빛을 내는, 번쩍이는 **2** 투명한
lu·cern(e) [lu:sə́:rn] *n.* 《영》 〖식물〗 자주개자리(《미》 alfalfa)
∗**lu·cid** [lú:sid] [L 「빛나는」의 뜻에서] *a.* **1** 맑은, 투명한 **2** 명쾌한, 알기 쉬운 **3** 두뇌가 명석한; 〖정신의학〗 〈정신병자가〉 의식이 맑은; 제정신인 **4** 《시어》 번쩍이는 **5** 〖천문〗 육안으로 보이는 **6** 〖식물·곤충〗 매끄럽고 윤이 나는 **~·ly** *ad.* **~·ness** *n.*
lu·cid·i·ty [lu:sídəti] *n.* Ⓤ **1** 명료, 명석 **2** 평정(平靜) 《미친 사람의》, 제정신 **3** 밝기, 광명 **4** 맑음, 투명
Lu·ci·fer [lú:səfər] [L 「빛을 가져오는」의 뜻에서] *n.* **1** 샛별, 금성 **2** 〖성서〗 마왕(Satan) **3** [**l~**] 황린(黃燐) 성냥(= **l~ màtch**)
⁑**luck** [lʌk] *n.* Ⓤ **1** 운(chance); 운명 **2** 행운, 성공: I had the ~ *to* see her there. 운 좋게 그곳에서 그녀를 만났다. **3** Ⓒ 《고어》 행운을 가져오는 물건 《술잔 등》 ***bad*** [***ill***] ~ 불운, 액운: *Bad* ~ *to* you [him]! 이[저] 빌어먹을 놈아! ***chance*** one***'s*** ~[***arm***] 《미·구어》 (실패를 각오하고) 해보다 ***down on*** one***'s*** ~ 《구어》 운이 나빠서, 운수가 사나워서 ***for*** ~ 재수 있기를 빌며, 운수 좋으라고 ***Good*** ~ (***to you***)***!*** 행운을 빕니다, 행운이 있기를! ***in*** [***out of, off***] ~ 운이 좋아[나빠서] ***try*** one***'s*** ~ 운수를 시험해 보다, 되든 안 되든 운수에 맡기고 해보다 ***worse*** ~ 《구어》 공교롭게도, 재수 없이
— *vi.* 《미·구어》 〈사람이〉 운이 좋다, 재수 있다 《*out*》; 운 좋게 성공하다, (용케) 찾아내다 《*out*》
⁑**luck·i·ly** [lʌ́kili] *ad.* **1** 운 좋게 **2** [문장이나 절을 수식하여] 다행히도
luck·i·ness [lʌ́kinis] *n.* Ⓤ 행운
∗**luck·less** [lʌ́klis] *a.* 《문어》 불운한 **~·ly** *ad.*
⁑**luck·y** [lʌ́ki] *a.* (**luck·i·er**; **-i·est**) **1** 행운의, 운수 좋은: a ~ beggar[dog] 행운아 **2** 행운을 가져오는
— *n.* (*pl.* **luck·ies**) 운이 좋은 것, 행운을 가져오는 것
lúcky bág[《영》 **díp**] 보물찾기 주머니, 복주머니(《미》 grab bag)
lu·cra·tive [lú:krətiv] *a.* 유리한, 돈이 벌리는(profitable) **~·ly** *ad.*
lu·cre [lú:kər] [L =gain] *n.* Ⓤ 《경멸》 이익; 부, 재물: filthy ~ 부정 이득
Lu·cy [lú:si] *n.* 여자 이름
∗**lu·di·crous** [lú:dəkrəs] *a.* 웃기는, 우스꽝스러운, 가소로운 **~·ly** *ad.* **~·ness** *n.*
luff [lʌf] *vi.* 뱃머리를 바람이 불어오는 쪽으로 돌리다 《*up*》
— *vt.* 〖요트경기〗 코스를 바람이 불어오는 쪽으로 돌리다
— *n.* 〖항해〗 **1** (배를) 바람이 불어오는 쪽으로 돌림 **2** 《영》 이물의 만곡부(彎曲部); 종범(縱帆)의 앞 가장자리
luf·fa(h) [lú:fə | lʌ́fə] *n.* 〖식물〗 수세미외; 그 열매
lug[1] [lʌg] *v.* (**~ged**; **~·ging**) *vt.* **1** 힘껏 끌어당기다 《*about, along*》; 질질 끌다, 억지로 데리고 가다 《*along*》 **2** 《구어》 〈관계없는 말 등을〉 꺼내다 《*in, into*》
— *vi.* **1** 세게 당기다 《*at*》 **2** 무거운 것이 느릿느릿 움직이다
— *n.* **1** 힘껏 당김 **2** (강제적인) 정치 헌금 ***put*** [***drop***] ***the*** ~ ***on*** a person 《미·속어》 …에게 정치 헌금을 강요하다
lug[2] *n.* **1** 《스코·영·속어》 귀, 귓불 **2** 돌기(突起), 귀처럼 쑥 나온 부분 **3** 자루: a ~ bolt 귀 달린 볼트 **4** 《미·속어》 우쭐댐
lug[3] *n.* = LUGSAIL
lug[4] *n.* = LUGWORM
luge [lu:ʒ] *n., vi.* (스위스식) 1인용 경기 썰매(로 달리다)
⁑**lug·gage** [lʌ́gidʒ] *n.* 《영》 = BAGGAGE
lúggage ràck 《영》 (전철 등의) 그물 선반
lúggage vàn 《영》 = BAGGAGE CAR
lug·ger [lʌ́gər] *n.* 〖항해〗 lugsail을 단 소형 돛배
lug·hole [lʌ́ghòul] *n.* 《영·구어》 귓구멍
lug·sail [lʌ́gsèil, 〖항해〗 -səl] *n.* 〖항해〗 러그세일 《일종의 네모꼴 돛》
lu·gu·bri·ous [lugjú:briəs] *a.* 가련한, 우울한 **~·ly** *ad.* **~·ness** *n.*
lug·worm [lʌ́gwə̀:rm] *n.* 갯지렁이 《낚시 미끼》

Luke [lu:k] *n.* **1** 남자 이름 **2 a** 〖성서〗 누가 **b** 〖성서〗 누가복음

luke·warm [lú:kwɔ́:rm] *a.* **1** 미적지근한 **2** 열의가 없는, 적당히[되는 대로] 해치우는 **~·ly** *ad.* **~·ness** *n.*

lull [lʌl] [의성어] *vt.* **1** 〈어린애를〉 달래다; 〈남을〉 달래어 …하게 하다: ~ a person *into* contentment …을 달래어 만족하게 하다 **2** 〈사람·마음을〉 안심[진정]시키다 **3** [보통 수동형으로] 〈파도·폭풍우 등을〉 가라앉히다

— *vi.* 멎다, 〈물결이〉 자다

— *n.* **1** (물결·바람의) 잠시 잠잠함 《*in*》 **2** (병의) 소강(小康) 《*in*》 **3** 기분 좋게 들리는 소리

*lul·la·by** [lʌ́ləbài] *n.* (*pl.* **-bies**) 자장가

— *vt.* (**-bied**) 자장가를 불러 잠들게 하다

lu·lu [lú:lu:] *n.* 《미·속어》 뛰어난 사람, 일품

lum·ba·go [lʌmbéigou] *n.* Ⓤ 〖병리〗 요통

lum·bar [lʌ́mbər] 〖해부〗 *a.* Ⓐ 허리(부분)의: the ~ vertebra 요추(腰椎)

— *n.* 요동맥[정맥]; 요신경; 요추

lum·ber[1] [lʌ́mbər] [Lombard(전당포 주인)에서; 롬바르드 사람이 전당포를 경영하면서 쓸데없는 물건을 모은 데서] *n.* Ⓤ **1** 잡동사니, 쓸데없는 물건 **2** 《미》 재목, 톱으로 켠 나무, 판재(板材)(《영》 timber) **3** 《특히》 말의 여분의 지방

— *vt.* **1** 〈재목을〉 벌채하다, 제재하다 **2** 〈방·장소 등을〉 차지하다, 비좁게 하다 《*up, over*》; 어지르다 《*up*》: ~ *up* a room *with* papers 방을 서류로 어질러 놓다 **3** 아무렇게나 쌓아올리다

— *vi.* **1** 《미·캐나다》 나무를 벌채하다, 제재하다 **2** 잡동사니로 장소를 차지하다, 〈물건이〉 잡동사니가 되다

~ a person ***with*** 《영·구어》 (골칫거리를) …에게 떠맡기다

~·er *n.* 제재[벌목]업자 **~·ing**[1] *n.* Ⓤ 제재[벌목]업

lumber[2] *vi.* 쿵쿵 걷다, 〈전차가〉 굉음을 내며 나아가다, 육중하게 움직이다 《*along, by, past, up*》 **~·ing**[2] *a.* 덜거덕거리며 [육중하게] 가는 **~·ing·ly** *ad.*

lum·ber·jack [lʌ́mbərdʒæ̀k] *n.* 벌목하는 사람

lum·ber·man [lʌ́mbərmən] *n.* (*pl.* **-men** [-mən]) **1** 벌목하는 사람 **2** 제재업자

lum·ber·mill [lʌ́mbərmìl] *n.* 제재소

lúmber ròom 《영》 헛간, 광

lum·ber·yard [lʌ́mbərjɑ̀:rd] *n.* 《미》 재목 저장소[하치장]

lu·men [lú:min] [L] *n.* (*pl.* **-mi·na** [-mənə]) 〖광학〗 루멘 《광속(光束)의 단위; 略 lm》

lú·mi·nal árt [lú:mənl-] 전광(電光) 예술, 빛의 예술

lu·mi·nar·y [lú:mənèri | -nəri] *n.* (*pl.* **-nar·ies**) **1** 《문어》 발광체 《특히 태양·달》 **2** 등불 **3** 위대한 지도자; 유명인

lu·mi·nes·cence [lù:mənésns] *n.* Ⓤ 발광; 〖물리〗 냉광(冷光)

lu·mi·nes·cent [lù:mənésnt] *a.* 발광성의: ~ creatures 발광 생물

lu·mi·nif·er·ous [lù:mənífərəs] *a.* 빛을 내는[전달하는], 발광성의

lu·mi·nos·i·ty [lù:mənɑ́səti | -nɔ́s-] *n.* (*pl.* **-ties**) **1** Ⓤ 광명 **2** 발광물(체) **3** Ⓤ (항성의) 광도 **4** 총명

lu·mi·nous [lú:mənəs] [L 「빛이 가득한」의 뜻에서] *a.* **1 a** 빛을 내는: a ~ body 발광체 **b** 밝은; 조명을 받은 《*with*》 **2** 총명한, (지적으로) 우수한; 이해하기 쉬운; 명쾌한 **~·ly** *ad.* **~·ness** *n.*

lum·me, -my [lʌ́mi] *int.* 《속어》 아이고, 오오 《강조·놀람의 소리》

lum·mox, -mux [lʌ́məks] *n.* 《구어》 재치 없고 둔팍한 녀석, 멍청이

*lump**[1] [lʌmp] *n.* **1** 덩어리 **2** 각설탕 **3** 〖병리〗 혹, 부어 오른 멍 **4** [보통 a ~] 집합체, 모임 **5** 《구어·경멸》 땅딸보; 멍청이 **6** [때로 *pl.*] 다수, 다량

all of a ~ 통틀어, 한 덩어리가 되어; 온통 부어 올라 ***feel a ~ in the***[one'***s***] ***throat*** 목이 메이다 《감동하여》, 가슴이 벅차다

— *a.* Ⓐ 덩어리의; 한 무더기의; 한 번에 지불하는: ~ sugar 각설탕

— *vt.* **1** 한 덩어리로 만들다; 일괄하다 《*together, with, in with, under*》: Let us ~ all the expenses. 비용은 전부 일괄합시다. **2** 덩어리로 부풀게 하다 **3** …에 〈어떤 금액〉 전부를 걸다 《*on*》 **4** 싣다 《*on*》 **—** *vi.* **1** 한 덩어리[일단]가 되다 **2** 육중하게[뒤룩뒤룩] 움직이다 《*along*》; 털썩 앉다 《*down*》

lump[2] *vt.* 《구어》 마음에 들지 않다; 〈불쾌한 일을〉 참다

L~ it! 참아라, 얌전하게 굴어!

lump·ish [lʌ́mpiʃ] *a.* **1** 덩어리[뭉치] 같은; 육중한 **2** 멍청한, 아둔한 **3** 〈소리가〉 둔탁한 **~·ly** *ad.* **~·ness** *n.*

lúmp súm (일괄하여 일시에 지불하는) 총액, 일괄[일시]불(의 금액) **lúmp-súm** *a.*

lump·y [lʌ́mpi] *a.* (**lump·i·er**; **-i·est**) **1** 덩어리진, 덩어리 투성이의 **2** 바람에 잔물결이 이는 **3** 육중하고 둔팍한 **4** 〈문체 등이〉 어색한 **lúmp·i·ly** *ad.* **lúmp·i·ness** *n.*

Lu·na [lú:nə] [L 「달」의 뜻에서] *n.* 〖로마신화〗 달의 여신; 달

lu·na·cy [lú:nəsi] *n.* **1** Ⓤ 정신 이상; 광기 **2** [보통 *pl.*] 미친 짓, 어리석은 짓

*lu·nar** [lú:nər] [L 「달의」의 뜻에서] *a.* **1** 달의 **2** 달 같은; 초승달 모양의 **3** 달의 작용에 의한

lúnar cálendar 태음력(太陰曆)

lúnar dáy 태음일 《약 24시간 50분》

lúnar eclípse 〖천문〗 월식

lúnar (excúrsion) mòdule 〖우주〗 (Apollo 우주선의) 달 착륙선 《略 L(E)M》

lúnar mónth 태음월(太陰月), 음력 달 《29일 12시간 44분》

lúnar róver 월면(月面) 작업차

lúnar yéar 태음년(太陰年) 《lunar month에 의한 12개월》

lu·nate [lú:neit] *a.* 신월[초승달] 모양의

*lu·na·tic** [lú:nətik] [L 「달의 영향을 받은」의 뜻에서; 옛날, 달에서 나오는 영기

(靈氣)에 닿으면 미친다고 여겨졌음] *n.* **미치광이**; 바보
— *a.* **정신 이상의**(insane); 〈행동 등이〉 미치광이 같은: a ~ asylum 정신 병원

lúnatic frínge [보통 the ~; 집합적] 소수 과격파[열광자들]

‡**lunch** [lʌntʃ] [*luncheon*] *n.* **1** UC (dinner를 저녁에 먹는 사람의) **점심**, 《영》 (낮에 dinner를 먹을 때는 아침과 dinner 사이의) 경식사, 스낵 **2** UC 《미》 **간단한 식사** 《시간을 가리지 않는》, 도시락 **3** 《미》 간이 식당
out to ~ 점심 먹으러 외출 중인; 《미·속어》 머리가 멍하여, 정신이 이상해져서
— *vi.*, *vt.* 점심을 먹다[주다]
~ ***in***[***out***] 집[밖]에서 점심을 먹다

lunch·box [lʌ́ntʃbɑ̀ks | -bɔ̀ks] *n.* 도시락

lúnch còunter 《미》 간이 식당(의 식탁)

‡**lunch·eon** [lʌ́ntʃən] [ME *nuncheon* (정오의 음료)의 뜻에서; n이 와전됨] *n.* **1** UC **점심** **2** (노동자의) 간단한 식사 **3** 《미》 (늦은) 야식
— *vi.* 점심을 먹다

lúncheon bàr 《영》 = SNACK BAR

lunch·eon·ette [lʌ̀ntʃənét] *n.* 《미》 간이[구내] 식당 《학교·공장 등의》

lúncheon mèat 인스턴트 가공육 《소시지 등》

lúncheon vòucher 《영》 식권 《회사 등에서 고용인에게 지급되는》

lunch·room [lʌ́ntʃrù:m] *n.* 《미》 간이 식당; (학교·공장 등의) 구내 식당

lunch·time [-tàim] *n.* U 점심 시간

‡**lung** [lʌŋ] [OE 「가벼운 기관(器官)」의 뜻에서] *n.* **1** 〚해부〛 **폐**, 허파 **2** 〚동물〛 폐낭 **3** [보통 *pl.*] 《영》 (대도시 내외의) 공원 **4** 인공 호흡 장치

lunge [lʌndʒ] *n.* **1** (특히 검술의) 찌르기(thrust) **2** 돌진
— *vi.* **1** 찌르다 《*at*》 **2** 돌진하다 **3** 〚권투〛 스트레이트로 치다 《*at*, *on*》 **4** 〈차 등이〉 (갑자기) 튀어나오다 《*out*, *forward*》
— *vt.* 〈무기를〉 쑥 내밀다

lung·fish [lʌ́ŋfìʃ] *n.* (*pl.* **~**, **~·es**) 〚어류〛 폐어(肺魚)

lung-pow·er [lʌ́ŋpàuər] *n.* 《영》 발성력(發聲力); (발성으로 본) 폐의 힘

lung·wort [-wə̀:rt] *n.* 〚식물〛 지칫과(科)의 식물

lunk·head [lʌ́ŋkhèd] *n.* 《미·속어》 바보

lu·pine[1], **-pin** [lú:pin] *n.* 〚식물〛 루핀, 층층이부채꽃속(屬)

lu·pine[2] [lú:pain] *a.* **1** 이리의[같은] (wolfish) **2** 무지막지한, 사나운(fierce)

lurch[1] [lə:rtʃ] *n.* (배가) 갑자기 기울어짐; 비틀거림
— *vi.* 갑자기 기울어지다; 비틀거리다, 비틀거리며 걷다

lurch[2] *n.* 〚드물게〛 무득점; 대패(大敗) 《경기의》; 곤경
leave a person ***in the*** ~ 곤경에 빠진 사람을 내버려 두다, 돕지 않고 내버려 두다

‡**lure** [luər | ljuər] *n.* **1** **매혹물**; [the ~] 매혹, 매력 **2** 미끼새 《매를 불러들일 때 쓰는 새 모양의 물건》; 가짜 미끼
— *vt.* **1** **유혹하다** 《*away*, *into*》 **2** (미끼 등을 써서) 꾀어 들이다 《*on*》 **3** 〈매를〉 미끼새로 불러들이다

lu·rid [lúərid | ljúər-] *a.* **1** 〈이야기·범죄 등이〉 소름끼치는, 무서운 **2** 〈하늘 등이〉 타는 듯이 붉은; 선정적인, 야한 **3** 창백한
~·ly *ad.* **~·ness** *n.*

‡**lurk** [lə:rk] *vi.* **1** **숨다**; 잠복하다(hide) 《*about*, *in*, *under*》 **2** 살금살금 걷다 《*about*, *along*, *out*》 **3** 남의 눈에 띄지 않다, 잠재해 있다 **4** 〚컴퓨터〛 러크하다 《chat room 등에서 남의 글을 읽기만 하고 자기 의견은 제시하지 않다》
— *n.* **1** 《호주·뉴질·구어》 잠복; 밀행(密行); (비밀스런) 계획 **2** 〚컴퓨터〛 lurk하기 **lúrk·er** *n.*

lus·cious [lʌ́ʃəs] *a.* **1** 달콤한, 향기가 좋은 **2** (감각적으로) 기분이 좋은, 쾌적한 **3** 감미로운; 〈표현·문체 등이〉 지나치게 꾸민 **4** 〈여자가〉 뇌쇄적인, 관능적인
~·ly *ad.* **~·ness** *n.*

lush[1] [lʌʃ] *a.* **1** 청청한, 싱싱한 **2** 〈장소가〉 푸른 풀이 많은, 무성한 **3** 《구어》 풍부한

lush[2] 《속어》 *n.* **1** U 술 **2** 술취한 사람
— *vt.*, *vi.* 술을 먹이다; 술을 들이켜다

‡**lust** [lʌst] *n.* UC **1** **강한 욕망** 《*of*, *for*》: a ~ *for* gold 황금욕 **2** **정욕**, 색욕: the ~*s* of the flesh 정욕 **3** (…에의) 열의
— *vi.* **1** **갈망하다** 《*after*, *for*》 **2** 정욕을 느끼다 《*after*》

‡**lus·ter** | **lus·tre** [lʌ́stər] [L 「빛나다」의 뜻에서] *n.* U **1** **광택** **2** 영광 **3** 윤내는 약 **4** 윤이 나는 모직물 **5** C 샹들리에; 가지 달린 촛대
throw[***shed***] ~ ***on*** …에 빛을 주다
— *vt.* 광[윤]내다; …에 영광[명성]을 주다 — *vi.* 광이 나다, 빛나다
~·less *a.* 광택이 없는

lust·ful [lʌ́stfəl] *a.* **1** 호색적인, 육욕적인(lewd) **2** 《고어》 원기 좋은 **~·ness** *n.*

‡**lus·tre** [lʌ́stər] *n.* = LUSTER

lus·trous [lʌ́strəs] *a.* 광택 있는, 빛나는 **~·ly** *ad.*

***lust·y** [lʌ́sti] *a.* (**lust·i·er**; **-i·est**) **1** 건장한 **2** 원기 좋은, 활발한 **3** 〈식사 등이〉 풍족한 **4** 호색적인, 욕정적인

lu·ta·nist [lú:tənist] *n.* 류트 연주자

lute [lu:t] *n.* 류트 《guitar 비슷한 14-17세기의 현악기》

lu·te·nist [lú:tənist] *n.* = LUTANIST

lu·te·tium [lu:tí:ʃiəm] *n.* U 〚화학〛 루테튬 《금속 원소의 하나; 기호 Lu, 원자 번호 71》

Lu·ther [lú:θər] *n.* **1** 남자 이름 **2** 루터 **Martin ~** (1483-1546) 《독일 종교 개혁자》

Lu·ther·an [lú:θərən] *a.* 루터(Luther)의, 루터교(파)의 — *n.* 루터교도
~·ìsm *n.* U 루터교

luv [lʌv] [love의 발음 철자] *n.* 《영·속어》 여보, 당신

lux [lʌks] [L 「빛」의 뜻에서] *n.* (*pl.* **~**, **~·es**, **lu·ces** [lú:si:z]) 〚광학〛 럭스 《조도의 국제 단위; 略 lx》

luxe [luks, lʌks] *n.* U 화려하고 아름다움, 사치; 우아; 고상함

Lux·em·b(o)urg [lʌ́ksəmbə̀ːrg] *n.* 룩셈부르크《벨기에·프랑스·독일 3국에 인접한 대공국(大公國); 그 수도》

lux·u·ri·ance, -an·cy [lʌgʒúəriəns(i), lʌkʃúəri- | lʌgzjúəri-] *n.* Ⓤ **1** 무성, 풍부, 다산 **2** (문체의) 화려

***lux·u·ri·ant** [lʌgʒúəriənt, lʌkʃúəri- | lʌgzjúəri-] *a.* **1 무성한 2 다산(多産)의 3** 풍부한 **4**〈상상력 등이〉 풍부한;〈문체 등이〉 화려한 **~·ly** *ad.*

lux·u·ri·ate [lʌgʒúərièit, lʌkʃúəri- | lʌgzjúəri-] *vi.* **1** 무성하다 **2** 사치스럽게 지내다, 호사하다 **3** 탐닉하다《*in, on*》

‡**lux·u·ri·ous** [lʌgʒúəriəs, lʌkʃúəri- | lʌgzjúəri-] *a.* **1 사치스러운**; 아주 기분좋은, 쾌적한 **2** 사치를 좋아하는 **3** (관능적) 쾌락을 구하는 **4** 풍부한, 충분한 **~·ly** *ad.* **~·ness** *n.*

‡**lux·u·ry** [lʌ́kʃəri] [L 「풍부」의 뜻에서] *n.* (*pl.* **-ries**) **1** Ⓤ **사치**, 호사 **2 사치품**, 고급품 **3** Ⓤ 유쾌
— *a.* Ⓐ 사치(품)의, 고급(품)의

lúxury tàx 특별소비세

Lu·zon [luːzɑ́n | -zɔ́n] *n.* 루손 섬《필리핀 군도의 주도(主島)》

lx 〖광학〗 lux

-ly[1] [li, (l로 끝나는 단어에서는) i] *suf.* [형용사·명사에 붙여 부사를 만듦]: bold*ly*

-ly[2] *suf.* [명사에 자유로이 붙여서 형용사를 만듦] **1** …다운: man*ly* **2** 되풀이해서 일어나는: dai*ly*

ly·cée [li(ː)séi | ⌐–] [F] *n.* (*pl.* **~s** [-z]) (프랑스의) 국립 고등학교, 대학 예비 학교

ly·ce·um [laisíːəm | laisíəm] *n.* **1** 강당, 학회 **2** (미) 문화 운동[단체]; 문화 강좌 **3** [the L~] (아리스토텔레스가 철학을 가르친) 아테네의 학원 **4** 아리스토텔레스 학파 **5** = LYCÉE

ly·chee [làitʃíː] *n.* = LITCHI

Ly·cos [láikɑ̀s | -kɔ̀s] *n.* 〖컴퓨터〗 라이코스《인터넷에서 키워드로부터 파일을 검색하는 서비스; 상표명》

lye [lai] *n.* Ⓤ 잿물; (세탁용) 알칼리액

ly·ing[1] [láiiŋ] [lie[1]에서] *n.* Ⓤ, *a.* 거짓말(하는); 거짓(의): a ~ rumor 근거 없는 소문

‡**ly·ing**[2] *v.* LIE[2]의 현재분사
— *n.* Ⓤ **드러누움**
— *a.* 드러누워 있는

ly·ing-in [láiiŋín] *n.* (*pl.* **ly·ings-, ~s**) ⓊⒸ 해산(解産)의 자리에 눕기; 분만
— *a.* Ⓐ 출산의[을 위한]; 산부인과의: a ~ hospital 산부인과 병원

ly·ing-in-state [-instéit] *n.* (매장 전의) 유해의 정장(正裝) 안치

lyke·wake [láikwèik] *n.* 《스코》 철야, 밤샘

Lýme disèase [láim-] 라임 병《발진·발열·관절통·국부 마비 등을 보이는 감염 질환》

lymph [limf] *n.* Ⓤ **1** 〖해부·생물〗 임파(액); (상처에서 나오는) 액체; 혈청 **2** 《고어》 맑은 물의 흐름; 《시어》 맑은 물

lymph- [limf], **lympho-** [límfou] 《연결형》 「림프」의 뜻《모음 앞에서는 lymph-》

lym·phat·ic [limfǽtik] *a.* **1** 임파(액)의; 림프[임파]액을 분비하는 **2** 임파성(체질)의,〈선병질로〉 피부가 창백한 **3**〈성질이〉 점액질인, 둔중한, 지둔한: ~ temperament 점액질
— *n.* 〖해부〗 임파선; 임파관

lýmph nòde 〖해부〗 림프 마디, 임파절

lym·pho·cyte [límfəsàit] *n.* 〖해부〗 림프[임파]구(球)[세포]

lym·phoid [límfɔid] *a.* 임파의, 임파성의; 임파구 모양의

***lynch** [lintʃ] [미국 Virginia 주의 치안판사 이름에서] *vt.* 〈…에게〉 **린치를 가하다**

lýnch làw 사형(私刑), 린치

lynch·pin [líntʃpìn] *n.* = LINCHPIN

***lynx** [liŋks] [L] *n.* (*pl.* **~·es,** [집합적] ~) **1** 〖동물〗 **스라소니**; Ⓤ 그 모피 **2** [the L~] 〖천문〗 살쾡이자리《略 Lyn》

lynx-eyed [líŋksàid] *a.* 눈이 날카로운

Ly·ra [láiərə] *n.* 〖천문〗 거문고자리(Lyre)《略 Lyr》

***lyre** [laiər] [동음어 liar] *n.* **1** (고대 그리스의) **수금(竪琴)**《4-11줄》, 리라 **2** [**L~**] 〖천문〗 거문고자리(Lyra) **3** [the ~] 서정시

lyre·bird [láiərbə̀ːrd] *n.* 〖조류〗 금조(琴鳥)《호주산》

***lyr·ic** [lírik] [Gk 「수금(lyre)에 맞추어서 노래 부르는」의 뜻에서] *a.* **1 서정(시)의,** 서정적인: a ~ poet 서정 시인 **2** 음악적인, 오페라풍의: the ~ drama 가극 **3** lyre에 맞추어 노래하는 — *n.* 서정시

***lyr·i·cal** [lírikəl] *a.* **1 서정시 같은[풍의] 2** = LYRIC **~·ly** *ad.*

lyr·i·cism [lírəsìzm] *n.* **1** Ⓤ 서정시체 **2** 서정미; 고조된 감정, 열광

lyr·i·cist [lírəsist] *n.* 서정 시인; (유행가 등의) 작사가

lyr·ist[1] [lírist] *n.* = LYRICIST

lyr·ist[2] [láiərist] *n.* lyre의 탄주자(彈奏者)

ly·sin [láisin] *n.* 〖생화학〗 **1** 세포 용해소(溶解素) **2** 리신《아미노산의 일종》

-lysis [ləsis] 《연결형》 「분해, 용해」의 뜻: ana*lysis*, electro*lysis*

M m

m, M [em] *n.* (*pl.* **m's, ms, M's, Ms** [-z]) **1** 엠《영어 알파벳의 제13자》 **2** M자형(의 것) **3** 연속된 것의 제13번째의 것 **4** 로마 숫자의 천(千): *MCMLXXXVIII* =1988

m. male; married; masculine; mass; medium; meridian; meter(s); mile(s); million(s); minute(s); month

M. Majesty; Member; Monday; *Monsieur*

M'- [mə, mæ] *pref.* =MAC-

'm 《구어》 **1** [m] = am **2** [əm] = ma'am: Yes'*m*. 예, 부인.

***ma** [mɑː] [mama의 단축형] *n.* 《구어》 엄마

MA 〖우편〗 Massachusetts; Master of Arts 문학 석사; mental age 〖심리〗 정신 연령; Military Academy

****ma'am** [mǽm, mɑ́ːm, məm] [madam의 중간음 소실형] *n.* **1** 《미》 **마님, 아주머니, 아가씨, 선생님** **2** 《영》 마마《여왕·왕녀에 대한 호칭》

ma-and-pa [mɑ́ːənpɑ́ː] *a.* 《미·구어》 〈가게가〉 부부[가족]끼리 경영하는, 소규모의

Ma·bel [méibəl] *n.* 여자 이름

mac [mæk] *n.* 《영·구어》 = MACKINTOSH

Mac [mæk] *n.* **1** 남자 이름 **2** 《미·속어》 자네, 이봐《이름을 모르는 남성에 대한 호칭》 **3** 《구어·익살》 스코틀랜드 사람 **4** 맥《미국 Apple Computer 회사의 컴퓨터인 Macintosh의 약어·애칭; 상표명》

Mac- [mək, mæk, ([k, g] 앞에서) mə, mæ] *pref.* 「…의 아들」의 뜻《스코틀랜드 또는 아일랜드인의 성에 붙임; 略 Mc-, M^c-, M'-》: *Mac*Donald, *Mac*kenzie

ma·ca·bre [məkɑ́ːbrə, -bər], **-ber** [-bər] [F] *a.* 무시무시한, 소름 끼치는

mac·ad·am [məkǽdəm] [스코틀랜드의 도로 기사의 이름에서] *n.* 〖토목〗 머캐덤 포장 도로(= ∠ **ròad**); Ⓤ (머캐덤 포장 도로용) 자갈

mac·ad·am·ize [məkǽdəmàiz] *vt.* 〈도로에〉 자갈을 깔다

mac·àd·am·i·zá·tion *n.* Ⓤ 머캐덤 포장법

Ma·cao [məkáu] *n.* 마카오《중국 동남 해안의 해항; 포르투갈 식민지였다가 1999년 12월에 중국에 반환됨》

***mac·a·ro·ni, mac·ca-** [mæ̀kəróuni] [It.] *n.* (*pl.* **~(e)s**) Ⓤ **마카로니**(cf. SPAGHETTI)

mac·a·roon [mæ̀kərúːn] *n.* 마카롱《달걀 흰자·설탕·살구씨 등으로 만든 과자》

Mac·Ar·thur [məkɑ́ːrθər] *n.* 맥아더 **Douglas ~** (1880-1964) 《미국 육군 원수》

Ma·cau·lay [məkɔ́ːli] *n.* 매콜리 **Thomas B. ~** (1800-59) 《영국의 문호·정치가》

ma·caw [məkɔ́ː] *n.* **1** 〖조류〗 마코앵무《열대 아메리카산》 **2** 〖식물〗 마코야자(= ∠ **pàlm**)

Mac·beth [məkbéθ, mæk-] *n.* 맥베스《Shakespeare 작의 4대 비극의 하나; 그 주인공》

mace[1] [meis] *n.* **1** 〖역사〗 철퇴, 전곤(戰棍)《끝에 갈고리가 달려 있음》 **2 a** 곤봉 모양의 권표(權標)《영국의 시장·대학 총장 등의 직권의 표상(表象)》; [the M~] 《영》 하원 의장의 직장(職杖) **b** = MACE-BEARER **3** 〖당구〗 (옛날의) 당구봉

mace[2] *n.* Ⓤ 육두구(肉豆蔻)(nutmeg)의 껍질을 말린 향미료

Mace [meis] *n.* 최루 가스《상표명》

mace-bear·er [méisbὲərər] *n.* 권표[직장]를 받드는 사람

Mac·e·do·ni·a [mæ̀sədóunjə] *n.* 마케도니아 **1** 마케도니아 공화국《유고슬라비아 연방에서 독립》 **2** 그리스의 북부 지방, Balkan 반도의 옛 왕국; Alexander 대왕의 출생지

Mac·e·do·ni·an [mæ̀sədóunjən] *a.* 마케도니아 (사람[말])의 **—** *n.* 마케도니아 사람; Ⓤ 마케도니아 말

mac·er·ate [mǽsərèit] *vt., vi.* 물[액체]에 담가 부드럽게 하다[되다], 불리다; (단식·걱정거리로) 쇠약케 하다[쇠약해지다] **mac·er·a·tion** [mæ̀səréiʃən] *n.*

Mach [mɑːk, mæk] [오스트리아의 물리학자 Ernst Mach(1838-1916)의 이름에서] *n.* 〖물리〗 마하수(= ~ number)

ma·che·te [məʃéti, -tʃéti] *n.* (중남미 원주민이 벌채에 쓰는) 칼, 만도(蠻刀)

Ma·chi·a·vel·li [mæ̀kiəvéli] *n.* 마키아벨리 **Niccolò di Bernardo ~** (1469-1527) 《이탈리아 Florence의 외교가·정치가》

Ma·chi·a·vel·li·an [mæ̀kiəvéliən] *a.* 마키아벨리주의의, 권모술수의 **—** *n.* 권모술수주의자

Ma·chi·a·vel·lism [mæ̀kiəvélizm] *n.* Ⓤ 마키아벨리즘《정치 목적을 위해서는 수단을 가리지 않기》 **-list** *n.*

ma·chic·o·la·tion [mətʃìkəléiʃən], **ma·chi·cou·lis** [mɑ̀ːʃəkuːlíː] *n.* 〖축성〗 (입구·통로 위에) 돌출한 총안《이 구멍으로 불·돌·뜨거운 물 등을 퍼부었음》

mach·i·nate [mǽkənèit] *vt.* 〈음모를〉 꾸미다, 모의하다 **-nà·tor** *n.* 모사

mach·i·na·tion [mæ̀kənéiʃən] *n.* [보통 *pl.*] 음모, 책모

*****ma·chine** [məʃíːn] [Gk 「장치」의 뜻에서] *n.* **1 기계, 기계 장치**: by ~ 기계로 **2** 재봉틀; 자전거; 자동차; 비행기; 타이프라이터; 《영》 인쇄기계(《미》 press); 컴퓨터; 《미·속어》 증기 펌프 **3** (시·극 등에 나타나는) 초자연의 힘[인물] **4 a** 기관, 기구, 장치: the social ~ 사회 기구 **b** 《미》 (정당 등의)

지배 세력; 파벌 **5** 기계적으로 일하는 사람, 기계적 인간

— *a.* Ⓐ **1** 기계의, 기계에 의한, 기계용의 **2** 기계적인, 틀에 박힌

— *vt.* 기계로 만들다[마무르다], 재봉틀로 박다, 인쇄기에 걸다; 기계화하다; 틀에 맞게 만들다

machíne còde = MACHINE LANGUAGE

machíne gùn 기관총

ma·chine-gun [məʃíːngʌ̀n] *vt.* (**~ned**; **~·ning**) 기총 소사하다

machíne lànguage 〚컴퓨터〛 기계어 《컴퓨터가 읽을 수 있는 명령어》

ma·chine·like [məʃíːnlàik] *a.* 기계 같은, 기계적인; 규칙적인

ma·chine-made [məʃíːnméid] *a.* 기계로 만든; 틀에 박힌

ma·chine·read·a·ble [-rìːdəbl] *a.* 〚컴퓨터〛 기계 판독이 가능한

⁑ma·chin·er·y [məʃíːnəri] *n.* Ⓤ **1** [집합적] **기계류** (machines) **2** (기계의) **장치** **3** (사회·정치 등의) 조직, 기구, 기관

machíne tòol 공작 기계, 전동 공구(工具)

ma·chin·ing [məʃíːniŋ] *n.* Ⓤ 기계 가공

ma·chin·ist [məʃíːnist] *n.* 기계 운전자; 기계 제작[수리]공

ma·chis·mo [mɑːtʃíːzmou] [Sp.] *n.* 남자다움, 강한 남성 의식

Mách nùmber 〚물리〛 마하수(數) 《물체 속도의 음속에 대한 비》

ma·cho [mɑ́ːtʃou] 《미·구어》 *n.* (*pl.* **~s**) 남성적인 사람 — *a.* 남성적인

Mac·in·tosh [mǽkintɑ̀ʃ | -tɔ̀ʃ] *n.* **1** 매킨토시 《미국 Apple Computer사의 컴퓨터》 **2** [**m~**] = MACKINTOSH

mack [mæk] *n.* 《구어》 = MACKINTOSH

mack·er·el [mǽkərəl] *n.* (*pl.* **~, ~s**) 〚어류〛 고등어

mack·i·naw [mǽkənɔ̀ː] *n.* 《미》 두꺼운 모직 반코트; 격자 무늬 담요

mack·in·tosh [mǽkintɑ̀ʃ | -tɔ̀ʃ] [고안자의 이름에서] *n.* Ⓤ 고무 방수포; Ⓒ 방수 외투 《略 mac(k)》

mac·ra·me, -mé [mǽkrəmèi] [F] *n.* Ⓤ 마크라메 레이스, 매듭 (레이스)

mac·ro [mǽkrou] *n.* (*pl.* **~s**) (그 종류 중에서) 대형의 것 — *a.* 대형의, 대규모의; 거시적인

mac·ro·bi·ot·ic [-baiɑ́tik | -ɔ́t-] *a.* **1** 장수의; 장수식(長壽食)의, 자연식의: ~ food 자연 식품 **2** 〈종자 등이〉 장기 보존의, 생명이 긴

mac·ro·bi·ot·ics [-baiɑ́tiks | -ɔ́t-] *n. pl.* [단수 취급] 장수식 연구, 장수식품학

mac·ro·cosm [mǽkrəkɑ̀zm | -kɔ̀zm] *n.* **1** [the ~] 대우주(opp. *microcosm*) **2** 전체, 종합적 체계 **màc·ro·cós·mic** [-kɑ́zmik] *a.*

mac·ro·ec·o·nom·ics [-iːkənɑ́miks | -nɔ́m-] *n. pl.* [단수 취급] 〚경제〛 거시 경제학(opp. *microeconomics*)

ma·cron [méikrɑn, mǽk- | mǽkrɔn] *n.* 〚음성〛 장음 기호(¯) 《모음 위에 붙임: cāme, bē》(cf. BREVE)

mac·ro·scop·ic, -i·cal [mæ̀krəskɑ́pik(əl) | -skɔ́p-] *a.* **1** 육안에 보이는(opp. *microscopic*) **2** 〚물리·수학〛 거시적인

mac·u·la [mǽkjulə] *n.* (*pl.* **-lae** [-lìː]) 흑점 《태양·달 등의》; (광물의) 흠(flaw); (피부의) 반점(spot)

⁑mad [mæd] *a.* (**~·der**; **~·dest**) **1 미친**(crazy): a ~ man 미치광이 **2 몹시 흥분한, 미친 것 같은** 《*with*》 **3** 《구어》 (몹시) **화난**(angry) 《*at, with, about*》 **4** 무모한, 무분별한 **5 열광한, 열중한** 《*for, after, about, on*》 **6** 신이 난 **7** 〈태풍 등이〉 맹렬한

go*[*run*] ~** 미치다 ***go*[*run*] ~ *after*[*over*]** …에 열중하다 ***like* ~** 미치광이처럼; 맹렬히 **~ *as a wet hen 《미·구어》 격노한

— *vt.* (**~·ded**; **~·ding**) 《미·속어》 격노시키다, 발광시키다 — *n.* 화, 성

Mad·a·gas·car [mæ̀dəgǽskər] *n.* 마다가스카르 《아프리카 남동의 섬으로 된 공화국; 수도 Antananarivo》

⁑mad·am [mǽdəm] [OF = my lady] *n.* (*pl.* **mes·dames** [meidɑ́ːm | méidæm]) **1 아씨, 부인** **2** 《미》 주부, 아내, 아주머니; 마님 **3** 《영·구어》 건방진 여자 **4** 여자 포주

***mad·ame** [mǽdəm, -dɑ́ːm] [동음어 madam] [F] *n.* (*pl.* **mes·dames** [meidɑ́ːm | méidæm]) **부인, 마님,** …부인: *M*~ Curie 퀴리 부인

Mádame Tussáud's (London의) 터소 밀랍 인형관

mad·cap [-kæ̀p] *a., n.* 물불을 가리지 않는 (사람)

màd ców disèase 《구어》 광우병

***mad·den** [mǽdn] *vt.* **미치게 하다**; 격노하게 하다 — *vi.* 미치다; 격노하다

***mad·den·ing** [mǽdəniŋ] *a.* **1 미치게 하는** **2** 격노하게 하는, 화나는 **3** 《구어》 광포한 **~·ly** *ad.* 미칠 듯이

mad·der [mǽdər] *n.* **1** 〚식물〛 꼭두서니 **2** 〚염료〛 꼭두서니 물감, 빨간 인조 물감 **3** 주황색

mad·ding [mǽdiŋ] *a.* Ⓐ **1** 광기의 **2** = MADDENING

mád dóg 《미·속어》 광포한 사람

⁑made [meid] [동음어 maid] *v.* MAKE의 과거·과거분사

— *a.* **1** [보통 복합어를 이루어] **몸집이** …**한**(built): slightly-~ 몸이 여윈 **2** [보통 복합어를 이루어] …**작의**; …**제의**; …**산의**: American-~ cars 미국제 자동차/ home-~ goods 국산품/ready-~ clothes 기성복/ hand-~ 수제의 **3** Ⓐ 인공의, 인조의; 여러 가지 섞은 《요리 등》: ~ fur 인조 모피/ a ~ dish 모듬 요리 **4** 《미》 꾸며낸, 조작한 **5** 《구어》 성공이 틀림없는 **6** …하기에 안성맞춤의 《*for*》 **7** 메운, 매립한: ~ ground 매립지(埋立地)

Ma·dei·ra [mədíərə] *n.* 마데이라 제도(諸島) 《포르투갈령》; Ⓤ 마데이라에서 만든 백포도주

mad·e·leine [mǽdəlin, -lèin] [프랑스의 과자 제조인의 이름에서] *n.* 마드렌 《소형 스폰지 케이크의 일종》

***mad·e·moi·selle** [mædəməzél] [F] *n.* (*pl.* **~s** [-z], **mes·de·moi·selles** [mèidəm*w*əzél]) **1** …양(孃), 영애(令愛), [호칭으로] 아가씨 《Miss에 해당함; 略 Mlle., (*pl.*) Mlles.》 **2** 《영》 프랑스인 여자 (가정)교사

made-to-mea·sure [méidtəméʒər] *a.* 〈옷·구두가〉 치수를 재어 맞춘; 성미에 딱 맞는

made-to-or·der [-təɔ́:rdər] *a.* 주문받아 만든(opp. *ready-made*)

made-up [-ʌ́p] *a.* **1** 만들어 낸, 날조한 **2** 완성된; 〈넥타이가〉 미리 매놓은 **3** 마음이 정해진, 결심한 **4** 화장한

Madge [mædʒ] *n.* 여자 이름 《Margaret의 애칭》

mad·house [mǽdhàus] *n.* (*pl.* **-hous·es** [-hàuziz]) 《구어》 정신병원; 소란한 곳

Mad·i·son [mǽdəsn] *n.* 매디슨 **James** ~ (1751-1836) 《미국의 정치가, 제4대 대통령(1809-17)》

Mádison Ávenue New York 시의 미국 광고업 중심지

***mad·ly** [mǽdli] *ad.* **1 미친 듯이,** 미치광이처럼 **2** 《구어》 열광적으로, 맹렬히 **3** 어리석게 **4** 《구어》 매우, 굉장히

***mad·man** [-mæ̀n, -mən] *n.* (*pl.* **-men** [-mèn, -mən]) **미친 사람,** 멍청이

‡**mad·ness** [mǽdnis] *n.* Ⓤ **1 광기,** 정신 착란 **2** 격노; 열광, 광희(狂喜)

***Ma·don·na** [mədɑ́nə | -dɔ́nə] *n.* **1** [the ~] **성모 마리아 2** 성모 마리아상

Madónna lìly 흰백합(white lily) 《처녀의 상징》

Ma·dras [mədrǽs, -drɑ́:s] *n.* **1** 마드라스 《인도 동남부에 있는 주(州); 그 주도》 **2** [**m~**] ⓊⒸ (와이셔츠 감으로 쓰는) 고운 무명

Ma·drid [mədríd] *n.* 마드리드 《스페인의 수도》

mad·ri·gal [mǽdrigəl] *n.* 〖음악〗 마드리갈 《보통 5성부(聲部)로 된 무반주의 성악 합창》

mad·wom·an [mǽdwùmən] *n.* (*pl.* **-wom·en** [-wìmin]) 미친 여자

mael·strom [méilstrəm] *n.* **1** 큰 소용돌이 **2** 큰 동요, 대혼란 《*of*》 **3** [the M~] 노르웨이 서해안의 크게 소용돌이치며 흐르는 물

mae·nad [mí:næd] *n.* = BACCHANTE

mae·sto·so [maistóusou] [It.] 〖음악〗 *a.* 장엄한 **—** *ad.* 장엄하게

mae·stro [máistrou] [It. = master] *n.* (*pl.* **~s, -stri** [-stri:]; *fem.* **-stra** [-strə]) **1** 대음악가, 명지휘자 **2** [**M~**] 1에 대한 경칭 **3** (예술의) 거장(巨匠)

Máe Wést [méi-] [유방이 큰 미국의 여배우 이름에서] 《속어》 해상 구명 조끼

Ma·fi·a, Maf·fi·a [mɑ́:fiə, mǽf-] [It.] *n.* **1** [the ~; 집합적] 마피아 《이탈리아·미국을 중심으로 하는 국제적 범죄 조직》; 《일반적으로》 범죄인의 비밀 결사 **2** [**m~**] 과격한 반정부 감정 **3** [종종 **m~**] (특정 분야에서의) 배타적 집단

mag[1] [mæg] *n.* 《구어》 = MAGAZINE

mag[2] [*mag*netic] *a.* 〖컴퓨터〗 자기의, 자성을 띤 **—** *n.* 자성체

mag. magazine; magnetism; magnitude

‡**mag·a·zine** [mæ̀gəzí:n, ⌐-⌐] [Arab. 「창고」의 뜻에서] *n.* **1 잡지 2** 〖TV·라디오〗 뉴스 매거진 프로 **3** 〖군사〗 **창고,** 《특히》 탄약고, 병기고; (연발총의) 탄창 **4** (연료 자급 난로의) 연료실 **5** 〖영화·사진〗 필름[슬라이드] 감는 장치

Mag·da·len [mǽgdəlin], **Mag·da·lene** [mǽgdəlì:n, mæ̀gdəlí:ni] *n.* **1** [보통 the ~] 〖성서〗 막달라 마리아 (= Mary ~) **2** [**m~**] 개심한 매춘부; 매춘부 갱생원

ma·gen·ta [mədʒéntə] *n.* Ⓤ 〖화학〗 푹신 **2** 마젠타색(色), 자홍색

Mag·gie [mǽgi] *n.* 여자 이름 《Margaret의 애칭》

mag·got [mǽgət] *n.* **1** 구더기 **2** 변덕, 기상(奇想)(whim)

Ma·gi [méidʒai] *n. pl.* (*sing.* **-gus** [-gəs]) [the (three) ~] 〖성서〗 (예수 탄신을 축하하러 온) 동방의 세 박사

‡**mag·ic** [mǽdʒik] *n.* Ⓤ **1 마법,** 마술 **2** 기술(奇術), 요술 **3 마력,** 신비한 힘; 매력 《*of*》
— *a.* Ⓐ **마술의[같은]**; 마법의; 매력 있는, 신비한

***mag·i·cal** [mǽdʒikəl] *a.* **마술적인**; 신비한: Its effect was ~. 그 효과는 신기했다. **~·ly** *ad.*

Mágic Éye [때로 **m~ e~**] (라디오 수신기의) 동조(同調) 지시용 진공관 《상표명》

‡**ma·gi·cian** [mədʒíʃən] *n.* **마술사,** 요술쟁이

mágic lántern 환등기 《오늘날의 projector》

Mágic Márker 매직펜 《상표명》

mágic númber 1 〖야구〗 매직 넘버 **2** 〖물리〗 마법수(數)

mágic squáre 마방진(魔方陣) 《가로·세로·대각선 수의 합이 모두 같은 숫자 배열표》

mag·is·te·ri·al [mæ̀dʒəstíəriəl] *a.* **1** 주인다운; 고압적인 **2** 행정 장관의 **3** 공평한 **~·ly** *ad.*

mag·is·tra·cy [mǽdʒəstrəsi] *n.* (*pl.* **-cies**) **1** Ⓤ 장관·치안관의 직[임기, 관구(管區)] **2** [the ~] [집합적] 장관, 치안관

‡**mag·is·trate** [mǽdʒəstrèit, -trət] [L 「고관」의 뜻에서] *n.* **1** (사법권을 가진) **행정 장관,** 지사, 시장 **2 치안 판사,** 하급 판사 ***a civil* ~** 문관 ***the Chief* [*First*] *M~*** 원수, 대통령, 지사

mag·lev [mǽglèv] *n.* 자기 부상(磁氣浮上) (철도)

mag·ma [mǽgmə] *n.* (*pl.* **~s, ~·ta** [-tə]) 연괴(軟塊) 《광물·유기 물질의》; 〖지질〗 암장(岩漿), 마그마

Mag·na Char·ta [**Car·ta**] [mǽgnə-kɑ́:rtə] [L = great charter] **1** 〖영국사〗 [the ~] 마그나카르타, 대헌장 《1215년 John 왕이 승인한 국민의 자유 칙허장(勅許狀); 영국 헌법의 기초》 **2** 《일반적으로》 국민의 권리를 보장하는 기본법

mag·na cum lau·de [mǽgnə-kʌm-lɔ́:di] [L] *ad.*, *a.* 〈대학 졸업 성적이〉 우등으로[인]
mag·na·nim·i·ty [mæ̀gnəníməti] *n.* (*pl.* **-ties**) **1** Ⓤ 아량(이 넓음), 관대함, 담대함 **2** [보통 *pl.*] 아량이 있는 언동
mag·nan·i·mous [mægnǽnəməs] *a.* 도량이 큰, 관대한; 고결한 **~·ly** *ad.*
*__mag·nate__ [mǽgneit] *n.* **거물**, …왕; 고관; 부호: an oil ~ 석유왕
mag·ne·sia [mægní:ʃə, -ʒə] *n.* Ⓤ 마그네시아, 고토(苦土), 산화마그네슘: carbonate of ~ = ~ alba 탄산마그네슘
*__mag·ne·si·um__ [mægní:ziəm] *n.* Ⓤ **마그네슘** 《금속 원소; 기호 Mg, 번호 12》
‡**mag·net** [mǽgnit] [Gk 「터키 서부 Magnesia 산(産) (돌)」의 뜻에서] *n.* **1 자석**, 자철: a bar ~ 막대 자석 / a horseshoe[U] ~ 말굽 자석 **2** 사람의 마음을 끄는 힘이 있는 사람[물건]
*__mag·net·ic__ [mægnétik] *a.* **1 자석의**, 자기(磁氣)의; 자성을 띤 **2 매력 있는**: a ~ personality 매력 있는 인품
-i·cal·ly *ad.*
magnétic cárd 〖컴퓨터〗 자기 카드
magnétic cómpass 자기 컴퍼스
magnétic córe 〖컴퓨터〗 자기 코어 《기억 소자의 일종》; 〖전기〗 자심(磁心), 자극 철심
magnétic dísk 〖컴퓨터〗 자기 디스크 《표면이 자성 재료로 덮인 원판상(狀)의 기록 매체》
magnétic drúm 〖컴퓨터〗 자기 드럼
magnétic levitátion 자기 부상(浮上); (철도의) 자기 부상 시스템(cf. MAGLEV)
magnétic nórth 자북(磁北)
magnétic póle 〖물리〗 자극(磁極)
magnétic stórm 자기 폭풍 《태양 활동으로 인한》
magnétic tápe 자기 테이프
*__mag·ne·tism__ [mǽgnətìzm] *n.* Ⓤ **1 자기**, 자성(磁性), 자기 작용: induced ~ 유도[감응] 자기 / terrestrial ~ 지자기(地磁氣) **2** 자기학 **3** 최면술 **4** (지적·도덕적인) 매력
mag·ne·tite [mǽgnətàit] *n.* Ⓤ 〖광물〗 자철광
mag·net·ize [mǽgnətàiz] *vt.* **1** 자기를 띠게 하다, 자화(磁化)하다: become ~*d* 자기를 띠다 **2** 〈사람을〉 끌다, 매혹하다
— *vi.* 자기를 띠다
mag·ne·to [mægní:tou] *n.* (*pl.* **~s**) 〖전기〗 (내연 기관의) 마그네토[고압 자석] 발전기
mag·ne·to·e·lec·tric, -tri·cal [mægnì:touiléktrik(əl)] *a.* 자전기(磁電氣)의
mag·ne·tom·e·ter [mæ̀gnətɑ́mətər | -tɔ́m-] *n.* 자기계(磁氣計), 자력계
mag·ne·to·mo·tive [mægnì:toumóutiv] *a.* 〖전기〗 기자성(起磁性)의: ~ force 기자력
mag·ne·to·sphere [mægní:təsfìər] *n.* 〖천문〗 [the ~] 〈천체의〉 자기권(圈)
mag·ne·tron [mǽgnətrɑ̀n | -trɔ̀n] *n.* 〖전자〗 마그네트론, 전자관(電磁管)
Mag·nif·i·cat [mægnífikæ̀t] *n.* **1** [the ~] 〖가톨릭〗 성모 마리아 송가 《저녁 기도(Vespers)에 부름》 **2** [**m~**] 《일반적으로》 송가
mag·ni·fi·ca·tion [mæ̀gnəfəkéiʃən] *n.* Ⓤ **1** 확대; 과장; Ⓒ 확대도 **2** 〖광학〗 = MAGNIFYING POWER
*__mag·nif·i·cence__ [mægnífəsns] *n.* Ⓤ **1 장려**(壯麗), 장엄; 호화 **2** 《구어》 훌륭함
in ~ 장려하게, 호화롭게
‡**mag·nif·i·cent** [mægnífəsnt] *a.* **1 장려한**, 장엄한, 장대한 **2** 《구어》 **훌륭한**, 굉장히 좋은, 멋진 **3** 격조 높은, 숭고한
~·ly *ad.*
mag·ni·fi·er [mǽgnəfàiər] *n.* 확대하는 사람[물건]; 확대경, 돋보기
‡**mag·ni·fy** [mǽgnəfài] *vt.* (**-fied**) **1 확대하다** **2** 과장하다 **3** 《고어》 찬미하다
~ one***self*** 뽐내다 《*against*》
mág·ni·fy·ing glàss [mǽgnəfàiiŋ-] 확대경, 돋보기
mágnifying pòwer 〖광학〗 배율(倍率)
mag·nil·o·quence [mægníləkwəns] *n.* Ⓤ 호언장담, 허풍; 과장
mag·nil·o·quent [mægníləkwənt] *a.* 호언장담하는; 과장하는 **~·ly** *ad.*
*__mag·ni·tude__ [mǽgnətjù:d | -tjù:d] *n.* **1** ⓊⒸ **크기**, 대소(大小); Ⓤ 거대함 **2** Ⓤ 중요함; 위대함, 고결 **3** ⓊⒸ 〖천문〗 (항성의) 광도, (광도의) 등급 **4** (지진의) 매그니튜드 《10등급의 지진 규모의 단위》
of the first ~ 일등성(星)의; 가장 중요한; 일류의
mag·no·lia [mægnóuljə] *n.* 〖식물〗 목련속(屬)의 나무; 《미남부》 태산목(泰山木)
mag·num [mǽgnəm] *n.* **1** 큰 술병; 그 용량 《약 1.5리터》 **2** 매그넘 탄약통
mágnum ópus [L = great work] 《문어》 걸작; 대작; 대표작
*__mag·pie__ [mǽgpài] *n.* **1** 〖조류〗 **까치** **2** 수다쟁이; 잡동사니 수집가 **3** 《영·군대속어》 표적 밖에서부터 둘째 번 구역(에 명중한 탄환); 《영·속어》 반 페니(halfpenny)
Mag·say·say [mɑ:gsáisai] *n.* 막사이사이 **Ramón** ~ (1907-57) 《필리핀의 정치가, 대통령(1953-57)》
ma·guey [mǽgwei] *n.* 〖식물〗 용설란
Ma·gus [méigəs] *n.* (*pl.* **-gi** [-dʒai]) **1** 마기족 사람 **2** [**m~**] 마법사
Mag·yar [mǽgjɑ:r] *n.*, *a.* 마자르 사람(의); Ⓤ 마자르 말(의), 헝가리 말(의)
ma·ha·ra·ja(h) [mɑ̀:hərɑ́:dʒə] [Skt.] *n.* (인도의) 대왕, 《특히》 토후국 왕
ma·hat·ma [məhɑ́:tmə, -hǽt-] [Skt.] *n.* **1** (인도의) 대성(大聖) **2** [**M~**] (인도에서) 고귀한 사람 이름에 덧붙이는 경칭: *M*~ Gandhi 마하트마 간디
Ma·ha·ya·na [mɑ̀:həjɑ́:nə] [Skt.] *n.* 〖불교〗 대승(大乘) 불교(cf. HINAYANA)
Ma·hi·can [məhí:kən] *n.* (*pl.* ~, **~s**) **1** [the ~(s)] 모히칸 족의 사람(Mohican) 《북미 인디언》 **2** Ⓤ 모히칸 말
mah-jong(g) [mɑ̀:dʒɑ́ŋ | -dʒɔ́ŋ] [Chin.] *n.* Ⓤ 마작(麻雀)
mahl·stick [mɔ́:lstìk] *n.* = MAULSTICK
*__ma·hog·a·ny__ [məhɑ́gəni | -hɔ́g-] *n.*

(*pl.* **-nies**) **1** 〖식물〗 **마호가니**; Ⓤ 마호가니재(材); Ⓤ 마호가니 색 《적갈색》 **2** [the ~] 《영·구어》 (마호가니재) 식탁

Ma·hom·et [məhɑ́mit | -hɔ́m-], **-ed** [-id] *n.* = MUHAMMAD

‡maid [meid] [동음어 made] [*maid*en] *n.* **1 하녀**, 가정부 **2** 《문어》 **소녀**, 아가씨 **3** 《고어》 미혼 여자, 처녀

‡maid·en [méidn] [ME 「젊은 처녀」의 뜻에서] *n.* **1** 《문어》 **소녀**, 처녀 **2** 우승 경험이 없는 경주마 **3** (옛날 스코틀랜드의) 단두대
— *a.* Ⓐ **1** 처녀의, 미혼의 **2** 처음인, 미경험의; 이겨보지 못한; 아직 쓰지 않은: a ~ flight 처녀 비행 / a ~ horse 이긴 적이 없는 경주마

maid·en·hair [méidnhὲər] *n.* 〖식물〗 공작고사리(= ~ **fèrn**)

máidenhair trèe 〖식물〗 은행나무

maid·en·head [-hèd] *n.* Ⓤ 《고어》 처녀성(virginity); Ⓒ 〖해부〗 처녀막(hymen)

maid·en·hood [méidnhùd] *n.* Ⓤ 처녀임, 처녀성; 처녀 시절

maid·en·ish [méidniʃ] *a.* 《경멸》 처녀티 나는, 처녀 같은, 처녀티 내는

maid·en·like [méidnlàik] *a.*, *ad.* 처녀다운[답게], 조심성 있는[있게], 수줍은[게]

maid·en·ly [méidnli] *a.* = MAIDENLIKE

máiden náme (여성의) 결혼 전의 성 (cf. NEE)

maid-in-wait·ing [méidinwéitiŋ] *n.* (*pl.* **maids-**) 시녀, 여관(女官)

maid·ser·vant [méidsə̀ːrvənt] *n.* 하녀

ma·ieu·tic, -ti·cal [meijúːtik(əl)] *a.* 〖철학〗 (소크라테스의) 산파술의 《마음 속의 막연한 생각을 문답으로 명확히 인식시키는 방법》

‡mail[1] [meil] [동음어 male] [OF 「부대」의 뜻에서] *n.* **1** Ⓤ **a** [집합적] **우편물** **b** (1회의) 우편물 집배 **2** Ⓤ **우편**, 우편 제도 《주로 《미》에서 씀; 《영》에서는 post를 쓰는데 외국 우편에는 mail을 씀》: send *by* air[surface] ~ 〈우편물을〉 항공[육상, 해상]편으로 보내다 **3** 우편 열차[선, 비행기, 집배원] **4** = MAILBAG **5** [**M~**] [신문명에 써서] …신문
by ~ 《미》 우편으로
— *a.* Ⓐ 우편의: ~ matter 우편물
— *vt.* 《미》 **우송하다**(《영》 post), 우편으로 보내다

mail[2] [L 「그물의 코」의 뜻에서] *n.* (거북이의) 등딱지; 쇠사슬 갑옷
— *vt.* 갑옷을 입히다, 무장시키다

mail·a·ble [méiləbl] *a.* 우송할 수 있는

mail·bag [méilbæ̀g] *n.* 우편 행낭

máil bòmb 〖인터넷〗 메일 폭탄 《1개의 어드레스에 시스템이 지장을 초래할 정도로 다량으로 보내지는 이메일》; (개봉하면 폭발하는) 우편 폭탄

***mail·box** [méilbɑ̀ks | -bɔ̀ks] *n.* **1** 《미》 **우체통**, **포스트**(《영》 postbox): mail a letter at a ~ 편지를 우체통에 넣다 **2** (가정의) 우편함

máil càrrier **1** = MAILMAN **2** 우편물 수송차

mail-coach [méilkòutʃ] *n.* 《영》 우편차; 《고어》 우편 마차

máil dròp 《미》 **1** (가정의) 우편함; 편지 넣는 곳 **2** 우편 연락처

máiled físt [méild-] [the ~] 완력, 무력 (행사)

mail·er [méilər] *n.* **1** 우송자, 우편 이용자 **2** 우편물 처리기

Mail·gram [méilgræ̀m] *n.* [종종 **m~**] 《미》 메일그램 《상표명》

máil·ing lìst [méiliŋ-] 우편 수취인 명단; 〖인터넷〗 메일링 리스트 《전자 메일을 전송하기 위한 전자 우편 주소록》

mail·lot [mɑːjóu] [F] *n.* (무용·체조용) 타이츠; (원피스로 어깨끈 없는) 여자 수영복

‡mail·man [méilmæ̀n] *n.* (*pl.* **-men** [-mèn]) 《미》 **우편 집배원**(《영》 postman)

máil òrder 통신 판매

mail-or·der [-ɔ̀ːrdər] *a.* 통신 판매 제도의 — *vt.* 통신 판매로 주문하다

máil-order hòuse[《영》 **firm**] 통신 판매 회사

máil sèrver 〖컴퓨터〗 메일 서버 《이메일의 배송을 관리하는 호스트 컴퓨터》

mail·shot [méilʃɑ̀t | -ʃɔ̀t] *n.* (광고의) 우편 공세

máil tràin 우편 열차

***maim** [meim] *vt.* **1** (손·발을 잘라) **불구로 만들다**; 쓸모없게 하다 **2** 〈사물을〉 손상하다(impair)

‡main [mein] [동음어 mane] [OE 「힘」의 뜻에서] *a.* **1 주된**, **주요한**; 주요 부분을 이루는: a ~ event 본시합 / the ~ force 〖군사〗 주력 (부대) / the ~ plot (희곡 등의) 본줄거리 / the ~ road 주요 도로; 간선, 본선 / (the) ~ street 《미》 (도시의) 중심가, 주요 거리 **2** 전력을 다한 — *n.* **1** [종종 *pl.*] (가스·수도·하수·전기 등의) **본관**, 간선: a gas [water] ~ 가스[수도] 본관 **2** [the ~] 주요 부분; 《시어》 망망대해(大海) **3** 본토 **4** Ⓤ 힘, 세력 **5** 〖항해〗 큰 돛대: a ~ beam (배의) 전폭(全幅) — *vt.* 《속어》 〈도로를〉 간선도로로 만들다; 〈헤로인 등을〉 정맥에 주사하다(mainline)

máin chánce 절호의 기회; 사리(私利)

máin cláuse 〖문법〗 주절(主節)

máin cóurse 메인 코스, (식사의) 주요리; 〖항해〗 주범(主帆)

máin déck 〖항해〗 주갑판(主甲板)

máin drág 《미·속어》 번화가, 중심가

Maine [mein] [「New England의 본토(mainland)」의 뜻에서] *n.* 메인 《미국 동북부의 주; 略 Me.》

main·frame [méinfrèim] *n.* 〖컴퓨터〗 메인프레임 《다양한 데이터 처리용 대형 컴퓨터》

***main·land** [méinlæ̀nd, -lənd] *n.* [the ~] **본토** 《부근 섬·반도와 구별하여》
~·**er** *n.* 본토인

máin líne **1** (철도·도로 등의) 간선, 본선; 《속어》 정맥; 《속어》 마약의 정맥 주사 **2** 《미·속어》 돈

main·line [-làin] *vi.*, *vt.* 《미·속어》 마약을 정맥에 주사하다 — *a.* 간선의; 주요한

M

****main·ly** [méinli] *ad.* **주로**; 대개, 대부분은

main·mast [méinmæ̀st | -mɑ̀ːst; 〖항해〗 -məst] *n.* 〖항해〗 메인마스트, 큰 돛대, 주장(主檣)

main·sail [-səl] *n.* 〖항해〗 큰 돛대의 돛, 주범(主帆)

main·spring [-spriŋ̀] *n.* (시계의) 큰 태엽; 주요 원인[동기] 《*of*》

main·stay [-stèi] *n.* [보통 *sing.*] **1** 〖항해〗 큰 돛 받침줄; 〖기계〗 주된 버팀줄 **2** 가장 중요한 의지물, 기둥, 대들보; 주요 생업, 기간 산업

máin stém 《미·속어》 (철도의) 본선; 《구어》 한길; 주류; 번화가

máin stáre[stórage] 〖컴퓨터〗 주기억 장치

***main·stream** [-strìːm] *n.* **1** (강 등의) **주류 2** [the ~] (활동·사상의) 주류, 주체; (사회의) 대세 《*of*》 **—** *a.* Ⓐ 주류의 **—** *vt., vi.* 《미》 〈장애아·천재아를〉 보통 학급에 넣다, 특별[차별] 교육을 하지 않다; 주류에 순응시키다

Máin Strèet [Sinclair Lewis의 소설에서] 《미》 (소도시의) 큰거리, 중심가; (소도시의) 인습적·실리주의적 사회

****main·tain** [meintéin, mən-] *vt.* **1 지속[계속]하다**: ~ neighborly relations 우호 관계를 지속하다 **2 유지하다,** 지탱하다 **3 간수하다,** 건사하다, 보존하다, 보전하다 **4 주장하다,** 단언하다, 내세우다: ~ one's own innocence 자신의 결백을 주장하다 **5 부양하다,** 먹여 살리다: ~ one's family 가족을 부양하다 **6 지지하다,** 후원[옹호]하다 **7** (공격·위험으로부터) 지키다

~ one*self* 자활(自活)하다 **~ one's *ground against*** …에 대하여 자기 입장을 지키다[버티다]

main·táined schóol [meintéind-] 《영》 공립 학교

***main·te·nance** [méintənəns] *n.* Ⓤ **1 지속 2 유지,** 보존, **보수 관리,** 간수, 건사: the ~ of a building 건물의 보수 관리 **3 주장,** 고집 **4 부양,** 생계; 부양료, 생활비: a ~ allowance 생활 보조비 **5** 〖법〗 (소송의) 불법 원조

máintenance màn 정비원[공]

máintenance òrder 〖법〗 부양 명령

main·top [méintɑ̀p | -tɔ̀p] *n.* 〖항해〗 큰 돛대의 장루(檣樓)

main-top·mast [meintɑ́pmæ̀st | -tɔ́pmɑ̀ːst] *n.* 〖항해〗 큰 돛대의 중간 돛대

máin vérb 〖문법〗 본동사, 주동사

máin yàrd 〖항해〗 큰 돛대의 아래 활대

mai·son·ette [mèizənét] [F 「작은 집」의 뜻에서] *n.* **1** 소주택 **2** 《영》 복층 아파트

maî·tre d' [mèitər-díː] [F] *n.* (*pl.* **~s** [-z]) 《구어》 = MAÎTRE D'HÔTEL

maî·tre d'hô·tel [mèitər-doutél] [F] 호텔의 주인[지배인]; (식당의) 급사장

maize [meiz] [동음어 maze] *n.* **1** 《영》 〖식물〗 옥수수(열매)(Indian corn) 《미국·캐나다·호주에서는 보통 corn이라 함》 **2** Ⓤ 옥수숫빛, 담황색

Maj. Major

****ma·jes·tic, -ti·cal** [mədʒéstik(əl)] *a.* 위엄 있는, 장엄한, 당당한, 웅대한 **-ti·cal·ly** *ad.*

****maj·es·ty** [mǽdʒəsti] [L 「위대함」의 뜻에서] *n.* (*pl.* **-ties**) *n.* **1** Ⓤ **위엄**(dignity); 장엄 **2** Ⓤ [보통 the ~] 주권, 지상권 《*of*》 **3** [집합적] 왕족; [보통 his [her, your, their] M~] **폐하** 《국왕·왕비의 존칭》 **4** 〖미술〗 그리스도가 영광의 옥좌에 앉아 있는 그림

Her M~ the Queen 여왕 폐하 《이름을 붙일 때는 Her Majesty Queen Elizabeth식으로 씀》 ***His* [*Her*] *M~'s Ship*** 영국 군함 《略 HMS》

ma·jol·i·ca [mədʒɑ́likə | -dʒɔ́l-] *n.* ⓊⒸ 마욜리카 도자기 《이탈리아산 화려한 장식용 도자기》

****ma·jor** [méidʒər] [L 「위대한」의 뜻의 비교급에서] *a.* (opp. *minor*) **1** (둘 중에서) **큰 쪽의,** 많은; 대다수의, 과반수의: the ~ parts 대부분 **2 주요한,** 일류의; 〈효과·범위 등이〉 큰, 두드러진: a ~ question 중요한 문제 / the ~ industries 주요 산업 **3** 성년이 된 **4** 〈수술 등이〉 (보통보다) 위험한 **5** 〖음악〗 장음계의, 장조의 **6** 《미》 〈대학의 과목이〉 전공의 **7** [**M~**] 《영》 (학교에서 성이 같은 학생 중) 연장(年長)의(cf. SENIOR) **—** *n.* (opp. *minor*) **1** (육군[공군]) **소령**; 《군대속어》 원사(=sergeant ~); 〖군사〗 (특수 부문의) 장(長); 《미》 (경찰의) 총경 **2** (어느 집단 중의) 상급자 **3** 《미》 (학위를 따기 위한) 전공 과목, …전공 학생 **4** 성년자, 성인 **5** 〖음악〗 장음계, 장조 **6** [the ~s] **a** 《미》 = MAJOR LEAGUE **b** 메이저 《국제 석유 자본 등》 **7** 〖논리〗 대전제 **—** *vi.* **1** 《미》 **전공하다**(《영》 specialize) 《*in*》 **2** 거드럭거리며 걷다, 우쭐거리다

ma·jor·ette [mèidʒərét] *n.* 여자 군악대장; 밴드걸

májor géneral (육군·해병대·공군의) 소장 《略 Maj. Gen.》

****ma·jor·i·ty** [mədʒɔ́ːrəti | -dʒɔ́r-] *n.* (*pl.* **-ties**) (opp. *minority*) **1** [보통 복수 취급, 때로 단수 취급] **대부분, 대다수 2 과반수,** 절대 다수 **3** (이긴) 득표차(cf. PLURALITY): by a large ~ 큰 표수 차로 **4 다수당,** 다수파 **5** Ⓤ 〖법〗 성년: reach one's ~ 성년이 되다 **6** Ⓤ 육군[공군] 소령의 계급[직위]

majórity lèader 《미》 (상·하원의) 다수당 원내 총무(cf. MINORITY LEADER)

májor kéy 〖음악〗 장조

májor léague 《미》 메이저리그 《2대 프로 야구 연맹의 하나; American League 또는 National League》(cf. MINOR LEAGUE)

ma·jor-lea·guer [méidʒərlíːgər] *n.* 《미》 메이저리그의 선수

májor prémise 〖논리〗 (3단 논법의) 대전제

Májor Próphets [the ~] (구약 성서의) 대예언서 《Isaiah, Jeremiah, Ezekiel, (Daniel)의 4[3]서》; [때로 the m~ p~] 대예언자

****make** [meik] *v.* (**made** [meid]) *vt.* **1 a 만들다,** 짓다, 제작[제조]하다,

조립하다, 건설[건조]하다; 〈관계를〉 이루다; 창조하다; 창작하다, 저작하다; 작성하다; 제정하다 **b** 만들어 내다, 이룩하다, 발달시키다: ~ one's own life 생활 방침[일생의 운명]을 결정하다 **c** 고안하다, 안출하다; (마음에) 작정하다; 〖상업〗 〈값을〉 정하다(fix) **2 준비하다,** 정돈하다 **3** 〈돈 등을〉 **벌다,** 얻다, 만들다; 〖경기〗 득점하다: ~ money 돈을 벌다 / ~ good marks at school 학교에서 좋은 성적을 얻다 **4 일으키다,** 생기게 하다, …의 원인이 되다 **5 a** 〈전쟁·동작·몸짓·거래·연설·여행을〉 **하다,** 실행하다; 체결하다; 진행시키다; 말하다; 내다; 내놓다, 제출하다; (조정 경기에서) 잘 젓다 **b** [*make*+명사로 동사와 동의어] …**하다**: ~ *(an) answer* = answer / ~ *haste* = hasten **c** …처럼 행동하다, …(한 것)으로 치다 **6** …**을 …로 나타내다**[그리다] **7** [강제적으로 또는 비강제적으로] (…으로 하여금) …**시키다,** …**하게 하다**: ~ him *drink* 그에게 마시게 하다 **8** …을 …**시키다,** …을 〈…에게〉 하도록 하다: Too much wine ~*s* men *drunk.* 과음은 사람을 취하게 한다. **9** 구성하다, (합계) …**이 되다,** 〈어느 수량에〉 달하다; …번째가 되다: Two and two ~(*s*) four. 2+2는 4. **10** 계산[측정]하다, 어림[견적]하다; 생각하다, 여기다, 추단하다; 마음에 품다 《*of, about*》; 인정[인식]하다 **11** (발달하여) …**이 되다**: He will ~ an excellent scholar. 그는 훌륭한 학자가 될 것이다. **12** (…구성하기에) 충분하다, …에 도움이 되다 **13** …**에게 …을 만들어 주다**; …에게 …이 되다: I *made* him a new suit. = I *made* a new suit *for* him. 그에게 새 양복을 지어 주었다. / She will ~ him a good wife. = She will ~ a good wife *for* him. 그 여자는 그의 좋은 아내가 될 것이다. **14 a** …**에 도착하다**; …이 보이기 시작하다; 《구어》 …시간 안에 가다, (놓치지 않고) 잡아타다; 〈어떤 속도를〉 내다: ~ (a) port 입항하다 / Hurry, or we'll never ~ the train. 서둘지 않으면 절대로 기차 시간에 대지 못한다. **b** 가다, 나아가다, 답파(踏破)하다 **15** 〖전기〗 〈회로를〉 닫다

— *vi.* **1** (…으로) 하다, (…상태로) 하다 **2 a** …하기 시작하다, …하려고 하다: ~ to act like a barbarian 야만인처럼 굴려고 하다 **b** (…처럼) 행동하다, (…하는) 체하다: He *made* as if he were ill. 그는 아픈 체했다. **3** 〈사물이〉 (가공되어) …이 되다, 만들어지다 **4** (보통 급히) **나아가다,** 향하여 가다 《*for*》; 가려고 하다: They *made for* the land. 그들은 육지로 향했다. **5 a** 지시하다 **b** (유리 또는 불리하게) 작용하다 《*for, against, with*》: It ~*s for*[*against*] his advantage. 그것은 그의 이익[불이익]이 된다. **6 a** 〈조수(潮水)가〉 차다; 〈밀물이〉 밀려들기 시작하다, 〈썰물이〉 지기 시작하다 **b** 진행중이다 **c** 〈깊이·체적 등이〉 늘다

~ against …에게 불리하다, 방해하다, 약화하다 ***~ away*** 급히[뛰어] 가버리다 ***~ away with*** …을 가져가버리다, 채가다; 멸망시키다, 죽이다; 〈돈을〉 탕진하다 ***~ for*** …쪽으로 가다; …을 공격하다; …에 이바지하다: ~ nothing *for* …에 이바지하는 바가 없다 ***~ off*** 급히 가다, 도망치다 ***~ off with*** = MAKE away with. ***~ out*** (1) 기초하다, 작성하다, 쓰다 (2) 성취[달성]하다 (3) …처럼 말하다 (4) 이해하다; 알아보다; (보아서) 분간하다; 입증하다 (5) 〈시간을〉 보내다 (6) 《미·구어》 변통해 나가다 ***~ over*** 양도[이관(移管)]하다 《*to*》; 변경하다 ***~ up*** (1) 수선하다 (2) 메우다, 벌충하다, 만회하다; (보충해서) 완전하게 하다 《*for*》 (3) 한데 모으다, 챙기다, 꾸리다 (4) 〈옷을〉 짓다, (여러 요소를 가지고) 구성하다, 맞추어 놓다, 조제(調劑)하다 (5) 〖인쇄〗 〈난(欄)이나 페이지를〉 짜다 (6) 〈차량을〉 연결하다 (7) 작성[편집, 기초]하다 (8) 날조하다 (9) 토론하다 (10)v화장하다; 〖연극〗 분장(扮裝)하다, 메이크업하다(cf. MAKEUP)

— *n.* Ⓤⓒ **1 a** 만듦새, 지음새, …제; 제작법; 모양, 형(型), 꼴, 형상 **b** 구조, 구성, 조직 **c** 형식, 양식 **2** 체격; 성격, 기질 **3** 제작[제조] 수량, 생산고 **4** 〖전기〗 회로의 접속, 전류를 통하기

make-and-break [méikənbréik] *a.* 〖전기〗 자동 개폐식(開閉式)의

make-be·lieve [-bilìːv] *n.* Ⓤ 가장(假裝), …하는 체하기, 위장(僞裝); Ⓒ …하는 체하는 사람

— *a.* Ⓐ 거짓의

make-do [-dùː] *a., n.* (*pl.* **~s**) 임시 변통의 (물건), 대용의 (물건)

make-or-break [méikərbréik] *a.* 성패(成敗) 양단간의, 운명을 좌우하는

make·o·ver [méikòuvər] *n.* 수리, 수선; (헤어스타일 등의) 완전한 변신; (외모의) 개조

⁑**mak·er** [méikər] *n.* **1 만드는 사람, 제작[제조]자,** 메이커 **2** [the M~, one's M~] 조물주, 신 **3** 〖상업〗 약속어음 발행인

***make·shift** [méikʃìft] *n.* **임시 변통** (수단), 미봉책, 일시적 방편 — *a.* **임시 변통의,** 일시적인

***make·up** [méikʌ̀p] *n.* **1** Ⓤⓒ **화장**; (배우 등의) 분장, 메이크업; 화장품, 분장용구(用具); 가장, 겉치레 **2 짜임새, 구성,** 조립, 구조; 체격: the ~ of a committee 위원회의 구성 **3** 성질, 기질, 체질: a national ~ 국민성 **4** 〖인쇄〗 (책·페이지 등의) 레이아웃, 조판물 **5** 《미·구어》 재[추가]시험 **6** 날조한 이야기

make·weight [-wèit] *n.* **1** 중량을 채우기 위하여 보태는 것; 균형이 잡히게 하는 것, 평형추(平衡錘) **2** 무가치한[시시한] 것; 대신[대리]하는 것

***mak·ing** [méikiŋ] *n.* **1 a** Ⓤ **제작** (과정), 제조, 만들기, 생산 **b** 제작물; Ⓤⓒ 1회의 제조량 **2** 발전[발달] 과정 《*of*》; [the ~] 성공의 원인[수단] **3** [*pl.*] 요소, 소질 **4** [보통 *pl.*] 원료, 재료 《*for*》; [*pl.*] 《미》 담배 말아 피울 재료 **5** [*pl.*] 이익, 이득, 벌이

in the ~ 제조[형성] 중의, 발달 중의

mal- [mæl] 《연결형》 「악, 불규칙, 불량, 불완전, 이상」의 뜻

Mal. 〖성서〗 Malachi

Ma·lac·ca [məlǽkə] *n.* 말라카 《말레이 연방의 한 주; 이 주의 주도》
the Strait of ~ 말라카 해협

Malácca cáne 등나무 지팡이

Mal·a·chi [mǽləkài] *n.* 〖성서〗 말라기 《유대의 예언자》; 말라기서(書) 《略 Mal.》

mal·a·chite [mǽləkàit] *n.* 〖광물〗 공작석(孔雀石)

mal·a·dapt·ed [mæ̀lədǽptid] *a.* (환경·조건 등에) 순응[적응]이 안되는, 부적합한 《*to*》

mal·ad·just·ed [mæ̀lədʒʌ́stid] *a.* **1** 조절[조정]이 잘 안 된 **2** 〖심리〗 환경에 적응 못하는

mal·ad·just·ment [mæ̀lədʒʌ́stmənt] *n.* UC **1** 조절[조정] 불량 **2** 〖심리〗 부적응

mal·ad·min·is·ter [mæ̀lədmínistər] *vt.* 공무 처리를 그르치다; 〈정치·경영을〉 잘못하다

mal·ad·min·is·tra·tion [mæ̀lədmìnistréiʃən] *n.* U 실정(失政); 악정

mal·a·droit [mæ̀lədrɔ́it] *a.* 서투른, 솜씨 없는; 아둔한 **~·ly** *ad.* **~·ness** *n.*

*__mal·a·dy__ [mǽlədi] 〖L 「몸의 상태가 좋지 않은」의 뜻에서〗 *n.* (*pl.* **-dies**) **1** (문어) (특히 만성적인) **병** **2** (사회적) 병폐, 폐해: a social ~ 사회적 병폐

Ma·la·ga [mǽləgə] *n.* (스페인 남부의 주) 말라가산 포도; U 말라가 백포도주

Mal·a·gas·y [mæ̀ləgǽsi] *a.* Madagascar 사람[말]의
— *n.* (*pl.* **~, -gas·ies**) 마다가스카르 사람; U 마다가스카르 말

mal·aise [məléiz, mæl-] 〖F 「불쾌」의 뜻에서〗 *n.* UC 불쾌(감); 침체 (상태)

mal·a·prop·ism [mǽləprɑpìzm | -prɔp-] *n.* UC **1** 말의 우스꽝스러운 오용 《발음은 비슷하나 뜻이 다른》 **2** 우습게 잘못 쓰인 말

mal·ap·ro·pos [mæ̀læprəpóu] 〖F〗 *a.* 시기가 적절치 않은 — *ad.* 계제가 아니게, 부적당하게

*__ma·lar·i·a__ [məlɛ́əriə] 〖It. 「(소택지의) 독기」의 뜻에서〗 *n.* U **말라리아**, 학질
ma·lar·i·al [məlɛ́əriəl], **-i·an, -i·ous** *a.*

ma·lar·k(e)y [məlɑ́:rki] *n.* (속어) 허튼소리

Ma·la·wi [məlɑ́:wi] *n.* 말라위 《동남아프리카의 공화국; 수도 Lilongwe》
~·an [-ən] *a.*, *n.*

*__Ma·lay__ [məléi, méilei] *a.* **1 말레이 사람[말]의** **2** 말레이 반도의
— *n.* **1 말레이 사람** **2** U 말레이 말

Ma·lay·a [məléiə] *n.* 말레이 반도

Ma·lay·an [məléiən] *n.* 말레이 사람
— *a.* = MALAY

Maláy Archipélago [the ~] 말레이 제도

Maláy Península [the~] 말레이 반도

Ma·lay·si·a [məléiʒə | -ziə] *n.* **1** = MALAY ARCHIPELAGO **2** 말레이시아 (연방) 《수도 Kuala Lumpur》

Ma·lay·si·an [məléiʒən | -ziən] *n.*, *a.* 말레이 (제도)(의); 말레이시아 사람(의)

Mal·colm [mǽlkəm] *n.* 남자 이름

Málcolm X 맬컴 엑스(1925-65) 《미국의 흑인 인권 지도자》

mal·con·tent [mæ̀lkəntént] *a.* 불평하는 — *n.* 불평가, (권력·체제 등에 대한) 반항자

Mal·dives [mɔ́:ldi:vz | -divz] *n.*, *pl.* 몰디브 《인도양에 있는 공화국; 수도 Male》

⁑**male** [meil] 〖동음어 mail〗 *n.* **남자**, 남성, 사나이; 수컷; 웅성(雄性) 식물 — *a.* **1 남자의**, 남성의; 수컷의(opp. *female*): the ~ sex 남성 / a ~ dog 수캐 **2** 〖식물〗 수술만 가진 **3** 남성적인 **4** 〖기계〗 〈부품이〉 수…: a ~ screw 수나사

male- [mǽlə] 《연결형》 「나쁜(ill-)」의 뜻(opp. *bene-*)

mále cháuvinism 남성 우월[중심]주의

mále cháuvinist píg[**pórker**] (경멸) 남성 우월주의자 《略 MCP》

mal·e·dic·tion [mæ̀lədíkʃən] *n.* (문어) 저주, 악담, 비방, 욕

mal·e·fac·tion [mæ̀ləfǽkʃən] *n.* UC 나쁜 짓, 범죄

ma·lef·i·cent [məléfəsnt] *a.* 해로운 《*to*》; 나쁜 짓을 하는(opp. *beneficent*)

mal·fea·sance [mælfí:zns] *n.* **1** UC 〖법〗 불법[부정] 행위 《특히 공무원의》 **2** U 나쁜 짓

mal·for·ma·tion [mæ̀lfɔ:rméiʃən] *n.* **1** U 꼴이 흉함, 꼴불견 **2** 꼴 흉하게 생긴 것; 기형 (부분)

mal·formed [mælfɔ́:rmd] *a.* 꼴이 흉한, 꼴불견으로 생긴, 기형의

mal·func·tion [mælfʌ́ŋkʃən] *n.* U (장기(臟器)·기계 등의) 기능 부전, 고장; 〖컴퓨터〗 기능 불량 — *vi.* 〈장기·기계 등이〉 잘 작동하지 않다, 제구실을 않다

Ma·li [mɑ́:li] *n.* 말리 (공화국) 《공식 명칭은 the Republic of Mali; 아프리카 서부; 수도 Bamako》

málic ácid 〖화학〗 말산, 사과산

⁑**mal·ice** [mǽlis] 〖L 「악, 악의」의 뜻에서〗 *n.* U **1** (의도적인) **악의**, 앙심, 적의, 원한 》**2** 〖법〗 살의

*__ma·li·cious__ [məlíʃəs] *a.* **악의 있는**, 심술궂은; 〖법〗 고의의; 부당한 〈체포 등〉 **~·ly** *ad.* **~·ness** *n.* = MALICE

*__ma·lign__ [məláin] *a.* A **해로운**, 악의 있는; 〖병리〗 악성의 — *vt.* 헐뜯다, 중상하다

ma·lig·nan·cy, -nance [məlígnəns(i)] *n.* U **1** 앙심, 적의, 격렬한 증오 **2** (병의) 악성 **3** 〖점성술〗 불길, 흉(凶)

*__ma·lig·nant__ [məlígnənt] *a.* **1 악의[적의]가 있는**; 해로운; 〈병이〉 악성의: a ~ disease 악성 질환 《암 등》 **2** 〖점성술〗 불길한 — *n.* 악의를 품은 사람 **~·ly** *ad.*

ma·lig·ni·ty [məlígnəti] *n.* (*pl.* **-ties**) **1** U 악의, 앙심, 원한; C 악의 있는 언동 **2** U (병의) 악성; 불치(不治)

ma·lin·ger [məlíŋgər] *vi.* 〈특히 병사 등이〉 꾀병을 부리다 **~·er** *n.*

*__mall__ [mɔ:l | mɔ:l, mæl] *n.* **1** (미) **쇼핑몰** **2** 나무 그늘이 진 산책길 **3** (영) 팰맬(pall-mall) 놀이(터); 팰맬 놀이에 쓰는 나무 망치 **4** (고속도로의) 중앙 분리대

mal·lard [mǽlərd] *n.* (*pl.* **~s**, [집합적] **~**) 〖조류〗 청둥오리 《wild duck의 일종》; U 청둥오리 고기

M

mal·le·a·ble [mǽliəbl] *a.* **1** 〈쇠를〉 두들겨 펼 수 있는: ~ iron 가단철 **2** 유순[온순]한
mal·le·o·lus [məlíːələs] *n.* (*pl.* **-li** [-lài]) 〖해부〗 복사뼈
mal·let [mǽlit] *n.* 나무메; 공치는 망치 《polo 등의》
mal·le·us [mǽliəs] *n.* (*pl.* **-le·i** [-liài]) 〖해부〗 (중이(中耳)의) 추골(槌骨)
mal·low [mǽlou] *n.* 〖식물〗 당아욱속(屬)
malm·sey [mɑ́ːmzi] *n.* Ⓤ 맘지 《Madeira 원산의 단 포도주》
mal·nour·ished [mælnə́ːriʃt, -nʌ́r-] *a.* 영양 부족[실조]의
mal·nu·tri·tion [mælnjuːtríʃən | -njuː-] *n.* Ⓤ 영양 부족[실조]
mal·o·dor·ous [mælóudərəs] *a.* **1** 고약한 냄새가 나는 **2** (법적·사회적으로) 받아들여질 수 없는
mal·prac·tice [mælprǽktis] *n.* ⓊⒸ **1** (의사의) 부정 치료; 의료 과오, 오진 **2** 〖법〗 배임 행위
*__malt__ [mɔːlt] *n.* Ⓤ **1 엿기름**, 맥아(麥芽) **2** 《구어》 맥아주(酒)(= **~ whiskey**) **3** 《미》 = MALTED MILK — *vt.*, *vi.* 엿기름이 되게 하다[되다]; 엿기름으로 만들다 — *a.* 엿기름의[을 넣은, 으로 만든]
Mal·ta [mɔ́ːltə] *n.* **1** 몰타 (공화국) **2** 몰타 섬 《지중해에 있는 섬》
málted mílk [mɔ́ːltid-] 맥아 분유
Mal·tese [mɔːltíːz] *a.* 몰타 (섬)의 — *n.* (*pl.* ~) **1** 몰타 사람 **2** Ⓤ 몰타 말
Máltese cát 몰타 고양이
Máltese cróss 몰타 십자《십자가의 일종》
Máltese dóg 몰티즈 개 《털이 길며 크기가 작은 애완견》
malt·house [mɔ́ːlthàus] *n.* 맥아 제조소[저장소]
Mal·thus [mǽlθəs] *n.* 맬서스 **Thomas Robert ~** (1766-1834) 《영국의 경제학자》
mált líquor 맥아를 발효시켜서 만든 술 《ale, beer 등》
malt·ose [mɔ́ːltous] *n.* Ⓤ 〖화학〗 말토오스, 맥아당
mal·treat [mæltríːt] *vt.* 학대[혹사]하다 (abuse) **~·ment** *n.*
malt·ster [mɔ́ːltstər] *n.* 맥아 제조[판매]인
malt·y [mɔ́ːlti] *a.* (**malt·i·er**; **-i·est**) 엿기름의[비슷한]; 애주가인
mal·ver·sa·tion [mælvərséiʃən] *n.* Ⓤ 독직(瀆職), 공금 유용, 배임
mam [mæm] *n.* 《영·구어》 = MAMA 1 (cf. DAD)
*__ma·ma__ [mɑ́ːmə | məmɑ́ː] *n.* **1** 《소아어》 **엄마**(cf. PAPA) **2** 《미·속어》 **a** 성적 매력이 있는 여자 **b** 마누라 **3** 《미·속어》 폭주족(暴走族)의 여자
máma's bòy 《미·구어》 여성적인 사나이, 나약한 남자
mam·ba [mɑ́ːmbə | mǽm-] *n.* 〖동물〗 맘바 《남아프리카산 코브라과(科)의 큰 독사》
mam·bo [mɑ́ːmbou | mǽm-] *n.* (*pl.* **~s**) 맘보(춤); 그 곡 — *vi.* 맘보를 추다
⁑**mam·ma**[1] [mɑ́ːmə, məmɑ́ː] *n.* = MAMA

mam·ma[2] [mǽmə] *n.* (*pl.* **-mae** [-miː]) (포유동물의) 유방(udder)
*__mam·mal__ [mǽməl] *n.* **포유동물**
mam·ma·li·an [məméiliən] *a.*, *n.* 포유류의 (동물)
mam·ma·ry [mǽməri] *a.* 유방의
mámmary glànd 〖해부〗 유선(乳腺)
mam·mon [mǽmən] *n.* **1** Ⓤ 〖성서〗 (악덕으로서의) 부(富), 재물 《물욕의 의인적 상징》 **2** [**M~**] 부의 신(神)
mam·mon·ism [mǽmənìzm] *n.* Ⓤ 배금주의 **-ist, -ite** [-àit] *n.* 배금주의자
*__mam·moth__ [mǽməθ] *n.* **1** 〖동물〗 매머드 《신생대의 큰 코끼리》 **2** 거대한 것 — *a.* 거대한(huge)
mam·my [mǽmi] *n.* (*pl.* **-mies**) 《구어·소아어》 엄마(cf. DADDY); 《미남부》 (옛 백인 가정의) 늙은 흑인 하녀[유모]
⁂**man** [mæn] *n.* (*pl.* **men** [mén]) **1** (성년) **남자**, 사나이: *men* and women 남자와 여자 **2** [관사 없이] (남녀를 불문하고) **사람**, **인간**, 인류: *M~* cannot live by bread alone. 〖성서〗 사람은 빵만으로는 살 수 없다. **3 a** [부정대명사적] 사람, 아무(one): any[no] ~ 누구든지[아무도 (…않다)] **b** 개인, (어떤) 사람, …가(家): a ~ of action 활동가 **4 a** 남자 하인, 종, 머슴 **b** [보통 *pl.*] 노동자, 사용인, 종업원; 부하 **c** 〖역사〗 가신(家臣) **5** [보통 ~ and wife로] 남편(husband); 《구어》 여자와 동거하는 남자, 애인 **6** 제 구실하는 남자, 한 사람의 남자; 대장부; 중요한[저명한] 사람 **7** [호칭] 여보게, 이 사람아 **8** [the (very) ~, one's ~] 안성맞춤의 사람; 적임자
as a ~ 일개인으로서; 일치 협력하여 ***be a ~*** 사나이답게 굴다 ***between ~ and ~*** 남자 대 남자로, 사나이끼리의 ***of all men*** (1) 누구보다도 우선 (2) 그 많은 사람 중에서 하필 ***to a ~*** = ***to the last ~*** 만장일치로, 마지막 한 사람까지
— *vt.* (**~ned**; **~·ning**) **1 인원[병력]을 배치하다** 《근무나 방위를 위하여》; 〈배·인공위성 등에〉 승무원을 태우다 **2** 〈지위·관직 등에〉 …을 취임시키다 **3** [보통 one*self*로] 용기를 돋우다, 격려하다: ~ *oneself* 분발하다 **4** 〈매 등을〉 길들이다
Man [mæn] *n.* ***the Isle of ~*** 맨 섬 《아일랜드와 잉글랜드 사이에 있음》
-man [mən, mæ̀n] 《연결형》 (*pl.* **-men** [mən, mèn]) **1** 「직업이 …인 사람」의 뜻: post*man*, **2** 「…선(船)」의 뜻: merchant*man* 《[-mən]이라고 발음되는 단어의 복수는 [-mən], [-mæn]이라고 발음되는 단어의 복수는 [-men]으로 발음함》
man-a·bout-town [mǽnəbàuttáun] *n.* (*pl.* **men-** [mén-]) **1** 플레이보이, 사교가, 오입쟁이 **2** (London 사교계의) 멋쟁이 신사
man·a·cle [mǽnəkl] *n.* [보통 *pl.*] 수갑; 속박 — *vt.* 수갑 채우다; 속박하다
⁂**man·age** [mǽnidʒ] *vt.* **1 이럭저럭 해내다**, **용케** …**해내다**; 《비꼼》 어리석게도 …하다; 간신히[억지로] …하다 《*to* do》: I'll ~ it somehow. 어떻게든 해보겠다. **2** 〈사업 등을〉 **경영**

[관리]하다, 운영하다 **3** 〈사람을〉 **잘 다루다,** 조종하다; 〈가사를〉 잘 해가다; 조련하다 **4** (손으로) **다루다,** 취급하다, 〈기계 등을〉 **조종하다,** 〈배 등을〉 조종하다 **5** [can, could, be able to와 함께] 해치우다, 해내다; 먹다(eat) **—** *vi.* **1** 〈사람이〉 **잘 해나가다,** 그럭저럭 꾸려나가다 《*with, without*》 **2** 일을 처리하다; 경영하다, 관리하다

man·age·a·ble [mǽnidʒəbl] *a.* 다루기[제어하기] 쉬운; 순종하는
màn·age·a·bíl·i·ty *n.*

mán·aged fúnd [mǽnidʒd-] 관리 운용 펀드 《보험 회사 등이 투자가를 대신해서 운용하는 투자 신탁》

⁑**man·age·ment** [mǽnidʒmənt] *n.* **1** Ⓤ **경영, 관리,** 지배, 감독; 경영[지배]력, 경영 수완 **2** ⓊⒸ [the ~; 집합적] **경영진,** 경영자측, 회사 **3 a** Ⓤ **취급,** 처리; 통어, 조종 **b** Ⓤ 변통; 술책

mánagement informátion sỳstem 〚컴퓨터〛 경영 정보 시스템 《略 MIS》

⁑**man·ag·er** [mǽnidʒər] *n.* **1 지배인, 경영자,** 간사; (은행의) 지점장; 감독, 매니저; 부장, 국장: a stage ~ 무대 감독 **2** [보통 형용사와 함께] (살림 등을) 꾸려 나가는 사람: a good[bad] ~ 경영[살림]을 잘[못]하는 사람 **3** 〚영국법〛 관재인(管財人); [*pl.*] (영국 의회의) 양원 협의회 위원

man·ag·er·ess [mǽnidʒəris | mæ̀nidʒərés] *n.* 여지배인; 여간사; 여자 흥행주

man·a·ge·ri·al [mæ̀nidʒíəriəl] *a.* **1** manager의 **2** 취급[경영]자의; 관리[감독, 처리]의

man·ag·ing [mǽnidʒiŋ] *n.* Ⓤ manage하기 **—** *a.* **1** 경영[처리]하는; 수뇌(首腦)의: a ~ partner 업무 집행 사원 **2** 경영[처리]을 잘하는 **3** 참견하는

mánaging diréctor 전무[상무] 이사; 《영》 사장 《略 MD》

mánaging éditor (신문사·출판사 등의) 편집장, 편집 주간

ma·ña·na [mənjɑ́:nə] [Sp.] *n., ad.* 내일; 근간에

man-at-arms [mǽnətɑ́:rmz] *n.* (*pl.* **men-** [mén-]) 〚역사〛 병사, (특히 중세의) 중기병(重騎兵)

man·a·tee [mǽnətì: | ⌐-⌐] *n.* 〚동물〛 해우(海牛)

*****Man·ches·ter** [mǽntʃèstər, -tʃis-] *n.* **맨체스터** 《영국 Lancashire 주의 상공업 도시》

Man·chu [mæntʃú:] *n.* (*pl.* **~, ~s**) 만주 사람; Ⓤ 만주 말 **—** *a.* 만주의; 만주 사람[말]의

Man·chu·ri·a [mæntʃúəriə] *n.* 만주 《중국 동북부의 옛 이름》 **-an** [-ən] *a., n.* 만주의; 만주 사람(의)

Man·cu·ni·an [mænkjú:niən] *a., n.* Manchester의 (주민)

-mancy [mæ̀nsi] 《연결형》 「…점(占)」의 뜻: necro*mancy*

M & A merger(s) and acquisition(s) 기업 인수 합병

man·da·la [mʌ́ndələ] *n.* 〚불교〛 만다라(曼陀羅)

man·da·rin [mǽndərin] *n.* **1** 관리 《중국 청조 시대의》; [**M~**] Ⓤ 북경 관화(官話) 《중국의 표준어》 **2** 《비꼼》 요인(要人); (인습에 사로잡힌) 정당 당수 **3** 고개를 끄덕이는 중국 인형 **4** 〚식물〛 만다린귤나무[귤]; 귤색

mándarin dúck 〚조류〛 원앙새

*****man·date** [mǽndeit] [L 「손에 주다」의 뜻에서] *n.* **1 명령,** 지령, 지시(order) **2** (상급 법원에서 하급 법원으로 보내는) 직무 집행 영장 **3** (선거민이 의원에게 주는 것으로 간주되는) 권한의 위양 **4** 〚법〛 위임; (국제 연맹으로부터의) 위임 통치(령(領)) **5** (로마 교황의) 성직 수임(授任) 명령 **—** *vt.* 위임 통치국으로 지정하다: a ~*d* territory 위임 통치령

man·da·to·ry [mǽndətɔ̀:ri | -təri] *a.* **1** 명령의 **2** 위임의, 위임된: a ~ power 위임 통치국 **3** 강제의(obligatory); 필수의 **—** *n.* (*pl.* **-ries**) 수임자, 위임 통치국

man-day [mǽndéi] *n.* 〚노동〛 1인 1일 노동량

man·di·ble [mǽndəbl] *n.* 〚해부·동물〛 하악(골)(下顎(骨)); (절지동물의) 대악(大顎); 〚조류〛 아랫[윗]부리

man·do·lin [mǽndəlín, ⌐-⌐], **-line** [mæ̀ndəlí:n, ⌐-⌐] *n.* 〚음악〛 만돌린
màn·do·lín·ist *n.* 만돌린 주자(奏者)

man·drake [mǽndreik], **man·drag·o·ra** [mændrǽgərə] *n.* 〚식물〛 맨드레이크 《뿌리는 마취제》

man·drel, -dril [mǽndrəl] *n.* 〚광산〛 곡괭이(pick); 〚기계〛 (선반의) 굴대; (주조용) 심축(心軸)

man·drill [mǽndril] *n.* 〚동물〛 만드릴 《서아프리카산 비비(狒狒)》

*****mane** [mein] [동음어 main] *n.* (말·사자의) **갈기;** (갈기 같은) 긴 머리털

man-eat·er [mǽnì:tər] *n.* **1** 식인종 **2** 식인 동물 《호랑이·사자·상어 등》 **3** 《구어》 사람을 무는 말

man-eat·ing [-ì:tiŋ] *a.* 사람을 잡아 먹는, 식인의

maned [meind] *a.* 갈기가 있는

ma·nege [mænéʒ | -néiʒ] [F = manage] *n.* **1** Ⓤ 마술(馬術) **2** 마술 연습소 **3** Ⓤ 조련된 말의 동작과 걸음걸이

Ma·net [mænéi] *n.* 마네 **Édouard ~** (1832-83) 《프랑스의 인상파 화가》

*****ma·neu·ver** | **ma·noeu·vre** [mənú:vər] [L 「손으로 일하다」의 뜻에서] *n.* **1 책략,** 책동, 교묘한 조치 **2** 〚군사〛 **작전 행동 3** [*pl.*] 기동 연습 **—** *vi.* 연습[기동]하다; 책략을 쓰다 **—** *vt.* 연습시키다, 작전적으로 행동하게 하다; 계략을 써서 …하게 하다 《*into, out of, into doing*》
~·er *n.* 책략가

ma·neu·ver·a·ble [mənú:vərəbl] *a.* 조종[운용, 기동]할 수 있는
ma·nèu·ver·a·bíl·i·ty *n.* Ⓤ 기동성

mán Fríday [Robinson Crusoe의 충실한 하인의 이름에서] 충실한 하인; 심복 (cf. GIRL FRIDAY)

man·ful [mǽnfəl] *a.* 남자다운, 씩씩한, 과단성 있는(cf. MANLY)
~·ly *ad.* **~·ness** *n.*

M

man·ga·nese [mǽŋgənìːz] *n.* Ⓤ 〚화학〛 망간 《기호 Mn, 번호 25》: ~ steel 망간강(鋼)

mánganese nódule (해저의) 망간 단괴(團塊)

mange [meindʒ] *n.* Ⓤ 〚수의학〛 (개·소 등의) 옴

man·gel(-wur·zel) [mǽŋgl(wə́ːrzl)] *n.* 《영》 〚식물〛 비트 《가축 사료》

man·ger [méindʒər] *n.* 여물통, 구유

***man·gle**[1] [mǽŋgl] *vt.* **1** 난도질하다, 토막토막 내다 **2** 엉망으로 만들다, 망가뜨리다

mangle[2] *n.* (시트 등의) 주름 펴는 기계, 압착 롤러; 탈수기
—*vt.* 압착 롤러에 걸다

man·go [mǽŋgou] *n.* (*pl.* ~(**e**)**s**) **1** 〚식물〛 망고나무; 그 열매 **2** 각종 피클스의 총칭

man·go·steen [mǽŋgəstìːn] *n.* 〚식물〛 망고스틴 나무 《열대 아시아산》; 그 열매

man·grove [mǽŋgròuv] *n.* 맹그로브, 홍수림(紅樹林) 《열대 강어구·해변에 생기는 숲》

man·gy [méindʒi] *a.* (**man·gi·er**; **-gi·est**) **1** 옴 오른 **2** 지저분한, 초라한

man·han·dle [mǽnhæ̀ndl] *vt.* 인력으로 움직이다[운전하다]; 거칠게 다루다, 학대하다

***Man·hat·tan** [mænhǽtn] *n.* **1** 맨해튼 《New York 시의 섬; 그 시의 주요부인 한 구(區)》 **2** [종종 **m~**] ⓊⒸ 칵테일의 일종

Manháttan Pròject 맨해튼 계획 《제2차 대전 중 미국 육군의 원자탄 개발 계획》

***man·hole** [mǽnhòul] *n.* **1** 맨홀; 출입구멍 **2** 〚철도〛 (터널 내벽의) 대피 공간

‡**man·hood** [mǽnhùd] *n.* Ⓤ **1** 성년, 장년, 성인: arrive at[come to] ~ 성년이 되다 **2** [집합적] (한 나라의 성인) 남자들 **3** 인성(人性), 인격, 인품

man-hour [mǽnàuər] *n.* 〚노동〛 인시(人時) 《1인의 시간당 일의 양》, 연(延)시간수

man·hunt [-hʌ̀nt] *n.* 《미》 (조직적인) 범인 수색

***ma·ni·a** [méiniə] *n.* **1** Ⓤ 〚정신의학〛 조병(躁病) **2** ⓊⒸ 열광, …광[열], 마니아 《*for*》 《사람의 뜻은 없음》

-mania [méiniə] 《연결형》 「…광(狂)」; 「열광적 성벽, 심취(心醉)」의 뜻: klepto*mania*

ma·ni·ac [méiniæ̀k] *a.* Ⓐ 광적인, 광기의, 광란의
—*n.* 《구어》 열광자; 미치광이

ma·ni·a·cal [mənáiəkəl] *a.* = MANIAC

man·ic [mǽnik] 〚정신의학〛 *a.* 조병(躁病)의 —*n.* 조병 환자

man·ic-de·pres·sive [mǽnikdiprésiv] 〚정신의학〛 *a.* 조울병(躁鬱病)의
—*n.* 조울병 환자

***man·i·cure** [mǽnəkjùər] [L 「손을 손질하기」의 뜻에서] *n.* **1** Ⓤ 매니큐어, 미조술(美爪術): a ~ parlor 미조원 **2** 미조술사 —*vt.* 매니큐어를 칠하다, 미조술을 하다; 〈잔디·생울타리를〉 깎다, 자르다
-cùr·ist *n.*

‡**man·i·fest** [mǽnəfèst] [L 「손에 쥐어진 → 분명히 알 수 있는」의 뜻에서] *a.* 명백한, 일목요연한, 분명히 나타난; 〚정신의학〛 의식에 나타난
—*vt.* **1** 명백하게 하다, 명시하다, 표명하다 **2** 증명하다 **3** [~ one*self* 로] 〈유령·징조가〉 나타나다 **4** 〚상업〛 적하 목록에 기재하다 —*vi.* **1** 〈유령 등이〉 나타나다 **2** 의견을 공표하다
—*n.* **1** 〚상업〛 (선박·항공기의) 적하 목록[송장] **2** 승객 명단

***man·i·fes·ta·tion** [mæ̀nəfəstéiʃən | -fes-] *n.* ⓊⒸ **1 a** 표명, 명시 **b** 나타남, 징후, 조짐 《*of*》 **2** 정견 발표; 시위 운동 **3** 현시(顯示); 영혼의 형태화

man·i·fes·to [mæ̀nəféstou] [It.] *n.* (*pl.* ~(**e**)**s**) 선언(서), 성명(서)
—*vi.* 성명서를 발표하다

***man·i·fold** [mǽnəfòuld] [OE 「many(많은)와 -fold (배[겹])」의 뜻에서] *a.* **1** 가지각색의; 여러 가지의, 다방면의(various) **2** 많은 **3** 복합의
—*n.* **1** 〚기계〛 다기관(多岐管) **2** (복사한) 사본 **3** 다양한 것 —*vt.* 〈편지 등을〉 복사기[지]로 복사하여 많은 사본을 만들다 《현재는 duplicate가 일반적》
~·ly *ad.* **~·ness** *n.*

man·i·kin [mǽnikin] [Du. 「난쟁이」의 뜻에서] *n.* **1** 난쟁이(dwarf) **2** 인체 해부 모형 **3** = MANNEQUIN

Ma·nil·a [mənílə] *n.* **1** 마닐라 《필리핀의 수도 **2** Ⓤ = MANILA HEMP; Ⓤ = MANILA PAPER; Ⓒ = MANILA ROPE; 마닐라 엽궐련, 여송연(= ~ **cigár**)

Maníla hémp 마닐라삼

Maníla páper 마닐라지(紙)

Maníla rópe 마닐라 로프

***ma·nip·u·late** [mənípjulèit] [manipulation의 역성(逆成)] *vt.* **1** 교묘하게 다루다, 조종하다 **2** 솜씨있게 다루다[처리하다] **3** 〈장부 등을〉 조작하여 속이다

***ma·nip·u·la·tion** [mənìpjuléiʃən] *n.* ⓊⒸ **1** 교묘한 처리, 조종 **2** 〚상업〛 시장 조작, 조작된 가격 **3** 속임수 **4** 〚의학〛 촉진

ma·nip·u·la·tive [mənípjulèitiv], **-la·to·ry** [-lətɔ̀ːri | -lətəri] *a.* 손끝으로 다루는; 교묘하게 다루는; 속임수의

ma·nip·u·la·tor [mənípjulèitər] *n.* **1** 손으로 교묘하게 다루는 사람; 조종자; 시세 조작자 **2** 사기꾼, 협잡꾼 **3** 〚사진〛 판가(板架), 보판기(保板器)

Man·i·to·ba [mæ̀nətóubə] *n.* 매니토바 주 《캐나다 중부의 주》

‡**man·kind** [mǽnkáind] *n.* [단수·복수 취급] **1** 인류; [집합적] 인간 **2** [ˊˋ] [집합적] 남자

man·like [mǽnlàik] *a.* **1** 사람 같은 **2** 남자다운 **3** 〈여자가〉 거센, 남자 같은

‡**man·ly** [mǽnli] *a.* (**-li·er**; **-li·est**) **1** 남자다운, 사내다운, 씩씩한, 용맹스러운 **2** 남성적인 **3** 〈여자가〉 남자 같은, 여장부의
mán·li·ness *n.*

man-made [-méid] *a.* **1** 인조(人造)의, 인공의: a ~ lake 인공호 **2** 합성의: a ~ fiber 합성 섬유

man·na [mǽnə] *n.* Ⓤ **1** 〚성서〛 만나 《옛날 이스라엘 사람들이 아라비아 광야에서 하늘로부터 받은 양식》 **2** 신이 주는 양식

M

manned [mænd] *a.* 사람을 실은, 유인(有人)의 : a ~ (space) flight 유인 (우주) 비행 / a ~ spacecraft 유인 우주선

man·ne·quin [mǽnikin] [manikin의 프랑스어형에서] *n.* **1** 마네킹, 모델 인형 **2** 패션 모델

‡man·ner [mǽnər] [동음어 manor] *n.* **1 방법**, 방식 **2** [*pl.*] **풍습**, 습관: ~*s* and customs 풍속과 관습 **3** [*pl.*] **예의범절**, 예절: He has no ~*s.* 그는 예절을 모른다. **4 태도**, 몸가짐, 거동 **5 a** (예술 등의) 수법, 유(流), 양식 **b** (문장의) 습성, 버릇 **6** Ⓤ 《문어》 종류 《*of*》 《현재는 kind, sort가 일반적》

all ~ of 모든 종류의(all kinds of)

man·nered [mǽnərd] *a.* **1** [복합어를 이루어] 몸가짐이 …한: well-[ill-]~ 예의 바른[버릇없는] **2** 매너리즘에 빠진, 타성적인, 틀에 박힌

man·ner·ism [mǽnərìzm] *n.* Ⓤ **1** 매너리즘 《문학·예술의 표현 수단이 틀에 박혀 신선미가 없음》 **2** (말씨·몸짓·동작 등의) 독특한 버릇

man·ner·less [mǽnərlis] *a.* 예의[버릇] 없는

man·ner·ly [mǽnərli] *a.*, *ad.* 예절 바른[바르게]

man·ni·kin [mǽnikin] *n.* = MANIKIN

man·nish [mǽniʃ] *a.* **1** 〈여자가〉 남자 같은, 여자답지 않은: She has a ~ walk. 그녀는 남자처럼 걷는다. **2** 〈아이가〉 어른 같은

‡ma·noeu·vre [mənúːvər] *n.*, *v.* 《영》 = MANEUVER

man-of-war [-əvwɔ́ːr] *n.* (*pl.* **men-** [mén-]) 《고어》 군함 《현재 warship이 일반적》

ma·nom·e·ter [mənɑ́mətər | -nɔ́m-] *n.* (기체·증기의) 압력계; 혈압계

***man·or** [mǽnər] [동음어 manner] [L 「묵다, 살다」의 뜻에서] *n.* 《영》 **장원**; (영주의) 영지(領地); 《미》 (식민 시대의) 영대차지(永代借地)

ma·no·ri·al [mənɔ́ːriəl] *a.* 영지의, 장원의: a ~ court 영주 재판소

mán pòwer 〚기계〛 인력 《일률의 단위로 1/10마력》

man·pow·er [-pàuər] *n.* Ⓤ **1** 동원 가능한 인원수[병력], 유효 총인원; 인적 자원 **2** = MAN POWER

man·qué [mɑːŋkéi] [F] *a.* [명사 뒤에 붙여] 되다 만, 덜된

man·sard [-sɑːrd] *n.* 〚건축〛 이중 경사 지붕(= ∠ **ròof**); 그 다락방(attic)

manse [mæns] *n.* 목사관 《특히 스코틀랜드 장로교회의》

man·ser·vant [mǽnsə̀ːrvənt] *n.* (*pl.* **men·ser·vants** [ménsə̀ːrvənts]) 남자 하인, 남종(cf. MAIDSERVANT)

-manship [mənʃìp] 《연결형》 「…의 재주, …의 기량」의 뜻: sports*manship*

‡man·sion [mǽnʃən] [L 「체재」의 뜻에서] *n.* **1** (개인의) **대저택** **2** [*pl.*] 《영》 아파트(《미》 apartment house)

mánsion hòuse 《영》 (영주·지주의) 저택; [the M~ H~] London 시장 관저

man-size(d) [mǽnsàiz(d)] *a.* Ⓐ 《구어》 **1** 어른용의, 대형의, 큰 **2** 〈일이〉 고된, 어른이 할

man·slaugh·ter [-slɔ̀ːtər] *n.* Ⓤ 살인(homicide); 〚법〛 과실 치사(죄), 고살(故殺)(죄) 《murder보다 가벼운 죄》

man·ta [mǽntə] *n.* **1** (스페인·중남미에서 쓰는) 외투, 어깨걸이; (짐·말 등에 덮는) 투박한 캔버스 천 **2** 〚어류〛 쥐가오리(devilfish)

man·tel [mǽntl] *n.* = MANTELPIECE; = MANTELSHELF

***man·tel·piece** [mǽntlpìːs] *n.* **1 맨틀피스** 《벽난로 앞면 주위의 장식적 구조 전체》 **2** = MANTELSHELF

man·tel·shelf [-ʃèlf] *n.* (*pl.* **-shelves** [-ʃèlvz]) 벽난로의 장식 선반

man·til·la [mæntílə] *n.* (스페인·멕시코 여자의) 머리부터 어깨까지 덮는 큰 베일; 소형 망토

man·tis [mǽntis] *n.* (*pl.* **~·es, -tes** [-tiːz]) 〚곤충〛 사마귀(=praying ~)

‡man·tle [mǽntl] [L 「천, 외투」의 뜻에서] *n.* **1 망토**, (소매 없는) 외투 **2 덮개**, 덮는 것 **3** 〚지질〛 맨틀 《지각과 중심핵의 중간부》 **4** 〚동물·식물〛 외피, 외막 **5** 가스 맨틀; (용광로의) 외벽(外壁) **6** = MANTEL
— *vt.* 망토를 입히다, 망토로 싸다; 덮다, 가리다; 숨기다 — *vi.* 〈액체가〉 더껑이가 생기다; 〈얼굴이〉 달아오르다

man·tle·piece [mǽntlpìːs] *n.* = MANTELPIECE

man-to-man [mǽntəmǽn] *a.*, *ad.* 직접 대면한[하고]; 남자 대 남자의[로]; 1대 1의[로], 맨투맨의[으로]: a ~ talk 솔직한 대담

mán-to-mán defénse (농구·축구 등에서) 대인[1대 1의] 방어

man·tra [mǽntrə, mɑ́ːn-] *n.* (불교·힌두교의) 기도, 진언, 주문(呪文)

man-trap [mǽntræ̀p] *n.* **1** 〚영국사〛 사람 잡는 함정 《영내(領內) 침입자를 잡기 위한》 **2** 사람에게 위험한 장소; 유혹의 장소 《도박장 등》 **3** 《구어》 요부

***man·u·al** [mǽnjuəl] [L 「손의」의 뜻에서] *a.* **1 손의**; 손으로 하는; 수공의: ~ dexterity 손재간이 있음 **2** 〚법〛 현재 있는, 수중에 있는 **3** 〈책이〉 소형의 — *n.* **1 소책자**; 취급 설명서, **편람**, 안내서; 입문서; 지도서 **2** 〚군사〛 교범 **3** 수동 소화 펌프 **4** 〚음악〛 (오르간의) 건반 **5** 〚컴퓨터〛 수동 **~·ly** *ad.* 손으로; 수공으로

mánual álphabet 수화(手話) 문자 《농아자용》

mánual tráining (학교의) 공작(과)

‡man·u·fac·ture [mæ̀njufǽktʃər] [L 「손으로 만들어지는 것, 수공업」의 뜻에서] *n.* **1** Ⓤ (대규모의) **제조**, 제작; 제조업: steel ~ 제강업 **2** [*pl.*] **제품**, 제조품 **3** Ⓤ 《경멸》 (문학 작품 등의) 남작(濫作)
— *vt.* **1** (대규모로) **제조[제작]하다** **2** 〈문학 작품 등을〉 남작하다 **3** 날조하다, 조작하다

‡man·u·fac·tur·er [mæ̀njufǽktʃərər] *n.* (대규모의) **제조업자[회사]**, 공장주

M

man·u·fac·tur·ing [mæ̀njufǽktʃəriŋ] *a.* 제조(업)의: the ~ industry 제조 공업 **—** *n.* Ⓤ 제조 (공업) 《略 mfg.》

man·u·mis·sion [mæ̀njumíʃən] *n.* Ⓤ (노예·농노의) 해방

man·u·mit [mæ̀njumít] *vt.* (**~·ted**; **~·ting**) 〈노예·농노를〉 해방하다

*__ma·nure__ [mənjúər | -njúə] *n.* Ⓤ 비료; 거름: artificial ~ 인조 비료
— *vt.* 비료[거름]를 주다

‡**man·u·script** [mǽnjuskrìpt] [L 「손으로 쓴」의 뜻에서] *a.* Ⓐ **손으로 쓴**, 필사한; 타이프 친; 원고의 **—** *n.* **1 a 원고** 《略 MS., (*pl.*) MSS.》 **b** 손으로 쓴 것, 사본 **2** Ⓤ 손으로 쓰기
in ~ 원고의 형태로, 인쇄되지 않고: The book is still *in* ~. 그 책은 아직 원고대로 있다[미발표이다].

Manx [mæŋks] *a.* Man 섬 (태생)의; Man 섬 말의 **—** *n.* **1** Ⓤ 맨 섬 말 **2** [the ~; 집합적; 복수 취급] 맨 섬 사람 **3** = MANX CAT

Mánx cát 망크스 고양이《꼬리가 없음》

Manx·man [mǽnksmən] *n.* (*pl.* **-men** [-mən]) Man 섬 사람[남자]

‡**man·y** [méni] *a.* (**more** [mɔːr]; **most** [moust]) **1** [복수명사 앞에서] **많은**, 다수의 **2** 《문어》 [many a [an]가 단수형 명사·동사와 함께; 단수 취급] 수많은, 허다한 《뜻은 1보다 강함》: ~ *a* time 여러 번, 자주
a good **~ ...** 꽤 많은, 상당한 수의 ***a great*** **~ ...** 아주 많은, 수많은 ***as*** **~ ...** 같은 수의, 동수의: There were ten accidents in *as* ~ days. 10일 동안에 10건의 사고가 일어났었다.
— *pron.* [복수 취급] **다수(의 사람[것])**: *M*~ of us were tired. 우리는 대다수가 피로해 있었다.
— *n.* [the ~; 복수 취급] 대다수의 사람, 대중, 서민

man-year [mǽnjìər] *n.* 〔노동〕 인년(人年) 《한 사람이 1년에 하는 작업량》

man·y-sid·ed [-sáidid] *a.* **1** 다방면의 [에 걸친], 다재다능한 **2** 〔기하〕 다변(多邊)의 **~·ness** *n.*

Mao·ism [máuizm] *n.* Ⓤ 모택동주의

Mao·ist [máuist] *a.* 모택동사상[주의]의 **—** *n.* 모택동주의자

Ma·o·ri [máːɔːri, máuri] *a.* 마오리 사람의 **—** *n.* [the ~(s)] 마오리 사람 《뉴질랜드의 원주민》; Ⓤ 마오리 말

Mao Ze·dong [máu-zədúŋ], **Mao Tse·tung** [-tsətúŋ] 마오쩌둥(毛澤東) (1893-1976) 《중화 인민 공화국 주석 (1949-59), 중국 공산당 주석(1945-76)》

‡**map** [mæp] [L 「냅킨, 천」의 뜻에서] *n.* **1 지도**, 지도식 도표 **2** 천체도 **3** 《미·속어》 얼굴, 낯짝(face)
off the **~** 《구어》 외딴 곳에; (지도에서) 사라진; 문제가 안 되는
— *vt.* (**~ped**; **~·ping**) …의 지도[천체도]를 만들다
~ *out* 〈토지·통로 등을 지도에〉 정밀하게 표하다; …의 계획을 세밀히 세우다

‡**ma·ple** [méipl] *n.* **1 단풍나무** (= **~ trée**) **2** Ⓤ 단풍나무 재목 **3** Ⓤ 단풍당(糖)의 풍미 **4** 담갈색, 재황색

máple lèaf 단풍나무 잎 《Canada 국기의 표장》

máple súgar 단풍당(糖)

máple sỳrup 단풍 당밀

map·per [mǽpər], **-pist** [mǽpist] *n.* 지도 제작자[작성자]

map·ping [mǽpiŋ] *n.* Ⓤ 지도 제작; 〔수학〕 사상(寫像), 함수

ma·qui·la·do·ra [məkìːlədɔ́ːrə] [Sp.] *n.* 마킬라도라 《값싼 노동력을 이용, 조립·수출하는 멕시코의 외국계 공장》

*__mar__ [mɑːr] *vt.* (**~red**; **~·ring**) **흠가게 하다**; 훼손하다; **망쳐놓다** **—** *n.* 흠, 결점; 고장 《*to*》

mar. marine; maritime; married

Mar., Mar March; Maria

mar·a·bou, -bout [mǽrəbùː] *n.* **1** 〔조류〕 대머리황새 **2** Ⓤ 그 깃; Ⓒ 그 깃으로 만든 장식품

ma·ra·ca [mərɑ́ːkə, -rǽkə] *n.* [보통 *pl.*] 〔음악〕 마라카스 《쿠바 기원의 리듬 악기》

mar·a·schi·no [mæ̀rəskíːnou, -ʃíː-] *n.* Ⓤ 마라스키노 술《일종의 리큐르 주》; 마라스키노 체리 《마라스키노에 담갔던 버찌에 설탕을 뿌린 것》

*__mar·a·thon__ [mǽrəθɑ̀n | -θən] [그리스의 지명 Marathon에서] *n.* **1** [종종 the ~] **마라톤 경주**(= **~ ràce**) **2** 장거리 경주 **3** (댄스·스키 등의) 장시간에 걸친 경쟁 **—** *a.* Ⓐ **1** 마라톤의: a ~ runner 마라톤 선수 **2** 《구어》 장시간에 걸친: a ~ sermon 지루한 설교 **~·er** *n.* 마라톤선수

Mar·a·thon [mǽrəθɑ̀n | -θən] *n.* 마라톤 평원 《아테네 북동의 평원; 기원전 490년에 아테네군이 페르시아의 대군을 격파한 곳》

ma·raud [mərɔ́ːd] *vi.*, *vt.* 약탈[습격]하다 《*on, upon*》 **~·er** *n.* 약탈자

ma·raud·ing [mərɔ́ːdiŋ] *a.* Ⓐ 약탈[습격]을 일삼는

‡**mar·ble** [mɑ́ːrbl] [Gk 「희게 빛나는 돌」의 뜻에서] *n.* **1** Ⓤ **대리석** 《종종 냉혹 무정한 자에게 비유됨》 **2** 대리석 조각물 **3** (구슬치기) **구슬**; [*pl.*; 단수 취급] 구슬치기: play ~*s* 구슬치기를 하다 **4** [*pl.*] 《속어》 분별, 이성 **—** *a.* **1** 대리석의[으로 만든]; 대리석 비슷한 **2** 딱딱한, 매끄러운; 흰 **3** 무정한 **—** *vt.* …에 대리석 무늬를 넣다

márble càke 대리석 무늬의 카스텔라

mar·bled [mɑ́ːrbld] *a.* 대리석 무늬의; 〈고기가〉 차돌박이인

mar·bling [mɑ́ːrbliŋ] *n.* Ⓤ 대리석 무늬의 착색, 마블 염색; ⓊⒸ (책 마구리·종이·비누 등의) 대리석 무늬; (식육의) 차돌박이

marc [mɑːrk] *n.* Ⓤ (포도 등의) 짜낸 찌꺼기; 그것으로 만든 브랜디

mar·ca·site [mɑ́ːrkəsàit] *n.* Ⓤ 〔광물〕 백철광

‡**march**[1] [mɑːrtʃ] [F 「걷다」의 뜻에서] *vi.* **1 행진하다**; 진군하다 **2** 〈사물이〉 진행되다, 진전하다

M

— *vt.* **1** 행군시키다 **2** 끌고 가다, 구속(拘束)하다 《*off*, *away*》: He was *~ed off* to prison. 그는 감옥으로 끌려갔다. **~ *on*** 계속 행진하다

— *n.* **1** Ⓤ 〖군사〗 **행진, 행군**: a forced ~ 강행군 **2** 1일 행정(行程); 길고 고된 여행; (행진의) 보조, 걸음걸이 **3** 〖음악〗 **행진곡**: a dead[funeral] ~ 장송곡 **4** [the ~] **진보**, 진전, 발달 《*of*》

march² *n.* (특히 분쟁 중의) 국경, 경계; [보통 *pl.*] 경계 지방

‡March [mɑːrtʃ] [L 「군신 Mars의 달」의 뜻에서] *n.* **3월** 《略 Mar.》

march·er¹ [mɑ́ːrtʃər] *n.* 행진하는 사람

marcher² *n.* 국경 지대 거주자, 변경 주민; (잉글랜드의) 국경 관할관, 변경 지방 영주

márch·ing òrders [mɑ́ːrtʃiŋ-] **1** 〖군사〗 행군[진격] 명령 **2** 《영·구어》 해고 통지(《미·구어》 walking papers)

mar·chio·ness [mɑ́ːrʃənis] *n.* 후작(侯爵) 부인[미망인](cf. MARQUESS); 여자 후작

march-past [-pæ̀st | -pɑ̀ːst] *n.* 분열 행진, 분열식, 퍼레이드

— *vi.* 분열 행진하다

mar·co·ni [mɑːrkóuni] *n.* 《구어》 무선 전보 — *vi.*, *vt.* 무선 전신을 치다

Mar·co·ni [mɑːrkóuni] *n.* 마르코니 **Guglielmo** ~ (1874-1937) 《이탈리아의 전기 기사·무선 전신 발명자》

Már·cus Au·ré·li·us [mɑ́ːrkəsɔːríːljəs, -liəs] 마르쿠스 아우렐리우스(121-180) 《로마 황제 및 스토아 철학자》

Mar·di Gras [mɑ́ːrdi-grɑ́ː] [「육식하는 화요일」의 뜻에서] 참회 화요일(Shrove Tuesday) 《사육제 마지막 날》

***mare¹** [mɛər] *n.* (성장한 말·나귀 등의) 암컷, 《특히》 암말

ma·re² [mɑ́ːrei, mɛ́əri] [L 「바다」의 뜻에서] *n.* (*pl.* **-ri·a** [-riə], **~s**) 〖천문〗 바다 《화성·달 표면의 어두운 부분》

máre's nèst (대발견처럼 보이지만 실은) 별게 아닌 것[물건]

Mar·ga·ret [mɑ́ːrgərit] *n.* 여자 이름 《애칭 Maggie, Meg, Peg, Peggy》

mar·ga·rin(e) [mɑ́ːrdʒərin, -dʒərìːn | mɑ̀ːdʒəríːn] [F 「진주색의」의 뜻에서] *n.* Ⓤ 인조 버터, 마가린

marge [mɑːrdʒ] *n.* **1** 《시어》 =MARGIN 1 **2** 《영·구어》 =MARGARIN(E)

‡mar·gin [mɑ́ːrdʒin] *n.* **1 여백,** 난외(欄外), 마진 **2** (시간·경비 등의) **여유,** (활동 등의) 여지 **3 최저** 한도, 한계(에 가까운 상태) **4** 《문어》 **가장자리,** 변두리, 끝; 끝[가장자리]에 잇닿은 부분 **5** 〖상업〗 **매매 차익금**(差益金), **이문,** 마진 **6** (시간의) 차; (득표 등의) 차 ***by a narrow ~*** 아슬아슬하게, 간신히 ***go near the ~*** (도덕상) 아슬아슬한 짓을 하다

— *vt.* **1** …에 가장자리를 붙이다; …의 난외에 주(註) 등을 적다 **2** 〖증권〗 증거금을 치르다

márgin accòunt 〖증권〗 증거금 계정 《신용 거래 계좌》

***mar·gin·al** [mɑ́ːrdʒinl] *a.* **1 변두리**[**가장자리, 가, 끝**]**의** **2** 〈문제 등이〉 주변적인; 별로 중요하지 않은 **3 a 한계의,** 최저의: ~ ability 한계 능력 **b** 《영》 〈국회의 의석·선거구 등을〉 근소한 득표차로 얻은 **4** 난외에 적은: ~ notes 방주(旁註) **5** 〖경제〗 한계 수익점의: ~ profits 한계 수익 **6** 〈토지가〉 생산력이 거의 없는: ~ land 불모지 **màr·gin·ál·i·ty** *n.* **~·ly** *ad.* 변두리[가장자리]에; 난외에

mar·gi·na·li·a [mɑ̀ːrdʒənéiliə] *n. pl.* 방주(旁註)(marginal notes)

mar·gin·al·ize [mɑ́ːrdʒinəlàiz] *vt.* 사회의 진보[주류]에서 처지게 하다, 사회적으로 무시하다 **màr·gin·al·i·zá·tion** *n.*

Ma·rie [məríː] *n.* 여자 이름

Ma·rie An·toi·nette [məríː-æ̀ntwənét] 마리 앙투아네트(1755-93) 《프랑스 왕 루이 16세의 왕비》

Mar·i·gold [mǽrigòuld] *n.* **1** 여자 이름 **2** [m~] 〖식물〗 천수국, 만수국, 금잔화

***mar·i·hua·na, -jua-** [mæ̀rəhwɑ́ːnə] *n.* Ⓤ 삼, 대마 《인도산》; 그 건조한 잎과 꽃(으로 만든 마약), **마리화나,** 대마초: smoke ~ 대마초를 피우다

Mar·i·lyn [mǽrəlin] *n.* 여자 이름

ma·rim·ba [mərímbə] *n.* 마림바 《목금(木琴)의 일종》

ma·ri·na [məríːnə] *n.* **1** (해안의) 산책길 **2** 《미》 (요트·모터 보트의) 정박지

‡ma·rine [məríːn] [L 「바다의」의 뜻에서] *a.* Ⓐ **1 바다**[**해양**]**의**; 바다에 사는: ~ life 해양 생물 **2** 해사(海事)의, 해운업의; 선박의: ~ transport(ation) 해운 **3** 항행의, 해상 근무의; 해병대의, 해군의: ~ power 해군력 — *n.* **1 해병대원**; [the M~s] 해병대 **2** [집합적] (한 나라 소속의) **총 선박,** 해상[해군] 세력 **3** 해사(海事), 해운업

Maríne Còrps [the ~] 《미》 해병대

***mar·i·ner** [mǽrənər] *n.* **1** 《문어》 **선원,** 수부(水夫), 해원(海員) **2** 해양 걸스카우트 단원 **3** [**M~**] 《미》 매리너 《화성·금성 탐색용의 무인 우주선》

maríne stòre 선박용 물자; 중고 선구(를 취급하는 상점)

mar·i·o·nette [mæ̀riənét] *n.* 망석중, 꼭두각시(puppet)

mar·i·tal [mǽrətl] *a.* **1** Ⓐ 결혼의; 부부의: ~ portion 결혼 지참금, 한 집안의 자산(資産) **2** 《고어》 남편의

~·ly *ad.* 혼인으로; 부부로서

***mar·i·time** [mǽrətàim] [L 「바다의, 바다 가까이의」의 뜻에서] *a.* **1 바다**(**위**)**의,** 해운상의; 바다와 관계 있는, 해상 무역의 **2** 선원 특유의, 뱃사람다운

máritime clímate 해양(성) 기후

Máritime Próvinces [the ~] 《캐나다》 연해주(沿海州) 《Nova Scotia, New Brunswick, Prince Edward Island의 3주》

mar·jo·ram [mɑ́ːrdʒərəm] *n.* Ⓤ 〖식물〗 마요라나 《꿀풀과의 식물; 약용·향미용》

Mar·jo·rie [mɑ́ːrdʒəri] *n.* 여자 이름

‡mark¹ [mɑːrk] *n.* **1 표, 흔적,** 자국, 흠집 **2 기호,** 부호; 인장(印章), 상표, 라벨, 검인: punctuation *~s*

구두점(句讀點) **3 안표**(眼標); **표적**, 과녁(target) **4 점수**, 평점, 성적 **5** [the ~] 한계(점), 수준, 표준 **6** (글을 쓰지 못하는 사람이 서명 대신에 쓰는) 기호 《보통 십자표》 **7** 〖경기〗 출발점; [the ~] 〖권투〗 명치: On your *~s*! 제자리에! **8** 감화, 영향 **9** 〖역사〗 경계선, 변경(邊境) **10** (성질·감정 등의) **표시**, 증거, 특징 **11** Ⓤ 유명, 저명, 주목

below [***beneath***] ***the ~*** 표준 이하로 ***beyond the ~*** 과도하게 ***cut the ~*** 〈살이〉 과녁까지 미치지 못하다[못하고 떨어지다] ***hit*** [***miss***] ***the ~*** 적중하다[빗맞다], 목적을 달성하다[달성하지 못하다] ***short of the ~*** 과녁[표준]에 못 미치는 ***up to the ~*** 표준에 달하여, 나무랄 데 없이

— *vt.* **1 채점하다**, 〈득점을〉 기록하다 **2 a** …에 **표**[**기호**]**를 붙이다**; **자국**[**흠집 등**]**을 남기다**; 악센트를 표시하다 **b** 인장[스탬프 등]을 찍다 **3 a** …의 한계를 정하다, 구분하다; 〈장소 등을〉 지정[선정]하다 **b** [종종 수동형으로] 특징 짓다; 눈에 뜨이게 하다 **c** …에 주의를 기울이다; 주목하다 — *vi.* **1** 표를 하다, 자국이 남다 **2** 주의하다, 조심하다 **3** 득점을 기록하다; 답안을 채점하다

~ off 구별[구획]하다 ***~ out*** 구획[설계, 계획]하다; 선으로 지우다; [보통 수동형으로] …으로 선발하다, …의 운명을 정하다 《*for*》 ***~ up*** 값을 올리다; 더 적어 넣다

mark² *n.* 마르크 《독일의 옛 화폐 단위; 略 M》; 마르크 화폐[지폐]

Mark [mɑːrk] *n.* **1** 남자 이름 **2** [St. ~] 성(聖) 마가 《마가복음의 저자》; 〖성서〗 마가복음

mark·down [mάːrkdàun] *n.* 〖상업〗 정찰(正札)의 가격 인하

***marked** [mɑːrkt] *a.* **1** Ⓐ **두드러진**, 현저한; 주목받고 있는: a ~ man 요주의 인물 **2** 표적[기호]이 있는 **~·ness** *n.*

mark·ed·ly [mάːrkidli] *ad.* 현저하게, 두드러지게, 뚜렷하게

***mark·er** [mάːrkər] *n.* **1 표를 하는 사람**[도구]; 마커펜 《형광펜 등》(= ∠ **pèn**); (카드 놀이의) 점수 기록자[기] **2 득점 기록원**; 《미》 (시험의) **채점자** **3 안표**(眼標), 표적; 묘비, 기념비; 이정표; 서표(書標); 《미》 기념표 **4** 면밀한 관찰가

‡**mar·ket** [mάːrkit] [L 「매매, 장사」의 뜻에서] *n.* **1 a 장**; **시장**, 저자 **b** 장날 **2 시황**(市況); **시세** **3 매매**; 거래 **4** 시장성, 수요(需要) **5 판로**, 수요지 **6 식료품 가게**

bring to ~ = ***put*** [***place***] ***on the ~*** 팔려고 시장에 내놓다 ***come into*** [***on*** (***to***)] ***the ~*** 〈상품이〉 시장에 나오다 ***go to ~*** 장보러 가다; 《구어》 일을 꾸미다, 해보다 ***in ~*** 매매되고

— *vi.* **1** 시장에서 매매하다, 팔다, 사다 **2** 《미》 물건을 사다, 쇼핑하다 — *vt.* **1** 〈상품을〉 시장에 내놓다 **2** 《미》 …을 팔다

mar·ket·a·bil·i·ty [mὰːrkitəbíləti] *n.* Ⓤ 시장성(市場性)

mar·ket·a·ble [mάːrkitəbl] *a.* 잘 팔리는, 판로가 있는; 매매상의; 시장성이 높은 **-bly** *ad.*

márket dày 장날

márketecònomy 시장 경제

mar·ke·teer [mὰːrkitíər] *n.* 시장 상인

mar·ket·er [mάːrkitər] *n.* 장보러 가는 사람; 시장에서 매매하는 사람[회사]; 시장 경영자, 마케팅 담당자

márket gàrden 《영》 시장에 내기 위한 야채 재배원[과수원]

márket gàrdener 《영》 시장에 내기 위한 채원[과수원] 경영자

márket gàrdening 시장 판매용 원예

***mar·ket·ing** [mάːrkitiŋ] *n.* Ⓤ **1** (시장에서의) **매매** **2** 《미》 물건 사기, 쇼핑 **3 마케팅** 《제조 계획에서 최종 판매까지의 전 과정》

márketing resèarch 마케팅 리서치, 다각적 시장 조사 《market research보다 광범위함》

***mar·ket·place** [mάːrkitplèis] *n.* **1 시장** 《장소》, 장터 **2** [the ~] **a** 시장; 경제[상업]계 **b** (지적 활동의) 경쟁의 장

márket prìce 시장 가격, 시가, 시세

márket resèarch (제품을 매출하기 전의) 시장 조사

márket shàre 시장 점유율

márket vàlue 시장 가치

mark·ing [mάːrkiŋ] *n.* **1** Ⓤ 표하기; 채점 **2 a** 표, 점 **b** (짐승의 가죽·깃 등의) 반점, (얼룩) 무늬 — *a.* 특징 있는, 특출한

márking ìnk (의류용) 불변색 잉크

marks·man [mάːrksmən] *n.* (*pl.* **-men** [-mən]) 사격[활]의 명수; 저격병 **~·shìp** *n.* Ⓤ 사격 솜씨; 사격술

Mark Twain [mάːrk-twéin] 마크 트웨인(1835-1910) 《미국의 작가; Samuel L. Clemens의 필명》

mark·up [mάːrkʌ̀p] *n.* **1** 〖상업〗 가격 인상(opp. *markdown*); 가격 인상액; 이윤폭 **2** 《미》 법안의 최종적 절충 (단계)

marl [mɑːrl] *n.* Ⓤ 이회토(泥灰土) 《비료로 씀》

mar·lin [mάːrlin] *n.* (*pl.* **~**, **~s**) 〖어류〗 청새치 (무리)

Mar·lowe [mάːrlou] *n.* 말로 **Christopher ~** (1564-93) 《영국의 극작가·시인》

***mar·ma·lade** [mάːrməlèid] *n.* Ⓤ **마멀레이드** 《오렌지·레몬 등의 잼》

mar·mo·re·al [mɑːrmɔ́ːriəl], **-re·an** [-riən] *a.* 《시어》 대리석의[같은]; 반들반들한, 흰, 차가운

mar·mo·set [mάːrməsèt, -zèt] *n.* 〖동물〗 명주원숭이 《중남미산》

mar·mot [mάːrmət] *n.* 〖동물〗 마멋 《모르모트(guinea pig)와는 다름》

ma·roon¹ [mərúːn] [F 「밤」의 뜻에서] *n.* **1** Ⓤ 밤색, 고동색, 적갈색 **2** 《영》 불꽃의 일종 《경보용 등》 — *a.* 밤색[고동색, 적갈색]의

maroon² *n.* **1** [종종 **M~**] 마룬 《서인도 제도 산속의 흑인; 원래는 탈주한 노예》 **2** 고도(孤島)에 버려진 사람 — *vt.* **1** 섬에 버리다 **2** 〈홍수 등이〉 고립시키다 — *vi.* **1** 《미남부》 캠프 여행을 하다 **2** 빈둥빈둥 놀다

mar·quee [mɑːrkíː] *n.* **1** 《미》 건물 입구의 차양 《극장·호텔 등의》 **2** (서커스 등의) 큰 천막

M

*__mar·quess__ [mɑ́:rkwis] *n.* 《영》 후작(侯爵); …후(侯)

mar·que·try, -te·rie [mɑ́:rkətri] *n.* Ⓤ (나무 조각·자개·상아 등의) 상감(象嵌), 상감 세공

*__mar·quis__ [mɑ́:rkwis] *n.* (영국 이외의) 후작

‡__mar·riage__ [mǽridʒ] *n.* **1** [UC] 결혼, 혼인 **2** Ⓤ 결혼 생활 **3** 결혼식, 혼례(婚禮) **4** 밀접한 결합 《*of*》 **5** 〚카드〛 같은 패의 King과 Queen의 짝

mar·riage·a·ble [mǽridʒəbl] *a.* 혼기(婚期)에 달한; 결혼할 수 있는: ~ age 혼기, 과년

márriage certìficate 결혼 증명서

márriage lìnes [단수 취급] 《영》 결혼 증명서

márriage of convénience 지위·재산 목적의 결혼, 정략 결혼

‡__mar·ried__ [mǽrid] *a.* **1** 결혼한, 아내[남편] 있는, 기혼의(cf. SINGLE) **2** 부부(간)의: ~ life 결혼 생활
—*n.* [보통 *pl.*] 부부, 기혼자: young ~*s* 신혼부부

mar·ron [məróun | mǽrən] [F] *n.* (유럽산의) 달고 큰 품종의 밤

*__mar·row__ [mǽrou] *n.* Ⓤ **1** 〚해부〛 골수, 뼈골 **2** 정수(精髓), 정화(精華) **3** 자양분이 풍부한 음식 **4** 원기, 활력: the ~ of the land 국력(國力) **5** [UC] 《영》 페포호박(=vegetable ~)
to the ~ 골수까지, 철저하게

mar·row·bone [mǽroubòun] *n.* 골수가 들어 있는 뼈 《요리용》; [*pl.*] 《익살》 무릎(knees)

mar·row·fat [-fæ̀t] *n.* 알이 굵은 완두의 일종

‡__mar·ry__[1] [mǽri] [L 「남편, 신부를 얻은」의 뜻에서] *v.* (**-ried**) *vt.* **1** …와 결혼하다 **2** 결혼시키다 《*to*》 **3** 〈목사·관리 등이〉 …의 결혼식을 주례하다 **4** 굳게 결합시키다 **5** 〚항해〛 〈밧줄 등을〉 꼬아 잇다 —*vi.* 결혼하다, 출가하다, 장가[시집]가다

marry[2] *int.* 《고어》 저런, 어머나, 참, 에끼 《놀람·분노 등을 나타내는 소리》

*__Mars__ [mɑ:rz] *n.* **1** 〚로마신화〛 마르스 《군신(軍神); 그리스 신화의 Ares》; 전쟁 **2** 〚천문〛 화성

Mar·sa·la [mɑ:rsɑ́:lə] *n.* Ⓤ 마르살라 백포도주

Mar·seilles [mɑ:rséi, -séilz] *n.* **1** 마르세유 《프랑스 지중해안의 항구 도시》 **2** [**m~**] Ⓤ 마르세유 무명

‡__marsh__ [mɑ:rʃ] *n.* 늪, 소택(沼澤)지(대), 습지(濕地)(대)

‡__mar·shal__ [mɑ́:rʃəl] [동음어 martial] [OHG 「마부」의 뜻에서] *n.* **1** 〚군사〛 (육군) 원수(元帥) 《미국에서는 General of the Army, 영국에서는 Field-Marshal》 **2 a** 《미》 연방 보안관 《연방 법원의 집행관》; (어떤 주에서) 경찰서장, 소방서장 **b** 《영》 사법(司法) 비서관: a judge's ~ 고등 법원[순회 재판소] 판사 비서 **3** 《영》 공군 원수 **4** 의전계(儀典係), 진행계, 사회자 **5** 전례관(典禮官) **6** 헌병 사령관
—*v.* (**~ed**; **~·ing** | **~led**; **~·ling**) *vt.* **1** 〈사람·군대를〉 정렬시키다 **2** 〈사실·서류 등을〉 정돈[정리]하다 **3** (격식을 차리고) 안내하다, 인도(引導)하다 《*into*》 **4** 〈문장(紋章)을〉 문지(紋地)에 배열하다 **5** 〚법〛 배당(配當) 순위를 정하다 —*vi.* 정렬[집합]하다

már·shal·ling yàrd [mɑ́:rʃəliŋ-] 《영》 〚철도〛 (특히 화차의) 조차장(操車場)(《미》 switchyard)

Már·shall Íslands [mɑ́:rʃəl-] [the ~] 마샬 군도 《서태평양의 산호섬》

Márshall Plàn [the ~] 마샬 안(案) 《미국 국무장관 G. C. Marshall의 제안에 의한 제2차 대전 후의 유럽 부흥 계획》

mársh fèver 말라리아(malaria)

mársh gàs 소기(沼氣), 메탄(methane)

marsh·mal·low [mɑ́:rʃmèlou, -mæ̀l- | mɑ̀:ʃmǽl-] *n.* **1** 〚식물〛 양아욱 《무궁화과(科)》 **2** 마시멜로 《전에는 marshmallow의 뿌리로, 지금은 녹말·시럽·설탕·젤라틴 등으로 만드는 과자》 **3** 《미·흑인속어》 [경멸적] 백인

*__marsh·y__ [mɑ́:rʃi] *a.* (**marsh·i·er**; **-i·est**) **1** 늪[습지]의, 늪 같은; 축축한 땅의 **2** 늪이 많은 **3** 늪에서 나는

mar·su·pi·al [mɑ:rsú:piəl | -sjú:-] 〚동물〛 *a.* **1** 주머니의, 포대의, 주머니 모양의 **2** 유대(류)(有袋(類))의 —*n.* 유대류의 포유동물 《캥거루 등》

*__mart__ [mɑ:rt] *n.* 상업 중심지; 시장; 경매실

mar·tel·lo [mɑ:rtélou] *n.* [종종 **M~**] 〚역사〛 (해안 방어용) 원형 포탑(砲塔) (=**~ tòwer**)

mar·ten [mɑ́:rtn] *n.* (*pl.* **~**, **~s**) **1** 〚동물〛 담비 **2** Ⓤ 담비의 모피

Mar·tha [mɑ́:rθə] *n.* 여자 이름

*__mar·tial__ [mɑ́:rʃəl] [동음어 marshal] [L 「군신 마르스(Mars)의」의 뜻에서] *a.* **1** 전쟁의[에 적합한] **2** 상무(尙武)의, 호전적인 **3** 군인다운 **4** 무(武)의, 군의: ~ rule 군정(軍政) **5** [**M~**] 군신(軍神) 마르스의 **6** [**M~**] 〚천문〛 화성(火星)의

mártial árt 무도(武道), 무술, 격투기 《태권도·유도·쿵후 등》

mártial láw 계엄령

Mar·tian [mɑ́:rʃən] *n.* (SF 소설 등의) 화성인 —*a.* **1** 군신 마르스의 **2** 화성(인)의

mar·tin [mɑ́:rtn] *n.* 〚조류〛 흰털발제비

Mar·tin [mɑ́:rtn] *n.* **1** 남자 이름 **2 St.** ~ 성마르티누스(315?-397) 《프랑스 Tours의 주교》

mar·ti·net [mɑ̀:rtənét] *n.* **1** 훈련을 엄하게 시키는 사람[군인] **2** 규율에 까다로운 사람

mar·ti·ni [mɑ:rtí:ni] *n.* [UC] 마티니 《칵테일의 일종; 베르무트·진의 혼합주》

*__mar·tyr__ [mɑ́:rtər] [Gk 「증인」의 뜻에서] *n.* **1** (특히 기독교의) 순교자; 희생자 《*to*》 **2** (병 등으로) 늘 고통받는 사람 《*to*》
—*vt.* **1** 〈사람을〉 주의[신앙] 때문에 죽이다 **2** 박해하다, 괴롭히다

mar·tyr·dom [mɑ́:rtərdəm] *n.* [UC] **1** 순교, 순난; 순사(殉死) **2** 수난, 고통, 고뇌, 고난

⁑mar·vel [mɑ́:rvəl] [L 「놀람」의 뜻에서] *n.* **1** 놀라운 일, 경이(驚異) **2** 놀라운 사람[물건] — *v.*(**~ed**; **~·ing** | **~led**; **~·ling**) *vi.* 《문어》 놀라다, 경탄하다 《*at*》: ~ *at* his courage 그의 용기에 놀라다
— *vt.* 이상하게 여기다, 경탄하다

⁑mar·vel·ous | **-vel·lous** [mɑ́:rvələs] *a.* **1** 놀라운, 믿기 어려운, 신기한, 기묘한 **2** 《구어》 훌륭한 **3** [the ~; 명사적; 단수 취급] 괴이(怪異), 거짓말 같은 사건
~·ly *ad.* **~·ness** *n.*

Marx [mɑ:rks] *n.* 마르크스 **Karl ~** (1818-83) 《독일의 경제학자, 사회주의자》

Marx·ism [mɑ́:rksizm] *n.* Ⓤ 마르크스주의 《Marx의 역사·경제·사회 학설》

Marx·ism-Le·nin·ism [mɑ́:rksizm-léninìzm] *n.* 마르크스 레닌주의

Marx·ist [mɑ́:rksist] *n.* 마르크스주의자
— *a.* 마르크스주의(자)의

⁑Mar·y [mέəri] *n.* **1** 성모 마리아 **2** 여자 이름 《애칭 Molly》 **3** ~ Ⅰ 메리 1세(1516-58) 《Mary Tudor, Bloody Mary; 잉글랜드 및 아일랜드의 여왕(1553-58)》 **4** ~ Ⅱ 메리 2세(1662-94) 《영국 여왕(1689-94); 명예 혁명으로 William 3세와 공동 즉위함》

***Mar·y·land** [mérələnd | mέərilæ̀nd] *n.* 메릴랜드 《미국 동부 대서양 연안의 주; 略 Md.》

Máry Mágdalene 〖성서〗 막달라 마리아 《그리스도로 인해 회개한 여자》

Máry Stúart 메리 스튜어트 (1542-87) 《스코틀랜드의 여왕》

mas., masc. masculine

Ma·sai [mɑ:sái | ∠–] *n.* (*pl.* **~, ~s**) 마사이 족의 사람 《남아프리카 Kenya 등지에 사는》; Ⓤ 마사이 말

mas·car·a [mæskǽrə | -kɑ́:rə] [Sp. 「가면」의 뜻에서] *n.* Ⓤ 마스카라 《여성용 눈썹 화장품》 — *vt.* …에 마스카라를 칠하다: a *~ed* eye 마스카라를 칠한 눈

***mas·cot** [mǽskɑt | -kət] *n.* 마스코트, 행운을 가져다 주는 사람[동물, 물건]; 복의 신

⁑mas·cu·line [mǽskjulin] [L 「남성의」의 뜻에서] *a.* (opp. *feminine*) **1** 남자의 **2 a** 남자다운, 용맹한 **b** 〈여자가〉 남자 같은 **3** 〖문법〗 남성의 **4** (시(詩)에서) 남성 행말(行末)의, 남성 압운의 — *n.* **1** 〖문법〗 [the ~] 남성, 남성 명사[대명사 《등》] **2** 남자 **~·ly** *ad.* **~·ness** *n.*

másculine énding 〖시학〗 남성 행말 《시행의 끝 음절에 강세를 두는 것》

másculine rhýme 〖시학〗 남성운(韻) 《행 끝의 강세가 있는 음절만으로 압운하기》

mas·cu·lin·i·ty [mæ̀skjulínəti] *n.* Ⓤ 남자다움

ma·ser [méizər] [*m*icrowave *a*mplification by *s*timulated *e*mission of *r*adiation] *n.* 〖전자〗 메이저, 분자 증폭기

***mash** [mæʃ] *n.* Ⓤ **1** 짓이겨서 걸쭉하게 만든 것[상태] **2 a** 곡식·밀기울 등을 섞어서 삶은 사료 **b** Ⓒ 그 사료의 1회분 **3** 매시, 엿기름 물 《위스키·맥주의 원료》 **4** 《영·구어》 매시트포테이토
— *vt.* **1** 〈감자 등을〉 짓찧다, 짓이기다: *~ed* potatoes 매시트포테이토 **2** 〈엿기름에〉 끓는 물을 타다
~ *up* (1) 〈감자 등을〉 충분히 으깨다 (2) 엉망진창으로 부수뜨리다

MASH [mæʃ] [*m*obile *a*rmy *s*urgical *h*ospital] *n.* 육군 이동 외과 병원

mashed [mæʃt] *a.* 《속어》 (술에) 취해; (…에게) 반한 《*on*》

mash·er [mǽʃər] *n.* 매셔 《감자 등을 으깨는 기구》(= **potáto ∠**)

⁂mask [mæsk | mɑ:sk] [동음어 masque] *n.* **1** (변장용) 복면; 가면, 탈; (보호용) 마스크; 방독(防毒) 마스크 **2** 가장자(假裝者); 탈 쓴 사람; = MASQUERADE; 가면극 **3** 데스마스크(= death ~) **4** 덮어 가리는 것; 위장; 핑계, 구실 **5** 〖컴퓨터〗 마스크
assume* [*put on, wear*] *a* ~** 가면을 쓰다; 정체를 감추다 ***under the* ~ *of …의 가면을 쓰고, …을 핑계로
— *vt.* **1** 가면을 씌우다, 가면으로 가리다 **2** 〈감정 등을〉 감추다 **3** 〖군사〗 **a** 〈포열(砲列) 등을〉 차폐[엄폐]하다 **b** 〈적을〉 감시하여 행동을 방해하다 — *vi.* 가면을 쓰다; 가장하다

masked [mæskt | mɑ:skt] *a.* **1** 가면을 쓴, 가장한(disguised): a ~ ball 가장 무도회 **2** 감춘; 숨은 **3** 〖군사〗 엄폐[차폐]한 **4** 〖의학〗 불명(不明)의, 잠복성의 **5** 〖식물〗 가면 모양의

mask·er [mǽskər | mɑ́:sk-] *n.* **1** 복면한 사람 **2** 가장 무도회 참가자; 가면극 배우

másk·ing tàpe [mǽskiŋ- | mɑ́:sk-] 마스킹[보호] 테이프 《그림을 그리거나 도료를 분사할 때 다른 부분을 보호하는 접착 테이프》

mas·och·ism [mǽsəkìzm] *n.* Ⓤ **1** 피학대 성애(性愛), 마조히즘 《이성(異性)에게 학대당하고 쾌감을 느끼는》(cf. SADISM) **2** 자기 학대, 피학적 경향
-ist *n.* 피학대 성애자 **màs·och·ís·tic** *a.* **-ti·cal·ly** *ad.*

⁑ma·son [méisn] *n.* **1** 석공(石工), 벽돌공 **2** [**M~**] 비밀 공제 조합원(Freemason) **3** [**M~**] 남자 이름

Má·son-Díx·on lìne [méisndíksn-] [the ~] 메이슨딕슨선(線) 《미국 Maryland 주와 Pennsylvania 주와의 경계선; 남부와 북부의 경계》

Ma·son·ic [məsɑ́nik | -sɔ́n-] *a.* 프리메이슨(Freemason)(주의)의 — *n.* 프리메이슨의 집회 《가수·배우가 출연하는》

***ma·son·ry** [méisnri] *n.* (*pl.* **-ries**) Ⓤ **1** 석공술; 석공[벽돌공]직 **2** 돌[벽돌] 공사(工事); 석조 건축 **3** [**M~**] = FREEMASONRY 1

masque [mæsk | mɑ:sk] [동음어 mask] *n.* (16-17세기 영국의) 가면극(의 각본)

***mas·quer·ade** [mæ̀skəréid] [Sp. 「가면의 모임」의 뜻에서] *n.* **1** 가면[가장] 무도회 **2** 가장(용 의상) **3** 겉치레, 허구(虛構)
— *vi.* **1** 가면[가장] 무도회에 참가하다 **2** …으로 변장하다; …인 체하다 **-ád·er** *n.*

⁂mass[1] [mæs] [Gk 「보리로 만든 케이크」의 뜻에서] *n.* **1** 큰 덩어리(lump) **2** 모임; 밀집, 집단, 다량, 다수

M

3 [the ~] 대부분, 주요부(部) 4 [the ~es] **일반 대중**, 서민, 근로자 계급 5 Ⓤ 크기, 양, 부피(bulk) 6 Ⓤ 〖물리〗 질량 7 〖약학〗 연약(煉藥), 부형약(賦形藥)
be a ~ of …투성이이다 ***in a ~*** 일시불로, 하나로 합쳐서
— *a.* 1 대중의[에 의한], 대중을 대상으로 한 2 대량의, 대규모의; 집단의
— *vt.* 1 한 덩어리[일단(一團)]로 만들다 2 〈군대 등을〉 집결시키다
— *vi.* 1 한 덩어리가 되다 2 집합하다

***Mass, mass**[2] *n.* 1 Ⓤ 〖가톨릭〗 **미사** 《천주교의 성찬식》 2 미사 의식[서(書), 곡(曲)]

Mass. Massachusetts

***Mas·sa·chu·setts** [mæ̀sətʃú:sits] *n.* **매사추세츠** 《미국 북동부의 주; 주도 Boston; 略 Mass.》

***mas·sa·cre** [mǽsəkər] [OF 「도살(屠殺)」의 뜻에서] *n.* 1 **대량 학살** 2 (경기 등의) 완패 — *vt.* 1 〈많은 사람·동물 등을〉 학살하다 2 《구어》 압승하다

***mas·sage**[1] [məsɑ́:ʒ, -sɑ́:dʒ] [F 「이기다, 반죽하다」의 뜻에서] *n.* ⓊⒸ **마사지**, 안마(按摩), 안마 치료 — *vt.* 1 …에게 마사지하다 2 〈…의 긴장·편견 등을〉 풀어주다, 완화하다; …의 비위를 맞추다 3 〈데이터·숫자 등을〉 조작하다

máss communicátion 대중[대량] 전달, 매스컴 《신문·라디오·텔레비전 등에 의한》

mass·cult [mǽskʌ̀lt] [*mass*+*cult*ure] *n.* Ⓤ, *a.* 《구어》 대중 문화(의)

massed [mæst] *a.* 밀집한; 한 덩어리가 된; 집결한

máss énergy 〖물리〗 질량 에너지

mas·seur [məsə́:r] [F] *n.* (*fem.* **-seuse** [-sə́:z]) 안마사, 마사지사

máss hystéria 〖심리〗 집단 히스테리

mas·sif [mæsí:f] [F] *n.* 〖지질〗 1 중앙 산괴(山塊) 2 단층 지괴(地塊)

‡mas·sive [mǽsiv] *a.* 1 **크고 무거운[단단한], 큰 덩어리의**; 육중한 2 a 〈머리·체격·용모 등이〉 큼직한 b 〈정신·행동 등이〉 굳센, 중후한; 강력한 3 대규모의, 대량의 4 〈어떤 감정이〉 중량감[중압감]이 있는 5 〖의학〗 〈병이〉 조직에 광범위하게 미치는, 중증의 6 《영·속어》 굉장히 좋은
~·ly *ad.* **~·ness** *n.*

máss média [단수·복수 취급] 매스 미디어, 대중 전달 매체 《신문·라디오·텔레비전 등》

máss nòun 〖문법〗 질량 명사 《불가산 물질명사》

máss observátion 《영》 여론 조사 《略 MO》

máss príest 미사를 집전하는 사제(司祭); 가톨릭 사제

mass-pro·duce [-prədjú:s] *vt., vi.* 대량 생산하다, 양산(量産)하다

máss prodúction 대량 생산, 양산

máss psychólogy 군중 심리(학)

máss spéctrum 〖물리〗 질량 스펙트럼

máss stórage 〖컴퓨터〗 대용량 기억(장치)

‡mast[1] [mæst | mɑ:st] *n.* 1 〖항해〗 **돛대**, 마스트 2 (돛대 모양의) 기둥
afore [***before***] ***the ~*** 평선원으로서

mast[2] *n.* Ⓤ 떡갈나무·(너도)밤나무 등의 열매 《돼지의 먹이》

mas·tec·to·my [mæstéktəmi] *n.* (*pl.* **-mies**) 〖외과〗 유방 절제(술)

-masted [mǽstid | mɑ́:st-] 《연결형》 …돛대의, 돛대를 갖춘: three-~ ship 세 돛대의 배

‡mas·ter [mǽstər | mɑ́:s-] *n.* 1 **주인**; 지배자, 지배권을 가진 사람; (상선의) 선장; (노예의) 소유주; (일가의) 가장; 교장 2 a 《영》 **선생**, (남자) 교사 b (특수 기예의) 스승; 대가, 거장 c 명수[대가]의 작품 3 a (Oxford·Cambridge 등 대학의) 기숙사 사감 b (각종 단체의) 회장, 단장, 원장 4 [M~] 도련님 5 [M~] **석사**(학위) 6 **자유로이 구사할 수 있는 사람**; 승리자(victor), 정복자 7 〖영국법〗 (법원의) 판사 보좌관
be ~ of (1) …의 소유자이다 (2) …을 자유로이 할 수 있다 (3) …에 통달하다 ***be ~ of*** one***self*** 자제하다
— *a.* 1 주인의, 지배자의, 우두머리의; 주인다운 2 명인의, 숙달한; 뛰어난 3 지배적인, 주된: one's ~ passion 지배적 감정
— *vt.* 1 a **지배하다**, …의 주인이 되다; 정복하다; 〈정욕 등을〉 억제하다 b 〈동물을〉 길들이다 2 〈기예 등에〉 **숙달하다**

-master [mǽstər | mɑ́:s-] 《연결형》 돛이 …개 달린 배: a four-~ 돛이 4개 달린 배

mas·ter-at-arms [mǽstərətɑ́:rmz | mɑ́:s-] *n.* (*pl.* **mas·ters-**) 〖해군〗 선임 위병 하사관

máster bédroom 주(主)침실 《부부용》

máster buílder 1 건축 청부업자 2 뛰어난 건축가

máster cárd (카드의) 으뜸패; 최상의 수단[방법]

máster clàss (일류 음악가가 지도하는) 상급 음악 클래스[교실]

mas·ter·ful [mǽstərfəl | mɑ́:s-] *a.* 1 주인 행세하는, 권위적인, 오만한, 거드름 부리는, 남을 부리려 하는 2 능란한, 명수의, 명인다운

mas·ter-hand [mǽstərhæ̀nd | mɑ́:s-] *n.* 1 명공, 명수(expert) 2 명인기(技), 전문가의 솜씨

máster kèy 1 (여러 자물쇠에 맞는) 곁쇠, 맞쇠, 마스터 키 2 (난문제 등의) 해결의 열쇠

mas·ter·less [mǽstərlis | mɑ́:s-] *a.* 주인 없는, 〈동물 등이〉 임자 없는

***mas·ter·ly** [mǽstərli | mɑ́:s-] *a.* **대가다운**; 명수의, 능란한, 훌륭한 — *ad.* 대가답게; 능란하게, 훌륭히

máster máriner (상선의) 선장

mas·ter·mind [mǽstərmàind | mɑ́:s-] *n.* 1 위대한 지능(의 소유자) 2 (계획 등의) 지도자, 입안자; (나쁜 짓의) 주모자
— *vt.* 〈계획 등을〉 (교묘히) 입안 지도하다; (나쁜 짓의) 주모자 노릇하다

‡mas·ter·piece [mǽstərpì:s | mɑ́:s-] *n.* **걸작**, 명작, 대표작

máster plán 기본 계획; 종합 계획, 마스터 플랜

máster's (degrèe) [mǽstərz-] 《구어》 석사(학위)

máster sérgeant 〚미육군·해병대〛 상사; 〚미공군〛 1등 중사

mas·ter·ship [mǽstərʃìp | máːs-] *n.* Ⓤ **1** master임 **2** master의 직[지위, 권위] **3** 지배(력), 통어(統御) **4** 숙달, 정통 《*of, in*》

mas·ter·stroke [-stròuk] *n.* (정치·외교 등에서의) 훌륭한 솜씨[수완], 멋진[절묘한] 조처

máster tàpe 〚컴퓨터〛 마스터 테이프 《지워서는 안되는 기분이 되는 데이터를 담은 자기(磁氣) 테이프》

mas·ter·work [-wə̀ːrk] *n.* = MASTERPIECE

***mas·ter·y** [mǽstəri | máːs-] *n.* Ⓤ **1** **지배(력)**, 통제, 제어; 통어력 **2** **숙달**, 정통; Ⓒ 전문적 지식[기술] **3** 승리, 정복; 우월, 우세; 우승 《*over*》
gain [***get, obtain***] ***the*** **~** 지배권[지배력]을 얻다; 이기다; 정통하다 《*of, over*》

mast·head [mǽsthèd | máːst-] *n.* **1** 〚항해〛 돛대 꼭대기; 돛대 꼭대기의 감시원 **2** (신문·잡지 등의) 발행인 란 **—** *vt.* **1** 〈선원을〉 벌로 돛대 꼭대기에 오르게 하다 **2** 〚항해〛 〈돛·기 등을〉 돛대 (꼭대기)에 올리다[달다]

mas·tic [mǽstik] *n.* Ⓤ **1** 유향 수지(乳香樹脂)(액) **2** Ⓒ 유향수(樹) **3** 유향주(酒), 마스티카 《터키·그리스의 일종의 진(gin)》 **4** 〚건축〛 매스틱 《회반죽의 일종》

mas·ti·cate [mǽstəkèit] *vt.* **1** 〈음식 등을〉 씹다(chew), 저작하다 **2** 〈고무 등을〉 곤죽으로 만들다

mas·ti·ca·tion [mæ̀stəkéiʃən] *n.* Ⓤ 씹음, 저작(咀嚼)

mas·tiff [mǽstif] *n.* 매스티프 《몸집이 크고 털이 짧은 맹견; 영국 원산》

mas·ti·tis [mæstáitis] *n.* (*pl.* **-tit·i·des** [-títədìːz]) 〚병리〛 유선염(乳腺炎)

mas·to·don [mǽstədɑ̀n | -dɔ̀n] *n.* 〚고대생물〛 마스토돈 《코끼리 비슷한 동물》

mas·toid [mǽstɔid] *n.* 유양 돌기

mas·toid·i·tis [mæ̀stɔidáitis] *n.* 〚병리〛 유양 돌기염

mas·tur·bate [mǽstərbèit] *vi., vt.* 수음을 하다, 자위 행위를 하다

mas·tur·ba·tion [mæ̀stərbéiʃən] *n.* Ⓤ 수음, 자위 (행위)

‡**mat**[1] [mæt] *n.* **1** **매트**, 거적 **2** (현관에 까는) 매트; 욕실용 매트(=bath ~) **3** (꽃병·접시 등의) 받침 **4** (커피·설탕 등의) 포대; 한 포대의 양 **5** 〚항해〛 (삭구(索具)의 파손을 방지하는) 받침 거적 **6** (레슬링·체조용) 매트
on the **~** (견책·심문 받기 위해) 소환되어, 처벌받아
— *v.* (**~·ted**; **~·ting**) *vt.* **1** 돗자리를 깔다; 돗자리로 덮다; 매트를 짜다 **2** 〈머리카락 등을〉 엉클어지게 하다 **—** *vi.* 엉클어지다

mat[2], **matt(e)** [mæt] *a.* 〈색·광택 등이〉 뿌연, 광택이 없는, 윤을 지운

Mat [mæt] *n.* 여자 이름 《Martha의 애칭》

mat·a·dor [mǽtədɔ̀ːr] [Sp. 「죽이다」의 뜻에서] *n.* 투우사 《소를 찔러죽이는 주역 투우사》

‡**match**[1] [mætʃ] [L 「초의 심지」의 뜻에서] *n.* **1** **성냥** (한 개비): a box of *~es* 성냥 한 갑 **2** 《고어》 화승(火繩)(총)

‡**match**[2] *n.* **1** (짝·상대로서) **어울리는 사람[것]**; (어울리는) 배우자; 짝, 한 쌍의 한 쪽: They are right *~es.* 그들은 꼭 어울리는 한 쌍이다. **2** **경쟁 상대** **3** **시합**, 경기 **4** 결연, 결혼
be a **~** ***for*** …에 필적하다 ***make a*** **~** 중매하다
— *vt.* **1** …**에 필적하다**(equal): No one *~es* him in English. 영어에 있어서는 그에 필적할 자가 없다. **2** …**와 조화하다**, 어울리다: Please ~ (me) this silk. 이 실크와 어울리는 것을 골라 주시오. **3** **경쟁[대항]시키다** 《*with, against*》: ~ this team *with*[*against*] that team 이 팀을 저 팀과 시합시키다 **4** 《고어》 결혼시키다(marry) 《*with, to*》 **—** *vi.* **1** **조화되다**, 어울리다(agree): Your necktie *~es* well with your coat. 네 넥타이는 상의와 잘 어울린다. **2** 《고어》 부부가 되다 《*with*》
~ ***up*** 조화하다; 조화시키다 **~** ***up to*** 〈예상한 바와〉 일치하다, 같다; 기대한 대로 이다

match·book [-bùk] *n.* 매치북 《한 개피씩 떼어 쓰게 된 종이 성냥》

match·box [-bɑ̀ks | -bɔ̀ks] *n.* 성냥갑

match·ing [mǽtʃiŋ] *a.* 〈색·외관이〉 어울리는, 조화된, 걸맞는
— *n.* **1** 〚목공〛 매칭 《나뭇결 무늬의 반복을 강조하는 무늬목의 결 배열》 **2** 〚전기〛 정합(整合)

***match·less** [mǽtʃlis] *a.* **무적의**, 비길 데 없는 **~·ly** *ad.* **~·ness** *n.*

match·lock [mǽtʃlɑ̀k | -lɔ̀k] *n.* **1** 화승총 **2** 화승식 발화 장치

match·mak·er [mǽtʃmèikər] *n.* **1** 결혼 중매인 **2** 경기의 대전 계획을 짜는 사람

match·mak·ing [mǽtʃmèikiŋ] *n.* Ⓤ **1** 결혼 중매 **2** (경기의) 대전표 짜기

mátch plày 〚골프〛 득점 경기

mátch póint **1** (테니스·배구 등에서) 결승의 1점 **2** (카드놀이에서) 득점 단위

match·stick [-stìk] *n.* 성냥개비

match·wood [-wùd] *n.* Ⓤ 성냥개비 재료; 지저깨비

‡**mate**[1] [meit] *n.* **1** (노동자 등의) **동료**, 친구 **2** **배우자**; 짝[한 쌍]의 한 쪽 **3** 〚항해〛 (상선의) 항해사: the chief ~ 일등 항해사 **4** 〚항해·해군〛 조수; 〚미해군〛 하사관: a gunner's ~ 장포(掌砲) 하사관
— *vt.* **1** **a** 부부가 되게 하다 《*with*》 **b** 〈새 등을〉 짝지어주다(pair) 《*with*》 **2** 일치시키다 **—** *vi.* **1** 결혼하다 《*with*》 **2** 〈동물이〉 교미하다 《*with*》

mate[2] *n., vt., vi.* 〚체스〛 외통 장군(을 부르다[을 당하다])(cf. STALEMATE)

ma·té, ma·te[3] [máːtei] [Sp.] *n.* **1** Ⓤ 마테차(茶); Ⓒ 그 나무 **2** 마테차 그릇

ma·ter [méitər] *n.* (*pl.* **~s, -tres**

[-triːz]) 《영·속어》 어머니; 〖해부〗 뇌막(腦膜)

‡**ma·te·ri·al** [mətíəriəl] [L 「물질(의)」의 뜻에서] *n.* **1** ⓊⒸ **재료,** 원료(=raw ~) **2** [*pl.*] **용구**(用具), 도구 **3** ⓊⒸ (양복)감 **4** Ⓤ 인격적 요소; 인재, 인물 **5** Ⓤ **자료,** 제재(題材) 《*for*》 **—** *a.* **1 물질의, 물질적인;** 유형(有形)의, 구체적인: a ~ being 물적 존재, 유형물 **2** 비정신적인, 육체의; 감각적인, 관능적인: ~ pleasure 육체적 쾌락 **3** 〖논리〗 질료적(質料的)인, 실체상의; 〖법〗 판결에 영향을 주는, 실질적인: ~ evidence (판결을 좌우할) 중대한 증거, 물적 증거 **4** 중요한, 필수적인, 불가결한 《*to*》 ***be ~ to*** …에게 중요하다

ma·te·ri·al·ism [mətíəriəlìzm] *n.* Ⓤ **1** 물질주의, 실리주의 **2** 〖철학〗 유물론(唯物論), 유물주의 **3** 〖윤리〗 이기주의 **4** 〖미술〗 실물주의

ma·te·ri·al·ist [mətíəriəlist] *n.* 유물론자 **—** *a.* 유물론(자)의

ma·te·ri·al·is·tic [mətìəriəlístik] *a.* 유물론(자)적인 **-ti·cal·ly** *ad.*

ma·te·ri·al·i·ty [mətìəriǽləti] *n.* (*pl.* **-ties**) Ⓤ 물질성; 유형성; 중요성

ma·te·ri·al·i·za·tion [mətìəriəlizéiʃən | -lai-] *n.* Ⓤ 구체화, 체현, 물질화, 구현

ma·te·ri·al·ize [mətíəriəlàiz] *vt.* **1** 형체를 부여하다, 구체화[실현]하다 **2** 〈영혼을〉 육체적으로 나타내다 **3** 물질[실리]적으로 하다 **—** *vi.* **1** 〈영혼이〉 육체적으로 나타나다 **2** 〈소원·계획 등이〉 실현되다 **3** 나타나다

***ma·te·ri·al·ly** [mətíəriəli] *ad.* **1 실질적으로,** 〖철학·논리〗 질료적으로 **2 물질[유형]적으로;** 육체적으로 **3** 실질적으로; 대단히, 현저하게

matérial nóun 〖문법〗 물질 명사

ma·te·ri·a med·i·ca [mətíəriə-médikə] [L] *n.* [집합적] 의약품, 약물, 약종(藥種)(drugs); [단수 취급] 약물학

ma·té·ri·el, -te- [mətìəriél] [F] *n.* Ⓤ 물질적 재료[설비]; 군수품

***ma·ter·nal** [mətə́ːrnl] [L 「어머니의」의 뜻에서] *a.* **1 어머니의,** 어머니로서의, 어머니다운 **2** Ⓐ 모계의, 어머니 쪽의 **3** 〖언어〗 모어(母語)의 **~·ìsm** *n.* Ⓤ 모성(애); 익애(溺愛) **~·ly** *ad.*

***ma·ter·ni·ty** [mətə́ːrnəti] *n.* (*pl.* **-ties**) **1** Ⓤ **어머니임**(motherhood), 어머니가 됨; 모성(애) **2** 산과(産科) 병원(=~ **hòspital**[**hòme**]) **—** *a.* 임산부의[를 위한]: a ~ dress[wear] 임부복

matérnity allòwance 《영》 출산 수당

matérnity lèave 출산 휴가, 산휴(産休)

matérnity wàrd 산부인과 병동; 분만실

mat·ey [méiti] *a.* 《영·구어》 **1** 친구의, 친한 《*with*》 **2** 소탈한, 허물없는 **—** *n.* [호칭으로] 친구

math [mæθ] *n.* 《미·구어》 = MATHEMATICS 1

math. mathematical; mathematician; mathematics

‡**math·e·mat·i·cal** [mæ̀θəmǽtikəl], **-ic** [-ik] *a.* **1 수학(상)의,** 수리적(數理的)인: ~ economics 수리 경제학 **2** 아주 정확한 **-i·cal·ly** *ad.*

***math·e·ma·ti·cian** [mæ̀θəmətíʃən] *n.* 수학자

‡**math·e·mat·ics** [mæ̀θəmǽtiks] [Gk 「학문에 적합함」의 뜻에서] *n. pl.* **1** Ⓤ [단수 취급] **수학**: applied[mixed] ~ 응용 수학 **2** [단수·복수 취급] 수학의 운용, 계산

maths [mæθs] *n.*, *pl.* 《영·구어》 = MATHEMATICS 1

Ma·til·da, -thil- [mətíldə] *n.* 여자 이름 《애칭 Matty, Pat, Patty, Tilda》

mat·in [mǽtn | -tin] *n.* [*pl.*: 보통 단수 취급; 종종 **M~s**] 〖영국국교〗 아침 예배[기도](Morning Prayer)

***mat·i·nee, -née** [mæ̀tənéi | ⌐-⌐] [F =morning] *n.* **1** (연주·음악회 등의) **낮 흥행,** 마티네(cf. SOIRÉE) **2** (여자가 오전 중에 입는) 실내복

matinée còat[**jàcket**] 마티네 코트 《유아용의 모직 상의》

matinée ìdol (여자들에게 인기 있는) 미남 배우

mat·ing [méitiŋ] *n.* Ⓤ 교배, 교미, 짝짓기

ma·tri·arch [méitriɑ̀ːrk] *n.* 여자 가장[족장] (cf. PATRIARCH 1)

mà·tri·ár·chal *a.*

ma·tri·ar·chy [méitriɑ̀ːrki] *n.* (*pl.* **-chies**) **1** Ⓤ 여가장제, 여족장제; 모권제(母權制) **2** 모권 사회

ma·tric [mətrík] *n.* 《영·구어》 = MATRICULATION

ma·tri·ces [méitrəsìːz, mǽt-] *n.* MATRIX의 복수

ma·tri·cide [mǽtrəsàid, méi-] *n.* **1** Ⓤ 어머니를 죽임; 모친 살해죄 **2** 모친 살해 범인

ma·tric·u·late [mətríkjulèit] *vt.* 대학 입학을 허가하다, 대학에 입학시키다 **—** *vi.* (대학에) 입학하다 **—** [-lət] *n.* 대학 입학자

ma·tric·u·la·tion [mətrìkjuléiʃən] *n.* **1** ⓊⒸ 대학 입학 허가; 입학식 **2** Ⓤ 《영》 대학 입학 시험

ma·tri·lin·e·al [mæ̀trəlíniəl] *a.* 모계(주의)의

ma·tri·mo·ni·al [mæ̀trəmóuniəl] *a.* Ⓐ 결혼의, 부부의: a ~ agency 결혼 상담소

mat·ri·mo·ny** [mǽtrəmòuni | -məni] [L 「어머니인 상태」의 뜻에서] *n.* Ⓤ **1 결혼 2** 부부 관계, 결혼 생활 ***enter into ~ 결혼하다

***ma·trix** [méitriks, mǽt-] [L 「자궁, 모체」의 뜻에서] *n.* (*pl.* **-tri·ces** [-trəsìːz], **~·es**) **1 a 주형**(鑄型) **b** 〖인쇄〗 (활자의) **자모,** 모형(母型), 지형 **2 a** 《고어》 자궁(womb) **b** 모체 **3** 〖생물〗 세포간질(間質) **4** 〖광산〗 모암(母岩)(gangue); (암석의) 소지(素地) **5** (레코드의) 원반 **6** 〖컴퓨터〗 매트릭스 《입력·출력 도선의 회로망》

***ma·tron** [méitrən] [L 「기혼 부인」의 뜻에서] *n.* **1** (나이 지긋하고 점잖은) **기혼 부인 2** (간호) 부장, 수간호사; (공공 시설의) 가정부장(家政婦長), 여사감

M

ma·tron·ly [méitrənli] *a.* 기혼 부인다운; 품위 있는(dignified), 마나님다운, 침착한; 〈젊은 여성이〉 뚱뚱한(portly)
matt [mæt] *a.* =MAT[2]
Matt [mæt] *n.* 남자 이름
Matt. Matthew
matte [mæt] *a.* =MAT[2]
mat·ted[1] [mǽtid] *a.* **1** 매트(mat[1])를 깐 **2** 텁수룩한, 〈머리털 등이〉 헝클어진: ~ hair 텁수룩한 머리
matted[2] *a.* 윤[광택]을 없앤
***mat·ter** [mǽtər] *n.* **1** Ⓤ **a** 물질, 물체 **b** 재료 **2** Ⓤ (종기·상처의) 고름 **3** Ⓤ 〖철학〗 질료(質料)(opp. *form*); 〖논리〗 명제(命題)의 본질 **4** Ⓤ **a** 제재(題材); (논문·책 등의) 내용(substance) **b** [집합적] 인쇄[우편]물: printed ~ 인쇄물 / first-class ~ 제1종 우편물 **5** Ⓤ 〖인쇄〗 조판(組版); 원고 **6 a** 문제; 일, 사건 **b** [*pl.*] (막연하게) 사정, 사태 **c** Ⓤ 중요성; Ⓒ 중요한[큰] 일 **7** [the ~] 난처한 일: What's *the* ~ (=wrong) with you? 어찌 된 일이냐?
a ~ of ... (1) …에 관한 문제 (2) 대략, 대개(about) ***(as) a ~ of course*** 당연한 일(로서) ***(as) a ~ of fact*** 실제(에 있어서), 사실상 ***for that ~*** = (드물게) ***for the ~ of that*** 그 일이라면, 그 문제에 관해서는 ***no ~ what***[***which, who, where, when, why, how***] 비록 무엇이[어느 것이, 누가, 어디에, 언제, 왜, 어떻게] …할지라도[일지라도]: *No ~ what* (=Whatever) he says, don't go. 비록 그 사람이 무어라 해도 가지 마라.
— *vi.* **1** [주로 의문·부정·조건문에서] 중요하다, 문제가 되다 **2** (드물게) 〈상처가〉 곪다, 고름이 나오다
Mat·ter·horn [mǽtərhɔ̀ːrn] *n.* [the ~] 마터호른 《Pennine Alps 중의 고봉; 4,478 m》
mat·ter-of-course [mǽtərəvkɔ́ːrs] *a.* 당연한, 말할 나위 없는
mat·ter-of-fact [-əvfǽkt] *a.* 사실의, 실제적인; 사무적인; 무미건조한, 평범한 **~·ly** *ad.*
***Mat·thew** [mǽθjuː] *n.* **1** 〖성서〗 (신약의) 마태 복음 《略 Matt.》 **2** [St. ~] 〖성서〗 마태 《그리스도 12사도 중의 한 사람》 **3** 남자 이름
mat·ting[1] [mǽtiŋ] *n.* Ⓤ **1** 매트 재료 **2** [집합적] 매트, 돗자리, 거적 《등》
matting[2] *n.* 윤 지우기, 윤을 지운 것[면]; (그림틀의 윤을 지운) 금 테두리
mat·tins [mǽtnz, -tinz] *n. pl.* (영) =MATIN
mat·tock [mǽtək] *n.* 곡괭이의 일종
***mat·tress** [mǽtris] [Arab. 「물건을 두는 곳」의 뜻에서] *n.* **1** 매트리스, (짚[털]으로 된) 침대요 **2** 〖토목〗 침상(沈床)
Mat·ty [mǽti] *n.* 여자 이름
mat·u·rate [mǽtʃurèit] *vi.* **1** 〖의학〗 곪다 **2** 성숙하다
mat·u·ra·tion [mæ̀tʃuréiʃən] *n.* Ⓤ 화농; 성숙(기), 원숙(기); 〖생물〗 성숙(成熟) 분열
***ma·ture** [mətjúər, -tʃúər | -tjúə] [L 「익은」의 뜻에서] *a.* (**ma·tur·er**; **-est**) **1** 〈과일 등이〉 익은, 성숙한; 〈포도주·치즈 등이〉 숙성한 **2** 〈사람·동물이〉 완전히 발달한; 원숙한, 분별 있는 **3** 〈계획·생각 등이〉 심사숙고한; 현명한; 신중한 **4** 〖상업〗 〈어음 등이〉 만기가 된 — *vt.* **1** 성숙시키다(ripen); 익히다 **2** 〈계획 등을〉 완성하다 **3** (폐어) 곪게 하다 — *vi.* **1** 익다, 성숙[원숙]하다 **2** 〖상업〗 〈어음이〉 만기가 되다 **~·ly** *ad.* **~·ness** *n.*
ma·tu·ri·ty** [mətjúərəti, -tʃúər- | -tjúər-] *n.* Ⓤ **1** 성숙(기), 원숙(기), 완성(기), 완전한 발달[발육] **2** 〖상업〗 (어음 등의) 만기일 **3** 〖토지〗 (지표 침식의) 장년기 ***come to [***reach***] **~** 성숙하다, 원숙해지다
ma·tu·ti·nal [mətjúːtənəl, mæ̀tjutáinl] *a.* (이른) 아침의, 이른
maud·lin [mɔ́ːdlin] *a.* 걸핏하면 눈물짓는, 감상적인; 취하면 우는
maul [mɔːl] [동음어 mall] *n.* 큰 나무망치, 메 — *vt.* **1** 〈짐승 등이〉 할퀴어 상처내다, (상처가 나도록) 치다; 〈나무를〉 쳐서 빼개다 **2** 거칠게 다루다 **3** 혹평하다
maul·stick [mɔ́ːlstìk] *n.* (화가의) 팔받침 《수직의 화면에 가는 선을 그을 때 왼손에 들고 오른손을 지탱하는 막대기》
maun·der [mɔ́ːndər] *vi.* **1** 두서없는 말을 하다 **2** 배회하다, 어정거리다
maun·dy [mɔ́ːndi] *n.* 〖그리스도교〗 세족식(洗足式) 《성목요일에 행하는》
máundy mòney (영) 세족 목요일에 영국 왕실이 베푸는 빈민 구제금
Máundy Thúrsday 〖그리스도교〗 세족 목요일, 성목요일 《Easter 직전의 목요일》
Mau·pas·sant [móupəsɑ̀ːnt] *n.* 모파상 **Guy de ~** (1850-93) 《프랑스의 작가》
Mau·rice [mɔ́ːris | mɔ́r-] *n.* 여자 이름
Mau·ri·ti·us [mɔːríʃiəs] *n.* 모리셔스 《아프리카 동쪽의 섬나라; 수도 Port Louis》
mau·so·le·um [mɔ̀ːsəlíːəm] *n.* (*pl.* **-le·a** [-líːə], **~s**) 웅장한 무덤, 능; 크고 음침한 건물[방]
mauve [mouv] *n.* Ⓤ **1** 연한 자줏빛 **2** 연한 자주빛의 아닐린 물감 — *a.* 연한 자줏빛의
ma·ven, ma·vin [méivən] *n.* (미·속어) 숙달한 사람, 프로, 명수(expert)
mav·er·ick [mǽvərik] [송아지에게 낙인을 찍지 않았던 미국 Texas의 목장주 이름에서] *n.* (미) **1** 낙인이 찍히지 않은 송아지; 어미에게서 떨어진 송아진 **2** (구어) 무소속 정치가[예술가], 이단자; 반체제의 사람
maw [mɔː] *n.* **1** (동물의) 위; 《특히》 반추동물의 넷째 위 **2** (새의) 멀떠구니 **3** (게걸스러운 사람의) 위 **4** (문어) 심연(深淵), 깊은 구렁, 나락
mawk·ish [mɔ́ːkiʃ] *a.* **1** 역겨운, 구역질나는; 맥빠진 **2** 몹시 감상적인 **~·ly** *ad.* **~·ness** *n.*
max [mæks] (속어) *n.* 완전함, 최고도 ***to the ~*** 완전히, 최고도로, 극도로; 힘껏 — *vt., vi.* (어떤 것을) 끝까지 하다, 전력을 다하다 《*out*》

— *a.* 최대의, 최고의 **—** *ad.* 최대한으로
Max [mæks] *n.* 남자 이름
max. maximum
max·i [mǽksi] *n.* 긴 치마, 맥시 스커트, 맥시 코트
— *a.* 맥시의, 보통보다 큰[긴]
maxi- [mǽksi] 《연결형》 「큰…, 긴…」의 뜻: *maxi*skirt 맥시 스커트
max·il·la [mæksílə] *n.* (*pl.* **-lae** [-li:]) **1** 〖해부〗 위턱, 턱뼈 **2** 〖동물〗 **a** (척추동물의) 상악골(上顎骨) **b**(절지동물의) 작은 턱
max·il·lar·y [mǽksəlèri | mæksíləri] *a.* maxilla의
***max·im** [mǽksim] [L 「최대의 (제안)」의 뜻에서] *n.* 격언, 금언; 처세훈(訓), 좌우명
max·i·mal [mǽksəməl] *a.* 가장 효과적인[완전한]; 최고의, 최대한의, 극대의
max·i·mize [mǽksəmàiz] *vt.* 극한까지 증가[확대, 강화]하다; 최대한으로 (활용)하다, 극대화하다; (함수의) 최대값을 구하다 **màx·i·mi·zá·tion** *n.*
⁑max·i·mum [mǽksəməm] [L 「최대의」의 뜻에서] (opp. *minimum*) *n.* (*pl.* **~s, -ma**[-mə]) **1** 최대한, 최고점, 최대량, 극한 **2** 〖수학〗 극대
— *a.* 최대의, 최고의; 극대의: the ~ value 〖수학〗 극댓값
max·i·skirt [mǽksiskə̀:rt] *n.* 맥시 스커트
⁑may [mei] *auxil. v.* ([부정형] **may not, mayn't,** 과거형 **might,** [부정형] **might not, mightn't**) **1 a** …일지[할지]도 모르다, 아마 …일[할] 것이다 《이 뜻의 부정은 may not》: It ~ be true. 사실일지도 모른다, 아마 사실일 것이다. **b** …했을[었을]지도 모르다: It ~ *not have been* he[《구어》 him] who did it. 그 짓을 한 것은 그가 아니었을지도 모른다. **2 a** …해도 좋다, …해도 괜찮다 **b** …라고 해도 무방하다, …하는 것은 당연하다 《이 뜻의 부정은 cannot》: You ~ *well* think so. 당신이 그렇게 생각하는 것은 당연하다. **3** …하기 위하여, …할 수 있도록: He is working hard *so that*[*in order that*] he ~ pass the examination. 그는 시험에 합격하려고 열심히 공부하고 있다. **4 a** [뒤에 등위접속사 but 등을 동반하여] …인지 모르지만, …라고 할 수는 있지만 **b** [양보를 나타내는 부사절에서] (설사) …일지[할지]라도: Whoever ~ say so[No matter who ~ say so], you need not believe it. 누가 그렇게 말하더라도 그것을 믿을 필요는 없다. **5** 《문어》 바라건대 …하기를, …하여 주소서: *M*~ you succeed! 성공을 빕니다! **6** 《문어》 …하도록, …하지 않을까: I fear lest the rumor ~ be true. 그 소문이 사실일까 걱정이다. **7** (도대체·누구·무엇·왜) …일까: Who ~ you be? 누구시죠? 《매우 무례한 말투》 **8** …할 수 있다 《이 용법으로는 일반적으로 can을 씀》
be that as it **~** 그것은 그렇다 치고, 어떻든 간에 ***come what*** **~** 어떤 일이 있더라도 **~ *well*** do …라고 해도 무방하다, …하는 것은 당연하다
⁑May [mei] [L 「Maia(번식·성장의 여신의 이름)의 달」의 뜻에서] *n.* **1** 5월 **2** [one's ~] 《시어》 청춘, 인생의 봄
Ma·ya [mɑ́:jə] *n.* (*pl.* **~, ~s**) **1** 마야 사람 **2** Ⓤ 마야 말
Ma·yan [mɑ́:jən] *a.* 마야 사람[족, 말]의 **—** *n.* 마야 사람; Ⓤ 마야 말
⁑may·be [méibi] [it MAY be에서] *ad.* 어쩌면, 아마
Máy Dày 1 5월제 《5월 1일》 **2** 메이데이, 노동절
May·day [méidèi] [F m'aider(=help me)의 변형] *n.* Ⓤ (선박·항공기가 무선 전화로 하는) 조난 신호(cf. SOS)
May·fair [méifɛ̀ər] *n.* London의 Hyde Park 동쪽의 고급 주택지; London 사교계
May·flow·er [méiflàuər] *n.* **1** [**m~**] 〖식물〗 5월에 꽃피는 초목; 《특히》 《영》 산사나무, 《미》 노루귀, 아네모네 **2** [the ~] 메이플라워호 《1620년에 Pilgrim Fathers를 태우고 영국에서 신대륙으로 건너간 배》
may·fly [-flài] *n.* (*pl.* **-flies**) **1** 〖곤충〗 **a** 하루살이 **b** 《영》 강날도래 **2** 〖낚시〗 (하루살이 비슷하게 만든) 제물낚시
may·hem [méihem, méiəm] *n.* Ⓤ **1** 〖법〗 신체 상해(죄) **2 a** (고의의) 파괴 **b** 《구어》 소란
mayn't [meint] 《구어》 may not의 단축형
***may·on·naise** [méiənèiz, ⌒-⌐] [F] *n.* Ⓤ **1** 마요네즈 (소스) **2** 마요네즈를 친 요리
⁑may·or [méiər, mɛ́ər | mɛ́-] [L 「보다 큰」의 뜻에서] *n.* 시장(市長), 읍장, 면장 **~·al** *a.* 시장(직)의 **~·shìp** *n.* Ⓤ 시장의 직[임기]
may·or·al·ty [méiərəlti, mɛ́ər- | mɛ́ər-] *n.* Ⓤ 시장의 직[임기]
may·or·ess [méiəris, mɛ́ər- | mɛ́ər-] *n.* 여(女)시장; 시장 부인
may·pole [méipòul] *n.* [종종 **M~**] 5월제의 기둥 《꽃·리본 등으로 장식, 5월제에 그 주위에서 춤을 춤》
Máy quèen[**Quèen**] [the ~] 5월의 여왕 《5월제의 여왕으로 뽑힌 처녀, 화관을 씀》
mayst [meist] *auxil. v.* 《고어》 =MAY 《주어는 thou》
***maze** [meiz] [동음어 maize] [amaze의 두음 소실(頭音消失)] *n.* **1** 미로(迷路), 미궁 **2** [a ~] 당황, 곤혹 **—** *vt.* [특히 수동형으로] 얼떨떨하게 하다, 당황케 하다
ma·zur·ka, -zour- [məzə́:rkə, -zúər-] *n.* **1** 마주르카 《폴란드의 3박자의 경쾌한 무용》 **2** 그 무곡
maz·y [méizi] *a.* (**maz·i·er**; **-i·est**) **1** 미로 같은, 구불구불한; 혼란한 **2** 《영·방언》 어지러운, 혼란스러운
mb millibar(s)
MB *Medicinae Baccalaureus* 《L= Bachelor of Medicine》
MBA Master of Business Administration 경영학 석사

mc megacycle(s)
Mc- [mək, mæk] *pref.* =MAC-
MC [èmsí:] *n.* =EMCEE
— *vt.* =EMCEE
MC Marine Corps; mastor of ceremonies 사회자; 《미》 Member of Congress
Mc·Car·thy·ism [məkɑ́:rθiìzm] [미국 공화당 상원 의원 Joseph R. McCarthy (1908-57)에서] *n.* Ⓤ 극단적인 반공(反共) 운동, 매카시 선풍, 매카시즘
Mc·Coy [məkɔ́i] *n.* [the (real) ~] 《구어》 (가짜·대용품이 아닌) 틀림없는 본인, 진짜
Mc·Don·ald's [məkdɑ́nldz | -dɔ́n-] *n.* **1** 맥도널드 《미국 최대의 햄버거 체인점》 **2** 맥도널드 햄버거 《상표명》
Mc·Kin·ley [məkínli] *n.* 매킨리 산 **Mount ~** 《Alaska에 있는 북미 대륙 최고봉(6,194m)》
m-com·merce [émkɑ́mə:rs | -kɔ́m-] [*mobile*+*commerce*] *n.* [종종 **M~**] 이동 전자 상거래 《휴대전화, PDA 등 휴대 단말기를 이용한》
MCP 《구어》 male chauvinist pig
MD Managing Director; 〖우편〗 Maryland
Md. Maryland
mdnt midnight
*****me** [mi:] *pron.* **1** [I의 목적격] **나에게; 나를** **2 a** 《구어》 [주격 보어] **나**(I): It's *me.* 저입니다. **b** [as, than, but 뒤에서] 《구어》 =I: You're as tall as [taller than] *me.* 키가 나와 같다[나보다 더 크다]. **3** 《고어·시어·구어》 나 자신에게[을](myself) **4** [감탄사적으로]: Ah *me*! 아! / Dear *me*! 이런!, 저런! ***Me and you!*** 《미·속어》 (싸울 때) 자, 1 대 1로 대결하자!
ME 〖우편〗 Maine; Middle English
Me. Maine
mead[1] [mi:d] *n.* 《시어》 =MEADOW
mead[2] *n.* Ⓤ 벌꿀술
*****mead·ow** [médou] *n.* ⓊⒸ **1 목초지, 초원**: ~ land 목초지 **2** 《특히》 강변의 낮은 풀밭: a floating ~ 침수가 잘 되는 목초지[초원]
mead·ow·lark [-lɑ̀:rk] *n.* 〖조류〗 들종다리 《북미산》
mead·ow·sweet [-swì:t] *n.* 〖식물〗 조팝나무속의 식물
***mea·ger | -gre** [mí:gər] [L 「야윈」의 뜻에서] *a.* **1 메마른** **2 a 빈약한,** 결핍한, 불충분한 **b** 〈작품 등이〉 무미건조한
~·ly *ad.* **~·ness** *n.*
*****meal**[1] [mi:l] [OE 「정해진 시각」의 뜻에서] *n.* **1 식사**; 식사 시간 **2** 한 끼니(분): a light ~ 가벼운 식사
eat between ~s 간식하다 ***have* [*take*] *a* ~** 식사하다
*****meal**[2] *n.* Ⓤ **1 a** (체로 치지 않은) **거칠게 [굵게] 빻은 곡식**; 거칠게 간 가루 **b** 《미》 거칠게 간 옥수수 **2** (견과(堅果)·씨를) 빻은 것; (깻묵 등의) 가루
méal tìcket 1 식권 **2** 《구어》 생계의 근거, 수입원
meal·time [mí:ltàim] *n.* Ⓤ 식사 시간

meal·y [mí:li] *a.* (**meal·i·er**; **-i·est**) **1** 가루 모양의, 거친 가루의 **2** 가루가 나오는; 가루를 뿌린; 〖생물〗 흰 가루로 덮인 **3** 〈말이〉 얼룩이 있는 **4** 창백한
meal·y·bug [mí:libʌ̀g] *n.* 〖곤충〗 벚나무깍지벌레 《수액(樹液)을 먹는 작은 진디의 일종》
meal·y·mouthed [-màuðd, -màuθt] *a.* 완곡하게 말하는, 말주변이 좋은
*****mean**[1] [mi:n] [동음어 mien] *v.* (**meant** [ment]) *vt.* **1 a 의미하다,** …의 뜻이다; …의 뜻으로 말하다: What does this ~? 이것은 무슨 뜻인가? **b** …**한 의미를 가지다, 중요성을 가지다** 《*to*》 **2 a 의도하다,** …**할 작정이다;** 예정[계획]하다, **꾀하다**: ~ mischief 좋지 않은 일을 꾀하다 **b** [수동형으로] …을 나타낼 생각이다; 〈사람·물건을〉 어떤 용도에 예정하다; …이 되게 할 생각이다 **3** …라는 결과를 낳다, …하게 되다; …의 전조이다 — *vi.* …한 마음을 품고 있다: She *meant well*[*ill*] *by*[*to*] you. 그녀는 (사실은) 너에게 호의[악의]를 품고 있었다.
*****mean**[2] [mi:n] [동음어 mien] *a.* **1** 〈사람·행위 등이〉 **비열한,** 더러운; 심술궂은 **2** 〈사람이〉 마음이 **인색한,** 좁은 《*over*》 **3** 〈정도·재능·능력 등이〉 **보통의,** 평범한, 대단치 않은 **4 뒤떨어진, 천한** **5** 초라한 **6** Ⓐ 떳떳하지 못한, 부끄러운 **7** 《미》 〈개·말 등이〉 다루기 힘든, 사나운
have a ~ opinion of …을 업신여기다
***no* ~** 꽤 훌륭한; 만만찮은: He is *no* ~ scholar. 그는 꽤 훌륭한 학자이다.
****mean**[3] [mi:n] [동음어 mien] [L 「중간의」의 뜻에서] *a.* Ⓐ **1 평균의** **2 a** 〈위치·순서 등이〉 **중간의**[에 위치한] **b** 〈시간이〉 **중간의**(intervening) **3** 중용의; 보통의(average)
for the ~ time 그동안, 일시적으로
— *n.* **1** 〖수학〗 **평균,** 평균치, 중수(中數) **2 a** (양단의) 중앙; 중등 **b** 중용
me·an·der [miǽndər] [소아시아의 옛 Phrygia를 흐르는 굽이 많은 강 이름(지금의 Menderes)에서] *vi.* **1** 굽이쳐 흐르다 **2** 정처 없이 헤매다 《*along*》; 〈이야기 등이〉 두서없이[산만하게] 진행되다
— *n.* **1** [*pl.*] (강의) 구불구불함; 구불구불한 길 **2** 만보(漫步); [보통 *pl.*] 우회(여행) **3** 〖건축〗 뇌문(雷紋), 만자(卍字) 무늬
me·an·der·ing [miǽndəriŋ] *n.* **1** 구불구불한 길 **2** 정처 없이 거닐기 **3** 두서없이[산만하게] 이야기하기, 만담
— *a.* **1** 굽이쳐 흐르는 **2** 종잡을 수 없는; 두서없이[산만하게] 이야기하는
~·ly *ad.* 구불구불하게; 정처없이
mean·ie [mí:ni] *n.* (*pl.* **~s**) 《구어》 **1** 쩨쩨한 놈, 깍쟁이 **2** 심술쟁이; 악역 《연극·문학 작품 등에서의》
*****mean·ing** [mí:niŋ] *n.* ⓊⒸ **1 의미**(sense); 뜻, 취지: What's the ~ of this? 이것은 무슨 뜻이냐? **2 의의,** 중요성; 의도, 목적(purport)
***with* ~** 의미 있는 듯이
— *a.* **1** 〈눈매 등이〉 의미심장한, 의미 있는 **2** [보통 복합어를 이루어] …할 생각[작정]인: well-[ill-]~ 선의[악의]의 **~·ly** *ad.*

*__mean·ing·ful__ [míːniŋfəl] *a.* **1** 의미심장한, 뜻있는(significant) **2** 의의 있는, 중요한 **~·ly** *ad.* **~·ness** *n.*

*__mean·ing·less__ [míːniŋlis] *a.* **뜻이 없는**, 무의미한; 무가치한, 무익한 **~·ly** *ad.* **~·ness** *n.*

mean·ly [míːnli] *ad.* **1** 빈약하게, 불충분하게; 초라하게 **2** 천하게, 비열하게 **3** 인색하게

‡**means** [miːnz] *n. pl.* **1** [단수·복수 취급] **방법**, 수단(way): Do you know of any ~*s to* get there? 거기에 도착할 방법을 알고 있느냐? **2** [복수 취급] (「생활의 수단」의 뜻에서) **자력**, 재산, 수입
a man of **~** 재산가 ***by all*** **~** 반드시 ***by*** **~** ***of*** …에 의하여, …으로

méans tèst 《영》 수입[자산] 조사 《생활 보호 대상자의》

‡**meant** [ment] *v.* MEAN[1]의 과거·과거분사

‡**mean·time** [míːntàim], **mean·while** [-*h*wàil] *n.* [the ~] Ⓤ **그동안**
in the **~** (1) 그 사이에, 그럭저럭하는 동안에 (2) (한편) 이야기는 바뀌어
— *ad.* **1 그 동안[사이]에**, 그러저러하는 동안에 **2** 한편 **3** 동시에 《대개 meantime은 명사, meanwhile은 부사로 쓰임》

*__mea·sles__ [míːzlz] *n. pl.* [단수 취급] **1** 〖병리〗 **홍역**; 홍역의 빨간 반점 **2** 〖수의학〗 (가축의) 낭충증(囊蟲症)
German [***French, false***] **~** 풍진(風疹)

mea·sly [míːzli] *a.* (**-sli·er**; **-sli·est**) **1** 홍역의[에 걸린]; 〖수의학〗 낭충증에 걸린 **2** 《구어》 **a** 빈약한 **b** 사소한, 인색한

*__meas·ur·a·ble__ [méʒərəbl] *a.* **1 잴 수 있는, 측정할 수 있는 2** 중요한, 무시할 수 없는 **3** 알맞은, 중용(中庸)의 **4** 〈수가〉 나누어 떨어지는 ***come within a*** **~** ***distance of*** …에 접근하다
-bly *ad.* 측정할 수 있게; 어느 정도

‡**meas·ure** [méʒər] [L 「측정하다」의 뜻에서] *vt.* **1** …을 재다, 측정하다; 치수를 재다 《*for*》: ~ a piece of ground 토지를 측량하다 **2** (어느 분량에) 맞추어 나가다 《*off*》; 〈분량을〉 재서 꺼내다 《*out*》 **3 a** 〈인물 등을〉 평가하다; 판단하다 《*by*》: ~ a person at a glance …을 한눈에 판단하다 **b** (비교하여) 우열을 가리다 **4** 적응시키다, 조화하게 하다: *M*~ your desire *by*[*to*] your fortune. 욕망을 재력에 맞추어라. **5** 《시어》 가다, 걷다, 편력하다(traverse)
— *vi.* **1 측정하다**, 치수를 재다 **2** …의 길이[폭, 높이]이다: The room ~*s* 20 feet wide. 방은 폭이 20피트이다.
~ *off* 재어서 끊다; 구획하다 **~ *out*** 재어서 분배하다 **~** one***'s strength with*** [***against***] …와 힘을 겨루다 **~ *up*** (1) …의 치수를 (정확하게) 재다 (2) 〈가능성 등을〉 추정하다 (3) 필요한 능력[자격]이 있다 **~ *up to*** (1) 길이[폭, 높이]가 …에 달하다 (2) 〈희망·이상·표준 등에〉 들어맞다, …에 달하다; …에 일치[부합]하다
— *n.* **1** Ⓤ **측정**, 계측, 측량, 계량 **2** Ⓤ **계량법, 도량법 3** Ⓒ **계량의 단위** 《부셸(bushel) 등》 **4** 측정 기구《되, 자, 줄자 등》 **5** Ⓤ 치수, 됫수 **6** 계량[측정, 평가, 판단]의 기준, 표준, 척도 **7** ⓊⒸ 적량(適量), 적도(適度); (적당한) 한계, 한도 **8** [보통 *pl.*] **수단, 대책**, 조치 **9 법안**; 법령, 조례 **10** [*pl.*] 〖지질〗 (지)층 **11 a** Ⓤ 〖시학〗 운율(韻律)(meter) **b** 《시어》 곡, 선율 **c** 〖음악〗 소절(bar); 박자 **12** 〖수학〗 약수(約數)
above [***beyond, out of***] **~** 터무니없이, 지나치게 ***for good*** **~** 분량을 넉넉하게, 덤으로 ***full*** [***good***] **~** 가득한[넉넉한] 분량 ***have*** a person***'s*** **~** (***to an inch***) …의 기량[사람됨]을 속속들이 알고 있다 ***in a*** [***some***] **~** 다소, 얼마간 ***keep*** **~**(***s***) 박자를 맞추다; 중용을 지키다 **~ *for*** **~** 앙갚음, 보복 ***take*** [***get***] a person***'s*** **~** = ***take*** [***get***] ***the*** **~** ***of*** a person (1) …의 치수를 재다 (2) 인물을 재다[평가하다], (…의) 사람됨을 보다

meas·ured [méʒərd] *a.* **1** 정확히 잰, 표준에 의거한; 알맞은 **2** 고려한, 신중한: speak in ~ terms 신중하게 말하다 **3 a** 정연한, 박자가 맞는 **b** 율동[운율]적인 **~·ly** *ad.*

meas·ure·less [méʒərlis] *a.* **1** 무한한, 무한량의 **2** 대단한, 엄청난

‡**meas·ure·ment** [méʒərmənt] *n.* **1** Ⓤ **측량**, 측정 **2** [보통 *pl.*] ⒸⓊ **양, 치수**, 크기, 넓이, 길이, 두께: inside[outside] ~ 안[바깥] 치수 **3** Ⓤ 도량법

méasurement tòn 용적톤 《40 cu.ft.》

meas·ur·er [méʒərər] *n.* **1** 측량하는 사람 **2** 계량기

méas·ur·ing cùp [méʒəriŋ-] (눈금 있는) 계량컵

méasuring tàpe 줄자

méasuring wòrm 〖곤충〗 자벌레

‡**meat** [miːt] [동음어 meet] *n.* Ⓤ **1 고기**: butcher's ~ 가축의 고기 **2** 《미》 (게·새우·조개·달걀·밤 등의) 먹을 수 있는 부분, 살, 속 **3** 내용, 실질(substance) **4** [the ~] 알맹이, 골자: *the* ~ of a story 이야기의 골자 **5** 《고어》 먹을 것; 식사(meal), 《특히》 만찬(dinner): sit at ~ 식탁에 앉다 **6** 좋아하는 것; 즐거움

méat and potátoes 1 중요한 부분, 기초, 기본 **2** 좋아하는[마음에 드는] 것

meat·ball [-bɔ̀ːl] *n.* **1** 고기완자, 미트볼 **2** 《속어》 지겨운 녀석; 얼간이 **3** 〖미해군〗 표창 페넌트

meat·y [míːti] *a.* (**meat·i·er**; **-i·est**) **1** 고기의, 고기가 많은 **2** 내용이 충실한 **3** 《속어》 포르노적인

mec, mech [mek] *n.* 《미·구어》 = MECHANIC

Mec·ca [mékə] *n.* **1** 메카 《마호메트의 탄생지》 **2** [종종 **m~**] 성지, 많은 사람이 찾아가는 곳; 동경의 땅[대상]; 발상[기원]지

mech. mechanical; mechanics; mechanism

*__me·chan·ic__ [məkǽnik] *n.* **1 기계공, 수리공, 정비사**; 숙련공 **2** 〖카드〗 《속어》 사기 도박꾼

*__me·chan·i·cal__ [məkǽnikəl] *a.* **1 a 기계(상)의**; 기계로 만든 **b** 기계 장치의, 기계

조작의 **2 a** 기계적인, 무의식의, 자동적인 **b** 무표정한, 무감정의 **3** 기계학[역학]의 **—** *n.* **1** 기계적인 부분[구조], 기구(機構); [*pl.*] = MECHANICS **2** 〖인쇄〗 (사진 촬영용) OK지
mechánical bánk 기계 장치 저금통 《장난감》
mechánical dráwing 기계 제도; 용기화(用器畵)
mechánical enginéer 기계 공학자; 기계 기사
mechánical enginéering 기계 공학
***me·chan·i·cal·ly** [məkǽnikəli] *ad.* **기계(장치)로,** 기계적으로
mechánical péncil 《미》 샤프펜슬 (《영》 propelling pencil)
mech·a·ni·cian [mèkəníʃən] *n.* 기계 기사; 기계공(mechanic)
***me·chan·ics** [məkǽniks] *n. pl.* **1** [단수 취급] **역학; 기계학**: applied ~ 응용 역학 **2** [보통 the ~; 복수 취급] 기계적인 부분; (제작) 기법(technique)
***mech·a·nism** [mékənìzm] *n.* **1 기계 장치 2** 메커니즘, 기구(機構) **3** 기계 부품; Ⓤ 기계 작용 **4** (정해진) 절차 **5** 〖예술〗 **a** 기계적 처리[연주] **b** 기교, 수법, 테크닉 **6** 〖생리·심리〗 심리 과정, 심적 기제(機制) **7** 〖철학〗 기계론, 우주 기계관
mech·a·nist [mékənist] *n.* **1** = MECHANICIAN **2** 〖철학〗 기계론자, 유물론자
mech·a·nis·tic [mèkənístik] *a.* **1** 기계 작용의 **2** 기계론[주의](자)의
mech·a·ni·za·tion [mèkənizéiʃən | -nai-] *n.* Ⓤ 기계화; (특히 군대의) 기계화
mech·a·nize [mékənàiz] *vt.* **1 a** 〈공장 등을〉 기계화하다 **b** 〖군사〗 〈군대를〉 기갑화하다: a ~*d* unit 기계화 부대 **2** 기계로 제조하다
mech·a·tron·ics [mèkətrɑ́niks | -trɔ́-] *n. pl.* [단수 취급] 메커트로닉스 《기계 공학과 전자 공학을 통합한 학문》
Med [med] *n.* 《구어》 지중해 (지방)
med. medical; medicine; medieval; medium
‡**med·al** [médl] [동음어 meddle] *n.* **메달; 훈장;** 기장(記章) **—** *vt.* …에게 메달을 수여하다 **—** *vi.* 메달을 따다
med·al·ist | med·al·list [médəlist] *n.* **1** 메달리스트, 메달수령자 **2** 메달 제작자[의장가(意匠家)]
me·dal·lion [mədǽljən] *n.* **1** 대형 메달 **2** (초상화 등의) 원형의 양각
médal plày 〖골프〗 메달 플레이(stroke play) 《한 코스의 타수가 가장 적은 쪽부터 순위를 정함》
‡**med·dle** [médl] [동음어 medad] [L 「섞다」의 뜻에서] *vi.* **1 간섭[참견]하다,** 관여하다 《*in, with*》: He is always *meddling.* 그는 항상 쓸데없는 참견을 한다. **2** 〈남의 것을〉 **만지작거리다,** 주무르다 《*with*》 **~·dler** *n.* 참견[간섭]하는 사람
med·dle·some [médlsəm] *a.* 지겹게 참견하는
med·dling [médliŋ] *n.* Ⓤ (쓸데없는) 간섭, 참견 **—** *a.* 참견하는, 간섭하는
me·di·a [mí:diə] *n.* **1** MEDIUM의 복수 **2** [종종 the ~] = MASS MEDIA
‡**me·di·ae·val** [mì:dií:vəl, mèd-] *a.* = MEDIEVAL
média evènt 매스컴이 만들어낸 사건[화제]; 매스컴용 행사
me·di·al [mí:diəl] *a.* **1** 중간에 있는, 중앙의: a ~ consonant 〖음성〗 중간 자음(자) **2** 평균의, 보통의 **~·ly** *ad.*
me·di·an [mí:diən] *a.* 중앙의, 중간의: the ~ artery[vein] 정중(正中) 동맥[정맥] **—** *n.* **1** 〖해부〗 정중(正中) 동맥[정맥, 신경 《등》] **2** 〖수학〗 중수(中數); 중점, 중선(中線) **3** 《미》 = MEDIAN STRIP
médian stríp 《미》 (도로의) 중앙 분리대
média stùdies 매스미디어학
me·di·ate [mí:dièit] [L 「한가운데에 두다」의 뜻에서] *vi.* 조정[중재]하다, 화해시키다 《*between*》 **—** *vt.* **1 a** 〈쟁의 등을〉 조정하다, 중재하다 **b** 〈협정 등을〉 (조정하여) 성립시키다 **2** 〈선물 등을〉 중간에서 전달하다 **—** [-diət] *a.* 중개(仲介)에 의한; 간접적인
me·di·a·tion [mì:diéiʃən] *n.* Ⓤ **1** 조정(調停), 중재 **2** 중개, 매개 **3** 화해
me·di·a·tor [mí:dièitər] *n.* **1** 중재인, 조정자, 매개자; [the M~] 하느님과 사람 사이의 중개자 《그리스도》 **2** 〖화학·생물〗 매개 물질
me·di·a·to·ry [mí:diətɔ̀:ri | -təri] *a.* 중재[조정]의
med·ic [médik] *n.* 《구어》 **1 a** 의사(doctor) **b** 의대생; 인턴 **2** 《미》 위생병
med·i·ca·ble [médikəbl] *a.* 치료할 수 있는
Med·i·caid [médikèid] [*medic*al+*aid*] *n.* [때로 **m~**] Ⓤ 《미》 (65세 미만의 저소득자·신체 장애자를 위한) 국민 의료 보조 (제도)
‡**med·i·cal** [médikəl] [L 「의사의」의 뜻에서] *a.* **1 의학의,** 의료의, 의사의; 의약의: a ~ practitioner 개업의 / ~ science 의학 / the ~ art 의술 **2** 건강 진단의 **3** 내과의: a ~ case 내과 환자 **—** *n.* 《구어》 **1 a** 개업의 **b** 의대생 **2** 진료, 건강 진단 **~·ly** *ad.*
médical càre 의료, 건강 관리
médical examinátion[chéckup] 건강 진단
médical exáminer (보험 회사의) 검사의(醫); 《미》 검시관(檢屍官)
me·di·ca·ment [midíkəmənt, médik-] *n.* 약, 약제, 의약
Med·i·care [médikɛ̀ər] [*medic*al+*care*] *n.* [때로 **m~**] Ⓤ 《미》 노인 의료 보험 (제도) 《65세 이상의 노인을 대상으로 함》
med·i·cas·ter [médikæ̀stər] *n.* 가짜 의사
med·i·cate [médəkèit] *vt.* **1** 〈환자에게〉 의료를 베풀다 **2** …에 약물을 넣다[섞다]: a ~*d* bath 약물을 섞은 욕탕
***med·i·ca·tion** [mèdəkéiʃən] *n.* **1** ⓊⒸ **약제, 약물 2** Ⓤ 투약, 약물 치료[처리]
Med·i·ci [médətʃi:] *n.* [the ~] 메디치가(家) 《15-16세기 이탈리아 Florence의 명문으로 문예·미술의 보호에 공헌했음》
me·dic·i·nal [midísənl] *a.* **1** 약의, 약으로 쓰이는, 의약의; 약효 있는, 치유력

M

이 있는: a ~ herb 약초 **2** 건강에 좋은 **~·ly** *ad.*

‡med·i·cine [médəsin | médsin] [L 「치료의 기술」의 뜻에서] *n.* **1** ⓊⒸ **약**; 《특히》 내복약: a patent ~ 특허 의약품; 매약(賣藥) **2** Ⓤ **의학**, 의술: clinical ~ 임상 의학 **3** Ⓤ 내과 (치료): domestic ~ 가정 치료 **4** Ⓤ (북미 인디언의) 주술, 마법; 마력이 있는 것

médicine bàll **1** 메디신 볼《무거운 가죽 공으로 하는 근육 단련 운동》 **2** 1의 공

médicine chèst (가정용) 구급약 상자

médicine màn (미개 사회의) 주술사; (19세기의) 행상 약장수

med·i·co [médikòu] *n.* (*pl.* **~s**) 《구어》 의사; 의대생

med·i·co·le·gal [mèdikoulí:gəl] *a.* 법의학의

‡me·di·e·val [mì:dií:vəl, mèd-] [L 「중간의 시대의」의 뜻에서] *a.* **1 중세**(풍)의 **2** 《구어》 매우 오래된; 고풍의, 구식의

mediéval hístory 중세사

me·di·e·val·ism [mì:dií:vəlìzm] *n.* Ⓤ **1** 중세 시대 정신[사조], 중세적 관습 **2** 중세 취미

me·di·e·val·ist [mì:dií:vəlist] *n.* **1** 중세 연구가, 중세 사학자 **2** (예술·종교 등의) 중세 찬미자

med·i·gap [médəgæ̀p] *n.* (미) 메디갭 《Medicare나 Midicaid로 보조받지 못하는 의료비의 부족분을 메우는 민간 의료 보험》

Me·di·na [mədí:nə] *n.* 메디나 《사우디아라비아 서부의 도시; Mohammed의 묘가 있음》

me·di·o·cre [mì:dióukər, ∸-∸-] *a.* 보통의, 평범한, 범용한; 2류의

***me·di·oc·ri·ty** [mì:diákrəti | -ɔ́k-] *n.* (*pl.* **-ties**) **1** Ⓤ **평범**, 범용; 범재(凡才) **2** 평범한 사람, 범인

Medit. Mediterranean

‡med·i·tate [médətèit] [L 「숙고하다」의 뜻에서] *vt.* **1 꾀하다**, 계획하다, 기도하다 **2** 《드물게》 숙고[묵상]하다: ~ the Muse 시상(詩想)에 잠기다 **—** *vi.* **묵상[명상]하다**; 숙고하다(ponder) 《*on, upon*》

‡med·i·ta·tion [mèdətéiʃən] *n.* **1** Ⓤ **명상**, 묵상 **2** Ⓤ **심사숙고**, 숙려, 고찰 **3** [*pl.*] 명상록

***med·i·ta·tive** [médətèitiv] *a.* **1 명상적인 2** 명상에 잠기는, 심사숙고하는 **~·ly** *ad.*

med·i·ta·tor [médətèitər] *n.* 묵상하는 사람; 명상가

‡Med·i·ter·ra·ne·an [mèdətəréiniən] [L 「육지의 중간에 있는」의 뜻에서] *a.* **1** 지중해의 **2** 지중해 연안 주민 (특유)의 **3** [**m~**] 〈조수·바다가〉 육지에 둘러싸인

— *n.* [the ~] 지중해

Mediterránean clìmate 〖기상〗 지중해성 기후

Mediterránean frúit flỳ 〖곤충〗 지중해열매파리《유충이 오렌지 등을 먹어 치움》

Mediterránean Séa [the ~] 지중해

‡me·di·um [mí:diəm] [L 「중간의」의 뜻에서] *n.* (*pl.* **~s, -di·a** [-diə]) **1 수단**, 방편(means) **2 매개물**, 매질(媒質), 도체(導體) **3 중위**(中位), **중간**, 중용 **4** 중간물 **5** (생물 등의) 환경, 생활 조건 **6** 〖생물〗 배양기(培養基), 배지(培地); (보존용) 보존액 **7** (*pl.* **~s**) 무당, 영매(靈媒)

— *a.* **1 중위[중등, 중간]의**; 보통의(average) **2** 〈스테이크가〉 미디엄의, 중간 정도로 구워진 **~·ìsm** *n.* Ⓤ 영매법

médium fréquency 〖통신〗 중주파(中周波) 《300-3,000 kilohertz; 略 MF》

me·di·um·ize [mí:diəmàiz] *vt.* 영매로 삼다, 영매 상태로 이끌다

me·di·um-sized [-sáizd] *a.* 중형의, 중판의, 미디엄 사이즈의

me·di·um-term [-tə́rm] *a.* 중기(中期)의

médium wáve 〖통신〗 중파(中波) 《파장이 100-1,000 m》

med·lar [médlər] *n.* 〖식물〗 서양모과나무(의 열매)

***med·ley** [médli] *n.* **1 잡동사니**, 뒤범벅 **2** 잡다한 집단 **3** 〖음악〗 접속곡, 혼성곡, 메들리 **4** 잡문집, 잡록(雜錄) **—** *a.* 그러모은, 잡동사니의 **—** *vt.* 뒤섞다, 혼합하다

médley rèlay[ràce] (육상·수영의) 메들리 경주[경영]

Mé·doc [meidák | -dɔ́k] [F] *n.* Ⓤ (프랑스 서남부 Médoc산(産)의) 붉은 포도주

me·dul·la [mədʌ́lə] *n.* (*pl.* **~s, -lae** [-li:]) **1** 〖해부〗 수질 **2** 〖동물〗 모수(毛髓) **3** 〖식물〗 (나무) 고갱이

Me·du·sa [mədjú:sə, -zə | -djú:-] *n.* **1** 〖그리스신화〗 메두사 《세 자매 괴물 (Gorgons)의 하나; cf. PERSEUS》 **2** [**m~**] (*pl.* **~s, -sae** [-si:]) 〖동물〗 해파리

meed [mi:d] *n.* 《시어》 보상, 보수 (reward)

‡meek [mi:k] [ON 「부드러운」의 뜻에서] *a.* **1 순한**, 유순한, 온유한 **2** 기백[패기] 없는, 굴종적인

méek·ly *ad.* **méek·ness** *n.*

meer·kat [míərkæ̀t] *n.* 미어캣《몽구스류의 작은 육식 동물; 남아프리카산》

meer·schaum [míərʃəm] [G 「바다의 거품」의 뜻에서] *n.* **1** Ⓤ 해포석(海泡石) **2** 해포석 담배 파이프

‡meet¹ [mi:t] [동음어 meat] *v.* (**met** [met]) *vt.* **1 만나다**, (우연히) **마주치다**, 스쳐 지나다 **2** 〈길·강 등이〉 **만나다**, 교차하다, 합류하다 **3 접촉하다**, 부딪치다 **4 회견[면회]하다**, 회합하다 **5 직면[대항]하다**, 대처하다; …와 회전[대전]하다 **6 마중하다 7** (처음으로) **상면하다 8** 만족시키다, 〈필요·의무·요구 등에〉 응하다, 충족시키다(satisfy), 〈뜻·소원에〉 맞다 **9** …에 조우하다, 경험하다

— *vi.* **1 만나다, 마주치다 2** 〈선·도로 등이〉 **만나다**, 교차하다; 〈복수의 것이〉 접촉하다; 〈양끝이〉 한 점으로 모이다 **3 회합하다**; 〈집회·수업 등이〉 **열리다 4** 〈여러 성질이〉 하나로 결합하다, 겸비하다 **5** (소개받아) 아는 사이가 되다

~ *up* 《구어》 …와 우연히 만나다, (동물 등과) 마주치다 **~ *with*** (1) 경험하다, 맛보다, …을 받다 (2) 〈불의의 사태·불행 등을〉 만나다, 당하다 (3) 《문어》 …와 (우연히) 만나다 (4) (약속하고) 만나다, 회견하다; 회담하다

— *n.* **1** 회합, 모임; 《미》 (운동)회, 대회 **2** 《영》 (사냥 출발 전의) 총집합 **3** 〖기하〗 교점(交點), 교선 **4** [집합적] 회중(會衆); 회장

meet² *a.* Ⓟ 《고어》 적당한 《*for, to*》

*****meet·ing** [míːtiŋ] *n.* **1 a** (특별한 목적의) **모임, 집합** **b** [the ~; 집합적] 모인 사람, 회중(會衆) **2 a** 만남; 면회; 조우(遭遇) **b** 집합, 회합 **3** 회전(會戰), 대전(對戰); 결투 **4** 접합[연락, 교차, 합류]점 ***call a ~*** 회의를 소집하다 ***hold a ~*** 회의를 개최하다

meet·ing·house [míːtiŋhàus] *n.* (*pl.* **-hous·es** [-hàuziz]) **1** 《영》 비국교도(非國教徒)의 예배당 **2** 《미》 공회당; 퀘이커 교도의 예배당

Meg [meg] *n.* 여자 이름 《Margaret의 애칭》

meg·a [mégə] *a.* 《구어》 매우 큰[중요한], 대규모의; 멋진

mega- [mégə], **meg-** [meg] 《연결형》 「큰, 커다란; 〖물리〗 100만(배)의」의 뜻 《모음 앞에서는 meg-》

meg·a·bit [mégəbìt] *n.* 〖컴퓨터〗 메가비트; 100만 비트 《略 Mb》

meg·a·buck [mégəbʌ̀k] *n.* 《미·구어》 100만 달러; 거금

meg·a·byte [mégəbàit] *n.* 〖컴퓨터〗 메가바이트 《2^{20}(1,048,576) bytes》; 100만 바이트 《略 MB》

meg·a·cit·y [mégəsìti] *n.* 인구 100만 이상의 도시

meg·a·cy·cle [mégəsàikl] *n.* 〖통신〗 메가사이클 《1초에 100만 사이클; 略 mc, mc., m.c.》

meg·a·death [mégədèθ] *n.* ⓊⒸ 100만인의 죽음; 대량사(大量死)

meg·a·hertz [mégəhə̀ːrts] *n.* 〖통신〗 메가헤르츠 《주파수 단위; 100만 헤르츠; 略 MHz》

meg·a·hit [mégəhìt] *n.* (영화 등의) 대히트(작품)

meg·a·lith [mégəlìθ] *n.* 〖고고학〗 유사 이전의 거석(巨石)

meg·a·lo·ma·ni·a [mègəlouméiniə] *n.* Ⓤ **1** 과장하는 버릇 **2** 〖정신의학〗 과대 망상증

meg·a·lo·ma·ni·ac [mègəlouméiniæ̀k] *n.* **1** 과장하는 버릇이 있는 사람 **2** 과대 망상 환자 **—** *a.* 과대망상의

meg·a·lop·o·lis [mègəlɑ́pəlis | -lɔ́p-] *n.* 거대(巨大) 도시; (몇 개의 위성 도시를 포함한) 거대 도시권

meg·a·lo·pol·i·tan [mègəloupɑ́litn | -pɔ́l-] *a.* 거대 도시의, 거대 도시권의 **—** *n.* 거대 도시의 주민

***meg·a·phone** [mégəfòun] [Gk 「큰 목소리」의 뜻에서] *n.* **메가폰,** 확성기 **—** *vt., vi.* 메가폰[확성기]으로 알리다

meg·a·star [mégəstɑ̀ːr] *n.* (부와 명성이 있는) 대스타 《영화인·TV배우 등》

meg·a·store [mégəstɔ̀ːr] *n.* 대형 상점

meg·a·ton [mégətʌ̀n] *n.* **1** 100만 톤 **2** 메가톤 《TNT 100만 톤에 상당하는 폭발력》

meg·a·watt [mégəwɑ̀t] *n.* 〖전기〗 메가와트 《100만 와트; 略 MW》

mé generàtion 《미》 자기 중심주의 세대 《1970년대의》

meg·ohm [mégòum] *n.* 〖전기〗 메그옴 《전기 저항의 단위; 100만 옴》

mei·o·sis [maióusis] *n.* (*pl.* **-ses** [-siːz]) **1** ⓊⒸ 〖생물〗 (세포핵의) 감수(減數)[환원] 분열 **2** Ⓤ 〖수사학〗 곡언법(曲言法)

mel·a·mine [méləmìːn] *n.* Ⓤ 〖화학〗 멜라민 《석회 질소로 만드는 백색 결정질 화합물》; 멜라민 수지(= ∠ **rèsin**); 멜라민 수지로 만든 플라스틱

mel·an·cho·li·a [mèlənkóuliə] *n.* Ⓤ (특히 체중 감소·불면 등에서 오는) 우울증

mel·an·chol·ic [mèlənkɑ́lik | -kɔ́l-] *a.* 우울한; 우울증의 **—** *n.* 우울한 사람; 우울증 환자

****mel·an·chol·y** [mélənkɑ̀li | -kəli] [Gk 「검은 담즙」의 뜻에서] *n.* Ⓤ **1** (습관적·체질적인) **우울,** 침울 **2** = MELANCHOLIA **—** *a.* **1** 우울한, 음침한; 구슬픈 **2** 우울하게 하는

Mel·a·ne·sia [mèləníːʒə, -ʃə] [Gk 「검은 섬」의 뜻에서] *n.* 멜라네시아 《대양주 동북쪽의 군도》

Mel·a·ne·sian [mèləníːʒən, -ʃən] *a.* 멜라네시아 (사람·말)의 **—** *n.* **1** 멜라네시아 사람 **2** Ⓤ 멜라네시아 말

mé·lange [meilɑ́ːŋʒ] [F 「섞다」의 뜻에서] *n.* 혼합물, 뒤범벅; 그러모은 것; 잡록(雜錄)

mel·a·nin [mélənin] *n.* Ⓤ 〖생물〗 멜라닌, 흑색소 《피부·머리털·눈 등의 흑갈색 색소》

Mél·ba tóast [mélbə-] 바삭바삭하게 구운 얇은 토스트

Mel·bourne [mélbərn] *n.* 멜버른 《오스트레일리아 동남부의 항구 도시》

meld [meld] *vt.* …을 혼합[결합, 융합]시키다 **—** *vi.* 혼합[결합, 융합]하다 **—** *n.* 혼합물

me·lee, mê·lée [méilei] [F] *n.* **1 a** 난투, 혼전 **b** 격렬한 논쟁 **2** 혼란, 혼잡

me·lio·rate [míːljərèit] *vt.* 《문어》 개량하다, 개선하다 **—** *vi.* 좋아지다

me·lio·ra·tion [mìːljəréiʃən] *n.* ⓊⒸ 개량, 개선(amelioration)

me·lio·rism [míːljərìzm] *n.* Ⓤ 〖윤리〗 사회 개량론, 세계 개선론

Me·lis·sa [məlísə] *n.* 여자 이름

mel·lif·lu·ous [melífluəs], **-lu·ent** [-luənt] *a.* 〈목소리·음악 등이〉 매끄러운, 유창한; 감미로운

****mel·low** [mélou] *a.* (**~·er**; **~·est**) **1** 〈과실이〉 **익은; 달콤한;** 부드러운 **2** 〈술이〉 향기로운, 잘 빚어진 **3** 〈음성·소리·문체 등이〉 부드럽고 아름다운; 〈빛깔·표면이〉 오래되어 부드럽고 매끄러운 **4** 〈토질이〉 부드러운, 기름진 **5** 〈사람이〉 (나이가 들고 경험을 쌓아) 원숙한; 침착한 **—** *vt.* **1** 익히다 **2** 원숙하게 하다 **—** *vi.* **1** 익다 **2** 원숙해지다 **~·ly** *ad.* **~·ness** *n.*

me·lod·ic [məlɑ́dik | -lɔ́d-] *a.* **1** 선율의 **2** 곡조가 아름다운(melodious)

***me·lo·di·ous** [məlóudiəs] *a.* **1 선율적인** **2** 곡조가 아름다운, 음악적인 **~·ly** *ad.* **~·ness** *n.*

M

mel·o·dist [mélədist] *n.* 선율이 아름다운 작곡가[성악가]

*__mel·o·dra·ma__ [mélədrà:mə, -drǽmə] [F 「음악극」의 뜻에서] *n.* [U,C] **멜로드라마** 《감상적인 통속극》

mel·o·dra·mat·ic [mèlədrəmǽtik] *a.* 멜로드라마식의; 신파조의 **-i·cal·ly** *ad.*

‡**mel·o·dy** [mélədi] [Gk 「노래」의 뜻에서] *n.* (*pl.* **-dies**) [U,C] **1** 〖음악〗 **멜로디,** 선율(tune) **2** 해조(諧調); 아름다운 음악 **3** 가곡, 곡조, 가락

*__mel·on__ [mélən] [Gk 「사과 모양의 박」의 뜻에서] *n.* **1 멜론**(muskmelon); 수박(watermelon) **2** 《미·속어》 (주주에의) 특별 배당금

Mel·pom·e·ne [melpámənì: | -pɔ́m-] *n.* 〖그리스신화〗 멜포메네 《비극의 여신; Nine Muses의 하나》

‡**melt** [melt] *n.* **용해**; 용해물; 용해량 — *v.* (**~·ed**; **~·ed, mol·ten** [móultn]) *vi.* **1** 〈고체가〉 (열에) **녹다,** 용해하다 **2 차차 없어지다**[사라지다, 묽어지다]; 점점 변하다[섞이다] **3** 〈감정 등이〉 **누그러지다**; 측은한 생각이 들다 **4** 〈소리가〉 부드럽게 울리다 **5** [종종 진행형] 《구어》 찌는 듯이 덥다 — *vt.* **1** (열로) 〈고체를〉 **녹이다, 용해하다 2 누그러지게 하다,** 감동시키다 **3** 사라지게 하다; 묽게 하다 《*away*》 **4** 《영·속어》 〈돈을〉 낭비하다

melt·down [méltdàun] *n.* **1** (원자로의) 노심(爐心) 용해; (금속의) 용융(熔融) **2** 《미·구어》 (기업 등의) 완전 붕괴

melt·ed [méltid] *a.* 《미·속어》 곤드레만드레 취한

melt·ing [méltiŋ] *a.* **1** 녹는, 녹기 시작한; 누그러지게 하는, 감동시키는 **2** 〈얼굴·표정이〉 감상적인 **3** 〈목소리·말 등이〉 부드러운 **~·ly** *ad.*

mélting pòint [the ~] 〖물리〗 융점(融點), 용해점

mélting pòt 1 도가니(crucible) **2** 《비유》 도가니《인종·문화 등 여러 다른 요소가 융합·동화되어 있는 장소·나라 등》

melt·wa·ter [méltwɔ̀:tər] *n.* [U] 눈이나 얼음[《특히》 빙하]이 녹은 물

‡**mem·ber** [mémbər] [L 「손·발, 일부」의 뜻에서] *n.* **1** (집단의) **일원**; 회원, 사원 **2** [**M~**] (영국·미국 하원의) 의원 **3** (신체의) 일부, 일부 기관(器官) **4** 〖수학〗 항(項), 변(邊); (집합의) 요소 **5** 정당 지부 ***a M~ of Parliament*** [***Congress***] (영국[미국]의) 국회의원, 《특히》 하원 의원 《略 MP[MC]》

‡**mem·ber·ship** [mémbərʃìp] *n.* **1** [U] **회원[사원, 의원]임,** 회원의 지위[자격] **2** (총)회원수 **3** [집합적] (전)회원

*__mem·brane__ [mémbrein] *n.* 〖해부〗 **1** (얇은) 막(膜) **2** [U] 막 조직 **3** [U] 양피지(parchment)

mem·bra·nous [mémbrənəs], **mem·bra·ne·ous** [membréiniəs] *a.* 막 (모양)의; 막을 형성하는

me·men·to [məméntou] [L 「생각해 내다」의 뜻에서] *n.* (*pl.* **~(e)s**) 기념물, 유품; 추억거리; 경고(하는 것); 《익살》 기억, 추억

meménto mo·ri [-mɔ́:ri:, -rai] [L] *n.* 죽음의 경고; 죽음의 상징; 《특히》 해골

mem·o [mémou] [*memo*randum] *n.* (*pl.* **~s**) 《구어》 메모, 비망록

*__mem·oir__ [mémwa:r, -wɔ:r | -wa:] [F =memory] *n.* **1 a** [*pl.*] (필자 자신의) **회고록,** 회상록, 자서전 **b** (본인의 친지·친척 등에 의한) **전기,** 약전 **2 a** 연구 논문[보고] **b** [*pl.*] (학회 등의) 논문집, 학회지 **3** (고인의) 언행록

mem·o·ra·bil·i·a [mèmərəbíliə] [L] *n. pl.* 기억[기록]할 만한 사건; (대사건 등의) 기록; 큰 인물의 언행록

*__mem·o·ra·ble__ [mémərəbl] *a.* **1 기억할 만한,** 잊혀지지 않는 **2** 주목할 만한, 현저한 **-bly** *ad.*

*__mem·o·ran·dum__ [mèmərǽndəm] [L 「기억되어야 할 것」의 뜻에서] *n.* (*pl.* **~s, -da** [-də]) **1 비망록,** 메모, 각서 **2** 《구어》 (회사내의) 연락 통신, 회장(回章) **3** (외교상의) 각서 **4** 〖상업〗 각서 송장 (送狀), 위탁 판매품의 송장 **5** 〖법〗 (거래의) 적요(摘要); (조합의) 규약, (회사의) 정관(定款)

‡**me·mo·ri·al** [məmɔ́:riəl] *n.* **1 a 기념물,** 기념관, 기념비 **b** 기념 행사[식전] **2** 《드물게》 청원서, 진정서 **3** [보통 *pl.*] 각서, 연대기
— *a.* **기념의**; 추도의: a ~ service 추도회

Memórial Dày 《미》 전몰 장병 기념일 (Decoration Day)

me·mo·ri·al·ize [məmɔ́:riəlàiz] *vt.* **1** 기념하다, 기념식을 거행하다 **2** …에게 청원서를 제출하다, 건의하다

memórial párk 《미》 묘지(cemetery)

‡**mem·o·rize** [méməràiz] *vt.* **1 기억하다,** 암기하다 **2** 《드물게》 기록하다; 기념하다

‡**mem·o·ry** [méməri] [L 「잊지 않고 있음」의 뜻에서] *n.* (*pl.* **-ries**) **1** [U] **기억, 기억력 2** [C] **추억 3** 기억의 범위 **4** [U] 사후의 명성 **5** [U] 기념; 유품; 기념물 **6** 〖컴퓨터〗 **a** [U] 기억(력); 기억 용량 **b** [C] 기억 장치, 메모리
in ~ of …의 기념으로, …을 기념하여

mémory bànk 〖컴퓨터〗 기억 장치, 데이터 뱅크

mémory càrd 〖컴퓨터〗 메모리 카드

mémory cèll 1 〖면역〗 기억 세포 **2** 〖컴퓨터〗 기억 소자, 메모리 셀

mémory chìp 〖컴퓨터〗 메모리 칩

‡**men** [men] *n.* MAN의 복수

‡**men·ace** [ménis] [L 「쑥 내밀다」의 뜻에서] *n.* **1** [U,C] **협박, 위협,** 공갈(threat) **2 a** 위험한 것 **b** 《구어》 귀찮은 것, 골칫거리 — *vt.* 위협하다, 협박하다
mén·ac·ing·ly *ad.* 위협적으로

mé·nage [meiná:ʒ] [F] *n.* 가정, 세대(世帶); 가사, 가정(家政)

me·nag·er·ie [mənǽdʒəri] [F 「가정(家政)」의 뜻에서] *n.* **1 a** (서커스 등의) 동물원 **b** [집합적] (동물원 등의) 동물(떼) **2** [집합적] 별난 사람들(의 무리)

men·ar·che [məná:rki, men-] *n.* 〖생리〗 초조(初潮), 초경(初經)

Men·ci·us [ménʃiəs] *n.* 맹자(372?-289 B.C.) 《중국의 유교 사상가》

***mend** [mend] [amend의 두음 소실(頭音消失)] *vt.* **1 수선하다,** 수리하다; 〈의복 등을〉 깁다 **2 a** 〈행실 등을〉 **고치다 b** 개선하다 **—** *vi.* **1** 〈결함·오류 등이〉 **고쳐지다 2** 개심하다 **3** 《구어》 〈환자 등이〉 나아지다; 〈사태가〉 호전되다
— *n.* **1** 수선; 개량 **2** 수선한 부분

men·da·cious [mendéiʃəs] *a.* 《문어》 〈이야기 등이〉 허위의, 거짓의; 〈사람이〉 거짓말하는

men·dac·i·ty [mendǽsəti] *n.* (*pl.* **-ties**) 《문어》 **1** Ⓤ 거짓말하기[하는 버릇, 성격] **2** Ⓒ 허위, 거짓말(lie)

Men·del [méndl] *n.* 멘델 **Gregor J.** ~ (1822-84) 《오스트리아의 유전학자》

men·de·le·vi·um [mèndəlí:viəm] *n.* Ⓤ 멘델레븀 《방사성 원소; 기호 Md, 번호 101》

Men·de·li·an [mendí:liən] *a.* 〖생물〗 멘델(의 법칙)의

Men·del·ism [méndəlìzm] *n.* Ⓤ 멘델의 유전학설 **-ist** *n.*

Méndel's láw 〖생물〗 멘델의 (유전) 법칙

Men·dels·sohn [méndlsən] *n.* 멘델스존 **Felix** ~ (1809-47) 《독일의 작곡가》

mend·er [méndər] *n.* **1** 수선자, 수리인 **2** 개량[개선]자

men·di·can·cy [méndikənsi] *n.* Ⓤ **1** 거지 (생활) **2** 탁발; 구걸

men·di·cant [méndikənt] *a.* 《문어》 **1** 빌어먹는 **2** 탁발의: a ~ friar (가톨릭의) 탁발 수도사 **—** *n.* **1** 거지, 동냥아치 **2** 탁발 수도사

mend·ing [méndiŋ] *n.* **1** Ⓤ 고치는 일; 수선 **2** [집합적] 수선할 것, 파손품; 수선 부분

Men·e·la·us [mènəléiəs] *n.* 〖그리스신화〗 메넬라오스 《스파르타의 왕; Helen의 남편, Agamemnon의 아우》

men·folk(s) [ménfòuk(s)] *n. pl.* [보통 the ~] 《구어》 (한 가족·한 지방의) 남자[사내]들

Meng·zi [mʌ̀ŋzí:] *n.* 맹자(Mencius)

men·hir [ménhiər] *n.* 〖고고학〗 선돌, 멘히르 《거석(巨石)을 땅에 세운 유사 이전의 유적》

me·ni·al [mí:niəl] *a.* **1** 〈일 등이〉 시시한, 지루한; 천한(mean) **2** 천한 일을 하는 **—** *n.* 《경멸》 머슴, 하인, 하녀
~·ly *ad.*

men·in·gi·tis [mènindʒáitis] *n.* Ⓤ 〖병리〗 뇌막염, 수막염(髓膜炎)

me·ninx [mí:niŋks] *n.* (*pl.* **-nin·ges** [minínd͡ʒi:z]) 〖해부〗 뇌막, 수막(髓膜)

me·nis·cus [minískəs] *n.* (*pl.* **-ci** [-kai], **~·es**) **1** 〖물리〗 메니스커스 《둥근 관(管) 안의 액체 표면의 요철(凹凸)》 **2** 오목볼록 렌즈 **3** 〖해부〗 (관절 안의) 반월 모양의 연골(軟骨) **4** 초승달 모양(의 물건)

Men·no·nite [ménənàit] *n.* 메노(Menno)파 신도 《그리스도교의 개신교 일파》

men·o·paus·al [mènəpɔ́:zəl] *a.* 〖생리〗 폐경기의

men·o·pause [ménəpɔ̀:z] *n.* Ⓤ 〖생리〗 폐경기

me·no·rah [mənɔ́:rə] *n.* (유대교의) 가지가 7[9]개 있는 장식 촛대

men·ses [ménsi:z] *n. pl.* [종종 the ~; 단수·복수 취급] 〖생리〗 월경, 멘스

Men·she·vik [ménʃəvìk] *n.* (*pl.* **~s, -vi·ki** [mènʃəvíki]) 멘셰비키 《러시아 사회 민주 노동당의 소수파·온건파》

***mén's ròom** 《미》 (공중변소의) **남성용 화장실**(cf. WOMEN'S ROOM)

men·stru·al [ménstruəl] [L 「매월의」의 뜻에서] *a.* **1** 월경의: a ~ cycle 월경 주기 **2** 《고어》 달마다의(monthly)

men·stru·ate [ménstruèit] *vi.* 월경하다

men·stru·a·tion [mènstruéiʃən] *n.* ⓊⒸ 월경; Ⓒ 월경 기간

men·su·ra·ble [ménʃərəbl] *a.* 측정할 수 있는

men·su·ra·tion [mènʃəréiʃən, -sə- | -ʃə-] *n.* Ⓤ **1** 계량; 측정 **2** 〖수학〗 측정법, 측량법

mens·wear, mén's wèar [ménz-wɛ̀ər] *n.* 신사복; 남성용 의류

-ment [mənt] *suf.* **1** [동사 (드물게 형용사)에 붙어 결과·상태·동작·수단 등을 나타내는 명사를 만듦]: move*ment* **2** [mènt] [동일 어형의 명사의 동사]: compli*ment*

‡men·tal [méntl] [L 「정신의」의 뜻에서] *a.* **1** 마음의, 정신의, 심적인: a ~ worker 정신 노동자 / ~ hygiene 정신 위생 **2 a** Ⓐ **정신병의,** 정신병을 다루는: a ~ specialist 정신병 전문의 **b** Ⓟ 《구어》 정신박약의 **3 지능의,** 지력의, 지적인 **4** Ⓐ 암기로 하는, 외워서 하는: ~ arithmetic [calculation, computation] 암산 **—** *n.* 《구어》 정신병 환자, 정신박약자

méntal áge 〖심리〗 정신 연령, 지능 연령 《略 MA, M.A.》

méntal bréakdown 신경쇠약

méntal deféctive 정신장애[박약]자

méntal defíciency 〖심리〗 지능 장애, 정신박약 《현재는 mental retardation이라고 함》

méntal héalth 정신 건강

méntal hóme[hóspital] 정신 병원

men·tal·ism [méntəlìzm] *n.* Ⓤ 〖철학〗 유심론; 〖심리〗 심리주의 **-ist** *n.*

***men·tal·i·ty** [mentǽləti] *n.* (*pl.* **-ties**) **1** Ⓤ **지력**(知力), 지성, 지능 **2** ⓊⒸ 심적[정신] 상태, 심리; 사고 방식, 성향, 성격: the female ~ 여성 심리

***men·tal·ly** [méntəli] *ad.* **정신적으로;** 마음속으로; 지적으로, 지력상

méntal retardátion 〖심리〗 정신 지체

men·thene [ménθi:n] *n.* Ⓤ 〖화학〗 멘틴

men·thol [ménθɔ:l | -θɔl] *n.* Ⓤ 〖화학〗 멘톨, 박하뇌(薄荷腦)

men·tho·lat·ed [ménθəlèitid] *a.* 멘톨을 함유한, 박하뇌가 든; 멘톨로 처리한

‡men·tion [ménʃən] [L 「마음에 말하기」의 뜻에서] *vt.* **1** (구두 또는 문서로 이야기 등을 하는 김에) **간단히 말하다, 언급하다 2** …의 이름을 들다[들먹이다] **3** …라고 말하다

Don't ~ it. 천만의 말씀입니다. 《감사나 사과에 대해서 답하는 말》 《(미)에서는 You are welcome. 쪽이 일반적》 ***not to ~ = without ~ing*** …은 그렇다 치고, …은 말할 것도 없고
— *n.* **1** Ⓤⓒ **언급**, 진술, 기재; 이름을 듦 **2** ⓒ 표창, 선외 가작

men·tioned [ménʃənd] *a.* [보통 복합어를 이루어] 언급한

Men·tor [méntɔːr, -tər | -tɔː] *n.* **1** 〖그리스신화〗 멘토르 《Odysseus가 그의 아들의 교육을 부탁했던 지도자》 **2** [**m~**] 선도자(善導者), 좋은 조언자; (지도) 교사

*****men·u** [ménjuː, méin-] [F 「상세한 표」의 뜻에서] *n.* **1 식단표**, 메뉴 **2** 요리; 식사: a light ~ 가벼운 요리 **3** 〖컴퓨터〗 메뉴 《프로그램 기능 등이 일람표로 표시된 것》

ménu bàr 〖컴퓨터〗 메뉴 바

me·ow [miáu] [의성어] *n.* 야옹 《고양이 울음소리》 — *vi.* 야옹하고 울다

MEP Member of the European Parliament 유럽 의회 의원

Meph·i·stoph·e·les [mèfəstɑ́fəlìːz | -stɔ́f-] *n.* **1** 메피스토펠레스 《Faust 전설, 특히 Goethe의 *Faust* 중의 악마》 **2** 지극히 악한[음흉한] 사람; 유혹자

Meph·is·to·phe·li·an, -le·an [mèfəstəfíːljən] *a.* 메피스토펠레스의[적인]; 악마적인, 음험한; 냉소적인

*****mer·can·tile** [mə́ːrkəntìːl, -tàil | -tàil] [F 「상인(merchant)의」의 뜻에서] *a.* **1 상업의**; 상인의 **2** 〖경제〗 중상주의의 **3** 이익을 노리는, 장사를 좋아하는

mércantile àgency 〖상업〗 상사(商事) 대리점; 상업 흥신소

mércantile làw 상사법, 상관습법

mércantile maríne = MERCHANT MARINE

mer·can·til·ism [mə́ːrkəntilìzm, -tàil-] *n.* Ⓤ **1** 중상주의 **2** 상업주의 **3** 상인 기질[근성] **-ist** *n.*

Mer·cá·tor('s) projéction [mərkéitər-] 〖지도〗 메르카토르(식 투영) 도법

Mer·ce·des-Benz [mərséidiːz-bénz] *n.* 메르세데스 벤츠 《독일제 고급 승용차; 상표명》

*****mer·ce·nar·y** [mə́ːrsənèri | -nəri] [L 「임금이 지불된」의 뜻에서] *a.* **1 보수를 목적으로 하는**, 돈에만 움직이는, 돈을 위한 **2** Ⓐ (일정한 돈으로 외국 군대에) 고용된 (hired): a ~ soldier 용병
— *n.* (*pl.* **-nar·ies**) **1** 돈을 위해 일하는 사람 **2** 용병(傭兵); 고용된 사람

mer·cer [mə́ːrsər] *n.* 《영》 포목상, 《특히》 비단장수

mer·cer·ize [mə́ːrsəràiz] *vt.* 〈무명류를〉 실크 가공 처리하다, 머서 가공하다

⁑**mer·chan·dise** [mə́ːrtʃəndàiz, -dàis] *n.* Ⓤ [집합적] **상품**, 《특히》 제품: general ~ 잡화 — *vt.* **1** 〈상품을〉 매매[거래]하다 **2** (광고·선전으로) 판매를 촉진하다

mer·chan·dis·ing [mə́ːrtʃəndàiziŋ] *n.* Ⓤ 〖상업〗 상품화[판매] 계획, 효과적 판매 촉진책

⁑**mer·chant** [mə́ːrtʃənt] [L 「장사하다」의 뜻에서] *n.* **1 상인**, 《특히》 무역 상인; 《영》 도매 상인 **2** 《미》 **소매 상인** **3** 《구어》 사람, 녀석(fellow)
— *a.* Ⓐ **상업(용)의**; 상선의, 무역의: a ~ town 상업 도시 — *vt.* 매매하다, 장사하다

mer·chant·a·ble [mə́ːrtʃəntəbl] *a.* 장사가 되는, 팔리는; 시장성 있는

mérchant bànk 《영》 상인 은행 《환어음의 인수와 증권 발행 업무 등을 하는 금융 기관》

mer·chant·man [mə́ːrtʃəntmən] *n.* (*pl.* **-men** [-mən]) 상선(merchant ship)

mérchant maríne [the ~; 집합적] 《미》 **1** (한 나라의) 전체 상선 **2** 상선대의 승무원

mérchant návy 《영》 = MERCHANT MARINE

mérchant shíp[véssel] 상선(merchantman)

⁑**mer·ci·ful** [mə́ːrsifəl] *a.* **1 자비로운**, 인정 많은 《*to*》: He is ~ *to* others. 그는 남에게 인정이 많다. **2** 하느님[행운] 덕택의: a ~ death 고통 없는 죽음, 안락사 **~·ness** *n.*

*****mer·ci·ful·ly** [mə́ːrsifəli] *ad.* **1 인정 많게**, 자비롭게, 관대히 **2** [문장 전체를 수식하여] 다행히도

*****mer·ci·less** [mə́ːrsilis] *a.* **무자비한** **~·ly** *ad.* **~·ness** *n.*

mer·cu·ri·al [mə(ː)rkjúəriəl] *a.* **1** 경박한, 변덕스러운 **2** 민활한, 재치 있는; 쾌활한, 활기 있는 **3** 수은의, 수은을 함유한: ~ poisoning 수은 중독 **4** [**M~**] 수성(水星)의; 머큐리 신(神)의 — *n.* Ⓤ 〖약학〗 수은제 **~·ism** *n.* Ⓤ 수은 중독 **~·ly** *ad.* **1** 민활[쾌활, 명랑]하게, 활기차게 **2** 수은으로

mer·cu·ric [mə(ː)rkjúərik] *a.* Ⓐ **1** 수은의[을 함유한] **2** 〖화학〗 제2 수은의

mercúric chlóride 염화 제2 수은, 승홍(昇汞)

⁑**mer·cu·ry** [mə́ːrkjuri] *n.* (*pl.* **-ries**) **1 a** Ⓤ 〖화학〗 **수은**, 《기호 Hg, 번호 80》 **b** (기압계·온도계의) **수은주**; 기압계, 온도계 **2** [**M~**] 〖로마신화〗 머큐리 신 **3** [**M~**] 〖천문〗 수성 **4** [종종 **M~**] 《고어》 사자(使者); [종종 **M~**] 보도자 《흔히 신문·잡지의 명칭》

mércury póisoning 수은 중독

mér·cu·ry(-vá·por) làmp [mə́ːrkjuri- (véipər)-] 수은(증기)등, 수은 램프

⁑**mer·cy** [mə́ːrsi] [L 「보수」의 뜻에서] *n.* (*pl.* **-cies**) **1** Ⓤ **자비**, 인정, 용서 **2** (재판관의) 사면 재량권; 감형
at the ~ of ... = ***at*** a person***'s ~*** …의 처분[마음]대로 ***for ~'s sake*** 불쌍히 여기셔서, 제발 (***Have***) ***~ on us!*** = ***M~!*** 아이구, 저런!

mércy flìght 구급 비행 《벽지의 중환자나 부상자를 비행기로 병원까지 운반하는 행위》

mércy kìlling 안락사(euthanasia)

⁑**mere**[1] [miər] [L 「순수한」의 뜻에서] *a.* Ⓐ (**mer·est**) **단순한**, 단지 …에 불과한: She's a ~ child. 그녀는 아직 어린 아이에 불과하다.

mere² *n.* 《시어·방언》 호수, 못
‡**mere·ly** [míərli] *ad.* **단지** (…에 불과한), 다만 (…뿐인)(only) ***not ~ ... but*** (***also***) …뿐만 아니라 …도
mer·e·tri·cious [mèrətríʃəs] *a.* **1** 〈장식·문체 등이〉 저속한, 야한 **2** 〈아첨 등이〉 그럴싸한, 속이 들여다보이는
~·ly *ad.* **~·ness** *n.*
*****merge** [mə:rdʒ] [L 「잠기게 하다, 가라앉히다」의 뜻에서] *vt.* **1** 〈2개(이상)의 것을〉 **합병하다**, 병합하다 《*together, in, into, with*》: ~ the two companies (*together*) 그 두 회사를 합병하다 **2** 녹아들게 하다, 융합(融合)시키다, 몰입(沒入)시키다 《*in, into*》 ── *vi.* **1** (…와) **합병**[병합]**하다** **2** 〈2개(이상)의 것이〉 융합하다 《*together*》; (…으로) 녹아들다, 몰입하다 《*into*》; Dawn *~d into* day. 차차 날이 밝아졌다. **3** 《미·속어》 …와 결혼하다
merg·ee [mə:rdʒí:] *n.* 합병의 상대방(회사)
merg·er [mə́:rdʒər] *n.* [UC] **1** (특히 회사·사업의) 합병, 합동 **2** 〖법〗 (권리의) 혼동
mérgers and acquisítions 〖경영〗 기업 인수 합병 《略 M&A》
*****me·rid·i·an** [məridiən] [L 「정오의, 남쪽의」의 뜻에서] *n.* **1 자오선,** 경선 **2** 《고어》 정오 **3** [the ~] **a** (태양·별의) 최고점 **b** 절정, 극점, 한창: *the* ~ of life 전성기, 한창때 ── *a.* Ⓐ **1** 자오선의 **2** 정오의: the ~ sun 정오의 태양 **3** 전성기의, 정점의
merídian áltitude 〖천문〗 자오선 고도
me·rid·i·o·nal [məridiənl] *a.* Ⓐ **1** 자오선의 **2** 남유럽 (사람)의, 《특히》 남부 프랑스 사람의 **3** 남쪽의 ── *n.* 남국의 주민; 남유럽 사람, 《특히》 남부 프랑스 사람
me·ringue [məræŋ] [F] *n.* Ⓤ 머랭 《설탕과 달걀 흰자 등을 섞어 구워서 파이 등에 입히는 것》
me·ri·no [mərí:nou] *n.* (*pl.* **~s**) **1** [보통 **M~**] 메리노양(羊)(= **∠ shéep**) 《스페인 원산》 **2** Ⓤ 메리노 모직물; 메리노 털실
‡**mer·it** [mérit] [L 「보수」의 뜻에서] *n.* **1 a 장점,** 취할 점 **b** [UC] [보통 *pl.*] **공적,** 공로, 공훈 **2** Ⓤ (칭찬할 만한) 가치 **3** [*pl.*] 〖법〗 (청구의) 실태; (소송의) 본안(本案) **4** [*pl.*] 《고어·시어》 마땅히 받을 만한 상[벌], 공죄(功罪)
mer·i·toc·ra·cy [mèritákrəsi | -tɔ́k-] *n.* (*pl.* **-cies**) [UC] **1** 수재[엘리트] 교육 제도 《월반 제도 등》 **2** 실력 사회, 능력주의 사회 **3** Ⓤ [보통 the ~; 집합적] 엘리트들, 엘리트 지배층, 실력자층
mer·i·to·ri·ous [mèritɔ́:riəs] *a.* 가치[공적, 공훈] 있는, 칭찬할 만한, 기특한
~·ly *ad.* **~·ness** *n.*
mérit sỳstem [the ~] 《미》 (임용·승진의) 실적[성적]제, 실력 본위 제도
mer·lin [mə́:rlin] *n.* 〖조류〗 쇠황조롱이 《매의 일종》
Mer·lin [mə́:rlin] *n.* 멀린 《Arthur 왕 이야기에 나오는 마법사이자 예언자》
*****mer·maid** [mə́:rmèid] *n.* **1** (여자) 인어 **2** 수영 잘하는 여자; 여자 수영 선수
mer·man [mə́:rmæ̀n] *n.* (*pl.* **-men** [-mèn]) **1** (남자) 인어 **2** 수영 잘하는 남자; 남자 수영 선수
‡**mer·ri·ly** [mérəli] *ad.* **즐겁게,** 흥겹게, 유쾌하게
*****mer·ri·ment** [mérimənt] *n.* Ⓤ **명랑함, 흥겹게 떠듦**; 왁자지껄하게 놂[웃기]; 환락
‡**mer·ry** [méri] [OE 「단시간 계속되는, 즐거운」의 뜻에서] *a.* (**-ri·er**; **-ri·est**) **1 명랑한,** 유쾌한 **2 웃고 즐기는,** 축제 기분의 **3** Ⓟ 《영·구어》 기분 좋게 취한 **4** 《고어》 즐거운
I wish you a ~ Christmas. = (***A***) ***M~ Christmas*** (***to you***)***!*** 크리스마스를 축하합니다! ***make ~*** (먹고 마시며) 흥겹게 떠들다, 흥청망청 놀다
mer·ry-an·drew [mériǽndru:] *n.* 돌팔이 장사꾼의 앞잡이; 어릿광대
Mérry Éngland (살기 좋은) 영국 《옛부터의 자칭; 이 경우의 merry에는 별 뜻은 없음》
*****mer·ry-go-round** [mérigouràund] *n.* **1 회전목마**(《미》 carousel, 《영》 roundabout) **2 a** 선회, 급회전 **b** (일 등의) 어지러운 연속[움직임]
mer·ry·mak·er [-mèikər] *n.* 흥겹게 떠들어대는 사람
mer·ry·mak·ing [-mèikiŋ] *n.* Ⓤ 환락, 술잔치, 잔치놀이
mer·ry·thought [-θɔ̀:t] *n.* 《영》 = WISHBONE
Mer·sey·side [mə́:rzisàid] *n.* 머지사이드 주(州) 《1974년에 신설된 잉글랜드 북서부의 주; 주도는 Liverpool》
me·sa [méisə] [Sp. =table] *n.* 〖지질〗 메사, 탁상(卓狀)의 대지(臺地)[암구]
més·al·li·ance [mèizəláiəns | mezǽliəns] [F] *n.* 신분이 낮은 사람과의 결혼, 강혼(降婚)
mes·cal [meskǽl] *n.* **1** 〖식물〗 **a** 메스칼 《선인장의 일종; 먹으면 환각 증상을 일으킴》 **b** 용설란(agave) **2** Ⓤ 메스칼주(酒) 《멕시코 사람이 애용하는 화주(火酒)》
mes·ca·line [méskəlì:n, -lin] *n.* Ⓤ 메스칼린 《mescal에서 뽑은 알칼로이드; 흥분제》
mes·dames [meidá:m | méidæm] [F] *n.* MADAM, MADAME 또는 MRS.의 복수
mes·de·moi·selles [mèidəməzél] *n.* MADEMOISELLE의 복수
*****mesh** [meʃ] *n.* **1** [보통 *pl.*] **그물코,** 체눈 **2** [보통 *pl.*] 망사; 망상 직물[편물]; 그물 **3** [보통 *pl.*] **a** (남을 빠뜨리는) 올가미, 올무: be caught in the *~es* of a woman 여자의 유혹에 걸려들다 **b** 복잡한 기구(機構), 망상 조직 **4** 〖기계〗 톱니바퀴의 맞물림
── *a.* Ⓐ 그물코의: ~ shoes 망사 구두
── *vt., vi.* 그물로 잡다, 그물에 걸리다; 〖기계〗 〈톱니바퀴를〉 맞물리다, 맞물다 《*with*》
mes·mer·ic [mezmérik] *a.* **1** 최면술의 **2** 황홀케 하는, 매혹적인
mes·mer·ism [mézmərìzm] [오스트리아의 의사 F.A. Mesmer(1734-1815)의 이름에서] *n.* Ⓤ **1** 최면술; 최면 (상태) **2** 황홀케 하는 매력, 매혹 **-ist** *n.* 최면술사

M

mes·mer·ize [mézmərài z] *vt.* **1** 최면술을 걸다 **2** 매혹시키다; 감화시키다: The audience was ~*d.* 청중은 매료되었다. **3** (꼼짝달싹 못할 정도로) 놀라게 하다

meso- [mézou, mí:- | mésou] 《연결형》「중앙, 중간」의 뜻 《모음 앞에서 mes-》

mes·o·carp [mézəkɑ̀:rp | més-] *n.* 〖식물〗 중과피(中果皮)(cf. PERICARP)

Mes·o·lith·ic [mèzəlíθik | mès-] *a.* 〖고고학〗 중석기 시대의(cf. NEOLITHIC)

me·son [mézɑn | mí:zɔn] *n.* 〖물리〗 중간자(中間子)

Mes·o·po·ta·mi·a [mèsəpətéimiə] [Gk 「두 강 사이에 있는」의 뜻에서] *n.* **1** 메소포타미아 《아시아 남서부 Tigris, Euphrates 두 강의 하류에 있었던 고대 왕국; 현재의 이라크와 거의 같은 지역》 **2** [m~] 두 강 사이에 끼인 지역
-mi·an *a.*, *n.* 메소포타미아의 (사람)

mes·o·sphere [mézəsfìər, més-] *n.* [the ~] 〖기상〗 중간층[권] 《성층권과 열권의 중간》

Mes·o·zo·ic [mèzəzóuik, mès-] 〖지질〗 *a.* 중생대의 **—** *n.* [the ~] **1** 중생대 **2** 중생대의 지층

Mesozóic éra [the ~] 〖지질〗 중생대

‡**mess** [mes] [OF 「식탁 위에 놓다」의 뜻에서] *n.* **1 난잡**, 뒤죽박죽; [a ~] **난잡해진[어질러 놓은] 것**: This room is *a* ~. 이 방은 엉망으로 어질러져 있다. **2** [a ~] 《구어》 **난처한 처지**, 궁지: We are in *a* ~. 우리는 궁지에 빠져 있다. **3** 더러운 것; (특히 개나 고양이의) 똥 **4** (군대 등의) 식당; (군대 식당에서 같이 식사하는) 회식자 **5** 음식물 《특히 유동성의》; 혼합식 《사냥개 등에게 주는》
get into a* ~** 곤란에 빠지다, 혼란[분규]에 빠지다 ***in a* ~** 뒤죽박죽이 되어, 혼란[분규]에 빠져서; 진흙투성이가 되어; 곤란에 빠져서, 당황하여 ***make a* ~ *of 《구어》 …을 망쳐 놓다 ***make a* ~ *of it*** 《구어》 실수[실패]하다
— *vt.* **1** 난잡하게 하다, 뒤죽박죽으로 만들다 《*up*》; 망쳐 놓다, 실패하다 **2** 거칠게 다루다 **3** 음식을 주다, 급식하다 **—** *vi.* **1** 회식하다 《*with, together*》 **2** 엉망으로 만들다 **3** 물[흙]장난을 하다 **4** 《구어》 실수[실패]하다 《*up*》

‡**mes·sage** [mésidʒ] [L 「보내다」의 뜻에서] *n.* **1 통신, 메시지**; 전갈, 전언; 서신 **2** 《미》 (대통령의) 교서 《*to*》; (공식) 메시지 **3 a** [the ~] (예언자에 의하여 전해지는) 신탁(神託), 교훈 **b** (문학 작품·음악 등의) 취지, 의도 **4** (심부름하는 사람이 맡은) 용건 **5** 〖컴퓨터〗 메시지

méssage bòard 전언판, 게시판(bulletin board)

mes·sag·ing [mésidʒiŋ] *n.* Ⓤ 전달; (전화·컴퓨터 등에 의한) 전기[전자] 통신

‡**mes·sen·ger** [mésəndʒər] [ME 「메시지(message)를 전하는 사람」의 뜻에서] *n.* **사자**(使者); 심부름꾼: send a letter by a ~ 심부름꾼을 통해 편지를 보내다; (전보·소포 등의) 배달인

méssenger ŔŃÁ 〖생물〗 메신저 리보핵산

méss hàll 식당 《군대·공장 등의》

Mes·si·ah [misáiə] *n.* **1** [the ~] 구세주, (유대인이 대망하는) 메시아, (그리스도교에서의) 그리스도 **2** [m~] 구원자, 해방자 《국가·피압박자의》

Mes·si·an·ic [mèsiǽnik] *a.* 구세주의, 구세주 예수 그리스도의; (이상 시대의) 구세주적인

mes·sieurs [meisjə́:z] [F] *n. pl.* (*sing.* **mon·sieur** [məsjə́:r]) 제군, 여러분

méss jàcket (군인·사환용의) 앞이 트인 짧은 상의

méss kìt 휴대용 식기 세트

mess·mate [mésmèit] *n.* 식사를 같이 하는 동료 《주로 군대·배에서》

*__Messrs.__ [mésərz] *n. pl.* MESSIEURS의 약어 《MR.의 복수형으로 씀》

mess-up [mésʌ̀p] *n.* 《구어》 혼란, 혼잡; 분규; 실패, 실책

mess·y [mési] *a.* (**mess·i·er**; **-i·est**) **1** 어질러진, 흐트러진, 산란한 **2** 지저분한, 너절한 **3** 〈일 등이〉 성가신, 귀찮은; 몸을 더럽히는 **méss·i·ly** *ad.* **méss·iness** *n.*

mes·ti·zo [mestí:zou] [Sp. 「혼혈의」의 뜻에서] *n.* (*pl.* **~(e)s**) 혼혈아 《특히 스페인 사람[백인]과 아메리칸 인디언과의》

‡**met**[1] [met] *v.* MEET[1]의 과거·과거분사

met[2] 《구어》 *a.* = METEOROLOGICAL **—** *n.* [the ~] 일기 예보; [the M~] 《영·구어》 기상청(= M~ Office), 런던 시 경찰국

met. meteorological; metropolitan

met- [met], **meta-** [métə] *pref.* 「after, beyond, with, change」 등의 뜻 《모음 앞에서는 met-》

met·a·bol·ic [mètəbɑ́lik | -bɔ́l-] *a.* 〖생물〗 물질[신진] 대사의; 〖동물〗 변태의

me·tab·o·lism [mətǽbəlìzm] *n.* Ⓤ 〖생물〗 (물질) 대사 (작용), 신진대사

met·a·car·pal [mètəkɑ́:rpəl] 〖해부〗 *n.* 장골(掌骨) **—** *a.* 손바닥의

met·a·car·pus [mètəkɑ́:rpəs] *n.* (*pl.* **-pi** [-pai]) 〖해부〗 중수(中手), 장부(掌部), 장골

‡**met·al** [métl] [동음어 mettle] [L 「광물」의 뜻에서] *n.* ⓊⒸ **1 금속**; 금속 원소: a worker in ~*s* 금속 세공인 / base ~*s* 비(卑)금속 《구리·쇠·납 등》 **2** [*pl.*] 《영》 궤조(軌條), 레일 **3** (용해 중의) 주철; 《영》 = ROAD METAL **4** (군함의) 총장비 포수(砲數) **5** 바탕, 본질, 본성: be made of true ~ 본성은 정직하다
— *a.* **금속제의**: a ~ door 금속제의 문
— *vt.* (**~ed**; **~·ing** | **~led**; **~·ling**) 금속을 입히다; 《영》 〈도로에〉 자갈을 깔다: a ~*ed* road 자갈을 깐 도로

met·a·lan·guage [métəlæ̀ŋgwidʒ] *n.* ⓊⒸ 〖언어〗 메타 언어 《어떤 언어를 분석·기술하는 데 사용되는 보다 고차원의 언어[기호] 체계》

métal detèctor 금속 탐지기

métal fatìgue 금속의 피로

*__me·tal·lic__ [mətǽlik] *a.* **1 금속의**; 금속을 함유한; 금속제의: a ~ element 금속 원소 **2**〈소리가〉 금속성[질]의; 금속 특유의, 금속 비슷한 **-li·cal·ly** *ad.*
met·al·lif·er·ous [mètəlífərəs] *a.* 금속을 함유한[산출하는]
met·al·lur·gi·cal, -gic [mètələ́:rdʒik(əl)] *a.* 야금(술·학)의 **-gi·cal·ly** *ad.*
met·al·lur·gy [métələ̀:rdʒi | metǽlədʒi] *n.* Ⓤ 야금, 야금술; 야금학
-gist *n.* 야금가, 야금학자
met·al·work [-wə̀:rk] *n.* Ⓤ **1** [집합적] 금속 세공품 **2** (특히 학과로서의) 금속 가공, 금공(金工)
~·er *n.* 금속 세공인[직공], 금속공
me·tam·er·ism [mətǽmərìzm] *n.* Ⓤ **1**〖화학〗(구조[동족]) 이성(異性) **2**〖광학〗 조건 등색 **3**〖동물〗 체절제(制)
met·a·mor·phic [mètəmɔ́:rfik] *a.* 변화의, 변성[변태]의; 〖지질〗 변성의
met·a·mor·phose [mètəmɔ́:rfouz] *vt.* **1**〈형태·성격 등을〉 일변시키다; 변태시키다, 변형시키다(transform) 《*to, into*》 **2**〖지질〗 변성시키다 **—** *vi.* (…으로) 변태[변형]하다 《*into*》
met·a·mor·pho·sis [mètəmɔ́:rfəsis] *n.* (*pl.* **-ses** [-sì:z]) ⓊⒸ **1 a** (마력·초자연력에 의한) 변형 (작용) **b** 변질, 변용(變容) **2**〖생물·병리〗 변태
met·a·mor·phous [mètəmɔ́:rfəs] *a.* = METAMORPHIC
met·a·nal·y·sis [mètənǽləsis] *n.* (*pl.* **-ses** [-sì:z]) 〖언어〗 이분석(異分析) 《보기: ME an ekename>Mod. E a nickname》
*__met·a·phor__ [métəfɔ̀:r, -fər] [Gk 「옮겨 바꾸다」의 뜻에서] *n.* ⓊⒸ 〖수사학〗 **은유**(隱喩), 암유(暗喩)
met·a·phor·ic, -i·cal [mètəfɔ́:rik(əl) | -fɔ́r-] *a.* 은유적인 **-i·cal·ly** *ad.*
*__met·a·phys·i·cal__ [mètəfízikəl] *a.* **1 형이상학의**, 순수[순정] 철학의 **2** 극히 추상적인, 난해한 **3** [종종 **M~**]〈시인이〉 형이상파의 **4** 《고어》 초자연적인 **—** *n.* [종종 **M~**] 형이상파 시인 **~·ly** *ad.*
met·a·phy·si·cian [mètəfizíʃən], **-phys·i·cist** [-fízəsist] *n.* 형이상학자, 순정(純正) 철학자
*__met·a·phys·ics__ [mètəfíziks] [Gk 「물리학 뒤의 것」의 뜻에서] *n. pl.* [단수 취급] **1 형이상학**(形而上學), 순정(純正) 철학 **2** 《구어》 추상론,. 추상적 논의, 탁상공론
me·tas·ta·sis [mətǽstəsis] *n.* (*pl.* **-ses** [-sì:z]) 〖의학〗 (암 등의) 전이(轉移); 〖물리〗 (전자 등의) 전이; 〖수사학〗 (화제의) 급변전
met·a·tar·sal [mètətɑ́:rsəl] *a.* 중족(中足)의, 중족골(中足骨)의
— *n.* 중족골, 척골
met·a·tar·sus [mètətɑ́:rsəs] *n.* (*pl.* **-si** [-sài]) 〖해부〗 중족(中足), 중족골(中足骨), 척골(蹠骨); (곤충의) 척절(蹠節)
me·tath·e·sis [mətǽθəsis] *n.* (*pl.* **-ses** [-sì:z]) ⓊⒸ 〖음성〗 자위(字位)[음위(音位)] 전환 《보기: ax>ask》; 〖화학〗 복분해(複分解)

M

Met·a·zo·a [mètəzóuə] *n. pl.* 〖동물〗 후생 동물
mèt·a·zó·an *n.*, *a.* 후생동물(의)
mete [mi:t] *vt.* 《문어》〈상벌·보수 등을〉 할당[배당]하다(allot) 《*out*》
— *n.* 계측, 계량
met·em·pir·i·cal [mètempírikəl] *a.* 경험을 초월한, 선험적인
*__me·te·or__ [mí:tiər, -tiɔ̀:r] [Gk 「하늘 높이 올려진」의 뜻에서] *n.* **1**〖천문〗 **유성**; 운석 **2** 《비유》 잠시 빛났다가 사라지는 것 **3** (번개·무지개·눈 등의) 대기(大氣) 현상
me·te·or·ic [mì:tiɔ́:rik | -ɔ́r-] *a.* **1** 유성의: ~ iron[stone] 운철[운석] **2** 대기의 **3** 유성과 같은 **-i·cal·ly** *ad.*
*__me·te·or·ite__ [mí:tiəràit] *n.* 〖지질〗 **운석**; 〖천문〗 유성체
me·te·or·oid [mí:tiərɔ̀id] *n.* 〖천문〗 유성체, 운성체(隕星體)
me·te·or·o·log·ic, -i·cal [mì:tiərəlɑ́dʒik(əl) | -lɔ́dʒ-] *a.* 기상(학상)의: a *meteorological* balloon[observatory, station] 기상 관측 기구[기상대, 측후소]
-i·cal·ly *ad.*
me·te·o·rol·o·gy [mì:tiərɑ́lədʒi | -rɔ́l-] *n.* Ⓤ 기상학; (특정한 지방의) 기상
-gist *n.* 기상학자
méteor shòwer 〖천문〗 유성우[비]
‡**me·ter**[1] | **me·tre**[1] [mí:tər] [F] *n.* 미터 《길이의 단위; =100 cm》
meter[2] | **metre**[2] [Gk 「측정」의 뜻에서] *n.* **1**〖시학〗 Ⓤ 운율; Ⓒ 보격(步格) 《운율의 단위》 **2** Ⓤ〖음악〗 박자
*__me·ter__[3] [mí:tər] [mete에서] *n.* **1** (전기·가스의) **계(량)기**, 미터: a gas ~ 가스 계량기 **2** 계량 담당관 **—** *vt.* 계량기로 재다 **—** *vi.* 계량하다
-meter[1] [mətər] 《연결형》「…계(기); 미터」의 뜻: baro*meter*
-meter[2] 《연결형》 (시어) 「…보격(의)」의 뜻: penta*meter*
meth·ane [méθein | mí:θ-] *n.* Ⓤ 〖화학〗 메탄
meth·a·nol [méθənɔ̀:l | -nɔ̀l] *n.* Ⓤ 〖화학〗 메탄올
me·thinks [miθíŋks] *vi.* (**-thought** [-θɔ́:t]) 《고어》 (나에게는) …이라고 생각된다 《비인칭의 it이 없는 형태로, 현재는 it seems to me를 씀》
‡**meth·od** [méθəd] [Gk 「뒤따름」의 뜻에서] *n.* **1** (조직적[논리적]인) **방법**, 방식: after the American ~ 미국식으로 **2** Ⓤ (일정한) **순서**; 조리; 체계, 질서 (정연함); 규칙바름: a man of ~ 꼼꼼한 사람 **3**〖생물〗 분류법
*__me·thod·i·cal, -ic__ [məθɑ́dik(əl) | -θɔ́d-] *a.* **1 조직적 방식에 따른**, 질서 정연한, 계통적인 **2** 규칙적인(orderly)
-i·cal·ly *ad.* **-i·cal·ness** *n.*
*__Meth·od·ist__ [méθədist] [종교상의 「새로운 방법(method)을 믿는 사람」의 뜻에서] *n.* **1**〖그리스도교〗 **감리교도** **2** [**m~**] 《경멸》 종교적으로 엄격한 사람; 《드물게》 형식에 얽매인 사람 **3**〖생물〗 계통적 분류가 **—** *a.* 감리교파의

Méthodist Chúrch [the ~] 감리 교회
meth·od·ize [méθədàiz] *vt.* 방식화하다, 질서있게 하다
meth·od·o·log·i·cal [mèθədəlɑ́dʒikəl | -lɔ́dʒ-] *a.* 방법론의, 방법론적인
meth·od·ol·o·gy [mèθədɑ́lədʒi | -ɔ́l-] *n.* Ⓤ 방법론; 〖생물〗 계통적 분류법
meths [meθs] [*meth*ylated *s*pirits] *n. pl.* [단수 취급] 《영·구어》 변성 알코올
Me·thu·se·lah [məθú:zələ | -θjú:-] *n.* **1** 〖성서〗 므두셀라 《노아의 홍수 이전의 족장으로서 969세까지 산 장수자》 **2** 장수자 **3** [m~] 208온스들이 포도주병
meth·yl [méθəl] 〖화학〗 *n.* Ⓤ 메틸, 메틸기(基) **—** *a.* 메틸기를 함유한
méthyl álcohol 〖화학〗 메틸 알코올
méth·yl·at·ed spírit(**s**) [méθəlèitid-] 변성 알코올 《마실 수 없음; 램프나 히터용》
me·tic·u·lous [mətíkjuləs] [L 「잔뜩 두려워하는」의 뜻에서] *a.* **1** 꼼꼼한; 정확한, 완전한 **2** 사소한 일에 마음을 쓰는, 너무 신중한, 좀스러운, 소심한
~·ly *ad.* 좀스럽게, 꼼꼼하게 **~·ness** *n.*
mé·tier [méitjei] [F = business] *n.* 직업; 일, 전문 (분야); 특기, 전문 기술
Mét Òffice [the ~] 《영·구어》 기상청
me·ton·y·my [mitɑ́nəmi | -tɔ́n-] [Gk 「이름을 바꾸기」의 뜻에서] *n.* Ⓤ 〖수사학〗 환유(換喩)(법), 전유(轉喩) 《king 대신에 crown을 쓰는 등》
me-too [mí:tú:] [me too(나도 또한)에서] 《구어》 *a.* 흉내내는, 모방하는, 추종[편승]하는 **—** *vt.* 흉내내다(imitate)
me-too·ism [-tú:izm] *n.* Ⓤ 《구어》 모방주의, 대세 순응주의
⁑**me·tre** [mí:tər] *n.* 《영》 = METER[1, 2]
***met·ric** [métrik] *a.* **1** 미터(법)의 **2** 미터법을 실시하는
go **~** 《구어》 미터법을 채택하다
— *n.* 미터법
met·ri·cal [métrikəl] *a.* **1** 운율의, 운문의 **2** 측량의 **~·ly** *ad.*
met·ri·cate [métrikèit] *vt., vi.* 미터법으로 바꾸다[바뀌다]; 미터법을 채용하다
met·ri·ca·tion [mètrikéiʃən] *n.* Ⓤ (도량형의) 미터법화[이행]
met·ri·cize [métrəsàiz] *vt.* **1** 운문으로 하다, 운율적으로 하다 **2** 미터법으로 고치다[나타내다, 환산하다]
met·rics [métriks] *n. pl.* [단수 취급] 운율학; 작시법
métric sỳstem [the ~] 미터법
métric tón 미터톤 《1,000 kg》
met·ro, Met·ro [métrou] [F 「도시의 (철도)」의 뜻에서] *n.* (*pl.* **~s**) [the ~] 《구어》 (파리 등의) 지하철
Met·ro·lin·er [métroulàinər] *n.* 《미》 메트로라이너 《특히 New York와 Washington, D.C.를 잇는 고속 철도》
me·trol·o·gy [mitrɑ́lədʒi | -trɔ́l-] *n.* Ⓤ 도량형학, 계측학; 도량형
met·ro·nome [métrənòum] *n.* 〖음악〗 메트로놈, 박절기(拍節器)
met·ro·nom·ic, -i·cal [mètrənɑ́mik(əl) | -nɔ́m-] *a.* **1** 메트로놈의 **2** 〈템포가〉 기계적으로 규칙적인
⁑**me·trop·o·lis** [mitrɑ́pəlis | -trɔ́p-] [Gk 「어머니인 도시」의 뜻에서] *n.* **1 a** [the ~] (국가·주의) **주요 도시**; 수도 (capital) **b** [the M~] 《영》 런던(London) **2** (문화·경제의) 중심지 **3** 〖그리스도교〗 (수도) 대주교[대감독] 관구 **4** 〖생물〗 종속(種屬) 중심지
⁑**met·ro·pol·i·tan** [mètrəpɑ́litn | -pɔ́l-] *a.* **1 a 주요 도시의**; 수도의; 대도시의; 도시적인 **b** [**M~**] 《영》 런던의 **2** 〖그리스도교〗 (수도) 대주교[대감독] 관구의; 본산의
— *n.* **1** 대도시[수도]의 시민, 도시인 **2** 〖그리스도교〗 (수도) 대주교
-metry [-mətri] 《연결형》 「측정법[학, 술]」의 뜻: geo*metry*
met·tle [métl] [metal의 변형] *n.* Ⓤ **1** 용기, 원기, 기개; 정열 **2** 성미, 기질
met·tle·some [métlsəm] *a.* 기운찬, 위세 있는, 성깔 있는, 분발한, 혈기 왕성한(spirited)
meu·nière [mə:njέər] [F] *a.* 〖요리〗 뫼니에르로 한 《밀가루를 발라 버터로 구운》
mev, MeV, MEV [mev] [*m*illion [*m*ega] *e*lectron *v*olts] *n.* 〖물리〗 100만[메가] 전자 볼트
mew[1] [mju:] [의성어] *vi.* 〈고양이 등이〉 야옹야옹 울다 **—** *n.* 야옹야옹(하고 우는 소리)
mew[2] [의성어] *n.* 〖조류〗 갈매기
mewl [mju:l] [의성어] *vi.* **1** = MEW[1] **2** 〈갓난애가〉 힘없이 울다
— *n.* 가냘픈 울음소리
mews [mju:z] *n.* 《영》 **1** (길 양쪽에 늘어선) 마구간 **2** (그것을 개조한) 아파트
Mex. Mexican; Mexico
⁑**Mex·i·can** [méksikən] *a.* **멕시코 (사람)의**; 멕시코 말의 **—** *n.* **1** Ⓒ 멕시코 사람 **2** Ⓤ 멕시코 말 《略 Mex.》
Méx·i·can(-)A·mér·i·can [-əmérikən] *n., a.* 멕시코계 미국인(의)
⁑**Mex·i·co** [méksikòu] *n.* **멕시코 (공화국)** 《북미 남부의 공화국; 수도 Mexico City》
México Cíty 멕시코시티 《멕시코의 수도》
mez·za·nine [mézənì:n] *n.* 〖건축〗 중2층 《1층과 2층 사이》; 《영》 무대 아래
mez·zo [métsou, médzou] [It. 「중용」의 뜻에서] 〖음악〗 *ad.* 적당히 **—** *n.* (*pl.* **~s**) 《구어》 = MEZZO-SOPRANO
mez·zo-re·lie·vo [métsourilí:vou, médzou-] [It.] *n.* (*pl.* **~s**) 〖미술〗 반양각(半陽刻), 반돋을새김
mez·zo-so·pra·no [-səprǽnou, -prɑ́:-] [It.] *n.* (*pl.* **~s, -ni** [-ni:]) 〖음악〗 **1** Ⓤ 메조소프라노, 차고음(次高音) 《soprano와 alto의 중간》 **2** 메조소프라노[차고음] 가수 **—** *a.* 메조소프라노의; 메조소프라노 가수의
mez·zo·tint [métsoutìnt, médzou-] *n.* **1** Ⓤ 메조틴트 기법 《명암의 해조(諧調)에 주력하는 동판술》 **2** 메조틴트판(版)
mf 〖음악〗 mezzo forte 조금 강하게 강한[강한]
mf, MF medium frequency 중파
mfd manufactured
mfg manufacturing
mg milligram(s)

Mg 〖화학〗 magnesium
mgr manager
Mgr Manager; Monseigneur
Mhz, MHz megahertz
***mi** [mi:] *n.* 〖음악〗 (도레미파 창법의) 미 《전음계적 장음계의 제3음》; 마 음
MI 〖우편〗 Michigan
MI Military Intelligence
MIA missing in action 〖군사〗 전투 중 행방 불명(자)
Mi·am·i [maiǽmi] *n.* 마이애미 《미국 Florida 주 남동부의 도시; 피한지》
mi·aow, -aou [miáu] *n.*, *vi.* 야옹 (하고 울다)(cf. MEW[1])
mi·as·ma [maiǽzmə, mi-] *n.* (*pl.* **~·ta**[-tə], **~s**) **1** (소택지 등에서 발생하는) 독기(毒氣) **2** 나쁜 영향(을 주는 분위기), 불건전한 분위기
mi·as·mic [maiǽzmik], **mi·as·mal** [maiǽzməl], **mi·as·mat·ic** [màiæzmǽtik] *a.* **1** 독기의[같은] **2** 해로운, 유해한
Mic. 〖성서〗 Micah
mi·ca [máikə] *n.* Ⓤ 〖광물〗 운모(雲母), 돌비늘
Mi·cah [máikə] *n.* **1** 남자 이름 **2** 〖성서〗 미가 《Hebrew의 예언자》 **3** 미가서(書) 《略 Mic.》
***mice** [mais] *n.* MOUSE의 복수
Mich. Michaelmas; Michigan
Mi·chael [máikəl] *n.* **1** [St. ~] 〖성서〗 천사장 미가엘 **2** 남자 이름 《애칭 Mickey, Mike》
Mich·ael·mas [míkəlməs] *n.* 〖종교〗 (대천사) 미가엘 축일 《9월 29일》
Míchaelmas dáisy 〖식물〗 갯개미취, 아스터
Míchaelmas tèrm 《영》 가을 학기 《제1학기; 보통 10월-12월》
Mi·chel·an·ge·lo [màikəlǽndʒəlòu] *n.* 미켈란젤로 ~ **Buonarroti** (1475-1564) 《이탈리아의 조각가·화가·건축가·시인》
***Mich·i·gan** [míʃigən] [북미 인디언 말 「큰 호수」의 뜻에서] *n.* **1** 미시간 주(州) 《미국 중북부의 주; 주도 Lansing; 略 Mich.》 **2** [**Lake** ~] 미시간 호 《북미 5대호의 하나》
Mick, mick [mik] [아일랜드 사람의 대표적 이름 Michael에서] *n.* 《속어·경멸》 아일랜드 사람; 가톨릭 교도
Mick·ey [míki] *n.* **1** 남자 이름 《Michael의 애칭》 **2** 《속어》 = MICK **3** = MICKEY FINN
Míckey Fínn[m~ f~] 《속어》 미키핀 《마약이나 강한 하제(下劑)를 넣은 술》
Míckey Móuse 1 미키 마우스 《W. Disney의 만화 주인공》 **2** 《영·공군속어》 전동(電動) 폭탄 투하 장치; 《속어》 시시한 것 **3** 《속어》 쉬운 일; 《학생속어》 쉬운 과목 **—** *a.* [종종 **m~ m~**] 《구어》 〈음악 등이〉 케케묵은; 유치한, 하찮은, 시시한; 〈과목 등이〉 쉬운, 수월한
mick·le [míkl] *a.* 《고어·스코》 대량의
mi·cra [máikrə] *n.* MICRON의 복수
mi·cro [máikrou] *n.* (*pl.* **~s**) 아주 작은 것; 초미니 스커트[드레스 《등》] **—** *a.* 극소의; 마이크로 컴퓨터의; 미시경제학의

mi·cro·a·nal·y·sis [màikrouənǽləsis] *n.* Ⓤ 〖화학〗 미량(微量) 분석; 〖경제〗 미시 분석
***mi·crobe** [máikroub] *n.* 미생물, 세균; 병원균
mi·cro·bi·ol·o·gy [màikroubaiɑ́lədʒi | -ɔ́l-] *n.* Ⓤ 미생물학, 세균학
-bi·o·lóg·i·cal *a.* **-gist** *n.* 미생물 학자, 세균학자
mi·cro·brew·er·y [màikroubrú:əri] *n.* (맥주 등의) 소형[지역] 양조장[업자]
mi·cro·bus [máikroubʌ̀s] *n.* 마이크로 버스, 소형 버스
mi·cro·chip [máikroutʃìp] *n.* 〖전자〗 마이크로칩, 극미(極微) 박편 《전자 회로의 구성 요소가 되는 아주 작은 기능 회로》
mi·cro·cir·cuit [máikrousə̀:rkit] *n.* 〖전자〗 초소형[마이크로] 회로
mi·cro·com·put·er [màikroukəmpjú:tər] *n.* 초소형 컴퓨터, 마이크로컴퓨터
mi·cro·cop·y [máikroukɑ̀pi | -kɔ̀pi] *n.* (*pl.* **-cop·ies**) 축소 복사(판) **—** *vt.* 축소 복사하다
mi·cro·cosm [máikrəkɑ̀zm | -kɔ̀zm] *n.* **1** 소우주, 소세계 **2 a** 축도 **b** (고대인이 생각한 우주의 축도로서의) 인간 (사회)
***in* ~** 소규모로, 축소된
mi·cro·cós·mic [-kɑ́zmik | -kɔ́z-] *a.*
mi·cro·ec·o·nom·ics [-ì:kənɑ́miks | -nɔ́m-] *n. pl.* [단수 취급] 〖경제〗 미시(微視)(적)[미크로] 경제학
-nóm·ic [-ik] *a.*
mi·cro·e·lec·tron·ics [màikrouilèktrɑ́niks | -trɔ́n-] *n. pl.* [단수 취급] 극소[마이크로] 전자 공학
mi·cro·fiche [máikroufì:ʃ] *n.* (*pl.* **~, ~s**) (서적 등의 여러 페이지분의) 마이크로필름 카드
mi·cro·film [máikroufìlm] *n.* ⓊⒸ 〖사진〗 마이크로필름 **—** *vt.* 마이크로필름에 찍다
mi·cro·form [máikroufɔ̀:rm] *n.* Ⓤ 마이크로폼, 미소 축쇄(판)(縮刷(版))
mi·cro·gram [máikrəgræ̀m] *n.* 마이크로그램 《100만분의 1그램》; = MICROGRAPH 2
mi·cro·graph [máikrəgræ̀f | -grɑ̀:f] *n.* **1** 세서(細書) 용구 **2** 현미경 사진
mi·cro·groove [-grù:v] *n.* (LP 음반의) 가는[좁은] 홈
mi·cro·mesh [máikroumèʃ] *a.* 〈스타킹 등이〉 그물코가 아주 작은
mi·crom·e·ter [maikrɑ́mətər | -krɔ́m-] *n.* **1** 마이크로미터, 측미계(測微計) **2** = MICROMETER CALIPER
micrómeter cáliper 〖기계〗 측미 캘리퍼스, 측미기(測微器) 《정밀 측정기》
mi·cro·min·i·a·ture [màikroumíniətʃər] *a.* 〈전자 부품이〉 초소형의; 초소형화한
mi·cron [máikrɑn | -krɔn] *n.* (*pl.* **~s, -cra** [-krə]) 미크론 《100만분의 1미터; 기호 μ》
Mi·cro·ne·sia [màikrəní:ʒə, -ʃə | -ziə] [Gk 「작은 섬의 나라」의 뜻에서] *n.* 미크로네시아 《대양주 북서부의 군도》

M

Mi·cro·ne·sian [maikrəní:ʒən, -ʃən | -ziən] *a.* 미크로네시아 (사람[말])의 **—** *n.* 미크로네시아 사람; Ⓤ 미크로네시아 말

mi·cro·or·gan·ism [-ɔ́:rgənìzm] *n.* 〖생물〗 미생물《박테리아 등》

‡**mi·cro·phone** [máikrəfòun] *n.* **마이크로폰**, 마이크(mike), 확성기, 송화기《라디오 등의》

mi·cro·pho·to·graph [màikroufóutəgræ̀f | -grɑ̀:f] *n.* **1** 축소[마이크로] 사진(판) **2** 현미(경) 사진

mi·cro·pro·ces·sor [máikrouprɑ̀sesər | -pròu-] *n.* 〖컴퓨터〗 마이크로프로세서, 극소 연산 처리 장치

mi·cro·read·er [máikrourì:dər] *n.* 마이크로 리더《마이크로필름의 확대 투사 장치》

‡**mi·cro·scope** [máikrəskòup] *n.* **현미경**: a binocular ~ 쌍안 현미경

∗**mi·cro·scop·ic, -i·cal** [màikrəskɑ́pik(əl) | -skɔ́p-] *a.* **1 현미경의[에 의한]**; 현미경으로만 볼 수 있는, 미시적인 (opp. *macroscopic*): a ~ examination 현미경 검사 **2** 《구어》 극히 작은, 초소형의: a ~ organism 미생물 **3** 〈연구 등이〉 미세한 부분에까지 이르는
-i·cal·ly *ad.*

mi·cros·co·py [maikrɑ́skəpi | -krɔ́s-] *n.* Ⓤ 현미경 사용(법), 검경(檢鏡)

mi·cro·sec·ond [máikrousèkənd] *n.* 마이크로초(秒)《시간의 단위; 100만분의 1초》

Mi·cro·soft [máikrousɔ̀:ft] *n.* 마이크로소프트《미국의 소프트웨어 회사》

mi·cro·state [máikroustèit] *n.* 미소(微小)국가《특히 최근에 독립한 아시아·아프리카의 소국》

mi·cro·sur·ger·y [máikrousə̀:rdʒəri] *n.* Ⓤ 〖의학〗 현미 외과 (수술)

mi·cro·wave [máikrəwèiv] *n.* **1** 〖통신〗 극초단파, 마이크로파(波)《파장 1 mm-1 m》 **2** = MICROWAVE OVEN
— *a.* Ⓐ 마이크로파의
— *vt.* 전자 레인지로 음식을 조리하다

mícrowave òven 전자 레인지

∗**mid**[1] [mid] *a.* **중앙의, 중간의**, 중부의, 가운데의, 중… : ~ October 10월 중순
in ~ air 중천에, 공중에

mid[2], **'mid** *prep.* 《시어》 = AMID

mid- [mid] 《연결형》 「중간의, 중앙의, 중간 부분의」의 뜻: *mid*-June

mid. middle; midshipman

mid·af·ter·noon [mídæ̀ftərnú:n, -ɑ̀:f-] *n.* Ⓤ, *a.* 오후 중반(의) 《3-4 P.M. 전후》

mid·air [midέər] *n.* Ⓤ 공중, 중천: a ~ collision 공중 충돌

Mi·das [máidəs] *n.* **1** 〖그리스신화〗 미다스《손에 닿는 물건을 모두 황금으로 변하게 한 Phrygia의 왕》 **2** 큰 부자
the ~ touch 돈버는 재주

mid-At·lan·tic [mídətlæ̀ntik] [「대서양의 중간」의 뜻에서] *a.* 〈영어가〉 영어와 미어의 중간적 성격의

mid·course [mídkɔ̀:rs] 〖항공·우주과학〗 *n.*, *a.* 코스의 중간점(의); (로켓의) 중간 궤도(의)

∗**mid·day** [míddèi, ⌐⌐] *n.* Ⓤ **정오**, 대낮, 한낮(noon): at ~ 정오에
— *a.* Ⓐ 정오의, 대낮의

mid·den [mídn] *n.* **1** 《영》 쓰레기 더미; 똥 무더기 **2** 〖고고학〗 패총(貝塚)

‡**mid·dle** [mídl] *a.* **1 한가운데의**, 중앙의, 중간의 **2 중위(中位)의**, 중류의, 보통의: of ~ size 보통[중간] 치수[형]의 **3** [**M~**] 〖역사〗 중기(中期)의, 중세의 **—** *n.* **1** [the ~] **중앙**; 중부; 한창때 **2** [the ~, one's ~] 《구어》 (인체의) 몸통, 동체, 허리 **3** [the ~] 중간물, 매개자, 중재자 **4** 〖스포츠〗 (전열의) 중앙
in the ~ of …의 도중에; …의 한복판에, …의 중앙에: *in the ~ of* May 5월 중순에

míddle áge 중년《보통 40-60세》

mid·dle-aged [mídléidʒd] *a.* 중년의, 중년에 알맞은

míddle-àged spréad 중년이 되어 배가 나오고 살이 찌는 일

Míddle Áges [the ~] 〖역사〗 중세(中世)

Míddle América **1** 중부 아메리카 **2** 미국 중서부

Míddle Atlántic Státes [the ~] 미국 중부 대서양 연안의 여러 주

mid·dle·brow [-bràu] *a.*, *n.* 《구어》 지식[교양]이 중간쯤 되는 (사람)

mid·dle-class [mídlklǽs | -klɑ́:s] *a.* 중류[중산] 계급의

míddle cláss [the ~; 집합적] **1** 중류 계급(의 사람들), 중산층: the upper [lower] ~ 상위[하위] 중산층 **2** 중급, 중등

míddle cóurse [the ~] 중도(中道), 중용(中庸)

míddle dístance [the ~] **1** 〖미술〗 중경(中景) **2** 〖경기〗 중거리《보통 400-1,500 m 경주》

mid·dle-dis·tance [mídldístəns] *a.* 〖미술〗 중경(中景)의; 〖경기〗 중거리의

míddle éar [종종 the ~] 〖해부〗 중이(中耳)

∗**Míddle Éast** [the ~] **중동**(中東)

Míddle Éastern *a.* 중동의

Míddle Énglish 중세[중기] 영어《약 1,100-1,500년; 略 ME》

míddle fínger 가운뎃손가락

mid·dle·man [-mæ̀n] *n.* (*pl.* **-men** [-mèn]) **1** 중간 상인, 브로커 **2** 중매인, 매개자 **3** 중용을 취하는 사람 **4** 《미》 〖야구〗 중간 계투 요원

míddle mánagement 중간 관리자층

míddle mánager 중간 관리자

mid·dle·most [mídlmòust] *a.* Ⓐ 한복판의, 한가운데의(midmost)

∗**míddle nàme** **1** 중간 이름 **2** [one's ~] 《구어》 (사람의) 두드러진 특징[성격]

mid·dle-of-the-road [mídləvðəróud] *a.* Ⓐ 〈정책·정치가 등이〉 중도(中道)의, 중용의, 온건한

míddle schòol 중학교

Mid·dle·sex [mídlsèks] *n.* 미들섹스《잉글랜드 남동부의 옛 주》

mid·dle-sized [-sàizd] *a.* 중형(中形)의

Míddle Státes [the ~] = MIDDLE ATLANTIC STATES

M

mid·dle·weight [mídlwèit] *n.* **1** 평균 체중을 가진 사람 **2** 〖권투·레슬링〗 미들급 선수 **—** *a.* **1** 평균 체중을 가진 **2** 〖권투·레슬링〗 미들급의

Míddle Wést [the ~] 《미》 중서부

Míddle Wéstern 《미》 중서부의

mid·dling [mídliŋ] *a.* **1** 중등의, 보통의; 2류의 **2** Ⓟ 《구어》 건강 상태가 그만그만한, 웬만큼 건강한

Middx. Middlesex

mid·dy [mídi] *n.* (*pl.* **-dies**) 《구어》 **1** = MIDSHIPMAN **2** = MIDDY BLOUSE

míddy blòuse 세일러복형의 블라우스

Mid·east [mídí:st] *n.* [the ~] = MIDDLE EAST

Mid·east·ern [mídí:stərn] *a.* 중동(Middle East)의

mid·field [mídfì:ld] *n.* (경기장의) 미드필드; 필드의 중앙부 **~·er** *n.*

midge [midʒ] *n.* **1** (모기·각다귀 등의) 작은 벌레 **2** 난쟁이, 꼬마

midg·et [mídʒit] *a.* Ⓐ 소형의, 극소형의: a ~ lamp 꼬마 전등
— *n.* **1** 난쟁이, 꼬마 **2** 극소형의 물건 《자동차·잠수함 등》

mid·i [mídi] *n.* 중간 길이의 스커트[드레스, 코트 《등》] **—** *a.* 미디의

MIDI [mídi] [*m*usical *i*nstrument *d*igital *i*nterface] *n.* 〖음악〗 미디 《전자 악기를 컴퓨터로 제어하기 위한 인터페이스》

mid·i·skirt [mídiskə̀:rt] *n.* 미디스커트

*****mid·land** [mídlənd] *n.* **1** [보통 the ~] 중부 지방, 내륙부 **2** [**M~**] 중부 (지방) 방언 **—** *a.* Ⓐ **1** 내륙 지방의, 중부 지방의 **2** [**M~**] **a** 잉글랜드 중부 지방의; 미국 중부 지방의 **b** 중부 (지방) 방언의

Mídland díalect [the ~] **1** 잉글랜드 중부 방언 **2** 미국 중부 방언

mid·life [mídláif] *n., a.* 중년(의)

mídlife crísis 중년의 위기 《청년기가 끝나면서 목적과 자신감을 상실함》

mid·most [mídmòust] *a.* Ⓐ 한복판의
— *ad.* 중심부에, 한복판에

‡**mid·night** [mídnàit] *n.* Ⓤ **한밤중**, 자정; 암흑(의 시간) **—** *a.* Ⓐ **1** 한밤중의, 자정의 **2** 캄캄한, 칠흑 같은

mídnight sún [the ~] 〖기상〗 (극권 내에서 한여름에 볼 수 있는) 한밤중의 태양

mid·point [mídpɔ̀int] *n.* (선·공간의) 중심점, 중앙; (시간·활동의) 중간(점)

mid·riff [mídrif] *n.* **1** 〖해부〗 횡격막(diaphragm) **2** 《구어》 동체의 중간부 **3** 《미》 미드리프 《몸통 중앙부가 드러나보이는 여성복》

mid·sec·tion [mídsèkʃən] *n.* 중앙부, 중간부; 동체의 중간부(midriff)

mid·ship [mídʃip] *n.* [the ~] 배의 중앙부

mid·ship·man [mídʃìpmən] *n.* (*pl.* **-men** [-mən]) **1** 《영》 해군 사관 후보생 **2** 《미》 해군 사관 학교 생도

*****midst** [midst] *n.* [보통 the ~, one's ~] 《문어》 **중앙**, 한복판, 한가운데
in*(*to*) *the* ~ *of …의 가운데에[로]
— *prep.* 《시어》 = AMIDST

mid·stream [mídstrí:m] *n.* Ⓤ **1** 흐름의 한가운데; 중류(中流) **2** (일의) 도중; (기간의) 중간 쯤: the ~ of life 인생의 절반께

*****mid·sum·mer** [mídsʌ́mər] *n.* Ⓤ **1** 한여름, 복중(伏中), 성하(盛夏) **2** 하지(夏至) 무렵 **—** *a.* 한여름의

Mídsummer Dáy, Mídsummer's Dáy 《영》 세례 요한 축일 《6월 24일; St. John's Day라고도 함》

mídsummer mádness 극도의 광란

mid·term [mídtə̀:rm] *a.* Ⓐ (학기·임기 등의) 중간의: a ~ exam 중간고사
— *n.* **1** Ⓤ (학기·임기 등의) 중간(기) **2** [종종 *pl.*] 《미·구어》 (대학 등의) 중간고사

mídterm eléction 《미》 중간 선거

mid·town [mídtàun] *n.* 《미》 (상업 지구와 주택 지구의) 중간 지구
— *a.* Ⓐ 중간 지구의

mid-Vic·to·ri·an [mídviktɔ́:riən] *a.* **1** 빅토리아 왕조 중기의 **2** 구식의; 근엄한
— *n.* **1** 빅토리아 왕조 중기의 사람 **2** 구식인[근엄한] 사람

*****mid·way** [mídwéi] *ad.* **중도**(中途)**에**, 중간쯤에 **—** *a.* Ⓐ 중도의, 중간쯤의
— [ᅳᅳ] *n.* **1** 《미》 (박람회 등의) 오락장[여흥장] 거리 **2** 《미·속어》 복도, 통로

Mídway Íslands [the ~] 미드웨이 제도 《Hawaii의 북서쪽에 있음; 미국령》

mid·week [mídwì:k] *n.* **1** Ⓤ 주의 중간쯤 **2** [**M~**] (퀘이커교도의) 수요일
— *a.* Ⓐ 주의 중간쯤의

Mid·west [mídwést] *n.* [the ~] 《미》 = MIDDLE WEST

Mid·west·ern [mídwéstərn] *a.* 《미》 중서부의

mid·wife [mídwàif] [OE 「여자와 함께」의 뜻에서] *n.* (*pl.* **-wives** [-wàivz]) **1** 조산사, 산파 **2** (일의 성립을 위해 애쓰는) 산파역

mid·wife·ry [mídwìfəri] *n.* Ⓤ 조산술, 산파술; 《고어》 산과학(産科學)

*****mid·win·ter** [mídwíntər] *n.* Ⓤ **1** 한겨울, 엄동 **2** 동지 무렵
— *a.* Ⓐ 한겨울의[같은]

mid·year [mídjìər] *a.* Ⓐ 1년의 중간쯤의; 학년 중간의 **—** *n.* **1** Ⓤ 1년의 중간쯤; 학년의 중간 **2** [*pl.*] 《미·구어》 중간고사

mien [mi:n] *n.* [보통 형용사와 함께; 보통 *sing.*] 《문어》 풍채, 모습; 태도, 거동

miff [mif] [의성어] 《구어》 *n.* [a ~] 부질없는 싸움, 승강이; 불끈 화를 냄
— *vt.* 화나게 하다
— *vi.* 발끈하다 《*at, with*》

miffed [mift] *a.* 《구어》 발끈한, 화가 난

MI5 Military Intelligence, Section 5 《영》 군사 정보부 제5부

Mig, MiG, MIG [mig] [구소련의 두 설계자 이름 머릿글자에서] *n.* 미그 《구소련제 제트기》

‡**might**[1] [mait] *auxil. v.* may의 과거형 [직설법에서] **1** [불확실한 추측] …**할지[일지]도 모른다**: You ~ be right. 네가 옳을지도 몰라. **2** [허가] …**해도 좋다**: I told hime that be ~ go.

M

나는 그에게 가도 좋다고 말했다. **3** [목적·결과] …**하기 위해,** …할 수 있도록: Tom worked hard *so that* his mother ~ enjoy her old age. 톰은 어머니가 노후에 편하게 사실수 있도록 열심히 일했다. **4** [양보] …**이었는지[하였는지] 모르지만:** He ~ be rich, but he was not refined. 그는 부자였는지는 몰라도 세련된 사람은 아니었다.

— B [가정법에서] **1** [허가] …**해도 좋다면:** I would go if I ~. 가도 된다면 가겠는데. **2** [추측] …**할지도[하였을지]도 모르다 3** [부탁] …**해주겠나,** …하면 어떨까: You ~ post this for me. 이것 좀 우체통에 넣어 주겠니? **4** [may보다 약한 가능성] …**인지도 모른다:** Things ~ be better. 상황이 호전될지도 모른다. **5** [may보다 정중한 허가] …**해도 좋다:** *M*~ I speak to Minsu? 민수 좀 바꿔 주세요.《전화대화》

as ~ be*[*have been*] *expected 아니나 다를까, 예상한 대로

‡might² [mait] *n.* Ⓤ 힘, 세력, 권력, 실력; 완력; 우세

by ~ 완력으로 ***with all*** one***'s ~*** = (***with***) ***~ and main*** 힘껏, 전력을 다하여

might-have-been [máitəvbìn] *n.* 그렇게 되었을지도 모를 일, 더 훌륭[유명]해졌을는지도 모를 사람

might·i·ly [máitəli] *ad.* **1** 강하게, 맹렬히, 힘차게 **2** 《구어》 대단히(very)

might·i·ness [máitinis] *n.* Ⓤ 강력, 강대, 위대

might·n't [máitnt] 《구어》 might not 의 단축형

‡might·y [máiti] *a.* (**might·i·er**; **-i·est**) **1 강력한, 힘센;** 거대한, 엄청난; 중대한: a ~ wind 강풍 **2** 《구어》 굉장한, 대단한(great): a ~ hit 대히트, 대성공 ***make a ~ bother*** 몹시 귀찮은[난처한] 일을 저지르다

— *ad.* 《구어》 몹시, 대단히(mightily): It is ~ easy. 무척 쉽다.

mi·gnon·ette [mìnjənét] *n.* **1** 〖식물〗 목서초(木犀草); 회록색(gray green) **2** 미뇨네트《가는 실로 뜬 프랑스 레이스의 일종》

mi·graine [máigrein | mí:-] [F] *n.* ⓊⒸ 편두통

mi·grant [máigrənt] *a.* 이주(移住)하는; 〈특히 새가〉 이주성의 **—** *n.* **1** 이주자; 계절 (농장) 노동자 **2** 철새, 후조

‡mi·grate [máigreit, ⌐⌐] [L 「장소를 바꾸다」의 뜻에서] *vi.* **1 이주하다** 《*from, to*》 **2** 〈새·짐승·물고기가〉 철따라 정기적으로 이주하다

‡mi·gra·tion [maigréiʃən] *n.* **1** ⓊⒸ **이주, 이동;** 이사; 〈새 등이〉 철따라 옮겨 다니며 삶 **2** [집합적] 이주자군(群), 이동하는 새·동물의 떼

mi·gra·tor [máigreitər] *n.* 이주자; 후조(候鳥), 철새

mi·gra·to·ry [máigrətɔ̀:ri | -təri] *a.* **1** 이주하는, 이주성의: a ~ bird 후조, 철새 **2** 방랑벽이 있는

∗mike¹ [maik] [microphone의 변형] *n.* **1** 《구어》 마이크 **2** 현미경

— *vt.* …에 마이크를 쓰다

mike² 《영·속어》 *vi.* 게으름 피우다, 빈둥거리다 **—** *n.* 게으름, 빈둥거림

Mike [maik] *n.* 남자 이름

mil [mil] [L 「천」의 뜻에서] *n.* **1** = MILLILITER **2** 밀《전선의 지름을 재는 단위; 1,000분의 1인치》

mi·la·dy, -di [miléidi] *n.* (*pl.* **-dies**; **~s**) **1** [종종 **M~**] 마님, 아씨, 부인(cf. MILORD)《옛날 유럽 사람이 영국의 귀부인에 대하여 쓰던 호칭 또는 경칭》 **2** 《미》 상류층 여성

mil·age [máilidʒ] *n.* = MILEAGE

Mi·lan [milǽn, -lá:n] *n.* 밀라노《이탈리아 북부의 도시》

Mil·a·nese [mìləní:z] *a.* 밀라노 (사람[방언])의 **—** *n.* (*pl.* ~) **1** 밀라노 사람 **2** 밀라노 방언

milch [miltʃ] *a.* Ⓐ 〈가축 등이〉 젖이 나는

‡mild [maild] *a.* **1 온후한,** 유순한, 상냥한, 얌전한 《*of, in*》 **2 관대한,** 너그러운, 〈정도가〉 가벼운 **3** 〈기후 등이〉 **온화한,** 포근한 **4** 〈음식·담배 등이〉 자극성이 적은, 순한, 단맛이 도는 **5** 〈약이〉 효과가 느린, 자극성이 적은 **~·ness** *n.*

mil·dew [míldjù: | -djù:] *n.* Ⓤ **1** 흰곰팡이 **2** 〖식물〗 흰가루병; 버짐병

— *vi., vt.* 흰곰팡이 피다[피게 하다]

míl·dew·y *a.* 흰곰팡이 핀

∗mild·ly [máildli] *ad.* **1 온화하게,** 부드럽게, 상냥하게 **2** 다소, 약간

mild-man·nered [máildmǽnərd] *a.* 태도가 부드러운[온후한]

míld stéel 연강(軟鋼)

‡mile [mail] [L 「1000보」의 뜻에서] *n.* **1 a 마일**《약 1.609 km》 **b** = NAUTICAL MILE **2 a** 먼 거리, 큰 간격: a ~ off 상당히 멀리에 **b** [부사적] 훨씬 **3** [the ~] 1마일 경주(= **∠ ràce**)

∗mile·age [máilidʒ] *n.* Ⓤ **1** [또는 a ~] **총마일 수**(數); **주행 거리 2 연비**(燃費) 《1갤런[리터]의 연료로 달리는 마일 수》 **3** [또는 a ~] **a** (공무원 등의) 마일당 여비[부임 수당](= **∠ allòwance**) **b** (철도 등의) 마일당 운임 **4** (의류·가구 등의) 내구성, 효율; 이익; 유효 기간

míleage pòint[**crèdit**] 《구어》 (항공사의) 마일리지 포인트

mile·om·e·ter [mailámətər | -ɔ́m-] *n.* 《영》 (자동차의) 마일 주행 거리계

mile·post [máilpòust] *n.* (도로의) 마일표, 이정표

mil·er [máilər] *n.* 《구어》 1마일 경주 선수[말]

∗mile·stone [máilstòun] *n.* **1** (돌로 된) 마일 표, **이정표 2** (역사·인생 등의) 획기적인[중대한] 사건

mi·lieu [miljú, mí:l-] [F 「중간」의 뜻에서] *n.* (*pl.* **~s, ~x** [-z]) 주위, 환경(environment)

mil·i·tan·cy [mílətənsi] *n.* Ⓤ 교전 상태; 투쟁성, 호전성, 투지

∗mil·i·tant [mílətənt] *a.* **1 교전 상태의,** 교전[전투] 중인 **2** (주의·운동 등의 달성을 위하여) **투쟁적인,** 전투적인 **—** *n.* 투쟁

M

[호전]적인 사람, 투사 **~·ly** *ad.*

*__mil·i·ta·rism__ [mílətərìzm] *n.* Ⓤ **1** 군국주의 **2** 군국적[군인] 정신

mil·i·ta·rist [mílətərist] *n.* **1** 군국주의자 **2** 군사 전문가[연구가]

mil·i·ta·ris·tic [mìlətərístik] *a.* 군국주의(자)의 **-ti·cal·ly** *ad.*

mil·i·ta·ri·za·tion [mìlətərizéiʃən | -rai-] *n.* Ⓤ 군국화, 군대화; 군국주의 고취(鼓吹)

mil·i·ta·rize [mílətəràiz] *vt.* **1 a** 군국화하다 **b** 군국주의를 고취하다, 군사 교육을 시키다 **2** 군대화하다

***__mil·i·tar·y__ [mílitèri | -təri] [L 「군인의」의 뜻에서] *a.* **1 a** Ⓐ 군(대)의, 군사(상)의, 군인의, 군용의 **b** 군인에게 알맞은; 군인다운 **2** Ⓐ 육군의 — *n.* (*pl.* **-tar·ies**) [집합적] **1** [the ~; 보통 복수 취급] 군대; 군, 군부 **2** [the ~; 복수 취급] 군인; 《특히》 육군 장교

mílitary acàdemy 1 [the M~ A~] 육군 사관 학교 **2** 《미》 군대식 사립 고교

mílitary àge 징병 연령

mílitary bánd 군악대; 취주 악대

mílitary buíldup 군비 증강

mílitary chést 군대 금고, 군자금

Mílitary Cróss 《영》 전공(戰功) 십자 훈장 《略 MC》

mílitary góvernment 군사 정부, 군정

mílitary hóspital 육군 병원

mílitary intélligence 군사 정보국[부]

mílitary láw 군법

mílitary márch 군대 행진곡

mílitary políce [the ~; 종종 **M~ P~**; 집합적] 헌병대 《略 MP》

mílitary políceman 헌병 《略 MP》

mílitary schòol = MILITARY ACADEMY

mílitary scíence 군사학[과학]; (대학 등의) 군사 교련[교육 과정]

mílitary sérvice 1 병역 **2** 〖역사〗 (중세의 차지인(借地人)의) 군역(軍役) **3** [*pl.*] 무공

mil·i·tate [mílətèit] *vi.* 작용하다, 영향을 미치다

*__mi·li·tia__ [milíʃə] *n.* [보통 the ~; 집합적] **1** (정규군과 대비하여) **민병대 2** 《미》 **국민군**

mi·li·tia·man [milíʃəmən] *n.* (*pl.* **-men** [-mən]) 민병; 국민병, 향군

***__milk__ [milk] *n.* Ⓤ **1** 젖; 우유 **2** 〖식물〗 유액, 수액 **3** (약용) 유제(乳劑)

a land of ~ and honey 〖성서〗 젖과 꿀이 흐르는 땅, 기름진 땅

— *vt.* **1** 젖을 짜다 **2** (뱀·나무 등으로부터) 독[즙]을 뽑다 **3** 《구어》 〈돈·정보 등을〉 짜내다, 끌어내다 《*from, out of, of, for*》 — *vi.* 젖을 짜다; 젖이 나다

milk-and-wa·ter [mílkənwɔ́:tər] *a.* Ⓐ 김빠진, 맥없는; 몹시 감상적인

mílk bàr 밀크 바 《우유·아이스크림 등을 파는 가게》

mílk chócolate 밀크 초콜릿

mílk còw 1 젖소 **2** 《구어》 계속적인 수입원, 돈줄

milk·er [mílkər] *n.* **1** 젖 짜는 사람; 착유기(搾乳器) **2** 젖소, 젖을 내는 가축

mílk fèver 〖의학〗 젖몸살, 유열(乳熱)

mílk flòat 《영》 우유 배달차

mílk glàss 젖빛 유리

mílk·ing machìne [mílkiŋ-] 착유기

mílk lòaf 《영》 밀크 빵 《우유를 섞은 흰 빵》

*__milk·maid__ [mílkmèid] *n.* 《문어》 젖 짜는 여자, 낙농장에서 일하는 여자

milk·man [-mæ̀n, -mən] *n.* (*pl.* **-men** [-mèn, -mən]) **1** 젖 짜는 남자(dairyman) **2** 우유 장수, 우유 배달인

mílk pòwder 《영》 분유(dry milk)

mílk próducts 유제품

mílk rùn [「우유 배달」의 뜻에서] **1** 《영·구어》 늘 여행하는[다니는] 길 **2** 《공군 속어》 (새벽마다의 규칙적인) 정기 폭격[정찰] 비행

mílk shàke 밀크 셰이크

milk·sop [-sɑ̀p | -sɔ̀p] *n.* **1** 우유에 적신 빵 한 조각 **2** 나약한 남자, 졸장부(sissy)

mílk sùgar 유당(乳糖), 락토오스

milk-toast [-tòust] 《미》 *a.* 나약한, 과단성 없는, 활기 없는; 미온적인

— *n.* = MILQUETOAST

mílk tòoth 젖니

milk·weed [-wì:d] *n.* 〖식물〗 유액을 분비하는 식물

milk-white [-hwáit] *a.* 유백색의

milk·wort [-wə̀:rt] [소 젖을 많이 나게 한다고 믿었던 데서] *n.* 〖식물〗 원지, 등대풀 《등》

*__milk·y__ [mílki] *a.* (**milk·i·er**; **-i·est**) **1** 젖 같은; 유백색의 **2** 젖을 섞은 **3** 〈식물이〉 유액을 분비하는 **4** 연약한, 무기력한

*__Mílky Wáy__ [the ~] 〖천문〗 **1** 은하(수) (the Galaxy) **2** 은하계(= ~ **gálaxy**)

__mill__[1] [mil] *n.* **1** 제조 공장, 제재소 **2** 물방앗간, 제분소 **3** 제분기; 분쇄기(粉碎器) ***go [***put*** a person] ***through the ~*** 쓰라린 경험을 하다[시키다], 단련받다[시키다]

— *vt.* **1** 맷돌로 갈다, (제분기[물방아, 기계]로) 빻다; 제분하다, 분쇄하다 **2** 〈…을〉 기계로 만들다; 〈강철을 압연하여〉 막대 모양으로 만들다 **3** 〈주화의〉 가장자리를 깔쭉깔쭉하게 하다

— *vi.* **1** 맷돌[제분기]을 쓰다, 맷돌[제분기]에서 가루로 빻아지다 **2** 《속어》 치고받다, 주먹질하다

mill[2] *n.* **1** 《미》 밀 《화폐의 계산 단위; 1,000분의 1달러》 **2** 《미·속어》 100만 달러

Mill [mil] *n.* 밀 **John Stuart ~** (1806-73) 《영국의 경제학자·철학자》

mill·board [mílbɔ̀:rd] *n.* Ⓤ (책 표지용의) 두꺼운 종이, 판지

mill·dam [-dæ̀m] *n.* 물방아용의 둑[못]

mil·le·nar·i·an [mìlənέəriən] *a.* 천(년)의; 〖그리스도교〗 천년 왕국 (신봉자)의

— *n.* 〖그리스도교〗 천년 왕국설을 믿는 사람

mil·le·na·ry [mílənèri | milénəri] *a.* 천(千)의[으로 이루어진], 천년간의

— *n.* (*pl.* **-nar·ies**) **1** 천년간; 천년제(祭) **2** 〖그리스도교〗 천년 왕국; 천년 왕국설 신봉자(cf. CENTENARY)

mil·len·ni·um [miléniəm] *n.* (*pl.* **~s, -ni·a** [-niə]) **1** 천년간, 천년기 **2** 천년제

M

3 [the ~] 〖그리스도교〗 천년 왕국, 지복 천년 《그리스도가 재림하여 지상을 통치한다는 신성한 천년간》 **4** (상상의) 황금 시대

millénnium bùg 〖컴퓨터〗 밀레니엄 버그 《컴퓨터 소프트웨어가 2000년을 1900년으로 잘못 인식하는 오류》; =Y2K

millénnium dòme 밀레니엄 돔 《새천년을 기념하기 위해 런던 북부 템스 강변에 세워진 높이 53 m 건축물》

‡mill·er [mílər] *n.* **1 제분업자,** 물방앗간 주인, 가루 빻는 사람 **2** [집합적] 날개에 가루가 있는 각종의 나방 **3** 〖기계〗 프레이즈반(盤)

***mil·let** [mílit] *n.* Ⓤ 〖식물〗 **기장**

Mil·let [miléi] *n.* 밀레 **J. F. ~** (1814-75) 《프랑스의 화가》

milli- [mílə, -li] 《연결형》 (미터법에서) 「…의 1,000분의 1」의 뜻

mil·liard [míljərd | -liɑ̀:d] *n.* 《영》 10억(《미》 billion) **—** *a.* 10억의

mil·li·bar [míləbɑ̀:r] *n.* 〖기상〗 밀리바 《기압 표시의 단위; 1,000분의 1바; 현재는 hectopascal을 씀; 기호 mb》

mil·li·gram | -gramme [míləgræ̀m] *n.* 밀리그램 《1/1000 그램; 기호 mg》

mil·li·li·ter | -tre [mílәlì:tər] *n.* 밀리리터 《1/1000 리터; 기호 ml》

***mil·li·me·ter | -tre** [míləmì:tər] *n.* **밀리미터** 《1미터의 1/1000; 기호 mm》

mil·li·ner [mílənər] *n.* 여성 모자 상인 《제조·수선·판매를 함; 보통 여성》

mil·li·ner·y [mílənèri | -nəri] *n.* Ⓤ **1** [집합적] 여성 모자류 **2** 여성 모자업

mill·ing [míliŋ] *n.* Ⓤ **1** 맷돌로 갈기, 제분 **2** 프레이즈반으로 깎기, (금속면의) 평삭(平削); (모직의) 축융; (화폐의 가장자리를) 깔쭉깔쭉하게 깎기

‡mil·lion [míljən] [L 「천」의 뜻에서] *n.* **1 100만**; 100만 파운드[달러, 원 《등》] **2** [*pl.*] 수백만, 다수, 무수; [the ~(s)] 대중, 민중 (the masses) **3** 100만을 나타내는 기호[숫자]

in a ~ 극히 드문, 최고의: a chance *in a ~* 천재일우의 기회

— *pron.* [*pl.*] 100만개, 100만명

— *a.* Ⓐ **1 100만의** **2** [보통 a ~] 다수의, 무수한

mil·lion·fold [míljənfòuld] *a., ad.* 100만 배의[로]

‡mil·lion·(n)aire [mìljənέər] *n.* (*fem.* **-(n)air·ess** [-nέəris]) **백만장자,** 큰 부자

mil·lionth [míljənθ] *a.* **1** [보통 the ~] 제 100만의, 100만번째의 **2** 100만분의 1의

— *n.* **1** Ⓤ [보통 the ~] (서수의) 제 100만, 100만번째 **2** 100만분의 1

— *pron.* [the ~] 100만번째의 사람[것]

mill·pond [mílpɑ̀nd | -pɔ̀nd], **-pool** [-pù:l] *n.* 물방아용 저수지

mill·race [-rèis] *n.* 물방아를 돌리는 물(을 끄는 도랑)

***mill·stone** [mílstòun] *n.* **1 맷돌** **2** 〖성서〗 무거운 짐

míll whèel 물방아 바퀴

mill·work [-wə̀:rk] *n.* Ⓤ **1** 물방아[제조소]의 기계(작업) **2** [집합적] (공장의) 목공 제품

mill·wright [-ràit] *n.* **1** 물방아[풍차] 목수[장인] **2** (공장의) 기계 수리[설치] 기술자

mi·lo [máilou] *n.* (*pl.* **~s**) 〖식물〗 마일로 《곡식용 수수의 일종》

mil·om·e·ter [mailɑ́mətər | -ɔ́m-] *n.* 《영》 =MILEOMETER

mi·lord [milɔ́:rd] [F =my lord] *n.* **1** 각하 《영국 귀족·신사에 대해 유럽 사람들이 쓰던 경칭》 **2** 영국 신사

milque·toast [mílktòust] *n.* [종종 **M~**] 《미》 대가 약한 남자[사람], 변변치 못한 남자

milt [milt] *n.* Ⓤ (물고기 수컷의) 이리, 어백(魚白) **—** *a.* 〈물고기 수컷이〉 번식기인

Mil·ton [míltn] *n.* **1** 남자 이름 **2** 밀턴 **John ~** (1608-74) 《영국의 시인》

Mil·ton·ic [miltɑ́nik | -tɔ́n-], **Mil·to·ni·an** [-tóuniən] *a.* **1** 밀턴의 **2** 밀턴식[시풍]의; (밀턴의 문체처럼) 장중한, 웅장한

Mil·wau·kee [milwɔ́:ki] *n.* 밀워키 《미국 Wisconsin 주 남동부 Michigan 호반의 도시》 **~·an** *n.*

mime [maim] *n.* **1** ⓊⒸ (무언의) 흉내내기 연극, (팬터)마임 **2** 〖고대그리스·로마〗 무언극, 무언의 광대극; 그 배우, 광대; 흉내쟁이 **—** *vi.* 무언극을 하다, 광대짓을 하다 **—** *vt.* 무언의 몸짓으로 나타내다; 흉내내다

MIME [maim] [*M*ultipurpose *I*nternet *M*ail *E*xtensions] *n.* 〖컴퓨터〗 마임 《전자 메일의 표준 형식》

mim·e·o·graph [mímiəgræ̀f | -grɑ̀:f] *n.* **1** 등사판 **2** 등사판 인쇄물

— *vt.* 등사판으로 인쇄하다

mi·me·sis [məmí:sis] *n.* Ⓤ **1** 〖예술·수사학〗 모의, 모방; 모사 **2** 〖생물〗 의태(擬態)(imitation)

mi·met·ic [məmétik] *a.* 모방의; 〖생물〗 의태의

***mim·ic** [mímik] *a.* Ⓐ **1 흉내를 (잘) 내는**; 모조(模造)한, 가짜의; 모방한: ~ tears 거짓 눈물 **2** 의태의

— *n.* **1** 모방자, 흉내쟁이, 흉내내는 광대 **2** 사람을 흉내내는 동물; 사람의 목소리를 흉내내는 새

— *vt.* (**-icked**; **-ick·ing**) **1** 흉내내다, 흉내내어 조롱하다 **2** …을 꼭 닮다; 〖생물〗 의태(擬態)하다

***mim·ic·ry** [mímikri] *n.* (*pl.* **-ries**) Ⓤ **흉내**; 〖생물〗 의태; Ⓒ 모조품

mi·mo·sa [mimóusə, -zə] *n.* 〖식물〗 함수초, 미모사

min. mineralogy; minim(s); minimum; mining; minor; minute(s)

Min. Minister; Ministry

min·a·ret [mìnərét, ∠-∠] *n.* (이슬람교 사원의) 첨탑(尖塔)

mi·na·to·ry [mínətɔ̀:ri | -təri] *a.* 《문어》 위협하는(menacing)

***mince** [mins] [L 「작게 하다」의 뜻에서] *vt.* **1** 〈고기 등을〉 **잘게 썰다,** 다지다 **2** 조심스레[에둘러, 완곡하게] 말하다 **3** 점잔 빼며 발음하다[말하다]

not ~ matters [one***'s words***] 꾸미지 않고 솔직히

M

— *vi.* **1** 점잔빼며 발을 조금씩 떼고 걷다 **2** 점잔빼며 행동[말]하다
— *n.* **1** [CU] 《영》 잘게 썬[다진] 고기 (minced meat) **2** 《미》 =MINCEMEAT **3** 《미·속어》 답답한 사람, 하찮은 녀석

mince·meat [mínsmìːt] *n.* [U] 민스미트 《민스파이의 소[고물]; 건포도·설탕·사과·향료 등과 잘게 다진 고기를 섞은 것으로 만듦》
make ~ of (1) …을 잘게 썰다, 저미다 (2) 〈토론 등에서 의견 등을〉 분쇄하다, 처부수다 (3) 〈남을〉 찍소리 못하게 하다

mínce píe 민스 파이 《mincemeat가 든 파이》

minc·er [mínsər] *n.* 잘게 써는[다지는] 사람[기계]

minc·ing [mínsiŋ] *a.* **1** 점잔빼는, 거드럭거리는 **2** 점잔빼며 걷는; 종종걸음치는
~·ly *ad.*

‡mind [maind] [OE 「기억, 사고」의 뜻에서] *n.* **1** [U] (body와 대비하여) 마음, 정신: ~ and body 심신 **2 a** (heart와 대비하여) 지성, 지력(知力) **b** [U] 정상적 정신 상태, 제정신 **c** (어떤) 마음[지성]의 소유자, 사람: a noble ~ 고결한 사람 **3** 사고방식; 기질 **4** [보통 *sing.*] 의견, 생각; 의향; 바람 **5** [U] 기억(력), 회상
apply [***bend***] ***the ~ to*** …에 마음을 쓰다, 고심하다 ***bear*** [***have, keep***] … ***in ~*** …을 마음에 간직하다, 기억하고 있다, 잊지 않다 ***be of*** [***in***] ***a*** [***one***] ***~*** 같은 생각[의견]이다 《*with*》《a =the same》 ***be out of*** one***'s ~*** 제정신이 아니다, 미쳤다, 광포(狂暴)하다 ***change*** one***'s*** [a person***'s***] ***~*** 생각을 바꾸다[바꾸게 하다] ***cross*** [***come into, enter***] one***'s ~*** 생각이 나다, 생각이 떠오르다 ***have a good*** [***great***] ***~ to*** do (불만·화 등으로) 몹시 …하고 싶어하다 ***have a*** [***no, little***] ***~ to*** do …할 생각[마음]이 있다[없다], …하고 싶어하다[하지 않다] ***keep*** [***have, set***] one***'s ~ on*** …에 전념하다, …을 늘 마음에 두다 ***make up*** one***'s ~*** 결심하다, 결단을 내리다 《*to* do》; 인정하다, 각오하다 ***open*** one***'s ~ to*** …에게 마음[심중]을 터놓다, 생각하는 바를 기탄없이 말하다 ***put*** [***keep***] a person ***in ~ of*** …에게 …을 생각나게 하다, 상기시키다 ***tell*** [***say, speak***] one***'s ~*** 심중을 털어놓고 말하다[이야기하다] ***with*** something ***in ~*** …을 마음[염두]에 두고
— *vt.* **1** [종종 명령문] 주의[유의]하다; 염두에 두다; 조심하다 **2** [부정·의문·조건문] 꺼림칙하게 생각하다, 신경 쓰다; 싫어하다 **3** 돌보다; 지키다 **4** 명령을 따르다; 〈명령 등을〉 지키다, 좇다: You should ~ your parents. 부모님 말씀대로 해라.
Don't ~ me. (1) 내 걱정은 하지 마세요, 마음대로[좋도록] 하십시오. (2) [반어적] 조심하시오, 심하군요, 내 생각도 조금 해야지. ***M~ your own business.*** 참견 마라, 네 일이나 잘 해라.
— *vi.* **1** 주의하다, 조심하다: *M~!* You'll slip. 조심하시오, 미끄러집니다. **2** [보통 부정·의문문] 반대하다(object); 마음에 꺼리다, 염려하다: We'll rest here if you don't ~. 괜찮으시다면 여기서 쉽시다. ***never ~*** 신경쓰지 마라, 걱정마라, 괜찮다

mind-bend·ing [máindbèndiŋ] *a.* 《구어》 **1** 환각을 일으키게 하는; 정신을 착란시키는 **2** 깜짝 놀라게 하는, 압도적인 **3** 굉장히 어려운

mind-blow·ing [-blòuiŋ] *a.* 《구어》 **1** 환각 작용을 하는; 환각제의 **2** 몹시 자극적인, 압도하는

mind-bog·gling [-bɑ̀gliŋ | -bɔ̀g-] *a.* 《구어》 **1** 굉장히 난해한 **2** 경탄스러운, 믿기 어려울 만큼 놀라운

mind·ed [máindid] *a.* **1** [P] (…하고 싶은) 마음이 있는: If you are so ~, you may do it. 그렇게 하고 싶으면 해도 됩니다. **2** [복합어를 이루어] **a** 마음이 …한: feeble-~ 의지가 박약한 **b** …에 열심인: air-~ 항공 사업에 관심을 가진

mind·er [máindər] *n.* [보통 복합어를 이루어] 《주로 영》 돌보는 사람, 지키는 사람: a baby-~ 애를 봐주는 사람

mind-ex·pand·ing [-ikspæ̀ndiŋ] *a.* 〈약이〉 의식을 확대시키는; 환각 상태가 되게 하는

***mind·ful** [máindfəl] *a.* [P] 염두에 두는, 잊지 않는, 주의하는 《*of*》 **~·ness** *n.*

mind·less [máindlis] *a.* **1 a** 생각[지각] 없는, 어리석은(stupid) **b** 머리를 쓰지 않는 〈일〉 **2 a** 〈자연력 등이〉 지성이 없는, 무심한 **b** 〈폭력 등이〉 까닭[이유] 없는 **3** [P] 무관심한, 부주의한 《*of*》
~·ly *ad.* **~·ness** *n.*

mínd rèader 남의 마음을 읽어 내는 사람, 독심술(讀心術)을 하는 사람

mínd rèading 독심술(讀心術)

mind-set [máindsèt] *n.* (습성이 된) 심적 경향[태도], 사고 방식

mínd's éye [one's ~] 마음의 눈, 심안(心眼), 상상: in one's ~ 마음속으로, 상상으로

mínd tòol 컴퓨터

‡mine[1] [main] *pron.* (*pl.* ~) [I에 대응하는 소유대명사] 나의 것: a friend of ~ 나의 친구 《부정(不定)의 사람에 대하여》 ***The game is ~.*** 이 시합은 내가 이긴 것이다.
— *a.* 《고어·시어》 [I의 소유격; 모음 또는 h로 시작하는 명사 앞, 또는 명사 뒤에 써서] 《고어·시어》 나의(my): ~ eyes 나의 눈

‡mine[2] *n.* **1** 광산, 광업소; 탄갱; 《영》 탄광: a gold ~ 금광 **2** [a ~] 풍부한 자원, 보고(寶庫) 《*of*》 **3** [the ~s] 광업 **4** 〖군사〗 (적진 밑까지 파들어가 지뢰를 묻는) 갱도(坑道), 땅굴; 지뢰(=land ~); (해군의) 수뢰, 기뢰 ***lay a ~ for*** …에 지뢰[수뢰]를 부설하다; …을 오싹하게 할 계략을 짜다 ***work a ~*** 광산을 채굴하다
— *vt.* **1** 〈광석·석탄 등을〉 채굴하다, (채굴하기 위해) 갱도를 파다; 〖군사〗 (적진까지) 땅굴을 파다 **2** 지뢰[기뢰]를 부설하다; 지뢰[기뢰]로 폭파하다 **3** (비밀 수단·계략으로) 전복[파괴]하다, 음모로 실각(失脚)시키다 **—** *vi.* **1** 채굴하다 《*for*》; 갱도를 파다 **2** 지뢰를 부설하다

míne detèctor 지뢰[기뢰] 탐지기
míne dispósal 지뢰[기뢰] 처리
mine·field [máinfì:ld] *n.* **1** 광석 매장 구역 **2** 〖군사〗 지뢰밭 **3** 숨은 위험이 많은 장소[일]
mine·lay·er [-lèiər] *n.* (해군의) 기뢰 부설함(艦)[기]
‡**min·er** [máinər] [동음어 minor] *n.* **1** 《영》 《특히》 **광부**, 갱부; 광산업자 **2** 〖군사〗 지뢰 부설병
‡**min·er·al** [mínərəl] [L 「광산」의 뜻에서] *n.* **1 광물**(cf. ANIMAL, PLANT); 광석; 〖화학〗 무기물 **2** ⓊⒸ (영양소로서의) 광물질, 미네랄 **3** 《영·구어》 [보통 *pl.*] = MINERAL WATER — *a.* Ⓐ **1** 광물(성)의, 광물을 함유한 **2** 〖화학〗 무기(無機)의
min·er·al·og·i·cal [mìnərəlɑ́dʒikəl | -lɔ́dʒ-] *a.* 광물학(상)의, 광물학적인
min·er·al·o·gy [mìnərɑ́lədʒi | -rǽl-] *n.* Ⓤ 광물학 **-gist** *n.* 광물학자
míneral òil 광유(鑛油), 석유
míneral sprìng 광천(鑛泉)
míneral wàter 천연 광천수, 광수(鑛水); [종종 *pl.*] 《영》 탄산수, (탄산) 청량음료
míneral wòol 광물면(綿) 《전기 절연체·건축용》
Mi·ner·va [minə́:rvə] *n.* **1** 〖로마신화〗 미네르바 《지혜와 무용(武勇)의 여신; 그리스 신화의 Athena》 **2** 여자 이름
min·e·stro·ne [mìnəstróuni] [It. 「수프」의 뜻에서] *n.* Ⓤ (채소 등을 넣은) 진한 수프
mine·sweep·er [máinswì:pər] *n.* 〖해군〗 소해정(掃海艇)
mine·sweep·ing [máinswì:piŋ] *n.* Ⓤ 〖해군〗 소해 (작업); 지뢰 제거
míne wòrker 광산 노동자, 광부
Ming [miŋ] *n.* (중국의) 명(明)나라, 명조(明朝); [m~] 명조 자기(磁器)
‡**min·gle** [míŋgl] *vt.* **섞다**, 혼합하다: ~ wine and soda 술에 소다를 섞다
— *vi.* **섞이다** 《*with*》; 교제하다, 어울리다, 사귀다 《*with, in*》: ~ *in*[*with*] the crowd 군중 속에 섞이다, 군중 속으로 사라지다
min·gy [míndʒi] *a.* (**-gi·er**; **-gi·est**) 《영·구어》 인색한, 구두쇠의(stingy)
min·i [míni] 《구어》 *n.* 미니스커트[드레스, 코트 《등》]; 소형 자동차, 미니카; 미니 컴퓨터 — *a.* 미니의, 아주 작은
mini- [mínə, -ni] 《연결형》 **1** 「작은, 소형의」의 뜻: *mini*car, *mini*skirt **2** 소규모의, 단기간의
‡**min·i·a·ture** [míniətʃər | -tʃə] [L 「연단(鉛丹)[적색]으로 그린」의 뜻에서] *n.* **1 축소 모형**; 축소물[모형] 《*of*》 **2 세밀화**(細密畵); 소화상(小畵像); Ⓤ 세밀화법 **3** (사본(寫本)의) 채식(彩飾), 채식화(畵)[문자] ***in*** ~ 세밀화로; 소규모로[의]
— *a.* Ⓐ **1 소형의**, 소규모의: a ~ decoration 약장(略章) **2** 세밀화의
míniature cámera (35밀리 이하의 필름을 쓰는) 소형 카메라
míniature gólf (putter만으로 하는) 미니 골프
míniature pínscher [-pínʃər] 미니어처 핀셔 《소형의 애완견》
min·i·a·tur·ist [míniətʃərist] *n.* 세밀화가; 미니어처 제작자[수집가]
min·i·a·tur·ize [míniətʃəràiz] *vt.* 소형화하다, 소형으로 제작하다
min·i·bar [mínibɑ̀:r] *n.* (호텔 객실 등의) 주류 상비용 소형 냉장고
min·i·bike [mínəbàik] *n.* 《미》 소형 오토바이
min·i·bus [mínəbʌ̀s] *n.* 소형 버스
min·i·cab [mínəkæ̀b] *n.* 《영》 소형 택시
min·i·car [mínəkɑ̀:r] *n.* 소형 자동차; (장난감) 미니카
min·i·com·put·er [mínəkəmpjù:tər] *n.* 소형 컴퓨터
min·im [mínəm] *n.* **1** 미님 《액량(液量)의 단위; =1/60 DRAM》 **2** 《영》 〖음악〗 2분 음표(《미》 half note) **3** 미량, 미세(한 것); 시시한 것[사람]
min·i·ma [mínəmə] *n.* MINIMUM의 복수
min·i·mal [mínəməl] *a.* **1** 최소(한도)의, 극소의, 극미의 **2** minimal art의
— *n.* **1** 〖수학〗 최소[극소]값 **2** = MINIMAL ART
~·ism *n.* = MINIMAL ART; (문학·춤·음악 등의) 최소 표현주의 **~·ly** *ad.*
mínimal árt 미니멀 아트 《최소한의 재료와 수단을 사용한 조형(造形) 예술(품)》
min·i·max [mínəmæ̀ks] *n.* 〖수학〗 미니맥스 《어떤 한 조의 극대치 중의 최소치》
min·i·mind·ed [mínəmáindid] *a.* 생각이 모자라는, 철없는; 무지한, 어리석은
***min·i·mize** [mínəmàiz] *vt.* **1 최소[최저]로 하다**, 극소화하다 **2** 최소[최저]로 추산하다, 과소평가하다; 얕보다
mìn·i·mi·zá·tion *n.*
‡**min·i·mum** [mínəməm] [L 「최소의」의 뜻에서] *n.* (*pl.* **-ma** [-mə], **~s**) **최소[최저] 한도**, 최저액, 최소량; 〖수학〗 극소 ***to a*** ~ 최소한도로
— *a.* Ⓐ **최소의**, 최소[최저]한의
mínimum wáge 최저 임금; a ~ system 최저 임금제
min·i·mus [mínəməs] *a.* 《영》 최연소자의 — *n.* (*pl.* **-mi** [-mài]) 최소의 것; 〖해부〗 새끼 손가락[발가락]
***min·ing** [máiniŋ] *n.* **1** Ⓤ **채광**(採鑛), 채굴; 광업 **2** Ⓤ 지뢰[기뢰] 부설
— *a.* 광업의, 광산의: the ~ industry 광업 / ~ rights 채굴권
min·ion [mínjən] *n.* **1** 《경멸》 마음에 드는 사람 《총아·총신 등》; 앞잡이, 추종자 **2** 말괄량이 **3** Ⓤ 〖인쇄〗 미니언 활자 《7포인트》 — *a.* 귀여운; 우아한
min·i·pill [mínəpìl] *n.* 〖약학〗 알이 작은 경구 피임약
min·i·plan·et [mínəplæ̀nit] *n.* 〖천문〗 소행성
min·i·se·ries [mínəsìəri:z] *n.* 〖TV〗 미니시리즈
min·i·skirt [mínəskə̀:rt] *n.* 미니스커트 **~·ed** *a.*
‡**min·is·ter** [mínəstər] *n.* **1 성직자**, 목사 **2 장관**, 대신: the Prime *M*~ 국무총리, 수상(Premier)

3 공사; 외교 사절 4 《문어》 대리인 ***the M~ for Defense*** 국방 장관 ***the M~ of[for] Foreign Affairs*** 외무 장관
— *vi.* 1 성직자[목사, 대리인《등》] 노릇을 하다 2 섬기다; 봉사하다; 공헌하다

min·is·te·ri·al [mìnəstíəriəl] *a.* 1 성직자[목사]의 2 정부측의, 여당의; 행정(상)의 3 대리의, 보좌의; 이바지하는 《*to*》
~·ly *ad.* 목사로서; 장관[대신]으로서

mínister plenipoténtiary 전권 공사

min·is·trant [mínəstrənt] *a.* 《문어》 봉사하는, 보좌역의 — *n.* 봉사자, 보좌역

min·is·tra·tion [mìnəstréiʃən] *n.* ⓤⓒ 《특히》 목사의 직무, 목회; 봉사, 원조; 돌보기

min·is·tress [mínəstris] *n.* MINISTER의 여성형

⁑**min·is·try** [mínəstri] [L 「근무, 봉직(奉職)」의 뜻에서] *n.* (*pl.* **-tries**) 1 [the ~] **목사의 직**[임기], 목회; [집합적] 성직자들 2 **내각**; 장관의 직무[임기] 3 [보통 **M~**] (정부의) 부, 성(省); 부의 건물 4 ⓤ 구조, 봉사
go into[enter] the ~ 성직자가 되다

min·i·track [mínətræ̀k] *n.* 미니트랙 《인공위성 등에서 발하는 전파를 추적하는 장치; 상표명》

min·i·ver [mínəvər] *n.* ⓤ 담비의 흰 모피

*__mink__ [miŋk] *n.* (*pl.* **~, ~s**) 1 〖동물〗 **밍크** 《족제비 무리》 2 ⓤ 밍크 모피; ⓒ 밍크 코트[목도리《등》]

min·ke [míŋki] *n.* 〖동물〗 밍크고래

Min·kóws·ki wòrld[ùniverse] [miŋkɔ́:fski- | -kɔ́f-] 〖수학〗 민코프스키 우주 《4차원의 좌표에 따라 기술되는 공간》

Minn. Minnesota

Min·na [mínə] *n.* 여자 이름

Min·ne·ap·o·lis [mìniǽpəlis] *n.* 미니애폴리스 《미국 Minnesota 주 남동부의 도시》

min·ne·sing·er [mínəsìŋər] [G] *n.* (중세 독일의) 음유[서정] 시인

*__Min·ne·so·ta__ [mìnəsóutə] [북미 원주민 말 「젖빛을 띤 푸른 물」의 뜻에서] *n.* **미네소타** 《미국 중북부의 주; 주도 St. Paul; 略 Minn.》
-tan *n.*, *a.* 미네소타 주 사람(의)

min·now [mínou] *n.* (*pl.* **~, ~s**) 1 〖어류〗 연준모치 무리 2 잔챙이, 잡어

Mi·no·an [minóuən] *a.* 미노스[크레타] 문명의 《기원전 3000-1100년경》
— *n.* 고대 크레타 사람; 미노아 사람

⁑**mi·nor** [máinər] [동음어 miner] [L 「보다 작은」(비교급)의 뜻에서] (opp. *major*) *a.* 1 **작은 편의**; 소(小, 少)… (smaller, lesser): a ~ party 소수당 2 **중요치 않은**, 둘째 가는, 2류의, 소(小)… (inferior): a ~ poet 2류 시인 3 《영》 손아래의 《학교에서 같은 이름의 두 사람 중의》: Brown ~ 어린[작은] 브라운 4 미성년의 5 Ⓐ 〖음악〗 단조(短調)의: G ~ 「사」 단조
— *n.* 1 〖법〗 **미성년자** 2 《미》 부전공(副專攻) 과목 3 〖논리〗 소명사; 소전제 4 〖음악〗 단음계(= ~ scale)
— *vi.* 《미》 (대학에서 …을) 부전공하다 《*in*》

Mi·nor·ca [minɔ́:rkə] *n.* 미노르카 섬 《지중해 Balearic 군도 중의 스페인령(領)》; 미노르카 닭(= ~ fòwl)

⁑**mi·nor·i·ty** [minɔ́:rəti, mai- | -nɔ́r-] *n.* (*pl.* **-ties**) 1 **소수**; 소수당[파](opp. *majority*); **소수 민족** 2 ⓤ 〖법〗 미성년(기)
— *a.* Ⓐ 소수파[당]의: a ~ opinion 소수의 의견 / a ~ party 소수당

minórity gov̀ernment 소수당 정부

minórity lèader 《미》 (상·하원의) 소수당 원내 총무

minórity repórt (소수파의) 반대 의견서

mínor kéy 〖음악〗 단조(短調); 음침한 기분

mínor léague 《미》 마이너 리그 《2류 프로 야구단 연맹; cf. MAJOR LEAGUE》

mínor léaguer 《미》 마이너리그의 선수

mínor plánet 〖천문〗 소행성(asteroid)

mínor prémise 〖논리〗 소전제(小前提)

Mínor Próphets [the ~] (구약의 12인의) 소예언자; (구약 성서의) 소예언서

mínor scále 〖음악〗 단음계

mínor súit (브리지에서) 다이아몬드[클럽]의 짝패 《득점이 적음》

mínor térm 〖논리〗 소명사(小名辭)

Mi·nos [máinəs, -nɑs | -nɔs] *n.* 〖그리스신화〗 미노스 《크레타(Crete) 섬의 왕》

Mi·no·taur [mínətɔ̀:r, mái- | mái-] *n.* [the ~] 〖그리스신화〗 사람 몸에 쇠머리를 가진 괴물

min·ster [mínstər] *n.* 《영》 수도원 부속의 교회당; 대성당(cathedral)

*__min·strel__ [mínstrəl] [L 「하인」의 뜻에서] *n.* 1 (중세의) **음유(吟遊) 시인** 2 《시어》 시인, 가수

mínstrel shòw 흑인으로 분장하고 흑인 가곡 등을 부르는 백인의 쇼

min·strel·sy [mínstrəlsi] *n.* ⓤ 1 음유 시인의 시 또는 노래 2 [집합적] 음유 시인

*__mint__[1] [mint] *n.* 〖식물〗 **박하(薄荷)**; 박하 향미료; 박하 사탕

*__mint__[2] [mint] [L 「화폐, 돈」의 뜻에서] *n.* 1 **조폐국**(造幣局) 2 [a ~] 《구어》 거액(巨額), 다량 《*of*》: a ~ *of* money 거액의 돈 3 원천, 근원(source) — *a.* Ⓐ 〈화폐·우표·서적 등이〉 갓 발행한, 깔깔한 새것의 ***in ~ state[condition]*** 갓 발행된, 아직 사용하지 않은
— *vt.* 〈화폐를〉 **주조하다**; 〈새 말을〉 만들어 내다

mint·age [míntidʒ] *n.* ⓤ 화폐 주조(coinage); [집합적] (일시에 주조된) 화폐, 주화; 조폐 각인(刻印); ⓤ 조어(造語)

mint-fresh [míntfrèʃ] *a.* 갓 만든, 깔깔한 새것의

mínt sàuce 민트 소스 《박하·설탕·식초를 섞은 것으로 새끼 양의 불고기에 침》

min·u·end [mínjuènd] *n.* 〖수학〗 피감수(被減數)

min·u·et [mìnjuét] *n.* 미뉴에트 《3박자의 느리고 우아한 춤; 그 음악》

⁑**mi·nus** [máinəs] [L 「보다 작은」의 뜻에서] *a.* 1 Ⓐ **마이너스의**[**를 나타내는**](opp. *plus*) 2 Ⓐ 음(陰)의(negative) 3 [성적

평가에서 후치(後置)하여] …의 하(下), …에서 다소 못한: A ~ A마이너스《A⁻》
— *prep.* **1** …을 뺀[감한](less): 8 ~ 3 is 5. 8빼기 3은 5이다. **2**《구어》 …이 없는[없이](wanting): He came ~ his hat. 그는 모자를 안 쓰고 왔다. **3** 빙점하…, 영하…: The temperature is ~ ten degrees. 온도는 영하 10도이다. — *n.* **1** 마이너스, 음호(陰號)(= **~ sìgn**); 음량(陰量), 음수(陰數)(= **~ quántity**) **2** 부족, 결손

mi·nus·cule [mínəskjùːl] *n.* (고사본의) 소문자체; 〖인쇄〗 소문자

‡**min·ute¹** [mínit] [L 「작은 부분[구분]」의 뜻에서] *n.* **1** 분(分): 5 ~*s* to[before, 《미》 of] six 6시 5분 전 **2**《구어》 순간(moment); [a ~; 부사적] 잠깐 (동안): Wait (half) *a* ~. 좀[잠깐만] 기다리시오. **3** 각서(覺書); [*pl.*] 의사록 ***this ~*** 지금 곧 ***to the ~*** 정각 (그 시간)에
— *a.* 급히 만든, 즉석의 — *vt.* **1** 정밀하게 …의 시간을 재다 **2** 적어두다, 적바림하다《*down*》 **3** 의사록에 기록하다

‡**mi·nute²** [mainjúːt, mi-│-njúːt] [L 「작게 하다」의 뜻에서] *a.* (**~·nut·er**; **-est**) **1** 미소한, 미세한: ~ particles 미립자 **2** 상세한, 자세한; 정밀한, 엄밀한; 세심한: with ~ attention 세심한 주의를 기울여 **3** 사소한, 하찮은: ~ differences 사소한 차이 **~·ly** *ad.* **~·ness** *n.*

mín·ute bèll [mínit-] 분시종(分時鐘)《죽음·장례식을 알리기 위해 1분마다 울리는》

mín·ute bòok [mínit-] 기록부; 의사록

mín·ute gùn [mínit-] 분시포(分時砲)《조난 또는 장례식 때 1분마다 쏘는 대포》

mín·ute hànd [mínit-] (시계의) 분침, 긴 바늘

min·ute·ly [mínitli] *ad.* 1분마다
— *a.* 1분마다 일어나는, 끊임없는

min·ute·man [mínitmæ̀n] *n.* (*pl.* **-men** [-mèn]) 〖미국사〗 독립 전쟁 때 즉시 동원 가능한 민병; [**M~**] 《미》 대륙간 탄도탄

mín·ute stèak [mínit-] (즉시 구울 수 있도록) 얇게 저민 스테이크

mi·nu·ti·ae [minjúːʃiìː, mai-│-njúː-] *n. pl.* (*sing.* **-ti·a** [-ʃiə]) 자세[세세]한 점, 상세; 사소한 일(trifles)

minx [miŋks] *n.* 말괄량이, 왈가닥

Mi·o·cene [máiəsìːn] 〖지질〗 *a.* 중신세[통](中新世[統])의
— *n.* [the ~] 중신세[통]

mi·o·sis [maióusis] *n.* (*pl.* **-ses** [-siːz]) **1** 〖병리〗 동공(瞳孔) 축소, 축동(縮瞳) **2** = MEIOSIS

MIPS [mips] [*m*illion *i*nstructions *p*er *s*econd] *n.* 〖컴퓨터〗 100만 명령/초《연산 속도의 단위》

Mir [miər] *n.* 미르《1986년 2월에 발사된 러시아의 유인 우주 정거장》

‡**mir·a·cle** [mírəkl] [L 「신기하게 생각하다」의 뜻에서] *n.* **1** 기적 **2** 불가사의한[놀랄 만한] 사물[사람], 경이(驚異) ***by a ~*** 기적에 의해, 기적적으로 ***to a ~*** 《고어》 놀랄 만큼 훌륭하게
work [***do***] ***a ~*** 기적을 행하다

míracle drùg 특효약, 영약(靈藥)

míracle màn 기적을 행하는 사람; 경이적인 기량을 가진 사람

míracle plày 기적극(劇)《그리스도·성도·순교자의 사적·기적을 다룬 중세의 연극》

***mi·rac·u·lous** [mirǽkjuləs] *a.* **기적적인**, 초자연적인; 놀랄 만한; 기적을 행하는 (힘이 있는) **~·ly** *ad.* **~·ness** *n.*

mi·rage [mirɑ́ːʒ│∠-] [L 「(거울로) 보다」의 뜻에서] *n.* 신기루; 망상(delusion), 공중누각

Mi·ran·da [mirǽndə] *n.* 여자 이름; 〖천문〗 천왕성의 제5위성
— *a.* 《미》 Ⓐ (피의자의) 인권 옹호적인

Miránda ríghts 《미》 미랜더 권리《묵비권·변호인 접견권 등 피의자의 권리》

***mire** [maiər] *n.* **1** Ⓤ **진창**; 진흙(mud), 수렁 **2** [the ~] 오욕(汚辱), 궁지, 곤경
— *vt., vi.* 진흙으로 더럽히다[더러워지다], 진창에 빠뜨리다[빠지다]
be ~d in difficulties (곤경)에 빠지다

mirk [məːrk] *n.* = MURK

Mi·ró [miːróu] *n.* 미로 **Joan ~** (1893-1983)《스페인의 초현실파 화가》

‡**mir·ror** [mírər] [L 「보다, 신기하게 생각하다」의 뜻에서] *n.* **1** 거울; 반사경 **2** 있는 그대로 반영하는 것 **3** 모범 (***as***) ***smooth as ~*** 〈수면 등이〉 거울 같이 반반한
— *vt.* 《문어》 비추다, 반사하다, 반영하다

mírror sìte 〖컴퓨터〗 (인터넷의) 미러 사이트《특정 사이트의 백업·혼잡 회피를 위해 설치》

mírror wrìting 역서(逆書), 거울 문자《거울에 비추면 바르게 보이게 쓰기》

‡**mirth** [məːrθ] *n.* Ⓤ **환희**, 즐거움

***mirth·ful** [mə́ːrθfəl] *a.* **유쾌한**, 명랑한, 즐거운(merry) **~·ly** *ad.* **~·ness** *n.*

mirth·less [mə́ːrθlis] *a.* 즐거움이 없는, 우울한(joyless) **~·ly** *ad.* **~·ness** *n.*

MIRV [məːrv] [*m*ultiple *i*ndependently-targeted *r*eentry *v*ehicle] *n.* 다탄두 각개 목표 재돌입 미사일
— *vt., vi.* (…에) MIRV를 장비하다

mir·y [máiəri] *a.* (**mir·i·er**; **-i·est**) 진창 같은, 수렁 같은, 진흙투성이의; 더러운(dirty) **mír·i·ness** *n.*

MIS management information system 경영 정보 시스템

mis-¹ [mis] *pref.* [동사·형용사·부사·명사 등에 붙여] **1** 「그릇된 …, 나쁜 …, 불리한 …」의 뜻: *mis*read **2** 「불(不)…」의 뜻: *mis*trust

mis-² [mis], **miso-** [mísou, -sə] 《연결형》 「…싫음」의 뜻《모음 앞에서는 mis-》

mis·ad·min·is·tra·tion [mìsədmìnistréiʃən] *n.* Ⓤ 실정(失政), 관리 잘못

mis·ad·ven·ture [mìsədvéntʃər] *n.* ⓊⒸ **1** 불운, 불행; 불운한 사건, 재난 **2** 〖법〗 사고사; 우발 사고

mis·ad·vise [mìsədváiz] *vt.* 나쁜 권고를 하다, 그릇된 충고를 하다

mis·al·li·ance [mìsəláiəns] *n.* 부적당한 결합; 어울리지 않는 결혼; = MÉSALLIANCE

mis·an·thrope [mísənθròup], **mis·anthro·pist** [misǽnθrəpist] *n.* 인간을 싫어하는 사람, 염세가
mis·an·throp·ic, -i·cal [mìsənθrɑ́pik(əl) | -θrɔ́p-] *a.* 인간을 싫어하는, 염세적인 **-i·cal·ly** *ad.*
mis·an·thro·py [misǽnθrəpi] *n.* Ⓤ 사람을 싫어함, 염세(cf. PHILANTHROPY)
mis·ap·pli·ca·tion [mìsæpləkéiʃən] *n.* ⓊⒸ 오용, 악용, 남용; 부정(不正) 사용
mis·ap·ply [mìsəplái] *vt.* (**-plied**) 잘못 적용하다, 오용[악용]하다; 부정하게 사용하다 **-plíed** *a.* 오용[악용]된
mis·ap·pre·hend [mìsæprihénd] *vt.* 잘못 생각하다, 오해하다(misunderstand) **-hén·sion** *n.* ⓊⒸ 오해, 잘못 생각하기
mis·ap·pre·hen·sive [mìsæprihénsiv] *a.* 오해하기 쉬운
mis·ap·pro·pri·ate [mìsəpróuprièit] *vt.* 남용[유용]하다, 사용(私用)에 쓰다; 착복하다; 〖법〗 횡령하다
mis·ap·pro·pri·a·tion [mìsəpròupriéiʃən] *n.* ⓊⒸ 남용, 부정 유용; 착복; 횡령
mis·ar·range [mìsəréindʒ] *vt.* 잘못 배열[배치]하다 **~·ment** *n.*
mis·be·come [mìsbikʌ́m] *vt.* (**-became** [-kéim]; **~**)어울리지 않다, 적합하지 않다
mis·be·got·ten [mìsbigɑ́tn | -gɔ́tn], **-got** [-gɑ́t | -gɔ́t] *a.* **1** 서출(庶出)의, 사생아의 **2** Ⓐ 《경멸·익살》 〈사람이〉 꼴사나운; 〈계획·생각 등이〉 덜된, 형편없는
mis·be·have [mìsbihéiv] *vi.* 못된 짓을 하다, 품행이 좋지 못하다, 방탕하다
— *vt.* [~ one*self* 로] 못되게 굴다; 방탕하다
mis·be·haved [mìsbihéivd] *a.* 버릇없는; 품행이 나쁜(ill-behaved)
mis·be·hav·ior [mìsbihéivjər] *n.* Ⓤ 버릇없음; 품행 나쁨, 부정 행위
mis·be·lief [mìsbilí:f] *n.* (*pl.* **~s**) ⓊⒸ 이교(異教)[사교(邪教)] 신앙; 그릇된 확신[의견]
mis·be·lieve [mìsbilí:v] *vi.* 그릇되게 믿다; 이교를 믿다
— *vt.* 의심하다, 믿지 않다
mis·be·liev·er [mìsbilí:vər] *n.* 그릇된 신앙을 가진 사람; 이교도(heretic)
mis·be·liev·ing [mìsbilí:viŋ] *a.* 그릇 믿는; 이교 신앙의
mis·birth [mìsbə́:rθ] *n.* ⓊⒸ 유산
misc. miscellaneous; miscellany
mis·cal·cu·late [miskǽlkjulèit] *vt., vi.* 오산하다, 계산[예상] 착오를 하다
mìs·cal·cu·lá·tion *n.*
mis·call [mìskɔ́:l] *vt.* 틀린 이름으로 부르다; 잘못 부르다[일컫다]
mis·car·riage [mìskǽridʒ] *n.* ⓊⒸ **1** (자연) 유산: have a ~ 유산하다 **2** 실패; 실책, 과실(error): a ~ of justice 오심(誤審) **3** (물품 등의) 배달 착오
mis·car·ry [mìskǽri] *vi.* (**-ried**) **1** (자연) 유산하다 《*of*》 **2** 실패하다 **3** 〈편지 등이〉 도착하지 않다
mis·cast [mìskǽst, -kɑ́:st] *vt.* (**mis·cast**) 〈배우에게〉 적합하지 않은 역을 맡기다, 〈연극에서〉 배역을 잘못 정하다
mis·ce·ge·na·tion [mìsidʒənéiʃən] *n.* ⓊⒸ 이종족 혼교(異種族混交), 잡혼 《특히 백인과 흑인과의》
***mis·cel·la·ne·ous** [mìsəléiniəs] [L 「혼합된」의 뜻에서] *a.* **1** 잡다한, 갖가지의: ~ business[goods, news] 잡무[잡화, 잡보(雜報)] **2** 다방면의(many-sided) **~·ly** *ad.* **~·ness** *n.*
mis·cel·la·ny [mísəlèini | miséləni] *n.* (*pl.* **-nies**) **1** 잡다한 것 **2** 문집(文集), 잡록; [*pl.*] 논문
mis·chance [mistʃǽns | -tʃɑ́:ns] *n.* ⓊⒸ 불행, 불운, 불의의 화[재난]
***by* ~** 운 나쁘게
****mis·chief** [místʃif] [OF 「잘못되다」의 뜻에서] *n.* (*pl.* **~s**) **1** Ⓤ **장난**; Ⓒ 《구어》 장난꾸러기 **2** Ⓤ **해악**(harm), 해독; ⓊⒸ 손해, 재해
mis·chief-mak·er [místʃifmèikər] *n.* 이간질하는 사람, 이간자
mis·chief-mak·ing [-mèikiŋ] *n.* Ⓤ, *a.* 이간질(하는)
***mis·chie·vous** [místʃivəs] *a.* **1 장난을 좋아하는,** 개구쟁이의 **2** 〈언행 등이〉 화를 미치는, 해치는 **~·ly** *ad.* **~·ness** *n.*
mis·ci·bil·i·ty [mìsəbíləti] *n.* Ⓤ 혼화성(混和性)
mis·ci·ble [mísəbl] *a.* 〖화학〗 섞일[혼화할] 수 있는 《*with*》
mis·cite [missáit] *vt.* 잘못 인용하다
mis·con·ceive [mìskənsí:v] *vt., vi.* 잘못 생각하다, 오해하다(misunderstand)
mis·con·cep·tion [mìskənsépʃən] *n.* ⓊⒸ 오해; 잘못된 생각
mis·con·duct [miskɑ́ndʌkt | -kɔ́n-] *n.* Ⓤ **1** 비행(非行); 〖법〗 간통: commit ~ with …와 간통하다 **2** 위법 행위, 직권 남용 **3** (기업 등의) 잘못된 관리[경영]
— [mìskəndʌ́kt] *vt.* **1** 잘못 처리[경영]하다 **2** [~ one*self* 로] 버릇이 나쁘다; 품행이 나쁘다; 간통하다 《*with*》
mis·con·struc·tion [mìskənstrʌ́kʃən] *n.* ⓊⒸ 잘못된 구성; 잘못된 해석, 오해
mis·con·strue [mìskənstrú: | miskɔ̀n-strú:] *vt.* 잘못 해석하다; 오해하다(misunderstand)
mis·count [miskáunt] *vt., vi.* 계산 착오하다 — *n.* 계산 착오, 오산
mis·cre·ant [mískriənt] *n.* 악한; 《고어》 이단자 — *a.* 사악한; 《고어》 이단의
mis·cre·at·ed [mìskriéitid] *a.* 잘못 만들어진, 불구의
mis·date [misdéit] *vt.* …에 날짜를 틀리게 쓰다[달다]; 〈사건 등의〉 연대를 틀리다 — *n.* 틀린 날짜(wrong date)
mis·deal [misdí:l] *vt., vi.* (**-dealt** [-délt]) 〖카드〗 〈패를〉 잘못 돌리다
— *n.* 〖카드〗 (패를) 잘못 돌리기
mis·deed [misdí:d] *n.* 나쁜 짓, 악행, 범죄
mis·deem [misdí:m] 《고어·시어》 *vt., vi.* 잘못 판단하다, 오해하다; 잘못 보다 《*for*》
mis·de·mean·ant [mìsdimí:nənt] *n.* 비행자, 소행이 나쁜 사람; 〖법〗 경범자

mis·de·mean·or [mìsdimí:nər] *n.* 〖법〗 경범죄; 비행, 못된 짓
mis·de·scribe [mìsdiskráib] *vt.* 잘못 기술하다
mis·de·scrip·tion [mìsdiskrípʃən] *n.* UC 미비한 기술(記述); (계약의) 오기(誤記)
mis·di·ag·nose [misdáiəgnòus, -nòuz] *vt.* 오진(誤診)하다
mis·di·al [misdáiəl] *vi.* 전화 번호를 잘못 돌리다
mis·di·rect [mìsdirékt] *vt.* **1** 〈편지 등의〉 주소 성명을 잘못 쓰다 **2** 〈장소·길을〉 잘못 가리키다[지시하다] **3** 〈판사가 배심원에게〉 잘못 지시하다 **4** 〈정력·재능 등을〉 그릇된 방향으로 쏟다
mis·di·rec·tion [mìsdirékʃən] *n.* UC 잘못된 지시, 잘못 가리키기; 주소 성명을 잘못 씀; (판사의) 부당 지시; 그릇된 방향
mis·do [misdú:] *vt., vi.* (**-did** [-díd]; **-done** [-dʌ́n]) 잘못[서투르게]하다, 실수하다 **~·er** *n.*
mis·do·ing [misdú(:)iŋ] *n.* [보통 *pl.*] 나쁜 짓, 비행
mis·doubt [misdáut] *n., vt.* 의심(하다)
mise [mi:z, maiz] *n.* **1** 협정, 협약 **2** 〖법〗 토지 권리 소송 영장(writ of right)에 있어서의 쟁점
mise-en-scène [mí:zɑ:nsén] [F = setting on the stage] *n.* 무대 장치; 연출; 《문어》 상황, 배경
mis·em·ploy [mìsimplɔ́i] *vt.* 오용(誤用)하다 **~·ment** *n.* U 오용
‡**mi·ser** [máizər] [L 「가련한」의 뜻에서] *n.* 구두쇠, 욕심꾸러기, 수전노
‡**mis·er·a·ble** [mízərəbl] *a.* (cf. MISERY) **1 a** 불쌍한, 비참한, 불행한 **b** 〈날씨 등이〉 고약한, 구질구질한 **2** 비열한, 치사한, 괘씸한, 파렴치한
— *n.* [the ~; 집합적] 불행한 사람, 곤궁한 사람 **~·ness** *n.*
***mis·er·a·bly** [mízərəbli] *ad.* **1** 비참하게, 불쌍하게; 초라하게 **2** 비참할 만큼; 형편없이, 지독히
mi·ser·i·cord(e) [mizérəkɔ̀:rd] *n.* **1** UC 수도원의 면계실(免戒室) 《수도사가 특별히 허용된 음식을 먹는 방》; 특면(特免) **2** (중세의) 단검 《마지막 숨을 끊어 버리는》 **3** 성직자 좌석 뒤의 기대는 받침대
mi·ser·ly [máizərli] *a.* 인색한, 욕심 많은 **-li·ness** *n.*
‡**mis·er·y** [mízəri] *n.* (*pl.* **-er·ies**) UC **1** 비참(함), 궁상(窮狀), 곤궁: live in ~ 비참하게 살다 **2** (정신적) 고통, 괴로움, 비탄 **3** 《문어》 (육체적) 고통 **4** [종종 *pl.*] 불행, 고난, 재화
mis·es·ti·mate [miséstəmèit] *vt.* 평가를 잘못하다 **mis·ès·ti·má·tion** *n.* 잘못된[부당한] 평가
mis·fea·sance [misfí:zns] *n.* U 〖법〗 불법[부당] 행위, 직권 남용; 과실
mis·fire [misfáiər] *vi.* **1** 〈총포 등이〉 불발하다; 〈내연 기관이〉 점화되지 않다 **2** 〈농담·계획이〉 주효하지 않다, 먹혀들지 않다 — *n.* 불발; 점화되지 않음, 실패
mis·fit [misfit] *n.* 〈옷 등이〉 맞지 않음; 맞지 않는 옷[신]; 환경에 적응하지 못하는 사람 — [–⌐] *vt., vi.* (**~·ted**; **~·ting**) 잘 맞지 않다
‡**mis·for·tune** [misfɔ́:rtʃən] *n.* **1** U 불운, 불행, 박명(薄命), 역경 **2** 불행[불운]한 일, 재난
mis·give [misgív] *vt.* (**-gave** [-géiv]; **-giv·en** [-gívən]) 공포[의심, 걱정]를 일으키다 — *vi.* 의심을 품다
***mis·giv·ing** [misgíviŋ] *n.* UC [종종 *pl.*] 불안, 의심, 걱정, 염려
mis·gov·ern [misgʌ́vərn] *vt.* 지배[통치]를 잘못하다, 악정을 펴다
~·ment *n.* U 실정, 악정(惡政)
mis·guide [misgáid] *vt.* 그릇되게 지도하다, 잘못 지도하다; 잘못 인식시키다 《*about*》 **mis·guíd·ance** *n.*
mis·guid·ed [misgáidid] *a.* 잘못 지도된, 잘못 안
~·ly *ad.* 잘못 지도되어, 잘못 알고
mis·han·dle [mishǽndl] *vt.* 잘못 다루다, 난폭하게[서투르게] 다루다; 학대[혹사]하다; 잘못 처리하다
mis·hap** [míshæp, –⌐] *n.* UC (가벼운) 사고, 재난, 불상사(mischance); 불운 ***without ~ 무사히
mish·mash [míʃmæʃ] *n.* 뒤범벅, 잡동사니
mis·in·form [mìsinfɔ́:rm] *vt.* 오보(誤報)를 전하다; 오해시키다 《*about*》
mis·in·for·má·tion *n.* U 오보 **~·er** *n.*
mis·in·for·mant [mìsinfɔ́:rmənt] *n.* 오보자
mis·in·ter·pret [mìsintə́:rprit] *vt.* 오해하다(misunderstand); 오역하다
mis·in·ter·pre·ta·tion [mìsintə:rpritéiʃən] *n.* UC 오해; 오역(誤譯)
mis·judge [misdʒʌ́dʒ] *vt.* 잘못 판단[어림]하다 — *vi.* 판단을 그르치다
mis·júdg(e)·ment *n.*
mis·lay [misléi] *vt.* (**-laid** [-léid]) 잘못 두다[두고 잊어버리다], 둔 곳을 잊다
***mis·lead** [mislí:d] *vt.* (**-led** [-léd]) 오도하다, 나쁜 일에 꾀어 들이다; 오해시키다; 속이다 **~·er** *n.*
***mis·lead·ing** [mislí:diŋ] *a.* **오도하는,** 오해시키는; 현혹시키는, 혼동케 하는
~·ly *ad.*
mis·like [misláik] *vt.* 《고어》 싫어하다; 《고어》 …의 비위를 거스르다
mis·lo·cate [mislóukeit] *vt.* 잘못 놓다, …의 위치를 착각하다
mis·man·age [mismǽnidʒ] *vt.* …의 관리[처리]를 잘못하다, 부당하게[서투르게] 처리하다
~·ment *n.* 그릇된 처리, 실수 **-ag·er** *n.*
mis·match [mismǽtʃ] *n.* 어울리지 않는 결혼 — *vt.* 부적당하게 짝지우다; …에게 어울리지 않는 결혼을 시키다
mis·mate [misméit] *vt., vi.* 짝을 잘못 짓다; 어울리지 않는 결혼을 시키다[하다]
mis·name [misnéim] *vt.* 틀린 이름으로 부르다
mis·no·mer [misnóumər] *n.* 오칭(誤稱); 인명 오기(誤記) 《특히 법률 문서에서》
miso- [mísou, máis-] 《연결형》 = MIS-[2]

mi·sog·a·my [misɑ́gəmi | -sɔ́g-] *n.* Ⓤ 결혼을 싫어함 **-mist** *n.* 결혼 혐오자
mi·sog·y·ny [misɑ́dʒəni | -sɔ́dʒ-] *n.* Ⓤ 여자를 싫어함(opp. *philogyny*) **-nist** *n.* 여자를 싫어하는 사람
mi·sol·o·gy [misɑ́lədʒi | -sɔ́l-] *n.* Ⓤ 이론[토론]을 싫어함 **-gist** *n.* 이론 혐오자
mis·o·ne·ism [mìsouní:izm] *n.* Ⓤ 새것을 싫어함, 보수주의
mis·o·ri·ent [misɔ́:rient] *vt.* 그릇된 방향으로 돌리다, 오도하다
mis·place [mispléis] *vt.* **1** 잘못 두다; 둔 곳을 잊다 **2** [주로 과거분사로] 〈신용·애정 등을〉 잘못 주다 《*in, on*》 **~·ment** *n.* ⓊⒸ 잘못 두기; 당치 않음, 오해
mis·placed [míspleist] *a.* 〈신용·애정 등이〉 엉뚱한; 〈위치가〉 잘못된
mis·play [mispléi] *n.* 《미》 (경기 등의) 실수, 미스, 에러; 반칙 플레이 **—** *vt.* 〈놀이·연주 등을〉 잘못하다; 에러를 하다
mis·print [míspri̇̀nt] *n.* 미스프린트, 오식(誤植) **—** [–ˊ] *vt.* 오식하다
mis·pri·sion [mispríʒən] *n.* Ⓤ **1** (특히 공무원의) 직무 태만 **2** 〖법〗 범죄 은닉: ~ of felony[treason] 중죄범[대역범] 은닉
mis·prize [mispráiz] *vt.* 경시하다, 경멸하다, 깔보다
mis·pro·nounce [mìsprənáuns] *vt., vi.* …의 발음을 잘못하다, 틀린 발음을 하다 **mìs·pro·nùn·ci·á·tion** [-nʌ̀nsiéiʃən] *n.* 틀린 발음
mis·quote [miskwóut] *vt., vi.* 잘못 인용하다 **—** *n.* 잘못된 인용 **mìs·quo·tá·tion** *n.*
mis·read [misrí:d] *vt.* (**-read** [-réd]) 잘못 읽다; 오해하다(misinterpret)
mis·reck·on [misrékən] *vt., vi.* 잘못 세다(miscalculate)
mis·re·port [mìsripɔ́:rt] *vt.* 잘못 보고하다, 그릇 전하다
— *n.* ⓊⒸ 오보, 허위 보고
mis·rep·re·sent [mìsreprizént] *vt.* **1** 잘못[거짓] 전하다, 부정확하게 말하다 **2** 대표의 임무를 다하지 못하다 **~·er** *n.*
mis·rep·re·sen·ta·tion [mìsreprizentéiʃən] *n.* ⓊⒸ 와전(訛傳), 그릇된 설명; 〖법〗 허위 진술
mis·rule [misrú:l] *n.* Ⓤ 실정(失政), 악정; 무질서, 혼란 **—** *vt.* 잘못 통치하다, 실정하다 **mis·rúl·er** *n.*
⁑**miss**[1] [mis] *vt.* **1** 〈노렸던 것을〉 **놓치다, 빗맞히다,** 못맞히다; …에 닿지[이르지] 못하다 **2** 〈탈것을〉 **놓치다,** 타지 못하다; 〈사람을〉 만나지 못하다 **3 a** 〈기회를〉 **놓치다**: ~ an opportunity[a chance] 기회를 놓치다 **b** 〈…할 것을〉 놓치다, 〈…하지〉 못하다 **4 빠뜨리다,** 빼놓다 《*out, out of*》 **5 모면하다,** 피하다 **6** …이 없음을 알다, …**이 없어서 섭섭하게**[아쉽게] **생각하다**
— *vi.* **1 과녁에서 빗나가다**; 실패하다 **2** 〈엔진이〉 점화되지 않다(misfire)
~ *out* 빠뜨리다, 기회를 놓치다, 실패하다 《*on*》; 보지[얻지, 경험하지] 못하다 《*on*》
not ~ much 방심하지 않고[정신차리고] 있다 **—** *n.* **1 실수,** 실패 **2** 회피, 모면 **3** 《속어》 없어서 섭섭함, 아쉬움
give ... a ~ 〈사람을〉 피하다; 〈식사 코스를〉 빼다; 〈회의에〉 결석하다
⁑**miss**[2] [mistress의 단축형] *n.* (*pl.* **~·es**) **1** [**M~**] …양(孃) **2** [독립적으로] **a** 아가씨 《점원을 혹은 점원이 여자 손님을 부르는 말》 **b** 《영·경멸》 소녀, 미혼 여성
Miss. Mississippi
mis·sal [mísəl] *n.* 〖가톨릭〗 미사 경본(經本)
mis·shape [misʃéip] *vt.* 보기 흉하게 [기형으로] 만들다
mis·shap·en [misʃéipən] *a.* 보기 흉한, 꼴불견의, 기형의(deformed)
⁑**mis·sile** [mísəl | -sail] [L 「던지기에 알맞은」의 뜻에서] *n.* **미사일**; 유도탄; 날아가는 무기 《화살·탄환·돌 등》: a guided ~ 유도 미사일
— *a.* Ⓐ 발사할 수 있는; 유도탄(용)의: a ~ base[site] 미사일 기지
⁑**miss·ing** [mísiŋ] *a.* **1 있어야 할 곳에 없는,** 보이지 않는: a ~ page 낙장(落張), 빠진 페이지 **2 행방불명인**
míssing línk [the ~] **1** 〖인류〗 잃어버린 고리 《유인원(類人猿)과 인간의 중간에 있었다고 가상되는 생물》 **2** 계열을 이루는 데 빠진 것 《*in*》
⁑**mis·sion** [míʃən] *n.* **1** (특별한) **사절** (단); 《미》 재외 사절단[공관] **2** (사절의) **사명,** 임무; **천직 3** 〖군사〗 특명, 임무 **4 전도,** 포교 **—** *a.* 전도의
— *vt.* **1** 임무를 맡기다, 파견하다 **2** …에서 포교 활동[전도]을 하다 **—** *vi.* 사절 노릇을 하다
⁑**mis·sion·ar·y** [míʃənèri | -əri] *n.* (*pl.* **-ar·ies**) **선교사,** 전도사; 사절
— *a.* 전도의, 선교(사)의
míssion contròl (지상의) 우주 비행 관제 센터
míssion stàtement (회사·조직의) 사명 선언 《사회적 사명·기업 목적 따위의 표명》
mis·sis [mísiz, -sis] [mistress의 단축형] *n.* 《구어》 **1** …부인 《기혼 여성의 성 앞에 붙여서; Mrs.라고 씀》 **2** 마나님; [the ~, one's ~] 《익살》 마누라
miss·ish [mísiʃ] *a.* 얌전빼는, 새침부리는
⁑**Mis·sis·sip·pi** [mìsəsípi] [북미 인디언 말 「큰 강」의 뜻에서] *n.* **1 미시시피 주** 《미국 중남부의 주; 略 Miss.》 **2** [the ~] **미시시피 강** 《미국 중부에서 멕시코 만으로 흐르는 큰 강》 **~·an** [-ən] *a., n.* 미시시피 강의; 미시시피 주의 (사람)
mis·sive [mísiv] 《문어·익살》 *a.* 보내진 (sent), 공문의 **—** *n.* 편지, 서한, 《특히》 공문서(official letter)
***Mis·sou·ri** [mizúəri] [북미 인디언 말 「큰 카누를 타는 사람」의 뜻에서] *n.* **1 미주리 주** 《미국 중부의 주; 略 Mo.》 **2** [the ~] 미주리 강 《Mississippi 강의 지류》
be [***come***] ***from ~*** 《미·구어》 의심이 많다, 증거를 보일 때까지 믿지 않다
~·an [-ən] *a., n.* 미주리 주의 (사람)
mis·spell [misspél] *vt.* (**~ed, -spelt** [-spélt]) …의 철자를 잘못 쓰다, 잘못 철자하다 **~·ing** *n.*

mis·spend [misspénd] *vt.* (**-spent** [-spént]) 잘못 사용하다, 낭비하다
mis·state [misstéit] *vt.* 잘못 진술하다, 허위 진술하다 **~·ment** *n.*
mis·step [misstép] *n.* 실족(失足); 과실, 실수; 〈여자가〉 몸을 그르침
— *vi.* (**~ped**; **~·ping**) 잘못[헛] 디디다; 잘못을 저지르다
mis·sus [mísəz, -səs] *n.* = MISSIS
miss·y [mísi] *n.* (*pl.* **miss·ies**) 《구어》 아가씨
‡**mist** [mist] [동음어 missed] [OE 「암흑」의 뜻에서] *n.* **1** UC **a** 안개: (a) heavy[thick] ~ 짙은 안개 **b** 《미》 가랑비, 이슬비 **2** UC 김에 서림; C (눈의) 흐림 **3** 뜻[판단, 이해, 기억]을 흐릿하게 하는 것 ***throw***[***cast***] ***a ~ before*** a person***'s eyes*** …의 눈을 속이다
— *vt.* 안개로 덮다; 흐리게 하다, 희미하게 하다 — *vi.* **1** 안개가 끼다; 흐려지다 《*up, over*》 **2** [it를 주어로 하여] 안개가 끼다; 가랑비[이슬비]가 내리다
~ over 〈시야·눈이〉 흐려지다, 〈안경에〉 김이 서리다
mis·tak·a·ble [mistéikəbl] *a.* 틀리기 쉬운, 오해받기 쉬운
‡**mis·take** [mistéik] [ON 「잘못 가지다」의 뜻에서] *n.* **1** 잘못, 틀림; 착오, 착각, 오해: There is no ~ about it. 그것은 틀림없다. **2** 〖법〗 착오; 〖컴퓨터〗 (사람의 조작) 실수 ***by ~*** 잘못하여, 실수로 ***make a ~*** 실수[착각]하다
— *v.* (**-took** [-túk]; **-tak·en** [-téikən]) *vt.* **1** 틀리다; 오해하다 **2** 착각하다, 잘못 생각하다; 혼동하다 — *vi.* 오해하다, 착각하다 ***There is no mistaking.*** 틀릴 리가 없다.
mis·ták·er *n.*
‡**mis·tak·en** [mistéikən] *vt.* MISTAKE의 과거분사 — *a.* 틀린, 오해한; 판단이 잘못된 ***You are ~.*** 너는 잘못 생각하고 있어, 오해하고 있군.
~·ly *ad.* 잘못하여, 실수로
‡**mis·ter** [místər] [master의 변형] *n.* **1** [**M~**] 씨, 군, 선생, 님, 귀하: Don't call me ~; it's very distant. 내 이름에 「씨」를 붙이지 말게, 먼 느낌이 들어. **2** 《구어》 여보세요 《호칭》 **3** [the ~, one's ~] 《구어》 남편
— *vt.* 《구어》 씨를[님을] 붙이다: Don't ~ me. 내 이름에 「씨」자를 붙이지 말게.
mist·ful [místfəl] *a.* 안개가 짙은[자욱한]
mist·i·ly [místili] *ad.* 안개가 짙게; 어렴풋이, 몽롱하게
mis·time [mistáim] *vt.* 좋지 않은 때에 …하다, 시기를 놓치다; 〈공을〉 칠 타이밍을 놓치다
***mis·tle·toe** [mísltòu] *n.* U 〖식물〗 겨우살이 《크리스마스 장식용》
‡**mis·took** [mistúk] *vt.* MISTAKE의 과거
mis·tral [místrəl, mistrɑ́:l] *n.* [the ~] 미스트랄 《프랑스 등지의 지중해 연안에 부는 찬 북서풍》
mis·trans·late [mìstrænsléit] *vt.* 오역하다 **mìs·trans·lá·tion** *n.* CU 오역
mis·treat [mistrí:t] *vt.* 학대하다, 혹사하다(maltreat) **~·ment** *n.*
‡**mis·tress** [místris] [master의 여성형] *n.* **1** 주부, 여주인 **2** 여자 애인, 정부(情婦) **3** 지배하는 여자, 여왕 **4** 여류 대가[명사] **5** 《영》 여교사
be ~ of …을 지배[소유]하고 있다; …에 정통해 있다 ***~ of ceremonies*** 여성 사회자
mis·tri·al [mìstráiəl] *n.* 〖법〗 **1** (절차상의 착오로 인한) 무효 심리 **2** 《미》 (배심원의 의견 불일치로 인한) 미결정 심리
***mis·trust** [mistrʌ́st] *vt.* 신용하지 않다; 의심하다, 의혹을 품다
— *vi.* 의심을 품다
— *n.* U 불신, 의혹 《*of, in*》
mis·trust·ful [mistrʌ́stfəl] *a.* 의심 많은, 신용하지 않는 《*of*》 **~·ly** *ad.*
***mist·y** [místi] *a.* (**mist·i·er**; **-i·est**) **1** 안개가 짙은, 안개가 자욱한 **2** 눈물 어린 **3** 희미한, 분명치 않은, 막연한
míst·i·ness *n.* 안개가 짙음; 어렴풋함
‡**mis·un·der·stand** [mìsʌndərstǽnd] *v.* (**-stood** [-stúd]) *vt.* 오해하다; (사람의) 진가[본성]를 못 알아보다
— *vi.* 오해를 하다
***mis·un·der·stand·ing** [mìsʌndərstǽndiŋ] *n.* UC **1** 오해, 잘못 생각함 《*of*》 **2** 불화, 의견 차이, 싸움 《*between, with*》
***mis·un·der·stood** [mìsʌndərstúd] *v.* MISUNDERSTAND의 과거·과거분사
— *a.* 오해된; 진가를 인정받지 못하는
mis·us·age [misjú:sidʒ, -jú:z-] *n.* UC 오용; 학대, 혹사
***mis·use** [misjú:s] *n.* = MISUSAGE
— [-jú:z] *vt.* 오용[악용]하다; 학대[혹사]하다(ill-treat)
mis·val·ue [misvǽlju(:)] *vt.* 잘못 평가하다, 과소 평가하다
MIT [émàití:] Massachusetts Institute of Technology 메사추세츠 공과 대학
Mitch·ell [mítʃəl] *n.* **1** 남자[여자] 이름 **2** 미첼 **Margaret ~** (1900-49) 《미국의 여류 작가》
mite[1] [mait] *n.* 진드기, 치즈벌레
mite[2] *n.* **1** 잔돈; 《영·속어》 반(半) 파싱 **2** 적으나마 정성어린 성금(誠金) **3** 《구어》 아주 작은 것
mi·ter | **mi·tre** [máitər] *n.* **1** 〖가톨릭〗 주교관(主教冠); 주교의 직[지위] **2** 〖목공〗 연귀, 연귀 이음 — *vt.* **1** 주교로 임명하다 **2** 연귀 이음으로 하다
míter jòint 〖목공〗 연귀 이음, 사접(斜接)
míter squàre 〖목공〗 45도 자 《尺》
mith·ri·da·tize [míθrədèitaiz] *vt.* 면독성[내독성]을 기르다
***mit·i·gate** [mítəgèit] *vt.* 완화하다, 누그러뜨리다, 덜어주다, 진정시키다
-ga·ble *a.* **-gà·tor** *n.*
mit·i·ga·tion [mìtəgéiʃən] *n.* **1** U 완화, 진정; (형벌 등의) 경감 **2** 완화[진정]하는 것
mit·i·ga·tive [mítəgèitiv] *a.* 완화시키는
mi·to·chon·dri·on [màitəkɑ́ndriən | -kɔ́n-] *n.* (*pl.* **-dri·a** [-driə]) 〖생물〗 미토콘드리아
mi·tose [máitous] *vi.* 〖생물〗 유사 분열하다

mi·to·sis [maitóusis] *n.* (*pl.* **-ses** [-siːz]) ⓊⒸ 〖생물〗 유사 분열(有絲分裂)
mi·tral [máitrəl] *a.* 주교관(主教冠)의; 승모(僧帽) 모양의
‡**mitt** [mit] [mitten의 미음(尾音) 소실] *n.* **1** = MITTEN **2** 《속어》 주먹, 손 (fist, hand) **3** 〖야구〗 미트 《포수·1루수용》; 〖권투〗 글러브
*****mit·ten** [mítn] *n.* **벙어리장갑** 《엄지손가락만 떨어져 있는》; (여자용의) 긴 장갑 《팔꿈치까지 덮는》
‡**mix** [miks] [mixed에서의 역성] *v.* (**~ed,** 《고어》 **mixt** [mikst]) *vt.* **1** 섞다, 혼합하다 《*with, in*》 **2** (섞어서) 만들다, 조제하다; 〈재료 등을〉 섞어 넣다 **3** 〈동물을〉 이종 교배시키다 **4** 〈사람들을〉 서로 사귀게 하다, 교제시키다 《*with, among*》; 조화[양립]시키다 《*with*》 **5** 믹싱 녹음[녹화]하다
— *vi.* **1** 섞이다, 혼합되다 **2** 사이좋게 어울리다; 교제하다 《*with*》 **3** 〈동물이〉 이종 교배되다[하다]
~ ***up*** 잘 섞다, 뒤섞다; 혼란시키다, 갈피를 못잡게 하다; 혼동하다, 착각하다
— *n.* **1** 혼합; 혼합물 **2** 《미·구어》 즉석 조리 식품; 술에 타는 음료 《소다수 등》 **3** 《구어》 혼란, 뒤죽박죽 **4** 믹싱 녹음[녹화]; 믹싱 녹음한 레코드[테이프]
‡**mixed** [mikst] *a.* **1** 혼합한, 혼성의, 잡다한 **2** 각양각색의 **3** 남녀 혼합의; 남녀 공학의; 〖음악〗 혼성의: a ~ school 남녀 공학 학교 **4** 이종 교배의 **5** 《구어》 머리가 혼란한, 술취한
míxed bág[búnch] 《구어》 뒤범벅, 잡다한 것[사람]
míxed bléssing 이해(利害)가 엇비슷한 것[일], 유리하지만 불리함도 따르는 사태
míxed drínk 혼합주, 칵테일
míxed ecónomy 혼합 경제 《자본주의와 사회주의의》
míxed fárming 혼합 농업 《축산업과 농업의 혼합 경영》
míxed gríll 간·소시지 등의 육류에 토마토·버섯 등을 넣은 구운 요리
míxed márriage 이(異)종교[민족] 간의 결혼
míxed média 혼합 매체 《영상(映像)·회화(繪畫)·음악 등의》
míxed métaphor 〖수사학〗 혼유(混喩) 《둘 이상의 조화가 안 된 metaphor의 혼용》
míxed númber 〖수학〗 혼수 《대(帶)분수 및 대소수》
mixed-up [míkstʌ́p] *a.* 《구어》 머리가 혼란한, 불안정한; 노이로제 기미의
mix·er [míksər] *n.* **1** 혼합하는 사람; 바텐더; 혼합기(機), (콘크리트 등의) 믹서 **2** 〖라디오·TV〗 음량[영상] 조정자 **3** 《구어》 교제가, 사교가: a good[bad] ~ 교제술이 좋은[없는] 사람
mix·ing [míksiŋ] *n.* **1** 〖영화〗 (녹음 재생에 있어서 음성과 음악 등의) 혼성(混成), 믹싱 **2** 〖라디오·TV〗 음량[영상] 조정
mixt [mikst] *v.* 《고어》 MIX의 과거·과거분사
‡**mix·ture** [míkstʃər] *n.* **1** ⓊⒸ **혼합,** 혼화 **2 혼합물** **3** 감정의 교착(交錯)
mix-up [míksʌ̀p] *n.* 혼란; 《구어》 혼전, 난투
miz·(z)en [mízn] *n.* 〖항해〗 **1** 뒷돛대에 치는 세로돛(= ~ **sàil**) **2** = MIZZENMAST
miz·zen·mast [míznmæ̀st | -mɑ̀ːst; 〖항해〗 -məst] *n.* 〖항해〗 (세 돛대 배의) 뒷돛대
miz·zle [mízl] *n., vi.* 《방언》 = DRIZZLE
miz·zly [mízli] *a.* 《방언》 = DRIZZLY
mk mark 《자동차·무기 등의 형(型)》
mkd. marked
mks, M.K.S. 〖물리〗 meter-kilogram-second 미터·킬로그램·초 단위계의
mkt market
ml milliliter(s)
ML Medieval[Middle] Latin 중세 라틴어; Ministry of Labour 노동부
MLA Modern Language Association 《미》 현대어 협회
MLB 《미》 Major League Baseball
MLD minimum lethal dose 최소 치사량
MLF multilateral (nuclear) force (북대서양 조약 기구의) 다변 핵군(多邊核軍)
Mlle. Mademoiselle
Mlles. Mesdemoiselles
MLS 《미》 Major League Soccer
Mn 〖화학〗 manganese
mne·mon·ic [nimánik | -mɔ́n-] *a.* 기억의, 기억을 돕는; 기억술의
— *n.* 기억을 돕는 공부 《공식 따위》; 〖컴퓨터〗 연상 기호 《인간이 암기하기 쉬운 형으로 간략화한 코드》
mnemónic códe 〖컴퓨터〗 연상 기호 코드
mne·mon·ics [nimániks | -mɔ́n-] *n. pl.* [단수 취급] 기억술, 기억력 증진법
mo [mou] [*mo*ment] *n.* (*pl.* **~s**) 《속어》 순간: Wait a ~. 잠깐 기다려.
Mo 〖화학〗 molybdenum
mo. month(s); monthly
Mo. Missouri; moderato
M.O., m.o. mail order; *modus operandi* 《L =mode of operation》; money order
-mo [mou] *suf.* 〖제본〗 「(종이의) …절(折), …절판(折判)」의 뜻: 16 *mo*, duodeci*mo* (cf. FOLIO)
mo·a [móuə] *n.* 〖고생물〗 모아, 공조(恐鳥) 《지금은 멸종된 New Zealand산의 타조 비슷한 큰 새》
‡**moan** [moun] [동음어 mown] *vi. vt.* **1** 신음하다, 끙끙거리다 **2** 불평하다, 한탄하다 《*about*》 — *n.* **1** (고통·슬픔의) 신음 (소리); [the ~] (바람·물 등의) 울부짖는 소리, 구슬픈 소리 **2** 불평, 불만, 한탄
moan·ful [móunfəl] *a.* 구슬프게 신음하는; 슬퍼하는 **~·ly** *ad.*
*****moat** [mout] *n.* **해자**(垓子), 외호(外壕) 《도시·성곽 둘레의》 — *vt.* 해자를 두르다
‡**mob** [mɑb | mɔb] [L 「변하는 (군중)」의 뜻에서] *n.* **1** [집합적] **폭도**; 군중, 어중이떠중이 **2** [the ~] 《경멸》 하층민; 민중 **3** 《속어》 (도둑 등의) 일단, 패거리; [the ~] 폭력단
— *a.* Ⓐ **1** 폭도[군중]의: ~ psychology 군중 심리 **2** 대중 대상의

— *v.* (**~bed**; **~·bing**) *vt.* **1** 떼를 지어 습격하다; 떼를 지어 환호[야유]하다 **2** 〈장소에〉 떼지어 모이다, 쇄도하다
— *vi.* 〈폭도가〉 모이다

mob·bish [mábiʃ | mɔ́b-] *a.* 폭도와 같은; 무질서한

mob·cap [mábkæ̀p | mɔ́b-] *n.* 모브캡 《18-19세기에 유행한 실내용 여성모(帽)》

*__mo·bile__ [móubəl, -bi:l | -bail] [L 「움직이는」의 뜻에서] *a.* **1** 〈물건이〉 **이동할 수 있는,** 이동성을 가진; 〈사람이〉 움직여 다닐 수 있는, 움직이기 쉬운 **2** 〖군사〗 기동력 있는 **3** 〈마음·표정 등이〉 변하기 쉬운, 변덕스러운 — *n.* 동원(動源), 가동물(可動物); 〖기계〗 가동 장치; 〖미술〗 움직이는 조각(彫刻), 모빌

móbile communicátions 이동 통신

móbile compúting 〖컴퓨터〗 모바일 컴퓨팅 《이동 장소에서 네트워크에 연결하여 컴퓨터를 이용하기》

móbile hòme (트레일러식) 이동 주택

móbile líbrary 이동 도서관

*__mo·bil·i·ty__ [moubíləti] *n.* Ⓤ **1 이동성,** 운동성; 기동력[성] **2** 〖사회〗 유동(성), 이동 **3** 변덕; (얼굴 등의) 표정이 풍부함

mo·bi·li·za·tion [mòubəlizéiʃən | -lai-] *n.* Ⓤ **1** 동원 **2** (금융의) 유통 **3** 〖법〗 (부동산의) 동산화

mo·bi·lize [móubəlàiz] *vt.* **1** 동원하다 **2** 〈재화(財貨) 등을〉 유통시키다 — *vi.* 〈군대가〉 동원되다

Mö·bi·us strìp[bànd] [mə́:biəs-] [독일의 수학자 이름에서] 〖수학〗 뫼비우스의 띠

mób làw[rùle] 폭민(暴民)[우민] 정치, 사형(私刑)

mob·oc·ra·cy [mabákrəsi | mɔbɔ́k-] *n.* Ⓤ 폭민[우민] 정치

MOBS [mabz | mɔbz] [*M*ultiple *O*rbit *B*ombardment *S*ystem] *n.* 〖군사〗 다수 궤도 폭격 시스템

mob·ster [mábstər | mɔ́b-] *n.* 《미·속어》 폭력갱[단]의 한 사람

moc·ca·sin [mákəsin | mɔ́k-] *n.* **1** (북미 인디언의) 밑이 평평한 노루 가죽신 **2** 〖동물〗 독사의 일종

mo·cha [móukə] *n.* Ⓤ **1** 모카 커피 (= **~ còffee**); 《구어》 커피 **2** 아라비아 염소의 무두질한 가죽 《장갑용》 **3** 초콜릿색, 커피색 — *a.* **1** Ⓐ 커피(와 초콜릿으)로 맛들인 **2** 초콜릿색의, 커피색의

‡**mock** [mak | mɔk] *vt.* **1 조롱[우롱]하다,** 비웃다 **2 흉내내며 놀리다 3** 무시[경시]하다 **4** 〈희망 등을〉 꺾다, 실망시키다
— *vi.* 조롱하다, 놀리다 《*at*》
— *n.* **1** ⓊⒸ 조롱; Ⓒ 조롱감, 놀림감, 웃음거리 **2** 모조품, 가짜 — *a.* Ⓐ 가짜의, 거짓의(sham) — *ad.* [보통 복합어를 이루어] 의사(擬似) …, 짐짓

móck àuction 값을 차츰 낮추어가는 경매(Dutch auction)

mock·er [mákər | mɔ́k-] *n.* **1** 조롱하는[업신여기는] 사람, 흉내내는 사람[것] **2** = MOCKINGBIRD

*__mock·er·y__ [mákəri | mɔ́k-] *n.* (*pl.* **-er·ies**) **1** ⓊⒸ **조롱,** 놀림; Ⓒ 조롱거리, 웃음거리 **2** 가짜, 흉내낸 것, 모방 **3** 헛수고

mock-he·ro·ic [-hiróuik] *a.* 영웅풍[시체(詩體)]을 모방한 — *n.* 영웅인 체함; 영웅시체를 모방하여 쓴 작품[행동]

mock·ing [mákiŋ | mɔ́k-] *a.* 조롱하는 듯한, 흉내내는
~·ly *ad.* 조롱하듯이, 희롱하여

mock·ing·bird [mákiŋbə̀:rd | mɔ́k-] *n.* 〖조류〗 흉내지빠귀 《북미산》

móck móon 〖기상〗 환월(幻月)

móck sún 환일(幻日)

mock-up [mákʌ̀p | mɔ́k-] *n.* 실물 크기의 모형

móck-up stàge 실험 단계

mod [mad | mɔd] [*mod*ern] [때로 **M~**] 《구어》 *n.* Ⓤ 유별나게 만든 최신 복장 스타일; Ⓒ 그런 옷을 입은 10대 젊은이 — *a.* 현대적인; 〈복장 등이〉 전위적인

mod. model; moderate; 〖음악〗 moderato; modern; modification; modulus

mod·al [móudl] *a.* **1** 양식의, 형식(상)의, 형태상의 **2** 〖문법〗 법(mood)의 **3** 〖논리〗 양상(樣相)의 **~·ly** *ad.*

mo·dal·i·ty [moudǽləti] *n.* (*pl.* **-ties**) ⓊⒸ 양식적임; 〖논리〗 (판단의) 양상(樣相), 양식

‡**mode**[1] [moud] [동음어 mowed] [L 「방법」의 뜻에서] *n.* **1 방법,** 양식 **2** 〖문법〗 = MOOD[2] 1; 〖논리〗 양상 **3** 〖음악〗 선법(旋法); 음계: the major[minor] ~ 장[단] 음계 **4** 〖컴퓨터〗 모드

mode[2] [F] *n.* Ⓤ [보통 the ~] 유행(의 스타일), 모드
all the ~ 대유행인 ***in ~*** 유행하고 있는 ***out of ~*** 유행이 지난

‡**mod·el** [mádl | mɔ́dl] [L 「방법, 양식」의 뜻에서] *n.* **1 a 모형,** 모델, 원형; 설계도 **b** 《영》 꼭 닮은 사람[것] **2 모범,** 귀감 **3 모델 4** 방식; (자동차의) 형(型)
after[on] the ~ of …을 모범으로 하여
— *a.* Ⓐ **모형의;** 모범[귀감]이 되는, 전형적인 — *v.* (**~ed**; **~·ing** | **~led**; **~·ling**) *vt.* **1** …**의 모형을 만들다 2** (본에 맞추어) 만들다; 설계하다 **3** 〈행동을〉 모범에 맞추다, 본받다 《*after, on, upon*》 **4** 〈드레스 등을〉 입어 보이다, …의 모델을 하다 **5** 〈그림·조각 등에〉 입체감을 주다
— *vi.* 모형을 만들다; 모델 노릇을 하다; 〈그림·조각 등이〉 입체감을 가지다
~·(l)er *n.* 모형을 만드는 사람

mod·el·ing | -el·ling [mádəliŋ | mɔ́d-] *n.* Ⓤ **1** 모형 제작; 조형, 소상술; 〖미술〗 입체감 표현(법) **2** (패션) 모델업

Módel T [the ~] T형 자동차 《Ford사가 만든 초기의 자동차》; 초기[구식] 스타일 — *a.* 초기 단계의; 《미·속어》 구식의, 시대에 뒤진

mo·dem [móudem] [*mo*dulator+*dem*odulator] *n.* 〖컴퓨터〗 변복조(變復調) 장치, 모뎀

‡**mod·er·ate** [mádərət | mɔ́d-] [L 「틀(mode)에 맞추어 억제하다」의 뜻에서] *a.* **1 절제[절도] 있는,** 온건한 **2 알맞은,** 적당한; 〈질·크기 등이〉 **보통의,** 중간 정도의; 〈값이〉 알맞은, 싼 **3** 〈기후 등이〉 온화한

—*n.* 온건한 사람, 온건주의자
—*v.* [-dərèit] *vt.* **1** 절제하다, 완화하다 **2** …의 의장역을 맡다 —*vi.* **1** 완화되다; 〈바람이〉 잔잔해지다 **2** 조정역[의장]을 맡다, 사회하다 **~·ness** *n.*

móderate bréeze 〔기상〕 건들바람 《초속 5.5-7.9 m》

móderate gále 〔기상〕 센바람 《초속 13.9-17.1 m》

*__mod·er·ate·ly__ [mádərətli | mɔ́d-] *ad.* 알맞게, 적당히; 온건하게, 삼가서

*__mo·der·a·tion__ [mὰdəréiʃən | mɔ̀-] *n.* Ⓤ **1** (정도에) **알맞음**, 중용(中庸); **온건**, 온화 **2** 절제, 완화, 경감
in ~ 알맞게, 적당히, 절도 있게

mod·er·a·to [mὰdərá:tou | mɔ̀d-] [It.] *ad.* 〔음악〕 모데라토, 알맞은 속도로: allegro ~ 적당히 빠르게

mo·der·a·tor [mádərèitər | mɔ́-] *n.* **1** 중재[조정]자; 조절[조정]기 **2** (토론 등의) 사회자; 의장 **3** (장로 교회의) 총회 의장 **~·ship** *n.*

⁑**mod·ern** [mádərn | mɔ́d-] [L 「바로 지금」의 뜻에서] *a.* **1** 근대의, 근세의; 현대의 **2** 현대식의, 새로운, 최신의(up-to-date)
—*n.* **1** [종종 *pl.*] 현대인; 신사상을 가진 사람 **2** Ⓤ 〔인쇄〕 모던 《활자체의 일종》
~·ly *ad.* **~·ness** *n.*

módern dánce 현대 무용 《자유롭고 자연스러운 동작으로 내면을 표현하려고 하는 예술 무용》

Módern Énglish 근대 영어 《1500년 이후의 영어; 略 Mod. E. 또는 Mod E》

Módern Hébrew 현대 히브리어 《현대 이스라엘에서 사용하는 말》

módern hístory 근대사 《르네상스 이후의》

mod·ern·ism [mádərnìzm | mɔ́d-] *n.* Ⓤ **1** 현대 사상, 근대적인 태도[주장]; 〔가톨릭〕 근대주의 **2** 현대적인 표현[말]

mod·ern·ist [mádərnist | mɔ́d-] *n.* 현대풍(風)의 사람; 근대주의자

mod·ern·is·tic [mὰdərnístik | mɔ̀d-] *a.* 근대[현대]적인(modern); 근대주의(자)의

mo·der·ni·ty [madə́:rnəti | mɔ-] *n.* ⓊⒸ 현대성, 현대풍; 현대[근대]적인 것

mod·ern·i·za·tion [mὰdərnizéiʃən | mɔ̀dənai-] *n.* Ⓤ 현대화, 근대화

*__mod·ern·ize__ [mádərnàiz | mɔ́d-] *vt.* **현대화하다**, 현대적으로 하다
—*vi.* 현대적이 되다, 현대화되다

módern jázz 모던 재즈 《1940년대 이후의》

módern pentáthlon [the ~] 근대 5종 경기 《펜싱, 사격, 4000 m 크로스컨트리, 300 m 자유형 수영, 5000 m 마술의 종합 득점을 겨룸》

*__mod·est__ [mádist | mɔ́d-] [L 「적당한 척도를 지킨」의 뜻에서] *a.* **1 겸손한**, 신중한 **2** 〈주로 여성이〉 **정숙한**, 기품 있는 **3 적당한**, 온당한; 삼가는; 별로 많지[크지] 않은, 수수한 〈선물 등〉

*__mod·est·ly__ [mádistli | mɔ́d-] *ad.* **겸손하게**, 얌전하게, 삼가서

⁑**mod·es·ty** [mádəsti | mɔ́d-] *n.* Ⓤ **1 겸손**; 수줍음 **2** 정숙, 얌전함 **3** 수수함, 소박함; 적당함

mod·i·cum [mádikəm | mɔ́d-] *n.* 소량, 근소; 다소, 약간, 어느 정도 《*of*》

*__mod·i·fi·ca·tion__ [mὰdəfikéiʃən | mɔ̀d-] *n.* ⓊⒸ (부분적) **변경**, 변형; 조절, 완화; 제한; 〔문법〕 수식, 한정

mod·i·fi·er [mádəfàiər | mɔ́d-] *n.* 수정[변경]하는 사람[것]; 〔문법〕 수식어구; 〔컴퓨터〕 변경자(變更子)

⁑**mod·i·fy** [mádəfài | mɔ́d-] [L 「척도에 맞추다」의 뜻에서] *v.* (**-fied**) *vt.* **1** (일부) **변경하다**, **수정하다** **2** 〈조건·요구 등을〉 완화하다, 조절하다 **3** (물체의) 모양[성질]을 바꾸다, 개조하다 《*into*》 **4** 〔문법〕 〈단어·구를〉 **수식[한정]하다**(qualify) **5** 〔컴퓨터〕 〈명령의 일부를〉 변경하다
—*vi.* 변경되다, 수정되다

Mo·di·glia·ni [mòudi:ljá:ni] *n.* 모딜리아니 **Amedeo ~** (1884-1920) 《이탈리아의 화가》

mod·ish [móudiʃ] *a.* 유행을 따르는, 현대풍의(fashionable) **~·ly** *ad.* **~·ness** *n.*

mo·diste [moudí:st] [F] *n.* 여성 유행복[모자] 제조[판매]업자(dressmaker)

mod·u·lar [mádʒulər | mɔ́dju-] *a.* module의; modulus의

mod·u·late [mádʒulèit | mɔ́dju-] [L 「척도에 맞추다」의 뜻에서] *vt.* 조정[조절]하다; 〈음색·음조 등을〉 변화시키다
—*vi.* 〔음악〕 전조(轉調)하다; 〔전자〕 변조(變調)하다

mod·u·la·tion [mὰdʒuléiʃən | mɔ̀dju-] *n.* ⓊⒸ 조절, 조정, 조음(調音); 〔음악〕 전조; (음성·리듬의) 변화, 억양 (법); 〔전자〕 변조

mod·u·la·tor [mádʒulèitər | mɔ́dju-] *n.* 조절자[물]; 〔음악〕 음계도(圖); 〔전자〕 변조기

mod·ule [mádʒu:l | mɔ́dju:l] *n.* **1** (건축 재료·가구 제작 등의) 기준 치수, 기본 단위; 〔건축〕 도(度) 《원주(圓柱) 등의 비례도 측정 단위》 **2** 〔컴퓨터〕 모듈 **3** 〔우주〕 모듈 《모선(母船)에서 분리하여 특정한 기능을 수행하는 소선(小船)》

mod·u·lus [mádʒuləs | mɔ́dju-] *n.* (*pl.* **-li** [-lai]) **1** 〔물리〕 율(率), 계수 **2** 〔수학〕 대수 계수 **3** 표준, 기준

mo·dus [móudəs] [L =mode] *n.* (*pl.* **-di** [-di:]) 방식, 양식

mo·dus o·pe·ran·di [móudəs-ὰpərǽndi | -ɔ̀pə-] [L] *n.* (*pl.* **mo·di o·pe·ran·di** [móudi:-]) **1** [종종 one's ~] (일의) 처리 방식, 운용법, 작업 계획 **2** (범인의) 수법

mo·dus vi·ven·di [-vivéndi:] [L= manner of living] *n.* (*pl.* **mo·di vi·ven·di** [móudi:-]) **1** [종종 one's ~] 생활 방식, 생활 태도 **2** 잠정 협정

mog·gy, -gie [mági | mɔ́gi] *n.* 《영·방언》 **1** 고양이 **2** 젖소, 송아지

Mo·gul [móugəl] *n.* 무굴 사람 《특히 인도에 제국을 세운》; 몽골 사람; [**m~**] 중요 인물, 거물
—*a.* 무굴 사람[제국]의

Mógul Émpire [the ~] 무굴 제국 《1526년 무굴족이 인도에 세운 이슬람 제국》
mo·hair [móuhɛər] *n.* Ⓤ 모헤어; ⓊⒸ 모헤어직(織); 그 모조품; Ⓒ 모헤어직의 옷
Mo·ham·med [muhǽmid, mou-] *n.* = MUHAMMAD
Mo·ham·med·an [muhǽmidn, mou-] *a.*, *n.* = MUHAMMADAN
~·ìsm *n.* **~·ize** *vt.*
Mo·ha·ve [mouhɑ́:vi] *n.* (*pl.* **~**, **~s**) [the ~(s)] 모하비족 《아메리칸 인디언의 한 종족》; 모하비 말
Mo·hawk [móuhɔ:k] *n.* (*pl.* **~**, **~s**) [the ~(s)] 모호크 족(의 사람) 《북미 인디언의 한 종족》; Ⓤ 모호크 말; Ⓒ 〖스케이트〗 피겨 스케이팅 기교의 일종
Mo·he·gan [mouhí:gən] *n.* (*pl.* **~**, **~s**) [the ~(s)] 모히칸 족(의 사람) 《북미 인디언의 한 종족》; Ⓤ 모히칸 족의 말
Mo·hi·can [mouhí:kən | móui-] *n.* (*pl.* **~**, **~s**) [the ~(s)] 모히칸 족의 사람)《북미 인디언》; Ⓤ 모히칸 말
Móhs' scàle [móuz-] 모스 경도계(硬度計) 《광석의 경도 측정용》
moi·e·ty [mɔ́iəti] (*pl.* **-ties**) *n.* **1** 〖법〗 《문어》 (재산 등의) 반(半)(half), 1/2; 일부분(part) **2** 〖인류〗 반족(半族)
moil [mɔil] *vi.* 열심히 일하다
toil and ~ 고된 일을 뼈빠지게 하다
— *n.* 힘든 일, 고역
móil·ing·ly *ad.*
Moi·ra [mɔ́irə] *n.* **1** 여자 이름 **2** (*pl.* **-rai**[-rai])〖그리스신화〗 모이라 《운명의 여신(Fate)》; [보통 **m~**] (개인의) 숙명
moire [mwɑ:r | mwɑ:] [F] *n.* Ⓤ **1** = MOHAIR **2** 물결무늬 명주; (금속 표면의) 구름[물결] 무늬
moi·ré [mɔ:réi, mɔ́:rei | mwɑ́:rei] [F] *n.* ⓊⒸ 물결[구름] 무늬; 〖인쇄〗 무아레 《망점끼리 겹쳐진 혼탁》
— *a.* 물결[구름] 무늬가 있는
‡**moist** [mɔist] *a.* **1 축축한,** 습기 있는; 〈음식 등이〉 알맞게 물기가 있는; 비가 많은 **2** 눈물 젖은, 눈물이 글썽한
móist·ly *ad.* **móist·ness** *n.*
***moist·en** [mɔ́isn] *vt.* **축축하게 하다,** 젖게 하다, 적시다: ~ one's lips[throat] 목을 축이다, 술을 마시다 **—** *vi.* 젖다, 축축하게 되다: ~ at one's eyes 눈물짓다
‡**mois·ture** [mɔ́istʃər] *n.* Ⓤ **습기,** 수분, 물기, (공기 중의) 수증기
~·less *a.* 습기 없는, 건조한(dry)
mois·ture·proof [mɔ́istʃərprù:f] *a.* 방습의
mois·tur·ize [mɔ́istʃəràiz] *vt.* 습기를 공급하다, 가습하다; (화장품으로) 〈피부에〉 습기를 주다 **-iz·er** *n.*
Mo·já·ve Désert [mouhɑ́:vi-] [the~] 모하비 사막(Mohave Desert) 《미국 California 주 남부의 사막》
moke [mouk] *n.* **1** 《미·속어》 흑인, 검둥이 **2** 《미·속어》 멍청이 **3** 《영·속어》 당나귀(donkey)
mol [moul] *n.* 〖화학〗 = MOLE⁴
mo·lar¹ [móulər] [L 「맷돌의」의 뜻에서] *a.* 갈아 부수는, 씹어 으깨는; 구치(臼齒)의 **—** *n.* 어금니, 구치(= **~ tòoth**)
molar² *a.* 〖물리〗 질량(質量)(상)의; 〖화학〗 몰의, 그램분자의
mo·las·ses [məlǽsiz] *n. pl.* Ⓤ 《미》 당밀(糖蜜)(《영》 treacle)
‡**mold¹** | **mould¹** [mould] [L 「척도, 규범」의 뜻에서] *n.* **1** (소조(塑造)·주조(鑄造)용의) **틀, 주형**(鑄型), 거푸집 **2** 주물(鑄物); 꼴, 만듦새(cast), 모습; 인체 **3** ⓊⒸ 성질, 성격
— *vt.* **1 거푸집[틀]에 넣어 만들다,** 본뜨다 **2** 〈성격을〉 형성하다; 〈인격을〉 도야하다 **~ *on*** [***upon***] …을 본뜨다
mold² | **mould²** *n.* Ⓤ 곰팡이; 사상균(絲狀菌) **—** *vi.*, *vt.* 곰팡나(게 하)다
mold³ | **mould³** *n.* Ⓤ **1** 부식토(腐植土), 양토(壤土) **2** 《고어·시어》 땅, 지면, 토지 **—** *vt.* 흙을 덮다 《*up*》
mold·er¹ | **mould·er¹** [móuldər] *n.* 틀을 만드는 사람, 주형공(鑄型工); 형성자
molder² | **moulder²** *vi.* **1** 《문어》 썩다, 붕괴하다 《*away*》 **2** 〈계획 등이〉 묻혀 사라지다 《*away*》
— *vt.* 썩게[허물어지게] 하다
mold·ing¹ [móuldiŋ] *n.* Ⓤ 조형(造型), 주형(鑄型)(법); Ⓒ 소조[주조]물; [종종 *pl.*] 〖건축〗 쇠시리
molding² *n.* Ⓤ 복토(覆土); 덮는[북주는] 흙
mold·y [móuldi] *a.* (**mold·i·er**; **-i·est**) 곰팡이가 핀, 곰팡내 나는; 케케묵은
móld·i·ness *n.*
***mole¹** [moul] *n.* **1** 〖동물〗 **두더지 2** (잠복해 있는) 스파이
mole² *n.* 사마귀; 검은 점 《피부의》
mole³ *n.* 방파제; (방파제를 두른) 인공항구
mole⁴ *n.* 〖화학〗 몰, 《특히》 그램분자
***mo·lec·u·lar** [məlékjulər] *a.* **분자의,** 분자로 된, 분자에 의한: ~ attraction 분자 인력
molécular fórmula 〖화학〗 분자식
mo·lec·u·lar·i·ty [məlèkjulǽrəti] *n.* Ⓤ 분자상(分子狀), 분자성(性), 분자도(度)
molécular strúcture 분자 구조
molécular wéight 〖화학〗 분자량
***mol·e·cule** [mɑ́ləkjù:l | mɔ́l-] *n.* **1** 〖화학·물리〗 **분자 2** 〖화학〗 그램분자 **3** 미립자; 아주 조금, 미량
mole·hill [móulhìl] *n.* 두더지가 파놓은 흙두둑; 사소한 일
móle plòw 두더지 쟁기 《보습 대신 뾰족한 날이 있음》
mole·skin [-skìn] *n.* Ⓤ 두더지 가죽; 몰스킨 면포; [*pl.*] 몰스킨제 바지
***mo·lest** [məlést] *vt.* **괴롭히다,** 못살게 굴다; 방해하다(disturb)
mo·les·ta·tion [mòulestéiʃən] *n.* Ⓤ 방해, 훼방; 괴롭힘 **~·er** *n.* 괴롭히는 사람
Mo·lière [mouljɛ́ər | mɔ́liɛ̀ə] *n.* 몰리에르(1622-73) 《프랑스의 희극 작가》
Moll [mɑl | mɔl] *n.* 여자 이름 《Mary의 애칭》
mol·li·fi·ca·tion [mɑ̀ləfikéiʃən | mɔ̀l-] *n.* ⓊⒸ 누그러뜨리기, 가라앉히기, 경감, 완화, 달래기

mol·li·fy [mάləfài | mɔ́l-] *vt.* (**-fied**) 〈고통·감정 등을〉 누그러뜨리다, 완화시키다, 달래다; 진정시키다, 경감하다

Mol·lus·ca [məlʌ́skə | mɔl-] *n. pl.* 연체(軟體)동물문(門)

mol·lusk [mάləsk | mɔ́l-] *n.* 〖동물〗 연체동물

Mol·ly [mάli | mɔ́li] *n.* 여자 이름 《Mary의 애칭》

mol·ly·cod·dle [mάlikàdl | mɔ́likɔ̀dl] *n.* 나약한 남자(아이), 겁쟁이
—*vt.* 어하게 키우다, 나약하게 기르다

Mo·loch [mάlək, móulɑk | móulɔk] *n.* **1** 〖성서〗 몰록 《아이를 제물로 바치고 섬긴 신》; 《비유》 엄청난 희생을 요구하는 것 **2** [**m~**] 〖동물〗 가시도마뱀 《호주산》

Mó·lo·tov bréadbasket [mάlətɔ̀:f- | mɔ́lətɔ̀f-] [구소련의 정치가 Molotov에서] 모자(母子) 소이탄(燒夷彈)

Mólotov cócktail 화염병

molt | moult [moult] *vi.* 〈새가〉 털을 갈다, 〈곤충 등이〉 탈피하다, 허물을 벗다; 〈동물이〉 뿔을 갈다
—*vt.* 〈깃·털 허물 등을〉 벗다(cast off)
—*n.* 털갈이, 탈피; 빠진 털, 벗은허물

*__mol·ten__ [móultn] *v.* MELT의 과거분사
—*a.* Ⓐ **1** 녹은; (용해시켜) 주조(鑄造)한: a ~ image 주상(鑄像) **2** 《문어》 〈정열 등이〉 타는 듯한

mol·to [móultou | mɔ́l-] [It.] *ad.* 〖음악〗 대단히(very): ~ adagio 아주 느리게

mo·lyb·de·num [məlíbdənəm] *n.* Ⓤ 〖화학〗 몰리브덴 《금속 원소; 기호 Mo, 번호 42》

⁑**mom** [mɑm | mɔm] *n.* 《미·구어·소아어》 = MAMA

mom-and-pop [mάmənpάp | mɔ́mənpɔ́p] *a.* Ⓐ 《미·구어》 〈가게가〉 부부[가족]끼리 경영하는, 소규모의, 영세한
—*n.* (*pl.* **~s**) 소규모 자영업체, 가족 경영의 가게

⁑**mo·ment** [móumənt] *n* **1 a** 순간(instant) **b** [a ~; 부사적] 잠깐 (동안): Just wait *a* ~. 잠깐만 기다리세요. **c** [the (very) ~; 접속사적] …한[하는] 순간에, …하자마자 **2 a** (어느 특정한) 때, 시기, 기회, 경우, 위기 **b** [the ~] 지금, 현재 **3** Ⓤ [of ~] 중요성 **4** 〖철학〗(사물의) 국면, 계기 **5** Ⓤ [the ~] 〖물리〗 모멘트, 능률; 〖통계〗 적률: *the* ~ of a force 힘의 모멘트
at any ~ 언제 어느 때나, 하시라도 ***for a ~*** 잠시 동안; [부정 구문에서] 일순간이라도[조금도] (…않다) ***for the ~*** 우선, 당장에는 ***in a ~*** 순식간에, 곧 ***the next ~*** [부사적] 다음 순간에, 순식간에

mo·men·tar·i·ly [mòuməntérəli, ⌐—⌐——— | móuməntərəli] *ad.* **1** 잠시, 잠깐 동안 **2** 이제나저제나 하고; 시시각각으로 **3** 순간적으로; 곧, 즉각

⁑**mo·men·tar·y** [móuməntèri | -təri] *a.* **순식간의**, 순간적인, 찰나의, 덧없는: a ~ impulse 순간적인 충동

mo·ment·ly [móuməntli] *ad.* **1** 시시각각으로; 이제나저제나 하고 **2** 잠시, 잠깐 **3** 즉각; 순식간에

*__mo·men·tous__ [mouméntəs] *a.* **중대한, 중요한**, 심상치 않은: a ~ decision 중대한 결정 **~·ly** *ad.* **~·ness** *n.*

*__mo·men·tum__ [mouméntəm] *n.* (*pl.* **-ta**[-tə], **~s**) **1** Ⓤ 〖물리〗 **운동량** **2** ⓊⒸ 힘, 추진력; (움직이고 있는 물체 등의) 타성 **3** 〖철학〗 = MOMENT 4

mom·ma [mάmə | mɔ́mə] *n.* **1** 《미·구어·소아어》 엄마 **2** 《미·속어》 여자

mom·my [mάmi | mɔ́mi] *n.* (*pl.* **-mies**) 《미·구어·소아어》 엄마 (《영》 mummy)

mómmy tràck 어머니의 취업 형태 《육아 등을 위해 출퇴근 시간을 조절할 수 있되 승진·승급의 기회는 적음》

mo·mo [móumòu] *n.* 《미·속어》 얼간이

Mo·mus [móuməs] *n.* **1** 〖그리스신화〗 모무스 《조롱·비난의 신》 **2** (*pl.* **~·es, -mi** [-mai]) [종종 **m~**] 흠잡기 좋아하는 사람

Mon. Monastery; Monday; Monmouthshire; Monsignor

mon- [mɑn, moun | mɔn] MONO-의 변형 《모음 앞에서는 mon-》

mon·a·c(h)al [mάnəkəl | mɔ́n-] *a.* = MONASTIC

mon·a·chism [mάnəkìzm | mɔ́n-] *n.* Ⓤ 수도원 생활[제도]

mon·ac·id [mɑnǽsid | mɔn-] *a.* = MONOACID

Mon·a·co [mάnəkòu | mɔ́n-] *n.* 모나코 《지중해 북안의 공국(公國); 그 수도》

mo·nad [móunæd | mɔ́n-] *n.* **1** 〖생물〗 단세포 생물 **2** 〖화학〗 1가(價)의 원소[원가, 기] **3** 〖철학〗 모나드, 단자(單子) **4** 단일체, 개체(unity) **mo·nád·ic, -i·cal** *a.*

Mo·na Li·sa [móunə-lí:zə] [It. Mona = Madam, Lisa는 Gioconda의 부인 이름] *n.* [the ~] 모나리자 《Leonardo da Vinci가 그린 여인 초상화》

mon·an·drous [mənǽndrəs] *a.* 〖식물〗 홑수술의; 일부제(一夫制)의

⁑**mon·arch** [mάnərk | mɔ́n-] [Gk 「혼자서 지배하는 사람」의 뜻에서] *n.* **군주**, 주권자, 제왕

mo·nar·chal [mənά:rkəl | mɔ-], **-chi·al** [-kiəl] *a.* 제왕[군주]의; 군주다운(royal)

mo·nar·chi·cal, -chic [mənά:rkik(əl) | mɔ-] *a.* 군주(국)의; 군주제의
-chi·cal·ly *ad.*

mon·ar·chism [mάnərkìzm | mɔ́n-] *n.* Ⓤ 군주(제)주의 **-chist** *n.* 군주제주의자 **mòn·ar·chíst·ic** *a.*

*__mon·ar·chy__ [mάnərki | mɔ́n-] *n.* (*pl.* **-chies**) Ⓤ **군주 정체[정치]**; Ⓒ 군주국: an absolute[a despotic] ~ 전제 군주국

mon·as·te·ri·al [mὰnəstíəriəl | mɔ̀n-] *a.* 수도원의; 수도원 생활의

*__mon·as·ter·y__ [mάnəstèri | mɔ́nəstəri] [Gk 「혼자서 생활하다」의 뜻에서] *n.* (*pl.* **-ter·ies**) **수도원** 《주로 남자의》

*__mo·nas·tic__ [mənǽstik] *a.* **1 수도원의**; 수(도)사의 **2** 수도 생활의; 금욕적인
—*n.* 수(도)사(monk)
-ti·cal *a.* **-ti·cal·ly** *ad.* 수도원처럼, 금욕적으로

mo·nas·ti·cism [mənǽstəsìzm] *n.* Ⓤ 수도원 생활, 수도[금욕] 생활; 수도원 제도

mon·a·tom·ic [mɑ̀nətɑ́mik | mɔ̀nətɔ́m-] *a.* 〖화학〗 〈분자가〉 1원자로 된; 1가(價)의

mon·au·ral [mɑnɔ́:rəl | mɔn-] *a.* 〈녹음이〉 모노럴의, 단청(單聽)의; 한쪽 귀의[에 쓰는] **~·ly** *ad.*

****Mon·day** [mʌ́ndi, -dèi] [OE 「달(moon)의 날」의 뜻에서] *n.* **월요일** 《略 Mon.》 — *a.* Ⓐ 월요일의 — *ad.* 《미》 월요일에

Mon·days [mʌ́ndiz, -deiz] *ad.* 《미》 월요일마다

monde [mɔ:nd] [F] *n.* 세상, 사회; 사교계, 상류 사회

Mon·dri·an [mɔ́:ndriɑ̀:n | mɔ́n-] *n.* 몬드리안 **Piet** ~ (1872-1944) 《네덜란드의 추상파 화가》

M1 [émwʌ́n] *n.* 기본 통화 공급량 《유통 현금 통화와 예금 통화를 합친 것》

Mo·net [mounéi] *n.* 모네 **Claude** ~ (1840-1926) 《프랑스의 인상파 화가》

mon·e·tar·y** [mɑ́nətèri | mʌ́nitəri] *a.* **1 화폐의,** 통화의: the ~ system 화폐 제도 **2** 금전(상)의; 금융의, 재정(상)의 ***in ~ difficulties 재정 곤란에

mon·e·ti·za·tion [mɑ̀nətizéiʃən | mʌ̀nitai-] *n.* Ⓤ 화폐 주조; 통화 제정

mon·e·tize [mɑ́nətàiz | mʌ́n-] *vt.* 〈금속을〉 화폐로 주조하다; 화폐[통화]로 정하다

****mon·ey** [mʌ́ni] [옛날에 Juno Moneta(로마의 충고의 여신)의 신전에서 주조된 데서] *n.* (*pl.* **~s,** 《드물게》 **mon·ies**) **1** Ⓤ **돈,** 금전; **화폐,** 통화: hard ~ 경화(硬貨) **2** [UC] 〖경제〗 화물 화폐, 교환 매개물 **3** 급료, 임금 **4** Ⓤ 재산, 부(wealth); 돈벌이, 이익; 상금; [집합적] 큰 부자 ***coin*** [***mint***] (***the***) ~ (***in***) 《구어》 돈을 그러모으듯 벌다 ***for*** ~ 돈을 위하여; 《영》 〖상업〗 직접 거래로 ***lose*** ~ 손해를 보다 《*over*》 ***make*** ~ (***out***) ***of*** ... …로 돈을 벌다, 부자가 되다 ***put*** ~ ***into*** …에 투자하다

— *a.* Ⓐ 돈의, 금전(상)의: ~ matters 금전 문제

mon·ey·bag [mʌ́nibæ̀g] *n.* **1** 돈주머니, 지갑 **2** [*pl.*; 단수·복수 취급] 《구어》 재산; 부자; 욕심쟁이

móney bòx 돈궤, 저금통; 헌금함

móney chànger 환전상(換錢商); 환전기

móney cròp 《미》 환금 작물(cash crop)

mon·eyed [mʌ́nid] *a.* Ⓐ 돈 많은, 부자의; 금전(상)의: the ~ interest 금전적인 이해; [집합적] 재계(財界), 자본가들

mon·ey·grub·ber [mʌ́nigrʌ̀bər] *n.* 축재가, 수전노

mon·ey·grub·bing [-grʌ̀biŋ] *a., n.* Ⓤ 악착같이 돈을 모으는[모으기]

mon·ey·lend·er [-lèndər] *n.* 빚주는 사람; 고리 대금업자

mon·ey·less [mʌ́nilis] *a.* 돈 없는

mon·ey·mak·er [mʌ́nimèikər] *n.* 축재가; 돈벌이 되는 일

mon·ey·mak·ing [-mèikiŋ] *n.* Ⓤ 돈벌이, 축재 — *a.* Ⓐ 돈을 잘 버는; 돈벌이 되는

móney màrket (단기) 금융 시장

móney òrder 우편환(換): a telegraphic ~ 전신환

mon·ey-sav·ing [-séiviŋ] *a.* 돈을 절약[저축]하는

móney spìnner 1 돈벌이 되는[수지맞는] 일 **2** 〖동물〗 작은 빨강거미 《행운을 갖다 준다고 함》

móney supplỳ 〖경제〗 통화 공급(량)

móney wàges 〖경제〗 명목 임금

mon·ger [mʌ́ŋgər] [OE 「장사하다」의 뜻에서] *n.* [복합어를 이루어] **1** (시시한 일을) 세상에 퍼뜨리는 사람 **2** …상인, …장수

mon·go [mɑ́ŋgou | mɔ́ŋ-] *n.* (*pl.* **~s**) 몽고 《몽골 인민 공화국의 화폐 단위; =1/100 tugrik》

Mon·gol [mɑ́ŋgəl | mɔ́ŋ-] *n.* **1** 몽골 사람; 몽골 인종; Ⓤ 몽골 말 **2** [종종 **m~**] 《경멸》 다운증 환자 — *a.* =MONGOLIAN

Mon·go·li·a [mɑŋgóuliə | mɔŋ-] *n.* 몽골(국)

Mon·go·li·an [mɑŋgóuliən | mɔŋ-] *n.* 〖인류〗 몽골 인종에 속하는 사람, 몽골 사람; Ⓤ 몽골 말 — *a.* 몽골인(종)의; 몽골 말의; [종종 **m~**] 《경멸》 다운증의

Mongólian spót 〖의학〗 몽골반(斑)(blue spot)

Mon·gol·oid [mɑ́ŋgəlɔ̀id | mɔ́ŋ-] *a.* **1** 몽골 사람을 닮은; 몽골 인종적인 **2** [종종 **m~**] 〖병리〗 《경멸》 다운증의

— *n.* **1** 몽골 인종에 속한 사람 **2** [종종 **m~**] 《경멸》 다운증 환자

mon·goose [mɑ́ŋgù:s | mɔ́ŋ-] *n.* (*pl.* **-goos·es**) 〖동물〗 몽구스 《독사의 천적》

mon·grel [mʌ́ŋgrəl] *n.* **1** 잡종, 《특히》 잡종개 **2** 《경멸》 혼혈아, 튀기

— *a.* Ⓐ 잡종의; 《경멸》 튀기의

mon·grel·ize [mʌ́ŋgrəlàiz] *vt.* 잡종으로 만들다; 《경멸》 〈인종·민족의 성격을〉 잡종화하다

Mon·i·ca [mɑ́nikə | mɔ́n-] *n.* 여자 이름

mon·ies [mʌ́niz] *n.* 《드물게》 MONEY의 복수

mon·ism [móunizm, mɑ́n- | mɔ́n-] *n.* Ⓤ 〖철학〗 일원론(一元論)(cf. DUALISM, PLURALISM) **món·ist** *n.* 일원론자

mo·nis·tic, -i·cal [mounístik(əl), mə- | mɔ-] *a.* 일원론의

mo·ni·tion [mouníʃən] *n.* [UC] **1** 충고, 권고, 경고(warning); (종교 재판소의) 계고(戒告) **2** 〖법〗 소환

****mon·i·tor** [mɑ́nətər | mɔ́n-] [L 「충고하는 사람」의 뜻에서] *n.* **1** (학급의) **반장,** 학급 위원; 감독생 **2** 충고자 **3** 모니터 요원 《이용자 중에서 선발되어 제품에 대한 감상·비평을 제공하는 사람》 **4** (원자력 공장 종업원의) 유도(誘導) 방사능 검출기(檢出器) **5** 〖라디오·TV〗 모니터 《방송 내용 등을 감시·보고하는 사람》, 송신 상태 감시기 **6** 〖컴퓨터〗 모니터

— *vt.* **1** 〚통신〛 〈라디오·텔레비전의 송신을〉 모니터하다; 〈녹음의〉 상태를 체크하다 **2** 〈기계·항공기 등을〉 감시[조정]하다 **3** 〈외국 방송을〉 청취[방수(傍受)]하다
— *vi.* 모니터 노릇을 하다 **~·shìp** *n.* Ⓤ 감독생[반장]의 역할[임무, 임기]

mon·i·to·ri·al [mɑ̀nətɔ́:riəl | mɔ̀n-] *a.* **1** 감독생의 **2** = MONITORY

mon·i·tor·ing [mɑ́nitəriŋ | mɔ́n-] *n.* **1** 감시, 관찰; 〚컴퓨터〛 모니터링 《프로그램 수행 중 생길 수 있는 오류에 대비하기》
— *a.* 모니터(용)의

mon·i·to·ry [mɑ́nətɔ̀:ri | mɔ́nitəri] *a.* 권고의, 훈계의, 권고하는
— *n.* (*pl.* **-ries**) (주교·교황의) 계고장(戒告狀)

mon·i·tress [mɑ́nətris | mɔ́n-] *n.* 여성 monitor

‡monk [mʌŋk] [Gk 「혼자서 사는」의 뜻에서] *n.* 수도사(cf. FRIAR), 수사

‡mon·key [mʌ́ŋki] *n.* (*pl.* **~s**) **1** 〚동물〛 원숭이 **2** 장난꾸러기 **3** (속어) 놀림받는 바보 **4** (말뚝 박는) 해머; 도가니 **5** (탄갱의) 작은 통로[통기공]
— *vt.* 흉내내다, 조롱하다
— *vi.* 《구어》 장난하다, 만지작거리다; 까불다, 까불거리다

mónkey bùsiness 《구어》 **1** (짓궂은) 장난; 바보 같은 짓 **2** 기만, 사기

mon·key·ish [mʌ́ŋkiiʃ] *a.* 원숭이 같은; 흉내·장난 등에 능한

mónkey jàcket = MESS JACKET; (옛날 선원이 입던) 짧고 꼭 끼는 상의

mon·key-nut [mʌ́ŋkinʌ̀t] *n.* 《영》 땅콩

mon·key·shine [-ʃàin] *n.* [보통 *pl.*] 《미·속어》 장난, 놀림

mónkey sùit 《구어》 제복; = TUXEDO

mónkey wrènch 멍키렌치; 《구어》 장애물

monk·ish [mʌ́ŋkiʃ] *a.* 《보통 경멸》 수(도)사의, 수도원의, 수도원 같은, 승려 냄새 나는

mon·o[1] [mɑ́nou | mɔ́n-] *n.* 《구어》 전염성 단핵증

mono[2] *a.* **1** = MONAURAL **2** = MONOPHONIC **—** *n.* (*pl.* **~s**) 모노럴 레코드; Ⓤ 모노럴음 재생

mono- [mɑ́nou, -nə | mɔ́n-] 《연결형》 「단일의; 〚화학〛 1원자를 함유한」의 뜻 (opp. *poly-*)

mon·o·ac·id [mɑ̀nouǽsid | mɔ̀n-] *a.* 〚화학〛 1산(酸)의

mon·o·chord [mɑ́nəkɔ̀:rd | mɔ́n-] *n.* 일현금(一弦琴); 일현의 음향 측정기

mon·o·chro·mat·ic [mɑ̀nəkroumǽtik | mɔ̀n-] *a.* 단색의, 단채(單彩)의; 단색성의

mon·o·chrome [mɑ́nəkròum | mɔ́n-] *n.* 단색화, 흑백 사진; Ⓤ 단색화[사진]법
— *a.* 단색의; 〈사진·텔레비전 등이〉 흑백의 **mòn·o·chró·mic** [-króumik] *a.*

mon·o·cline [mɑ́nəklàin | mɔ́n-] *n.* 〚지질〛 단사(單斜)

mon·o·cli·nous [mɑ̀nəkláinəs | mɔ̀n-] *a.* 〚식물〛 자웅 동화(雌雄同花)의, 양성화(兩性花)의

mono·cot·y·le·don [mɑ̀nəkɑ̀təlí:dən | mɔ̀nəkɔ̀t-] *n.* 〚식물〛 단자엽(單子葉)[외떡잎] 식물(cf. DICOTYLEDON)
~·ous [-əs] *a.*

mo·noc·ra·cy [mənɑ́krəsi, mou- | mounɔ́k-] *n.* Ⓤ 독재 정치(autocracy)

mon·o·cul·ture [mɑ́nəkʌ̀ltʃər | mɔ́n-] *n.* Ⓤ 〚농업〛 단일 재배, 단종(單種) 재배

mon·o·cy·cle [mɑ́nəsàikl | mɔ́n-] *n.* 1륜차

mon·o·dra·ma [mɑ́nədrɑ̀:mə, -drǽmə | mɔ́n-] *n.* 1인극

mon·o·dy [mɑ́nədi | mɔ́n-] *n.* (*pl.* **-dies**) **1** (그리스 비극의) 독창가(歌) **2** 애도시, 만가 **3** 〚음악〛 단선율(의 악곡)

mo·noe·cious [mənf:ʃəs] *a.* 〚식물〛 자웅 동주(雌雄同株)의; 〚동물〛 자웅 동체의

mo·nog·a·mist [mənɑ́gəmist | -nɔ́g-] *n.* 일부일처주의자

mo·nog·a·mous [mənɑ́gəməs | -nɔ́g-] *a.* 일부일처의; 〚동물〛 일자일웅(一雌一雄)의

mo·nog·a·my [mənɑ́gəmi | -nɔ́g-] *n.* Ⓤ 일부일처(주의)(cf. POLYGAMY 1)

mon·o·gen·e·sis [mɑ̀nədʒénəsis | mɔ̀n-] *n.* Ⓤ **1** 일원(一元) **2** 〚생물〛 일원 발생설 **3** 〚생물〛 단성(單性)[무성(無性)] 생식

mon·o·gram [mɑ́nəgræ̀m | mɔ́n-] *n.* (성명 첫 글자 등을 짜맞춘) 결합 문자

mon·o·graph [mɑ́nəgræ̀f | mɔ́nəgrɑ̀:f] *n.* (한정된 단일 분야를 테마로 삼는) 모노그래프, 특수 연구서, 전공 논문

mon·o·graph·ic, -i·cal [mɑ̀nəgrǽfik(əl) | mɔ̀n-] *a.* 전공 논문의

mo·nog·y·ny [mənɑ́dʒəni | mənɔ́dʒ-] *n.* Ⓤ 일처(주의), 일처제(cf. POLYGYNY 1)

mon·o·ki·ni [mɑ̀nəkí:ni | mɔ̀n-] *n.* 모노키니 《토플리스 비키니》; (남성용의) 아주 짧은 팬츠

mo·nol·a·try [mənɑ́lətri | mɔnɔ́l-] *n.* Ⓤ 일신(一神) 숭배

mon·o·lin·gual [mɑ̀nəlíŋgwəl | mɔ̀n-] *a.*, *n.* 1개 국어를 사용하는 (사람)

mon·o·lith [mɑ́nəliθ | mɔ́n-] *n.* 하나의 암석으로 된 기둥[비석]; 〚건축〛 중공초석(中空礎石), 단일체(單一體)

mon·o·lith·ic [mɑ̀nəlíθik | mɔ̀n-] *a.* **1** 하나의 암석으로 된 **2** 단일체의; 획일적이고 자유가 없는 〈사회〉 **3** 〚전자〛 단일 결정(結晶)으로 된 〈칩〉, 모놀리식의 〈회로〉: a ~ circuit 모놀리식 집적 회로

mo·nol·o·gize [mənɑ́lədʒàiz | mɔnɔ́l-] *vi.* 독백하다, 혼잣말을 하다; 회화를 독점하다

mon·o·logue, 《미》 **-log** [mɑ́nəlɔ̀:g | mɔ́nəlɔ̀g] *n.* **1** 독백극, 1인극; 독백 **2** 《구어》 혼자서만 하는 긴 이야기, 이야기의 독점 **—** *vi.* = MONOLOGIZE

mon·o·ma·ni·a [mɑ̀nəméiniə | mɔ̀n-] *n.* Ⓤ 한가지 일에만 집착함, 편집광(偏執狂); 외곬으로 빠짐

mon·o·ma·ni·ac [mɑ̀nəméiniæ̀k | mɔ̀n-] *n.* 편집광(偏執狂); 한 가지 일에만 집착하는 사람

mon·o·mark [mɑ́nəmɑ̀:rk | mɔ́n] *n.*

《영》 모노마크 《상품 등의 등록에 쓰이는 문자·숫자의 결합 기호》

mon·o·me·tal·lic [mὰnoumətǽlik | mɔ̀n-] *a.* 단본위제(單本位制)의

mon·o·met·al·lism [mὰnəmétəlìzm | mɔ̀n-] *n.* Ⓤ 〚경제〛 (화폐의) 단본위제

-list *n.* 단본위제론자

mo·no·mi·al [mounóumiəl] *a.* 〚수학〛 단항(單項)의; 〚생물〛 단일 명칭의

— *n.* 〚수학〛 단항식; 〚생물〛 단일 명칭

mon·o·pho·bi·a [mὰnəfóubiə | mɔ̀n-] *n.* Ⓤ 〚정신의학〛 고독 공포증

mon·o·pho·nic [mὰnəfάnik | mɔ̀nəfɔ́-] *a.* **1** 〚음악〛 단(單)선율(곡)의 **2** 〈녹음·재생 장치가〉 모노럴의(cf. STEREOPHONIC)

mon·oph·thong [mάnəfθɔ̀:ŋ | mɔ́nəf-θɔ̀ŋ] *n.* 〚음성〛 단모음(單母音) (cf. DIPHTHONG) **-thòn·gal** [-gəl] *a.*

mon·o·plane [mάnəplèin | mɔ́n-] *n.* 단엽 비행기(cf. BIPLANE, TRIPLANE)

mo·nop·o·lism [mənάpəlìzm | -nɔ́p-] *n.* Ⓤ 독점주의[조직], 전매 제도

-list *n.* 독점[전매]자; 독점주의자, 전매론자

mo·nop·o·lis·tic [mənὰpəlístik | -nɔ̀p-] *a.* 독점적인, 전매의

-ti·cal·ly *ad.*

*__mo·nop·o·lize__ [mənάpəlàiz | -nɔ́p-] *vt.* 〈상품·사업 등의〉 **독점[전매]권을 얻다,** 〈시장 등을〉 독점하다

mo·nòp·o·li·zá·tion *n.* Ⓤ 독점, 전매

‡**mo·nop·o·ly** [mənάpəli | -nɔ́p-] *n.* (*pl.* **-lies**) **1 a** [a ~] (상품·사업 등의) **전매, 독점**; 전유 《*of*, 《미》 *on*》 **b** 전매권, 독점권 《*of*, *in*, 《미》 *on*》: have a ~ *of*[*in*, *on*] …의 독점권을 가지다 **2** 전매[독점] 회사[조합, 기업] **3** 전매[독점]품

make a ~ of …을 독점하다

monópoly cápitalism 〚경제〛 독점 자본주의

mon·o·rail [mάnərèil | mɔ́n-] *n.* 모노레일, 단궤(單軌) 철도

mon·o·só·di·um glútamate [mὰnə-sóudiəm- | mɔ̀n-] 글루타민산소다 《화학 조미료; 略 MSG》

mon·o·syl·lab·ic [mὰnəsilǽbik | mɔ̀n-] *a.* 단음절의; 단음절어를 쓰는; 〈말이〉 짧고 퉁명스러운 **-i·cal·ly** *ad.*

mon·o·syl·la·ble [mάnəsìləbl | mɔ́n-] *n.* 1음절; 단음절어

mon·o·tech·nic [mὰnətéknik | mɔ̀n-] *a.* 단과(單科) 전문의

— *n.* 단과 전문대학

mon·o·the·ism [mάnəθi:ìzm | mɔ́n-] *n.* Ⓤ 일신교(一神教)(cf. POLYTHEISM)

-ist *n., a.* 일신교도(의)

mon·o·the·is·tic [mὰnəθi:ístik | mɔ̀n-] *a.* 일신교의

mon·o·tone [mάnətòun | mɔ́n-] *n.* (색채·문체의) 단조(로움); 〚음악〛 단조(單調)(음) **—** *a.* 단조로운, 단조의

— *vt., vi.* 단조롭게 읽다[말하다, 노래하다]

‡**mo·not·o·nous** [mənάtənəs | -nɔ́t-] *a.* **단조로운**; 변화 없는, 지루한

~·ly *ad.* 단조롭게 **~·ness** *n.*

*__mo·not·o·ny__ [mənάtəni | -nɔ́t-] *n.* Ⓤ **1 단조로움,** 한결같음[같은 반복]; 지루함 **2** 〚음악〛 단음, 단조(monotone)

mon·o·type [mάnətàip | mɔ́n-] *n.* **1** [**M~**] 〚인쇄〛 모노타이프 《자동 주조 식자기》; 모노 타이프에 의한 인쇄(법) **2** 〚생물〛 단형(單型) **mòn·o·týp·ic** [-típik] *a.*

mon·o·va·lent [mὰnəvéilənt | mɔ̀n-] *a.* 〚화학〛 1가(價)의; 〚면역〛 〈항체가〉 1가의

mon·ox·ide [mənάksaid | mənɔ́k-] *n.* 〚화학〛 일산화물(一酸化物)

Mon·roe [mənróu] *n.* 먼로 **1 James ~** (1758-1831) 《미국의 제5대 대통령(1817-25)》 **2 Marilyn ~** (1926-62) 《미국의 여배우》

~·ism *n.* = MONROE DOCTRINE

Monróe Dóctrine [the ~] 먼로주의 《1823년 미국의 Monroe 대통령이 제창한, 유럽 제국과 미주 제국이 서로 정치에 간섭하지 않는다는 주의》

Mon·sei·gneur, m- [mɔ:ŋseinjə́:*r*] [F] *n.* (*pl.* **Mes·sei·gneurs, m-** [mèiseinjə́:*r*]) 각하, 전하, 예하(猊下) 《왕족·추기경·(대)주교를 부르는 경칭》

*__mon·sieur__ [məsjə́:*r*] [F = my lord] *n.* (*pl.* **mes·sieurs** [meisjə́:*r*z]) **1** …씨, 님, 귀하 《Mr. 또는 호칭의 Sir에 해당하는 경칭; 略 M., *pl.* Messrs., MM.》 **2** 《경멸》 프랑스 사람(Frenchman)

Mon·si·gnor, m- [mansí:njə*r* | mɔn-] [It.] *n.* (*pl.* **~s, -gno·ri** [mὰnsi:njɔ́:ri | mɔ̀n-]) 〚가톨릭〛 고위 성직자에 대한 경칭(을 가진 사람) 《略 Mgr.》

mon·soon [mansú:n | mɔn-] *n.* **1** [the ~] 몬순, 계절풍 **2** [the ~] 인도의 우기(雨期) **3** 《구어》 호우

‡**mon·ster** [mάnstə*r* | mɔ́n-] [L 「불행의 경고자」의 뜻에서] *n.* **1 괴물,** 도깨비 **2** 기형 동물[식물]; 〚의학〛 기형(아); 괴상한[거대한] 것 **3** 극악무도한 사람

— *a.* Ⓐ 거대한(gigantic)

mon·strance [mάnstrəns | mɔ́n-] *n.* 〚가톨릭〛 성체 안치기(聖體安置器)

mon·stros·i·ty [manstrάsəti | mɔn-strɔ́s-] *n.* (*pl.* **-ties**) **1** Ⓤ 기괴, 괴이 **2 a** 거대한 것, 괴물(monster); 기형 동물[식물] **b** 끔찍한 행위, 극악무도

*__mon·strous__ [mάnstrəs | mɔ́n-] *a.* **1 기괴한,** 기형의 **2 극악무도한,** 끔찍한 **3** 거대한, 《구어》 엄청난

— *ad.* 《고어》 대단히, 몹시

~·ly *ad.* 《구어》 굉장히, 몹시 **~·ness** *n.*

Mont. Montana

mon·tage [mantά:ʒ | mɔn-] [F 「박아 넣기(mounting)」의 뜻에서] *n.* Ⓤ Ⓒ **1** 〚영화〛 몽타주 (기법) **2** 합성 사진, 합성화

Mon·taigne [mantéin | mɔn-] *n.* 몽테뉴 **Michel Eyquem de ~** (1533-92) 《프랑스의 수필가·사상가》

Mon·tan·a [mantǽnə | mɔn-] [Sp. 「산악 지대」의 뜻에서] *n.* 몬태나 《미국 북서부의 주; 略 Mont.》

-an [-ən] *a., n.* 몬태나 주의 (사람)

mon·tane [mάntein | mɔ́n-] *a.* 산지의, 산이 많은(mountainous); 저산대

(低山帶)에 사는 — *n.* 저산대
Mont Blanc [mɔ:ŋ-blɑ́:ŋ] 몽블랑 산 《Alps 산계(山系)의 최고봉; 4,810 m》
mon·te [mɑ́nti | mɔ́n-] *n.* Ⓤ (스페인에서 비롯한) 카드 도박(=~ **bànk**)
Mon·te Car·lo [mɑ̀nti-kɑ́:rlou | mɔ̀n-] 몬테카를로 《모나코 공국(公國)의 도시; 관영 도박장으로 유명》
Mon·te·ne·gro [mɑ̀ntəní:grou | mɔ̀n-] *n.* 몬테네그로 《구 Yugoslavia 연방 구성 공화국의 하나; 원래 왕국》
-grin [-grin] *a., n.*
Mon·tes·quieu [mɑ́ntəskjù: | mɔ̀ntes-kjú:] *n.* 몽테스키외 **Charles** ~ (1689-1755) 《프랑스의 사상가·정치 철학자》
Mon·tes·só·ri mèthod[sỳstem] [mɑ̀ntəsɔ́:ri- | mɔ̀nte-] [이탈리아의 여성 교육가 이름에서] 몬테소리식 교육법
Mont·gom·er·y [mɑntgʌ́məri] *n.* 몽고메리 《미국 Alabama 주의 주도》
⁑month [mʌnθ] [OE 「달(moon)」의 뜻에서] *n.* (*pl.* **~s** [mʌnθs, mʌnts]) 달, 1개월(cf. DAY, YEAR)
~ by [after] ~ 달마다 ***the ~ after next*** 내훗달 ***the ~ before last*** 전전달 ***this day ~*** = ***today*** ~ 내[전] 달의 오늘
⁑month·ly [mʌ́nθli] *a.* **1** 매달의, 한 달에 한 번의: one's ~ salary 월급 **2** 한 달 동안 유효한: a ~ pass[season ticket] (유효 기간) 한 달치의 정기권 **3** 《구어》 월경의 — *ad.* 한 달에 한 번, 매달
— *n.* (*pl.* **-lies**) 월간지; [*pl.*] 월경 (menses)
mónthly périod [종종 *pl.*] 월경 (기간)
mónth's mínd 〔가톨릭〕 (사후 1개월 만의) 추도 미사
Mont·mar·tre [mɔ:mɑ́:rtrə] *n.* 몽마르트르 《파리 북부의 고지대; 화가·작가의 거주지로 유명했음》
Mont·par·nasse [mɔ̀:mpɑ:rnɑ́:s] *n.* 몽파르나스 《파리 남서부의 고지대; 예술가의 집들이 많음》
Mont·re·al [mɑ̀ntriɔ́:l | mɔ̀nt-] *n.* 몬트리올 《캐나다 남동부의 도시》
⁑mon·u·ment [mɑ́njumənt | mɔ́n-] [L 「생각나게 하는 것」의 뜻에서] *n.* **1** 기념비[탑] **2** 기념물, 유물, 유적 **3** 불후의 업적[저작], 금자탑
***mon·u·men·tal** [mɑ̀njuméntl | mɔ̀n-] *a.* **1** Ⓐ 기념비의 **2** 기념이 되는, 불후[불멸]의: a ~ work 불후의 작품 **3** [강의적으로] 《구어》 터무니없는, 엄청난, 어처구니없는 **~·ize** [-təlàiz] *vt.* 기념하다, 영원히 전하다 **~·ly** *ad.* 기념비로서; 기념으로; 《구어》 터무니없이
-mony [mòuni | məni] *suf.* [결과·상태·동작을 나타내는 명사 어미]: cere*mony*, testi*mony*
moo [mu:] [의성어] *n.* (*pl.* **~s**) **1** (소의) 울음 소리, 음매; 《속어》 소, 쇠고기 **2** 《영·속어》 어리석은[쓸모없는] 여자
— *vi.* 〈소가〉 음매 하고 울다(low)
mooch [mu:tʃ] 《속어》 *vi.* 살금살금 걷다; 어슬렁거리다, 배회하다
— *vt.* 훔치다(steal); 《미》 달라고 조르다 《*from, off*》
— *n.* 《미》 속기 쉬운 사람; 떠돌이, 부랑자
moo-cow [mú:kàu] *n.* 《소아어》 음매 《암소》
⁑mood¹ [mu:d] [OE 「마음, 정신」의 뜻에서] *n.* **1** (일시적인) 기분, 심기, 감정, 기색; 의향 《*for*》 **2** (모임·작품 등의) 분위기, 무드 **3** [*pl.*] 변덕, 시무룩함
in no ~ …할 마음이 없어 《*for, to* do》 ***in the ~ for*** (something) = ***in the ~ to*** do …할 기분이 나서
mood² [mu:d] [mode¹의 변형; mood¹와의 연상(聯想)에서] *n.* **1** 〔문법〕 (동사의) 법(法) **2** 〔논리〕 논식(論式); 〔음악〕 선법, 음계
***mood·y** [mú:di] *a.* (**mood·i·er**; **-i·est**) **1** 침울한, 언짢은 기분의, 시무룩한 **2** 변덕스러운 **móod·i·ly** *ad.* **móod·i·ness** *n.*
mook [muk] [*magazine*+b*ook*] *n.* 무크, 서적풍의 잡지, 잡지풍의 서적
⁑moon [mu:n] *n.* (cf. LUNAR) **1** [보통 the ~] (천체의) 달 **2** 태음월(太陰月)(lunar month); [보통 *pl.*] 《시어》 한 달: for three ~*s* 3개월간 **3** 위성 (satellite) **4** 달[초승달] 모양의 것 **5** 달빛 (moonlight)
ask [cry, wish] for the ~ 불가능한 것을 요구하다, 없는 것을 바라다 ***shoot the ~*** 《영·속어》 야반도주하다 ***the man in the ~*** 달 표면의 반점 《사람처럼 보이는》; 가상의 인물
— *vt.* 〈때를〉 멍하니 보내다[지내다] 《*away*》 — *vi.* **1** 부질없이 돌아다니다, 멍하니 바라보다 《*about, around*》 **2** (열중하여) 정신없이 시간을 보내다 《*over*》
moon·beam [mú:nbì:m] *n.* (한 줄기의) 달빛, 월광
moon-blind [-blàind] *a.* 〈말이〉 밤눈 어두운, 야맹증인
móon blìndness 〔병리〕 야맹증
moon·bug [-bʌ̀g] *n.* 《구어》 달 착륙선
móon bùggy 월면차(月面車)
moon·calf [-kæ̀f | -kɑ̀:f] [G 「달의 영향을 받은 사람」의 뜻에서] *n.* (*pl.* **-calves** [-kæ̀vz | -kɑ̀:vz]) 선천적인 바보, 백치; 멍하게 시간을 보내는 사람
móon exploràtion 달 탐험
moon·faced [-fèist] *a.* 얼굴이 둥근
moon·fall [-fɔ̀:l] *n.* 달 착륙
moon·fish [-fìʃ] *n.* (*pl.* **~**, **~·es**) 〔어류〕 전갱잇과(科)의 물고기
moon·flight [-flàit] *n.* 달 여행, 달 비행
moon·flow·er [-flàuər] *n.* 〔식물〕 **1** 《미》 밤메꽃 《열대 아메리카산》 **2** 《영》 데이지
móon gàte (중국 건축물의) 원형문
móon jèep 월면차(月面車)
moon·let [mú:nlit] *n.* (자연 또는 인공의) 작은 위성
⁑moon·light [mú:nlàit] *n.* **1** Ⓤ 달빛 **2** 《영·구어》 야반도주 — *a.* Ⓐ 달빛의, 달밤의: a ~ ramble 달밤의 산책
— *vi.* 《구어》 (밤에) 부업을 하다
moon·light·er [mú:nlàitər] *n.* **1** 《구어》 (밤에) 부업을 하는 사람; = MOONSHINER **2** 야습 참가자

móonlight flít(ting) 《영·구어》 야반 도주

moon·light·ing [mú:nlàitiŋ] *n.* Ⓤ **1** 야습(夜襲) **2** 《구어》 야간의 부업

*__moon·lit__ [mú:nlìt] *a.* Ⓐ **달빛에 비친,** 달빛을 받은: on a ~ night 달 밝은 밤에, 달밤에

moon·man [mú:nmæ̀n] *n.* (*pl.* **-men** [-mèn]) 월인(月人) 《달에 착륙했다가 돌아온 우주인》

móon mònth 태음월(lunar month)

moon·port [mú:npɔ̀:*r*t] *n.* 달 로켓 발사 기지

moon·quake [-kwèik] *n.* 월진(月震)

moon·rise [-ràiz] *n.* ⓊⒸ 달이 뜸, 월출; 월출 시각

moon·rock [-rɑ̀k | -rɔ̀k] *n.* 월석(月石) 《달에서 갖고 온 암석 표본》

móon ròcket 달 로켓

móon ròver 〖우주〗 =LUNAR ROVER

moon·scape [-skèip] *n.* 월면 풍경; 월면 사진[풍경화 《등》]

*__moon·shine__ [mú:nʃàin] *n.* Ⓤ **1 달빛,** 월명(月明) **2** 어리석고 공상적인 생각 **3** 《미·구어》 밀수입한 술
— *vt., vi.* 《미·구어》 〈술을〉 밀조하다

moon·shin·er [-ʃàinə*r*] *n.* 《미·구어》 주류 밀수[밀조]업자; 밤에 위법 행위를 하는 사람

moon·shin·y [-ʃàini] *a.* 달빛이 비치는; 공상적인

moon·ship [-ʃìp] *n.* 달 여행용 우주선

moon·shot [-ʃɑ̀t | -ʃɔ̀t] *n.* 달 로켓 발사

moon·stone [-stòun] *n.* ⓊⒸ 〖광물〗 월장석

moon·struck [-strʌ̀k], **-strick·en** [-strìkən] 〔옛 점성학에서는 발광은 달빛의 작용으로 여겨진 데서〕 *a.* 미친, 발광한 (lunatic)

Móon tỳpe 〔영국인 고안자 이름에서〕 점자, 점자법 《시각 장애자를 위한 서체·인쇄법》

moon·walk [mú:nwɔ̀:k] *n.* 월면 보행, 달 산책; 〖브레이크댄스〗 문워크

moon·y [mú:ni] *a.* (**moon·i·er**; **-i·est**) 달의[같은]; 달 밝은; 꿈결 같은, 멍한, 넋 잃은

‡__moor__[1] [muə*r*] *n.* ⓊⒸ **1** [종종 *pl.*] 《영》 **황무지,** 황야 **2** 《미》 습지, 습원(濕原)

*__moor__[2] [muə*r*] *vt.* 〈배를〉 **잡아매다,** 정박시키다 — *vi.* 배를 잡아매다; 〈배가〉 정박하다; 밧줄로 매어지다

Moor [muə*r*] *n.* 무어 사람 《Morocco에 사는 이슬람교 인종》; 흑인; (인도의) 이슬람교도 **~·ish** *a.*

moor·age [múəridʒ] *n.* ⓊⒸ (배 등의) 계류(繫留), 정박; 정박소

moor·cock [múə*r*kɑ̀k | -kɔ̀k] *n.* 〖조류〗 붉은뇌조의 수컷

moor·fowl [-fàul] *n.* (*pl.* **~s, ~**) 〖조류〗 붉은뇌조

moor·hen [múə*r*hèn] *n.* 〖조류〗 **1** 《영》 붉은뇌조의 암컷 **2** 쇠물닭(water hen)

moor·ing [múəriŋ] *n.* **1** Ⓤ 계선(繫船), 정박; [보통 *pl.*] 계선 설비[장치] **2** [*pl.*] 계선소, 정박지 **3** [*pl.*] 정신적으로 의지할 바

móoring bùoy 〖항해〗 계선 부표(浮標)

móoring màst (비행선의) 계류탑

moor·ish [múəriʃ] *a.* 황야가 많은, 황야(성)의

Moor·ish [múəriʃ] *a.* 무어 사람[식]의

moor·land [múə*r*lənd] *n.* 《영》 황무지, 황야

moose [mu:s] 〔동음어 mousse〕 *n.* (*pl.* ~) 〖동물〗 말코손바닥사슴 《북미산》; 《미·속어》 덩치 큰 사람

moot [mu:t] *a.* 토론의 여지가 있는, 미결정의: a ~ point 논쟁점
— *vt.* 〈문제를〉 의제로 삼다, 제출하다
— *n.* **1** 〖영국사〗 자유민 집회 **2** 〖법〗 (법학도 등의) 모의 재판

móot cóurt (법과 학생을 위한) 모의 법정

*__mop__[1] [mɑp | mɔp] *n.* **1 자루걸레,** 몹: a ~ of hair 더벅머리 **2** 《미·흑인속어》 끝맺음, 최종 결과
— *vt., vi.* (**~ped**; **~·ping**) 자루걸레로 닦다, 청소하다; 〈눈물·땀 등을〉 닦다

mop[2] 《고어·문어》 *vi.* (**~ped**; **~·ping**) 얼굴을 찌푸리다(make faces)
*~ **and mow*** 얼굴을 찡그리다
— *n.* 찌푸린 얼굴

mope [moup] *vi.* 속상해하다; 울적해하다; 느릿느릿[어칠어칠] 돌아다니다
— *vt.* **1** [수동형 또는 one*self*로] 침울하게 하다: ~ *oneself* 침울해지다 **2** 〈세월을〉 울적한 심정으로 보내다 《*away*》
— *n.* **1** 울적해 하는 사람, 우울한 사람 **2** [the ~s] 우울
be in the ~s 의기소침해 있다

mo·ped [móupèd] *n.* 《영》 모터 달린 자전거

mop·head [mɑ́phèd | mɔ́p-] *n.* **1** 《구어》 더부룩한 머리(의 사람) **2** mop[1]의 걸레 부분

mop·ish [móupiʃ] *a.* 침울한, 풀이 죽은, 의기소침한 **~·ly** *ad.* **~·ness** *n.*

mop·pet [mɑ́pit | mɔ́p-] *n.* **1** 《구어》 (헝겊으로 만든) 인형(rag doll) **2** 아이, 《특히》 계집아이 **3** 발바리 《개》

mop·ping-up [mɑ́piŋʌ̀p | mɔ́p-] *a.* 총정리의; 〖군사〗 소탕의: a ~ operation 소탕 작전

mop·py [mɑ́pi | mɔ́pi] *a.* 《구어》 더부룩한 〈머리〉

mop-up [-ʌ̀p] *n.* 〖군사〗 소탕; (일 등의) 총마무리

mo·raine [məréin] *n.* 〖지질〗 모레인, 빙퇴석(氷堆石)

‡__mor·al__ [mɔ́:rəl | mɔ́r-] 〔L 「풍속·습관에 관한」의 뜻에서〕 *a.* **1** Ⓐ **도덕(상)의,** 윤리의, 도의의: ~ character 덕성, 품성 **2** 교훈적인: a ~ lesson 교훈 **3** Ⓐ **정신적인:** ~ support 정신적 지지 **4 도덕적인**(virtuous), 품행이 단정한; (성적으로) 순결한, 정숙한: a ~ man 품행 방정한 사람, 도의심이 강한 사람
— *n.* **1** (우화 등의) **우의**(寓意), **교훈;** 격언; 우화극 **2** [*pl.*] (남녀간의) **품행,** 몸가짐; (사회의) 풍기, 도덕 **3** [*pl.*] 윤리(학)

móral deféat (이긴 듯이 보이나) 정신적인 패배

*__mo·rale__ [mərǽl | mɔrɑ́:l] [F] *n.* Ⓤ **1** 사기 《특히 군대의》; 의욕, 의기(意氣): improve the ~ 사기를 높이다 **2** 도덕, 도의

mor·al·ism [mɔ́:rəlìzm | mɔ́r-] *n.* Ⓤ **1** 교훈주의, 도의 **2** 수신상의 교훈, 훈언(訓言)

*__mor·al·ist__ [mɔ́:rəlist | mɔ́r-] *n.* **도덕가**, 윤리[도덕]학자, 도덕주의자; 도학자; 《경멸》 남의 도덕관에 용훼하는 사람

mor·al·is·tic [mɔ̀:rəlístik | mɔ̀r-] *a.* 교훈적인; 도덕주의의 **-ti·cal·ly** *ad.*

*__mo·ral·i·ty__ [mərǽləti, mɔ:- | mɔ-] *n.* (*pl.* **-ties**) **1** Ⓤ **도덕**, 도의; 도덕[윤리]학 **2** Ⓤ (개인의) 덕행; 풍기 《특히 남녀 간의》, 품행 (방정) **3** (이야기 등의) 교훈, 우의(寓意)

mor·al·i·za·tion [mɔ̀:rəlizéiʃən | mɔ̀r-əlai-] *n.* Ⓤ 설법, 설교; 교화

mor·al·ize [mɔ́:rəlàiz | mɔ́r-] *vt.* 설교하다; 도덕적으로 설명하다; 교화하다 ― *vi.* 도덕을 가르치다, 설교하다 《*on*》 **-ìz·er** *n.* 도학자

móral láw 도덕률

*__mor·al·ly__ [mɔ́:rəli | mɔ́r-] *ad.* **1 도덕[도의]상**; 도덕적으로; 도덕적으로 보아 **2** 실제로; 사실상: It's ~ impossible. 그것은 사실상 불가능하다.

móral philósophy 도덕 철학, 윤리학(ethics)

Móral Re-Ármament 도덕 재무장 운동 《略 MRA》

móral sénse [the ~] 도덕 관념, 도의심

móral theólogy 도덕[윤리] 신학

móral túrpitude 부도덕(한 행위)

mo·rass [mərǽs] *n.* **1** 소택지, 저습지(低濕地)(bog) **2** 곤경, 난국 **mo·ráss·y** *a.* 저습지(성)의

mor·a·to·ri·um [mɔ̀:rətɔ́:riəm | mɔ̀r-] [L 「지연, 유예」의 뜻에서] *n.* (*pl.* **~s, -ri·a** [-riə]) **1** (위험한 활동의) 일시적 연기, 정지 **2** 모라토리엄, 지불 정지[연기], 지불 유예 (기간); 대기 기간

Mo·ra·vi·a [məréiviə] *n.* 모라비아 《체코의 동부 지방; 원래 오스트리아령》

Mo·ra·vi·an [məréiviən] *a.* 모라비아(교도)의 ― *n.* **1** 모라비아 사람; Ⓤ 모라비아 말 **2** 〖종교〗 모라비아 교도

*__mor·bid__ [mɔ́:rbid] *a.* 〈정신이〉 **병적인**; (병적으로) 음울한; 무서운, 무시무시한 **~·ly** *ad.* **~·ness** *n.*

mórbid anátomy 병리 해부(학)

mor·bid·i·ty [mɔ:rbídəti] *n.* (*pl.* **-ties**) ⓊⒸ **1** (정신의) 병적 상태[성질], 불건전 **2** (특정 지구의) 질병률

mor·bil·li [mɔ:rbílai] *n. pl.* 〖의학〗 [단수 취급] 홍역(measles)

mor·da·cious [mɔ:rdéiʃəs] *a.* 신랄한, 찌르는 듯한, 통렬한 **~·ly** *ad.*

mor·dac·i·ty [mɔ:rdǽsəti] *n.* Ⓤ **1** 무는 버릇 **2** 빈정댐, 험구, 독설; (기질의) 신랄함

mor·dant [mɔ́:rdənt] *a.* **1** 비꼬는, 신랄한 **2** 〈산(酸)이〉 부식성의 ― *n.* **1** 〖염색〗 착색료(着色料), 매염제(媒染劑) **2** 금박 점착제(粘着劑) **3** 〖인쇄〗 금속 부식제 ― *vt.* 매염제로 처리하다 **~·ly** *ad.*

Mor·de·cai [mɔ́:rdikài, mɔ̀:dikéiai] *n.* **1** 남자 이름 **2** 〖성서〗 모르드개 《에스더의 사촌 오빠》

mor·dent [mɔ́:rdənt] *n.* 〖음악〗 꾸밈음, 장식음

⁑**more** [mɔ:r] *a.* **1** 더 **많은[큰]**: two ~ days 이틀 더 **2** 더 **이상의 3** 여분의, 추가의(additional): one word ~ 한 마디만 더 ― *pron.* **더 많은 수[양, 정도, 중요성 《등》]**; 그 이상의 것[일, 사람]
― *ad.* **1** 더 **많이**, 더 한층 **2** [형용사·부사의 비교급을 만들어] **더욱**, 한결: ~ brightly 더욱 밝게 **3 그 위에**, 또한(further) **4 차라리**, 오히려(rather)
a little ~ 조금 더 ***all the ~*** 그만큼 더, 더욱 더 ***(and) what is ~*** 게다가 또, 그 위에(moreover) ***~ and ~*** 더욱 많은; 점점 더, 더욱 더 ***~ or less*** (1) 다소간, 얼마간 (2) 약, …쯤; [부정어 뒤에서 쓰여] 《고어》 조금도 …아니다 ***~ than*** (1) …보다 많은, …이상으로[의] (2) …뿐만 아니라; (…하고도) 남음이 있다 ***~ than ever*** 더욱 더 많이[많은] ***no ~*** (1) 그 이상[이제는] … 않다; 다시는 …않다 (2) …도 또한 …않다 ***no ~ than*** 다만, 겨우 ***no ~ ... than*** …아닌 것은 …아닌 것과 같다 ***not ~ ... than*** …이상으로 …아니다: I am *not* ~ mad *than* you. 자네 만큼 미치지는 않았다. ***not the ~ = none the ~*** 그래도 아직, 역시 마찬가지로 ***still [much] ~*** 더욱 더 ***the ~*** (그만큼) 더, 더욱 더 ***the ~ ... the less*** …하면 할수록 …하지 않다 ***the ~ ... the ~*** …하면 할수록 더욱 더 …하다

More [mɔ:r] *n.* 모어 **Sir Thomas ~** (1478-1535) 《영국의 정치가·작가》

-more [mɔ:r] *suf.* [형용사·부사에 붙여 비교급을 나타냄]: further*more*, inner*more*

mo·rel [mərél] *n.* 〖식물〗 그물버섯; 까마종이

mo·rel·lo [mərélou] *n.* (*pl.* **~s**) 모렐로, 검은 버찌(= ~ **chérry**)

⁑**more·o·ver** [mɔ̀:róuvər] *ad.* **게다가, 더욱이**

mo·res [mɔ́:reiz, -ri:z] [L 「습관」의 뜻에서] *n. pl.* 〖사회〗 사회적 관습, 습속(folkways); 도덕관

Mo·resque [mə:résk] *a.* 〈건축·장식 등이〉 무어(Moor)식의

Mor·gan [mɔ́:rgən] *n.* **1** 남자 이름 **2** 모르건종(種)의 말 《마차용·승마용》

mor·ga·nat·ic [mɔ̀:rgənǽtik] [L 「아침 선물」의 뜻에서] *a.* 귀천상혼(貴賤相婚)의 **-i·cal·ly** *ad.*

morganátic márriage 귀천상혼(貴賤相婚)

morgue [mɔ:rg] [F] *n.* **1** (신원 불명의) 시체 공시소(公示所) **2 a** (신문사의) 자료실, 조사부 **b** (자료실의) (참고) 자료 **3** 《구어》 거만, 오만(hauteur)

mor·i·bund [mɔ́:rəbʌ̀nd | mɔ́r-] *a.* **1**

〈사람이〉 다 죽어가는 **2**〈물건이〉 소멸해 가는

Mor·mon [mɔ́:rmən] *n.* 모르몬 교도 — *a.* 모르몬교(도)의

Mor·mon·ism [mɔ́:rmənìzm] *n.* 모르몬교

***morn** [mɔ:rn] 〔동음어 mourn〕 *n.* 《시어》 아침(morning), 여명(dawn)

⁑**morn·ing** [mɔ́:rniŋ] 〔동음어 mourning〕 *n.* 《略 morn.》 **1 a** ⒸⓊ 아침, 오전 **b** [부사적] 아침에 **2** [the ~] 초기: *the* ~ of life 청년 시대 **3** Ⓤ 《시어》 여명, 새벽

***at* ~** 《고어·시어》 아침에 ***from* ~ *till* [*to*] *evening* [*night*]** 아침부터 밤까지 ***in the* ~** 아침에, 오전에 ***It is* ~.** 날이 밝았다. ***this* ~** 오늘 아침(에) ***toward* ~** 아침결에, 아침 무렵에

— *a.* 아침의[에 하는]; 아침에 쓰는

mórning áfter 《구어》 **1** 숙취(宿醉)(hangover) **2** 과거의 잘못을 후회하는 시기

mórn·ing-áft·er pìll [mɔ́:rniŋǽftər- | -ɑ́:f-] (사후에 복용하는) 경구(經口) 피임약

mórning cáll **1** (호텔 등에서 전화로 손님을 깨우는) 모닝콜 **2** 아침 방문《실제로는 오후의 사교 방문》

mórning drèss **1** (주간의) 남자 예복 **2** 여자의 실내복

mórning glòry 〖식물〗 나팔꽃《메꽃과》

mórning pàper 조간 (신문)

mórning perfórmance ＝MATINÉE

Mórning Práyer (영국 국교회의) 아침 예배(matins)

morn·ings [mɔ́:rniŋz] *ad.* 《미·구어》 아침에 (늘), 아침마다

mórning sìckness 〖병리〗 아침의 구토증[입덧]《임신 초기의 특징》

mórning stár [the ~] 샛별《금성》

morn·ing·tide [mɔ́:rniŋtàid] *n.* Ⓤ 《시어》 아침

mórning wàtch 〖항해〗 오전의 당직

Mo·ro [mɔ́:rou] *n.* (*pl.* **~, ~s**) 모로족《남부 필리핀의 이슬람교 말레이족》; Ⓤ 모로 말

Mo·roc·can [mərɑ́kən | -rɔ́k-] *a.* 모로코 (사람)의 — *n.* 모로코 사람

Mo·roc·co [mərɑ́kou | -rɔ́k-] *n.* **1** 모로코《아프리카 북서부의 이슬람교 왕국; 수도 Rabat》 **2** [**m~**] Ⓤ 모로코 가죽

mo·ron [mɔ́:rɑn | -rɔn] *n.* **1** 《구어》 저능아, 바보 **2** 〖심리〗 정신 박약자

mo·ron·ic [mərɑ́nik | -rɔ́n-] *a.* **~·ism, mo·ron·i·ty** [mərɑ́nəti | -rɔ́n-] *n.* Ⓤ 저능

***mo·rose** [məróus] *a.* **성미 까다로운,** 뚱한, 시무룩한, 침울한(sullen) **~·ly** *ad.* **~·ness** *n.*

mor·pheme [mɔ́:rfi:m] *n.* 〖언어〗 형태소(形態素)《뜻을 가진 최소의 언어 단위》

mor·phe·mic [mɔ:rfí:mik] *a.* 형태소의, 형태소론의

mor·phe·mics [mɔ:rfí:miks] *n. pl.* [단수 취급] 〖언어〗 형태소론

Mor·phe·us [mɔ́:rfju:s, -fiəs] *n.* 〖그리스신화〗 꿈의 신; 《속어》 잠의 신

mor·phine [mɔ́:rfi:n], **-phi·a** [-fiə] *n.* Ⓤ 〖화학〗 모르핀《마취·진통제》

mor·phin·ism [mɔ́:rfənìzm] *n.* Ⓤ 〖병리〗 (만성) 모르핀 중독

mor·pho·log·i·cal [mɔ̀:rfəlɑ́dʒikəl | -lɔ́dʒ-] *a.* 형태학(상)의

mor·phol·o·gy [mɔ:rfɑ́lədʒi | -fɔ́l-] *n.* Ⓤ **1** 〖생물〗 형태학 **2** 〖언어·문법〗 어형론, 형태론(accidence) **3** [집합적] 조직, 형태 **4** 〖지리〗 지형학

Mor·ris [mɔ́:ris | mɔ́r-] *n.* 남자 이름

mórris (dánce) 모리스 춤《영국 기원의 가장 무도의 일종; 주로 May Day에 춤》

mórris dàncer 모리스 춤을 추는 사람

***mor·row** [mɑ́rou, mɔ́:r- | mɔ́r-] *n.* **1** 《고어·시어》 아침 **2** [the ~] **a** 다음 날, 이튿날, 내일(tomorrow) **b** (사건의) 직후

Morse [mɔ:rs] *n.* 모스 **Samuel Finley Breese ~** (1791-1872) 《모스식 전신기를 발명한 미국 사람》

Mórse códe[álphabet] [종종 the ~] 〖통신〗 모스 부호

***mor·sel** [mɔ́:rsəl] *n.* **1** (음식의) **한 입**(mouthful), 한 조각 **2** **소량,** 조각, 조금(fragment) **3** 하찮은 인간 — *vt.* 작은 양을 주다, 소량으로 나누다 《*out*》

⁑**mor·tal** [mɔ́:rtl] [L 「죽음의」의 뜻에서] *a.* **1** **죽어야 할 운명의,** 필멸(必滅)의: Man is ~. 사람은 죽게 마련이다. **2** **치명적인**; 죽음에 관한, 임종의 **3** **인간의**; 이 세상의 **4** 용서받지 못할 **5** 생명을 건; 불구대천의 **6** 《구어》〈공포·위험 등이〉 대단한, 무서운 **7** [every, no 등을 강조] 《구어》 생각할 수 있는, 가능한

— *n.* **1** [보통 *pl.*] 죽어야 할 (운명의) 것, 인간 **2** [보통 수식어와 함께] 《영·구어》 사람, 놈

***mor·tal·i·ty** [mɔ:rtǽləti] *n.* **1** Ⓤ **죽음을 면할 수 없는 운명[성질]** **2** Ⓤ [집합적] 인류 **3 a** (전쟁·질병 등에 의한) 대규모의 사망 **b** 사망률 **c** 사망자수

mortálity ràte 사망률

mortálity tàble 〖보험〗 사망률 통계표

mor·tal·ly [mɔ́:rtəli] *ad.* **1** 죽도록, 치명적으로(fatally) **2** 매우

be* ~ *wounded 치명상을 입다

***mor·tar**[1] [mɔ́:rtər] *n.* Ⓤ **모르타르,** 회반죽 — *vt.* 회반죽을 바르다, 〈돌·벽돌을〉 회반죽으로 붙이다

***mor·tar**[2] [mɔ́:rtər] *n.* **1** **막자사발,** 약연(藥碾), 절구 **2** 〖군사〗 박격포

mor·tar·board [mɔ́:rtərbɔ̀:rd] *n.* **1** (회반죽을 이기는) 흙받기 **2** (대학의 예식용) 각모(角帽)

***mort·gage** [mɔ́:rgidʒ] [OF 「죽음」과 「약속」의 뜻에서] *n.* **1** ⓊⒸ 〖법〗 (양도) **저당**; 저당잡힘 **2 a** (양도) 저당권[증서] **b** 《영》 저당권 설정의 (주택) 대부; 융자

***on* ~** 저당잡고

— *vt.* **1** 〈토지·재산을〉 저당잡히다 **2** 〈목숨·명예 등을〉 내걸고 덤비다, 헌신하다

mort·gag·ee [mɔ̀:rgədʒí:] *n.* 〖법〗 저당권자

mort·gag·or [mɔ́:rgədʒər], **-gag·er** [mɔ́:rgədʒər] *n.* 〖법〗 저당권 설정자

mor·tice [mɔ́:rtis] *n., vt.* ＝MORTISE

mor·ti·cian [mɔːrtíʃən] *n.* ((미)) 장의사 ((영) undertaker)

∗**mor·ti·fi·ca·tion** [mɔ̀ːrtəfikéiʃən] *n.* **1** 〖그리스도교〗 고행, 금욕 **2 a** Ⓤ 굴욕, 치욕, 억울 **b** 굴욕[치욕]의 원인

∗**mor·ti·fy** [mɔ́ːrtəfài] [L 「죽이다」의 뜻에서] *v.* (**-fied**) *vt.* **1** 〈정욕·감정 등을〉 억제하다, 극복하다 **2** …에게 굴욕을 느끼게 하다, 분하게 하다 **3** ((드물게)) 〖병리〗 탈저(脫疽)에 걸리게 하다
— *vi.* 고행하다

mor·ti·fy·ing [mɔ́ːrtəfàiiŋ] *a.* 분한; 원통한; 고행의

mor·tise, -tice [mɔ́ːrtis] *n.* 〖건축〗 장붓구멍 — *vt.* **1** 장부촉이음으로 잇다 **2** …에 장붓구멍을 파다

mórtise lòck 문에 박은 자물쇠

mort·main [mɔ́ːrtmèin] *n.* ⓊⒸ 〖법〗 영구 양도(dead hand) ((부동산을 종교 단체 등에 영구 양도))

mor·tu·ar·y [mɔ́ːrtʃuèri | -tjuəri] *n.* (*pl.* **-ar·ies**) **1** ((영)) 시체 안치소, 영안실 **2** = MORGUE **3** 〖영국사〗 사후 기진(寄進)
— *a.* 죽음의, 죽음을 기념하는; 매장의

mos. months

∗**mo·sa·ic** [mouzéiik] *n.* **1** Ⓤ 모자이크 **2** 모자이크 그림[무늬] **3** 모자이크식의 물건[글] — *a.* 모자이크(식)의, 쪽매붙임의

Mo·sa·ic, -i·cal [mouzéiik(əl)] *a.* 모세의

∗**Mos·cow** [mάskou, -kau | mɔ́skou] *n.* 모스크바 ((러시아의 수도))

Mo·selle [mouzél] *n.* **1** [the ~] 모젤강 ((프랑스의 동북부에 흐르는 강)) **2** [때로 **m~**] Ⓤ 모젤 백포도주

∗**Mo·ses** [móuziz, -zis] *n.* **1** 모세 ((유대 나라의 건국자·입법자)) **2** 지도[입법]자 **3** 남자 이름

mo·sey [móuzi] *vi.* ((미·구어)) 배회하다, 방황하다, 어슬렁거리다 ((*along*))

mosh [mɑʃ | mɔʃ] *vi.* 격렬히[열광적으로] 몸을 흔들며 춤추다

mósh pít (록 콘서트의) 무대 전면 구역

Mos·lem [mάzləm | mɔ́z-] *n.* = MUSLIM, MUSLEM

∗**mosque** [mɑsk | mɔsk] *n.* 모스크 ((이슬람교 사원))

⁑**mos·qui·to** [məskíːtou] [Sp. =fly] *n.* (*pl.* ~(**e**)**s**) 모기

mosquíto nèt 모기장

⁑**moss** [mɔːs | mɔs] [OE 「늪지」의 뜻에서] *n.* Ⓤ 〖식물〗 이끼

moss·back [mɔ́ːsbæ̀k | mɔ́s-] *n.* ((미·구어)) 극단적인 보수주의자

moss-grown [-gròun] *a.* 이끼가 낀; 고풍스러운, 시대에 뒤떨어진

∗**moss·y** [mɔ́ːsi | mɔ́si] *a.* (**moss·i·er**; **-i·est**) **1** 이끼 낀 **2** 이끼 같은 **3** ((미·구어)) 케케묵은; 매우 보수적인 **-i·ness** *n.*

⁑**most** [moust] *a.* [MANY, MUCH의 최상급] **1** 〈수·양·정도·액이〉 가장 큰[많은], 최대[최고]의 **2** [보통 무관사로] 대개의, 대부분의
for the ~ part = MOSTLY
— *pron.* **1** 최대량[수]; 최대액; 최대 한도 **2** [보통 무관사로; 복수 취급] 대개의 사람들 **3** [보통 무관사로] 대부분, 대다수
at (***the***) ~ = ***at*** (***the***) ***very*** ~ 기껏해야, 고작해야 ***make the ~ of*** (1) …을 가장 잘 이용하다 (2) 가장 좋게 보이게 하다[말하다] (3) 가장 중시하다 ***~ of all*** 무엇[누구]보다도, 우선 첫째로
— *ad.* **1** [MUCH의 최상급] 가장, 가장 많이 **2** [형용사·부사의 최상급을 만듦] 가장: *the* ~ beautiful 가장 아름다운 **3** [a ~] 매우, 대단히(very)

-most [moust] *suf.* 「가장 …」의 뜻 **1** [명사의 어미에 붙여 최상급의 형용사를 만듦]: top*most* (최고급의) **2** [변칙적인 형용사의 어미에 붙여 최상급을 만듦]: inner*most*(맨 안의)

móst fávored nátion 최혜국(最惠國)

Móst Hónorable ((영)) 각하 ((후작 및 Bath 훈등을 가진 사람에 대한 존칭))

⁑**most·ly** [móustli] *ad.* 대개, 대부분, 거의; 주로; 보통은

móst váluable pláyer 최우수 선수 ((略 MVP))

mot [mou] [F =word] *n.* (*pl.* **~s** [-z]) 경구(警句), 명언

MOT [émòutíː] *n.* **1** ((영)) Ministry of Transport 운수부 **2** ((영·구어)) 차량 검사

mote [mout] *n.* 티끌 ((공중에 떠다니는 것이 보이는)), 미진(微塵)

∗**mo·tel** [moutél] [*mo*tor+ho*tel*] *n.* ((미)) 모텔 ((자동차 여행자의 숙박소))

mo·tet [moutét] *n.* 〖음악〗 모테트 ((무반주 다성 성가곡(多聲聖歌曲)))

⁑**moth** [mɔːθ | mɔθ] *n.* (*pl.* **~s** [mɔːðz], ~) **1** 〖곤충〗 **a** 나방 **b** 옷좀나방 **2** [the ~] 옷좀나방(의 해(害))

moth·ball [mɔ́ːθbɔ̀ːl | mɔ́θ-] *n.* [보통 *pl.*] 알 좀약 ((나프탈렌 등))

moth-eat·en [-ìːtn] *a.* 좀먹은; 낡은

⁑**moth·er** [mʌ́ðər] *n.* **1** 어머니, 모친 **2** [종종 **M~**] 수녀원장, 마더 **3** [the ~] 모성애 **4** [the ~] 본원, 근원 **5** 할머니 ((노부인에 대한 Mrs.에 해당함))
— *a.* **1** 어머니의, 어머니인 **2** 어머니로서의 **3** 모국의, 본국의 **4** 어머니다운, 보육하는 — *vt.* **1** 어머니로서[처럼] 돌보다 **2** 자기 자식으로서 기르다 **3** 〈작품·사상 등을〉 낳다 **4** 〈아이〉의 어머니임을 시인하다; 〈소설 등〉의 저자임을 시인하다

moth·er·board [mʌ́ðərbɔ̀ːrd] *n.* 〖컴퓨터〗 머더보드, 본체 기판

Móther Cárey's chícken[**góose**] 〖조류〗 바다제비

móther còuntry 1 모국, 조국 **2** 본국 ((식민지에서 본))

moth·er·craft [-kræ̀ft | -krὰːft] *n.* Ⓤ 육아법

móther éarth [the ~] 대지(大地)

moth·er·fuck·er [-fʌ̀kər] *n.* ((비어)) 비열한[지긋지긋한] 놈[것], 쌍놈

moth·er·fuck·ing [-fʌ̀kiŋ] *a.* ((비어)) 비열한, 지긋지긋한, 망할

Móther Góose 머더 구스 ((영국의 전승 동요집(*Mother Goose's Nursery Rhymes*)의 전설적 저자))

Móther Góose rhỳme ((미)) (전승) 동요

*__moth·er·hood__ [mʌ́ðərhùd] *n.* Ⓤ 어머니임, 모성, 모성애

Móthering Súnday ⦅영⦆ 귀성[근행]의 일요일

*__moth·er-in-law__ [mʌ́ðərinlɔ̀ː] *n.* (*pl.* **moth·ers-**) 장모, 시어머니

moth·er·land [-læ̀nd] *n.* 모국, 조국

moth·er·less [mʌ́ðərlis] *a.* 어머니가 없는

moth·er·like [mʌ́ðərlàik] *a.* 어머니 같은, 어머니다운

*__moth·er·ly__ [mʌ́ðərli] *a.* **1 어머니의**[로서의] **2 어머니 같은**; 어머니다운, 인자한, 자애로운 **-li·ness** *n.*

Móther Nàture 어머니이신 자연

moth·er-of-pearl [-əvpə́ːrl] *n.* Ⓤ (조가비 내면의) 진주층; 진주색

móther's bòy ⦅영·구어⦆ 나약한 남자아이

Móther's Dày ⦅미·캐나다⦆ 어머니날 ⦅5월의 둘째 일요일; ⦅영⦆에서는 사순절(Lent)의 넷째 일요일⦆

móther shíp 모선, 보급선

móther supérior 수녀원장

mother-to-be [mʌ́ðərtəbìː] *n.* (*pl.* **mothers-**) 임신부

móther tóngue 모어(母語); 모국어

móther wít 타고난 지혜, 상식

moth·proof [mɔ́ːθprùːf | mɔ́θ-] *a.* 벌레가 먹지 않는, 방충 (가공)의

moth·y [mɔ́ːθi | mɔ́θi] *a.* (**moth·i·er**; **-i·est**) **1** 나방이 많은 **2** 벌레먹은

*__mo·tif__ [moutíːf] [F = motive] *n.* **1 a** (문학·예술 작품의) **주제**(主題), 테마 **b** 동기, 모티프 **2** 동기, 동인(動因)

‡**mo·tion** [móuʃən] [L 「움직임」의 뜻에서] *n.* **1** Ⓤ **운동**; 동요; 이동, (천체 등의) 운행 **2** Ⓤ (기계의) 작동, 운전 **3** [*pl.*] **동작**; 활동; 몸짓, 손짓, 신호 **4 동의**(動議); 제의 ***go through the ~s of ...*** ⦅구어⦆ (1) …의 시늉[몸짓]을 하다 (2) 마지못해 …의 시늉만 해 보이다 ***in ~*** 움직이고; 운전 중의[에]
— *vt.* **몸짓으로 지시[신호, 요구]하다** ⦅*to, away*⦆ — *vi.* 몸짓으로 신호하다 ⦅*to*⦆

‡**mo·tion·less** [móuʃənlis] *a.* **움직이지 않는**, 정지한 **~·ly** *ad.* **~·ness** *n.*

*__mótion pícture__ ⦅미⦆ **영화**(movie)

mótion sìckness 〖병리〗 동요병(動搖病), (탈것에 의한) 멀미

*__mo·ti·vate__ [móutəvèit] *vt.* **1 a** …에게 **동기를 주다**(impel) **b** [종종 수동형] …의 동기가 되다 **2** 〈학생에게〉 흥미를 느끼게 하다

*__mo·ti·va·tion__ [mòutəvéiʃən] *n.* Ⓤ Ⓒ **1 자극**, 유도 **2** 〖심리〗 (행동의) 동기 부여; 학습 의욕 유발 **~·al** *a.*

‡**mo·tive** [móutiv] [L 「움직임에 도움되는, 움직임의 원인이 되는」의 뜻에서] *n.* **1 동기**; 진의, 목적 **2** (예술 작품의) 모티브, 모티프(motif)
— *a.* **1** 기동(起動)의, 원동력이 되는 **2** 동기의[가 되는]

mo·tive·less [móutivlis] *a.* 동기[목적]가 없는, 이유가 없는

mot juste [móu-ʒúːst] [F] *n.* (*pl.* **mots justes** [~]) 적절한 말, 명언

*__mot·ley__ [mɑ́tli | mɔ́t-] *a.* **1** 〈의복이〉 **잡색의**, 얼룩덜룩한 **2** 잡다한, 혼성의
— *n.* (광대의) 얼룩덜룩한 옷

mo·to·cross [móutoukrɔ̀ːs | -krɔ̀s] *n.* 모터크로스 ⦅오토바이의 야외 횡단 경주⦆

‡**mo·tor** [móutər] [L 「움직이게 하는 것」의 뜻에서] *n.* **1 모터**, 전동기(電動機), **발동기**; 내연 기관 **2** ⦅영⦆ 자동차 **3** 원동력 **4** 〖해부〗 운동 근육, 운동 신경(= ∠ **nèrve**)
— *a.* **1** 움직이게 하는, 원동(력)의; 발동의 **2** 모터의, 발동기의; 자동차(용)의 **3** 〖해부〗 운동 근육[신경]의
— *vi.* **1** 자동차를 타다 **2** 자동차로 가다

mo·tor·bike [móutərbàik], **mótor bícycle 1** ⦅미·구어⦆ 모터바이크, 모터 달린 자전거 **2** ⦅영·구어⦆ = MOTORCYCLE

mo·tor·boat [-bòut] *n.* 모터보트, 발동기선

mo·tor·cade [-kèid] *n.* 자동차 행렬

‡**mo·tor·car** [móutərkɑ̀ːr] *n.* ⦅영⦆ **자동차**(⦅미⦆ automobile)

*__mo·tor·cy·cle__ [móutərsàikl] *n.* **오토바이** — *vi.* 오토바이를 타다

mo·tor·cy·clist [-sàiklist] *n.* 오토바이 타는 사람

mo·tor-driv·en [móutərdrìvən] *a.* 모터로 움직이는

mo·tor·drome [móutərdròum] *n.* 자동차[오토바이] 경주[시주(試走)]장

mótor gènerator 전동 발전기

mótor hòme (여행·캠프용) 이동 주택차

mo·tor·ing [móutəriŋ] *n.* Ⓤ ⦅영⦆ **1** 자동차 운전 (기술) **2** 드라이브, 자동차 여행 — *a.* 자동차의; 운전의

*__mo·tor·ist__ [móutərist] *n.* **자동차 운전자**, 자가용 상용자

mo·tor·ize [móutəràiz] *vt.* **1** 〈차에〉 모터를 달다 **2** 〈군대 등을〉 자동차화하다; 〈농업을〉 동력화하다
mò·tor·i·zá·tion *n.* Ⓤ 동력화; 자동차화

mótor lòdge = MOTEL

mo·tor·man [-mən] *n.* (*pl.* **-men** [-mən]) **1** 전차[전기 기관차] 운전사 **2** 모터 담당자

motor·mouth [-màuθ] *n.* ⦅미·속어⦆ 수다쟁이

mótor scòoter 모터 스쿠터

mótor shìp 발동기선, 내연기선

mótor vèhicle 자동차(류)

mo·tor·way [-wèi] *n.* ⦅영⦆ 고속 도로 (⦅미⦆ expressway)

mot·tled [mɑ́tld | mɔ́tld] *a.* 얼룩덜룩한, 반점이 있는, 잡색의

‡**mot·to** [mɑ́tou | mɔ́t-] [It. 「말」의 뜻에서] *n.* (*pl.* **~(e)s**) **1 a 좌우명**, 표어, 모토 **b** (방패·문장(紋章)의) 제명(題銘) **2** 금언, 처세훈 **3** (책의) 제구(題句), 제사(題辭), 인용구

‡**mould** [mould] *n.* ⦅영⦆ = MOLD[1,2,3]

mould·ing [móuldiŋ] *n.* = MOLDING[1,2]

moult [moult] *v., n.* ⦅영⦆ = MOLT

‡**mound** [maund] *n.* **1** (고대의 성의 폐허·묘 등의) **흙무더기**; 고분(古墳) **2 a** 토

루, 제방, 방죽, ((특히)) 방어용으로 쌓은 둑; 작은 언덕 **b** 〖야구〗 마운드, 투수판 **3** 산더미 ((*of*))

‡mount¹ [maunt] *vt.* **1** 〈산·계단·왕위 등에〉 **오르다** **2** 〈말·자전거 등에〉 타다; 〈사람을〉 말에 태우다 **3** 설치하다; 앉히다; 〈포를〉 탑재하다 **4** 〈사진 등을〉 대지(臺紙)에 붙이다, 안을 받치다 **5** 〈전투 등을〉 준비하다, …에 착수하다; 〈공격을〉 개시하다 **6** 〈보초·망을〉 세우다, 〈부서에〉 배치하다 **7** 〈수컷이〉 (교미하려고) 올라타다 **8** 〖컴퓨터〗 〈CD-ROM 디스크 등을〉 올려놓다; 〈디스크 드라이브에〉 하드웨어를 장착하다

~ ***guard*** 보초를 서다; 지키다

— *vi.* **1** 〈수량·정도·비용 등이〉 **오르다, 늘다,** 붇다(rise) ((*up*)): Prices are *~ing up* steadily. 물가가 계속 오르고 있다. **2 a** 오르다, 올라가다 **b** 얼굴이 달아오르다 **3** 말을 타다 — *n.* **1** ((구어)) 말타기, 승마; 승용마 ((등)) **2** (사진 등의) 대지(臺紙), 대판(臺板)

mount² *n.* 산(mountain)

‡moun·tain [máuntən] [L 「산악 지방」의 뜻에서] *n.* **1 산,** 산악 **2** [*pl.*] **산맥;** 산지 **3** [the M~] 〖역사〗 산악당 ((의사당에서 높은 좌석을 차지한 프랑스 혁명 당시의 극단적 과격파)) **4** [종종 *pl.*] **a** 산더미 같은 것 **b** (산더미 같은) **다수,** 다량 ((*of*)): a ~ *of* mail 산더미 같은 우편물

— *a.* 산의; 산에 사는; 산 같은

móuntain àsh 〖식물〗 마가목

móuntain bìke[**bìcycle**] 산악 자전거

móuntain càt **1** = COUGAR **2** = BOBCAT

móuntain chàin 산맥

móuntain clìmbing 등산

móuntain déw ((구어)) 밀조 위스키

***moun·tain·eer** [màuntəníər] *n.* **1** 산의 주민 **2** 등산가 — *vi.* 등산하다

moun·tain·eer·ing [màuntəníəriŋ] *n.* Ⓤ 등산

móuntain gòat 산양 ((로키 산맥산))

móuntain lìon 〖동물〗 = COUGAR

‡moun·tain·ous [máuntənəs] *a.* **1** 산이 많은; 산지의 **2** 산더미 같은, 거대한

móuntain ràilway 등산 철도

móuntain rànge 산맥, 연산(連山)

móuntain sìckness 〖병리〗 고산병

moun·tain·side [máuntənsàid] *n.* 산허리, 산중턱

Móuntain (**Stándard**) **Tìme** ((미)) 산지 표준시(山地標準時)

moun·tain·top [-tàp | -tɔ̀p] *n.* 산꼭대기, 산정

moun·te·bank [máuntəbæ̀ŋk] *n.* **1** 협잡꾼 **2** 거리의 약장수, 돌팔이 의원

***mount·ed** [máuntid] *a.* **1** 말 탄 **2** 대(臺)를 붙인; 붙박은 **3** 〈보석 등이〉 끼워 박은

Mount·ie, Mount·y [máunti] *n.* (*pl.* **Mount·ies**) ((구어)) (캐나다의) 기마 경관대원

mount·ing [máuntiŋ] *n.* **1** Ⓤ (대포 등의) 설치 **2 a** 〖군사〗 포가(砲架), 총가 **b** (사진 등의) 대지 **3** 승마

‡mourn [mɔːrn] [동음어 morn] *vi.* **1** 〈불행 등을〉 **슬퍼하다,** 한탄하다 ((*over, for*)); 애도하다, 조의를 표하다 ((*over, for*)) **2** 몽상(蒙喪)[거상]하다

— *vt.* 〈손실·불행을〉 **슬퍼하다**; 〈사자·죽음을〉 애도하다

***mourn·er** [mɔ́ːrnər] *n.* **1** 슬퍼[한탄]하는 사람, 애도자 **2** 회장자(會葬者), 조객

‡mourn·ful [mɔ́ːrnfəl] *a.* **슬픔에 잠긴;** 애처로운; 음침한 **~·ly** *ad.* **~·ness** *n.*

‡mourn·ing [mɔ́ːrniŋ] [동음어 morning] *n.* Ⓤ **1** (죽음에 대한) **비탄,** 애도 **2** 상(喪); 기중(忌中) **3** 상복, 상장(喪章)

go into [***put on, take to***] ~ 상을 입다, 몽상하다 ***in*** ~ 상을 입고, 상복을 입고

móurning bànd (특히 팔에 두르는) 상장(喪章)

móurning dòve 구슬피 우는 산비둘기 ((북미산))

‡mouse [maus] *n.* (*pl.* **mice** [mais]) **1** 생쥐 **2** 겁쟁이, 암띤 사람 **3** 예쁜이, 귀여운 아이 **4** (내리닫이 창문의) 분동, 추(錘) **5** [a ~] ((속어)) (얻어맞은 눈언저리의) 시퍼런 멍 **6** 〖컴퓨터〗 마우스 ((화면상에서 커서 또는 다른 물체를 이동시킬 때 사용하는 장치))

— *vi.* **1** 〈고양이가〉 쥐를 잡다; 노리다 **2** 찾아다니다; 배회하다 ((*about*))

mouse-col·ored [máuskʌ̀lərd] *a.* 쥐색의

mouse·hole [-hòul] *n.* 쥐구멍; 좁은 출입구

móuse potàto ((속어)) 컴퓨터광(狂)

mous·er [máuzər] *n.* 쥐를 잡는 동물 ((특히 고양이)); 헤매다니는 사람

mouse·trap [máustræ̀p] *n.* **1** 쥐덫 **2** 책략, 함정 — *vt.* 함정에 빠뜨리다

mous·sa·ka, mou·sa- [muːsɑ́ːkə] *n.* Ⓤ 무사카 ((양[쇠]고기 조각과 가지 조각을 번갈아 겹쳐 치즈·소스를 쳐서 구운 그리스·터키의 요리))

mousse [muːs] [동음어 moose] [F 「거품」의 뜻에서] *n.* ⓊⒸ 무스: **a** 거품이 인 크림에 젤라틴·설탕·향료 등을 섞은 냉동 디저트 **b** 고기 또는 생선을 사용한 이와 비슷한 요리 **c** (거품 모양의) 모발 정제용품 — *vt.* 〈머리에〉 무스를 바르다

mousse·line [muːslíːn] [F] *n.* **1** = MUSLIN **2** ⓊⒸ 거품 이는 생크림을 섞은 네덜란드 소스

mous·tache [mʌ́stæʃ, məstǽʃ | məstɑ́ːʃ] *n.* ((영)) = MUSTACHE

mous·y, mous·ey [máusi, -zi] *a.* (**mous·i·er**; **-i·est**) **1** 쥐의 **2** 쥐가 많은 **3** 쥐색의 **4** (쥐처럼) 겁많은, 암띤

‡mouth [mauθ] *n.* (*pl.* **~s** [mauðz]) **1** 입, 구강(口腔) **2** [보통 *pl.*] (먹여 살려야 할) 식구, 동물 **3** 입같이 생긴 것[부분], 주둥이, 아가리; 입구, **강**[항구, 광산]**어귀** **4** (언어 기관으로서의) 입; 말; 소문; 건방진 소리 **5** 찡그린 얼굴(grimace) **6** (맥주 등의) 맛

down in [***at***] ***the*** ~ ((구어)) 풀이 죽어, 기가 죽어 ***from*** ~ ***to*** ~ 입에서 입으로, 이 사람에서 저 사람으로; 차례로 ***have***

a big ~ 《속어》 (1) 큰소리로 말하다 (2) 큰소리 치다 ***in everyone's ~*** 뭇사람의 입에 오르내려, 소문이 퍼져
— *v.* [mauð] *vt.* **1 a** 뽐내어[큰소리로, 과장하여] 말하다, 연설조로 말하다 **b** 〈말을〉 속삭이다 **2** 입에 넣다, 먹다; 물다; 핥다 **3** 〈말을〉 재갈이나 고삐에 익숙케 하다 — *vi.* **1** 입을 실룩거리다 《발언·식사 때》 **2** 큰소리로[뽐내어] 말하다

mouthed [mauðd, mauθt] *a.* **1** 입이 있는 **2** [보통 복합어를 이루어] 입이 …한: a foul-~ man 독설가

***mouth·ful** [máuθfùl] *n.* **1** 한 입 가득, 한 입(의 양); 소량(의 음식) **2** [a ~] 《구어》 (발음하기 어려운) 긴 말; 《구어·익살》 적절[중요]한 말

móuth òrgan 하모니카(harmonica); = PANPIPE

***mouth·piece** [máuθpìːs] *n.* **1 a** (악기의) **입에 대는 부분 b** (관(管)·담뱃대의) 입에 무는 부분 **c** (전화기의) 송화구 **d** (수도의) 꼭지 **e** (권투 선수의) 마우스피스 **2** 대변자 《사람·신문 등》

mouth-to-mouth [máuθtəmáuθ] *a.* 〈인공 호흡법 등이〉 입으로 불어넣는 식의: ~ resuscitation 입으로 불어넣는 식의 인공 호흡법

mouth·wash [-wɑ̀ːʃ | -wɔ̀ʃ] *n.* (입내를 없애는) 양치질 물약

mouth-wa·ter·ing [-wɔ̀ːtəriŋ] *a.* 〈음식이〉 군침이 도는, 맛있어 보이는

mouth·y [máuði, -θi] *a.* (**mouth·i·er**; **-i·est**) 수다스러운, 재잘거리는; 《특히》 큰소리치는

mou·ton [múːtɑn | -tɔn] [F 「양」의 뜻에서] *n.* Ⓤ 무톤 《양의 모피를 beaver, seal의 모피 비슷하게 가공한 것》

***mov·a·ble** [múːvəbl] *a.* **1 움직일 수 있는**, 가동(可動)의 **2** 〖법〗 동산의 **3** 〈축제일·기념일 등이〉 해마다 날짜가 바뀌는
— *n.* 〖법〗 [보통 *pl.*] 동산; 가산(家産)

móvable féast 이동 축제일 《부활절처럼 해마다 날짜가 달라지는 종교적인 축제일》

*****move** [muːv] *vt.* **1 a 움직이다**, 위치를 옮기다, 이동시키다 **b** 〈기등을〉 흔들다; 뒤흔들다 **c** 〈기계·기구 등을〉 작동시키다 **2 감동시키다**; …할 마음이 일어나게 하다(incite) 《*to*》 **3** 〈동의(動議)를〉 제출하다 — *vi.* **1 움직이다**; 몸[손발 등]을 움직이다: The earth *~s round* the sun. 지구는 태양의 주위를 돈다. **2 옮다**, 이동하다; 전지(轉地)하다 《*into*》; 전직(轉職)하다; 《특히》 **이사하다** 《*in, into*》: We *~d into* a new house. 새 집으로 이사했다. **3** 〈바람·물 등이〉 움직이다; 동요하다; 〈기계·기구 등이〉 돌아가다, 운전하다, 회전하다 **4** 〖체스〗 말을 움직이다 **5** 〈사건·정세 등이〉 진전되다; 〈자연물이〉 성장하다 **6** 동의를 제출하다, 신청하다《*for*》: ~ *for* an amendment 수정안을 제출하다
~ aside 옆으로 밀어놓다, 제쳐놓다 ***~ away*** 물러가다 ***~ back*** 물러서다; 물러서게 하다 ***~ down*** (1) 〈계급·지위 등을〉 끌어내리다, 격하시키다 (2) 〈지위 등이〉 떨어지다 ***~ in*** 안쪽으로 들어가다; 이사(들어)오다 ***~ on*** 계속 앞으로 나아가다; 멈추지 마시오, 가시오 《교통 순경의 명령》 ***~ out*** 이사해 가다 ***~ over*** (1) 자리를 좁히다 (2) 〈자리를〉 양보하다 (3) 옆으로 비키다; 옮기다 ***~ up*** (1) 승진[승급]시키다 (2) 〈주가 등이〉 오르다 (3) 승진[승급]하다 (4) 〈군대가〉 전쟁에 나가다
— *n.* **1** 움직임, 운동, 이동; 이사 **2** 〖체스〗 두기, 둘 차례, 수(手) **3** 조처, 수단
get a ~ on [종종 명령법] 《구어》 서두르다, 나아가다; (나아가기) 시작하다 ***make a ~*** (1) 움직이다; 떠나다, 떠날 준비를 하다 (2) 행동하다, 수단을 취하다 (3) 〖체스〗 한 수 두다 ***on the ~*** (1) (늘) 움직이고[여행하고] (있는) (2) 〈사물이〉 진행되고 (있는); 활동적인

move·a·ble [múːvəbl] *a.*, *n.* = MOVABLE

*****move·ment** [múːvmənt] *n.* **1** Ⓤ **운동**, 활동 **2 동작**, (몸의) 움직임 **3** [*pl.*] 거동, 태도, 자세 **4** (식물의) 발아(發芽), 성장 **5** [주로 *pl.*] (사람·단체의) 행동, 동정 **6** 〖기계〗 (특히 시계의 톱니바퀴의) 기계 장치; 운전(상태) **7** (무생물의) 동요, 진동 《*of*》 **8** 이동; 이사, (인구의) 변동 **9** (시대 등의) 동향 **10** Ⓤ (시장의) 활기, 동태, 상품·주가(株價)의 변동 **11** (정치적·사회적) 운동; [집합적] 운동 집단 **12** Ⓤ (사건·이야기 등의) 진전, 변화, 활기

mov·er [múːvər] *n.* **1** 움직이는[움직이게 하는] 사람[것]; 이전자; 《미》 (이삿짐) 운송업자(《영》 remover) **2** 발동력; 발동기, 운전자 **3** [보통 수식어와 함께] 발기인; 동의(動議) 제출자
~s and shakers 《구어》 (도시의 정치적·문화적) 유력자들, 거물들

*****mov·ie** [múːvi] *n.* 《구어》 **1 a 영화 b** 영화관 **2** [the ~s] 《미》 **a** (오락·예술로서의) 영화 **b** 영화 산업, 영화계 — *a.* Ⓐ 영화의: a ~ fan 영화 팬
go to the ~s 영화 보러 가다

móvie càmera 《미》 = CINECAMERA

mov·ie·dom [múːvidəm] *n.* ⓊⒸ 영화계

mov·ie·go·er [-gòuər] *n.* 《미》 영화 구경을 자주 가는 사람, 영화팬(《영》 film-goer)

mov·ie·mak·er [-mèikər] *n.* 영화 제작자

móvie stár 영화 배우

móvie theàter 영화관

***mov·ing** [múːviŋ] *a.* **1 a 움직이는**; 이동하는 **b** 이사용의 **2 a** 움직이게 하는, 선동하는: a ~ spirit 주동[주창]자 **b** 감동시키는 — *n.* **1** 움직임[이게 하기]; 이동, 이사 **2** 선동; 감동 **~·ly** *ad.* 감동적으로

móving pávement 《영》 = MOVING SIDEWALK

móving sídewalk 《미》 (벨트식의) 움직이는 보도(步道)

móving pícture 영화 (필름) (motion picture)

móving stáircase[stáirway] 《영》 에스컬레이터(escalator)

móving vàn 《미》 이삿짐 트럭(《영》 removal van)

***mow** [mou] *v.* (**~ed**; **~ed, mown** [moun]) *vt.* 〈풀·보리 등을〉 베다, 베어 들이다; 〈밭·들 등의〉 보리[풀《등》]를 베다

***mow·er** [móuər] *n.* **1** 풀[보리] 베는 기계; 잔디 깎는 기계 **2** 풀[잔디, 보리] 베는 사람

mown [moun] *v.* MOW의 과거분사

mox·a [mɑ́ksə | mɔ́ksə] [Jap.] *n.* Ⓤ 뜸쑥

Mo·zam·bi·can [mòuzəmbí:kən] *a.* 모잠비크(사람)의
— *n.* 모잠비크 사람

Mo·zam·bique [mòuzəmbí:k] *n.* 모잠비크 《아프리카 남동부의 공화국; 수도 Maputo》

Mo·zart [móutsɑ:rt] *n.* 모차르트 **Wolfgang Amadeus ~** (1756-91) 《오스트리아의 작곡가》

moz·za·rel·la [mɑ̀tsərélə] [It.] *n.* 모차렐라 《희고 부드러운 이탈리아 치즈》

mp 〖음악〗 mezzo piano 조금 약하게

MP, M.P. [émpí:] *n.* (*pl.* **MPs, M.P.s, M.P.'s** [-z]) 《영》 하원 의원(Member of Parliament)

M.P. Metropolitan Police 런던(시) 경찰 ; Military Police(man)

MPEG [émpèg] [*M*otion *P*icture *E*xperts *G*roups] *n.* 〖컴퓨터〗 엠페그 《동화상의 압축 방식》

mph, MPH miles per hour 시속

MP3 [émpì:θrí:] *n.* 〖컴퓨터〗 디지털 음악 압축 파일: a ~ player MP 3 플레이어

⁑**Mr., Mr** [místər] *n.* (*pl.* **Messrs.** [mésərz]) **1** [남자의 성·성명 앞에 붙여] 씨, 님, 귀하: *Mr.* (Albert Sydney) Hornby (앨버트 시드니) 혼비 씨 **2** [관직명 앞에 붙여 호칭으로 사용]: *Mr.* Chairman 의장님 **3** 미스터 … 《고장·직업·스포츠 등의 대표적인 남성》: *Mr.* Korea 미스터 코리아

MRA Moral ReArmament

MRBM medium range ballistic missile 중거리 탄도 미사일

MRI magnetic resonance imager [imaging] 자기(磁氣) 공명 단층 촬영 장치[영상법]

⁑**Mrs., Mrs** [mísiz, míz- | mís-] *n.* (*pl.* **Mmes.** [meidɑ́:m, -dǽm]) **1** [기혼 부인 남편의 성에 붙여] …부인, …님, …여사: *Mrs.* (Albert S.) Hornby (앨버트 에스) 혼비 부인 《A.S.는 남편 이름》 **2** [그 분야의 대표적 여성] 미시즈 …: *Mrs.* Badminton 미시즈 배드민턴 **3** 《구어》 **a** [무관사] (남의) 부인 **b** [the ~] (자기의) 아내, 처

Ms., Ms [miz] [Miss와 Mrs.의 혼성] *n.* (*pl.* **Mses., Ms.'s, Mss.** [mízəz]) [여성이 미혼(Miss)인지 기혼(Mrs.)인지 모를 때 성·성명에 붙여] …씨, …님

MS 《미》 〖우편〗 Mississippi

MS., ms. manuscript

MS DOS, MS-DOS [émèsdɔ́:s, -dɑ́s] *n.* 퍼스널 컴퓨터용의 disk operating system 《미국 Microsoft사 제품; 상표명》

MSG monosodium glutamate 글루탐산나트륨 《화학 조미료》

MSS, mss manuscripts

MST Mountain Standard Time 《미·캐나다》 산지(山地) 표준시

MT 〖컴퓨터〗 machine translation 기계 번역; 《미》 〖우편〗 Montana

***Mt., Mt** [maunt] [Mount, Mountain] …산 《산 이름 앞에 놓음》: *Mt.* Everest 에베레스트 산

Mts., mts. Mountains

MTV 《미》 Music Television

mu [mju: | mju:] *n.* 그리스 말 알파벳의 제12자 M, μ

⁑**much** [mʌtʃ] *a.* (**more**; **most**) [불가산명사 앞에서] 많은; 다량의: I don't drink ~ wine. 나는 포도주를 그다지 마시지 않는다.
— *pron.* [단수 취급] **1** 다량, 많음: I have ~ to say about the harm of smoking. 흡연의 해악에 관해서는 할 말이 많다. **2** …만큼(의 양): *How* ~ do you need? 얼마나 필요하니? **3** [be의 보어로; 보통 부정문에서] 중요한 일[것] ***as ~ again*** (**as ...**) 그만큼 더, (…의) 두 배만큼 ***make ~ of ...*** (1) …을 중요시하다, 소중히 하다 (2) …을 떠받들다, 애지중지하다 (3) …을 크게 이용하다 ***not ~ of a ...*** 대단한 …은 아니다 ***that ~*** 그만큼: I admit *that* ~. 거기까지는 인정한다.
— *ad.* (**more**; **most**) **1** [동사·과거분사를 수식하여] 매우, 대단히: He is ~ pleased with your success. 그는 너의 성공을 매우 기뻐하고 있다. **2** …정도로 (많이), …(의 정도)까지: You don't know *how* ~ I love you. 내가 얼마나 당신을 사랑하고 있는지 당신은 모른다. **3** [비교급·최상급을 수식하여] 훨씬: It seemed ~ larger than I had expected. 그것은 내가 기대했던 것보다 훨씬 큰 것 같았다. **4** [too, rather 또는 전치사구를 강조하여] 매우, 몹시: You are ~ *too* young. 당신은 지나치게 젊다.
as ~ 바로 그만큼, 같게(so): I thought *as* ~. 그러리라고 생각했다. ***as ~*** (**...**) ***as ...*** (1) …정도, …만큼 (많이) (2) [본동사 앞에서] 거의, 사실상: They have *as* ~ *as* agreed to it. 그들은 그것에 대해 사실상 동의했다. ***not so ~ as*** … 조차 않다: He did*n't so* ~ *as* greet us. 그는 우리에게 인사조차 하지 않았다. ***so ~ as*** [주로 부정문에서] …만큼: I have not *so* ~ (money) *as* you think. 당신이 생각하는 만큼 (돈을) 가지고 있지 않다.

mu·ci·lage [mjú:səlidʒ] *n.* Ⓤ **1** (식물의) 점액(粘液) **2** 《보통 미》 고무풀

mu·ci·lag·i·nous [mjù:səlǽdʒənəs] *a.* 점액질의, 점액을 분비하는

muck [mʌk] *n.* Ⓤ **1** 외양간 거름, 퇴비 **2** 쓰레기, 오물 **3** 허섭스레기, 잡동사니 **4** 《구어》 시시한[불유쾌한] 것
— *vt.* 〈밭 등에〉 거름을 주다
— *vi.* 《영·속어》 (정처 없이) 배회하다; 빈둥빈둥 시간을 보내다

muck·er¹ [mʌ́kər] *n.* **1** 〖광산〗 폐석(廢石)을 가려내는 인부 **2** 《영·속어》 호되게 넘어짐, 추락
mucker² *n.* 《미·속어》 상놈, 야비한 녀석
muck·heap [mʌ́khìːp] *n.* 퇴비[오물] 더미
muck·rake [-rèik] *n.* **1** 퇴적용 갈퀴 **2** 추문[부정부패] 들추어 내기; 추문 (기사)
— *vt.* 부정부패를 들추어 내다
muck·rak·er [-rèikər] *n.* 추문 폭로자; 부정 추궁[적발]자
muck·sweat [-swèt] *n.* 《영》 많은 땀
muck·y [mʌ́ki] *a.* (**muck·i·er**; **-i·est**) **1** 거름[오물] 투성이의, 더러운 **2** 《영·구어》 〈날씨가〉 좋지 않은
mu·cous [mjúːkəs] *a.* 점액을 분비하는; 점액을 함유한; 점액질의
múcous mémbrane 〖해부〗 점막(粘膜)
mu·cus [mjúːkəs] *n.* Ⓤ (생물체 내의) 점액
⁑mud [mʌd] *n.* Ⓤ **1** 진흙; 진창 **2 a** 《구어》 지저분한[시시한] 것, 쓰레기 **b** Ⓒ 배척당하는[미움받는] 사람 **3** Ⓒ 저주스러운 사람[것] **4** 악의 있는 비난, 욕설
fling* [*throw, sling*] ~ *at …의 얼굴에 흙칠을 하다, …을 비방하다
múd bàth 진흙 목욕《건강·미용용의》
∗mud·dle [mʌ́dl] *vt.* **1** 혼란시키다, 어리둥절케 하다; 뒤범벅[뒤죽박죽]으로 만들다 《*up, together*》, 뒤섞다 **2** 〈계획 등을〉 엉망으로 만들다 **3** 〈시간·돈 등을〉 낭비하다 **4** 〈빛깔·물을〉 흐리게 하다 — *vi.* 아무렇게나 하다
— *n.* **1** 혼란 (상태) **2** 당황, 흐리멍덩함; 지리멸렬
***in a* ~** 어리둥절하여, 당황하여; 지리멸렬하여
mud·dle·head·ed [-hèdid] *a.* 멍청한, 얼빠진; 생각이 지리멸렬한
mud·dler [mʌ́dlər] *n.* **1** 〈음료를〉 휘젓는 막대 **2** 일을 그럭저럭하는 사람
⁑mud·dy [mʌ́di] *a.* (**-di·er**; **-di·est**) **1** 진창의; 진흙투성이의 **2** 〈액체 등이〉 흐린, 탁한 **3** 〈머리가〉 흐리멍덩한
— *vt.* (**-died**) **1** 진흙으로 더럽히다, 혼탁하게 하다 **2** 〈머리 등을〉 멍하게 하다, 혼란시키다 **múd·di·ly** *ad.* **-di·ness** *n.*
mud·flap [-flæ̀p] *n.* (자동차 바퀴의) 흙받이
múd flàt (썰물 때 나타나는) 개펄, 뻘밭
mud·flow [-flòu] *n.* 〖지질〗 이류(泥流)
mud·guard [-gɑ̀ːrd] *n.* (자동차 등의) 흙받이(fender)
mud·pack [mʌ́dpæ̀k] *n.* (미용을 위한) 진흙 팩
mud·sling·er [-slìŋər] *n.* (특히 정치적) 중상모략자
mud·sling·ing [-slìŋiŋ] *n.* Ⓤ (정치운동 등에서의) 중상(中傷), 추한 싸움
múd tùrtle 〖동물〗 진흙거북
mu·ez·zin [mjuːézin] [Arab.] *n.* (이슬람 사원의) 기도 시각을 알리는 사람
∗muff¹ [mʌf] *n.* 머프, 토시《원통형의 모피, 그 안에 양손을 넣음; 여자용》
muff² *n.* **1** 실수, 실책 **2** 둔재, 얼뜨기, 바보 **3** 〖야구〗 공을 놓치기
— *vt.* **1** 〈공을〉 잘못 받아 놓치다 **2** 실수하다
∗muf·fin [mʌ́fin] *n.* 머핀 **1** 《미》 컵 또는 롤형으로 구운 케이크 **2** 《영》 둥근빵 모양의 케이크(《미》 English muffin)
múffin pàn 머핀 굽는 번철
∗muf·fle [mʌ́fl] *vt.* **1** 싸다; 덮다, 목도리로 감싸다 **2** [보통 과거분사로] 〈소리를〉 지우다, 소음(消音)하다
∗muf·fler [mʌ́flər] *n.* **1** 머플러, 목도리; 두건; 벙어리 장갑, 권투용 글러브 **2 a** 《미》 (내연 기관의) 소음기(消音器), 머플러 (《영》 silencer) **b** (피아노의) 약음장치
muf·ti¹ [mʌ́fti] *n.* Ⓤ (군인의) 평복, 사복: in ~ 사복을 입고
mufti² *n.* (이슬람의) 법률 학자; 법률 고문
∗mug¹ [mʌg] *n.* **1** 원통형 찻잔《보통 손잡이가 있음》; 조끼 **2** 《속어》 얼굴; 입; 찌푸린 얼굴 **3** 《영·속어》 얼간이, 바보(fool); 서투른 사람 **4** 《미·속어》 깡패, 악당
— *v.* (**~ged**; **~·ging**) *vi.* **1** 〈강도가〉 (뒤에서) 습격하다 **2** 《속어》 **a** 얼굴을 찡그리다 **b** (카메라·관객 앞에서) 과장된 표정을 짓다 — *vt.* **1** 〈강도가〉 (뒤에서) 덤벼 목을 조르다 **2** 《속어》 (범죄 용의자의) 사진을 찍다
mug² *v.* (**~ged**; **~·ging**) 《영·속어》 *vt.* 〈학과를〉 주입식으로 공부하다 《*up*》
— *vi.* 벼락치기 공부를 하다 《*up*》
mug·ger [mʌ́gər] *n.* (뒤에서 습격하는) 폭력 강도
mug·ging [mʌ́giŋ] *n.* 《구어》 폭력 강도《행위》
mug·gins [mʌ́ginz] *n.* 《영·속어》 바보, 얼간이; Ⓤ 도미노 놀이의 일종
mug·gy [mʌ́gi] *a.* (**-gi·er**; **-gi·est**) 〈날씨 등이〉 무더운 **múg·gi·ness** *n.*
múg's gàme 《영·구어》 바보 짓, 쓸데없는 활동
múg shòt 《속어》 얼굴 사진, 상반신 사진
mug·wump [-wʌ̀mp] *n.* 《미》 **1** 자기 당의 정책에 협력하지 않는 정치가; 독자 노선을 걷는 사람 **2** 《익살》 거물, 두목
∗Mu·ham·mad [muhǽməd] *n.* 마호메트 (A.D. 570-632) 《이슬람교의 창시자》
Mu·ham·mad·an [muhǽmədn] *a.* 마호메트의, 이슬람교의
— *n.* 마호메트교도, 이슬람교도
~·ism *n.* 마호메트교, 이슬람교(Islam)
mu·lat·to [mjulǽtou | mjuː-] *n.* (*pl.* **~(e)s**) 백인과 흑인 간의 (제1대) 혼혈아
∗mul·ber·ry [mʌ́lbèri | -bəri] *n.* (*pl.* **-ries**) **1** 〖식물〗 뽕나무; 오디 **2** Ⓤ 오디빛, 진한 자주색
mulch [mʌltʃ] *n.* Ⓤ 뿌리 덮개《갓 심은 작물·나무를 보호하는 톱밥·퇴비·종이·비닐 등》
— *vt.* 뿌리 덮개로 덮다
mulct [mʌlkt] *vt.* **1** 속여 빼앗다, 사취하다 《*of*》 **2** 벌금을 과하다 《*in*》
— *n.* 과료, 벌금; 강제 징수
∗mule¹ [mjuːl] *n.* **1** 노새《암말과 수나귀와의 잡종》 **2** 《구어》 고집쟁이

mule² *n.* [보통 *pl.*] 뒤축 없는 슬리퍼

múle dèer 〖동물〗 뮬사슴 《귀가 길고 꼬리 끝이 검은 북미산 사슴》

mu·le·teer [mjùːlətíər] *n.* 노새 모는 사람

mul·ish [mjúːliʃ] *a.* 노새 같은; 고집 불통의 **~·ly** *ad.* **~·ness** *n.*

mull¹ [mʌl] 《구어》 *n.* 실수, 실패
— *vt.* 엉망으로 만들다, 실수하다
— *vi.* 숙고하다, 궁리하다, 머리를 짜다 《*over*》

mull² *vt.* [주로 과거분사로] 〈포도주·맥주를〉 설탕·향료·달걀 노른자 등을 넣어 데우다

mull³ *n.* 《스코》 곶, 갑

mul·la(h) [mʌ́lə] *n.* (이슬람교의) 학자·교사·율법학자에 대한 경칭

mul·let [mʌ́lit] *n.* (*pl.* **~, ~s**) 〖어류〗 숭엇과의 식용어

mul·li·ga·taw·ny [mʌ̀ligətɔ́ːni] *n.* Ⓤ (동인도의 닭고기가 든) 카레 수프

mul·lion [mʌ́ljən] *n.* 〖건축〗 창문의 중간 세로 틀, 중간 문설주

múl·lioned [-ənd] *a.* mullion이 있는

mult- [mʌlt], **multi-** [mʌ́lti, -tə] 《연결형》 **1** 「많은; 여러」의 뜻 **2** 「몇 배의 …」의 뜻 《모음 앞에서는 mult-》

mul·ti·ac·cess [mʌ́ltiæ̀kses] *n.*, *a.* 〖컴퓨터〗 멀티액세스(의), 동시 공동 이용(의)

mul·ti·cel·lu·lar [mʌ̀ltiséljulər] *a.* 다세포(多細胞)의

mul·ti·chan·nel [mʌ̀ltitʃǽnl] *a.* 〖통신〗 다중(多重) 채널의, 다중 통화의

mul·ti·col·ored [mʌ̀ltikʌ́lərd] *a.* 다색(多色)의

mul·ti·dis·ci·pli·nar·y [mʌ̀ltidisíplinèri | -nəri] *a.* 〈연구 등이〉 여러 전문 분야에 걸친

mul·ti·eth·nic [-éθnik] *a.* 다민족의

mul·ti·far·i·ous [mʌ̀ltəféəriəs] *a.* 가지각색의, 잡다한 **~·ly** *ad.* **~·ness** *n.*

mul·ti·form [mʌ́ltəfɔ̀ːrm] *a.* 다형(多形)의; 다양한

mul·ti·lat·er·al [mʌ̀ltilǽtərəl] *a.* **1** 다변(多邊)의, 다각적인 **2** 다국간의: ~ trade negotiations 다변적 무역 협상

mul·ti·lin·gual [mʌ̀ltilíŋgwəl] *a.* **1** 여러 나라의 말을 하는 **2** 여러 나라 말로 쓰인 — *n.* 여러 언어의 사용자

mul·ti·me·di·a [mʌ̀ltimíːdiə] *n. pl.* [단수·복수 취급] 멀티미디어, 여러 미디어를 사용한 커뮤니케이션[오락, 예술]

mul·ti·mil·lion·aire [mʌ̀ltimìljənéər] *n.* 억만 장자

mul·ti·na·tion·al [mʌ̀ltinǽʃənl] *a.* **1** 다국적의[으로 된]; 다국간의 **2** 다국적 기업의 — *n.* 다국적 기업

mul·tip·a·rous [mʌltípərəs] *a.* 출산 경험 있는; 〖동물〗 복산(複産)의 《한배에 여러 마리를 낳는》

***mul·ti·ple** [mʌ́ltəpl] *a.* **1 a** **복합적인,** 복식의 **b** 다수의, 많은 부분[요소]으로 된 **2** 〖수학〗 배수(倍數)의 — *n.* **1** 〖수학〗 배수 **2** 《영》 연쇄점; (대량 생산의) 미술품

múltiple ágriculture 다각(多角) 농업 《농작·축산·과수 재배 등을 겸함》

mul·ti·ple-choice [-tʃɔ́is] *a.* 〈시험·문제가〉 다항 선택식의: a ~ test 다항 선택식 문제

múltiple personálity 〖심리〗 다중(多重) 인격

múltiple sclerósis 〖의학〗 다발성 경화증

múltiple shóp[stóre] 《영》 연쇄점 (《미》 chain store)

mul·ti·plex [mʌ́ltəplèks] *a.* **1** 다양한, 복합의 **2** 〖통신〗 다중 송신의
— *n.* **1** 다중 송신 전자 시스템 **2** 다목적 복합 건축

mul·ti·plex·er [mʌ́ltəplèksər] *n.* 다중 통신용 장치[채널]

mul·ti·pli·cand [mʌ̀ltəplikǽnd] *n.* 〖수학〗 피승수(被乘數)

***mul·ti·pli·ca·tion** [mʌ̀ltəplikéiʃən] *n.* **1** Ⓤ **증가,** 증식, 번식 **2** ⓊⒸ 〖수학〗 승법(乘法), **곱셈**(opp. *division*)

multiplicátion sìgn 곱셈 기호 《×》

multiplicátion tàble 구구표, 구구단표

mul·ti·pli·ca·tive [mʌ̀ltəplíkətiv, mʌ́ltəplikèi-] *a.* **1** 증가하는, 증식의 **2** 〖수학〗 곱셈의 **3** 〖문법〗 배수사(倍數詞)의
— *n.* 〖문법〗 배수사

mul·ti·plic·i·ty [mʌ̀ltəplísəti] *n.* Ⓤ 다수(多數); 다양성
a* [*the*] ~ *of 다수의, 가지각색의

mul·ti·pli·er [mʌ́ltəplàiər] *n.* **1** 증가[증식, 번식]시키는 사람[것] **2** 〖수학〗 승수(乘數), 곱수; 〖물리〗 배율기

‡**mul·ti·ply** [mʌ́ltəplài] [L 「수배(數倍)하다」의 뜻에서] *v.* (**-plied**) *vt.* **1** …을 **증가시키다,** 증식[번식]시키다 **2** 〖수학〗 **곱하다,** 승하다 《*together*, *by*》 — *vi.* **1** **늘다,** 증가하다 **2** 번식하다 **3** 곱셈하다

mul·ti·pur·pose [mʌ̀ltipə́ːrpəs] *a.* 여러 목적에 쓰이는, 다목적의: a ~ dam 다목적 댐

mul·ti·ra·cial [mʌ̀ltiréiʃəl] *a.* 다(多)민족의[으로 된]

mul·ti·stage [mʌ́ltistèidʒ] *a.* 다단식(多段式)의 〈로켓 등〉; 단계적인

mul·ti·sto·ry [mʌ́ltistɔ̀ːri] *a.* 여러 층의, 다층의; 〖건축〗 고층의: a ~ parking garage 다층식 주차장

mul·ti·task [mʌ̀ltitǽsk] *vi.* 한꺼번에 여러 일을 처리하다

mul·ti·task·ing [mʌ̀ltitǽskiŋ] *n.* 〖컴퓨터〗 멀티태스킹, 다중 처리

‡**mul·ti·tude** [mʌ́ltət*j*ùːd | -tjùːd] *n.* **1** ⒸⓊ **다수,** 수많음: a ~ of girls 다수의 소녀들 **2** **군중,** 많은 사람 **3** [the ~(s)] 대중, 서민

mul·ti·tu·di·nous [mʌ̀ltət*j*úːdənəs | -tjúː-] *a.* **1** 다수의 **2** 여러 항목[요소]으로 이루어진 **3** 《문어》 〈바다 등이〉 광대한, 거대한 **~·ly** *ad.* **~·ness** *n.*

mul·ti·us·er [mʌ̀ltijúːzər] *n.*, *a.* 〖컴퓨터〗 다중 사용자(의) 《다수의 사용자가 동시에 공동으로 사용할 수 있는》: the ~ system 다중 사용자 시스템

mul·ti·va·lent [mʌ̀ltivéilənt] *a.* **1** 〖화학·생물〗 다원자가의, 다가의 **2** 다면적 가

치[의의]를 가진

mul·ti·ver·si·ty [mʌ̀ltivə́:rsəti] *n.* (*pl.* **-ties**) 《미》 거대 종합 대학교 《교사(校舍)가 분산되어 있는 대규모 대학교》

mul·ti·vi·ta·min [mʌ̀ltiváitəmin] *a.* 여러 비타민을 함유한, 다(多)비타민의
— *n.* 종합 비타민제

mum[1] [mʌm] [의성어] *a.* Ⓟ 잠자코 있는(silent) **—** *n.* Ⓤ 침묵

mum[2] *n.* **1** 《구어》 = MADAM **2** 《영·구어》 = MUMMY[2]

***mum·ble** [mʌ́mbl] *vt.* **1** 〈기도·말 등을〉 **중얼거리다, 웅얼거리다 2** 〈이 없는 사람 등이〉 우물우물 씹다 **—** *vi.* (…에게) 중얼중얼[웅얼웅얼] 말하다 《*to*》
— *n.* 중얼중얼하는 말[소리]

mum·bo jum·bo [mʌ́mbou-dʒʌ́mbou] **1** 미신적 숭배의 대상, 우상 **2** [**M~ J~**] 아프리카 서부 흑인 부락의 수호신 **3** 알아들을 수 없는 말

mum·mer [mʌ́mər] *n.* 무언극의 배우, 광대

mum·mer·y [mʌ́məri] *n.* (*pl.* **-mer·ies**) 무언극(dumb show), 가면극

mum·mi·fy [mʌ́məfài] *vt.* (**-fied**) **1** 미라로 만들다 **2** 말려서 보존하다, 바짝 말리다 **mùm·mi·fi·cá·tion** *n.*

***mum·my**[1] [mʌ́mi] *n.* (*pl.* **-mies**) **미라**; 바짝 마른 것[사람, 시체]

mummy[2] *n.* (*pl.* **-mies**) 《영·소아어》 엄마(《미》 mommy)

mumps [mʌmps] [「부루퉁한 얼굴」의 뜻에서] *n. pl.* **1** [종종 the ~; 단수 취급] 유행성 이하선염(耳下腺炎), 볼거리, 항아리 손님 **2** [the ~] 심기가 나쁨(sulks): have *the* ~ 골나다, 부루퉁해지다

mu·mu, mu-mu [mú:mù:] *n.* = MUUMUU

***munch** [mʌntʃ] *vt., vi.* **우적우적 씹어 먹다**
— *n.* 《구어》 음식, 간단한 식사

munch·ies [mʌ́ntʃiz] *n. pl.* 《미·속어》 **1** 간단한 식사, 스낵 **2** 과자가 먹고 싶음

mun·dane [mʌndéin, ⌐–] *a.* **1** 이승의, 현세의; 세속적인(earthly) **2** 평범한 **3** 세계의, 우주의: the ~ era 세계 창조 기원(紀元) **~·ly** *ad.* **~·ness** *n.*

Mu·nich [mjú:nik] *n.* 뮌헨 《독일의 Bavaria 주의 주도》

‡**mu·nic·i·pal** [mjunísəpəl] [L 「자유 도시」의 뜻에서] *a.* **1 자치 도시의, 시**(市)**의 2** 내정(內政)의: a ~ law 국내법 **~·ly** *ad.* 시정상(市政上); 시(영)에 의하여

***mu·nic·i·pal·i·ty** [mju:nìsəpǽləti] *n.* (*pl.* **-ties**) **1 a 지방자치체** 《시·읍 등》 **b** 시[읍]당국 **2** [집합적] 전(全) 시민

mu·nic·i·pal·ize [mju:nísəpəlàiz] *vt.* **1** 자치제로 하다, 시(市)로 하다 **2** 시유[시영]화하다

mu·nif·i·cence [mju:nífəsns] *n.* Ⓤ 《문어》 아낌없이 줌; 후함

mu·nif·i·cent [mju:nífəsnt] *a.* 《문어》 아낌 없이 주는, 손이 큰 **~·ly** *ad.*

mu·ni·ment [mjú:nəmənt] *n.* **1** [보통 *pl.*] 〖법〗 증서, 부동산 권리 증서; 공식 기록, 공문서 **2** 《드물게》 방어 (수단)

***mu·ni·tion** [mju:níʃən] *n.* [명사 수식 이외는 *pl.*] **1 군수품**; 《특히》 탄약: a ~ factory[plant] 군수 공장 **2** (긴급시에 대비한) 생필품, 자재 **—** *vt.* …에 군수품을 공급하다

Mun·ster [mʌ́nstər] *n.* 먼스터 《아일랜드 공화국 남서부 지방》

mu·ral [mjúərəl] *a.* 벽(위)의; 벽에 그린[붙인]: ~ paintings 벽화
— *n.* 벽화, 벽장식

‡**mur·der** [mə́:rdər] *n.* **1** Ⓤ **살인 2** Ⓤ 《구어》 매우 위험한[어려운, 불쾌한] 일[상황], 「지옥」 **—** *vt.* **1** 〈사람을〉 (고의로) **죽이다**, 살해하다; 참살하다 **2** 《구어》 〈시구·노래·역(役) 등을〉 엉망으로 만들다, 망쳐놓다, 잡치다; 혼내주다, 괴롭히다 **—** *vi.* 살인하다

***mur·der·er** [mə́:rdərər] *n.* **살인자**

***mur·der·ous** [mə́:rdərəs] *a.* **1 살인의**; 흉행[살인]용의: a ~ weapon 흉기 **2** (양상이) 잔인한 **3** 살인적인, 지독한, 〈시험이〉 매우 어려운 **~·ly** *ad.* **~·ness** *n.*

mu·ri·át·ic ácid [mjùəriǽtik-] 염산(鹽酸)

murk [mə:rk] *n.* Ⓤ 《문어》 암흑, 음울함

murk·y [mə́:rki] *a.* (**murk·i·er**; **-i·est**) **1 a** 어두운, 음울한 **b** 〈어둠·안개가〉 짙은 **2** 켕기는, 떳떳치 못한 **múrk·i·ly** *ad.*

***mur·mur** [mə́:rmər] *n.* **1** (나뭇잎 등의) **사각사각하는 소리**, (시냇물의) 졸졸 소리 **2** 낮은 목소리, 속삭임 **3 중얼거림**, 불평하는 소리 **4** 〖의학〗 (청진기에 들리는) 잡음
— *vi.* **1** 〈나뭇잎 등이〉 사각사각하다, 졸졸 소리내다 **2** 속삭이다 **3** 중얼거리다, 투덜거리다 《*at, against*》
— *vt.* 속삭이다, 낮은 목소리로 말하다, 투덜거리다

mur·mur·ous [mə̀:rmərəs] *a.* **1** 졸졸[촬촬] 소리나는, 사각거리는 **2** 중얼거리는; 투덜거리는

mur·phy [mə́:rfi] *n.* (*pl.* **-phies**) 《속어》 (아일랜드산) 감자

Múrphy's Láw 머피의 법칙 《경험에서 얻은 유머러스한 지혜; 「실패할 가능성이 있는 것은 반드시 실패한다」 등》

mur·rain [mə́:rin | mʌ́r-] *n.* 온역(瘟疫) 《가축의 전염병》

mus. museum; music(al)

mus·cat [mʌ́skət, -kæt] *n.* 머스캣 포도

mus·ca·tel [mʌ̀skətél] *n.* Ⓤ 백포도주 《머스캣 포도로 만든》

‡**mus·cle** [mʌ́sl] [동음어 mussel] [L 「작은 쥐」의 뜻에서] *n.* **1** Ⓤ **근**(筋), **근육**: an involuntary[a voluntary] ~ 불수의(不隨意)[수의]근 **2** Ⓤ 근력, 완력 **3** Ⓤ 《구어》 강제, 압력
— *vi.* 《구어》 억지로 나아가다; 끼어들다; 영역을 침범하다 《*in*》 **—** *vt.* 《구어》 …에 억지로 끼어들다, 힘으로 밀고 들어가다[나아가다]: ~ one's way *through* the crowd 군중을 헤치고 나아가다

mus·cle-bound [mʌ́slbàund] *a.* **1** (운동 과다로) 근육이 경직한[탄력을 잃

은] 2 탄력성 없는, 경직된

mus·cled [mʌ́sld] *a.* [보통 복합어를 이루어] 근육이 있는: strong-~ 근육이 억센

mus·cle·man [mʌ́slmæ̀n] *n.* (*pl.* **-men** [mèn]) 《구어》 1 근육이 늠름한 남자 2 (고용된) 폭력단원

Mus·co·vite [mʌ́skəvàit] *n.* 모스크바 사람; 《고어》 러시아 사람
— *a.* 모스크바 (시민)의

*__mus·cu·lar__ [mʌ́skjulər] *n.* 1 근(육)의: ~ strength 완력 2 근육이 잘 발달된, 강건한, 힘센 3 〈표현 등이〉 힘찬 **~·ly** *ad.*

múscular dýstrophy 〖의학〗 근위축증(筋萎縮症)

mus·cu·lar·i·ty [mʌ̀skjulǽrəti] *n.* Ⓤ 근골의 건장함, 강장(强壯), 강건

‡**muse** [mju:z] *vi.* **1 명상하다,** 묵상하다, 숙고하다 2 유심히 바라보다 (*on*) — *vt.* 1 숙고하다 2 생각에 잠기며 말하다

Muse [mju:z] *n.* 1 〖그리스신화〗 **a** 뮤즈 《학예·시가·음악·무용을 관장하는 아홉 여신의 하나》 **b** [the ~s] 뮤즈의 신들 **2** [the ~] 시신(詩神); 시상(詩想); [the m~] 시가(詩歌); [**m~**] 《시어》 시인

mu·sette [mju:zét] [F] *n.* 1 뮈제트 《옛날 프랑스의 작은 bagpipe》; 그 무곡(舞曲) 2 (병사의) 작은 잡낭(= ~ **bàg**)

‡**mu·se·um** [mju:zí:əm] [Gk 「뮤즈신(Muse)의 신전」의 뜻에서] *n.* **박물관;** 기념관; **미술관**

muséum pìece 1 박물관 소장품, 주요 미술품; 진품 2 《익살》 시대에 뒤진 사람[것]

mush[1] [mʌʃ] *n.* Ⓤ 1 《미》 (옥수수의) 걸쭉한 죽 2 걸쭉한 것[음식] 3 《구어》 감상(感傷)적인 말[책, 영화]

mush[2] (미·캐나다) *n.* 개썰매 여행
— *vi.* 개썰매 여행을 하다 — *int.* 가자! 《썰매 끄는 개에 대한 발성》

‡**mush·room** [mʌ́ʃru(:)m] *n.* **1 버섯** 《주로 식용》; 《구어》 버섯 모양의 모자 《여성용 밀짚 모자》 **2 급속하게 발달한 것** 3 = MUSHROOM CLOUD 4 벼락 부자, 어정뱅이 — *a.* 1 버섯 (모양)의 **2 우후죽순격의,** 급성장하는 — *vi.* **1 빨리 생기다** [발전하다] 2 버섯을 따다 3 버섯 모양으로 퍼지다; 〈불이〉 확 퍼지다

múshroom clòud 핵폭발의 버섯구름

múshroom gròwth 급속한 성장

mush·y [mʌ́ʃi] *a.* (**mush·i·er**; **-i·est**) 1 (죽처럼) 걸쭉한(pulpy) 2 《구어》 연약한, 눈물이 많은, 감상적인

‡**mu·sic** [mjú:zik] [Gk 「뮤즈신(Muse)의 기술」의 뜻에서] *n.* Ⓤ **1 음악** 2 악곡; 악보; [집합적] 악곡집 3 ⓊⒸ 주악(奏樂), 아름다운 곡조의 소리 4 음악 감상력

‡**mu·si·cal** [mjú:zikəl] *a.* **1 음악의,** 주악(奏樂)의: a ~ composer 작곡가 **2 음악적인;** 음악이 따르는; 음이 아름다운 **3 음악에 재능이 있는;** 음악을 애호하는
— *n.* 희가극 (영화), 뮤지컬

músical bòx 《영》 = MUSIC BOX

músical cháirs [단수 취급] 의자 빼앗기 놀이

músical cómedy 희가극, 뮤지컬

mu·si·cale [mjù:zikǽl] [F] *n.* 《미》 (사교적인 모임으로서의) 음악회, (비공개) 연주회

mu·si·cal·ly [mjú:zikəli] *ad.* **1 음악적으로** 2 아름다운 곡조로

músic bòx 《미》 오르골, 자명악(自鳴樂)(《영》 musical box)

músic dràma 〖음악〗 악극

músic hàll 1 《미》 음악당 2 《영》 뮤직홀, 연예장; (뮤직홀의) 쇼, 연예

‡**mu·si·cian** [mju:zíʃən] *n.* **1 음악가 2** 음악에 뛰어난 사람; 《특히》 연주가
~·shìp *n.* Ⓤ 음악가로서의 재능

mu·si·col·o·gy [mjù:zikɑ́lədʒi | -kɔ́l-] *n.* Ⓤ 음악학

músic pàper 악보 용지, 5선지

músic schòol 음악 학교

músic stànd 악보대, 보면대

músic vìdeo 뮤직 비디오

mus·ing [mjú:ziŋ] *n.* ⓊⒸ 숙고, 명상
— *a.* 생각에 잠기는, 명상적인 **~·ly** *ad.*

*__musk__ [mʌsk] *n.* **1** Ⓤ **사향**(麝香)(의 향기) 2 〖동물〗 사향노루(= ~ deer)

músk dèer 〖동물〗 사향노루 《중앙 아시아산》

*__mus·ket__ [mʌ́skit] *n.* **머스켓총** 《구식 보병총》

mus·ke·teer [mʌ̀skətíər] *n.* 〖역사〗 (옛날의) 머스켓 총병(銃兵)

mus·ket·ry [mʌ́skitri] *n.* 《고어》 1 [집합적] 소총; 소총 부대 2 소총 사격(술)

musk·mel·on [mʌ́skmèlən] *n.* 〖식물〗 머스크멜론 《표면에 그물눈 모양의 무늬가 있는 고급 품종》

musk-ox [-ɑ̀ks | -ɔ̀ks] *n.* 〖동물〗 사향소

musk·rat [mʌ́skræ̀t] *n.* (*pl.* **~, ~s**) 사향뒤쥐; Ⓤ 그 모피

músk ròse 사향장미 《지중해 지방 원산》

musk·y [mʌ́ski] *a.* (**musk·i·er**; **-i·est**) 사향의, 사향 냄새 나는

‡**Mus·lim, -lem** [mʌ́zlim, mús-] *n.* (*pl.* **~, ~s**) **이슬람교도**
— *a.* 이슬람교(도)의; 이슬람 문명의

*__mus·lin__ [mʌ́zlin] [최초의 제조지인 이라크의 지명에서] *n.* Ⓤ **모슬린, 메린스** 《평직의 부드러운 면직물》

mus·quash [mʌ́skwɑʃ | -kwɔʃ] *n.* = MUSKRAT

muss [mʌs] 《미·구어》 *n.* ⓊⒸ 혼란, 난잡, 혼잡 — *vt.* 〈머리털·옷 등을〉 구겨놓다; 엉망으로 만들다 (*up*)

mus·sel [mʌ́səl] [동음어 muscle] *n.* 〖패류〗 홍합; 펄조개, 말조개

muss·y [mʌ́si] *a.* (**muss·i·er**; **-i·est**) 《미·구어》 구깃구깃한, 난잡한, 엉망의

‡**must**[1] [məst, mʌst] *auxil. v.* 《어형은 무변화; 부정 단축형 **mustn't**》 **1** [필요를 나타내어] **…해야 하다 2** [의무·명령을 나타내어] **…해야만 하다;** [부정문에서 금지를 나타내어] **…해서는 안 되다:** You ~ do as you are told. 시키는대로 해야 한다. **3** [주장을 나타내어] **꼭 …해야 하다** 《must가 강하게 발음됨》: He ~ always have everything his own way. 그는 언제나 매사를 자기

주장[뜻]대로 해야 한다. **4** [당연한 추정을 나타내어] **a** …**임[함]에 틀림없다,** 틀림없이 …일 것이다 **b** [must have+*p.p.*로 과거에 대한 추정을 나타내어] …**이었음[하였음]에 틀림없다**: What a sight it ~ *have been*! 틀림없이 장관이었을 것이다! **c** [~ not, mustn't로] 《미》 …이 아님에 틀림없다: He *mustn't* be there. 그는 그곳에 없음이 틀림없다. **5** [필연을 나타내어] **반드시 …하다**: All men ~ die. 모든 인간은 반드시 죽는다.

— [mʌst] *n.* [a ~] 《구어》 절대로 필요한 것, 꼭 보아야[들어야]할 것: A raincoat is *a* ~ in the rainy season. 장마철에는 레인코트가 꼭 필요하다.

— [mʌst] *a.* Ⓐ 《구어》 절대로 필요한, 꼭 보아야[들어야] 할: ~ books[subjects] 필독서[필수 과목]

must[2] [mʌst] *n.* Ⓤ (발효 전 또는 발효 중의) 포도액; 새 포도주

must[3] *n.* Ⓤ 곰팡내가 남; 곰팡이

***mus·tache** [mʌ́stæʃ, məstǽʃ | məstɑ́:ʃ] *n.* [종종 *pl.*] 《미》 **코밑수염** (《영》 moustache); 동물의 수염; 새의 수염 비슷한 깃털

mus·ta·chi·o [məstǽʃiòu | -tɑ́:-] *n.* (*pl.* **~s**) = MOUSTACHE

mus·tang [mʌ́stæŋ] *n.* 머스탱 《멕시코·텍사스 등의 작은 반야생마》

***mus·tard** [mʌ́stərd] *n.* **1** Ⓤ **겨자** 《양념》; 〚식물〛 겨자, 갓 **2** 겨자색, 짙은 황색 **3** 《미·속어》 자극, 활기, 열의

(as) keen as ~ 매우 열심인 ***English [French] ~*** 물 탄[초 친] 겨자

mústard gàs 이페릿 《미란성(糜爛性) 독가스》

mústard plàster 겨자 연고(軟膏) 《습포용》

mústard pòt (식탁용) 겨자 그릇

mústard sèed 겨자씨

a grain of ~ 〚성서〛 겨자씨 한 알 《큰 발전의 원인이 되는 것》

***mus·ter** [mʌ́stər] [L 「나타내다」의 뜻에서] *vt.* **1** (검열·점호에) 〈병사·선원 등을〉 **소집하다 2** 〈용기 등을〉 불러 일으키다, 분기시키다 (*up*): We *~ed* (*up*) all our courage[strength]. 우리는 있는 용기[힘]를 다 불러 일으켰다.

~ in [***out***] 《미》 …을 입대[제대]시키다

— *vi.* (검열·점호에) 〈군대가〉 **모이다,** 집합하다 — *n.* **1** 소집, (병력의) 집합; 점호; 검열 **2** (사람·동물 등의) 집합; 집합 인원 **3** 〚상업〛 견본, 샘플

⁑**must·n't** [mʌ́snt] must not의 단축형

mus·ty [mʌ́sti] *a.* (**-ti·er**; **-ti·est**) **1** 곰팡내 나는; 곰팡이가 난 **2** 케케묵은, 진부한 **mús·ti·ly** *ad.* **mús·ti·ness** *n.*

mu·ta·ble [mjú:təbl] *a.* **1** 변하기 쉬운, 무상한 **2** 변덕스러운

mù·ta·bíl·i·ty *n.* **-bly** *ad.*

mu·ta·gen [mjú:tədʒən] *n.* 〚생물〛 돌연변이 유발 요인

mu·tant [mjú:tənt] 〚생물〛 *a.* 돌연변이의 — *n.* 돌연변이체(體), 변종

mu·tate [mjú:teit | -ㅗ] [L 「변하다」의 뜻에서] *vi.* **1** 변화하다 **2** 〚생물〛 돌연변이하다(sport) **3** 〚언어〛 모음 변이하다

— *vt.* 〚언어〛 〈모음을〉 변화시키다; 돌연변이가 되게 하다

mu·ta·tion [mju:téiʃən] *n.* **1** 〚생물〛 **a** 돌연변이 **b** 돌연변이체 **2 a** UC 변화, 변경, 전환 **b** (인생의) 흥망성쇠; (세상의) 변천 **3** 〚언어〛 모음 변이

mu·ta·tis mu·tan·dis [mju:téitis-mju:tǽndis] [L] *ad.* 필요한 변경을 가하여

⁑**mute** [mju:t] [L 「무언의」의 뜻에서] *a.* **1** 무언(無言)의, 침묵한; (일시적으로) 말을 못하는 **2** 벙어리의 **3** 〈글자가〉 발음되지 않는: a ~ letter 묵자 《knife의 k 등》 **4** 〚법〛 〈피고가〉 묵비권을 행사하는: stand ~ of malice 묵비권을 행사하다 **5** 〈사냥개가〉 짖지 않는 **6** 〚음성〛 폐쇄음의 《b, d, g 등》

— *n.* **1** 벙어리, 《특히》 귀먹은 벙어리; 말을 하지 않는 사람 **2** (맡은 대사가 없는) 무언 배우 **3** 〚법〛 답변을 거부하는 피의자 **4** 〚음악〛 (악기의) 약음기(弱音器) **5** 〚음성〛 묵자; 폐쇄음

— *vt.* **1** …의 소리를 죽이다 **2** 색조를 약하게 하다

múte·ly *ad.* **múte·ness** *n.*

***mu·ti·late** [mjú:təlèit] *vt.* **1** 〈손발 등을〉 **절단하다**; 〈신체를〉 불구로 만들다 **2** 〈작품 등을〉 골자를 삭제하여 불완전하게 하다

mu·ti·la·tion [mjù:təléiʃən] *n.* UC **1** (수족 등의) 절단; 불구로[불완전하게] 하기; 손상 **2** (문장 등의) 불완전화; 〚법〛 문서 훼손

mu·ti·neer [mjù:təníər] *n.* **1** 폭동자, 폭도 **2** 〚군사〛 항명자(抗命者)

mu·ti·nous [mjú:tənəs] *a.* **1** 폭동의, 폭동을 일으키는 **2** 반항적인, 불온한

***mu·ti·ny** [mjú:təni] [L 「움직이다」의 뜻에서] *n.* (*pl.* **-nies**) UC (특히 함선·군대 등에서의) **폭동,** 반란; 〚군사〛 항명

— *vi.* (**-nied**) **1** 폭동[반란]을 일으키다 **2** (상관에게) 반항하다 (*against*)

mutt [mʌt] *n.* 《속어》 **1** 바보, 얼간이 **2** (잡종)개

⁑**mut·ter** [mʌ́tər] *vi.* **중얼거리다**; 불평을 말하다 (*at, against*): ~ *against* a person …에 대하여 불평을 말하다

— *vt.* 중얼거리다; 투덜투덜하다; 비밀히 말하다: ~ an oath 저주의 말을 중얼거리다 — *n.* 중얼거림; 불평

⁑**mut·ton** [mʌ́tn] [F 「양」의 뜻에서] *n.* Ⓤ **양고기**

mútton chòp 양의 갈비(에 붙은) 고기

mut·ton·chops [mʌ́tntʃɑ̀ps | -tʃɔ̀ps] *n. pl.* 《속어》 위는 가늘고 밑으로 퍼지게 기른 구레나룻(= **múttonchop whískers**)

mut·ton·head [-hèd] *n.* 《구어》 얼간이, 바보 **~·ed** *a.* 《구어》 멍청한

⁑**mu·tu·al** [mjú:tʃuəl] [L 「차용[교환]한」의 뜻에서] *a.* **1 서로의**; 서로 관계 있는: ~ respect 상호 존경 **2** 공동의, 공통의(common): our ~ friend 서로[공통]의 친구 ***by ~ consent*** 합의로

mútual fùnd 《미》 〚금융〛 뮤추얼 펀드

mútual insúrance 상호 보험

mu·tu·al·i·ty [mjùːtʃuǽləti] *n.* Ⓤ 상호 관계, 상관

*__mu·tu·al·ly__ [mjúːtʃuəli] *ad.* 서로, 상호간에; 합의하여

muu·muu [múːmùː] *n.* 무무《헐겁고 화려한 하와이 여자의 드레스》

Mu·zak [mjúːzæk] *n.* 녹음 배경 음악《식당·대합실 등에 제공되는 유선 음악 방송; 상표명》

*__muz·zle__ [mʌ́zl] *n.* **1** 총구, 포구 **2** (동물의) 주둥이《코·입 부분》, 부리 **3** (동물의) 부리망 **4** 언론의 자유를 막는 것 — *vt.* **1** 〈동물의 입에〉 부리망을 씌우다 **2** 〈사람에게〉 입막음하다; 〈언론을〉 억압하다

muz·zy [mʌ́zi] *a.* (**-zi·er**; **-zi·est**) 《구어》 **1** (병·음주 등으로) 머리가 멍한, 몽롱한 **2** 흐릿한, 혼란스러운
múz·zi·ly *ad.* **-zi·ness** *n.*

MVP most valuable player 〖스포츠〗 최우수 선수

***__my__ [mai, mə] *pron.* [I의 소유격] **1** 나의, 내: ~ mother 내 어머니 **2** 부르는 말에 붙여서 친밀감을 나타냄: *my* boy[friend, man, son, etc.] / *my* dear[darling, love, etc.]
my dear fellow = ***my good man*** [부르는 말] 여보게 ***My*** (***eye***)***!*** = ***Oh my!*** = ***My goodness!*** 아!, 저런!, 이것 참!

Myan·ma [mjǽnmɑːr] *n.* 미얀마 (연방)《인도차이나 반도 서부의 나라; 구칭 Burma; 수도 Yangon》

My·ce·nae [maisíːniː] *n.* 미케네《고대 그리스의 도시; 미케네 문명의 중심지》

My·ce·nae·an [màisəníːən] *a.* 미케네 (문명)의 — *n.* 미케네 사람

my·col·o·gy [maikɑ́lədʒi | -kɔ́l-] *n.* Ⓤ 균류학(菌類學) **-gist** *n.*

my·e·li·tis [màiəláitis] *n.* Ⓤ 〖병리〗 척수염, 골수염

my·na(h) [máinə] *n.* 〖조류〗 쇠찌르레기과 속(屬)의 새, 구관조(九官鳥)《동남아시아산》

my·ope [máioup] *n.* 〖병리〗 근시인 사람; 근시안적인 사람

my·o·pi·a [maióupiə], **my·o·py** [máiəpi] *n.* Ⓤ **1** 〖병리〗 근시 **2** 근시안적임, 단견

my·o·pic [maiɑ́pik | -ɔ́p-] *a.* **1** 근시(성)의 **2** 근시안적인

*__myr·i·ad__ [míriəd] [Gk 「만, 무수」의 뜻에서] *n.* [보통 a ~ of 또는 ~s of로] 무수: ~*s*[*a* ~] *of* stars 무수한 별 — *a.* 무수한

Myr·mi·don [mə́ːrmədɑ̀n | -dɔ̀n] *n.* **1** 〖그리스신화〗 뮈르미돈《Achilles를 따라 Troy 전쟁에 참가한 용사》 **2** [**m~**] (명령을 어김없이 수행하는) 사나운 부하; 충실한 종자

myrrh [məːr] *n.* Ⓤ 몰약(沒藥)《향기 있는 수지(樹脂); 향료·약제용》

*__myr·tle__ [mə́ːrtl] *n.* **1** 〖식물〗 은매화(銀梅花) **2** 《미》 빙카(periwinkle) **3** [**M~**] 여자 이름

***__my·self__ [maisélf] *pron.* (*pl.* **our·selves** [àuərsélvz]) **1** [강조] 나 자신, 나 스스로: I ~ saw it. = I saw it ~. 그것을 내 눈으로 보았다. **2** [-ˊ] [me의 재귀형]: I have hurt ~. 몸을 다쳤다. **3** 평소의 나
(***all***) ***by*** ~ 나 혼자 힘으로; 나 혼자서 ***I am not*** ~. 나는 몸[머리]이 좀 이상하다.

***__mys·te·ri·ous__ [mistíəriəs] *a.* **1** 신비한; 불가사의한, 이해할 수 없는: a ~ event 불가사의한 사건 **2** 수수께끼 같은, 알쏭달쏭한, 이상한: a ~ smile 수수께끼 같은 미소 **3** 비밀의 **~·ly** *ad.* **~·ness** *n.*

***__mys·ter·y__ [místəri] [Gk 「비밀의 의식」의 뜻에서] *n.* (*pl.* **-ter·ies**) **1** ⓊⒸ 신비; 비밀, 수수께끼 **2** 신비적 사건 **3** 추리소설, 미스테리 **4** 〖그리스도교〗 **a** [종종 *pl.*] 신비적 교의《삼위 일체설 등》 **b** 비적(秘跡) **c** [*pl.*] 성체 **5** [종종 *pl.*] (고대 그리스의 종교상의) 비법, 비밀 의식 **6** (중세의) 기적극(= ~ play)

mýstery plày (중세의) 기적극《예수의 기적이 주제》; 추리극

mýstery stòry[**nòvel**] 추리[괴기] 소설, 탐정 소설

mýstery tòur[**trìp**] 《영》 행선지를 미리 알리지 않는 유람 여행

*__mys·tic__ [místik] *a.* **1** (종교적) 비법의, 비전의; 밀교(密敎)의 **2** 신비적인, 유현(幽玄)한(mysterious); 마력[신비력]이 있는 — *n.* 신비주의자; 비법 전수자

mys·ti·cal [místikəl] *a.* **1** 신비(주의)적인, 영감에 의한 **2** 정신적 의의가 있는, 정신적 상징의 **~·ly** *ad.*

*__mys·ti·cism__ [místəsìzm] *n.* Ⓤ **1** 신비주의《궁극의 진로는 명상과 직관적 통찰에 의해 체득된다는》; 신비주의적 신앙[체험, 사고] **2** 애매한[비논리적] 사고, 망상

mys·ti·fi·ca·tion [mìstəfikéiʃən] *n.* **1** Ⓤ 신비화 **2** Ⓤ 얼떨떨[어리둥절]하게 함; Ⓒ 속임수

*__mys·ti·fy__ [místəfài] *vt.* (**-fied**) **1** 얼떨떨[어리둥절]하게 하다, 미혹하다, 속이다 **2** 신비화하다 **~·ing** *a.*

mys·tique [mistíːk] [F = mystic] *n.* **1** 신비스러운 분위기, 신비감 **2** (직업상의) 비법, 비결

***__myth__ [miθ] [Gk 「말, 이야기」의 뜻에서] *n.* **1** Ⓤ [집합적] 신화 **2** 신화적 인물[사물] **3** (근거 없는) 이야기; 사회적 통념[미신]

myth. mythological; mythology

*__myth·i·cal__ [míθikəl], 《시어》 **myth·ic** [míθik] *a.* **1** 신화의 **2** 상상의, 가공(架空)의(imaginary) **-i·cal·ly** *ad.*

myth·o·log·i·cal, -log·ic [mìθəlɑ́dʒik(əl) | -lɔ́dʒ-] *a.* **1** 신화의[적인]; 신화학(상)의 **2** 지어낸 이야기의, 사실무근의 **-i·cal·ly** *ad.*

my·thol·o·gist [miθɑ́lədʒist | -θɔ́l-] *n.* 신화 학자[작가]

*__my·thol·o·gy__ [miθɑ́lədʒi | -θɔ́l-] *n.* (*pl.* **-gies**) ⓊⒸ **1** [집합적] 신화 **2** 신화학 **3** 신화집

my·thos [míθɑs, -θous | -θɔs] *n.* (*pl.* **-thoi** [-θɔi]) **1** 신화(myth); 신화 체계 **2** 〖사회〗 미소스《어떤 집단·문화에 특유한 신앙 양식·가치관》

N n

N

n, N [en] *n.* (*pl.* **n's, ns, N's, Ns** [-z]) **1** 엔 《영어 알파벳의 제14자》 **2** N자 모양(의 것) **3** (연속물의) 14번째(의 것)
N 〖화학〗 nitrogen
n. neuter; nominative; note; noun; number
n., N, N. north, northern
-n [-n] *suf.* = -EN[1]
'n AND, THAN의 단축형
Na 〖화학〗 *natrium* 《L = sodium》 나트륨
NA North America(n)
n/a 〖은행〗 no account 거래 없음
Naaf·i, NAAFI [nǽfi] [*N*avy, *A*rmy and *A*ir *F*orce *I*nstitute(s)] *n.* 《영》 **1** [the ~] 육해공군 후생 기관 **2** 군(軍) 매점(《미》 post exchange)
nab [næb] *vt.* (**~bed**; **~·bing**) 《구어》 〈특히 현행범을〉 잡다; 움켜쥐다; 붙잡다
NACA National Advisory Committee for Aeronautics 미국 항공 자문 위원회
na·celle [nəsél | næ-] *n.* **1** 〖항공〗 (비행기·비행선의) 엔진실 **2** (기구의) 곤돌라
na·cre [néikər] *n.* 진주층(層)
na·cre·ous [néikriəs] *a.* 진주층의; 진주 광택의
Na·der·ism [néidərìzm] *n.* Ⓤ (미국의 Ralph Nader의) 소비자 보호 운동
na·dir [néidiər] *n.* **1** [the ~] 〖천문〗 천저(天底) **2** (역경·운명 등의) 밑바닥
at the ~ of …의 밑바닥에
nae·vus [ní:vəs] *n.* (*pl.* **-vi** [-vai]) = NEVUS
naff [næf] *a.* 《영·속어》 유행에 뒤진; 쓸모없는
*__nag__[1] [næg] *vi., vt.* (**~ged**; **~·ging**) **성가시게 잔소리하다**
— *n.* 성가신 잔소리(를 퍼붓는 여자)
nág·ger *n.* 잔소리가 심한 여자 **~·gy** *a.* 잔소리가 심한
nag[2] *n.* **1** 《구어》 말 《馬》; 《특히》 경주마 **2** 늙은 말
nag·ging [nǽgiŋ] *a.* **1** 잔소리 심한, 쨍쨍거리는 **2** 끈질긴 **~·ly** *ad.*
Nah. 〖성서〗 Nahum
Na·hum [néihəm] *n.* 〖성서〗 **1** 나훔 《Hebrew의 예언자》 **2** (구약의) 나훔서(書) 《略 Nah.》
nai·ad [náiæd, néi-] *n.* (*pl.* **~s, -a·des** [-dì:z]) [**N~**] 〖그리스·로마신화〗 나이아드 《물의 요정; 강·샘·호수에 사는》
na·ïf [nɑ:í:f] [F] *a.* = NAIVE
__nail__ [neil] *n.* **1 a** **손톱, 발톱** **b** (새·닭의) 며느리발톱; (소·말 등의) 뒷발톱 **2** **못; 징** ***hit the (***right***) ***~ on the head*** 바로 알아맞히다
— *vt.* **1** **못[징]을 박다**; 못을 쳐서 고정하다 《*on, to*》: ~ a lid *on* a box 상자 뚜껑을 못질하여 고정시키다 **2** 〈사람을 어떤 곳에서〉 꼼짝 못하게 하다 **3** 《학생속어》 〈나쁜 짓을〉 들추어내다, 잡다 **4** 〈사람을〉 구타하다 **5** 〈주의·시선을 어떤 곳에〉 고정시키다
~ down (1) 못을 쳐서 고정시키다 (2) 〈…을〉 확실케 하다 (3) 〈사람을 약속 등에〉 얽매이게 하다, 꼼짝 못하게 만들다 (4) 〈사람에게 의향 등을〉 분명히 말하게 하다
nail-bit·ing [néilbàitiŋ] *a.* 《구어》 초조하게 하는, 불안하게 하는
nail·brush [-brʌ̀ʃ] *n.* (매니큐어용) 손톱솔
náil clìpper 손톱깎이
náil enàmel = NAIL POLISH
nail·er [néilər] *n.* 못 만드는 사람; 못 박는 사람; 자동 못 박는 기계
náil file 손톱 다듬는 줄
nail·head [néilhèd] *n.* **1** 못대가리 **2** 〖건축〗 (노르만 건축 등의) 못대가리 모양의 장식
náil pòlish 《미》 매니큐어액(液)
náil scìssors 손톱 깎는 가위
náil vàrnish 《영》 = NAIL POLISH
Nai·ro·bi [nairóubi] *n.* 나이로비 《Kenya 공화국의 수도》
nais·sance [néisns] *n.* (사람·조직·사상·운동 등의) 탄생, 태동; 기원; 생성
*__na·ive, na·ïve__ [nɑ:í:v] [F에서; L 「타고난, 자연의」의 뜻에서] *a.* **1 a** 〈사람이〉 **순진한** **b** (특히 젊기 때문에) 세상을 모르는; 고지식한 **c** 속기 쉬운 **2** 〖미술〗 소박한, 원시적인 **3** (특정 분야에) 경험이 없는
na·ive·té, na·ïve·té [nɑ̀:i:vtéi, nɑ:ì:vətéi | nɑí:vtei] [F] *n.* **1** Ⓤ 소박; 단순 **2** 소박[단순]한 행위[말]
na·ive·ty, na·ïve·ty [nɑ:í:vəti] *n.* (*pl.* **-ties**) = NAIVETÉ
‡**na·ked** [néikid] *a.* **1** **벌거숭이의** **2** 적나라한: the ~ truth 있는 그대로의 사실 **3** 가리개 없는; 잎[털, 껍질, 초목, 장식, 가구 등]이 없는: a ~ electric wire 나선(裸線) **4** 〈눈이〉 안경 등에 의존하지 않은 **5** 무방비의 **~·ly** *ad.* **~·ness** *n.*
nam·a·ble [néiməbl] *a.* = NAMEABLE
nam·by-pam·by [nǽmbipǽmbi] *a.* **1** 확고하지 않은, 애매한 **2** 지나치게 감상적인, 나약한 — *n.* 감상적인 사람[말, 문장], 나약한 사람
***__name__ [neim] *n.* **1** **이름, 명칭; 명성**: a common ~ 통칭 **2** Ⓒ Ⓤ [a ~, one's ~] 평판: *a* bad ~ 오명, 나쁜 평판 **3** 《구어》 유명한 사람 **4** [보통 *pl.*] 욕설 **5** [보통 the ~] 〖성서〗 (하느님·그리스도의) 이름
by ~ 지명하여; 이름은 ***call*** a person (***bad***) ***~s*** 험담하다 ***get*** one***self a ~*** 이름을 떨치다 ***in ~*** (***only***) 명목상, 이름뿐인 ***in*** one***'s own ~*** 자기 명의로; 독립하여 ***in the ~ of ...*** = ***in*** a person***'s ~***

(1) …의 이름[권위]으로; 〈하느님께〉 맹세하여 (2) …의 대리로서; …의 명의로 (3) 《구어》 도대체 ***make a ~ for oneself*** 명성을 떨치다, 유명해지다 ***take one's ~ off*** (학교·클럽 등의 명부)에서 이름을 삭제하다, …에서 탈퇴하다
— *vt.* **1** 명명하다 **2** 지명하다 **3** …의 (올바른) 이름을 대다 **4** 가리키다 **5** 〈시일·가격 등을〉 지정하다

name·a·ble [néiməbl] *a.* **1** 지명할 수 있는 **2** 이름을 말해도 되는

náme chìld (어떤 사람의) 이름을 따서 이름을 지은 아이

náme dày **1** 성명 축일(聖名祝日) **2** (아이의) 명명일

name-drop·ping [néimdràpiŋ | -drɔ̀p-] *n.* Ⓤ 《구어》 유명한 사람의 이름을 마치 친구처럼 함부로 부름 **-dròp** *vi.* **-dròp·per** *n.*

***name·less** [néimlis] *a.* **1** 이름 없는; 익명의 **2** 형언할 수 없는

⁑**name·ly** [néimli] *ad.* 즉, 다시 말해서 (that is to say)

name·plate [néimplèit] *n.* 명찰, 문패

name·sake [néimsèik] *n.* **1** (어떤 사람의) 이름을 받은 사람 **2** 이름이 같은 사람[물건]

náme sèrver 〖컴퓨터〗 네임 서버

Na·mib·i·a [nəmíbiə] *n.* 나미비아 《남아프리카의 대서양에 면한 공화국; 수도 Windhoek》

Nan [næn] *n.* 여자 이름 《Anne의 애칭》

na·na [nɑ́:nə] *n.* 《속어》 바보, 멍텅구리

Nance [næns] *n.* **1** 여자 이름 **2** [**n~**] 《속어》 여자 같은 남자; 동성애하는 남자

Nan·cy [nǽnsi] *n.* 여자 이름 《Ann(e)의 애칭》

nan·keen [nænkí:n], **-kin** [nǽnkin], **-king** [næ̀nkíŋ] *n.* Ⓤ **1** 난징(南京) 무명; [*pl.*] 그것으로 만든 바지 **2** 담황색

Nan·king [næ̀nkíŋ], **-kin** [-kín], **-jing** [-dʒíŋ] *n.* 난징(南京) 《중국 장쑤성(江蘇省)의 성도》

Nan·ny [nǽni] *n.* 여자 이름 《Ann(e)의 애칭》

nan·ny [nǽni] *n.* **1** 《영·유아어》 유모; 할머니 **2** 《구어》 = NANNY GOAT

nánny gòat 《구어》 암염소

nánny státe 《경멸》 복지 국가 《정부 기관이 권위를 갖고 생활을 통제하는》

nan·o·me·ter [nǽnəmì:tər] *n.* 나노미터 《10억분의 1미터; 기호 nm》

nan·o·sec·ond [nǽnəsèkənd] *n.* 10억분의 1초 《略 ns, nsec》

nan·o·tech·nol·o·gy [-teknɑ́lədʒi | -nɔ́l-] *n.* 나노테크놀로지 《반도체 등 미세 가공 기술》

Na·o·mi [neióumi | néiəmi] *n.* **1** 여자 이름 **2** 〖성서〗 나오미 《룻(Ruth)의 시어머니》

⁑**nap**[1] [næp] *n.* 낮잠, 선잠 ***have[take] a ~*** 잠깐 (낮잠을) 자다, 선잠 자다
— *v.* (**~ped**; **~·ping**) *vi.* 잠깐 졸다, 선잠 자다

nap[2] *n.* Ⓤ [또는 a ~] 보풀

na·palm [néipɑ:m] *n.* 〖미군〗 네이팜탄 《강렬한 유지(油脂) 소이탄》
— *vt.* 네이팜탄으로 공격하다

nape [neip, næp] *n.* [보통 the ~ of the neck으로] 목덜미

naph·tha [nǽfθə] *n.* Ⓤ 나프타

naph·tha·lene, -line [nǽfθəlì:n] *n.* Ⓤ 〖화학〗 나프탈렌

***nap·kin** [nǽpkin] [L 「천」의 뜻과 지소사 *-kin*에서] *n.* **1** (식탁용) 냅킨 **2** 《영》 기저귀(《미》 diaper)

nápkin rìng (고리 모양의) 냅킨꽂이

***Na·ples** [néiplz] *n.* 나폴리 《이탈리아 남부의 항구 도시》

⁑**Na·po·le·on** [nəpóuljən] *n.* 나폴레옹 **1** ~ I (1769-1821) 《프랑스 황제(1804-15); 본명 Napoléon Bonaparte》 **2** ~ III 그의 조카(1808-73), 프랑스 황제(1852-70) 《보불(普佛) 전쟁에서 패배하여 영국에 서 객사함》

Na·po·le·on·ic [nəpòuliɑ́nik | -ɔ́n-] *a.* 나폴레옹 1세 (시대)의; 나폴레옹 같은

nap·py [nǽpi] [*nap*kin + *-y*³] *n.* (*pl.* **-pies**) 《영》 기저귀(《미》 diaper)

narc [nɑ:rk] *n.* 《미·속어》 마약 단속관[수사관]

nar·cism [nɑ́:rsizm] *n.* = NARCISSISM

nar·cis·sism [nɑ́:rsəsìzm] *n.* Ⓤ **1** 〖정신분석〗 나르시시즘, 자아도취(증) **2** 자기애 **-sist** *n.* 자기 도취자 **nàr·cis·sís·tic** [-sístik] *a.*

***Nar·cis·sus** [nɑ:rsísəs] *n.* **1** [**n~**] (*pl.* ~, **~·es**, **-si** [-sai]) 〖식물〗 수선화; 수선화속(屬) **2** 〖그리스신화〗 나르시스, 나르키소스 《물에 비친 자기의 모습을 연모하여 빠져 죽어서 수선화가 된 미모의 청년》

nar·co·lep·sy [nɑ́:rkəlèpsi] *n.* Ⓤ 〖병리〗 (간질병의) 기면 발작(嗜眠發作)

nar·co·sis [nɑ:rkóusis] [Gk 「마비」의 뜻에서] *n.* Ⓤ 〖의학〗 (마취약·마약에 의한) 혼수 (상태)

***nar·cot·ic** [nɑ̀:rkɑ́tik | -kɔ́t-] *a.* **1** 마취약의, 최면성의 **2** Ⓐ 마약의; 마약 상용자의 — *n.* 최면약; 마취약[마약] (중독자)

nar·co·tism [nɑ́:rkətìzm] *n.* Ⓤ **1** 마취 **2** 마취제[마약] 중독[상용]

nar·co·tize [nɑ́:rkətàiz] *vt.* 마취제를 투여하다, 마취시키다

nark [nɑ:rk] *n.* **1** 《영·속어》 (경찰의) 앞잡이, 끄나풀, 밀정 **2** 《미·속어》 = NARC
— *vt.* 《영·속어》 화나게 하다

nark·y [nɑ́:rki] *a.* (**nark·i·er**; **-i·est**) 《영·속어》 화 잘 내는, 기분이 언짢은

***nar·rate** [nǽreit, ─ˊ | nəréit] *vt.* 《문어》 이야기하다, 〈전말을〉 말하다; 해설을 덧붙이다

⁑**nar·ra·tion** [næréiʃən] *n.* **1** Ⓤ 서술 **2** 이야기 **3** Ⓤ 〖문법〗 화법

⁑**nar·ra·tive** [nǽrətiv] *n.* **1** 이야기; Ⓤ 이야기체의 문학 **2** Ⓤ 설화, 화술
— *a.* Ⓐ **1** 이야기체[식]의 **2** 설화의, 화술의 **~·ly** *ad.*

***nar·ra·tor, -rat·er** [nǽreitər, ─ˊ─ | nəréitər] *n.* 이야기하는 사람, 내레이터

⁑**nar·row** [nǽrou] *a.* (**~·er**; **~·est**) **1** (길이에 비하여) 폭이 좁은

2 한정된, 제한된 **3** Ⓐ 간신히 이룬: a ~ victory 간신히 이긴 승리, 신승 **4** 편협한 **5** 《문어》 〈검사 등이〉 정밀한 ***have a ~ escape[shave,*** 《구어》 ***squeak]*** 구사일생하다 ***in ~ means[circumstances]*** 궁핍하여

— *n.* **1** [보통 *pl.*] 해협 **2** 《미》 (산 사이의) 좁은 길(pass)

— *vt.* 좁히다: ~ one's eyes 눈을 가늘게 뜨다 **—** *vi.* 좁아지다; 가늘어지다 **~ *down*** 〈범위 등을〉 좁히다[좁혀지다] 《*to*》

nárrow bóat 《영》 (폭 7피트 이하 운하용의) 거룻배

nárrow gáuge 〖철도〗 협궤

nar·row-gauge(d), -gage(d) [-géidʒ(d)] *a.* 〖철도〗 협궤의

*__nar·row·ly__ [nǽrouli] *ad.* **1** 좁게; 편협하게 **2** 간신히 **3** 엄밀[정밀]히

*__nar·row-mind·ed__ [nǽroumáindid] *a.* 마음이 좁은, 편협한 **~·ly** *ad.* **~·ness** *n.*

nar·w(h)al [nɑ́ːrwəl], **-whale** [-*h*wèil] *n.* 〖동물〗 일각고래 《한대의 바다에 사는 돌고랫과(科)의 동물》

nar·y [nɛ́əri] [ne'er a =never a] *a.* 《미·방언》 단 …도 없는, 하나[조금]도 … 없는

NASA [nǽsə, nɑːsə] [*N*ational *A*eronautics and *S*pace *A*dministration] *n.* 나사, 미국 항공 우주국

*__na·sal__ [néizəl] *a.* **1** Ⓐ 코의, 코에 관한 **2** 콧소리의; 〖음성〗 비음의: ~ vowels 비모음 《프랑스말의 [ɑ̃, ɛ̃, ɔ̃, œ̃] 등》

— *n.* 콧소리, 비음

~·ly *ad.*

na·sal·i·za·tion [nèizəlizéiʃən | -lai-] *n.* Ⓤ 〖음성〗 비음화

na·sal·ize [néizəlàiz] 〖음성〗 *vt.* 〈…을〉 비음화하다 **—** *vi.* 비음화하여[콧소리로] 발음하다

nas·cen·cy [nǽsnsi], **-cence** [-sns] *n.* (*pl.* **-cies**; **-cenc·es**) ⓊⒸ 발생; 기원

nas·cent [nǽsnt] *a.* 발생하려고 하는; 초기의

NASDAQ [nǽzdæk, nǽs-] [*N*ational *A*ssociation of *S*ecurities *D*ealers *A*utomated *Q*uotations] *n.* 《미》 〖증권〗 나스닥 《전미 증권 협회가 운영하는 거래 정보 시스템 및 전미 장외 주식 시장》

nas·tur·tium [nəstə́ːrʃəm] *n.* 〖식물〗 금련화(金蓮花) 《금련화과(科)》

‡**nas·ty** [nǽsti | nɑ́ːs-] *a.* (**-ti·er**; **-ti·est**) **1** 더러운, 불쾌한, 추잡한, 음란한 〈말·생각·책 등〉 **2** 험악한, 거친 〈날씨·바다 등〉 **3** 고역스러운, 심한 〈병·타격 등〉 **4** 심술궂은, 음흉한

Nat [næt] *n.* 남자 이름 《Nathan, Nathaniel의 애칭》

nat. national; native; natural

na·tal [néitl] *a.* Ⓐ 출생[출산, 분만]의

na·tal·i·ty [neitǽləti] *n.* Ⓤ 《미》 출생(률)(《영》 birthrate)

na·tant [néitnt] *a.* 〖생태〗 부동성(浮動性)의, 헤엄치는

na·ta·to·ri·al [nèitətɔ́ːriəl | nǽt-], **-to·ry** [néitətɔ̀ːri | -təri] *a.* Ⓐ **1** 헤엄의[에 관한] **2** 헤엄치는 습성이 있는

na·ta·to·ri·um [nèitətɔ́ːriəm] *n.* (*pl.* **~s, -ri·a** [-riə]) 《미》 (주로 실내) 수영장 《indoor (swimming) pool이 일반적》

Na·than [néiθən] *n.* 남자 이름 《애칭 Nat, Nate》

Na·than·a·el [nəθǽnjəl] *n.* 남자 이름

‡**na·tion** [néiʃən] *n.* **1** (한 정부 아래 공통의 문화·언어 등을 가진) 국민 《전체》: the voice of the ~ 국민의 소리, 여론 **2** 국가: the Western ~*s* 서방 국가들 **3** 민족, 종족, 겨레 **4** (북아메리카 원주민의) 부족; (그들이 정치적으로 결성한) 부족 연합

‡**na·tion·al** [nǽʃənl] *a.* **1** 국가의: ~ affairs 국무, 국사(國事) **2** 국민의 **3** 국립의, 국유의: a ~ enterprise 국영 기업 **4** 국민[국내]적인: the ~ flower[game] 국화[국기(國技)]

— *n.* **1** 국민, 동포 《특히 외국 거주의》 **2** [보통 *pl.*] 《미》 (경기 등의) 전국 대회

nátional ánthem[hýmn] 국가(國歌)

Nátional Assémbly [the ~] 국회; 프랑스 하원

nátional bánk **1** 국립 은행 **2** 《미》 국법 은행 《연방 정부의 인가를 받은 상업 은행》

nátional cémetery 《미》 국립묘지

Nátional Convéntion [the ~] **1** 〖프랑스사〗 국민 공회 **2** [**n- c-**] 《미》 (정당의) 전국 대회, 전당 대회

nátional débt [the ~] 국채

Nátional Gállery [the ~] (런던의) 국립 미술관

Nátional Guárd [the ~; 집합적] (미국 각주의) 방위군, 주군

Nátional Héalth Sèrvice [the ~] 《영》 국민 건강 보험 (제도) 《略 NHS》

nátional hóliday 국경일

nátional íncome 〖경제〗 (연간) 국민 소득

Nátional Insúrance 《영》 국민 보험 (제도) 《略 NI》

*__na·tion·al·ism__ [nǽʃənəlìzm] *n.* Ⓤ **1** 민족주의; 국가주의 **2** 애국심, 애국 운동 **3** 민족 자결주의

*__na·tion·al·ist__ [nǽʃənəlist] *n.* **1** 민족주의자, 국가[국수]주의자 **2** 민족 자결주의자

— *a.* Ⓐ **1** 민족[국가]주의(자)의 **2** 민족 자결주의(자)의

na·tion·al·is·tic [næ̀ʃənəlístik] *a.* 민족[국가, 국수]주의(자)의[적인] **-ti·cal·ly** *ad.*

‡**na·tion·al·i·ty** [næ̀ʃənǽləti] *n.* (*pl.* **-ties**) **1** ⓊⒸ 국적 **2** Ⓤ 국민(의 한 사람)임; 국민성

na·tion·al·i·za·tion [næ̀ʃənəlizéiʃən | -lai-] *n.* Ⓤ 국민화; 국유(화), 국영; 귀화(歸化)

na·tion·al·ize [nǽʃənəlàiz] *vt.* **1** 국유로 하다, 국영화하다 **2** 귀화시키다

Nátional Léague [the ~] 내셔널 리그 《미국 프로 야구 양대 리그의 하나》

na·tion·al·ly [nǽʃənəli] *ad.* **1** 국가로서, 국가적으로 **2** 거국 일치하여 **3** 국가 본위로 **4** 전국적으로

nátional mónument 《미》 (국가 지정의) 천연기념물 《사적·명승지 등》

N

nátional párk 국립 공원
nátional próduct 〖경제〗 (연간) 국민 생산
nátional sérvice [종종 **N~ S~**] 《영》 국민 병역 《1958년 폐지》
Nátional Sócialist Pàrty [the ~] (특히 Hitler가 이끈) 국가 사회당, 나치스
Nátional Trúst 《영》 문화 보호 협회 《자연미·사적(史蹟)의 보호를 위한 조직체》
Nátional Wéather Sèrvice [the ~] 《미》 국립 기상국 《미국 상무성 산하》
na·tion-state [néiʃənstèit] *n.* (근대) 민족 국가
na·tion·wide [néiʃənwáid] *a.* 전국적인 (규모의) **—** *ad.* 전국적으로
⁑**na·tive** [néitiv] [L 「태어난 (그대로의)」의 뜻에서] *a.* **1 출생지의,** 본래의: one's ~ country[land] 본국 **2 타고난** **3 그 지방 고유의** **4** 토박이의 **5** 〈광물 등이〉 천연 그대로의: ~ copper 천연[자연]동(銅) **6** 〖컴퓨터〗 특정 컴퓨터로만 사용하도록 고안된
— *n.* **1 원주민** **2** (…에서) **태어난 사람** **3** 토착의 동식물
Nátive Américan 《미》 아메리칸 인디언(의)
na·tive-born [néitivbɔ́ːrn] *a.* 본토박이의: a ~ American 미국 토박이
nátive són 《미》 자기 주 출신 입후보자
na·tiv·ism [néitivìzm] *n.* Ⓤ **1** 원주민 보호주의 **2** 〖철학〗 선천설, 생득설
na·tiv·i·ty [nətívəti] *n.* (*pl.* **-ties**) **1** Ⓤ 출생, 탄생 **2** [the N~] 그리스도 탄생의 그림 **3** 〖점성술〗 (탄생시의) 천궁도(天宮圖)
natívity plày 그리스도 성탄극
natl. national
NATO [néitou] [*N*orth *A*tlantic *T*reaty *O*rganization] *n.* 북대서양 조약 기구, 나토
nat·ter [nǽtər] *vi.* 《영·구어》 재잘거리다 **—** *n.* 수다
nat·ty [nǽti] *a.* (**-ti·er**; **-ti·est**) 《구어》 〈옷차림·풍채 등이〉 산뜻한(trim); 말쑥한
⁑**nat·u·ral** [nǽtʃərəl] *a.* **1 자연[천연]의,** 가공하지 않은 **2** Ⓐ **타고난** **3** (논리상 또는 인정상) **당연한** **4** 본래 그대로의, 꾸밈없는 **5** 〖음악〗 제자리의
come ~ to ... 《구어》 …에게는 조금도 힘들지 않다
— *n.* **1** 《구어》 타고난 명인 **2** 〖음악〗 제자리표 (♮); 제자리음; (피아노·풍금의) 흰 건반(white key) **3** 《고어》 (선천적인) 백치 **4** 자연적인 것
nat·u·ral-born [nǽtʃərəlbɔ́ːrn] *a.* 타고난: a ~ citizen (귀화하지 않은) 토박이 시민
nátural chíldbirth 자연 분만(법)
nátural déath (노쇠에 따른) 자연사
nátural gás 천연가스
nátural histórian 박물학자; 박물지(博物誌) 저자
nátural hístory 박물학; 박물지(誌)
***nat·u·ral·ism** [nǽtʃərəlìzm] *n.* Ⓤ **1** 〖문예〗 **자연주의** 《현실 또는 자연의 객관적 진실 묘사를 목적으로 하는》 **2** 〖철학〗 자연주의 《자연을 중시하고, 모든 현상을 과학적 법칙으로 설명하는》 **3** 〖신학〗 자연론 《종교적 진리는 자연에 대한 연구에서 얻어진다는》
nat·u·ral·ist [nǽtʃərəlist] *n.* **1** 〖철학·종교·예술〗 자연주의자 **2** 박물학자
nat·u·ral·is·tic [nӕtʃərəlístik] *a.* **1** 자연주의적인 **2** 박물학(자)적인
nat·u·ral·i·za·tion [nӕtʃərəlizéiʃən | -lai-] *n.* Ⓤ **1** 〖법〗 귀화; (외국어·외국 문화의) 이입(移入); 귀화 **2** 자연화
***nat·u·ral·ize** [nǽtʃərəlàiz] *vt.* **1 귀화시키다** **2** 〈외국어·외국 문화 등을〉 들여오다: a ~*d* word 외래어 **3** 〈동식물을 …에〉 이식하다, 풍토에 익도록 하다
— *vi.* **1** 귀화하다; 풍토에 익숙해지다 **2** 박물학을 연구하다
nátural láw **1** 자연율[법칙], 천리(天理) **2** 〖법〗 자연법
⁑**nat·u·ral·ly** [nǽtʃərəli] *ad.* **1 자연히** **2 본래, 타고나기를:** He is ~ clever. 그는 본래 영리하다. **3** [문장 전체를 수식하여] **당연히, 물론:** *N*~, she accepted the invitation. 물론 그녀는 그 초대에 응했다. **4** 있는 그대로; 꾸밈없이: speak ~ 꾸밈없이[소탈하게] 말하다
nátural résources 천연자원
nátural rúbber 천연고무, 탄성(彈性) 고무
nátural scíence 자연 과학 《생물·화학·물리 등》
nátural seléction 〖생물〗 자연도태
⁑**na·ture** [néitʃər] *n.* **1** Ⓤ **자연:** the laws of ~ 자연의 법칙 **2** 전우주[세계]; [종종 **N~**] 창조주, 조물주 **3** ⓊⒸ **a 성질,** 천성, 본성: Cats and dogs have different ~*s.* 개와 고양이는 천성이 다르다. **b 본질,** 특질, 특징 **c** (어떠한) 성질의 사람: the rational[moral, animal] ~ 이성[덕성, 동물성] **4** Ⓤ 활력, 체력; 육체적[생리적] 욕구
against ~ 부자연한[하게]; 기적적인[으로]; 부도덕한[하게] ***by ~*** 날 때부터, 본래 ***contrary to ~*** 기적적인[으로] ***in a state of ~*** (1) 미개[야만] 상태에; 야생 그대로 (2) 《익살》 발가벗고 ***in*[*by, from*] *the ~ of things*[*the case*]** 필연적으로, 당연히
náture cùre *n.* 자연 요법(naturopathy)
na·tured [néitʃərd] *a.* [보통 복합어를 이루어] 성질이 …한: good-[ill-]~ 사람이 좋은[나쁜], 성질이 좋은[나쁜]
náture stùdy 자연 공부 《초등학교의 학과》
náture tràil (숲속 등의) 자연 관찰 산책로
náture wòrship 자연 숭배
na·tur·ism [néitʃərìzm] *n.* Ⓤ **1** (종교상의) 자연주의 **2** 나체주의(nudism) **-ist** *n.*
na·tu·ro·path [néitʃərəpӕθ] *n.* 자연 요법의 실천자
na·tu·rop·a·thy [nèitʃərάpəθi | -rɔ́p-] *n.* 자연 요법 《자연식·햇빛·공기 등 자연 치유를 위하는》 **nà·tu·ro·páth·ic** *a.*

‡**naught** [nɔ:t] [OE 「무(無)의 것」의 뜻에서] *n.* Ⓤ **1** ⦅미⦆ **제로,** 영(⦅영⦆ nought) **2** ⦅문어⦆ 무, 무가치(nothing) ***bring ... to ~*** 〈계획 등을〉 망쳐 놓다, 무효로 만들다 ***come***[***go***] ***to ~*** 거덜나다, 실패로 끝나다

‡**naugh·ty** [nɔ́:ti] *a.* (**-ti·er**; **-ti·est**) **1** 〈어린애가〉 **개구쟁이의,** 버릇없는, 못된 **2** 부적합한, 외설적인
-ti·ly *ad.* **-ti·ness** *n.*

Na·u·ru [nɑ:ú:ru:] *n.* 나우루 (공화국) ⦅오스트레일리아 동북방의 섬나라; 수도 Nauru⦆

*****nau·se·a** [nɔ́:ziə, -siə] *n.* Ⓤ **1 욕지기,** 메스꺼움 **2** 매우 싫은 느낌

nau·se·ate [nɔ́:zièit, -si-] *vi., vt.* 구역질나(게 하)다 ⦅*at*⦆; 혐오감을 느끼(게 하)다

nau·se·at·ing [nɔ́:zièitiŋ, -si-] *a.* 욕지기나는; 지겨운 **~·ly** *ad.*

nau·seous [nɔ́:ʃəs, -ziəs] *a.* **1** 욕지기나게 하는 **2** 지겨운 **~·ly** *ad.* **~·ness** *n.*

*****nau·ti·cal** [nɔ́:tikəl] *a.* **항해(술)의;** 해사(海事)의; 선박의; 선원의: the ~ almanac 항해력(曆) **~·ly** *ad.*

náutical míle 해리(海里)(sea mile) ⦅영국에서는 1,853.2미터, 미국에서는 1959년 이래 국제 단위(=1,852미터)를 채용⦆

nau·ti·lus [nɔ́:tələs] *n.* (*pl.* **~·es, -li** [-lài]) **1** 앵무조개속(屬)(=pearly ~) **2** 배낙지 무리(=**páper ~**) **3** [the N~] 노틸러스호 ⦅미국 원자력 잠수함 제1호⦆

nav. naval; navigation

Nav·a·ho, -jo [nǽvəhòu, nɑ́:v-] *n.* (*pl.* **~, ~s, ~es**) **1 a** [the ~(e)s] 나바호 족 ⦅미국 New Mexico, Arizona, Utah 주에 사는 원주민⦆ **b** 나바호 족의 사람 **2** Ⓤ 나바호 말

‡**na·val**[néivəl] *a.* Ⓐ **1 해군의,** 해군에 의한 **2** 군함의[에 의한]

nával acàdemy [the ~] 해군 사관학교

nával árchitect 조선 기사

nával ófficer 해군 사관

nave [neiv] [동음어 knave] *n.* 〖건축〗 네이브 ⦅교회당 중앙의 회중석 부분⦆

na·vel [néivəl] *n.* **1** 배꼽 **2** [the ~] 중심(점), 중앙

nável òrange 네이블 오렌지

nav·i·ga·bil·i·ty [næ̀vigəbíləti] *n.* Ⓤ **1** 〈배·하천 등이〉 항행할 수 있음 **2** (기구(氣球)의) 조종 가능성; (배·비행기 등의) 내항성(耐航性)

*****nav·i·ga·ble** [nǽvigəbl] *a.* **1** 〈하천·바다 등이〉 **항행할 수 있는 2** 〈기구 등이〉 조종할 수 있는; 〈선박·항공기 등이〉 항행할 수 있는

*****nav·i·gate** [nǽvəgèit] [L 「배를 움직이다」의 뜻에서] *vt.* **1** 〈하천·바다·하늘을〉 **항행[항해]하다 2** 〈배·비행기를〉 **조종[운전]하다 3** 뚫고 나가게 하다, 〈법안 등을〉 통과시키다: ~ a bill *through* Parliament 법안을 의회에서 통과시키다 **4** 〖컴퓨터〗 인터넷을 순항하다

‡**nav·i·ga·tion** [næ̀vəgéiʃən] *n.* Ⓤ **1 항해, 항공,** 항행: aerial ~ 항공(술) **2** 항해[항공]학[술], 항법

*****nav·i·ga·tor** [nǽvəgèitər] *n.* **1 항공사**(士); 항해장; (항공기·미사일 진로의) 자동 조정 장치 **2 항해자;** 해양 탐험가

nav·vy [nǽvi] *n.* (*pl.* **-vies**) ⦅영⦆ (운하·철도·도로 건설 등에 종사하는 보통 미숙련의) 인부, 일꾼: mere ~'s work (머리를 쓰지 않는) 단순 노동

‡**na·vy** [néivi] [L 「배」의 뜻에서] *n.* **1** [종종 **N~**] **해군 2** 짙은 남색 **3** ⦅시어·고어⦆ 함대, 선단

návy bèan (미국 해군의 저장 식품인) 흰 강낭콩

návy blúe [영국 해군의 제복색에서] 짙은 남색, 네이비 블루

návy yàrd ⦅미⦆ 해군 공창(工廠)

*****nay** [nei] [동음어 neigh] *ad.* **1** ⦅고어·문어⦆ **아니**(no)(opp. *yea*) **2** [접속사적으로] ⦅문어⦆ 뿐만 아니라: It is difficult, ~, impossible. 곤란하다, 아니, 불가능하다. **—*n.*** **1** ⓊⒸ 아니(라는 말) **2** 반대 투표(자)

Naz·a·rene [næ̀zərí:n] *n.* **1 a** 나사렛 사람 **b** [the ~] 예수 그리스도 **2** 그리스도교도

Naz·a·reth [nǽzərəθ] *n.* 나사렛 ⦅Palestine 북부의 작은 도시; 그리스도의 성장지⦆

Na·zi [nɑ́:tsi, nǽtsi] [G *Na*tional-so*zi*alist의 단축형] *n.* (*pl.* **~s**) **1 a** [the ~s] 나치(당), 국가 사회주의 독일 노동자당 ⦅히틀러가 이끈 National Socialist German Workers' Party(1919-45)⦆ **b** 나치 당원, 나치 **2** [종종 **n~**] 나치주의(신봉)자

Na·zi(·i)sm [nɑ́:ts(i)izm] *n.* Ⓤ 독일 국가 사회주의, 나치주의

Nb 〖화학〗 niobium

NB North Britain

NB, nb *nota bene* ⦅L =note well⦆ 주의(하라)

NBA National Basketball Association 미국 농구 협회

NBC ⦅미⦆ National Broadcasting Company 미국 NBC 방송

NbE north by east

NbW north by west

NC 〖컴퓨터〗 Network Computer 저가형 퍼스널 컴퓨터; ⦅미⦆ 〖우편〗 North Carolina

NCO noncommissioned officer

Nd 〖화학〗 neodymium

ND ⦅미⦆ 〖우편〗 North Dakota

n.d. no date; not dated

NDak North Dakota

Ne 〖화학〗 neon

NE ⦅미⦆ 〖우편〗 Nebraska; New England; northeast(ern)

Ne·án·der·thal màn [niǽndərθɔ̀:l-] 〖인류〗 네안데르탈 인 ⦅1856년에 독일의 네안데르탈에서 발굴된 구석기 시대의 유럽 원인(原人)⦆

neap [ni:p] *n.* 소조, 조금(=~ tide) ⦅상현(上弦)·하현 시의⦆ **—*a.*** 소조(小潮)의, 조금의

Ne·a·pol·i·tan [nì:əpɑ́lətn | -pɔ́l-] *a.* **1** 나폴리(Naples)의 **2** 나폴리적인, 나폴리

N

풍의 —*n.* **1** 나폴리 사람 **2** 나폴리 아이스크림

néap tìde 소조, 조금

‡near [niər] *ad.* **1** 가까이 **2** (미·구어) 거의 **3** [부정어와 함께] 도저히 …아니다[않다]
(***as***) ~ ***as*** one ***can*** do …할 수 있는 한에서는 (***from***) ***far and*** ~ 원근(遠近)을 불문하고, 여기저기로부터 ~ ***at hand*** 바로 가까이에 ~ ***by*** 가까이에
—*prep.* …의 가까이(에), …에 가깝게 ***come***[***go***] ~ ***to*** do*ing* 거의[하마터면] …할 뻔하다: She *came*[*went*] ~ be*ing* drowned. 그녀는 하마터면 물에 빠져 죽을 뻔했다.
~ ***here***[***there***] 이[저] 근처에
—*a.* **1** 가까운; 아주 가까운(opp. *far*) **2** Ⓐ (관계가) 가까운, 근친의; 친한 **3** (이해) 관계가 깊은 **4** Ⓐ 진짜에 가까운, 대용(代用)의 **5** Ⓐ 아슬아슬한, 위기일발의
~ ***escape***[***touch***] 위기일발
—*vt., vi.* …에 접근하다(approach)
~**·ish** *a.* ~**·ness** *n.*

néar béer (미) 니어비어 《알코올 성분이 법정률(法定率) 이하(0.5%)의 약한 맥주》

***near·by** [níərbài, ⌐⌐] *a.* Ⓐ 가까운
— *ad.* 가까이로, 가까이에, 근처에

Néar Éast [the ~] 근동 《아라비아·북동아프리카·동남아시아·발칸 등을 포함하는 지역》

‡near·ly [níərli] *ad.* **1** 거의 **2** 간신히; 하마터면 **3** 긴밀하게, 밀접하게

nèar míss **1** (유효한) 근접 폭격[사격], 지근탄(至近彈) **2** 〖항공〗 (비행기의) 이상 접근, 니어미스 **3** 성공에 가까운 것

near·side [-sàid] *n.* [the ~] (영) **1** (말·마차의) 왼쪽, 좌측 **2** (자동차의) 길가쪽(opp. *offside*)
—*a.* Ⓐ 좌측의

***near·sight·ed** [níərsáitid] *a.* 근시(안)의

néar thíng [보통 a ~] (구어) 이길[성공할] 가망이 거의 없어 보이는 시합[선거, 모험 《등》]

‡neat [ni:t] [L 「빛나다」의 뜻에서] *a.* **1** 산뜻한; 말쑥한; 단정한 **2** 솜씨 좋은 **3** (미·구어) 굉장한, 멋진 **4** 물을 타지 않은 〈술 등〉

neat·en [ní:tn] *vt.* 깔끔하게 하다, 깨끗하게 하다

neath, 'neath [ni:θ] *prep.* (고어·시어) = BENEATH

***neat·ly** [ní:tli] *ad.* 깔끔하게, 맵시 있게; 솜씨 있게

Neb., Nebr. Nebraska

***Ne·bras·ka** [nəbrǽskə] [북미 인디언말 「평평한 강」의 뜻에서] *n.* 네브래스카 주 《미국 중서부의 주; 略 Neb(r).》

***neb·u·la** [nébjulə] [L 「안개, 구름」의 뜻에서] *n.* (*pl.* **-lae** [-lì:], **~s**) 〖천문〗 성운(星雲)

neb·u·lar [nébjulər] *a.* 〖천문〗 성운(모양)의

nébular hypóthesis[**théory**] [the ~] 〖천문〗 (태양계의) 성운설

neb·u·los·i·ty [nèbjulásəti | -lɔ́s-] *n.* (*pl.* **-ties**) **1** 성운[성무] 상태; 성운 모양의 물질[것] **2** Ⓤ 애매함

neb·u·lous [nébjuləs], **-lose** [-lòus] *a.* **1** 〖천문〗 성운 (모양)의 **2 a** 흐린, 불투명한 **b** 〈기억·표현·의미 등이〉 불명료한, 막연한 ~**·ly** *ad.* ~**·ness** *n.*

‡nec·es·sar·i·ly [nèsəsérəli | nésəsər-] *ad.* **1** 반드시, 필연적인 결과로서 **2** [부정구문] 반드시 (…은 아니다)

‡nec·es·sar·y [nésəsèri | -səsəri] [L 「양보할 수 없는」의 뜻에서] *a.* **1** 필요한, 없어서는 안 될 **2** Ⓐ 필연의, 피할 수 없는(inevitable): a ~ evil 필요악
if ~ 필요하다면
—*n.* (*pl.* **-sar·ies**) **1** [*pl.*] 필수품: daily *necessaries* 일용품 **2** [the ~] (구어) 필요한 것[행위]; 《특히》 돈: do *the* ~ (구어) 필요한 일을 하다

***ne·ces·si·tate** [nəsésətèit] *vt.* **1** 필요로 하다 **2** [보통 수동형] (미) 부득이 …하게 하다

ne·ces·si·tous [nəsésətəs] *a.* **1** 궁핍한 **2** 필연적인, 피할 수 없는 ~**·ly** *ad.*

‡ne·ces·si·ty [nəsésəti] *n.* (*pl.* **-ties**) **1** 필수품, 불가결한 것 **2** [종종 the ~] ⓊⒸ 필요성 **3** ⓊⒸ 필연(성), 불가피(성) **4** (문어) **a** Ⓤ 궁핍: He is in great ~. 그는 가난에 허덕이고 있다. **b** [보통 *pl.*] 궁상
by ~ 필요해서; 필연적으로, 부득이 ***from*** (***sheer***) ~ (꼭) 필요해서, 부득이 ***in case of*** ~ 긴급한 경우에는

‡neck [nek] [OE 「목덜미」의 뜻에서] *n.* **1** 목; (의복의) 옷깃 **2** (경마 말 등의) 목의 길이; 근소한 차 **3** (기물 등의) 목 부분; (바이올린 등의) 목 **4** 통로의 좁은 곳; (육지·바다 등의) 좁은 곳
break one'***s*** ~ (1) (위험한 짓을 하여) 목뼈가 부러져 죽다 (2) (구어) 대단히 노력하다 ***get***[***catch, take***] ***it in the*** ~ (속어) 심하게 공격 받다, 야단맞다; 해고되다 ***risk*** one'***s*** ~ 목숨을 걸다 ***save*** one'***s*** ~ (구어) 목숨을 건지다
—*vi., vt.* (구어) 서로 목을 껴안고 애무하다

neck·band [nékbæ̀nd] *n.* **1** 셔츠의 깃 《칼라를 다는 곳》 **2** 넥밴드 《목에 감는 장식 끈》

necked [nekt] *a.* **1** 목이 있는 **2** [복합어를 이루어] 목이 …인 〈옷〉: a T-~ shirt T네크 셔츠

neck·er·chief [nékərtʃif, -tʃì:f] *n.* 목도리, 네커치프

neck·ing [nékiŋ] *n.* Ⓤ (구어) 목을 껴안고 하는 애무

***neck·lace** [néklis] *n.* 목걸이

neck·let [néklit] *n.* (목에 꼭 맞는) 목걸이

neck·line [néklàin] *n.* 네크라인 《드레스의 목을 판 선》

***neck·tie** [néktài] *n.* (미) 넥타이((영) tie); (미·속어) 교수형용 밧줄

neck·wear [-wɛ̀ər] *n.* Ⓤ [집합적] 목에 착용하는 물건들 《넥타이·목도리·칼라 등》

ne·crol·o·gy [nekrάlədʒi | -krɔ́l-] *n.* (*pl.* **-gies**) **1** 사망자 명부 **2** 사망 기사

nec·ro·man·cer [nékrəmæ̀nsər] *n.* 점쟁이; 마술사

nec·ro·man·cy [nékrəmæ̀nsi] *n.* Ⓤ 강령술(降靈術)《죽은 사람과의 영혼의 교감으로 미래를 점치는》; 마법; 마술

nec·ro·phil·i·a [nèkrəfíliə], **ne·croph·i·ly** [nekrάfəli | -krɔ́f-] *n.* Ⓤ 〖정신의학〗 시간(屍姦), 시체 성애

ne·crop·o·lis [nekrάpəlis | -krɔ́p-] *n.* (*pl.* **~·es, -les** [-lìːz]) 《문어》 (고대 도시의) 대규모 공동 묘지

nec·tar [néktər] *n.* Ⓤ **1** 〖식물〗 화밀(花蜜) **2** (진한) 과즙; 미주(美酒) **3** 〖그리스신화〗 넥타, 신주(神酒)

nec·tar·ine [nèktəríːn, ∠–∸] *n.* 〖식물〗 승도 복숭아

nec·ta·ry [néktəri] *n.* (*pl.* **-ries**) 〖식물〗 꿀샘

Ned [ned] *n.* 남자 이름 《Edward, Edmond, Edwin의 애칭》

Ned·dy [nédi] *n.* (*pl.* **-dies**) = NED

nee, née [nei] [F 「태어난」의 뜻에서] *a.* [기혼 여성의 결혼 전 성에 붙여서] 구성(舊姓)은: Mrs. Jones, ~ Adams 존스 부인, 구성 애덤스

⁑**need** [niːd] [동음어 knead] *n.* **1** Ⓤ [또는 a ~] **a 필요, 요구**: There was no[not much] ~ *for* haste. 서두를 필요가 전혀[별로] 없었다. **b** (…할) 필요: You have no ~ *to* be ashamed. 부끄러워할 필요가 없다. **2** [보통 *pl.*] **필요한 것**: our daily ~*s* 일용품 **3** Ⓤ **어려울[다급할] 때**, 난국 **4** Ⓤ 《문어》 궁핍, 빈곤: He is in great ~. 그는 몹시 궁핍하다.

have ~ of ... 《문어》 …을 필요로 하다: We *have* ~ *of* food. 우리는 식량을 필요로 하고 있다. ***if ~(s) be[were]*** 《문어》 = ***when[as, if] the ~ arises*** 필요하다면, 부득이한 경우 ***in case[time, the hour] of ~*** 어려울 때에, 만일의 경우에

— *vt.* **1** 〈사람·물건 등이〉 〈…을〉 필요로 하다, 〈…이〉 필요하다: I ~ money badly. 돈이 몹시 필요하다. **2 a** 〈…할〉 필요가 있다, 〈…〉 해야 하다: She did not ~ *to* be told twice. 그녀에게는 두 번 말할 필요가 없었다. **b** 〈…되어야 할〉 필요가 있다: My camera ~*s* repair*ing*. 내 카메라는 고칠 필요가 있다.

— *auxil. v.* **1** …**할 필요가 있다**: They told him that he ~ *not* answer. 그들은 그에게 대답할 필요가 없다고 말했다. **2** [~ not have+*p.p.*로] …**할 필요는 없었는데**: He *needn't have done* it. 그는 그것을 할 필요는 없었는데 (했다).

***need·ful** [níːdfəl] *a.* **1 필요한 2** 《고어》 빈곤한 — *n.* [the ~] **1** 필요한 것[일] **2** 《구어》 (필요한) 돈 **~·ly** *ad.*

need·i·ness [níːdinis] *n.* Ⓤ 곤궁, 빈곤, 궁핍

⁑**nee·dle** [níːdl] *n.* **1 바늘**; 봉침(縫針); 뜨개바늘 **2** (외과·주사·조각·축음기 등의) 바늘; 자침(磁針) **3** 뾰족한 바위; 방첨탑(方尖塔)(obelisk) **4** [the ~] 《영·속어》 신경의 날카로움 **5** 〖식물〗 바늘 모양의 잎 《솔·전나무 등의》; 〖광물〗 침상 결정체(針狀結晶體) **6** 《구어》 주사(의 한 대)

(***as***) ***sharp as a ~*** 매우 예민한; 눈치 빠른

— *vt.* **1 바늘로 꿰매다**; 바늘로 찌르다 **2** 누비고 나가다 **3** 《구어》 …에게 주사를 놓다 **4** 《구어》 자극하다, 선동하다

nee·dle·craft [-kræ̀ft | -krὰːft] *n.* = NEEDLEWORK

nee·dle·fish [-fìʃ] *n.* (*pl.* **~, ~·es**) 〖어류〗 동갈치

néedle màtch[gàme] 접전(接戰)

nee·dle·point [níːdlpɔ̀int] *n.* **1** 바늘 끝 **2** 바늘로 뜬 레이스

⁑**need·less** [níːdlis] *a.* **불필요한, 쓸데없는** **~·ly** *ad.* **~·ness** *n.*

nee·dle·wom·an [níːdlwùmən] *n.* (*pl.* **-wom·en** [-wìmin]) 바느질하는 여자, 침모

***nee·dle·work** [níːdlwə̀ːrk] *n.* Ⓤ **바느질 (제품)**; 《특히》 자수

⁑**need·n't** [níːdnt] 《구어》 need not의 단축형

***needs** [niːdz] *ad.* 《문어·고어》 [보통 must와 함께 써서 다음 성구로]

must ~ do (1) = NEEDS must do (2) 《보통 비꼼》 고집스럽게[어리석게도] …하겠다고 주장하다 ~ ***must*** do 꼭 …하지 않을 수 없다

***need·y** [níːdi] *a.* (**need·i·er**; **-i·est**) (매우) **가난한**: the (poor and) ~ 궁핍한 사람들

ne'er [nεər] *ad.* 《시어》 = NEVER

ne'er-do-well [nέərduːwèl], 《스코》 **-weel** [-wìːl] *n., a.* 쓸모없는 사람(의), 식충이(의)

ne·far·i·ous [nifέəriəs] *a.* 극악한; 불손한 **~·ly** *ad.* **~·ness** *n.*

neg. negative(ly)

ne·gate [nigéit] *vt., vi.* **1** 〈사실·진실을〉 부정[부인]하다 **2** 무효로 하다

ne·ga·tion [nigéiʃən] *n.* Ⓤ **1** 부정, 부인; 취소 **2** 무(無), 결여 **3** 〖문법〗 부정 **4** 〖컴퓨터〗 부정(inversion)

⁑**neg·a·tive** [négətiv] *a.* **1 a 부정[부인]의 b 거부의**: a ~ vote 반대 투표 **2 소극적인 3** 〈명령 등이〉 금지적인 **4 효과가 없는**, 쓸모없는 **5** 〖수학〗 음(陰)의 **6** 〖사진〗 음화(陰畫)의 **7** 〖의학〗 음성(陰性)의

— *n.* **1** 부정(어); 부정 명제(命題): double ~ 이중 부정 《보기: can*not* do *nothing*》 **2** 거부, 거절 **3** 〖수학〗 음수(陰數) **4** 〖전기〗 음전기, (전지의) 음극판 **5** 〖사진〗 음화

in the ~ 부정적인[으로]: answer *in the* ~ 「아니오」라고 답하다

— *vt.* **1** 부결하다 **2** 논박하다, 반증하다

neg·a·tive·ly [négətivli] *ad.* 부정적으로; 소극적으로: answer ~ 아니라고 대답하다

négative póle 1 (자석의) 남극 **2** 〖전기〗 음극

N

neg·a·tiv·ism [négətəvìzm] *n.* Ⓤ **1** 부정[소극]주의 **2** 〖심리〗 반항[반대]벽(癖) **-ist** *n.*

‡**ne·glect** [niglékt] [L 「집어올리지 않다」의 뜻에서] *vt.* **1 무시하다,** 간과하다 **2** 〈의무·일 등을〉 **게을리하다;** 〈태만하여〉 〈…하지〉 **않다** — *n.* Ⓤ **태만;** 무시, 경시: ~ *of* duty 의무의 태만

ne·glect·ful [nigléktfəl] *a.* 태만한, 소홀한; 부주의한 **~·ly** *ad.* **~·ness** *n.*

neg·li·gee, neg·li·gé(e) [nègləʒéi, ⌐-⌐ | ⌐-⌐] [F] *n.* (여자의) 네글리제, 실내복, 화장복

***neg·li·gence** [néglədʒəns] *n.* Ⓤ **1** 태만; 부주의; 무관심, 등한 **2** 〖법〗 (부주의로 인한) 과실

neg·li·gent [néglədʒənt] *a.* **1** 태만한 《*of, in*》 **2** 무관심한; 부주의한 《*in, of*》 **~·ly** *ad.*

***neg·li·gi·ble** [néglidʒəbl] *a.* **무시해도 좋은;** 하찮은
nèg·li·gi·bíl·i·ty [-bíləti] *n.* **-bly** *ad.*

ne·go·ti·a·ble [nigóuʃiəbl] *a.* **1** 교섭[협정]할 수 있는 **2** 〈어음 등이〉 양도할 수 있는 **3** 《구어》 **a** 〈도로 등이〉 통행할 수 있는 **b** 〈곤란 등이〉 극복할 수 있는

***ne·go·ti·ate** [nigóuʃièit] [L 「장사하다」의 뜻에서] *vt.* **1 협상하다,** (교섭으로) **협정하다,** 결정하다 **2** 〈어음·증권·수표 등을〉 유통시키다, 돈으로 바꾸다, 팔다 **3** 《구어》 〈곤란·장애 등을〉 뛰어넘다, 빠져나가다; 뚫고 나가다
— *vi.* **교섭[협상]하다**

‡**ne·go·ti·a·tion** [nigòuʃiéiʃən] *n.* CU **1** [종종 *pl.*] **교섭** **2** Ⓤ 〖상업〗 (어음 등의) 유통, 양도 **3** (장애 등의) 극복

Ne·gress [ní:gris] *n.* NEGRO의 여성형

‡**Ne·gro** [ní:grou] [Sp., Port. 「검정색」의 뜻에서] *n.* (*pl.* **~es**) **흑인,** 니그로 《현재 미국에서는 보통 경멸적으로 쓰이므로 대신 black을 씀》 — *a.* 흑인(종)의

Ne·groid [ní:grɔid] *a.* [때로 **n~**] 흑색 인종의 — *n.* 흑인종(의 한 사람)

Négro spíritual 흑인 영가

ne·gus [ní:gəs] *n.* Ⓤ 니거스 술 《포도주·더운물·설탕·레몬 등을 넣은 음료》

Neh. 〖성서〗 Nehemiah

Ne·he·mi·ah [nì:əmáiə] *n.* **1** 〖성서〗 느헤미야 《기원전 5세기경의 유대 지도자》 **2** 느헤미야서 《略 Neh.》

***neigh** [nei] (동음어 nay) [의성어] *n.* (말의) **울음** — *vi.* 〈말이〉 **울다**

‡**neigh·bor | -bour** [néibər] [OE 「가까이(nigh) 사는 사람」의 뜻에서] *n.* **1 이웃** (**사람**); 옆자리 사람; [보통 *pl.*] 이웃 나라 사람: a next-door ~ 이웃집 사람 **2** (같은 종류의) 서로 이웃하는 것 **3** 동포
— *a.* Ⓐ 이웃의: a good ~ policy 선린 정책 — *vt.* **이웃하다,** 인접하다
— *vi.* (…와) 이웃해 있다, (…의) 근처에 살다 《*on, upon*》

‡**neigh·bor·hood** [néibərhùd] *n.* **1** Ⓤ [종종 the ~, one's ~] **근처, 이웃** **2** [집합적] **이웃 사람들** **3** 주위; (어떤 특징을 가진) 지역, 지방 **4** [the ~] 근접, 가까움
in the ~ of (1) …의 근처에[의] (2) 《구어》 약, 대략 …

‡**neigh·bor·ing** [néibəriŋ] *a.* Ⓐ **이웃의, 근처[인근]의:** ~ right 인접권

neigh·bor·ly [néibərli] *a.* 이웃 사람다운; 사귐성 있는, 친절한

‡**nei·ther** [ní:ðər | nái-] *a.* [단수 명사를 수식하여] (양자 중의) **어느 …도 …아니다[않다]:** *N*~ story is true. 어느 쪽 이야기도 사실이 아니다.
— *pron.* (양자 중의) **어느 쪽도 …아니다[않다]:** I believe ~ (*of* the stories). 나는 어느 쪽 이야기도 믿지 않는다.
— *ad.* **1** [neither ... nor ...로 상관 접속사적으로 써서] **…도 …도 …아니다[않다]:** They have ~ (a) knowledge *nor* (an) understanding of politics. 그들은 정치에 관해서는 지식도 없고 이해도 없다. **2** [부정을 포함하는 문장 또는 절 뒤에서] **…도 또한 …않다[아니다]:** If you can*not* go, ~ can I. 네가 갈 수 없다면 나도 못 간다.

Nell [nel] *n.* 여자 이름 《Eleanor, Ellen, Helen의 애칭》

Nel·lie, Nel·ly [néli] *n.* 여자 이름 《Eleanor, Ellen, Helen의 애칭》

nel·son [nélsn] *n.* 〖레슬링〗 넬슨, 목조르기

Nel·son [nélsn] *n.* 넬슨 **Horatio ~** (1758-1805) 《영국의 제독(提督)》

nem·e·sis [néməsis] *n.* (*pl.* **-ses** [-sì:z]) **1** 정복[도달]할 수 없는 것 **2** 강한[이길 수 없는] 상대 **3** [**N~**] 〖그리스신화〗 네메시스 《인과응보·복수의 여신》 **4** 징벌을 가하는 사람

neo- [ní:ou] 《연결형》 「신(新)…, 부활 …, 근대의 …, 후기 …」의 뜻

ne·o·clas·sic, -si·cal [nì:ouklǽsik(əl)] *a.* 신(新)고전주의의

ne·o·clas·si·cism [nì:ouklǽsəsizm] *n.* Ⓤ 신고전주의

ne·o·co·lo·ni·al·ism [nì:oukəlóuniəlìzm] *n.* Ⓤ 신식민지주의 《경제적으로 지배하는 정책》

ne·o·con·ser·va·tism [nì:oukənsə́:rvətìzm] *n.* Ⓤ 《미》 신보수주의 《정부의 거대화에 반대, 기업의 이익을 지지하고 사회 개혁에 주력》

ne·o·dym·i·um [nì:oudímiəm] *n.* Ⓤ 〖화학〗 네오디뮴 《희금속 원소; 기호 Nd, 번호 60》

ne·o-im·pres·sion·ism [nì:ouimpréʃənìzm] *n.* [종종 **Neo-I~**] Ⓤ 〖미술〗 신인상주의

Ne·o·lith·ic [nì:əlíθik] *a.* [때로 **n~**] 〖고고학〗 신석기 시대의: the ~ era 신석기 시대

ne·ol·o·gism [ni:ɑ́lədʒìzm | -ɔ́l-] *n.* **1** 신어; 신표현; 신어의 **2** Ⓤ 신어[신조어, 신표현, 신어의]의 사용[채용]

ne·o·my·cin [nì:oumáisin] *n.* Ⓤ 〖생화학〗 네오마이신 《방사균에서 얻는 항생물질의 일종》

***ne·on** [ní:ɑn | -ɔn] *n.* **1** Ⓤ 〖화학〗 네온 《기체 원소; 기호 Ne, 번호 10》 **2** 네온등 (= ∠ **lámp**); 네온사인

N

ne·o·nate [níːənèit] *n.* 〖의학〗 (생후 1 개월 이내의) 신생아
ne·o-Na·zi [nìːounάːtsi] *n.* (1945년 이후의) 신나치주의자
néon lámp[**líght, túbe**] 네온등
néon sígn 네온사인
ne·o·phyte [níːəfàit] *n.* **1** 초심자, 신참자 **2** (가톨릭의) 새 성직자; (수도원의) 수련자(修練者) **3** 새 개종자
ne·o·plasm [níːəplæ̀zm] *n.* 〖병리〗 (체내의) 신생물, 《특히》 종양(tumor)
Ne·o·ri·can [nìːouríːkən] *n.*, *a.* (미) 푸에르토리코계 뉴욕 시민(의)
Ne·pal [nipɔ́ːl, -pάːl] *n.* 네팔 《인도와 티베트 사이의 왕국; 수도 Katmandu》
Nep·a·lese [nèpəlíːz, -líːs] *n.* (*pl.* ~) = NEPALI
— *a.* 네팔 (말[사람])의
Ne·pal·i [nipɔ́ːli, -pάː-] *n.* (*pl.* **~, ~s**) 네팔 사람; Ⓤ 네팔 말
— *a.* 네팔의; 네팔 사람[말]의
⁑neph·ew [néfjuː | névjuː, néf-] [L 「손자, 자손」의 뜻에서] *n.* **조카**
ne·phri·tis [nəfráitis] *n.* 〖병리〗 신염(腎炎)
ne·phro·sis [nəfróusis] *n.* Ⓤ 〖병리〗 (상피성) 신장증
ne plus ul·tra [níː-plʌ̀s-ʌ́ltrə, néi-] [L =no more beyond] *n.* [the ~] 극한; 극치
ne·pot·ic [nepάtik | -pɔ́t-] *a.* 연고자[친척] 등용의 (경향이 있는)
nep·o·tism [népətìzm] *n.* Ⓤ 친척 등용
***Nep·tune** [néptjuːn | -tjuːn] *n.* **1** 〖로마신화〗 **넵튠** 《해신(海神); 그리스 신화의 Poseidon에 해당함》 **2** 〖천문〗 **해왕성**
nep·tu·ni·um [neptjúːniəm | -tjúː-] *n.* Ⓤ 〖화학〗 넵투늄 《방사성 원소; 기호 Np, 번호 93》
nerd [nəːrd] *n.* (미·속어) 얼간이, 멍텅구리
ne·re·id [níəriid] *n.*, *a.* 〖동물〗 갯지렁이(의)
Ne·ro [níərou] *n.* 네로(37-68) 《로마의 황제(54-68); 그리스도교도를 박해한 폭군》
⁑nerve [nəːrv] [L 「건(腱)」의 뜻에서] *n.* **1** 〖해부〗 **a 신경**: ~ strain 신경 과로 **b** 치수(齒髓); 《통속적으로》 (이의) 신경 **2** Ⓤ **용기,** 담력; 기력, 정신력: a man of ~ 담대한[배짱 있는] 사나이 / ~*s* of iron[steel] 대담 **3** [*pl.*] **신경과민,** 신경과민증 **4** 〖식물〗 잎맥
be all ~s 매우 신경과민이다 ***get on*** a person***'s ~s*** = ***give*** a person ***the ~s*** …의 신경을 건드리다, 신경질나게 하다, …을 안달하게 하다 ***strain every ~*** 전력을 다하다
— *vt.* 용기를 북돋우다, 격려하다
~ one***self to*** do 힘을[용기를] 내다
nérve cèll 〖해부〗 신경 세포(neuron)
nérve cènter **1** 〖해부〗 신경 중추 **2** [the ~] (조직·운동 등의) 중추[중심]부, 수뇌부
nerved [nəːrvd] *a.* 신경이 …한: strong-~ 신경이 강한, 대담한
nérve fiber 〖해부〗 신경 섬유
nérve gàs 〖군사〗 신경 가스 《독가스의 일종》
nerve·less [nə́ːrvlis] *a.* **1** 용기 없는; 무기력한; 약한 **2** 냉정한, 침착한(calm)
~·ly *ad.* **~·ness** *n.*
nerve-rack·ing, -wrack·ing [nə́ːrvrӕkiŋ] *a.* 신경을 괴롭히는, (몹시) 신경질 나게 하는
⁑ner·vous [nə́ːrvəs] *a.* **1 a 신경질의,** 흥분하기 쉬운 **b** 안절부절못하는 **2** Ⓐ **신경(성)의,** 신경에 작용하는 **3** 두려워하는
~·ness *n.*
nérvous bréakdown[**prostrátion**] 신경 쇠약 《neurasthenia의 속칭》
***ner·vous·ly** [nə́ːrvəsli] *ad.* **신경질적으로**; 초조하게; 소심하게
nérvous sỳstem [the ~] 〖해부·생리〗 신경계(통)
nerv·y [nə́ːrvi] *a.* (**nerv·i·er**; **-i·est**) **1** (미·구어) 대담한, 뻔뻔스러운 **2** 《영·구어》 신경질[신경과민]인
nesc·ience [néʃiəns | nésiəns] *n.* Ⓤ **1** 무지 **2** 〖철학〗 불가지론(不可知論)
nes·cient [néʃiənt | nésiənt] *a.* **1** 무지한 **2** 〖철학〗 불가지론(자)의 — *n.* 불가지론자
Ness [nes] *n.* **Loch ~** 네스 호 《스코틀랜드 북서부의 호수; 괴물이 살고 있다고 함》
-ness [nis] *suf.* [분사·(복합) 형용사 등에 붙여서 「성질·상태」 등을 나타내는 추상명사를 만듦]: loveli*ness*
Nes·sie [nési] *n.* 네시 《Ness 호에 출몰한다고 하는 괴물》
⁂nest [nest] *n.* **1 보금자리,** 둥우리 **2** (벌레 등의) 떼; (악인 등의) 일당 **3** 피난처 **4** 소굴; 온상
feather one***'s ~*** (보통 부정 수단으로) 부자가 되다, 사복을 채우다
— *vi.* **1** 보금자리[둥지]를 짓다, 깃들이다 **2** 알맞게 포개지다
— *vt.* **1** 보금자리[새집]를 지어 주다 **2** 〈상자 등을〉 포개 넣다
nést ègg **1** (새가 알을 낳도록 유도하는) 밑알 **2 a** 자금의 밑천, 본전 **b** (만일의 경우에 대비하는) 비상금
***nes·tle** [nésl] [OE 「보금자리를 만들다」의 뜻에서] *vi.* **1 편안하게 드러눕다,** 기분 좋게 자리잡다 **2** (고어) 깃들이다(nest)
— *vt.* **1** 〈머리·얼굴·어깨 등을 …에〉 비벼대다 《*on, against*》 **2** [종종 수동형] 〈…을 …에〉 아늑하게 자리잡게 하다 《*in*》
nest·ling [nés*t*liŋ] *n.* 갓 깐 병아리; 젖먹이
Nes·tor [néstər, -tɔːr] *n.* **1** 〖그리스신화〗 네스토르 《Homer 작 *Iliad* 중의 슬기로운 노장군》 **2** [때로 **n~**] 현명한 노인; 장로
⁑net¹ [net] *n.* **1 그물**: cast[throw] a ~ 그물을 던지다 / draw in a ~ 그물을 올리다 / lay[spread] a ~ 그물을 치다 **2** 그물 모양으로 짠 것; 그물 세공(細工) **3** 올가미; 계략 **4** 통신망; (라디오·텔레비전 등의) 네트워크, 방송망(network) **5** 네트(볼) 《테니스 등에서 네트에 맞은 타구》 **6** 〖컴퓨터〗 = INTERNET
— *v.* (**~·ted**; **~·ting**) *vt.* **1 그물로 잡다**

N

2 그물을 치다; 그물을 뜨다[만들다] **3** (노력의 결과) 얻다

***net²** [F「순수한, 깨끗한」의 뜻에서] *a.* **1** Ⓐ **에누리 없는; 순(純)**…: a ~ price 정가(正價) **2** Ⓐ 결국의, 최종의
— *n.* 순량(純量), 순익; 정가
— *vt.* (~·**ted**; ~·**ting**) 〈얼마의〉 순익을 올리다; 〈…에게〉 이익을 올리게 하다

net·ball [nétbɔ̀:l] *n.* Ⓤ 네트볼 《농구 비슷한 일종의 구기》

neth·er [néðər] *a.* Ⓐ 《문어·익살》 아래의(opp. *upper*); 지하의, 지옥의: the ~ lip 아랫입술

Neth·er·land·er [néðərlæ̀ndər] *n.* 네덜란드 사람

***Neth·er·lands** [néðərləndz] [Du. 「낮은 땅」의 뜻에서] *n.* [the ~; 보통 단수 취급] **네덜란드** 《수도 Amsterdam, 정부 소재지 The Hague; 공식명 the Kingdom of the Netherlands, 속칭 Holland》

neth·er·most [néðərmòust] *a.* Ⓐ [the ~] 《문어》 가장 아래의: *the* ~ hell 지옥 바닥

net·i·quette [nétikit, -ket] [*net*work +eti*quette*] *n.* 〖컴퓨터〗 (인터넷 사용자의) 컴퓨터 에티켓 《인터넷·PC통신과 같은 네크워크상에서 지켜야 할 예절》

net·i·zen [nétizn] [*net*work+citi*zen*] *n.* 네티즌 《컴퓨터 네크워크 사용자》

nét nátional próduct 〖경제〗 국민 순생산(純生産) 《略 NNP》

nett [net] *a., n., vt.* 《영》 = NET²

net·ted [nétid] *a.* **1** 그물로 잡은 **2** 그물로 싼 **3** 그물 모양의

net·ting [nétiŋ] *n.* Ⓤ **1** 그물 세공: wire ~ 철망 **2** 그물질

***net·tle** [nétl] *n.* 〖식물〗 **쐐기풀**
— *vt.* 약오르게 하다; 화나게 하다

néttle ràsh 〖병리〗 두드러기

nét tón 미(美) 톤 《2,000 파운드, 907.2 kg》; 순(純)톤

‡**net·work** [nétwə̀:rk] *n.* **1** (운하·철도 등의) **망상(網狀) 조직**, 연락망: a ~ of railroads 철도망 **2** 〖라디오·TV〗 **방송망**: TV ~*s* 텔레비전 방송망 **3** 〖통신·컴퓨터〗 **통신망** **4** Ⓤ 망세공(網細工), 망제품 **5** 〖전기〗 회로망
— *vt.* …에 방송망을 설치하다; 방송망으로 방송하다

net·work·ing [nétwə̀:rkiŋ] *n.* 〖컴퓨터〗 네트워킹 《여러 대의 컴퓨터나 데이터 뱅크가 연계되어 있는 시스템》

neur- [njuər | njuər], **neuro-** [njúərou | njúər-] [Gk =nerve] 《연결형》「신경 (조직); 신경계」의 뜻

neu·ral [njúərəl | njúər-] *a.* 〖해부〗 신경(계)의

neu·ral·gia [njurǽldʒə | njuər-] *n.* Ⓤ 〖병리〗 신경통

neur·as·the·ni·a [njùərəsθí:niə | njùər-] *n.* Ⓤ 〖병리〗 신경 쇠약(증)

neur·as·then·ic [njùərəsθénik | njùər-] *a., n.* 신경 쇠약의 (환자)

neu·ri·tis [njuəráitis | njuər-] *n.* Ⓤ 〖병리〗 신경염 **neu·rit·ic** [-rítik] *a.*

neu·ro·bi·ol·o·gy [njùəroubaiɑ́lədʒi | njùəroubaiɔ́l-] *n.* Ⓤ 신경 생물학

neu·ro·log·i·cal [njùərəlɑ́dʒikəl | njùərəlɔ́dʒ-] *a.* 신경학상의

neu·rol·o·gy [njurɑ́lədʒi | njuərɔ́l-] *n.* Ⓤ 〖의학〗 신경학 **-gist** *n.* 신경학자

neu·ron [njúərɑn | njúərɔn], **-rone** [-roun] *n.* 〖해부〗 신경 단위[세포], 뉴런

neu·ro·sci·ence [njùərousáiəns | njùər-] *n.* Ⓤ 신경 과학

***neu·ro·sis** [njuəróusis | njuər-] *n.* (*pl.* **-ses** [-si:z]) ⓊⒸ 〖의학〗 **신경증, 노이로제**

neu·ro·sur·ger·y [njùərousə́:rdʒəri | njùər-] *n.* Ⓤ 신경외과(학)

***neu·rot·ic** [njuərɑ́tik | njuərɔ́t-] *a.* **신경증의**, 노이로제에 걸린
— *n.* 신경증 환자

neu·ter [njú:tər | njú:-] [L「어느 쪽도 아닌」의 뜻에서] *a.* **1** 〖문법〗 중성의: the ~ gender 중성 **2** 〖생물〗 무성[중성]의: ~ flowers 중성화(花)
— *n.* **1** 〖문법〗 중성 **2** 암수 구별이 없는 동식물, 거세된 사람[동물]
— *vt.* 〈동물을〉 거세하다

‡**neu·tral** [njú:trəl | njú:-] *a.* **1 중립의**; 중립국의: a ~ nation[state] 중립국 **2 불편부당의** **3** (종류·특징이) 분명치 않은; 〈색이〉 바랜 **4** 〖생물〗 암수 구별이 없는: a ~ flower 무성화(無性花) **5** 〖음성〗 〈혀의 위치가〉 중간의: ~ vowels 중성[중간] 모음 《[ə] 등》
— *n.* 중립국(민); 중립자; (전동(傳動) 기어의) 중립 (위치)
~·**ly** *ad.* ~·**ness** *n.*

neu·tral·ism [njú:trəlìzm | njú:-] *n.* Ⓤ 중립주의[정책]; 중립 (태도, 상태, 표명)

neu·tral·ist [njú:trəlist | njú:-] *n.* 중립주의자

neu·tral·i·ty [nju:trǽləti | nju:-] *n.* Ⓤ **1** 중립 **2** 〖화학〗 중성

neu·tral·i·za·tion [njù:trələzéiʃən | njù:trəlai-] *n.* Ⓤ 중립화; 무효화

***neu·tral·ize** [njú:trəlàiz | njú:-] *vt.* **1 중립화하다** **2** 무효로 하다 **3** 〖화학〗 중화하다: a *neutralizing* agent 중화제(劑)

neu·tral·iz·er [njú:trəlàizər | njú:-] *n.* **1** 중립시키는[무효로 하는] 것 **2** 중화제

neu·tri·no [nju:trí:nou | nju:-] *n.* (*pl.* **~s**) 〖물리〗 중성 미자(微子)

néutron bòmb 중성자 폭탄

néutron stàr 〖천문〗 중성자성(星)

Nev. Nevada

***Ne·va·da** [nəvǽdə, -vɑ́:- | -vɑ́:-] [Sp. 「(Sierra) Nevada(산맥 이름)」에서] *n.* **네바다** 《미국 서부의 주; 略 Nev.》
Ne·và·dan *a., n.* Nevada 주의 (사람)

‡**nev·er** [névər] *ad.* **1 일찍이 …없다** **2** [not 보다 강한 부정을 나타내어] **a 결코 …않다** **b** [never a+명사] **하나[한 사람]도 …않다**
Better late than ~. 《속담》 늦더라도 안 하는 것보다는 낫다. ***~ ever*** 《구어》 결코 …않다(never): I'll ~ *ever* speak to you again. 너하고는 두 번 다시 말하지 않겠다.

nev·er-end·ing [névəréndiŋ] *a.* 끝없는, 영원한

nev·er·more [-mɔ́:r] *ad.* 《문어》 두 번 다시 …않다(never again)

nev·er-nev·er [-névər] *n.* [the ~] 《영·속어》 분할 지불

on the ~ 《영·속어》 월부로

— *a.* 실재하지 않는; 환상의

néver-néver lànd [J.M. Barrie 작 *Peter Pan*에서] 동화[꿈]의 나라

⁑nev·er·the·less [nèvərðəlés] *ad.* **그럼에도 불구하고,** 역시(yet)

Nev·ille [névəl] *n.* 남자 이름

ne·vus [ní:vəs] *n.* (*pl.* **-vi** [-vai]) 〖의학〗 모반(母斑)

⁑new [nju: | nju:] [동음어 knew] *a.* **1** 새로운(opp. *old*) **2** 새로운 발견[발명]의 **3** 〈사건·사물·장소가〉 처음 보는[듣는]: That information is ~ *to* me. 그것은 처음 듣는 소리다. **4** 새로 온, 신임(新任)의 **5** 새로워진 **6** 〈물건이〉 신품인, 〈음식물이〉 갓 만든: ~ rice 햅쌀 **7** [N~] 〖언어〗 근세[근대]의 **8** 새로 시작하는

— *ad.* [주로 과거분사와 함께 복합어를 이루어] 새로이; 최근에

Néw Áge **1** (가치관이 아주 달라지는) 뉴에이지, 신시대; 뉴에이지 음악 **2** [형용사적으로] (보건·사회·과학·음악 등에서) 뉴에이지 (지향)의

new·bie [njú:bi] *n.* 《컴퓨터속어》 신출내기, 미숙자

néw blóod (새로운 활력[사상]의 원천으로서의) 젊은이들, 신인들

***new·born** [njú:bɔ́:rn | njú:-] *a.* **1** 갓[방금] 태어난; 신생의 **2** 부활한

— *n.* (*pl.* **~, ~s**) 신생아

New·cas·tle [njú:kæ̀sl | njú:kɑ̀:sl] *n.* 뉴캐슬 《England 북부의 항구, 석탄 수출로 유명》

new-col·lar [-kɑ́lər | -kɔ́lə] *a.* 뉴칼라의 《서비스 산업에 종사하는 중산층 노동자의》

***new·com·er** [njú:kʌ̀mər | njú:-] *n.* 새로 온 사람 《*to, in*》; 신출내기

Néw Críticism [보통 the ~] 신(新)비평 《작품 자체의 연구에 중점을 두는 비평 방법》

Néw Déal [the ~] 뉴딜 정책 《F.D. Roosevelt 미국 대통령이 1933년에 제창한 경제 부흥과 사회 보장의 증진 정책》

Nèw Dél·hi [-déli] *n.* 뉴델리 《인도 공화국의 수도》

néw ecónomy 신경제 《첨단·기술 정보 통신 산업이 주도하는 경제》

new·el [njú:əl | njú:-] *n.* 〖건축〗 **1** (나선형 층층대의) 중심 기둥 **2** 엄지 기둥 《계단의 상하 양 끝의》

⁑Nèw Éngland [이 지방이 영국 해안과 비슷하다 해서 Captain John Smith가 명명] *n.* 뉴잉글랜드

new·fan·gled [-fǽŋgld] *a.* 신식의, 최신 유행의

new-fash·ioned [-fǽʃənd] *a.* 신식의, 새로운 유행의(up-to-date)

new·found [-fáund] *a.* 새로 발견된

***New·found·land** [njú:fən*d*lənd, -lænd | njú:-] *n.* **1** 뉴펀들랜드 《캐나다 동해안의 섬; 영국령; 略 N.F., Newf.》 **2** 뉴펀들랜드종(種) 개 《온순하고 헤엄을 잘 쳐 인명 구조에 사용》

Néw Frontíer [the ~] 뉴프런티어 《미국 대통령 J.F. Kennedy의 적극적인 정책》

Nèw Guínea *n.* 뉴기니 《Australia 북방의 섬; 略 N.G.》

***Nèw Hámp·shire** [-hǽmpʃər] [이 땅을 받은 John Mason이 그의 출신지 Hampshire를 따라 명명] *n.* **뉴햄프셔** 《New England의 한 주(州)》

Nèw Há·ven [-héivən] *n.* 뉴헤이븐 《미국 Connecticut 주의 도시; Yale 대학 소재지》

new·ish [njú:iʃ | njú:-] *a.* 약간 새로운

***Nèw Jérsey** [이 땅을 받은 영국 제독의 출신지 Jersey 섬의 이름을 따서] **뉴저지** 《미국 동부의 주; 略 NJ》

new-laid [njú:léid | njú:-] *a.* 갓 낳은

Néw Léft 《미》 신좌익 《1960-70년대의》

néw lóok [종종 the ~] 새로운 유행 스타일

⁑new·ly [njú:li | njú:-] *ad.* [보통 과거분사와 함께] **1 최근에,** 요즈음 **2 새로이,** 다시

new·ly·wed [njú:liwèd | njú:-] *n.* 《구어》 신혼자; [*pl.*] 신혼 부부

New·man [njú:mən | njú:-] *n.* 뉴먼 **John Henry ~** (1801-90) 《영국의 추기경·신학자·저술가》

néw média 새로운 정보 전달 수단, 뉴미디어 《TV의 음성 다중 방송·문자 다중 방송·비디오 디스크·CATV·videotex 등 새로 등장한 정보 매체》

Nèw Méxican 뉴멕시코 주의 (사람)

***Nèw México** [스페인어의 번역에서] **뉴멕시코** 《미국 남서부의 주; 略 N. Mex., NM》

néw móon 초승달

new-mown [-móun] *a.* 〈목초 등을〉 갓 베어 낸

Nèw Ór·le·ans [-ɔ́:rliənz] *n.* 뉴올리언스 《미국 Mississippi 강변의 항구 도시》

néw póor [the ~; 집합적; 복수 취급] 최근에 영락한 사람들

new-rich [njú:rítʃ | njú:-] *n., a.* 벼락부자(의), 벼락 부자 특유(의)

Néw Ríght [the ~] 신우익 《New Left에 대응하는 신보수주의》

⁑news [nju:z | nju:z] [new의 명사적 용법에서] *n.* Ⓤ [보통 단수 취급] **1 뉴스, 보도,** 기사: foreign[home] ~ 해외[국내] 뉴스 **2 소식,** 근황; 색다른[재미 있는] 일, 흥미 있는 사건[인물]: Is there any ~? 무슨 별다른 일이라도 있는가? **3** [N~] …신문 《신문 이름》: The Daily *N*~ 「데일리 뉴스」

make ~ 신문에 날 일을 하다 ***That is quite***[***no***] ***~ to*** me. 금시초문이다[들은 지 오래다].

néws àgency 통신사

news·a·gent [njú:zèidʒənt | njú:z-] *n.* 《영》 = NEWSDEALER

N

néws ànalyst 시사 해설가(commentator)
news·boy [-bɔ̀i] *n.* 신문 파는 아이, 신문 배달원
news·break [-brèik] *n.* 보도 가치가 있는 일[사건]
news·cast [-kæ̀st | -kɑ̀:st] *n.* (라디오·텔레비전의) 뉴스 방송 **~·er** *n.* (라디오·텔레비전의) 뉴스 방송[해설]자
néws cònference 기자 회견
news·deal·er [-dì:lər] 《미》 신문[잡지] 판매인
néws flàsh (TV·라디오의) 뉴스 속보
news·group [-grù:p] *n.* 〖컴퓨터〗 온라인 토론 그룹의 일원
news·hawk [-hɔ̀:k] *n.* 《미·구어》 = NEWSHOUND
news·hound [-hàund] *n.* 《미·구어》 (신문 등의) 기자; 보도원
news·let·ter [njú:zlètər | njú:z-] *n.* **1** (회사·단체·관청 등의) 회보 **2** (특정 구독자를 위한) 시사 해설[통신]
news·mag·a·zine [-mægəzì:n] *n.* 시사 잡지 《주로 주간지》
news·man [-mən] *n.* (*pl.* **-men** [-mən]) **1** 취재 기자 **2** = NEWS DEALER
news·mon·ger [-mʌ̀ŋgər] *n.* 소문을 퍼뜨리기 좋아하는 사람; 수다쟁이
⁑**news·pa·per** [njú:zpèipər, njú:s- | njú:s-, njú:z-] *n.* **1** 신문: a daily[weekly] ~ 일간[주간] 신문 **2** Ⓤ 신문지, 신문 인쇄 용지 **3** 신문사: work for a ~ 신문사에 근무하다
news·pa·per·man [-pèipərmæ̀n] *n.* (*pl.* **-men** [-mèn]) 《미》 신문 기자
news·pa·per·wom·an [-wùmən] *n.* (*pl.* **-wom·en** [-wìmin]) 《미》 여기자
new·speak [njú:spì:k | njú:-] [G. Orwell의 소설 1984에서] *n.* [종종 **N~**] (정부 관리 등이 여론 조작을 위하여) 사람을 기만하는 애매한 표현법
news·per·son [njú:zpə̀:rsn | njú:z-] *n.* 뉴스 보도자, 기자, 특파원, 뉴스 캐스터
news·print [-prìnt] *n.* Ⓤ 신문 (인쇄) 용지
news·read·er [-rì:dər] *n.* 《영》 = NEWSCASTER; 〖컴퓨터〗 뉴스 리더
news·reel [-rì:l] *n.* (단편) 뉴스 영화
news·room [-rù:m] *n.* **1** 뉴스 편집실 **2** 《영》 신문 잡지 열람실
news·stand [-stæ̀nd] *n.* 《미》 (거리·역 구내 등의) 신문[잡지] 판매점
Néw Stýle [the ~] 양력, 그레고리력(曆) 《略 NS》
news·ven·dor [-vèndər] *n.* = NEWS DEALER
news·week·ly [-wì:kli] *n.* 시사 주간지
news·wor·thy [-wə̀:rði] *a.* 기삿거리가 되는
news·y [njú:zi | njú:zi] *a.* (**news·i·er**; **-i·est**) 《구어》 뉴스가 많은, 화제가 풍부한 **néws·i·ness** *n.*
newt [nju:t | nju:t] *n.* 〖동물〗 영원(蠑蚖)
*****Néw Téstament** [the ~] **신약 성서** 《略 NT》
*****New·ton** [njú:tn | njú:-] *n.* **뉴턴 Sir Isaac ~** (1642-1727) 《영국의 물리학자·수학자; 만유인력·미적분의 발견자》
New·to·ni·an [nju:tóuniən | nju:-] *a.* 뉴턴(의 학설[발명])의 **—** *n.* 뉴턴의 학설을 신봉하는 사람
néw tòwn [종종 **N~ T~**] 교외 주택지
néw wáve [F = nouvelle vague] **1** (유행·예술·정치 등의) 새 물결 운동, 새 풍조, 새 경향 **2** [종종 **N~ W~**] 〖음악〗 뉴 웨이브
⁑**Néw Wórld** [the ~] **신세계** 《서반구, 특히 남북 아메리카 대륙》
⁑**néw yéar 1** [the ~] **신년 2** [**N~ Y~**] **정월 초하루**: (A[I wish you a] Happy *New Year*! 새해 복 많이 받으세요!
Néw Yèar's Dáy 정월 초하루, 설날
Néw Yèar's Éve 섣달 그믐날
⁑**Nèw Yórk** [Duke of York(후의 영국왕 James 2세)의 이름에서] *n.* **1 뉴욕 주** 《미국 북동부의 주; 略 NY; 주도 Albany》 **2 뉴욕 시** (New York City)
Nèw Yórk·er [-jɔ́:rkər] 뉴욕 시민
Nèw Yórk Stóck Exchànge [the ~] 뉴욕 증권 거래소 《세계 최대 규모의; 略 NYSE》
*****Nèw Zéa·land** [-zí:lənd] *n.* **뉴질랜드** 《남태평양의 영연방 내의 독립국; 수도 Wellington》
⁑**next** [nekst] *a.* **1** (시간이) **a** [관사 없이] (현재를 기준으로 하여) (바로) **다음의; 오는**: ~ Friday = *on* Friday ~ 다음[오는, 내주] 금요일에 **b** [보통 the ~] (일정한 때를 기준으로 하여) **그 다음의**…: *the* ~ week[month, year] 그 다음 주[달, 해] **2** [보통 the ~] (순서·배열이) **다음의**: *the* ~ chapter 다음 장 **3 a** [보통 the ~] (장소·위치가) **바로 옆의**: *the* ~ house 옆집, 이웃집 **b** Ⓟ (…에) **접하여**, (…) 다음으로, (…의) 이웃에 《*to*》
~ door (…의) 옆집[이웃]에[의] 《*to*》
~ time (1) [부사적으로] 다음 번에, 이번에 (2) [접속사적으로] 이번[다음 번]에 …할 때에 (***the***) ***~ thing*** 둘째로, 다음으로
— *ad.* **1** [장소·시간·정도 등을 나타내어] **a 다음에[으로]**: *N~*, we drove home. 그 다음에 우리는 차로 귀가했다. **b** (…의) **옆에**, (…에) 접하여 《*to*》: He placed his chair ~ *to* mine. 그는 자기 의자를 내 의자 옆에 놓았다. **c** (…의) 다음에[으로] 《*to*》: He loved his dog ~ *to* his own sons. 그는 아들들 다음으로 개를 사랑했다. **2 다음 번에**, 이번에: When shall we meet ~? 이번에는 언제 만날까?
the ~ best thing 그 다음으로 가장 좋은 것, 차선책 《*to*》
— *prep.* 《구어》 …의 다음[옆]의[에], …에 가장 가까운[가까이]: come[sit] ~ him 그 사람 다음에 오다[옆에 앉다]
— *pron.* **다음 사람[것]**: She was *the* ~ to appear. 그녀가 그 다음으로 나타났다.
néxt bést = SECOND BEST

N

*__next-door__ [nékstdɔ̀:r] *a.* **옆집의**, 옆집에 (사는)

nex·us [néksəs] *n.* (*pl.* **~·es, ~**) [U,C] **1** 연계, 관계 **2** 〖문법〗 넥서스, 주어·술어 관계[표현]

NF Newfoundland; Norman-French

NFC National Football Conference NFL의 내셔널 콘퍼런스

NFL ⦅미⦆ National Football League 북미 프로 미식 축구 리그

NG National Guard; New Guinea

NG, n.g. no good

NH ⦅미⦆ 〖우편〗 New Hampshire

NHS National Health Service ⦅영⦆ 국민 건강 보험

Ni 〖화학〗 nickel

NI National Insurance; Northern Ireland

ni·a·cin [náiəsin] *n.* [U] 〖생화학〗 니코틴산(酸)(nicotinic acid)

Ni·ag·a·ra [naiǽgərə] *n.* **1** [the ~] 나이아가라 강 ⦅미국과 캐나다 국경의⦆ **2** =NIAGARA FALLS **3** [종종 **n~**; 보통 a ~ of로] (…의) 홍수, 쇄도

*__Niágara Fálls__ [the ~] [단수 취급] **나이아가라 폭포**

nib [nib] *n.* **1** 펜촉 **2** ⦅일반적으로⦆ 첨단, 첨두

*__nib·ble__ [níbl] *vt.* 〈짐승·물고기가〉 **조금씩 물어뜯다**, 갉아먹다 — *vi.* **1 조금씩 갉아먹다[물어뜯다]**, 〈물고기가〉 입질하다 ⦅*at*⦆ **2** 서서히 잠식하다 **3** ⦅비유⦆ 조심스럽게 손을 내밀다, 흥미를 보이다 ⦅*at*⦆ — *n.* **1** 조금씩 물어뜯기, 〈물고기의〉 입질 **2** 한입 분량 **3** 마음에 있는 듯한 기색 **4** 〖컴퓨터〗 니블 ⦅½바이트; 보통 4비트⦆

Ni·be·lung·en·lied [ní:bəlùŋənlì:t] [G] *n.* 니벨룽겐의 노래 ⦅13세기 남독일에서 이루어진 대서사시⦆

nib·lick [níblik] *n.* 〖골프〗 니블릭, 9번 아이언(number nine iron)

nibs [nibz] *n.* (*pl.* ~) [보통 his ~; 종종 경멸적] ⦅구어⦆ 높은 양반, 나리

ni·cad [náikæd] *n.* 니켈·카드뮴 배터리

Nic·a·ra·gua [nìkərɑ́:gwə] *n.* 니카라과 ⦅중앙 아메리카의 공화국; 수도 Managua; 略 Nicar.⦆

-guan [-gwən] *a., n.* 니카라과의 (사람)

‡**nice** [nais] *a.* **1 a 좋은**, 훌륭한 **b** 기분 좋은 **c** 친절한 **2 a 정밀한**; 식별력을 요하는 **b 미묘한**, 어려운, 수완을 요하는 **3** 가리는 것이 많은; 근엄한

as ~ as (~) can be 더 없이 좋은 ***~ and*** [부사적] ⦅구어⦆ 충분히, 매우

Nice [ni:s] *n.* 니스 ⦅프랑스 남동부의 피한지⦆

‡**nice·ly** [náisli] *ad.* **1 훌륭하게**; 기분 좋게 **2 정밀하게** **3** 제대로, 잘

Nícene Créed [the ~] (325년 니케아 공회의에서 결정된) 니케아 신조(信條)

níce néllу [néllie] ⦅미·캐나다·구어⦆ 점잔 빼는 사내[여자]

nice-nel·ly [-nel·lie] [náisnéli] *a.* ⦅미·캐나다·구어⦆ 점잔 빼는

nice-nel·ly·ism [náisnéliìzm] *n.* **1** 점잔 빼기 **2** 완곡어, 완곡적 표현

ni·ce·ty [náisəti] *n.* (*pl.* **-ties**) **1** [U] 정확, 정밀 **2 a** [U] 기미(機微); 미묘 **b** [보통 *pl.*] 미묘[상세]한 점 **3** [보통 *pl.*] 우아한 것

niche [nitʃ] [L=nest] *n.* **1** 벽감(壁龕) ⦅조상(彫像) 등을 넣어 둘 수 있게 벽을 움푹 판 곳⦆ **2** 적소(適所) **3** 〖경영〗 틈새시장 — *vt.* **1** [보통 수동형] 〈조상 등을〉 벽감에 안치하다 **2** [보통 ~ one*self* 로] (적소에) 앉히다

Nich·o·las [níkələs] *n.* **1** 남자 이름 ⦅애칭 Nick⦆ **2** [Saint ~] 성(聖) 니콜라스 ⦅러시아·어린이·학자·선원 등의 수호신; cf. SANTA CLAUS⦆

Ni·chrome [náikròum] [*ni*ckel+*chrome*] *n.* 니크롬 ⦅니켈·크롬·철의 합금; 상표명⦆

*__nick__ [nik] *n.* **1 새김눈**(notch) **2** (접시 등의) 깨진 곳 **3** [the ~] ⦅영·속어⦆ 교도소 — *vt.* **1** 눈금을 새기다 **2** 흠을 내다 **3** ⦅영·속어⦆ 붙잡다; 훔치다

Nick [nik] *n.* **1** 남자 이름 ⦅Nicholas의 애칭⦆ **2** [Old ~] 악마

‡**nick·el** [níkəl] [G 구리와 비슷하면서도 구리를 포함치 않은 데서] *n.* **1** [U] 〖화학〗 **니켈** ⦅금속 원소; 기호 Ni, 번호 28⦆ **2** ⦅미⦆ 5센트짜리 백동화 — *vt.* (**~ed**; **~·ing** | **~led**; **~·ling**) 니켈 도금하다

nick·el-and-dime [nìkələndáim] ⦅구어⦆ *a.* 소액의, 인색한; 하찮은

nick·el-plate [níkəlpléit] *vt.* 니켈 도금하다

níckel sílver 양은(洋銀)

níckel stéel 니켈강(鋼)

nick·er [níkər] *n.* (*pl.* **~, ~s**) ⦅영·속어⦆ 니커 ⦅1파운드 영국 화폐⦆

nick·nack [níknæ̀k] *n.* =KNICKKNACK

‡**nick·name** [níknèim] [ME=additional name; an eke-name을 a nekename으로 오해한 데서] *n.* **1 별명**, 닉네임 **2** (Christian name을 단축한) **애칭**, 약칭 — *vt.* 별명을 붙이다; 애칭[약칭]으로 부르다

Nic·o·si·a [nìkəsí:ə] *n.* 니코시아 ⦅키프로스의 수도⦆

nic·o·tine [níkətì:n] [담배를 처음으로 프랑스에 소개한 외교관 Jean Nicot의 이름에서] *n.* [U] 〖화학〗 니코틴

nic·o·tín·ic ácid [nìkətí:nik-] 〖화학〗 니코틴산(酸)

nic·o·tin·ism [níkəti:nìzm] *n.* [U] (만성) 니코틴 중독

NICS [niks] newly industrializing countries 신흥 공업국 ⦅1988년부터 NIES로 개칭⦆

‡**niece** [ni:s] [L 「손녀」의 뜻에서] *n.* **조카딸**, 질녀

NIES [ni:z] newly industrializing economies 신흥 공업 경제 지역

Nie·tzsche [ní:tʃə] *n.* 니체 **Friedrich W.** ~ (1844-1900) ⦅독일의 철학자⦆

niff [nif] *n., vi.* ⦅영·속어⦆ 악취(가 나다)

nif·ty [nífti] ⦅구어⦆ *a.* (**-ti·er**; **-ti·est**) 멋진, 재치 있는

Ni·ger [náidʒər] *n.* 니제르 ⦅아프리카 중서부의 공화국; 수도 Niamey⦆

N

Ni·ge·ri·a [naidʒíəriə] *n.* 나이지리아 《아프리카 중서부의 공화국; 수도 Abuja; 略 Nig.》
nig·gard [nígərd] *n.* 구두쇠(miser)
nig·gard·ly [nígərdli] *a.* **1** 인색한 **2** 〈액수·분량이〉 아주 적은
— *ad.* 인색[쩨쩨]하게 **-li·ness** *n.*
nig·ger [nígər] *n.* 《구어·경멸》 깜둥이 (Negro)
nig·gle [nígl] *vi.* 《영》 **1** 하찮은 일에 마음을 쓰다 《*about, over*》 **2** 까다롭게 흠을 잡다 — *n.* 하찮은 불평[불만], 결점
nig·gling [nígliŋ] *a.* **1** 하찮은 일에 마음을 쓰는 **2** 〈필적 등이〉 읽기 힘든
nigh [nai] (**~·er**; **~·est**; 《고어》 **near**; **next**) *ad., a., prep.* 《고어·시어·방언》 = NEAR
***night** [nait] [동음어 knight] *n.* **1** 밤, 야간; 저녁 **2** Ⓤ 야음(夜陰), 어둠 **3** 무지몽매(한 상태)
all ~ (long) = ***all the ~ through*** 밤새도록 ***as dark*[*black*] *as ~*** 아주 캄캄한, 새까만 ***at ~*** 밤에; 해질 녘에 ***by ~*** 밤에는 ***in the ~*** 밤중에 ***last ~*** 어젯밤 ***make a ~ of it*** 밤새도록 술을 마시다[놀다] ***~ after*[*by*] *~*** 매일 밤, 밤마다 ***~ and day*** = ***day and ~*** 밤낮, 밤이나 낮이나
— *a.* Ⓐ **1** 밤의: ~ air 밤공기, 밤바람 **2** 야간의: a ~ game (야구 등의) 야간 경기 **3** 〈동물 등이〉 야행성의
níght bìrd **1** 밤의 새 《올빼미·나이팅게일 등》 **2** 밤에 나다니는 사람; 밤도둑
night·blind [náitblàind] *a.* 밤눈이 어두운, 야맹증의
níght blìndness 야맹증(夜盲症)
night·cap [-kæ̀p] *n.* **1** 나이트캡 《잘 때 쓰는 모자》 **2** 《구어》 잘 때 마시는 술 **3** 《미·구어》 그날의 마지막 시합; 〖야구〗 더블헤더의 제2 경기
night·clothes [-klòuðz] *n. pl.* 잠옷
night·club [-klʌ̀b] *n.* 나이트클럽
night·dress [-drès] *n.* = NIGHTGOWN
***night·fall** [náitfɔ̀:l] *n.* Ⓤ 《문어》 **황혼**; 저녁 때, 해질녘
níght fighter 야간 요격 전투기
***night·gown** [náitgàun] *n.* (여자·어린이용) 잠옷
night·hawk [-hɔ̀:k] *n.* **1** 〖조류〗 쏙독새(의 일종) **2** 《구어》 밤을 새우는 사람
night·ie [náiti] *n.* 《구어》 잠옷
***night·in·gale** [náitngèil | -tiŋ-] *n.* 〖조류〗 **나이팅게일**
Night·in·gale [náitngèil | -tiŋ-] *n.* 나이팅게일 **Florence ~**(1820-1910) 《영국의 간호사; 근대 간호학 확립의 공로자》
night·jar [náitdʒɑ̀:r] *n.* 〖조류〗 쏙독새
níght làtch 야간 자물쇠(latchkey)
níght lètter 《미》 야간 발송 전보
night·life 밤의 유흥, 밤놀이
night-light [-làit] *n.* (병실·복도·화장실용) 철야등
night·long [-lɔ̀:ŋ | -lɔ̀ŋ] *a.* 밤새는
— *ad.* 밤새도록
***night·ly** [náitli] *a.* Ⓐ **1 밤의**; 밤에 나오는: ~ dew 밤이슬 **2** 밤마다의
— *ad.* 밤마다; 밤에
***night·mare** [náitmɛ̀ər] *n.* **1 악몽**, 가위눌림 **2** 몽마(夢魔) 《잠자는 사람을 질식시킨다고 생각되었던 마녀》 **3** 무서운 일, 불쾌한 사람[물건]; 공포[불쾌]감
night·mar·ish [-mɛ̀əriʃ] *a.* 악몽[악마] 같은
níght nùrse 야간 근무 간호사
níght òwl 《구어》 밤늦도록 자지 않는 버릇이 있는 사람; 밤일하는 사람
níght pòrter (호텔 프런트의) 야근 보이
nights [naits] *ad.* 밤에, 밤마다
níght sàfe (은행 등의) 야간 금고
níght schòol 야간 학교
night·shade [-ʃèid] *n.* 〖식물〗 가지속(屬)의 식물
níght shìft **1** (주야 교대제의) 야간 근무(시간) **2** [종종 the ~; 집합적] 야근 노무자[조]
night·shirt [-ʃə̀:rt] *n.* (남자용) 잠옷 《긴 셔츠 모양의》
níght sòil [보통 밤에 쳐낸다고 해서] 분뇨(糞尿)
night·spot [-spɑ̀t | -spɔ̀t] *n.* 《미·구어》 나이트클럽(nightclub)
night·stand [-stæ̀nd] *n.* 침실용 탁자 (night table)
níght stìck 야경봉(夜警棒)
níght tàble (침대 옆에 놓는) 침실용 탁자
***night·time** [náittàim] *n.* Ⓤ **야간**, 밤
night·walk·er [-wɔ̀:kər] *n.* **1** 밤에 돌아다니는 사람 《매춘부·도둑 등》 **2** 몽유병자
níght wàtch **1** 야경 **2** [단수 또는 집합적] 야경꾼 **3** [보통 *pl.*] 야경 교대 시간
níght wàtcher[wàtchman] 야경꾼
night·work [-wə̀:rk] *n.* Ⓤ 야간 작업, 밤일
night·y [náiti] 《구어》 *n.* (*pl.* **night·ies**) = NIGHTIE
NIH National Institutes of Health (미국) 국립 보건원
ni·hil·ism [náiəlìzm, ní:-] *n.* Ⓤ **1** 〖철학〗 허무주의, 니힐리즘; [때로 **N~**] 19세기 러시아의 허무주의 **2** 〖정치〗 폭력 혁명[무정부]주의
-ist *n.* 허무주의자 **nì·hil·ís·tic** *a.*
-nik [nik] [Russ. = -er] *suf.* 「무엇인가에 몰두하거나 열정을 가지는 사람」의 뜻
Ni·ke [náiki:] [Gk = victory] *n.* 〖그리스신화〗 니케 《승리의 여신》
nil [nil] [L = nihil] *n.* Ⓤ 《영》 무(無), 영(零); 〖경기〗 0점; 〖컴퓨터〗 닐: three goals to ~ 〖경기〗 3 대 0
***Nile** [nail] *n.* [the ~] **나일 강** 《아프리카 동부의 강》
Ni·lot·ic [nailɑ́tik | -lɔ́t-] *a.* 나일 강(유역)의, 나일 강 유역 주민의
nim·bi [nímbai] *n.* NIMBUS의 복수
***nim·ble** [nímbl] [OE 「재빨리 잡는」의 뜻에서] *a.* (**-bler**; **-blest**) **1 민첩한 2** 재치 있는; 영리한
~·ness *n.* **ním·bly** *ad.*
nim·bo·stra·tus [nìmboustréitəs] *n.* (*pl.* ~) 〖기상〗 난층운(亂層雲) 《略 Ns》
nim·bus [nímbəs] [L = black rain

cloud] *n.* (*pl.* ~·**es**, -**bi** [-bai]) **1** (종교화 등의) 후광(後光)(halo) **2** (사람·물건을 둘러싼) 분위기, 매력 **3** 〖기상〗 난운 (亂雲)

NIMBY, Nim·by [nímbi] [*n*ot *i*n *m*y *b*ack *y*ard] 님비 (현상) 《자기 고장[이웃]에 혐오 시설의 설치를 반대하는 것》

NiMH nickel metal hydrate 니켈 수소 《충전지의 일종》

nim·i·ny-pim·i·ny [nímənipíməni] *a.* 점잔 빼는, 새침한

Nim·rod [nímrɑd | -rɔd] *n.* **1** 〖성서〗 니므롯 《여호와도 인정하는 대수렵가》 **2** [보통 **n~**] 수렵 애호가

nin·com·poop [nínkəmpùːp, níŋ-] *n.* 《구어》 바보, 멍청이

‡**nine** [nain] *a.* **9**[아홉]의, 9개[사람]의 ~ ***tenths*** 10분의 9, 거의 전부 ~ ***times***[***in*** ~ ***cases***] ***out of ten*** 십중팔구, 대개는
— *pron.* [복수취급] **9**개[명], 9달러[파운드, 센트 《등》] — *n.* **1 9**, 아홉; 9의 기호 《9, ix》; 9세; 9시 **2** 9개 한벌, 9인조 **3** 〖카드〗 9의 패 **4** [the N~] (문예·미술을 맡은) 뮤즈의 아홉 여신 ~ ***to five*** 아침 9시부터 오후 5시까지의 보통 근무 시간

nine·fold [náinfòuld] *a.*, *ad.* 9배의[로], 아홉 겹의[으로]

911 [-wʌ́nwʌ́n] *n.* 《미》 (경찰·구급차·소방서 등의) 긴급 전화번호

nine·pin [-pìn] *n.* 《영》 **1** [*pl.*; 단수 취급] 나인핀스, 구주희(九柱戲) 《9개의 핀을 사용하는 볼링》 **2** 나인핀스용 핀

‡**nine·teen** [nàintíːn] *a.* **1** Ⓐ **19**의, 19개[명]의: the ~ eighties 1980년대(代) **2** Ⓟ 19세의: He is ~. 그는 19세이다. — *pron.* [복수 취급] 19개[명]: There are ~. 19개[명]가 있다. — *n.* **1** 19 《기수(基數)》 **2** 19의 기호 《19, xix, XIX》 **3** 19세; 19달러[파운드, 센트, 펜스 《등》]

‡**nine·teenth** [nàintíːnθ] *n.*, *a.* 제**19** (의); 19분의 1(의); (달의) 19일

níneteenth hóle [the ~] 《구어》 19번 홀 《18홀 끝난 후에 쉬는 곳을 이름》; 골프장내의 바[클럽 하우스]

***nine·ti·eth** [náintiiθ] *n.*, *a.* **1** 제**90**(의) **2** 90분의 1(의)

nine-to-five, 9-to-5 [náintəfáiv] 《구어》 *a.* 봉급 생활자의

nine-to-fiv·er [náintəfáivər] *n.* 《구어》 **1** 정시(定時) 근무자, 월급쟁이 **2** 신뢰할 수 있는[책임감이 강한] 사람 **3** 규칙적인 일

‡**nine·ty** [náinti] *a.* **90**의, 90개[사람, 세]의 — *pron.* [복수 취급] 90개[사람] — *n.* (*pl.* -**ties**) **1 90 2** 90의 기호 《90, xc, XC》 **3** 90세, 90달러[파운드, 센트, 펜스 《등》] **4** [the nineties] (세기의) 90년대(代) 《특히 문학에서 19세기 말 10년을 말함; 대문자로 시작》; (연령 등의) 90대

nin·ny(-**ham·mer**) [níni(hæ̀mər)] *n.* 바보, 멍청이

‡**ninth** [nainθ] *a.* **1** [보통 the ~] 제**9**의 **2** 9분의 1의 — *ad.* 아홉 번째로(에)
— *n.* **1** 제9 《略 9th》 **2** (달의) 9일 **3** 9분의 1 **4** 〖음악〗 9도, 9도 음정
~·**ly** *ad.* 아홉째로

Ni·o·be [náioubìː] *n.* 〖그리스신화〗 니오베 《14명의 아이들이 피살되고 Zeus 신에 의하여 돌로 변한 여자》

ni·o·bi·um [naióubiəm] *n.* Ⓤ 〖화학〗 니오브 《금속 원소; 기호 Nb, 번호 41》

***nip**[1] [nip] *v.* (~**ped**; ~·**ping**) *vt.* **1** 꼬집다; 물다 **2** 따다, 잘라내다 《*off*》 **3** 〈바람·서리 등이〉 상하게 하다
— *vi.* **1** 〈바람·추위 등이〉 살을 에다 **2** 《속어》 달리다, 서두르다 《*along, in, off, on*》
— *n.* **1** 꼬집음(pinch); 꽉 깨물음 **2** 한 조각 **3** 살을 에는 듯한 추위 **4** (치즈의) 강한 맛 ~ ***and tuck*** 《미·구어》 막상막하로, 비등하게

nip[2] *n.* (위스키 등의) 소량, 한 모금
— *vi.*, *vt.* (~**ped**; ~·**ping**) 잘금잘금 마시다

Nip [nip] *n.*, *a.* 《경멸》 =JAPANESE

ni·pa [níːpə] *n.* **1** 〖식물〗 니파(야자) 《동인도 등지의 물가에 남》 **2** Ⓤ 니파 술

nip·per [nípər] *n.* **1** 꼬집는[따는] 사람; 집는[무는] 물건 **2** [*pl.*] 못뽑이, 니퍼; (치과 의사용의) 이빨 빼는 집게 **3** 《영·구어》 소년, 부랑아

nip·ping [nípiŋ] *a.* 살을 에는 듯한, 통렬한

nip·ple [nípl] *n.* **1** 젖꼭지, 유두; (젖병의) 고무 젖꼭지 **2** 〖기계〗 그리스 주입접관

nip·py [nípi] *a.* (-**pi·er**; -**pi·est**) **1** 호된, 살을 에는 듯한 **2** 《영·구어》 민첩한
níp·pi·ly *ad*

nit [nit] *n.* **1** (이 등 기생충의) 알, 서캐 **2** 《영·속어》 멍청이

ni·ter | ni·tre [náitər] *n.* Ⓤ 〖화학〗 질산칼륨, 칠레초석(硝石), 질산소다

nit·pick [nítpìk] *vi.* 《구어》 하찮은 일에 공공 앓다, 별것 아닌 트집[흠]을 잡다

nit-pick·ing [-pìkiŋ] *a.*, *n.* Ⓤ 《미·구어》 사소한 것을 문제시하는[함], 남의 흠을잡아내는[냄]

ni·trate [náitreit, -trət] *n.* **1** 〖화학〗 질산염; 질산칼륨, 질산소다 **2** 질산 비료

ni·tre [náitər] *n.* 《영》 =NITER

ni·tric [náitrik] *a.* 〖화학〗 질소의[를 함유한]

ni·tride [náitraid] *n.* 〖화학〗 질화물(窒化物)

ni·tri·fy [náitrəfài] *vt.*, *vi.* (-**fied**) 〖화학〗 질소와 화합시키다; 질화하다

ni·trite [náitrait] *n.* 〖화학〗 아(亞)질산염

nitr(**o**)- [náitr(ou)] 《연결형》 「질산·질소」의 뜻 《모음 앞에서는 nitr-》

ni·tro·ben·zene [nàitroubénziːn] *n.* Ⓤ 〖화학〗 니트로벤젠

ni·tro·cel·lu·lose [nàitrouséljulòus] *n.* Ⓤ 〖화학〗 니트로셀룰로오스

‡**ni·tro·gen** [náitrədʒən] *n.* Ⓤ 〖화학〗 질소 《기체 원소; 기호 N, 번호 7》

nítrogen cỳcle 〖생물〗 질소 순환

nítrogen dióxide 〖화학〗 이산화질소

nítrogen fixàtion 〖화학〗 (대기 중의) 질소 고정(법)

ni·trog·e·nous [naitrάdʒənəs | -trɔ́dʒ-] *a.* 질소의[를 함유한]: ~ manure 질소 비료
nítrogen óxide 〖화학〗 산화질소, 질소 산화물
ni·tro·glyc·er·in(e) [nàitrouglísərin] *n.* Ⓤ 〖화학〗 니트로글리세린
ni·trous [náitrəs] *a.* 질소의; 초석의
nítrous óxide 〖화학〗 아산화질소 《마취용》
nit·ty-grit·ty [nítigríti] *n.* [the ~] 《미·속어》 (문제의) 핵심, 기본적인 사실
nit·wit [nítwìt] [G 「nicht(없는) + wit (지혜)」에서] *n.* 《미·속어》 바보, 멍청이
nix [niks] [G = nothing] 《미·구어》 *n.* Ⓤ 없음, 무(無) **—** *ad.* 결코 …않다 (never), 아니(no) **—** *vt.* 금하다; 거절하다
Nix·on [níksn] *n.* 닉슨 **Richard M.** ~ (1913-94) 《미국 제37대 대통령(1969-74)》
NJ New Jersey
NL National League
N.M(ex). New Mexico
NNE, nne north-northeast
NNP net national product 국민 순생산
NNW, nnw north-northwest
‡no [nou] [동음어 know] *a.* Ⓐ **1** [주어·목적어가 되는 명사 앞에 써서] **a** [단수 보통명사 앞에 써서] **하나[한 사람]의 …도 없는**: Is there *a* book on the table? 탁자 위에 책이 있나요? — No, there is *no* book there. — 아니, 거기에는 책이 없습니다. **b** [복수명사, 불가산명사 앞에 써서] **어떠한[조금의] …도 없는**: He has *no* brothers. 그는 형제가 없다. **c** [there is no …ing로] **…할 수 없는**: *There is no* say*ing* what may happen. 어떤 일이 일어날지 전혀 알 수가 없다. **d** [be의 보어로서의 명사 앞에 써서] **결코 …아닌**: He is *no* scholar. 그는 결코 학자가 아니다. **2** [No+명사, No+…ing로] **…이 있어서는 안되다, …반대, 금지**: *No* militarism! 군국주의 반대
no other than[but] = NONE other than[but] ***There is no doing*** ⇨ 1 c
— *ad.* **1** [질문·부탁 등에 답하여] **아니(오)**; [부정의 질문에 답하여] **네, 예**(opp. *yes*): Do you like potatoes? 감자를 좋아하니? — *No,* I don't. 아니, 좋아하지 않아. **2** [not 또는 nor 앞에 삽입적으로 써서 강한 부정을 나타냄] **아니**: One man cannot lift it, *no, not* (even) [*nor*] half a dozen. 이것을 한 사람이 들어올릴 수는 없다, 아니 여섯 사람이라도 못한다. **3 a** [다른 형용사 앞에 놓여 그 형용사를 부정함] **결코 …아닌[않은]**: He showed *no* small skill. 그는 여간찮은 솜씨를 보였다. **b** [비교급의 앞에 써서] 조금도 …않다(not at all): I can walk *no further*[*farther*]. 더 이상 걷지 못하겠다. **4** [... or no로] (…인지) 아닌지; (…이든) 아니든: I don't know whether *or no* it's true. ? = I don't know whether it's true *or no.* 사실 여부를 모르겠다. **5** [놀람·의문 등을 나타내어] **설마**: *No,* that's impossible! 설마, 그건 불가능해.
No can do. 《구어》 그런 것은 할 수 없다[못한다].
— *n.* (*pl.* **~es, ~s** [-z]) **1** Ⓤ [구체적으로는 Ⓒ] 아니오(no)라는 말[대답], 부정, 부인, 거절: say *no* 「아니오」라고 말하다, 부인하다 **2** [보통 *pl.*] 반대 투표(자): The *noes* have it[are in a minority]. 반대 투표가 다수[소수]이다.
No 〖화학〗 nobelium
No. north; northern
No., N°, no. [nʌ́mbər] [L *numero* (수)] *n.* (*pl.* **Nos., N°s, nos.** [-z]) **1** …번, 제 …호 **2** 《영》 …번지 《미국에서는 숫자만 사용》
no-ac·count [nóuəkàunt] *a., n.* 《미·구어》 쓸모없는 (사람), 무능한 (사람)
***No·ah** [nóuə] *n.* **1** 〖성서〗 **노아** 《Hebrew 사람의 족장(族長)》 **2** 남자 이름
Nóah's Árk 〖성서〗 노아의 방주
nob[1] [nɑb | nɔb] *n.* 《속어》 머리
nob[2] *n.* 《영·속어》 고관, 귀인, 명사
nob·ble [nάbl | nɔ́bl] *vt.* 《영·속어》 **1** 〖경마〗 이길 수 없게 〈말에〉 독약을 먹이거나 또는 절름발이로 만들다; 매수하다 **2** 〈돈을〉 속여 빼앗다 **3** 〈범인을〉 잡다
***No·bel** [noubél] *n.* **노벨 Alfred B.** ~ (1833-96) 《스웨덴의 화학자, 다이너마이트의 발명자; 노벨상 창시자》
No·bel·ist [noubélist] *n.* [종종 **n~**] 노벨상(Nobel prize) 수상자
no·bel·i·um [noubí:liəm] *n.* Ⓤ 〖화학〗 노벨륨 《인공 방사성 원소; 기호 No, 번호 102》
Nobél príze 노벨상
‡no·bil·i·ty [noubíləti] *n.* Ⓤ **1** [집합적; the ~] 《영》 **귀족 (계급)** **2 고결함,** 숭고; 고귀한 태생[신분]
‡no·ble [nóubl] [L 「잘 알려진」의 뜻에서] *a.* (**-bler; -blest**) **1** 〈집안 등이〉 **귀족의, 고귀한**: a ~ family 귀족 (집안) **2** 〈사상·성격 등이〉 **고결한,** 숭고한: a man of ~ character 고매한 사람 **3** 〈외관이〉 당당한 **4** 〈광물·금속이〉 값비싼, 귀중한(precious), 《특히》 부식(腐蝕)하지 않는 ***of ~ birth*** 귀족 출신의
— *n.* 귀족
nóble árt[scíence] [the ~] 권투
no·ble·man [nóublmən] *n.* (*pl.* **-men** [-mən]) 귀족(peer)
no·ble-mind·ed [-máindid] *a.* 마음이 고결한; 도량이 넓은 **~·ly** *ad.* **~·ness** *n.*
no·blesse o·blige [noublés-oublí:ʒ] [F = nobility obliges] *n.* Ⓤ 노블레스 오블리주 《높은 신분에 따르는 (도의상의) 의무》
no·ble·wom·an [nóublwùmən] *n.* (*pl.* **-wom·en** [-wìmin]) 귀족의 여성
***no·bly** [nóubli] *ad.* **1 고귀하게; 훌륭하게,** 당당히 **2** 귀족으로서
‡no·bod·y [nóubὰdi, -bədi | -bədi] *pron.* **아무도 …않다**(no one) ***~ else*** 그 밖에 아무도 …않다 ***N~ hurt.*** 《미·속어》 〈사건이〉 별것이 아니다.
— *n.* (*pl.* **-bod·ies**) 보잘것없는 사람

no-brain·er [-brèinər] *n.* 《미·속어》 머리 쓸 일 없는 쉬운 일, 간단한 일

NOC National Olympic Committee (각국) 올림픽 위원회

nock [nɑk | nɔk] *n.* 활고자; 오늬
— *vt.* 〈화살을〉 시위에 메우다

no-con·fi·dence [nóukɑ́nfədəns | -kɔ́n-] *n.* 불신임

noc·tam·bu·lism [nɑktǽmbjulìzm | nɔk-], **noc·tam·bu·la·tion** [nɑk-tæ̀mbjuléiʃən] *n.* Ⓤ 몽유병

noc·tam·bu·list [nɑktǽmbjulist] *n.* 몽유병자

*__noc·tur·nal__ [nɑktə́:rnl | nɔk-] [L= of night] *a.* **1 밤의** **2** 〖동물〗 야행성의; 〖식물〗 밤에 피는

noctúrnal emíssion 〖생리〗 몽정(夢精)

noc·turne [nɑ́ktə:rn | nɔ́k-] *n.* **1** 〖음악〗 야상곡(夜想曲) **2** 〖회화〗 야경화

⁑**nod** [nɑd | nɔd] *v.* (**~·ded**; **~·ding**) *vi.* **1 끄덕이다,** 끄덕여 승낙[명령]하다 《*to, at*》 **2** 인사하다 《*to*》 **3** (꾸벅꾸벅) 졸다 **4** 나부끼다, 기울다
— *vt.* **1** 〈머리를〉 **끄덕이다** **2** 〈승낙 등을〉 **끄덕여 표시하다**
— *n.* **1 끄덕임** 《동의·인사·신호·명령》 **2** 꾸벅임, 졸기
give a person ***a ~*** 묵례하다 ***give*** [***get***] ***the ~*** 《미·구어》 승인하다[승인을 얻다] ***on the ~*** 신용[외상]으로 〈사다 등〉

nod·al [nóudl] *a.* node의[와 같은]

nódding acquáintance [nɑ́diŋ- | nɔ́d-] **1** 만나면 가볍게 인사하는 정도의 사이; 조금 알고 지내는 사람 **2** 작은[어설픈] 지식

nod·dle [nɑ́dl | nɔ́dl] *n.* 《구어》 머리

nod·dy [nɑ́di | nɔ́di] *n.* (*pl.* **-dies**) 바보, 얼간이

node [noud] [L=knot] *n.* **1** 매듭, 혹 **2** 〖식물〗 마디 **3** 복잡한 조직의 중심점 **4** 〖컴퓨터〗 노드 《네트워크의 분기점이나 단말 장치의 접속점》

nod·u·lar [nɑ́dʒulər | nɔ́d-], **-lat·ed** [-lèitid] *a.* **1** 마디[혹]가 있는 **2** 〖식물〗 결절성(結節性)의 **3** 〖지질〗 덩어리가 있는

nod·ule [nɑ́dʒu:l | nɔ́dju:l] [L=small knot] *n.* **1** 작은 혹, 작은 마디 **2** 〖지질〗 유괴(瘤塊), 단괴(團塊); 〖식물〗 결절

No·el[1] [nouél] [F] *n.* Ⓤ 《문어》 크리스마스(철); [**n~**] 크리스마스 축가

No·el[2] [nóuəl] *n.* 남자[여자] 이름

no-fault [nóufɔ̀:lt] *a.* 《미》 **1** 무과실 (손해 배상 제도)의 **2** 〖법〗 (이혼법에서) 〈쌍방이〉 이혼에 책임이 없는

no-frills [-frìlz] *a.* 가외의 서비스를 제공치 않는

nog[1] [nɑg | nɔg] *n.* 나무못, 나무 마개

nog[2] *n.* Ⓤ **1** 노그 《영국의 Norfolk 지방산의 독한 맥주》 **2** 《미》 계란술

nog·gin [nɑ́gin | nɔ́g-] *n.* **1** 《고어·방언》 작은 맥주잔 **2** 노긴 《액량 단위; 1/4 pint, 약 0.12 *l*》 **3** 《구어》 머리

no-go [nóugóu] *a.* **1** 《속어》 진행 준비가 되어 있지 않은 **2** 《영》 접근[출입] 금지의, 통행 제한의: a ~ area 출입 금지 구역

no-hit·ter [-hítər] *n.* 〖야구〗 무안타 경기

no·how [nóuhàu] *ad.* 《구어》 [보통 can과 함께] 결코[조금도] …않다(not at all)

⁂**noise** [nɔiz] [L=seasickness; 뱃멀미로 난리를 피우는 데에서] *n.* ⓊⒸ **1** (특히 불쾌하고 비음악적인) **소리** **2** 소음 **3** (라디오·TV의) 잡음 **4** 〖컴퓨터〗 잡음 《무의미한 정보》
make a ~ 떠들다, 떠들어대다 《*about*》; 소문이 나다 ***make ~s*** 의견이나 감상을 말하다
— *vt.* 소문내다

*__noise·less__ [nɔ́izlis] *a.* **소음[잡음]이 없는[적은],** 조용한
~·ly *ad.* 소리없이, 조용히 **~·ness** *n.*

noise·mak·er [nɔ́izmèikər] *n.* 소리를 내는 물건[사람]

nóise pollùtion 소음 공해

*__nois·i·ly__ [nɔ́izili] *ad.* **요란하게,** 시끄럽게

noi·some [nɔ́isəm] *a.* 해로운, 악취가 나는; 불쾌한 **~·ness** *n.*

⁑**nois·y** [nɔ́izi] *a.* (**nois·i·er**; **-i·est**) **1 떠들썩한** **2** 〈색채·복장·문체 등이〉 화려한, 야한, 요란한

no-knock [nóunɑ̀k | -nɔ̀k] *a.* 예고 없이 가택 수색을 할 수 있는

nom. nominative

*__no·mad(e)__ [nóumæd] [Gk=pasture] *n.* **1 유목민** **2** 방랑자

no·mad·ic [nou*m*ǽdik] *a.* 유목의, 방랑의: ~ tribes 유목 민족 **-i·cal·ly** *ad.*

no·mad·ism [nóumædìzm] *n.* Ⓤ 유목 (생활); 방랑 (생활)

nó màn's lànd **1** 황무지, 임자 없는 땅 **2** (양군이 대치하고 있는) 무인[완충] 지대 **3** 이도 저도 아닌[모호한]분야 [입장, 생활]

nom de plume [nɑ́m-də-plú:m] [「name of feather(=pen)」의 뜻에서] *n.* (*pl.* **noms de plume** [nɑ́mz- | nɔ́mz-], **~s** [z]) 필명, 아호

no·men·cla·ture [nóumənklèitʃər | nouménklə-] *n.* ⓊⒸ **1** (조직적인) 명명(법) **2** 학명, 술어

*__nom·i·nal__ [nɑ́mənl | nɔ́m-] [L 「이름에 속하는」의 뜻에서] *a.* **1 이름만의,** 명목[명의]상의 **2** 아주 적은, 근소한(slight) **3** 이름의; 〈증권이〉 기명(記名)의 **4** 〖문법〗 명사의 — *n.* 〖문법〗 명사 상당어, 명사류
~·ly *ad.*

nom·i·nal·ism [nɑ́mənəlìzm | nɔ́m-] *n.* Ⓤ 〖철학〗 유명론(唯名論), 명목론
-ist *n.*

⁑**nom·i·nate** [nɑ́mənèit | nɔ́m-] [L 「이름 짓다」의 뜻에서] *vt.* **1** (선거·임명의 후보자로서) **지명하다**: He was *~d for* President. 그는 대통령 선거의 후보자로 지명되었다. **2 임명하다**: The mayor *~d* Mr. Brown *as* police chief. 시장은 브라운 씨를 경찰서장에 임명했다. **3** 〈회합 날짜 등을〉 지정하다

⁑**nom·i·na·tion** [nɑ̀mənéiʃən | nɔ̀m-] *n.* ⓊⒸ **1 지명,** 추천 **2** 《특히》 **임명**(권)

*__nom·i·na·tive__ [nɑ́mənətiv | nɔ́m-] *a.* **1** 〖문법〗 **주격의**: ~ case 주격 **2** 지명[임명]의 — *n.* 〖문법〗 주격, 주어

N

nom·i·na·tor [námənèitər | nɔ́m-] *n.* 지명[임명, 추천]자

nom·i·nee [nàməní: | nɔ̀m-] *n.* **1** 지명[임명, 추천]된 사람 **2** 수령 명의자

nom·o·gram [náməgræ̀m | nɔ́m-], **-graph** [-græ̀f | -grɑ̀:f] *n.* 〖수학〗 계산 도표, 노모그램

no·mog·ra·phy [noumágrəfi | -mɔ́g-] *n.* Ⓤ 〖수학〗 계산 도표학

-nomy [nəmi] [Gk =law] 《연결형》 「…학; …법」의 뜻: eco*nomy*

non- [nan | nɔn] [L =not] *pref.* [자유로이 명사·형용사·부사에 붙여서] 「비(非); 불(不); 무(無)」의 뜻을 나타냄

non·age [nánidʒ, nóun- | nóun-] *n.* Ⓤ **1** (법률상의) 미성년(minority) **2** 미숙, 발달 초기

non·a·ge·nar·i·an [nòunədʒənέəriən, nàn- | nòun-] *a., n.* 90대의 (사람)

non·ag·gres·sion [nànəgréʃən | nɔ̀n-] *n.* Ⓤ 불침략: a ~ pact 불가침 조약

non·a·gon [nánəgàn | nɔ́nəgɔ̀n] *n.* 〖수학〗 9변형, 9각형

non·al·co·hol·ic [nànælkəhɔ́:lik | nɔ̀nælkəhɔ́l-] *a.* 〈음료가〉 알코올을 함유하지 않은

non·a·ligned [nànəláind | nɔ̀n-] *a.* 비동맹의: ~ nations 비동맹국들

non·ap·pear·ance [nànəpíərəns | nɔ̀n-] *n.* Ⓤ **1** 결석 **2** 〖법〗 (법정에의) 불출두

non·as·ser·tive [nànəsə́:rtiv | nɔ̀n-] *a.* 〖문법〗 〈문장·절이〉 비단정적인 《의문·부정·조건문 등》

non·at·ten·dance [nànəténdəns | nɔ̀n-] *n.* Ⓤ **1** 불참, 결석 **2** (의무 교육의) 불취학

non·bank [nánbæ̀ŋk | nɔ́n-] *a.* 은행 이외의, 은행이 아닌 금융 기관의

non·bel·lig·er·ent [nànbəlídʒərənt | nɔ̀n-] *n., a.* 비(非)교전국(의)

non·book [nánbúk | nɔ́n-] *a.* 책 이외의 《필름·마이크로 필름·카세트 등》 **—** *n.* [스스] 《미》 가치 없는 책

non·can·di·date [nànkǽndidèit | nɔ̀n-] *n.* 비입후보자, 불출마 표명자

nonce [nans | nɔns] [ME =for *then ones*; then의 n을 잘못하여 ones에 붙인 것] *n.* [the ~] 목하, 당장, 우선 ***for the ~*** 우선, 임시로 **—** *a.* 임시의: a ~ verb 임시 동사

non·cha·lance [nànʃəlɑ́:ns, nánʃələns | nɔ́nʃələns] *n.* Ⓤ 아랑곳하지 않음, 냉담 ***with*** ~ 태연하게

non·cha·lant [nànʃəlɑ́:nt, nánʃələnt | nɔ́nʃələnt] [F 「무시하는」의 뜻에서] *a.* 아랑곳하지 않는, 무관심한 **~·ly** *ad.*

non·com [nánkàm | nɔ́nkɔ̀m] [*non-com*missioned officer] *n.* 《속어》 하사관

non·com·bat·ant [nànkəmbǽtənt | nɔ̀nkɔ́mbət-] *n., a.* 〖군사〗 비전투원(의)

non·com·mer·cial [nànkəmə́:rʃəl | nɔ̀n-] *a.* 비영리적인

non·com·mís·sioned ófficer [nàn-kəmíʃənd- | nɔ̀n-] 〖육군〗 하사관 《略 noncom, NCO》

non·com·mit·tal [nànkəmítl | nɔ̀n-] *a.* 언질을 주지 않는, 뜻[성격]이 애매한, 막연한: a ~ answer 애매한 대답

non com·pos men·tis [nàn-kámpəs-méntis | nɔ̀n-kɔ́mpəs-] [L =not of sound mind] *a.* 〖법〗 옳은 정신이 아닌, 정신 이상의(insane)

non·con·duc·tor [nànkəndʌ́ktər | nɔ̀n-] *n.* 〖물리〗 부도체, 절연체

non·con·form·ism [nànkənfɔ́:rm-izm | nɔ̀n-] *n.* = NONCONFORMITY

non·con·form·ist [nànkənfɔ́:rmist | nɔ̀n-], **non·con·form·ant** [-ənt] *n.* **1** 불순응[불순종]주의자 **2** [종종 **N~**] 《영》 비국교도(dissenter)

non·con·for·mi·ty [nànkənfɔ́:r-məti | nɔ̀nkənfɔ́:-] *n.* Ⓤ **1** 비추종, 불순응; 불일치 《*to, with*》 **2** [**N~**] 《영》 국교 불신봉; [집합적] 비국교도

non·con·trib·u·to·ry [nànkəntríbju-tɔ̀:ri | nɔ̀nkəntríbjutəri] *a.* 〈연금·보험이〉 고용주 부담의

non·co·op·er·a·tion [nànkouɑ̀pəréi-ʃən | nɔ̀nkouɔ̀p-] *n.* Ⓤ 비협력 **nòncoóp·er·a·tive** [-ətiv] *a.*

non·dair·y [nàndέəri | nɔ̀n-] *a.* 우유[유제품]를 함유하지 않은

non·de·liv·er·y [nàndilívəri | nɔ̀n-] *n.* Ⓤ 인도(引渡) 불능; 배달 불능

non·de·script [nàndiskrípt | nɔ̀n-] *a.* 정체를 알 수 없는; 특징이 없는, 막연한 (indefinite) **—** *n.* 정체를 알 수 없는 사람[물건]

non·de·struc·tive [nàndistrʌ́ktiv | nɔ̀n-] *a.* 비파괴적인, (검사 등에서 그 대상 물질을) 파괴하지 않는

non·dis·tinc·tive [nàndistíŋktiv | nɔ̀n-] *a.* 〖언어〗 비변별적(非辨別的)인

non·du·ra·bles [nàndjúərəblz | nɔ̀n-djúə-] *n. pl.* 비내구재(非耐久財) 《식품·의류 등》(opp. *durables*)

*****none** [nʌn] [동음어 nun] *pron.* **1** 아무도 …않다: There were ~ present. 출석한 사람은 아무도 없었다. **2** [~ of ... 로] (…중의) 아무것도[아무도] …않다: *N~ of* them[the students] know anything about it. 그들[학생들] 중 아무도 그 일을 모르고 있다. **3** 조금도[전혀] …않다: *N~ of* this concerns me. 이것은 나와 아무런 관계가 없다. **4** [no+단수명사를 대신하여] 조금도[결코] …않다: Is there any sugar left? 설탕이 좀 남아 있나요? ― No, ~ at all. 아니오, 전혀 없어요.

~ but ... …이외에는 아무도 …않다: *N~ but* fools have ever believed it. 바보 이외에는 아무도 그것을 믿지 않았다.

~ other than ... 다름 아닌 …, 바로 …: He was ~ *other than* the king. 그분은 다름 아닌 왕이었다.

— *ad.* **1** [~ + the + 비교급으로] (…하다고 해서) 그만큼 …한 것은 아니다: He is ~ *the* happ*ier* for his wealth. 그는 돈이 많으나 그만큼 행복한 것은 아니다. **2** [~too[so] ... 로] 결코[조금도] …않다:

The doctor arrived ~ *too* soon. 의사의 도착은 결코 이른 것이 아니었다.
~ *the less* = NONETHELESS

non·ef·fec·tive [nànifékiv | nɔ̀n-] *a.* 효과 없는

non·en·ti·ty [nànéntəti | nɔ̀n-] *n.* **1** Ⓤ 실재하지 않음; Ⓒ 실재[존재]하지 않는 것, 상상의 산물 **2** 보잘것없는[변변치 않은] 사람[물건]

non·es·sen·tial [nànisénʃəl | nɔ̀n-] *a.*, *n.* 비본질적인 (것[사람])

none·such [nʌ́nsʌ̀tʃ] *n.* 둘도 없는 것, 일품

no·net [nounét] [L 「제9의」의 뜻에서] *n.* 〖음악〗 9중주[창]곡; 9중주[창]단

***none·the·less** [nʌ̀nðəlés] *ad.* 그럼에도 불구하고, 역시(nevertheless)

non-Eu·clid·e·an [nànju:klídiən | nɔ̀n-] *a.* 비(非)유클리드의: ~ geometry 비유클리드 기하학

non·e·vent [nànivént | nɔ̀n-] *n.* 기대에 어긋난 사건; 공식적으로 무시된 일

non·ex·is·tence [nànigzístəns | nɔ̀n-] *n.* ⓊⒸ 존재[실재]하지 않음; 비존재물 **-tent** [-tənt] *a.* 존재[실재]하지 않는

non·fea·sance [nànfí:zəns | nɔ̀n-] *n.* Ⓤ 〖법〗 의무 불이행

non·fer·rous [nànférəs | nɔ̀n-] *a.* 철(鐵)을 함유하지 않은: ~ metals 비철 금속

***non·fic·tion** [nànfíkʃən | nɔ̀n-] *n.* Ⓤ 논픽션, 소설·이야기 외의 산문 문학 《역사·전기·기행문·수필 등》

non·fic·tion·al [nànfíkʃənəl | nɔ̀n-] *a.* 논픽션의

non·flam·ma·ble [nànflǽməbl | nɔ̀n-] *a.* 불연성(不燃性)의

non·ful·fill·ment [nànfulfílmənt | nɔ̀n-] *n.* Ⓤ 불이행

nòn·gov·ern·mén·tal organizá·tion [nàngʌvə(rn)méntl-] 비정부 조직 《略 NGO》

non·hu·man [nànhjú:mən | nɔ̀n-] *a.* 인간이 아닌, 인간 이외의

non·in·flam·ma·ble [nàninflǽməbl | nɔ̀n-] *a.* 불연성의

non·in·ter·fer·ence [nànintərfíərəns | nɔ̀n-] *n.* Ⓤ (특히 정치상의) 불간섭

non·in·ter·ven·tion [nànintərvénʃən | nɔ̀n-] *n.* Ⓤ 불간섭; 〖외교〗 내정 불간섭

non·i·ron [nànáiərn | nɔ̀n-] *a.* 《영》 다림질이 필요 없는

non·mem·ber [nànmémbər | nɔ̀n-] *n.* 비(非)회원: a ~ bank 비가맹 은행

non·met·al [nànmétl | nɔ̀n-] *n.*, *a.* 〖화학〗 비(非)금속 (의)

non·me·tal·lic [nànmitǽlik | nɔ̀n-] *a.* 비금속(성)의: ~ elements 비금속 원소

non·mor·al [nànmɔ́:rəl | nɔ̀nmɔ́r-] *a.* 도덕과 관계없는

non·nu·cle·ar [nànnjú:kliər | nɔ̀nnjú:-] *a.* 핵무기 이외의; 비핵(非核)의

no-no [nóunòu] *n.* (*pl.* **~'s, ~s**) 《미·구어》 해서는[말해서는, 써서는] 안 되는 일[것], 금물, 금지 사항

non·ob·jec·tive [nànəbdʒéktiv | nɔ̀n-] *a.* 〖미술〗 추상적인, 비구상[사실]적인

non·ob·serv·ance [nànəbzə́:rvəns | nɔ̀n-] *n.* Ⓤ 불준수; 위반

non·pa·reil [nànpərél | nɔ́npərəl] *a.* Ⓐ 비할 데 없는 **—** *n.* [보통 the ~] 둘도 없는 사람[물건]; 극상품, 일품

non·par·ti·san, -ti·zan [nànpɑ́:rtizən | nɔ̀npɑ:tizǽn] *a.* 당파에 속하지 않은, 무소속의: ~ diplomacy 초당파 외교

non·par·ty [nànpɑ́:rti | nɔ̀n-] *a.* 당파심이 없는, 불편부당(不偏不黨)의

non·pay·ment [nànpéimənt | nɔ̀n-] *n.* Ⓤ 지불하지 않음, 미납

non·plus [nanplʌ́s | nɔn-] *n.* 어찌할 바를 모름, 궁지 **—** *vt.* (**~ed**; **~·ing** | **~sed**; **~·sing**) 난처[당황]하게 만들다

non·po·lit·i·cal [nànpəlítikəl | nɔ̀n-] *a.* 비정치적인, 정치에 관심이 없는

non·pro·duc·tive [nànprədʌ́ktiv | nɔ̀n-] *a.* 비생산적인; 〈사원 등이〉 생산직이 아닌

non·pro·fes·sion·al [nànprəféʃənəl | nɔ̀n-] *a.* 비직업적인, 프로가 아닌
— *n.* 직업적이 아닌 사람, 비전문가

non·prof·it [nànprɑ́fit | nɔ̀nprɔ́f-] *a.* Ⓐ 비영리적인

non-prof·it-mak·ing [nànprɑ́fitmèikiŋ | nɔ̀nprɔ́f-] *a.* 《영》 = NONPROFIT

non·pro·lif·er·a·tion [nànprəlìfəréiʃən | nɔ̀n-] *n.* Ⓤ 번식하지 않음; (핵무기의) 확산 방지, 비확산

non·rep·re·sen·ta·tion·al [nànrèprizentéiʃənl | nɔ̀n-] *a.* 〖회화〗 비구상적인, 추상적인

non·res·i·dent [nànrézədənt | nɔ̀n-] *a.* (임지 등에) 거주하지 않는, 일시 체류의 **—** *n.* 비거주자, 부재지주

non·re·sist·ance [nànrizístəns | nɔ̀n-] *n.* Ⓤ (권력·법률 등에 대한) 무저항(주의)

non·re·sis·tant [nànrizístənt | nɔ̀n-] *a.* 무저항(주의)의 **—** *n.* 무저항주의자

non·re·stric·tive [nànristríktiv | nɔ̀n-] *a.* 〖문법〗 비제한적인

non·sched·uled [nànskédʒu(:)ld | nɔ̀nʃédju:ld] *a.* 부정기 운항의 〈항공사 등〉; 예정에 없는

non·sec·tar·i·an [nànsektέəriən | nɔ̀n-] *a.* 파벌성이 없는, 어느 종파에도 속하지 않는

****non·sense** [nɑ́nsens | nɔ́nsəns] *n.* **1** Ⓤ 무의미한 말; 허튼소리, 어리석은 생각, 난센스: sheer ~ 전혀 터무니없는 말 **2** 시시한[가치없는] 것[일] **3** Ⓤ 난센스 시(詩), 희시(戱詩)
make (***a***) **~ *of*** …을 망쳐놓다 ***stand no*** **~** 허튼수작을 용납 않다
— *a.* Ⓐ 무의미한, 어리석은
— *int.* 되지 않은 소리 (그만둬)

non·sen·si·cal [nansénsikəl | nɔn-] *a.* 무의미한; 터무니없는 **~·ly** *ad.*

non se·qui·tur [nɑ́n-sékwitər | nɔ́n-] [L = it does not follow] *n.* 불합리한 추론 《略 *non seq.*》

non·sex·ist [nànséksist | nɔ̀n-] *a.* 남녀 차별을 하지 않는, 남성[여성]용을 구별하지 않는

N

non·sex·u·al [nɑnsékʃuəl | nɔnséksju-] *a.* 남녀[암수]의 구별이 없는, 무성(無性)의 (sexless)
non·sked [nɑnskéd | nɔn-] 《미·구어》 *a.* 부정기의 **—***n.* 부정기 운항 회사
non·skid [nɑnskíd | nɔn-] *a.* Ⓐ 미끄러지지 않는 〈타이어 등〉
non·smok·er [nɑnsmóukər | nɔn-] *n.* 담배를 피우지 않는 사람; 《영》 (기차 등의) 금연실
non·smok·ing [nɑnsmóukiŋ | nɔn-] *a.* Ⓐ 〈차량 등이〉 금연의
non·so·cial [nɑnsóuʃəl | nɔn-] *a.* 사회성이 없는; 사회적 관련이 없는
non·stand·ard [nɑnstǽndərd | nɔn-] *a.* 〈제품·언어·발음이〉 표준[기준]에 맞지 않는
non·start·er [nɑnstɑ́:rtər | nɔn-] *n.* 성공할 가망이 없는 사람[생각 《등》]
non·stick [nɑ́nstìk | nɔ́n-] *a.* 〈프라이팬 등이〉 요리 도중 눌어붙지 않는
non·stop [nɑnstɑ́p | nɔnstɔ́p] *a.*, *ad.* 도중에서 정거하지 않는, 직행의[으로]; 연속적인[으로]: a ~ flight 무착륙 비행
non·suit [nɑnsú:t | nɔnsjú:t] *n.* 〖법〗 소송 취하(取下)[각하] **—***vt.* 〈원고의〉 소송을 취하하다, 각하하다
non·sup·port [nɑnsəpɔ́:rt | nɔn-] *n.* Ⓤ **1** 지지하지 않음 **2** 〖법〗부양 의무 불이행
non-tár·iff bárrier [nɑntǽrif- | nɔn-] *n.* 비관세 장벽
non trop·po [nɑn-trɑ́pou | nɔn-trɔ́p-] [It. =not too much] *ad.* 〖음악〗 지나치지 않게, 알맞게
non-U [nɑnjú: | nɔn-] 《영·구어》 *a* 〈말씨·예법 등이〉 상류 계급답지 않은
non·un·ion [nɑnjú:njən | nɔn-] *a.* Ⓐ **1** 노동조합에 가입하지 않은 **2** 노동조합을 인정하지 않는 **3** 노동조합원이 만든 것이 아닌 **-ist** *n.* 비노조원
non·un·ion·ism [nɑnjú:njənìzm | nɔn-] *n.* Ⓤ 노동조합 불가입, 반노조주의(적 이론[행동])
nónunion shóp 노조를 인정하지 않는 기업체
non·use [nɑnjú:s | nɔn-] *n.* Ⓤ 사용하지 않음
non·ver·bal [nɑnvə́:rbəl | nɔn-] *a.* 말을 사용[필요로]하지 않는
non·vi·o·lence [nɑnváiələns | nɔn-] *n.* Ⓤ 비폭력(주의)
non·vi·o·lent [nɑnváiələnt | nɔn-] *a.* 비폭력의, 평화적인
non·vot·er [nɑnvóutər | nɔn-] *n.* (투표) 기권자; 투표권 없는 사람
non·white [nɑnhwáit | nɔn-] *a.*, *n.* (주로 남아공) 백인이 아닌 (사람)
noo·dle[1] [nú:dl] *n.* [보통 *pl.*] (밀가루(와 달걀)로 만든) 국수 《수프용》; 면류(麵類)
noodle[2] *n.* 바보; 《미·속어》 머리
∗**nook** [nuk] *n.* **1** 구석(corner); 구석진 곳 **2** 피난처
⁑**noon** [nu:n] *n.* Ⓤ **1** 정오, 한낮(midday): at ~ 정오에 **2** [the ~] 전성기, 절정
the ~ of night 《시어》 한밤중, 야반
—*a.* Ⓐ 정오의, 정오에 하는
∗**noon·day** [nú:ndèi] *n.* Ⓤ **정오**, 한낮 **—***a.* Ⓐ 정오의, 한낮의: the ~ heat 한낮의 더위
∗**no one** [nóuwʌ̀n, -wən | -wʌ̀n] *pron.* 아무도 …않다 (nobody): *No one* can do it. 아무도 하지 못한다.
noon·tide [nú:ntàid] *n.* **1** = NOONDAY **2** [the ~] 전성기, 절정
noon·time [nú:ntàim] *n.* = NOONDAY
∗**noose** [nu:s] *n.* **1** 올가미(snare) **2** [the ~] 교수형 **3** (부부 등의) 유대
put one***'s neck*** [***head***] ***into*** [***in***] ***the ~*** 자승자박하다
—*vt.* **1** 올가미를 치다[로 잡다]; 교살하다 **2** 〈밧줄에〉 올가미 고를 만들다
nope [noup] *ad.* 《미·구어》 = NO
no·place [nóuplèis] *ad.*, *n.* 《미·구어》 = NOWHERE; 중요하지 않은 장소, 보잘것 없는 곳
⁑**nor** [nɔ:r, nər] *conj.* **1** [neither 또는 not와 상관적으로] **…도 또한 …않다**: He can *neither* read ~ write. 읽지도 쓰지도 못한다. **2** [부정문의 연속을 나타냄] **…도 (또한) …하지 않다**: I said I had *not* seen it, ~ had I. 그것을 보지 않았다고 말했고 또한 보지 않았다. **3** [긍정문 뒤에] 그리고 …않다(= and ... not): The tale is long, ~ have I heard it out. 그 이야기는 너무 길어서 끝까지 다 들은 적이 없다.
Nor. Norman; North; Norway; Norwegian
No·ra [nɔ́:rə] *n.* 여자 이름 《Eleanor, Honora, Leonora의 애칭》
Nor·dic [nɔ́:rdik] *n.* 북유럽 사람 **—***a.* 북방 인종(형)의; 〖스키〗 노르딕 경기의
Nór·folk jácket [**cóat**] [nɔ́:rfək-] (허리에 벨트가 달린) 느슨한 주름이 있는 재킷[코트]
∗**norm** [nɔ:rm] [L 「(목수의) 곱자」의 뜻에서] *n.* **1** **표준**; 규범; 일반 수준 **2** 노르마 《노동 기준량》 **3** 〖컴퓨터〗 기준
⁑**nor·mal** [nɔ́:rməl] *a.* **1** **표준의**, 정규의; 정상의; 평균의 **2** 〈사람이〉 정상인 **3** 〖기하〗 수직의; 〖화학〗 〈용액이〉 규정(規定)의
—*n.* **1** 표준; 평균; 상태(常態), 전형 **2** 〖수학〗 법선(法線), 수직선
nor·mal·i·ty [nɔ:rmǽləti], **nor·mal·cy** [nɔ́:rməlsi] *n.* Ⓤ 《미》 정상, 상태(常態)
nor·mal·ize [nɔ́:rməlàiz] *vt.* **1** 표준화하다; 〈국교 등을〉 정상화하다 **2** 〈표기를〉 일정한 철자법으로 통일하다
—*vi.* 표준화[정상화]되다
∗**nor·mal·ly** [nɔ́:rməli] *ad.* **1** **정상적으로**, 정상 상태로는 **2** **보통은**
nórmal schòol 《미》 사범학교 《현재는 teachers college로 개칭》
∗**Nor·man** [nɔ́:rmən] [OF 「북쪽 사람」 (Northman)의 뜻에서] *n.* (*pl.* **~s**) **1** **노르망디 사람**, 노르만 사람 **2** 노르만 사람과 프랑스 사람의 혼합 민족 **3** Ⓤ 노르만[프랑스] 말 **—***a.* 노르망디 사람의, 노르만족의

Nórman Cónquest [the ~] 노르만 정복 《노르만 사람의 영국 정복(1066)》

*__Nor·man·dy__ [nɔ́ːrməndi] *n.* **노르망디** 《영국 해협에 면한 프랑스 서북의 지방》

Nórman Énglish 노르만 영어

Nórman Frénch 노르만 사람이 사용한 프랑스 말

nor·ma·tive [nɔ́ːrmətiv] *a.* 기준을 정한; 기준에 따르는, 규범적인

Norn [nɔːrn] *n.* 〖북유럽신화〗 노른 《운명을 맡아보는 3여신의 하나》

Norse [nɔːrs] *n.* **1** [the ~; 복수 취급] 고대 스칸디나비아[노르웨이] 사람 **2** Ⓤ 노르웨이 말

— *a.* 고대 스칸디나비아 (사람[말])의, 노르웨이 (사람[말])의

Norse·man [nɔ́ːrsmən] *n.* (*pl.* **-men** [-mən]) = NORTHMAN

‡**north** [nɔːrθ] *n.* **1** [the ~] **북, 북쪽,** 북부 《略 N, N., n.》 **2** [the ~] 북부 지방; [the N~] 《영》 영국 북부 《Humber 강 이북》; 《미》 북부 제주(諸州) **3** [the N~] 북반구, 북극 지방

in the ~ of …의 북부에 ***~ by east***[***west***] 북미(微)동[서] (***to the***) ***~ of*** …의 북쪽에 (위치하여)

— *a.* Ⓐ **1 북(쪽)의,** 북쪽에 있는; 북향의 **2** [종종 **N~**] 북부의, 북국의 **3** 북으로부터의

— *ad.* **북으로[에]**

due ~ 정북(正北)으로 15 miles ***of*** …의 북방 (15마일에)

‡**Nórth América** **북미,** 북아메리카 (대륙)

Nórth Américan *a.*, *n.* 북미의 (사람)

North·amp·ton·shire [nɔːrθǽmptənʃiər] *n.* 노샘프턴(셔) 《영국 중부의 주》

Nórth Atlántic Tréaty Organizàtion [the ~] 북대서양 조약 기구 《略 NATO》

north·bound [nɔ́ːrθbàund] *a.* 북행(北行)의: a ~ train 북행 열차

Nórth Brítain 북영(北英), 스코틀랜드 (의 별칭) 《略 NB》

Nórth Cápe *n.* 노르 곶 《노르웨이의 북단》; 노스 곶 《뉴질랜드의 북단》

Nórth Carolína 노스캐롤라이나 《미국 남동부의 주; 略 NC》

Nórth Carolínian *a.*, *n.* 노스캐롤라이나의 (사람)

Nórth Còuntry [the ~] **1** 《영》 잉글랜드[대 브리튼]의 북부 **2** 《미》 알래스카와 (캐나다의) Yukon을 포함한 지역

Nórth Dakóta 노스다코타 《미국 중북부의 주; 略 N Dak, 〖우편〗 ND》

Nórth Dakótan 노스다코타의 (사람)

‡**north·east** [nɔ̀ːrθíːst; 〖항해〗 nɔ̀ːríːst] *n.* **북동** 《略 NE》

— *a.* Ⓐ 북동의[에 있는, 에 면한]; 북동에서 온 — *ad.* 북동에[으로, 으로부터]

north·east·er [nɔ̀ːrθíːstər; 〖항해〗 nɔ̀ːríːstər] *n.* 북동(의 강)풍

north·east·er·ly [nɔ̀ːrθíːstərli; 〖항해〗 nɔ̀ːríːstərli] *a.*, *ad.* 북동의[으로], 북동으로부터(의)

*__north·east·ern__ [nɔ̀ːrθíːstərn; 〖항해〗 nɔ̀ːríːst-] *a.* **1 북동(부)의;** [**N~**] 《미》 북동부 (특유)의 **2** 〈바람이〉 북동에서 부는

north·east·ward [nɔ̀ːrθíːstwərd; 〖항해〗 nɔ̀ːríːstwərd] *a.*, *ad.* 북동에 있는; 북동쪽으로

— *n.* [the ~] 북동쪽

~·ly *ad.*, *a.* = NORTHEASTERLY

north·east·wards [nɔ̀ːrθíːstwərdz; 〖항해〗 nɔ̀ːríːstwərdz] *ad.* 북동쪽에[으로]

north·er [nɔ́ːrðər] *n.* 《미》 강한 북풍

north·er·ly [nɔ́ːrðərli] *a.* 북쪽에 위치한; 북으로부터의

— *ad.* 북쪽으로(부터)

— *n.* (*pl.* **-lies**) 북풍

‡**north·ern** [nɔ́ːrðərn] *a.* **1 북의[에 있는];** 북향의 **2** [종종 **N~**] 북부 지방에 사는, 북부 태생의, 북부 지방 특유의 **3** 북에서 불어오는 **4** [**N~**] 《미》 북부 각주(州)의

— *n.* [보통 **N~**] = NORTHERNER; (미국의) 북부 방언

North·ern·er [nɔ́ːrðərnər] *n.* 북국 사람, 북부 지방 사람; 《미》 북부 여러 주의 사람

Nórthern Hémisphere [the ~] 북반구

Nórthern Íreland 북아일랜드 《영국의 일부》

nórthern líghts [the ~] = AURORA BOREALIS

north·ern·most [nɔ́ːrðərnmòust] [northern의 최상급에서] *a.* 가장 북쪽의

Nórthern Térritory [the ~] 노던 테리토리 《오스트레일리아 중북부의 연방 직할지; 주도 Darwin》

Nórth Ísland 뉴질랜드의 북섬

Nórth Koréa 북한

Nórth Koréan *a.*, *n.* 북한의 (사람)

north·land [nɔ́ːrθlæ̀nd | -lənd] *n.* 《시어》 북국; [**N~**] (지구상의) 북지(北地); [**N~**] 스칸디나비아 반도 **~·er** *n.*

North·man [nɔ́ːrθmən] *n.* (*pl.* **-men** [-mən]) **1** 고대 스칸디나비아 사람 (Norseman) **2** (현재의) 북유럽 사람

north-north·east [nɔ́ːrθnɔ̀ːrθíːst; 〖항해〗 nɔ́ːrnɔ̀ːríːst] *n.*, *a.*, *ad.* 북북동(의[에]) 《略 NNE》

north-north·west [nɔ́ːrθnɔ̀ːrθwést; 〖항해〗 nɔ́ːrnɔ̀ːrwést] *n.*, *a.*, *ad.* 북북서(의[에]) 《略 NNW》

*__Nórth Póle__ [the ~] **1** (지구의) **북극** **2** [**n~ p~**] (하늘의) 북극, (자석의) 북극, N극

Nórth Séa [the ~] 북해 《유럽 대륙과 영국 사이의 얕은 바다》

*__Nórth Stár__ [the ~] 〖천문〗 **북극성** (Polaris)

Northumb. Northumberland

North·um·ber·land [nɔːrθʌ́mbərlənd] *n.* 노섬벌랜드 《잉글랜드 북동부의 주》

North·um·bri·a [nɔːrθʌ́mbriə] [「험버(Humber) 강의 북쪽」의 뜻에서] *n.* 노섬브리아 《영국 북부의 옛 왕국》

North·um·bri·an [nɔːrθʌ́mbriən] *a.* **1** Northumbria (사람[사투리])의 **2** Northumberland 주 (사람[사투리])의

N

—*n.* **1** Northumbria 사람; Ⓤ Northumbria 사투리 **2** Northumberland 주의 주민; Ⓤ Northumberland 사투리

*__north·ward__ [nɔ́:rθwərd; 〔항해〕 nɔ́:rðərd] *ad.* 북을 향하여 **—***a.* 북을 향한, 북쪽으로의 **~·ly** *ad., a.*

*__north·wards__ [nɔ́:rθwərdz] *ad.* = NORTHWARD

*__north·west__ [nɔ̀:rθwést; 〔항해〕 nɔ̀:rwést] *n.* **1** [the ~] 북서 《略 NW》; 북서부 **2** [the N~] (미국의) 북서부 《Washington, Oregon, Idaho의 3개 주》, (캐나다의) 북서부

—*a.* Ⓐ **1** 북서(부)의 **2** 〈바람이〉 북서에서 부는

—*ad.* 북서에[으로], 북서쪽에[으로]

north·west·er [nɔ̀:rθwéstər] *n.* 북서(의 강)풍

north·west·er·ly [nɔ̀:rθwéstərli; 〔항해〕 nɔ̀:rwéstərli] *ad., a.* 북서으로(의), 북서으로부터 (불어오는)

*__north·west·ern__ [nɔ̀:rθwéstərn; 〔항해〕 nɔ̀:rwést-] *a.* **1** 북서의; [N~] 《미》 북서부 (특유)의 **2** 〈바람이〉 북서에서 부는

Nórthwest Térritories [the ~] [단수 취급] 캐나다 북서부의 연방 직할지

⁑**Nor·way** [nɔ́:rwei] *n.* 노르웨이 《스칸디나비아 반도 서부의 왕국; 수도 Oslo; 略 Nor(w).》

*__Nor·we·gian__ [nɔ:rwí:dʒən] *a.* 노르웨이의 《略 Nor(w).》

—*n.* 노르웨이 사람; Ⓤ 노르웨이 말

nor'west·er [nɔ̀:rwéstər] *n.* **1** = NORTHWESTER **2** 유포(油布) 모자

Nor·wich [nɑ́ridʒ | nɔ́r-] *n.* 노리치 《잉글랜드 Norfolk 주의 주도》

Nos., nos. numbers

⁂**nose** [nouz] [동음어 knows] *n.* **1 a** 코: the bridge of the ~ 콧대 **b** (동물의) 주둥이 《코·입 부분》 **2 a** 후각(嗅覺); 직감적 식별력 《*for*》 **b** Ⓤ 냄새 《*of*》 **3** 돌출부; (관 등의) 끝, 총부리, 총구(銃口); 뱃머리 **4** 《속어》 (경찰의) 정보원, 앞잡이

count*[*tell*] *~s 찬성자의 수효를 세다; 머릿수로(만) 일을 결정짓다 ***follow*** one***'s ~*** 똑바로 가다; 본능적으로 행동하다 《*on*》 ***have a*** (***good***) ***~*** 냄새를 잘 맡다; 〈형사 등이〉 잘 탐지하다 ***lead*** a person ***by the ~*** …을 맹종(盲從)시키다, 마음대로 부려 먹다 ***put*[*poke, thrust*]** one***'s ~ into*** (another's business, etc.) 〈남의 일에〉 간섭하다 ***put*** a person***'s ~ out of joint*** 《구어》 …의 감정을 상하게 하다 ***rub*** a person***'s ~ in it*[*the dirt*]** …에게 창피를 주다 ***speak through*** one***'s*[*the*] *~*** 콧소리로 말하다 ***under*** a person***'s*** (***very***) ***~*** = ***under the ~ of*** a person …의 바로 눈앞[면전]에서; …이 싫어함에도 불구하고

—*vt.* **1** 냄새 맡다, 찾아내다 **2** 코를 비벼[눌러]대다 **3** 〈배 등이〉 (조심스럽게) 전진하다

—*vi.* **1** 냄새를 맡다 《*at, about*》 **2** 꼬치꼬치 파고들다; 간섭하다 **3** 〈배 등이〉 (조심스럽게) 전진하다

nóse bàg (말 목에 채우는) 꼴주머니 [망태]

nose·band [nóuzbæ̀nd] *n.* (말의) 재갈끈

nose·bleed [-blì:d] *n.* 코피

nóse càndy 《미·속어》 코카인(cocaine)

nóse còne (로켓 등의) 원추형 두부(頭部)

nose-dive [-dàiv] *vi.* (**~d, -dove** [-dòuv]; **~d**; **-div·ing**) 〔항공〕 급강하하다; 《구어》 〈가격이〉 폭락하다, 〈이익이〉 격감하다

nose·dive [nóuzdàiv] *n.* 〔항공〕 급강하; 《구어》 (가격의) 폭락

nose·gay [-gèi] *n.* 《문어》 (옷에 다는) 작은 꽃다발

nóse gèar 〔항공〕 (기수 밑의) 앞다리

nose·piece [-pì:s] *n.* **1** = NOSEBAND **2** (투구의) 코싸개; (안경의) 브리지 **3** (현미경의) 대물경(對物鏡)을 끼우는 부분

nose·rag [nóuzræ̀g] *n.* 《속어》 손수건

nóse rìng 코뚜레 《소의》, 코고리 《야만인의》

nose·wheel [-*h*wì:l] *n.* = NOSE GEAR

nos·ey [nóuzi] *a.* (**nos·i·er**; **-i·est**) = NOSY

nosh [nɑʃ | nɔʃ] *n.* 《미·구어》 (식사 사이의 간단한) 간식; 《영》 음식, 간식

—*vt., vi.* 식사하다; 간식하다

no-show [nóuʃóu] *n.* 《미·구어》 (비행기·배·열차의) 좌석을 예약해 놓고 나타나지 않는 사람

nosh-up [nɑ́ʃʌ̀p | nɔ́ʃ-] *n.* 《영·속어》 훌륭한 식사, 진수성찬

nos·tal·gia [nɑstǽldʒə | nɔs-] *n.* Ⓤ 과거를 그리워함; 향수(鄕愁)

nos·tal·gic [nɑstǽldʒik | nɔs-] *a.* 고향[옛날]을 그리는 **-gi·cal·ly** *ad.*

Nos·tra·da·mus [nɑ̀strədéiməs | nɔ̀s-] *n.* **1** 노스트라다무스(1503-66) 《프랑스의 예언가·점성가》 **2** (*pl.* **~·es**) [종종 **n~**] 예언자, 점술가

*__nos·tril__ [nɑ́strəl | nɔ́s-] [OE 「코(nose)의 구멍」의 뜻에서] *n.* 콧구멍

nos·trum [nɑ́strəm | nɔ́s-] *n.* (가짜) 특효약, 만병통치약; (문제 해결의) 묘책

nos·y [nóuzi] *a.* (**nos·i·er**; **-i·est**) (구어) 코가 큰; 《속어》 참견 잘하는 《*about*》

nós·i·ly *ad.* **-i·ness** *n.*

Nósy Pár·ker [-pɑ́:rkər] 《구어》 참견 잘하는 사람

⁂**not** [nɑt | nɔt] [동음어 knot] *ad.* **1** …아니다, …않다: This *is* ~[*isn't*] a good book. 이것은 좋은 책이 아니다. **2 a** …이 아니라: He is my nephew, (and) ~ my son. 그는 내 조카이지 아들이 아니다. **b** (…하지) 않다: I begged him ~ *to* go out. 그에게 외출하지 말라고 애걸했다. **3** …이지도 않는[않게]: ~ a few 적지 않은[않게] **4** 반드시[모두 다] …은 아니다: *N~ every*one can succeed. 모두가 성공할 수 있는 것은 아니다.

~ a ... 단 한 사람[하나]의 …도 …아니다[않다]: *N~ a* man answered. 누구 한사람 대답하지 않았다. ***~ only*[*merely, simply*] *...* but** (***also***) ***...*** …뿐만 아니

라 …도 (또한): It is ~ *only* economical *but* (*also*) good for the health. 그것은 경제적일 뿐 아니라 건강에도 (또한) 좋다.

no·ta be·ne [nóutə-béni, -bí:ni] [L = note well] 주의하라 《略 nb, NB》

no·ta·bil·i·ty [nòutəbíləti] *n.* (*pl.* **-ties**) Ⓤ 유명함; [보통 *pl.*] 명사(名士)

‡**no·ta·ble** [nóutəbl] *a.* **주목할 만한**; 유명한 ***be ~ for*[*as*]** …으로서 유명하다
— *n.* [보통 *pl.*] 명사, 명망가(名望家)

***no·ta·bly** [nóutəbli] *ad.* **1 현저하게 2 특히**

no·tar·i·al [noutέəriəl] *a.* 공증(公證)(인)의

no·ta·rize [nóutəràiz] *vt.* 〈공증인이〉 인증(認證)[증명]하다

nó·ta·ry públic [nóutəri-] 공증인 《略 NP》

no·ta·tion [noutéiʃən] *n.* ⓊⒸ **1** (특수한 문자·부호 등에 의한) 표시법; 〖음악〗 기보(記譜)법; 표기 **2** 《미》 주석(note), 기록

***notch** [natʃ | nɔtʃ] *n.* **1** (V자형[톱니 모양]의) **새김눈**, 벤 자리 **2** 《미》 (산골짜기 등의) 좁은 길(defile) **3** 《구어》 단(段), 급(級)
— *vt.* **1** 금을 긋다[새기다]; 〈경기의 득점 등을〉 기록하다 **2** 〈승리·지위 등 을〉 얻게 [차지하게] 하다

notch·back [nátʃbæ̀k | nɔ́tʃ-] *n.* 지붕 뒤쪽이 수직으로 턱이 진 자동차 (스타일)

notched [natʃt | nɔtʃt] *a.* 금[새김눈]이 있는; 〖식물·동물〗 톱니 모양의

‡**note** [nout] *n.* **1** (짧은) **기록**; [종종 *pl.*] **각서**, 수기; (외교상의) 통첩; [보통 *pl.*] 원[초]고 **2 주**(해) 《*on*》 **3 짧은 편지 4** Ⓤ 주의, 주목 **5** (악기의) **음**, 음색; 〖음악〗 악보, 음표; (피아노 등의) 키 **6** (구두점 등의) 표, 부호 **7 특징 8** Ⓤ [of ~로] 유명함, 명성; 중요함 **9** 《영》 **지폐** (《미》 bill); 어음: a ten-pound ~ 10 파운드 지폐
make a ~ of …을 써 놓다, 필기하다 ***take ~ of*** …에 주의[주목]하다
— *vt.* **1 적어 두다** 《*down*》 **2 주의하다**; 특별히 언급하다 **3** 주(註)를 달다 **4** 알아차리다

‡**note·book** [nóutbùk] *n.* **1 노트**, 공책, 필기장; 수첩, 잡기장 **2** 어음첩(帖) **3** 노트북 컴퓨터 (= **~ compùter**)

note·case [-kèis] *n.* 《영》 지갑

***not·ed** [nóutid] *a.* **유명한**, 저명한 《*for, as*》 **~·ly** *ad.* 현저히, 두드러지게 **~·ness** *n.*

note·less [nóutlis] *a.* **1** 평범한, 이름 없는 **2** 음조가 나쁜, 비음악적인

note·pad [nóutpæ̀d] *n.* **1** 메모장 **2** 노트패드 컴퓨터

note·pa·per [nóutpèipər] *n.* Ⓤ 편지지

***note·wor·thy** [nóutwə̀:rði] *a.* **주목할 만한** **-thi·ness** *n.*

not-for-prof·it [nátfərpráfit | nɔ́tfəprɔ́f-] *a.* 《미》 비영리 목적의

‡**noth·ing** [nʌ́θiŋ] *pron.* **1 아무 것[일]도 …없음[하지 않음]**; 전연 …않음: *N~* great is easy. 위대한 일 치고 수월한 것은 없다. **2** 별것 아님
— *n.* **1 무**, 무가치 **2** 〖수학〗 **영**(零) **3** [보통 *pl.*] 하찮은 사람[일, 물건]
be ~ to 관계가 없다; …와는 비교가 안 되다 ***for ~*** 부질없이; 까닭없이; 무료로: cry *for* ~ (at all) 아무 까닭없이 울다 ***have ~ to do with*** …와는 아무런 관계가 없다; …와 교제를 하지 않다 ***make ~ of*** (1) [can[could]과 함께] …을 이해할 수 없다; …을 이용[활용]하지 못하다 (2) …을 아무렇게도 여기지 않다; [동명사와 함께] 예사로[수월하게] …하다 ***~ but ...*** = ***~ else*** [***other***] ***than***[***but***] ***...*** 단지 …일 따름, …에 지나지 않는(only) ***~ much*** 매우 적은 ***think ~ of*** …을 아무렇게도 여기지 않다, 업신여기다
— *ad.* **1 조금도[결코] …않다**(not ... at all) **2** 《미·구어》 …도 아무것도 아니다

noth·ing·ness [nʌ́θiŋnis] *n.* Ⓤ 무(無); 존재하지 않음; 무가치, 소용없음; 하찮은 것; 실신 (상태), 죽음

‡**no·tice** [nóutis] [L 「알려짐」의 뜻에서] *n.* **1** ⓊⒸ **통지**, 통보 **2** Ⓤ **주의**, 인지; ⓊⒸ (해고·해약의) **예고**, 경고 **3 고시**(告示), 벽보 **4** (신문의) 신간 소개, (연극·영화의) 비평, 비평함 **5** Ⓤ 후대, 후애, 정중함
bring ... to [***under***] a person***'s ~*** …을 …의 눈에 띄게 하다, …에 주목하게 하다 ***give ~ of*** …의 통지를 하다 ***take ~*** 주의하다, 주목하다 ***take ~ of*** (1) …에 주의하다, …을 알아차리다 (2) …에게 호의적인[정중한] 배려를 베풀다 ***without*** (***previous***) ***~*** 예고 없이, 무단으로
— *vt.* **1 주의하다 2 알아채다 3** 아는 체하다 **4** 언급하다; 〈신문 지상에서〉 논평하다 **5** 통지[통고]하다

***no·tice·a·ble** [nóutisəbl] *a.* **눈에 띄는**; 주목할 만한
-bly *ad.* 두드러지게, 현저히

nótice bòard 《영》 게시판, 고시판

no·ti·fi·a·ble [nóutəfàiəbl] *a.* 통지해야 할; 신고해야 할 〈전염병 등〉

no·ti·fi·ca·tion [nòutəfikéiʃən] *n.* Ⓤ 통지, 공고, 고시; Ⓒ 통지서, 공고문, 신고서

‡**no·ti·fy** [nóutəfài] [L 「알리다」의 뜻에서] *vt.* 〈사람에게〉 (정식으로) **통지[통보]하다**, 신고하다 **2** 《영》 발표하다, 공시하다

‡**no·tion** [nóuʃən] [L 「인지(認知)」의 뜻에서] *n.* **1 관념**, 의견: the first[second] ~ 〖철학〗 일차적[이차적] 일반 개념 **2** 의향, 의지 《*of*》, …하고픈 생각 《*to* do, *of* doing》 **3** 이해력, 능력 **4** [*pl.*] 《미》 자잘한 잡화
have a great ~ that ... …이라고 생각하려는 경향이 강하다

no·tion·al [nóuʃənl] *a.* **1** 개념적인; 관념상의 **2** 추상적인, 순리(純理)적인 **3** 상상의, 비현실적인; 《미》 변덕스런 **4** 〖문법〗 개념을 나타내는; 개념어의 **~·ly** *ad.*

no·to·ri·e·ty [nòutəráiəti] *n.* (*pl.* **-ties**) Ⓤ (보통 나쁜 의미의) 평판; 유명(함); Ⓒ 《영》 악명 높은 사람

N

***no·to·ri·ous** [noutɔ́:riəs] [L 「잘 알려진」의 뜻에서] *a.* (보통 나쁜 의미로) **유명한**, 이름난: a ~ rascal 이름난 악당 **~·ly** *ad.* **~·ness** *n.*

No·tre Dame [nòutrə-déim | -dɑ́:m] [F =Our Lady] *n.* 성모 마리아; 성모[노트르담] 성당 《파리의 초기 고딕 대성당》(= ~ **de Paris**)

no-trump [nóutrʌ́mp] *a.* Ⓐ (브리지에서) 으뜸패 없이 하는 **—** *n.* (*pl.* **~, ~s**) 으뜸패 없는 선언[승부, 수]

Not·ting·ham [nɑ́tiŋəm | nɔ́t-] *n.* 노팅엄 《영국 Nottinghamshire의 주도(州都)》; = NOTTINGHAMSHIRE

Not·ting·ham·shire [nɑ́tiŋəmʃìər | nɔ́tiŋəmʃə] *n.* 노팅엄셔 《영국 중북부에 있는 주; 주도 Nottingham》

Notts. [nɑts | nɔts] Nottinghamshire

‡**not·with·stand·ing** [nɑ̀twiθstǽndiŋ, -wið- | nɔ̀t-] [not와 withstanding (「…에 거슬러」의 뜻인 현재분사)에서] *prep.* 《문어》 …**에도 불구하고**(in spite of) **—** *ad.* 그럼에도 불구하고(nevertheless) **—** *conj.* [종종 that와 함께] (…이라) 할지라도(although)

***nou·gat** [nú:gət | -gɑ:] *n.* **누가** 《설탕·아몬드 등으로 만든 과자》

***nought** [nɔ:t] *n.* = NAUGHT

‡**noun** [naun] [L 「이름」의 뜻에서] 《문법》 *n.* **명사** 《略 n.》 **—** *a.* Ⓐ 명사의, 명사 용법의: a ~ phrase[clause] 명사구[절]

‡**nour·ish** [nə́:riʃ | nʌ́r-] [L 「기르다」의 뜻에서] *vt.* **1 기르다**, …에게 자양분을 주다; 〈땅에〉 거름[비료]을 주다 **2** 《비유》 〈감정·습관·정신·상태 등을〉 키우다, 조장하다 **3** 〈희망·노여움·원한을〉 품다

nour·ish·ing [nə́:riʃiŋ | nʌ́r-] *a.* 자양[영양]이 되는, 자양분이 많은

***nour·ish·ment** [nə́:riʃmənt | nʌ́r-] *n.* Ⓤ **1 자양물**, 음식; 자양분 공급; 영양 상태; (정신적) 양식: intellectual ~ 마음의 양식 **2** 조성(助成), 육성

nous [nu:s | naus] *n.* 《영·구어》 지혜, 상식

nou·veau riche [nú:vou-rí:ʃ] [F = new rich] *n.* (*pl.* **nou·veaux riches** [~]) 벼락부자

nou·velle vague [nu:vél-vɑ́:g] [F = new wave] *n.* (*pl.* **nou·velles vagues** [~]) 새 물결, 누벨바그 《특히 예술 형식의 전위적 경향》

Nov., Nov November

no·va [nóuvə] *n.* (*pl.* **-vae** [-vi:], **~s**) 《천문》 신성(新星)

No·va Sco·tia [nóuvə-skóuʃə] [L 「새 스코틀랜드」의 뜻에서] 노바스코샤 《캐나다 동부의 반도 및 주》

‡**nov·el**[1] [nɑ́vəl | nɔ́v-] [L 「새로운」의 뜻에서] *a.* **새로운**(new), 신기(新奇)한; 색다른

‡**novel**[2] [L 「새로운 (종류의 이야기)」의 뜻에서] *n* (장편) **소설**: a historical[popular] ~ 역사[대중] 소설

nov·el·ette [nɑ̀vəlét | nɔ̀v-] *n.* 중편 소설 《short story보다 긴 것》

***nov·el·ist** [nɑ́vəlist | nɔ́v-] *n.* **소설가**

nov·el·is·tic [nɑ̀vəlístik | nɔ̀v-] *a.* 소설(적)인; 소설에 흔히 나오는

nov·el·ize [nɑ́vəlàiz | nɔ́v-] *vt.* 소설화하다

no·vel·la [nouvélə] [It. =novel] *n.* (*pl.* **~s, -le** [-lei]) 중편 소설; 소품(小品) 얘기

‡**nov·el·ty** [nɑ́vəlti | nɔ́v-] *n.* (*pl.* **-ties**) **1** Ⓤ **진기함, 신기로움 2** 새로운[신기한] 물건[일, 경험]; [*pl.*] 《상업》 신고안품(新考案品), 신상품

‡**No·vem·ber** [nouvémbər] [L 「9월」의 뜻에서; 고대 로마에서는 1년을 열 달로 치고 3월부터 시작한 데서] *n.* **11월** 《略 Nov.》: on ~ 5 = on 5 ~ = on the 5th of ~ 11월 5일에

no·ve·na [nouví:nə] *n.* (*pl.* **-nae** [-ni:], **~s**) 《가톨릭》 9일 간의 기도

***nov·ice** [nɑ́vis | nɔ́v-] *n.* **풋내기**; 수련 수사[수녀]; 초신자(初信者); (경주에) 처음 출장(出場)하는 말[개]

no·vi·ti·ate, -ci·ate [nouvíʃiət] *n.* 《가톨릭》 견습 기간

No·vo·cain [nóuvəkèin] *n.* 《약학》 노보카인 《치과용 국부 마취제; 상표명》

‡**now** [nau] *ad.* **1** [현재] **지금**, 오늘날, 지금은 (벌써), 현재 실정으로는: It is ~ over. 이제는 끝났다. **2** (지금) **당장에**(at once) **3** [과거] **a 방금 b** 《이야기 중에서》 **이제야**, 그때, 그때 이미 **4 한데,** 그런데; 그렇다면; 자, 어서, 이런

(every) ~ and then* = *~ and again 때때로, 종종 ***~ then*** 자 〈일을 시작하세 등〉; 여보게 〈그럴 수 있나 등〉, 자 어서 〈나가거라 등〉

— *conj.* [종종 ~ that의 구문으로] (이제) …**이니까**, …인 이상(since)

— *a.* Ⓐ 《미》 **1** 《구어》 지금의, 현재의: the ~ government 현정부 **2** 《속어》 최첨단의, 최신 감각의, 유행하는

— *n.* Ⓤ [주로 전치사 뒤에 와서] **지금**, 현재

by ~ 지금쯤은 벌써 ***for ~*** 당분간, 지금 당장은 ***from ~ on*** [***forward***(***s***)] 지금부터는, 앞으로는

NOW [nau] National Organization for Women 《미》 전 미국 여성 연맹

‡**now·a·days** [náuədèiz] *ad.* **오늘날에는 —** *n.* Ⓤ 오늘날, 현대: the youth of ~ 요즘의 청년들

nó wáy 《미·속어》 (절대로) 안되다, 싫다(no)

no·way(s) [nóuwèi(z)] *ad.* 조금도[결코] …않다(not at all)

‡**no·where** [nóuhwὲər] *ad.* **아무데도 …없다**

get [***go***] ***~*** 성공 못하다, 진전이 없다

— *n.* Ⓤ **1** 어딘지 모르는 곳: appear from[out of] ~ 난데없이 나타나다 **2** 이름도 없는 존재: come from[out of] ~ 무명에서 입신하다[유명해지다]

no-win [-wìn] *a.* Ⓐ 승산이 없는

nó-win situàtion 승산이 없는 상황

NOx [nɑks | nɔks] nitrogen oxide(s) 산화질소, 질소 산화물

nox·ious [nákʃəs | nɔ́k-] *a.* 유해[유독]한 **~·ly** *ad.* **~·ness** *n.*
*__noz·zle__ [názl | nɔ́zl] *n.* **1 노즐,** (파이프·호스 등의) 주둥이, 취구(吹口); 분출[분사, 발사]구; (주전자의) 주둥이 **2** ((속어)) 코
Np 〔화학〕 neptunium
NP noun phrase
NPT (Nuclear) Nonproliferation Treaty 핵 확산 방지 조약
nr near
NSC National Security Council ((미)) 국가 안전 보장 회의
NSPCC ((영)) National Society for the Prevention of Cruelty to Children 영국 아동 학대 방지 협회
NT New Testament
‡**-n't** [nt] not의 단축형: could*n't*, did*n't*
NTB non-tariff barrier 비관세 장벽
nth [enθ] *a.* 〔수학〕 n번째의, n배의
NTP normal temperature and pressure 상온 상압
nt. wt. net weight 순 중량
nu [nju: | nju:] *n.* 뉴 ((그리스 자모(字母)의 제13자, N, ν; 로마자 N, n에 해당))
nu·ance [njú:ɑ:ns, –´ | nju:ɑ́:ns] [F] *n.* (*pl.* **-anc·es** [-iz]) 뉘앙스; (표현·감정·의미·색채·음색 등의) 미묘한 차이
nub [nʌb] *n.* = NUBBLE; [the ~] ((구어)) 요점, 핵심(gist) ((*of*))
nub·bin [nʌ́bin] *n.* ((미)) **1** 발육이 좋지 못한 옥수수 이삭 **2** 동강이 ((연필 등의))
nub·ble [nʌ́bl] *n.* (석탄의) 작은 덩어리; 혹, 매듭
Nu·bi·a [njú:biə | njú:-] *n.* 누비아 ((아프리카 수단 북부 지방))
Nu·bi·an [njú:biən | njú:-] *a.* Nubia의
— *n.* 누비아 흑인[말((馬))]; Ⓤ 누비아어(語)
nu·bile [njú:bil | njú:bail] *a.* 〈여자가〉 나이가 찬, 혼기(婚期)의 **nu·bil·i·ty** [nju:bíləti | nju:-] *n.* Ⓤ 혼기, 방년(芳年)
‡**nu·cle·ar** [njú:kliər | njú:-] *a.* **1** 〔생물〕 (세포) **핵의,** 핵을 이루는: ~ division 핵분열 **2 a** 〔물리〕 **원자핵[력]의:** ~ charge 핵전하(核電荷) ((원자핵의 양전하)) **b** 핵무기의: ~ war 핵전쟁
— *n.* **1** 핵무기 **2** 핵보유국
núclear bómb 핵폭탄
núclear disármament 핵군축
núclear énergy 핵에너지
núclear fállout 핵폭발에 의한 방사능 낙진
núclear fámily 핵가족
núclear físsion 〔물리〕 핵분열
nu·cle·ar-free [-frí:] *a.* 비핵(非核)의
núclear fúel 핵연료
núclear fúsion 〔물리〕 핵융합
Núclear Nonproliferátion Trèaty 핵 확산 방지 조약 ((略 NPT))
núclear phýsicist (원자)핵 물리학자
núclear phýsics (원자)핵 물리학
núclear pówer 1 (동력으로서의) 원자력 **2** 핵무기 보유국
núclear reáction 〔물리〕 핵반응
núclear reáctor 원자로(爐)
núclear tést 핵실험
núclear umbréllа 핵우산
núclear wínter 핵겨울 ((핵전쟁으로 인한 전(全)지구적인 한랭 현상))
nu·cle·ate [njú:klièit | njú:-] *a.* 〔생물〕 핵이 있는
— *vt.* 응집하다, …의 핵을 이루다
— *vi.* 핵(모양)을 이루다; 응집되다
nu·cle·i [njú:kliài | njú:-] *n.* NUCLEUS의 복수
nu·clé·ic ácid [nju:klí:ik- | njú:-] 〔생화학〕 핵산(核酸)
nu·cle·on [njú:kliàn | njú:kliɔ̀n] *n.* 〔물리〕 핵자(核子) ((양자와 중성자의 총칭))
nu·cle·on·ics [njù:kliániks | njù:kliɔ́n-] *n. pl.* [단수 취급] 〔물리〕 (원자)핵공학
*__nu·cle·us__ [njú:kliəs | njú:-] *n.* (*pl.* **-cle·i** [-kliài], **~·es**) **1 핵,** 심(心); 중축(中軸); 기점(基點) **2** 〔생물〕 세포핵; 〔물리〕 원자핵
nu·clide [njú:klaid | njú:-] *n.* 〔물리·화학〕 핵종(核種)
*__nude__ [nju:d | nju:d] *a.* **1 벌거벗은, 나체의 2** 걸친 것이 없는; 장식[가구]이 없는; 초목이 없는
— *n.* **1** 벌거벗은 사람; 나체화[상] **2** [the ~] 나체 (상태)
in the ~ 나체로; 숨김 없이
núde·ly *ad.* **~·ness** *n.*
nudge [nʌdʒ] *vt.* **1** (주의를 끌기 위해 팔꿈치로) 슬쩍 찌르다; 주의를 환기시키다 **2** 〈물건을〉 조금씩[슬쩍] 움직이다; 〈…에〉 가까이 가다(near)
— *vi.* (팔꿈치로) 슬쩍 찌르다[밀다]
— *n.* 팔꿈치로 슬쩍 찌르기
nud·ism [njú:dizm | njú:d-] *n.* Ⓤ 나체주의
nud·ist [njú:dist | njú:d-] *n.* 나체주의자
— *a.* 나체주의(자)의: a ~ colony [camp] 나체촌(村)
nu·di·ty [njú:dəti | njú:-] *n.* (*pl.* **-ties**) Ⓤ 벌거숭이, 나체 (상태)
nu·ga·to·ry [njú:gətɔ̀:ri | njú:gətəri] *a.* 하찮은, 쓸모없는(trifling); 무효의
nug·get [nʌ́git] *n.* (천연 귀금속의) 덩어리; [*pl.*] ((미·속어)) 귀중한 것
‡**nui·sance** [njú:sns | njú:-] [L 「해치다」의 뜻에서] *n.* **1 폐,** 성가심 **2** 불쾌한[성가신, 귀찮은] 사람[물건] **3** 〔법〕 (불법) 방해
Commit no ~! ((영·게시)) 소변 금지; 쓰레기 버리지 마시오!
núisance tàx 소액 소비세 ((소비자가 부담하는))
núisance vàlue 골탕먹이는 가치[효과]
nuke [nju:k | nju:k] [nuclear의 단축형] *n.* ((속어)) 핵무기; 원자력 잠수함; 원자력 발전소
— *vt.* 핵무기로 공격하다
null [nʌl] *a.* **1** 무효의 **2** 가치 없는 **3** 〔수학〕 영(零)의 **4** 〔컴퓨터〕 빈 ((정보의 부재))
~ and void 〔법〕 무효인
— *n.* 영, 제로
— *vt.* 영으로 하다; 무효화하다

N

nul·li·fi·ca·tion [nʌ̀ləfikéiʃən] *n.* Ⓤ 무효, 파기(破棄), 취소

nul·li·fy [nʌ́ləfài] [L 「무(無)로 하다」의 뜻에서] *vt.* (**-fied**) **1** (법적으로) 무효로 하다; 파기하다, 취소하다 **2** 수포로 돌리다

nul·li·ty [nʌ́ləti] *n.* (*pl.* **-ties**) **1** Ⓤ 무효: a ~ suit 결혼 무효 소송 **2** Ⓤ 무가치, 무(無)

num. number

*__numb__ [nʌm] *a.* **1** (얼어서) 곱은 **2** (슬픔·피로 등으로) 감각을 잃은
— *vt.* **1** 감각을 잃게 하다, 저리게[얼게] 하다 **2** [보통 수동형] 〈사람·마음을〉 망연자실케 하다

***__num·ber__ [nʌ́mbər] *n.* **1 a** 수: a high[low] ~ 큰[작은] 수 **b** 숫자, 수사(numeral) **2** 수효; 총수, 인원수 **3 a** 번호 《보통 생략해서 No., *pl.* Nos.》; 제 (몇) 번[호, 권, 번지 《등》] **b** 프로그램의 한 항목, 곡목 **c** 상품, 《특히》 의복 **4 a** 다수; 약간 **b** [*pl.*] 수의 우세 **5** [*pl.*] 산수 **6** 〖문법〗 수 **7** [*pl.*] 《시어》 시구(詩句), 운문
a great [***large***] ***~ of*** 다수의, 많은 ***a ~ of*** (1) 얼마간의(some) (2) 다수의(numbers of) ***in ~s*** 〈잡지 등을〉 분책으로, 여러 번으로 나누어서 ***~s of*** 다수의, 수많은 ***to the ~ of*** (80) (여든)이나[까지] ***without ~*** 무수한
— *vt.* **1** 번호를 매기다, 페이지 수를 적어 넣다 **2 a** 《시어》 세다 **b** …에 달하다 **3** [보통 수동형] …의 수를 제한하다
— *vi.* **1** 총계 …이 되다 **2** (…축에) 들다, 포함되다
*~ **off*** 《영》 〈군인이〉 번호를 부르다; 《영》 〈군인이〉 (정렬하여) 번호를 부르다; 《구령》 번호! (《미》 count off)

núm·ber·ing machìne [nʌ́mbəriŋ-] 번호 찍는 기계

*__num·ber·less__ [nʌ́mbərlis] *a.* 셀 수 없이 많은; 번호가 없는

númber óne[**No. 1**] **1** 제1호[번]; 제1인자, 중심 인물 **2** 《구어》 자기; 자기의 이해(利害) **3** 《유아어》 쉬, 오줌, 소변

númber plàte 《영》 (자동차의) 번호판 (《미》 license plate); (가옥의) 번지 표시판

Num·bers [nʌ́mbərz] *n. pl.* [단수 취급] 〖성서〗 민수기(民數記)

Númber Tén[**No. 10**] (**Dówning Stréet**) 영국 수상 관저 《런던 Downing 가(街) 10번지에 있는》

númber twó 1 제2인자, 보좌역 **2** 《유아어》 응가, 똥

numb·ing [nʌ́miŋ] *a.* Ⓐ 마비시키는, 멍하게 하는

numb·skull [nʌ́mskʌ̀l] *n.* = NUMSKULL

nu·mer·a·ble [njú:mərəbl | njú:-] *a.* 셀 수 있는, 계산할 수 있는

nu·mer·a·cy [njú:mərəsi | njú:-] *n.* Ⓤ 《영》 수리(數理)적 지식

*__nu·mer·al__ [njú:mərəl | njú:-] [L 「수」의 뜻에서] *n.* **1** 숫자; 〖문법〗 수사: Arabic ~ 아라비아 숫자 **2** [*pl.*] 《미》 (학교의) 졸업 연도의 숫자 《우수 운동 선수 등에게 주어짐》 — *a.* 수의; 수를 나타내는

nu·mer·ate [njú:mərèit | njú:-] *vt.* 세다, 계산하다; 〖수학〗 〈식(式)을〉 읽다
— [-rət] *a.* 《영》 수리(數理)적 지식이 있는[사고를 하는]

nu·mer·a·tion [njù:məréiʃən | njù:-] *n.* ⓊⒸ 계산(법); (인구 등의) 계산, 통계

nu·mer·a·tor [njú:mərèitər | njú:-] *n.* 〖수학〗 분자(分子); 계산자(者), 계산기

nu·mer·ic [njumérik | nju:-] *n.* **1** 수 **2** 분수(分數)

*__nu·mer·i·cal__ [njumérikəl | nju:-] *a.* 수의, 숫자로 나타낸: ~ order 번호순 **~·ly** *ad.*

numérical contról 수치 제어 《컴퓨터에 의한 공작 기계의 제어; 略 NC》

nu·mer·ol·o·gy [njù:mərɑ́lədʒi | njù:mərɔ́l-] *n.* Ⓤ 수비학(數秘學), 수점(數占)

***__nu·mer·ous__ [njú:mərəs | njú:-] *a.* **1** 다수의, 수많은, 셀 수 없이 많은: a ~ army 대군 **2** 《시어》 곡조가 아름다운 **~·ly** *ad.* 수없이 많이

nu·mi·nous [njú:mənəs | njú:-] *a.* 신령의; 신비적인

nu·mis·mat·ic, -i·cal [njù:məzmǽtik(əl) | njù:-] *a.* 화폐의; 고전학(古錢學)의

nu·mis·mat·ics [njù:məzmǽtiks | njù:-] *n. pl.* [단수 취급] 화폐[고전]학 《지폐·메달류 포함》

nu·mis·ma·tist [nju:mízmətist | nju:-] *n.* 화폐 연구가, 고전(古錢)학자

num·skull [nʌ́mskʌ̀l] [*numb*(마비된)+*skull*(머리)] *n.* 《구어》 바보, 돌대가리

*__nun__ [nʌn] [동음어 none] [L 「노부인」의 뜻에서] *n.* 수녀

nun·a·tak [nʌ́nətæ̀k] [Eskimo] *n.* 〖지질〗 빙하로 완전히 둘러싸인 암봉·언덕

nun·ci·o [nʌ́nʃiou] *n.* (*pl.* **~s**) 로마 교황 사절(使節)

nun·ner·y [nʌ́nəri] *n.* (*pl.* **-ner·ies**) 수녀원; 수녀 사회

*__nup·tial__ [nʌ́pʃəl, -tʃəl] 《문어》 *a.* Ⓐ 결혼(식)의, 혼인의: a ~ ceremony 혼례
— *n.* [보통 *pl.*] 결혼식, 혼례

***__nurse__ [nə:rs] [L 「양육(자)」의 뜻에서] *n.* **1** 간호사[인] **2** [보통 wet ~] 유모; [보통 dry ~] 보모; 애 보는 사람 **3** 〖곤충〗 애벌레를 보호하는 곤충 《일벌·일개미 등》
— *vt.* **1** 간호하다, 병구완하다 **2** 젖 먹이다; 〈식물 등을〉 기르다, 배양하다; 〈문예 등을〉 육성하다, 보호 장려하다; 〈재능을〉 키우다 **3** 〈어린아이를〉 보아 주다, 돌보다 **4** 〈희망 등을〉 품다 **5** 어르다, 애무하다, 안다 — *vi.* **1** 〈유모가〉 젖을 먹이다; 〈젖먹이가〉 젖을 먹다, (젖을) 빨다 《*at*》 **2** 간호사로서 근무하다; 간호하다

nurse·ling [nə́:rsliŋ] *n.* = NURSLING

nurse·maid [nə́:rsmèid] *n.* 아기 보는 여자

__nurs·er·y__ [nə́:rsəri] *n.* (*pl.* **-er·ies) **1** 육아실, 탁아소 **2** 묘상(苗床), 종묘[양어, 양식]장 **3** 양성소; (범죄 등의) 온상 **4** 보육 학교 《어린아이들의 교육 시설》

núrsery gàrden 묘상(苗床), 종묘원(園)

nurs·er·y·maid [nə́:rsərimèid] *n.* = NURSEMAID
nurs·er·y·man [-mən] *n.* (*pl.* **-men** [-mən]) 종묘원 주인; 묘목상
núrsery rhỳme[sòng] 동요, 자장가
núrsery schòol 보육원 《5세 이하의 유아를 교육》
núrsery slòpes 〖스키〗 초보자용 활강 코스
núrsery tàle 옛날 이야기, 동화
núrse's áide 《미》 간호조무사, 보조 간호사
***nurs·ing** [nə́:rsiŋ] *a.* **1** 〈맡은 아이를〉 양육하는; 〈수양아이로서〉 양육받는 **2** 간호하는
— *n.* **1** 병구완; 〈직업으로서의〉 간호; 간호사의 일 **2** Ⓤ 육아, 보육; 젖먹이기
núrsing bòttle 《미》 포유(哺乳)병, 젖병(《영》 feeding bottle)
núrsing hòme (사립) 요양원; 《영》 (소규모의) 사립 병원
núrsing mòther **1** 양모 **2** 아이를 모유로 키우는 어머니
núrsing schòol 간호 학교, 간호사 양성소
nurs·ling [nə́:rsliŋ] *n.* **1** (유모가 기르는) 유아, 젖먹이 **2** 소중히 길러진 사람[것], 귀염둥이
***nur·ture** [nə́:rtʃər] *vt.* **1** 〈아이를〉 양육하다, 기르다 **2** 양성하다, 가르쳐 길들이다; 영양물을 공급하다 **—** *n.* Ⓤ **1** 양육; 양성, 교육 **2** 자양, 음식물
⁑nut [nʌt] *n.* **1** 견과(堅果); 나무 열매 **2** 〖기계〗 너트, 암나사 **3** 〖음악〗 (바이올린 등의) 현침(絃枕) **4** 《구어》 머리 (head); 괴짜, 미치광이, 열렬한 애호가[팬] **5** [*pl.*] 석탄의 작은 덩이
do** one's* ~ (*s*) 《영·구어》 미친 사람같이 되다 《놀람·불안·격노 등으로》 ***for ~*s* 《영·구어》 [부정어와 함께] 전혀, 조금도, 도무지 ***off*** *one's* ~ 《속어》 미쳐서
— *v.* (**~·ted**; **~·ting**) *vi.* 나무 열매를 줍다: go ~*ting* 나무 열매를 주우러 가다
nut-but·ter [-bʌ̀tər] *n.* Ⓤ 나무 열매 기름으로 만든 대용 버터
nút càse 《속어》 미치광이, 괴짜
nut·crack·er [-krӕkər] *n.* [보통 *pl.*] 호두 까는 기구
nut·hatch [-hӕtʃ] *n.* 〖조류〗 동고비
nút hòuse 《미·속어》 정신 병원
nut·meg [-mèg] *n.* 〖식물〗 육두구(肉豆蔻) 《열대산 상록수》; 육두구의 씨 《향신료·약용》
nu·tri·a [njú:triə | njú:-] *n.* 〖동물〗 (남미산) 누트리아; Ⓤ 그 모피
***nu·tri·ent** [njú:triənt | njú:-] *a.* 영양이 되는 **—** *n.* 영양분[물], 영양물[제]
nu·tri·ment [njú:trəmənt | njú:-] *n.* Ⓤ 자양물, (영)양분, 음식물
***nu·tri·tion** [njutríʃən | nju:-] *n.* Ⓤ **1** 영양물 섭취; 영양 (작용); 영양물, 음식물 **2** 영양학 **~·al** *a.* 영양상의 **~·al·ly** *ad.* **~·ist** *n.* 영양사, 영양학자

***nu·tri·tious** [njutríʃəs | nju:-] *a.* 자양분이 많은, 영양이 되는
~·ly *ad.* **~·ness** *n.*
nu·tri·tive [njú:trətiv | njú:-] *a.* **1** = NUTRITIOUS **2** 영양의[에 관한]
nuts [nʌts] *a.* Ⓟ 《속어》 **1** 미친; 바보의 **2** 열중하여 《*about, on, over*》
be (***dead***) ~ ***on***[***about***] …에 열중[골몰]하다; …에 능란하다
— *int.* 《미·구어》 제기랄, 시시해
— *n.* **1** 최고[우량]의 것 **2** 바보 같은 소리
nuts-and-bolts [nʌ́tsən*d*bóults] *a.* Ⓐ 실제적인; 기본적인; 세밀한 〈검사 등〉
nut·shell [nʌ́tʃèl] *n.* 견과(堅果)의 껍질; 아주 작은 그릇[집]
in a ~ 아주 간결하게
nut·ter [nʌ́tər] *n.* **1** 나무 열매를 줍는[따는] 사람 **2** = NUT-BUTTER
nut·ting [nʌ́tiŋ] *n.* Ⓤ 나무 열매[견과] 줍기
nut·ty [nʌ́ti] *a.* (**-ti·er**; **-ti·est**) **1** 나무 열매가 많은 **2** 나무 열매 향기가 나는, 견과 맛이 나는 **3** 《미·속어》 미친 **4** 《속어》 홀딱 반하여, 열중하여 《*on, upon*》
nút·ti·ly *ad.* **nút·ti·ness** *n.*
nuz·zle [nʌ́zl] [ME 「코(nose)를 땅에 대다」의 뜻에서] *vi.* **1** 〈짐승이〉 코로 구멍을 파다; 코를 비벼[문질러]대다 《*up, to, against*》; 코로 냄새 맡다 **2** 붙어 자다
— *vt.* **1** 코로 파다; 코로 문지르다[스치다]; 〈머리·얼굴 등을〉 디밀다, 밀어대다 《*against*》 **2** …에게 붙어 자다 《*against*》
NV 《미》 〖우편〗 Nevada
NW Northwest(ern)
NWbN northwest by north 북서미(微)북
NWbW northwest by west 북서미(微)서
NY 《미》 〖우편〗 New York
N.Y.C. New York City
⁑ny·lon [náilɑn | -lɔn] *n.* Ⓤ 나일론; Ⓒ 나일론 제품; [*pl.*] 《구어》 나일론 양말
— *a.* Ⓐ 나일론(제)의
NYME, NYMEX New York Mercantile Exchange 뉴욕 상품 거래소
⁑nymph [nimf] *n.* **1** 〖그리스·로마신화〗 님프 《산·강·연못·숲 등에 사는 예쁜 소녀 모습의 정령(精靈)》; 《시어》 아름다운 소녀; 소녀 **2** 〖곤충〗 애벌레
nymph·et [nimfét] *n.* (10-14세의) 성적 매력이 있는 소녀
nym·pho [nímfou] *n.* (*pl.* **~s**) 《속어》 = NYMPHOMANIAC
nym·pho·ma·ni·a [nìmfəméiniə] *n.* Ⓤ (여자) 색정증
nym·pho·ma·ni·ac [nìmfəméiniӕk] *n.* (여자) 색정증 환자
— *a.* Ⓐ 색정증의 〈여자〉
NYSE 〖증권〗 New York Stock Exchange
Nyx [niks] *n.* 〖그리스신화〗 닉스 《밤의 여신》
N. Zeal. New Zealand

O o

O

o, O[1] [ou] *n.* (*pl.* **o's, os, oes, O's, Os** [-z]) **1** 오 《영어 알파벳의 제15자》 **2** O자형(의 것); 원형; 〔수학〕 영: a round *O* 원(圓)(circle)

O[2] [ou] [의성어] *int.* 《언제나 대문자로 쓰며 바로 뒤에 콤마 또는 ! 은 쓰지 않음》 **1** 《시어·문어》 [호칭하는 이름 앞에 써서] 오, 아: *O* Lord! 오 주여! **2** 오, 아, 어머나 《놀람·공포·감탄·간망 등을 나타냄》

O 〔전기〕 ohm; 〔화학〕 oxygen

O. observer; octavo; October; Ohio; Old; Ontario; order

o' [ə] *prep.* **1** of의 단축형: *o'*clock **2** on의 단축형: *o'*nights

O' [ə, ou] *pref.* [아일랜드 사람의 성 앞에 붙여서] 「son of」의 뜻: *O'*Brien

o- [ə] *pref.* =OB- 《m앞에 올 때의 변형》: *o*mit

-o- [ou, ə] [복합어를 만들 때의 연결 문자] **1** [복합어의 제1·제2 요소 간의 동격 또는 그밖의 관계를 나타냄] **2** [-cracy, -logy 등 그리스 계통 어미의 파생어를 만듦]

oaf [ouf] *n.* (*pl.* **~s,** 《고어》 **oaves** [ouvz]) 기형아; 저능아, 멍청이

oaf·ish [óufiʃ] *a.* 멍청한, 바보의

O·a·hu [ouɑ́:hu:] *n.* 오아후 섬 《Hawaii 제도의 4개 주요 섬의 하나; Honolulu가 주도(州都)》

oak [ouk] *n.* **1** 〔식물〕 **오크** (= **~ trèe**) 《떡갈나무·졸참나무류의 총칭》; Ⓤ 오크재, 오크재 제품 **2** (오크재의) 견고한 바깥 문짝 《특히 영국 대학에서》 **3** Ⓤ 오크 잎 《장식》 **—** *a.* 오크(재)의

óak àpple 〔식물〕 오크 몰식자, 오배자

***oak·en** [óukən] *a.* 《시어》 **오크(재)의**

oa·kum [óukəm] *n.* Ⓤ 〔항해〕 (틈새를 메우는) 뱃밥

OAP old-age pension[pensioner] 노후 연금[연금 수혜자]

OAPEC [ouéipek] Organization of Arab Petroleum Exporting Countries 아랍 석유 수출국 기구

oar [ɔ:r] [동음어 or, ore] *n.* **1** 노 **2** 노젓는 사람 ***pull a good*** [***bad***] **~** 노를 잘[잘못] 젓다 ***put in*** one***'s*** **~** = ***put*** [***shove, stick, thrust***] one***'s*** **~ *in*** 쓸데없는 참견을 하다
— *vt.* 〈배를〉 노로 젓다, 노저어 가다
~ one***'s way*** 저어 나아가다
— *vi.* 노를 쓰다

oar·lock [ɔ́:rlɑ̀k | -lɔ̀k] *n.* 《미》 =ROWLOCK

oars·man [ɔ́:rzmən] *n.* (*pl.* **-men** [-mən]) 노 젓는 사람

oars·man·ship [ɔ́:rzmənʃip] *n.* Ⓤ 노 젓는 솜씨; 노 젓는 법

OAS Organization of American States 미주 기구

***o·a·sis** [ouéisis] [Gk 「비옥한 땅」의 뜻에서] *n.* (*pl.* **-ses** [-si:z]) **1** 오아시스 《사막의 물과 나무가 있는 곳》 **2** 《비유》 위안처, 휴식처

oast [oust] *n.* 《영》 건조용 솥 《홉(hop)·엿기름·담뱃잎 등의》

oast-house [óusthàus] *n.* 《영》 홉 건조소

oat [out] *n.* **1** [보통 *pl.*] **귀리,** 연맥(燕麥) **2** 오트밀(oatmeal)

oat·cake [óutkèik] *n.* 귀리 비스킷

oat·en [óutn] *a.* 《시어》 귀리로 만든

oat·er [óutər] *n.* 《미·속어》 서부극

oath [ouθ] *n.* (*pl.* **~s** [ouðz, ouθs]) **1** ⒸⓊ **맹세,** 서약; 서언(誓言); 〔법〕 (법정에서의) 선서 **2** 신성한 이름의 남용 《God damn you! 등》; 욕설
on [***upon, under***] **~** 맹세코, 틀림없이
take [***swear***] ***an*** **~** 선서하다

***oat·meal** [óutmì:l] *n.* Ⓤ **1 오트밀,** 빻은 귀리 **2** 오트밀 죽 (= **~ pórridge**)

OAU Organization of African Unity 아프리카 통일 기구

ob. *obiit* 《L = he[she] died》 그[그녀]는 죽었다; obiter (dictum); oboe; obstetric(s)

Ob. 〔성서〕 Obadiah

ob- [ɑb, əb | ɔb, əb] *pref.* 라틴계 말의 접두사 《c, f, m, p 앞에서는 각각 oc-, of-, o-, op-로 됨》 **1** [방향]: *ob*lique **2** [장애]: *ob*stacle **3** [적의, 저항]: *ob*stinate **4** [은폐]: *ob*scure

O·ba·di·ah [òubədáiə] *n.* **1** 남자 이름 **2** 〔성서〕 오바댜[서(書)] 《히브리의 예언자》

ob·(b)li·ga·to [ɑ̀bligɑ́:tou | ɔ̀b-] *n.* (*pl.* **~s, -ti** [-ti:]) (불가결한) 조주(助奏)

ob·du·ra·cy [ɑ́bdjurəsi | ɔ́bdju-] *n.* Ⓤ 고집, 완고; 냉혹

ob·du·rate [ɑ́bdjurət | ɔ́bdju-] *a.* 완고한, 고집 센; 냉혹한 **~·ly** *ad.*

o·be·di·ence [oubí:diəns] *n.* Ⓤ **복종** (*to*); 순종, 충실 (*to*) ***hold in*** **~** 복종시키고 있다 ***in*** **~** ***to*** …에 복종하여, …에 따라

o·be·di·ent [oubí:diənt] *a.* **순종하는,** 유순한, 충실한 ***Your*** **~** ***servant*** 《영》 근배(謹拜) 《공문서 등의 맺음말》

o·be·di·ent·ly [oubí:diəntli] *ad.* 유순하게, 공손하게
Yours **~** 근배 《편지의 맺음말》

o·bei·sance [oubéisns, -bí:-] *n.* **1** 《문어》 인사, 절 **2** Ⓤ 존경, 경의
do [***make, pay***] **~** ***to*** …에게 경의를 표하다; 경례하다 ***make*** (***an***) **~** ***to*** …에게 인사[절]하다

o·bei·sant [oubéisnt, -bí:-] *a.* 경의를 표하는, 공손한

***ob·e·lisk** [ɑ́bəlìsk | ɔ́b-] [Gk 「뾰족한 기둥(needle)」의 뜻에서] *n.* **1 오벨리스크,** 방첨탑(方尖塔) **2** 〔인쇄〕 단검표 《†》

O·ber·on [óubərɑ̀n | -rən, -rɔ̀n] *n.* 〖중세전설〗 오베론《요정왕; Titania의 남편》; 〖천문〗 오베론《천왕성의 제4위성》

o·bese [oubíːs] *a.* (**obe·ser**; **-sest**) 지나치게 살찐

o·be·si·ty [oubíːsəti] *n.* Ⓤ 비만, 비대

⁑o·bey [oubéi | əb-] [L 「…에 귀를 기울이다」의 뜻에서] *vt.* **1 복종하다**, 순종하다; 〈명령을〉 준수하다 **2** (자연 법칙 등에) 따르다, (이성(理性) 등에) 따라서 행동하다; 〈힘·충동에〉 따라 움직이다 — *vi.* 복종하다, 말을 잘 듣다

ob·fus·cate [ɑ́bfəskèit, ɑbfʌ́skeit | ɔ́bfəskèit] *vt.* **1** 당황[난처]하게 하다 **2** 〈마음 등을〉 어둡게 하다, 〈판단 등을〉 흐리게 하다

o·bi [óubi] *n.* 오비 마법《서인도 등의 흑인간에 행하여짐》; (이에 쓰이는) 부적

o·bi·ter dic·tum [ɑ́bitər-díktəm | ɔ́b-] [L =word(s) said by the way] *n.* (*pl.* **o·bi·ter dic·ta** [-tə]) 덧붙이는 말; 〖법〗 (판결시 판사의) 부수적 의견

o·bit·u·ar·y [oubítʃuèri | əbítjuəri] *n.* (*pl.* **-ar·ies**) **1** 사망 기사《신문 지상의》, 사망자 약력 **2** 〖가톨릭〗 사망자 명부 — *a.* 사망의, 죽은 사람의

obj. object; objective

⁑ob·ject [ɑ́bdʒikt | ɔ́b-] *n.* **1 물건**, 물체 **2** (동작·감정의) **대상** 《*of, for*》 **3 목적**, 목표 **4** 《구어·경멸》 우스운 것, 불쌍한 놈, 싫은 사람[물건] **5** 〖문법〗 **목적어** **6** 〖철학〗 대상, 객관, 객체 (opp. *subject*)
(***be***) ***no*** ~ 〖광고〗 …은 아무래도 좋다
for that ~ 그 취지로, 그것을 목표로
— *v.* [əbdʒékt] *vi.* **1 반대하다**, 이의[불복]를 제기하다, 항의하다《*against, about, to*》 **2** 마땅찮게 여기다, 반감을 가지다, 싫어하다《*to*》 ***I*** ~. 이의 있소.《영국 하원 용어》 ***If you don't*** ~ 이의가 없으시다면
— *vt.* 반대 이유로 내세우다, 반대하여 …이라고 말하다《*to, against*》

óbject glàss 대물렌즈

ob·jec·ti·fy [əbdʒéktəfài] *vt.* (**-fied**) 객관화하다, 대상화하다

⁑ob·jec·tion [əbdʒékʃən] *n.* **1** ⓊⒸ **반대**; 이의, 이론; 이의 신청, 불복 **2** 반대 이유; 난점, 결함《*to*》 **3** 장애
make[***find, raise***] ***an*** ~ ***to***[***against***] =***take*** ~ ***to***[***against***] …에 이의를 제기하다, 반대하다

∗ob·jec·tion·a·ble [əbdʒékʃənəbl] *a.* **1 반대할 만한**, 이의가 있는; 불만인 **2** 못마땅한; 싫은, 불쾌한 **-bly** *ad.*

⁑ob·jec·tive [əbdʒéktiv] *n.* **1 목표, 목적**(물); 〖군사〗 목표 지점, 목적지 **2** 〖문법〗 목적격, 목적어 **3** 〖광학〗 대물렌즈
— *a.* **1 목적의**, 목표의 **2 객관적인**, 객관의; 사실에 근거한; 실증적인 **3** 외계(外界)의, 물질적인, 실재(實在)의 **4** 〖문법〗 목적격의(cf. ACCUSATIVE)

∗ob·jec·tive·ly [əbdʒéktivli] *ad.* **객관적으로**

ob·jec·tiv·ism [əbdʒéktivìzm] *n.* Ⓤ **1** 〖철학·예술〗 객관주의(opp. *subjectivism*) **2** 객관성 **-ist** *n.*

ob·jec·tiv·i·ty [ɑ̀bdʒiktívəti | ɔ̀b-] *n.* Ⓤ **1** 객관성(opp. *subjectivity*) **2** 객관적 실재(성)

óbject lèns 대물렌즈

óbject lèsson 1 실물[직관] 교육 **2** (어떤 원리의) 구체적 실례, 좋은 본보기

ob·jec·tor [əbdʒéktər] *n.* 이의 제기자, 반대자

ob·jet d'art [ɔ̀ːbʒei-dɑ́ːr] [F] *n.* 작은 미술품; 골동품

ob·jur·gate [ɑ́bdʒərgèit | ɔ́b-] *vt.* 《문어》 꾸짖다, 책망하다, 비난하다
-gà·tor *n.*

ob·jur·ga·tion [ɑ̀bdʒərgéiʃən | ɔ̀b-] *n.* ⓊⒸ 꾸짖음, 비난

ob·jur·ga·to·ry [əbdʒə́ːrgətɔ̀ːri | -təri] *a.* 꾸짖는, 나무라는

ob·late [ɑ́bleit | ɔ́bleit] *a.* 〖기하〗 편원(扁圓)의

ob·la·tion [ɑbléiʃən | əb-, ɔb-] *n.* **1 a** Ⓤ 헌납, 봉헌; 성찬 봉헌(식) **b** [종종 *pl.*] 봉납물(offering) **2** Ⓤ (교회에의) 헌금, 기부

ob·li·gate [ɑ́bləgèit | ɔ́b-] [L 「결합하다」의 뜻에서] *vt.* (법률·도덕상의) 의무를 지우다

⁑ob·li·ga·tion [ɑ̀bləgéiʃən | ɔ̀b-] *n.* **1** ⓊⒸ **의무**, 책무 **2** 〖법〗 채무 증서; 채무, 채권[채무] 관계 **3** 채권, 증권 **4** 은혜; 은혜[의무]를 느끼는 사람[대상]

ob·li·ga·to [ɑ̀bligɑ́ːtou | ɔ̀b-] *a., n.* (*pl.* **~s, -ti** [-tiː]) = OBBLIGATO

o·blig·a·to·ry [əblígətɔ̀ːri, ɑ́blig- | ɔblígətəri] *a.* **1** 의무로서 지워지는, 의무적인《*on, upon*》 **2** 〈과목 등이〉 필수의

⁑o·blige [əbláidʒ] [L 「연결하다」의 뜻에서] *vt.* **1** …**에게 강요하다**; [수동형으로] **어쩔 수 없이 …하게 하다**, 억지로 시키다, 의무를 지우다 **2 은혜를 베풀다**, (남의) 소원을 들어주다; 고맙게 여기게 하다
— *vi.* 《구어》 호의를 보이다

ob·li·gee [ɑ̀blədʒíː | ɔ̀b-] *n.* **1** 〖법〗 채권자《채무 증서상의 권리자》(opp. *obligor*) **2** 은혜를 입고 있는 사람

o·blig·ing [əbláidʒiŋ] *a.* 잘 돌봐 주는, 친절한 **~·ly** *ad.*

ob·li·gor [ɑ́bləgɔ̀ːr, ⌐–⌐ | ɔ̀bləgɔ́ː] *n.* 〖법〗 채무자《채무 증서상의 의무자》

∗ob·lique [əblíːk, 〖군사〗 -láik] *a.* **1 비스듬한**, 기울어진 **2** 부정한, 속임수의 **3** 간접적인, 에두른 **4** 〖수학〗 사각(斜角)의; 사선[사면]의 **5** 〖식물〗 부등변의, 양쪽 모양이 같지 않은 〈잎 등〉
— *n.* 사선《/》
~·ly *ad.* 비스듬히 (기울어져); 부정하게; 간접으로 **~·ness** *n.* Ⓤ 경사(도); 사각

o·bliq·ui·ty [əblíkwəti] *n.* (*pl.* **-ties**) ⓊⒸ **1** 부정 행위 **2** 경사진 것, 경사(도) **3** 에두른 말, 애매한 표현

∗ob·lit·er·ate [əblítərèit] *vt.* **1** 〈문자 등을〉 **지우다**, 말소하다 **2** 흔적을 없애다

ob·lit·er·a·tion [əblìtəréiʃən] *n.* Ⓤ **1** 말소, 삭제 **2** 소멸; 망각

∗ob·liv·i·on [əblíviən] *n.* Ⓤ **1 망각**; 잊기 쉬움, 건망; 잊혀진 상태 **2** 〖법〗 대사(大赦), 특사

O

*ob·liv·i·ous [əblíviəs] *a.* 1 Ⓟ (…이) 염두[안중]에 없는 《*of, to*》; (무엇에 몰두하여) 감지하지 못하는 2 잘 잊어버리는, 건망증이 있는 《*of*》 ~·ly *ad.* ~·ness *n.*

*ob·long [ɑ́blɔ̀:ŋ | ɔ́blɔ̀ŋ] *n.* 직사각형; 타원형 — *a.* 직사각형의, 타원형의

ob·lo·quy [ɑ́bləkwi | ɔ́b-] *n.* Ⓤ 1 악평, 오명, 불명예 2 욕설, 비방

*ob·nox·ious [əbnɑ́kʃəs | -nɔ́k-] *a.* 1 비위 상하는, 불쾌한, 싫은 2 미운 ~·ly *ad.* ~·ness *n.*

o·boe [óubou] *n.* 〚음악〛 오보에 《목관 악기》

o·bo·ist [óubouist] *n.* 오보에 취주자

obs. observation; observatory; obsolete

*ob·scene [əbsí:n] *a.* 1 외설한, 음란한, 음탕한 2 《구어》 지긋지긋한, 지겨운 ~·ly *ad.*

ob·scen·i·ty [əbsénəti] *n.* (*pl.* -ties) 1 Ⓤ 외설 2 [*pl.*] 음담, 외설 행위

ob·scu·rant [əbskjúərənt | ɔb-] *n.* 계몽 반대주의자, 몽매주의자; 애매하게 말하는 사람
— *a.* 몽매[계몽 반대]주의(자)의
-ran·tìsm *n.* Ⓤ 몽매주의, 개화 반대론

ob·scu·ra·tion [ɑ̀bskjuréiʃən | ɔ̀b-] *n.* 1 Ⓤ 암흑화; 몽롱 2 Ⓤ 희미하게 함, 모호하게 함

‡ob·scure [əbskjúər] [L 「위에 덮인, 어두운」의 뜻에서] *a.* (-scur·er; -est) 1 a 분명치 않은, 불명료한 b 〈뜻을〉 이해하기 어려운, 모호한 2 눈에 띄지 않는, 구석진; 세상에 알려지지 않은 3 (어두)컴컴한; 침침한; 몽롱한 4 우중충한 5 〚음성〛 〈모음이〉 애매한; 애매한 모음의 — *vt.* 1 가리다, 덮다 2 어둡게 하다, 흐리게 하다 3 〈발음 등을〉 똑똑치 않게[애매하게] 하다 4 〈명성 등을〉 가리다, …의 영광을 빼앗다, 무색하게 하다 ~·ly *ad.*

*ob·scu·ri·ty [əbskjúərəti] *n.* (*pl.*-ties) Ⓤ 1 불분명; 불명료; 난해(한 부분[점]); 흐릿함 2 세상에 알려지지 않음, 미천한 신분; 무명; Ⓒ 이름 없는[미천한] 사람 3 어둠, 몽롱; 어두운 곳

ob·se·quies [ɑ́bsəkwiz | ɔ́b-] *n. pl.* 장례식

ob·se·qui·ous [əbsí:kwiəs] *a.* 아첨하는, 알랑거리는(fawning) ~·ly *ad.* ~·ness *n.*

ob·serv·a·ble [əbzə́:rvəbl] *a.* 1 관찰할 수 있는, 식별 가능한 2 주목할 만한 3 〈습관·규칙 등이〉 준수해야 할 -bly *ad.*

‡ob·serv·ance [əbzə́:rvəns] *n.* 1 Ⓤ 준수, 준봉 《*of*》 2 [종종 *pl.*] 의식; 〚종교〛 식전

*ob·serv·ant [əbzə́:rvənt] *a.* 1 주의 깊은 《*of*》; 방심 않는, 지켜보는 《*of*》; 관찰력이 예민한 2 Ⓟ 엄수하는 《*of*》
— *n.* 준수자, 엄수자

‡ob·ser·va·tion [ɑ̀bzərvéiʃən | ɔ̀b-] *n.* 1 Ⓤ 관찰; 정탐; 감시 2 ⓊⒸ 관측; 〚항해〛 천측(天測) 3 Ⓤ 관찰력 4 [*pl.*] 관측 보고 《*of*》, (관측의) 결과 5 Ⓤ 주목, 주의 6 관찰에 입각한 의견[소견, 비평]; 발언 《*on*》

ob·ser·va·tion·al [ɑ̀bzərvéiʃənl | ɔ̀b-] *a.* 관찰[관측]의, 감시의; 관찰[관측]상의, 실측적(實測的)인

observátion ballòon 관측 기구

observátion càr 〚철도〛 전망차

observátion pòst 〚군사〛 전망초(哨), 감시 초소, 전방 관측소

*ob·serv·a·to·ry [əbzə́:rvətɔ̀:ri | -təri] [L 「관측하는(observe) 곳」의 뜻에서] *n.* (*pl.* -ries) 1 관측소; 천문대, 기상대, 측후소 2 전망대; 감시소

‡**ob·serve** [əbzə́:rv] *vt.* 1 (관찰에 의하여) 알다, 보다, 목격하다 2 관찰하다 3 〈적의 행동 등을〉 감시하다; 〈천체 등을〉 관측하다 4 진술하다, …이라고 말하다 5 〈규칙 등을〉 준수하다, 지키다 6 거행[집행]하다; 축하하다 — *vi.* 1 관찰하다; 주시하다, 잘 보다 2 …에 관하여 말하다, 논평하다 《*on, upon*》

‡ob·serv·er [əbzə́:rvər] *n.* 1 관찰자; 관측자 2 감시자, 입회인, 방청자 3 (회의의) 옵서버 《정식 대표의 자격이 없어 표결에 참여하지 않는》 4 (규칙·종교 의식 등의) 준수자 《*of*》

ob·serv·ing [əbzə́:rviŋ] *a.* 관찰하는; 주의 깊은, 빈틈없는; 관찰력이 예민한

*ob·sess [əbsés] [L 「앞에 앉다」의 뜻에서] *vt.* [종종 수동형] 〈망상이〉 사로잡다, 〈귀신이〉 붙다; 괴롭히다 《*by, with*》

*ob·ses·sion [əbséʃən] *n.* 1 〚심리〛 강박 관념, 망상, 집념 《*about, with*》 2 Ⓤ 〈귀신·망상이〉 붙음; 사로잡힘; 붙어다님

ob·ses·sion·al [əbséʃənl] *a.* 강박 관념[망상]에 사로잡힌; 〈병이〉 강박 관념으로 인한; 〈사람이〉 지나치게 신경을 쓰는 《*about*》 ~·ly *ad.*

ob·ses·sive [əbsésiv] *a.* 강박 관념의, 망상의; 귀신들린 듯한; 강박 관념을 일으키는; 《구어》 도를 지나친, 이상할 정도의 ~·ly *ad.* ~·ness *n.*

ob·sid·i·an [əbsídiən] *n.* Ⓤ 〚광물〛 흑요석(黑曜石), 오석(烏石)

ob·so·les·cence [ɑ̀bsəlésns | ɔ̀b-] *n.* Ⓤ 1 쇠퇴; 노폐(화), 노후(화); 진부화; 〚기계〛 구식화 2 〚생물〛 (기관의) 퇴화, 위축

ob·so·les·cent [ɑ̀bsəlésnt | ɔ̀b-] *a.* 1 〈말·습관 등이〉 쇠퇴해 가는; 〈기계 등이〉 구식의 2 〚생물〛 폐퇴성의

*ob·so·lete [ɑ̀bsəlí:t, ⌐—⌐ | ɔ́bsəlì:t] [L 「소모하는」의 뜻에서] *a.* 1 쓸모없게 된, 안 쓰이는 2 진부한; 시대에 뒤진 3 〚생물〛 퇴화한

‡ob·sta·cle [ɑ́bstəkl | ɔ́b-] [L 「방해하고 서다」의 뜻에서] *n.* 장애(물), 방해(물), 지장이 되는 것 《*to*》

óbstacle còurse 〚군사〛 장애물 훈련장

óbstacle ràce 장애물 경주

ob·stet·ric, -ri·cal [əbstétrik(əl) | ɔb-] *a.* 산과의; 조산(助産)의

ob·ste·tri·cian [ɑ̀bstətríʃən | ɔ̀b-] *n.* 산(부인)과 의사

ob·stet·rics [əbstétriks | ɔb-] *n. pl.* [단수 취급] 산과학, 조산술

*ob·sti·na·cy [ɑ́bstənəsi | ɔ́b-] *n.* (*pl.* -cies) 1 Ⓤ 완고함, 고집 《*in*》 2 완고한 언행 《*against*》 3 Ⓤ (병의) 난치

‡ob·sti·nate [ɑ́bstənət | ɔ́b-] [L 「고집하는」의 뜻에서] *a.* **1 완고한, 고집센,** 집요한 **2** 완강한 **3** 〈병이〉 난치의
as ~ as a mule 몹시 고집불통인
~·ly *ad.*

ob·strep·er·ous [əbstrépərəs] *a.* 소란한; 날뛰는, 난폭한, 제어할 수 없는
~·ly *ad.* **~·ness** *n.*

***ob·struct** [əbstrʌ́kt] [L 「위배하여 건설하다」의 뜻에서] *vt.* **1** 〈문·통로 등을〉 **막다,** 차단하다 **2** 〈의사(議事) 등의〉 진행을 방해하다 **3** 〈빛·전망 등을〉 가로막다
— *vi.* 방해하다

***ob·struc·tion** [əbstrʌ́kʃən] *n.* **1 방해물,** 장애물 **2** UC **방해**; 장애, 지장 《*to*》 **3** U 폐색, 차단 **4** U (특히 의회의) 의사 방해

ob·struc·tion·ism [əbstrʌ́kʃənìzm] *n.* U 의사 방해

ob·struc·tion·ist [əbstrʌ́kʃənist] *n.* 의사 방해자

ob·struc·tive [əbstrʌ́ktiv] *a.* **1** 방해하는 **2** 장애가 되는 《*to*》 **—** *n.* 방해물, 장애 **~·ly** *ad.* **~·ness** *n.*

ob·struc·tor, -struct·er [əbstrʌ́ktər] *n.* 방해자, 방해물

‡ob·tain [əbtéin] [L 「유지하다」의 뜻에서] *vt.* **1 얻다, 손에 넣다; 획득하다** 《*from, through*》 **2** 〈사물이 사람에게 지위·명성 등을〉 얻게 하다 **—** *vi.* (널리) 행해지다, 유행하다, 통용되다

***ob·tain·a·ble** [əbtéinəbl] *a.* **얻을 수 있는**; 손에 넣을 수 있는

ob·trude [əbtrú:d] [L 「앞으로 밀어내다」의 뜻에서] *vt.* **1** 〈무리하게 제 의견을〉 강요하다 《*on, upon*》 **2** 쑥 내밀다
— *vi.* 참견하고 나서다 **ob·trúd·er** *n.*

ob·tru·sion [əbtrú:ʒən] *n.* U (의견 등의) 강요 《*on*》; 참견하고 나섬

ob·tru·sive [əbtrú:siv] *a.* **1** 우격다짐의, 강요하는 〈의견 등〉; 주제넘은 **2** 튀어나온; 눈에 거슬리는 **~·ness** *n.*

ob·tuse [əbtjú:s | -tjú:s] *a.* **1** 무딘, 뭉툭한; 〖기하〗 둔각의(opp. *acute*) **2** 둔감[우둔]한 **~·ly** *ad.* **~·ness** *n.*

ob·verse [ɑ́bvə:rs | ɔ́b-] *n.* **1** (메달·화폐 등의) 표면(opp. *reverse*); 앞면(opp. *back*) **2** (표리와 같이) 대응[상대]되는 것, (사실 등의) 반면

ob·vi·ate [ɑ́bvièit | ɔ́b-] *vt.* 〈위험·곤란 등을〉 제거하다, (대책을 써서) 미연에 방지하다

‡ob·vi·ous [ɑ́bviəs | ɔ́b-] [L 「길 위에 있는」의 뜻에서] *a.* **명백한,** 분명한, 알기 쉬운, 대번에 알 수 있는

‡ob·vi·ous·ly [ɑ́bviəsli | ɔ́b-] *ad.* [문장 전체를 수식하여] **분명[명백]히**; 두드러지게, 눈에 띄게

Oc., oc. ocean

oc- [ɑk, ək | ɔk, ək] *pref.* = OB- 《c 앞에 올 때의 변형》

oc·a·ri·na [ɑ̀kərí:nə | ɔ̀k-] *n.* 오카리나 《오지나 금속으로 만든 고구마 모양의 피리》

‡oc·ca·sion [əkéiʒən] *n.* **1** [보통 on ... ~으로] (특수한) **경우, 때**: *on* this happy[sad] ~ 이토록 즐거운[슬픈] 때에 **2 특별한 일,** 행사; 제전, 의식 **3** UC **기회,** 호기 《*for, to* do》 **4** UC 직접 원인, 계기, 유인(誘因) **5** UC 이유, 근거 《*for, to* do》
on*[*upon*] *~ 수시로; 때때로 ***on one ~*** 일찍이, 어느 때 ***on several ~s*** 몇 차례나
— *vt.* **1** 생기게 하다, 원인이 되다 **2** 〈걱정 등을〉 끼치다; …에게 …시키다

‡oc·ca·sion·al [əkéiʒənəl] *a.* **1** A **이따금씩의,** 가끔의 **2** 예비의, 임시(용)의 **3** 특별한 경우를 위한

‡oc·ca·sion·al·ly [əkéiʒənəli] *ad.* **때때로,** 가끔, 이따금

***Oc·ci·dent** [ɑ́ksədənt | ɔ́k-] [L 「해가 지는 지역」의 뜻에서] *n.* [the ~] 《문어》 **서양,** 구미, 서구

***oc·ci·den·tal** [ɑ̀ksədéntl | ɔ̀k-] *a.* [종종 **O~**] 《문어》 **서양(인)의**(Western; cf. ORIENTAL) **—** *n.* [**O~**] 서양 사람

oc·clude [əklú:d] *vt.* 〈구멍·틈새 등을〉 막다, 폐색(閉塞)하다; 〖물리·화학〗 〈금속 등이 기체·액체를〉 흡장(吸藏)하다; 〖기상〗 폐색하다; 〖치과〗 교합시키다 **—** *vi.* 〈이가〉 맞물리다; 폐색되다

oc·clúd·ed frónt [əklú:did-] 〖기상〗 폐색 전선

oc·clu·sive [əklú:siv] *a.* **1** 폐색하는, 폐색 작용의, 차단하는 **2** 〖음성〗 폐쇄(음)의

oc·cult [əkʌ́lt, ɑ́kʌlt | ɔkʌ́lt] [L 「숨겨진」의 뜻에서] *a.* **1** 신비스러운, 불가해한 **2** 초자연적인, 마술적인
— *n.* [the ~] 신비; 비술(秘術)

oc·cult·ism [əkʌ́ltizm | ɔ́kəltìzm] *n.* U 신비학; 신비주의; 신비 요법
-ist *n.* 비술 신봉자; 신비학자

oc·cu·pan·cy [ɑ́kjupənsi | ɔ́k-] *n.* U **1** 점유, 영유; 점유 기간 **2** (호텔·비행기 등의) 점유[이용]율

***oc·cu·pant** [ɑ́kjupənt | ɔ́k-] *n.* **1 점유자,** 현거주자 **2** 〖법〗 점거자, 선점자

‡oc·cu·pa·tion [ɑ̀kjupéiʃən | ɔ̀k-] *n.* **1** UC **직업,** 업무 **2** U 종사, 종업, 취업; 소일 **3** U **점유**(권[기간]); 거주 **4** U **점령,** 점거 **5** (직권의) 보유, 재직 기간, 임기

***oc·cu·pa·tion·al** [ɑ̀kjupéiʃənl | ɔ̀k-] *a.* **직업의**[에서 일어나는] **~·ly** *ad.*

occupátional thérapy 〖의학〗 작업 요법 《건강 회복에 적당한 가벼운 일을 시키는 요법》

oc·cu·pi·er [ɑ́kjupàiər | ɔ́k-] *n.* 점유자; 거주자, 차지[차가]인

‡oc·cu·py [ɑ́kjupài | ɔ́k-] [L 「손에 넣다」의 뜻에서] *vt.* (**-pied**) **1** 〈장소를〉 **차지하다**; 〈시일을〉 소비하다 **2** [~ one*self* 로] **종사하다**; 전념하다 **3** 점유[영유]하다; 빌려 쓰고 있다; 거주하다 **4** 〈군대 등이〉 **점령[점거]하다** **5** 〈지위·일자리를〉 **차지하다**

‡oc·cur [əkə́:r] [L 「…쪽으로 뛰다」의 뜻에서] *vi.* (**~red**; **~·ring**) **1** 〈일이〉 **일어나다, 생기다,** 발생하다 **2** 〈동식물·광물이〉 발견되다, 나타나다; [종종 부정문에서] 〈무생물이〉 …에 존재하다 《*in*》; 분포[서식]하다 **3 머리에 떠오르다**
if anything should ~ 무슨 일이 일어나거든; 만일의 경우에

O

***oc·cur·rence** [əkə́:rəns | əkʌ́r-] *n.* **1** Ⓤ (사건 등의) **발생** **2 사건**, 일어난 일
OCD obsessive compulsive disorder 〖정신의학〗 강박 신경증[장애]; Office of Civil Defense 민간 방위국
‡o·cean [óuʃən] [Gk 「지구의 주위를 흐르는 큰 강」의 뜻에서] *n.* **1** [the ~] **대양**, 해양; 외양(外洋) **2** [the ... O~] (5대양의 하나인) …양(洋) **3** [the ~] ((미)) 바다 **4** [an ~] (광활하게) 펼쳐짐, …의 바다 ((*of*)) **5** [~s of ...] ((구어)) 많음, 대량
o·cea·nar·i·um [òuʃənέəriəm] *n.* (*pl.* **~s, -i·a** [-iə]) 대(大)수족관
ócean dispòsal 폐기물 해양 투기
ócean enginèering 해양 공학
o·cean·go·ing [óuʃəngòuiŋ] *a.* 외양[원양] 항행의
O·ce·an·i·a [òuʃiǽniə | -ɑ́:n-, -éin-] *n.* 오세아니아, 대양주
-i·an *a.*, *n.* 오세아니아[대양]주의 (주민)
o·ce·an·ic [òuʃiǽnik] *a.* **1** 대양의, 대양성의; 대양에서 난 **2** 대양과 같은
O·ce·a·nid [ousí:ənid] *n.* (*pl.* **~s, -an·i·des** [òusiǽnədì:z]) 〖그리스신화〗 오케아니스 ((Oceanus의 딸; 바다의 여신))
o·cea·nog·ra·pher [òuʃənɑ́grəfər | -nɔ́g-] *n.* 해양학자
o·cea·no·graph·ic, -i·cal [òuʃənəgrǽfik(əl)] *a.* 해양학의
o·cea·nog·ra·phy [òuʃənɑ́grəfi | -nɔ́g-] *n.* Ⓤ 해양학
O·ce·a·nus [ousí:ənəs] *n.* 〖그리스신화〗 오케아노스 ((대양의 신))
o·cel·lus [ouséləs] *n.* (*pl.* **-li** [-lai]) **1** 단안(單眼) ((곤충 등의)) **2** 눈알무늬 ((공작의 꼬리 등))
oc·e·lot [ɑ́səlɑ̀t, óus- | ɔ́silɔ̀t] *n.* 〖동물〗 표범 비슷한 스라소니 ((중남미산))
o·cher, o·chre [óukər] *n.* Ⓤ 황토 ((그림 물감의 원료)); 황토색, 오커색 **~·ous** *a.*
-ock [ək] *suf.* 「작은…」의 뜻: hill*ock*
‡o'clock [əklɑ́k | əklɔ́k] [of the clock의 단축형] *ad.* …시; …시의 위치: at two ~ 2시에
oct. octavo
Oct. October
oct- [ɑkt | ɔkt], **octa-** [ɑ́ktə | ɔ́ktə] ((연결형)) 「8…」의 뜻 ((모음 앞에서는 oct-)): *octa*hedron
oc·ta·gon [ɑ́ktəgɑ̀n | ɔ́ktəgən] *n.* 8변형, 8각형; 8각당[실, 정탑]
oc·tag·o·nal [ɑktǽgənl | ɔk-] *a.* 8변[각]형의
oc·ta·he·dron [ɑ̀ktəhí:drən | ɔ̀k-] *n.* (*pl.* **~s, -dra** [-drə]) 8면체
oc·tam·e·ter [ɑktǽmətər | ɔk-] *a.*, *n.* 〖시학〗 8보격의 (시)
oc·tane [ɑ́ktein | ɔ́k-] *n.* Ⓤ 〖화학〗 옥탄; = OCTANE NUMBER
óctane nùmber[**ràting, vàlue**] 〖화학〗 옥탄가(價)
oc·tant [ɑ́ktənt | ɔ́k-] *n.* **1** 8분원 ((45도의 호)) **2** 〖항해·항공〗 8분의(分儀)
***oc·tave** [ɑ́ktiv, -teiv | ɔ́ktiv] *n.* **1** 〖음악〗 옥타브; 8도 음정; 제8음 **2** 〖운율〗 8행 시구(octet)
oc·ta·vo [ɑktéivou | ɔk-] *n.* (*pl.* **~s**) **1** Ⓤ 8절판 **2** 8절판의 책(cf. FOLIO 2) **—** *a.* 8절판의
oc·tet(**te**) [ɑktét | ɔk-] *n.* **1** 〖음악〗 8중주[중창], 8중주곡[단] **2** 〖운율〗 8행시, ((특히)) 14행시(sonnet)의 처음 8행 **3** 8명[8개] 1조
octo- [ɑ́ktou, -tə | ɔ́k-] ((연결형)) = OCT-
‡Oc·to·ber [ɑktóubər | ɔk-] [L 「제8의 달」의 뜻에서; 고대 로마에서는 1년을 10개월로 하고 3월부터 시작했음] *n.* **10월**, 시월 ((略 Oct.))
oc·to·ge·nar·i·an [ɑ̀ktədʒənέəriən | ɔ̀ktou-] *a.*, *n.* 80세[대]의 (사람)
***oc·to·pus** [ɑ́ktəpəs | ɔ́k-] *n.* (*pl.* **~·es**, ((드물게)) **-pi** [-pài]) **1** 〖동물〗 **문어**, 낙지 **2** 다방면으로 세력을 뻗치는 단체, 문어발 조직
oc·to·roon [ɑ̀ktərú:n | ɔ̀k-] *n.* 흑백 혼혈아
oc·to·syl·lab·ic [ɑ̀ktəsilǽbik | ɔ̀k-] *a.*, *n.* 8음절의 (시구)
oc·to·syl·la·ble [ɑ́ktəsìləbl | ɔ́k-] *n.* 8음절의 시구
oc·u·lar [ɑ́kjulər | ɔ́k-] *a.* Ⓐ 시각상의, 눈의[에 의한] **—** *n.* 접안렌즈, 접안경 **~·ly** *ad.*
oc·u·list [ɑ́kjulist | ɔ́k-] *n.* 안과 의사; 검안(檢眼) 의사
OD [óudí:] [*o*ver*d*ose] *n.*, *vi.* ((속어)) 마약의 과도 복용(으로 쓰러지다)
OD Officer of the Day 일직 사관; overdrawn 당좌 차월(借越)
ODA official development assistance 정부 개발 원조
o·da·lisque, -lisk [óudəlìsk] *n.* (옛 이슬람 궁중의) 여자 노예; (터키 군주의) 첩
‡odd [ɑd | ɔd] *a.* **1 이상한, 기묘한** **2 홀수**[**기수**]**의**(opp. *even*) **3** Ⓐ 〈돈 등이〉 **남은**, 우수리의 **4** Ⓐ **한 짝만의**: an ~ glove 장갑 한 짝 **5** Ⓐ 때때로의, 임시의 **6** Ⓐ 〈장소 등이〉 호젓한, 외딴
at ~ times [***moments***] 이따금씩
— *n.* **1** [*pl.*] ⇨ odds; 남은 것; 여분 **2** 〖골프〗 덤으로 주는 일타(一打); [the ~] 따고 들어가는 1점
odd·ball [ɑ́dbɔ̀:l | ɔ́d-] *n.* ((구어)) 괴짜, 괴벽스런 사람
odd·i·ty [ɑ́dəti | ɔ́d-] *n.* (*pl.* **-ties**) **1** Ⓤ 기이함 ((*of*)) **2** [보통 *pl.*] 괴벽, 편벽 **3** 괴짜, 기인(奇人); 별스러운 물건
odd-job [ɑ́ddʒɑ̀b | ɔ́ddʒɔ̀b] *vi.* 임시일[아르바이트]을 하다
odd-job·ber [ɑ́ddʒɑ́bər | ɔ́ddʒɔ́b-] *n.* 뜨내기 일꾼
odd-job·man [-dʒɑ́bmən | -dʒɔ́b-] *n.* (*pl.* **-men** [-mən]) = ODD-JOBBER
***odd·ly** [ɑ́dli | ɔ́d-] *ad.* **1 기묘하게**, 기이하게 **2** 홀수로; 나머지가 되어
ódd màn óut **1** 동전을 던져 1명을 선택[제외]하기; 그 놀이 **2** ((구어)) (동료들로부터) 따돌림받는 사람
odd·ment [ɑ́dmənt | ɔ́d-] *n.* 남은 물건; [*pl.*]=ODDS AND ENDS; 기묘한 것[일]

***odds** [ɑdz | ɔdz] *n. pl.* [때로 단수 취급] **1 가능성,** 가망 **2** (약자에게 주는) **유리한 조건 3 차이,** 우열의 차; 승산 **4** 불평등(한 것) **5** 다툼, 불화
be at ~ with …와 사이가 나쁘다, …와 불화하다 ***by long[all] ~*** 모든 점에서; 훨씬; 아마, 십중팔구 ***make ~ even*** 우열을 없애다, 비등하게 하다 ***take[receive] ~*** 유리한 조건의 제안을 받아들이다
ódds and énds 잡동사니, 시시한 것, 허섭스레기
odds-on [ɑ́dzɔ́:n | ɔ́dzɔ́n] *a.* 이길 가망이 있는, 승산이 있는
***ode** [oud] [Gk 「시」의 뜻에서] *n.* **송시**(頌詩), 부(賦)《특수한 주제로 특정한 사람·사물을 기리는 서정시》; 〖음악〗서정 가곡
O·din [óudin] *n.* 〖북유럽신화〗 오딘《지식·문화·군사를 맡아보는 최고 신》
***o·di·ous** [óudiəs] *a.* **증오할, 밉살스러운;** 불쾌한, 싫은 **~·ly** *ad.* **~·ness** *n.*
o·di·um [óudiəm] [L 「증오」의 뜻에서] *n.* Ⓤ **1** 악평, 비난 **2** 반감, 증오
o·dom·e·ter [oudɑ́mətər | -dɔ́m-] *n.* (자동차의) 주행 기록계(計)
o·don·tol·o·gy [òudɑntɑ́lədʒi | ɔ̀dɔn-tɔ́l-] *n.* Ⓤ 치과학; 치과 의술
***o·dor | o·dour** [óudər] *n.* **1 냄새,** 악취; **향기;** 《고어》 향수 **2** 기미, 낌새 《*of*》 **3** Ⓤ 평판, 인기, 명성
be in good ~ with the students (학생 간)에 인기가 있다
o·dor·if·er·ous [òudərífərəs] *a.* 향기로운; 《익살》 (도덕적으로) 부당한; 냄새나는, 구린 **~·ly** *ad.*
o·dor·less [óudərlis] *a.* 무취(無臭)의
o·dor·ous [óudərəs] *a.* =ODORIFEROUS
O·dys·se·us [oudísiəs, -sju:s | ədísju:s, -siəs] *n.* 〖그리스신화〗 오디세우스《라틴명 Ulysses》
Od·ys·sey [ɑ́dəsi | ɔ́d-] *n.* **1** 오디세이《Homer의 대 서사시; cf. ILIAD》 **2** [종종 **o~**] 《문어》 장기간의 방랑, 장기간의 모험(여행)
OE Old English
OECD Organization for Economic Cooperation and Development 경제 협력 개발 기구
Oed·i·pus [édəpəs | í:d-] *n.* 〖그리스신화〗 오이디푸스《Sphinx의 수수께끼를 풀었고, 숙명 때문에 아버지를 죽이고 어머니를 아내로 삼은 Thebes의 왕》
Óedipus còmplex 〖정신분석〗 오이디푸스 콤플렉스《자식이 이성 부모에 대해 (특히 아들이 어머니에게) 무의식적으로 품는 성적 사모》
oem, OEM original equipment manufacturer[manufacturing] 주문자 상표에 의한 제품 생산자[기업]
oe·no·phile [í:nəfàil], **oe·noph·i·list** [i:nɑ́fəlist | -nɔ́f-] *n.* (특히 감정가로서의) 포도주 애호가
o'er [ɔ:r] *ad., prep.* 《시어》 =OVER(cf. E'ER)
*****of** [ʌv, ɑv | ɔv, əv] *prep.* **1** [거리·위치·시간] …**에서,** …부터: within ten miles[hours] *of* Seoul 서울에서 10마일[시간] 이내에 **2** [분리·박탈] **a** [동사와 함께] (…에서) …을 (…하다): deprive a person *of* his money …에게서 돈을 빼앗다 **b** [형용사와 함께] …으로부터 **3** [기원·출처] 《문어》 …**으로부터,** …의 **4** [원인] …**때문에,** …으로 **5** [재료] …**으로 (만든),** …으로 (이루어진): made *of* gold[wood] 금[나무]으로 만든 **6** [주격 관계] **a** [동작의 행위자·작품의 작자] …**이,** …의: the works *of* Milton 밀턴의 작품 **b** [it is + 형용사 + of + (대)명사(+ *to* do)] 〈…이 …하는 것은〉 …**이다** 《여기에 쓰이는 형용사는 kind, good, clever, wise, foolish 등 사람의 성질을 나타내는 말들임》 **7** [소유·소속] …**의,** …이 소유하는, …에 속하는: the room *of* my brothers 내 형제들의 방 **8** [목적격 관계] **a** [동작명사 또는 동명사와 함께] …**을,** …의: the discovery *of* America 미국의 발견《미국을 발견한 일》 **b** [형용사와 함께] …**을:** I am fond *of* music 음악을 좋아한다. **9** [동격 관계] …**이라고 하는,** …인: the city *of* Rome 로마시(市) **10** [부분] …**의** (**일부**); …중의: some *of* my money 내 돈의 일부/the 20th *of* June 6월 20일 **11** [분량·용기(容器); 수량·단위를 나타내는 명사 뒤에서] …**의:** a cup *of* coffee 한 잔의 커피 **12** [관계·관련] …**한 점에 있어서,** …에 관해서: a long story *of* adventures 긴 모험담/He is twenty years *of* age. 그는 스무살이다. **13** [of + 명사 → 형용사구] **a** …**의:** a girl *of* ten (years) 10세의 소녀 **b** [명사 + of + a ...] …**같은:** an angel *of a* boy 천사 같은 소년 **14** [of + 명사 → 부사구] 《문어》 **a** [때를 나타내어 때때로 습관적 행위에 쓰임] …에 (곧잘): *of* late 최근(에) **b** …하게 **15** [시각] 《미》 〈몇 시〉 (…분) 전(to): It is five minutes *of* ten. 10시 5분 전이다.
of all men[people] (1) 누구보다도 먼저 (2) (다른 사람도 있을 텐데) 하필이면 ***of all others*** ⇨ other *pron.* ***of all things*** (1) 무엇보다도 먼저 (2) (다른 것들도 많은데) 하필이면
OF Old French
of- [ɑf, əf | ɔf, əf] *pref.* =OB- (f 앞에 올 때의) 변형: *of*fensive
*****off** [ɔ:f, ɑf | ɔf] *prep.* **1** [고정된 것으로부터의 분리] **a** 〈고정·부착된 것〉 …**에서 (떨어져) b** 〈탈것 등으로부터〉 **내려서 c** …**에서 빠져:** ~ the hinges 경첩이 빠져서; 심신이 탈이 나서 **d** 《구어》 (본래의 상태)**에서 벗어나,** …이 어긋나서 **2** (주제로부터) **벗어나:** get ~ the subject 주제에서 벗어나다 **3** 〈일 등〉**에서 벗어나:** He is ~ work. 그는 일을 하지 않고 있다. **4** 《구어》 …을 싫어하여, …에 싫증이 나서; …을 그만 두고: I am ~ fish. 생선이 싫어졌다, 생선을 안 먹는다. **5** [떨어진 위치·상태] …**에서 떨어져,** …을 이탈하여: two miles ~ the main road 간선도로에서 2마일 떨어져 **6** 〈시선 등을〉 …에서 떨어져[돌려] **7** [dine, eat와 함께] 〈식사(의 일부)〉를 (먹다): *eat* ~ beefsteaks 비프스테이크를 먹다 **8** …의 먼

O

바다에[에서] **9** [live와 함께] …에 의존하여 **10** …**에서 할인하여**, …에서 빼서
— *ad.* **1** [이동·방향] **떨어져**, 떠나, 출발하여: be ~ 떠나다, 도망치다 **2 a** [분리] **떨어져**; **분리되어**: come ~ 분리되어 떨어지다 **b** [절단·단절을 나타내는 동사와 함께] **잘라**(**내어**): bite ~ 물어 뜯다 **3** [시간·공간적 분리] **떨어져**, 저쪽에, 멀리, 사이를 두고: Hands ~! 손대지 마시오! **4 a** [동작의 완료·중지] …**해 버려**; 완전히, 끝까지: drink ~ 모두 마셔 버리다 **b** [관계의 단절] ((미)) 〈…와〉 관계가 끊어져 ((*with*)) **5** (일·근무 등을) **쉬고**: have [take] a day ~ 일을 하루 쉬다[휴가를 얻다] **6** 할인하여: 50% ~! 반액 할인! **7** 〖연극〗 무대 뒤에서
~ and on 때때로, 불규칙하게 ***~ of*** [***from***] ***...*** ((미·구어)) …으로부터 ***O~ with ...*** [명령법으로] 〈모자·옷 등을〉 벗어라 ***O~ with you!*** 저리 가 버려!
— *a.* **1 a** (큰길에서) **갈라진 b** (중심에서) 떨어진; (주제를) 벗어난 **2** ((영·구어)) 〈사람·언동 등이〉 이상한; ((속어)) 게으른 **3** 〈물건이〉 저질인; 〈음식이〉 상한: This fish is a bit ~. 이 생선은 약간 상해 있다. **4** 〈행사·약속 등이〉 취소된; 〈전기·가스 등이〉 끊긴 **5 a 비번인**, 쉬는: I'm ~ today. 나는 오늘 비번이다[쉰다]. **b** 철이 아닌, 한산한 **6** [well, ill 등의 부사와 함께] **a 생활 상태가** …인: be well[badly] ~ 살림이 유복하다[어렵다] **b** 〈물건 등이〉 …의 상태인: We are well ~ for butter. 버터는 충분히 있다. **7** 가능성이 적은

of·fal [ɔ́:fəl | ɔ́f-] *n.* 쓰레기, 폐물

off·beat [-bí:t] *a.* **1** 색다른, 별난, 엉뚱한; 기이한 **2** 〖음악〗 오프비트의
— *n.* 〖음악〗 오프비트

óff Bróadway [집합적] 오프브로드웨이 ((미국 뉴욕시의 Broadway 밖에 있는 비상업적 연극을 상연하는 극장 또는 그 연극))

off-cen·ter(ed) [-séntər(d)] *a.* 중심을 벗어난; 균형을 잃은, 불안정한

óff chànce 도저히 있을 것 같지 않은 기회, 희박한 가능성
on the ~ 혹시나 하고

off-col·or [-kʌ́lər] *a.* **1 a** 안색이 좋지 않은; 기분이 좋지 않은 **b** 〈보석 등이〉 색이 좋지 않은; 품질이 나쁜 **2** 음탕한, 상스러운

óff dày 비번일, 쉬는 날

off-du·ty [-djú:ti | -djú:-] *a.* 비번의, 비번 때의

***of·fence** [əféns] *n.* ((영)) = OFFENSE

***of·fend** [əfénd] [L「치다, 상처입히다」의 뜻에서] *vt.* **1 성나게 하다**, …의 감정을 상하게 하다; 〈감정·정의감 등을〉 해치다, 손상시키다 **2** 불쾌하게 하다, 거스르다: ~ the ear[eye] 귀[눈]에 거슬리다 **3** 〈법을〉 위반하다, 〈규범을〉 깨다 **4** ((폐어)) 〖성서〗 …에게 죄를 범하게 하다, 실수하게 하다 — *vi.* **1 죄**[**과오**]**를 범하다** **2** 〈법률·예의 등에〉 어긋나다, 위반되다 ((*against*)) **3** 남의 감정을 해치다

***of·fend·er** [əféndər] *n.* **1** (법률상의) **범죄자**, 위반자 ((*against*)) **2** 남의 감정을 해치는 사람[것]
a first ~ 초범자 ***an old*** [***a repeated***] ***~*** 상습범

of·fend·ing [əféndiŋ] *a.* 불쾌감을 주는, 감정을 상하게 하는

***of·fense | of·fence** [əféns] *n.* **1** (법률·규칙 등의) **위반**, 반칙 ((*against*)) **2** (도덕적인) 죄 **3 a** Ⓤ 무례, 모욕; 감정을 해치기, 성내기 **b** 기분을 상하게 하는 것, 불쾌한 것 **4** Ⓤ **공격**(opp. *defense*); Ⓒ [the ~; 집합적] 〖경기〗 공격군[측]
commit an ~ against …을 위반하다 ***~ against decency*** 무례

of·fense·less [əfénslis] *a.* 남의 감정을 해치지 않는, 악의없는; 공격력이 없는

***of·fen·sive** [əfénsiv] *a.* **1 불쾌한**, 거슬리는 **2 무례한**, 화나는, 모욕적인 **3 a 공격적인**, 공세의; 공격측의 **b** 공격용의
— *n.* **1** [the ~] 공격; 공격 태세, 공세 **2** (비군사적) 공세, (적극적) 활동, 사회 운동 **~·ly** *ad.* **~·ness** *n.*

***of·fer** [ɔ́:fər, ɑ́f- | ɔ́f-] [L「앞으로 가지고 나오다」의 뜻에서] *vt.* **1** 〈물건·원조 등을〉 **제공하다**; **제출하다** **2** 〈의견 등을〉 **제의**[**제안**]**하다** **3** 시도하다 **4** ((문어)) 〈기도를〉 드리다; 〈제물을〉 바치다 ((*up*)) **5** 〖상업〗 〈어떤 값으로〉 팔려고 내놓다; 〈값을〉 부르다 **6 a** 〈사물이〉 제시하다, 나타내다 **b** [~ one*self* 로] 〈기회 등이〉 나타나다; 생기다 — *vi.* 〈사물이〉 나타나다, 〈사건이〉 일어나다 — *n.* **1 제공**; 제안, 제의, 신청 ((*of*)) **2** 〖상업〗 오퍼; 제공 가격, 부르는 값 **3** 구혼, 청혼
make an ~ 제의하다; 제공하다; 값을 매기다 ***under ~*** ((영)) 〈팔 집이〉 살 사람이 나서, 값이 매겨져

of·fer·er, -or [ɔ́:fərər | ɔ́f-] *n.* 제공자, 제안자, 신청자

***of·fer·ing** [ɔ́:fəriŋ | ɔ́f-] *n.* **1** Ⓤ (신에게의) **봉납**, 헌납; Ⓒ 봉헌물 **2** (교회에의) 헌금, 연보 **3** ((고어·익살)) 선물 **4 신청**, 제의; (팔 물건의) 제공 **5** ((미)) **a** Ⓤ 매출 **b** 견본품, 제공물

of·fer·to·ry [ɔ́:fərtɔ̀:ri | ɔ́fətəri] *n.* (*pl.* **-ries**) **1** [종종 **O~**] 〖가톨릭〗 (빵·포도주 등의) 봉헌; 봉헌송(誦) **2** (교회에서의) 헌금 성가[성구]; 헌금식; 헌금

off·hand [-hǽnd] *ad.* **1** 즉석에서 **2** 아무렇게나, 되는 대로; 무심코 — *a.* 아무렇게나 하는, 되는 대로의; 무심코 한

off·hand·ed [-hǽndid] *a.* = OFFHAND **~·ly** *ad.* **~·ness** *n.*

of·fice** [ɔ́:fis | ɔ́f-] *n.* **1 사무실**, 취급소, …소; ((미)) 진료실, 의원; ((미)) (대학 교원의) 연구실 **2** Ⓤ **관직**, 공직 **3 직무**, **임무**, 직책; [보통 *pl.*] 호의, 진력, 알선 **4** [**O~**] **관청**; ((영)) 부, 성(省), 청(廳); ((미)) 국, 부(部) **5** [*pl.*] ((영)) 가사실, 외양간, 광; ((익살)) 변소 **6** (종교적) 의식 ***be in an ~ 사무실[회사]에 근무하다 ***be*** [***stay***] ***in ~*** 재직하다 ***do*** [***exercise***] ***the ~ of*** …의 직책을 맡아 하다 ***enter*** (***upon***) ***~*** 공직에 취임하다

óffice automátion 사무 자동화 ((컴퓨터의 정보 처리 시스템에 의한 사무 처리; 略 OA))

óffice blòck ((영)) = OFFICE BUILDING

óffice bòy (회사 등의) 사환, 사동

óffice bùilding (미) 사무실용 빌딩

óffice còpy 〖법〗 (관청이 작성하여 인증한) 공인 등본, 공문서

óffice gìrl 여자 사무원[사환]

of·fice·hold·er [-hòuldər] *n.* (미) 공무원(official)

óffice hòurs **1** 집무[근무] 시간, 영업시간(business hours) **2** (미) 진료시간

óffice làwyer (미) (기업 등의) 법률고문

****of·fic·er** [ɔ́:fisər | ɔ́f-] *n.* **1 a 장교,** 무관, 사관 **b** (상선의) 고급선원 **2 a** (고위) **공무원,** 관리 **b** 경관 **c** (회사 등의) 임원
***first*[*second, third*] ~** 〖항해〗 일등[이등, 삼등] 항해사 ***military*[*naval*] ~** 육군[해군] 장교
— *vt.* [보통 수동형] **1** 장교[고급 선원]를 배치하다 **2** (장교로서) 지휘하다, 관리하다

óffice sèeker[hùnter] 공직 취임 운동자, 엽관배

óffice wòrker 회사원, 사무원

****of·fi·cial** [əfíʃəl] *n.* **1 공무원,** 관공리; (단체 등의) 임원: government[public] ~*s* 공무원, 관(공)리 **2** (미) (운동 경기의) 경기 임원 《심판원·기록원 등》 **—** *a.* **1 a 공(公)의,** 직무상의 **b** 관직에 있는, 관선의 **2 공식의,** 관헌[당국]에서 나온, 공인된 **3 관청식의**

of·fi·cial·dom [əfíʃəldəm] *n.* Ⓤ **1** [집합적] 공무원 **2** 공무원의 지위[세계]; 관료주의

of·fi·cial·ese [əfìʃəlí:z] *n.* Ⓤ (장황하고 난해한) 관청어(법)

of·fi·cial·ism [əfíʃəlìzm] *n.* Ⓤ **1** (관청식) 형식주의; 관료주의 **2** 관청 제도

***of·fi·cial·ly** [əfíʃəli] *ad.* **1 공무상,** 직책상 **2** 공식으로; 직권에 의해 **3** [문장 전체를 수식하여] 정식 발표로는; 표면상으로는

Official Recéiver 〖영국법〗 (법원의 중간 명령에 의한) (파산) 관재인, 수익관리인

of·fi·ci·ant [əfíʃiənt] *n.* 사제, 당회(堂會) 목사

of·fi·ci·ate [əfíʃièit] *vi.* **1** 〈성직자가〉 집례[집전]하다; 식을 집행하다 《*at*》 **2** 직무를 행하다, 직권을 행사하다 《*as*》 **3** (운동 경기의) 심판을 보다

of·fic·i·nal [əfísənl | ɔ̀fisáinl] *a.* **1** 약용의 〈식물 등〉 **2** 매약(賣藥)의 **3** 약전(藥典)의

of·fi·cious [əfíʃəs] *a.* **1** 참견하기 좋아하는, 주제넘게 나서는 **2** 〖외교〗 비공식의 (opp. *official*) **~·ly** *ad.* **~·ness** *n.*

off·ing [ɔ́:fiŋ | ɔ́f-] *n.* [the ~] 앞바다 (의 위치) ***in the ~*** (1) 앞바다에 (2) 가까운 장래에, 곧 나타날 것 같은; 머지않아 일어날 것 같은

off·ish [ɔ́:fiʃ | ɔ́f-] *a.* (구어) 새치름한, 쌀쌀한, 교제를 피하는 **~·ly** *ad.* **~·ness** *n.*

off-key [-kí:] *a.* 음정이 맞지 않는; 정상이 아닌, 변칙의; 비상식적인, 기묘한

off-li·cense [-làisns] *n.* (영) 주류 판매 면허(점) 《점포 내에서의 음주는 불가; opp. *on-license*》

off-limits [-límits] *a.* (미) 출입 금지의

off-line [-làin] *a.* 〖컴퓨터〗 오프라인의 《데이터 처리에서 단말기가 주 컴퓨터에 직결되지 않은; opp. *on-line*》
— *ad.* 〖컴퓨터〗 오프라인으로

off-load [-lóud] *vt., vi.* = UNLOAD

off-mes·sage [-mésidʒ] *a., ad.* 〈정치가가〉 당의 공식 노선에서 벗어난[벗어나서]

off-off-Broad·way [-ɔ̀:fbrɔ́:dwèi | -ɔ̀f-] *a., ad.* 오프오프브로드웨이의[에서] **—** *n.* Ⓤ [집합적] 오프오프브로드웨이 《오프브로드웨이보다 더 전위적인 연극 운동》

off-peak [-pí:k] *a.* Ⓐ 러시아워 외의, 피크를 지난, 한산한 때의; 〖전기〗 오프피크의 〈부하〉

off-price [-práis] *a.* 할인의

off·print [-prìnt] *n.* (정기 간행물·논문의) 발췌 인쇄

off-put·ting [-pùtiŋ] *a.* (영·구어) 반감을 갖게 하는, 불쾌한; 당혹하게 하는

off·screen [-skrí:n] *a.* 영화[텔레비전] 화면 밖의; 사생활의, 실생활의 **—** *ad.* 영화[텔레비전] 화면에 안 나오고; 사생활[실생활]에서

***off-sea·son** [ɔ́:fsí:zn | ɔ́f-] *a., ad.* **한산기의[에]** **—** *n.* **한산기**

***off·set** [ɔ́:fsèt | ɔ́f-] *v.* (~; **~·ting**) *vt.* **1 차감 계산하다,** 상쇄하다 **2** 〖인쇄〗 오프셋 인쇄로 하다 **—** *n.* **1** 상쇄하는 것, 벌충, 차감 계산 《*to*》 **2** (산의) 지맥; 〖식물〗 단복지(短匐枝), 분지(分枝) **3** 〖인쇄〗 오프셋 (인쇄법)

off·shoot [-ʃù:t] *n.* **1** 〖식물〗 옆가지, 분지(分枝) **2** (씨족의) 분파, 분가 **3** 파생물 《*from*》, 파생적 결과 《*of*》

off·shore [-ʃɔ́:r] *ad.* **1** 앞바다에 **2** 앞바다를 향하여
— [∠∠] *a.* **1** 앞바다의 **2** 〈바람 등이〉 (해안에서) 앞바다를 향하는 **3** 국외에서 정한, 역외(域外)의

off·side [-sáid] *n.* **1** 〖축구·하키〗 오프사이드 《반칙의 위치》 **2** [the ~] (영) **a** (말·마차의) 오른쪽 **b** (자동차의) 도로 중앙쪽 **—** *a., ad.* **1** 〖축구·하키〗 오프사이드의[에](cf. ONSIDE) **2** 〈취미 등이〉 저속한[하게]

****off·spring** [ɔ́:fsprìŋ | ɔ́f-] *n.* (*pl.* **~, ~s**) **1** (사람·동물의) **자식,** 새끼; 자손 **2** 생긴 것, 소산, 결과 《*of*》

off·stage [-stéidʒ] *a., ad.* **1** 〖연극〗 무대 뒤의[에서] **2** 사생활의[에서]; 몰래(하는); 비공식의[으로]

off-street [-strì:t] *a.* Ⓐ 큰길에서 떨어진; 뒷길의, 뒷골목의

off-the-cuff [-ðəkʌ́f] *a., ad.* (미·구어) 준비 없이 (하는), 즉석의[에서]

off-the-rack [-ðərǽk] *a.* 〈의복이〉 기성품인

off-the-rec·ord [-ðərékərd | -kɔ:d] *a., ad.* 기록에 남기지 않는[고]; 비공식의[으로]

off-the-shelf [-ðəʃélf] *a.* 재고품의, 기성품인

off-the-wall [-ðəwɔ́:l] *a.* (미·구어) 흔하지 않은, 별난; 즉흥적인

O

off·track [-trǽk] *a.*, *ad.* 《미·구어》 장외의[에서]
off-white [-*h*wáit] *n.*, *a.* 회색[황색]이 도는 흰색(의)
óff yèar 《미》 **1** 대통령 선거가 없는 해 **2** 〈생산·매출 등이〉 부진한 해
oft [ɔ:ft | ɔft] *ad.* [종종 복합어를 이루어] 《고어·시어》 흔히, 종종(often)
***of·ten** [ɔ́:fən, ɔ́:ftn | ɔ́f-] *ad.* (**~·er, more ~**; **~·est, most ~**) 흔히, 종종, 자주 《문장에서 보통 동사 앞이나 be 및 조동사의 뒤에 위치》 《**often** 단지 일이 여러 번 반복되어 일어남을 뜻함. **frequently** 일이 빈번히, 정기적으로, 또는 비교적 단시간의 간격을 두고 일어남을 뜻함》 (*as*) **~** *as* (1) …할 때마다 (2) …번이나 (*as*) **~** *as not* 종종, 자주 *every so* **~** =EVERY now and then *more* **~** *than not* 자주, 대개
of·ten·times [ɔ́:fəntàimz | ɔ́f-], **oft·times** [ɔ́:f*t*tàimz | ɔ́f*t*-] *ad.* 《고어·시어》 = OFTEN
o·gle [óugl] *n.* 추파; 《속어》 눈
— *vt.*, *vi.* 〈여자에게〉 추파를 던지다
OGM outgoing message 발신 메시지
o·gre [óugə*r*] *n.* **1** (동화 등의) 사람 잡아먹는 도깨비 **2** 도깨비 같은 사람; 야만인
~·ish [óugəriʃ] *a.*
o·gress [óugris] *n.* OGRE의 여성형
***oh** [ou] [동음어 O², owe] *int.* 오오, 앗 《놀람·공포 따위의 발성》
OH 《미》 〖우편〗 Ohio
O. Hen·ry [óu-hénri] *n.* 오 헨리(1862-1910) 《미국의 단편 소설가》
***O·hi·o** [ouháiou] *n.* **1** 오하이오 《미국 북동부의 주》 **2** [the ~] 오하이오 강 《Mississippi 강의 지류》
O·hi·o·an [ouháiouən] *a.*, *n.* Ohio 주의 (사람)
ohm [oum] *n.* 〖전기〗 옴 《전기 저항의 단위; 기호 Ω》
ohm·me·ter [óummì:tə*r*] *n.* 옴계, 전기 저항계
OHMS On His[Her] Majesty's Service 《영》 「공용」 《공문서 등의 무료 배달 표시》
o·ho [ouhóu] *int.* 오호, 허, 저런 《놀람·우롱·환희 등을 나타내는 소리》
-oid [ɔid] *suf.* 「…같은 것, …모양의 (것), …질(質)의」의 뜻
***oil** [ɔil] *n.* **1** Ⓤ [종류를 말할 때는 Ⓒ] 기름 **2** Ⓤ 《미》 석유 **3** [보통 *pl.*] 유화 물감; 유화 **4** 《구어》 유포(油布); [*pl.*] 방수복 *burn*[*consume*] *the midnight* **~** 밤늦게까지 공부하다[일하다] *pour* **~** *on the flame*(*s*) (1) 불에 기름을 붓다 (2) 선동하다 *pour*[*throw*] **~** *on troubled waters* 풍파[싸움]를 진정시키다 *strike* **~** (1) 유맥(油脈)을 찾아내다 (2) 〈투기가 성공해〉 벼락부자가 되다; 〈새 기업 등이〉 성공하다
— *a.* Ⓐ 기름을 연료로 쓰는
— *vt.* 기름을 바르다; 기름을 치다
~ *one's*[*the*] *tongue* 아첨하다 **~** *the wheels* 뇌물을 써서[아첨하여] 일을 원활하게 하다
oil-bear·ing [-bὲəriŋ] *a.* 〈지층 등이〉 석유를 함유한
óil càke 깻묵 《가축의 사료·비료》
oil·can [-kæ̀n] *n.* 주유기; 기름통
***oil·cloth** [ɔ́ilklɔ̀:θ | -klɔ̀θ] *n.* (*pl.* **~s** [-klɔ̀:ðz | -klɔ̀θs]) **1 a** ⓊⒸ 유포(油布), 방수포 **b** (식탁보 등의) 오일 클로스 **2** Ⓤ 《영》 리놀륨
óil còlor [보통 *pl.*] 유화 물감; 유화
oil-drum [-drʌ̀m] *n.* 석유 (운반용) 드럼통
óil èngine 석유 엔진
oil·er [ɔ́ilə*r*] *n.* **1** 기름 붓는[치는] 사람; 급유기, 주유기; 유조선, 탱커 **2** [*pl.*] 《미·구어》 방수복, 비옷(oilskins) **3** 《속어》 아첨꾼
óil field 유전(油田)
oil-fired [ɔ́ilfàiə*r*d] *a.* 기름[석유]을 연료로 쓰는
oil·man [ɔ́ilmæ̀n, -mən] *n.* (*pl.* **-men** [-mèn, -mən]) **1 a** 석유업자 **b** 유류 상인[배달인] **2** 《미》 석유 기업가
óil mèal 깻묵 가루 《가축 사료·비료》
óil pàint 유화 채료, 유성 페인트
óil pàinting **1** Ⓤ 유화법 **2** 유화
óil pàlm 〖식물〗 기름야자나무 《아프리카산; 열매에서 palm oil을 채취함》
oil·pa·per [-pèipə*r*] *n.* Ⓤ 유지; 동유지(桐油紙)
óil prèss 착유기
oil-pro·duc·ing [-prəd*j*ù:siŋ | -djù:s-] *a.* 석유를 산출하는
óil sànd 유사(油砂) 《원유를 함유한 다공성 사암(多孔性砂岩)》
óil shàle 〖광물〗 유모혈암(油母頁岩), 유혈암
oil·skin [-skìn] *n.* Ⓤ 유포, 방수포; [*pl.*] 방수복
óil slìck (바다·호수 등에 있는 석유의) 유막
oil-tank·er [-tæ̀ŋkə*r*] *n.* 석유 수송선[차], 유조선
óil wèll 유정(油井)
***oil·y** [ɔ́ili] *a.* (**oil·i·er**; **-i·est**) **1 a** 유질[유성]의 **b** 기름을 바른 **c** 기름기 많은; 기름투성이의 **d** 〈피부가〉 지성(脂性)의 **2** 구변이 좋은, 잘 지껄이는
oink [ɔiŋk] [의성어] 《구어》 *n.* (돼지의) 꿀꿀 소리 — *vi.* 〈돼지가〉 꿀꿀거리다
***oint·ment** [ɔ́intmənt] *n.* ⓊⒸ 연고
oj, OJ 《미·구어》 orange juice
OJT on-the-job training 〖경영〗 직장내 훈련
***OK, O.K.** [òukéi, ⌐⌐] 《구어》 *a.* Ⓟ **1** 좋은, 괜찮은, 지장 없는 **2** 틀림없는 《*with*, *by*》 — *ad.* **1** 틀림없이, 순조롭게 **2** 좋아, 오케이 — *n.* (*pl.* **~'s**) 승인; 교료(校了)
— *vt.* (**OK'd, O.K.'d**; **OK'ing, O.K.'ing**) **1** OK라고 쓰다 《교료의 표시 등으로》 **2** 승인하다
o·ka·pi [ouká:pi] *n.* (*pl.* **~s,** **~**) 〖동물〗 오카피 《기린과(科); 중앙 아프리카산》
o·kay, o·keh, o·key [òukéi, ⌐⌐] *a.*, *ad.*, *n.*, *vt.* = OK
o·key·doke [óukidóuk], **-do·key** [-dóuki] *a.*, *ad.* 《미·구어》 = OK

O·khotsk [oukɑ́tsk | -kɔ́tsk] *n.* **the Sea of ~** 오호츠크 해
Okla. Oklahoma
***O·kla·ho·ma** [òukləhóumə] *n.* 오클라호마 《미국 남부의 주; 주도 Oklahoma City; 略 Okla.》
O·kla·ho·man [òukləhóumən] *a.* Oklahoma 주 (사람)의
— *n.* Oklahoma 주의 사람
o·kra [óukrə] *n.* 〖식물〗 오크라 《꼬투리는 수프 등에 씀》
‡**old** [ould] *a.* (**old·er**; **~·est**) **1 a** 나이 먹은, 늙은 **b** 노년의; 노후한 **2** (만) …살[세]의 **3** 헌, 오래된(opp. *new*); 옛날의 **4 a** 옛날부터의, 오래 사귄 **b** 상투적인 **5** 구식의 **6** 고대의, 전시대의 **7** 노련한; 사려 깊은; 교활한 **8** 《구어》 [친밀한 정을 나타내거나, 종종 호칭으로 쓰여] 친한, 그리운
— *n.* [보통 …-year-old 형태로 복합어를 이루어] …살 난 사람[동물]
of ~ 옛날의; 옛날에는; 옛적부터
óld áge 노년, 노령 《보통 65세 이상》
old-age [óuldéidʒ] *a.* Ⓐ 노년의[을 위한]: the ~ pension 노후 연금
óld bóy **1** 《구어》 정정한 노인 **2** 《영》 (public school 등의) 졸업생, 교우 **3** [친밀한 호칭] 《영》 여보게
óld cóuntry [the ~, one's ~] (이민의) 고국; (특히 영국 식민지인의) 영본국; (미국에서 본) 유럽
Óld ecónomy 구경제 《제조업 중심의 경제 체제》
***old·en** [óuldən] *a.* 《고어·문어》 옛날의
in the ~ time = ***in ~ times*** [***days***] 옛날에(는)
Óld Énglish 고대 영어(Anglo-Saxon) 《略 OE》
‡**old-fash·ioned** [óuldfǽʃənd] *a.* **1** 구식의, 고풍의 **2** 유행에 뒤떨어진
óld fóg(e)y 시대에 뒤떨어진 사람 《주로 노인》
Óld Frénch 고대 프랑스 말 《略 OF》
óld gírl **1** 《영》 (여자) 졸업생, 교우(cf. OLD BOY 2) **2** 《구어》 **a** [the ~] 아내; 마누라; 어머니 **b** 노파
Óld Glóry 《미·구어》 성조기 《미국 국기》
óld grówth **1** 오래된 나무의 숲 **2** 처녀림
óld guárd (정당 내의) 보수파
óld hánd 노련한 사람, 숙련자 《*at*》
Óld Hárry 《익살》 악마
óld hát *a.* Ⓟ 《구어》 시대에 뒤떨어진; 평범한, 진부한
old·ish [óuldiʃ] *a.* 늙수그레한; 고풍의
òld lády **1** 노부인 **2** [one's ~, the ~] 《구어》 **a** 아내, 마누라 **b** 어머니
old-line [-láin] *a.* 《미·캐나다》 보수적인; 역사가 오래된, 전통 있는
óld máid **1** 《경멸》 노처녀 **2** 《구어》 깐깐하고 까다로운 사람 **3** 〖카드〗 여왕 잡기 《도둑 잡기의 일종》
old-maid·ish [-méidiʃ] *a.* 노처녀 같은; 깐깐하고 까다로운
òld mán **1** 노인 **2** [one's ~, the ~] 《구어》 **a** 남편 **b** 아버지 **3** [the ~; 때로 **O~ M~**] **a** 두목 **b** 선장; 대장 《등》 **4** [친밀한 호칭으로] 여보게
óld máster **1** [the ~s] (특히 15-18세기 유럽의) 대화가 **2** 옛 대화가의 작품
Óld Níck [the ~] 《구어》 악마
Óld Óne [the ~] 《구어·익살》 악마; 케케묵은 익살[농담]
óld péople's hòme 양로원
óld schòol **1** [보통 one's ~] 모교 **2** [the ~; 집합적] 보수파, 보수주의자
óld schòol tíe 《영》 **1** (public school 출신자의) 모교의 넥타이 **2** [the ~] public school 출신자의 학벌 의식; 학벌; 보수적 태도[생각]
óld sóldier 노병; 경험자
óld stáger 《영·구어》 = STAGER
old·ster [óuldstər] *n.* 《미·구어》 노인
Óld Stýle [the ~] (율리우스력에 의한) 구력(舊曆)(cf. NEW STYLE)
Óld Téstament [the ~] 구약 성서
***old-time** [óuldtáim] *a.* 옛날의, 옛날부터의
old-tim·er [-táimər] *n.* 《구어》 **1** 고참자; 구식 사람 **2** [호칭으로도 쓰여] 《미》 노인
Óld Víc [-vík] [the ~] 올드 빅 《런던에 있던 레퍼토리 극장; Shakespeare극으로 유명》
óld wíves' tàle (노파들의) 실없는 이야기, 어리석은 미신
óld wóman **1** 노파 **2** 《경멸》 잔소리 많은[좀스러운] 남자 **3** [the ~, one's ~] 《구어》 마누라; 어머니
old-wom·an·ish [-wúməniʃ] *a.* 노파 같은; 잔소리 많은
Óld Wórld [the ~] **1** 구세계 《Asia, Europe, Africa》 **2 a** 동반구(東半球) **b** 《미》 《특히》 유럽 (대륙)
old-world [-wə́:rld] *a.* **1** 태고의; 고풍의, 예스러운 **2 a** 구세계(Old World)의 **b** 《미》 《특히》 유럽 (대륙)의
o·le·ag·i·nous [òuliǽdʒənəs] *a.* **1** 유질의, 유성(油性)의 **2** 말주변이 좋은, 영합하는
o·le·an·der [óuliæ̀ndər] *n.* 〖식물〗 서양협죽도 《지중해 지방산의 유독 식물》
o·le·o·graph [óuliəgræ̀f | -grɑ̀:f] *n.* 유화식 석판화
o·le·o·mar·ga·rin(e) [òulioumɑ́:rdʒəri:n | -mɑ̀:dʒərí:n] *n.* Ⓤ 올레오 마가린 《인조 마가린》
ol·fac·tion [ɑlfǽkʃən | ɔl-] *n.* Ⓤ 후각, 후각 작용
ol·fac·to·ry [ɑlfǽktəri | ɔl-] *a.* 후각의, 후관(嗅官)의
ol·i·garch [ɑ́ləgɑ̀:rk | ɔ́l-] *n.* 과두 정치의 독재자
ol·i·gar·chy [ɑ́ləgɑ̀:rki | ɔ́l-] *n.* (*pl.* **-chies**) **1** ⓊⒸ 과두 정치, 소수 독재 정치(opp. *polyarchy*); 과두 독재국 **2** [집합적] 소수의 독재자
ol·i·gop·o·ly [ɑ̀ligɑ́pəli | ɔ̀ligɔ́p-] *n.* Ⓤ 〖경제〗 소수 독점, 과점(寡占) 《소수 매주(賣主)의 시장 지배》
ol·i·gop·so·ny [ɑ̀ligɑ́psəni | ɔ̀ligɔ́p-] *n.* Ⓤ 〖경제〗 구매 과점 《소수 매주(買主)의 시장 지배》

ol·ive [ɑ́liv | ɔ́l-] *n.* **1 a** 〚식물〛 올리브(나무) **b** 올리브 《열매》 **2** ⓊⒸ 올리브색, 황록색, (피부색 등의) 황갈색
— *a.* 올리브의, 올리브색의
ólive brànch 올리브나무의 가지 《평화·화해의 상징》
hold out the [***an***] ~ 화해를 제의하다
ólive cròwn 올리브 관 《고대 그리스에서 승리자에게 씌워준 올리브 잎의 관》
ólive dráb 1 짙은 황록색 **2** 〚미육군〛 (짙은 황록색의) 동계용 군복
ólive gréen (덜익은) 올리브색, 황록색
***ólive òil** 올리브유
ol·i·ver [ɑ́ləvər | ɔ́l-] *n.* 발로 밟는 쇠망치; 《미·속어》 달
Ol·ives [ɑ́livz | ɔ́l-] *n.* **the Mount of ~** 〚성서〛 감람산(橄欖山) 《예루살렘 동쪽의 작은 산; 예수가 승천한 곳》
O·liv·i·a [oulíviə | ɔl-] *n.* 여자 이름
ol·i·vine [ɑ́ləvìːn | ɔ̀livíːn] *n.* Ⓤ 〚광물〛 감람석
-ology [ɑ́lədʒi | ɔ́l-] 《연결형》 「…학, …론」의 뜻
O·lym·pi·a [əlímpiə] *n.* **1** 올림피아 《그리스 Peloponnesus 반도 서쪽의 평야; 고대 그리스의 경기 대회가 열렸던 곳》 **2** 올림피아 《미국 Washington 주의 주도》 **3** 여자 이름
O·lym·pi·ad [əlímpiæ̀d] *n.* **1** 올림피아기(紀) 《고대 그리스의 올림피아 경기에서 다음 경기까지의 4년간》 **2** 국제 올림픽 대회; (정기적으로 개최되는) 국제 경기 대회
O·lym·pi·an [əlímpiən] *a.* **1** 올림포스 산의[에 사는] **2** (올림포스의 신들처럼) 당당한, 위엄 있는
— *n.* **1** 올림포스 산의 12신의 하나 **2** 고대 올림피아[근대 올림픽] 경기 선수
‡**O·lym·pic** [əlímpik, ou-] *a.* **1** (근대) **국제 올림픽 경기의 2** (고대) 올림피아 경기의
— *n.* [the ~s] = OLYMPIC GAMES 1
***Olýmpic Gámes** [the ~; 단수·복수 취급] **1** (근대의) **국제 올림픽 대회** 《1896년부터 4년마다 개최되는》 **2** 올림피아 경기
Olýmpic máscot 올림픽 마스코트
Olýmpic sýmbol 올림픽 심벌 《5륜의 올림픽 마크》
***O·lym·pus** [əlímpəs] *n.* **Mount ~ 올림포스 산** 《그리스 북부의 높은 산; 그리스의 여러 신들이 그 산꼭대기에서 살았다는》
OM 《영》 Order of Merit 메리트 훈위[훈장]
O·man [oumɑ́ːn] *n.* 오만 《아라비아 남동부의 독립국; 수도 Muscat》
om·buds·man [ɑ́mbədzmən | ɔ́m-] [Swed. 「위원」의 뜻에서] *n.* (*pl.* **-men** [-mən]) **1** 옴부즈맨 《스웨덴·뉴질랜드 등에서 국가 기관이나 공무원에 대한 일반 시민의 고충·민원을 처리하는 행정 감찰관》 **2** 《일반적으로》 (기업의 노사간의) 고충 처리원; (대학과 학생 사이의) 상담원
***o·me·ga** [oumíːgə, -méi- | óumigə] [Gk 「큰 (mega) o」의 뜻에서] *n.* **1** 오메가 《그리스 자모의 제24자, 즉 마지막 글자 Ω, ω; 로마자의 Ō, ō에 해당》 **2** [(the) ~] 마지막, 끝, 최후
***om·e·let(te)** [ɑ́məlit | ɔ́mlit] [L 「작은 접시」의 뜻에서] *n.* 오믈렛
‡**o·men** [óumən | -men] *n.* ⒸⓊ **1 전조,** 조짐, 징조 **2 예시,** 예언
be of good [***bad***] ~ 조짐이 좋다[나쁘다]
— *vt.* …의 전조가 되다
om·i·cron [ɑ́məkrɑ̀n | oumáikrən] [Gk 「작은 (micro) o」의 뜻에서] *n.* 오미크론 《그리스 자모의 제15자 *O*, *o*; 로마자의 O, o에 해당》
***om·i·nous** [ɑ́mənəs | ɔ́m-] *a.* **1 불길한,** 나쁜 징조의, 험악한 **2** Ⓟ …의 전조의; …을 예지하고 《*of*》 **~·ly** *ad.*
o·mis·si·ble [oumísəbl] *a.* 생략할 수 있는
***o·mis·sion** [oumíʃən] *n.* **1 a** Ⓤ **생략;** 탈락 **b** 생략된 것; 탈락 부분 **2** Ⓤ 태만 **3** Ⓤ 〚법〛 부작위(不作爲)
o·mis·sive [oumísiv] *a.* 게을리하는, 등한한, 빠뜨리는 **~·ly** *ad.*
‡**o·mit** [oumít] [L 「…으로 보내다, 버리다」의 뜻에서] *vt.* (**~·ted**; **~·ting**) **1 생략하다,** 빼다 **2** …을 **빠뜨리다,** …하는 것을 잊다; 게을리하다
omni- [ɑ́mni | ɔ́m-] 《연결형》 「전(全)…, 총(總)…」의 뜻
***om·ni·bus** [ɑ́mnibʌ̀s, -bəs | ɔ́mnibəs] [F 「모든 사람을 위한 (탈것)」의 뜻에서] *n.* **1 승합 자동차; 버스** 《略 bus》 **2** 〚정치〛 일괄 법안 **3** 염가 보급판 선집 **4** (극장 등의) 여러 명이 함께 앉을 수 있는 좌석
— *a.* 여러 가지 것[항목]을 포함하는, 총괄적인
om·ni·far·i·ous [ɑ̀mnifέəriəs | ɔ̀m-] *a.* 여러 가지의, 잡다한, 다방면에 걸친
om·nip·o·tence [ɑmnípətəns | ɔm-] *n.* Ⓤ 전능, 무한한 힘
om·nip·o·tent [ɑmnípətənt | ɔm-] *a.* **1** 전능한 **2** 절대력을 가진
om·ni·pres·ence [ɑ̀mniprézns | ɔ̀m-] *n.* Ⓤ 편재(遍在)
om·ni·pres·ent [ɑ̀mnipréznt | ɔ̀m-] *a.* 편재하는, 어디에나 있는
om·nis·cience [ɑmníʃəns | ɔmnísiəns] *n.* Ⓤ 전지(全知); 박식
om·nis·cient [ɑmníʃənt | ɔmnísiənt] *a.* 전지의; 박식한 **~·ly** *ad.*
om·niv·or·ous [ɑmnívərəs | ɔm-] *a.* **1** 아무거나 먹는; 〈동물이〉 잡식성의 **2** 남독하는 《*of*》 **~·ly** *ad.*
***on** [ɔːn, ɑn | ɔn, ən] *prep.* **1** [장소의 접촉] …**의 표면에,** …위에, …에: There is a book *on* the desk. 책상 위에 책이 있다. **2** [부착·소지(所持)] …**에 붙여서,** 몸에 지니고 **3** [종사·소속] …**에 관계하여,** …에 종사하여: He is *on* the town council. 그는 읍의회에 관계하고 있다[일원이다]. **4 a** [받침·지지] …**으로,** …을 축으로 하여: carry a bag *on* one's back[shoulders] 자루를 등[어깨]에 지다 **b** 〈말·명예 등〉**에 걸고**: *on* one's honor 명예를 걸고 **5** [근접] …**에 접하여,** …에: a house *on* a river 강가의 집 **6 a** [운동의 진행 중에] …**의 도중에**: *on* one's[the] way home[to school] 집으로[학교로]가는 도중에 **b** [동작의 방향] …**을 향하여,** …을 목표로: march

on London 〈군대가〉 런던을 향하여 행진하다 **c** [목적·용무] …**때문에**: *on* business 업무 일로 **7** [수단·도구] …**으로**: play a waltz *on* the piano 피아노로 왈츠를 치다 **8 a** [동작의 대상] …**에 대하여**, …을 겨냥하여: call *on* a person 사람을 방문하다 **b** [불이익] …에 대해서: The joke was *on* me. 그 농담은 나를 비꼰 것이었다. **c** [영향] …에: have (a) great effect *on* ... …에 큰 영향을 미치다 **9** [기초·원인·이유·조건] …**에 입각해서**, …에 바탕을 두고: act *on* principle[a plan] 주의[계획]에 입각해서 행동하다 **10 a** [날짜·시간] …**에**: *on* Monday 월요일에 **b** 〈특정한 날 아침[오후, 밤] 등〉 …에: *on* the morning of July 10 7월 10일 아침에 **11** [시간의 접촉] …**하자 곧**: *on* arrival 도착하자 곧 **12** [관계] …**에 대해서**: a book *on* history 사서(史書) **13** [누가(累加)·첨가] …에 더하여: heaps *on* heaps 겹겹이 **14** 《구어》 …이 지불하는, …이 한턱 내어: The drinks are *on* me. 술값은 내가 치른다. **15 a** 〈투약·식이 요법 등을〉 받고 **b** 〈마약 등을〉 상용(常用)하여, …의 중독이 되어: He is *on* drugs. 그는 마약 중독이다.

— *ad.* 《be동사와 결합하였을 경우에는 형용사로 볼 수도 있음》 **1** [접촉] **위에**, 타고 **2** [옷차림·화장] **입고**, 쓰고 **3 a** [동작의 방향] **앞쪽으로**, 이쪽으로, …을 향하여 **b** 〈시간이〉 **나아가**; 〈시계를〉 빠르게 하여 **4** [동작의 계속] **끊임없이**, 계속해서 **5** [진행·예정] **행하여져**, 출연하여, 상연하여 **6** [작동의 진행] 〈수도·가스 등이〉 **통하여**, 나와; 〈TV·라디오가〉 켜져

and so on 기타 등등, …등(et cetera) ***on and off*** = ***off and on*** 때때로, 불규칙하게 ***on and on*** 계속, 쉬지 않고 ***on to ...*** …을 향하여

on·a·gain, off-a·gain [ɑ́nəgèn-ɔ́:f-əgèn | ɔ́nəgèn-ɔ́f-] *a.* 발작적인; 단속적인

o·nan·ism [óunənìzm] *n.* Ⓤ 성교 중단; 자위

on·board [ɑ́nbɔ̀:rd | ɔ́nbɔ̀:d] *a.* 기내[선내, 차내]에 장치[적재, 탑재]한

****once** [wʌns] *ad.* **1 이전에** (한 번), **일찍이**(formerly), 한때 **2 한 번, 한 차례**, 한 곱: more than ~ 한 번만이 아니고, 몇 번이고 **3** [부정·조건문에서] 한 번도 (…안하다); 한 번이라도 (하면), 일단 (…하면)

(***every***) ~ ***in a while*** [《영》 ***way***] 이따금, 때때로 ~ ***and again*** 몇 번이고, 여러 번 ~ (***and***) ***for all*** 단호하게; 한 번만, 이번만 ~ ***upon a time*** 옛날 옛적에

— *conj.* **한 번[일단]** …**하면**, …하자 마자

— *n.* Ⓤ 한 번, 일회

all at ~ (1) 갑자기(suddenly) (2) 다 한꺼번에 ***at*** ~ (1) 동시에 (2) 당장, 즉시 (***for***) ***this*** [***that***] ~ 이번[그때]만은 (***just***) ***for*** ~ (1) (특히) 한 번만은 (2) 이번만은; 간혹, 이따금

— *a.* 이전의

once-o·ver [-òuvər] *n.* 《구어》 대강 훑어보기; 대강 조사하기

on·co·gene [ɑ́ŋkədʒì:n | ɔ́ŋ-] *n* 〖생물〗 종양 (형성) 유전자

on·co·gen·e·sis [ɑ̀ŋkədʒénəsis | ɔ̀ŋ-] *n.* Ⓤ 〖병리〗 종양 형성, 발암(發癌)

on·col·o·gy [ɑŋkɑ́lədʒi | ɔŋkɔ́l-] *n.* Ⓤ 〖의학〗 종양학 **-gist** *n.*

on·com·ing [ɑ́nkʌ̀miŋ | ɔ́n-] *a.* 접근하는, 다가오는; 장래의 — *n.* Ⓤ 접근

on·cost [ɑ́nkɔ̀:st | ɔ́nkɔ̀st] *n.* 《영》 간접비(費)

****one** [wʌn] [동음어 won] *a.* **1 a** Ⓐ 하나의, 한 개의, 한 사람의(single) **b** [dozen, hundred, thousand 등의 집합 수사 앞에서] 1 ... **c** Ⓟ 한 살인 **2 a** [때를 나타내는 명사 앞에서] **어떤**, 어느: ~ day[night] (과거 또는 미래의) 어느 날[밤] **b** [인명 앞에서] …라고 하는 사람: ~ Smith 스미스라고 하는 사람 **3** [another, the other와 대조적으로] **한쪽의**, 한편의: To know a language is ~ thing, to teach it is *another*. 한 언어를 알고 있다는 것과 그것을 가르치는 일은 별개의 문제이다. **4** [the ~, one's ~] **유일한**(the only): *the* ~ way to do it 그것을 하는 유일한 방법 **5 같은**, 동일한(the same): We are of ~ age. 우리는 동갑이다. **6** 한 몸[마음]의, 일치된: with ~ voice 이구동성으로

become [***be made***] ~ 한 몸이 되다; 부부가 되다 ***for*** ~ ***thing*** 하나는, 첫째는 ~ ***and only*** 단 하나 밖에 없는, 최고의 ~ ***and the same*** 동일한

— *n.* **1** Ⓤ [때로는 Ⓒ; 보통 관사 없이] (기수의) 1; **하나**, 한 사람, 한 개: *O*~ and ~ make(s) two. 1+1=2 **2 a** Ⓤ **한 시; 한 살**: at ~ 1시에 **b** 1달러[파운드] 지폐 **3** Ⓤ 《구어》 일격; 한잔

all in ~ (1)일치하여 (2) 하나[한 사람]로 전부를 겸하여 ***at*** ~ 《문어》 한마음[생각·몸]이 되어 《*with*》 ***by ~s*** 하나씩 ~ ***by*** ~ 하나씩, 한 사람씩, 차례로 ***ten to*** ~ 십중팔구(까지)

— *pron.* **1** [*sing.*] **a** (특정한 사람·물건 중의) **하나, 한 개**, 한 사람 《*of*》 **b** [another, the other와 대응하여] **한쪽 (의 것)**, 한편 **2** (*pl.* **~s**) [이미 나온 말과 관계없이 수식어를 동반하여] **a** (특정한) **사람**; 물건: dear[sweet, loved] ~*s* 귀여운 아이들 **b** [the O~] 초자연적 존재, 신: *the* Holy *O*~ = *the O*~ above 신(神) **3** [뒤에 수식어를 동반하여; 복수형 없음] 《문어》 (비특정의) 사람 《《구어》에서는 a man, a person을 씀》: behave like ~ mad[dead] 미친[죽은] 사람처럼 행동하다 **4** [총칭 인칭으로서; 복수형 없음] 《일반적으로》 **사람**, 세상 사람, 누구나 **5** (*pl.* **~s**) **a** [이미 나온 가산 명사의 반복을 피하여] (그중의) **하나, 그것 b** [the, this, that, which 등의 한정어와 함께] (특정 또는 비특정의) **사람, 것 6** [복합대명사의 제2요소로서]: ⇨ anyone, everyone, no one, someone

~ ***after another*** (1) (부정수(不定數)의 것이) 잇따라, 차례로 (2) = ONE after the other (2) ~ ***after the other*** (1) (두 사람·두 물건이) 교대로, 서로 번갈아 (2) (특정수의 것이) 차례로, 순차적으로

(3) =ONE after another (1) **~ *another*** 서로(cf. EACH other): The girls are talking seriously to ~ *another.* 소녀들은 진지하게 서로 이야기하고 있다. ***~ ... the other*** (둘 중) 한쪽은 … 다른 한쪽은 ***the ~ ... the other*** 전자 … 후자

óne-ármed bándit [-á:rmd-] 《구어》 (도박용) 슬롯머신

one-celled [wʌ́nséld] *a.* 〖생물〗 단세포의

one-di·men·sion·al [wʌ́ndiménʃənl] *a.* **1** 1차원의 **2** 깊이 없는, 피상적인

one-horse [-hɔ́:rs] *a.* Ⓐ **1** (말) 한 마리가 끄는 **2** 《구어》 빈약한, 자그마한

O'Neill [ouní:l] *n.* 오닐 **Eugene** (**Gladstone**) ~ (1888-1953) 《미국의 극작가》

one-lin·er [-láinər] *n.* 《미》 짤막한 농담[재담]

one-man [-mǽn] *a.* Ⓐ 한 사람만의[이 하는], 개인의: a ~ show 원맨쇼; (그림 등의) 개인전

óne-man bánd **1** 일인 악단 **2** (남의 도움을 받지 않는) 단독 행동

one·ness [wʌ́nnis] *n.* Ⓤ **1** 단일성, 동일성, 통일성 **2** 일치, 조화

óne-night stánd [-nàit-] 《미》 **1** 하룻밤만의 흥행[강연](지) **2** 《구어》 하룻밤만의 정사; 그 상대

one-off [-ɔ́:f | -ɔ́f] *a.* 《영》 한 번만의

one-piece [-pì:s] *a.* 원피스의, 위아래가 붙은 **—***n.* 원피스(의 옷) **-píec·er** *n.*

on·er·ous [ánərəs, óun- | ɔ́n-] *a.* **1** 성가신, 귀찮은 **2** 〖법〗 부담이 따르는(cf. GRATUITOUS)

‡one's [wʌnz] *pron.* [ONE (*pron.*)의 소유격] **사람의, 그 사람의**

‡one·self [wʌnsélf, wʌnz-] *pron.* **1** [강조 용법] **몸소, 스스로 2** [재귀 용법] **자기 자신을[에게]** 《one의 목적어》 ***beside ~*** 자신을 잊고, 흥분하여 《*with*》 ***by ~*** (1) 자기 혼자서, 혼자 힘으로 (2) 자기 자신을 위하여 ***for ~*** 자기를 위하여; 스스로, 자기 힘으로 ***of ~*** 저절로, 자기 스스로 ***to ~*** (1) 자기 자신에게; 자기에게만 (2) 독점하여

one-shot [wʌ́nʃàt | -ʃɔ̀t] *n.* **1** 1회 한의 간행물 **2** (영화·라디오 등의) 1회만의 공연[출연] **3** 《미·속어》 1회로 끝나는 거래 **—***a.* **1** 한 번으로 완전[유효]한, 1회 한의 **2** 한 번만으로 성공하는

one-sid·ed [-sáidid] *a.* **1** 한쪽으로 치우친, 불공평한 **2** 한쪽만의, 일방적인; 균형이 안 잡힌; 한쪽만 발달한
~·ly *ad.* **~·ness** *n.*

one-step [-stèp] *n.* **1** 〖무용〗 원스텝 **2** 원스텝용 곡 **—***vi.*(**~ped**; **~·ping**) 원스텝을 밟다[추다]

óne-stop shópping [-stàp- | -stɔ̀p-] 원스톱 쇼핑 《한 가게에서 각종 상품을 다 구입할 수 있는》

one·time [-tàim] *a.* Ⓐ **1** 한때의, 이전의 **2** 한번만의

one-to-one [-təwʌ́n] *a.* 1대 1의

one-track [-trǽk] *a.* Ⓐ **1** 〖철도〗 단선의 **2** 《구어》 하나밖에 모르는

one-two [-tú:] *n.* **1** 〖권투〗 좌우 연타 **2** 재빠른 동작

one-up [-ʌ́p] *vt.* (**~ped**; **~·ping**) 한 수 위로 나오다, 한 수 앞서다; 《구어》 1점 차로 앞서다

one-up·man·ship [-ʌ́pmənʃìp] *n.* Ⓤ 《구어》 남보다 한 발[수] 앞선 행위[술책]

one-way [-wéi] *a.* Ⓐ **1** 한쪽(만)의; 편도의: ~ traffic 일방 통행 **2** 일방적인

on·flow [-flòu] *n.* (세찬) 흐름, 분류

on·go·ing [-gòuiŋ] *n.* Ⓤ 전진
—*a.* Ⓐ 전진하는, 진행 중의

‡on·ion [ʌ́njən] [L 「일체(一體)」의 뜻에서; ⇨ union] *n.* 〖식물〗 **양파**

on·ion·skin [ʌ́njənskìn] *n.* Ⓤ **1** 양파 껍질 **2** 얇다란 반투명 용지

on-li·cense [ɔ́:nlàisns | ɔ́n-] *n.* Ⓤ 《영》 상점내 주류 판매 허가(opp. *off-license*)

on-line [-láin] *a.*, *ad.* 〖컴퓨터〗 온라인의[으로] 《단말기가 주(主)컴퓨터[중앙 처리 장치]에 직결된[되어]; opp. *off-line*》

ón-line bánking 온라인 뱅킹[은행 거래]

on·look·er [-lùkər] *n.* 구경꾼(spectator), 방관자(bystander)

on·look·ing [-lùkiŋ] *a.* **1** 구경하는 **2** 방관적인

‡on·ly [óunli] *a.* Ⓐ **1** [the ~, one's ~] **유일한**: He is *the* ~ friend that I have. 그는 나의 유일한 친구이다. **2 단 하나[한 사람]뿐인**: an ~ son [daughter] 외아들[외딸] **3** [the ~] **둘도 없는,** 가장 알맞은(best): You are *the* ~ man *for* the job. 당신이야말로 그 일에 가장 알맞은 사람이다.

one and ~ [only의 강조형으로] (1) [one's ~] 오직 하나뿐인: She is *my one and* ~ friend. 그녀는 나의 오직 하나뿐인 친구이다. (2) [가수·배우 등을 소개할 때] 최고의: And next, the *one and* ~ Paul Anka. 그리고 다음은 최고의 스타, 폴 앵커입니다.

—*ad.* **1 단지, 오직,** …에 지나지 않는 **2** [수량을 수식하여] **약간의,** 겨우 …만[뿐, 밖에]: She has ~ one dollar. 그녀는 1달러 밖에 가지고 있지 않다. **3** [때를 나타내는 부사(구)를 수식하여] **방금,** 막, 불과: He came ~ yesterday. 그는 어제 왔을 뿐이다. 《다음 어순으로도 같은 의미를 나타낼 수 있음: He ~ came yesterday.》 **4** [술어 동사를 수식하여] **오히려[다만] …할 뿐**: It will ~ make her mad. 그것은 그녀를 화나게 만들 뿐일 것이다. **5** [부정사를 수식하여] **a** [목적] **단지 〈…하기〉 위하여**: She went to Hong Kong ~ *to* do some shopping. 그녀는 단지 쇼핑을 하기 위하여 홍콩에 갔다. **b** [결과] **결국 〈…할〉 뿐인**: He studied hard for the exam ~ *to* fail. 그는 시험을 위하여 열심히 공부하였으나 결국 실패하였다.

have ~ to do = 《구어》 ***~ have to*** do …하기만 하면 되다: You *have* ~ *to* go. 가기만 하면 된다. ***if ~*** (1) …하기만 하면 (2) 단지 …이라면[하기만 하면] 좋겠는데: I want to go *if* ~ to see his face. 그의 얼굴을 보기만 해도 좋으니 가고 싶다. ***not ~ ... but*** (***also***) …뿐만 아

니라 …도: She can *not* ~ sing, *but* (*also*) dance. 그녀는 노래를 할 수 있을 뿐만 아니라 춤도 출 수 있다. ~ ***too*** (1) 유감스럽게도: It is ~ *too* true. 그것은 유감스럽게도 사실이다. (2) 기꺼이: I shall be ~ *too* pleased to come. 기꺼이 가겠습니다.

— *conj.* 《구어》 **1 다만**, 하지만: I would do it with pleasure, ~ I am too busy. 기꺼이 하고 싶지만 너무 바빠서 못하겠습니다. **2** [종속 접속사적으로] …만 아니라면

o.n.o. or near(est) offer 《영》 또는 그것에 가까운 값으로: For sale, £500 ~ 500파운드 전후로 매출

on·o·mat·o·poe·ia [ànəmæ̀təpíːə | ɔ̀n-] [L 「이름을 짓다」의 뜻에서] *n.* **1** Ⓤ 〖언어〗 의성(擬聲) **2** 의성어《buzz, thud 등》

on·o·mat·o·poe·ic [ànəmæ̀təpíːik | ɔ̀n-], **-po·et·ic** [-pouétik] *a.* 의성의; 의성어의 **-i·cal·ly** *ad.*

on·rush [-rʌ̀ʃ] *n.* 돌진; 분류(奔流)

on-screen [-skríːn] *a.*, *ad.* 《미·구어》 영화의[에서], TV의[에서]

***on·set** [ɔ́ːnsèt | ɔ́n-] *n.* **1 습격**, 공격(attack) **2** 징후, 발병《병의》; 착수

at the first ~ 맨 먼저

on·shore [-ʃɔ́ːr] *a.*, *ad.* 육지 쪽의[으로]; 해안에 따른[따라서]

on·side [-sáid] *a.*, *ad.* 〖미식축구·럭비〗 (반칙이 아닌) 바른 위치의[에]

on·slaught [-slɔ̀ːt] *n.* 맹공격: make an ~ on …을 맹습하다

on·stage [-stéidʒ] *a.*, *ad.* 무대 위의[에서]

on·stream [-stríːm] *ad.* 활동을 개시하여

on-street [-stríːt] *a.* 〈주차가〉 노상의

Ont. Ontario

On·tar·i·an [antέəriən | ɔn-] *a.*, *n.* 온타리오 주의 (사람)

***On·tar·i·o** [antέəriòu | ɔn-] [북미 인디언 말 「큰 호수」의 뜻에서] *n.* **1 온타리오** 《캐나다 남부에 있는 주; 略 Ont.》 **2 Lake** ~ 온타리오 호

on-the-job [-ðədʒɑ́b | -dʒɔ́b] *a.* Ⓐ 실습으로 배우는, 근무 중의, 직장에서의: ~ training 직장 내 훈련《略 OJT》

on-the-spot [-ðəspɑ̀t] *a.* Ⓐ 현장의, 즉석의

***on·to** [ɑ́ntə, ɔ́ːn- | ɔ́n-] [on과 to에서] *prep.* **1** …**위에**: The cat jumped ~ the table. 고양이는 테이블 위로 뛰어 올랐다. **2** 《구어》 〈좋은 결과·발견 등에〉 도달할 것 같은: You may be ~ something. 좋은 결과가 나타날지도 모른다.

on·tog·e·ny [antɑ́dʒəni | ɔntɔ́dʒ-] *n.* Ⓤ 〖생물〗 개체(個體) 발생(론)

on·to·log·i·cal, -ic [ɑ̀ntəlɑ́dʒik(əl) | ɔ̀ntəlɔ́dʒ-] *a.* 〖철학〗 존재론적인

-i·cal·ly *ad.*

on·tol·o·gy [antɑ́lədʒi | ɔntɔ́l-] *n.* Ⓤ 〖철학〗 존재론; 본체론

o·nus [óunəs] [L = burden] *n.* [the ~] 무거운 짐; 책임: lay[put] *the* ~ on …에게 책임을 돌리다

‡**on·ward** [ɔ́ːnwərd, ɑ́n- | ɔ́n-] [on(앞으로)과 -ward(방향을 나타내는 접미사)에서] *a.* Ⓐ **전방으로의**; 전진하는, 향상하는 — *ad.* **전방으로**, 앞으로; 나아가서

from this day ~ 오늘 이후 ***O~!*** 전진!, 앞으로! 《구령》

on·wards [ɔ́ːnwərdz, ɑ́n- | ɔ́n-] *ad.* = ONWARD

on·yx [ɑ́niks | ɔ́n-] [Gk = nail; 그 빛깔이 손톱 빛깔과 비슷하다 해서] *n.* Ⓤ 〖광물〗 (줄무늬가 있는) 마노(瑪瑙)

oo·dles [úːdlz] *n. pl.* [때로 단수 취급] 《속어》 풍부, 듬뿍

oof [uːf], **oof·tish** [úːftiʃ] [Yid. 「노름의 내기 돈」의 뜻에서] *n.* Ⓤ 《영·속어》 돈, 현금

oo·long [úːlɔ̀ːŋ | -lɔŋ] [Chin. 「wulung 오룡(烏龍)」에서] *n.* Ⓤ 우롱차, 오룡차(茶) 《중국·대만산》

oomph [umf] [의성어] *n.* Ⓤ 《속어》 **1** 성적 매력 **2** 원기, 정력, 활력

oops [uːps] *int.* 저런, 야단났군, 미안, 아이구 《놀람·당황·가벼운 사과의 의미》

***ooze**[1] [uːz] [OE 「즙(汁), 습기」의 뜻에서] *vi.* **1 스며나오다**, 새어나오다: Water ~*d through* the paper bag. 종이 주머니에서 물이 스며나왔다. **2** 분비물이 나오다 **3** 〈용기 등이〉 점점 없어지다 《*away*》: His courage ~*d away*[*out*]. 그의 용기는 점점 꺾였다. — *vt.* 배어 나오다 — *n.* Ⓤ **1** 스며나옴, 분비; 분비물 **2** (가죽 무두질하는 데 쓰는) 타닌즙

ooze[2] [OE 「진흙」의 뜻에서] *n.* Ⓤ (내·바다 밑의) 보드라운 진흙

ooz·y [úːzi] *a.* (**ooz·i·er**; **-i·est**) 줄줄 흘러나오는[내리는], 질벅질벅 나오는, 스며나오는

op [ɑp | ɔp] [*op*eration] *n.* 《구어》 수술

op- [ap, əp | ɔp] *pref.* = OB- 《p 앞에 올 때의 변형》

op. opera; operation

o.p. out of print 절판(絶版)

o·pac·i·ty [oupǽsəti] *n.* (*pl.* **-ties**) Ⓤ **1** 불투명; 〖사진〗 불투명도 **2** (뜻의) 애매함 **3** 우둔

***o·pal** [óupəl] *n.* Ⓤ 〖광물〗 **오팔**, 단백석(蛋白石)

o·pal·es·cence [òupəlésns] *n.* Ⓤ 유백광(乳白光)

o·pal·es·cent [òupəlésnt], **o·pal·esque** [òupəlésk] *a.* 유백광을 내는

o·pal·ine [óupəlàin] *a.* 오팔 같은; 유백광을 내는

***o·paque** [oupéik] [L 「그늘진」의 뜻에서] *a.* **1 불투명한 2** 불명료한 **3** 광택 없는 — *vt.* 불투명[불명료]하게 하다

~·ly *ad.* **~·ness** *n.*

óp árt [*op*tical *art*] 〖미술〗 옵아트 《1960년대에 일어난 시각적 착각 효과를 노리는 추상 미술의 한 양식》

op. cit. [ɑ́p-sít | ɔ́p-] *opere citato* 《L = in the work cited》 앞에 인용한 책 속에

OPEC [óupek] Organization of Petroleum Exporting Countries 석유 수출국 기구

O

Óp-Èd[**óp-èd**] (**pàge**) [ápèd-|ɔ́p-] [*op*posite *ed*itorial *page*] 《미》 (신문에서) 사설란의 맞은 면 《보통 서명이 든 특집 기사가 실림》

‡o·pen [óupən] *a.* (**~·er**; **~·est**) **1** 열린: an ~ window 열린 창 **2** 〈꽃이〉 핀; 〈신문 등이〉 펼쳐진 **3** 덮개[지붕]가 없는, 울타리가 없는; 널따란: an ~ car 오픈 카 **4** 〈상처 등이〉 아물지 않은 **5** (직물 등의) 올이 성긴 **6** **공개된**, 출입[통행, 사용] 자유의: a career ~ to talent 재능에 따라 출세할 수 있는 길 **7** 비어 있는; 한가한: an ~ day 손이 비어 있는 날 **8** 《미》 법률상 제한이 없는; 관세[통행세 《등》]가 붙지 않는; 해금(解禁)의 **9** 영업 중인; 개학 중인; 공연[개회, 개최] 중인: The shop is ~ from ten to six. 그 상점은 10시에서 6시까지 문을 연다. **10** 미결정[미해결]인; 미결산인: an ~ question 미해결의 문제 **11** (유혹 등에) **걸리기**[**빠지기**] **쉬운**; 〈사상·제안 등을〉 금방 받아들이는 《*to*》 **12** **숨기지 않는, 공공연한**; 솔직한; 관대한, 편견 없는
be ~ to (1) …을 받기 쉽다 (2) …을 기분 좋게 받아들이다 (3) …에 개방되어 있다 ***be ~ with*** a person ***about*** …에 관하여 …에게 숨김없이 털어놓다 ***keep*** one***'s eyes***[***ears***] ***~*** 눈여겨 지켜보다[귀를 기울여 듣다] ***with ~ eyes*** 눈을 부릅뜨고 《감시하여·놀라서》
— *vt.* **1** **열다**; 펴다(unfold): ~ a window 창문을 열다 **2** **개척하다**, 개발하다: ~ ground 개간하다 **3** 〈길·도로를〉 개설하다: ~ a path through a forest 숲 속에 통로를 개설하다 **4** **공개**[**개방**]**하다**; **개업하다**: ~ a garden 정원을 개방하다 **5** **개시하다**; …의 서두 진술을 하다: ~ (*up*) a campaign 운동을 개시하다 **6** **터놓다**, 누설하다 《*to*》: ~ one's mind *to* one's friend 친구에게 속마음을 털어놓다 **7** 〖컴퓨터〗 〈파일·창을〉 열다
— *vi.* **1** 〈문·창·대문 등이〉 **열리다**; 〈종기 등이〉 터지다 **2** 〈물건이〉 찢어지다 **3** 〈꽃이〉 피다 **4** (…에) 면하다; 통하다 《*to*, *into*》, 향해 있다 《*upon*》: ~ *upon* a little garden 작은 정원 쪽을 향해 있다 **5** (어떤 상황에서) 시작되다: ~ *upon* a fiscal question 재정 문제가 거론되기 시작하다 **6** 개점하다, 개업하다 **7** (경치가) 전개되다: The beautiful views ~*ed* (*out*) *before* our eyes. 아름다운 경치가 눈앞에 전개되었다. **8** 책을 펴다: Please ~ *to*[*at*] page 20. 20페이지를 펴세요.
~ into[***on, onto***] 〈문 등이〉 …쪽으로 통하다 ***~ out*** 열리다; 펴지다, 팽창하다; 나타나다; 발달하다; 가속하다; 개발하다 ***~*** one***'s eyes*** (눈이 휘둥그레지며) 놀라다 ***~*** one***'s lips*** 입을 열다, 말하다 ***~ the***[***a***] ***door to*** …에게 기회[편의]를 주다, 문호를 개방하다 ***~ up*** 열리다; 행동을 시작하다; 기밀을 털어놓다, 자백하다
— *n.* **1** [the ~] 빈터, 수목이 없는 땅, 광장, 노천, 야외; 창해(滄海) **2** (경기의) 오픈전

‡o·pen-air [óupənέər] *a.* **옥외의**, 야외의, 노천의

o·pen-and-shut [-ənʃʌ́t] *a.* 《구어》 명백한; 간단한

o·pen-armed [-ɑ́ːrmd] *a.* 진심으로부터의

ópen bár (결혼 피로연 등에서) 무료로 음료를 제공하는 바

ópen bóok **1** 명백한 것[사항] **2** 비밀이 없는 사람

o·pen·cast [-kæ̀st|-kɑ̀ːst] *n.*, *a.*, *ad.* 《영》 = OPENCUT

ópen chéck[(영) **chéque**] 〖상업〗 보통 수표 《횡선수표에 대하여》

o·pen·cut [-kʌ̀t] 〖광산〗 *n.* 노천굴
— *a.*, *ad.* 노천굴의[로]

ópen dóor [the ~] (통상상의) 문호 개방 (정책), 기회 균등

o·pen-end·ed [-éndid] *a.* 자유로이 생각대로 대답할 수 있는 〈질문·인터뷰 등〉; (인원·시간 등에) 제한이 없는 〈토의 등〉

o·pen·er [óupənər] *n.* **1** 여는 사람; 개시자 **2** 여는 도구 《통조림 따개·마개뽑이 등》 **3** 《미》 제1시합

o·pen-eyed [óupənáid] *a.* **1** 빈틈없는: ~ attention 세심한 주의 **2** 눈이 휘둥그레진, 놀란: ~ astonishment 깜짝 놀람

o·pen-faced [-féist] *a.* 순진한 얼굴을 한

o·pen·hand·ed [-hǽndid] *a.* 후한, 관대한, 너그러운 **~·ly** *ad.*

o·pen-heart [-hɑ́ːrt] *a.* 〖외과〗 심장을 절개하는

o·pen·heart·ed [-hɑ́ːrtid] *a.* 솔직한; 친절한, 관대한

ópen hóuse **1** 개방 파티 《모든 방문객을 환영하는 파티》: keep ~ 집을 개방하여 손님을 환대하다 **2** (학교·기숙사·클럽 등의) 일반 공개일

‡o·pen·ing [óupəniŋ] *n.* **1** Ⓤ **열기**, 개방 **2** **개시**; 개장(開場); 〖증권〗 초장 **3** **트인 구멍**, **통로** **4** **광장** **5** **빈 자리**, 결원, 공석 **6** **좋은 기회** 《*for*》 — *a.* Ⓐ 시작의, 개시의: an ~ address[speech] 개회사

ópen létter 공개장

‡o·pen·ly [óupənli] *ad.* **공공연하게**(publicly); 숨김없이

ópen márket 〖경제〗 공개 시장

o·pen-mind·ed [-máindid] *a.* 편견 없는; 허심탄회한; 포용력이 있는 **~·ly** *ad.* **~·ness** *n.*

o·pen·mouthed [-máuðd, -máuθt] *a.* 입을 벌린; 얼빠진

ópen plán 〖건축〗 오픈 플랜 《다양한 용도를 위해 칸막이를 최소한으로 줄인 건축 평면》

ópen pórt **1** 개항장, 자유항 **2** 부동항

ópen príson (수감자에게 최대한의 자유를 주는) 개방 교도소

ópen sándwich 위에 빵을 겹쳐 놓지 않은 샌드위치

ópen séa [the ~] 공해(公海); 외양(外洋), 외해

ópen séason 어렵[수렵] 허가기

ópen sécret 공공연한 비밀

ópen shóp 오픈 숍 《노동조합에 가입하지 않은 노동자도 고용하는 사업장·기업》

ópen univérsity 《미》 통신 대학; [the

O~ U~] (영국의) 방송 대학
o·pen·work [-wə̀ːrk] *n.* Ⓤ (옷감 등의) 내비침[성기게 한] 세공
‡**op·er·a**¹ [ɑ́pərə] [It. =labor, work] *n.* **1** ⓊⒸ **오페라,** 가극: a comic ~ 희가극 **2** 가극장
op·er·a² [óupərə | ɔ́p-] [L] *n.* OPUS의 복수
op·er·a·ble [ɑ́pərəbl | ɔ́p-] *a.* 실시 가능한; 〖의학〗 수술 가능한
o·pé·ra co·mique [ɑ́pərə-kɑmíːk | ɔ́pərə-kɔ-] [F =comic opera] *n.* (대화가 포함된 특히 19세기의) 희가극
ópera glàss [종종 *pl.*] 오페라 글라스 《관극용 작은 쌍안경》
ópera hàt 오페라 해트 《접을 수 있는 실크 해트》
ópera hòuse 가극장; 《일반적으로》 극장
‡**op·er·ate** [ɑ́pərèit | ɔ́p-] [L 「일하다」의 뜻에서] *vi.* **1** 〈기계·기관 등이〉 **움직이다,** 일하다 **2 작용하다,** 영향을 끼치다 《*on, upon*》 **3** 〖의학〗 **수술을 하다 4** 〖군사〗 군사 행동을 취하다 **—** *vt.* **1 운전하다,** 조종하다 **2** 경영하다, 관리하다
op·er·at·ic [ɑ̀pərǽtik | ɔ̀p-] *a.* 가극의; 가극조[체]의 **-i·cal·ly** *ad.*
***op·er·at·ing** [ɑ́pərèitiŋ | ɔ́p-] *a.* **1** 수술의[에 쓰이는] **2** 경영[운영]상의: ~ expenses 운영비
óperating sỳstem 〖컴퓨터〗 운영 체제 《컴퓨터의 관리를 위한 프로그램; 略 OS》
‡**op·er·a·tion** [ɑ̀pəréiʃən | ɔ̀p-] **1** Ⓤ **작용;** 작업: the ~ *of* breathing 호흡 작용 **2** Ⓤ **a** (기계 등의) **운전,** 작동; 운행: the ~ of elevators 엘리베이터의 운전[조작] **b** (사업 등의) 운영 **3 a** (제도·법령 등의) **실시:** law in ~ 시행 중인 법률 **b** (약 등의) 효력, 효능 《*of*》: the ~ *of* alcohol on the mind 정신에 미치는 알코올의 영향 **4** (생산적·공업적) 사업; 공사: building ~*s* 건축 공사 **5** 수술 《*on*》: He had an ~ *on* his nose. 그는 코 수술을 받았다. **6 a** 〖군사〗 [보통 *pl.*] 군사 행동, 작전 **b** [*pl.*] 작전본부; (공항 등의) 관제실[본부] **c** [**O~**] …작전 **7** 〖수학〗 연산; 〖컴퓨터〗 연산, 오퍼레이션 ***come***[***go***] ***into*** **~** 움직이기[가동하기] 시작하다; 실시되다 ***in*** **~** 운전 중; 실시 중의 ***put into*** **~** 실시[시행]하다 ***undergo an*** **~** 수술을 받다
***op·er·a·tion·al** [ɑ̀pəréiʃənl | ɔ̀p-] *a.* **1 조작상의,** 경영[운영]상의 **2** 사용할 수 있는, 사용 중인 **3** 작전상의 **~·ly** *ad.*
operátion còde 〖컴퓨터〗 연산 부호
operátions resèarch 《미》 수학적 분석 방법을 이용해 경영 관리, 군사 작전, 정책 등의 효과적 실행 방법의 분석 연구 《略 OR》
***op·er·a·tive** [ɑ́pərətiv, -pərèit- | ɔ́p-] *a.* **1 움직이는,** 활동하는 **2** 〈법령 등이〉 효험[효력] 있는, 실시되고 있는 **3** 효과적인 **4** 〖의학〗 수술의
— *n.* **1** 직공 **2** 《미》 사립 탐정
‡**op·er·a·tor** [ɑ́pərèitər | ɔ́p-] *n.* **1** (기계의) **조작자,** 기사, **기수**(技手) **2** 교환원 **3** 〖의학〗 수술자 **4** 경영자 **5** 〖수학〗 연산기호

op·er·et·ta [ɑ̀pərétə | ɔ̀p-] [It. opera의 지소사(指小辭)] *n.* 희[경]가극, 오페레타
O·phe·lia [oufíːljə | ɔ-] *n.* 오필리아 《*Hamlet*의 여주인공》
oph·thal·mic [ɑfθǽlmik | ɔf-] *a.* 눈의, 안과(眼科)의
oph·thal·mol·o·gy [ɑ̀fθælmɑ́lədʒi | ɔ̀fθælmɔ́l-] *n.* Ⓤ 안과학
-gist *n.* 안과 의사
oph·thal·mo·scope [ɑfθǽlməskòup | ɔf-] *n.* 검안경(檢眼鏡)
o·pi·ate [óupiət, -pièit] *n.* **1** 아편제(劑); 《구어》 마취제 **2** 진정제
o·pine [oupáin] *vt.* 《익살》 의견을 말하다; 생각하다 《*that*》
‡**o·pin·ion** [əpínjən] *n.* **1** ⓊⒸ **의견, 견해**(view); [보통 *pl.*] 소신: in one's ~ …의 의견으로는 / public ~ 여론 **2** Ⓤ 판단, 평가, 평판: be in high ~ 평판이 높다 **3** ⓊⒸ 전문가의 의견, 감정(鑑定), 소견 ***in the*** **~** ***of*** …의 의견으로는, …의 설에 의하면
o·pin·ion·at·ed [əpínjənèitid] *a.* 자기설을 고집하는
opínion lèader 여론 주도자[층]
opínion pòll 여론 조사
***o·pi·um** [óupiəm] [Gk 「양귀비 즙(汁)」의 뜻에서] *n.* Ⓤ **아편**
ópium dèn 아편굴
ópium pòppy 〖식물〗 양귀비
o·pos·sum [əpɑ́səm | əpɔ́-] [북미 인디언어 「흰 동물」의 뜻에서] *n.* (*pl.* **~s,** ~) 〖동물〗 주머니쥐
‡**op·po·nent** [əpóunənt] [L 「…에 대하여 놓다」의 뜻에서] *n.* **1 적수,** 반대자, 상대, 맞수 **2** 〖해부〗 대항근, 길항근
— *a.* **1 적대하는,** 반대하는, 대립하는; 〖해부〗 길항적인 **2** 〈위치가〉 반대의
op·por·tune [ɑ̀pərtjúːn | ɔ́pətjùːn, ⌐-⌐] [L 「항구(port)를 앞에 두고」의 뜻에서] *a.* **1** 시기가 좋은, 〈때가〉 알맞은 **2** 적절한 **~·ly** *ad.*
op·por·tun·ism [ɑ̀pərtjúːnizm | ɔ́pətjùːn-] *n.* Ⓤ 편의주의, 기회주의(적 판단[행동])
op·por·tun·ist [ɑ̀pərtjúːnist | ɔ́pətjùːn-] *n., a.* 기회주의자(의)
‡**op·por·tu·ni·ty** [ɑ̀pərtjúːnəti | ɔ̀pətjúː-] *n.* (*pl.* **-ties**) ⓊⒸ **기회,** 호기 《*of*》 ***at***[***on***] ***the first*** **~** 기회가 나는 대로 ***have an***[***the***] **~** ***for*** do***ing***[***of*** do***ing,*** ***to*** do] …할 기회가 있다 ***take***[***seize***] ***an***[***the***] **~** 기회를 포착하다
‡**op·pose** [əpóuz] [L 「…의 상대에 놓다」의 뜻에서] *vt.* **1** …**에 반대하다** 《*to*》 **2** …**에 대항하다,** 저지하다 **3** …에 대비[대조]시키다 **—** *vi.* 반대하다
***op·posed** [əpóuzd] *a.* **1 반대된,** 대항하는, 적대하는 《*to*》 **2** 대립된, 맞서 있는 **3** 마주 보는
‡**op·po·site** [ɑ́pəzit, -sit | ɔ́p-] [L =set against] *a.* **1 반대편의,** 맞은 편의; 마주 보고 있는: an ~ angle 대각 **2 정반대의:** "Left" is ~ *to*

"right." 'left'는 'right'의 반의어이다.
— *n.* 정반대의 일[사람, 말]: I thought quite the ~. 나는 정반대로 생각했다.
— *ad.* 정반대의 위치에, 맞은 편에
— *prep.* …의 맞은 편에, …의 반대 지위[장소, 방향]에 ~·**ness** *n.*

op·po·site·ly [ɑ́pəzitli, -sit- | ɔ́p-] *ad.* **1** 반대 위치에 **2** 거꾸로

O

ópposite númber [one's ~] ((영)) (다른 나라·지역·직장 등에서) 대등한 지위에 있는 사람

‡**op·po·si·tion** [ɑ̀pəzíʃən | ɔ̀p-] *n* **1** UC 반대, 저항; 방해 **2** 적대, 대항, 대립 **3** [the O~] 반대당, 야당
in ~ to …에 반대[반항]하여

‡**op·press** [əprés] [L 「…에 밀어붙이다」의 뜻에서] *vt.* **1** 압박하다, 억압하다 **2** 압박감[중압감]을 주다; 우울하게 만들다, 풀죽게 하다: be *~ed with* trouble [debt] 근심[빚]으로 마음이 무겁다

‡**op·pres·sion** [əpréʃən] *n.* UC **1** 압박, 압제, 억압 **2** 압박감, 우울, 의기소침; (열병 초기 등의) 나른한 느낌

∗**op·pres·sive** [əprésiv] *a.* **1** 압제적인, 중압감을 주는 **2** 〈날씨가〉 답답한, 불쾌한 ~·**ly** *ad.* ~·**ness** *n.*

∗**op·pres·sor** [əprésər] *n.* 압제자, 박해자

op·pro·bri·ous [əpróubriəs] *a.* **1** 모욕적인 **2** 면목이 없는

op·pro·bri·um [əpróubriəm] *n.* U **1** 오명, 치욕 **2** 욕설, 비난(abuse)

op·pugn [əpjúːn] *vt.* **1** 비난하다 **2** 이의(異議)를 제기하다

opt [ɑpt | ɔpt] [F = choose, wish] *vt.* 선택하다 ((*for, between*)) ~ ***out*** (***of***) (…에서) 피하다, (…에서) 손을 떼다

opt. optative; optical; optician; optics; optional

Op·ta·con [ɑ́ptəkɑ̀n | ɔ́ptəkɔ̀n] [*op*tical-to-*ta*ctile *con*verter] *n.* 옵타콘, 맹인용 점자 해독기 ((상표명))

op·tant [ɑ́ptənt | ɔ́p-] *n.* 고르는 사람, ((특히)) 국적 선택자

op·ta·tive [ɑ́ptətiv | ɔ́p-] [L 「바라다」의 뜻에서] *a.* 〚문법〛 기원을 나타내는

∗**op·tic** [ɑ́ptik | ɔ́p-] [Gk 「보이는, 볼 수 있는」의 뜻에서] *a.* A **1** 〚해부〛 눈의, 시력[시각]의: an ~ angle 시각(視角) **2** 광학(상)의
— *n.* **1** 광학 기계의 렌즈 **2** [O~] ((영)) 술 분량기(分量器) ((병 주둥이에 붙여 사용하는 납작한 유리컵; 상표명))

∗**op·ti·cal** [ɑ́ptikəl | ɔ́p-] *a.* **1** 눈의, 시각[시력]의 **2** 광학(상)의: ~ glass 광학 유리

óptical árt 옵티컬 아트 ((추상 미술))

óptical communicátion 광통신

óptical dísk[dísc] 광(光) (저장) 디스크(laser disk) ((videodisk, compact disk, CD-ROM 등))

óptical fíber 광섬유

óptical márk rèader 〚전자〛 광학식 마크 판독 장치 ((略 OMR))

óptical móuse 〚컴퓨터〛 광(光) 마우스

óptical scánning 광학적 주사(走査)

op·ti·cian [ɑptíʃən | ɔp-] *n.* 안경상(商), 광학 기계상

∗**op·tics** [ɑ́ptiks | ɔ́p-] *n. pl.* [단수 취급] 광학(光學)

op·ti·ma [ɑ́ptəmə | ɔ́p-] *n. pl.* OPTIMUM의 복수

op·ti·mal [ɑ́ptəməl | ɔ́p-] *a.* 최선의, 최상의, 최적의(optimum)

∗**op·ti·mism** [ɑ́ptəmìzm | ɔ́p-] [L 「최선(optimum)」의 뜻에서] *n.* U 낙천주의; 낙관(론)(opp. *pessimism*)
-mist *n.* 낙천주의자(opp. *pessimist*)

∗**op·ti·mis·tic, -ti·cal** [ɑ̀ptəmístik(əl) | ɔ̀p-] *a.* 낙천주의의; 낙관[낙천]적인 ((*about, of*)) **-ti·cal·ly** *ad.*

op·ti·mize [ɑ́ptəmàiz | ɔ́p-] *vt.* 최고로 활용하다; 〚컴퓨터〛 〈프로그램을〉 최대한으로 활용하다

op·ti·mum [ɑ́ptəməm | ɔ́p-] *n.* (*pl.* **-ma** [-mə], **~s**) 〚생물〛 최적 조건 ((성장·생식의)) — *a.* A 최적의: ~ population 최적 인구 ((많지도 적지도 않은))

∗**op·tion** [ɑ́pʃən | ɔ́p-] [L = choosing, choice] *n.* **1** UC (취사) 선택; 선택권, 선택의 자유: You have the ~ *to* take it or leave it. 갖거나 말거나 네 마음대로이다. **2** C 선택지(肢); (자동차·컴퓨터 등의) 옵션 **3** 〚상업〛 선택권, 옵션 ((계약 기한 중에도 일정한 금액을 지불하고 수시로 매매할 수 있는))

∗**op·tion·al** [ɑ́pʃənl | ɔ́p-] *a.* **1** 마음대로의, 임의의: It is ~ with you. 그것은 당신의 마음대로입니다. **2** 〈과목이〉 선택의: an ~ subject 선택 과목 — *n.* ((영)) 선택 과목(((미)) elective) ~·**ly** *ad.*

op·to·e·lec·tron·ics [ɑ̀ptouilektrɑ́niks | ɔ̀ptouilektrɔ́n-] *n. pl.* [단수 취급] 광전자 공학

op·tom·e·ter [ɑptɑ́mətər | ɔptɔ́m-] *n.* 시력 측정계

op·tom·e·trist [ɑptɑ́mətrist | ɔptɔ́m-] *n.* ((미)) 검안사, 시력 측정 의사

op·tom·e·try [ɑptɑ́mətri | ɔptɔ́m-] *n.* UC 검안, 시력 측정(법)

op·u·lence, -len·cy [ɑ́pjuləns(i) | ɔ́p-] *n.* UC 부유(wealth); 풍부(abundance)

op·u·lent [ɑ́pjulənt | ɔ́p-] [L = wealth] *a.* **1** 부유한 **2** 풍부한; 화려한 ~·**ly** *ad.*

∗**o·pus** [óupəs] [L 「일; 작품」의 뜻에서] *n.* (*pl.* **o·pe·ra** [óupərə | ɔ́p-], **~·es**) 〚음악〛 작품 번호; (문학 등의) 작품, 저작(work) ((略 Op., op.)): Brahms *op.* 77 브람스 작품 제77번

⁂**or** [ɔːr, ər] [동음어 oar, ore] *conj.* **1** [둘 또는 그 이상의 선택해야 할 어·구·절을 동격적으로 결합하여] **a** [긍정·의문문에서] 또는, …이나 …: You *or* I will be elected. 당신이나 내가 선출될 것이다. / Will you be there *or* not? 거기에 가시겠습니까, 안 가시겠습니까? **b** [either와 상관적으로 써서] …인가 또는 …인가 **c** [3개 이상의 선택에서] …나 …나 …나: any Tom, Dick, *or* Harry 톰이나 딕이나 또는 해리나 누구든, 어중이떠중이 **d** [부정문에서] …도 …도 (없다, 아니다): I have *no* brothers *or* sisters. 나에게는 형제도 자매도 없습니다.

e [ər | ə] [선택의 뜻이 약해지고 수(數) 등의 불확실한 일을 나타내는 경우에 써서] …정도, 거의: a mile *or* so 1마일 정도, 거의 1마일 **2 a** [일반적으로 (,) 뒤에서 유의어(구)·설명어(구)를 동반하여] **즉**: the culinary art, *or* the art of cookery 조리술(調理術), 즉 요리법 **b** [부가의문(tag question)의 형태로 보충적인 의문을 표시] 아니 …: I've met him somewhere. *Or* have I? 어딘가에서 그를 만난 적이 있다, 아니, (정말) 만났던가? **3** [명령문 뒤에서; 때때로 else를 동반하여 부정 조건의 결과를 나타내어] **그렇지 않으면**: Go at once, *or* (*else*) you will miss the train. 지금 당장 가거라, 그렇지 않으면 기차를 놓칠거다.

either ... or ⇨ 1 b ***or else*** ⇨ 3 ***or rather*** 더 정확히 말하자면, 아니 오히려 《정정할 때에 씀》 ***or so*** …쯤, …정도 ⇨ 1 e ***or somebody*** [***something, somewhere***] 《구어》 …인가 누군가[무언가, 어딘가] ***whether or ...*** …이든 아니든; 여하간

-or[1] | **-our** [ər] *suf*. [동작·상태·성질을 나타내는 라틴어계 명사 어미]: hono(*u*)*r*

-or[2] *suf*. [라틴어에서 나온, 특히 -ate의 어미를 가지는 동사에 붙여 행위자를 만듦]: elevat*or*

OR operating room 《미》 수술실; operations research; 《미》 〖우편〗 Oregon

o·ra [ɔ́:rə] *n*. OS[2]의 복수

＊or·a·cle [ɔ́:rəkl | ɔ́r-] [L 「말하다; 기도하다」의 뜻에서] *n*. **1 신탁**(神託), 탁선(託宣); (고대 그리스의) 신탁소 **2** 〖성서〗 신의 계시 **3** (예루살렘 성전 안의) 지성소(至聖所) **4** 신의 사도

o·rac·u·lar [ɔ:rǽkjulər | ɔrǽk-] *a*. **1** 신탁[탁선]의[같은] **2** 엄숙한 **3** 수수께끼 같은 **~·ly** *ad*.

＊o·ral [ɔ́:rəl] [동음어 aural] [L 「입의」의 뜻에서] *a*. **1 구두**(口頭)**의**, 구술의: an ~ examination[test] 구술 시험 **2** 〖해부〗 입의: the ~ cavity 구강(口腔) **3** Ⓐ 〈약이〉 경구의 **~·ly** *ad*. 구두로, 입을 통해서

‡or·ange [ɔ́:rindʒ, ɑ́r- | ɔ́r-] *n*. **1 오렌지**, 귤 《나무 또는 과실》 **2** ⓊⒸ **오렌지빛**

a mandarin [***tangerine***] ~ 밀감

— *a*. **오렌지**[**귤**]**색의**; 오렌지의

or·ange·ade [ɔ̀:rindʒéid, ɑ̀r- | ɔ̀r-] *n*. Ⓤ 오렌지에이드 《오렌지즙에 단맛과 탄산수를 탄 음료수》

órange blòssom 오렌지 꽃 《순결의 상징으로서 신부가 결혼식에서 머리에 장식함》

Órange Bówl [the ~] 〖미식축구〗 오렌지 볼 《Miami에 있는 경기장; 여기서 열리는 초청 대학팀의 미식 축구 경기》

órange pèel 오렌지 껍질

órange pékoe (스리랑카·인도산의) 고급 홍차

or·ange·ry, -rie [ɔ́:rindʒəri, ɑ́r- | ɔ́r-] *n*. (*pl*. **-ries**) (한랭지의) 오렌지 온실

o·rang·u·tan [ɔ:rǽŋutæ̀n | ɔ:rǽŋu:tǽn], **-(o)u·tang** [-tæ̀ŋ | -tǽŋ] [Malay 「숲 사람」의 뜻에서] *n*. 〖동물〗 성성이, 오랑우탄

o·rate [ɔ:réit] [oration의 역성] *vi*. 《익살》 연설하다, 연설조로 말하다

＊o·ra·tion [ɔ:réiʃən] [L 「연설; 기도」의 뜻에서] *n*. **연설**, 식사: deliver a funeral ~ 추도사[조사]를 하다

＊or·a·tor [ɔ́:rətər, ɑ́r- | ɔ́r-] [L 「이야기하는 사람」의 뜻에서] *n*. (*fem*. **-trix** [-trìks]) **연설자**; **웅변가**

or·a·tor·i·cal [ɔ̀:rətɔ́:rikəl | ɔ̀rətɔ́r-] *a*. **1** 연설의, 웅변의: an ~ contest 웅변대회 **2** 웅변가의: ~ gesture 웅변조의 몸짓 **~·ly** *ad*.

or·a·to·ri·o [ɔ̀:rətɔ́:riòu | ɔ̀rə-] *n*. (*pl*. **~s**) ⓊⒸ 〖음악〗 오라토리오, 성담곡(聖譚曲)

＊or·a·to·ry[1] [ɔ́:rətɔ̀:ri | ɔ́rətəri] [L =oratorical art] *n*. Ⓤ **1 웅변**; **웅변술 2** 수사, 과장적 문체

oratory[2] [L 「기도하는 장소」의 뜻에서] *n*. (*pl*. **-ries**) 〖그리스도교〗 기도실, 소(小)예배당 《큰 교회 또는 개인 집의》

＊orb [ɔ:rb] [L 「원; 고리」의 뜻에서] *n*. **1 구**(球), 구체; 《문어》 천체 《특히 태양·달·별》 **2** [보통 *pl*.] 《시어》 눈, 안구(眼球) **3** 십자가가 달린 보주(寶珠) 《왕권의 상징》

‡or·bit [ɔ́:rbit] [L 「차도(車道)」의 뜻에서] *n*. **1** 〖천문〗 **궤도**: ~ motion 공전 운동 **2** 활동 범위, (인생) 행로 **3** 〖해부〗 안와(眼窩) ***in***[***into***] ~ 궤도 위에, 궤도를 타고[태워서] ***out of*** ~ 궤도 밖으로, 궤도를 벗어나서

— *vt*. 〈지구 등의〉 주위를 궤도를 그리며 돌다; 〈인공 위성 등을〉 발사하여 궤도에 올리다 — *vi*. 선회하다(circle)

＊or·bit·al [ɔ́:rbitl] *a*. **1 궤도의 2** 〖해부〗 안와의

or·bit·er [ɔ́:rbitər] *n*. (궤도상을) 선회하는 것, 《특히》 인공 위성, 우주선

orc [ɔ:rk] *n*. 〖동물〗 범고래(grampus) 《killer whale이라고도 함》

or·ca [ɔ́:rkə] *n*. =ORC

‡or·chard [ɔ́:rtʃərd] *n*. **과수원**

＊or·ches·tra [ɔ́:rkəstrə] [Gk 「합창대가 출연하는 곳」의 뜻에서] *n*. **1 오케스트라**, **관현악단 2** (무대 앞의) 관현악단석(= ∠ pìt) **3** 《미》 (무대 앞의) 1등석(《영》 (~) stalls)

or·ches·tral [ɔ:rkéstrəl] *a*. 오케스트라의; 오케스트라용의: an ~ player 오케스트라 주자

órchestra stàlls 《영》 (극장의) 1층 앞쪽 무대에 가까운 1등석

or·ches·trate [ɔ́:rkəstrèit] *vt*. 관현악으로 작곡[편곡]하다; 조직화하다, 조정하다

or·ches·tra·tion [ɔ̀:rkəstréiʃən] *n*. Ⓤ 관현악 편곡(법); 관현악 조곡(組曲); 통합, 결집; (솜씨 있는) 조정

or·chid [ɔ́:rkid] *n*. 〖식물〗 난초; 그 꽃

or·chis [ɔ́:rkis] *n*. 〖식물〗 난초 《orchid는 외국산 원예종》

＊or·dain [ɔ:rdéin] [L 「질서(order)를 바르게 하다」의 뜻에서] *vt*. **1** 〈신·운명 등이〉 **정하다**, 〈법규 등을〉 규정하다, 제정하다 **2** 〖교회〗 〈목사를〉 안수하다, 〈사제를〉 서품하다 **~·ment** *n*.

O

*__or·deal__ [ɔːrdíːl] [OE 「재판」의 뜻에서] *n.* **1** 시련 **2** Ⓤ 시죄법(試罪法)《옛날 튜튼 민족 사이에 행해진 재판법으로 시련을 견딘 자를 무죄로 했음》

‡__or·der__ [ɔ́ːrdər] *n.* **1** Ⓤ **순서, 차례**: in alphabetical ~ ABC 순으로 **2** Ⓤ **정돈,** 정렬; 〖군사〗 대형: battle ~ 전투 대형 **3** Ⓤ 서열; Ⓒ 계급, 등급: the higher ~*s* 상류 사회 **4** Ⓤ 정상 상태 **5** Ⓤ 인도(人道), 도리, 이치 **6** Ⓤ **질서**; 치안; 체제; 규칙, 예법: a breach of ~ 질서 문란 **7** [종종 *pl.*] **명령,** 지령, 지시: He gave ~*s* that it should be done at once. 그는 즉시 그것을 하도록 명령했다. **8** 〖상업〗 **주문**; 주문서[품] **9** 종류, 종(種); 〖생물〗 (분류상의) 목(目) **10** 목사의 지위 **11** 〖종교〗 의식: the ~ for the burial of the dead 장례식 **12** 교단; (중세의) 기사단 **13** 《영》 훈위(勳位), 훈장 **14** 〖건축〗 주식(柱式), 양식 **15** Ⓤ 〖문법〗 어순(word order) **16** 천사의 위계(位階) 《9계급》

by ~ of …의 명에 의하여 ***call ... to ~*** 〈의장이〉 발언자에게 의사 규칙 위반을 주의하다; 《미》 개회를 선언하다 ***come to ~*** 《미》 (이야기 등을 그치고) 잠잠해지다 ***in ~*** (1) 정리[정돈]되어, 제자리가 잡히어: keep *in* ~ 정리해 두다; 질서를 바로 잡아 두다 (2) 쓸 수 있는 상태로; 제대로; 건강한 상태로 ***in short ~*** 《미》 곧, 재빨리 ***to ~*** 주문에 의하여 ***under the ~s of*** …의 지휘하에, …명에 의하여

— *vt.* **1** **명령하다,** 지시하다(bid) **2** 〈의사가 환자에게〉 지시[처방]하다 **3** **주문하다** **4** 〈신·운명 등이〉 정하다 **5** **정돈하다,** 배열하다 — *vi.* **1** 명령하다 **2** 주문하다

__órder bòok__ 주문 기록부

__or·dered__ [ɔ́ːrdərd] *a.* **1** 정연한, 질서 바른 **2** [보통 well, badly와 함께 복합어를 이루어] 정돈된: *well*-~ 잘 정돈된

__or·der-form__ [ɔ́ːrdərfɔ̀ːrm] *n.* 주문 용지

*__or·der·ly__ [ɔ́ːrdərli] *a.* **1** **차례로 된,** 정돈된 **2** **규율이 있는** **3** 정숙한 **4** 〖군사〗 당번의: an ~ man 당직병 — *n.* (*pl.* **-lies**) 〖군사〗 (육군) 병원의 잡역부

__órder pàper__ (의회의) 의사 일정표

__or·di·nal__ [ɔ́ːrdənl] *a.* 차례를 나타내는 — *n.* = ORDINAL NUMBER

__órdinal númber__ 서수 《first, second, third 등》

*__or·di·nance__ [ɔ́ːrdənəns] *n.* **1** **법령,** 포고; 《미》 (지방 자치체의) 조령 **2** 〖그리스도교〗 의식, 《특히》 성찬식

*__or·di·nar·i·ly__ [ɔ̀ːrdənέərəli | ɔ́ːdənərəli] *ad.* **1** [문장 전체를 수식하여] **보통; 대개** **2** 보통 정도로

‡__or·di·nar·y__ [ɔ́ːrdənèri | ɔ́ːdənəri] [L 「여느 때의 순서(order) 대로의」의 뜻에서] *a.* **1** **평상의, 보통의**: ~ language 일상 언어 **2** 평범한: an ~ man 보통 사람, 범인(凡人) **3** 얼굴이 변변찮은 **4** 〖법〗 직할의, 관할권이 있는 ***in the ~ way*** 보통은, 평상대로(이면)

— *n.* (*pl.* **-nar·ies**) **1** 보통 일[것, 사람] **2** 《영》 정식(定食) **3** 판사; 종무(宗務)판사 ***in ~*** (1) 상임의, 상무(常務)의: a surgeon *in* ~ to the King 시의(侍醫) (2) 〖항해〗 예비의

__ór·di·nàr·i·ness__ *n.* Ⓤ 평상 상태; 보통

__órdinary séaman__ 〖항해〗 2등 수병[선원]

__or·di·nate__ [ɔ́ːrdənət, -nèit] *n.* 〖기하〗 세로좌표

__or·di·na·tion__ [ɔ̀ːrdənéiʃən] *n.* ⓊⒸ **1** 〖그리스도교〗 서품(식), 성직 수임식(授任式), 목사 안수식 **2** 명령; (신의) 계율 **3** 정리, 배열; 분류

__ord·nance__ [ɔ́ːrdnəns] *n.* Ⓤ **1** [집합적] 포(砲), 대포 **2** 병기; 군수품 **3** [the ~] 《영》 군수품부: an ~ factory 병기창

__Órdnance Sùrvey__ [the ~] 《영》 육지 측량부

__Or·do·vi·cian__ [ɔ̀ːrdəvíʃən] *n., a.* 〖지질〗 오르도비스기(紀)[계](의); 그 지층군(의)

__or·dure__ [ɔ́ːrdʒər | ɔ́ːdjuə] *n.* **1** Ⓤ 《완곡》 똥, 비료 **2** 외설, 상스러운 말

‡__ore__ [ɔːr] [동음어 oar, or] [OE 「놋쇠」의 뜻에서] *n.* ⓊⒸ **광석**

__ö·re__ [ə́ːrə] *n.* (*pl.* ~) 외레 《덴마크·노르웨이의 화폐 단위 = 1/100 krone; 스웨덴의 화폐 단위 = 1/100 krona》; 1외레 동전

*__Or·e·gon__ [ɔ́ːrigən | ɔ́r-] [북미 인디언 말에서] *n.* **오리건 주** 《미국 서부의 주; 略 Ore(g).》

__Or·e·go·ni·an__ [ɔ̀ːrigóuniən | ɔ̀r-] *a., n.* 오리건 주의 (사람)

__Óregon Tráil__ [the ~] 오리건 산길 《Missouri 주에서 Oregon 주에 이르는 산길; 19세기 초 개척자가 많이 이용했음》

__O·res·tes__ [ɔːréstiːz | ɔr-] *n.* 〖그리스신화〗 오레스테스 《Agamemnon과 Clytemnestra의 아들; 어머니를 죽인 죄로 Furies에게 쫓겼음》

‡__or·gan__ [ɔ́ːrgən] [Gk 「도구, 악기」의 뜻에서] *n.* **1** **오르간,** 파이프 오르간, 풍금 **2** 〖생물〗 기관(器官); 장기 **3** 기관(機關); 기관지(紙·誌): a government ~ 정부 기관지 **4** 《완곡》 음경

__or·gan-blow·er__ [ɔ́ːrgənblòuər] *n.* 파이프 오르간의 송풍기 여닫는 사람[장치]

__órgan dònor__ 〖의학〗 이식할 장기 제공자

__or·gan·dy, -die__ [ɔ́ːrgəndi] *n.* Ⓤ 오건디 《얇은 모슬린 천》

__órgan grìnder__ (수동 풍금을 타는) 거리의 풍각쟁이

*__or·gan·ic__ [ɔːrgǽnik] *a.* **1** **유기체[물]의** **2** **기관**(器管)**의**; 〈병이〉 기질적(器質的)인 **3** 〖화학〗 유기의: ~ fertilizer 유기 비료 **4** **유기적인**; 조직적인 **5** **본질적인,** 근본적인 **6** 유기 재배의, 유기 농법의

— *n.* 유기 화합물; 유기 비료

__or·gan·i·cal·ly__ [ɔːrgǽnikəli] *ad.* **1** 유기적으로; 유기 재배로 **2** 조직적으로; 근본적으로

__orgánic chémistry__ 유기 화학

__orgánic fárming__ (화학 비료·농약을 쓰지 않는) 유기 농업[농법]

__orgánic fòod__ 자연[유기농] 식품

*__or·gan·ism__ [ɔ́ːrgənìzm] *n.* **1** **유기체;** 생물 **2** 유기적 조직체 《사회·우주 등》

__or·gan·ist__ [ɔ́ːrgənist] *n.* 오르간 연주자

‡__or·gan·i·za·tion__ [ɔ̀ːrgənizéiʃən | -naiz-] *n.* **1** ⓊⒸ

조직(화), 구성: the ~ *of* a club 클럽의 조직 **2** 기구 **3** 〖생물〗 생물체, 유기 조직 **4** **단체**, 조합, 협회

or·gan·i·za·tion·al [ɔ̀ːrɡənizéiʃənl | -naiz-] *a.* 조직(상)의; 유기적 구조의; 관리 기관의

organizátion màn 조직인(간) 《기업·군대 등 조직에 헌신하여 주체성을 상실한 인간》

‡**or·ga·nize** [ɔ́ːrɡənàiz] *vt.* **1** **조직[편제]하다**, 계통을 세우다 **2** 〈기업·행사 등을〉 계획[준비]하다, 편성하다 **3** 유기적[조직적]인 형태를 주다 **4** 〈종업원을〉 노동조합에 가입시키다 **5** [~ *oneself* 로] 《구어》 기분을 가라앉히다 **—** *vi.* 조직적으로 단결하다, 노동조합에 가입하다

or·gan·ized [ɔ́ːrɡənàizd] *a.* **1** [보통 복합어를 이루어] 조직[편성]된 **2** 노동조합에 가입된

*__or·gan·iz·er__ [ɔ́ːrɡənàizər] *n.* **1** **조직자**; 창립 위원; 주최자 《흥행의》; 조직책 《노동조합의》 **2** 분류 서류철, 서류 정리 케이스

órgan lòft (교회의) 오르간을 비치한 2층

órgan tránsplant 장기 이식

or·gasm [ɔ́ːrɡæzm] *n.* 〖생리〗 성적 흥분의 최고조, 오르가슴; 극도의 흥분

or·gas·mic [ɔːrɡǽzmik], **or·gas·tic** [-ɡǽstik] *a.*

*__or·gy__ [ɔ́ːrdʒi] *n.* (*pl.* **-gies**) **1** [보통 *pl.*] **마구 마시고 법석대는 주연**(酒宴); 종종 *sing.*] 《구어》 흥청거리기, 과도한 열중 《*of*》: an ~ *of* work 일에 열중하기 **2** [*pl.*] (고대 그리스·로마에서 비밀리에 행하던) 주신제

o·ri·el [ɔ́ːriəl] *n.* 〖건축〗 퇴창 《벽에서 내민 창》(= ∽ **window**)

‡**o·ri·ent** [ɔ́ːriənt, -ènt] [L 「떠오르는 태양(의 방향)」의 뜻에서] *n.* **1** 《시어·문어》 [the O~] **동양**, 아시아(opp. *Occident*), 《특히》 극동 **2** 《시어》 [the ~] 동쪽, 동쪽 하늘 **—** *vt.* **1** 〈건물 등의〉 방향을 특정 방위에 맞추다: ~ a building *east* 건물을 동향으로 세우다 **2** 〈교회를〉 성단(聖壇)이 동쪽 끝에 오고 입구가 서향이 되도록 짓다 **3** 〈지도를〉 실제의 방위에 맞추어 놓다, 옳게 판단하다 **4** 〈새 환경 등에〉 적응시키다 《*to, toward*》

— *a.* [**O~**] 《시어》 동양의, 동쪽의

‡**o·ri·en·tal** [ɔ̀ːriéntl] *a.* [**O~**] **동양** (여러 나라)의 **—** *n.* [**O~**] 아시아 사람, 동양 사람

O·ri·en·tal·ism, o- [ɔ̀ːriéntəlìzm] *n.* Ⓤ 동양식; 동양에 관한 지식, 동양학 **-ist** *n.* 동양학자

O·ri·en·tal·ize, o- [ɔ̀ːriéntəlàiz] *vt.*, *vi.* 동양식으로 하다, 동양화하다

o·ri·en·tate [ɔ́ːriəntèit] *vt.* = ORIENT

*__o·ri·en·ta·tion__ [ɔ̀ːriəntéiʃən] *n.* **1** (새 환경·사고 방식 등에 대한) **적응**, (신입 사원 등의) 집무 예비 교육[지도]; 《주로 미·캐나다》 **오리엔테이션** **2** 방위(를 맞추기) **3** 지향(志向) **4** 〖동물〗 귀소 본능; 〖생물〗 정위(定位) **5** ⓊⒸ (교회당을) 동향으로 짓기 **6** 〖심리〗 소재 인식 《자기와 시간적·공간적·대인적 관계의 인식》

-oriented [ɔ́ːrièntid] 《연결형》 「방향지어진, 지향의」의 뜻

o·ri·en·teer·ing [ɔ̀ːriəntíəriŋ] *n.* 오리엔티어링 《설정된 몇 개의 목표물을 지도와 컴퍼스를 사용하여 찾아가면서 골에 이르는 경주》

*__or·i·fice__ [ɔ́ːrəfis | ɔ́r-] *n.* (관·굴뚝·상처 등의) **구멍**, 뚫린 데(opening)

orig. original; originally

‡**or·i·gin** [ɔ́ːrədʒin | ɔ́r-] [L 「시작」의 뜻에서] *n.* **1** ⓊⒸ **기원**(source), 발단; 원인, 원천: a word of Latin ~ 라틴어계의 말 **2** Ⓤ [종종 *pl.*] **태생, 출신, 혈통**: of noble[humble] ~(*s*) 고귀한[비천한] 태생의

‡**o·rig·i·nal** [ərídʒənl] *a.* **1** Ⓐ **최초의** (earliest), **원시의**: an ~ bill 〖법〗 최초의 소장(訴狀) **2** **독창적인** (creative) **3** 기발한, 신기한 **4** Ⓐ 원형[원작, 원문, 원도]의: the ~ picture 원화 **5** 신개발의; 최초 공개의

— *n.* **1** **원형**, 원물; **원문** **2** 독창적인 사람 **3** 신작, 창작품

in the ~ 원문으로, 원어[원서]로

*__o·rig·i·nal·i·ty__ [ərìdʒənǽləti] *n.* **1** Ⓤ **독창성**, 독창력 **2** 창의; 기발 **3** 원형[원물]임, 진짜임

*__o·rig·i·nal·ly__ [ərídʒənəli] *ad.* **1** **원래** **2** 독창적으로

oríginal sín [the ~] 〖신학〗 원죄 《아담·이브의 타락에 인한 인류의 죄》

*__o·rig·i·nate__ [ərídʒənèit] *vt.* **1** **시작하다** **2** 창작하다, 발명하다: ~ a new teaching method 새 교수법을 창안하다

— *vi.* **1** **비롯하다, 생기다**: Coal has ~*d from* the decay of plants. 석탄은 식물이 썩어 된 것이다. **2** 〈열차·버스가〉 …에서 시발하다 《*at, in*》: The flight ~*s in* New York. 그 항공편은 뉴욕 발이다.

o·rig·i·na·tion [ərìdʒənéiʃən] *n.* **1** 시작, 일어남, 개시; 창작; 발명 **2** 시초, 발생

o·rig·i·na·tive [ərídʒənèitiv] *a.* 독창적인, 창의력[발명의 재간]이 있는

o·rig·i·na·tor [ərídʒənèitər] *n.* 창작자, 창설자, 창시자, 발기인, 시조

o·ri·ole [ɔ́ːriòul] *n.* 〖조류〗 꾀꼬리; 《미》 찌르레깃과의 작은 새

*__O·ri·on__ [əráiən] *n.* **1** 〖천문〗 **오리온자리** **2** 〖그리스신화〗 오리온 《몸집이 크고 힘센 미남 사냥꾼》

Oríon's Bélt 〖천문〗 오리온자리의 세 별

Órk·ney Íslands [ɔ́ːrkni-] [the ~] 오크니 섬 《스코틀랜드 북동쪽의 여러 섬》

Or·lan·do [ɔːrlǽndou] *n.* 남자 이름

or·mo·lu [ɔ́ːrməlùː] *n.* **1** Ⓤ 오몰루, 도금용 금박 《구리·아연·주석의 합금》; Ⓒ 금박 채료(彩料) **2** [집합적] 도금한 것

‡**or·na·ment** [ɔ́ːrnəmənt] [L 「장비하다」의 뜻에서] *n.* **1** Ⓤ **꾸밈, 장식**: by way of ~ 장식으로서 **2** 장식품, 장신구 **3** 광채를 더해주는 사람[물건] 《*to*》: He will be an ~ *to* his school. 그는 모교의 영예가 될 것이다. **4** 〖음악〗 꾸밈음

— [ɔ́ːrnəmènt] *vt.* **꾸미다, 장식하다** 《*with, in*》: ~ a room *with* flowers 방을 꽃으로 장식하다

O

***or·na·men·tal** [ɔ̀ːrnəméntl] *a.* **장식적인**, 장식용의: an ~ plantation 풍치림(風致林) **—** *n.* [*pl.*] 장식물, 장식품
or·na·men·tal·ly [ɔ̀ːrnəméntli] *ad.* 장식적으로, 수식하여
or·na·men·ta·tion [ɔ̀ːrnəmentéiʃən] *n.* Ⓤ 장식; [집합적] 장식품
or·nate [ɔːrnéit] *a.* 화려하게 장식한, 잘 꾸민; 〈문체가〉 화려한
or·ner·y [ɔ́ːrnəri] *a.* 《미·구어》 **1** 성질이 고약한; 고집센 **2** 천한
or·ni·tho·log·i·cal, -ic [ɔ̀ːrnəθəlɑ́dʒik(əl) | -lɔ́dʒ-] *a.* 조류학(鳥類學)의
or·ni·thol·o·gy [ɔ̀ːrnəθɑ́lədʒi | -θɔ́l-] *n.* Ⓤ 조류학 **-gist** *n.* 조류학자
o·ro·tund [ɔ́ːrətʌ̀nd | ɔ́r-] *a.* 〈목소리가〉 잘 울리는, 낭랑한; 〈말·문체 등이〉 거창한, 젠체하는 **ò·ro·tún·di·ty** [-dəti] *n.*
o·ro y pla·ta [ɔ́ːrou-iː-plɑ́ːtə] [Sp.] 금과 은 《미국 Montana 주의 표어》
‡or·phan [ɔ́ːrfən] [Gk 「어버이 또는 자식을 여읜」의 뜻에서] *n.* **고아**
— *a.* 부모가 없는; 고아를 위한: an ~ asylum 고아원 **—** *vt.* [보통 수동형] 고아로 만들다: The boy *was ~ed* by war. 그 소년은 전쟁 고아였다.
or·phan·age [ɔ́ːrfənidʒ] *n.* Ⓤ 고아임; 고아원
Or·phe·an [ɔːrfíːən] *a.* Orpheus의; (그의 음악처럼) 곡조가 아름다운; 황홀하게 하는
Or·phe·us [ɔ́ːrfjuːs, -fiəs] *n.* 〖그리스 신화〗 오르페우스 《무생물까지도 감동시켰다는 하프의 명수》
or·rer·y [ɔ́ːrəri, ɑ́r- | ɔ́r-] [제작자의 이름에서] *n.* (*pl.* **-rer·ies**) 태양계의(太陽系儀)
or·ris, -rice [ɔ́ːris | ɔ́r-] *n.* 〖식물〗 흰붓꽃
or·ris·root [ɔ́ːrisrùːt | ɔ́r-] *n.* orris의 뿌리 《말려서 향료로 씀》
orth(o)- [ɔ́ːrθ(ou), -θ(ə)] 《연결형》 「직(直)…, 정(正)…」의 뜻 《모음 앞에서는 orth-》
or·tho·don·tics [ɔ̀ːrθədɑ́ntiks | -dɔ́n-] *n. pl.* [단수 취급] 치열 교정(齒列矯正)(술), 치과 교정학
or·tho·don·tist [ɔ̀ːrθədɑ́ntist | -dɔ́n-] *n.* 치열 교정 의사
***or·tho·dox** [ɔ́ːrθədɑ̀ks | -dɔ̀ks] [Gk 「바른 의견」의 뜻에서] *a.* **1** (특히 종교상의) **정설(正說)의[을 신봉하는]**, 정통파의 **2** [**O~**] 그리스 정교회의, 동방 정교회의 **—** *n.* 정통파 사람; [**O~**] 동방 정교회 신자
Órthodox (Éastern) Chúrch [the ~] 동방 정교회
or·tho·dox·y [ɔ́ːrθədɑ̀ksi | -dɔ̀ksi] *n.* Ⓤ 정교; 정통파적 관행; 통설(에 따르기)
or·tho·e·pist [ɔːrθóuəpist] *n.* 정음학자(正音學者)
or·tho·e·py [ɔ́ːrθouèpi, ɔːrθóuəpi] *n.* Ⓤ 정음학; 바른 발음법
or·tho·graph·ic, -i·cal [ɔ̀ːrθəgrǽfik(əl)] *a.* 정자법의; 철자가 바른 **-i·cal·ly** *ad.*
or·thog·ra·phy [ɔːrθɑ́grəfi | -θɔ́g-] *n.* Ⓤ 정자법; 정서법(opp. *cacography*)
or·tho·p(a)e·dic [ɔ̀ːrθəpíːdik] *a.* 〖의학〗 정형 외과(학)의: ~ surgery 정형 외과
or·tho·p(a)e·dics [ɔ̀ːrθəpíːdiks] *n. pl.* [단수 취급] 〖의학〗 정형 외과, 정형술
or·tho·p(a)e·dist [ɔ̀ːrθəpíːdist] *n.* 정형 외과 의사
or·to·lan [ɔ́ːrtələn] *n.* 〖조류〗 촉새·멧새 무리; = BOBOLINK
Or·well·ism [ɔ́ːrwelìzm, -wəl-] [George Orwell의 소설 「1984」에서] *n.* (선전 목적을 위한) 사실의 조작과 왜곡
-ory [ɔ̀ːri, əri | əri] *suf.* **1** [형용사 어미] 「…같은, …의 성질이 있는」의 뜻: declamat*ory* **2** [명사 어미] 「…하는 곳, 소(所)」의 뜻: dormit*ory*
o·ryx [ɔ́ːriks | ɔ́r-] *n.* (*pl.* **~·es,** [집합적] ~) 〖동물〗 오릭스 《큰 영양; 아프리카산》
os[1] [ɑs | ɔs] [L] *n.* (*pl.* **os·sa** [ɑ́sə | ɔ́sə]) 〖해부·동물〗 뼈(bone)
os[2] [L] *n.* (*pl.* **o·ra** [ɔ́ːrə]) 〖해부〗 입; 구멍: per ~ 입으로 《먹는 약의 표시》
Os 〖화학〗 osmium
OS 〖컴퓨터〗 operating system; Old Saxon 고대 색슨어; Old Style; ordinary seaman; Ordnance Survey; 〖복식〗 outsize
Os·car [ɑ́skər | ɔ́s-] *n.* **1** 남자 이름 **2** 〖영화〗 오스카상 《아카데미상 수상자에게 주는 작은 황금상(像)》
***os·cil·late** [ɑ́səlèit | ɔ́s-] [L 「흔들리다」의 뜻에서] *vi.* **1 진동(振動)하다**; 〈선풍기 등이 주기적으로〉 목을 흔들며 움직이다 **2** 〈마음·의견 등이〉 흔들리다 《*between*》 **3** 〈사물이 2점 사이를〉 변동하다 **4** 〖통신·전기〗 발진(發振)하다 **—** *vt.* 진동[동요]시키다
***os·cil·la·tion** [ɑ̀səléiʃən | ɔ̀s-] *n.* ⓊⒸ **1 진동 2** 주저, 동요 **3** 〖물리〗 진동; 발진(發振); 진폭(振幅)
os·cil·la·tor [ɑ́səlèitər | ɔ́s-] *n.* 〖전기〗 발진기; 〖물리〗 진동자(子)
os·cil·la·to·ry [ɑ́sələtɔ̀ːri | ɔ́silətəri] *a.* 진동하는, 동요하는
os·cil·lo·graph [əsíləgræ̀f | -grɑ̀ːf] *n.* 〖물리〗 오실로그래프, 진동 기록기
os·cil·lo·scope [əsíləskòup] *n.* 〖전기〗 오실로스코프, 역전류(逆電流) 검출관
os·cu·late [ɑ́skjulèit | ɔ́s-] *vi.* 〖생물〗 상접(相接)하다; 《익살》 키스하다
os·cu·la·tion [ɑ̀skjuléiʃən | ɔ̀s-] *n.* ⓊⒸ 밀착; 《익살》 키스
-ose [òus, ous] *suf.* **1** [형용사 어미] 「…이 많은, …있는, …성(性)의」의 뜻: belli*cose* **2** 〖화학〗 「탄수화물, …당(糖)」의 뜻의 어미: cellul*ose*
o·sier [óuʒər] *n.* 〖식물〗 **1** 고리버들; 그 가지 **2** 말채나무(dogwood)
O·si·ris [ousáiəris] *n.* 오시리스 《고대 이집트 주신(主神)의 하나; 명계의 신; Isis의 남편》
-osis [óusis] *suf.* 「과정, 상태」의 뜻: metamorph*osis*
-os·i·ty [ɑ́səti | ɔ́s-] *suf.* [-ose, -ous의 어미의 형용사에서 명사를 만듦]: joc*osity*<jocose
Os·lo [ɑ́zlou, ɑ́s- | ɔ́z-, ɔ́s-] *n.* 오슬로

《노르웨이의 수도; 해항; 옛 이름 Christiania》

os·mi·um [ázmiəm | ɔ́z-] *n.* Ⓤ 〖화학〗 오스뮴《금속 원소; 기호 Os; 번호 76》

os·mose [ázmous | ɔ́z-] *vi., vt.* 삼투하다[시키다] **—** *n.* = OSMOSIS

os·mo·sis [azmóusis | ɔz-] *n.* Ⓤ **1** 〖물리·화학〗 삼투(滲透); 삼투성(性) **2** (조금씩) 흡수함, 침투

os·mot·ic [azmátik | ɔzmɔ́t-] *a.* 〖물리·화학〗 삼투(성)의: ~ pressure 삼투압(壓)

os·prey [áspri | ɔ́s-] *n.* 〖조류〗 물수리

os·sa [ásə | ɔ́sə] *n.* OS[1]의 복수

os·se·ous [ásiəs | ɔ́s-] *a.* 뼈의, 뼈가 있는, 뼈로 이루어진, 뼈 비슷한

os·si·fi·ca·tion [àsəfikéiʃən | ɔ̀s-] *n.* Ⓤ **1** 〖생리〗 골화(骨化) **2** (사상·신앙 등의) 경직화, 고정화

os·si·fy [ásəfài | ɔ́s-] *vt., vi.* (**-fied**) **1** 〖생리〗 뼈로 변하게 하다 **2** 경직화하다

os·su·ar·y [áʃuèri | ɔ́sjuəri] *n.* (*pl.* **-ar·ies**) 납골당; 유골 단지

os·ten·si·ble [asténsəbl | ɔs-] *a.* Ⓐ 표면상의; 허울만의: an ~ reason 표면상의 이유

os·ten·si·bly [asténsəbli | ɔs-] *ad.* 표면상(은)

os·ten·sive [asténsiv | ɔs-] *a.* **1** 명시(明示)하는 **2** = OSTENSIBLE

os·ten·ta·tion [àstentéiʃən | ɔ̀s-] *n.* Ⓤ 허식, 과시

os·ten·ta·tious [àstentéiʃəs | ɔ̀s-] *a.* 자랑 삼아 드러내는: an ~ display 허식

os·te·o·ar·thri·tis [àstiouɑːrθráitis | ɔ̀s-] *n.* Ⓤ 〖병리〗 골(骨)관절염

os·te·ol·o·gy [àstiálədʒi | ɔ̀stiɔ́l-] *n.* Ⓤ 골학; 골 조직

os·te·o·po·ro·sis [àstioupəróusis | ɔ̀s-] *n.* 〖병리〗 골다공증(骨多孔症)

os·tler [áslər | ɔ́s-] *n.* 《영》 (옛 여관·역참의) 마부(馬夫)

os·tra·cism [ástrəsìzm | ɔ́s-] *n.* Ⓤ **1** (고대 그리스의) 오스트라시즘, 도편(陶片) 추방《위험 인물의 이름을 사기 조각 등에 써내는 비밀 투표에 의한 국외 추방 제도》 **2** (사회·집단으로부터의) 추방: suffer social[political] ~ 사회[정계]에서 매장되다

os·tra·cize [ástrəsàiz | ɔ́s-] *vt.* (고대 그리스의) 도편 재판에 의하여 추방하다; 배척하다

***os·trich** [ástritʃ, ɔ́ːs- | ɔ́s-] *n.* (*pl.* **~·es, ~**) **1** 〖조류〗 **타조 2** 현실 도피자

OT Old Testament; overtime

OTB offtrack betting 장외 경마 도박

O·thel·lo [ouθélou, əθ-] *n.* 오셀로《Shakespeare 작의 4대 비극의 하나; 그 주인공》

⁂oth·er [ʌ́ðər] [OE 「제2의」의 뜻에서] *a.* **1** [복수 명사를 직접 수식하거나, no, any, some, one, the 등을 동반하여] **다른**, 그 밖의; 딴《단수 명사를 직접 수식할 때에는 another를 씀》: ~ people 다른[그 밖의] 사람들 / Mary is taller than *any* ~ girl in the class. 메리는 학급에서 그 누구보다도 키가 크다. **2 a** [the ~ 또는 one's ~] (두 가지 중에서) **다른 하나의**; (셋 이상 중에서) 나머지의: Shut *your*[*the*] ~ eye. 다른 한쪽의 눈을 감으시오. / There are three rooms. One is mine, one[another] is my sister's and *the* ~ is my parents'. 방이 셋 있다. 하나는 내 방이고 또 하나는 누이동생 방이고 나머지 방은 부모님 것이다. **b** [the ~] **저쪽의**; 반대의: *the* ~ end of the table 테이블 저쪽 끝 **3** [~ than] **a** [보통 (대)명사 뒤 또는 서술적 용법으로 써서] (…와는) **다른**: I'll send some boy ~ *than* yourself. 너 이외의 다른 소년을 보내겠다. **b** …이 아니라(not): She is ~ *than* honest. 그녀는 정직하지가 않다. **4 a** [the ~; 날·밤·주 등을 나타내는 명사를 수식하여 부사적으로] **요전의**: *the* ~ day 일전에《약 1주일 정도 전》 **b** 이전의, 옛날의: in ~ times 이전(에는), 옛날에는 **c** 장래의, 미래의: In ~ days[times] men will think us strange. 미래 사람들은 우리를 이상하게 생각할 것이다.

at ~ times 다른 때[이전]에는, 평소에는 ***every ~ ...*** (1) 그 밖의 모든 (2) 하나 걸러서 ***none***[***no***] ***~ than*** [《문어》 ***but***] ***...*** 다름아닌 ***the ~ day*** ⇨ *a.* 4 a

— *pron.* (*pl.* **~s**) **1** [보통 *pl.*; one, some, any를 동반할 때에는 단수형도 있음] **그 밖의 것 2 a** [the ~] (둘 중의) **다른 한쪽** (**사람**) **b** [the ~s] 그 밖의 것[사람들] 모두

of all ~s 모든 것 중에서, 특히: on that day *of all ~s* 날도 많은데 하필 그날에 ***one after the ~*** (둘이) 잇따라 ***one from the ~*** A와 B를 구별하여: I can't tell the twins *one from the ~.* 나는 그 쌍둥이를 구별할 수 없다. ***one or ~*** 누군가: *One or ~* of us will see to it. 우리 중 누군가 한 사람이 그것을 돌보게 된다. ***some ..., ~s ...*** 어떤 것[사람]은 …, 다른 것[사람]은 … ***the one ..., the ~ ...*** (1) 전자는 …, 후자는 … (2) 《드물게》 후자는 …, 전자는 … (3) 한쪽은 …, 다른 한쪽은

— *ad.* [~ than으로 부정·의문문에서] 그렇지 않고, 달리

oth·er-di·rect·ed [ʌ́ðərdiréktid] *a.* 남의 기준에 따르는, 타인 지향의, 타율적인, 자주성이 없는

⁂oth·er·wise [ʌ́ðərwàiz] *ad.* **1** 만약 **그렇지 않으면**(else, or): Start at once, ~ you will be late. 곧 떠나지 않으면 늦는다. **2 다른 방법으로; 그렇지 않게**: I would rather stay than ~. 난 차라리 머무르고 싶다. **3 다른 점에서**: He skinned his shins, but ~ he was not injured. 정강이가 까졌을 뿐 다른 데는 다치지 않았다.

— *a.* **1** Ⓟ **다른**: Some are wise, some are ~. 《속담》 약은 자도 있고 그렇지 않은 자도 있다. **2** Ⓐ 그렇지 않았더라면 …인: his ~ equals 다른 점에서는 그에게 필적하는 사람들

... and ~ 그 밖에, 기타, …등등 ***or ~*** 또는 그 반대

oth·er·world [ʌ́ðərwə̀:rld] *n.* [the ~] 내세(來世); 공상[이상]의 세계

oth·er·world·ly [-wə́:rldli] *a.* **1** 내세의 **2** 공상적인

o·ti·ose [óuʃiòus, óuti-] *a.* **1** 한가한, 게으른 **2** 쓸데없는

OTOH 《컴퓨터속어》 on the other hand 한편으로는《e-메일 등의 용어》

o·to·lar·yn·gol·o·gy [òutoulæ̀riŋgɑ́lədʒi | -gɔ́l-] *n.* Ⓤ 이비인후과학(學)

o·tol·o·gy [outɑ́lədʒi | -tɔ́l-] *n.* Ⓤ 이과학(耳科學)

Ot·ta·wa [ɑ́təwə | ɔ́təwə] *n.* 오타와 《캐나다의 수도》

***ot·ter** [ɑ́tər | ɔ́t-] *n.* (*pl.* **~s**, [집합적] ~) 《동물》 **수달**; Ⓤ 수달피

Ot·to·man [ɑ́təmən | ɔ́t-] *a.* 오스만 제국의; 터키 제국의, 터키 사람[민족]의 — *n.* (*pl.* **~s**) **1** 터키 사람 **2** [**o~**] 오토만, 긴 의자의 일종 《등받이·팔걸이가 없는》; 쿠션 달린 발판 **3** [**o~**] 일종의 견직물

OU 《영》 Open University; Oxford University

ou·bli·ette [ù:bliét] *n.* (중세의 성내의) 비밀 지하 감옥 《천장 뚜껑을 열고 드나듦》

***ouch** [autʃ] [의성어] *int.* 아얏

‡ought [ɔ:t] [동음어 aught] *auxil. v.* 《항상 to 부정사를 동반하며 과거를 나타낼 때는 완료형 부정사를 동반함》 **1** [의무·당연·적당·필요] …**해야 하다** 《「의무·당연」을 나타낼 때는 should보다 다소 뜻이 강하고, 「필요」에서는 must보다 약함》: You ~ *to* do it at once. =It ~ *to* be done at once. 그것은 당장 해야 한다. **2** [개연성·가망·당연한 결과] …**임에 틀림없다**: It ~ *to* be fine tomorrow. 내일은 좋은 날씨가 될 것이 틀림없다.

ought·n't [ɔ́:tnt] 《구어》 ought not의 단축형

Oui·ja [wí:dʒə] [F oui(=yes)와 G ja(=yes)에서] *n.* (심령술에 쓰이는) 점판《planchette 비슷한 것; 상표명》

‡ounce [auns] [L 「(파운드의) 1/12」의 뜻에서] *n.* **1 온스** 《상형(avoirdupois)에서는 1/16파운드, 28.35그램; 금형(金衡)(troy)은 1/12파운드, 31.104그램; 略 oz》 **2** 액량(液量) 온스(fluid ounce) 《(미) 29.6 cc; 《영》 28.4 cc》 **3** 소량(a bit)

‡our [auər, ɑ:r] [동음어 hour] *pron.* [we의 소유격] **1 우리의**: ~ country[school] 우리 나라[학교] **2** [군주·영국 국교회 감독이 my 대신에 써서] 짐의, 과인의, 우리의 **3** [신문의 논설 등에서] 우리의: in ~ opinion 우리가 보는 바로는

-our [ər] *suf.* 《영》 =-OR[1]

Òur Fáther 《성서》 우리 아버지, 하느님; [the ~] 주기도문

Òur Lády 성모 마리아

Òur Lórd (그리스도교에서) 주님, 그리스도, 하느님(God)

‡ours [auərz, ɑ:rz] [동음어 hours] *pron.* [we의 소유 대명사] **1 우리의 것 2** [of ~로] 우리의: a friend *of* ~ 우리의 친구

our·self [ɑ:rsélf, àuər-] *pron.* **1** 자기, 자신 **2** [국왕의 공식 용어, 또는 종종 신문 사설의 용어로 써서] 나 자신을[에게]

‡our·selves [àuərsélvz, ɑ:r-] *pron. pl.* 《we의 복합 인칭 대명사; ⇨ oneself》 **1** [재귀 용법] **우리들 자신에게[을]**: We shall give ~ the pleasure of calling. 방문하는 영광을 갖겠습니다. **2** [강조적 용법] **우리 스스로**: We ~ will see to it. =We will see to it ~. 우리들이 어떻게 해서든 처리할 거야. **3** 보통 때의[정상적인] 우리들: We were not ~ for some time. 우리는 잠시 멍하니 있었다.
(***all***) ***by*** ~ 우리 힘으로; 우리들만으로 ***beside*** ~ ⇨ oneself. ***for*** ~ ⇨ oneself. ***to*** ~ ⇨ oneself

-ous [əs] *suf.* **1** [형용사 어미] 「…이 많은, …성(性)의, …을 닮은, …의 특징을 가진, …의 버릇이 있는, …에 정신이 팔린」의 뜻: peril*ous* **2** 《화학》 [-IC의 어미를 가지는 산(酸)에 대하여] 「아(亞)…」의 뜻: nitr*ous* acid 아질산(亞窒酸)

ou·sel [ú:zəl] *n.* =OUZEL

***oust** [aust] *vt.* **내쫓다** 《*from*》, 박탈하다

oust·er [áustər] *n.* ⓊⒸ 추방, 축출

‡out [aut] *ad.* 《be동사와 함께 쓰일 경우에 형용사로 볼 수도 있음》 **1 a** [동사와 함께] **밖에, 밖으로**(opp. *in*): go ~ for a walk 산보하러 나가다 **b** [보통 be 동사와 함께] **외출하여**, 부재중: He is ~. 그는 지금 외출 중이다. **c** 〈배 등이〉 육지를 떠나서, 먼 바다에 나가서: ~ at sea 항해 중 **2 a** (밖으로) **내밀어**, 내뻗어: hold ~ one's hand 손을 내밀다 **b** 골라내어: pick ~ the most promising students 가장 가망성이 있는 학생들을 골라내다 **3 a** 〈물체가〉 **나타나**: The stars came[were] ~. 별이 떴다[떠 있었다]. **b** 〈신체의 일부 등이〉 **튀어나와**: The child's shoulders were ~, so his mother pulled the blanket up. 어린 아이의 어깨가 나와 있었기 때문에 어머니는 모포를 끌어올려 주었다. **c** 〈비밀 등이〉 **탄로나**, 들통이 나서: The secret is[has got] ~. 비밀이 탄로났다. **d** 〈책이〉 **출판되어**: His new book is[has come] ~. 그의 새 작품이 나왔다. **e** [형용사 최상급+명사 뒤에서] 《구어》 세상에 나와 있는 것 중에서: He is the clever*est* man ~. 그는 이 세상에서 가장 현명한 사람이다. **4 a** 〈꽃 등이〉 **피어**; 〈잎이〉 나와: The cherry blossoms are ~. 벚꽃이 피었다. **b** 〈날짐승의 새끼가〉 깨어: The chicks are ~. 병아리가 부화되었다. **5 a 큰 소리로**, 들릴 수 있게: shout ~ 큰 소리로 외치다 **b** 노골적으로, 기탄 없이: Speak ~! 까놓고 분명히 말하라! **6 마지막까지**; 완전히: fight it ~ 마지막까지 싸우다 **7 a 없어져**; 품절되어: The wine has run ~. 포도주가 모두 바닥이 났다. **b** 〈불·전등 등이〉 **꺼져**: put ~ a fire 불을 끄다 **c** 정신을 잃고: I was ~ for an hour. 1시간 동안 의식이 없었다. **d** 〈기한 등이〉 만기가 되어: before the year is ~ 연내에 **e** 유행이 지나: Sack dresses are ~. 헐렁한 옷은 유행이 지났다. **8 a 벗어나서**; 조화가 안 되어: The arm is ~. 팔이 탈구(脫臼)되어 있다. **b** …와 다투어서, 사이가 나빠서 《*with*》: I am ~ *with* Smith. 스미스와 사이가 나쁘다. **9** 일을 쉬고; 파업을 하고: He is ~ because of sickness. 그는 아파서 일을 쉬고 있다. **10** 정권을 떠나서 **11 a** 〖야구·크리켓〗 아웃이 되어 **b** 〖크리켓〗 퇴장이 되어 **12** 〖골프〗 (18홀의 코스에서) 전반(9홀)을 끝내고: He went ~ in 39. 그는 39 스트로크로 아웃을 끝냈다.

be ~ for ... [***to*** do] …을 얻으려[하려] 고 애쓰다 ***~ and away*** 눈에 띄게, 훨씬 (by far) ***~ and ~*** 완전히, 철저하게 ***~ of ...*** [àutəv] (1) **…의 안에서 밖으로** (opp. *into*): Two bears came ~ *of* the forest. 두 마리의 곰이 숲에서 나왔다. (2) 〈어떤 수(數)〉 **중에서**: one ~ *of* many 많은 중에서 하나 (3) …의 범위 밖에; …이 미치지 못하는 곳에: ~ *of* sight 보이지 않게 되어 / *O~ of* sight, ~ *of* mind. 《속담》 안 보면 멀어진다 (4) (a) 〈…의 상태에서〉 떨어져서, …을 벗어나서; …이 없어서: ~ *of* date 시대에 뒤떨어져 / ~ *of* danger 위험에서 벗어나서 (b) 〈물건이〉 부족하여: We are ~ *of* coffee. 커피가 떨어졌다. (5) [재료를 나타내어] …에서, …으로: What did you make it ~ *of*? 자네는 그것을 무엇으로 만들었나? (6) [원인·동기를 나타내어] …에서, …때문에: ~ *of* curiosity [kindness] 호기심[친절]에서 / We acted ~ *of* necessity. 우리는 필요에 의해서 했다. (7) [기원·출처를 나타내어] (a) …에서, …부터: drink ~ *of* a cup 컵에서 마시다 (b) 〈말(馬) 등이〉 …을 어미로 하여 (태어나서) (8) (a) [결과에 손실을 나타내어] …을 잃고: cheat a person ~ *of* money 남을 속여서 돈을 빼앗다 (b) …을 벗겨: I helped her ~ *of* her clothes. 그녀가 옷을 벗는 것을 도와주었다.

— *prep.* **1** 〈문·창 등〉**으로부터**: go ~ the door 문에서 나가다 **2** 《구어》 …밖에[으로]: He lives ~ Elm Street. 엘름가(街)를 벗어난 곳에서 살고 있다.

— *a.* **1** 밖의; 멀리 떨어진: an ~ match 《미》 원정 경기 **2** 〖골프〗 (18홀의 코스에서) 전반(9홀)의, 아웃의

— *n.* **1** [the ~] 외부(outside) **2** [보통 *sing.*] 《구어》 (일·비난 등을 피하기 위한) 변명, 구실; 회피 **3** [the ~s] 《영》 야당 **4** [*pl.*] 〖스포츠〗 수비측 **5** 〖야구〗 아웃

— *vt.* 《구어》 〈…을〉 쫓아내다 — *vi.* [보통 will ~으로] 알려지다: Murder *will* ~. 《속담》 나쁜 짓은 반드시 드러난다.

— *int.* 나가, 꺼져버려: *O~ with* him! 그를 쫓아내어라!

out- [aut] *pref.* [동사·분사·동명사 등의 앞에 붙여] 「외(外); …이상으로; …보다 나아」의 뜻

out·age [áutidʒ] *n.* ⓊⒸ 정전; 정전 시간

out-and-out [áutəndáut] *a.* Ⓐ 순전한, 철저한(thorough)

out·back [áutbæ̀k] 《호주》 *n.* 미개척의 오지(奧地)

out·bal·ance [àutbǽləns] *vt.* …보다 무게가 더 나가다; …보다 위이다[중요하다]

out·bid [àutbíd] *vi.* (경매에서) …보다 비싸게 값을 부르다[매기다]

out·board [áutbɔ̀ːrd] *a., ad.* (opp. *inboard*) **1** 〖항해〗 배 밖의[으로]; 〈모터보트의 엔진이〉 배 밖에 설치된[되어]; 〈모터 보트가〉 선외 엔진을 단[달고] **2** 〖항공〗 날개 끝에 가까운 쪽의[으로]

— *n.* 선외 엔진이 달린 보트

out·bound [áutbáund] *a.* **1** 외국행의 (opp. *inbound*) **2** 〈교통 기관 등이〉 시외로 가는

out·brave [àutbréiv] *vt.* **1** 용감히 맞서다 **2** 용기로 압도하다

***out·break** [áutbrèik] *n.* **1** (전쟁·질병 등의) **발발 2 폭동**

out·build·ing [áutbìldiŋ] *n.* 《미》 (농장의) 딴채 《곳간·닭장·외양간 등》

***out·burst** [áutbə̀ːrst] *n.* **1** (화산·격정 등의) **폭발**, **분출**(噴出): an ~ *of* rage 격노의 폭발 **2** (눈물 등의) 쏟아져 나옴 《*of*》

out·cast [áutkæ̀st | -kɑ̀ːst] *a.* 쫓겨난, 버림받은 — *n.* 추방된 사람, 부랑자; 폐물

out·class [àutklǽs | -klɑ́ːs] *vt.* …보다 고급이다; …보다 뛰어나다

‡**out·come** [áutkʌ̀m] *n.* [보통 *sing.*] **결과**, 성과

out·crop [áutkrɑ̀p | -krɔ̀p] *n.* 노출 《광맥의》, 노두(露頭) 《*of*》

***out·cry** [áutkrài] *n.* **1 부르짖음 2** (대중의) 항의 《*against, over, about*》 **3** Ⓤ 경매; 외치며 팔기

out·date [àutdéit] *vt.* 구식이 되게 하다, 시대에 뒤지게 하다

óut·dát·ed *a.* 구식의, 시대에 뒤진

out·dis·tance [àutdístəns] *vt.* 훨씬 앞서다; 능가하다

out·do** [àutdúː] *vt.* (**-did** [-díd]; **-done** [-dʌ́n]) **…보다 낫다**; 능가하다 ~ oneself*** 전에 없이[의외로] 잘하다

‡**out·door** [áutdɔ̀ːr] *a.* Ⓐ **집 밖의**, 야외의(opp. *indoor*): an ~ life 야외 생활

óutdoor advertísing 옥외 광고

‡**out·doors** [àutdɔ́ːrz] *ad.* **문 밖에서**, **옥외[야외]에서[로]**: stay ~ 옥외에 머무르다(opp. *indoors*)

óutdoor spòrts 야외 스포츠

‡**out·er** [áutər] *a.* **밖의**, 바깥[외부]의 (opp. *inner*): in the ~ suburbs (도심에서) 먼 교외에

óuter éar 〖해부〗 외이(外耳)(opp. *inner ear*)

óuter mán [the ~] 육체; 풍채, 옷차림

out·er·most [áutərmòust] *a.* 가장 바깥쪽의, 가장 먼

óuter spáce (대기권 외) 우주 공간 《지구의 대기권 밖의 공간; 별[행성] 사이의 공간》

out·er·wear [áutərwɛ̀ər] *n.* [집합적] Ⓤ 겉옷, 외투 《코트·레인코트 등》

óuter wóman 《익살》 (여자의) 외양, 자태

out·face [àutféis] *vt.* **1** 노려보아 시선을 돌리게 하다 **2** …에 태연하게 맞서다

out·fall [áutfɔ̀:l] *n.* **1** 하구(河口) **2** (하수의) 배출구

*__out·field__ [áutfì:ld] *n.* 〖야구·크리켓〗 외야; 외야수(opp. *infield*)
~**er** *n.* 외야수(opp. *infielder*)

out·fight [àutfáit] *vt.* (**-fought** [-fɔ́:t]) …와 싸워 이기다

‡**out·fit** [áutfìt] *n.* **1** (여행 등의) **채비**, 여장; 의상 한 벌 **2** 용품; 도구 한 벌 **3** [집합적] 《구어》 (사업에 종사하는) 일단(一團); (군)부대 **—** *vt.* (**~·ted**; **~·ting**) 공급하다, 갖추어 주다
~·ter *n.* 여행[운동] 용품상[점], 장신구상

out·flow [áutflòu] *n.* 유출; 유출물; 유출량

out-front [áutfrʌ́nt] *a.* 《구어》 진보적인; 솔직한, 정직한

out·gen·er·al [àutdʒénərəl] *vt.* (**~ed**; **~·ing** | **~led**; **~·ling**) 전술[작전]로 이기다

out·go [àutgóu] *vt.* 《고어》 …보다 더 멀리[빨리] 가다; 능가하다 **—** [ㅅㅅ] *n.* (*pl.* **~es**) 출발; 지출(opp. *income*)

*__out·go·ing__ [áutgòuiŋ] *a.* **1 나가는**, **떠나가는**, 출발의; 사임하는, 퇴임하는: the ~ tide 썰물 **2** 사교성이 풍부한 **—** *n.* [UC] **1** 떠남, 출발 **2** [*pl.*] 《영》 지출

out·grow [àutgróu] *v.* (**-grew** [-grú:]; **-grown** [-gróun]) *vt.* **1** …보다 더 커지다[빨리 자라다]; 자라서 〈옷을〉 못 입게 되다: ~ one's brother 형보다 커지다 **2** (성장하여) 〈습관·취미 등을〉 벗어나다[버리다]

out·growth [áutgròuθ] *n.* **1** 자연적인 발전[결과] **2** 파생물, 부산물 《*of*》 **3** 곁가지

out·guess [àutgés] *vt.* …의 낌새를 미리 알다

out-Her·od [àuthérəd] *vt.* [다음 성구로] ~ ***Herod*** 포학(暴虐)함이 헤롯왕을 능가하다 《Shakespeare 작 *Hamlet*에서》

out·house [áuthàus] *n.* (*pl.* **-hous·es** [-hàuziz]) **1** 《영》 딴 채, 헛간 **2** 《미》 옥외 변소

*__out·ing__ [áutiŋ] *n.* **소풍**, 피크닉: go for[on] an ~ 소풍 가다

out·land [áutlæ̀nd] *n.* 시골, 지방; 외국

out·land·er [áutlæ̀ndər] *n.* 외국인; 이방인; 문외한

out·land·ish [àutlǽndiʃ] *a.* 《구어》 이국풍의, 기이한: ~ clothes 색다른 옷
~·ly *ad.* **~·ness** *n.*

out·last [àutlǽst | -lɑ́:st] *vt.* **1** …보다 오래 가다[계속하다] **2** …보다 오래 살다 (outlive)

out·law [áutlɔ̀:] *n.* 무법자, 불량배 **—** *vt.* **1** 무법자로 선언하다 **2** 금지하다

out·law·ry [áutlɔ̀:ri] *n.* (*pl.* **-ries**) [UC] **1** 공권 박탈, 사회적 추방 **2** 비합법화 **3** 무법 상태; 법률 무시

out·lay [áutlèi] *n.* 지출; 경비
— [ㅅㅅ] *vt.* (**-laid** [-léid]) 《미》 소비하다 《*on*, *for*》

‡**out·let** [áutlèt, -lit] *n.* **1 출구**; 방수구 (opp. *intake*) 《*for*, *of*》 **2** (감정 등의) 배출구 《*for*》 **3** (상품의) 판로; 소매점 《*for*》 **4** 《미》 (전기의) 콘센트 **5** (방송망 산하의) 지방 방송국

óutlet màll 아웃렛 몰 《outlet store가 모여 있는 쇼핑 센터》

‡**out·line** [áutlàin] *n.* **1 윤곽** **2 약도** **3** [UC] 개요 ***in*** **~** 윤곽만 그려; 개략의 **—** *vt.* **1** …**의 윤곽을 그리다** **2** …의 약도[초벌 그림]를 그리다 **3** 개설(概說)하다

*__out·live__ [àutlív] *vt.* **1** …**보다 더** (**오래**) **살다** **2** 오래 살아서 …을 잃다: ~ one's children 자식들을 앞세우다 **3** 〈곤란 등을〉 극복하다

‡**out·look** [áutlùk] *n.* **1** [보통 *sing.*] **조망**: an ~ *on*[*over*] the sea 바다의 경관 **2 예측**: the business ~ *for* next year 내년의 사업 전망 **3** 견해; …관(觀) 《*on*》: a dark ~ *on* life 어두운 인생관
on the **~** 경계하여, 조심하여

out·ly·ing [áutlàiiŋ] *a.* Ⓐ **1** 바깥에 있는 **2** 중심을 떠난: an ~ village 외딴 동네

out·ma·neu·ver | **-noeu·vre** [àutmənjú:vər | -nú:-] *vt.* 술책으로 이기다, (상대방의) 허를 찌르다

out·match [àutmǽtʃ] *vt.* …보다 낫다, …보다 한 수 위이다

out·mod·ed [àutmóudid] *a.* 유행에 뒤진

out·most [áutmòust] *a.* = OUTERMOST

out·num·ber [àutnʌ́mbər] *vt.* …보다 수적으로 우세하다

out-of-bounds [-əvbáundz] *a.* **1** 〖스포츠〗 (필드·코스의) 밖의 **2** 〈생각·행동이〉 엉뚱한

*__out-of-date__ [áutəvdéit] *a.* **구식의**, **낡은**

out-of-door [-əvdɔ́:r] *a.* = OUTDOOR

out-of-doors [-əvdɔ́:rz] *n. pl.* [단수 취급] = OUTDOORS **—** *ad.* = OUTDOORS

out-of-pock·et [-əvpɑ́kit | -pɔ́k-] *a.* 현금불(拂)의, 일시불의, 외상이 아닌

out-of-stock [-əvstɑ́k | -stɔ́k] *a.* (일시적으로) 재고가 떨어진

out-of-the-way [-əvðəwéi] *a.* **1** 외딴 **2** 기이한, 괴상한(eccentric)

out·pace [àutpéis] *vt.* 따라가 앞서다, 앞지르다

out·pa·tient [áutpèiʃənt] *n.* (병원의) 외래 환자

out·per·form [àutpərfɔ́:rm] *vt.* 〈기계 등이〉 작업[운전] 능력이 …을 능가하다

out·place [àutpléis] *vt.* 《미》 (해고하기 전에) 재취직시키다
~·ment *n.* Ⓤ 재취직 알선

out·play [àutpléi] *vt.* (경기에서) 〈상대방을〉 패배시키다, 이기다

out·point [àutpɔ́int] *vt.* (권투 등 시합에서) 점수로 이기다, 판정승하다

out·post [áutpòust] *n.* **1** 변경(邊境)의 식민지[거류지] **2** 〖군사〗 전초; 전초 부대[기지]

out·pour [áutpɔ̀:r] *n.* 유출(물)
— [ㅅㅅ] *vi.*, *vt.* 흘러 나오다[나오게 하다]

out·pour·ing [áutpɔ̀:riŋ] *n.* **1** 유출(물) **2** [보통 *pl.*] (감정 등의) 발로(發露)

‡**out·put** [áutpùt] *n.* [UC] **1 생산**, 산출(량) **2 생산고** **3 출력** **4** 〖컴퓨터〗 출력 (신호) **—** *vt.* (**~**; **~·ted**; **~·ting**) 〖컴퓨터〗 〈정보를〉 출력하다

꙰out·rage [áutrèidʒ] [OF 「도를 넘다」의 뜻에서] *n.* ⓊⒸ **1 불법** (행위), **무도**(無道); **난폭 2** 격분, 격노
— *vt.* **1** 〈법률·도덕 등을〉 **범하다 2** 격분시키다 **3 폭행하다**

***out·ra·geous** [autréidʒəs] *a.* **1 난폭한,** 잔인무도한 **2** 무법의 **3** 엉뚱한, 괴이한; 《미·구어》 멋진 **~·ly** *ad.* **~·ness** *n.*

ou·trance [u:trɑ́:ns] [F] *n.* (싸움 등의) 최후

out·rank [àutrǽŋk] *vt.* …보다 지위가 높다

ou·tré [u:tréi] [F =exaggerated] *a.* 상궤를 벗어난, 과격한; 기묘한, 기이한

out·reach [àutrí:tʃ] *vt.* **1** …보다 멀리 미치다, 넘어가다, 능가하다 **2** 〈손을〉 내뻗다, 내밀다 **3** 속이다 — *vi.* 뻗다, 퍼지다; 지나치다 — [ㅅㅅ] *n.* **1** ⓊⒸ 퍼짐, 도달; 〈팔·손 등을〉 뻗기; 도달 범위 **2** (보다 넓은 지역 사회에 대한) 봉사 활동

out·ride [àutráid] *vt.* (**-rode** [-róud]; **-rid·den** [-rídn]) …보다 잘[빨리] 타다, …보다 멀리 타고 가다; 〈배가 풍파 등을〉 뚫고 나아가다

out·rid·er [áutràidər] *n.* (마차의 앞뒤, 양 옆의) 기마 수행원; 선도 경찰관; 호위

out·rig·ger [áutrìgər] *n.* **1** 〖항해〗 현외 부재, 아우트리거 **2** (경주용 보트의 뱃전에 설치된) 노걸이를 버티는 쇠막대

***out·right** [áutràit] *a.* Ⓐ **1 솔직한,** 노골적인: give an ~ denial 딱 잘라 거절하다 **2 완전한,** 철저한 — *ad.* **1** 숨김없이 **2** 철저히 **3** 공공연히 **4** 곧, 당장; 현찰로: buy ~ 현금을 내고 사다

out·ri·val [àutráivəl] *vt.* (**~ed**; **~·ing** | **~led**; **~·ling**) 경쟁에서 이기다

***out·run** [àutrʌ́n] *vt.* (**-ran** [-rǽn]; **~**; **~·ning**) **1 달려서 이기다**[앞서다] **2** 달아나다 **3** 도가 지나치다: He let his zeal ~ discretion. 그는 열중한 나머지 분별없는 짓을 했다.

out·sell [àutsél] *vt.* (**-sold** [-sóuld]) **1** 〈상품이〉 …보다 많이 팔리다 **2** 〈사람이〉 …보다 많이 팔다

out·set** [áutsèt] *n.* [the ~] **착수,** 시초, 발단 ***at[***from***] ***the*** (***very***) **~** 처음에[부터]

out·shine [àutʃáin] *vt.* (**-shone** [-ʃóun | -ʃɔ́n]) …보다 더 빛나다, …보다 빛이 강하다; …보다 우수하다; 무색하게 하다

꙰out·side [áutsáid] (opp. *inside*) *n.* **1 바깥쪽, 외면;** (사물의) 외관, 표면; 외모 **2** 《구어》 극한; 최대치; 〖수학〗 (곡선의) 외측 **3** 외계; (그룹 등의) 외(外), 문외(門外): those on the ~ 문외한 ***at the*** (***very***) **~** 고작해서 **~ *in*** 겉을 안으로, 뒤집어서
— *a.* Ⓐ **1** 외부[바깥쪽]의: an ~ market 장외(場外) 시장 **2** 《구어》 최고의, 최대 한도의: an ~ price 최고 가격 **3** 국외자의, 관계없는; 조합[협회]에 소속하지 않은; 원외(院外)의: an ~ opinion 외부의 의견 **4** 〈가능성 등이〉 극히 적은 **5** 본업[학업] 이외의: ~ interests 여가의 취미
— [ㅅㅅ] *ad.* **밖에,** 외부에; 집 밖에서[으로]; 해상으로[에서]: *O~!* 밖으로 나가[내놓아]!
— [ㅅㅅ] *prep.* **1** …의 **바깥쪽에**[의, 으로]: ~ the house 집 밖에 **2** …의 범위를 넘어, …이상으로 **3** 《구어》 …을 빼고

óutside bróadcast 《영》 스튜디오 밖에서의 방송

***out·sid·er** [àutsáidər] *n.* **1 문외한,** 국외자; 외부인(opp. *insider*) **2** 조합[당, 원]외의 사람 **3** 〖스포츠〗 승산이 없는 말[팀, 선수]

out·size [áutsàiz] *a.* Ⓐ 〈의복 등이〉 특대(형)의 — *n.* 특대(품)

***out·skirt** [áutskə̀:rt] *n.* [보통 *pl.*] **변두리,** 교외
on [***at, in***] ***the ~s of*** …의 변두리에

out·smart [àutsmɑ́:rt] *vt.* 《구어》 …보다 재치[수완]가 한 수 더 높다, …을 꾀로 이기다 ~ one***self*** 제 꾀에 넘어가다

out·source [àutsɔ́:rs] *vt.* 외주 제작하다; 〈부품을〉 외부에서 조달하다

out·sourc·ing [àutsɔ́:rsiŋ] *n.* 〖경제〗 아웃소싱 《자체 인력·설비·부품 등을 이용해 하던 일을 비용 절감과 효율성 증대를 목적으로 외부 용역이나 부품으로 대처하는 것》

out·spo·ken [àutspóukən] *a.* 까놓고[거리낌없이] 말하는; 〈말 등이〉 노골적인 **~·ly** *ad.* **~·ness** *n.*

out·spread [àutspréd] *vt., vi.* (**out·spread**) 펼치다; 퍼뜨리다, 퍼지다
— [ㅅㅅ] *a.* 넓어진; 뻗친

꙰out·stand·ing [àutstǽndiŋ] *a.* **1 눈에 띄는:** an ~ figure 두드러진 인물, 걸물(傑物) **2** 〈부채 등이〉 미결제의, 〈문제 등이〉 미해결의 **3** 쑥 내민 **~·ly** *ad.* **~·ness** *n.*

out·stare [àutstέər] *vt.* …을 노려보아 굴복시키다[당황하게 만들다]

out·sta·tion [áutstèiʃən] *n.* (본부·중심지에서 멀리 떨어져 있는) 주둔지, 분견소, 지소, 출장소

out·stay [àutstéi] *vt.* …보다 오래 머무르다[묵다]

***out·stretched** [àutstrétʃt] *a.* **펼친,** 뻗친: lie ~ on the ground 땅 위에 큰대(大)자로 눕다

out·strip [àutstríp] *vt.* (**~ped**; **~·ping**) **1** 따라가 앞서다 **2** …보다 뛰어나다; …을 이기다

out·take [áuttèik] *n.* (영화·텔레비전의) 촬영 후 상영 필름에서 커트한 장면

out·talk [àuttɔ́:k] *vt.* …보다 빨리[오래, 잘, 큰소리로] 이야기하다; 입씨름으로 이기다

out·tray [áuttrèi] *n.* 발송 기결 서류함

out·turn [áuttə̀:rn] *n.* ⓊⒸ 산출액, 생산량

out·vote [àutvóut] *vt.* 투표수로 이기다

out·walk [àutwɔ́:k] *vt.* …보다 빨리[멀리, 오래] 걷다; 걸어서 앞서다

***out·ward** [áutwərd] *a.* Ⓐ **1 밖으로 향하는 2** 외면상의; 표면의
to ~ seeming 겉보기로는
— *n.* **외부;** 외모, 외관
— *ad.* **바깥쪽으로**

out·ward-bound [áutwərdbáund] *a.* 외국행의, 외항의(opp. *home-bound*)

out·ward·ly [áutwərdli] *ad.* **1** 외견상, 표면상 **2** 바깥쪽에, 밖을 향하여

out·wards [áutwərdz] *ad.* = OUTWARD
out·wash [áutwɔ̀ːʃ | -wɔ̀ʃ] *n.* 〖지질〗 융빙(融氷) 유수 퇴적물
out·wear [àutwέər] *vt.* (**-wore** [-wɔ́ːr]; **-worn** [-wɔ́ːrn]) **1** …보다 오래 가다 **2** 닳아빠지게 하다 **3** 〈시간·불쾌한 상황을〉 참아 가며[이럭저럭] 보내다
out·weigh [àutwéi] *vt.* **1** …보다 무겁다 **2** 〈가치·중요성이〉 …을 능가하다
out·wit [àutwít] *vt.* (**~·ted**; **~·ting**) 보다 나은 꾀로 …을 이기다, 한술 더 뜨다
out·work [áutwə̀ːrk] *n.* **1** [보통 *pl.*] 〖축성〗 외보(外堡), 외루(外壘) **2** Ⓤ 점포[공장] 밖의 일
— [∸∠] *vt.* (**~ed, -wrought** [-rɔ́ːt]) …보다 잘[빨리, 열심히] 일하다, 일로 이기다 **~·er** *n.* 밖에서 일하는 사람
out·worn [àutwɔ́ːrn] *a.* 낡아빠진, 진부한: ~ habits 옛 버릇
ou·zel [úːzl] *n.* 〖조류〗 검은노래지빠귀 무리(blackbird)
ou·zo [úːzou] *n.* Ⓤ 우조 《그리스 술의 일종》
o·va [óuvə] *n.* OVUM의 복수
∗**o·val** [óuvəl] *a.* **달걀 모양의**; 타원형의
— *n.* **1** 달걀꼴 **2** 달걀 모양의 것
Óval Óffice[**Róom**] [the ~] 《미·구어》 (White House에 있는) 대통령 집무실
o·var·i·an [ouvέəriən] *a.* Ⓐ **1** 〖해부〗 난소의 **2** 〖식물〗 씨방의
o·va·ry [óuvəri] *n.* (*pl.* **-ries**) **1** 〖해부〗 난소 **2** 〖식물〗 씨방
o·vate [óuveit] *a.* **1** 달걀 모양의 **2** 〖식물〗 〈잎이〉 달걀 모양의
o·va·tion [ouvéiʃən] *n.* 대인기, 큰 갈채, (대중의) 열렬한 환영
⁑**ov·en** [ʌ́vən] *n.* **솥, 오븐,** 가마, 화덕
hot [***fresh***] ***from the*** **~** 갓 구워낸, 뜨끈뜨끈한
ov·en-read·y [-rèdi] *a.* 오븐에 넣기만 하면 되는 〈즉석 식품〉
ov·en·ware [-wὲər] *n.* [집합적] (오븐 요리용의) 내열(耐熱) 접시[식기]
⁂**o·ver** [óuvər] *prep.* **1** [위치] **a** [바로 위쪽으로 떨어진 위치] …**위쪽에**[**의**] (opp. *under*) **b** [접촉된 위치] …**위를 덮어** **c** 〈물건이〉 (덮듯이) …**위로**; …으로 튀어나와 **2 a 온 면에,** 도처에 **b** …**의 전부를,** …의 구석구석까지 **3** …**을 넘어** **4** 〈바다·강·거리 등〉의 **저쪽**[**편**]**의**[**으로**] **5** [범위·수량] …**을 넘어** **6** …**을 지배하여**; …을 능가하여 **7 a** …**중,** …하는 사이 **b** …**에 걸쳐** **c** …을 통하여 **8 a** …**에 관해서** **b** …**의 일로** **9** …**하면서** **10** 〈전화 등〉에 의해서 **~ *all*** 끝에서 끝까지, 전체에 걸쳐 **~ *and above*** …에 더하여, …위에
— *ad.* [be동사와 결합될 경우에는 형용사로도 볼 수 있음] **1 a 위**(**쪽**)**에** **b 위에서 아래로**; 튀어나와, 내밀어 **2 전면에,** 온통 **3 a 멀리 떨어진 곳에**; 〈거리·강·바다 등을〉 넘어서, 저쪽으로 **b** 이쪽으로 **c 남에게**; 다른 쪽으로 **4 뒤집어서**; 거꾸로 **5 끝나서** **6 처음부터 끝까지** **7 되풀이해서** **8 a 넘쳐서** **b** 《구어》 여분으로, 남아서 **9** 《영》 지나치게, 너무나
~ *against ...* (1) …에 면하여, …앞[가까이]에 (2) …와 대조해서: quality ~ *against* quantity 양에 대한 질 **~ *there*** (1) 저쪽에, 저기에, 저 너머에 (2) 《미》 유럽에서는
over- [òuvər, ∸–] *pref.* **1** 「위의, 넘치는, 초과한」의 뜻: *over*coat, *over*shoes, *over*flow, *over*take **2** 「과도한, 과잉의」의 뜻: *over*sleep, *over*load, *over*work
o·ver·a·bun·dance [òuvərəbʌ́ndəns] *n.* 과잉, 과다(過多)
o·ver·a·bun·dant [òuvərəbʌ́ndənt] *a.* 과잉의, 과다한
o·ver·a·chieve [òuvərətʃíːv] *vi.* 〈학생이〉 예상 이상의 성적을 올리다
-a·chíev·er *n.*
o·ver·act [òuvərǽkt] *vi.* 〈연기 등을〉 지나치게[과장해서] 하다
— *vt.* 지나치게 연기하다
o·ver·ac·tive [òuvərǽktiv] *a.* 활약[활동]이 지나친 **~·ly** *ad.*
o·ver·age [òuvəréidʒ] *a.* 규정[표준] 연령을 초과한
∗**o·ver·all** [óuvərɔ̀ːl] *a.* Ⓐ **1** (끝에서 끝까지) **전부의**: ~ length 전장(全長) **2** 총체적인 — *n.* **1** 《영》 (여자·어린이·의사 등이) 위에 겹쳐 입는 덧옷, 작업복 **2** [*pl.*] 덧바지 《더러움 타는 것을 막기 위한》
— [∸–∠] *ad.* **1 전체로**(**서**) **2** 끝에서 끝까지
o·ver·anx·ious [òuvərǽŋkʃəs] *a.* 지나치게 근심하는 **~·ly** *ad.*
o·ver·arch [òuvərɑ́ːrtʃ] *vt.* …의 위에 아치를 만들다
o·ver·arm [óuvərɑ̀ːrm] *a., ad.* **1** 〖야구·크리켓〗 어깨 너머로 던지는[던져] (overhand) **2** 〖수영〗 팔을 어깨 위로 내어 헤엄치는[헤엄쳐]
o·ver·awe [òuvərɔ́ː] *vt.* 위압하다; 겁나서 …하게 하다 《*into*》
o·ver·bal·ance [òuvərbǽləns] *vt.* 무게[값, 중요성]에서 능가하다; 평형을 잃게 하다 **~** one***self*** 중심[균형]을 잃다
— *vi.* 《영》 균형을 잃다[잃고 넘어지다]
o·ver·bear [òuvərbέər] *v.* (**-bore** [-bɔ́ːr]; **-borne** [-bɔ́ːrn]) *vt.* 제압하다; 압도하다 — *vi.* 열매가 너무 열리다
o·ver·bear·ing [òuvərbέəriŋ] *a.* 거만한(haughty), 횡포한; 위압적인 **~·ly** *ad.*
o·ver·bid [òuvərbíd] *vt., vi.* (**~**; **~·ding**) (경매에서 물건에) 값어치 이상의 비싼 값을 매기다 — [∸–∸] *n.* 비싼 값
o·ver·blown [òuvərblóun] *a.* **1** 〈꽃·미모 등이〉 한창 때가 지난 **2 a** 부풀린; 〈문체 등이〉 과장된 **b** 〈몸집이〉 아주 큰[당당한], 너무 살찐
∗**o·ver·board** [óuvərbɔ̀ːrd] *ad.* **배 밖에,** (배에서) 물 속으로
o·ver·bold [óuvərbóuld] *a.* 지나치게 대담한; 뻔뻔스러운
o·ver·book [òuvərbúk] *vt.* 예약을 정원 이상으로 받다 — *vi.* 예약을 너무 많이 받다
o·ver·brim [òuvərbrím] *vt., vi.* (**~med**; **~·ming**) 〈액체 등이〉 (용기에서) 넘치게 하다
o·ver·build [òuvərbíld] *vt.* (**-built** [-bílt]) 〈토지에〉 집을 지나치게 많이 짓다

o·ver·bur·den [òuvərbə́ːrdn] *vt.* **1** 너무 싣다 **2**〈남에게 일·부담을〉 너무 많이 주다; 너무 괴롭히다
o·ver·bus·y [òuvərbízi] *a.* 너무 바쁜
o·ver·buy [òuvərbái] *vt., vi.* (**-bought** [-bɔ́ːt]) (자력 이상으로) 너무 많이 사다
***o·ver·came** [òuvərkéim] *v.* OVERCOME의 과거
o·ver·cap·i·tal·ize [òuvərkǽpətəlàiz] *vt.* (회사 등의) 자본을 과대 평가하다
ò·ver·càp·i·tal·i·zá·tion *n.*
o·ver·care·ful [óuvərkέərfəl] *a.* 지나치게 조심하는, 너무 세심한 **~·ly** *ad.*
***o·ver·cast** [òuvərkǽst] *v.* (**o·ver·cast**) *vt.* **구름으로 덮다**
— [ˊ-ˊ, ˊ-ˋ] *a.* **1**〈하늘이〉 흐린, 우중충한 **2** 음울한, 우울한
— [ˊ-ˋ] *n.* 잔뜩 낀 구름; 흐린 하늘
o·ver·cau·tious [óuvərkɔ́ːʃəs] *a.* 지나치게 조심하는, 소심한
o·ver·charge [òuvərtʃɑ́ːrdʒ] *vt.* **1** …에게 지나치게 비싼 값을 부르다, 부당한 요구를 하다 **2** 지나치게 충전하다 — *vi.* 부당한 값을 요구하다 — [ˊ-ˋ] *n.* **1** 엉뚱하게 비싼 값[청구] **2** 충전 과다
o·ver·cloud [òuvərkláud] *vt.* **1**〈하늘 등을〉 구름으로 잔뜩 뒤덮다 **2** 음울하게[슬프게] 하다 — *vi.* **1** 흐리다 **2** 음울해지다
‡**o·ver·coat** [óuvərkòut] *n.* **1 오버코트, 외투 2** (페인트 등의) 보호용 코팅, 보호막
‡**o·ver·come** [òuvərkʌ́m] *v.* (**-came** [-kéim]; **-come**) *vt.* **1**〈적·곤란 등을〉 **이기다 2** [보통 수동형] …의 맥을 못추게 하다 《*by, with*》: *be* ~ *with*[*by*] grief 비탄에 잠기다 — *vi.* 이기다
o·ver·com·pen·sate [òuvərkɑ́mpənsèit | -kɔ́m-] *vt.* …에게 과대한 보상을 하다 — *vi.* (약점을 메우려고 무의식적으로) 과잉 보상을 하다 《*for*》
ò·ver·com·pen·sá·tion *n.*
o·ver·con·fi·dence [òuvərkɑ́nfədəns | -kɔ́n-] *n.* Ⓤ 지나친 자신[자부], 과신
o·ver·con·fi·dent [òuvərkɑ́nfədənt | -kɔ́n-] *a.* 너무 믿는; 자부심이 강한
~·ly *ad.*
o·ver·cooked [òuvərkúkt] *a.* 너무 익힌[구운]
o·ver·crit·i·cal [òuvərkrítikəl] *a.* 너무 비판적인, 혹평하는(hypercritical)
o·ver·crop [òuvərkrɑ́p | -krɔ́p] *vt.* (**~ped**; **~·ping**) 지나치게 농작하여 〈땅을〉 메마르게 하다
***o·ver·crowd** [òuvərkráud] *vt.* 〈좁은 곳에〉 **사람을 너무 많이 수용하다,** 혼잡하게 하다: be *~ed with* …으로 혼잡하다
~·ed [-id] *a.* 초만원의: an *~ed* theater 초만원의 극장
o·ver·cu·ri·ous [óuvərkjúəriəs] *a.* 지나치게 세심한; 꼬치꼬치 캐묻는, 호기심이 지나친
o·ver·del·i·cate [óuvərdélikət] *a.* 지나치게 신경질적인
-ca·cy [-kəsi] *n.* 신경과민
o·ver·de·vel·op [òuvərdivéləp] *vt.* **1** 지나치게 발달시키다 **2** 〚사진〛 과도하게 현상하다 **~·ment** *n.*

o·ver·do [òuvərdúː] *v.* (**-did** [-díd]; **-done** [-dʌ́n]) *vt.* **1** 지나치게 하다 **2**〈연기 등을〉 과장하다;〈감정 등을〉 과장하여 나타내다[표현하다] **3** 지나치게 사용하다 **4** 너무 익히다[굽다]
~ *it* 과장하다; 지나치게 하다
o·ver·done [òuvərdʌ́n] *a.* 너무 익힌[구운]
o·ver·dose [òuvərdóus] *vt.* 〈…에게〉 과도하게 투약(投藥)하다 — [ˊ-ˋ] *n.* (약의) 과량 복용, 과잉 투여
o·ver·draft [óuvərdræ̀ft | -drɑ̀ːft] *n.* 〚금융〛 당좌 대월(액) 《略 OD, O.D., O/D》; 《일반적으로》 과도한 청구[인출]
o·ver·draw [òuvərdrɔ́ː] *v.* (**-drew** [-drúː]; **-drawn** [-drɔ́ːn]) *vt.* **1** 〚금융〛〈예금을〉 너무 많이 찾다, 차월하다;〈수표를〉 은행 잔고 이상으로 발행하다 **2** 과장하다 — *vi.* 〚금융〛 당좌 차월하다
o·ver·dress [òuvərdrés] *vt., vi.* 지나치게 옷치레하다
~ one***self*** 지나치게 몸치장을 하다
o·ver·drink [òuvərdríŋk] *vt., vi.* (**-drank** [-drǽŋk]; **-drunk** [-drʌ́ŋk]) 과음하다
o·ver·drive [òuvərdráiv] *vt.* (**-drove** [-dróuv]; **-driv·en** [-drívən]) 〈말·자동차 등을〉 혹사하다
— *n.* (자동차의) 오버드라이브, 증속 구동(增速驅動)
o·ver·due [òuvərdjúː | -djúː] *a.* **1** 지불 기한이 넘은, 미불(未拂)의 **2** 늦은, 연착한
o·ver·ea·ger [óuvəríːgər] *a.* 지나치게 열심인
***o·ver·eat** [òuvəríːt] *vt., vi.* (**-ate** [-éit | -ét]; **-eat·en** [-íːtn]) **과식하다**
~ one***self*** 과식하다, 과식하여 탈이 나다
o·ver·em·pha·sis [òuvərémfəsis] *n.* (*pl.* **-ses** [-sìːz]) 지나친 강조
o·ver·em·pha·size [òuvərémfəsaiz] *vt.* 지나치게 강조[중요시]하다
o·ver·es·ti·mate [òuvəréstəmeit] *vt.* **1**〈가치·능력을〉 과대 평가하다 **2**〈수량 등을〉 지나치게 어림하다 — *vi.* 과대 평가하다 **ó·ver·ès·ti·má·tion** *n.*
o·ver·ex·cite [òuvəriksáit] *vt.* 과도하게 흥분시키다
-cit·ed [-sáitid] *a.* 극도로 흥분한
o·ver·ex·ert [òuvərigzə́ːrt] *vt.* 〈정신력·지력(知力) 등을〉 지나치게 쓰다
o·ver·ex·er·tion [òuvərigzə́ːrʃən] *n.* Ⓤ 지나친[무리한] 노력
o·ver·ex·pose [òuvərikspóuz] *vt.* 〚사진〛〈필름 등을〉 지나치게 노출하다
o·ver·ex·po·sure [òuvərikspóuʒər] *n.* ⓊⒸ **1** 〚사진〛 노출 과다 **2** 인기 연예인 등이 광고 등에 지나치게 나타나기
o·ver·fall [óuvərfɔ̀ːl] *n.* **1** [*pl.*] 단조(湍潮) 《해류가 해저 장애물이나 반대 해류와 부딪쳐서 생기는 해면의 물보라 파도》 **2** (운하·댐의) 낙수하는 곳, 낙수 장치
o·ver·fa·mil·iar [òuvərfəmíljər] *a.* 지나치게 친한
o·ver·fa·tigue [òuvərfətíːg] *vt.* 과로하게 하다 — [ˊ--ˋ] *n.* Ⓤ 과로

O

o·ver·feed [òuvərfí:d] *vt., vi.* (**-fed** [-féd]) 너무 많이 먹이다
o·ver·fill [òuvərfíl] *vt., vi.* 너무 많이 넣다; 지나치게 가득 채우다[차다]
o·ver·flight [óuvərflàit] *n.* 영공 비행[침범]
‡**o·ver·flow** [òuvərflóu] *v.* (**~ed**; **-flown** [-flóun]) *vi.* **1 넘치다 2** (상품·자금 등으로) 충만하다; (감정 등으로) 가득 차다 **—** *vt.* **1 범람시키다,** 〈가장자리에〉 **넘치다 2** 〈사람·물건이〉 넘쳐서 못 들어가다 **—** [ˊ-ˋ] *n.* **1 a** (하천의) **넘쳐 흐름,** 범람 **b** 넘쳐 흐른[유출한] 것 **2** (인구·상품 등의) 과다, 과잉 **3** 배수로, 배수관 **4** 〖컴퓨터〗 범람 《연산 결과 등이 계산기의 기억·연산 단위 용량보다 커짐》
o·ver·fly [òuvərflái] *vt.* (**-flew** [-flú:]; **-flown** [-flóun]) 〈비행기가〉 영공을 침해하다
o·ver·fond [òuvərfánd | -fɔ́nd] *a.* 너무 좋아하는 《*of*》
o·ver·ful·fill | **-fil** [òuvərfulfíl] *vt.* 표준 이상으로 이행[달성]하다; 기한 전에 완료하다
o·ver·grown [òuvərgróun] *a.* **1** Ⓐ 〈사람이〉 너무 크게 자란 **2 a** 〈식물이〉 너무 자란 **b** Ⓐ 〈풀 등이〉 전면에 우거진
o·ver·growth [óuvərgròuθ] *n.* **1** ⓊⒸ 무성; 너무 자람, 너무 살찜 **2** [an ~] 땅[건물]을 뒤덮듯이 자라난 것
o·ver·hand [óuvərhæ̀nd] *a.* **1** 〖야구·크리켓·테니스〗 (손을 어깨 위로 올려) 내리치는[던지는], 오버핸드의; 〖수영〗 손을 물 위에 내뻗는: an ~ stroke 팔매헤엄 **2** 〖재봉〗 휘갑치는 **3** 손을 위로부터 대어 잡는 **—** *n.* 어깨 너머로 던지는 솜씨, 오버핸드 투구[스트로크]; (테니스의) 내리치는 서브 솜씨[스타일]
∗**o·ver·hang** [òuvərhǽŋ] *vt., vi.* (**-hung** [-hʌ́ŋ], **-hanged**) **1** …**위에 걸리다**(hang over); …위에 걸치다; 돌출하다 **2** 〈위험·재해 등이〉 임박하다, 위협하다 **—** [ˊ-ˋ] *n.* **1** 쑥 내밂, 돌출 (부분) **2** 〖건축〗 (지붕·발코니 등의) 내물림
∗**o·ver·haul** [òuvərhɔ́:l] *vt.* **1 a 분해 검사[수리]하다 b** (구어) 철저히[자세히] 조사하다 **2** 육박하다, 따라붙다 **—** [ˊ-ˋ] *n.* ⓊⒸ **1** 분해 검사[수리], 오버홀 **2** (구어) 정밀 검사
‡**o·ver·head** [óuvərhèd] *a.* Ⓐ **1 머리 위의 2** 〖경제〗 〈경비가〉 일반의, 간접의 **3** 〖테니스〗 머리 위에서 내려치는 **—** *n.* **1** [(영)에서는 보통 *pl.*] 〖경제〗 일반[공통] 비용 **2** (테니스 등에서) 머리 위에서 내리치기, 스매시 **—** [ˊ-ˊ] *ad.* **머리 위에,** 위에, 높이, 하늘 높이
óverhead projéctor 오버헤드 프로젝터 《플라스틱 시트에 쓴 문자 등을 스크린에 나타나게 하는 장치》
∗**o·ver·hear** [òuvərhíər] *vt., vi.* (**-heard** [-hə́:rd]) (상대방 모르게) **우연히 듣다;** 도청하다
o·ver·heat [òuvərhí:t] *vt., vi.* **1** 과열시키다[하다] **2** 〈남을〉 지나치게 흥분시키다[흥분하다]
o·ver·in·dulge [òuvərindʌ́ldʒ] *vt.* **1** 너무 방임하다, 너무 응석받다 **2** [~ one*self* 로] 제멋대로 굴다 **—** *vi.* 제멋대로 행동하다; 탐닉하다
o·ver·in·dul·gence [òuvərindʌ́ldʒəns] *n.* Ⓤ **1** 제멋대로 방임함 **2** 방종; 탐닉
o·ver·in·dul·gent [òuvərindʌ́ldʒənt] *a.* 너무 방임하는, 너무 제멋대로 (하게) 하는
o·ver·in·sur·ance [òuvərinʃúərəns] *n.* Ⓤ 〖보험〗 초과 보험
o·ver·joy [òuvərdʒɔ́i] *vt.* 매우 기쁘게 하다
ò·ver·jóyed *a.* 기쁨에 넘친 《*at, with*》
o·ver·kill [óuvərkìl] *n.* Ⓤ **1** (핵무기 등의) 과잉 살상력 **2** (행동 등의) 지나침
o·ver·lad·en [òuvərléidn] *a.* 짐을 너무 실은, 〈부담 등이〉 과중한
o·ver·land [óuvərlæ̀nd] *a.* 육상[육로]의 **—** *ad.* 육상으로, 육로로
∗**o·ver·lap** [òuvərlǽp] *v.* (**~ped**; **~·ping**) *vt.* **1 겹치다 2** 일부분이 …와 일치하다, 중복하다 **—** *vi.* **1** (공간적으로) 겹쳐지다, 부분적으로 일치하다 **2** (시간적으로) 일부분이 일치하다, 중복되다 **—** [ˊ-ˋ] *n.* ⓊⒸ **1** 중복, 부분적 일치 **2** 〖영화〗 오버랩 《한 화면에 다음 화면이 겹침》
o·ver·lay [òuvərléi] *vt.* (**-laid** [-léid]) 씌우다; 칠하다; 붙이다; 도금(鍍金)하다 **—** [ˊ-ˋ] *n.* (장식용) 겉깔개, 웃덮개, 겉 씌우개; 〖컴퓨터〗 오버레이
o·ver·leaf [óuvərlì:f] *ad.* (종이의) 뒷면에, 다음 페이지에
o·ver·leap [òuvərlí:p] *vt.* (**~ed, -leapt** [-lí:pt | -lépt]) 뛰어넘다, 못 보고 넘어가다, 무시하다(ignore)
o·ver·lie [òuvərlái] *vt.* (**-lay** [-léi]; **-lain** [-léin]; **-ly·ing**) **1** …의 위에 눕다[엎드리다] **2** 〈아이를〉 깔고 누워 질식시키다
∗**o·ver·load** [òuvərlóud] *vt.* **1 짐을 너무 많이 싣다,** 부담을 너무 많이 지우다 **2** 〖전기〗 지나치게 충전하다 **—** [ˊ-ˋ] *n.* [보통 *sing.*] **1** 과중한 짐, 과적 **2** 〖전기〗 과부하
o·ver·long [óuvərlɔ́:ŋ | -lɔ́ŋ] *a.* 너무 긴 **—** *ad.* (시간적으로) 너무 길게, 너무 오랫동안
‡**o·ver·look** [òuvərlúk] *vt.* **1 못 보고 지나치다 2** 〈결점·실수 따위를〉 **너그럽게 봐주다,** 보고도 못 본 체하다 **3 내려다 보다;** 〈건물 등이〉 …보다 높은 데 있다 **4** 감독[감시]하다 **—** [ˊ-ˋ] *n.* **1** overlook하기 **2** 전망이 좋은 곳, 높은 곳
o·ver·lord [óuvərlɔ̀:rd] *n.* 대군주
o·ver·ly [óuvərli] *ad.* 지나치게; 몹시
o·ver·man [òuvərmǽn] *vt.* 〈직장 등에〉 필요 이상의 인원을 배치하다
o·ver·man·ning [òuvərmǽniŋ] *n.* 필요 이상의 인원을 배치하기
o·ver·man·tel [óuvərmæ̀ntl] *n.* 벽난로 위의 장식 선반
o·ver·mas·ter [òuvərmǽstər | -má:s-] *vt.* 〈감정·사람을〉 압도[위압]하다
o·ver·match [òuvərmǽtʃ] *vt.* 능가하다, 이기다, 압도하다 **—** *n.* 보다 나은 사람, 강적
o·ver·much [óuvərmʌ́tʃ] *n.* Ⓤ 과다, 과분 **—** *a.* 과다한, 과분한 **—** *ad.* **1** 과도하게 **2** [부정문에서] 지나치게

*o·ver·night [óuvərnàit] *a.* Ⓐ **1 밤을 새는**; 일박용의 **2** 하룻밤 사이의 갑작스런: an ~ millionaire 벼락부자 **3** 하룻밤만 유효한 — [ˊ-ˊ] *ad.* **1 밤새 2** 전날 밤중에 **3** 하룻밤 사이에, 갑자기
keep ~ 〈음식 등이〉 이튿날 아침까지 상하지 않다 ***stay*** ~ 하룻밤 묵다
— [ˊ-ˋ] *n.* **1** 전날 밤 **2** 일박; 《미·속어》 일박[짧은] 여행
— [ˋ-ˊ] *vi.* 하룻밤을 지내다
overníght bàg[càse] (일박용) 작은 여행 가방
o·ver·pass [óuvərpæ̀s | -pɑ̀:s] *n.* 《미》 (입체 교차의) 고가 도로, 고가 철도, 육교
— [ˋ-ˊ] *vt.* 넘다; 극복하다; 빠뜨리고 못 보다
o·ver·pay [òuvərpéi] *vt.* (**-paid** [-péid]) 초과 지불하다
~**·ment** *n.* ⓊⒸ 초과 지불(금)
o·ver·play [òuvərpléi] *vt.* **1** 연기를 과장해서 하다(overact) **2** …의 가치[중요성]를 지나치게 강조하다 —*vi.* 과장된 연기를 하다; 효과를 과장하다
o·ver·plus [óuvərplʌ̀s] *n.* 과잉, 과다
o·ver·pop·u·late [òuvərpɑ́pjuleit | -pɔ́p-] *vt.* (도시 등의) 인구가 넘치게[과밀하게] 하다
-làt·ed [-lèitid] *a.* 인구 과잉의, 과밀한
o·ver·pop·u·la·tion [òuvərpɑpjuléiʃən | -pɔp-] *n.* Ⓤ 인구 과잉[과밀]
*o·ver·pow·er [òuvərpáuər] *vt.* **1** (보다 강한 힘으로) **이기다,** 제압하다 **2** 깊이 감동시키다, 압도하다
o·ver·pow·er·ing [òuvərpáuəriŋ] *a.* **1** 〈감정 등이〉 압도적인; 강렬한 **2** 〈사람이〉 강렬한 성격의 ~**·ly** *ad.*
o·ver·price [òuvərpráis] *vt.* …에 너무 비싼 값을 매기다
o·ver·print [òuvərprínt] *vt.* 【인쇄】 〈인쇄한 것 위에〉 겹쳐 인쇄하다; 과도하게 인쇄하다 — [ˊ-ˋ] *n.* 거듭 인쇄; 과다 인쇄
o·ver·pro·duce [òuvərprədjú:s | -djú:s] *vt., vi.* 과잉 생산하다[되다]
*o·ver·pro·duc·tion [òuvərprədʌ́kʃən] *n.* Ⓤ **과잉 생산**
o·ver·proof [óuvərprú:f] *a.* 표준량 이상으로 알코올을 포함한
o·ver·pro·tect [òuvərprətékt] *vt.* 〈자식 등을〉 과보호하다: an *~ed* child 과보호 아동
o·ver·pro·tec·tion [òuvərprətékʃən] *n.* 과잉 보호
o·ver·rate [òuvərréit] *vt.* 과대평가하다
o·ver·reach [òuvərrí:tʃ] *vt.* **1** …에까지 널리 미치다 **2** 목표 등을 뛰어 넘다 **3** 꾀로 이기다(overwit) —*vi.* 너무 지나치게 가다, 손을 너무 뻗다
o·ver·re·act [òuvərriǽkt] *vi.* 과잉 반응하다 **-ac·tion** [-ǽkʃən] *n.*
o·ver·ride [òuvərráid] *vt.* (**-rode** [-róud]; **-rid·den** [-rídn]) …보다 우위에 서다; 무시하다, 깔아뭉개다; 〈결정 등을〉 번복하다, 무효로 하다
o·ver·rid·ing [òuvərráidiŋ] *a.* 우선적으로 관심이 있는; 가장 중요한
o·ver·ripe [óuvərráip] *a.* 너무 익은
o·ver·rule [òuvərrú:l] *vt.* 〈결정·방침·논의 등을 권세로〉 뒤엎다, 파기[기각]하다, 무효로 하다
*o·ver·run [òuvərrʌ́n] *v.* (**-ran** [-rǽn]; ~; ~**·ning**) *vt.* **1** 〈나라 등을〉 **침략하다,** (침략하여) 황폐하게 만들다 **2** 〈잡초 등이〉 …에 **퍼지다, 우거지다;** 〈해충·짐승 등이〉 들끓다 **3** 〈범위·제한 시간·어림 등을〉 넘다 —*vi.* **1 퍼지다 2** 도를 지나치다
— [ˊ-ˋ] *n.* 베이스를 지나쳐 감; (시간·비용 등의) 초과
o·ver·scru·pu·lous [òuvərskrú:pjuləs] *a.* 너무 세심[면밀]한
*o·ver·seas [óuvərsí:z], -sea [-sí:] *a.* **해외(로부터)의**: an ~ base 해외 기지 — [ˋ-ˊ] *ad.* **해외로**; 해외에서
go ~ 외국에 가다
o·ver·see [òuvərsí:] *vt.* (**-saw** [-sɔ́:]; **-seen** [-sí:n]) 감독[감시]하다
o·ver·se·er [óuvərsì:ər] *n.* 감독, 직공장; 감독관
o·ver·sell [òuvərsél] *vt.* (**-sold** [-sóuld]) **1** 너무 많이 팔다 **2** 공격적으로 팔다, 강매하다 **3** 실제보다 높이 평가시키다
o·ver·sen·si·tive [òuvərsénsətiv] *a.* 지나치게 민감한; 신경과민인
o·ver·set [òuvərsét] *vt.* (~; ~**·ting**) **1** 뒤엎다 **2** 〈정부를〉 전복하다, 〈제도를〉 파괴하다
o·ver·sexed [óuvərsékst] *a.* 성욕 과잉의; 성에 관심이 너무 많은
*o·ver·shad·ow [òuvərʃǽdou] *vt.* **1 그늘지게 하다;** 우울하게 하다 **2** (비교하여) **빛을 잃게 하다,** 무색하게 하다
*o·ver·shoe [óuvərʃù:] *n.* [보통 *pl.*] 덧신, 오버슈즈 《방한·방수용》
o·ver·shoot [òuvərʃú:t] *vt.* (**-shot** [-ʃɑ́t | -ʃɔ́t]) 〈목표를〉 넘어 쏘다; 〈특히 비행기가 착륙 지점을〉 지나치다
o·ver·shot [óuvərʃɑ̀t | -ʃɔ̀t] *a.* **1** 〈물레바퀴가〉 상사식(上射式)의 **2** 〈특히 개가〉 위턱이 나온
o·ver·side [óuvərsàid] *a.* Ⓐ **1** 현측도(舷側渡)의 **2** (레코드의) 뒷면의
—*ad.* **1** 뱃전으로부터 (바다 속으로) **2** (레코드의) 뒷면에
—*n.* (레코드의) 뒷면
o·ver·sight [óuvərsàit] *n.* **1** ⓊⒸ 간과(看過), 빠뜨리고 못 봄 **2** Ⓤ [또는 an ~] 감시, 감독 ***by*[*through*]** (***an***) ~ 실수하여
o·ver·sim·pli·fy [òuvərsímpləfai] *vt.* (**-fied**) 지나치게 단순화[간략화]하다
ò·ver·sìm·pli·fi·cá·tion *n.*
o·ver·size [óuvərsàiz] *n.* 특대(特大) — [ˊ-ˊ] *a.* 특대의
*o·ver·sleep [òuvərslí:p] *vt., vi.* (**-slept** [-slépt]) **너무 자다,** 늦잠 자다
o·ver·spend [òuvərspénd] *vt., vi.* (**-spent** [-spént]) 분수에 넘치게 돈을 쓰다
o·ver·spill [óuvərspìl] *n.* **1 a** 넘침 **b** 넘친 것 **2** 《영》 과잉 인구(의 이동)
*o·ver·spread [òuvərspréd] *vt.* (~) …위에 (온통) **펼치다,** 온통 뒤덮다, …의 전면에 흩뿌리다

O

o·ver·staff [òuvərstǽf | -stɑ́:f] *vt.* 필요 이상의 종업원을 두다

o·ver·state [òuvərstéit] *vt.* 과장하여 말하다, 허풍떨다 **~·ment** *n.*

o·ver·stay [òuvərstéi] *vt.* …보다 오래 머무르다: ~ one's welcome 너무 오래 머물러 폐를 끼치다

o·ver·step [òuvərstép] *vt.* (**~ped**; **~·ping**) 지나치게 가다, 밟고 넘다; 한도를 넘다

o·ver·stock [òuvərstɑ́k | -stɔ́k] *vt.* 지나치게 공급하다; 너무 많이 사들이다: The market is *~ed.* 시장은 재고 과잉이다. — *vi.* 너무 매입하다
— *n.* [UC] 매입[공급] 과다, 재고 과잉

o·ver·strain [òuvərstréin] *vt.* 과도하게 긴장시키다, 과로하다

o·ver·strung [òuvərstrʌ́ŋ] *a.* 〈사람·신경 등이〉 너무 긴장한, (신경)과민의

o·ver·sub·scribe [òuvərsəbskráib] *vt.* 〈공채(公債) 등을〉 모집액 이상으로 신청하다

o·ver·sup·ply [òuvərsəplái] *vt.* (**-plied**) 과잉 공급하다
— [ˊ-ˋ] *n.* [UC] 과잉 공급

o·vert [ouvə́:rt, ˊ-] *a.* [A] 〈증거 등이〉 명백한, 공공연한(opp. *covert*): a market ~ 공개 시장

‡**o·ver·take** [òuvərtéik] *v.* (**-took** [-túk]; **-tak·en** [-téikən]) *vt.* **1 a** 따라잡다, 따라붙다 **b** 뒤따라 앞지르다 **2** 〈폭풍우·불행 등이〉 닥쳐오다: be *overtaken* by the rainstorm 폭풍우를 만나다
— *vi.* 《영》 〈차가〉 추월하다
No Overtaking. 《영·게시》 추월금지. (《미》 No Passing.)

o·ver·task [òuvərtǽsk | -tɑ́:sk] *vt.* 무리한 일을 시키다; 혹사하다

***o·ver·tax** [òuvərtǽks] *vt.* **1** …에게 지나치게 과세하다 **2** 지나친 부담을 지우다; 지나치게 일을 시키다

o·ver-the-count·er [óuvərðəkáuntər] *a.* [A] **1** 〈증권 등이〉 장외(場外) 거래의, 점두(店頭) 매매의: the ~ market 〖증권〗 장외 시장 **2** 〈약이〉 의사의 처방 없이 팔 수 있는

o·ver·threw [òuvərθrú:] *v.* OVERTHROW의 과거

‡**o·ver·throw** [òuvərθróu] *vt.* (**-threw** [-θrú:]; **-thrown** [-θróun]) **1** 뒤엎다 **2** 〈정부·국가·군주 등을〉 전복하다; 폐지하다 **3** 〖야구·크리켓〗 너무 멀리[높이] 던지다, 폭투하다
— [ˊ-ˋ] *n.* **1** [보통 *sing.*] 전복; 타도 **2** 〖크리켓·야구〗 폭투(暴投), 높이 던짐

***o·ver·time** [óuvərtàim] *n.* [U] **1** 규정 외 노동 시간 **2** 초과 근무 수당 **3** 〖경기〗 연장 경기 시간 — *ad.* 규정 시간 외에
— *a.* **1** 시간외의, 초과 근무의 **2** 규정 시간을 넘은

o·ver·tire [òuvərtáiər] *vt., vi.* 과로시키다[하다]

o·ver·tone [óuvərtòun] *n.* **1** 〖물리〗 상음(上音); 〖음악〗 배음(倍音) 《상음의 일종》(opp. *undertone*) **2** [보통 *pl.*] (사상·언어 등의) 부대적 의미, 함축

o·ver·took [òuvərtúk] *v.* OVERTAKE의 과거

o·ver·top [òuvərtɑ́p | -tɔ́p] *vt.* (**~ped**; **~·ping**) **1** …의 위에 높이 솟다, …보다 높다 **2** …을 능가하다

o·ver·train [òuvərtréin] *vi., vt.* 지나치게 연습하다[시키다]

o·ver·trump [òuvərtrʌ́mp] *vt., vi.* 〖카드〗 (상대편보다) 끗수가 높은 패를 내다

***o·ver·ture** [óuvərtʃùər | -tjùə] [OF 「개시」의 뜻에서] *n.* [보통 *pl.*] 제의, 제안, 교섭 개시; 〖음악〗 서곡, 전주곡
make ~s to …에게 제의하다

‡**o·ver·turn** [òuvərtə́:rn] *vt.* **1** 뒤집다, 전복시키다 **2** 타도하다 — *vi.* 뒤집히다
— [ˊ-ˋ] *n.* **1** 전복 **2** 타도, 붕괴

o·ver·use [òuvərjú:z] *vt.* 과도하게 쓰다, 남용하다 — [óuvərjù:s] *n.* [U] 혹사, 남용

o·ver·val·ue [òuvərvǽlju:] *vt.* 과대시하다, 과대평가하다(opp. *undervalue*)

o·ver·view [óuvərvjù:] *n.* 개관(槪觀)

o·ver·watch [òuvərwɑ́tʃ | -wɔ́tʃ] *vt.* 망보다, 감시하다(watch over)

o·ver·ween·ing [òuvərwí:niŋ] *a.* [A] 자부심이 강한, 오만한

***o·ver·weight** [óuvərwèit] *n.* [U] **1** 초과 중량 **2** 체중 초과
— [ˋ-ˊ] *a.* **1** 규정 체중[중량]을 초과한 **2** 너무 살찐
— [ˋ-ˊ] *vt.* **1** 〈짐을〉 지나치게 싣다 《*with*》 **2** 〈진술·논의·계획 등을〉 지나치게 중시하다

‡**o·ver·whelm** [òuvərhwélm] *vt.* **1** 압도하다, 당황하게 하다 **2** 가라 앉히다, 매몰하다

o·ver·whelm·ing [òuvərhwélmiŋ] *a.* [A] 압도적인, 저항할 수 없는: an ~ disaster 불가항력적 재해 **~·ly** *ad.*

‡**o·ver·work** [òuvərwə́:rk] *v.* (**~ed** [-t], **-wrought** [-rɔ́:t]) *vt.* **1** 과로시키다 **2** 〈어떤 말 등을〉 지나치게 사용하다 — *vi.* 과로하다 — [ˊ-ˋ] *n.* [U] 과로; 초과 근무

o·ver·write [òuvərráit] *v.* (**-wrote** [-róut]; **-writ·ten** [-rítn]) *vt.* **1** (다른 문자·종이) 위에 쓰다 **2** (…에 대해) 기교를 너무 부리고 쓰다, 과장하여 쓰다
— *vi.* 너무 자세하게 쓰다

o·ver·wrought [òuvərrɔ́:t] *v.* OVERWORK의 과거·과거분사 — *a.* **1** 너무 긴장[흥분]한 **2** 〈문체 등이〉 지나치게 공들인

o·ver·zeal·ous [óuvərzéləs] *a.* 지나치게 열심인

o·vi·duct [óuvədʌ̀kt] *n.* 〖해부·동물〗 수란관(輸卵管), 난관

o·vi·form [óuvəfɔ̀:rm] *a.* 알 모양의

o·vip·a·rous [ouvípərəs] *a.* 〖동물〗 〈조류·어류·파충류 등이〉 난생(卵生)의

ov·u·late [ɑ́vjulèit | ɔ́v-] *vi.* 〖생물·생리〗 배란하다

ov·u·la·tion [ɑ̀vjuléiʃən | ɔ̀v-] *n.* [UC] 〖생물·생리〗 배란(排卵)

o·vum [óuvəm] *n.* (*pl.* **o·va** [-və]) 〖생물〗 알, 난자

ow [au] *int.* 아야, 이크 《갑작스러운 아픔·놀람 등》

*****owe** [ou] [동음어 O, oh] *vt.* **1 빚지고 있다,** 〈의무 등을〉 지고 있다 **2** …**의 은혜를 입고 있다,** 〈명예·성공 등을〉 …**에 돌리다**: I ~ much *to* him. 나는 그에게 많은 신세를 지고 있다. **3** 〈어떤 감정을〉 품다 **~ *it to*** a person[one***self***] ***to*** do …하는 것이 남[자기]에 대한 의무이다
— *vi.* 빚이 있다

*****ow·ing** [óuiŋ] *a.* **1 아직 갚지 않은 2** …**덕택에,** …탓으로 돌려야 할
~ *to* ... [전치사구로서] …때문에

*****owl** [aul] *n.* **1** 〖조류〗 **올빼미 2** 밤샘하는 사람, 밤에 나다니는 사람, 밤일하는 사람; 점잔빼는 사람, 약은 체하는 사람

owl·et [áulit] *n.* 새끼 올빼미; 작은 올빼미

owl·ish [áuliʃ] *a.* **1** 올빼미 같은 **2** 점잔빼는; 영리한 체하는 **3** 밤에 돌아다니는

owl-light [áullàit] *n.* Ⓤ 황혼(twilight)

*****own** [oun] *a.* Ⓐ **A** [주로 소유격 뒤에 강조어로 씀] **1 자기 자신의; 고유한**: This is my ~ house. 이것은 내 소유의 집입니다. **2 스스로 하는**: He cooks his ~ meals. 그는 자취하고 있다.
— **B** [one's ~; 독립 (명사) 용법] 자기 사람[것], 자기 가족; 자신의 독특한 것[입장] ***come into*** one***'s ~*** (1) 자립하다; 자아(自我)에 눈뜨다 (2) 자기의 역량을 충분히 발휘하다; (진가 등을) 인정받다 (3) 당연한 성공[명성, 신용 《등》]을 얻다 ***of*** one***'s ~ making*** 스스로[자기 자신이] 만든, 손수 만든 ***on*** one***'s ~*** 《구어》 (1) 스스로, 혼자힘으로; 독립하여: do something *on* one's ~ 자신의 창의[책임]로 …을 하다 (2) 혼자서
— *vt.* **1** (법적 권리에 따라) **소유[소지]하다 2** 〈죄·사실 등을〉 인정하다
— *vi.* (결점·죄 등을) 인정하다
~ *up* 《구어》 모조리[깨끗이] 자백하다

own-brand [óunbrǽnd] *a.* 〈상품이〉 (제조업자가 아니라) 판매업자의 상표가 붙은

*****own·er** [óunər] *n.* **1 임자,** 소유자, 소유권자: a house ~ 집 주인 **2** 《영·속어》 선장

own·er-driv·er [-dráivər] *n.* 《영》 (자가용차) 손수 운전자

own·er-oc·cu·pi·er [-ákjəpàiər | -ɔ́kjə-] *n.* 《영》 자가(自家) 거주자

***own·er·ship** [óunərʃìp] *n.* Ⓤ **소유주임; 소유권**

ówn góal 《영·경찰속어》 자살자

*****ox** [ɑks | ɔks] *n.* (*pl.* **ox·en** [áksən | ɔ́ks-]) **황소**; (특히 사역용 또는 식용의) 거세한 수소

ox·al·ic [ɑksǽlik | ɔk-] *a.* **1** 괭이밥에서 채취한 **2** 〖화학〗 수산의

oxálic ácid 〖화학〗 수산

ox·bow [-bòu] *n.* **1** 《미》 (강의) U자형 만곡부 **2** (소의) U자 모양의 멍에

Ox·bridge [áksbrìdʒ | ɔ́ks-] [*Ox*ford + Cam*bridge*] *n.* 《영》 (오랜 전통의) 옥스퍼드와 케임브리지 두 대학
— *a.* 옥스브리지(식)의

***ox·en** [áksən | ɔ́ks-] *n.* OX의 복수

óx èye 황소 눈; 큰 눈

***Ox·ford** [áksfərd | ɔ́ks-] [OE 「소가 건너는 여울」의 뜻] *n.* **1 옥스퍼드** 《영국 남부 Thames 강 상류의 도시》 **2** 옥스퍼드 대학(=~ University)

Óxford blúe 《영》 짙은 감색(紺色)

Ox·ford·shire [áksfərdʃiər | ɔ́ks-] *n.* 옥스퍼드 주 《영국 남부의 주; Oxford, Oxon으로도 부름》

Óxford Univérsity 옥스퍼드 대학 《옥스퍼드 시에 있는, 12세기에 창립된 대학으로 Cambridge와 함께 영국의 가장 오래된 대학》

ox·i·dant [áksədənt | ɔ́ks-] *n.* 〖화학〗 산화제, 옥시던트 《과산화 물질의 총칭》

ox·i·da·tion [àksədéiʃən | ɔ̀ks-] *n.* Ⓤ 〖화학〗 산화(酸化) (작용)

***ox·ide** [áksaid | ɔ́k-] *n.* 〖화학〗 **산화물**

ox·i·di·za·tion [àksədizéiʃən | ɔ̀ksidai-] *n.* Ⓤ 〖화학〗 산화

***ox·i·dize** [áksədàiz | ɔ́k-] 〖화학〗 *vt.* **산화시키다**; 녹슬게 하다; 〈은 등을〉 그슬리다 — *vi.* **산화하다**; 녹슬다

Ox·on [áksɑn | ɔ́ksɔn] *n.* [학위 등의 뒤에 붙여서] 옥스포드 대학: John Smith, M.A., ~ 옥스포드 대학 석사 존 스미스

Ox·o·ni·an [ɑksóuniən | ɔks-] *a.* **1** Oxford의 **2** Oxford 대학의 — *n.* **1** Oxford 사람[주민] **2** Oxford 대학의 학생[출신자]

ox·tail [ákstèil | ɔ́ks-] *n.* 쇠꼬리 《수프 재료》

ox·y·acet·y·lene [àksiəsétilì:n | ɔ̀k-] *a.* 산소와 아세틸렌의 혼합물인

*****ox·y·gen** [áksidʒən | ɔ́ks-] [Gk 「산을 낳는 것」의 뜻에서] *n.* Ⓤ 〖화학〗 **산소** 《기호 O》

ox·y·gen·ase [áksidʒənèis, -nèiz | ɔ́k-] *n.* 〖생화학〗 산소 첨가[산소화] 효소, 옥시게나아제

ox·y·mo·ron [àksimɔ́:rɑn | ɔ̀ksimɔ́:rɔn] *n.* (*pl.* **-ra** [-rə], **~s**) 〖수사학〗 모순 어법(矛盾語法)

o·yez, o·yes [óujes, -jez] [OF =hear me] *int.* 들어라, 근청, 조용히 《전령사(傳令使)나 법정의 정리(廷吏) 등이 보통 세 번 소리 지름》

*****oys·ter** [ɔ́istər] [Gk 「뼈」의 뜻에서] *n.* **1** 〖패류〗 굴; 진주 조개 **2** 《구어》 말수가 적은 사람, 입이 무거운 사람

óyster cùlture 굴 양식(養植)

óyster fàrm[field, pàrk] 굴 양식장

óyster fàrming =OYSTER CULTURE

***oz, oz.** ounce(s)

o·zone [óuzoun, ─́] [Gk =to smell] *n.* Ⓤ **1** 〖화학〗 오존: an ~ apparatus 오존 발생 장치 **2** 《구어》 (해변 등의) 신선한 공기(fresh air)

ózone làyer 오존층(層)

o·zon·ize [óuzounàiz, -zən-] *vt.* 〖화학〗 오존으로 처리하다; 〈산소를〉 오존화하다 **ò·zon·i·zá·tion** *n.*

o·zo·no·sphere [ouzóunəsfìər] *n.* (대기의) 오존층(層) 《지상 8~30 마일의 고온권》

o·zon·ous [óuzounəs, -zən-] *a.* 오존의, 오존을 함유한

ozs, ozs. ounces

P p

P

p, P [piː] *n.* (*pl.* **p's, ps, P's, Ps** [-z]) **1** 피 《영어 알파벳의 제16자》 **2** P자형(의 것)

p. page; participle; past; penny[pennies]; pint; population

P. 〖체스〗 pawn; Post; President; Priest; Prince

***pa** [pɑː] *n.* 《구어·유아어》 = PAPA

Pa. Pennsylvania

p.a. participial adjective; per annum

PA 〖우편〗 Passenger[Press] Agent; personal assistant

P/A power of attorney; private account

PAA Pan-American World Airways 팬아메리칸 항공 회사

pab·u·lum [pǽbjuləm] *n.* Ⓤ **1** 음식물, 영양물 **2** 정신적인 양식 《서적 등》

pa·ca [pɑ́ːkə, pǽkə] *n.* 〖동물〗 파카 《중남미의 토끼만한 기니피그류(類) 동물》

PACAF (미) Pacific Air Forces

⁑**pace** [peis] *n.* **1** **걸음걸이, 걷는 속도,** 보조; (일·생활 등의) **속도,** 페이스 **2 한 걸음,** 보폭 **3** (말의) 보태(步態) **4** 〖건축〗 층계의 층대 **5** 〖야구〗 (투수의) 구속(球速)

at a foot's ~ 보통 걸음으로 ***at a good ~*** 상당한 속도로; 활발히 ***go*** [***hit***] ***the ~*** 《구어》 (1) 급히 가다 (2) 난봉을 부리다 ***keep*** [***hold***] ***~ with*** (1) …와 보조를 맞추다 (2) …에 뒤지지 않다 ***put*** a horse [person] ***through*** his ***~s*** 말의 걸음걸이[사람의 역량]를 시험하다

— *vi.* **1** (고른 보조로 천천히) 걷다 **2** 〈말이〉 측대속보(側對速步)로 걷다

— *vt.* **1** 〈운동 선수에게〉 보조를 맞추다 **2** 보측하다 《*off*, *out*》 **3** 천천히[바른 걸음으로] 걷다

pa·ce [péisi, pɑ́ːtʃei] [L] *prep.* …에게는 실례지만

paced [peist] *a.* [보통 복합어를 이루어] …보(步)의, 걸음이 …인: fast-~ 걸음이 빠른

pace·mak·er [péismèikər] *n.* **1** 〖의학〗 심장 박동 조절 장치 **2** (선두에 선) 속도 조정자 **3** 선도자, 주도자(leader)

pac·er [péisər] *n.* **1** 천천히 걷는 사람; 보측자(步測者) **2** 측대보(側對步)로 걷는 말 **3** = PACEMAKER

pace·set·ter [péissètər] *n.* = PACEMAKER 2, 3

pa·cha [pɑ́ːʃə, pǽʃə] *n.* = PASHA

pach·y·derm [pǽkidə̀ːrm] *n.* **1** 후피(厚皮) 동물 《하마·코끼리 등》 **2** 둔감한 사람

pach·y·der·ma·tous [pæ̀kidə́ːrmətəs] *a.* 후피(厚皮) 동물의; 둔감한, 뻔뻔스러운

⁑**pa·cif·ic** [pəsífik] *a.* **1 평화를 사랑하는**; 〈성질이〉 온순한 **2** 태평한(peaceful)

-i·cal·ly *ad.* 평화적으로

⁑**Pa·cif·ic** [pəsífik] *a.* **태평양의**

— *n.* [the ~] **태평양** (= ~ Ocean)

pa·cif·i·cate [pəsífəkèit] *vt.* = PACIFY

pac·i·fi·ca·tion [pæ̀səfikéiʃən] *n.* Ⓤ 강화, 화해; Ⓒ 강화 조약

pa·cif·i·ca·tor [pəsífəkèitər] *n.* 중재자, 조정자

pa·cif·i·ca·to·ry [pəsífikətɔ̀ːri | -təri] *a.* 화해적인, 조정의; 유화적인

Pacífic hígh 태평양 고기압

Pacífic Ócean [the ~] **태평양**

Pa·cif·ic-rim [pəsífikrìm] *a.* 환태평양의

Pacífic (Stándard) Tíme (미국의) 태평양 표준시 (略 P.(S.)T.)

pac·i·fi·er [pǽsəfàiər] *n.* **1** 달래는 사람; 조정자 **2** (미) (갓난아이의) 고무 젖꼭지

pac·i·fism [pǽsəfìzm] *n.* Ⓤ 평화주의

***pac·i·fist** [pǽsəfist] *n.* **평화주의자, 반전론자**

***pac·i·fy** [pǽsəfài] *vt.* **1** 〈나라에〉 **평화를 회복시키다 2 진정시키다,** 달래다 **3** 〈식욕 등을〉 만족시키다

— *vi.* 진정되다; 〈마음이〉 누그러지다

pac·ing [péisiŋ] *n.* Ⓤ 보측(步測)

⁑**pack** [pæk] *n.* **1 꾸러미 2 a** 팩 《무게의 단위》 **b** (한 철의) 과실의 총 출하량 **3 일당,** 한패; (사냥개 등의) **떼,** 무리 《*of*》 **4 a** (카드의) 한 벌(set) **b** (미) (담배의) **한 갑 5** 부빙군(浮氷群) **6** [집합적] 〖럭비〗 전위 **7 a** (찜질의) 습포(濕布) **b** 팩 《미용 도포제(塗布劑)》

— *a.* **1** 운송용의 **2** 포장용의

— *vt.* **1** 〈짐을〉 **꾸리다 2 a** [보통 수동형으로] 〈사람을〉 …에 **가득 채우다 b** 〈물건을〉 (그릇 등에) **채워넣다;** 통조림으로 하다 **3** 〈사람이〉 〈장소 등에〉 **떼지어 몰리다 4** 메워 틀어막다 **5** 〈말 등에〉 짐을 지우다 **6** 해고하다 《*off*》

— *vi.* **1 짐을 꾸리다** 《*up*》; (상자 등에) 채워[담겨]지다: These clothes ~ *easily.* 이 의류는 쉽게 포장할 수 있다. **2** 굳어지다: The powder ~*s readily.* 그 가루는 금방 굳어진다. **3** 떼지어 몰리다: People ~*ed into* the monorail car. 모노레일 차량으로 사람들이 떼지어 몰려들었다.

~ up (1) 〈짐을〉 꾸리다 (2) (짐을 꾸려) 나가다 (3) 《구어》 일을 그만두다

⁑**pack·age** [pǽkidʒ] *n.* **1 a 꾸러미,** 소포 **b** Ⓤ 짐꾸리기, 포장: ~ paper 포장지 **2 a** 포장한 상품 **b** 포장지[용기] **c** 포장비 **3 a** 일괄 **b** 〖라디오·TV〗 (이미 만들어 놓은) 일괄 프로 **c** = PACKAGE TOUR **d** 〖컴퓨터〗 패키지 《범용(汎用) 프로그램》

— *vt.* **1** 〈식품을〉 (슈퍼마켓에서 팔기 위해) 패키지에 넣다 **2** 〈상품을〉 포장하다

páckage dèal 일괄 거래; 일괄 거래 상품[계약]

páck·aged tóur [pǽkidʒd-] = PACKAGE TOUR

páckage tóur 패키지 투어 《운임·숙박비 등을 일괄해서 내는 여행사 알선 여행》

pack·ag·ing [pǽkidʒiŋ] *n.* **1** 짐꾸리기, 포장 **2** 포장 용기

packed [pækt] [동음어 pact] *a.* 꽉 찬, 만원의 《*with*》: a ~ train 만원 열차

packed-out [pǽktáut] *a.* Ⓟ 《영·구어》 〈방·건물 등이〉 만원인

***pack·er** [pǽkər] *n.* **1** 짐 꾸리는 사람 **2 a** 통조림 직공 **b** 식료품 포장 출하업자; 《특히》 정육 출하업자 **3** 포장기(機)

***pack·et** [pǽkit] *n.* **1 a** 《영》 소포(parcel) **b** (편지 등의) **한 묶음 2** 《영·속어》 (내기나 투기에서 이득[손해] 본) 큰 돈 **3** 〖컴퓨터〗 다발, 패킷 《한 번에 전송하는 정보 조작 단위》

pácket bòat[**shìp**] (정부가 용선 계약한) 우편선

pácket drìver 〖컴퓨터〗 패킷 드라이버 《패킷 형식의 데이터 전송 프로그램》

pácket swìtching 〖컴퓨터〗 패킷 교환 《패킷 단위의 데이터를 전송하는 시스템》

pack·horse [pǽkhɔ̀:rs] *n.* 짐말

pack·house [-hàus] *n.* (*pl.* **-hous·es** [-hàuziz]) 창고; 포장 작업장

páck ìce 총빙(叢氷) 《부빙(浮氷)이 모여 얼어붙은 큰 얼음 덩어리》

***pack·ing** [pǽkiŋ] *n.* Ⓤ **1 포장; 짐꾸림**: a ~ box 포장용 상자; 〖기계〗 패킹 **2** 포장 재료 **3** 《미》 식료품 포장 출하업

pácking càse 포장 상자(packing box)

páck ràt 〖동물〗 숲쥐; 《미·속어》 좀도둑

pack·sad·dle [-sæ̀dl] *n.* 짐 싣는 안장

pack·thread [-θrèd] *n.* Ⓤ 짐 꾸리는 노끈

pact [pækt] [동음어 packed] *n.* **1** 약속, 계약 **2** 조약

****pad**[1] [pæd] *n.* **1 a** (마찰·손상을 막는) **덧대는 것 b** (말의) 안장 받침 **c** 〖구기〗 가슴받이, 정강이받이 《등》 **d 어깨심,** 패드 **e** (흡수성) **패드 f** (자동차의 disc brake의) 패드 **2** (고양이·여우 등의) 육지(肉趾) **3** (한 장씩 떼어 쓰게 된) **종이철**(綴) **4** 스탬프 패드, 인주 **5** 꾸러미, 뭉치 **6** 부엽(浮葉) **7** 발사대(= launching ~) **8** 《속어》 (자기가 살고 있는) 방, 하숙

— *vt.* (**~·ded**; **~·ding**) **1 속을 넣다**; …에 덧대다 **2** 〈말에〉 안장 받침을 대다 **3** 메워 넣다; (군말을 넣어) 길게 하다 《*out*》: ~ *out* an article 기사를 부연하다 **4** 〈인원·계산 등을〉 (조작하여) 불리다: a ~*ded* bill 《미》 바가지 씌운 계산서

pad[2] *n.* 걸음이 느린 말; 〈발걸음 등의〉 터벅터벅 소리

— *vt., vi.* (**~·ded**; **~·ding**) 거닐다; 발소리를 내지 않고 걷다

pád·ded céll [pǽdid-] (다치지 않게) 벽에 완충물을 댄 정신 병원 환자실

pad·ding [pǽdiŋ] *n.* Ⓤ **1** 채워 넣기 **2** 채워 넣는 것, 충전물 **3** (신문·잡지의) 불필요한 삽입구

****pad·dle**[1] [pǽdl] *n.* **1** (짧고 폭 넓은) **노, 패들**; 주걱 **2** (외륜선의) 물갈퀴 **3** 〖동물〗 (거북·펭귄 등의) 지느러미 모양의 발 **4 a** 패들로 한 번 젓기 **b** 《미·구어》 찰싹 때리기 — *vt.* **1** 노로 움직이게 하다 **2** 《미·구어》 (벌로) 찰싹 때리다(spank) — *vi.* **1** 노로 젓다; 조용히 젓다 **2** 개헤엄치다

paddle[2] *vi.* 얕은 물속에서 뛰어다니다; 물장난을 치다

pad·dle·boat [-bòut] *n.* 외륜선(paddle steamer)

pad·dle·fish [-fìʃ] *n.* (*pl.* **~, ~·es**) 《미》 〖어류〗 주걱 철갑상어 《Mississippi 강에 많음》

páddle stèamer = PADDLEBOAT

páddle whèel (외륜선의) 외륜

pád·dling pòol [pǽdliŋ-] 《영》 (공원 등의) 어린이 물놀이터(《미》 wading pool)

pad·dock [pǽdək] *n.* **1** (마구간에 딸린) 작은 목장 《말 길들이는 곳》 **2** (경마장의) 말 선보이는 곳

pad·dy [pǽdi] *n.* (*pl.* **-dies**) **1** Ⓤ 쌀; 벼 **2** 논(= ~ field)

Pad·dy [pǽdi] [Patrick에서] *n.* (*pl.* **-dies**) 《속어·경멸》 아일랜드 사람의 별명

páddy field 논(rice field)

páddy wàgon 《미·속어》 (경찰의) 범인 호송차(patrol wagon)

pad·lock [pǽdlɑ̀k | -lɔ̀k] *n.* 맹꽁이자물쇠 — *vt.* **1** 맹꽁이자물쇠로 잠그다 **2** 맹꽁이자물쇠로 연결하다

pa·dre [pɑ́:drei, -dri] [Sp., Port., It. = father] *n.* **1** (스페인·이탈리아 등의) 신부 **2** 《미·군대속어》 군목(軍牧)

pae·an [pí:ən] [Homer가 Apollo신을 칭송하여 바친 이름에서] *n.* 승리[감사]의 노래; 찬가 《*to*》

paed·er·ast [pédəræ̀st] *n.* = PEDERAST

pae·di·at·rics [pì:diǽtriks] *n.* = PEDIATRICS

***pa·gan** [péigən] [L 「소작 농민」의 뜻에서] *n.* **1 이교도**; 《특히》 비기독교도 **2** (고대 그리스·로마의) 다신교도 **3** 무종교자 — *a.* Ⓐ **1** 이교도의; 이교 신봉의 **2** 무종교(자)의

pa·gan·ism [péigənìzm] *n.* Ⓤ **1** 이교 도임 **2** 이교도의 신앙·관습 **3** 무종교

*****page**[1] [peidʒ] [L 「단단히 조르다, 죄다」의 뜻에서] *n.* **1 페이지**; (앞뒤) **한 장** 《2면분》 **2** [종종 *pl.*] (신문 등의) **난**, 면; (책 등의) 한 절 **3** 《문어》 서적, 기록 **4** (인생·일생의) 삽화, (역사상의) 사건, 시기 **5** 〖컴퓨터〗 페이지, 쪽 《기억 영역의 한 구획》 — *vt.* 페이지 수를 매기다 — *vi.* (책 등의) 페이지를 넘기다 《*through*》

***page**[2] [Gk 「소년」의 뜻에서] *n.* **1 a** 시동(侍童) **b** 〖역사〗 수습 기사(騎士) **2 a** (호텔·극장 등의 제복을 입은) 사환, 보이(= ~ boy) **b** 《미》 (국회의원의) 수행원 — *vt.* (호텔·공항 등에서) 이름을 불러 〈사람을〉 찾다

***pag·eant** [pǽdʒənt] [L 「무대」의 뜻에서] *n.* **1** 야외극 **2** (축제 등의 화려한) **행렬**; 구경거리; 전시회 **3** Ⓤ (무의미한) 장관, 겉치레

pag·eant·ry [pǽdʒəntri] *n.* (*pl.* **-ries**) ⓊⒸ **1** 구경거리, 장관 **2** 허식
páge bòy 급사, 보이
page·boy [péidʒbɔ̀i] *n.* 〖미용〗 안말이 《머리 스타일》
pag·er [péidʒər] *n.* 휴대용 소형 무선 호출기 《속칭 삐삐》
page-turn·er [péidʒtə̀ːrnər] *n.* 숨막힐 듯이 재미있는 책
pag·i·nal [pǽdʒənl], **-na·ry** [-nèri | -nəri] *a.* **1** 페이지의 **2** 페이지마다의
pag·i·nate [pǽdʒənèit] *vt.* …에 페이지를 매기다
pag·i·na·tion [pæ̀dʒənéiʃən] *n.* ⓊⒸ **1** 페이지 수 **2** 페이지를 나타내는 숫자
pag·ing [péidʒiŋ] *n.* Ⓤ 〖컴퓨터〗 페이징 《주기억 장치와 보조 기억 장치간에 페이지를 교환하기》
pa·go·da [pəgóudə] *n.* (불교·힌두교의 다층의) 탑, 파고다
pah [pɑː] *int.* 흥!, 체! 《경멸·불쾌 등을 나타냄》
‡paid [peid] *v.* PAY의 과거·과거분사 — *a.* **1** 유급(有給)의: highly-~ 많은 봉급을 받는 **2** 지불[정산, 환급]이 끝난 《*up*》
put ~ to ... 《영·구어》 …을 결말내다; 〈계획 등을〉 못쓰게 만들다
paid-up [péidʌ̀p] *a.* 〈회원 등이〉 회비[입회금]의 납입을 끝낸; 지불필의
‡pail [peil] 〔동음어 pale〕 *n.* **1** 들통 **2** = PAILFUL
pail·ful [péilfùl] *n.* 한 들통(의 양)
pail·lasse [pæljǽs | pǽliæ̀s] *n.* = PALLIASSE
‡pain [pein] 〔동음어 pane〕 〔Gk 「형벌」의 뜻에서〕 *n.* **1** Ⓤ (육체적·정신적) **고통**; 근심; Ⓒ (국부적인) 아픔: a ~ in the head 두통 **2** [보통 *pl.*] **고생; 노고**, 노력: He took great *~s to* polish his style. 그는 문체를 다듬는 데 무척 고심했다. **3** [*pl.*] 진통 **4** Ⓤ 《고어》 형벌 — *vt.* **1** 〈신체의 부분이 사람에게〉 고통을 주다 **2** 괴롭히다, 비탄에 잠기게 하다 — *vi.* 아프다
pained [peind] *a.* **1** 아파하는; 마음 아픈 **2** Ⓟ 감정이 상한; 화난 《*at*》: She was ~ *at* his remark. 그녀는 그의 말에 감정이 상했다.
‡pain·ful [péinfəl] *a.* **1** 아픈; 고통을 주는 **2** (정신적으로) **고통스러운**, 괴로운 **~·ness** *n.*
***pain·ful·ly** [péinfəli] *ad.* 아프도록; 고통스럽게
pain·kill·er [péinkìlər] *n.* 《구어》 진통제
pain·less [péinlis] *a.* **1** 아픔[고통]이 없는: ~ childbirth 무통 분만 **2** 《구어》 힘 안드는, 쉬운 **~·ly** *ad.*
***pains·tak·ing** [péinztèikiŋ] *a.* **1** 〈사람이〉 수고를 아끼지 않는, 정성들이는 **2** 〈일·작품 등이〉 공들인
— *n.* Ⓤ 수고, 고심
‡paint [peint] *n.* Ⓤ (종류를 나타낼 때는 Ⓒ) **1** 페인트; [*pl.*] 그림물감 **2** 화장품, 입술 연지 《종종 경멸적》 — *vt.* **1** 페인트칠하다: ~ the walls white 벽을 하얗게 칠하다 **2** (그림물감으로) **그리다**: ~ a portrait 초상화를 그리다 **3** 그림물감을 칠하다 **4** 화장하다 **5** 〈약 등을〉 바르다 **6** (생생하게) 묘사[서술, 표현]하다
~ *out* 페인트를 칠하여 지우다
— *vi.* **1** 페인트칠하다 **2** (…으로) 그림을 그리다 《*in*》: ~ as a hobby 취미로 그림을 그리다 **3** 화장하다
páint bòx 그림물감 상자[통]
paint·brush [péintbrʌ̀ʃ] *n.* 화필, 그림붓
‡paint·er[1] [péintər] *n.* **1** 화가 **2** 페인트공
painter[2] *n.* 〖항해〗 배를 매는 밧줄
‡paint·ing [péintiŋ] *n.* Ⓤ **1** Ⓒ (한 장의) **그림, 회화** **2** (그림물감으로) **그림 그리기**; 화법 **3** 페인트칠; 채색; (도자기의) 그림 그려넣기
paint·work [péintwə̀ːrk] *n.* Ⓤ (자동차 등의) 도장면(塗裝面)
‡pair [pɛər] 〔동음어 pare, pear〕 *n.* **1** 한 쌍; 한 벌, 한 개 《*of*》 **2** 한 쌍의 남녀; 2인조: the happy ~ 신랑 신부 **3** 〖카드〗 동점의 패 두 장 (갖춤) **4** 짝진 것의 한 쪽 **5** (동물의) 한 쌍, 한데 매인 두 필의 말 **6** 〖스포츠〗 2인 1조
***in ~s* [*a* ~]** 2개[둘이] 한 쌍이 되어
— *vt.* 〈두 사람·두 개를〉 짝으로 만들다 《*with*》 — *vi.* 한 쌍이 되다
~ *off* 남녀 한 쌍이 되(게 하)다; 결혼하다[시키다] 《*with*》 **~ *up*** (일·스포츠 등에서) (…와) 짝이 되다, 짝짓게 하다 《*with*》
pais·ley [péizli] 〔스코틀랜드의 원산지 이름에서〕 *n.* [때로 **P~**] Ⓤ **1** 페이즐리직(織) **2** 페이즐리 무늬
— *a.* 페이즐리 직[무늬]의
***pa·ja·mas** [pədʒɑ́ːməz, -dʒǽm-] *n. pl.* **1** 《미》 **파자마** **2** (이슬람교도의) 통 넓은 바지
Pak·i [pɑ́ːki, pǽki] *n.* 《영·속어·경멸》 (영국에 이주한) 파키스탄 사람(Pakistani)
Pa·ki·stan [pǽkistæ̀n, pɑ̀ːkistɑ́ːn] *n.* 파키스탄 《인도 북서부에 있는 이슬람교 공화국》
Pa·ki·sta·ni [pæ̀kistǽni, pɑ̀ːkistɑ́ː-] *a., n.* (*pl.* **~s,** ~) 파키스탄의 (사람)
‡pal [pæl] 〔Gypsy 「형제」의 뜻에서〕 《구어》 *n.* **1** 동아리, 단짝; 친구 **2** [(종종 친하지 않은 사이의) 호칭으로] 이봐요
— *vi.* (**~led**; **~ling**) 친구가 되다 《*up*》
PAL 〖컴퓨터〗 peripheral availability list 이용 가능한 주변 장치의 리스트
‡pal·ace [pǽlis] 〔L=Palatine Hill; 로마 황제가 최초로 궁전을 세운 일에서〕 *n.* **1** [종종 **P~**] **궁전**; (주교·대주교·고관 등의) 관저, 공저 **2** (특히 유럽 대륙에서) 굉장한 저택 **3** [종종 **P~**] (오락장·영화관·요정 등의) 호화로운 건물, 전당 **4** [the ~; 집합적] 《영》 궁정의 유력자들, 측근 — *a.* Ⓐ **1** 궁전의 **2** 측근의
pa·lae- [péili, pǽli], **pa·lae·o-** [péiliou, pǽl-] 《연결형》 =PALE-
pal·an·quin, -keen [pæ̀lənkíːn] *n.* (중국·인도 등의) 1인승 가마; 탈것
pal·at·a·ble [pǽlətəbl] *a.* **1** 〈음식 등이〉 맛 좋은, 입에 맞는 **2** 비위에 맞는, 유쾌한 **-bly** *ad.*

pal·a·tal [pǽlətl] *a.* 구개(음)의
— *n.* 〘음성〙 구개음《[j, ç] 등》
pal·a·tal·ize [pǽlətəlàiz] *vt.* 〘음성〙 구개음화하다《[k]를 [ç], [tʃ]로 하는 등》
∗**pal·ate** [pǽlət] *n.* **1** 〘해부〙 **구개**(口蓋): the ~ bone 구개골 **2** (맛에 대한) 감식력 **3** 기호(嗜好)(liking); 심미안(審美眼)
the hard [***soft***] ~ 경[연]구개
pa·la·tial [pəléiʃəl] *a.* 궁전의; 호화로운, 광대한
pal·a·tine [pǽlətàin, -tin] *a.* 왕권의 일부를 가진; 궁전의
— *n.* **1** (고대 로마의) 궁내관; 〘영국사〙 팔라틴 백작《자기 영토 안에서 국왕과 같은 특권을 행사한 영주》 **2** [the P~] = PALATINE HILL
Pálatine Híll [the ~] 팔라틴 언덕《로마 황제가 최초의 궁전을 세운 곳》
pa·lav·er [pəlǽvər | -lɑ́:v-] [Portuguese 「말」의 뜻에서] *n.* 《구어》 **1** 《드물게》 (이민족간의 서투른) 교섭 **2** 수다
— *vi.* 재잘거리다; 아첨하다《*on*》
‡**pale**[1] [peil] [동음어 pail] *a.* **1** 〈사람·얼굴이〉 **창백한** **2** 〈빛깔이〉 **엷은**: ~ ale 《영》 알코올 함유량이 적은 맥주 **3** 〈빛이〉 희미한, 어슴푸레한 **4** 허약한(feeble), 활기 없는 ***look*** ~ 안색이 나쁘다
— *vt.* **1** …을 창백하게 하다 **2** …을 엷게 하다 **3** …을 어슴푸레하게 하다
— *vi.* **1** 창백해지다 **2** 〈색이〉 엷어지다 **3** 어슴푸레해지다 ~ ***beside*** [***before***] …앞에서는 무색하다, …보다 못하다
~**·ly** *ad.* ~**·ness** *n.*
pale[2] *n.* **1** (끝이 뾰족한) 말뚝; 울짱, 울타리 **2** [the ~] 한계; 경계; 구내(構內) **3** (문장(紋章)에서) 방패 중앙의 세로 줄
within [***beyond, outside, without***] ***the*** ~ ***of*** …의 범위 안[밖]에, …의 한계 안에서[를 넘어서]
pale- [péili, pǽli], **paleo-** [péiliou, pǽl-] 《연결형》「고(古), 구(舊); 원시」의 뜻《모음 앞에서는 PALE-》
pale·face [-fèis] *n.* 《미》 백인《북미 인디언이 부르던 말》
Pa·le·o·cene [péiliəsì:n] 〘지질〙 *a.* 팔레오세 (지층)의 — *n.* [the ~] 팔레오세(지층)《6-7천만년 전》
pa·le·o·graph·ic, -i·cal [pèiliəgrǽfik(əl)] *a.* 고문서(古文書)(학)의, 고서체의
pa·le·og·ra·phy [pèiliɑ́grəfi | -ɔ́g-] *n.* Ⓤ 고문서학(學); 고서체
Pa·le·o·lith·ic [pèiliəlíθik] *a.* 〘고고학〙 구석기 시대의: the ~ era 구석기 시대(the Old Stone Age)
pa·le·on·tol·o·gy [pèiliɑntɑ́lədʒi | -ɔntɔ́l-] *n.* Ⓤ 고생물학, 화석학 **-gist** *n.*
Pa·le·o·zo·ic [pèiliəzóuik] *n., a.* 〘지질〙 고생대(古生代)(의): the ~ era 고생대
∗**Pal·es·tine** [pǽlistàin] *n.* **팔레스타인**《지중해 동쪽의 옛 국가; 1948년에 그 일부에 ISRAEL이 건국됨》
Pálestine Liberátion Organizàtion [the ~] 팔레스타인 해방 기구《1964년 창설; 略 PLO》
Pal·es·tin·i·an [pæ̀listíniən] *a., n.* 팔레스타인의 (주민)
pal·ette [pǽlit] [F 「작은 삽」의 뜻에서] *n.* **1** 팔레트, 조색판(調色板); (한 벌의) 그림물감 **2** (화가·그림의) 색채의 범위[종류]
pálette knìfe **1** 팔레트 나이프 **2** 팔레트 나이프 모양의 조리 기구
Pa·li [pɑ́:li] *n.* Ⓤ 팔리 말《고대 인도의 Prakrit 말의 일종; 불교 경전에 쓰인 말》
pal·i·mo·ny [pǽləmòuni | -məni] *n.* 《미·구어》《동거하다 헤어지는 여자에게 주는》 이별 위자료
pal·imp·sest [pǽlimpsèst] *n.* 글자를 지우고 그 위에 글을 쓴 양피지
pal·in·drome [pǽlindròum] [Gk 「뛰어 되돌아 오기」의 뜻에서] *n.* 회문(回文)《앞뒤 어느 쪽에서 읽어도 같은 말이 되는 어구; 보기: madam, eye, noon》
pal·ing [péiliŋ] *n.* **1** Ⓤ 말뚝을 둘러 박기 **2** Ⓤ [집합적] 말뚝; 울짱
pal·i·sade [pæ̀ləséid] *n.* **1** (방어·군사용) 울짱 **2** 《미》 [*pl.*] (강가의) 벼랑
— *vt.* 말뚝[울짱]을 둘러 치다
pal·ish [péiliʃ] *a.* 좀 창백한
∗**pall**[1] [pɔ:l] [L 「외투」의 뜻에서] *n.* **1** 관 덮는 보 **2** (음침한) 장막《*of*》 **3** 〘가톨릭〙 성찬배(聖餐杯)를 덮는 아마포
— *vt.* …에 관보를 덮다
pall[2] [appall의 두음 소실(頭音消失)] *vi.* **1** 〈술 등이〉 김 빠지다 **2** 흥미를 잃다《*on, upon*》
Pal·la·di·an [pəléidiən] [이탈리아 16세기의 건축가 Andrea Palladio의 형용사형] *a.* 〈건축 양식이〉 팔라디오풍의
pal·la·di·um[1] [pəléidiəm] *n.* (*pl.* **di·a** [-diə], **~s**) **1** (국가·도시 등의) 보호, 수호 **2** [**P~**] Pallas 여신상《Troy시를 수호하는》
palladium[2] *n.* Ⓤ 〘화학〙 팔라듐《금속 원소; 기호 Pd》
Pal·las [pǽləs] *n.* 〘그리스신화〙 팔라스《아테나 여신의 호칭; 지혜·공예 등의 여신》
pall·bear·er [pɔ́:lbɛ̀ərər] *n.* 운구하는 사람; 관 곁에 따르는 사람
pal·let[1] [pǽlit] *n.* **1** 짚요 **2** 초라한 침상
pallet[2] **1** 도공(陶工)의 주걱 **2** 〘기계〙 바퀴 멈추개 **3** (화가의) 팔레트(palette) **4** 팔레트《창고·공장 등의 화물 운반대》
pal·li·asse [pæljǽs | pǽliæ̀s] *n.* 짚 요[매트리스]
pal·li·ate [pǽlièit] *vt.* **1** 〈병·통증 등을〉 일시적으로 완화시키다 **2** 〈과실 등을〉 변명하다
pal·li·a·tion [pæ̀liéiʃən] *n.* ⓊⒸ **1** (병·통증의) 일시적 완화 **2** (과실의) 경감 **3** 변명
pal·li·a·tive [pǽlièitiv, -ət-] *a.* **1** 〈병·통증 등을〉 경감[완화]하는; 일시적으로 억제하는 **2** 〈죄 등을〉 경감하는
— *n.* **1** 완화제 **2** 고식적 수단《*for*》
pal·lid [pǽlid] *a.* 창백한
~**·ly** *ad.* ~**·ness** *n.*
Pall Mall [pǽl-mǽl, pél-mél] *n.* 펠멜가(街)《런던의 Trafalgar Square에서 St. James's Palace까지의 거리; 클럽가(街)》
pall-mall [pélmél, pǽlmǽl] *n.* Ⓤ 펠멜《옛 공놀이의 일종》; Ⓒ 그 경기장

pal·lor [pǽlər] *n.* Ⓤ (얼굴·피부의) 창백(paleness)

pal·ly [pǽli] *a.* (**-li·er**; **-li·est**) Ⓟ 《구어》 친한, 사이가 좋은 《*with*》

‡**palm**[1] [pɑːm, pɑːlm] *n.* **1** 손바닥 **2** 손바닥같이 생긴 부분[것] **3** (장갑의) 손바닥 부분 ***in the ~ of*** one***'s hand*** …을 완전히 장악하다 ***read*** a person***'s ~*** …의 손금을 보다

— *vt.* **1** 손으로 만지다 **2** (요술 등에서) 손 안에 감추다

~ off 〈속여서 가짜를〉 팔아먹다 《*upon*》

*__palm__[2] [잎이 palm[1](손바닥)과 비슷한 데서] *n.* **1** 종려(棕櫚)나무, 야자나무 **2** 종려의 잎[가지] 《승리 또는 기쁨의 상징》 **3** [the ~] 승리, 영광, 영예

bear [***carry off***] ***the ~*** 이기다

pal·mar [pǽlmər, pɑ́ːlm] *a.* 손바닥의

pal·mate [pǽlmeit | -mət, pɑ́ːlm-], **-mat·ed** [-meitid] *a.* **1** 〈잎이〉 손바닥 모양의 **2** 〖동물〗 물갈퀴가 있는

Pálm Béach *n.* 팜비치 《미국 Florida 주 동남 해안의 관광지》

*__palm·er__ [pɑ́ːlmər, pɑ́ːm-] *n.* (팔레스타인의) 성지 순례자; 〖가톨릭〗 편력 수도사

pal·met·to [pælmétou, pɑːlm-] *n.* (*pl.* ~(**e**)**s**) 작은 종려의 일종 《미국 남부산(産)》

palm·ist [pɑ́ːmist] *n.* 손금쟁이, 수상가

palm·is·try [pɑ́ːməstri, pɑ́ːlm-] *n.* Ⓤ 수상술(手相術), 손금보기

pálm lèaf 종려잎 《부채·모자 등을 만듦》

pálm òil 야자 기름

Pálm Súnday 〖그리스도교〗 종려 성일[주일] 《부활절 직전의 일요일; 예수가 수난을 앞두고 Jerusalem에 들어간 날의 기념》

palm·y [pɑ́ːmi] *a.* (**palm·i·er**; **-i·est**) **1** 번영하는, 승리를 얻은, 의기양양한: in one's ~ days 전성 시대에 **2** 종려의, 종려 같은, 종려가 많은

Pa·lo·mar [pǽləmɑ̀ːr] *n.* 팔로마산 **Mount ~** 《미국 캘리포니아 주 남서부의 산; 세계 최대의 반사 망원경을 갖춘 천문대가 있음》

pal·pa·ble [pǽlpəbl] *a.* **1** 손으로 만질 수 있는; 〖의학〗 촉진(觸診)할 수 있는 **2** 명백한, 명료한 **pàl·pa·bíl·i·ty** *n.* Ⓤ 감지할 수 있음; 명백함 **-bly** *ad.*

pal·pate [pǽlpeit] *vt.* 만져보다; 〖의학〗 촉진(觸診)하다

pal·pa·tion [pælpéiʃən] *n.* Ⓤ 〖의학〗 촉진

pal·pi·tate [pǽlpətèit] *vi.* **1** 고동치다(throb); 가슴이 뛰다 **2** 〈사람·몸이〉 떨리다 《*with*》

pal·pi·ta·tion [pæ̀lpətéiʃən] *n.* Ⓤ (심장의) 고동; ⓊⒸ [종종 *pl.*] 동계(動悸), 가슴이 두근거림; 〖병리〗; 심계 항진(心悸亢進)

pal·sied [pɔ́ːlzid] *a.* 중풍에 걸린, 마비된

pal·sy [pɔ́ːlzi] *n.* (*pl.* **-sies**) ⓊⒸ (수족의) 마비, 중풍; 마비 상태

— *vt.* (**-sied**) 마비시키다(paralyze)

pal·sy-wal·sy [pǽlziwǽlzi] *a.* 《속어》 〈태도 등이〉 친한 듯한, 사이가 좋은 듯한 《*with*》

pal·ter [pɔ́ːltər] *vi.* **1** 어름어름 넘기다; 얼버무리다 **2** 흥정하다, 값을 깎다 《*with*; *about*》

pal·try [pɔ́ːltri] *a.* (**-tri·er**; **-tri·est**) **1** 〈금액 등이〉 얼마 안 되는(petty) **2** 하찮은, 무가치한

PAM 〖컴퓨터〗 pulse amplitude modulation 펄스 진폭 변조

Pa·mirs [pɑːmíərz] *n. pl.* [the ~] 파미르 고원 《아시아 중부의 고원; 세계의 지붕이라고 함》

pam·pas [pǽmpəz, -pəs] *n. pl.* (남미, 특히 아르헨티나의 나무 없는) 대초원, 팜파스

pámpas gràss 〖식물〗 팜파스그래스 《팜파스에 나는 참억새 비슷한 풀》

pam·per [pǽmpər] *vt.* **1** 응석 받다, 하고 싶은 대로 하게 하다 **2** 〈욕망을〉 만족시키다

‡**pam·phlet** [pǽmflit] *n.* 팸플릿, (가철한) 소책자

pam·phle·teer [pæ̀mflitíər] *n.* 팸플릿 저자

‡**pan**[1] [pæn] *n.* **1** 납작한 냄비; (오븐용) 접시 **2** 냄비 모양의 그릇 **3** 접시 모양의 물건: **a** 천칭의 접시 **b** 증발 접시 **c** (사금 등의) 선광 냄비

— *v.* (**~ned**; **~·ning**) *vt.* **1** 《구어》 〈예술 작품 등을〉 호되게 헐뜯다 **2** 〖광산〗 〈토사를〉 냄비로 일다; 냄비로 〈사금을〉 가려내다 《*off*, *out*》 **3** 냄비로 요리하다

— *vi.* **1** 선광 냄비로 토사를 씻다 《*for*》; 사금이 나다 《*out*》 **2** 결과가 …으로 되다: ~ *out* well[badly] 잘[잘못]되다

pan[2] [*pan*orama] 〖영화·TV〗 *vt.*, *vi.* (**~ned**; **~·ning**) (파노라마적 효과를 위해) 카메라를 상하 좌우로 움직이다

— *n.* (카메라의) 팬[파노라마] (촬영)

Pan [pæn] *n.* 〖그리스신화〗 판, 목신(牧神) 《염소의 뿔과 다리를 가진 음악을 좋아하는 숲·목양(牧羊)의 신》

pan- [pæn] 《연결형》 「전(all)…, 총(universal)…」의 뜻

pan·a·ce·a [pæ̀nəsíːə] *n.* 만병통치약

pa·nache [pənǽʃ, -nɑ́ːʃ] [F] *n.* (투구의) 깃털 장식; 당당한 태도, 뽐내기, 허세

*__Pan·a·ma__ [pǽnəmɑ̀ː | ⌐-⌐] *n.* **1** 파나마 《중앙아메리카의 공화국; 그 수도》 **2** [종종 **p~**] 파나마 모자(= ~ hat)

the Isthmus of ~ 파나마 지협(地峽)

Pánama Canál [the ~] 파나마 운하

Pánama Canál Zòne [the ~] 파나마 운하 지대

Pánama hát [종종 **p~**] 파나마 모자

Pan·a·ma·ni·an [pæ̀nəméiniən] *n.*, *a.* 파나마(의); 파나마 사람(의)

Pan-A·mer·i·can [pæ̀nəmérikən] *a.* Ⓤ 범미(汎美)[전미](주의)의

Pan-A·mer·i·can·ism [-əmérikən-ìzm] *n.* Ⓤ 범미[전미]주의

pan·a·tel·(l)a [pæ̀nətélə] *n.* (가늘게 만) 여송연

*__pan·cake__ [pǽnkèik] *n.* **1** 팬케이크 《핫케이크의 일종》: (as) flat as a ~ 납작한 **2** 〖항공〗 실속(失速) 수평 낙하 착륙(= ⌐ lánding) **3** 남·북극양의 원형의 엷은 얼음

— *vi.* 〖항공〗 〈비행기가〉 실속 수평 낙하 착륙하다 — *vt.* 〖항공〗 〈비행기를〉 실속 수평 낙하 착륙시키다

Páncake Dày[**Tùesday**] 〖그리스도교〗 《영》 참회 화요일(Shrove Tuesday)

pan·chro·mat·ic [pæ̀nkroumǽtik] *a.* 〖물리·사진〗 전(정)색성(全(整)色性)의: a ~ film[plate] 전정색 필름[건판]

pan·cre·as [pǽŋkriəs] *n.* 〖해부〗 췌장(膵臟), 이자 **pàn·cre·át·ic** *a.* 췌장의

pancreátic júice 〖생화학〗 췌액(膵液)

*__pan·da__ [pǽndə] *n.* 〖동물〗 **판다**

pánda càr 《영·구어》 (경찰의) 순찰차

pan·dect [pǽndekt] *n.* **1** [*pl.*] 법전전서 **2** 총론; 요람(digest) **3** [the P~s] 유스티니아누스 법전(法典) 《6세기의 로마 민법전》

pan·dem·ic [pændémik] *a.* **1** 〈전염병이〉 전국적[세계적]으로 퍼지는 **2** 일반적인, 전반적인

— *n.* 전국[세계]적 유행병

pan·de·mo·ni·um [pæ̀ndəmóuniəm] *n.* **1** Ⓤ Ⓒ 대혼란; Ⓒ 혼란한 장소 **2** [**P~**] 복마전(伏魔殿); 지옥

pan·der [pǽndər] *n.* **1** 뚜쟁이; 창녀의 포주 **2** 남의 약점을 이용하는 사람

— *vi.* (남의 약점을) 이용하다, (저속한 욕망에) 영합하다 《*to*》

*__Pan·do·ra__ [pændɔ́:rə] *n.* 〖그리스신화〗 **판도라** 《Jupiter가 Prometheus를 벌하기 위해 지상에 보낸 인류 최초의 여자》

Pandóra's bóx **1** 〖그리스신화〗 판도라의 상자 《Zeus가 Pandora에게 보낸 상자; 뚜껑을 열자 안에서 온갖 해독과 재앙이 나와 세상에 퍼지고 그 안에는 희망만이 남았다 함》 **2** [a ~] 여러 재앙의 근원

pan·dow·dy [pændáudi] *n.* (*pl.* **-dies**) 《미》 당밀이 든 사과 파이

p. & p. 《영》 postage and packing

‡**pane** [pein] [동음어 pain] [L 「형겊」의 뜻에서] *n.* **1** (한 장의) **판유리**, 창유리 **2** 판벽널(panel) **3** 한 구획 《특히 네모꼴의》; 틀 《장지·격자 등》

pan·e·gy·ric [pæ̀nədʒírik] *n.* **1** 찬양의 연설[글], 찬사 **2** 격찬 **-ri·cal** *a.*

pan·e·gyr·ist [pæ̀nədʒírist] *n.* 찬양 연설문을 쓰는[찬사를 말하는] 사람

‡**pan·el** [pǽnl] [pane과 같은 어원] *n.* **1** 〖건축〗 **패널, 머름,** (창)틀 **2** 〖법〗 배심원 명부; (토론회·좌담회에 예정된) **토론자단,** 위원단; (퀴즈 프로의) 해답자단 **3** (자동차·비행기 등의) **계기판** **4** (스커트에 세로로 이어 대는) 헝겊 **5** 〖회화〗 (캔버스 대용의) 화판

— *vt.* (**~ed**; **~·ing** | **~led**; **~·ling**) **1** 패널[벽판]을 끼우다[끼워 장식하다] **2** 〈의복 등에〉 세로의 색동 장식을 대다 **3** 〈배심원을〉 선정하다

pan·el·board [pǽnlbɔ̀:rd] *n.* 〖건축〗 패널, 벽판, 머름; 〖전기〗 배전반(配電盤)

pánel discùssion 공개 토론회

pánel hèating (마루·벽으로부터의) 방사 난방(放射煖房)

pan·el·ing | **-el·ling** [pǽnəliŋ] *n.* Ⓤ [집합적] 패널, 벽판, 머름

pan·el·ist | **-el·list** [pǽnəlist] *n.* **1** panel discussion의 토론자 **2** 〖라디오·TV〗 (퀴즈 프로의) 해답자

pánel trùck 《미》 소형의 밴

pan·e·tel·(l)a [pæ̀nətélə] *n.* = PANATEL(L)A

pan·fry [-frài] *vt.* (**-fried**) 프라이팬으로 살짝 튀기다

*__pang__ [pæŋ] *n.* **1** (육체상의) **격통** **2** 마음의 고통, 상심 《*of*》: the ~ *of* conscience 양심의 가책

Pan·gae·a [pændʒí:ə] *n.* 〖지질〗 판게아 《트라이아스기 이전에 존재하였다고 하는 가설적인 대륙》

pan·go·lin [pǽŋgəlin] *n.* 〖동물〗 천산갑 (穿山甲)

pan·han·dle [pǽnhæ̀ndl] *n.* **1** 프라이팬의 손잡이 **2** [종종 **P~**] 《미》 좁고 길게 다른 주에 뻗쳐 있는 지역 《Texas, Idaho 등》 — *vi.* 《미·구어》 길거리에서 구걸하다

pan·han·dler [pǽnhæ̀ndlər] *n.* 《미·구어》 거지

‡**pan·ic** [pǽnik] [Pan이 공황을 일으킨다는 옛날 생각에서] *n.* Ⓤ Ⓒ **1 돌연한 공포** **2** 〖경제〗 (경제) **공황,** 패닉 **3** 《속어》 매우 우스꽝스러운 사람[것]

— *a.* **1** 〈공포가〉 당황케 하는, 제정신을 잃게 하는 **2** 공황적인

— *v.* (**-icked**; **-ick·ing**) *vt.* **1** …에 공포를 일으키다, …을 허둥대게 하다 **2** 《미·속어》 …을 웃기다, 〈관객 등을〉 열광시키다 — *vi.* …에 허둥대다, 공포에 질리다: Don't ~! 허둥대지 마라!

pánic bùtton 《구어》 (긴급시에 누르는) 비상 버튼

push [***press, hit***] ***the*** **~** 《구어》 (1) 허둥지둥하다 (2) 비상 수단을 취하다

pan·ick·y [pǽniki] *a.* (때로 **-ick·i·er**; **-i·est**) 《구어》 공황의, 전전긍긍하는

pan·ic-strick·en [-strìkən], **-struck** [-strʌ̀k] *a.* 공황에 휩쓸린, 허둥대는

Pan·ja·bi [pʌndʒɑ́:bi] *n.* = PUNJABI

pan·jan·drum [pændʒǽndrəm] *n.* 《경멸》 대장, 어르신네 《조롱하는 말투》

Pan·mun·jom [pɑ́:nmúndʒɔ́m] *n.* 판문점 《한국 전쟁의 휴전 회담(1951-53) 개최지》

pan·nier [pǽnjər, -niər] [L 「빵바구니」의 뜻에서] *n.* **1** (마소·자전거 등의 좌우에 걸치는) 짐바구니 **2 a** (옛 여자 스커트를 펼치기 위해 사용한) 고래 뼈 등으로 만든 테 **b** (그것을 사용한) 펼쳐진 스커트

pan·ni·kin [pǽnikin] *n.* 《영》 작은 금속잔

pan·o·ply [pǽnəpli] *n.* (*pl.* **-plies**) **1** 성대(盛大)한 의식(儀式) **2** 훌륭한 장식

pan·op·tic [pænɑ́ptik | -nɔ́p-] *a.* 모든 것이 한 눈에 보이는, 파노라마적인

‡**pan·o·ram·a** [pæ̀nərǽmə, -rɑ́:- | -rɑ́:mə] *n.* **1 파노라마,** 회전 그림 **2** 파노라마 같은 광경; 전경(全景) 《*of*》 **3** (문제 등의) 개관 **4** 파노라마관(館)

pan·o·ram·ic, -i·cal [pæ̀nərǽmik(əl)] *a.* 파노라마(식)의; 개관적인

pan·pipe [pǽnpàip] *n.* [종종 *pl.*] 팬파이프(Pan's pipes) 《원시적 취주 악기의 일종》

*__pan·sy__ [pǽnzi] [L 「생각하다」의 뜻에서] *n.* (*pl.* **-sies**) **1** 〖식물〗 팬지 **2** 《속어·경멸》 **a** 여자 같은 사내 **b** 동성애하는 남자

‡**pant**[1] [pænt] [L 「악몽[환상]을 가지다」의 뜻에서] *vi.* **1** 헐떡거리다, 숨차다; 맥이 마구 뛰다, 몹시 두근거리다 **2** 갈망[열망]하다, 동경하다 《*for, after*》: They *~ed after*[*for*] liberty. 그들은 자유를 갈망했다. — *vt.* 헐떡이며 말하다 《*out, forth*》: The messenger *~ed out* the news. 사자(使者)는 헐떡거리며 소식을 전했다. — *n.* **1** 헐떡거림 **2** (증기 기관의) 배기음 **3** 동계(動悸)

pant[2] *a.* 바지[팬티]의

pan·ta·loon [pæ̀ntəlúːn] *n.* **1** [*pl.*] 바지, 판탈롱 **2** [**P~**] (옛 이탈리아 희극의) 말라깽이 노인; (현대 무언극의) 늙은이 광대

pan·tech·ni·con [pæntéknikɑ̀n] [런던의 미술품 진열 판매소 이름에서] *n.* 《영》 가구 운반차

pan·the·ism [pǽnθi(ː)ìzm] *n.* Ⓤ **1** 범신론 **2** 다신교

pan·the·ist [pǽnθi(ː)ist] *n.* **1** 범신론자 **2** 다신교 신자

pan·the·is·tic, -ti·cal [pæ̀nθi(ː)ístik(əl)] *a.* **1** 범신론의 **2** 다신교의

pan·the·on [pǽnθiɑ̀n | -θiən] [Gk 「모든 신을 위한 (신전)」의 뜻에서] *n.* **1** [the P~] 판테온, 만신전(萬神殿) **2** [the P~] 한 나라의 위인을 모신 신전 **3** [집합적] **a** (한 국민이 섬기는) 모든 신 **b** 저명한 사람[영웅]들

*__pan·ther__ [pǽnθər] *n.* (*pl.* **~, ~s**) 〖동물〗 표범(leopard); 《특히》 흑표범(black leopard)

pant·ie, pant·y [pǽnti] *n.* = PANTIES

pán·tie gìrdle[**bèlt**] [pǽnti-] 팬티 거들 《코르셋의 일종》

*__pan·ties__ [pǽntiz] *n. pl.* 《구어》 (여자·어린이용) 팬티(《영》 pants)

pan·ti·hose [pǽntihòuz] *n.* = PANTY HOSE

pan·tile [pǽntàil] *n.* 〖건축〗 왜기와 《보통 기와》

pant·ing [pǽntiŋ] *a.* 헐떡거리는; 가슴이 두근거리는

pan·to [pǽntou] *n.* (*pl.* **~s**) 《영·구어》 = PANTOMIME

pan·to·graph [pǽntəgræ̀f | -grɑ̀ːf] *n.* 사도기(寫圖器); 축도기; (전기 기관차 등의) 팬터그래프, 집전기(集電器)

*__pan·to·mime__ [pǽntəmàim] [Gk 「모든 것을 흉내내는 사람」의 뜻에서] *n.* ⓊⒸ **1** 무언극, 팬터마임 **2** 《영》 동화극

pàn·to·mím·ic [-mímik] *a.*

pan·to·mim·ist [pǽntəmìmist] *n.* 팬터마임 배우[작가]

pan·try [pǽntri] [L 「빵」의 뜻에서] *n.* (*pl.* **-tries**) **1** (가정의) 식료품 저장실 **2** (호텔 등의) 식기실(食器室)

‡**pants** [pænts] [*pant*aloons] *n. pl.* **1** 《미》 바지 **2** 《영》 (남자용) 팬츠, 속바지 **3** (여자·어린이용) 팬티

pant·suit [-sùːt] *n.* 여자용 재킷과 슬랙스가 한 벌이 된 슈트

pánty hòse 팬티 스타킹

pant·y·waist [pǽntiwèist] *n.* 《미》 어린애 같은 사내; 여자 같은 사내

pan·zer [pǽnzər] [G = coat of mail] *a.* 기갑(機甲)[장갑(裝甲)]의 — *n.* [*pl.*] 《구어》 장갑차, 기갑[기계화] 부대

pap [pæp] *n.* Ⓤ **1** 빵죽 《유아·환자용》 **2** 저속한 것[읽을거리], 어린애 속임수 (같은 이야기·생각)

‡**pa·pa** [pɑ́ːpə | pəpɑ́ː] *n.* 《유아어》 아빠 (cf. DAD) 《pa, paw, pap라고도 하나 dad, daddy가 보통임.》

pa·pa·cy [péipəsi] *n.* (*pl.* **-cies**) **1** ⓊⒸ [the ~] 로마 교황의 직[지위, 임기], 교황권 **2** Ⓤ[보통 the P~] 교황 제도

*__pa·pal__ [péipəl] *a.* 로마 교황의; 가톨릭교의

pa·pa·raz·zo [pɑ̀ːpərɑ́ːtsou] [It.] *n.* (*pl.* **-zi** [-tsiː]) 파파라치 《유명인을 쫓아다니는 프리랜서 사진가》

pa·paw [pɑ́ːpɔː, pɔ́ː- | pəpɔ́ː] *n.* 〖식물〗 **1** 포포나무 《북미산 과수》 **2** = PAPAYA

pa·pa·ya [pəɑ́ːjə | -páiə] *n.* 〖식물〗 파파야(의 열매)

‡**pa·per** [péipər] [Gk 「파피루스」에서; 이 식물로 고대 이집트 사람이 종이를 만들었던 데서] *n.* **1** Ⓤ 종이 **2** [*pl.*] 서류, 문서, 기록 **3** 《구어》 신문(지) **4** 논문, 리포트 **5** 시험 문제, 답안(지) **6** Ⓤ 지폐; (환)어음 **7** 《속어》 무료 입장권 **8** Ⓤ 벽지 **9** (정부 기관의) 간행 문서

get into ~s 신문에 나다 ***on ~*** (1) (구두 아닌) 서류상으로 (2) 통계[이론]상으로; 탁상으로, 가정적(假定的)으로 ***put pen to ~*** 쓰기 시작하다, 집필하다

— *a.* Ⓐ **1** 종이의[로 만든] **2** 종이 같은; 엷은; 약한 **3** 탁상의, 이론상의; 장부상의 — *vt.* 벽지를 바르다, 도배하다; 〈물건을〉 종이에 싸다

~ over (1) 벽지를 바르다 (2) 〈조직 내의 결점 등을〉 감추다 ***~ over the cracks*** 《구어》 허겁지겁 결점을 감추다, 임시 모면하다, 호도하다

pa·per·back [péipərbæ̀k] *n.* **1** 종이 표지 책 **2** 염가 문고본
— *a.* 종이 표지의; 염가본의

pa·per·board [-bɔ̀ːrd] *n.* 판지(板紙), 보드지

páper clìp 종이 집게, 클립

páper cùtter 종이 재단기; 종이 자르는 칼

pa·per·hang·er [-hæ̀ŋər] *n.* 도배장이; 표구사

pa·per·hang·ing [-hæ̀ŋiŋ] *n.* 도배; 표구

páper knìfe 종이 자르는 칼

páper móney 지폐, 은행권

páper tápe 〖컴퓨터〗 종이[천공] 테이프 《정보 기억의 입출력 매체》

pa·per-thin [-θín] *a.* 종이처럼 얇은; 〈이유·핑계 등이〉 근거 박약한

páper tíger 종이 호랑이; 허장성세

pa·per·weight [-wèit] *n.* 문진, 서진(書鎭)

pa·per·work [-wə̀ːrk] *n.* Ⓤ 서류 사무; 사무 처리

pa·per·y [péipəri] *a.* 종이의[같은]; 얇은
pa·pier-mâ·ché [péipərməʃéi | pæ̀pjeimǽʃei] [F = chewed paper] *n.* Ⓤ, *a.* (상자·소반 등을 만드는 데 쓰는) 혼응지(混凝紙)(의): a ~ mold 〚인쇄〛 지형(紙型)
pa·pil·la [pəpílə] *n.* (*pl.* **-lae** [-liː]) **1** 〚해부〛 젖꼭지 (모양의 작은 돌기), 유두 **2** 〚식물〛 유연한 작은 돌기
pap·il·lon [pǽpəlɑ̀n | -lɔ̀n] [F] *n.* spaniel의 일종 《애완견》
pa·pist [péipist] *n.* 《경멸》 가톨릭교도
pa(p)·poose [pæpúːs | pə-] *n.* **1** (북미 인디언의) 젖먹이, 갓난아기 **2** (북미 인디언의) 어린애를 업는 자루
pap·py [pǽpi] *a.* (**-pi·er**; **-pi·est**) 빵죽 모양의; 걸쭉한; 연한
pa·pri·ka [pəpríːkə | pǽprikə] *n.* 〚식물〛 **1** 단맛이 나는 고추의 일종 **2** Ⓤ 그 고추로 만든 향신료
Páp tèst[smèar] 팹 테스트 《자궁암 조기 검사법》
Pap·u·a [pǽpjuə] *n.* = PAPUA NEW GUINEA
Pap·u·an [pǽpjuən] *a.* **1** 파푸아(섬)의 **2** 파푸아 사람의
— *n.* 파푸아 사람; Ⓤ 파푸아 말
Pápua Nèw Guínea 파푸아뉴기니 《뉴기니 동반부를 차지하는 독립국; 수도 Port Moresby》
pap·ule [pǽpjuːl] *n.* 〚병리〛 구진(丘疹)
***pa·py·rus** [pəpáiərəs] *n.* (*pl.* **-ri** [-rai], **~·es**) **1 a** 〚식물〛 **파피루스**(paper reed) **b** Ⓤ (고대 이집트·그리스·로마의) 종이 **2** [*pl.*] (파피루스에 쓴) 사본, 고문서(古文書)
***par** [pɑːr] [L 「평등」의 뜻에서] *n.* Ⓤ **1 동등**, 동가(同價) **2** 기준량[액], 표준(도) **3** (건강·정신의) 상태(常態) **4** [또는 a ~] 〚골프〛 기준 타수, 파 《각 홀의 「파」보다 1타 적게 끝내는 것은 **birdie,** 2타 적은 것은 **eagle,** 1타 많은 것은 **bogey,** 2타 많은 것은 **double bogey** 라고 함》
above ~ 액면 이상의; 프리미엄부(附)로 ***at*** ~ 액면 가격으로 ***below*** ~ (1) 액면 이하로 (2) 《구어》 몸의 컨디션이 보통 때보다 좋지 않아 ***be on a ~ with*** …와 똑같다[동등하다]
— *a.* Ⓐ **1** 평균의; 표준의 **2** 〚상업〛 액면의
— *vt.* (**~red**; **~·ring**) 〚골프〛 〈홀을〉 파[기준 타수]로 끝내다
par. paragraph; parallel; parenthesis; parish
par·a [pǽrə] *n.* 《구어》 **1** = PARAPROFESSIONAL **2** [*pl.*] 낙하산 부대
para-[1] [pǽrə] *pref.* 「근처; 양쪽; 이상; 이외; 부정; 불규칙」의 뜻
para-[2] 《연결형》 「방호(防護); 피난」의 뜻
para-[3] 《연결형》 「낙하산의[에 의한]」의 뜻
***par·a·ble** [pǽrəbl] [Gk 「비교」의 뜻에서] *n.* **우화**(寓話), 비유(담)
pa·rab·o·la [pərǽbələ] *n.* 〚수학〛 포물선
par·a·bol·ic, -i·cal [pæ̀rəbɑ́lik(əl) | -bɔ́l-] *a.* 우화[비유담] 같은; 포물선 (모양)의 **-i·cal·ly** *ad.*
***par·a·chute** [pǽrəʃùːt] [F 「낙하를 보호하다」의 뜻에서] *n.* **낙하산**
— *vt.* 〈부대·물건을〉 낙하산으로 투하하다
— *vi.* 낙하산으로 내리다
par·a·chut·ist [pǽrəʃùːtist], **-chut·er** [-ʃùːtər] *n.* 낙하산병, 낙하산 강하자
par·a·clete [pǽrəkliːt] *n.* 변호사, 중재자; [the P~] 성령
‡**pa·rade** [pəréid] [F 「준비하다」의 뜻에서] *n.* **1** ⒸⓊ **행렬**, 퍼레이드, **행진** **2** Ⓤ **열병**(閱兵); Ⓒ 열병식; 열병장, 연병장 **3** 과시; 장관 **4** (바닷가 등의) 산책길 **5** [P~] …가(街): North *P*~ 노스가
on ~ (1) 〈군대가〉 열병 대형으로, 열병을 받아 (2) 〈배우 등이〉 총출연하여
— *vt.* **1** 열지어 **행진하다** **2** 〈군대를〉 정렬시키다, 열병하다 **3** 〈지식·장점 등을〉 과시하다 — *vi.* **1** 열지어 행진하다 **2** (열병을 받기 위해) 정렬하다 **3** 《비유》 …으로서 버젓이 통용되다 《*as*》
paráde gròund 열병장, 연병장
pa·rad·er [pəréidər] *n.* 행진자
par·a·digm [pǽrədàim] *n.* **1** 패러다임 **2** 모범, 전형 **3** 〚문법〛 품사의 어형 변화표
par·a·dig·mat·ic [pæ̀rədigmǽtik] *a.* **1** 모범의, 전형적인; 예증(例證)하는 **2** 〚문법〛 어형 변화(표)의 **-i·cal·ly** *ad.*
‡**par·a·dise** [pǽrədàis] [Gk 「정원」의 뜻에서] *n.* **1** Ⓤ **천국**, 극락; [a ~] 지상낙원 **2** Ⓤ 안락, 지복(至福)
Páradise Lóst 실락원(失樂園) 《Milton작의 서사시》
par·a·di·si·a·cal [pæ̀rədisáiəkəl], **-dis·i·ac** [-díziæ̀k | -dís-] *a.* 천국[극락]의[같은]
‡**par·a·dox** [pǽrədɑ̀ks | -dɔ̀ks] [Gk 「정설을 거역하여」의 뜻에서] *n.* ⓊⒸ **1 역설**(逆說), **패러독스** **2** 자가당착의 말; 모순된 일[말, 사람]
par·a·dox·i·cal [pæ̀rədɑ́ksikəl | -dɔ́ks-] *a.* 역설적인; 자기 모순의
par·a·dox·i·cal·ly [pæ̀rədɑ́ksikəli | -dɔ́ks-] *ad.* 역설적으로 (말하면), 역설적이지만
par·af·fin [pǽrəfin], **-fine** [-fin, -fìːn] *n.* **1** Ⓤ 〚화학〛 파라핀, 석랍(石蠟) **2** Ⓤ = PARAFFIN OIL
páraffin òil **1** 파라핀유(油) **2** 《영》 등유(燈油)(《미》 kerosene)
páraffin wàx 석랍(石蠟)
par·a·glid·er [pǽrəglàidər] *n.* 패러글라이더 《날개를 부풀려 조종할 수 있는 글라이더; 우주선 등의 착륙시 감속용으로 쓰임》
par·a·gon [pǽrəgɑ̀n | -gən] *n.* 모범, 전형(典型): a ~ of beauty 미의 화신, 절세 미인
‡**par·a·graph** [pǽrəgræ̀f | -grɑ̀ːf] [Gk 「가로 쓰다」의 뜻에서] *n.* **1** (문장의) **절**(節), **단락**, 항(項) **2** (신문·잡지의) 짧은 기사; 단평(短評)
— *vt.* 〈문장을〉 절로 나누다; 〈신문 등에〉 짧은 기사를 쓰다
par·a·graph·ic, -i·cal [pæ̀rəgrǽfik(əl)] *a.* **1** 절의, 절로 나누는 **2** 단편 기사의
Par·a·guay [pǽrəgwài, -gwèi] *n.* 파라과이 《남미의 공화국; 수도 Asunción》

Par·a·guay·an [pæ̀rəgwáiən, -gwéi-] *a.* 파라과이의 — *n.* 파라과이 사람
par·a·keet [pǽrəkìːt] *n.* = PARRAKEET
‡**par·al·lel** [pǽrəlèl] [Gk 「서로」의 뜻에서] *a.* **1** 평행의 **2** 〈목적·경향 등이〉 비슷한 **3** 〖전기〗 병렬의; 〖컴퓨터〗 〈데이터 전송 등이〉 병렬의
run ~ with …와 평행으로 달리다, 나란히 뻗다
— *n.* **1** 평행선 **2** 필적하는 것[사람] **3** 비교, 대비 **4** 위도권 (緯度圈) **5** 〖전기〗 병렬 회로 **6** 〖인쇄〗 병행표
draw a ~ between two things (양자를) 비교[대비]하다 ***in ~*** (1) 병행으로[하여]; 동시에 《*with*》 (2) 〖전기〗 병렬식으로
— *vt.* (**~ed**; **~·ing** | **~led**; **~·ling**) **1** 유사하다; 필적하다 《*in*》: Nobody ~*s* him *in* swimming. 수영에서는 그에 필적할 자가 없다. **2** …에 평행하다: The road ~*s* the river. 길은 강과 나란히 나 있다. **3** …에 평행시키다
párallel bárs [종종 the ~] 〖체조〗 평행봉
par·al·lel·ism [pǽrəlelìzm] *n.* Ⓤ **1** 평행 위치, 병행 **2** 유사; 비교, 대응
par·al·lel·o·gram [pæ̀rəléləgræ̀m] *n.* 평행 4변형
párallel procéssing 〖컴퓨터〗 병렬 처리 (방식)
Par·a·lym·pics [pæ̀rəlímpiks] [*para*plegic+*Olympics*] *n. pl.* 파랄림픽 《국제 신체 장애자 올림픽 대회》
‡**par·a·lyse** [pǽrəlàiz] *vt.* 《영》 = PARALYZE
∗**pa·ral·y·sis** [pərǽləsis] [Gk 「측면이 약해지다」의 뜻에서] *n.* (*pl.* **-ses** [-sìːz]) **1** 〖의학〗 마비; 중풍: cerebral ~ 뇌성마비 **2** 무력, 무기력; 정체(停滯), 마비 상태: moral ~ 도의심의 결핍
par·a·lyt·ic [pæ̀rəlítik] *a.* **1** 중풍의 **2** 마비 상태의 **3** 《영·구어》 술취한
— *n.* 중풍 환자
‡**par·a·lyze** [pǽrəlàiz] *vt.* **1** 마비시키다 **2** 무력[무능]하게 만들다: The general strike ~*d* the whole country. 총파업으로 전국의 기능이 마비되었다.
par·a·me·ci·um [pæ̀rəmíːsiəm] *n.* (*pl.* **-ci·a** [-siə]) 〖동물〗 짚신벌레
par·a·med·ic [pæ̀rəmédik] *n.* 진료 보조자 《간호사·검사 기사·약제사 등》
par·a·med·i·cal [pæ̀rəmédikəl] *a.* 준(準)의료 활동의, 전문의를 보좌하는
pa·ram·e·ter [pərǽmətər] *n.* **1** 〖수학·컴퓨터〗 파라미터, 매개 변수(媒介變數) **2** 〖통계〗 모수(母數) **3** [보통 *pl.*] (한정) 요소
par·a·mil·i·tar·y [pæ̀rəmílətèri | -təri] *a.*, *n.* 준(準)군사적 (조직)의 (일원)
∗**par·a·mount** [pǽrəmàunt] [L 「산 위에」의 뜻에서] *a.* **1** 최고의(supreme), 주요한 **2** 최고 권위를 가진
— *n.* 최고 권위자
par·a·mount·cy [pǽrəmàuntsi] *n.* Ⓤ 최고권, 주권; 탁월
par·a·mour [pǽrəmùər] *n.* 《문어》 정부(情婦)(mistress), 정부(情夫)(lover)
par·a·noi·a [pæ̀rənɔ́iə], **-noe·a** [-níːə] [Gk 「비뚤어진 정신」의 뜻에서] *n.* Ⓤ 〖정신의학〗 편집증(偏執症), 망상증
par·a·noi·ac [-nɔ́iæk] *a.* 편집증의
— *n.* 편집증 환자
par·a·noid [pǽrənɔ̀id] *a.* 편집[망상]성의; 편집증 환자의; 피해 망상적인
— *n.* 편집증 환자
par·a·nor·mal [pæ̀rənɔ́ːrməl] *a.* (초자연은 아니나) 과학적으로 설명할 수 없는
∗**par·a·pet** [pǽrəpit, -pèt] *n.* **1** (지붕·발코니·다리 등의) 난간 **2** 〖축성〗 흉장(胸章) 《방어용의 낮은 벽》
par·a·pher·na·lia [pæ̀rəfərnéiljə] *n. pl.* [종종 단수 취급] **1** 장비, 장치, 설비 **2** 《구어》 (개인의) 자잘한 소지품 **3** 〖법〗 아내의 소유물
‡**par·a·phrase** [pǽrəfrèiz] [Gk 「다른 말로 말하다」의 뜻에서] *vt.*, *vi.* (알기 쉽게) 바꾸어 말하다[쓰다], 의역하다 — *n.* (알기 쉽게) 바꾸어 말하기, 의역, 부연
par·a·phras·tic, -ti·cal [pæ̀rəfrǽstik(əl)] *a.* 알기 쉽게 바꾸어 말한[쓴]
par·a·ple·gia [pæ̀rəplíːdʒiə] *n.* Ⓤ 〖의학〗 (하반신의) 쌍마비(雙麻痺)
par·a·ple·gic [pæ̀rəplíːdʒik] *a.* 쌍마비의 《양쪽 하반신 마비의》
— *n.* 쌍마비 환자
par·a·pro·fes·sion·al [pæ̀rəprəféʃənl] *n.*, *a.* 전문직 보조원(의)
par·a·psy·chol·o·gy [pæ̀rəsaikɑ́lədʒi | -kɔ́l-] *n.* Ⓤ 초(超)심리학 《천리안(千里眼)·염력(念力)·텔레파시 등의 심령 현상을 다룸》
par·a·quat [pǽrəkwɑ̀t | -kwɔ̀t] *n.* Ⓤ 〖화학〗 제초제(除草劑)의 일종
Pará rubber [pərɑ́ː-, pɑːrɑ́ː-] [브라질의 고무 산지명에서] 파라 고무
par·a·sail·ing, par·a-sail·ing [pǽrəseiliŋ] *n.* 패러세일링 《모터보트 등이 끄는 낙하산을 타고 공중으로 날아 오르는 스포츠》
∗**par·a·site** [pǽrəsàit] *n.* **1** 〖동물〗 기생충[균]; 남의 둥지에 알을 낳는 새; 〖식물〗 기생 식물 **2** 식객; 기생자
par·a·sit·ic, -i·cal [pæ̀rəsítik(əl)] *a.* **1** 기생적인; 〖생물〗 기생체[질]의 **2** 기식[식객 노릇]을 하는
par·a·sit·ism [pǽrəsaitìzm, -sit-] *n.* Ⓤ 기생 (생활)(opp. *symbiosis*)
par·a·si·tol·o·gy [pæ̀rəsaitɑ́lədʒi, -sit- | -tɔ́l-] *n.* Ⓤ 기생충[체]학
par·a·sol [pǽrəsɔ̀ːl, -sɑ̀l | -sɔ̀l] [It. 「태양을 막다」의 뜻에서] *n.* (여자용) 양산, 파라솔
par·a·sym·pa·thet·ic [pæ̀rəsìmpəθétik] *n.*, *a.* 〖해부·생리〗 부교감(副交感) 신경(계)(의)
par·a·tac·tic, -ti·cal [pæ̀rətǽktik(əl)] *a.* 〖문법〗 병렬적(竝列的)인
par·a·tax·is [pæ̀rətǽksis] *n.* Ⓤ 〖문법〗 병렬 《접속사 없이 문장·절·구를 나열하기》
par·a·thi·on [pæ̀rəθáiɑn] *n.* Ⓤ 파라티온 《살충제》
par·a·thy·roid [pæ̀rəθáirɔid] *n.*, *a.* 〖해부〗 부갑상선(의)
parathýroid glànd 〖해부〗 부갑상선

par·a·troop [pǽrətrùːp] *a.* 낙하산병[부대]의 — *n.* [*pl.*] 낙하산 부대
par·a·troop·er [pǽrətrùːpər] *n.* 낙하산병
par·a·ty·phoid [pæ̀rətáifɔid] 〖병리〗 *n.* Ⓤ 파라티푸스
par a·vion [pɑ̀ːr-ævjɔ́ːŋ] [F = by airplane] *ad.* 항공편으로 《항공 우편물의 표지》
par·boil [pɑ́ːrbɔ̀il] *vt.* **1** 반숙하다, 〈식품을〉 데치다 **2** 너무 데우다; 못살게 굴다
‡**par·cel** [pɑ́ːrsəl] [L「작은 조각」의 뜻에서] *n.* **1 꾸러미, 소포,** 소하물: ~ paper 포장지 **2** 《경멸》 한 떼, 한 짝[묶음] **3** 〖법〗 한 구획의 토지 — *vt.* (~**ed**; ~**·ing** | ~**·led**; ~**·ling**) **1** 나누다 **2** 꾸러미[소포]로 하다 《*up*》
párcel póst 우편 소포
***parch** [pɑːrtʃ] *vt.* **1 바짝 말리다** 《*with*》 **2** 볶다, 굽다(roast)
— *vi.* 바짝 마르다 《*up*》, 타다 《*up*》
parched [pɑːrtʃt] *a.* 〈땅 등이〉 바짝 마른; 목마른
parch·ing [pɑ́ːrtʃiŋ] *a.* 바짝 말리는, 타는[찌는] 듯한: ~ heat 타는 듯한 더위
***parch·ment** [pɑ́ːrtʃmənt] [처음으로 이 종이를 만든 소아시아의 지명에서] *n.* **1** Ⓤ **양피지**(羊皮紙); Ⓒ 양피지의 문서 **2** Ⓤ 모조 양피지; Ⓒ 증서, 졸업 증서
pard [pɑːrd] *n.* 《문어》 표범
pard·ner [pɑ́ːrdnər] *n.* 《구어》 동료, 짝패
‡**par·don** [pɑ́ːrdn] [OF「용서하다」의 뜻에서] *n.* **1** ⓊⒸ **용서,** 허용 **2** 〖법〗 특사 **3** Ⓤ 〖가톨릭〗 교황의 면죄(免罪); Ⓒ 면죄부(符)
I beg your ~. (1) 죄송합니다. 《본의 아닌 실수·실례 등을 사과할 때》 (2) 실례지만. 《모르는 사람에게 말을 걸 때, 또는 상대편과 의견을 달리 하는 경우에 자기 주장을 말할 때》 (3) (죄송합니다만) 무엇이라고 말씀하셨지요? 《상대편의 말을 되물을 때 끝이 올라가는 어조로 (I) beg your ~? ↗이라고 함》
— *vt.* **1 용서하다,** 눈감아주다: ~ theft [a thief] 절도[도둑]를 눈감아주다 **2** 〖법〗 사면[특사]하다: ~ a person an offense …의 죄를 용서하다
P~ me. = I beg your PARDON. (⇨ *n.*)
There is nothing to ~. 천만의 말씀입니다.
par·don·a·ble [pɑ́ːrdnəbl] *a.* 용서[사면]할 수 있는 **-bly** *ad.*
par·don·er [pɑ́ːrdənər] *n.* 용서하는 사람; 〖역사〗 면죄부(免罪符) 파는 사람
***pare** [pɛər] [동음어 pair, pear] *vt.* **1** 〈과일 등의〉 **껍질을 벗기다,** 잘라내다 《*off, away*》: ~ an apple 사과를 깎다 **2** 〈손톱 등을〉 가지런히 깎다 **3** 삭감하다 《*away, down*》: ~ *down* expenditures 지출을 조금씩 줄이다
~ nails to the quick 손톱을 바싹 깎다
paren. parenthesis
‡**par·ent** [pɛ́ərənt, pǽr-] [L「태어나게 하다」의 뜻에서] *n.* **1 어버이** 《아버지 또는 어머니》; [*pl.*] **양친;** 모체(母體) **2** 《문어》 근원
— *a.* Ⓐ 어버이의; 근원의, 원조(元祖)의
— *vt.* …의 부모가 되다
par·ent·age [pɛ́ərəntidʒ] *n.* 가문, 혈통: come of good ~ 좋은 가문 출신이다
***pa·ren·tal** [pəréntl] *a.* Ⓐ **어버이의,** 어버이다운, 어버이로서의: ~ authority 친권(親權) ~**·ly** *ad.*
párent dirèctory 〖컴퓨터〗 윗자료방 《어느 자료방이 속하는 상위의 자료방》
párent élement 〖물리〗 모(母)원소 《방사성 원소가 붕괴하기 전의 원소》
***pa·ren·the·sis** [pərénθəsis] [Gk「안으로 끼워넣다」의 뜻에서] *n.* (*pl.* **-ses** [-sìːz]) **1** [보통 *pl.*] **괄호 2** 〖문법〗 삽입(어)구
in ~ [***parentheses***] 괄호에 넣어서; 덧붙여 말하자면
pa·ren·the·size [pərénθəsàiz] *vt.* 둥근 괄호 안에 넣다; 삽입구로 하다, 삽입구를 넣다
par·en·thet·ic, -i·cal [pæ̀rənθétik(əl)] *a.* 삽입구의, 삽입구적인, 설명적인
-i·cal·ly *ad.*
par·ent·hood [pɛ́ərənthùd] *n.* Ⓤ 어버이임; 친자(親子)관계
par·ent·ing [pɛ́ərəntiŋ] *n.* (양친에 의한) 육아, 양육
par·ent-in-law [pɛ́ərəntinlɔ̀ː] *n.* (*pl.* **par·ents-**) 의부, 의모; 시아버지, 시어머니; 장인, 장모
párent lànguage 〖언어〗 조어(祖語)
Pár·ent-Téach·er Associàtion [pɛ́ərənttíːtʃər-] 사친회 《略 P.T.A.》
par·er [pɛ́ərər] *n.* 껍질을 벗기는 사람; 껍질 벗기는[깎는] 기구[칼]
par ex·cel·lence [pɑ̀ːr-èksəlɑ́ːns, -éksəlæ̀ns] [F = by excellence] *a.* 우수한, 탁월한
par·fait [pɑːrféi] [F = perfect] *n.* ⓊⒸ 파르페 《과일·시럽·아이스크림 등을 섞은 디저트》
par·he·li·on [pɑːrhíːliən, -ljən] *n.* (*pl.* **-li·a** [-liə, -ljə]) 환일(幻日)(mock sun) 《햇무리 밖에 나타나는 광륜(光輪)》
pa·ri·ah [pəráiə] *n.* (남부 인도의) 최하층민; 부랑자
pa·ri·e·tal [pəráiətl] *a.* **1** 〖해부〗 벽의; 정수리 (부분)의 **2** 〖식물〗 씨방벽의 **3** 《미》 대학 구내 거주에 관한
paríetal bòne 〖해부〗 두정골(頭頂骨)
par·i·mu·tu·el [pæ̀rimjúːtʃuəl] [F = mutual bet] *n.* ⓊⒸ 이긴 말에 건 사람들에게 수수료를 제하고 건 돈 전부를 나누어 주는 방법
par·ing [pɛ́əriŋ] *n.* **1** Ⓤ 껍질 벗기기 **2** [보통 *pl.*] 벗긴[깎은, 자른] 껍질, 부스러기
‡**Par·is**[1] [pǽris] *n.* **파리** 《프랑스의 수도》
Paris[2] *n.* 〖그리스신화〗 파리스 《Troy 왕자로, Sparta의 왕비 Helen을 빼앗음으로써 Troy 전쟁이 일어났음》
***par·ish** [pǽriʃ] [Gk「교회 주위의 토지」의 뜻에서] *n.* **1 교구**(敎區) 《교회와 전담 성직자를 둔 종교상의 구역》; 전체 교구민

2 (영) 지방 행정구(= civil ~); [집합적] 지방 행정 구민 3 (미) (Louisiana 주의) 군(郡) (다른 주의 county에 해당)
párish chúrch (영) 교구 교회
párish clérk 교구 교회의 서기
párish cóuncil (영) 교구회 (지방 행정구(civil parish)의 자치 기관)
pa·rish·ion·er [pəríʃənər] *n.* 교구민
párish príest 교구 목사[사제(司祭)], 주임 사제
párish púmp (영) 마을의 공동 우물 (쑥덕공론장); 편협, 옹졸
párish régister 교구 기록부 (출생·세례·혼인·매장 등의)
*__Pa·ri·sian__ [pəríʒən | -ziən] *a.* 파리 (사람)의, 파리식의 ― *n.* 파리 토박이
par·i·ty [pǽrəti] *n.* Ⓤ 1 동등, 동격 2 〖물리〗 반전성(反轉性), 우기성(偶奇性); 〖수학〗 기우성(奇偶性) 3 〖금융〗 (외국 통화와의) 등가(等價); 〖경제〗 평형(平衡)(가격) 4 현저한 유사(類似); 일치 5 〖의학〗 출산 경력 6 〖컴퓨터〗 홀짝 맞춤, 패리티, 기우성
be on a ~ with …와 균등[동등]하다
~ of treatment 균등 대우
‡**park** [pɑːrk] *n.* 1 공원, 유원지; 광장 2 (미) 운동장, 경기장 3 (영) 〖법·역사〗 (왕의 특허에 의한) 수렵장; (지방 유지의 저택을 에워싼) 정원 4 주차장 5 〖군사〗 군수 물자 저장소 6 (굴의) 양식장
― *vt.* 1 주차시키다; 〈포·차 등을〉 한 곳에 세워두다, 대기시키다 2 (구어) 〈물건을〉 (어떤 곳에 잠시) 두다; 〈아이 등을〉 남에게 맡기다: *P~* your hat *on* the table. 모자를 탁자 위에 두어라. 3 공원으로 만들다
~ one***self*** (어떤 곳에) 잠시 머무르다, 앉다: *P~ yourself* here. 여기 잠깐 계세요.
― *vi.* 주차하다
par·ka [pɑ́ːrkə] *n.* 1 파카 (에스키모 사람의 후드 달린 모피 재킷) 2 (미) (요트) 파카, 아노락(anorak) (방수·방풍 천으로 된 후드 달린 스포츠용 재킷)
*__park·ing__ [pɑ́ːrkiŋ] *n.* Ⓤ 주차 (자동차의); 주차 장소: No ~ (here). (게시) 주차 금지.
párking bràke (차의) 주차 브레이크
párking lìght (자동차의) 주차등
párking lòt (미) (옥외) 주차장((영) car park)
párking mèter 주차 시간 자동 표시기
párking òrbit (우주선) 대기(待機) 궤도
párking tìcket 주차 위반 딱지[스티커]
Pár·kin·son's disèase [pɑ́ːrkinsnz-] [영국의 의사 이름에서] 〖병리〗 파킨슨병 (paralysis agitans)
Párkinson's Láw [영국의 경제학자 C.N. Parkinson이 풍자적으로 말한 설에서] 파킨슨의 법칙 (공무원의 수는 일과 관계없이 늘어난다는 등)
park·land [pɑ́ːrklæ̀nd] *n.* 공원 용지; (영) 대저택 주변의 정원; 수림(樹林) 초원
park·way [-wèi] *n.* (미) 공원 도로
park·y [pɑ́ːrki] *a.* (**park·i·er**; **-i·est**) (영·속어) 싸늘한 〈공기·날씨·아침〉
par·lance [pɑ́ːrləns] *n.* Ⓤ 말투, 어조; (특유한) 어법: in legal ~ 법률 용어로
par·lay [pɑ́ːrlei, -li | pɑ́ːli] (미) *vt., vi.* 1 〈경마에 건 돈과 그 상금을〉 다시 다른 말에 걸다 2 증대하다, 확대하다; 전환하다 3 〈자금·재능을〉 이용[활용]하다
*__par·ley__ [pɑ́ːrli] [OF 「이야기하다」의 뜻에서] *n.* 협상, 교섭, 상담(商談), (예비) 회담; 담판 ― *vi.* 담판하다, 협상하다, 교섭하다 (*with*)
‡**par·lia·ment** [pɑ́ːrləmənt, -ljə-] *n.* 1 의회, 국회; 하원: the British ~ 영국 의회 2 [**P~**] (영국) 의회 3 (프랑스 혁명 전의) 고등 법원
be [***sit***] ***in P~*** 하원 의원이다 ***Member of P~*** 하원 의원 (略 MP) ***open P~*** 의회의 개회식을 하다
Párliament Àct [the ~] (영) 의회법 (1911년 상원의 권한을 제한한 것)
par·lia·men·tar·i·an [pɑ̀ːrləmentέəriən] *a.* 의회(파)의
― *n.* 1 국회법 학자, 의회 법규[정치]에 정통한 사람 2 (영) 하원 의원
*__par·lia·men·ta·ry__ [pɑ̀ːrləméntəri] *a.* 1 의회의; 의회에서 제정한; 국회법에 의한: ~ proceedings 의사(議事) 2 〈말이〉 의회에 적합한; 품위 있는, 정중한
‡**par·lor** | **par·lour** [pɑ́ːrlər] [OF 「말하다」의 뜻에서] *n.* 1 응접실, 객실; 거실 2 영업실, 촬영실, 진찰실, 시술실; 가게 3 (호텔 등의) 특별 휴게실
párlor càr (미) 특등 객차((영) saloon (car))
par·lor·maid [pɑ́ːrlərmèid] *n.* (영) (식사 시중·손님 접대하는) 하녀
par·lous [pɑ́ːrləs] (고어) *a.* Ⓐ 〈국제 관계 등이〉 불안한, 위태로운; 다루기 힘드는
Pár·me·san (**chéese**) [pɑ́ːrməzɑ̀ːn- | pɑ̀ːmizǽn-] [이탈리아의 원산지 Parma에서] 파르마 치즈
Par·nas·si·an [pɑːrnǽsiən] *a.* Parnassus산(山)의; 시(詩)의, 시적인; 고답적인 ― *n.* 고답파의 시인
Par·nas·sus [pɑːrnǽsəs] *n.* 1 파르나소스 (그리스 중부에 있는 산; Apollo신과 Muses신의 영지(靈地)) 2 Ⓤ 문단(文壇), 시단
try to climb ~ 시·문예의 수업을 하다
pa·ro·chi·al [pəróukiəl] *a.* 1 교구(教區)(parish)의; (미) (가톨릭계가 경영하는) 교구 설립의 〈학교 등〉 2 지방적인, 편협한(provincial) **~·ly** *ad.*
pa·ro·chi·al·ism [pəróukiəlìzm] *n.* Ⓤ 교구제(制); 지방 근성[파벌주의]; 편협
par·o·dist [pǽrədist] *n.* PARODY 작자
*__par·o·dy__ [pǽrədi] [Gk 「희작시(戱作詩)」의 뜻에서] *n.* (*pl.* **-dies**) 1 ⓊⒸ 패러디, 풍자[조롱]적인 개작 시문(詩文) 2 서투른 모방 ― *vt.* (**-died**) 비꼬아 개작하다; 서투르게 흉내내다
*__pa·role__ [pəróul] [F 「말」의 뜻에서] *n.* 1 가석방, 가출옥 허가, 집행 유예; 가석방 기간 2 서약, 맹세; 〖군사〗 포로 석방 선서 3 〖미군〗 군호, 암호 4 Ⓤ 〖언어〗 (개인의) 운용 언어; 언어 행위 5 Ⓤ 임시 입국 허가 ***on*** ~ 선서 석방되어; 가출옥을 허가받아[받은]

—*a.* 선서[가] 석방의, 가출옥의
—*vt.* 〈포로를〉 선서 석방하다; 가석방을 허가하다
pa·rol·ee [pəròulíː] *n.* 가석방된 사람
pa·rot·id [pərɑ́tid | -rɔ́t-] 〖해부〗 *n.* 이하선(耳下腺) —*a.* 이하선의
par·o·ti·tis [pæ̀rətáitis] *n.* Ⓤ 〖병리〗 (유행성) 이하선염(mumps)
par·ox·ysm [pǽrəksìzm] *n.* Ⓤ **1** (주기적) 발작 **2** (감정의) 격발(激發) 《*of*》; 발작적 활동
par·quet [pɑ́ːrkei | ⌐–] [F 「울 막은 작은 땅(park)」의 뜻에서] *n.* **1** 쪽모이 세공(을 한 마루); 《미》 아래층 앞쪽 《극장의》 **2** 검사국(檢事局) 《유럽 여러 나라의》
párquet círcle 《미》 (극장의) 아래층 뒤쪽
par·que·try [pɑ́ːrkətri] *n.* Ⓤ 쪽모이 (세공), (마루를) 쪽모이 세공으로 깔기
parr [pɑːr] *n.* (*pl.* **~, ~s**) 〖어류〗 연어(salmon)의 치어
par·ra·keet [pǽrəkìːt] *n.* 〖조류〗 작은 잉꼬
par·ri·cide [pǽrəsàid] *n.* 존속[어버이, 주인] 살해자, 반역자; Ⓤ 그 범죄; 반역죄 **pàr·ri·cíd·al** *a.*
‡**par·rot** [pǽrət] *n.* **1** 〖조류〗 **앵무새** **2** 뜻도 모르고 남의 말을 따라 하는 사람
—*vi., vt.* 기계적으로 뇌까리다, 앵무새처럼 말을 되풀이하다, 입내내다
play the ~ 남의 말을 따라하다
párrot fèver = PSITTACOSIS
par·ry [pǽri] *vt.* (**-ried**) 〈공격을〉 슬쩍 피하다, 비키다; 〈질문 등을〉 회피하다, 핑계대다 —*n.* (*pl.* **-ries**) 슬쩍 피함; (펜싱 등에서) 몸을 비킴; 핑계
parse [pɑːrs | pɑːz] *vt., vi.* 〖문법〗 〈낱말의〉 품사 및 문법적 관계를 설명하다; 〈문장을〉 해부[분석]하다
par·sec [pɑ́ːrsèk] *n.* 〖천문〗 파섹 《천체의 거리를 나타내는 단위; 3.259광년(光年)》
Par·si, -see [pɑ́ːrsiː] *n.* **1** 파시 교도 《이슬람교도의 박해로 8세기에 인도로 피신한 조로아스터교도의 자손》 **2** Ⓤ 파시 말 《파시 교전(敎典)에 쓰인 페르시아 말》
par·si·mo·ni·ous [pɑ̀ːrsəmóuniəs] *a.* 극도로 절약하는; 아주 인색한
~·ly *ad.* **~·ness** *n.*
*****pars·ley** [pɑ́ːrsli] *n.* Ⓤ 〖식물〗 **파슬리** 《요리에 곁들임》
pars·nip [pɑ́ːrsnip] *n.* 〖식물〗 서양방풍나물, 파스닙 《미나릿과(科)의 식물; 뿌리는 식용》; 그 뿌리
*****par·son** [pɑ́ːrsn] [person과 같은 어원] *n.* (영국 국교회의) **교구 목사**; 《구어》 (개신교의) 목사
par·son·age [pɑ́ːrsənidʒ] *n.* 사제관(館); 《고어》 성직록(聖職祿)(cf. BENEFICE)
párson's nóse 《영·구어·익살》 닭[칠면조 《등》]의 볼기살
‡**part** [pɑːrt] *n.* **1 부분** (opp. *whole*), **일부**, 약간: Only (a) ~ of the story is true. 그 이야기는 일부만이 사실이다. 《종종 부정관사 생략》 **2** 중요 부분, 요소, 성분 **3** (책·희곡·시 등의) **부**(部), 편, 권 **4 a** (어느 특별한) 부분, 편; 신체의 일부분, 기관; [*pl.*] 음부(陰部): the inner ~*s* 내장 **b** [*pl.*] **부품**: automobile ~*s* 자동차 부품 **5 a** [서수에 붙여서; 지금은 생략함] …분의 일: a third (~) 1/3 ∥ two third ~*s* 2/3 **b** [기수에 붙여서] 전체를 하나가 더 많은 수로 나눈 값: two[three, four, etc.] ~*s* = 2/3[3/4, 4/5 ...] **c** (혼합 등의) 비율: 3 ~*s* of sugar to 7 (~*s*) of flour 설탕 3에 밀가루 7의 비율 **6** [*pl.*] **지방**, 지역 **7** 관계, 관여; 관심, 몫; 구실, 임무, **역할**(role), 본분 **8** (배우의) **역**; 대사(臺詞), 대본(臺本) **9 편**, 쪽, 자기편(side)
for my ~ 나로서는 ***for the most ~*** 대부분은, 대체로(는) ***have some***[***no***] ***~ in*** …에 관계가 있다[없다] ***play a ~*** 역할을 하다 《*in*》; 행동을 꾸미다, 가장하다, 시치미떼다 ***play*** one***'s ~*** 본분[임무]을 다하다 ***play the ~ of*** (연극에서) …의 역(할)을 하다 ***take*** (a word, an action) ***in good***[***ill, evil, bad***] ***~*** (말·행동)을 선의[악의]로 해석하다, 노하지 않다[노하다] ***take ~ in*** (something, doing) …에 참가하다, …에 공헌하다
—*a.* Ⓐ 부분적인, 일부의
—*ad.* 일부분은, 얼마간, 다소는(partly)
—*vt.* **1 나누다, 가르다**, 자르다, 절단하다; **떼어 내다**[**놓다**] **2** 〈머리털을〉 가르다, 가르마타다 —*vi.* **1 갈라지다**, 나뉘다, 떨어져 나가다, 쪼개지다; The river ~*s* here. 강은 여기서 분기된다. **2 헤어지다**, 손 떼다, 관계가 끊기다 《*from*》 **3** 《속어》 돈을 치르다 ***~ from*** …와 헤어지다(⇨ *vi.* 2) ***~ with*** …와 헤어지다; …을 파면[해고]하다; …을 내놓다
part. participial; participle; particular
*****par·take** [pɑːrtéik] *v.* (**-took** [-túk]; **-tak·en** [-téikən]) *vi.* 《문어》 **1 참여**[**참가**]**하다** 《*in*》; 한 몫 끼다; 〈식사를〉 **함께 하다**, 같이하다(share), 같이 마시다[먹다] 《*of*》 **2** 얼마큼 (…의) 성질을 띠다, 기미가 있다 《*of*》
par·terre [pɑːrtέər] *n.* 갖가지 형태로 화단과 길을 배치한 정원
part-ex·change [pɑ́ːrtikstʃèindʒ] 《영》 *n., vt.* 헌 물건을 새로 사는 물건의 대금의 일부로서 침[치다]
par·the·no·gen·e·sis [pɑ̀ːrθənoudʒénəsis] *n.* Ⓤ 〖생물〗 단성(單性) 생식, 처녀 생식
Par·the·non [pɑ́ːrθənɑ̀n | -nən] *n.* [the ~] 파르테논 《그리스의 Athens의 Acropolis 언덕에 있는, 여신 Athena의 신전》
Párthian shót[**sháft**] [Parthia의 기병은 후퇴 때 뒤돌아보고 활을 쏘았다는 고사에서] (퇴각할 때 쏘는) 마지막 화살; 자리를 뜨면서 내뱉는 말
‡**par·tial** [pɑ́ːrʃəl] *n.* **1 일부분의**(opp. *total*), 부분적인; 불완전한 **2 불공평한**, 편파적인(opp. *impartial*): a ~ judge 불공평한 재판관 **3** Ⓟ **유달리 좋아하는** 《*to*》: be ~ *to* sports 스포츠를 유달리 좋아하다 **~·ness** *n.*

P

par·ti·al·i·ty [pɑ̀ːrʃiǽləti | -ʃiǽl-] *n.* (*pl.* **-ties**) **1** [U] 부분적임, 국부성 **2** [U] 편파, 편견, 불공평, 편애(偏愛) **3** [a ~] 유달리 좋아함 《*for, to*》

*__par·tial·ly__ [pɑ́ːrʃəli] *ad.* **1 부분적으로,** 일부분은 **2 불공평하게,** 편파적으로: judge ~ 불공평하게 재판하다

*__par·tic·i·pant__ [pːrtísəpənt] *a.* **참여하는,** 함께하는
— *n.* 참가자, 참여자, 관계자, 협동자

‡**par·tic·i·pate** [pːrtísəpèit] [L 「일부분을 가지다」의 뜻에서] *vi.* **1 참여하다, 관여하다** 《*in, with*》: ~ *in* a debate 토론에 참가하다 **2** 〈특성 등을〉 얼마만큼 갖다, …의 기미가 있다 《*of*》

*__par·tic·i·pa·tion__ [pːrtìsəpéiʃən] *n.* [U] 관여, 관계, **참가,** 참여

par·tic·i·pa·tion·al [pːrtìsəpéiʃənl] *a.* 관객[청중] 참가의 〈쇼·전시회〉

‡**par·ti·cip·i·al** [pɑ̀ːrtəsípiəl] 〖문법〗 *a.* **분사의,** 분사에 관한

particípial ádjective 〖문법〗 분사형용사 《an *amusing* story / a *learned* doctor 등》

particípial constrúction 〖문법〗 분사구문

‡**par·ti·ci·ple** [pɑ́ːrtəsìpl] *n.* 〖문법〗 **분사**: a present[past] ~ 현재[과거]분사

‡**par·ti·cle** [pɑ́ːrtikl] [L 「부분(part)+지소사(指小辭)] *n.* **1 극소량**(極小量) 《*of*》, 미진, 티끌: He has not a ~ *of* sense. 그는 조금도 지각이 없다. **2** 〖물리〗 **입자**(粒子), 미립자, 분자 **3** 〖문법〗 불변화사(不變化詞) 《어미·어형 변화가 없는 품사》, 소사(小詞) 《전치사·접속사·감탄사·부사의 일부 등》

par·ti-col·ored [pɑ́ːrtikʌ̀lərd] *a.* **1** 여러 가지 색의, 얼룩덜룩한, 갖가지로 물들인 **2** 다채로운, 파란 많은

‡**par·tic·u·lar** [pərtíkjulər] [L 「소부분의」의 뜻에서] *a.* **1** [A] **특별한,** 특수한; **특정한 2** [A] 개개의; 각자의 **3** [A] **특유의; 각별한,** 현저한 **4 상세한**: give a full and ~ account of …을 빠짐없이 상세히 설명[보고]하다 **5** 꼼꼼한, 깔끔한; 까다로운 **6** 〖논리〗 특칭적(特稱的)인(opp. *universal*); 특수적인(opp. *general*)
— *n.* **1** (낱낱의) **사항,** (…의) 점, 조목(條目), 세목: exact in every ~ (모든 점이) 더할 나위 없이 정확한 **2** [*pl.*] **상세,** 명세; 자세한 내용, 명세서(류)
give ~s 상술(詳述)하다 ***go*** [***enter***] ***into ~s*** 세부에까지 미치다 ***in ~*** 특히; 상세히

par·tic·u·lar·i·ty [pərtìkjulǽrəti] *n.* (*pl.* **-ties**) [U] **1** 특별; 특수성 **2 a** 상세; 정밀, 면밀 **b** [종종 *pl.*] 상세한 사항 **3** 까다로움, 꼼꼼함 **4** 사사로운 일, 내막의 사정

par·tic·u·lar·ize [pərtíkjulərὰiz] *vt.* 특수화하다; 상세히 설명하다, 하나씩 열거하다 **—** *vi.* 상세히 말하다; 열거하다
par·tìc·u·lar·i·zá·tion *n.* [UC] 특수화; 상술(詳述); 열거

‡**par·tic·u·lar·ly** [pərtíkjulərli] *ad.* **1 특히,** 각별히, 두드러지게: I ~ asked him to be careful. 그에게 조심하라고 각별히 부탁했다. **2** 자세히, 낱낱이: explain it ~ 그것을 자세히 설명하다

par·tic·u·late [pərtíkjulət, -lèit] *a.* 미립자의[로 된] **—** *n.* 미립자

*__part·ing__ [pɑ́ːrtiŋ] *n.* **1** [UC] **작별** (departure), 세상을 떠남 **2** [UC] **분할 3** 분기점(分岐點); 분할선; 《영》 (머리의) 가르마(《미》 part)
the ~ of the ways 갈림길, 기로(岐路)
— *a.* [A] **1 이별의,** 최후의; 임종의 **2** 나누는, 분할[분리]하는: a ~ line 분할선 **3** 떠나[저물어] 가는: the ~ day 해질녘

párting shòt = PARTHIAN SHOT

par·ti·san, -zan [pɑ́ːrtizən | pɑ̀ːtizǽn] [It. = part] *n.* **1 일당,** 도당; 당파심이 강한 사람 **2** 〖군사〗 유격병, 게릴라 대원, 빨치산
— *a.* **1** 당파심이 강한: ~ spirit 당파심[근성] **2** 〖군사〗 별동[유격]대의, 게릴라 대원의 **~·shìp** *n.* [U] 당파심, 당파 근성; (맹목적) 가담

par·ti·ta [pɑːrtíːtə] [It. 「나누어진」의 뜻에서] *n.* 〖음악〗 파르티타 《변주곡 또는 모음곡의 일종》

*__par·ti·tion__ [pɑːrtíʃən, pər-] *n.* **1** [U] **분할,** 분배, 구획 **2** 칸막이(함); 칸막이(하는 것), 칸막이 벽; 칸막이한 방
— *vt.* 칸을 막다; 분할[분배]하다

par·ti·tive [pɑ́ːrtətiv] *a.* 분할하는; 〖문법〗 부분을 나타내는
— *n.* 〖문법〗 부분사 《many, some 등》
~·ly *ad.* 구분적으로; 부분사로서

‡**part·ly** [pɑ́ːrtli] *ad.* **1 부분적으로,** 일부분은: be ~ destroyed 일부 파괴되다 **2** 어느 **정도는,** 조금은, 얼마간: You are ~ right. 자네 말에도 일리가 있다.

‡**part·ner** [pɑ́ːrtnər] *n.* **1 a 동료,** 협력자 《*in, of*》: a ~ *in* crime 공범자 **b** (댄스 등의) **상대,** 파트너, (놀이 등의) 짝 **2** 〖법〗 (출자) 조합원, 공동 경영자, 사원: an acting [an active, a working] ~ 근무 사원 **3 배우자,** 배필 《남편, 처》
— *vt.* 제휴[협력]하다, 동료로서 함께 일하다; 사귀다, 어울리다, 짝짓다 《*up, with*》; …의 조합원[사원]이다

*__part·ner·ship__ [pɑ́ːrtnərʃìp] *n.* **1** [U] **공동, 협력,** 조합 영업 **2** 〖법〗 **a** [UC] 조합계약 **b** 합명 회사, 상사(商社): a general [an unlimited] ~ 합명 회사 / a limited[special] ~ 합자 회사
in ~ with …와 합명[합자]으로; …와 협력하여

par·took [pɑːrtúk] *v.* PARTAKE의 과거

párt ówner 〖법〗 공동 소유자(co-owner)

*__par·tridge__ [pɑ́ːrtridʒ] *n.* (*pl.* **~s,** [집합적] **~**) **1** 〖조류〗 **자고,** 반시 **2** [U] 자고[반시] 고기

part-song [pɑ́ːrtsɔ̀ːŋ | -sɔ̀ŋ] *n.* 합창곡 《4부로서 무반주일 때가 많음》

párt tìme 파트타임, 단시간 근무제

part-time [pɑ́ːrttàim] *a.* **1 파트타임의,** 비상근(非常勤)의: a ~ teacher 시간[비상근] 강사 / on a ~ basis 시간급(給)으로 **2** 학교가 정시제(定時制)의
— [ㄴㄴ] *ad.* 파트타임으로, 비상근으로

part-tim·er [-táimər] *n.* 파트타임으로 근무하는 사람; 정시제 학교의 학생

par·tu·ri·ent [pɑːrtjúəriənt | -tjúə-] *a.* **1** 해산의; 만삭의; 해산에 관한 **2** 《문어》 〈사상 등을〉 배태하고 있는

par·tu·ri·tion [pɑ̀ːrtʃuəríʃən | -tjuə-] *n.* Ⓤ 분만, 해산

part·way [pɑ́ːrtwéi] *ad.* **1** 도중까지 **2** 어느 정도까지, 다소, 일부분은

part·work [pɑ́ːrtwə̀ːrk] *n.* 분책(分冊), 한 질로 된 저작물 중의 한 권

***par·ty** [pɑ́ːrti] *n.* (*pl.* **-ties**) **1** (사교상의) **파티, 모임, 회합**: a social ~ 사교 모임 / a Christmas ~ 크리스마스 파티 **2 a 일행,** 동아리, 패, 무리: a sightseeing ~ 관광단 **b** 〖군사〗 파견대; 부대: a search ~ 수색대 **3** (정치적) **파, 정당,** 당파 **4** 파벌; Ⓤ 당파심 **5** 〖법〗 (계약·소송 등의) **당사자,** 상대방, 관계자, 당사자: ~ interested[concerned] 〖법〗 이해 관계인, 소송 관계인 / a third ~ 제삼자

be*[*become*] *a* ~ *to …에 관계하고 있다[하게 되다] ***give*[*have, hold,* 《구어》 *throw*] *a* ~** 파티를 열다 ***make up a* ~** 모여서 회합을 가지다

— *a.* **1** Ⓐ 파티(용)의: a ~ dress 파티용 드레스 **2** Ⓐ 정당의, 당파의; 파벌의: a ~ leader 당수

— *v.* (**-tied**) *vi.* 《구어》 파티에 가다[를 열다]; 《미·속어》 (파티에서) 진탕 놀다

párty líne 1 〖전화〗 공동선(共同線) **2** (인접지와의) 경계선 **3** [*pl.*] (정당의) 정책 노선, 시정 방침; 공산당의 정책[노선]

párty pìece [one's ~] (파티 등에서 하는) 장기, 특기 《노래·익살·농담 등》

párty pólitics [단수 취급] 당을 위한 정치 (행동), 당략

párty wáll 〖법〗 경계벽(境界壁), 공유벽

pár válue 액면 가격(par)

par·ve·nu [pɑ́ːrvənjùː | pɑ́ːvənjùː] [F 「도달하다」의 뜻에서] *n.* 벼락부자, 어정뱅이, 갑자기 출세한 사람(upstart)

— *a.* 벼락부자의

pas [pɑː] [F = step] *n.* (*pl.* ~ [-z]) **1** 무도[발레]의 스텝; 무도 **2** [the ~] 우선권, 상좌, 상석

pas·cal [pæskǽl, -kɑ́ːl] *n.* 〖물리〗 파스칼 《압력의 SI 단위》

Pas·cal [pæskǽl] *n.* 파스칼 **Blaise ~** (1623-62) 《프랑스의 수학자·물리학자·철학자》

PASCAL [pæskǽl, ∠-] *n.* 〖컴퓨터〗 파스칼 《파스칼 프로그램 작성에 쓰이는 범용 프로그래밍 언어의 하나》

pas·chal [pǽskəl] *a.* (유대인의) 유월절(Passover)의; 부활절(Easter)의

pash [pæʃ] *n., v.* 《영·속어》 = PASSION

pa·sha [pɑ́ːʃə, pǽʃə] [Turk. 「장관」의 뜻에서] *n.* 주지사, 군사령관 《터키·이집트의》

pas·qui·nade [pæ̀skwənéid] *n.* 풍자문[시], 익살스러운 글; 풍자, 비꼼

***pass** [pæs | pɑːs] *vi.* **1 a 지나가다,** 통과하다, 움직이다; 나아가다; 건너다; 〈물건이〉 차례로 돌려지다, 〈술잔 등이〉 돌아가다 《*along, by, on, out, away*》: *P*~ *on,* please. (어서) 지나가십시오. **b** 〈차·운전자가〉 **추월하다**: No ~*ing.* 《미·게시》 추월 금지. **c** 〈길·강 등이〉 **통하다,** 뻗다; 〈물·전류가〉 흐르다 **2** 〈때가〉 **지나다,** 경과하다; **사라지다,** 소멸하다, 끝나다, 그치다: The storm ~*ed.* 폭풍이 그쳤다. // The incident ~*ed from* his mind. 그 사건은 그의 기억에서 사라졌다. **3** 〈소문 등이〉 퍼지다, 전해지다 **4 통용되다,** 유통되다(be current); 간주되다, 인정되다, 〈가짜 등이〉 (…으로) 통하다 《*as, for*》; 《미》 〈흑인이〉 백인으로 통하다 **5** 〈말이〉 오고가다 **6** 〈재산 등이〉 (남의 손에) **넘어가다** 《*to*》; 소속되다, 귀속하다 《*to*》: The property ~*ed from* father *to* son. 재산이 아버지에게서 아들한테 넘어갔다. **7** 변화하다, …이 되다 《*to, into*》 **8 합격하다** 《*in*》(opp. *fail*): ~ *in* the entrance examination 입학 시험에 합격하다 **9** 〈의안(議案) 등이〉 **통과하다,** 가결되다 **10** 〈판결이〉 내리다, 〈의견 등이〉 진술되다, 〈감정·판정이〉 내려지다 《*on*》, 〈재판관이〉 판결을 내리다 《*upon*》: The judgment ~*ed for* [*against*] the defendant. 피고에게 유리[불리]한 판결이 내려졌다.

— *vt.* **1 지나가다; 추월하다,** 앞지르다; 빠져나가다, 건너다, 횡단하다, 넘다, 가로지르다; …에[에서] 들어가다: Have we ~*ed* Daegu yet? 벌써 대구를 통과했습니까? **2 통과시키다**; 〈밧줄 등을〉 감다; 〈눈길을〉 보내다, 한 번 쓱 보다; 〈손 등을〉 움직이다, 쓰다듬다 **3** 〈시간을〉 **보내다**: ~ a day pleasantly 하루를 유쾌하게 보내다 **4** 〈시험에〉 **합격하다**; 합격시키다 **5**〈사상·행동이〉 (한계를) **넘다,** 초과하다, …보다 낫다, 능가하다(excel): ~ belief 믿을 수 없다 **6 a 넘겨주다,** 전해 주다, 〈재산 등을〉 물리다, 〈식탁 등에서 물건을〉 돌리다: Please ~ (me) the salt. 소금 좀 집어 주십시오. **b** 유통[통용]시키다 **7** 〈판결을〉 선고하다; 〈판단을〉 **내리다**; 〈의견을〉 **진술하다** 《*upon*》; 〈말을〉 하다 **8** 〈법안을〉 **승인하다,** 가결하다; 〈법안이 의회를〉 통과하다: The bill ~*ed* the City Council. 그 법안은 시의회를 통과했다. **9** 보증하다, 맹세하다 **10** 〖의학〗 배설하다 **11** 눈감아주다 **12** 빠뜨리다, 생략하다

~ *away* 가버리다, 떠나다; 끝나다; 죽다; 〈때가〉 지나다; 쇠퇴하다; 〈시간을〉 보내다; 양도하다 **~ *by*** (옆을) 지나가다; 그대로[못 본 체하고] 지나가다, 〈시간이〉 지나가다; 눈감아주다; …의 이름으로 통하다; 간과(看過)하다, (못 보고) 빠뜨리다 **~ *off*** (1)차츰 사라지다; 〈행동 등이〉 끝나다, 〈사건이〉 일어나다; (2) 〈가짜 등을 …에게〉 (넘겨) 주다, 갖게 하다 (3) …인 체하다 《*as, for*》: He ~*ed* him*self off as* a poet. 그는 시인인 체했다. (4) 얼렁뚱땅 넘기다, 어름어름 넘기다 **~ *on*** 《속어》 죽다; 나아가다, 지나가다; 시간이 경과하다; 다음으로 돌리다, 전달하다 《*to*》; 속이다; 〖펜싱〗 찌르다(thrust) **~ *out*** 나가다; 《미·속어》 의식을 잃다; 곤드레만드레 취하다; 죽다 **~ *over*** (1) 가로지르다, 넘어가다; 경과하다 (2) 〈현악기 등을〉

탄주(彈奏)하다; 〈시일을〉 보내다; 넘겨 주다, 물려 주다 (3) 줄이다, 생략하다; 제외하다; 눈감아주다 ~ ***up*** 《구어》 〈기회 등을〉 놓치다, 포기하다, 무시하다; 거절하다, 사양하다
— *n.* **1** [보통 free ~] **패스**, 무료 입장[승차]권 《*on, over*》 **2 통행**, 통과(passage) **3** (산)길; 고개; 〖군사〗 애로, 관문 **4** 수로, 강어귀; 나루 **5** 여권; 통행[입장] 허가 《*to*》 **6 합격** **7 a** 〖야구〗 포볼로 인한 출루 **b** 〖스포츠〗 패스, 송구(送球) **c** 〖카드〗 패스 《기권하고 차례를 거르기》 **8** 〖펜싱〗 찌르기(thrust) **9** 《구어》 형편, 형세; 위기(crisis) **10** 요술, 속임수
bring ... to ~ 《문어》 …을 실현[성취]시키다, 일어나게 하다 ***come to ~*** 《문어》 〈사건이〉 일어나다(happen): It *came to ~* that ... …하게 됐다 ***hold the ~*** 주의[이익]를 옹호하다

pass. passage; passenger; passim; passive

*__pass·a·ble__ [pǽsəbl | pɑ́:s-] *a.* **1** 통행할 수 있는, 〈강 등이〉 건널 수 있는 **2** 웬만한, 쓸만한, 무난한 **3** 통용[유통]하는 **4** 가결[통과]될 수 있는 **-bly** *ad.*

‡**pas·sage** [pǽsidʒ] *n.* **1** (인용한) 일절(一節), 한 구절 **2** 〖음악〗 악절 **3** UC **통행, 통과**; U (철새 등의) 이주 **4** UC 통행권; U 도항권, 통행료 **5 a 통로**, 관통로; 수로, 항로(航路) **b** 출입구 **c** 《영》 복도 **6** (바다나 하늘의) 여행, 항해; 여행의 권리: book ~ by air 항공권을 예약하다 **7** U 《문어》 이행(移行), 이동; 수송, 운반 **8** U (때의) **경과**, 추이, 변천 《*from ... to*》: with the ~ of time 때가 지남에 따라 **9** UC 《미》 (의안의) 통과, 가결(passing) **10** [*pl.*] 밀담 **11** U 싸움, 논쟁 **12** 〖의학〗 변통(便通)(evacuation) **13** 《고어》 일어난 일, 사건
a bird of ~ 철새; 《속어》 방랑자 ***a ~ at[of] arms*** (둘의) 결투; 논전(論戰) ***force a ~ through*** a crowd (군중)을 밀어 헤치고 나아가다 ***have a rough [smooth] ~*** 난[순(順)]항하다 ***make a ~*** 항해하다

*__pas·sage·way__ [pǽsidʒwèi] *n.* **복도**, 낭하(corridor); 통로

pas·sant [pǽsənt] *a.* (문장(紋章)에서) 〈사자 등이〉 오른쪽 앞다리를 들고 왼쪽으로 걷는 자세의

pass·book [pǽsbùk | pɑ́:s-] *n.* 《영》 (은행) 통장; 외상 통장

pas·sé [pæséi | pɑ́:sei] [F = passed] *a.* (*fem.* **-sée** [~]) 고색이 창연한, 시대에 뒤떨어진, 케케묵은; 과거의, 낡은

pássed báll 〖야구〗 (포수의) 패스트볼

pas·sel [pǽsəl] *n.* 《미·구어·방언》 (꽤) 큰 수[집단]

‡**pas·sen·ger** [pǽsəndʒər] *n.* **1** 승객, 여객; 선객; 탑승객: a ~ plane 여객기 **2** 《영·구어》 (팀·그룹 등의) 짐스러운 사람, 무능자

pássenger càr 객차; 승용차

pássenger lìst 승객[탑승자] 명부

pássenger sèat (자동차의) 객석, 《특히》 조수석

passe-par·tout [pæspɑ:rtú:] [F = pass everywhere] *n.* **1** 대지(臺紙), (그림·사진의) 틀; 대지용 접착 테이프 **2** 결쇠, 만능 열쇠(master key)

*__pass·er·by__ [pǽsərbái | pɑ́:s-] *n.* (*pl.* **páss·ers-**) 통행인, 지나가는 사람

pas·sim [pǽsim] [L = spread out] *ad.* (인용한 책의) 여기저기에, 여러 곳에

*__pass·ing__ [pǽsiŋ | pɑ́:s-] *a.* Ⓐ **1** 통행[통과]하는, 지나가는 **2** 현재의, 당면의: ~ history 현대사 **3** 일시적인, 잠시의; 우연의 **4** 합격의
— *n.* U **1 통행, 통과**; 경과 《*of*》 **2** 소멸; 《시어》 죽음 **3** (의안의) **통과**, 가결; (시험의) 합격 **4** 간과(看過), 못 보고 빠뜨림[놓침] **5** (사건 등의) 발생
in ~ 말이 난 김에, 내친 걸음에

pássing bèll 죽음을 알리는 종, 조종(弔鐘)

pássing shòt[stròke] 〖테니스〗 패싱샷

‡**pas·sion** [pǽʃən] *n.* **1 a** UC **열정**, 격정; U 정열: a man of ~ 열정적인 사람 **b** [the ~s] (이성과 대비하여) 감정, 정감 **2** U **열애**(熱愛); [*pl.*] **정욕** **3 a** [a ~] **열**, 애착, 열중, 열광 《*for*》 **b** 열망[갈망]하는 것; 몹시 좋아하는 것: Flying is his ~. 비행기 조종이 그의 제일 좋아하는 취미이다. **4** 울화, 성화, 격노, 격앙; 흥분 **5** U 수동 **6** 고통, 수난, 비애
have a ~ for …을 매우 좋아하다

‡**pas·sion·ate** [pǽʃənət] *a.* **1 열렬한, 정열적인**: a ~ youth 정열적인 젊은이 **2** 정욕적인, 호색의 **3** Ⓟ 열중한, 열심인 **4** 〈감정이〉 격렬한, 성 잘 내는, 성미 급한

*__pas·sion·ate·ly__ [pǽʃənətli] *ad.* **열렬히**, 격심하게; 격노하여

pas·sion·flow·er [pǽʃənflàuər] [꽃의 결꽃부리가 그리스도의 면류관과 비슷한 데서] *n.* 〖식물〗 시계풀

pássion frùit 시계풀의 열매

pas·sion·less [pǽʃənlis] *a.* 열정이 없는; 냉정한, 침착한 **~·ly** *ad.*

pássion plày 수난극; [종종 **P~ p~**] 그리스도 수난극

Pássion Súnday 수난 주일 《사순절(Lent)의 제5 일요일》

Pássion Wèek [the ~] 수난주 《부활절의 전주》

‡**pas·sive** [pǽsiv] *a.* **1 수동적인**(inactive), 활기 없는, 소극적인 **2** 반응 없는 **3 무저항의**, 순순히 따르는 **4** 〖문법〗 수동의, 수동 구문의 **5** 〈빚 등이〉 무이자의: ~ bond[debt] 무이자 공채[부채] **6** 〖화학〗 쉽게 화합하지 않는, 부동의: ~ state 부동태(不動態) **7** 〖의학〗 비활성의; 〖항공〗 발동기를 쓰지 않는
— *n.* **1** [보통 the ~] 〖문법〗 수동태; 수동 구문 **2** 수동형 (문장) **~·ness** *n.*

pássive obédience 절대 복종, 묵종(默從)

pássive resístance 소극적 저항 《비협력 등》

pássive smóking 간접 흡연

pas·siv·i·ty [pæsívəti] *n.* U 수동성; 비활동; 무저항; 인내; 냉정; 〖화학〗 부동태

pass·key [pǽskìː | pɑ́ːs-] *n.* 결쇠(master key); 여벌 열쇠(duplicate key); 개인용 열쇠; 빗장 열쇠

Pass·o·ver [pǽsòuvər | pɑ́ːs-] *n.* **1** [the ~] 〖성서〗 유월절(逾越節) 《유대력(曆)의 1월 14일에 행하는 유대 사람의 축제》 **2** [p~] 유월절에 희생되는 어린 양, 신의 어린 양(Christ)

‡**pass·port** [pǽspɔ̀ːrt | pɑ́ːs-] *n.* **1** 여권, 패스포트; 통행증; 입장권(券·權); 허가증 **2** 수단, 보장 《*to*》: a ~ *to* his favor 그의 환심을 사는 수단

pass·word [pǽswə̀ːrd | pɑ́ːs-] *n.* 암호말, 군호; 〖컴퓨터〗 암호

‡**past** [pæst | pɑːst] [동음어 passed] *a.* **1 a** **지나간, 과거의,** 여태까지의: The troubles are ~. 그 고난은 과거의 것이 되었다. **b** Ⓟ **끝난**: My youth is ~. 내 청춘은 끝났다. **2** Ⓐ [또는 후치] **갓 지나간**; (지금부터) …전: I haven't met him for the ~ two months. 요 두 달 동안 그를 만나지 않았다. **3** Ⓐ 임기를 마친, 이전의: a ~ chairman 그 전 의장 **4** 연공(年功)을 쌓은, 노련한 **5** Ⓐ 〖문법〗 과거(형)의: the ~ tense 과거 시제
for some time **~** 얼마 전부터 ***in ~ years*** = ***in years*** **~** 지난 몇 해 동안에 ***the ~ month*** 전달, 과거 1개월
— *n.* **1** Ⓤ [보통 the ~] **과거** **2** **지나간 일,** 옛날 얘기 **3** 이력, 《특히》 (수상한) 경력, 과거의 생활: a woman with a ~ 과거가 수상한 여자 **4** [보통 the ~] 〖문법〗 과거(형)
in the ~ 여태까지, 과거에
— *prep.* **1** 〈시간이〉 **지나서,** 〈몇 시〉 지나(《미》 after); 〈몇 살을〉 넘어서: half ~[종종 half-~] three 3시 반 **2** **지나쳐서,** …옆을 지나서 **3** …**이상,** …이 미치지 않는: He is ~ hope. 그는 (회복할) 가망이 없다. **—** *ad.* **지나가서, 지나쳐서**

pas·ta [pɑ́ːstə] [It. =paste] *n.* 파스타 《마카로니 등을 만들기 위한 반죽; 또는 그 요리》

‡**paste**[1] [peist] [Gk 「보리죽」의 뜻에서] *n.* Ⓤ **1** (붙이는) **풀** **2** **밀가루 반죽** **3** 반죽한 것; 이긴 흙; 연고(軟膏); 과일의 설탕 절임의 일종; 고약; 치약(toothpaste); 반죽한 물고기 미끼 《낚시질용》 **4** 납유리
— *vt.* **풀로 바르다[붙이다]** 《*up, on, down, together*》; 〖컴퓨터〗 〈데이터를〉 페이스트하다

paste[2] *vt.* 치다, 때리다; 맹포격하다
— *n.* 강타

paste·board [péistbɔ̀ːrd] *n.* **1** Ⓤ 두꺼운 종이, 판지(板紙) **2** 《속어》 카드, 명함; 기차표; 카드의 패; 입장권
— *a.* Ⓐ **1** 종이로 만든, 판지로 만든 **2** 속[실질]이 없는; 가짜의

*__pas·tel__ [pæstél] [paste[1]와 같은 어원] *n.* **1** Ⓤ **파스텔;** 파스텔 크레용 **2** Ⓤ 연하고 부드러운 색채; 파스텔 화법; Ⓒ 파스텔화 **3** (산문의) 소품(小品)
— *a.* Ⓐ 파스텔(화)의; 〈색조가〉 파스텔조(調)의

pas·tern [pǽstərn] *n.* (유제류(有蹄類)의) 발목 《발굽과 구절(fetlock) 사이》

paste-up [péistʌ̀p] *n.* 〖인쇄〗 전사지나 그림을 붙인 대지(臺紙)(mechanical)

Pas·teur [pæstə́ːr] *n.* 파스퇴르 **Louis** ~ (1822-95) 《프랑스의 화학자·세균학자》

pas·teur·i·za·tion [pæ̀stʃəraizéiʃən, -stər- | pɑ̀ːs-] *n.* Ⓤ 저온 살균(법)

pas·teur·ize [pǽstʃəràiz, -stər-] [발견자 Pasteur에서] *vt.* 저온 살균[예방 접종]법을 행하다: ~*d* milk 저온 살균 우유 **-ìz·er** *n.*

pas·tiche [pæstíːʃ] [F] *n.* 혼성곡(混成曲); 혼성화(畵); 모방 작품

pas·tille [pæstíːl], **pas·til** [pǽstil] *n.* **1** (원뿔꼴의) 선향(線香) **2** 파스텔 (크레용)

*__pas·time__ [pǽstàim | pɑ́ːs-] [F =pass time] *n.* ⓊⒸ **기분 전환, 오락,** 놀이, 심심풀이, 취미

past·ing [péistiŋ] *n.* 《구어》 **1** 강타, 맹타 **2** (스포츠 등에서) 참패, 완패 **3** 〖컴퓨터〗 페이스트하기

pást máster **1** (조합·협회 등의) 전(前) 회장《등》 **2** 대가, 거장, 명수 《*in, at, of*》

*__pas·tor__ [pǽstər | pɑ́ːs-] [L 「양치기」의 뜻에서] **사제, 목사**; 정신[종교]적 지도자

*__pas·to·ral__ [pǽstərəl | pɑ́ːs-] [L 「양치기의」의 뜻에서] *a.* **1** **양치기의,** 〈토지가〉 목축에 알맞은 **2** **전원 생활의,** 시골의; 전원 생활을 그린 **3** 목사의
— *n.* **1** **목가,** 전원시[화, 곡, 가극, 조각] **2** = PASTORAL STAFF **3** = PASTORAL LETTER

Pástoral Epístles [the ~] 〖성서〗 목회 서간 《디모데서(Timothy) 및 디도서(Titus)》

pástoral létter 교서

pástoral stáff 목장(牧杖)(crosier) 《주교·수도원장의 권위를 나타내는 지팡이》

pas·tor·ate [pǽstərət | pɑ́ːs-] *n.* **1** 〖그리스도교〗 목사의 직[임기, 관구]; 〖가톨릭〗 주임 사제의 직무 **2** [the ~; 집합적] 목사단(團)

‡**pást párticiple** 〖문법〗 **과거분사**

‡**pást pérfect** 〖문법〗 **과거완료**

pas·tra·mi [pəstrɑ́ːmi] *n.* Ⓤ 양념을 많이 한 훈제(燻製) 쇠고기

*__past·ry__ [péistri] *n.* (*pl.* **-ries**) **1** Ⓤ **밀가루 반죽;** 파이 껍풀 **2** ⓊⒸ (밀가루 반죽으로 만든) **빵과자;** Ⓤ [집합적] (밀가루 반죽의) 빵과자류

past·ry·cook [péistrikùk] *n.* 《주로 영》 페이스트리 제조인[장수]

‡**pást ténse** 〖문법〗 **과거시제**

pas·tur·age [pǽstʃəridʒ | pɑ́ːs-] *n.* Ⓤ 목초(지); 목장; 목축; 《스코》 방목권

‡**pas·ture** [pǽstʃər | pɑ́ːs-] [L 「풀을 먹다」의 뜻에서] *n.* **1** ⓊⒸ (방)**목장,** 목초지; Ⓤ 목초 **2** 《속어》 야구장(의 외야)
put ... out to ~ 〈가축을〉 목초지에 내놓다; 〈노후품을〉 처분하다; 〈…을〉 은퇴시키다
— *vt.* 방목하다; 〈가축에게〉 목초를 먹이다 **—** *vi.* 풀을 먹다

pás·tur·er *n.* 목장주

past·y[1] [péisti] *a.* (**past·i·er**; **-i·est**) **1** 풀[반죽] 같은, 반죽한 것 같은 **2** 느즈러진, 기력 없는; 창백한

pas·ty[2] [pǽsti] *n.* (*pl.* **-ties**) ⦅영⦆ 고기 파이(meat-pie)

past·y-faced [péistiféist] *a.* 창백한 얼굴의

PÁ sỳstem [píːéi-] = PUBLIC-ADDRESS SYSTEM

‡**pat**[1] [pæt] [의성어] *v.* (**~·ted**; **~·ting**) *vt.* **1 톡톡 가볍게 치다**; 토닥거리다; 가볍게 두드려 …이 되게 하다 ⦅*into*⦆: ~ a person *on* the back (칭찬·찬성의 표시로) …의 등을 톡톡 치다, …을 칭찬[격려, 위로]하다 **2** (머리를 빗질하여) 매만지다; (귀여워하여) 가볍게 치다, 쓰다듬다: ~ a dog 개를 쓰다듬다

— *vi.* **1** 톡톡[가볍게] 치다 ⦅*upon*⦆ **2** 가벼운 발소리를 내며 걷다[뛰다]: ~ *away to* the gate 대문 쪽으로 사뿐사뿐 뛰어가다

~ one***self on the back*** 우쭐해지다, 자랑하다

— *n.* **1 톡톡[가볍게] 침[두드림]**; 쓰다듬음 **2** (넓적한 물건으로) 가볍게 치는 소리; 가벼운 발소리 **3** (버터 등의) 작은 덩어리

a ~ on the back 칭찬[격려](의 말)

pat[2] *a.* 딱 들어맞는, 안성맞춤인, 적절한, 시기[계제]에 맞는 ⦅*to*⦆; 지나치게 능숙한; 건방진

— *ad.* 꼭 맞게, 꽉; 잘, 술술, 거침없이: The story came ~ to the occasion. 이야기가 그 경우에 꼭 들어맞았다.

have something ***down ~*** ⦅구어⦆ …을 완전히 이해하다 ***stand ~*** (카드놀이 등에서) 처음 패로 버티고 나가다; ⦅구어⦆ 결심을 고수하다 ⦅*on*⦆

Pat [pæt] *n.* 남자 이름 ⦅Patrick의 애칭⦆; 여자 이름 ⦅Patricia, Martha, Matilda의 애칭⦆

pat. patent(ed); patrol; pattern

Pat·a·go·ni·a [pæ̀təgóunjə] *n.* 파타고니아 ⦅남아메리카 아르헨티나 남부의 고원⦆

Pat·a·go·ni·an [pæ̀təgóunjən] *a.* Patagonia 지방[사람]의

‡**patch** [pætʃ] [OF 「한 조각」의 뜻에서] *n.* **1 헝겊 조각** ⦅깁는 데 쓰는⦆, 천조각; 판자 조각 ⦅수리용⦆; 덧대는 쇳조각 ⦅수리용⦆ **2** 고약 한 장; 반창고; 안대 **3** 단편, 파편, 일부; 문장의 (다른) 일부; 소곡(小曲) **4** (경작한) 땅 한 뙈기, 한 배미; 거기서 난 농작물 **5** ⦅영·구어⦆ (경관 등의) 담당[순찰] 구역 **6** 〖군사〗 수장(袖章) **7 a** 얼룩, 점 **b** 애교점(beauty spot) **8** 〖컴퓨터〗 패치 ⦅프로그램의 장애의 임시 정정⦆

in ~es 부분적으로, 군데군데

— *vt.* **1 헝겊[천조각]을 대고 깁다** ⦅*up*⦆ **2** 수선하다; 일시적으로 수습하다, 미봉하다, 무마하다 ⦅*up*⦆ **3** 〖컴퓨터〗 〈프로그램에〉 임시 정정을 하다[패치를 넣다] **4** 점을 붙여 〈얼굴을〉 돋보이게 하다

patch·board [pǽtʃbɔ̀ːrd] *n.* 〖컴퓨터〗 패치보드, 배선[배전]반

pátch còrd 〖전기〗 (오디오 장치 등의) 접속 코드, 패치 코드

patch·ou·li [pǽtʃuli, pətʃúːli] *n.* 〖식물〗 파출리 ⦅인도산의 박하 무리⦆; 파출리로 만든 향료

pátch pócket 따로 덧붙인 호주머니

patch·work [pǽtʃwə̀ːrk] *n.* Ⓤⓒ 조각천을 기워 맞춘 세공, 쪽모이 세공(patching); 그러[주워] 모은 것, 잡동사니

patch·y [pǽtʃi] *a.* (**patch·i·er**; **-i·est**) **1** 부조화의, 고르지 못한 **2** 작은 땅을 모아 붙인 〈정원 등〉 **3** 누덕누덕 기운; 쪽모이의, 주워 모은

pátch·i·ly *ad.* **pátch·i·ness** *n.*

patd. patented

pate [peit] *n.* ⦅익살⦆ 머리; 골통: an empty ~ 바보 / a bald ~ 대머리

pâ·té [pɑːtéi | pǽtei] [F = paste] *n.* (*pl.* **~s** [-z]) **1** 파테 ⦅짓이긴 고기나 간을 요리한 것⦆ **2** 파이(pie); 작은 파이(patty) **3** 〖축성〗 말발굽 모양의 호제보(護堤堡)

pa·tel·la [pətélə] *n.* (*pl.* **-lae** [-liː], **~s**) 〖해부〗 슬개골(膝蓋骨), 종지뼈

pa·tel·lar [pətélər] *a.* 슬개(골)의

pat·en [pǽtn] *n.* 〖가톨릭〗 성반(聖盤), 파테나 ⦅성찬의 빵[면병]을 담는 접시⦆; (금속제의 엷은) 둥근 접시

‡**pat·ent** [pǽtnt | péit-] *n.* **1 a 특허(권)**, 특허증 ⦅*for*⦆; (전매) 특허품: apply [ask] for a ~ 특허를 출원하다 **b** ⦅미⦆ 공유지 양도[불하] 증서 **2** ⦅구어⦆ 독특한 것, 특권; 표시, 특징 **3** 에나멜 가죽 (= ~ leather); [*pl.*] 에나멜 가죽의 구두

— *a.* **1** Ⓐ (전매) **특허의**, 특허권을 가진: a ~ right 특허권 **2 명백한**(evident): a ~ mistake 명백한 잘못 **3** 개방되어 있는, 이용 가능한 **4** 〖동물〗 열린, 전개된; 〖식물〗 퍼지는 **5** Ⓐ ⦅속어⦆ 신기한, 기발한, 잘 고안된

— *vt.* …의 특허를 얻다; ⦅드물게⦆ 특허권을 주다

pat·en·tee [pæ̀tntíː | pèit-] *n.* 전매 특허권 소유자

pátent léather [원래 특허 제품인 데서] (검은) 에나멜 가죽 ⦅여자 구두·핸드백용⦆

pat·ent·ly [pǽtntli | péit-] *ad.* 분명히, 공공연하게(openly)

pátent médicine 특허 의약품; 매약(賣藥)

Pátent Òffice 특허국[청] ⦅略 Pat. Off.⦆

pa·ter [péitər] [L 「아버지」의 뜻에서] *n.* ⦅영·구어⦆ 아버지; [종종 **P~**] 주기도문

pa·ter·fa·mil·i·as [pèitərfəmíliəs, pæt- | pèit-] [L = father of the family] *n.* ⦅익살⦆ 가부(家父), 가장(家長)

***pa·ter·nal** [pətə́ːrnl] [L 「아버지의」의 뜻에서] *a.* **1 아버지의**; 아버지다운[같은] **2** 아버지편의, 부계(父系)의; 아버지로부터 이어받은: be related on the ~ side (아버지편의) 친척이다 **~·ly** *ad.*

pa·ter·nal·ism [pətə́ːrnəlìzm] *n.* Ⓤ (아버지 같은) 온정주의; 가부장적 태도; 간섭주의

pa·ter·nal·is·tic [pətə̀ːrnəlístik] *a.* 가장적인, 온정주의적인 **-ti·cal·ly** *ad.*

pa·ter·ni·ty [pətə́ːrnəti] *n.* Ⓤ **1** 아버지임, 부성(父性)(opp. *maternity*) **2** 부계(父系) **3** 저작자임; 기원(起源)

patérnity tèst 친자[친부] 확인 검사 ⦅유전자 감식에 의한⦆

pa·ter·nos·ter [pèitərnástər | pæ̀tə-nɔ́stə] [L =our father] *n.* [종종 **P~**] ((특히)) (라틴어의) 주기도문

‡path [pæθ | pɑːθ] *n.* (*pl.* **~s** [pæðz, pæθs | pɑːðz]) **1 작은 길,** 오솔길 **2** (공원·정원 등의) 보도(步道)(footpath) **3 통로** ((*of*)); 진로 **4** (인생의) 행로; 방침 **5** [컴퓨터] 경로 ((파일을 저장하거나 읽어 볼 때 컴퓨터가 거치는 일련의 경로))
beat a ~ (1) 길을 내다 (2) …에 달려 가다; 쇄도하다 ((*to*)) ***beaten ~*** 늘 다녀서 생긴 길, 익은 길; ((비유)) 보통 방법 ***cross*** a person***'s ~*** = ***cross the ~ of*** a person 우연히 만나다; 방해하다

‡pa·thet·ic [pəθétik] *a.* **1 감상적인,** 정서적인(emotional) **2 애처로운,** 연민의 정을 자아내는, 슬픈 **3** (딱할 정도로) 서투른, 형편없는, 가치 없는

pa·thet·i·cal [pəθétikəl] *a.* = PATHETIC
~·ly *ad.* 애절하게; 감상적으로

pathétic fállacy [the ~] [논리] 감상(感傷)의 허위 ((무생물도 감정을 가졌다는 생각 또는 표현법))

path·find·er [pǽθfàindər | pɑ́ːθ-] *n.* **1** 탐험자(explorer); 개척자, 선구자 **2** [군사] 조명탄 투하 비행기; 선도기(先導機) (조종사); [항공] 항공기[미사일] 유도용 레이더 **3** [**P~**] 패스파인더 ((미국의 무인 화성 탐사선; 1997년 화성 착륙))

path·less [pǽθlis | pɑ́ːθ-] *a.* 길 없는, 전인미답(前人未踏)의

path·o·gen [pǽθədʒin], **-gene** [-dʒìːn] *n.* 병원균(病原菌), 병원체

path·o·gen·e·sis [pæ̀θədʒénəsis] *n.* Ⓤ **1** 병인(病因), 발병 **2** 발병학, 병원론(病原論)

path·o·gen·ic [pæ̀θədʒénik] *a.* 발병시키는; 병원(病原)의

pa·thog·e·ny [pəθɑ́dʒəni | -θɔ́dʒ-] *n.* = PATHOGENESIS

path·o·log·i·cal [pæ̀θəlɑ́dʒikəl | -lɔ́dʒ-], **-ic** [-ik] *a.* 병리학(상)의; ((구어)) 병적인; 치료의 **-i·cal·ly** *ad.*

pa·thol·o·gy [pəθɑ́lədʒi | -θɔ́l-] *n.* Ⓤ **1** 병리(학) **2** 병의 경과·상태 **-gist** *n.*

***pa·thos** [péiθɑs | -θɔs] [Gk 「고민」의 뜻에서] *n.* Ⓤ **1** (예술 작품 등의) **애절감,** 비애감, 애수(의 정) **2** [예술] 정념(情念), 파토스

***path·way** [pǽθwèi | pɑ́ːθ-] *n.* (사람만이 다닐 수 있는) **좁은 길,** 오솔길

-pathy [ˊ-pəθi] ((연결형)) 「고통; 감정; …증(症); 요법(療法)」의 뜻

‡pa·tience [péiʃəns] *n.* Ⓤ **1 인내,** 참을성 **2** ((영)) 페이션스(((미)) solitaire) ((혼자서 하는 카드놀이))
have no ~ with [***toward***(***s***)] …을 참을 수 없다 ***Have ~!*** 참으시오; 진정하시오!

‡pa·tient [péiʃənt] [L 「고민하는」의 뜻에서] *a.* **1 인내심[참을성] 있는,** 끈기 있는, 느긋한 ((*with*)); 견딜 수 있는 ((*of*)): Be ~ *with* children. 아이들에게는 성미 급하게 굴지 마시오. / He is ~ *of* insults. 그는 모욕을 꾹 참을 수가 있다. **2** 골똘한, 근면한 **3** 허용하는, 여지가 있는 ((*of*))
— *n.* **환자,** 병자
~·ly *ad.* 끈기 있게, 참을성 있게

pat·i·na [pǽtənə] *n.* Ⓤ **1** 녹청(綠靑) **2** (골동품 등의) 고색창연한 빛

pa·ti·o [pǽtiòu, pɑ́ː-] [Sp.] *n.* (*pl.* **~s**) **1** (스페인식 집의) 안뜰(inner court); 문밖 테라스

pa·tis·se·rie [pətísəri] [F =pastry] *n.* **1** 프랑스 페이스트리 **2** 그 과자를 파는 가게

pat·ois [pǽtwɑː] [F 「시골티 나는 말투」의 뜻에서] *n.* (*pl.* ~ [-z]) **1** 사투리, 방언 **2** (특정 집단의) 은어

pa·tri·arch [péitriɑ̀ːrk] [Gk 「아버지와 지도자」의 뜻에서] *n.* **1** 가장(家長), 족장 **2** 장로, 원로 **3** 교파[학파]의 창시자, 개조(開祖) **4** bishop의 존칭 ((초기 그리스도교 교회에서)) **5** [가톨릭] 로마 교황, 총대주교

pa·tri·ar·chal [pèitriɑ́ːrkəl] *a.* **1** 가장의, 족장의 **2** 원로의; 대주교의 **3** 존경할 만한

patriárchal cróss ‡형 십자가 ((총대주교가 사용))

pa·tri·ar·chy [péitriɑ̀ːrki] *n.* Ⓤ **1** 가장[족장] 정치[제도]; 부주제(父主制) **2** 부권(父權) 사회

Pa·tri·cia [pətríʃə] *n.* 여자 이름 ((애칭 Pat, Patty))

***pa·tri·cian** [pətríʃən] *n.* (고대 로마의) **귀족** — *a.* 귀족의; 고귀한, 양반의; 귀족다운

pat·ri·cide [pǽtrəsàid, péit-] *n.* **1** Ⓤ 아버지 살해(죄) **2** 아버지 살해범
pàt·ri·cíd·al *a.*

Pat·rick [pǽtrik] *n.* **1** 남자 이름 ((애칭 Pat)) **2** 성패트릭 **Saint ~** (389?-461) ((아일랜드의 수호 성인))

pat·ri·lin·e·al [pæ̀trəlíniəl] *a.* 부계의
~·ly *ad.*

pat·ri·mo·ni·al [pæ̀trəmóuniəl] *a.* 조상 전래의, 세습의 **~·ly** *ad.*

pat·ri·mo·ny [pǽtrəmòuni | -məni] [L 「아버지의 부동산」의 뜻에서] *n.* (*pl.* **-nies**) ⓊⒸ **1** 세습 재산 **2** 집안 내림, 유전, 전승(傳承) **3** 교회 기본 재산

‡pa·tri·ot [péitriət | pǽt-] [Gk 「아버지의 나라 사람」의 뜻에서] *n.* **1 애국자,** 지사, 우국지사 **2** [**P~**] [군사] 패트리어트 미사일

***pa·tri·ot·ic** [pèitriɑ́tik | pæ̀triɔ́t-] *a.* **애국의,** 애국심이 강한, 애국적인
-i·cal·ly *ad*

***pa·tri·ot·ism** [péitriətìzm | pǽt-] *n.* Ⓤ **애국심**

pa·tris·tic, -ti·cal [pətrístik(əl)] *a.* **1** 초기 그리스도교 교부(敎父)의 **2** 교부의 저서 (연구)의; 교부학의

***pa·trol** [pətróul] [OF 「진창길을 저벅저벅 걷다」의 뜻에서] *n.* **1 순찰병,** 척후, 경비병; **순경;** [집합적] 경비대, 순찰대 **2** Ⓤ **순찰,** 순시, 감시, 정찰, 패트롤: a ~ line 경계[전초]선 **3** 반(班) ((boy[girl] scouts의))
on ~ 순찰[초계] 근무 중
— *v.* (**~led**; **~·ling**) *vt.* **1** 〈지역을〉 **순찰[순시, 순회]하다** **2** 〈거리 등을〉 행진하다

— *vi.* 순찰[순시]하다
~·ler *n.* 순찰자
patról càr 순찰차(squad car)
pa·trol·man [pətróulmən | -mæ̀n] *n.* (*pl.* **-men**[-mən]) **1** 순찰자; 《미》 패트롤[순찰] 순경(《영》 constable) **2** 《영》 자동차 순시원
patról wàgon 《미》 죄수 호송차
‡**pa·tron** [péitrən] [L 「보호자」의 뜻에서] *n.* **1 보호자, 후원자,** 패트런, 장려자, 은인 **2 단골 손님 3** 〖고대 로마〗 평민 보호자로서의 귀족; 해방된 노예 보호자로서의 옛 주인; 변호인
*__pat·ron·age__ [péitrənidʒ | pǽt-] *n.* Ⓤ **1** 보호, 후원, 장려, 격려 **2** 단골(로 거래해 줌), 애고(愛顧) **3** 임명권 **4** 《영》 목사 추천권, 성직 수여권 **5** 은혜 삼아 베푸는 원조, 은인인 체함
under the ~ of …의 (특별) 보호[후원] 아래
pa·tron·ess [péitrənis] *n.* PATRON의 여성형
*__pa·tron·ize__ [péitrənàiz | pǽt-] *vt.* **1 보호[수호]하다,** 후원하다(support), 장려하다 **2 단골로 다니다,** 단골이 되다 **3** 은혜를 베풀다
pa·tron·iz·ing [péitrənàiziŋ | pǽt-] *a.* **1** 애고(愛顧)하는 **2** 드러내어 선심을 쓰는, 은인인 체하는 **3** 오만한 **~·ly** *ad.*
pátron sáint 〖종교〗 수호성인, 수호신
pat·ro·nym·ic [pæ̀trənímik] *a.* 아버지[조상]의 이름을 딴
— *n.* 아버지[조상]의 이름을 딴 이름 《Johnson(=son of John) 등》
pat·sy [pǽtsi] *n.* (*pl.* **-sies**) 《미·속어》 **1** 조롱거리가 되는 사람 **2** 속이기 쉬운 사람
pat·ten [pǽtn] *n.* **1** (진창에서 신는) 나무 덧신, 나막신 **2** 〖건축〗 주각(柱脚), 굽도리
*__pat·ter__¹ [pǽtər] [pat¹의 반복형] *vi.* **후두둑 떨어지다,** 또닥또닥 소리를 내다; 후닥닥 달리다: The rain *~ed against* the window. 빗방울이 창문을 후두둑 때렸다. / He *~ed across* the hall. 그는 후닥닥 홀을 가로질렀다.
— *n.* 후닥닥[또닥]거리는 소리
patter² *n.* UC **1** 재잘거림, 빠른 말로 지껄임 **2** 은어(隱語), 변말 《어떤 특수 사회의》; 결말, 암호말
— *vi.* 재잘거리다(chatter), 빠른 말로 지껄이다 — *vt.* 〈주문 등을〉 빠른 말로 외다
‡**pat·tern** [pǽtərn] *n.* **1** (직물 등의) **무늬 2 형, 양식,** 패턴 **3** [보통 *sing.*] **모범,** 귀감 (*of*): She is *a* [*the*] ~ *of* virtue. 그녀는 부덕(婦德)의 귀감이다. **4 견본 5** 원형, 모형(model), 주형(鑄形), 목형(木型); 〖양재〗 종이본 **6** 《미》 한 벌 분의 옷감 **7** 과녁 위의 탄환 자국 — *vt.* **1** 본떠서 만들다 (*on, upon, after*): ~ a dress *after*[*upon*] a design 어떤 디자인에 따라서 옷을 마르다 **2** 무늬를 넣다 (*with*)
— *vi.* 모방하다 (*after, on*)
~ one***self after*** …을 모방하다; …을 본받다 **~ *out*** 가지런히 정돈하다
páttern bòmbing (일정 구역의) 융단 폭격
pat·tern·mak·er [pǽtərnmèikər] *n.* 주형(鑄型)[모형] 도안가[제작자], 목형공(木型工)
páttern pràctice (영어의) 문형 연습
pátter sòng 희가극 등에서 단조로운 가사와 리듬으로 빨리 불러 제치는 익살 노래
*__pat·ty__ [pǽti] *n.* (*pl.* **-ties**) **1 작은 파이** (small pie) **2** UC 패티 《다진 고기 등을 동글납작하게 만든 요리》; 동글납작한 캔디
Pat·ty, Pat·tie [pǽti] *n.* 여자 이름 《Martha, Matilda, Patricia, Patience의 애칭》
pau·ci·ty [pɔ́:səti] *n.* UC 소수, 소량; 부족
*__Paul__ [pɔ:l] *n.* **1** 남자 이름 **2 Saint ~** 〖성서〗 (사도) 바울(?-67?) 《그리스도의 제자》
Pául Bún·yan [-bʌ́njən] *n.* 폴 버니언 《미국 민화(民話)의 영웅》
Pau·line [pɔ́:lain, -li:n] *a.* **1** 사도 Paul의 **2** (London의) St. Paul's School의
the ~ Epistles 〖성서〗 바울 서간
paunch [pɔ:ntʃ] *n.* **1** 배; 위(胃); 〖동물〗 (반추(反芻)동물의) 첫째 위 **2** 《익살》 올챙이배 **3** 〖항해〗 (마찰 방지용) 튼튼한 거적
paunch·y [pɔ́:ntʃi] *a.* (**paunch·i·er**; **-i·est**) 배가 똥똥하게 나온
pau·per [pɔ́:pər] *n.* 〖역사〗 (빈민 구제법의 적용을 받는) 극빈자; 빈민, 거지
pau·per·ize [pɔ́:pəràiz] *vt.* **1** 가난하게 만들다 **2** (구빈법 적용으로) 피구호민으로 만들다
‡**pause** [pɔ:z] *vi.* **1 중단하다,** 도중에서 끊기다 **2 잠시 멈추다,** 숨을 돌리다: ~ (for) a moment *at* the gate 대문에서 잠시 멈추다 **3** 잠시 생각하다, 천천히 논하다 (*on, upon*) **4** 머뭇거리다 (*on, upon*) **5** 〖음악〗 음을 길게 끌다
~ *upon* …에서 잠시 멈추다, 잠시 생각에 잠기다; 소리를 길게 끌다
— *n.* **1 잠깐 멈춤, 중지,** 중단, 단절; 참, 중간 휴식 **2** (이야기의) 중단, 숨 돌림, 주저 **3** 단락, 구두(句讀), 구절 끊기 **4** 〖시학〗 휴지; 〖음악〗 연장 (기호)
give [***put***] **~ *to*** …을 잠깐 중지시키다, …을 주저하게 하다 ***in*** [***at***] **~** 중지[휴지]하여; 주저하여 ***make a ~*** 휴지[중단]하다; 잠깐 쉬다 ***without ~*** 끊임없는, 쉬지 않고, 주저없는[없이]
‡**pave** [peiv] [L 「내리치다」의 뜻에서] *vt.* 〈길을〉 **포장하다** (*with*): ~ a road *with* asphalt 아스팔트로 도로를 포장하다 — *n.* 포장길
‡**pave·ment** [péivmənt] *n.* **1 포장 도로,** 포장한 바닥 **2** Ⓤ 포장 재료, 포석(鋪石) **3** 《미》 차도(《영》 roadway); 《영》 (특히 포장한) 보도, 인도(《미》 sidewalk)
‡**pa·vil·ion** [pəvíljən] [L 「천막」의 뜻에서] *n.* **1** (박람회의) 전시관 **2** (운동회 등에 쓰는) **대형 천막 3** (정원·공원의) 휴게소 **4** 《영》 (야외 경기장 등의) 부속 건물 《관람석·선수석 등으로 사용》 **5** (병원 등의) 별관; 별채 병동

pav·ing [péiviŋ] *n.* **1** Ⓤ 포상(鋪床), 포장 **2** Ⓤ 포장 재료 **3** [보통 *pl.*] 포석(鋪石)
páving stòne 포장용 돌
Pav·lov [pǽvlɑv | -lɔv] *n.* 파블로프 **Ivan Petrovich ~** (1849-1936) 《러시아의 생리학자; 조건 반사의 실험자》
Pav·lov·i·an [pævlóuːviən] *a.* 파블로프(학설)의, 조건 반사(설)의
‡**paw¹** [pɔː] *n.* **1** (갈고리 발톱 있는) 발 《개·고양이 등의》 **2** 《익살》 사람의 손
— *vt.* **1** 앞발로 긁다[치다, 두드리다] **2** 《구어》 거칠게[서투르게] 다루다 《*over*》
— *vi.* 〈말이〉 앞발로 땅을 차다
paw² *n.* 《미·구어》 아버지(papa)
pawk·y [pɔ́ːki] *a.* (**-ki·er**; **-ki·est**) **1** 《스코·영·방언》 빈틈없는, 교활한 **2** (시치미떼고) 익살스러운 말을 하는 **3** 《미·속어》 건방진 **páw·ki·ly** *ad.*
pawl [pɔːl] *n.* 〖기계〗 (톱니바퀴의 역회전) 멈춤쇠
*****pawn¹** [pɔːn] *n.* **1** Ⓤ (동산(動産)의) **전당**(典當); Ⓒ 저당물, 담보물 **2** 볼모, 인질 **3** 맹세, 약속 ***give*** [***put***] something ***in*** ~ …을 전당잡히다
— *vt.* **1** 전당잡히다 **2** 목숨[명예]을 걸고 맹세하다
pawn² *n.* **1** 〖체스〗 졸(卒) **2** 앞잡이
pawn·bro·ker [pɔ́ːnbròukər] *n.* 전당포 업자
Paw·nee [pɔːníː] *n.* (*pl.* **~**, **~s**) **1** 포니 족(族) 《19세기 후반까지 미국의 Nebraska 주 Platte 강 연안에 살던 북미 원주민; 지금은 Oklahoma 주 거주》 **2** Ⓤ 포니어(語)
pawn·shop [pɔ́ːnʃɑ̀p | -ʃɔ̀p] *n.* 전당포
páwn tìcket 전당표
paw·paw [pɔ́ːpɔː] *n.* 〖식물〗 **1** = PAPAW **2** 《영·중미》 = PAPAYA
pax [pæks, pɑːks] [L = peace] *n.* **1** 〖가톨릭〗 성상패(聖像牌) 《성직자나 신자가 입맞추는》 **2** 입맞추는 예(禮), 친목의 입맞춤 **3** Ⓤ 《영·학생속어》 우정: make [be] ~ *with* …와 친해지다[친하다] **4** [**P~**] Ⓤ (강국 등의 지배에 의한 국제적) 평화 — *int.* 《영·학생속어》 싸우지 마라!, 화해해라!
Páx Americána [L] *n.* 미국의 지배에 의한 평화
‡**pay** [pei] *v.* (**paid** [peid]) — *vt.* **1** 〈임금·대금 등을〉 **치르다, 지불하다,** 〈보수를〉 **지급하다**: ~ a driver 운전사에게 요금을 치르다 **2** 〈빚·부채 등을〉 갚다: ~ one's debts 빚을 갚다 **3** …에게 보상이 되다, …**에게 이익을 주다**: It will ~ you to read this book. 이 책을 읽는 것이 당신한테 도움이 될 것이다. // The deal *paid* him 10,000 dollars. 그 거래로 그는 1만 달러의 이익을 봤다. **4** 〈방문 등을〉 하다, 〈주의·존경·경의를〉 **표하다**: ~ a vistit *to* …을 찾아보다, …에 가보다 // ~ a person respect …에게 경의를 표하다 **5** 대갚음하다; 〈벌·타격 등을〉 응당한 것으로 갚다, 응보(應報)로서 주다 《*off, out*》; 응징(膺懲)하다: He *paid* her *for* her insults by causing her trouble. 그는 그녀를 골탕먹여서 모욕당한 데 대한 앙갚음을 했다. **6** 〖해군〗 〈보복·벌을〉 받다: A wrongdoer must ~ the penalty. 나쁜 짓을 한 사람은 벌을 받아야 한다. **7** (**~ed**) 〈밧줄을〉 늦춰서 풀어내다 《*away, out*》
— *vi.* **1 지불을 하다,** 대금을 치르다; 빚 등을 갚다 《*for*》; 청산[변상]하다: ~ in full 전액을 지불하다 // The car was *paid for* in installments. 자동차는 분할불로 지불되었다. **2** 〈일 등이〉 **수지가 맞다,** 돈벌이가 되다; 수고한 보람이 있다: It ~*s* to advertise. 광고를 하면 손해가 되지 않는다. **3 벌을 받다,** 보복을 받다, 고통을 받다 《*for*》: You shall ~ dear *for* this. 이것으로 톡톡이 벌을 받게 될 것이다.
~ a call (***on***) 방문하다 ***~ as you go*** (외상을 하지 않고) 현금을 지불하다; 빚을 안 지다; 지출을 현금 수입 한도로 제한하다; 세금을 원천 지불(源泉支拂)하다 ***~ away*** 〈돈을〉 쓰다; 〖항해〗 〈밧줄 등을〉 풀어내다 ***~ back*** 〈돈을〉 돌려주다, 갚다; 대갚음하다 ***~ in*** 은행에 돈을 불입(拂入)하다 ***~ off*** 전액을 지불하다; 급료를 주고 해고하다; 보복하다; 〈밧줄을〉 풀어내다; 〈배가〉 바람 불어가는 쪽으로 향하다; 이익[손해]을 가져오다; 성과를 거두다 ***~ out*** 〈부채를〉 갚다; 화풀이하다; 단단히 혼내주다; 〖항해〗 〈밧줄 등을〉 풀어내다 ***~ over*** …에 납부하다 ***~ up*** 완전히 청산하다, 전액을 불입하다 ***Who breaks ~s.*** 나쁜 일을 하면 벌을 받는다.
— *n.* Ⓤ **1 지불 2 급료,** 봉급, 임금, 삯, 보수, 수당: a ~ list = PAYROLL **3** 갚음, 보상; 벌 **4** Ⓒ 《드물게》 지불 능력이 있는 사람 **5** 고용; 피고용인
good ~ 많은 보수, 고봉(高俸) ***in the ~ of*** …에게 고용되어, …의 부하가 되어
— *a.* Ⓐ 동전을 넣어 사용하는; 유료의: a ~ toilet 유료 화장실
*****pay·a·ble** [péiəbl] *a.* **1 지불해야 할** (due); 〖법〗 지불 만기의 **2** 지불할 수 있는 **3** 수지가 맞는, 돈벌이가 될 만한
pay-as-you-earn [péiəzjuəːrn] *n.* Ⓤ 《영》 원천 과세[징수] (방식) 《略 PAYE》
páy-as-you-gó plán 현금 지불주의; 원천 징수 방식
pay·back [-bæ̀k] *n.*, *a.* **1** 환불(의), 대충(對充)(의) **2** 원금 회수(의); 자본 회수(의): a ~ period (투자액의) 회수 기간 **3** 보복(의)
pay·bed [-bèd] *n.* 《영》 (병원의) 유료(有料) 침대
pay·check [-tʃèk] *n.* 급료 (지불 수표)
páy clàim 임금 인상 요구
pay·day [-dèi] *n.* ⓊⒸ **1** 봉급날, 지불일 **2** 《영》 (증권 시장의) 청산일(settling day)
páy dìrt **1** 《미》 수지맞는 사금(砂金) 채취지 **2** 《구어》 굉장한 발견물, 횡재
PAYE pay-as-you-earn; pay-as-you-enter
pay·ee [peiíː] *n.* 지불받는 사람, 수취인
páy ènvelope 《미》 **1** 봉급 봉투 **2** 봉급
pay·er [péiər] *n.* 지불인, (수표·증서 등의) 발행인

P

páying guèst (완곡) = BOARDER (略 PG)

pay·load [péilòud] *n.* **1** 〚항공〛 유료[수익] 하중(荷重) **2** 〚우주·군사〛 유효 탑재량; (로켓의) 하중 **3** 유도탄 탄두[탑재 폭탄]의 폭발력 **4** (기업의) 급료 지불용 경비 부담(금)

pay·mas·ter [-mæ̀stər | -mɑ̀:s-] *n.* 경리부장[과장]; 〚군사〛 경리관 (略 PM, Paym.): a ~ general (영) 재무성 회계 장관; (미) 육·해군 경리감 (略 PMG)

‡**pay·ment** [péimənt] *n.* U.C **1** 지불; 납입, 불입; 상환; 변상(compensation): make ~ 지불하다, 불입하다 **2** C 지불[불입] 금액 **3** 보수, 보상; U 보복, 징벌 (*for*)
~ by installments 분할 지불 ***~ in*** [***at***] ***full*** 전액 지불

pay·off [péiɔ̀:f | -ɔ̀f] *n.* **1** 급료 지불(일) **2** 청산 **3** (구어) 낙착, (뜻밖의) 결말; (사건 등의) 클라이막스, 고비; 결정적인 사실[요소] **4** (미·구어) 현금; 뇌물: political ~*s* 정치 헌금 **5** 수익; 보수

pay·o·la [peióulə] *n.* (구어) 뇌물, 리베이트

pay·out [péiàut] *n.* 지불(금), 지출(금)

páy pàcket (영) = PAY ENVELOPE

páy phòne = PAY TELEPHONE

pay·roll [-ròul] *n.* 임금 대장, 급료 지불 명부 ***on*** [***off***] ***the ~*** 고용되어[해고되어]

pay·slip [péislìp] *n.* 급료 명세서

páy stàtion (미) = PAY TELEPHONE

payt., pay't payment

páy télephone (미) (동전·카드 주입식의) 공중 전화(박스)

Pb 〚화학〛 *plumbum* (L = lead)

PB permanent base; *Pharmacopoeia Britannica* 영국 약전(藥典) (L = British Pharmacopoeia); Prayer Book

PBX private branch exchange (전화의) 사설 구내 교환대

PC personal computer; Peace Corps; (영) Police Constable

pc. piece; price(s)

p.c. percent; post(al) card

P/C, p/c percent; petty cash

PCB polychlorinated biphenyl; 〚컴퓨터〛 printed circuit board

PĆ càrd 〚컴퓨터〛 PC카드

PCM protein-calorie malnutrition; 〚전기〛 pulse code modulation

pct. percent

Pd 〚화학〛 palladium

pd. paid; passed

P.D. Police Department

PDA personal digital[data] assistant 개인 휴대 정보 단말기

PDF 〚컴퓨터〛 portable document fromat

PDP plasma display panel 〚전자〛 플라즈마 표시 패널 (벽걸이 TV용 영상 장치)

PDQ, pdq pretty damned quick (속어) 즉각(at once)

PE (구어) physical education

‡**pea** [pi:] [pease를 복수로 오해하여 생긴 역성어] *n.* (*pl.* **~s,** (고어) **pease** [pi:z]) **1** 〚식물〛 완두(콩) **2** 완두 비슷한 콩과의 식물
(***as***) ***like as two ~s*** 꼭 같이 생긴[닮은]

‡**peace** [pi:s] [동음어 piece] *n.* U **1** 평화, 평온, 태평 **2** [종종 **P~**] 강화, 화평; 강화[평화] 조약(= ∠ **trèaty**): *P~* was signed between the two countries. 두 나라 사이에 강화 조약이 조인되었다. **3** [the ~] 치안, 질서 **4** 평온, 무사; 안심, 평안: ~ of mind 마음의 평화/Do let me have a little ~. 잠깐 동안만 방해하지 말아다오. **5** 고요, 침묵: ~ and quiet (소란 후의) 정적
at ~ 평화롭게; 사이좋게 ***hold*** [***keep***] one***'s ~*** 침묵을 지키다, 항의하지 않다 ***in ~*** 편안히, 안심하여 ***keep*** [***break***] ***the ~*** 치안을 유지하다[문란케 하다] ***leave*** a person ***in ~*** …을 방해하지 않다 ***make ~*** 화해[화친]하다, 강화하다 (*with*) ***make*** one***'s ~ with*** …와 화해하다 ***P~ be with you!*** 편안하시기를 빕니다.

***peace·a·ble** [pí:səbl] *a.* **1** 태평[무사]한, 평온한 **2** 평화를 애호하는; 얌전한
-bly *ad.*

Péace Còrps [the ~] (미) 평화 봉사단 (개발 도상국을 원조하는 등 미국 정부 지원의 기술자 등; 1961년 창설)

‡**peace·ful** [pí:sfəl] *a.* **1** 평화스러운, 태평한 **2** 평온한, 온화한, 평안한 **3** 〈국민 등이〉 평화를 애호하는 **4** 평화를 위한, 평화적인, 평시용의 **~·ly** *ad.* **~·ness** *n.*

peace·keep·ing [-kì:piŋ] *n.* 평화의 유지 **—** *a.* 평화를 유지하는: a ~ force 평화 유지군

peace-lov·ing [-lʌ̀viŋ] *a.* 평화를 애호하는

peace·mak·er [-mèikər] *n.* **1** 조정자, 중재인 **2** 강화 조약의 조인자

peace·mak·ing [-mèikiŋ] *n.* U 조정, 중재, 화해 **—** *a.* 조정하는, 중재하는, 화해[화평]를 가져오는

peace·nik [pí:snik] *n.* (미·속어) 평화주의자, 반전(反戰)주의자

péace òffering **1** 〚유대교〛 (신에 대한) 속죄[사은]의 희생 제물 **2** 화해의 선물

péace òfficer 보안관, 경찰관

péace pìpe 평화의 담뱃대 (아메리칸 인디언이 화친의 표시로 돌려 피우는)

peace·time [pí:stàim] *n.* U 평시 (opp. *wartime*) **—** *a.* A 평시의: ~ industries 평화 산업

‡**peach**[1] [pi:tʃ] [L 「페르시아의 (사과)」의 뜻에서] *n.* **1** 〚식물〛 복숭아, 복숭아나무 (= ∠ **trèe**) **2** U 복숭아빛 (노란빛 도는 연분홍빛) **3** (속어) 훌륭한[멋진] 사람[것], 어여쁜 소녀: a ~ of a cook 훌륭한 (요리사)

peach[2] *vi.* (속어) 밀고하다 (*against, on*)

péach Mél·ba [-mélbə] 피치 멜바 (바닐라 아이스크림에 복숭아 시럽을 끼얹은 디저트)

peach·y [pí:tʃi] *a.* (**peach·i·er**; **-i·est**) **1** 복숭아 같은, 복숭아빛의 **2** (속어) 출중한, 훌륭한

‡pea·cock [píːkɑ̀k | -kɔ̀k] *n.* (*pl.* **~s,** ~) **1** 〖조류〗 **공작** **2** [the P~] 〖천문〗 공작자리 《성좌》 **3** 걸치레꾼
(as) proud as a ~ 몹시 뽐내는, 우쭐하여
péacock blúe 광택 있는 청색
pea·fowl [píːfàul] *n.* (*pl.* **~s,** [집합적] ~) 공작 《암컷·수컷 함께 말함》
péa gréen 황록색
pea·hen [-hèn] *n.* 〖조류〗 공작의 암컷
péa jàcket 두꺼운 모직의 더블 상의 《선원 등이 입는》
‡peak[1] [piːk] 〔동음어 peek, pique〕 〔pike[1]의 변형〕 *n.* **1** (지붕·탑 등의) **뾰족한 끝,** 첨단 **2** (뾰족한) **산꼭대기,** 봉우리 **3 절정,** 최고점: the ~ of traffic 최대 교통량 **4** (군모 등의) 챙 **5** 〖전기·기계〗 피크 **—***vi.* 뾰족해지다, 우뚝 솟다; 〈고래가〉 꼬리를 올리다
peak[2] *vi.* 야위다
~ and pine 수척해지다
peaked[1] [piːkt] 〔peak[1]에서〕 *a.* **1** 뾰족한, 뾰족한 끝이 있는 **2**〈모자가〉 챙이 있는
peak·ed[2] [píːkid | piːkt] *a.* 〔peak[2]에서〕 《속어》 수척한, 야윈
péak tíme 피크 타임 《어떤 서비스에 대한 수요가 최고조에 달한 시간》; 《영》 (TV의) 골든아워
peak·y [píːki] *a.* (**peak·i·er**; **-i·est**) 《속어》 수척한, 병들어 야윈; 《미·속어》 썩어가는
***peal** [piːl] 〔동음어 peel〕 〔ME 'appeal'의 두음 소실(頭音消失)〕 *n.* **1** (종·천둥·대포 등의) **울림**; 왁자하게 터지는 소리: a ~ of thunder 뇌성, 천둥 **2** 종의 주명악(奏鳴樂) **—** *vt.* 우렁차게 울리다 《*out*》; 〈명성 등을〉 떨치다, 〈소문 등을〉 퍼뜨리다 **—** *vi.* 〈소리가〉 울리다 《*out*》
***pea·nut** [píːnʌ̀t] *n.* **1** 〖식물〗 **땅콩,** 낙화생 **2** 《미·속어》 하찮은 인간 **3** [*pl.*] 아주 적은 액수
péanut bùtter 땅콩 버터
péanut gàllery 《미·속어》 (극장의) 가장 싼 좌석 《최상층 맨 뒤의》
péanut òil 땅콩 기름, 낙화생유
‡pear [pɛər] 〔동음어 pair, pare〕 *n.* **1** 〖식물〗 (서양) **배**; 배나무 **2** 배처럼 생긴 물건
‡pearl [pəːrl] *n.* **1 진주**; [*pl.*] 진주 목걸이 **2** 진주처럼 생긴 것 《이슬·눈물 등》; (쇠·석탄 등의) 작은 알 **3** 귀중한 물건, 일품(逸品); 정화(精華), 전형(典型) **4** 진주색(= **~ blúe**) **5** Ⓤ 진주층, 진주모(母), 자개 **6** Ⓤ 〖인쇄〗 펄 활자 《5포인트》 **7** 〖병리〗 백내장(白內障)
artificial [***false, imitation***] ***~*** 모조 진주 ***cultured ~*** 양식 진주 ***throw*** [***cast***] ***~s before swine*** 〖성서〗 돼지한테 진주를 던져주다
— *a.* **1** Ⓐ 진주의[로 만든] **2** 진주를 박은; 진주 모양[빛]의 **3** 작은 알갱이의
péarl bàrley 정맥(精麥) 《수프용》
péarl físhery **1** 진주 조개 채취장 **2** = PEARL FISHING
péarl físhing 진주 채취업
péarl gráy 진주빛
Péarl Hárbor 진주만 《Hawaii 주 Oahu 섬 남안의 군항》
péarl òyster[**shèll**] 〖패류〗 진주조개
pearl·y [pə́ːrli] *a.* (**pearl·i·er**; **-i·est**) **1** 진주의[같은], 진주색의; 작은 알갱이의 **2** 진주로 장식한; 진주가 생기는, 진주가 풍부한 **péarl·i·ness** *n.*
Péarly Gátes **1** [the ~] 《구어》 진주로 된 천국의 문 **2** [**p~ g~**] 《영·속어》 이(齒)
péarly náutilus 〖패류〗 앵무조개
pear·main [pɛ́ərmein | pə́ː-] *n.* 〖식물〗 페어메인 《사과의 한 품종》
pear-shaped [pɛ́ərʃèipt] *a.* **1** 서양배 모양의 **2** 〈성량이〉 풍부한, 부드러운, 낭랑한
‡peas·ant [péznt] 〔L 「시골의」의 뜻에서〕 *n.* **1** (소규모의 농사를 짓는) **농부,** 영세 농민; 소작인, 소작농 **2** 시골뜨기
peas·ant·ry [pézntri] *n.* Ⓤ **1** [집합적] 영세 농민, 소작인 (계급), 소농 계급 **2** 소작인의 지위[신분] **3** 투박함; 시골티
pease [piːz] *n.* (*pl.* ~) 《고어》 [집합적] 완두콩
péase púdding 콩가루 푸딩
pea·shoot·er [píːʃùːtər] *n.* **1** 콩알총 《장난감》 **2** 《속어》 소구경 권총
péa sòup **1** (특히 말린) 완두의 수프 **2** 《영·구어》 = PEA-SOUPER 1
pea-soup·er [-sùːpər] *n.* **1** 《영·구어》 (특히 London의) 황색의 짙은 안개 **2** 《캐나다·속어》 프랑스계 캐나다 사람
-soup·y [-sùːpi] *a.* 《영·구어》 〈안개가〉 노랗고 짙은
peat [piːt] *n.* Ⓤ 토탄(土炭), 이탄(泥炭); Ⓒ 토탄 덩어리 《연료용》
péat bòg[**bèd**] 토탄 늪, 토탄지(土炭地)
peat·y [píːti] *a.* (**peat·i·er**; **-i·est**) 토탄[이탄]질의; 토탄[이탄]이 많은
pea·vey, pea·vy [píːvi] *n.* (*pl.* **~s**; **-vies**) 《미》 갈고리 장대 《통나무를 움직이는 데 씀》
‡peb·ble [pébl] *n.* **1** (물흐름의 작용으로 둥글게 된) **조약돌,** 자갈; [집합적] 자갈류(類) **2** 마노(瑪瑙)(agate) **3** 수정(水晶), 수정으로 만든 렌즈 **4** 얼룩덜룩한 빛깔의 도기(陶器) **5** Ⓤ 돌결 무늬가 있는 가죽
pébble dàsh (외벽의) 잔돌붙임 마무리
peb·bly [pébli] *a.* (**-bli·er**; **-bli·est**) 자갈이 많은[투성이인]
p.e.c., PEC photoelectric cell
pe·can [pikɑ́ːn, -kǽn | -kǽn] *n.* 〖식물〗 피칸 《미국 중·남부 지방의 호두나무의 일종》
pec·ca·ble [pékəbl] *a.* 죄를 짓기 쉬운, 과오를 범하기 쉬운
pec·ca·dil·lo [pèkədílou] 〔Sp. 「죄(sin)」의 뜻에서〕 *n.* (*pl.* **~**(**e**)**s**) 가벼운 죄; 작은 과오
pec·ca·ry [pékəri] *n.* (*pl.* **-ries,** [집합적] ~) 〖동물〗 페커리 《멧돼지의 일종; 미국산》
peck[1] [pek] *n.* **1** 펙 《=8 quarts; 《영》 약 9리터; 《미》 약 8.8리터》 **2** 《구어》 많음 《*of*》
‡peck[2] [pek] *vt.* **1** (부리로) **쪼다**; 쪼아먹다 **2** 《구어》 형식적으로[마지못해, 급히]

키스하다 **3** ⦅구어⦆ (조금씩) 먹다 **4** (타이프라이터 등으로) 〈편지·작품 등을〉 치다
— *vi.* **1** 쪼다, 쪼아먹다 ⦅*at*⦆: A hen is *~ing at* the grain. 암탉이 곡식을 쪼아 먹고 있다. **2** ⦅구어⦆ 조금씩 먹다 ⦅*at*⦆ **3** 귀찮게 잔소리하다, 들볶다 ⦅*at*⦆
— *n.* **1** (부리 등으로) 쪼기 **2** 쪼아서 생긴 구멍 **3** ⦅구어⦆ 가벼운 키스 **4** ⦅속어⦆ 음식

peck·er [pékər] *n.* **1** 부리로 쪼는 새; 곡괭이 **2** ⦅속어⦆ 부리, 코; ⦅영·속어⦆ 원기, 기운: Keep your ~ up. 힘을 내라. **3** ⦅미·속어⦆ = PENIS

peck·er·wood [pékərwùd] *n.* ⦅미남부⦆ 〖조류〗 딱따구리

péck·ing òrder [pékiŋ-] [the ~] **1** 〈닭 등이〉 모이를 쪼아먹는 순서 **2** 사회의 서열, 계층 (조직)

peck·ish [pékiʃ] *a.* **1** ⦅영·구어⦆ 배고픈 (hungry) **2** ⦅미·구어⦆ 성 잘 내는, 성마른

péck òrder [the ~] = PECKING ORDER

pec·tin [péktin] *n.* Ⓤ 〖생화학〗 펙틴

pec·to·ral [péktərəl] *a.* Ⓐ **1** 가슴의; 흉근(胸筋)의 **2** 폐병의[에 듣는] **3** 가슴을 장식하는 **4** 주관적인 **5** 〈소리가〉 가슴에서 나오는
— *n.* **1** 가슴 장식 ⦅특히 유대 고위 성직자의⦆; 가슴받이; 가슴의 십자가 (= ~ cróss) **2** 폐병약 **3** 〖동물〗 가슴지느러미, 흉근(胸筋)

péctoral fín (물고기의) 가슴지느러미

péctoral múscle 〖해부〗 흉근(胸筋)

pec·u·late [pékjulèit] *vt.* 〈공금이나 맡은 돈을〉 유용하다, 횡령하다

pec·u·la·tion [pèkjuléiʃən] *n.* ⓊⒸ 공금[위탁금] 유용[횡령]; 관물 사용(官物私用)

⁑pe·cu·liar [pikjú:ljər] *a.* **1** (불쾌한 쪽으로) **기묘한**, 이상한, 색다른: a ~ smell 묘한 냄새 **2** Ⓐ **특이한**, 특수한, 눈에 띄는: a ~ talent 특이한 재능 **3 특유한**, 고유의, 독특한 ⦅*to*⦆: Language is ~ *to* mankind. 언어는 인간 특유의 것이다.
— *n.* **1** 사유 재산, 특권 **2** 〖그리스도교〗 특수 교구

***pe·cu·li·ar·i·ty** [pikjù:liǽrəti] *n.* (*pl.* **-ties**) ⓊⒸ **1 특색**, 버릇 **2** 특유, 독특, 독자성 **3** 기벽(奇癖), 기태(奇態)

***pe·cu·liar·ly** [pikjú:ljərli] *ad.* **1 특히**, 각별히 **2 기묘하게**, 독특하게, 색다르게

pe·cu·ni·ar·y [pikjú:nièri | -əri] [L 「가축의, 돈의」의 뜻에서] *a.* **1** 금전(상)의, 재정상의: ~ embarrassment 재정 곤란 **2** 벌금(형)의: a ~ offense 벌금형

ped·a·gog·ic, -i·cal [pèdəgádʒik(əl), -góudʒ- | -gɔ́dʒ-] *a.* **1** 교육학의, 교수법의 **2** 교사의, 교육자의 **3** 아는 체하는, 현학(衒學)의
-i·cal·ly *ad.* 교육학(상); 교사로서

ped·a·gog·ics [pèdəgádʒiks, -góudʒ- | -gɔ́dʒ-] *n. pl.* [단수 취급] 교육학, 교수법

ped·a·gogue, ⦅미⦆ **-gog** [pédəgàg | -gɔ̀g] *n.* **1** ⦅경멸⦆ 학자인 체하는 사람, 규칙이 까다로운 선생 **2** ⦅고어⦆ 교사, 교육자

ped·a·go·gy [pédəgòudʒi | -gɔ̀dʒi] [Gk 「교육」의 뜻에서] *n.* Ⓤ **1** 교육, 교수; 교직 **2** 교육학, 교수법

***ped·al** [pédl] [동음어 peddle] [L 「발의」의 뜻에서] *n.* **1** (재봉틀·자전거 등의) **페달** **2** 〖음악〗 (피아노·하프 등의) 발판; (큰 풍금의) 발로 밟는 건반(鍵盤) **3** 〖수학〗 수족선[면](垂足線[面]) **4** 〖음악〗 저속음(부)(低續音(部))
— *a.* Ⓐ **1** 페달(식[추진])의 **2** 〖동물·해부〗 발의
— *v.* (**~ed**; **~·ing** | **~led**; **~·ling**) *vi.* 페달을 밟다, 페달을 밟으며 가다[연주하다] — *vt.* …의 페달을 밟다[밟으며 가다]: He *~ed* his way *up* the slope. 그는 비탈길을 페달을 밟으며 올라갔다.

pédal bòat = PEDALO

ped·al·o [pédəlòu] *n.* (*pl.* **~(e)s**) 수상 자전거 ⦅오락용 페달 추진식 보트⦆

ped·ant [pédənt] *n.* **1** 학자티를 내는 사람, 현(衒)학자 **2** 탁상공론가

pe·dan·tic, -ti·cal [pidǽntik(əl)] *a.* 학자티를 내는, 아는 체하는, 현학적인
-ti·cal·ly *ad.* 학자인 체하여

ped·ant·ry [pédəntri] *n.* (*pl.* **-ries**) ⓊⒸ **1** 학자티를 냄, 현학; 점잔뺌 **2** 탁상공론, 융통성 없음

ped·ate [pédeit] *a.* **1** 〖동물〗 발이 있는; 발 모양의 **2** 〖식물〗 〈잎이〉 새발 모양의

***ped·dle** [pédl] [동음어 pedal] [peddler의 역성(逆成)] *vt.* **1 행상하다**, 도부치다; 소매하다 **2** 〈소문 등을〉 퍼뜨리다 — *vi.* **1 행상하다** **2** 하찮은 일에 신경쓰다

***ped·dler** | **ped·lar** [pédlər] [ME 「바구니」의 뜻에서] *n.* **1 행상인**, **도붓장수**; (마약 등의) 밀매인 **2** (소문 등을) 받아 옮기는 사람

ped·er·ast [pédəræ̀st, pí:d-] [Gk 「소년을 사랑하는 사람」의 뜻에서] *n.* (특히 소년을 대상으로 하는) 남색자(男色者)

ped·er·as·ty [pédəræ̀sti, pí:d-] *n.* Ⓤ 남색(男色)

***ped·es·tal** [pédəstl] [L 「대좌(臺座)의 다리」의 뜻에서] *n.* **1** (흉상(胸像) 등의) 대(臺), **받침대**, 대좌(臺座), 기둥 다리 **2** 〖기계〗 축(軸)받이
set [***put, place***] a person ***upon*** [***on***] ***a*** ~ 연장자[상급자]로서 존경하다

***pe·des·tri·an** [pədéstriən] [L 「도보로」의 뜻에서] *n.* **1 보행자**, 도보 여행자 **2** 잘 걷는 사람; 도보 경주자; 도보주의자
— *a.* **1** Ⓐ **도보의**, 보행의 **2** 〈문체 등이〉 산문적인, 평범[단조]한

pedéstrian cróssing ⦅영⦆ 횡단 보도

pedéstrian précinct 보행자 전용 구역

pe·di·at·ric [pì:diǽtrik, pèd-] *a.* 소아과(학)의

pe·di·a·tri·cian [pì:diətríʃən, pèd-] *n.* 소아과 의사

pe·di·at·rics [pì:diǽtriks, pèd-] *n. pl.* [단수 취급] 〖의학〗 소아과(학)

ped·i·cab [pédikæ̀b] *n.* (동남 아시아 등의) 승객용 3륜 자전거, 3륜 택시

ped·i·cel [pédəsèl], **ped·i·cle** [pédikl] *n.* **1** 〖식물〗 작은 꽃자루 **2** 〖동물〗 육경(肉莖)

ped·i·cure [pédikjùər] [L 「발의 손질」의 뜻에서] *n.* **1** Ⓤ 발의 치료; Ⓒ 발 치료 의사 **2** Ⓤ 페디큐어 ⦅발톱 미용술⦆

∗**ped·i·gree** [pédəgrìː] 〔MF 「두루미 다리」의 뜻에서; 계도(系圖)를 두루미 다리처럼 생각한 데서〕 *n.* **1** ⓊⒸ **가계**(家系), 혈통; 명문 태생(birth) **2** 계도(系圖), 족보 **3** 순종 가축의 혈통표 **4** Ⓤ (언어의) 유래, 어원 **5** 《미·속어》 (범죄자의) 신원 조사서, 전과 경력서 **—** *a.* Ⓐ 혈통이 분명한

ped·i·greed [pédəgrìːd] *a.* 〈말·개 등이〉 혈통이 분명한, 순종의

ped·i·ment [pédəmənt] *n.* 〚건축〛 박공벽

∗**ped·lar** [pédlər] *n.* 《영》 = PEDDLER

pe·dom·e·ter [pədάmətər | -dɔ́m-] *n.* 보수계(步數計)

pe·dun·cle [pidʌ́ŋkl] *n.* **1** 〚식물〛 꽃자루, 화경 **2** 〚동물〛 육경(肉莖) **3** 〚해부〛 뇌각(腦脚)

pee[1] [piː] 〔piss의 머리 음을 딴 것〕 《속어》 *vi.* 오줌누다, 쉬하다

— *n.* ⓊⒸ 오줌, 쉬: go for[have, take] a ~ 오줌누러 가다[누다]

pee[2] *n.* **1** (알파벳의) P, p **2** 《속어》 「P자」 《P자로 시작되는 외국 화폐; peso, piaster 등》

peek [piːk] 〔동음어 peak, pique〕 《구어》 *vi.* 살짝 들여다보다, 엿보다(peep) 《*in, out, at, through*》

— *n.* 엿봄: steal a ~ 살짝 엿보다

peek·a·boo [píːkəbùː] *n.* Ⓤ 《미》 까꿍놀이(《영》 bopeep) 《숨어 있다가 어린 이를 놀리는》

‡**peel** [piːl] 〔동음어 peal〕 *vt.* **1 껍질을 벗기다 2** 《구어》 〈옷을〉 벗다, 벗기다 《*off*》 **—** *vi.* **1** 〈껍질·피부가〉 **벗겨지다** 《*off*》 **2** 〈과실 등이〉 껍질이 벗겨지다 **3** 〈페인트·벽지 등이〉 벗겨 떨어지다 《*off*》 **4** 《속어》 옷을 벗다 《*off*》

— *n.* Ⓤ 과일 껍질

peel·er [píːlər] *n.* **1** 껍질을 벗기는 사람[기구] **2** 《미》 탈피기(期)의 게 **3** 베니어 판용 재목

peel·ing [píːliŋ] *n.* **1** Ⓤ 껍질을 벗김 **2** [*pl.*] 벗긴 껍질 《특히 감자의》

‡**peep**[1] [piːp] *vi.* **1 엿보다, 들여다보다** 《*out of, into, at, over*》: I *~ed* (*out*) *through* a crack in the wall. 벽 틈으로 (밖을) 엿보았다. **2** 〈성질 등이〉 나타나다, 〈바탕이〉 드러나다; 〈해·달이〉 뜨기 시작하다 《*out*》: The moon *~ed out through* the clouds. 달이 구름 사이로 나타났다. **—** *n.* **1 엿봄, 슬쩍 봄 2 출현 3** 들여다보는 구멍 ***~ of day*** [***dawn***] 새벽 ***take*** [***get, have***] ***a ~ at*** …을 슬쩍 보다

peep[2] [의성어] *n.* **1** 삐악삐악[짹짹] 《쥐·병아리 등의 울음소리》 **2** [a ~] 《구어》 불평 소리, 우는 소리; 소식(news) **3** 《유아어·구어》 삐뽀 《경적 소리》

— *vi.* **1** 삐악삐악[짹짹] 울다 **2** 소곤거리다

peep·er[1] [píːpər] *n.* 삐악삐악[짹짹] 우는 짐승[새]; 새 새끼; 청개구리의 일종

peeper[2] *n.* **1** 엿보는 사람 **2** 꼬치꼬치 캐묻기 좋아하는 사람 **3** [*pl.*] 《속어》 눈; 안경

peep·hole [píːphòul] *n.* 틈구멍, 들여다보는 구멍

Péep·ing Tóm [píːpiŋ-] **1** 엿보는 톰 《Govida 부인의 알몸을 엿보다가 눈이 멀었다는 양복 재단사》 **2** [종종 **p~ T~**] 엿보기 좋아하는 호색가

péep shòw 들여다보는 구경거리; 《속어》 스트립 쇼

∗**peer**[1] [piər] 〔동음어 pier〕 〔L 「평등」의 뜻에서〕 *n.* **1 동등한 사람; 동배**(同輩), 동료; 대등한 사람 **2** 《영》 **귀족**

∗**peer**[2] [piər] 〔동음어 pier〕 *vi.* **1 자세히 들여다 보다,** 응시하다, 주의해서 보다 《*into, at*》: ~ *in*[*out*] 안[밖]을 응시하다 **2** 희미하게 나타나다, 보이기 시작하다 《*from, through*》: The sun *~ed from* behind a cloud. 해가 구름 뒤에서 나타나기 시작했다.

peer·age [píəridʒ] *n.* **1** [the ~; 집합적] 귀족, 귀족 계급[사회] **2** Ⓤ 귀족의 지위[신분], 작위 **3** 귀족 명감(名鑑)

peer·ess [píəris] *n.* 귀족[유작(有爵)] 부인

péer gròup 〚사회〛 동료 집단; 〚심리·정신분석〛 동배(同輩) 집단

peer·less [píərlis] *a.* 비할 데 없는, 무쌍(無雙)의, 유례 없는

~·ly *ad.* **~·ness** *n.*

péer-to-péer nètwork [píərtəpíər-] 〚컴퓨터〛 피어투피어 네트워크 《네트워크를 구성하는 각 node가 동등한 기능과 자격을 갖는 네트워크》

peeve [piːv] 《구어》 *vt.* 약올리다, 지분거리다, 집적거리다, 화나게 하다 **—** *n.* **1** 약올림, 초조, 노여움 **2** 애로, 불평

peeved [piːvd] *a.* 《구어》 = PEEVISH

pee·vish [píːviʃ] *a.* **1** 투정부리는, 앵돌아진, 기분이 언짢은 **2** 괴까다로운, 역정 잘 내는(cross) **~·ly** *ad.* **~·ness** *n.*

pee·wee [píːwìː] 《미·구어》 *n.* 유난히 작은 사람[물건]

pee·wit [píːwit] *n.* = PEWIT

‡**peg** [peg] *n.* **1** (나무나 금속의) **못,** 쐐기못; 걸이못 **2** (천막용) 말뚝; (등산용 자일의) 하켄; (토지 경계선의) 말뚝; (나무통 등의) 마개; (현악기의 줄을 조이는) 줄감개 **3** 의족; 《익살》 다리 **4** 《구어》 (평가 등의) 급(級), 등(等) **5** 주제, 이유, 구실 **6** 《구어》 (재빠른) 송구(送球) **7** 《영·드물게》 (특히 소다수를 탄 위스키) 한 잔 **8** 《영》 세탁물 집게(《미》 clothespin)

a round ~ in a square hole = ***a square ~ in a round hole*** 부적임자 ***come down a ~*** (***or two***) 《구어》 코가 납작해지다, 면목을 잃다

— *v.* (**~ged**; **~·ging**) *vt.* **1** 나무못[말뚝]을 박다; 나무못으로 죄다; 못[말뚝]으로 표를 하다 《*down, in, out, up*》; 〈채광 권리지·가옥·정원 등의〉 경계를 말뚝으로 명백하게 하다 《*out*》 **2** 〚증권〛 〈시세를〉 고정시키다; 〚경제〛 〈통화를〉 안정시키다; 〚카드〛 〈점수를〉 매기다 **3** 《구어》 〈공·돌 등을〉 던지다 **4** 〈신문 기사를〉 쓰다 《*on*》 **5** 《속어》 어림잡다 《*as*》

— *vi.* **1** 부지런히 움직이다, 서두르다 《*down, along*》; 열심히 일하다 《*at*》: He is *~ging away at* his homework. 그는 열심히 숙제를 하고 있다. **2** 〚야구〛 공을

던지다
~ ***down*** 말뚝으로 땅바닥 등에 고정시키다; (규칙 등으로) 얽어 매다 《*to*》 ~ ***out*** (1)〈경계선 등을〉 긋다 (2)《속어》〈물건·사람의 힘이〉 다하다, 죽다 (3)〖크로케〗 공을 푯말에 맞히다
Peg [peg] *n.* 여자 이름 《Margaret의 애칭》
Peg·a·sus [pégəsəs] *n.* **1**〖그리스신화〗 페가수스 《시신(詩神) 뮤즈가 타는 말 이름》; (문장(紋章)의) 날개 돋친 천마(天馬) **2**〖천문〗 페가수스자리 **3** Ⓤ 시재(詩才), 시적 감흥 **4**《미》〖우주〗 페가수스 《유성진(流星塵) 관측용 과학 위성》
peg·board [pégbɔ̀:*r*d] *n.* 못박이 판 《일종의 놀이 도구, 상품 전시용》
Peg·gy [pégi] *n.* 여자 이름 《Margaret의 애칭》
pég lèg 《구어》 나무 의족(義足)(을 단 사람)
pég tòp **1** (서양배 모양의) 팽이 **2** [*pl.*] 팽이 모양의 바지
peg-top [pégtὰp | -tɔ̀p] *a.* 팽이 모양의
PEI 《캐나다》 Prince Edward Island
pe·jo·ra·tive [pidʒɔ́:rətiv | -dʒɔ́-] *a.* **1** 가치를 떨어뜨리는 **2**〈말 등이〉 경멸[멸시]적인 **—***n.* 〖문법〗 경멸어, 경멸 접미사 《poetaster의 -aster 등》 **~·ly** *ad.*
peke [pi:k] *n.* 《구어》 = PEKINGESE 3
Pe·kin·ese [pì:kiní:z] *a.*, *n.* (*pl.* ~) = PEKINGESE
*__Pe·king__ [pì:kíŋ] *n.* **북경** 《중국의 수도》
Pe·king·ese [pì:kiní:z] *a.* 북경(인)의 **—***n.* (*pl.* ~) **1** 북경 사람 **2** Ⓤ 북경어 **3** [종종 **p~**] 발바리개
Péking mán 〖인류〗 북경 원인(原人) 《북경 서남방의 주구점(周口店)에서 발굴》
pe·koe [pí:kou] *n.* Ⓤ 고급 홍차 《인도산》
pe·lag·ic [pilǽdʒik] *a.* 원양[심해]의, 대양에 사는; 원양에서 하는: ~ fishery 원양 어업
pel·ar·go·ni·um [pèlɑ:*r*góuniəm | -ləg-] *n.* 〖식물〗 양아욱속(屬) 《속칭 geranium》
pelf [pelf] *n.* Ⓤ **1** 《보통 경멸》 금전 **2** 부정 축재한 재물[부(富)] **3** Ⓒ 《영·방언》 허섭스레기
pel·i·can [pélikən] *n.* 〖조류〗 펠리컨
pélican cròssing [*pe*destrian *li*ght *con*trolled *crossing*의 변형에서] 《영》 누름단추 신호식 횡단보도 《보행자가 신호 등을 조작할 수 있음》
pe·lisse [pəlí:s] [F] *n.* **1** (모피로 단을 댄) 여성용 외투 **2** (용기병(龍騎兵)의) 털로 안을 댄 저고리
pel·la·gra [pəléigrə, -lǽg-] *n.* Ⓤ 〖병리〗 니코틴산 결핍 증후군, 펠라그라
pel·let [pélət] [L 「공」의 뜻에서] *n.* **1** (종이·밀초 등을 뭉친) 작은 알[공] **2** 탄알; (쥐 등의) 똥 **3** 《영》 환약 **4** 《미》 야구[골프] 공 **5** 화폐면의 원형 부조(浮彫)
pell-mell [pélmél] *ad.* **1** 난잡하게, 엉망진창으로 **2** 허둥지둥, 무턱대고
—*a.* **1** 난잡한, 엉망진창인 **2** 서두르는, 무턱대고 하는
—*n.* ⓊⒸ 난잡; 뒤범벅; 큰 소동; 난투
pel·lu·cid [pəlú:sid] *a.* **1** 투명한, 맑은 **2**〈문체·표현이〉 명쾌한, 명석한, 명료한
pel·met [pélmit] *n.* 《영》 (커튼의 쇠막대를 가리는) 장식 덮개(《미》 valance)
Pel·o·pon·né·sian Wár [pèləpəní:ʒən-, -ʃən- | -ʃən-] [the ~] 펠로폰네소스 전쟁(431-404 B.C.) 《Athens와 Sparta 간의 싸움》
Pel·o·pon·ne·sus [pèləpəní:səs], **-sos** [-sɑs] *n.* [the ~] 펠로폰네소스 반도 《그리스 남쪽의 반도; Sparta 등 도시 국가가 있었음》
pe·lo·ta [pəlóutə] *n.* = JAI ALAI
*__pelt__[1] [pelt] *vt.* **1**〈돌 등을〉 **내던지다** 《*with*》, 팔매치다: ~ a person *with* stones …을 돌로 치다 **2**〈질문·욕설 등을〉 퍼붓다 《*with*》 **3**〈동물 등을〉 몰아붙이다 **4**〈비 등을〉 쏟아 붓다 **—***vi.* **1** (돌 등을) 던지다 《*at*》 **2**〈비가〉 세차게 내리다 **3** 욕설을 퍼붓다 **4** 서두르다
—*n.* **1** Ⓒ 내던짐, 팔매질; 강타(强打); 난사(亂射) **2**〈비 등이〉 세차게 내림 **3** Ⓤ 질주, 전속력: (at) full ~ 전속력으로 **4** 격노(激怒), 노발대발
pelt[2] *n.* **1** (양·염소 등의) 날가죽, 털가죽 **2** 《익살》 (특히 털투성이인) 사람의 피부
pelt·ry [péltri] *n.* (*pl.* **-ries**) [집합적] 날가죽, 털가죽; Ⓒ (한 장의) 모피
pel·vic [pélvik] *a.* Ⓐ 〖해부〗 골반의
pel·vis [pélvis] [L 「반(盤)」의 뜻에서] *n.* (*pl.* **~·es, -ves** [-vi:z]) 〖의학〗 골반(骨盤)
pem·(m)i·can [pémikən] *n.* **1** Ⓤ 페미컨 《쇠고기 가루에 지방·건포도 등을 섞어 굳힌 식품》 **2** 적요(摘要), 요강(要綱) (digest)
__pen__[1] [pen] [L 「새의 깃」의 뜻에서] *n.* **1 펜촉**; (펜촉과 펜대를 합하여) **펜**; 깃촉 펜; 만년필 **2** [the ~] 문체, 문필(업); 필적 **3** 《문어》 작가 **4** 오징어의 뼈 ***dip one***'s ~ in gall*** 독필(毒筆)을 휘두르다 ***~ and ink*** 필기용구; 쓰는 것; 기술, 문학 ***put ~ to paper*** = ***take up*** one***'s ~*** 붓을 들다 ***The ~ is mightier than the sowrd.*** 《속담》 문(文)은 무(武)보다 강하다. ***wield*** one***'s ~*** 달필을 휘두르다
—*vt.* (**~ned**; **~·ning**) 쓰다, 〈글을〉 짓다, 저술하다
__pen__[2] [pen] *n.* **1 우리, 축사 **2** [집합적] 우리 안에 든 동물 **3** (식료품) 저장소 **4** (서인도 제도의) 농원, 농장 **5** 잠수함 대피소 **—***vt.* (**~ned, pent** [pent]; **~·ning**) 우리[축사] 안에 넣다; 가두다, 감금하다 《*in, up*》
pen[3] [*pen*itentiary] *n.* 《미·속어》 교도소
pen[4] *n.* 백조의 암컷
P.E.N. (International Association of) Poets, Playwrights, Editors, Essayists and Novelists 국제 펜 클럽
Pen., pen. peninsula; penitent; penitentiary
*__pe·nal__ [pí:nl] *a.* **1 형벌의**, 형(刑)의 **2** 형사상의, 형법의: the ~ code 형법(전) / ~ servitude 강제 노동의 징역형 **3** 형(벌)을 받을 만한, 형에 상당하는, 벌로서 부과되는 **4** 형장(刑場)으로서의 **5** 가혹한

pe·nal·ize [píːnəlàiz, pén-] *vt.* **1** 유죄를 선고하다, 벌을 주다 **2** 불리한 입장에 두다, 곤란하게 하다 **3** 벌칙을 적용하다, 페널티를 과하다 (*for*)

pe·nal·ly [píːnəli] *ad.* 형(벌)으로서; 형법적으로, 형사상

‡**pen·al·ty** [pénəlti] *n.* (*pl.* **-ties**) ⓊⒸ **1 형벌 2 벌금**, 과료; 위약금 **3** 응보(應報), 죄값 **4** 〖경기〗 반칙의 벌점(罰點); 〖카드〗 벌점 **5** (어떤 행위·상태에 따르는) 불리(不利); (전회의 승자에게 부과되는) 핸디캡 (*of*)

on [***under***] **~ *of*** 위반하면 …의 형에 처하는 조건으로 ***pay the ~*** 벌금을 내다

pénalty àrea 〖축구〗 페널티 에어리어, 벌칙 구역

pénalty bòx 〖아이스하키〗 페널티 박스 (반칙자 대기소)

pénalty clàuse 〖상업〗 (계약서의) 위약[벌칙] 조항

pénalty kìck 〖럭비·축구〗 페널티 킥

***pen·ance** [pénəns] *n.* **1** Ⓤ **참회**, 후회, 고행 (죄 갚음으로 하는): do ~ for one's sins 속죄하다 **2** Ⓤ 〖가톨릭〗 고해 성사 **3** 하기 싫지만 해야 할 일, 고통스러운 일

pen-and-ink [pénəndíŋk] *a.* Ⓐ 펜으로 쓴; 필사(筆寫)한: a ~ sketch 펜화

‡**pence** [pens] *n.* PENNY의 복수

pen·chant [péntʃənt] [F 「기울다」의 뜻에서] *n.* 경향; 강한 기호(liking) (*for*)

‡**pen·cil** [pénsl] [L 「꼬리」의 뜻에서] *n.* **1 연필 2** 연필 모양의 물건; 눈썹 그리는 먹, 입술 연지 **3** 〖광학〗 광속(光束) **4** 〖수학〗 속(束), 묶음

— *vt.* (**~ed**; **~·ing** | **~led**; **~·ling**) **1** 연필로 쓰다[그리다] **2** 〈눈썹을〉 그리다 **3** 〖경마〗 경마 장부에 〈말의 이름을〉 기입하다 **~ *in*** 연필로 (임시로) 써넣다; 일단 예정에 넣다

***péncil càse** 필통

péncil pùsher 필기를 업으로 하는 사람, 서기, 필생; 기자, 작가

péncil shàrpener (회전식) 연필깎이

***pen·dant** [péndənt] [동음어 pendent] [L 「매달리다」의 뜻에서] *n.* **1 펜던트**, 매달려 있는[드리운] 것; 늘어뜨린 장식 (특히 목걸이·팔찌·귀걸이 등) **2** (그림 등의) 한 쌍의 한 쪽, 짝, 상대 (*to*) **3** 〖항해〗 = PENNANT 2

pen·dent [péndənt] [동음어 pendant] *a.* **1** 드리운, 매달린 **2** 〈절벽 등이〉 쑥 내민 **3** 〈문제 등이〉 미결[미정]의, 현안(懸案)의

***pend·ing** [péndiŋ] *a.* **1 미결정의**, 현안의; 〖법〗 계류 중의 **2** 절박한, 임박한

— *prep.* **1** …동안에, …중(during): ~ these negotiations 이들 교섭을 하는 동안에 **2** …까지: ~ his return 그가 돌아올 때까지

pénding trày 미결 서류함

pen·du·lous [péndʒuləs | -dju-] *a.* **1** 매달린, 드리워진, 흔들리는 **2** 동요하는; 주저하는 **~·ly** *ad.* **~·ness** *n.*

***pen·du·lum** [péndʒuləm | -dju-] [L 「매달린 것」의 뜻에서] *n.* **1** (시계 등의) **진자**, 흔들이 **2** (진자 운동처럼 심하게) 흔들리는 것; 마음을 잡지 못하는 사람

the swing of the ~ (1) 진자 운동 (2) (정당 등의) 세력의 성쇠; (민심·여론 등의) 큰 동요, 격심한 변동

Pe·nel·o·pe [pinéləpi] *n.* **1** 여자 이름 **2** 〖그리스신화〗 페넬로페 (Ulysses의 아내) **3** 정숙한 아내

pen·e·tra·bil·i·ty [pènətrəbíləti] *n.* Ⓤ 관통성, 침투성, 투입성(透入性)

pen·e·tra·ble [pénətrəbl] *a.* **1** 꿰뚫을 수 있는, 침투[관통]할 수 있는 (*to*) **2** 꿰뚫어 볼 수 있는, 간파[통찰]할 수 있는

‡**pen·e·trate** [pénətrèit] [L 「들어가다」의 뜻에서] *vt.* **1** 〈탄알·창 등이〉 **꿰뚫다**, 관통하다: A sharp knife ~*d* the flesh. 예리한 칼이 살을 꿰뚫었다. **2** 〈빛·목소리 등이〉 통과하다, 지나가다: The flashlight ~*d* the darkness. 불빛이 어둠 속을 지나갔다. **3** 〈어둠을〉 뚫고 보다: The eyes of owls can ~ the dark. 부엉이 눈은 어둠 속에서도 볼 수 있다. **4** 〈향수 등이〉 **스며들다 5 꿰뚫어 보다**, 간파하다, 통찰하다: ~ a person's mind …의 마음을 꿰뚫어 보다 **6** …의 마음에 깊이 스며들게 하다 **7** 깊이 감동시키다, 강한 인상을 주다 — *vi.* **1 통과하다**, 침투하다, 스며들다 (*to, into, through*) **2** 〈소리가〉 멀리까지 들리다 **3** 간파하다, 통찰하다 **4** (구어) 이해되다, 뜻이 통하다

***pen·e·trat·ing** [pénətrèitiŋ] *a.* **1 꿰뚫는**, 관통하는; 침투하는; 날카로운 **2** 통찰력이 있는, 견식 높은, 현명한 **3** 〈목소리 등이〉 새된, 날카로운 **~·ly** *ad.*

***pen·e·tra·tion** [pènətréiʃən] *n.* Ⓤ **1 관통**, 침투, 침투력; 녹아 들어감 **2** 투시력, 간파, 안식, 통찰(력) **3** 〖정치〗 세력 침투[확장] **4** (컴퓨터의) 침해

pen·e·tra·tive [pénətrèitiv, -trət-] *a.* **1** 침투하는 **2** 통찰력 있는, 예민한 (acute) **3** 마음에 사무치는 **~·ly** *ad.*

pen-friend [pénfrènd] *n.* 편지 친구, 펜팔

***pen·guin** [péngwin | péŋ-] [Welsh 「흰 머리」의 뜻에서] *n.* 〖조류〗 **펭귄(새)**

pen·hold·er [pénhòuldər] *n.* **1** 펜대 **2** 필가(筆架)

pe·ni·al [píːniəl] *a.* 음경(陰莖)의

pen·i·cil·lin [pènəsílin] *n.* Ⓤ 〖약학〗 페니실린

pe·nile [píːnail] *a.* = PENIAL

‡**pen·in·su·la** [pənínsjulə | -sjulə] [L 「거의」와 「섬」의 뜻에서] *n.* **반도** (略 pen(in).)

***pen·in·su·lar** [pənínsjulər | -sjulə] *a.* 반도(모양)의

pe·nis [píːnis] *n.* (*pl.* **-nes** [-niːz], **~·es**) 〖해부〗 음경, 남근, 자지

pen·i·tence [pénətəns] *n.* Ⓤ 회개, 참회; 후회

***pen·i·tent** [pénətənt] *a.* **회개하는**, 참회한 — *n.* **1** 회개자, 참회자 **2** 〖가톨릭〗 고해자, 통회자 **~·ly** *ad.*

pen·i·ten·tial [pènəténʃəl] *a.* **1** 회개의, 참회의 **2** 〖가톨릭〗 고백[고해] 성사의 **~·ly** *ad.*

pen·i·ten·tia·ry [pènəténʃəri] *a.* **1** 회개[회오]의, 통회[후회]의 **2** 감화의, 징계의

P

3 (미) 교도소에 들어가야 할
— *n.* (*pl.* **-ries**) 〖가톨릭〗 고해 신부; 고행소; (미) 교도소

pen·knife [pénnàif] [옛날 깃펜을 깎은 데서] *n.* (*pl.* **-knives** [-nàivz]) 포켓 나이프, 주머니칼

pen·light, -lite [-làit] *n.* 펜라이트, 만년필형 회중 전등

pen·man [pénmən] *n.* (*pl.* **-men** [-mən]) **1** 글씨 잘 쓰는 사람; 습자 선생; 서예가: a good ~ 능필가(能筆家) **2** 문인, 문필가, 작가 **3** 필경생, (직업적) 필기자, 서기

pen·man·ship [pénmənʃìp] *n.* Ⓤ 서법(書法), 서도, 습자; 필적

Penn(a). Pennsylvania

pén nàme 펜네임, 필명, 아호

pen·nant [pénənt] [pendant의 변형] *n.* **1** (근무 중의 군함에 달아 그 임무나 사령관의 지위를 나타내는) 장기(長旗) **2** 〖항해〗 (아랫돛대의 꼭대기에서 드리운) 짧은 밧줄 (pendant) **3** (미) (특히 야구의) 페넌트, 우승기; 응원기: win the ~ 우승하다

pénnant ràce 페넌트 레이스, 우승기를 놓고 겨루는 경기

*__pen·ni·less__ [pénilis] *a.* **무일푼의**; 매우 가난한

Pén·nine Álps [pénain-] [the ~] 펜닌 알프스 《스위스와 이탈리아의 국경에 있는 알프스 산맥의 일부》

pen·non [pénən] *n.* 창기(槍旗) 《창기병(槍騎兵)의 표시; 3각형 또는 제비 꼬리 모양》

pen·n'orth [pénərθ] *n.* = PENNYWORTH

*__Penn·syl·va·nia__ [pènsilvéinjə] [「(식민지 창설자) W. Penn의 삼림지」의 뜻에서] *n.* **펜실베이니아** 《미국 동부의 주》

-nian [-njən] *n., a.* 펜실베이니아 사람(의)

Pennsylvánia Dútch 1 [the ~; 집합적; 복수 취급] 독일계 펜실베이니아 사람 **2** (그들이 쓰는) 영어가 섞인 독일말(= **Pennsylvánia Gérman**)

⁑**pen·ny** [péni] *n.* (*pl.* 「개수」 **-nies,** 「가격」 **pence** [pens]) **1** (영) **1** 페니; 페니화 《영국의 화폐 단위》 **2** (*pl.* **-nies**) (미·캐나다) = CENT **3** [a ~; 보통 부정문에서] 잔돈, 푼돈; 아주 조금 **4** (구어) 《일반적으로》 돈, 금전 **5** 〖성서〗 데나리우스(denarius) 《고대 로마의 은화》
a pretty [***fine***] ***~*** 꽤 많은 돈 ***In for a ~, in for a pound.*** (속담) 한번 시작한 일은 끝장을 내라. ***pinch*** one***'s pennies*** (미·구어) 인색하게 굴다, 절약하다 ***turn an honest ~*** 정직하게 일하여 적은 돈을 벌다; 정직하게 벌다

-penny [pèni, pəni] 《연결형》 「가격이 …페니[펜스]의」의 뜻

pénny arcáde (미) (1페니 오락 시설이 즐비한) 오락장, 게임센터((영) amusement arcade)

pénny dréadful[**blóod**] (영·속어) 통속적인 싸구려 소설

pen·ny-far·thing [pénifáːrðiŋ] *n.* (영) 앞바퀴가 큰 옛날 자전거

pen·ny-half·pen·ny [-héipəni] *n.* (영) (구통화 시대의) 1펜스 반

pen·ny-in-the-slot [-inðəslɑ́t | -slɔ́t] *n., a.* (영) 1페니 자동 판매기(의)

pen·ny-pinch [-pìntʃ] *vt.* (미·구어) 인색하게 굴다 **~·ing** *n., a.*

pen·ny-pinch·er [-pìntʃər] *n.* (미·구어) 깍쟁이, 구두쇠

pen·ny·weight [-wèit] *n.* ⓊⒸ 페니웨이트 《영국의 금형(金衡) 단위; 1.5552 그램》

pen·ny·whistle [-hwìsl] *n.* 장난감 호각; 생철로 만든 호루라기

pen·ny-wise [-wáiz] *a.* 푼돈을 아끼는 ***P~ and pound-foolish.*** (속담) 푼돈을 아끼다가 큰 돈을 잃는다, 작은 일에 구애되어 큰 일을 그르친다.

pen·ny·worth [-wə̀ːrθ] *n.* **1** 1페니 어치(의 물건); 1페니로 살 수 있는 양 **2** [a ~; 보통 부정문에서] 소량, 소액; 근소 **3** 거래(액)
not a ~ 조금도 …않다

pe·nol·o·gy [piːnɑ́lədʒi | -nɔ́l-] *n.* Ⓤ 형벌학, 교도소 관리학

⁑**pén pàl 펜팔, 편지 친구**(pen friend)

pen-push·er [pénpùʃər] *n.* (구어) 필생(筆生), 사무원; 기자, 작가

⁑**pen·sion**[1] [pénʃən] [L 「지불하다」의 뜻에서] *n.* **1 연금**, 은급(恩給), 양로 연금, 부양금 **2** (예술가·과학자 등에게 주는) 장려금(bounty) **—** *vt.* 연금을 주다
~ off 연금을 주고 퇴직시키다

pen·sion[2] [pɑːnsjɔ́ːŋ | pɑ́ːŋsiɔːŋ] *n.* (특히 프랑스·벨기에 등의) 하숙집, 하숙식 호텔; 기숙 학교

pen·sion·a·ble [pénʃənəbl] *a.* 연금(등)을 받을 자격[권리]이 있는

pen·sion·ar·y [pénʃənèri | -ʃənəri] *a.* 연금을 받는; 연금으로 생활하는; 연금의 **—** *n.* (*pl.* **-ar·ies**) **1** 연금 수령자(pensioner) **2** 고용인, 고용병, 부하

pen·sion·er [pénʃənər] *n.* 연금 수령자; 고용인

*__pen·sive__ [pénsiv] [F 「생각하다」의 뜻에서] *a.* **1 생각에 잠긴**, 곰곰이 생각하는 **2** 시름[우수]에 젖은, 애수를 띤, 슬픈
~·ly *ad.* **~·ness** *n.*

pen·stock [pénstɑ̀k | -stɔ̀k] *n.* **1** (수력 발전소의) 수압관(水壓管) **2** 수문; 수로 **3** (미) 소화전(消火栓)

pent [pent] *v.* PEN[2]의 과거·과거분사 **—** *a.* Ⓟ [보통 ~ up으로] 갇힌 《Ⓐ일 때에는 pent-up이 됨.》

pent- [pént], **penta-** [péntə] 《연결형》 「5」의 뜻 《모음 앞에서는 pent-》

*__pen·ta·gon__ [péntəgɑ̀n | -gən] *n.* **1** 5각형; 5변형 **2** [the **P~**] **a** 펜타곤 《5각형의 미국 국방성 건물》 **b** 미국 국방 총성; 미군 당국 **3** 〖축성〗 5능보(稜堡)

pen·tag·o·nal [pentǽgənl] *a.* 5변[각]형의

pen·ta·gram [péntəgræ̀m] *n.* 별 모양 《★》, 5각형

pen·ta·he·dron [pèntəhíːdrən] *n.* (*pl.* **~s, -dra** [-drə]) 5면체

pen·tam·e·ter [pentǽmətər] 〖운율〗 *n.* 5보격(의 시행), 《특히》 약강(弱强) 5보격(heroic verse) **—** *a.* 5보격의

Pen·ta·teuch [péntətjùːk | -tjùːk] *n.* 〖성서〗 [the ~] 모세 5경 《구약 성서의 맨 앞의 5권; 창세기·출애굽기·레위기·민수기·신명기》
pen·tath·lon [pentǽθlən] *n.* [보통 the ~] 5종 경기(cf. DECATHLON)
Pen·te·cost [péntikɔ̀ːst | -kɔ̀st] *n.* 〖유대교〗 수확절 《PASSOVER 후 50일 째에 행하는 유대 사람의 제사》; 〖그리스도교〗 오순절(五旬節) 성령 강림절
Pèn·te·cós·tal *a.*
pent·house [pénthàus] *n.* (*pl.* **-hous·es** [-hàuziz]) **1** 펜트하우스 《빌딩 옥상의 고급 주택》 **2** (빌딩의) 옥탑(屋塔) **3** 벽에 붙여 내단 지붕 **4** 챙; 눈썹
pent-up [péntʌ́p] *a.* Ⓐ 갇힌; 억압된; 울적한: ~ fury[rage] 울분, 울화
pen·ul·ti·mate [pinʌ́ltəmət] *n., a.* 어미로부터 두 번째의 음절(의)
pen·um·bra [pinʌ́mbrə] *n.* (*pl.* **-brae** [-briː], **~s**) **1** 〖천문〗 반영(半影) 《태양 흑점의 반암부(半暗部) 또는 월식에서 UMBRA 주위의 약간 밝은 부분》 **2** 〖회화〗 명암[농담]의 경계 부분 **3** (의혹 등의) 어두운 그림자; (의미 등의) 경계 영역
pe·nu·ri·ous [pinjúəriəs | -njúər-] *a.* 《문어》 **1** 가난한; 궁핍한, 결핍된(lack) 《*of*》 **2** 인색한 **~·ly** *ad.*
pen·u·ry [pénjuri] *n.* Ⓤ 《문어》 가난, 궁핍; 결핍 《*of*》
pe·o·ny [píːəni] [Gk 「신들의 의사」의 뜻에서; 작약이 약용이었던 데서] *n.* (*pl.* **-nies**) 〖식물〗 작약, 모란
blush like a ~ 얼굴을 새빨갛게 붉히다
⁑peo·ple [píːpl] *n.* **1** [집합적; 복수 취급] **a** 《일반적으로》 **사람들** 《《문어》 특히 사람 수를 문제로 할 경우에는 persons를 쓰지만 《구어》에서는 people을 쓰는 것이 일반적임》: five ~ 5사람 (=five persons) **b** [관사 없이 단독 사용] **세상 사람들**(they) **2** [a ~ 또는 ~s] **국민, 민족 3** [복수 취급; 보통 the 또는 수식어구를 붙여] **a** 〈한 지방의〉 **주민,** 〈한 계급·단체·직업의〉 **사람들**: village ~ 마을 사람들 **b** (선거권을 가진) **국민,** 선거민: government of *the* ~, by *the* ~, for *the* ~ 국민의, 국민에 의한, 국민을 위한 정치 **c** [one's ~] 교구민(敎區民) **d** [one's ~] (군주에 대하여) 신민; 신하, 부하; 하인[종자]들 **e** [one's ~] 《구어》 가족, 친형제 《등》: *my* ~ at home 고향의 가족들, 일가 친척, 조상 **f** [the ~] 서민, 일반 대중, 민중, 평민(=common ~) **4** [집합적; 복수 취급] (동물과 구별하여) 사람, 인간 **5** [**P~**; 집합적; 복수 취급] 〖미국법〗 (주민(州民) 대표로서의) 검찰측
go to the ~ 〈정치 지도자가〉 국민 투표에 호소하다 ***of all ~*** 수많은 사람 가운데에서 하필이면 ***the best ~*** 상류 사회 사람들
— *vt.* **1** 사람을 거주시키다, 식민(植民)하다 **2** 〈동물을〉 많이 살게 하다 **3** …에 거주하다, 살다
Péople's Repúblic of Chína [the ~] 중화 인민 공화국

pep [pep] [*pep*per] *n.* Ⓤ 《구어》 원기, 기력, 정력, 기운, 힘
full of ~ 기운이 넘치는, 원기 왕성한
— *vt.* (**~ped**; **~·ping**) 기운나게 하다, 힘을 북돋우다, 격려하다 《*up*》
pep·lum [pépləm] *n.* (*pl.* **~s, -la** [-lə]) 페플럼 《블라우스 등의 웨이스트 이하에 있는 짧은 스커트 모양의 부분》
⁑pep·per [pépər] *n.* **1 a** Ⓤ **후추 b** 〖식물〗 후추나무속(屬)의 식물 **c** 고추 **2** 자극성(의 것) **3** 신랄(한 것), 혹평; 짜증
— *vt.* **1** 〈후추를〉 뿌리다, 후추로 양념하다 **2** 〈총알·질문 등을〉 퍼붓다; 연타(連打)하다 《*with*》: They *~ed* him *with* difficult questions. 그들은 그에게 어려운 질문을 퍼부었다.
pep·per-and-salt [pépərənsɔ́ːlt] *a., n.* Ⓤ 쑥색의 (옷감); 희끗희끗한 (머리털)
pep·per·box [pépərbɑ̀ks | -bɔ̀ks] *n.* 《미》 후추통[병](《영》 pepper pot)
pep·per·corn [-kɔ̀ːrn] *n.* **1** (말린) 후추 열매 **2** 하찮은 것, 명색만의 집세[지대](=**~ rént**)
pépper gàs 최루 가스
pépper mìll 후추 빻는 기구
pep·per·mint [pépərmìnt] *n.* **1** Ⓤ 〖식물〗 박하 **2** Ⓤ 박하 기름; 페퍼민트 《술》 **3** ⓊⒸ 박하 정제(錠劑); 박하 사탕
pépper pòt 1 《영》 =PEPPERBOX **2** 고추로 양념한 서인도식 고기 스튜
pep·per·y [pépəri] *a.* **1** 후추의[와 같은], 후추 맛이 나는; 얼얼하게 매운 **2** 신랄[통렬]한 **3** 성급한, 화를 잘 내는
pép pìll [보통 *pl.*] 《구어》 흥분제, 각성제
pep·py [pépi] *a.* (**-pi·er**; **-pi·est**) 《미·구어》 원기왕성한, 기운이 넘치는
pep·sin [pépsin] *n.* Ⓤ 〖생화학〗 펩신 《위액 속에 있는 단백질 분해 효소》; 펩신제(劑)
pép tàlk 《구어》 (보통 짧은) 격려 연설
pep·tic [péptik] *a.* Ⓐ **1** 펩신의 **2** 소화(성)의; 소화력 있는, 소화를 돕는
— *n.* 소화제; 건위제
péptic úlcer (위·십이지장의) 소화성 궤양
pep·tone [péptoun] *n.* Ⓤ 〖생화학〗 펩톤 《단백질이 펩신에 의하여 가수(加水) 분해된 것》
⁑per [pər, pəːr] *prep.* …에 의하여, …으로; …에 대하여, …마다: ~ man [week] 한 사람[1주일]에 (얼마)
as ~ …에 따라서: *as* ~ enclosed account 동봉한 계산서대로 ***as ~ usual*** 《구어》 여느 때와 같이, 평소대로
— *ad.* 1인[1개]당, 각각
per- [pə(ː)r] *pref.* **1** [라틴계의 말에 붙여서] 「전부, 모조리 (…하다)」의 뜻: *per*fect, *per*vade **2** 「극히, 매우」의 뜻: *per*fervid **3** 〖화학〗 「과(過)…」의 뜻: *per*oxide
per·ad·ven·ture [pə̀ːrədvéntʃər, pèr-] *ad.* 《고어》 우연히, 혹시나; 만약; 아마
if ~ 혹시 …하면
per·am·bu·late [pərǽmbjulèit] *vt.* 순회[순시]하다, 답사하다; 배회하다, 거닐다 **—** *vi.* 걸어 돌아다니다, 거닐다

P

per·am·bu·la·tion [pəræ̀mbjuléiʃən] *n.* **1** Ⓤ 순회, 순시, 답사 **2** 순회[답사, 측량] 구역 **3** 답사 보고서

***per·am·bu·la·tor** [pərǽmbjulèitər] *n.* **1** ((영)) **유모차** ((略 pram)) **2** ((드물게)) 순시자, 순회자

per an·num [pər-ǽnəm] [L = by the year] *ad.* 1년에 대하여, 1년마다 (yearly) ((略 per an(n).))

per cap·i·ta [pər-kǽpitə] [L = by heads] *ad.* 1인당(per head), 머릿수로 나누어, 개인별로: income ~ 1인당 수입[소득]

P

per·ceiv·a·ble [pərsí:vəbl] *a.* 지각[인지(認知)]할 수 있는 **-bly** *ad.*

‡**per·ceive** [pərsí:v] [L 「완전히 파악하다」의 뜻에서] *vt.* **1 지각(知覺)하다,** 감지(感知)하다, 인지하다, 알아차리다: ~ a faint sound 희미한 소리를 감지하다 // Nobody ~*d* me enter*ing* the room. 아무도 내가 방에 들어가는 것을 알아차리지 못했다. **2 이해하다;** 깨닫다, 〈의미·진상 등을〉 파악하다: I ~*d* him (*to be*) an honest man. 나는 그가 정직한 사람이라는 것을 알았다.

‡**per·cent | per cent** [pərsént] [L 「100에 대하여」의 뜻에서] *n.* (*pl.* ~) **1** Ⓤ **퍼센트,** 백분 ((기호 %; 略 p.c., per ct.)) (cf. PERCENTAGE) **2** ((구어)) 백분율 **3** [*pl.*] (몇 %) 이율의 공채
— *a.* Ⓐ [숫자와 함께] …퍼센트의
— *ad.* 100에 대하여

***per·cent·age** [pərséntidʒ] *n.* ⓊⒸ **1** [보통 a ~] **백분율[비];** 비율, 율: *a* ~ contract 비율 청부 ((앞에 수사가 올 때에는 percent를 사용하고 수사 이외의 것, 예컨대 small, large, great, high 등이 올 때에는 percentage를 사용하는 것이 원칙적이지만 ((구어))에서는 거의 구별하지 않는다)) **2 a** 수수료, 구전 **b** ((구어)) 이익 **c** [*pl.*] (이길) 가망
play the ~s 손익[확률]을 계산하여 행동하다

per·cep·ti·bil·i·ty [pərsèptəbíləti] *n.* Ⓤ 지각[감지, 인지]할 수 있음

***per·cep·ti·ble** [pərséptəbl] *a.* **지각[인지]할 수 있는;** 상당한 정도의 **-bly** *ad.*

***per·cep·tion** [pərsépʃən] *n.* **1** ⓊⒸ **지각(知覺)**(력[작용]); 인식, 인지(認知) **2** 지각되는 것, 지각 대상; 〖법〗 취득액 ((임차료 등의)) **~·al** *a.*

per·cep·tive [pərséptiv] *a.* **1** 지각하는, 지각할 수 있는, 지각력이 있는 **2** 지각이 예민한 **~·ly** *ad.* **~·ness** *n.*

per·cep·tiv·i·ty [pərsèptívəti] *n.* Ⓤ 지각[감지](할 수 있음); 지각(력)

per·cep·tu·al [pərséptʃuəl] *a.* 지각(력)의, 지각이 있는, 지각에 의한 **~·ly** *ad.*

‡**perch**¹ [pə:rtʃ] [L 「막대기」의 뜻에서] *n.* **1** (새의) **횃대**(roost) **2** 높은[안전한] 지위, 편한 자리 **3** 야구장의 좌석 **4** ((영)) 퍼치 ((길이·면적의 단위; 길이 5.03 m, 면적 25.3 m²))
Come off your ~. ((구어)) 비싸게 굴지 말게. ***knock*** a person ***off*** his ~ 나가떨어지게 하다, 골탕먹이다
— *vi.* **1** 〈새가〉 …**에 앉다** ((*on*)): A little bird ~*ed on* a twig. 작은 새가 잔가지에 앉았다. **2** 〈사람이〉 앉다, 자리잡다
— *vt.* **1** 횃대에 앉히다 **2** (불안정한[높은, 좁은] 장소에) 놓다, 두다 ((*on*)): a church ~*ed on* a hill 언덕 위에 있는 교회 **3** [~ one*self* 로] …에 앉다, 자리잡다

perch² *n.* (*pl.* ~, ~·**es**) 〖어류〗 농어무리의 민물고기

per·chance [pərtʃǽns | -tʃɑ́:ns] *ad.* ((문어·고어)) **1** 아마, 어쩌면(perhaps) **2** [if 또는 lest절에서] 우연히

per·cip·i·ence, -en·cy [pərsípiəns(i)] *n.* Ⓤ ((문어)) 지각(력), 인지(력), 식별(력)

per·cip·i·ent [pərsípiənt] ((문어)) *a.* 지각력 있는; 의식적인 — *n.* 지각자(知覺者); 선견지명이 있는 사람, 천리안

per·co·late [pə́:rkəlèit] *vi.* **1 a** 〈액체가〉 삼투(滲透)하다, 스며 나오다 **b** 〈사상 등이〉 스며들다, 침투하다 **2** 〈커피가〉 퍼컬레이터에서 끓다
— *vt.* **1 a** 〈액체가〉 …에 삼투하다 **b** 〈액체를〉 거르다, 여과하다 **2** 〈퍼컬레이터로 커피를〉 끓이다

per·co·la·tion [pə̀:rkəléiʃən] *n.* Ⓤ **1** 여과; 삼출, 삼투 **2** 퍼컬레이션 ((퍼컬레이터로 커피를 끓이기))

per·co·la·tor [pə́:rkəlèitər] *n.* **1** 여과자[기] **2** 퍼컬레이터 ((여과 장치가 달린 커피 끓이개))

per·cus·sion [pərkʌ́ʃən] *n.* ⓊⒸ **1 a** 충격, 충돌 **b** 진동; 격동; 음향 **2** [the ~; 집합적] 〖음악〗 타악기(부) **3** 격발 (장치) **4** 〖의학〗 타진(법)

percússion ìnstrument 타악기

per·cus·sion·ist [pərkʌ́ʃənist] *n.* (오케스트라의) 타악기 연주자

per·cus·sive [pərkʌ́siv] *a.* **1** 충격의 **2** 〖의학〗 타진(법)의

per di·em [pə:r-dí:əm | -dáiem] [L = by the day] *ad.* 하루에 대하여, 일당으로
— *a.* 하루마다의; 일당제의
— *n.* **1** 일당; 일급 **2** 일당 임차[임대]료

per·di·tion [pərdíʃən] *n.* Ⓤ ((문어)) **1** 파멸; 영원한 죽음 **2** 지옥에 떨어짐; 지옥

per·dur·a·ble [pərdjúərəbl | -djúər-] *a.* 오래 지속하는, 영속하는; 불변의, 불후의

per·e·grine [pérəgrin, -grì:n] *a.* **1** 유랑성의; 순회의 **2** 여행[편력] 중의 — *n.* **1** 해외 거주자 **2** 〖조류〗 = PEREGRINE FALCON

péregrine fálcon 〖조류〗 송골매

per·emp·to·ry [pərémptəri] *a.* **1** 엄연한, 단호한 〈명령 등〉 **2** 〖법〗 결정적인, 절대의; 강제적인 **3** 압제적인, 독단적인; 명령적인, 안하무인격인, 건방진, 무엄한 **-ri·ly** *ad.* **-ri·ness** *n.*

***per·en·ni·al** [pəréniəl] [L 「1년 내내 계속되는」의 뜻에서] *a.* **1 사철을 통한 2** 장기간[여러 해] 계속하는; 영구한 **3** 〖식물〗 다년생의; 1년 이상 사는
— *n.* 다년생 식물, 다년초

pe·res·troi·ka [pèrəstrɔ́ikə] *n.* Ⓤ [Russ.] 페레스트로이카 《구소련의 개혁 정책》

perf. perfect; perforate; performance

‡per·fect [pə́:rfikt] [L 「완전하게 만들다」의 뜻에서] *a.* **1 a 완전한**, 더할 나위 없는, 이상적인: The weather was ~. 기후는 그만이었다. **b** (전부) 갖추어진 **2** 아주 숙달한 **3 정확한**; 순수한 **4** Ⓐ 《구어》 **순전한**, 지독한, 심한, 전적인 **5** 최적의, 안성맞춤의 **6** Ⓐ 〖문법〗 완료의
— *n.* 〖문법〗 **1** [보통 *sing.*] 완료 시제 **2** 완료형
— [pərfékt] *vt.* **1 완성하다**; 수행하다 **2** 〈사람을〉 (…에) 숙달시키다 《*in*》; 개선[개량]하다
~ one***self in*** …에 아주 숙달하다
~·ness *n.*

per·fec·ta [pərféktə] *n.* (*pl.* **~s**) 《미》 (경마 등의) 연승식(連勝式) (내기)

pérfect gáme 1 〖야구〗 완전 시합 《무안타·무4구·무실책으로 영패시키는 것》 **2** 〖볼링〗 퍼펙트 《12투 연속 스트라이크; 300점》

per·fect·i·ble [pərféktəbl] *a.* 완전하게 할[될] 수 있는, 완성할 수 있는
per·fèct·i·bíl·i·ty [-bíləti] *n*

‡per·fec·tion [pərfékʃən] *n.* **1** Ⓤ **완전**; 완벽; 마무리, 완성 **2** Ⓤ (기예 등의) (완전) 숙달, 원숙 **3** [the ~] 극치, 전형, 이상 **4** 완전한 사람[것]; 이상; 탁월; [*pl.*] (터득한) 재능, 예능, 교양
be the ~ of …의 극치이다 ***bring to ~*** 완성시키다 ***to ~*** 완전히, 더할 나위없이

per·fec·tion·ism [pərfékʃənìzm] *n.* Ⓤ **1** 완전론 《인간은 종교적·도덕적·사회적·정치적으로 완전한 경지에 도달할 수 있다는 학설》 **2** 완전[완벽]주의

per·fec·tion·ist [pərfékʃənist] *n.* 완전론자; 완벽주의자 — *a.* 완전론(자)의

‡per·fect·ly [pə́:rfiktli] *ad.* **1 완전히**, 이상적으로; 충분히 **2** 《구어》 몹시, 굉장히(very): ~ good weather 굉장히 좋은 날씨 / You are ~ right. 네가 옳고 말고.

per·fec·to [pərféktou] *n.* (*pl.* **~s**) 《미》 퍼펙토 《양끝이 뾰족한 중형(中型) 엽궐련》

pérfect párticiple 〖문법〗 완료 분사 (past participle)

pérfect pítch 〖음악〗 절대 음감(音感)

pérfect ténse [the ~] 〖문법〗 완료 시제

per·fer·vid [pərfə́:rvid] *a.* 매우 열심인; 열정적인; 작열(灼熱)의, 백열적인

per·fid·i·ous [pərfídiəs] *a.* 《문어》 불성실한, 배반의 **~·ly** *ad.* **~·ness** *n.*

per·fi·dy [pə́:rfədi] *n.* (*pl.* **-dies**) **1** Ⓤ 불성실, 배반 **2** 불성실[배반] 행위

per·fo·rate [pə́:rfərèit] [L 「구멍을 뚫다」의 뜻에서] *vt.* **1** 구멍을 내다; 뚫다 **2** 〈종이에〉 바늘 구멍을 내다 **3** (송곳 등으로) 뚫다, 관통하다 — *vi.* 구멍을 내다, 꿰뚫다, 뚫고 들어가다 《*into, through*》

per·fo·ra·tion [pə̀:rfəréiʃən] *n.* **1** Ⓤ 구멍뚫기, 천공; 바늘 구멍 뚫기; 관통 **2** 구멍; 바늘 구멍, 절취선[점선]

per·fo·ra·tor [pə́:rfərèitər] *n.* 구멍 뚫는 사람[기구]; 표 찍는 가위; 〖컴퓨터〗 천공기

per·force [pərfɔ́:rs] *ad.* 《고어·문어》 부득이; 필연적으로

‡per·form [pərfɔ́:rm] [L 「완전히 해내다」의 뜻에서] *vt.* **1 이행하다, 실행하다**, 다하다; 수행하다; 성취하다 **2 상연하다, 연기하다**; 연주하다 **3** 〈의식 등을〉 집행[거행]하다
— *vi.* **1** 명령[약속]을 이행하다 **2 연기하다, 연주하다**, 〈악기를〉 타다, 켜다, 불다 《*on*》; 〈동물이〉 재주를 부리다 **3** [well 등의 부사와 함께] 〈기계·사람이〉 (잘) 작동하다, 일하다

per·form·a·ble [pərfɔ́:rməbl] *a.* 이행[성취, 상연, 연주]할 수 있는

‡per·for·mance [pərfɔ́:rməns] *n.* **1** Ⓤ **실행**, 이행; 성취, 성과, 성적; (의식 등의) 집행, 거행 **2** ⓊⒸ 일, 작업; (기계의) 성능 **3** ⓊⒸ 선행(善行); 공적 **4 상연, 연기**, 연주 **5** [a ~] 《구어》 어리석은[꼴불견의] 짓 **6** Ⓤ 〖언어〗 언어 운용

perfórmance àrt 〖예술〗 퍼포먼스 아트 《육체의 행위를 음악·영상·사진 등을 통하여 표현하려는 1970년대에 시작된 예술 양식》

***per·form·er** [pərfɔ́:rmər] *n.* **1 실행**[이행, 수행, 성취]**자 2** 명수, 선수 《*at*》 **3 연기자, 연주자**, 가수, 곡예사

per·fórm·ing árts [pərfɔ́:rmiŋ-] 공연 예술, 무대 예술 《연극·음악·무용 등》

‡per·fume [pə́:rfju:m, pə(:)rfjú:m] [L 「주위에 연기 나는」의 뜻에서] *n.* **1** ⓊⒸ **향수**, 향료 **2** Ⓤ **향기**, 방향(芳香), 향내
— [pərfjú:m, pə́(:)rfju:m] *vt.* **1** 향수를 뿌리다; 향기로 채우다 **2** 《문어·시어》 …에 향내를 풍기다

per·fum·er [pərfjú:mər, pə́:rfju:m-] *n.* 향수 상인, 향수 제조자

per·fum·er·y [pərfjú:məri] *n.* (*pl.* **-er·ies**) **1** Ⓤ [집합적] 향수류(類), 향료 **2** Ⓤ 《미》 향수 **3** Ⓤ 향수 제조[판매]업 **4** 향수 제조[판매]소

per·func·to·ry [pərfʌ́ŋktəri] *a.* **1** 마지못해 하는, 형식적인, 기계적인; 피상적인 **2** 할 마음이 없는, 열의가 없는
-ri·ly *ad.* **-ri·ness** *n.*

per·go·la [pə́:rgələ] *n.* 페르골라 《담쟁이 등으로 덮인 정자; 그 그늘 시렁》

‡per·haps [pərhǽps, pərǽps] *ad.* **1** 아마; 혹시: *P*~ that's true. 어쩌면 그것은 사실일지도 모른다. **2** 가능하시다면: *P*~ you would be good enough to write to me. 혹시 가능하시다면 저에게 편지 주세요.

peri- [péri] *pref.* 「주변, 근처」의 뜻

per·i·carp [pérəkà:rp] *n.* 〖식물〗 과피(果皮)

Per·i·cles [pérəklì:z] *n.* 페리클레스 (495?-429 B.C.) 《아테네의 장군·정치가》

per·i·dot [pérədàt, -dou | -dɔ̀t] *n.* Ⓤ 〖광물〗 (짙은 녹색의) 투명 감람석(橄欖石)

per·i·gee [pérədʒìː] *n.* [보통 *sing.*] 〖천문〗 근지점(近地點) 《달·인공위성이 지구에 가장 가까워지는 점; opp. *apogee*》

per·i·he·li·on [pèrəhíːljən] *n.* (*pl.* **-li·a** [-ljə], **~s**) 〖천문〗 근일점(近日點) 《태양계의 천체가 태양에 가장 가까워지는 위치; opp. *aphelion*》

‡**per·il** [pérəl] *n.* ⓊⒸ **위험**, 위난
at one**'s** ~ 위험을 각오하고, 자기의 책임으로 **at the ~ of** …을 무릅쓰고 **in ~ of** …의 위험에 부딪쳐

‡**per·il·ous** [pérələs] *a.* **위험한**, 모험적인; 위기에 처한 **~·ly** *ad.* **~·ness** *n.*

per·i·lune [pérəlùːn] *n* 〖천문〗 근월점(近月點) 《인공위성이 그 궤도상에서 달에 가장 가까워지는 점》

pe·rim·e·ter [pərímətər] *n.* **1** 〖수학〗 (2차원 도형의) 주변(周邊)[주위, 주계(周界)](의 길이)(boundary) **2** 〖안과〗 (주변) 시야계(視野計) **3** 〖군사〗 (군사 기지·비행장 등의 지구 주변의) 방어선[지대], 경계선

per·i·na·tal [pèrənéitl] *a.* 〖의학〗 (소아과에서) 주생기의; (산과에서) 주산기의

per·i·ne·um [pèrəníːəm] *n.* (*pl.* **-ne·a** [-níːə]) 〖해부〗 회음(會陰)(부)

‡**pe·ri·od** [píəriəd] *n.* **1 기간 2 시대**, …시(時), 시기; (발달 과정의) 단계 **3 수업시간 4 끝**, 말기, 종결 **5** 〖천문·물리〗 주기, 자전[공전] 주기 **6 마침표**, **종지부**, 생략점 《.》
at stated ~s 정기(定期)에[적으로] **come to a ~** 끝나다 **for a** [**the**] **~ of** six years = **for a** six-year **~** 6년간 **put a ~ to** …에 종지부를 찍다, …을 끝내다
— *a.* **1** Ⓐ 시대의: a ~ novel 시대 소설 **2** Ⓟ (영·구어) 시대에 뒤진
— *int.* (미·구어) [이야기 끝을 강조하여] (이상) 끝, 이상이다(《영·구어》 full stop)

*__pe·ri·od·ic__ [pìəriɑ́dik | -ɔ́d-] *a.* Ⓐ **1 주기적인**; 정기[정시]의: a ~ wind 〖항해〗 계절풍 **2** 시대의 **3** 간헐(間歇)[단속]적인 **4** 〖수사학〗 완전문의; 장문의; 도미문(掉尾文)의(opp. *loose*)

*__pe·ri·od·i·cal__ [pìəriɑ́dikəl | -ɔ́d-] *a.* **1 정기 간행의 2** = PERIODIC
— *n.* **정기 간행물** 《일간 신문을 제외한》, 잡지 **~·ly** *ad.* 정기[주기]적으로

pe·ri·o·dic·i·ty [pìəriədísəti] *n.* (*pl.* **-ties**) Ⓤ 주기[정기]성

periódic láw [the ~] 〖화학〗 주기율(周期律)

periódic táble [the ~] 〖화학〗 원소 주기표

per·i·o·don·tal [pèriədɑ́ntl | -dɔ́n-] *a.* 〖치과〗 치주(齒周)[치근막]의[에 생기는]

per·i·o·don·ti·tis [pèrioudɑntáitis | -dɔn-] *n.* Ⓤ 〖치과〗 치주염(齒周炎), 치근막염

périod pìece 1 시대물 《과거 어느 시대의 특색을 나타내는 소설·그림·장식 등》 **2** 《구어·익살》 시대에 뒤떨어진 사람[사물]

per·i·pa·tet·ic [pèrəpətétik] [Gk 「걸어 다니다」의 뜻에서] *a.* **1** [**P~**] 〖철학〗 소요 학파(逍遙學派)의 《Aristotle이 Lyceum의 뜰을 소요하면서 제자들을 가르쳤다는 데서》 **2** 걸어다니는; 두루 다니는, 도부치는, 순회의
— *n.* **1** 걸어 돌아다니는 사람; 행상인, 도붓장수 **2** [**P~**] 〖철학〗 소요학파의 사람 **-i·cal·ly** *ad.*

pe·riph·er·al [pərífərəl] *a.* **1** 주위의, 주변의; 주변적인, 말초적인 **2** (신경의) 말초의 **3** 〖컴퓨터〗 주변 장치의 **~·ly** *ad.*

perípheral devíce[**únit**] 〖컴퓨터〗 주변 장치 《중앙 처리 장치와 대비해 카드 천공기·라인 프린터·자기 테이프 장치 등》

pe·riph·er·y [pərífəri] [Gk 「주위를 움직이는」의 뜻에서] *n.* (*pl.* **-er·ies**) **1** [보통 the ~] **a** (원·곡선 등의) 주위, 외주(外周), 둘레; (물체의) 표면, 겉면; 주변 **b** [the ~] (정치상의) 소수파, 야당 **2** [집합적] 〖해부〗 (혈관·신경의) 말초

pe·riph·ra·sis [pərífrəsis] [Gk 「완곡하게 말하다」의 뜻에서] *n.* (*pl.* **-ses** [-sìːz]) **1** Ⓤ 〖수사학〗 완곡법(婉曲法), 우언법(迂言法) **2** 에두르는 말씨[글귀, 표현]

per·i·phras·tic [pèrəfrǽstik] *a.* **1** 에두르는 **2** 〖수사학〗 완곡한, 우언적인 **-ti·cal·ly** *ad.*

per·i·scope [pérəskòup] [Gk 「둘러보다」의 뜻에서] *n.* 잠망경(潛望鏡), 전망경

per·i·scop·ic, -i·cal [pèrəskɑ́pik(əl) | -skɔ́p-] *a.* **1** 사방을 전망할 수 있는 **2** 잠망경의[같은]

‡**per·ish** [périʃ] [L 「사라지다」의 뜻에서] *vi.* **1** (갑자기) **죽다 2 멸망하다**, 사멸하다, 소멸하다; 사라지다: All his books *~ed in* the fire. 그의 책은 모두 잿더미로 사라졌다. **3** 말라죽다; 썩다; (정신적으로) 부패[타락]하다 **4** 《영·구어》 (너무 써서) 물건[고무 제품]의 품질이 떨어지다[나빠지다]
~ by the sword 〖성서〗 칼로 망하다
— *vt.* **1** 〈식물을〉 말려 죽이다; 〈추위·기아 등이〉 죽게 하다 **2** [보통 수동형으로] 몹시 괴롭히다: be *~ed with* hunger 배고픔에 몹시 시달리다 **3** 《영》 (너무 써서 품질을) 떨어뜨리다, 나빠지게 하다
P~ the thought! 집어치워, 당치도 않다!

per·ish·a·ble [périʃəbl] *a.* 썩기 쉬운; 깨지기 쉬운; (말라) 죽기 쉬운
— *n.* [*pl.*] 썩기 쉬운 물건[식품] 《특히 운송 도중의 생선》

per·ish·er [périʃər] *n.* **1** 사멸(하게) 하는 것 **2** 《영·속어》 무모한 도박꾼; 바보 **3** 《영·속어》 귀찮은 놈

per·ish·ing [périʃiŋ] *a.* **1** 죽는, 망하는, 말라죽는, 썩는 **2** Ⓟ (구어) 몹시 추운 **3** Ⓐ 《영·속어》 싫은, 성가신; 심한, 지독한: a ~ bore 지독히 따분한 사람[것] **~·ly** *ad.*

per·i·stal·sis [pèrəstɔ́ːlsis | -stǽl-] *n.* (*pl.* **-ses** [-siːz]) ⓊⒸ 〖생리〗 연동(蠕動)(운동) **-stál·tic** [-tik] *a.*

per·i·style [pérəstàil] *n.* **1** 〖건축〗 주주식(周柱式), 열주랑(列柱廊) **2** 열주가 있는 장소[안뜰]

per·i·to·ne·um [pèrətəníːəm] *n.* (*pl.* **~s, -ne·a** [-níːə]) 〖해부〗 복막(腹膜)

per·i·to·ni·tis [pèrətənáitis] *n.* Ⓤ 〖병리〗 복막염

per·i·wig [périwìg] *n.* (법률가 등이 쓰는) 가발(假髮)

per·i·win·kle [périwìŋkl] *n.* 〖패류〗 수주고둥의 일종

per·jure [pə́ːrdʒər] *vt.* [~ one*self* 로] 위증(僞證)하다

per·ju·ry [pə́ːrdʒəri] *n.* (*pl.* **-ries**) ⓊⒸ **1** 〖법〗 위증(죄) **2** 서약을 깨뜨림 **3** 새빨간 거짓말

perk[1] [pəːrk] *vi.* **1** 〈귀·꼬리 등이〉 쫑긋 서다 ⦅*up*⦆; 젠체하다, 멋부리다, 으스대다, 주제넘게 나서다: He *~s over* his neighbors. 그는 이웃 사람들에게 으스댄다. **2** (앓고 난 후에) 기운을 회복하다: You'll soon ~ *up*. 곧 기운을 되찾을 거야. **—** *vt.* **1** 멋부려 차려 입다 ⦅*out, up*⦆ **2** 기운 차리게 하다 ⦅*up*⦆; 활기 있게[건방지게] 〈머리·코·꼬리를〉 치켜 올리다 ⦅*up, out*⦆

~ one***self up*** 으스대다, 으쓱거리다

perk[2] *n.* [보통 *pl.*] ⦅구어⦆ = PERQUISITE

perk[3] *vi., vt.* ⦅구어⦆ 〈커피가[를]〉 percolator에서 끓다[끓이다]

perk·y [pə́ːrki] *a.* (**perk·i·er**; **-i·est**) **1** 의기양양한 **2** 자신에 찬; 으스대는, 건방진 **pérk·i·ly** *ad.* **pérk·i·ness** *n.*

perm[1] [pəːrm] *n.* ⦅구어⦆ = PERMANENT WAVE

— *vi., vt.* (머리를) 파마하다

perm[2] *vt.* = PERMUTE

per·ma·frost [pə́ːrməfrɔ̀ːst | -frɔ̀st] *n.* Ⓤ (북극 지방의) 영구 동토층(凍土層)

per·ma·nence [pə́ːrmənəns] *n.* Ⓤ 영구, 항구 불변, 내구성, 영속성

per·ma·nen·cy [pə́ːrmənənsi] *n.* (*pl.* **-cies**) **1** = PERMANENCE **2** 변하지 않는 사람, 영구물, 영속적인 지위

⁑**per·ma·nent** [pə́ːrmənənt] [L 「계속하다」의 뜻에서] *a.* **1 영속하는,** (반)영구적인, 불변의; 내구(耐久)의: a ~ residence 영주(永住) **2** 상설의, 상치(常置)의, 종신의(opp. *temporary*): a ~ committee 상임 위원회

— *n.* ⦅구어⦆ = PERMANENT WAVE

***per·ma·nent·ly** [pə́ːrmənəntli] *ad.* **영구히;** (영구) 불변으로

pérmanent mágnet 〖물리〗 영구 자석

pérmanent tóoth 영구치(cf. MILK TOOTH)

pérmanent wáve 파마(cf. PERM[1])

pérmanent wáy [the ~] ⦅영⦆ (완성된 철도의) 궤도

per·man·ga·nate [pə̀ːrmǽŋgənèit] *n.* 〖화학〗 과(過)망간산염: potassium ~ 과망간산칼륨

per·me·a·bil·i·ty [pə̀ːrmiəbíləti] *n.* Ⓤ **1** 삼투성, 투과성, 투수성(透水性) **2** 〖물리〗 투자율(透磁率), 도자율(導磁率)

per·me·a·ble [pə́ːrmiəbl] *a.* 삼투(滲透)[침투, 투과]할 수 있는, 투과성[삼투성]의 ⦅*to*⦆ **-bly** *ad.*

***per·me·ate** [pə́ːrmièit] *vt.* **1** 〈액체 등이〉 **배어들다,** 스며들다, 번지다, 삼투하다 **2 a** 〈냄새·연기 등이〉 꽉 들어차다, 충만하다, 속속들이 배다 **b** 〈사상 등이〉 (…에) 퍼지다, 보급하다 ⦅*through*⦆

— *vi.* **1** (…에) 배어[스며] 들다 **2** (…에) 퍼지다, 보급되다 ⦅*in, into, among, through*⦆

per·me·a·tion [pə̀ːrmiéiʃən] *n.* Ⓤ **1** 침투, 삼투; 충만 **2** 보급

Per·mi·an [pə́ːrmiən] 〖지질〗 *a.* 이첩기(二疊紀)[계]의, 페름기(紀)[계]의

— *n.* [the ~] 이첩기[층]

per·mis·si·ble [pərmísəbl] *a.* 허가[허용]할 수 있는, 허용되는, 무방한(allowable) **-bly** *ad.*

⁑**per·mis·sion** [pərmíʃən] *n.* Ⓤ **허가,** 허락, 인가; 면허; Ⓒ [보통 *pl.*] 허가증 ***ask for*** [***grant, give***] ~ ***to*** do …하는 허가를 청하다[주다] ***with your*** ~ 당신의 허락을 얻어 ***without*** ~ 허가[허락] 없이, 무단으로

per·mis·sive [pərmísiv] *a.* **1** 허용[허가]하는; 묵인하는 **2** ⦅고어⦆ 임의의 **3** 관대한, 관용적인 **4** 〖유전〗 〈세포가〉 복제를 허용하는 **~·ly** *ad.* **~·ness** *n.*

⁂**per·mit** [pərmít] *v.* (**~·ted**; **~·ting**) *vt.* **1 허락하다, 허가하다:** *P~* me *to* go. = *P~* my go*ing*. 가는 것을 허락해 주십시오. **2** …하게 내버려 두다, 묵인[방임]하다: I can't ~ her smok*ing*[her *to* smoke]. 그녀의 흡연을 묵인할 수 없다. **3** 가능케 하다, 용납하다(admit): Circumstances did not ~ me *to* attend the party. 사정이 있어 파티에 참석할 수 없었다. **4** (…할) 기회를 주다, 여지가 있다 **—** *vi.* **1 허락하다,** 인정하다, 용납하다 **2** (…의) 여지가 있다 ⦅*of*⦆: The situation *~s of* no delay. 사태는 촌각의 지체도 용납하지 않는다.

weather ~ting 날씨가 좋으면

— [pə́ːrmit, pəːrmít] *n.* **허가(증),** 면허(장); 증명서, 감찰

per·mu·ta·tion [pə̀ːrmjutéiʃən] *n.* ⓊⒸ **1** 〖수학〗 순열 **2** 교환, 치환(置換)

per·mute [pərmjúːt] *vt.* **1** 변경[교환]하다, 바꿔 넣다 **2** 〖수학〗 순열로 배치하다; 치환하다

per·ni·cious [pərníʃəs] *a.* **1 유해한,** 유독한, 치명적인(fatal) **2** ⦅고어⦆ 간악[악독]한 **~·ly** *ad.* **~·ness** *n.*

pernícious anémia 〖병리〗 악성 빈혈

per·nick·et·y [pərníkəti] *a.* ⦅구어⦆ **1** 좀스러운, 지나치게 소심한; 차분하지 못한, 성미가 까다로운 **2** 〈일이〉 다루기 힘든, 세심한 주의를 요하는

per·o·rate [pérərèit] *vi.* **1** 연설을 끝맺다 **2** 상세히 이야기하다, 열변을 토하다

per·o·ra·tion [pèrəréiʃən] *n.* ⓊⒸ **1** 결론(을 맺음) **2** 열렬한[열변적인] 연설

per·ox·ide [pərɑ́ksaid | -rɔ́k-] *n.* 〖화학〗 **1** 과산화물(過酸化物) **2** ⦅통속적으로⦆ 과산화수소 ⦅소독·표백용⦆ **—** *vt.* 〈머리털을〉 과산화수소로 표백하다

peróxide blònde 과산화수소로 머리를 금발처럼 표백한 여자

***per·pen·dic·u·lar** [pə̀ːrpəndíkjulər] [L 「연직선」의 뜻에서] *a.* **1 a 수직의,** 직립한 **b** Ⓟ (…와) 직각을 이룬 ⦅*to*⦆ **2** [종종 **P~**] 〖건축〗 수직식의: ~ style 수직식 **3** 깎아지른 듯한, 가파른 **4** ⦅익살⦆ 선 채로의

—*n.* **1** 수(직)선; 수직면 **2** Ⓤ 수직, 수직의 위치[자세] **3** [the ~] 〖건축〗 수직식 건축 (양식) **4** = PLUMB LINE **5** 가파른 경사면, 절벽 **6** Ⓤ 올바른 행동
***out of* (*the*) ~** 경사하여, 기울어져
~·ly *ad*

per·pen·dic·u·lar·i·ty [pə̀ːrpəndìkjulǽrəti] *n.* Ⓤ 수직, 직립(直立)

per·pe·trate [pə́ːrpətrèit] *vt.* **1** 〈나쁜 짓·과오 등을〉 범하다, 저지르다 **2** 함부로 농담하다 **pèr·pe·trá·tion** *n.*

per·pe·tra·tor [pə́ːrpətrèitər] *n.* 나쁜 짓 하는 사람; 가해자, 범인, 하수인

P

‡**per·pet·u·al** [pərpétʃuəl] [L 「꾸준히 구하는」의 뜻에서] *a.* **1** **영속하는, 영구의** (everlasting); **끊임없는** **2** 종신(終身)의 **3 a** 그칠 사이 없는, 잦은 〈잔소리·싸움 등〉 **b** 〖원예〗 사철 꽃이 피는
—*n.* 〖원예〗 사철 꽃이 피는 식물

perpétual cálendar 만세력(萬歲曆)

per·pet·u·al·ly [pərpétʃuəli] *ad.* **1** 영구히, 영속적으로 **2** 끊임없이, 그칠 사이 없이, 일년 내내

perpétual mótion (기계의) 영구 운동

*__per·pet·u·ate__ [pərpétʃuèit] *vt.* **1** **영존[영속]시키다** **2** 〈명성 등을〉 불멸[불후]하게 하다

per·pet·u·a·tion [pərpètʃuéiʃən] *n.* Ⓤ 영구[영속, 불후]화(化); 영구 보존

per·pe·tu·i·ty [pə̀ːrpətjúːəti | -tjúː-] *n.* (*pl.* **-ties**) **1 a** Ⓤ 영속, 영존, 불멸 **b** 영속물 **2** 영속성 **3** Ⓤ 〖법〗 (재산) 영구 구속(拘束), 영대(永代) 소유권 **4** 종신 위계(終身位階); 영구 연금 **5** 단리(單利)가 원금과 같아지는 시기
***in* [*to, for*] ~** 영구히, 불멸[불후]하게
***lease in* ~** 영대 차지권(永代借地權)

‡**per·plex** [pərpléks] [L 「서로 얽히게 하다」의 뜻에서] *vt.* **1** **난처하게 하다, 당황케 하다**(bewilder) **2** 혼란케 하다, 복잡하게 하다 **~·ing** *a.* 난처[당황]하게 하는; 착잡한, 복잡한

per·plexed [pərplékst] *a.* **1** 난처한, 어찌할 바를 모르는, 당황한 《*at, by, with*》: *with* a ~ expression 난처한 표정으로 **2** 〈문제 등이〉 복잡한, 골치 아픈
per·plex·ed·ly [-pléksidli] *ad.*

*__per·plex·i·ty__ [pərpléksəti] *n.* (*pl.* **-ties**) **1** Ⓤ **당황**, 곤혹; 분규, 혼란 **2** 난처한 일, 난국 ***in* ~** 당황하여 ***to* one's ~** 난처하게도, 딱하게도

per·qui·site [pə́ːrkwəzit] *n.* [종종 *pl.*] **1** 임시 수입, (합법적인) 부수입 **2** 팁, 행하(行下); 특권(으로 요구되는 것)

per·ry [péri] *n.* Ⓤ 《영》 페리주 《배(pear)를 발효시킨 술》

Per·ry [péri] *n.* 남자 이름

Pers. Persia(n); Perseus

per se [pəːr-séi, -síː] [L = in itself] *ad.* 그 자체가[로](by[in] itself), 원래

*__per·se·cute__ [pə́ːrsikjùːt] [L 「뒤쫓다」의 뜻에서] *vt.* **1** [보통 수동형으로] 〈특히 종교·인종 등의 이유로〉 **박해하다**, 학대하다 **2** (짓궂게) **괴롭히다**; 〈동물을〉 혹사하다 《*with, by*》

*__per·se·cu·tion__ [pə̀ːrsikjúːʃən] *n.* Ⓤ (종교적) **박해**; 졸라댐, 치근댐: suffer ~ 박해를 받다

persecútion còmplex[mània] 〖정신의학〗 피해[박해] 망상

per·se·cu·tor [pə́ːrsikjùːtər] *n.* 박해[학대]자

Per·seph·o·ne [pərséfəni] *n.* 〖그리스 신화〗 페르세포네 《지옥의 여왕》

Per·se·us [pə́ːrsiəs, -sjuːs] *n.* **1** 〖그리스신화〗 페르세우스 《Zeus신의 아들로 Medusa를 퇴치한 영웅》 **2** 〖천문〗 페르세우스자리

‡**per·se·ver·ance** [pə̀ːrsəvíərəns] *n.* Ⓤ **1** **인내**, 인내력, 불굴(不屈), 악착스러움, 견인불발 **2** 〖그리스도교〗 궁극적 구원

*__per·se·vere__ [pə̀ːrsəvíər] [L 「몹시 엄한(severe)」의 뜻에서] *vi.* **인내하다**; 굴하지 않고 해내다 《*at, in, with; in doing*》

per·se·ver·ing [pə̀ːrsəvíəriŋ] *a.* 참을성 있는, 굴하지 않는, 끈기 있는 **~·ly** *ad.*

*__Per·sia__ [pə́ːrʒə | -ʃə] *n.* **페르시아** 《1935년 이란(Iran)으로 개칭》

‡**Per·sian** [pə́ːrʒən | -ʃən] *a.* **1** **페르시아의** **2** 페르시아 사람[말]의 —*n.* **1** 페르시아 사람 **2** Ⓤ 페르시아 말

Pérsian blínds 페르시안 블라인드 《베니션 블라인드 비슷한 발》

Pérsian cárpet[rúg] 페르시아산 수직(手織) 융단

Pérsian cát 〖동물〗 페르시아 고양이

Pérsian Gúlf [the ~] 페르시아만 《아라비아 반도와 이란 사이의 만》

per·si·flage [pə́ːrsiflɑ̀ːʒ] *n.* Ⓤ 《문어》 놀려댐; 조롱, 농담

*__per·sim·mon__ [pərsímən] *n.* **1** 〖식물〗 **감나무** **2** **감** 《열매》

‡**per·sist** [pərsíst, -zíst] [L 「계속하여 확고히 서다」의 뜻에서] *vi.* **1** **고집하다**, (계속) **주장하다** 《*in*》, 끝까지 하다: ~ *in* one's opinion 자기 의견을 고집하다 **2** **지속하다**(last) 《*in*》; 존속하다, 잔존하다, 살아남다

*__per·sist·ence, -en·cy__ [pərsístəns(i), -zíst-] *n.* Ⓤ **1** **끈기, 끈덕짐**, 고집 **2** 영속, 존속(함), 지속성, 인내력

‡**per·sist·ent** [pərsístənt, -zíst-] *a.* **1** **고집 센**, 악착같은 **2** **영속하는**, 끊임없는; 불변의 **3** 〖생물〗 〈잎이〉 지지 않는 **4** 〖화학〗 〈화학 약품, 특히 살충제가〉 분해하기 어려운; 〖세균〗 〈바이러스 등이〉 잠복기가 긴 **~·ly** *ad.*

per·snick·et·y [pərsníkəti] *a.* 《미·구어》 **1** 속물적인 **2** = PERNICKETY

‡**per·son** [pə́ːrsn] [L 「배우의 가면」에서 「배우」 → 「인간」 의 뜻에서] *n.* **1 a** **사람** **b** **신체**, 몸 **c** **풍채**; 인격, 개성: He asserted the dignity of his own ~. 그는 자기 인격의 존엄성을 주장했다. **2** 〖법〗 인(人): the artificial [juristic] ~ 법인/the natural ~ 자연인 **3** 〖문법〗 인칭: the first[second, third] ~ 제 1[2, 3]인칭 **4** [때로 **P~**] 〖신학〗 위(位), 위격(位格) 《3위일체의 하나》: the three ~*s* of the Godhead 하느님의 3위 《성부·성자·성령》 **5** (연극의)

등장인물, (소설의) 인물 **6** 『동물』 개체 **7** 《경멸》 녀석, 놈
in ~ 자기 스스로, 본인이; 모습은; (사진이 아닌) 실물로 ***in*** one***'s*** (***own***) ~ = 《고어》 ***in*** (one***'s***) ***proper*** ~ (대표가 아니고) 개인 자격으로 ***in the*** ~ ***of*** …이라는 사람[인물]으로; …의 자격으로, …을 대표[대신]하여 ***on*** one***'s*** ~ 몸에 지녀, 휴대하여

-person [pə̀:*r*sn] 《연결형》「사람」의 뜻 《-man, -woman, -lady의 대용으로 쓰임》: chair*person*, sales*person*

per·so·na [pə*r*sóunə] [L = person] *n.* (*pl.* **-nae** [-ni:], **~s**) **1** 사람(person) **2** [*pl.*] (연극 등의) 등장인물 **3** (*pl.* **~s**) 『심리』 페르소나, 외적 인격 《가면을 쓴 인격》

per·son·a·ble [pə́:*r*sənəbl] *a.* 풍채[용모]가 단정한, 품위 있는, 의젓한

***per·son·age** [pə́:*r*sənidʒ] *n.* **1** 《문어》 **명사**, 요인, 저명인 **2** 사람(person); 개인 **3** (연극·소설의) (등장) 인물, 역, 배역 **4** Ⓤ 《고어·익살》 자태, 풍채

‡**per·son·al** [pə́:*r*sənl] *a.* **1 개인의**, **2 개인에 대한**; 인신공격의 **3 본인이 직접 하는**, 본인의: a ~ interview 직접 면접 **4 인격적인**, 사람의 **5 신체의**, 풍채의, 자태의 **6** 『법』 〈재산 등이〉 사람에 속하는, 대인의, 인적(人的)인, 가동(可動)의 **7** 『문법』 인칭의
— *n.* **1** [*pl.*] 『법』 동산(動産)(= ~ property) **2** 《미》 = PERSONAL COLUMN **3** 《구어》 (연락용) 개인 광고 **4** 《구어》 인물 비평

pérsonal assístant 개인 비서

pérsonal cáll 《영》 지명 통화(person-to-person call)

pérsonal cólumn (신문의) 개인 소식란, 인사란

pérsonal compúter 『컴퓨터』 퍼스널 컴퓨터 《개인이 전용하는 소형 컴퓨터》

pérsonal dígital assístant 『컴퓨터』 개인 휴대 정보 단말기 《전자 시스템 수첩·퍼스널 통신기 등; 略 PDA》

pérsonal efféc ts 소지품, 일상 용품

pérsonal equátion **1** 『천문』 (관측상의) 개인 오차 **2** 《일반적으로》 개인차

pérsonal estáte = PERSONAL PROPERTY

pérsonal identificátion nùmber 『컴퓨터』 개인 식별 번호, 비밀 번호《略 PIN》

‡**per·son·al·i·ty** [pə̀:*r*sənǽləti] *n.* (*pl.* **-ties**) **1** Ⓤⓒ **개성, 성격**; 인격 **2** Ⓤ 사람으로서의 존재 **3 명사**(名士) **4** [보통 *pl.*] 인신 공격, 인물 비평 **5** Ⓤ 《드물게》 동산(動産)(personalty) **6** (장소·상황의) 독특한 분위기

personálity cùlt 개인 숭배

personálity tèst 『심리』 성격[인격] 검사

per·son·al·ize [pə́:*r*sənəlàiz] *vt.* **1** 개인화하다; 인격화[인간화]하다 **2** (…에) 자기의 이름[머리글자 《등》]을 붙이다[넣다] **3** 〈…을〉 개인의 전유물[문제]로 하다 **4** 『수사학』 의인화하다
pèr·son·al·i·zá·tion *n.*

‡**per·son·al·ly** [pə́:*r*sənəli] *ad.* **1 몸소**, 친히, 직접(in person) **2 개인적으로**; 하나의 인간으로서 **3** [보통 문두에 써서] **자기로서(는)** **4** (개인에게) 빗대어

pérsonal prónoun 『문법』 인칭 대명사

pérsonal próperty 『법』 동산(動産), 인적(人的) 재산

per·son·al·ty [pə́:*r*sənəlti] *n.* (*pl.* **-ties**) Ⓤⓒ 『법』 동산(動産)

per·son·ate [pə́:*r*sənèit] *vt.* **1** …의 역을 맡다, …으로 분장하다 **2** …인 체하다, …의 이름을 사칭하다 **3** 〈극장·작품 등에서〉 개성을 나타내다 **4** (시 등에서) 의인화하다

per·son·a·tion [pə̀:*r*sənéiʃən] *n.* Ⓤ 역을 맡아 함; 인명[신분] 사칭

***per·son·i·fi·ca·tion** [pə*r*sɑ̀nəfikéiʃən | -sɔ̀n-] *n.* **1** Ⓤ **인격화, 의인화**(擬人化); 체현(體現), 구현 **2** [the ~] 전형, 권화(權化), 화신 《*of*》 **3** Ⓤⓒ 『수사학』 의인법

per·son·i·fy [pə*r*sɑ́nəfài | -sɔ́n-] *vt.* (**-fied**) **1** 의인(擬人)화하다, 인격화하다, 인격[인성(人性)]을 부여하다 **2** 구체화하다(embody); 상징하다(typify); …의 화신[전형]이 되다

per·son·kind [pə̀:*r*snkáind] *n.* [집합적] 인류; 인간 《성차별을 피하기 위해 mankind 대신에 씀》

***per·son·nel** [pə̀:*r*sənél] *n.* Ⓤ **1** [집합적] **a** (관청·회사 등의) **(총)인원**, (전)직원 **b** 《미》 사람들: five ~ 다섯 사람(five people) **2** 인사과, 인사부
— *a.* Ⓐ 직원의, 인사의

personnél càrrier (장갑(裝甲)한) 병사 수송차

per·son-to-per·son [pə́:*r*sntəpə́:*r*sn] *a., ad.* **1** 〈장거리 전화가〉 지명 통화의[로]: a ~ call 지명 통화 **2** 개인 대 개인의[으로]

***per·spec·tive** [pə*r*spéktiv] [L = look through] *n.* **1** Ⓤ **원근법, 투시 화법**; ⓒ 원근[투시]도 **2** Ⓤⓒ 원근감, 균형; (사물을) 내다 보는 힘, 균형 있게 보기; 시각, 견지 **3 원경**(遠景), 원근, 조망 **4 전망**, 전도 **5 견해, 관점**, 사고방식
in ~ (1) 원근법에 의하여 (2) 전체적 시야로; 진상을 바르게 ***out of*** ~ 원근법에서 벗어나, 원근법에 의하지 않고
— *a.* Ⓐ 원근[투시] 화법의; 원근법에 의한: ~ representation 원근[투시] 화법
~·ly *ad.*

Per·spex [pə́:*r*speks] *n.* (비행기의) 방풍 유리 《투명 아크릴 유리; 상표명》

per·spi·ca·cious [pə̀:*r*spəkéiʃəs] *a.* 《문어》 선견지명이 있는, 통찰력이 있는, 총명한 **~·ly** *ad.* **~·ness** *n.*

per·spi·cac·i·ty [pə̀:*r*spəkǽsəti] *n.* Ⓤ 통찰력; 총명

per·spi·cu·i·ty [pə̀:*r*spəkjú:əti] *n.* Ⓤ (언어·문장 등의) 명쾌(도), 명확함

per·spic·u·ous [pə*r*spíkjuəs] *a.* 〈언어·문체 등이〉 명쾌한, 명료한
~·ly *ad.* **~·ness** *n.*

***per·spi·ra·tion** [pə̀:*r*spəréiʃən] *n.* Ⓤ **발한**(發汗) (작용); Ⓤⓒ 땀

***per·spire** [pə*r*spáiə*r*] [L「통하여 호흡하다」의 뜻에서] *vi., vt.* **땀을 흘리다**, 발한하다; 발산시키다, 증발하다

per·suad·a·ble [pərswéidəbl] *a.* 〈사람 등이〉 설득될 수 있는
‡**per·suade** [pərswéid] [L「완전히 권하다」의 뜻에서] *vt.* **1 설득하다, 권하여 …시키다**: He *~d* me *to* forgive her. 그는 그녀를 용서하도록 나를 설득했다. **2 확인시키다, 믿게 하다, 납득시키다**《*of*》 ***be ~d of*** [***that*** ...] …을 확신하고 있다 ~ one***self*** 확신하다
per·suad·er [pərswéidər] *n.* **1** 설득자 **2**《속어》강요나 강제하는 것[무기]《권총, 채찍 등》
*__per·sua·sion__ [pərswéiʒən] *n.* **1** Ⓤ 설득, 납득; 설득력 **2** Ⓤ 확신, 신념(belief); 의견; 신앙, 신조 **3** 교의(教義), 교파: He is of the Roman Catholic ~. 그는 천주교 신자다. **4** [보통 a ~]《익살》종류, 계급, 성별: *a* man of the Jewish ~ 유대인 / the male ~ 남성
*__per·sua·sive__ [pərswéisiv] *a.* **설득력 있는**; 말씨가 능란한
pert [pəːrt] *a.* **1** 건방진, 주제넘은 **2**〈옷 등이〉멋진, 스마트한 **3**《구어》활발한, 민첩한 **pért·ly** *ad.* **pért·ness** *n.*
*__per·tain__ [pərtéin] *vi.* **1 속하다, 부속하다**《*to*》: the house and the land *~ing to* it 가옥과 거기에 부속된 토지 **2** 적합하다, 알맞다《*to*》 **3** 관계하다《*to*》: documents *~ing to* schools 학교 관계의 서류
per·ti·na·cious [pə̀ːrtənéiʃəs] *a.*《문어》**1** 굽히지 않는, 악착스러운; 끈기 있는, 완고한 **2**〈병 등이〉끈질긴 **~·ly** *ad.* **~·ness** *n.*
per·ti·nac·i·ty [pə̀ːrtənǽsəti] *n.* Ⓤ 불요불굴(不撓不屈); 끈덕짐, 집착력, 완고
per·ti·nen·cy [pə́ːrtənənsi], **-nence** [-nəns] *n.* Ⓤ 적절, 적당
*__per·ti·nent__ [pə́ːrtənənt] *a.* **1 적절한**, 꼭 들어맞는 **2 관계 있는**, 관련된; (…에) 속하는《*to*》
— *n.* [보통 *pl.*]《스코》〖법〗부속물[품] **~·ly** *ad.*
*__per·turb__ [pərtə́ːrb] *vt.* **교란하다**, 혼란시키다, 어리둥절하게 하다
per·tur·ba·tion [pə̀ːrtə(ː)rbéiʃən] *n.* **1** Ⓤ 마음의 동요, 당황 **2** 불안[근심]의 원인 **3** ⓊⒸ〖물리·천문〗섭동(攝動)
*__Pe·ru__ [pərúː] *n.* **페루**《남미 서해안의 공화국; 수도 Lima》
pe·ruke [pərúːk] *n.* (17-19세기에 유행한 남성의) 가발(wig)
pe·rus·al [pərúːzl] *n.* ⓊⒸ 숙독, 정독
*__pe·ruse__ [pərúːz] [L「죄다 써 버리다」의 뜻에서] *vt.* **1**《문어》**정독[숙독]하다** **2**《구어·익살》읽다
Pe·ru·vi·an [pərúːviən] *a.* 페루 (사람)의 — *n.* 페루 사람
perv [pəːrv]《호주·속어》*n.* 성적 도착자
*__per·vade__ [pərvéid] [L=spread through] *vt.* **1 널리 퍼지다**, 보급하다 **2**〈냄새·기분 등이〉**배어[스며]들다**, 침투하다 **3** 세력을 떨치다, 주름잡다
per·va·sive [pərvéisiv] *a.* 퍼지는, 보급하는; 배어드는, 스며드는 **~·ly** *ad.* **~·ness** *n.*
*__per·verse__ [pərvə́ːrs] *a.* **1 괴팍한**, 심술궂은, 별난; 외고집인 **2** 앵돌아지는, 성마른; 사악한 **3** 뒤틀어진, 정도를 벗어난, 잘못된 **~·ly** *ad.* **~·ness** *n.*
per·ver·sion [pərvə́ːrʒən | -ʃən] *n.* **1** ⓊⒸ 곡해, 왜곡 **2** ⓊⒸ 남용, 악용, 오용 **3** Ⓤ 악화; 타락 **4** Ⓤ〖정신의학〗(성)도착(倒錯): sexual ~ 성(적) 도착
per·ver·si·ty [pərvə́ːrsəti] *n.* (*pl.* **-ties**) **1** Ⓤ 괴팍함, 심술궂음, 외고집; 사악 **2** 심술궂은[괴팍한] 행위
per·ver·sive [pərvə́ːrsiv] *a.* **1** 정도에서 벗어나게 하는, 그르치는 **2** 악용[곡해]하는《*of*》
*__per·vert__ [pərvə́ːrt] [L「뒤집다」의 뜻에서] *vt.* **1 오해[곡해]하다** **2** 오용[악용, 역용]하다 **3** 그르치다, 유혹하다 **4** 사도(邪道)에 빠뜨리다, 배교자가 되게 하다
— [pə́ːrvərt] *n.* **1** 사도에 빠진 사람; 배교자; 변질자 **2** 성도착자
per·vert·ed [pərvə́ːrtid] *a.* **1**〖병리〗이상(異常)의, 변태의 **2** 사도에 빠진, 그릇된, 비뚤어진 **~·ly** *ad.*
per·vi·ous [pə́ːrviəs] *a.* **1** 투과(透過)시키는, 통과시키는《*to*》 **2**〈도리 등을〉받아들이는, 아는, 따르는《*to*》 **~·ness** *n.* Ⓤ 통과성
pe·se·ta [piséitə] *n.* **1** 페세타《스페인의 화폐 단위; 기호 Pta, P; =100 centimos》 **2** 페세타《스페인의 옛 은화》
pes·ky [péski] *a.* (**-ki·er**; **-ki·est**)《미·구어》귀찮은, 성가신
pe·so [péisou] *n.* (*pl.* **~s**) **1** 페소《중남미·필리핀 등의 화폐 단위》 **2** 1페소 경화[지폐]
pes·sa·ry [pésəri] *n.* (*pl.* **-ries**)〖의학〗(피임용) 페서리; 질 좌약
*__pes·si·mism__ [pésəmìzm] [L「최악」의 뜻에서] *n.* Ⓤ **비관(주의)**, 비관론, 염세(주의)(opp. *optimism*) **-mist** *n.* 비관론자, 염세가
*__pes·si·mis·tic__ [pèsəmístik] *a.* **비관적인**, 염세적인《*about*》(opp. *optimistic*): take a ~ view of …을 비관하다 **-ti·cal·ly** *ad.*
*__pest__ [pest] *n.* **1 해충, 독충**, 해를 끼치는 짐승 **2** [보통 a ~] 성가신 사람, 귀찮은 물건, 골칫거리 **3** Ⓤ《고어》악역(惡疫), 역병(疫病), 페스트, 흑사병
Pes·ta·loz·zi [pèstəlɑ́tsi | -lɔ́tsi] *n.* 페스탈로치 **Johann H. ~** (1746-1827)《스위스의 교육학자》
*__pes·ter__ [péstər] *vt.* **괴롭히다**, 못살게 굴다, 들볶다(vex), 조르다: be *~ed with* …에 시달리다
pest·i·cide [péstəsàid] *n.* 구충제, 살충제
pes·tif·er·ous [pestífərəs] *a.* **1** 전염성의, 감염하기 쉬운 **2** 역병에 걸린 **3** 해로운, 위험한 **4**《구어·익살》성가신, 골치아픈 **~·ly** *ad.*
*__pes·ti·lence__ [péstələns] *n.*《문어》**1** Ⓤ 선(腺) **페스트, 흑사병** **2** ⓊⒸ 악역, 역병
pes·ti·lent [péstələnt] *a.* **1**《문어》악역을 발생[전염, 매개]하는 **2**《문어》해로운, 폐해가 많은; 유독한; 치명적인 **~·ly** *ad.*

pes·ti·len·tial [pèstəlénʃəl] *a.* = PESTILENT **~·ly** *ad.*

pes·tle [péstl] *n.* 막자; 공이, 절굿공이

‡**pet**[1] [pet] *n.* **1 애완동물,** 페트 **2 a** 총아(寵兒), 귀염둥이 **b 귀여운 사람,** 착한 아이 《호칭》 **3** [a ~] [여성이 감탄문에 써서] 굉장히 좋은[멋진] 것
make a ~ of …을 귀여워하다
— *a.* Ⓐ **1 애완의,** 귀여워하며 기르는; 애완동물(용)의 **2 특히 좋아하는,** 자랑거리의(favorite) **3 애정을 나타내는 4** 《구어》 최대의, 특별한
— *v.* (**~·ted**; **~·ting**) *vt.* **1** 귀여워하다; 어루만지다, 응석부리게 하다 **2** 《구어》 〈이성을〉 껴안고 애무하다, 페팅하다
— *vi.* 《구어》 페팅하다

pet[2] *n.* 부루퉁함, 실쭉함, 약이 잔뜩 오름; 울화 ***be in a ~*** 부루퉁하다

Pet. 〖성서〗 Peter

pet·a·flop [pétəflɑ̀p | -flɔ̀p] *n.* [보통 *pl.*] 〖컴퓨터〗 페타플롭 《부동(浮動) 소수점 연산 횟수의 단위; 1페타플롭은 초당 10억의 백만 배의 횟수》

***pet·al** [pétl] *n.* 〖식물〗 **꽃잎,** 화판(花瓣)

pet·al(l)ed [pétld] *a.* [복합어를 이루어] 꽃잎이 있는, …판(瓣)의

pe·tard [pitɑ́:rd | pe-] *n.* 〖역사〗 지뢰, 폭발 기구 《성문 등의 파괴용》
be hoist with one***'s own ~*** 자기 꾀에 자기가 넘어가다, 자승자박하다

Pete [pi:t] *n.* 남자 이름 《Peter의 애칭》

pe·ter[1] [pí:tər] *vi.* 《구어》 〈광맥·물줄기 등이〉 점차 가늘어지다 《*out*》, 다하다; 점차 소멸하다; 지치다 《*out*》

peter[2] [Peter에서] *n.* 《비어》 음경(penis)

***Pe·ter** [pí:tər] [Gk 「돌, 바위」의 뜻에서] *n.* **1** 남자 이름 《약칭 Pete》 **2** 표트르 대제 **~ the Great** (1672-1725) 《제정 러시아의 시조》 **3** [**St. ~**] 〖성서〗 **베드로;** 베드로(전[후])서(書)
rob ~ to pay Paul 한 쪽에서 빼앗아 다른 쪽에 주다, 빚으로 빚을 갚다

pe·ter·man [pí:tərmən] *n.* (*pl.* **-men** [-mən]) 어부; 《속어》 도둑, 날치기; 금고털이

Péter Pán 피터팬 《J. M. Barrie 작의 극 *Peter Pan*의 주인공; 영원한 소년》

Péter Pàn sỳndrome 〖심리〗 피터팬 증후군 《어른이 되지 않으려는 젊은이들의 마음의 병》

pet·i·ole [pétiòul] *n.* 〖식물〗 잎꼭지

pe·tit bour·geois [pətí:-buərʒwɑ́:] [F] *n.* (*pl.* **~s** ~) 소시민 계급의 사람

pe·tite [pətí:t] [petit의 여성형] *a.* 〈여자가〉 몸집이 작고 맵시 있는

pe·tit four [péti-fɔ́:r] [F 「작은 오븐」의 뜻에서] (*pl.* **pe·tits fours** [-z]) 프티 푸르 《작은 케이크의 일종》

‡**pe·ti·tion** [pitíʃən] [L 「청하다」의 뜻에서] *n.* **1 청원, 탄원,** 신청 **2** 기원(祈願) **3** 청원[탄원, 진정]서, 소장(訴狀)
~ in [***of***] ***bankruptcy*** 파산 신청 ***the P~ of Right*** 〖영국사〗 권리 청원 《1628년 의회에서 국왕 Charles I에게 승인시킴》; 〖영국법〗 대(對)정부 권리 회복 소원(訴願)
— *vt.* **청원하다,** 신청하다 《*for, to* do》: ~ the mayor 시장에게 청원하다 // ~ a person *for* pardon …에게 용서를 빌다 // ~ a person *to* do something …에게 …을 해 달라고 간청하다 **—** *vi.* 청원하다, 진정하다, 간청하다 《*for, to* do》: ~ *for* mercy 자비를 빌다 // ~ *to* be allowed to go 가게 해 달라고 진정하다

pe·ti·tion·ar·y [pitíʃənèri | -əri] *a.* 청원[기원, 탄원]의

***pe·ti·tion·er** [pitíʃənər] *n.* **청원자;** (이혼 소송의) 원고(原告)

pe·tit jury [péti-] = PETTY JURY

pét náme (사람·동물의) 애칭 《Bob, Bill, Tom, Kate 등》

petr- [petr], **petro-** [pétrou, -rə], **petri-** [pétri] 《연결형》 「돌, 바위, 석유」의 뜻 《모음 앞에서는 peter-》

Pe·trarch [pí:trɑ:rk | pét-] *n.* 페트라르카 **F. ~** (1304-74) 《이탈리아의 시인》

Pe·trár·chan sónnet [pitrɑ́:rkən-] 〖시학〗 이탈리아식의 소네트

pet·rel [pétrəl] [베드로(St. Peter)와 같이 바다 위를 걷는 것처럼 보인다는 데서] *n.* 〖조류〗 바다제비속(屬)

pet·ri·fac·tion [pètrəfǽkʃən], **-fi·ca·tion** [-fikéiʃən] *n.* **1** Ⓤ 석화(石化) (작용) **2** 석화물, 화석 **3** Ⓤ 소스라쳐 놀람; 망연자실

pet·ri·fied [pétrəfàid] *a.* 석화한; (정신을 잃을 정도로) 술이 취한

pet·ri·fy [pétrəfài] *v.* (**-fied**) *vt.* **1** 〈동·식물 등을〉 석질(石質)로 만들다; 돌처럼 굳게 하다 **2** 무정[완고, 무감각]하게 하다 **3** [종종 수동형으로] 깜짝 놀라게 하다
— *vi.* 석화하다; 굳어지다

pet·ro·chem·i·cal [pètroukémikəl] *n., a.* 〖화학〗 석유 화학 제품(의)

pet·ro·chem·is·try [pètroukémistri] *n.* Ⓤ 석유 화학; 암석 화학

pet·ro·dol·lar [pétroudɑ̀lər | -dɔ̀lə] *n.* [*pl.*] 오일 달러 《산유국이 석유 수출로 획득한》

pe·trog·ra·phy [pitrɑ́grəfi | -trɔ́g-] *n.* Ⓤ 기재(記載) 암석학, 암석 분류

***pet·rol** [pétrəl] [petroleum에서] *n.* Ⓤ 《영》 **휘발유,** 가솔린(《미》 gas, gasoline); 《고어》 석유: a ~ engine 가솔린 기관

pet·ro·la·tum [pètrəléitəm] *n.* Ⓤ 〖화학〗 바셀린; 광유(鑛油)

pétrol bòmb 《영》 화염(火炎)병

***pe·tro·le·um** [pitróuliəm] [L 「돌」과 「기름」에서] *n.* Ⓤ **석유:** crude[raw] ~ 원유

petróleum jélly = PETROLATUM

pe·trol·o·gy [pitrɑ́lədʒi | -trɔ́l-] *n.* Ⓤ 암석학 **-gist** *n.* 암석학자

pétrol stàtion 《영》 주유소(《미》 filling station, gas station)

PÉT scàn [pet-] 〖의학〗 PET 스캔 《양전자 방사 단층 촬영에 의한 화상 검사》

***pet·ti·coat** [pétikòut] [L 「작은(petty)」와 「코트(coat)」에서] *n.* **1 페티코트,** 속치마 **2** [*pl.*]어린이옷, 여성복 **3** 여자; [*pl.*] 여성

P

—*a.* 《익살》 여성의, 여성적인: ~ government 여인 천하; 여성 정치

pet·ti·fog [pétifὰg | -fɔ̀g] [pettifogger의 역성(逆成)] *vi.* (**~ged**; **~·ging**) 말도 안 되는 소리를 늘어놓다; 궤변으로 변호하다

pet·ti·fog·ging [pétifὰgiŋ | -fɔ̀g-] *n.* Ⓤ 엉터리 변호, 협잡 —*a.* 엉터리 변호사식의, 협잡의, 비열한; 시시한

pet·tish [pétiʃ] *a.* 앵돌아지는; 곧잘 뾰루퉁해지는, 심술이 사나운; 성 잘내는

‡pet·ty [péti] *a.* (**-ti·er**; **-ti·est**) **1** 작은, 사소한; 보잘것없는, 소규모의: ~ expenses 잡비 **2** 마음이 좁은, 인색한 **3** 열등한, 하급의

pétty bourgéois = PETIT BOURGEOIS

pétty cásh 잔돈, 푼돈; 소액 현금

pétty júry 〖법〗 소배심(小陪審) 《12명의 배심원으로 구성되는》

pétty lárceny 경(輕)절도죄, 좀도둑질

pétty òfficer 말단 관리; 〖해군〗 하사관

pet·u·lance, -lan·cy [pétʃuləns(i), -tju-] *n.* Ⓤ 성마름, 앵돌아짐, 심술사나움

pet·u·lant [pétʃulənt, -tju-] *a.* 성미 급한, 별난, 까다로운, 성 잘내는 **~·ly** *ad.*

pe·tu·ni·a [pitjúːnjə | -tjúː-] *n.* 〖식물〗 페튜니아 《가짓과(科)》; Ⓤ (암)자색

pew** [pjuː] [OF 「발코니」의 뜻에서] *n.* (교회의) **신도 좌석**; 걸상; 《구어》 《일반적으로》 의자, 자리 ***take a ~ 착석하다

pe·wee [píːwiː] [의성어] *n.* 〖조류〗 딱새(flycatcher)류의 작은 새

pe·wit [píːwit] [의성어] *n.* **1** 〖조류〗 댕기물떼새(lapwing); 갈매기의 일종 **2** 그 울음소리

pew·ter [pjúːtər] *n.* Ⓤ **1** 백랍(白鑞), 양은 《주석과 납 등의 합금》 **2** [집합적] 백랍[양은] 그릇, 큰 컵

pey·o·te [peióuti] *n.* 〖식물〗 (멕시코산의) 선인장의 일종; Ⓤ 그것으로 만든 환각제

pf. perfect; pfennig

p.f. 〖음악〗 *piano forte*

PFC, Pfc. 《미》 Private First Class

pfen·nig [fénig | pfén-] *n.* (*pl.* **~s, -ni·ge** [-nigə]) 페니히 《독일의 구화폐 단위; =1/100마르크》

pfg. pfennig(s)

PG Parental Guidance (Suggested) 《미》 〖영화〗 준일반 영화 《부모의 지도가 요망됨》; postgraduate

pg. page

Pg. Portugal; Portuguese

PGA Professional Golfers Association

pH [píːéitʃ] [*p*otential of *h*ydrogen에서] *n.* 〖화학〗 페하[피에이치] 지수(指數) 《수소 이온 농도 지수》

Ph 〖화학〗 phenyl

ph. phase; phone

PH pinch hitter; Purple Heart

Pha·ë·thon [féiəθən, -θὰn | -θən] *n.* 〖그리스·로마신화〗 파에톤 《태양신 Helios의 아들; 아버지 마차를 잘못 몰아 세계에 큰 화재를 일으키자 Zeus신이 노하여 번갯불로 죽여 재난을 미연에 방지하였다 함》

pha·e·ton [féiətn | féitn] *n.* 4륜 쌍두마차; 포장 자동차

phag·o·cyte [fǽgəsàit] *n.* 〖생물〗 식(食) 세포 《백혈구 등》

pha·lange [fǽləndʒ, fəlǽndʒ] *n.* 〖해부〗 지골(指骨, 趾骨)

pha·lan·ger [fəlǽndʒər] *n.* 〖동물〗 주머니여우, 쿠스쿠스(cuscus) 《오스트레일리아산(產)》

pha·lanx [féilæŋks | fǽl-] *n.* (*pl.* **~·es, -lan·ges** [fəlǽndʒiːz]) **1 a** (고대 그리스의) 방진(方陣) 《창병(槍兵)을 네모꼴로 배치하는 진형》 **b** 밀집 군대; 동지의 집단 **2** = PHALANGE

phal·a·rope [fǽlərὸup] *n.* 〖조류〗 깝작도요 무리

phal·lus [fǽləs] *n.* (*pl.* **-li** [-lai], **~·es**) **1** 남근상(像) **2** 〖해부〗 음경(陰莖); 음핵(陰核)

phan·tasm [fǽntæzm] *n.* **1** 환영(幻影), 허깨비 **2** (죽은 사람·부재자의) 환상; 유령

phan·tas·ma·go·ri·a [fæntæ̀zməgɔ́ːriə] *n.* 주마등같이 변하는 광경[환상]; 요술 환등

phan·tas·ma·gor·ic [fæntæ̀zməgɔ́ːrik, -gάr-] *a.* 환영 같은, 주마등같이 변하는

phan·tas·mal [fæntǽzməl], **-mic** [-mik] *a.* 환영의; 유령의; 공상의

phan·ta·sy [fǽntəsi, -zi] *n.* (*pl.* **-sies**) = FANTASY

***phan·tom** [fǽntəm] *n.* **1 환영**(幻影), 허깨비 **2** 유령, 도깨비 **3** 착각, 망상 **4** 상(像)《*of*》 **5** [**P~**] 〖미군〗 팬텀 전폭기 《F-4의 애칭》 **6** 《미·속어》 가명으로 일하는 사람

—*a.* **1** 환영의, 망상의; 허깨비의, 유령의: a ~ ship 유령선 **2** 외견상의, 겉보기만의: a ~ company 유령 회사

phántom límb 환지(幻肢) 《절단 후 수족이 아직 있는 듯한 느낌이 드는 일》

Phar·aoh [fέərou] *n.* 파라오, 바로 《고대 이집트 왕의 칭호》; 《일반적으로》 전제적인 국왕, 혹사자

Phar·i·sa·ic, -i·cal [fæ̀rəséiik(əl)] *a.* **1** 바리새인의, 바리새주의의 **2** (신앙보다) 형식에 치중하는, 위선의

Phar·i·sa·ism [fǽrəseiìzm] *n.* Ⓤ 바리새주의[파]; [**p~**] (종교상의) 형식주의; 위선

Phar·i·see [fǽrəsìː] *n.* 바리새(파의) 사람; [**p~**] (종교상의) 형식주의자; 위선자

phar·ma·ceu·tic, -ti·cal [fὰːrməsúːtik(əl) | -sjúː-] *a.* 조제의, 제약의, 약학의; 약제(사)의 **-ti·cal·ly** *ad.*

phar·ma·ceu·tics [fὰːrməsúːtiks | -sjúː-] *n. pl.* [단수 취급] (제)약학; 조제학

phar·ma·cist [fάːrməsist], **-ceu·tist** [fὰːrməsúːtist | -sjúː-] *n.* 제약자; 약(제)사, 약제학자

phar·ma·col·o·gy [fὰːrməkάlədʒi | -kɔ́l-] *n.* Ⓤ 약(물)학 **-gist** *n.* 약(물)학자 **-co·lóg·i·cal** [-kəlάdʒikəl | -lɔ́dʒ-] *a.*

phar·ma·co·poe·ia, -pe·ia [fὰ:rməkəpí:ə] *n.* **1** 약전(藥典) **2** [보통 the ~; 집합적] 약종(藥種), 약물류

*__phar·ma·cy__ [fá:rməsi] *n.* (*pl.* **-cies**) **1** Ⓤ **조제술**; 약학; 제약업: a Doctor of *P*~ 약학 박사 《略 Pharm. D》 **2** 약국; 약종상(《미》 drugstore, 《영》 chemist's shop); (병원의) 약국

Pha·ros [féərɑs | -rɔs] *n.* **1** [**p~**] 《시어》 등대, 항로 표지(beacon); 망루 **2** [the ~] 이집트 북부 Alexandria만 안에 있는 파로스 등대

pha·ryn·ge·al [fərínd3iəl, fæ̀rind3í:əl], **pha·ryn·gal** [fəríŋgəl] *a.* 〖해부〗 인두(咽頭)의; 〖음성〗 인두음의

phar·yn·gi·tis [fæ̀rind3áitis] *n.* Ⓤ 〖병리〗 인두염(炎)

phar·ynx [fǽriŋks] *n.* (*pl.* **~·es, pha·ryn·ges** [fərínd3i:z]) 〖해부〗 인두(咽頭)

‡**phase** [feiz] [Gk 「나타나다」의 뜻에서] *n.* **1 a 상**(相), **면**, 현상: a problem with many ~*s* 많은 면을 가진 문제 **b** 〖천문〗 (천체의) 상(相); (달의) 위상(位相) **2** (변화·발달의) **단계**, 상태, 형세, 시기, 국면: enter upon a new ~ 새로운 단계에 들어가다 **3** 〖의학〗 반응 시기(時期) **4** 〖물리·전기〗 상(相), 위상 **5** 〖생물〗 상(相) ***in*** **~** 위상이 같아 (*with*); 동조하여, 일치하여 (*with*) ***out of*** **~** 위상이 달라 (*with*); 부조화하여 (*with*)
— *vt.* **1** 단계적으로 실행하다 **2** 상관시키다, 동시성을 갖게 하다
~ *down* 단계적으로 축소[삭감]하다 **~ *in*** 단계적으로 끌어들이다 **~ *out*** 단계적으로 제거하다[폐지하다]

phase·out [féizàut] *n.* Ⓤ (계획·작전 등의) 단계적 철수, 점차적 해소

phat·ic [fǽtik] *a.* 〖언어〗 〈말 등이〉 사교적인, 교감적(交感的)인

Ph.D. Doctor of Philosophy

*__pheas·ant__ [féznt] *n.* (*pl.* **~s, ~**) 〖조류〗 **꿩**

phen·ac·e·tin [fənǽsətin] *n.* Ⓤ 〖약학〗 페나세틴 《해열·진통제》

Phe·ni·cia [fəníʃə, -ní:ʃ-] *n.* = PHOENICIA

phe·nix [fí:niks] *n.* = PHOENIX

phe·no·bar·bi·tal [fì:noubá:rbətɔ̀:l, -tæ̀l] *n.* Ⓤ 〖약학〗 페노바르비탈(《영》 phenobarbitone) 《수면제》

phe·no·bar·bi·tone [fì:noubá:rbətòun] *n.* Ⓤ 《영》 〖약학〗 페노바르비톤(phenobarbital)

phe·nol [fí:noul, -nɑl | -nɔl] *n.* Ⓤ 〖화학〗 페놀, 석탄산(石炭酸)

phe·nom [finɑ́m | -nɔ́m] *n.* 《미·속어》 천재, 굉장한 사람 《스포츠계 등에서》

*__phe·nom·e·na__ [finɑ́mənə | -nɔ́m-] *n.* PHENOMENON의 복수

phe·nom·e·nal [finɑ́mənl | -nɔ́m-] *a.* **1** 자연 현상의, 자연 현상에 관한 **2** 인지(認知)[지각]할 수 있는, 외관상의 **3** 《구어》 놀랄 만한, 굉장한, 거대한 **~·ly** *ad.*

phe·nom·e·nal·ism [finɑ́mənəlìzm | -nɔ́m-] *n.* Ⓤ 〖철학〗 현상론(現象論)

*__phe·nom·e·non__ [finɑ́mənɑ̀n, -nən | -nɔ́minən] [Gk 「나타나다」의 뜻에서] *n.* (*pl.* **-na**[-nə]) **1 현상 2** 사상(事象); 사건 **3** (*pl.* **~s**) 이상한 물건[일], 진기한 물건; 비범한 인물, 천재: an infant ~ 신동(神童)

phe·no·type [fí:nətàip] *n.* 〖생물〗 표현형(表現型) 《육안으로 볼 수 있는 생물의 형질》

phe·nyl [fénl, fí:- | fí:nail] *n.* Ⓤ 〖화학〗 페닐기(基)

pher·o·mone [férəmòun] *n.* 〖생화학〗 페로몬 《동물의 체외로 분비되는 종내(種內)의 유인 물질》

phew [fju:, pfju:, whju:] *int.* 《실제 회화에서는 휘파람 소리 비슷한 소리를 냄》 **1** [안심하는 기분을 나타내어] 휴, 살았다 **2** [놀람을 나타내어] 저런, 아이쿠 **3** 체! 《초조·불쾌·피로 등을 나타내는》

phi [fai] *n.* (*pl.* **~s**) 그리스 자모의 제21자 《Φ, ϕ; 로마자의 ph에 상당》

phi·al [fáiəl] *n.* 작은 유리병, 《특히》약병

Phi Be·ta Kap·pa [fái-béitə-kǽpə, -bí:tə-] 《미》 파이·베타·카파 클럽 《성적이 우수한 미국 대학생·졸업생으로 조직된 모임》

Phil [fil] *n.* 남자 이름 《Phil(l)ip의 애칭》

phil- [fil], **philo-** [fílou, -lə] [Gk] 《연결형》 「…사랑하는, …좋아하는」의 뜻 《모음 및 h 앞에서는 phil-》

-phil [fil] 《연결형》 = -PHILE

Phil. Philip; Philippians; Philippine(s)

Phil·a·del·phi·a [fìlədélfiə] [Gk 「형제애(brotherly love)」의 뜻에서] *n.* 필라델피아 《미국 Pennsylvania 주의 도시; 略 Phila.》

Philadélphia láwyer 《미·경멸》 민완 변호사

phi·lan·der [filǽndər] *vi.* 〈남자가〉 여자를 건드리다, (일시적으로) 연애하다, 엽색하다 **~·er** *n.* 연애 유희자

phil·an·thrope [fílənθròup] *n.* = PHILANTHROPIST

phil·an·throp·ic, -i·cal [fìlənθrɑ́pik(əl) | -θrɔ́p-] *a.* 인정 많은; 박애(주의)의, 동포애의

phi·lan·thro·pism [filǽnθrəpìzm] *n.* Ⓤ 박애주의, 인애(仁愛)

phi·lan·thro·pist [filǽnθrəpìst] *n.* 박애주의자; 박애가, 자선가

phi·lan·thro·py [filǽnθrəpi] [Gk 「인간을 사랑하다」의 뜻에서] *n.* (*pl.* **-pies**) **1** Ⓤ 박애(주의), 자선 **2** [*pl.*] 자선 행위[사업, 단체]

phil·a·tel·ic, -i·cal [fìlətélik(əl)] *a.* 우표를 수집하는, 우표 연구의

phi·lat·e·list [filǽtəlist] *n.* 우표 수집[연구]가

phi·lat·e·ly [filǽtəli] *n.* Ⓤ 우표 수집[연구, 애호]

-phile [fàil] 《연결형》 「사랑하는 (loving) (사람(lover))」의 뜻(opp. *-phobe*): biblio*phile*

Philem. 〖성서〗 Philemon

Phi·le·mon [filí:mən, fai- | -mɔn] *n.*

〖성서〗 (신약 성서 중의) 빌레몬서(書) 《略 Philem.》
***phil·har·mon·ic** [fìlhɑːrmɑ́nik, fìlər- | fìlɑːmɔ́n-, -hɑː-] *a.* **음악 애호의**; 교향악단의: a ~ orchestra 교향악단
— *n.* (음악 협회 개최의) 음악회, 음악 애호가; [**P~**] 교향악단
phil·hel·lene [fìlhéliːn] *n.* 그리스 애호자, 친(親)그리스주의자, 그리스의 벗
— *a.* 그리스를 좋아하는
phil·hel·len·ic [fìlhelénik | -líːn-] *a.* 그리스를 애호하는
-philia [fíliə] 《연결형》 「…의 경향, …의 병적 애호」의 뜻
-philiac [fíliæ̀k] 《연결형》 「…의 경향이 있는 사람, …에 대해 과도한 식욕·기호를 가진 사람」의 뜻
Phil·ip [fílip] *n.* **1** 남자 이름 **2** 〖성서〗 빌립 《예수의 12 제자의 한 사람》
Phi·lip·pi [fíləpài, filípai] *n.* 빌립보 《Macedonia의 고대 도시》
Phi·lip·pi·ans [filípiənz] *n. pl.* [the ~; 단수 취급] 〖성서〗 (신약 성서 중의) 빌립보서(書) 《略 Phil.》
Phi·lip·pic [filípik] *n.* **1** [the ~s] 아테네의 Demosthenes가 Macedonia 왕 Philip을 공격한 12연설 중의 하나 **2** 로마의 웅변가 Cicero가 Mark Antony를 공격한 여러 연설 중의 하나 **3** [**p~**] 격렬한 공격 연설
Phil·ip·pine [fíləpìːn | ∸-∸] [스페인왕 Philip Ⅱ의 이름에서] *a.* 필리핀 군도[사람]의
Phílippine Íslands [the ~] 필리핀 군도
***Phil·ip·pines** [fíləpìːnz | ∸-∸] *n.* [the ~; 복수 취급] **1** [보통 단수 취급] **필리핀 공화국 2** 필리핀 제도
Phi·lis·tine [fíləstìːn | -tàin] *n.* **1** 필리스틴[블레셋] 사람 《옛날 Palestine 서남부에 살며 이스라엘 사람을 괴롭힌 민족》 **2** [종종 **p~**] 속물, 실리주의자, 교양 없는 사람 **3** (익살) 잔인한 원수 《집달리·비평가 등》
— *a.* 필리스틴 사람의; 속물의, 평범한, 교양 없는
-tin·ìsm *n.* Ⓤ 속물 근성, 실리주의, 무교양
philo- [fílou, -lə] [Gk] 《연결형》 = PHIL-
phi·log·y·ny [filɑ́dʒəni | -lɔ́dʒ-] [Gk 「여성을 좋아하다」의 뜻에서] *n.* Ⓤ 여자를 좋아함, 여성 숭배(opp. *misogyny*)
phil·o·log·i·cal [fìləlɑ́dʒikəl | -lɔ́dʒ-] *a.* 언어[문헌(文獻)]학(상)의 **~·ly** *ad.*
phi·lol·o·gist [filɑ́lədʒist | -lɔ́l-] *n.* **1** 언어학자[연구가] **2** 문헌학자
phi·lol·o·gy [filɑ́lədʒi | -lɔ́l-] *n.* Ⓤ **1** 문헌학 **2** 언어학: comparative ~ 비교 언어학 / English ~ 영어학
phil·o·mel [fíləmèl] *n.* (시어) = NIGHTINGALE
Phil·o·me·la [fìləmíːlə] *n.* **1** 〖그리스신화〗 필로멜라 《nightingale이 된 Athens 왕 Pandion의 딸》 **2** [종종 **p~**] (시어) = NIGHTINGALE

***phi·los·o·pher** [filɑ́səfər | -lɔ́s-] *n.* **1 철학자**: a moral ~ 윤리학자 / a natural ~ 자연 철학자, 물리학자 **2** 철인, 현인; 달관자 **3** (곤란할 때에도) 냉철한 사람; (구어) 사물을 깊이 생각하는 사람
philósophers' [**philósopher's**] **stóne** [the ~] 현자(賢者)의 돌 《비금속을 황금으로 변화시키는 힘이 있다고 연금술사가 찾아 헤매던》; 실현 불가능한 이상, 연금술사의 돌
***phil·o·soph·ic, -i·cal** [fìləsɑ́fik(əl) | -sɔ́f-] *a.* **1 철학의**, 철학에 조예가 깊은 **2** 냉정한, 이성적인, 현명한; 달관한
-i·cal·ly *ad.* 철학적으로, 철학자답게; 냉정하게; 달관하여
phi·los·o·phize [filɑ́səfàiz | -lɔ́s-] *vi.* 철학적으로 설명하다, 사색하다, 이론을 세우다, 철학하다 《*about*》
***phi·los·o·phy** [filɑ́səfi | -lɔ́s-] [Gk 「지식을 사랑하기」의 뜻에서] *n.* (*pl.* **-phies**) **1** Ⓤ **철학**, 형이상학: empirical ~ 경험 철학 / metaphysical ~ 형이상학 / practical ~ 실천 철학 **2** ⓊⒸ 철리(哲理), 원리 **3** Ⓤ 철학적인 정신, 철인적인 태도; 냉정 **4** Ⓤ 대오(大悟), 도통, 체관(諦觀); ⓊⒸ 인생관, 세계관 **5** 철학 체계; 철학서
Doctor of P~ 철학 박사; 박사 《*in*》
phil·ter | **-tre** [fíltər] *n.* 미약(媚藥)
phiz [fiz] [physiognomy의 단축형] *n.* [보통 a ~] 《영·속어》 얼굴, 모습, 용모; 얼굴 표정
phiz·og [fízɔ(ː)g, -∸] *n.* = PHIZ
phle·bi·tis [fləbáitis] *n.* Ⓤ 〖병리〗 정맥염(靜脈炎)
phle·bot·o·my [fləbɑ́təmi | -bɔ́t-] *n.* Ⓤ 〖외과〗 정맥 절개, 방혈(放血), 사혈
phlegm [flem] [Gk 「점액」의 뜻에서] *n.* Ⓤ **1** 담(痰), 가래 **2** 점액적인 성질; 느리고 둔함, 무감각; 냉담, 무기력, 냉정 **3** (고어) 〖생리〗 점액 《4체액(體液) 중 하나》
phleg·mat·ic, -i·cal [flegmǽtik(əl)] *a.* **1** 담이 많은 **2** 점액질의: ~ temperament 점액질 **3** 냉담한, 무기력한
-i·cal·ly *ad.*
phlox [flɑks | flɔks] [Gk 「타다」의 뜻에서] *n.* (*pl.* **~·es,** [집합적] **~**) 〖식물〗 플록스
Phnom Penh [*p*nɑ́m-pén | pnɔ́m-] *n.* 프놈펜 《캄보디아의 수도》
-phobe [fòub] [Gk] 《연결형》 「…을 두려워하는 (사람), …에 반대하는 (사람)」의 뜻(opp. *-phil(e)*)
pho·bia [fóubiə] *n.* ⓊⒸ 공포증, 병적인 공포[혐오]
-phobia [fóubiə] [Gk] 《연결형》 「배격, 증오, …공포증」의 뜻
pho·bic [fóubik] *a.* 공포증의, 공포증적인
Phoe·be [fíːbi] *n.* **1** 〖그리스신화〗 포이베 《달의 여신》 **2** (시어) 달(moon)
Phoe·bus [fíːbəs] *n.* **1** 〖그리스신화〗 포이보스 《태양신으로서의 아폴로》 **2** (시어) 태양
Phoe·ni·cia [finíʃiə] *n.* 페니키아 《지금의 Syria 연안의 고대 국가》

Phoe·ni·cian [finíʃiən] *a.* 페니키아(사람)의 **—** *n.* 페니키아 사람; Ⓤ 페니키아 말
phoe·nix** [fí:niks] *n.* **1** [종종 **P~**] 《이집트신화》 **불사조** **2** [the P~] 《천문》 봉황새자리 ***the Chinese ~ 봉황(새)
phon [fɑn | fɔn] [Gk 「소리」의 뜻에서] *n.* 《물리》 폰 《소리의 강도의 단위》
‡**phone¹** [foun] [telephone의 단축형] 《구어》 *n.* **전화(기)**, 수화기: Who's on the ~? 누구한테서 온 전화야?
— *vi.*, *vt.* **전화를 걸다** 《*to*》, 전화로 불러내다 《*up*》 **~ *in*** (자택에) 전화를 걸다; 〈정보 등을〉 전화로 알리다; 〈의견·질문을〉 (방송국에) 전화하다
phone² *n.* 《음성》 음, 단음(單音) 《모음 또는 자음》
-phone [fòun] 《연결형》 「음(sound)」의 뜻: micro*phone*
***phóne bòok** 《미·구어》 **전화번호부**
***phóne bòoth[bòx]** 《구어》 **(공중) 전화 박스**
phone·card [fóunkɑ̀:rd] *n.* 《영》 전화 카드 《동전 대신 전화기에 꽂는 플라스틱 카드》
phóne càll 전화를 겖, 전화가 걸려 옴
phone-in [fóunìn] *n.* (텔레비전·라디오의) 시청자 전화 참가 프로(《영》 call-in)
pho·neme [fóuni:m] *n.* 《음성》 음소(音素), 음운(音韻) 《어떤 언어에 있어서의 음성상의 최소 단위》
pho·ne·mic [fəní:mik] *a.* **1** 음소의 **2** 음소론의 **3** 음계적(音系的)인, 별개의 음소를 구성하는
pho·ne·mi·cist [fəní:məsist] *n.* 음소론자
pho·ne·mics [fəní:miks] *n. pl.* [단수 취급] **1** 음소론 **2** (한 언어의) 음소 조직
***phóne nùmber** 《구어》 **전화 번호**
phone-tap·ping [-tæ̀piŋ] *n.* Ⓤ 전화 도청
***pho·net·ic, -i·cal** [fənétik(əl)] *a.* **1** **음성(상)의**: ~ value 소리값, 음가(音價) / ~ signs[symbols] 표음 문자, 음성 기호 **2** 발음에 따른: ~ notation 음성 표기법 **3** 발음대로 철자한, 표음의: a ~ seplling 표음식 철자법
-i·cal·ly *ad.* 발음대로; 음성학상
pho·ne·ti·cian [fòunətíʃən] *n.* 음성학자
pho·net·ics [fənétiks] *n. pl.* [단수 취급] **1** 음성학, 발음학 **2** (한 언어·어족의) 음성 조직[체계]
pho·ney [fóuni] *a.* (**-ni·er**; **-ni·est**) 《미·속어》 =PHONY
phon·ic [fɑ́nik | fɔ́n-] *a.* **1** 소리[음]의 **2** 음성의, 발음상의; 유성(有聲)의
phon·ics [fɑ́niks | fɔ́n-] *n. pl.* [단수 취급] 발음 중심의 어학 교수법; 음향학 (acoustics)
pho·ni·ness [fóuninis] *n.* 《미·구어》 허위, 엉터리
phono- [fóunou, -nə] [Gk] 《연결형》 =PHON-
pho·no·gram [fóunəgræ̀m] *n.* **1** 음표문자, 표음 문자 **2** 속기의 표음자 **3** (축음기의) 녹음, 음반 **4** 전화 탁송 전보
***pho·no·graph** [fóunəgræ̀f | -grɑ̀:f] *n.* 《미》 **축음기**, 레코드 플레이어(《영》 gramophone)
pho·no·graph·ic [fòunəgrǽfik] *a.* (납관식) 축음기의[에 의한]; (표음식) 속기의, 속기 문자로 쓴 **-i·cal·ly** *ad.*
pho·nog·ra·phy [founɑ́grəfi | -nɔ́g-] *n.* Ⓤ 표음식 철자법[표기법]; 표음 속기법
pho·nol·o·gy [fənɑ́lədʒi | -nɔ́l-] *n.* (*pl.* **-gies**) **1** Ⓤ 음운론[학] **2** 음운 조직 **-gist** *n.* 음성[음운]학자
pho·ny [fóuni] *a.* (**-ni·er**; **-ni·est**) 《구어》 가짜의, 허위의: a ~ excuse 거짓 핑계 **—** *n.* (*pl.* **-nies**) 가짜, 위조품 (fake); 사기꾼
-phony [ˊfəni] 《연결형》 「음(sound), 목소리(voice)」의 뜻: tele*phony*
phoo·ey [fú:i] [의성어] *int.* 체, 피, 시 《경멸·혐오·실망·불신을 나타내는 소리》
***phos·phate** [fɑ́sfeit | fɔ́s-] *n.* Ⓤ **1** 《화학》 **인산염**(燐酸鹽), 인 에스테르; 인산 광물 **2** 인산 비료 **3** 탄산수
phos·phor [fɑ́sfər | fɔ́sfə] *n.* 인광체(燐光體), 인광 물질; 《문어》 인광을 내는 것
phos·pho·resce [fɑ̀sfərés | fɔ̀s-] *vi.* 인광(燐光)을 발하다
phos·pho·res·cence [fɑ̀sfərésns | fɔ̀s-] *n.* Ⓤ 인광(을 발함); 푸른 빛
phos·pho·res·cent [fɑ̀sfərésnt | fɔ̀s-] *a.* 인광을 발하는, 인광성(性)의 **~·ly** *ad.*
***phos·phor·ic** [fɑsfɔ́:rik | fɔsfɔ́r-] *a.* 《화학》 (5가) 인의; 인을 함유하는
phosphóric ácid 《화학》 인산(燐酸)
phos·pho·rus [fɑ́sfərəs | fɔ́s-] [Gk 「빛을 나르는 것」의 뜻에서] *n.* (*pl.* **-ri** [-rài]) Ⓤ 《화학》 인(燐) 《비금속 원소; 기호 P》; Ⓒ 《드물게》 인광성 물질
phot [fɑt, fout] *n.* 포트 《조명의 단위; 1cm² 당 1 lumen; 기호 ph.》
‡**pho·to** [fóutou] [photograph의 단축형] *n.* (*pl.* **~s**) 《구어》 **사진**
— *vt.*, *vi.* (**~ed**; **~·ing**) 사진을 찍다, 사진에 찍히다
photo- [fóutou, -tə] 《연결형》 「빛; 사진」의 뜻
pho·to·ca·tal·y·sis [fòutoukətǽləsis] *n.* 《화학》 광(화학) 촉매 작용
pho·to·cell [fóutousèl] *n.* 광전지(光電池)(photoelectric cell)
pho·to·chem·i·cal [fòutoukémikəl] *a.* 광화학의 **~·ly** *ad.*
pho·to·chem·is·try [fòutoukémistri] *n.* Ⓤ 광화학
pho·to·com·pose [fòutoukəmpóuz] *vt.* 《인쇄》 사진 식자하다
-pós·er *n.* 사진 식자기
pho·to·com·po·si·tion [fòutoukɑ̀mpəzíʃən | -kɔ̀m-] *n.* Ⓤ 사진 식자
pho·to·cop·i·er [fóutoukɑ̀piər | -kɔ̀p-] *n.* 사진 복사기
pho·to·cop·y [fóutoukɑ̀pi | -kɔ̀pi] *n.* (*pl.* **-cop·ies**) 사진 복사
— *vt.* (**-cop·ied**) 사진 복사하다
pho·to·e·lec·tric, -tri·cal [fòutouiléktrik(əl)] *a.* 광전자(光電子)의; 광전자 사진 장치의; 광전 효과의

photoeléctric céll 광전관(光電管); 광전지
pho·to·e·lec·tron [fòutouiléktrɑn | -trɔn] *n.* 〖전자〗 광전자(光電子)
pho·to·en·grave [fòutouingréiv] *vt.* …의 사진판을 만들다
pho·to·en·grav·ing [fòutouingréiviŋ] *n.* ⓊⒸ **1** 사진 제판(술) **2** 사진 제판물
phóto èssay 포토 에세이 《수필적인 사진 표현·작품》
phóto fínish 〖경기〗 사진 판정(을 요하는 결전 장면); 아슬아슬한 승부
pho·to·flash [fóutouflæ̀ʃ] *n.*, *a.* 사진 촬영용 섬광 전구(의)
pho·to·flood [fóutouflʌ̀d] *n.* 사진 촬영용 일광(溢光) 램프, 플러드램프
pho·to·gen·ic [fòutədʒénik] *a.* **1** 〈사람이〉 촬영에 적합한, 사진을 잘 받는 **2** 빛을 내는, 발광성의 **-i·cal·ly** *ad.*
⁑pho·to·graph [fóutəgræ̀f | -grɑ̀ːf] *n.* **사진**
have*[*get*] one's ~ *taken (자기) 사진을 찍게 하다 ***take a good ~*** 사진을 잘 받다 ***take a ~ of*** …을 촬영하다
— *vt.* **1 사진을 찍다, 촬영하다 2** 말로 명백하게 나타내다; …의 인상을 깊이 새기다 — *vi.* **사진을 찍다**; 사진에 찍히다: ~ well[badly] 사진에 잘[잘 안] 찍히다
***pho·tog·ra·pher** [fətɑ́grəfər | -tɔ́g-] *n.* (신문·잡지 등의) **사진가, 촬영자,** 카메라맨
***pho·to·graph·ic, -i·cal** [fòutəgrǽfik(əl)] *a.* **1 사진(술)의**: a ~ studio 촬영소 **2** 사진 같은, 세밀한 **3** 예술적인 멋이 없는 **-i·cal·ly** *ad.* 사진술로; 사진같이
***pho·tog·ra·phy** [fətɑ́grəfi | -tɔ́g-] *n.* Ⓤ **사진술**; 사진 촬영
pho·to·gra·vure [fòutəgrəvjúər] *n.* ⓊⒸ 그라비어 인쇄; Ⓒ 그라비어 사진
pho·to·jour·nal·ism [fòutoudʒə́ːrnəlìzm] *n.* Ⓤ (기사보다) 사진을 주로 하는 신문·잡지 편집 (제작); 뉴스 사진
-ist *n.* 보도 사진가
pho·to·li·thog·ra·phy [fòutouliθɑ́grəfi | -θɔ́g-] *n.* Ⓤ 사진 석판[평판]술
pho·to·me·chan·i·cal [fòutoumikǽnikəl] *a.* 사진 제판법의: ~ process 사진 제판법 **~·ly** *ad.*
pho·to·mon·tage [fòutoumɑntɑ́ːʒ | -mɔn-] *n.* 〖사진〗 몽타주 사진; Ⓤ 그 제작법
pho·ton [fóutɑn | -tɔn] *n.* 〖물리〗 광자(光子) 《빛 에너지》
phóto opportùnity 《미》 (정부 고관·유명 인사에 대한 카메라맨의) 사진 촬영 시간
pho·to·re·al·ism [fòutouríːəlìzm] *n.* Ⓤ 〖미술〗 포토리얼리즘 《사진처럼 사실적인 회화 기법》
pho·to·sen·si·tive [fòutousénsətiv] *a.* 감광성(感光性)의
pho·to·sen·si·tize [fòutousénsətàiz] *vt.* …에 감광성을 주다
pho·to·sphere [fóutəsfìər] *n.* 〖천문〗 (태양·항성 등의) 광구(光球)
Pho·to·stat [fóutəstæ̀t] *n.* **1** 포토스태트, 복사 사진기 《상표명》 **2** [종종 **p~**] 포토스태트로 찍은 복사 사진
— *vt.* (**~·(t)ed**; **~·(t)ing**) 복사 사진기로 촬영하다
pho·to·syn·the·sis [fòutousínθəsis] *n.* Ⓤ 〖식물〗 광합성(光合成)
-syn·thet·ic [-sinθétik] *a.*
pho·to·syn·the·size [fòutousínθəsàiz] *vi.*, *vt.* 광합성하다
pho·to·te·leg·ra·phy [fòutoutilégrəfi] *n.* Ⓤ 사진 전송(술)
pho·tot·ro·pism [foutɑ́trəpìzm | -tɔ́t-] *n.* Ⓤ 〖식물〗 굴광성(屈光性)
pho·to·vol·ta·ic [fòutouvɑltéiik | -vɔl-] *a.* 〖물리〗 광전지(光電池)의, 광발전의
phr. phrase
phras·al [fréizəl] *a.* 구(句)의; 구로 된, 관용구적인: a ~ preposition 〖문법〗 구(句)전치사 《in front of 등》/ a ~ verb 〖문법〗 구동사 《get up, put off 등》
⁑phrase [freiz] *n.* **1 a** 〖문법〗 **구(句) b** 숙어, **성구**(成句), 관용구 **2** Ⓤ **말씨,** 어법, 말솜씨 **3** 명언, 경구(警句) **4** 〖음악〗 악구 **5** [*pl.*] 무의미한 글귀, 빈말
— *vt.* **1** 말로 나타내다; …이라고 부르다; 칭찬하다, 아첨하다 **2** 〖음악〗 각 악구로 나누다
phráse bòok (여행자용) 외국어 관용구집, 기본 회화 표현집
phra·se·ol·o·gy [frèiziɑ́lədʒi | -ɔ́l-] *n.* (*pl.* **-gies**) ⓊⒸ **1** 말씨, 어법, 문체 **2** 술어, 전문어 **3** [집합적] 어구, 표현: legal ~ 법률 용어
phras·ing [fréiziŋ] *n.* Ⓤ **1** 어법, 말씨 **2** 〖음악〗 구절법(句節法) 《선율을 악상에 따라 적당하게 구분하기》
phre·nol·o·gy [frinɑ́lədʒi | -nɔ́l-] *n.* Ⓤ 골상학 **-gist** *n.* 골상학자
Phryg·i·a [frídʒiə] *n.* 프리지아 《소아시아의 고대 국가》
Phryg·i·an [frídʒiən] *a.* Phrygia(사람)의 — *n.* 프리지아 사람; Ⓤ 프리지아 말
phut(t) [fʌt, ft] [의성어] *ad.*, *n.* 《구어》 팡, 펑, 딱(하는 작은 폭발음)
***go*[*be gone*] ~** 결딴나다, 못쓰게 되다; 녹초가 되다; 〈타이어가〉 펑크 나다
phy·lac·ter·y [filǽktəri] *n.* (*pl.* **-ter·ies**) **1** 〖유대교〗 성구함(聖句函) **2** 부적(符籍), 호부(護符); 생각나게 하는 사람
Phyl·lis [fílis] *n.* 여자 이름
phy·log·e·ny [failɑ́dʒəni | -lɔ́dʒ-] *n.* Ⓤ 〖생물〗 계통 발생론(系統發生論)
phy·lum [fáiləm] *n.* (*pl.* **-la** [-lə]) **1** (동물 분류상의) 문(門) **2** 〖언어〗 어족
***phys·ic** [fízik] *n.* **1** 《구어》 약 **2** 《드물게》 《구어》 하제(下劑) **3** Ⓤ 《고어》 의술, 의업(醫業)
⁑phys·i·cal [fízikəl] *a.* **1 육체의,** 신체의 (opp. *mental*, *psychic*): ~ beauty 육체미 / ~ exercise 체조, 운동 **2 자연의,** 천연의; **물질의,** 물질적인(opp. *spiritual*); 형이하(形而下)의(opp. *metaphysical*), 물질계의, 유형(有形)의: the ~ world 물질계 **3 물리학(상)의,** 물리적인, 자연 과학의, 자연 법칙에 의한: a ~

impossibility 물리적으로 불가능한 일 **4** 《구어》 상대의 몸을 만지기 좋아하는
— *n.* 《미》 신체 검사(physical examination)
phýsical anthropólogy 자연 인류학
phýsical chémistry 물리 화학
phýsical educátion 체육 《略 PE》
phýsical examinátion 신체 검사
phýsical geógraphy 지문학(地文學), 자연 지리학
phýsical jérks 《영·익살》 체조, 운동
*__phys·i·cal·ly__ [fízikəli] *ad.* **1 물리(학)적으로**, 자연 법칙에 따라서 **2** 실제로, 눈에 보이는 모양으로 **3** 물질적으로 **4 육체적으로**
phýsical scíence 물리학, 자연 과학 《생물학을 제외》
phýsical tráining = PHYSICAL EDUCATION
‡**phy·si·cian** [fizíʃən] *n.* **1 내과 의사 2** 《미》 《일반적으로》 **의사**; 치료자
*__phys·i·cist__ [fízəsist] *n.* **물리학자**; 자연 과학자; 유물론자
phys·i·co·chem·i·cal [fìzikoukémikəl] *a.* 물리 화학의[에 관한] **~·ly** *ad.*
‡**phys·ics** [fíziks] *n. pl.* [단수 취급] **물리학**; 물리적 현상[과정, 특성]
phys·i·o [fíziòu] *n.* (*pl.* **~s**) 《구어》 = PHYSIOTHERAPIST
phys·i·og·no·mist [fìziágnəmist | -ɔ́nə-] *n.* 인상(人相)학자, 관상가
phys·i·og·no·my [fìziágnəmi | -ɔ́nə-] *n.* (*pl.* **-mies**) **1** 인상(人相); 《속어》 얼굴 **2** Ⓤ 인[골]상학, 관상술 **3** 지형(地形); 특징
phys·i·og·ra·phy [fìziágrəfi | -ɔ́g-] *n.* Ⓤ **1** 지문학(地文學), 자연 지리학; 《미》 지형학 **2** 기술적(記述的) 자연 과학
phỳs·i·o·gráph·ic, -i·cal *a.*
*__phys·i·o·log·ic__ [fìziəládʒik | -lɔ́dʒ-], **-i·cal** [-ikəl] *a.* **생리학(상)의**; 생리적인
*__phys·i·ol·o·gy__ [fìziálədʒi | -ɔ́l-] *n.* Ⓤ **1 생리학 2** [the ~] 생리, 생리 기능
-gist *n.* 생리학자
phys·i·o·ther·a·pist [fìziouθérəpist] *n.* 물리 요법가
phys·i·o·ther·a·py [fìziouθérəpi] *n.* Ⓤ 물리 요법
*__phy·sique__ [fizí:k] *n.* Ⓤ **1 체격**: a man of strong ~ 체격이 강건한 사람 **2** 지형
pi [pai] *n.* (*pl.* **~s**) **1** 파이 《그리스어 알파벳의 제16자 Π, π; 영어의 P, p에 해당함》 **2** Ⓤ 〖수학〗 원주율 《약 3.1416》
P.I. Philippine Islands
pi·a·nis·si·mo [pì:ənísəmòu] [It.] 〖음악〗 *ad.* 아주 약하게 《略 pp》
— *n.* (*pl.* **~s, -mi** [-mì:]) 최약음(最弱音) 연주 악구
‡**pi·an·ist** [piǽnist, pí:ən- | píən-] *n.* **피아니스트**, 피아노 연주가
‡**pi·an·o**[1] [piǽnou] [pianoforte의 단축형] *n.* (*pl.* **~s**) **1 피아노 2** Ⓤ [종종 the ~] 피아노 연주 《이론·실기》: a teacher of (*the*) ~ = a ~ teacher 피아노 교사 / a lesson in ~ = a ~ lesson 피아노 레슨[교습]
pi·a·no[2] [piá:nou] [It.] 〖음악〗 *ad.*, *a.* 약하고 부드럽게[부드러운] 《略 p; opp. *forte*》 — *n.* (*pl.* **~s, -ni** [-ni:]) 약음부, 부드럽게 연주되는 악구
pi·an·o·for·te [piǽnəfɔ̀:rt | piæ̀noufɔ́:ti] *n.* = PIANO[1]
Pi·a·no·la [pì:ənóulə | piə-] *n.* 피아놀라 《자동 피아노; 상표명》
piáno òrgan 핸들을 돌려서 치는 풍금
pi·as·ter | pi·as·tre [piǽstər, -á:s-] *n.* 피아스터 《이집트·시리아·레바논·리비아 등 중동 제국의 화폐 단위》
pi·az·za [piǽtsə] *n.* **1** (이탈리아 도시의) 광장, 네거리, 시장 **2** [piǽzə] 《미·캐나다》 베란다; 《영》 회랑
pic [pik] [picture의 단축형] *n.* (*pl.* **pix** [piks], **~s**) 《미·속어》 영화; 사진
pi·ca [páikə] *n.* Ⓤ 〖인쇄〗 파이카 《12포인트 활자; 타이프라이터에 씀》
pic·a·dor [píkədɔ̀:r] *n.* 기마(騎馬) 투우사
pic·a·resque [pìkərésk] [Sp. 「악한」의 뜻에서] *a.* 악한을 주제로 한: a ~ novel 악한 소설
— *n.* [보통 the ~] 악한 이야기
pic·a·roon [pìkərú:n] *n.* 악한, 도적; 해적; 해적선 — *vi.* 도둑질하다
Pi·cas·so [piká:sou | -kǽs-] *n.* 피카소 **Pablo** ~ (1881-1973) 《스페인 태생의 프랑스 화가·조각가》
pic·a·yune [pìkijú:n, pìkə-] *n.* **1** 피카윤 《예전에 미국 남부에 유통한 스페인의 소액 화폐; 1/2 real》; 《미·속어》 잔돈, 《특히》 5센트 주화 **2** 《구어》 하찮은 것[사람] ***not worth a*** ~ 아주 보잘것없는
— *a.* 《구어》 하찮은, 무가치한, 시시한
Pic·ca·dil·ly [pìkədíli] *n.* 피커딜리 《런던의 Hyde Park Corner와 Haymarket 간의 번화가》
Píccadilly Círcus 피커딜리 서커스 《London 번화가의 중심 광장》
pic·ca·lil·li [píkəlìli] *n.* Ⓤ 야채의 겨자 절임
pic·ca·nin·ny [píkənìni] *n.* (*pl.* **-nies**) 《영》 = PICKANINNY
pic·co·lo [píkəlòu] *n.* (*pl.* **~s**) 피콜로 《고음의 작은 플루트》
~·ist *n.* 피콜로 취주자
‡**pick** [pik] *vt.* **1** 〈과일·꽃 등을〉 (하나하나)**따다**, **뜯다 2 골라잡다**(choose), 고르다 **3** 쪼다, 찍다, 파다 **4** 〈이·귀 등을〉 **후비다**: ~ one's teeth[nose] 이[코]를 후비다 **5** 〈살을〉 **뜯다**, 발라내다, 물어 뜯다: ~ the meat from[off] the bone 뼈에서 살을 뜯어내다 **6** 〈모이를〉 **쪼다**, 줍다; 〈음식을〉 **조금씩 먹다 7** 〈새털 등을〉 쥐어 뽑다; 빼내다 **8** 〈섬유 등을〉 풀다, 가르다 **9** 〈싸움을〉 걸다; …의 계기[단서]를 마련하다 《*with*》 — *vi.* **1 쪼다**, 후비다, 찍다(peck) 《*at*》 **2** [보통 ~ and choose] 정선(精選)하다(select) **3** 《속어》 (조금씩) **먹다**, 집적거리다: ~ at the food 음식을 깨지락거리다 **4** 훔치다, 좀도둑질하다 **5** (남에게) 잔소리하다, 야단치다; 흠잡다
~ ***off*** 한 사람씩 겨누어 쏘다; 잡아[쥐어]

뜯다; 〚야구〛 견제구로 주자를 터치아웃 시키다 **~ on** 고르다; 《미·구어》 괴롭히다, 못살게 굴다, 흠을 들추다, 비난하다 **~ out** 고르다, 파내다, 찍어[쪼아] 내다; 〈뜻을〉 해득하다; 〈곡 등을〉 들어서 외운 대로 연주하다; 장식하다 《*with*》 **~ over** 엄선하다; 《미》 자세히 점검[검토]하다; 곧 쓸 수 있게 준비하다 **~ one*self* up** 일어서다 **~ up** (*vt.*) (1) 줍다, 집어 올리다, 채집하다 (2) 〈건강·용기를〉 되찾다, 회복하다; 〈사람의〉 기운을 북돋우다 (3) (무선 전신·탐조등으로) 포착하다, 발견하다 (4) 〈지식·이익 등을〉 얻다, 익히다 (5) (잃어버린 길로 다시) 나오다 (6) 도중에서 태우다; (차로) 〈사람을〉 마중 나가다, 〈손님·차를〉 잡다 (7) 〈조난자를〉 구출하다 (8) 《속어》 붙잡다, 〈여자와〉 알게 되다 (9) 〈병에〉 걸리다; 〈버릇이〉 들다 (*vi.*) (10) 완쾌하다; 경기가 좋아지다; 속도를 더하다
— *n.* **1** 선택(권) **2** (따낸) 수확량 **3** 한 번 찍기, 내리치기 **4** 엄선한 것, 정선물, 정수(精髓) **5** (현악기의 줄을 뜯는) 채

pick·a·back [píkəbæ̀k] *ad.* 등에 업히어, 목말 태우고; 무개(無蓋) 대형 화차에 싣고 — *a.* 등에 업는, 목말 태우는; (화물 트레일러를) 무개 대형 화차로 나르는; 〚항공〛 기상 탑재(機上塔載)의
— *n.* 등에 업어[목말 태워] 나르기; (화물 트레일러의) 평대형(平臺型) 화차에 의한 운반

pick·a·nin·ny [píkənìni] *n.* (*pl.* **-nies**) 《경멸》 흑인 아이

pick·ax | **-axe** [píkæ̀ks] *n.* (*pl.* **-ax·es**) 곡괭이 — (**-axed**) *vt.*, *vi.* 곡괭이로 파다

picked [pikt] *a.* **1** Ⓐ 정선된, 선발된, 최상의 **2** 잡아뜯은 **3** 곱게 다듬은

pick·er [píkər] *n.* **1** 찍는[쪼는] 사람, 쪼는 새; 후비는 사람, 따는[줍는] 사람 **2** 소매치기(pickpocket), 좀도둑 **3** 〈목화·양털을〉 따는[뽑는] 기계 **4** 싸움에 응하는 사람

pick·er·el [píkərəl] *n.* (*pl.* **~**, **~s**) 〚어류〛 강꼬치고기; 《영》 새끼 강꼬치고기

***pick·et** [píkit] [F 「뾰족한 말뚝」의 뜻에서] *n.* **1** 말뚝 **2** 〚군사〛 소초(小哨), 경계병, 경계대(隊) **3** [*pl.*] (파업 배반자) 감시원 — *vt.* **1** (말뚝) 울타리를 치다 **2** 〈말 등을〉 말뚝에 매다 **3** 감시하다 **4** 소초[경계병]를 배치하다 — *vi.* 보초서다; 소초 근무를 하다, 노동 쟁의의 감시원이 되다

pícket fénce 말뚝 울타리

pícket lìne **1** 〚군사〛 전초선(前哨線), 경계선 **2** (파업 등의) 피켓 (라인) **3** 말 매는 밧줄(tether)

***pick·ing** [píkiŋ] *n.* Ⓤ **1** 선발; 채집; Ⓒ 딴[채집한] 것 **2** [*pl.*] 따다 남은 것, 떨어져 남은 이삭; 먹다 남은 것 **3** (곡괭이 등으로) 파기; (자물쇠를) 억지로 비틀어 열기 **4** 좀도둑 **5** [*pl.*] 《구어》 장물(贓物); 부정 입수품; [*pl.*] (관리 등의) 가외 소득

pícking devìce 〚컴퓨터〛 피킹 장치 《display 화면상의 한 점을 지정하기 위한 장치》

pick·le** [píkl] *n.* **1** [*pl.*] (소금·식초에) 절인 것; 오이절임 **2** Ⓤ (야채 등을 절이는) 간물 **3** 《구어》 곤란한[난처한, 불쾌한] 입장, 곤경 **4** 《영·구어》 장난꾸러기 ***be in a (***sad*** [***sorry, nice, pretty***]) **~** 곤경에 빠져 있다
— *vt.* 〈야채 등을〉 소금물[식초]에 절이다

pick·led [píkld] *a.* **1** 소금[식초]에 절인 **2** 〈가구 등이〉 표백 마무리한 **3** Ⓟ 《속어》 만취한

pick·lock [píklɑ̀k | -lɔ̀k] *n.* 자물쇠 여는 도구; 자물쇠를 비틀어 여는 사람, 도둑

pick-me-up [-miʌ̀p] *n.* 《구어》 기운을 돋우는 음료[음식]; 흥분[강장, 자극]제, 알코올 음료 《술·커피 등》

pick-off [-ɔ̀:f | -ɔ̀f] *n.* 〚야구〛 견제에 의한 척살[태그아웃]

***pick·pock·et** [píkpɑ̀kit | -pɔ̀k-] *n.* 소매치기 《사람》
— *vt.* 소매치기하다

pick·up [píkʌ̀p] *a.* 《미》 Ⓐ **1** 당장 있는 재료만으로 장만한, 즉석의 〈요리 등〉 **2** 〈팀 등이〉 임시 선발의 **3** 《구어》 우연히 알게 된 — *n.* **1** 〚구기〛 되받아 치기; 〚야구〛 픽업 《공이 땅에 떨어지자마자 채어 잡기[치기]》 **2** 《미·구어》 주워들은 소식, 정보 **3** 《미·구어》 자극물[제], 알코올 음료 **4 a** (자동차의) 가속 (능력) **b** 배달용 소형 트럭 **5** 《구어》 좋아짐, 회복 **6** (전축의) 픽업 **7 a** 《구어》 우연히 알게 된 연애 상대 《특히 여자》 **b** 도중에서 남의 차에 편승하는 사람(hitchhiker) **c** 횡재 **d** 당장 아쉬워 사는 물건 **e** 즉석 요리 **8** 승객 태우기, 짐 싣기

Pick·wick·i·an [pikwíkiən] *a.* 픽윅(Pickwick)류(流)의, 착하고 너그러운; 〈용어가〉 특수한

pick·y [píki] *a.* (**pick·i·er**; **-i·est**) **1** (하찮은 일에) 법석대는 **2** 《미·구어》 성미 까다로운

*****pic·nic** [píknik] *n.* **1** 피크닉, 들[산]놀이, 소풍; 옥외의 간단한 식사; 《구어》 재미나는 판, 유쾌한 시간, 쉬운 일 **2** 저마다 먹을 것을 가져 오는 연회 **3** 돼지의 어깨 고기(= **~ hám**) **4** (통조림의) 표준형 깡통
It's no ~. 《구어》 장난[쉬운 일]이 아니다.
— *vi.* (**-nicked**; **-nick·ing**) 소풍 가다, 피크닉에 참가하다; 《미》 (피크닉식으로) 식사를 하다

pic·nick·er [píknikər] *n.* 피크닉 가는[오는] 사람, 소풍객

pic·nic·ky [píkniki] *a.* 피크닉식의, 들놀이의

pico- [pí:kou, pái-] 《연결형》 「…의 1조(兆)분의 1」의 뜻

pi·cot [pí:kou] [F] *n.* 피코 《작은 고리 모양의 가두리가 달린 레이스》
— *vt.* …에 피코를 달다

Pict [pikt] *n.* 픽트 사람 《영국 북부에 살던, 스코트족(Scots)에게 정복당한 고대인》

pic·to·graph [píktəgræ̀f | -grɑ̀:f], **-gram** [-græ̀m] *n.* **1** 상형 문자(象形文字), 그림 문자 **2** 《미》 통계 그래프 《숫자 대신 그림으로 나타내는 통계법》
pìc·to·gráph·ic *a.*

***pic·to·ri·al** [piktɔ́:riəl] *a.* **1** 그림의; 그림으로 나타낸, 그림 같은; 그림을 넣은: **~** art 회화(술) **2** 그림 같은, 생생한

— *n.* 화보, 그림 잡지[신문]
~·ly *ad.* 그림을 넣어

‡pic·ture [píktʃər] [L 「색칠하다」의 뜻에서] *n.* **1 그림**, 회화, 초상화 **2 사진 3** [the (moving) ~s] 《영》 **영화**; [*pl.*] 영화 산업, 영화계, 영화관: silent ~*s* 무성 영화 **4** 《구어》 그림같이 아름다운 것; 미관; 풍경; 광경 **5** [the ~] 실물을 꼭 닮은 것, 화신(化身) **6** 〈거울 등의〉 **영상**; 〈TV·영화의〉 **화면**, 화상; 심상 **7** 〈사실적인〉 **묘사**, 서술: a vivid ~ of …의 생생한 묘사 **8** [보통 the ~] **상황**, 사태, 정세: *the* political ~ 정치 상황
come into*[*enter*] *the* ~** 재미있게 되다 ***go to the ~s 영화를 보러 가다 ***in the* ~** 《구어》 두드러진 존재로; 중요하여; 충분히 알려져 ***out of the* ~** 동떨어진, 얼토당토 않은
— *vt.* **1 그리다**, 그림으로 그리다, 묘사하다: ~ the scene 그 광경을 그림으로 그리다 **2 마음에 그리다, 상상하다**: I could not ~ myself doing such a thing. 나 자신이 그런 일을 하리라고는 상상할 수 없었다. **~ *to* one*self*** 상상하다

pícture bòok (어린이의) 그림책
pícture càrd (트럼프의) 그림패; 그림엽서
pícture gàllery 회화 전시실, 미술관, 화랑
pic·ture·go·er [píktʃərgòuər] *n.* 영화팬
pícture hòuse[hàll] 영화관
pícture póstcard 그림엽서

‡pic·tur·esque [pìktʃərésk] *a.* **1 그림 같은**, 아름다운 **2** 〈언어·문체가〉 생기 있는 **3** 〈사람이〉 개성이 풍부한, 독창적인, 재미있는 **~·ly** *ad.* **~·ness** *n.*

pícture tùbe (TV의) 수상관(受像管)
pícture wíndow 〖건축〗 (유리 한 장의 큰) 전망창
pícture wrìting 그림에 의한 기록, 그림[상형]문자
pic·tur·ize [píktʃəràiz] *vt.* 그림으로 나타내다[장식하다]; 영화화하다
pid·dle [pídl] *vi.* 《미》 시간을 낭비하다; 《구어·유아어》 쉬하다, 오줌 누다
pid·dling [pídliŋ] *a.* 사소한, 시시한
pid·gin [pídʒən] [business의 와전(訛傳)] *n.* Ⓤ 혼성어 《의사 소통 보조어》; 《영·구어》 장사, 일
pídgin Énglish [business English의 와전] 중국의 상업 영어 《영어에 중국어·포르투갈어·말레이어 등이 뒤섞인 영어》

‡pie [pai] [까치(magpie)는 아무거나 물어 오는 데서?] *n.* ⓊⒸ **1** 《영》 **파이 2** 《미·속어》 몹시 갖고 싶은 것, 지극히 쉬운 일 **3** (관리의) 부정 이득, 뇌물 **4** (분배할 수익 등의) 전체, 총액 ***put* one*'s finger into* another*'s*[*every*] ~** 간섭하다

pie·bald [páibɔ̀:ld] *a.* (흑백) 얼룩의, 잡색의; 혼합된 **—** *n.* 얼룩말; 잡색 동물

‡piece [pi:s] [동음어 peace] *n.* **1** 조각, 단편, 파편, 일부분 **2 a** 한 개[폭, 덩이, 편(編), 수(首), 장, 행] **b** 일부(분), 한 구획: a ~ of water 작은 호수 **c** 1절[항] 《책 등의》 **d** (기계 등의) 부분, 부품 **3** 그림; 작품, 한 편의 시[글, 악곡, 각본] **4** 일(한 분량): ~ rate 능률급(給); 단가(單價) **5** 경화(coin): a penny ~ 페니 화폐, 잔돈 **6** 총, 대포 **7** 《속어》 간식; (음식의) 한 입 **8** (장기 등의) 말, 졸 **9** 잔; 통 **10** 표본, 견본(example)
(*all*) *of a* ~ 시종일관한 〈성격 등〉; 동종[동질]의 ***come to ~s*** 산산조각이 나다; 좌절되다 ***cut to ~s*** 잘게[조각조각으로] 자르다, 동강내다 ***go to ~s*** (1) 산산조각이 나다, 엉망이 되다, 뿔뿔이 흩어지다, 무너지다 (2) 건강을 잃다, 굴복하다, 자제심을 잃다, 자포자기하다; 신경 쇠약이 되다 ***in one* ~** 잇대어, 간격 없이 ***of a* ~ *with*** …와 같은 종류의; …와 동일한, …와 일치한 ***to*[*in*] *~s*** 산산조각으로, 갈기갈기, 뿔뿔이
— *vt.* **1** 잇다, 깁다, 때우다 《*up*》, 접합하다 《*up*》, 결합하다 《*together*》: ~ A *to* B A를 B에 잇다 / ~ ropes *together* 밧줄을 서로 잇다 **2** 〈이야기 등을〉 각 부분을 이어 말이 통하게 하다 **3** 〈실 등을〉 연결하다 《*up*》 **4** 조금씩 써서 오래 가게 하다
~ *out* 이어 붙이다, 보완[보철(補綴)]하다 **~ *together*** …을 잇다, 종합하다 **~ *up*** 잇다, 깁다

pièce de ré·sis·tance [piés-dərizi:stɑ́:ns] [F = piece of resistance] *n.* **1** 주요리(主料理) **2** 주요한 것[사건]
píece gòods (일정한 길이의) 피륙
piece·meal [pí:smì:l] *ad.* 하나씩, 조금씩; 점차로; 조각조각으로
— *a.* 단편적인, 하나[조금]씩의
piece·work [-wə̀:rk] *n.* Ⓤ (한 일의 양에 따라 보수를 받는) 삯일, 청부일
pie·crust [páikrʌ̀st] *n.* Ⓤ 파이 껍질
***promises like* ~** 곧 깨지는 약속
pied [paid] *a.* 얼룩덜룩한, 잡색의
pied-à-terre [pièidətέər, -dɑ:-] [F = foot on land] *n.* (*pl.* **pieds-** [~]) (출장이 잦은 사람의 출장지에서의) 임시 숙소
pie-eyed [-àid] *a.* 《미·속어》 술 취한; 비현실적인

‡pier [piər] [동음어 peer] [L 「높이 돋운 대(臺)」의 뜻에서] *n.* **1 부두**(埠頭), 잔교(棧橋), 선창 **2** 방파제 **3** 교각(橋脚), 홍예 **4** 〖건축〗 창문 사이의 벽

‡pierce [piərs] [L 「꿰뚫다」의 뜻에서] *vt.* **1 꿰뚫다**; 관통하다: The spear ~*d* his arm. 창이 그의 팔을 꿰뚫었다. **2** 〈구멍을〉 뚫다 **3** 돌파하다; …을 헤치고 나가다, 빠져 나가다 **4** 통찰하다 **5** 〈추위·슬픔 등이〉 (뼈에) **사무치다**; 깊이 감동시키다(move) **6** 〈비명 등이 고요를〉 **뚫다**, 날카롭게 울리다
— *vi.* **1** 꽂히다 **2** 뚫고 들어가다; 간파하다; 관통하다 《*into, through*》; 마음에 사무치다: They ~*d* to the heart of the jungle. 그들은 정글 속 깊이 뚫고 들어갔다. **3** 〈외침·빛살 등이〉 …에 뚫고 들어가다

***pierc·ing** [píərsiŋ] *a.* **1 꿰뚫는 2** 〈추위 등이〉 사무치는 **3** 〈눈이〉 날카로운, 통찰력 있는 **4** 〈목소리 등이〉 귀를 찢는 듯한
— *n.* Ⓤ 피어싱 《귓불 등에 장식을 위해 구멍 뚫기》; Ⓒ 뚫는 구멍 **~·ly** *ad.*

pi·er·rot [pìːəróu | píərou] [F] *n.* (*fem.* **-rette** [piərét]) **1** [**P~**] 피에로 《광대》 **2** 어릿광대; 가장 무도자

Pie·tà [pìːeitáː | pìe-] [It. =pity] *n.* 피에타 《성모 마리아가 그리스도의 시체를 무릎에 안고 슬퍼하는 그림[상]》

*__pi·e·ty__ [páiəti] *n.* (*pl.* **-ties**) **1 a** Ⓤ 경건, 경신(敬神), **신앙심 b** 경건한 행위 **2** Ⓤ 효심(=filial ~)

pi·e·zo·e·lec·tric·i·ty [paiìːzouilèktrísəti, -ìːlek-] *n.* Ⓤ 〖전기〗 피에조 전기, 압전기

pif·fle [pífl] 《구어》 *n.* Ⓤ, *vi.* 실없는 말(을 지껄이다), 헛소리(를 하다)

⁑pig [pig] *n.* **1** 돼지; 《미》 **새끼 돼지 2** Ⓤ 돼지고기(pork) **3** 《구어》 불결한 사람, 게걸쟁이, 욕심꾸러기 **4** 《속어·경멸》 경찰관 **5** 《속어》 행실이 나쁜 여자 **6** Ⓤ 금속, 금속 덩어리; 선철, 무쇠(=~ iron)

buy a ~ in a poke 현물을 보지 않고 물건을 사다, 충동구매하다 ***make a ~ of*** one***self*** 욕심을 부리다; 돼지처럼 많이 먹다

— *v.* (**~ged**; **~·ging**) *vi.* **1** 〈돼지가〉 새끼를 낳다 **2** 돼지처럼 우글거리다; 돼지 같은 생활을 하다 — *vt.* **1** 〈돼지가〉 새끼를 낳다 **2** 《구어》 게걸스레 먹다

pig·boat [pígbòut] *n.* 《미·속어》 잠수함

⁎pi·geon [pídʒən] [동음어 pidgin] [L 「새새끼」의 뜻에서] *n.* (*pl.* **~s,** ~) **1 a** 비둘기(cf. DOVE) **b** 비둘기 고기 **2** 젊은 처녀 **3** 《영·구어》 일, 상거래, 관심사 **4** 《속어》 잘 속는 사람, 멍청이 **5** 〖사격〗 =CLAY PIGEON

pígeon brèast[**chèst**] 새가슴

pi·geon·heart·ed [-háːrtid] *a.* 마음이 약한, 겁많은, 수줍은

pi·geon·hole [-hòul] *n.* **1** 비둘기장의 드나드는 구멍; 비둘기장의 칸 **2** 서류 분류[정리] 선반의 칸 — *vt.* **1 a** 〈서류 등을〉 정리함에 넣다; 분류 정리하다 **b** (정리하여) 보존하다; …을 기억해 두다 **2** 〈계획 등을〉 뒤로 미루다, 〈요구·문제 등을〉 묵살하다

pígeon páir 《영》 이성(異性) 쌍둥이; 아들 하나 딸 하나

pi·geon-toed [pídʒəntòud] *a.* 안짱다리의

pig·ger·y [pígəri] *n.* (*pl.* **-ger·ies**) 《영》 **1** 양돈장(養豚場); 돼지우리(pigsty) **2** Ⓤ [집합적] 돼지 **3** 불결(한 장소)

pig·gish [pígiʃ] *a.* 돼지 같은; 탐욕스런; 고집불통인; 불결한 **~·ly** *ad.*

pig·gy [pígi] *n.* (*pl.* **-gies**) 《유아어》 (새끼) 돼지

— *a.* (**-gi·er**; **-gi·est**) 《구어》 《특히》 〈어린아이가〉 음식을 탐하는, 게걸스러운

pig·gy·back [pígibæ̀k] *a.* **1** 어깨[등]에 탄 **2** 〖철도·우주과학·광고〗 피기백 (방식)의 **3** 부가의, 추가의

— *ad.* **1** 어깨[등]에 타고[태워서] **2** 피기백 (방식)으로

— *n.* 목말; 피기백 방식

— *vt.* **1** 어깨[등]로 나르다 **2** 피기백 방식으로 수송하다

píggy bànk 돼지 저금통

pig·head·ed [píghèdid] *a.* 고집 센, 완고한 **~·ly** *ad.* **~·ness** *n.*

píg ìron 선철(銑鐵), 무쇠

pig·let [píglit], **-ling** [-liŋ] *n.* 새끼 돼지

pig·ment [pígmənt] *n.* Ⓤⓒ **1** 안료(顔料) **2** Ⓤ 〖생물〗 색소(色素)

pig·men·ta·tion [pìgməntéiʃən] *n.* Ⓤ 염색, 착색; 〖생물〗 색소 형성

Pig·my [pígmi] *a., n.* (*pl.* **-mies**) = PYGMY

pig-out [pígàut] *n.* 《속어》 마구 먹기, 과식; 음식 파티

pig·pen [-pèn] *n.* 《미》 돼지우리(hogpen); 더러운 장소[방, 집]

pig·skin [-skìn] *n.* **1** Ⓤ 돼지 가죽 **2** 《구어》 안장(saddle) **3** 《미·구어》 미식축구공(football)

pig·stick [-stìk] *vi.* 산돼지 사냥을 가다 《말타고 창을 사용》

~·er *n.* 산돼지 사냥꾼; 대형 주머니칼

pig·sty [-stài] *n.* (*pl.* **-sties**) =PIGPEN

pig·swill [-swìl] *n.* =PIGWASH

pig·tail [-tèil] [돼지 꼬리 비슷한 데서] *n.* **1** 땋아 늘인 머리; (옛 중국인의) 변발(辮髮)(queue) **2** 꼰 담배 **3** 〖전기〗 접속용 구리줄

pig-tailed [pígtèild] *a.* **1** 변발로 땋은 **2** 〈담배가〉 가늘게 꼬인

pig·wash [-wɔ̀ːʃ | -wɔ̀ʃ] *n.* Ⓤ **1** 돼지 죽 **2** 맛없는 멀건 수프[커피 《등》]

pig·weed [-wìːd] *n.* 〖식물〗 명아주

*__pike__[1] [paik] [F 「찌르다」의 뜻에서] *n.* **1** 창; 창끝; 《영·방언》 곡괭이 **2** 가시; 바늘 — *vt.* 〈사람을〉 창으로 찌르다[죽이다]

pike[2] *n.* [보통 **P~**로 지명에 사용함] 《영·방언》 (영국 호수 지방의) 뾰족한 산봉우리

pike[3] *n.* (유료 도로의) 요금 징수소; 통행 요금; 유료 (고속) 도로; 철도 노선

pike[4] *vi.* 《미》 훌쩍 가버리다; 죽다; 주저하다

pike·man [páikmən] *n.* (*pl.* **-men** [-mən]) **1** 창병(槍兵) **2** 통행세 징수인 **3** 곡괭이를 사용하는 갱부

pik·er [páikər] *n.* 《미·구어》 세심하고 인색한 도박꾼; (증권 시장의) 소액 투자자; 구두쇠; 겁쟁이

pike·staff [páikstæ̀f | -stɑ̀ːf] *n.* (*pl.* **-staves**[-stèivz]) 창자루; 석장(錫杖)

(***as***) ***plain as a ~*** 아주 명백한

pik·ey [páiki] *n.* 《영·속어》 집시; 방랑자

pi·laf(**f**) [piláːf | pílæf] *n.* Ⓤ 필래프 《쌀에 고기·양념을 섞어 만든 터키식 음식》

pi·las·ter [pilǽstər, páilæs-] *n.* 〖건축〗 (벽면 밖으로 나오게 한) 벽기둥

Pi·late [páilət] *n.* 〖성서〗 빌라도 **Pontius ~** 《그리스도의 처형을 허가한 Judea의 총독》

Pi·la·tes [piláːtiz] *n.* Ⓤ 필라티스 《요가와 춤을 혼합한 운동의 일종》

pi·lau, pi·law [pilɔ́ː, -láu] *n.* = PILAF(F)

pil·chard [píltʃərd], **pil·cher** [píltʃər] *n.* **1** 〖어류〗 (서유럽 연안산) 정어리의 일종

2 정어리 살

‡pile[1] [pail] [L「기둥」의 뜻에서] *n.* **1 쌓아 올린 더미,** 산더미 《*of*》 **2** 《구어》 **a 다수, 대량** 《*of*》 **b** 큰돈, 재산 **3** 대건축물(군) **4** 〖군사〗 걸어총(stack of arms) **5** 〖전기〗 전퇴(電堆), 전지: a dry ~ 건전지 **6** 화장용 장작 더미 **7** 《영·고어》 화폐의 뒷면 **8** 〖물리〗 파일, 원자로(= atomic ~)
***make** one's* [*a*] ~ 《구어》 재산을 모으다
— *vt.* **1 쌓아올리다,** 겹쳐 쌓다(heap) 《*up, on, onto*》; 〈돈·물건 등을〉 축적하다, 모으다 《*up*》 **2** 산더미같이 쌓다 《*with*》 **3** 〖군사〗 걸어총 하다; 〖항해〗 〈배를〉 좌초시키다 《*up*》 **4** 원자로로 처리하다
— *vi.* **1 쌓이다** 《*up*》: Money continued to ~ *up.* 돈이 계속 모였다. / with work *piling up* 일이 산적되어 **2** 우르르 몰려오다[가다] 《*into, out*》: ~ off a train 기차에서 우르르 내리다 **3** 〈자동차가〉 다중 충돌하다 《*up*》 *~ in* 밀어[채워] 넣다 *~ it on* 《구어》 과장해서 말하다

pile[2] [OE「뾰족한 말뚝」의 뜻에서] *n.* **1** [보통 *pl.*] 말뚝, 파일; 교량을 받치는 말뚝 **2** 화살촉

pile[3] [L「털」의 뜻에서] *n.* Ⓤ **1** 부드러운 털, 솜털 **2** (벨벳·융단 등의) 보풀 **3** 털결 **4** 양털; 모피

pile[4] *n.* [보통 *pl.*] 《구어》 치질, 치핵

píle drìver[èngine] 항타기(杭打機)

pile·up [páilʌ̀p] *n.* **1** 《구어》 (차량 등의) 연쇄 충돌 **2** (귀찮은 일의) 산더미

pil·fer [pílfər] *vi., vt.* 좀도둑질하다, 훔치다 **~·er** *n.* 좀도둑

pil·fer·age [pílfəridʒ] *n.* **1** Ⓤ 좀도둑질 **2** 장물 **3** 좀도둑질에 의한 손실

‡pil·grim [pílgrim, -grəm] [L「들을 건너서」,「외국인」의 뜻에서] *n.* **1 순례자,** 성지 참배인 **2** 방랑자, 나그네 **3** (어느 지방에) 처음 간 사람 **4 a** [P~] Pilgrim Fathers의 한 사람 **b** [the P~s] = PILGRIM FATHERS
— *vi.* 순례하다, 유랑하다

***pil·grim·age** [pílgrəmidʒ] *n.* **1 순례 여행,** 성지 참배 **2** (명소·고적 등을 찾는) 긴 여행 **3** 인생 행로 **4** 정신적 편력
go on a* ~** 순례의 길을 떠나다 ***make** one's* **~ *to …에 참배하다; 긴 여행을 하다

Pílgrim Fáthers [the ~] 〖미국사〗 필그림 파더즈 《1620년 Mayflower호로 도미하여 Plymouth에 정착한 영국 청교도단》

Pílgrim's Prógress [the ~] 「천로역정(天路歷程)」 《John Bunyan이 쓴 우의(寓意) 소설(1678)》

pil·ing [páiliŋ] *n.* Ⓤ **1** 말뚝 박기 (공사) **2** 말뚝감 **3** [집합적] 말뚝, 파일

‡pill [pil] [L「작은 공」의 뜻에서] *n.* **1 환약,** 정제 **2** 싫은 것[사람] **3** 《구어》 (야구·골프 등의) 공; 《익살》 포탄, 총탄; 《속어》 양쪽 끝을 자른 궐련; 아편 알 **4** [종종 *pl.*] 《구어》 의사 **5** [the ~, the P~] 《구어》 경구 피임약 ***a bitter* ~ *for*** one ***to swallow*** 안 할 수 없는 싫은 일

pil·lage [pílidʒ] *n.* Ⓤ 약탈; Ⓒ 약탈한 물건, 전리품 — *vt., vi.* 약탈하다
píl·lag·er *n.* 약탈자

‡pil·lar [pílər] *n.* **1** 〖건축〗 **기둥;** 기둥 모양의 것 **2** 중심 세력(勢力), 대들보, 중심 인물 《*of*》 ***be driven from* ~ *to post*** [《고어》 ***from post to* ~**] 잇따라 내몰리다, 연방 궁지에 몰리다 ***the P~s of Hercules*** 헤라클레스의 기둥 《Gibraltar 해협의 동쪽 끝에 솟아 있는 2개의 바위》

pil·lar-box [pílərbɑ̀ks | -bɔ̀ks] *n.* 《영》 (빨간) 원통형 우체통

pill·box [pílbɑ̀ks | -bɔ̀ks] *n.* **1** (판지로 만든) 환약갑 **2** 《영·익살》 소형의 탈것; 성냥갑 같은 집 **3** 〖군사〗 토치카 **4** 납작하고 테 없는 여자 모자

pil·lion [píljən] *n.* **1** (오토바이 등의 동승자용) 뒷자리 **2** (말을 같이 타는 여자용) 뒤안장

pil·lock [pílək] *n.* 《영·속어》 어리석고 쓸모없는 사람

pil·lo·ry [píləri] *n.* (*pl.* **-ries**) **1** 칼 《목과 손을 널빤지 사이에 끼우는 옛 형틀》 **2** [보통 the ~] 오명, 웃음거리

‡pil·low [pílou] [L「쿠션」의 뜻에서] *n.* **1 베개 2** 베개 구실을 하는 것 **a** (특수 의자 등의) 머리 받침대 **b** 〖기계〗 굴대받이)
— *vt.* **1** 〈머리를〉 (…에) 올려 놓다 《*on, in*》, 베개로 삼다 **2** 〈물건이〉 …의 베개가 되다

pil·low·case [píloukèis] *n.* 베갯잇

píllow fìght (아이들의) 베개 싸움; 모의전

píllow slìp = PILLOWCASE

píllow tàlk (부부의) 잠자리에서의 정담

‡pi·lot [páilət] [Gk「노」의 뜻에서] *n.* **1 조종사,** 파일럿: a test ~ 시험 비행 조종사 **2 수로 안내인,** 도선사(導船士); 키잡이 **3** 지도자, 안내인(guide); 지표, 지침 **4** (항로) 안내서, 수로지(水路誌); 나침반 정오기(正誤器) **5** 《미》 (기관차의) 배장기(排障器) — *vt.* **1 a** 〈배의〉 수로를 안내하다 **b** 〈비행기·우주선 등을〉 조종하다 **2 a** 〈배 등을〉 안내[조종]하여 가다 **b** 〈사람을〉 안내하다: ~ a person across a street …을 안내하여 길을 건너게 하다 **c** 〈일을〉 잘 추진하다

pi·lot·age [páilətidʒ] *n.* Ⓤ **1** 항공기 조종(술); 수로 안내(술) **2** 안내, 지도 **3** 수로 안내료

pílot ballòon (풍향·풍속 관측용) 측풍(測風) 기구

pílot bòat 수로 안내선

pílot bùrner 점화용 불씨(pilot light)

pílot fìsh 〖어류〗 방어의 일종 《상어를 먹이 있는 곳으로 인도한다고 함》

pi·lot·house [páiləthàus] *n.* 〖항해〗 조타실

pi·lo·ti [pilɑ́ti | -lɔ́ti] [F = pile[2]] *n.* 〖건축〗 필로티 《건물을 지면보다 높이 받치는 기둥》

pílot làmp 표시등(表示燈), 파일럿 램프

pílot lìght 1 = PILOT LAMP **2** = PILOT BURNER

pílot òfficer 《영》 공군 소위

pílot plànt (새 생산 방식 등의) 시험[실험] 공장

pi·men·to [piméntou] *n.* (*pl.* **~s, ~**) **1** 〖식물〗 피멘토나무(allspice) 《열대 아메

리카산》; 그 열매로 만든 향신료(allspice) **2** = PIMIENTO

pi·mien·to [pimjéntou] [Sp.] *n.* (*pl.* **~s**) 피망 《스페인산 고추의 일종》

pimp [pimp] *n.* **1** 뚜쟁이(pander) **2** (창녀 등의) 기둥서방; 포주

— *vt.* 뚜쟁이질을 하다; 남에게 기생하여 살아가다

pim·per·nel [pímpərnèl, -nl] *n.* 〖식물〗 별봄맞이꽃

pim·ple [pímpl] *n.* 여드름, 뾰루지

pim·pled [pímpld] *a.* 여드름투성이의, 여드름이 난

pim·ply [pímpli] *a.* (**-pli·er**; **pli·est**) = PIMPLED

‡**pin** [pin] *n.* **1 a** 핀; 안전핀 **b** 장식핀; 핀 달린 기장(記章) **2** 마개(peg); 빗장 **3** (악기의) 현을 걸치는 못 **4** (과녁의) 중심점; 〖골프〗 (hole을 표시하는) 깃대; 〖볼링〗 표적[표주], 핀; 〖항해〗 핀, 쐐기 **5** [보통 *pl.*] 《구어》 다리(leg) **6** 보잘것없는 것; 아주 조금

for two ~s 《구어》 쉽게, 문제없이; 곧 ***not care a ~*** [***two ~s***] 조금도 개의치 않다 ***~s and needles*** 손발이 저려 따끔따끔한 느낌

— *vt.* (**~ned**; **~·ning**) **1** 핀[못바늘]으로 꽂다[고정하다] 《*up, together, on, to*》: ~ papers *together* 서류를 핀으로 꽂아 두다 **2** 〈…을〉 (…에) 꼼짝 못하게 누르다 《*to, against, under*》 **3** 〈신뢰·희망 등을〉 (…에) 두다, 걸다

~ down (1) …을 핀으로 꽂다 (2) …을 (약속 등으로) 속박하다 《*to*》 (3) …에게 자세한 설명[명확한 의견, 태도]을 요구하다 (4) 〈사실 등을〉 밝히다, 분명히 설명하다, 규명하다

PIN [pin] [*p*ersonal *i*dentification *n*umber] *n.* (은행 카드의) 비밀 번호 (= ⁓ **còde**)

pin·a·fore [pínəfɔ̀ːr] *n.* **1** 에이프런, 앞치마 《어린이·여직공 등의》 **2** 에이프런 드레스(= ⁓ **drèss**) 《소매 없는 원피스》

pínball machìne 핀볼기(機)(《영》 pin table)

pince-nez [pǽnsnèi, píns-] [F = pinch a nose(코를 집다)] *n.* (*pl.* ~ [-z]) 코안경

pin·cer [pínsər] *n.* 〖군사〗 협공 (작전), 협격 (작전), 양 측면 공격 작전

pin·cers [pínsərz] *n. pl.* **1** 펜치(nippers); 못뽑이, 족집게 **2** 〖동물〗 (게 등의) 집게발

pin·cette [pænsét] [F] *n.* (*pl.* **~s** [-s]) 핀셋

‡**pinch** [pintʃ] *vt.* **1** 꼬집다, (두 손가락으로) 집다; (문틈 등에) 끼다; 〈새싹 등을〉 잘라내다; 〈모자·구두 등이〉 죄다, 꼭 끼다 **2** [보통 수동형] 못살게 굴다; 수척하게 하다; 괴롭히다, 위축시키다; 쪼들리게 하다: be *~ed* with cold 추위로 움츠러들다 / be *~ed* for money 돈에 쪼들리다 **3** 《구어》 빼앗다; 훔치다; 우려내다: ~ money *from*[*out of*] a person …에게서 돈을 우려내다 **4** 《구어》 〈경찰이〉 …을 체포하다 **5** 줄이다, 절약하다

— *vi.* **1** 꼬집다, 집다 **2** 〈구두가〉 죄다, 죄어 아프다 **3** 몹시 절약하다, 인색하게 굴다 《*on*》 **4** 〈광맥 등이〉 가늘어지다, 바닥나다 《*out*》

— *n.* **1** 꼬집기, (두 손가락으로) 집기; 물기 **2** 한 번 집은 양, 조금 《*of*》 **3** [the ~] 위기, 핀치; 절박, 곤란 **4** 찌르는 듯한 아픔, 격통(激痛) **5** 받침 달린 지레 **6** 《속어》 (경찰의) 단속; 체포 **7** 《속어》 훔침

pinch·beck [píntʃbèk] *n.* **1** Ⓤ 금색동(金色銅) 《구리와 아연의 합금》 **2** 값싼 보석류; 가짜, 모조품 — *a.* **1** 금색동의 **2** 가짜의, 값싸고 번지르르한

pinched [pintʃt] *a.* **1** 죄어진, 거북한 **2** (가난 따위로) 수척해진; 곤궁한

pinch-hit [píntʃhít] *vi.* (~; **~·ting**) **1** 〖야구〗 대타자로 나서다 **2** 《미》 대역(代役)을 맡아 하다 《*for*》

pínch hítter 1 〖야구〗 대타자, 핀치 히터 **2** 《미》 대역(代役) 《*for*》

pinch·pen·ny [-pèni] *n.* 구두쇠, 수전노 — *a.* 인색한, 깍쟁이의

pínch rúnner 〖야구〗 핀치 러너, 대주자(代走者)

pín cùrl 핀컬 《핀을 꽂아 만드는 곱슬머리》

pin·cush·ion [pínkùʃən] *n.* 바늘겨레[방석]

*__pine__[1] [pain] [L 「벌(罰)」의 뜻에서] *vi.* **1** 애타게 그리워하다, 연모하다 《*for, after*》; 갈망[열망]하다 《*to* do》 **2** 수척해지다 《*away*》

‡**pine**[2] [pain] *n.* **1** 〖식물〗 솔, 소나무 (= ~ tree) **2** Ⓤ 소나무 재목

pi·ne·al [páiniəl, pín-] *a.* **1** 솔방울 모양의 **2** 〖해부〗 송과선(松果腺)[체(體)]의

‡**pine·ap·ple** [páinæ̀pl] *n.* **1** 〖식물〗 파인애플(ananas) **2** 그 열매 **3** 《호주·구어》 폭탄, 수류탄

píne còne 솔방울

píne nèedle [보통 *pl.*] 솔잎

píne nùt 송과(松果) 《북미 서부산의 여러 가지 소나무류의 열매; 식용》

píne rèsin 송진

pin·er·y [páinəri] *n.* (*pl.* **-er·ies**) 솔밭; 파인애플 재배원

píne trèe 소나무

pine·wood [páinwùd] *n.* [종종 *pl.*] 소나무숲, 송림; Ⓤ 소나무 재목, 송재

pine·y [páini] *a.* (**pin·i·er**; **-i·est**) = PINY

ping [piŋ] [의성어] *n.* [a ~] 핑 《유리 등에 딱딱한 것이 부딪치는 소리》

— *vi.* **1** 핑 소리 나다 **2** 《미》 〈엔진 등이〉 노킹하다(《영》 pink)

PING 〖컴퓨터〗 Packet Internet Groper 핑 《인터넷 접속을 확인하는 도구》

*__Ping-Pong__ [píŋpàŋ, -pɔ̀ːŋ | -pɔ̀ŋ] [의성어] *n.* Ⓤ 탁구, 핑퐁(table tennis)

píng-pong diplómacy 핑퐁 외교 《1971년 미국과 중국의 탁구 경기를 통한 양국의 외교 개선》

pin·head [pínhèd] *n.* **1** 핀의 대가리 **2** 아주 작은[하찮은] 것 **3** 《미·구어》 바보, 멍청이

pin·hole [-hòul] *n.* 바늘[핀] 구멍

pínhole càmera 핀홀 사진기 《렌즈 대신에 어둠상자에 작은 구멍을 뚫은 사진기》

pin·ion[1] [pínjən] *n.* **1** 새 날개의 끝 부분 **2** 칼깃; 날개 털 **3** 《시어》 날개 **4** 앞날개 — *vt.* **1** 〈날지 못하게〉 날개 끝을 자르다 **2** 〈두 손을〉 묶다(bind) **3** 〈손발을〉 붙들어 매다, 속박하다 《*to*》

pinion[2] *n.* 〚기계〛 피니언 톱니바퀴 《작은 톱니바퀴》: a lazy ~ 매륜(媒輪)

‡**pink**[1] [piŋk] *n.* **1** Ⓤⓒ **분홍색**, 핑크색; 《구어》 좌경(左傾)한 사람 **2** 〚식물〛 패랭이꽃, 석죽 **3** [the ~] 전형(典型), 정화(精華), 극치 **4** 여우 사냥꾼(의 분홍색 상의) **5** 멋쟁이, 맵시꾼

in the ~ (***of health*** [***condition***]) 《익살》 아주 건강하여

— *a.* **1** 핑크색의, 분홍색의 **2** 《구어》 좌익 동조자의, 좌경한

get ~ on …에 흥분하다

pink[2] *vt.* **1** 〈칼끝 등으로〉 찌르다 **2** 〈가죽 등에〉 구멍을 뚫다 《*out*》 **3** 〈천·종이 등을〉 물결무늬로 자르다

pink[3] *vi.* 《영》 〈엔진이〉 노킹하다(《미》 ping)

pink-col·lar [píŋkkɑ́lər | -kɔ́l-] *a.* **1** 핑크 칼라의 **2** 〈직업 등이〉 (전통적으로) 여성이 종사하는

pínk élephants 《익살》 술취한 사람의 환각

pink·eye [-ài] *n.* Ⓤ **1** 〚수의학〛 (말의) 유행성 감기 **2** (사람의) 유행성 결막염

pínk gín 핑크진 《진에 고미제(苦味劑)를 섞은 음료》

pin·kie [píŋki] *n.* 《미·스코》 새끼손가락

pínk·ing shèars[**scìssors**] [píŋkiŋ-] 핑킹용 가위, 지그재그 가위

pink·ish [píŋkiʃ] *a.* 연분홍색의; 좌경한

pink·o [píŋkou] *n.* (*pl.* **~s, ~es**) 《구어·경멸》 빨갱이, 좌경한 사람

pín mòney 《구어》 **1** (아내에게 주는) 용돈 **2** 적은[소액의] 돈

pin·nace [pínis] *n.* **1** 〚항해〛 피니스 《함선에 싣는 중형 보트》, 함재정 **2** 〚역사〛 (모선에 부속된) 쌍돛대의 작은 배

***pin·na·cle** [pínəkl] *n.* **1** 〚건축〛 **작은 뾰족탑 2** (뾰족한) 산봉우리; 정상(頂上), 꼭대기 **3** [the ~] 정점, 극점

pin·nate [píneit, -nət], **-nat·ed** [-eitid] *a.* 〚식물〛 〈잎이〉 날개 모양의; 〚동물〛 날개[지느러미]가 있는

pin·ny [píni] *n.* (*pl.* **-nies**) 《구어》 = PINAFORE 1

Pi·noc·chi·o [pinóukiòu] *n.* 피노키오 《Carlo Collodi 작의 동화에 나오는 나무 인형》

pi·noch·le, pi·noc·le [pí:nʌkl, -nɑkl | pínʌkl] *n.* Ⓤ 《미》 2-4명이 48매의 패로 하는 bezique 비슷한 카드놀이

pin·point [pínpɔ̀int] *n.* **1** 핀 끝; 뾰족한 것 **2** 하찮은 것; 조금, 소량 **3** 정밀 조준 폭격 — *vt.* **1** …의 위치를 정확하게 나타내다 **2** 정확하게 지적하다 **3** 정밀 폭격하다 — *a.* Ⓐ **1** 핀 끝만한 **2** 정확하게 목표를 정한, 정확한

pin·prick [-prìk] *n.* **1** 바늘로 콕 찌름 **2** 귀찮은 일; 성가시게 굴기

pin·set·ter [-sètər] *n.* 〚볼링〛 핀세터 《핀을 정리하는 기계[사람]》

pin·stripe [-stràip] *n.* **1** 핀스트라이프 《가는 세로줄 무늬》 **2** 핀스트라이프의 옷

***pint** [paint] *n.* **1 파인트** 《(1) 액량(液量)의 단위: 《영》 약 0.57리터; 《미》 약 0.47리터 (2) 건량(乾量)의 단위: 《영》 약 0.57리터; 《미》 약 0.55리터》 **2 a** 1파인트 들이 그릇 **b** 《영·구어》 1파인트의 맥주

pin·ta [páintə] *n.* 《영·구어》 1파인트(pint)의 우유[맥주 《등》]

pín tàble 《영》 = PINBALL MACHINE

pin·to [píntou] [Sp. 「얼룩의」의 뜻에서] 《미》 *a.* (흑백) 얼룩배기의 — *n.* (*pl.* **~(e)s**) (흑백) 얼룩말

pint-size(d) [páintsàiz(d)] *a.* 작은, 소형의(small); 하찮은

pin·up [pínʌ̀p] *n.* **1** 핀업 사진 《핀으로 벽에 붙이는 미인 사진》 **2** 미인 — *a.* Ⓐ 벽에 핀으로 꽂아 둘 만한: a ~ girl 핀업 걸

pin·wheel [-*h*wì:l] *n.* **1** 회전 불꽃 **2** 《미》 종이 바람개비(《영》 windmill) 《장난감》 **3** 〚기계〛 핀 톱니바퀴

pin·worm [-wə̀:rm] *n.* 〚동물〛 요충(蟯蟲)

pin·y [páini] *a.* (**pin·i·er**; **-i·est**) 소나무의, 소나무가 우거진; 소나무 같은

Pin·yin [pínjín] [Chin. 「倂音」에서] *n.* [종종 **p~**] 병음(倂音) 《중국어의 로마자 표기법의 하나》

‡**pi·o·neer** [pàiəníər] [OF 「보병」의 뜻에서] *n.* **1** (미개지·새 분야의) **개척자; 선구자**, 주창자, 선봉 《*in, of*》 **2** 〚군사〛 (선발(先發)) 공병(engineer) **3** [**P~**] **a** 피오니르 《구소련의 소년[소녀]단》 **b** 파이어니어 《미국의 화성 탐측기(機)》

— *a.* Ⓐ 선구적인; 개척자의

— *vt.* **1** 〈미개지를〉 개척하다; 〈도로 등을〉 개설하다 **2** 〈새 분야를〉 개척하다; 솔선하다; 지도하다 — *vi.* **1** …의 개척자가 되다 《*in*》 **2** 솔선하다 《*in*》

‡**pi·ous** [páiəs] *a.* **1 a 경건한**, 신앙심이 깊은; 《고어》 충실한, 효성스러운 **b** 《경멸》 신앙심이 깊은 체하는, 위선적인 **2** Ⓐ 훌륭한, 칭찬할 만한(worthy) **3** Ⓐ 실현될 가망이 없는 **~·ly** *ad.* **~·ness** *n.*

pip[1] [pip] *n.* (사과·배·귤 등의) 씨

pip[2] *n.* **1** Ⓤ 가금(家禽)의 혀에 백태(白苔)가 끼는 병 **2** [the ~] 《영·속어》 가벼운 병; 기분이 언짢음 **3** 《속어》 매독

pip[3] *n.* **1** (카드 패·주사위의) 점, 별, 눈 **2** 《영》 (견장(肩章)의) 별 **3** (은방울꽃 등의) 근경(根莖); (파인애플 껍질의 비늘꼴의) 잔 조각

pip[4] *v.* (**~ped**; **~·ping**) 《영·구어》 *vt.* **1** 총알[화살]로 쏘다 **2** 배척하다; 〈계획 등을〉 좌절시키다, 방해하다 **3** 〈경쟁 등에서 상대를〉 지우다 **4** …을 낙제시키다 — *vi.* 죽다 《*out*》

pip[5] *v.* (**~ped**; **~·ping**) *vi.* 〈병아리가〉 삐악삐악 울다 — *vt.* 〈병아리가 껍질을〉 깨고 나오다

pip[6] *n.* 《영》 (신호에서) p자

pip[7] *n.* (시보(時報)·전화의) 삐 소리

⁂**pipe** [paip] [L 「삐삐 소리나다」의 뜻에서] *n.* **1** (담배) **파이프**; 담뱃대;

(담배의) 한 대 **2** 관, 파이프, 도관(導管), 통(筒) **3** 피리; 〖항해〗 (갑판장의) 호각 **4** (인체 내의) 관상 기관, 도관; 〖식물〗 줄기; [*pl.*] 《구어》 기관(氣管), 목구멍; 호흡기 **5** 〖광산〗 관상 광맥(管狀鑛脈) **6** 큰 (포도주) 통 **7** 《속어》 수월한 일 ***a distributing*** ~ 배수관(配水管) ***have*** [***smoke***] ***a*** ~ 한 대 피우다
— *vi.* **1** 피리를 불다, 피리 소리를 내다 **2 a** 〈새가〉 지저귀다 **b** 〈바람이〉 소리내어 불다 **c** 〈사람이〉 새된 목소리로 말하다[노래하다] — *vt.* **1 a** 〈곡을〉 피리로 불다 **b** 〈사람이〉 새된 목소리로 노래[말]하다 **2** 〖항해〗 〈선원을〉 호각으로 부르다[명령하다] **3** 관을 설치하다; 〈물·가스 등을〉 파이프를 통해 나르다 《*to, into*》 **4** 〈식물을〉 줄기의 관절부에서 잘라 번식시키다 **5** 〈의복에〉 가두리 장식을 달다 **6** 〈과자 등에〉 (설탕으로) 가두리 장식을 하다 **7** 〈라디오·텔레비전 프로를〉 유선 방송하다

pípe clày 파이프 점토 《담배 파이프 제조용; 가죽 제품을 닦는 데도 쓰임》

pípe clèaner 담배 파이프 청소 기구

pípe drèam [아편 흡입으로 생기는 공상에서] 공상적인 생각[계획, 희망 《등》]

pipe·ful [páipfùl] *n.* (파이프 담배) 한 대분

pipe·line** [páiplàin] *n.* **1** (석유·가스 등의) **파이프라인,** 수송 관로; 보급선(線) **2** (유통·정보의) 경로, 루트 **3** (제조자로부터 소매상[소비자]에게) 끊임없이 보내지는 상품 ***in the ~ (1) 〈상품 등이〉 발송 중인 (2) 〈계획 등이〉 진행 중인, 준비 단계인

pípe òrgan 파이프 오르간

pip·er** [páipər] *n.* **1 피리 부는 사람 2** 배관공 **3** 숨가빠하는 말(horse) **4** 《영》 들새를 유인하는 개 ***pay the ~ (1) 비용[책임]을 부담하다 (2) 응보를 받다

pípe ràck (담배) 파이프 걸이

pi·pet(te) [paipét | pi-] *n.* 피펫 《극히 소량의 액체 등을 옮기는 데 쓰는 작은 관》

***pip·ing** [páipiŋ] *n.* Ⓤ **1 피리를 붊;** 관악(pipe music) **2** 피리 소리; (새 등의) 지저귀는 소리 **3** [집합적] 관; 배관
— *a.* **1** 피리를 부는; 〈목소리가〉 새된; 평화로운 **2** 《구어》 펄펄 끓는; 갓 구워[삶아]낸
— *ad.* [다음 성구로]
~ ***hot*** 〈음식물 등이〉 아주 뜨거운

pip·it [pípit] *n.* 〖조류〗 논종다리

pip·pin [pípin] *n.* 피핀종 사과; 〖식물〗 (사과·귤 등의) 씨(pip); 《속어》 아주 훌륭한 것[사람]

pip-squeak [pípskwìːk] *n.* 《속어》 보잘것없는 사람[물건]; 벼락 출세한 사람

pip·y [páipi] *a.* (**pip·i·er**; **-i·est**) 관[원통] 모양의; 〈목소리 등이〉 날카로운

pi·quan·cy [píːkənsi] *n.* Ⓤ **1** (식욕을 자극하는) 짜릿짜릿한 맛, 매움; 신랄; 통쾌 **2** 흥미를 자극함

pi·quant [píːkənt, -kɑːnt] [OF 「찌르다」의 뜻에서] *a.* **1** 〈맛 등이〉 입맛을 돋우는, 얼얼한 **2** 흥미를 자극하는 **3** 신랄한; 통쾌한 **~·ly** *ad.* **~·ness** *n.*

pique** [piːk] [동음어 peak] *n.* Ⓤ **화,** 불쾌, 기분이 언짢음 ***in a (***fit of***) ~ = ***out of*** ~ 홧김에
— *vt.* **1** …의 감정을 상하게 하다, 분개하게 하다, 애태우다 **2** 흥분시키다; 〈호기심·흥미를〉 돋우다 **3** 《고어》 자랑하다 **4** 〖항공〗 급강하 폭격하다

pi·quet [pikéi, -két] *n.* Ⓤ 피켓 《두 사람이 32매의 패를 가지고 하는 카드놀이》

pi·ra·cy [páiərəsi] *n.* (*pl.* **-cies**) ⓊⒸ **1** 해적 행위 **2** 저작권 침해: literary ~ 저작의 표절, 해적판의 출판

pi·ra·nha [pirɑ́ːnjə, -rǽ- | -rɑ́ː-] *n.* 〖어류〗 피라냐 《이빨이 날카로운 남미산 민물고기》

pi·ra·ru·cu [pirɑ́ːrəkùː] *n.* 〖어류〗 피라루쿠 《남미 북부 지방에 사는 세계 최대의 민물 고기》

***pi·rate** [páiərət] [Gk 「공격하다」의 뜻에서] *n.* **1 해적;** 해적선 **2 a** 표절자, 저작권 침해자 **b** 해적[무허가] 방송자[국] **3** 훔치는 사람, 약탈자 — *vt.* **1** 약탈하다 **2** 표절하다, 저작권을 침해하다

pírate rádio 해적 방송, 무허가 방송

pi·rat·i·cal [pairǽtikəl, pi- | pai-], **-ic** [-ik] *a.* **1** 해적의, 해적질을 하는 **2** 저작권 침해의, 표절의 **-i·cal·ly** *ad.*

pir·ou·ette [pìruét] [F 「팽이」의 뜻에서] *n.* **1** 〖무용〗 한 발끝으로 돌기 **2** 〖승마〗 급회전
— *vi.* **1** 〖무용〗 한 발끝으로 돌다 **2** 〖승마〗 급회전하다

Pi·sa [píːzə] *n.* 피사 《이탈리아 중부의 도시; 사탑(斜塔)으로 유명함》

pis·ca·to·ri·al [pìskətɔ́ːriəl] *a.* = PISCATORY

pis·ca·to·ry [pískətɔ̀ːri | -təri] *a.* 어부의; 어업의

Pis·ces [páisiːz, pís-] *n.* (*pl.* ~) **1** 〖천문〗 물고기자리 **2** 〖점성〗 **a** 물고기자리, 쌍어궁(雙魚宮) 《12궁의 제12》 **b** 물고기자리 태생의 사람

pis·ci·cul·ture [písəkʌ̀ltʃər] *n.* Ⓤ 양어(養魚)(법)

pish [piʃ] *int.* 《드물게》 홍, 체 《경멸·불쾌를 나타냄》

piss [pis] 《비어》 *n.* ⓊⒸ 오줌, 소변 (urine) ***take the*** ~ ***out of*** 《속어·비어》 …을 놀리다, 조롱하다
— *vi.* **1** 오줌 누다 **2** [it를 주어로 하여] 비가 퍼붓다 — *vt.* **1** …을 오줌으로 적시다 **2** 〈피 등을〉 오줌과 함께 배설하다 **3** [~ one*self* 로] 《영》 배꼽 빠지게 웃다
~ ***about*** [***around***] 《속어·비어》 (1) 어리석은 행동을 하다 (2) 시간을 헛되이 보내다 (3) …을 엉망진창으로 만들다

pissed [pist] *a.* Ⓟ 《속어·비어》 **1** 곤드레만드레 취하여 **2** 화난

piss-take [pístèik] *n.* 《속어》 남을 조롱하는 행위

piss-up [písʌ̀p] *n.* 《특히 영·속어》 《속어》 만취(滿醉), 곤드레만드레 취함

pis·tach·i·o [pistǽʃiòu | -tɑ́ːʃ-] *n.* (*pl.* **~s**) **1 a** 〖식물〗 피스타치오 《남유럽·소아시아산의 관목》 **b** ⒸⓊ 피스타치오 열매 **2** Ⓤ 담황록색(淡黃綠色)

piste [piːst] *n.* 〖스키〗 피스트 《다져진 활강 코스》; 〖펜싱〗 피스트 《시합하는 마루면》

∗**pis·til** [pístl | -til] *n.* 〚식물〛 **암술**

pis·til·late [pístələt, -lèit] *a.* 〚식물〛 암술의, 암술만 있는

‡**pis·tol** [pístl] 〔동음어 pistil〕 〔의성어〕 *n.* **권총**, 피스톨

hold a ~ to** a person**'s head (1) …의 머리에 권총을 들이대다 (2) …을 위협하여 …시키려고 하다

— *vt.* 권총으로 쏘다

∗**pis·ton** [pístən] *n.* 〔L 「연타」의 뜻에서〕 **1** 〚기계〛 **피스톤** **2** 〚음악〛 관악기의 조음판(調音瓣)

píston rìng 〚기계〛 피스톤링

píston ròd 〚기계〛 피스톤 간(桿)[막대]

‡**pit**[1] [pit] 〔L 「우물」의 뜻에서〕 *n.* **1 구멍, 구덩이** **2** 함정 **3** 〚광산〛 광산, 탄갱, 채굴장 **4** [the ~] 《문어》 〚성서〛 지옥 **5** [보통 the ~] 《영》 〚극장〛 일층의 뒤쪽 좌석; [보통 the ~; 집합적] 그 관객; 오케스트라석(= orchestra ~) **6** (동물원의) 맹수 우리; 투견[투계]장 **7** (신체의) 우묵한 곳; [종종 *pl.*] (얼굴의) 마마 자국: the ~ of the stomach 명치 / an arm ~ 겨드랑 밑

dig a ~ for …을 함정에 빠뜨리려고 하다

— *v.* (**~·ted**; **~·ting**) *vt.* **1 a** 움푹 들어가게 하다, 구멍을 내다, 흠집을 내다 **b** [종종 수동형] 곰보로 만들다 《*by, with*》 **2 a** 〈닭·개 등을〉 싸움 붙이다, 맞붙이다 《*against*》 **b** 〈사람·지혜·힘 등을〉 겨루게 하다 **3** 움에 저장하다 **4** 함정에 빠뜨리다

— *vi.* 움푹 들어가다

pit[2] 《미》 *n.* (복숭아·살구 등의) 씨, 핵

— *vt.* (**~·ted**; **~·ting**) 〈과실의〉 씨를 빼다

pit-a-pat [pítəpæ̀t, ⌐-⌐] 〔의성어〕 《구어》 *n.*, *ad.* 두근두근(하여); 펄떡펄떡 (뛰어) **—** *vi.* 두근거리다

‡**pitch**[1] [pitʃ] *vt.* **1 a 던지다**, 내던지다: ~ a beggar a penny 거지에게 1페니를 던져 주다 **b** 〚야구〛 〈공을〉 **던지다**; 〈시합의〉 투수를 맡다 **2** (땅에) **처박다**, 〈말뚝을〉 두드려 박다; 〈천막을〉 **치다**; 〈캠프를〉 **설치하다** **3 a** 〚음악〛 〈음조를〉 조정하다: ~ a tune in a higher key 가락을 높이다 **b** 조절하다

— *vi.* **1** 던지다; 〚야구〛 **투구하다, 등판하다** **2 거꾸로 떨어지다[넘어지다]**: ~ down (the cliff) (벼랑)에서 거꾸로 떨어지다 / ~ on one's head 곤두박질치다 **3** 〈배·비행기 등이〉 **앞뒤로 흔들리다** **4 천막을 치다**, 캠프를 설치하다 **5** (잘 생각하지 않고) 고르다, 결정하다 《*on, upon*》 **6** [부사(구)와 함께] (아래쪽[한쪽]으로) 기울다, 경사지다

~ in 《구어》 (1) 열심히 하기 시작하다 (2) 맛있게 먹기 시작하다 ***~ into*** 《구어》 (1) 맹렬히 공격하다; 몹시 꾸짖다 (2) 〈일 등에〉 의욕적으로 착수하다; 〈음식을〉 퍼 넣다 ***~ upon*** [***on***] (1) …을 선정하다; 결정하다 (2) (우연히) 만나다

— *n.* **1 던지기**, 내던지기; 〚야구〛 투구(자세), 투구 위치[거리] **2** 고정 위치; 가게 터 《노점 상인 등의》 **3 정도** **4** UC 〚음악〛 **음조**, 음의 고저 **5** U [또는 a ~] 경사도 **6** 〚기계〛 톱니 사이의 거리; 나사의 1회전 거리 **7** (배·비행기의) 뒷질, 앞뒤로 흔들리기, 상하동(上下動) **8** 〚보트〛 피치, 노젓는 속도

‡**pitch**[2] *n.* U **피치**, 역청(瀝靑); 송진, 수지(樹脂) **—** *vt.* 피치를 칠하다

pitch-and-toss [pítʃəntɔ́:s | -tɔ́s] *n.* U 동전 던지기 《놀이의 일종》

pitch-black [-blǽk] *a.* 새까만, 칠흑 같은, 캄캄한

pitch·blende [-blènd] *n.* U 〚광물〛 역청(瀝靑) 우란광《우라늄·라듐의 주요 원광》

pitch-dark [-dɑ́:rk] *a.* 캄캄한, 칠흑 같은

pítched báttle **1** 정정당당한 대전[회전] **2** 총력전, 막상막하의 격전

‡**pitch·er**[1] [pítʃər] *n.* **1** 〚야구〛 **투수**, 피처: the ~*'s* plate 투수판 **2** 던지는 사람 **3** (보리·건초 등을 수레에) 던져 쌓는 사람 **4** 《영》 포석(鋪石) **5** 〚골프〛 피처 《7번 아이언》 **6** 《영》 노점 상인

‡**pitcher**[2] 〔L = beaker〕 *n.* (귀 모양의 손잡이와 주둥이가 있는) **물주전자**

pitch·er·ful [pítʃərfùl] *n.* 한 주전자 가득한 양

pítcher plànt 〚식물〛 낭상엽(囊狀葉) 식물 《벌레잡이통풀 등》

pitch·fork [-fɔ̀:rk] *n.* 건초용 포크, 갈퀴, (비료) 쇠스랑(rake); 〚음악〛 음차(音叉), 소리굽쇠 **—** *vt.* 〈건초 등을〉 긁어 올리다; 갑자기 밀어 넣다; 〈사람을〉 (어떤 지위에) 억지로 앉히다 《*into*》

∗**pitch·ing** [pítʃiŋ] *n.* U **1** 〚야구〛 **투구(법)**, **피칭** **2** 포석(鋪石); 돌바닥 **3** (배·비행기의) 뒷질, 상하 동요

pitch·man [pítʃmən] *n.* (*pl.* **-men** [-mən]) **1** 가두(街頭)[노점] 상인 **2** (텔레비전 등에서) 상품을 선전하는 사람

pítch shòt 〚골프〛 피치 샷 《공이 그린에 떨어져 곧 멈출 수 있게 역회전으로 높이 올려 치는 어프로치 샷》

pitch·y [pítʃi] *a.* (**pitch·i·er**; **-i·est**) **1** pitch[2]가 많은, 피치 같은, 끈끈한(sticky) **2** 피치빛의, 까만; 캄캄한

∗**pit·e·ous** [pítiəs] *a.* **불쌍한**, 비참한, 애처로운 **~·ly** *ad.* **~·ness** *n.*

pit·fall [pítfɔ̀:l] *n.* **1** 함정 **2** 유혹

∗**pith** [piθ] *n.* U **1 a** 〚식물〛 **속**, 수(髓), 고갱이 **b** (귤 등의) 중과피(中果皮) **c** 〚해부〛 수(髓), 골수, 척수 **2** [the ~] 심수(心髓), 핵심, 요점

pit·head [píthèd] *n.* 〚광산〛 수갱(竪坑)의 갱구(坑口)

pith·e·can·thro·pus [pìθikǽnθrəpəs, -kənθróu-] *n.* (*pl.* **-pi** [-pài, -pì:]) 〚인류〛 피테칸트로푸스, 자바 직립 원인 《피테칸트로푸스속(屬)의 화석 인류》

pith·y [píθi] *a.* (**pith·i·er**; **-i·est**) **1** 골수의[가 있는] **2** 〈물체 등이〉 힘찬, 간결한, 박력 있는

pit·i·a·ble [pítiəbl] *a.* **1** 가련한, 불쌍한, 비참한; 한심스러운 **2** 경멸할 만한, 비루한 **~·ness** *n.* **-bly** *ad.*

∗**pit·i·ful** [pítifəl] *a.* **1 가엾은, 비참한**, 딱한 **2** 경멸할 만한, 비루한 **3** 《고어》 인정[동정심] 많은 **~·ly** *ad.* **~·ness** *n.*

∗**pit·i·less** [pítilis] *a.* **무자비한**, 매정한; 냉혹한 **~·ly** *ad.* **~·ness** *n.*

pit·man [pítmən] *n.* (*pl.* **-men** [-mən]) 갱부(坑夫), 《특히》 탄갱부
pi·ton [pí:tɑn | -tɔn] [F] *n.* **1** 뾰족한 산꼭대기 **2** (강철제의 등산용) 쐐기못, 하켄
Pí·tot tùbe [pí:tou-] 〖물리〗 피토관(管) 《유속(流速) 측정에 사용》
pit·tance [pítəns] *n.* 약간의 수당[수입]; 소량, 소수
pit·ted [pítid] *a.* 얽은 자국이 있는
pit·ter-pat·ter [pítərpǽtər] *n., ad.* 후두두 《빗소리》, 후다닥 《발소리 등》
Pitts·burgh [pítsbə:rg] *n.* 피츠버그 《미국 Pennsylvania 주 남서부의 강철 공업 도시》
pitúitary glànd[**bòdy**] 〖해부〗 뇌하수체
pít vìper 〖동물〗 (온도를 감지하는) 홈이 있는 각종 독사 《반시뱀·살무사·방울뱀 등》
***pit·y** [píti] [piety와 같은 어원] *n.* (*pl.* **pit·ies**) **1** Ⓤ 불쌍히 여김, 동정, 연민 **2** 애석한 일, 유감스러운 일; 유감의 원인
for ~'s sake 제발 부탁이니 《애원》; 그만해, 기가 막혀 ***have*[*take*] *~ on*** …을 불쌍히 여기다 ***in ~ of*** …을 불쌍히 여겨 ***What a ~!*** 얼마나 딱한 일이냐!; 유감천만이다!
— (**pit·ied**) *vt.* 불쌍히[딱하게] 여기다, 동정하다
pit·y·ing [pítiiŋ] *a.* 동정하는 **~·ly** *ad.*
***piv·ot** [pívət] *n.* **1** 〖기계〗 추축(樞軸); 선회축(旋回軸); (맷돌 등의) 중쇠 **2** 중심(점), 요점 **3** 〖군사〗 기준병, 향도 **4** 중심인물 **5** 〖무용〗 한 발로 돌기
— *vt.* …을 추축 위에 놓다; …에 추축을 붙이다 **—** *vi.* **1** (…을 축으로 하여) 선회하다 《*on, upon*》 **2** (…으로) 결정되다 《*on, upon*》
piv·ot·al [pívətl] *a.* 추축의[같은]; 중추의
pix [piks] *n.* PIC의 복수
pix·el [píksəl, -sèl] *n.* (텔레비전 화상 등을 구성하는) 화소(畫素)
pix·ie, pix·y [píksi] *n.* (*pl.* **pix·ies**) 꼬마 요정(elf) **—** *a.* 꼬마 요정의
pix·i·lat·ed [píksəlèitid] *a.* 《미·구어》 **1** 머리가 좀 이상한; 별나고 우스운 **2** 술 취한
pizz. 〖음악〗 pizzicato
piz·za [pí:tsə] *n.* 피자 《치즈·토마토 등을 얹어 구운 커다란 파이》(= ∠ **pìe**)
pi(**z**)**·zazz** [pəzǽz] *n.* Ⓤ 《속어》 **1** 활기 **2** 재기, 재치, 번득임 **3** 야함, 화려함
piz·ze·ri·a [pì:tsərí:ə] *n.* 피자 음식점
piz·zi·ca·to [pìtsikɑ́:tou] [It.] 〖음악〗 *a., ad.* 손톱으로 뜯는[뜯어] 《略 pizz.》
— *n.* (*pl.* **-ti**[-ti:], **~s**) 손톱으로 뜯는 곡, 피치카토
P.J. Police Justice[Judge]
pj's, P.J.s, P.J.'s [pí:dʒèiz] *n. pl.* 《미·구어》 파자마(pajamas)
pk. pack; park; peak
PKF peacekeeping force 유엔 평화 유지군
pkg. package(s)
PKO peacekeeping operations (UN의) 평화 유지 활동

pkt. packet
pl. place; plate; plural
P.L. Poet Laureate; Public Law
plac·a·ble [plǽkəbl, pléik-] *a.* 달래기 쉬운, 온화한, 너그러운 **-bly** *ad.*
***plac·ard** [plǽkərd, -kɑ:rd | -kɑ:d] [OF 「평평하게 놓다」의 뜻에서] *n.* **1** 플래카드, 벽보, 삐라, 게시, 포스터(poster), 간판 **2** 꼬리표, 명찰
— *vt.* **1** 게시[광고]하다 **2** …에 포스터를 붙이다 **3** 간판을 내걸다
pla·cate [pléikeit | pləkéit] *vt.* **1** 〈사람을〉 달래다, 위로하다 **2** 〈화·감정을〉 진정시키다, 달래다
pla·ca·tion [pleikéiʃən | plə-] *n.*
pla·ca·to·ry [pléikətɔ̀:ri | pləkéitəri] *a.* 달래는, 회유적인, 유화적인
***place** [pleis] *n.* **1 a** 장소, 곳, **b** 지점, 군데 **c** 지역, 지방 **d** Ⓤ 공간; 여지(room) 《*for*》: leave ~ *for* …의 여지를 남기다 **2** 《구어》 집, 별장 **3** 건축물, 관(館); 본부; 실(室), 사무소 **4** (정해진) 자리, 좌석 **5 a** (물건의 표면의 특정한) 부분, (신체 등의) 국소 **b** (책 등의 읽고 있는) 곳, 페이지 **6** 입장, 처지, 경우, 환경 **7** [고유명사로서; **P~**] 광장, 네거리; …가(街) **8** (사회적) 지위, 신분, 직장; 본분 **9** (사람·물건의) 있어야 할 장소 **10** 〖경기〗 선착 순위
all over the ~ 《구어》 (1) 여기저기, 도처에, 사방에 (2) 난잡하게, 흐트러져 ***give ~ to*** …에게 자리[지위]를 양보하다; …와 자리를 교대하다 ***in ~*** (opp. *out of place*) (1) 적소에; 적당한, 적절한 (2) 제자리에 ***in ~ of*** = ***in*** a person***'s ~*** …의 대신에 ***in the first ~*** (1) [이유·논거 등을 열거할 때] 첫째로, 우선 (2) 애당초, 처음부터 ***make ~ for*** …을 위해 자리를 비우다 ***out of ~*** (opp. *in place*) (1) 제자리에 놓이지 않은, 적당한 자리가 아닌 (2) 어울리지 않는 (3) 실직하여 ***take ~*** (1) 〈사건 등이〉 일어나다 (2) 〈행사 등이〉 개최되다 ***take*** one***'s ~*** 위치를 차지하다 ***take the ~ of*** …에 대신하다, …을 대리하다
— *vt.* **1** 두다; 자리를 잡아 주다, 배치하다, 정돈하다: ~ books on the desk 책을 책상 위에 놓다 **2** 〈신뢰·희망 등을〉 두다, 걸다; 〈중요성 등을〉 …에 두다, 인정하다; 〈의제·문제 등을〉 제기하다: ~ one's trust in a person …을 신임하다 **3** 취직시키다 《*with*》; 〈고아 등에게〉 양부모[집]를 알선해 주다 《*in*》 **4** (지위에) 앉히다, 임명하다 **5 a** 〈…을〉 …으로 간주하다 《*among*》 **b** 〈…을〉 …에 위치한다고 보다 **c** 〈…을〉 …으로 평가하다 **6** …의 장소[등급]를 정하다 **7** 확인하다, 기억해 내다 **8** (경주자·경마의) 순위를 정하다 **9** 〈자금을〉 …에 투자하다; (회사 등에) 〈주문을〉 하다
— *vi.* 《미》 (경마 등에서) 3등 안에 들다; 《특히》 2등이 되다
pla·ce·bo [pləsí:bou] *n.* (*pl.* **~s, ~es**) **1** 〖의학〗 플라시보, 위약(僞藥) 《심리 효과용·신약 테스트의 대조제용》 **2** 일시적 위안의 말; 아첨, 겉치렛말

placébo effèct 〖의학〗 플라시보 효과 《위약 투여에 의한 심리 효과로 실제로 호전되는 일》

pláce càrd (연회석 등의) 좌석표

place·kick [-kìk] *n.* 〖럭비·축구·미식축구〗 플레이스킥 《공을 땅 위에 놓고 차기》 — *vt., vi.* 플레이스킥하다

pláce màt 식탁용 매트 《식탁에서 1인분의 식기 밑에 깔음》

*__place·ment__ [pléismənt] *n.* Ⓤ **1** 놓기, 두기, **배치**(location) **2** 직업 소개 **3** 〖럭비·축구·미식축구〗 플레이스먼트 《place-kick하기 위해 공을 땅 위에 놓기》; 그 위치 **4** 〖테니스〗 플레이스먼트 《상대가 받아치기 어려운 곳에 쇼트하기》

plácement tèst (신입생의 학급 편성을 위한) 학력 테스트, 반편성 시험

place-name [pléisnèim] *n.* 지명

pla·cen·ta [pləséntə] *n.* (*pl.* **~s, -tae**[-tiː]) 〖동물·해부〗 태반(胎盤); 〖식물〗 태좌(胎座)

pláce sètting (식사 때) 각자 앞에 놓인 식기 한 세트; 세트로 파는 식기

*__plac·id__ [plǽsid] *a.* **평온한,** 조용한(calm), 차분한 **~·ly** *ad.*

pla·cid·i·ty [pləsídəti] *n.* Ⓤ 조용함, 평온, 온화, 차분함

plack·et [plǽkit] *n.* (스커트·드레스 등의) 옆을 튼 부분

pla·gia·rism [pléidʒərìzm] *n.* **1** Ⓤ 표절(剽竊) **2** 표절 행위, 표절물

pla·gia·rist [pléidʒərist] *n.* 표절자

pla·gia·rize [pléidʒəràiz] *vt., vi.* 〈남의 문장·사상·고안 등을〉 도용[표절]하다

‡**plague** [pleig] [L 「타격」의 뜻에서] *n.* **1 a** Ⓤ **역병**(疫病), 전염병 **b** [the ~] 페스트 **2** (유해 동물의) 이상[대량] 발생, 대내습(來襲) **3** ⓊⒸ 천재(天災), 천벌; 저주(curse) **4** 《구어》 성가신 사람, 귀찮은 일, 골칫거리

— *vt.* **1** 《구어》 **괴롭히다 2** 역병에 걸리게 하다, 재앙을 입게 하다

plaice [pleis] *n.* (*pl.* **~, pláic·es**) 〖어류〗 가자미 《유럽산》

*__plaid__ [plæd] *n.* **1 격자 무늬의 모직물;** 격자무늬 **2** (스코틀랜드 사람이 외투 대신 쓰는) 격자무늬의 어깨걸이

— *a.* 격자무늬의

*__plaid·ed__ [plǽdid] *a.* **1 어깨걸이를 걸친 2** 격자무늬의 **3** 격자무늬 천으로 만든

‡**plain**[1] [plein] [동음어 plane] *a.* **1 명백한, 분명한,** 평이한; 똑똑히 보이는[들리는] **2** 순전한, 철저한 **3** 〈사람이〉 **솔직한,** 꾸밈[숨김] 없는 **4 평범한,** 단조로운 **5** 있는 그대로의, 소박한 **6** 〈생활 등이〉 검소한, 간소한 **7** 장식[무늬, 채색]이 없는 **8** 〈음식 등이〉 담백한; 간단히 조리하는 **9** 평평한, 평탄한; 탁 트인 **10** 〖카드〗 보통 패의

(*as*) ***~ as day*** [***a pikestaff, the nose on***[***in***] one***'s face***] 극히 명백한 ***in ~ English*** 쉬운 영어로, 쉽게 말하자면 ***to be ~ with you*** [독립구] 솔직히 말하자면

— *ad.* **1** 또렷이; 솔직히 **2** 아주, 전적으로 **3** 평평하게 — *n.* **1** [종종 *pl.*] 평지, 평원, 벌판, 광야; [*pl.*] 《미》 대초원 《북미 로키 산맥 동부의》; 《시어》 싸움터 **2** [the P~] 〖역사〗 평원당 《프랑스 혁명시대, 국민의회의 온건파》 **3** 무지(無地)의 천

plain[2] *vi.* 《고어·방언》 한탄하다, 슬퍼하다; 푸념하다

plain·chant [pléintʃæ̀nt | -tʃɑ̀ːnt] *n.* = PLAINSONG

pláin chócolate 플레인 초콜릿 《우유를 넣지 않고 설탕도 거의 들어가지 않은》

pláin clóthes 평복, 사복

plain·clothes [-klóuðz] *a.* 사복의 〈경찰 등〉

plain·clothes·man [-klóuðzmən] *n.* (*pl.* **-men** [-mən]) 사복 경찰관, 《특히》 사복 형사

pláin déaling 솔직(한); 정직(한), 공명정대(한) 〈거래, 관계〉

pláin flóur 베이킹 파우더를 넣지 않은 밀가루

‡**plain·ly** [pléinli] *ad.* **1 명백히,** 노골적으로 **2 a** 솔직히, 꾸밈없이 **b** 분명히[간결하게] 말하자면 **3** 검소하게, 간소하게

pláin sáiling 1 순조로운 항해 **2** 《비유》 순조로운 일; 용이함, 척척 진행됨

Pláins Índian 평원(平原) 인디언 《원래 북미 대초원(the Great Plains)에서 생활했던》

plains·man [pléinzmən] *n.* (*pl.* **-men** [-mən]) 평원의 주민; 《특히》 북미 대평원(the Great Plains)의 주민

plain·song [pléinsɔ̀ːŋ | -sɔ̀ŋ] *n.* (그레고리오 성가 등의) 단선율(單旋律) 성가; 정(定)선율; 소박한 선율

plain-spo·ken [-spóukən] *a.* 꾸밈없이 말하는, 솔직히 말하는, 노골적인

plaint [pleint] *n.* **1** 불평, 불만 **2** 〖영국법〗 고소장 **3** 《고어·시어》 슬픔, 비탄

plain·tiff [pléintif] *n.* 〖법〗 원고, 고소인(opp. *defendant*)

*__plain·tive__ [pléintiv] *a.* **구슬픈,** 애처로운, 푸념하는 **~·ly** *ad.* **~·ness** *n.*

*__plait__ [pleit | plæt] [동음어 plate] *n.* **1** (길게) **땋아 늘인 머리,** 변발(辮髮) **2** 엮은 밀짚; 땋은 끈 **3** (천의) **주름**(pleat)

— *vt.* **1** 〈머리털·밀짚 등을〉 엮다, 땋다 **2** 엮어서 만들다 **3** 주름잡다, 접다(fold)

‡**plan** [plæn] *n.* **1 계획,** 안(案), 계략; 방법, 방식; 풍(風), 투, 식: It is a good ~ to go at once. 당장 가는 것이 상책이다. / They laid their ~*s* of escaping from the country. 그들은 국외로 도피할 계획을 짰다. **2 a** 도면, 평면도, (건축물·정원 등의) 설계도; 모형: a perspective ~ 투시도(透視圖) **b** (시가의) 지도; (기계 등의) 도해 **3** 투시(透視)화법 ***according to ~*** 계획대로 ***make ~s for*** …의 계획을 세우다

— *v.* (**~ned**; **~·ning**) *vt.* **1 계획하다,** 궁리하다 《*out*》: ~ a holiday 휴가 계획을 세우다 / ~ *out* a new system 새로운 제도를 안출하다 **2** 마음먹다, …할 작정이다: 《~+**to** do》 I'm ~*ning to* go to Europe. 나는 유럽으로 갈 작정이다. **3** 설계도를 그리다; 설계하다

— *vi.* **1** 계획하다, 계획을 세우다 《*for*》: ~ *for* a dinner party 만찬회 계획을 세우다 **2** …할 작정이다

~ ***on*** …할 예정이다; 기대하다 ~ ***out*** …을 면밀히 계획하다

plan·chette [plænʃét | plɑːn-] [F 「작은 판」의 뜻에서] *n.* 플랑셰트 《점치는 판》

‡plane¹ [plein] [동음어 plain] *n.* [L 「편평한 지면」의 뜻에서] **1** 평면, 수평면; (결정체의) 면: a horizontal ~ 수평면 / an inclined ~ 사면(斜面), 빗면 **2** 수준(level), (발달·달성 등의) 정도, 단계 《*of*》; 국면 **3** 비행기 《airplane의 생략》; 〖항공〗 (비행기의) 날개 **4** 〖광산〗 본[수평] 갱도

by ~ = ***in***[***on***] ***a*** ~ 비행기로 ***on the same*** ~ ***as*** …와 동렬(同列)[같은 정도]로

— *a.* **1** 편평한(flat), 평탄한: a ~ surface 평면 **2** 평면 도형의

— *vi.* **1** 비행기로 가다 **2 a** 〈비행기·글라이더가〉 활공하다 《*down*》 **b** 〈모터보트 등이〉 활수하다

plane² *n.* 대패 《손잡이(handle)가 달려 있음》

— *vt.* **1** 대패로 밀다 **2** 대패로 밀어 …하게 하다 **3** …을 대패로 깎아내다 《*away, down, off*》 — *vi.* 대패질하다

plane³ *n.* 《영》 = PLANE TREE

pláne sáiling 〖항해〗 평면 항법

‡plan·et [plǽnit] [Gk 「방랑하는 것」의 뜻에서] *n.* **1** 〖천문〗 **행성**(行星), 유성(遊星): major[minor] ~*s* 대[소]행성 / primary ~*s* 행성 **2** 〖점성〗 운성(運星) 《옛날 사람의 운명을 좌우한다고 생각한》

***plan·e·tar·i·um** [plæ̀nətɛ́əriəm] *n.* (*pl.* **~s, -i·a** [-iə]) **플라네타륨**; 성좌 투영기(星座投影機); 천문관(天文館)

***plan·e·tar·y** [plǽnətèri | -təri] *a.* **1 행성의[같은]**: the ~ system 태양계 **2** 떠도는, 유랑하는 **3** 지구의, 이 세상의; 세계적인 **4** 〖점성〗 천체의 영향을 받은

plánetary nébula 〖천문〗 행성 모양의 성운(星雲)

plan·e·tol·o·gy [plæ̀nətɑ́lədʒi | -tɔ́l-] *n.* Ⓤ 행성학

pláne trèe 〖식물〗 플라타너스, 《특히》 버즘나무

plan·gent [plǽndʒənt] *a.* **1** 〈파도 등이〉 밀려와 부딪치는, 울려 퍼지는 **2** 〈종소리 등이〉 구슬프게 울리는 **~·ly** *ad.*

plan·i·sphere [plǽnəsfìər] *n.* **1** 평면 구형도(平面球形圖) **2** 〖천문〗 성좌 일람표, 평면 천체도

‡plank [plæŋk] [L 「판자」의 뜻에서] *n.* **1** 두꺼운 판자 **2** 의지가 되는 것 **3** 《미》 (정당이 내건) 강령(綱領)의 항목 **4** 《미·속어》 안타(hit)

— *vt.* **1** 널빤지를 대다[덮다, 붙이다] **2** 《구어》 〈물건을〉 털썩 내려놓다 《*down*》 **3** 《미》 〈스테이크 등을〉 (오크(oak)) 판자 위에서 요리하여 내놓다 **4** 〈돈을〉 즉석에서 치르다 《*down, out*》 **5** 《미·속어》 타구(打球)하다(bat)

plánk bèd (교도소 등의) 판자 침대

plank·ing [plǽŋkiŋ] *n.* Ⓤ **1** 판자 대기 **2** [집합적] 바닥에 깐 판자 **3** 〖조선〗 선체 외판(外板)

plank·ton [plǽŋktən] *n.* ⓊⒸ 〖생물〗 부유 생물, 플랑크톤

planned [plænd] *a.* 계획된; 정연한; 조직적인, 계통적인

plánned ecónomy 계획 경제

plánned párenthood (산아 제한에 의한) 가족 계획, 계획 출산

***plan·ner** [plǽnər] *n.* **1** 입안자(立案者) **2** 사회[경제] 계획자

pla·no-con·cave [plèinoukɑ́nkeiv | -kɔ́n-] *a.* 〈렌즈가〉 평요(平凹)의

pla·no-con·vex [plèinoukɑ́nveks | -kɔ́n-] *a.* 〈렌즈가〉 평철(平凸)의

‡plant [plænt | plɑːnt] *n.* **1 a** 식물, 초목 **b** 초본, 풀; 묘목 **2** 농작물, 수확; Ⓤ (식물의) 생육(growth) **3** 공장; 기계 장치, 공장 설비; (생산) 시설, 설비 **4** (대학·연구소·병원 등의) 건물, 설비 **5** 《속어》 속임수, 협잡 **6** 《구어》 **a** 탐정 **b** 함정 **7** 자세

— *vt.* **1** 〈식물을〉 **심다**; 〈씨를〉 뿌리다; 〈식물을〉 이식하다: ~ seeds 씨를 뿌리다 **2** 〈정원에 …을〉 심다: ~ a garden with roses 정원에 장미를 심다 **3** 〈사상·신앙 등을〉 주입하다, 가르치다 **4 a** 〈사람·물건을〉 **놓다**, 앉히다, 두다, 세우다, 설치하다 **b** [~ *oneself* 로] …에 앉다 **5** 겨냥해서 치다; **찌르다, 때려 박다** 《*in, on*》; 〈탄알을〉 쏘아대다 **6** 〈굴 등을〉 양식하다; 〈물고기를〉 (강에) 놓아주다 **7** 〈사람을〉 (식민지 등에) 식민하다 **8** 〈도시·교회·식민지 등을〉 **창립[건설]하다** 《*in*》

~ ***out*** (1) 화분에서 땅으로 옮겨 심다 (2) 〈묘목을〉 간격을 두고 심다 (3) 식물을 심어 …을 가리다

Plan·tag·e·net [plæntǽdʒənit] *n.* 〖영국사〗 플랜태저넷 왕가(의 사람) 《영국 중세의 왕가(1154-1399)》

plan·tain¹ [plǽntən | -tin] *n.* 〖식물〗 질경이

plantain² *n.* 〖식물〗 바나나의 일종 《요리용》

‡plan·ta·tion [plæntéiʃən] [L 「심음」의 뜻에서] *n.* **1** (특히 (아)열대 지방의 대규모) **농원**, 재배장: a coffee[rubber, sugar] ~ 커피[고무, 사탕] 재배원 **2** 식림지, 조림지; 인공림 **3** Ⓤ (식민지 등의) 건설; 이민; 식민; Ⓒ 식민지

***plant·er** [plǽntər | plɑ́ːnt-] *n.* **1** 심는 사람; 경작자 **2** 파종기(機) **3** 〖미국사〗 초기의 이민; (대)농장주 《남부 지방의》; 식민자

plant·ing [plǽntiŋ | plɑ́ːnt-] *n.* Ⓤ 심기, 식재(植栽); 식수 조림; 씨뿌리기

plánt lòuse 〖곤충〗 진디(aphid)

plaque [plæk] *n.* **1 a** 액자, 장식판 《금속·자기·상아 등의》 **b** (사건·인물을 기념하는 금속·석제의) 명판(銘板); 각판(刻板) **c** 소판(小板)꼴의 브로치 《훈장의 일종》 **2** 〖의학〗 반(斑), 플라크; 〖치과〗 치석, 플라크

pla·quette [plækét] *n.* 작은 plaque; (책 표지 장정 등의) 돋을새김

plash [plæʃ] *n.* **1** 철썩철썩[텀벙텀벙, 절벙절벙] **2** 웅덩이 **3** (빛·색깔 등의) 반점, 얼룩 — *vi., vt.* 철썩철썩[절벙절벙] 소리 나다[내다]

plasm [plæzm] *n.* = PLASMA 1-2

***plas·ma** [plǽzmə] *n.* Ⓤ **1** 〖해부〗 **혈장**(血漿), 임파장(淋巴漿) **2** 〖생물〗 원형질; 유장(乳漿)(whey) **3** 〖광물〗 반투명의 녹옥수(綠玉髓) **4** 〖물리〗 플라스마, 전리(電離) 기체 《원자핵과 전자가 분리된 가스 상태》

plas·mid [plǽzmid] *n.* 〖유전〗 플라스미드 《자기 복제로 증식할 수 있는 유전 인자》

plas·mol·y·sis [plæzmɑ́ləsis | -mɔ̀l-] *n.* Ⓤ 〖식물〗 원형질 분리

‡**plas·ter** [plǽstər | plɑ́ːs-] [L 「칠하다, 바르다」의 뜻에서] *n.* **1** Ⓤ **회반죽**, 벽토; 가루 석고: a ~ figure 석고 모형 **2** 〖약학〗 **고약**

— *vt.* **1 a** 회반죽을 바르다 《*over, up*》 **b** 빈틈없이 칠하다, 메우다 **2** 고약을 붙이다; 〈머리를〉 (포마드 등으로) 잔뜩 발라 붙이다 《*down, with*》 **3** 석고로 처리하다 **4** 《익살》 …의 치료비를 내다 **5** 《속어》 …에게 큰 피해를 주다

~ a person ***with praise***[***flattery***] …을 마구 칭찬하다

plas·ter·board [plǽstərbɔ̀ːrd] *n.* 플라스터보드 《석고를 속에 넣은 판지; 벽 초배용》

pláster cást **1** 석고상, 석고 모형 **2** 깁스 (붕대)

plas·tered [plǽstərd | plɑ́ːs-] *a.* Ⓟ 《속어》 술취한

plas·ter·er [plǽstərər | plɑ́ːs-] *n.* 미장이; 석고 세공인

plas·ter·ing [plǽstəriŋ | plɑ́ːs-] *n.* **1 a** Ⓤ 회반죽 칠; 미장 공사 **b** 회반죽을 한 번 칠하기 **2** (포도주의) 석고 처리 **3** 《구어》 대패, 완패, 참패

pláster sáint 성인 군자(로 여길 수 있는 사람)

***plas·tic** [plǽstik] [L 「형성(形成)할 수 있는」의 뜻에서] *a.* **1 플라스틱의**, 합성수지의 **2** 가소성(可塑性)의; 마음대로 형태를 뜰 수 있는 **3 조형**(造形)**의**, 형성력이 있는 **4** 〈성격 등이〉 유연한, 감수성이 예민한; 가르치기 쉬운 **5** 〖생물〗 생활 조직을 이루는, 성형적(成形的)인 **6** 〖의학〗 성형의: a ~ operation 성형 수술 **7** 인공의; 인공적인, 부자연스러운, 꾸민 **8** 〖미술〗 조형(造形)의

— *n.* **1** [종종 *pl.*] 플라스틱, 합성 수지; 플라스틱 제품 **2** [*pl.* ; 단수 취급] 성형외과(plastic surgery)

plástic árts [the ~] 조형 예술

plástic bómb 플라스틱 폭탄

plástic cárd 크레디트[신용] 카드

plástic explósive **1** 플라스틱 폭약 **2** [보통 *pl.*] 플라스틱 폭탄

Plas·ti·cine [plǽstəsìːn] *n.* 세공용 점토 《상표명》

plas·tic·i·ty [plæstísəti] *n.* Ⓤ **1** 가소성(可塑性), 성형력(成形力) **2** 적응성, 유연성

plástic móney 신용 카드

plástic súrgeon 성형외과 의사

plas·tron [plǽstrən] *n.* **1 a** (여성복의) 가슴 장식 **b** (남자용) 셔츠의 가슴 부분을 덮는 천 **2** (가죽으로 만든 펜싱용) 가슴받이 **3** 〖동물〗 (거북의) 복갑(腹甲) **4** 〖역사〗 철로 만든 흉갑(胸甲)

plat[1] [plæt] *n.* **1** 구획된 땅; (화단 등으로 쓰는) 작은 땅 **2** (토지의) 도면

plat[2] *n.*, *vt.* (**~·ted**; **~·ting**) = PLAIT

plat du jour [plɑ́ː-də-ʒúər] [F = plate of the day] *n.* (*pl.* **plats du jour** [plɑ́ːz-]) (식당의) 오늘의 특별 요리

‡**plate** [pleit] [동음어 plait] [Gk 「편평한」의 뜻에서] *n.* **1 a 접시 b** (요리의) 한 접시분(plateful), 일품 **2** [the ~] 교회의 헌금 접시; 헌금액 **3 a 판금**(板金), 금속판 **b** 도금 **4** 문패, 표찰; 《특히》 의사의 간판; (자동차의) 번호판 **5** 장서표(bookplate) **6** 〖치과〗 의치상(義齒床); 의치, 틀니 **7** 〖야구〗 본루(= home ~), 투수판(= pitcher's ~) **8** 판유리 **9** 〖사진〗 감광판: a negative ~ 원판, 네가판 **10** 등 딱지 《파충류·물고기 등의》; 판금 갑옷 **11** 〖지질〗 플레이트 《지각(地殼)을 구성하고 있는 암판(岩板)》

family ~ 가문(家紋)이 새겨져 있는 금은 식기 《조상 전래의 보물》 ***on a*** ~ (1) 접시에 담아 (2) 《구어》 쉽게, 선선히 〈내주다〉 ***on*** one***'s*** ~ 《영·구어》 〈해야 할 일 등을〉 잔뜩 안고

— *vt.* **1** …에 도금하다 **2** 판금으로 덮다, 〈배 등을〉 장갑(裝甲)하다; (미늘 달린) 판금 갑옷을 입히다 **3** 두들겨 펴서 판으로 만들다 **4** 〖제지〗 종이에 광택을 내다 **5** 〖인쇄〗 전기[동]판으로 뜨다

pláte àrmor (미늘 달린) 판금 갑옷; 갑철판, (군함 등의) 장갑판

***pla·teau** [plætóu | ∠-] [F 「편평한 것」의 뜻에서] *n.* (*pl.* **~s, ~x** [-z]) **1 고원** **2** 큰 접시; 쟁반 **3** (꼭대기가 납작한) 여자 모자 **4** (경기(景氣) 등의) 정체(停滯) 상태; 안정기

plat·ed [pléitid] *a.* **1** [보통 복합어를 이루어] 도금한 **2** 〖군사〗 장갑의 **3** 〖편물〗 겉은 털실로 안은 면사로 뜬

plate·ful [pléitfùl] *n.* 한 접시 가득, 한 접시(분) 《*of*》

pláte gláss (표면을 연마한 상질의) 판유리

plate·lay·er [-lèiər] *n.* 《영》 철로공(鐵路工), 보선공(保線工) (《미》 tracklayer)

plate·let [pléitlit] *n.* 작은 판; 〖해부〗 혈소판(血小板)

plat·en [plǽtn] *n.* 〖인쇄〗 (인쇄기의) 압반(壓盤); 〖기계〗 (평삭반(平削盤) 등의) 테이블; (타자기의) 고무 롤러

plate-rack [pléitræ̀k] *n.* 《영》 (물기 빼는) 접시걸이

pláte ràil 〖건축〗 (장식용) 접시 선반; 《영》 〖철도〗 판(板)레일

pláte tectónics [단수 취급] 〖지질〗 판구조(板構造) 이론 《지각의 표층이 판모양을 이루고 움직인다는 학설》

‡**plat·form** [plǽtfɔːrm] [F 「편평한 장소」의 뜻에서] *n.* **1** 대(臺), 포좌(砲座); 연단, 교단, 강단 **2 a** (역의) **플랫폼**, 승강장 **b** 《미》 객차의 승강 계단 **3** 정강(政綱), 강령 **4** 《미》 정강의 선언[발표]; 토론회(장); [the ~] 연설, 강연 **5** 〖컴퓨터〗 플랫폼 《계산기 시스템을 구축하기 위한 하드웨어·소프트웨어 환경》

plátform shòe (나무·코르크제의) 바닥이 두꺼운 여자 구두

plátform tìcket (영) (철도역의) 입장권

plat·ing [pléitiŋ] *n.* Ⓤ **1** 금[은]도금, 금[은] 입히기 **2** 도금술; 도금용 금속; (군함 등의) 장갑(裝甲)

***plat·i·num** [plǽtənəm] [Sp. 「은」의 뜻에서] *n.* Ⓤ 〖화학〗 **백금**, 플라티나 《기호 Pt; 번호 78》; 백금색 **—** *a.* 〈LP 레코드가〉 백만장 (이상) 팔린

plátinum blónde **1** 백금색 머리의 여자 **2** 백금색

plat·i·tude [plǽtətjùːd | -tjùːd] *n.* Ⓤ 단조, 평범, 진부; Ⓒ 평범한 의견, 상투어

plat·i·tu·di·nous [plæ̀tətjúːdənəs | -tjúː-] *a.* 쓸데없는 말을 하는; 〈말 등이〉 평범한, 하찮은 **~·ly** *ad.*

***Pla·to** [pléitou] *n.* **플라톤**(427-347 B.C.) 《그리스의 철학자》

Pla·ton·ic [plətɑ́nik, plei- | -tɔ́n-] *a.* **1** Plato의; 플라톤 철학[학파]의 **2** [보통 **p~**] 순(純)정신적인, 우애적인; 이상적인(idealistic), 관념적인, 비현실적인 **3** [보통 **p~**] 정신적 연애를 하는 **-i·cal·ly** *ad.*

Pla·to·nism [pléitənìzm] *n.* Ⓤ **1** 플라톤 철학[학파]; 플라톤주의 **2** [보통 **p~**] 정신적 연애

pla·toon [plətúːn] *n.* 〖군사〗 (보병·공병·경찰대의) 소대; (구제(舊制)) 보병 반(半) 중대

plat·ter [plǽtər] *n.* **1 a** (특히 고기를 담는 타원형의) 큰 접시 **b** 《고어》 편평한 (나무) 주발 **2** 《미·구어》 (녹)음반, 레코드; (스포츠용) 원반

plat·y·pus [plǽtipəs] *n.* (*pl.* **~·es, -pi** [-pài]) 〖동물〗 오리너구리

plau·dit [plɔ́ːdit] *n.* [보통 *pl.*] 갈채, 박수, 칭찬

plau·si·bil·i·ty [plɔ̀ːzəbíləti] *n.* Ⓤ **1** 그럴듯함; 그럴듯한 일[말] **2** 말주변이 있음

***plau·si·ble** [plɔ́ːzəbl] [L 「칭찬할 만한」의 뜻에서] *a.* **1** 〈말·진술 등이〉 **그럴 듯한**, 정말 같은 **2** 말주변이 좋은 **-bly** *ad.*

*****play** [plei] *vi.* **1** **놀다**; 장난하다 《play 특히 아이들이 공부하지 않고 노는 것을 뜻하며, 학생·어른들의 경우에는 enjoy oneself, relax 등을 쓴다.》 **2** **경기[시합]를 하다**; 경기에 나가다: ~ at basketball 농구를 하다 **3** 시합하기에 적합하다: The ground ~*s* well. 그라운드는 상태가 좋다. **4** 카드놀이[체스 《등》]를 하다; 도박을 하다 **5** 처신하다, …인 체하다: He ~*ed* sick. 그는 꾀병을 부렸다. **6** **연극을 하다** **7** **갖고 놀다**, 만지작거리다 《*with*》; 희롱하다 **8** **연주하다**: ~ on the piano 피아노를 치다 **9 a** 〈기계 등이〉 **원활히 움직이다**, 운전하다: The piston rod ~*s* in the cylinder. 피스톤축은 실린더 안을 왔다갔다 한다. **b** 발사되다 《*on*》, 내뿜다 **10 a** 뛰어다니다, 뛰다; 날아다니다: Butterflies ~ among flowers. 나비들이 꽃사이를 날아다닌다. **b** 솔솔 불다, 흔들흔들(거리게)하다; 휘날리다; 〈광선 등이〉 비치다, 번쩍이다 **11** 장난[취미]삼아 하다 《*at*》: I just ~ *at* tennis. 테니스를 그냥 취미삼아 한다.

— *vt.* **1** 〈연극을〉 **상연하다**, 〈연극에〉 출연하다 **2 a** 〈역할을〉 **해내다**, 수행하다 **b** …인 체하다, 행세하다 **3** **연주하다**; 〈음악을〉 틀다 **4** 〈놀이·경기를〉 **하다**, **…하며 놀다**; …놀이를 하다 **5** 〈장난 등을〉 걸다 《*on*》

~ *at* (1) …을 하며 놀다, …놀이를 하다 (2) 〈승부를〉 겨루다 (3) …을 장난삼아 하다(⇨ *vi.* 11) **~ *away*** 노름으로 〈돈 등을〉 잃다, 〈시간을〉 낭비하다 **~ *back*** (1) 〈녹음·녹화를〉 재생하다 (2) 〖경기〗 공을 되치다 **~ *ball*** 시합을 시작하다[재개하다]; 협력하다(cooperate) 《*with*》; 《미·속어》 정정당당하게 하다(play fair); 양보하다 **~ *in*** 〈운동 기구를〉 사용함으로써 익히다 **~ *off*** 〈요술 등을〉 부리다, 속이다; 창피주다; 《미》 전에 중지 또는 연기된 경기를 속행하여 끝맺다 **~ *off* one *against* another** 서로 싸움을 붙여 덕을 보다 **~ *on*** (1) 《미·구어》 이용하다, 자극하다 (2) 〖크리켓〗 자기편 삼주문 쪽으로 공을 쳐서 아웃이 되다; 〖미식축구〗 〈선수를〉 온사이드(onside)에 넣다 **~ *up*** (1) 크게 취급하다, 강조하다, 선전하다 (2) 《영·구어》 괴롭히다, 곯리다 (3) [보통 명령법으로] 분투하다 (4) 《구어》 장난을 치다, 떠들다; 《구어》 〈환부 등이〉 아프다; 《미》 늠름하게 행동하다; 가장 잘 이용하다; 연주를 시작하다; 분투하다 **~ *up to* a person** …을 조연하다, 조력하다; 후원하다; …에게 아부하다, 아양 떨다 **~ *with*** …을 가지고 놀다: ~ *with* edged tools 칼로 장난을 하다, 위험한 짓을 하다 **~ *with* one*self*** 자위하다

— *n.* **1** Ⓤ **놀이**; 유희 **2** Ⓒ **경기**, 시합 **3** 장난, 농담 **4** ⓊⒸ 도박 **5** Ⓤ 행위, 태도: fair[foul] ~ 공명정대[비열]한 행위 **6** **연극**; 희곡, 극, 각본 **7** ⓊⒸ (빛·표정 등의) 움직임, 번쩍임 **8** Ⓤ (근육의) 수의(隨意) 운동, 자유로운 움직임; (기계 등의) 운전 **9** Ⓤ **활동** (범위), 자유 활동

bring [***call***] ***into* ~** 이용하다, 활동시키다 ***come into* ~** 활동하기 시작하다 ***give*** (***free***) **~ *to*** …을 자유롭게 활동시키다, 하고 싶은 대로 하게 하다 ***in full* ~** 한창 활동[운전] 중에; 시합 중 ***in* ~** 농담으로; 〖구기〗 시합 중에; 일하여; 〈공이〉 유효로

play·a·ble [pléiəbl] *a.* **1** 〈놀이·승부 등을〉 할 수 있는; 연주할 수 있는 **2** 〈경기장 등이〉 경기할 수 있는 **3** 연극에 알맞는

play·act [pléiæ̀kt] *vi.* **1** 연극[연기]을 하다 **2** 가장하다, …인 체하다

— *vt.* 연극화하다, 각색하다

play·act·ing [pléiæ̀ktiŋ] *n.* Ⓤ 연극하기, 배우 노릇; 가장, 꾸밈

play·back [-bæ̀k] *n.* (갓 녹음[녹화]한 테이프·레코드 등의) 재생; 재생 장치

play·bill [-bìl] *n.* 연극 프로그램

play·book [-bùk] *n.* 각본(脚本)

play·boy [-bɔ̀i] *n.* (돈 많은) 바람둥이, 난봉꾼, 한량

play-by-play [-baipléi] *n., a.* 시합의 자세한 보도(의), 실황 방송(의)

pláyed óut [pléid-] *a.* 《구어》 **1** 지쳐버린, 녹초가 된 **2** 다 써버린, 빈털터리가 된

*****play·er** [pléiər] *n.* **1** **선수**, 경기자 **2** 노는 사람[동물] **3** 《영》 (크리켓 등의) 직업 선수 **4 a** **연주자**: a piano

~ 피아노 연주자 《전문적인 연주가를 말할 때는 pianist를 씀》 **b** 자동 연주 장치 **5** (연극) 배우 **6** 게으름뱅이; 취미삼아 하는 사람 《*at*》 **7** 노름꾼

pláyer piáno 자동 피아노

play·fel·low [pléifèlou] *n.* = PLAYMATE

***play·ful** [pléifəl] *a.* **1** **놀기 좋아하는**, 장난 잘하는, 명랑한, 쾌활한 **2** **농담의**, 웃기는 〈말·행동〉 **~·ly** *ad.* **~·ness** *n.*

play·girl [-gə̀:rl] *n.* 향락[놀기]을 좋아하는 젊은 여자

play·go·er [-gòuər] *n.* 연극 구경 잘 다니는 사람

***play·ground** [pléigràund] *n.* (학교의) **운동장**; 놀이터; 위락 장소, 행락지

play·group [-grù:p] *n.* (사설) 보육원

play·house [-hàus] *n.* (*pl.* **-hous·es** [-hàuziz]) **1** (어린이가 들어가서 노는) 장난감 집 **2** [종종 **P~**] 극장

pláy·ing càrd [pléiiŋ-] (놀이) 카드, 화투

pláying field 구기장, 운동장

***play·mate** [pléimèit] *n.* **놀이 친구**

play-off [-ɔ̀:f | -ɔ̀f] *n.* **1** (무승부·동점일 때의) 결승 시합 **2** (시즌 종료 후의) 우승 결정전 시리즈, 플레이오프

play·pen [-pèn] *n.* (간살을 두른) 아기 놀이울

play·room [-rù:m] *n.* 놀이방, 오락실

play·school [-skù:l] *n.* 유아원, 보육원

***play·thing** [pléiθìŋ] *n.* **장난감**, 노리개; 위안이 되는 것

play·time [-tàim] *n.* Ⓤ 노는 시간; 방과 후 시간; (연극의) 흥행 시간

play·writ·ing [-ràitiŋ] *n.* Ⓤ 극작(劇作)

pla·za [plɑ́:zə, plǽzə] *n.* **1** 대광장, (특히 스페인 도시의) 네거리 《**P~**로 종종 영화관 이름에 쓰임》 **2** (미) 쇼핑센터; 《미》 (고속도로의) 휴게소

PLC Public Limited Company

-ple [pl] *suf.* 「겹; 곱」의 뜻: tri*ple*

***plea** [pli:] [L 「기쁘게 하는 것」의 뜻에서] *n.* **1** **탄원**, **청원**; 기도 《*for*》 **2** [보통 the ~] **변명**, 구실, 해명 **3** 〖법〗 항변
make a ~ for (mercy) (자비)를 탄원하다; (자비)를 빌다 ***on*** [***under***] ***the ~ of*** [***that***] …을 구실 삼아

pleach [pli:tʃ] *vt.* 〈나뭇가지 등을〉 엮다

***plead** [pli:d] [OF 「고소하다」의 뜻에서] *v.* (**~·ed,** (미) **pled** [pled]) *vt.* **1** **변호하다**, 변론하다; 항변하다; 〈소송 사실 등을〉 말하다, 진술하다 **2** 변명하다, 주장하다, 이유로서 내세우다: He *~ed* that I was to blame. 그는 책임이 나에게 있다고 주장했다.
— *vi.* **1** **변론하다**, 항변하다, 답변하다: ~ for the accused 피고의 변호를 하다 **2** 탄원하다, 간청하다 《*for*》: ~ with a person *for* one's life …에게 목숨을 구해 달라고 빌다
~ *against* …을 반박[항변]하다 **~ *guilty*** [***not guilty***] 〈피고가〉 죄상을 인정하다[인정하지 않다]

plead·er [plí:dər] *n.* **1** 변호사(advocate); 신청자 **2** 탄원하는 사람; 중재인

plead·ing [plí:diŋ] *n.* **1** Ⓤ 변론, 항변 **2** Ⓤ 소송 절차 **3** [*pl.*] 〖법〗 고소장, 소송[항고] 신청서 **—** *a.* 변론하는, 탄원하는 **~·ly** *ad.* 탄원하며

***pleas·ant** [pléznt] *a.* (**more ~, ~·er; most ~, ~·est**) **1** **즐거운**, 유쾌한, 기분 좋은(opp. *unpleasant*): have[spend] a ~ evening 하루 저녁을 즐겁게 보내다 / It was a ~ surprise. 그것은 뜻밖의 기쁨이었다. // (~ + **to** do) The book is ~ *to* read. 그 책은 읽기에 재미있다. **2** [it를 주어로 하여] 〈날씨가〉 쾌적한, 좋은: *It* is ~ today. 오늘은 쾌적한 날씨다. **3** 쾌활한 상냥한 **4** (영·고어) 우스꽝스러운
make* one*self* ~ *to …에게 싹싹하게 대[처신]하다
~·ness *n.*

***pleas·ant·ly** [plézntli] *ad.* **즐겁게**, 유쾌하게; **상냥하게**; 쾌활[명랑]하게

pleas·ant·ry [plézntri] *n.* (*pl.* **-ries**) Ⓤ 기분 좋음; 익살, 우스꽝스러움; Ⓒ 농담

***please** [pli:z] *vt.* **1** **기쁘게 하다**, 즐겁게 하다, 만족시키다; …의 마음에 들다: a dress that *~s* me 내 마음에 드는 옷 **2** 원하다, 좋아하다: Choose what you ~. 좋아하는 것을 고르시오. / Go where you ~. 어디든 원하는 곳으로 가시오. **3 a** [~ one*self*로] 만족하다 **b** [보통 ~ your*self*로] 마음대로 하다, 좋을 대로 하다
— *vi.* **1** **남의 마음에 들다**, 남을 즐겁게 하다 **2** [as, when, if 등의 절에서] 좋아하다, 마음에 들다, …하고 싶어하다: Go *when* you ~. 가고 싶을 때 가시오.
as one ***~s*** 자기가 원하는 대로 〈하다〉 ***if you ~*** 제발, 부디; 미안합니다만; 놀랍게도, 글쎄
— *ad.* **1** **부디**, 제발: *P~* open it. = Open it, ~. (부디) 그것을 열어 주세요. **2** **미안하지만**, 저: *P~*, Daddy, can I watch TV now? 저 아빠, 지금 텔레비전 봐도 돼요? **3** [권유문에 대한 응답으로] **하겠습니다**: Would you like another cup of tea? 차 한 잔 더 드릴까요? — *P~* [Yes, ~]. 네, 주세요.

pleased [pli:zd] *a.* Ⓟ 좋아하는, 만족스러운 《*with, at, in, by, about*》

***pleas·ing** [plí:ziŋ] *a.* **유쾌한**, 즐거운, 기분 좋은, 만족스러운; **붙임성 있는**; 애교 있는 **~·ly** *ad.* **~·ness** *n.*

pleas·ur·a·ble [pléʒərəbl] *a.* 《문어》 즐거운, 유쾌한, 기쁜, 흐뭇한, 만족스러운 **~·ness** *n.* **-bly** *ad.*

***pleas·ure** [pléʒər] *n.* **1** Ⓤ **즐거움**, 만족; [the ~] 기쁨, 영광 《*of*》: It gave me great ~ to meet you. 당신을 만나게 되어 대단히 즐거웠습니다. **2** 기쁜 일: the *~s* and pains of daily life 일상 생활의 기쁨과 괴로움 **3** ⓊⒸ 《특히》 육체적 쾌락, 방종; 위안, 오락: a man of ~ 난봉꾼 **4** Ⓤ [a person's [one's] ~로] 취미, 희망; 의향, 의지, 욕구
ask a person***'s ~*** (방문객의) 용건을 묻다 ***at*** (one***'s***) **~** 수시로, 임의로

do** a person (**a**) ~* …의 마음에 들도록 하다, 기쁘게 하다 ***take** (**a**) ~ **in …을 좋아하다, 즐기다 ***with** ~* 기꺼이; [쾌히 승낙하는 말로] 알았습니다, 좋습니다

pléasure bòat[ràft] 유람선

pléasure gròund[gàrden] 유원지, 공원

pléasure prìnciple [the ~] 〖정신분석〗 쾌락 욕구 원칙

pleat [pli:t] *n., vt.* 주름(을 잡다), 플리트(를 붙이다)

pleb [pleb] [*ple*beian] *n.* **1** 《속어》 평민, 서민 **2** = PLEBE

plebe [pli:b] *n.* 《미·구어》 (육·해군) 사관 학교의 최하급생, 신입생

***ple·be·ian** [plibí:ən] *n.* **1** (고대 로마의) **평민** **2** 서민 **—** *a.* 평민의; 하층 계급의; 하등의, 천한; 비속한, 보통의

pleb·i·scite [plébəsàit, -sit] *n.* 국민[일반] 투표: by ~ 국민 투표로

plec·trum [pléktrəm] [Gk 「리라(lyre)를 통기는 도구」의 뜻에서] *n.* (*pl.* **-tra** [-trə], **~s**) 채, 픽(pick) 《만돌린 등의 현악기 연주용》

pled [pled] *v.* 《미·구어》 PLEAD의 과거·과거분사

‡**pledge** [pledʒ] [OF 「보증하다」의 뜻에서] *n.* **1** ⓊⒸ **맹세,** 서약, 언질; (정부·정당 등의) 공약; [the ~] 금주의 맹세 **2** Ⓤ **담보,** 저당; Ⓒ 담보물, 저당물 **3 보증,** 표시《*of*》; 귀여운 아이: as a ~ *of* friendship 우정의 표시로서 **4** 《고어》 축배 **5** 《미》 입회 서약자

be in** ~* 저당잡혀 있다 ***break the** ~* 금주의 맹세를 어기다 ***give [***lay, put***] ***to*** [***in***] *~* 저당[담보]잡히다; 전당포에 넣다 ***take a** ~* 맹세하다 ***take out of** ~* 저당물을 찾다

— *vt.* **1 a 맹세하다,** 언질을 주다, 서약하다; 보증하다: ~ one's honor 명예를 걸고 맹세하다 / ~ one's word to do one's best 최선을 다할 것을 맹세하다 **b** 〈남에게〉 맹세시키다 《*to, to* do》: ~ a person *to* temperance …에게 금주를 맹세시키다 **2** 전당포에 넣다, 저당잡히다 《*for*》: ~ a watch *for* 50,000 won 시계를 50,000원에 저당잡히다 **3** 《고어》 …을 위해 축배를 들다 **4** 《미·구어》 비공인 회원으로 입회시키다

*~ one**self*** (***to*** do) (…하기로) 맹세하다 *~ one**self to*** secrecy (비밀)로 할 것을 굳게 맹세하다 *~ one**'s word*** 맹세하다; 보증하다

pledg·ee [pledʒí:] *n.* 〖법〗 (동산) 질권자(質權者); 저당권자

pledg·er [plédʒər], **pledg·or** [pledʒɔ́:r] *n.* **1** 담보잡히는 사람; 〖법〗 질권 설정자 **2** (금주 등의) 서약자 **3** 축배를 드는 사람

Ple·iad [plí:əd | pláiəd] *n.* **1** 〖그리스신화〗 플레이아데스(Pleiades)의 한 사람 **2** [보통 **p~**] 유명한 사람[것]의 일단 《보통 7명이나 7개의》

Pleis·to·cene [pláistəsì:n] 〖지질〗 *n.* [the ~] 홍적세(洪積世) **—** *a.* 홍적세의

ple·na [plí:nə] *n.* PLENUM의 복수

***ple·na·ry** [plí:nəri] *a.* **1 완전한; 충분한;** 절대적인 **2** 전원 출석한: a ~ session [meeting] 본회의, 총회 **3** 전권(全權)을 가진; 전권의 **4** 〖법〗 정식의, 본식의(opp. *summary*)

plen·i·po·ten·ti·ar·y [plènəpətén∫ièri | -∫əri] *a.* **1** 전권을 가진: an ambassador extraordinary and ~ 특명 전권 대사 **2** 절대적인, 완전한 **—** *n.* (*pl.* **-ar·ies**) 전권 위원, 전권 대사

plen·i·tude [plénət*j*ù:d | -tjù:d] *n.* Ⓤ 《문어》 충분, 완전; 충실, 충만; 〖의학〗 만복 《위 등의》

***plen·te·ous** [pléntiəs] *a.* 《시어》 = PLENTIFUL **~·ness** *n.*

‡**plen·ti·ful** [pléntifəl] *a.* **많은, 풍부한,** 윤택한(opp. *scarce*): a ~ harvest 풍작 **~·ly** *ad.* **~·ness** *n.*

‡**plen·ty** [plénti] [L 「충분함」의 뜻에서] *n.* (*pl.* **-ties**) **많음,** 대량, 다량, 풍부; 충분; Ⓒ 풍부한 양 《*of*》: a year of ~ 풍년

in** ~* 풍부하게; 유복하게 ***in** ~ **of time 시간이 넉넉하여; 일찌감치 *~ **more*** 더 많이 《*of*》 *~ **of*** 많은: ~ *of* errors 많은 오류 《의문·부정문에서는 보통 enough로 대용함; a plenty of는 《미》》

— *a.* 《구어》 [보통 보어로 쓰임] 많은, 충분한: Money is never too ~. 돈은 많을수록 좋다.

— *ad.* 《구어》 충분히; 《미·속어》 매우, 철저히: ~ good enough 아주 충분히

ple·num [plí:nəm] *n.* (*pl.* **~s, -na** [-nə]) **1** 물질이 충만한 공간 **2** 충실, 충만 **3** 전원 출석의 회의; 총회

ple·o·nasm [plí:ənæ̀zm] [Gk 「여분으로 덧붙이다」의 뜻에서] *n.* Ⓤ 〖수사학〗 용어법(冗語法); 췌언(贅言); Ⓒ 중복어 《a false lie 등》

plè·o·nás·tic [-nǽstik] *a.*

pleth·o·ra [pléθərə] *n.* 과다, 과도, 과잉; 〖병리〗 다혈증, 적혈구 과다증

ple·thor·ic [pleθɔ́:rik | -θɔ́r-] *a.* 〖의학〗 다혈증[질]의; 과다한; 부풀어오른

pleu·ra [plúərə] *n.* (**-rae** [-ri:]) 〖해부〗 늑막, 흉막

pleu·ral [plúərəl] *a.* 〖해부〗 늑막의

pleu·ri·sy [plúərəsi] *n.* Ⓤ 〖병리〗 늑막[흉막]염: dry[moist] ~ 건성[습성] 늑막염

Plex·i·glas [pléksəglæ̀s | -glɑ̀:s] *n.* Ⓤ 《미》 플렉시 유리 《창문·가구 등에 쓰임; 상표명》

plex·us [pléksəs] *n.* (*pl.* **~·es, ~**) 〖해부〗 (신경·혈관·섬유 등의) 총(叢), 망(網); 망상 조직

pli·a·bil·i·ty [plàiəbíləti] *n.* Ⓤ 유연(성), 유순

pli·a·ble [pláiəbl] [ply[2](구부리다)에서] *a.* 휘기 쉬운, 유연한; 유순한, 말하는 대로 되는, 융통성 있는(opp. *rigid*) **-bly** *ad.*

pli·an·cy [pláiənsi] *n.* = PLIABILITY

pli·ant [pláiənt] *a.* = PLIABLE **~·ly** *ad.*

pli·er [pláiər] *n.* **1** 휘는 사람[것] **2** [*pl.*; 종종 단수 취급] 집게, 펜치: a pair of ~*s* 펜치 한 자루

*__plight__[1] [plait] *n.* **곤경**, 궁지; (어려운) 상태
plight[2] *n.* 《고어》 맹세(pledge); 약혼
—*vt.* 맹세하다; 약혼시키다: ~*ed* lovers 서로 사랑을 맹세한 남녀
plim·soll [plímsəl, -soul] [고무창에서 이어진 측선이 Plimsoll mark 비슷한 데서] *n.* [보통 *pl.*] 《영》 고무창의 즈크화, 운동화(《미》 sneakers)
Plímsoll màrk[lìne] 〖항해〗 만재 흘수선(滿載吃水線)(load line)
plink [pliŋk] *vi., vt.* 찌르릉 소리를 내다, 찌르릉하고 울다[울리다]
plinth [plinθ] *n.* 〖건축〗 주추, 초석, 대좌(臺座), 토대; 각석(角石); 굽도리널
Pli·o·cene [pláiəsìːn] *n., a.* 〖지질〗 선신세(鮮新世)[제3기(紀) 최신세](의)
PLO Palestine Liberation Organization 팔레스타인 해방 기구
*__plod__ [plɑd | plɔd] [의성어] *v.* (~·**ded**; ~·**ding**) *vi.* **1 터벅터벅 걷다** 《*on, along*》 **2 꾸준히 일하다[공부하다]** 《*at, away*》; 애쓰다 《*through*》; 〈사냥개가〉 애써 흔적의 냄새를 맡다: ~ *away at* one's lessons 꾸준히 공부하다 / ~ *through* a task 애써서 일을 해내다
—*vt.* 터벅터벅 가다
—*n.* 무거운[육중한] 발걸음; 꾸준히 일함, 노고
plód·der *n.* 터벅터벅 걷는 사람; 꾸준히 일하는 사람
plod·ding [plɑ́diŋ | plɔ́d-] *a.* 터벅터벅 걷는; 꾸준히 일하는[공부하는] ~·**ly** *ad.*
plonk[1] [plɑŋk | plɔŋk] *n.* Ⓤ 《영·속어》 값싼 포도주
plonk[2] *v., n., ad.* = PLUNK
plop [plɑp | plɔp] [의성어] 《구어》 *vt., vi.* (~**ped**; ~·**ping**) 퐁덩 떨어뜨리다[떨어지다], 펑 소리내며 튀(기)다; 부글거리며 가라앉(히)다 —*n.* 퐁덩, 펑 《소리》
—*ad.* 퐁덩하고, 펑 소리내며; 갑자기
plo·sive [plóusiv] [ex*plosive*] *n., a.* 〖음성〗 파열음(의)
‡**plot**[1] [plɑt | plɔt] *n.* **1 음모**; 책략, 계획 **2** (시·소설·각본 등의) **줄거리**, 구상, 각색: The ~ thickens. 사건[이야기]이 재미있게 되어 간다.
—*v.* (~·**ted**; ~·**ting**) *vt.* **1 몰래 꾸미다**, 계획하다, 음모하다 **2** 〈이야기 등의〉 줄거리를 짜다, 구상하다 《*out*》 —*vi.* 음모[모의]하다; 작당하다 《*against, for*》: ~ *for* a person's assassination …의 암살을 모의하다
*__plot__[2] [OE 「한 뙈기의 땅」의 뜻에서] *n.* **1 작은 구획의 땅**, 작은 토지[지구]: a vegetable ~ 채소밭 **2** 《미》 (대지) 도면, 겨냥도
—*vt.* (~·**ted**; ~·**ting**) **1** 〈땅을〉 구분하다, 구획하다 《*out*》 **2** 〈토지·건물의〉 도면을 작성하다 **3** (해도 등에) 〈배·비행기의 위치를〉 기입하다; (모눈종이 위에) 좌표에 따라 〈점을〉 정하다
plot·ter [plɑ́tər | plɔ́tə] *n.* [보통 *pl.*] **1** 음모자, 공모자; 구상을 짜는 사람 **2** 제도 도구; 작도 장치; 〖컴퓨터〗 플로터 《데이터를 도면화하는 출력 장치》
plótting pàper 모눈종이, 그래프 용지
‡**plough** [plau] *n., v.* 《영》 = PLOW
plóugh·man's lùnch [pláumənz-] 《영》 빵·치즈에 맥주 등의 간단한 식사
plov·er [plʌ́vər] *n.* 〖조류〗 물떼새
‡**plow | plough** [plau] *n.* **1 쟁기**; 쟁기 비슷한 것; 제설(除雪)기; 배장기(排障器); 개탕대패 **2** 경작; 농업; Ⓤ 《영》 경작지, 논밭 **3** [the P~] 〖천문〗 큰곰자리(the Great Bear); 《영》 북두칠성 **4** 《영·속어》 낙제
***put* one*'s hand to the* ~** 〖성서〗 손에 쟁기를 잡다, 일을 시작하다 ***under the* ~** 〈토지가〉 경작되어[된]
—*vi.* **1** 갈다, 경작하다; 〈토지가〉 경작에 적합하다: The field ~s easily[hard]. 그 밭은 경작하기가 쉽다[힘들다]. **2** 고생하며 나아가다; 힘들여 읽다 《*through*》 **3** 충돌하다, 들이받다 《*into*》; (일 등에) 기세좋게 착수하다 《*into*》: The truck ~*ed into* a parked car. 그 트럭은 주차하고 있는 차를 들이받았다. **4** 《영·속어》 낙제하다
—*vt.* **1** 〈밭을〉 **갈다**, 경작하다; …에 이랑을 만들다; 〖목공〗 홈을 파다: ~ a field 밭을 갈다 **2** 〈얼굴 등에〉 주름을 짓다 **3** 〈물결을〉 헤치고 달리다; 고생하며 나아가다: ~ one's way through a crowd 군중을 헤치고 나아가다 **4** 《영·속어》 〈학생을〉 낙제시키다
~ back 〈풀 등을〉 다시 그 밭에 파묻다; 〈이익을〉 다시 그 사업에 투자하다 ***~* one*'s way*** 힘들여 나아가다 ***~ under*** 〈작물을〉 갈아서 파묻다; 《구어》 소멸[매몰]시키다, 파괴하다 ***~ up*** 갈아 젖히다, 파헤치다
~·**a·ble** *a.*
plow·boy [-bɔ̀i] *n.* 쟁기를 멘 소[말]를 모는 소년; 농부; 시골 젊은이
plow·land [-lǽnd] *n.* Ⓤ 경작지, 논밭
*__plow·man__ [pláumən] *n.* (*pl.* -**men** [-mən]) **농부**; 시골뜨기
plow·share [-ʃɛ̀ər] *n.* 보습·쟁기의 날
ploy [plɔi] *n.* 《구어》 **1** 흥정, 책략 **2** 일
P.L.R., PLR 《영》 Public Lending Right
PLS please
‡**pluck** [plʌk] [OE 「끄집어내다」의 뜻에서] *vt.* **1 잡아뜯다**, 뽑다; 《문어》 따다 (pick): ~ (off) fruit 과일을 따다 / ~ up[out] the weeds 잡초를 뽑아내다 **2** 잡아당기다, 홱 당기다(jerk), 끌어내리다 《*down*》: ~ a person by the sleeves …의 소매를 잡아당기다 / ~ a person *down* from his high position …을 높은 지위에서 끌어내리다 **3** 《속어》 잡아채다, 빼앗다 **4** 〈현악기를〉 탄주하다, 뜯다 **5** 《영·속어》 낙제시키다
get ~ed 낙제하다 ***~ away*** 쥐어뜯다
—*n.* **1** 잡아뜯기; (갑자기) 잡아당김 **2** Ⓤ 담력(nerve), 용기, 원기 **3** [the ~] 내장 《동물의》 **4** 《영·속어》 낙제
pluck·y [plʌ́ki] *a.* (**pluck·i·er**; -**i·est**) 용기 있는, 원기 왕성한; 단호한
plúck·i·ly *ad.* -**i·ness** *n.*
*__plug__ [plʌg] [MDu. 「나무못」의 뜻에서] *n.* **1 마개**; 소화전(消火栓); 〖군사〗 총구멍

마개; 〖전기〗 플러그 **2** 씹는 담배 **3** 《미》 폐마(廢馬) **4** 떨이, 팔다 남은 상품, 못쓸 것 **5** 《구어》 (프로그램에 끼우는) 짤막한 광고, 선전

pull the ~ (1) 생명 유지 장치를 벗기다 (2) 《영·구어》 (수세식 변소의) 물을 쏟아 내다 (3) 《속어》 〈잠수함이〉 잠수하다; 《미·속어》 (일에서) 손을 떼다; 《미·속어》 (…의) 비밀을 폭로하다 《*on*》; 《미·속어》 말썽을 일으키다

— *v.* (**~ged**; **~·ging**) *vt.* **1** 마개를 하다, 틀어막다 《*up*》: ~ *up* a leak 새는 곳을 막다 **2** 《미·속어》 주먹으로 갈기다; 《미·속어》 탄환을 쏘아 박다; 《미·속어》 쏘아 죽이다 **3** 《미·속어》 집요하게 선전하다 — *vi.* **1** 《구어》 꾸준히[부지런히] 일하다 《*along, away; at*》: ~ *along* 일을 꾸준히 계속하다 **2** 《미·속어》 치다; 총을 쏘다: ~ at a person …을 치다[쏘다]

~ away at 《구어》 〈일·공부를〉 부지런히 하다 ***~ in*** [***into***] 〈기구의〉 플러그를 꽂다; 플러그를 꽂아 접속하다[되다]

plúg hát 《미·구어》 실크해트

plug·hole [plʌ́ghòul] *n.* 《영》 (욕조·싱크대 등의) 마개 구멍

plug-in [-ìn] *n.* **1** 플러그 접속식의 전기 제품 **2** 〖컴퓨터〗 플러그인 《기능 확장용 소프트웨어》 — *a.* 플러그 접속식의

plug-ug·ly [plʌ́gʌ̀gli] *n.* (*pl.* **-lies**) 《미·속어》 불량자; 프로 권투 선수

‡**plum** [plʌm] [동음어 plumb] *n.* **1** 서양자두, 플럼, 오얏; 서양자두나무; 건포도 **2** = SUGARPLUM **3** 《구어》 가장 좋은 부분, 정수(精粹); 편하고 수지맞는 일 **4** 《영·속어》 10만 파운드 《돈》; (많은 액수의) 특별 배당; 《미》 임관(任官) 《보답으로서의》 **5** Ⓤ 짙은 보라색

*__plum·age__ [plúːmidʒ] *n.* Ⓤ (조류의) 깃털, 깃; 좋은 옷

plumb [plʌm] [동음어 plum] *n.* **1** 추(錘), 다림추, 연추(鉛錘): a ~ block 축대(軸臺), 축받이 **2** 수직

off [***out of***] ~ 수직이 아닌, 기울어진

— *a.* **1** Ⓟ 수직의; 정확한, 똑바른, 곧은 **2** 《미·구어》 순전한, 전적인 — *ad.* **1** 수직으로; 정확하게: fall ~ down 수직으로 떨어지다 / ~ in the face of …의 바로 정면에 **2** 《미·구어》 아주, 완전히

— *vt.* **1** (연추(鉛錘)로) 수직임을 검사하다, 수직으로 하다 《*up*》 **2** 깊이를 재다, 측량하다 **3** 눈치채다, 이해하다 **4** 가스[수도]관을 부설하다 **5** 납으로 봉하다

~ the depths (***of***) (슬픔·고독 등의) 수렁에 빠지다

plumb·er [plʌ́mər] *n.* **1** (수도·가스 등의) 배관[연관]공 **2** 《미·속어》 비밀 정보의 누설을 방지하는 사람

plúmber's hèlper[**frìend**] 《미·구어》 = PLUNGER 1 a

plumb·ing [plʌ́miŋ] *n.* Ⓤ **1** 납공업; 연관류 제조 **2** 납공사; 수도[가스]관 부설[수리] **3** [보통 the ~; 집합적] 연관류

plúmb lìne 다림줄, 추선(錘線); 연직선(鉛直線); 측연선(測鉛線)

plúm càke 건포도가 든 케이크 《혼례용 등》

‡**plume** [pluːm] [L 「(새의) 솜털」의 뜻에서] *n.* **1** [보통 *pl.*] 깃털; 깃장식 **2** 명예[영예]의 상징 **3** (연기·구름의) 기둥

— *vt.* **1** 깃털로 장식하다; 빌린 옷으로 차려 입다: ~ one*self* 옷을 화려하게 차려 입다 **2** 〈새가 깃을〉 가다듬다 **3** 깃털을 잡아 뜯다, 털을 뽑다

~ one***self on*** [***upon***] …을 자랑하다

plumed [pluːmd] *a.* Ⓐ [종종 복합어를 이루어] 깃털이 있는, 깃털 장식을 한

plum·met [plʌ́mit] *n.* **1** 다림추, 가늠추; 측심연(測深鉛) **2** 다림줄[자] **3** 중압(重壓) **4** 급하락, 폭락

— *vi.* 똑바로 떨어지다 《*down*》; 뛰어들다(plunge); 〈인기·물가 등이〉 폭락하다

plum·my [plʌ́mi] *a.* (**-mi·er**; **-mi·est**) **1** 서양자두 같은, 자두 맛이 나는 **2** 자두가 많은; 건포도가 많이 든 **3** 《구어》 좋은, 훌륭한 **4** 《구어》 성량(聲量)이 풍부한

plu·mose [plúːmous] *a.* 깃이 있는, 깃의, 깃털 모양의

‡**plump**[1] [plʌmp] *a.* **1** 포동포동한, 토실토실한 **2** 〈요리할 새·짐승이〉 오동통한

— *vi.* 포동포동하게 살찌다 《*out, up*》

— *vt.* 불룩하게 만들다, 살찌게 하다, 〈과실 등을〉 커지게 하다 《*up, out*》: ~ *up* a pillow 베개를 불룩하게 만들다

~·ly *ad.* **~·ness** *n.*

*__plump__[2] [의성어] *vi.* **1** 털썩 떨어지다, 갑자기 뛰어들다 《*against, down, into, upon*》: ~ *down* on the bed 침대에 털썩 드러눕다 / ~ *against* a wall 벽에 쿵 하고 부딪치다 **2 a** 《영》 (연기(連記) 투표권으로) 한 사람에게 투표하다 **b** 절대 찬성[지지]하다 《*for*》: He ~*s for* the New York Yankees. 그는 뉴욕 양키스의 열렬한 팬이다. — *vt.* **1** 털썩 떨어뜨리다[내던지다]: ~ the bag down on a chair 자루를 의자 위에 털썩 내려 놓다 / ~ a stone into a pond 연못에 텀벙하고 돌을 던지다 **2** 갑자기 말하다 《*out*》

— *ad.* **1** 텀벙, 털썩, 철썩 **2** 똑바로, 곧장 아래로 **3** 갑작스럽게 **4** 노골적으로: Say it out ~! 선뜻 말해라!

— *a.* 퉁명스러운; 노골적인

— *n.* 《구어》 털썩 떨어짐, 털썩 떨어지는 소리

~·ly *ad.* 노골적으로, 꾸밈없이

plump·ish [plʌ́mpiʃ] *a.* 알맞게 살찐, 토실토실한

plúm púdding 건포도 넣은 푸딩

plump·y [plʌ́mpi] *a.* (**plump·i·er**; **-i·est**) 부푼, 부풀어 오른, 포동포동 살찐

plúm trèe (서양) 자두나무

plum·y [plúːmi] *a.* (**plum·i·er**; **-i·est**) 깃털이 있는; 깃털로 꾸민; 깃털 모양의

*__plun·der__ [plʌ́ndər] *vt.* **1** 약탈하다, 노략질하다: ~ a colony of many treasures 식민지에서 많은 보물을 약탈하다 **2** 불법으로 점유하다 **3** 〈작품을〉 표절하다

— *vi.* 노략질하다, 훔치다

— *n.* Ⓤ 약탈; 약탈품

~·er *n.* 약탈자; 도적

‡**plunge** [plʌndʒ] *vt.* **1 a** 던져넣다, 내던지다; 찌르다; 가라앉히다 《*into, in*》 **b** 〈사람을〉 꼬꾸라뜨릴 뻔하다 《*forward*》

2 (어떤 상태·위험에) 빠지게[이르게] 하다, 몰아넣다 《*in, into*》: ~ a country *into* war 나라를 전쟁으로 몰아넣다 **3** 〖원예〗〈화분 등을〉 테두리까지 땅에 파묻다
— *vi.* **1 뛰어들다,** 잠기다 《*into*》 **2** 돌진하다 《*into, up, down*》 **3** 〈배가〉 앞뒤로 흔들리다; 〈말이〉 뒷다리를 들고 뛰어오르다 **4** 《속어》 큰 도박을 하다, 빚을 지다
— *n.* **1** 뛰어듦 **2** 돌진, 돌입 **3** 말이 뒷다리를 들고 뛰어오르기; (배의) 앞뒤로 흔들림 **4** 큰 도박, 큰 투기 **5** 다이빙하는 곳[발판] 《수영장 등의》
take the **~** 《구어》 (수영장 등에) 뛰어들다; 과감히 하다, 모험을 하다; 결혼하다

plung·er [plʌ́ndʒər] *n.* **1 a** 흡인식 하수관 청소기 **b** 〖기계〗 (양수기·수압기 등의 피스톤의) 플런저 **2** 뛰어드는 사람, 잠수부 **3** 《속어》 무모한 노름꾼[투기꾼] **4** 《속어》 기병(騎兵)

plúnging néckline (여성복의) 깊이 팬 V자형 네크라인

plunk [plʌŋk] [의성어] 《구어》 *vt.* **1** 〈현악기 줄 등을〉 퉁기다 **2** 쿵 하고 내던지다; 쿵 하고 넘어뜨리다 **3** 《미》 불시에 때리다[떠밀다], 쿡 찌르다
— *vi.* 《구어》 쿵 하고 떨어지다; 탱탱 하고 울리다 **~** ***down*** 쿵 하고 놓다[앉다]; 〈돈을〉 지불하다
— *n.* **1** 《구어》 쿵[털썩] 하는 소리; 철썩하고 침[치는 소리] **2** 탱탱 하고 울림[울리는 소리] **3** 《미·속어》 강한 타격
— *ad.* **1** 《구어》 쿵 하고, 털썩 하고 **2** 《구어》 꼭, 정확히

plu·per·fect [plu:pə́:rfikt] *n., a.* 〖문법〗 대과거(의), 과거완료(의) 《略 plup(f).》

plur. plural; plurality

plu·ral [plúərəl] [L 「더 많은」의 뜻에서] *a.* **복수(형)의**(opp. *singular*): the ~ number 복수
— *n.* 〖문법〗 복수; 복수형(의 말)

plu·ral·ism [plúərəlìzm] *n.* **1** 〖그리스도교〗 여러 교회를 겸해서 맡아 봄 **2** 〖철학〗 다원론(多元論)(opp. *monism*); 다원적 문화 (보호), 다원적 공존 **3** Ⓤ 복수

plu·ral·ist [plúərəlìst] *n.* 여러 직업을 겸한 사람; 〖그리스도교〗 여러 교회를 겸해서 맡아 보는 사람; 〖철학〗 다원론자

plu·ral·is·tic [plùərəlístik] *a.* 여러 직업을 겸한; 〖그리스도교〗 여러 교회를 겸해서 맡아 보는; 〖철학〗 다원론의

plu·ral·i·ty [pluərǽləti] *n.* (*pl.* **-ties**) ⓊⒸ **1** 《미》 차점자와의 득표차, (과반수를 넘지 않는) 최고 득표수 **2** 대다수, 과반수 **3** 복수; 다수(多數) **4** 〖그리스도교〗 여러 교회 겸직

plúral socíety (여러 인종으로 된) 복합 사회

plus [plʌs] [L 「더 많은」의 뜻에서] *prep.* **1** …을 **더한[더 하여]**(opp. *minus*); 《구어》 …을 입은; 《구어》 …을 벌어: He was ~ a coat. 그는 웃옷을 입고 있었다. / I'm ~ a dollar. 나는 1달러 득보았다. **2** 《미·구어》 …이외에
— *ad.* 《미·구어》 게다가; 양(陽)으로, 정(正)으로
— *a.* **1** Ⓐ 〖수학〗 **플러스의,** 가(加)의, 정(正)의 **2** Ⓐ여분의 **3** Ⓐ 〖전기〗 양(陽)의 **4 a** [성적 평가에 후치하여] …상(上): A ~ 수(秀)상, 에이 플러스 **b** [수사에 후치하여] 〈나이가〉 …살 이상: 20 ~ 스무살 이상 **c** [명사에 후치하여] 《구어》 또 다른 것이 있는: She has personality ~. 그녀에게는 개성에 더하여 뭔가 있다.
on the ~ side of the account 〖회계〗 대변(貸邊)에
— *n.* (*pl.* **~·es, ~·ses**) **1** 플러스 (부호) (=~ sign) 《+》; 정량(正量), 정수(正數) **2** 더한 것; 나머지, 이익 **3** 〖골프〗 핸디캡

plús fóurs 넓은 반바지 《골프용》

plush [plʌʃ] [L 「털을 제거하다」의 뜻에서] *n.* Ⓤ 플러시(천); [*pl.*] 플러시 바지
— *a.* **1** Ⓐ 플러시로 만든 **2** 《구어》 호화로운; 멋있는; 편한, 즐거운

plush·y [plʌ́ʃi] *a.* (**plush·i·er**; **-i·est**) **1** 플러시의[같은] **2** 호화로운; 화려한

plús sìgn 〖수학〗 플러스 부호 《+》

Plu·tarch [plú:tɑ:rk] *n.* 플루타르크 (46?-120?) 《그리스의 철학자로 「영웅전」 작가》

Plu·to [plú:tou] *n.* **1** 〖그리스·로마신화〗 플루토 《하계(下界)(Hades)의 왕; cf. DIS》 **2** 〖천문〗 명왕성 《2006년에 소행성 134340으로 명명됨》

plu·toc·ra·cy [plu:tɑ́krəsi | -tɔ́k-] *n.* (*pl.* **-cies**) Ⓤ 금권(金權)정치[주의]; Ⓒ 부호 계급, 재벌

plu·to·crat [plú:təkræ̀t] *n.* 금권가(金權家); 《경멸》 부자, 부호

plu·to·crat·ic, -i·cal [plù:təkrǽtik(əl)] *a.* 금권[재벌]정치(가)의

Plu·to·ni·an [plu:tóuniən] *a.* **1** 〖그리스·로마신화〗 Pluto의 **2** [종종 **p~**] 지옥의

Plu·ton·ic [plu:tɑ́nik | -tɔ́n-] *a.* **1** 〖그리스·로마신화〗 = PLUTONIAN 1 **2** [**p~**] 〖지질〗 심성(深成)의: *p~* rock 심성암

plu·to·ni·um [plu:tóuniəm] *n.* Ⓤ 플루토늄 《방사성 원소; 기호 Pu, 번호 94》

Plu·tus [plú:təs] *n.* 〖그리스신화〗 플루토스 《부(富)의 신》

plu·vi·al [plú:viəl] [L 「비」의 뜻에서] *a.* 비의, 비가 많은(rainy); 〖지질〗 우수(雨水) 작용에 의한
— *n.* 〖지질〗 다우기(多雨期)

plu·vi·om·e·ter [plù:viɑ́mətər | -ɔ́m-] *n.* 우량계

ply[1] [plai] [apply의 두음소실(頭音消失)] *v.* (**plied**) *vt.* **1** 〈무기·도구 등을〉 **부지런히 움직이다[쓰다, 놀리다]**: ~ one's needle 열심히 바느질을 하다 **2** 〈일 등에〉 **열성을 내다,** 부지런히 일[공부]하다: ~ one's book 열심히 책을 읽다 **3** 〈나무 등을 불에〉 자꾸 지피다 **4** 〈질문 등을〉 퍼붓다; 억지로 권하다 《*with*》: ~ a person *with* questions[food and drink] …에게 질문을 퍼붓다[음식물을 강권하다] **5** 〈강 등을〉 정기적으로 왕복하다
— *vi.* **1** 〈배·버스 등이〉 **정기적으로 왕복하다, 다니다** 《*between; from, to*》: ships *~ing between* the two cities 그 두 도시 사이를 운항하는 배 **2** 〈뱃사공·

역 구내 짐꾼·택시 등이〉 손님을 기다리다: a *~ing* taxi 손님을 찾아다니는 택시 **3** 부지런히 일하다 **4** 팔며 다니다 《*in*》 **5** 서두르다, 돌진하다 **6** 〚항해〛 바람을 거슬러 항해하다

ply² *n.* (*pl.* **plies**) **1** 주름; (밧줄의) 가닥; (베니어판 등의) 두께; 〈몇〉 겹: a three-~ rope 세 가닥의 밧줄 **2** 경향, 버릇 **—** *vt.* (**plied**) **1** 〈실 등을〉 꼬다 **2** 《영·방언》 구부리다(bend)

*__Plym·outh__ [plíməθ] *n.* 플리머스 (1) England 남서부의 군항 (2) 미국 Massachusetts주의 항구

Plýmouth Róck **1** 플리머스의 바위 《1620년 Pilgrim Fathers의 상륙 지점에 있음》 **2** 플리머스록종의 닭

ply·wood [pláiwùd] *n.* Ⓤ 베니어판, 합판

Pm 〚화학〛 promethium

*__p.m., P.M.__ [píːém] [L *post meridiem*(=after midday)] *ad., a.* 오후(의)(opp. *a.m., A.M.*): at 7 *p.m.* 오후 7시에 / the 8 *p.m.* train 오후 8시의 열차 《시각을 나타내는 숫자 뒤에 놓으며, o'clock와 함께 쓰지 않음.》

P.M. Past Master; Paymaster; Police Magistrate; Postmaster; postmortem; Prime Minister; Provost Marshal

P.M.G. Postmaster General

p.n., P/N promissory note

pneu·mat·ic [njumǽtik | njuː-] [Gk 「공기」의 뜻에서] *a.* **1** 공기가 든, 압축 공기를 넣은: a ~ tire 공기 타이어 **2** 공기의 작용에 의한: a ~ pump 기압 펌프 **3** 〚동물〛 기강(氣腔)[기낭(氣囊)]을 가진 **4** 영적(靈的)인 **-i·cal·ly** *ad.*

*__pneu·mo·nia__ [njumóunjə | njuː-] [Gk 「폐의 병」의 뜻에서] *n.* Ⓤ 〚병리〛 **폐렴**: acute[chronic] ~ 급성[만성] 폐렴

pneu·mon·ic [njumάnik | njuːmɔ́n-] *a.* 폐렴의; 폐의

Pnom Penh [*p*nάm-pén | *p*nɔ̀m-] *n.* 프놈펜 《캄보디아의 수도》

po [pou] [F 'pot'의 발음에서] *n.* (*pl.* **~s**) 《영·구어·익살》 요강, 실내 변기 (chamber pot)

Po 〚화학〛 polonium

p.o., P.O. petty officer; postal order; post office

*__poach¹__ [poutʃ] [OF 「침입하다」의 뜻에서] *vi.* **1 밀렵(密獵)[밀어(密漁)]하다** 《*for*》 **2** 〈남의 토지·금렵지 등에〉 침입하다 《*on*》; 남의 권리 등을 가로채다 **3** 〚경기〛 부정 수단을 쓰다; 〚테니스〛 partner가 칠 공을 가로채다 **4** 〈길 등이〉 밟혀서 진창이 되다 **5** 《영·방언》 (손가락·막대 등으로) 꾹 쑤시다 **6** 〈점토 등을〉 물을 타서 농도를 고르게 하다

— *vt.* **1** 〈조수어(鳥獸魚) 등을〉 **밀렵[밀어]하다** **2** 〈남의 땅을〉 밀렵하기 위해 침입하다 **3** 〈남의 권리를〉 침해하다 **4** 〈길 등을〉 짓밟아 진창으로 만들다 **5** 〈점토 등을〉 물을 타서 농도를 고르게 하다

~ on [***upon***] a person***'s preserves*** …의 영역을 침범하다

~·er¹ *n.* 밀렵자, 밀어자; 침입자, 난입자; (남의 장사 구역을) 침입하는 장사꾼

poach² [MF 「자루·주머니」의 뜻에서; 달걀의 흰자가 노른자를 싸고 있는 자루라고 생각된 데서] *vt.* 〈달걀을〉 깨서 끓는 물에 넣어 삶다[반숙하다]: *~ed* eggs 수란(水卵) **~·er²** *n.* 수란 냄비

POB, P.O.B. post-office box

P.O. Bòx [píːòu-] 사서함(post-office box)

po·chette [pouʃét] [F] *n.* 포셰트 《어깨에서 비스듬히 메는, 끈이 비교적 긴 조그만 핸드백》

pock [pαk | pɔk] *n.* 두창(痘瘡), 천연두

pocked [pαkt | pɔkt] *a.* 얽은

***__pock·et__ [pάkit | pɔ́k-] [MF 「작은 주머니」의 뜻에서] *n.* **1 호주머니**; 쌈지, 지갑: a coat ~ 코트[상의]의 주머니 **2** 소지금, 자금, 용돈, 금전: a deep ~ 충분한 자력, 부(富) / an empty ~ 돈 한푼 없음[없는 사람] / pay out of one's ~ 자기 돈으로 치르다 **3** 포켓 《당구대의 네 구석과 양쪽에 있는》; (캥거루 등의) 주머니; 〚야구〛 (미트의) 오목한 부분 **4** (홉·양털 등의) 한 포대 《168-224 파운드》 **5** 광석 덩어리; 광혈(鑛穴), 광맥류(鑛脈瘤); 광혈의 매장량 **6** 〚군사〛 고립 지대 **7** 홈; 둘러싸인 곳, 막다른 골목

be in [***out of***] ~ 수중에 있다[없다]; (장사를 하여) 벌고[밑지고] 있다 ***have*** a person[thing] ***in*** one***'s*** ~ 완전히 자기 손아귀에 쥐다, …을 제 마음대로 부리다 ***pick a*** [a person***'s***] ~ 소매치기하다 ***put*** one***'s hand in*** one***'s*** ~ 돈을 쓰다, 치르다 ***put*** one***'s pride in*** one***'s*** ~ 자존심을 억누르다

— *a.* **1** Ⓐ 호주머니용의, 호주머니 모양의; 소형의, 휴대용의; a ~ dictionary 소형[포켓형] 사전 **2** 소규모의, 국지적인

— *vt.* **1** 호주머니에 넣다; 감추다, 집어넣다; 저장하다 **2** 《구어》 벌다; 착복하다 **3** 〈모욕 등을〉 참다, 〈감정을〉 숨기다, 억누르다 **4** 《미》 〈의안(議案) 등을〉 묵살하다 **5** 〚당구〛 〈공을〉 포켓에 넣다; 〚기계〛 상자[구멍]에 넣다 **6** 〚경마·경기〛 앞과 양옆을 둘러싸서 방해하다

*__pock·et·book__ [pάkitbùk | pɔ́k-] *n.* **1 a** 《드물게》 **지갑**; 《미》 (여성용 어깨끈이 없는) 핸드백 **b** 자금 **2** 《미》 문고본, 포켓북(=**pócket bòok**) **3** 《영》 수첩(notebook)

pock·et·ful [pάkitfùl | pɔ́k-] *n.* 한 호주머니 가득; 《구어》 많음 《*of*》: a ~ *of* money 상당한 금액, 한 재산

pock·et-hand·ker·chief [pάkithæŋkərtʃif | pɔ́k-] *n.* (*pl.* **~s**) 손수건

— *a.* Ⓐ 네모지고 작은, 좁은: a ~ garden 좁은 뜰

pock·et·knife [-nàif] *n.* (*pl.* **-knives** [-nàivz]) 접칼, 주머니칼

pócket mòney 《영》 (아이에게 주는) 용돈; 《일반적으로》 용돈

pock·et-size(d) [-sàiz(d)] *a.* 포켓형의; 소형의

pócket vèto 《미》 (대통령·주지사의) 의안 묵살[거부권]

pock·mark [pákmà:rk | pɔ́k-] *n.* 얽은 자국
-marked [-mà:rkt] *a.* = POCKY
pock·y [páki | pɔ́ki] *a.* (**pock·i·er**; **-i·est**) 얽은, 얽은 자국이 있는
po·co [póukou] [It.] *ad.* 〖음악〗 약간 ~ ***largo***[***presto***] 약간 느리게[빠르게]
*__pod__[1] [pɑd | pɔd] *n.* **1** 〖식물〗 **꼬투리** 《완두콩 등의》 **2** 〖항공〗 포드 《연료·엔진 등이 든 날개 밑의 유선형 용기》; 〖우주과학〗 (우주선의) 분리 가능한 부분 **3** 창꼬치(pike)의 새끼; 메뚜기의 알주머니; (누에)고치; (목이 좁은) 뱀장어 그물 **4** 《구어》 배(belly)
— *v.* (**~·ded**; **~·ding**) *vi.* 꼬투리가 되다, 꼬투리를 맺다; 꼬투리가 생기다 《*up*》
— *vt.* 꼬투리를 까다, 껍질을 벗기다
pod[2] *n.* (물개·고래 등의) 작은 떼
P.O.D. pay on delivery 현물 인환불
podg·y [pádʒi | pɔ́dʒi] *a.* (**podg·i·er**; **-i·est**) 《영》 땅딸막한 **pódg·i·ness** *n.*
po·di·a·try [pədáiətri, pou-] *n.* Ⓤ 《미》 〖의학〗 발병학, 발병 치료(《영》 chiropody) **-trist** *n.* 《미》 발병 전문가
po·di·um [póudiəm] [Gk 「발」의 뜻에서] *n.* (*pl.* **~s, -di·a** [-diə]) **1** 〖건축〗 제일 밑에 있는 토대석, 기단(基壇); 투기장 주위의 요벽(腰壁); 칸막이 벽 **2** 〖음악〗 (오케스트라의) 지휘대 **3** 〖동물〗 발; 〖식물〗 잎자루
pod·zol [pádzɔ:l | pɔ́dzɔl] *n.* ⓊⒸ 〖지질〗 포드졸, 회백토 《한대 습윤지의 토양》
Poe [pou] *n.* 포우 **Edgar Allan** ~ (1809-49) 《미국의 단편 소설 작가·시인》
‡**po·em** [póuəm] [Gk 「만들어진 것」의 뜻에서] *n.* (한 편의) **시**; 운문, 시적인 문장; 시취(詩趣)가 풍부한 것: a lyric ~ 서정시
po·e·sy [póuəzi, -si] *n.* Ⓤ 《고어·시어》 시, 시가, 운문; 작시(법)
‡**po·et** [póuit] [Gk 「만드는 사람」의 뜻에서] *n.* **시인**; 시인 기질의 사람
po·et·as·ter [póuitæ̀stər | ⌐‿⌐] *n.* 엉터리 시인, 삼류 시인
po·et·ess [póuitis] *n.* 여류 시인
*__po·et·ic__ [pouétik] *a.* **1 시의, 시적인**; 시의 소재가 되는: ~ diction 시어(詩語), 시적 용어 **2** 시인의, 시인 기질의; 시를 좋아하는: ~ genius 시재(詩才) **3** 낭만적인; 창조적인
*__po·et·i·cal__ [pouétikəl] *a.* **1** Ⓐ **시로 쓰여진**: ~ works 시집 **2** = POETIC
~·ly *ad.*
poétic jústice 시적 정의 《시나 소설 속의 권선징악·인과응보의 사상》
poétic lícense 시적 허용 《문학적 효과를 올리기 위한 운율·문법·논리 등의 파격이나 일탈》
po·et·ics [pouétiks] *n. pl.* [단수 취급] **1** 시학(詩學); 시론 **2** 운율학
póet láureate (*pl.* **poets laureate**) 《영》 계관 시인 《국왕이 임명하는 왕실 시인》
‡**po·et·ry** [póuitri] *n.* Ⓤ **1** (문학 형식으로서의) **시**, 시가(詩歌), 운문(opp. *prose*); 작시(법) **2** 시신(詩神) **3** 시집(詩集) **4** 시정(詩情), 시심(詩心); 시적 감흥

Póets' Córner [the ~] **1** London의 Westminster Abbey의 일부 《문인의 묘와 기념비가 있음》 **2** 《익살》 (신문 등의) 시란(詩欄)
po-faced [póufèist] *a.* 《영·속어》 진지한[심각한] 얼굴의; 무표정한
pó·go stìck [póugou-] 스카이콩콩 《아래에 용수철이 달린 막대기의 발판에 올라타고 뛰는 놀이 기구》
po·grom [pəgrʌ́m | pɔ́grəm] [Russ. 「파괴」의 뜻에서] *n.* (조직적·계획적인) 학살; 유대인 학살
poi [pɔi] [Haw.] *n.* Ⓤ (하와이의) 토란 요리
poing·an·cy [pɔ́injənsi] *n.* Ⓤ 날카로움, 매서움; 신랄
*__poign·ant__ [pɔ́injənt] [L 「찌르다」의 뜻에서] *a.* **1 마음 아픈**, 통렬한, 준열한; 마음에 사무치는 **2** 신랄한; 통쾌한 **3** 〈냄새·맛이〉 쏘는, 매운 **~·ly** *ad.*
poin·set·ti·a [pɔinsétiə] [미국의 외교관 이름에서] *n.* 〖식물〗 홍성초, 포인세티아 《크리스마스 장식용》
‡**point** [pɔint] *n.* **1 a 뾰족한 끝**, 칼끝, 바늘 끝 **b 끝**, 턱의 끝 《권투에서의 급소》; 《미》 펜끝 **c** 돌출부; 갑(岬), 곶 **d** 첨단, 끝 **2 a 점**(點); 〖문법〗 구두점; 종지부(period); 소수점(小數點); 〖음악〗 점, 부(符); (점자법(點字法)의) 점 **b** 아주 조금 **3 a** 한 점, 지점, 개소(個所); 장소, 지위; 〖기계〗 (기계 각 부분의 움직이는) 점; 《구어》 정거장, 정류소; 시점(時點); 순간 **b** (정신적인) 점 **4 a 점수**, 득점; 《미》 (대학 학과 제도의) 단위 **b** 〖천문·기하〗 점(點); 〖경마〗 표점(標點) **5 a 요점**, 주안점 **b** 특징, 특질, 논지(論旨) **c 목적**, 의향 **6 a** 〖항해〗 방위 **b** (온도의) 도(度): the freezing[boiling] ~ 빙[비등]점 **c** 〖인쇄〗 포인트 《활자 크기의 단위》
at the ~ of (an action[do*ing*]) 바야흐로 …하려는 순간에 ***be beside the ~*** 요점에서 벗어나 있다 ***come to the ~*** 중요한 대목에 이르다; 요점에 이르다 ***from ~ to ~*** 하나하나 차례로; 상세히 ***gain a ~*** 한 점을 얻다, 우세하여지다 ***get the***[a person***'s***] ***~*** 이야기의 요점[논지]을 이해하다 ***grow to a ~*** 끝이 가늘어지다[뾰족하여지다] ***in ~*** 적절한 ***in ~ of*** 《문어》 …의 점에서(는), …에 관해서(는) ***in ~ of fact*** 실제로는, 사실상 ***keep***[***stick***] ***to the ~*** 요점에서 벗어나지 않다 ***make a ~*** (1) 1점을 얻다 (2) 논지를 충분히 입증하다 (3) = come to a POINT. ***make a ~ of*** do*ing* 반드시 …하다; …을 주장[강조, 중시]하다 ***make the ~ that ...*** …이라고 주장[강조]하다 ***on***[***upon***] ***the ~ of*** (an action [do*ing*]) 바야흐로 …하려고 하여; …의 순간에 ***to the ~*** 적절한, 딱 들어맞는 ***up to a ~*** 어느 정도까지
— *vt.* **1** …에게 (길을) **가리키다**; 주의를 환기시키다 《*at, to*》, **지적**[**지시**]**하다** 《*out*》: ~ *out* mistakes 잘못을 지적하다 / ~ a finger *at* the building 그 건물을 가리키다 **2 뾰족하게 하다 3** 구두점

[소수점]을 찍다 **4** 자극하다; 〈교훈 등을〉 강조하다 **5** 들이대다 《*at, to, toward*》: ~ a gun *at* a person …에게 총을 들이대다 **6** 〈사냥개가 사냥감을〉 가리키다, 알리다 **7** 〈댄서 등이 발끝을〉 세우다 **8** 〖건축〗 (벽돌 쌓기 등의) 이음매에 회[시멘트]를 바르다; 쟁기 끝으로 〈비료를〉 묻다 《*in*》; 쟁기 끝으로 〈흙을〉 뒤엎다 《*over*》 **9** 〖항해〗 〈밧줄 끝을〉 가늘게 하다

—*vi.* **1** 가리키다; 손가락질하다; 암시하다 《*at, to, toward*》: It is rude to ~ *at* a person. 남에게 손가락질하는 것은 실례다. / The hand of the clock ~*s to* five. 시계 바늘은 5시를 가리키고 있다. **2** 겨냥하다(aim) 《*at*》 **3** 경향이 있다 《*to*》; (어떤 방향을) 향하다 **4** 〈사냥개가〉 멈추어 서서 짐승이 있는 위치를 가리키다

point-blank [pɔ́intblǽŋk] *a.* 직사(直射)의; 정면으로의: a ~ shot 직사 / a ~ refusal 통명스런 거절

—*ad.* 직사로; 정면으로, 드러내놓고, 딱 잘라

⁑**point·ed** [pɔ́intid] *a.* **1** 뾰족한, 날카로운: a ~ beak 날카로운 부리 **2** 〈말씨가〉 매서운; 신랄한; 빗대고 하는: a ~ remark 빗대는 말 **3** 강조한; 명백한, 노골적인 **~·ly** *ad.* **~·ness** *n.*

*__point·er__ [pɔ́intər] *n.* **1** 가리키는 사람[물건] **2** (시계·저울 등의) 바늘, 시침(示針); (칠판 등을 가리키는) 지시봉, 교편, 채찍 **3** 《구어》 충고, 조언(助言), 내보(內報) **4** 포인터 종의 사냥개 **5** [the P~s] 〖천문〗 지극성(指極星) 《큰곰자리의 알파(α), 베타(β)의 두별》 **6** 〖컴퓨터〗 포인터 《입력 위치를 나타내는 화살표 꼴의 심벌》

poin·til·lism [pwǽntəlìzm, pɔ́intəlìzm] *n.* Ⓤ [종종 **P~**] 〖미술〗 점묘법(點描法) 《프랑스 인상파의》 **-list** *n.* 점묘화가

póint·ing device [pɔ́intiŋ-] 〖컴퓨터〗 포인팅 디바이스 《마우스·라이트펜 등 위치 지시 장치》

point·less [pɔ́intlis] *a.* **1** 무딘 **2** 무의미한, 요령부득의 **3** 〖식물〗 까끄라기가 없는 **4** 〖경기〗 득점이 없는 **~·ly** *ad.* **~·ness** *n.*

point-of-sale [-əvséil] *a.* 매장[점두]의; 판매 시점의; POS의 《판매 시점에서 컴퓨터로 판매 활동을 관리하는 시스템》

póint of víew **1** 관점, 입장 **2** 의견; 태도; 판단

points·man [pɔ́intsmən] *n.* (*pl.* **-men** [-mən]) 《영》 (철도의) 전철수(轉轍手); (서서 교통 정리를 하는) 교통 순경

póint sỳstem **1** 〖인쇄〗 포인트식(式) **2** (맹인용의) 점자 방식 **3** 〖교육〗 성적의 숫자 표시제 《5점법 등》 **4** (운전 위반의) 점수제

point-to-point [-təpɔ́int] *a.* 전야(田野) 횡단의, 크로스컨트리 경마의

*__poise__ [pɔiz] [OF 「무게를 재다」의 뜻에서] *vt.* **1** 균형 잡히게 하다, 평형되게 하다 《*on*》: ~ a basket *on* one's head 바구니를 머리에 이다 **2** (몸의 일부로) 〈어떤 자세를〉 취하다, 유지하다 **3** …을 공중에 띄우다

~ one***self*** (1) 평형을 유지하다 《*on*》 (2) (가볍게) 앉다 《*in, on*》; 자세[태세]를 취하다 (3) 준비하다 《*for*》

—*vi.* **1** 균형 잡히다 **2** 〈새 등이〉 공중을 맴돌다

—*n.* ⓊⒸ **1** 균형, 평형(平衡) **2** 미결 상태 **3** 평정(平靜); 안정(安定) **4** 〈새 등이〉 공중을 맴돎 **5** 몸가짐 **6** (저울)추, 분동(分銅)

⁑**poi·son** [pɔ́izn] [OF 「마실 것」의 뜻에서] *n.* ⓊⒸ **1** 독(약), 독물: take ~ 음독하다 **2** 《구어》 해독, 폐해; 해로운 주의[설(說), 영향] 《*to*》 **3** [one's ~] 《구어》 마실 것, 《특히》 술 **4** Ⓤ (원자로의) 유독[유해] 물질

hate ... like ~ …을 지독하게 미워하다

What's your ~? 《구어》 무슨 술을 마시려나?

—*vt.* **1** 독을 넣다[바르다]; 독살하다 **2** 편견을 품게 하다 《*against*》; 타락시키다; 못쓰게 만들다 **3** 〖생화학〗 〈촉매·산소의〉 힘을 없애다[줄이다]

~ a person***'s mind against*** …에게 편견을 품게 하다

poi·son·er [pɔ́izənər] *n.* 해독자[물], 독살자

póison gás 〖군사〗 독가스

poi·son·ing [pɔ́izəniŋ] *n.* Ⓤ 중독: lead ~ 납중독 / gas ~ 가스 중독

póison ívy 〖식물〗 덩굴옻나무

*__poi·son·ous__ [pɔ́izənəs] *a.* 유독[유해]한, 악취를 뿜는; 악의 있는, 독살스러운; 《구어》 불쾌하기 짝이 없는

poi·son-pen [pɔ́izənpén] *a.* Ⓐ 〈편지 등을〉 (보통 익명으로) 악의를 품고 쓴

*__poke__[1] [pouk] [MDu. (주머니칼로) 「찌르다」의 뜻에서] *vt.* **1** (손가락·막대기 등으로) 찌르다, 쑤시다 《*in*》: ~ a person *in* the ribs …의 옆구리를 찌르다 《몸의 부분을 나타내는 명사에는 the가 붙음》 **2** (찌르거나 하여) 〈구멍을〉 내다 《*in, through*》 **3** 들이대다, 내밀다; 쑤셔넣다; 〈농담 등을〉 슬쩍 던지다: ~ one's head out of a window 창 밖으로 머리를 내밀다 / ~ fun at a person[a thing] …을 놀리다 **4** 〈묻힌 불 등을〉 쑤셔 돋우다: He ~*d* the fire up. 그는 불을 들쑤셔 돋우었다. **5** 《구어》 주먹으로 치다 《*in*》 **6** 《속어》 〈여자와〉 성교하다

—*vi.* **1** 찌르다, 쑤시다 《*at*》; 〈묻은 불을〉 쑤셔 일으키다 《*at*》 **2** 돌출하다, 내밀다 《*out, up, down, through*》 **3** 들추다, 조사하다 《*into*》: ~ *into* another's private affairs 남의 사적인 일을 꼬치꼬치 캐다 **4** 《구어》 주먹으로 치다 《*at*》 **5** 〖크리켓〗 찬찬히 신중하게 경기하다

~ about[《미》 ***around***] 《구어》 (1) 뒤지다, 찾아 헤매다; 꼬치꼬치 캐다 《*for*》 (2) 어슬렁거리다, 느릿느릿 가다[일하다]

—*n.* 찌름, 쑤심 《*in*》; 팔꿈치로 쿡 찌름

poke[2] *n.* 《고어》 포켓, 작은 주머니

buy a pig in a ~ = PIG

*__pok·er__[1] [póukər] *n.* **1** 찌르는 사람[물건]; 부지깽이 **2** 낙화(烙畵) 용구

poker[2] *n.* Ⓤ 《미》 포커 《카드 놀이의 한 가지》

póker fàce [포커를 하는 사람이 속셈이 드러나지 않게 하는 표정에서] ((구어)) 무표정한 얼굴(을 한 사람)
po·ker-faced [póukərfèist] *a.* 무표정한
póker wòrk 흰 나무에 그리는 낙화(烙畵)
pok·y¹, pok·ey¹ [póuki] *a.* (**pok·i·er**; **-i·est**) ((구어)) **1** 굼뜬(dull), 느린 **2** 비좁은, 아주 작은(petty) **3** 초라한; 시시한
pók·i·ly *ad.*
pok·ey², pok·y² [póuki] *n.* (*pl.* **pok-eys, pok·ies**) ((미·속어)) 감옥(jail)
pol [pɑl | pɔl] *n.* ((미·구어)) 정치가
pol. political; politics
Pol. Poland; Polish
Po·lack [póulɑ:k | -læk] *n.* ((속어·경멸)) 폴란드계 사람
***Po·land** [póulənd] *n.* 폴란드 (공화국) ((수도 Warsaw))
‡**po·lar** [póulər] *a.* Ⓐ **1** 남[북]극의, 극지의; 극지에 가까운 **2** ((문어)) 정반대의
pólar bèar 북극곰, 흰곰
pólar círcle [the ~] (남·북의) 극권(極圈)
Po·lar·is [pouléəris, -lǽr- | -lɑ́:r-] *n.* 〚천문〛 북극성; 〚미해군〛 폴라리스 ((중거리 탄도탄; 잠항중(潛航中)의 잠수함에서 발사 가능))
po·lar·i·scope [poulǽrəskòup] *n.* 〚광학〛 편광기(偏光器)
po·lar·i·ty [poulǽrəti] *n.* Ⓤ **1** 양극(兩極)이 있음; 전기의 극성 **2** (음·양) 극성; 자성(磁性) 인력: magnetic ~ 자극성(磁極性) **3** 정반대
po·lar·i·za·tion [pòulərizéiʃən | -rai-] *n.* Ⓤ 극성(極性)을 가짐[가질 수 있음]; 〚전기〛 성극(成極) (작용); 〚광학〛 편의(偏倚), 편광(偏光); 분극화, 대립
po·lar·ize [póulərὰiz] *vt.* **1** 극성을 갖게 하다, 편광시키다: ~*d* light 편광 **2** 특수한 의미를 가지게 하다 **3** 분극화시키다, 분열시키다 ((*into*)) — *vi.* 극성을 얻다; 분극화하다, 분열하다
pólar líghts [the ~] 극광, 오로라
Po·lar·oid [póulərɔ̀id] *n.* **1** 폴라로이드, 인조 편광판(人造偏光板) ((상표명)) **2** 폴라로이드 카메라(= ~ **càmera**) **3** [*pl.*] 폴라로이드 안경
Pólar Régions [the ~] 극지방
pólar stár [the ~] 북극성
‡**pole¹** [poul] [동음어 poll] [L 「말뚝」의 뜻에서] *n.* **1** 막대기, 장대, 기둥 **2** 마스트; (전차의) 폴 **3** (이발소의) 간판대; (수레의) 채 **4** 폴 ((길이의 단위 5.03 미터; 면적의 단위 25.3 평방미터))
up the ~ ((영·구어)) 정신이 좀 돌아; 진퇴양난에 빠져
— *vt.* **1** 막대기로 받치다; 막대기로 밀다 ((*off*)), 〈배를〉 삿대질하여 가게 하다 **2** 막대기[기둥]를 비치하다, 막대기[장대]로 메다; 장대로 뛰다 — *vi.* 막대기[장대]를 쓰다; 삿대질하여 나아가다
‡**pole²** [동음어 poll] [Gk 「축(軸)」의 뜻에서] *n.* **1** 〚천문·지질·생물〛 극(極); 극지; 북극성 **2** 전극; 자극(磁極); (전지 등의) 극판(極板), 극선(線): the positive[negative] ~ 양[음]극 **3** 극단(極端), 정반대; 대립하는 사상[세력]
be ~s asunder [***apart***] 정반대이다 ***the North P~*** 북극 ***the South P~*** 남극
Pole [poul] *n.* 폴란드 사람: the ~*s* 폴란드 국민
pole·ax [póulæ̀ks] *n.* (*pl.* **~·es**) 〚역사〛 전부(戰斧) ((중세시대 보병의 무기)); (도살용의) 자루 도끼 — *vt.* 〈동물을〉 도끼로 찍어 넘어뜨리다
pole·cat [-kæ̀t] *n.* (*pl.* **~s**, ~) ((영)) 긴털족제비 ((냄새가 고약함)); ((미)) = SKUNK
póle jùmp[**jùmping**] = POLE VAULT
po·lem·ic [pəlémik] [Gk 「전쟁의」의 뜻에서] *a.* 논쟁의, 논쟁을 좋아하는
— *n.* 논쟁; 논객
po·lem·ics [pəlémiks] *n. pl.* [단수 취급] **1** 논쟁(술) **2** (신학상의) 논증법(論證法)
pole·star [póulstὰ:r] *n.* [the ~] 〚천문〛 북극성; 지도자, 지도 원리; 목표, 주목의 대상
póle vàult 장대높이뛰기
pole-vault [-vɔ̀:lt] *vi.* 장대높이뛰기를 하다 **~·er** *n.*
‡**po·lice** [pəlí:s] *n.* Ⓤ **1** [보통 the ~] 경찰; [집합적] 경찰관, 경관(대): a ~ box[stand] 파출소 **2** 치안[보안](대): the military ~ ((미)) 헌병대 **3** 〚미군〛 (건조물·장비 등의) 청소, 청결 유지, 정돈
harbor [***marine***] **~** 수상 경찰 ***have the ~ after*** 경관에게 뒤를 밟히다 ***the metropolitan ~ department*** 수도 경찰국
— *vt.* **1** …에 경찰을 두다; …의 치안을 유지하다, 경비하다 **2** 단속하다 **3** 〚미군〛 〈막사 등을〉 청소하다
políce càr (경찰) 순찰차
políce cònstable ((영)) 경찰
políce còurt (경범죄의) 즉결 재판소
políce dòg 경찰견(犬)
políce fòrce 경찰력[대]
‡**po·lice·man** [pəlí:smən] *n.* (*pl.* **-men** [-mən]) 경찰관, 경관, 순경: a traffic ~ 교통 경찰
políce òfficer 경관; ((미)) 순경 ((최하위 계급))
políce repòrter 경찰 출입 기자
políce stàte 경찰 국가
***políce stàtion** (지방·지구) 경찰서
po·lice·wom·an [-wùmən] *n.* (*pl.* **-wom·en** [-wìmin]) 여자 경관
‡**pol·i·cy¹** [pɑ́ləsi | pɔ́l-] [police와 같은 어원] *n.* (*pl.* **-cies**) ⓊⒸ **1** 정책, 방침: a foreign ~ 외교 정책 **2** 수법, 수단, 방법: Honesty is the best ~. ((속담)) 정직은 최선의 방책이다. **3** Ⓤ 현명, 심려(深慮); 지모(知謀) **4** ((스코)) (시골 대저택 주변의) 정원
***pol·i·cy²** [pɑ́ləsi | pɔ́l-] [Gk 「내보이다」의 뜻에서] *n.* (*pl.* **-cies**) 보험 증권
endowment ~ 양로(養老) 보험 증권
take out a ~ on one***'s life*** 생명 보험에 들다

pol·i·cy·hold·er [pάləsihòuldər | pɔ́l-] *n.* 보험 계약자

***po·li·o** [póuliòu] [*polio*myelitis] *n.* Ⓤ 《구어》 **소아마비**; Ⓒ 소아마비 환자

pol·i·o·my·e·li·tis [pòulioumàiəláitis] *n.* Ⓤ 〖병리〗 급성 회백수염(灰白髓炎), (척수성) 소아마비

pólio vaccìne 《구어》 소아마비 백신

pol·is [póulis | pɔ́l-] *n.* (*pl.* **po·leis** [-lais]) 폴리스《고대 그리스의 도시 국가》

‡**pol·ish** [pάliʃ | pɔ́l-] [L 「매끄럽게 하다」의 뜻에서] *vt.* **1 닦다,** 갈다, 윤내다 《*up*》: ~ one's shoes 구두를 닦다 **2** 끝마무리하다, 품위있게 만들다; 세련되게 하다, 퇴고(推敲)하다: ~ a set of verses 시를 퇴고하다 **3** 갈아[문질러] 다른 상태로 하다: a stone ~*ed into* roundness 둥글게 간 돌 **—** *vi.* 윤이 나다; 품위있게 되다: This wood ~*es well.* 이 나무는 윤이 잘 난다.

~ *off* (1) 《구어》 〈일·원고 등을〉 재빨리 끝내다[마무르다] (2) 《구어》 〈경쟁자·적을〉 무찌르다, 해치우다 (3) 《속어》 죽이다

~ *up* 끝마무리하다, 연마하다; 윤내다

— *n.* **1** ⓊⒸ **광택,** 윤 **2** Ⓤ 광택제(劑), 니스, 칠: shoe[boot] ~ 구두약 **3** ⓊⒸ 수양; 품위있음, 우아, 우미(優美)

***Po·lish** [póuliʃ] *a.* **폴란드의**; 폴란드 사람[말]의 **—** *n.* Ⓤ 폴란드말 《略 Pol.》

pol·ished [pάliʃt | pɔ́l-] *a.* **1** 닦은, 연마한, 광택 있는 **2** 품위있는, 세련된, 우아한, 점잖은: a ~ manner 세련된 몸가짐 **3** 완성된(finished): a ~ product 완성품

pol·ish·er [pάliʃər | pɔ́l-] *n.* 닦는 사람; [종종 복합어를 이루어] 닦는[윤내는] 기구[천]

Po·lit·bu·ro, -bu·reau [pάlitbjùərou | pɔ́lit-] [Russ. =political bureau] *n.* [종종 the ~] (구소련) 공산당 정치국; [p~] 권력 집단

‡**po·lite** [pəláit] [L 「닦다」의 뜻에서] *a.* (**-lit·er; -est**) **1 공손한,** 예의 바른: a ~ remark 공손한 말 **2** 〈문장 등이〉 세련된, 우아한, 고상한 **3** 품위있는, 교양있는; 상류의(opp. *vulgar*): ~ society 상류 사회

do the* ~** 《구어》 (애써) 품위있게 행동하다 ***say something **~ *about*** …을 인사치레로 칭찬하다

‡**po·lite·ly** [pəláitli] *ad.* **공손히,** 예의 바르게, 점잖게; 고상하게

***po·lite·ness** [pəláitnis] *n.* Ⓤ **공손[정중]함**; 우아[고상]함

***pol·i·tic** [pάlətik | pɔ́l-] *a.* **1 분별[지각] 있는,** 현명한 **2** 교활한(artful) **3** 교묘한, 적절한 **4** 《드물게》 정치상의: the body ~ 국가

‡**po·lit·i·cal** [pəlítikəl] *a.* **1 정치의**; 정치학의: a ~ prisoner 정치범, 국사범 **2** 정치에 종사하는, 국정의; 정치 조직을 가진: ~ rights 정치적 권리, 국정 참여권 **3** 정당의; 정략(상)의: a ~ campaign 정치 운동 **4** 행정에 관한 [관여하는]: a ~ office[officer] 행정 관청[행정관] **5** 정치에 관심이 있는, 정치 활동을 하는, 정치적인: Students today are ~. 오늘날의 학생은 정치에 관심이 많다. **6** 개인[단체]의 지위에 관계되는, 정략적인

— *n.* 〖영국사〗 (인도) 주재관; 국사범

~·ly *ad.* 정치적으로, 정략상; 현명하게

polítical asýlum (정치 망명자에 대한) 망명국 정부의 보호

polítical ecónomy **1** 정치 경제학 **2** (19세기의) 경제학 《economics의 구칭》

polítical geógraphy 정치 지리(학)

polítical párty 정당

polítical scíence 정치학

polítical scíentist 정치학자

‡**pol·i·ti·cian** [pὰlətíʃən | pɔ̀l-] *n.* **1 정치가,** 정객 **2** 《경멸》 직업 정치가

po·lit·i·cize [pəlítəsàiz] *vt.* **1** 정치[정당]화하다, 정치적으로 다루다 **2** 정치에 관심을 갖게 하다

pol·i·tick·ing [pάlətìkiŋ | pɔ́l-] *n.* 정치 활동, 선거 운동

po·lit·i·co [pəlítikòu] [Sp.] *n.* (*pl.* **~s**) 《경멸》 직업 정치가, 정치쟁이

‡**pol·i·tics** [pάlətìks | pɔ́l-] *n. pl.* **1** [단수 취급] (학문·기술로서의) **정치,** 정치학 **2** [단수·복수 취급] (실제적·직업적) 정치; 정책, 정략 **3** [복수 취급] 정강, 정견 **4** [단수 취급] 경영

pol·i·ty [pάləti | pɔ́l-] *n.* (*pl.* **-ties**) **1** 정치 형태[조직] **2** 정치적 조직체, 국가 조직, 국가(state) **3** Ⓤ [보통 the ~; 집합적] (한 국가 안의) 시민, 국민

***civil* [*ecclesiastical*] ~** 국가[교회] 행정 조직

pol·ka [póulkə | pɔ́l-] *n.* 폴카 《2인조의 무도》; 폴카곡 **—** *vi.* 폴카를 추다

pól·ka dòt [póu*l*kə- | pɔ́l-] 물방울 무늬 **pól·ka-dòt(·ted)** *a.*

‡**poll** [poul] [동음어 pole] *n.* **1** (선거 등의) **투표**: head the ~ 선거에서 선두를 달리다 **2** [the ~s] 《미》 투표소 **3** 투표 결과, 투표수: a heavy[light] ~ 높은[낮은] 투표율 **4 여론 조사** **5** 선거인 명부 **6** 인두세(=~ tax) **7** (사람의) 머리 **8** 뿔 없는 소

***at the head of the* ~** 최고 득표로

go to the* ~*s 투표소에 가다; 선거에 (후보자로) 나서다

— *vt.* **1** 여론 조사를 하다 **2** 명부에 등록하다 **3** 〈몇 표의〉 표를 얻다; 〈선거구의〉 투표를 집계[기록]하다; 투표하다 **4** 〈초목의〉 가지 끝을 따다[자르다]; 〈가축의〉 뿔을 잘라내다; 〈머리를〉 짧게 깎다 **5** 〖법〗 〈증서 등의〉 절취선을 일직선으로 자르다 **6** 〖컴퓨터〗 폴링하다 《신호·스위치 장치로 단말기에 송신하도록 작용》

— *vi.* **투표하다** 《*for*》

Poll [pal | pɔl] *n.* **1** 여자 이름 《Mary의 애칭》 **2** [p~] 《구어》 매춘부

pol·lard [pάlərd | pɔ́l-] *n.* **1** 가지를 바짝 자른[순을 딴] 나무 **2** 뿔을 잘라 낸 사슴; 뿔 없는 소[염소 《등》] **3** 가루가 섞인 밀기울

— *vt.* …의 가지를 짧게 치다

***pol·len** [pάlən | pɔ́l-] *n.* Ⓤ 〖식물〗 **꽃가루,** 화분

póllen còunt (일정한 장소의 공기 속에 들어 있는) 꽃가루의 수

pol·len·o·sis [pɑ̀lənóusis | pɔ̀l-] *n.* 〖병리〗 = POLLINOSIS
pol·li·nate [pɑ́lənèit | pɔ́l-] *vt.* 〖식물〗 〈꽃에〉 수분[가루받이]시키다
pol·li·na·tion [pɑ̀lənéiʃən | pɔ̀l-] *n.* Ⓤ 〖식물〗 수분 (작용)
poll·ing [póuliŋ] *n.* Ⓤ 투표(voting); 〖컴퓨터〗 폴링 《특정 단말을 지정하고 그 국(局)이 송신하도록 권유하는 과정》
pólling bòoth (투표장의) 기표소
pólling dày 투표일
pólling plàce 《미》 투표장[소]
pólling stàtion 《영》 투표소
pol·li·no·sis [pɑ̀lənóusis | pɔ̀l-] [pollen (꽃가루)의 뜻에서] *n.* Ⓤ 〖의학〗 화분증(花粉症), 꽃가루 과민증
pol·li·wog [pɑ́liwɑ̀g | pɔ́liwɔ̀g] *n.* 《미·영·방언》 올챙이(tadpole)
poll·ster [póulstər] *n.* 《구어》 여론 조사원
póll tàx 인두세(人頭稅)
pol·lu·tant [pəlú:tnt] *n.* 오염 물질
***pol·lute** [pəlú:t] [L 「더럽히다」의 뜻에서] *vt.* **1 더럽히다**, 오염시키다: ~ the air *with* exhaust fumes 배기 가스로 대기를 오염시키다 **2** 타락시키다: ~ the mind 정신을 타락시키다 **3** …의 신성(神聖)[명예]을 더럽히다, 모독하다: ~ a person's honor …의 명예를 더럽히다
⁑**pol·lu·tion** [pəlú:ʃən] *n.* ⓊⒸ **1 오염**, 더럽힘; 공해, 더러움, 불결: environmental ~ 환경 오염 **2** (정신적) 타락
Pol·ly [pɑ́li | pɔ́li] *n.* **1** 여자 이름 《Molly의 변형》 **2** 앵무새(에 붙이는 이름)
Pol·ly·an·na [pɑ̀liǽnə | pɔ̀l-] [미국 소설의 여주인공 이름에서] *n.* 《미·구어》 극단적인 낙천주의자
pol·ly·wog [pɑ́liwɑ̀g | pɔ́liwɔ̀g] *n.* = POLLIWOG
***po·lo** [póulou] [Tibetan 「공」의 뜻에서] *n.* Ⓤ **1 폴로** 《4명이 1조가 되어 말을 타고 하는 공치기》: a ~ pony 폴로 경기용의 조랑말 **2** 수구(水球)(= water ~)
Po·lo [póulou] *n.* 폴로 **Marco ~** (1254?-1324) 《이탈리아의 여행가》
pol·o·naise [pɑ̀lənéiz, pòul- | pɔ̀l-] [F 「폴란드의 (춤)」의 뜻에서] *n.* 〖음악〗 폴로네즈 《완만한 무도곡》
pólo nèck 《영》 = TURTLENECK
po·lo·ni·um [pəlóuniəm] *n.* Ⓤ 〖화학〗 폴로늄 《방사성 원소; 기호 Po, 번호 84》
po·lo·ny [pəlóuni] *n.* 《영》 돼지고기의 훈제 소시지
pólo shìrt 폴로 셔츠 《스포츠 셔츠》
pol·ter·geist [póultərgàist | pɔ́l-] [G 「소리를 내는 유령」의 뜻에서] *n.* 소리의 요정 《집안의 원인 불명의 소리나 사건을 일으키는 것으로 여겨짐》
pol·troon [pɑltrú:n | pɔl-] *n.* 겁쟁이, 비겁한 사람
pol·y[1] [pɑ́li | pɔ́li] *n.* 《구어》 폴리에스테르 섬유
poly[2] *n.* (*pl.* **~s**) 《영·구어》 공업 학교(polytechnic)
poly- [pɑ́li | pɔ́li] 《연결형》 「많은」의 뜻
pol·y·an·drous [pɑ̀liǽndrəs | pɔ̀l-] *a.* **1** 일처다부(一妻多夫)의 **2** 〖식물〗 수술이 많은
pol·y·an·dry [pɑ́liæ̀ndri | pɔ́l-] [Gk 「많은 남자를 갖기」의 뜻에서] *n.* Ⓤ **1** 일처다부(一妻多夫) **2** 〖식물〗 다(多)수술
pol·y·an·thus [pɑ̀liǽnθəs | pɔ̀l-] *n.* (*pl.* **~·es, -thi** [-θai]) 〖식물〗 **1** 폴리앤서스 《앵초의 일종》 **2** 수선
pol·y·ar·chy [pɑ́liɑ̀:rki | pɔ́l-] *n.* Ⓤ 다두(多頭)정치(opp. *oligarchy*)
pol·y·chrome [pɑ́likròum | pɔ́l-] *n.*, *a.* 여러 가지 색채(의), 다색도 인쇄(의) — *vt.* 다색채 장식을 하다
pol·y·clin·ic [pɑ̀liklínik | pɔ̀l-] *n.* 종합 병원[진료소]
pol·y·es·ter [pɑ́lièstər | pɔ̀liés-] *n.* 〖화학〗 폴리에스테르 《고분자 화합물》; 폴리에스테르 섬유[수지]
pol·y·eth·yl·ene [pɑ̀liéθəlì:n | pɔ̀l-] *n.* Ⓤ 《미》 폴리에틸렌(《영》 polythene) 《플라스틱의 일종》
po·lyg·a·mist [pəlígəmist] *n.* 일부다처자
po·lyg·a·mous [pəlígəməs] *a.* **1** 일부다처의 **2** 〖식물〗 자웅 혼주의
po·lyg·a·my [pəlígəmi] *n.* Ⓤ **1** 일부다처 **2** 〖식물〗 자웅 혼주(混株)
pol·y·glot [pɑ́liglɑ̀t | pɔ́liglɔ̀t] *a.* 여러 나라 말로 쓴[을 하는] — *n.* **1** 여러 나라 말을 아는 사람 **2** 수 개 국어 대역서(對譯書), 여러 나라 말로 쓴 서적 《특히 성서》
pol·y·gon [pɑ́ligɑ̀n | pɔ́ligən] *n.* 〖기하〗 다각형: a regular ~ 정다각형
po·lyg·o·nal [pəlígənl | pɔl-] *a.*
pol·y·graph [pɑ́ligræ̀f | pɔ́ligrɑ̀:f] *n.* 복사기; 거짓말 탐지기
po·lyg·y·ny [pəlídʒəni] *n.* Ⓤ **1** 일부다처 **2** 〖식물〗 다(多)암술
pol·y·he·dron [pɑ̀lihí:drən | pɔ̀lihéd-] *n.* (*pl.* **~s, -dra** [-drə]) 〖기하〗 다면체[형]; 〖곤충〗 다각체(多角體)
Pol·y·hym·ni·a [pɑ̀lihímniə | pɔ̀l-] *n.* 〖그리스신화〗 폴리힘니아 《찬가(讚歌)를 맡은 the Muses의 한 사람》
pol·y·math [pɑ́limæ̀θ | pɔ́l-] [Gk 「많이 알고 있는」의 뜻에서] *n.*, *a.* 박식가(의)
pol·y·mer [pɑ́limər | pɔ́l-] *n.* 〖화학〗 중합체(重合體), 이량체(異量體)
pol·y·morph [pɑ́limɔ̀:rf | pɔ́l-] *n.* **1** 〖생물〗 다형(多形), 다형체 **2** 〖결정〗 다형체, 동질 이상(同質異像)
pol·y·mor·phic [pɑ̀limɔ́:rfik | pɔ̀l-] *a.* = POLYMORPHOUS
pol·y·mor·phous [pɑ̀limɔ́:rfəs | pɔ̀l-] *a.* 여러 가지 모양이 있는, 다형의
Pol·y·ne·sia [pɑ̀lənί:ʒə, -ʃə | pɔ̀linί:ziə] [Gk 「많은 섬」의 뜻에서] *n.* 폴리네시아 《태평양의 중남부에 널리 산재하는 작은 섬들의 총칭》
Pol·y·ne·sian [pɑ̀lənί:ʒən, -ʃən | pɔ̀linί:ziən] *a.* 폴리네시아(사람)의 — *n.* **1** 폴리네시아 사람 **2** Ⓤ 폴리네시아어파[어군]
pol·y·no·mi·al [pɑ̀linóumiəl | pɔ̀l-] *a.* 〖수학〗 다항(식)의: a ~ expression 다항식 — *n.* 〖수학〗 다항식

pol·yp [pálip | pɔ́l-] *n.* **1** 〖동물〗 폴립 《히드라충류》 **2** 〖의학〗 점막 비후(肥厚)로 인한 돌기, 용종(茸腫)

Pol·y·phe·mus [pàləfíːməs | pɔ̀l-] *n.* 〖그리스신화〗 폴리페모스 《식인종 Cyclops의 우두머리》

pol·y·phon·ic [pàlifánik | pɔ̀lifɔ́n-], **po·lyph·o·nous** [pəlífənəs] *a.* **1** 다음(多音)의; 운율의 변화가 있는 **2** 〖음악〗 대위법상의

po·lyph·o·ny [pəlífəni] *n.* Ⓤ 다음(多音); 〖음악〗 다성부 음악(cf. HOMOPHONY); 대위법

pol·y·pro·pyl·ene [pàlipróupəlìːn | pɔ̀l-] *n.* Ⓤ 폴리프로필렌 《합성수지[섬유]의 원료》

pol·y·pus [pálipəs | pɔ́l-] *n.* (*pl.* **-pi** [-pài], **~·es**) 〖병리〗 폴립, 용종(茸腫)

pol·y·sty·rene [pàlistáiəriːn | pɔ̀l-] *n.* Ⓤ 〖화학〗 폴리스티렌 《무색 투명한 합성 수지》

pol·y·syl·lab·ic, -i·cal [pàlisilǽbik(əl) | pɔ̀l-] *a.* 다음절(多音節)의
-i·cal·ly *ad.*

pol·y·syl·la·ble [pálisìləbl | pɔ́l-] *n.* 다음절어(語) 《3음절 이상》

pol·y·syn·thet·ic, -i·cal [pàlisinθétik(əl) | pɔ̀l-] *a.* 여러 개의 낱말을 하나로 복합한; 〖언어〗 다종합적인

pol·y·tech·nic [pàlitéknik | pɔ̀l-] *a.* 여러 가지 공예의, 과학 기술의
— *n.* 공예 학교, 과학 기술 전문 학교; 《영》 폴리테크닉 《대학 수준의 종합 기술 전문 학교》

pol·y·the·ism [páliθiːìzm | pɔ́l-] *n.* Ⓤ 다신론; 다신교
-ist *n.* 다신론자, 다신교도

pol·y·the·is·tic [pàliθiːístik | pɔ̀l-] *a.* 다신교의; 다신교를 믿는

pol·y·thene [páləθìːn | pɔ́l-] *n.* 〖화학〗 《영》 = POLYETHYLENE

pol·y·u·re·thane [pàlijúərəθèin | pɔ̀lijúər-] *n.* Ⓤ 〖화학〗 폴리우레탄 《합성 섬유·합성 고무 등의 원료》

pol·y·ví·nyl chlóride [pαliváinl- | pɔl-] 〖화학〗 폴리 염화(鹽化) 비닐(略 PVC)

pom [pαm | pɔm] *n.* 《구어》 포메라니아종의 작은 개

pom·ace [pʌ́mis] *n.* Ⓤ **1** (사과의) 짜고 난 찌꺼기 **2** (생선 기름·피마자 기름의) 찌꺼기 《비료》

*__po·made__ [pαméid, -mάːd | pə-] [L 「사과」의 뜻에서; 원래 사과로 향기를 낸 데서] *n.* Ⓤ **포마드**, 머릿기름
— *vt.* 포마드를 바르다

po·man·der [póumændər | ⌐⌐] *n.* 〖역사〗 (방충·방역용의) 향정(香錠); (옷장에 넣는) 향료알[갑]

pome [poum] *n.* 〖식물〗 이과(梨果) 《사과·배·마르멜로 등》

pome·gran·ate [pάməgrænit | pɔ̀m-] [OF 「씨가 있는 사과」의 뜻에서] *n.* **1** 석류(나무) **2** 〖성서〗 석류 무늬 (장식)

Pom·er·a·ni·a [pàməréiniə | pɔ̀m-] *n.* 포메라니아 《발트해 연안의 옛 독일의 주(州)》

Pom·er·a·ni·an [pàməréiniən | pɔ̀m-] *a.* 포메라니아(사람)의 — *n.* **1** 포메라니아 사람 **2** 포메라니아종(種)의 작은 개

pom·mel [pʌ́məl] *n.* **1** 안장 앞머리 **2** 칼자루 끝(knob) — *vt.* (**~ed**; **~·ing** | **~led**; **~·ling**) 주먹으로 연달아 때리다

pómmel hòrse 〖체조〗 안마(鞍馬)

pom·my, -mie [pάmi | pɔ́mi] *n.* (*pl.* **-mies**) 《속어》 (오스트레일리아 또는 뉴질랜드로의) 새 영국인 이민자

Po·mo·na [pəmóunə] *n.* 〖로마신화〗 포모나 《과실(나무)의 여신》

****pomp** [pαmp | pɔmp] [Gk 「엄숙한 행렬」의 뜻에서] *n.* **1** Ⓤ **화려**, **장관** **2** Ⓤ 겉치레; [보통 *pl.*] 허식적인 것[행동]

pom·pa·dour [pάmpədɔ̀ːr | pɔ́mpədùə] [프랑스 국왕 Louis 15세의 애인 이름에서] *n.* 퐁파두르 《여자의 이마 위에 높이 빗어올린 머리; 남자의 올백》

Pom·pe·ian [pαmpéiən | pɔmpíːən] *a.* **1** Pompeii의 **2** 〖미술〗 폼페이식의
— *n.* 폼페이 사람

Pom·pe·ii [pαmpéi | pɔmpéiiː] *n.* 폼페이 《Vesuvius 화산의 분화로 서기 79년 매몰된 이탈리아의 고대 도시》

pom-pom [pάmpàm | pɔ́mpɔ̀m] [의성어] *n.* 자동 기관총; 대공(對空) 속사포

pom·pon [pάmpαn | pɔ́mpɔn] *n.* **1** (모자·구두 등의) 방울술[리본] **2** 〖식물〗 퐁퐁달리아

pom·pos·i·ty [pαmpάsəti | pɔmpɔ́s-] *n.* (*pl.* **-ties**) **1** Ⓤ 화려; 점잔뺌, 거드름 피움 **2** 거만한[과장된] 언행; 흰언장담

***pomp·ous** [pάmpəs | pɔ́mp-] *a.* **1 점잔 빼는** **2** 〈말·문체 등이〉 젠체하는 **3** 으리으리한 **~·ly** *ad.* **~·ness** *n.*

ponce [pαns | pɔns] 《영·속어》 *n.* **1** 매춘부의 정부, 기둥서방 **2** 간들거리는 남자
— *vi.* 기둥서방 생활을 하다, 간들거리며 다니다

pon·cho [pάntʃou | pɔ́n-] *n.* (*pl.* **~s**) 판초 《남미 원주민의 일종의 외투》

*****pond** [pαnd | pɔnd] *n.* **1** (주로 인공적인) **못**, **연못** **2** [the ~] 《영·익살》 바다, 《특히》 대서양

***pon·der** [pάndər | pɔ́n-] [L 「달다」의 뜻에서] *vt., vi.* **숙고하다** 《*on, over, upon*》

pon·der·a·ble [pάndərəbl | pɔ́n-] *a.* **1** 무게를 달 수 있는, 무게 있는 **2** 일고(一考)의 가치 있는

***pon·der·ous** [pάndərəs | pɔ́n-] [L 「무게」의 뜻에서] *a.* **1 대단히 무거운** **2** 육중한 **3** 다루기 힘드는 **4** 〈이야기·문체 등이〉 지루하고 답답한, 장황한
~·ly *ad.* **~·ness** *n.*

pond-life [pάndlàif | pɔ́nd-] *n.* 못에 사는 생물 《작은 동물》

pónd lìly 〖식물〗 수련(水蓮)(water lily)

pone [poun] *n.* ⓊⒸ 《미》 옥수수빵 (의 한 덩어리)

pong [pαŋ | pɔŋ] *n., vi.* 《영·속어》 악취(나다)

pon·gee [pαndʒíː | pɔn-] [중국어에서] *n.* Ⓤ 산동주(山東紬) 《산누에의 실로 짠 엷은 명주》

pon·gy [pάŋi | pɔ́ŋi] *a.* 악취 나는
pon·iard [pάnjərd | pɔ́n-] *n.* 단검(短劍) 《단면이 3각 또는 4각으로 된》
pon·tiff [pάntif | pɔ́n-] *n.* [the P~] 〖가톨릭〗 (로마) 교황(Pope): *the* Supreme[Sovereign] *P~* 로마 교황
pon·tif·i·cal [pantífikəl | pɔn-] *a.* **1** 교황의 **2** 오만한, 아주 독단적인
— *n.* **1** 주교용 전례서(典禮書) **2** 〖가톨릭〗 [*pl.*] (주교의) 제의(祭衣)
in full ~s 주교의 정장(正裝)으로
~·ly *ad.* 주교답게; 주교의 교권을 가지고
pon·tif·i·cate [pantífikət | pɔn-] *n.* Ⓤ 교황의 직[지위, 임기]
— [-fəkèit] *vi.* **1** 주교로서 〈의식을〉 집행하다 **2** 점잔 빼며 말하다
pon·toon[1] [pantú:n | pɔn-] [L 「다리」의 뜻에서] *n.* **1** 평저선(平底船) **2** 〖군사〗 (가교용) 철주(鐵舟); 부교(浮橋)(=~ bridge) **3** 〖항공〗 (수상 비행기의) 플로트(float) **—** *vt., vi.* 부교를 가설하다; 부교로 강을 건너다
pontoon[2] *n.* Ⓤ 《영》 〖카드〗 21(《미》 twenty-one)
póntoon brídge 부교(浮橋)
****po·ny** [póuni] [L 「어린 동물」의 뜻에서] *n.* (*pl.* **-nies**) **1 조랑말** **2** 《미·학생 속어》 (특히 어학의) 자습서 **3** 모양이 작은 것; 작은 잔; 소형(小型) 기관차[자동차] **4** [보통 *pl.*] 《영·속어》 경주마 **5** 《영·속어》 25파운드 《주로 도박 용어》
— *vi., vt.* (**-nied**) 《미·속어》 돈을 지불하다 《*up*》
po·ny·tail [póunitèil] *n.* 포니테일 《뒤로 묶어 드리우는 머리》
po·ny-trek·king [-trèkiŋ] *n.* 《영》 조랑말 여행
pooch [pu:tʃ] *n.* 《미·속어》 개
poo·dle [pú:dl] *n.* 푸들 《작고 영리한 복슬개》; 아첨하는 사람
poof [pu:f, puf] *n.* (*pl.* **pooves** [pu:vz], **~s**) 《영·속어》 **1** 남성 동성애자 **2** 여자 같은 남자
pooh [pu:, phu:] [의성어] *int.* 흥, 체, 치 《초조·조롱·경멸을 나타내는 소리》
Pooh-Bah [pú:bὰ:] [희가극 *The Mikado* 중의 인물에서] *n.* **1** 직함만 많은 남자 **2** 고관, 거만한 사람
pooh-pooh [pú:pú:] *int.* =POOH
— *vt., vi.* 《구어》 조롱하다, 깔보다
****pool**[1] [pu:l] *n.* **1** (구멍 등에 자연히 생긴) **웅덩이** **2** (강의) 깊은 곳 **3** (수영) 풀 (=swimming ~) **4** Ⓤ 〖병리〗 울혈(鬱血)
***pool**[2] [pu:l] [F 「내기」의 뜻에서] *n.* **1 공동 출자**, 공동 관리; 기업 연합 **2** 공동 출자자, 풀제 참가자[조합] **3** 공동 이용의 시설[자재, 서비스, 노동력]: a motor[an auto] ~ 자동차 두는 곳 **4** 〖언론〗 합동 대표 취재, 풀 취재 **5** 《영》 내기 당구 **6** (노름의) 판돈; 판돈 그릇 **7** 〖펜싱〗 각 팀 리그전
— *vt.* 공동 출자[부담]하다: the *~ing* of capital 자본의 합동
pool·room [pú:lrù:m] *n.* 《미》 **1** 내기 당구장 **2** 공개 도박장
póol tàble (pocket이 6개 있는) 당구대

poop[1] [pu:p] *n.* 〖항해〗 선미루(船尾樓) (opp. *forecastle*)
poop[2] 《미·속어》 *vt.* [주로 *p.p.*] 지치게 하다 《*out*》 **—** *vi.* **1** 지치다 《*out*》 **2** 〈기계 등이〉 수명이 다하다
poop[3] *n.* 《미·속어》 정보, 내막
poop[4] [nincom*poop*] *n.* 《영·속어》 바보
pooped [pu:pt] *a.* 《미·속어》 녹초가 된
*****poor** [puər, pɔ:r] *a.* **1 가난한**(opp. *rich*): ~ people 가난한 사람들 **2 초라한**: ~ clothes 초라한 의복 **3 a** 메마른, 결핍된 《*in*》: ~ *in* natural resources 천연자원이 부족한 **b** 〈수량이〉 **부족한**: a ~ crop 흉작 **4** 〈질이〉 조잡한: a ~ wine 질이 나쁜 술 **5** 〈몸·기억 등이〉 약한; 〈건강·기력 등이〉 나쁜, 해친: in ~ health 건강을 해쳐서 **6** 〈방법이〉 **서투른** 《*at*》; 〈성적이〉 나쁜: He is ~ *at* English. 그는 영어가 서툴다. **7** Ⓐ **불쌍한**; 고인이 된, 망(亡) … (lamented): my ~ father 돌아가신 아버지, 선친 **8** [겸손·익살적으로] **하찮은**; 비열한: in my ~ opinion 소인의 하찮은 생각으로는
(***as***) ***~ as Job's turkey*** [***a church mouse, Job***] 가난하기 짝이 없는 ***P~ fellow*** [***thing***]***!*** 가엾어라!
— *n.* [the ~; 집합적; 복수 취급] 가난한 사람들, 빈민(opp. *the rich*): We must help *the* ~. 우리는 가난한 사람을 도와야 한다.
póor bòx (교회의) 자선 헌금함
poor·house [púərhàus] *n.* (*pl.* **-hous·es** [-hàuziz]) 〖역사〗 (옛날의) 구빈원(救貧院)
póor làw 빈민 구제법; [the ~] (16세기 말부터 1947년까지의 영국의) 구빈법
****poor·ly** [púərli] *ad.* **1 가난하게**; 부족하게: ~ paid 박봉의 **2 서툴게**; 불완전하게: a ~ built house 날림 집 **3** 초라하게; 비열하게
~ off (1) 살림이 넉넉하지 못한(opp. *well off*) (2) …이 부족한 《*for*》 ***think ~ of*** …을 좋지 않게 생각하다, 탐탁하게 여기지 않다
— *a.* Ⓟ 건강이 좋지 못한: feel ~ 기분이 나쁘다
poor-mouth [púərmàuð, -màuθ] *vi.* 《미·구어》 **1** 가난을 구실로 삼다 **2** 넋두리하다 **—** *vt.* 〈자기 능력을〉 비하하다; 〈…을〉 험담하다
poor·ness [púərnis] *n.* Ⓤ **1** 빈곤; 부족 《*of*》 **2** 졸렬 **3** 열등 **4** 병약, 허약
póor relátion (동류 가운데서) 뒤지는 사람[것]
poor-spir·it·ed [-spíritid] *a.* 심약한
póor whíte 《미·경멸》 (특히 남부에서) 가난뱅이 백인
***pop**[1] [pap | pɔp] [의성어] *v.* (**~ped**; **~·ping**) *vi.* **1 뻥 하고 소리나다**[터지다, 튀다]: The balloon ~*ped.* 풍선이 팡 터졌다. **2** 휙 들어오다[나가다], 갑자기 움직이다 《*in, out, up, off*》: He ~*ped around* the corner. 그는 후딱 모퉁이를 돌았다. **3** 《구어》 …을 팡하고 쏘다 《*at*》 **4** 〈눈알이〉 튀어나오다 《*out*》: He looked as if his eyes were going to ~ *out*

(in surprise). 그는 (놀라서) 눈알이 튀어 나올 것 같았다. **5** [보통 ~ open] 《구어》 펑 하고 열리다 **6** 〖야구〗 내야 플라이를 치다 《*up*》, 내야 플라이를 쳐서 아웃이 되다 《*out*》 **7** [특히 진행형으로] 《구어》 〈행사 등이〉 가슴 설렐 정도로 활기차다
— *vt.* **1 뻥 하고 소리내다[폭발시키다]**; 〈마개를〉 펑 하고 뽑다; 《미》 〈옥수수 등을〉 튈 때까지 볶다: ~ the cork 코르크 마개를 뻥 하고 뽑다 **2** …에 발포하다 **3** 급히 내려놓다[집어넣다] 《*in, out, down*》 **4** 갑자기 말을 꺼내다[신청하다] 《*at*》: ~ a question *at* a person 사람에게 갑자기 질문을 하다 **5** 《영·속어》 전당잡히다 **6** 《미·학생속어》 잡다(catch)
~ back 급히 돌아가다 ***~ in*** [***into***] 잠깐 방문하다; 갑자기 들어가다 ***~ off*** 《구어》 (1) 뻥 하고 발사하다 (2) 갑자기 나가다[사라지다] (3) 죽다, 급사하다 (4) 하고 싶은 말을 서슴없이 하다 ***~ out*** 갑자기 뛰어나가다[꺼지다]; 급사하다
— *n.* **1** 뻥[탁] 하는 소리 **2** Ⓤ 《구어》 거품이 이는 음료 《탄산수·샴페인 등》 **3** 발포; 《속어》 권총 **4** Ⓤ 《영·속어》 전당잡힘 **5** 〖야구〗 내야 플라이
— *ad.* 뻥 하고; 갑자기
— *int.* 뻥!, 펑!

pop² [*pop*ular] 《구어》 *n.* **1** 대중 음악회(=~ concert); 유행가[곡] **2** =POP ART — *a.* 통속[대중]적인, 대중 음악의: a ~ singer 유행가 가수

pop³ [*pop*pa] *n.* 《미·구어》 아빠; 아저씨

pop⁴ *n.* 《미·속어》 막대 달린 빙과

pop. popular(ly); population

póp árt 〖미술〗 대중 미술(pop)

póp còncert 팝 콘서트 《교향악단이 대중[세미클레식] 음악 프로그램으로 폭넓은 청중을 상대로 여는 연주회》

***pop·corn** [pápkɔ̀ːrn | pɔ́p-] *n.* Ⓤ 《미》 **팝콘**, 튀긴 옥수수(popped corn)

***pope** [poup] [Gk 「아버지」의 뜻에서] *n.* **1** [**P~**] **로마 교황** **2** 최고 권위자로 자처하는[간주되는] 사람

pop·er·y [póupəri] *n.* Ⓤ 《경멸》 천주교 (제도)

pope's-eye [póupsái] *n.* (소·양의) 넓적다리의 림프선(腺)

Pop·eye [pápai | pɔ́p-] *n.* 포파이 《미국 만화의 주인공인 선원》

pop·eyed [pápàid | pɔ́p-] *a.* 《미·구어》 **1** 퉁방울눈의 **2** 눈이 휘둥그래진 《놀라움 등으로》

póp fèstival 대중 음악을 주로 한 음악제

póp flý 〖야구〗 내야 플라이

pop·gun [-gʌ̀n] *n.* 장난감[코르크] 공기총

pop·in·jay [-indʒèi] *n.* (앵무새같이 수다스러운) 멋쟁이; 《고어》 앵무새

pop·ish [póupiʃ] *a.* 《경멸》 천주교의

***pop·lar** [páplər | pɔ́p-] *n.* **1** 〖식물〗 **포플러**; Ⓤ 포플러재(材) **2** 《미》 아메리카 목련(tulip tree)

pop·lin [páplin | pɔ́p-] *n.* Ⓤ 포플린 《옷감》

pop·o·ver [-òuvər] *n.* 《미》 살짝 구운 일종의 과자

pop·pa [pápə | pɔ́pə] *n.* 《미·구어》 = PAPA

pop·per [pápər | pɔ́pə] *n.* **1** 뻥뻥 소리를 내는 것[사람] **2** 《미》 옥수수 볶는 냄비 **3** 《영·속어》 전당잡히는 사람

pop·pet [pápit | pɔ́pit] *n.* 《영·구어》 얘, 아가 《부르는 말》; 마음에 드는 아이[동물], 귀염둥이

póp·ping crèase [pápiŋ- | pɔ́p-] 〖크리켓〗 타자선(打者線)

***pop·py** [pápi | pɔ́pi] *n.* (*pl.* **-pies**) 〖식물〗 **양귀비**; Ⓤ 양귀비의 진(津), 아편
opium ~ 아편의 원료가 되는 양귀비

pop·py·cock [pápikàk | pɔ́pikɔ̀k] *n.* Ⓤ 《구어》 허튼소리

Póppy Dày **1** 《영》 휴전 기념일 **2** 《미》 = MEMORIAL DAY

póppy réd 황적색(黃赤色)

pops [pɑps | pɔps] *n.* **1** 아저씨 **2** 아빠 **3** 《미·속어》 유행가; [종종 **P~**] 팝스 오케스트라 《팝·음악 전문의 관현악단》

póps cònc ert = POP CONCERT

pop·shop [pápʃàp | pɔ́pʃɔ̀p] *n.* 《영·속어》 전당포

Pop·si·cle [pápsikl | pɔ́p-] *n.* 《미》 (가는 막대기에 꽂은) 아이스캔디 《상표명》

pop·sie [pápsi | pɔ́p-] *n.* = POPSY

pop·sy [pápsi | pɔ́p-] *n.* (*pl.* **-sies**) 《구어·경멸》 섹시한 젊은 여자, 여자 친구; 예쁜이

pop-top [páptàp | pɔ́ptɔ̀p] *a.*, *n.* (깡통 맥주처럼) 고리로 잡아당겨 따는 식의 (용기)

***pop·u·lace** [pápjuləs | pɔ́p-] *n.* Ⓤ [the ~; 집합적] **대중**; (한 지역의) 전체 주민

*****pop·u·lar** [pápjulər | pɔ́p-] [L 「민중(people)」의 뜻에서] *a.* **1 인기 있는, 평판이 좋은** 《*with, among*》: He is ~ *with* the other children. 그는 어린이들 사이에 인기가 있다. **2 민중의**: ~ opinion 여론 **3 대중적인**: ~ science 통속 과학 **4 평이한**; 값싼: at ~ prices 싼 값으로 **5** 민간에 보급되어 있는, 민간 전승(傳承)의: ~ superstitions 민간의 미신
in ~ language 쉬운 말로

pópular edítion 보급[염가]판

pópular etymólogy 〖언어〗 통속 어원(설)(folk etymology)

pópular frónt [종종 **P~ F~**; the ~] 인민 전선 《특히 프랑스에서의》

****pop·u·lar·i·ty** [pàpjulǽrəti | pɔ̀p-] *n.* Ⓤ **1 인기, 평판**: win ~ 인기를 얻다 **2** 대중성; 유행

pop·u·lar·ize [pápjuləràiz | pɔ́p-] *vt.* **1** 대중[통속]화하다 **2** 〈신제품 등을〉 보급시키다 **3** 평판[인기]을 좋게 하다
pòp·u·lar·i·zá·tion *n.*

***pop·u·lar·ly** [pápjulərli | pɔ́p-] *ad.* **1** 일반적으로 **2** 통속적으로; 평이하게

pópular músic 대중 음악

pópular sínger 유행가[팝송] 가수

pópular sóng 대중 가요, 유행가; 팝송

pópular vóte 《미》 일반 투표 《대통령 후보의 선출처럼 일정 자격이 있는 선거인이 하는》

*__pop·u·late__ [pápjulèit | póp-] [L 「사람(people)」의 뜻에서] *vt.* **1 거주시키다**; 식민(植民)하다 **2** 장소를 차지하다; …에 거주하다, 살다: densely[sparsely] ~*d* 인구가 조밀[희박]한

‡__pop·u·la·tion__ [pàpjuléiʃən | pɔ̀p-] *n.* UC **1 인구**; 주민 수 **2** [the ~; 집합적] **주민**; (일정한 지역의) 전(全)주민 **3** [*sing.*] 〖생태〗 (일정 지역의) (전)개체군, 집단 **4** 〖통계〗 모집단(母集團) **5** 식민; 거주시킴

populátion dènsity 인구 밀도

populátion explòsion 급격한 인구 증가, 인구 폭발

Pop·u·lism [pápjulìzm | póp-] *n.* U 《미》 인민주의[정책] **-list** *n.*, *a.*

*__pop·u·lous__ [pápjuləs | póp-] *a.* **인구가 조밀한**; 붐비는, 많은 **~·ness** *n.*

pop-up [pápʌ̀p | póp-] *n.* **1** (펼치면) 그림이 튀어나오는 책 **2** 튀어오르게 하는 장치 **3** 〖야구〗 = POP FLY

— *a.* 뻥 하고 튀어 오르는: a ~ toaster 자동식 토스터

*__por·ce·lain__ [pɔ́:rsəlin] [It. 「조개」의 뜻에서] *n.* **1** U **자기**(磁器) **2** [집합적] 자기 제품 — *a.* 자기의

pórcelain cláy 도토(陶土), 고령토

‡__porch__ [pɔ:rtʃ] *n.* **1** (본건물에서 달아낸 지붕 딸린) **현관, 포치 2** 《미》 베란다(veranda)

por·cine [pɔ́:rsain] *a.* 돼지의, 돼지 같은; 불결한

*__por·cu·pine__ [pɔ́:rkjupàin] [OF 「가시가 있는 돼지」의 뜻에서] *n.* 〖동물〗 **호저** 《아프리카산》

pore[1] [pɔ:r] [동음어 pour] [Gk 「통로」의 뜻에서] *n.* 털구멍, (잎의) 기공(氣孔); 작은 구멍; (암석 등의) 흡수공

*__pore__[2] [pɔ:r] [동음어 pour] *vi.* **1 숙고하다 2** 열심히 독서[연구]하다 《*over*》: ~ *over* a book 열심히 책을 읽다

por·gy [pɔ́:rgi] *n.* (*pl.* **~, -gies**) 《미》 〖어류〗 도미류

*__pork__ [pɔ:rk] [F, L 「돼지」의 뜻에서] *n.* U **돼지고기**

mess ~ 좋은 돼지고기

pórk bùtcher 《영》 돼지고기 전문점

pork·chop [pɔ́:rktʃàp | -tʃɔ̀p] *n.* 돼지 갈비살 《갈비뼈가 붙은 것》

pork·er [pɔ́:rkər] *n.* 살찐 돼지 새끼; 식용 돼지; 《익살》 돼지, 뚱보

pork·pie [pɔ́:rkpài] *n.* **1** U 돼지고기 파이 **2** (꼭지가 평평한) 펠트 모자(= ∸ **hàt**)

pork·y [pɔ́:rki] *a.* (**pork·i·er**; **-i·est**) **1** 돼지(고기) 같은; 뚱뚱한(fat) **2** 《속어》 건방진

porn [pɔ:rn] *n.*, *a.* 《구어》 = PORNO

por·no [pɔ́:rnou] [*porno*graphy, *porno*graphic] *n.* (*pl.* **~s**) 《구어》 **1** CU 포르노 **2** 도색[포르노] 영화; 포르노 작가 — *a.* 포르노의

por·nog·ra·pher [pɔ:rnágrəfər | -nɔ́g-] *n.* 춘화가(春畵家), 도색(桃色)[포르노] 작가

por·no·graph·ic [pɔ̀:rnəgrǽfik] *a.* 춘화의; 도색[포르노] 문학[예술]의

por·nog·ra·phy [pɔ:rnágrəfi | -nɔ́g-] [Gk 「창부 문학」의 뜻에서] *n.* U **1** 포르노, 춘화, 도색[포르노] 문학 **2** [집합적] 포르노 영화[책, 그림 《등》]

po·ros·i·ty [pɔ:rásəti | -rɔ́s-] *n.* (*pl.* **-ties**) UC 다공성(多孔性); (작은) 구멍

po·rous [pɔ́:rəs] *a.* 작은 구멍이 있는[많은], 다공성(多孔性)의 **~·ness** *n.*

por·phy·ry [pɔ́:rfəri] *n.* (*pl.* **-ries**) UC 〖지질〗 반암(斑岩)

por·poise [pɔ́:rpəs] *n.* (*pl.* **~, -pois·es**) 〖동물〗 돌고래 (무리)

*__por·ridge__ [pɔ́:ridʒ | pɔ́r-] *n.* U **1 포리지** 《오트밀에 우유 또는 물을 넣어 만든 죽》 **2** 《영·속어》 교도소; 형기(刑期)

por·rin·ger [pɔ́:rindʒər | pɔ́r-] *n.* (오트밀용) 얕은 사발 《특히 어린이의 식사에 사용》

Por·sche [pɔ:rʃ] *n.* 포르셰 《독일제 스포츠카》

‡__port__[1] [pɔ:rt] [L 「항구」의 뜻에서] *n.* **1 항구 2** CU 피난처, 휴식처 **3** [종종 **P~**로 지명에도 사용] **항구 도시** 《특히 세관이 있는》; 개항장(開港場)

any ~ in a storm 궁여지책 ***enter*** (***a***) ***~*** = ***make*** (***a***) ***~*** 입항하다 ***in ~*** 입항하여, 정박 중의 ***open ~*** 개항장 ***~ of coaling*** 석탄 적재항 ***~ of delivery*** 화물 인도항

port[2] [L 「문」의 뜻에서] *n.* **1** 〖해군〗 (옛 군함의) 포문; 〖항해〗 (상선 뱃전의) 하역구(荷役口); 현창(舷窓); 창구(艙口)(porthole) **2** 〖기계〗 증기구(蒸氣口): an exhaust ~ 배기구 **3** (전차, 옛 성벽의) 포문(砲門), 총안(銃眼) **4** 〖컴퓨터〗 포트 《컴퓨터가 주변 장치나 다른 단말기로부터 전송을 받는 부분》 — *vt.* 〖컴퓨터〗 〈소프트웨어를〉 (다른 컴퓨터 시스템으로) 이식(移植)하다

port[3] [port[1]에서; 옛날, 항구에 배가 닿을 때 보통 좌현 쪽이 닿았다 해서] *n.* UC 〖항해〗 좌현(左舷); 〖항공〗 (항공기의) 좌측(opp. *starboard*): put the helm to ~ 키를 좌현으로 잡다

port[4] [L 「운반하다」의 뜻에서] *n.* **1** 《고어》 U 태도 **2** [the ~] 〖군사〗 앞에총의 자세 《총을 몸의 정면에 비스듬히 드는》 — *vt.* 〖군사〗 앞에총 하다

P~ arms! 《구령》 앞에총!

port[5] [포르투갈의 포도주 수출항 Oporto [oupɔ́:rtou]에서] *n.* U 포트와인(= ∸ **wíne**) 《포르투갈 원산의 적포도주》

port. portrait

Port. Portugal; Portuguese

*__port·a·ble__ [pɔ́:rtəbl] [L 「운반하다」의 뜻에서] *a.* **들고 다닐 수 있는, 휴대용의**; 〖컴퓨터〗 (프로그램이 다른 기종에) 이식(移植) 가능한

— *n.* 휴대용 기구, 포터블 《라디오·타이프라이터 등》

pòr·ta·bíl·i·ty *n.* 휴대할 수 있음; 〖컴퓨터〗 (프로그램의) 이식(가능)성 **-bly** *ad.*

por·tage [pɔ́:rtidʒ] *n.* **1** U 운반 **2** CU (두 수로(水路) 사이의) 육운(陸運) **3** U [또는 a ~] 운임 **4** CU 연수 육로 **5** 화물

*__por·tal__ [pɔ́ːrtl] *n.* **1** (으리으리한) **정문** (gate) **2** [*pl.*] 시작, 발단: We stand at the ~*s* of a new age. 우리는 새시대의 입구에 서 있다. **3** 〖컴퓨터〗 = PORTAL SITE

pó·tal sìte 〖인터넷〗 포털 사이트 《무료 E-메일과 홈페이지 서비스, 뉴스, 게시판 등의 기능을 통합 운영하는》

pór·tal-to-pór·tal páy [-təpɔ́ːrtl-] (직장의 문을 들어설 때부터 나올 때까지의) 근무 시간제 임금

port·cul·lis [pɔːrtkʌ́lis] *n.* (옛날 성문 등의) 내리닫이 격자문(格子門)

porte-co·chere [pɔ̀ːrtkouʃέər, -kə-] [F = coach gate] *n.* 차 대는 곳 《위에 차양이 있는》

por·tend [pɔːrténd] *vt.* …의 전조(前兆)가 되다: Crows are believed to ~ death. 까마귀는 죽음을 예고한다고 여겨진다.

por·tent [pɔ́ːrtent] *n.* **1** (흉사·중대한 일의) 조짐 **2** 경이적인 존재[사람] **3** Ⓤ 《문어》 (전조적인) 의미

por·ten·tous [pɔːrténtəs] *a.* **1** 전조의; 불길한 **2** 놀라운, 이상한; 당당한 **~·ly** *ad.*

‡**por·ter**[1] [pɔ́ːrtər] [L 「운반하다」의 뜻에서] *n.* **1** **운반인**; (철도역·공항 등의) 포터 **2** 운반기 **3** 《미》 침대차[식당차]의 급사

*__por·ter__[2] [pɔ́ːrtər] [L 「문」의 뜻에서] *n.* 《영》 **문지기**(《미》 doorkeeper)

por·ter·age [pɔ́ːrtəridʒ] *n.* Ⓤ **1** 운반; 운송업 **2** 운임

por·ter·house [pɔ́ːrtərhàus] *n.* (*pl.* **-hous·es** [-hàuziz]) 《미》 선술집; 맛좋은 대형 비프스테이크(= **∠ stéak**)

port·fo·li·o [pɔːrtfóuliòu] [It. 「종이를 나르는 것」의 뜻에서] *n.* (*pl.* **~s**) **1** 서류첩, 손가방 **2** 서류첩 속의 서류; 끼우개식 화집, 대표 작품 선집 《화가의》 **3** Ⓤ 장관의 직[지위] 《특히 프랑스의》 **4** 《미》 (회사·투자가가 가지는) 유가 증권 (일람표)

portfólio invéstment 〖경제〗 증권 투자, 간접 투자

port·hole [pɔ́ːrthòul] *n.* **1** 〖항해〗 현창(舷窓); 〖항공〗 (비행기의) 기창(機窓) **2** (요새 등의) 총안

Por·tia [pɔ́ːrʃə | -ʃiə] *n.* 포셔 《Shakespeare 작 *The Merchant of Venice*의 여주인공》

por·ti·co [pɔ́ːrtikòu] *n.* (*pl.* ~(**e**)**s**) 〖건축〗 주랑(柱廊) 현관

por·tiere [pɔːrtjέər] [F] *n.* (문간 등에 치는) 칸막이 커튼

‡**por·tion** [pɔ́ːrʃən] [L 몫」의 뜻에서] *n.* **1** **일부** **2** (두 사람 이상 사이에 나눈) 몫(share) **3** (음식의) 1인분: order two ~*s* of chicken 닭고기 2인분을 주문하다 **4** 〖법〗 분배 재산, 상속분; 지참금 **5** [*sing.*; one's ~] **운명** 《*in*》: A brief life in this world was *her* ~. 짧은 생애가 그녀에게 주어진 운명이었다. **—** *vt.* **1** **분할하다** 《*out*》: ~ *out* land 토지를 분배하다 **2** 분배 재산[지참금]을 주다 《*with*》: He ~*ed* his estate *to* his son-in-law. 그는 사위에게 재산을 나눠주었다.

Port·land [pɔ́ːrtlənd] *n.* 포틀랜드 **1** 미국 Oregon 주 북서부의 항구 도시 **2** 미국 Maine 주의 항구 도시

Pórtland cemént [빛깔이 Portland stone과 비슷하다 해서] 포틀랜드 시멘트 《인조 시멘트로서 보통 말하는 시멘트》

Pórtland stóne 포틀랜드석(石) 《영국 Isle of Portland산의 건축용 석회석》

port·ly [pɔ́ːrtli] *a.* (**-li·er**; **-li·est**) **1** 〈중년의 사람이〉 비만한 **2** 풍채가 당당한 **-li·ness** *n.*

port·man·teau [pɔːrtmǽntou] [F = cloak carrier] *n.* (*pl.* **~s**, **~x** [-z]) **1** (양쪽으로 열리는) 대형 여행 가방 《가죽으로 만든 장방형의 것》 **2** 〖언어〗 혼성어(= **∠ wòrd**) 《두 낱말의 음과 뜻을 포함시켜 만든 합성어; *automation*, *brunch*, *smog* 등》

pórt nùmber 〖컴퓨터〗 포트 번호 《네트워크상에서 제공되는 서비스에 부가하는 고유 번호》

‡**por·trait** [pɔ́ːrtrit, -treit] [OF 「그려낸 것」의 뜻에서] *n.* **1** **초상(화)** **2** 생생한 묘사 **~·ist** *n.* 초상화가

por·trai·ture [pɔ́ːrtrətʃər] *n.* Ⓤ 초상화법

*__por·tray__ [pɔːrtréi] [L 「앞으로 꺼내다」의 뜻에서] *vt.* **1** 〈인물·풍경을〉 **그리다** **2** (글이나 말로) 묘사하다 **3** 〈배우가 역을〉 맡아 하다

por·tray·al [pɔːrtréiəl] *n.* **1** ⓊⒸ 묘화(描畵), 묘사; 기술(記述) **2** 초상(화) **3** (영화·연극 등의) 역(役), 연기

Port Sa·id [pɔ̀ːrt-sɑːíːd] 포트사이드 《수에즈(Suez) 운하의 지중해 쪽에 있는 항구》

Ports·mouth [pɔ́ːrtsməθ] *n.* 포츠머스 **1** 영국 남부의 군항(軍港) **2** 미국 New Hampshire 주의 군항 《러·일 강화 조약 체결지(1905)》

*__Por·tu·gal__ [pɔ́ːrtʃugəl] *n.* **포르투갈** 《수도 Lisbon》

*__Por·tu·guese__ [pɔ̀ːrtʃəgíːz | -tju-] *a.* **포르투갈(사람[말])의**
— *n.* (*pl.* ~) **1** **포르투갈 사람** **2** Ⓤ **포르투갈 말**

Pórtuguese man-of-wár 〖동물〗 고깔 해파리; 《속어》 전기해파리

por·tu·lac·a [pɔ̀ːrtʃulǽkə] *n.* 〖식물〗 쇠비름속(屬) 식물의 통칭; 《특히》 채송화

POS point-of-sale

‡**pose**[1] [pouz] *n.* **1** (사진·초상화를 위한) **자세** **2** 마음가짐 **3** 꾸민 태도, 허식(虛飾) **4** [the ~] 〖도미노놀이〗 제1의 도미노 패를 판에 내놓음
— *vi.* **1** **자세[포즈]를 취하다** 《*for*》: ~ *for* a picture 사진을 위해 포즈를 취하다 **2** 〈어떤 자세를〉 취하다, …인 체하다 《*as*》: ~ *as* an actress 여배우인 체하다 **3** 〖도미노놀이〗 첫 도미노 패를 내놓다
— *vt.* **1** (그림·사진을 위해) 자세를 취하게 하다 《*for*》: ~ a model *for* a picture 그림을 그리기 위해 모델에게 포즈를 취하게 하다 **2** 〈요구 등을〉 주장하다; 〈문제를〉 제출하다: ~ a question 문제를 내다

pose² *vt.* (어려운 질문으로) 괴롭히다

Po·sei·don [pousáidən | pɔ-] *n.* 〖그리스신화〗 포세이돈《바다의 신; 로마 신화의 Neptune에 해당》; 〖미해군〗 포세이돈《잠수함 발사 탄도 미사일》

pos·er¹ [póuzər] *n.* **1** 포즈를 취하는 사람 **2** 《구어》 젠체하는 사람; 가짜

poser² *n.* 난문(難問)

po·seur [pouzə́:r] [F =poser¹] *n.* 허식가(虛飾家), 젠체하는 사람

posh [pɑʃ | pɔʃ] *a.* 《영·속어》 **1** 사치스런 **2** 우아한, 멋진

pos·it [pɑ́zit | pɔ́z-] *vt.* 두다, 설치하다; 〖논리〗 단정하다

— *n.* 가정(假定)

‡po·si·tion [pəzíʃən] *n.* **1** 위치 **2** Ⓤ 적소(適所); 〖야구〗 (수비) 위치: The players were in ~. 선수들은 수비 위치에 있었다. **3** 〖군사〗 진지(陣地), 유리한 지점 **4 a** **자세**: sit in a comfortable ~ 편안한 자세로 앉다 **b** (문제 등에 대한) **입장**: in my ~ 내 입장으로는 **c** 견해, 논거(論據) **5** **처지**, 상태; ⓊⒸ **지위** **6** **근무처**, 직장, 직(job): He has a ~ in a bank. 그는 은행에 근무하고 있다. **7** 〖논리〗 명제(命題) **8** 〖음악〗 (음의) 위치

be in [***out of***] ~ 적당한[부적당한] 위치에 있다 ***be in a ~ to*** do …할 수 있다 ***take up the ~ that …*** …이라는 의견을 주장하다, …한 입장을 취하다

— *vt.* **1** (적당한 또는 특정한 장소에) 두다; 위치를 정하다 **2** 〖군사〗 〈부대를〉 배치하다

po·si·tion·al [pəzíʃənl] *a.* **1** 위치(상)의; 지위의 **2** 〖스포츠〗 수비(상)의 **3** 전후 관계에 의존하는

posítion pàper (정부·노조 등의) 의견서, 해명서

‡pos·i·tive [pɑ́zətiv | pɔ́z-] [L 「(협정으로) 정해진」의 뜻에서] *a.* **1** **명확한**; 결정적인: a ~ fact 명확한 사실 **2** 〈진술 등이〉 분명한: a ~ refusal 분명한 거절 **3** 《구어》 **완전한** **4** **확신하고 있는** 《*about, of*》; 독단적인: Are you ~ *about*[*of*] it? 그 일에 대해 틀림없습니까? **5** **궁극적인** **6** 현실의; 실용적인; 실재(實在)의 **7** **적극적인**; 건설적인: ~ living 적극적인 삶 **8** 〖철학〗 실증적인(opp. *negative*) **9** 〖물리〗 양(陽)의; 〖의학〗 〈반응이〉 양성의; 〖수학〗 정(正)의, 플러스의; 〖화학〗 염기성(鹽基性)의; 〖사진〗 양화(陽畵)의 **10** 〖문법〗 〈형용사·부사가〉 원급(原級)의: the ~ degree 원급

— *n.* **1** 현실; 확실성, 긍정 **2** 〖문법〗 원급(=~ degree) **3** 〖사진〗 양화(陽畵); 〖수학〗 정(正)의 수, 정부호; 〖전기〗 양극판(陽極板) 《전지의》 **4** 〖철학〗 실증할 수 있는 것 **~·ness** *n.*

pósitive láw 〖법〗 실정법(實定法)

pos·i·tive·ly [pɑ́zətivli | pɔ́z-] *ad.* **1** 명확하게 **2** 실제적으로; 건설적으로 **3** 《구어》 전적으로 **4** 〖전기〗 양전기로

— [pɑ̀zətívli] *int.* [yes 대용으로] 《미》 물론, 그렇고 말고: Will you come? 가겠어요? — *P~!* —가고 말고요.

pósitive póle **1** (자석의) 북극 **2** 〖전기〗 양극(陽極)(anode)

pos·i·tiv·ism [pɑ́zətivìzm | pɔ́z-] *n.* Ⓤ 〖철학〗 실증(實證) 철학, 실증론; 실증주의 **-ist** *n.* **pòs·i·tiv·ís·tic** [-ístik] *a.*

pos·i·tron [pɑ́zətrɑ̀n | pɔ́zitrɔ̀n] [*posi*tive+elec*tron*] *n.* 〖물리〗 양전자(陽電子)

poss. possession; possessive; possible; possibly

pos·se [pɑ́si | pɔ́si] [L 「힘」의 뜻에서] *n.* **1** 《미》 (치안 유지 등에 법적 권한을 갖는) 무장[보안]대; 주(州)내 민병대 **2** (공통된 목적을 가진) 집단 **3** Ⓤ 가능성

‡pos·sess [pəzés] [L 「힘이 있는 자리에 앉다」의 뜻에서] *vt.* **1** **소유하다**; 점유하다: ~ a landed property 토지를 소유하다 **2** 〈능력·성질 등을〉 **지니다**: He ~*es* courage. 그는 용기가 있다. **3** 〈마음과 몸을〉 유지하다, 억제하다: ~ oneself 자제하다, 인내하다 **4** 〈귀신 등이〉 붙다, 홀리다; 〈감정·관념 등이〉 …의 마음을 사로잡다: A vague uneasiness ~*ed* him. 막연한 불안이 그를 사로잡았다. **5** 《고어》 〈여자와〉 육체 관계를 갖다 **6** 《고어》 잡다, 획득하다

~ one***self of*** …을 자기 것으로 만들다

***pos·sessed** [pəzést] *a.* **1** **홀린**; 사로잡힌 《*by, with, of*》: ~ *of* the devils 악령이 들려 **2** 침착한, 차분한

be ~ of …을 소유하고 있다 ***like all*** [***one***] ~ 《미》 귀신에 홀린듯이, 맹렬[열심]히

‡pos·ses·sion [pəzéʃən] *n.* **1** Ⓤ **소유**; 점거 **2** Ⓤ 〖법〗 (소유권의 유무에 관계없는) 점유 **3** [종종 *pl.*] **소유물**; **재산** **4** 영지(領地); 속령(屬領) **5** Ⓤ 홀림; Ⓒ (뇌리에서) 떠나지 않는 감정[생각] **6** Ⓤ 《드물게》 침착, 자제

come into a person***'s ~*** 손에 들어오다 ***in ~ of*** …을 소유[점유]하여 ***in the ~ of*** …에 소유되어; …이 점유하는

‡pos·ses·sive [pəzésiv] *a.* **1** **소유의**: ~ rights 소유권 **2** 소유욕이 강한 **3** 〖문법〗 소유를 나타내는

— *n.* 〖문법〗 **1** [the ~] 소유격 **2** 소유격의 단어; 소유대명사[형용사]

~·ly *ad.* **~·ness** *n.*

***pos·ses·sor** [pəzésər] *n.* **소유주** (owner); 〖법〗 점유자(occupier)

pos·set [pɑ́sit | pɔ́s-] *n.* Ⓤ 우유술 《뜨거운 우유에 술·설탕·향료를 넣은 음료》

‡pos·si·bil·i·ty [pɑ̀səbíləti | pɔ̀s-] *n.* (*pl.* **-ties**) **1** ⓊⒸ **가능성**; 실현성: a bare ~ 희박한 가능성 **2** 있음직한 일 **3** [보통 *pl.*] 가망, 장래성 **4** 《구어》 어울리는 사람[것]: She is a ~ as a wife for me. 그녀는 나의 아내로서 어울리는 여자다.

by any ~ 만일에; [부정어와 함께] 도저히

‡pos·si·ble [pɑ́səbl | pɔ́s-] [L 할 수 있는」의 뜻에서] *a.* **1** **가능한** 《이 뜻으로는 「사람」을 주어로 하지 않음》 **2** [최상급, all, every 등과 함께] 가능한 한의: *the greatest* ~ speed 전속력 **3** **있음직한** **4** 어울리는: a ~ president 대통령에 어울리는 사람 **5** 《구어》 그럴싸한; 상당한

***as** early **as** ~ 될 수 있는 대로 (일찍) **if** ~ 가능하다면*
— *n.* **1** [*pl.*] 가능성; [보통 *pl.*] 가능한 일; [*pl.*] 필수품 **2** 전력(全力) **3** (사격 등의) 최고점 **4** 후보자
***do** one's ~* 전력을 다하다

‡**pos·si·bly** [pásəbli | pɔ́s-] *ad.* **1** 아마, 어쩌면 **2** [긍정문에서 can과 함께] **어떻게든지**: as soon as I ~ *can* 어떻게든 되도록 빨리 **3** [의문문에서 can과 함께] 어떻게든지, 과연 **4** [부정문에서 can과 함께] **아무리 해도**: *cannot* ~ do it 도저히 할 수 없다

pos·sum [pásəm | pɔ́s-] [opossum에서 두음이 없어진 것] *n.* 《미》 = OPOSSUM

‡**post**[1] [poust] [L 「앞에 서는 것」의 뜻에서] *n.* **1** (나무·금속으로 된) **기둥**; 푯말 **2** 〖경마〗 출발[결승] 푯말 **3** 단단한 암층; 〖광산〗 탄주(炭柱), 광주(鑛柱) **4** 《구어》 〖축구〗 골포스트(goalpost)
***beat** a person **on the** ~* (경주에서) 가슴 하나 차이로 이기다
— *vt.* **1** 〈전단 등을〉 기둥[벽]에 붙이다 《*up*》 **2** 게시[고시]하다, 공표하다; 〈말을〉 퍼뜨리다: ~ (*up*) a notice *on* the board 게시판에 공고하다 **3** 《영》 (불합격자의) 이름을 공표하다 **4** 〈배가〉 연착한다고[행방불명이라고] 발표하다 **5** 〖경기〗 〈스코어를〉 기록하다 **6** 수렵 금지의 표찰을 내걸다 ***P~**[(《영》 **Stick**] **no bills!*** 《게시》 벽보 금지!

‡**post**[2] [poust] [L 「놓다」의 뜻에서] *n.* **1 지위**; 근무처, **직**: get a ~ as a teacher 교사직을 얻다 **2** 부서(station); 경계 구역, 초소; 주둔지 **3** 초병; 주둔 부대; 《미》 수비대 **4** (특히 미개지에 설치한) 교역장(交易場)(= trading ~) **5** 《미》 (재향군인회의) 지부 **6** 〖영국군〗 취침 나팔: the first ~ 취침 예비 나팔 — *vt.* **1** 〈보초 등을〉 배치하다: The country *~ed* the guards *at* the frontier. 그 나라는 국경에 경비병을 배치했다. **2** 《영》 배속하다; 〖영국군〗 사령관으로 임명하다 《*to*》 **3** 〈채권 등을〉 매출하다, 공탁하다

‡**post**[3] [poust] *n.* **1** Ⓤ 《영》 **우편**(《미》 mail): by ~ 우편으로 **2** 《영》 우편물: I had a heavy ~. 우편물이 많이 왔다. **3** [the ~] 《영》 **우체국**; **우체통** **4** 《고어》 역, 역참(驛站); 역마 **5** 우편차[선]; 우편 집배원, 사자(使者) **6** Ⓤ 포스트 판 《16×20 인치 크기(의 편지지)》 **7** [**P~**] …신문: the Sunday *P~* 선데이 포스트지(紙)
***by** ~* (1) 우편으로 (2) 《고어》 역마로; 보발로 ***by return of** ~* 편지 받는 대로 곧; 시급히 ***take** ~* 역마로 가다, 급히 여행하다[지나가다]
— *vt.* **1** 《영》 **우송하다**; **우체통에 넣다** (《미》 mail) 《*off*》: ~ a letter[parcel] 편지[소포]를 부치다 **2** 〖부기〗 (분개장(分介帳) 등에서 원장(元帳)으로) 전기(轉記)하다, 분개하여 기장하다 《*up*》: ~ *up* checks 전표를 기장하다 **3** [보통 수동형으로] (최근의) 정보를 알려주다 《*up*》: be well *~ed* (*up*) *in* the latest events 최근의 사건들을 잘 알고 있다 **4** 역마로 보내다, 급송[급파]하다 — *vi.* 급행하다, 서둘다; 《고어》 역마로 여행하다 — *ad.* 역마로, 파발(擺撥)편으로; 황급히

post- [poust] [L] *pref.* 「뒤의; 다음의」의 뜻(opp. *ante-*): *post*glacial

‡**post·age** [póustidʒ] *n.* Ⓤ **우편 요금**: ~ due[free] 우편 요금 부족[무료]

póstage mèter 《미》 (요금 별납 우편물 등의) 우편 요금 계기(計器) 《우표 대신에 일부인을 찍는 기계》

‡**póstage stàmp** 우표

post·age-stamp [-stæ̀mp] *a.* 매우 작은, 좁은

‡**post·al** [póustl] *a.* Ⓐ **1 우편의**; 우체국의: ~ matter 우편물 **2** 우송에 의한: a ~ vote 우편 투표

póstal càrd 《미》 우편 엽서(《영》 postcard)

póstal còde = POSTCODE

póstal òrder 《영》 우편환(換)《略 P.O.》

póstal sèrvice **1** 우편 업무 **2** 체신부 **3** [the (US) P~ S~] (미국) 우정 공사

post·bag [póustbæ̀g] *n.* 《영》 **1** 우편낭(《미》 mailbag) **2** [a[the] ~; 집합적] 1회에 배달되는 우편물

post·box [-bὰks | -bɔ̀ks] *n.* 《영》 **1** 우체통(《미》 mailbox) **2** (가정용) 우편함

‡**post·card** [póustkὰːrd] *n.* **1** 《영》 **우편엽서**(《미》 postal card): a return ~ 왕복 엽서 **2 사제**(私製) **엽서**; 그림 엽서

post·code [póustkòud] *n.* 《영》 우편번호(《미》 zip code)

post·date [pòustdéit] *vt.* **1** 실제보다 날짜를 늦추어 적다[찍다] **2** (시간적으로) 뒤에 일어나다
— *n.* 사후(事後) 일부(opp. *predate*)

post·doc·tor·al [pòustdάktərəl | -dɔ́k-], **-tor·ate** [-tərət] *a.* 박사학위 취득 후의 〈연구 등〉

‡**post·er** [póustər] *n.* **포스터**, 전단 광고, 벽보

póster còlor 포스터 컬러

poste res·tante [pòust-restάːnt | -réstɑːnt] [F = letter(s) remaining (at the post office)] *n.* 《영》 **1** Ⓤ 유치(留置) 우편 《우편물의 표기》 **2** 유치 우편과[계](《미》 general delivery)
— *ad.* 유치 우편으로 《우편물에 적는 말》

*__pos·te·ri·or__ [pɑstíəriər, pous- | pɔs-] [L 「뒤에 오는」의 뜻의 비교급에서] *a.* **1** 〈위치가〉 **뒤의**, **후부**(後部)**의**(opp. *anterior*) **2** 〈시간·순서가〉 뒤에 오는, …이후의 《*to*》(opp. *prior*): ~ *to* the year 2005 2005년 이후의
— *n.* **1** (몸의) 후부 **2** [one's[the] ~(s)로] 《완곡》 엉덩이 **~·ly** *ad.*

‡**pos·ter·i·ty** [pɑstérəti | pɔs-] *n.* Ⓤ **1** [집합적] **자손**(opp. *ancestry*) **2** 후세, 후대

pos·tern [póustərn | pɔ́s-] *n.* 뒷문: a privy[private] ~ 통용문, 샛문

póster pàint = POSTER COLOR

póst exchànge 〖미육군〗 매점, 피엑스(《영》 Naafi) 《略 PX》

post-free [póustfríː] *a.* 우편 요금 무료의; 《영》 우편 요금 선불의

post·grad·u·ate [pòustgrǽdʒuèit, -ət] *a.* 대학 졸업 후의; 대학원의: the ~ course 대학원 과정 **—** *n.* 대학원 학생, 연구생

post·har·vest [pòusthɑ́:rvist] *a.* (곡물의) 수확(기) 후의

post·haste [póusthéist] *ad.* 지급[급행]으로

póst hòrn (옛 우편 마차의) 나팔

post·hu·mous [pɑ́stʃuməs | pɔ́s-] [L 'last'의 최상급의 뜻에서; 여기에 「흙」 「매장하다」의 뜻이 연상된 것] *a.* **1** 사후(死後)의, 사후에 생긴 **2** 유복자인; 저자의 사후에 출판된: a ~ child 유복자 ***confer ~ honors*** 증위(贈位)[추서(追敍)]하다 ((*on*))

post·hu·mous·ly [pɑ́stʃuməsli | pɔ́s-] *ad.* **1** 죽은 뒤에 **2** 유작으로서

pos·til·ion | **-til·lion** [poustíljən | pɔs-] *n.* (마차의) 좌마(左馬) 기수

Post·im·pres·sion·ism [pòustimpréʃənìzm] *n.* Ⓤ 〖미술〗 후기 인상파[주의] **-ist** *a.*, *n.* 후기 인상파의 (화가)

post·ing[1] [póustiŋ] *n.* 지위[부서, 부대]에의 임명

posting[2] *n.* 〖컴퓨터〗 포스팅, 투고(投稿) 메시지 ((E-mail과는 달리 불특정 다수에게 보내어지는 것))

*__post·man__ [póustmən] *n.* (*pl.* **-men** [-mən]) **우편 집배원**

post·mark [póustmɑ̀:rk] *n.* (우편의) 소인 **—** *vt.* 소인을 찍다

*__post·mas·ter__ [póustmæ̀stər | -mɑ̀:s-] *n.* **1 우체국장** ((略 P.M.)) **2** 〖컴퓨터〗 포스트 마스터 ((E-mail 관리자))

póstmaster géneral (*pl.* **póstmasters g-, ~s**) **1** ((미)) 우정 공사 총재, ((영)) 체신 공사 총재 **2** ((미)) (1971년까지의) 우정 장관 ((각료의 한 사람)), ((영)) (1969년까지의) 체신 장관 ((略 P.M.G.))

post me·rid·i·em [pòust-mərídiəm] [L =after midday] 오후(의) ((略 p.m. P.M., P.M. [pí:ém]))(opp. *ante meridiem*)

post·mis·tress [póustmìstris] *n.* 여자 우체국장

post·mod·ern [pòustmɑ́dərn | -mɔ́d-] *a.* 포스트모더니즘의; (유행의) 최첨단의

post·mod·ern·ism [pòustmɑ́dərnìzm | -mɔ́d-] *n.* 〖문예〗 포스트모더니즘

post·mor·tem [pòustmɔ́:rtəm] [L =after death] *a.* **1** 사후(死後)의; 검시(용)의 **2** 사후(事後)의 **—** *n.* **1** 검시(해부) **2** 사후(事後) 검토[토의, 평가]

postmórtem examinátion 부검(剖檢), 검시(檢屍), 검시 해부

post·na·tal [pòustnéitl] *a.* 출생 후의

post·nup·tial [pòustnʌ́pʃəl] *a.* 결혼 후의; 신혼여행의

***__póst òffice__ **1 우체국** **2** [the P~ O~] **a** ((영)) 체신성, (1969년 이후의) 체신 공사(the P~ O~ Corporation) **b** ((미)) 우정성 (((1971년 이후는) 우정 공사(Postal Service)))

póst-office bòx [póustɔ̀:fis- | -ɔ̀f-] 사서함 ((略 P.O.B., P.O. Box))

post·op·er·a·tive [pòustɑ́pəreitiv | -ɔ́p-] *a.* 〖의학〗 수술 후의: ~ care 수술 후의 조리 **~·ly** *ad.*

post·paid [póustpéid] *a.*, *ad.* ((미)) 우편료 지불필의[로], 우편료 선불의[로] (((영)) post-free)

***__post·pone__ [pous*t*póun] [L 「뒤에 놓다」의 뜻에서] *vt.* **1 연기하다**(put off): be ~*d* until the following day 다음 날까지 연기되다 **2** 차위(次位)에 두다 ((*to*)): ~ private ambitions *to* public welfare 자기의 공명보다 공공복지를 앞세우다 **3** 〈말 등을〉 문장 끝에 두다 **~·ment** *n.* Ⓤ 연기

post·po·si·tion [pòustpəzíʃən] *n.* 〖문법〗 **1** 후치사(後置詞) **2** Ⓤ 후치

post·pran·di·al [pòustprǽndiəl] *a.* ((익살)) 식후(食後)의 ((특히 dinner 후))

*__post·script__ [póus*t*skrìpt] [L 「후에 쓰여진」의 뜻에서] *n.* (편지의) **추신**(追伸) ((略 P.S.)); (책의) 후기

post-sea·son [póustsí:zn] *a.* 〖야구〗 공식전 이후 시즌의

post-tax [pòus*t*tǽks] *a.* 세금 공제 후의

pos·tu·lant [pɑ́stʃulənt | pɔ́stju-] *n.* 청원자(請願者), ((특히)) (성직(聖職)) 지망자

pos·tu·late [pɑ́stʃulèit | pɔ́stju-] [L 「요구하다」의 뜻에서] *vt.* **1** (자명한 일로) 가정하다 **2** 요구하다 ((*to*)): the claims ~*d* 요구 사항
— [-lət] *n.* **1** 가정, 가설 **2** 선결[필요] 조건 **3** 〖논리·수학〗 공리(公理)

pos·tu·la·tion [pɑ̀stʃuléiʃən | pɔ̀stju-] *n.* ⓊⒸ **1** 가정, 선결 조건 **2** 요구

*__pos·ture__ [pɑ́stʃər | pɔ́s-] [L 「위치」의 뜻에서] *n.* ⓊⒸ **1** (몸의) **자세**; Ⓤ 마음가짐(attitude of mind) **2** 몸가짐; 자태(姿態); Ⓒ 일부러 꾸민 자세[태도](affected attitude) **3** 정세, 사태
— *vi.* **1** 자세[태도]를 취하다 **2** …인 체하다 ((*as*)): ~ *as* a critic 비평가연하다
— *vt.* 태도를 취하게 하다: The painter ~*d* his model. 화가는 모델에게 포즈를 취하게 하였다.

*__post·war__ [póustwɔ́:r] *a.* **전후**(戰後)**의** (opp. *prewar*)

***__pot__ [pɑt | pɔt] *n.* **1 항아리, 단지,** 분(盆), 독, (깊은) 냄비 **2** (단지 등의) 하나 가득한 분량 **3** (어린이용) 변기, 요강 **4** ((구어)) [때때로 *pl.*] 거액(巨額); ((속어)) (경기 등의) 은상배(銀賞盃), 컵 **5** (poker 등에서) 한 번에 거는 돈의 총액; 상금; [the ~] 큰돈을 건 경마말 **6** ((속어)) 중요 인사 **7** Ⓤ ((속어)) 마리화나, 대마 **8** 포트 ((액체의 양))
— *v.* (**~·ted**; **~·ting**) *vt.* **1** 통조림으로 하다 **2** 화분에 심다 **3** 잡아먹기 위하여 사냥하다 **4** ((구어)) 손에 넣다(secure) **5** 〖당구〗 =POCKET **6** 〈아이를〉 실내 변기에 앉히다 **—** *vi.* **1** 쏘다 ((*at*)) **2** 술을 마시다

po·ta·ble [póutəbl] *a.* 〈물이〉 마시기에 알맞은 **—** *n.* [보통 *pl.*] 음료, 술

po·tage [poutɑ́:ʒ | pɔ-] [F =what is put in a pot] *n.* 포타지, 진한 수프

pot·ash [pɑ́tæ̀ʃ | pɔ́t-] *n.* Ⓤ **1** 잿물 **2** 〖화학〗 가성(苛性) 칼륨 **3** = POTASSIUM *__po·tas·si·um__ [pətǽsiəm] *n.* Ⓤ 〖화학〗 칼륨 《금속 원소; 기호 K, 원자 번호 19》: ~ chloride 염화(鹽化)칼륨 / ~ cyanide 시안화칼륨

po·ta·tion [poutéiʃən] *n.* **1** Ⓤ (익살) 마심(drinking) **2** 술 **3** [보통 *pl.*] 음주

⁑**po·ta·to** [pətéitou, -tə | -tou] *n.* (*pl.* **~es**) **1** 감자 **2** (미) 고구마 **3** [the ~] 안성맞춤인 것 **4** (속어) 양말 구멍 ***sweet* [*Spanish*] ~** 고구마

potáto bèetle[**bùg**] 〖곤충〗 감자 딱정벌레

potáto chìp (미) (얇게 썬) 감자튀김

potáto crìsp (영) = POTATO CHIP

pot·bel·lied [pάtbèlid | pɔ́t-] *a.* **1** 〈사람이〉 올챙이배의 **2** 〈난로·술병 등이〉 배불뚝이의

pot·bel·ly [pάtbèli | pɔ́t-] *n.* (*pl.* **-lies**) 배불뚝이

pot·boil·er [pάtbɔ̀ilər | pɔ́t-] *n.* (구어) (돈벌이를 위한) 저속한 예술 작품

pot-bound [-bàund] *a.* Ⓟ 〖식물〗 화분 전체에 뿌리가 뻗어 자랄 수 없는

pót chèese (미) = COTTAGE CHEESE

po·teen [pətíːn | pɔ-] *n.* Ⓤ (아일) 밀조 위스키

po·ten·cy [póutnsi], **-tence** [-tns] *n.* (*pl.* **-cies**; **-tenc·es**) ⓊⒸ **1** 세력이 있는 것 **2** 권력, 권위, 세력 **3** (약 등의) 효능 **4** (논의 등에서의) 설득력 **5** 힘, 잠재력

*__po·tent__ [póutnt] [L 「할 수 있는」의 뜻에서] *a.* **1** 강력한, 세력 있는 **2** 설득력 있는; (정신적인) 영향을 미치는 **3** 〈약 등이〉 효능 있는 **4** 〈남성이〉 성적 능력이 있는

*__po·ten·tate__ [póutntèit] *n.* **1** 유력자, 세력가 **2** (옛날의) 주권자, 군주

⁑**po·ten·tial** [pəténʃəl] *a.* **1** 가능한(possible), 가능성이 있는: a ~ genius 천재적 소질을 가진 사람 **2** 잠재하는 **3** 〖물리〗 위치의, 전위(電位)의: a ~ barrier 전위 장벽 **4** 〖문법〗 가능법의: the ~ mood 가능법 **—** *n.* Ⓤ **1** 잠재력[능력]: war ~ 전력(戰力) **2** 〖문법〗 가능법 **3** 〖물리〗 전위: electric ~ 전위

*__po·ten·ti·al·i·ty__ [pətènʃiǽləti] *n.* (*pl.* **-ties**) ⓊⒸ **1** 가능성 **2** [보통 *pl.*] 잠재(세)력(latency); (발전할)가능성이 있는 것

po·ten·tial·ly [pəténʃəli] *ad.* 가능성 있게, 잠재적으로; 어쩌면(possibly)

pot·ful [pάtfùl | pɔ́t-] *n.* 한 냄비[항아리, 단지]의 양 《*of*》

pot·head [pάthèd | pɔ́t-] *n.* (속어) 마리화나[대마초] 상용자[중독자]

po·theen [pəθíːn | pɔ-] *n.* = POTEEN

poth·er [pάðər | pɔ́ð-] *n.* **1** [a ~] (사소한 일로 인한) 소동, 혼잡 **2** Ⓤ [또는 a ~] 숨막힐 듯이 자욱한 연기[모래 먼지, 김]

pot·herb [pάthə̀ːrb | pɔ́thə̀ːb] *n.* 향미용 채소

pot·hole [-hòul] *n.* **1** 〖지질〗 구혈(甌穴); (수직으로 구멍이 난) 동굴 **2** (길 바닥의) 움푹 팬 곳

pot·hol·ing [-hòuliŋ] *n.* (취미로서의) 동굴 탐험

pot·hook [-hùk] *n.* **1** 불 위에 냄비 등을 매다는 S자형 고리 **2** S꼴의 획 《글씨 연습 때》

pot·hunt·er [-hʌ̀ntər] *n.* **1** 닥치는 대로 쏘는 사냥꾼 **2** 상품을 노린 경기 참가자 **3** (채집상의 지식이 없는) 아마추어 고고품 채집가

po·tion [póuʃən] *n.* **1** (물약 또는 독약의) 1회의 분량 **2** (드물게) 음료

pot·luck [pάtlʌ̀k | pɔ́t-] *n.* Ⓤ 수중에 있는 재료만으로 만든 요리, 소찬 ***take* ~** (1) 〈예기치 않던 손님이〉 있는 대로 장만한 음식을 먹다 (2) (충분한 지식 없이) 닥치는 대로 고르다

pótluck dínner[**súpper**] (미) 각자 한 접시씩 갖다 모아서 하는 저녁 식사 모임

*__Po·to·mac__ [pətóumək] *n.* [the ~] 포토맥 강 《미국 Washington시를 지나 흐르는 강》

pot·pie [pάtpài | pɔ́t-] *n.* ⓊⒸ (미) 고기를 넣은 파이(《영》 pie)

pót plànt 화분에 심는 식물

pot·pour·ri [pòupuríː] [F = rotten pot] *n.* **1** 포푸리 《방안을 향긋하게 하기 위하여 꽃잎과 향료를 섞어서 단지에 넣은 것》 **2** 고기와 채소의 잡탕 **3** 〖음악〗 혼성곡; 문학 등의 잡집(雜集)

pót ròast 포트 로스트 《약한 불에 천천히 찜을 한 쇠고기 등의 덩어리 또는 그 요리》

pot·sherd [pάtʃə̀ːrd | pɔ́t-], **-shard** [-ʃὰːrd] *n.* (고고학 발굴물의) 질그릇 조각

pot·shot [-ʃὰt | -ʃɔ̀t] *n.* **1** 잡아먹기 위한 총사냥 **2** 가까운 거리에서의 저격(狙擊) **3** 닥치는 대로의 사격[비판]

pot·tage [pάtidʒ | pɔ́t-] *n.* Ⓤ (영·고어·미) 포타주 《진한 채소 수프[스튜]》

pot·ted [pάtid | pɔ́tid] *a.* Ⓐ **1** 화분에 심은: a ~ tree 분에 가꾼 나무 **2** 단지[병]에 담은; 통조림한: ~ meat 다져서 양념한 통조림 고기 **3** 간략하게 한, 평이하게 한

*__pot·ter__[1] [pάtər | pɔ́t-] *n.* 도공(陶工); 도예가(陶藝家)

potter[2] *vi.* = PUTTER[3]

pótter's fíeld (빈곤한 사람들을 위한) 공동 묘지, 무연(無緣) 분묘

*__pot·ter·y__ [pάtəri | pɔ́t-] *n.* (*pl.* **-ter·ies**) **1** Ⓤ [집합적] 도기류(陶器類) **2** Ⓤ 도기 제조 **3** 도기 제조소 **4** [the Potteries] 도기 산지 《영국 Staffordshire 북부》

pót·ting shèd [pάtiŋ- | pɔ́t-] (밖에 심기 전에) 화분에서 식물을 기르는 오두막

pot·ty[1] [pάti | pɔ́ti] *a.* (**-ti·er**; **-ti·est**) 《영·구어》 **1** Ⓐ [보통 ~ little] 하찮은 **2** 어리석은, 조금 실성한 **3** Ⓟ 열중한

potty[2] *n.* (*pl.* **-ties**) 어린이용 변기; 《유아어》 변소

pot·ty-trained [pάtitrèind | pɔ́t-] *a.* 〈어린이가〉 어린이용 변기[변소] 사용법을 훈련 받은 **pót·ty-tràin·ing** *n.*

*__pouch__ [pautʃ] [F 「주머니, 포켓」의 뜻에서] *n.* **1** (가죽으로 만든) 작은 주머니 **2** 가죽 탄약통 **3** 눈 아래의 처진 살 **4** 〖동물〗 (유대류(有袋類) 등의) 주머니; 〖식물〗 낭상포(囊狀胞) **—** *vt.* 주머니[포켓]에 넣다

pouched [pautʃt] *a.* 주머니가 있는; 주머니 모양의: ~ animals 유대류(有袋類) 동물

pouf, pouff(e) [pu:f] *n.* (방석 등으로 쓰이는) 두꺼운 쿠션

poul·ter·er [póultərər] *n.* 새장수, 가금상; 새고기 장수

poul·tice [póultis] *n.* (밀가루·약초 등을 헝겊에 바른) 찜질약, 습포제
— *vt.* 찜질약을 붙이다

***poul·try** [póultri] *n.* [집합적; 복수 취급] 가금(家禽)

poul·try·man [póultrimən] *n.* (*pl.* **-men** [-mən]) 가금[새] 장수; 새고기 장수

***pounce** [pauns] *vi.* **1** …에 갑자기 달려들다 《*on, upon, at*》: The cat *~d on* [*upon*] a mouse. 고양이가 새앙쥐를 덮쳤다. **2** 맹렬히 비난하다 《*on, upon*》 **3** 별안간 들이닥치다; 난데없이 참견하다
— *n.* 맹금의 발톱; 갑자기 달려들기, 급습(急襲)

pound**[1] [paund] *n.* (*pl.* **~s,** 때로 ~) **1** 파운드 《중량의 단위; 기호 lb.; 상형은 16온스, 약 453그램》: a ~ of sugar 설탕 1파운드 **2 a** 파운드 《영국의 화폐 단위; 기호는 숫자 앞에서는 £, 뒤에서는 *l.*》: a ~ note 1파운드 지폐 **b** [the ~] 영국의 통화 제도; 파운드의 시세 ***by the **~** 1파운드에 얼마씩 〈팔다 등〉 **~ *of flesh*** 가혹한 요구, 치명적인 대가

pound[2] [OE 「울타리, 우리」의 뜻에서] *n.* **1** (주인 없는 마소 등을 가두던) 우리; (불법 주차한 차를 맡아 두는) 일시 보관소 **2** 양어장; 유치장
— *vi.* 우리에 넣다; 가두다 《*up*》

***pound**[3] [paund] [OE 「타박상을 주다」의 뜻에서] *vt.* **1** 마구 치다; 〈피아노·타이프라이터 등을〉 세게 치다 **2** 가루로 만들다: ~ stones *up* 돌을 부수다 — *vi.* **1** 세게 치다; 맹포격하다 《*at, on, away*》: ~ *on* the door 문을 쾅쾅 두드리다 **2** 〈북 등이〉 둥둥 울리다; 〈심장이〉 두근거리다 **3** 어슬렁어슬렁 걷다, 쿵쾅 달리다 《*along*》; 〈배가〉 물결에 쓸려 흔들리다 **4** 꾸준히 노력하다 《*at, on*》

pound·age [páundidʒ] *n.* Ⓤ (돈·무게의) 1파운드당 지불하는 금액[수수료, 세금]

pound·al [páundl] *n.* 〖물리〗 파운달 《질량 1파운드의 질점(質點)에 작용하여 1ft/sec^{2}의 가속도를 내는 힘, 13,825 다인; 略 pdl》

póund càke [각 성분을 1파운드씩 넣은 데서] (미) 파운드 케이크 ((영) Madeira cake) 《카스텔라 같은 단 과자》

pound·er[1] [páundər] *n.* 두들기는[빻는] 사람

pounder[2] *n.* [보통 복합어를 이루어] (무게가) …파운드의 물건[사람]; …파운드 포(砲)

pound-fool·ish [páundfú:liʃ] *a.* (한 푼을 아끼고) 천냥을 잃는

pound·ing [páundiŋ] *n.* **1** 〖항해〗 파운딩 《항해 중인 선박이 피칭에 의해 선수(船首)나 선저(船底)가 해변을 치는 충격》 **2** (사람이나 물체가) 세게 침[두드림 《등》]

póund stérling 영화(英貨) 1파운드

***pour** [pɔ:r] [동음어 pore] *vt.* **1** 따르다, 붓다, 쏟다, 흘리다: Please ~ it (*in*) carefully. 주의해서 따라 주십시오. **2** 방사(放射)하다: The sun *~s forth* its rays. 태양은 광선을 방사한다. **3** 〈탄알 등을〉 퍼붓다; 〈군중 등을〉 쏟아 놓다; 〈돈 등을〉 쏟아 넣다; 〈은혜 등을〉 크게 베풀다 **4** 〈피 등을〉 흘리다; 〖야금〗 녹인 쇠를 붓다 **5** 〈말·음악 등을〉 발하다 《*forth, out*》; 쉴새 없이 지껄여대다[털어놓다]: She *~ed out* her troubles *to* her mother. 그녀는 어머니에게 자기의 괴로움을 털어 놓았다.
~ *over* 쏟다, 엎지르다
— *vi.* **1** 흐르듯이 이동하다, 쇄도하다: The crowds *~ed into* the warehouse. 군중이 창고로 우우 몰려들었다. **2** 흘러나오다, 넘쳐흐르다(flow) 《*forth, out, down*》; 억수같이 퍼붓다: Water was *~ing out of* the pipe. 물이 파이프에서 콸콸 흘러나오고 있었다. **3** 〈말 등이〉 쏟아져 나오다 **4** 《구어》 〈리셉션 등에서 여성이〉 차 등을 따르다, 접대역을 맡아 하다
It never rains but it ~s. 《속담》 비가 오면 억수로 퍼붓는다; 불행[일]은 겹치는 법. **~ *in* [*out*]** 연달아 오다[나가다]

***pout** [paut] *vi., vt.* 입을 삐쭉 내밀다; 토라지다 — *n.* **1** 입을 삐죽거림, 시무룩함 **2** [종종 *pl.*] 뿌루퉁한 얼굴

pout·er [páutər] *n.* **1** 토라지는 사람 **2** 〖조류〗 파우터 (= ∠ **pígeon**) 《멀떠구니를 내밀어 우는 집비둘기의 일종》

***pov·er·ty** [pávərti | pɔ́v-] *n.* Ⓤ **1** 빈곤, 가난 《*of, in*》 **2 a** [또는 a ~] 결핍, 부족 **b** (토지의) 불모(不毛) **3** 빈약; 열등
~ *of blood* 〖의학〗 빈혈

póverty lìne[lèvel] 빈곤선 《빈곤의 여부를 구분하는 최저 수입》

pov·er·ty-strick·en [pávərtistrìkən | pɔ́v-] *a.* 매우 가난한(very poor)

p.o.w., pow, P.O.W., POW prisoner(s) of war 포로

***pow·der** [páudər] [L 「먼지」의 뜻에서] *n.* **1** Ⓤ 가루 **2** ⓊⒸ (화장)분; (베이비) 파우더 **3** ⓊⒸ 가루약 **4** ⓊⒸ 화약 **5** Ⓤ 〖경기〗 (타격에 가하는) 힘: put ~ into …에 힘을 들이다 **6** = POWDER BLUE **7** Ⓤ 〖스키〗 가루눈 **8** 《미·속어》 코카인, 헤로인 《등》
keep* one*'s* ~ *dry 만일의 경우에 대비하다 ***put on*** **~** 분을 바르다; 가루를 뿌리다 ***take a*** **~** 《미·구어》 급히 가버리다[떠나가다, 달아나다]
— *vt.* **1** 가루로 만들다 **2** 〈소금·양념 등을〉 뿌리다; 분을 바르다 **3** 맹렬히 공격하다

powder blúe **1** 분말 화감청(華紺青) 《안료》 **2** 담청색

pow·dered [páudərd] *a.* **1** 분말로 한[이 된] **2** 분을 바른 **3** 작은 반점으로 장식한

pówder kèg **1** (옛날의) 화약통 **2** (언제 폭발할지 모르는) 위험 상태

pówder pùff 분첩, 퍼프

pówder ròom 화장실 《특히 여성의》

pow·der·y [páudəri] *a.* **1** 가루의 **2** 가루 투성이의 **3** 가루가 되기 쉬운, 푸석푸석한

*****pow·er** [páuər] [L 「할 수 있다」의 뜻에서] *n.* **1** Ⓤ **힘** **2** Ⓤ **a** 국력, 군사력; 강한 힘 **b** [*pl.*] **능력**, **체력**, 지력 **3** Ⓤ **권력**; 정권 **4** Ⓤ 군대, 병력 **5** 권력자 **6** 강국 **7** Ⓤ 위임된 권력, 위임(장) **8** Ⓤ 〖기계〗 동력

a ~ of 많은 … ***come to***[***into***] ***~*** 정권을 잡다; 세력을 얻다 ***have ~ over*** …을 지배하다, 마음대로 하다 ***in*** one***'s ~*** 수중[지배하]에; 될 수 있는 한 ***the ~s that be*** 당국자, (당시의) 권력자

— *vt.* **1** 동력을 공급하다 **2** 촉진하다 **3** …의 (정신적인) 힘이 되다 **4** 《속어》 (힘으로) 치다: ~ a homer 〖야구〗 홈런을 치다 — *a.* Ⓐ 동력으로 운전하는; 보조 엔진에 의한

pówer bàse 《미》 (정치 등에서) 세력 기반, 지지 기반

pow·er·boat [páuərbòut] *n.* 발동기선, 모터보트

pówer bròker 《미》 (정치적·경제력) 영향력을 미치는 사람; 막후 인물

pówer cùt 송전 정지, 정전

pówer dìve 〖항공〗 동력 급강하 《엔진을 건 채로 하는 급강하》

pow·ered [páuərd] *a.* [보통 복합어를 이루어] **1** (…의) 동력[엔진]이 있는: a high-~ engine 강력 엔진 **2** 〈렌즈가〉 (…의) 배율의

pówer elíte [the ~] 핵심적 권력자들

*****pow·er·ful** [páuərfəl] *a.* **1 강한, 강력한** **2** 세력[권력] 있는 **3 a** 동력[출력, 배율 《등》]이 강력한[높은] **b** 《익살》 〈냄새 등이〉 강렬한 **4** 〈약 등이〉 효능 있는 **~·ness** *n.*

pow·er·ful·ly [páuərfəli] *ad.* 강력하게; 유력하게

pow·er·house [-hàus] *n.* (*pl.* **-hous·es** [-hàuziz]) **1** 발전소 **2** 정력가, 세력가

***pow·er·less** [páuərlis] *a.* **무력한**, 무능한 《*to*》; 의지할 곳 없는; 약한 **~·ly** *ad.* **~·ness** *n.*

pówer plànt **1** 발전[동력] 장치, 엔진 **2** 《미》 발전소

pówer plày **1** (정치·외교·군사·사업 등에서의) 공세적 행동, 힘의 정책 **2** 〖경기〗 파워 플레이

pówer pòint 《영》 콘센트

pówer shòvel (흙 파는) 동력삽

pówer stàtion 발전소

pow·wow [páuwàu] [북미 인디언말 「주술사」의 뜻에서] *n.* **1** (북미 인디언의) 주술 의식, 굿; 그 주술사 **2** 북미 인디언간의[과의] 교섭 **3** 《구어》 (사교적인) 회합 — *vi.* **1** (북미 인디언 간에서) 병을 고치기 위하여 굿[기도]을 하다 **2** 《구어》 협의하다 《*about*》

pox [paks | pɔks] *n.* Ⓤⓒ **1** 《고어》 천연두 **2** [the ~] 《구어》 매독(syphilis)

pp pianissimo

pp. pages; past principle

p.p., P.P. parcel post; past participle; postpaid

ppd. postpaid; prepaid

P.Q. Province of Quebec

Pr 〖화학〗 praseodymium

PR 《미》 〖우편〗 Puerto Rico

PR, P.R. [píːɑ́ːr] [*p*ublic *r*elations] *n.* 홍보[섭외] 활동 — *vt.* 《구어》 **1** PR하다 **2** (PR 수단에 의해) 〈여론을〉 조작하다

pr. present; price; printer; pronoun

Pr. Priest; Primitive; Prince; Provençal

prac·ti·ca·bil·i·ty [præ̀ktikəbíləti] *n.* Ⓤ **1** 실행 가능성 **2** 실용성

***prac·ti·ca·ble** [prǽktikəbl] *a.* **1** 〈계획 등이〉 **실행 가능한**; 실용적인 **2** 〈도로·교량 등이〉 통행할 수 있는 **-bly** *ad.* 실용적으로

*****prac·ti·cal** [prǽktikəl] *a.* **1 실제의; 실제적인**: ~ philosophy 실천 철학 **2 실용적인** **3** Ⓐ 실지 경험한, 노련한 **4** 실질[사실] 상의 **5** 쓸모 있는, 솜씨 있는 **6** 《경멸》 실용밖에 모르는; 사무적인

for (***all***) ***~ purposes*** (이론은 여하튼) 실제(적으)로는

— *n.* 《구어》 **1** 실지 수업, 실습; 실지[실기] 시험 **2** [*pl.*] 실제가(實際家)

prac·ti·cal·i·ty [præ̀ktikǽləti] *n.* **1** Ⓤ 실지적[실제적]임, 실용성 **2** 실지 문제

práctical jóke (실제적인) 짓궂은 장난

*****prac·ti·cal·ly** [prǽktikəli] *ad.* **1 실지로; 실용적으로, 실질상**: ~ speaking 실제는, 사실을 말하면 **2** 《구어》 거의(almost), …이나 마찬가지

práctical núrse 《미》 (간호 학교를 졸업하지 않은) 보조[준] 간호사

*****prac·tice** [prǽktis] *n.* **1 a** [보통 *sing.*] (개인의) **습관** **b** (사회의) 관습, **관례**: a matter of common ~ 흔히 있는 일 **c** [보통 *pl.*] 풍습, 습속(習俗), 악습 **2** Ⓤ **실행**; (실지에서 얻은) 경험 **3** Ⓤ (반복) **연습, 실습** **4** Ⓤ 숙련(skill), 수완 **5** Ⓤⓒ **a** (의사·변호사 등의) 개업 **b** 업무, 영업 **6 a** [집합적] 환자; 사건 의뢰인 **b** 개업 장소[지역] **7** [보통 *pl.*] 책략; 상투 수단 **8** Ⓤ 〖법〗 소송 절차[실무] **9** 〖그리스도교〗 예배식 **10** 〖수학〗 실산(實算)

be in ~ 개업하고 있다; 익숙하다 ***put*** [***bring***] ***in***(***to***) ***~*** 실행하다

— *vt.* (《영》 **-tise**) **1** (반복하여) **연습[실습]하다**: ~ the piano = ~ play*ing* the piano 피아노 연습을 하다 **2 실행하다,** 준수하다: He ~*d* run*ning* 2 kilometers every morning. 그는 매일 아침 2킬로미터 달리기를 했다. **3** 〈의술·법률 등을〉 업으로 하다 **4** 길들이다, 훈련시키다: ~ a person *in* an art …에게 한 기술을 가르치다

— *vi.* **1** 늘[습관적으로] 행하다, 실행하다 **2** (의사·변호사 등으로) 개업하다 **3** 연습[실습]하다: We must ~ every day. 우리는 매일 연습하지 않으면 안된다. **4** 속이다

~ on [***upon***] a person***'s weakness*** 남의 약점을 이용하다

∗**prac·ticed** [prǽktist] *a.* **1 연습을 쌓은,** 숙련된(skilled): a ~ driver 숙련된 운전사 **2** 〈웃음 등이〉 일부러 지은, 부자연스러운: a ~ smile 억지 웃음
práctice tèacher 교육 실습생
práctice tèaching 교육 실습
prac·tic·ing [prǽktisiŋ] *a.* **1** (현재) 활동하고 있는; 개업하고 있는: a ~ physician 개업(내과)의 **2** 종교의 가르침을 실천하고 있는: a ~ Catholic 실천적인 가톨릭교도
⁑**prac·tise** [prǽktis] *v.* 《영》 =PRACTICE
∗**prac·ti·tion·er** [præktíʃənər] *n.* 《특히》 **개업 의사, 변호사,** 전문업에 종사하는 사람
prae·tor [príːtər] *n.* 〖고대로마〗 집정관; 치안관
prag·mat·ic [prægmǽtik] *a.* **1** 실용적인; 〖철학〗 실용주의의: ~ lines of thought 실용주의적인 사고 방식 **2** 〖역사〗 국무의, 내정의 **3** 간섭하는 **4** 잘난 체하는
prag·mat·i·cal [prægmǽtikəl] *a.* **1** 참견 잘하는 **2** 교만스러운; 독단적인
~·ly *ad.*
prag·mat·ics [prægmǽtiks] *n. pl.* [단수 취급] 〖철학·언어〗 어용론(語用論)
prag·ma·tism [prǽgmətìzm] *n.* Ⓤ **1** 〖철학〗 실용주의 **2** 실리주의, 현실주의
-tist *n.*
∗**Prague** [prɑːg] *n.* **프라하** 《체코의 수도》
∗**prai·rie** [prέəri] [L 「목초지」의 뜻에서] *n.* **1** (Mississippi강 유역의) **대초원,** 프레리 **2** 초원, 목초지
práirie dòg 〖동물〗 프레리도그 《marmot의 일종》
práirie òyster 1 프레리 오이스터 《날달걀 또는 노른자위를 소금·후추·브랜디 등으로 맛들인 음료; 환자·숙취용》 **2** [보통 *pl.*] (식용의) 송아지 고환
práirie schòoner[**wàgon**] 《미》 대형 포장마차 《식민 시대에 개척자들이 사용한》
práirie wòlf 〖동물〗 =COYOTE
⁑**praise** [preiz] [L 「가치」의 뜻에서] *n.* ⓊⒸ **칭찬,** 찬미, 숭배
be loud[***warm***] ***in*** his ~(***s***) 그를 절찬하다 ***damn with faint*** ~ 추어주는 듯 하면서 비난하다 ***in ~ of*** …을 칭찬하여
—*vt.* **1 칭찬하다 2** 《문어》 〈신을〉 찬미하다
praise·wor·thy [préizwə̀ːrði] *a.* 칭찬할 만한, 훌륭한(praisable)
pra·line [prɑ́ːliːn] *n.* **1** 프랄린 《아몬드·호두 등을 넣은 사탕과자; 미국 남부의 명산물》 **2** 설탕에 졸인 아몬드
pram [præm] [perambulator의 단축형] *n.* 《영·구어》 **1** 유모차(《미》 baby carriage) **2** 우유 배달용 손수레
∗**prance** [præns | prɑːns] *vi.* **1** 〈말이〉 (뒷다리로) **껑충거리며 나아가다** 《*along*》 **2** 뽐내며 말을 달리다 《*about*》 **3** 의기양양하게[뽐내며] 걷다
—*n.* [a ~] (말의) 날뛰기; 활보
pran·di·al [prǽndiəl] *a.* 《익살》 식사의, 《특히》 정찬의
prang [præŋ] *vt.* 《영·속어》 **1** 〈목표물을〉 정확히 폭격하다 **2** 〈자동차 등에〉 충돌하다 **3** 비행기를 추락시키다; 자동차를 충돌시키다
—*vi.* 비행기[자동차]를 추락[충돌]시키다
—*n.* 충돌, 추락; 폭격
∗**prank**[1] [præŋk] *n.* **1 농담,** (짓궂은) 장난(mischief) **2** (기계 등의) 부정확한 작동
play ~s on[***upon***] …을 조롱하다
prank[2] *vt., vi.* 화려하게 차려 입다
prank·ish [prǽŋkiʃ] *a.* 희롱하는, 장난하는, 시시덕거리는
prank·ster [prǽŋkstər] *n.* 장난꾸러기
pra·se·o·dym·i·um [prèizioudímiəm] *n.* Ⓤ 〖화학〗 프라세오디뮴 《희토류(稀土類) 원소; 기호 Pr, 번호 59》
prat [præt] *n.* **1** [종종 *pl.*] 《속어》 엉덩이; (바지의) 뒷호주머니(hip-pocket) **2** 《영·속어》 얼간이
prate [preit] *vi., vt.* 수다 떨다
prat(**t**)**·fall** [prǽtfɔ̀ːl] *n.* 《구어》 **1** (저속한 희극 등의 동작으로서의) 엉덩방아 **2** 겸연쩍은 실패[실수]
prat·tle [prǽtl] *vi., vt.* **1** (어린애처럼) 말을 더듬거리다, 쓸데없는 말을 하다 **2** 〈개울물 등이〉 졸졸 소리 나다
prat·tler [prǽtlər] *n.* 수다쟁이; 더듬거리는 사람, 《특히》 어린이
Prav·da [prɑ́ːvdə] [Russ. 「진실」의 뜻에서] *n.* 프라우다 《구소련 공산당 중앙 기관지》
prawn [prɔːn] *n.* 〖동물〗 참새우 무리 《lobster보다 작고 shrimp보다는 큰 것》
prax·is [prǽksis] *n.* (*pl.* **prax·es** [prǽksiːz], **~·es**) 습관; 연습(exercise)
⁑**pray** [prei] [동음어 prey] [L 「빌다(beg)」의 뜻에서] *vi.* **1** (신에게) **빌다; 간청하다** 《*for*》: ~ *for* pardon 용서를 빌다 **2** 《문어·고어》 [I ~ you의 생략] 제발(please), 바라건대: *P*~ come with me. 저와 함께 가 주십시오.
—*vt.* **기원하다:** She ~*ed* God *for* forgiveness. =She ~*ed* God *to* forgive her. 그녀는 하느님께 용서를 빌었다.
⁑**prayer**[1] [prεər] *n.* **1** Ⓤ **빌기,** 기도 **2** 기도 문구 **3** 탄원, 청원 **4** [종종 *pl.*] 기도식 ***be at*** one***'s ~s*** 기도 드리는 중이다 ***give***[***say***] one***'s ~s*** 기도 드리다
∗**pray·er**[2] [préiər] *n.* **기도하는 사람**
práyer bòok [prέər-] **1** 기도서 **2** [the P~ B~] (영국 국교회의) 기도서 (the Book of Common Prayer)
prayer·ful [prέərfəl] *a.* 신앙심이 깊은
~·ly *ad.* **~·ness** *n.*
práyer màt [prέər-] =PRAYER RUG
práyer mèeting[**sèrvice**] [prέər-] (개신교의) 기도회
práyer rùg [prέər-] (이슬람교도들이 기도할 때 쓰는) 깔개, 거적
práyer whèel [prέər-] (라마교도의) 기도 윤당(輪堂), 회전 예배기(器)
práy·ing mántis[**mántid**] [préiiŋ-] 〖곤충〗 사마귀, 버마재비
P.R.B. Pre-Raphaelite Brotherhood
pre- [priː, pri] *pref.* 「미리; …이전의; …의 앞쪽에 있는」의 뜻(opp. *post-*)

‡preach [priːtʃ] [L 「알리다, 공표하다」의 뜻에서] *vi.* **설교하다; 전도하다**; 훈계하다 ⦅*to*⦆ **—** *vt.* 전도하다; 설명하다: ~ a doctrine 어떤 교리를 설명하다
~ ***against*** …에 반대하는 설교를 하다

***preach·er** [príːtʃər] *n.* **1 설교자,** 전도자 **2** 훈계[설교]하는 사람

preach·i·fy [príːtʃəfài] *vi.* (**-fied**) 지루하게 설교하다

***preach·ing** [príːtʃiŋ] *n.* ⓊⒸ **1 설교함,** 설교술; 설교 **2** 설교가 있는 예배

preach·ment [príːtʃmənt] *n.* ⓊⒸ 설교, 지루한 설법[훈계]

preach·y [príːtʃi] *a.* (**preach·i·er**; **-i·est**) (구어) 설교하기 좋아하는; 설교조의

pre·am·ble [príːæmbl | -ˊ-] [L 「앞서 걸어가는」의 뜻에서] *n.* 머리말, 서론; (조약 등의) 전문(前文) ⦅*to, of*⦆

pre·ar·range [prìːəréindʒ] *vt.* 사전에 조정[협의]하다 **~·ment** *n.*

preb·end [prébənd] *n.* ⓊⒸ canon이 받는 성직자 보수; 녹을 받는 성직자의 직

preb·en·dar·y [prébəndèri | -dəri] *n.* (*pl.* **-dar·ies**) 수록 성직자; 목사

pre·bi·o·log·i·cal [prìːbaiəlɑ́dʒikəl | -lɔ́dʒ-] *a.* 생물이 탄생하기 이전의, 생명기원의 전구물(前驅物)의[에 관한] 〈분자 등〉

Pre·cam·bri·an [prìːkǽmbriən] 〚지질〛 *a.* 전 캄브리아대(代)의
— *n.* [the ~] 전 캄브리아대

***pre·car·i·ous** [prikɛ́əriəs] [L 「기도에 의해 얻어지는」의 뜻에서] *a.* **1 불확실한;** 위험한 **2** 남의 뜻에 달린 **3** 근거가 불확실한, 지레짐작의 **~·ly** *ad.*

‡pre·cau·tion [prikɔ́ːʃən] *n.* ⓊⒸ [종종 *pl.*] **조심;** Ⓒ **예방 조치:** You should take special ~*s to* prevent fire. 화재 예방에 특별히 조심하여야 한다.

pre·cau·tion·ar·y [prikɔ́ːʃənèri | -ʃənəri] *a.* 예방의: ~ measures 예방책

‡pre·cede [prisíːd] [L 「앞에 가다」의 뜻에서] *vt.* **1 앞서다;** 〈안내인이〉 **앞장서다** (opp. *follow*) **2** …보다 우월하다, 우선하다: This ~*s* all others. 이것은 다른 모든 것보다 우선한다. **3** …보다 앞서게 하다 ⦅*by, with*⦆ **—** *vi.* 우선하다

prec·e·dence, -den·cy [présədəns(i), prisíː-] *n.* Ⓤ **1** (시간·순서 등이) 우위, 앞섬 **2** 상위; 우선권; 전례
give a person ***the*** ~ …의 우위를 인정하다 ***take***[***have***] (***the***) ~ ***of***[***over***] …보다 우월[우선]하다

pre·ce·dent[1] [prisíːdənt, présə-] *a.* = PRECEDING

prec·e·dent**[2] [présədənt] *n.* **1 전례** **2** ⓊⒸ 〚법〛 판례 ***make a ~ of something …을 선례로 삼다

***pre·ced·ing** [prisíːdiŋ] *a.* Ⓐ [보통 the ~] **앞선; 바로 앞의,** 상기의: the ~ year 그 전해

pre·cen·tor [priséntər] *n.* (*fem.* **-trix** [-triks]) (교회 성가대의) 선창자

***pre·cept** [príːsept] [L 「가르치다」의 뜻에서] *n.* **1** ⓊⒸ **교훈,** 계율, 권고 **2** ⓊⒸ 격언 **3** 〚법〛 명령서, 영장 **4** (기술 등의) 형(型), 규칙; ⓊⒸ 지침
Practice[***Example***] ***is better than*** **~.** (속담) 실행은 교훈보다 낫다.

pre·cep·tor [priséptər] *n.* 교훈자, 교사

pre·ces·sion [priːséʃən] *n.* Ⓤ **1** 전진 (운동), 선행 **2** 〚천문〛 세차(歲差) (운동)

***pre·cinct** [príːsiŋkt] [L 「둘러싸다」의 뜻에서] *n.* **1** (미) (행정상의) **관구(管區),** 구역; 학군; 선거구; 경찰 관할 구역 **2** (도시 등의 특정한) 지역: a shopping ~ 상점가 **3** [보통 *pl.*] **구내(構內):** the school ~*s* 학교 구내 **4** [보통 *pl.*] 경계(선) ⦅*of*⦆ **5** [*pl.*] 주위

pre·ci·os·i·ty [prèʃiɑ́səti | -ɔ́s-] *n.* **1** Ⓤ (말씨·취미 등이) 까다로움, 점잔뺌 **2** [보통 *pl.*] 지나치게 꾸민 표현

‡pre·cious [préʃəs] [L 「가격(price)이 비싼」의 뜻에서] *a.* **1 귀중한, 값비싼;** 존경할 만한 **2** 귀여운; (반어) 훌륭한 **3** (말씨 등을) 다듬은 **4** Ⓐ (구어) 철저한; 대단한
make a ~ mess of it (그것을) 엉망으로 만들다
— *n.* [호칭으로도 써서] (구어) 소중한 사람[동물] **—** *ad.* (구어) 대단히, 지독하게 ⦅보통 ~ little[few]로서 씀⦆
~·ness *n.*

pre·cious·ly [préʃəsli] *ad.* **1** 까다롭게, 지나치게 꾸며서 **2** (구어) 매우, 대단히

***prec·i·pice** [présəpis] [L 「곤두박이로 떨어지는」의 뜻에서] *n.* **1** (거의 수직의 가파른) **절벽** **2** 위기, 궁지: be[stand] on the brink of a ~ 위기에 처해 있다

pre·cip·i·tan·cy [prisípətənsi], **-tance** [-təns] *n.* (*pl.* **-cies**; **-tanc·es**) **1** Ⓤ 몹시 서두름; 경솔 **2** 경거망동

pre·cip·i·tant [prisípətənt] *a.* **1** 거꾸로의, 돌진하는 **2** 다급한 **3** 경솔한 **—** *n.* 〚화학〛 침전제(沈澱劑); 촉진하는 것

***pre·cip·i·tate** [prisípətèit] [L 「곤두박이로 던져 떨어뜨리다」의 뜻에서] *vt.* **1 촉진시키다,** 몰아대다, 마구 재촉하다: ~ one's ruin 파멸을 촉진하다 **2** (문어) **거꾸로 떨어뜨리다,** 팽개치다: He ~*d* himself *into* the sea. 그는 바다에 거꾸로 떨어졌다. **3** 〈어떤 상태에〉 빠뜨리다, 갑자기 밀어 떨어뜨리다 ⦅*into*⦆: ~ a person *into* misery …을 불행에 빠뜨리다 **4** 〚화학〛 침전시키다 **5** 〚물리〛 응결(凝結)시키다 **—** *vi.* 침전하다; 〈공중의 수증기가〉 (비나 안개 등으로) 응결하다
~ one***self into*** debt 갑자기 (빚)을 짊어지다
— [-tət, -tèit] *n.* 〚화학〛 침전물; 〚물리〛 응결한 수분[비, 이슬 ⦅등⦆]
— [-tət] *a.* **1** 거꾸로의, 돌진하는 **2** 경솔한, 무모한 **3** 갑작스러운 **~·ness** *n.*

pre·cip·i·tate·ly [prisípətətli] *ad.* 곤두박질로; 갑자기

***pre·cip·i·ta·tion** [prisìpətéiʃən] *n.* Ⓤ **1** 투하; 돌진 **2** 촉진(acceleration) **3** 화급, 다급함; 경거망동 **4** 〚기상〛 강설, 강수[강우](량) **5 a** 침적; 〚화학〛 침전, 침강 **b** Ⓒ 침전물

***pre·cip·i·tous** [prisípətəs] *a.* **1 a** 가파른, 깎아지른 듯한, 험한 **b** 급경사의 **2** 성급한, 무모한 **~·ly** *ad.* **~·ness** *n.*

pré·cis [preisíː | ⌐–] [F =precise] *n.* (*pl.* ~ [-z]) 대의; 요약(summary): ~ writing 대의[요점] 필기
—*vt.* 요약하다

‡**pre·cise** [prisáis] [L 「짧게 자르다」의 뜻에서] *a.* **1 정확한**(exact), **정밀한 2** 조금도 틀림없는 **3** Ⓐ 바로 그… (very): at the ~ moment 바로 그때에 **4** 규칙대로의 **5** 까다로운, 꼼꼼한 **~·ness** *n.*

‡**pre·cise·ly** [prisáisli] *ad.* **1 정밀하게, 정확히**, 적확하게 **2** 꼼꼼하게; 까다롭게 **3** [동의를 나타내어] 바로 그렇다

***pre·ci·sion** [prisíʒən] *n.* Ⓤ **정확, 정밀**; 꼼꼼함; 정밀도; 〖수학〗 정도(精度); 〖컴퓨터〗 (수식을 표현하는) 정도(精度)
—*a.* Ⓐ **1** 정밀한: a ~ apparatus [instrument] 정밀 기계 **2** 〖군사〗 (목표를) 정확히 사격하는

pre·clude [priklúːd] [L 「미리 닫다」의 뜻에서] *vt.* 《문어》 일어나지 않게 하다; 방해하다, 막다: ~ all doubts 의심의 여지가 없다

pre·clu·sion [priklúːʒən] *n.* Ⓤ 제외, 배제; 방해, 저지

pre·clu·sive [priklúːsiv] *a.* 제외하는 《*of*》; 방지하는 **~·ly** *ad.*

pre·co·cious [prikóuʃəs] [L 「미리 삶다」의 뜻에서] *a.* **1** 〈어린이가〉 조숙한 **2** 〈식물 등이〉 일찍 꽃피는
~·ly *ad.* **~·ness** *n.*

pre·coc·i·ty [prikɑ́səti | -kɔ́s-] *n.* Ⓤ 조숙, 일됨, 올됨

pre·cog·ni·tion [prìːkɑgníʃən | -kɔg-] *n.* ⓊⒸ 《문어》 미리 앎, 사전 인지, (초과학적인) 예지

pre-Co·lum·bi·an [prìːkəlʌ́mbiən] *a.* 콜럼버스(의 미대륙 발견) 이전의

pre·con·ceive [prìːkənsíːv] *vt.* 예상하다: ~*d* opinions 선입견

pre·con·cep·tion [prìːkənsépʃən] *n.* ⓊⒸ 예상; 선입견, 편견

pre·con·cert [prìːkənsə́ːrt] *vt.* (협정·사전 타협 등으로) 미리 정하다

pre·con·di·tion [prìːkəndíʃən] *n.* 필수[전제] 조건
—*vt.* 미리 바람직한 상태로 마련[조정]하다

pre·cook [prìːkúk] *vt.* 〈식품을〉 미리 조리하다

pre·cur·sor [prikə́ːrsər, príkəːr-] [L 「앞에 달리다」의 뜻에서] *n.* **1** 선구자, 선봉 **2** 선임자, 선배 **3** 전조

pre·cur·so·ry [prikə́ːrsəri] *a.* **1** 선구의, 선봉의 《*of*》; 전조의 **2** 예비의

pred. predicate; predicative(ly); prediction

pre·da·cious, -ceous [pridéiʃəs] *a.* = PREDATORY 1

pre·date [priːdéit] *vt.* **1** (…보다) 먼저[앞서] 오다 **2** = ANTEDATE

pred·a·tor [prédətər, -tɔ̀ːr] *n.* **1** 약탈자 **2** 포식 동물

pred·a·to·ry [prédətɔ̀ːri | -təri] *a.* **1** 〖동물〗 생물을 잡아 먹는, 육식하는(carnivorous) **2** 약탈하는

pre·dawn [priːdɔ́ːn] *n., a.* 동트기 전(의)

pre·de·cease [prìːdisíːs] *vt., vi., n.* Ⓤ …보다 먼저 죽다[죽음]

***pre·de·ces·sor** [prédəsèsər, príː- | príːdisès-] *n.* [L 「먼저 떠난 사람」의 뜻에서] *n.* **1 전임자**; 선배 **2** 앞선 것

pre·des·ti·nate [priːdéstənèit] *vt.* 《문어》 예정하다, 〈신이 인간 등의 운명을〉 미리 정하다 《*to, to* do》
—[-nət] *a.* 예정된, 운명의

pre·des·ti·na·tion [priːdèstənéiʃən] *n.* Ⓤ **1** 예정; 운명, 전생의 약속 **2** 〖신학〗 운명 예정설

pre·des·tine [priːdéstin] *vt.* 〈신이 사람을〉 (…으로[…하도록]) 운명짓다 《*to, to* do》

pre·de·ter·mi·na·tion [prìːditəːrmə-néiʃən] *n.* Ⓤ **1** 선결, 예정, 미리 운명 지어져 있음 **2** (인간의 자유 의지를 인정하지 않는) 숙명론

***pre·de·ter·mine** [prìːditə́ːrmin] *vt.* **1 미리 결정[예정]하다**; …을 미리 계산하다 **2** 운명짓다, 숙명을 짊어지다 **3** …의 방향[경향]을 예정하다 《*to*》

pred·i·ca·ble [prédikəbl] *a.* 단정할 수 있는 —*n.* 단정할 수 있는 것; 속성(attribute)

***pre·dic·a·ment** [pridíkəmənt] *n.* **1** ⓊⒸ **곤경**, 궁지: be in a ~ 곤경에 처해 있다 **2** [prédikə-] 단정된 것; [*pl.*] 〖논리〗 범주(category) **3** 《고어》 상태

‡**pred·i·cate** [prédikət] [L 「공언하다」의 뜻에서] *n.* **1** 〖문법〗 **술부, 술어 2** 〖논리〗 빈사(賓辭) **3** 〖철학〗 속성 **4** 〖컴퓨터〗 술어 —*a.* Ⓐ 〖문법〗 술부[술어]의
—[prédəkèit] *vt.* **1** 단정[단언]하다 (affirm), 선언[공언]하다 **2** 속성을 나타내다 《*about, of*》; 〈어떤 근거에〉 입각시키다 (found) 《*on, upon*》: We ~ faithfulness *of* a dog. 충실을 개의 속성으로 친다. **3** 〖문법〗 주어에 대하여 서술하다

pred·i·ca·tive [prédəkèitiv | pridíkət-] *a.* **1** 단정적인 **2** 〖문법〗 서술적인(cf. ATTRIBUTIVE) —*n.* 〖문법〗 서술사, 서술어 《보어(complement)라고 하는 것》
~·ly *ad.*

‡**pre·dict** [pridíkt] [L 「미리 말하다」의 뜻에서] *vt.* **예언하다**, 예보하다

pre·dict·a·bly [pridíktəbli] *ad.* 예상대로

***pre·dic·tion** [pridíkʃən] *n.* **1 예보**; **예언 2** Ⓤ 예언[예보]하기

pre·dic·tive [pridíktiv] *a.* 예언[예보]하는, 예언적인 **~·ly** *ad.*

pre·dic·tor [pridíktər] *n.* 예언자; 예보자

pre·di·gest [prìːdidʒést, -dai-] *vt.* **1** 소화가 잘 되도록 요리하다 **2** 〈작품 등을〉 이해하기 쉽게 하다 《이따금 나쁜 의미로 쓰임》 **-ges·tion** [-dʒéstʃən] *n.*

pre·di·lec·tion [prìːdilékʃən] [L 「미리 가려내다」의 뜻에서] *n.* 편애, 역성

pre·dis·pose [prìːdispóuz] *vt.* **1** 미리 처치[처분]하다 **2** …의 소인(素因)을 만들다: His stammer ~*d* him *to* avoidance of company[*to* avoid company]. 그는 말을 더듬기 때문에 남과의

교제를 피하는 경향이 있었다. **3** 〖의학〗 〈사람을〉 (병에) 걸리기 쉽게 하다: A cold ~*s* a person *to* other diseases. 감기는 만병의 근원이다.

∗**pre·dis·po·si·tion** [prìːdispəzíʃən] *n.* **1 경향,** 성질 **2** 〖병리〗 (병 등에 걸리기 쉬운) 소질 《*to*》

pre·dom·i·nance, -nan·cy [pridɑ́mənəns(i) | -dɔ́m-] *n.* Ⓤ [또는 a ~] 탁월, 출중; 지배 《*over*》

∗**pre·dom·i·nant** [pridɑ́mənənt | -dɔ́m-] *a.* **1 우세한; 탁월한 2** 주된, 두드러진, 지배적인: the ~ color[idea] 주색(主色)[주의(主意)] **~·ly** *ad.*

∗**pre·dom·i·nate** [pridɑ́mənèit | -dɔ́m-] *vi.* **우세하다**; 지배력을 가지다, 탁월하다

∗**pre·dom·i·nat·ing** [pridɑ́mənèitiŋ | -dɔ́m-] *a.* **우세한,** 탁월한; 주된

pre·e·lec·tion [prìːilékʃən] *n.* ⓊⒸ 예선 **—** *a.* 선거 전의

pree·mie, pre·mie, pree·my [príːmi] [< *pre*mature+*-ie*] *n.* 《미·구어》 조산(早産)아, 미숙아

pre·em·i·nence [pri(ː)émənəns] *n.* Ⓤ [또는 a ~] 발군(拔群), 탁월: bad ~ 악평

pre·em·i·nent [pri(ː)émənənt] *a.* 걸출한 《*in*》; 현저한 **~·ly** *ad.*

pre·empt [pri(ː)émpt] *vt.* **1** 선매권에 의하여 획득하다 **2** 《미》 〈공유지를〉 선매권을 얻기 위해 점유하다 **3** 선취하다 **4 a** 《문어》 〈…을〉 대신하다 **b** 〈텔레비전·라디오에서 정기 프로를〉 바꾸다 **5** 〈…을〉 자기를 위해 이용하다

pre·emp·tion [pri(ː)émpʃən] *n.* Ⓤ **1** 선매(권) **2** 선제 공격

pre·emp·tive [pri(ː)émptiv] *a.* **1** 선매의, 선매권이 있는: (a) ~ right 선매권 **2** 〖군사〗 선제의: a ~ attack (핵무기 등에 의한) 선제 공격 **3** 〖카드〗 선제의 《상대편을 꺾기 위하여 끗수를 올려 부르는》 **~·ly** *ad.*

preen [priːn] [prune의 변형] *vt.* **1** 〈날개를〉 부리로 다듬다 **2** [~ one*self*로] 모양내다 **3** [~ one*self*로] 의기양양해 하다, 기뻐하다 **—** *vi.* 〈사람이〉 모양내다

pre·ex·ist [prìːigzíst] *vi.* **1** 〈사람이〉 전세(前世)에 존재하다 **2** 〈영혼이〉 육체와 함께 있기 전에 존재하다
— *vt.* (…보다) 전에 존재하다

pref. preface; prefatory; preference; preferred; prefix

pre·fab [príːfæ̀b] [*prefab*ricated building[house]] 《구어》 *n.* 조립식 가옥, 프리패브 (주택) **—** *a.* 조립식의

pre·fab·ri·cate [priːfǽbrikèit] *vt.* 미리 만들다; 조립식의 각 부분을 맞추어 〈집을〉 짓다: a ~*d* house 조립식 주택

pre·fab·ri·ca·tion [prìːfæbrikéiʃən] *n.* Ⓤ 미리 만들어 냄; 조립식 가옥의 부분품 제조

‡**pref·ace** [préfis] [L 「미리 말하다」의 뜻에서] *n.* **1 서문,** 머리말 **2** 전제, 발단 **—** *vt.* **1** 〈책 등에〉 서문을 쓰다 **2** 〈사건 등이〉 …의 단서가 되다, …의 앞에 두다; (…으로) 시작하다: He ~*d* his speech with an apology. 그는 먼저 사과를 하고 연설을 시작했다.

pref·a·to·ry [préfətɔ̀ːri | -təri], **pref·a·to·ri·al** [prèfətɔ́ːriəl] *a.* 서문의, 머리말의

pre·fect [príːfekt] *n.* **1** 〖로마사〗 장관, 제독, 사령관 **2** (프랑스·이탈리아의) 지사 **3** 《영》 (public school의) 감독생, 반장 《다른 학교의 monitor에 해당함》

prè·fec·tó·ri·al [-tɔ́ːriəl] *a.*

‡**pre·fec·ture** [príːfektʃər | -tʃùə] [L 「장관(prefect)의 직」의 뜻에서] *n.* **1** ⓊⒸ prefect의 직[관할권, 임기] **2 도**(道), (일본 등의) 현(縣) **3** 도청, 현청; 지사 관사

pre·fec·tur·al [priːféktʃərəl] *a.*

‡**pre·fer** [prifə́ːr] [L 「앞에 두다」의 뜻에서] *vt.* (**~red**; **~·ring**) **1 오히려 …을 좋아하다**: Which do you ~, this or that? 이것과 저것 가운데 어느 것이 더 좋습니까? **2** 〖법〗 우선권을 주다 **3** 〈청구·소송 등을〉 제출[제기]하다 **4** 《문어》 발탁하다, 승진시키다: ~ an officer *to* the rank of general 장교를 장군으로 진급시키다

∗**pref·er·a·ble** [préfərəbl] *a.* **오히려 나은,** 고를 만한 **-bly** *ad.* 더 좋아하여, 오히려, 가급적(이면)

‡**pref·er·ence** [préfərəns] *n.* **1** ⓊⒸ [또는 a ~] **더 좋아함,** 선호; 편애 《*for*》 **2 더 좋아하는 물건,** 선택물 **3** ⓊⒸ 〖법〗 우선(권); 〖경제〗 (무역) 특혜: offer [afford] a ~ 우선권[특혜]을 주다
have a ~ for …을 더 좋아하다, …을 선택하다 ***in ~ to*** …에 우선하여, …보다는 오히려

préference shàre[stòck] 《영》 우선주(《미》 preferred share[stock])

pref·er·en·tial [prèfərénʃəl] *a.* Ⓐ **1** 우선의, 선취권이 있는: ~ right 우선권/~ treatment 우대 **2** 선택적인, 차별제의 **3** 〈관세법 등이〉 특혜의; 《영》 영국과 그 자치령에 특혜를 주는 **~·ly** *ad.*

preferéntial táriff 특혜 관세

pre·fer·ment [prifə́ːrmənt] *n.* Ⓤ 승진; 발탁; 고위

pre·ferred [prifə́ːrd] *a.* 선취권 있는; 발탁된, 승진한

preférred stóck[sháre] 《미》 우선주(《영》 preference stock[share])

pre·fig·ure [priːfígjər | -gə] *vt.* **1** (…의) 형상[형]을 미리 나타내다 **2** 예상하다 **~·ment** *n.*

‡**pre·fix** [príːfiks] [L 「앞에 붙이다」의 뜻에서] *n.* **1** 〖문법〗 **접두사 2** 성명 앞에 붙이는 경칭 《Sir, Mr. 등》 **—** *vt.* **1 접두사를 붙이다** 《*to*》 **2** 앞에 놓다[두다], 〈서문·표제 등을〉 앞에 붙이다 《*to*》

preg·na·ble [prégnəbl] *a.* **1** 정복할 수 있는 **2** 공격할 수 있는[받기 쉬운]; 약점이 있는

preg·nan·cy [prégnənsi] *n.* Ⓤ **1** 임신 **2** 임신 기간 **3** 함축, 의미 심장; 풍부; 내용 충실

prégnancy tèst 임신 검사

∗**preg·nant** [prégnənt] [L 「태어나기 전의」의 뜻에서] *a.* **1 임신한** 《*of, with*》:

be six months ~ 임신 6개월이다 **2** Ⓟ 충만한 ((*with*)) **3** Ⓐ 의미심장한, 시사적인; 〚수사학〛 함축성 있는 **4** Ⓐ ((문어)) 창의력[연구심]이 풍부한 **~·ly** *ad.*

pre·heat [pri:híːt] *vt.* (조작에 앞서) 〈오븐 등을〉 예열하다

pre·hen·sile [prihénsl | -sail] *a.* **1** 〚동물〛 〈발·꼬리 등이〉 물건을 잡기에 적합한, 파악력 있는 **2** 〈사람이〉 이해력이 있는

***pre·his·tor·ic, -i·cal** [prìːhistɔ́ːrik(əl) | -tɔ́r-] *a.* **1 유사(有史) 이전의 2** ((경멸·익살)) 고풍의, 아주 시대에 뒤진

pre·his·to·ry [priːhístəri] *n.* **1** 선사 시대; 선사학(先史學) **2** [a ~] (…의) 전사(前史), 경위, 전말 ((*of*))

pre·hu·man [priːhjúːmən] *a., n.* 인류 (출현) 이전의 (동물)

pre·judge [priːdʒʌ́dʒ] *vt.* **1** 미리 판단하다; 조급한 판단을 내리다 **2** 심리하지 않고 판결하다 **~·ment** *n.*

‡**prej·u·dice** [prédʒudis] [L 「미리 내린 판단」의 뜻에서] *n.* **1** ⓊⒸ **편견,** 선입관 **2** Ⓤ 〚법〛 **침해,** 손상; 불이익

have a ~ against* [*in favor of*]** …을 까닭없이 싫어하다[두둔하다] ***without ~ 편견없이; 〚법〛 기득권을 침해하지 않고 ((*to*)); (…을) 해치지[손상하지] 않고 ((*to*))

— *vt.* **1 편견을 갖게 하다 2** 〚법〛 〈권리 등을〉 **해치다,** …**에게 손해를 주다**

prej·u·diced [prédʒudist] *a.* 선입관[편견]을 가진, 불공평한: a ~ opinion 편견 **~·ly** *ad.*

prej·u·di·cial [prèdʒudíʃəl] *a.* **1** 편견을 갖게 하는; 편파적인 **2** Ⓟ 불리한 (hurtful) ((*to*)): a ~ error 〚법〛 불리한 이유에 의한 오판(誤判)

prel·a·cy [préləsi] *n.* (*pl.* **-cies**) **1** 고위 성직자 제도[직무] **2** [the ~; 집합적] 고위 성직자들

***prel·ate** [prélət] *n.* **고위 성직자** ((bishop, archbishop 등))

pre·launch [priːlɔ́ːntʃ] *a.* 〚우주과학〛 〈우주선 등이〉 발사 준비 중의, 발사 준비 단계의

pre·lim [príːlim, prilím] [*prelim*inary examination] *n.* **1** [보통 *pl.*] ((구어)) 예비 시험; (경기 등의) 예선 **2** [*pl.*; 보통 the ~s] ((영·구어)) (책의) 앞붙이 ((본문 앞의 페이지))

prelim. preliminary

‡**pre·lim·i·nar·y** [prilímənèri | -nəri] [L 「문지방 앞에서」의 뜻에서] *a.* **예비적인,** 준비의; 시초의: a ~ examination 예비 시험(((구어)) prelim)

~ to …에 앞서서, 전에

— *n.* (*pl.* **-nar·ies**) [보통 *pl.*] **1 사전 준비;** 서두 **2** 예비 시험; (경기 등의) 예선 **prè·lim·i·nár·i·ly** *ad.*

pre·lit·er·ate [priːlítərət] *a.* 문자 사용 이전의, 문헌 이전의 〈민족〉

***prel·ude** [préljuːd, préiljuːd] [L 「앞서 연주하다」의 뜻에서] *n.* **1** 〚음악〛 **전주곡 2** 전조 ((*to*))

— *vt., vi.* …의 전조가 되다

pre·mar·i·tal [prìːmǽrətl] *a.* 결혼 전의 **~·ly** *ad.*

***pre·ma·ture** [prìːmətjúər, -tʃúər | prèmətjúə] *a.* **1 조숙한;** 시기상조의 **2** 조산의: a ~ birth 조산 **~·ly** *ad.*

pre·ma·tu·ri·ty [prìːmətjúərəti | prèmətjúərə-] *n.* Ⓤ **1** 조숙 **2** 시기상조(의 조치) **3** 조산

pre·med [priːméd] *n.* **1** ((구어)) 의학부 예과 (학생) **2** = PREMEDICATION

pre·med·i·ca·tion [prìːmedikéiʃən] *n.* Ⓤ 〚외과〛 예비 마취; Ⓒ 그 약

pre·med·i·tate [priːmédətèit] *vt., vi.* 미리 숙고[계획]하다

pre·med·i·tat·ed [priːmédətèitid] *a.* 미리 계획된: (a) ~ murder[homicide] 모살(謀殺), 계획적 살인

pre·med·i·ta·tion [prìːmedətéiʃən] *n.* Ⓤ **1** 미리 생각[계획]함 **2** 〚법〛 예모(豫謀), 고의

pre·men·stru·al [priːménstruəl] *a.* 월경(기) 전의: ~ tension 월경 전의 긴장 증상 ((두통·골반의 불쾌 등; 略 PMT))

‡**pre·mier** [primjíər, príːmiər | prémjə] [L 「제1(의)의」 뜻에서] *n.* [종종 **P~**] **수상,** 국무총리(prime minister): the *P~s'* Conference 영연방 수상 회의

— *a.* Ⓐ 1위[등]의, 으뜸의; 최초의

take* [*hold*] *the ~ place 수위[수석]를 차지하다

pre·miere, pre·mière [primíər, -mjέər | prémiὲə] [F=first] *n.* (연극의) 초일, 초연; (영화의) 특별 개봉

— *vt.* 초연을 하다

— *a.* 최초의; 주연 여배우의

***prem·ise** [prémis] [「앞에 놓인」의 뜻에서] *n.* **1** 〚논리〛 **전제:** a major[minor] ~ 대[소]전제 **2** [*pl.*] 건물이 딸린 토지; 건물 **3** [*pl.*] 전술한 말; [the ~] 〚법〛 기술 사항(旣述事項)

***pre·mi·um** [príːmiəm] [L 「보수」의 뜻에서] *n.* **1 할증금**(割增金), 웃돈 **2** (경쟁 등의) 상(賞), 상금 **3** 보험료, 할부금 **4** 수수료 **5** 사례금

at a ~ 프리미엄이 붙어, 액면 이상으로; 수요가 많은, 진귀한 ***put a ~ on*** 〈사람이〉 …을 중시하다; …을 장려하다

— *a.* 특히 우수한, 〈상품이〉 고급의, 값비싼

prémium ráte 할증 요금, 특별 요금

Prémium (Sávings) Bònd ((영)) 할증금이 붙은 채권

pre·mo·ni·tion [prìːməníʃən, prè-] *n.* 징후, 전조; 예감; 예고

pre·mon·i·tor [primɑ́nətər | -mɔ́n-] *n.* 예고자; 징후, 전조; 예감

pre·mon·i·to·ry [primɑ́nətɔ̀ːri | -mɔ́nitəri] *a.* **1** 예고의 **2** 〚의학〛 전구적(前驅的)인

pre·mo·tion [priːmóuʃən] *n.* 인간의 의지를 결정하는 신의 행위; 신에 의한 인간 행동의 사전 결정; 영감(靈感)

pre·na·tal [priːnéitl] *a.* 태어나기 전의, 태아기(胎兒期)의 **~·ly** *ad.*

***pre·oc·cu·pa·tion** [prìːɑkjupéiʃən | -ɔ̀k-] *n.* **1** Ⓤ **선취**(先取) **2** Ⓤ 선입견, 편견 **3** Ⓤ 몰두, 열중 **4** 무엇보다도 중대한 일, 첫째 임무 **5** 열중[걱정]하고 있는 문제[일]

***pre·oc·cu·pied** [priːɑ́kjupàid | -ɔ́k-] *a.* **1** 몰두한 **2** 선취된 **3** 〖생물〗 〈종명(種名) 등이〉 이미 사용된

***pre·oc·cu·py** [priːɑ́kjupài | -ɔ́k-] *vt.* (**-pied**) **1** 선취하다 **2** 몰두하게 하다

pre·or·dain [prìːɔːrdéin] *vt.* 〈신·운명 등이〉 미리 운명을 정하다

prep [prep] 《구어》 *n.* **1** =PREPARATORY SCHOOL **2** 예습; 예습 시간 **3** 《영》 숙제 **—** *a.* 《미》 (대학에의) 입학 준비의 **—** *v.* (**~ped**; **~·ping**) *vi.* **1** 준비하다 **2** 예비 학교에 다니다 **—** *vt.* (…의) 준비를 시키다; 〈환자에게〉 (수술의) 준비를 시키다

prep. preparation; preparatory; prepare; preposition

pre·pack·age [priːpǽkidʒ] *vt.* 〈상품·제품 등을〉 판매하기 전에 포장하다

‡**prep·a·ra·tion** [prèpəréiʃən] *n.* **1** UC 준비(함): Every ~ was made to meet the storm. 폭풍우에 대비하여 만반의 준비가 되었다. **2** UC 《영》 예습; 예습 시간 **3** U (마음의) **태세,** 각오 **4** U 작성, 조제(調製); C 작성품, 조제품; U (다 된) 요리, 조정 식품 **5** U 〖음악〗 부조화음의 조정 ***in ~ for*** …의 준비로, …에 대비하여; …의 준비가 다 되어 ***make ~s*** 준비를 갖추다

pre·par·a·tive [pripǽrətiv] *a.* 예비의 《*to*》
— *n.* 예비; 〖군사〗 준비의 신호 《북·나팔 등》 **~·ly** *ad.*

***pre·par·a·to·ry** [pripǽrətɔ̀ːri | -təri] *a.* **1** 준비의 《*to*》; 예습적인 **2** (대학에의) 입학 준비의: a ~ course 예과
~ to [전치사적으로] …의 준비로서; …에 앞서

prepáratory schòol 1 《영》 (public school에의) 예비교, 사립 상급 초등학교 **2** 《미》 대학 예비 학교

‡**pre·pare** [pripέər] [L 「미리 반듯하게 차려놓다」의 뜻에서] *vt.* **1 준비하다,** 채비를 갖추다 《*for*》; 준비시키다 《*for*》: ~ a lecture 강의 준비를 하다 / She *~d* her daughter *for* the trip. 그녀는 딸에게 여행 준비를 시켰다. **2** 입안(立案)하다 **3** 〈약 등을〉 조제하다; 〈식사 등을〉 조리하다 **—** *vi.* **준비하다** 《*for, against*》: ~ *against* disaster 재해에 대비하다

pre·pared [pripέərd] *a.* **1** 준비[각오]가 되어 있는: a ~ statement 준비된 성명 **2** 조리된; 조제된

pre·par·ed·ness [pripέəridnis, -pέərd-] *n.* U **1** 준비[각오](가 되어 있음) **2** 〖군사〗 전시 대비; 방어 태세

pre·pay [priːpéi] *vt.* (**-paid**) 선불[선납]하다 **~·ment** *n.* UC 선불, 선납

pre·pon·der·ance, -an·cy [pripɑ́ndərəns(i) | -pɔ́n-] *n.* (*pl.* **~s**; **-cies**) UC [또는 a ~] **1** 중량[수량]에서의 능가 **2** 우세, 우위

pre·pon·der·ant [pripɑ́ndərənt | -pɔ́n-] *a.* 무게가 더한; 우세한, 압도적인 《*over*》 **~·ly** *ad.*

pre·pon·der·ate [pripɑ́ndərèit | -pɔ́n-] [L 「…보다 무게가 더 나가다」의 뜻에서] *vi.* 《문어》 무게[수량, 역량, 세력]가 더하다; 주요하다; 우세하다 《*over*》

‡**prep·o·si·tion** [prèpəzíʃən] [L 「앞에 두다」의 뜻에서] *n.* 〖문법〗 **전치사**

prep·o·si·tion·al [prèpəzíʃənl] *a.* 〖문법〗 전치사의[적인]

pre·pos·i·tive [pripɑ́zətiv | -pɔ́z-] *a.* 앞에 위치한; 〖문법〗 전치의

pre·pos·sess [prìːpəzés] *vt.* **1** 선입관이 되다, 〈마음에〉 아로새겨지다 **2** 편견을 갖게 하다, 편애하게 하다 **3** [보통 수동형으로] 좋은 인상을 주다: I *am ~ed* by his manners. 그의 태도에 호감을 갖고 있다. **~·ing** *a.* 매력 있는; 호감을 주는; 편견을 갖게 하는

pre·pos·sessed [prìːpəzést] *a.* **1** 호감을 갖게 된 **2** P 사로잡힌, 열중한 《*by, with*》: He is ~ *with* a queer idea. 저 친구는 묘한 생각에 사로잡혀 있다.

pre·pos·ses·sion [prìːpəzéʃən] *n.* 선입관, 호감, 《특히》 편애

pre·pos·ter·ous [pripɑ́stərəs | -pɔ́s-] [L 「뒤 부분이 앞이 되어」의 뜻에서] *a.* **1** 앞뒤가 뒤바뀐 **2** 비상식적인 **3** 불합리한 **~·ly** *ad.*

prép schòol 《구어》 =PREPARATORY SCHOOL

pre·puce [príːpjuːs] *n.* 〖해부〗 (음경·음핵의) 포피(包皮)(foreskin)

Pre-Ráphaelite Bròtherhood [the ~] 라파엘 전파(前派); 사실파 《1848년에 영국의 화가 Rossetti, Millais 등이 이룩한 화파; 略 P.R.B.》

pre·re·cord [prìːrikɔ́ːrd] *vt.* 〈라디오·텔레비전 프로를〉 미리 녹음[녹화]하다

pre·req·ui·site [priːrékwəzit] *a.* 미리 필요한; 필수의, 전제가 되는 《*to*》
— *n.* 필요 조건 《*to, for, of*》; 필수 과목

***pre·rog·a·tive** [prirɑ́gətiv | -rɔ́g-] [L 「남보다 먼저 묻다[물을 권리]」의 뜻에서] *n.* [보통 *sing.*] 《일반적으로》 **특권;** 대권(大權)

pres. present; presidency; president; presidential; presumptive

Pres. Presbyterian; Presidency; President

pres·age [présidʒ] [L 「미리 느끼다」의 뜻에서] 《문어》 *n.* UC **1** 전조 **2** 예감
— [présidʒ, priséidʒ] *vt., vi.* **1** 전조가 되다 **2** 예감이 들다

pres·by·ter [prézbətər, prés-] [Gk 「보다 늙은」의 뜻에서] *n.* (장로교회의) 장로(elder); 〖영국국교〗 사제(priest)

***Pres·by·te·ri·an** [prèzbətíəriən, près-] *n.* **장로교회파의 사람**
— *a.* 장로교회의

Presbytérian Chúrch [the ~] 장로(파) 교회

pres·by·ter·y [prézbətèri, prés-] *n.* (*pl.* **-ter·ies**) **1** 〖그리스도교〗 (장로파 교회의) 장로회; 장로회 관할구(區) **2** 사제석

pre·school [príːskúːl] *a.* A 취학 전의 **—** [∠∠] *n.* 유치원, 보육원

pre·school·er [príːskúːlər] *n.* 취학 전의 아동; 보육원[유치원] 아동

pre·science [préʃəns, -ʃiəns | prési-əns] *n.* Ⓤ 예지; 선견, 혜안, 통찰

-scient *a.* 미리 아는, 선견지명이 있는

‡pre·scribe [priskráib] [L 「미리 쓰다」의 뜻에서] *vt.* **1 규정하다**; 명령하다: Do what the law ~*s.* 법이 정하는 바를 하여라. **2** 〖의학〗 〈약·치료법 등을〉 처방[지시]하다

— *vi.* **1** 규정하다, 지령하다 《*for*》 **2** 〖의학〗 처방을 쓰다 《*for*》: ~ *for* a patient 환자에게 처방을 적어주다

pre·scribed [priskráibd] *a.* Ⓐ 규정된, 미리 정해진: ~ textbooks 지정 교과서

pre·script [príːskript] *n.* 《문어》 규정, 법령

***pre·scrip·tion** [priskrípʃən] *n.* **1** 〖의학〗 **처방**: write out a ~ 〈의사가〉 처방을 쓰다 **2** ⓊⒸ **규정, 법규** **3** Ⓤ 〖법〗 시효: negative[positive] ~ 〖법〗 소멸(消滅)[취득] 시효

prescríption chàrge [보통 *pl.*] 《영》 (국민 건강 보험에서 환자가 부담하는) 약값

pre·scrip·tive [priskríptiv] *a.* **1** 규정하는; 지시[지령]하는; 〖문법〗 규범적인 **2** 〖법〗 시효에 의하여 얻은; 관례적인

~·ly *ad.*

‡pres·ence [prézns] *n.* **1** Ⓤ **존재,** 현존 **2** ⓊⒸ **출석**; Ⓒ (군대 등의) 주둔: Your ~ is requested. 참석하시기 바랍니다. **3** Ⓤ **a** 면전, 남이 있는 자리 **b** 대면 **c** 근접 《*of*》 **4** ⓊⒸ 풍채, 태도, 인품: a man of (a) noble ~ 기품 있는 풍채를 가진 사람 **5** Ⓤ 냉정, 침착 **6** [형용사를 붙여] …의 존재, 풍채가 훌륭한 사람 **7** [보통 *sing.*] 영(靈), (초자연적·영적) 존재

in the ~ of …의 면전에서 ***make one's ~ felt*** …에게 자기의 존재[중요성]를 알아보게 하다

présence chàmber 알현실(謁見室)

‡pres·ent[1] [préznt] *a.* **1 a** Ⓟ 〈사람이〉 **있는**; 출석한, 참석한(opp. *absent*) 《the ~ company 「출석자」의 경우만 Ⓐ》: members ~ 출석 회원 《수식하는 말 다음에 옴》 **b** 잊지 않고 있는 《*in, to*》: ~ *to* the imagination 상상 속에 있는 **2** Ⓐ **현재의**, 현(現)…, 당면의: ~ members 현회원 **3** 〖문법〗 현재의 **4** 《문어》 마음에 떠오른

at the ~ time[***day***] = ***in the ~ day*** 요즈음에는 ***P~, sir***[***ma'am***]. 예. 《출석부를 때의 대답》 ***~ to the mind*** 잊지 않는 ***the ~ volume*** 이 책, 본서(本書) ***the ~ writer*** 필자 《this writer라고 하는 경우가 많음》

— *n.* **1** Ⓤ [the ~] **현재,** 오늘날 **2** [보통 the ~] 〖문법〗 현재(형) **3** [*pl.*] 본서류, 본문(本文) 《이 글이라는 뜻》

at ~ 요즈음, 오늘날에는 ***by these ~s*** 〖법〗 본 증서[서류]에 의하여 ***for the ~*** 당분간, 현재로서는

‡pres·ent[2] [préznt] *n.* **선물,** 선사(gift): a birthday[Christmas] ~ 생일[크리스마스] 선물

make a ~ of a thing ***to*** a person = ***make***[***give***] ***a ~ to*** a person …에게 선사하다

‡pre·sent[3] [prizént] *vt.* **1 증정하다, 주다** 《*to, with*》: ~ a message 메시지를 보내다 **2 제출하다,** 건네주다 《*to*》 **3** 〈경의·사의 등을〉 표하다 《*to*》 **4** 〈소질 등을〉 **나타내다,** 표시하다(exhibit) 《*to*》; 보이다: The situation ~*s* great difficulties. 사태는 큰 난국을 나타내고 있다. **5 소개하다** 《*to*》, 배알(拜謁)시키다 **6** 〈배우를〉 등장시키다, 〈극·TV 등에〉 출연시키다; 〈극을〉 상연하다, 〈영화 회사가 영화를〉 공개하다 **7** 《문어》 [~ one*self* 로] …에 **출두하다,** 나타나다 **8** 겨누다 《*at*》; 〖군사〗 받들어 총을 하다: The man ~*ed* a pistol *at* her. 그 남자는 그녀에게 권총을 들이댔다. **9** 〖그리스도교〗 〈성직자를〉 추천하다

P~ arms! 받들어 총!

pre·sent·a·bil·i·ty [prizèntəbíləti] *n.* Ⓤ 볼품이 있음, 선물로서 알맞음

pre·sent·a·ble [prizéntəbl] *a.* **1** 남 앞에 내놓을 만한; 풍채가 좋은 **2** 소개[추천]할 만한 **3** 교양 있는, 예의 바른

~·ness *n.* **-bly** *ad.*

***pre·sen·ta·tion** [prìːzentéiʃən, prè- | prèzn-] *n.* ⓊⒸ **1 증정,** 기증 《*of*》; 수여; Ⓒ 수여식: the ~ *of* credentials 신임장 제출 **2** 표시, 발표; 외양 **3** 소개; 배알(拜謁) 《*at*》 **4** 공연, 연출(演出) **5** 제출 **6** Ⓒ (공식적인) 선물(gift) **7** 설명, 강연; 구두 발표 **8** 목사의 추천(권)

presentátion còpy 기증본

***pres·ent-day** [prézntdéi] *a.* **현대의,** 오늘날의: ~ English 현대 영어

pre·sen·tee [prèzəntíː] *n.* 증정받은 사람, 수령자

pre·sent·er [prizéntər] *n.* **1** 증여자; 제출자 **2** 《영》 (텔레비전·라디오의) 뉴스 캐스터[방송 사회자]

pre·sen·ti·ment [prizéntəmənt] *n.* [보통 a ~] 예감, 육감 《*of*》

‡pres·ent·ly [prézntli] *ad.* **1 이윽고,** 머지않아 **2** 《미·스코》 현재, 목하(at present) **3** 《고어·방언》 즉시(at once)

pre·sent·ment [prizéntmənt] *n.* Ⓤ **1** 마음에 떠올림, 상기 **2** 표시, 진술 《*of*》 **3** 표현, 묘사 《*of*》; (연극의) 상연, 연출 **4** 〖법〗 (대배심원의) 고발[고소]

présent párticiple 〖문법〗 현재분사

présent pérfect 〖문법〗 현재완료

pre·serv·a·ble [prizə́ːrvəbl] *a.* 보존[저장]할 수 있는

***pres·er·va·tion** [prèzərvéiʃən] *n.* Ⓤ **1** 보존; 보호: wildlife ~ 야생 생물의 보호 **2** 보존 상태: be in good (state of) ~ 보존 상태가 좋다

pre·ser·va·tive [prizə́ːrvətiv] *a.* **1** 보존의; 보존력이 있는 **2** 방부적(防腐的)인

— *n.* 방부제: No *P~s* 방부제 쓰지 않음 《식품 라벨 문구》

‡pre·serve [prizə́ːrv] [L 「미리 지키다」의 뜻에서] *vt.* **1 보호하다** 《*from*》 《protect가 일반적》:

~ a person *from* harm …을 위해로부터 보호하다 **2 보존하다; 유지하다**; 남겨두다 **3 저장하다**; 소금[설탕]에 절이다; 통[병]조림하다; ~ fruit *in*[*with*] sugar 과일을 설탕 절임하다 **4** 마음 속에 간직하다 **5** 금렵 지구(禁獵地區)로 정하다

— *n.* **1** [보통 *pl.*] 설탕 조림, 잼(jam), 통[병]조림의 과일 **2** [보통 *pl.*] 금렵 지구 [유역] **3** (개인·단체의) 영역(領域), 분야

*__pre·serv·er__ [prizə́ːrvər] *n.* **1 보존자**, 보호자 **2** 설탕[통]조림업자 **3** 《영》 엽조수(獵鳥獸) 보호자, 금렵지 관리인

pre·set [priːsét] *vt.* (~; **~·ting**) 미리 조절[세트]하다

pre·shrink [priːʃríŋk] *vt.* (**-shrank** [-ʃrǽŋk]; **-shrunk** [-ʃrʌ́ŋk]) 방축(防縮)가공하다

pre·shrunk [priːʃrʌ́ŋk] *a.* 미리 수축시킨 〈옷감 등〉

‡**pre·side** [prizáid] [L「앞에 앉다」의 뜻에서] *vi.* **1 의장이 되다, 사회하다** 《*at, over*》: ~ *over*[*at*] a ceremony 식의 사회를 보다 **2 통솔[통할]하다** 《*over*》: ~ *over* the business of a firm 회사의 업무를 관장하다 **3** (식탁에서) 주인 노릇을 하다 《*at, over*》 **4** (주요 악기의) 연주를 맡다

~ ***at the piano*** 피아노 연주를 맡다

*__pres·i·den·cy__ [prézədənsi] *n.* (*pl.* **-cies**) **1** president의 **지위[직, 임기]** **2** 통솔, 통할

‡**pres·i·dent** [prézədənt] [L「의장을 맡은 사람」의 뜻에서] *n.* **1 대통령** **2 장**(長); (관청의) 총재; 학장, 총장; (학술회의·협회 등의) 회장; 《미》 (은행·회사의) 행장, 사장 **3** 사회자, 의장

pres·i·dent-e·lect [prézədəntilékt] *n.* (취임 전의) 차기 대통령[회장, 총재 《등》]

*__pres·i·den·tial__ [prèzədénʃəl] *a.* **1 대통령의**: a ~ timber 《미》 대통령감 **2** 주재[지배, 감독, 지휘]하는

‡**press**[1] [pres] [L「누르다」의 뜻에서] *vt.* **1 내리누르다**, 밀다: ~ a thing under[with] a stone …을 돌로 누르다 **2** 눌러 붙이다 《*on, against*》: ~ a stamp *on* a postcard 엽서에 우표를 붙이다 **3** 〈신 등이〉 죄다; 꽉 껴안다; 손을 꽉 쥐다 **4** 〈옷 등을〉 **다리다** **5** 〈음반을〉 원판에서 복제하다 **6 강요하다; 강조하다**: ~ the point[matter] 그 점[일]을 강조하다 **7** 〈공격을〉 강행하다: ~ an attack 강습하다 **8** 〈감정·정신 등을〉 압박하다 **9** 깊이 느끼게 하다 《*on, upon*》 **10** 인쇄하다 **11** 〈플라스틱 등을〉 가압(加壓) 성형하다

~ a thing ***against*** 밀치다 ~ ***down*** 억누르다; 무게를 더하다 ~ ***on*** (one's ***way***) 길을 재촉하다 ~ ***the button*** 단추를 누르다; 결단을 내리다, 결행하다

— *vi.* **1** 〈단추 등을〉 **누르다, 밀다** **2** 다리미질하다; [well 등의 부사와 함께] …하게 다려지다 **3** 〈구두 등이〉 조이다 **4** 압박하다 **5** 절박하다: Time *~es.* 시간이 절박하다. **6** 재촉하다, 강요하다 《*for*》: ~ *for* an answer 대답을 강요하다 **7 밀어 헤치고 나아가다**; **서두르다** 《*on, forward*》: He *~ed through* the crowd. 그는 군중을 헤치고 나아갔다. **8** 몰려들다 《*up, round*》; 잠식(蠶食)하다

~ ***hard upon*** …에 육박하다, …을 추궁하다 ~ ***in*** [***into***] 침입하다 ~ ***on*** [***upon***] …에 밀려들다, 맹렬히 공격하다

— *n.* **1 누름**; 압착(壓搾) **2** [the ~; 집합적] 《특히》 **신문**, 잡지; **출판물** **3** [the ~] 보도 기관; [집합적] 보도진 **4** 《미》 **인쇄기** **5** 인쇄소, 출판사 **6** 압착[압축]기; 압형기(押型機); 누름단추 **7** Ⓤ 다림질; 다려진 상태 **8** ⓊⒸ 밀어닥침 《*of*》; 혼잡

be in [***off***] ***the*** ~ 인쇄 중이다[발행·출판되고 있다] ***freedom*** [***liberty***] ***of the*** ~ 출판의 자유 ***have a good*** ~ 신문 지상에서 호평을 받다 ***out of*** ~ 절판(絶版)되어, 다 팔려서

press[2] *vt.* 〈병사·수병(水兵) 등을〉 강제로 모집하다; 징발하다

préss àgency 통신사(news agency)

préss àgent (극단 등의) 선전[홍보] 담당

préss bòx (경기장 등의) 기자석

press-but·ton [-bʌ̀tn] *a.* = PUSH-BUTTON

*__préss cònference__ 기자 회견

préss còrps 《미》 신문 기자단

press·er [présər] *n.* **1** 압착하는 사람[것] **2** 압착기 (담당원)

préss gàllery 신문 기자석 《특히 영국 하원의》

press-gang [présgæ̀ŋ] *n.* 〖역사〗 (18세기 영국의) 수병 강제 징병대

— *vt.* 강제 징집[징모]하다

‡**press·ing** [présiŋ] *a.* **1 긴급한**(urgent) **2 간청하는**, 집요한

— *n.* **1** 압착물 **2** (원판에서 프레스하여 만든) 레코드

~·ly *ad.* 화급히; 끈질기게

press·man [présmən] *n.* (*pl.* **-men** [-mən]) **1** 인쇄(직)공 **2** 《영》 신문 기자, 보도원

press·mark [-mɑ̀ːrk] *n.*, *vt.* 〈도서관 장서의〉 도서[분류] 번호(를 매기다)

press·room [présrùːm] *n.* **1** 《미》 (인쇄소의) 인쇄실(《영》 machineroom) **2** 《미》 신문 기자실

préss sècretary 《미》 (대통령 등의) 대변인, 공보 비서관

press-stud [-stʌ̀d] *n.* 《영》 (장갑 등의) 똑딱단추

press-up [-ʌ̀p] *n.* 《영》 = PUSH-UP

‡**pres·sure** [préʃər] *n.* Ⓤ **1 누르기**, 내리밀기; 밀어닥침 《*of*》 **2 압력**; 〖물리〗 압(력)도 《기호 P》 **3** 〖전기〗 전압; 〖기상〗 기압; 〖의학〗 혈압 **4** 압축, 압착 **5 압박**, 중압; (불쾌한) 압박감 **6** ⓊⒸ 고난; [*pl.*] 곤경 **7** 긴박, 맹활동 《*of*》

~ ***for money*** 돈에 궁함, 금융 핍박 ***put*** ~ ***on*** [***upon***] a person …을 압박하다 ***under the*** ~ ***of*** …에 몰려서

préssure càbin 《미》 〖항공〗 기밀실(氣密室)

préssure còoker 압력솥

préssure gàuge 압력계(計)

préssure gròup 〖사회〗 압력 단체

préssure pòint (지혈할 때 누르는) 압점

préssure sùit 〚항공〛 (우주 비행용 등의) 여압복(與壓服)

pres·sur·ize | **-ise** [préʃəràiz] *vt.* **1** 〚항공〛 〈고도 비행 중에 기밀실의〉 기압을 일정하게 유지하다 **2** 〈음식을〉 압력솥으로 요리하다 **3** …에 압력을 가하다

Pres·tel [prestél] *n.* 프레스텔 《British Telecom이 제공하는 비디오텍스 서비스》

pres·ti·dig·i·ta·tion [prèstədìdʒətéiʃən] *n.* Ⓤ 요술

pres·ti·dig·i·ta·tor [prèstədídʒətèitər] *n.* 요술쟁이(juggler)

***pres·tige** [prestíːʒ, -tíːdʒ] 〔L 「눈을 끌다」의 뜻에서〕 *n.* Ⓤ **위신, 명성,** 위세: national ~ 국위(國威)

— *a.* Ⓐ 세평이 좋은, 명문의, 일류의: a ~ car 고급차

pres·tig·ious [prestídʒəs, -stíːdʒ-] *a.* **1** 고급의, 일류의 **2** 이름이 난: a ~ school 명문교 **~·ly** *ad.* **~·ness** *n.*

pres·tis·si·mo [prestísəmòu] [It.] *ad.* 〚음악〛 아주 빠르게

— *n.* 프레스티시모(의 악장)

pres·to [préstou] [It.] *a., ad.* 〚음악〛 빠른[빨리]; 즉시 — *n.* (*pl.* **~s**) 급속조[곡], 프레스토 (악장)

pre·stressed [priːstrést] *a.* 〈콘크리트가〉 강철선을 넣어 압축 응력을 받은: ~ concrete PS 콘크리트 《철근을 넣어서 강화한 것》

pre·sum·a·ble [prizúːməbl | -zjúːm-] *a.* 가정[추정]할 수 있는, 있음직한

***pre·sum·a·bly** [prizúːməbli | -zjúːm-] *ad.* **아마**(probably): The report is ~ correct. 보도는 아마 정확할 것이다.

‡**pre·sume** [prizúːm | -zjúːm] 〔L 「미리 취하다」의 뜻에서〕 *vt.* **1 가정[추정]하다**; …이라고 여기다: I ~ *that* they have seen him. 그들이 그를 만났을 것으로 생각되는데. **2** 〚법〛 반대의 증거가 없어 …으로 추정하다: ~ the death of a missing person = ~ a missing person dead 행방 불명자를 사망으로 추정하다 **3 감히**[대담하게도] **…하다**(dare): May I ~ to ask you a question? 죄송하지만 한 말씀 여쭈어 보겠습니다.

— *vi.* **1** 가정[추정]하다: Mr. A, I ~? A씨이시죠? 《초면에 말을 건넬 때》 **2** 참견하다, 버릇없이 …하다 **3** (기회로 삼아) 이용하다 《*on, upon*》: He ~*d on* her kindness. 그는 그녀의 친절을 악용하였다.

pre·sum·ed·ly [prizúːmidli | -zjúːmd-] *ad.* = PRESUMABLY

pre·sum·ing [prizúːmiŋ | -zjúːm-] *a.* 주제넘은, 뻔뻔스러운, 외람된 **~·ly** *ad.*

***pre·sump·tion** [prizʌ́mpʃən] *n.* **1** UC **추정,** 가정; 추정의 근거: ~ of fact (이미 아는 사실에 근거를 둔) 사실의 추정 **2** Ⓤ 외람됨, 참견, 뻔뻔스러움 **3** 〚법〛 (사실에 입각한) 추론

~ of innocence 〚법〛 무죄의 추정 《누구든 유죄가 증명되기 전까지는 무죄라는 원칙》

pre·sump·tive [prizʌ́mptiv] *a.* 추정에 의한; 추정의 근거를 주는

pre·sump·tu·ous [prizʌ́mptʃuəs] *a.* 주제넘은, 뻔뻔스러운

~·ly *ad.* **~·ness** *n.*

pre·sup·pose [prìːsəpóuz] *vt.* **1** 미리 추정[예상]하다 **2** 전제로 삼다: My plan ~*s* financial support. 내 계획은 재정적 원조를 전제로 하고 있다.

pre·sup·po·si·tion [prìːsʌpəzíʃən] *n.* **1** UC 예상 **2** 〚언어·논리〛 전제 (조건)

pret. preterit(e)

prêt-à-por·ter [prètɑːpɔːrtéi] [F = ready-to-wear] *n., a.* 기성복(服)(의)

pre·tax [priːtǽks] *a.* 세금을 포함한; 세금 공제 이전의

pre·tence [priténs] *n.* 《영》 = PRETENSE

‡**pre·tend** [priténd] 〔L 「앞에 펼치다」의 뜻에서〕 *vt.* **1** …**인 체하다,** 가장하다: ~ ignorance 시치미떼다 **2** 〈아이들이 놀이에서〉 …하는 흉내를 내다: Let's ~ (*that*) we are pirates. 해적 놀이를 하자. **3 감히 …하다,** 주제넘게 …하려고 하다: I can*not* ~ *to* ask him for money. 그에게 감히 돈을 빌려 달라고 할 수 없다. — *vi.* **1** 체하다: Are you really sleepy, or only ~*ing*? 정말 졸린 거냐, 아니면 그저 졸린 체하는 거냐? **2** (부당하게) 요구하다; 주장하다 《*to*》 **3** 〈어린이가〉 흉내 놀이를 하다

— *a.* Ⓐ 《유아어》 거짓의, 공상(空想)적인

pre·tend·ed [priténdid] *a.* 거짓의, 겉치레만의: ~ illness 꾀병 **~·ly** *ad.*

pre·tend·er [priténdər] *n.* **1** …인 체하는 사람 **2** 왕위를 노리는 자; 요구자 《*to*》

***pre·tense** | **-tence** [príːtens, priténs] *n.* **1** CU **겉치레,** 가식, **허위 2 구실**; [false ~s로] 〚법〛 사기 행위 **3** Ⓤ [보통 부정문에서] 주장; 과시(誇示), 자만

make a ~ of …인 체하다 ***on the slightest ~*** 사소한 것을 구실로 하여 ***under*** [***on***] (***the***) ***~ of*** …을 핑계삼아, …의 미명 아래

***pre·ten·sion** [priténʃən] *n.* **1** UC **요구**(claim), 주장; Ⓒ 권리 **2** [종종 *pl.*] 암묵의 요구; 자부: He has no ~(*s*) to be a scholar. 그에게는 학자인 체하는 데가 없다. **3** Ⓤ 겉치레, 자만 **4** 구실

without ~ 수수한[하게]; 겸손한[하게]

***pre·ten·tious** [priténʃəs] *a.* **자만하는,** 잘난 체하는; 겉치레하는; 젠체하는

~·ly *ad.* **~·ness** *n.*

pret·er·it(**e**) [prétərit] *n.* 〚문법〛 과거(형) 《略 pret.》

— *a.* 〚문법〛 과거(시제)의

pre·ter·nat·u·ral [prìːtərnǽtʃərəl] *a.* **1** 초자연적인 **2** 이상한(abnormal), 불가사의한 **~·ly** *ad.*

pre·test [príːtèst] *n.* 예비 검사

— [–´] *vt., vi.* 예비 시험[검사]을 하다

***pre·text** [príːtekst] *n.* (사실과 다른) **구실**(pretense), 핑계 《*for*》

on some ~ or other 이 핑계 저 핑계로 ***on*** [***under***] ***the ~ of*** [***that*** ...] …을 구실삼아

pre·tor [prí:tər] *n.* 〖로마사〗 = PRAETOR

pret·ti·fy [prítəfài] *vt.* (**-fied**) 《특히》 천하게[값싸게] 장식하다, 겉치레하다

*__pret·ti·ly__ [prítili] *ad.* **예쁘장하게**; 귀엽게; 〈아이가〉 얌전하게

pret·ti·ness [prítinis] *n.* Ⓤ 예쁘장함, 귀여움; Ⓒ 예쁜 사람[것]

‡**pret·ty** [príti] [OE 「교묘한」의 뜻에서] *a.* (**-ti·er**; **-ti·est**) **1 예쁜**, 귀여운, 조촐한; 〈남자 아이가 여자처럼〉 예쁘장한: a ~ little child 귀여운 아이 **2** 〈물건·장소 등이〉 깨끗한, 말쑥한 **3** 재미있는; 기분 좋은 **4** 멋진, 잘하는: a ~ stroke (골프 등에서) 쾌타 **5** 《반어》 엉뚱한: A ~ mess you have made! 큰 일을 저질렀구나! **6** 《구어》 〈수량·범위 등이〉 상당한: a ~ penny 꽤 큰 돈
— *n.* (*pl.* **-ties**) **1** [*pl.*] 《드물게·미》 예쁘장한 물건, 《특히》 란제리 **2** 《호칭》 귀여운 아이[사람, 여자], 예쁜 아이 **3** 〖골프〗 = FAIRWAY **4** 《영》 (유리잔의) 홈 장식
— *ad.* 상당히(rather); 매우
~ much 꽤 많이; 거의 ***~ much the same thing*** 거의 같은, 그것이 그것인 ***~ well*** 썩 잘; 거의 ***sitting ~*** 《구어》 〈사람이〉 (노력하지 않고) 넉넉하게 살아, 좋은 환경에 있어
— *vt.* (**-tied**) 아름답게[유쾌하게] 하다 《*up*》

pret·ty-pret·ty [prítiprìti] *a.* 치장이 지나친; 그림처럼 예쁘기만 한

pret·zel [prétsəl] [G; L 「팔 모양의 가지가 있는」의 뜻에서] *n.* 프레첼 《일종의 비스킷; 짭짤한 맥주 안주》

‡**pre·vail** [privéil] [L 「보다 힘센」의 뜻에서] *vi.* **1 우세하다, 이기다,** 압도하다 《*over, against*》: ~ *against*[*over*] a person …에게 이기다 **2 보급되다,** 유행하다: The idea still ~*s.* 그 생각은 아직도 보편화되어 있다. **3** 효과를 나타내다, 성공하다 **4** 설복하다 《*on, with*》

*__pre·vail·ing__ [privéiliŋ] *a.* Ⓐ **1 우세한,** 유력한 **2 널리 행해지는[유행하는]**

*__prev·a·lence, -len·cy__ [prévələns(i)] *n.* Ⓤ **널리 퍼짐,** 유행, 보급

*__prev·a·lent__ [prévələnt] *a.* **일반적으로 행해지는,** 유행하는, 널리 퍼진 **~·ly** *ad.*

pre·var·i·cate [privǽrəkèit] [L 「구부리며 걷다」의 뜻에서] *vi.* 《문어》 **1** 얼버무리다, 발뺌하다 **2** 속이다
-cà·tor *n.* 발뺌하는 사람

pre·var·i·ca·tion [privæ̀rəkéiʃən] *n.* ⓊⒸ **1** 얼버무림, 발뺌 **2** 기만

‡**pre·vent** [privént] *vt.* **1 막다,** 방해하다 **2 예방하다,** 방지하다 《*from*》: ~ an accident 사고를 방지하다 **3** 《영·고어》 〈희망·의문에〉 앞서서 처리하다, 기선을 제하다(anticipate)

pre·vent·a·ble, -i·ble [privéntəbl] *a.* 방해[예방]할 수 있는

pre·vent·a·tive [privéntətiv] *a., n.* = PREVENTIVE

‡**pre·ven·tion** [privénʃən] *n.* Ⓤ **1 저지,** 방해 《*of*》 **2 예방,** 방지; Ⓒ 예방법
by way of ~ 방지하기 위하여 ***P~ is better than cure.*** 《속담》 예방은 치료보다 낫다.

*__pre·ven·tive__ [privéntiv] *a.* **예방적인:** be ~ of crime 범죄를 방지하다
— *n.* 예방법[책, 약] 《*for*》 **~·ly** *ad.*

prevéntive deténtion[cústody] 예방 구금[검속] 《용의자를 재판 전에 보석을 허가하지 않고 구금하기》

prevéntive médicine 예방 의학

pre·view [prí:vjù:] *n.* **1** 미리 보기, 사전 검토 **2** (극·영화의) 시사(회), 시연(試演) **3** 《미》 (영화 등의) 예고편; 〖방송〗 사전 연습 **4** 〖컴퓨터〗 미리 보기 《편집한 문서를 인쇄 전에 미리 화면에 출력시켜 보는 일》
— *vt., vi.* 시사[시연]를 보다[보이다]

‡**pre·vi·ous** [prí:viəs] [L 「앞에 가다」의 뜻에서] *a.* **1** Ⓐ **앞의, 이전의**(prior): a ~ engagement 선약 **2** Ⓟ 《구어》 성급한, 너무 이른 《*in*》: He was a little too ~. 그는 좀 서둘렀다.
~ to …이전에, …에 앞서

*__pre·vi·ous·ly__ [prí:viəsli] *ad.* **이전에;** 미리 《*to*》: ~ *to* the conference 회의에 앞서서

prévious quéstion 〖의회〗 선결 발의 《본의제의 채택·결의 여부를 미리 정하는 발의; 略 p.q.》

pre·vi·sion [privíʒən] *n.* Ⓤ 예지(豫知), 선견(先見) — *vt.* 예견하다

pre·vue [prí:vjù:] *n.* 《미》 (영화·텔레비전의) 예고편(preview)

*__pre·war__ [prí:wɔ́:r] *a., ad.* **전전(戰前)의[에]**(opp. *postwar*)

prex·y [préksi] *n.* (*pl.* **prex·ies**) 《미·속어》 대학 총장, 학장(president)

‡**prey** [prei] [동음어 pray] [L 「전리품」의 뜻에서] *n.* **1 먹이:** in search of ~ 먹이를 찾아 **2** 희생, 밥 **3** 포획, 포식, 잡아먹는 습성: an animal[a beast] of ~ 맹수/a bird[fish] of ~ 맹금(猛禽)[식육어(魚)] **4** 《고어》 약탈품
become [***fall***] (***a***) ***~ to*** …의 희생이 되다 ***make a ~ of*** …을 먹이로 삼다
— *vi.* **1 잡아 먹다,** 먹이로 삼다 《*on, upon*》: Cats ~ *upon* mice. 고양이는 쥐를 잡아먹는다. **2 착취하다,** 등쳐 먹다 《*on, upon*》: He ~*s upon* the poor. 그는 가난한 사람들을 착취한다. **3** 〈걱정·근심 등이〉 **괴롭히다,** (마음을) 좀먹다 《*on upon*》: Care ~*ed on*[*upon*] her health. 걱정으로 인해 그녀는 건강을 해쳤다.

‡**price** [prais] [L 「가치」의 뜻에서] *n.* **1 값, 가격,** 정가: What is the ~ of this? 이것은 값이 얼마입니까? 《How much is the ~ of this?는 틀림》 **2** 상금; 매수금, 뇌물 **3 대가;** 희생 **4** (내기에서) 건 돈의 비율; 《미》 건 돈; 돈
above [***beyond, without***] ***~*** (값을 매길 수 없을 만큼) 비싼, 귀중한 ***at a ~*** 비교적 비싼 값으로 ***at any ~*** 어떤 대가[희생]를 치르더라도 ***at the ~ of*** …을 희생하여 ***Every man has his ~.*** 《속담》 돈에 움직이지 않는 사람은 없다. ***fixed*** [***set, settled***] ***~*** 정가
— *vt.* **1** 값을 매기다, 평가하다 **2** 《구어》 (싼 곳과 시세를 알려고) 값을 여기저기

알아보다 **3** [~ one*self* 로] 〈물건에〉 호된 값을 매겨 (시장에서) 밀려나다
príce contròl [보통 *pl.*] 물가 통제
príce cùtting 할인 (판매), 가격 인하
priced [praist] *a.* 값이 붙은
príce-éarn·ings ràtio [práisə́:rniŋz-] 〚증권〛 주가(株價) 수익률
price-fix·ing [-fìksiŋ] *n.* Ⓤ (정부와 업자에 의한) 가격 협정[조작]
príce ìndex 물가 지수(指數)
***price·less** [práislis] *a.* **1** 아주 귀중한 **2** 《구어》 무척 재미있는; 《반어》 어처구니 없는
príce lìst 정가[정찰]표
príce suppòrt (정부에 의한) 가격 유지(책)
príce tàg 정가표
príce wàr (업자간의) 가격 (인하) 경쟁
pric·ey [práisi] *a.* (**pric·i·er**; **-i·est**) 《구어》 비싼
‡**prick** [prik] [OE 「점」의 뜻에서] *vt.* **1** 따끔하게 찌르다, 쑤시다 **2** 〈양심 등이〉 괴롭히다: My conscience *~ed* me. 나는 양심의 가책을 받았다. **3** 찔러서 〈윤곽을〉 그리다 《*off, out*》 **4** 〈말·개 등이 귀를〉 쫑긋 세우다 《*up*》 **5** 〚원예〛 〈모종을〉 찔러 심다, 옮겨 심다 《*in, out, off*》: ~ *out* seedlings 묘목을 이식하다
— *vi.* **1** 따끔하게 찌르다; 따끔따끔 아프다 **2** 〈귀가〉 쫑긋하게 서다, 위쪽으로 향하다 **3** 시큼해지다
~ down 선택하다 *~ up* (*vt.*) 초벌 칠을 하다; (*vi.*) 〚항해〛 〈바람이〉 강해지다; 우뚝 솟다 *~ up one's ears* (1) 〈말·개 등이〉 귀를 쫑긋 세우다 (2) 〈사람이〉 열심히 듣다
— *n.* **1** (바늘·가시 등으로) 찌름; 찌른 자국 **2** 욱신거림; (양심의) 가책 **3** 찌르는 기구 **4** 점, 조그마한 상처 자국 **5** 〚음악〛 점보 악곡(點譜樂曲) **6** 《비어》 음경 **7** 《비어》 귀찮은 놈
prick-eared [príkìərd] *a.* 귀가 쫑긋 선 〈개〉; 머리를 박박 깎은
prick·er [príkər] *n.* **1** 찌르는 사람[것] **2** 바늘; 작은 송곳
prick·le [príkl] *n.* **1** 가시(thorn); 바늘, 가시같이 생긴 것 **2** 찌르는 듯한 아픔
— *vt., vi.* 찌르다; 따끔따끔 아프다
prick·ly [príkli] *a.* (**-li·er**; **-li·est**) **1** 가시투성이의, 바늘이 있는 **2** 따끔따끔[쑤시고] 아픈 **3** 다루기 힘든 **-li·ness** *n.*
príckly héat 땀띠
príckly péar 〚식물〛 선인장의 일종; 그 열매
pric·y [práisi] *a.* (**pric·i·er**; **-i·est**) 《영》 = PRICEY
‡**pride** [praid] *n.* **1** Ⓤ **자존심,** 긍지: keep one's ~ 자존심을 잃지 않다 **2** Ⓤ **자만;** 교만 **3** 자랑거리 《*of*》: He is the ~ *of* his parents. 그는 양친의 자랑거리다. **4** 최고의 상태; 전성기 **5** Ⓤ (문장(紋章)에서의) (말의) 기운 **6** Ⓤ 장관, 과시(誇示) **7** (사자·공작 등의) 떼(flock)
P~ goes before a fall. = ***P~ goes before destruction.*** = ***P~ will have a fall.*** 《속담》 교만한 자는 오래가지 못한다, 권불십년. *a person's ~ and joy* 대단히 소중히 여기는 사람[물건] ***take (a) ~ in*** …을 자랑하다
— *vt.* [~ one*self* 로] **자랑하다** 《*on, upon*》: She *~s herself on* (=is proud of) her skill in cooking. 그녀는 요리 솜씨를 자랑한다.
prie-dieu [prí:djə́:] [F =pray God] *n.* (*pl.* **~s, ~x** [-z]) 기도대(祈禱臺)
‡**priest** [pri:st] [presbyter와 같은 어원] *n.* **성직자**; 〚가톨릭〛 신부(神父); (다른 종교의) 승려
priest·ess [prí:stis] [PRIEST의 여성형] *n.* 여승, 여성 사제 《특히 가톨릭 이외의》; 무당
priest·hood [prí:sthùd] *n.* Ⓤ [the ~] 성직; [집합적] 모든 성직자
priest·ly [prí:stli] *a.* (**-li·er**; **-li·est**) 사제(司祭)의; 성직자다운
prig [prig] *n.* 《경멸》 (도덕·예절 등에) 융통성이 없는 사람; 학자[도덕가, 교육가]인 체하는 사람
prig·gish [prígiʃ] *a.* 《경멸》 (도덕·예절 등에) 융통성 없는; 아는 체하는
~·ly *ad.* **~·ness** *n.*
prim [prim] *a.* (**~·mer**; **~·mest**) 《경멸》 꼼꼼한, 깔끔한; 〈여자가〉 지나치게 점잔 빼는, 새침한
— *vt., vi.* (**~med**; **~·ming**) 꼼꼼하게 하다; 새침데기 노릇을 하다, 〈입을〉 꾹 다물다
pri·ma ballerína [prímə-] [It.] *n.* 발레의 주역 《여자》
pri·ma·cy [práiməsi] *n.* (*pl.* **-cies**) ⓊⒸ **1** 으뜸 **2** 〚가톨릭〛 교황[대주교]의 직
pri·ma don·na [prìmə-dɑ́nə | prì:mə-dɔ́nə] [It. =first lady] *n.* (*pl.* **~s, pri·me don·ne** [prí:mei-dɑ́nei | -dɔ́n-]) **1** (가극의) 주역 여가수[여배우] **2** 《구어》 변덕꾸러기 《특히 여자》
pri·mae·val [praimí:vəl] *a.* = PRIMEVAL
pri·ma fa·ci·e [práimə-féiʃə | -féiʃi] [L =at first face] *ad.* 언뜻 보기에; 명백히
pri·mal [práiməl] *a.* **1** 제1의, 최초의; 원시적인 **2** 주요한; 근본적인
***pri·mar·i·ly** [praimérəli | práimər-] *ad.* **첫째로,** 주로; 처음에는, 본래
‡**pri·ma·ry** [práimeri, -məri | -məri] *a.* **1 첫째의 2 초기의,** 근본적인; 원시적인 **3 주요한,** 주된 **4 초급의,** 초보의: at ~ level 초보 단계에 **5** 〚의학〛 제1기의; 〚생물〛 발달의 제1단계에 있는; 〚전기〛 1차의; 〚지질〛 원생(原生)의 **6** 〚문법〛 어근(語根)의; 〈시제가〉 1차 어구(語句)의; 〈악센트가〉 제1의
— *n.* (*pl.* **-ma·ries**) 제1의[주요한] 사물; 《미》 《특히》 대통령 선거인 예비 선거 (=~ election)
prímary áccent 〚음성〛 제1[주] 악센트
prímary cólor 원색
prímary elèction 《미》 예비 선거
prímary índustry 1차 산업 《농림·수산》
***prímary schòol** 《영》 **초등학교**; 《미》 (하급 3[4]학년만의) 초등학교

prímary stórágy 〖컴퓨터〗 주기억 장치
prímary stréss =PRIMARY ACCENT
pri·mate [práimət, -mèit] [L 「제1위의」의 뜻에서] *n.* **1** [종종 **P~**] 〖영국국교〗 대주교; 〖가톨릭〗 수석 대주교 **2** [práimeit] 〖동물〗 영장류(靈長類)(Primates)의 동물
the P~ of All England 캔터베리(Canterbury) 대주교 ***the P~ of England*** 요크(York) 대주교
⁑prime¹ [praim] [L 「첫째의」의 뜻에서] *a.* Ⓐ **1 제1의**; 근본의 **2 주요한** **3** 가장 좋은
—*n.* **1 a** [the ~, one's ~] **전성기** **b** [the ~] 《문어》 **초기**; 봄, 청춘: the ~ of the year 《시어》 봄 **2** 가장 좋은 부분 《*of*》 **3** 〖가톨릭〗 조과(朝課) 《상오 6시》 **4** 제1악센트의 부호
in the ~ of life[***manhood***] 장년(壯年)에, 혈기 왕성할 때에 ***the ~ of the moon*** 초승달
prime² *vt.* **1** 준비시키다 **2** 뇌관(雷管)[도화선]을 달다, 〈총에〉 화약을 재다 **3** 〈펌프에〉 마중물을 붓다; 〈내연 기관의 기화기에〉 휘발유를 주입하다 **4** 애벌칠을 하다 **5** 사전 지식을 주다 《*with*》 **6** 《구어》 실컷 먹이다 《*with*》 **—***vi.* **1** 뇌관(雷管)[도화선]을 장치하여 발화 준비를 하다 **2** 〈물이〉 증기와 함께 기통(汽筒)에 들어가다
príme cóst 〖경제〗 원가, 구입 가격
príme merídian [the ~] 본초 자오선(本初子午線), 그리니치 자오선
⁑prìme mínister [종종 **P~ M~**] **국무총리, 수상**(premier) 《略 PM》
príme móver **1** 〖기계〗 원동력 《풍력·전력 등》 **2** 《비유》 원동력, 주도자; 《그리스 철학의》 신(神)
príme númber 〖수학〗 소수(素數)
∗prim·er¹ [prímər | práim-] *n.* **초보 독본**; 입문서(入門書): a Latin ~ 라틴어 입문서
prim·er² [práimər] *n.* **1** 뇌관(雷管), 도화선 **2** 《그림·벽 등의》 애벌칠 재료
príme ráte 〖금융〗 최저 대출 금리(金利)
príme tíme 《텔레비전 등의》 골든 아워
pri·me·val [praimí:vəl] *a.* 원시 시대의, 초기의 **~·ly** *ad.*
⁑prim·i·tive [prímətiv] [L 「최초의」의 뜻에서] *a.* **1 원시의**, 초기의 **2 미개의**, 미발달의; 야만의 **3 원시적인**, 구식의, 예스러운 **4** 〖생물〗 초생(初生)의 **5** 근본의, 기본의: ~ colors 원색 **6** 〖언어〗 조어(祖語)의 **—***n.* **1** 원시인 **2** 문예 부흥기 이전의 화가(의 작품), 소박한 화풍의 화가[작품] **~·ly** *ad.* **~·ness** *n.*
prim·i·tiv·ism [prímətivìzm] *n.* Ⓤ 원시주의, 상고(尙古)주의 《원시적 습속이 오늘날 것보다 낫다고 보는 입장》
pri·mo·gen·i·tor [pràimədʒénitər] *n.* 선조, 시조(始祖)
pri·mo·gen·i·ture [pràimədʒénətʃùər, -tʃər] *n.* Ⓤ **1** 장자임, 장자의 신분 **2** 〖법〗 장자 상속권[법]
pri·mor·di·al [praimɔ́:rdiəl] *a.* **1** 원시의; 원시 시대부터 있는 **2** 최초의, 초생의; 근본적인 **~·ly** *ad.*

primp [primp] *vi., vt.* 치장하다
~ one*self* 몸치장하다, 맵시내다
∗prim·rose [prímròuz] [OF =first rose] *n.* 〖식물〗 **1 앵초** **2** Ⓤ 앵초색 《엷은 황록색》
prímrose yéllow 앵초색, 담황색
prin. principal(ly); principle(s)
⁂prince [prins] [L 「최초의 사람」의 뜻에서] *n.* **1 왕자** **2** 《문어》 **군주** **3** 《영국 이외의》 **공작**(公爵) **4** 작은 나라의 통치자 **5** 《봉건 시대의》 제후 **6** 《비유》 대가(大家), 제1인자
the Crown P~ = ***the P~ Imperial*** = ***the P~ Royal*** 황태자 《《영》에서는 ***the P~ of Wales*** 라고 함》
Prìnce Álbert **1** 앨버트 공(⇨ Albert 2) **2** 《미·속어》 긴 프록코트
Prìnce Chárming Cinderella와 결혼하는 왕자; 이상적인 신랑감
prínce cónsort (*pl.* **princes consort**) 《여왕의》 부군(夫君)
prince·dom [prínsdəm] *n.* ⓊⒸ prince의 지위[권력, 영토]
prince·like [prínslàik] *a.* 왕자다운; 위엄 있는; 도량이 큰
prince·li·ness [prínslinis] *n.* 기품 있는 거동[성격]; 의젓함
prince·ling [prínsliŋ], **-let** [-lit], **-kin** [-kin] *n.* 어린 왕자[세자], 소공자(小公子)
∗prince·ly [prínsli] *a.* (**-li·er**; **-li·est**) **1 왕자[세자]의[로서의]**, 왕후(王侯)의 **2** = PRINCELIKE **3** 관대한; 장엄한
⁑prin·cess [prínsis, -ses | prinsés] [prince의 여성형] *n.* **1 왕녀**, **공주** **2 왕비**, 왕자비 **3** 《영국 이외의》 공작 부인
the P~ of Wales 영국 황태자비
⁑prin·ci·pal [prínsəpəl] [동음어 principle] [L 「최초의 뜻에서] *a.* Ⓐ **1 주요한**, 앞장서는(leading): a ~ cause of his failure 그가 실패한 주요 원인 **2** 원금의: the ~ sum 원금 **3** 〖문법〗 주부(主部)의: a ~ verb 주동사
—*n.* **1** [종종 the ~] **우두머리**(chief); 《단체의》 **장**; 장관, 사장, 회장; 교장 **2** 주역 **3** 〖법〗 정범 (正犯); 〖법〗 《대리인(agent)에 대하여》 본인 **4** 〖건축〗 주구(主構), 주재(主材) **5** Ⓤ 〖금융〗 원금; 기본 재산: ~ and interest 원리(元利)
~ and accessory 〖법〗 주종(主從) ***~ in the first***[***second***] ***degree*** 제1급[2급]범
príncipal bóy [the ~] 《영》 《무언극에서》 주연 남자역을 하는 여배우
príncipal gírl 《영》 《무언극의》 여성 주역
∗prin·ci·pal·i·ty [prìnsəpǽləti] *n.* (*pl.* **-ties**) ⓊⒸ **1 공국** **2** [*pl.*] 〖신학〗 천사의 9계급 중 제7위 **3** [the P~] 《영》 웨일스(Wales)의 속칭
∗prin·ci·pal·ly [prínsəpəli] *ad.* **주로**
⁑prin·ci·ple [prínsəpl] [동음어 principal] *n.* **1 원리, 원칙**: the first ~ 제1원리, 본체(本體) **2** ⓊⒸ **주의**(主義), **신념**; 근본 방침 《*of*》 **3** 〖철학〗 원리; 〖물리·화학〗 법칙, 율(律) **4** Ⓤ 정도(正道), 정의; [*pl.* 또는 집합적]

도의, 의리 **5** 본질 **6** 〖화학〗 원소, 주성분 ***as a matter of ~ = by ~*** 주의로서 ***in ~*** 원칙적으로, 대체로 ***on ~*** 주의[원칙]에 따라, 도덕적 견지에서

prin·ci·pled [prínsəpld] *a.* [복합어를 이루어] …주의의: high-[loose-]~ 주의가 고결[무절조]한

prink [priŋk] *vt., vi.* = PRIMP

‡**print** [print] [L 「누르다」의 뜻에서] *vt.* **1 인쇄[출판]하다 2** 〈인쇄기가〉 인쇄하다; 눌러서 표적을 내다, 찍다, 날인하다: ~ the mark of foot on the sand 모래 위에 발자국을 내다 **3** 활자체로 쓰다 **4** 〖컴퓨터〗 〈데이터를〉 (문자·도형으로) 인쇄하다, 프린트하다 **5** 〈마음에〉 새기다, 인상을 주다: The scene was *~ed* on my memory. 그 광경이 나의 뇌리에 깊이 박혔다. **6** 《미·속어》 지문(指紋)을 채취하다 **7** 눌러서 모양을 넣다, 날염하다 **8** 〈사진을〉 인화하다: Please ~ this roll of film. 이 필름을 인화해 주시오.

— *vi.* **1** 〈문자 따위가〉 (활자 등으로) 찍혀 나오다 **2** 〈사진 등이〉 나오다 **3** 활자체로 쓰다 **4** 인쇄를 직업으로 하다 **5** 인쇄하다

— *n.* **1** Ⓤ **인쇄**; 인쇄 자체(字體); 인쇄 부수, 판(版) **2** 인쇄물; 《미》 출판물; 신문 **3 자국**; 인상 **4 판화(版畵)**; 그림책; 〖사진〗 인화: a blue ~ 청사진 **5** [보통 *pl.*] 《구어》 지문(指紋) (fingerprint) **6** (스탬프·무늬·모양을 찍는) 틀 **7** 모형(母型), 주형(鑄型) ***in ~*** 인쇄되어; 발간되어 ***out of ~*** 절판되어

print·a·ble [príntəbl] *a.* **1** 인쇄할 수 있는; 출판할 가치가 있는 **2** 인화할 수 있는

prínted círcuit 〖전자〗 (전자 기판 등의) 인쇄 회로

prínted màtter 〖인쇄〗 인쇄물

prínted pápers = PRINTED MATTER

***print·er** [príntər] *n.* **1 인쇄업자**; 활판업자; 식자(植字)공 **2 인쇄기**; 〖컴퓨터〗 프린터 **3** 〖사진〗 밀착 인화기

prínter pórt 〖컴퓨터〗 프린터 포트

prínt fòrmat 〖컴퓨터〗 (인쇄 장치에 지정하는) 인쇄 양식

***print·ing** [príntiŋ] *n.* **1** Ⓤ **인쇄**(술[업]); Ⓒ 인쇄물[부수], 쇄(刷), 판(版) **2** Ⓤ (손으로 쓰는) 인쇄체

prínting ìnk 인쇄용 잉크

prínting machìne 인쇄기

prínting òffice 인쇄소

print·out [príntàut] *n.* 〖컴퓨터〗 (프린트된) 출력 정보

print·shop [-ʃɑ̀p | -ʃɔ̀p] *n.* 판화 상점; 인쇄소

‡**pri·or**[1] [práiər] [L 「앞의」의 뜻의 비교급에서] *a.* **1** 〈시간·순서가〉 **이전의** (opp. *posterior*) **2** (…보다) 중요한, 우선하는 《*to*》 — *ad.* [다음 성구로] ***~ to*** …에 앞서, 먼저

prior[2] *n.* 소(小)수도원장, 수도원 부원장

pri·or·ess [práiəris] [prior[2]의 여성형] *n.* 여성 소수도원장, 소수녀원장

pri·or·i·tize [praiɔ́:rətàiz | -ɔ́r-] *vt.* 〈계획·목표에〉 우선 순위를 매기다; 우선시키다

pri·or·i·ty** [praiɔ́:rəti | -ɔ́r-] *n.* (*pl.* **-ties**) Ⓤ **1** (시간·순서가) **앞[먼저]임**; 상위; 상석 **2 a** 〖법〗 우선권 **b** Ⓒ 우선하는 일 **c** (자동차 운행상의) 선행권 **d** 〖컴퓨터〗 우선권 ***give ~ to …에게 우선권을 주다 ***have ~ over*** a person …보다 우선권이 있다 ***take ~ of*** …의 우선권을 얻다

pri·o·ry [práiəri] *n.* (*pl.* **-ries**) 소(小)수도원 《ABBEY의 하위》

prise [praiz] *vt.* 《영》 = PRIZE[3]

***prism** [prizm] [L 「톱으로 잘린 것」의 뜻에서] *n.* **1** 〖광학〗 **프리즘 2** 〖수학〗 각주(角柱), 각기둥 **3** 〖결정〗 주(柱)

pris·mat·ic [prizmǽtik] *a.* 프리즘의, 분광의: ~ colors 스펙트럼의 7색 **-i·cal·ly** *ad.*

‡**pris·on** [prízn] [L 「잡음」의 뜻에서] *n.* **1 교도소**; 구치소 **2** Ⓤ 감금, 유폐 ***be [lie] in ~*** 수감[구류] 중이다 ***break (out of) ~*** 탈옥하다 ***cast [put, throw]*** a person ***in [into] ~*** …을 투옥하다 ***send [take]*** a person ***to ~*** …을 투옥하다

príson brèach[brèaking] 탈옥

príson brèaker 탈옥자[수]

príson càmp 포로 수용소

‡**pris·on·er** [prízənər] *n.* **1 죄수**, 형사 피고인 **2 포로** ***hold ~*** 포로로 잡아두다 ***make [take]*** a person ***~*** …을 포로로 하다 ***political [State] ~ = ~ of State*** 정치[국사(國事)]범 ***~ of conscience*** 양심수(良心囚), 정치범(political prisoner)

pris·sy [prísi] *a.* (**-si·er**; **-si·est**) 〈사람이〉 (성적으로 결벽하여) 까다로운; 신경질적인; 잔소리 많은 **-si·ly** *ad.* **-si·ness** *n.*

pris·tine [prísti:n] *a.* 《문어》 **1** 본래의, 원시 시대의 **2** 소박한, 청순한, 자연 그대로의

pri·va·cy** [práivəsi | prív-, prái-] *n.* **1** Ⓤ (남의 간섭을 받지 않는 개인의) **사생활**: (an) invasion of ~ 프라이버시의 침해 **2** Ⓤ 남의 눈을 피함, 은거 **3** Ⓤ 비밀, 비공개 ***in ~ 비밀리에; 숨어서

‡**pri·vate** [práivət] *a.* **1 사적인**, 사유(私有)의(opp. *public*): a ~ car 자가용차 **2 내밀의**, 비밀을 지키는 **3** Ⓐ **사립의, 사설의**(opp. *public*): a ~ schoolmaster 사립학교 교사 **4** 관직을 갖지 않은, 평민의 **5** 은거한, 사람 눈에 띄지 않는 **6** 비공개의 **7** 혼자 있기 좋아하는, 비사교적인 ***for*** one's ***~ ear*** 비밀로, 남모르게

— *n.* **1** 병사, 병졸 《〖영육군〗에서는 하사관의 아래; 〖미육군〗에서는 이등병》 **2** [*pl.*] 《속어·완곡》 음부(陰部) ***in ~*** 내밀히, 비공식으로, 사생활에 있어 (opp. *in public*)

prívate detéctive 사설 탐정

prívate énterprise 민간[사(私)]기업

pri·va·teer [pràivətíər] *n.* **1** (옛날) 사략선(私掠船) **2** 사략선 선장; 그 선원

prívate fírst cláss 〖미육군〗 일등병 《略 PFC, Pfc.》

prívate láw 사법(私法)
*__pri·vate·ly__ [práivətli] *ad.* **남몰래,** 은밀히; 개인으로서
prívate mémber (영국 하원의) 비각료 의원, 평의원
prívate párts ⦅완곡⦆ 음부(陰部)
prívate pátient ⦅영⦆ (의료 보험의) 개인 부담 환자
prívate práctice (의사·건축가 등의) 개인 영업[개업]
prívate schóol 사립 학교
prívate séctor (국가 경제의) 민영 부문
prívate sóldier ⦅영⦆ 사병, 병졸(⦅미⦆ enlisted man)
pri·va·tion [praivéiʃən] *n.* ⓊⒸ **1** (사는 데 중요한 것의) 박탈; 상실 **2** (생활 필수품 등의) 결핍, 궁핍
pri·vat·ism [práivətìzm] *n.* Ⓤ 사적 자유의 존중; 개인주의
pri·va·tize [práivətàiz] *vt.* 민영화(民營化)하다 **prì·va·ti·zá·tion** *n.*
priv·et [prívit] *n.* 〖식물〗 쥐똥나무의 일종 ⦅흔히 생울타리로 씀⦆
‡**priv·i·lege** [prívəlidʒ] [L 「개인을 위한 법률」의 뜻에서] *n.* ⓊⒸ **1** [보통 the ~] **특권,** 특별 취급 **2** (개인적) 은전; 명예 **3** [the ~] 기본적 인권에 의한 권리
— *vt.* **1** 특권[특전]을 주다: We ~*d* him to come to school later than usual. 그에게 평소보다 늦게 등교하는 것을 특별히 허락했다. **2** 특전으로서 면제하다(exempt) ⦅*from*⦆
priv·i·leged [prívəlidʒd] *a.* **1** 특권[특전]이 있는[주어진]: the ~ class 특권 계급 **2** 〖법〗 면책 특권의
priv·i·ly [prívili] *ad.* 남몰래, 비밀히
*__priv·y__ [prívi] *a.* Ⓟ **비밀히 관여하는**[통지받는] ⦅*to*⦆: I was made ~ *to* it. 나는 내밀히 그 사정에 대하여 통고받고 있었다.
— *n.* (*pl.* **priv·ies**) ⦅미⦆ 옥외 변소(outhouse)
Prívy Cóuncil [the ~] ⦅영⦆ 추밀원(樞密院) ⦅略 P.C.⦆
Prívy Cóuncillor ⦅영⦆ 추밀 고문관 ⦅略 P.C.⦆
prívy pùrse [the ~; 종종 **P~ P~**] ⦅영⦆ 내탕금(內帑金) ⦅국왕의 사사로운 돈⦆
prívy séal 1 [the ~] ⦅영⦆ 옥새(玉璽) **2** [the P~ S~] 옥새관(玉璽官)(the Lord Privy Seal)
‡**prize**[1] [praiz] *n.* **1 상,** 상품; 현상(금): the Nobel[Pulitzer] ~ 노벨[퓰리처]상 ⦅**prize** 경쟁 등에서 승리자에게 주는 상. **reward** 업무·노력 등에 대한 보수. **award** 심사위원 등의 신중한 검토 결과로서 주는 상⦆ **2** (경쟁의) 목적물, 귀중한 것: the ~*s* of life 인생의 목적 ⦅부·명예 등⦆
— *a.* **1** 입상[입선]한 상품으로서 얻은[받은]: a ~ cup 상배(賞盃) **2** 상품을 받을 만한, 대단히 존경을 받는, 굉장한 **3** 현상 붙은
— *vt.* **높이 평가하다,** 존중하다
prize[2] [L 「붙잡다」의 뜻에서] *n.* **1** 포획물(捕獲物) **2** 뜻밖에 차지한 것, 횡재
prize[3] *vt.* **1** 지레로 들다[움직이다], 억지로 비틀어 열다 **2** ⟨비밀 등을⟩ 캐내다 ⦅*out, out of*⦆
prize·fight [-fàit] *n.* 프로 권투 시합 **~·er** *n.* 프로 권투 선수
prize·fight·ing [-fàitiŋ] *n.* Ⓤ 프로 권투
prize·man [-mən] *n.* (*pl.* **-men** [-mən]) 수상자
príze mòney 상금
príze rìng 프로 권투장
prize·win·ner [práizwìnər] *n.* 수상자[작품]: a Nobel ~ 노벨상 수상자
*__pro__[1] [prou] [*pro*fessional] *n.* (*pl.* **~s**) ⦅구어⦆ **프로,** 전문가, 직업 선수
— *a.* 직업적인, 직업 선수의, 프로의: a ~ boxer 프로 권투 선수
*__pro__[2] [L 「…을 위하여」의 뜻에서] *ad.* **찬성하여**(in favor)
~ and con 찬반(贊反) 두 갈래로
— *n.* (*pl.* **~s**) 찬성; 찬성론(자), 찬성 투표(자)
~s and cons 찬반 양론
pro[3] [*pro*stitute] *n.* (*pl.* **~s**) 매춘부
pro-[1] [prou] *pref.* **1 a** 「… 대신(으로), 부(副)…」: *pro*cathedral **b** 「…찬성의, …옹호의」 (opp. *anti-*): *pro*slavery **2** [라틴 파생어의 접두사] **a** 「내다」: *pro*duce **b** 「앞으로」: *pro*ceed **c** 「대리」: *pro*consul **d** 「공개적으로」: *pro*claim **e** 「…에 따라」: *pro*portion **f** 「…대신」: *pro*verb
pro-[2] [prə, prou] *pref.* 「전(前)…」의 뜻 ⦅학술·과학 용어⦆: *pro*drome, *prog*nathous
PRO public relations officer
pro-am [-ǽm] *n., a.* (골프 등의) 프로와 아마추어의 합동 경기(의)
‡**prob·a·bil·i·ty** [pràbəbíləti | prɔ̀b-] *n.* (*pl.* **-ties**) **1** Ⓤ **있을 법함,** 있음 직함; Ⓒ 가망, 공산(公算): The *probabilities* are against us[in our favor]. 우리에게 불리[유리]할 듯하다. **2** Ⓤ 〖철학〗 개연성(蓋然性) **3** 〖수학〗 확률; Ⓤ 확률론 **4** 〖컴퓨터〗 확률 **5** [*pl.*] 일기 예보
in all ~ = PROBABLY ***The ~ is that ...*** 아마 …일 것이다 ***There is every*[*no*] *~ of* [*that*] ...** …은 매우 있음직한[있을 수 없는] 일이다
‡**prob·a·ble** [prábəbl | prɔ́b-] [L 「증명하다(prove)」의 뜻에서] *a.* **있음직한,** …할 듯한, 유망한: a ~ cost 예상 비용
It is*[*is not*] *~ that …할 것 같다[같지 않다]
— *n.* ⦅구어⦆ 유망한 후보자; (축구 등의) 신인, 보결 선수
‡**prob·a·bly** [prábəbli | prɔ́b-] *ad.* 아마(도), 십중팔구: I'll ~ be a little late. 아마 좀 늦을 것 같다.
pro·bate [próubeit] *n.* Ⓤ 〖법〗 유언 검인(권)(遺言檢認(權)); Ⓒ 검인필의 유언장 **—** *vt.* ⦅미⦆ ⟨유언장을⟩ 검인하다; ⟨범죄자를⟩ 보호 관찰 아래 두다
próbate cóurt (유언) 검인 법원
*__pro·ba·tion__ [proubéiʃən] *n.* **1** (행동·적성 등의) **검정,** 시험 **2** ⓊⒸ 견습 기간 **3** Ⓤ 〖신학〗 시련; 〖법〗 집행 유예; 보호 관찰

on ~ 시험하기 위하여; 견습으로; 집행 유예[보호 관찰]로 ***place*** [***put***] an offender ***on*** [***under***] two years' ~ (범죄자를 2년간) 보호 관찰 하에 두다

pro·ba·tion·ar·y [proubéiʃənèri | -ʃənəri], **-tion·al** [-ʃənl] *a.* 시험적인, 가채용[가급제]의, 견습중의; 집행 유예(중)의

pro·ba·tion·er [proubéiʃənər | prə-] *n.* **1** 견습생, 견습 간호사; 가(假)입회자 **2** 집행 유예 중의 죄인

probátion òfficer 보호 관찰관

*__probe__ [proub] [L 「시험하다」의 뜻에서] *n.* **1** 〚의학〛 **탐침**(探針); 소식자(消息子) **2** (부정 행위 적발을 위한) **철저한 조사** **3** 탐사용 로켓 **—***vt.* 탐침[소식자]으로 검사하다; 엄밀히 조사하다 **—***vi.* (진상 등을) 규명하다, 탐사[탐구]하다 (*into*)

pro·bi·ty [próubəti] *n.* Ⓤ (문어) 고결, 청렴결백, 성실

‡**prob·lem** [prɑ́bləm | prɔ́b-] [Gk 「앞에 던져진 것」의 뜻에서] *n.* **1** **문제**; 난문제 **2** 문제아, 다루기 어려운 사람

No ~. 문제 없어, 괜찮아, OK.

—*a.* Ⓐ **1** 사회 문제로서 다룬: a ~ novel[play] 문제 소설[극] **2** 문제가 많은, 다루기 어려운: a ~ child 문제아

prob·lem·at·ic, -i·cal [prɑ̀bləmǽtik(əl) | prɔ̀b-] *a.* 문제의; 의문의; 확실치 않은 **-i·cal·ly** *ad.*

pro·bos·cis [proubɑ́sis | -bɔ́s-] *n.* (*pl.* **~·es, -ci·des** [-sədìːz]) (코끼리 등의) 코; (곤충 등의) 주둥이; (익살) (사람의) 큰 코

pro·ce·dur·al [prəsíːdʒərəl] *a.* 절차(상)의

‡**pro·ce·dure** [prəsíːdʒər] [F 「진행시키다(proceed)」의 뜻에서] *n.* ⓊⒸ **1** 순서; 진행, 경과 **2** **절차**; 〚법〛 소송 절차 **3** 〚컴퓨터〛 (프로그램의) 처리 절차

‡**pro·ceed** [prəsíːd] [L 「앞으로 가다」의 뜻에서] *vi.* **1** (문어) **나아가다, 가다** (*to*): ~ *to* university 대학에 진학하다 **2** **속행하다** (*with*) **3** **착수하여 계속하다, 시작하다** (*with*): Let us ~ *with* our lesson. 학과를 시작합시다. **4** **계속하여 말하다** **5** 〚법〛 절차를 밟다, 처리하다 (*in, with*); 〚법〛 고소하다 (*against*): ~ *against* a person …을 고소하다 **6** **생기다**, 유래하다 (*from, out of*): This ~*ed from* ignorance. 이것은 무지에서 생긴 것이다.

~ to the degree of (MA) (영) (석사(碩士)) 학위를 따다

‡**pro·ceed·ing** [prəsíːdiŋ] *n.* **1** Ⓤ **진행** **2** ⓊⒸ 행위, 방식 **3** 처리 **4** [*pl.*] 의사(록)(議事(錄)), (학회 등의) 회보 **5** [*pl.*] 〚법〛 소송 절차[행위], 변론 ***summary ~s*** 즉결 재판 절차 ***take*** [***institute***] ***~s*** 소송을 일으키다 (*against*)

pro·ceeds [próusiːdz] *n. pl.* 매상고, 수익: net ~ 순이익금

‡**proc·ess**[1] [prɑ́ses | próu-] [L 「진행하다」의 뜻에서] *n.* **1** Ⓤ **과정**, 공정, 방법, 순서 (*for, of*): The ~ *for*[*of*] making steel is complex. 강철을 만드는 공정은 복잡하다. **2** Ⓤ **진행**, (시간의) 경과 **3** 〚법〛 소송 절차, 영장: serve a ~ on …에게 영장을 발부하다 **4** 〚인쇄〛 제판법, 사진 제판술; 〚영화〛 배경을 이어 맞추는 영화 수법 **5** 〚컴퓨터〛 프로세스 (처리 단위) **6** 〚해부·동물·식물〛 돌기(突起), 융기

in ~ of time 시간이 지나감에 따라 ***in*** (***the***) ***~ of*** …중, 진행중

—*a.* Ⓐ **1** 화학적으로 가공 처리한 **2** 사진 제판에 의한

—*vt.* **1** 〈식품을〉 **가공** (**저장**)**하다** **2** 〈서류 등을〉 정리하다 **3** 〚컴퓨터〛 〈정보·데이터를〉 처리하다 **4** 〈필름을〉 현상하다

pro·cess[2] [prəsés] [*procession*의 역성(逆成)] *vi.* (구어) 행진하다, 줄지어 가다

prócess(ed) chèese 프로세스 치즈

‡**pro·ces·sion** [prəséʃən] *n.* **1** ⒸⓊ **행렬**(parade); **행진** **2** Ⓤ 진행, 전진

in ~ 열을 지어

pro·ces·sion·al [prəséʃənl] *a.* Ⓐ 행렬의, 행렬용의 **—***n.* 〚그리스도교〛 행렬식 전서(典書); 행렬 성가

proc·es·sor [prɑ́sesər | próu-] *n.* **1** (미) (농산물의) 가공업자 **2** 〚컴퓨터〛 처리 장치, 프로세서

‡**pro·claim** [proukléim, prə-] [L 「앞에 외치다」의 뜻에서] *vt.* **1** **선언하다**(declare); 공포[선포]하다 **2** (문어) 나타내다, 증명하다 **3** 〈지역 등에〉 금지령을 선포하다 **~·er** *n.* 선언자

proc·la·ma·tion [prɑ̀kləméiʃən | prɔ̀k-] *n.* Ⓤ **선언**, **포고**; Ⓒ **성명서**, **선언서**: the ~ of war 선전 포고

pro·cliv·i·ty [prouklívəti] [L 「비탈; 경향」의 뜻에서] *n.* (*pl.* **-ties**) 성향(性向); 기질, 경향: He had a ~ *to* steal. 그는 도벽(盜癖)이 있었다.

Proc·ne [prɑ́kni | prɔ́k-] *n.* 〚그리스신화〛 프로크네 (제비가 된 Athens 왕 판디온의 딸; Philomela의 언니)

pro·con·sul [proukɑ́nsəl | -kɔ́n-] *n.* 〚고대로마〛 지방 총독; (영) 식민지 총독

pro·cras·ti·nate [proukrǽstənèit] (문어) *vi.* 늑장부리다

pro·cras·ti·na·tion [proukrǽstənéiʃən] *n.* Ⓤ (문어) 꾸물꾸물 미룸; 지연

pro·cre·ate [próukrièit] (문어) *vt.* 낳다, 생기게 하다 **—***vi.* 아이를 낳다

pro·cre·a·tion [pròukriéiʃən] *n.* Ⓤ (문어) 출산; 생식

Pro·crus·te·an [proukrʌ́stiən] *a.* [종종 **p~**] 억지로 기준에 맞추려 하는

proc·tol·o·gy [prɑktɑ́lədʒi | prɔktɔ́l-] *n.* Ⓤ 직장(直腸)[항문]병학, 항문과(科)

proc·tor [prɑ́ktər | prɔ́k-] *n.* (영) 대학 학생감(監); (미) 시험 감독관

pro·cur·a·ble [prəkjúərəbl] *a.* 획득[조달]할 수 있는

‡**pro·cure** [prəkjúər] [L 「미리 돌보다」의 뜻에서] *vt.* **1 a** **획득하다**(get, obtain); 〈필수품을〉 조달하다: It was difficult to ~ food. 식량을 조달하기가 어려웠다. **b** 구해[입수해] 주다 (*for*): Please ~ me a copy. = Please ~ a copy *for* me.

나에게 한 권 구해 주십시오. **2** 〈매춘부를〉 알선하다 **3** 《고어·문어》 야기하다, 초래하다: ~ a person's death 남의 손을 빌어서 사람을 죽이다 **—** *vi.* 뚜쟁이질하다

*__pro·cure·ment__ [prəkjúərmənt] *n.* [U,C] **1 획득**; (필수품의) 조달 **2** (매춘부의) 알선

pro·cur·er [prəkjúərər] *n.* 획득자; 뚜쟁이

pro·cur·ess [prəkjúəris] *n.* 여자 뚜쟁이

prod [prɑd | prɔd] *n.* 찌르는 막대기; 찌름 **—** *v.* (**~·ded**; **~·ding**) *vt.* **1** 찌르다 《*with*》 **2** 자극하다; 〈기억을〉 불러일으키다

*__prod·i·gal__ [prɑ́digəl | prɔ́d-] *a.* **1 낭비하는** 《*of*》; **방탕한**; 아낌없는[없이 주는], 대범한 《*of*》 **2** 풍부한
— *n.* 낭비자; 방탕한 자식 **~·ly** *ad.*

prod·i·gal·i·ty [prɑ̀dəgǽləti | prɔ̀d-] *n.* [U] **1** 방탕, 낭비 **2** 대범함; 풍부

*__pro·di·gious__ [prədídʒəs] *a.* **거대[막대]한**(vast, enormous); 경이적인 **~·ly** *ad.*

*__prod·i·gy__ [prɑ́dədʒi | prɔ́d-] [L 「예언」의 뜻에서] *n.* (*pl.* **-gies**) **1 천재**, 신동 **2** 비범, 경이(wonder)

‡**pro·duce** [prədjúːs | -djúːs] [L 「앞으로 이끌다」의 뜻에서] *vt.* **1 생산하다, 산출하다 2 제조[생산]하다 3** 만들어내다, 창작하다; 〈연구의〉 결과를 맺다; 출판하다; 낳다 **4** 〈결과 등을〉 **일으키다,** 초래하다 **5 제시하다** 《*from*》 **6 상연[공연]하다,** 연출하다; 제작하다 **7** 〖수학〗 〈선을〉 연장하다, 연결하다 **—** *vi.* 산출하다; 생산하다; 창작하다
— [prɑ́djuːs, próu- | prɔ́djuːs] *n.* [U] [집합적] 농산물; 제품

‡**pro·duc·er** [prədjúːsər | -djúːsə] *n.* **1 생산자**(opp. *consumer*); 제작자: ~*s'* price 생산자 가격 **2** (극·TV의) **프로듀서 3** 《영》 〖연극〗 연출가(《미》 director); 《미》 (극장의) 경영자

prodúcer gàs 발생로(爐) 가스

prodúcer gòods 〖경제〗 생산재

‡**prod·uct** [prɑ́dʌkt, -dəkt | prɔ́d-] *n.* **1 a 산출물**: natural ~*s* 천연 산물 **b** 제작물: factory ~*s* 공장 제품 **2 소산**(所産); 결과: a ~ of one's study 연구의 성과 **3** 〖수학〗 곱

‡**pro·duc·tion** [prədʌ́kʃən] *n.* **1** [U] **생산, 제조**(opp. *consumption*); 생산량, 산출(고): the ~ of arms 무기의 제조 **2 제품,** 저작[제작]물, 작품; (연구의) 결과 **3** [U] 제공, 제출 **4 a** [U,C] 연출, 상연; (영화) 제작 **b** 상연 작품; 제작 영화[프로] **5** 영화 제작소, 프로덕션 **6** 《구어》 큰 소동 ***make a ~ (out) of*** 《구어》 …으로 큰 소동을 벌이다

prodúction lìne (일관 작업 등의) 생산 라인

‡**pro·duc·tive** [prədʌ́ktiv] *a.* **1 생산적인**: a ~ society 생산 조합 **2** 생산하는 《*of*》 **3 다산(多産)의,** 다작(多作)의, 풍부한; 〈토지가〉 비옥한 **4** 〖경제〗 영리적인 **~·ly** *ad.* **~·ness** *n.*

*__pro·duc·tiv·i·ty__ [pròudʌktívəti, prɑ̀dək- | prɔ̀d-] *n.* **생산성,** 생산력

pro·em [próuem] *n.* 《문어》 머리말

prof [prɑf | prɔf] *n.* 《구어》 = PROFESSOR

prof., Prof. professor

prof·a·na·tion [prɑ̀fənéiʃən | prɔ̀f-] *n.* [U] 신성을 더럽힘

*__pro·fane__ [proufeín] [L 「신전(神殿) 밖에서」의 뜻에서] *a.* **1 신성을 더럽히는,** 불경스런; 〈말이〉 상스러운 **2** 세속적인; 비속(卑俗)한 **—** *vt.* 신성을 더럽히다
~·ness *n.*

pro·fan·i·ty [proufǽnəti | prə-] *n.* (*pl.* **-ties**) [U] 신성 모독; [C] 신성을 더럽히는 언행

*__pro·fess__ [prəfés] [L 「공언하다」의 뜻에서] *vt.* **1 공언하다,** 고백하다 **2** 〈…에 대한〉 신앙을 고백하다 **3** 〈…인〉 체하다, 〈…이라고〉 자칭하다: ~ ignorance 모르는 체하다 **4** 직업으로 하다; 교수하다
— *vi.* **1** 공언하다 **2** 신앙 고백을 하다; 성직에 들어가다 **3** (대학에서) 교수하다, 교직자가 되다

pro·fessed [prəfést] *a.* **1** [A] 공언한, 공공연한 **2** 본업으로 삼는 **3** 거짓의, 자칭…

pro·fess·ed·ly [prəfésədli] *ad.* 공공연히; 거짓으로

‡**pro·fes·sion** [prəféʃən] *n.* **1** [C,U] **직업** 《주로 두뇌를 쓰는》, 전문직 **2** [the ~] 동업자들 **3** [U,C] **공언**; 고백 **4** 〖종교〗 신앙 고백
by **~** 직업은

‡**pro·fes·sion·al** [prəféʃənl] *a.* **1 a** [A] (지적) **직업의,** 직업상의; [A] **지적 직업에 종사하는,** 전문직의: a ~ man 전문 직업인 / ~ education 전문[직업] 교육 / ~ etiquette 동업자간의 예의[의리] **b** 본업으로 하는, 전문(가)적인 **2 직업적인, 프로의** (opp. *amateur*): ~ football 프로 축구 **3** [A] 《경멸》 장삿속으로 하는: a ~ politician 정치쟁이
— *n.* **1 지적(知的) 직업인,** 기술 전문가 **2** (아마추어에 대한) **직업 선수,** 전문가, 프로(opp. *amateur*)
turn [***go***] **~** 〈아마추어 선수 등이〉 프로로 전향하다
~·ism *n.* [U] **1** 전문 직업 의식, 전문가[직업 선수] 기질 **2** 전문가의 솜씨
~·ly *ad.* 직업적으로; 전문적으로

‡**pro·fes·sor** [prəfésər] *n.* **1 교수 2** 선생
~·shìp *n.* [U] 교수의 직[지위]

pro·fes·so·ri·al [pròufəsɔ́ːriəl, prɑ̀- | prɔ̀f-] *a.* 교수의, 교수다운; 학자인 체하는

*__prof·fer__ [prɑ́fər | prɔ́f-] *vt.* 《문어》 **제의[제안]하다**; 제출[제공]하다: We ~*ed* them the information. = We ~*ed* the information to them. 우리는 그들에게 그 정보를 제공했다.

*__pro·fi·cien·cy__ [prəfíʃənsi] *n.* [U] **숙달,** 능숙, 능란 《*in, at*》: a test of ~ *in* English 영어 실력 테스트

*__pro·fi·cient__ [prəfíʃənt] [L 「전진하는」의 뜻에서] *a.* **익숙한,** 능란한 《*in, at*》
— *n.* 숙달한 사람, 대가(expert) 《*in*》
~·ly *ad.*

pro·file** [próufail] [L「윤곽을 그리다」의 뜻에서] *n.* **1 옆얼굴**, 반면상(半面像) **2** 윤곽 **3** 태도, 자세 **4** 〖신문·TV〗 인물 소개 ***in ~ 옆모습은; 측면에서 본 바로는
— *vt.* **1** …의 윤곽을 그리다; …의 측면도를 그리다 **2** [보통 수동형으로] (…을 배경으로) 〈…의〉 윤곽을 보이다 《*against*》

*****prof·it** [prɑ́fit | prɔ́f-] [동음어 prophet] [L「전진하다」의 뜻에서] *n.* **1** ⓊⒸ (금전상의) **이익, 이득**: clear[net] ~ 순이익금 **2** [보통 *pl.*] 이자; Ⓤ 득, 유익
at a ~ (of ten dollars) (10달러의) 이익을 얻고, (10달러) 벌고 ***make a ~ on*** …으로 벌다 ***make*** one***'s ~ of*** …을 이용하다 ***~ and loss*** 〖회계〗 손익; 손익계산
— *vt.* 《문어》 …의 이익이 되다: Nothing ~*s* one so much as a sound education. 건전한 교육만큼 사람에게 도움이 되는 것은 없다. **—** *vi.* **이익을 얻다**; 도움이 되다 《*by, from*》: ~ *by* counsel 지혜를 빌다, 조언을 받다

***prof·it·a·ble** [prɑ́fitəbl | prɔ́f-] *a.* **1 이익이 되는**, 벌이가 되는 **2 유익한**, 얻는 바가 많은
pròf·it·a·bíl·i·ty [-bíləti] *n.* Ⓤ 수익성, 이윤율 **-bly** *ad.* 이익이 되게; 유익하게

prof·i·teer [prɑ̀fitíər | prɔ̀f-] *vi.* (물자 부족을 이용하여) 폭리를 취하다
— *n.* 폭리 획득자, 부당 이득자

prof·it·less [prɑ́fitlis | prɔ́f-] *a.* 벌이가 없는, 무익한 **~·ly** *ad.*

prófit màrgin 이윤 폭(幅); 이익률

prófit shàring 〖경영〗 이윤 분배(제)

prof·li·ga·cy [prɑ́fligəsi | prɔ́f-] *n.* Ⓤ 방탕, 품행 불량; 낭비

prof·li·gate [prɑ́fligət | prɔ́f-] *a.* 방탕한, 품행 불량의; 낭비하는
— *n.* 방탕자 **~·ly** *ad.* **~·ness** *n.*

*****pro·found** [prəfáund] [L「밑바닥 앞에」의 뜻에서] *a.* (**~·er**; **~·est**) **1** 《문어》 **깊은**(deep) **2** 〈학문이〉 깊은; 〈책·사상 등이〉 뜻 깊은, 난해한: a ~ doctrine 난해한 학설 **3** 〈동정 등이〉 마음에서 우러나는, 충심의; 의미심장한; 충분한: ~ gratitude 심심한 감사 / take a ~ interest in …에 깊은 관심을 가지다 **4** (머리를) 깊이 숙인, 공손한(humble)

***pro·found·ly** [prəfáundli] *ad.* **깊이**; 간절히: be ~ moved 깊이 감동하다

pro·fun·di·ty [prəfʌ́ndəti] *n.* (*pl.* **-ties**) Ⓤ 심오, 오묘; 심연

***pro·fuse** [prəfjúːs] [L「앞에 흘러나오다」의 뜻에서] *a.* **1 풍부한**, 넘치는(abundant) **2** 헤픈, 낭비하는 《*in, of, with*》 **3** 아낌없는, 마음이 후한: ~ hospitality 극진한 환대
~·ly *ad.* 아낌없이 풍부하게 **~·ness** *n.*

***pro·fu·sion** [prəfjúːʒən] *n.* Ⓤ **1 풍부 2** 다량, 다수 《*of*》

pro·gen·i·tor [proudʒénətər] [L「앞에 낳다」의 뜻에서] *n.* (*fem.* **-tress** [-tris]) 《문어》 선조; 선배; 원본(原本)

prog·e·ny [prɑ́dʒəni | prɔ́dʒ-] *n.* (*pl.* **-nies**) [집합적] 자손; 결과(outcome)

pro·ges·ter·one [proudʒéstəròun] *n.* Ⓤ 〖생화학〗 프로게스테론, 황체 호르몬

pro·ges·tin [-dʒéstin] *n.* Ⓤ 프로게스틴 《인체 내의 황체 호르몬》

prog·na·thous [prɑ́gnəθəs | prɔg-néiθəs], **prog·nath·ic** [prɑgnǽθik | prɔg-] *a.* 〖인류〗 턱이 나온

prog·no·sis [prɑgnóusis | prɔg-] *n.* (*pl.* **-ses** [-siːz]) ⓊⒸ **1** 예지, 예측 **2** 〖의학〗 예후(豫後)

prog·nos·tic [prɑgnɑ́stik | prɔgnɔ́s-] *a.* 예지하는, 전조(前兆)가 되는 《*of*》; 〖의학〗 예후의
— *n.* 전조; 예지; 예측

prog·nos·ti·cate [prɑgnɑ́stikèit | prɔgnɔ́s-] *vt.* (전조에 의하여) 예지하다; …의 징후를 보이다
-cà·tor *n.* 예언자, 점쟁이

prog·nos·ti·ca·tion [prɑgnɑ̀stikéiʃən | prɔgnɔ̀s-] *n.* Ⓤ 예지, 예언; Ⓒ 전조, 징후

*****pro·gram** | **-gramme** [próugræm, -grəm | -græm] [Gk「공개적으로 쓰다」의 뜻에서] *n.* **1 프로그램**, 진행 순서 **2 계획, 예정**; 예정표: What is your ~ for this afternoon? 오늘 오후의 예정은 어떻게 되어 있소? **3** 〖교육〗 학습 계획; 과정(표); 적요(摘要) **4** 《영》 (정당의) 강령, 정강(政綱) **5** 〖컴퓨터〗 프로그램
— *vt.* (**-gram(m)ed**; **-gram·(m)ing**) **1** …의 프로그램[차례]을 짜다, 계획하다(plan); 계획[프로그램]대로 진행하다 **2** 〖컴퓨터〗 〈컴퓨터에〉 프로그램을 넣다[주다]
pró·gram·ma·ble, -gram·a·ble *a.*

prógram dirèctor 〖라디오·TV〗 프로그램 편성자

pro·gram·mat·ic [pròugrəmǽtik] *a.* 프로그램의; 표제(標題) 음악의

pró·grammed cóurse [próugræmd-] 〖교육〗 프로그램 학습 과정

pro·gram·(m)er [próugræmər, -grəm- | -græm-] *n.* **1** 《미》 〖라디오·TV〗 프로그램 작성자 **2** 〖컴퓨터〗 프로그래머

pro·gram·(m)ing [próugræmiŋ, -grəm- | -græm-] *n.* Ⓤ 〖컴퓨터〗 (컴퓨터의) 프로그램 작성; 〖라디오·TV〗 프로 편성

prógram mùsic 〖음악〗 표제 음악

*****prog·ress** [prɑ́grəs | próugres] [L「앞으로 가다」의 뜻에서] *n.* Ⓤ **1 전진, 진행 2 진보**, 진전, 향상 (opp. *regress*) **3** 경과, 과정: the ~ of a disease 병의 경과
in ~ 진행중 ***make ~*** 진행하다, 전진하다; 진보하다 ***report ~*** 그 동안의 일을 보고하다
— [prəgrés] *vi.* **1 전진하다**; 진척되다: They could hardly ~ *toward* the direction. 그들은 그 방향으로는 좀처럼 전진할 수 없었다. **2 진보하다** 《*with, in*》: ~ *in* knowledge 지식이 늘다

***pro·gres·sion** [prəgréʃən] *n.* Ⓤ **1 진행**, 전진; 공정(工程) **2** 진보, 발달, 향상 **3** Ⓒ 〖수학〗 수열; 〖음악〗 진행

in geometrical ~ 기하급수적으로 ***in ~*** 연속해서; 차차, 차츰
~·al *a.* 전진[진행]의

‡**pro·gres·sive** [prəgrésiv] *a.* **1 전진하는,** 점진(漸進)하는: ~ changes 점진적 변화 **2 진보하는; 진보적인,** 혁신적인; 진보주의의(opp. *conservative*) **3** [**P~**] (미) 진보당의 **4** 〈병이〉 악화하는: ~ paralysis 진행성 마비 **5** 〈세금 등이〉 누진적인: ~ taxation 누진 과세 **6** 〖문법〗 진행형의
— *n.* 진보론자; [**P~**] (미) 진보당(원)
~·ly *ad.* **~·ness** *n.* **-siv·ism** *n.* Ⓤ 진보주의

‡**pro·hib·it** [prouhíbit, prə-] [L 「미리 누르다」의 뜻에서] *vt.* **1 금하다**: ~ the sale of alcoholic liquors 주류 판매를 금지하다 **2** 〈사물이〉 방해하다; 불가능하게 하다

‡**pro·hi·bi·tion** [pròuhəbíʃən] *n.* **1** Ⓤ **금지**; Ⓒ 금지령 **2** [종종 **P~**] Ⓤ 주류 양조 판매 금지 **~·ist** *n.* 주류 양조 판매 금지주의자; [**P~**] 금주당원

pro·hib·i·tive [prouhíbitiv, prə-] *a.* 금지하는; 금지나 다름 없는 과중한 〈세금〉, 비싼 〈값〉
~·ly *ad.* 엄두를 못낼 만큼, 엄청나게

pro·hib·i·to·ry [prouhíbitɔ̀ːri | -təri] *a.* (문어) 금지의, 금제의

‡**proj·ect** [prɑ́dʒekt, -dʒikt | prɔ́dʒ-] [L 「앞에 던지다」의 뜻에서] *n.* **1 계획, 기획,** 설계 **2** 사업, 기업 **3** 〖교육〗 연구 과제 **4** (미) 주택 단지 **—** *v.* [prədʒékt] *vt.* **1 계획하다**; 예산하다, 산출하다 **2 발사하다,** 내던지다 (*into*): ~ a missile (*into* space) (우주 공간으로) 미사일을 발사하다 **3 투영[투사]하다** (*on*): ~ color slides *on*(*to*) the screen 컬러 슬라이드를 스크린에 비추다 **4** 내밀다 **5** 〈특히 좋지 않은 감정·생각을〉 (남에게) 투영[투사]하다 (*onto, on, upon*) **6** 〈마음·상상을〉 (어떤 상황에) 놓아보다 (*into*); [~ one*self* 로] …의 입장이 되어보다 (*into*) **7** 객관화하다, 표현하다
— *vi.* **1** 내밀다: The breakwater ~*s* far into the sea. 방파제가 바다 멀리까지 돌출해 있다. **2** 자기의 생각을 전하다; 자기 감정을 남에게 투영하다

pro·jec·tile [prədʒéktil | -tail] *a.* Ⓐ 추진하는; 투사[발사]하는: a ~ weapon 발사 무기 (돌·탄환·수류탄) **—** *n.* 발사체 (특히 탄환·로켓 등); 투사물

pro·ject·ing [prədʒéktiŋ] *a.* 돌출한: a ~ teeth 뻐드렁니

*****pro·jec·tion** [prədʒékʃən] *n.* Ⓤ **1** Ⓤ Ⓒ 돌출(부), 돌기(突起) **2 투사,** 발사, 방사(放射) **3** 〖수학〗 투영법 **4** 사영(射影); 〖영화〗 영사, 영상: a ~ machine 영사기 **5** 〖심리〗 주관의 투영[객관화] **6** Ⓒ 예상, 예측 **7** 계획, 고안 **8** 〖컴퓨터〗 비춰내기 **~·ist** *n.* (미) 영사[텔레비전] 기사

projéction bòoth (영화관의) 영사실

pro·jec·tive [prədʒéktiv] *a.* **1** 사영(射影)의 **2** 〖심리〗 투영적인 **~·ly** *ad.*

pro·jec·tor [prədʒéktər] *n.* **1** 투사기, 투광기(投光器); 〖영화〗 영사기 **2** 계획자

prole [proul, próuli] *a., n.* (구어) = PROLETARIAN

*****pro·le·tar·i·an** [pròulətέəriən] [L 「재산으로가 아니고 자손으로 국가에 봉사하는 사람」의 뜻에서] *n., a.* **프롤레타리아(의),** 무산 계급(의): ~ dictatorship 무산 계급 독재

*****pro·le·tar·i·at**(**e**) [pròulitέəriət] *n.* (*pl.* ~) [보통 the ~; 집합적] **프롤레타리아[무산] 계급**(opp. *bourgeois*): the dictatorship of the ~ 프롤레타리아 독재

pro·lif·er·ate [prəlífərèit] *vi., vt.* **1** 〖생물〗 (분아(分芽)·세포 분열 등으로) 증식[번식]하다[시키다] **2** 급격히 증가하다[시키다]

pro·lif·er·a·tion [prəlìfəréiʃən] *n.* **1** Ⓤ 〖생물〗 분아[분열] 증식 **2** Ⓤ 급증; 확산: the ~ of nuclear weapons 핵무기 확산

*****pro·lif·ic** [prəlífik] [L 「자손」의 뜻에서] *a.* **1 아이[새끼]를 많이 낳는,** 열매를 많이 맺는; 다산(多産)의, 〈토질이〉 비옥한 **2** 〈작가 등이〉 다작(多作)의 **-i·cal·ly** *ad.*

pro·lix [proulíks | ∠-] *a.* 지루한, 장황한
pro·líx·i·ty *n.*

PRLOG, Pro·log [próulɑg | -lɔg] [*Pro*gramming in *Log*ic] *n.* Ⓤ 〖컴퓨터〗 프롤로그 (흔히 교육적 목적으로 쓰이는 프로그래밍 언어; 상표명)

*****pro·logue, pro·log** [próulɔːg, -lɑg | -lɔg] [Gk 「앞의 말」의 뜻에서] *n.* **1** 서언(序言)(opp. *epilogue*), (시 등의) 서사(序詞) (*to*); 서막(序幕) **2** 전조, 발단

‡**pro·long** [prəlɔ́ːŋ | -lɔ́ŋ] *vt.* **늘이다,** 길게 하다(extend); 〈기간을〉 연장[연기]하다; 길게 발음하다

pro·lon·ga·tion [pròulɔːŋgéiʃən | -lɔŋ-] *n.* Ⓤ 연장; Ⓒ 연장 부분

pro·longed [prəlɔ́ːŋd | -lɔ́ŋd] *a.* Ⓐ 연장한; 장기의: a ~ stay 장기 체재

prom [prɑm | prɔm] [*prom*enade] *n.* (구어) **1** (미) (대학 등에서 여는) 무도회, 댄스(파티) **2** (영) = PROMENADE CONCERT

prom. promenade

*****prom·e·nade** [prɑ̀mənéid, -nɑ́ːd | prɔ̀mənɑ́ːd] [F 「산책하다」의 뜻에서] *n.* **1** (문어) **산책,** 기마(騎馬) 산책, 드라이브(drive) **2** 해변 산책길 **3** (미) (대학의) 무도회 (略 prom)
— *vi.* 산보[산책, 소요]하다; 말[마차, 차]을 몰다: ~ about the city 시내를 어슬렁거리다 **—** *vt.* 보란 듯이 데리고 다니다; 산책[산보]하다

promenáde cóncert 산책 음악회 (연주 중 청중이 돌아다녀도 좋음)

prom·e·nad·er [prɑ̀mənéidər, -nɑ́ːd- | prɔ̀mənɑ́ːdə] *n.* **1** 산책하는 사람 **2** (영·구어) 프롬나드 콘서트의 손님

Pro·me·the·an [prəmíːθiən] *a.* 프로메테우스의[같은]; 독창적인: ~ agonies 프로메테우스 같은 (형벌의) 고통

Pro·me·the·us [prəmíːθjuːs, -θiəs] *n.* 〖그리스신화〗 프로메테우스 (하늘의 불을 훔쳐 인류에게 준 벌로 바위에 묶여 독수리한테 간을 먹혔다고 함)

pro·me·thi·um [prəmíːθiəm] *n.* Ⓤ 〖화학〗 프로메튬 《귀금속 원소; 기호 Pm, 번호 61》

∗**prom·i·nence, -nen·cy** [prάmənəns(i) | prɔ́m-] *n.* (*pl.* **-nenc·es**; **-cies**) **1** Ⓤ **두드러짐, 현저함**: come [bring] into ~ 두드러지게 되다[하다] **2** Ⓤ 돌기; Ⓒ 눈에 띄는 장소: a rocky ~ 바위가 많은 산 **3** 〖천문〗 (태양의) 홍염(紅炎)

‡**prom·i·nent** [prάmənənt | prɔ́m-] [L 「앞으로 튀어나오다」의 뜻에서] *a.* **1 현저한, 두드러진**; 돌기한: ~ eyes[teeth] 퉁방울눈[뻐드렁니] **2 탁월한**, 유명한; 중요한: a ~ writer 특출한 작가 **~·ly** *ad.*

pro·mis·cu·ous [prəmískjuəs] [L 「섞다」의 뜻에서] *a.* **1** 〈성행위가〉 상대를 가리지 않는 **2** 난잡한(disorderly), 혼잡한; 무차별한: ~ bathing 남녀 혼욕(混浴) **3** 《구어》 마구잡이의: ~ eating habits 불규칙한 식사 습관
pròm·is·cú·i·ty *n.*

‡**prom·ise** [prάmis | prɔ́m-] [L 「앞으로 놓다[보내다]」의 뜻에서] *n.* **1 약속**, 계약 **2** 보증 **3** Ⓤ (밝은) **전망**, 유망: a writer of great ~ 전도유망한 작가
A ~ is a ~. 약속은 약속이다(지켜야 한다). ***break a***[***one's***] **~** 약속을 어기다 ***keep*** ***one's*** **~** 약속을 지키다 ***make a ~*** 약속을 하다 ***the Land of P~*** = PROMISED LAND
— *vt.* **1 약속[서약]하다**: He ~*d* me the book. =He ~*d* the book to me. 그는 나에게 그 책을 주겠다고 약속했다. **2** 〈…의〉 **가망[희망]이 있다**; …할 듯하다: The sky ~*d* rain. 하늘을 보니 비가 올 것 같았다. — *vi.* **1** 약속하다: I cannot positively ~. 확약할 수 없다. **2** 가망[희망]이 있다: The crops ~ well. 풍작이 될 것 같다.

Próm·ised Lánd [prάmist- | prɔ́m-] [the ~] **1** 〖성서〗 약속의 땅; 천국 **2** [**p~ l~**] 동경하는 땅[경지]

‡**prom·is·ing** [prάmisiŋ | prɔ́m-] *a.* **장래성 있는**, 전도유망한(hopeful): a ~ youth 유망한 청년 ***in a ~ state***[***way***] 가망이 있는; 쾌유되어 가는; 임신하여 **~·ly** *ad.*

prom·is·so·ry [prάməsɔ̀ːri | prɔ́misəri] *a.* 약속의; 〖상업〗 지불을 약속하는

‡**pro·mote** [prəmóut] [L 「앞으로 움직이다」의 뜻에서] *vt.* **1 a 증진[촉진]하다**, 진행시키다: ~ digestion 소화를 촉진하다 **b** 장려하다; 고무하다 **c** 〈방법·결과를〉 조장하다 **2 승진[진급]시키다**: be ~*d* (to the rank of) captain 육군 대위[해군 대령]로 진급하다 **3** (선전으로) 〈상품의〉 판매를 촉진하다 **4** 〈법안의〉 통과에 노력하다: ~ a bill in Parliament 법안의 의회 통과에 힘쓰다 **5 a** 〈회사 등의〉 설립을 발기(發起)하다 **b** 〈프로 권투 등의〉 흥행을 주최하다 **6** 〖체스〗 〈졸(pawn)을〉 퀸으로 승격시키다

∗**pro·mot·er** [prəmóutər] *n.* **1 촉진자**[물], 장려자; 후원자 **2** (새 회사의) **발기인**, 창립자; (프로 권투 등의) 흥행주, 프로모터 **3** 〖유전〗 프로모터 《유전자를 구성하는 3요소의 하나》

‡**pro·mo·tion** [prəmóuʃən] *n.* Ⓤ **1 승진**, 진급(opp. *demotion*) **2 촉진**, 진흥 (*of*): the ~ *of* health 건강 증진 **3** ⓊⒸ 판매 촉진; Ⓒ 판촉 상품
get[***obtain, win***] **~** 승진하다

pro·mo·tion·al [prəmóuʃənl] *a.* 승급[승진]의; 증진[장려]의: ~ examination 승진 시험

pro·mo·tive [prəmóutiv] *a.* 조장[촉진]시키는, 증진하는, 장려의

‡**prompt** [prɑmpt | prɔmpt] [L 「앞으로 내놓다」의 뜻에서] *a.* **1 즉석의**; 〖상업〗 즉시불의 **2 신속한**
— *vt.* **1 자극하다**, 고무(鼓舞)하다 **2** 생각나게 하다, 〈사상·감정을〉 불어 넣다 **3** 〈무대 뒤에서 배우에게〉 대사를 일러주다; 〈학습자에게〉 옆에서 일러주다; 〈말이 막힌 사람에게〉 한마디 거들어주다
— *n.* **1** 〖상업〗 (연불(延拂)의) 인도일; 즉시불 **2** 자극하는[고무하는] 것 **3** (대사를 잊은 배우에게) 대사를 일러줌 **4** 〖컴퓨터〗 프롬프트, 길잡이 《컴퓨터가 조작자에게 입력을 요구하는 단말 화면상의 기호》
— *ad.* 《구어》 〈시간이〉 정확히: arrive at seven ~ = arrive ~ at seven 7시 정각에 도착하다 **prómpt·ly** *ad.*

prompt·er [prάmptər | prɔ́mpt-] *n.* 격려자; 〖연극〗 프롬프터 《배우에게 대사를 가르쳐 주는 사람》

promp·ti·tude [prάmptətjùːd | prɔ́mptətjùːd] *n.* Ⓤ 신속, 기민; 즉결

prom·ul·gate [prάməlgèit | prɔ́m-] *vt.* 선포[공포]하다; 〈신조 등을〉 세상에 보급하다 **-gà·tor** *n.* 공포자; 보급자

prom·ul·ga·tion [prὰməlgéiʃən | prɔ̀m-] *n.* Ⓤ 선포; 보급

pron. pronominal; pronoun; pronunciation

∗**prone** [proun] [L 「앞으로 기운」의 뜻에서] *a.* **1** [때로 복합어를 이루어] (좋지 않은 방향으로의) **경향이 있는** (*to*): He is ~ *to* idleness. 그는 나태해지기 쉽다. **2** 수그린, 앞으로 굽은; 비탈진, 내리받이의: ~ bombing 《미》 급강하 폭격
fall[***lie***] **~** 앞으로 고꾸라지다[엎드리다]
~·ness *n.*

prong [prɔːŋ | prɔŋ] *n.* **1** 뾰족한 끝[기구] **2** (포크 등의) 갈라진 가닥; (사슴뿔의) 가지 — *vt.* 찌르다, 꿰뚫다

pronged [prɔːŋd | prɔŋd] *a.* [복합어를 이루어] (뾰족하게) 가닥이 진, 갈래진: a three-~ fork 삼지창

prong·horn [prɔ́ːŋhɔ̀ːrn | prɔ́ŋ-] *n.* (*pl.* **~s,** ~) 〖동물〗 (미국 서부산의) 가지뿔영양

pro·nom·i·nal [prounάmənl | -nɔ́m-] *a.* 대명사의, 대명사적인: a ~ adjective[adverb] 대명 형용사[부사]
~·ly *ad.* 대명사로서, 대명사적으로

‡**pro·noun** [próunàun] *n.* 〖문법〗 **대명사** 《略 pron.》

‡**pro·nounce** [prənáuns] [L 「앞에 보고하다」의 뜻에서] *vt.* **1 발음하다**; 음독(音

讀)하다 **2 선언하다,** 표명하다; 선고하다 《*on, upon, for, against*》: ~ sentence of death *on*[*upon*] …에게 사형을 선고하다
— *vi.* **1** 발음하다 **2** 의견을 말하다, 판단을 내리다 《*on, upon*》
~ against [***for, in favor of***] …에 반대[찬성]의 의견을 말하다, …에 불리[유리]한 판결을 내리다
~·a·ble *a.* 발음할 수 있는

*pro·nounced [prənáunst] *a.* **명백한;** 두드러진; 단호한

*pro·nounce·ment [prənáunsmənt] *n.* **선언,** 공고; 의견, 판결 《*on, upon, that*》

pron·to [prántou | prɔ́n-] [Sp.] *ad.* 《미·구어》 신속히, 급속히

‡**pro·nun·ci·a·tion** [prənʌ̀nsiéiʃən] *n.* **1** ⓊⒸ **발음,** 발음법: English ~ 영어의 발음 **2** Ⓤ 발음(기호) 표기

‡**proof** [pru:f] *n.* (*pl.* **~s**) **1** Ⓤ **증명; 증거 2** ⓊⒸ **시험;** 〖수학·논리〗 논증, 증명; 〖수학〗 검산 **3** 시험을 거쳐 증명된 강도(强度) **4** ⒸⓊ 〖인쇄〗 교정쇄(校正刷), (판화(版畵) 등의) 시험쇄(刷) **5** 〖사진〗 (음화(陰畵)로부터의) 교정 인화(印畵) **6** 〖스코법〗 판사의 심문
in ~ of …의 증거로 ***make ~ of*** …임을 증명하다, 증거를 대다; …을 시험해 보다 ***read*** [***revise***] ***~s*** 교정 보다 ***The ~ of the pudding is in the eating.*** 《속담》 백문이 불여일견.
— *a.* **1** 시험을 거친(tried); 검사를 마친, 보증할 수 있는 **2** …에 견디는, …의 작용을 받지 않는 《*against, to*》 **3** 〈술이〉 표준 강도의
— *vt.* **1** 시험[검사]하다 **2** 《미》 교정하다[보다] **3** 〈섬유질의 겉을〉 튼튼하게 하다; 〈옷감을〉 방수(防水) 가공하다 《*against*》

-proof [pru:f] 《연결형》 「…을 막는; 내(耐)…; 방(防)…」의 뜻: water*proof*

proof·ing [prú:fiŋ] *n.* Ⓤ (방수 등의) 가공, 보강; 가공 약품

proof·less [prú:flis] *a.* 증거 없는, 증명 안 된

proof·read [-rì:d] *vt., vi.* (**-read** [-rèd]) 교정(校正) 보다; …의 교정쇄를 읽다 **~·er** *n.* 교정자 **~·ing** *n.* Ⓤ 교정

próof shèet 교정지

próof strèss 〖기계〗 내력(耐力)

*prop[1] [prap | prɔp] *n.* **지주, 버팀목;** 지지자: the main ~ of a state 국가의 동량(棟梁)
— *v.* (**~ped**; **~·ping**) *vt.* **1** 받치다; 지주[버팀목]를 대다[괴다] 《*up*》: Use the stick to ~ the lid open. 막대기로 받쳐서 뚜껑을 열어 놓으시오. **2** 기대 세우다[놓다]: The boy *~ped* his bicycle (up) against the wall. 소년은 자전거를 벽에다 기대어 세웠다. **3** 지지하다, 지원하다 《*up*》

prop[2] *n.* 〖연극〗 소도구

prop[3] *n.* 《구어》 = PROPELLER

‡**prop·a·gan·da** [pràpəgǽndə | prɔ̀p-] [propagate에서] *n.* **1** Ⓤ [보통 관사 없이] **선전 2** 선전 단체

prop·a·gan·dize [pràpəgǽndaiz | prɔ̀p-] *vt., vi.* 선전하다, 선교하다

*prop·a·gate [prápəgèit | prɔ́p-] *vt.* **1 번식[증식(增殖)]시키다 2** 보급시키다, 선전하다 **3** 전달[전파]하다 **4** 〈성질 등을〉 유전하다 ~ one***self*** 번식하다
— *vi.* 번식[증식]하다; 보급되다

*prop·a·ga·tion [pràpəgéiʃən | prɔ̀p-] *n.* Ⓤ **1** (동식물의) **번식,** 증식 **2** (관습 등의) 선전, 보급 **3** (소리 등의) 전파; 유전

prop·a·ga·tor [prápəgèitər | prɔ́p-] *n.* 번식자; 선전원

pro·pane [próupein] *n.* Ⓤ 〖화학〗 프로판 《탄화 수소의 일종》

*pro·pel [prəpél] [L 「앞으로 밀다」의 뜻에서] *vt.* (**~led**; **~·ling**) **추진하다;** 몰아대다: be *~led* by nuclear power 원자력으로 추진되다

pro·pel·lant [prəpélənt] *n.* 추진시키는 것; 발사 화약
— *a.* 추진하는, 추진용의

‡**pro·pel·ler** [prəpélər] *n.* **프로펠러,** 추진기

pro·pél·ling péncil [prəpéliŋ-] 《영》 샤프펜슬(《미》 mechanical pencil) 《「샤프펜슬」이란 말은 일본식 영어이며, a sharp pencil은 「심이 뾰족한 연필」이란 뜻》

pro·pen·si·ty [prəpénsəti] *n.* (*pl.* **-ties**) 《문어》 경향, 성벽(性癖)(inclination) 《*to, for*》: She has a ~ *to* exaggerate. 그녀는 과장해서 말하는 버릇이 있다.

‡**prop·er** [prápər | prɔ́p-] *a.* **1 적당[타당]한:** at ~ time 적당한 때에 **2 예의 바른:** a ~ young lady 예의 바른 젊은 숙녀 **3** Ⓟ 《문어》 **고유의,** (…에) 특유한 《*to*》 **4** Ⓐ **a** 정확한; [명사에 후치하여] 엄격한 의미의, 본래의: China ~ 중국 본토 / This watch keeps ~ time. 이 시계는 정확하다. **b** 《구어》 진짜의(real) **5** Ⓐ 《영》 순전한: a ~ rascal 순전한 악당
as you think ~ 잘 요량해서, 적당히 ***in the ~ sense of the word*** 그 말의 본래의[진정한] 뜻에 있어서
— *ad.* 《속어·방언》 아주, 완전히
~·ness *n.*

próper fráction 〖수학〗 진분수(眞分數)

‡**prop·er·ly** [prápərli | prɔ́p-] *ad.* **1 적당히; 당연히:** He very ~ refused. 그가 거절한 것은 당연하다. **2 정확히:** speak English ~ 영어를 정확히 말하다 **3 단정하게,** 예의바르게 **4** 《영·구어》 철저히: be ~ beaten 얻어맞아 완전히 뻗다

próper mótion 〖천문〗 고유 운동

*próper nóun[náme] 〖문법〗 **고유명사**

prop·er·tied [prápərtid | prɔ́p-] *a.* Ⓐ 재산이 있는, 《특히》 토지를 가진: the ~ class(es) 유산 계급, 지주 계급

‡**prop·er·ty** [prápərti | prɔ́p-] [ME 「자기 자신의 것」의 뜻에서] *n.* (*pl.* **-ties**) **1** Ⓤ **재산,** 자산; 소유물: a man of ~ 재산가 **2** Ⓤ 〖법〗 **소유권;** 소유: ~ in copyright 판권 소유 **3** 소유지, 토지: real ~ 부동산 **4** (어떤 물건 고유의) **특성,** 특질 **5** 연장, 도구;

[보통 *pl.*] 〖연극〗 소도구

próperty màn[màster] 〖연극〗 소도구[의상] 담당자

próperty rìght 재산권

próperty tàx 〖법〗 재산세

*__proph·e·cy__ [prάfəsi | prɔ́f-] [prophet에서] *n.* (*pl.* **-cies**) ⓊⒸ **예언**; 예언 능력; Ⓒ 〖성서〗 예언서

*__proph·e·sy__ [prάfəsài | prɔ́f-] *v.* (**-sied**) *vi.*, *vt.* **예언하다**; 예보하다: ~ a typhoon 태풍을 예보하다

‡**proph·et** [prάfit | prɔ́f-] [동음어 profit] [Gk 「미리 말하는 사람」의 뜻에서] *n.* **1 예언자**; 선지자 **2** 예보자; 《속어》 (경마 결과에 대한) 예상자 **3** 제창자

proph·et·ess [prάfitis | prɔ́f-] [PROPHET의 여성형] *n.* 여자 예언자

*__pro·phet·ic, -i·cal__ [prəfétik(əl)] *a.* **예언자의**; 예언적인

pro·phy·lac·tic [pròufəlǽktik | prɔ̀f-] *a.* (병을) 예방하는

— *n.* 〖의학〗 예방약; 예방법; 피임 기구

pro·phy·lax·is [pròufəlǽksis | prɔ̀f-] *n.* (*pl.* **-lax·es** [-lǽksiːz]) 〖의학〗 ⓊⒸ (병 등의) 예방(법)

pro·pin·qui·ty [prəpíŋkwəti, prou-] *n.* Ⓤ 《문어》 (장소·시간의) 가까움; 유사; 근친(近親)

pro·pi·ti·ate [prəpíʃièit] *vt.* 달래다; 비위 맞추다

pro·pi·ti·a·tion [prəpìʃiéiʃən] *n.* Ⓤ 달래기, 위무(慰撫); 〖신학〗 속죄

pro·pi·ti·a·to·ry [prəpíʃiətɔ̀ːri | -təri] *a.* 달래는, 비위 맞추는, 화해하는

pro·pi·tious [prəpíʃəs] *a.* 상서로운, 행운의, 알맞은 《*to, for*》: a ~ sign 길조 **~·ly** *ad.*

prop·jet [prάpdʒèt | prɔ́p-] *n.* 〖항공〗 = TURBO-PROPELLER ENGINE

prop·man [prάpmæ̀n | prɔ́p-] *n.* (*pl.* **-men** [-mèn]) = PROPERTY MAN

prop·o·lis [prάpəlis | prɔ́p-] *n.* Ⓤ 밀랍(bee glue)

pro·po·nent [prəpóunənt] *n.* **1** 제의[제안]자 **2** 지지자

‡**pro·por·tion** [prəpɔ́ːrʃən] [L 「부분(portion)을 위해」의 뜻에서] *n.* **1** Ⓤ **비율, 비**(比) 《*to*》: in the ~ of three *to* one 3대 1의 비율로 **2** [*pl.*] **크기**, 넓이: a building of gigantic ~*s* 거대한 건조물 **3** Ⓤ **균형**, 조화 **4** [*pl.*] (미적 관점에서 본) 전체의 균형: a woman of beautiful ~*s* 아름다운 몸매를 갖춘 여자 **5 부분**, 몫, 할당 **6** Ⓤ 〖수학〗 비례

a large ~ of …의 대부분[대다수] ***in ~ to*** [***as***] …에 비례하여 ***out of*** (***all***) ***~ to*** …와 (전혀) 균형이 안 잡히는

— *vt.* 균형 잡히게 하다, 조화시키다 《*to, with*》: You must ~ your spending *to* your salary. 급료에 맞추어서 지출을 조절해야 한다.

*__pro·por·tion·al__ [prəpɔ́ːrʃənl] *a.* Ⓟ **비례하는** 《*to*》; 균형이 잡힌: be directly [inversely] ~ *to* …에 정[반]비례하다 **~·ly** *ad.*

propórtional representátion 〖정치〗 비례 대표제 《略 PR》

*__pro·por·tion·ate__ [prəpɔ́ːrʃənət] *a.* …**에 비례하는**

— [-èit] *vt.* 어울리게[균형 잡히게] 하다 《*to*》 **~·ly** *ad.*

pro·por·tioned [prəpɔ́ːrʃənd] *a.* 비례하는, 균형 잡힌

‡**pro·pos·al** [prəpóuzəl] *n.* **1 신청; 제안**, 건의; 계획 **2 결혼 신청**: make a ~ (of marriage) to a woman 여자에게 청혼하다

make [***offer***] ***~s of*** [***for***] ***peace*** 화해하자고 제의하다

‡**pro·pose** [prəpóuz] [L 「앞에 놓다」의 뜻에서] *vt.* **1 제의[제안]하다**, 제출하다 **2** 추천하다, 지명하다 《*for, as*》: Will you ~ me *for* your club? 나를 당신 클럽에 추천해 주시겠습니까? **3 작정하다**; 〈일을〉 **꾀하다**: We ~ to dine out tonight. 우리는 오늘밤에 외식할 작정이다. **4** 〈남자가 결혼을〉 **신청하다** 《*to*》

— *vi.* **1** 제안하다, 건의하다: ~ to one*self* 기도하다 **2 청혼하다** 《*to*》: I ~*d to* her. 그녀에게 청혼했다.

pro·pos·er [prəpóuzər] *n.* 신청인, 제의[제안]자

‡**prop·o·si·tion** [prὰpəzíʃən | prɔ̀p-] *n.* **1** (특히 사업상의) **제안**: I made a ~ to buy the shop. 그 가게를 사들이자고 제의했다. **2 계획**, 안(案) **3** 《구어》 (상거래 등의) 조건 제시: make a person ~*s* of trade …에게 무역 거래의 여러 조건을 제시하다 **4 a** 사업; 일, 문제: a paying ~ 수지맞는 일 **b** 녀석, 상대: He is a tough ~. 그는 만만치 않은 상대다. **5** 진술, 주장 **6** 〖수학〗 명제, 정리(定理) **7** 《구어》 (여성에 대한 성적인) 유혹: He made her a ~. 그는 그녀에게 수작을 걸었다. — *vt.* …에게 수작을 걸다

pro·pound [prəpáund] *vt.* 제출하다, 제의하다

pro·pri·e·tar·y [prəpráiətèri | -təri] *a.* Ⓐ **1** 소유주의, 소유의 **2** 독점의, 전유의: a ~ name[term] 상표명, 특허 등록명

*__pro·pri·e·tor__ [prəpráiətər] *n.* **1** (상점·호텔·토지 등의) **소유자**, 경영자 **2** 사업주

pro·pri·e·to·ri·al [prəpràiətɔ́ːriəl] *a.* 소유의: ~ rights 소유권

pro·pri·e·tress [prəpráiətris] *n.* PROPRIETOR의 여성형

*__pro·pri·e·ty__ [prəpráiəti] [property와 같은 어원] *n.* (*pl.* **-ties**) **1** Ⓤ **예의 바름, 교양 2** Ⓤ **타당**, 적절 《*of*》

breach of ~ 예의에 벗어남 ***observe the proprieties*** 예의범절을 지키다 ***with ~*** 예절 바르게; 적당하게

pro·pul·sion [prəpʌ́lʃən] *n.* Ⓤ 추진(력): jet ~ 제트 추진

pro·pul·sive [prəpʌ́lsiv] *a.* Ⓐ 추진력 있는, 추진하는(propelling)

próp wòrd 〖문법〗 지주어(支柱語)

pro ra·ta [pròu-réitə | -rάːtə] [L] *ad.* 비례하여, 일정한 비율로 — *a.* 비례한

pro·rate [prouréit] [*pro rata*에서] *vt.* 《미》 할당하다; 비례 배분하다: on the ~*d* daily basis 일당(日當)으로

pro·ro·ga·tion [pròurəgéiʃən] *n.* Ⓤ 정회(停會)

pro·rogue [prouróug, prə-] *vt.* (특히 영국에서) 〈의회를〉 정회하다

***pro·sa·ic, -i·cal** [prouzéiik(əl)] *a.* **1** 산문적인, 무미건조한 **2** 활기 없는, 지루한 **-i·cal·ly** *ad.*

pro·sce·ni·um [prousí:niəm] [Gk 「무대 앞에」의 뜻에서] *n.* (*pl.* **-ni·a** [-niə]) 무대의 앞 부분

pro·scribe [prouskráib] *vt.* **1** 《문어》 〈습관 등을〉 금지하다 **2** 《고어》 …에게서 법률의 보호를 박탈하다; 추방하다

pro·scrip·tion [prouskrípʃən] *n.* Ⓤ (관습 등의) 금지; 공(민)권 박탈, 추방

‡**prose** [prouz] [L 「똑바른 (말)」의 뜻에서] *n.* **1** Ⓤ **산문**; 산문체(opp. *verse*): in ~ 산문으로 **2** 《영》 번역 연습 문제 — *a.* Ⓐ 산문의: ~ poetry 산문시

***pros·e·cute** [prásikjù:t | prɔ́s-] [L 「앞에 따르다」의 뜻에서] *vt.* **1** **기소하다**, 소추(訴追)하다; 구형하다 **2** 《문어》 **수행하다** — *vi.* 기소하다; (재판에서) 검사를 맡다

prós·e·cut·ing attórney [prásikjù:tiŋ- | prɔ́s-] 《미》 지방 검사

***pros·e·cu·tion** [pràsikjú:ʃən | prɔ̀s-] *n.* **1** Ⓤ **수행**, 실행 **2** 〖법〗 **a** ⓊⒸ **기소**, 고발: a criminal ~ 형사 소추 **b** [the ~] 기소자측, 검찰 당국(opp. *defense*): a witness for *the* ~ 검찰측의 증인

***pros·e·cu·tor** [prásikjù:tər | prɔ́s-] *n.* **1** **검찰관**, 기소자, 검사: a public ~ 검사 **2** **수행[실행]하는 사람**

pros·e·lyte [prásəlàit | prɔ́s-] *n.* 개종자(改宗者); 변절자

pros·e·lyt·ize [prásəlitàiz | prɔ́s-] *vt., vi.* 개종[전향, 변절]시키다

Pro·ser·pi·na [prəsə́:rpənə], **Pro·ser·pi·ne** [prousə́:rpəni | prɔ́səpàin] *n.* 〖그리스신화〗 프로세르피나 《Jupiter와 Ceres 사이의 딸; Pluto에게 납치되어 저승의 여왕이 되었음》

pro·sit [próuzit, -sit] [G; L = May it do you good] *int.* 축배를 듭시다!, 축하합니다!

pro·sod·ic, -i·cal [prəsádik(əl) | -sɔ́d-] *a.* Ⓐ **1** 작시법(作詩法)의[에 맞는] **2** 운율학의, 시형론의

pros·o·dy [prásədi | prɔ́s-] *n.* Ⓤ 작시법; 시형론(詩形論), 운율학(韻律學)

‡**pros·pect** [práspekt | prɔ́s-] [L 「앞을 보다」의 뜻에서] *n.* **1** **전망**, 조망(眺望); 경치(scene): a house with a southern ~ 남향 집 **2** Ⓤ **가망** 《*of*》, 기대, 예상: a ~ *of* recovery 회복할 가망 **3 a** [*pl.*] 성공할 가망: a business with good ~*s* 유망한[성공할 만한] 사업 **b** [*pl.*] 《문어》 출세할 가망, 장래성: He has good ~*s.* 그는 장래가 상당히 촉망된다. **c** 가망이 있는[유망한] 사람 **4** 《주로 미》 단골 손님이 될 것 같은 사람; 기부할 듯한 사람 **5** 〖광산〗 채광 유망지

have in ~ 가망이 있다, 계획하고 있다 ***in*** ~ 예기[예상]하여

***pro·spec·tive** [prəspéktiv] *a.* **예상된**, 기대되는; 가망 있는

pros·pec·tor [práspektər | prəspék-] *n.* 〖광산〗 시굴자; 투기자

pro·spec·tus [prəspéktəs] *n.* **1** (설립) 취지서; 발기서 **2** (사립)학교 입학 안내서 **3** (신간 서적 등의) 내용 견본

***pros·per** [práspər | prɔ́s-] [L 「희망대로 되다」의 뜻에서] *vi.* **번영[번창]하다**; 성공하다 — *vt.* 《고어》 〈신이〉 …을 번영[성공]시키다

‡**pros·per·i·ty** [prasperəti | prɔs-] *n.* (*pl.* **-ties**) Ⓤ **번영**, 성공; 부유

‡**pros·per·ous** [práspərəs | prɔ́s-] *a.* **1** **번영하는**(thriving); 부유한: a ~ farmer 부유한 농장주 **2** **순조로운**, 잘 되어 가는: ~ weather 좋은 날씨

pros·tate [prásteit | prɔ́s-] 〖해부〗 *n., a.* 전립선(의)

pros·the·sis [prasθí:sis | prɔ́s-] *n.* 〖의학〗 인공 보철(補綴)(술); 인공 보철물 《의치·의족 등》 **pros·thét·ic** [-θétik] *a.*

pros·ti·tute [prástətjù:t | prɔ́stitjù:t] [L 「팔려고 앞에 내놓다」의 뜻에서] *n.* 매춘부 — *vt.* **1** 매음시키다, 〈몸을〉 팔다 **2** 〈명예 등을〉 이익을 위하여 팔다, 〈능력 등을〉 비열한 목적에 쓰다

pros·ti·tu·tion [pràstətjú:ʃən | prɔ̀stitjú:-] *n.* Ⓤ 매춘; 타락, 악용

***pros·trate** [prástreit | prɔ́s-] [L 「앞에 펴다」의 뜻에서] *a.* **1** (복종·경배를 위해) **엎드린** **2** 패배[굴복]한 **3** **풀죽은**; 지쳐 버린 《*with*》 **4** 〖식물〗 포복성(匍伏性)의, 땅을 기는 — [ㅅ- | -ㅅ] *vt.* **1** 엎드리게 하다; 〈몸을〉 엎드리다 **2** 쇠약하게 하다: be ~*d by* the heat 더위에 지치다 ~ one**self** 몸을 엎드리다

pros·tra·tion [prastréiʃən | prɔs-] *n.* **1** ⓊⒸ 엎드림, 엎드려 절함: ~ before the altar 제단 앞에 엎드리기 **2** Ⓤ 쇠약, 피로

general [***nervous***] ~ 전신[신경] 피폐

pros·y [próuzi] *a.* (**pros·i·er**; **-i·est**) 평범한; 지루한, 단조로운 **prós·i·ly** *ad.* **-i·ness** *n.*

Prot. Protestant

prot·ac·tin·i·um [pròutæktíniəm] *n.* Ⓤ 〖화학〗 프로탁티늄 《방사성 희금속 원소; 기호 Pa, 번호 91》

pro·tag·o·nist [proutǽgənist] [Gk 「주요한 배우」의 뜻에서] *n.* **1** [보통 the ~] (연극의) 주역; (이야기 등의) 주인공 **2** (사상·주의의) 수령, 주창자, 지도자

prot·a·sis [prátəsis | prɔ́t-] *n.* (*pl.* **-ses** [-sì:z]) 〖문법〗 (조건문의) 조건절, 전제절

Pro·te·an [próutiən | prouti:ən] *a.* **1** 〖그리스신화〗 Proteus신의[같은] **2** [**p~**] 《문어》 변화무쌍한; 다방면의; 혼자서 여러 역할을 하는

‡**pro·tect** [prətékt] [L 「앞에 덮다」의 뜻에서] *vt.* **1** **보호하다**, 막다 《*from, against*》: ~ a person *from*[*against*] danger …을 위험으로부

터 보호하다 **2** 〖경제〗 〈국내 산업을〉 보호하다 **3** 보험에 들어 〈사람·물건을〉 보장하다 《*against*》 **4** 〈기계에〉 보호 장치를 하다

‡pro·tec·tion [prətékʃən] *n.* **1** Ⓤ **보호,** 옹호 《*against, from*》 **2** 보호하는 사람[것] **3** Ⓤ 〖경제〗 보호 무역 제도 **4** 《구어》 (폭력단에 바치는) 보호금 **5** 〖컴퓨터〗 (프로그램 복사) 방지 **~·ism** *n.* Ⓤ 보호 무역주의 **~·ist** *n.* 보호 무역론자

***pro·tec·tive** [prətéktiv] *a.* **1 보호하는,** 방어하는: a ~ vest 방탄 조끼 **2** 〖경제〗 보호 무역(제도)의

protéctive colorátion[cóloring] 〖동물〗 보호색

protéctive cústody 예비[보호] 구금

protéctive táriff 보호 관세(율)

***pro·tec·tor** [prətéktər] *n.* **1 보호자,** 옹호자 **2 보호[안전] 장치**; 가슴받이; 프로텍터

pro·tec·tor·ate [prətéktərət] *n.* 보호 관계; 보호국; 보호령

pro·té·gé [próutəʒèi] [F =protected] *n.* (*fem.* **-gée** [~]) 피보호자, 피후견인

***pro·tein** [próuti:n] [GK 「최초의 물질」의 뜻에서] *n.* UC **단백질**
— *a.* 단백질의

pro tem·po·re [prou-témpəri] [L= for the time] *ad.* 임시로, 일시적으로

Prot·er·o·zo·ic [pràtərəzóuik | pròu-] *n., a.* 〖지질〗 원생대(原生代)(의)

‡pro·test [prətést, próutest | prətést] [L 「공중 앞에서 증인이 되다」의 뜻에서] *vt.* **1** 《미》 〈…에〉 **항의하다,** 이의를 제기하다: ~ low wages 저임금에 항의하다 **2 주장하다**; 단언하다: ~ one's innocence 자기의 결백을 주장하다 — *vi.* **항의하다,** 이의를 제기하다 《*against*》: ~ *against* an action[a measure] 어떤 행동[조치]에 항의하다
— [próutest] *n.* **1** UC **항의,** 이의의 제기: without ~ 이의[항의] 없이 **2** 단언, 주장

***Prot·es·tant** [prátəstənt | prɔ́t-] *n.* **1** 〖그리스도교〗 (개)**신교도,** 프로테스탄트 **2** [prətéstənt] [**p~**] 항의자
~·ism *n.* Ⓤ 신교(의 교리)

pro·tes·ta·tion [pràtəstéiʃən | prɔ̀t-] *n.* **1** Ⓤ 항의, 이의(의 제기) 《*against*》 **2** UC 단언 《*of*》

Pro·te·us [próutiəs | -tju:s] *n.* **1** 〖그리스신화〗 프로테우스 《자유자재로 변신하고 예언의 힘을 가졌던 바다의 신》 **2** 변하기 쉬운 것[사람]

proto- [próutou, -tə] 《연결형》 「최초의; 원시의; 주요한」의 뜻

pro·to·col [próutəkɔ̀:l | -kɔ̀l] *n.* **1** 원안; 조약안(條約案); 의정서(議定書) **2** Ⓤ (외교상의) 의전, 의례
— *vt., vi.* 의정서를 작성하다

pro·ton [próutan | -tɔn] *n.* 〖물리〗 양자, 프로톤(cf. ELECTRON) **pro·tón·ic** *a.*

pro·to·plasm [próutəplæ̀zm] *n.* Ⓤ 〖생물〗 원형질(原形質); 세포질

pro·to·type [próutətàip] *n.* 원형(原型); 견본; 〖생물〗 원형(原形)

pro·to·zo·an [pròutəzóuən] *n., a.* 원생동물(의)

pro·to·zo·on [pròutəzóuən, -an | -ən] *n.* (*pl.* **-zo·a** [-zóuə]) = PROTOZOAN

pro·tract [proutræ̀kt | prə-] [L 「잡아 늘이다」의 뜻에서] *vt.* 〈시간을〉 오래 끌다, 연장하다; 〖해부〗 내뻗다
~·ed [-id] *a.* 오래 끈[끄는]

pro·trac·tile [proutræ̀ktil | prətræ̀ktail] *a.* 늘어나는, 내뻗은

pro·trac·tion [proutræ̀kʃən | prə-] *n.* UC 내뻗음, 내밀기, 연장

pro·trac·tor [proutræ̀ktər | prə-] *n.* 오래 끄는 사람[것]; 〖측량〗 분도[각도]기

***pro·trude** [proutrú:d | prə-] [L 「앞으로 내밀다」의 뜻에서] *vt.* **내밀다,** 튀어나오게 하다: ~ one's tongue 혀를 내밀다
— *vi.* **튀어나오다**

pro·tru·sion [proutrú:ʒən | prə-] *n.* 돌출, 융기 《*of*》

pro·tru·sive [proutrú:siv | prə-] *a.* **1** 불쑥내미는; 돌출한 **2** 주제넘게 나서는

pro·tu·ber·ance, -an·cy [proutjú:bər-əns(i) | prətjú:-] *n.* 혹, 융기

pro·tu·ber·ant [proutjú:bərənt | prə-tjú:-] *a.* 돌출[돌기]한, 불룩 솟은

‡proud [praud] *a.* (cf. PRIDE *n.*) **1 a 자존[자부]심이 있는 b 거만한,** 뽐내는 **2 자랑으로 여기는** 《*of*》: He is ~ *of* being[~ *that* he is] of Dutch origin. 그는 네덜란드 출신임을 자랑으로 여긴다. **3** 〈일·물건이〉 자랑할 만한, 훌륭한
(*as*) ~ *as Punch*[*a peacock, a turkey*] 득의양양하여, 크게 자랑하여 *be ~ of* …을 자랑하다, 뽐내다
— *ad.* [다음 성구로]
do a person ~ 《구어》 …을 매우 기쁘게 하다, 만족하게 하다, 면목을 세워주다; …을 환대하다 *do* one*self* ~ 훌륭하게 행동하다, 멋들어지게[사치스럽게] 살다

próud flésh (상처가 나을 때 그 주위에 생기는) 새살, 육아(肉芽)

prov. proverb; provincial(ly); provisional

Prov. Provençal; Proverbs; Providence; Provost

prov·a·ble [prú:vəbl] *a.* 증명할 수 있는 **-bly** *ad.*

‡prove [pru:v] [L 「시험하다」의 뜻에서] *v.* (**~d**; **~d, prov·en** [prú:vən]) *vt.* **1 입증[증명]하다**; [~ one*self* 로] 자기가 …임을 입증[증명]하다: How can you ~ the truth of what he says[*that* what he says is true]? 그의 말이 사실이라는 것을 어떻게 증명할 수 있는가? **2** 〈정확성 등을〉 **시험하다,** 실험하다 **3** 〖법〗 (유언의) 검증(檢證)을 받다, 검인(檢認)하다 **4** 〖수학〗 검산(檢算)하다
— *vi.* **1** …**임이 알려지다,** …**으로 판명되다**(turn out): He ~*d* (*to be*) a capable businessman. 그가 유능한 실업가라는 사실이 드러났다. **2** 〈빵·케이크 등이〉 알맞게 부풀다

prov·en [prúːvən] *v.* 《미·고어》 PROVE의 과거분사 —*a.* Ⓐ 증명된

prov·e·nance [prάvənəns | prɔ́v-] *n.* Ⓤ 《문어》 기원, 유래 《*of*》, 출처

Pro·ven·çal [pròuvənsάːl, prὰ- | prɔ̀vɑːn-] *n.* **1** 프로방스 사람 **2** Ⓤ 프로방스 말 《略 Pr.》
—*a.* **1** Provence의 **2** 프로방스 사람의, 프로방스 말의

Pro·vence [prəvάːns] *n.* 프로방스 《프랑스 남동부의 옛 주(州)》

prov·en·der [prάvəndər | prɔ́v-] *n.* Ⓤ **1** 여물 《주로 건초와 갈아서 바순 곡물》 **2** 《구어·익살》 음식물

‡**prov·erb** [prάvəːrb | prɔ́v-] [L 「앞의 말」의 뜻에서] *n.* **1** 속담, 격언, 금언 **2** 정평 있는 사람[것] **3** [the P~s] 〖성서〗 잠언 《구약 성서의 하나; 略 Prov.》

***pro·ver·bi·al** [prəvə́ːrbiəl] *a.* **1** 속담의; 속담에 있는 **2** 잘 알려진, 소문난 **~·ly** *ad.*

‡**pro·vide** [prəváid] *vt.* **1** 〈필요한 것을〉 **대주다, 공급하다**(supply) 《*with, for*》: ~ oneself 스스로 마련하다 **2** **준비하다,** 대비하다 《*for, against*》: ~ food *for* a voyage 항해를 위해 식량을 준비하다 **3** 〖법〗 규정하다
—*vi.* **1** 《미리》 **준비하다, 대비하다** 《*for, against*》: ~ *for* old age 노후에 대비하다 **2** 예방 수단을 취하다 《*against*》 **3** 〖법〗 **a** 〈법률·규정 등이〉 …을 규정하다 《*for*》 **b** 〈법률·규정 등이〉 …을 금지하다 《*against*》 **4** 부양하다; 필수품을 공급하다: ~ for one's family 가족을 부양하다

***pro·vid·ed** [prəváidid] *conj.* **…을 조건으로 하여** 《*that…*》, **만일 …이라면**(if)

***prov·i·dence** [prάvədəns | prɔ́v-] [L 「예견」의 뜻에서] *n.* ⓊⒸ **1** [종종 **P~**] **섭리**(攝理), 신의 뜻 **2** [**P~**] **신**

prov·i·dent [prάvədənt | prɔ́v-] *a.* **1** 선견지명이 있는; 신중한 **2** 검약한 **~·ly** *ad.*

prov·i·den·tial [prὰvədénʃəl | prɔ̀v-] *a.* 신의, 신의 뜻에 의한; 행운의 **~·ly** *ad.*

pro·vid·er [prəváidər] *n.* **1** 공급자; 설비자 **2** [보통 수식어와 함께] 가족 부양자: a good ~ 가족에게 윤택한 생활을 시키는 사람

***pro·vid·ing** [prəváidiŋ] *conj.* = PROVIDED

‡**prov·ince** [prάvins | prɔ́v-] *n.* **1** [the ~s] **지방,** 시골 **2** 《행정 구역으로서의》 주(州), 성(省), 도(道) **3** 영역, 분야; 본분
be within [***outside***] *one's* ~ 자기의 본분[전문 분야, 권한]이다[밖이다]

***pro·vin·cial** [prəvínʃəl] *a.* **1** **지방의,** 시골의, 지방민의 **2** 주[성]의, 도(道)의 **3** 영토의 **4** 지방적인, 시골풍의; 편협한
—*n.* 지방인; 시골뜨기 **~·ly** *ad.*

pro·vin·cial·ism [prəvínʃəlìzm] *n.* **1** Ⓤ 지방 기질, 시골 근성, 편협 **2** ⓊⒸ 지방적 특질[관습], 지방색, 시골티 **3** 사투리

pro·vin·cial·ist [prəvínʃəlist] *n.* 지방의 주민; 지방 제일주의자

pro·vin·ci·al·i·ty [prəvìnʃiǽləti] *n.* (*pl.* **-ties**) = PROVINCIALISM

próv·ing gròund [prúːviŋ-] 《미》 《장비·이론 등의》 실험장

‡**pro·vi·sion** [prəvíʒən] *n.* **1** 〖법〗 **조항,** 규정 **2** 《필수품의》 공급; 지급량 **3** Ⓤ 《장래에 대한》 **준비,** 설비 《*for, agaginst*》 **4** [*pl.*] **식량,** 식료품
run out of [***short of***] **~s** 식량이 떨어지다
—*vt.* 양식을 공급하다

***pro·vi·sion·al** [prəvíʒənl] *a.* **일시적인,** 임시의; 조건부의: a ~ government 임시 정부 **~·ly** *ad.*

pro·vi·so [prəváizou] *n.* (*pl.* ~(**e**)**s**) 단서(但書); 조건

pro·vi·so·ry [prəváizəri] *a.* **1** 조건부의 **2** 일시적인

***prov·o·ca·tion** [prὰvəkéiʃən | prɔ̀v-] *n.* Ⓤ **1** **도발,** 자극 **2** **a** 성나게 함; 분노 **b** Ⓒ 화나게 하는 것
feel ~ 성내다 ***give*** ~ 화나게 하다 ***under*** ~ 도발당하고, 분개하여

***pro·voc·a·tive** [prəvάkətiv | -vɔ́k-] *a.* **1** **성나게 하는** **2** 《성적으로》 자극하는; 도발하는 **~·ly** *ad.*

‡**pro·voke** [prəvóuk] [L 「불러내다」의 뜻에서] *vt.* **1** 〈사람·동물을〉 **화나게 하다**(vex) **2** **자극하여 …시키다:** ~ a riot 폭동을 선동하다 **3** 〈감정·행동 등을〉 **불러일으키다:** ~ indignation[a laugh] 분노를 일으키다[웃음을 자아내다]

pro·vok·ing [prəvóukiŋ] *a.* 《문어》 자극하는; 약오르는, 귀찮은 **~·ly** *ad.*

pro·vost [próuvoust, prάvəst | prɔ́vəst] *n.* **1** 감독관 **2** **a** 《영국 대학 특히 Oxford, Cambridge의》 학료장 **b** 《미국 대학의》 교무처장 **3** 《스코》 시장

próvost guàrd 《미》 헌병대

próvost màrshal 〖육군〗 헌병 사령관

prow [prau] *n.* **1** 뱃머리, 이물 **2** 《비행기의》 기수(機首)

***prow·ess** [práuis] *n.* Ⓤ 《문어》 **1** 무용(武勇), **용기** **2** 훌륭한 솜씨 《*at, in*》 《주로 무기를 가지고 세운 용감한 공훈을 말함》

***prowl** [praul] *vi.* **찾아 헤매다,** 배회하다 (wander) 《*about*》: ~ *after* one's prey 먹이를 찾아 헤매다 —*vt.* …을 배회하다: He *~ed* the streets for hours. 그는 몇 시간이고 거리를 헤맸다.
—*n.* 배회, 어슬렁거리기
be[***go***] ***on the*** ~ 《훔칠 기회를 노리고》 배회하다 ***take a*** ~ 배회하다

prówl càr 《미》 《경찰의》 순찰차(squad car)

prow·ler [práulər] *n.* **1** 배회하는 사람[동물] **2** 부랑자

prox. proximo

prox·i·mal [prάksəməl | prɔ́ks-] *a.* 〖해부·식물〗 《신체·식물의 중앙[기부(基部)]에》 가까운 쪽의(opp. *distal*)

prox·i·mate [prάksəmət | prɔ́k-] *a.* 가장 가까운; 직접의: the ~ cause 근인(近因) **~·ly** *ad.*

prox·im·i·ty [prɑksíməti | prɔks-] *n.* Ⓤ 《문어》 근접 《*of, to*》
in the ~ of a town (도시) 부근에
prox·i·mo [prɑ́ksəmòu | prɔ́ks-] *ad.* 다음 달의 《略 prox.》: on the fifth *prox.* 다음 달 5일에
prox·y [prɑ́ksi | prɔ́ksi] *n.* (*pl.* **prox·ies**) **1** Ⓤ 대리(권); 대리 투표 **2 a** 위임장 **b** 대리인
be [***stand***] **~ *for*** …의 대리가 되다; …의 대용이 되다 ***by*** [***per***] **~** 대리인으로서
próxy màrriage 대리[위임] 결혼
próxy sèrver 〖컴퓨터〗 프록시 서버 《LAN내 단말기로부터의 요구에 따라 WAN으로의 접근을 대행하는》
prude [pru:d] *n.* (남녀 관계에서) 얌전한 체하는 여자
∗**pru·dence** [prú:dns] *n.* Ⓤ **신중**, 사려 분별; 검약
‡**pru·dent** [prú:dnt] [L 「예견하다」의 뜻에서] *a.* **1 신중한**, 분별 있는 **2** 빈틈없는 **3** 검약하는
pru·den·tial [pru:dénʃəl] *a.* **1** 《문어》 (특히 업무 등에) 신중한, 세심한 **2** 《미》 자문의, 고문의: a ~ committee (교회·학교 등의) 자문 위원회 **~·ly** *ad.*
prud·er·y [prú:dəri] *n.* (*pl.* **-er·ies**) Ⓤ 숙녀인 체함; [*pl.*] 얌전 빼는 말[행위]
prud·ish [prú:diʃ] *a.* 숙녀인 체하는, 새치름한 **~·ly** *ad.* **~·ness** *n.*
∗**prune**[1] [pru:n] *vt.* **1** 〈소용없는 가지를〉 **치다** 《*away, off*》 **2** 〈불필요한 부분을〉 제거하다; 〈비용을〉 절약하다
∗**prune**[2] *n.* **1 말린 자두 2** Ⓤ 짙은 자줏빛 **3** 《구어》 얼간이
prún·ing hòok [prú:niŋ-] 가지치는 낫, 전지용 낫
prúning shèars[**scìssors**] 전지가위
pru·ri·ent [prúəriənt] *a.* (병적) 호색의, 음란한; 외설한; 《드물게》 열망하는
prú·ri·ence, -en·cy *n.* Ⓤ 호색(好色), 정욕 **~·ly** *ad.*
∗**Prus·sia** [prʌ́ʃə] *n.* **프로이센** 《독일 북부의 주; 옛 왕국(1701-1918)》
∗**Prus·sian** [prʌ́ʃən] *a.* **1 프로이센의; 프로이센 사람[말]의 2** 프로이센식의, 훈련[규율]이 엄격한 **—*n.*** 프로이센 사람; Ⓤ 프로이센 말
Prússian blúe 감청(紺靑); 감청색; 감청색 안료
prús·sic ácid [prʌ́sik-] 〖화학〗 청산(靑酸)
∗**pry**[1] [prai] *vi.* (**pried**) **1 엿보다**(peep), 동정을 살피다; 꼬치꼬치 캐다 《*into*》 **2** 엿보고 다니다: ~ *about* 엿보고 다니다
pry[2] *vt.* (**pried**) **1** 지레로 들어올리다[움직이다](prize) 《*off, up*》: ~ *off* the top of a box 상자 뚜껑을 비틀어 열다 **2** 〈비밀 등을〉 알아내다 《*out of*》
pry·ing [práiiŋ] *a.* 살피는; 캐기 좋아하는
PS Police Sergeant; postscript; Privy Seal; Public School
‡**psalm** [sɑ:m] *n.* **1 찬송가**, 성가 **2 a** [**P~s**] [단수 취급] 〖성서〗 시편 **b** [the P~s] (시편 중의) 성가
psalm·ist [sɑ́:mist] *n.* 찬송가 작자
psal·mo·dy [sɑ́:mədi, sǽl-] *n.* **1** Ⓤ 찬송가 영창(법) **2** [집합적] 찬송가, 찬송가집
Psal·ter [sɔ́:ltər] *n.* **1** [the ~] 시편 (the Book of Psalms) **2** [때로 **p~**] (예배용) 시편서
psal·ter·y, psal·try [sɔ́:ltəri] *n.* (*pl.* **-ter·ies**) 14-15세기의 현악기의 일종
pse·phol·o·gy [si:fɑ́lədʒi | sefɔ́l-] *n.* Ⓤ 선거학 《투표·선거에 관한 연구》
pseud [su:d | sju:d] *n.* 《영·구어》 잘난 체하는[거드름 피우는] 사람
pseud- [su:d | sju:d], **pseudo-** [sú:dou | sjú:-] 《연결형》 「거짓의, 가짜의; 모조[모의]의」의 뜻 《모음 앞에서는 pseud-》
pseud. pseudonym
pseu·do [sú:dou | sjú:-] *a.* 허위의; 모조의 **—*n.*** (*pl.* **~s**) 《구어》 꾸며 보이는 사람
pseu·do·nym [sú:dənìm | sjú:-] *n.* (작가의) 필명(筆名), 아호
pseu·don·y·mous [su:dɑ́nəməs | sju:dɔ́n-] *a.* **1** 필명의, 익명의 **2** 필명을 쓰는[쓴]
pshaw [ʃɔ: | pʃɔ:] 《문어·드물게》 *n.*, *int.* 흥, 쳇, 뭐야, 제기랄 《경멸·불쾌·성급 등을 나타냄》
psi[1] [psai | psai] *n.* 그리스 자모(字母)의 제23자 《Ψ, ψ로서 발음은 [ps]》
psi[2] [sai] *n.* 프시 《투시·텔레파시·염력 등의 초자연 현상》
psit·ta·co·sis [sìtəkóusis] *n.* Ⓤ 〖병리〗 앵무병 《조류의 전염병; 폐렴과 장티푸스 비슷한 증세가 나타남》
pso·ri·a·sis [səráiəsis] *n.* Ⓤ 〖병리〗 건선(乾癬)
psst, pst [pst] *int.* 저, 잠깐 《조용히 주의를 끌기 위한 발성》
PST Pacific Standard Time 태평양 표준시
psych [saik] 《구어》 *vt.* **1** 불안하게 하다, 겁나게 하다 《*out*》 **2** …을 직감적으로 이해하다, …의 심리를 꿰뚫어 보다
psych- [saik], **psycho-** [sáikou] 《연결형》 「영혼, 정신」의 뜻 《모음 앞에서는 psych-》
Psy·che [sáiki] *n.* **1** 〖그리스·로마신화〗 프시케 《Cupid가 사랑한 아름다운 소녀; 영혼의 화신》 **2** [**p~**; the ~, one's ~] (육체에 대하여) 영혼, 정신
psy·che·del·ic [sàikidélik] [GK 「영혼이 보이는」의 뜻에서] *a.* **1** 〈예술 등이〉 사이키델릭한 《환각 상태를 연상시키는》 **2** 〈약이〉 환각을 일으키는; 환각제의 **—*n.*** 환각제 《LSD》
psy·chi·at·ric, -ri·cal [sàikiǽtrik(əl)] *a.* 정신 의학의; 정신병 치료법의[에 의한] **-ri·cal·ly** *ad.*
psy·chi·a·trist [sikáiətrist, sai-] *n.* 정신병 의사[학자]
psy·chi·a·try [sikáiətri, sai-] *n.* Ⓤ 정신 의학; 정신병 치료법
∗**psy·chic** [sáikik] *a.* **1 영혼의 2** 심령 작용을 받기 쉬운 **3** 〈병이〉 정신적인, 심적인, 심리적인 **—*n.*** 심령력이 강한 사람; 무당, 영매(靈媒)

psy·cho [sáikou] [psychopath의 단축형] 《속어》 *n.* (*pl.* **~s**) Ⓒ 정신병(환)자
— *a.* 정신병의

psycho- [sáikou] 《연결형》 = PSYCH-

psy·cho·a·nal·y·sis [sàikouənǽləsis] *n.* Ⓤ 정신 분석(학, 법)

psy·cho·an·a·lyst [sàikouǽnəlist] *n.* 정신 분석학자, 정신 분석 전문의

psy·cho·an·a·lyt·ic, -i·cal [sàikouæ̀nəlítik(əl)] *a.* 정신 분석의 **-i·cal·ly** *ad.*

psy·cho·an·a·lyze [sàikouǽnəlàiz] *vt.* 정신 분석하다

psy·cho·dra·ma [sàikoudrɑ́:mə] *n.* Ⓤ 〖정신의학〗 심리극(劇) 《정신병 치료를 위하여 환자에게 시키는 집단 심리 치료법》

psy·cho·gen·ic [sàikoudʒénik] *a.* 〖심리〗 심인성(心因性)의, 정신 작용에 의한

psy·cho·ki·ne·sis [sàikoukiní:sis] *n.* Ⓤ 염력(念力); 정신 운동

psychol. psychological; psychology

psy·cho·lin·guis·tics [sàikouliŋgwístiks] *n. pl.* [단수 취급] 〖언어〗 심리 언어학, 언어 심리학

***psy·cho·log·i·cal** [sàikəlɑ́dʒikəl | -lɔ́dʒ-], **-log·ic** [-ik] *a.* **1 심리학의**[을 사용한], 심리학적인 **2 심리적인**, 정신의 **~·ly** *ad.*

psychológical móment [the ~] 절호의 순간[기회]; 위기

psychológical wárfare 심리전, 신경전

***psy·chol·o·gist** [saikɑ́lədʒist | -kɔ́l-] *n.* 심리학자

‡**psy·chol·o·gy** [saikɑ́lədʒi | -kɔ́l-] *n.* (*pl.* **-gies**) **1** Ⓤ **심리학**: applied ~ 응용 심리학 **2** Ⓤ [보통 수식어와 함께] (개인·군중 등의) **심리**, 심리 상태; 성격 **3** 《구어》 사람의 마음을 읽는 힘; 심리 작전

psy·cho·neu·ro·sis [sàikounjuróusis | -njuər-] *n.* Ⓤ 정신 신경증

psy·cho·path [sáikəpæ̀θ] *n.* (반사회적·폭력적 경향이 있는) 정신병질자

psy·cho·path·ic [sàikəpǽθik] *a.* 정신병(성)의

psy·cho·pa·thol·o·gist [sàikoupəθɑ́lədʒist | -θɔ́l-] *n.* 정신 병리학자

psy·cho·pa·thol·o·gy [sàikoupəθɑ́lədʒi | -θɔ́l-] *n.* Ⓤ 정신 병리학

psy·chop·a·thy [saikɑ́pəθi | -kɔ́p-] *n.* Ⓤ 〖정신의학〗 정신병, 정신병질

psy·cho·phys·i·ol·o·gy [sàikoufìziɑ́lədʒi | -ɔ́l-] *n.* Ⓤ 정신 생리학

psy·cho·sex·u·al [sàikousékʃuəl] *a.* 성심리(性心理)의

psy·cho·sis [saikóusis] *n.* (*pl.* **-ses** [-si:z]) 정신병, 정신 이상

psy·cho·so·mat·ic [sàikousəmǽtik] *a.* **1** 정신 신체(의학)의 **2** 〈병 등이〉 정신 상태에 영향받는 **-i·cal·ly** *ad.*

psy·cho·ther·a·peu·tics [sàikouθèrəpjú:tiks] *n. pl.* [단수 취급] 정신 치료학[법](psychotherapy) **-péu·tic** *a.*

psy·cho·ther·a·py [sàikouθérəpi] *n.* Ⓤ 심리[정신] 요법 《특히 최면술에 의한》

psy·chot·ic [saikɑ́tik | -kɔ́t-] *a.* 정신병[이상]의 — *n.* 정신병[이상]자 **-i·cal·ly** *ad.*

psy·cho·trop·ic [sàikətrɑ́pik | -trɔ́p-] *a.* 정신에 영향을 주는, 향(向)정신성의 〈약제〉
— *n.* 향정신제

pt part; past; payment; pint(s); point; port

Pt 〖화학〗 platinum

PT Pacific Time; 〖군사〗 Physical Training

p.t. past tense; *pro tempore*

PTA Parent-Teacher Association

ptar·mi·gan [tɑ́:rmigən] *n.* 〖동물〗 뇌조(雷鳥)(snow grouse)

pter·o·dac·tyl [tèrədǽktil] *n.* 〖고생물〗 익수룡(翼手龍) 《익룡의 일종》

PTO, pto please turn over 다음 페이지에 계속

Ptol·e·ma·ic [tɑ̀ləméiik | tɔ̀l-] *a.* 프톨레마이오스의; 천동설(天動說)의(opp. *Copernican*)

Ptolemáic sýstem [the ~] 〖천문〗 (프톨레마이오스의) 천동설

Ptol·e·my [tɑ́ləmi | tɔ́l-] *n.* 프톨레마이오스 **Claudius** ~ 《기원 2세기의 Alexandria의 천문·지리·수학자; 천동설을 주장》

pto·maine [tóumein, –́] *n.* ⓊⒸ 〖화학〗 프토마인, 시독(屍毒)

pts parts; payments; pints; points; ports

pty·a·lin [táiəlin] *n.* Ⓤ 〖생화학〗 프티알린, 타액 전분 분해 효소

Pu 〖화학〗 plutonium

pub [pʌb] *n.* 《영》 술집, 선술집(public house)

pub. public; publication; published; publisher; publishing

púb cràwl 《영·구어》 술집을 옮겨다니며 마시기

pu·ber·ty [pjú:bərti] [L 「어른」의 뜻에서] *n.* Ⓤ 사춘기; 〖식물〗 개화기

pu·bes [pjú:bi:z] *n.* 〖해부〗 음부(pubic region); 거웃

pu·bes·cence [pju:bésns] *n.* Ⓤ 사춘기에 이름 **-cent** [-snt] *a.*

pu·bic [pjú:bik] *a.* 〖해부〗 음부의: the ~ bone 치골(恥骨)

pu·bis [pjú:bis] *n.* (*pl.* **-bes** [-bi:z]) 〖해부〗 치골

‡**pub·lic** [pʌ́blik] *a.* **1 공공의**, **공중의**; 국민 대중의 **2 공적인**, 공무의; 정부의, 국가의 **3 공립의**, 공중용의 **4 공공연한**; 유명한: a ~ scandal 세상이 다 아는 추문
go ~ (1) 〈개인 회사가〉 주식을 공개하다 (2) 〈비밀 등을〉 공표하다 ***in the ~ eye*** 널리 알려져 ***make a ~ protest*** 공공연하게 항의하다 ***make ~*** 공표[발표]하다
— *n.* **1** [the ~; 집합적] **공중**, 민중; (일반) 사회, 세상; 국민 **2** [집합적] …**계**(界); (어느 계층의) 사람들: the reading ~ 독서계 **3** 《영·속어》 선술집, 주막
in ~ 공공연히, 공중 앞에서

públic accóuntant 《미》 공인 회계사

púb·lic-ad·dréss sỳstem [pʌ́blikədrés-] (강당·옥외 등의) 확성 장치 《PA system이라고도 함》

pub·li·can [pʌ́blikən] *n.* **1** 〖역사〗 (고대 로마 시대의) 세리(稅吏) **2** 선술집(pub)의 주인

públic assístance 《미》 공적 부조(扶助) 《빈곤자·신체 장애자·노령자 등에게 주는 정부 보조》

‡pub·li·ca·tion [pʌ̀bləkéiʃən] *n.* **1** Ⓤ 발표, 공표 **2** Ⓤ **출판** **3** **출판물**, 간행물

públic cómpany 《영》 주식 회사(opp. *private company*)

públic convénience 《영》 (역 등의) 공중 화장실

públic corporátion 《영》 공공 기업체, 공사(公社), 공단(公團)

públic defénder 《미》 관선(管選) 변호인

públic domáin 〖법〗 **1** 《미》 공유지 **2** [보통 the ~] 공공 재산 《특허·저작 등의 권리 소멸 상태》

públic educátion 공교육, 학교 교육

públic énemy 사회(전체)의 적; 공적(公敵); 공개 수사 중인 범인

públic hóuse 《영》 선술집

pub·li·cist [pʌ́bləsist] *n.* 홍보[선전] 담당자

‡pub·lic·i·ty [pʌblísəti] *n.* Ⓤ **1** **널리 알려짐**, 공표; 명성 **2** **광고**, 선전
avoid [***shun***] ~ 세상에 알려지는 것을 피하다 ***court*** [***seek***] ~ 자기 선전을 하다 ***give ~ to*** …을 공표[발표]하다, 광고하다

publícity àgent 광고 대리업자, 광고 취급인[업자]

pub·li·cize [pʌ́bləsàiz] *vt.* 공표하다; 광고하다, 선전하다

públic láw 공법(公法)

Públic Lénding Ríght 《영》 공대권(公貸權) 《공공 도서관에서의 대출에 대하여 저자가 보상을 요구할 수 있는 권리; 略 PLR》

públic líbrary 공립[공공] 도서관

***pub·lic·ly** [pʌ́blikli] *ad.* **공공연하게**; 정부에 의해

pub·lic-mind·ed [pʌ́blikmáindid] *a.* 공공심이 있는

públic núisance **1** 〖법〗 공적(公的) 불법 방해 《소음·악취 등》 **2** 《구어》 모두에게 성가신 존재

públic óffice 관공서, 관청

públic opínion 여론: a ~ poll 여론 조사

públic ównership 공유(제), 국유(화)

públic prósecutor 〖법〗 검찰관, 검사

públic relátions [보통 단수 취급] **1** 홍보[공보](활동) **2** 섭외 (사무) 《略 PR》

públic relátions òfficer 공보[섭외]관[장교] 《略 PRO》

públic sále 공매(公賣), 경매(auction)

***públic schòol** **1** 《영》 (기숙 제도의) 사립 중학교 **2** 《미·캐나다》 (초·중·고등) 공립학교

públic séctor 〖경제〗 공(公)기업 부문

públic sérvice **1** 공공 사업, 공공 기업(체) 《가스·전기·수도 등》 **2** 공공[사회] 봉사 **3** 공직, 관공청 근무

púb·lic-sér·vice corporàtion [-sə́ːr-vis-] 《미》 공익 법인, 공익 사업 회사

públic spéaking 공석에서 말하기, 화술; 연설

públic spírit 공공심

pub·lic-spir·it·ed [-spíritid] *a.* 공공심이 있는

públic tránsport 공공 교통 수단 《버스·열차 등》

públic utílity 공익 사업, 공익 기업(체)

públic wórks 《미》 (공공) 토목 공사, 공공 사업

‡pub·lish [pʌ́bliʃ] *vt.* **1** **발표[공표]하다** **2** 〈법령 등을〉 공포하다 **3** 〈서적·잡지를〉 **출판하다** —*vi.* **1** **a** 출판하다 **b** 〈작품이〉 출판되다 **2** 출판 사업에 종사하다

‡pub·lish·er [pʌ́bliʃər] *n.* **출판업자**, 출판사; 발표자

pub·lish·ing [pʌ́bliʃiŋ] *n.* Ⓤ, *a.* 출판업(의)

Puc·ci·ni [puːtʃíːni] *n.* 푸치니 **Giacomo ~** (1858-1924) 《이탈리아의 가극 작곡가》

puce [pjuːs] *n.* Ⓤ, *a.* 암갈색(의)

puck[1] [pʌk] *n.* **1** [**P~**] 퍽 《장난꾸러기 요정》 **2** 장난꾸러기, 선머슴

puck[2] *n.* 퍽 《아이스하키용 고무 원반》

puck·er [pʌ́kər] *vt.* **1** 주름잡다; 주름살지게 하다 (*up*) **2** 〈입술 등을〉 오므리다; 〈눈살 등을〉 찌푸리다 (*up*)
—*vi.* **1** 주름잡히다; 주름살지다 (*up*) **2** 오므라들다 (*up*)
—*n.* 주름, 주름살; 구겨짐
in ~s 주름 잡혀, 구겨져

puck·ish [pʌ́kiʃ] *a.* 장난꾸러기 요정 같은, 개구쟁이의; 제멋대로 구는 **~·ly** *ad.*

pud [pud] *n.* ⓊⒸ 《영·구어》 푸딩(pudding)

‡pud·ding [púdiŋ] *n.* **1** ⓊⒸ **푸딩**; 푸딩같이 말랑말랑한 것 **2** Ⓤ (칭찬에 대하여) 물질적 보수 **3** [보통 복합어를 이루어] 소시지, 순대

púdding fàce 《구어》 둥글고 무표정한 얼굴

púdding hèad 《구어》 얼간이, 바보

púdding stòne 〖지질〗 역암(礫岩)(conglomerate)

***pud·dle** [pʌ́dl] *n.* **1** (빗물 등의) **웅덩이** **2** Ⓤ (진흙과 모래를 물로) 이긴 흙
—*vt.* 〈진흙 등을〉 이기다; 〈물을〉 흙탕물로 만들다

pu·den·da [pjuːdéndə] *n. pl.* (*sing.* **-dum** [-dəm]) 〖해부〗 (여자의) 외음부(vulva)

pudg·y [pʌ́dʒi] *a.* (**pudg·i·er**; **-i·est**) 《속어》 땅딸막한, 똥똥한

pueb·lo [pwéblou] [Sp. 「마을·사람들」의 뜻에서] *n.* (*pl.* **~s**) **1** 푸에블로 《돌이나 adobe로 지은 인디언의 집단 주택; 그 부락》 **2** [**P~**] 푸에블로 족 《pueblo에 사는 인디언 족속(= P~ Indians)》

pu·er·ile [pjúːəril, -ràil] *a.* **1** 어린 아이의[같은] **2** 철없는, 미숙한

pu·er·il·i·ty [pjùːəríləti | pjùər-] *n.* (*pl.* **-ties**) Ⓤ **1** 유년 《남자 7-14세, 여자 7-12세》 **2** 철없음, 유치 **3** 유치한 행동[생각]

pu·er·per·al [pju:ə́:rpərəl] *a.* 출산(出産)의, 분만에 의한

puérperal féver 산욕열(産褥熱)

Puer·to Ri·co [pwɛ̀ərtə-rí:kou | pwə́:tou-] *n.* 푸에르토리코 《서인도 제도의 섬; 미국의 자치령》

***puff** [pʌf] *n.* **1** 훅 불기[소리]; 《구어·익살》 숨, 입김 **2** 부푼[불룩한] 것[부분]; 퍼프 《드레스의 부풀린 소맷부리》; 〈머리 모양의〉 퍼프; 《미》 깃털 이불 **3** 《구어》 과장된 칭찬 **4** 퍼프, 분첩 **5** 부풀린 과자, 슈크림(=cream ~)

get a good ~ of …에 대해 크게 칭찬받다

— *vi.* **1** 〈숨을〉 훅훅 불다, 〈연기를〉 내뿜다 《*out, up*》; 숨차하다; 〈담배를〉 뻐끔뻐끔 피우다[빨다]: He *~ed* hard as he ran. 그는 뛰면서 몹시 헐떡였다. **2** 〈분첩으로〉 분을 바르다 **3** 부풀어 오르다 《*up, out*》 **4** 폭폭 소리내며 움직이다 **5** 《고어》 콧방귀 뀌다

— *vt.* **1** 〈먼지·연기 등을〉 불다, 훅훅 불다 《*away*》 **2** [~ one's way로] 〈기차 등이〉 연기를 내뿜으며 나아가다 **3** 〈담배를〉 뻐끔뻐끔 피우다 **4** …을 부풀리다 **5** 〈사람을〉 숨차게 하다 **6** 우쭐대게 하다

~ and blow [***pant***] 헐떡이다 ***~ away at*** one***'s*** cigar (엽궐련)을 뻐끔뻐끔 피우다 ***~ out*** (*vi.*) (공기로) 부풀다; 〈연기가〉 폭폭 나다; (*vt.*) 헐떡이며 말하다; (훅) 불어서 끄다; (공기로) 부풀리다 ***~ up*** 부풀어오르다; 우쭐대다

púff àdder 〖동물〗 아프리카산의 큰 독사 《성나면 몸이 부풂》

puff·ball [pʌ́fbɔ̀:l] *n.* 〖식물〗 말불버섯

puffed [pʌft] *a.* **1** 부푼 **2** Ⓟ 《구어》 〈사람이〉 숨이 찬 **3** 우쭐한

puff·er [pʌ́fər] *n.* **1** 훅 부는 사람[것] **2** 〖어류〗 복어의 일종 **3** 《유아어》 칙칙폭폭 《기차》

puf·fin [pʌ́fin] *n.* 〖조류〗 에투피리카 《바다오리의 일종》

púff pàste (파이·타트 등에 씌우는) 가루 반죽

puff-puff [pʌ́fpʌ̀f] *n.* 폭폭 (소리); 《유아어》 칙칙폭폭 《기차》, 기관차

puff·y [pʌ́fi] *a.* (**puff·i·er**; **-i·est**) **1** 〈바람이〉 확 부는 **2** 숨이 가쁜 **3** 부푼; 살찐 **4** 자만하는 **púff·i·ly** *ad.* **-ness** *n.*

***pug**[1] [pʌg] *n.* **퍼그** 《불독 비슷한 얼굴의 발바리의 일종》

pug[2] [*pug*ilist] *n.* 《속어》 프로 복서

Pú·get Sóund [pjú:dʒit-] 퓨젯 사운드 《Washington 주 북서부, 태평양의 긴 만(灣)》

pu·gi·lism [pjú:dʒəlìzm] *n.* Ⓤ 권투

pu·gi·list [pjú:dʒəlist] *n.* (프로) 복서

pug·na·cious [pʌgnéiʃəs] *a.* 싸움하기 좋아하는(quarrelsome)

~·ly *ad.* **~·ness** *n.*

pug·nac·i·ty [pʌgnǽsəti] *n.* Ⓤ 호전적임

púg nòse 들창코(snub nose)

pug-nosed [pʌ́gnóuzd] *a.* 들창코의

pu·is·sance [pjú:əsns, pwís-] *n.* **1** Ⓤ 《문어》 (특히 국왕의) 권력, 세력 **2** 〖승마〗 장애물 뛰어넘기 경기

pu·is·sant [pjú:əsnt, pwís-] *a.* 《문어》 권력[세력] 있는 **~·ly** *ad.*

puke [pju:k] 《속어》 *vt., vi.* 토하다 (vomit)

— *n.* 토한 것

pul·chri·tude [pʌ́lkrətjù:d | -tjù:d] *n.* Ⓤ 《문어》 (특히 여자의) 몸매의 아름다움 (beauty)

pul·chri·tu·di·nous [pʌ̀lkrətjú:dənəs | -tjú:-] *a.* 《문어》 〈여자가〉 몸매가 아름다운

pule [pju:l] *vi.* 〈어린아이 등이〉 응애응애 울다, 슬피 울다

Púlitzer Príze 퓰리처상 《언론·문학·음악 분야에서 업적은 남긴 사람에게 매년 주어지는 상》

*****pull** [pul] *vt.* **1 끌다, 당기다**(opp. *push*): ~ a boy's hair 소년의 머리털을 잡아 당기다 **2** 〈열매 등을〉 **따다**; 잡아떼다, 잡아 찢다: ~ flowers 꽃을 따다 **3** 〈지지·후원·인기를〉 얻다; 〈손님을〉 끌다 **4** 〈노·배를〉 젓다; 〈승객을〉 배로 저어 (…에) 나르다 **5** 〈자동차를 …에〉 바짝 대다 **6** 철수시키다 《*out of*》 **7** 〈여러 가지 표정을〉 짓다: ~ a face[faces] 얼굴을 찡그리다 **8** 〖인쇄〗 수동 인쇄기로 찍어내다 **9** 〈이(齒)·마개 등을〉 뽑다 《*out*》; 〈새 등의〉 털을 뜯다 **10** 《구어》 〈계획·사기 등을〉 행하다(carry out)

— *vi.* **1 끌다**, 잡아끌다 《*at*》 **2** 끌리다; 〈기구 등이〉 (끌려) 움직이다, 시동하다; 〈배가〉 (…으로) 저어져 가다 **3** 〈병에서〉 〈술을〉 꿀꺽 마시다 《*at*》; 〈담배를〉 피우다 《*at, on*》 **4** 애를 써서 나아가다 《*for, towards, through*》: ~ *up* the hill 언덕을 올라가다 **5** 〈말이〉 말을 듣지 않다 **6** 〈사람이〉 배를 (…으로) 젓다 **7** 후원을 얻다; 고객을 끌다 **8** 〈사람이〉 자동차를 (…에) 바짝 대다 **9** 〖야구·골프〗 공을 끌어 치다

~ down (1) 〈건축물을〉 헐다 (2) 〈가치를〉 떨어뜨리다 (3) 〈병 등이〉 쇠약하게 하다 (4) 〈모자·차양 등을〉 끌어내리다 (5) 《미·구어》 〈돈을〉 벌다 ***~ off*** (1) 〈옷을〉 (급히) 벗다 (2) 〈어려운 일을〉 훌륭히 해내다 (3) 〈과일 등을〉 따다 (4) 자동차를 길가에 바짝 대다 (5) (경기에) 이기다, 〈상을〉 타다 (6) 〈뚜껑 등이〉 벗겨지다 (7) 가다, 떠나다, 도망치다 ***~ on*** 〈옷을〉 급히 입다, 〈장갑을〉 끼다, 〈양말을〉 신다 ***~ out*** (1) 〈이·마개 등을〉 빼다, 뽑다 (2) 〈군대 등을〉 철수시키다 (3) …을 손떼게 하다 (4) 〈열차가〉 역에서 나가다 (5) 〈배가〉 저어져 나가다; 〈차가〉 움직이기 시작하다; 〈사람이〉 배를 저어 나가다, 차를 몰고 나가다 (6) 철수하다 (7) 손떼다 (8) 〖항공〗 수평 비행으로 돌아가다 (9) 〈서랍 등이〉 빠지다 ***~ round*** 생기를 회복시키다[하다], 건강[의식]을 회복시키다 ***~ through*** (1) 곤란을 극복하게 하다 (2) 중병[중상 《등》]을 이겨내게 하다 (3) 난국을 타개하다 ***~ together*** (1) 협력하여 일하다, 의좋게 해나가다 (2) 단결을 도모하다, 〈조직을〉 통합하다 (3) [~ one*self* 로] 냉정을 되찾다, 침착해지다 ***~ up*** (1) 빼다, 뽑다; 근절하다 (2) 끌어올리다; 〈옷깃을〉 세우다 (3)

〈말·차를〉 세우다, 멈추다 (4)〈잘못하는 사람을〉 제지하다, 꾸짖다 (5)〈말·차 등이〉 서다; 〈운전자가〉 차를 세우다 ***~ up short*** 갑자기 그만두다 ***~ up to*** [***with***] …을 따라 잡다, …에 필적하다

— *n.* **1 a 끌어당기기**; 한 번 당기기 **b** 〖카드〗 패를 뽑기; (총의) 방아쇠를 당기기 **c** 당기는 힘 **d** (자연의) 인력 **e** ((구어)) (배를) 한 번 젓기 **2** 손잡이, 당기는 줄 **3** (술 등의) 한 잔, 한 모금; (담배의) 한 대 ((*at*)) **4** 〖인쇄〗 수동 인쇄기로 한 번 밀기; 교정쇄, 수쇄(手刷) **5** 〖크리켓·골프〗 왼편으로 휘어 치기 **6** Ⓤⓒ ((구어)) 연줄, 연고; Ⓒ (개인적) 이점(利點)

give a ~ at …을 잡아당기다 ***have*** [***take***] ***a ~ at the bottle*** 〈술을〉 꿀꺽 한 잔하다

pull·back [púlbæ̀k] *n.* **1** 뒤로 끌어당김; 장애(물) **2** (군대의) 후퇴, 철수

púll dàte (유제품(乳製品) 등의) 판매 유효 기한 날짜

pul·let [púlit] *n.* (특히 한 살이 안된) 암평아리(young hen)

*__pul·ley__ [púli] *n.* **도르래, 활차**

púlley blòck 〖기계〗 도르래 장치

pull-in [púlìn] *a.*, *n.* ((영·구어)) 자동차에 탄 채 들어가는 (식당)(((미)) drive-in) ((특히 트럭 운전사용))

Pull·man [púlmən] *n.* 〖철도〗 풀먼식 차량(=⁓ **càr**) ((침대 설비가 있는 호화스러운 특별 차량; 상표명))

pull-on [-ɑ̀n | -ɔ̀n] *n.* 잡아당겨 입는[신는, 끼는] 것 ((스웨터·장갑 등))

— [⌐⌐] *a.* 잡아당겨 착용하는

pull·out [-àut] *n.* **1** (군대 등의) 철수(撤收) **2** (책의) 접어 넣은 페이지[그림]

pull·o·ver [-òuvər] *n.* 풀오버 ((머리에서부터 뒤집어써 입는 스웨터 등))

pul·lu·late [pʌ́ljulèit] *vi.* 〈새싹 등이〉 싹트다, 번식하다; 〈교리(敎理) 등이〉 발전하다; 급증하다

pull-up [púlʌ̀p] *n.* **1** 휴식; 주차장; (여행자의) 휴게소 **2** 턱걸이

pul·mo·nar·y [pʌ́lmənèri | pʌ́lmənəri] *a.* 폐의, 폐를 침범하는: ~ complaints [diseases] 폐병

púlmonary ártery 〖해부〗 폐동맥

*__pulp__ [pʌlp] *n.* Ⓤ **1** (연한) **과육**(果肉) ((포도·복숭아 등의)); Ⓤⓒ 연한 덩어리, 걸쭉한 것 **2 펄프** ((종이의 원료)) **3** [보통 *pl.*] ((미)) 싸구려 잡지(=~ magazine)

beat a person ***to a ~*** …을 늘씬하게 때려주다 ***reduce*** a person ***to*** (***a***) ~ 〈사람을〉 (정신적으로) 녹초가 되게 하다

— *vt.* **1** 펄프로 만들다; 걸쭉하게 하다 **2** 〈커피 열매 등에서〉 과육을 제거하다

*__pul·pit__ [púlpit, pʌ́l-] [L 「단(壇)」의 뜻에서] *n.* **1 설교단**(說敎壇); 연단 **2** [the ~; 집합적] 성직자, 성직자의 직위[임기] **3** [the ~] 설교, 성직

púlp màgazine (갱지를 쓴) 저속 잡지

pulp·wood [pʌ́lpwùd] *n.* Ⓤ 펄프용재(材), 제지용재(製紙用材)

pulp·y [pʌ́lpi] *a.* (**pulp·i·er**; **-i·est**) **1** 과육(果肉)의 **2** 과육질(質)의; 걸쭉한

pul·sar [pʌ́lsɑːr] *n.* 〖천문〗 펄사, 맥동성(脈動星) ((전파 천체의 하나))

pul·sate [pʌ́lseit, ⌐⌐] [L 「밀다」의 뜻에서] *vi.* **1** 〈맥 등이〉 뛰다, 두근거리다; 정확하게 고동하다 **2** 〖전기〗 〈전류가〉 맥동(脈動)하다

pul·sa·tion [pʌlséiʃən] *n.* Ⓤⓒ 맥박, 동계(動悸); 파동, 진동

‡**pulse**[1] [pʌls] [L 「밀다」의 뜻에서] *n.* **1 맥박**; 고동: His ~ is still beating. 그의 맥은 아직 뛰고 있다. **2 a** 파동, 진동 **b** 〖음악〗 율동; 박자 **3** 약동, 흥분; 의향; 경향 **4** 〖통신〗 펄스 ((지속 시간이 매우 짧은 전류나 변조(變調) 전파)) **5** 〖컴퓨터〗 펄스

feel [***take***] a person***'s ~*** …의 맥을 짚다; 의향[반응]을 살피다

— *vi.* 맥이 뛰다, 고동하다

~ through 〈혈액·생명이〉 고동쳐 …을 흐르다; 〈흥분 등이〉 (사람들 사이에) 전해지다

pulse[2] *n.* Ⓤ [집합적] 콩, 콩 종류

púlse còde modulátion 〖통신〗 펄스 부호 변조 ((略 PCM))

pul·ver·ize [pʌ́lvəràiz] *vt.* **1** 가루로 만들다; 〈액체를〉 안개로 만들다 **2** 분쇄[격파]하다; …을 타도하다

— *vi.* 가루가 되다, 부서지다

pùl·ver·i·zá·tion *n.* Ⓤ 분쇄, 분무

pu·ma [pjúːmə | pjuː-] *n.* (*pl.* **~s**, ~) 〖동물〗 퓨마, 아메리카라이온

pum·ice [pʌ́mis] *n.* Ⓤ, *vt.* 속돌[부석(浮石)](로 닦다)

púmice stòne =PUMICE *n.*

pum·mel [pʌ́məl] *vt.* (**~ed**; **~·ing** | **~led**; **~·ling**) =POMMEL

‡**pump**[1] [pʌmp] *n.* **1 펌프**, 양수기: a bicycle ~ (자전거의) 공기 펌프 **2** 펌프의 작용[양수(揚水)] **3** ((구어)) 유도 신문

All hands to the ~(***s***)***!*** 전원 총력을 다하여 분투하라, 단결하여 난국을 극복하라! ***give*** a person***'s hand a ~*** (손을 위아래로 흔들어) 악수하다 ***prime the ~*** 경기 부양책을 쓰다

— *vt.* **1** 펌프로 〈물을〉 퍼 올리다[퍼 내다] ((*out*, *up*)); 물이 마르도록 퍼내다: ~ a ship 배 안에 괸 물을 퍼내다 **2 a** 펌프로 공기를 넣다 ((*up*)) **b** 〈음식 등을〉 공급하다 **c** 〈지식을〉 주입(注入)하다 ((*into*)) **d** 〈욕을〉 퍼붓다: ~ abuses upon a person …에게 욕설을 퍼붓다 **3** 지치게 하다 ((*out*)): After the race, he was *~ed out.* 경주하고 나서 그는 기진맥진했다. **4** 유도 심문하여 알아내다, ((구어)) …을 떠보다, 넘겨짚다: ~ information out of a person …에게서 정보를 캐내다 **5** 〈머리를〉 짜내다

— *vi.* **1** 펌프를 쓰다 **2** 〈액체가〉 분출하다 **3** 펌프 작용을 하다; 〈기압계의 수은이〉 급격히 오르내리다 **4** 교묘하게 물어[넘겨짚어] 알아내다

pump[2] *n.* [보통 *pl.*] **1** 펌프스 ((끈·걸쇠가 없는 여자용 구두)) **2** ((영)) 테니스용 운동화

pum·per·nick·el [pʌ́mpərnìkəl] [G] *n.* Ⓤⓒ 조제(粗製)한 호밀 빵

*__pump·kin__ [pʌ́mpkin, pʌ́ŋkin | pʌ́mp-] [Gk 「큰 멜론」의 뜻에서] *n.* **호박**

púmp prìming 1 (펌프에 넣는) 마중물 2 《미·구어》 펌프에 마중물을 붓는 식의 경기 부양책 《Roosevelt 대통령의 New Deal의 근본 정책》

púmp ròom 1 (온천장의) 광천수(鑛泉水) 마시는 방 2 펌프실

pun [pʌn] *n.* 말장난, 재담, 동음이의(同音異義)의 익살
— *vt.* (**~ned**; **~·ning**) 말장난하다, 익살부리다 《*on, upon*》

‡**punch**[1] [pʌntʃ] *n.* **1** 구멍 뚫는 도구, 펀치; 타인기(打印器) **2** 〖컴퓨터〗 천공기
— *vt.* 〈금속·차표 등에〉 구멍을 뚫다; 〖컴퓨터〗 카드를 펀치하다
~ *in*[*out*] (미) 타임카드에 시간을 찍고 출근[퇴근]하다

‡**punch**[2] *n.* **1** 주먹질, 펀치 **2** UC 힘; 박력, 효과
beat a person ***to the ~*** (1) 〖권투〗 먼저 펀치를 먹이다 (2) 기선(機先)을 제압하다
— *vt.* **1** 주먹으로 한 대 치다 **2** 막대기로 쿡쿡 찌르다; 《미》 〈소를〉 막대기로 찌르며 몰다 **3 a** 〈타자기 등(의 키)을〉 힘차게 두들기다 **b** 〖컴퓨터〗 〈프로그램을〉 입력하다
— *vi.* 강타하다
~ a person***'s chin*** = ~ a person ***on the chin*** …의 턱을 한 대 치다

***punch**[3] *n.* **1** U 펀치 《술·설탕·우유·레몬·향료를 넣어 만드는 음료》 **2** 펀치잔; = PUNCH BOWL; 펀치를 음료로 내놓는 사교 파티

Púnch-and-Júdy Shòw [pʌ́ntʃən-dʒúːdi-] 펀치 앤 주디 쇼 《익살스러운 영국의 인형극; Punch는 주인공, Judy는 그의 아내》

punch·ball [pʌ́ntʃbɔ̀ːl] *n.* UC 펀치볼 《야구식 고무공 놀이》; 《영》 = PUNCHING BAG

púnch bòwl 펀치 담는 큰 사발; 주발 모양의 분지(盆地)

púnch càrd (컴퓨터용) 천공 카드

punch-drunk [-drʌ̀ŋk] *a.* **1** 〈권투 선수 등이〉 얻어 맞고 비틀거리는(groggy) **2** (구어) 정신을 차리지 못하는, 얼떨떨한

punch·er [pʌ́ntʃər] *n.* 구멍 뚫는 기구[각인기]의 조작자

Pun·chi·nel·lo [pʌ̀ntʃənélou] *n.* (*pl.* **~(e)s**) **1** 펀치넬로 《17세기 이탈리아의 희극 또는 인형극에 나오는 어릿광대》 **2** [**p~**] 땅딸막한 곱사등이; 괴상한 생김새의 남자[동물]

púnch·ing bàg [pʌ́ntʃiŋ-] 《미》 (권투 연습용) 샌드백(《영》 punchball)

púnch lìne (급소를 찔러 사람을) 깜짝 놀라게 하는 말[구절]; (농담 등의) 들을 만한 대목

punch-up [-ʌ̀p] *n.* 《영·구어》 싸움; 패싸움

punch·y [pʌ́ntʃi] *a.* (**punch·i·er**; **-i·est**) (구어) **1** 〈권투 선수 등이〉 비틀거리는(groggy) **2** 힘센, 박력 있는

punc·til·i·o [pʌŋktíliòu] [L 「점」의 뜻에서] *n.* (*pl.* **~s**) 미세한 점; (의식·격식 등에) 지나치게 꼼꼼함

punc·til·i·ous [pʌŋktíliəs] *a.* 《문어》 격식을 차리는, 딱딱한 **~·ly** *ad.*

‡**punc·tu·al** [pʌ́ŋktʃuəl] *a.* **1** 시간[기한]을 잘 지키는 **2** P 세심한
~ *to the minute* 1분도 어기지 않는
~·ly *ad.*

punc·tu·al·i·ty [pʌ̀ŋktʃuǽləti] *n.* U 시간 엄수; 꼼꼼함

***punc·tu·ate** [pʌ́ŋktʃuèit] *vt.* **1** 구두점을 찍다 **2** 〈어떤 말 등을〉 강조하다 **3** 중단시키다

***punc·tu·a·tion** [pʌ̀ŋktʃuéiʃən] *n.* **1** U 구두(법) **2** [집합적] 구두점(= ~ mark)

punctuátion màrk 구두점

***punc·ture** [pʌ́ŋktʃər] [L 「찌르다」의 뜻에서] *vt.* **1** 〈구멍을〉 내다 **2** 〈자존심 등을〉 상하다; 못쓰게 만들다
— *vi.* 〈타이어 등이〉 펑크 나다
— *n.* U 찌름, (타이어 등의) 구멍

pun·dit [pʌ́ndit] *n.* **1** [수식어와 함께] (…의) 전문가, 권위자 **2** 현자, 학자님

pun·gen·cy [pʌ́ndʒənsi] *n.* U 얼얼함, 매움; 자극; 신랄

pun·gent [pʌ́ndʒənt] [L 「찌르다」의 뜻에서] *a.* **1** (혀·코를) 찌르는, 얼얼한 **2** 날카로운, 신랄한 **3** 마음을 찌르는

Pu·nic [pjúːnik] *a.* **1** (고대) 카르타고(Carthage)(사람)의 **2** 신의가 없는

Púnic Wárs [the ~] 포에니 전쟁 《카르타고와 로마 사이의》

‡**pun·ish** [pʌ́niʃ] *vt.* **1** 벌하다 **2** (구어) 〈상대방을〉 혼내주다; 혹사하다
~·a·ble *a.*

pun·ish·ing [pʌ́niʃiŋ] *a.* 벌하는; (구어) 지치게 하는; 고통을 주는
— *n.* (구어) 심한 타격, 상처

‡**pun·ish·ment** [pʌ́niʃmənt] *n.* **1** 형벌(penalty), 처벌 《*for, on*》: disciplinary ~ 징계 **2** 징벌 **3** U (구어) 학대, 혹사

pu·ni·tive [pjúːnətiv] *a.* **1** 벌의, 형벌의, 징벌의: ~ justice 인과 응보 **2** 〈과세 등이〉 가혹한

Pun·jab [pʌndʒɑ́ːb] *n.* 펀자브 《인도의 옛 주(州); 현재는 인도와 파키스탄에 나뉘어 속해 있음》

Pun·ja·bi [pʌndʒɑ́ːbi] *n.* 펀자브 사람; U 펀자브 말
— *a.* 펀자브(사람, 말)의

punk[1] [pʌŋk] *n.* U 《미》 (불쏘시개로 쓰는) 쏘시개 나무

punk[2] *n.* **1** (구어) 쓸모없는 사람; 조무래기 **2** (드물게) 하찮은[쓸모없는] 것
— *a.* **1** 펑크조(調)의 《1970년대 영국에 유행한 반항적이며 강렬한 록음악, 기발한 머리모양·복장 등》 **2** (구어) 빈약한, 보잘것없는; 《미·속어》 시시한

pun·ka(h) [pʌ́ŋkə] *n.* 《인도》 (야자잎의) 부채; 베로 된 선풍기

pun·net [pʌ́nit] *n.* 《영》 (딸기·야채 등을 담아 파는) 넓적한 광주리

pun·ster [pʌ́nstər] *n.* 말장난[곁말] 잘 하는 사람, 익살을 잘 부리는 사람

punt[1] [pʌnt] *n.* (삿대로 젓는) 너벅선의 일종
— *vt.* **1** 〈너벅선 등을〉 삿대로 젓다 **2** 너벅선으로 나르다
— *vi.* 너벅선을 타고 가다

punt[2] *vi.* (카드놀이에서) 물주에게 대항

하여 돈을 걸다; 《영·구어》 (경마에서) 돈을 걸다
— *n.* 물주에 대항해 돈을 걸기

punt[3] *vt.* 〖럭비·미식축구〗 〈공을〉 땅에 닿기 전에 차다
— *vi.* 펀트하다
— *n.* 펀트

punt·er [pʌ́ntər], **punt·ist** [-ist] *n.* 삿대를 젓는 사람; PUNT[1]의 사공

pu·ny [pjú:ni] *a.* (**-ni·er**; **-ni·est**) 아주 작은; 보잘것없는; 허약한

*__pup__ [pʌp] [*pup*py] *n.* **1** (개·여우·이리·바다표범 등의) **새끼**; **강아지** **2** 《구어》 건방진 풋내기
be in [***with***] ~ 〈암캐가〉 새끼를 배고 있다 ***sell*** a person ***a*** ~ 《구어》 …을 속이다, 바가지 씌우다
— *vt.*, *vi.* (**~ped**; **~·ping**) 〈개·바다표범 등이 새끼를〉 낳다

pu·pa [pjú:pə] *n.* (*pl.* **-pae** [-pi:], **~s**) 〖곤충〗 번데기 **pú·pal** *a.*

pu·pate [pjú:peit] *vi.* 번데기가 되다

‡**pu·pil**[1] [pjú:pəl] [L 「남자 아이, 여자 아이」의 뜻에서] *n.* **1 학생** 《흔히 초등학교·중학교 학생을 말함》 **2** (개인 지도를 받는) **제자**

pupil[2] [L 「작은 사람의 상(像)이 비치는 데」의 뜻에서] *n.* 〖해부〗 눈동자, 동공(瞳孔)

*__pup·pet__ [pʌ́pit] [L 「인형」의 뜻에서] *n.* **꼭두각시**; 괴뢰, 앞잡이; 작은 인형; 〖브레이크 댄스〗 퍼핏 《두 사람이 추는 꼭두각시 춤》

pup·pet·eer [pʌ̀pətíər] *n.* 꼭두각시 부리는 사람

púppet plày[**shòw**] 꼭두각시 놀음, 인형극

púppet stàte 괴뢰 국가

*__pup·py__ [pʌ́pi] [MF 「인형」의 뜻에서] *n.* (*pl.* **-pies**) **1** (특히 한 살 미만의) **강아지**; (물개 등의) 새끼 **2** 《경멸》 건방진 애송이 **~·dom, ~·hood** *n.*

púppy fàt (유아기·사춘기의 일시적) 비만

púppy lòve 풋사랑(calf love)

púp tènt (1·2인용의) 소형 텐트

pur·blind [pə́:rblàind] *a.* 《문어》 **1** 반소경의, 시력이 흐린 **2** 우둔한

pur·chas·a·ble [pə́:rtʃəsəbl] *a.* **1** 살 수 있는 **2** 매수할 수 있는

‡**pur·chase** [pə́:rtʃəs] [L 「추구(追求)하다」의 뜻에서] *vt.* **1 사다**(buy) **2** (노력을 치르고) **획득하다**: At last they *~d* freedom with blood. 마침내 그들은 피로써 자유를 획득했다.
— *n.* **1** Ⓤ **구매**(購買) **2** Ⓤ 취득; Ⓒ **구입물** **3** Ⓤ 손[발] 붙일 곳
get [***secure***] ***a*** ~ ***on*** …을 꼭 쥐다, 단단히 붙들다 ***make a good*** [***bad***] ~ 싸게[비싸게] 사다

*__pur·chas·er__ [pə́:rtʃəsər] *n.* **사는 사람**, 구매자

púrchasing pòwer [pə́:rtʃəsiŋ-] 구매력

‡**pure** [pjuər] [L 「청결한」의 뜻에서] *a.* **1 순수한**, 순전한 **2 깨끗한**; 〈소리가〉 맑은 **3** 순종의 **4 결백한**; 정숙한, **순결한**; 품위 있는 **5** 〈학문 등이〉 이론적인 **6** 〖음성〗 단[순]음의
~ and simple 순전한, 섞인 것 없는

pure·blood [pjúərblʌ̀d] *a.*, *n.* = PUREBRED

pure-blood·ed [-blʌ́did] *a.* = PUREBRED

pure·bred [-bréd] *a.* 순혈(종)의
— *n.* 순혈종(의 동물)

pu·rée [pjuəréi | pjúərei] [F 「거르다」의 뜻에서] *n.* ⓊⒸ 퓨레 《채소와 고기를 데쳐서 거른 것으로 수프 등을 만듦》
— *vt.* 〈음식을〉 퓨레로 만들다

Púre Lánd [the ~] 〖불교〗 정토(淨土), 극락세계

‡**pure·ly** [pjúərli] *ad.* **1 순수하게**, 깨끗하게 **2** 결백하게, 맑게, 정숙[순결]하게 **3** [보통 수식어 앞에서] **순전히**, 완전히

pur·ga·tion [pə:rgéiʃən] *n.* Ⓤ **1** 정화; 청결하게 함 **2** (설사약으로) 변이 통하게 함, 변통(便通)

pur·ga·tive [pə́:rgətiv] *a.* **1** 깨끗하게 하는 **2** 하제의: a ~ medicine 하제(下劑) — *n.* 하제

pur·ga·to·ri·al [pə̀:rgətɔ́:riəl] *a.* 〖가톨릭〗 연옥(煉獄)의, 정죄적(淨罪的)인

pur·ga·to·ry [pə́:rgətɔ̀:ri | -təri] [L 「깨끗하게 하다」의 뜻에서] *n.* (*pl.* **-ries**) **1** ⓊⒸ 〖가톨릭〗 연옥(煉獄) **2** 일시적인 고난[징벌]

‡**purge** [pə:rdʒ] [L 「청결하게 하다」의 뜻에서] *vt.* **1 깨끗이 하다** 《*of*, *from*》: You must ~ your mind *of*[*from*] sinful thoughts. 당신의 마음 속에서 죄스런 생각들을 깨끗이 씻어내야 한다. **2 제거하다** 《*away*, *off*, *out*》: ~ *away* one's evil thoughts 못된 생각을 제거하다 **3 숙청하다**, 추방하다: ~ a person from his office …을 그의 직에서 추방하다 **4** 〈혐의 등을〉 벗기다, 무죄임을 증명하다 《*of*, *from*》: ~ a person[one*self*] *of* suspicion …의[자신의] 결백을 입증하다 **5** 〖법〗 〈죄를〉 보상하다, 〈형기를〉 마치다 **6** 〖의학〗 하제를 쓰다; 변이 잘 통하게 하다
— *n.* **1** 깨끗하게 함, 정화 **2** 숙청, 〈불순분자의〉 추방 **3** 하제

*__pu·ri·fi·ca·tion__ [pjùərəfikéiʃən] *n.* ⓊⒸ **정화**, 정제(精製)

pu·rif·i·ca·to·ry [pjuərífikətɔ̀:ri | pjúərifikèitəri] *a.* 깨끗이 하는, 정화의

pu·ri·fi·er [pjúərəfàiər] *n.* 정화기[장치]

*__pu·ri·fy__ [pjúərəfài] *vt.* (**-fied**) **1 깨끗이 하다**; **정화**(淨化)**하다**; 정제하다: ~ sugar 설탕을 정제하다 **2** 〈…의 죄를〉 씻다, 정죄하다: ~ the heart 마음의 죄를 씻다 **3** 〈어구를〉 다듬다 **4** 추방하다, 숙청하다 《*of*, *from*》: ~ a state *of* the traitors 나라에서 매국노를 추방하다

Pu·rim [púərim] [Heb.] *n.* 퓨림제 《Haman에 의한 유대인의 학살 모면 기념제》

pur·ism [pjúərizm] *n.* Ⓤ **1** (언어 등의) 순수주의 **2** (용어의) 결벽(潔癖) **-ist** *n.*

*__Pu·ri·tan__ [pjúərətn] *n.* **1** 〖종교〗 **청교도**, 퓨리턴 **2** [**p~**] (종교·도덕적으로) 엄격한 사람

— *a.* **1** 청교도의[같은] **2** [**p~**] 엄격한
pu·ri·tan·i·cal, -ic [pjùərətǽnik(əl)] *a.* **1** [**P~**] 청교도적인 **2** 엄격한
pu·ri·tan·ism [pjúərətənìzm] *n.* Ⓤ **1** [**P~**] 청교주의; 청교도 기질 **2** 엄격주의 《특히 종교·도덕상의》
*__pu·ri·ty__ [pjúərəti] *n.* Ⓤ **1** 맑음, 청순; 청결 **2** 청렴, 결백 **3** (문체·어구의) 정격(正格); 순도(純度)
purl[1] [pəːrl] [의성어] *vi.* 졸졸 흐르다; 소용돌이치며 흐르다
— *n.* 졸졸 흐름, 소용돌이(whirl)
purl[2] *vt.* 장식 단을 달다, 가두리를 달다
— *n.* 단을 감침, 가두리; (뜨개질의) 뒤집어 뜨기
purl·er [pə́ːrlər] *n.* 《속어》 **1** 낙마(落馬); 곤두박이 **2** (상대방을 쓰러뜨리는) 구타
pur·lieu [pə́ːrljuː | -ljuː] *n.* 자유롭게 드나들 수 있는 장소; 늘 가는 장소
pur·loin [pərlɔ́in] *vt., vi.* 《문어》 훔치다
‡**pur·ple** [pə́ːrpl] [Gk 「자줏빛 물감을 만드는 조개」의 뜻에서] *a.* **1** 자줏빛의 **2** 제왕의; 고위[고관]의 **3** 화려한, 현란한
— *n.* **1** ⓊⒸ 자줏빛 **2** [the ~] 왕권, 제위(帝位); 고위 **3** [the ~] 추기경의 직[지위]
Púrple Héart 〖미군〗 명예 전상장(章)
pur·plish [pə́ːrpliʃ], **-ply** [-pli] *a.* 자줏빛을 띤
*__pur·port__ [pə́ːrpɔːrt | -pət, -pɔːt] [L 「앞으로 나르다」의 뜻에서] *n.* **의미**; 취지
— *vt.* [pərpɔ́ːrt, pə́ːrpɔːrt] 의미하다; …이라고 칭하다, 주장하다
pur·port·ed [pərpɔ́ːrtid] *a.* …이라고 소문이 난[일컬어지는]: a ~ foreign spy 외국의 스파이라고 소문이 난 사람
~·ly *ad.*
‡**pur·pose** [pə́ːrpəs] *n.* **1** 목적(aim); 의도, 용도 **2** Ⓤ (목적 달성을 위한) 결심 **3** Ⓤ 성과, 효과 **4** 취지, 논점
on ~ 고의로, 일부러(opp. *by accident*)
to little [***no***] ~ 거의[전혀] 효과 없이
— *vt.* 작정[결심]하다: I ~ to finish [finishing] my work in a week. 1주일만에 일을 끝낼 생각이다.
be ~d to do[do***ing, that ...***] 《고어》 …하려고 마음먹다
pur·pose-built [pə́ːrpəsbílt], **-made** [-méid] *a.* 《영》 특별한 목적을 위해 세워진[만들어진]
pur·pose·ful [pə́ːrpəsfəl] *a.* **1** (분명한) 목적이 있는; 의도적인 **2** 과단성 있는 **3** 의미심장한; 중대한 **~·ly** *ad.*
pur·pose·less [pə́ːrpəslis] *a.* 목적이 없는; 무의미한, 무익한
~·ly *ad.* **~·ness** *n.*
pur·pose·ly [pə́ːrpəsli] *ad.* 고의로, 일부러
pur·pos·ive [pə́ːrpəsiv] *a.* = PURPOSEFUL **~·ly** *ad.* **~·ness** *n.*
pur·pu·ra [pə́ːrpjurə] *n.* ⓊⒸ 〖병리〗 자반병(紫斑病)
*__purr__ [pəːr] [동음어 per] [의성어] *vi.* **1** 〈고양이 등이〉 **그르렁거리다** **2** 〈자동차 엔진이〉 낮은 소리를 내다
— *vt.* 만족스런 듯이 말하다 — *n.* 목구멍을 울림[울리는 소리]; 고양이가 그르렁거리는 소리
‡**purse** [pəːrs] [L 「주머니」의 뜻에서] *n.* **1** 지갑, 돈주머니; 《미》 (어깨끈이 없는) 핸드백 **2** 금전; 재원, 재산 **3** 현상금, 기부금
open one***'s*** ~ 돈을 내놓다 ***put up*** [***give***] ***a*** ~ 상금[기부금]을 주다 ***the public*** ~ 국고
purse-proud [pə́ːrspràud] *a.* 돈 자랑하는
purs·er [pə́ːrsər] *n.* (선박·비행기의) 사무장, 남자 객실 승무원
purse-snatch·er [pə́ːrssnæ̀tʃər] *n.* 《미》 핸드백 날치기
púrse strìngs **1** 주머니 끈 **2** 재정상의 권한
hold the ~ 경리를 맡아보다 ***loosen*** [***tighten***] one***'s*** [***the***] ~ 돈을 헤프게[아껴] 쓰다
purs·lane [pə́ːrslin] *n.* 〖식물〗 쇠비름
pur·su·ance [pərsúːəns | -sjúː-] *n.* Ⓤ **1** 추구, 추적 **2** 이행, 수행 **3** 종사
in ~ of …에 종사하여; …을 이행하여
*__pur·su·ant__ [pərsúːənt | -sjúː-] *a.* 《문어》 〖법〗 …**에 따른**, 의거한 《*to*》
— *ad.* (…에) 준하여, 따라서
‡**pur·sue** [pərsúː | -sjúː] [L 「앞으로 따르다」의 뜻에서] *vt.* **1** 쫓다, 추적[추격]하다: ~ a prey[fugitive] 사냥감[도망자]를 쫓다 **2** 추구하다; …을 따라다니다: ~ pleasure 쾌락을 추구하다 **3** 〈연구 등에〉 종사하다; 속행하다 **4** 〈길을〉 (따라)가다, 〈방법에〉 따르다
— *vi.* **1** 쫓아가다 《*after*》 **2** 고소하다 《*for*》 **3** 이야기를 계속하다
*__pur·su·er__ [pərsúːər | -sjúːə] *n.* **1** 추적자 **2** 추구[수행]자; 연구자
‡**pur·suit** [pərsúːt | -sjúːt] *n.* Ⓤ **1** 추적, 추격 《*of*》 **2** 추구, 속행 **3** 종사 **4** Ⓒ 일; 직업; 연구; 취미, 오락
in hot ~ 맹렬히 추적하여 ***in ~ of*** …을 추구하여, …을 얻고자 ***in the ~ of*** one***'s duties*** 직무 수행상[중]
pu·ru·lent [pjúərjulənt] *a.* 화농성의, 화농한, 곪은 **~·ly** *ad.*
pur·vey [pə(ː)rvéi] *vt., vi.* 《영》 〈특히 식료품을〉 조달하다; 공급하다 《*for*》
pur·vey·ance [pə(ː)rvéiəns] *n.* Ⓤ (식료품의) 조달 《*for*》
pur·vey·or [pə(ː)rvéiər] *n.* **1** (군대·왕실 등에의) 식료품 납품 상인 **2** 식료품[음식물] 상인 **3** (정보 등을) 퍼뜨리는 사람
pur·view [pə́ːrvjuː] *n.* 범위, 권한
pus [pʌs] *n.* Ⓤ 고름
‡**push** [puʃ] *vt.* **1** 밀다, 밀어내다 **2** 밀어 제치고 나아가다: ~ one's way through the crowd 인파를 헤치고 나아가다 **3** 〈제안·목적·요구 등을〉 밀고 나아가다, **추진하다**: ~ one's claims 요구를 강력히 밀고 나가다 **4** 몰아대다, 들볶다: ~ a person *for* payment …에게 지불을 독촉하다 **5** 강요하다, 조르다: I don't want to ~ you. 강요할 생각은 없습니다. **6** 후원하다 **7** 〈손발을〉 내밀다;

〈뿌리·싹을〉 뻗다: ~ out fresh shoots 새싹을 내다/ ~ roots down into the ground 땅속에 뿌리를 뻗다 **8** 〖성서〗 뿔로 받다; 공격하다 **9** 〖컴퓨터〗 〈데이터 항목을 스택(stack)에〉 넣다 **10** 〈물가·실업률 등을〉 올리다[내리다] 《*up, down*》: The slump *~ed up* unemployment to 23%. 불황으로 실업률이 23%로 뛰어 올랐다.

— *vi.* **1 밀다** 《*at, against*》: Don't ~ *at* the back. 뒤에서 밀지 마라. **2 밀고 나아가다,** 전진하다 **3** 노력하다 《*for*》: ~ *for* higher wages 임금 인상에 노력하다 **4** 〖당구〗 밀어치다 **5 내밀다;** 〈식물 등이〉 자라다 《*out*》 **~ *away*** 밀어제치다, 계속해서 밀다 **~ *in*** 〈보트가〉 기슭에 다가가다; 〈사람이〉 억지로 밀고 들어오다 **~ *off*** 배를 (기슭에서) 밀어내다 《*for*》; 떠나다; 《구어》 출발[출범]하다

— *n.* **1 밀기;** 추진: give a ~ 한 번 밀치다, 일격을 가하다 **2** 《구어》 **분발,** 노력, 끈기; Ⓤⓒ 기력, 진취적 기상 **3** 〖군사〗 공격; 압력 **4** Ⓤ 추천, 후원 **5** 〖컴퓨터〗 밀어넣기 ***at a ~*** 《영·구어》 위기에 처하여, 긴급 시에는 ***get the ~*** 해고당하다 ***give*** a person ***the ~*** 《속어》 …을 해고하다 ***make a ~*** 분발하다; 노력하다 《*at, for*》

push·ball [púʃbɔ̀ːl] *n.* Ⓤ 푸시볼 《지름이 6피트의 공을 11명씩의 두 팀이 각각 상대팀 골에 밀어 넣는 구기》

push-bike [-bàik] *n.* 《영·속어》 (페달을 밟는 보통) 자전거(opp. *motorbike*)

púsh bùtton (벨 등의) 누름단추

push-but·ton [-bʌ̀tn] *a.* **1** 누름단추식의 **2** 〈전쟁 등이〉 원격 조정에 의한; 자동화된

push·cart [-kɑ̀ːrt] *n.* 미는 손수레

push·chair [-tʃɛ̀ər] *n.* (접을 수 있는) 유모차(《미》 stroller)

pushed [puʃt] *a.* 《구어》 서둘러; 현금이 모자란; 《미·속어》 술취한, 마약 중독의

push·er [púʃər] *n.* **1** 미는 사람[물건], 후원자 **2** 억지가 센 사람, 참견 잘하는 사람 **3** 《미·속어》 마약 암매상

push·ful [púʃfəl] *a.* 《구어》 나서기 잘하는, 억지가 센

push·ing [púʃiŋ] *a.* **1** 미는; 찌르는 **2** 진취적 기상이 있는, 활동적인 **3** 숫기 좋은

push·out [-àut] *n.* 《구어》 (학교·가정·직장 등에서) 쫓겨난 사람

push·o·ver [-òuvər] *n.* 《미·구어》 **1** 손쉬운 일; 낙승(樂勝) **2** 잘 속는 사람; 영향을 받기 쉬운 사람

push·pin [-pìn] *n.* 《미》 압핀(《영》 drawing pin)

push-up [púʃʌ̀p] *n.* 《미》 〖체조〗 엎드려 팔굽혀펴기(《영》 press-up)

push·y [púʃi] *a.* (**push·i·er**; **-i·est**) 《구어》 억지가 센, 나서기 잘하는

púsh·i·ly *ad.* **-i·ness** *n.*

pu·sil·la·nim·i·ty [pjùːsələnímәti] *n.* Ⓤ 무기력(spiritlessness), 소심, 비겁

pu·sil·lan·i·mous [pjùːsəlǽnəməs] *a.* 무기력한, 나약한, 소심한(cowardly) **~·ly** *ad.* **~·ness** *n.*

puss[1] [pus] *n.* **1** 고양이 《애칭》(cf. CAT) **2** 《속어》 소녀

puss[2] *n.* 《속어》 **1** 얼굴 **2** 입

***puss·y**[1] [púsi] *n.* (*pl.* **puss·ies**) 《유아어》 **고양이**

pus·sy[2] [púsi] *n.* (*pl.* **-·sies**) 《비어》 **1** 여자의 성기 **2** 《미》 성교 **3** (성교 대상으로서의) 여자

puss·y·cat [púsikæ̀t] *n.* **1** = PUSSY[1] **2** 《속어》 인상이 좋은 사람

puss·y·foot [púsifùt] *vi.* 《구어》 **1** 살그머니 걷다 **2** 《미》 기회주의적인 태도를 취하다 《*on*》

— *a.* 《미·속어》 기회주의적인

púss·y wìllow [púsi-] 〖식물〗 갯버들

pus·tule [pʌ́stʃuːl | -tjuːl] *n.* 〖병리〗 농포(膿疱)

*****put** [put] *v.* (~; **~·ting**) *vt.* **1** 〈어떤 장소에〉 **놓다,** 두다 《*into, in*》: ~ the dish on the table 접시를 탁자 위에 놓다 **2** 〈어떤 장소에〉 **가지고 가다,** 가까이하다; 붙이다 **3** 〈어떤 상태로〉 **만들다,** 정리하다; 나열시키다; 결말을 짓다: ~ a room *in*[*out of*] order 방을 정돈하다[어지르다] **4** 〈일·부서 등에〉 배치하다 **5 a** 〈사람을 어떤 상태에〉 이르게 하다; 〈사람에게 고통을〉 **받게 하다** 《*to, on*》: ~ a person *to* torture …을 고문하다 **b** 감동하게 하다; 하지 않을 수 없게 만들다 **c** 격려하다 **6** 〈세금 등을〉 **부과하다,** 주다 《*on, upon*》: ~ a tax *on* an article 물품에 과세하다 **7** 〈문제 등을〉 내놓다, 신청하다, 〈질문 등을〉 던지다; 표결에 붙이다: ~ a question to a person …에게 질문하다 **8 a 적어 넣다;** 등록하다, 〈도장 등을〉 찍다, 서명하다: Please ~ your name on this piece of paper. 이 종이에 이름을 적어 주십시오. **b 표현하다:** Let me ~ it *in* another way. 바꾸어 말해 보세요. **c 번역하다 9 평가하다;** 〈값을〉 매기다: I ~ the losses at 1,000 dollars. 나는 그 손해를 1천 달러로 어림한다. **10** 〈책임 등을〉 **…의 탓으로 하다** 《*to, on*》: He ~ his failure *to* my carelessness. 그는 자기의 실패를 내 부주의 탓으로 돌렸다. **11** 내던지다; 〈무기를〉 내밀다, 찌르다 《*into*》; 〈총알을〉 쏘다 **12** …에게 〈신임[신용]을〉 두다 《*in*》; 맡기다 《*into, to*》: ~ trust *in* a person …을 신뢰하다 **13** 〈몸·마음을〉 기울이다 《*to, into*》 **14** 〈배의 키를〉 잡다, (이끌어) 전진시키다, 몰다: ~ the rudder *to* port 뱃머리를 좌현으로 돌리다 **15** 설비하다, 주다; 〈말을〉 잡아 매다 《*to*》

— *vi.* **1** 〈배 등이〉 **전진하다,** 진로를 잡다 《*to, for, back, in, out*》; 〈강물 등이〉 흘러가다: The ship ~ *out to* sea. 배가 출범했다. **2** 〈싹이〉 트다 《*out*》 **3** 《미·속어》 급히 떠나가다, 도망치다: ~ for home 서둘러 귀가하다

~ *about* (1) (배 등의) 방향을 바꾸다, 되돌아가다 (2) 공표[발표]하다, 널리 퍼뜨리다 (3) 《속어》 애먹이다 **~ *aside*** (1) 제쳐놓다, 치우다 (2) 저축하다(put by) **~ *at*** (1) …으로 어림잡다 (2) …을 공격하다, 박해하다 **~ *by*** (1) 간수하다, 저축해 두다

(2) 피하다 ~ ***down*** (1) 아래로 내려놓다 (2) 《영》 〈승객을〉 내리다 《*at*》 (3) 〈비행기를〉 착륙시키다 (4) 《영》 〈음식물 등을〉 간직해 두다 (5) 억제하다, 진정시키다 (6) 〈값 등을〉 내리다; 절약하다 (7) 기입하다 (8) 이름을 써넣다 《*for*》 (9) 〈계산을〉 …이름으로 달아놓다 《*to*》 (10) …으로 여기다, 간주하다 《*at*》 ~ ***forth*** (1) 내밀다, 뻗다; 〈싹·잎사귀 등을〉 내다 (2) 〈빛을〉 내뿜다 (3) 출판하다 (4) 제안하다 (5) 〈힘 등을〉 발휘하다 (6) 《시어》 출발하다, 나가다 ~ ***into*** (1) 주입(注入)하다; 끼워넣다 (2) 번역하다 (3) 〈배가〉 입항하다 ~ ***off*** (1) 제거하다; 벗다 (2) 〈사람을〉 내려주다 (3) 기다리게 하다; 연기하다, 미루다 《*till, until, to*》 (4) 〈근심·책임 등을〉 버리다 (5) 《방언》 죽이다 (6) 피하다, 용케 벗어나다 (7) 방해하다 《*from*》 (8) 〈상품 등을〉 팔아치우다 (9) 〈가짜 등을〉 강요하다 《*on*》 (10) 폐를 끼치다; …할 의욕을 꺾다, 싫어하게 하다 (11) 《영》 〈전기 등을〉 끄다 (12) 잠들게 하다, 의식을 잃게 하다 (13) 흥미[식욕]를 잃게 하다 (14) 출발하다, 〈배가〉 출항하다 ~ ***on*** (1) 입다, 〈신발을〉 신다 (opp. *take off*) (2) 〈어떤 태도를〉 취하다, …한 체하다 (3) 〈체중을〉 늘리다; 〈속력을〉 내다 (4) 〈시계 바늘을〉 빨리 가게 하다 (5) 〈연극을〉 상연하다 (6) 〈수도·가스 등을〉 열다; 〈라디오·전등 등을〉 켜다 (7) 《미·구어》 〈사람을〉 놀리다 (8) 《영》 남에게 폐를 끼치다 ~ ***out*** (1) 끄다, 〈시력을〉 잃게 하다 (2) 내밀다 (3) 〈새싹이〉 트다 (4) 내쫓다, 물리치다, 해고하다 (5) 〈관절을〉 삐다 (6) 밖으로 내다, 하청 주다 (7) 산출하다 (8) 출판하다, 발표하다, 방송하다 (9) 대출하다, 투자하다 (10) 어리둥절하게 만들다, 난처하게 하다 (11) 혼란시키다; 괴롭히다 (12) 〖야구〗 아웃시키다 (13) 출범(出帆)하다 ~ ***over*** (1) 저편에 건네다 (2) 《영》 연기하다 (3) (영화·연극에서) 성공하다 (4) 〈정책 등이〉 호평을 얻게 하다 (5) 〈배가〉 도항(渡航)하다, 건너다 ~ ***through*** (1) 성취하다; 꿰뚫다 (2) 〈시험·시련 등을〉 받게 하다 (3) 〈전화 등을〉 연결하다 ~ ***together*** (1) 모으다; 종합 판단하다 (2) 결혼시키다 (3) 구성하다, 편집하다 (4) 〖크리켓〗 득점을 올리다 ~ ***up*** (1) 〈기 등을〉 올리다, 〈천막을〉 치다 (2) 게시하다 (3) 〈건축물을〉 짓다 (4) 〈탄원서 등을〉 제출하다 (5) 〈저항 등을〉 나타내다, 〈싸움을〉 계속하다 (6) (팔려고) 내놓다; 〈값을〉 올리다 (7) 〈식료품 등을〉 저장하다 (8) 짐을 꾸리다; 정리하다, 치우다 (9) 〈칼을〉 칼집에 넣다 (10) 발표하다; 〈극을〉 상연하다 (11) 숙박하다 《*at*》 (12) 입후보하다 ~ ***up with*** …을 참다(endure)

— *a.* 《구어》 꼼짝않고 있는, 정착한

— *n.* **1** 밀기; 찌름 **2** 던짐

pu·ta·tive [pjú:tətiv] *a.* 추정의, 소문에 들리는 **~·ly** *ad.*

put-down [pútdàun] *n.* **1** (비행기의) 착륙 **2** 《구어》 말대꾸, 혹평

put-off [-ɔ̀:f | -ɔ̀f] *n.* 변명, 핑계

put-on [-ɔ̀:n | -ɔ̀n] *a.* 《미·구어》 …인 체하는, 겉치레의 — *n.* **1** 겉치레; 《구어》 속임 **2** 《미》 농담

put·out [-àut] *n.* 〖야구〗 (타자·주자를) 아웃시키기, 척살

put-put [pʌ́tpʌ́t] [의성어] *n.* (소형 가솔린 엔진의) 통통거리는 소리

— *vi.* (**~·ted**; **~·ting**) 통통 소리를 내며 전진하다[움직이다]

pu·tre·fac·tion [pjù:trəfǽkʃən] *n.* **1** Ⓤ 부패(작용) **2** 부패물

pu·tre·fac·tive [pjù:trəfǽktiv] *a.* 부패의, 부패하기 쉬운; 부패시키는

pu·tre·fy [pjú:trəfài] *v.* (**-fied**) *vt.* 부패시키다, 곪게 하다

— *vi.* 부패하다

pu·tres·cence [pju:trésns] *n.* Ⓤ 부패

pu·tres·cent [pju:trésnt] *a.* 부패하는

pu·trid [pjú:trid] *a.* **1** 부패한, 악취가 나는 **2** 타락한(corrupt) **3** 《구어》 불쾌한, 고약한 **~·ly** *ad.*

pu·trid·i·ty [pju:trídəti] *n.* (*pl.* **-ties**) Ⓤ **1** 부패; Ⓒ 부패물 **2** 타락

putsch [putʃ] [G] *n.* (갑작스런) 반란, 폭동

putt [pʌt] 〖골프〗 *n.* 공을 가볍게 침, 퍼트 — *vi., vt.* 공을 치다; 〈공을〉 골프채로 가볍게 쳐서 구멍에 넣다

put·tee [pʌtí:, pʌ́ti] *n.* 각반(脚絆); 가죽 각반

put·ter¹ [pútər] *n.* 놓는 사람[물건]; 운반부

putt·er² [pʌ́tər] *n.* 〖골프〗 공 치는 사람; 타구채[클럽]

put·ter³ [pʌ́tər] *vi.* 《미·구어》 꾸물거리며 일하다 《*at, in*》; 빈둥거리다, 어슬렁거리다 《*over, about, along, around*》

pútt·ing grèen [pʌ́tiŋ-] 〖골프〗 **1** 퍼팅 그린 《hole 주위의 잔디》 **2** 퍼트 연습장

put·to [pú:tou] [It. 「소년」의 뜻에서] *n.* (*pl.* **-ti** [-ti]) [보통 *pl.*] 〖미술〗 푸토 《르네상스의 장식적인 회화·조각으로 큐피드 등 발가벗은 어린이의 상》

put·ty [pʌ́ti] *n.* (*pl.* **-ties**) Ⓤ 퍼티 《접합제의 일종》

put-up [pútʌ̀p] *a.* 《미·속어》 미리 꾸며놓은, 야바위의: a ~ job 조작된 일

put-up·on [-əpɔ̀:n | -ɔ̀n] *a.* Ⓟ 이용당하는, 잘 속는; 학대받은

‡puz·zle [pʌ́zl] *n.* **1** 수수께끼, 알아맞히기 **2** [a ~] 곤혹, 혼란 **3** 괴롭히는 사람[물건], 《특히》 어려운 문제(puzzler)

in a ~ 당황하여, 어리둥절하여

— *vt.* **1** 곤혹하게 하다: The question ~*d* me. 나는 그 문제로 당황했다. **2** 〈머리를〉 아프게 하다, 짜내게 하다: ~ one's mind[brains] over[about] the solution of a problem 문제 해결에 부심하다[골머리를 앓다] **3** 생각해내다, 〈수수께끼를〉 풀다 《*out*》: ~ *out* a mystery [riddle] 수수께끼를 풀다

— *vi.* **1** 머리를 짜내다 《*about*》 **2** 당황하다

puz·zle·ment [pʌ́zlmənt] *n.* Ⓤ 곤혹

puz·zler [pʌ́zlər] *n.* 《구어》 곤혹하게 하는 사람[물건]; 《특히》 난문제

puz·zling [pʌ́zliŋ] *a.* 곤혹하게 하는, 영문 모를

PVC polyvinyl chloride 염화비닐

Pvt. 〚미육군〛 Private
PW 《영》 policewoman; prisoner of war; public work
PX 〚미육군〛 Post Exchange
py·e·li·tis [pàiəláitis] *n.* Ⓤ 〚병리〛 신우염
Pyg·ma·li·on [pigméiljən] *n.* 〚그리스신화〛 피그말리온 《자기가 만든 상아상 Galatea를 연모한 Cyprus 섬의 왕》
*__Pyg·my__ [pígmi] *n.* (*pl.* **-mies**) **1** 피그미 족의 사람 《중앙 아프리카의 키 작은 흑인종》 **2** [**p~**] 난쟁이(dwarf); 지력이 저능한 사람
*__py·ja·mas__ [pədʒɑ́:məz, -dʒǽm- | -dʒɑ́:m-] *n. pl.* 《영》 = PAJAMAS 1
py·lon [páilɑn | -lən] [Gk 「출입구」의 뜻에서] *n.* **1** (고대 이집트 사원의) 탑문(塔門); (문·다리·가로 등의 양쪽에 세운) 탑 **2** 〚항공〛 (비행장의) 목표탑 **3** (고압선용) 철탑
py·or·rhe·a, -rhoe·a [pàiərí:ə | -ríə] *n.* Ⓤ 〚병리〛 농루(膿漏)(증)
pyr- [pair], **pyro-** [pairou] 《연결형》 「불; 열; 열작용에 의한」의 뜻 《h 및 모음 앞에서는 PYR-》
⁑**pyr·a·mid** [pírəmìd] *n.* **1** 피라미드; 《비유》 금자탑 **2** 〚수학〛 각뿔; 각추(角錐): a regular[right] ~ 정[직]각추 **3** 첨탑 모양의 물건 **4** 〚사회〛 피라미드형 조직
py·ram·i·dal [pirǽmədl, -mi-] *a.* **1** 피라미드와 같은 **2** 각추의
pýramid sélling 〚상업〛 피라미드식 판매(방법)
Pyr·a·mus [pírəməs] *n.* 〚그리스신화〛 피라모스 《사랑하는 Thisbe가 사자에게 물려 죽은 줄 알고 자살한 청년》
pyre [paiər] *n.* 화장(火葬)용 장작[연료]
Pyr·e·ne·an [pìrəní:ən] *a.* 피레네 산맥의 **—** *n.* 피레네 산지의 주민
Pyr·e·nees [pírənì:z | ∸–∸] *n. pl.* [the ~] 피레네 산맥 《프랑스와 스페인의 국경 산맥》
py·re·thrum [paiərí:θrəm] *n.* **1** 〚식물〛 제충국(除蟲菊) **2** Ⓤ 〚약학〛 제충국 가루
py·ret·ic [paiərétik] *a.* 〚의학〛 발열(성)의
Py·rex [páiəreks] *n.* 파이렉스 《내열(耐熱) 유리 (그릇); 상표명》
py·rite [páiərait] *n.* Ⓤ 〚광물〛 황철광(黃鐵鑛)
py·ri·tes [pairáiti:z | paiər-] *n.* Ⓤ 〚광물〛 황화철광(黃化鐵鑛)
copper **~** 황동광 ***iron*** **~** 황철광
pyro- [pairou] 《연결형》 = PYR-
py·ro·ma·ni·a [pàirəméiniə] *n.* Ⓤ 방화광(放火狂), 상습 방화범
py·ro·ma·ni·ac [pàirəméiniæ̀k] *n.*, *a.* 방화광(의)
pyrotech. pyrotechnic(al)
py·ro·tech·nic, -ni·cal [pàirətéknik(əl)] *a.* **1** 불꽃(제조술)의 **2** 〈재치·언변 등이〉 화려한
py·ro·tech·nics [pàirətékniks] *n. pl.* **1** [단수 취급] 불꽃 제조술 **2** [복수 취급] 불꽃을 쏘아 올림 **3** [복수 취급] (웅변·연주 등의) 화려함 **4** 〚군사〛 발광탄, 조명탄
pyr·rhic [pírik] *n.*, *a.* 전무(戰舞)(의) 《고대 그리스의》
Pyr·rhic [pírik] *a.* Pyrrhus 왕의
Pýrrhic víctory 피루스의 승리 《희생을 많이 치른 승리》
Pyr·rhus [pírəs] *n.* 피로스(318? - 272 B.C.) 《고대 그리스 Epirus의 왕; 로마군을 격파(279 B.C.)》
Py·thag·o·ras [piθǽgərəs | pai-] *n.* 피타고라스 《그리스의 철학자》
Py·thag·o·re·an [piθæ̀gərí:ən | pai-] *a.* 피타고라스의
— *n.* 피타고라스 학설 신봉자
Pythagoréan théorem [the ~] 〚수학〛 피타고라스의 정리
Pyth·i·an [píθiən] *a.* **1** Delphi의 **2** (Delphi의) Apollo 신[신탁(神託)]의
Pyth·i·as [píθiəs | -æ̀s] *n.* = DAMON AND PYTHIAS
py·thon [páiθɑn | -θən] *n.* **1** 〚동물〛 비단뱀, 이무기 **2** 신탁(oracle); 예언자·무당 등에 붙는 귀신[신령]
pyx [piks] *n.* 〚그리스도교〛 성체 용기(聖體容器)

Q q

q, Q [kjuː] *n.* (*pl.* **q's, qs, Q's, Qs** [-z]) **1** 큐 《영어 알파벳의 제17자》 **2** 〖스케이트〗 Q자형으로 돌기 **3** 17번째(의 것)

q. quart; quarto; question

Q. Queen; query; question

Q. and A., Q&A question and answer 질의 응답, 문답

Qa·tar [kɑ́ːtɑːr] *n.* 카타르 《페르시아 만 연안의 독립국; 수도 Doha》

Qa·ta·ri [kɑ́ːtɑːri] *n., a.* Qatar의 주민(의)

QB 〖체스〗 queen's bishop **q.b.** quarterback

Q.C., QC quality control; Queen's Counsel

QMG, Q.M.G. Quartermaster General

qq. *questions*

qr(s). quarter(s); quire(s)

qt. quantity; quart(s)

q.t., Q.T. [kjúːtíː] [*quiet*] *n.* 《구어》 비밀, 내밀 ***do*** a thing ***on the*** (***strict***) ***q.t.*** …을 (아주) 비밀리에 하다

qty. quantity

qua [kwei, kwɑː] [L] *ad., prep.* …로서(as), …의 자격으로

***quack**[1] [kwæk] [의성어] *vi.* **1** (집오리 등이) 꽥꽥 울다 **2** 시끄럽게[쓸데없는 말을] 지껄이다
— *n.* **1** (집오리 등의) 꽥꽥 우는 소리 **2** (시끄러운) 수다떨기

quack[2] [*quack*salver] *n.* 돌팔이 의사 (= ∠ **dòctor**) — *a.* Ⓐ 가짜의

quack·er·y [kwǽkəri] *n.* (*pl.* **-er·ies**) Ⓤⓒ 엉터리 치료

quad [kwɑd | kwɔd] *n.* **1** 《구어》 = QUADRANGLE 2 **2** = QUADRANT **3** 《구어》 = QUADRUPLET

quadr- [kwɑdr | kwɔdr], **quadri-** [kwɑ́drə | kwɔ́d-], **quadru-** [kwɑ́dru | kwɔ́d-] 《연결형》 「4(four)」의 뜻 《모음 앞에서는 quadr-》

Quad·ra·ges·i·ma [kwɑ̀drədʒésəmə | kwɔ̀d-] *n.* 사순절(Lent)의 제1일요일(= ∠ **Súnday**)

quad·ran·gle [kwɑ́dræŋgl | kwɔ́d-] *n.* **1** 네모꼴, 사각형 **2** (건물에 둘러싸인) 안뜰, 안뜰을 둘러싼 건물

quad·ran·gu·lar [kwɑdrǽŋgjulər | kwɔd-] *a.* 네모꼴의, 사각형의

quad·rant [kwɑ́drənt | kwɔ́d-] *n.* **1** 〖기하〗 4분원(分圓); 4분면(分面) **2** 상한의(儀) 《옛 천문 관측 기계; 현재는 sextant를 씀》

quad·ra·phon·ic [kwɑ̀drəfɑ́nik | kwɔ̀drəfɔ́n-] *a.* 〈녹음·재생이〉 4채널 방식의

quad·rat·ic [kwɑdrǽtik | kwɔd-] *a.* 〖수학〗 2차의 — *n.* 〖수학〗 2차 방정식

quad·ren·ni·al [kwɑdréniəl | kwɔd-] *a.* 4년마다의, 4년간 계속되는

quadri- [kwɑ́drə | kwɔ́d-] 《연결형》 = QUADR-

quad·ri·lat·er·al [kwɑ̀drəlǽtərəl | kwɔ̀d-] *a.* 4변형의
— *n.* 4변형; 방형(方形)의 땅

qua·drille [kwɑdríl | kwə-] *n.* 쿼드릴 《방형꼴로 2[4]사람씩 짝지어 추는 춤》; 그 곡(曲)

quad·ril·lion [kwɑdríljən | kwɔd-] *n.* (*pl.* **~s,** [수사(數詞) 뒤에서] **~**) **1** 《영》 100만의 4제곱 《1에 0이 24개 붙음》 **2** 《미·프랑스》 1,000조(兆) 《1,000의 5제곱》

quad·roon [kwɑdrúːn | kwɔd-] *n.* 백인과 반백인과의 혼혈아

quad·ru·ped [kwɑ́drupèd | kwɔ́d-] 〖동물〗 *n.* 4지 동물 《보통 포유류》
— *a.* = QUADRUPEDAL

quad·ru·pe·dal [kwɑdrúːpədl | kwɔd-] *a.* 네 발을 가진, 4지 동물의

quad·ru·ple [kwɑdrúːpl | kwɔ́drupl] *a.* **1** 4중[겹]의(fourfold) **2** 4부[단위]로 된 **3** 4곱의 《*of, to*》 **4** 〖음악〗 4박자의: a ~ tune 4박자곡 — *n.* [the ~] 4배: *the* ~ of …의 4배
— *vt., vi.* 4곱으로 하다[되다]

quad·ru·plet [kwɑdrʌ́plit | kwɔ́dru-] *n.* **1** 4개 한 벌[세트] **2** 네 쌍둥이 중의 한 사람; [*pl.*] 네 쌍둥이

quad·ru·pli·cate [kwɑdrúːplikət | kwɔd-] *a.* **1** 4곱[겹]의 **2** 4통으로 작성한 〈문서 등〉 — *n.* **1** 4통 중의 하나 **2** [*pl.*] (같은 사본 등의) 4통
in ~ 4통으로 작성된

quaff [kwɑf, kwæf | kwɔf] 《문어》 *vt.* 〈술 등을〉 꿀꺽꿀꺽 마시다, 단숨에 들이켜다 《*off, out, up*》: ~ *off* a glass of beer 맥주 한 잔을 쭉 들이켜다
— *vi.* 술을 꿀꺽꿀꺽[단숨에] 들이켜다

quag·mire [kwǽgmàiər] *n.* **1** 수렁, 진창(bog, marsh) **2** 꼼짝할 수 없는 곤경: a ~ of debt 빚의 수렁

***quail**[1] [kweil] *n.* 〖조류〗 메추라기

quail[2] *vi.* 풀이 죽다, 겁내다, 움찔하다(shrink) 《*at, before*》: He *~ed at* the thought of the punishment. 그는 벌받을 생각에 기가 죽었다.

⁑**quaint** [kweint] *a.* **1** 기묘한(odd) **2** 별스러워 흥미를 끄는, 예스러워 흥취 있는
quáint·ly *ad.* **quáint·ness** *n.*

***quake** [kweik] *vi.* **1** 덜덜[와들와들] 떨다(shudder) 《*with, for*》: He was *quaking with* fear[cold]. 그는 공포[추위] 때문에 떨고 있었다. **2** 흔들리다, 진동하다(vibrate)
— *n.* **1** 흔들림; 전율, 진동 **2** 《구어》 지진(earthquake)

***Quak·er** [kwéikər] *n.* 퀘이커 교도

Quak·er·ism [kwéikərìzm] *n.* Ⓤ 퀘이커파의 교리·습관

quák·ing áspen[ásh] [kwéikiŋ-] 〖식물〗 사시나무

∗**qual·i·fi·ca·tion** [kwɑ̀ləfikéiʃən | kwɔ̀l-] *n.* **1** UC **자격 부여**[증명]; **자격** ⦅*for*⦆ **2** 자격 증명서: a medical ~ 의사 면허증 **3** UC 제한(함), 조건
with ~s 조건부로 ***without (any) ~*** 무조건[무제한]으로

∗**qual·i·fied** [kwɑ́ləfàid | kwɔ́l-] *a.* **자격 있는**(competent, fit) ⦅*for*⦆; 면허를 받은: a ~ doctor 유자격 의사

qual·i·fi·er [kwɑ́ləfàiər | kwɔ́l-] *n.* **1** 자격[권한]을 주는 사람[것]; 한정하는 것 **2** 〖문법〗 한정어, 수식어 ⦅형용사·부사 등⦆

⁑**qual·i·fy** [kwɑ́ləfài | kwɔ́l-] *v.* (**-fied**) *vt.* **1** …**에게 자격을 주다**; 적임으로 하다: His experience *qualifies* him *to* do that job. 그의 경험은 그 일을 하는 데에 충분하다. **2** [~ one*self* 로] …**의 자격을 얻다** ⦅*in, for*⦆: I *qualified myself for* the office[*in* medicine]. 나는 그 직무[의사]의 자격을 얻었다. **3** …**에게 권한을 주다**; 법적 권능을 부여하다 **4 제한[한정]하다**(limit, restrict); 수정하다; 〖문법〗 …의 뜻을 한정[수식]하다 (modify): Adjectives ~ nouns. 형용사는 명사를 수식한다.
— *vi.* **1** 자격을 얻다, 적임임을 보이다 ⦅*as, for, in*⦆: They have not yet *qualified for* the race[*in* medicine]. 그들은 아직 레이스에 나갈[의사의] 자격이 없다. **2** 〖스포츠〗 예선을 통과하다 **3** 〖법〗 자격을 얻다

qual·i·fy·ing [kwɑ́ləfàiiŋ | kwɔ́l-] *a.* **1** 자격을 주는 **2** 한정하는, 제한하는: a ~ statement 한정적 진술

∗**qual·i·ta·tive** [kwɑ́lətèitiv | kwɔ́litə-] *a.* **성질(상)의**, 질적인(opp. *quantitative*); 〖화학〗 정성(定性)의

⁑**qual·i·ty** [kwɑ́ləti | kwɔ́l-] [L 「어떤 종류의」의 뜻에서] *n.* (*pl.* **-ties**) **1** UC **질**(質)(opp. *quantity*) **a 특성**, 특질, 특색 **b** UC 소질 **c** UC **품질**: of (a) good[high] ~ 질이 좋은 **2** Ⓤ **우량질**
— *a.* Ⓐ 상질의, 훌륭한(excellent): ~ goods[leather] 우량품[가죽]

quálity contròl 〖경영〗 품질 관리 ⦅略 Q.C.⦆

qualm [kwɑːm, kwɔːm] *n.* [종종 *pl.*] **1** 불안, 양심의 가책: have no ~*s* of conscience 양심의 가책이 없다 **2** 일시적 현기증: ~*s* of seasickness 뱃멀미

qualm·ish [kwɑ́ːmiʃ, kwɔ́ːm-] *a.* **1** 양심의 가책을 받는 **2** 메스꺼운

quan·da·ry [kwɑ́ndəri | kwɔ́n-] *n.* (*pl.* **-ries**) 당황, 곤경: be in a (great) ~ 어찌할 바를 모르다

quan·ta [kwɑ́ntə | kwɔ́n-] *n.* QUANTUM의 복수

quan·ti·fi·ca·tion [kwɑ̀ntəfikéiʃən | kwɔ̀n-] *n.* Ⓤ **1** 양을 정함 **2** 〖논리〗 양화(量化) **~·al** *a.*

quan·ti·fi·er [kwɑ́ntəfàiər | kwɔ́n-] *n.* **1** 〖논리〗 양[한정] 기호 **2** 〖문법〗 수량(형용)사 ⦅some, any, all 등⦆

quan·ti·fy [kwɑ́ntəfài | kwɔ́n-] *vt.* (**-fied**) …의 양을 정하다[재다](measure)

∗**quan·ti·ta·tive** [kwɑ́ntətèitiv | kwɔ́ntitət-] *a.* **양의**, 양에 관한(opp. *qualitative*)

⁑**quan·ti·ty** [kwɑ́ntəti | kwɔ́n-] [L 「어느 정도의 양의」의 뜻에서] *n.* (*pl.* **-ties**) **1** Ⓤ **양**(opp. *quality*): I prefer quality to ~. 양보다 질을 택한다. **2** (어떤 특정의) 분량, 수량 ⦅*of*⦆: in large[small] *quantities* 다[소]량으로[의], 많이[적게] **3** [종종 *pl.*] ⦅고어⦆ 다량, 다수 **4** 〖수학〗 양; 양을 나타내는 기호[숫자]: a known ~ 기지량(旣知量)[수] **5** 〖물리〗 열량, 질량
in ~ = in (large) quantities 많은[많이], 다량의[으로]

quántity survèyor 〖건축〗 견적사(士)

quan·tum [kwɑ́ntəm | kwɔ́n-] *n.* (*pl.* **-ta** [-tə]) **1** 양(quantity, amount) **2** 특정량; 몫(share) **3** 다량, 다수 **4** 〖물리〗 양자(量子)

quántum júmp[léap] **1** 〖물리〗 양자 비약(飛躍) **2** 돌연한 비약, 약진

quántum mechánics 〖물리〗 양자 역학

quántum phýsics 〖물리〗 양자 물리학

quántum statístics 〖물리〗 양자 통계학

quántum thèory [때로 the ~] 〖물리〗 양자론

quar·an·tine [kwɔ́ːrəntìːn, kwɑ́r-] [It. 「40일간」의 뜻에서] *vt.* **1** 〈선박·승객을〉 검역(檢疫)하다; 격리하다 **2** 고립시키다
— *n.* **1** Ⓤ 격리; 교통 차단 **2** 검역; 검역소 **3** UC 고립화; 절교

quark [kwɔːrk, kwɑːrk] *n.* 〖물리〗 쿼크 ⦅hadron의 구성 요소로 여겨지는 입자⦆

⁑**quar·rel** [kwɔ́ːrəl | kwɔ́r-] [L 「불평하다」의 뜻에서] *n.* **1 말다툼**, 불화 ⦅*with, between*⦆ **2** 싸움[말다툼]의 원인: I have no ~ *against* [*with*] him. 그와 싸울 까닭이 없다.
make up a ~ 화해하다, 사과하다 ***seek [pick] a ~ with*** …에게 싸움을 걸다
— *vi.* (**~ed**; **~·ing** | **~led**; **~·ling**) **1 싸우다**, 다투다 ⦅*with, about*⦆: She ~*ed with* her husband *about* their children. 그녀는 자식들 일로 남편과 다투었다. **2** 잔소리하다, 불평하다; 이의를 말하다 ⦅*with*⦆: It is no use ~*ing with* Providence. 하늘을 원망해 봤자 소용없다.

∗**quar·rel·some** [kwɔ́ːrəlsəm | kwɔ́r-] *a.* **싸우기 좋아하는**, 논쟁하기 좋아하는
~·ly *ad.* **~·ness** *n.*

∗**quar·ry**[1] [kwɔ́ːri | kwɔ́ri] [L 「(돌을) 네모로 하다」의 뜻에서] *n.* (*pl.* **-ries**) **1 채석장**, 돌산 **2** (지식·자료 등의) **원천**
— *v.* (**-ried**) *vt.* **1** 〈돌을〉 쪼아 내다 **2** …에 채석장을 내다 **3** (고문서·서적 등에서) 〈사실 등을〉 찾아내다
— *vi.* **1** 돌을 떠내다 **2** 애써 찾아내다

Q

quarry² *n.* (*pl.* **-ries**) **1** 사냥감 **2** 추구의 대상; 공격의 목적

quar·ry·man [kwɔ́:rimən | kwɔ́r-] *n.* (*pl.* **-men**[-mən]) 채석공

*****quart** [kwɔ:rt] [L 「1/4」의 뜻에서] *n.* **1** 쿼트 《액량의 단위; = 1/4 gallon, 2 pints; 略 qt.》 **2** 쿼트 《건량(乾量)의 단위; =1/8 peck, 2 pints; 略 qt.》 **3** 1쿼트들이 병[단지]; 1쿼트의 맥주[사과주]
try to put a ~ into a pint pot 불가능한 일을 하려고 하다

*****quar·ter** [kwɔ́:rtər] *n.* **1** 4분의 1, 1/4 (a fourth): a ~ of a mile 1/4마일 **2** (미·캐나다) 4분의 1달러 (《=25 cents》), 25센트 경화 **3** 15분: at a ~ past[to] five 5시 15분에[15분 전에] **4** 1년의 1/4 《3개월》; 1분기(分期) 《4지불기의 하나》 **5** (미) (4학기제 학교의) 한 학기 《1학기는 12주간》 **6** 1/4 야드 (《=9 inches》); (영) 1/4 마일 (경쟁) **7** (영) 쿼터 《곡량(穀量)의 단위》; 쿼터 《중량의 단위》 **8** 〚천문〛 달의 주기의 1/4, 현(弦): the first[last] ~ 상[하]현 **9** 〚스포츠〛 시합의 전[후]반의 반; = QUARTERBACK; [*pl.*] 준준결승 **10** 방위(方位), 방위각: What ~ is the wind in? 바람은 어느 방향인가?; 형세는 어떤가? **11** 지방, 지역: from every ~[all ~*s*] 사면 팔방에서 **12** (도시의 특수) 지구, …가(街): the Jewish ~ 유대인 거리 **13** [보통 *pl.*] 주거, 숙소 **14** [*pl.*] 〚군사〛 숙사, 병영 **15** (특수한) 방면; (정보 등의) 출처(source) **16** Ⓤ 관대, 자비 **17** 짐승의 네 다리의 하나 **18** 〚항해〛 부서(部署)(post, station) **19** (문장(紋章)에서) 방패의 4분의 1 무늬 **20** 선측(船側) 후반부
— *a.* Ⓐ 4분의 1의, 4반분의
— *vt.* **1** 4(등)분하다 **2** 〈반역자의〉 (네가랑이를) 찢어 죽이다 **3** 〈군대를〉 숙영시키다

quar·ter·back [kwɔ́:rtərbæ̀k] *n.* 〚미식축구〛 쿼터백 《forward와 halfbacks 사이에 위치함; 略 QB, q.b., qb》

quárter dày 4분기 지불일 (《(미) 1월, 4월, 7월, 10월의 각 제1일; (영) Lady Day(3월 25일), Midsummer Day(6월 24일), Michaelmas(9월 29일), Christmas(12월 25일)》)

quar·ter·deck [-dèk] *n.* 〚항해〛 뒷갑판

quar·ter·fi·nal [kwɔ̀:rtərfáinl] *n.*, *a.* 〚스포츠〛 준준(準準)결승(의) **~·ist** *n.*

quárter hòrse (미) 단거리 경주마

quar·ter-hour [kwɔ́:rtəráuər] *n.* **1** 15분간 **2** (어떤 정시(定時)의) 15분 전[후] **~·ly** *a.*, *ad.*

quárter lìght (영) (자동차의) 삼각창 (《(미) wing》) 《환기용》

quar·ter·ly [kwɔ́:rtərli] *a.*, *ad.* 〈잡지 등이〉 연 4회 발행의[으로], 한 해 네 번의[으로] — *n.* (*pl.* **-lies**) 계간물(季刊物), 계간지(誌)

quar·ter·mas·ter [kwɔ́:rtərmæ̀stər | kwɔ́:təmɑ̀:s-] *n.* **1** 〚육군〛 병참 장교; 보급계원 **2** 〚해군〛 조타원(操舵員)

quártermaster géneral 〚군사〛 병참감(兵站監) 《略 QMG》

quárter nòte (미) 〚음악〛 4분 음표 (《(영) crotchet》)

quárter sèssions (영) 사계(四季) 법원; (미) 3개월마다 열리는 법원

quar·ter·staff [-stæ̀f | -stɑ̀:f] *n.* (*pl.* **-staves** [-stèivz]) 육척봉(六尺棒) 《옛날에 영국 농민이 무기로 썼음》

*****quar·tet(te)** [kwɔ:rtét] *n.* **1** 4인조; 네 개 한 벌 **2** 〚음악〛 4중주[중창]; 4중주[중창]곡; 4중주[중창]단

quar·to [kwɔ́:rtou] *n.* (*pl.* **~s**) **1** ⓊⒸ 4절판(折判), 4절지 **2** 4절판의 책 — *a.* 4절(판)의

*****quartz** [kwɔ:rts] [동음어 quarts] *n.* Ⓤ 〚광물〛 석영(石英): smoky[violet] ~ 연(煙)[자]수정 — *a.* 수정의

qua·sar [kwéizɑ:r, -sɑ:r | -zɑ:] *n.* 〚천문〛 준성(準星), 항성상(恒星狀) 천체

quash [kwɑʃ | kwɔʃ] *vt.* **1** 〈반란 등을〉 진압하다 **2** 〚법〛 〈판결·명령 등을〉 파기[폐기]하다, 무효로 하다

qua·si [kwéizai, -sai, kwɑ́:zi] [L] *a.* 의사(擬似)의; 유사의; 준(準)…, 반(半)…: a ~ corporation 준법인 — *ad.* 외견상, 표면상; 즉, 말하자면

quasi- [kwéizai, -sai, kwɑ́:zi] 《연결형》 「유사; 반…, 준…, 의사…」의 뜻 《흔히 「사이비」의 뜻으로 경멸적으로 씀》: *quasi*-cholera 의사 콜레라

qua·ter·cen·ten·ar·y [kwɑ̀tərsenténəri] *n.* (*pl.* **-ries**) 400주년 (기념제) — *a.* 400주년의

qua·ter·nar·y [kwɑ́tərnèri | kwətə́:nəri] *a.* **1** 네 요소로 된; 〚화학〛 4기(基)[원소]로 된; 네 개 한 벌의 **2** [**Q~**] 〚지질〛 제4기의
— *n.* (*pl.* **-nar·ies**) **1** 4부 한 벌의 것 **2** [the Q~] 〚지질〛 제4기

quat·rain [kwɑ́trein | kwɔ́-] *n.* 4행시

quat·re·foil [kǽtərfɔ̀il, -trə-] *n.* **1** (클로버 등의) 네 잎 **2** 〚건축〛 4엽 장식

*****qua·ver** [kwéivər] *vi.* **1** 〈목소리가〉 떨리다; 목소리를 떨다; 진동하다 **2** 떨리는 소리로 노래[말]하다 — *vt.* 떨리는 소리로 노래[말]하다 《*out*》: ~ *out* a few words 떨리는 목소리로 몇 마디 말하다
— *n.* 떨리는 소리[목소리]; (영) 〚음악〛 8분 음표(《(미) eighth note》): a ~ rest 8분 쉼표

qua·ver·y [kwéivəri] *a.* 떨리는 목소리의(tremulous)

quay [ki:] [동음어 key] *n.* 방파제, 선창, 부두

quay·side [kí:sàid] *n.* 부두 지구

Que. Quebec

quea·sy [kwí:zi] *a.* (**-si·er**; **-si·est**) **1** 역겨운 〈음식〉; 느글거리는 〈속〉 **2** 성미가 까다로운; 소심한, 불쾌한, 불안한
quéa·si·ness *n.* Ⓤ 욕지기, 메스꺼움

Que·bec [kwibék] *n.* 퀘벡 《캐나다 동부의 주; 그 주도; 略 Que.》

*****queen** [kwi:n] [Gk 「여자, 아내」의 뜻에서] *n.* **1** [종종 **Q~**] **a** (군주로서의) 여왕 **b** 왕비, 왕후 **2** [종종 **Q~**] (신화적 또는 전설적) 여왕, 여신 **3** 여왕에 견줄 만한 자[것]; 미인, 《특히》 미인

콘테스트의 입선자: a ~ of beauty 미의 여왕 **4** 〖카드〗 퀸; 〖체스〗 여왕 **5** (벌·개미 등의) 여왕
the Q~ of Grace [***Heaven***] 성모 마리아 ***the ~ of hearts*** 〖카드〗 하트의 퀸; 미인
— *vt.* **1** 여왕으로서 지배하다 **2** [~ it] 여왕같이 행동하다, 여왕 노릇을 하다 **3** 〖체스〗 〈졸(pawn)을〉 여왕이 되게 하다 **4** 왕비로[여왕으로] 삼다

Quéen Ánne 앤 여왕(1665-1714) ((영국의 여왕(1702-14)))
— *a.* Ⓐ 〈18세기 초기의 건축·가구 등이〉 앤 여왕 시대 양식의: ~ style 앤 여왕 시대 양식

quéen ánt 여왕개미

quéen bée 여왕벌; 여성 지도자, 여두목

quéen cónsort (국왕의 아내로서의) 왕비 ((여왕과 구별하여))

quéen dówager 국왕의 미망인, 대비, 황태후

queen·ly [kwíːnli] *a.* (**-li·er**; **-li·est**) 여왕의; 여왕다운
— *ad.* 여왕같이[답게]

quéen móther 대비, 황태후

quéen pòst 〖건축〗 쌍대공, 퀸포스트

quéen régent 섭정 여왕

Queens [kwiːnz] *n.* 퀸즈 ((New York 동부의 Long Island의 한 구역))

Quéen's Bénch (**Divìsion**) [the ~] 〖영국법〗 여왕좌(女王座) 법원

Quéens·ber·ry rùles [kwíːnzbèri- | -bəri-] 퀸즈베리 규칙 ((Queensberry 후작(侯爵)이 설정한 권투의 여러 규칙))

Quéen's Énglish [the ~] (여왕 치세 중의) 순정(純正)[표준] 영어

queen-size [-sàiz] *a.* ((구어)) 〈침대가〉 중특대(中特大)의

Queens·land [kwíːnzlæ̀nd, -lənd] *n.* 퀸즐랜드 ((오스트레일리아 동북부의 주(州))) **~·er** *n.*

‡**queer** [kwiər] *a.* **1** 기묘한: a ~ fish [bird, card, customer] 괴짜 **2** ((구어)) 수상한: a ~ transaction 부정 거래 **3** 〈기분이〉 언짢은; 어질어질한(giddy): feel a little ~ 좀 어질어질하다 **4** ((속어)) 동성애의(homosexual) **5** ((미·속어)) 가짜의: ~ money 위조 화폐 **6** ((영·속어)) 술 취한(drunk)
— *vt.* ((구어)) 엉망으로 만들다, 망쳐놓다 ***~ the pitch for*** a person = ***~*** a person***'s pitch*** ((영·속어)) …의 계획[성공의 기회]을 몰래 망쳐놓다
— *n.* **1** ((속어·경멸)) 동성애의 남자 **2** [the ~] 가짜 돈 **~·ly** *ad.* 기묘하게, 이상하게 **~·ness** *n.* Ⓤ 괴상함; 괴벽

***quell** [kwel] *vt.* **1** 〈반란 등을〉 **진압하다** **2** 〈공포 등을〉 **억누르다**, 가라앉히다

‡**quench** [kwentʃ] *vt.* **1** 〈갈증 등을〉 **가시게 하다**(allay) ((*with*)) **2** 〈불·빛 등을〉 **끄다**(extinguish) ((*with*)): ~ a fire *with* water 물로 불을 끄다 **3** 〈뜨거운 것을〉 물 속에 넣어 식히다 **4** 〈희망·속력·동작을〉 죽이다, 억누르다(stifle) ((*with*)) **5** ((속어)) 〈반대자를〉 침묵시키다(shut up)
— *vt.* 꺼지다; 진정되다

quench·er [kwéntʃər] *n.* **1** quench하는 사람[물건] **2** 갈증을 가시게 하는 것; 음료: a modest ~ 목을 축일 정도의 음료

quench·less [kwéntʃlis] *a.* ((문어)) 억누를 수 없는; 끌 수 없는 ((unquenchable이 일반적)): ~ curiosity 억누를 수 없는 호기심 **~·ly** *ad.* **~·ness** *n.*

quer·u·lous [kwérjuləs] *a.* 투덜거리는, 불평 투성이의; 성마른(peevish) **~·ly** *ad.* **~·ness** *n.*

***que·ry** [kwíəri] *n.* (*pl.* **-ries**) **1 질문**, 의문 **2 물음표** ((?)), (교정쇄 등에서) 의문 나는 곳에 붙이는 기호 ((?, q., qu. 등))
— *v.* (**-ried**) *vt.* **1** 〈사실 여부를〉 묻다, 의문을 가지다 ((*whether, if*)) **2** ((미)) 〈권위 있는 사람에게〉 질문하다
— *vi.* 질문하다; 의심을 표시하다

‡**quest** [kwest] *n.* ((문어)) **1 탐색**, 추구 **2** (특히 중세 기사의) 탐구 여행 **3** [집합적] 탐구자(들) ***in ~ of*** …을 찾아
— *vi.* 뒤밟아 찾다; 사냥개가 추적하다: ~ *about* [*out*] *for* game 〈사냥개가〉 사냥감을 뒤밟아 찾아 다니다[내다]

‡**ques·tion** [kwéstʃən] *n.* **1 물음**, **질문** **2 문제**; 논점; 의제: an open ~ 미결 문제 **3** Ⓤ **의문**, 의심(doubt) ((*about, as to, of*)) **4** 〖문법〗 의문문
call in [***into***] ***~*** 〈진술 등에〉 의심을 가지다, 이의를 제기하다 ***come into ~*** 논의되다, 문제가 되다 ***in ~*** 문제의; 해(該)…, 본(本)…: the person[matter] *in ~* 당사자[본건(本件)] ***out of the ~*** 문제가 안 되는; 전연 불가능한 ***put a ~ to*** …에게 질문하다 ***put the ~*** 〈의장이〉 표결에 붙이다 ***raise a ~*** 문제를 제기하다
— *vt.* **1 질문하다**; 심문하다(inquire of): ~ a witness 증인을 심문하다 **2** 조사하다, 검사하다 **3** 탐구하다 **4 의심하다**, 이의를 제기하다: Some people ~ *whether*[*if*] his remarks are true. 그가 한 말의 진실성을 의심하는 자도 있다.
— *vi.* 질문을 하다

***ques·tion·a·ble** [kwéstʃənəbl] *a.* **1 의심나는** **2** 문제가 되는 **-bly** *ad.*

ques·tion·er [kwéstʃənər] *n.* 질문자, 심문자

ques·tion·ing [kwéstʃəniŋ] *a.* 미심쩍어[알고 싶어]하는: a ~ mind 호기심
— *n.* Ⓤ Ⓒ 의문, 질문, 탐구

‡**quéstion màrk** **1 물음표** ((?)); 의문점 **2** 미지의 사항, 미지수

quéstion màster ((영)) = QUIZMASTER

ques·tion·naire [kwèstʃənέər] [F] *n.* 질문 사항 ((참고 자료를 얻기 위한)); 질문서[표] ((항목별로 쓴)), 앙케트; 질문서에 의한 조사
— *vt.* …에 질문서를 보내다

quéstion tìme (영국 의회에서의) 질의 시간

quet·zal [ketsɑ́ːl | kwétsl] *n.* **1** (*pl.* **~s, -za·les**) 〖조류〗 케트살 ((중미산 꼬리가 긴 고운 새)) **2** (*pl.* **-za·les** [-leis]) 케트살 ((과테말라의 화폐 단위; 기호 Q; =100 centavos))

∗**queue** [kjuː] [동음어 cue] *n.* **1** 편발; 변발 **2** (차례를 기다리는 사람이나 차의) 줄, 열; 〖컴퓨터〗 큐, 대기 행렬
— *vt.* 〈머리를〉 편발로 하다; 〖컴퓨터〗 대기 행렬에 넣다
— *vi.* 《주로 영》 줄지어 차례를 기다리다 《*up*》; 줄에 끼이다 《*on*》: ~ *up* for a bus 줄지어 버스를 기다리다
queue-jump [kjúːdʒʌ̀mp] *vi.* 줄에 끼어들다, 새치기하다 **~·er** *n.*
Qué·zon Cíty [kéizɑn- | -zɔn-] 케손 시티 《1948-75년 동안 필리핀의 공식 수도; 현재는 Metropolitan Manila의 일부》
quib·ble [kwíbl] *n.* **1** 결말, 재담 **2** 억지스런 변명, 궤변 — *vi.* 결말을 쓰다; 어물쩍하다, 억지스런 변명을 하다
⁑**quick** [kwik] *a.* **1** 빠른, 신속한: *Q*~ at meal, ~ at work. 《속담》 밥을 빨리 먹는 사람은 일솜씨도 빠르다. **2** 즉석의; 일순간의 **3** 조급한, 성마른: a ~ temper 급한 성미 **4** 〈눈·귀 등이〉 날카로운, 예민한 **5** 재빠른, 민첩한; 이해가 빠른, 영리한 《*at*, *of*, *to*》: He is ~ *at* figures. 그는 셈이 빠르다. **6** 〈커브가〉 급한 **7** 《고어》 살아 있는
Be ~ ! 빨리 (해라)! ***be ~ at*** …가 빠르다 ***in ~ succession*** 연달아, 연방
— *n.* **1** [the ~] 산 것, 생물 **2** 속살, (손톱 밑의) 생살; (상처 등의) 새살, 《특히》 (새살의) 새로 난 껍풀 **3** (감정의) 중추, 급소 **4** 핵심
to the ~ (1) 속살까지; 골수까지: cut him *to the* ~ 그의 급소를 찌르다 (2) 철두철미(한), 알짜의
— *ad.* **1** [항상 동사 뒤에 둠] 《구어》 급히, 빨리(quickly) **2** [특히 분사와 함께] 빨리: a ~-firing gun 속사포
(as) ~ as lightning[thought, wink] 눈깜박할 사이에, 순식간에
quick-and-dirt·y [kwíkəndə́ːrti] *n.* 《미·속어》 (카운터식의) 간이 식당 (snack bar) — *a.* 《구어》 질 나쁜
quick-change [-tʃèindʒ] *a.* Ⓐ 변장술이 빠른 〈배우 등〉: a ~ artist 변장술이 빠른 배우
⁑**quick·en** [kwíkən] *vt.* **1** 〈발걸음 등을〉 빠르게 하다 **2** 활기 띠게 하다, 자극하다: This experience ~*ed* his imagination. 이 경험이 그의 상상력을 자극했다. **3** 《고어·문어》 소생시키다; 불을 피우다: He ~*ed* the hot ashes *into* flames. 그는 뜨거운 재를 휘저어 불길을 되살렸다.
— *vi.* **1** 빨라지다: The pulse ~*s.* 맥박이 빨라진다, 가슴이 두근거린다. **2** 살아나다, 생기[활기]를 띠다 **3** 〈임신부가〉 태동(胎動)을 시작하다[느끼다]
quick-fire [-fáiər], **-fir·ing** [-fáiəriŋ] *a.* 속사의; 《구어》 〈질문 등이〉 잇달은
quíck fíx 《구어》 일시 모면하는[미봉적인] 해결(책), 응급 조치, 즉효약
quick-freeze [-fríːz] *vt.* (**-froze** [-fróuz]; **-fro·zen** [-fróuzn]) 《미》 〈식품을〉 급속 냉동시키다
quick-freez·ing [-fríːziŋ] *n.* Ⓤ 급속 냉동법
quick·ie, quick·y [kwíki] *n.* **1** 《구어》 급히 만든 것 **2** 바삐 마시는 한 잔 술
quick·lime [kwíklàim] *n.* Ⓤ 생석회
∗**quick·ly** [kwíkli] *ad.* 빨리, 급히 서둘러서: Can't you finish your work more ~? 더 빨리 일을 끝낼 수 없어?
quick·ness [kwíknis] *n.* Ⓤ **1** 민첩 **2** 신속, 급속 **3** 성급함, 성마름
quick·sand [kwíksæ̀nd] *n.* ⓊⒸ 유사(流砂), 표사(漂砂) 《올라서면 빠져버리는 젖은 모래층》; 위험한 상태
quick·set [-sèt] *a.*, *n.* 산울타리(의)
∗**quick·sil·ver** [kwíksìlvər] [OE 「살아 있는」의 뜻에서] *n.* Ⓤ **1** 수은(mercury) **2** 유동성; 변덕스러운 기질 — *a.* 수은의; 변덕스러운 — *vt.* 수은과 합금하다
quick·step [-stèp] *n.* **1** 〖군사〗 속보; 《특히》 속보 행진곡 **2** 〖무용〗 퀵스텝
quick-tem·pered [-témpərd] *a.* 성급한, 성마른
quíck tìme 〖군사〗 속보(速步)
quick-wit·ted [-wítid] *a.* 재치 있는, 눈치 빠른, 기민한
quid[1] [kwid] *n.* 씹는 담배 (한 입)
quid[2] *n.* (*pl.* **~, ~s**) 《영·속어》 1파운드 금화(sovereign), 1파운드(£1)
be ~s in 《영·속어》 제대로 잘하다
quid pro quo [kwíd-prou-kwóu] [L] *n.* 대상(代償)(물), 보상(물); 보복
qui·es·cence, -cen·cy [kwaiésns(i)] *n.* Ⓤ 정지(靜止); 무활동; 침묵
qui·es·cent [kwaiésnt] *a.* 조용한, 정지한, 움직이지 않는; 〈병이〉 나아가는
⁑**qui·et** [kwáiət] [L 「평온한」의 뜻에서 유래; quit와 같은 어원] *a.* (**~·er**; **~·est**) **1** 조용한, 고요한(opp. *noisy*) **2** 〈마음이〉 평온한; 평안한 **3** 한적한 **4** 〈태도·거동이〉 온화한, 얌전한; 말없는: a ~ person 과묵한 사람 **5** 비밀의, 은근한, 에두른: I had a ~ dig at him. (말로) 은근히 그를 꼬집어 주었다. **6** 〈복장·색채 등이〉 수수한 **7** 〈환경·생활 양식 등이〉 단조로운, 변화 없는 **8** 〖상업〗 활기 없는, 한산한
(as) ~ as a mouse 쥐죽은 듯이 조용한
Be ~ ! 조용히 해라! ***keep*** a thing ***~*** = ***keep ~ about*** a thing …을 비밀로 해 두다
— *n.* Ⓤ **1** 고요, 한적 **2** 안정(repose); 마음의 평화, 안식 **3** 평화 《사회적인》
on the ~ 몰래, 살그머니
— *vt.* **1** 조용하게 하다 **2** 달래다, 진정시키다, 안심시키다 **3** 〈소란·공포 등을〉 누그러지게 하다 **4** 〖법〗 〈부동산·권리 등을〉 확인하다 — *vi.* 조용해지다《*down*》: The excitement ~*ed down.* 흥분이 가라앉았다.
qui·et·en [kwáiətn] *v.* 《주로 영》 = QUIET
qui·et·ism [kwáiətìzm] *n.* Ⓤ **1** 〖종교〗 정적주의(靜寂主義) 《17세기 말의 신비주의적 종교 운동》 **2** 무저항주의
-ist *n.*, *a.* 정적주의자(의)
⁑**qui·et·ly** [kwáiətli] *ad.* **1** 조용[고요]히; 평온하게: He closed the door ~. 그는 문을 조용히 닫았다.

2 침착[차분]하게: "I'm not afraid of death," he said ~. "나는 죽음이 두렵지 않다"라고 그는 침착하게 말했다. **3** 수수하게: dress ~ 수수한 옷차림을 하다
qui·et·ness [kwáiətnis] *n.* =QUIET
qui·e·tude [kwáiətjùːd | -tjùːd] *n.* Ⓤ 고요[조용]함, 평온, 정적
qui·e·tus [kwaiíːtəs] *n.* 《문어》 **1** 최후의 일격, 결정타 **2** 죽음; 소멸
quiff [kwif] *n.* 《영》 이마에 착 붙인 남성의 곱슬한 앞머리
*__quill__ [kwil] *n.* **1** 깃대, 우간(羽幹) (feather stem) **2** 깃대로 만든 것; (거위 깃으로 만든) 깃펜 **3** [보통 *pl.*] (고슴도치 등의) 침, 바늘
quíll pèn 깃펜(quill)
*__quilt__ [kwilt] [L 「매트리스」의 뜻에서] *n.* **1** (솜·털·깃털 등을 넣고 누빈) **누비이불 2** (이불 대신으로 쓰는) 덮개, 침대 덮개(coverlet) **3** 퀼트 제품
— *vt.* …에 속을 넣어 누비다; 이불 등을 덮다
quilt·ed [kwíltid] *a.* 누비이불의[같은], 누빈
quin [kwin] *n.* 《영·구어》 =QUINTUPLET
quince [kwins] *n.* 〖식물〗 모과 《유럽산》
quin·cen·te·na·ry [kwìnsenténəri] *n.* (*pl.* **-ries**) 500년(기념)제(quingentenary) — *a.* 500년[제]의
qui·nine [kwáinain | kwiníːn] *n.* Ⓤ **1** 〖화학〗 퀴닌 **2** 〖약학〗 키니네제(劑) 《말라리아 특효약》
quin·qua·ge·nar·i·an [kwìŋkwədʒinέəriən] *a., n.* 50세[대]의 (사람)
Quin·qua·ges·i·ma [kwìŋkwədʒésəmə] *n.* **1** 〖영국국교〗 사순절(Lent) 바로 앞 일요일(=~ **Súnday**) **2** 〖가톨릭〗 오순절(의 주일)
quin·quen·ni·al [kwinkwéniəl | kwiŋ-] *a.* 5년마다의; 5년의, 5년 계속되는
— *n.* 5년 주기; 5주년[년제]; 5년간
quin·sy [kwínzi] *n.* Ⓤ 〖병리〗 (화농성의) 후두염(喉頭炎), 편도선염
quint [kwint] *n.* 《구어》 =QUINTUPLET
quin·tal [kwíntl] *n.* 퀸틀 《(미) 100 lb., 《영》 112 lb.(hundredweight)》; 〖미터법〗 100 kg 《상형(avoirdupois) 단위로 220.46 lb.》
quin·tes·sence [kwintésns] *n.* **1** 정(精), 정수 **2** 전형 《*of*》, 화신
quin·tes·sen·tial [kwìntəsénʃəl] *a.* 정수의, 본질적인, 전형의
quin·tet(te) [kwintét] *n.* **1** 〖음악〗 5중주[중창], 5중주[중창]단 **2** 5인조, 다섯 개 한 벌
quin·til·lion [kwintíljən] *n.* (*pl.* **~s,** [수사 뒤에서] **~**) 《영》 100만의 다섯 제곱; 《미·프랑스》 1,000의 여섯 제곱
quin·tu·ple [kwintjúːpl | kwíntjupl] *a.* 5배의, 다섯 겹의(fivefold)
— *n.* 5배(의 양)
— *vt., vi.* 5배하다, 5배가 되다
quin·tu·plet [kwintʌ́plit, -tjúː- | kwíntju-] *n.* **1** 다섯 개 한 벌, 5인조 **2** 다섯 쌍둥이의 하나; [*pl.*] 다섯 쌍둥이

quip [kwip] *n.* 재치 있는 말, 경구(警句); 신랄한 말, 빈정대는 말
— *vi., vt.* (**~ped**; **~·ping**) 빈정대다, 조롱하다
qui·pu [kíːpuː] *n.* (고대 잉카 제국에서 쓰던) 결승(結繩) 문자
quire [kwaiər] *n.* (종이의) 한 첩 《24매 또는 25매; 略 qr.》
quirk [kwəːrk] *n.* **1** 변덕; 기벽(奇癖) **2** (운명 등의) 급변
quirk·y [kwə́ːrki] *a.* (**quirk·i·er**; **-i·est**) 꾀바른, 변덕스러운
quirt [kwəːrt] *n., vt.* 《미》 가죽으로 엮은 승마 채찍(으로 때리다)
quis·ling [kwízliŋ] *n.* 제5열원(員) (fifth columnist); 반역자, 매국노 (traitor)
‡**quit** [kwit] *v.* (**~·ted,** 《주로 미》 **~**; **~·ting**) *vt.* **1** 《미》 〈일 등을〉 **그만두다,** 중지하다: ~ drink*ing* 술을 끊다 **2** 〈사람·장소를〉 **떠나다,** …에서 물러나다: ~ one's job 사직하다 **3** 단념하다; 〈쥐었던 것 등을〉 놓다
— *vi.* 일을 중지하다, 그만두다; 《미·구어》 사직하다: ~ *on* life 삶을 포기하다
— *a.* Ⓟ **1** 용서받아, 석방되어 **2** 면하여 (rid) 《*of*》: I gave him money to be ~ *of* him. 그에게 돈을 주고 손을 끊었다.
get ~ of one***'s*** debts (빚을) 벗어나다
‡**quite** [kwait] *ad.* **1 a** 아주, 완전히; 절대로: It's ~ finished. 완전히 끝났다. **b** [부정어와 함께 부분 부정을 나타내어] 완전히 …은 아니다: Are you ready? 준비됐어? — No, *not* ~. 아직, 잠깐만. **2** [~ a[an] ..., ~ some ...으로] 사실상; 말하자면 …이나 다름없이: That was ~ *a*[*some*] party. 그것은 굉장한 파티였다. **3** 《구어》 (생각했던 것보다는) 꽤, 제법, 상당히 《경우에 따라서는 빈정대는 어조도 됨》: ~ a pretty girl 상당히 예쁜 아가씨 **4** [종종 but와 함께] 《영》 정녕 …(하나 그러나), 다소간(more or less): She is ~ pretty, *but* uninteresting. 그녀는 예쁘긴 하지만 재미가 없는 여자다. 《**very**는 객관적이며 「대단히」, **quite**는 비교적 「…으로서는」》
not ~ (아주 …하지는 않고) 좀 모자라는 [빠지는]: *not* ~ proper 다소간 부적절한 (***Oh***) ***~.*** =***Q~ so.*** 정말 그렇다, 그렇고말고. ***~ a few***[***a little, a bit***] 《미·구어》 꽤 많은, 상당수의
Qui·to [kíːtou] *n.* 키토 《남미 에콰도르(Ecuador)의 수도》
quits [kwits] *a.* Ⓟ 비긴, 피장파장인 《돈을 갚거나 보복을 함으로써》: We're ~ now. 이것으로 비겼다, 이제 피장파장이다. ***call it***[***cry***] ***~*** 《구어》 비긴 것으로 하다 ***double or ~*** 낼 돈이 곱이 되느냐 본전이 되느냐의 내기 《도박 등에서》
quit·tance [kwítəns] *n.* Ⓤ 《고어·시어》 **1** 갚음 **2** 면제, 해제(release)
quit·ter [kwítər] *n.* 《미·구어》 포기하는 사람, 쉬 체념하는 사람; 겁쟁이
‡**quiv·er¹** [kwívər] *vi.* (떨리듯) **흔들리다**(vibrate), 떨리다: ~ *in* the wind 바람에 나부끼다

— *vt.* 〈날개 등을〉 떨다, 〈동물이〉〈귀·코·더듬이 등을〉 흔들다, 떨게 하다: The insect *~ed* its antennae. 그 벌레는 더듬이를 흔들었다. **—** *n.* 떨기, 진동; 떨리는 소리

quiver² *n.* (등에 메는) 화살통, 전동
have an arrow [***a shaft***] ***left in*** one*'s* ~ 아직 수단[자력(資力)]이 남아 있다

qui vive [ki:-ví:v] [F] 누구냐(Who goes there?) 《보초의 수하 소리》; 경계
on the ~ 경계하여, 감시하여

quix·ot·ic, -i·cal [kwiksátik(əl) | -sɔ́t-] *a.* **1** 돈키호테식의, 극도로 의협심이 있는 **2** 공상[비현실]적인 **-i·cal·ly** *ad.*

quix·o·tism [kwíksətìzm], **quix·o·try** [-sətri] *n.* **1** Ⓤ 돈키호테적인 성격 **2** 기사연하는[주책없는 용맹을 떨치려는] 행동[생각], 공상적인 행동[생각]

Q

***quiz** [kwiz] *n.* (*pl.* **~·zes**) (구두·필기에 의한) 간단한 시험[테스트]; (라디오·텔레비전의) 퀴즈
— *v.* (**~zed**; **~·zing**) *vt.* 《미》 (테스트 삼아) 질문하다, (학급 등에서) 물어서 시험해 보다 《*about, on*》: The teacher *~zed* his pupils *on* English. 선생은 학생들에게 영어 테스트를 했다.
— *vi.* 장난하다, 놀리다

quiz·mas·ter [kwízmæ̀stər | -mɑ̀:s-] *n.* 《미》 퀴즈 프로 사회자(《영》 question master)

quíz prògram[**shòw**] 《미》 (라디오·텔레비전의) 퀴즈 프로

quiz·zi·cal [kwízikəl] *a.* **1** 우스꽝스러운, 기묘한 **2** 미심쩍어하는; 난처한 **3** 짓궂은 장난하기[놀리기] 좋아하는 **~·ly** *ad.*

quod [kwɑd | kwɔd] *n.*, *vt.* 《영·속어》 (**~·ded**; **~·ding**) 교도소(에 집어넣다)
in [***out of***] ~ 투옥[출옥]되어 있는

quod vi·de [kwɑd-váidi | kwɔd-] [L = which see] 그것을 보라, …참조 《略 q.v.》

quoin [kwɔin] [coign의 변형] *n.* **1** (건물의) 외각(外角); (방의) 구석(corner) **2** (담의) 귀돌(cornerstone); 모나게 맞물린 돌 **—** *vt.* …에 귀돌을 놓다; 쐐기로 조이다

quoit [kwɔit] *n.* **1** [*pl.*; 단수 취급] 고리던지기 《놀이》 **2** 그 놀이용 고리 《쇠 또는 로프로 만든》

quon·dam [kwɑ́ndəm | kwɔ́ndæm] [L = formerly] *a.* 이전의, 한때의: a ~ friend of mine 내 옛 친구

Quón·set (**hùt**) [kwɑ́nsit(-) | kwɔ́n-] [미국 해군 기지의 이름에서] *n.* 《미》 퀀셋 《벽과 지붕이 반원형으로 연이어진 숙사, 조립 주택》

quor·ate [kwɔ́:rət] *a.* 《영》 정족수에 달해 있는

quo·rum [kwɔ́:rəm] *n.* 【법】 (의결에 필요한) 정족수: have[form] a ~ 정족수가 되다

quot. quotation; quoted

quo·ta [kwóutə] *n.* **1** 분담한 몫; 분담[할당]액 **2** 상품 할당량, 쿼터: production *~s* 생산 할당량 **3** 인원 할당수

quot·a·bil·i·ty [kwòutəbíləti] *n.* Ⓤ 인용 가치

quot·a·ble [kwóutəbl] *a.* 인용할 만한, 인용할 가치가 있는

quóta sỳstem [the ~] (수입액·이민 수 등의) 할당 제도, 쿼터제

‡**quo·ta·tion** [kwoutéiʃən] *n.* **1** 인용문[구, 어] 《*from*》 **2** Ⓤ 인용 《*from*》 **3** 【상업】 시세(표), 시가 《*on*》; ⓊⒸ 견적(見積)(액) 《*for*》 **4** = QUOTATION MARK

‡**quotátion màrk** [보통 *pl.*] 인용 부호: double ~ 《" "》 / single ~ 《' '》

‡**quote** [kwout] [L 「수(數)로 장구(章句)를 끊다」의 뜻에서] *vt.* **1** 인용하다: ~ Milton 밀턴의 시를 인용하다 **2** 예로 들다: He *~d* me some nice examples. 그는 내게 좋은 예를 보여 주었다. **3** 【상업】 〈상품의〉 시세[시가]를 말하다
— *vi.* **1** 인용하다 《*from*》: ~ *from* the Bible 성서에서 인용하다 **2** [명령법으로] 인용(문)을 시작하다: He said (~) I won't run for governor (*unquote*). 그는 "나는 지사에 입후보하지 않겠다."고 말했다. **3** 【상업】 시세[시가]를 말하다: ~ *for* building a new house 신축 비용을 견적하다
~ ***unquote*** (구어) 말하자면, 다시 말해서
— *n.* (구어) **1** 인용문[구] **2** [보통 *pl.*] 인용 부호: in *~s* 인용 부호에 싸여 **3** 【상업】 시세, 거래 가격

quóted strìng 【컴퓨터】 따옴(문자)열 《따옴표에 에둘린 문자열》

quoth [kwouθ] *vt.* (고어) 말하였다 (said) 《제1인칭·3인칭 직설법 과거를 나타내며 항상 주어 앞에 둠》: "Very true," ~ he. "정말이야."라고 그는 말했다.

quo·tid·i·an [kwoutídiən] *a.* 나날의; 매일 일어나는; 평범한

quo·tient [kwóuʃənt] *n.* 【수학】 몫, 상(商); 지수, 비율
intelligence ~ 지능 지수 《略 IQ》

quo va·dis? [kwou-vɑ́:dis] [L = Where do you go?] 【성서】 (주여) 어디로 가시나이까?

q.v. *quod vide* 《L = which see》

qy., Qy. query

R r

r, R [ɑːr] *n.* (*pl.* **r's, rs, R's, Rs** [-z]) **1** 아르 《영어 알파벳의 제18자》 **2** (연속물의) 18번째(의 것) **3** R자 모양(의 것)

r, R 〖전기〗 resistance; ruble; radius; 〖수학〗 ratio; 《미》 〖영화〗 restricted 준(準)성인용; 〖체스〗 rook; royal; rupee

R. railroad; railway; *Regina* 《L= queen》; response; Republic(an); *Rex* 《L =king》; River; Royal; Ⓡ registered trademark 등록 상표

Ra[1] [rɑː] *n.* 〖이집트신화〗 태양신

Ra[2] 〖화학〗 radium

RA, R.A. Rear Admiral; Royal Academy; Royal Artillery

rab·bet [rǽbit] *n.* 〖목공〗 은촉이음; 은촉(홈)(= **⁓ jòint**) **—** *vt., vi.* 은촉이음으로 하다 《*on, over*》

rab·bi [rǽbai] *n.* (*pl.* **~(e)s**) **1** 〖유대교〗 랍비; 율법학자 **2** [유대인 목사·학자·교사에 대한 존칭으로] 선생

rab·bin·ic, -i·cal [rəbínik(əl)] *a.* rabbi의, 랍비식[투]의

***rab·bit** [rǽbit] *n.* (*pl.* **~s,** [집합적] **~**) **1 집토끼,** 《일반적으로》 **토끼 2** Ⓤ 토끼의 모피; 토끼 고기 **3** 겁쟁이 **—** *vi.* (**~·ted; ~·ting**) **1** 토끼 사냥하다 **2** 《영·구어》 (…에 대해) 불평을 늘어놓다

rábbit anténna (토끼 귀 모양의 실내 소형 안테나)

rábbit èars [단수 취급] 《미·구어》 = RABBIT ANTENNA

rab·bit-hutch [-hʌ̀tʃ] *n.* (상자꼴의) 토끼장

rábbit pùnch [토끼를 도살하기 전에 후두부를 때리는 데서] 〖권투〗 뒤통수 치기 《반칙》

rábbit wàrren 산토끼 번식지

rab·ble [rǽbl] *n.* 오합지졸, 폭도들; [the ~] 《경멸》 하층 사회[계급], 서민[천민]들

rab·ble-rouse [rǽblràuz] *vi.* 민중을 선동하다

rab·ble-rous·er [-ràuzər] *n.* 민중 선동가

rab·ble-rous·ing [-ràuziŋ] *a.* Ⓐ 민중을 선동하는

rab·id [rǽbid] *a.* **1** 맹렬[격렬]한, 과격한; 미친 듯한 **2** 공수병에 걸린, (개가) 미친, 광견병의: a ~ dog 미친 개 **~·ly** *ad.* **~·ness** *n.*

***ra·bies** [réibiːz] *n.* Ⓤ **광견병**

rac·coon [rækúːn, rə-] *n.* (*pl.* **~, ~s**) **1** 〖동물〗 미국너구리 **2** Ⓤ 그 모피

raccóon dòg 너구리 《동부 아시아산》

***race**[1] [reis] *n.* **1 경주,** 《일반적으로》 경쟁 **2** 급한 일, 서두름: a ~ to find a vaccine 백신을 발견해야 할 급선무 **3** 《문어》 (태양·달의) 운행 **4** 《문어》 (시간의) 경과; (사건·이야기 등의) 진행 **5** 《문어》 인생 행로, 경력: His ~ is nearly run. 그의 수명은 거의 다 되었다. **6** 여울, 급류 **7** 수류; 수로, 용수로 **8** 〖항공〗 후류(後流) 《프로펠러 뒤쪽에 생기는 기류》

***in*[*out of*] *the* ~** 승산이 있고[없고]

***open* ~** 아무나 나갈 수 있는 공개 경주

***run a* ~** 경주하다 《*with, against*》

— *vi.* **1 경주[경쟁]하다** 《*with*》: ~ *with* a person …와 경주하다 **2** 경마(등)을 하다 **3 질주하다,** 달리다 **4** 〈엔진 등이〉 헛돌다 **—** *vt.* **1** 경주시키다 **2** 〈의안 등을〉 황급히 통과시키다: ~ a bill *through* the House 의안을 황급히 하원에서 통과시키다 **3** 〖기계〗 〈엔진 등을〉 헛돌게 하다, 공전시키다 **~ (*a*)*round*** (급한 일로) 여기저기 뛰어 다니다

***race**[2] [OF 「씨족」의 뜻에서] *n.* **1 인종; 민족:** the Korean ~ 한민족 **2** Ⓤ **씨족;** 가계, 혈통 **3** 동류, 부류 **4** 〖생물〗 속(屬), 유(類), 품종: the feathered[finny, four-footed] ~ 조류[어류, 네발짐승] **—** *a.* Ⓐ 인종(상)의

ráce càrd 경마 순번표, 공식 출전표

race·course [réiskɔ̀ːrs] *n.* **1** 경마장; 경주로 **2** 물방아의 수로(水路)

race·horse [-hɔ̀ːrs] 경주마

ráce mèeting 《영》 경마 대회

rac·er [réisər] *n.* 경주자; 경주마; 경주용 요트[자전거, 자동차]

race·track [réistræ̀k] *n.* 경마장, 경주장, 주로(走路)

Ra·chel [réitʃəl] *n.* **1** 여자 이름 **2** 〖성서〗 라헬 《Jacob의 아내》

Rach·ma·ni·noff [rækmǽnənɔ̀ːf | -nɔ̀f] *n.* 라흐마니노프 **Sergey Vasilyevich ~** (1873-1943) 《러시아의 작곡가·피아니스트》

***ra·cial** [réiʃəl] *a.* **인종(상)의,** 종족의, 민족의 **~·ly** *ad.*

ra·cial·ism [réiʃəlìzm] *n.* 《주로 영》 = RACISM **-ist** *n.*

Ra·cine [ræsíːn] *n.* 라신 **Jean Baptiste ~** (1639-99) 《프랑스의 극작가》

***rac·ing** [réisiŋ] *n.* **경마; 경주;** 보트 경주 **—** *a.* Ⓐ **1** 경주(용)의; 경마(용)의 **2** 경주하는, 경주에 참가하는

rácing fòrm 《미·속어》 경마 신문

rac·ism [réisizm] *n.* Ⓤ 민족적 우월감; 인종적 차별

rac·ist [réisist] *n., a.* 인종 차별주의자(의)

***rack**[1] [ræk] *n.* **1** …**걸이, 선반,** 그물 선반 《기차의》, 상자 시렁 《서류 분류용》; 식기 시렁, 꼴 시렁: a hat ~ 모자 걸이 **2 a** (옛날의 팔다리를 잡아당기는 식의) 고문대 **b** [the ~] 고문; 큰 고통 **3** 〖기계〗 (톱니바퀴의) 톱니 막대 **4** 《미·속어》 침대, 방

R

be on the ~ 고문 당하고 있다; 근심 등으로 마음 졸이고 있다
— *vt.* **1 a** 고문하다 **b** 괴롭히다 **2** 〈생각을〉 짜내다 **3** 〈소작인 등을〉 착취하다

rack[2] *n.* Ⓤ (보통 건물의) 파괴
go to ~ (*and ruin*) 파멸하다, 황폐해지다

rack[3] *n.* 《문어》 (바람에) 날리는 구름, 조각 구름

rack[4] *n.* 〖승마〗 (말의) 경구보(輕驅步)
— *vi.* (말이) 경구보로 뛰어가다

***rack·et**[1], **rac·quet** [rǽkit] *n.* [OF 「손바닥」의 뜻에서] **1** (테니스·배드민턴 등의) 라켓 **2** [*pl.*; 단수 취급] 벽내(壁內) 정구, 라켓 **3** 라켓 모양의 눈신(snowshoe)

racket[2] *n.* **1** [종종 a ~] 떠드는 소리, 소음 《*about*, *with*》 **2** 법석, 유흥 **3** 《구어》 부정한 돈벌이 **4** 《익살·경멸》 직업 **5** 시련

rack·e·teer [rækətíər] *n.* 부정한 돈벌이를 하는 사람 — *vi.* 부정한 돈벌이를 하다 **~·ing** *n.* Ⓤ 공갈

rack·et·y [rǽkiti] *a.* **1** 소란한 **2** 떠들기 좋아하는; 흥청거리는

rack·ing [rǽkiŋ] *a.* 고문하는; 몸을 괴롭히는, 심한 〈두통·기침·치통〉

ráck ràilway[**ràilroad**] 톱니 궤도식 철도, 아프트식 철도

ráck rènt 엄청나게 비싼 지대[집세, 소작료]

rack-rent [rǽkrènt] *vt.* 엄청나게 비싼 지대[집세, 소작료]를 받다 **~·er** *n.*

ráck whèel 큰 톱니바퀴(cogwheel)

ra·con [réikan | -kɔn] *n.* 《영》 = RADAR BEACON

rac·on·teur [rӕkəntə́ːr | -kɔn-] [F] *n.* 이야기꾼

ra·coon [rækúːn | rə-] *n.* (*pl.* **~s,** ~) = RACCOON

rac·quet [rǽkit] *n.* **1** [*pl.*; 단수취급] 라켓 구기 《벽으로 둘러싸인 코트에서 함》 **2** = RACKET[1] 1, 3

rac·quet·ball [rǽkitbɔ̀ːl] *n.* 라켓볼

rac·y [réisi] *a.* (**rac·i·er**; **-i·est**) **1** 〈음식 등이〉 독특한 풍미가 있는 **2** 〈이야기·문장 등이〉 생기 있는
rác·i·ly *ad.* **-i·ness** *n.*

rad[1] [ræd] *n.* 〖물리〗 라드 《1그램에 대해 100에르그의 흡수 에너지를 부여하는 방사능의 단위》

rad[2] *n.* 《영·속어》 과격파(radical)

rad. 〖수학〗 radian; radiator; 〖수학〗 radical

R.A.D.A. [rɑ́ːdə] 《영》 Royal Academy of Dramatic Art 왕립 연극 학교

***ra·dar** [réidɑːr] [*ra*dio *d*etecting *a*nd *r*anging] *n.* **1** Ⓤ 〖전자〗 **레이더,** 전파 탐지법 **2** 전파 탐지기 — *a.* Ⓐ 레이더의: a ~ screen[fence] 레이더 망

rádar bèacon 레이더 비컨(racon)

rádar tràp (자동차의) 속도 위반 탐지 장치

***ra·di·al** [réidiəl] *a.* **광선의;** 방사(放射)(상)의 — *n.* **1** 방사상의 것; 방사상의 신경[동맥] **2** = RADIAL(-PLY) TIRE **~·ly** *ad.*

rá·di·al(**-ply**) **tíre** [réidiəl(plài)-] 레이디얼 타이어 《타이어 동체부를 구성하는 나일론 등의 층이 주변 방향에 대해 직각을 이룬 것》

ra·di·an [réidiən] *n.* 〖수학〗 라디안, 호도(弧度) 《각도의 단위; 약 57.2958°》

***ra·di·ance, -an·cy** [réidiəns(i)] *n.* Ⓤ **광휘(光輝);** 눈·얼굴의 빛남 《기쁨·희망 등으로 빛나는》

***ra·di·ant** [réidiənt] *a.* **1** Ⓐ **빛[열]을 내는; 빛나는 2** 즐거운 듯한, 상냥하게 미소 짓는 **3** Ⓐ 복사의, 방사되는: ~ energy 〖물리〗 복사 에너지 — *n.* 〖광학〗 광점(光點), 발광체 **~·ly** *ad.*

***ra·di·ate** [réidièit] *vi.* **1** 〈빛·열 등이〉 **발하다,** 사출[복사]하다 **2** 〈도로 등이〉 사방으로 뻗다; 〈기쁨 등으로〉 빛나다
— *vt.* **1** 〈빛·열 등을〉 방출[사출, 발산, 방사]하다 **2** 〈기쁨·행복·사랑 등을〉 발산하다

***ra·di·a·tion** [rèidiéiʃən] *n.* **1** Ⓤ **방사;** 발광(發光), 방열(放熱) **2** 방사물[선] **3** Ⓤ 〖물리〗 방사능[성]

radiátion chémistry 방사선 화학

radiátion sìckness 〖의학〗 방사선 숙취 《피로·구토·탈치·탈모·적[백]혈구 감소·내출혈 등을 일으킴》

***ra·di·a·tor** [réidièitər] *n.* **1** (빛·열 등의) **방사체 2 라디에이터,** 난방기 **3** 냉각 장치

***rad·i·cal** [rǽdikəl] *a.* **1 근본적인 2 a 과격한, 급진적인:** a ~ party 급진[과격]파 **b** 철저한 **3** 〖수학〗 근(根)의; 〖언어〗 어근의 — *n.* **1 a** 과격론자 **b** [종종 **R~**] 급진당원: the ~*s*[*R~s*] 급진파 **2 a** 〖언어〗 어근 **b** (한자의) 부수(部首) **c** 〖수학〗 근, 근호 **~·ìsm** *n.* Ⓤ 급진주의 **~·ly** *ad.* 철저히; 급진적으로

ra·di·ces [rǽdəsìːz, réid-] *n.* RADIX의 복수

rad·i·cle [rǽdikl] *n.* 〖식물〗 작은 뿌리, 어린 뿌리

ra·di·i [réidiài] *n.* RADIUS의 복수

***ra·di·o** [réidiòu] [*radio*telegraphy, *radio*telephony] *n.* (*pl.* **~s**) **1** ⓊⒸ [보통 the ~] **라디오** (**방송**) **2 라디오** (수신기) **3** Ⓤ **무선 전신[전화]:** send a message by ~ 무전으로 송신하다
— *a.* Ⓐ **1** 무선의, 무전의 **2** 라디오의[를 사용한] — *vt.* **1** 〈통신을〉 무선으로 보내다 **2** 라디오로 방송하다 — *vi.* 무선으로 연락하다

radio- [réidiou] 《연결형》 「방사, 복사; 반경; 요골(橈骨); 라듐; 무선」의 뜻

***ra·di·o·ac·tive** [rèidiouǽktiv] *a.* **방사성[능]이 있는:** ~ contamination 방사능 오염

radioáctive dáting = RADIOMETRIC DATING

rádio bèacon 무선 표지(소) 《선박·항공기의 항행을 도움》

rádio bèam 〖통신〗 라디오[신호] 전파

ra·di·o·bi·ol·o·gy [rèidioubaiɑ́lədʒi | -ɔ́l-] *n.* Ⓤ 방사선 생물학

ra·di·o·broad·cast [rèidioubrɔ́ːdkæ̀st | -kɑ̀ːst] *vi., vt.* (~, **~·ed**) 라디오로 방송하다

— *n.* U C 라디오[무선] 방송

ra·di·o·car·bon [rèidiouká:rbən] *n.* U 〚화학〛 방사성 탄소

radiocárbon dàting = CARBON DATING

ra·di·o·chem·is·try [rèidioukémistri] *n.* U 방사 화학

rádio còmpass (선박·항공기용의) 무선 방향 탐지기

ra·di·o-con·trolled [rèidioukəntróuld] *a.* 무선 조종의

ra·di·o·el·e·ment [rèidiouéləmənt] *n.* 〚화학〛 방사성 원소

rádio fréquency 무선 주파수

ra·di·o·gram [réidiougræ̀m] *n.* **1** 무선 전보 **2** = RADIOGRAPH

ra·di·o·graph [réidiougræ̀f | -grà:f] *n.* 방사선 사진, 《특히》 뢴트겐 사진 **—** *vt.* …의 뢴트겐 사진을 찍다

ra·di·og·ra·pher [rèidiágrəfər | -ɔ́g-] *n.* 《영》 뢴트겐 기사(radiologist)

ra·di·og·ra·phy [rèidiágrəfi | -ɔ́g-] *n.* U 방사선 사진술, X선 촬영(법)

ra·di·o·graph·ic [rèidiougræ̀fik] *a.*

ra·di·o·i·so·tope [rèidiouáisətoup] *n.* 〚물리·화학〛 방사성 동위 원소

ra·di·o·lo·ca·tion [rèidiouloukéiʃən] *n.* U 전파 탐지법

ra·di·ol·o·gist [rèidiálədʒist | -ɔ́l-] *n.* **1** 방사선 학자 **2** 엑스선 기사, 방사선 의사

ra·di·o·me·te·or·o·graph [rèidioumì:tiɔ́:rəgræ̀f | -ɔ́rəgrà:f] *n.* = RADIOSONDE

ra·di·o·mét·ric dáting [rèidioumétrik-] 〚지질〛 방사성 연대 결정(법)

ra·di·o·phar·ma·ceu·ti·cal [rèidioufà:rməsú:tikəl] *n., a.* 〚약학〛 방사성 의약품(의)

ra·di·o·phone [réidioufòun] *n.* = RADIOTELEPHONE

ra·di·o·pho·to [rèidioufóutou] *n.* 무선 전송 사진

ra·di·o·pho·to·graph [rèidioufóutəgræ̀f | -grà:f] *n.* 무선 전송 사진

ra·di·os·co·py [rèidiáskəpi | -ɔ́s-] *n.* U X선 투시(법), 뢴트겐 진찰[검사](법)

ra·di·o·sonde [réidiousànd | -sɔ̀nd] *n.* 〚기상〛 라디오존데(radiometeorograph) 《대기 상층의 기상 상태를 측정하여 전파로 지상에 송신하는 기계》

ra·di·o·tel·e·graph·ic [-teləgræ̀fik] *a.* 무선 전신의[에 의한]

ra·di·o·tel·e·phone [rèidioutéləfòun] *n.* 무선 전화(기)

rádio télescope 〚천문〛 전파 망원경

ra·di·o·ther·a·py [rèidiouθérəpi] *n.* U 방사선 요법 **-pist** *n.* 방사선 치료사

rádio wàve 〚통신〛 전파, 전자파

*__rad·ish__ [rǽdiʃ] *n.* 〚식물〛 무

*__ra·di·um__ [réidiəm] *n.* U 〚화학〛 라듐 《방사성 금속 원소; 기호 Ra, 번호 88》

rádium thèrapy 라듐 요법

*__ra·di·us__ [réidiəs] 〖L 「(수레바퀴의) 살」의 뜻에서〗 *n.* (*pl.* **-di·i** [-diài], **~·es**) **1 a** 반지름, 반경 **b** 반경 범위 **c** (활동·능력 등의) 범위 **2** 〚해부〛 요골(橈骨) ***~ of action*** 행동 반경; 항속력(航續力) [거리]

ra·dix [réidiks] *n.* (*pl.* **~·es, ra·di·ces** [rǽdəsì:z, réi-]) **1** 〚언어〛 어근(語根); 〚수학〛 근; 기수(基數) **2** 〚식물〛 뿌리 **3** 〚철학〛 근원

ra·dome [réidòum] *n.* 레이돔 《항공기의 외부 레이더 안테나용 플라스틱 덮개》

ra·don [réidɑn | -dɔn] *n.* U 〚화학〛 라돈 《라듐에서 나오는 방사성 원소; 기호 Rn, 번호 86》

R.A.F., RAF [á:rèiéf, 《구어》 ræf] [*R*oyal *A*ir *F*orce] *n.* [the ~] 영국 공군

raff [ræf] *n.* U 하층 사회; 건달패; 폐물(riffraff)

raf·fi·a [rǽfiə] *n.* **1** 〚식물〛 라피아 야자 **2** U 라피아 잎의 섬유

raff·ish [rǽfiʃ] *a.* 평판이 나쁜; 저속하고 난한(flashy) **~·ly** *ad.* **~·ness** *n.*

raf·fle[1] [rǽfl] *n.* 추첨식 판매법 **—** *vt.* 추첨식 판매법으로 팔다

raffle[2] *n.* U 폐물

*__raft__[1] [ræft | rɑ:ft] 〖ON 「통나무」의 뜻에서〗 *n.* **1** 뗏목 **2** 부잔교(浮棧橋); (수영자용의) 부대(浮臺) **3** (항행을 방해하는) 유목(流木)[성엣장 《등》] **—** *vt.* **1** 뗏목으로 엮다[엮어 나르다] **2** 뗏목으로 건너다[나르다] **—** *vi.* 뗏목으로 가다

raft[2] *n.* [a ~] 《미·구어》 많음, 다량(abundance); 다수: *a* ~ of books 많은 책

*__raf·ter__[1] [rǽftər | rá:f-] *n.* 〚건축〛 서까래

rafter[2] *n.* 뗏목 타는 사람, 뗏목 만드는 사람

raf·tered [rǽftərd | rá:f-] *a.* 서까래를 얹은, 서까래가 보이는

raft·ing [rǽftiŋ | rá:ft-] *n.* (스포츠로서의) 뗏목타기, 래프팅

rafts·man [rǽftsmən | rá:fts-] *n.* (*pl.* **-men** [-mən]) = RAFTER[2]

‡**rag**[1] [ræg] *n.* **1** 넝마; 넝마 조각; 누더기 **2** 조각, 소량 《*of*》 **3** 《경멸》 낡은 신문지; 누더기를 입은 사람
in ~s 누더기를 걸치고; 낡아 해진

rag[2] 《구어》 *vt.* (**~ged**; **~ging**) **1** 꾸짖다, 책망하다 **2** …에게 심한 장난을 치다; 〈남의 방 등을〉 어질러 놓다 **3** 《미·속어》 소란하게 하다

rag·a·muf·fin [rǽgəmʌ̀fin] *n.* 누더기를 걸친 더러운 사람[소년]; 부랑아

rág-and-bóne màn [rǽgəndbóun-] 《영》 넝마주이

rag·bag [rǽgbæ̀g] *n.* **1** 헝겊 주머니 《리넨 등의 조각을 넣어둠》 **2** 잡동사니

rág bòok 찢기지 않게 천으로 만든 아동용 책

rág dòll 봉제[헝겊으로 만든] 인형

‡**rage** [reidʒ] *n.* **1** U C **a** 격노 **b** 격렬 **2** [(all) the ~] 《구어》 (일시적) 대유행(의 것) **3** [a ~] 열망 **—** *vi.* **1** 격노하다, 날뛰다 **2** 맹위를 떨치다

‡**rag·ged** [rǽgid] *a.* **1** 〈옷이〉 남루한 **2** 〈옷이〉 찢어진; 해어진 **3** 깔쭉깔쭉한, 울퉁불퉁한 **4** 조화되지 않은 **5** 결점이 있는, 불완전한 **6** 야생의 **~·ly** *ad.* **~·ness** *n.*

R

rag·gle-tag·gle [rǽgltǽgl] *a.* 잡동사니의, 잡다한

rag·ing [réidʒiŋ] *a.* **1** 격노한 **2** 맹렬한, 맹위를 떨치는 **~·ly** *ad.*

rag·lan [rǽglən] *n.* 래글런형 외투 《소매가 곧장 목덜미까지 뻗었으며 헐렁함》 **—** *a.* Ⓐ 래글런(형)의

rag·man [rǽgmæ̀n] *n.* (*pl.* **-men** [-mèn]) 넝마장수, 넝마주이

ra·gout [rægú:] [F] *n.* ⓊⒸ 라구 《고기·야채를 넣은 일종의 스튜》

rág pàper 래그 페이퍼 《넝마 펄프로 만드는 고급지》

rag·pick·er [rǽgpìkər] *n.* 넝마주이

rag·tag [-tæ̀g] *n.* [the ~; 집합적] 하층 계급; 서민 (*the*) *~ and bobtail* [집합적] 하층민; 부랑자

rag·time [-tàim] *n.* Ⓤ 래그타임 《재즈 음악의 일종》 **—** *a.* 우스꽝스러운, 미친 듯한

rág tràde [the ~] (구어) 양복업계, 《특히》 여성복 산업

rag·weed [-wì:d] *n.* 〖식물〗 두드러기쑥 《국화과(科)》

rah [rɑ:] [hur*rah*] *int.* (미·구어) 만세, 후라, 후레이

rah-rah [rɑ́:rɑ́:] *a.* (구어) (축구 시합의 응원처럼) 열광적인, 노골적으로 애교심[팀 의식]을 드러낸

***raid** [reid] [OE 「승마」의 뜻에서] *n.* **1** 습격; 공습 《*on, upon*》 **2** (경찰의) 현장 급습, 불시 단속 **3** (약탈 목적의) 침입 *make a ~* 습격하다; (경찰이) 불시 단속하다 《*on*》
— *vt.* **1** 급습[공습]하다 **2** 〈경찰이〉 불시 단속하다 **—** *vi.* 급습[공습]하다 《*on, upon*》

raid·er [réidər] *n.* **1** 침입[침략]자, 급습자 **2** 불시 단속 경관 **3** 침입(비행)기 《등》

⁑**rail**[1] [reil] *n.* **1 a** (울타리 등의) 가로장(bar) **b** [종종 복합어] (사닥다리·커튼 등의) 난간(railing) **c** [*pl.*] 울타리(fence) **2 a** [*pl.*] 레일 **b** Ⓤ 철도 *off the ~s* (1) 탈선하여 (2) 정도에서 벗어나 (3) 혼란하여 (4) 〈사람이〉 미쳐 *on the ~s* (1) 궤도에 올라, 순조로워 (2) 정도에서 벗어나지 않고 *over the ~* (뱃전을 넘어) 바닷속으로
— *vt.* **1** 울타리를 두르다 **2** 레일을 깔다

rail[2] *vi.* 꾸짖다; 불평하다

rail[3] *n.* 〖조류〗 흰눈썹뜸부기 무리

rail·car [réilkɑ̀:r] *n.* **1** 궤도차 **2** (미) 철도 차량

ráil fènce (미) 가로장 울타리

rail·head [-hèd] *n.* **1** 궤도 머리 《부설된 철도 선로의 말단》 **2** 〖군사〗 (군수품의) 철도 수송 종착역

***rail·ing** [réiliŋ] *n.* ⓊⒸ **1** [종종 *pl.*] 난간; 울타리 **2 a** [집합적] 레일 **b** 레일 재료

rail·ler·y [réiləri] *n.* (*pl.* **-ler·ies**) ⓊⒸ [또는 *pl.*] 놀림, 희롱

rail·man [réilmən] *n.* (*pl.* **-men** [-mən]) 철도 종업원

⁑**rail·road** [réilròud] *n.* **1** (미) **철도 선로,** 철도 《(영)에서는 railway; (미)에서도 경편(輕便)[시가] 궤도는 railway라고 말함》 **2** 철도 회사 《略 R.R.》 **—** *a.* Ⓐ 철도의: a ~ accident 철도 사고 **—** *vt.* **1** …에 철도를 부설하다 **2** 철도로 수송하다 **3 a** 〈의안을〉 일사천리[억지]로 통과시키다 **b** 〈사람을〉 볶아쳐서 …시키다 **4** (미·속어) 무고한 죄를 뒤집어씌우다 **—** *vi.* 철도로 여행하다

rail·road·er [réilròudər] *n.* (미) 철도 부설 기술자; 철도 종업원((영) railwayman)

⁑**rail·way** [réilwèi] *n.* **1** (영) **철도,** 철도 선로((미) railroad) **2** (미) 경편(輕便)[시가, 고가, 지하철] 궤도 **—** *a.* Ⓐ (영) 철도의[에 의한]: a ~ engineer 철도 기사

rail·way·man [réilwèimən] *n.* (*pl.* **-men** [-mən]) (영) = RAILROADER

rail·way-yard [-jɑ̀:rd] *n.* (영) (철도의) 조차장(操車場)

rai·ment [réimənt] *n.* Ⓤ [집합적] (문어) 의류, 의복

⁑**rain** [rein] [동음어 rein, reign] *n.* **1** Ⓤ 비 **2 a** [*pl.*] (우기 등의) 강우 **b** [the ~s] (열대 지방의) 우기(雨期) **3** [a ~] (…의) 비 《*of*》; 빗발(치는 듯한 …) (*as*) *right as ~* (구어) 매우 순조로운[건강한] *come ~ or* (*come*) *shine* = *~ or shine* 날씨가 좋든 나쁘든, 비가 오든 볕이 나든; 어떠한 일이 있어도 *It looks like ~.* 비가 올 것 같다.
— *vi.* **1** [보통 it를 주어로 하여] 비가 오다: *It* ~*s.* 비가 온다 **2** 〈…이〉 비오듯 하다
It never ~s but it pours. (속담) 비가 오기만 하면 억수로 쏟아진다. *It ~s cats and dogs.* 비가 억수같이 쏟아진다.
— *vt.* **1** [it를 주어로 하여 one*self* 로] 비를 내리다: *It* has ~*ed itself out.* 비가 그쳤다. **2** [it를 주어로 하여] …의 비를 내리게 하다: *It* ~*ed* blood[invitations]. 피[초대장]가 비오듯 했다.
be ~ed off (영) = *be ~ed out* (미) 〈경기 등이〉 비로 중지[연기]되다

***rain·bow** [réinbòu] *n.* 무지개 *all the colors of the ~* 갖가지[온갖] 색 *chase* (*after*) *~s* 무지개를 쫓다 《실현 가능성이 없는 꿈을 좇아 많은 시간을 허비하다》

ráinbow tròut 〖어류〗 무지개송어 《캐나다 원산》

ráin chàrt 우도(雨圖), 등우선도(等雨線圖)

ráin chèck (미) **1 a** 우천 교환권 **b** (상품의 재고 등이 없는 경우) 후일 우선적으로 물품[서비스]을 제공한다는 보증권 **2** (지금은 사양하지만 나중에 요구할) 후일의 약속[초대, 요구], 초대의 연기

ráin clòud 비구름(nimbus)

⁑**rain·coat** [réinkòut] *n.* **비옷,** 레인코트

ráin dàte (미) (옥외 행사[경기]의) 당일이 우천일 경우의 변경일[순연일]

⁑**rain·drop** [réindrɑ̀p | -drɔ̀p] *n.* **빗방울**

⁑**rain·fall** [réinfɔ̀:l] *n.* ⓊⒸ **1** 강우 **2** (비·눈 등을 포함한) 강수량: a ~ chart 등우선도

ráin fòrest 다우림(多雨林), 《특히》 열대 다우림

ráin gàuge 우량계[기]
rain·mak·er [réinmèikər] *n.* **1** (아메리칸 인디언 등의) 마술로 비를 오게 하는 사람 **2** 인공 강우 전문가
rain·mak·ing [-mèikiŋ] *n.* Ⓤ 인공 강우
rain·proof [-prù:f] *a.* 〈천·외투 등이〉 방수의
rain·storm [-stɔ̀:rm] *n.* 폭풍우
rain·wa·ter [-wɔ̀:tər] *n.* Ⓤ 빗물
rain·wear [-wɛ̀ər] *n.* Ⓤ (방수가 되었거나 내수성인 천으로 된) 우천용 의류, 비옷
‡rain·y [réini] *a.* (**rain·i·er**; **-i·est**) **1** 비가 오는, 비의 **2** 비가 올 듯한: ~ clouds 비구름 **3** 비가 많이 오는: ~ weather 우천 **ràin·i·ly** *ad.*
‡raise [reiz] [동음어 raze] *vt.* **1** 올리다, 들어 올리다, 일으키다 **2** 승진[진급]시키다 **3** 높이다; 〈소리를〉 지르다: ~ the standard of living 생활 수준을 높이다 **4** 소생시키다; 〈잠을〉 깨우다 **5** 〈웃음 등을〉 자아내다 **6** 〈문제·질문·이의 등을〉 제기하다: ~ a cry[an objection] *against* …에 항의하다 **7** ((미)) **a** 기르다 **b** 모집[소집]하다(muster): ~ *up* an army 군사를 일으키다, 군대를 모집하다 **c** 〈돈을〉 모으다 **8 a** 〈포위·금지 등을〉 해제하다 **b** 〖항해〗 〈육지·다른 배 등이〉 보이는 곳까지 오다 **9** 생각나게 하다; 〈희망 등을〉 불러일으키다
~ ***a dust*** 먼지를 일으키다[피우다]; 소동을 일으키다 ~ ***from death***[***the dead***] 소생시키다
— *n.* ((미)) **1** 올림 **2** 높게 한[높아진] 곳: get a ~ 승급되다
***raised** [reizd] *a.* **1** 높인 **2** 양각(陽刻)의
rais·er [réizər] *n.* **1** 올리는 사람[기구]; 일으키는 사람: a fire-~ 방화범 **2** 사육[배양]자
***rai·sin** [réizn] *n.* 건포도
rai·son d'ê·tre [réizoun-détrə] [F= reason of being] *n.* (*pl.* **rai·sons d'ê·tre** [~]) 존재 이유
raj [rɑ:dʒ] *n.* [the ~] ((인도)) 주권; 지배, 통치
ra·ja(h) [rɑ́:dʒə] *n.* **1** (옛날 인도의) 왕; 귀족 **2** (말레이·자바의) 추장
‡rake[1] [reik] *n.* **1** 갈퀴, 고무래 **2** (도박장의) 판돈 그러모으는 도구
— *vt.* **1** 갈퀴질하다; 갈퀴 등으로 긁어 모으다 ((*together*)); 긁어 고르다 ((*up, over*)); 긁다; 할퀴다 **2** 〈부·돈을〉 재빨리[풍부히] 그러모으다 ((*in*)) **3** 꼼꼼하게[샅샅이] 찾다[조사하다] **4** 〖군사〗 (기총) 소사(掃射)하다 — *vi.* **1** 갈퀴[써레]를 쓰다 **2** 샅샅이 캐내다: He ~*d into* our life. 그는 우리 생활을 이것저것 조사하였다.
~ ***in*** ((구어)) 〈돈을〉 잔뜩 긁어 들이다[벌다] ~ ***up*** ((구어)) 〈갈퀴로〉 긁어모으다; 〈과거의 일을〉 들추어내다
rake[2] *n.* 방탕자(libertine)
rake[3] *n.* **1** 경사(도) **2** 〖항해〗 이물[고물]의 돌출(부) **3** (무대 또는 관람석의) 경사면 — *vi.* 〈돛대·연통 등이〉 경사지다
rake-off [réikɔ̀:f | -ɔ̀f] *n.* ((구어)) **1** (부정 이익의) 배당, 수수료 **2** (가격의) 할인, 가격 인하
rak·ish[1] [réikiʃ] *a.* **1** 멋진, 날씬한(smart) **2** 〈배가〉 경쾌한, 속력이 빠를 것 같은
rakish[2] *a.* 방탕한, 무절제한(fast)
ral·len·tan·do [rɑ̀:ləntɑ́:ndou | ræ̀lentǽn-] [It.] 〖음악〗 *a., ad.* 점점 느린[느리게] ((略 rall.)) — *n.* (*pl.* **~s**) 랄렌탄도(의 악장)
‡ral·ly[1] [rǽli] *v.* (**-lied**) *vt.* **1** 〈흩어진 군대·집단 등을〉 다시 불러 모으다 **2** 집중하다; 회복하다
— *vi.* **1** 다시 모이다 ((*for*)) **2** 회복하다 ((*from*)): ~ *from* illness 병에서 회복하다 ~ ***in price*** 〖상업〗 다시 값이 올라가다 ~ ***round*** 도우러 달려오다
— *n.* (*pl.* **-lies**) **1** [a ~] 다시 모임 **2** [a ~] (기력·경기 등의) 회복 **3** (정치적·종교적) 대회 **4** 랠리 ((일반 도로에서 교통 규칙을 지키며 하는 장거리 자동차 경주))
rally[2] *vt., vi.* (**-lied**) 놀리다, 조롱하다
rál·ly·ing crỳ [rǽliiŋ-] **1** 표어, 슬로건 **2** 함성, 성원 소리
Ralph [rælf | reif, rælf] *n.* 남자 이름
***ram** [ræm] *n.* **1** (거세하지 않은) 숫양 **2** [the R~] 〖천문〗 = ARIES **3** 성벽을 부수는 해머; 충각(衝角) **4** 자동 양수기; (수압기의) 피스톤
— *vt.* (**~med**; **~·ming**) **1** 충각으로 들이받다 **2** 때려 박다, 다져 굳히다; 장전기로 쑤셔 넣다: ~ a charge into a gun 총에 탄약을 재다 **3** ((구어)) 〈물건을 용기 등에〉 쑤셔 넣다
RAM [ræm] 〖컴퓨터〗 random-access memory
R.A.M. Royal Academy of Music 영국 음악원
Ram·a·dan [ræ̀mədɑ́:n] *n.* 라마단 ((이슬람교 달력의 9월; 이슬람교도가 해돋이로부터 해가 질 때까지 단식하는))
***ram·ble** [rǽmbl] *vi.* **1** 거닐다 **2** 〈덩굴풀 등이〉 퍼지다; 〈강·길 등이〉 굽이쳐 가다: Vines ~*d* over the fence. 덩굴이 담장 위로 뻗었다. **3** 두서없이 말하다[쓰다] — *n.* 산책
ram·bler [rǽmblər] *n.* 어슬렁거리는[한담하는] 사람; 〖식물〗 덩굴 장미
ram·bling [rǽmbliŋ] *a.* **1** 어슬렁거리는 **2** 〈말·글 등이〉 산만한; 흩어져 있는; 〈집·거리 등이〉 꾸불꾸불한 **3** 〖식물〗 덩굴지는 **~·ly** *ad.*
ram·e·kin, ram·e·quin [rǽmikin] *n.* Ⓤ 램킨 ((치즈에 빵부스러기·달걀 등을 섞어서 구운 것))
ra·mie [rǽmi, réimi] *n.* **1** 〖식물〗 라미, 모시 ((쐐기풀과(科))) **2** Ⓤ 그 섬유
ram·i·fi·ca·tion [ræ̀məfikéiʃən] *n.* ⓊⒸ **1** [보통 *pl.*] 가지, 분지(分枝) **2** [집합적] 나뭇가지(branches) **3** 지맥(支脈), 지류 **4** 나뭇가지 모양; 분지법(分枝法) **5** 작은 구분, 분파 **6** 결과
ram·i·fy [rǽməfài] *vi., vt.* (**-fied**) 가지를 내다[내게 하다]; 작게 구분되다[하다]
rám·jet (èngine) [rǽmdʒèt-] 〖항공〗 램제트 (엔진) ((고속 비행 중의 유입 공기 압으로 공기를 압축하는 제트 엔진))

ramp¹ [ræmp] *n.* **1** 경사로, 진입로 (slope), 램프 **2** 〖건축〗 (계단 난간의) 만곡부; (항공기의) 이동식 계단, 트랩
ramp² *n.* 《영·구어》 사기, 편취(騙取); 폭리
ram·page [rǽmpeidʒ | -ˊ] *n.* (성나서) 날뜀; 야단법석
ram·pa·geous [ræmpéidʒəs] *a.* 날뛰며 돌아다니는, 손댈 수 없는; 난폭한
***ram·pant** [rǽmpənt] *a.* **1** 〈병 등이〉 **유행하는 2** 〈식물이〉 **만연하는 3** 자유분방한 **4** 문장(紋章)에서 〈특히 사자가〉 뒷발로 일어선 **~·ly** *ad.*
***ram·part** [rǽmpɑːrt, -pərt] *n.* **1 누벽**(壘壁), 성벽 **2** 방어
ram·rod [rǽmrɑ̀d | -rɔ̀d] *n.* (총의) 탄약 꽂을대, 탄약 재는 쇠꼬치
— *a.* 곧은; 〈태도 등이〉 딱딱한
Ram·ses [rǽmsiːz] *n.* 라메스, 람세스 《고대 이집트의 왕 이름; 특히 제19 왕조의 라메스 2세》
ram·shack·le [rǽmʃæ̀kl] *a.* 〈마차·집 등이〉 넘어질 듯한, 흔들거리는, 덜컥거리는
‡**ran** [ræn] *v.* RUN의 과거
***ranch** [ræntʃ | rɑːntʃ] [Sp. =rancho] *n.* **1 대목장**: on[at] the ~ 농장에서 **2** 《미서부·캐나다》 (특정 동물·과실의) 농장: a chicken ~ 양계장 — *vi.* 목장을 경영하다; 목장에서 일하다
***ranch·er** [rǽntʃər | rɑ́ːn-] *n.* **1 농장주, 목장주 2** ranch에서 일하는 사람
ránch hòuse 《미》 **1** 목장주(主)의 집 **2** 랜치 하우스 《미국 교외에 많은 칸막이가 없고 지붕 물매가 뜬 단층집》
ranch·man [rǽntʃmən | rɑ́ːntʃ-] *n.* (*pl.* **-men** [-mən]) 《미》 목장[농장] 경영자[소유자]; 목장[농장] 노동자; 카우보이
ran·cho [rǽntʃou | rɑ́ːn-] [Sp. 「오두막집」의 뜻에서] *n.* (*pl.* **~s**) **1** 목장[농장] 노동자의 오두막집[합숙소], 오두막집 **2** = RANCH 1
ran·cid [rǽnsid] *a.* **1** 썩은 냄새[맛]가 나는 〈버터 등〉, 코를 찌르는 〈냄새〉 **2** 불쾌한, 역겨운
ran·cor | -cour [rǽŋkər] *n.* U.C (깊은) 원한, 유감, 악의
ran·cor·ous [rǽŋkərəs] *a.* 원한이 있는 **~·ly** *ad.*
rand [rænd] *n.* 랜드 《남아프리카 공화국의 화폐 단위; 기호 R》
R&B, r&b rhythm and blues
R&D, R. and D. research and development 연구 개발
Ran·dolph [rǽndɑlf | -dɔlf] *n.* 남자 이름
‡**ran·dom** [rǽndəm] *a.* **1 닥치는 대로의**: a ~ guess 어림짐작 《**random** 분명한 목적·계획이 없이 되는 대로의. **haphazard** 합리성·적절함이나 최종적인 결과 등을 고려하지 않고 이루어지는. **casual** 숙고(熟考)·의도·목적 등이 없이 이루어지는. **desultory** 계획성·일관성이 없이 한 일에서 다음 일로 옮겨가는》 **2** 임의의
— *n.* [다음 성구로] ***at*** **~** 닥치는 대로, 되는 대로 **~·ly** *ad.* **~·ness** *n.*
rándom áccess 〖컴퓨터〗 임의 접근 《축적된 기억을 임의의 순서로 이용할 수 있는 방식》
rándom-áccess mémory 〖컴퓨터〗 랜덤 액세스 메모리, 임의 추출 기억 장치 《略 RAM》
rándom sámple 〖통계〗 무작위(無作爲) (추출) 표본
rándom sámpling 〖통계〗 임의[무작위] (표본) 추출법
rand·y [rǽndi] *a.* (**rand·i·er**; **-i·est**) **1** 《스코》 거친, 소란스러운 **2** 호색적인
ra·nee [rɑːníː] *n.* raja(h)의 아내
‡**rang** [ræŋ] *v.* RING²의 과거
‡**range** [reindʒ] *n.* **1 열, 줄 2 범위**; (동식물의) 분포 구역 **3 a** 〖군사〗 사정(射程): within[out of] ~ 사정내[외]에서 **b** 〖항공〗 항속 거리 **c** 시계(視界); 사격장, 미사일 실험장 **4** 목장 **5** (변화의) 범위, 한도 **6** (요리용) **레인지**; 《미》 (가스·전자) 레인지
beyond [***outside***] ***the ~ of*** …의 범위 밖에 ***in the ~ of*** …의 범위 안에 ***out of*** one***'s ~*** (1) 손이 미치지 않는 (2) 지식 범위 밖에 ***within the ~ of*** (1) 사정 거리 안에 (2) 손에 닿는, …이 할 수 있는
— *vt.* **1 가지런히 하다, 정렬시키다 2** 〈당(黨) 등에〉 가입시키다 **3** (…의) 범위를 정하다 **4** 배회하다, 찾아 헤매다
— *vi.* **1 한 줄로 늘어서다**; 가담하다 《*with*》 **2** 〈동식물이〉 분포하다 **3 a** 〈물건을 찾아서〉 헤매다, 방황하다 **b** 〈마음 등이〉 …의 범위에 이르다, 미치다 **4** 변화하다 **5** 〈탄환이〉 나아가다
ránge finder 거리 측정기[계]
***rang·er** [réindʒər] *n.* **1 돌아다니는 사람**, 방랑자 **2** 《미》 **산림 경비대[감시]원**; 《영》 왕실림 관리인 **3** 《미》 기마 경찰대원 **4** 〖미군〗 레인저 부대원 **5** (밀림 지대의) 게릴라전 훈련을 받은 병사 **6** 《영》 레인저 《Girls Guides의 16세 이상의 단원》
Ran·goon [ræŋgúːn] *n.* 랑군 《미얀마 수도 양곤(Yangon)의 구칭》
rang·y [réindʒi] *a.* (**rang·i·er**; **-i·est**) 《미》 **1** 돌아다니기에 알맞은 **2** 손발이 가늘고 긴
ra·ni [rɑːníː] *n.* = RANEE
‡**rank¹** [ræŋk] *n.* **1 계급**, 등급: the ~ of major 소령의 계급 **2** C.U 열, 줄 **3** [*pl.*] 사병; [*pl.*] 군대; [집합적] 하사관, 병졸 **4** 〖체스〗 (체스판의) 가로줄
all ~s 〖군사〗 전원 ***break ~***(***s***) 열을 흐트러뜨리다, 낙오하다 ***close*** (***the***) ***~s*** (1) 〖군사〗 열의 간격을 좁히다 (2) 결속을 굳히다 ***fall into ~*** 열에 끼다, 줄서다 ***keep ~*** 질서를 지키다 ***take ~ of*** …의 위에 서다, …보다 높은 자리를 차지하다 ***take ~ with*** …와 어깨를 나란히 하다 ***the ~ and fashion*** 상류 사회
— *vt.* **1 나란히 세우다**, 정렬시키다: ~ soldiers 병사를 정렬시키다 **2 위치시키다, 분류하다**: 등급을 매기다; 평가하다: We ~ his abilities very high. 우리는 그의 재능을 높이 평가한다. — *vi.* **1 자리잡다**; 정렬하다: ~ high[low] in one's class 학급에서 성적이 상위[하위]이다 **2** 《미》 상위를 차지하다

rank² *a.* **1** 무성한 **2** 고약한 냄새가 나는; 맛이 고약한; 부패한 **3** 극단의
rank-and-file [rǽŋkənfáil] *a.* **1** 평사원의, 일반 조합원의; 서민·일반 대중의 **2** (장교가 아닌) 사병의
rank·er [rǽŋkər] *n.* **1** 정렬하는[시키는] 사람 **2** 사병 출신 장교
rank·ing [rǽŋkiŋ] *n.* Ⓤ 순위, 등급 매김 — *a.* **1** 뛰어난 **2** 간부의 **3** [보통 복합어를 이루어] …의 지위에 있는: high-~ 고위의
ran·kle [rǽŋkl] *vi.* 〈원한 등이〉 마음에 사무치다
ran·sack [rǽnsæk] *vt.* **1** 샅샅이 뒤지다 **2** 약탈하다
*__ran·som__ [rǽnsəm] *n.* **1** (포로의) 몸값; Ⓤ 〖신학〗 그리스도의 속죄 **2** Ⓤ 해방, 되찾기 ***hold* a person *to*[*for*] ~** …을 억류하고 몸값을 요구하다
— *vt.* (몸값을 치르고) 되찾다, …에게서 몸값[배상금]을 받다 《*for*》
rant [rænt] *vi.* **1** 고함치다; 장담하다 **2** 열광적으로 설교하다 **3** 〈배우가〉 대사를 외치듯이 말하다 — *vt.* 외치다
— *n.* Ⓤ 장담; 고함 소리
rant·er [rǽntər] *n.* 호언장담하는 사람, 고함치는 사람
*__rap¹__ [ræp] *n.* [동음어 wrap] **1** 톡톡 두드림[침]; 세게 두드리는 소리 **2** 《속어》 비난; 《미·속어》 범죄용의 **3** 《속어》 고소 **4** 수다; 의논 — *v.* (**~ped**; **~·ping**) *vt.* **1** 톡톡[톡톡] 두드리다: ~ out a tune on the piano 피아노를 두드려 곡을 치다 **2** 나무라다 **3** 내뱉듯이 말하다
— *vi.* **1** 툭툭[톡톡] 두드리다: ~ on a table 테이블을 톡톡 두드리다 **2** 《미·속어》 지껄이다 **3** 의기투합하다
rap² *n.* **1** 랩 《18세기 아일랜드의 사주(私鑄) 화폐; 1/2 페니 상당》 **2** 《구어》 [a ~; 부정문에서] 조금도
rap³ *n.* = RAP MUSIC
ra·pa·cious [rəpéiʃəs] *a.* **1** 강탈하는 **2** 욕심 많은 **3** 〖동물〗 〈새 등이〉 생물을 잡아먹는
ra·pac·i·ty [rəpǽsəti] *n.* Ⓤ **1** 강탈 **2** 탐욕
*__rape¹__ [reip] *vt.* **1** 〖법〗 **성폭행하다** **2** 《고어·시어》 강탈하다
— *n.* ⓊⒸ **1** 〖법〗 **성폭행**(violation) **2** 《시어》 **강탈**
rape² *n.* Ⓤ 〖식물〗 (서양) 평지, 유채
rápe òil 평지[유채] 기름
Raph·a·el [rǽfiəl, réif- | rǽfeiəl] *n.* **1** 남자 이름 **2** 라파엘 **Sanzio** ~ (1483-1520) 《이탈리아의 화가·조각가·건축가》 **3** 〖성서〗 라파엘 《외전(外典)에 기록된 대천사(大天使)》
‡**rap·id** [rǽpid] [L 「낚아채다」의 뜻에서] *a.* **1** 빠른 **2** 〈행동이〉 민첩한 **3** 〈비탈길 등이〉 가파른 **4** 〖사진〗 〈렌즈나 감광제가〉 고감도의 — *n.* [보통 *pl.*] 여울
shoot the ~s (1) 〈보트가〉 여울을 건너다 (2) 위험한 짓을 하다
rápid éye mòvement 〖심리〗 급속 안구 운동 《수면 중에 안구가 급속히 움직이는 현상; 이때 꿈을 꾸는 일이 많음》
rápid éye mòvement slèep = REM SLEEP
rap·id-fire [rǽpidfáiər] *a.* **1** 속사(速射)의: a ~ gun 속사포 **2** 〈질문 등이〉 잇단, 연이은
*__ra·pid·i·ty__ [rəpídəti] *n.* Ⓤ **급속**, 민첩: with ~ 신속히(rapidly)
‡**rap·id·ly** [rǽpidli] *ad.* **빨리**, 급속히
rap·id·ness [rǽpidnis] *n.* Ⓤ **1** 신속; 민첩 **2** (비탈길 등이) 가파름
rápid tránsit (고가 철도 또는 지하철에 의한) 고속 수송(법)
ra·pi·er [réipiər] *n.* 가늘고 긴 쌍날칼 《주로 결투용》; [형용사적] rapier 같은, 날카로운: a ~ glance 무섭게 쏘아 봄
rap·ine [rǽpin | -pain] *n.* Ⓤ 《시어·문어》 강탈
rap·ist [réipist] *n.* 성폭행범
ráp mùsic 랩뮤직
rap·per [rǽpər] *n.* **1** 두드리는 사람[것] **2** (문의) 노커 **3** 《미·속어》 남에게 누명을 씌우는 죄 **4** 《미·속어》 말하는 사람 **5** 랩 가수[음악가]
rap·port [ræpɔ́:r, rə-] [F] *n.* Ⓤ (일치·조화를 특징으로 한) 관계, 접촉
rap·proche·ment [ræ̀prouʃmɑ́:ŋ | ræprɔ́ʃmɑ:ŋ] [F] *n.* (특히 국가간의) 친교 회복
rap·scal·lion [ræpskǽljən] *n.* 《고어》 악한, 무뢰한
ráp shèet 《미·속어》 전과(前科) 기록
*__rapt__ [ræpt] [동음어 wrapped] *a.* **1 넋을 빼앗긴**, 황홀해 있는: be ~ with joy 기뻐 어찌할 바를 모르다 **2** 몰두한
rap·to·ri·al [ræptɔ́:riəl] *a.* **1** 생물을 잡아먹는 **2** 〖동물〗 맹금류[맹수]의: ~ birds [beasts] 맹금[맹수]
‡**rap·ture** [rǽptʃər] *n.* **광희**(狂喜), 환희; [종종 *pl.*] 기쁨[환희]의 표현[외침]
be in ~s 미칠 듯이 기뻐하고 있다 ***fall* [*go*] *into ~s over*** …을 미칠 듯이 기뻐하다
rap·tur·ous [rǽptʃərəs] *a.* 기뻐 날뛰는, 열광적인
‡**rare¹** [rɛər] [L 「드문드문한」의 뜻에서] *a.* **1 드문, 진기한**: It is ~ for him to go out. 그가 외출하는 일은 드물다. **2** 〈공기 등이〉 희박한(thin) **3** 《구어》 훌륭한; 매우 재미있는: We had ~ fun. 우리는 참 재미있었다.
have a ~ time (***of it***) 즐겁게 지내다
in ~ cases = ***on ~ occasions*** 드물게, 때로는 ~ ***old*** 《구어》 매우 좋은[나쁜]
rare² [OE 「가볍게 삶은」의 뜻에서] *a.* 《미》 〈스테이크가〉 설익은
rare·bit [rɛ́ərbit] *n.* = WELSH RABBIT
ráre éarth 〖화학〗 **1** 희토(稀土) 《각종 광물에 포함된 희토류 원소의 산화물》 **2** = RARE-EARTH ELEMENT
ráre-éarth èlement[**mètal**] [rɛ́ər-ɔ́:rθ-] 〖화학〗 희토류 원소
rar·e·fied, rar·i·fied [rɛ́ərəfàid] *a.* **1** 〈지위 등이〉 매우 높은, 고상한 **2** 희박해진
rar·e·fy, rar·i·fy [rɛ́ərəfài] *v.* (**-fied**) *vt.* **1** 희박하게 하다 **2** 순화[정화]시키다

R

— *vi.* 희박하게 되다

‡rare·ly [rέərli] *ad.* **1** 드물게, 좀처럼 …하지 않는: We ~ see him nowadays. 우리는 요즈음은 그를 좀처럼 볼 수가 없다. **2** 드물 만큼, 아주; 훌륭하게(splendidly): She was ~ beautiful. 그녀는 정말로 아름다웠다. ***~ if ever*** =《구어》 ***~ ever*** 설사 …하더라도 극히 드문 ***~ or never*** 좀처럼 …하지 않는

rar·ing [rέəriŋ] *a.* Ⓟ [보통 ~ *to* do]《구어》 열망하는; 몹시 하고 싶어하는

rar·i·ty [rέərəti] *n.* (*pl.* **-ties**) Ⓤ 희박; 진귀 : ~ value 희소 가치

‡ras·cal [rǽskəl | rɑ́ːs-] *n.* **1** 악한, 불량배 **2** 《익살》 녀석: You lucky ~! 이 운수 좋은 녀석아!

ras·cal·i·ty [ræskǽləti | rɑːs-] *n.* (*pl.* **-ties**) **1** 악당의 짓, 비열; Ⓤ 악당 근성 **2** 못된[나쁜] 짓

ras·cal·ly [rǽskəli | rɑ́ːs-] *a.* **1** 무뢰한의 **2** 야비한 **3** 천한

rase [reiz] *vt.* =RAZE

‡rash¹ [ræʃ] *a.* **1** 무분별한, 무모한 **2** 성급한 **~·ly** *ad.* **~·ness** *n.*

rash² *n.* **1** 〖의학〗 발진: a heat ~ 땀띠 **2** (보통 불쾌한 일 등의) 빈발

rash·er [rǽʃər] *n.* 베이컨[햄]의 얇은 조각 《굽거나 프라이하기 위한 것》

rasp [ræsp | rɑːsp] *n.* **1** 이가 굵은 줄 **2** 줄질하는 소리 — *vt.* **1** 이가 굵은 줄로 쓸다 《*off*, *away*》; 삐걱거리게 하다: ~ *off*[*away*] corners 모서리를 깎아내다 **2** 귀에 거슬리는 소리로 말하다 《*out*》 **3** 초조하게 하다

∗rasp·ber·ry [rǽzbèri | rɑ́ːzbəri] *n.* (*pl.* **-ries**) **1** 〖식물〗 나무딸기 **2** 《미·속어》 입술 사이에서 혀를 진동시켜 내는 야유 소리 《경멸·냉소를 뜻함》

rasp·ing [rǽspiŋ | rɑ́ːsp-] *a.* **1** 〈소리 등이〉 귀에 거슬리는, 삐걱거리는 **2** 초조하게 만드는 **~·ly** *ad.*

rasp·y [rǽspi | rɑ́ːspi] *a.* (**rasp·i·er**; **-i·est**) **1** 삐걱거리는 **2** 신경질적인, 성 잘 내는

‡rat [ræt] *n.* **1** 쥐 **2** 《속어》 변절자, 탈당자 ***like*** [***as wet as***] ***a drowned ~*** 물에 빠진 생쥐같이, 흠뻑 젖어 ***smell a ~*** 《구어》 눈치채다

— *vi.* (**~·ted**; **~·ting**) **1** 〈개가〉 쥐를 잡다 **2** 약속을 어기다 **3** 《속어》 탈당[변절]하다

~ on 《미·속어》 배반하다; 밀고하다

rat·a·ble [réitəbl] *a.* **1** 일정한 비율에 따른 **2** 평가할 수 있는 **3** 《영》 시세[지방세]를 부담해야 할

ra·tan [rætǽn] *n.* =RATTAN

rat-a-tat [rǽtətǽt], **rat-a-tat-tat** [rǽtətæ̀ttǽt] [의성어] *n.* 둥둥(rat-tat) 《문·북 등을 두드리는 소리》

rat·bag [rǽtbæ̀g] *n.* 《호주·뉴질·속어》 역겨운 녀석

rat·catch·er [-kæ̀tʃər] *n.* 쥐잡이꾼, 쥐 잡는 동물

ratch·et [rǽtʃit], **ratch** [rætʃ] 〖기계〗 *n.* **1** 래칫, 미늘톱니바퀴 (장치) **2** (톱니바퀴의 역회전을 막는) 미늘

rátchet whèel 〖기계〗 래칫, 깔쭉톱니바퀴

‡rate¹ [reit] *n.* **1** 비율: at the ~ of …의 비율로 **2** 요금, 가격: hotel ~*s* 호텔 요금 **3** 속도; 진도: at the[a] ~ of ten miles an hour 시속 10마일 속도로 **4** [*pl.*] 세금 **5** (배·선원의) 등급; … 등(等), 종류 ***at a high*** [***low***] ***~*** 고[염]가로 ***at any ~*** 하여튼, 좌우간에 ***at that*** [***this***] ***~*** 《속어》 그런[이런] 상태[형편]로는 ***at the*** [***a***] ***~ of*** …의 비율로; …의 값으로; …의 속도로

— *vt.* **1** 평가하다: ~ a person's merit high …의 공적을 높이 평가하다 **2** …로 여기다, …라고 생각하다 **3** [보통 수동형으로] 《영》 (과세를 목적으로) …을 평가하다 《*at*》: The house is *~d at* £50 per annum. 그 집의 가옥세는 연 50파운드로 사정되어 있다. **4** …의 가치가 있다

— *vi.* **1** 어림되다, 평가되다 《*as*》: He ~*s* high in my estimation. 나는 그를 높이 평가한다. **2** …에 위치하다, …의 등급을 갖고 있다: The ship ~*s* as first. 그 배는 일급선이다.

rate² *vt.*, *vi.* 나무라다

rate·a·ble [réitəbl] *a.* =RATABLE

rat·fink [rǽtfiŋk] *n.* 《미·속어》 보기 싫은 놈; 밀고자

‡rath·er [rǽðər | rɑ́ːð-] *ad.* **1** 오히려, 차라리 《*than*》: He is a writer ~ *than* a scholar. 그는 학자라기보다는 오히려 문필가이다. **2** 어느 쪽인가 하면: The attempt was ~ a failure. 그 계획은 어느 쪽인가 하면 실패였다. **3** 약간, 다소: I feel ~ better today. 나는 오늘 약간 기분이 좋다. **4** [접속사적으로] 반대로: It wasn't help, ~ a hindrance. 도움이 되기는커녕 방해가 되었다.

— [rǽːðəːr, rɑ́ː-] *int.* [반어적으로 강한 긍정의 답에] 《영·구어》 그렇고 말고, 틀림없이(certainly): Do you like this? 이것을 좋아하니? — *R~!* 좋아하다마다!

or ~ 아니 차라리, 더 정확하게 말하자면 ***~ too*** 좀 지나치게 (***all***) ***the ~ that*** [***because***] …이기 때문에 더욱 ***would*** [***had***] ***~*** 오히려 …하고 싶다[하는 편이 낫다]: I *would* ~ not go. 나는 별로 가고 싶지 않다.

rat·i·fi·ca·tion [ræ̀təfikéiʃən] *n.* ⓊⒸ 비준, 재가; 인가, 승인

∗rat·i·fy [rǽtəfài] *vt.* (**-fied**) 비준하다, 재가하다

rat·ing [réitiŋ] *n.* **1** ⓊⒸ (과세를 위한) 평가, 평가액 **2** (실업가·기업 등의) 신용도; 〖라디오·TV〗 시청률 **3** (선박·군함 승무원 등의) 등급 **4** 〖영국해군〗 하사관, 수병 **5** 《영》 지방세액

∗ra·tio [réiʃou, -ʃiòu | -ʃiòu] *n.* (*pl.* **~s**) ⓊⒸ 〖수학〗 비(比), 비율

direct [***inverse, reciprocal***] ***~*** 정[역, 반]비 ***in the ~ of*** …의 비율로

ra·ti·oc·i·nate [ræ̀ʃióusənèit | -tiɔ́s-] *vi.* 《문어》 추리[추론]하다

ra·ti·oc·i·na·tion [ræ̀ʃiòusənéiʃən | -tiɔ̀s-] *n.* Ⓤ 《문어》 추리, 추론

ra·tion** [rǽʃən, réi-] *n.* **1** (식료품·연료 등의) **일정한 배급량**, 정량 **2** [*pl.*] 식량, 양식 **3** [보통 *pl.*] 〖군사〗 하루분의 양식 ***be put on ~s 정액 지급을 받다, 배급 받다 ***on short ~s*** 양식이 제한되어
— *vt.* **1** 〈양식·연료 등을〉 배급하다 **2** 〈사병에게〉 급식하다 **3** 소비를 제한하다

‡**ra·tion·al** [rǽʃənl] *a.* **1 이성이 있는**, 도리를 아는 **2 합리적인 3** 추리의, 추론의: ~ faculty 추리력 **4** 순이론의, 이성주의의 **5** 〖수학〗 유리(有理)의: a ~ expression[number] 유리식[수]
— *n.* 〖수학〗 유리수

ra·tio·nale [ræ̀ʃənǽl | -nɑ́:l] *n.* 이론적 해석[근거]

ra·tio·nal·ism [rǽʃənəlìzm] *n.* Ⓤ **1** 이성론, 합리주의 **2** (종교상의) 이성주의 **-ist** *n.* 합리주의자, 순리론자 《신학·철학상》

ra·tio·nal·is·tic [ræ̀ʃənəlístik] *a.* **1** 순리적인, 합리주의적인 **2** 합리주의자의, 순리론자의 **-ti·cal·ly** *ad.*

ra·tio·nal·i·ty [ræ̀ʃənǽləti] *n.* (*pl.* **-ties**) Ⓤ 순리성, 합리성; 도리를 알고 있음

ra·tio·nal·i·za·tion [ræ̀ʃənəlizéiʃən | -lai-] *n.* Ⓤ **1** 합리화 **2** 〖수학〗 유리화

ra·tio·nal·ize [rǽʃənəlàiz] *vt.* **1** 합리화하다 **2** 〖심리〗 〈행위·생각 등을〉 그럴듯하게 설명하다 **3** 〖수학〗 유리화(有理化)하다
— *vi.* 합리적으로 생각[행동]하다; 합리화를 행하다

ra·tion·ing [rǽʃəniŋ] *n.* 배급 (제도)

rat·line, -lin [rǽtlin] *n.* 〖항해〗 줄사다리의 디딤줄

rát ràce 《구어》 치열하고 무의미한 경쟁, 과다 경쟁

rat·tan [rætǽn] *n.* **1** 〖식물〗 등(藤)나무 **2** 등 지팡이[회초리]

rat-tat [rǽtǽt], **rat-tat-tat** [ræ̀tətǽt], **rat-tat-too** [ræ̀tətú:] [의성어] *n.* = RAT-A-TAT

rat·ter [rǽtər] *n.* **1** 쥐잡이 《사람·고양이·개·기구》 **2** 《속어》 배신자

‡**rat·tle** [rǽtl] *vi.* **1 왈각달각[덜걱덜걱, 우르르] 소리나다[소리내다], 덜걱덜걱 움직이다**: ~ at the door 문을 덜걱거리다 **2** 〈차가〉 덜걱거리며 달리다; 힘차게 차를 몰다[말을 타고 가다]; (사람이 차로) 달리다 **3** 거침없이 지껄이다
— *vt.* **1** 덜걱덜걱[우르르] 소리나게[울리게] 하다; …을 덜걱덜걱 움직이다 **2** 빠른 말로 말하다[지껄이다, 외다] **3** 《구어》 흥분시키다, 혼란시키다 — *n.* **1** 왈각달각 소리 **2** 딸랑이 《장난감》; 〖동물〗 향음기관(響音器官) 《특히 방울뱀의 꼬리》 **3** 수다, 수다스러운 사람

rat·tle·box [-bɑ̀ks | -bɔ̀ks] *n.* **1** 딸랑딸랑 상자 《장난감》 **2** 〖식물〗 활나물 《콩과(科)》

rat·tle·brain [-brèin], **-head** [-hèd], **-pate** [-pèit] *n.* 수다스럽고 머리는 텅 빈 사람

rat·tle·brained [-brèind], **-head·ed** [-hèdid], **-pat·ed** [-pèitid] *a.* 수다스럽고 머리가 텅 빈

rat·tler [rǽtlər] *n.* **1** 딸랑딸랑 소리내는 것[사람] **2** 수다쟁이 **3** 《구어》 일품(逸品), 《특히》 우수한 말《馬》

***rat·tle·snake** [rǽtlsnèik] *n.* 〖동물〗 **방울뱀**

rat·tle·trap [-træ̀p] *n.* 《구어》 덜걱거리는 마차, 고물 자동차
— *a.* 덜걱거리는

rat·tling [rǽtliŋ] *a.* **1** 딸랑[덜걱]거리는 **2** 《구어》 활발한, 기운찬
— *ad.* 《구어》 매우, 대단히

rat·tly [rǽtli] *a.* 덜걱거리는

rat·trap [rǽttræ̀p] *n.* **1** 쥐덫 **2** 절망적 상황, 난국 **3** 《구어》 지저분한[황폐한] 건물

rat·ty [rǽti] *a.* (**-ti·er**; **-ti·est**) 《속어》 **1** 쥐 특유의; 쥐가 많은 **2** 비천한 **3** 《영·속어》 성마른
get ~ 화를 내다 《*with*》

rau·cous [rɔ́:kəs] *a.* 《문어》 쉰 목소리의, 귀에 거슬리는 **~·ly** *ad.* **~·ness** *n.*

raun·chy [rɔ́:ntʃi] *a.* (**-chi·er**; **-chi·est**) 《미·구어》 **1** 초라한 **2** 추잡한, 야비한

***rav·age** [rǽvidʒ] [F 「강탈하다」의 뜻에서] *n.* **1** Ⓤ **파괴, 황폐 2** [*pl.*] 황폐한 자취, 손해 — *vt., vi.* **1** 유린하다, 파괴하다 **2** 약탈하다

***rave** [reiv] [F 「꿈꾸다」의 뜻에서] *vi.* **1 헛소리하다**; 소리치다 **2** 열심히 이야기하다; 격찬하다 **3** 〈바람·물 등이〉 사납게 일다; 미친듯이 기뻐하다 — *vt.* **1** [~ one*self*로] (미친 사람처럼) 정신없이 지껄이다: ~ *oneself* hoarse 소리를 질러 목이 쉬다 **2** [~ one*self*로] 〈폭풍우 등이〉 사납게 불다[치다], …(의 상태)가 되다
— *a.* 《구어》 **1** 격찬하는 **2** 열광적인
— *n.* Ⓤ **1** 사납게 날뜀, (바람·파도의) 노호(怒號) **2** 《구어》 격찬

rav·el [rǽvəl] *v.* (**~ed**; **~·ing** | **~led**; **~·ling**) *vt.* **1** 〈편물·망 등을〉 풀다 **2** 〈얽힌 사건 등을〉 밝히다 **3** 〈실·머리카락 등을〉 얽히게 하다; 〈문제 등을〉 혼란[착잡]하게 하다 — *vi.* **1** 풀리다 **2** 〈곤란이〉 해소되다 — *n.* **1** (새끼·직물 등의) 풀린 끝 **2** (털실 등의) 얽힘 **3** 혼란, 착잡

***ra·ven**[1] [réivən] *n.* 〖조류〗 **갈가마귀** 《흔히 불길한 징조로 여겨짐》 — *a.* 새까만: ~ hair 검은 머리

rav·en[2] [rǽvən] *vi., vt.* **1** 약탈하다 **2** 〈먹이를〉 찾아 다니다 《*for, after*》 **3** 게걸스럽게 먹다

rav·en·ing [rǽvəniŋ] *a.* 탐욕스러운; 게걸스럽게 먹는

rav·en·ous [rǽvənəs] *a.* **1** 게걸스럽게 먹는 **2** 굶주린 《*for*》: be ~ *for* food 먹을 것에 굶주리다 **~·ly** *ad.* **~·ness** *n.*

rav·er [réivər] *n.* 《영·속어》 **1** 쾌락주의자, 난봉꾼 **2** 열광적인 사람[팬]

***ra·vine** [rəví:n] *n.* **좁은 골짜기**

rav·ing [réiviŋ] *a.* **1** 미쳐 날뛰는: be in ~ hysterics 어처구니없는 히스테리를 일으키고 있다 **2** 《구어》 굉장한: a ~ beauty 절세의 미인 — *ad.* 《구어》 대단히: be ~ mad 완전히 미치다
— *n.* ⓊⒸ [종종 *pl.*] 헛소리; 광란

rav·i·o·li [ræ̀vióuli] [It.] *n. pl.* 라비올리 《저며서 양념한 고기를 밀가루 반죽으로 싼 요리》

R

rav·ish [rǽviʃ] *vt.* **1** 황홀하게 하다, 미칠듯이 기쁘게 하다 **2** 강간하다
rav·ish·ing [rǽviʃiŋ] *a.* 매혹적인 **~·ly** *ad.*
rav·ish·ment [rǽviʃmənt] *n.* 뇌쇄; 환희, 기뻐 날뜀
‡raw [rɔː] *a.* **1 날것의 2 가공하지 않은,** 원료 그대로의: ~ hide 생가죽 **3** 경험이 없는: a ~ recruit 신병 **4** 〈상처 등이〉 쓰라린, 껍질이 벗겨진 **5** 〈날씨 등이〉 으스스한 **6** 《속어》 심한, 불공평한 **7** 《미·속어》 노골적인
—*n.* [the ~] 살갗이 벗겨진 곳, 찰과상, 아픈 곳
in the ~ 벌거벗은[벗고] ***touch*** [***catch***] a person ***on the ~*** …의 아픈 데[약점]를 건드리다
raw·boned [rɔ́ːbóund] *a.* 빼빼 마른
raw·hide [-hàid] *n.* Ⓤ 생가죽, (가축의) 원피; Ⓒ 생가죽 채찍[밧줄]
—*a.* 생가죽(제)의
ráw matérial 원료, 소재
‡ray[1] [rei] 〔L 「수레바퀴의 살」의 뜻에서〕 *n.* **1 광선** 《*of*》: a ~ *of* sunlight 한 줄기의 햇빛 **2** 약간, 소량
ray[2] *n.* 〖어류〗 가오리
Ray [rei] *n.* 남자 이름 《Raymond의 애칭》
ráy gùn (SF에 나오는) 광선총
Ray·mond, -mund [réimənd] *n.* 남자 이름 《애칭 Ray》
***ray·on** [réiɑn | réiɔn] 〔F〕 *n.* Ⓤ **레이온,** 인조 견사
—*a.* Ⓐ 레이온(제)의
raze [reiz] 〔동음어 raise, rase〕 *vt.* **1** 남김없이 파괴하다, 무너뜨리다 **2** 《고어》 〈기억 등을〉 지우다, 없애다
‡ra·zor [réizər] 〔동음어 raiser〕 *n.* **면도칼,** (전기) 면도기
ra·zor·back [réizərbæ̀k] *n.* **1** (면도칼같이) 날카로운 등[산등성이] **2** 〖동물〗 긴수염고래; 《미》 반(半) 야생 돼지
***ra·zor-edge** [réizərèdʒ] *n.* **1 면도날;** 날카로운 날 **2** 날카로운 산등 **3** 위기
be on a ~ 위기에 처하여 있다
ra·zor-sharp [-ʃɑ́ːrp] *a.* 매우 날카로운
razz [ræz] *vt.*, *vi.* **1** 놀리다 **2** 비웃다 **3** 짓궂게 굴다
raz·zle [rǽzl] *n.* = RAZZLE-DAZZLE 1
raz·zle-daz·zle [rǽzldǽzl] *n.* 《영·속어》 **1** Ⓤ [the ~] 야단법석 **2** 《속어》 파동식 회전 목마
go on the (***old***) ***~*** 야단법석을 떨다
razz·ma·tazz [ræ̀zmətǽz] *n.* 《미·속어》 **1** = RAZZLE-DAZZLE 1 **2** Ⓤ 원기 **3** 야함
Rb 〖화학〗 rubidium
RBI, rbi, r.b.i. run(s) batted in 〖야구〗 타점
R.C. Red Cross; Roman Catholic
R.C.M.P. Royal Canadian Mounted Police 캐나다 기마 경찰대 《연방 경찰》
r-col·ored [ɑ́ːrkʌ̀lərd] *a.* 〖음성〗 〈모음이〉 r 음색을 띤
rcpt. receipt
rd. road
RD, R/D, R.D. 〖은행〗 refer to drawer 발행인 회부 《예금 잔고 없이 발행된 수표에 기입하는 문구》; Rural Delivery
're [ər] (we, you, they 뒤에 오는) are의 단축형: we'*re* [wiər], you'*re* [juər], they'*re* [ðeiər]
re-[1] [ri, riː] *pref.* 「서로, 반대, 뒤, 물러남, 비밀; 분리, 떠남, 밑, 재차, 부정」 등의 뜻: *re*act, *re*sist, *re*main, *re*sign
re-[2] *pref.* 《자유롭게 동사 또는 그 파생어에 붙임》 「다시, 거듭하여, 새로; 다시 …하다, 원상으로 돌아가다」 등의 뜻: *re*adjust, *re*-cover
‡reach [riːtʃ] *vt.* **1 도착[도달]하다** (arrive in[at]): ~ London 런던에 도착하다 **2** 〈결과·결론에〉 도달하다 **3** 〈손 등을〉 **내밀다**: ~ out one's hand for the ball 그 공을 잡으려고 손을 쭉 뻗다 **4** 〈사람의 마음 등을〉 움직이다 **5** (전화 등으로) 연락하다: If anything happens, you can ~ me by telephone. 무슨 일이 있으면 전화로 연락해라.
~ one***'s ears*** …의 귀에 들어가다
— *vi.* **1 손을 뻗다 2** 얻으려고[이룩하려고] 힘쓰다: ~ after happiness 행복을 추구하다 **3** 퍼지다, 이르다 《*to*》: The cost ~*ed to* a vast amount. 비용은 막대한 금액에 달했다.
~ out (***to***) (1) 〈손 등을〉 뻗다 (2) 〈식물이〉 자라다 (3) …와 접촉하려고 하다
—*n.* **1** (팔이) **미치는 범위**(range), 팔의 길이 **2** (잡으려고) 손을 뻗음 **3** 세력 범위; 이해력, 지각 범위 《음·빛깔 등의》 **4** 범위, 구역
beyond [***above, out of***] one***'s ~*** 손이 닿지 않는, 힘이 미치지 않는
reach-me-down [ríːtʃmidàun] *a.*, *n.* 《영·구어》 = HAND-ME-DOWN
re-act [rìːǽkt] *vt.* 재연하다; 다시 행하다
***re·act** [riǽkt] *vi.* **1** (작용·힘에 대하여) **반작용하다 2** 반대하다, 반항하다 **3** 〖화학〗 **반응하다**
re·ac·tance [riǽktəns] *n.* 〖전기〗 리액턴스, 유도 저항, 감응 저항 《略 react.》
re·ac·tant [riǽktənt] *n.* 〖화학〗 반응물, 반응체
***re·ac·tion** [riǽkʃən] *n.* ⓊⒸ **1 반작용;** 반항, 반발 **2** (정치상의) **반동 3 반응,** 태도, 의견, 인상 **4** 〖화학〗 반응
***re·ac·tion·ar·y** [riǽkʃənèri | -ʃənəri] *a.* **1 반동의,** 반작용의 **2** 반동적인, 보수적인, 복고적인: a ~ statesman 반동[보수] 정치가 **3** 역진하는
—*n.* (*pl.* **-ar·ies**) 반동주의자[사상가], 보수주의자
re·ac·ti·vate [riːǽktəvèit] *vt.* **1** 재활성화하다 **2** 재가동하다
re·ac·tive [riǽktiv] *a.* 〖화학〗 반응적인 **~·ly** *ad.*
***re·ac·tor** [riǽktər] *n.* **1 반응[반동]을 나타내는 사람[동물] 2** 〖화학〗 화학 반응기, 반응 장치 **3** 〖물리〗 **원자로**(pile) **4** 〖면역〗 (면역 검사 등의) 반응 양성자; 반응 체질
‡read[1] [riːd] 〔동음어 reed〕 *v.* (**read** [red]) *vt.* **1 읽다,** 음독하다,

읽어서 들려 주다: Have you ~ the book through? 그 책을 다 읽었습니까? **2 읽어서 …하게 하다**: ~ a child to sleep 책을 읽어 주어 어린애를 잠들게 하다 **3** 〈외국어 등을〉 **독해하다**, 읽어서 알다: He can ~ French. 그는 프랑스어를 읽을 줄 안다. **4** 〈기호·부호·눈금 등을〉 **해독하다**: I can't ~ music. 나는 악보를 볼 줄 모른다. **5** 〈온도계 등이〉 **나타내다**: The thermometer *~s* 70 degrees. 온도계는 70도를 나타내고 있다. **6** (관찰에 의해) 깨닫다: ~ something in[on] a face 안색으로 눈치채다 **7** …의 뜻으로 해석하다: ~ a statement as an insult 어떤 말을 모욕으로 간주하다 **8** 《영》 공부[연구]하다: He is *~ing* chemistry at Cambridge. 그는 캠브리지 대학에서 화학을 전공하고 있다. **9** (무선 교신·전화 등에서) 상대방의 말[목소리]을 알아듣다: Do you ~ me? 들립니까? **10** 〖컴퓨터〗 (펀치 카드·자기 테이프 등에서) 정보를 얻다; 〈컴퓨터에 정보를〉 넣다

— *vi.* **1 읽다, 독서하다**; 음독하다, 낭독하다 **2** 읽어서 알다 **3** 연구[공부]하다: ~ for the bar 변호사가 되기 위해 공부하다 **4** 읽어서 …하다, …하게 읽히다: This book *~s* interesting. 이 책은 재미있다. **5** 해석되다 **6** 읽을 만하다: His prose *~s* well. 그의 글은 재미있다. **7** 〖컴퓨터〗 데이터를 읽다[판독하다]

~ for 〈남에게〉 읽어서 들려주다 ***~ in*** (1) 연구하다, 전공하다 (2) 〖컴퓨터〗 〈데이터·프로그램 따위를〉 읽어 들이다 《주기억 장치에 입력하다》 ***~ into*** …의 뜻으로 해석하다 ***~ like*** …라고 씌어 있다, …으로 해석되다 ***~ off*** 〈계기의 눈금 등을〉 읽다; 초읽기 하다 ***~ to*** one***self*** 묵독하다 ***~ up*** 〈어떤 학과를〉 연구[전공]하다; 복습하다, 다시 하다 ***~ upon*** …을 충분히 연구[공부]하다

— *n.* **1** 《영》 [a ~] (1회의) 독서 (시간) **2** 읽을 거리 **3** 〖컴퓨터〗 판독

***have*[*take*] *a quiet* [*quick, short*] ~** 찬찬히[빨리, 잠시 동안] 책을 읽다

‡read² [red] *v.* READ의 과거·과거 분사 — *a.* **1** [부사를 동반하여] 읽어[공부하여] 잘 알고 있는: a well-~ man 박식한 사람 **2** 읽히고 있는: a widely-~ magazine 널리 읽히고 있는 잡지

little*[*slightly*] *~ in …에 지식이 얕은 ***take ... as ~*** …을 당연한 일로 여기다

read·a·bil·i·ty [rì:dəbíləti] *n.* Ⓤ **1** 재미있게 읽을 수[씌어] 있음 **2** 읽기 쉬움

read·a·ble [rí:dəbl] *a.* **1** 재미있게 읽을 수 있는[쓰인], 읽기 쉬운: a ~ book 재미있는 책 **2** 〈인쇄·필적 등이〉 읽을 수 있는

re·ad·dress [rì:ədrés] *vt.* **1** 다시 말을 걸다 **2** 주소를 다시 쓰다

‡read·er [rí:dər] *n.* **1 독자; 독서가 2** (출판사의) 원고 판정인 《원고의 출판 여부를 결정하는》; 교정자 **3** 독본 **4** 《영》 (대학의) 강사; 《미》 대학 조교, 채점 조수: a ~ in French 프랑스어 강사 **5** 〖컴퓨터〗 판독기 **6** (가스·전기 등의) 검침원 **~·ship** *n.* ⓊⒸ (신문잡지 등의) 독자수[층]; 《영》 대학 강사의 직

‡read·i·ly [rédəli] *ad.* **1 쾌히**, 서슴없이 **2** 쉽사리

***read·i·ness** [rédinis] *n.* Ⓤ **1 준비가 되어 있음 2** 자진해서[기꺼이] 함 **3** 신속 《*of*》: ~ *of* speech 청산유수 **4** 〖교육〗 준비성

‡read·ing [rí:diŋ] *n.* **1** ⓊⒸ **독서**; 낭독; 독서력: He is good at ~. 그는 독서력이 있다. **2** (의회의) 낭독회 **3** ⓊⒸ 학식, 《특히》 문학상의 지식: a man of wide[vast, extensive] ~ 박식한 사람 **4 a** Ⓤ 읽을 거리: good [dull] ~ 재미있는[따분한] 읽을 거리 **b** [*pl.*] 선집(選集), …독본: *~s* from Shakespeare 셰익스피어 선집 **5** (청우계·온도계 등의) 표시 도수, 기록 **6** (사본·원고 등의) 읽는 법; 판단, 해석; 연출[연주]법: What is your ~ of the fact? 너는 이 사실을 어떻게 보는가? **7** [형용사적으로] 독서용의: a ~ lamp 독서용 전기 스탠드

penny ~ (빈민을 위한) 입장료가 싼 낭독회 ***the first*[*second, third*] *~*** (의회의) 제1[제2, 제3] 독회

— *a.* 독서하는, 책을 좋아하는

réading dèsk (서서 읽기 위해 표면이 경사진) 독서대; (교회의) 성경대 (lectern)

réading glàss 1 확대경, 잔 글자용 렌즈 **2** [*pl.*] 독서용 안경

réading màtter (신문·잡지의) 기사, 읽을거리

réading ròom 1 도서 열람실, 독서실 **2** (인쇄소의) 교정실

re·ad·just [rì:ədʒʌ́st] *vt.* 재조정하다 — *vi.* 다시 순응하다 **~·ment** *n.*

réad-ónly mèmory [rí:dóunli-] 〖컴퓨터〗 판독 전용 기억 장치 《略 ROM》

read·out [rí:dàut] *n.* ⓊⒸ 〖컴퓨터〗 **1** (정보의) 해독, 판독 《기억 장치에서 정보를 읽어내는 일》 **2** 해독된 정보

‡read·y [rédi] *a.* (**read·i·er**; **-i·est**) **1 준비가 된**: The soldiers were ~ to defend the fortress. 병사들은 요새를 방어할 준비가 되어 있었다. **2 각오가 되어 있는**: I am ~ for death. 나는 죽을 각오가 되어 있다. **3 a** 막 …하려고 하는(about) **b** …하기 쉬운(apt): He is too ~ to suspect. 그는 곧잘 (남을) 의심한다. **4 즉석의**; 능숙한: ~ at excuses 변명 잘 하는 **5** 가까이 있는, 곧 쓸 수 있는: the *readiest* way to do it 가장 손쉬운 방법 **6** 〖군사〗 사격 준비 자세를 취한: *R~*, present, fire! 사격 준비, 겨누어, 발사!

hold one***self ~ to*** …하려고 준비를 갖추다 ***make*[*get*]** one***self ~ for*** …에 대비하다, 준비하다 ***~ to*** (one'***s***) ***hand*** 바로 가까이 있는, 바로 쓸 수 있는

— *vt.* (**read·ied**) 준비[마련]하다: ~ the room for use 그 방을 쓸 수 있도록 준비하다

— *ad.* (**read·i·er**; **-i·est**) **1** 미리, 준비하여 **2** [보통 비교급·최상급 형태로] 신속하게

— *n.* 《구어》 [the ~] 현금

at the ~ 거총 자세로 ***come to the ~*** 준비 자세를 취하다, 대비하다
‡**read·y-made** [rédiméid] *a.* **1** 〈옷 등이〉 이미 만들어져 있는, 기성품의 **2** 〈사상·의견 등이〉 제 것이 아닌; 개성이 없는
read·y-mix [-miks] *a., n.* (각종 성분을) 미리 조제[조합]한 (것·상품)
réady móney 현금
réady réckoner 계산표, (이자·세금 등의) 조견표
read·y-to-wear [-təwέər] *a.* 《미》 =READY-MADE
re·af·for·est [rìːəfɔ́ːrist | -fɔ́r-] *vt.* 다시 조림하다
Rea·gan [réigən] *n.* 레이건 **Ronald** (**Wilson**) ~ (1911-2004) 《미국 제40대 대통령(1981-89)》
Rea·gan·om·ics [rèigənɑ́miks | -nɔ́m-] *n.* 레이건의 경제 정책
re·a·gent [riéidʒənt] *n.* 〖화학〗 시약, 시제(試劑); 반응력
‡**re·al**[1] [ríːəl, ríːl] *a.* **1** 진짜의, 진정한: a ~ summer 여름다운 여름 **2** 실재하는, (공상이 아닌) 현실의: a ~ person in history 역사상의 실재 인물 **3** 〈묘사 등이〉 박진감 있는 **4** 〖법〗 부동산의 **5** 〖수학〗 실수(實數)의 **6** 〖광학〗 실상(實像)의 ― *ad.* 《미·구어》 정말로; 아주
― *n.* [the ~] 현실, 실체
for ~ 《미·구어》 진짜의, 정말의; 정말로
re·al[2] [reiɑ́ːl] *n.* **1** [Sp.] (*pl.* **~s, re·a·les** [reiɑ́ːleis]) 레알 《스페인의 옛 은화; 약 12.5센트》 **2** [Port.] (*pl.* **~s, reis** [reis]) 레이스 《포르투갈·브라질의 옛 화폐 단위》
*__réal estàte__ 부동산 《특히 토지》, 물적 재산: a ~ agent 부동산 매매 중개인
re·al-es·tate [ríːəlestèit] *a.* 부동산의
re·a·li·a [riǽliə, -éil-] *n. pl.* (교육용) 실물 교재(教材)
re·a·lign [rìːəláin] *vt.* 재편성하다, 재조정하다 **~·ment** *n.*
*__re·al·ism__ [ríːəlìzm | ríəl-] *n.* Ⓤ **1** 현실주의 **2** 〖문학·예술〗 사실주의, 리얼리즘 **3** 〖철학〗 실재론, 실념론(實念論)
re·al·ist [ríːəlist | ríəl-] *n.* 현실주의자; 〖문학·예술〗 사실주의 작가[화가]
*__re·al·is·tic__ [rìːəlístik | rìəl-] *a.* **1** 현실주의의, 현실적인, 실제적인 **2** 〖문학·예술〗 사실파의, 사실주의의 **3** 〖철학〗 실재론적인 **-ti·cal·ly** *ad.*
‡**re·al·i·ty** [riǽləti] *n.* (*pl.* **-ties**) **1** Ⓤ 진실(성) **2** 현실(성) **3** Ⓤ 실물과 똑같음, 박진성 ***in ~*** 실제로는
re·al·iz·a·ble [ríːəlàizəbl | ríəl-] *a.* **1** 실현할 수 있는 **2** 현금으로 바꿀 수 있는
*__re·al·i·za·tion__ [rìːəlizéiʃən | rìəlai-] *n.* ⓊⒸ **1** 사실이라고 생각함[깨달음] **2** (희망·계획 등의) 실현 **3** 실물같이 그림 **4** 현금화; (돈·재산의) 취득
‡**re·al·ize** [ríːəlàiz | ríəl-] *vt.* **1** 실감하다, 깨닫다, (명확히) 이해하다 **2** [종종 수동형으로] 실현하다: His dream of going abroad *was* finally *~d.* 외국에 가는 그의 꿈은 마침내 실현되었다. **3** 여실히 보여주다 **4** 〈재산·이익을〉 얻다, 벌다 **5** 현금으로 바꾸다
réal life 현실, 실생활
‡**re·al·ly** [ríːəli | ríəli] *ad.* **1** 정말로 **2** [ought to, should를 강조하여] 실은 **3** 참으로: It ~ is a pity. 그건 참으로 유감이다. **4** [감탄사적으로] 그래, 어머, 아니: Not ~! 설마! / R~? 정말인가? / R~! 과연! / Well ~! 원 (놀랍다), 저런저런!
‡**realm** [relm] *n.* **1** 《문어》 〖법〗 왕국 **2** 범위, 영역 **3** 〖식물·동물〗 (분류의) 계(界)
the ~ of nature 자연계
réal McCóy [the ~] 《미·속어》 =McCOY
re·al·po·li·tik [reiɑ́ːlpòulitìːk] [G] *n.* [종종 **R~**] 현실 정책, 실익(實益) 정책
réal ténnis 《영》 =COURT TENNIS
réal tíme 〖컴퓨터〗 리얼 타임, 실시간(實時間), 즉시 응답 《입력되는 자료를 즉시 처리하는 것》
re·al-time [ríːəltàim] *a.* 〖컴퓨터〗 리얼 타임의, 실시간의: ~ operation (전자 계산기의) 실시간 처리[동작, 연산(演算)]
re·al·tor [ríːəltər | ríə-] *n.* 《미》 부동산업자
re·al·ty [ríːəlti | ríəl-] *n.* Ⓤ 〖법〗 부동산
ream[1] [riːm] *n.* **1** 〖제지〗 연(連) 《보통은 480매(short ~), 신문지는 500매(long ~)》 **2** [*pl.*] 《구어》 다량의 종이[문서]
ream[2] *vt.* **1** 〈구멍을〉 뚫다[넓히다] **2** (과즙 짜는 기구로) 짜다 **3** 《미·속어》 속이다
ream·er [ríːmər] *n.* **1** 〖기계〗 리머, 확공기(擴孔器) **2** 《미》 과즙기
re·an·i·mate [rìːǽnəmèit] *vt.* **1** 소생[부활]시키다 **2** (기운을 잃었던 사람의) 기운을 북돋우어주다
‡**reap** [riːp] *vt., vi.* **1** 베어 내다, 수확하다 **2** 〈보답 등을〉 받다
~ where one ***has not sown*** 남의 공을 가로채다
*__reap·er__ [ríːpər] *n.* **1** 거두어[베어] 들이는 사람 **2** 수확기(機) **3** [종종 the (Grim) R~] 죽음의 신
*__re·ap·pear__ [rìːəpíər] *vi.* 재현[재발]하다 **~·ance** *n.*
re·ap·praise [rìːəpréiz] *vt.* 다시 평가하다, 재검토하다 **-práis·al** *n.*
‡**rear**[1] [riər] *n.* **1** [보통 the ~] 뒤, 배후, (맨) 후부; at[in] *the* ~ of …의 배후에[에서], 〈집 등〉의 뒤에 **2** 《구어》 궁둥이 (buttocks): sit on one's ~ 털썩 주저앉다 **3** 〖군사〗 후위(後衛): take[attack] the enemy in (the) ~ (적)의 배후를 습격하다
bring [***close***] ***up the ~*** 후위를 맡다, 맨 뒤에 오다 ***go to the ~*** 배후로 돌다
― *a.* 후방의: the ~ gate 뒷문
*__rear__[2] *vt.* **1** 〈아이를〉 기르다; 〈동물을〉 사육하다 **2** 《문어》 건립하다: ~ a monument to a person …을 기념하여 비를 세우다 **3** 〈물건을〉 들어올리다, 일으키다 **4** 높이다 ― *vi.* 〈말 등이〉 뒷다리로 서다 ***~ up*** (1) 〈말이〉 뒷다리로 서다 (2) 〈뱀 등이〉 고개를 쳐들다 (3) 〈문제 등이〉 생기다

réar ádmiral (미) 해군 소장
réar énd **1** 후부, 후미(tail end) **2** (구어) 궁둥이
réar guárd 〖군사〗 후위
réar·guard áction [ríərgɑ̀ːrd-] **1** 지연 작전 **2** 속이는[따돌리는] 행동[전술]
re·arm [riːɑ́ːrm] *vt.* **1** 재무장시키다 **2** 신무기를 갖추게 하다 **—***vi.* 재무장[재군비]하다
re·ar·ma·ment [riːɑ́ːrməmənt] *n.* Ⓤ 재무장, 재군비
rear·most [ríərmòust] *a.* 제일 후미의, 최후의
***re·ar·range** [rìːəréindʒ] *vt.* 다시 정리[정렬]하다; 다시 배열하다
~·ment *n.* UC 재배열, 재정리
réar·view mírror [ríərvjùː-] (자동차의) 백미러
rear·ward [ríərwərd] *a.* 후미의, 제일 뒤의 **—***ad.* 후방에[으로], 배후에[로]
~ *of* …의 후방으로
—*n.* Ⓤ 후방, 후부
rear·wards [ríərwərdz] *ad.* = REARWARD
‡**rea·son** [ríːzn] *n.* **1** UC 이유, 곡절 **2** 변명, 구실 **3** Ⓤ 도리 **4** Ⓤ 이성 **5** Ⓤ [종종 one's ~] 제정신, 분별 있는 행위
beyond (***all***) **~** 터무니없는 ***bring to* ~** 잘 알아듣게 하다, 정도를 깨닫게 하다 ***by* ~ *of*** …의 이유로
—*vt.* **1** 이론적으로 생각해 내다[해결하다] **2** 논하다 **3** …을 설득하여 …시키다[못하게 하다]
ours*[*yours, theirs, etc.] ***not to* ~ *why*** (구어) 우리들[당신들, 그들]에게는 이러쿵저러쿵 말할 권리가 없다 **~ *out*** 논리적으로 생각해 내다
‡**rea·son·a·ble** [ríːzənəbl] *a.* **1** 도리에 맞는: a ~ excuse 이치에 닿는 변명 **2** 온당한 **3** 〈값 등이〉 비싸지 않은: at a ~ price 적당한 값으로 **4** 사리를 아는, 분별(력)이 있는 **~·ness** *n.*
***rea·son·a·bly** [ríːzənəbli] *ad.* **1** 사리에 맞게, 합리적으로 **2** 알맞게 **3** [문장 전체를 수식하여] 당연히
rea·soned [ríːznd] *a.* Ⓐ 숙고한 끝의
***rea·son·ing** [ríːzəniŋ] *n.* UC 추리; 추리력; [집합적] 논거, 증명
rea·son·less [ríːznlis] *a.* 이성이 없는; 도리를 모르는
re·as·sert [rìːəsə́ːrt] *vt.* 거듭 주장[단언, 언명]하다
re·as·sur·ance [rìːəʃúərəns] *n.* UC **1** 안심함; (새로운) 자신, 확신 **2** 재보증 **3** (영) 〖보험〗 재보험
***re·as·sure** [rìːəʃúər] *vt.* **1** 안심시키다, 다시 자신을 갖게 하다 **2** 재보증하다 **3** (영) = REINSURE
~ one*self* 안심하다
re·as·sur·ing [rìːəʃúəriŋ] *a.* 안심시키는, 용기를 돋우는 **~·ly** *ad.*
Ré·au·mur [réiəmjùər] [프랑스의 물리학자 이름에서] *a.* 열씨(列氏) 눈금의 (略 R.)
re·bar·ba·tive [ribɑ́ːrbətiv] *a.* (문어) 호감을 사지 못하는, 불쾌한
re·bate [ríːbeit, ribéit] *n.* 환불, 리베이트: a tax ~ 세금의 환불
Re·bec·ca [ribékə] *n.* 여자 이름 (애칭 Becky)
‡**reb·el** [rébəl] [L 「전쟁을 다시 하다」의 뜻에서] *n.* 반역자, 반항자 **—***a.* Ⓐ 반역의: the ~ army 반란군 **—** [ribél] *vi.* (**~led**; **~·ling**) **1** 모반[반역]하다, (권위·관습 등에) 반대하다 **2** 반감을 가지다, 몸서리치다
***re·bel·lion** [ribéljən] *n.* UC **1** 모반, 반란, 폭동 **2** 반항 (권력에 대한)
***rise in* ~** 폭동을 일으키다
***re·bel·lious** [ribéljəs] *a.* **1** 반역하는: ~ subjects 역신(逆臣)들 **2** 반항하는: a ~ temper 반항적인 기질
~·ly *ad.* **~·ness** *n.*
re·bind [rìːbáind] *vt.* (**-bound** [-báund]) 다시[고쳐] 묶다; 제본을 다시 하다
re·birth [rìːbə́ːrθ] *n.* UC 재생, 갱생; 부활
re·born [rìːbɔ́ːrn] *a.* Ⓟ 다시 태어난
re·bound [ribáund] *vi.* **1** 〈공 등이〉 되튀다 **2** (좌절·실패 등에서) 다시 일어서다 **3** 〈행위가〉 (자기에게로) 되돌아오다
— [ríːbàund, ribáund] *n.* **1** 되튐, 반발 **2** (감정 등의) 반동 **3** 〖농구〗 리바운드(볼)
re·broad·cast [rìːbrɔ́ːdkæ̀st | -kɑ̀ːst] *vt.*, *vi.* (~, **~·ed**) 재방송하다; 중계 방송하다 **—***n.* UC 재방송; 중계 방송; 재방송 프로
re·buff [ribʌ́f] *n.* 거절
—*vt.* 거절하다
***re·build** [rìːbíld] *vt.* (**-built** [-bílt]) 재건하다; 개조하다
‡**re·buke** [ribjúːk] (문어) *vt.* 비난하다, 꾸짖다: ~ a person for his carelessness …의 부주의를 나무라다
—*n.* UC 비난, 힐책
give [***receive***] ***a* ~** 견책하다[당하다]
***without* ~** 나무랄 데 없이
re·bus [ríːbəs] *n.* 글자[그림] 맞추기[수수께끼]
re·but [ribʌ́t] *vt.* (**~·ted**; **~·ting**) 〖법〗 논박[반박]하다, 반증을 들다: *~ting* evidence 〖법〗 반증
re·but·tal [ribʌ́tl] *n.* 반증(의 제출)
rec [rek] [*rec*reation] *n.* (구어) 오락, 레크리에이션
rec. receipt; received; receptacle; recipe; record(er); recorded; recording
re·cal·ci·trance, -tran·cy [rikǽlsətrəns(i)] *n.* Ⓤ 말을 듣지 않음; 고집, 반항
re·cal·ci·trant [rikǽlsitrənt] *a.* 완강하게 반항하는, 휘어잡을 수 없는, 고집센
—*n.* 고집쟁이, 반항자
‡**re·call** [rikɔ́ːl] *vt.* **1** 상기하다 **2** 생각나게 하다 **3** 도로 부르다, 소환하다 **4** 〈물건을〉 회수하다 **5** 〈명령·앞서 한 말을〉 취소하다, 철회하다
— [rikɔ́ːl, ríːkɔ̀ːl] *n.* UC **1** 회상; 회상력, 기억력 **2** 도로 부름; (대사 등의) 소환; (미) 리콜 (일반 투표에 의한 공무원의 해임(권)) **3** 취소; 철회 **4** (결함 제품의)

R

회수 **5** [the ~] 〚군사〛 재집합 신호
***beyond* [*past*]** ~ 생각해 낼 수 없는; 돌이킬 수 없는

re·cant [rikǽnt] *vt.* 〈신앙·주장 등을〉 (공식(公式)으로) 고치다; 철회하다
— *vi.* 자기 주장을 취소[철회]하다

re·can·ta·tion [rìːkæntéiʃən] *n.* ⓊⒸ 취소

re·cap[1] [ríːkæ̀p] *vt.* (**~ped**; **~·ping**) 《미》 〈자동차의 타이어를〉 (보수하여) 재생시키다

recap[2] 《구어》 *n.* = RECAPITULATION

re·ca·pit·u·late [rìːkəpítʃulèit] *vt.*, *vi.* 요점을 되풀이하다, 요약하다

re·ca·pit·u·la·tion [rìːkəpìtʃuléiʃən] *n.* ⓊⒸ **1** 요점을 되풀이함; 개요 **2** 〚생물〛 발생 반복

***re·cap·ture** [rìːkǽptʃər] *vt.* **탈환하다**; 다시 체포하다
— *n.* Ⓤ **탈환**, 회복

re·cast [rìːkǽst | -kɑ́ːst] *vt.* (**re·cast**) **1** 개주(改鑄)하다 **2** 고쳐 만들다[쓰다] **3** 배역을 바꾸다 — [ㅅㅡ] *n.* 개주(물); 개작(품); 배역 변경

rec·ce, rec·cy [réki], **rec·co** [rékou] *n.* 《군대속어》 = RECONNAISSANCE
— *vt.*, *vi.* = RECONNOITER

rec'd., recd. received

***re·cede** [risíːd] *vi.* **1 물러가다 2** 〈인상이〉 희미해지다 **3** 움츠러지다; 〈가치·품질 등이〉 떨어지다 **4** 〈계약 등에서〉 손을 떼다

‡**re·ceipt** [risíːt] *n.* **1** Ⓒ **영수증 2** Ⓤ **받음, 영수**, 수취 **3** [보통 *pl.*] 수령액
be in* ~ *of 〚상업〛 …을 받다: I *am in* ~ *of* your favor dated ... 〈…〉 일부(日附)의 편지는 잘 받았습니다 ***on* (*the*) ~ *of*** …을 받는 대로
— *vt.* 《미》 영수증을 발행하다

re·ceiv·a·ble [risíːvəbl] *a.* **1** 받을 수 있는: bills ~ 받을 어음 **2** 믿을 만한: a ~ certificate 신용할 수 있는 증명서
— *n.* [*pl.*] 수취 계정[어음]

‡**re·ceive** [risíːv] [L 「되찾다」의 뜻에서] *vt.* **1 받다 2** 〈교육·훈련을〉 **받다**; 〈동정·모욕·타격 등을〉 받다 **3** 〈신청 등을〉 **접수하다 4** 수용하다 **5** 〈힘·무게·적 등을〉 받아내다, 요격하다 **6** 환영하다 **7** 용인하다 **8** 〈성찬을〉 받다, 〈성체를〉 배령(拜領)하다
— *vi.* **1** 물건을 받다 **2** 방문을 받다 **3** 〚테니스〛 서브를 받아치다 **4** 〚통신〛 수신[수상]하다, 청취하다
~ a person ***into the church*** …을 새 교인[교회원]으로 받아들이다 ~ a person***'s confession* [*oath*]** …의 고백[서약]을 듣다

re·ceived [risíːvd] *a.* Ⓐ 받아들여진: a ~ text 표준판

Recéived Pronunciátion 〚음성〛 표준 발음 《Received Standard (English)의 발음; 略 R.P.》

Recéived Stándard (Énglish) 공인 표준 영어 《영국의 public school 및 Oxford, Cambridge 대학 출신자가 쓰는 영어》

‡**re·ceiv·er** [risíːvər] *n.* **1 받는 사람**, 수취인; 접대하는 사람 **2 수화기 3** 받는[모으는] 그릇 **4** 〚법〛 (파산된) 재산 관리인 **5** 〚상업〛 수납원 **6** 장물 취득자
~·shìp *n.* Ⓤ 관재인(管財人)의 직[임기]; 재산 관리(를 받는) 상태

re·ceiv·ing [risíːviŋ] *a.* 수신의: a ~ aerial[antenna] 〚통신〛 수신 안테나
— *n.* Ⓤ **1** 받음 **2** 장물 취득

recéiving ènd 받는 쪽; 싫어도 받아들일 수 밖에 없는 사람
***be at* [*on*] *the* ~** 받는 쪽이다; 공격[비난]의 대상이 되다, (…으로) 언짢은 기분을 가지고 있다 《*of*》

recéiving òrder 〚영국법〛 (파산 재산의) 관리 명령(서)

‡**re·cent** [ríːsnt] [L 「새로운」의 뜻에서] *a.* **1 최근의**, 새로운: a ~ event 최근의 사건[일] **2** [**R~**] 〚지질〛 현세(現世)의: the *R*~ epoch 현세
~·ness *n.*

‡**re·cent·ly** [ríːsntli] *ad.* **요즈음**, 요사이 《주로 과거형·현재완료형과 함께 쓰임》: I did not know it until quite ~. 나는 그것을 아주 최근까지 몰랐었다.

re·cep·ta·cle [riséptəkl] *n.* **1** 용기; 두는 곳, 저장소; 피난소 **2** 〚식물〛 꽃턱 **3** 〚전기〛 소켓, 콘센트

‡**re·cep·tion** [risépʃən] *n.* **1 환영**; **응접 2** (세상의) **평판**, 반응: a favorable ~ 호평 **3 환영회**: hold a ~ 환영회를 베풀다 **4** Ⓤ 《영》 (회사 등의) 접수처 **5** Ⓤ 받음; Ⓤ 입회 허가, 입회 **6** Ⓤ 〚통신〛 청취(상태), 수신(율); 수신[수상]력

recéption dèsk (호텔의) 접수처, 프런트

re·cep·tion·ist [risépʃənist] *n.* 《미》 (호텔·회사 등의) 접수원, 응접원

recéption òrder 《영》 (정신 이상자의) 수용 명령

recéption ròom 1 응접[접견]실; (병원 등의) 대합실 **2** 《영》 (침실·주방·화장실 등에 대응하여) 거실 《주로 부동산업자의 용어》

***re·cep·tive** [riséptiv] *a.* 《일반적으로》 **수용하는**, 〈사상·인상 등을〉 **잘 받아들이는**, 감수성[수용력]이 풍부한
***be* ~ *of* [*to*]** …을 잘[기꺼이] 받아들이다
~·ly *ad.* **~·ness** *n.*

re·cep·tiv·i·ty [rìːseptívəti] *n.* Ⓤ 수용성, 감수성

‡**re·cess** [risés, ríːses] [L 「물러가다」의 뜻에서] *n.* **1** ⓊⒸ **쉼**, 휴식, 휴게; (의회의) 휴회; 《미》 휴가; (법정의) 휴정 **2** [종종 *pl.*] 깊숙한 곳 **3** 우묵히 들어간[후미진] 곳 **4** 〚해부〛 와(窩), 오목한 곳 《기관(器官)의》 ***at* ~** 휴식 시간에 ***go into a* ~** 휴회하다 ***in* ~** 휴회 중에
— *vt.* **1** 우묵한 곳[벽감, 벽의 우묵 들어간 곳 《등》]에 놓다[감추다] **2** 우묵한 곳[벽감]을 만들다
— *vi.* 《미》 휴회하다

***re·ces·sion** [riséʃən] *n.* **1** Ⓒ 〚경제〛 (일시적) **경기후퇴, 불경기 2** Ⓤ 퇴거, 후퇴 **3** (건물·벽 등의) 쑥 들어간 곳 **4** (종교적 의식 후의) 퇴장

re·ces·sion·al [riséʃənl] *a.* (예배 후) 퇴거할 때에 부르는
— *n.* = RECESSIONAL HYMN

recéssional hỳmn 퇴장 성가

re·ces·sive [risésiv] *a.* 퇴행(退行)의, 역행하는; 〖생물〗 열성(劣性)의: ~ character 〖생물〗 열성 형질(形質)

re·charge [riːtʃɑ́ːrdʒ] *n.* **1** 재습격 **2** 재충전 **~·a·ble** *a.*

re·check [riːtʃék] *vt.* 재검토하다

re·cher·ché [rəʃέərʃei] [F] *a.* 빼어난; 〈요리·표현이〉 별난

re·cid·i·vist [risídəvist] *n.* 〖법〗 재범자; 상습범

*__rec·i·pe__ [résəpìː] *n.* **1** (요리의) **조리법** **2** 처방(전) **3** 비결: the ~ for success in business 사업에서의 성공의 비결

re·cip·i·ent [risípiənt] *n.* 수령인; 용기(容器)

*__re·cip·ro·cal__ [risíprəkəl] *a.* **1 상호간의**; 호혜적인: ~ help[love] 상호 부조[서로 사랑함] **2** 〖논리〗 환용(換用)할 수 있는 **~·ly** *ad.*

re·cip·ro·cate [risíprəkèit] *vt.* **1** 보답하다 **2** 주고받다 **3** 〖기계〗 왕복 운동을 시키다
— *vi.* **1** 보답[답례]하다 **2** 대응하다 **3** 〖기계〗 왕복 운동을 하다: *reciprocating* motion 왕복 운동

re·cíp·ro·cat·ing èngine [risíprə-kèitiŋ-] 왕복 기관

re·cip·ro·ca·tion [risìprəkéiʃən] *n.* Ⓤ 교환; 보답; 〖기계〗 왕복 운동
in ~ for …의 보답[답례]으로서

rec·i·proc·i·ty [rèsəprɑ́səti | -prɔ́s-] *n.* Ⓤ 상호 작용; 교환; 〖상업〗 상호 이익; 호혜주의: a ~ treaty 호혜 조약

*__re·cit·al__ [risáitl] *n.* **1** (음악·무용의 1인 또는 소수의) **리사이틀,** 독주[독창]회 **2** 낭독(회) **3** 자세한 설명; 이야기

*__rec·i·ta·tion__ [rèsətéiʃən] *n.* **1** Ⓤ **상술**(詳述) **2** ⓊⒸ 암송, 낭송; Ⓒ 암송문

rec·i·ta·tive [rèsətətíːv] *n.* 〖음악〗 서창(敍唱), 레시터티브
— *a.* 레시터티브(풍)의

‡**re·cite** [risáit] *vt., vi.* **1** (청중 앞에서) **읊다,** 암송하다; **낭독[낭송]하다:** ~ a poem 시를 낭송하다 **2** 이야기하다; 열거하다: ~ one's adventures 모험담을 이야기하다

reck [rek] [동음어 wreck] [부정 또는 의문 구문] 《시어·문어》 *vi.* 개의하다, 마음을 쓰다(care) 《*of, with*》
— *vt.* **1** 개의하다: They do not ~ *what* may become of him. 그들은 그가 어찌되든 개의치 않는다. **2** [비인칭의 it를 동반하여] 〈…에게〉 중요하다

‡**reck·less** [réklis] *a.* **1 앞뒤를 가리지 않는:** ~ driving 무모한 운전 **2** 개의치 않는《*of*》 **~·ly** *ad.* **~·ness** *n.*

‡**reck·on** [rékən] *vt.* **1** 〈수를〉 **세다,** 계산하다 **2** 기산(起算)하다 **3** 평가하다 **4** 〈아무를〉 …의 하나[한 사람]로 보다, 셈에 넣다 **5** 간주하다: I ~ him as[(to be), for] a wise man. 그를 현명한 남자라고 생각한다.
— *vi.* **1 계산하다**; 수를 세다 **2** 《구어》 생각하다, 추정하다: He will come soon, I ~. 그는 곧 오리라고 생각하네.
~ with …와 직면[대립]하다; …에 대하여 청산하다; …을 고려에 넣다 ***~ without*** …을 무시하다, 간과하다, 고려에 넣지 않다 **~·er** *n.* 계산하는 사람; 청산인

*__reck·on·ing__ [rékəniŋ] *n.* Ⓤ **1 계산,** 청산 **2** Ⓒ 계산서 **3** = DEAD RECKONING
be out in [***of***] ***one's ~*** 계산을 잘못하다; 기대[의지]한 바가 어그러지다 ***the day of ~*** 계산일, 결산일; [the Day of R~] 《특히》 응보를 받는 날, 최후의 심판일

*__re·claim__ [rikléim] *vt.* **1 교정**(矯正)[**개선**]**하다:** ~ a person from a life of sin …을 죄악 생활에서 개심케 하다 **2** 개간하다; 간척하다: ~ land from the sea 바다를 간척하다 **3** 길들이다 **4** 〈미개인을〉 개화[교화]하다 **5** 〈자원을〉 재생 이용하다: ~ iron from scrap 고철에서 철을 재생 이용하다
~ed land 매립지

rec·la·ma·tion [rèkləméiʃən] *n.* ⓊⒸ 개간, 간척; (동물의) 길들임

*__re·cline__ [rikláin] [L 「뒤로 기울다」의 뜻에서] *vt.* **기대게 하다**; 눕히다: ~ one's head on a pillow 머리를 베개에 대다
— *vi.* **기대다,** 눕다; 의지하다

re·clin·er [rikláinər] *n.* **1** 기대는 사람[것] **2** = RECLINING CHAIR

re·clín·ing chàir [rikláiniŋ-] 안락의자

re·cluse [réklu:s | riklúːs] *a.* 은둔한, 쓸쓸한
— *n.* 세상을 버린 사람; 은둔[은퇴]자

‡**rec·og·ni·tion** [rèkəgníʃən] *n.* ⓊⒸ **1 인식,** 인정 **2 승인** **3** (공로 등을) 알아줌, 보답 **4** 알아봄: escape ~ 들키지 않다, 간파되지 않다
beyond [***out of***] ***~*** 알아볼 수 없을 만큼 ***in ~ of*** …을 인정하여, …의 보답[보수]으로 ***receive*** [***meet with***] ***much ~*** 크게 인정을 받다

*__rec·og·niz·a·ble__ [rékəgnàizəbl] *a.* **인식[승인]할 수 있는**; 알아볼[분간할] 수 있는 **-bly** *ad.* 곧 알아볼 수 있을 정도로

re·cog·ni·zance [rikɑ́gnəzəns | -kɔ́g-] *n.* 〖법〗 서약(서); 서약 보증금

‡**rec·og·nize** [rékəgnàiz] *vt.* **1 인정하다,** 인지하다; 승인하다: ~ a person to be honest …이 정직하다는 것을 인정하다 **2** 《미》 발언권을 인정하다 **3** (보고) 생각해 내다: ~ a person as one's son …을 자기 아들로 인지하다 **4** 〈남의 수고 등을〉 **알아주다,** 표창하다: Your services must be duly *~d.* 당신의 공로는 응분의 표창을 받아야 한다.

re-coil [rìːkɔ́il] *vt., vi.* 다시 감다[감기다]

*__re·coil__ [rikɔ́il] *vi.* **1 후퇴[패주]하다**; 뒷걸음질치다; 주춤[움찔]하다: He *~ed* at the sight. 그는 그 광경을 보고 움찔했다. **2 되튀다:** Our acts ~ (up)on ourselves. 자기 행위의 결과는 자신에게 되돌아온다. **3** 뒤로 반동하다 《총포의 발사 후》

R

— [rí:kɔ̀il, rikɔ́il] *n.* UC **1** 되튐, 뒤로 반동함 《대포의》 **2** 뒷걸음질, 위축, 진저리침

re·coil·less [ri:kɔ́illis] *a.* 반동이 적은[없는]: a ~ gun 무반동 총

re-col·lect [rì:kəlékt] *vt.* **1** 다시 모으다 **2** [~ one*self* 로] 〈마음 등을〉 진정시키다 **3** 〈용기 등을〉 북돋우다

‡**rec·ol·lect** [rèkəlékt] *vt.* **생각해 내다,** 회상하다: I don't ~ you. 당신을 본 기억이 없습니다.

— *vi.* 생각나다, 기억나다 《remember에 비해, 잊어버린 것을 생각해 내기 위해 특별히 노력한다는 뜻이 강함》

‡**rec·ol·lec·tion** [rèkəlékʃən] *n.* **1** UC 회상 **2** UC 기억(력) **3** [종종 *pl.*] 추억, 회고록 ***be past*** [***beyond***] **~** 생각해 내지 못하다 ***in*** [***within***] one***'s* ~** …의 기억 속에 남아 있는 ***to the best of my* ~** 내가 기억하는 한에는, 내 기억이 맞다면

re·com·bi·nant [rì:kʌ́mbənənt | -kɔ́m-] *n., a.* 〚유전〛 (유전자 간의) 재조합형(의)

re·com·bi·na·tion [rì:kɑmbənéiʃən | -kɔm-] *n.* U 재결합; 〚유전〛 재조합

‡**rec·om·mend** [rèkəménd] *vt.* **1 추천[천거]하다:** ~ one's own person 자천하다 **2** 마음에 들게 하다 《*to*》: His manners ~ him. 태도가 좋아서 누구나 그를 좋아한다. **3 권하다,** 충고하다: ~ a person a long rest = ~ a long rest for a person …에게 장기 휴양을 권하다 **4** 《문어》 위탁하다, 맡기다 **~·a·ble** *a.*

‡**rec·om·men·da·tion** [rèkəmendéiʃən, -mən-] *n.* **1** U **추천;** 권고, 충고: a letter of ~ 추천장 **2** 장점

rec·om·men·da·to·ry [rèkəméndətɔ̀:ri | -təri] *a.* **1** 추천의 **2** 장점이 되는

re·com·mit [rì:kəmít] *vt.* (**~·ted**; **~·ting**) 다시 위탁하다; 〈의안 등을〉 위원회에 다시 회부하다; 다시 범하다 **~·ment** *n.* **~·tal** *n.*

‡**rec·om·pense** [rékəmpèns] *vt.* **1** 보답하다 **2** 보상하다: ~ a person for his losses 남의 손실을 보상하다

— *n.* UC 보수; 보상

re·con [rikɑ́n | -kɔ́n] *n.* 《미·구어》 = RECONNAISSANCE

— *vt., vi.* = RECONNOITER

rec·on·cil·a·ble [rékənsàiləbl, ⌐–⌐––] *a.* 조정할[화해시킬] 수 있는; 조화[일치]시킬 수 있는 **-bly** *ad.* 화해적으로

‡**rec·on·cile** [rékənsàil] *vt.* **1 화해시키다:** ~ persons to each other = ~ a person to[with] another 두 사람을 화해시키다 **2** 〈분쟁 등을〉 **조정하다,** 중재하다 **3 일치[조화]시키다:** ~ one's statements with one's conduct 언행을 일치시키다 **4** 스스로 체념[만족]케 하다: He is ~*d* to living in London. 그는 런던 생활에 만족하고 있다.

~ one***self*** [***be* ~*d***] ***to*** …을 감수하다

*__rec·on·cil·i·a·tion__ [rèkənsìliéiʃən] *n.* UC **화해;** 조정; 조화, 일치

rec·on·cil·ia·to·ry [rèkənsíljətɔ̀:ri | -təri] *a.* 화해[조정]의; 조화[일치]의

rec·on·dite [rékəndàit] *a.* 《문어》 심오한, 난해한 **~·ly** *ad.* **~·ness** *n.*

re·con·di·tion [rì:kəndíʃən] *vt.* 원상태로 되돌아가게 하다, 수리하다

re·con·firm [rì:kənfə́:rm] *vt.* 《특히》 …의 예약을 재확인하다

re·con·fir·ma·tion [rì:kɑnfərméiʃən | -kɔn-] *n.* 재확인

re·con·nais·sance [rikɑ́nəsəns, -zəns | -kɔ́nəsəns] *n.* UC 〚군사〛 정찰; 정찰대: a ~ regiment 〚군사〛 수색연대

recónnaissance sàtellite 정찰 위성

re·con·noi·ter | -tre [rì:kənɔ́itər | rèk-] *vt.* 정찰하다

*__re·con·sid·er__ [rì:kənsídər] *vt.* **재고하다;** 〚의회〛 〈동의·투표 등을〉 재의(再議)[재심]에 부치다

— *vi.* 재고하다; 재의[재심]하다

re·còn·sid·er·á·tion *n.* U

re·con·sti·tute [rì:kɑ́nstətjù:t | -kɔ́nstitjù:t] *vt.* **1** 재구성[재편성]하다 **2** 〈분말 식품 등을〉 (물을 타서) 원래대로 되게 하다: ~ powdered milk 분유에 물을 타서 액상 우유로 하다

‡**re·con·struct** [rì:kənstrʌ́kt] *vt.* **1 재건하다,** 부흥하다, 개조하다 **2** 〈사건을〉 재현하다, 재구성하다

‡**re·con·struc·tion** [rì:kənstrʌ́kʃən] *n.* U **재건,** 복구, 부흥; C 재건[복구]된 것

‡**re·cord**[1] [rikɔ́:rd] [L 「마음에 환기하다, 상기하다」의 뜻에서] *vt.* **1 기록하다;** 기록에 남기다: ~ history in books 역사를 책에 기록하다 **2 녹음[녹화]하다:** His speech has been ~*ed* on tape. 그의 연설은 테이프에 녹음되어 있다. **3** 〈온도계 등이〉 표시하다

— *vi.* 녹음[녹화]하다

‡**rec·ord**[2] [rékərd | -kɔ:d] *n.* **1** UC **기록,** 등록 **2 경력,** 이력; 신원; **성적** **3 레코드,** 음반 **4** 경기 **기록;** 최고 기록 **5** 〚컴퓨터〛 레코드 《file의 구성 요소가 되는 정보의 단위》

beat [***break, cut***] ***the* ~** 기록을 깨뜨리다 ***for the* ~** 공식적인[으로], 기록하기 위한[위해] ***go*** [***place*** one***self***] ***on* ~** 공식으로 의견을 말하다, 언질을 주다 ***off the* ~** 비공식의; 공표해서는 안 되는 ***on the* ~** 기록에 실려[실린]; 공표되어

— *a.* A 기록적인: a ~ crop (기록적인) 대풍작

récord brèaker 기록을 깨뜨린 사람

rec·ord-break·ing [rékərdbrèikiŋ] *n., a.* 기록을 깨뜨림[깨뜨린], 전례 없음[없는]

re·córd·ed delívery [rikɔ́:rdid-] 《영》 등기 배달 우편(《미》 certified mail)

‡**re·cord·er** [rikɔ́:rdər] *n.* **1 기록 담당자** **2** 기록기; 녹음[녹화]기: a time ~ 시간 기록기

récord hòlder 기록 보유자

*__re·cord·ing__ [rikɔ́:rdiŋ] *n.* **1** UC 녹음, 녹화: make a ~ of …을 녹음[녹화]하다 **2** 녹음[녹화]된 것 《레코드·테이프》

— *a.* 기록하는

recórding àngel [the ~] 〖그리스도교〗 기록 담당 천사 《인간의 생전의 행위를 기록》
récord lìbrary 레코드 대출 도서관
‡**récord plàyer** **레코드플레이어**, 전축
re·count [rìːkáunt] *vt.* 다시 세다, 계산을 다시 하다
— [ㅅ스] *n.* (투표 등의) 재계표
***re·count** [rikáunt] *vt.* **자세히 말하다**; 열거하다
re·coup [rikúːp] *vt.* **1** 〖법〗 공제하다 **2** 보상[변상]하다: He *~ed* me for the loss. 그는 내게 손해액을 변상해주었다.
~ one***self*** 비용[손실]을 메우다[회복하다]
***re·course** [ríːkɔːrs | rikɔ́ːrs] *n.* **1** Ⓤ 의지, 의뢰 **2** 의지하는 것[사람]
have ~ to …에 의지하다, …을 수단으로 사용하다
re·cov·er [rìːkʌ́vər] *vt.* **1** 다시 덮다, 덮개를 다시 하다 **2** 갈아 바르다[붙이다]
‡**re·cov·er** [rikʌ́vər] *vt.* **1 되찾다, 회복하다 2** 〈손실을〉 벌충하다; 〖법〗 〈손해 배상을〉 받다: ~ damages for false imprisonment 불법 감금에 대한 배상을 받다 **3** 회수하다; 재생시키다: ~ usable things from waste 폐기물에서 유용한 것을 재생하다
~ one***self*** 제정신으로 돌아오다; 침착해지다; 몸의 균형을 되찾다; 손발이 자유로워지다
— *vi.* **1 건강을 회복하다 2** 원상태로 복구되다 **3** 〖법〗 승소하다, 권리를 되찾다
— *n.* ⓊⒸ 자세의 회복(recovery)
re·cov·er·a·ble [rikʌ́vərəbl] *a.* 회복 가능한, 되찾을 수 있는
‡**re·cov·er·y** [rikʌ́vəri] *n.* (*pl.* **-er·ies**) ⓊⒸ **1 되찾기**; (건강의) **회복, 완쾌 2** 〖법〗 권리의 회복
recóvery ròom (병원의) 회복실
rec·re·ant [rékriənt] 《문어·시어》 *a.* **1** 겁많은, 비겁한 **2** 변절한
— *n.* 겁쟁이, 비겁자; 배반자
re-cre·ate [rìːkriéit] *vt.* 다시 만들다, 개조하다; 재현하다
***rec·re·ate** [rékrièit] *vt.* **1** [~ one*self* 로] **휴양하다**, 기분 전환을 하다 **2** 기운을 회복시키다
— *vi.* 휴양하다, 기분 전환을 하다
re-cre·a·tion [rìːkriéiʃən] *n.* Ⓤ 개조; 재현
‡**rec·re·a·tion** [rèkriéiʃən] *n.* ⓊⒸ **휴양**; 오락, 레크리에이션
***rec·re·a·tion·al** [rèkriéiʃənl] *a.* **휴양의**, 오락의
recreátion gróund 《영》 유원지
recreátion ròom[hàll] 《미》 오락실
re·crim·i·nate [rikrímənèit] *vi., vt.* 되받아 비난하다 **re·crìm·i·ná·tion** *n.* **-na·tò·ry** *a.* 되받아 비난하는
réc ròom [rék-] 《미·구어》 오락실 (recreation room)
re·cru·des·cence [rìːkruːdésns] *n.* ⓊⒸ 재발; 재연 **-dés·cent** [-désnt] *a.*
***re·cruit** [rikrúːt] *n.* **신병, 보충병; 신회원**, 풋내기; 신입생
— *vt.* **1** 신병[신회원]을 모집하다 **2** 《문어》 〈체력을〉 회복시키다
~ one***self*** 휴양하다
— *vi.* 신병[신회원]을 모집하다[가입시키다] **~·er** *n.*
re·cruit·ment [rikrúːtmənt] *n.* ⓊⒸ 신병 모집; 신규 모집, 채용, 보충
rec·ta [réktə] *n.* RECTUM의 복수
rec·tal [réktl] *a.* 〖해부〗 직장(直腸)의
***rec·tan·gle** [réktæ̀ŋgl] [L 「바른 각」의 뜻에서] *n.* **직사각형**
***rec·tan·gu·lar** [rektǽŋgjulər] *a.* **직사각형의**; 직각의
rec·ti·fi·ca·tion [rèktəfikéiʃən] *n.* Ⓤ 개정, 교정(矯正); 조정; 〖화학〗 정류(精溜); 〖전기〗 정류(整流)
rec·ti·fi·er [réktəfàiər] *n.* **1** 개정[수정]자 **2** 〖화학〗 정류기(器); 〖전기〗 정류기[관]
rec·ti·fy [réktəfài] *vt.* (**-fied**) **1** 개정[수정]하다, 고치다 **2** 〖화학〗 정류(精溜)하다; 〖전기〗 정류(整流)하다
rec·ti·lin·e·ar [rèktəlíniər], **-lin·e·al** [-iəl] *a.* 직선의; 직선으로 나가는
rec·ti·tude [réktətjùːd | -tjùːd] *n.* Ⓤ 《문어》 정직, 청렴
rec·to [réktou] *n.* (*pl.* **~s**) (opp. *verso*) (서적의) 오른쪽 페이지; 종이의 표면 — *a.* Ⓐ 오른쪽 페이지의
***rec·tor** [réktər] [L 「지배자·지도자」의 뜻에서] *n.* **1** 〖영국국교〗 **교구 목사**; 《미》 (신교 감독파의) 교구 목사 **2** 교장, 학장, 총장
rec·to·ry [réktəri] *n.* (*pl.* **-ries**) 《영》 rector의 주택[영지, 수입]
rec·tum [réktəm] *n.* (*pl.* **~s, -ta** [-tə]) 〖해부〗 직장(直腸)
re·cum·bent [rikʌ́mbənt] *a.* 드러누운 **-ben·cy** [-bənsi] *n.* Ⓤ 드러누움
re·cu·per·ate [rikjúːpərèit] *vt.* 〈건강·손실 등을〉 회복하다
— *vi.* (병·손실 등에서) 회복하다, 만회하다 **re·cù·per·á·tion** *n.* Ⓤ 회복, 만회
re·cu·per·a·tive [rikjúːpərèitiv | -pərə-] *a.* 회복시키는; 회복력이 있는
***re·cur** [rikɔ́ːr] *vi.* (**~red**; **~·ring**) **1 되돌아가다**, 되돌아가 말하다; 마음에 다시 떠오르다 **2** 재발하다; 반복되다 **3** 〖수학〗 순환하다
~ in[on, to] the mind[memory] 다시 마음에 떠오르다; 생각해 내다
re·cur·rence [rikɔ́ːrəns | -kʌ́r-] *n.* ⓊⒸ 재현, 재발(repetition); 순환
re·cur·rent [rikɔ́ːrənt | -kʌ́r-] *a.* 재발[재현]하는, 정기적으로 일어나는 **~·ly** *ad.*
re·cur·ring [rikɔ́ːriŋ] *a.* 되풀이하여 발생하는; 〖수학〗 순환하는
re·cy·cle [rìːsáikl] *vt.* 재생[재활용]하여 이용하다, 재활용하다
-cla·ble *a.* **-cling** *n.*
‡**red** [red] [동음어 read[2]] *a.* (**red·der**; **~·dest**) **1 붉은**: a ~ rose 붉은 장미 **2** 〈털·피부 등이〉 붉은 **3** (노염·부끄럼 등으로) 빨개진: He turned ~ with anger. 그는 화가 나서 빨개졌다. **4** 피에 물든; 핏발선 **5** 〖회계〗 적자의: a ~ balance sheet 적자 대차 대조표 **6** [종종

R

R~] 적화된; 공산주의의: ~ activities 적화 운동
paint the town ~ 《속어》 야단법석하다, 대소동을 일으키다 ***turn ~*** 빨개지다; 적화(赤化)되다
— *n.* **1** ⓊⒸ **빨강,** 빨간색; 빨간 그림물감 **2** 빨간 헝겊, 빨간 옷 **3** [종종 **R~**] 공산당원[주의자]; [the R~s] 적군(赤軍) **4** [the ~] 〖회계〗 적자
get[***come***] ***out of ~*** 적자를 면하다 ***go***[***get***] ***into*** (***the***) ***~*** 《미》 적자를 내다
réd·ness *n.*

réd ádmiral (북미·유럽산) 멋쟁이류(類)의 나비

réd alért 최종 단계의[긴급] 공습 경보

red·bird [rédbə̀:rd] *n.* 〖조류〗 **1** =CARDINAL *n.* 2 **2** 참샛과(科)에 속하는 피리새의 일종

réd blóod cèll[**còrpuscle**] 적혈구

red-blood·ed [-blʌ́did] *a.* Ⓐ 《구어》 남자다운, 기운찬, 씩씩한

red·breast [-brèst] *n.* 〖조류〗 (가슴이 붉은) 방울새

red·brick [-brìk] [오래된 대학은 석조인데 비해 19-20세기에 창설된 대학은 연와조인 데서] 《영》 *a.* Ⓐ [종종 **R~**] 〈대학이〉 근대에 창설된: a ~ university 근대 대학 — *n.* [종종 **R~**] 근대 대학

red·cap [-kæ̀p] *n.* 《영·군대속어》 헌병; 《미》 (붉은 모자를 쓴) 짐꾼 《철도 등의》

réd cárpet (고관의 출입로에 까는) 붉은 융단; [the ~] 극진한 예우[대접, 환영]

red-car·pet [-kɑ́:rpit] *a.* Ⓐ 정중한: a ~ reception 극진한 환영

réd céll =RED BLOOD CELL

réd cént 《미·구어》 1센트 동전

Réd Chína 《구어》 중공, 중국

réd clóver 〖식물〗 붉은토끼풀 《사료용》

red·coat [-kòut] [원래 붉은 옷을 입고 있었던 데서] *n.* 영국 군인 《미국 독립 전쟁 당시의》

réd córpuscle 적혈구

Réd Créscent [the ~] 적신월사(赤新月社) 《이슬람 국가의 적십자사에 해당하는 조직》

⁑**Réd Cróss** [the ~] **적십자사**(=~ **Society**); 십자군 (표지); [**r~ c~**] (흰 바탕에 붉은색의) 성(聖)조지 십자장(章) 《잉글랜드의 국장(國章)》

réd dèer 〖동물〗 붉은사슴 《유라시아 대륙산》; 흰꼬리사슴 《미국 및 남미 북부산》

***red·den** [rédn] *vt.* **붉게 하다**; 얼굴 붉히게 하다
— *vi.* 붉어지다; (노염·부끄럼으로) 빨개지다: His face *~ed* with anger. 그의 얼굴은 노염으로 빨개졌다.

***red·dish** [rédiʃ] *a.* **불그스름한**

red·dle [rédl] *n.* Ⓤ 〖광물〗 대자석(代赭石), 자토(赭土)

réd dúster =RED ENSIGN

re·dec·o·rate [rì:dékərèit] *vt., vi.* 다시 장식하다

re·deem** [ridí:m] *vt.* **1 되사다**; 〈저당물을〉 **도로 찾다 2** 〈쿠폰·상품권 등을〉 상품으로 바꾸다 **3** 〈약속·의무를〉 이행하다 **4** 〈결점 등을〉 **메우다,** 벌충하다 **5** (노력하여) 회복하다 **6** 속신(贖身)하다; 〖신학〗 〈하느님·그리스도가〉 구속(救贖)하다; 속죄하다 ~ oneself***[one***'s life***] 속전을 내어 목숨을 건지다

re·deem·a·ble [ridí:məbl] *a.* 되살 수 있는, 〈저당물을〉 되찾을 수 있는; 상환할 수 있는

re·deem·er [ridí:mər] *n.* 속바치는[구제해 주는] 사람; [the[our] R~] 예수 그리스도(Jesus Christ)

re·deem·ing [ridí:miŋ] *a.* 〈결점·실망 등을〉 보충하는: a ~ feature[point] 다른 결점을 보충할 만한 장점

***re·demp·tion** [ridémpʃən] *n.* Ⓤ **1 되찾기,** 되사기, 저당 잡힌 것을 도로 찾음; 속전을 내어 〈죄인을〉 석방시킴; 상환; 이행; 보상 **2** 〖신학〗 (그리스도에 의한) 구속(救贖), 구원
beyond[***past, without***] ***~*** 회복할 가망이 없는; 구제할 길이 없는

re·demp·tive [ridémptiv] *a.* 속죄의

réd énsign [때로 **R~ E~**] (영국 상선이 달던) 대영제국기(旗)

re·de·ploy [rì:diplɔ́i] *vt., vi.* 〈부대·공장 시설 등을〉 이동[전환]시키다[하다]
~·ment *n.* Ⓤ 이동, 이전, 배치 전환

re·de·vel·op [rì:divéləp] *vt.* 재개발하다
~·ment *n.* Ⓤ 재개발

réd-eye spécial 심야[야간] 비행편

red-faced [-féist] *a.* 얼굴이 붉은; 얼굴을 붉힌

réd flág 붉은 기, 적기 《혁명·위험 신호·개전을 표시하는》; [the R~ F~] 적기가(歌), 혁명가 《영국 노동당의 당가》

réd fóx 〖동물〗 붉은여우

réd gíant 〖천문〗 적색 거성 《표면 온도가 낮고 붉게 빛나는 큰 별》

réd gróuse 〖조류〗 붉은뇌조 《영국산(産)》

red-hand·ed [-hǽndid] *a.* Ⓟ 현행범의
be caught[***taken***] ***~*** 현행범으로 붙잡히다

réd hát 〖가톨릭〗 추기경(cardinal)의 모자; 《영·속어》 참모 장교

red·head [-hèd] *n.* 머리털이 빨간 사람; 〖조류〗 흰죽지오리 《유럽·아메리카산》

red·head·ed [-hèdid] *a.* 머리털이 빨간; 〈특히 새가〉 머리가 붉은

réd héat 적열(赤熱) (상태·온도)

réd hérring 훈제한 청어; 남의 관심을 딴 데로 돌리게 하는 것; 사람을 헷갈리게 하는 정보

***red-hot** [rédhɑ́t | -hɔ́t] *a.* **1 새빨갛게 단**; 열렬한, 몹시 흥분한 **2** 〈뉴스 등이〉 최신의

re·dif·fu·sion [rì:difjú:ʒən] *n.* Ⓤ 〖라디오·TV〗 (극장·영화관에서 하는) 프로의 공개 방송[상영]

Réd Índian (종종 경멸) =AMERICAN INDIAN

re·di·rect [rì:dirékt, -dai-] *vt.* 새 방향으로 돌리다; 《영》 〈편지의〉 수신인 이름[주소]을 고치다

re·dis·trib·ute [rì:distríbjut | -bju:t] *vt.* 재분배[재구분]하다
rè·dis·tri·bú·tion *n.*

R

re·dis·trict [rì:dístrikt] *vt.* 《미》 〈행정 구역·선거구를〉 재구획하다
re·di·vide [rì:diváid] *vt., vi.* 재분배[재구분]하다[되다]; 새로 분배[구분]하다
re·di·vi·sion [rì:divíʒən] *n.* UC 재분배[재구분](된 것)
réd léad [-léd] 연단(鉛丹), 광명단(光明丹) 《산화납으로 만든 물감》
réd-lét·ter dày [rédlétər-] [달력에 붉은 글자로 나타내는 데서] 축제일, 경축일; 기념일, 추억에 남을 날
∗**réd líght** (철도 등의) **적신호,** 위험 신호
réd-líght dìstrict [-láit-] 홍등가
réd màn 《고어》 =RED INDIAN
réd méat 붉은 고기 《쇠고기·양고기 등》
red-neck [-nèk] *n.* 《미·구어》 《경멸》 (남부의 교양 없는[가난한]) 백인 노동자
réd ócher 석간주(石間硃), 대자석(代赭石)
red·o·lence, -len·cy [rédələns(i)] *n.* U 《문어》 방향(芳香), 향기
red·o·lent [rédələnt] *a.* 《문어》 **1** 좋은 냄새가 나는; 냄새가 짙은 **2** P 〈…을〉 상기시키는, 암시하는 **~·ly** *ad.*
∗**re·dou·ble** [ri:dʌ́bl] *vt.* **다시 배가**(倍加)**하다;** 강화하다, 배증(倍增)하다: ~ one's efforts 노력을 배가하다
— *vi.* 배가되다, 강화되다
re·doubt [ridáut] *n.* 〖축성〗 사각형 보루; 요새
re·doubt·a·ble [ri:dáutəbl] *a.* 《문어·익살》 **1** 가공할 **2** 외경스러운
re·dound [ridáund] *vi.* **1** 〈신용·이익 등을〉 늘리다, 높이다 **2** 〈행위가 결과로서〉 되돌아오다
red-pen·cil [rédpénsl] *vt.* (**~ed**; **~·ing** | **~led**; **~·ling**) (빨간 연필로) 정정하다
réd pépper 〖식물〗 고추; 고춧가루
re·draft [rì:drǽft | -drɑ́:ft] *vt.* 다시 쓰다; 다시 기초하다
réd rág 〈소·사람 등을〉 성나게 하는 것
re-dress [rì:drés] *vt.* 다시 입히다; 붕대를 다시 감다
∗**re·dress** [ridrés] 《문어》 *vt.* **바로잡다;** 〈균형을〉 되찾다; 〈불만의〉 원인을 없애다
~ the balance 균형을 회복하다
— [rí:dres] *n.* UC **시정;** 교정; 보상
Réd Ríver [the ~] 레드 리버 《미국 Texas, Oklahoma 두 주(州)의 경계를 흘러 Mississippi 강으로 합류》
Réd Séa [the ~] 홍해(紅海)
red·skin [-skìn] *n.* 《종종 경멸》 = AMERICAN INDIAN
réd squírrel 〖동물〗 붉은날다람쥐 《북미산》; 유럽다람쥐 《영국 원산》
red·start [-stɑ̀:rt] *n.* 〖조류〗 딱새, 상딱새
réd tápe [영국에서 공문서 묶는 데 쓴 빨간 끈에서] (까다로운) 관청식, 관료적 형식주의
réd tíde 적조(赤潮)
⁑**re·duce** [ridjú:s | -djú:s] [L 「뒤로 되돌리다」의 뜻에서] *vt.* **1 줄이다;** 축소하다: ~ one's weight 체중을 줄이다 **2** 낮추다(lower); (어려운 지경에) 빠뜨리다: ~ prices by[to] 100 dollars 값을 100달러 내리다 **3 진압하다:** ~ the rebels to submission 폭도를 진압하다 **4** (간단하게) 정리하다: ~ a speech to writing 연설을 글로 옮기다 **5** 〖수학〗 환산하다, 통분하다, 약분하다: ~ an equation 방정식을 풀다 **6** 〖화학〗 환원시키다 — *vi.* **줄다;** (절식 등으로) 체중을 줄이다 **re·dúc·i·ble** *a.*
re·duced [ridjú:st | -djú:st] *a.* **1** 줄인: at a ~ price 할인 가격으로 **2** 영락한: in ~ circumstance 몰락[영락]하여
re·duc·ti·o ad ab·sur·dum [ridʌ́k-tiòu-æd-æbsə́:rdəm] [L =reduction to absurdity] *n.* 〖논리〗 귀류법(歸謬法), 배리법(背理法), 간접 증명법
⁑**re·duc·tion** [ridʌ́kʃən] *n.* **1** UC **축소,** 삭감; 할인; 축도(縮圖) **2** U 변형, 정리 **3** U 〖수학〗 약분; 환산; 〖화학〗 환원법
re·dun·dan·cy, -dance [ridʌ́n-dəns(i)] *n.* (*pl.* **-cies**; **-dan·ces**) UC 여분, 과잉(물); 쓸데없는 말
re·dun·dant [ridʌ́ndənt] *a.* **1** 〈표현이〉 장황한; 여분의 **2** 잉여의 〈노동자〉 **~·ly** *ad.*
re·du·pli·cate [ridjú:pləkèit | -djú:-] *vt.* **1** 이중으로 하다, 배가하다, 되풀이하다 **2** 〖문법〗 〈문자·음절을〉 중복하다
re·du·pli·ca·tion [ridjù:pləkéiʃən | -djù:-] *n.* UC **1** 배가; 반복 **2** 〖문법〗 (어두·음절의) 중복
réd wíne 붉은 포도주
red·wing [rédwìŋ] *n.* 〖조류〗 개똥지빠귀의 일종
red·wood [-wùd] *n.* 〖식물〗 아메리카삼나무; U 《일반적으로》 적색 목재
re·ech·o [rì:ékou] *vt., vi.* 다시 반향하다, 울려 퍼지다
⁑**reed** [ri:d] [동음어 read¹] *n.* **1** 〖식물〗 **갈대:** ~ shaken with the wind 바람에 흔들리는 갈대; 주견 없는 사람 **2** [*pl.*] 《영》 (지붕 이는) 마른 갈대 (이엉) **3** 〖음악〗 리드; [the ~s] 리드 악기(부)
a broken [***bruised***] ***~*** 〖성서〗 부러진[상한] 갈대; 믿을 것이 못되는 사람[것]
— *vt.* **1** 〈집·지붕을〉 갈대로 이다 **2** 갈대로 꾸미다
réed ìnstrument 리드 악기 《reed가 있는 bassoon, clarinet, oboe 등의 목관 악기》
réed òrgan 리드 오르간
réed pìpe **1** (파이프 오르간의) 설관(舌管) **2** 갈대 피리
re·ed·u·cate [rì:édʒukèit | -dju-] *vt.* 재교육하다; 〈신체 장애자 등을〉 특별 교육하다 **rè·èd·u·cá·tion** *n.* U 재교육
reed·y [rí:di] *a.* (**reed·i·er**; **-i·est**) **1** 〈장소가〉 갈대가 많은 **2** 갈대 같은; 호리호리한 **3** 갈대 피리 소리 같은; 〈목소리가〉 새된
∗**reef¹** [ri:f] *n.* (*pl.* **~s**) **암초,** 초(礁)
rée·fy *a.*
reef² *n.* (*pl.* **~s**) 〖항해〗 (돛의) 축범부(縮帆部) ***take in a ~*** 돛을 줄이다; 조심하여 나아가다, 신중을 기하다
— *vt.* 축범하다; 〈돛을〉 줄이다

R

reef·er[1] [ríːfər] *n.* **1** 축범하는 사람 **2** 리퍼《보통 튼튼하고 푸른천으로 만든 더블 재킷》

reefer[2] *n.* 《속어》 마리화나(marihuana)를 넣은 궐련

reefer[3] *n.* 《미·구어》 《대형》 냉장고, 냉장 트럭, 냉장선

réef knòt 〖항해〗 리프노트, 맞매듭

reek [riːk] *n.* [U] 악취
— *vi.* **1** 악취를 풍기다 **2** 《불쾌함 등의》 기미가 있다 《*with, of*》: He *~s with* flattery. 그는 아첨하는 경향이 있다. **3** 피를 뿜다 **~ *of blood*** 피비린내나다
réek·y *a.*

‡**reel**[1] [riːl] *n.* **1** 릴, 얼레, 《실 감는》 실패, 자새 **2** 《기계의》 회전 부분 **3** 감는 틀, 스풀 **4** 틀에 감은 필름; 〖영화〗 권(卷) 《보통 1권은 1,000 ft 또는 2,000 ft》
(straight [right]) off the ~ 〈실 등이〉 줄줄 곧장 풀려; 《구어》 〈말 등이〉 연달아 거침없이
— *vt.* **1** 〈실을〉 얼레에 감다, 잣다: ~ silk in a frame 명주실을 얼레에 감다 **2** 릴[얼레]로 감아 끌어당기다 《*in, up*》: ~ a fish *in*[*up*] 릴을 감아 물고기를 끌어올리다
~ *off* 〈고치에서 실 등을〉 켜[뽑아]내다; 거침없이[술술] 이야기하다[쓰다]

reel[2] *vi.* **1** 비틀거리다, 갈지자 걸음으로 걷다 **2** 현기증을 일으키다

reel[3] *n.* **1** 릴 《스코틀랜드 고지 사람의 경쾌한 춤》 **2** 그 곡

∗**re·e·lect** [rìːilékt] *vt.* 재선[개선]하다
rè·e·léc·tion *n.*

∗**re·en·ter** [rìːéntər] *vt.* **1** 다시 들어가다 **2** 다시 가입하다 **3** 다시 기입(記入)하다
— *vi.* 다시 들어가다; 다시 가입하다

re·en·try [rìːéntri] *n.* [UC] **1** 다시 들어감[넣음] **2** 《대기권에의》 재돌입

∗**re·es·tab·lish** [rìːistǽbliʃ] *n.* 재건하다

reeve [riːv] *n.* **1** 〖영국사〗 지방 행정관 **2** 《캐나다》 의장 《읍·면의회의》

re·ex·am·ine [rìːigzǽmin] *vt.* **1** 재시험하다 **2** 〖법〗 재심문하다
rè·ex·àm·i·ná·tion *n.*

ref. referee; reference; referred; reformed

re·face [rìːféis] *vt.* 〈건물·돌 등의〉 겉을 개장(改裝)하다

re·fash·ion [rìːfǽʃən] *vt.* **1** 개조[개장]하다 **2** 모양[배치]을 달리하다

re·fec·to·ry [riféktəri] *n.* (*pl.* **-ries**) 《특히 수도원·수녀원·대학 등의》 식당

‡**re·fer** [rifə́ːr] [L 「도로 날라오다」의 뜻에서] *v.* (**~red**; **~·ring**) *vt.* **1 a** 〈…을 …에게〉 알아보도록 하다, 조회하다: I was *~red* to the secretary for information. 비서에게 문의해 보라는 것이었다. **b** 〈서적 등을〉 참조하게 하다: ~ a student to a dictionary 학생에게 사전을 찾아보게 하다 **2** 주목[유의]하게 하다 **3** 위탁[부탁]하다, 회부하다: ~ a bill to a committee 의안을 위원회에 회부하다 **4** 〈이유·원인·기원 등을〉 …에 돌리다: ~ one's victory to Providence 승리를 천우신조에 돌리다
— *vi.* **1** 지시하다, 나타내다 《*to*》 **2** 참고[참조]하다 **3** 언급하다; 인용하다; 〈…을 …이라고〉 부르다 **4** 문의하다, 조회하다 **5** 관련되다: books *~ring* to chemistry 화학 참고서 **6** 〖문법〗 〈대명사가 명사 등을〉 가리키다, 받다
~ *to* a person ***as*** …을 …이라고 부르다
~·a·ble *a.*

∗**ref·er·ee** [rèfəríː] *n.* **1** 심판원, 레퍼리 **2** 《영》 신원 조회처 **3** 〖법〗 중재인
— *vt., vi.* …의 중재를 하다, 심판하다

‡**ref·er·ence** [réfərəns] *n.* **1** [UC] 《서적 등의》 참조 **2** 문의; 신용[신원] 조회처, 신원 보증인 **3** [U] 언급 **4** [U] 관련 **5** 《신원·신용 등의》 증명서 **6** [U] 《위원회 등에의》 위탁, 위임 **7** 참조문, 인용문; 참고 문헌[도서] **8** = REFERENCE MARK
in*[*with*] *~ to …에 관하여, …와 관련하여 ***make ~ to*** …에 언급하다; …을 참고하다, …에 알아[물어]보다 ***without ~ to*** …에 관계 없이, …을 상관치 않고
— *a.* [A] 참고(용)의

réference bòok 참고서, 참고 도서 《사전·지도 등》

réference lìbrary 참고 도서관

réference màrk 참조 부호

ref·er·en·dum [rèfəréndəm] *n.* (*pl.* **-da** [-də], **~s**) 국민 투표, 일반 투표

ref·er·ent [réfərənt] *n.* 〖수사학·언어〗 《단어의》 지시 대상(물)

ref·er·en·tial [rèfərénʃəl] *a.* **1** 참고의, 참조의; 참고용의 **2** 참조가 붙은

re·fer·ral [rifə́ːrəl] *n.* **1** refer하기 **2** 《진찰 후 환자를 다른 병원으로》 보내기; 면접 후 구직자를 구인처에 보내기

re·fill [riːfíl] *vt.* 다시 《꽉》 채우다, 보충하다
— [∠∠] *n.* **1** 새 보충물, 다시 채운 것 (recharge); 《볼펜 등의》 바꾸어 쓰는 심 **2** 《구어》 《음식물의》 두 그릇[잔]째

∗**re·fine** [riːfáin] *vt.* **1** 정련[제련]하다 **2** 〈말·태도 등을〉 품위 있게[우아하게] 하다, 세련하다 — *vi.* 세련되다, 품위 있게[우아하게] 되다 **re·fín·er** *n.*

∗**re·fined** [riːfáind] *a.* **1** 정제[정련]된 **2** 세련된 **3** 미묘한, 정교한

∗**re·fine·ment** [riːfáinmənt] *n.* [U] **1** 정제, 정련 **2** 세련, 고상, 우아 **3** 세밀한 구별: *~s* of cruelty 계획적으로 세밀하게 꾸며진 잔학한 짓 **4** 개선, 개량

∗**re·fin·er·y** [riːfáinəri] *n.* (*pl.* **-er·ies**) 정제[정련]소[장치]

re·fit [rìːfít] *v.* (**~·ted**; **~·ting**) *vt.* 개장(改裝)하다, 수리하다 — *vi.* 〈특히 배가〉 재장비되다
— *n.* 《특히 배의》 수리, 개장

refl. reflex(ive)

re·flate [riːfléit] *vt.* 〈통화 등을〉 다시 팽창시키다 — *vi.* 〈정부 등이〉 통화의 재팽창 정책을 취하다

re·fla·tion [riːfléiʃən] *n.* [U] 〖경제〗 《통화 수축후의》 통화 재팽창

‡**re·flect** [riflékt] [L 「뒤로 굴절하다」의 뜻에서] *vt.* **1** 반사하다, 반향하다 **2** 〈거울 등이 상을〉 비치다 **3** 반영하다, 나타내다 **4** 〈신용·불명예 등을〉 초래하다 **5** 숙고하다

— *vi.* **1** 반사하다, 반향하다 《*from*》: light ~*ing from* the water 수면으로부터 반사되는 빛 **2** 〈수면 등이〉 반사시키다; 〈거울 등이〉 상을 비치다 **3** 〈행위 등이〉 (나쁜) 영향을 미치다 **4** 숙고하다
~ ***on oneself*** 반성하다

re·fléct·ing tèlescope [rifléktiŋ-] 반사 망원경(reflector)

‡**re·flec·tion** | **-flex·ion** [riflékʃən] *n.* **1** Ⓤ **a** 반사; 반향 **b** 반영 **2 a** (거울 등의) 영상, (물 등에 비친) 그림자 **b** 《경멸》 남을 모방하는 사람, 아주 닮은 사람[언행, 사상] **3** Ⓤ **반성; 숙고 4** [종종 *pl.*] (숙고하여 얻은) 감상, 의견 **5** 비난; 불명예 ***on*** [***upon***] ~ 숙고한 나머지; 잘 생각해 보니 ***without*** (***due***) ~ 잘 생각해 보지 않고, 경솔하게

*****re·flec·tive** [rifléktiv] *a.* **1 반사하는;** 반영하는 **2** 반성[숙고]하는; 사려 깊은 **~·ly** *ad.* **~·ness** *n.*

*****re·flec·tor** [rifléktər] *n.* **반사물**[기(器)], **반사경**[판(板)]; 반사 망원경

*****re·flex** [ríːfleks] *a.* **1** 〖생리〗 **반사 작용의, 반사적인 2** 〈빛 등이〉 반사된 **3** 반성하는; 내성적인 **4** 〈효과·영향 등이〉 반동적인, 재귀적인
— *n.* 〖생리〗 반사 작용; [*pl.*] 재빨리 반응(하여 행동)하는 능력, (흔히 말하는) 반사 신경

réflex ángle 〖수학〗 우각(優角)

réflex cámera 〖사진〗 리플렉스형 카메라

re·flex·ion [riflékʃən] *n.* 《영》 = REFLECTION

re·flex·ive [rifléksiv] *a.* **1** 반사성의 **2** 〖문법〗 재귀[반사]의: a ~ pronoun 재귀 대명사
— *n.* 〖문법〗 재귀 동사[대명사] 《I *wash myself*.에서 wash는 재귀 동사, myself는 재귀 대명사》 **~·ly** *ad.*

re·flex·ol·o·gy [rìfleksɑ́lədʒi | -ɔ́l-] *n.* 〖생리〗 반사학

re·float [rìːflóut] *vt.* 〈침몰선·좌초선 등을〉 다시 떠오르게 하다, 끌어올리다
— *vi.* 인양되다, 암초에서 벗어나다

re·flux [ríːflʌ̀ks] *n.* ⓊⒸ 역류; 퇴조(退潮), 썰물

re·for·est [rìːfɔ́ːrist | -fɔ́r-] *vt.* 다시 나무를 심다 **rè·fòr·es·tá·tion** *n.*

‡**re·form** [riːfɔ́ːrm] *vt.* **1 개정[개혁, 개선]하다 2** 〈폐해·혼란 등을〉 시정[구제]하다 **3** 개심(改心)시키다
— *n.* ⓊⒸ **1** 개정, 개혁, 개선 **2** 교정, 개심 **3** 정정

re-for·ma·tion [rìːfɔːrméiʃən] *n.* ⓊⒸ 개조, 재구성, 재편성

*****ref·or·ma·tion** [rèfərméiʃən] *n.* **1 a** ⓊⒸ **개선,** 개혁 **b** Ⓤ 교정 **2** [the R~] 〖그리스도교〗 종교 개혁 《16-7세기에 천주교에 대한 신교도의》

re·for·ma·tive [rifɔ́ːrmətiv] *a.* = REFORMATORY

re·for·ma·to·ry [rifɔ́ːrmətɔ̀ːri | -təri] *a.* **1** 개혁[개선]의 **2** 교정의, 교화적인
— *n.* (*pl.* **-ries**) 소년원

re·formed [rifɔ́ːrmd] *a.* 개량[개선]된; 개심한

*****re·form·er** [rifɔ́ːrmər] *n.* **1** 개혁[개량]가 **2** [**R~**] 종교 개혁자

re·form·ism [rifɔ́ːrmizm] *n.* Ⓤ 개혁[개량, 혁신] 주의[운동, 정책] **-ist** *n., a.*

refórm schòol 《미》 = REFORMATORY *n.*

re·fract [rifrǽkt] *vt.* 〖광학〗 〈광선을〉 굴절시키다

re·fráct·ing tèlescope [rifrǽktiŋ-] 굴절 망원경

re·frac·tion [rifrǽkʃən] *n.* Ⓤ 〖물리〗 굴절 (작용), 굴사(屈射)
the index of ~ 굴절률

re·frac·tive [rifrǽktiv] *a.* 굴절하는; 굴절의[에 의한] **~·ly** *ad.*

re·frac·tor [rifrǽktər] *n.* **1** 굴절 매체; 굴절 렌즈 **2** 굴절 망원경

re·frac·to·ry [rifrǽktəri] *a.* **1** 〈사람·동물 등이〉 다루기 힘드는 **2** 〈병 따위가〉 난치의 **3** 〖야금〗 〈금속 등이〉 용해[처리]하기 어려운; 〈벽돌 등이〉 내화성(耐火性)의 — *n.* (*pl.* **-ries**) 내화 물질

‡**re·frain**[1] [rifréin] *vi.* **그만두다, 삼가다**: I cannot ~ from(=help) laughing. 웃지 않을 수가 없다.

*****refrain**[2] *n.* 후렴, 반복구 《시나 노래의 각 절 끝의》

‡**re·fresh** [rifréʃ] *vt.* **1 상쾌하게 하다,** 원기를 회복시키다 **2** 〈기억 등을〉 **새롭게 하다**: ~ one's memory 기억을 되살리다

re·fresh·er [rifréʃər] *n.* **1** 원기를 회복시키는 사람[것]; 음식물; 《구어》 청량 음료 **2** 〖영국법〗 특별[추가] 사례금 《사건이 오래 끌 때 barrister에게 지불하는》

refrésher còurse 재교육 강습 《전문 지식 습득·보완을 위한》

*****re·fresh·ing** [rifréʃiŋ] *a.* **1 상쾌한,** 산뜻하게 하는, 가슴이 후련한: a ~ beverage[drink] 청량 음료 **2** 새롭고 신나는 **~·ly** *ad.*

‡**re·fresh·ment** [rifréʃmənt] *n.* **1** Ⓤ **원기 회복,** 기분을 상쾌하게 함 **2** 원기를 회복시키는 것 **3** [*pl.*] **가벼운 음식물**: take some ~*s* 간단히 좀 먹다

refréshment ròom (역 등의) 식당

re·frig·er·ant [rifrídʒərənt] *a.* 식히는; 얼게 하는 — *n.* **1** 냉각[냉동]제 **2** 해열제

re·frig·er·ate [rifrídʒərèit] *vt.* 냉각시키다; 냉장[냉동]하다
re·frig·er·á·tion *n.* Ⓤ

*****re·frig·er·a·tor** [rifrídʒərèitər] *n.* **1 냉장고 2** 냉각[냉동] 장치, 냉장기

refrígerator càr 냉장차[화차] 《식품 수송용》

re·fu·el [rìːfjúːəl] *v.* (**-ed**; **~·ing** | **~led**; **~·ling**) *vt.* (…에) 연료를 보급하다 — *vi.* 연료의 보급을 받다

*****ref·uge** [réfjuːdʒ] [L 「뒤로 달아나다」의 뜻에서] *n.* **1** Ⓤ **피난,** 도피; 보호 **2 피난처,** 은신처; 《영》 (도로의) 안전 지대 **3** 의지가 되는 사람[것], 위안자, 위안물 **4** 핑계, 구실

*****ref·u·gee** [rèfjudʒíː, ´–`] *n.* (국외에의) **피난자,** 망명자; 도망자

re·ful·gence, -gen·cy [rifʌ́ldʒəns(i)]

R

n. Ⓤ 《문어》 광휘, 찬란함
re·ful·gent [rifʌ́ldʒənt] *a.* 찬란한
*__re·fund__ [rifʌ́nd] *vt.* 〈금전을〉 **갚다,** 반제[상환]하다, **환불하다**
— *vi.* 반제하다
— [ríːfʌ̀nd] *n.* ⓊⒸ **반제,** 환불, 상환
re·fur·bish [rìːfə́ːrbiʃ] *vt.* 다시 닦다[갈다]; 일신하다 **~·ment** *n.*
‡**re·fus·al** [rifjúːzəl] *n.* ⓊⒸ **1 거절,** 사퇴 **2** [보통 the ~] 취사 선택(권), 우선권, 선매권(先買權)
give* a person *a flat ~ …에게 딱 잘라 거절하다 ***give [have] the ~ of*** …의 (취사 선택의) 우선권을 주다[얻다]
‡**re·fuse**[1] [rifjúːz] *vt.* **거절[거부]하다,** 사퇴하다: ~ a person money …에게 돈을 주기를 거부하다
— *vi.* 거절[거부]하다
*__ref·use__[2] [réfjuːs] *n.* Ⓤ 《문어》 **폐물,** 찌끼, 쓰레기
— *a.* Ⓐ 폐물의, 무가치한
re·fus·er [rifjúːzər] *n.* **1** 거절자, 사퇴자 **2** 영국 국교 기피자
re·fut·a·ble [rifjúːtəbl, réfjut-] *a.* 논박[논파]할 수 있는
ref·u·ta·tion [rèfjutéiʃən] *n.* ⓊⒸ 논박, 논파
re·fute [rifjúːt] *vt.* **1** 논박하다, 논파하다 **2** 〈…의〉 잘못을 밝히다 **re·fút·er** *n.*
reg. regent; regiment; region; register(ed); registrar; regular(ly)
*__re·gain__ [rigéin] *vt.* **1** 〈잃은 것을〉 **되찾다;** 탈환하다 **2** 〈장소·상태에〉 복귀[귀착]하다 **~ one's *footing* [*feet, legs*]** 〈넘어진 사람이〉 다시 일어나다
*__re·gal__ [ríːgəl] [L 「왕의」의 뜻에서] *a.* **1** 제왕의, 왕의 **2** 제왕다운; 당당한
live in ~ splendor 왕 같은 호화로운 생활을 하다
~·ly *ad.*
re·gale [rigéil] *vt.* **1** 융숭하게 대접하다; 맘껏 즐기게 하다 **2** 〈아름다운 것·음악 등이 사람을〉 매우 기쁘게[즐겁게] 해 주다
re·ga·li·a [rigéiliə, -ljə] *n. pl.* **1** 왕권[왕위]의 표상, 즉위식의 보기(寶器) **2** 기장(記章) 《관직·협회 등의》, 훈장 **3** 화려한 예복, 성장
‡**re·gard** [rigáːrd] *vt.* **1** …으로[하게] 여기다: ~ the situation as serious 사태를 중대시하다 **2** (호의·증오감 등을 가지고) **보다,** 대하다: ~ a person with favor[dislike] …을 호의[혐오감]를 가지고 보다 **3** [보통 부정문에서] 〈…에〉 주의하다 **4** 《문어》 주목[주시]하다 ***as ~s*** 《문어》 …에 관하여는, …의 점에서는
— *n.* **1** Ⓤ **관계,** 관련 **2** Ⓤ **고려,** 관심, 배려 **3** (고려되어야 할) 점 **4** ⓊⒸ **존경,** 존중 **5** 《문어》 주시, 주목, 시선 **6** [*pl.*] (편지에서의) 안부 인사: with best ~s to …에게 안부 전해 주십시오
in* a person's *~ …에 관해서는 ***in this [that] ~*** 이[그] 점에 있어서는 ***with ~ to*** …에 관해서는 ***without ~ to[for]*** …을 고려하지 않고, …에 상관없이
re·gard·ful [rigáːrdfəl] *a.* Ⓟ 《문어》 주의[사려]깊은, 유의하는
‡**re·gard·ing** [rigáːrdiŋ] *prep.* 《문어》 …**에 관해서(는)**
*__re·gard·less__ [rigáːrdlis] *a.* **부주의한;** 관심없는, 개의치 않는
~ of …을 개의치 않고
— *ad.* 《구어》 비용[반대, 어려움, 결과 《등》]을 무릅쓰고, 여하튼: press on ~ 한눈도 팔지 않고 일을 계속하다
*__re·gat·ta__ [rigǽtə, -gáːtə] [It. 「경쟁」의 뜻에서] *n.* **레가타,** 보트 레이스
re·gen·cy [ríːdʒənsi] *n.* (*pl.* **-cies**) ⓊⒸ **1** 섭정 정치; 섭정의 직 **2** 섭정 기간[관할구] **3** [the R~] (영국의) 섭정기 《1811-20》
*__re·gen·er·ate__ [ridʒénərèit] 《문어》 *vt.* **1** 갱생시키다 **2** 재현시키다 **3** 〖생물〗 재생시키다 **4** 〈사회·제도 등을〉 혁신[쇄신]하다
— *vi.* 새 생명을 얻다, 갱생하다
— [-rət] *a.* **1** 새 생명을 얻은, 갱생 **2** 개량[쇄신]된
re·gen·er·a·tion [ridʒènəréiʃən] *n.* Ⓤ **1** 재건, 부흥, 부활 **2** 개혁, 쇄신
re·gen·er·a·tive [ridʒénərèitiv, -rət-] *a.* **1** 재생시키는; 개신하는, 개조하는 **2** 개심시키는
*__re·gent__ [ríːdʒənt] *n.* **1** [종종 **R~**] **섭정**(攝政) **2** 《미》 (주립 대학 등의) 평의원
— *a.* [명사 뒤에 써서; 종종 **R~**] 섭정하는
re·ges [ríːdʒiːz] *n.* REX의 복수
reg·gae [régei] *n.* Ⓤ 레게 《서인도 제도에서 생긴 록풍의 음악》
Reg·gie [rédʒi] *n.* 남자 이름 《Reginald의 애칭》
reg·i·cide [rédʒəsàid] *n.* Ⓤ **1** 국왕 살해, 대역 **2** 국왕 살해자
*__re·gime, ré·gime__ [rəʒíːm, rei-] [F 원래는 L 「지배」의 뜻에서] *n.* **1 제도; 정체,** 체제 **2** 〖의학〗 = REGIMEN
the ancient [old] ~ 구정체; 구체제; 구제도
reg·i·men [rédʒəmən] [L 「지배」의 뜻에서] *n.* 〖의학〗 (식사·운동 등에 의한) 섭생, 양생법
*__reg·i·ment__ [rédʒəmənt] *n.* **1** 〖군사〗 연대 **2** [종종 *pl.*] 《주로 방언》 다수, 대군(大群)
— [-mènt] *vt.* **1** 〖군사〗 연대로 편성[편입]하다 **2** 〈…을〉 엄격히 통제[조직화]하다 **règ·i·men·tá·tion** *n.* Ⓤ
reg·i·men·tal [rèdʒəméntl] *a.* Ⓐ 연대의, 연대에 배속된: the ~ colors 연대기(旗)
Re·gi·na [ridʒáinə] [L = queen] *n.* 《영》 **1** (여왕의 이름 뒤에 써서) 여왕: Elizabeth ~ 엘리자베스 여왕 **2** 〖법〗 현(現)여왕
Reg·i·nald [rédʒənəld] *n.* 남자 이름 《애칭 Reggie》
‡**re·gion** [ríːdʒən] *n.* **1** (명확한 한계가 없는 광대한) **지방, 지역 2** [종종 *pl.*] (천지를 상하로 구분한) 부분, 역(域), 경(境), 계(界), 층 **3** (활동·연구 등의) **범위, 영역,** 분야 **4 a** 행정구 **b** (1975년 스코틀랜드의 행정 구획 개혁에

따른) 주(州) 《잉글랜드 등의 county에 해당》 **5** 〖해부·동물〗 (신체의) 부위, 국부 ***in the ~ of*** …의 가까이에, 근처에, 약…

＊re·gion·al [ríːdʒənl] *a.* **1 지역 (전체)의 2** (특정) 지방의, 지방적인

re·gion·al·ism [ríːdʒənəlìzm] *n.* Ⓤ **1** 지방(분권)주의 **2** 향토애 **3** 지방적 관습[특질] **4** 〖예술〗 지방주의

⁑reg·is·ter [rédʒistər] [L 「뒤로 나르다; 기록하다」의 뜻에서] *n.* **1 등록[등기]부**(= ∠ **bòok**); (특정인의) 명부 **2** (생사 등의 공적인) 기록 **3 자동 기록기,** (금전) 등록기, 기록 표시기 **4** (특히 난방의) 통풍[온도, 환기] 조절 장치 **5** 〖음악〗 성역(聲域), 음역(音域); 음전(音栓) **6** 〖언어〗 언어 사용역 **— *vt.* 1 기재하다, 등기[등록]하다 2** 〈우편물을〉 등기로 부치다: get [have] a letter *~ed* 편지를 등기로 부치다 **3** 〈온도계 등이 온도를〉 가리키다; 〈기계가〉 저절로 기록하다 **4** 〈놀람·기쁨·노여움 등을〉 표정[몸짓]으로 나타내다
~ one***self*** 선거인 명부에 등록하다, 등록 절차를 밟다
— *vi.* **1** (호텔 등에서) **기명하다**; 서명하다; 선거인 명부에 등록하다 **2** 〈배우 등이 놀람·기쁨·노여움 등의〉 표정을 짓다 **3** 《구어》 마음에 명기되다

＊reg·is·tered [rédʒistərd] *a.* **1 등록[등기]한**: a ~ design 등록 의장(意匠) **2** 〈우편물이〉 **등기의**: a ~ letter 등기 편지

régistered bónd 기명 공채(公債)[채권]

régistered núrse 《미》 (주(州)) 공인 간호사, 등록 간호사 《略 R.N.》

régister òffice = REGISTRY 3

régister tòn 〖항해〗 (선박의) 등록 톤

reg·is·tra·ble [rédʒistrəbl] *a.* **1** 등록[등기]할 수 있는 **2** 등기로 부칠 수 있는 **3** 나타낼 수 있는

reg·is·trant [rédʒistrənt] *n.* 등록자

reg·is·trar [rédʒistrɑ̀ːr | ∠-∠] *n.* **1** 기록원, 등기 공무원, 호적 사무원 **2** (대학의) 학적 담당 사무원, 학적 계원 **3** (병원의) 입원[진료] 접수계 **4** 〖영국법〗 등록관

＊reg·is·tra·tion [rèdʒistréiʃən] *n.* **1** Ⓤ **기재,** 등기; 기명; 등기 우편: a ~ fee 등기료 **2** 등록된 사람[사항]들 **3** [집합적] 등록자 수, 등록 건수

registrátion número[**márk**] 자동차 등록 번호, 차량 번호

reg·is·try [rédʒistri] *n.* (*pl.* **-tries**) **1** Ⓤ 기재, 등기, 등록 **2** Ⓤ 등기 우편 **3** 호적 등기소
marriage at a ~ (***office***) 신고 결혼 《종교적 의식을 올리지 않는》

régistry òffice 《영》 호적 등기소

reg·nant [régnənt] *a.* [명사 뒤에서] 통치하는, 지배하는

re·gress [ríːgres] *n.* ⓊⒸ **1** 되돌아감, 후퇴 **2** 퇴보 **3** 〖천문〗 역행
— [rigrés] *vi.* **1** 되돌아가다, 복귀하다; 퇴보[퇴화]하다 **2** 〖천문〗 역행하다

re·gres·sion [rigréʃən] *n.* ⓊⒸ **1** 복귀 **2** 〖생물〗 퇴화 **3** 〖천문〗 역행

re·gres·sive [rigrésiv] *a.* **1** 후퇴하는 **2** 〖생물〗 퇴보[퇴화]하는 **3** 〖논리〗 결과에서 원인으로 소급하는

⁑re·gret [rigrét] *n.* **1 유감**; 후회 **2** (죽음·불행에 대한) 슬픔; 애도 **3** [*pl.*] **a** 유감의 뜻, 후회의 말 **b** (초대장에 대한) 사절(장) ***express ~ at*** …에 유감의 뜻을 표하다 ***express ~ for*** …을 사과하다 ***feel ~ for*** …을 후회하다
— *vt.* (**~·ted**; **~·ting**) **1 후회하다,** 섭섭하게[유감으로] 생각하다 **2** 불쌍하게 여기다; 애석하게 여기다, 아까워하다, 서운해하다 ***It is to be ~ted that ...*** …은 섭섭한[유감스러운, 애석한] 일이다

re·gret·ful [rigrétfəl] *a.* 서운해 하는, 유감의 뜻을 표하는 **~·ly** *ad.* **~·ness** *n.*

＊re·gret·ta·ble [rigrétəbl] *a.* **유감스러운,** 서운한 **-bly** *ad.*

re·group [rìːgrúːp] *vt.* 재편성하다
— *vi.* 재편성되다

Regt., regt. regent; regiment

⁂reg·u·lar [régjulər] *a.* (opp. *irregular*) **1 a 정기적인 b** 정례의, 정기의 **2** 〈생활이〉 **규칙적인,** 규칙 바른: keep ~ hours = lead a ~ life 규칙적인 생활을 하다 **3** 〈고객 등이〉 일정한; 단골의 **4 정규의,** 정식의; 면허[자격]를 얻은 **5 a** 《미·구어》 마음에 맞는 **b** 《구어》 완전한, 진짜의 **6** 《미》 〈사이즈가〉 보통의, 표준의 **7** 〖식물〗 균정(均整)한 《흔히 꽃에 대하여》 **8** 〖기하〗 등변 등각의 **9** 〖그리스도교〗 수도회에 속하는
— *n.* **1** 정규병; 정규 선수 **2** 수도사 **3** 상시 고용인[직공] **4** 《미》 (옷 등의) 표준 사이즈 **reg·u·lar·i·ty** [règjulǽrəti] *n.* 규칙적임; 질서, 균형, 조화; 일정불변; 정규, 정상

régular ármy 상비[정규]군

reg·u·lar·ize [régjuləràiz] *vt.* 《문어》 **1** 질서 있게 하다, 조직화하다 **2** 조정하다
règ·u·lar·i·zá·tion *n.*

⁑reg·u·lar·ly [régjulərli] *ad.* **1 규칙적으로 2 정기적으로 3** 격식대로, 정식으로; 적당하게

＊reg·u·late [régjulèit] *vt.* **1 규제하다 2 조절[조정]하다 3** 규칙적이 되게 하다, 규칙 바르게 하다 **-la·tive, -la·to·ry** *a.*

＊reg·u·la·tion [règjuléiʃən] *n.* **1 규칙, 규정**; 법규 **2** Ⓤ **규제; 조절**
— *a.* Ⓐ 정규의, 규정의, 표준의; 보통의: a ~ ball 정규공

reg·u·la·tor [régjulèitər] *n.* **1** 규정자, 정리자 **2** 〖기계〗 조절[조정]기; 표준 시계

Reg·u·lo [régjulòu] *n.* 《영》 레귤로 《가스 레인지의 온도 자동 조절 장치; 상표명》

re·gur·gi·tate [rigə́ːrdʒətèit] 《문어》 *vi.* **1** 〈액체나 가스를〉 되내뿜다 **2** 〈음식이〉 게워지다
— *vt.* **1** 역류시키다 **2** 토하다

re·hab [ríːhæ̀b] 《미》 *n.* = REHABILITATION
— *vt.* = REHABILITATE

re·ha·bil·i·tate [rìːhəbílətèit] *vt.* **1** 〈장애자·부상자·범죄자 등을〉 사회 복귀시키다 **2** 원상으로 복귀시키다 **3** 복직[복위·복권]시키다

＊re·ha·bil·i·ta·tion [rìːhəbìlətéiʃən] *n.* Ⓤ **1** (장애자 등의) **사회 복귀 2** 복위, 복권; 명예 회복 **3** 부흥, 재건

R

re·hash [rì:hǽʃ] *vt.* 개작하다, 재탕하다
— [ㅅㅅ] *n.* 되써먹음, 개작

re·hear [rì:híər] *vt.* (**-heard**[-hə́:rd]) **1** 다시 듣다 **2** 〖법〗 재심하다

***re·hears·al** [rihə́:rsəl] *n.* **1** Ⓤⓒ 리허설 《연극 등의》, 시연(試演)(회), 총연습(회) **2** Ⓤ 암송, 복창, 낭송 **3** (이야기·경험 등을) 자세히 말하기

***re·hearse** [rihə́:rs] *vt.* **1 연습하다,** 시연하다: ~ a new play 새 연극을 시연하다 **2** (연습을 시켜) 숙달시키다 **3** 복송[암송]하다 **4** 열거하다, 자세히 말하다
— *vi.* 복송하다; 시연하다

re·house [rì:háuz] *vt.* 새 집을 지어주다, 새 집에 살게 하다

Reich [raik] [G 「제국」의 뜻에서] *n.* [the ~] 독일(Germany)

re·i·fy [rí:əfài, réiə-] *vt.* (**-fied**) 〈추상 개념 등을〉 구체[구상]화하다, 구체화하여 생각하다

‡reign [rein] [동음어 rain, rein] [L 「(왕이) 지배하다」의 뜻에서] *n.* **1 치세,** 왕대(王代): during five successive ~*s* 5대에 걸쳐 **2** Ⓤ 군림; 통치, 지배 **3** Ⓤ 통치권, 권세: hold the ~*s* of government 정권을 잡다
— *vi.* **1 군림하다,** 주권을 잡다: ~ over people 국민을 통치하다 **2** 세력을 휘두르다 **3** 널리 퍼지다: Silence ~*s.* 만물이 고요하다.

reign·ing [réiniŋ] *a.* **1** 군림하는 **2** 널리 유행하는, 널리 퍼져 있는

re·im·burse [rì:imbə́:rs] *vt.* 〈비용을〉 갚다, 변제하다, 변상[배상]하다
~·ment *n.* Ⓤⓒ 변제, 상환, 배상

‡rein [rein] [동음어 rain, reign] [L 「누르다」의 뜻에서] *n.* **1** [종종 *pl.*] 고삐 《보통 가죽으로 된》; 유아 보호용 벨트 **2** 통제 수단, 제어
give ((***a***) ***free***[***full***]) **~** [***the ~s, a loose ~***] ***to*** …에게 자유를 주다 ***take the ~s*** (현재의 지배자 대신에) 지휘하다, 지배하다
— *vt.* **1** 〈말에〉 고삐를 매다 **2** 고삐로 조종하다 **3** 통제[억제]하다: ~ *in* one's temper 울화를 억제하다

re·in·car·nate [rì:inkɑ́:rneit | ㅡㅅㅡㅅ] *vt.* 〈영혼에〉 다시 육체를 부여하다; 환생시키다 — [-nət] *a.* 다시 육체를 부여받은; 환생한

re·in·car·na·tion [rì:inkɑ:rnéiʃən] *n.* **1** Ⓤ 다시 육체를 부여함; 영혼 재래(설), 윤회 **2** Ⓤⓒ 재생, 화신

***rein·deer** [réindìər] *n.* (*pl.* **~, ~s**) 〖동물〗 순록(馴鹿)

***re·in·force** [rì:infɔ́:rs] *vt.* **1 강화[증강, 보강]하다 2** 지원군을 보내다, 증원하다 **3** 〖심리〗 〈자극에 대한 반응을〉 강화하다
— *n.* 보강물[재]
-fórc·er *n.* 〖심리〗 강화 인자(因子)

re·in·fórced cóncrete [rì:infɔ́:rst-] 철근 콘크리트

re·in·force·ment [rì:infɔ́:rsmənt] *n.* **1** Ⓤ 보강, 강화, 증원 **2** [*pl.*] 증원 부대[함대], 지원병 **3** 보강(재), 보급(품) **4** Ⓤⓒ 〖심리〗 강화

reinfórcement thérapist 〖정신의학〗 강화 요법사

reinfórcement thérapy 〖정신의학〗 강화 요법

re·ink [ri:íŋk] *vt.* 다시 잉크를 묻히다

rein·less [réinlis] *a.* **1** 고삐 없는 **2** 속박이 없는, 구속되지 않은, 자유로운; 방종한(loose)

reins [reinz] *n. pl.* 《고어》 **1** 신장, 콩팥; 허리 **2** 〖성서〗 감정·애정이 있는 곳; 감정과 애정

re·in·state [rì:instéit] *vt.* 복위[복권, 복직]시키다; 건강을 회복시키다
~·ment *n.* 복위, 복권, 복직, 회복, 수복

re·in·sure [rì:inʃúər] *vt.* …을 재보증[재확보]하다; 재보험을 들다
-sur·ance [-ʃúərəns] *n.* Ⓤ 재보험(액)

re·is·sue [rì:íʃu:] *vt.* 〈증권·우표·통화·서적 등을〉 재발행하다
— *n.* 재발행물

***re·it·er·ate** [ri:ítərèit] *vt.* (여러 번) **되풀이하다;** 반복하여 말하다
re·it·er·á·tion *n.* 반복; 중언부언

‡re·ject [ridʒékt] [L 「뒤로 던지다」의 뜻에서] *vt.* **1 거절하다 2** 받아들이지 않다 **3** 〈위 등이 음식을〉 받지 않다, 토하다
— [rí:dʒekt] *n.* 거부된 사람[것]; 불합격자[품], 흠 있는 물건

***re·jec·tion** [ridʒékʃən] *n.* **1** Ⓤ **거절;** 배제, 폐기 **2** 폐기물 **3** Ⓤ 〖의학〗 거부 반응

***re·joice** [ridʒɔ́is] 《문어》 *vt.* 〈소식 등이〉 **기쁘게 하다**
— *vi.* **1 기뻐하다** 《*at, in, over*》: ~ *at*[*in*] another's success 남의 성공을 기뻐하다 **2** 향유하다 《*in*》: ~ *in* good health 건강을 누리고 있다.

***re·joic·ing** [ridʒɔ́isiŋ] *n.* **1** Ⓤ **기쁨,** 환희 **2** [*pl.*] 환호; 축하; 환락

re·join[1] [rì:dʒɔ́in] *vt., vi.* 재합동[재결합]시키다[하다]

re·join[2] [ridʒɔ́in] *vi.* **1** 응답[답변]하다 **2** 〖법〗 〈피고가〉 제2답변을 하다, 항변하다
— *vt.* …이라고 응답[답변]하다

re·join·der [ridʒɔ́indər] *n.* **1** 답변, 응답; 말대꾸 **2** 〖법〗 (피고의) 제2답변서

re·ju·ve·nate [ridʒú:vənèit] *vi., vt.* 다시 젊어지(게 하)다, 원기를 회복하다[시키다]

re·ju·ve·na·tion [ridʒù:vənéiʃən] *n.* Ⓤ 회춘, 원기 회복

re·kin·dle [ri:kíndl] *vt.* **1** 다시 불을 붙이다 **2** 다시 기운을 돋우다

rel. relative(ly); religion

re·lapse [rilǽps] *vi.* **1** (원래의 나쁜 상태로) 되돌아가다 **2** 〈사람이〉 병이 도지다[재발하다]
— [rilǽps, rí:læps] *n.* **1** (원래의 나쁜 상태로) 되돌아감; 타락, 퇴보 **2** (병의) 재발: have a ~ 병이 도지다

‡re·late [riléit] *vt.* **1 이야기하다 2 관계[관련]시키다;** (…)사이의 관계[관련]를 설명하다[나타내다]
— *vi.* **1** (…와) 관련이 있다; (…을) 가리키다 《*to*》: This letter ~*s to* business. 이 편지는 사업상의 것이다. **2** 부합[합치]하다 《*with*》: The evidence does

not ~ *with* the fact. 그 증거는 사실과 부합하지 않는다. **3** [종종 부정문으로] (남과) 사이좋게 지내다

be ~d to …와 관계가 있다; …와 친척[인척]간이다 ***Strange to ~*** 묘한[이상한] 이야기이지만

re·lát·er *n.*

∗**re·lat·ed** [riléitid] *a.* **1 관계가 있는**: ~ matters 관련 사항 **2 친족의**, 동족의: She is closely[distantly] ~ to me. 그녀는 나와 가까운[먼]친척 관계이다.

⁑**re·la·tion** [riléiʃən] *n.* **1** ⓊⒸ **관계**; 연관 **2** [보통 *pl.*] **a** (구체적인) 관계, 교섭 **b** (이성과의) 관계, 성교 **3** Ⓤ 친족[친척] 관계, 연고; Ⓒ 친척(「친척」의 뜻으로는 relative가 더 보통) **4** Ⓤ 진술; Ⓒ 이야기

have ~s with …와 교섭[관계]을 가지다 ***have ~ to*** …와 관계[관련]가 있다 ***in*** [***with***] ***~ to*** …에 관하여

re·la·tion·al [riléiʃənəl] *a.* **1** 관계 있는; 상관적인 **2** 친척의 **3** 문법적인 관계를 나타내는

∗**re·la·tion·ship** [riléiʃənʃìp] *n.* Ⓤ **1 관계 2 친척 관계**

degrees of ~ 촌수

⁑**rel·a·tive** [rélətiv] *n.* **1 친척 2** 〖문법〗 관계사

— *a.* **1 비교상의**; **상대적인**: ~ merits 우열 **2 관계 있는**, 관련되어 있는 **3** (…에) 호응하여 **4** 〖문법〗 관계절을 이끄는, 관계사에 이끌린

to …에 관하여, …의 비율로, …에 비례하여

⁑**rélative ádverb** 〖문법〗 **관계부사**

rélative cláuse 〖문법〗 관계사절

rélative fréquency 〖통계〗 상대 도수[빈도]

∗**rel·a·tive·ly** [rélətivli] *ad.* **상대적[비교적]으로**; (…에) 비례하여 (*to*)

⁑**rélative prónoun** 〖문법〗 **관계 대명사**

rel·a·tiv·ism [rélətivìzm] *n.* Ⓤ 〖철학〗 상대론[주의]; 〖물리〗 상대성 이론

rel·a·tiv·is·tic [rèlətivístik] *a.* **1** 상대주의의 **2** 〖물리〗 상대론적인

rel·a·tiv·i·ty [rèlətívəti] *n.* Ⓤ **1** 관계있음, 관련성, 상관(성) **2** [종종 **R~**] 〖물리〗 상대성 (이론)

the principle[***theory***] ***of ~*** 상대성 원리 (Einstein의)

⁑**re·lax** [rilǽks] *vt.* **1** 〈긴장·힘 등을〉 **늦추다 2** (정신적 긴장을) 풀게 하다, 편하게 하다 **3** 〈법·규율 등을〉 관대하게 하다 **4** 〈주의·노력 등을〉 줄이다

— *vi.* **1 a** 〈긴장·힘·추위 등이〉 **풀리다**; **나른해지다 b** 풀리어 (…으로) 되다 **2 a** 〈사람이〉 정신적 긴장을 풀다 **b** 〈사람이〉 긴장이 풀리어 (…으로) 되다 **3** 쉬다; 편히 하다

∗**re·lax·a·tion** [rìːlækséiʃən] *n.* **1 풀림, 이완**(弛緩); 경감, 완화 **2** Ⓤ 휴양; 기분 전환으로 하는 일, 오락

re·laxed [rilǽkst] *a.* **1** 관대한 **2** 긴장을 푼 **3** 느긋한; 딱딱하지 않은

re·lax·ed·ly [-lǽksidli] *ad.*

re·lax·ing [rilǽksiŋ] *a.* 〈기후 등이〉 맥 빠지게 하는, 나른한

∗**re·lay**¹ [ríːlei | riléi] [L 「뒤에 남기다」의 뜻에서] *n.* **1 교체자 2 a** (구어) **릴레이 경주**, 계주(繼走) **b** 그 선수 한 사람이 뛰는 거리 **3** (여행 도중) 바꾸어 탈 말; (사냥 등에서) 교대용 개 **4** 〖방송〗 **a** 중계: a stage ~ broadcast 무대 중계 **b** 중계 방송(= **~ bróadcast**)

— *vt.* [ríːlei, riléi] 중계하다; 〈전언 등을〉 교대하여 보내다

re·lay² [rìːléi] *vt.* (**-laid** [-léid]) 〈포석·철도 등을〉 다시 깔다

⁑**re·lease** [rilíːs] *vt.* **1 석방[방면]하다 2 풀어놓다**; 〈폭탄을〉 투하하다 **3** 면하게 하다; 〖법〗 면제하다: be ~*d* from the army 제대하다 **4** 〈영화 등을〉 개봉하다; 〈레코드 등을〉 발매하다; 〈뉴스 등을〉 발표하다, 공개하다 **5** 〖법〗 〈권리 등을〉 포기하다; 양도하다 **6** 〈핸드 브레이크 등을〉 풀다

— *n.* Ⓤ **1 석방**, 방면; 면제; 해방[석방] 영장 **2** 발사, (폭탄의) 투하 **3** ⓊⒸ 공개(물) **4** ⓊⒸ 방출(품) **5** ⓊⒸ 〖법〗 기권(증서), 양도 (증서) **6 a** (핸드 브레이크 등의) 해제 버튼[핸들] **b** (카메라의) 릴리스

reléase còpy 〖언론〗 (공식 발표 등의) 사전 보도 자료

rel·e·gate [réləgèit] *vt.* **1 a** (중요하지 않은 자리 등으로) 내쫓다, 좌천시키다 **b** (영) 〈축구팀을〉 하위 리그로 격하하다 **2** 〈사건·일 등을〉 이관하다, 위임[위탁]하다: He ~*d* the task to his assistant. 그는 그 일을 조수에게 맡겼다.

rèl·e·gá·tion *n.*

re·lent [rilént] *vi.* (화·흥분 등이 가라앉아) 마음이 누그러지다

∗**re·lent·less** [riléntlis] *a.* **냉혹한**, 잔인한, 가차 없는 **~·ly** *ad.* **~·ness** *n.*

rel·e·vance, -van·cy [réləvəns(i)] *n.* Ⓤ **1** 적절, 타당성 **2** (당면 문제와의) 관련(성) (*to*): have *relevance to* …와 관련이 있다

∗**rel·e·vant** [réləvənt] *a.* **관련된**; 적절한: matters ~ to the subject 그 문제에 관련이 있는 사항 **~·ly** *ad.*

re·li·a·bil·i·ty [rilàiəbíləti] *n.* Ⓤ 신뢰할 수 있음, 신뢰도, 확실성: a ~ test (자동차 등의) 장거리 시험

∗**re·li·a·ble** [riláiəbl] *a.* **믿을 수 있는**, 미더운, 의지가 되는 **~·ness** *n.* **-bly** *ad.*

re·li·ance [riláiəns] *n.* **1** Ⓤ 신뢰 **2** 의지할 사람[것], 의지할 곳

feel[***have, place***] ***~ upon***[***on, in***] …을 신뢰하다, …에 의지하다 ***in ~ on*** …을 신뢰하여, 의지하여

re·li·ant [riláiənt] *a.* 신뢰하는, 의지하는

∗**rel·ic** [rélik] *n.* **1** [*pl.*] (역사적) **유물**, 유품, 유적 **2** (풍속·신앙 등의) 잔재 **3** [*pl.*] 시체, 유골

rel·ict [rélikt] *n.* 〖생태〗 잔존 생물 (환경의 변화로 한정된 지역에 살아남은 생물)

⁑**re·lief** [rilíːf] *n.* Ⓤ **1** (고통·걱정·곤궁 등의) **제거, 경감**; 안심 **2 구제, 구조, 구원**; Ⓒ 원조 물자: a ~ fund 구제 기금 **3** 기분 전환 **4 교체**; Ⓒ

R

교체자[병] 5 《조각·건축》 [UC] 돋을새김: high[low] ~ 높은[얕은] 돋을새김
bring [***throw***] ***into*** ~ 부각시키다, 두드러지게 하다 ***in*** ~ 돋을새김한; 뚜렷이, 눈에 띄게 ***to*** one***'s*** ~ 한시름 놓게

relíef màp 기복 지도, 입체 모형 지도

relíef ròad (영) (자동차용) 우회로 (bypass)

‡**re·lieve** [rilíːv] *vt.* **1** 〈고통·중압 등을〉 **경감하다 2 안도케 하다 3** (고통·공포 등에서) 해방하다, 〈걱정을〉 덜다: ~ a person from fear …의 공포를 제거하다 **4 구제하다,** 구조[구원]하다: ~ the poor from poverty 빈곤에서 빈민을 구제하다 **5** 《완곡》 …을 해직[해임]하다, 면제하다; 교체하다: ~ a person of his post …을 해임하다 **6** (변화로) 〈단조로움을〉 덜다 **7 돋보이게 하다**

re·liev·er [rilíːvər] *n.* **1** 구제자[물] **2** 위안자[물]

re·lie·vo [rilíːvou] *n.* (*pl.* **~s**) 《조각·건축》 부조(浮彫), 돋을새김

‡**re·li·gion** [rilídʒən] [L 「(자기의 신앙에) 다시 얽매다」의 뜻에서] *n.* **1** [U] **종교 2** (특정의) 종교: the Christian[Buddhist] ~ 그리스도교[불교] **3** [U] 수도[신앙] 생활; 신앙(심) **4** (신앙처럼 신봉하는) 신조, 주의
be in ~ 성직자이다 ***enter into*** ~ 수도원에 들어가다, 수도자가 되다 ***make a*** ~ ***of*** do***ing*** = ***make it*** ~ ***to*** do (신조처럼 지켜서) 반드시 …하다 ***the established*** ~ 국교
~·ìsm *n.* [U] 엄격한[열렬한] 신앙심; 광신; 신앙심이 깊은 체하기 **~·ist** *n.* 독실한 신자; 광신자

re·li·gi·ose [rilìdʒióus] *a.* 믿음이 깊은; 《특히》 종교에 지나치게 열성적인
re·li·gi·os·i·ty [rilìdʒiάsəti | -ɔ́s-] *n.*

‡**re·li·gious** [rilídʒəs] *a.* **1 종교(상)의 2 종교적인,** 신앙의, 신앙심이 깊은; 경건한 **3** 양심적인, 세심한; 엄정한 **4** 수도의; 수도회에 속하는
— *n.* (*pl.* ~) 수도사, 수녀
~·ly *ad.* **~·ness** *n.*

re·line [rìːláin] *vt.* (옷 등의) 안감을 갈아 대다

∗**re·lin·quish** [rilíŋkwiʃ] *vt.* 《문어》 **1** 양도[포기]하다: ~ a lot to a realtor 토지를 부동산업자에게 넘기다 **2** 〈계획·습관 등을〉 **그만두다,** 포기하다 **3** …을 쥔 손을 늦추다, 손을 놓다 **~·ment** *n.*

∗**rel·ish** [réliʃ] [OF 「남겨진 것, 뒷맛」의 뜻에서] *n.* **1** [CU] **맛**(taste), **풍미** (flavor) **2** [U] **흥미,** 흥취 **3** 조미료, 양념 **4** [U] [보통 부정문에서] 기호(liking), 취미 **5** [UC] 소량; 기미
give ~ ***to*** …에 풍미를 더하다 ***have no*** ~ ***for*** …에 취미[흥미]가 없다 ***with*** ~ 맛있게; 재미있게
— *vt.* **1 좋아하다,** 즐기다: ~ a long journey 긴 여행을 즐기다 **2** 맛있게 먹다, 맛보다

re·live [rìːlív] *vt.* (상상으로) 다시 체험하다 — *vi.* 소생하다, 되살아나다

re·load [rìːlóud] *vt.* **1** 다시 짐을 싣다 **2** 다시 〈총알을〉 재다 — *vi.* 재장전하다

re·lo·cate [rìːloukéit | ⌐-⌐] *vt.* 다시 배치하다; 이전[이동]시키다 — *vi.* 이전[이동]하다

re·lo·ca·tion [rìːloukéiʃən] *n.* [U] 재배치, 배치 전환

∗**re·luc·tance, -tan·cy** [rilʌ́ktəns(i)] *n.* [U] **싫음,** 마지못해 함, 마음내키지 않음; 반항
with [***without***] ~ 마지못해서[기꺼이]

∗**re·luc·tant** [rilʌ́ktənt] *a.* **1 마음 내키지 않는, 싫어하는:** She seemed ~ to go with him. 그녀는 그와 함께 가고 싶은 마음이 내키지 않는 것 같았다. **2** 다루기 힘드는 **~·ly** *ad.*

‡**re·ly** [rilái] *vi.* (**-lied**) **의지하다;** 신뢰하다: The man is not to be *relied* upon. 그 남자는 신용할 수 없다.
~ ***upon a broken reed*** 신통치 않은 사람[것]에 의지하다 ~ ***upon it*** 틀림없이

rem, REM[1] [rem] [*r*oentgen *e*quivalent in *m*an] *n.* (*pl.* ~) 《의학》 렘 《방사선의 작용을 나타내는 단위》

REM[2] [*r*apid *e*ye *m*ovement] *n.* (*pl.* **~s**) 《심리·생리》 렘, 급속 안구 운동

‡**re·main** [riméin] *vi.* **1** [보어를 동반하여] …**대로이다,** 여전히 …이다: ~ faithful 변함없이 충성을 바치다 **2 남다,** 잔존[존속]하다, 살아남다: ~ on [in] one's memory 기억에 남다 **3** 머무르다: ~ abroad 외국에 체류하다 **4** …않은 채 남아 있다: Much more still ~*s* to be done. 해야 할 일은 아직 많이 남아 있다. **5** 결국 …의 것이 되다: The victory ~*ed* with the Thebans. 승리는 테베 사람에게 돌아갔다.
— *n.* [보통 *pl.*] **1** 나머지; 잔고; 잔재 **2** 잔존자 **3** (문어) 유해 **4** 유고(遺稿); 유적; (고생물 등의) 화석

∗**re·main·der** [riméindər] *n.* **1 나머지;** 나머지 사람들[것], 잔류자[물] **2** [*pl.*] 유적 **3** 《수학》 (뺄셈·나눗셈의) 나머지; 팔다 남은 책 — *vt.* 〈팔다 남은 책을〉 싸게 처분하다

re·make [rìːméik] *vt.* (**-made**[-méid]) 고쳐 만들다; 《특히》 〈오래된 영화를〉 다시 영화화하다 — [⌐-] *n.* 재영화화 작품

re·mand [rimǽnd | -mάːnd] *vt.* **1** 《법》 〈사건을〉 하급 법원으로 반송하다 **2** 《법》 〈사람을〉 (증거가 나올 때까지) 재(再)구류[유치]하다
— *n.* [U] 반송, 귀환, 재구류: on ~ 재구류 중의

remánd hòme (영) 소년 구치소

‡**re·mark** [rimάːrk] *vt.* **1 주의[주목]하다,** 감지하다 **2 말하다**
as ~ed above 위에서 말한 대로
— *vi.* 〈감상을〉 말하다
— *n.* **1** [U] 《문어》 **주의 2 의견, 비평**
make a ~ 한 마디 하다 ***make ~s*** 비평하다; 연설하다

‡**re·mark·a·ble** [rimάːrkəbl] *a.* **1 주목할 만한, 놀랄 만한 2** 비범한, 드문
~·ness *n.*

∗**re·mark·a·bly** [rimάːrkəbli] *ad.* **두드러지게**

re·mar·ry [rìːmǽri] *vt.* (**-ried**) 재혼하다[시키다] **rè·már·riage** *n.*

Rem·brandt [rémbrænt] *n.* 렘브란트 ~ **Harmenszoon van Rijn**[**Ryn**](1606-69) 《네덜란드의 화가》

re·me·di·a·ble [rimíːdiəbl] *a.* **1** 치료할 수 있는 **2** 구제[교정(矯正)]할 수 있는

re·me·di·al [rimíːdiəl] *a.* **1** 치료하는, 치료상의 **2** 구제적인; 교정하는, 개선적인 **3** 〖교육〗 보수[보충]적인 **~·ly** *ad.*

⁑**rem·e·dy** [rémədi] *n.* (*pl.* **-dies**) **1** 치료, 요법 **2** 구제책, 교정법
—*vt.* (**-died**) **1 치료하다 2** 구제하다; 교정하다

⁑**re·mem·ber** [rimémbər] *vt.* **1 생각해 내다**: He suddenly *~ed* that he made a promise with her. 그는 갑자기 그녀와의 약속이 생각났다. **2 기억하고 있다**; 잊지 않고 …하다: *R~* to get the letter registered. 그 편지를 잊지 말고 등기로 부쳐 주시오. **3** …을 고맙게[괘씸하게] 여기고 있다; …에게 선물[팁]을 주다 **4** …을 위하여 기도하다: ~ a person in one's prayer …을 위해 기도하다 **5** 《구어》 안부를 전하다: *R~* me (kindly) to Mr. X. X씨에게 안부 전해 주시오.
~ one***self*** 생각해 내다; 자기의 잘못을 깨닫다
—*vi.* **1** 상기하다 **2** …을 기억하고 있다; 기억해 두다; 기억력이 있다: if I ~ right(ly) 내 기억이 정확하다면, 틀림없이
~ ... against a person 〈사람〉에게 …으로 원한을 품다 ***~ of*** 《미》 …한 기억이 있다, …을 상기하다 ***something to ~*** one ***by*** 《구어》 일격, 일발

⁑**re·mem·brance** [rimémbrəns] *n.* **1** 기억; 회상 **2** Ⓤ 기억력 **3** Ⓤ 기념; Ⓒ 기념품 **4** [*pl.*] (안부의) 전갈
bring ... to [***put ... in***] ***~*** 생각나게 하다 ***escape*** one***'s ~*** 잊다 ***have no ~ of*** …을 전혀 기억 못하다 ***in ~ of*** …을 기념하여

Remémbrance Dày 1 《캐나다》 영령(英靈) 기념일 《제1·2차 세계 대전의 전사자를 추도함; 11월 11일》 **2** 《영》 영령 기념일 《Remembrance Sunday의 구칭》

re·mem·branc·er [rimémbrənsər] *n.* 《고어》 **1** 생각나게 하는 사람[것], 기념물 **2** 비망록

re·mil·i·ta·rize [rìːmílətəràiz] *vt.* 재군비[재무장]하다 **rè·mil·i·ta·ri·zá·tion** *n.* Ⓤ 재군비, 재무장

⁑**re·mind** [rimáind] *vt.* **생각나게 하다**: He *~s* me of his brother. 그를 보니 그의 동생 생각이 난다.
That ~s me. 그러고 보니 생각이 난다.

*__re·mind·er__ [rimáindər] *n.* **1 생각나게 하는 사람[것] 2** 주의, 암시 **3** 〖상업〗 독촉장

re·mind·ful [rimáindfəl] *a.* Ⓟ 생각나게 하는

*__rem·i·nis·cence__ [rèmənísns] *n.* **1** Ⓤ **회상,** 추억 **2** 생각나게 하는 것[일] **3** [*pl.*] 회고담, 회상록

*__rem·i·nis·cent__ [rèmənísnt] *a.* Ⓟ **상기시키는,** 암시하는
~·ly *ad.* **1** 추억에 잠기는 **2** 추억의, 회고(담)의

re·miss [rimís] *a.* 태만한, 부주의한 **~·ly** *ad.* **~·ness** *n.*

re·mis·sion [rimíʃən] *n.* ⓊⒸ **1** 〖그리스도교〗 (죄의) 사면; 면제, (모범수의) 형기 단축 **2** 경감, 완화

*__re·mit__ [rimít] *v.* (**~·ted**; **~·ting**) *vt.* **1** 〈돈을〉 **보내다,** 송금하다, 송달하다: *R~* me the money at once. = *R~* the money to me at once. 지급으로 송금해 주시오. **2** 〈죄를〉 **용서하다 3 a** 〈빚·형벌 등을〉 면제하다, 경감하다: ~ taxes *to* half the amount 세금을 반감하다 **b** 완화하다 **4** 〖법〗 〈사건을〉 이송하다; 〈문제·사건을〉 (위원회 등에) 위탁하다
—*vi.* **1** 송금하다 **2** 감퇴하다

re·mit·tance [rimítəns] *n.* ⓊⒸ **1** 송금 **2** 송금액 ***make*** (***a***) ***~*** 송금하다, 〈환어음 등을〉 발행하다

re·mit·tent [rimítənt] *a.* 〈열병 등이〉 더했다 덜했다 하는, 이장성(弛張性)의: a ~ fever 이장열(弛張熱)

re·mit·ter [rimítər] *n.* 송금인; (어음 등의) 발행인

*__rem·nant__ [rémnənt] *n.* **1** [the ~] **나머지 2** 찌꺼기; 자투리 **3** 잔존물, 유물
—*a.* 나머지 (물건)의

re·mod·el [rìːmɑ́dl | -mɔ́dl] *vt.* (~**ed**; ~**·ing** | ~**led**; ~**·ling**) …의 형(型)을 고치다, 개작[개조, 개축]하다: ~ a building into an apartment house 건물을 아파트로 개조하다

re·mold [rìːmóuld] *vt.* **1** 개조[개주(改鑄)]하다 **2** 〈자동차 타이어의〉 접지면을 재생하다 —*n.* 재생 타이어

re·mon·strance [rimɑ́nstrəns | -mɔ́n-] *n.* ⓊⒸ 간언(諫言); 항의

re·mon·strant [rimɑ́nstrənt | -mɔ́n-] *a.* 간언하는; 항의의

re·mon·strate [rimɑ́nstreit | rémənstrèit] *vi.* **1** 간언하다 **2** 항의하다
—*vt.* 항의하다

re·mon·stra·tion [rimɑ̀nstréiʃən | rèmən-] *n.* ⓊⒸ 간언, 항의, 충고

re·mon·stra·tive [rimɑ́nstrətiv | -mɔ́n-] *a.* 간언적인, 항의의

re·mon·stra·tor [rimɑ́nstreitər | rémənstrèi-] *n.* 간언하는 사람; 항의자

rem·o·ra [rémərə] *n.* 〖어류〗 빨판상어

*__re·morse__ [rimɔ́ːrs] [L 「물다」의 뜻에서] *n.* Ⓤ **후회,** 양심의 가책
without ~ 가차[사정]없이

re·morse·ful [rimɔ́ːrsfəl] *a.* 후회하는, 양심의 가책을 받는 **~·ly** *ad.*

re·morse·less [rimɔ́ːrslis] *a.* **1** 뉘우치지 않는 **2** 무자비한, 잔인한, 냉혹한 **~·ly** *ad.* **~·ness** *n.*

⁑**re·mote** [rimóut] [L 「이동된」의 뜻에서] *a.* (**re·mot·er**; **-est**) **1** 〈거리가〉 **먼,** 멀리 떨어진 **2** 원격의; 외딴, 궁벽한: a ~ village 벽촌 **3** [부사적 용법] 멀리 떨어져: dwell ~ 멀리 떨어져 살다 **4** (시간적으로) **먼, 먼 옛날[후일]의 5** 〈혈족 관계가〉 먼: a ~ ancestor[descendant] 먼 조상

R

[후손] **6**〈태도 등이〉 냉담한: with a ~ air 쌀쌀맞은 태도로 **7**〈가망·가능성 등이〉 거의 없는: ~ possibility 희박한 가능성 **8** 원격 조작의
have not the ~est*[*have only ~*] *conception*[*idea*] *of …이 무엇인지 조금도[막연하게 밖에] 모르다
~·ly *ad.* **~·ness** *n.*
remóte contról 〖전기·통신〗 원격 조작[제어], 리모트컨트롤
re·mote-con·trolled [rimóutkəntróuld] *a.* 원격 조작의
re·mould [rì:móuld] *vt.* 《영》 =REMOLD
re·mount [rì:máunt] *vt.* **1**〈말·자전거 등에〉 다시 타다; 〈사닥다리·산 등에〉 다시 오르다 **2**〈사진·보석 등을〉 갈아 끼우다
— [⏤, ⏤] *n.* 새 말; 보충 말
re·mov·a·ble [rimú:vəbl] *a.* **1** 이동할 수 있는 **2** 제거할 수 있는 **3** 면직[해임]할 수 있는
***re·mov·al** [rimú:vəl] *n.* ⓊⒸ **1** 이동; 이사: a ~ van 이삿짐 운반차 **2** 제거, 철거 **3** 해임, 면직
‡re·move [rimú:v] 〔L「제거하다」의 뜻에서〕 *vt.* **1 치우다**; 〈모자 등을〉 벗다, 떼다; **제거하다 2 옮기다**: ~ a desk to another room 책상을 다른 방으로 옮기다 **3** 《완곡》 살해하다 **4** 《문어》 물러나게 하다; 해임[면직, 해고]하다: ~ a boy from school 학생을 퇴학시키다
— vi. 《문어》 **이동하다, 이사하다**: ~ to New York 뉴욕으로 이사하다
— *n.* **1** 거리, 간격 **2** 등급; 촌수
***re·moved** [rimú:vd] *a.* **1** 떨어진 **2**〈혈연 관계가〉 …촌의 **3** 제거된; 죽은
***a* (*first*) *cousin once*[*twice*]** ~ 사촌의 자녀[손자], 종질[재종손], 5[6]등친
re·mov·er [rimú:vər] *n.* **1** 이전[전거]자 **2** 《영》 이삿짐 운반[운송]업자 **3** 제거제
REM slèep [rém-] 〖생리〗 렘 수면
re·mu·ner·ate [rimjú:nərèit] *vt.* 《문어》 **1** 보수를 주다 **2**〈노력·수고 등에〉 보답하다
re·mu·ner·a·tion [rimjù:nəréiʃən] *n.* ⓊⒸ 《문어》 보수, 보상
re·mu·ner·a·tive [rimjú:nərèitiv | -nərət-] *a.* 〈일 등이〉 이익[수익] 있는; 유리한 **~·ly** *ad.* **~·ness** *n.*
Re·mus [rí:məs] *n.* ⇨ Romulus
***Re·nais·sance** [rènəsɑ́:ns, -zɑ́:ns | rənéisəns] 〔OF「다시 태어나다」의 뜻에서〕 *n.* **1 a 문예 부흥,** 르네상스 **b** 르네상스식 미술[건축] 양식 **2** [**r~**] (문예·종교 등의) 부흥, 부활
— *a.* 문예 부흥 (시대)의, 르네상스(양식)의: ~ painters 문예 부흥기의 화가들
re·nal [rí:nəl] *a.* 〖해부〗 신장의, 신장부의: ~ diseases 신장병
re·name [rì:néim] *vt.* …에게 새 이름을 지어주다, 개명하다
re·na·scence [rinǽsns] *n.* 갱생, 재생; 부활, 부흥
re·na·scent [rinǽsnt] *a.* 재생[갱생]하는; 부활[부흥]하는; 재기하는
***rend** [rend] 〔OE「찢다, 째다」의 뜻에서〕 *v.* (**rent** [rent], **~·ed**) *vt.* **1** 《문어》 째다, 찢다 **2** 비틀어 떼다, 강탈하다 **3**〈슬픔 등이 가슴을〉 에다 **4**〈환성 등이 하늘을〉 찌르다 — *vi.* 째지다, 쪼개지다; 분열하다
‡ren·der [réndər] *vt.* 《문어》 **1** …을 …하게 하다, …이 되게 하다 **2 주다**(give) **3**〈계산서·이유·회답 등을〉 제출하다, 교부하다: ~ a bill for payment 지불 청구서를 제출하다 **4 표현하다,** 묘사하다; 연출하다, 〈음악을〉 연주하다; 번역하다: *R*~ the following into Korean. 다음 글을 한국말로 번역하라. **5** 보답하다, 주다: ~ thanks 감사[사례]하다 **6**〈지방을〉 녹여서 정제(精製)하다: ~ down fat 지방을 정제하다
~ ***up*** (1) 《문어》 …을 말하다; 〈기도를〉 올리다 (2) 《고어》 〈성 등을〉 (적에게) 내주다, 포기하다
ren·der·ing [réndəriŋ] *n.* ⓊⒸ **1** 번역(솜씨), 번역문 **2** (연극·음악 등의) 표현
***ren·dez·vous** [rɑ́:ndəvù: | rɔ́n-] [F] *n.* (*pl.* ~ [-z]) **1** (시간과 장소를 정한) **회합**(의 약속), 회동, 랑데부 **2** 회합 장소; 사람이 모이는 곳, 번화한 곳 **3** (우주선의) 랑데부 — *vi.* **1** (약속 장소에서) 만나다; 집합[집결]하다 **2**〈우주선이〉 랑데부하다
ren·di·tion [rendíʃən] *n.* ⓊⒸ 번역; 연출; 공연
ren·e·gade [rénigèid] *n.* **1** 배교자(背敎者) **2** 탈당자, 배신자
— *a.* **1** 배교의 **2** 변절한
re·nege | -negue [riníg, -nég | -ní:g] *vi.* **1** 〖카드〗 (선과 같은 종류의 패를 가지고 있으면서) 딴 패를 내다 《반칙 행위》 **2** 약속을 어기다
‡re·new [rinjú: | -njú:] *vt.* **1 새롭게 하다,** 일신하다 **2 다시 시작하다**; 재개하다 **3**〈계약 등을〉 **갱신하다 4** 보충[보완]하다 **5 새것과 바꾸다 6** 갱생시키다; 〈힘·젊음 등을〉 되찾다: ~ one's youth 되젊어지다 **7** 재건[부흥, 재흥]하다 **8**〈낡은 것을〉 새것으로 만들다
— *vi.* **1** 다시 시작되다[일어나다] **2**〈계약·어음 등의 기한을〉 갱신[계속]하다 **3** 새로워지다, 회복하다
re·new·a·ble [rinjú:əbl | -njú:-] *a.* 〈계약·어음 등을〉 계속[갱신, 연장]할 수 있는; 다시 시작할 수 있는
***re·new·al** [rinjú:əl | -njú:-] *n.* ⓊⒸ **1** 일신 **2** 부흥, 부활; 재생, 소생 **3** 재개(再開) **4** (계약·어음 등의) 갱신, 고쳐 쓰기
ren·net [rénit] *n.* Ⓤ 레닛 《치즈 제조용으로 조제된 송아지의 제4위(胃)의 내막(內膜)》
Re·no [rí:nou] *n.* 리노 《미국 Nevada 주 서부의 도시; 이혼 재판소로 유명》
go to ~ 이혼하다
Re·noir [rénwɑ:r] *n.* 르누아르 **Pierre Auguste ~** (1841-1919) 《프랑스 인상파의 대표적 화가》
***re·nounce** [rináuns] *vt.* **1** (공식으로) **포기[폐기]하다,** 기권하다; 단념하다 **2** 관계를 끊다: ~ friendship 절교하다
~·ment *n.*

ren·o·vate [rénəvèit] *vt.* **1** …을 새롭게 하다, 수선[수리]하다 **2** 기력을 회복시키다, 활기를 되찾게 하다 **3** 쇄신[혁신]하다 **rèn·o·vá·tion** *n.* [UC] 수리; 혁신 **-và·tor** *n.* 혁신[쇄신]자; 수선[수리]자

***re·nown** [rináun] *n.* [U] **명성**
of great [***high***] ~ 아주 유명한

re·nowned [rináund] *a.* 유명한, 명성 있는

‡**rent**[1] [rent] *n.* [UC] **1 지대**(地代), 소작료; **집세**; 임차료 **2** (미) 임대
For ~. (미) 셋집[셋방] 있음. ((영) To Let.)
— *vt.* 〈집·토지 등을〉 임차[임대]하다: ~ a room from a person …에게서 방을 세 얻다 — *vi.* 〈집·토지 등이〉 (얼마에) 임대되다

rent[2] *n.* **1** (의복 등의) 찢어진 곳, 해진 데 (*in*) **2** (구름·바위 등의) 갈라진 틈; 협곡(峽谷) **3** (관계·의견의) 분열; 불화

rent[3] *v.* REND의 과거·과거 분사

rent·a·ble [réntəbl] *a.* 임대[임차]할 수 있는

rent-a-car [réntəkɑ̀ːr] *n.* (미) 임대 자동차, 렌터카(업), 승용차 대여(업)

***rent·al** [réntl] *n.* **1** [U] **임대**[**임차**]료, 지대[집세] **2** (미) 임대차물(賃貸借物) **3** 렌탈업, 임대 업무 — *a.* 임대의; 임대[임차]할 수 있는

réntal lìbrary (미) 유료 대출 도서관, 대출 문고

rent·er [réntər] *n.* **1** 임차[차지(借地), 소작, 차가(借家)]인 **2** 빌려 주는 사람; 빌리는 사람

rent-free [réntfríː] *ad., a.* 땅세[집세, 사용료] 없이[없는], 임대료 없이[없는]

ren·tier [rɑːntjéi] [F] *n.* 불로 소득 생활자

re·nun·ci·a·tion [rinʌ̀nsiéiʃən] *n.* 포기, 폐기, 기권; 부인; 단념

***re·o·pen** [rìːóupən] *vt.* **1 다시 열다 2** 다시 시작하다: ~ an argument [attack] 논쟁[공격]을 재개하다
— *vi.* 다시 열리다

***re·or·gan·ize** [rìːɔ́ːrgənàiz] *vt.* **재편성하다**; 개편[개조, 개혁]하다
rè·or·ga·ni·zá·tion *n.*

rep[1], **repp** [rep] *n.* [U] 렙 (골지게 짠 천; 커튼·가구 포장용)

rep[2] *n.* **1** (구어) 대표; 외판원(representative) **2** (속어) 명성; (갱단 등의) 조직에서의 지위

rep[3] *n.* (구어) **1** = REPERTORY COMPANY **2** = REPERTORY

rep. repair; report(ed); reporter; representative; republic

Rep. Representative; Republic; (미) Republican

re·paid [riːpéid] *v.* REPAY의 과거·과거 분사

‡**re·pair**[1] [ripέər] *vt.* **1 수선**[**수리**]**하다 2** 〈건강·체력 등을〉 회복하다 **3** 〈결함·잘못 등을〉 정정[교정]하다 **4** 〈손해 등을〉 보상하다, 배상하다
— *n.* [U] **1 a 수선,** 수리; [종종 *pl.*] 수선[수리, 복구] 작업: *R*~*s* done while you wait. 〚광고〛 즉석에서 수선해 드립니다. **b** 수리 상태 **2** 회복; 보상
beyond [***past***] ~ 수리할 가망이 없는 ***in good*** [***bad***] ~ = ***in*** [***out of***] ~ 손질이 잘 되어 있는[있지 않은] ***under*** ~(***s***) 수리 중

repair[2] *vi.* (문어) **1** 가다: ~ in person to London 자신이 런던으로 가다 **2** 여럿이 가다

re·pair·man [ripέərmæ̀n | -mən] *n.* (*pl.* **-men** [-mèn | -mən]) (시계·텔레비전 등의) 수리공

rep·a·ra·ble [répərəbl] *a.* **1** 수선할 수 있는 **2** 보상[배상]할 수 있는

***rep·a·ra·tion** [rèpəréiʃən] *n.* [U] **배상**; [*pl.*] (패전국이 지불하는) 배상금
make ~ ***for*** …을 배상하다

rep·ar·tee [rèpərtíː, -téi, -pɑːr-] *n.* **1** 재치있는 응답 **2** [U] 재치있게 맞받는 재간

re·past [ripǽst | -pɑ́ːst] *n.* (문어) 식사
dainty [***rich***] ~ 성찬, 미식 ***light*** [***slight***] ~ 가벼운 식사

re·pa·tri·ate [rìːpéitrièit | -pǽtri-] *vt.* 〈포로·망명자들을〉 본국으로 송환하다
— *vi.* 본국에 돌아가다
— *n.* 본국 송환[귀환]자
re·pà·tri·á·tion *n.* [U] 본국 송환, 귀환

‡**re·pay** [riːpéi] *v.* (**-paid** [-péid]) *vt.* **1** 〈돈을〉 **갚다**: *R*~ me the money. = *R*~ the money *to* me. 돈을 갚아 주게. **2 보답하다**: ~ a visit 답례로서 방문하다
— *vi.* **1** 빚을 갚다 **2** 보답하다
~·a·ble *a.* **~·ment** *n.*

***re·peal** [ripíːl] *vt.* 〈법률 등을〉 **무효로 하다, 폐지하다**
— *n.* [UC] (법률의) 폐지, 취소, 철회

‡**re·peat** [ripíːt] *vt.* **1 되풀이하다 2** 되풀이하여 말하다 **3** 복창[암송]하다 **4** 말을 옮기다
~ one***self*** 같은 말을 되풀이하다; 〈일이〉 되풀이되다, 되풀이하여 일어나다: History ~*s itself*. (속담) 역사는 되풀이한다.
— *vi.* **1 되풀이하여 말하다 2** 〈먹은 것이〉 입안에 뒷맛이 남다 **3** (미) (한 선거에서) 두 번 이상 투표하다, 부정 투표하다 **4** 〈수·소수(小數) 등이〉 순환하다 **5** 유급하다
— *n.* **1** 되풀이 **2 a** 반복되는 것 **b** 재방송 프로그램 **3** 〚음악〛 반복, 반복절(節), 반복 기호 **4** 〚상업〛 재공급, 재주문

***re·peat·ed** [ripíːtid] *a.* [A] **되풀이된**

***re·peat·ed·ly** [ripíːtidli] *ad.* **되풀이하여**

re·peat·er [ripíːtər] *n.* **1** 되풀이하는 사람[것]; 복창[암송]하는 사람 **2** 재수생, 유급생 **3** 연발총 **4** (미) (두 번 이상 투표하는) 부정 투표자 **5** 〚수학〛 순환 소수

re·peat·ing [ripíːtiŋ] *a.* **1** 〈소수가〉 순환하는 **2** 〈총이〉 연발하는

***re·pel** [ripél] *v.* (**~led**; **~·ling**) *vt.* **1** 〈공격자·적 등을〉 **쫓아버리다 2** 〈물 등을〉 튀겨내다; 〚물리〛 반발하다 **3** 〈제안·구애 등을〉 퇴짜 놓다 **4** 혐오감·불쾌감을 주다
— *vi.* **1** 쫓아내다; 튀기다 **2** 불쾌하게 하다

re·pel·lent, -lant [ripélənt] *a.* **1** 반발하는 **2** 혐오감을 주는

R

—*n.* **1** 물리치는 것; 반발력 **2** 방수 가공제(劑); 방충제(劑)

⁑**re·pent** [ripént] [L 「다시 유감스럽게 여기게 하다」의 뜻에서] *vi* **후회하다,** 회개하다: ~ of one's rashness 경솔했음을 후회하다
—*vt.* …을 뉘우치다, 후회하다, 유감으로 생각하다 **~·er** *n.*

*__re·pent·ance__ [ripéntəns] *n.* Ⓤ **후회;** 회개

re·pent·ant [ripéntənt] *a.* **1** 후회하는 **2** 후회를 나타내는 **3** 회개의

re·per·cus·sion [rìːpərkʌ́ʃən] *n.* UC 영향; 반사, 반향

rep·er·toire [répərtwɑ̀ːr, -twɔ̀ːr] [F] *n.* 레퍼토리, 상연 목록, 연주 곡목

rep·er·to·ry [répərtɔ̀ːri | -təri] *n.* (*pl.* **-ries**) **1 a** (연극의) 레퍼토리 방식 **b** = REPERTOIRE **2** (특히 지식 등의) 축적 **3** 보고(寶庫)

répertory còmpany 레퍼토리 극단 《일정 수의 프로그램을 번갈아 상연하는 극단》

⁑**rep·e·ti·tion** [rèpətíʃən] *n.* **1** UC 되풀이 **2 a** UC 암송, 복창 **b** 복사, 모사

rep·e·ti·tious [rèpətíʃəs], **re·pet·i·tive** [ripétətiv] *a.* **1** 반복성의 **2** 자꾸 되풀이하는 **~·ly** *a.* **~·ness** *n.*

re·phrase [rìːfréiz] *vt.* 고쳐[바꾸어] 말하다

re·pine [ripáin] *vi.* 《문어》 불평하다 《*at, against*》

⁑**re·place** [ripléis] *vt.* **1 제자리에 놓다**: ~ a book on the shelf 책을 책장에 도로 꽂다 **2 대신하다**: A ~*s* B as pitcher. A가 B를 대신하여 투수가 된다. **3** 대체하다, 교환하다: ~ a worn tire by[with] a new one 헌 타이어를 새것으로 갈다 **4** 돌려 주다, 갚다 **~·a·ble** *a.*

*__re·place·ment__ [ripléismənt] *n.* **1** Ⓤ **제자리에 되돌림,** 반환; 복직 **2** Ⓤ 교환; Ⓒ 대체물, 교환품: in ~ of …의 대신에 **3** 〖미군〗 보충병, 교체 요원

re·play [rìːpléi] *vt.* **1** 〈시합을〉 다시 하다 **2** 재연하다 **3** 〈테이프 등을〉 재생하다
— [⌐⌐] *n.* **1** 재시합 **2** 《구어》 재연 **3** (테이프 등의) 재생

re·plen·ish [ripléniʃ] *vt.* **1** 보충[보급]하다 **2** 다시 채우다 **~·ment** *n.*

re·plete [riplíːt] *a.* 《문어》 **1** 충만한 **2** 포식한

re·ple·tion [riplíːʃən] *n.* UC 《문어》 **1** 충만, 충실, 과다(過多) **2** 포식
to ~ 가득 차게, 물리도록, 충분히

rep·li·ca [réplikə] *n.* **1** (원작자에 의한) 원작의 모사(模寫) **2** 복제

rep·li·cate [réplikèit] *vt.* **1** 모사[복제]하다 **2** 접어젖히다

rep·li·ca·tion [rèpləkéiʃən] *n.*

⁑**re·ply** [riplái] *vi.* (**-plied**) **1 대답하다**: ~ to a person …에게 대답하다 **2** 응답[응수]하다
—*n.* (*pl.* **-plies**) **1 대답,** 답변 《answer보다도 딱딱한 말》 **2** 응수
in ~ (*to*) (…의) 대답으로서, (…에) 답하여 *make* ~ 대답하다 《*to*》

re·ply-paid [ripláipéid] *a.* 〈봉투가〉 요금 수취인 지불의

re·point [rìːpɔ́int] *vt.* 〈벽에〉 벽돌의 줄눈을 다시 칠하다

⁑**re·port** [ripɔ́ːrt] [L 「가지고 돌아오다」의 뜻에서] *n.* **1** (조사·연구의) **보고(서) 2** UC **소문;** Ⓤ **평판**: be of good[ill] ~ 평판이 좋다[나쁘다] **3** (신문 등의) 보도 **4** [*pl.*] **a** 판례집 **b** 〖의회〗 의사록 **c** (강연·토론 등의) 속기록 **5** 폭음; 총성, 포성: with a ~ loud 큰 폭음을 내며 **6** 《영》 (학교의) 성적표(=《미》 ~ card)
make ~ 보고하다 *on* ~ (규칙 위반 등으로) 출두 명령을 받고
—*vt.* **1** 〈연구·조사 등을〉 **보고하다;** 〈들은 것을〉 전하다, 공표하다 **2** 〈기자가〉 …의 기사를 쓰다, 보도하다 **3** 신고하다 **4** 출두하다 —*vi.* **1 보고하다;** 보고서를 작성[제출]하다 **2** 〈신문사 등의〉 기자[통신원]로 근무하다 **3** 신고하다; 출두하다

re·port·a·ble [ripɔ́ːrtəbl] *a.* 보고[보도]할 수 있는; 보고[보도] 가치가 있는

re·port·age [rèpərtɑ́ːʒ, -pɔːrt-] *n.* [F] 보고 문학, 르포르타주

repórt càrd 《미》 (학교의) 성적표(《영》 report)

re·port·ed·ly [ripɔ́ːrtidli] *ad.* 전하는 바에 의하면

re·pórt·ed spéech [ripɔ́ːrtid-] 〖문법〗 간접 화법

*__re·port·er__ [ripɔ́ːrtər] *n.* **1 보고[신고]자 2** 신문[취재] 기자 **3** (법원의) 서기관; 의사 속기자

rep·or·to·ri·al [rèpərtɔ́ːriəl, rìːp-] *a.* 기자의

*__re·pose__¹ [ripóuz] *n.* 《문어》 Ⓤ **1 휴식,** 정양 **2** 〖종교〗 (성인(聖人)의) 영면(永眠) **3 a** (마음의) 평온; (태도 등의) 침착: lack ~ 침착하지 못하다 **b** (장소 등의) 한적, 정적 *in* ~ 〈표정이〉 온화한; 가라앉은
—*vt.* **눕히다,** 쉬게 하다: *R*~ yourself for a while. 잠시 누워 쉬십시오. —*vi.* **1** 쉬다: ~ *on* a couch 긴 의자에서 쉬다 **2** 자다, 편히 눕다; 《완곡》 영면하다 **3** 가로 놓이다; 기초를 두다 **4** 《고어》 의지하다; 〈증거·논의 등이〉 …에 의거하다

repose² *vt.* 《문어》 〈신뢰·희망 등을〉 걸다

re·pos·i·to·ry [ripɑ́zətɔ̀ːri | -pɔ́zitəri] *n.* (*pl.* **-ries**) **1** 저장소, 창고 **2** 납골당, 매장소 **3** (지식 등의) 보고 **4** (비밀을) 털어놓을 수 있는 사람

re·pos·sess [rìːpəzés] *vt.* **1** 다시 손에 넣다, 되찾다 **2** 〈대금[임대료]을 치르지 않은 상품[토지 가옥]을〉 회수하다
-sés·sion *n.* Ⓤ 재소유, 회복

re·pot [rìːpɑ́t | -pɔ́t] *vt.* (**~·ted**; **~·ting**) 〈식물을〉 다른 (큰) 화분에 옮기다

repp [rep] *n.* = REP¹

rep·re·hend [rèprihénd] *vt.* 《문어》 꾸짖다, 비난하다

rep·re·hen·si·ble [rèprihénsəbl] *a.* 비난할 만한, 괘씸한 **-bly** *ad.*

rep·re·hen·sion [rèprihénʃən] *n.* Ⓤ 질책, 비난

rep·re·hen·sive [rèprihénsiv] *a.* 비난적인, 견책적인 **~·ly** *ad.*

‡**rep·re·sent** [rèprizént] *vt.* **1 나타내다, 상징하다**: The dove ~*s* peace. 비둘기는 평화를 상징한다. **2 대리[대표]하다**: He ~*ed* Korea at the conference. 그는 한국을 대표해서 회의에 참석했다. **3** 〈특히 조각·그림 등이〉 **표현하다,** 묘사하다: What does this ~? 이것은 무엇을 그린 것이냐? **4** 《문어》 말로 표현하다; 주장[단언]하다: He ~*ed* himself as[to be] a student. 그는 자기가 학생이라고 말했다. **5** 설명하다, 지적하다 **6** 《문어》 …의 역을 맡아 하다: She ~*ed* a queen. 그녀는 여왕의 역을 맡아 했다. **7** …에 상당하다

*__rep·re·sen·ta·tion__ [rèprizentéiʃən] *n.* **1** ⓒⓤ **표시,** 묘사 **2** ⓤⓒ 대표, 대리; [집합적] 대표자 **3** 초상, 화상(畵像), 조상(彫像) **4** ⓤⓒ **연출**; 상연 **5 설명,** 진술 **6** 《문어》 [*pl.*] 진정(陳情), 항의
***functional**[**vocational**]* ~ 직능 대표
proportional ~ 비례 대표제 《略 P.R.》
regional ~ 지역 대표제
~·al *a.* 구상적인; 구상(具象)파[주의]의

‡**rep·re·sen·ta·tive** [rèprizéntətiv] *n.* **1 대표자, 대리인**; 재외(在外)사절 **2 국회의원**; [**R~**] 《미》 하원 의원: the House of *R~s* 《미》 하원 **3** 대표물; 견본; 전형
— *a.* **1 대표하는,** 대리의; 대의 제도의: the ~ chamber[house] 대의원(院), 국회 **2** Ⓟ **표시하는,** 상징하는 **3** 대표적인, 전형적인 **~·ly** *ad.*

rep·re·sént·ed spéech [rèprizéntid-] 〖문법〗 묘출(描出) 화법 《직접 화법과 간접 화법의 중간적 성질을 가진》

*__re·press__ [riprés] *vt.* **1 a** 〈감정·욕망 등을〉 **억제하다**(check) **b** 〈사람을〉 억누르다 **2 진압하다 3** 〖심리〗 〈욕구 등을〉 (무의식 속으로) 억압하다 **~·i·ble** *a.*

re·pressed [riprést] *a.* 억압[진압, 억제]된

re·pres·sion [ripréʃən] *n.* ⓤⓒ **1** 진압; 억제, 제지 **2** ⓤ 〖심리〗 억압

re·pres·sive [riprésiv] *a.* 제지하는, 억압적인, 진압의 **~·ly** *ad.* **~·ness** *n.*

re·prieve [riprí:v] *vt.* **1** …의 형의 집행을 연기하다; (사형수의) 형 집행을 유예하다 **2** …을 (위험·곤란 등에서) 일시 구제하다
— *n.* **1** (형의) 집행 유예, (사형) 집행 연기 (영장) **2** 일시적 모면, 유예

rep·ri·mand [réprəmæ̀nd | -mɑ̀:nd] *n.* 징계, 질책 **—** *vt.* 꾸짖다; 견책[징계]하다

re·print [rì:prínt] *vt.* 〈책을〉 재판(再版)하다 **—** *vi.* 〈책이〉 재판되다
— [스] *n.* 재판(본)

re·pris·al [ripráizəl] *n.* ⓤⓒ 보복

re·prise [riprí:z] *n.* 〖음악〗 (주제 등의) 반복

re·pro [rí:prou] *n.* (*pl.* **~s**) 《구어》 = REPRODUCTION; =REPRODUCTION PROOF

‡**re·proach** [ripróutʃ] *vt.* **비난하다**
— *n.* **1 a** ⓤ **비난 b** ⓒ **비난의 말 2** ⓤ 불명예, 치욕
~·ing·ly *ad.* 나무라듯이, 비난조로

re·proach·ful [ripróutʃfəl] *a.* 나무라는 **~·ly** *ad.*

rep·ro·bate [réprəbèit] *a.* 사악한, 타락한 **—** *n.* 타락자, 난봉꾼, 무뢰한
— *vt.* **1** 《문어·드물게》 비난하다 **2** 〖신학〗 〈하느님이〉 버리시다

rep·ro·ba·tion [rèprəbéiʃən] *n.* ⓤ **1** 〖신학〗 영원의 정죄(定罪) **2** 비난, 질책

re·proc·ess [rì:prɑ́ses | -próu-] *vt.* 〈폐품 등을〉 다시 가공하다, 재생하다

re·pró·cess·ing plànt [rì:prɑ́sesiŋ- | -próu-] (핵연료) 재처리 공장

*__re·pro·duce__ [rì:prədjú:s | -djú:s] *vt.* **1** 〈장면·소리 등을〉 **재생하다,** 재현하다 **2 복사하다,** 복제하다 **3** [~ one*self* 로] 생식[번식]하다 **—** *vi.* **1** 〈동·식물이〉 **생식하다,** 번식하다 **2** [well 등의 부사와 함께] 복사[복제, 재생]되다
-dúc·er *n.* **-dúc·i·ble** *a.*

*__re·pro·duc·tion__ [rì:prədʌ́kʃən] *n.* **1** ⓤ **재생,** 재현 **2** ⓤ 〖경제〗 재생산 **3** ⓒⓤ **a** 복사물, 번각물, 복제품 **b** 복제, 모조, 전재(轉載) **4** ⓤ 생식 (작용), 번식

reprodúction pròof 〖인쇄〗 전사지(紙)

re·pro·duc·tive [rì:prədʌ́ktiv] *a.* **1** 생식의: ~ organs 생식기 **2** 재생[재현]의 **3** 복제하는, 복사하는

*__re·proof__ [riprú:f] *n.* (*pl.* **~s**) ⓤ 《문어》 **책망**; 꾸지람; ⓒ 잔소리: a word of ~ 비난의 말

*__re·prove__ [riprú:v] *vt., vi.* **꾸짖다**
re·próv·ing·ly *ad.* 꾸짖듯이, 나무라면서

*__rep·tile__ [réptil, -tail | -tail] [L 「기다」의 뜻에서] *n.* **1 파충류 동물 2** 비열한 사람

rep·til·i·an [reptíliən] *a.* **1** 파충류의[같은] **2** 비열한 **—** *n.* 파충류 동물

Repub. Republic; Republican

‡**re·pub·lic** [ripʌ́blik] *n.* **1 공화국**; 공화 정체 **2** (공통의 목적을 가진) …사회, …계, …단(壇): the ~ of letters 문학계, 문단

*__re·pub·li·can__ [ripʌ́blikən] *a.* **1 공화국의,** 공화 정체[주의]의 **2** [**R~**] 《미》 공화당의
— *n.* **1** 공화주의자 **2** [**R~**] 《미》 공화당원 **~·ism** *n.* ⓤ 공화 정체[주의]; [**R~**] 《미》 공화당의 주의[정책]

Repúblican Párty [the ~] 《미》 공화당

re·pu·di·ate [ripjú:dièit] [L 「이혼하다」의 뜻에서] *vt.* **1** 거절하다; 〈비난·혐의 등을〉 부인하다 **2** 인연을 끊다 **3** 〈채무 등의〉 이행을 거절하다; 〈국가가〉 국채의 지불을 거부하다

re·pu·di·a·tion [ripjù:diéiʃən] *n.* ⓤ **1** 거절; 부인 **2** (국채 등의) 지불 거절 **3** 이혼, 의절

re·pug·nance, -nan·cy [ripʌ́gnəns(i)] *n.* [종종 a ~] 혐오(aversion), 증오

re·pug·nant [ripʌ́gnənt] *a.* **1** 아주 싫은, 불유쾌한 **2** 모순된

*__re·pulse__ [ripʌ́ls] *vt.* **1 격퇴하다 2** 퇴짜놓다
— *n.* ⓤⓒ 격퇴; 거절

R

re·pul·sion [ripʌ́lʃən] *n.* Ⓤ **1** 격퇴 **2** ⓊⒸ 반감, 혐오 **3** 〖물리〗 척력(斥力), 반발 작용

re·pul·sive [ripʌ́lsiv] *a.* **1** 혐오감을 일으키는 **2** 〖물리〗 반발하는: ~ force 척력(斥力) **~·ly** *ad.* **~·ness** *n.*

rep·u·ta·ble [répjutəbl] *a.* 평판이 좋은, 이름 높은 **-bly** *ad.*

*__rep·u·ta·tion__ [rèpjutéiʃən] *n.* ⓊⒸ **1** 평판: a man of good[bad] ~ 평판이 좋은[나쁜] 사람 **2** 명성: a man of ~ 명망 있는 사람 ***have*[*enjoy*] *the ~ of*** = ***have*[*enjoy*] *a ~ for*** …으로 평판이 좋다, …으로 유명하다

*__re·pute__ [ripjú:t] *n.* Ⓤ **1** 평판 **2** 명성

re·put·ed [ripjú:tid] *a.* …이라고 일컬어지는, …이라는 평판인; 평판이 좋은: his ~ father 그의 부친이라 일컬어지는 사람

re·put·ed·ly [ripjú:tidli] *ad.* [문장 전체를 수식하여] 평판[소문]으로는

‡**re·quest** [rikwést] *vt.* 《ask보다 딱딱한 말》 **1** (신)청하다: ~ a permission to go out 외출 허가를 신청하다 **2** …하도록 부탁하다
as ~ed 소청대로
— *n.* ⓊⒸ **1** 부탁 **2** 청구[요구]물, 수요품(需要品), 의뢰서(書), 청원서 **3** 수요
at* a person*'s* ~** = ***at the ~ of a person …의 부탁[요청]에 의하여 ***be in*** (***great***) **~** (대단히 많은) 수요가 있다 ***by ~*** 요청에 따라 ***make ~*(*s*) *for*** 요청[간청]하다 ***on*[*upon*] *~*** 청구하는 대로 곧 〈보내다〉: It is available *on* ~. 청구하면 입수할 수 있다.

requést stòp (영) (승객의 요청이 있을 때만 서는) 임시 버스 정류소

re·qui·em [rékwiəm] [L 「안식」의 뜻에서] *n.* **1** 〖가톨릭〗 망자를 위한 미사(곡), 위령곡, 레퀴엠 **2** (명복을 비는) 만가(挽歌)(dirge)

‡**re·quire** [rikwáiər] *vt., vi* **1** 필요로 하다 **2** (권리로서, 권력에 의하여) 요구하다, 명하다

re·quired [rikwáiərd] *a.* (미) 〈학과가〉 필수(必修)의: a ~ subject (미국 대학의) 필수 과목

‡**re·quire·ment** [rikwáiərmənt] *n.* ⓊⒸ 요구, 필요; Ⓒ 필요물; 필요 조건

*__req·ui·site__ [rékwəzit] *a.* (문어) 필요한, 필수의 — *n.* [보통 *pl.*] 필수품, 필요 조건 **~·ness** *n.*

req·ui·si·tion [rèkwəzíʃən] *n.* **1** Ⓤ (권력 등에 의한) 요구, 청구; 〖군사〗 징발, 징용(령) **2** 청구서, 명령서
be in*[*under*] *~ 수요가 있다, 사용되다
— *vt.* **1** 요구하다 **2** 〖군사〗 징발[징용]하다

re·quit·al [rikwáitl] *n.* (문어) Ⓤ **1** 보답 **2** 보복

re·quite [rikwáit] *vt.* (문어) **1** 보답하다 **2** 보복하다

re·read [rì:rí:d] *vt.* (**-read** [-réd]) 다시 읽다

rere·dos [ríərdɑs, ríəri- | ríədɔs] *n.* (교회의) 제단(祭壇) 배후의 장식벽

re·route [rì:rú:t] *vt.* 다른[새로운] 길로 수송하다

re·run [rì:rʌ́n] *vt.* (**-ran** [-rǽn]; **-run**; **~·ning**) (미) 재상영[재방송]하다, 재연하다
— [´-, ˋ´] *n.* (미) 재상영, 재방송, (극의) 재연

re·sale [rí:sèil, ˋ´] *n.* ⓊⒸ 다시 팖, 재매각; 전매(轉賣)

résale prìce màintenance (영) 재판매 가격 유지 《略 r.p.m.》

re·sched·ule [rì:skédʒu(:)l | -ʃédju:l] *vt.* **1** 예정을 다시 세우다 **2** 〈채무 이행을〉 연기[유예]하다

re·scind [risínd] *vt.* 〈법률·조약 등을〉 무효로 하다, 폐지하다

re·scis·sion [risíʒən] *n.* Ⓤ 무효로 함; 폐지

‡**res·cue** [réskju:] *vt.* **1** 구출하다, 구조하다, 구하다: ~ a drowning child = ~ a child *from* drowning 물에 빠진 아이를 구출하다 **2** 〖법〗 〈죄수를〉 탈주시키다; 〈압류 재산 등을〉 불법으로 탈환하다
— *n.* **1** ⓊⒸ 구출, 해방 **2** Ⓤ 〖법〗 불법 석방, 불법 탈환
— *a.* 구조의, 구제의: a ~ ball 개인용 우주 탈출 장치 **rés·cu·er** *n.* 구조자

‡**re·search** [risə́:rtʃ, rí:sə:rtʃ] *n.* **1** ⓊⒸ [종종 *pl.*] (학술) 연구: make[carry out] ~(*es*) on …의 연구를 하다 **2** 조사
— *vi.* 연구하다, 조사하다: ~ into a matter thoroughly 문제를 철저하게 조사하다

*__re·search·er__ [risə́:rtʃər, rí:sə:rtʃ-] *n.* 연구원, 조사원, 탐색자

re·seat [rì:sí:t] *vt.* **1** (의자 등의) 앉는 자리를 갈다 **2** 다시 앉히다; 복직시키다
~ one***self*** 〈섰던 사람이〉 다시 앉다, 자세를 고쳐 앉다

re·sell [rì:sél] *vt.* (**-sold** [-sóuld]) 전매(轉賣)하다, 다시 팔다

*__re·sem·blance__ [rizémbləns] *n.* **1** Ⓤ 유사: He has a strong ~ to his father. 그는 꼭 그의 아버지를 닮았다. **2** 닮은 얼굴, 초상

‡**re·sem·ble** [rizémbl] *vt.* 닮다: The brothers ~ each other in taste. 형제는 취미면에서 서로 닮았다.

*__re·sent__ [rizént] *vt.* 분개하다: He ~*ed* the cutting remarks. 그는 신랄한 말에 화를 냈다.

re·sent·ful [rizéntfəl] *a.* 분개한; 골을 잘 내는: a ~ look 화난 표정
~·ly *ad.* **~·ness** *n.*

*__re·sent·ment__ [rizéntmənt] *n.* Ⓤ 분개

*__res·er·va·tion__ [rèzərvéiʃən] *n.* **1** Ⓤ 보류; ⓊⒸ 〖법〗 유보권 **2** [종종 *pl.*] 예약, 지정; 예약석[실](《영》 booking): cancel ~*s* 예약을 취소하다 **3** 제한, 조건 **4** (미) (인디언을 위한) 정부 지정 보류지, 공공 보류지: an Indian ~ 인디언 보호 거주지 **5** Ⓤ (고어) 은폐; 비밀 **6** (영) (자동차 도로 등의) (중앙) 분리대 **7** 의혹
make ~s 전세 예약을 하다; 〈조약 등에〉 유보 조항을 달다 ***without ~*** 솔직하게; 무조건으로 ***with ~*(*s*)** 유보 조건을

붙여, 조건부로

‡re·serve [rizə́:rv] *vt.* **1** (훗날을 위하여) **남겨[떼어] 두다 2** 〈좌석·방 등을〉 **예약해 두다**; 확보해 두다 **3** 〖법〗 〈어떤 권익·조약의 적용 등을〉 유보하다 **4** [보통 수동형으로] 운명짓다: A great future *is ~d* for you. 당신의 앞길은 양양하오. **~ one*self for*** …을 위하여 정력을 비축해 두다
— *n.* **1 비축**; 예비품: money in ~ 예비금 **2 특별 보류지**, 지정 보호 지역: a forest ~ 보안림 **3** [the ~(s)] 〖군사〗 예비군[대, 함대]; 예비 병력 **4** Ⓤ **예비 5** Ⓤ **제한 6** 《문어》 Ⓤ **자제**, 신중; (문학·예술 등에서) 과대 표현을 피하기 **7** (경매 등의) 최저 제한 가격
***in* ~** 예비의: keep[have] *in* ~ 예비로 남겨 두다 ***without* ~** 가격 무제한 판매 [경매]
— *a.* 예비의

∗re·served [rizə́:rvd] *a.* **1 보류한**, 지정의: a ~ seat 예약[지정]석, 전세석 **2** 사양하는; 말수가 적은, 수줍은 **3** Ⓟ 운명지어진

re·serv·ed·ly [rizə́:rvidli] *ad.* 삼가서; 터놓지 않고

resérve price 《영》 최저 경매 가격

re·serv·ist [rizə́:rvist] *n.* 예비[후비]군, 재향 군인, 향토 예비군

∗res·er·voir [rézəvwɑ̀:r | -vwɑ̀:] [F] *n.* **1 저수지**; 저장기(器) **2** (지식·부 등의) 저장, 축적; 보고: a ~ of facts[knowledge] 사실[지식]의 축적

re·set [ri:sét] *vt.* (~; **~·ting**) **1** 다시[고쳐] 놓다 **2** 〖인쇄〗 〈활자를〉 다시 짜다 **3** 〈보석을〉 바꿔 박다 **4** 〖외과〗 〈부러진 뼈를〉 맞추다, 정골[정형]하다 **5** 〈날붙이를〉 날을 갈아 달다, 다시 갈다
— [스ㅅ] *n.* 바꾸어 놓음; 고쳐 박음; 〖인쇄〗 재조판(한 것)

re·set·tle [ri:sétl] *vt.* 다시 정주시키다
— *vi.* 다시 정주하다
~·ment *n.* Ⓤ 재식민(再植民)

re·shuf·fle [ri:ʃʌ́fl] *vt.* **1** 〖카드〗 〈패를〉 다시 치다 **2** 〈내각 등을〉 개편하다 — *n.* **1** 〈카드놀이의 패를〉 다시 치기 **2** (내각 등의) 인원 개편

‡re·side [rizáid] *vi.* 《문어》 **1** (장기간) **거주하다**: He *~s* here in Seoul. 그는 이곳 서울에 살고 있다. **2** 〈성질이〉 **존재하다**: The value *~s* solely in this point. 그 가치는 오로지 이 점에 있다. **3** 〈권리 등이〉 (귀)속하다: The power of decision *~s* in the President. 결정권은 대통령에게 있다.

‡res·i·dence [rézədəns] *n.* **1 주거**; 주택: an official ~ 관저, 공관 **2** Ⓤ **거주 3** 《문어》 재주(在住)[체재] 기간
***have*[*keep*] one*'s* ~** 거주하다 ***in* ~** 주재하고, 관저에 살고; 〈대학 관계자가〉 구내에서 거주하는

res·i·den·cy [rézədənsi] *n.* (*pl.* **-cies**) Ⓤ 《미》 전문의 실습 기간 《인턴을 마친 후 병원에서 실습하는》; 수련의의 신분

‡res·i·dent [rézədənt] *a.* **1 거주하는**: ~ aliens (합법적) 거주 외국인 **2 고유의 3** 철새가 아닌 〈새·짐승〉 **4** 〖컴퓨터〗 〈프로그램이〉 상주의 — *n.* **1 거주자**: foreign *~s* 재류 외국인 **2** 《미》 레지던트 **3** 외국 주재 사무관 **4** 텃새 **5** 〖컴퓨터〗 상주 《기억 장치 중에 항상 존재하는 프로그램》

∗res·i·den·tial [rèzədénʃəl] *a.* **1 주거의**: a ~ district[quarter, section] 주택지[구역, 가] **2** 거주에 관한 **3** (학생을 위한) 숙박 설비가 있는; 〈호텔 등이〉 장기 체재 손님용의

re·sid·u·al [rizídʒuəl | -dju-] *a.* **1** 남은 **2** 〖수학〗 나머지의; (계산의 오차를) 설명할 수 없는 — *n.* **1** 잔여, 남은 것 **2** 〖수학〗 나머지; 오차 **3** [*pl.*] 《미》 (영화·TV의 재방영·광고 방송 등에서 출연자에게 지불하는) 재방송료 **~·ly** *ad.*

res·i·due [rézədjù: | -djù:] *n.* **1** 잔여 **2** 〖법〗 잔여 재산 **3** 〖화학〗 잔류물

re·sid·u·um [rizídʒuəm | -dju-] [L] *n.* (*pl.* **~s, -sid·u·a** [-dʒuə | -djuə]) **1** 잔여, 남은 것 **2** 〖화학〗 잔재 《연소·증발 등의 뒤에 남는》; 부산물 **3** 〖수학〗 (뺄셈의) 나머지; 설명되지 않은 오차 **4** 《드물게》 최하층민, 인간의 찌꺼기, 인간 말짜 **5** 〖법〗 잔여 재산

‡re·sign [rizáin] *vi* **1 사임하다**, 사직하다 《*from*》 **2** (운명 등에) 복종하다, 따르다 《*to*》 — *vt.* **1 사직하다**, 사임하다: The minister *~ed* his office. 그 장관은 사임했다. **2** 〈권리·희망 등을〉 **포기[단념]하다 3** 〈일·재산 등을〉 양도하다: He *~ed* his position to his son. 그는 그 자리를 아들에게 물려주었다. **4** [~ one*self* 로] 〈운명 등을〉 감수하다
~ one*self*[one*'s mind*] *to* do*ing* 체념하고 …하기로 하다

∗res·ig·na·tion [rèzignéiʃən] *n.* **1** Ⓤ **사직**, 사임 **2** 사표 **3** Ⓤ **체념**, 인종(忍從)
***give in*[*hand in, send in, tender*] one*'s* ~** 사표를 내다 ***meet*[*accept*] one*'s fate with* ~** 운명을 감수하다

re·signed [rizáind] *a.* **1** 단념한; 체념한; …을 감수하는; 인종하는: with a ~ look 체념한 듯한 얼굴로 **2** 사직[사임]한
-sign·ed·ly [-záinidli] *ad.*

re·sil·ience, -ien·cy [rizíljəns(i)] *n.* Ⓤ **1** 탄력, 탄성 **2** (병·불행으로부터의) 신속한 회복력

re·sil·ient [rizíljənt] *a.* **1** 원상으로 돌아가는, 탄력 있는 **2** 곧 기운을 회복하는 **3** 쾌활한 **~·ly** *ad.*

∗res·in [rézin] *n.* ⓊⒸ **1** 수지(樹脂); 송진 **2** 합성 수지

res·in·ous [rézənəs] *a.* 수지(질)의; 수지로 만든; 수지를 함유한

‡re·sist [rizíst] *vt.* **1 저항하다**: ~ be*ing* arrested 붙잡히지 않으려고 반항하다 **2** 격퇴하다: ~ the enemy 적을 격퇴하다 **3** 삼가다 — *vi.* 저항하다; 방해하다; 참다

‡re·sis·tance [rizístəns] *n.* ⓊⒸ **1 a** 저항 **b** (물리적) 저항, 저항력 **c** (화학 작용에 대한) 저항력 **d** 저항감, 반감 **2** [종종 (the) R~] 레지스탕스, 지하 저항 운동: *the* French *R~* in World War Ⅱ 제2차 대전 중의 프랑스의 레지스탕스 **3** Ⓤ 〖전기〗 저항 《略 R》

R

re·sis·tant, -tent [rizístənt] *a.* **1** 저항하는; 저항력이 있는 **2** [보통 복합어를 이루어] 내(耐) …의: corrosion-*resistant* materials 방부 물질

re·sist·i·ble [rizístəbl] *a.* 저항[반항]할 수 있는

re·sis·tor [rizístər] *n.* 〖전기〗 저항기, 저항 장치

re·sole [rìːsóul] *vt.* 구두창을 갈아대다

*__res·o·lute__ [rézəlùːt] *a.* **굳게 결심한**; 의연한; …할 결의인 **~·ly** *ad.* **~·ness** *n.*

‡**res·o·lu·tion** [rèzəlúːʃən] *n.* **1** UC 결의 **2** 결의(안) **3** U 결단(력), 불굴: a man of great ~ 결단력이 강한 사람 **4** U 분해, 분석; UC (의문·문제 등의) 해결

‡**re·solve** [rizɑ́lv | -zɔ́lv] *vt.* **1 결심[결정]하다,** 〈의회가〉 **결의하다**: The House *~d* to take up the bill. 의회는 그 법안의 채택을 결의했다. **2 분해[분석]하다** 《*into*》: ~ water *into* oxygen and hydrogen 물을 산소와 수소로 분해하다 **3** (분해하여) 변화[변형]시키다 **4** 해결하다, 해명하다 **~ *itself into*** …으로 분해[환원]하다; 결국 …으로 되다

— *vi.* **1 결심**[결정]**하다** 《*on, upon*》 **2** 분해하다; 용해하다 《*to, into*》

— *n.* **1** UC **결심**: He made a ~ to stop smoking. 담배를 끊을 결심을 하였다. **2** U 《문어·시어》 결단(력), 불굴 **3** 《미》 (의회 등의) 결의

make a ~ 결심하다

re·sólv·a·ble *a.*

*__re·solved__ [rizɑ́lvd | -zɔ́lvd] *a.* P **결심한**; 단호한: We are ~ to do our utmost. 우리는 최선을 다하기로 굳게 결심했다.

re·solv·ed·ly [-zɑ́lvidli | -zɔ́l-] *ad.*

res·o·nance [rézənəns] *n.* **1** UC 반향: a ~ box [chamber] 공명 상자 **2** U 공명(共鳴); 〖전기〗 공진(共振)

res·o·nant [rézənənt] *a.* **1** 〈소리 등이〉 반향하는, 울려 퍼지는 **2** 〈벽·방 등이〉 반향을 일으키는

res·o·nate [rézənèit] *vi.* **1** 공명[공진]하다 **2** 울려 퍼지다

res·o·na·tor [rézənèitər] *n.* 공명기(器), 공진기

re-sort [risɔ́ːrt] *vi.* 재분류[재구분]하다

‡**re·sort** [rizɔ́ːrt] *vi.* **1 의지하다,** (보통 달갑지 않은 수단에) 호소하다: ~ to violence 폭력을 쓰다 **2** (어떤 장소에) 자주 드나들다: ~ to a hot spring 온천에 잘 가다 **—** n. **1** [보통 수식어와 함께] **행락지,** 사람들이 자주 가는 곳, 《특히》 휴일의 오락장: a holiday ~ 휴일의 유흥장 **2** UC 자주 드나들기; 붐빔 **3** U 의뢰; C 의지가 되는 사람[것]; U (최후의 수단으로서 보통 바람직하지 않은 수단에) 호소하기

without ~ to …에 의지[호소]하지 않고, …의 수단을 쓰지 않고

*__re·sound__ [rizáund] *vi.* **1 울려 퍼지다** **2** 〈악기·소리 등이〉 **울리다** **3** 〈사건·명성 등이〉 널리 알려지다: ~ through the world 전세계에 널리 알려지다

re·sound·ing [rizáundiŋ] *a.* A **1** 울려 퍼지는 **2** 널리 알려진: a ~ success 대성공 **~·ly** *ad.*

‡**re·source** [ríːsɔːrs, -zɔːrs | rizɔ́ːs, -sɔ́ːs] *n.* **1** [보통 *pl.*] (한 나라의) **자원,** 공급원, 물자: natural *~s* 천연자원 **2** (대처하는) **수단,** (만일의 경우에) 의지할 수 있는 것 **3** U **기략**(機略), 기지 **4** 심심풀이

at the end of one***'s ~s*** 속수무책인

leave a person ***to his own ~s*** …을 제멋대로 지내게 내버려 두다

re·source·ful [riːsɔ́ːrsfəl, -zɔ́ːrs-] *a.* **1** 기략이 풍부한, 재치·수완이 비상한 **2** 자원이 풍부한 **~·ly** *ad.* **~·ness** *n.*

‡**re·spect** [rispékt] *n.* **1** U **존경** **2** U **존중** **3** [보통 in ~] **점**(point), 내용, 세목 **4** [*pl.*] 안부: Give my *~s* to your mother. 어머님께 안부 전해 주게.

in ~ of [***to***] …에 관하여; …에 대하여

with ~ to …에 관하여(는), …에 대하여(는)(as regards) ***without ~ to*** [***of***] …을 고려하지 않고

— *vt.* **1 존경하다** **2 소중히 여기다** **3** 〈규칙·전통·관습 등을〉 지키다

as ~s …에 관하여, …에 대하여 ***~ oneself*** 자존심이 있다

re·spect·a·bil·i·ty [rispèktəbíləti] *n.* (*pl.* **-ties**) U 존경할 만함, 훌륭한 태도[행위]; 체면; 상당한 지위[신용]가 있음

‡**re·spect·a·ble** [rispéktəbl] *a.* **1 존경할 만한**: a ~ citizen 훌륭한 시민 **2** 상당한 지위에 있는; 남부끄럽지 않은 **3** 점잔 빼는, 남의 이목을 의식하는 **4** 《구어》 〈질·수량·크기 등이〉 꽤 많은: a ~ amount [number] 상당량[수]

~·ness *n.* **-bly** *ad.*

re·spect·er [rispéktər] *n.* 차별 대우하는 사람

*__re·spect·ful__ [rispéktfəl] *a.* **경의를 표하는,** 정중한

be ~ of tradition (전통)을 존중하다

keep [***stand***] ***at a ~ distance from*** …을 경원하다

~·ness *n.*

*__re·spect·ful·ly__ [rispéktfəli] *ad.* **공손하게,** 삼가, 정중하게

Yours (***very***) ~ = 《미》 ***R~*** (***yours***) 근배(謹拜) 《손윗 사람에게 보내는 편지의 정중한 맺음말》

re·spect·ing [rispéktiŋ] *prep.* …에 관하여[대하여]

*__re·spec·tive__ [rispéktiv] *a.* A **저마다의,** 각각의 《보통 복수 명사와 함께 씀》: the ~ countries 각 나라들

*__re·spec·tive·ly__ [rispéktivli] *ad.* [보통 문장 끝에 둠] **각각,** 저마다, 제각기

*__res·pi·ra·tion__ [rèspəréiʃən] *n.* U **호흡**(작용) : artificial ~ 인공 호흡

re·spi·ra·tor [réspərèitər] *n.* **1** (거즈) 마스크, 〖영국군〗 방독 마스크 **2** 《미》 인공 호흡 장치

re·spi·ra·to·ry [résparatɔ̀ːri | rispáiərətəri] *a.* 호흡 (작용)의: the ~ organs 호흡기

R

re·spire [rispáiər] *vi.* 호흡하다

res·pite [réspit | -pait] *n.* **1** (일·고통 등의) 일시적 중지; 휴식 기간: take a ~ from one's work 일을 잠시 쉬다 **2** (채무 등의) 유예; (사형의) 집행 유예
put in ~ 유예하다

re·splen·dence, -den·cy [rispléndəns(i)] *n.* Ⓤ 광휘, 찬란함

re·splen·dent [rispléndənt] *a.* 눈부시게[빤짝빤짝] 빛나는 **~·ly** *ad.*

‡**re·spond** [rispάnd | -spɔ́nd] *vi.* **1** (구두로) **대답[응답]하다**: ~ to a question 질문에 답하다 **2** (몸으로) 응하다 **3** (자극 등에) 반응하다, 좋은 반응을 나타내다 **4** 〖가톨릭〗 〈신도들이〉 응창[답창]하다

re·spon·dent [rispάndənt | -spɔ́n-] *n.* 응답자; 〖법〗 (특히 이혼 소송의) 피고

‡**re·sponse** [rispάns | -spɔ́ns] *n.* **1** Ⓤ Ⓒ **응답**: a quick ~ 속답 **2** Ⓤ Ⓒ 〖생물·심리〗 (자극(stimulus)에 대한) 반응 **3** 〖가톨릭〗 [*pl.*] 응답문[가(歌)], 응창 《사제를 따라 합창대·신도들이 창화(唱和)하는》
in ~ to …에 응하여, …에 답하여 ***make no ~*** 대답하지 않다, 응답이 없다

‡**re·spon·si·bil·i·ty** [rispὰnsəbíləti | -spɔ̀n-] *n.* (*pl.* **-ties**) **1** Ⓤ **책임**: a sense of ~ 책임감 **2** (구체적인) 책임, 무거운 짐 **3** Ⓤ (미) 신뢰도(度), 확실성

‡**re·spon·si·ble** [rispάnsəbl | -spɔ́n-] *a.* **1 a** (…에 대하여) **책임이 있는 b** 〈사물·사람이〉 …의 원인인 **2** 〈지위 등이〉 책임이 무거운: a ~ office[position] 책임이 무거운 직[지위] **3 신뢰할 수 있는**
hold a person ***~ for*** …에게 …의 책임을 지우다
-bly *ad.* 책임지고, 확실하게

***re·spon·sive** [rispάnsiv | -spɔ́n-] *a.* **1 바로 대답하는,** 민감한 **2** 대답의, 대답을 나타내는: a ~ smile 대답을 나타내는 미소 **~·ly** *ad.* 대답하여, 반응하여

‡**rest**[1] [rest] [동음어 wrest] *n.* **1** Ⓤ Ⓒ **휴식,** 휴양; 수면 **2** Ⓤ 안정; 안심 **3** 정지; 〖음악〗 휴지 **4** (물건을 얹는) 대(臺): a book ~ 서가
at ~ 휴식하여; 잠자고; 안심하여; 영면(永眠)하여; 정지하여; 해결되어 ***the day of ~*** 안식일; 일요일
— *vi.* **1 쉬다; 휴양하다**: ~ from work 일을 쉬다 **2** 드러눕다, 잠자다; 죽다 **3** 휴지하다, 정지(靜止)하다 **4** [부정문에서] 안심하고 있다 **5** 위치하다 **6** 〈눈·시선 등이〉 멈추다 **7** 얹혀[받쳐져] 있다, 기대다 **8** 의지하다 《*on, upon*》: ~ *in*[*on*] her promise 그녀의 약속을 믿다 **9** (증거 등에) 의거하다 **10** 〈결정·선택 등이〉 …(여하)에 달려 있다: The choice *~s* with you. 선택은 너의 자유다. **11** 〖법〗 〈증거 제출을〉 자발적으로 중단하다 **12** 〈농지가〉 휴경 중이다
~ in peace 《문어·완곡》 땅 속에 잠들다: May he[his soul] ~ *in peace*! 고이 잠드소서, 그의 명복을 비노라! ***~ up*** 충분히 쉬다
— *vt.* **1 a 쉬게 하다,** 휴양시키다 **b** [~ one*self* 로] 휴식하다 **2** 두다, 얹다, 기대게 하다 **3** 〈눈길 등을〉 …에 멈추게 하다, …으로 돌리다: ~ one's gaze on a person …을 응시하다 **4** 〈희망 등을〉 …에 걸다

‡**rest**[2] [동음어 wrest] [L 「뒤에 서다, 남다」의 뜻에서] *n.* **1** [the ~] **나머지 2** [the ~; 복수 취급] 그 밖의 사람들[것들]
and the ~ = and all the ~ of it 기타 등등, 그 밖의 여러 가지 (***as***) ***for the ~*** 그 밖의 것은[에 대하여], 나머지는

re·stage [rì:stéidʒ] *vt.* 〈연극 등을〉 재공연하다

re·state [rì:stéit] *vt.* 다시 말하다, 바꿔[고쳐] 말하다

‡**res·tau·rant** [réstərənt, -rὰ:nt] [F] *n.* **요리점, 레스토랑,** 음식점; 식당

réstaurant càr 《영》 식당차(dining car)

res·tau·ra·teur [rèstərətə́:r | -tɔ-] [F] *n.* 레스토랑 주인[지배인]

rést cùre 안정 요법 《주로 정신병의》

rést dày 휴일, 안식일

rest·ful [réstfəl] *a.* 편안한, 평온한, 고요한, 한적한 **~·ly** *ad.* **~·ness** *n.*

rést hòme 요양소

rést hòuse (여행자의) 휴게[숙박]소

rest·ing-place [réstiŋplèis] *n.* 휴게소; 무덤

res·ti·tu·tion [rèstət*j*ú:ʃən | -tjú:-] *n.* Ⓤ **1** 〈정당한 소유자에게의〉 반환, 상환 **2** 손해 배상
make ~ of …을 반환[상환, 배상]하다

res·tive [réstiv] *a.* **1** 들떠 있는: in a ~ mood 들뜬 기분으로 **2** 다루기 힘드는 **3** 〈말 등이〉 나아가기를 싫어하는
~·ly *ad.* **~·ness** *n.*

‡**rest·less** [réstlis] *a.* **1 침착하지 못한 2** 잠 못 이루는: spend a ~ night 잠 못 이루는 밤을 지내다 **3** 쉬지 못하게 하는
~·ly *ad.* **~·ness** *n.*

re·stock [rì:stάk | -stɔ́k] *vt.* 새로 사들이다, 재고를 다시 채우다

***res·to·ra·tion** [rèstəréiʃən] *n.* Ⓤ **1 회복**: the ~ of order 질서의 회복 **2 본래의 상태[지위]로 돌아감 3 반환 4 a** (미술품·문헌 등의) 복원 (작업): the ~ of a painting 그림의 복원 **b** Ⓒ (건물 등의) 원형 복원(復元)

re·stor·a·tive [ristɔ́:rətiv | -tɔ́r-] *a.* 〈음식물·약제 등이〉 건강[원기]을 회복시키는 — *n.* 강장제; 의식 회복약

‡**re·store** [ristɔ́:r] *vt.* **1 복구[재건]하다 2** [보통 수동형으로] 〈건강·원기·의식 등을〉 **회복시키다**: He *is ~d* to health. 그는 건강을 회복했다. **3 복직[복위]시키다 4** 〈유실물·도난품 등을〉 **되돌려주다**
re·stór·a·ble *a.* **re·stór·er** *n.* 원상으로 복귀시키는 사람[것]

‡**re·strain** [ristréin] [L 「뒤로 묶다」의 뜻에서] *vt.* **1 억제하다**: ~ one's temper 감정을 누르다 **2 구속**[검거, 감금]**하다 3 제지하다** ~ one***self*** 참다, 자제하다

***re·strained** [ristréind] *a.* **1 삼가는,** 〈표현·문체 등이〉 자제된 **2** 억제된
~·ly *ad.*

R

***re·straint** [ristréint] *n.* **1** ⓊⒸ 억제; 억제력; Ⓒ 억제하는 것: put a ~ on a person[a person's activity] [남의 활동]을 억제하다 **2** Ⓤ 구속; 감금; Ⓒ 구속하는 것 **3** ⓊⒸ 사양, 근신, 자제, 삼가기, 조심
be under ~ 감금되어 있다 ***in ~ of vice*** 악을 억제하고 ***~ of trade*** 《경제》 거래 제한 《가격 유지를 위한》 ***without ~*** 자유로이

***re·strict** [ristríkt] *vt.* **1 제한하다**: be *~ed* within narrow limits 좁은 범위에 한하다 **2** 금지[제한]하다

***re·strict·ed** [ristríktid] *a.* **1 제한된 2** 《미》 대외비의: a ~ document 기밀 문서 **3** 《미》 특정 사회 집단[계층]에 한정된 **~·ly** *ad.*

restrícted área 《미》 (군인) 출입[통행] 금지 구역

***re·stric·tion** [ristríkʃən] *n.* **1** ⓊⒸ **제한 2** 제한[제약]하는 것
impose [***place, put***] ***~s on*** …에 제한을 가하다 ***lift*** [***remove, withdraw***] ***~s*** 제한을 해제하다

***re·stric·tive** [ristríktiv] *a.* **1 제한**[한정, 구속]**하는**: a ~ monetary policy 금융 긴축 정책 **2** 《문법》 한정적인
~·ly *ad.*

rést ròom (극장·호텔·백화점 등의) 화장실, 세면실

re·struc·ture [rìːstrʌ́ktʃər] *vt.* 재구성하다, 개혁하다

‡re·sult [rizʌ́lt] [L 「뒤로 뛰다」의 뜻에서] *n.* ⓊⒸ **결과**; [보통 *pl.*] (시험·경기 등의) 성적, 최종 득점: meet with good *~s* 좋은 결과를 얻다
as a ~ of …의 결과로서 ***in the ~*** 결국 ***without ~*** 헛되이
— *vi.* **1 결과로서 생기다**; 기인[유래]하다 **2** 귀착하다, 끝나다(end) 《*in*》

***re·sul·tant** [rizʌ́ltənt] *a.* **결과로서 생기는**; 〈힘 등이〉 합성적인
— *n.* 《물리》 합력, 합성 운동

re·sult·ful [rizʌ́ltfəl] *a.* 성과 있는

re·sult·less [rizʌ́ltlis] *a.* 무익한

re·sume** [rizúːm | -zjúːm] *vt.* **1 다시 시작하다**: The House *~d* work. 의회가 재개되었다. **2 다시 차지하다**: ~ one's seat 자리에 다시 앉다 **3** 〈건강 등을〉 되찾다 ***~ the thread of one***'s discourse*** 이야기의 원 줄거리로 돌아가다, 이야기의 실마리를 잇다
— *vi.* 다시 시작하다, 계속하다
to ~ [독립 부정사로서] 얘기를 계속하자면

ré·su·mé, re·su·me, re·su·mé [rézumèi, ⌐⌐⌐ | rézjumèi] [F] *n.* **1** 개요 **2** 《미》 이력서

***re·sump·tion** [rizʌ́mpʃən] *n.* **1 되찾음 2** ⓊⒸ (중단 후의) **재개**(再開)

re·sur·face [rìːsə́ːrfis] *vt.* 〈도로의 표면을〉 재포장하다 — *vi.* 〈잠수함이〉 다시 수면에 떠오르다

re·sur·gence [risə́ːrdʒəns] *n.* Ⓤ 재기, 부활

re·sur·gent [risə́ːrdʒənt] *a.* 소생[재기, 부활]하는

res·ur·rect [rèzərékt] *vt.* **1** 소생[부활]시키다; 〈잊혀졌던 관습 등을〉 부활시키다 **2** 〈시체를〉 파내다 — *vi.* 부활하다

***res·ur·rec·tion** [rèzərékʃən] *n.* ⓊⒸ **1** [the R~] **그리스도의 부활**; 전 인류의 부활 《최후의 심판일에 있어서의》 **2** 부흥, 부활, 재유행

re·sus·ci·tate [risʌ́sətèit] *vt.* 〈죽기 직전의 사람을〉 (인공 호흡 등으로) 소생시키다 — *vi.* 소생하다, 부활하다
re·sùs·ci·tá·tion *n.*

***re·tail** [ríːteil] [L 「다시 작은 조각으로 자르다」의 뜻에서] *n.* Ⓤ **소매**(小賣)
at [《영》 ***by***] ***~*** 소매로
— *a.* 소매의
a ~ dealer [***price, shop***] 소매 상인[가격, 가게]
— *ad.* 소매로: sell ~ 소매가로 팔다
— *vt.* **1** 소매하다 **2** [ritéil] 들은 말을 옮기다; 〈말을〉 퍼뜨리다 — *vi.* 〈상품이〉 …에 소매되다: It *~s* at[for] 600 won. 그것은 소매로 600원이다.

re·tail·er [ríːteilər] *n.* 소매 상인

‡re·tain [ritéin] [L 「뒤에 유지하다」의 뜻에서] *vt.* **1 계속 유지하다, 간직하다 2** 〈변호사 등을〉 고용하다(hire) **3** (폐지하지 않고) 존속시키다 **4** 잊지 않고 있다: ~ the fact in memory 그 사실을 잊지 않고 있다 **~·ment** *n.*

re·táined óbject [ritéind-] 《문법》 보류 목적어

re·tain·er[1] [ritéinər] *n.* 《역사》 가신(家臣), 신하, 종자(從者)

retainer[2] *n.* 《법》 변호 약속; 변호사 의뢰료

re·táin·ing wàll [ritéiniŋ-] 옹벽(擁壁)

re·take [rìːtéik] *vt.* (**-took** [-túk]; **-tak·en** [-téikən]) **1** 다시 잡다; 도로 찾다 **2** 《사진·영화》 〈장면을〉 다시 찍다
— [⌐⌐] *n.* 《사진·영화》 재촬영

re·tal·i·ate [ritǽlièit] *vi.* (같은 수단으로) 보복하다, 응수하다 — *vt.* 보복하다

re·tal·i·a·tion [ritæ̀liéiʃən] *n.* Ⓤ 보복
in ~ of [***for***] …의 보복으로

re·tal·i·a·tive [ritǽlièitiv | -liə-] *a.* = RETALIATORY

re·tal·i·a·to·ry [ritǽliətɔ̀ːri | -təri] *a.* 보복적인, 앙갚음의

retáliatory táriff 보복 관세

***re·tard** [ritɑ́ːrd] [L 「뒤로 늦추다」의 뜻에서] *vt.* **1 속력을 늦추다**; 시간이 걸리게 하다 **2** 〈성장·발달을〉 방해하다
— *vi.* 늦어지다, 지연되다

re·tard·ant [ritɑ́ːrdnt] *a., n.* 저지하는[늦추는] (것)

re·tar·date [ritɑ́ːrdeit] *a.* 지능 발달이 뒤진 — *n.* 《심리·교육》 지능 발달이 뒤진 사람

re·tar·da·tion [rìːtɑːrdéiʃən] *n.* ⓊⒸ **1** 지연; 저지, 방해 **2** 지능 발달의 지연

re·tard·ed [ritɑ́ːrdid] *a.* 《교육》 〈어린이가〉 정서·지능·학력 발달이 뒤진: a ~ child 지진아

retch [retʃ] *vi.* 욕지기나다
— *n.* 메스꺼움; 구역질(하는 소리)

retd. retained; retired; returned

re·tell [rìːtél] *vt.* (**-told** [-tóuld]) 다시 말하다; 형태를 고쳐 말하다

re·ten·tion [riténʃən] *n.* [UC] **1** 보류, 보유, 유지 **2** 보유력(力); 기억(력) **3** 〖병리〗 정체, 체류
~ of urine 폐뇨(閉尿)

re·ten·tive [riténtiv] *a.* **1** 보유하는 《*of*》, 보유하는 힘이 있는 **2** 기억력이 좋은: a ~ memory 좋은 기억력
~·ly *ad.* **~·ness** *n.*

re·think [rìːθíŋk] *vt., vi.* (**-thought** [-θɔ́ːt]) 재고하다, 생각을 고치다

re·ti·ar·y [ríːʃièri | -ʃiəri] *a., n.* 줄을 치는 (거미)

ret·i·cence [rétəsəns] *n.* [UC] (성격적인) 과묵, 말수 적음; (입을) 조심함 《*of*》

ret·i·cen·cy [rétəsənsi] *n.* = RETICENCE

ret·i·cent [rétəsənt] *a.* 과묵한; 말을 삼가는 《*on, upon, about*》 **~·ly** *ad.*

ret·i·cle [rétikl] *n.* 〖광학〗 (망원경 등의) 십자선, 망선

re·tic·u·late [ritíkjulət] *a.* 그물 모양의

re·tic·u·la·tion [ritìkjuléiʃən] *n.* [종종 *pl.*] 그물코(network), 그물 모양; 그물 모양의 것, 망상 조직

ret·i·cule [rétikjùːl] *n.* 여자용 손가방

ret·i·na [rétənə] *n.* (*pl.* **~s, -nae** [-nìː]) 〖해부〗 (눈의) 망막
-nal *a.* 망막의

ret·i·nue [rétənjùː | -njùː] *n.* [집합적] (특히 왕후·귀족·고관의) 종자(從者), 수행원

****re·tire** [ritáiər] [L 「뒤로 끌다」의 뜻에서] *vi.* **1** 퇴직하다 **2** 잠자리에 들다 **3** 〈군대가〉 후퇴하다, 철수하다 **4** 물러가다
— *vt.* **1** 퇴거[후퇴]시키다 **2** 은퇴[퇴직, 퇴역]시키다 **3** 〖야구·크리켓〗 〈타자를〉 아웃시키다

***re·tired** [ritáiərd] *a.* **1** 은퇴한: a ~ life 은퇴 생활, 세상을 등진 생활 **2** 외딴: a ~ valley 궁벽한 골짜기

re·tir·ee [ritàiəríː] *n.* (미) 퇴직자

re·tire·ment** [ritáiərmənt] *n.* **1** [UC] 은퇴, 은거; 퇴거 **2** [UC] 퇴직, 퇴역 **3** 정년 후의 기간 ***go into ~ 은거하다 ***live* [*dwell*] *in ~*** 한거하다

retírement pènsion (영) 퇴직 연금

***re·tir·ing** [ritáiəriŋ] *a.* **1** Ⓐ (영) 퇴직(자)의; 은퇴하는: a ~ allowance 퇴직금[수당] **2** 내향적인

***re·tort**[1] [ritɔ́ːrt] *vt.* **1** 반박[항변]하다; 〈공격·비난 등에〉 보복하다: ~ an argument against a person …의 주장을 반박하다 **2** 말대꾸하다, 맞받아 응수하다[쏘아붙이다] — *n.* [UC] **1** 말대꾸, 맞받아 응수하기 **2** 반박

retort[2] *n.* 〖화학〗 레토르트, 증류기

re·touch [rìːtʌ́tʃ] *vt.* 〈그림·사진·문장 등을〉 손질하다, 수정[가필]하다
— [ㅅㅅ | ㅅㅅ] *n.* (그림·사진·문장 등의) 손질; 가필

re·trace [ritréis] *vt.* **1** 되돌아가다 **2** 거슬러 올라가 조사하다 **3** 회고하다
***~ one's steps* [*way*]** 오던 길을 되돌아가다; 다시 하다

***re·tract** [ritrǽkt] [L 「뒤로 끌다」의 뜻에서] *vt.* **1** 쑥 들어가게 하다 **2** 〈약속·명령 등을〉 철회하다 **3** 〈착륙 장치 등을〉 기체 내로 끌어들이다
— *vi.* **1** 쑥 들어가다, 오그라들다 **2** 한 말을 취소하다

re·tract·a·ble [ritrǽktəbl] *a.* **1** 취소할 수 있는 **2** 쑥 들어가게 할 수 있는

re·trac·tile [ritrǽktil | -tail] *a.* (고양이 발톱처럼) 쑥 들어가게 할 수 있는

re·trac·tion [ritrǽkʃən] *n.* [UC] **1** (동물이 기관 등을) 움츠림 **2** (의견·약속 등의) 취소

re·tread [ríːtrèd] *n.* (미·호주) 재생 타이어 《접지면을 갈아 붙인》
— [ㅅㅅ] *vt.* (**~·ed**) (자동차 타이어의) 바닥을 갈아 붙이다

****re·treat** [ritríːt] *n.* **1** [UC] 퇴각 **2** Ⓤ 은퇴, 은둔; Ⓒ 은거처, 피난처, 잠복처: a rural ~ 시골의 은거처 **3** 보호 수용소 《주정뱅이·정신 이상자 등을 수용하는》 **4** [UC] 〖가톨릭〗 묵상회 (기간)
beat a ~ 퇴각하다; 〈사업에서〉 손을 떼다 ***be in full ~*** 총 퇴각하다 ***cover* [*cut off*] *the ~*** 퇴각 부대의 후미를 맡다[퇴로를 끊다]
— *vi.* **1** 물러서다: ~ from the front 전선에서 퇴각하다 **2** 은퇴[은거]하다: ~ to the country 시골에 틀어박혀 살다

re·trench [ritréntʃ] *vt.* **1** 〈비용 등을〉 절감하다 **2** 삭제하다 — *vi.* 절약하다
~·ment *n.* [UC] **1** 단축, 축소 **2** 경비 절감, 절약

re·tri·al [rìːtráiəl] *n.* [UC] 〖법〗 재심(再審)

ret·rib·u·tion [rètrəbjúːʃən] *n.* Ⓤ 《문어》 **1** (나쁜 행동에 대한) 응보 **2** 징벌, 천벌: the day of ~ 최후의 심판일; 응보의 날

re·trib·u·tive [ritríbjutiv] *a.* 《문어》 보복의, 인과응보의

re·triev·al [ritríːvəl] *n.* Ⓤ **1** 회복, 복구, 만회 **2** 보상(補償) **3** 회복의 가망성 **4** 〖컴퓨터〗 (정보) 검색: information ~ 정보 검색 /~ system 정보 검색 시스템
beyond* [*past*] *~ 회복[만회]할 가망이 없는[없을 만큼]

***re·trieve** [ritríːv] *vt.* **1** 되찾다; 회복하다 **2** 만회하다 **3** 벌충하다, 정정하다 **4** 〈사냥개가 사냥감을〉 찾아서 물어 오다 **5** 구하다 **6** 〖컴퓨터〗 〈정보를〉 검색(檢索)하다 **7** (테니스 등에서) 어려운 공을 잘 되받아치다 — *n.* Ⓤ 회복, 회수, 만회
beyond* [*past*] *~ 회복할 가망이 없는

re·triev·er [ritríːvər] *n.* **1** 되찾는 사람, 회복자 **2** 리트리버 《총으로 쏜 사냥감을 물어 오도록 훈련된 사냥개》

ret·ro [rétrou] *n., a.* (패션·음악 등의) 리바이벌(의), 재유행(의); 재연(再演)(의)

retro- [rétrou, -trə] *pref.* 「후방에; 다시 제자리에; 거꾸로」 등의 뜻

ret·ro·ac·tive [rètrouǽktiv] *a.* 〈효력이〉 소급하는: a ~ law 소급법 **~·ly** *ad.*

ret·ro·fire [rétroufàiər] *vt.* 〈역추진 로켓에〉 점화하다 — *vi.* 〈역추진 로켓에〉 점화되다

R

ret·ro·fit [rétroufìt] *n.* 구형(舊型) 장치의 개장(改裝)[갱신] — [ˋ-ˊ] *vt.* (~·ted; ~·ting) 〈구형 장치를〉 개장[갱신]하다

ret·ro·flex(ed) [rétrəflèks(t)] *a.* **1** 뒤로 휜 **2** 〖병리〗 뒤로 굽은 **3** 〖음성〗 반전음(反轉音)의

ret·ro·flex·ion, -flec·tion [rètrəflékʃən] *n.* Ⓤ **1** 반전(反轉) **2** 〖병리〗 자궁 후굴 **3** 〖음성〗 반전(음)

ret·ro·grade [rétrəgrèid] *a.* **1** 후퇴하는 **2** 〈순서 등이〉 반대의 **3** 퇴화하는
— *vi.* **1** 후퇴하다; 역행하다 **2** 퇴보[퇴화]하다; 타락하다 **3** 〖천문〗 〈유성 등이〉 역행하다

ret·ro·gress [rètrəgrés] *vi.* **1** 후퇴하다; 역행하다 **2** 퇴화[퇴보]하다

ret·ro·gres·sion [rètrəgréʃən] *n.* ⓊⒸ **1** 후퇴 **2** 〖생물〗 퇴화 **3** 〖천문〗 역행

ret·ro·gres·sive [rètrəgrésiv] *a.* **1** 후퇴[역행]하는 **2** 퇴화하는 ~·**ly** *ad.*

ret·ro-rock·et [rétrourɑ̀kit | -rɔ̀k-] *n.* 〖우주과학〗 역추진 로켓

ret·ro·spect [rétrəspèkt] *n.* Ⓤ 회고 *in* ~ 회고해 보니

ret·ro·spec·tion [rètrəspékʃən] *n.* ⓊⒸ 회고

ret·ro·spec·tive [rètrəspéktiv] *a.* **1** 회고의 **2** 〖법〗 소급하는: a ~ law 소급법 — *n.* (화가 등의) 회고전
~·**ly** *ad.* 회고적으로; 과거로 거슬러 올라가

re·trous·sé [rètru:séi | -ˊ-ˋ] [F] *a.* 〈코가〉 들창코의, 위로 젖혀진

‡**re·turn** [ritə́:rn] [L 「뒤로 휘다」의 뜻에서] *vi.* **1** 〈본래의 장소·상태·화제 등으로〉 **되돌아가다**, 돌아가다[오다]; 회복하다: ~ to New York 뉴욕으로 돌아가다 **2** 〈병 등이〉 재발하다: The fever ~*ed*. 열이 다시 났다. **3** 대답하다
— *vt.* **1 돌려주다[보내다]**: *R*~ this book to the shelf. 이 책을 서가에 도로 갖다 두시오. **2** 갚다 **3** 대답하다: ~ a polite answer to question 질문에 공손히 대답하다 **4** 〈이익 등을〉 낳다 **5** (정식으로) 보고하다: ~ a person guilty …에게 유죄 판결을 언도하다 **6** 〈선거구가 후보를〉 선출하다: ~ a person to Parliament …을 국회 의원으로 선출하다 **7** 〖테니스〗 〈공을〉 되받아치다
~ good for evil 악을 선으로 갚다
— *n.* **1** ⓊⒸ **귀환 2** ⓊⒸ **순환**, 회귀(回歸), 복귀; 재발 **3** ⓊⒸ **반환 4** ⓊⒸ 보답; 말대꾸 **5** ⓊⒸ 대답 **6** [종종 *pl.*] 보수, 수익 **7** 보고(서); [보통 *pl.*] 개표 보고 **8** 《영》 왕복표; 지급 회신
by ~ (*of post* [《미》 *mail*]) (우편에서) 받는 즉시로, 대지급으로 *in ~* 답례로; 회답으로; 그 대신에
— *a.* Ⓐ (되)돌아가는[오는]; 회답[답례]의; 재차의: a ~ postcard 반신용 엽서

re·turn·a·ble [ritə́:rnəbl] *a.* 반환할 수 있는; 반환해야 할

retúrn càrd (회신용) 왕복 엽서

re·turn·ee [ritə:rní:] *n.* 《미》 귀환자, 복귀자 《전쟁터·교도소 등으로부터의》; 복학자

re·túrn·ing òfficer [ritə́:rniŋ-] 《영·캐나다》 선거 관리 위원

retúrn pòstage 반신용 우표[우편 요금]

retúrn tícket 《영》 왕복표(《미》 round-trip ticket)

retúrn tríp 《영》 왕복 여행(《미》 round trip)

re·un·ion [rì:jú:njən] *n.* **1** Ⓤ 재결합[합동] **2** Ⓤ 재회; Ⓒ 동창회; 친목회

re·u·nite [rì:ju(:)náit] *vt., vi.* 재결합시키다[하다]; 재회시키다[하다]

re·us·a·ble [rì:jú:zəbl] *a.* 재사용[재이용]할 수 있는

re·use [rì:jú:z] *vt.* 다시 사용[이용]하다
— [-jú:s] *n.* Ⓤ 재사용

re·used [rì:jú:zd] *a.* 〈양털 등이〉 재생한

Reu·ters [rɔ́itərz] *n.* (영국의) 로이터 통신사(Reuter's News Agency) 《1851년 런던에서 창설》

rev. revenue; reverse(d); review(ed); revise(d); revision; revolution; revolving

Rev. Revelation; Reverend

re·val·u·a·tion [rì:væljuéiʃən] *n.* Ⓤ **1** 재평가(再評價) **2** 〖경제〗 (통화 가치의) 평가 절상(平價切上)

re·val·ue [rì:vǽlju:] *vt.* **1** 재평가하다 **2** 〖경제〗 평가를 절상하다

re·vamp [rì:vǽmp] *vt.* 《미·구어》 개조[개정(改訂), 혁신, 개혁]하다

Revd. Reverend

‡**re·veal** [riví:l] *vt.* **1 드러내다**, 〈비밀 등을〉 누설하다 **2** 〈숨겨져 있던 것을〉 나타내다 **3** 〖신학〗 〈신이〉 계시[묵시]하다 《*to*》 *~ itself* 나타나다; 알려지다 *~ oneself* 이름을 밝히다

re·véaled relígion [riví:ld-] 계시 종교

re·veal·ing [riví:liŋ] *a.* **1** 계발적(啓發的)인, 뜻이 깊은 **2** 〈숨겨진 부분이〉 나타나 있는

re·veal·ment [riví:lmənt] *n.* Ⓤ **1** 폭로; 탄로 **2** 〖신학〗 시현(示現), 계시

rev·eil·le [révəli | rivǽli] [F 「눈을 뜨다」의 뜻에서] *n.* 〖군사〗 기상 나팔[북]

***rev·el** [révəl] *v.* (~**ed**; ~·**ing** | ~**led**; ~·**ling**) *vi.* **1 주연을 베풀다**, 마시고 흥청거리다 **2 한껏 즐기다**, 매우 기뻐하다: ~ in reading 독서를 즐기다
— *n.* ⓊⒸ [종종 *pl*] 술잔치; 술 마시고 흥청거림 ~·(**l**)**er** *n.*

***rev·e·la·tion** [rèvəléiʃən] *n.* **1** Ⓤ **폭로**, Ⓒ 폭로된 사물, 뜻밖의 새 사실: It was a ~ to me. 그것은 나에게는 뜻밖의 이야기였다. **2** Ⓤ 〖신학〗 계시, 묵시 **3** [the R~, (the) R~s; 단수 취급] 〖성서〗 요한계시록(the Apocalypse)

rev·el·ry [révəlri] *n.* (*pl.* **-ries**) ⓊⒸ [종종 *pl.*] 술 마시고 떠들어댐[흥청거림]

‡**re·venge** [rivénd3] *n.* **1** ⓊⒸ **복수 2** Ⓤ 복수심, 원한(怨恨) **3** 〖경기〗 설욕의 기회 — *vt.* **1** [~ one*self* 또는 수동형으로] **복수하다 2** 〈피해자·부당 행위 등의〉 원한을 갚다

re·venge·ful [rivénd3fəl] *a.* 복수심에 불타는, 앙심 깊은 ~·**ly** *ad.* ~·**ness** *n.*

R

‡rev·e·nue [révən*j*ùː | -njùː] 〔L 「되돌아오다」의 뜻에서〕 *n.* **1** Ⓤ **세입**(income): the public ~ 국고 세입 **2** [*pl.*] 총수입, 재원(財源) **3** [보통 the ~] 국세청, 세무서 ***defraud the*** ~ 탈세하다
révenue expènditure 〖상업〗 수익 지출 《수익을 얻기 위한 지출》
révenue stàmp 수입(收入) 인지
révenue tàriff [**tàx**] 수입 관세
re·ver·ber·ant [rivə́ːrbərənt] *a.* **1** 울려 퍼지는 **2** 〈광선·열을〉 반사하는
re·ver·ber·ate [rivə́ːrbərèit] *vi.* **1** 반향하다(echo) **2** 〈빛·열이〉 반사하다, 굴절하다 — *vt.* **1** 반향시키다 **2** 〈빛·열을〉 반사하다, 굴절시키다
re·ver·ber·a·tion [rivə̀ːrbəréiʃən] *n.* Ⓤ **1** 반향; 반사 **2** [*pl.*] 반향[잔향]음(音) **3** [*pl.*] 반사광(光); 반사열
re·ver·ber·a·to·ry [rivə́ːrbərətɔ̀ːri | -təri] *a.* 〈불·열 등이〉 반사된, 반사에 의한; 〈노(爐) 등이〉 반사식의
— *n.* (*pl.* **-ries**) 반사로(爐)
***re·vere** [rivíər] *vt.* (경건한 마음으로) 숭배하다
***rev·er·ence** [révərəns] *n.* **1** Ⓤ **숭상, 존경** **2** [your[his] R~] 신부[목사]님 《성직자·목사의 경칭》
feel ~ ***for*** …을 존경하다 ***hold*** a person ***in*** ~ …을 존경하다
***rev·er·end** [révərənd] *a.* Ⓐ **1** [the R~] …님 《성직자의 경칭; 略 (the) Rev(d).》 **2** 성직자의, 목사의: a ~ utterance 성직자의 말
the ~ ***gentleman*** 그 성직자[목사]
— *n.* 《구어》 [보통 *pl.*] 목사, 성직자
Réverend Móther 수녀원장
rev·er·ent [révərənt] *a.* 숭상하는; 경건한
rev·er·en·tial [rèvərénʃəl] *a.* 존경을 표시하는, 경건한 ~**·ly** *ad.*
rev·er·ie [révəri] *n.* ⓊⒸ **1** 몽상, 환상 **2** 〖음악〗 환상곡 ***be lost in*** (***a***) ~ = ***fall into*** (***a***) ~ 공상[상념]에 잠기다
re·vers [rivíər, -vέər] 〔F〕 *n.* (*pl.* ~ [-z]) (옷깃·소매 등의) 밖으로 접은 부분
re·ver·sal [rivə́ːrsəl] *n.* ⓊⒸ **1** 반전(反轉), 전도; 역전 **2** 〖법〗 취소, 파기 **3** 〖사진〗 반전 (현상)
‡re·verse [rivə́ːrs] *n.* **1** [the ~] 역(逆) **2** [the ~] **뒤** **3** [종종 *pl.*] **불운**, 실패, 패배(敗北) **4** (자동차의) 후진, 후진 기어; 역전[역진] 장치; Ⓤ 〖기계〗 역전(逆轉); 〖무용〗 역[좌]회전
in ~ 후미(後尾)에; 뒷면에; 보통과 반대로 ***suffer*** [***sustain, meet with, have***] ***a*** ~ 실패[패배]하다
— *a.* **1** Ⓐ **거꾸로의, 상반되는** **2** Ⓐ 뒤[이면]의 **3** 역전하는
— *vt.* **1** 〈위치·방향·순서 등을〉 **거꾸로 하다** **2** 전환하다 **3** 〖기계〗 역전시키다; 〈자동차를〉 후진시키다 **4** 〈주의·결정 등을〉 역전시키다; 〖법〗 파기하다, 취소하다 **5** 《영》 〈전화 요금을〉 수신인 지불로 하다
R~ arms! 거꾸로 총! 《장례식 등에서 총을 거꾸로 메게 하는 구령》 ~ ***the charges*** 요금을 콜렉트콜로 하다
— *vi.* **1** 역행하다 **2** 〈엔진 등이〉 거꾸로 돌다; 〈자동차 등이〉 후진하다 **3** 〖무용〗 역[좌]회전하다
~**·ly** *ad.* 반대로; 또 한편으로는
revérse géar (자동차의) 후진 기어
re·vers·i·ble [rivə́ːrsəbl] *a.* **1** 역으로[거꾸로] 할 수 있는 **2** 〈의복 등이〉 안팎으로 입을 수 있는 — *n.* 안팎이 없게 짠 천, 안팎으로 입을 수 있는 옷
re·vérs·ing líght [rivə́ːrsiŋ-] (자동차의) 후진등(後進燈)
re·ver·sion [rivə́ːrʒən | -ʃən] *n.* ⓊⒸ **1** 전도, 반전; (원래 상태로의) 복귀 **2** 〖생물〗 격세 유전(隔世遺傳) **3** 〖법〗 재산의 복귀; 복귀 재산; 복귀권
~**·ar·y** [-èri | -əri] *a.* 되돌아가는, 복귀의; 〖법〗 복귀권이 있는; 〖생물〗 격세 유전의 ~**·er** *n.* 〖법〗 (재산 등의) 계승권자
***re·vert** [rivə́ːrt] 〔L 「뒤로 되돌아가다」의 뜻에서〕 *vi.* **1** (본래 상태·습관·신앙으로) **되돌아가다** **2** 〖법〗 〈부동산 등이〉 복귀[귀속]하다 **3** (처음 이야기·생각으로) 되돌아가다; 회상하다 **4** 〖생물〗 격세 유전하다
rev·er·y [révəri] *n.* (*pl.* **-er·ies**) = REVERIE
re·vet·ment [rivétmənt] *n.* **1** 〖토목〗 옹벽(擁壁), 호안(護岸) **2** 〖군사〗 방벽(防壁)
‡re·view [rivjúː] *n.* **1 평론**, 비평, 논평; 평론 잡지: write a ~ for the newspaper(s) 신문에 비평을 쓰다 **2** Ⓤ **재조사, 재검토** **3** Ⓤ 《미》 복습, 연습(《영》 revision); Ⓒ 《미》 연습 문제 **4** 시찰; 열병, 관병식(觀兵式) **5** 회고, 반성 **6** 개관, 전망 **7** Ⓤ 〖법〗 재심: a court of ~ 재심 법원 **8** 〖연극〗 = REVUE
be [***come***] ***under*** ~ 검토되고 있다[검토되기 시작하다] ***court of*** ~ 재심 법원 ***march in*** ~ 사열 행진을 하다 ***pass in*** ~ 검열을 받다, 검열하다
— *vt.* **1 다시 조사하다; 정밀하게 살피다** **2** 《미》 **복습하다** **3** 열병(閱兵)하다 **4** 회고하다 **5** 〈책·극·영화 등을〉 비평[논평]하다 **6** 〖법〗 재심하다 — *vi.* **1** 평론을 쓰다 **2** 《미》 복습하다
re·view·er [rivjúːər] *n.* 비평가, 평론가; 평론 잡지 기자
***re·vile** [riváil] *vt.* …의 욕을 하다
— *vi.* 욕하다 ~**·ment** *n.*
***re·vise** [riváiz] 〔L 「다시 보다」의 뜻에서〕 *vt.* **1 교정[정정, 수정, 개정]하다** **2** 〈의견 등을〉 바꾸다 **3** 《영》 복습하다(《미》 review) — *n.* **1** 수정, 교정(校正) **2** 〖인쇄〗 재교쇄(刷)
Revísed Stándard Vérsion [the ~] (성서의) 개정 표준역(譯) 《신약은 1946년, 구약은 1952년에 미국에서 출판; 略 RSV, R.S.V.》
Revísed Vérsion (**of the Bíble**) [the ~] 개역 성경 《King James의 Authorized Version의 수정판; 신약은 1881년, 구약은 1885년에 출판》
***re·vi·sion** [rivíʒən] *n.* **1** ⓊⒸ **개정**, 교정, 수정; 교열 **2** 개정판; 정정서, 개역 **3** 《영》 복습(《미》 review)
~**·ism** *n.* Ⓤ 수정론[주의], 수정 사회주의
~**·ist** *n.* 수정론자

R

re·vis·it [rìːvízit] *n.*, *vt.* 재방문(하다)
re·vi·tal·ize [rìːváitəlaiz] *vt.* **1** 생기를 회복시키다 **2** 부흥시키다
rè·vi·tal·i·zá·tion *n.*
*__re·viv·al__ [riváivəl] *n.* [UC] **1 재생,** 소생, 부활 **2** 회복; 부흥 **3** 〚그리스도교〛 신앙 부흥 (운동); 신앙 부흥 특별 전도 집회 **4** 재공연, 재상영, 재연주, 리바이벌
the R~ of Learning [***Letters, Literature***] 문예 부흥
~·ìsm *n.* [U] 신앙 부흥 운동; 부흥의 기운(氣運) **~·ist** *n.* 신앙 부흥론자
‡**re·vive** [riváiv] [L 「다시 살다」의 뜻에서] *vt.* **1 소생하게 하다 2** 재개하다 **3** 재공연[재상영]하다 **4** 〚화학〛 환원시키다
— *vi.* **1 소생하다**: ~ from a swoon 의식을 되찾다 **2** 기운을 다시 찾다 **3** 부활하다
re·viv·i·fy [riːvívəfài] *vt.* (**-fied**) 다시 살아나게 하다; 기운나게 하다
rev·o·ca·tion [rèvəkéiʃən] *n.* [UC] 폐지, 취소
re·voke [rivóuk] *vt.* 취소하다, 폐지하다, 무효로 하다, 해약하다
— *vi.* 〚카드〛 판에 깔린 패의 짝이 있는데도 규약을 어기고 다른 패를 내다
— *n.* 〚카드〛 revoke함
make a ~ = REVOKE *vi.*
‡**re·volt** [rivóult] *n.* **1** (소규모의) **반란,** 폭동 **2** [U] 혐오, 불쾌, 반감
in ~ …에 반항하여
— *vi.* **1 반란[폭동]을 일으키다,** 반역하다 **2** 비위가 상하다, 반감이 생기다
— *vt.* 비위 상하게 하다 **~·er** *n.*
re·volt·ing [rivóultiŋ] *a.* **1** 반란[모반]하는 **2** 불쾌감을 일으키는, 역겨운 **~·ly** *ad.*
‡**rev·o·lu·tion** [rèvəlúːʃən] *n.* **1** [UC] (정치상의) **혁명 2** [UC] 대변혁 **3** 회전 **4** [U] (계절 등의) 주기; 순환 **5** [U] 〚천문〛 공전(公轉)
*__rev·o·lu·tion·ar·y__ [rèvəlúːʃənèri | -ʃənəri] *a.* **혁명의;** 혁명적인; [**R~**] 미국 독립 전쟁의
rev·o·lu·tion·ist [rèvəlúːʃənist] *n.* 혁명당원; 혁명론자
rev·o·lu·tion·ize [rèvəlúːʃənàiz] *vt.* 혁명[대변혁]을 일으키다
*__re·volve__ [riválv | -vɔ́lv] *vi.* **1 회전하다**: The earth ~*s* on its axis. 지구는 지축을 중심으로 자전한다. **2** 공전(公轉)하다; 주기적으로 일어나다 **3** 〈토론 등이〉 …을 중심 제목으로 삼다 **—** *vt.* **1** 회전시키다 **2** 숙고하다 ***~ in the mind*** 숙고하다
*__re·volv·er__ [riválvər | -vɔ́lv-] *n.* (탄창 회전식) **연발 권총**
re·volv·ing [riválviŋ | -vɔ́lv-] *a.* [A] 회전하는: a ~ stage 회전 무대
revólving dóor 1 회전문 **2** 《비유》 끊임없는 되풀이
re·vue [rivjúː] [F = review] *n.* 〚연극〛 레뷔, 시사 풍자의 익살극 《촌극·춤·무용으로 이루어진 뮤지컬 코미디》
re·vul·sion [rivʌ́lʃən] *n.* [UC] **1** 혐오감 **2** (감정·상태 등의) 격변
ReV. Ver. Revised Version (of the Bible)

‡**re·ward** [riwɔ́ːrd] *n.* [UC] **1 보수 2** [종종 *pl.*] 보답, 벌 **3** 현상금, 사례금 《분실물의 반환·죄인의 체포 등에 대한》
in ~ for [***of***] …에 대한 상으로서, …에 보답하여
— *vt.* **1 보답하다 2** 보수[상]를 주다 **3** 보복하다, 벌하다
re·ward·ing [riwɔ́ːrdiŋ] *a.* **1** 보답하는[받는] **2** …할 만한 가치가 있는: a ~ book 읽을 가치가 있는 책
re·wind [rìːwáind] *vt.* (**-wound** [-wáund]) 다시 감다
re·wire [rìːwáiər] *vt.* 배선(配線)을 바꾸다
re·word [rìːwə́ːrd] *vt.* 바꾸어 말하다
‡**re·write** [rìːráit] *vt.* (**-wrote** [-róut]; **-written** [-rítn]) **다시 쓰다;** 고쳐 쓰다
— [스스] *n.* **1** 고쳐 씀 **2** (미) 고쳐 쓴 기사
rex [reks] [L 「왕」의 뜻에서] *n.* (*pl.* ***re·ges*** [ríːdʒiːz]) 국왕; [**R~**] 현 국왕 《略 R.; cf. REGINA》: George ~ 조지왕
Rex [reks] *n.* 남자 이름 《Reginald의 애칭》
Rey·kja·vik [réikjəvìːk, -vik] *n.* 레이캬비크 《Iceland의 수도·항구 도시》
Rey·nard [réinaːrd, -nərd] *n.* **1** 레이너드 《~ *the Fox*(여우 이야기)에 나오는 주인공 여우 이름》 **2** [**r~**] 여우(fox)
Reyn·olds [rénldz] *n.* 레이놀즈 **Sir Joshua** ~ (1723-92) 《영국의 초상화가》
RF, R.F., r.f. radio frequency; 〚야구〛 right field; rapid fire
RFD, R.F.D. rural free delivery
Rh 〚생화학〛 Rh factor; 〚화학〛 rhodium
r.h. right hand 〈악기 등〉 오른손 사용
rhap·sod·ic, -i·cal [ræpsádik(əl) | -sɔ́d-] *a.* 광상적인, 열광적인, 거창한
rhap·so·dize [rǽpsədàiz] *vt.*, *vi.* 광상시[곡]을 쓰다; 열광적으로 쓰다[말하다]
rhap·so·dy [rǽpsədi] [Gk 「시(詩)를 이어 붙이다」의 뜻에서] *n.* (*pl.* **-dies**) **1** 〚고대그리스〛 서사시 **2** 열광적인 문장[시가]; 환희, 열광 **3** [CU] 〚음악〛 광상곡
go into rhapsodies 열광적으로 말하다[쓰다]
Rhe·a [ríːə | rí(ː)ə] *n.* **1** 〚그리스신화〛 레아 《Uranus와 Gaea의 딸》 **2** [**r~**] 아메리카타조 《발가락이 셋임》
Rhen·ish [réniʃ] *a.* 《고어》 라인 강 지방의 **—** *n.* [U] 라인 백포도주
rhe·ni·um [ríːniəm] *n.* [U] 〚화학〛 레늄 《희유 금속 원소; 기호 Re, 번호 75》
rhe·o·stat [ríːəstæ̀t] *n.* 〚전기〛 가감(加減) 저항기
rhé·sus mónkey [ríːsəs-] 〚동물〛 붉은털원숭이
*__rhet·o·ric__ [rétərik] [Gk 「이야기하다」의 뜻에서] *n.* [U] **1 수사법,** 화려한 문체; 미사(美辭); 과장 **2** 수사학
rhe·tor·i·cal [ritɔ́ːrikəl | -tɔ́r-] *a.* 수사학(修辭學)의; 수사학상의; 웅변적인 **~·ly** *ad.*
rhetórical quéstion 〚문법〛 수사 의문, 반문적 의문 《Nobody cares.의 뜻인 *Who cares?* 같은 표현》

rhet·o·ri·cian [rètəríʃən] *n.* 수사학자, 웅변가, 과장적인 연설가[작가]

rheum [ru:m] *n.* **1** Ⓤ 점막 분비물 《눈물·콧물 등》 **2** Ⓤ (코)카타르(catarrh), 감기

rheu·mat·ic [ru(:)mǽtik] *a.* 류머티즘의; 류머티즘에 걸린
— *n.* 류머티즘 환자; [the ~s] 《구어·방언》 류머티즘(rheumatism)

rheu·mat·ick·y [ru(:)mǽtiki] *a.* 《구어》 = RHEUMATIC

‡**rheu·ma·tism** [rú:mətìzm] *n.* Ⓤ 〖병리〗 **류머티즘**

rheu·ma·toid [rú:mətɔ̀id] *a.* 류머티즘성(性)의; 류머티즘에 걸린

rheum·y [rú:mi] *a.* (**rheum·i·er**; **-i·est**) 점액을 분비하는

Rh fàctor [ɑ́:réitʃ-] [*Rh*esus *factor*] 〖생화학〗 리서스 인자(因子) 《적혈구 속에 있는 응혈소》

***Rhine** [rain] *n.* [the ~] (독일의) **라인강**

Rhine·land [ráinlæ̀nd] *n.* [the ~] 라인 지방

rhine·stone [ráinstòun] *n.* Ⓤ 라인석(石) 《모조 다이아몬드》

Rhíne wìne **1** 라인산(産) 포도주 《주로 백포도주》 **2** 《일반적으로》 백포도주

rhi·no [ráinou] *n.* (*pl.* **~, ~s**) 《구어》 = RHINOCEROS

***rhi·noc·er·os** [rainɑ́sərəs | -nɔ́s-] *n.* (*pl.* **~·es, ~**) 〖동물〗 **무소, 코뿔소**

rhi·zome [ráizoum], **rhi·zo·ma** [raizóumə] *n.* 뿌리줄기, 지하경(莖)

rho [rou] *n.* (*pl.* **~s**) 로 《그리스 자모의 제17자; Ρ, ρ; 영어의 r에 해당》

Rho·da [róudə] *n.* 여자 이름

Rhòde Ísland [ròud-] [Du. 「빨간 섬」의 뜻에서] 로드아일랜드 주(州) 《미국 New England 지방에 있는 미국에서 가장 작은 주; 略 R.I.》

Rhodes [roudz] *n.* 로도스 섬 《에게 해(Aegean Sea) 중의 그리스령(領) 섬》

rho·di·um [róudiəm] *n.* Ⓤ 〖화학〗 로듐 《금속 원소; 기호 Rh, 번호 45》

rho·do·den·dron [ròudədéndrən] *n.* 〖식물〗 진달래속(屬)의 각종 화목(花木)

rhomb [rɑmb | rɔmb] *n.* = RHOMBUS

rhom·bi [rɑ́mbai | rɔ́m-] *n.* RHOMBUS의 복수

rhom·boid [rɑ́mbɔid | rɔ́m-] *n.* 〖기하〗 편릉형(偏菱形), 장사방형(長斜方形)
rhom·bói·dal *a.*

rhom·bus [rɑ́mbəs | rɔ́m-] *n.* (*pl.* **~·es, -bi** [-bai]) 〖기하〗 마름모꼴, 사방형

rhu·barb [rú:bɑ:*r*b] *n.* Ⓤ **1** 〖식물〗 대황(大黃); 대황의 잎자루 《식용》 **2** 《구어》 와글와글 《많은 사람이 동시에 떠드는 소리》; 《미·속어》 말다툼

rhum·ba [rʌ́mbə] *n.* = RUMBA

***rhyme, rime** [raim] [L 「열(列)」의 뜻에서] *n.* **1** Ⓤ (시의) 운(韻) **2** 동운어(同韻語) **3** ⓊⒸ 압운시; [보통 *pl.*] 운문
— *vi.* **1** 시를 짓다 **2** 운(韻)을 달다; 운이 맞다 — *vt.* **1** 〈시를〉 짓다; 시로 짓다 **2** 운을 달게 하다

rhýmed vèrse [ráimd-] 압운시(押韻詩)

rhyme·ster [ráimstə*r*] *n.* 《고어》 엉터리 시인

rhym·ing [ráimiŋ] *a.* Ⓐ **1** 운이 맞는 **2** 운을 가진

‡**rhythm** [ríðm] [Gk 「흐르다」의 뜻에서] *n.* ⓊⒸ **1 율동, 리듬**; 규칙적인 반복 (운동) **2** 〖음악〗 리듬 **3** 〖시학〗 운율

rhýthm and blúes 〖음악〗 리듬 앤드 블루스 《흑인 음악의 일종; rock'n'roll의 모체; 略 r & b, R & B》

***rhyth·mic, -mi·cal** [ríðmik(əl)] *a.* **율동적인, 리드미컬한**
-mi·cal·ly *ad.* 리드미컬하게, 율동적으로

rhýthmic gymnástics 〖스포츠〗 리듬 체조

rhýthm mèthod 주기(週期) 피임법

rhýthm sèction 〖음악〗 (밴드의) 리듬 담당 그룹 《피아노·기타·베이스·드럼》

R.I. Rhode Island; 《영》 Royal Institute[Institution] 영국 왕립 과학 연구소

ri·al [riɔ́:l | -ɑ́:l] *n.* **1** 리알 《이란의 화폐 단위; 기호 R; = 100 dinars》 **2** = RIYAL

Ri·al·to [riǽltou] *n.* **1** [the ~] 리알토(섬) 《Venice의 2대 섬의 하나로 상업 중심 구역》 **2** [the ~] 리알토 교(橋) 《베니스 대운하(the Grand Canal)의 대리석 다리》 **3** 《미》 극장가(街); [the ~] 리알토가(街) 《New York 시 Broadway의 극장가》 **4** [**r~**] (*pl.* **~s**) 〖증권〗 증권 거래소; 시장

‡**rib** [rib] *n.* **1** 〖해부〗 **늑골** **2** 〖요리〗 갈비 《고기가 붙은 갈빗대》 **3** 갈빗대 모양의 것; (선박의) 늑재(肋材); 〖건축〗 서까래; 살 《양산의》 **4** 이랑 《직물·편물 등의》 **5** 〖식물〗 엽맥(葉脈)
poke* [*nudge, dig*] a person *in the ~s 넌지시 옆구리를 찔러 알리다 ***~s* [*a ~*] *of beef*** 쇠고기의 갈빗살
— *vt.* (**~bed**; **~·bing**) **1** …에 늑골[늑재]을 붙이다; 늑골[늑재]로 둘러싸다 **2** …에 이랑 무늬를 달다 **3** 《구어》 괴롭히다

rib·ald [ríbəld] *a.* 음란한[상스러운] 말을 하는; 상스러운[야비한], 음란[불경]한
— *n.* 상스러운[음란한] 말을 하는 사람

rib·ald·ry [ríbəldri] *n.* Ⓤ 상스러운 말[농담]

ribbed [ribd] *a.* **1** 늑골이 있는 **2** 이랑이 있는: ~ fabric 이랑지워 짠 천

rib·bing [ríbiŋ] *n.* Ⓤ **1** [집합적] 늑골 **2** 늑상(肋狀) 조직 《잎맥·깃대·시맥(翅脈) 등의》

‡**rib·bon** [ríbən] *n.* **1** ⒸⓊ **리본**, 장식띠 **2** 리본 모양의 것, 가늘고 긴 조각 **3** (잉크) 리본 《타이프라이터·압인기(押印器)용》; (훈장의) 장식끈
be torn to* [*hang in*] *~s 갈기갈기 찢어지다[찢어져 매달려 있다]

ríbbon devèlopment 《영》 〖도시공학〗 대상(帶狀) 개발 《도시에서 교외로 간선 도로를 따라 무질서하게 뻗어가는 주택 건축》

ríbbon wòrm 〖동물〗 유형(紐形) 동물

ríb càge 〖해부〗 흉곽

ri·bo·fla·vin [ràibouflèivin] *n.* Ⓤ 〖생화학〗 리보플래빈 《비타민 B_2 또는 G》

ri·bo·nu·clé·ic ácid [ràibounjuːklíːik- | -njuːklíːik-] 〚생화학〛 리보핵산(核酸)(RNA)

‡rice [rais] *n.* Ⓤ **1** 쌀; 밥: boil [cook] ~ 밥을 짓다 **2** 〚식물〛 벼: a ~ crop 벼농사 **—** *vt.* 〈감자 등을〉 ricer로 으깨다, 쌀알 모양으로 만들다

ríce bòwl 밥그릇; 미작(米作) 지대 《동남 아시아 등》

ríce pàper 얇은 고급 종이의 일종

ríce púdding 라이스 푸딩 《우유·쌀·설탕으로 만드는 푸딩》

ric·er [ráisər] *n.* (미) 라이서 《삶은 감자 등을 압착하여 작은 구멍으로 국수같이 밀어내는 부엌용 기구》

‡rich [ritʃ] *a.* **1** 부유한; [the ~; 명사적, 집합적; 복수 취급] 부자들 (opp. *the poor*) **2** 풍부한 **3** 〈토지가〉 비옥한 **4** 값진; 화려한; 사치스런: ~-clad 사치스런 옷차림을 한 **5** 영양분 있는; 농후한; 맛 좋은 **6** 〈빛깔이〉 진한 **7** 《문어》 〈소리가〉 낭랑한 **8** 〈향기가〉 강렬한

~ and poor [복수 취급] 부자나 가난뱅이나 모두

Rich·ard [rítʃərd] *n.* 남자 이름 《애칭 Dick, Dicky, Richie》

‡rich·es [rítʃiz] *n. pl.* [보통 복수 취급] 부(富)(wealth), 재물

***rich·ly** [rítʃli] *ad.* **1** 부유하게 **2** 《문어》 값지게 **3** 자양분 있게; 농후하게 **4** 풍부하게

Rich·mond [rítʃmənd] *n.* 리치먼드 **1** 미국 New York 시 남서부의 군 **2** 미국 Virginia 주의 주도 **3** Greater London의 한 구획

***rich·ness** [rítʃnis] *n.* Ⓤ **1** 부유 **2** 풍요, 비옥 **3** 귀중, 훌륭함 **4** 자양분

Rích·ter scàle [ríktər-] [미국의 지진학자 이름에서] 리히터 스케일 《지진의 진도(震度) 척도; 1-10까지 있음》

rick[1] [rik] *n.* 짚가리, 건초 더미

— *vt.* 〈보리·건초 등을〉 쌓다, 짚가리로 하다

rick[2] (영) *vt.* 〈목 등을〉 결리게[삐게] 하다 **—** *n.* (약간) 삠, 결림, 염좌(捻挫)

rick·ets [ríkits] *n. pl.* [단수 취급] 〚병리〛 구루병; 골연화(증)

rick·ett·si·a [rikétsiə] [미국의 병리학자 이름에서] *n.* (*pl.* **-si·ae** [-siìː], **~s**) 리케차 《발진티푸스 등의 병원체》

rick·et·y [ríkiti] *a.* **1** 구루병에 걸린, 곱사등이의 **2** 흔들흔들하는, 곧 무너질 것 같은

rick·sha, -shaw [ríkʃɔː] [Jap.] *n.* 인력거

ric·o·chet [rìkəʃéi] [F] *n.* **1** 튀며 날기 《탄환 등이 물이나 땅의 표면을》 **2** 도탄(跳彈) **—** *vi.* 〈탄환 등이〉 튀며 날다

‡rid [rid] [OE 「(땅을) 개척하다」의 뜻에서] *vt.* (~, 《고어》 **~·ded**; **~·ding**) **1** (…에게서) 없애다, 제거[구축]하다; (…으로부터) 자유롭게 하다 **2** [~ one*self* 로] 면하다: ~ one*self* of a bad habit 악습에서 벗어나다

be ~ of 〈원치 않는 것을〉 면하다, …을 않게 되다: He *is* ~ *of* fever. 열이 내렸다. ***get ~ of*** (1) 〈원치 않는 것을〉 면하다, …을 벗어나다 (2) …을 그만두다; 폐하다, 죽이다(kill)

rid·dance [rídns] *n.* ⓊⒸ **1** 면함, 벗어남, 제거 **2** 귀찮은 것[일]을 쫓아버림 ***Good ~ (to bad rubbish)!*** 거참 시원하게 없어졌군! ***make clean ~ of*** …을 일소하다

‡rid·den [rídn] *v.* RIDE의 과거 분사 **—** *a.* [보통 복합어를 이루어] **1** 지배된, 압제받은: priest-~ 성직자가 횡포를 부리는 **2** (악몽 등에) 시달린, 고통받은: fear-~ 공포에 떠는 **3** 무턱대고 많은: a weed-~ garden 잡초가 우거진 정원

‡rid·dle[1] [rídl] *n.* **1** 수수께끼 **2** 알 수 없는 것[사람] ***read a ~*** (알 수 없는 일에 대한) 해답[뜻]을 찾아내다 ***speak in ~s*** 수수께끼를 걸다; 수수께끼 같은 말을 하다

— *vi.* 수수께끼 같은 말을 하다

— *vt.* 〈수수께끼 등을〉 풀다

riddle[2] *n.* 어레미

— *vt.* **1** 〈곡물 등을〉 체질해 거르다 **2** 탄환 등으로 〈배·벽·사람 등을〉 구멍투성이로 만들다 ***be ~d with*** …투성이이다

‡ride [raid] *v.* (**rode** [roud], 《고어》 **rid** [rid]; **rid·den** [rídn], 《고어》 **rid**) *vi.* **1** 말을 타다; 말을 몰다 **2** (탈것을) 타다; 타고 가다 **3** (물속·공중에) 뜨다, 정박하다; 〈달·태양이〉 중천에 걸려 있다: The ship ~*s* at anchor. 배는 닻을 내리고 정박해 있다. **4** 말타듯 걸터 앉다[타다]: ~ on a person's back[shoulders] …의 등[양 어깨]에 목말 타다 **5** 얹혀 있다, 떠받쳐 움직이다

— *vt.* **1** 〈말·탈것 등을〉 타다, 타고 가다; 〈말 등을〉 몰다 **2** 말[자동차]로 지나가다 **3** 태우다, 걸터 앉히다 **4** 지배하다

~ ***again*** 원기를 회복하다 ~ ***down*** (1) 말로 …을 따라잡다, 말로 몰아세우다 (2) 말로 쓰러뜨리다, 압도하다 (3) 〚항해〛 〈로프를〉 몸무게로 누르다 ~ ***herd on*** 지키다, 감독하다, 경비하다 ~ ***(roughshod) over*** …을 유린하다; …을 압도하다, 무시하다

— *n.* **1** 탐, 태움 **2** (유원지 등의) 탈것 **3** 숲 속의 승마길 **4** 타는 기분

give a person ***a ~*** …을 태워 주다

‡rid·er [ráidər] *n.* **1** 타는 사람, 차를 모는 사람, 기수 **2** 첨부 서류; 추가 조항 **3** (난간의) 손잡이

by way of ~ …의 추가로서, 첨부하여 《*to*》

~·less *a.* 탈 사람이 없는

‡ridge [ridʒ] *n.* **1** 산등성이; 분수령 **2** 융기(선) **3** 이랑; 돋워 올린 온상 **—** *vt.* **1** 마룻대를 올리다 **2** 이랑을 짓다 **—** *vi.* 이랑[두렁]이 되다; 융기하다, 물결이 일다

ridge·pole [rídʒpòul] *n.* **1** 〚건축〛 마룻대 **2** 텐트의 들보

rídge tìle 〚건축〛 용마루 기와

ridge·way [-wèi] *n.* 산등성이 길

‡rid·i·cule [rídikjùːl] *vt.* 비웃다

— *n.* Ⓤ 비웃음, 조롱,

‡ri·dic·u·lous [ridíkjuləs] *a.* 웃기는; 터무니없는

~·ly *ad.* 우스꽝스럽게; 터무니없이

*__rid·ing__[1] [ráidiŋ] *n.* Ⓤ **승마**; 승차
— *a.* 승마(용)의: a ~ coat 승마 코트
riding[2] *n.* 《영》 구(區) 《영국 구(舊) Yorkshire 행정 구획》
ríding bòots 승마화, 《특히》 top boots
ríding brèeches 승마 바지
ríding cròp[whìp] (끝에 가죽끈으로 만든 고리가 달린) 말채찍
ríding hàbit 여자 승마복
ríding lìght[làmp] 〖항해〗 정박등《흰빛》
ríding schòol 승마 학교
Ries·ling [rí:zliŋ] [G] *n.* Ⓤ 백포도주의 일종
rife [raif] *a.* Ⓟ 《문어》 **1** 〈나쁜 병이〉 유행하는 **2** 〈나쁜 것이〉 수두룩한, 수없이 많은
riff [rif] [refrain[2]의 생략] 〖재즈〗 *n.* 리프, 반복 악절(樂節)[악구(樂句)]
— *vi.* 리프를 연주하다
rif·fle [rífl] *n.* **1** 《미》 **a** 강의 물살이 빠른 곳 **b** 잔물결 **2** 트럼프 카드 섞는 법 《끝을 조금 구부려서 하는》
— *vi.* **1** 〈사람·손가락이〉 (페이지 등을) 펄럭펄럭 넘기다 **2** 잔물결이 일다
— *vt.* **1** 〈트럼프 카드를〉 두 몫으로 나누어 양쪽에서 엇갈리게 섞다 **2** 〈페이지 등을〉 펄럭펄럭거리며 넘기다 **3** 잔물결이 일게 하다
riff·raff [rífræ̀f] *n.* [the ~; 복수 취급] 하층민, 천민; (인간) 쓰레기
‡**ri·fle**[1] [ráifl] [G 「홈」의 뜻에서] *n.* **1** 라이플총; 소총 **2** [*pl.*] = RIFLE CORPS
— *vt.* 〈총신 등에〉 강선을 넣다
rifle[2] *vt.* 샅샅이 뒤지다[찾다], 도둑질하다: ~ a person of money …에게서 돈을 강탈하다
rífle còrps 소총 부대 《지원병으로 구성》
ri·fle·man [ráiflmən] *n.* (*pl.* **-men** [-mən]) 소총병; 라이플총의 명사수
rífle rànge (소총) 사격장; 소총 사정(射程)
ri·fling [ráifliŋ] *n.* Ⓤ 강선(腔綫)을 붙임; 선조(旋條)
rift [rift] *n.* 갈라진 데, 열극(split)
ríft válley 〖지질〗 지구(地溝) 《지층이 내려앉아 생긴 계곡》
*__rig__[1] [rig] (**~ged**; **~·ging**) *vt.* **1** 〈배에〉 **삭구(索具)를 갖추다**; 의장(艤裝)하다 **2** 장비하다 **3** 《구어》 입히다 **4** 임시변통으로 만들다 **5** 《구어》 부정 수단으로 조작하다: ~ an election 선거에서 부정 행위를 하다 ~ ***the stock market*** 〈투기가가〉 인위적으로 증권 시세를 조작하다
— *n.* **1** 〖항해〗 범장(帆裝) **2** Ⓤ 《구어》 의복; (야한 또는 색다른) 몸차림 **3** Ⓤ 준비; Ⓒ 《미》 말을 맨[채비를 갖춘] 마차 **4** 낚시 도구 ***in full*** ~ 완전 범장으로; 《구어》 성장(盛裝)하여
Ri·ga [rí:gə] *n.* 리가 《구소련의 Latvia 공화국의 수도》; [the Gulf of ~] 리가 만
rigged [rigd] *a.* [보통 복합어를 이루어] …식 범장(帆裝)의: square-~ 가로돛식 범장의
rig·ger[1] [rígər] [rig에서] *n.* **1** 삭구(索具) 장비자, 의장자(艤裝者); (낙하물 방지용) 비계 장치 **2** [보통 복합어를 이루어] …식 범장선: a square-~ 가로돛식 범장의 배 **3** 시세를 조작하는 사람; 부정한 농간을 부리는 사람
rig·ging [ríginŋ] *n.* Ⓤ 〖항해〗 삭구 《돛·돛대·로프 등의 총칭》; 의장(艤裝)
‡**right** [rait] *a.* **1 a** **바른**, 옳은(opp. *wrong*); 정당한, 정의의: Was he ~ to leave her? 그가 그녀에게서 떠난 것은 옳았는가? **b** **틀림없는**: My watch isn't ~. 내 시계는 정확하지 않다. **2 a** **적당[적절]한**; 더할 나위 없는: the ~ man in the ~ place 적재적소 **b** 질서 정연한: put things ~ 정돈하다 **3** Ⓐ **오른쪽[편]의**; [보통 **R~**] (정치적으로) 우익의 **4** 정상적인 **5** 표면의, 정면의: the ~ side (옷 등의) 겉면 **6** 똑바른; 직각의 **7** 《고어》 정말의, 진실의(real)
all ~ 더할 나위 없는, 아주 좋은 ***R~ oh!*** = RIGHTO ~ ***or wrong*** 좋든 나쁘든, 어떻든 ***R~ you are!*** 《구어》 옳은 말씀이오, 자네 말대로야!; [제의·명령에 대답하여] 알았습니다! ***That's ~.*** 좋소.; 《구어》 그렇소(yes), 맞았소.
— *ad.* **1 a** **정면으로**: I went ~ at him. 나는 그를 향하여 곧장 갔다. **b** 줄곧(all the way): go ~ to the end 끝까지 가다 **2 a** **아주**, 완전히 **b** [부사·전치사 앞에서] **바로**, 틀림없이: ~ opposite 바로 맞은 편에, 정반대로 **3** 《구어》 **곧**, 지체없이: I'll be ~ back. 곧 돌아오겠소. **4** **바르게**, 공정하게; 정확히: act ~ 바르게 행동하다 **5** **적당히**; 알맞게: Things went ~. 만사가 잘 되어 갔다. **6** **오른쪽[편]에**: turn ~ 오른쪽으로 향하다[돌다] **7** 《고어》 완전히, 몹시 **8** [공손한 호칭]: the *R~* Honorable 각하, …님, 선생
~ ***along*** 정지하지 않고, 끊임없이 ~ ***away*** 곧, 지체하지 않고 ~ ***off*** 《구어》 지금 당장에, 즉시 ***R~ on!*** [감탄사적] 《구어》 그렇다, 옳소, 좋아!; 그대로 계속해!; 착실히
— *n.* **1** ⓊⒸ **권리**; 정당한 요구 **2** Ⓤ **바름**, 정당; 정의, 정도(正道), 도리; 바른 행위 **3** **정확**; [*pl.*] 진상; [*pl.*] 정상 상태 **4** [the ~, one's ~] **오른쪽[편]**: on *one's* ~ 오른편에 **5** 〖군사·야구〗 우익; 〖권투〗 오른 주먹의 펀치 **6** [보통 the R~; 집합적] 〖정치〗 우파, 보수당: sit on *the R~* 우파[보수당] 의원이다
as of ~ 정당히, 당연히 ***be in the*** ~ 도리에 맞다, 옳다 ***by*** [***in***] ~ ***of*** …이라는 이유로; …의 권한으로 ***do*** a person ~ …을 공평하게 다루다, 정당히 평가하다
— *vt.* **1** **똑바로 세우다** **2** **바로잡다** **3** 권리를 얻게 하다[회복시키다]
~ one***self*** 명예를 회복하다
— *vi.* 〈기울어진 배 등이〉 똑바로 일어서다
right-a·bout [ráitəbàut] *n.* = RIGHT-ABOUT-FACE
right-a·bout-face [-əbàutféis] *n.* 180도 전환 《주의·정책의》, 전향; 〖군사〗 뒤로 돌아
‡**ríght ángle** **직각**: at ~s with …와 직각으로

right árm **1** 오른팔 **2** [one's ~] 심복(right hand)
*__right·eous__ [ráitʃəs] *a.* 《문어》 **1** (도덕적으로) 바른, 정의의, 공정한, 청렴 강직한, 유덕한 **2** 정당한, 당연한
 ~·ly *ad.* **~·ness** *n.*
right field 〖야구〗 외야의 우익
right fielder 〖야구〗 우익수
*__right·ful__ [ráitfəl] *a.* Ⓐ 올바른; 적법[합법]의; 당연[정당]한 **~·ly** *ad.*
right hánd **1** 오른손 **2** 오른쪽 **3** [one's ~] 가장 믿을 수 있는 사람, 심복
*__right-hand__ [ráithæ̀nd] *a.* Ⓐ **1** 오른편[쪽]의, **오른손의**; 오른손을 쓰는: (a) ~ drive (자동차의) 우측 핸들(의 차) **2** 심복의, 믿을 만한 **3** 오른쪽[우]회전의
right-hand·ed [-hǽndid] *a.* **1** 오른손잡이의 **2** 오른손에 의한; 〈도구 등이〉 오른손용의 **3** 오른편으로 도는
 ~·ly *ad.* **~·ness** *n.*
right-hand·er [-hǽndər] *n.* 오른손잡이; 〖야구〗 우완 투수
right·ist [ráitist] *n.* [종종 **R~**] 우익[우파]의 사람; 보수주의자
 — *a.* 우익[우파]의
*__right·ly__ [ráitli] *ad.* **1** 정확히: If I remember ~ 내 기억이 틀림 없다면 **2** 바르게 **3** [문장 전체를 수식하여] 마땅히
right-mind·ed [ráitmáindid] *a.* 마음이 바른[곧은] **~·ness** *n.*
right·ness [ráitnis] *n.* Ⓤ **1** 올바름, 공정 **2** 정확 **3** 적절
right·o, right-oh [ràitóu] *int.* 《영·구어》 좋다, 알았다(all right, O.K.)
right-of-cen·ter [ráitəvséntər] *a.* 중도 우파의
right-of-way [ráitəvwéi] *n.* (*pl.* **rights-, ~s**) ⓊⒸ **1** 통행권 《타인 소유지 안의 도로의》; 통행권이 있는 도로 **2** 《미》 공도 용지(公道用地); 철도[선로] 용지; 송전선[천연 가스 수송관] 용지 **3** (교통상의) 우선 통행권; 우선권 《발언 등의》; 진행 허가
right·ward [-wərd] *a.* Ⓐ 오른쪽으로 향하는, 오른쪽(으로)의
 — *ad.* 오른쪽으로[에]
right·wards [-wərdz] *ad.* 《영》 = RIGHTWARD
right whále 〖동물〗 참고래
right wing (경기의) 우익(수); [the ~; 집합적] (정당 등의) 우익, 보수파
right-wing [-wíŋ] *a.* 우익의, 우파의
 ~·er *n.*
*__rig·id__ [rídʒid] *a.* **1** 단단한 **2** 엄격한, 정확한 **3** 〈생각 등이〉 **딱딱한**, 융통성 없는: ~ opinions 융통성 없는 의견 **4** 강직(剛直)한 **~·ness** *n.*
ri·gid·i·ty [ridʒídəti] *n.* Ⓤ **1** 단단함, 강직(強直); 〖물리〗 강성률(剛性率) **2** 엄격; 엄밀 **3** 강직
rig·ma·role [rígmərὸul] *n.* 시시하고 장황한 이야기[글]
*__rig·or__ | **rig·our** [rígər] *n.* Ⓤ **1** 엄함, 엄격 **2** [종종 *pl.*] 호됨 《추위 등의》 **3** [때로 *pl.*] 고됨 《생활 등의》 **4** 엄밀, 정밀, 정확

rig·or mor·tis [rígər-mɔ́ːrtis] [L] 〖의학〗 사후(死後) 강직
*__rig·or·ous__ [rígərəs] *a.* **1** 엄한, 엄격한; 〈기후 등이〉 호된 **2** 엄밀한, 정밀한
 ~·ly *ad.* **~·ness** *n.*
rig·our [rígər] *n.* 《영》 = RIGOR
rig-out [rígàut] *n.* 《영·구어》 의복 일식(一式)
rile [rail] *vt.* 《구어》 화나게 하다, 짜증나게 하다; 《미》 〈액체를〉 섞어서 흐리게 하다
rill [ril] *n.* 《시어》 시내, 세류
‡**rim** [rim] *n.* **1** 가장자리 《특히 둥근 것의》 **2** (차바퀴의) **테두리** **—** *vt.* (**~med**; **~·ming**) rim을 붙이다
 ~·less *a.* 〈안경 등이〉 테가 없는
rime[1] [raim] *n.*, *v.* = RHYME
rime[2] *n.* Ⓤ 〖기상〗 무빙(霧氷); 《시어》 서리
rimmed [rimd] *a.* [보통 복합어를 이루어] …의 테가 있는: gold-~ glasses 금테 안경
rim·y [ráimi] *a.* (**rim·i·er**; **-i·est**) 서리로 덮인
rinc·tum [ríŋktəm] *n.* 《비어》 직장(rectum)
*__rind__ [raind] *n.* ⓊⒸ **껍질**, 외피 《수목·과실·베이컨·치즈·고래 등의》
rin·der·pest [ríndərpèst] *n.* Ⓤ 우역(牛疫) 《소의 전염병》
‡**ring**[1] [riŋ] *n.* **1 a** 고리 **b** 고리 모양의 것 **2** 반지, 가락지, 귀고리, 코고리, 팔찌, 발목고리 **3** 연륜(年輪), 나이테, 환대(環帶) 《양치류의》 **4** 〖천문〗 (토성 등의) 고리 **5** 원형 경기장; (권투·레슬링의) 링 **6** 〖경마〗 도박사석(席) **7** (사리적(私利的)인) 도당, 매점(買占)[매출(賣出)] 동맹
 — *vt.* **1** 둥글게 둘러싸다; 둥글게 열을 짓다, 둘러앉히다 **2** 고리[반지, 귀고리, 코고리]를 끼우다; 〈전서구(傳書鳩) 등에〉 다리 고리를 끼우다
 — *vi.* 둥글게 되다; 〈매·솔개가〉 원을 그리며 날아오르다
‡**ring**[2] [riŋ] *v.* (**rang** [ræŋ], 《드물게》 **rung** [rʌŋ]; **rung**) *vi.* **1 a** 울리다, 울다: The bell[telephone] is *~ing.* 벨[전화]이 울리고 있다. **b** …의 소리가 나다 **2 a** 울리다, 울려 퍼지다 **b** 〈말·노래 등이〉 (아직) 여운이 울리다 **3 a** 신호의 종[벨]을 울리다 **b** 《영》 전화를 걸다[하다](call) 《*up*》 **4** 〈장소가〉 울리다; 소문이 자자하다
 — *vt.* **1 a** 〈종·방울 등을〉 **울리다** **b** 〈동전·금속 등을〉 울려서 진짜 여부를 확인하다 **c** 종[초인종]을 울려서 부르다 **d** 종[벨]을 울려서 알리다 **e** 《주로 영》 …에 전화를 걸다(telephone) 《*up*》; (타임 리코더·금전 등록기 등에) 기록하다 **2** 소리 높여 말하다, 울려 퍼지게 하다
 ~ *in* 〈새해 등을〉 종을 울려서 맞다, …의 도착을 알리다; (타임 리코더로) 도착 시간을 기록하다; 《미·속어》 부정 수단으로 집어넣다 **~ *off*** 전화를 끊다 **~ *out*** 〈가는 해 등을〉 종을 울려서 보내다; (타임 리코더로) 퇴사 시간을 기록하다 **~ *up***

《주로 영》 종[벨]을 울려서 깨우다; 전화로 불러내다; 《미》 금전 등록기에 〈금액을〉 넣다

— *n.* **1** (종·벨 등의) **울림; 울리는 소리**; 《구어》 전화 벨 소리 **2** 한 벌의 종(소리) **3 a** 소리 《물건의 성질·진가(眞假)를 나타내는》 **b** 잘 울리는 소리[목소리] **4** (이야기·문장 등의) 느낌

Give me a ~ (up) this afternoon. (오후에) 전화를 걸어 주게. ***have the ~ of truth*** 진실성이 담겨 있다

ring·er [ríŋər] [ring²에서] *n.* **1** 종을 치는 사람; 종을 울리는 장치 **2** [종종 dead ~] 《속어》 꼭 닮은 사람[것] 《*for*, *of*》: He is a (*dead*) ~ *for* his father. 그는 아버지를 빼다 박은 것 같다.

ríng fìnger 무명지 《결혼 반지를 끼는 왼손의》, 약손가락

ring·ing [ríŋiŋ] *a.* 울리는, 울려 퍼지는: a ~ frost 밟으면 소리나는 서리

ring·lead·er [ríŋlì:dər] *n.* 주모자, 두목, 장본인

ring·let [ríŋlit] *n.* **1** 작은 고리, 작은 바퀴 **2** 고수머리(curl)

ring·mas·ter [-mæ̀stər | -mɑ̀:s-] *n.* 연기 주임 《서커스의》

ring-necked [-nèkt] *a.* 〖동물〗 목에 고리 무늬가 있는

ring-pull [-pùl] *a.* 〈깡통 등이〉 고리를 잡아당겨 여는

ríng ròad 《영》 (도시 주변의) 환상(環狀) 도로, 순환 도로(《미》 beltway)

ring·side [-sàid] *n.* [the ~] 링사이드 《권투장·서커스장 등의 맨 앞줄 자리》; 가까이에서 보이는 장소

— *a.* Ⓐ 링사이드의 〈좌석 등〉

ring-tailed [-tèild] *a.* 꼬리에 고리 무늬가 있는

ring·worm [-wə̀:rm] *n.* Ⓤ 〖병리〗 동전 버짐, 백선(白癬)

***rink** [riŋk] *n.* **1** (**실내**) **스케이트장**, 스케이트 링크; 롤러스케이트장 **2** 컬링(curling) 경기장; 아이스하키 경기장

rink·y-dink [ríŋkidìŋk] 《미·속어》 *n.* 고리타분한[쓸데없는] 것; 싸구려 오락 시설 — *a.* 고리타분한; 하찮은

***rinse** [rins] *vt.* **1 헹구어 내다**, 씻어내다 **2** 가시다 **3** 〈음식물을〉 위(胃)로 흘려 넣다

— *n.* **1** ⓊⒸ 헹굼; 가셔냄 **2** (헹구는) 린스제(劑)

Ri·o de Ja·nei·ro [rí:ou-dei-ʒənέər-ou, -dʒə- | -də-dʒəníər-] 리우데자네이루 《브라질의 옛 수도; 약칭 Rio》

Ri·o Gran·de [rí:ou-grɑ́:ndei, -di] *n.* **1** [the ~] 리오그란데 강 《미국과 멕시코의 국경을 이루는 강》 **2** [the ~] 브라질의 동남부를 서쪽으로 흘러가는 Paraná 강 지류

‡**ri·ot** [ráiət] *n.* **1 폭동**, 소동 **2** Ⓤ 야단법석 **3** [a ~ of로] 다채로움; (상상·감정 등의) 분방(奔放): *a ~ of* color 다채로운 색깔 **4** [a ~] 《구어》 아주 유쾌한 사람[물건]; 한바탕 웃을 만한 일 — *vi.* **1 폭동을 일으키다 2** 방탕 생활을 하다 — *vt.* 《드물게》 방탕 생활로 〈시간·돈을〉 낭비하다 **~·er** *n.* 폭도, 술마시고 떠드는 사람

ri·ot·ous [ráiətəs] *a.* **1** 폭동의, 폭동을 일으키는 **2** 떠들썩한; 술 마시고 떠드는 **3** 굉장히 재미있는: a ~ comedy 아주 재미있는 희극 **~·ly** *ad.* **~·ness** *n.*

ríot políce 경찰 기동대

ríot squàd [집합적] 폭동 진압 경찰대

***rip**¹ [rip] *v.* (**~ped**; **~·ping**) *vt.* **1 째다**, 찢다; 비집어[찢어] 열다 **2** 벗겨[찢어, 베어] 내다; 해어지게 하다 **3** 〈재목을〉 세로 켜다

— *vi.* **1** 째지다, 찢어지다; 해어지다 **2** 《구어》 빠른 속도로[거칠게] 돌진하다 **3** 맹렬히 공격[비난]하다 《*into*》

— *n.* 잡아 찢음, 째진 틈; 해어진 데; 열상(裂傷)

rip² *n.* **1** (조수의 충돌에 의한) 격조(激潮) **2** 여울에 이는 물결; 격랑

rip³ *n.* 《구어》 방탕아, 난봉쟁이

R.I.P. *Requiesca(n)t in pace* 《L= May he[she (*or* they)] rest in peace!》 〖가톨릭〗 돌아가신 이에 명복이 있을지어다 《묘비명》

ri·par·i·an [ripέəriən, rai-] *a.* **1** 강기슭의; 호숫가의 **2** 강가에 생기는[사는]

ríp còrd 〖항공〗 (기구·비행선의) 긴급 가스 방출삭(索); (낙하산의) 예삭(曳索)

ríp cùrrent 역조(逆潮), 이안류(離岸流); 심적 갈등

‡**ripe** [raip] *a.* **1 익은**, 여문: ~ fruit 익은 과일 **2** 마시기[먹기]에 알맞게 된 **3 원숙**[**숙달**]**한**: a person of ~ judgment 판단력이 원숙한 사람 **4** 준비가 다 된 **5** 붉고 탐스러운 〈입술〉 **6** 곪은, 화농한 **7** 《구어》 천한, 상스러운

at a ~ age 고령으로 ***be ~ for*** …의 기회가 무르익다 ***be ~ in*** …에 숙달해 있다, …에 원숙하다 a person ***of ~ years*** 충분히 성장한 사람 《어린애에 비해서》 ***Soon ~, soon rotten.*** 《속담》 빨리 익은 것은 빨리 썩는다.

— *vt.*, *vi.* 《드물게·시어》 = RIPEN

~·ly *ad.* 익어서; 원숙하여 **~·ness** *n.* Ⓤ 성숙, 원숙; 준비되어 있음

***rip·en** [ráipən] *vi.* **1** 〈과일 등이〉 **익다**, 여물다 **2** 기회가 무르익다, 원숙해지다

— *vt.* 익히다; 원숙하게 하다

rip-off [rípɔ̀:f | -ɔ̀f] *n.* **1** 《미·속어》 도둑질, 강탈, 사기 **2** 《속어》 (엄청난) 돈을 사취[갈취]하기

ri·poste [ripóust] *n.* **1** 〖펜싱〗 되찌르기 **2** 재치 있는 즉답

— *vi.* 되찌르다; 재치 있게 말대꾸하다

rip·per [rípər] *n.* 찢는 사람[물건]; 세로로 켜는 톱(ripsaw)

rip·ping [rípiŋ] *a.* 《주로 영·속어》 멋진, 훌륭한

‡**rip·ple** [rípl] *n.* **1 잔물결**, 파문 **2** (머리털 등의) 물결 모양 **3** 잔물결 (같은) 소리; 웅성웅성하는 소리

— *vt.* **1** 파문을 일으키다 **2** 〈머리털 등을〉 곱슬곱슬하게 하다

— *vi.* **1** 잔물결이 일다 **2** 찰랑찰랑 소리 나다

rípple effèct 파급 효과

rípple màrk (모래 위의) 물결 (모양의) 자국, 풍문(風紋)

rip·roar·ing [rípròːriŋ], **rip·roar·i·ous** [-rɔ́ːriəs] *a.* 《구어》 떠들썩한; 법석을 떠는

rip·saw [-sɔ̀ː] *n.* 세로로 켜는 톱

rip·snort·er [-snɔ́ːrtər] *n.* 《구어》 **1** 몹시 떠들썩한[난폭한] 사람 **2** 굉장한 물건[일]

rip·tide [-tàid] *n.* = RIP CURRENT

Rip van Win·kle [ríp-væn-wíŋkl] 《비유》 시대에 뒤떨어진 사람 《Washington Irving 작 *The Sketch Book*의 한 주인공의 이름에서》

‡**rise** [raiz] *v.* (**rose** [rouz]; **ris·en** [rízn]) *vi.* **1** 《문어》 **일어서다**(stand up); 기상하다; 〈말이〉 뒷발로 서다: ~ early 일찍 일어나다 **2** 〈해·달·별이〉 **뜨다,** (하늘로) **오르다,** 〈연기가〉 피어오르다, 〈새가〉 날아 오르다; 〈막이〉 오르다: The moon is *rising* above the horizon. 달이 지평선 위에 떠오르고 있다. **3 솟아오르다**: Mt. Seorak ~*s* high. 설악산이 높이 솟아 있다. **4** (물러가려고) 일어서다, 물러나다 **5** 폭동을 일으키다, 봉기하다 **6** 〈건물 등이〉 세워지다 **7 a** (…에서) 발원하다: Where does the Ganges ~? 갠지스강은 어디에서 발원하는가? **b** 〈소문이〉 퍼지다; 〈불화·오해 등이〉 생기다, 발생하다 《*from*》: Trouble *rose* between them. 그들 사이에 분쟁이 일어났다. **8** 오르막이 되다(slope upward) **9** 출세하다, 향상하다: ~ to fame 명성을 날리다 **10** (수면에) 떠오르다: ~ at[to] a bait[fly] 〈물고기가〉 미끼를 물다 **11** …에 견디어내다; (…에 응하여) 일어서다, 대처하다: ~ to the occasion 임기응변의 조치를 취하다 **12** 〈감정 등이〉 격해[심해]지다, 기운이 나다, 〈소리가〉 높아지다, 〈열이〉 높아지다, 오르다; 〈색이〉 짙어지다 **13** 증대하다 〈조수가〉 밀려 오다 **14** 〈온도계 등이〉 상승하다, 오르다; 〈물가 등이〉 오르다, 등귀하다: Stocks ~ in price. 주가가 오른다. **15** 《문어》 소생하다: ~ again = ~ from the dead 소생하다

~ from the ashes 잿더미에서 다시 일어나다, 부흥하다

— *vt.* **1** 올리다, 올라가게 하다, 높이다 **2** 〈산·비탈길을〉 올라가다; 《미》 오르다 **3** 몰아내다; 〈새·짐승을〉 날아[뛰어] 오르게 하다; 〈물고기를〉 물위로 꾀어 내다 **4** 살아나게 하다

~ a ship 〖항해〗 (접근해서) 배의 모습이 차차 수평선 위에 나타나는 것을 보다

— *n.* **1 오름, 상승**; 뜸 《해·달·별의》; (막이) 오름, 개막 **2** 입신, 출세, 진보; 번영 **3** 등귀 **4** 증가(량); 증대(량); 증수(량); 《영·구어》 봉급 인상 **5** 오르막(길); 둔덕, 언덕 **6** 기원(起源), 근원; 발생 **7** 물고기가 수면까지 떠오름

give ~ to …을 발생시키다, …의 근원이다 ***have***[***make, achieve***] ***a ~*** 출세하다 ***the ~ and fall*** 고저(高低); 성쇠, 흥망

‡**ris·en** [rízn] *v.* RISE의 과거 분사

— *a.* 오른; 부활한

ris·er [ráizər] *n.* **1** 일어나는 사람: an early[a late] ~ 일찍[늦게] 일어나는 사람 **2** 〖건축〗 층뒤판 《계단의 수직판》

ris·i·bil·i·ty [rìzəbíləti] *n.* (*pl.* **-ties**) 《문어》 Ⓤ 웃는 버릇, 잘 웃는 성질

ris·i·ble [rízəbl] *a.* **1** 웃을 수 있는; 잘 웃는; 우스운 **2** Ⓐ 웃음의[에 관한]

*****ris·ing** [ráiziŋ] *a.* **1** 〈해·달·별이〉 **떠오르는, 올라가는**: the ~ sun 아침 해 **2 a** 앙등하는: a ~ market 등귀 시세 **b** 증대[증가]하는, 증수(增水)하는 **3** 오르막[비탈]길의; 높아진: a ~ hill 치받이 **4** 승진[향상]하는: a ~ man 욱일승천하는 기세의 사람 **5** 발달[성장] 중의: the ~ generation 청소년(층)

— *ad.* …에 가까운: a boy ~ ten 곧 열살이 될 소년

— *n.* ⓊⒸ **1** 상승; 돋음 《해·달·별의》 **2** 기립; 기상(起床) **3** 소생; 부활: ~ again 부활(resurrection) **4** 반란, 봉기 **5** 고대(高臺) ***the ~ of the sun*** 해돋이; 〖성서〗 해 뜨는 곳, 동녘, 동양

‡**risk** [risk] *n.* **1** ⓊⒸ **위험**(성) **2** ⓊⒸ 〖보험〗 위험(률); 보험금(액); 피보험자[물]

at all ~s = ***at any***[***whatever***] ***~*** 어떤 위험을 무릅쓰고라도, 꼭, 기어이 ***at one's own ~*** 자기가 책임지고

— *vt.* **1 위태롭게 하다 2 a** 〈위험 등을〉 각오하고 하다: ~ failure 실패를 각오하고 하다 **b** 감행하다

~ it 성패를 걸고 해 보다

risk·y [ríski] *a.* (**risk·i·er**; **-i·est**) **1** 위험한; 모험적인 **2** 외설한(risqué), 아슬아슬한 **rísk·i·ly** *ad.* **rísk·i·ness** *n.*

ri·sot·to [risɔ́ːtou | -zɔ́t-] [It.] *n.* Ⓤ 이탈리아의 스튜 요리 《파·닭고기·쌀 등으로 만듦》

ris·qué [riskéi | ←] [F] *a.* 외설스러운(*off-color*), 아슬아슬한

ris·sole [risóul | ←] [F] *n.* 고기 만두 《파이 껍질에 고기·생선 등을 다져 넣어 뭉쳐서 튀긴 프랑스 요리》

rit. 〖음악〗 ritardando

Ri·ta [ríːtə] *n.* 여자 이름

ri·tar·dan·do [rìːtɑ̀ːrdɑ́ːndou | rìtɑː-dǽn-] [It.] 〖음악〗 *a., ad.* 점점 느린[느리게] 《略 rit(ard).》 — *n.* (*pl.* **~s**) 리타르단도의 악장

*****rite** [rait] [동음어 right, write] *n.* (종교적) **의식,** 의례: the burial[funeral] ~*s* 장례식

*****rit·u·al** [rítʃuəl] *a.* **의식의**[에 관한]; 제식의 — *n.* **1 종교적인 의식** 《일정한 형식에 따른》, 제사의 차례; 예배식 **2** Ⓤ 제식의 집행 **3** 의식적인 행사, (의식처럼) 반드시 지키는 일

rit·u·al·ism [rítʃuəlìzm] *n.* Ⓤ 의식주의

rit·u·al·ist [rítʃuəlist] *n.* 의식주의자

rit·u·al·is·tic [rìtʃuəlístik] *a.* 의식의; 의식주의의

ritz·y [rítsi] [호화 호텔 Ritz의 이름에서] *a.* (**ritz·i·er**; **-i·est**) 아주 고급의, 호화로운

riv. river

‡**ri·val** [ráivəl] [L = river; 같은 강물을 써서 서로 겨루는 사람의 뜻에서] *n.* **경쟁자**; 맞설 사람, 호적수: without a ~ 무적으로

— *a.* 경쟁하는, 대항하는: ~ lovers 연적 — *v.* (~**ed**; ~·**ing** | ~**led**; ~·**ling**) *vt.* …와 경쟁하다, …을 닮다
*__ri·val·ry__ [ráivəlri] *n.* (*pl.* **-ries**) [UC] **경쟁**, 대항, 적대
enter into ~ with …와 경쟁을 시작하다
rive [raiv] *v.* (~**d**; **riv·en** [rívən], ~**d**) *vt.* 《고어》 **1** 찢다, 쪼개다 **2** 〈마음을〉 찢어놓다 — *vi.* 찢어지다, 쪼개지다
riv·en [rívən] *v.* RIVE의 과거 분사
***__riv·er__ [rívər] *n.* **1** 강 **2** [*pl.*] 다량의 흐름: ~*s* of blood 피바다 **3** [the ~] 생사의 갈림길
riv·er·bank [rívərbæ̀ŋk] *n.* 강둑, 하안(河岸)
ríver bàsin 〔지질〕 (강의) 유역
riv·er·bed [-bèd] *n.* 강바닥, 하상(河床)
riv·er·boat [-bòut] *n.* 강(江)배
riv·er·head [-hèd] *n.* 강의 발원지, 수원(水源)
ríver hòrse 하마(hippopotamus)
riv·er·ine [rívəràin, -rìːn, -rìn] *a.* 강의, 강가의
*__riv·er·side__ [rívərsàid] *n.* [the ~] **강변**, 강기슭 — *a.* [A] 강변의, 강기슭의: a ~ hotel 강변의 호텔
*__riv·et__ [rívit] *n.* **대갈못**, 리벳 — *vt.* (~·**ed**; ~·**ing** | ~·**ted**; ~·**ting**) **1 대갈못을 박다**, 리벳으로 고정시키다 **2** 고정시키다: ~*ed* friendship 굳은 우정 **3** 〈시선·주의 등을〉 집중하다, 끌다: ~ one's eyes *on* …을 주시하다
~·**er** *n.* 리벳공(工), 리벳 죄는 기계
riv·et·ing [rívitiŋ] *a.* 《영·구어》 매혹적인, 황홀하게 하는
Riv·i·er·a [rìviέərə] *n.* **1** [the ~] 리비에라 해안 지방 《지중해 연안; 프랑스의 Nice에서 이탈리아의 La Spezia까지의 경치 좋은 피한지(避寒地)》 **2** 해안 피한지[명승지]
*__riv·u·let__ [rívjulit] *n.* **개울**
Ri·yadh [rijɑ́ːd] *n.* 리야드 《사우디아라비아의 수도》
ri·yal [rijɔ́ːl | -jɑ́ːl] *n.* 리얄 《사우디아라비아의 화폐 단위; 기호 R; = 20 qursh》
R.L.S. Robert Louis Stevenson
R.M. royal mail; Royal Marines
R mònths [the ~] 'r' 달 《9월에서 4월까지; 달 이름에 r자가 있는, 굴(oyster)의 계절》
rms. reams; rooms
Rn 〔화학〕 radon
R.N. registered nurse; Royal Navy
RNA [ɑ̀ːrènéi] [*r*ibo*n*ucleic *a*cid] *n.* 〔생화학〕 리보 핵산
roach[1] [routʃ] *n.* (*pl.* ~, ~·**es**) 〔어류〕 잉엇과(科)의 민물고기 《유럽산》
roach[2] [cock*roach*] *n.* **1** 《구어》 〔곤충〕 바퀴벌레 **2** 《속어》 대마초 담배 꽁초
***__road__ [roud] [동음어 rode] [OE 'riding'(말타고 가기)의 뜻에서] *n.* **1 길**, 도로, 가도 **2** 진로 **3** [the ~] 길, 방법, 수단: *the* ~ to peace[ruin] 평화[파멸]로 이르는 길 **4** 《미》 철도(railroad) **5** [종종 *pl.*] 〔항해〕 정박지: the outer ~ 외항(外港)
by ~ 육로로, 자동차로 ***get out of*** one'***s*** [***the***] ~ 치우다, 없애다; …의 통행을 방해하지 않도록 비키다 ***in*** a person'***s*** [***the***] ~ …의 길을 막아; 《속어》 …의 방해가 되어 ***on the ~*** 〈특히 외판원이〉 여행 도중에; 〈극단 등이〉 순회공연 중에 ***take the ~*** 지방을 순회(공연)하다; 《고어》 출발하다
— *a.* 《미·구어》 지방 순회의 ~·**less** *a.*
róad àgent 〔미국사〕 노상 강도
road·bed [róudbèd] *n.* **1** 노반(路盤) 《철도 선로 밑의》 **2** 노상(路床) 《도로의》
road·block [-blɑ̀k | -blɔ̀k] *n.* (도로상의) 바리케이드; 장애(물)
róad còmpany 《미》 지방 순회 극단
róad fùnd lìcence 《영·구어》 자동차세 납부증
róad gàme 〔스포츠〕 원정 시합
róad hòg 《구어》 (자동차 등의) 난폭한[횡포부리는] 운전자
road-hold·ing [-hòuldiŋ] *n.* [U] 《영》 자동차의 주행(走行) 안전성, 노면 유지 성능
road·house [-hàus] *n.* (*pl.* **-hous·es** [-hàuziz]) 도로변의 여관[술집, 나이트클럽]
road·ie [róudi] *n.* 《구어》 (연예 단체의) 지방 공연 매니저
road·man [róudmən] *n.* (*pl.* **-men** [-mèn]) 도로 인부
róad mànager = ROADIE
róad màp (특히 자동차 여행용) 도로 지도
róad mènder 도로 보수원
róad mètal 도로 포장용 자갈, 포장 재료
road·run·ner [-rʌ̀nər] *n.* 〔조류〕 뻐꾸깃과(科)의 일종 《미국 남서부·멕시코산》
róad sènse (운전자·보행자의) 교통 사고를 피하는 감각[육감]
*__róad shów__ 《미》 **1** (극단 등의) **순회 흥행**, 지방 흥행 **2** 〔영화〕 독점 개봉 흥행 《좌석을 예매하는 신작(新作) 영화의》, 로드쇼 **3** (브로드웨이 뮤지컬 등의 본 흥행에 앞선) 지방 흥행
*__road·side__ [róudsàid] *n.* **길가**
— *a.* [A] 길가의
road·stead [-stèd] *n.* 〔항해〕 정박소
road·ster [róudstər] *n.* 접이식 지붕의 자동차 《2인승의》
róad tèst 1 (새 차의) 도로 주행 성능 시험 **2** (운전 면허 취득을 위한) 도로 주행 실기 시험 — *vt.* 도로 주행 성능[실기] 시험하다
*__road·way__ [róudwèi] *n.* [the ~] 《특히》 **차도**, 도로
road·work [-wə̀ːrk] *n.* [U] 〔스포츠〕 로드워크 《컨디션 조절을 위한 장거리 러닝 등》
róad wòrks 《영》 《게시》 도로 공사: *R*~ ahead. 앞쪽 도로 공사중.
road·wor·thy [-wə̀ːrði] *a.* 〈말·차 등이〉 도로용으로 알맞은
__roam__ [roum] [동음어 Rome] *vi.* (정처 없이) **걸어다니다, 배회하다: ~ from place to place 이곳 저곳을 배회하다

— *vt.* 〈장소를〉 돌아다니다, 방랑하다
— *n.* 돌아다님, 배회; 표랑(漂浪)
róam·er *n.*
roan¹ [roun] *n.* Ⓤ 부드러운 양피(羊皮) 《모로코 가죽 대용의 제본용 가죽》
roan² *a.*, *n.* 밤색에 흰색 또는 회색의 털이 섞인 (말·소)
⁑**roar** [rɔːr] *vi.* **1** 〈사자 등이〉 **으르렁거리다 2 고함치다,** 외치다, 울부짖다, 크게 웃다: ~ for mercy 살려 달라고 외치다 **3** 〈장소가〉 울리다
— *vt.* 큰 소리로 말[노래]하다: ~ out a command 큰 소리로 명령하다
— *n.* **1 으르렁거리는 소리 2** 노호; **외치는 소리;** 왁자함; 큰 웃음 소리
in a ~ 왁자하게
róar·er *n.*
***roar·ing** [rɔ́ːriŋ] *a.* **1 포효하는 2** 《구어》 활발한, 크게 번창하는 — *n.* ⓊⒸ **1** 으르렁거림 **2** 포효[노호] 소리, 굉음(轟音)
— *ad.* 《구어》 몹시, 극도로: ~ drunk 몹시 취하여
róaring fórties [the ~] 북위 및 남위 40도에서 50도 사이의 해양 폭풍 지대
Róaring Twénties [the ~] 《미》 광란의 1920년대(the jazz age)
⁑**roast** [roust] *vt.* **1** 〈특히 고기를〉 (오븐에) **굽다:** ~ beef 쇠고기를 굽다 **2** 〈콩·커피 원두 등을〉 볶다: ~ the beans brown 콩을 알맞게 볶다 **3** (불에 쬐어) 데우다[녹이다] **4** 불 고문하다 **5** 《구어》 놀리다; 《구어》 신랄하게 비난하다
— *vi.* **1** 구워지다; 그을리다; 볶아지다; 볕에 타다 **2** 타는 듯이 뜨겁다
— *n.* **1** Ⓤ 《미》 (오븐에) 구운 고기, 불고기; Ⓒ 불고기용 고기(《영》 joint), 로스트 《보통 쇠고기》 **2** 굽기 **3** 《미》 (야외의) 불고기 파티
— *a.* Ⓐ 구운: ~ beef 로스트 비프, 쇠고기 구이
roast·er [róustər] *n.* **1** 굽는 사람[기계], 로스트 오븐 **2** 로스트용 고기 **3** 통째로 굽는 병아리[돼지 새끼]
roast·ing [róustiŋ] *a.* **1** 타는[찌는] 듯한, 몹시 더운 **2** [부사적으로] 타는[찌는] 듯이, 몹시 덥게: a ~ hot day 찌는 듯이 더운 날
— *n.* **1** Ⓤ 굽기, 볶음 **2** 몹시 비난함[꾸짖음]: give a person a good[real] ~ …을 호되게 꾸짖다[비난하다]
⁑**rob** [rɑb | rɔb] *v.* (**~bed**; **~·bing**) *vt.* **1** 〈사람에게서〉 (물건을) **강탈하다 2** 〈…에게서〉 (행복·능력 등을) 빼앗다: ~ a person of his name …의 명예를 잃게 하다
— *vi.* 강도질을 하다
Rob [rɑb | rɔb] *n.* 남자 이름 《Robert의 애칭》
⁑**rob·ber** [rɑ́bər | rɔ́b-] *n.* **강도, 도둑**
***rob·ber·y** [rɑ́bəri | rɔ́b-] *n.* (*pl.* **-ber·ies**) ⓊⒸ **강도(질),** 강탈; Ⓤ 〖법〗 강도죄: commit ~ 강도질하다
⁑**robe** [roub] *n.* **1** [종종 *pl.*] 예복, 관복 **2 길고 헐거운 겉옷 3** 《미》 무릎 덮개 《짐승 가죽 등으로 만든 여행·옥외용의》
— *vt.* 예복[관복 《등》]을 입히다
Rob·ert [rɑ́bərt | rɔ́b-] *n.* 남자 이름 《애칭 Bob, Bobby, Dob, Dobbin, Rob, Robin》
Ro·ber·ta [rəbə́ːrtə] *n.* 여자 이름
⁑**rob·in** [rɑ́bin | rɔ́b-] *n.* 〖조류〗 **1 유럽울새 2** 《미》 개똥지빠귀 (= ~ **rédbreast**) 《아메리카산》
Rob·in [rɑ́bin | rɔ́b-] *n.* 남자 이름 《Robert의 애칭》
Róbin Góod·fel·low [-gúdfèlou] 영국 민화의 장난꾸러기 꼬마 요정(Puck)
Róbin Hòod 로빈후드 《12세기경의 영국의 전설적인 의적(義賊)》
Rób·in·son Crú·soe [rɑ́binsnkrúːsou | rɔ́b-] 로빈슨 크루소 《영국 작가 Daniel Defoe의 표류기; 그 주인공》
ro·bot [róubɑt | -bɔt] [Czech. 「노예」의 뜻에서; 구체코슬로바키아의 극작가 K. Capek의 극에서] *n.* 로봇; 인조[기계] 인간; 기계적으로 일하는 사람
ro·bot·ics [roubɑ́tiks | -bɔ́t-] *n. pl.* [단수 취급] 로봇 공학(工學)
***ro·bust** [roubʌ́st, róubʌst] *a.* (**~·er, ~·est**) **1** 〈사람·몸이〉 **강건한:** a ~ physique[frame] 강건한 체격 **2** 〈신념·정신이〉 강한 **3** 〈일이〉 힘이 드는 **4** 〈술이〉 감칠 맛이 나는 **~·ly** *ad.* **~·ness** *n.*
roc [rɑk | rɔk] *n.* 대괴조(大怪鳥) 《아라비아의 전설 속의》
a ~'s egg 실제로는 없는 것
⁂**rock¹** [rɑk | rɔk] *n.* **1 a** ⓊⒸ 바위, 암벽; 암상(岩床); 암괴(岩塊); 《미》 돌 《대소에 관계 없이》 **b** [the R~] = GIBRALTAR **2** [종종 *pl.*] 암초; 위험물 **3** Ⓤ 《주로 영》 딱딱한 사탕 《막대 모양》; 얼음 사탕 **4 a** [보통 *pl.*] 《속어》 돈 **b** 《속어》 보석, 다이아몬드
go[***run***] ***on the ~s*** 〈배가〉 좌초[난파]하다 ***off the ~s*** 《구어》 위험에서 벗어나 ***on the ~s*** 《구어》 파멸하여; 파산하여, 돈에 궁하여; 얼음 조각 위에 부은 〈위스키〉, 온더록스로: bourbon *on the ~s* 버본 온더록스 ***R~s ahead!*** 〖항해〗 암초다, 위험하다! ***strike on a ~*** 암초에 부딪치다 ***sunken ~*** 암초
⁑**rock²** *vt.* **1** (앞뒤·좌우로 살살) **흔들다,** 요동시키다; 흔들어 …시키다 **2** 달래다 **3** (감정적으로) 크게 동요시키다; 몹시 혼란케 하다
— *vi.* **1** 흔들리다, 진동하다 **2** 동요하다, 감동하다 **3** 록을 연주하다
— *n.* **1** 진동, 동요 **2** Ⓤ 록 음악; 로큰롤
rock·a·bil·ly [rɑ́kəbìli | rɔ́k-] *n.* Ⓤ 로커빌리 《열광적인 리듬의 재즈 음악》
róck and róll = ROCK'N'ROLL
róck bóttom (가격 등의) 최저, 밑바닥
rock-bot·tom [-bɑ́təm | -bɔ́t-] *a.* 최저의, 최하의 〈가격〉
rock·bound [-bàund] *a.* 바위로 둘러싸인
róck càke[**bùn**] 《영》 록 케이크 《표면이 거칠거칠하고 단단한 과자 또는 건빵》
róck cándy 《미》 얼음 사탕 (《영》 sugar candy)
rock-climb·ing [-klàimiŋ] *n.* Ⓤ 암벽 등반, 바위타기, 록클라이밍
róck crỳstal 〖광물〗 (무색 투명한) 수정

Rock·e·fel·ler [rákəfèlər | rɔ́k-] *n.* 록펠러 **John D.** ~ (1839-1937) 《미국의 자본가·자선가; 록펠러 재단의 창립자》

Róckefeller Cénter [the ~] 록펠러 센터 《New York 시 중심에 있는 고층 건물 지대》

rock·er [rákər | rɔ́k-] *n.* **1** 흔들리는 것, (흔들의자 밑에 받친) 굽은 막대 **2** 로큰롤 노래[연주자]

rock·er·y [rákəri | rɔ́k-] *n.* (*pl.* **-er·ies**) = ROCK GARDEN

‡**rock·et** [rákit | rɔ́k-] [It. 「실 패 (distaff)」의 뜻에서; 그 모양에서] *n.* **1 a** 로켓 **b** 로켓 무기 **2** 화전(火箭), 봉화; 쏘아올리는 불꽃 **3** 《영·속어》 엄한 질책: give a person a ~ …을 호되게 나무라다 **—** *a.* Ⓐ 로켓의[에 의한] **—** *vt.* …에 로켓을 발사하다; 로켓으로 쏘아올리다[나르다] **—** *vi.* **1** 돌진하다 **2 a** 〈가격이〉 갑자기 오르다 **b** 벼락출세하다

rock·e·teer [ràkitíər | rɔ̀k-] *n.* 로켓 사수(射手)[조종자, 탑승자]; 로켓 연구가[기사, 설계가]

rócket èngine[mòtor] 로켓 엔진

rock·et-pro·pelled [rákitprəpèld | rɔ́k-] *a.* 로켓 추진식의

rock·et·ry [rákitri | rɔ́k-] *n.* Ⓤ 로켓 공학[실험, 사용]

rócket shìp 로켓(추진)선(船)

róck gàrden 바위로 된 정원; 석가산(石假山)이 있는 정원

***Rock·ies** [rákiz | rɔ́k-] *n. pl.* [the ~] = ROCKY MOUNTAINS

róck·ing chàir [rákiŋ- | rɔ́k-] 흔들의자

rócking hòrse 흔들목마

rócking stòne 〖지질〗 요석(搖石)

rock'n'roll [rákənróul | rɔ́k-] *n.* 로큰롤 《열광적으로 몸을 뒤흔들며 추는 춤[재즈곡]》

róck plànt 암생(岩生) 식물

róck sálmon 〖어류〗 돔발상어 등의 통칭

róck sàlt 암염(岩鹽)

róck wòol 암면(岩綿) 《광석을 녹여서 만든 섬유; 절연·방음용》

‡**rock·y**[1] [ráki | rɔ́ki] *a.* (**rock·i·er**; **-i·est**) **1** 바위가 많은 **2** 바위 같은; 태연한

rocky[2] *a.* (**rock·i·er**; **-i·est**) 불안정한, 현기증 나는

***Rócky Móuntains** *n. pl.* [the ~] **로키 산맥** 《북미 서부의 대산맥; 최고봉 Mt. Elbert(4,399 m)》

ro·co·co [rəkóukou] *n.* Ⓤ 로코코식 《18세기 프랑스의 건축·미술의 양식》 **—** *a.* 로코코식의; 《경멸》 〈건축·가구·문체 등이〉 꾸밈이 많은

‡**rod** [rad | rɔd] *n.* **1** (금속·목제 등의 곧은) 막대(기); 낚싯대 **2** 가지, 작은 가지 **3** 회초리; 매질, 징벌 **4** 직표(職標), 권표(權標); 권위, 권력, 직권 **5** 〖전기〗 피뢰침; 〖기계〗 피스톤봉(棒) **6** 로드 《길이의 단위: =5.5야드; 면적의 단위: =30.25평방 야드》
give the ~ 매질하다 ***kiss the ~*** 순순히 벌을 받다

***rode** [roud] *v.* RIDE의 과거

ro·dent [róudnt] *n.* 설치 동물 《쥐·다람쥐 등》 **—** *a.* 갉작거리는; 〖동물〗 설치류(類)의

ro·de·o [róudiòu] *n.* (*pl.* **~s**) 《미》 **1** 목우(牧牛)를 몰아 모음 《수를 세거나 낙인을 찍기 위하여》 **2** 로데오 《cowboy의 경기 대회》

Ro·din [roudǽŋ] *n.* 로댕 **Auguste** ~ (1840-1917) 《프랑스의 조각가》

ro·do·mon·tade [ràdəmantéid | rɔ̀dəmɔn-] *n., a.* Ⓤ 호언장담(하는) **—** *vi.* 허풍떨다, 자기자랑하다

roe[1] [rou] *n.* Ⓤ 어란(魚卵), 곤이; 어정(魚精), 이리(milt); (새우 등의) 알

roe[2] *n.* (*pl.* **~s**, [집합적] ~) = ROE DEER

roe·buck [róubʌ̀k] *n.* (*pl.* **~s**, [집합적] ~) 〖동물〗 roe deer의 수컷

róe dèer 〖동물〗 노루

Roent·gen, Rönt·gen [réntgən | rɔ́ntjən] *n.* **1** 뢴트겐 **Wilhelm Konrad** ~ (1845-1923) 《독일의 물리학자로 뢴트겐선(線)의 발견자》 **2** [**r~**] 뢴트겐 《방사선의 세기의 단위; 略 R》

ro·ga·tion [rougéiʃən] *n.* [*pl.*] 〖그리스도교〗 기도 《그리스도 승천제(昇天祭) 전의 3일간의》

Rogátion Dàys 기원일(祈願日) 《그리스도 승천제(Ascension Day) 전의 3일간》

rog·er[1] [rádʒər | rɔ́dʒ-] *vt., vi.* 《영·비어》 (여자와) 성교하다, 육체 관계를 갖다

roger[2] [received의 'r'을 통신 부호로 ROGER라고 부른 데서] *int.* **1** 〖통신〗 알았다 **2** 《구어》 오케이(all right, O.K.)

Rog·er [rádʒər | rɔ́dʒ-] *n.* **1** 남자 이름 《애칭 Hodge, Hodgkin》 **2** = JOLLY ROGER

‡**rogue** [roug] *n.* **1** 악한; 사기꾼 **2** (귀여운 뜻으로) 장난꾸러기 **3** 떠돌아다니는 코끼리[물소] 《무리를 떠나 방랑하여 성질이 거칠어진 것》 ***play the ~*** 사기치다 **—** *a.* Ⓐ 〈야생 동물이〉 무리에서 떠나 흉포한

rogu·er·y [róugəri] *n.* (*pl.* **-er·ies**) ⓊⒸ 나쁜 짓, 사기; Ⓤ 장난: play ~ upon …을 속이다

rógues' gállery (경찰의) 범죄자 사진 대장

rógue's márch 악당 행진곡[추방곡] 《이전에 군인을 군대에서 쫓아낼 때 썼음》; 사람을 떠들어대서 몰아냄 《사회·단체 등에서》

ro·guish [róugiʃ] *a.* **1** 건달의, 악한의; 나쁜 짓을 하는 **2** (드물게) 장난을 하는, 익살맞은 **~·ly** *ad.* **~·ness** *n.*

roil [rɔil] 《미·영·방언》 *vt.* **1** 〈액체를〉 휘젓다, 흐리게 하다 **2** 화나게 만들다, 안달하게 하다

rois·ter [rɔ́istər] *vi.* **1** 야단스럽게 뽐내다 **2** 술 마시며 떠들다 **~·er** *n.*

ROK [rak | rɔk] [the *R*epublic *o*f *K*orea] *n.* 대한민국

Ro·land [róulənd] *n.* 남자 이름

‡**role, rôle** [roul] [동음어 roll] [F 「배우의 대사를 적은 두루마리」의 뜻에서] *n.*

1 (배우의) 배역(part) 2 역할, 노릇
róle mòdel 역할 모델
role-play·ing [-plèiiŋ] *n.* 〖심리〗 역할 연기
⁑roll [roul] [동음어 role] *vi.* **1 a** 구르다; 회전하다; **b** 〈눈알이〉 이리저리 돌다 **2** 《구어》 우스워 데굴데굴 구르다, 포복절도하다. **3** 차를 타고 가다[달리다]; 〈차가 구르듯이〉 천천히 나아가다[달리다] **4** 〈눈물·땀 등이〉 굴러 떨어지다 **5 a** 〈파도 등이〉 굽이치다; 〈땅이〉 기복(起伏)하다; 〈강 등이〉 도도히 흐르다 **b** 〈구름이〉 뭉게뭉게 떠돌다[흐르다]; 〈연기 등이〉 뭉게뭉게 오르다 **6** 〈세월이〉 흐르다, 지나가다 **7 a** 〈천둥·북 등이〉 우렁우렁[쿵쿵] 울리다 **b** 〈말이〉 거침없이 나오다; 〈새가〉 떨리는 소리로 지저귀다 **8 a** 데굴데굴 구르다 **b** [be ~ing으로] 《구어》 (…에 싸여) 빈들빈들 지내다, 사치하며 살다: He *is ~ing* in money. 그는 돈에 파묻혀 산다. **9 a** 〈배·비행기 등이〉 좌우로 흔들리다: The ship *~ed* heavily in the waves. 배가 파도에 심하게 흔들렸다. **b** 〈사람이〉 몸을 흔들다
— *vt.* **1 a** 굴리다, 회전시키다 **b** 〈주사위 등을〉 던지다 **2** 〈물결·물을〉 세차게 나아가게 하다 **3** 〈북 등을〉 치다, 울리다 **4** 둥글게 만들다; 굴려서 덩어리지게 하다 **5** 〈눈알을〉 굴리다; 〈여자가 남자에게〉 추파를 던지다 **6 a** 말다; 두루 감싸다 **b** 〈만 것을〉 펴다 《*out*》 **7** 〈지면·도로·잔디 등을〉 롤러로 고르다; 〈금속·천·종이·반죽 등을 롤러로〉 늘이다: ~ a lawn 잔디 밭을 고르다
~ back (*vt.*) 통제로 〈물가를〉 어느 수준까지 도로 내리다; 격퇴하다 ***~ on*** 굴러서 가다; 나아가다, 운행하다; 〈세월 등이〉 흘러가다; 〈파도 등이〉 밀려들다; 〈양말 등을〉 말아 올리면서 신다 ***~ up*** 말아 올리다; 둥글게 말다; 둥글게 굽다; 〈연기 등이〉 뭉게뭉게 올라가다; 〈돈 등이〉 모이다, 〈돈 등을〉 모으다; 다가가다; 웅성웅성 모여들다; 《구어》 나타나다
— *n.* **1** 두루마리; (두루마리로 된) 기록, 공문서 **2** [종종 **R~**] **a** 명부, 목록, 표(list) **b** 출석부 **3** 한 통 **4** 말아 만든 물건; 《특히》 궐련; 털실의 타래; 말아 만든 빵, 롤빵; 만 고기; 말아 만든 과자 **5** 〖기계〗 롤러, 압연기(壓延機) **6 a** 굴리기; 회전 **b** (배·비행기 등의) 좌우 요동 **c** (토지의) 기복(起伏) **7** (북의) 연타(連打); 울림; 낭랑한 음조 《운문·산문의》; 떨리는 소리 《카나리아 등의》
on a ~ 《미·구어》 행운[성공]이 계속되어
roll·a·way [róuləwèi] *a.* 〈가구 등이〉 롤러(roller)가 달린 《사용하지 않을 때는 간단히 치울 수 있게》
— *n.* 접침대
roll·back [-bæ̀k] *n.* **1** (통제에 의한) 물가 인하 정책 **2** 〖정치〗 롤백 정책 《Eisenhower 대통령의 구소련에 대한 강경 외교정책》 **3** 되물리침 《이전의 수준[위치]까지 후퇴시킴》
róll bàr 롤바 《전복시 승객 보호를 위해 장치한 자동차의 천장 보강용 철봉》
róll bòok (교사의) 출석부
róll càll 점호, 출석 조사; 〖군사〗 점호 신호, 점호 시간
∗roll-call [róulkɔ̀:l] *vt.* …의 출석을 부르다
rólled góld [róuld-] (금속 등에 입힌) 얇은 금박(金箔)
rólled óats 롤드 오트 《껍질을 벗겨 찐 다음 롤러로 으깬 귀리; 오트밀용》
∗roll·er [róulər] *n.* **1** 롤러; 녹로(轆轤); 땅 고르는 기계; 압연기(壓延機); 전마기(轉磨機) **2** (괘도·스크린·차양 등을 감는) 심대 **3** (무거운 것을 굴리기 위한) 산륜(散輪) **4** (폭풍 후의) 큰 놀, 큰 파도
róller bèaring 〖기계〗 롤러 베어링
Roll·er·blade [róulərblèid] *n.* 롤러블레이드 《상표명》 — *vi.* [때로 **r~**] 롤러블레이드를 타다
róller blìnd 《영》 감아올리는 블라인드
róller còaster 1 (유원지 등의) 롤러 코스터(《영》 switchback) 《높이 끌어 올렸다가 레일 위에 차를 타성(惰性)으로 달리게 하는 오락 설비, 또는 그 차량; 《미》에서는 단지 coaster라고도 함》 **2** 갑자기 변하는 사건[행동, 체험]
róller skàte [보통 *pl.*] 롤러 스케이트화
roll·er-skate [-skèit] *vi.* 롤러 스케이트를 타다
-skàt·er *n.* 롤러 스케이트를 타는 사람
roll·er-skat·ing [-skèitiŋ] *n.* 롤러 스케이트 타기
róll film 〖사진〗 롤 필름, 두루마리 필름
rol·lick [rálik | rɔ́l-] *vi.* 흥겹게 뛰놀다
— *vt.* 《영·속어》 야단치다
~·ing *a.* 까부는; 쾌활한
‡roll·ing [róuliŋ] *n.* UC **1** 굴림, 구르기; 회전 **2** (배·비행기의) 가로 흔들림 **3** (파도의) 너울거림; (땅의) 완만한 기복 **4** (천둥 등의) 울림
— *a.* **1** 회전하는 **2** 〈눈알이〉 두리번거리는 **3** 〈땅이〉 완만하게 기복하는; 〈파도가〉 굽이치는 **4** 〈천둥 등이〉 울리는 **5** 돈이 엄청나게 많은
rólling mìll 압연(壓延) 공장; 압연기(機)
rólling pìn (반죽을 미는) 밀대
rólling stóck [집합적] **1** (철도의) 차량 《기관차·객차·화차 등》 **2** (운수업자 소유의) 화물 자동차 《트럭·견인용 트럭 등》
rólling stóne 구르는 돌; 주소[직업]를 자주 바꾸는 사람; 《미》 활동가
A ~ gathers no moss. 《속담》 구르는 돌에는 이끼가 끼지 않는다.
roll-on [róulɔ̀:n | -ɔ̀n] *a.* **1** (화장품이) 볼펜식인 **2** = ROLL-ON / ROLL-OFF
roll-on/roll-off, roll-on-roll-off [-róulɔ̀:f | -ɔ̀f] *a.* 〈페리 등이〉 짐을 실은 트럭[트레일러 《등》]을 그대로 싣고 내릴 수 있는
roll·o·ver [-òuvər] *n.* **1** 공중제비; 전락 **2** (자동차의) 전복 (사고)
Rolls-Royce [róulzrɔ́is] *n.* 롤즈로이스 《영국제의 고급 자동차; 상표명》
róll·top désk [-tɑ̀p- | -tɔ̀p-] 접뚜껑이 달린 책상
roll-up [-ʌ̀p] *n.* (18세기의) 남자용 긴 바지
ro·ly-po·ly [róulipóuli] *n.* (*pl.* **-lies**)

1 《영》 (잼이 든) 돌돌 만 푸딩 2 통통한[땅딸막한] 사람
— *a.* 땅딸막한, 통통한

ROM [rɑm | rɔm] 〖컴퓨터〗 read-only memory

rom. 〖인쇄〗 roman (type)

Rom. 〖언어〗 Romance; Romania(n); Romanic; 〖성서〗 Roman(s)

Ro·ma [róumə] *n.* **1** 로마 《Rome의 이탈리아 말 이름》 **2** 여자 이름

ro·maine [rouméin] *n.* 〖식물〗 상추의 일종

⁑Ro·man [róumən] *a.* **1 로마의**; (고대) **로마 (사람)의**; (고대) 로마 사람식[기질]의 **2** [보통 **r~**] 〖인쇄〗 로만체의 **3** 천주교의, (로마) 가톨릭교의 **4** 〈건축이〉 (고대) 로마식의; 〈아치가〉 반원형의 **5** 콧날이 오똑한 — *n.* **1 (고대) 로마 사람 2** 《구어》 (로마) 가톨릭교도; [보통 the ~s] 고대 로마의 그리스도교도 **3** [*pl.*; 단수 취급] 〖성서〗 로마서 《略 Rom.》 **4** Ⓤ [보통 **r~**] 〖인쇄〗 로만체 활자 《略 rom.》

ro·man à clef [roumɑ́:ŋ-ɑ:-kléi] [F = novel with key] *n.* (*pl.* **ro·mans à clef** [roumɑ́:nz-]) 실화 소설

Róman álphabet [the ~] 로마자, 라틴 문자

Róman cándle 통형(筒形) 꽃불

Róman Cátholic *a.* (로마) 가톨릭 교회의 — *n.* (로마) 가톨릭교도

Róman Cathólicism (로마) 가톨릭교; 그 교의(敎義)[의식, 관습]

⁑ro·mance [rouméns, róumæns] [L 「로망스 말로 쓴 것」의 뜻에서] *n.* **1 로맨스, 소설 같은[모험적인] 사건; 연애 사건 2** 중세의 기사 이야기; ⓊⒸ 전기(傳奇)[공상, 모험] 소설 **3** Ⓒ 가공적인 이야기, 허구(虛構) **4** Ⓤ 〖음악〗 **로맨스** 《형식에 구애되지 않는 서정적인 소곡(小曲)》 **5** ⓊⒸ [**R~**] = ROMANCE LANGUAGES
— *vi.* **1** 낭만적으로 생각하다[말하다, 쓰다] **2** 《구어》 연애하다
— *a.*[**R** ~] 로망어[계(系)]의

Rómance lánguages [the ~] 로망스어 《라틴말에서 유래하는 언어》

Róman Émpire [the ~] 로마 제국 《27 B.C.에 Augustus Caesar가 건설, 395 A.D.에 동서로 분열》

Ro·man·esque [ròumənésk] *a.* 〈건축·조각·그림 등이〉 로마네스크식의
— *n.* Ⓤ 로마네스크식 《건축·그림 등》

ro·man-fleuve [roumɑ́:ŋflə́:v] [F = river novel] *n.* (*pl.* **ro·mans-fleuves** [~]) 대하소설(大河小說)(saga)

Róman hóliday [고대 로마에서 노예나 포로 등에게 무기를 소지시켜 싸우게 한 데서; Byron의 시에서] 로마 (사람)의 휴일 《남을 희생시켜서 즐기는 오락》

Ro·ma·ni·a [rouméiniə] *n.* = RUMANIA

Ro·ma·ni·an [rouméiniən] *a.*, *n.* = RUMANIAN

Ro·man·ize [róumənàiz] *vt.* **1** [때로 **r~**] 로마자(체)로 쓰다[인쇄하다] **2** (로마) 가톨릭교화하다 **Rò·man·i·zá·tion** *n.*

Róman láw 로마법

Róman létters[týpe] 〖인쇄〗 로만체 (활자)

Róman númerals 로마 숫자 《I, II, V, X, C 등》

⁑ro·man·tic [roumǽntik] *a.* **1 낭만적인**, 공상 소설적인, 소설에 있음직한 **2** 공상에 잠기는; 몽상[비실제]적인, 실행하기 어려운 **3** 신비적인 **4** 열렬한 사랑의, 로맨틱한 **5** 가공의 **6** [종종 **R~**] 〖문예〗 낭만주의[파]의
— *n.* 로맨틱한사람; [종종 **R~**] 낭만주의자[파] **-ti·cal·ly** *ad.* 낭만적으로

ro·man·ti·cism [roumǽntəsìzm] *n.* Ⓤ **1** 낭만적인 것[경향, 기분] **2** [종종 **R~**] 〖문예〗 로맨티시즘, 낭만주의 《18세기말부터 19세기 초두에 일어난 문예 사상》
-cist *n.* 낭만적인 사람; [종종 **R~**] 낭만주의자

ro·man·ti·cize [roumǽntəsàiz] *vt.* 공상적[낭만적]으로 하다[보다, 말하다, 묘사하다]
— *vi.* 낭만적으로 그리다[행동하다]

Rom·a·ny, Rom·ma·ny [rɑ́məni | rɔ́m-] *n.* (*pl.* **~, -nies**) **1** 집시(Gypsy) **2** Ⓤ 집시어(語)

Rom. Cath. Roman Catholic

⁑Rome [roum] [동음어 roam] *n.* **1 로마** 《이탈리아의 수도; 고대 로마 제국의 수도》 **2** (로마) 가톨릭 교회
All roads lead to ~. 《속담》 모든 길은 로마로 통한다. 《같은 목적에 도달하는 데에도 여러 가지 방법이 있다》 ***Do in ~ as the Romans do.*** 《속담》 로마에서는 로마인이 하듯이 하라, 입향 순속(入鄕循俗). ***~ was not built in a day.*** 《속담》 로마는 하루에 이루어지지 않았다, 큰 일은 단시일에 되는 것이 아니다.

Ro·me·o [róumiòu] *n.* **1** 로미오 《Shakespeare 작 *Romeo and Juliet*의 남자 주인공》 **2** (*pl.* **~s**) 열렬한 애인 《남자》

Rom·ish [róumiʃ] *a.* 《경멸》 (로마) 가톨릭 (교회)의

***romp** [rɑmp | rɔmp] *vi.* **1** 〈아이 등이〉 뛰어놀다 **2** 《구어》 쉽게 성공하다
~ in[away, home] (경마·경주 등에서) 쉽게 이기다
— *n.* **1** 장난꾸러기; 《특히》 말괄량이 **2** 떠들썩한 유희; 장난치며 놀기 **3** 낙승
rómp·er *n.*

Rom·u·lus [rɑ́mjuləs | rɔ́m-] *n.* 〖로마신화〗 로물루스 《로마의 건설자로서 최초의 국왕; Mars와 Rhea Silvia의 아들로 쌍둥이인 Remus와 함께 이리에게 양육됨》

Ron·ald [rɑ́nld | rɔ́n-] *n.* 남자 이름 《애칭 Ron, Ronnie, Ronny》

ron·deau [rɑ́ndou | rɔ́n-] [F 「작은 원」의 뜻에서] *n.* (*pl.* **~x** [-z]) 〖운율〗 론도체 《2개의 운(韻)으로 10행 또는 13행으로 된 단시(短詩); 시의 최초의 단어가 두 번 후렴(refrain)으로 쓰임》

ron·do [rɑ́ndou | rɔ́n-] [It.] *n.* (*pl.* **~s**) 〖음악〗 론도, 회선곡(回旋曲) 《주선율이 여러 번 반복됨》

Rönt·gen [réntgən | rɔ́ntjən] *n.* = ROENTGEN

rood [ru:d] *n.* **1** 십자가 위의 그리스도상 **2** 루드 《영국의 지적(地積) 단위; 1/4에이커, 약 1,011.7m²》
róod scrèen (교회의) 성단 후면의 칸막이
***roof** [ru:f, ruf] *n.* (*pl.* **~s**) **1** 지붕 **2** 지붕 모양의 물건; 차의 지붕; the ~ of the mouth 입 천장, 구개(口蓋) **3** 최고부, 꼭대기
be* (*left*) *without a* ~** = 《구어》 ***have no* ~ *over* one*'s head 살 집이 없다 ***under*** a person***'s* ~** …의 집에 유숙하고, …의 신세를 지고
—*vt.* **1** …에 지붕을 이다: The shed was *~ed* over with tin. 그 오두막은 지붕이 함석으로 되어 있었다. **2** 〈빈터를〉 지붕으로[처럼] 덮다
roof·er [rú:fər, rúf-] *n.* **1** 지붕 이는 사람 **2** 《영·구어》 향응(饗應)에 대한 감사의 편지
róof gàrden 1 옥상 정원 **2** 《미》 옥상 레스토랑
roof·ing [rú:fiŋ, rúf-] *n.* Ⓤ 지붕 잇기; 지붕 이는 재료
roof·less [rú:flis, rúf-] *a.* **1** 지붕이 없는 **2** 집 없는
róof ràck 《영》 루프랙 《자동차의 지붕 위 짐받이》
roof·top [-tàp | -tɔ̀p] *n.* 옥상
roof·tree [-trì:] *n.* 마룻대
rook¹ [ruk] *n.* **1** 〖조류〗 당까마귀 **2** 부당한 대금을 청구하는 사람; 야바위꾼
—*vt.* 〖카드〗 협잡하다; 손님들에게 바가지를 씌우다
rook² *n.* 〖체스〗 루크, 성장(城將)(castle) 《체스의 말의 하나로 한국 장기의 차(車)에 해당; 略 R》
rook·er·y [rúkəri] *n.* (*pl.* **-er·ies**) **1** 당까마귀가 떼지어 사는 곳 **2** 바다표범[물개, 펭귄]의 서식지
rook·ie, rook·ey [rúki] *n.* 《구어》 **1** 신병; 풋내기 **2** 《미》 〖야구〗 (프로 팀 등의) 풋내기[신인] 선수
***room** [ru:m, rum] *n.* **1** 방 **2** [*pl.*] 《영》 (한 조(組)의) 방 **3** [보통 the ~; 집합적] 실내의 사람들 **4** Ⓤ **a** (사람·물건 등이 차지하는) **장소**; 빈 장소: There was no ~ to turn in. 누울 자리도 없었다. **b** 여지, 기회
make* ~** 장소를 내주다, 자리를 양보하다, 길을 비켜주다 **~ *and board 식사도 제공하는 하숙 **~ *and to spare*** 충분한 여지[장소]
—*vi.* 《미》 **1** 방을 함께 차지하다 **2** (남과) 동숙[합숙]하다; 하숙하다
~ *in* 〈점원 등이 근무처에서〉 숙식하며 일하다(live in)
roomed [ru:md, rumd] *a.* [보통 복합어를 이루어] …의 방이 있는: a three-~ house 방 세개 짜리 집
room·er [rú:mər, rúm-] *n.* 《미》 셋방 든 사람; (특히 방만 빌리고 식사는 하지 않는) 유숙자(lodger)
room·ette [ru:mét, rum-] *n.* 《미》 〖철도〗 루멧 《침대차의 1인실; 세면소·화장실·침대가 딸려 있음》
room·ful [rú:mfùl, rúm-] *n.* 방 하나 가득
room·ie [rú:mi, rúmi] *n.* 《미·구어》 = ROOMMATE
róom·ing hòuse [rú:miŋ-, rúm-] 《미》 하숙집(《영》 lodging house)
room·mate [rú:mmèit, rúm-] *n.* 동숙인, 동거인
róom sèrvice 1 룸 서비스 《호텔·하숙 등에서 방으로 식사를 날라다 주는》 **2** [집합적] 룸 서비스계[과] 《호텔 등의》
room·y [rú:mi, rúmi] *a.* (**room·i·er**; **-i·est**) 넓은
roor·back, -bach [rúərbæk] *n.* 《미》 (선거 전의 정적(政敵)에의) 중상, 모략적 선전
Roo·se·velt [róuzəvèlt] *n.* 루스벨트 **1 Theodore ~** (1858-1919) 《미국의 제26대 대통령(1901-09); Nobel 평화상 수상(1906)》 **2 Franklin Delano ~** (1882-1945) 《Theodore의 조카; 제32대 대통령(1933-45); 뉴딜(the New Deal) 정책을 수행; 略 F.D.R.》
***roost** [ru:st] *n.* (가금(家禽), 특히 닭의) 홰; (새들의) 보금자리 —*vi.* 홰에 앉다, 잠자리에 들다
***roost·er** [rú:stər] *n.* 《미》 수탉(cock)
***root**¹ [ru:t, rut] [동음어 route] *n.* **1 a** [종종 *pl.*] (식물의) **뿌리**; 땅밑 줄기 **b** [*pl.*] 《영》 근채류(根菜類) **2** (혀·이·손가락·손톱 등의) 뿌리 (부분) **3** [보통 the ~] **근원**, 본원; 핵심; 기초 **4 a** [*pl.*] (사람과 토지·습관 등과의) 결합; (정신적) 고향 **b** 시조, 조상 **5** 〖언어〗 어근; 〖수학〗 근(根), 근수(根數)(radical) 《부호 √》; 〖음악〗 근음(根音) **6** 〖문법〗 기체(基體); 원형
get at* [*go to*] *the* ~ *of …의 근본을 밝히다, 사물의 진상을 규명하다 ***pull up*** one***'s* ~s** (마지못해) 정착지를 떠나다 ***put down* ~s** 뿌리를 내리다; (집을 마련하여) 자리잡다 **~ *and branch*** 완전히, 철저히 ***take* [*strike*] ~** 뿌리를 박다; 〈사상 등이〉 정착하다
—*vt.* **1** 뿌리박게 하다 **2** 〈식물·사상 등을〉 뿌리 뽑다: ~ up weeds 잡초를 뿌리째 뽑다
—*vi.* 뿌리박다; 정착하다
—*a.* Ⓐ 뿌리의; 근본의: the ~ cause 근본 원인
root² *vi.* **1** 〈돼지 등이〉 코로 땅을 파서 먹을 것을 찾다 《*about*, *around*》 **2** (…속을 온통 뒤져서) 찾다
—*vt.* **1** 〈돼지가〉 코로 파헤집어 먹을 것을 찾다 《*up*, *out*》 **2** 〈물건을〉 헤집어 찾다; 〈남에게 물건을〉 찾아주다
root³ *vi.* 《미·구어》 (팀 등을) 응원하다, 성원(聲援)하다(cheer) 《*for*》
róot cròp 근채류(根菜類), 근채 작물 《뿌리를 먹는 무·감자 등》
***root·ed** [rú:tid, rút-] *a.* **1** 〈식물이〉 뿌리박은 **2** 〈사상·습관 등이〉 뿌리 깊은, 정착한 **3** Ⓟ (공포 등으로 그 자리에 뿌리박힌 듯) 움직이지 못하는 《*to*》
root·er¹ [rú:tər, rút-] *n.* 코로 땅을 파는 동물 《돼지 등》

rooter² *n.* 《미·구어》 응원자 《특히 열광적인》

róot hàir 〖식물〗 뿌리털, 근모(根毛)

roo·tle [rú:tl] *v.* 《영》 = ROOT²

root·less [rú:tlis, rút-] *a.* **1** 뿌리 없는 **2** 사회적으로 바탕이 없는; 불안정한 **~·ness** *n.*

root·let [rú:tlit, rút-] *n.* 〖식물〗 작은 뿌리

root·stock [-stὰk | -stɔ̀k] *n.* **1** 〖식물〗 뿌리 줄기 **2** 〖원예〗 꺾꽂이의 대목(臺木) **3** 근원, 기원

root·y [rú:ti, rúti] *a.* (**root·i·er**; **-i·est**) **1** 뿌리가 많은 **2** 뿌리 모양의

‡**rope** [roup] *n.* **1** 새끼, 밧줄, 로프, 끈 **2** 올가미줄; 측량줄, 로프 《척도(尺度)의 이름, 20ft.》 **3** [*pl.*] (권투장 등의) 링 줄 **4** [the ~] 교수(絞首)용 밧줄; 교수형; 줄타기용 줄 **5** 한 엮음: a ~ of onions 한 두름의 양파 **6** [the ~s] 《속어》 비결

be at [***come to***] ***the end of*** one***'s*** ~ 백계무책이다, 진퇴유곡에 빠지다 ***on the*** ~ 〈등산가가〉 서로 밧줄로 몸을 연결하여 ***on the ~s*** (권투장의) 링 줄을 붙잡고, 링에 몰려; 《속어》 궁지에 몰려 ***put*** a person ***up to the ~s*** …에게 요령을 가르치다

— *vt.* **1** 밧줄로 묶다 《*up, together*》; 밧줄에 매어 달다 **2** 밧줄로 울을 치다[구획하다]; 밧줄을 쳐서 격리하다[출입 금지로 하다] **3** 《미·호주》 〈말·소 등을〉 밧줄로 잡다 — *vi.* **1** 끈적끈적해지다, 실같이 되다 **2** 〈등산가들이〉 밧줄로 몸을 서로 이어매다 《*up*》; 〈등산가가〉 로프를 써서 올라가다[내려가다]

~ ***in*** 〈장소를〉 밧줄로 두르다; 《구어》 〈남을 한패로〉 꾀어들이다, (추기어) 한패에 끼게 하다

rope·danc·er [róupdæ̀nsər | -dὰ:ns-] *n.* 줄타기 곡예사

rope·danc·ing [-dæ̀nsiŋ | -dὰ:ns-] *n.* Ⓤ 줄타기 (재주)

rópe làdder (밧)줄사다리

rópe's ènd (형벌용) 밧줄 채찍; 교수(絞首)용 밧줄

rope·walk [róupwɔ̀:k] *n.* 새끼 공장

rope·walk·er [-wɔ̀:kər] *n.* 줄타기 곡예사

rope-walk·ing [-wɔ̀:kiŋ] *n.* Ⓤ 줄타기

rope·way [-wèi] *n.* (화물 운송용) 삭도(索道)(cableway)

rop·ey [róupi] *a.* = ROPY

rópe yàrd 새끼[로프] 공장(rope walk)

rop·y [róupi] *a.* (**rop·i·er**; **-i·est**) **1** 로프 같은 **2** 끈적끈적하는, 점착성의 **3** 《영·구어》 품질이 나쁜; 나쁜 상태의

Roque·fort [róukfərt | rɔ́kfɔ:] [남프랑스의 산지 이름에서] *n.* 로크포르 치즈 (= ∠ **chéese**) 《진한 양젖 치즈; 상표명》

Rór·schach tèst [rɔ́:rʃɑ:k-] 〖심리〗 로르샤흐 테스트 《잉크의 얼룩 같은 무의미한 무늬를 해석시켜 사람의 성격 등을 알아내는 검사》

Ro·sa [róuzə] *n.* 여자 이름

ro·sa·ry [róuzəri] *n.* (*pl.* **-ries**) **1** [종종 **R~**] 로자리오의 기도(서) **2** 〖가톨릭〗 로자리오 《로자리오 기도에 사용하는 묵주》 **3** 장미 꽃밭, 장미 화단[화원]

‡**rose**¹ [rouz] *n.* **1** 장미, 장미과(科) 식물; 장미꽃 **2 a** Ⓤ 장밋빛, 담홍색 **b** [*pl.*] 장밋빛 안색 **3** [the ~] 가장 아름다운[인기 있는] 여인, 명화(名花) **4** 안락 **5** 장미 무늬; (물뿌리개의) 꼭지 **6** = ROSETTE

the Wars of the R~s 〖영국사〗 장미전쟁 《1455-85; Lancaster 가문(붉은 장미)과 York 가문(백장미)과의 왕위(王位) 다툼》 ***under the*** ~ 《문어》 은밀히(in secret), 남몰래(confidentially) 《옛날에는 장미가 비밀의 상징》

— *a.* 장밋빛의, 담홍색의

‡**rose**² *v.* RISE의 과거

ro·sé [rouzéi] [F 「핑크색의」의 뜻에서] *n.* ⓊⒸ 로제 (와인) 《엷은 장밋빛 포도주》

ro·se·ate [róuziət] *a.* 《문어》 **1** 장밋빛의(rosy) **2** 행복한; 낙관적인

***rose·bud** [róuzbʌ̀d] *n.* **1** 장미꽃 봉오리 **2** 묘령의 (아름다운) 소녀

rose·bush [-bùʃ] *n.* 장미 나무

rose-col·ored [-kʌ̀lərd] *a.* **1** 장밋빛의 **2** 밝은, 유망한; 낙관적인

see things through ~ spectacles [***glasses***] 사물을 낙관적으로 보다 ***take a ~ view*** 낙관하다

róse hìp 들장미[장미] 열매

rose·leaf [-lì:f] *n.* (*pl.* **-leaves** [-lì:vz]) 장미꽃잎; 장미잎

rose·mar·y [róuzmὲəri | -məri] *n.* (*pl.* **-mar·ies**) **1** 〖식물〗 로즈메리 《상록 관목으로 충실·정조·기억의 상징》 **2** Ⓤ [집합적] 로즈메리의 잎 《조미료·향료용》

Rose·mar·y [róuzmὲəri | -məri] *n.* 여자 이름

rose-pink [róuzpíŋk] *a.* = ROSE-COLORED

rose-red [-réd] *a.* 장밋빛의, 장미꽃처럼 빨간

rose-tint·ed [róuztìntid] *a.* = ROSE-COLORED

Ro·sét·ta stòne [rouzétə-] [the ~] 로제타석(石) 《1799년 나폴레옹 원정시 나일 하구의 Rosetta 부근에서 발견되어 고대 이집트 상형 문자 해독의 실마리가 된 비석》

ro·sette [rouzét] *n.* **1 a** (리본 등의) 장미 매듭(= ∠ **knot**) **b** (복식용의) 장미꽃 장식 **2** 〖건축〗 **a** 둥근 꽃 모양의 장식 **b** = ROSE WINDOW

róse wàter 장미 향수

róse wíndow 〖건축〗 원화창(圓花窓), 장미창, 바퀴창(rosette)

rose·wood [róuzwùd] *n.* **1** 〖식물〗 자단(紫檀) **2** Ⓤ 그 재목

Rosh Ha·sha·na(h) [róuʃ-hɑ:ʃɔ́:nə | rɔ́ʃ-həʃɑ́:nə] (유대교의) 신년제

ros·in [rɑ́zin | rɔ́zin] *n.* Ⓤ 로진 《송진에서 테레빈유(油)를 증류하고 남은 잔류물; cf. RESIN》

— *vt.* 로진을 바르다[으로 문지르다]; 로진으로 봉하다

Ross [rɔ:s | rɔs] *n.* 남자 이름

Ros·set·ti [rouzéti | rɔséti] *n.* 로세티 **1 Dante Gabriel ~** (1828-82) 《영국의 화가·시인》 **2 Christina Georgina ~** (1830-94) 《영국의 여류 시인; D. G. Rossetti의 누이 동생》

Ros·si·ni [rousí:ni | rɔs-] *n.* 로시니 **Gioacchino Antonio ~** (1792-1868) 《이탈리아의 가극 작곡가》

ros·ter [rɑ́stər | rɔ́s-] *n.* **1** 〖군사〗 근무 명부[표] **2** (당번 순서 등을 적은) 명부, 등록부

ros·tra [rɑ́strə | rɔ́s-] *n.* ROSTRUM의 복수

ros·trum [rɑ́strəm | rɔ́s-] *n.* (*pl.* **-tra** [-trə], **~s**) **1** 연단, 강단(講壇); 설교단; (오케스트라의) 지휘대 **2** 〖동물〗 부리, 주둥이 모양의 돌기(突起)

⁑**ros·y** [róuzi] *a.* (**ros·i·er**; **-i·est**) **1 a** **장밋빛의**, 담홍색의 **b** 〈피부·볼 등이 건강하여〉 발그레한, 홍안의 **2** 〈장래가〉 유망한; 낙관적인: ~ views 낙관론

⁑**rot** [rɑt | rɔt] *v.* (**~·ted**; **~·ting**) *vi.* **1** **썩다** 《*away, off, out*》 **2** 부패[타락]하다 **—** *vt.* **1** **썩이다** **2** (도덕적으로) 타락시키다 **3** 《영·속어》 놀리다

— *n.* Ⓤ **1 a** **썩음**; 부패물 **b** (사회적·정신적인) 타락 **2** 〖식물〗 부패병 《세균 등에 의한》 **3** 《영·속어》 헛소리: Don't talk ~! 말 같지 않은 소리 마라!

ro·ta [róutə] *n.* 근무 명부

Ro·tar·i·an [routέəriən] *n.* 로터리 클럽 (Rotary Club)의 회원

— *a.* 로터리 클럽 (회원)의

*__ro·ta·ry__ [róutəri] [L 「수레바퀴」의 뜻에서] *a.* **1** **도는**, **회전하는**; 환상(環狀)의: ~ motion 회전 운동 **2** 〈기계 등이〉 회전식의

— *n.* (*pl.* **-ries**) **1** 회전 기계; 〖전기〗 회전 변류기(= ~ **convérter**) **2** 《미》 환상 교차로, 로터리(《영》 roundabout) 《traffic circle이라고도 함》

Rótary Clùb [the ~] 로터리 클럽 《Rotary International의 각지의 지부, 원래 1905년 미국에서 시작》

*__ro·tate__ [róuteit | -ˊ] *vi.* **1 a** (축을 중심으로 하여) **회전[순환]하다** **b** 〖천문〗 〈천체가〉 자전(自轉)하다 **2** 교대하다, 윤번으로 하다 **—** *vt.* **1** 회전[순환]시키다 **2** 교대시키다; 〖농업〗 〈농작물을〉 윤작(輪作)하다

*__ro·ta·tion__ [routéiʃən] *n.* ⓊⒸ **1** (축을 중심으로 한) **회전**; 〖천문〗 (천체의) 자전 **2** 순환; 〖농업〗 윤작 **3** 교체, 윤번

***in* [*by*] ~** 차례로, 윤번제로

ro·ta·tor [róuteitər | -ˊ-] *n.* **1** (*pl.* **~s**) 회전하는[맴도는] 것; 교체하는 것[사람]; 〖물리〗 회전자(回轉子) **2** (*pl.* **~s**, **~·es** [ròutətɔ́:ri:z]) 〖해부〗 회전근(回轉筋)

ro·ta·to·ry [róutətɔ̀:ri | -təri] *a.* **1** 회전하는; 교체하는 **2** 순환하는; 윤번(제)의

ROTC, R.O.T.C. Reserve Officers' Training Corps 예비역 장교 훈련단, 학생 군사 훈련단

rote [rout] *n.* Ⓤ 기계적 방법; 기계적 기억

***by* ~** 기계적으로; 외워서

rot·gut [rɑ́tgʌ̀t | rɔ́t-] *n.* Ⓤ 《속어》 (혼합물을 넣어 만든) 저질 술

ro·tis·ser·ie [routísəri] [F 「(고기를) 굽다」의 뜻에서] *n.* **1** 불고기집 **2** (꼬챙이가 달린) 고기 굽는 회전식 기구

ro·to·gra·vure [ròutəgrəvjúər] *n.* **1** ⓊⒸ 윤전[로토] 그라비어(판) **2** 《미》 〖신문〗 로토그라비어 사진 페이지

ro·tor [róutər] *n.* **1** 〖기계〗 축차(軸車) 《증기 터빈의》 **2** 〖전기〗 회전자(回轉子) **3** 〖항공〗 회전 날개 《헬리콥터 등의》

⁑**rot·ten** [rɑ́tn | rɔ́tn] *a.* **1** **썩은**; 불결한, 썩은 내 나는 **2** **타락한** **3** 《구어》 천한, 불유쾌한 **4** 〈바위 등이〉 부서지기 쉬운

~·ly *ad.* **~·ness** *n.*

rot·ter [rɑ́tər | rɔ́t-] *n.* 《영·속어·익살》 **1** 건달 **2** 쓸모없는 사람

ro·tund [routʌ́nd] [L 「둥근」의 뜻에서] *a.* **1** 둥근; 토실토실 살찐 **2** 〈소리 등이〉 낭랑한, 우렁찬

ro·tun·di·ty [routʌ́ndəti] *n.* ⓊⒸ **1** 원형, 구형(球形) **2** 비만 **3** 〈음성이〉 낭랑함

rou·ble [rú:bl] *n.* = RUBLE

*__rouge__ [ru:ʒ] [F = red] *n.* Ⓤ **1** (화장용) **연지**, 루주 **2** 〖화학〗 벵갈라, 철단(鐵丹) 《금속을 닦는 데 씀》

— *vi.*, *vt.* 〈얼굴·입술에〉 연지를 바르다; 붉어지다

⁂**rough** [rʌf] *a.* **1 a** (촉감이) **거칠거칠한** **b** 〈길 등이〉 울퉁불퉁한 **c** 털이 거센; 털이 많은; (털 등이) 헝클어진 **2** **세공[가공]하지 않은**; **대충 틀만 잡은**; 미완성의; 서투른, 솜씨 없는: ~ skin (무두질 않은) 거친 가죽 **3 a** **난폭한**; 격렬한; 〈일 등이〉 (지력보다) 체력을 요하는: ~ work 험한 일; 폭행 **b** 〈바다·하늘·날씨 등이〉 **거친** **c** 〈항해·비행 등이〉 험한 날씨를 무릅쓴 **4** 조잡한, 상스러운; 소박한 **5 a** 〈소리가〉 귀에 거슬리는, 가락이 맞지 않는 **b** 〈맛이〉 떫은, 〈맛이〉 신 **6** **대강의**: a ~ estimate[guess] 개산(概算)[대충의 어림] **7** 쓰라린, 감당할 수 없는 《*on*》 **8** 《구어》 기분이 좋지 않은, 몸이 편찮은

be* ~ *on …에게 가혹하게 굴다

— *n.* **1** Ⓤ 울퉁불퉁한 토지 **2** 쓰라린 고생 **3** 《영》 난폭한 사람, 불량자 **4** ⓊⒸ 밑그림, 스케치

***in* ~** 초잡아, 초벌로 (써서) ***in the* ~** (1) 미가공의; 미완성의 (2) 난잡한[하게]; 준비 없는 (3) 대강(의), 대충(의); 개략의 (4) 《미·구어》 곤란하여 (5) 일상[평소]대로(의)

— *vt.* **1** 거칠게 하다 **2** 거칠게 다루다, 심한 말을 쓰다; 〈구기에서 상대방을〉 일부러 거칠게 공격하다 **3** 거칠게 만들다; 대강의 모양으로 자르다 《*off*》; 대강의 모양을 만들어 내다 **~·ness** *n.*

rough·age [rʌ́fidʒ] *n.* Ⓤ 조악한 음식물, 식료 《영양가가 적은 음식이나 사료, 섬유질, 식용 겨 등》

rough-and-read·y [-ənrédi] *a.* 졸속(拙速)주의의, 임시변통의, 조잡한

rough-and-tum·ble [-əntʌ́mbl] *a.* 마구하는, 되는 대로의

— *n.* 혼전, 난투

rough·cast [-kæ̀st | -kɑ̀:st] *n.* Ⓤ 대강만듦; 초벌칠, 애벌칠 **—***vt.* (**-cast**) **1** 애벌칠하다 **2** 〈계획 등을〉 대충 만들다; (이야기 등의) 대강의 줄거리를 세우다
róugh cóat (페인트 등의) 애벌칠
rough·dry [-drái] *vt.* (**-dried**) 〈세탁한 의복 등을〉 다리지 않고 말리다
—*a.* 세탁하여 말렸으나 다리지 않은
rough·en [rʌ́fən] *vt., vi.* 거칠게 하다[되다], 깔쭉깔쭉하게 하다[되다], 울퉁불퉁하게 하다[되다]
rough·hewn [-hjú:n] *a.* **1** 대충 깎은; 대충 만든 **2** 투박한, 교양 없는
rough·house [-hàus] 《구어》 *n.* 큰 싸움; 야단법석
—*vt., vi.* 호되게 다루다; 크게 떠들다[싸우다], 난폭하게 굴다
*__rough·ly__ [rʌ́fli] *ad.* **1 거칠게**; 난폭하게; 버릇없이 **2** 대충, 개략적으로: ~ speaking 대충, 대략
rough·neck [rʌ́fnèk] *n.* 《미·구어》 **1** 버릇없는 놈, 난폭한 자(rowdy) **2** 유정(油井)을 파는[수리하는] 인부
rough·rid·er [-ráidər] *n.* **1** 조마사(調馬師) **2** 사나운 말을 잘 타는 사람
rough·shod [-ʃɑ́d | -ʃɔ́d] *a.* 〈말이〉 편자에 스파이크를 단; 포악한
ride ~ over 〈남에게〉 으스대다, 남을 생각지 않고 함부로 굴다; 거칠게 다루다
róugh stúff 《구어》 난폭(한 행위)
rou·lade [ru:lɑ́:d] *n.* **1** 〖음악〗 룰라드 《장식음으로서 삽입된 신속한 연속음》 **2** 룰라드 《잘게 썬 고기를 쇠고기의 얇은 조각으로 만 요리》
rou·lette [ru:lét] *n.* ⓊⒸ 룰렛 《도박의 일종; 그 도구》
Rou·ma·ni·a [ruméiniə] *n.* = RUMANIA
***__round__ [raund] *a.* (**~·er**; **~·est**) **1 둥근 a** 원형의 **b** 아치 모양의 **c** 원통형[상]의 **d 공 모양의 2 토실토실 살찐 3 a** 차례로 도는: a ~ dance 원무(圓舞) **b** 일주(一周)하는 **4** Ⓐ **a** 〈수·양이〉 꼭 맞는 **b** (10, 100, 1000 등의) 정수(整數)로 표시되는; 대략의: a ~ half million 약 50만 **c** 〈금액 등이〉 꽤 많은: a ~ sum 상당한 액수 **5** 〈목소리가〉 낭랑한; 쩡쩡 울리는 **6** 기세 좋은; 신속한: a ~ pace 활발한 보조 **7 a** 솔직한, 있는 그대로의; 노골적인: a ~ answer 솔직한 대답 **b** Ⓟ 〈…에〉 솔직한 《*with*》: be ~ *with* a person …에게 숨김없이[솔직히] 말하다
—*n.* **1 둥근 것**, 원, 고리 **2 구**(球)[**원통**]**형의 것 3 돌기 a** 회전; 순환: the earth in its daily[yearly] ~ 자전(自轉)[공전(公轉)]하는 지구 **b** [종종 *pl.*] 한 바퀴; 순회, 순찰; (의사의) 회진(回診): take a ~ 한 바퀴 돌다, 돌아다니다; 산책하다 **c** [보통 *pl.*] 순회로[구역] **d** [보통 *pl.*] (소문·뉴스 등의) 퍼지는 경로 **4** (틀에 박힌 일·일상사 등의) 연속, 되풀이 **5 a** 한 경기[시합], 한 판: a ~ of golf 골프의 1라운드 《18홀을 돌기》 **b** (권투의) 1회: a fight of ten ~*s* 10회전 **6 a** 일제 사격; (탄약의) 1발분 **b** (환성의) 한바탕 **7** 원무(곡) **8** 〖음악〗 윤창(輪唱)
go for a good [***long***] ~ 먼 길을 한 바퀴 돌다, 멀리 산책을 가다 ***go***[***make***] one***'s***[***the***] ~(***s***) (1) 순시[순찰]하다 (2) 《구어》 〈소문 등이〉 전해지다, 〈병이〉 퍼지다 《*of*》
—*vt.* **1** 〈…을〉 **둥글게 하다**; 〈…을〉 통통하게 살찌게 하다: with ~*ed* eyes 눈이 휘둥그레져서 **2** 《구어》 〈…을〉 **돌다**: The car ~*ed* the corner. 차는 모퉁이를 돌았다. **3** 〖음성〗 〈모음을〉 입술을 둥글게 하여 발음하다 **—***vi.* **1 둥글게 되다**, 둥그스름해지다 《*out*》 **2** 돌다, 뒤돌아보다 **3** 돌아서서 갑자기 〈…을〉 습격하다; 갑자기[불쑥] 〈…을〉 나무라다
~ ***off*** (1) 〈…의〉 모를 없애다; 〈…을〉 둥그스름하게 하다 (2) 〈…을〉 완전하게 하다; 〈문장을〉 완결하다 (3) 〈숫자를〉 반올림하다: ~ *off* to 3 decimals 반올림하여 소수점 이하 3자리까지로 하다 ~ ***out*** (1) 〈…을〉 완성하다, 마무리하다 (2) ⇨ *vi.* 1 ~ ***up*** (1) 〈가축을〉 몰아 모으다 (2) 《구어》 〈흩어진 사람·것을〉 모으다 (3) 〈범인 일당을〉 검거하다 (4) 《영》 〈숫자의〉 우수리를 〈…으로〉 반올림하다 《*to*》
—*ad.* 《《미》에서는 round보다 around를 씀》 **1 처음부터 끝까지**, 쭉, 내내 **2 돌고**; 순환하여 **3** (장소의) **둘레에**; [숫자와 함께] **둘레가** 〈…〉 **4 먼길을 돌아 5** 골고루, 차례차례
~ ***about*** (1) 원을 이루어, 둘레에; 사방팔방에: The pupils are mostly from the farms ~ *about.* 학생들은 대개가 그 주변의 농가 아이들이다. (2) 반대쪽에: turn ~ *about* 핵 등을 돌리다 (3) 먼 길을 돌아서
— [raund] *prep.* 《《미》에서는 round보다 around를 씀》 **1** …을 (빙)돌아 **2** …의 둘레에[를] **3** …의 주위에 **4** …의 가까이에 **5** …쯤
*__round·a·bout__ [ráundəbàut] *a.* 에움길의, 빙도는; 〈말 등이〉 넌지시 하는; 간접의 **—***n.* **1** 《영》 원형[환상] 교차로, 로터리(《미》 rotary) **2** 《영》 회전목마(merry-go-round)(《미》 carousel)
róund brácket [보통 *pl.*] 둥근 괄호
roun·del [ráundl] *n.* **1** 작은 원형물; 작은 원반(圓盤) **2** 둥근 문장; 작고 둥근 창(窓)
round·er [ráundər] *n.* **1** 물건을 둥글게 만드는 도구 **2** 《미·구어》 술집을 옮기며 계속 마시는 사람
round-eyed [-áid] *a.* 눈이 동그란; 눈이 휘둥그레진, 눈을 크게 뜬
róund hánd 둥그스름한 글씨체 《제도용 글자 등》
Round·head [-hèd] *n.* 〖영국사〗 의회당원, 원두(圓頭)당원 《1642-49년의 내란시 왕당에 적대하여 머리를 짧게 깎았던 청교도의 별명》
round·house [-hàus] *n.* (*pl.* **-hous·es** [-hàuziz]) 《미》 **1** 원형 기관차고(庫) 《중앙에 전차대(轉車臺)가 있는》 **2** 〖항해〗 (옛날 범선의) 후갑판 선실 **3** 〖권투〗 크게 휘두르는 훅
round·ish [ráundiʃ] *a.* 둥그스름한, 약간 둥근

round·ly [ráundli] *ad.* **1** 둥글게, 원형으로 **2** (드물게) 세차게, 활발히 **3** 완전히, 철저히 **4** 호되게

róund róbin 1 (서명의 순서를 감추기 위해) 원형으로 사인한 단체 항의서[탄원서 (등)], 사발통문 **2** (미) (테니스·체스 등의) 리그전

round-shoul·dered [-ʃóuldərd] *a.* 등이 굽은

rounds·man [ráundzmən] *n.* (*pl.* **-men**[-mən]) **1** (영) (상점의) 외무원, 배달원 **2** (미) 경사(警査)

róund tàble 1 a 둥근 테이블, 원탁 **b** 원탁 회의 **c** [집합적] 원탁 회의 참석자들 **d** (구어) 토론회 **2** [the R~ T~] **a** Arthur 왕의 원탁 **b** [집합적] 원탁의 기사들

round-ta·ble [ráundtèibl] *a.* Ⓐ 원탁의, 원탁을 둘러앉은: a ~ conference [discussion] 원탁 회의[토의]

round-the-clock [-ðəklák | -klɔ́k] *a.* (영) 계속 무휴(無休)의; 24시간 연속(제)의

róund tríp (영) 일주(一周) 여행; (미) 왕복 여행

round-trip [-tríp] *a.* (영) 일주 여행의; (미) 왕복 여행의: a ~ ticket (미) 왕복표((영) return ticket)

round·up [-ʌ̀p] *n.* **1** (미·호주) **a** 가축을 몰아 모으기 **b** [집합적] 몰아 모은 가축 **2** (범인 일당 등의) 검거, …몰이 **3** (뉴스 등의) 총괄

round·worm [-wə̀:rm] *n.* 회충

‡**rouse** [rauz] *vt.* **1** 깨우다 (*from, out of*): ~ up one's child 아이를 깨우다 **2** 환기하다, 고무하다; 〈감정을〉 일으키게 하다; 잔뜩 화나게 하다: ~ a person from his idleness …을 분발하게 하다 **3** 〈사냥감을〉 몰아내다

— *vi.* **1** 깨다: ~ up (from sleep) (잠에서) 깨다 **2** 분기하다

rous·ing [ráuziŋ] *a.* **1** 고무하는 **2** 활발한 **3** (구어) 터무니없는 〈거짓말 등〉

Rous·seau [ru:sóu | ∠-] *n.* 루소 **Jean Jacques ~** (1712-78) (스위스 태생의 프랑스 사상가·문학가)

roust·a·bout [ráustəbàut] *n.* (미) **1** 항만[부두] 노동자 **2** (유전 등의) 미숙련 노동자

rout[1] [raut] *n.* ⓊⒸ 패주, 궤주(潰走)
— *vt.* 패주시키다(defeat)

rout[2] *vt., vi.* = ROOT[2]

‡**route** [ru:t, raut] *n.* **1** 길(road), 노정; 루트; 항로(航路): an air ~ 항공로 **2** (미) (우유·신문 등의) 배달 구역
en [***on***] **~** 도중에, 여행 중에 ***go the ~*** 〖야구〗 (구어) 〈투수가〉 완투(完投)하다
— *vt.* **1** 〈…의〉 루트를 정하다 **2** 〈화물 등을 …의 루트로〉 발송하다 (*by, through*)

‡**rou·tine** [ru:tí:n] [F = route(길)] *n.* ⓊⒸ **1 a** 판에 박힌 일, 일상의 일[과정], 일과 **b** 관례; 차례, 기계적 절차 **2** (미) (연극에서) 틀에 박힌 몸짓[연기] **3** 〖컴퓨터〗 루틴 (프로그램에 의한 컴퓨터의 일련의 작업)
— *a.* **1** 일상의, 정기적인 **2** Ⓐ 기계적인, 틀에 박힌 **~·ly** *ad.*

rou·tin·ize [ru:tí:naiz, rú:tənàiz] *vt.* 일상화하다, 관례화하다

roux [ru:] [F] *n.* (*pl.* ~ [-z]) 〖요리〗 루 (밀가루를 버터로 볶은 것)

*__rove__ [rouv] *vi.* **1 헤매다**, 배회하다 **2** 〈눈이〉 두리번거리다
— *vt.* 〈장소를〉 배회하다, 유랑하다: ~ the world 세계를 방랑하다
— *n.* 배회, 방랑, 유랑
on the ~ 배회하여, 방랑[유랑]하며

*__rov·er__ [róuvər] *n.* (문어) **유랑자**, 배회자

rov·ing [róuviŋ] *a.* 방랑하는; 이동하는
have a ~ eye 곁눈질하다, 추파를 던지다

róving commíssion 1 (조사원 등의) 자유 여행 권한 **2** (구어) 여기저기 뛰어다니는 업무

‡**row**[1] [rou] [동음어 roe] *n.* **1 열 2** (극장·교실 등의) **좌석 줄**: in the front ~ 앞줄에 **3** (양쪽에 집이 늘어선) 거리, 가(街); …거리 ((영) 흔히 동네 이름으로서) ***in a ~*** 한 줄로; 연속적으로 ***in ~s*** 여러 줄로 서서; 열을 지어서

‡**row**[2] [rou] [동음어 roe] *vi.* **1** (노를 써서) **배를 젓다**: We *~ed* out. 우리는 배를 저어 나갔다. **2** 보트레이스에 참가하다 **~ *up*** 힘을 더 내어 젓다
— *vt.* **1** 〈배를〉 **젓다**: ~ 30 to the minute 1분간에 30피치로 젓다 **2** 저어서 …하다 **3** 〈노를〉 사용하다; 〈노를〉 갖추다 **4** 〈보트레이스에〉 참가하다: ~ a race 보트레이스를 하다
~ *down* 저어서 따라잡다
— *n.* **1** 젓는 거리[시간] **2** 노젓기, 보트놀이: go for a ~ 보트 타러 가다 **~·er** *n.*

‡**row**[3] [rau] (구어) *n.* **1** ⓊⒸ **법석**, 소동; 소음: There's too much ~. 시끄러워 죽겠다. **2** 싸움, 말다툼; (영) 질책
— *vi.* 떠들다; 말다툼하다, 싸우다

row·an [róuən, ráu-] *n.* 〖식물〗 마가목; 그 열매

row·boat [róubòut] *n.* (미) (노로 젓는) 보트(⇨ boat)

row-de-dow [ráudidàu | ∠-∠] *n.* Ⓤ (미·속어) 야단법석, 소란, 소동

row·dy [ráudi] *a.* (**-di·er**; **-di·est**) 난폭한, 싸움을 좋아하는; 떠들썩한
— *n.* (*pl.* **-dies**) 난폭한[싸우기 좋아하는, 시끄러운] 사람
rów·di·ly *ad.* **-di·ness** *n.*

row·dy·ism [ráudiìzm] *n.* Ⓤ 난폭함, 떠들썩함

row·el [ráuəl] *n.* (박차 끝의) 톱니바퀴

rów hòuse [róu-] (미) 연립 주택(의 한 채) ((영) terraced house)

row·ing [róuiŋ] *n.* Ⓤ 배젓기, 조정

rówing bòat (영) = ROWBOAT

row·lock [rálək | rɔ́l-] *n.* (영) (보트의) 노걸이((미) oarlock)

Roy [rɔi] *n.* 남자 이름

‡**roy·al** [rɔ́iəl] *a.* Ⓐ **1** [종종 **R~**] 왕[여왕]의; 왕실의 **2** [보통 **R~**] (영) 국왕의 보호가 있는; 왕권 밑에 있는; 왕립의 **3 a** 왕다운, 국왕에 어울리는

b 기품[위풍] 있는, 고귀한 **4** 《구어》 **당당한**, 훌륭한; 멋진, 호화로운 **—** *n.* 《구어》 왕족(의 일원)
Róyal Acádemy [the ~] 영국 왕립 미술원 (= ~ **of Árts**) 《略 R.A.》
Róyal Áir Fòrce [the ~] 영국 공군 《略 R.A.F., RAF》
róyal blúe 감청색
Róyal Commíssion 《영》 영국 심의회 《법의 운용·사회·교육 사정 등을 조사 보고함》
róyal flúsh 〖카드〗 포커에서 같은 조(組)의 최고점의 패의 연속 5장
Róyal Híghness 전하 《왕족에 대한 경칭; 略 R.H.》
roy·al·ism [rɔ́iəlìzm] *n.* Ⓤ 왕정주의, 왕당주의
roy·al·ist [rɔ́iəlist] *n.* 왕정주의자, 왕당원; [**R~**] 〖영국사〗 왕당원(Tory); 〖미국사〗 영국파(Tory)
róyal jélly 로열 젤리 《여왕벌이 될 유충이 먹는 영양이 풍부한 물질》
roy·al·ly [rɔ́iəli] *ad.* 왕으로서; 왕답게; 장엄하게; 《구어》 멋지게, 굉장히
Róyal Máil [the ~] 영국 체신 공사
Róyal Marínes [the ~] 영국 해병대 《略 R.M., RM》
Róyal Návy [the ~] 영국 해군 《略 R.N.》
róyal púrple 푸르스름한 자줏빛
róyal róad 쉬운 방법, 지름길, 왕도
Róyal Socíety [the ~] 왕립 협회, 영국 학술원
***roy·al·ty** [rɔ́iəlti] *n.* (*pl.* **-ties**) **1** Ⓤ **왕위**; 왕권 **2** 왕족의 한 사람; [집합적] 왕족 **3** Ⓤ 왕의 존엄, 왕위(王威); 왕자(王者)의 풍모 **4** 특허권 사용료; 인세(印稅), 저작권 사용료
roz·zer [rάzər | rɔ́z-] *n.* 《영·속어》 경찰(관)
RP 《영》 Received Pronunciation 표준적 발음
r.p.m., RPM revolutions per minute 매 분 …회전
RSC 〖권투〗 referee stop contest
R.S.V. Revised Standard Version (of the Bible)
R.S.V.P., r.s.v.p. *Répondez s'il vous plaît.* 《F = Reply, if you please.》 회답 바람
rt. right
Ru 〖화학〗 ruthenium
‡**rub** [rʌb] *v.* (**~bed**; **~·bing**) *vt.* **1** 비비다, 마찰하다; 문질러 닦다 **2 문지르다** 《*against, on, over*》; 문질러 바르다[넣다] 《*into, through*》; 문질러 넓히다; 문질러 (…을) 만들다 《*in*》; 문질러 떼다[없애다] 《*off, from, out of*》 **3** 비벼[문질러] (…한 상태로) 하다
— *vi.* **1 스치다**, 닿다 《*against, on, upon*》 **2** 《주로 영·구어》 애쓰며 전진하다; 그럭저럭 해나가다
~ ***down*** (1) 〈몸을〉 마찰하다, 문질러 닦다[말리다] (2) 문질러 반반하게[닳게] 하다, 마무리하다 (3) 〈말을〉 솔질하다 (4) 마사지하다 (5) 《구어》 〈경찰관 등이〉 몸을 더듬어 수색하다 ~ ***in*** 〈약 등을〉 문질러 바르다 ~ ***out*** (1) 문질러 지우다[지워지다], 문질러 떼다[떨어지다] (2) 완전히 파괴하다; 《속어》 〈사람을〉 죽이다(kill) ~ ***up*** (1) …을 잘 문지르다, 닦다 (2) 〈그림물감 등을〉 섞어 개다 (3) 〈기억을〉 새롭게 하다, 생각나게 하다 (4) 복습하다 ~ a person (***up***) ***the wrong way*** …을 화나게 하다, 안달하게 하다
— *n.* **1** 《구어》 문지르기 **2** [the ~] 장애, 곤란 ***There's the*** ~. 그것이 문제로다. 《Shak., *Hamlet* 중에서》
‡**rub·ber**[1] [rʌ́bər] [rub에서; 고무 지우개로 쓴 데서] *n.* **1** Ⓤ **a 고무**, 천연 고무 **b** 합성 고무 **2 a** 《영》 고무 지우개(eraser) **b** 《포장용》 고무 고리 **c** 《미·구어》 콘돔 **3** 《미》 《고무》 덧신 **4** 《미·구어》 고무 타이어 **5** 〖야구〗 본루(本壘)(home plate) **6** 안마사(師), 마사지사 **7** 숫돌, 거친 줄, 샌드페이퍼 **—** *vt.* …에 고무를 입히다
— *a.* Ⓐ 고무의[로 만든]: a ~ band 고무 밴드
rubber[2] *n.* 〖카드〗 세 판 승부
rúbber chéck 《미·속어》 부도 수표
rúbber dínghy 《미》 《소형》 고무 보트
rúbber gòods 《완곡》 고무 제품 《피임 용구》
rub·ber·ize [rʌ́bəràiz] *vt.* 〈천에〉 고무를 입히다
rub·ber·neck [rʌ́bərnèk] 《미·구어》 *n.* = RUBBERNECKER **—** *vi.* 《목을 길게 빼고》 유심히 보다; 구경하다 **—** *a.* Ⓐ 관광(용)의: a ~ bus[wagon] 관광 버스
rub·ber·neck·er [-nèkər] *n.* 《미·구어》 **1** 목을 길게 빼고 들여다 보는[구경하는] 사람 **2** 관광객
rúbber plànt **1** 인도 고무 나무 **2** 고무나무 《실내 장식용 관엽 식물》
rúbber stámp **1** 고무 도장 **2** 《경멸》 무턱대고 도장 찍는 사람; 잘 생각해 보지 않고 찬성하는 사람[관청, 의회 《등》]
rub·ber-stamp [-stǽmp] *vt.* **1** …에 고무 도장을 찍다 **2** 《경멸》 무턱대고 도장을 찍다; 〈계획·법안 등을〉 잘 생각하지 않고 찬성하다
rúbber trèe = PARA RUBBER
rub·ber·y [rʌ́bəri] *a.* 고무 같은, 탄력 있는, 질긴
rub·bing [rʌ́biŋ] *n.* **1** Ⓤ Ⓒ 문지름; 마찰; 안마 **2** 《비명(碑銘) 등의》 탁본(拓本)
rúbbing àlcohol 《미》 소독용 알코올
‡**rub·bish** [rʌ́biʃ] *n.* Ⓤ **1 쓰레기** **2** 시시한 생각, 어리석은 짓 **—** *int.* 쓸데없이, 시시해 **rúb·bish·y** *a.* 쓰레기의, 찌꺼기의; 시시한, 쓸데없는
rúbbish bìn 《영》 쓰레기통 《rubbish bin은 옥내용, dustbin은 옥외용》
rub·ble [rʌ́bl] *n.* Ⓤ **1** 《돌·벽돌 등의》 파편, 조각 **2** 《기초 공사 등에 쓰는》 거친 돌, 잡석, 쇄석
rub·down [rʌ́bdàun] *n.* 신체 마찰, 마사지 《특히 운동 중·운동 후에 하는》: a brisk ~ with a rough towel 건포 마찰
rube [ru:b] *n.* 《미·속어》 풋내기, 철부지
ru·bel·la [ru:bélə] *n.* Ⓤ 〖의학〗 풍진(風疹)(German measles)

Ru·bens [rú:bənz] *n.* 루벤스 **Peter Paul** ~ (1577-1640) 《Flanders의 화가》

Ru·bi·con [rú:bikὰn | -kən] *n.* [the ~] 루비콘 강 《이탈리아 중부의 강; 주사위는 던져졌다고 말하며 Julius Caesar가 건넜음》

cross [***pass***] ***the*** **~** 단호한 조처를 취하다, 중대 결의를 하다

ru·bi·cund [rú:bikʌ̀nd | -kənd] *a.* 얼굴이 벌건, 혈색이 좋은

ru·bid·i·um [ru:bídiəm] *n.* Ⓤ 〚화학〛 루비듐 《금속 원소; 기호 Rb, 번호 37》

Rú·bik'(**s**) **Cúbe** [rú:bik(s)-] [헝가리의 고안자 E. Rubik 이름에서] 루빅 큐브 《정육면체의 색 맞추기 퍼즐 장난감; 상표명》

ru·ble | **rou·ble** [rú:bl] [Russ. 「은 막대」의 뜻에서] *n.* 루블 《구소련의 화폐 단위; =100 kopecks; 기호 R, Rub》

rub·out [rʌ́bàut] *n.* 《미·속어》 살인

ru·bric [rú:brik] [L; ⇨ ruby] *n.* **1** (책 등의 장·절의) 제명, 제목 **2** 〚그리스도교〛 전례 법규(典禮法規) **3** 주서(朱書)

ru·bri·cate [rú:brikèit] *vt.* 주서(朱書)하다, 빨갛게 쓰다, 빨갛게 인쇄하다

rub-up [-ʌ̀p] *n.* 닦아냄

*__ru·by__ [rú:bi] [L 「빨간」의 뜻에서] *n.* (*pl.* **-bies**) **1** 루비, 홍옥(紅玉) **2** Ⓤ 루비색, 진홍색 **—** *a.* (**-bi·er**; **-bi·est**) Ⓐ 루비색의, 진홍색의

Ru·by [rú:bi] *n.* 여자 이름

ruck[1] [rʌk] *n.* **1** 다수, 다량 (*of*) **2** [the ~] 허섭스레기 **3** [the ~] (경마에서) 낙오된 말의 떼 **4** [the ~] 대중 **5** 〚럭비〛 럭 《땅 위에 있는 공 주위에 선수들이 밀집하여 밀치는 상태》

ruck[2], **ruck·le** [rʌ́kl] *vt.*, *vi.* 주름살 지(게 하)다 (*up*)

ruck·sack [rʌ́ksæ̀k, rúk-] [G] *n.* (등산용) 배낭, 룩색

ruck·us [rʌ́kəs] [*ruc*tion+rump*us*] *n.* Ⓤⓒ 《미·속어》 야단법석, 소동

ruc·tion [rʌ́kʃən] *n.* [《미》 a ~; 《영》 *pl.*] 《구어》 **1** 소란 **2** 심한 불만[항의]

‡**rud·der** [rʌ́dər] *n.* **1** (배의) **키**; (비행기의) **방향타** **2** 지도자; 지침 **~·less** *a.*

rud·dle [rʌ́dl] *n.* Ⓤ 홍토(紅土), 대자석(代赭石), 석간주(石間硃) **—** *vt.* 〈양에〉 홍토로 표를 하다

*__rud·dy__ [rʌ́di] [OE 「붉은」의 뜻에서] *a.* (**-di·er**; **-di·est**) **1** 〈안색 등이〉 **불그스레한** **2** Ⓐ 《영·속어》 싫은, 괘씸한, 지긋지긋한 **—** *ad.* 《영·속어》 매우, 몹시

‡**rude** [ru:d] [L 「날것의」의 뜻에서] *a.* **1** **버릇없는**, 실례의 **2** Ⓐ **a** 가공하지 않은; 미완성의; 날림의 **b** 조잡한 **3** 성가신 **4** 교양 없는 **5** 《주로 영》 단단한, 건장한: ~ health 강건(强健) **6** Ⓐ 거친; 격렬한

be **~** ***to*** …에게 실례가 되다, …을 모욕하다 ***say*** **~** ***things*** 무례한 말을 하다

rúde·ness *n.*

*__rude·ly__ [rú:dli] *ad.* **1** **버릇없이** **2** 조잡하게 **3** 불쑥, 격렬하게

*__ru·di·ment__ [rú:dəmənt] *n.* **1** [*pl.*] **a** **기본**, 기초 (원리) **b** 초보; 시작 **2** 〚생물〛 퇴화[흔적] 기관

ru·di·men·ta·ry [rù:dəméntəri] *a.* **1** 기본의; 초보의 **2** 〚생물〛 미발달의, 흔적의: a ~ organ 흔적 기관

Ru·dolf, -dolph [rú:dɑlf | -dɔlf] *n.* 남자 이름

*__rue__[1] [ru:] [OE 「슬퍼하다」의 뜻에서] *vt.*, *vi.* 〈죄·과실 등을〉 **후회하다**

~ ***the day*** (***when***) …했던 것을 뉘우치다

rue[2] *n.* Ⓤ 〚식물〛 루타 《지중해 연안 원산의 귤과(科)의 상록 다년초》

rue·ful [rú:fəl] *a.* **1** 후회하는; 슬픔에 잠긴 **2** 가엾은, 애처로운 **~·ly** *ad.*

ruff[1] [rʌf] *n.* **1** 주름 깃 《엘리자베스 여왕 시대의》 **2** (새나 짐승의) 목둘레 깃털, 목털

ruff[2] *n.* 〚카드〛 으뜸패로 따기[치기] **—** *vt.*, *vi.* 〚카드〛 으뜸패로 가지다[를 내다]

rúffed gróuse [rʌ́ft-] 〚조류〛 목도리뇌조 《북미산》

*__ruf·fi·an__ [rʌ́fiən] *n.* **악한**, 깡패 **—** *a.* 악당의, 깡패의; 잔인한, 흉포한 **~·ìsm** *n.* Ⓤ 흉악, 잔인(한 행위) **~·ly** *a.*

*__ruf·fle__[1] [rʌ́fl] *vt.* **1** 구기다 **2** 물결이 일게 하다; 〈머리털 등을〉 헝클어뜨리다; 〈새가〉 깃털을 곤두세우다 **3** 〈사람·마음·평정을〉 교란하다, 당황하게 하다; 성나게 하다 **4** 〈천 등을〉 주름잡다 **—** *vi.* **1** 구겨지다 **2** 물결이 일다; 〈깃발이〉 나부끼다 **3** 안달나다, 화나다 **—** *n.* **1** 주름 장식, 주름 깃 **2** 파동, 잔물결 **3** ⒸⓊ 동요, 성냄

ruffle[2] *vt.* 〈북을〉 나직이 둥둥 울리다 **—** *n.* 북을 나직이 둥둥 울리는 소리

ruf·fled [rʌ́fld] *a.* **1** 주름 장식이 있는; 목털이 난 **2** 주름투성이의; 물결이 인; 교란된

‡**rug** [rʌg] *n.* **1** (방바닥·마루의 일부에 까는) **깔개**, 융단 **2** 《영》 무릎 덮개(《미》 lap robe) **3** 《미·속어》 (남자용) 가발

*__Rug·by__ [rʌ́gbi] *n.* **1** [종종 **r~**] Ⓤ **럭비**, 럭비식 축구(= ~ football) **2** 럭비 《England 중부의 도시; Rugby School의 소재지》 **3** = RUGBY SCHOOL

Rúgby fóotball [종종 **r~**] 럭비(식 축구)

Rúgby Schòol 럭비교(校) 《영국 중부 Rugby 시에 있는 유명한 public school》

‡**rug·ged** [rʌ́gid] *a.* (**~·er**; **~·est**) **1** **울퉁불퉁한**; 바위투성이의 **2** 〈얼굴이〉 주름진, 찌푸린 **3** 세련되지 못한; 난폭한 : ~ honesty 솔직 **4** 〈음성 등이〉 귀에 거슬리는 **5** 고된, 괴로운, 어려운: live a ~ life 어려운 생활을 하다 **6** 〈날씨 등이〉 거친, 험악한, 폭풍우의 **7** 《미》 강건한, 튼튼한 **~·ly** *ad.* **~·ness** *n.*

rug·ger [rʌ́gər] *n.* 《영·구어》 럭비(Rugby football)

‡**ru·in** [rú:in] [L 「격렬하게 떨어지다」의 뜻에서] *n.* **1** **a** [종종 *pl.*] **폐허**(remains), 옛터 **b** 파괴된 것, 황폐한 것; 잔해(殘骸); 몰락[영락]한 사람 **2** Ⓤ **파멸**, 멸망; 파산; 몰락, 영락(零落) **3** [one's ~, the ~] 파멸[몰락]의 원인, 화근 ***bring*** [***reduce***] ***to*** **~** 몰락[영락, 실패]시키다 ***go to*** **~** 망하다, 황폐하다 **—** *vt.* **1** **파멸시키다** **2** 〈사람을〉 몰락[영락]시키다, 파산시키다; 《고어》 〈여자를〉

타락시키다 —*vi.* **1** 파멸하다 **2** 몰락[영락]하다

ru·in·a·tion [rù:inéiʃən] *n.* **1** Ⓤ 파멸(시킴[상태]); 파괴, 황폐; 몰락, 영락, 파산 **2** 파멸[타락]의 원인, 화근(禍根)

ru·ined [rú:ind] *a.* **1** 파멸한, 멸망한, 황폐한 **2 a** 몰락한, 파산한; 해를 입은 **b** 《고어》 〈여자가〉 타락한

ru·in·ous [rú:ənəs] *a.* **1** 〈건물 등이〉 파괴된, 황폐한; 몰락한 **2** 파멸을 초래하는; 《구어》 〈세금 등이〉 터무니없이 비싼: ~ taxes 터무니없는 세금 **~·ly** *ad.*

⁑**rule** [ru:l] *n.* **1 규칙,** 규정: the ~*s* of baseball 야구의 경기 규정 **2** 상습, 습관; 관례, 통례; 주의; 정칙(定則) **3** Ⓤ **a 지배,** 통치 《*of*》: the ~ *of* force 무력 통치 **b** [수식어와 함께] 통치 기간, 치세 **4** 〖인쇄〗 괘(罫), 괘선(罫線) **5** 자(尺) ***by*** **~** 규정[규칙]대로 ***make it a ~ to*** do …하는 것을 상례로 하다, 늘 …하곤 하다

—*vt.* **1** 〈국왕·정부 등이〉 **지배하다,** 통치하다 **2** 지휘[지도]하다; 〈감정을〉 억제하다 **3** 〈법정 등이〉 규정[판결]하다, 재정[결정]하다 **4** 〈격정(激情) 등이〉 좌우하다 **5** 자로 〈선을〉 긋다; 〈종이에〉 괘선을 치다 **~ *off*** 〈난(欄) 등을〉 줄을 그어 구획하다 **~ *out*** (규정 등에 의하여) 제외하다, 배제하다; 제거하다, 불가능하게 하다, 무시하다

—*vi.* **1 지배하다 2** 재결(裁決)하다: The court will soon ~ on the matter. 법정은 그 사건에 대해 곧 판결을 내릴 것이다.

rule·book [rú:lbùk] *n.* **1** (취업) 규칙서 **2** [the ~] (특정 활동·스포츠의) 규칙집

⁑**rul·er** [rú:lər] *n.* **1 통치자 2 a 자 b** 괘[선]를 치는 사람[기구]

⁑**rul·ing** [rú:liŋ] *a.* **1 지배[통치]하는**: the ~ classes 지배 계급 **2** 우세[유력]한: the ~ spirit 주동자; 수뇌 **3** 〈시세 등이〉 일반적인: the ~ price 일반적인 시세, 시가(市價) —*n.* **1** Ⓤ 지배, 통치 **2** 판정, 재정(裁定) **3** Ⓤ 괘[선]를 그음

*__rum__[1] [rʌm] *n.* Ⓤ **럼주**(酒)

rum[2] *a.* (**~·mer**; **~·mest**) 《영·속어》 **1** 기묘한 **2** 만만찮은, 위험한: a ~ customer 섣불리 손댈 수 없는 사람 **rúm·ly** *ad.* **rúm·ness** *n.*

Ru·ma·ni·a [ru(:)méiniə] *n.* 루마니아 《유럽 남동부의 공화국; 수도 Bucharest》 **-ni·an** *n., a.* 루마니아 사람(의); Ⓤ 루마니아 말(의); 루마니아의

rum·ba [rʌ́mbə, rú(:)m-] *n.* 룸바 《원래 쿠바 흑인의 춤; 그것이 미국화한 춤[곡]》

*__rum·ble__[1] [rʌ́mbl] *vi.* **1** 〈천둥·지진 등이〉 **우르르 울리다**; (뱃속에서) 꾸르륵 소리나다 **2** 〈차 등이〉 덜거덕거리며 가다 《*by, down*》: A cart ~*d* along (the road). 짐수레가 덜거덕거리며 지나갔다.

—*vt.* 와글와글 소리치다[말하다]

—*n.* **1** 우르르 소리, 덜거덕 소리; 소음; 소문; 불평 **2** 《미·속어》 갱들의 싸움 (gang fight)

rumble[2] *vt.* 《영·속어》 …의 진상을 간파[규명]하다

rúmble sèat 《미》 (구식 자동차 후부의 무개(無蓋)) 접좌석

rum·bling [rʌ́mbliŋ] *n.* **1** 우르르[덜거덕] 소리 **2** [종종 *pl.*] 불평

rum·bus·tious [rʌmbʌ́stʃəs] *a.* 《영·구어》 시끄러운 **~·ly** *ad.* **~·ness** *n.*

ru·men [rú:min | -men] *n.* (*pl.* **-mi·na** [-mənə]) 반추위 《반추 동물의 제1위》; 제1위의 반추 내용물

ru·mi·nant [rú:mənənt] *a.* **1** 반추하는; 반추 동물의 **2** (반추하듯) 명상하는, 생각에 잠기는

—*n.* 반추 동물

ru·mi·nate [rú:mənèit] *vi.* **1** 〈소 등이〉 반추하다 **2** 생각에 잠기다, 심사숙고하다 《*about, of, upon, over*》

—*vt.* 〈소 등이 먹이를〉 반추하다

ru·mi·na·tion [rù:mənéiʃən] *n.* Ⓤ **1** 반추 **2** 심사숙고 **3** [종종 *pl.*] 숙고의 결과

ru·mi·na·tive [rú:mənèitiv, -nət-] *a.* 깊이 생각하는, 명상에 잠기는 **~·ly** *ad.* 명상적으로

rum·mage [rʌ́midʒ] *vt.* (뒤져서) 찾아내다; (찾기 위해) 뒤적거리다 —*vi.* 뒤지다, 수색하다 《*about, in, among*》

—*n.* **1** Ⓤ 《미》 잡동사니 **2** 샅샅이 뒤지기; (세관원의) 검색, 임검

rúmmage sàle 《미》 잡동사니 시장; 《특히》 자선 바자(《영》 jumble sale)

rum·my[1] [rʌ́mi] [rum[1]에서] *a.* (**-mi·er**; **-mi·est**) 럼의[같은]

rummy[2] *a.* (**-mi·er**; **-mi·est**) 《영·속어》 기묘한, 괴상한(odd) **rúm·mi·ly** *ad.*

⁑**ru·mor** | **ru·mour** [rú:mər] *n.* Ⓤ **소문,** 풍문, 유언비어 《*of*》

—*vt.* [보통 수동형으로] 소문내다

ru·mor·mon·ger [rú:mərmʌ̀ŋgər] *n.* 소문을 퍼뜨리는 사람

*__rump__ [rʌmp] *n.* **1 a** (네발짐승의) **궁둥이**; (소의) 우둔(살) **b** 《익살》 (사람의) 엉덩이 **2** 남은 것; 잔당(殘黨), 잔류파

rum·ple [rʌ́mpl] *vt.* 〈옷·종이 등을〉 구기다; 〈머리털 등을〉 헝클어 놓다

—*n.* 구김살, 주름(살)

rúmp stèak 《영》 우둔살 스테이크

rum·pus [rʌ́mpəs] *n.* 《구어》 소음, 소란

rúmpus ròom 《미》 (가정내의, 특히 아이들의) 유희실, 오락실

⁂**run** [rʌn] *v* (**ran** [ræn]; **~**; **~·ning**) *vi.* **1 a 달리다**; 급히 가다 **b** 〈물고기가〉 강을 거슬러 오르다; 〈식물이〉 땅바닥으로 뻗다; 〖항공〗 활주하다 **c** 급히 여행하다; 잠깐 다녀오다[방문하다] **2 도망치다 3** 회전하다; 매끄럽게 움직이다, 미끄러지다; 〈공이〉 구르다 **4 a** 경주에 참가하다[나가다]; 달리기를 하다 **b** [순위의 부사와 함께] 달려서 (…등이) 되다 **c** 입후보하다 **5** 〈차·열차·배 등이〉 달리다, 진행하다; 〈차·열차·배 등의〉 편(便)이 있다, (정기적으로) 운행하다 **6 a** 〈물·피 등이〉 **흐르다**; 새다, 넘치다; (모래시계의) 모래가 흘러내리다 **b** 〈버터·양초 등이〉 녹아 흐르다 **7** 〈염색·잉크 등이〉 번지다 **8** 〈기계 등이〉 **돌아가다, 움직이다 9** 〈때가〉 지나다 **10 a** 〈어떤 상태로〉 **되다,** 변하다 **b** (…의 상태가) 되다 《*to*》 **11** 〈수량 등이〉 …**에 달하다**

《*to, into*》 **12 계속하다**; 판(版)을 거듭하다; 〈연극·영화가〉 계속 공연되다 **13 a** 〈생각·기억 등이〉 떠오르다, 오고가다 **b** 〈통증 등이〉 짜릿하게 전해지다 《*up, down*》 **c** 대충[급하게] 훑어보다 **14 a** 〈성격·특징이〉 (…속에) 흐르다, 전해지다, 내재하다 **b** …의 경향이 있다 **15** 〈악구를〉 빠르게 노래하다[연주하다] **16** 〈생활·계획 등이〉 잘 영위되다, 잘 되어 가다

— *vt.* **1 a 달리게 하다**; 〈기선·차 등을〉 **다니게 하다 b** 〈사람·말 등을〉 달려서 어떤 상태가 되게 하다 **c** 〈사람과〉 경주하다 **2 a** 〈장소에서〉 도망가다: ~ one's country 망명하다 **b** 〈사냥감을〉 쫓다 **c** …의 출처를 밝히다 **3** 〈사람을〉 차에 태워 가다 **4 a** 달려서 하다: ~ a race 경주하다 **b** 〈길·코스 등을〉 달려가다, 건너다 **5** 〈말을〉 경마에 출전시키다 **6** 〈피·눈물 등을〉 흘리다; 흘려 붓다; 물로 채우다: ~ tears 눈물을 흘리다 **7 a** 〈바늘·칼 등을〉 …에 찌르다; 〈실·손가락 등을〉 꿰다 **b** …**에 부딪치다**, 부딪다 **8** 밀수하다 《*across, into*》 **9** 〈기계·자가용 차 등을〉 **움직이다**, 운전하다 **10** 〈정당 등이〉 〈사람을〉 (선거에) 입후보시키다 《*for*》 **11 a** 〈회사·가게 등을〉 경영하다, 관리하다 **b** 〈사람 등을〉 지휘[지배]하다 **12** 〈위험 등을〉 무릅쓰다, 〈목숨 등을〉 걸다 **13** 빠뜨리다 **14** 〈금속을〉 녹이다: ~ bullets 탄알을 주조하다

~ about 뛰어 돌아다니다; 〈아이가〉 자유롭게 뛰어놀다 ***~ across*** …을 우연히 만나다[찾아내다] ***~ after*** (1) …의 뒤를 쫓다 (2) 《구어》 …의 꽁무니를 쫓다, …에 열중하다 (3) 《구어》 …을 보살피다, 도와주다 ***~ away*** 〈사람·동물이〉 …에서 달아나다; 〈일이〉 잘못되다 ***~ out*** (1) 뛰어 나가다; 뛰어서 지치다 (2) 흘러나오다 (3) 〈조수가〉 써다 (4) 〈재고품·보급 등이〉 바닥나다, 다하다; 〈사람이〉 무일푼이 되다, 다 써버리다 (5) 〈기한이〉 다하다 (6) 〖항해〗 밧줄이 풀려나가다 (7) 〈경주 등을〉 승부를 가리다 (8) 〈사람을〉 내쫓다 (9) 〖항해〗 〈밧줄을〉 풀어내다 (10) 〖크리켓·야구〗 〈공을 친 주자를〉 아웃시키다 (11) 돌출하다 (12) 〈시계 등이〉 태엽이 풀려서 서다 (13) 〈잡초 등이〉 무성하다 (14) 돌발하다 (15) 〖인쇄〗 예정 이상으로 늘다 ***~ out of*** (1) …을 다 써 버리다 (2) 〈사람을〉 (장소에서) 쫓아내다 ***~ over*** (1) 〈차가 사람·물건을〉 치다 (2) 〈그릇·액체가〉 넘치다 (3) …에 잠깐 들르다 《*to*》 (4) …을 대충 훑어보다; 개설(概說)하다 (5) 죽 어루만지다 ***~ through*** (1) 〈강이〉 관류(貫流)하다 (2) 매끄럽게 움직이다, 미끄러지다 (3) 〈생각·기억 등이〉 떠오르다, 오가다 (4) …을 대충 훑어보다, 통독하다 (5) 〈재산 등을〉 낭비하다; …을 다 써 버리다 (6) 〈바늘 등이 손가락 등〉에 찔리다 (7) 〈길·코스 등을〉 급히 빠져 나가다 ***~ to*** (1) 달려서 …에 가다 (2) 〈수량 등이〉 …에 달하다, 이르다 (3) 〈파멸 등〉에 빠지다 (4) 〈돈이〉 …하기 충분하다 (5) …의 경향이 있다 ***~ up*** (1) 뛰어 올라가다 (2) 급히 성장하다 《*to*》 (3) 〈값이〉 오르다; 〈시세를〉 올리다 (4) 〈수량이〉 …에 달하다 (5) 〈젖은 천 등이〉 줄어들다 (6) 결승에서 지다 (7) 〈지출·빚 등이〉 늘다 (8) 〈지출·빚을〉 늘리다 (9) (경매에서) 〈값을〉 올리다; 〈상대에게〉 값을 올리게 하다 (10) 〈기등을〉 술술 올리다 (11) 《구어》 급히 만들다, 〈집 등을〉 급히 짓다; 급히 꿰매다; 〈숫자를〉 급히 보태다; 급히 …하다 ***~ upon*** (1) …와 뜻밖에 만나다 (2) …이 문득 생각나다 (3) 〈배가〉 좌초하다 ***~ up to*** (1) …에 뛰어가다 (2) …에 달하다 (3) 급히 여행하다; 잠깐 다녀오다

— *n.* **1 a 뛰기**; **경주**; 도주; 달려모이기; Ⓤ (특히 산란기의 물고기가) 강을 거슬러 오르기; 그 물고기 떼; 급한 여행, 단거리 여행 **b** 주행 시간[거리]; 주정(走程), 행정(行程), 항정(航程) **c** [the ~] (열차·버스·배 등의) 운행, 운항; 항행 **d** (비행기의) 활주; (스키의) 활강 **e** Ⓤ 《구어》 주력(走力), 도망치는 힘 **2** [the ~] 방향, 주향(走向) 《*of*》; 추세; 진행, 형세 《*of*》 **3** 조업(操業) (시간); 작업(량) **4 a** (물 등의) **유출**; 유출량 **b** (미) 시내, 세류(細流) **c** 〖주조〗 부어 넣기 **5** [the ~, one's ~] 출입[사용]의 자유 《*of*》 **6 a** 연속; (영화·연극 등의) 장기 공연: a ~ of wet weather 장마 **b** 유행 《*of*》 **7 a** 대수요(大需要), 날개 돋친 듯 팔림 **b** (은행의) 예금 인출의 쇄도 《*on*》 **8** [보통 the ~] (사람·물건의) 보통의 것[종류]: *the* common ~ of men 보통 사람 **9** 방목장; (가축·가금의) 사육장; (사슴 등의) 통로, 길목 **10** (미) 런((영) ladder) 《양말의 올이 풀려 생긴 줄》, 전선(傳線)

at a ~ 구보로 ***by the ~*** 갑자기 ***Go and have a ~!*** (속어) 꺼져버려라! ***in the long ~*** 《구어》 긴 안목으로 보면, 결국은 ***in the short ~*** 단기적으로는, 당장은 ***on the ~*** 《구어》 (1) 달려서; 바쁘게 뛰어; 서둘러 (2) 도주하여; (특히 경찰로부터) 자취를 감추어

run·a·bout [rʌ́nəbàut] *n.* **1 a** 소형 무개(無蓋) 마차 **b** 소형 자동차[모터 보트, 비행기] **2** 배회하는 사람; 부랑자

run·a·round [-əràund] *n.* 《구어》 핑계, 발뺌, 속임수

***run·a·way** [rʌ́nəwèi] *n.* **1 도망자**, 탈주자; 가출 소년[소녀]; 도망친 말 **2** 도망, 탈주, 사랑의 도피행 **3** 낙승

— *a.* Ⓐ **1 a 도망친**, 탈주[가출]한: a ~ horse 도망친 말 **b** 눈맞아 달아나는; 도망치면서 하는: ~ lovers 눈맞아 달아난 남녀 **2** 〈경주 등이〉 쉽게 이긴(easily won); 〈승리 등이〉 결정적인: a ~ victory 압승 **3** 〈물가 등이〉 급히 오르는: ~ inflation 끝없이 치솟는 인플레이션

run-down [rʌ́ndáun] *a.* **1** Ⓟ 〈사람이〉 건강을 해친, 지친, 병든 **2** 황폐한 **3** 〈시계 등이〉 (태엽이 풀려) 멈춘

run·down [-dàun] *n.* **1** 〖야구〗 협살(挾殺) **2** [보통 the ~] 감수(減數), 감원 **3** 개요 (보고)

rune [ru:n] *n.* **1** [보통 *pl.*] 룬 문자, 북유럽 고대 문자 《고대 게르만인의 문자》 **2** 신비한 기호[문자]

⁑**rung**[1] [rʌŋ] *v.* RING[2]의 과거 분사

rung[2] *n.* **1** (사닥다리의) 단, 가로장; (의자의) 가로대 **2** (사회적인) 단계

ru·nic [rú:nik] *a.* **1** 룬 문자(rune)의 **2**

〈시·장식 등이〉 고대 북유럽식의
run-in [rʌ́nìn] *n.* **1** 《미·구어》 (특히 경관과의) 싸움, 언쟁 **2** [the ~] 《영》 준비 기간(의 활동) **—** *a.* 《미》 〚인쇄〛 〈절·행 등에〉 잇대어 짠
run·nel [rʌ́nl] *n.* **1** 작은 수로 **2** 《문어》 실 개울
⁑run·ner [rʌ́nər] *n.* **1 a 달리는 사람[동물], 경주자[말]**; 〚야구〛 주자; 도망자 **b** 심부름꾼; 사자(使者), 보발(步撥) **2 a** 밀수업자 **b** 밀수선 **3** (썰매·스케이트 등의) 활주부; (기계의) 굴대(roller); (맷돌의) 위짝; 동활차(動滑車); 〚항해〛 (동활차의) 활주삭(滑走索) **4** 운전사 **5** (식탁 중앙의) 길쭉한 식탁보 **6** 〚식물〛 (딸기 등의) 덩굴, 포복지(匍匐枝) **7** 〚조류〛 달리는 새, 《특히》 흰눈썹뜸부기
rúnner bèan 《영》 〚식물〛 꼬투리를 먹는 콩(scarlet runner) 《강낭콩·완두 등》
run·ner-up [rʌ́nərʌ́p] *n.* (경기·경쟁의) 차점자, 제2착자
⁑run·ning [rʌ́niŋ] *a.* **1 a 달리는**; 〈말이〉 질주하고 있는 **b** 달리면서 하는 **c** 매우 급한, 대충의 **d** 〈물·강 등이〉 **흐르는**, 유동하는 **2** 연달은, **연속적인**: a ~ pattern 연속 무늬 **3** 〈글씨가〉 초서체의 **4** 〈기계 등이〉 돌고 있는, 운전[가동] 중인 **5** 〈종기 등이〉 고름이 나는; 〈코가〉 콧물이 나는 **6** 동시에 행하여지는 **7** 〚식물〛 땅을 기는, 기어오르는(creeping)
in ~ order 〈기계가〉 정상 가동하고
— *ad.* [복수 명사 뒤에서] 연속해서: It rained five hours ~. 다섯 시간 계속해서 비가 왔다.
— *n.* Ⓤ **1 a** 달리기; 경주 **b** 〚야구〛 주루(走壘) **2** 주력(走力) **3** 유출물; 유출량 **4** 운전 **5** 경영
make [***take up***] ***the ~*** (1) 〈말이〉 앞서 달리며 페이스를 정하다 (2) 《영·구어》 솔선[리드]하다
rúnning accóunt (은행의) 당좌 계정
rúnning bòard (옛날 자동차의) 발판
rúnning cómmentary **1** 필요에 따라 수시로 하는 해설[비평, 주석] **2** (스포츠 프로 등의) 실황 방송
rúnning fíre **1** 〚군사〛 (움직이면서 하는) 연속 급사격(急射擊) **2** (비난·질문 등의) 연발
rúnning héad[**héadline**] (책의 각 페이지 위의) 난외(欄外) 표제
rúnning júmp 도움닫기 높이[멀리]뛰기 ***take a ~*** (1) (도움닫기 높이[멀리]뛰기에서) 도약점까지 달리다 (2) [명령형으로] 《속어》 저리 가, 나가
rúnning knót **1** 당기면 죄어지는 고 **2** 당기면 풀리는 고
rúnning lìght (선박·비행기의) 야간 항행등
rúnning màte **1** 〚경마〛 (보조를 조정하기 위해) 같이 뛰게 하는 말 **2** 《미》 (선거에서) 하위 입후보자, 《특히》 부통령 후보자
rúnning repáirs 간단한[응급] 수리
rúnning títle = RUNNING HEAD
rúnning wáter **1** 유수(流水) **2** 수돗물
run·ny [rʌ́ni] *a.* (**-ni·er**; **-ni·est**) **1** 흐르는 경향이 있는, 너무 무른 〈버터 등〉 **2** 〈코·눈이〉 점액을 분비하는: a ~ nose 콧물이 흐르는 코
run·off [rʌ́nɔ̀:f | -ɔ̀f] *n.* **1** ⓊⒸ 땅위를 흐르는 빗물, 유거수(流去水) **2** (동점자의) 결승전
run-of-the-mill [-əvðəmíl] *a.* 평범한; 선별되지 않은 《mill-run이라고도 함》
run-on [-ɔ̀:n | -ɔ̀n] *a.* **1** 〚시학〛 (행말에 휴지 없이) 다음 행으로 이어지는 **2** 〚인쇄〛 행을 바꾸지 않고 계속하는
— *n.* 〚인쇄〛 추가 (사항)
runt [rʌnt] *n.* **1** (한배 새끼 중의) 작은 동물; 작은 소 《웨일스종》 **2** 《경멸》 꼬마
run-through [rʌ́nθrù:] *n.* (극·음악 등의) 예행 연습(rehearsal); 요약; 통독
run-up [rʌ́nʌ̀p] *n.* **1** [the ~] 준비 기간(의 활동), 전단계 **2** 〚육상경기〛 도움닫기
***run·way** [rʌ́nwèi] *n.* **1 주로**(走路); **활주로**; 활주대(臺) **2** 짐승이 다니는 길 **3** 〚극장〛 좌석 사이의 통로
ru·pee [ru:pí:] *n.* **1** 루피 《인도·파키스탄·스리랑카의 화폐 단위》 **2** 1루피 은화
Ru·pert [rú:pərt] *n.* 남자 이름 《Robert의 애칭》
rup·ture [rʌ́ptʃər] *n.* **1** ⓊⒸ 파열, 결렬, 단절; 사이가 틀어짐 **2** 〚의학〛 탈장
come to a ~ 〈교섭이〉 결렬되다
— *vt.* **1 a** 〈혈관 등을〉 터뜨리다, 찢다, 파열시키다 **b** 〈관계 등을〉 단절[결렬]하다; 이간시키다, 불화하게 하다 **2** 〚의학〛 헤르니아를 일으키게 하다
— *vi.* **1** 찢어지다, 파열하다 **2** 〚의학〛 헤르니아에 걸리다
***ru·ral** [rúərəl] *a.* **1** (도시에 대하여) **시골의, 전원의**, 전원풍의: ~ life 전원 생활 **2** 농업의
rúral déan (영국 국교회의) 지방 감독
rúral (**frée**) **delívery** 《미》 지방 무료 우편 배달 《略 R(F)D, R.(F.)D.》
ruse [ru:z] *n.* 책략, 계략
⁂rush¹ [rʌʃ] *vi.* **1 돌진[맹진]하다, 서두르다**; 쇄도하다: The river *~ed* along. 강이 세차게 흐르고 있었다. **2** 성급[경솔]하게 〈행동 등으로〉 옮기다: ~ into extremes 극단으로 흐르다 **3** 갑자기 일어나다[나타나다]: Tears *~ed* to her eyes. 그녀의 눈에 갑자기 눈물이 솟았다. **4** 〚미식축구〛 공을 몰고 나가다
Fools ~ in where angels fear to tread. (속담) 하룻강아지 범 무서운 줄 모른다. ***~ at*** 덤벼들다; 서둘러 (일을) 하다 ***~ in*** …에 뛰어들다 ***~ out*** 〈인쇄물 등을〉 대량으로 급조하다
— *vt.* **1 돌진시키다; 서두르게 하다**: ~ a message 지급 전보를 보내다 **2** 돌격하다; 〈금광 등에〉 몰려들어 점령하다 **3** 《미·구어》 **a** 〈여자에게〉 끈덕지게 구애하다(court) **b** 〈대학의 사교 클럽에〉 입회 권유하기 위해 환대하다
— *n.* **1 a 돌진**; 돌격, 급습 **b** (감정의) 격발 **2 분주한 활동**; 분망; 혼잡 **3** 대수요, 주문 쇄도 《*for, on*》 **4** (새 금광 등에의) 쇄도 《*for, to*》 **5** 〚미식축구〛 러시, 공을 몰고 나가기 **6** [보통 *pl.*] 〚영화〛 러시

《테스트·편집용 첫 프린트》
— *a.* Ⓐ 쇄도하는, 바쁜; 급히 만든
rush² *n.* **1** 골풀, 등심초《멍석·바구니 등을 만듦》 **2** 하찮은 물건
— *a.* Ⓐ 골풀로 만든
rúsh cándle = RUSHLIGHT
rúsh hòur (출·퇴근시의) 혼잡한 시간, 러시아워
rush·light [rʌ́ʃlàit] *n.* 골풀 양초
rush·y [rʌ́ʃi] *a.* (**rush·i·er**; **-i·est**) **1** 골풀 같은; 골풀로 만든 **2** 골풀[등심초]이 많은
rusk [rʌsk] *n.* 러스크《딱딱하게 구운 비스킷》; 노르스름하게 구운 빵
Russ. Russia(n)
Rus·sell [rʌ́sl] *n.* **1** 남자 이름 **2** 러셀 **Bertrand ~** (1872-1970)《영국의 수학자·철학자·저술가》
rus·set [rʌ́sit] *a.* 적[황]갈색의, 팥빛의
— *n.* Ⓤ 팥 빛깔, 황갈색
⁑**Rus·sia** [rʌ́ʃə] *n.* **1** 러시아 (연방)《1991년 소련의 붕괴로 생긴 나라》 **2** 러시아 제국(Russian Empire)《수도 St. Petersburg (지금의 Leningrad)》 **3** 구소련《수도 Moscow》
⁑**Rus·sian** [rʌ́ʃən] *a.* **러시아 (사람[말])의**
— *n.* **1** 러시아 사람 **2** Ⓤ 러시아 말
Rússian Émpire [the ~] 러시아 제국《1917년에 멸망》
Rússian (Órthodox) Chúrch [the ~] 러시아 국교회《동방 정교회의 한 파》
Rússian roulétte **1** 러시안 룰렛《탄알이 한 발 든 권총의 실린더를 돌려 총구를 자기 머리에 대고 방아쇠를 당기는 목숨을 건 게임》 **2** 자살 행위
Rússian Sóviet Féderated Sócialist Repúblic [the ~] 러시아 소비에트 연방 사회주의 공화국《수도 Moscow; 略 RSFSR, R.S.F.S.R.》
Rússian wólfhound = BORZOI
Russo- [rʌ́sou]《연결형》「러시아 (사람)의」「러시아와 …와의」의 뜻
⁑**rust** [rʌst] *n.* Ⓤ **1** (금속의) **녹**: get[rub] the ~ off 녹을 없애다 **2** 녹빛; 녹빛 도료[염료] **3** 〖식물〗 녹병균
gather ~ 녹슬다
— *vi.* **1** 〈금속 등이〉 **녹슬다**, 부식하다 **2** 〖식물〗 녹병에 걸리다 **3** (쓰지 않아) 무디어지다, 못쓰게 되다: talents left to ~ 썩여 둔 재능
— *vt.* **1** 녹슬게 하다, 부식시키다 **2** (쓰지 않아) 무디게 하다 **3** 〖식물〗 녹병에 걸리게 하다
rust-col·ored [rʌ́stkʌ̀lərd] *a.* 녹빛의
⁑**rus·tic** [rʌ́stik] [L 「시골」의 뜻에서] *a.* **1** (문어) **시골(풍)의**, 전원 생활의 **2** (문어) 소박한, 꾸밈없는; 무례한, 조야(粗野)한 **3** Ⓐ 〈가구·건물 등이〉 거칠게 만든; 통나무로 만든: a ~ bridge[chair] 통나무 다리[의자]
— *n.* (문어·경멸) 시골뜨기, (특히) 농부 **-ti·cal·ly** *ad.*
rus·ti·cate [rʌ́stikèit] *vi.* 시골로 은퇴하다; 시골에서 살다
— *vt.* **1 a** 시골로 보내다 **b** 시골풍으로 하다 **2** (영) 〖대학〗 정학 처분하다
rus·ti·ca·tion [rʌ̀stikéiʃən] *n.* Ⓤ **1** 시골로 쫓음; 시골살이, 전원 생활 **2** (영) 〖대학〗 정학 (처분) **3** 〖석공〗 건목치기
rus·tic·i·ty [rʌstísəti] *n.* Ⓤ **1** 시골풍 **2** 소박, 투박, 검소; 조야
⁑**rus·tle** [rʌ́sl] *vi.* **1** 〈종이·나뭇잎·비단 등이〉 **살랑살랑 소리내다**; 살랑살랑 소리 내며 움직이다, 옷 스치는 소리를 내며 걷다 **2** (미·구어) **a** 활발히 움직이다, 활약하다 **b** 가축을 훔치다
— *vt.* **1** 〈종이·나뭇잎·비단 등을〉 살랑살랑 흔들다, 옷 스치는 소리를 내다 **2** (미·구어) 〈소·말 등을〉 훔치다 ~ ***up*** (구어) 그러모으다; 급히 준비하다[만들다]
— *n.* 살랑살랑 소리, 옷 스치는 소리
rus·tler [rʌ́slər] *n.* 가축 도둑
rust·less [rʌ́stlis] *a.* **1** 녹이 없는 **2** 녹슬지 않는
***rus·tling** [rʌ́sliŋ] *a.* **살랑살랑 소리나는**
— *n.* **1** [*pl.*] 살랑살랑 소리(남) **2** Ⓤ (미·구어) 가축 도둑질 **~·ly** *ad.*
rust·proof [rʌ́stprù:f] *a.* 녹슬지 않는 〈금속〉
⁑**rust·y** [rʌ́sti] *a.* (**rust·i·er**; **-i·est**) **1** 녹슨 **2** Ⓟ (쓰지 않아) 무디어진, 서툴러진 **3** 녹빛의, 색이 바랜 **4** 〈목소리가〉 쉰
rúst·i·ness *n.*
rut¹ [rʌt] *n.* **1** 바퀴 자국 **2** 상투적인 방법, 상례(常例)
get into a ~ 틀에 박히다
rut² *n.* Ⓤ **1** (수사슴·황소 등의) 발정(發情) **2** [종종 the ~] 발정기(期)
ru·ta·ba·ga [rù:təbéigə] *n.* 〖식물〗 순무의 일종(Swedish turnip)《뿌리가 황색》
Ruth [ru:θ] *n.* **1** 여자 이름 **2** 〖성서〗 룻《Boaz와 결혼하여 David의 조상이 된 여자》 **3** 〖성서〗 룻기(記)
ru·the·ni·um [ru:θí:niəm] *n.* Ⓤ 〖화학〗 루테늄《백금류의 금속 원소; 기호 Ru, 번호 44》
***ruth·less** [rú:θlis] *a.* **무자비한**; 냉혹한 **~·ly** *ad.* **~·ness** *n.*
rut·ting [rʌ́tiŋ] *a.* Ⓐ 〈수사슴 등이〉 발정한, 발정기의
rut·ty [rʌ́ti] *a.* (**-ti·er**; **-ti·est**) 〈도로 등이〉 바퀴 자국이 많은
RV recreational vehicle 레크리에이션용 차량; Revised Version (of the Bible)
Rwan·da [ruá:ndə | ruǽn-] *n.* 르완다《아프리카 중동부의 공화국; 수도 Kigali》
-dan [-dən] *a., n.*
Rx [á:réks] *n.* (*pl.* **~'s, ~s**) 처방; 대응책, 조치
Ry. railway
-ry [ri] *suf.* [명사 어미] 특수한 성질·행위: rogue*ry*, pedant*ry*
***rye** [rai] *n.* Ⓤ **1 a** **호밀** **b** 호밀의 씨[알]《북유럽에서 빵의 원료, 영국에서 마초로 씀》 **2** 호밀 흑빵 **3** = RYE WHISKY
rýe bréad (호밀로 만든) 흑빵
rýe whísky 라이[호밀] 위스키

S s

s, S [es] *n.* (*pl.* **s's, ss, S's, Ss** [-iz]) **1** 에스 《영어 알파벳의 제19자》 **2** S자형(으로 된 것): make an *S* S자형을 이루다 **3** (연속된 것의) 제19번째(의 것)

S 〖화학〗 sulfur[sulphur]

s. second(s) 초; see; set; *solidus* 《L= shilling(s)》; son; south; steamer; substantive

s., S. school; secondary; senate; socialist; soprano

s., S, S. south; southern

S. Saint; Saturday; Sea; September; Signor; Society; Sunday

⁑**$, $** [L *solidus*의 머리글자 'S'를 장식화한 것] dollar(s): *$* 1.00 1달러

-s [(유성음 뒤에서) z, (무성음 뒤에서) s] *suf.* **1** [명사의 복수 어미]: dog*s*, cat*s* (cf. -(E)S) **2** [동사의 제3인칭 단수 현재형 어미]: It rain*s*. **3** [부사 어미]: alway*s*, forward*s*, indoor*s*, need*s*, 《미·구어》 night*s*, Sunday*s*

's [(유성음 뒤에서) z, (무성음 뒤에서) s, ([s, z, (t)ʃ, (d)ʒ] 뒤에서) iz] **1** [명사의 소유격 어미]: Tom'*s*, cat'*s*, men'*s*, etc. **2** [is, has, us의 단축형]: he'*s* = he is[has]

S.A. Salvation Army; South Africa [America, Australia]

Sab·ba·tar·i·an [sæ̀bətέəriən] *n.* 안식일을 지키는 유대교도[그리스도교도]
— *a.* 안식일 엄수(주의)의

*__Sab·bath__ [sǽbəθ] [Heb. 「휴식」의 뜻에서] *n.* **1** [때로 the ~] **안식일** 《유대교에서는 토요일, 그리스도교에서는 일요일, 이슬람교에서는 금요일》 **2** [**s~**] 휴식[안식]의 시간

Sab·bat·i·cal [səbǽtikəl], **-ic** [-ik] *a.* **1** 안식일의[같은] **2** [**s~**] 안식[휴식]의
— *n.* [**s~**] = SABBATICAL YEAR 2; 휴가

sabbátical yéar **1** 안식년(年) 《옛 유대인이 7년마다 경작을 쉰 해》 **2** (미국 대학의) 안식 휴가 《7년마다 대학 교수·선교사에게 주는 1년간의 유급 휴가》

*__sa·ber | -bre__ [séibər] *n.* **사브르**, 기병도(騎兵刀); [*pl.*] 기병대

sáber ràttling 무력에 의한 위협

Sá·bin vaccìne [séibin-] 〖약학〗 소아마비 백신

*__sa·ble__ [séibl] *n.* **1** 〖동물〗 **검은담비** **2** Ⓤ 검은담비의 모피 **3** Ⓤ 〖시어〗 검은 색
— *a.* **1** 검은담비 털[가죽]의 **2** 《시어》 암흑의, 음침한

sa·bot [sǽbou] [F =shoe, boot] *n.* (*pl.* **~s** [-z]) 나막신; 바닥이 나무로 된 신

sab·o·tage [sǽbətɑ̀:ʒ] [F 원래 프랑스 노동자들이 쟁의 중에 나막신(sabot)으로 기계 등을 파괴한 데서] *n.* Ⓤ **1** 사보타주 《쟁의 중인 노동자에 의한 공장 설비·기계 등의 파괴, 생산 방해》 **2** 파괴[방해] 행위
— *vt.* 〈계획·정책 등을〉 고의로 파괴[방해]하다

sab·o·teur [sæ̀bətə́:r] [F] *n.* 파괴[방해] 활동자

sa·bra [sɑ́:brə] *n.* 토박이 이스라엘 사람

*__sa·bre__ [séibər] *n.* 《영》 = SABER

sac [sæk] *n.* 〖생물〗 주머니, 낭(囊), 액낭(液囊), 기낭(氣囊)

SAC Strategic Air Command 《미》 전략 공군 사령부

sac·cha·rim·e·ter [sæ̀kərímətər] *n.* 〖화학〗 검당계(檢糖計)

sac·cha·rin [sǽkərin] *n.* Ⓤ 〖화학〗 사카린

sac·cha·rine [sǽkərin | -ràin] *a.* **1** 당분의[같은]: ~ diabetes 당뇨병 **2** 〈태도·말소리 등이〉 달콤한

sac·er·do·tal [sæ̀sərdóutl] *a.* **1** 성직(聖職)의, 사제(제도)의 **2** 성직권(權) 존중의 〈교리 등〉

sac·er·do·tal·ism [sæ̀sərdóutlìzm] *n.* Ⓤ **1** 사제 제도[주의] **2** 성직 존중주의 **-ist** *n.*

sa·chem [séitʃəm] *n.* **1** 족장(chief) 《북아메리카 인디언의》 **2** 우두머리

sa·chet [sæʃéi | ⌐–] [F =sack] *n.* **1** (서랍이나 장농에 넣어 두는) 향낭(香囊); 향분(香粉) **2** (1회용 샴푸나 설탕이 든) 작은 봉지

⁂**sack**[1] [sæk] *n.* **1 부대, 마대, 자루** 《삼베로 만든》 **2** 봉지; 한 봉지(의 양) **3** [sacque로도 씀] 헐렁한 윗옷 《여성·아동용》(=~ dress) **4** 《야구속어》 누(壘), 베이스(base)
get the ~ 해고되다 ***give the ~ to*** a person = ***give*** a person ***the ~*** 해고하다
— *vt.* **1** (삼베) 자루에 넣다 **2** 《구어》 해고하다; 퇴짜 놓다

sack[2] *vt.* **1** 〈점령군이 도시를〉 약탈하다 **2** 〈도둑 등이 물건을〉 앗아 가다
— *n.* [the ~] (점령지의) 약탈, 노략질: put to *the* ~ 약탈하다

sack[3] *n.* Ⓤ 〖역사〗 색주(酒) 《옛 스페인산 셰리주·카나리아 제도산 백포도주 등》

sack·cloth [sǽkklɔ̀:θ | -klɔ̀θ] *n.* Ⓤ **1** 자루용 삼베 **2** (삼베·무명 등의) 참회복, 상복

sáck còat 《미》 (평상복으로서의) 신사복 상의

sáck drèss = SACK[1] 3

sack·ful [sǽkfùl] *n.* (*pl.* **~s, sacks·ful**) 한 부대분, 한 가마니의 양

sack·ing [sǽkiŋ] *n.* Ⓤ 자루감, 올이 굵은 삼베

sáck ràce 색 레이스 《두 다리를 자루 속에 넣고 뛰는 경주》

sac·ra [sǽkrə, séik-] *n.* SACRUM의 복수

sa·cral [séikrəl] *a.* 성식(聖式)의

sac·ra·ment [sǽkrəmənt] [L 「신성한

것으로서 분리시킴」의 뜻에서] *n.* **1** 〖그리스도교〗 성례전(聖禮典) 《세례(baptism)와 성찬(the Eucharist)의 두 예식》 **2** 〖가톨릭〗 성사(聖事) **3** [the ~, the S~] 성찬; 성체, 성찬용 빵

sac·ra·men·tal [sæ̀krəméntl] *a.* 성사[성례]의, 성찬(식)의: ~ rites 성찬식 **~·ism** *n.* Ⓤ 성찬 중시주의

Sac·ra·men·to [sæ̀krəméntou] *n.* 새크라멘토 《미국 California 주의 주도》

‡**sa·cred** [séikrid] *a.* **1** 신성한(holy); 〈동물 등이〉 신성시되는 **2** 종교적 의식에 관한, 종교적인 **3** (신에게) 바친 **4** (어떤 사람·목적에) 전용(專用)의, 불가결의 《*to*》

Sácred Cóllege (of Cárdinals) [the ~] 〖가톨릭〗 추기경회(樞機卿會) 《전(全)추기경으로 이루어진 교황의 최고 자문 기관》

sácred ców **1** (인도의) 성우(聖牛) **2** 《익살》 비판·공격할 수 없는 사람[것]

Sácred Héart [the ~] 〖가톨릭〗 성심(聖心) 《그리스도의 심장; 그리스도의 사랑과 속죄의 상징》

‡**sac·ri·fice** [sǽkrəfàis] [L 「신성하게 함」의 뜻에서] *n.* **1** Ⓤ (신에게) **산 제물을 바침**; Ⓒ (신에게 바친) 산 제물: offer a ~ 제물을 바치다 **2** ⒸⓊ **희생(시킴)**; 희생적 행위; 희생물 **3** 〖야구〗 희생타(= ∠ **hít**)
at the ~ of …을 희생물로 바치고, …을 희생하여 ***make a ~ of*** …을 희생하다
— *vt.* **1 희생으로 바치다 2 희생하다,** 단념하다 《*for, to*》 **3** 〖야구〗 〈주자를〉 희생타로 진루(進壘)시키다 — *vi.* **1 산 제물을 바치다 2 희생이 되다** 《*for, to*》 **3** 〖야구〗 희생타를 치다

sácrifice búnt 〖야구〗 희생 번트

sácrifice flý 〖야구〗 희생 플라이

sac·ri·fi·cial [sæ̀krəfíʃəl] *a.* **1** 희생의, 산 제물의 **2** 희생적인, 헌신적인 **~·ly** *ad.*

sac·ri·lege [sǽkrəlidʒ] *n.* **1** Ⓤ 신성 모독(죄) 《교회 등의 성소 침입·성물 절취 등》 **2** 죄받을 일; 불경스러운 일

sac·ri·le·gious [sæ̀krəlídʒəs] *a.* **1** 신성을 더럽히는 **2** 벌받을 **~·ly** *ad.* **~·ness** *n.*

sac·rist [sǽkrəst], **sac·ris·tan** [sǽkristən] *n.* 성구(聖具) 보관인

sac·ris·ty [sǽkristi] *n.* (*pl.* **-ties**) (교회의) 성구실, 성기실(聖器室)

sac·ro·sanct [sǽkrousæ̀ŋkt] *a.* 극히 신성한, 신성 불가침의

sac·rum [sǽkrəm, séik-] *n.* (*pl.* **~s, -ra** [-rə]) 〖해부〗 천골(薦骨)

‡**sad** [sǽd] [OE 「만족한, 지겨운」의 뜻에서] *a.* (**~·der**; **~·dest**) **1 슬픈,** 슬퍼하는 **2** 〈빛깔이〉 칙칙한, 어두운 **3** 슬프게 하는, 애처로운, 비참한 **4** 《미·속어》 **지독한**; 열등한; 고약한; 말도 안 되는
a ~der and a wiser man 슬픈 경험으로 현명해진 사람 ***~ to say*** 슬프게도, 유감스럽게도

***sad·den** [sǽdn] *vt.* **슬프게 하다**
— *vi.* 슬퍼지다, 우울해지다

‡**sad·dle** [sǽdl] *n.* **1 안장** 《말 등의》; (자전거의) 안장 **2** 양쪽 허리살을 포함한 등살 《양·사슴의》 **3** (두 봉우리 사이의) 안부(鞍部), 안장 같은 산
in the ~ (1) 말을 타고 (2) 《속어》 재직[재임]하고; 권력을 잡고 ***take*** [***get into***] ***the ~*** 말을 타다
— *vt.* **1** 안장을 얹다 **2** 〈책임을〉 지우다 《*with*》 — *vi.* **1** 말에 안장을 얹다 **2** 안장을 얹은 말에 올라 타다

sad·dle·bag [-bæ̀g] *n.* **1** 안낭(鞍囊), 안장에 다는 주머니 **2** (자전거의) 새들백

sáddle blànket 안장 깔개[방석]

sad·dle·cloth [-klɔ̀:θ | -klɔ̀θ] *n.* **1** = SADDLE BLANKET **2** 번호 새긴 천 《경주마 안장에 붙인》

sáddle hòrse 타는 말, 승용마

sad·dle·less [sǽdllis] *a.* (말이) 안장 없는, 안장을 얹지 않은

sad·dler [sǽdlər] *n.* 마구 제조인, 마구상

sad·dler·y [sǽdləri] *n.* (*pl.* **-dler·ies**) **1** [집합적] 마구(馬具) 한 벌, 마구류 **2** Ⓤ 마구 제조업[제조소]; Ⓒ 마구상 **3** Ⓤ 마구 제조 기술

sáddle shòes (미) 새들 슈즈 《구두끈 있는 등 부분을 색이 다른 가죽으로 씌운 캐주얼 슈즈》

sáddle sòre (맞지 않는 안장으로 생긴 말·사람의) 쓸린 상처

sad·dle·sore [sǽdlsɔ̀:r] *a.* (말을 타서) 몸이 아픈[뻣뻣한]; 안장에 쓸려 아픈

Sad·du·cee [sǽdʒusì: | -dju-] *n.* 사두개교도 《부활·천사 및 영혼의 존재 등을 믿지 않는 유대교도의 일파》

sa·dhu [sá:du:] *n.* (인도) 탁발승; 고행자(苦行者)

sa·dism [séidizm, sǽd-] [변태성을 소설에서 다룬 프랑스의 소설가 Marquis de Sade의 이름에서] *n.* Ⓤ **1** 〖정신의학〗 사디즘, 가학성(加虐性) 변태 성욕 **2** 극단적인 잔학성 **sá·dist** *n.* 가학 성애자, 사디스트; 잔학성을 좋아하는 사람 **sa·dis·tic** [sədístik] *a.* 사디스트적인

‡**sad·ly** [sǽdli] *ad.* **1 슬프게; 애처롭게 2** 슬프게도, 유감스럽게도 **3** 《구어》 몹시, 한탄할 정도로

‡**sad·ness** [sǽdnis] *n.* Ⓤ **슬픔,** 비애

sad·o·mas·och·ism [sèidoumǽsəkìzm] *n.* Ⓤ 〖정신의학〗 가학 피학성 변태 성욕 **sàd·o·màs·och·ís·tic** *a.*

sád sàck [제2차 대전중 George Baker의 만화 *The Sad Sack*에서] 《미·속어》 요령 부득인 사람; 무능한 병사

s.a.e. stamped addressed envelope 반신용 봉투(를 동봉)

sa·fa·ri [səfá:ri] [Arab. 「여행」의 뜻에서] *n.* ⓊⒸ 원정(遠征) 여행 《사냥·탐험 등의》; Ⓒ (특히 아프리카 동부에서의) 수렵[탐험]대
— *vi.* 원정 여행을 하다

safári bòots 사파리 부츠 《면(綿) 개버딘제의 부츠; 장거리 도보 행군용》

safári jàcket 사파리 재킷 《주머니 네 개와 허리 벨트가 특징인 면(綿) 개버딘제 재킷》

safári lòok 〖복식〗 사파리 룩 《safari jacket과 같은 활동적인 패션의 한 형태》

safári pàrk 사파리 공원 《동물을 놓아 기르는 동물 공원; 차를 타고 구경함》

S

safári sùit 사파리 슈트《상의는 사파리 재킷, 하의는 같은 천의 스커트[바지]의 맞춤》

⁑safe [seif] [L「상처가 없는」의 뜻에서] *a.* **1 안전한,** 위험이 없는 **2 안전히,** 무사히[하여]: arrive ~ 안착하다 **3 틀림 없는; 무난한;** 확실히 …하는《*to* be, *to* do》; 확실한: He is ~ *to* get in. 그의 당선은 확실하다. **4 해가 없는 5** 신중한, 착실한, 신뢰할 만한: a ~ person to confide in 비밀을 털어놓을 만한 사람 **6** 도망칠 염려가 없는《*in*》 **7**〖야구〗 세이프의: a ~ hit 안타

be on the ~ side 조심하다, 신중을 기하다 ***It is ~ to say that*** …라고 해도 괜찮다 arrive ~ ***and sound*** 무사히 (도착하다)

— *n.* (*pl.* **~s**) **1 금고**(金庫) **2** 고기를 넣는 찬장 **~·ness** *n.* 안정성; 확실

sáfe bét 1 틀림없이 이기는 내기 **2** 확실한 것

safe·break·er [-brèikər] *n.* 금고 털이 강도

safe·break·ing [-brèikiŋ] *n.* Ⓤ 금고 털이

safe-con·duct [-kándʌkt | -kɔ́n-] *n.* **1** (주로 전시의) 안전 통행권 **2** Ⓤ (안전을 보장하는) 호위, 호송

safe·crack·er [-krӕkər] *n.* 《미》 = SAFEBREAKER

sáfe depòsit (귀중품 등의) 보관소

safe-de·pos·it [-dipàzit | -pɔ̀z-] *a.* 안전하게 보관하는: a ~ box 대여 금고《은행의 지하실에 있으며 개인에게 빌려줌》

***safe·guard** [séifgà:rd] *vt.* 〈권익을〉 보호하다

— *n.* **1** 보호[방위] 수단《*against*》 **2** (기계 등의) 안전 장치 **3** 보호 조항[규약]

sáfe hòuse (스파이 등의 연락용) 은신처, 아지트

safe·keep·ing [-kí:piŋ] *n.* Ⓤ 보관, 보호

safe·light [-làit] *n.* Ⓤ〖사진〗 안전광《암실용》

⁑safe·ly [séifli] *ad.* **1 안전하게,** 무사히 **2** 틀림없이

sáfe pèriod [the ~]〖생리〗 (월경 전후의) (피임) 안전 기간

sáfe séx (AIDS 등 질병 예방을 위해 콘돔을 사용하는) 안전한 섹스

⁑safe·ty [séifti] *n.* (*pl.* **-ties**) **1** Ⓤ **안전,** 무사; 무난 **2** 안전책, 위험 방지 장치 **3**〖야구〗 안타

(a gun) ***at ~*** 안전 장치를 한 (총) ***in ~*** 안전하게 ***with ~*** 안전하게, 무사히

sáfety bèlt 1 구명대(帶); 구명삭(索) **2** (비행기·버스 등의) 안전 벨트《지금은 seatbelt를 더 많이 씀》

sáfety bìcycle 《고어》 안전 자전거《지금의 보통 자전거》

sáfety bòlt (문의) 안전 빗장

sáfety càtch 1 (총포의) 안전 장치 **2** (승강기 등의) 안전 정지 장치

safe·ty-check [séiftitʃék] *vt.* 안전 점검하다

sáfety cùrtain (극장의) 방화막(防火幕)

sáfe·ty-de·pos·it [-dipàzit | -pɔ̀z-] *a.* = SAFE-DEPOSIT

safe·ty-first [-fə́:rst] *a.* 안전 제일의; 매우 조심스러운: a ~ personality 매우 조심스러운 성격

sáfety fùse 1〖전기〗 퓨즈 **2** (폭약의) 안전 도화선

sáfety glàss 안전 유리

sáfety hàt 안전모(帽), 작업용 헬멧

sáfety inspèction 《미》 차량 검사 (《영》 M.O.T. (test))

sáfety ìsland [**ìsle**] 《미》 (도로상의) 안전 지대

sáfety làmp 안전등《광산용》

sáfety nèt 1 (서커스 등의) 안전망 **2** 《비유》 안전(대)책

sáfety pìn 안전 핀

sáfety ràzor 안전 면도기

sáfety vàlve 1 (보일러의) 안전판(瓣) **2** (감정·정력 등의) 무난한 배출구

sáfety zòne 《미》 = SAFETY ISLAND

saf·flow·er [sǽflàuər] *n.* **1**〖식물〗 잇꽃, 홍화 **2** Ⓤ 그것에서 뽑은 염료[연지]

***saf·fron** [sǽfrən] *n.* **1**〖식물〗 **사프란**《가을에 피는 crocus》; 그 암술머리《과자용 향미료》 **2** Ⓤ 선황색, 샛노랑

S. Afr. South Africa(n)

sag [sæg] *v.* (**~ged**; **~·ging**) *vt.* **1** 기울다; 처지다; 구부러지다 **2** 느슨해지다 **3** 약해지다, 쇠약해지다: *~ging* shoulders 축 늘어진 어깨

— *n.* **1** 늘어짐, 처짐 **2**〖상업〗 (시세의) 하락

sa·ga [sá:gə] [ON「이야기」의 뜻에서] *n.* **1** 중세 북유럽의 전설 **2** 무용담, 모험담, 사화(史話) **3** 대하 소설

***sa·ga·cious** [səgéiʃəs] *a.* **현명한,** 슬기로운 **~·ly** *ad.* **~·ness** *n.*

***sa·gac·i·ty** [səgǽsəti] *n.* Ⓤ **현명,** 총명

sága nòvel = SAGA 3

***sage**[1] [seidʒ] *a.* 《문어》 **1 슬기로운,** 현명한 **2** 《비꼼》 현자[철인(哲人)]인 체하는; 점잔빼는 — *n.* **1 현자,** 철인 **2** 《비꼼》 현자인 체하는 사람

~·ly *ad.* **~·ness** *n.*

sage[2] *n.* **1**〖식물〗 (약용) 샐비어《차조기과(科)》 **2** 샐비어의 잎, 세이지《약용·향미료용》

sage·brush [séidʒbrʌ̀ʃ] *n.* Ⓤ〖식물〗 산쑥《북미 서부 불모지에 많은》

ságe tèa 샐비어 잎을 달인 약

sag·gy [sǽgi] *a.* (**-gi·er**; **-gi·est**) 아래로 처진, 축 늘어진

Sag·it·tar·i·us [sæ̀dʒətέəriəs] *n.* **1**〖천문〗 궁수(弓手)자리(the Archer) **2**〖점성〗 인마궁(人馬宮)

sa·go [séigou] *n.* (*pl.* **~s**) **1** Ⓤ 사고《사고야자의 나무심에서 뽑은 녹말》 **2** 사고야자(= **~ pàlm**)

sa·gua·ro [səgwá:rou] *n.* (*pl.* **~s**)〖식물〗 사와로(giant cactus)《키가 매우 큰 기둥 선인장; 아리조나 주 원산》

Sa·har·a [səhέərə | -há:rə] [Arab.「사막」의 뜻에서] *n.* [the ~] 사하라 사막《아프리카 북부》

Sa·hár·i·an, Sa·hár·ic *a.*

S

sa·hib [sɑ́:ib | sɑ́:hib] *n.* (*fem.* **sa·hi·ba(h)** [sɑ́:i:bə]) 《인도》 **1** [종종 **S~**] 각하, 대감, 나리 **2** 《구어》 백인, 《특히》 영국인; 신사

‡said [sed] *v.* SAY의 과거·과거분사 — *a.* Ⓐ [보통 the ~] 〚법〛 전기(前記)의, 상술(上述)한: *the* ~ person 당사자, 당해 인물, 본인

Sai·gon [saigɑ́n | -gɔ́n] *n.* 사이공 《1976년까지 남 Vietnam의 수도》

‡sail [seil] [동음어 sale] [OE 「잘라낸 한 조각의 천」의 뜻에서] *n.* **1** 돛; [집합적] 배의 돛 (일부 또는 전부) **2** 돛 모양의 것 **3** 범주(帆走), 항해, 항행; 항정(航程) **4** 돛단배, 범선; [집합적] 선박 ***go for a*** ~ 뱃놀이 가다 ***hoist*** [***put up***] ~ 돛을 올리다; 《구어》 가버리다 (***in***) ***full*** ~ 돛을 모두 올리고 ***lower*** one***'s*** ~ 돛을 내리다; 항복하다 《*to*》 ***make*** ~ 돛을 올리다, 출범하다; (속력을 더 내기 위하여) 돛을 더 달다; 《구어》 가버리다 ***set*** ~ (***for***) 돛을 올리다; (…을 향하여) 출범하다 ***strike*** ~ 돛을 내리다 《바람이 셀 때 또는 경의·항복의 신호》; 항복하다 ***under*** ~ 돛을 올리고; 항행중에
— *vi.* **1** 〈배·사람이〉 **범주(帆走)하다**, 돛을 달고 가다; 항해하다: ~ (at) ten knots 10노트로 항해하다 **2** 〈배가〉 **출범하다**, 출항하다 《*from, for*》 **3** 〈물새·물고기가〉 미끄러지듯 헤엄쳐 가다; 〈새·비행기가〉 하늘을 경쾌하게 날다; 〈구름·달이〉 떠다니다 **4** 〈특히 여자가〉 점잔빼며[경쾌하게] 걷다 **5** 《구어》 과감히 하다 《*in, into*》 **6** 《구어》 공격하다, 욕하다 《*in, into*》 — *vt.* **1** 〈배·사람이 바다를〉 **항해하다**, 건너다 **2** 〈하늘을〉 날다 **3** 〈배를〉 달리게 하다; 조종하다
~ ***in*** (1) 입항하다 (2) 《구어》 힘차게 착수[시작]하다; 싸움을 시작하다 ~ ***into*** (1) …에 당당하게 들어가다 (2) 《구어》 호되게 꾸짖다; 공격하다, 때리다; 단호한 결심으로 …에 착수하다

sail·boat [séilbòut] *n.* 《미》 (경기·레저용) 범선, 요트(《영》 sailing boat)

sail·cloth [-klɔ̀:θ | -klɔ̀θ] *n.* Ⓤ **1** 범포(帆布), 돛베 **2** 거친 삼베 《의복·커튼용》

sail·er [séilər] *n.* 배, 돛단배: a good [fast] ~ 속력이 빠른 배

sail·fish [séilfìʃ] *n.* (*pl.* **~, ~·es**) 〚어류〛 돛새치

‡sail·ing [séiliŋ] *n.* **1** Ⓤ **범주(帆走)(법)**, 항해(술), 항행(법) **2** ⓊⒸ (정기선의) 출범, 출항: the ~ date 출항일

sáiling bòat 《영》 = SAILBOAT

sáiling dày (여객선의) 출항[출범]일

sáiling màster 항해장

sáiling shìp[**vèssel**] (대형) 범선

‡sail·or [séilər] *n.* **1 선원**, 뱃사람: a ~ boy 소년[견습] 선원 **2** (장교에 대하여) 수병 **3** [good, bad 등의 수식어와 함께] 배에 …한 사람: a *bad* [*poor*] ~ 뱃멀미하는 사람
~·ing *n.* Ⓤ 선원 생활

sáilor cóllar 세일러 칼라 《수병복의 깃을 모방한 여자옷의 젖힌 깃》

sáilor hàt 빳빳한 차양에 운두가 낮고 딱딱한 밀짚 모자

sail·or·man [-mən] *n.* (*pl.* **-men** [-mən]) 《구어》 = SAILOR

sáilor sùit 선원복; (어린이의) 세일러복

sail·plane [séilplèin] *n.* 세일플레인 《상승 기류를 이용해서 장거리를 나는 글라이더》
— *vi.* 세일플레인으로 날다

‡saint [seint] [L 「신성한」의 뜻에서] *n.* **1** 성인, 성자 **2** [보통 *pl.*] 천국에 간 사람, 죽은 사람 **3** 성자, 덕이 높은 사람 ***Sunday*** ~ 《속어》 일요일에만 신자인 체하는 사람

Sáint Bernárd 세인트버나드 개 《St. Bernard 고개의 수도원에서 기르던 구명견》

saint·ed [séintid] *a.* 시성(諡聖)된, 천국에 있는; 덕이 높은

saint·hood [séinthùd] *n.* Ⓤ **1** 성인임 **2** [집합적] 성인들, 성도들

saint·ly [séintli] *a.* (**-li·er**; **-li·est**) 성인다운; 덕이 높은, 거룩한 **-li·ness** *n.*

sáint's dày 성도 기념일 《교회의 축제일》

Sàint Válentine's Dày 성밸런타인 축일 《2월 14일; 이날 (특히 여성이 남성) 애인에게 선물이나 사랑의 편지를 보내는 관습이 있음》

saith [seθ] *vt., vi.* 《고어·시어》 = SAY의 3인칭 단수·직설법·현재

‡sake [seik] [OE 「소송, 논쟁」의 뜻에서] *n.* Ⓤ (…을) **위함**; **목적**; 이유; 이익
for convenience' ~ 편의상 ***for heaven's***[***goodness', God's, mercy's, pity's***] ~ 제발, 아무쪼록 《뒤에 오는 명령법을 강조함》 ***for the*** ~ ***of*** …을 위하여

Sa·kha·lin [sǽkəlì:n | ∸-∸] *n.* 사할린(섬) 《러시아 동부 오호츠크해(海)의 섬》

sa·laam [səlɑ́:m] [Arab. 「평안」의 뜻에서] *n.* **1** 살람 《이슬람교도의 인사말》 **2** 이마에 손을 대고 하는 절 《이슬람교도의》 — *vt., vi.* 이마에 손을 대고 절하다

sal·a·bil·i·ty [sèiləbíləti] *n.* Ⓤ **1** 판매 가능성, 상품성 **2** 잘 팔림

sal·a·ble [séiləbl] *a.* 팔기에 알맞은, (잘) 팔리는

sa·la·cious [səléiʃəs] *a.* **1** 호색의 **2** 음란한, 음탕한 **~·ly** *ad.* **~·ness** *n.*

sa·lac·i·ty [səlǽsəti] *n.* Ⓤ 호색; 음탕

‡sal·ad [sǽləd] [L 「소금에 절인」의 뜻에서] *n.* **1** ⓊⒸ **샐러드, 생채 요리** **2** Ⓤ 샐러드용 야채, 《특히》 상추(lettuce)

sálad bàr 샐러드바 《셀프 서비스식의》

sálad bòwl 샐러드용 접시

sálad crèam (크림 모양의) 샐러드용 소스

sálad dàys **1** [one's ~] 경험 없는 풋내기 시절 **2** 젊고 활기 있는 시절

sálad drèssing 샐러드용 소스

sálad òil 샐러드 기름

sal·a·man·der [sǽləmæ̀ndər] *n.* **1** 〚동물〛 도롱뇽 **2** 불도마뱀 《불 속에 산다고 믿어졌던 괴물》; 불의 요정

sa·la·mi [səlɑ́:mi] *n.* 살라미 《향미가 강한 소시지》

sal·a·ried [sǽlərid] *a.* **1** 봉급을 받는:

a ~ man 봉급 생활자, 샐러리맨 **2**〈직위·관직 등이〉 유급의

‡sal·a·ry [sǽləri] [L 「(고대 로마에서 병사들의 급료로 지급된) 소금을 사기 위한 돈」의 뜻에서] *n.* (*pl.* **-ries**) **봉급, 급료** ((공무원·회사원의)): a monthly[an annual] ~ 월급[연봉]

‡sale [seil] [동음어 sail] *n.* **1** [UC] **판매,** 매각; 매매, 거래 **2 팔림새,** 수요; [종종 *pl.*] **매상액 3 특매,** 염매; 재고 정리 판매 **4** 경매(auction) **5** [*pl.*] 판매 업무, 판매 부문

for [***on***] ~ 팔려고 내놓은

sale·a·ble [séiləbl] *a.* = SALABLE

sales [seilz] *a.* 판매(상)의

sáles chèck (소매점의) 매출 전표

sales·clerk [séilzklə̀ːrk] *n.* ((미)) 점원

sáles depàrtment (회사의) 판매부

sáles engineèr 판매 담당 기술자

sales·girl [-gə̀ːrl] *n.* (젊은) 여점원

sales·la·dy [-lèidi] *n.* (*pl.* **-dies**) ((미·속어)) = SALESWOMAN

‡sales·man [séilzmən] *n.* (*pl.* **-men** [-mən]) **1** (남자) **판매원,** 점원 **2 세일즈맨,** 외판원 **~·shìp** *n.* [U] 판매술, 판매 수완

sales·peo·ple [-pìːpl] *n. pl.* ((미)) 판매원

sales·per·son [-pə̀ːrsn] *n.* ((미)) 판매원, 점원; 외판원

sáles promòtion 판매 촉진 (활동)

sáles represèntative 외판원 ((salesman보다 격식을 차린 말))

sáles resìstance ((미)) (판매 설득에 대한 소비자 측의) 구매 저항[거부]

sales·room [-rùːm] *n.* 매장(賣場); ((특히)) 경매장

sáles slìp = SALES CHECK

sáles tàlk 구매 권유; 설득력 있는 권유

sáles tàx 판매[영업]세

sales·wom·an [-wùmən] *n.* (*pl.* **-women** [-wìmin]) 여자 판매원, 여점원

sal·i·cyl·ic [sæ̀ləsílik] *a.* 〖화학〗 살리실산(酸)의: ~ acid 살리실산

sa·li·ence, -li·en·cy [séiliəns(i)] *n.* (*pl.* **-lien·ces**; **-cies**) [UC] **1** 돌기; 돌기물 **2** 중요점 ((이야기·논의 등의))

sa·lient [séiliənt] [L 「뛰어오른」의 뜻에서] *a.* **1** 현저한, 두드러진: ~ features 특징 **2**〈물이〉 분출하는 **3** 철각(凸角)의; 돌출한, 돌기한: a ~ angle 〖수학〗 철각 **—** *n.* 철각; 〖군사·축성〗 돌출부 **~·ly** *ad.*

sa·lif·er·ous [səlífərəs] *a.* 〖지질〗 소금을 함유한, 소금이 나는

sal·i·fy [sǽləfài] *vt.* (**-fied**) 〖화학〗 염화(鹽化)하다

sa·line [séilain] *a.* 염분을 함유한; 소금기가 있는, 짠: a ~ lake 염수호
— *n.* **1** 마그네슘 하제(下劑), 함염(含鹽) 하제 **2** 〖의학〗 염수

sa·lin·i·ty [səlínəti] *n.* [U] 염분, 염분 함유도, 염도(鹽度)

sal·i·nom·e·ter [sæ̀lənɑ́mətər | -nɔ́m-] *n.* 검염계(檢鹽計)

Sális·bur·y Pláin [sɔ́ːlzbèri- | -bəri] [the ~] 솔즈베리 평원 ((영국 남부 Salisbury 북방의 고원지대; 환상 열석(環狀列石)(Stonehenge)이 있음))

sa·li·va [səláivə] *n.* [U] 타액, 침(spittle)

sal·i·var·y [sǽləvèri | -vəri] *a.* [A] 침의, 타액의; 타액을 분비하는: ~ glands 타액선, 침샘

sal·i·vate [sǽləvèit] *vi.* 침[군침]을 흘리다, 침이 나오다

sàl·i·vá·tion *n.* [U] 타액의 분비

Sálk vaccìne [sɔ́ːk-] [개발자인 미국의 세균학자 Jonas E. Salk의 이름에서] 소크 백신 ((소아마비 예방용))

***sal·low**[1] [sǽlou] *a.* (**~·er**; **~·est**) (안색이 병적으로) **누르께한,** 흙빛의, 혈색이 나쁜 **—** *vt., vi.* 누르스름한 색으로 하다[되다] **~·ness** *n.*

sallow[2] *n.* 〖식물〗 수양버들속의 버드나무(willow) ((숯 등을 만듦))

sal·low·ish [sǽlouiʃ] *a.* 누르스름한, 약간 흙빛이 나는

‡sal·ly [sǽli] [L 「뛰어나오다」의 뜻에서] *n.* (*pl.* **-lies**) **1 출격** ((농성 부대·비행기 등의)), 돌격 **2** (상상·감정·재치 등의) 분출, (행동의) 돌발 ((*of*)) **3** 야유, 비꼼 **4** ((구어)) 소풍, 짧은 여행
— *vi.* (**-lied**) **1** 기운차게 나가다; 돌격하다, 〈농성군이〉 출격하다 **2** 씩씩하게[선뜻] 나아가다

Sal·ly [sǽli] *n.* 여자 이름 ((Sarah의 애칭))

‡salm·on [sǽmən] *n.* (*pl.* **~s,** [집합적] **~**) **1** 〖어류〗 연어 **2** [U] 연어 살 **3** [U] 연어 살빛 **~·lìke** *a.*

salm·on-col·or [-kʌ̀lər] *a.* 연어 살색

sal·mo·nel·la [sæ̀lmənélə] [발견자인 미국의 수의사 이름에서] *n.* (*pl.* **-lae** [-liː], **~(s)**) 〖세균〗 살모넬라균 ((식중독의 병원균))

sálmon làdder[**lèap**] 산란기의 연어용 어제(魚梯)

sálmon pínk 연어 살색

sálmon tròut 〖어류〗 바다송어 ((유럽산))

Sa·lo·me [səlóumi] *n.* 〖성서〗 살로메 ((Herod 왕의 후처 Herodias의 딸, 왕에게 청하여 세례 요한의 목을 얻었음))

***sal·on** [səlɑ́n | sǽlɔn] [F] *n.* **1 객실,** 응접실 **2** 상류 사회 **3** 미술 전람회(장) **4** (의상·미용 등의) 가게, …실(室): a beauty ~ 미용실

salón mùsic 살롱 음악 ((작은 규모의 악단이 연주하는 경쾌하고 달콤한 음악))

***sa·loon** [səlúːn] *n.* **1** ((미)) **술집,** 바 **2** (기선의) 담화실; (여객기의) 객실 **3** ((영)) 오락[유흥]장 ((등))(((미)) hall, parlor): a billiard ~ 당구장 **4 큰 홀** ((호텔 등의)) **5** [또는 ~ car] 세단형 자동차 (((미)) sedan)

salóon pàssenger 1등 선객

sal·sa [sɑ́ːlsə] *n.* [U] 살사 ((라틴 아메리카 음악)); 살사 춤

sal·si·fy [sǽlsəfi] *n.* (*pl.* **-fies**) 〖식물〗 선모(仙茅) ((뿌리는 식용; 남유럽 원산))

‡salt [sɔːlt] *n.* **1** [U] **소금,** 식염 **2** 〖화학〗 염(鹽), 염류(鹽類) **3** [U] 자극, 흥미; 기지, 재치 ***eat*** a person***'s*** ~ = ***eat*** ~ ***with*** a person …의 대접을 받다;

…의 식객이 되다 ***like a dose of ~s*** 《구어》 (설사제가 곧 효과를 나타내듯이) 신속하게, 능률적으로 ***rub ~ in(to)*** (a person's) ***wound*** (…의) 상처에 소금을 비벼 넣다, 궁지에 몰린 사람을 더욱 몰아세우다 ***the ~ of the earth*** 〖성서〗 세상의 소금; (세상의 부패를 막는) 건전한 사회층, 사회의 중견

— *a.* **1** 소금기 있는 **2** 소금에 절인 — *vt.* **1** 소금을 치다; 소금으로 간을 맞추다; 소금에 절이다 《*down*》 **2** 〈상품 등을〉 실제 이상으로 좋게 보이게 하다

~ down (1) 소금에 절이다 (2) 《구어》 몰래 저축하다 (3) 《미·속어》 혼내주다, 골탕 먹이다 ***~ prices*** 에누리하다

sált and pépper 《속어》 불순한 마리화나

salt-and-pep·per [sɔ́:ltənpépər] *a.* =PEPPER-AND-SALT

sal·ta·tion [sæltéiʃən] *n.* Ⓤ **1** 도약 **2** 격변, 격동 **3** 〖생물〗 돌연변이

salt·cel·lar [sɔ́:ltsèlər] *n.* 《영》 (식탁용) 소금 그릇(《미》 saltshaker) 《부엌용은 saltbox》

salt·ed [sɔ́:ltid] *a.* 소금에 절인, 소금으로 간을 맞춘

salt·er [sɔ́:ltər] *n.* **1** 제염업자; 소금 장수 **2** (고기·생선 등을) 소금에 절이는 업자

sal·tine [sɔ:ltí:n] *n.* 소금을 친 크래커

sal·tire [sǽltiər | sɔ́:ltaiə] *n.* (문장(紋章)의) X형 십자

salt·ish [sɔ́:ltiʃ] *a.* 짭짤한, 소금기 있는

Sált Làke Cíty 솔트레이크시티 《미국 Utah주의 주도; Mormon교 본부 소재지》

salt·less [sɔ́:ltlis] *a.* **1** 소금기 없는, 맛없는 **2** 무미건조한, 덤덤한, 하찮은

sált lìck **1** 동물이 소금을 핥으러 가는 곳 **2** (가축용) 소금 덩어리

sált màrsh 바닷물이 드나드는 늪지, 염소(鹽沼) 《종종 제염에 이용됨》

sált mìne 암염갱(岩鹽坑), 암염 산지

sált pàn [보통 *pl.*] 천연[인공] 염전

salt·pe·ter | -tre [sɔ̀:ltpí:tər] *n.* Ⓤ **1** 〖화학〗 초석(硝石) **2** 〖광물〗 칠레 초석(=Chile ~)

salt·shak·er [-ʃèikər] *n.* 《미》 (뚜껑에 구멍이 있는) 식탁용 소금 그릇

sált spòon 소금 숟가락 《작고 둥근 식탁용》

sált wáter **1** 소금물, 바닷물 **2** 바다 **3** 《익살》 눈물

salt·wa·ter [sɔ́:ltwɔ́:tər] *a.* 바닷물[염수]의, 해산(海産)의: a ~ fish 염수어, 바닷물고기

salt·works [sɔ́:ltwə̀:rks] *n. pl.* [단수·복수 취급] 제염소

***salt·y** [sɔ́:lti] *a.* (**salt·i·er**; **-i·est**) **1** 소금기 있는, 짠 **2** 노련한; 〈말(馬)이〉 다루기 힘드는 **3** 신랄한, 재치 있는

sa·lu·bri·ous [səlú:briəs] *a.* 〈기후·토지 등이〉 건강에 좋은 **~·ly** *ad.* **~·ness** *n.* **-bri·ty** [-brəti] *n.* Ⓤ 건강에 좋음

sal·u·tar·y [sǽljutèri | -təri] *a.* **1** 〈충고 등이〉 유익한, 건전한 **2** 건강에 좋은

***sal·u·ta·tion** [sæ̀ljutéiʃən] *n.* ⓊⒸ **1** 인사 **2** 인사말

sa·lu·ta·to·ri·an [səlù:tətɔ́:riən] *n.* 《미》 내빈에 대한 환영사를 말하는 졸업생 《보통 차석(次席) 졸업생》

sa·lu·ta·to·ry [səlú:tətɔ̀:ri | -təri] *a.* 인사의, 환영의 — *n.* (*pl.* **-ries**) 《미》 (개회 또는 내빈에 대한) 인사말 《졸업식에서 보통 차석 졸업생이 함》

⁑**sa·lute** [səlú:t] [L 「(상대방의) 건강을 기원하다」의 뜻에서] *vt.* **1** 인사하다, 절하다 **2** 〖군사·항해〗 경례하다; 예포를 쏘다, 경의를 표하다 《*with, by*》: ~ one's superior officer *with* a hand 상관에게 거수 경례를 하다 **3** 맞이하다 《*with*》: ~ a person *with* cheers …을 갈채로 맞이하다 — *vi.* 경례하다

— *n.* **1** 인사, 절 **2** 〖군사·항해〗 경례, 예포, 받들어 총

come to the ~ 〖군사〗 경례하다

Sal·va·do·ran [sæ̀lvədɔ́:rən] *a.* 엘살바도르 공화국의 — *n.* 엘살바도르 사람

***sal·vage** [sǽlvidʒ] [L 「구하다」의 뜻에서] *n.* Ⓤ **1** 해난(海難) 구조, 조난 선박의 화물 구조 **2** 구조 선박, 구조 화물 **3** 침몰선의 인양 (작업) **4** (화재에서의) 인명 구조, 《특히》 (피보험) 재화(財貨)의 구출; 구출 재화 — *vt.* **1** 〈난파선·화재 등으로부터 배·재화 등을〉 구출하다; 〈침몰선을〉 인양하다 **2** 〈환자를〉 구출하다 **3** 〈폐물을〉 이용하다 **~·a·ble** *a.*

***sal·va·tion** [sælvéiʃən] [L 「구하다」의 뜻에서] *n.* **1** Ⓤ 구제, 구조 **2** 구제물; 구제 수단; 구제자 **3** Ⓤ 〖신학〗 구원; Ⓒ 구세주

Salvátion Ármy [the ~] 구세군 《1878년 전도와 사회사업을 위해 영국인 W. Booth가 조직한 군대식 그리스도교 단체》

Sal·va·tion·ist [sælvéiʃənist] *n.* **1** 구세군 군인 **2** [**s~**] 복음 선교자[전도자]

salve[1] [sæv, sɑ:v | sælv] *n.* **1** Ⓤ 고약, 연고(軟膏) **2** ⓊⒸ 위안, 위로 — *vt.* **1** 고약을 바르다 **2** 〈자존심·양심 등을〉 달래다; 아첨하다

salve[2] [sælv] *vt.* 해난을 구조하다, 〈배·화물을〉 구하다

sal·ver [sǽlvər] *n.* (금속제) 쟁반

sal·vi·a [sǽlviə] *n.* 〖식물〗 샐비어, 깨꽃

sal·vo [sǽlvou] [It.] *n.* (*pl.* **~(e)s**) **1** 일제 사격; 폭탄의 일제 투하 **2** 일제히 일어나는 박수 갈채

sal vo·la·ti·le [sæ̀l-voulǽtəlì:] [L= volatile salt] 탄산 암모니아(수)

sal·vor [sǽlvər] *n.* 해난 구조자[선]

Sam [sæm] *n.* 남자 이름 《Samuel의 애칭》

SAM [sæm] [*s*urface-to-*a*ir *m*issile] *n.* 지[함]대공(地[艦]對空) 미사일, 샘

Sam., Saml. 〖성서〗 Samuel

Sa·man·tha [səmǽnθə] *n.* 여자 이름

Sa·mar·i·a [səméəriə] *n.* 사마리아 《고대 Palestine의 북부 지방》

Sa·mar·i·tan [səmǽrətn] *a.* **1** 사마리아의 **2** 사마리아 사람[말]의 — *n.* **1** 사마리아 사람 **2** Ⓤ 사마리아 말 **3** [때로 **s~**] =GOOD SAMARITAN; 사마리아인(人) 협회 회원

sa·mar·i·um [səméəriəm] *n.* Ⓤ 〖화학〗 사마륨 《희토류 원소; 기호 Sm》
sam·ba [sǽmbə, sάːm-] *n.* 삼바 《아프리카에서 비롯된 경쾌한 2/4박자의 브라질 댄스》; 삼바 곡
sam·bo [sǽmbou] *n.* 《속어》 (남미의) 인디오와 흑인과의 혼혈아
Sám Brówne (**bèlt**) 멜빵 달린 장교용 혁대; 《속어》 장교
⁑**same** [seim] *a.* **1 같은, 동일한; 같은 종류의 2** [the ~] (이전과) **같은,** 다름없는, 변함없는 **3 예(例)의,** 저, 이, …이라고 하는
about the ~ 거의 같은(cf. SAME 2)
all the ~ (1) (…에게는) 똑같은; 아무래도 좋은[상관 없는] 《*to*》: if *it* is *all the* ~ (*to* you) 상관이 없으시다면 (2) [부사적으로] 그래도 (역시), 그렇지만 (nevertheless): He has defects, but I like him *all the* ~. 그에게는 결점이 있지만 그래도 나는 그를 좋아한다.
— *pron.* **1** [the ~] **동일물,** 동일한 것[사람] **2** [the를 사용치 않고] 《익살》 **동상(同上)의 것[일, 사람]** ***S~ here.*** (주문할 때) 나도 같은 것을 주시오.
— *ad.* **1** [the ~] **a** 마찬가지로, 똑같이 **b** [as와 상관적으로 쓰여] (…와) 같게: I feel *the* ~ *as* you (do). 내 기분은 너와 마찬가지다. **2** [the없이; as와 상관적으로 쓰여] 《구어》 …와 마찬가지로: He has his pride, ~ *as* you (do). 그에게도 너와 마찬가지로 긍지가 있다.
same·ness [séimnis] *n.* Ⓤ **1** 동일성, 같음, 흡사 **2** 단조로움, 무변화
S. Am(**er**). South America(n)
same·y [séimi] *a.* 《구어》 단조로운
Sam·my [sǽmi] *n.* (*pl.* **-mies**) 남자 이름 《Samuel의 애칭》
Sa·mo·a [səmóuə] *n.* 사모아 (제도)
Sa·mo·an [səmóuən] *a.* 사모아 섬[사람, 말]의 — *n.* **1** 사모아 사람 **2** Ⓤ 사모아 말
sam·o·var [sǽməvὰːr] [Russ.] *n.* 사모바르 《러시아의 차 끓이는 주전자》
Sam·o·yed(**e**) [sæ̀məjéd] *n.* **1** 사모예드 사람 《중앙 시베리아의 몽고족》 **2** Ⓤ 사모예드 말 《우랄(Uralic) 어족의 하나》
samp [sæmp] *n.* Ⓤ 《미》 거칠게 간 옥수수(죽)
sam·pan [sǽmpæn] [Chin] *n.* 삼판(三板) 《바닥이 판판한 거룻배》
⁑**sam·ple** [sǽmpl | sάːm-] [example의 두음 소실(頭音消失)] *n.* **1 견본,** 표본 **2** 실례(實例) — *a.* 견본의
— *vt.* **1** …의 견본[표본]을 만들다; 〈견본으로 질을〉 시험하다 **2** 시식[시음]하다 **3** 표본을 추출하다
sam·pler [sǽmplər | sάːm-] *n.* **1** 견본 검사자 **2** 시식[시음]자 **3** 시료 채취기, 견본 추출 검사장치[기] **4** 《미》 견본집
***sam·pling** [sǽmpliŋ | sάːm-] *n.* **1** Ⓤ **견본[표본] 추출**(법); Ⓒ 추출 견본 **2** 시식[시음](회) **3** 〖음악〗 샘플링
Sam·son [sǽmsn] *n.* **1** 남자 이름 **2** 〖성서〗 삼손 《구약 성서에 나오는 힘센 사사(士師)》
***Sam·u·el** [sǽmjuəl] *n.* **1** 남자 이름 《略 Sam., Sammy》 **2** 〖성서〗 **사무엘** 《히브리의 예언자》 **3** 사무엘(The First[Second] Book of Samuel) 《구약 성서 중의 상·하 2책; 略 Sam.》
Sa·n'a, Sa·naa [sɑːnάː] *n.* 사나 《Yemen의 수도》
San An·to·ni·o [sæ̀n-əntóuniòu] 샌안토니오 《미국 Texas 주 남부의 도시》
***san·a·to·ri·um** [sæ̀nətɔ́ːriəm] [L 「건강, 보양」의 뜻에서] *n.* (*pl.* **-ri·a** [-riə], **~s**) **1** (특히 정신병·결핵 환자) 요양소 **2** 정양지(靜養地) **3** (학교 등의) 양호실
San·cho Pan·za [sǽntʃou-pǽnzə] 산초 판자 《Cervantes 작 *Don Quixote*에 나오는 인물; 돈키호테의 하인, 상식이 풍부한 속물(俗物)의 표본》
sanc·ti·fi·ca·tion [sæ̀ŋktəfikéiʃən] *n.* Ⓤ **1** 신성화, 청정화(淸淨化) **2** 축성(祝聖); 죄를 씻어 깨끗이 함
sanc·ti·fied [sǽŋktəfàid] *a.* **1** 신성화된; 정화된 **2** 믿음이 두터운 체하는
***sanc·ti·fy** [sǽŋktəfài] *vt.* (**-fied**) **1 신성하게 하다,** 축성(祝聖)[성별(聖別)]하다 **2** 〈사람의〉 죄를 씻다 **3** (종교적 입장에서) 정당화하다, 시인하다
sanc·ti·mo·ni·ous [sæ̀ŋktəmóuniəs] *a.* 신성한 체하는; 독실한 신자인 체하는 **~·ly** *ad.* **~·ness** *n.*
sanc·ti·mo·ny [sǽŋktəmòuni] *n.* Ⓤ 신성한 체함; 독실한 신자인 체함
***sanc·tion** [sǽŋkʃən] [L 「신성하게 함」의 뜻에서] *n.* Ⓤ **1 재가(裁可),** 인가, 시인; 《일반적으로》 허용 **2** (법령·규칙 위반에 대한) **제재,** 처벌 **3** 도덕적[사회적] 구속력 — *vt.* **재가하다, 인가하다,** 인정[용인]하다
***sanc·ti·ty** [sǽŋktəti] *n.* (*pl.* **-ties**) **1** Ⓤ **거룩함,** 정(淨)함, 고결 **2** Ⓤ **신성,** 존엄 **3** [*pl.*] 신성한 의무[감정 《등》]
***sanc·tu·ar·y** [sǽŋktʃuèri | -əri] *n.* (*pl.* **-ar·ies**) **1 신성한 장소 2** 성역(聖域), 피신처, 은신처 **3** Ⓤ (교회 등의) 죄인 비호권(庇護權), 성역권 **4** 〖수렵〗 금렵기[구], 보호 지역
sanc·tum [sǽŋktəm] *n.* (*pl.* **~s, -ta** [-tə]) **1** (유대 신전의) 성소(聖所) **2** 《구어》 사실(私室), 서재
Sanc·tus [sǽŋktəs] [L =holy] *n.* 〖가톨릭〗 상투스 《성찬식 때 감사송 다음에 부르는 노래; '*Sanctus*'(거룩하시다)로 시작됨》
⁑**sand** [sænd] *n.* **1** Ⓤ **모래 2** [*pl.*] **모래땅;** 사막; [종종 *pl.*] 모래톱, 사주(砂洲) **3** [보통 *pl.*] **a** (모래 시계의) 모래알 **b** 《비유》 시각, 수명 **4** Ⓤ 《미·구어》 용기, 결단력 **5** Ⓤ 모래 빛깔
built on ~ 모래 위에 세운; 불안정한
— *vt.* **1** 모래를 뿌리다 **2** 모래로 덮다[파묻다] 《종종 *up, over*》 **3** 모래[샌드페이퍼]로 닦다 《*down, out*》
⁑**san·dal** [sǽndl] *n.* [보통 *pl.*] **1 샌들** 《고대 그리스·로마 사람이 신던 가죽신》 **2 a** 샌들(신) 《고무창에 (가죽)끈으로 매게 된》 **b** 얕은 단화, (일종의) 슬리퍼 **c** 《미》 얕은 오버슈즈

S

—*vt.* (~**ed**; ~·**ing** | ~**led**; ~·**ling**) [주로 수동형] 샌들을 신기다
sán·dal(l)ed [-dld] *a.* 샌들을 신은
san·dal·wood [sǽndlwùd] *n.* 〖식물〗 백단(白檀); Ⓤ 백단 재목: red ~ 자단(紫檀)
sand·bag [sǽn*d*bæ̀g] *n.* 모래 부대, 사낭(砂囊); 모래 자루 —*vt., vi.* (~**ged**; ~·**ging**) **1** 모래 부대로 막다 **2** ((미)) 모래 자루로 때려눕히다 **3** ((미·구어)) 강요하다, 매복하다 ((*into*))
sand·bank [-bæ̀ŋk] *n.* (바람에 휩쓸려 생긴) 모래 언덕; (강어귀 등의) 모래톱
sand·bar [-bɑ̀ːr] *n.* (강어귀 등의) 모래톱
sánd bàth 모래찜; (닭의) 사욕(砂浴)
sand·blast [-blæ̀st | -blɑ̀ːst] *n.* **1** Ⓤ 분사(噴砂), 모래 뿜기 **2** 분사기(機) ((유리 표면을 갈거나 금속·돌 등의 표면을 닦는)) —*vt.* 분사기로 모래를 뿜어 닦다[갈다]
sand·box [-bɑ̀ks | -bɔ̀ks] *n.* ((미)) (어린이가 안에서 노는) 모래 놀이통
sand·boy [-bɔ̀i] *n.* [다음 성구로] (*as*) ***jolly*** [***merry, happy***] ***as a*** ~ ((구어)) 아주 명랑한
sand·cas·tle [-kæ̀sl | -kɑ̀ːsl] *n.* (아이들이 만드는) 모래성; 사상누각
sánd dòllar 〖동물〗 성게의 일종 ((미국 동해안산))
sánd dùne 사구(砂丘), 모래 언덕
sánd flèa 〖곤충〗 **1** 모래벼룩 **2** 갯벼룩
sand·fly [-flài] *n.* (*pl.* -**flies**) 〖곤충〗 눈에놀이; 모래파리 ((흡혈성 파리))
sand·glass [sǽndglæ̀s | -glɑ̀ːs] *n.* 모래 시계
sánd hìll 모래 언덕[산]
sand·hog [-hɔ̀ːg | -hɔ̀g] *n.* ((미)) 지하[해저] 공사의 일꾼
San Di·e·go [sæ̀n-diéigou] 샌디에이고 ((미국 California 주의 항구 도시; 해군 기지))
sand·lot [sǽndlɑ̀t | -lɔ̀t] *n.* ((미)) (도시 아이들이 운동하며 노는 빈터
—*a.* Ⓐ 빈터의, 빈터에서 하는
S and M, S&M sadism and masochism; sadist and masochist
sand·man [-mæ̀n] [졸리면 모래가 눈에 든 것처럼 눈을 비비는 데서] *n.* (*pl.* -**men** [-mèn]) [the ~] 잠의 귀신: *The* ~ is coming. [부모가 아이에게] 이제 잘 시간이다.
sánd pàinting (Navaho 인디언의 주술적(呪術的)인) 색채 모래 그림
sand·pa·per [-pèipər] *n.* Ⓤ 사포(砂布) —*vt.* 사포로 닦다
sand·pip·er [-pàipər] *n.* (*pl.* ~**s,** ~) 〖조류〗 깝작도요 무리
sand·pit [-pìt] *n.* ((영)) (어린이의) 모래 놀이터(((미)) sandbox)
San·dra [sǽndrə] *n.* 여자 이름 ((Alexandra의 애칭))
sánd shòe 모래땅에서 신는 즈크신
***sand·stone** [sǽndstòun] *n.* Ⓤ 〖지질〗 사암(砂岩) ((주로 건축용))
sand·storm [-stɔ̀ːrm] *n.* 모래 폭풍 ((사막의))
sánd tràp 〖골프〗 모래 구덩이, 벙커
‡**sand·wich** [sǽndwitʃ | sǽnwidʒ] [18세기 영국의 백작 이름에서; 식사 때문에 중단되지 않고 카드놀이에 열중할 수 있게 이를 고안했다고 함] *n.* **1 샌드위치 2** ((영)) 샌드위치 케이크 ((잼·크림 등을 사이에 끼운 과자)) —*vt.* **1** 샌드위치 속에 끼우다 **2** (억지로) 끼워 넣다, 사이에 끼우다 ((종종 *in*))
sándwich bàr (카운터식의) 샌드위치 전문 식당
sándwich bòard 샌드위치맨이 달고 다니는 광고판
sándwich cóurse ((영)) 교실 학습과 현장 실습을 번갈아 하는 교과 과정
sándwich màn 1 샌드위치맨 ((앞뒤에 두 장의 광고판을 달고 다니는 사람)) **2** 샌드위치를 만드는[파는] 사람
***sand·y** [sǽndi] *a.* (**sand·i·er**; -**i·est**) **1 모래의,** 사질(砂質)의; 모래투성이의 **2** 〈머리털이〉 모래 빛깔의 **sánd·i·ness** *n.*
San·dy [sǽndi] *n.* **1** 남자 이름 ((Alexander의 애칭)) **2** 여자 이름 ((Alexandra의 애칭)) **3** 스코틀랜드 사람의 별명
sánd yàcht (바퀴 달린) 사상(砂上) 요트 ((모래 위를 바람으로 달리는))
***sane** [sein] [L 「건강한」의 뜻에서] *a.* (**san·er**; -**est**) **1 제정신의 2** 〈사상·행동이〉 건전한, 온건한; 사려분별이 있는: (a) ~ judgment 분별있는 판단
~·**ly** *ad.* ~·**ness** *n.*
San·for·ized [sǽnfəràizd] *a.* ((미)) (빨아도 줄지 않게) 방축 가공한 〈천〉 ((상표명))
‡**San Fran·cis·co** [sæ̀n-frənsískou] *n.* **샌프란시스코** ((미국 California 주의 항구 도시))
‡**sang** [sæŋ] *v.* SING의 과거
sang·froid [sɑ́ːŋfrwɑ́ː] [F = cold blood] *n.* Ⓤ 태연자약, 냉정, 침착
san·gri·a [sæŋgríːə] [Sp. = blood] *n.* Ⓤ 붉은 포도주에 레모네이드 등을 넣어 차게 한 음료
san·gui·nar·y [sǽŋgwinèri | -nəri] *a.* ((문어)) **1** 피비린내 나는; 피투성이의 **2** 잔인한, 살벌한 -**nàr·i·ness** *n.*
***san·guine** [sǽŋgwin] [L 「피의」의 뜻에서] *a.* **1** 〈기질이〉 **쾌활한,** 낙천적인 **2 a** 다혈질의; 혈색이 좋은 **b** ((문어)) 붉은, 붉은 핏빛의 ~·**ly** *ad.* ~·**ness** *n.* **san·guin·i·ty** [-gwínəti] *n.*
san·guin·e·ous [sæŋgwíniəs] *a.* **1** 피의; 붉은 핏빛의 **2** 다혈질의
san·i·tar·i·an [sæ̀nətέəriən] *a.* (공중) 위생의 —*n.* 위생학자
san·i·tar·ist [sǽnətərist] *n.* = SANITARIAN
***san·i·tar·i·um** [sæ̀nətέəriəm] *n.* (*pl.* ~**s,** -**i·a** [-riə]) ((미)) = SANATORIUM
‡**san·i·tar·y** [sǽnətèri | -təri] *a.* **1** Ⓐ (공중) **위생의,** 위생상의 **2 위생적인,** 청결한: a ~ cup (종이로 만든) 위생컵
san·i·tàr·i·ly *ad.*
sánitary engineér 위생 기사; ((완곡)) (수도·가스 등의) 배관공
sánitary enginéering 위생 공학

sánitary nápkin 《미》 생리대
sánitary wáre [집합적] 위생 도기 《변기·욕조 등》
∗**san·i·ta·tion** [sæ̀nətéiʃən] *n.* Ⓤ **공중 위생**; 위생 설비[시설]; 《특히》 하수도 설비
san·i·tize [sǽnətàiz] *vt.* (청소·소독 등으로) 위생적으로 하다
san·i·ty [sǽnəti] *n.* Ⓤ **1** 제정신, 정신이 온전함 **2** (사상 등의) 건전, 온전
San Jose [sæ̀n-houzéi] 샌호세 《미국 California 주 서부의 도시》
‡**sank** [sæŋk] *v.* SINK의 과거
San Ma·ri·no [sæ̀n-məríːnou] 산마리노 《이탈리아 동부의 작은 공화국》
sans [sænz] [F] *prep.* 《문어》 …없이, …없어서(without)
San Sal·va·dor [sæ̀n-sǽlvədɔ̀ːr] 산살바도르 《중미 El Salvador 공화국의 수도》
sans-cu·lotte [sæ̀nzkjulɑ́t | -kjulɔ́t] [F 「반바지(culotte)를 입지 않은」의 뜻에서] *n.* **1** 상퀼로트 《프랑스 혁명 당시의 파리의 하층민 공화당원》 **2** 과격 공화주의자, 급진 혁명가
san·ser·if [sænsérif] *n.* 〖인쇄〗 = SANS SERIF
San·skrit, -scrit [sǽnskrit] *n.* Ⓤ 산스크리트, 범어(梵語)
— *a.* 산스크리트[범어]의
sans ser·if [sǽnz-sérif] *a.*, *n.* 〖인쇄〗 산세리프체의 (활자) 《세리프(serifs) 없는 활자체》
San·ta [sǽntə] *n.* 《구어》 = SANTA CLAUS
‡**San·ta·Claus** [sǽntə-klɔ̀ːz] [어린이의 수호 성인 「성 니콜라스」(St. Nicholas)의 이름에서] *n.* **산타클로스**
San·ta Fe [sǽntə-féi] 샌타페이 《미국 New Mexico 주의 주도》
Sánta Fé Tráil [the ~] 샌타페이 가도(街道) 《미국 Santa Fe에서 Missouri 주의 Independence에 이르는 교역 산업 도로》
San·ti·a·go [sæ̀ntiɑ́ːgou] *n.* 산티아고 《칠레의 수도》
San·to Do·min·go [sǽntə-dəmíŋgou] 산토도밍고 《도미니카 공화국의 수도》
san·to·nin [sǽntənin] *n.* Ⓤ 산토닌 《구충제》
São Pau·lo [sɑ́n-páulou] 상파울루 《브라질 남부의 도시; 커피 산지》
São To·mé and Prín·ci·pe [sàu-təméi-ənd-príːnsəpə] 상투메 프린시페 《아프리카 서부의 공화국; 수도 São Tomé》
‡**sap**[1] [sæp] *n.* **1** Ⓤ **수액(樹液)** **2** Ⓤ 원기, 활력 **3** 《속어》 잘 속는 사람, 얼간이
— *v.* (~**ped**; ~·**ping**) *vt.* **1** 〈나무 등에서〉 수액을 짜내다 **2** 《비유》 〈…의〉 활력을 잃게 하다
sap[2] *n.* 〖군사〗 대호(對壕) 《적진으로 다가가기 위해 파는 참호》
— *v.* (~**ped**; ~·**ping**) *vt.* **1** 〖군사〗 대호를 파서 〈적진에〉 다가가다 **2** …의 밑을 파서 무너뜨리다 **3** 〈세력·체력 등을〉 (서서히) 약화시키다, 해치다
— *vi.* 〖군사〗 대호를 파다; 대호를 파서 적진에 다가가다
sap·head [-hèd] *n.* 《속어》 바보, 얼간이 ~·**ed** [-id] *a.*
sa·pi·ens [sépiənz] *a.* (화석인(化石人)과 구별하여) 현(現)인류의
sa·pi·ent [séipiənt] [L 「아는」의 뜻에서] *a.* 《문어》 **1** 슬기로운, 지혜로운 **2** 아는 체하는 ~·**ly** *ad.*
sap·less [sǽplis] *a.* **1** 수액(樹液)이 없는; 시든 **2** 활기 없는
∗**sap·ling** [sǽpliŋ] *n.* **1 묘목, 어린 나무** **2** 풋내기
sap·o·dil·la [sæ̀pədílə] *n.* 〖식물〗 사포딜라; 사포딜라의 열매 《식용》
sap·o·na·ceous [sæ̀pənéiʃəs] *a.* 비누(질)의[같은]
sa·pon·i·fy [səpɑ́nəfài | -pɔ́n-] *vt.* (**-fied**) 〖화학〗 감화(鹼化) [비누화]하다
sap·per [sǽpər] *n.* 〖군사〗 **1** 공병 **2** 《미》 적전(敵前) 공작병
Sap·phic [sǽfik] *a.* **1** 사포(Sappho)의; 사포풍[시체(詩體)]의 **2** (여성의) 동성애의 — *n.* 사포의 시체(詩體)
∗**sap·phire** [sǽfaiər] *n.* **1 사파이어, 청옥(靑玉)** **2** Ⓤ 사파이어빛, 유리(瑠璃)빛
Sap·pho [sǽfou] *n.* 사포 《기원전 600년경의 그리스의 여류 시인》
sap·py [sǽpi] *a.* (**-pi·er**; **-pi·est**) **1** 수액(樹液)이 많은 **2** (젊고) 활기찬 **3** 《미·구어》 우둔한; 극단적으로 감상적인
sap·wood [-wùd] *n.* Ⓤ 백목질(白木質) 《나무의 껍질과 심 사이의 연한 부분》
sar·a·band, -bande [sǽrəbæ̀nd] *n.* 사라반드 춤 《3박자의 스페인 춤》; 그 무곡
Sar·a·cen [sǽrəsən | -sn] *n.* 사라센 사람 《시리아·아라비아의 사막에 사는 유목민》; (특히 십자군 시대의) 아라비아 사람[이슬람교도] — *a.* = SARACENIC
Sar·a·cen·ic [sæ̀rəsénik] *a.* 사라센(사람)의; 사라센식의 〈건축〉
Sar·ah [sέərə] *n.* **1** 여자 이름 《애칭 Sally》 **2** 〖성서〗 사라 《Abraham의 아내이며 Isaac의 어머니》
sa·ran [sərǽn] *n.* Ⓤ 사란 《합성 수지의 일종》; [**S~**] Ⓒ 그 상표명
sa·ra·pe [sərɑ́ːpi] *n.* = SERAPE
sar·casm [sɑ́ːrkæzm] [Gk 「살을 찢다」 → 「(살을 찢는 듯한) 빈정댐」의 뜻에서] *n.* 비꼬는[빈정대는] 말; Ⓤ 비꼼, 풍자: in ~ 비꼬아서
‡**sar·cas·tic, -ti·cal** [sɑːrkǽstik(əl)] *a.* **빈정대는,** 비꼬는, 풍자적인: a ~ comment 비꼬는[비아냥거리는] 말
-ti·cal·ly *ad.*
sar·co·ma [sɑːrkóumə] *n.* (*pl.* ~**s**, ~·**ta** [-tə]) ⓊⒸ 〖병리〗 육종(肉腫)
sar·coph·a·gus [sɑːrkɑ́fəgəs | -kɔ́f-] *n.* (*pl.* **-gi** [-dʒài], ~·**es**) 〖고고학〗 (정교하게 조각된 대리석의) 석관(石棺)
sard [sɑːrd] *n.* Ⓤ 〖광물〗 홍옥수(紅玉髓)
∗**sar·dine** [sɑːrdíːn] *n.* (*pl.* ~, ~**s**) 〖어류〗 정어리
sar·don·ic [sɑːrdɑ́nik | -dɔ́n-] *a.* 냉소적인, 조롱[야유]하는; 비꼬는: a ~ laugh[smile] 냉소, 조소

S

sar·do·nyx [sɑːrdɑ́niks | sɑ́ːdə-] *n.* Ⓤ 〖광물〗 붉은 줄무늬 있는 마노(瑪瑙) 《cameo 세공용》

sa·ree [sɑ́ːri] *n.* = SARI

sar·gas·so [sɑːrgǽsou] *n.* (*pl.* ~(e)s) 〖식물〗 모자반속(屬)

sa·ri [sɑ́ːri] *n.* 사리 《인도 여인이 몸에 두르는 길고 가벼운 옷》

sa·rong [sərɔ́ːŋ | -rɔ́ŋ] *n.* 사롱 《말레이 반도 사람들이 허리에 감는 천》

SARS [sɑːrs] severe acute respiratory syndrome 〖병리〗 중증 급성 호흡기 증후군

sar·sa·pa·ril·la [sɑ̀ːrspərílə] *n.* **1** 사르사(파릴라) 《중미 원산의 청미래덩굴속(屬)의 식물》 **2** Ⓤ 사르사 뿌리 《강장제·음료용》 **3** Ⓤ 사르사파릴라 《사르사 뿌리로 맛들인 탄산수》

sar·to·ri·al [sɑːrtɔ́ːriəl] *a.* 《문어》 **1** 재봉(사)의: the ~ art 《익살》 재봉 기술 **2** 의복에 관한

Sar·tre [sɑ́ːrtrə] *n.* 사르트르 **Jean Paul** ~ (1905-80) 《프랑스의 실존주의 작가·철학자》

SAS [sæs] Scandinavian Airlines System; Special Air Service 《영》 공군 특수 기동대

S

‡**sash**[1] [sæʃ] *n.* **1** 장식띠; 현장(懸章) **2** 허리띠 《여성·어린이용》

sash[2] *n.* 〖건축〗 (내리닫이창의) 창틀, 새시 — *vt.* 창틀을 달다

sa·shay [sæʃéi] [chassé의 변형] *vi.* 《미·구어》 미끄러지듯이 나아가다[움직이다, 걷다]; 뻐기며 걷다

sásh wìndow 내리닫이창

Sas·katch·e·wan [sæskǽtʃəwən] *n.* 서스캐처원 《캐나다 남서부의 주(州); 주도 Regina》

Sas·quatch [sǽskwætʃ] *n.* 새스콰치, 원인(猿人) (Bigfoot) 《미국 북서부 산속에 산다는 사람 같은 큰 짐승》

sass [sæs] [sassy에서의 역성] 《미·구어》 *n.* Ⓤ 건방진 말대꾸
— *vt.* …에게 건방진 말(대꾸)를 하다

sas·sa·fras [sǽsəfræ̀s] *n.* 〖식물〗 사사프라스 (나무) 《녹나무과(科) 식물; 북미 원산》; 그 나무[뿌리] 껍질 《강장제·향료》

sas·sy [sǽsi] [saucy의 변형] *a.* (**sas·si·er**; **-si·est**) 《미·속어》 건방진, 방정맞은, 뻔뻔스러운

‡**sat** [sæt] *v.* SIT의 과거·과거분사

SAT [éssèitíː] Scholastic Aptitude Test 《미》 (대학) 학습 능력 적성 시험

Sat. Saturday; Saturn

‡**Sa·tan** [séitn] [Heb. 「적」의 뜻에서] *n.* 사탄, 마왕

sa·tan·ic, -i·cal [sətǽnik(əl)] *a.* **1** [때로 **S~**] 마왕의, 사탄의 **2** 악마와 같은; 극악무도한 **-i·cal·ly** *ad.*

Sa·tan·ism [séitnìzm] *n.* Ⓤ 악마 숭배; 악마주의 **-ist** *n.* 악마 숭배자

*****satch·el** [sǽtʃəl] *n.* 학생 가방 《손에 들게도 된 어깨에 메는 것》

sate [seit] *vt.* 물리게 하다, 배부르게 하다

sat·ed [séitid] *a.* 넌더리나도록 물린

sa·teen [sætíːn] *n.* Ⓤ 면수자(綿繻子)

‡**sat·el·lite** [sǽtəlàit] [L 「경호원, 수행자」의 뜻에서] *n.* **1** 〖천문〗 위성; 인공위성 **2** 위성국; 위성 도시 **3** 위성 방송 [텔레비전] **4** 종자(從者), 수행자
— *a.* Ⓐ **1** 위성의: ~ communications 위성[우주] 통신 **2** 위성과 같은; 종속된: a ~ state [nation] 위성 국가

sátellite bròadcasting 위성 방송

sátellite dìsh 위성으로부터의 전파를 받을 수 있는 접시 모양의 안테나

sátellite stàtion 인공 위성[우주선] 기지; 위성 방송 기지

sátellite tòwn 위성 도시; 도시 근교

sa·ti·ate [séiʃièit] *vt.* **1** 충분히 만족시키다 **2** 싫증나게 하다, 물리게 하다

sa·ti·at·ed [séiʃièitid] *a.* 충분히 만족한, 물린 ***be ~ with*** …에 물리다

sa·ti·e·ty [sətáiəti] *n.* Ⓤ 물림, 싫증남, 포만(飽滿)

*****sat·in** [sǽtn | -tin] [중국 푸젠성(福建省)의 산지명에서] *n.* **1** Ⓤ 견수자(絹繻子), 공단, 새틴 **2** 비단 같은 표면
— *a.* **1** 새틴의 **2** 새틴 같은, 매끈매끈한, 윤나는

sat·in·wood [sǽtnwùd] *n.* 〖식물〗 새틴나무, 인도수자목 《인도산》; Ⓤ 그 목재

sat·in·y [sǽtəni] *a.* 견수자 같은; 윤기 있는; 매끈매끈한

‡**sat·ire** [sǽtaiər] *n.* **1** Ⓤ 풍자, 비꼼 **2** Ⓤ [집합적] 풍자 문학; Ⓒ 풍자 작품 《시·소설·연극 등》

sa·tir·ic, -i·cal [sətírik(əl)] *a.* 비꼬는, 풍자적인 **-i·cal·ly** *ad.*

sat·i·rist [sǽtərist] *n.* **1** 풍자시[문] 작자 **2** 풍자가, 비꼬기 좋아하는 사람

sat·i·rize [sǽtəràiz] *vt.* 풍자하다, 풍자시[문]로 공격하다; 빈정대다
sàt·i·ri·zá·tion [-rizéiʃən | -rai-] *n.*

‡**sat·is·fac·tion** [sæ̀tisfǽkʃən] *n.* **1** Ⓤ 만족, 만족시킴; 흡족 **2** 만족을 주는 것 **3** Ⓤ **a** 〖법〗 변제(辨濟) 의무의 이행; 배상 《*for*》 **b** 사죄(謝罪); (명예 회복의) 결투 ***demand ~*** 배상을 요구하다; 사죄[결투]를 요구하다 ***express*** one***'s ~ at***[***with***] …에 만족의 뜻을 표명하다 ***find ~ in*** do***ing*** …하는 것에[으로] 만족하다 ***in ~ of*** …의 지불[배상]으로서 ***make ~ for ...*** …을 배상[변상]하다

*****sat·is·fac·to·ri·ly** [sæ̀tisfǽktərəli] *ad.* 만족하게, 흡족하게, 충분히

‡**sat·is·fac·to·ry** [sæ̀tisfǽktəri] *a.* **1** 만족스러운, 더할 나위 없는, 충분한 《*for, to*》 **2** 〈성적이〉 보통의, 양(良)의

‡**sat·is·fied** [sǽtisfàid] *a.* **1** 만족한, 흡족한 《*with, by*》 **2** Ⓟ 확신한, 납득한 《*of, about*》

‡**sat·is·fy** [sǽtisfài] [L 「충분하게 하다」의 뜻에서] *v.* (**-fied**)
vt. **1** 만족시키다; 충족시키다 《*with*》: ~ one's hunger 공복을 채우다 **2** 〈요구 조건을〉 채우다 **3** 〈의무를〉 다하다; 〈숙원을〉 이루다; 〈부채를〉 다 갚다, 〈채권자 등에게〉 채무를 이행[변제]하다 **4** 〈걱정·의심을〉 풀다; 납득[확신]시키다 《*of, about*》 **5** 〖수학〗 …의 조건을 만족시키다
— *vi.* 만족을 주다, 충분하다

***sat·is·fy·ing** [sǽtisfàiiŋ] *a.* **만족을 주는,** 충분한
***sat·u·rate** [sǽtʃərèit] [L 「채우다」의 뜻에서] *vt.* **1 흠뻑 적시다,** 담그다, 적시다 **2** 〈담배 연기 등이 방안을〉 가득 채우다; 〈전통·편견 등에 사람을〉 젖어들게 하다 **3** 〈시장에〉 과잉 공급하다, 충만시키다 《*with*》 **4** 〖화학〗 〈용액·화합물 등을〉 포화시키다 **5** 〖군사〗 …에 집중 폭격을 가하다
— [-rət, -rèit] *a.* = SATURATED
— [-rət, -rèit] *n.* 포화 지방산(fatty acid)
sat·u·rat·ed [sǽtʃərèitid] *a.* **1** 속속들이 스며든; 흠뻑 젖은: a ~ towel 흠뻑 젖은 타월 **2** Ⓟ (…으로) 가득한 《*with*》; 〈전통·편견 등이〉 배어든 《*with*》 **3** 〖화학〗 포화된 ***be ~ with*** …에 젖어 있다; …이 충만해 있다
sáturated solútion 〖화학〗 포화 용액
sat·u·ra·tion [sæ̀tʃəréiʃən] *n.* Ⓤ **1** 침윤(浸潤); 〖화학〗 포화 (상태) **2** 〖광학〗 (색의) 채도(彩度) **3** 〖군사〗 집중 공격
saturátion pòint 포화점; 한도, 극한
‡Sat·ur·day [sǽtərdi, -dèi] [OE 「Saturn(토성)의 날」의 뜻에서] *n.* **토요일** 《略 S., Sat.》
— *a.* Ⓐ 토요일의: *on* ~ afternoon 토요일 오후에
— *ad.* (미) 토요일에(on Saturday): See you ~. 그럼 토요일에 봅시다.
Sáturday nìght spécial [주말의 범죄에 흔히 쓰이는 데서] (미·속어) (염가의) 소형 권총
***Sat·urn** [sǽtərn] *n.* **1** 〖천문〗 **토성**: ~'*s* rings 토성환(土星環) **2** 〖로마신화〗 농업의 신 《Jupiter 이전의 황금 시대의 주신(主神); 그리스신화의 Cronos에 해당함》
Sat·ur·na·li·a [sæ̀tərnéiliə] *n.* (*pl.* **~s,** ~) **1** [the ~; 때때로 복수 취급] 〖고대로마〗 농신(農神)날 잔치 《12월 17일 경의 추수를 축하하는》 **2** [종종 **s~**] 진탕 마시고 노는 잔치 (놀이)
Sa·tur·ni·an [sətə́:rniən | sæ-] *a.* **1** 농업의 신(Saturn)의 **2** 〖천문〗 토성의
sat·ur·nine [sǽtərnàin] [OF 「토성(Saturn)의 영향 아래 태어난」의 뜻에서] *a.* 〖점성〗 토성의 영향을 받고 태어난; 무뚝뚝한, 음울한
sa·tyr [séitər | sǽtə] *n.* **1** [종종 **S~**] 〖그리스신화〗 사티로스 《주신(酒神) Bacchus를 섬기는 반인 반수(半人半獸)의 숲의 신, 술과 여자를 몹시 좋아함; 로마신화의 faun에 해당》 **2** 호색가
sa·ty·ri·a·sis [sèitəráiəsis | sæ̀t-] *n.* Ⓤ 〖병리〗 남자의 음란증(淫亂症)
sa·tyr·ic, -i·cal [sətírik(əl)] *a.* 사티로스(satyr)의[같은]
‡sauce [sɔ:s] [L 「소금에 절인 음식」의 뜻에서] *n.* **1** ⓊⒸ **소스**; (비유) 양념, 자극, 재미 **2** Ⓤ (미) (과실에) 설탕 조림 **3** Ⓤ (속어) 뻔뻔스러움, 건방짐; 건방진 언동: What ~! 정말 건방지구나! ***Hunger is the best ~.*** (속담) 시장이 반찬이다.
— *vt.* **1** 소스를 치다 **2** 재미를[자극을] 더하다 《*with*》 **3** (속어) …에게 무례한 말을 하다
sauce·boat [sɔ́:sbòut] *n.* (배 모양의) 소스 그릇
***sauce·pan** [sɔ́:spæ̀n | -pən] *n.* **소스 냄비** 《긴 손잡이가 달리고 뚜껑 있는 깊은 냄비》
‡sau·cer [sɔ́:sər] [OF 「소스 그릇」의 뜻에서] *n.* **1 받침 접시 2** 화분의 밑받침 **3** 받침 접시 모양의 것; = FLYING SAUCER
sau·cer-eyed [sɔ́:səràid] *a.* (접시처럼) 눈이 휘둥그레진, 눈을 부릅뜬
***sau·cy** [sɔ́:si] *a.* (**sau·ci·er**; **-ci·est**) **1 뻔뻔스런,** 건방진, 불손한: Don't be ~! 건방진 소리 마라! **2 a** 생기가 넘치는 **b** 재치 있는; 멋진; 날씬한: a ~ car 멋진 자동차 **c** 〈영화 등이〉 외설적인
sáuc·i·ly *ad.* 건방지게 **sáuc·i·ness** *n.* Ⓤ 건방짐
Sau·di [sáudi | sɔ́:di] *a., n.* = SAUDI ARABIAN
Sáudi Arábia 사우디 아라비아
Sáudi Arábian 사우디 아라비아 (사람)의; 사우디 아라비아의 주민
sau·er·kraut [sáuərkràut] [G 「새콤한」과 「양배추」의 뜻에서] *n.* Ⓤ 소금에 절인 양배추 《발효시킨 독일의 김치》
Saul [sɔ:l] *n.* **1** 남자 이름 **2** 〖성서〗 사울 《Israel의 초대 왕》 **3** 사도 Paul의 원래 이름
sau·na [sáunə | sɔ́:-] [Fin. 「목욕탕」의 뜻에서] *n.* (핀란드의) 사우나 《한증욕》; 사우나 목욕탕
saun·ter [sɔ́:ntər] *vi.* 산보하다
— *n.* 산책 **~·er** *n.*
sau·ri·an [sɔ́:riən] *a., n.* 도마뱀속(屬)의[도마뱀 비슷한] (동물)
***saus·age** [sɔ́:sidʒ | sɔ́s-] [L 「소금에 절인 음식」의 뜻에서] *n.* ⓊⒸ **소시지, 순대**
sáusage dòg (영·구어) = DACHSHUND
sáusage mèat 다진 고기 《소시지용》
sáusage róll 다져서 양념한 고기 롤빵
sau·té [sɔ:téi, sou- | sóutei] [F] *n.* (*pl.* **~s** [-z]) 〖요리〗 소테 《적은 기름으로 살짝 튀긴 요리》 — *a.* 소테의[로 한]
— *vt.* (**~(e)d**; **~·ing**) 〈고기·야채 등을〉 소테로 하다, 기름에 살짝 튀기다
Sau·ternes [soutə́:rn] [F] *n.* Ⓤ 소테른 백포도주 《프랑스 남부의 원산지명에서》
sav·a·ble [séivəbl] *a.* 구할 수 있는; 절약[저축]할 수 있는
‡sav·age [sǽvidʒ] [L 「숲의, 야생의」의 뜻에서] *a.* **1** Ⓐ **야만적인,** 미개한 **2** Ⓐ 〈경치 등이〉 황량한 **3 잔인[포악]한**; 사나운, 야생의 **4** (구어) 격노한
— *n.* **1** 야만인, 미개인 **2** 야만적인[잔인한] 사람; 버릇없는 사람
— *vt.* 〈성난 개·말 등이〉 물어뜯다; 맹렬하게 공격[비난]하다 **~·ly** *ad.* **~·ness** *n.*
sav·age·ry [sǽvidʒəri] *n.* (*pl.* **-ries**) Ⓤ **1** 야만[미개] (상태) **2** 흉포, 포악성, 잔인 **3** [보통 *pl.*] 야만적 행위, 만행
***sa·van·na(h)** [səvǽnə] [Sp.] *n.* **대초원,** 사바나 《열대 지방 등의 나무 없는 대평원》
sa·vant [sævɑ́:nt | sǽvənt] [F 「알다」의 뜻에서] *n.* (문어) 학자, 석학

S

sav·a·rin [sǽvərin] [프랑스의 미식가 이름에서] *n.* 사바랭 《럼주나 매실즙 등을 넣고 만든 둥근 스폰지형의 케이크》

sa·vate [səvǽt] [F] *n.* Ⓤ 프랑스식 권투 《머리와 발도 사용함》

‡save[1] [seiv] *vt.* **1 구하다, 살려주다**: 모면하게 하다 《*from*》 **2** 〈명예·신용·권리 등을〉 (안전하게) 지키다; ~ one's honor 자기의 명예를 지키다 **3** 〖신학〗 〈사람·영혼을〉 (죄에서) 구원하다 **4 a 모아두다, 저축하다, 떼어놓다** 《*up, for*》; **절약하다 b** 〖컴퓨터〗 〈파일·데이터를〉 저장하다 **5** 〈경비·고생 등을〉 **덜어주다,** 〈비용을〉 줄이다 **6** …의 시간에 대다: to ~ the (next) post 다음 배달 편에 늦지 않도록 **—** *vi.* **1 저금하다,** 저축하다 《*up*》; 절약하다 **2** 〖신학〗 구원하다 **3** 〖야구〗 투수가 세이브하다

God ~ the Queen [***King***]***!*** 여왕[국왕] 폐하 만세! 《영국 국가》

— *n.* **1** (경기에서) 상대방의 득점을 방해함; 〖야구〗 세이브 《구원 투수가 자기 팀의 승리를 끝까지 지키기》 **2** 〖카드〗 (브리지에서) 대손실을 막기 위한 수단

‡save[2] *prep.* 《문어》 …을 **제외하고는,** …외에는, …은 별도로 하고 **—** *conj.* [~ that ...] …인 것을 제외하고는

save-as-you-earn [séivæzjuə́:rn] *n.* 《영》 (급료 등의) 정기 적립 저축 제도 《略 SAYE》

sav·e·loy [sǽvəlɔ̀i] *n.* ⓊⒸ 《영》 양념을 많이 한 건조 소시지

sav·er [séivər] *n.* **1** 구조자, 구제자 **2** 절약가, 저축가 **3** 절약기[장치]: a coal ~ 석탄 절약기

‡sav·ing[1] [séiviŋ] *a.* **1** 〈사람이〉 **절약하는,** 검소한 **2** 구해 주는, 구조[구제]가 되는 **3** 〖법〗 보류[유보]의; 제외적인: a ~ clause 유보 조항, 단서 **4** Ⓐ (보완하는) 장점이 되는

— *n.* ⓊⒸ **1 절약,** 검약; [*pl.*] **저금,** 저축 **2** 구조, 구제 **3** 〖법〗 보류, 제외

saving[2] *prep.* …외에는

— *conj.* …을 제외하고는

sáving gráce (결점을 보완하는) 장점

sávings accòunt 《미》 보통 예금 (계좌); 《영》 저축 예금 (계좌)

sávings and lóan associàtion 《미》 저축 대부 조합

sávings bànk 저축 은행; 《미》 저금통

sávings bònd 《미》 저축 채권

***sav·ior | sav·iour** [séivjər] *n.* **1 구조자,** 구제자 **2** [the[Our] S~] **구세주** (그리스도)(Christ) **~·hòod** *n.* **~·shìp** *n.*

sa·voir faire [sǽvwɑ:r-féər] [F = know how to do] *n.* (사교 등에서의) 기지, 임기응변의 재치

***sa·vor | sa·vour** [séivər] [L 「맛」의 뜻에서] *n.* ⒸⓊ **1** (특유한) **맛, 풍미**; 향기 **2** 아취, 재미, 자극 **3** [a ~] 기미(氣味), 다소, 약간 《*of*》 **—** *vi.* 맛이 있다, 풍미가 있다 《*of*》; 《비유》 …의 기미가 있다 **—** *vt.* **1** 맛을 내다; 《드물게》 …의 기미를 보이다 **2** 맛보다; 감상하다

sa·vor·y[1] [séivəri] *n.* 〖식물〗 층층이꽃의 일종 《요리용》

sa·vor·y[2] | **sa·vour·y** *a.* **1** 맛 좋은, 향긋한, 풍미 있는 **2** 기분 좋은, 즐거운 **3** [부정 구문에서] 《문어》 〈평판이〉 좋은, 훌륭한: He does*n't* have a very ~ reputation. 그는 평판이 별로 좋지 않다. **4** 〖요리〗 짭짤한

— *n.* 《영》 (식전 식후의) 구미를 돋우는 짭짤한 요리

sa·voy [səvɔ́i] *n.* 〖식물〗 양배추의 일종

Sa·voy·ard [səvɔ́iərd | -ɑ:d] *n.* (London의) Savoy 극장 전속 배우 《Gilbert와 Sullivan의 가극을 처음으로 상연한 때의》; Savoy 오페라의 팬

sav·vy [sǽvi] 《속어》 *vt., vi.* (**-vied**) 알다, 이해하다: *S~?* 알겠느냐?

— *a.* (**-vi·er**; **-vi·est**) 소식에 밝은, 정통한 **—** *n.* Ⓤ 실제적 지식

‡saw[1] [sɔ:] *n.* 톱

— *v.* (**~ed**; **sawn** [sɔ:n], 《미》 **~ed**) *vt.* **1 톱으로 켜다**; 톱으로 켜서 …으로 만들다; 〈나무를〉 베다; 잘라 내다 **2** (톱질하듯) …을 앞뒤로 움직이다

— *vi.* **1 톱질하다 2** 톱질이 되다, 톱이 들다 **3** 톱질하듯이 손을 움직이다

‡saw[2] *v.* SEE[1]의 과거

saw[3] *n.* 속담(proverb), 격언(saying)

saw·bones [-bòunz] [「뼈를 자르는 (사람)」의 뜻에서] *n.* (*pl.* **~, ~·es**) 《익살》 외과 의사

saw·dust [-dʌ̀st] *n.* Ⓤ 톱밥

saw-edged [-édʒd] *a.* 톱니 모양의

sawed-off [sɔ́:dɔ̀:f | -ɔ̀f], **sawn-off** [sɔ́:nɔ̀:f | -ɔ̀f] *a.* **1** 한 끝을 (톱으로) 자른, 짧게 한 **2** 《구어》 키가 작은

saw·horse [-hɔ̀:rs] *n.* 톱질 모탕

***saw·mill** [sɔ́:mìl] *n.* **제재소**; 제재용 톱

***sawn** [sɔ:n] *v.* SAW[1]의 과거분사

sáw pìt 톱질 구덩이 《큰 톱을 켜는 두 사람 중 하나가 그 속에 들어감》

saw-toothed [-tù:θt] *a.* 톱니 (모양)의

saw·yer [sɔ́:jər] *n.* 톱질꾼

sax [sæks] *n.* 《구어》 = SAXOPHONE

sax·horn [sǽkshɔ̀:rn] *n.* 〖음악〗 색스혼 《피스톤이 있는 나팔의 일종》

sax·i·frage [sǽksəfridʒ] *n.* 범의귀속(屬)의 여러 식물

***Sax·on** [sǽksn] [게르만 말 「검, 칼」의 뜻에서] *n.* **1 색슨 사람**[**족**] 《독일 북부의 고대 민족》 **2** (웨일스 사람·아일랜드 사람·스코틀랜드 사람과 구별하여) 잉글랜드 사람(Englishman) **3** 스코틀랜드 저지(低地) 사람 **4** 앵글로색슨 사람 **5** 작센 사람 《독일의 Saxony 지방 사람》 **6** Ⓤ 색슨 말; 앵글로색슨 말, 순수한 영어

— *a.* 색슨 (사람)의, 색슨 말의

sax·o·phone [sǽksəfòun] *n.* 〖음악〗 색소폰 《클라리넷 종류의 취주 악기》

-phòn·ist *n.* 색소폰 연주가

‡say [sei] *v.* (**said** [sed]; 3인칭 단수 현재 직설법 **says** [sez]) *vt.* **1 말하다,** 이야기하다 **2** 〈신문·게시·편지 등에〉 쓰여 있다, 나와 있다 **3** [명령법] 가정하라, …이라면(if) **4** 〈세상 사람들이〉 …**이라고 말하다 5** 〈시계 등이〉 〈시각을〉 가리키다 **6** 낭독하다, 낭송(朗誦)하다, 〈미사를〉 드리다 **7** 《미·구어》 …을 명령하다,

…하라고 말하다 **—** *vi.* **1 말하다 2** 의견을 말하다 **3** ⦅미·구어⦆ 저어, 여보세요, 잠깐만 (⦅영⦆ I say)
as much as to ~ (마치) …이라고 말하려는 듯이[할 듯이] ⦅*to say*는 「목적」을 나타내는 부사적 용법⦆ ***have nothing to ~ for*** one*self* ⦅속어⦆ 언제나 잠자코 있다; 변명할 것[말]이 없다 ***It goes without ~ing that...*** …은 말할 나위도 없다 ***It is not too much to ~ that ...*** …이라 해도 지나치지 않다 ***It is said that ...*** (소문으로는) …이라고들 한다; …이라고 말하는 사람이 있다 ***let us ~*** 이를테면, 글쎄 ***not to ~*** …이 아닐지라도, …이라고는 말할 수 없지만: It is warm, *not to* ~ hot. 덥다고는 못하겠지만 따뜻하다. ***~ no*** 「아니다」라고 말하다; 찬성하지 않다 ***~ over*** (***again***) (*vt.*) 되풀이 말하다 ***~ yes*** 「그렇다」고 말하다; 승낙하다, 찬동하다 ***so to ~*** 말하자면; 마치, 이를테면 ***that is to ~*** 즉, 다시 말하면; 적어도 ***to ~ nothing of*** … 은 말할 것도 없이 ***to ~ the least of it*** 아주 줄잡아 말한다 해도 ***What do you ~***[***What ~ you***] ***to*** a walk? (산책)하시지 않겠습니까? ***You can ~ that again!*** ⦅구어⦆ 맞았어, 바로 그거야!
— *n.* **1** 말하고 싶은 것, 말(해야) 할 것, 할 말; ⓊⒸ [때로 a ~] ⦅속어⦆ 발언권, 발언할 차례[기회] **2** [the ~] 결정권
It is now my ~. 이제 내가 말할 차례야.

SAYE ⦅영⦆ save-as-you-earn

⁑**say·ing** [séiiŋ] *n.* **1 말하기,** 발언, 언사, 언설: *~s* and doings 언행 **2 속담,** 전해 내려오는 말, 격언: It's a common ~ that ... …은 흔히들 하는 말이다
as the ~ is[***goes***] 이른바, 속담에도 이르듯이

say-so [séisòu] *n.* (*pl.* **~s**) ⦅구어⦆ **1** [보통 one's ~로] (독단적) 주장, 발언 **2** 허가, 지시

Sb 〖화학〗 *stibium* ⦅L =antimony⦆

sb. 〖문법〗 substantive (noun)

s.b., sb 〖야구〗 stolen base(s) 도루(盜壘)

S.B. *Scientiae Baccalaureus* ⦅L= Bachelor of Science⦆ 이학사(理學士); simultaneous broadcasting 동시 방송

SBA ⦅미⦆ Small Business Administration 중소 기업청

SbE.[**W.**] South by East[West]

S by E south by east

Sc 〖화학〗 scandium; 〖기상〗 stratocumulus

SC Security Council (of the United Nations) (국제 연합) 안전 보장 이사회

sc. scene; science; *scilicet*; screw; scruple

s.c. small capitals

Sc. Scotch; Scots; Scottish

S.C. Signal Corps; South Carolina; Supreme Court

scab [skæb] *n.* **1** (헌데·상처의) 딱지 **2** Ⓤ 개선(疥癬), 옴 **3** ⦅구어·경멸⦆ 노동조합 불참가자, 비조합원; (파업 때) 파업을 깨뜨리는 노동자
— *vi.* (**~bed**; **~·bing**) **1** 〈상처에〉 딱지가 생기다 **2** 비조합원으로서 일하다; 파업을 깨다

***scab·bard** [skǽbərd] *n.* **1** (칼·검 등의) **집,** 칼집 **2** ⦅미⦆ 권총집

scab·bed [skǽbid] *a.* 딱지가 있는, 딱지투성이의; 옴이 옮은

scab·by [skǽbi] *a.* (**-bi·er**; **-bi·est**) **1** = SCABBED **2** 인색한, 경멸할 만한; 비열한

sca·bies [skéibiz | -biìːz] *n. pl.* [단수 취급] 〖병리〗 개선(疥癬), 옴

sca·bi·ous [skéibiəs] *n.* 〖식물〗 체꽃속(屬)의 화초

scab·rous [skǽbrəs | skéib-] *a.* **1** 거칠거칠한, 우툴두툴한 **2** 〈문제 등이〉 까다로운; 〈주제·장면 등이〉 음란한

scad [skæd] *n.* [보통 *pl.*] ⦅미·구어⦆ 많음(a lot, lots) ⦅*of*⦆: a ~ *of* fish 많은 물고기

***scaf·fold** [skǽfəld] *n.* **1** (건축장의) **비계,** 발판 **2** [the ~] 단두대; 교수형, 사형 **3** (야외의) 조립된 무대[스테이지, 스탠드]
go to[***mount***] ***the ~*** 사형에 처해지다
— *vt.* 〈건물에〉 발판[비계]을 설치하다

scaf·fold·ing [skǽfəldiŋ] *n.* Ⓤ **1** (건축장의) 발판, 비계, 가구(架構) **2** 발판 재료

scag, skag [skæg] *n.* Ⓤ ⦅미·속어⦆ 헤로인(heroin)

scal·a·ble [skéiləbl] *a.* **1** 저울로 달 수 있는 **2** 〈산 등이〉 오를 수 있는

sca·lar [skéilər] *n.* 〖수학〗 스칼라, 수량 **—** *a.* 스칼라의

scal·a·wag | **scal·la-** [skǽləwæ̀g] *n.* ⦅미⦆ 부랑배, 망나니

***scald** [skɔːld] *vt.* **1** (끓는 물 등으로) **데게 하다** ⦅*on, with*⦆: ~ oneself 데다 **2** 〈기구를〉 끓는 물로 소독하다[끓이다]; 〈야채·닭 등을〉 데치다 **—** *vi.* (열탕·증기에) 데다 **—** *n.* **1** (끓는 물·증기에 의한) 뎀, 화상 **2** 〖식물〗 (심한 더위에 의한) 나뭇잎의 변색

scald·ing [skɔ́ːldiŋ] *a.* 끓는, 뜨거운; 통렬한

⁑**scale¹** [skeil] [OF 「껍질」의 뜻에서] *n.* **1 비늘 2** (비늘 모양으로 떨어지는) 인편(鱗片); (나비의 날개 등의) 인분(鱗粉); (피부병에 의한) 딱지 **3** 〖식물〗 아린(芽鱗) ⦅눈·봉오리를 보호⦆ **4** (눈에 끼어) 흐리게 하는 것 **5** Ⓤ 물때; 치석(齒石)
— *vt.* **1** 비늘을 벗기다; 껍질을 까다 **2** …의 물때를 벗기다; 치석을 떼내다
— *vi.* **1** 벗겨져 떨어지다 ⦅*off*⦆ **2** 물때가 끼다

⁑**scale²** [ON 「접시」의 뜻에서] *n.* **1 저울 접시**; [the ~s, a pair of ~s] **저울,** 천칭 **2** [the S~s] 〖천문〗 저울자리; 〖점성술〗 천칭궁(宮)(Libra)
— *vt.* **1** 저울로 달다 **2** (마음속으로) 저울질하다, 헤아리다
— *vi.* 무게가 …이다(weigh)

⁑**scale³** *n.* **1 저울눈**; 잣눈; 척도; 비례자; 눈금 자: a thermometer with a Celsius ~ 섭씨 눈금의 온도계 **2 비례, 비율,** 정도: a large-[small-]~ map 대[소]축척 지도 **3 규모 4** (세)**율,** 세법,

임금표: a ~ of wages[charges] 임금[요금]률 **5** 〖수학〗 …(진)법((進)法): the decimal ~ 십진법(十進法) **6 등급**, 계단; 계급, 위계: the social ~ 사회 계급 **7** 〖음악〗 음계 **—** *vt.* **1** 〈산 등에〉 기어 오르다, 등산하다, (사닥다리로) 오르다 **2** 축척으로 그리다; 비율에 따라 정하다: ~ down 비율에 따라 줄이다, 축소[삭감]하다 **—** *vi.* 기어오르다

scále àrmor 비늘 갑옷

scale-beam [skéilbìːm] *n.* 저울대

scaled [skeild] *a.* **1** 〖동물〗 비늘이 있는 **2** 비늘을 벗긴 **3** 눈금이 있는

scale·down [skéildàun] *n.* (임금 등의) 일정 비율의 삭감[할인]; 계획적 축소

scále económics 〖경제〗 규모의 경제

scále ìnsect 〖곤충〗 개각충, 깍지진디

sca·lene [skeilíːn | ⸗⸗] *a.* 〖기하〗 〈삼각형이〉 부등변의

scál·ing làdder [skéiliŋ-] 성곽 공격용 사닥다리; 소방용 사닥다리

scal·lion [skǽljən] *n.* 〖식물〗 봄양파

scal·lop [skɑ́ləp, skǽl- | skɔ́l-] *n.* **1** 〖패류〗 가리비; 그 관자; 그 껍데기 **2** [*pl.*] 가리비 모양의 장식 《깃·소매 등》 **—** *vt.* **1** 〈어패류를〉 속이 얕은 냄비에 넣어 지지다[굽다] **2** 가리비[부채꼴] 모양으로 만들다; (깃·소매에) 가리비 모양의 테를 두르다

scal·ly·wag [skǽliwæ̀g] *n.* = SCALAWAG

***scalp** [skælp] *n.* **1 머릿가죽 2** 머리털이 붙은 머릿가죽; 전승 기념품 **—** *vt.* **1** 〈옛 북미 인디언이〉 …의 머릿가죽을 벗기다 **2** 〈입장권 등을〉 (매점하여) 차익금을 남겨 팔다

scal·pel [skǽlpəl] *n.* 외과용 메스

scalp·er [skǽlpər] *n.* 《미·구어》 당장의 이익을 위하여 사고 파는 사람; (증권·입장권의) 전매(轉賣)를 위한 매점 투기자

scal·y [skéili] *a.* (**scal·i·er**; **-i·est**) **1** 비늘이 있는; 비늘 모양의 **2** (비늘처럼) 벗겨져 떨어지는 **3** 물때가 낀; 개각충(scale insect)이 붙은

scam, skam [skæm] 《미·속어》 *n.* 신용 사기 (사건) **—** *vt.* (**~med**; **~·ming**) 속이다, 사기치다 **—** *vi.* 《미·속어》 키스[애무]하다; 성교하다

scamp[1] [skæmp] *n.* **1** 건달; 망나니 **2** 《익살》 장난[말썽]꾸러기, 개구쟁이

scamp[2] *vt.* 〈일을〉 날림으로 하다, 아무렇게나 하다

***scam·per** [skǽmpər] *vi.* **재빨리 달리다**, 질겁하여 달아나다; 장난치며 뛰어 다니다 **—** *n.* 질주, 도주

scam·pi [skǽmpi] [It. 「새우」의 뜻에서] *n.* (*pl.* **~, ~es**) **1** 〖동물〗 참새우 **2** 마늘 소스로 양념한 (참)새우 《요리》

***scan** [skæn] *v.* (**~ned**; **~·ning**) *vt.* **1 자세히[꼼꼼하게] 조사하다 2** 〈신문·책 등을〉 대충 훑어보다 **3** 〈시의〉 운율을 조사하다, 〈시행을〉 운각 (韻脚)으로 나누다 **4** 〖TV〗 〈영상 등을〉 주사(走査)하다 **5** 〖컴퓨터〗 〈데이터를〉 주사하다, 훑다 **—** *vi.* 〈시행이〉 운율에 맞다 **2** 대충 훑어보다 **—** *n.* **1** 정밀 검사, 숙시(熟視) **2** 대충 훑어보기 **3** (시의) 운율 살피기

Scan., Scand. Scandinavia(n)

‡scan·dal [skǽndl] [Gk 「장애물, 덫」의 뜻에서] *n.* ⓊⒸ **1 a 추문**, 의옥(疑獄) **b** 불명예, 치욕, 수치 **c** (항간의) 소동, 물의(物議), 반감 **2 악평**; 중상, 험담, 비방 ***cause*** [***give rise to***] ~ 세상 사람들을 분개시키다

scan·dal·ize [skǽndəlàiz] *vt.* 분개시키다, 괘씸하게 생각게 하다

scan·dal·mon·ger [skǽndlmʌ̀ŋgər] *n.* 《경멸》 남의 추문을 퍼뜨리는 사람, 험담꾼

***scan·dal·ous** [skǽndələs] *a.* **1 수치스러운**, 창피하기 짝이 없는; 악평(惡評)이 자자한 **2** 중상하는, 비방적인 **~·ness** *n.*

scándal shèet 가십(gossip) 신문, 저급 잡지

Scan·di·na·vi·a [skæ̀ndənéiviə] *n.* **1** 스칸디나비아 (반도) **2** 북유럽

***Scan·di·na·vi·an** [skæ̀ndənéiviən] *a.* **1** 스칸디나비아의 **2** 스칸디나비아 사람[말]의 **—** *n.* 스칸디나비아 사람; Ⓤ 스칸디나비아 말

Scandinávian Península [the ~] 스칸디나비아 반도

scan·di·um [skǽndiəm] *n.* Ⓤ 〖화학〗 스칸듐 《희토류(稀土類) 원소; 기호 Sc; 번호 21》

scan·ner [skǽnər] *n.* **1** 〖TV·통신〗 스캐너, 영상 주사기(走査機); 〖컴퓨터〗 스캐너 **2** 〖의학〗 (인체 내부를 조사하는) 스캐너, 주사 장치

scan·ning [skǽniŋ] *n.* ⓊⒸ **1** 〖TV〗 주사(走査) **2** 〖의학〗 스캐닝

scan·sion [skǽnʃən] *n.* ⓊⒸ (시의) 운율 분석

***scant** [skænt] *a.* **1 부족한**, 빈약한, 적은, …이 모자라는 《*of*》 **2** (전체적으로) 좀 부족한, 빠듯한

scant·ies [skǽntiz] [*scant*+pant*ies*] *n. pl.* 《구어》 (여성용) 짧은 팬티

scant·ling [skǽntliŋ] *n.* Ⓤ (5인치 각(角) 이하의) 각재(角材), 켜낸 재목; 건축 치수

***scant·y** [skǽnti] *a.* (**scant·i·er**; **-i·est**) **부족한**, 근소[빈약, 불충분]한

scánt·i·ly *ad.* **scánt·i·ness** *n.* Ⓤ 모자람, 부족

scape [skeip] *n.* 〖식물〗 근생 화경(根生花梗) 《직접 땅속 뿌리에서 나오는 꽃줄기》

-scape [skeip] 《연결형》 「…경(景), …경치」의 뜻: a land*scape* 지상의 풍경

scape·goat [skéipgòut] [scape (escape의 ME형)와 goat에서] *n.* **1** 희생양, 남의 죄를 대신 지는 사람, 희생(자) **2** 〖성서〗 속죄 염소

scape·grace [-grèis] *n.* 망나니, 쓸모없는 놈; 《익살》 개구쟁이

scap·u·la [skǽpjulə] *n.* (*pl.* **-lae** [-lìː], **~s**) 〖해부〗 견갑골(肩甲骨)

scap·u·lar [skǽpjulər] *a.* 견갑골의, 어깨의

‡scar [skɑːr] *n.* **1 흉터**, (화상·부스럼의) 자국 **2** (마음·명성 등의) 상처 **3** 주물(鑄物)

의 흠 —*v.* (~**red**; ~·**ring**) *vt.* …에 상처를 남기다, 자국을 남기다
—*vi.* 흉터가 남다 **scárred** *a.*

scar·ab [skǽrəb] *n.* **1** 〖곤충〗 풍뎅이, 왕쇠똥구리 **2** (고대 이집트의) 갑충석(甲蟲石)

Scar·a·mouch(e) [skǽrəmùːʃ] *n.* **1** 스카라무슈 《고대 이탈리아 희극에서 허세부리는 익살광대》 **2** [**s~**] 《일반적으로》 허세부리는 겁쟁이, 허풍쟁이

‡**scarce** [skɛərs] *a.* **1** Ⓟ **부족한** **2** 드문, 진귀한: a ~ book 진본(珍本)

‡**scarce·ly** [skɛ́ərsli] *ad.* **1 거의 … 아니다**: I ~ know him. 그를 거의 모른다. **2 간신히,** 가까스로: ~ twenty people 20명 될까 말까 **3 아마 …아닌** ~ ... ***when*** [***before***] …하자마자

***scar·ci·ty** [skɛ́ərsəti] *n.* Ⓤ **1 부족,** 결핍: an energy ~ 에너지 부족 **2 품귀**(品貴), 희귀

scárcity vàlue 희소 가치

‡**scare** [skɛər] *vt.* **1 깜짝 놀라게 하다, 위협하다** **2** 《구어》 **겁주어 …하게 하다**; 놀라게 하여 쫓아버리다 —*vi.* **겁내다,** 놀라다 —*n.* **1** (전쟁 등의 풍설로 인한) **공황** **2** (이유 없는) **공포,** (공연히) 겁냄

scáre búying (부족을 예기한) 비축 구입

‡**scare·crow** [skɛ́ərkròu] *n.* **1 허수아비** **2** (실속 없는) 허세

***scared** [skɛərd] *a.* **1 겁을 집어먹은,** 겁에 질린 **2** Ⓟ **…하기가 겁나는** 《*of, to* do》

scared·y-cat [skɛ́ərdikæ̀t] *n.* 《구어》 겁쟁이

scare·head [skɛ́ərhèd] *n.* 《미·구어》 (신문의 특종용) 특대 표제

scáre hèadline = SCAREHEAD

scare·mon·ger [-mʌ̀ŋgər] *n.* 유언비어 유포자

‡**scarf** [skɑːrf] *n.* (*pl.* ~**s, scarves** [skɑːrvz]) **1 스카프,** 목도리 **2** 《미》 책상보, 피아노 덮개 《등》

scarf·pin [skɑ́ːrfpìn] *n.* 《영》 스카프핀, 넥타이핀(tiepin)

scarf·skin [-skìn] *n.* ⓊⒸ 〖해부〗 표피(表皮) 《특히 손톱 뿌리의》

scarf-wise [-wàiz] *ad.* (현장(懸章)식으로) 어깨에서 허리로 비스듬히

scar·i·fy [skǽrəfài | skɛ́ər-] *vt.* (-**fied**) **1** 〖외과〗 난절하다 **2** 혹평하다; 괴롭히다 **3** 〖농업〗 밭을 갈아 뒤집다

‡**scar·let** [skɑ́ːrlit] *n.* **1** ⓊⒸ **주홍색,** 진홍색 **2** Ⓤ 진분홍 빛의 옷
—*a.* **1** 진홍색의 **2** 〈여자가〉 음란한

scárlet féver 〖병리〗 성홍열

scárlet létter 주홍 글씨 《옛날 간통한 자의 가슴에 붙였던 adultery의 머리글자 A》

scárlet pímpernel 〖식물〗 별봄맞이꽃

scárlet rúnner 〖식물〗 붉은꽃강낭콩

scárlet wóman[**whóre**] 매춘부

scarp [skɑːrp] *n.* 〖축성〗 (해자의) 내벽

scar·per [skɑ́ːrpər] *vi.* 《영·속어》 (특히 셈을 하지 않고) 도망치다, 내빼다

scár tìssue 〖의학〗 반흔 조직

scar·y [skɛ́əri] *a.* (**scar·i·er**; -**i·est**) **1** 《구어》 놀라기 잘하는, 겁 많은 **2** 무서운, 두려운

scat[1] [skæt] *vi.* (~·**ted**; ~·**ting**) 《구어》 급히 가다; [보통 명령문으로] 저리 가라(Go away!)

scat[2] *n.* ⓊⒸ 〖재즈〗 스캣 《무의미한 음절로 가사를 대신하는 즉흥적인 노래》
—*vi.* (~·**ted**; ~·**ting**) 스캣을 부르다

scath·ing [skéiðiŋ] *a.* 냉혹한, 가차없는, 통렬한 〈비평 등〉: a ~ remark 뼈 아픈 말

sca·tol·o·gy [skətɑ́lədʒi | -tɔ́l-] *n.* Ⓤ (화석의) 분석학(糞石學)
scàt·o·lóg·i·cal *a.*

‡**scat·ter** [skǽtər] *vt.* **1 흩뿌리다, 뿌리다**; 〈재산을〉 탕진[낭비]하다 《*about, around, round*》 **2** 〈군중·적군 등을〉 쫓아버리다 —*vi.* **뿔뿔이 흩어지다**; 사라지다 —*n.* **1** ⓊⒸ 흩뜨림 **2** 흩뜨려진 것 **3** 소수, 소량 《*of*》

scat·ter·brain [skǽtərbrèin] *n.* 《구어》 머리가 산만한[차분하지 못한] 사람

scat·ter·brained [-brèind] *a.* 《구어》 차분하지 못한, 머리가 산만한

scátter cùshion 《미》 (소파용) 쿠션

scat·tered [skǽtərd] *a.* **1** 뿔뿔이 흩어진, 드문드문 있는 **2** 산발적인

scat·ter·ing [skǽtəriŋ] *a.* **1** 흩어져 있는, 드문드문한 **2** 분산한: ~ votes 산표(散票) —*n.* **1** Ⓤ 흩뿌리기 **2** 흩뿌린 정도의 수[양], 소수, 소량 ~**ly** *ad.*

scat·ter·shot [skǽtərʃɑ̀t | -ʃɔ̀t] *a.* 《미》 산발된, 마구잡이의; 무차별 사격의

scat·ty [skǽti] *a.* (-**ti·er**; -**ti·est**) 《영·구어》 머리가 약간 돈; 머리가 산만한

scáup dùck [skɔ́ːp-] 〖조류〗 검은머리흰죽지

scav·enge [skǽvindʒ] *vt.* **1** 〈거리를〉 청소하다; 쓰레기를 치우다 **2** 〈내연 기관을〉 배기(排氣)하다 —*vi.* **1** 〈동물이 썩은 고기·밥찌끼 등을〉 찾아 헤매다 **2** 〈이용할 수 있는 것을〉 찾아다니다

scav·en·ger [skǽvindʒər] *n.* **1** 《영》 가로 청소부; 폐품 수집자 **2** (썩은 고기를 먹는) 청소 동물

sce·na·ri·o [sinɛ́əriòu | -nɑ́ː-] [It. 「장면」의 뜻에서] *n.* (*pl.* ~**s**) **1** 〖연극〗 대본; 〖영화〗 시나리오, 영화 각본 **2** (계획·예정 등의) 개요

sce·nar·ist [sinɛ́ərist | síːnər-] *n.* 영화 각본 작가, 시나리오 작가

‡**scene** [siːn] *n.* **1 a 장면,** 신: a love ~ 러브 신 **b** [종종 *pl.*] (극·영화 등의) **무대**(면), 배경 **2 a 경치,** 광경 **b** (사회의) **정세,** 정황 **3 a** (사건·이야기 등의) **현장,** 장면, 무대 **b** (극·영화를 방불케 하는) 사건 **4** (극의) 장(場) 《略 sc.》: Act I, *S*~ II 제1막 제2장 **5** 《구어》 추태, 소동
behind the ~s 무대 뒤에서, 막후(幕後)에서; 남몰래 ***come on the ~*** 무대에 나타나다, 등장하다 ***quit the ~*** 퇴장하다; 죽다

scéne pàinter (무대의) 배경 화가

‡**scen·er·y** [síːnəri] *n.* (*pl.* -**er·ies**) **1** Ⓤ (한 지방 전체의) **풍경** **2** ⓊⒸ [집합적] **무대면,** 무대 장치, **배경**

scene·shift·er [síːnʃìftər] *n.* (연극의) 무대 장치 담당자

S

scene-steal·er [-stìːlər] *n.* 《구어》 **1** (훌륭한[화려한] 연기로) 주역보다 더 인기 있는 조연 배우 **2** (중심 인물이 아닌데) 큰 인기를 얻는 사람

***sce·nic** [síːnik, sén-] *a.* **1 경치의**, 풍경의; 경치가 아름다운 **2** 무대(상)의; 극적인; (무대) 배경[장치]의: ~ effects 무대 효과 **3** 〈사건·이야기 등이〉 생생한, 그림 같은

scé·ni·cal·ly *ad.* 극적으로, 연극조로

scénic ráilway 꼬마 철도 《유원지 등의 인공적 풍경 속을 달리는》

‡**scent** [sent] [동음어 cent, sent] *n.* **1** ⓊⒸ **냄새; 향내**, 향기 **2** Ⓤ 《영》 향수 **3** ⓊⒸ [보통 *sing.*] (짐승의) 냄새 자취 **4** ⓊⒸ (사냥개의) 후각(嗅覺); 눈치 채는[알아차리는] 힘, 직각력(直覺力), 육감 ***throw*** [***put***] person ***off the ~*** = ***put*** a person ***on a wrong*** [***false***] ***~*** …을 따돌리다, 자취를 감추다

— *vt.* **1** 냄새를 맡아내다[분간하다] **2** 눈치채다, 알아채다 **3 a** 냄새가 풍기게 하다 **b** 향수를 뿌리다 — *vi.* 남기고 간 냄새를 따라 추적하다

scént bàg 향주머니

scent·ed [séntid] *a.* **1** 향수를 뿌린, 향료가 든: ~ soaps 향수 비누 **2 a** 냄새가 좋은 **b** Ⓟ 냄새로 가득찬 《*with*》

scént glànd 〖동물〗 향선(香腺)

scent·less [séntlis] *a.* 향기가 없는, 냄새가 없는; (사냥에서) 지나간 냄새가 사라져버린

***scep·ter** | **-tre** [séptər] *n.* **1** (제왕의 상징으로서의) 홀(笏) **2** [the ~] 왕권, 왕위; 주권: sway[wield] *the* ~ 군림[지배]하다

***scep·tic, -ti·cal** [sképtik(əl)] *a.* 《영》 = SKEPTIC(AL)

scep·ti·cism [sképtəsìzm] *n.* 《영》 = SKEPTICISM

scep·tre [séptər] *n.* 《영》 = SCEPTER

sch. scholar

‡**sched·ule** [skédʒu(ː)l | ʃédjuːl] *n.* **1** ⓊⒸ **예정(표)**, 스케줄: a publishing ~ 출판 예정 **2** 《미》 **시간표**; 표: a class ~ 수업 시간표 **3** (문서 등의) 별표, 명세서; 부칙(附則) ***according to ~*** 예정대로; 예정에 따르면 ***ahead of ~*** 예정보다 먼저 ***behind ~*** 예정보다 늦게 ***on*** (***the***) ***~*** 시간표대로; 시간을 정확하게

— *vt.* **1** [흔히 수동형] (어떤 기일로) …을 **예정하다 2** 예정에 넣다, 표를 작성하다

Sche·her·a·za·de [ʃəhèrəzɑ́ːdə | ʃihìər-] *n.* 셰헤라자드 《「아라비안 나이트」 중의 페르시아 왕의 아내; 천일야(千一夜) 동안 밤마다 왕에게 재미있는 얘기를 들려주어 죽음을 면했다고 함》

sche·ma [skíːmə] *n.* (*pl.* **~·ta** [-tə], **~s**) 개요, 대략; 도해(圖解)

sche·mat·ic [skiːmǽtik] *a.* **1** 개요의 **2** 도식의, 도식적인 **-i·cal·ly** *ad.*

sche·ma·tize [skíːmətàiz] *vt.* 조직적으로 배열하다, 도식화하다

‡**scheme** [skiːm] [Gk 「형태」의 뜻에서] *n.* **1 계획**, 안(案) **2 음모**, 계략 **3** 조직, 기구; 구성 **4** 일람표, 분류표

— *vt.* **1** 계획하다 **2** 음모를 꾸미다, 책동하다 — *vi.* 계획을 세우다; 음모를 꾸미다, 책동하다

schem·er [skíːmər] *n.* **1** 계획[입안, 고안]자 **2** 《특히》 음모가, 모사

schem·ing [skíːmiŋ] *a.* 책략적인, 교활한

scher·zo [skɛ́ərtsou] [It.] *n.* (*pl.* **~s, -zi** [-tsi]) 〖음악〗 스케르초, 해학곡

Schil·ler [ʃílər] *n.* 실러 **J.F. von ~** (1759-1805) 《독일의 시인·극작가》

schil·ling [ʃíliŋ] [G] *n.* 오스트리아의 화폐 단위 《略 S; =100 groschen》; 독일의 옛 화폐

schism [sizm, skizm] *n.* ⓊⒸ (단체의) 분리, 분열; (특히 교회의) 분파, 분립

schis·mat·ic, -i·cal [sizmǽtik(əl), skiz-] *a.* 분리적인 — *n.* 교회 (종파) 분리론자, 분리[분파]자

schist [ʃist] *n.* Ⓤ 〖지질〗 편암(片岩)

schiz·o [skítsou] *n.*, *a.* (*pl.* **~s**) 《구어》 정신 분열증 환자(의)

schiz·oid [skítsɔid] *a.* 〖의학〗 정신 분열증세의, 분열증질의

schiz·o·phre·ni·a [skìtsəfríːniə | skìtsou-] *n.* Ⓤ 〖정신의학〗 정신 분열증

schiz·o·phren·ic [skìtsəfrénik] *a.* 〖정신의학〗 정신 분열증의

— *n.* 정신 분열증 환자

schlock [ʃlɑk | ʃlɔk] *a.* 《미·속어》 싸구려의, 저속한

— *n.* 싸구려, 저속한 것

schmal(t)z, shmaltz [ʃmɔːlts] *n.* 《구어》 몹시 감상적인 음악

schmál(t)z·y *a.* 《구어》 몹시 감상적인

schmo(e) [ʃmou] *n.* 《미·속어》 멍청이, 바보

schmuck [ʃmʌk] *n.* 《미·속어》 얼간이, 시시한 놈

schnapps, schnaps [ʃnæps] *n.* Ⓤ 네덜란드 진(Holland gin); 《일반적으로》 독한 술

schnau·zer [ʃnáuzər] *n.* 슈나우저 《독일종 테리어개》

schnit·zel [ʃnítsəl] *n.* ⓊⒸ 송아지 커틀렛(cutlet)

schnor·chel, -kel, -kle [ʃnɔːrkəl] *n.* = SNORKEL

schnoz·zle [ʃnázl | ʃnɔ́zl] *n.* 《속어》 코

‡**schol·ar** [skálər | skɔ́lə] [L 「학교에 다니는 사람」의 뜻에서] *n.* **1** (특히 인문과학 분야의) **학자 2** [보통 부정문에서] 《구어》 학식이 있는 사람: be a poor (hand as a) ~ 변변히 읽을 줄도 쓸 줄도 모르다 **3** 《고어》 학생 **4** 장학생, 특대생

***schol·ar·ly** [skálərli | skɔ́l-] *a.* **1 학자[학구]적인 2 학문적인, 학술적인**: a ~ journal 학술 잡지

***schol·ar·ship** [skálərʃìp | skɔ́l-] *n.* **1** Ⓤ (특히 인문학의) **학문**; (학문·연구로 얻은) 학식, 박학: a man of great ~ 대학자 **2** [종종 명칭과 함께 **S~**] **장학금**[제도]: a ~ association[society] 장학회, 육영회

***scho·las·tic** [skəlǽstik] [L 「학교의」의 뜻에서] *a.* **1** Ⓐ **a 학교의**; 학교 교육의

b 학자의, 학문적인 2 학자[교사]풍의; 현학적인 3 Ⓐ [종종 S~] (중세의) 스콜라 철학의 ― n. 1 [종종 S~] 스콜라 철학자 2 현학자
-ti·cal *a.* **-ti·cal·ly** *ad.* 학자연하게; 스콜라 철학자식으로
scho·las·ti·cism [skəlǽstəsìzm] *n.* Ⓤ [종종 S~] 스콜라 철학
‡**school**[1] [sku:l] [Gk 「여가」→「여가를 이용하여 배우기」→「배우는 장소」의 뜻에서] *n.* 1 (일반적으로) **학교** (시설·건물) 2 (특수 기능을 가르치는) **학교**, 훈련소, 양성소 3 Ⓤ **수업**, 학교 4 Ⓤ [무관사로] (학교 교육의 의미에서의) **학교**, 학업 5 (대학의) **학부**, (대학원급의) 전문 학부; 대학원; 그 건물 6 [종종 the ~; 집합적] **전교 학생** (및 교사) 7 [집합적] (학문·예술 등의) **유파**, 학파, 학풍: the ~ of Plato[Raphael] 플라톤[라파엘]파
after ~ 방과 후에 ***at ~*** 취학중; 수업중 ***go to ~*** 통학[등교]하다; 취학하다 ***~ of thought*** 생각[의견]을 같이하는 사람들, 학파, 유파 ***send*** [***put***] ***to ~*** 〈자녀를〉 학교에 보내다
― *a.* Ⓐ **학교의**: ~ education[life] 학교 교육[생활] ― *vt.* 1 교육하다, 훈련하다; 〈말 등을〉 조교(調敎)하다 2 …을 학교에 보내다, …에게 학교 교육을 받게 하다
school[2] *n.* (물고기·고래 등의) 떼 《*of*》 ― *vi.* 〈물고기 등이〉 떼를 짓다, 떼지어 나아가다
schóol àge 1 학령, 취학 연령 2 의무교육 연한
schóol bòard 《미》 교육 위원회
school·book [-bùk] *n.* 교과서
‡**school·boy** [skú:lbɔ̀i] *n.* (초등학교·중학교·고등학교의) 남학생
schóol bùs 통학 버스, 스쿨 버스
school·child [-tʃàild] *n.* (*pl.* **-chil·dren** [-tʃìldrən]) 학동(學童)
schóol dày 1 수업일 2 [one's ~s] (지난 날의) 학교[학생] 시절
schóol dìstrict 《미》 학구(學區)
schóol fèe(**s**) 수업료
school·fel·low [skú:lfèlou] *n.* 학우, 동창생(schoolmate)
‡**school·girl** [skú:lgə̀:rl] *n.* (초등학교·중학교·고등학교의) 여학생
‡**school·house** [skú:lhàus] *n.* (*pl.* **-hous·es** [hàuziz]) 1 (특히 초등학교의 작은) **교사**(校舍) 2 (영국의 학교 부속의) 교원 사택
*__school·ing__ [skú:liŋ] *n.* Ⓤ 1 **학교 교육** 2 학비 3 조마(調馬), 조교(調教)
school·ma'am [-mɑ̀:m, -mæ̀m] *n.* = SCHOOLMARM
school·man [-mən] *n.* (*pl.* **-men** [-mən]) 1 [종종 S~] (중세 대학의) 신학[철학] 교수 2 스콜라 학자
school·marm [-mɑ̀:rm] *n.* 《구어·익살》 (잔소리가 심하고 엄격한 구식의) 선생 타입의 여성
~·ish *a.* 잔소리가 심하고 엄격한[구식인]
‡**school·mas·ter** [skú:lmæ̀stər | -mɑ̀:s-] *n.* **남자 교원**[교사]; 교장
school·mate [-mèit] *n.* 학우, 학교 친구, 동기생
school·mis·tress [-mìstris] *n.* 여교사; 여자 교장
schóol repòrt 《영》 (학교의) 성적 통지서(《미》 report card)
‡**school·room** [skú:lrù:m] *n.* **교실**
schóol rùn 《영》 통학 아동을 바래다주고 데려오는 일
*__school·teach·er__ [-tì:tʃər] *n.* (초등·중고등학교의) **교원**, 교사 《영국에서는 유아학교·초등학교의 교원을 말함》
school·teach·ing [-tì:tʃiŋ] *n.* Ⓤ 교사의 직업; 교직(教職)
school·time [-tàim] *n.* Ⓤ 1 수업 시간 2 [보통 *pl.*] 학생[학교] 시절
school·work [-wə̀:rk] *n.* Ⓤ 학교 공부, 학업: neglect one's ~ 학교 공부를 게을리하다
school·yard [-jɑ̀:rd] *n.* 교정(校庭), 학교 운동장
schóol yéar 〖교육〗 학년 《영미에서는 보통 9월에서 6월까지》
*__schoo·ner__ [skú:nər] *n.* 1 〖항해〗 **스쿠너선**(船) 《보통 2개, 때로는 3개 이상의 돛대를 가진 종범식(縱帆式) 범선》 2 《미》 큰 포장 마차(= prairie ~) 3 《미》 (맥주용의) 큰 조끼 4 《영》 (셰리 등의) 큰 글라스
schtick, schtik [ʃtik] *n.* 《속어》 = SHTICK
Schu·bert [ʃú:bərt] *n.* 슈베르트 **Franz ~** (1797-1828) 《오스트리아의 작곡가》
schuss [ʃus] [G 「탄환」의 뜻에서] *n.*, *vt.* 〖스키〗 직활강(直滑降)(하다)
schwa [ʃwɑ:] [G] *n.* 〖음성〗 1 악센트가 없는 모음 《*a*bout의 *a* [ə], circ*u*s의 *u* [ə] 등》 2 그 기호 [ə]
Schweit·zer [ʃwáitsər, ʃvái-] *n.* 슈바이처 **Albert ~** (1875-1965) 《독일 태생의 저술가·종교가·의사·음악가; 1952년 Nobel 평화상 수상》
sci. science; scientific
sci·at·ic [saiǽtik] *a.* 1 좌골의 2 좌골 신경통(성)의
sci·at·i·ca [saiǽtikə] *n.* Ⓤ 〖의학〗 좌골 신경통
‡**sci·ence** [sáiəns] [L 「지식」의 뜻에서] *n.* 1 ⓊⒸ **과학**; 학문, …학: natural ~ 자연 과학 2 Ⓤ 《특히》 자연 과학; 이학(理學) 3 Ⓤ (훈련에 따른 경기·요리 등의) 기술
scíence fíction 공상 과학 소설 《略 SF, sci-fi》
Scíence Pàrk 《영》 첨단 과학 집중 지역 《미국의 Silicon Valley에 해당하는 지역》
*__sci·en·tif·ic__ [sàiəntífik] *a.* 1 **과학의**, (자연) 과학상의 2 **과학적인**, (과학적으로) 정확한, 엄정한, 계통이 선 3 숙련된, 기술이 뛰어난 **-i·cal·ly** *ad.*
sci·en·tism [sáiəntìzm] *n.* Ⓤ 1 《종종 경멸》 과학 (만능)주의 2 (인문 과학에 있어서) 과학자적 태도[방법]
‡**sci·en·tist** [sáiəntist] *n.* (자연) **과학자**
sci-fi [sáifái] *n.*, *a.* 《구어》 공상 과학

S

소설(의), SF(의): a ~ writer 공상 과학 소설가

scil·i·cet [siləsèt, sáil-] [L =it is permitted to know] *ad.* 즉, 다시 말하면 《略 scil., sc.》

scim·i·tar, scim·i·ter scim·e·tar [símətər] *n.* 초승달처럼 굽은 칼, 언월도(偃月刀) 《아라비아 사람 등의》

scin·til·la [sintílə] *n.* (*pl.* **~s, -lae** [-li:]) 미량, 조금 《*of*》

scin·til·late [síntəlèit] *vi.* **1** 불꽃을 내다, 번쩍이다 **2** 〈재치·기지가〉 번득이다

scin·til·lat·ing [síntəlèitiŋ] *a.* **1** 번쩍이는 **2** 〈재치·기지가〉 번득이는 **~·ly** *ad.*

scin·til·la·tion [sìntəléiʃən] *n.* ⓊⒸ **1** 불꽃(을 냄), 번쩍임 **2** (재치의) 번득임

sci·on [sáiən] *n.* **1** 《문어》 (특히 귀족·명문의) 귀공자, 자제, 자손 **2** (접붙이기의) 접순, 어린 가지, 움돋이

scis·sion [síʒən, síʃ-] *n.* Ⓤ 절단; 분리, 분열

scis·sor [sízər] [SCISSORS에서 역성(逆成)] *vt.* 가위로 자르다 《*off, up, into,* etc.》; 오려내다 《*out*》

‡**scis·sors** [sízərz] [L 「자르는 도구」의 뜻에서] *n. pl.* **1** 가위 **2** [a ~; 단수 취급] 〚레슬링〛 다리 가위지르기

scis·sors-and-paste [sízərzənd-péist] *a.* 《구어·경멸》 가위와 풀로 편집한 《남의 책을 오려 내어 편집하는》

scíssors kìck 〚수영〛 가위 차기; 〚축구〛 시저스 킥

sclaff [sklæf] 〚골프〛 *vt., vi.* 공을 치기 전에 〈타구봉을〉 지면에 스치다
— *n.* 스쳐 치는 법

scle·ro·sis [sklìróusis] *n.* (*pl.* **-ses** [-si:z]) Ⓤ 〚병리〛 경화(硬化)(증): ~ of the arteries 동맥 경화

***scoff**[1] [skɑf, skɔ:f | skɔf] *vi.* **비웃다,** 조롱하다: ~ at the recent fad 최근의 유행을 비웃다 — *n.* **1** [보통 *pl.*] **비웃음,** 조롱 《*at*》 **2** [*sing.*; 보통 the ~] 웃음거리: *the* ~ of the world 세상의 웃음거리 **~·ing·ly** *ad.* 비웃어, 조소하여

scoff[2] 《영·구어》 *n.* ⓊⒸ 음식
— *vt., vi.* 걸신들린 듯이 먹다

scoff·law [skɑ́flɔ̀: | skɔ́f-] *n.* 《미·구어》 법을 무시하는 사람, 《특히》 상습적인 교통법[주류법] 위반자

‡**scold** [skould] *vt.* 〈아이·고용인 등을〉 **꾸짖다,** 잔소리하다 《*about, for*》
— *vi.* 잔소리하다, 꾸짖다; 호통치다 《*at*》
— *n.* [보통 *sing.*] 잔소리꾼; 《특히》 잔소리가 심한[앙알거리는] 여자

scold·ing [skóuldiŋ] *a.* 〈특히 여자가〉 잔소리가 심한, 꾸짖는
— *n.* ⓊⒸ 힐책, 잔소리: give[get, receive] a good ~ (*for*) (…의 이유로) 호되게 꾸짖다[꾸중 듣다]

sconce [skɑns | skɔns] *n.* 돌출 촛대 《벽·기둥 등에서 쑥 내민》; 쑥 내민 촛대식의 전등

Scone [sku:n] *n.* 스쿤 《스코틀랜드 Perth 교외의 마을 이름》

scoop** [sku:p] *n.* **1** 국자; 큰 숟가락; 치즈 주걱; 석탄 부삽 **2** 떠냄, 한 번 품[뜸] **3** 《구어》 일확천금; 대성공 **4** 《구어》 〚신문〛 특종 기사 ***at [***in, with***] ***one*** **~** 한 번 퍼서, 한 번에, 단번에
— *vt.* **1** 푸다, 뜨다, 퍼올리다 《*up*》 **2** 〈진흙 등을〉 퍼내다; 파서 만들다 《*out*》 **3** 《구어》 선수를 써서 크게 벌다 **4** 《구어》 〚신문〛 〈특종 기사로〉 앞질러 보도하다

scoop·ful [skú:pfùl] *n.* 한 국자[삽] 가득의 분량

scoot [sku:t] *vi.* 《구어》 내닫다, 뛰어 달아나다 《*off, away*》
— *vt.* 내닫게 하다; 휙 움직이다

scoot·er [skú:tər] *n.* **1** 스쿠터 《핸들을 잡고 한쪽 발로 올라서고 한쪽 발로 땅을 차면서 달리는 어린이의 탈 것》 **2** 《미》 (수상·빙상을 활주하는) 범선 **3** (모터) 스쿠터(=motor ~)

‡**scope**[1] [skoup] [Gk 「표적」의 뜻에서] *n.* **1** Ⓤ (지력·연구·활동 등의) **범위**: beyond[within] one's ~ 자기의 능력이 미치지 않는[미치는] 곳에 **2** Ⓤ **여지** (space), 기회, 배출구 《*for*》
within the* ~ *of …이 미치는 곳에, …의 범위내에(서)

scope[2] *n.* 《구어》 스코프, 관찰용 기구 《microscope, telescope 등》

-scope [skoup] 《연결형》 「…보는 기계; …경(鏡)」의 뜻: tele*scope*

scor·bu·tic [skɔ:rbjú:tik] *a.* 〚병리〛 괴혈병(scurvy)의[에 걸린] — *n.* 괴혈병 환자

‡**scorch** [skɔ:rtʃ] [ON 「시들(게 하)다」의 뜻에서] *vt.* **1** (…의 겉을 검게) **태우다, 그슬리다** **2** 〈초목을〉 시들게 하다, 말리다 **3** 헐뜯다 **4** 〚군사〛 초토화하다
— *vi.* **1** 타다, 그을다; (열 때문에) 시들다 **2** 《구어》 〈자동차·자전거 등이〉 질주하다: He ~*ed off* on a motorcycle. 그는 오토바이로 질주했다.
— *n.* 검게 탐[그을림]; 말라 죽음

scórched-éarth pòlicy [skɔ́:rtʃt-ɔ́:rθ] 〚군사〛 (침략군에게 도움이 될 만한 것은 모두 태워버리는) 초토화 정책

scorch·er [skɔ́:rtʃər] *n.* **1** [a ~] 《구어》 타는 듯이 더운 날; [a ~] 통렬한 비난[비평] **2** 《구어》 자동차 폭주족

scorch·ing [skɔ́:rtʃiŋ] *a.* **1** 태우는, 몹시 뜨거운 **2** 《구어》 〈비평·비난 등이〉 맹렬한, 호된 — *ad.* 타는 듯이 **~·ly** *ad.*

‡**score** [skɔ:r] *n.* **1** [보통 *sing.*] (경기·시합의) **득점(得點)**; 득점 기록: keep (the) ~ 득점을 기록하다 **2** (시험의) **점수,** 성적 **3** 새긴 금(=~ màrk) **4** 회계, 계산, 빚: run up a ~ 빚을 자꾸 지다 **5** (*pl.* ~) 20(명[개]) **6** [*pl.*] 다수: in ~*s* 많이, 몽땅, 몰려서 **7** [보통 *sing.*; on ~ 으로] 이유, 근거 **8** 〚음악〛 보표(譜表), 총보(總譜): in (full) ~ 총보로, 각부 병기(各部併記)하여 **9** 《구어》 성공, 행운; (토론 등에서) 상대방을 꼼짝 못하게 함
clear [***pay off, quit, settle, wear off, wipe out***] ***a*** **~** [***an old* ~, *old* ~*s***] 숙원(宿怨)을 풀다, 원수를 갚다 ***make a* ~** 득점하다 ***What's the* ~?** 지금 점수[득점]가 몇 점이냐?; 《구어》 형세가 어떠냐?

S

— *vt.* **1 득점하다**; 《미》 채점하다 **2** 《미·구어》 심하게 비난하다 **3** 〖음악〗 (악곡을 관현악·성악용 등으로) 편곡[작곡]하다 **4** 새김눈[벤 자국]을 내다; 선[금]을 긋다 **5** 〈이익·성공·인기 등을〉 얻다 — *vi.* **1 득점하다**; 득점을 기록하다; (…보다) 낫다 **2** (시험 등에서 좋은[나쁜]) 성적을 얻다, (…으로) 평가되다 **3** 이익을 얻다; 성공하다 **4** 새김눈[벤 자국]을 내다

***score·board** [skɔ́ːrbɔ̀ːrd] *n.* **득점 게시판**, 스코어 보드

score·book [-bùk] *n.* 득점 기록부, 득점표, 스코어북

score·card [-kɑ̀ːrd] *n.* 〖경기〗 **1** 채점[득점] 카드, 채점표 **2** 선수 일람표

score·keep·er [-kìːpər] *n.* (경기의) 득점 기록원

score·less [skɔ́ːrlis] *a.* 〈시합이〉 무득점인, 0대 0인: a ~ game 무득점의 시합

scor·er [skɔ́ːrər] *n.* **1** 점수 기록원; (경기의) 득점 기록원(scorekeeper) **2** (경기의) 득점자

‡**scorn** [skɔːrn] *vt.* **1** (노여움을 담아) **경멸하다**, 모욕하다, 조소하다 **2** …을 수치로[치사하게] 여기다

— *n.* **1** Ⓤ (노여움이 섞인 심한) **경멸**, 멸시 **2** [the ~] 경멸받는 사람[것], 웃음거리

have [***feel***] ***~ for*** …에게 경멸감을 가지다 ***hold ... in ~*** …을 경멸하다

***scorn·ful** [skɔ́ːrnfəl] *a.* **경멸하는**, 조소적인; 업신여기는 **~·ness** *n.*

***scorn·ful·ly** [skɔ́ːrnfəli] *ad.* **경멸적으로**, 깔보아, 경시하여

Scor·pi·o [skɔ́ːrpiòu] *n.* **1** 〖천문〗 전갈자리 **2** 〖점성술〗 천갈궁(天蠍宮)

***scor·pi·on** [skɔ́ːrpiən] *n.* **1** 〖동물〗 **전갈** **2** [the S~] 〖천문〗 = SCORPIO 1

***Scot** [skɑt | skɔt] *n.* **1 스코틀랜드 사람** **2 a** [the ~s] 스코트족 (族) 《6세기에 아일랜드에서 스코틀랜드로 이주한 게일족의 한 파; Scotland의 이름은 이 종족 이름에서 생겼음》 **b** 스코트족 사람

scotch [skɑtʃ | skɔtʃ] *vt.* (소문·오보 등을 확실한 증거를 제시하여) 없애다, 뭉개버리다; 〈계획·음모 등을〉 꺾다, 뒤엎다

‡**Scotch** [skɑtʃ | skɔtʃ] *a.* **1 스코틀랜드**(산)**의**; 스코틀랜드 사람[말]의 **2** 《경멸·익살》 인색한, 구두쇠의

— *n.* **1** [the ~; 집합적; 복수 취급] 스코틀랜드 사람 《전체》 **2** Ⓤ 스코틀랜드 말[방언] 《Scots 쪽이 일반적》 **3** Ⓤ 《구어》 스카치위스키

Scótch bróth 스카치 브로스 《고기·야채에 보리를 섞은 걸쭉한 수프》

Scótch égg 스카치 에그 《저민 돼지고기를 달걀형으로 뭉쳐 빵가루에 묻혀 튀긴 요리》

Scotch-I·rish [skɑ́tʃáiəriʃ | skɔ́tʃ-] *n.*, *a.* 스코틀랜드계 아일랜드 사람(의) 《특히 미국에 이주한》

Scotch·man [-mən] *n.* (*pl.* **-men** [-mən]) 스코틀랜드 사람

Scótch míst (스코틀랜드 산지(山地)에 많은) 습기찬 짙은 안개, 이슬비

Scótch píne 〖식물〗 유럽소나무

Scótch tápe 스카치테이프 《투명한 접착용 테이프; 상표명》

Scótch whísky 스카치(위스키) 《스코틀랜드 원산》

Scotch·wom·an [-wùmən] *n.* (*pl.* **-women** [-wìmin]) 스코틀랜드 여성

Scótch wóodcock 스카치우드콕 《anchovy의 페이스트와 볶은 달걀을 얹은 토스트》

scot-free [skɑ́tfríː | skɔ́t-] *a.* 처벌을 면한; 무사한

Sco·tia [skóuʃə] *n.* 《문어》 = SCOTLAND

‡**Scot·land** [skɑ́tlənd | skɔ́t-] *n.* **스코틀랜드**

***Scot·tish** [skɑ́tiʃ | skɔ́t-] *a.* **스코틀랜드**(말·사람)**의** — *n.* 스코틀랜드 사람[영어]

Scóttish térrier 스코치테리어(Scotch terrier) 《개의 품종》

***scoun·drel** [skáundrəl] *n.* **악당**

— *a.* 건달의, 불한당의

***scour**[1] [skauər] *vt.* **1 문질러 닦다**, 윤을 내다 **2** 문질러[비비어] 빨다 **3** 〈녹·때·얼룩 등을〉 벗겨내다, 씻어 없애다 《*off*, *away*, *out*》 **4** 〈하수관·도랑 등의 속이〉 씻겨 내려가게 하다 — *n.* 씻어내기, 씻어내리기; 물에 씻겨 나간 곳[팬 웅덩이]

scour[2] *vt.* 바쁘게 찾아다니다, 찾아 헤매다 — *vi.* 허둥지둥 찾아다니다, 찾아 헤매다

scour·er [skáuərər] *n.* 문질러 닦는 사람[솔]

***scourge** [skəːrdʒ] *n.* **1** (징벌에 쓰는) **회초리**, 채찍, 매 **2 천벌**, 벌, 재앙 《전쟁·질병 등》 — *vt.* **1** 채찍질[매질]하다 **2** 《문어》 징벌하다, 혼내다 **3** 몹시 괴롭히다

‡**scout**[1] [skaut] [L 「듣다」의 뜻에서] *n.* **1** 〖군사〗 **정찰병**, 척후 **2** (스포츠·연예계 등의) **스카우트** 《유망한 신인을 발견하거나 빼내기》 **3** [종종 **S~**] 보이스카우트 (Boy Scouts)의 한 사람 **4** 《구어》 놈, 녀석(fellow): a good ~ 좋은 녀석, 호한(好漢) **5** [a ~] 정찰하기; 찾아다니기

— *vi.* **1 정찰**[**수색**]**하다**, 염탐하다 **2** (…을 위하여) 스카우트로서 일하다 《*for*》

— *vt.* **정찰하다**, 찾다, 조사하다

scout[2] *vt.* 〈제의·의견 등을〉 딱 잘라 거절하다; 무시하다

scóut càr 〖군사〗 (고속) 정찰 자동차; 《미》 (경찰의) 순찰차

scout·ing [skáutiŋ] *n.* Ⓤ **1** 정찰[척후] 활동 **2** 보이[걸] 스카우트의 활동

scout·mas·ter [skáutmæ̀stər | -mɑ̀ːs-] *n.* **1** 척후[정찰] 대장 **2** 소년[소녀]단의 대장; 《특히》 소년단의 어른 대장

scow [skau] *n.* **1** 대형 평저선(平底船) 《흔히 나룻배, 짐배》 **2** 《미·속어》 대형 트럭

***scowl** [skaul] *vi.* **얼굴을 찌푸리다**, 못마땅한 얼굴을 하다; 노려보다 《*at*, *on*》

— *vt.* 얼굴을 찡그려 …을 나타내다

— *n.* 찌푸린 얼굴, 성난 얼굴

scrab·ble [skrǽbl] [Du. 「할퀴다」의 뜻에서] *vi.* **1** (손톱으로) 할퀴다; 헤적여 찾다 **2** 휘갈겨 쓰다, 낙서하다

— *n.* [a ~] 《구어》 **1** 쑤석거려 찾기 **2** 휘갈겨 쓰기, 낙서 **3** 날치기질, 쟁탈

S

scrag [skræg] *n.* **1** 말라빠진 사람[동물] **2** Ⓤ 양[송아지]의 목덜미 고기
— *vt.* (**~ged**; **~·ging**) **1** 〈죄인을〉 교살하다 **2** 목을 조르다

scrag·gly [skrǽgli] *a.* (**-gli·er**; **-gli·est**) **1** 〈털 등이〉 터부룩한 **2** 고르지 못한

scrag·gy [skrǽgi] *a.* (**-gi·er**; **-gi·est**) **1** 말라빠진, 앙상한 **2** 까칠까칠한, 울퉁불퉁한

scram [skræm] *vi.* (**~med**; **~·ming**) [주로 명령형으로] 《구어》 나가라, 도망쳐라

⁑scram·ble [skrǽmbl] *vi.* **1** (민첩하게) **기어오르다,** 기어다니다 **2 다투다, 서로 빼앗다** — *vt.* **1** (서둘러) **긁어 모으다**; **뒤섞다,** 뒤범벅을 만들다 《*up, together*》 **2** (달걀에 버터·밀크 등을 넣고) 휘저으며 부치다
— *n.* **1** [a ~] **기어오르기** **2** [a ~] 쟁탈(전) **3** [a ~] 그러모으기

scrám·bled éggs [skrǽmbld-] 휘저어 볶은 달걀, 스크램블드에그

scram·bler [skrǽmblər] *n.* 〖통신〗 (도청 방지용의) 주파수대 변환기

scram·jet [skrǽmdʒèt] *n.* 스크램 제트 《초음속 기류 속에서 연료를 연소시키는 램제트》

S

⁑scrap[1] [skræp] *n.* **1 한 조각,** 파편; 단편 **2** [*pl.*] (신문 등의) **오려낸 것,** 스크랩 **3** [*pl.*] 먹다 남은 것 **4** Ⓤ 쓰레기, 폐물 — *vt.* (**~ped**; **~·ping**) **1** 쓰레기로 버리다, 파쇠[고철]로 만들다 **2** 〈계획 등을〉 폐기[파기]하다

scrap[2] 《속어》 *n.* 다툼, 싸움, 드잡이
— *vi.* (**~ped**; **~·ping**) 다투다, 싸우다

∗scrap·book [skrǽpbùk] *n.* **스크랩북**

⁑scrape [skreip] *vt.* **1 문지르다**; 닦다, 깨끗이 하다; **긁어내다,** 벗겨내다[떼다]; **스쳐 상처를 내다** **2** 귀에 거슬리는[삐걱거리는] 소리를 내다 **3** 파다, 도려내다 **4** 긁어 모으다 — *vi.* **1** 문지르다, 긁다 **2** 〈돈·물건 등을〉 긁어 모으다 **3** 간신히 합격하다; 근근히 살아가다 《*along*》
— *n.* **1** 문지른[깎은] 자국, 비빈[긁은] 자국 **2** 문지르는 소리, 깎는 소리 **3** 《구어》 (규칙 위반 등으로 스스로 초래한) 고생, 곤경 ***get into a ~*** 궁지에 빠지다

scrap·er [skréipər] *n.* **1** 신발 흙털개 **2** 스크레이퍼, 길 고르는 기계 **3** 긁는 기구

scráp hèap **1** 쓰레기 더미; 파쇠 더미 **2** [the ~] 쓰레기[폐품] 버리는 곳

scrap-heap [skrǽphì:p] *vt.* 폐기하다

scrap·ing [skréipiŋ] *n.* ⓊⒸ **1** 깎음, 긁음, 할큄 **2** [*pl.*] 깎은 부스러기, 긁어 모은 것

scráp mèrchant 고철상, 폐품 수집상

scrap·py[1] [skrǽpi] *a.* (**-pi·er**; **-pi·est**) **1** 부스러기의, 쓰레기의 **2** 단편적인, 조각조각의; 산만한

scrappy[2] *a.* (**-pi·er**; **-pi·est**) 《구어》 공세적인, 강경한; 싸움[언쟁, 토론]을 좋아 하는 **-pi·ly** *ad.* **-pi·ness** *n.*

scrap·yard [skrǽpjɑ̀:rd] *n.* 쓰레기[고철, 폐품] 버리는 곳

⁑scratch [skrætʃ] *vt.* **1 a 할퀴다** **b** 〈가려운 데를〉 **긁다**: ~ one's head (난처해서) 머리를 긁다 **2** 긁어 모으다 **3** 긁어 파다 **4** 긁어서 쓰다[표시하다]; **갈겨쓰다,** 마구쓰다 **5** 삭제하다 — *vi.* **1 할퀴다,** 긁다, 파헤쳐 찾다 **2** 가려운 데를 긁다 **3** 꾸준히 일하여 돈을 모으다 **4** 후보자 이름을 지우다
— *n.* **1** 긁음; 할퀸 상처[자국], 찰과상 **2** 긁는 소리; 스크래치 《레코드 등의 잡음》 **3** 휘갈겨 씀[쓰기] **4** (핸디캡을 받지 않은 주자의) 출발선 **5** 〖컴퓨터〗 스크래치 《작업용 컴퓨터의 내부·외부의 기억 매체》
a ~ of the pen 일필, 갈겨 쓴 것, 서명 ***from*** [***at, on***] ~ 스타트라인부터; 《구어》 무(無)에서, 영에서 ***up to ~*** 《구어》 좋은 상태로, 표준에 달하여
— *a.* **1** Ⓐ 〖경기〗 핸디캡 없는 **2** 《속어》 주워 모은, 그러모은; 잡다한

scrátch hìt 〖야구〗 요행의 안타(安打)

scrátch pàd 《미》 (한 장씩 떼어 쓰는) 메모 용지철, (마구 쓰기 위한) 잡기장

scrátch pàper 《미》 메모 용지(《영》 scrap paper)

scratch·y [skrǽtʃi] *a.* (**scratch·i·er**; **-i·est**) **1** 〈문자·그림 등이〉 마구 쓴[그린] **2** 〈펜·레코드 등이〉 긁히는 소리가 나는 **3** 〈옷 등이〉 가려운, 따끔따끔한

∗scrawl [skrɔ:l] *vt.* **갈겨쓰다,** 아무렇게나 쓰다: ~ a letter 편지를 휘갈겨쓰다
— *vi.* 흘려[갈겨]쓰다, 낙서하다: The boy *~ed* over the wall. 그 소년은 벽에 낙서를 했다. — *n.* [*sing.*] (서투른 글씨로) 갈겨쓴 편지[필적]

scrawn·y [skrɔ́:ni] *a.* (**scrawn·i·er**; **-·i·est**) 〈사람·동물·몸의 일부 등이〉 여윈, 앙상한

⁑scream [skri:m] [의성어] *vi.* **1 소리치다,** 새된 소리[외침, 비명]를 지르다 **2** 깔깔거리며 웃다 **3** 〈부엉이 등이〉 날카로운 소리로 울다 — *vt.* **1 소리질러 말하다** **2** [~ one*self* 로] 소리를 질러 …으로 되게 하다
— *n.* **1** (공포·고통의) **절규,** 쇳소리 **2** [a ~] 《속어》 우스꽝스러운 사람[것, 일]

scream·er [skrí:mər] *n.* **1** 날카롭게 외치는 사람, 끽끽 소리 지르는 사람[물건], 날카로운 소리를 내는 것 **2** 《구어》 포복절도케 하는 이야기[노래, 연극, 배우 《등》]

scream·ing [skrí:miŋ] *a.* **1** 날카롭게 외치는; 깔깔 웃는, 삑삑 우는 **2** 우스워 못 견디는 **3** 번지르르한 〈빛깔 등〉; 야한 **4** 이목을 끌게 하는 **~·ly** *ad.* 굉장히, 몹시

scree [skri:] *n.* 〖지질〗 애추(崖錐), 바위 부스러기(의 산비탈)

∗screech [skri:tʃ] [의성어] *n.* **1 날카로운 외침,** 쇳소리 **2** 끽끽[삐걱삐걱]하는 소리 — *vi.* **1** 새된 소리를 지르다 《*out*》; (공포·고통 등으로) 비명을 지르다 **2** 끽끽[삐걱삐걱] 소리가 나다 — *vt.* **1** …을 날카로운 소리로 외치다 **2** 〈자동차·브레이크 등을〉 끽끽 소리나게 하다

scréech òwl 〖조류〗 **1** 《미》 부엉이의 일종 **2** 《영》 가면올빼미

screech·y [skrí:tʃi] *a.* (**screech·i·er**; **-i·est**) 절규하는, 쇳소리의, 날카로운 소리를 내는

screed [skri:d] *n.* [종종 *pl.*] 길게 늘어놓는 (지루한) 이야기; (불평의) 긴 문구[편지]

‡screen [skri:n] [ME「커튼, 체」의 뜻에서] *n.* **1 병풍**, 휘장, 장지문; 차폐물, 보호물 **2 칸막이 3** (영화·슬라이드의) **스크린**; [the ~; 집합적] 영화; 영화계 **4** (흙 등을 거르는) 체
— *vt.* **1** 〈…을〉 **가리다**; **차단하다**; 칸막이하다, 구분하다 **2 지키다**, 비호하다 **3** 〈모래·석탄 등을〉 체질하다, 쳐서 가려내다 **4** …의 적격 심사를 하다 **5** 영사[상영]하다; 〈소설·연극 등을〉 영화화[각색]하다; 촬영하다 **—** *vi.* 영화로[화면에] 나타나다; 〈배우·책 등이〉 영화에 알맞다
— *a.* Ⓐ **1** (방충용의) 망을 단[친]: a ~ door 망을 친 문 **2** 영화의: a ~ actor 영화 배우

screen·ing [skríːniŋ] *n.* ⓊⒸ **1** 심사, 선발; 집단 검진 **2** (창문 등의 방충용) 망 **3** [*pl.*] 체질하고 남은 찌꺼기, (체질한) 석탄 부스러기 **4** (영화·텔레비전 등의) 상영, 영사 **—** *a.* 심사하는

screen·play [skríːnplèi] *n.* 영화 각본, 시나리오

scréen tèst (영화 배우 지망자의) 스크린 테스트, 촬영 오디션

‡screw [skru:] *n.* **1 나사 2** 나사 모양의 물건; 기계의 나선부(螺旋部); 코르크 마개뽑이 **3** (나사의) 한 번 죔 **4** 《영》 [a ~ of ...] 꼰 종이, 양끝을 꼰 한 봉지(의 양) **5** 《영·구어》 구두쇠 **6** 《속어》 교도관, 간수(看守) **7** 《비어》 성교
a ~ loose 나사가 늦춰져 있음; 이상한데, 고장: He has *a ~ loose.* 《구어》 그는 정신이 이상하다.
— *vt.* **1 나사로 죄다**[박다, 조정하다, 고정시키다] **2** (**비)틀다**; 〈얼굴을〉 찌푸리다; 〈눈을〉 가늘게 뜨다; 〈종잇조각을〉 구겨 쥐다 《*up*》 **3** 《영》 〈사람을〉 긴장시키다; 망쳐놓다, 거덜나게 하다; 《미·속어》 어려운 문제로 괴롭히다 **4** 분기시키다, 용기내게 하다 **5** 쥐어짜다 **6** …에게 강요하다; …을 압박하다
— *vi.* **1** 〈나사가〉 죄어지다; 〈나사가〉 돌다 **2** 〈공이〉 비틀려져[굽어] 가다 **3** 《구어》 실수하다, 틀리다

screw·ball [skrúːbɔ̀ːl] *n.* **1** 〖야구〗 스크루볼 《투수가 던지는 변화구의 일종》 **2** 《미·구어》 이상한 사람, 기인

scréw bòlt 나사 볼트

scréw càp 틀어서 여는 뚜껑

screw·driv·er [-dràivər] *n.* **1** 나사 돌리개, 드라이버 **2** 스크루드라이버 《보드카와 오렌지 주스의 칵테일》

scréw nàil 나사 못

scréw nùt 나사 너트

scréw propèller (비행기나 기선의) 나사[스크루] 추진기

scréw thrèad 나사의 이[날]

screw-top [-tɑ̀p | -tɔ̀p] *n.* (병 등의) 비틀어 여는 마개

screw·up [-ʌ̀p] *n.* 《미·속어》 **1** 중대한 실수 **2** 늘 실수[서투른 짓]하는 사람, 쓸모없는 사람

screw·y [skrúːi] *a.* (**screw·i·er**; **-i·est**) **1** 《구어》 머리가 좀 돈 **2** 《구어》 별난, 기묘한, 우스운, 터무니없는 **3** 나선[나사]꼴의, 비틀린, 꾸불꾸불한

***scrib·ble** [skríbl] *vt.* **갈겨 쓰다**, 마구 쓰다 **—** *vi.* **1** 갈겨쓰다, 낙서하다 **2** 문필을 업으로 삼다 《자기를 낮추는 표현》
— *n.* **1** 갈겨쓰기, 난필, 악필 **2** [종종 *pl.*] 아무렇게나[되는 대로] 쓴 것, 낙서; 잡문

scrib·bler [skríblər] *n.* **1** 난필인 사람 **2** 《경멸·익살》 엉터리 문인

scribe [skraib] *n.* **1** (인쇄술 발명 전에 사본을 베껴쓰던) 사본 필경자; 대서인, 서기 **2** 작가; 신문 기자 **—** *vt.* 〈나무·금속에〉 선침(線針)으로 선을 긋다

scrib·er [skráibər] *n.* 선침, 먹통

scrim [skrim] *n.* **1** Ⓤ 튼튼한 면[마]포 **2** 《미》 (무대에서 쓰는) 사견(紗絹) (배경)막

scrim·mage [skrímidʒ] *n.* **1** 드잡이, 격투, 난투; 작은 충돌 **2** 〖럭비〗 = SCRUM
— *vi.* **1** 난투하다 **2** 〖럭비〗 스크럼을 짜다; 연습 시합을 하다

scrimp [skrimp] *vt.* 〈필요한 것 주기를〉 아까워하다, 긴축하다 **—** *vi.* 절약하다, 아끼다 **scrímp·y** *a.* 바짝 줄인, 인색한

scrim·shank [skrímʃæ̀ŋk] *vi.* 《영·군대속어》 직무를 태만히 하다

scrim·shaw [skrímʃɔ̀ː] *n.* **1** Ⓤ 선원의 수공예 조각 (기술) **2** (그러한) 세공물, 수공품

scrip [skrip] *n.* **1** 간단한 서류 **2** Ⓤ (긴급시에 발행되는) 임시 지폐 **3** (점령군의) 군표

‡script [skript] [L「적힌 (것)」의 뜻에서] *n.* **1** Ⓤ **손으로 쓰기**; 필적 **2** Ⓤ 〖인쇄〗 필기체(활자) **3** (연극·영화·라디오[TV] 방송 등의) **대본**, 각본: a film ~ 영화 대본
— *vt.* 대본을 쓰다

scrip·to·ri·um [skriptɔ́ːriəm] *n.* (*pl.* **~s, -ri·a** [-riə]) (특히 중세 수도원 등의) 사자실(寫字室), 필사(筆寫)실

scrip·tur·al [skríptʃərəl] *a.* [때로 **S~**] 성서 (중시(重視))의

***scrip·ture** [skríptʃər] [L「쓴[적은] 것」의 뜻에서] *n.* **1** [the S~] **성서**(the Bible) 《略 Script.》 **2** 성서에서의 인용, 성서(속)의 말 **3** [종종 **S~**] (그리스도교 이외의) 경전, 성전

script·writ·er [skríptràitər] *n.* (극·영화·방송의) 대본[각본] 작자, 스크립트 라이터

scrive·ner [skrívnər] *n.* **1** 대서인 **2** 공증인(公證人)

scrof·u·la [skrɑ́fjulə | skrɔ́f-] *n.* Ⓤ 〖병리〗 연주창

scrof·u·lous [skrɑ́fjuləs | skrɔ́f-] *a.* 연주창의[에 걸린]

***scroll** [skroul] [OF「(종이) 조각」의 뜻에서] *n.* **1 두루마리**(**책**) **2** 《일반적으로》 소용돌이꼴의 장식; 스크롤 《바이올린 등 현악기의 머리 장식》 **2** 〖컴퓨터〗 스크롤, 화면 이동

scróll sàw 소용돌이꼴로 자르는 톱, 실톱

scroll·work [-wə̀ːrk] *n.* Ⓤ 소용돌이 장식, 소용돌이[운형(雲形), 당초(唐草)] 무늬

Scrooge [skru:dʒ] [Charles Dickens의 소설 *A Christmas Carol*의 주인공의 이름에서] *n.* [종종 **s~**] 《구어》 구두쇠, 수전노

S

scro·tum [skróutəm] *n.* (*pl.* **-ta** [-tə], **~s**) 〖해부〗 음낭 **-tal** [-tl] *a.*
scrounge [skraundʒ] *vt.* 《구어》 슬쩍 훔치다, 날치기하다 **—** *vi.* 여기저기 찾아 다니다 **scróung·er** *n.*
⁑**scrub**[1] [skrʌb] *v.* (**~bed**; **~·bing**) *vt.* **1** 북북 문지르다[씻다, 빨다] 《*off, away, out*》 **2** 〈불순물을〉 없애다; 세정(洗淨)하다 **3** 〈미사일 발사·비행을〉 중지하다, 연기하다 **4** 폐지하다, 취소하다 **5** 〖컴퓨터〗 〈파일을〉 지우다 **—** *vi.* 북북 문지르다[닦다] **—** *n.* 북북 문질러 닦기
scrub[2] *n.* **1** [집합적] 관목·잡목이 우거진 곳[땅], 잡목·관목 숲 **2** 《구어》 작은 사람[물건], 쓸모없는[인색한] 녀석
scrub·ber [skrʌ́bər] *n.* **1** 갑판[마루]을 닦는 사람 **2** 솔, 수세미, 걸레
scrúb(·bing) brùsh [skrʌ́b(iŋ)-] 《미》 세탁솔, 수세미
scrub·by [skrʌ́bi] *a.* (**-bi·er**; **-bi·est**) **1** 〈나무·동물 등이〉 잘 자라지 못한, 왜소한 **2** 잡목[관목]이 무성한 **3** 〈사람이〉 왜소한, 열등한, 초라한
scrub·land [skrʌ́blæ̀nd] *n.* 잡목으로 덮인 땅, 관목지
scrub·wom·an [-wùmən] *n.* (*pl.* **-wom·en** [-wìmin]) 《미》 = CHARWOMAN
scruff[1] [skrʌf] *n.* [보통 the ~ of the neck로] 목덜미(nape) : take[seize] a person by *the ~ of the neck* …의 목덜미를 붙잡다
scruff[2] *n.* 《영·구어》 불결하고 단정치 못한 사람 **scruff·y** *a.* 《구어》 단정치 못한, 더러운, 초라한
scrum [skrʌm] *n.* **1** 〖럭비〗 스크럼 **2** 《영·구어》 (만원 전차·세일 등에) 쇄도하는 사람들
— *vi.* (**~med**; **~·ming**) 〖럭비〗 스크럼을 짜다
scrúm hálf 〖럭비〗 스크럼 하프 《공을 스크럼에 넣는 하프백》
scrum·mage [skrʌ́midʒ] *n.* = SCRUM 1
scrump [skrʌmp] *vt., vi.* 《영·방언》 (과일을) 〈과수원에서〉 훔쳐내다
scrump·tious [skrʌ́mpʃəs] *a.* 《구어》 굉장한; 굉장히 맛있는
scrump·y [skrʌ́mpi] *n.* Ⓤ 《영·방언》 신맛이 강한 사과주 《잉글랜드 남서부의 특산》
scrunch [skrʌntʃ] *v., n.* 《구어》 = CRUNCH
*__scru·ple__ [skrú:pl] [L 「뾰족한 잔돌」 → 「(뾰족한 잔돌이 찌르는 듯한) 양심의 가책」의 뜻에서] *n.* **1** [보통 *pl.*] **양심의 가책** **2** ⓊⒸ [보통 no, without 등의 뒤에 써서] 의심 《일의 정사(正邪)·당부(當否)에 대한》, 망설임, 주저
— *vi.* [보통 부정문] **1** 꺼리다, 주저하다 **2** 양심의 가책을 느끼다
scru·pu·los·i·ty [skrù:pjulɑ́səti | -lɔ́s-] *n.* Ⓤ 면밀[주도]성, 꼼꼼함
*__scru·pu·lous__ [skrú:pjuləs] *a.* **1 양심적인, 지조있는** **2 꼼꼼한, 세심한**; 철저한; 조심성 있는 **~·ly** *ad.* **~·ness** *n.*
scru·ti·neer [skrù:təníər] *n.* 《영》 검사관, 《특히》 투표 검사인, 검표자
*__scru·ti·nize__ [skrú:tənàiz] *vt.* **1 세밀히 조사하다** **2** 뚫어지게[자세히, 유심히] 보다 **-niz·ing·ly** *ad.* 유심히, 꼼꼼히
*__scru·ti·ny__ [skrú:təni] [L 「주의깊게 찾다」의 뜻에서] *n.* (*pl.* **-nies**) **1** ⓊⒸ **정밀한 조사[검사]**; 뚫어지게[유심히] 보기[보이기] **2** 《영》 투표 (재)검사
scu·ba [skjú:bə] [self-contained *u*nderwater *b*reathing *a*pparatus] *n.* 스쿠버 《잠수용 수중 호흡 장치》
scu·ba-dive [-dàiv] *vi.* 스쿠버 다이빙을 하다
scúba dìver 스쿠버 다이버
scúba dìving 스쿠버 다이빙 《스쿠버를 달고 잠수하는 스포츠》
scud [skʌd] *vi.* (**~·ded**; **~·ding**) 〈구름이 바람에 몰려〉 질주하다; 〈배가 거의 돛을 올리지 않고〉 강한 뒷바람을 받고 달리다 **—** *n.* **1** [a ~] 휙 달림[날아감] **2** 날아가는 구름 **3** [종종 *pl.*] 소나기, 지나가는 비
Scud [skʌd] *n.* 스커드 미사일(= ~ **mìssile**)
scuff [skʌf] *vi.* **1** 발을 질질 끌며 걷다 **2** 〈구두·마루 등이〉 상하다, 닳다 **—** *vt.* **1** 〈발을〉 질질 끌다; 〈물건을 발로〉 비비다 **2** 〈구두·마루 등을〉 상하게 하다, 닳게 하다 **—** *n.* (질질 끄는 걸음이나 닳아서 생기는) 손상, 자국
scuf·fle [skʌ́fl] *vi.* **1** 맞붙어 싸우다; 격투하다, 난투하다 **2** 발을 질질 끌며 걷다 **3** 당황하여 달리다[돌아다니다] **—** *n.* 난투
scull [skʌl] *n.* **1** 보트의 노, 스컬 **2** 스컬 배 《2개의 스컬로 젓는 가벼운 경주용 보트》 **3** [*pl.*] 스컬 보트의 경조(競漕)
— *vt., vi.* 스컬로 젓다
scul·ler·y [skʌ́ləri] *n.* (*pl.* **-ler·ies**) (식기 닦거나 넣어두는) 방, 식기실
sculp·sit [skʌ́lpsit] [L = he[she] sculptured (it)] *vt.* 〈아무개가〉 조각하다, …이 이것을 새기다 《조각자 서명과 함께 쓰이는 3인칭 단수; 略 sc., sculps.》
*__sculp·tor__ [skʌ́lptər] *n.* **조각가, 조각사**
sculp·tress [skʌ́lptris] *n.* 여류 조각가
sculp·tur·al [skʌ́lptʃərəl] *a.* 조각의, 조각적인
⁑**sculp·ture** [skʌ́lptʃər] [L 「새겨진 것」의 뜻에서] *n.* **1** Ⓤ **조각**(술) **2** 조각(물), 조상(彫像) **—** *vt.* **1** 조각하다 **2** 조각물로 장식하다 **—** *vi.* 조각하다
sculp·tur·esque [skʌ̀lptʃərésk] *a.* 조각물과 같은; 당당한
scum [skʌm] *n.* **1** Ⓤ [또는 a ~] (액체 위에 뜨는) 찌끼, 거품 **2** Ⓤ [집합적] 《경멸》 인간 쓰레기[찌꺼기]
— *vi.* 거품이 일다
scum·my [skʌ́mi] *a.* (**-mi·er**; **-mi·est**) **1** 더껑이가 생긴, 거품이 인 **2** 《구어》 〈사람 등이〉 저열한, 쓸모없는
scup·per [skʌ́pər] *n.* [보통 *pl.*] 〖항해〗 갑판의 배수구 **—** *vt.* 《영》 **1** 기습하여 몰살하다, 죽이다 **2** 《영·구어》 망하게 하다
scurf [skə:rf] *n.* Ⓤ (머리의) 비듬
scúrf·y *a.* 비듬투성이의; 비듬 같은
scur·ril·i·ty [skəríləti] *n.* (*pl.* **-ties**) **1** Ⓤ 상스러움 **2** ⓊⒸ 입버릇이 더러움; 상스러운 말

scur·ri·lous [skə́:rələs | skʌ́r-] *a.* 〈사람·말씨 등이〉 상스러운; 입버릇이 나쁜
*__scur·ry__ [skə́:ri | skʌ́ri] *vi.* (**-ried**) 허둥지둥[종종걸음으로] 달리다
— *n.* (*pl.* **-ries**) [*sing.*; 종종 the ~] (당황한) 종종걸음
scur·vy [skə́:rvi] *n.* Ⓤ 〖병리〗 괴혈병 《vitamin C의 결핍으로 인한》
— *a.* Ⓐ (**-vi·er**; **-vi·est**) 《구어》 상스러운, 야비한, 천박한
scur·vied [skə́:rvid] *a.* 괴혈병에 걸린
-vi·ly *ad.* **-vi·ness** *n.*
scut [skʌt] *n.* (토끼·사슴 등의) 짧은 꼬리
scutch·eon [skʌ́tʃən] *n.* = ESCUTCHEON
*__scut·tle__[1] [skʌ́tl] *n.* 석탄 통 (=coal ~) 《실내용》
scuttle[2] *vi.* 바삐 가다, 황급히 달리다, 허둥지둥 달아나다 — *n.* [a ~] 바쁜 걸음; 허둥지둥 떠나기[흩어지기, 도망치기]
scuttle[3] *n.* **1** (갑판·뱃전의) 작은 창, 작은 승강구 **2** (지붕이나 벽에 난 뚜껑 달린) 천창, 채광창
— *vt.* **1** 〈특히 배 밑이나 뱃전에〉 구멍을 뚫어 가라앉히다 **2** 〈계획 등을〉 폐기하다
scut·work [skʌ́twə̀rk], **scút wòrk** *n.* (하급 직원의) 지루한[시시한] 일[업무], 일상적 업무
Scyl·la [sílə] *n.* **1** 〖그리스·로마신화〗 스킬라 《큰 바위에 사는 머리 여섯, 발 열 둘의 여자 괴물》 **2** 스킬라 《Sicily 섬 앞바다의 소용돌이 Charybdis와 마주 대하는 이탈리아 해안의 위험한 바위》
*__scythe__ [saið] *n.* 큰 낫 《자루가 긴 풀·곡물 베는 낫》 — *vt.* 큰 낫으로 베다
SD 《미》 〖우편〗 South Dakota
S.Dak. South Dakota
SDI Strategic Defense Initiative 《미》 전략 방위 구상
S.D.P. Social Democratic Party (독일의) 사회민주당
SDR Special Drawing Rights (국제 통화 기금(IMF)의) 특별 인출권
Se 〖화학〗 selenium
s.e., SE, S.E. southeast; southeastern
***__sea__ [si:] [동음어 see] *n.* **1** [보통 the ~; 《시어·문어》에서는 또한 *pl.*] 바다, 해양 **2** [보통 the S~] 《일반적으로》 (육지·섬으로 둘린) 바다; …해 《동해·지중해 등》: *the* South *S*~ 남해 **3** (내륙의 큰) 호수; 함수호(鹹水湖) **4** ⓊⒸ [종종 *pl.*] 물결, 파도: a broken ~ 물보라치는 파도 **5** [a ~ of ..., ~*s* of ...로] 《비유》 (바다처럼) 많음, 다량(의), 다수(의)
all at ~ 망망대해에; (막막하여) 어찌 줄 모르고 ***at ~*** (1) (육지가 보이지 않는) 해상에[에서]; 항해 중에 (2) = all at SEA
by ~ 해로(海路)로, 바다로; 선편으로 〈여행하다 등〉 ***by the ~*** 해변에 ***on the ~*** 바다 위에 (떠서), 배에 타고; 〈집 등이〉 바다에 임해서 ***put (out) to ~*** 출범하다; 육지를 떠나다
— *a.* Ⓐ **1** 바다의: a ~ chart 해도 **2** 해상[해양]의 **3** 해군의: ~ forces 해군 (부대)

séa anèmone 〖동물〗 말미잘 (seaflower)
sea·bag [sí:bæ̀g] *n.* 세일러 백 《수병[선원]의 사물(私物) 자루》
sea·bed [-bèd] *n.* [the ~] 해저(海底)
Sea·bee [sí:bì:] [*C*onstruction *B*attalion] *n.* 《미》 해군 건설대원; [the ~s] 해군 건설대
sea·bird [-bə̀:rd] *n.* 바다새, 해조(海鳥) 《갈매기·바다쇠오리 등》
sea·board [-bɔ̀:rd] *n.* 해안, 해안 지대; 해안선 — *a.* Ⓐ 바다에 임한; 해안의
sea·borne [-bɔ̀:rn] *a.* 배로 운반된, 해상 운수(運輸)의; 바다를 건너서 오는: ~ articles 외래품, 수입품
séa brèam 〖어류〗 감성돔과(科)의 식용어
séa brèeze 해풍, 해연풍(海軟風)
séa càptain (상선의) 선장
séa chànge 《문어》 현저한 변화[변모]: undergo a ~ 면목을 일신하다
*__sea·coast__ [sí:kòust] *n.* 해안, 해변, 연안
séa còw 〖동물〗 해우(海牛)
séa cùcumber 〖동물〗 해삼
séa dòg 노련한 뱃사람
sea-ear [-ìər] *n.* 〖패류〗 전복(abalone)
sea·far·er [-fɛ̀ərər] *n.* 《문어》 뱃사람; 해상 여행자
sea·far·ing [-fɛ̀əriŋ] *a.* Ⓐ 《문어》 항해의, 해로 여행의; 직업으로 배를 타는: a ~ man 뱃사람
séa fàrming 양식(養殖) 어업, 바다 양식
séa fight (전함끼리의) 해전(海戰)
séa fòg 해무(海霧), 바다 안개 《바다에서 육지로 밀려오는》
sea·food [-fù:d] *n.* ⓊⒸ 해산 식품 《어류·조개류》
séa frònt (도시의) 해안 거리, 임해 지구; (건물의) 바다를 향한 쪽
sea·girt [-gə̀:rt] *a.* 《시어》 〈섬 등이〉 바다에 둘러싸인
sea·go·ing [-gòuiŋ] *a.* Ⓐ **1** 〈배가〉 원양 항해의[에 알맞은] **2** 〈사람이〉 항해를 업으로 삼는: a ~ fisherman 원양 어업자
séa grèen 해록색(海綠色) 《푸르스름한 녹색 또는 노르스름한 녹색》
séa gùll 〖조류〗 갈매기, 《특히》 바다갈매기
séa hòrse 〖동물〗 해마(walrus)
sea-is·land cótton [sí:àilənd-] 〖식물〗 해도면(海島綿) 《최양질의 면화; 미국 Sea Islands 원산》
séa kàle 〖식물〗 갯배추 《유럽산》
***__seal__[1] [si:l] [L 「작은 인장」의 뜻에서] *n.* **1** 인장(印章); 도장, 인감 **2** 봉인(封印) **3** (사회 사업단 등이 발행하는) 실 《봉투·소포 등에 붙이는》: a Christmas ~ 크리스마스 실 **4** 인인(認印), 실인(實印), 옥새(玉璽) **5** (확증·보증·확인·약조의) 표; (…의) 보증, 확인
break [***take off***] ***the ~*** 개봉하다
— *vt.* **1** 〈증서·문서 등에〉 도장을 찍다, 날인[조인]하다; (품질 등을 증명하여) …에 검인을 찍다 **2** 봉인을 하다; 〈편지를〉 봉하다; 밀폐하다 **3** 〈눈·입술을〉 꼭 닫다, 감다, 봉하다 **4** 확실하게 하다; 보증[확인]하다
***__seal__[2] *n.* (*pl.* **~s,** [집합적] ~) **1** 〖동물〗 바다표범; 물개 **2** 바다표범[물개]의 가죽
— *vi.* 바다표범[물개] 잡이를 하다

S

sea-lane [-lèin] *n.* 해상 교통 수송로
seal·ant [sí:lənt] *n.* 밀폐[봉함]제(劑), 방수제
sealed [si:ld] *a.* Ⓐ 봉인[밀봉, 봉함]한
séaled bóok [「봉인되어 내용을 알 수 없는 책」의 뜻에서] 신비, 수수께끼
séaled órders 봉함 명령
séa lègs ((구어)) 흔들리는 배의 갑판 위를 비틀거리지 않고 걷는 걸음걸이; 배에 익숙해짐
seal·er[1] [sí:lər] [seal[1]에서] *n.* 날인자; 검인자; ((미)) 도량형 검사관; 초벌칠용의 도료
sealer[2] [seal[2]에서] *n.* 바다표범잡이 ((사람·배))
séa lèvel 해수면, 평균 해면
***above* [*below*] ~** 해발[해면하] …: 1,000 meters *above* ~ 해발 1,000미터
séa lìly 〖동물〗 갯나리, 바다나리
séaling wàx 봉랍(封蠟)
séa lìon 〖동물〗 강치
seal·skin [sí:lskìn] *n.* Ⓤ 물개[바다표범]의 모피
Séa·ly·ham térrier [sí:lihæ̀m-|-liəm-] 실리엄 테리어 ((Wales 원산의 다리가 길고 흰털이 난 사냥개; 짧게 Sealyham이라고도 함))
‡**seam** [si:m] [동음어 seem] *n.* **1 솔기** **2** 상처 자국 **3** 〖지질〗 두 지층의 경계선, 얇은 광층 **4** 〖해부〗 봉합선(縫合線); 주름살 **—** *vt.* **1** 꿰매다, 이어 붙이다 **2** 상처 자국[금]을 내다; 주름살을 짓다, 흔적을 남기다
‡**sea·man** [sí:mən] *n.* (*pl.* **-men**[-mən]) **1 선원,** 뱃사람 **2** 항해자: a good[poor] ~ 배의 조종을 잘[서투르게] 하는 사람 **3** 〖해군〗 수병
sea·man·like [sí:mənlàik], **-man·ly** [-li] *a.* 뱃사람 같은[다운]
séaman recrúit ((미)) (해군의) 2등병
sea·man·ship [sí:mənʃìp] *n.* Ⓤ 선박 조종술
sea·mark [sí:mɑ̀:rk] *n.* **1** 항해 목표, 항로 표지 **2** 만조선(滿潮線)
séa mìle 해리(海里)(nautical mile)
seam·less [sí:mlis] *a.* 솔기[이은 데]가 없는
seam·stress [sí:mstris|sém-] *n.* 침모, 여자 재봉사
seam·y [sí:mi] *a.* (**seam·i·er**; **-i·est**) 솔기가 있는[나온]
the* ~ *side 옷의 안 ***the* ~ *side of life*** 인생의 이면, 사회의 암흑면
séam·i·ness *n.*
Sean·ad Eir·eann [sǽnɑ:d-ɛ́ərən|ʃǽnəd-] [Ir. =Senate of Ireland] [the ~] (아일랜드 공화국의) 상원
sé·ance [séiɑ:ns] [F 「앉음」의 뜻에서] *n.* 집회, 회; ((특히)) 강신회술(降神會術)의 모임
séa òtter 〖동물〗 해달
séa pìnk 〖식물〗 아르메리아
sea·plane [-plèin] *n.* 수상(비행)기, 비행정
‡**sea·port** [sí:pɔ̀:rt] *n.* **항구,** 해항(海港); 항구 도시

séa pòwer 해군력; 해군국
sear [siər] *vt.* **1** 태우다, 그슬리다; 〈상처 등을〉 인두로 지지다 **2** 무감각하게 하다: a ~*ed* conscience 마비된 양심
— *a.* ((문어)) 시든, 생기 없는, 마른
‡**search** [sə:rtʃ] [L 「한 바퀴 돌다」 →「돌며 찾다」의 뜻에서] *vt.* **1 찾다,** 수색[탐색]하다: ~ a ship 배를 임검하다 **2** (숨긴 것을 찾으려고) 〈남을〉 몸수색하다 **3** 〈얼굴 등을〉 유심히 보다 **4** (외과 기구 등으로) 〈상처를〉 살피다; 〈사람의 마음·감정 등을〉 살피다 **5** 〈기억을〉 더듬다 ***S~ me.* =*You can ~ me.*** ((구어)) (나는) 모르겠다, 내가 알게 뭐야. **~ *out*** 탐색하다; 찾아내다
— *vi.* **찾다,** 구하다 ((*for, after*)); 조사하다 ((*into*))
— *n.* ⓊⒸ **1 수색,** 추구 ((*for*)) **2 조사,** 음미 ((*after, for, of*))
in ~ of =***in the*[*a*] *~ for*** …을 찾아서, …을 구해서
search·er [sə́:rtʃər] *n.* 수색자; 조사자; 검사자, 세관[선박] 검사관; 죄수 신체 검사관
*__search·ing__ [sə́:rtʃiŋ] *a.* **1 엄중한,** 면밀한; 철저한: a ~ investigation 철저한 조사 **2** 〈눈매·관찰 등이〉 **날카로운**; 수색하는: a ~ question 날카로운 질문 **3** 〈추위 등이〉 몸에 스며드는: a ~ cold[wind] 모진 추위[바람] **~·ly** *ad.* 신랄하게, 엄하게
search·light [sə́:rtʃlàit] *n.* 탐조등, 탐해등(探海燈), 서치라이트
séarch pàrty 수색대
séarch wàrrant (가택) 수색 영장
sear·ing [síəriŋ] *a.* 타는 듯한
séa ròver 해적(pirate); 해적선
séa sàlt 바다 소금
sea·scape [sí:skèip] *n.* 바다 경치; 바다의 풍경화
séa scòut 해양 소년 단원
séa sèrpent 큰바다뱀 ((공상적인 괴물)): the (great) ~ 용(龍)
sea·shell [sí:ʃèl] *n.* (바다) 조개[조가비]
‡**sea·shore** [sí:ʃɔ̀:r] *n.* **해변,** 해안
— *a.* Ⓐ 해안[해변]의, 바닷가의 〈집·마을〉
*__sea·sick__ [sí:sìk] *a.* **뱃멀미가 난,** 뱃멀미의 ***get* ~** 뱃멀미하다
~·ness *n.* Ⓤ 뱃멀미
‡**sea·side** [sí:sàid] *n.* [the ~] **해안**
— *a.* Ⓐ 해안[해변]의, 바닷가의
séa snàke 〖동물〗 바다뱀; =SEA SERPENT
‡**sea·son** [sí:zn] *n.* **1 철, 계절:** the (four) ~*s* 사철 **2 a** 절기: the rainy ~ 장마철 **b 한창 때;** 유행기(期) **c** (운동 경기 등의) 시즌: the baseball ~ 야구 시즌 **3** Ⓤ 좋은 기회, 좋은 시기 ***at all ~s*** 사철을 통하여 어느 때나 ***in* ~** 〈과실·어류 등이〉 한창[한물, 제철] 때에, 한철로서; 때를 만난: a word (of advice) *in* ~ 때에 알맞은 충고
— *vt.* **1** 〈음식에〉 **맛을 내다,** 양념하다: ~ a dish *with* salt 소금으로 요리의 간을 맞추다 **2** …에 흥미[정취]를 돋우다 **3** 〈재목을〉 건조시키다 **4** 길들이다; 연마[단련]시키다 **—** *vi.* 〈재목 등이〉 건조해지다

sea·son·a·ble [síːzənəbl] *a.* **1** 계절의, 철[때]에 맞는: ~ weather 순조로운[계절다운] 날씨 **2** 시기 적절한: ~ advice 시기 적절한 충고
~·ness *n.* **-bly** *ad.* 시기에 알맞게

∗**sea·son·al** [síːzənl] *a.* **1 계절의,** 주기적인 **2** 특정한 계절만의: a ~ laborer 계절 노동자 ~·ly *ad.*

sea·soned [síːznd] *a.* **1** 양념한 **2** 〈나무 등이〉 잘 마른 **3** Ⓐ 〈사람·동물이〉 길든, 경험이 많은, 노련한

∗**sea·son·ing** [síːzəniŋ] *n.* Ⓤ **1 조미,** 양념함; Ⓒ **양념, 조미료 2** 흥취를 돋우는 것 **3** (재목 등의) 말림

séason tìcket 《영》 정기(승차)권(《미》 commutation ticket); 정기 입장권

⁑**seat** [siːt] *n.* **1 좌석, 자리:** have [《영》 take] a ~ 앉다, 착석하다 **2** (의자의) 앉는 부분; (기계 등의) 대(臺) **3** (말·자전거 등의) 앉음새, 탄 자세 **4** 소재지, 중심지; (병의) 근원 **5 의석,** 의원[위원 《등》]의 지위 ***take a*** [***the***] ***back ~*** 뒷좌석에 앉다; 《속어》 눈에 띄지 않다 ***take*** one***'s ~*** (지정된) 좌석에 앉다
— *vt.* **1 착석시키다,** 앉히다 **2** 수용하다: This hall ~*s*[is ~*ed for*] 2,000. 이 강당은 2,000명을 수용할 수 있다. **3** [보통 ~ one*self* 또는 수동형] 《비유》 자리잡다, 거주하다 **4** 〈기계·부품을〉 설치[장치]하다 **5** (의자의) 앉는 부분을 만들어 달다[갈다] ***be ~ed*** 앉다, 앉아 있다 **~ one*self*** 앉다; (어떤 곳에) 정착하다, 안주하다

séat bèlt 안전 벨트

seat·ed [síːtid] *a.* [보통 복합어를 이루어] 앉는 부분이 …한; 뿌리가 …한: a deep-~ disease 고질(병)

seat·er [síːtər] *n.* [보통 복합어를 이루어] (자동차·비행기의) …인승(乘): a two-~ 2인승 자동차[비행기 《등》]

seat·ing [síːtiŋ] *n.* Ⓤ **1** 착석 **2** [집합적] 좌석(의 설비); 수용(력): a ~ capacity 좌석수, 수용 능력 **3** 의자의 씌우개[속]의 재료

seat·mate [síːtmèit] *n.* 옆에 앉은 사람 《탈것 등의》

SEATO, Sea·to [síːtou] [*S*outh*e*ast *A*sia *T*reaty *O*rganization] *n.* 동남 아시아 조약 기구

seat-of-the-pants [síːtəvðəpǽnts] *a.* 《구어》 계기(計器)에 존재하지 않는; 육감과 경험에 의한

Se·at·tle [siǽtl] *n.* 시애틀 《미국 태평양 해안 북부의 항구 도시》

séa ùrchin [모양이 고슴도치 (urchin)와 비슷한 데서] 〖동물〗 성게; 성게의 살 《식용》

sea·wall [síːwɔ̀ːl] *n.* 방파제(sea bank)

∗**sea·ward** [síːwərd] *a.* **바다를 향한**
— *ad.* = SEAWARDS

sea·wards [síːwərdz] *ad.* 바다쪽으로, 바다를 향하여

sea·wa·ter [-wɔ̀ːtər] *n.* Ⓤ 해수, 바닷물

sea·way [-wèi] *n.* ⓊⒸ **1** 해로(海路), 항로 **2** 항속(航速), 항행: make ~ 진항(進航)하다 **3** (외양선이 다닐 수 있는) 깊은 내륙 수로

∗**sea·weed** [síːwìːd] *n.* ⓊⒸ **해초,** 해조(海藻); 《미·속어》 시금치

sea·wor·thy [-wə̀ːrði] *a.* 항해에 적합한[견딜 수 있는] **-thi·ness** *n.*

se·ba·ceous [sibéiʃəs] *a.* 〖해부·생리〗 피지(皮脂) 모양[성]의; 지방을 분비하는

Se·bas·tian [sibǽstʃən] *n.* 남자 이름

SEbE Southeast by East 남동미동(南東微東)

se·bum [síːbəm] *n.* Ⓤ 〖생리〗 피지(皮脂)

sec [sek] [*second*²] *n.* 《구어》 순간, 잠깐

sec [sek] [F] *a.* 〈포도주가〉 쌉쌀한 맛이 나는

sec 〖수학〗 secant

SEC, S.E.C. Securities and Exchange Commission (미국) 증권 거래 위원회

sec. second(s); secondary; secretary; section(s); sector

se·cant [síːkænt | -kənt] 〖수학〗 *a.* 끊는, 나누는, 교차하는: a ~ line 할선(割線)
— *n.* 시컨트, 정할(正割), 할선(略 sec)

sec·a·teurs [sékətər | sékətəz] [F] *n. pl.* [단수·복수 취급] 《영》 전지(剪枝) 가위

se·cede [sisíːd] *vi.* 《문어》 〈정당·교회 등에서〉 탈퇴[분리]하다 《*from*》

se·ced·er [sisíːdər] *n.* 탈퇴자, 분리자

se·ces·sion [siséʃən] *n.* ⓊⒸ (정당·교회로부터의) 탈퇴, 분리

se·ces·sion·ist [siséʃənist] *n.* 분리[탈퇴]론자

∗**se·clude** [siklúːd] *vt.* **1** 〈사람을〉 **…에서 떼어놓다,** 차단[격리]하다 **2** [~ one*self* 로] …에서 은둔하다 《*from*》; …에 틀어박히다 《*in*》

se·clud·ed [siklúːdid] *a.* **1** 〈장소가〉 외딴 (곳에 있는) **2** 〈사람·생활이〉 세상에서 격리된; 은둔한

∗**se·clu·sion** [siklúːʒən] *n.* Ⓤ **1 격리:** a policy of ~ 쇄국 정책 **2 은둔;** 한거(閑居), 은퇴: live in ~ 은둔 생활을 하다

se·clu·sive [siklúːsiv] *a.* 은둔적인, 틀어박히기를 좋아하는
~·ly *ad.* ~·ness *n.*

⁑**sec·ond¹** [sékənd] [L 「뒤따르다」의 뜻에서] *a.* **1 제2의,** 둘째 번의; 2등의, 차석의, 2류의 **2** [a ~] **또 하나의,** 보조의; 제2의: Habit is (*a*) ~ nature. 습관은 제2의 천성이다. **3** 〖음악〗 제2의, 〈소리·목소리가〉 낮은: the ~ violin 제2 바이올린
— *ad.* **제2로,** 둘째 번으로; **2등으로**
— *n.* **1** [보통 the ~] (서수의) **제2**; 제2위, 2등, 2번 **2** 제2타자(打者); 제2세, 제2대(代) **3** Ⓤ 〖자동차〗 제2단, 세컨드(기어): in ~ 제2단으로 **4** (결투 등의) 입회자, 보조자; (권투의) 세컨드 **5** 〖음악〗 2도, 2도 음정 **6** [보통 무관사로] 〖야구〗 2루
— *vt.* **1** 후원하다, 지지하다; 〈동의(動議)·결의(決議)에〉 재청하다, 찬성하다 **2** (결투에서) 〈…의〉 입회인이 되다, (권투에서) 〈…의〉 세컨드를 보다

⁑**sec·ond²** [sékənd] [L 1시간의 제1의 분류가 「분」(minute)이며, 제2의 분류가 「초」(second)인 데서]

n. **1** 초, 1초시(秒時) **2** 순간, 잠깐: Wait a ~. 잠깐 기다려 주시오.
in a ~ 금세, 순식간에
Sécond Ádvent [the~] 그리스도의 재림
sec·ond·ar·i·ly [sékəndèrəli, sèkənd-ɛ́ər- | sékəndər-] *ad.* 제2위로, 종(속)적으로; 보좌로서
‡**sec·ond·ar·y** [sékəndèri | -dəri] *a.* Ⓐ **1** **제2위의**, 제2류의: of ~ importance 제2차적으로 중요한 **2** 버금의, 부(副)의, 대리의, 종속적인 **3** 중등 교육[학교]의 — *n.* (*pl.* **-ar·ies**) **1** 제2차적인 것 **2** 대리자, 보좌 **3** 〖천문〗 반성(伴星); 위성(satellite)
sécondary áccent 제2 악센트
sécondary cólor 등화색(等和色) 《2원색을 등분 혼합한 색》
***sécondary schòol** 중등 학교
sécondary séx characterìstic 〖의학〗 제2차 성징(性徵)
sécondary stréss = SECONDARY ACCENT
sécondary téchnical schòol 《영》 중등 실업 학교 《농·공·상의 산업 기술 교육을 중시함》
sécondary wáve (지진의) 제2파, S파
sécond báse 〖야구〗 2루; 2루의 위치[수비]
sécond báseman 〖야구〗 2루수
sécond bést 차선책, 차선의 사람[사물]
sec·ond-best [sékəndbést] *a.* 차선(次善)의, 제2위의 — *ad.* 2위로 (떨어져)
sécond chíldhood [「제2의 유년기」의 뜻에서] [one's ~, a ~] 노쇠, 노망
sécond cláss **1** (제)2급; 2류; (탈것의) 2등 **2** 〖우편〗 제2종
sec·ond-class [-klǽs | -klɑ́:s] *a.* **1** 2등[급, 류]의: a ~ passenger[ticket] 《영》 2등객[표] **2** 제2종 (우편물)의: ~ matter 《미》 제2종 우편물 《정기 간행물》 — *ad.* 2등으로; 제2종으로
Sécond Cóming [the ~] = SECOND ADVENT
sec·ond-de·gree [-digrí:] *a.* Ⓐ 〈특히 죄상·화상이〉 제2급의, 제2도의: ~ murder 제2급 모살
sécond flóor [the ~] 《미》 2층; 《영》 3층
sécond géar (자동차의) 제2단 변속기
sec·ond-gen·er·a·tion [sékənd-dʒènəréiʃən] *a.* **1** 〈사람 등이〉 2세의 **2** 〈기계 등이〉 제2세대의
sécond hànd[1] 중개자, 매개물
at ~ 전해 듣고; 중간체를 개재하여, 간접적으로
***sécond hànd**[2] (시계의) **초침**(秒針)
***sec·ond·hand** [sékəndhǽnd] *a.* **1** **간접의**, 전해 들은 **2** **중고의**; 중고품 매매의: a ~ car 중고차
— *ad.* 고물[중고]로; 간접으로
sécondhand smóke 간접 흡연 《비흡연자가 마시는 남의 담배 연기》
sec·ond-in-com·mand [-inkə-mǽnd | -mɑ̀:nd] *n.* **1** 〖군사〗 부사령관 **2** 차장(次長)
sécond lánguage (한 나라의) 제2공용어; (모국어 다음의) 제2언어, (학교에서) 제1 외국어
sécond lieuténant 〖군사〗 소위
***sec·ond·ly** [sékəndli] *ad.* **둘째로**, 다음으로
sécond mórtgage 2순위[2번] 저당
sécond náture 제2의 천성
sécond pérson [the ~] 〖문법〗 제2인칭
sec·ond-rate [-réit] *a.* 《구어》 2류의, 열등한; 평범한 **-rát·er** *n.* 2류의 사람[것]; 하찮은 사람[것]
sécond sélf 허물없는[막역한] 친구
sécond síght 투시력, 천리안
sec·ond-sight·ed [-sáitid] *a.* 투시력[통찰력]을 가진
sec·ond-sto·ry [-stɔ̀:ri] *a.* 《미》 2층의; 2층 창으로 침입하는; 《영》 3층의
sécond stríng 제2안, 차선책; 제2군
sec·ond-string [-stríŋ] *a.* 《미》 제2선급의, 대용의; 2류의, 하찮은
~·er *n.* 《구어》 2류급 선수 《등》; 차선책
sécond thóught 재고; 숙고 후의 의견[결심]
Sécond Wáve [the ~] 제2의 물결 《미국의 문명 비평가 A. Toffler의 말; 18세기의 산업혁명을 계기로 일어난 물결》
sécond wínd **1** 제2 호흡, 호흡 조정 《심한 운동 후의》 **2** 원기 회복
Sécond Wórld [the ~] 제2세계 《(1) 정치 경제 블록으로서의 사회주의 제국 (2) 미국·러시아를 제외한 선진 공업 제국》
Sécond Wórld Wár [the ~] = WORLD WAR II
‡**se·cre·cy** [sí:krəsi] *n.* (*pl.* **-cies**) ⓊⒸ **비밀**, 은밀; 비밀 엄수: promise ~ 비밀 엄수를 약속하다
‡**se·cret** [sí:krit] [L 「따로 나누어 진」의 뜻에서] *a.* **1** **비밀의**, 기밀의 **2** 《구어》 〈사람이〉 비밀을 지키는, 입이 무거운 **3** Ⓐ 〈장소 등이〉 **은밀한**, 사람 눈에 띄지 않는 **4** 〈사람이〉 공표되지 않은, 인정되지 않은: a ~ bride 세상에 공표되지 않은 신부 — *n.* **1** ⒸⓊ **비밀**, 은밀한 일, 기밀: an open ~ 공공연한 비밀 **2** [종종 *pl.*] (자연계의) **불가사의**, 신비 **3** [보통 the ~] **비결**, 비전(秘傳)
sécret ágent 밀정(密偵), 간첩, 첩보부원
sec·re·tar·i·al [sèkrətɛ́əriəl] *a.* Ⓐ **1** 비서(관)의, 서기의: a ~ pool[section] 비서실[과] **2** [**S~**] 《미》 장관의
sec·re·tar·i·at(e) [sèkrətɛ́əriət] *n.* **1** 비서실, 비서과 **2** [the ~; 집합적] 비서과 직원
‡**sec·re·tar·y** [sékrətèri | -tri] [L 「비밀이 맡겨진 사람」의 뜻에서] *n.* (*pl.* **-tar·ies**) **1 a** **비서**; 서기관, 비서관; 사무관 **b** 서기 **2** [**S~**] **a** 《미》 장관 **b** 《영》 대신: the Home *S*~ = the *S*~ of State for Home Department 《영》 내무 장관[대신] **~·shìp** *n.* Ⓤ 서기관[비서관, 장관 《등》]의 직[임기]
sécretary bìrd [이 새의 도가머리가 깃펜을 귀에 꽂은 서기를 연상케 하는 데서]

S

〖조류〗 뱀잡이수리, 서기관조《아프리카산》
sec·re·tary-gen·er·al [sékrətèridʒénərəl | -tri-] *n.* (*pl.* **sec·re·tar·ies-**) 사무 총장, 사무국장
sécret bállot 비밀 투표
se·crete[1] [sikríːt] *vt.* 〖생리〗 분비하다
secrete[2] *vt.* 숨기다: ~ one*self* 자취를 감추다
se·cre·tion[1] [sikríːʃən] *n.* ⓊⒸ 〖생리〗 분비 (작용); 분비물, 분비액
secretion[2] *n.* ⓊⒸ 숨김, 은닉
se·cre·tive [síːkitiv, sikríː-] *a.* 숨기는 경향이 있는 〈사람·성질 등〉
~·ly *ad.* **~·ness** *n.*
⁑**se·cret·ly** [síːkritli] *ad.* **비밀히**, 몰래; 소리를 내지 않고
se·cre·to·ry [sikríːtəri] *a.* 〖생리〗 분비(성)의
sécret políce [the ~] 비밀 경찰
sécret sérvice [the ~] (정부의) 기밀 조사부, 첩보 기관
sécret socíety 비밀 결사
⁑**sect** [sekt] *n.* **분파**, 종파; 학파; 당(파), 파벌
sect. section
sec·tar·i·an [sektέəriən] *a.* 분파의, 종파[학파]의; 당파심이 강한 **—** *n.* 종파심이 강한 사람; 학파에 속하는 사람 **~·ìsm** *n.* Ⓤ 종파심; 파벌심, 학벌, 섹트주의
⁂**sec·tion** [sékʃən] [L「잘림」의 뜻에서] *n.* **1 부분**, 구획 **2** (미) **a** (도시 등의) **구역**, 지구: a city's business[residential] ~ 도시의 상업[주택] 지구 **b** 섹션《측량 단위; 1평방 마일의 토지》 **3** (사회 등의) 계층, 계급 **4** (관청의) 과; (단체의) 파, 파당 **5** (서적·문장의) 절(節), 단락(段落), 항(項) **6** 접합(接合) 부분: built in ~*s* 조립식의 **7 a** (외과·해부의) 절개, 절단 **b** 잘라낸 부분, 절편(切片) **8** 〖군사〗 **a** (영) 분대 **b** (미) 소대, 반(半) 소대 **9** 〖음악〗 (오케스트라의) 부문, 파트, 섹션: the string ~ 현악 부문
— *vt.* 구분[구획]하다; 단면도를 그리다; (현미경으로 검사하기 위해) 얇은 조각을 만들다
sec·tion·al [sékʃənl] *a.* **1** 부문의 **2** 부문적인; 지방적인 **3** 〈가구 등이〉 조립식의 **4** 단면(도)의
~·ìsm *n.* Ⓤ 지방주의, 지방적 편견; 파벌주의 **~·ly** *ad.* 부분적으로; 구획하여; 지방적으로; 단면도로서; 절로 나누어; 짜맞추어
sec·tion·al·ize [sékʃənəlàiz] *vt.* 부분으로 나누다; 구분하다
***sec·tor** [séktər] *n.* **1** (사회·산업 등의) **부문**, 분야 **2** 〖수학〗 **부채꼴**
sec·tor·al [séktərəl] *a.* 선형(扇形)의; 〖군사〗 선형 전투 구역의
***sec·u·lar** [sékjulər] *a.* **속인**(俗人)**의**, 세속의; 현세의: ~ affairs 속사(俗事) **—** *n.* 〖가톨릭〗 수도회에 속하지 않는 성직자, 교구 사제; (종교가에 대한) 속인
~·ìsm *n.* Ⓤ 세속주의; 교육·종교 분리주의 **~·ist** *n.*
sec·u·lar·is·tic [sèkjulərístik] *a.* 세속주의의[를 신봉하는]
sec·u·lar·i·ty [sèkjulǽrəti] *n.* (*pl.* **-ties**) ⓊⒸ 속됨; 속사(俗事); = SECULARISM
sec·u·lar·ize [sékjulərὰiz] *vt.* (세)속화하다; 종교[교의(教義)]를 없애다
sèc·u·lar·i·zá·tion *n.*
se·cur·a·ble [sikjúərəbl] *a.* 손에 넣을 수 있는; 확보할 수 있는
⁂**se·cure** [sikjúər] [L「걱정 없는」의 뜻에서] *a.* (**se·cur·er**; **-est**) **1** 안전한, 위험 없는《*against*, *from*》 **2 a** 〈발판·토대·매듭 등이〉 **튼튼한** **b** 〈신념 등이〉 확고한 **3** Ⓟ 엄중히 보관[감금]하여 **4 a** 〈성공·승진 등이〉 확실한, 약속된: a ~ victory 확실한 승리 **b** 〈지위·생활·미래 등이〉 **안정된**, 보장된: a ~ job with good pay 보수가 좋은 안정된 직업
— *vt.* **1 확보하다**, 〈상을〉 획득하다 **2 안전하게 하다**, 방비하다《*against*, *from*》 **3** 담보를 하다 **4** 〈창 등을〉 꼭 닫다; 고정하다; 〈죄수를〉 감금하다; 〈귀중품 등을〉 엄중히 보관하다
~·ly *ad.* 안전하게, 확실하게, 단단히
⁑**se·cu·ri·ty** [sikjúərəti] *n.* (*pl.* **-ties**) **1** Ⓤ 안전, 무사 **2** Ⓤ **안심**; 방심(放心) **3** ⓊⒸ 방호, 보장 **4** ⓊⒸ **보증**; 담보; 담보물; 보증인 **5** [*pl.*] 유가 증권(stocks and bonds) **—** *a.* Ⓐ 안전[보안]의, 안전을 위한, 안전 보장의
Secúrity Còuncil [the ~] (유엔의) 안전 보장 이사회《略 SC》
secúrity guàrd 경비원
secúrity ìndustry 경비 산업, 안전 산업
secúrity políce [집합적] 비밀 경찰
secúrity rìsk 위험 인물《비밀 누설 등 국가 안전을 위태롭게 하는》
secy., sec'y secretary
se·dan [sidǽn] *n.* (미) 세단형 자동차((영) saloon)《운전석을 칸막이하지 않은 보통의 상자형 승용차》
se·date [sidéit] *a.* (**se·dat·er**; **-est**) 차분한, 침착한 **—** *vt.* 〖의학〗 (진정제로) 진정시키다, 안정시키다
~·ly *ad.* **~·ness** *n.*
se·da·tion [sidéiʃən] *n.* Ⓤ 〖의학〗 진정 작용《진정제 등에 의한》; 진정제 치료(법)
sed·a·tive [sédətiv] *a.* 진정(작용)의 **—** *n.* 〖의학〗 진정제(劑)
***sed·en·tar·y** [sédntèri | -təri] *a.* **1 앉아 있는**; 앉아 일하는 **2** 〖동물〗 정착해 있는, 이주하지 않는 **-tàr·i·ness** *n.*
sedge [sedʒ] *n.* 〖식물〗 사초(莎草)
sedg·y [sédʒi] *a.* (**sedg·i·er**; **-i·est**) 사초가 무성한; 사초의[같은]
***sed·i·ment** [sédəmənt] *n.* Ⓤ **1 침전물**, 앙금 **2** 〖지질〗 퇴적물
sed·i·men·ta·ry [sèdəméntəri], **-tal** [-tl] *a.* 침전물의; 침전 작용에 의한; 〖지질〗 침적(沈積)의: ~ rocks 퇴적암(岩), 수성암
sed·i·men·ta·tion [sèdəməntéiʃən] *n.* Ⓤ **1** 침강(沈降): blood ~ test 혈침 검사 **2** 〖지질〗 퇴적 (작용)
se·di·tion [sidíʃən] *n.* Ⓤ 치안 방해; 선동 **~·ist** *n.*

S

se·di·tious [sidíʃəs] *a.* 치안 방해의; 선동적인 **~·ly** *ad.* **~·ness** *n.*

∗**se·duce** [sid*j*ú:s | -djú:s] [L 「옆길로 이끌다」의 뜻에서] *vt.* **1 부추기다,** 타락시키다, 나쁜 길로 유혹하다: ~ a person into error …에게 잘못을 저지르게 하다 **2** [좋은 뜻으로] 매혹하다
se·dúc·er *n.* 유혹자; 색마

se·duc·tion [sidʌ́kʃən] *n.* **1** ⓊⒸ 유혹, 교사 **2** [보통 *pl.*] 유혹하는 것; 매력

se·duc·tive [sidʌ́ktiv] *a.* 유혹[매혹]적인, 눈길을 끄는 **~·ly** *ad.* **~·ness** *n.*

se·du·li·ty [sid*j*ú:ləti | -djú:-] *n.* Ⓤ 근면

sed·u·lous [sédʒuləs | -dju-] *a.* 《문어》 **1** 근면한, 부지런히 일[공부]하는 **2** 꼼꼼한, 용의주도한 **~·ly** *ad.*

‡**see**[1] [si:] [동음어 sea] *v.* (**saw** [sɔ:]; **seen** [si:n]) **—***vt.* **1 a 보다,** 보이다 **b** 참조하다 **2 구경[관광]하다:** ~ the sights 명소를 관광하다 **3 a 이해하다 b 보아서 알다 4** 〈…을〉 (…이라고) 간주하다 **5 생각하다,** 상상하다, 예상하다 **6** 발견하다, 인정[인식]하다 **7 잘 보다,** 확인[조사]하다 **8** 경험하다, 마주치다 **9** [보통 that절이나 *p.p.*인 보어를 동반하여] 주의하다, 조처하다 **10 a 만나다,** 접견하다 **b** 위문하다; 〈의사에게〉 진찰을 받다
—*vi.* **1** (눈이) **보이다 2 알다,** 이해하다: Do you ~? 알았나? **3 확인하다,** 조사하다 **4** (…하도록) 주의하다, 배려하다, 주선하다
as I ~ it 내가 보는 바로는 ***I ~.*** 알겠소, 그렇군. ***~ about*** …을 고려하다, …의 조치를 하다; …에 유의하다: I'll ~ *about* it. 어떻게든 해보지, 생각해 보죠. ***~ it*** 이해하다, 알다 I ~ ***it*** [***life, things***] ***differently now.*** (지금 내) 견해는 다르다. ***~ much*** [***nothing, something***] ***of*** …을 자주 만나다[전혀 만나지 않다, 간혹 만나다] ***~ out*** 현관까지 배웅하다; 끝까지 (지켜)보다; 완성하다 ***~ over*** (1) 〈집 등을〉 둘러보다, 살펴보다 (2) 조사하다 ***~*** one***'s way to*** do(*ing*) 어떻게든 …하다 ***~ things*** 환각(幻覺)을 일으키다 ***~ through*** 꿰뚫어 보다, 간파하다

see[2] *n.* 〖가톨릭〗 주교[대주교] 관할구[권]

‡**seed** [si:d] [동음어 cede] *n.* (*pl.* **~s,** [집합적] ~) **1 씨,** 열매, 종자 **2** 종자가 되는 것 **3** [보통 *pl.*] 원인, 근원 《*of*》: sow the ~*s of* discontent 불만의 씨를 뿌리다 **4** [집합적] 〖성서〗 자손: the ~ of Abraham 아브라함의 자손; 히브리 사람 **5** Ⓤ 정액(精液) **6** 〖경기〗 시드된 경기자
go [***run***] ***to ~*** 씨[열매]가 생기다; 한창 때가 지나다, 초라하게 되다, 쇠퇴하다 ***sow the good ~*** 좋은 씨를 뿌리다; 복음을 전하다
—*a.* Ⓐ **1** 씨의, 종자용의 **2** 알이 작은
—*vi.* **1** 씨를 뿌리다 **2** 씨를 맺다
—*vt.* **1** 〈땅에〉 **씨를 뿌리다,** 〈…의 씨를〉 (밭에) 뿌리다 **2** 〈과일에서〉 씨를 빼다 **3** 〖경기〗 시드를 배정하다 《우수한 선수끼리 처음부터 맞서지 않도록 대진표를 짜다》

séed bànk 종자 은행

seed·bed [sí:dbèd] *n.* **1** 묘상(苗床), 묘판 **2** (죄악의) 온상

seed·cake [-kèik] *n.* 씨가 든 과자

seed·case [-kèis] *n.* 씨주머니

séed còrn 《미》 종자용 옥수수

seed·er [sí:dər] *n.* 씨 뿌리는 사람[기구]; 씨앗 받는 기계

seed·less [sí:dlis] *a.* 씨가 없는

seed·ling [sí:dliŋ] *n.* 실생(實生) 식물; 묘목 《3피트 이하》

séed mòney 《미》 큰 사업[대모금]의 출발 기금

séed òyster (양식용) 어린[씨] 굴

séed plànt 종자 식물

seeds·man [sí:dzmən] *n.* (*pl.* **-men** [-mən]) 씨를 뿌리는 사람; 씨앗 장수

seed·y [sí:di] *a.* (**seed·i·er**; **-i·est**) **1** 씨가 많은 **2** 《구어》 초라한, 누추한: a ~ hotel 누추한 여관 **3** Ⓟ 《구어》 기분이 좋지 않은: feel[look] ~ 기분이 나쁘다[나빠 보이다] **séed·i·ly** *ad.* **-i·ness** *n.*

∗**see·ing** [sí:iŋ] *n.* ⓊⒸ **봄,** 보기; 시각(視覺): *S*~ is believing. 《속담》 백문이 불여일견이다. **—***conj.* …한 점에서 보면, …인 이상은, …이므로

Séeing Éye dòg 맹도견(盲導犬)

‡**seek** [si:k] *v.* (**sought** [sɔ:t]) *vt.* **1 찾다;** 조사[탐사]하다; **찾아내다:** ~ the truth 진리를 탐구하다 **2** 〈부·명성 등을〉 **추구하다,** 〈충고 등을〉 **구하다 3** 《문어》 〈…하려고〉 **노력하다 4** 〈장소로〉 가다, 향하다 **—***vi.* **1 수색[탐색]하다,** 찾다: He is ~*ing* for employment. 그는 일자리를 찾고 있다. **2 추구하다:** He is always ~*ing* for[after] power. 그는 항상 권력을 추구하고 있다.

seek·er [sí:kər] *n.* 수색자; 탐구자

‡**seem** [si:m] [동음어 seam] [ON 「적합하다」의 뜻에서] *vi.* **1 …처럼 보이다:** *He* ~*s* young. 젊어 보인다. **2** [1인칭을 주어로 하여] **…인 것처럼 생각되다:** I ~ unable to please her. 그녀를 기쁘게 할 수 없을 것 같아. **3** [it를 주어로 하여] **…인 것 같다,** …인 듯하다: It ~*s* likely to rain. 비가 올 듯하다.

∗**seem·ing** [sí:miŋ] *a.* Ⓐ **겉으로의, 외관상**[표면만]의

∗**seem·ing·ly** [sí:miŋli] *ad.* **겉으로는,** 표면[외관]상(은): *S*~ he is mistaken. 겉보기에는 그가 틀렸다.

seem·ly [sí:mli] *a.* (**-li·er**; **-li·est**) 알맞은, 적당한; 품위 있는

‡**seen** [si:n] *v.* SEE[1]의 과거분사 **—***a.* (눈에) 보이는

seep [si:p] *vi.* **1** 〈액체가〉 스며나오다, 새다 **2** 〈사상·이해 등이〉 침투하다, 서서히 확산하다

seep·age [sí:pidʒ] *n.* Ⓤ 누출[삼투] (액[양])

∗**seer** [sí:ər] *n.* **1 보는 사람 2** [siər] 선지자, 예언자; 점성술사

seer·suck·er [-sʌ̀kər] *n.* Ⓤ 박직(薄織) 리넨 《인도산; 청색과 백색의 줄무늬가 들어 있음》

‡**see·saw** [sí:sɔ̀:] *n.* **1 a 시소 b** 시소 널빤지, 널 **2** ⓊⒸ 아래위[앞뒤] 움직임;

S

일진일퇴 —*a.* Ⓐ **1** 시소 같은, 아래위[앞뒤]로 움직이는 **2** 일진일퇴하는: ~ motion 번갈아 아래위[앞뒤]로 움직이기 —*vi.* **1** 시소를 타다 **2 a** 아래위[앞뒤]로 번갈아 움직이다 **b** 변동하다; 〈정책 등이〉 동요하다

***seethe** [siːð] *v.* (**~d,** 《고어》 **sod** [sɑd | sɔd]; **~d,** 《고어》 **sod·den** [sɑ́dn | sɔ́dn]) *vi.* **1 a 끓어 오르다,** 비등하다 **b** 〈파도 등이〉 굽이치다, 소용돌이치다 **2** [보통 진행형] **a** 〈사람이〉 (화가 나서) 속이 끓어오르다 **b** 〈군중·나라 등이〉 (불평·불만으로) 들끓듯이 법석이다, 시끌벅적하다

seeth·ing [síːðiŋ] *a.* **1 a** 펄펄 끓는, 비등하는 **b** 〈파도 등이〉 소용돌이치는, 용솟음치는 **2** (화·흥분 등으로) 속이 끓어 오르는 **~·ly** *ad.*

see-through, see-thru [síːθrùː] *a.* (옷 등이) 비치는 —*n.* 비치는 옷

***seg·ment** [ségmənt] *n.* **1** (자연히 생긴) **구획,** 구분 **2** 〖수학〗 선분(線分); (원의) 호(弧) **3** 〖동물〗 체절(體節), 환절(環節) —*v.* [ségment | -ˊ] *vt.* …을 분할하다, 가르다 —*vi.* 갈라지다

***seg·men·tal** [segméntl] *a.* **부분의,** 구분의, 부분으로 갈라진

seg·men·ta·tion [sègməntéiʃən] *n.* Ⓤ **1** 분할, 분열 **2** 〖생물〗 (수정란의) 난할(卵割), 분할

sé·go líly [síːgou-] 〖식물〗 나비나리 《꽃이 아름다우며 뿌리는 식용; 북미 원산》

seg·re·gate [ségrigèit] [L 「무리에서 떼어놓다」의 뜻에서] *vt.* **1** 〈사람·단체를〉 분리하다, 격리하다 **2** [보통 수동형으로] 〈사람·단체를〉 (인종·성별에 따라) 분리하다 —*vi.* **1** 분리하다 **2** (인종·성별 등에 의해) 분리 정책을 쓰다

seg·re·gat·ed [ségrigèitid] *a.* **1** 분리된, 격리된 **2** 인종 차별의[을 하는] **3** 특수 인종[그룹]에 한정된: ~ education 인종 차별[격리] 교육

seg·re·ga·tion [sègrigéiʃən] *n.* Ⓤ **1** 분리, 격리 **2** 인종[성별] 차별 (대우) **~·ist** *n.* 격리론자, 인종[성별] 차별주의자

seg·re·ga·tive [ségrigèitiv] *a.* **1** 〈사람이〉 사교를 싫어하는, 비사교적인 **2** 인종[성별] 차별적인

seine [sein] *n., vt., vi.* 예인망(을 치다), 후릿그물(로 고기를 잡다)

Seine [sein] *n.* [the ~] 센 강 《프랑스 북부를 흘러 파리 시내를 지나서 영국 해협에 이름》

sei·sin, -zin [síːzn | -zin] *n.* 〖법〗 (토지·동산의) (특별) 점유권

seis·mic [sáizmik] *a.* 지진의; 지진성의: a ~ area 진역(震域) **seis·mic·i·ty** [-mísəti] *n.* Ⓤ 지진 활동도

seis·mo·gram [sáizməgræ̀m] *n.* (지진계가 기록한) 진동 기록

seis·mo·graph [sáizməgræ̀f | -grɑ̀ːf] *n.* 지진계

seis·mo·log·i·cal [sàizməlɑ́dʒikəl | -lɔ́dʒ-] *a.* 지진학의: a ~ laboratory 지진 연구소

seis·mol·o·gy [saizmɑ́lədʒi | -mɔ́l-] *n.* Ⓤ 지진학 **-gist** *n.* 지진학자

seis·mom·e·ter [saizmɑ́mətər | -mɔ́m-] *n.* 지진계

⁑**seize** [siːz] *vt.* **1** (갑자기) (붙)**잡다,** 꽉 쥐다: ~ a rope 밧줄을 꽉 붙잡다 **2** 〈의미·요점 등을〉 파악하다: I ~*d* your meaning. 당신이 말하는 뜻을 알았습니다. **3** 〈기회를〉 포착하다 **4** 〈적진·권력 등을〉 빼앗다, 강탈하다 **5** 〈범인 등을〉 **붙잡다, 체포하다 6 a** 〖법〗 〈금제품·문서 등을〉 (강권으로) 압류하다, 몰수하다 **b** 〈…에게〉 점유[소유]시키다 **7** 〖항해〗 붙들어 매다, 동여 매다; ~ ropes together 밧줄과 밧줄을 붙들어 매다

be ~d with 〈병에〉 걸리다; 〈공포 등에〉 사로잡히다

—*vi.* **1 잡다,** 붙들다 **2** 〈기회·결점 등을〉 **붙잡다,** 포착하다: ~ on a chance 기회를 포착하다 **3** 〈기계가〉 (과열 등으로) 서다

séiz·a·ble *a.* 잡을 수 있는; 압류할 수 있는

seized [siːzd] *a.* Ⓟ 〖법〗 …을 소유한, 점유한: He is[stands] ~ *of* much property. 그는 많은 재산을 갖고 있다.

sei·zure [síːʒər] *n.* **1** Ⓤ (갑자기) 붙잡음, 꼭 쥠 **2** ⓊⒸ 압류, 몰수 **3** ⓊⒸ 강탈; 점령 **4** 발작; 《특히》 졸중풍(卒中風)

⁑**sel·dom** [séldəm] *ad.* **드물게** (rarely), **좀처럼 …않는**

⁑**se·lect** [silékt] [L 「따로 모으다」의 뜻에서] *vt.* **고르다,** 선택하다, 선발하다 —*a.* **1 고른; 정선한,** 극상의; 발췌한 **2 a** 〈모임·학교 등이〉 입회[입학] 조건이 까다로운 **b** 상류 사회의

seléct commíttee [집합적] (의회의) 특별(조사) 위원회

se·lect·ee [silèktíː] *n.* **1** 《미》 선발 징병 응소자 **2** 선발된 사람

⁑**se·lec·tion** [silékʃən] *n.* **1** ⓊⒸ **선발,** (신중한) 선택, 정선 **2** 선발된 것[사람]; 발췌, 선택물; 선집(選集) **3** Ⓤ 〖생물〗 선택, 도태(淘汰)

***se·lec·tive** [siléktiv] *a.* **1 a 선택하는;** 정선하는 **b** Ⓟ 선택적인 **2** 〖통신〗 〈수신기 등이〉 선택식의, 분리 감도가 좋은: ~ system 분리식 통신법 **~·ly** *ad.* **~·ness** *n.*

se·lec·tiv·i·ty [silèktívəti] *n.* Ⓤ **1** 선택력[성] **2** 〖통신〗 (수신기의) 선택도(度)

se·lec·tor [siléktər] *n.* **1 a** 선택자, 정선자 **b** 《영》 선수 선발 위원 **2 a** 선별기(機) **b** (오토매틱 차의) 변속 레버

Se·le·ne [silíːni] *n.* 〖그리스신화〗 셀레네 《달의 여신; 로마신화의 Luna에 해당》

se·le·ni·um [silíːniəm] *n.* Ⓤ 〖화학〗 셀렌, 셀레늄 《비금속 원소; 기호 Se, 번호 34》

se·le·nog·ra·phy [sèlənɑ́grəfi | -nɔ́g-] *n.* Ⓤ 월면 지리

sel·e·nol·o·gy [sèlənɑ́lədʒi | -nɔ́l-] *n.* Ⓤ 〖천문〗 월학(月學)

⁑**self** [self] *n.* (*pl.* **selves** [selvz]) **1** ⓊⒸ **자기,** 자신; Ⓤ 〖철학〗 자아 **2** 본성; (어떤 시기·상태의) 자기, 본성: beauty's ~ 《시어》 미(美) 그 자체 **3** Ⓤ 자기의 이해, 사리(私利), 이기심 —*a.* **1** 〈색 등이〉 단색의 **2** 같은 재료의, 같은 종류의

S

self- [self] 《연결형》 [재귀 대명사 my*self*, him*self*, it*self*, one*self* 등의 대용으로서 복합어를 만듦] 「자기, 자기를, 스스로, 자기에 대하여; 자기 혼자, 자동적인; 자연의; 단일한, 단색의; 순수한」의 뜻

-self [self] 《연결형》 [복합[재귀] 대명사를 만듦] 「…자신」의 뜻

self-a·ban·doned [sélfəbǽndənd] *a.* 자포자기의; 방종한

self-a·ban·don·ment [sélfəbǽndənmənt] *n.* Ⓤ 자포자기; 방종

self-a·base·ment [sélfəbéismənt] *n.* Ⓤ 자기 비하(卑下); 겸손

self-ab·hor·rence [sélfəbhɔ́:rəns | -hɔ́r-] *n.* Ⓤ 자기 혐오[증오]

self-ab·ne·ga·tion [sélfæbnigéiʃən] *n.* 《문어》 Ⓤ 자기 희생, 헌신

self-ab·sorbed [sélfæbsɔ́:rbd] *a.* 자기의 생각[이익]에 골똘한

self-ab·sorp·tion [sélfæbsɔ́:rpʃən] *n.* Ⓤ 자기 몰두[도취], 열중

self-a·buse [sélfəbjú:s] *n.* Ⓤ **1** 자기 재능의 악용 **2** 《완곡》 자위, 수음

self-ac·cu·sa·tion [sélfækjuzéiʃən] *n.* Ⓤ 자책(自責)(감)

self-act·ing [sélfǽktiŋ] *a.* 자동(식)의

self-ad·dressed [sélfədrést] *a.* 〈봉투 등이〉 자기 앞으로 한[쓴], 반신용(返信用)의

self-ad·he·sive [sélfædhí:siv] *a.* 〈봉투·우표 등이〉 (자체에) 풀이 묻어 있는

self-ad·just·ing [sélfədʒʌ́stiŋ] *a.* 자동 조정(식)의

self-ag·gran·dize·ment [sélfəgrǽndizmənt] *n.* (권력·재산의) 자기 확대[강화]

self-a·nal·y·sis [sélfənǽləsis] *n.* 자기 분석

self-ap·point·ed [sélfəpɔ́intid] *a.* 독단적인, 자칭하는

self-as·sert·ing [sélfəsə́:rtiŋ] *a.* 자기를 주장하는; 자신에 찬; 주제넘은, 뻔뻔스러운

self-as·ser·tion [sélfəsə́:rʃən] *n.* Ⓤ 자기 주장; 주제넘게 나섬

self-as·ser·tive [sélfəsə́:rtiv] *a.* 자기 주장하는, 주제넘은 **~·ly** *ad.* **~·ness** *n.*

self-as·sur·ance [sélfəʃúərəns] *n.* Ⓤ 자신(自信); 자기 과신

self-as·sured [sélfəʃúərd] *a.* 자신 있는; 자기 만족의 **~·ness** *n.*

self-a·ware·ness [sélfəwɛ́ərnis] *n.* 자기 인식

self-cen·tered [sélfséntərd] *a.* 자기 중심[본위]의; 이기적인 **~·ness** *n.*

self-col·ored [sélfkʌ́lərd] *a.* **1** 〈꽃·동물·직물 등이〉 단색의 **2** 〈천 등이〉 자연색의

self-com·mand [sélfkəmǽnd | -má:nd] *n.* Ⓤ 자제, 극기(克己); 침착

self-com·pla·cence, -cen·cy [sélfkəmpléisns(i)] *n.* Ⓤ 자기 만족, 독선

self-com·pla·cent [sélfkəmpléisnt] *a.* 자기 만족의, 독선의

self-com·posed [sélfkəmpóuzd] *a.* 침착한

self-con·ceit [sélfkənsí:t] *n.* Ⓤ 자부심, 허영심 **~·ed** *a.* 자부심이 강한

self-con·cerned [sélfkənsə́:rnd] *a.* 자기 자신에게 지나치게 관심을 갖는

self-con·demned [sélfkəndémd] *a.* 양심의 가책을 받는, 자책(自責)의

self-con·fessed [sélfkənfést] *a.* (결점을) 자인(自認)하는

self-con·fi·dence [sélfkánfədəns | -kɔ́n-] *n.* Ⓤ 자신(自信)

self-con·fi·dent [sélfkánfədənt | -kɔ́n-] *a.* 자신 있는 **~·ly** *ad.*

self-con·grat·u·la·tion [sélfkəngrætʃuléiʃən] *n.* 자축(自祝), 자기 만족

***self-con·scious** [sélfkánʃəs | -kɔ́n-] *a.* **1** 자의식이 강한; 사람 앞을 꺼리는, 수줍어하는 **2** 〖철학·심리〗 자의식의 **~·ly** *ad.* **~·ness** *n.* Ⓤ 자의식; 수줍음

self-con·sis·tent [sélfkənsístənt] *a.* 자기모순이 없는, 일관성 있는

self-con·sti·tut·ed [sélfkánstətjù:tid | -kɔ́nstitjù:t-] *a.* 스스로 결정한, 자기 설정의

self-con·tained [sélfkəntéind] *a.* **1** 말 없는, 터놓지 않는; 자제하는 〈사람〉 **2** 〈기계 등이〉 그것만으로 완비된 **3** 자기 충족의

self-con·tempt [sélfkəntémpt] *n.* Ⓤ 자기 비하(卑下)

self-con·tent [sélfkəntént] *n.* Ⓤ 자기만족

self-con·tent·ed [sélfkənténtid] *a.* 자기만족의 **~·ly** *ad.*

self-con·tra·dic·tion [sélfkàntrədíkʃən | -kɔ̀n-] *n.* ⓊⒸ 자기모순(의 진술[명제])

self-con·tra·dic·to·ry [sélfkàntrədíktəri | -kɔ̀n-] *a.* 자기모순의, 자가당착의

***self-con·trol** [sélfkəntróul] *n.* Ⓤ 자제(自制)(심), 극기(심)

-trolled [-tróuld] *a.* 자제심 있는

self-cor·rect·ing [sélfkəréktiŋ] *a.* 〈기계 등이〉 자동 수정(식)의

self-crit·i·cism [sélfkrítisìzm] *n.* Ⓤ 자기비판

self-de·ceiv·ing [sélfdisí:viŋ] *a.* 자기기만의

self-de·cep·tion [sélfdisépʃən] *n.* ⓊⒸ 자기기만; 망상

self-de·cep·tive [sélfdiséptiv] *a.* 자신을 속이는, 자기기만의

self-de·feat·ing [sélfdifí:tiŋ] *a.* 자기 좌절의, 자멸적인

***self-de·fense | -de·fence** [sélfdiféns] *n.* Ⓤ **1** 자기 방어, 호신 **2** 〖법〗 정당방위: in ~ 정당방위로

self-de·fen·sive [sélfdifénsiv] *a.* 자기 방위적인, 자위의

self-de·ni·al [sélfdináiəl] *n.* Ⓤ 자기 부정, 자제(력), 극기

self-de·ny·ing [sélfdináiiŋ] *a.* 자기 부정적인, 극기심 있는

self-de·pen·dence [sélfdipéndəns] *n.* Ⓤ 자기 신뢰, 독립독행

self-de·pen·dent [sélfdipéndənt] *a.* 자신을 신뢰하는, 독립독행의

self-de·pre·ci·a·tion [sélfdiprì:ʃiéiʃən] *n.* 자기 경시, 자기 비하
self-de·struct [sélfdistrʌ́kt] *vi.* 〈로켓·미사일 등이〉 (고장이 나면) 자폭하다 — *a.* (고장나면) 자기 파괴하는, 자폭하는
self-de·struc·tion [sélfdistrʌ́kʃən] *n.* Ⓤ 자멸; 자살
self-de·struc·tive [sélfdistrʌ́ktiv] *a.* 자멸적인
self-de·ter·mi·na·tion [sélfditə̀:rminéiʃən] *n.* Ⓤ **1** 자결(自決), 자기 결정 **2** 민족 자결(권): racial ~ 민족 자결(주의)
self-de·vo·tion [sélfdivóuʃən] *n.* Ⓤ 헌신(獻身)
self-di·rect·ed [sélfdiréktid, -dai-] *a.* 스스로 방향을 정하는, 자발적인
self-dis·ci·pline [sélfdísəplin] *n.* Ⓤ 자기 훈련[수양], 자제
self-dis·cov·er·y [sélfdiskʌ́vəri] *n.* 자기 발견
self-dis·play [sélfdispléi] *n.* 자기 현시[선전]
self-doubt [sélfdáut] *n.* 자신 상실
self-ed·u·cat·ed [sélfédʒukèitid] *a.* 독학한; 고학한
self-ed·u·ca·tion [sélfèdʒukéiʃən] *n.* Ⓤ 독학
self-ef·face·ment [sélfiféismənt] *n.* Ⓤ (겸손하여) 표면에 나서지 않음, 삼가는 태도
self-ef·fac·ing [sélfiféisiŋ] *a.* 표면에 나서지 않는, 자기를 내세우지 않는
self-em·ployed [sélfimplɔ́id] *a.* 자가 경영의, 자영(업)의
self-es·teem [sélfistí:m] *n.* Ⓤ 자존(심); 자부심
*__self-ev·i·dent__ [sélfévədənt] *a.* **자명**(自明)한 **~·ly** *ad.*
self-ex·am·i·na·tion [sélfigzæ̀mənéiʃən] *n.* Ⓤ 자성(自省), 반성
self-ex·plain·ing [sélfikspléiniŋ], **-ex·plan·a·to·ry** [-iksplǽnətɔ̀:ri | -təri] *a.* 자명(自明)한, 설명이 없어도 명백한
self-ex·pres·sion [sélfikspréʃən] *n.* Ⓤ (예술·문학 등에 의한) 자기표현
self-feed·er [sélffí:dər] *n.* (사료 등의) 자동 공급기, 자급(自給) 장치
self-feed·ing [sélffí:diŋ] *a.* 〈기계가〉 자급(自給)식의
self-fer·til·i·za·tion [sélffə̀:rtəlizéiʃən | -lai-] *n.* Ⓤ 〖생물〗 자가[자화] 수정(自家[自花]受精)
self-for·get·ful [sélffərgétfəl] *a.* 자기를 잊은, 헌신적인
self-ful·fill·ment [sélffulfílmənt] *n.* 자기 달성, 자기실현
self-gov·erned [sélfgʌ́vərnd] *a.* 자치의
self-gov·ern·ing [sélfgʌ́vərniŋ] *a.* 자치의: a ~ colony 자치 식민지
*__self-gov·ern·ment__ [sélfgʌ́vərnmənt] *n.* Ⓤ **자치**; 자제, 극기
self-hate [sélfhéit], **-ha·tred** [-héitrid] *n.* Ⓤ 자기혐오
*__self-help__ [sélfhélp] *n.* Ⓤ **자조**(自助), 자립
self·hood [sélfhùd] *n.* Ⓤ **1** 개성; 자아 **2** 자기 본위, 이기심
self-i·den·ti·ty [sélfaidéntəti] *n.* (사물 그 자체와의) 동일성; 자기 동일성
self-im·age [sélfímidʒ] *n.* 자기(의 구실[자질, 가치 등])에 대한 이미지
self-im·por·tance [sélfimpɔ́:rtns] *n.* Ⓤ 자존, 거만, 자만
self-im·por·tant [sélfimpɔ́:rtnt] *a.* 거드름 피우는, 자만심이 강한 **~·ly** *ad.*
self-im·posed [sélfimpóuzd] *a.* 〈일·의무 등이〉 스스로 부과한, 자진해서 하는
self-im·prove·ment [sélfimprú:vmənt] *n.* Ⓤ 자기 개선[수양]
self-in·dul·gence [sélfindʌ́ldʒəns] *n.* Ⓤ 제멋대로 굶, 방종
self-in·dul·gent [sélfindʌ́ldʒənt] *a.* 제멋대로 하는, 방종한
self-in·flict·ed [sélfinflíktid] *a.* 스스로 초래한, 자초한
*__self-in·ter·est__ [sélfíntərəst] *n.* Ⓤ **이기심**, 이기주의; 사리(추구), 사욕
self-in·ter·est·ed [sélfíntəristid] *a.* 자기 본위의, 이기적인
self-in·vit·ed [sélfinváitid] *a.* 불청객의
⁑**self·ish** [sélfiʃ] *a.* **이기적인**, 자기 본위의, 제멋대로 하는 **~·ly** *ad.* **~·ness** *n.*
self-jus·ti·fi·ca·tion [sélfdʒʌ̀stəfikéiʃən] *n.* 자기 정당화, 자기 변호
self-knowl·edge [sélfnάlidʒ | -nɔ́l-] *n.* Ⓤ 자각, 자기 인식
self·less [sélflis] *a.* 사심 없는, 무사의, 무욕의 **~·ly** *ad.* **~·ness** *n.*
self-load·ing [sélflóudiŋ] *a.* 〈소총·카메라 등이〉 자동 장전(裝塡)식의
self-lock·ing [sélflάkiŋ | -lɔ́k-] *a.* 〈문 등이〉 자동적으로 자물쇠가 잠기는
self-love [sélflʌ́v] *n.* Ⓤ 자기애; 이기주의
self-made [sélfméid] *a.* **1** 자력으로 만든, 자작의 **2** 자력으로 성공한[출세한]: a ~ man 자수 성가한 사람
self-mas·ter·y [sélfmǽstəri | -mά:s-] *n.* Ⓤ 극기(克己), 자제(自制)
self-mov·ing [sélfmú:viŋ] *a.* 자동(식)의
self-mur·der [sélfmə́:rdər] *n.* Ⓤ 자살
self-o·pin·ion·at·ed [sélfəpínjənèitid] *a.* **1** 자부심이 강한 **2** 자기 주장을 고집하는, 고집 센
self-per·pet·u·at·ing [sélfpərpétʃuèitiŋ] *a.* (지위·직위에) 언제까지나 유임하는[할 수 있는]; 무제한 계속할 수 있는
self-pity [sélfpíti] *n.* Ⓤ 자기 연민
self-pol·li·nate [sélfpάləneit | -pɔ́l-] *vi., vt.* 자가 수분하다
-pòl·li·ná·tion *n.* Ⓤ 자가 수분
self-por·trait [sélfpɔ́:rtrit] *n.* 자화상
self-pos·sessed [sélfpəzést] *a.* 냉정한, 침착한
self-pos·ses·sion [sélfpəzéʃən] *n.* Ⓤ 냉정, 침착
self-praise [sélfpréiz] *n.* Ⓤ 자화자찬, 자기 자랑
self-pres·er·va·tion [sélfprèzərvéiʃən] *n.* Ⓤ 자기 보존; 본능적 자위
self-pro·pelled [sélfprəpéld] *a.* 〈미사일 등이〉 자체 추진의

self-pro·tec·tion [sélfprətékʃən] *n.* Ⓤ 자기 방위
self-re·al·i·za·tion [sélfrìːəlizéiʃən | -rìəlai-] *n.* Ⓤ 자기실현
self-re·cord·ing [sélfrikɔ́ːrdiŋ] *a.* 자동 기록(식)의
self-re·gard [sélfrigáːrd] *n.* Ⓤ 이기; 자존
self-reg·is·ter·ing [sélfrédʒistəriŋ] *a.* =SELF-RECORDING
self-reg·u·lat·ing [sélfrégjulèitiŋ] *a.* 자동 조절(식)의
self-re·li·ance [sélfriláiəns] *n.* Ⓤ 자기 의존, 독립독행
self-re·li·ant [sélfriláiənt] *a.* 자기를 의지하는, 독립독행하는
self-re·nun·ci·a·tion [sélfrinʌ̀nsiéiʃən] *n.* Ⓤ 자기 포기; 무사(無私), 무욕
self-re·proach [sélfripróutʃ] *n.* Ⓤ 자기 비난, 자책
***self-re·spect** [sélfrispékt] *n.* Ⓤ **자존**(심), 자중(自重)
self-re·spect·ing [sélfrispéktiŋ] *a.* 자존심 있는, 자중하는
self-re·straint [sélfristréint] *n.* Ⓤ 자제(自制), 극기
self-re·veal·ing [sélfrivíːliŋ] *a.* 자기 본심을 나타내고 있는
self-righ·teous [sélfráitʃəs] *a.* 독선적인 **~·ly** *ad.* **~·ness** *n.*
self-ris·ing [sélfráiziŋ] *a.* 《미》 〈밀가루가〉 (효모 없이) 저절로 부풀어 오르는
***self-sac·ri·fice** [sélfsǽkrəfàis] *n.* ⓊⒸ **자기희생**, 헌신(적인 행위)
self·same [sélfsèim] *a.* [the ~] 똑같은, 동일한 《same의 강조형》
self-sat·is·fac·tion [sélfsæ̀tisfǽkʃən] *n.* Ⓤ **자기만족**, 독선, 자부
self-sat·is·fied [sélfsǽtisfàid] *a.* 자기만족의, 독선적인
self-seal·ing [sélfsíːliŋ] *a.* **1** 〈타이어 등이〉 자기 밀봉식의 **2** 〈봉투 등이〉 누르기만 하면 봉해지는
self-seek·er [sélfsíːkər] *n.* 이기주의적인 사람, 자기 본위의 사람
self-seek·ing [sélfsíːkiŋ] *n.* Ⓤ 이기주의, 자기 본위
— *a.* 이기주의적인, 자기 본위의
***self-ser·vice** [sélfsə́ːrvis] *n.* Ⓤ, *a.* (식당·매점 등에서의) 자급식(의), **셀프서비스**(의)
self-serv·ing [sélfsə́ːrviŋ] *a.* 사리적인, 이기적인
self-sown [sélfsóun] *a.* 〈식물 등이〉 자생(自生)의, 자연적으로 생긴
self-start·er [sélfstáːrtər] *n.* **1 a** (오토바이·자동차 등의) 자동 시동기 **b** 자동 시동기가 달린 자동차 《등》 **2** 《구어》 솔선해서 하는 사람
self-styled [sélfstáild] *a.* Ⓐ 자칭하는, 자임(自任)하는
self-suf·fi·cien·cy [sélfsəfíʃənsi] *n.* Ⓤ 자급자족
self-suf·fi·cient [sélfsəfíʃənt], **-suf·fic·ing** [-səfáisiŋ] *a.* 자급자족할 수 있는; 자부심이 강한, 거만한
self-sup·port [sélfsəpɔ́ːrt] *n.* Ⓤ **1** (사람의) 자활 **2** (회사 등의) 자영, 독립 경영 **~·ing** *a.* **1** 자활하는 **2** 독립 경영의
self-sus·tain·ing [sélfsəstéiniŋ] *a.* 자립[자활]하는
self-taught [sélftɔ́ːt] *a.* 독학[독습]의
self-will [sélfwíl] *n.* Ⓤ 아집, 방자함, 자기 본위 **sélf-wílled** *a.* 제멋대로의, 고집 센, 자기 주장의
self-wind·ing [sélfwáindiŋ] *a.* 〈시계가〉 자동적으로 태엽이 감기는
*****sell** [sel] [동음어 cell] [OE 「주다」의 뜻에서] *v.* (**sold** [sould]) *vt.* **1** **팔다**: a house to ~ 팔 집 **2** 〈가게에서 물건을〉 **판매하다**: Do you ~ sugar? 설탕 있습니까? **3** 《구어》 …에게 〈아이디어 등을〉 팔다, 선전하다: ~ oneself 자기 선전을 하다, 자천(自薦)하다 **4** [보통 수동형으로] 《구어》 〈사람을〉 속이다: *Sold* again! 또 속았구나, 또 당했구나! **5** 《구어》 …의 가치를 설득하다, 납득시키다 《*on*》 **—** *vi.* **1** 〈사람이〉 **팔다**, 장사하다 **2** 〈물건이〉 **팔리다**; (얼마에) 팔리다, 판매 성적이 …하다 《*at*, *for*》: The book ~*s* well. 그 책은 잘 팔린다. **3** 《구어》 〈아이디어 등이〉 받아들여지다, 환영받다: His idea will ~. 그의 생각은 환영받을 것이다.
*~ **off*** 〈재고품·소유물 등을〉 헐값에 팔아치우다 *~ **out*** (*vt.*) (1) 〈상품 등을〉 다 팔아버리다 (2) (빚·이사·은퇴 등으로) 〈가게 등을〉 팔아버리다, 처분하다 (3) 《미》 〈채무자의〉 재산을 처분하다, 경매하다 (4) 《미》 〈주의·친구 등을〉 팔다, 배반하다 (*vi.*) (5) 〈가게·사람이〉 (상품을) 다 팔다 (6) 〈상품이〉 매진되다
— *n.* **1** Ⓤ 판매(술) **2** 《구어》 실망(거리)
****sell·er** [sélər] [동음어 cellar] *n.* **1 파는 사람**, 판매인: a book ~ 서적상 **2 팔리는 물건**: a good[bad] ~ 잘 팔리는[팔리지 않는] 물건
séllers' màrket 판매자 시장 《상품 부족으로 판매자가 유리한 시장》
***sell·ing** [séliŋ] *a.* **1 판매하는**, 판매의: the ~ price 파는 값, 판매가(격) **2** 판매에 종사하는: a ~ agent 판매 대리점[인] **3** (잘) 팔리는; 수요가 많은
sélling pòint 〖상업〗 (판매 때의) 상품의 강조점(强調點)
sell-off [sélɔ̀ːf | -ɔ̀f] *n.* (주가 등이) 매물이 많아서 시세가 내림
Sel·lo·tape [sélətèip] *n.* 《영》 셀로테이프, 스카치테이프 《상표명》
— *vt.* [때로 **s~**] 셀로테이프로 붙이다
sell·out [sélàut] *n.* 《구어》 **1** 매진(賣盡) **2** 입장권이 매진된 흥행, 대만원
sel·vage, sel·vedge [sélvidʒ] *n.* 가장자리, 가
selves [selvz] *n.* SELF의 복수
se·man·tic [simǽntik] *a.* **1** 의미의 **2** 의미론의
se·man·tics [simǽntiks] *n. pl.* [단수 취급] 〖언어〗 의미론, 어의(語義) 발달론
sem·a·phore [séməfɔ̀ːr] *n.* **1** 신호 장치; (특히 철도의) 완목(腕木) 신호기 **2** 수기(手旗) 신호

sem·blance** [sémbləns] *n.* **1** 유사(類似), 상사(相似) **2** ⓒⓤ **외관,** 외형, 모양, 모습 ***have the ~ of …와 비슷하다, …처럼 보이다 ***in ~*** 겉보기에는

se·men [síːmən] *n.* ⓤ 정액(精液)

***se·mes·ter** [siméstər] [L 「6개월」의 뜻에서] *n.* (미국·독일 등 대학의 1년 2학기 제도에서의) **한 학기,** 반 학년; 반 년간, 6개월간

semi- [semi] *pref.* [명사·형용사·부사에 붙여] 「반(半)…; 얼마간…; 좀…; …에 두 번」의 뜻

sem·i·an·nu·al [sèmiǽnjuəl] *a.* 반년마다의, 한 해에 두 번의 **~·ly** *ad.*

sem·i·ar·id [sèmiǽrid] *a.* 반건조한, 비가 매우 적은 〈지대·기후〉

sem·i·au·to·mat·ic [sèmiɔ̀ːtəmǽtik] *a.* 반자동식의 **—** *n.* 반자동식 기계[소총]

sem·i·breve [sémibrìːv] *n.* 《영》 〖음악〗 온음표(《미》 whole note)

sem·i·cen·ten·ni·al [sèmisenténiəl] *a.* 50년 (기념)제의; 50주년의
— *n.* 50년 (기념)제

sem·i·cir·cle [sémisə̀ːrkl] *n.* 반원, 반원형(의 것)

sem·i·cir·cu·lar [sèmisə́ːrkjulər] *a.* 반원(형)의

⁑**sem·i·co·lon** [sémikòulən] *n.* **세미콜론** 《; 》《period《.》보다는 가볍고, comma《,》보다는 무거운 구두점》

sem·i·con·duc·tor [sèmikəndʌ́ktər] *n.* 〖물리〗 반도체(半導體)

sem·i·con·scious [sèmikɑ́nʃəs | -kɔ́n-] *a.* 반의식이 있는, 의식이 완전하지 않은

sem·i·de·tached [sèmiditǽtʃt] *a.* 반쯤[일부분] 떨어진; 《영》 〈집 등이〉 한 쪽 벽이 옆채에 붙은, 두 가구 연립의: a ~ house 두 채 한 집, 두 가구 연립 주택
— *n.* 《영》 두 가구 연립 주택 (《미》 duplex (house))

sem·i·di·am·e·ter [sèmidaiǽmətər] *n.* ⓤⓒ 반지름

sem·i·doc·u·men·ta·ry [sèmidɑ̀kjuméntəri | -dɔ̀k-] *n.* (*pl.* **-ries**) 세미다큐멘터리 영화, 반기록 영화

sem·i·fi·nal [sèmifáinl] *n., a.* 〖경기〗 준결승(의); 〖권투〗 세미파이널 게임(의)
~·ist *n.* 준결승 출전 선수[팀]

sem·i·flu·id [sèmiflúːid] *n., a.* 반유동체(의)

sem·i·for·mal [sèmifɔ́ːrməl] *a.* 〈복장이〉 반정장의

sem·i·lu·nar [sèmilúːnər] *a.* 반달 모양의

sem·i·month·ly [sèmimʌ́nθli] *a., ad.* 반달마다의[에], 한 달에 두 번(의)
— *n.* (*pl.* **-lies**) 월 2회 간행물

sem·i·nal [sémənl] *a.* **1** 정액(精液)의 **2** 발생의 **3** 〖식물〗 종자의: a ~ leaf 떡잎 **4** (종자 같이) 발달 가능성이 있는; 장래성이 있는: in a ~ state 배자(胚子) 상태의, 미발달 (상태)의

⁑**sem·i·nar** [sémənɑ̀ːr] [L 「묘상(苗床)」의 뜻에서] *n.* **1 a 세미나** 《지도 교수 아래서 특수 주제를 연구 토의하는 학습법》 **b** 세미나 연습실 **2** (단기간에 집중적으로 하는) 연구 집회

sem·i·nar·i·an [sèmənɛ́əriən], **sem·i·na·rist** [sémənərist] *n.* 《미》 가톨릭 신학교 학생; (신학교 출신) 성직자

***sem·i·nar·y** [sémənèri | -nəri] *n.* (*pl.* **-nar·ies**) 《영》 가톨릭의 신학교; (각파의) 신학교

sem·i·of·fi·cial [sèmiəfíʃəl] *a.* 반공식(半公式)의: a ~ gazette 반관보(半官報)

se·mi·ol·o·gy [sìːmiɑ́lədʒi, sèmi- | sèmiɔ́l-] *n.* ⓤ 기호학(記號學)

se·mi·ot·ic, -i·cal [sìːmiɑ́tik(əl), sèmi- | sèmiɔ́t-] *a.* 〖논리·언어〗 기호(론)의

se·mi·ot·ics [sìːmiɑ́tiks, sèmi- | sèmiɔ́t-] *n. pl.* [단수 취급] 〖언어〗 =SEMIOLOGY

sem·i·per·me·a·ble [sèmipə́ːrmiəbl] *a.* 반투성(半透性)의 〈막(膜) 등〉

sem·i·pre·cious [sèmipréʃəs] *a.* 〈광석이〉 준보석의: ~ stone 반[준]보석

sem·i·pri·vate [sèmipráivət] *a.* 〈환자의 처우가〉 준특별 진료의, 준특실의

sem·i·pro [sémipròu] *a., n.* (*pl.* **~s**) 《구어》 =SEMIPROFESSIONAL

sem·i·pro·fes·sion·al [sèmiprəféʃənl] *a.* 반직업적인, 세미프로의
— *n.* 세미프로의 사람[선수, 스포츠]

sem·i·qua·ver [sémikwèivər] *n.* 《영》 〖음악〗 16분 음표(《미》 sixteenth note)

sem·i·skilled [sèmiskíld] *a.* 반숙련의 〈직공 등〉

sem·i·sol·id [sèmisɑ́lid | -sɔ́l-] *n., a.* 반고체(의)

sem·i·sweet [sèmiswíːt] *a.* 약간 달게 만든, 너무 달지 않은 〈과자〉

Sem·ite [sémait] *n.* **1** 〖성서〗 셈족 **2** 《특히》 유대인(Jew)

Se·mit·ic [səmítik] *a.* **1** 셈족[인종]의, 셈 계통의 **2** 셈어계(語系)의: the ~ languages 셈어(족) **3** 《특히》 유대인의
— *n.* ⓤ 셈어

Sem·i·tism [sémətìzm] *n.* **1** ⓤ 셈족식(式) **2** ⓤ 《특히》 유대인 기질[풍]

sem·i·tone [sémitòun] *n.* 〖음악〗 반음

sem·i·trail·er [sémitrèilər] *n.* 세미트레일러 《앞 끝을 견인차 뒷부분에 얹게 된 트레일러》

sem·i·trans·par·ent [sèmitrænspɛ́ərənt] *a.* 반투명의

sem·i·trop·i·cal [sèmitrɑ́pikəl | -trɔ́p-], **-ic** [-ik] *a.* 아열대의

sem·i·vow·el [sémivàuəl] *n.* **1** 〖음성〗 반모음 《j, w 등》 **2** 반모음자 《y, w》

sem·i·week·ly [sèmiwíːkli] *ad., a.* 주 2회(의) **—** *n.* (*pl.* **-lies**) 주 2회의 간행물

sem·i·year·ly [sèmijíərli] *ad., a.* 연 2회(의)
— *n.* (*pl.* **-lies**) 연 2회의 간행물

sem·o·li·na [sèməlíːnə] [It.] *n.* ⓤ 세몰리나 《양질의 거친 밀가루; 마카로니·푸딩용》

SEN, S.E.N. 《영》 State Enrolled Nurse

S

sen., Sen. senate; senator; senior

‡sen·ate [sénət] [L 「원로원」의 뜻에서] *n.* **1** 의회, 입법 기관 **2** [S~] 상원 **3** 〖고대로마·그리스〗 원로원

sénate hòuse 상원 의사당

‡sen·a·tor [sénətər] *n.* **1** 상원 의원 **2** 원로원 의원

sen·a·to·ri·al [sènətɔ́:riəl] *a.* 상원[원로원] (의원)의

‡send [send] (**sent** [sent]) *vt.* **1** 〈사람을〉 가게 하다, 파견하다: ~ an emissary 밀사를 보내다 **2** 〈물건 등을〉 보내다; 부치다: ~ a letter by post[air] 편지를 우송하다[항공편으로 보내다] **3** 내몰다: *S*~ the cat out of the room. 고양이를 방에서 내몰아라. **4** 〈빛·연기 등을〉 내다: ~ out smoke[light] 연기를[빛을] 내다 **5** 《문어》 〈신이 사람에게〉 허용하다 **6** [목적 보어와 함께] …으로 만들다, (어떤 상태에) 몰아넣다[빠뜨리다]: ~ a person mad …을 미치게 하다 **7** 〖전기〗 〈신호·전파를〉 보내다, 송전하다 **—** *vi.* **1** 사람을 보내다 **2** 편지를 보내다, 알리다 **3** 〖전기〗 발신하다

~ away 추방하다, 내쫓다, 해고시키다; 멀리 보내다 ***~ down*** (1) 내리다; 〈물가를〉 하락시키다, 〈용기를〉 떨어뜨리다 (2) 〈총알·타격이〉 쓰러뜨리다 ***~ for*** …을 데리러[가지러] (사람을) 보내다: ~ *for* the[a] doctor 의사를 데리러 보내다 ***~ in*** (1) 내놓다 (2) 〈사표 등을〉 제출하다 (3) 〈명함을〉 안내인에게 내다; 〈이름을〉 알리다 ***~ off*** (1) 전송하다 (2) 쫓아 버리다, 쫓아내다 (3) 발송하다 ***~ on*** (1) 〈사람·물건을〉 먼저 보내다 (2) 〈편지를〉 회송하다 (3) 〈배우·선수를〉 출연[출장]시키다 ***~ out*** (1) 발송하다 (2) 파견하다; 〈나무가 싹 등을〉 내다 ***~ over*** 파견하다; 방송하다 ***~ round*** (1) 〈서류 등을〉 돌리다, 회람시키다; 회송하다 (2) 파견하다 ***~ through*** 〈전갈 등을〉 전하다, 알리다 ***~ up*** (1) 올리다, 상승시키다 (2) 〈서류를〉 제출하다

***send·er** [séndər] *n.* **1** 발송인, 보내는 사람, 발신인, 제출자; 출하주(出荷主) **2** 〖전기〗 (전신·전화·라디오 등의) 송신기

send-off [séndɔ̀:f | -ɔ̀f] *n.* 《구어》 **1** (역 등에서의) 전송, 송별 **2** (사람이나 사업의) 출발

send-up [-ʌ̀p] *n.* 《영·속어》 흉내내어 놀림; 놀림

Sen·e·gal [sènigɔ́:l, -gɑ́:l] *n.* 세네갈 《서아프리카의 공화국; 수도 Dakar》

Sen·e·ga·lese [sènigəlí:z] *a.* 세네갈 (사람)의 **—** *n.* (*pl.* ~) 세네갈 사람; Ⓤ 세네갈 말

se·nes·cent [sinésnt] *a.* 늙은, 늙어가는 **-cence** *n.* Ⓤ 노령, 노경

se·nile [sí:nail] *a.* 노쇠한, 노망한; 고령의

se·nil·i·ty [siníləti] *n.* Ⓤ 노쇠; 노령; 노망

‡sen·ior [sí:njər] [L 「나이가 든」의 뜻에서 (비교급)] *a.* **1** 손위의: Thomas Jones(,) *Sr.* 아버지 토마스 존스 **2** 선임의, 선배의, 상급자인: a ~ man 고참자, 상급생 **3** 상위의; 고급의: a ~ counsel 수석 변호사 **4** (4년제 대학의) 최상급 학년의, 4학년의 **—** *n.* **1** 연장자 **2** 선임자, 고참자, 선배, 상급자 **3** 상관, 상사 **4** 《영》 (대학의) 상급생, 《미》 (대학 등의) 최상급생

sénior cítizen **1** 노령자, 노인 《old man의 완곡한 표현》 **2** (특히 연금으로 생활하는) 고령 시민

sénior hígh schòol 《미》 고등 학교 《10, 11, 12학년으로 우리 나라의 고등 학교에 해당》

sen·ior·i·ty [si:njɔ́:rəti | sì:niɔ́r-] *n.* ⓊⒸ **1** 손위임, 연상 **2** 선배임, 선임 **3** (*pl.* **-ties**) 선임 순위

sen·na [sénə] *n.* **1** 〖식물〗 센나 **2** Ⓤ 〖약학〗 그 잎을 말려서 만든 하제

se·nor, se·ñor [seinjɔ́:r | senjɔ́:] [Sp. = Mr., Sir] *n.* (*pl.* **~s**; **-ño·res** [njɔ́:reis]) **1** 님, 씨, 귀하, 나리 《略 Sr.; cf. DON[1]》 **2** 스페인 신사

se·no·ra, se·ño·ra [seinjɔ́:r] [Sp. = Mrs., Madam] *n.* **1** 부인, 마님 《略 Sra.》 **2** 스페인의 기혼 부인

se·no·ri·ta, se·ño- [sèinjərí:tə | sènjɔ:-] [Sp. =Miss] *n.* **1** 영애, 아가씨, …양 《略 Srta.》 **2** 스페인의 미혼 여성

‡sen·sa·tion [senséiʃən] *n.* **1** Ⓤ 감각, 지각 **2** 느낌; 기분, …감: a ~ of fear 공포감 **3** ⓊⒸ 센세이션, 물의(物議), 선정(煽情)

***sen·sa·tion·al** [senséiʃənl] *a.* **1** 선풍적 인기의, 크게 물의를 일으키는 **2** 인기 끌기 위주의, 선정적인: ~ literature 선정 문학 **3** 지각의, 감각(상)의 **~·ly** *ad.*

sen·sa·tion·al·ism [senséiʃənəlìzm] *n.* Ⓤ **1** (예술·저널리즘의) 선정주의, 흥미 본위, 인기 끌기 **2** 〖철학〗 감각론

sen·sa·tion·al·ist [senséiʃənəlist] *n.* 인기 끌기를 위주로 하는 사람; 선정주의자

‡sense [sens] *n.* **1** 감각; 오감(五感)의 하나: the (five) ~*s* 오감 **2** [the ~, a ~] (막연한) 기분, …감 **3** 감각 능력; 관념, 인식: the moral ~ 도덕감 **4** [*pl.*] 의식: lose one's ~*s* 기절하다 **5** Ⓤ 분별, 지각, 상식: talk ~ 이치에 닿는 말을 하다 **6** (문맥이나 사전에 정의된) 의미, 어의(語義)

make ~ 이치에 닿다, 뜻이 통하다 ***stand to ~*** 이치에 맞다

— *vt.* **1** 느끼다, 감각으로 분별하다: He vaguely ~*d that* danger was approaching. 그는 위험이 다가오고 있음을 어렴풋이 느꼈다. **2** 납득하다, 알아채다, 깨닫다(understand) **3** 〈계기가〉 감지하다

***sense·less** [sénslis] *a.* **1** 무감각의; 정신을 잃은 **2** 몰상식한 **3** 무의미한 **~·ly** *ad.* **~·ness** *n.*

sénse òrgan 감각 기관

***sen·si·bil·i·ty** [sènsəbíləti] *n.* (*pl.* **-ties**) **1** Ⓤ (신경 등의) 감각, 감각력 **2** Ⓤ 민감 **3** [*pl.*] 감수성, 섬세한 감정[감각]

‡sen·si·ble [sénsəbl] *a.* **1** 분별 있는: a ~ man 지각 있는 사람 **2** 현명한 **3** 알아챈; 깨달은 **4** 느낄 수 있는, 지각할 수 있는

S

sen·si·bly [sénsəbli] *ad.* **1** 눈에 띌 정도로, 현저히 **2** 현명하게, 분별 있게; 느끼기 쉽게

‡**sen·si·tive** [sénsətiv] *a.* **1** 민감한; 과민한 **2** 신경질적인, 걱정 잘 하는 **3** 〈화제·문제 등이〉 미묘한 **4** 〈문서·직무 등이〉 국가 기밀에 관련된, 극히 신중을 요하는 **~·ly** *ad.* **~·ness** *n.*

sénsitive plànt 〖식물〗 함수초

***sen·si·tiv·i·ty** [sènsətívəti] *n.* (*pl.* **-ties**) UC **1** 민감도, 민감(성), 감수성 **2** 〖사진〗 감광도; 〖전자〗 감도

sen·si·ti·za·tion [sènsətizéiʃən | -tai-] *n.* U **1** 민감하게 만듦 **2** 〖의학〗 증감

sen·si·tize [sénsətàiz] *vt.* **1** 민감하게 하다 **2** 〖사진〗 …에 감광성을 주다

sen·sor [sénsɔːr, -sər] *n.* 〖전자〗 (빛·온도·방사능 등의 자극을 신호로 바꾸는) 감지기(感知器)

sen·so·ry [sénsəri] *a.* 감각(상)의, 지각의: a ~ nerve 지각 신경

***sen·su·al** [sénʃuəl] *a.* **1** 관능적인, 육체적 감각의, 육욕적인 **2** 관능주의의, 음탕한, 호색적인

sen·su·al·ism [sénʃuəlìzm] *n.* U **1** 관능주의; 육욕[주색]에의 탐닉 **2** 〖미술〗 육감[관능]주의

sen·su·al·i·ty [sènʃuǽləti] *n.* (*pl.* **-ties**) UC **1** 관능[육욕]성 **2** 육욕에 빠짐, 호색

sen·su·ous [sénʃuəs] *a.* **1** 감각에 호소하는, 감각적인 **2** 민감한; 심미적인 《sensual처럼 육욕의 뜻을 포함하지 않음》 **~·ly** *ad.* **~·ness** *n.*

‡**sent** [sent] [동음어 cent, scent] *v.* SEND 의 과거 · 과거분사

‡**sen·tence** [séntəns] *n.* **1** 〖문법〗 **문장**, 글: a ~ word 문장 상당어 《Come!, Yes! 등》 **2** UC 〖법〗 (형사상의) **판결**, 선고, 처형: be under ~ of …의 선고를 받다, …형에 처해지다 ***serve*** **one's ~** 징역을 치르다, 복역하다
— *vt.* **선고하다**, 판결하다; 형에 처하다: ~ a person *to* death …에게 사형을 선고하다

sen·ten·tious [senténʃəs] *a.* 금언적인, 격언식의 **~·ly** *ad.* **~·ness** *n.*

sen·tience, -tien·cy [sénʃəns(i)] *n.* U 지각력

sen·tient [sénʃənt] *a.* **1** 감각[지각]력이 있는 **2** 의식하는, 민감한

‡**sen·ti·ment** [séntəmənt] *n.* **1** UC (고상한) **감정**, 정조(情操); (예술품에서 풍기는) 정취 **2** U 감정에 흐르는 경향, 다정다감, 감상(感傷) **3** UC [보통 *pl.*] 의견, 감상(感想), 소감: Those are my ~*s.* 그것이 나의 의견이다. **4** [종종 *pl.*] (흔히 하는) 인사말 《연하장에 인쇄하거나 축배를 들 때의》

***sen·ti·men·tal** [sèntəméntl] *a.* **1** 감상적인, 정에 약한, 다감한 **2** (이성보다는) 감정에 바탕을 둔, 감정적인 **~·ly** *ad.*

sen·ti·men·tal·ism [sèntəméntəlìzm] *n.* U **1** 감정[정서]주의, 감상주의 **2** 다정다감, 감격성, 감상벽(癖)
-ist *n.* 다정다감한 사람, 감상적인 사람

sen·ti·men·tal·i·ty [sèntəmentǽləti] *n.* (*pl.* **-ties**) U 감정[감상]적임, 다정 다감

sen·ti·men·tal·ize [sèntəméntəlàiz] *vi.* 감정에 빠지다, 감상적이 되다 — *vt.* 감정[감상]적이 되게 하다, 감상적으로 보다[그리다, 다루다]

***sen·ti·nel** [séntənl] *n.* **보초**, **파수병**

***sen·try** [séntri] [sentinel의 변형] *n.* (*pl.* **-tries**) 〖군사〗 **보초**, 파수병

séntry bòx 보초막, 초소, 위병소

‡**Se·oul** [sóul] *n.* **서울** 《대한민국의 수도》

Sep. September

se·pal [síːpəl, sép-] *n.* 〖식물〗 꽃받침 조각, 악편(萼片)

sep·a·ra·bil·i·ty [sèpərəbíləti] *n.* U 나눌[가를] 수 있음, 분리성

sep·a·ra·ble [sépərəbl] *a.* 뗄 수 있는, 분리할 수 있는 **-bly** *ad.*

‡**sep·a·rate** [sépərèit] [L 「나누어서 준비하다」의 뜻에서] *vt.* **1** **가르다**, 분리하다 《*from*》: A hedge ~*s* the two gardens. 산울타리가 두 정원을 가르고 있다. **2** 〈사람을〉 **떼어 놓다**; 헤어지게 하다; 〈친구 등을〉 이간하다: ~ the two boys who are fighting 싸우고 있는 두 소년을 떼어놓다 **3** 골라내다 《*from*》: ~ milk 우유를 탈지(脫脂)하다 **4** 식별[구별]하다; 분리하여 생각하다 《*from*》: ~ good *from* evil 선악을 분별하다 — *vi.* **1** **갈라지다**, 끊어지다; 떨어지다, 관계를 끊다 《*from*》: ~ *from* the mother country 모국으로부터 독립하다 **2** 나뉘어지다 《*into*》: The party ~*d* (*up*) *into* three cars. 일행은 3대의 자동차에 나뉘어 탔다. **3** 〈사람들이〉 헤어지다: After dinner, we ~*d.* 저녁 식사 후 우리는 헤어졌다.
— [sépərət] *a.* **1** **갈라진**, 떨어진: ~ volumes 별책 **2** **따로따로의**, 개별적인: 독립[격리]된 《*from*》: a ~ peace 단독 강화 — [sépərət] *n.* **1** 발췌 인쇄물, 별책(別冊) **2** [*pl.*] 〖복식〗 세퍼레이츠 《아래위가 따로 된 여성·여아복》 **~·ness** *n.*

***sep·a·rate·ly** [sépərətli] *ad.* **1** 따로따로; 갈라져 **2** 단독으로

‡**sep·a·ra·tion** [sèpəréiʃən] *n.* UC **1** 분리, 독립, 이탈 **2** 분리점[선], 틈 **3** 간격, 거리 **4** 〖법〗 (부부) **별거**

sep·a·ra·tism [sépərətìzm] *n.* U (정치·인종·종교상의) 분리주의[상태]

sep·a·ra·tist [sépərətist] *n.* [종종 **S~**] 분리주의자 — *a.* [종종 **S~**] 분리주의자의

sep·a·ra·tive [sépərətiv] *a.* 분리(성)의; 독립적인

sep·a·ra·tor [sépərèitər] *n.* **1** 분리하는 사람 **2** 선광기; 분리기; (전지의) 격리판 **3** 〖컴퓨터〗 (정보 단위의 개시·종료를 나타내는) 분리 기호; 분리대(帶)

Se·phar·di [səfáːrdi] *n.* (*pl.* **-dim** [-dim]) 세파르디 《스페인 또는 포르투갈계의 유대인》 **-dic** [-dik] *a.*

se·pi·a [síːpiə] [L 「오징어」의 뜻에서] *n.* U **1** 오징어의 먹물 **2** 세피아 《오징어 먹물로 만든 갈색 그림물감》 **3** 세피아색 — *a.* 세피아색[그림]의

S

se·poy [síːpɔi] [Pers. 「기병」의 뜻에서] *n.* (영국 인도 육군의) 인도인 용병
sep·sis [sépsis] *n.* Ⓤ 〖병리〗 부패증, 패혈증(敗血症)
Sept. September
sept- [sept] 《연결형》 「7…」의 뜻 《모음 앞에서 sept-》
‡**Sep·tem·ber** [septémbər] [L 「7월」의 뜻에서; 고대 로마에서는 1년을 10개월로 하여 3월부터 시작한 데서] *n.* **9월** 《略 Sept., Sep., S.》
sep·tet(te) [septét] *n.* 〖음악〗 7중주[창](곡), 7중주[창]단
septi- [septi] 《연결형》 = SEPT-
sep·tic [séptik] *a.* 〖병리〗 부패성의; 패혈증성(敗血症性)의: ~ fever 부패열
sep·ti·ce·mi·a, -cae- [sèptəsíːmiə] *n.* Ⓤ 〖병리〗 패혈증
séptic tànk (하수 처리용) 정화 탱크
sep·tu·a·ge·nar·i·an [sèptjuədʒənέəriən | -tju-] *a., n.* 70세[70대]의 (사람)
Sep·tu·a·ges·i·ma [sèptjuədʒésəmə | -tju-] [L 「70일째」의 뜻에서] *n.* **1** 〖가톨릭〗 칠순절 **2** 〖영국국교〗 사순절(Lent) 전 제 3 일요일
Sep·tu·a·gint [séptjuədʒìnt | -tju-] [L = seventy] *n.* [the ~] 70인역(譯) (성서)
sep·tum [séptəm] *n.* (*pl.* **-ta** [-tə]) 〖해부·생리〗 격벽(隔壁); 격막(隔膜)
***sep·ul·cher** | **-chre** [sépəlkər] [L 「매장하다」의 뜻에서] *n.* 《문어·고어》 무덤 《특히 바위를 뚫은, 또는 돌·벽돌 등으로 지은》
se·pul·chral [səpʌ́lkrəl] *a.* **1** 무덤의 **2** 매장에 관한 **3** 무덤 같은; 사자(死者)의; 음침한
sep·ul·ture [sépəltʃər] *n.* Ⓤ 매장
se·quel [síːkwəl] *n.* **1** (소설 등의) 계속, 속편, 후편 **2** (사물의) 추이, 결과
‡**se·quence** [síːkwəns] [L 「뒤를 따르는 것」의 뜻에서] *n.* **1** Ⓤ **연달아 일어남, 연속,** 속발(續發) **2** Ⓤ 순서 **3** [CU] **결과,** 귀결 **4** 〖카드〗 (3매 이상의) 연속패 **5** 〖영화〗 연속된 한 장면, 일련의 화면
in ~ 차례차례로
— *vt.* 차례로 나열하다
se·quent [síːkwənt] *a.* **1** 다음에 오는, 차례차례 계속되는 **2** 결과로서 오는
se·quen·tial [sikwénʃəl] *a.* **1** 잇달아 일어나는, 연속하는 **2** 결과로서 일어나는
~·ly *ad.*
***se·ques·ter** [sikwéstər] *vt.* **1** 격리하다 **2** 은퇴시키다: He *~ed* himself from the world. 그는 은둔했다. **3** 〖법〗 가압류(假押留)하다, 압수[몰수, 접수]하다
se·ques·tered [sikwéstərd] *a.* 은퇴한; 외딴: a ~ life[retreat] 은퇴 생활[은둔처]
se·ques·trate [sikwéstreit] *vt.* **1** 〖법〗 가압류하다; 몰수하다 **2** 《고어》 격리시키다, 은퇴시키다
se·ques·tra·tion [sìːkwestréiʃən] *n.* Ⓤ **1** 격리, 추방; 은퇴 **2** 〖법〗 일시적 강제 관리, 가압류, 몰수
se·quin [síːkwin] *n.* **1** 〖역사〗 고대 베니스의 금화 **2** 번쩍이는 금속 조각

se·quoi·a [sikwɔ́iə] *n.* 〖식물〗 세쿼이아 《미국 서부산 삼나무과(科)의 거목》
se·ragl·io [sirǽljou | serɑ́ːliòu] [It.] *n.* (*pl.* **~s**) **1** 회교국의 궁전 **2** 처첩의 방(harem); 후궁
se·ra·pe [sərɑ́ːpi] *n.* 서라피 《멕시코 지방에서 남자가 어깨에 걸치는 기하학 무늬의 모포》
ser·aph [sérəf] *n.* (*pl.* **~s, -a·phim** [-fìm]) 〖신학〗 치품(熾品) 천사 《천사의 9계급 중 제 1계급의 천사》
se·raph·ic, -i·cal [sirǽfik(əl)] *a.* **1** 치품 천사의[같은] **2** 거룩한; 맑은, 청순한
Serb [səːrb] *a., n.* = SERBIAN
Ser·bi·a [sə́ːrbiə] *n.* 세르비아 《유고슬라비아의 일부, 원래 발칸의 왕국》
Ser·bi·an [sə́ːrbiən] *a.* **1** 세르비아(Serbia)의 **2** 세르비아 사람[말]의 — *n.* **1** 세르비아 사람 **2** Ⓤ 세르비아 말
Ser·bo-Cro·a·tian [sə̀ːrboukrouéiʃən] *n.* Ⓤ 세르보크로아티아 말 《유고슬라비아에서 사용되는 슬라브계의 말》
— *a.* 세르보크로아티아 말[사람]의
sere [siər] *a.* 《시어》 시든, 마른
***ser·e·nade** [sèrənéid] [It. 「청명한」의 뜻에서; 여기에 sera(밤)의 연상이 가미됨] *n.* 〖음악〗 **세레나데,** 소야곡 《저녁 정서에 어울리는 조용하고 서정적인 악곡》
— *vt., vi.* 세레나데를 부르다[연주하다]
-nád·er *n.*
ser·en·dip·i·ty [sèrəndípəti] [*The Three Princes of Serendip*라는 옛 이야기에서; 주인공이 찾아도 없는 보물을 우연히 발견한 데서] *n.* Ⓤ 우연히 발견하는 능력
‡**se·rene** [siríːn] *a.* (**se·ren·er**; **-est**) **1** 〈바다 등이〉 **고요한**(calm), 잔잔한; 청명한 **2** 조용한, 평화스러운: ~ courage 침착한 용기 **~·ly** *ad.* **~·ness** *n.*
***se·ren·i·ty** [sirénəti] *n.* (*pl.* **-ties**) **1** Ⓤ **고요함,** 맑음, 화창함, 청명 **2** Ⓤ 평온, 평정, 침착
serf [səːrf] [동음어 surf] *n.* 농노(農奴) 《중세 농민의 한 계급, 토지에 부속하며 토지와 함께 매매되었음》
serf·dom [sə́ːrfdəm], **-age** [-idʒ], **-hood** [-hùd] *n.* Ⓤ 농노의 신분; 농노제
Serg. Sergeant
***serge** [səːrdʒ] [동음어 surge] *n.* Ⓤ 서지 《능직의 모직물》
‡**ser·geant** [sɑ́ːrdʒənt] *n.* **1 하사관** 《상사, 중사, 하사》, 병장 《略 Serg., Sergt., Sgt.》 **2** (경찰의) 경사
sérgeant at árms (*pl.* **sergeants at arms**) 《영》 (왕실·의회·법정 등의) 경위; 경호원
sérgeant májor 특무 상사
Sergt. Sergeant
***se·ri·al** [síəriəl] [동음어 cereal] *n.* **1** (소설·영화·라디오·TV 등의) **연속물,** 연재물 **2** 정기 간행물
— *a.* **1 연속적인; 일련의 2** 〈소설 등이〉 연속물의, 연속 출판의, 〈출판물이〉 정기의
se·ri·al·ize [síəriəlàiz] *vt.* 연속물로서 연재[출판, 방송, 상영]하다
sè·ri·al·i·zá·tion *n.*

sérial nùmber 일련 번호
sérial pórt 〖컴퓨터〗 시리얼 포트《직렬 접속용 단자》
sérial rìghts 〖출판〗 연재권
se·ri·ate [síərièit] *vt.* 연속적으로 배열하다
—*a.* 연속적인, 일련의
se·ri·a·tim [sìəriéitim] [L] *ad.* 순차로, 잇달아
ser·i·cul·ture [sérəkʌ̀ltʃər] *n.* Ⓤ 양잠(업), 잠사업(蠶絲業)
sèr·i·cúl·tur·al *a.* 양잠의
ser·i·cul·tur·ist [sèrəkʌ́ltʃərist] *n.* 양잠가, 잠사업자
‡**se·ries** [síəri:z] *n.* (*pl.* ~) **1 일련,** 연속: a ~ of victories[misfortunes] (연전) 연승[잇단 불행] **2 시리즈,** 연속물, 총서(叢書); (라디오·TV·영화 등의) 연속 프로 **3** (화폐·우표 등의) 세트, 시리즈 **4** (야구 등의) 연속 시합
ser·if [sérif] *n.* 〖인쇄〗 (M, H 등의 글자에서 상하의 획에 붙인) 가는 장식 선, 세리프
ser·i·graph [sérəgræ̀f, -grɑ̀:f] *n.* 세리그래프《실크스크린 인쇄에 의한 채색화》
se·rig·ra·phy [sirígrəfi] *n.* Ⓤ 실크스크린 인쇄법
se·ri·o·com·ic, -i·cal [sìərioukɑ́mik(əl) | -kɔ́m-] *a.* 진지하기도 하고 우습기도 한
‡**se·ri·ous** [síəriəs] *a.* **1 진지한;** 진담의 **2 중대한,** 위독한 **3** 〈문학·음악 등이〉 딱딱한, 따분한: ~ literature 순문학 ***take for ~*** 곧이듣다, 진담으로 받아들이다
‡**se·ri·ous·ly** [síəriəsli] *ad.* **1 진지하게; 진정으로 2** [문두에서 문장 전체를 수식하여] 진지한 이야기인데 **3 중대하게, 심하게:** He is ~ ill. 그는 위독하다.
***se·ri·ous·ness** [síəriəsnis] *n.* Ⓤ **1 진지함 2** 중대[심각]함: the ~ of an illness 중태, 위독
ser·jeant [sɑ́:rdʒənt] *n.* 〖영국법〗 최고위 법정 변호사
‡**ser·mon** [sə́:rmən] [L 「이야기」의 뜻에서] *n.* **1** (성서에 의한) **설교 2** (구어) 잔소리
ser·mon·ize [sə́:rmənàiz] *vi., vt.* 설교하다; 잔소리[훈계]하다
se·rol·o·gy [sirɑ́lədʒi | -rɔ́l-] *n.* Ⓤ 혈청학
se·rous [síərəs] *a.* **1** 〖생리〗 장액(漿液)(성)의, 혈청의 **2** 〈액체가〉 묽은, 물 같은
‡**ser·pent** [sə́:rpənt] *n.* **1 뱀 2** 뱀 같은 사람
ser·pen·tine [sə́:rpəntì:n | -tàin] *a.* **1** 뱀 모양의; 뱀 같은; 꾸불꾸불한 **2** 음흉한
ser·rate [séreit], **ser·rat·ed** [sər-éitid] *a.* **1** 톱(니) 모양의, 깔쭉깔쭉한 **2** 〖식물〗 〈잎 가장자리가〉 톱니 모양의
ser·ra·tion [seréiʃən] *n.* **1** Ⓤ 톱니 모양 **2** ⓊⒸ 톱니 모양의 가장자리[새김, 벤 자리]
ser·ry [séri] *vi., vt.* (**-ried**; **~·ing**) 가득 차다[채우다] **sér·ried** *a.* 밀집한, 빽빽한
se·rum [síərəm] *n.* (*pl.* **~s, -ra** [-rə]) ⓊⒸ **1** 〖생리〗 장액(漿液), 림프액 **2** 〖의학〗 혈청: ~ injection 혈청 주사
‡**ser·vant** [sə́:rvənt] [OF 「섬기다」의 뜻에서] *n.* **1 하인:** a female ~ 하녀 **2** 부하, 종복; 봉사자 **3** 공무원
‡**serve** [sə:rv] *vt.* **1** 〈사람을〉 **섬기다,** 봉사하다, 모시다: ~ one's master 주인을 섬기다 **2 소용이 되다,** …에 이바지하다; 〈목적을〉 **채우다:** ~ two ends 일거양득이다 **3 시중들다,** 접대하다: ~ a customer 고객을 응대하다 **4** 〈연한·형기 등을〉 **복무[근무]하다,** 치르다 **5** 〈음식을〉 내다, 상을 차리다: Dinner is ~*d.* 식사 올립니다. **6** 〈…에 …을〉 공급하다 《*with*》; …의 요구를 충족시키다, …에게 편의를 주다: ~ one's will 자기 욕구를 충족시키다 **7** 〖법〗 〈영장 등을〉 송달하다, 집행하다 《*upon, with*》: ~ a person *with* a summons = ~ a summons *on*[*upon*] a person …에게 소환장을 송달하다 **8** 〖경기〗 〈테니스 등에서 공을〉 서브하다 **9** 취급하다, 다루다, 대우하다; 보답[대갚음]하다: ~ a person a trick 장난을 쳐서 …을 골탕먹이다
—*vi.* **1 봉사하다,** 섬기다; 시중들다; **근무하다;** (군에) 복무하다; 복역하다 **2** (상점에서) 손님을 응대하다; 식사 시중을 들다: ~ *behind* counter 점원으로 일하다 **3** 〈날씨·기일 등이〉 형편에 알맞다: when the tide ~*s* 형편이 좋을 때에 **4** (필요에) 도움이 되다; 쓸모가 있다 《*for*》: ~ *for* a wing 날개 구실을 하다 **5** (테니스 등에서) 서브를 넣다: ~ *well*[*badly*] 서브를 잘 넣다[서브가 서툴다]
~ as …의 역할을 하다 ***~*** (a person) ***right*** …에게 마땅한 대우를 하다, 당연한 취급을 하다 ***~ out*** (1) 〈음식 등을〉 돌리다 (2) 〈사람에게〉 복수하다 (3)〈임기·형기를〉 마치다 ***~*** one***'s time*** 근무 연한을 치르다, 복역하다
—*n.* ⓊⒸ (테니스 등의) 서브 (방법); 서브 차례
serv·er [sə́:rvər] *n.* **1** 섬기는 사람, 급사 **2** 〖가톨릭〗 (미사에서 사제를 돕는) 복사(服事) **3** (테니스 등에서) 서브하는 사람 **4** 대형 접시, 쟁반; 주걱, 국자, (요리 등을 나누는) 대형 포크[스푼], 샐러드 집게 **5** 〖컴퓨터〗 서버
‡**ser·vice** [sə́:rvis] *n.* **1** [종종 *pl.*] **봉사,** 진력(盡力), 노고, 돌봄; [보통 *pl.*] 〖경제〗 용역; 공헌; 서비스업: the distinguished ~*s* 혁혁한 공훈 **2** ⒸⓊ (우편·전신·전화 등의) **공공 사업,** 업무, **시설 3** ⓊⒸ (관청 등의) **부문 4** (가스·수도의) **공급;** [*pl.*] 부대 설비 **5** ⓊⒸ 봉직(奉職), 근무; 공무: the diplomatic ~ 외교관, 외무부 근무 **6** Ⓤ **고용,** 사용됨 **7** Ⓤ **쓸모있음, 유용;** (자동차·전기 기구 등의) (애프터) 서비스 **8** ⒸⓊ 식(式); 전례(典禮) 음악: a marriage ~ 결혼식 **9** Ⓤ (호텔 등의) 봉사, 서비스, 접대 **10** (식기 등의) 한 벌, 한 세트(set): a tea ~ 차 도구 한 벌 **11** Ⓤ 〖법〗 송달(送達) 《영장·소송 서류 등의》: personal [direct] ~ 직접 송달

S

at a person's ~ …의 마음대로: I am *at your* ~. 무엇이든지 분부만 하십시오. ***in***[***on***] ***active*** ~ 재직 중; 현역인[에] ***in the*** ~ 군에 복무하여 ***On His***[***Her***] ***Majesty's S***~ 《영》 공용 《공문서 등의 무료 송달 표시; 略 O.H.M.S.》 ***take into one's*** ~ 고용하다 ***take*** ~ ***with***[***in***] …에 근무하다

— *a.* Ⓐ **1** 군의, 군용의: (a) ~ uniform 군복 **2** 서비스업의: the ~ industry 서비스 산업 **3** 애프터 서비스의 **4** 유용한, 쓸만한

— *vt.* **1** (판매 후) 손보아주다, 수리[보존]하다 **2** 도움[정보]을 제공하다

ser·vice·a·bil·i·ty [sə̀ːrvisəbíləti] *n.* Ⓤ **1** 유용, 편리 **2** 오래감, 내구성

∗**ser·vice·a·ble** [sə́ːrvisəbl] *a.* **1 쓸모 있는,** 유용한, 편리한 **2** 실용적인

~**·ness** *n.* **-bly** *ad.* 쓸모 있도록

sérvice àrea **1** 가시청(可視聽) 구역, 유효 범위 《라디오·TV의》; 공급 구역 《수도·전력의》 **2** (차도변의) 서비스 에어리어 《주유소·식당·화장실 등이 있는》

sérvice bòok 〖교회〗 기도서

sérvice brèak (테니스 등의 경기에서) 상대의 서브로 얻는 점수

sérvice chàrge (호텔 등의) 서비스료

sérvice clùb **1** 봉사 클럽 《Rotary Club과 같은》 **2** 〖군사〗 (하사관의) 오락 시설[센터]

sérvice cóurt 〖테니스〗 서브를 넣는 장소

sérvice flàt 《영》 식사를 제공하는 아파트

sérvice lìne 〖테니스〗 서비스 라인

ser·vice·man [-mæ̀n] *n.* (*pl.* **-men** [mèn]) **1** 〖군사〗 (현역) 군인: an ex-~ 재향 군인 **2** 수리원(修理員); 주유소 종업원

sérvice màrk (서비스 업자의) 서비스 마크

sérvice stàtion **1** (자동차의) 주유소 (filling station) **2** 수리소 《전기 기구 등의》

serv·ice·wom·an [sə́rviswùːmən] *n.* (*pl.* **-wom·en** [wìmin] 여성 현역 군인

ser·vi·ette [sə̀ːrviét] *n.* 《영·구어》 냅킨

∗**ser·vile** [sə́ːrvil | -vail] *a.* **1 노예의 2** 노예 근성의; 비굴한 **3** 〈예술 등이〉 독창성이 없는 ~**·ly** *ad.*

ser·vil·i·ty [səːrvíləti] *n.* Ⓤ **1** 노예 상태 **2** 노예 근성; 비굴

serv·ing [sə́ːrviŋ] *n.* Ⓤ **1** 음식을 차림, 음식 시중 **2** 한 끼분의 음식[음료], 한 그릇의 음식

ser·vi·tude [sə́ːrvətjùːd | -tjùːd] *n.* Ⓤ **1 노예 상태,** 예속 **2** 강제 노동; 징역: penal ~ 중(重)징역 《3년 이상》

ser·vo [sə́ːrvou] *n.* (*pl.* **~s**) **1** = SERVOMECHANISM **2** = SERVOMOTOR

ser·vo·mech·a·nism [sə́ːrvoumèkənizm | sə̀ːrvoumék-] *n.* Ⓤ 〖기계〗 서보 기구, (전자) 자동 제어 장치

ser·vo·mo·tor [-mòutər] *n.* 〖기계〗 (자동 제어 장치로 움직이는) 서보모터 《보조 전동기·수압 펌프 등》

∗**ses·a·me** [sésəmi] *n.* 〖식물〗 **참깨**(씨)

sésame òil 참기름

ses·qui·cen·ten·ni·al [sèskwisenténiəl] *a.* 150년 (축제)의

— *n.* 150년 (기념)제

⁑**ses·sion** [séʃən] [L 「앉다」의 뜻에서] *n.* **1 a 개회중임** 《의회·회의의》, 개정중임 《법원의》: go into ~ 개회하다 **b 회의,** 회합 **2** 회기, 개회[개정]기: a long ~ 긴 회기 **3** 《미·구어》 (어느 활동의) 기간

ses·sion·al [séʃənl] *a.* 개회[개정, 회기](중)의; 회기마다의: ~ orders[rules] (영국 의회에서) 개회 기간 중의 의사 규정

séssion màn 세션맨 《취입(吹入) 기간 중에 연주자를 보좌하는 전속되지 않은 음악가》

⁂**set** [set] *v.* (~; **~·ting**) *vt.* **1** 〈물건을〉 **놓다,** 두다 **2** (가까이) **갖다 대다**; 〈문서에 서명·날인을〉 하다 **3** 〈사람을〉 **배치하다**: ~ a watch 파수꾼을 세우다 **4** (어떤 상태로) **되게**[**하게**] **하다 5** 부과하다; 〈모범 등을〉 보이다; 〈기록을〉 세우다: ~ a person an example = ~ an example to a person …에게 모범을 보이다 **6** 〈…에게〉 …시키다; [~ one*self* 로] …하려고 노력하다 **7** 〈기계·기구 등을〉 조절[조정]하다, 준비[정돈]하다 **8** 〈보석 등을〉 박아 넣다, 〈틀에〉 끼우다, …에 밑받침을 붙이다 **9** 〈기둥 등을〉 세우다; 〈식물을〉 심다, 〈씨를〉 뿌리다 **10** 〈얼굴·진로 등을〉 (…으로) 향하다, 향하게 하다; 〈마음을〉 돌리다, 기울이다; [~ one*self* 로] (…에) 반항하다 《*against*》 **11** 〈물건을〉 굳히다, 고정하다 **12** 〖음악〗 〈가사에〉 곡을 붙이다, 〈곡에〉 가사를 붙이다, 편곡하다 **13** 〈장소·시일 등을〉 정하다 **14** 〈여자의 머리를〉 세트하다 **15** 〖컴퓨터〗 어떤 비트(bit)에 값 1을 부여하다

— *vi.* **1** 〈해·달이〉 **지다**; 〈세력이〉 기울다: The sun ~*s in* the west. 해는 서쪽으로 진다. **2 열매를 맺다**: The apple trees have ~ well this year. 올해는 사과나무가 열매를 잘 맺었다. **3** 〈액체 등이〉 **굳어지다**: His face has ~. 그의 표정이 굳어졌다. **4** 〈머리가〉 세트되다, 모양이 잡히다 **5** 〈물줄기·바람 등이〉 …**으로 향하다**; 〈감정·의견 등이〉 기울다: The wind ~*s* to[from] the north. 바람이 북쪽으로[북쪽에서부터] 분다. **6** 종사하다; 착수하다 《*about, to*》; 출발하다 《*forth, forward, out*》

~ ***about*** 〈일 등에〉 착수하다, …하기 시작하다(do*ing*) ~ ***against*** (1) 〈물건을〉 …에 견주다, 균형 잡히게 하다 (2) 〈…을〉 …에서 빼다 (3) 〈…에〉 반대하다, 반대하는 경향을 보이다 ~ ***apart*** 제쳐 두다《*for*》; 떼어놓다; 〈사물이 …을 다른 것과〉 구별하다 《*from*》 ~ ***aside*** (1) 옆에 두다; 제쳐 놓다 (2) 무시하다, 버리다 (3) 〖법〗 〈판결을〉 파기하다; 무효로 하다 ~ ***back*** 〈시계 바늘을〉 뒤로 돌리다; 좌절시키다; 지우다; 퇴보시키다 ~ ***down*** (1) 밑에 놓다, 내려놓다 (2) 《영》 〈승객 등 을〉 내리다 (3) 적어두다; 인쇄하다 (4) 〈원인 등을 …의〉 탓으로 하다 《*to*》 (5) 〈비행기를〉 착륙시키다; 〈비행기가〉 착륙하다 ~ ***forth*** 《문어》 (1) 보이다 (2) 밝히다, 설명하다 (3) 발표하다 ~ ***off*** (1) 돋보이게 하다, …의 장식이 되다 (2) 칭찬하다 (3) 〖은행〗

S

상쇄하다 (4) 구획하다 (5) 〈폭탄·화약 등을〉 폭발시키다; 〈꽃불 등을〉 올리다, 발사하다 **~ *out*** (1) 말하다, 제시하다; (자세하게) 설명하다 (2) 장식하다; 돋보이게 하다 (3) 칸막이 하다; 제한하다; 진열하다 (4) 〈음식 등을〉 차리다 **~ *over*** 양도하다; 〈사람을〉 감독시키다; 《미·속어》 죽이다 **~ *up*** (1) 세우다 (2) 시작하다 (3)〈아픔 등을〉 일으키다; 〈짖는 소리·비명 등을〉 지르다; 〈소동 등을〉 일으키다; 〈항의를〉 제기하다

— *a.* **1 고정된**; 단호한; 억지부리는 **2** 판에 박힌, 규정된 **3** 미리 준비된; 계획적인: get ~ 준비를 갖추다

— *n.* **1 한 벌[짝]**, 세트 **2 패**, (특수) 사회, 집단 **3 모습**, 자세, 체격 **4** (조류·바람의) 흐름, 방향; (여론의) 경향, 추세 **5** 경사, 비틀림 **6** Ⓤ 《시어》 (해·달이) 짐: at ~ of sun 일몰에 **7** 〖경기〗 세트 《테니스 등의》 **8** (머리털의) 세트 **9** 〖연극〗 대도구; 무대 장치; 〖영화〗 세트, 만든 배경

set·a·side [sétəsàid] *n.* **1** (특정 목적을 위해) 유보해둔 것 《토지·이윤 따위》 **2** 특별 지정 구역 《자연보호·석유 자원 개발 따위를 위해》 **3** (정부의 식량·자원의) 비축; (정부 명령에 의한) 물품의 사용 금지

set·back [-bæ̀k] *n.* **1** (진보 등의) 방해; 역전, 역행; 퇴보 **2** 〖건축〗 단형(段形) 후퇴, 단벽(段壁) **3** 패배, 실패

set-in [sétìn] *a.* 박아 넣을[끼워 넣을] 수 있는

set·off [-ɔ̀:f | -ɔ̀f] *n.* **1** (셈의) 비김; 상쇄 **2** 돋보이게 하는 것, 장식품, 치장

sét pìece **1** (문예 등의) 기성 형식(에 의한 구성); (틀에 박힌) 유형적(類型的) 작품 **2** 대규모로 장치된 불꽃

sét pòint 〖테니스〗 그 세트의 승패를 결정하는 득점

set·screw [-skrù:] *n.* (톱니바퀴·나사 등을 굴대에 달기 위한) 고정[멈춤] 나사

sét squàre 《영》 삼각자 (《미》 triangle)

sett [set] *n.* (금속 가공용) 정; (도로용 등의 네모진) 포석(鋪石)

set·tee [setí:] *n.* (등받이가 있는) 긴 의자

set·ter [sétər] *n.* **1** SET하는 사람[물건] **2** 세터 《사냥감의 위치를 알려주도록 훈련받은 사냥개》

sét thèory 〖수학〗 집합론

***set·ting** [sétiŋ] *n.* **1** Ⓤ **놓음** **2** Ⓤ (해·달이) **짐**: the ~ of the sun 해가 짐 **3** Ⓤ (보석 등을) 박음[박은 것] **4** ⓊⒸ 〖음악〗 작곡, 가락 붙이기 **5 환경**, 주위; (자연의) 환경, 배경; 〖연극〗 무대 장치, 무대면 **6** 1인분의 식기류

sét·ting-úp èxercises [-ʌ́p-] 유연체조, 미용 체조

⁑set·tle[1] [sétl] *vt.* **1** (움직이지 않도록) **놓다**, 앉히다: ~ oneself *in* a chair 의자에 털썩 앉다 **2** 〈사람을〉 **정주시키다**, 이주시키다: ~ Canada 캐나다에 식민하다 **3** 〈살림이〉 **틀잡히게 하다**: ~ oneself *in* business 실업계에서 틀을 잡다 **4** 〈마음·신경·위 등을〉 **진정시키다**: ~ a disordered brain 흐트러진 머리 속을 진정시키다 **5** 침전시키다: The rain will ~ the dust. 이 비로 먼지가 가라앉게 될 것이다. **6** 〈문제·쟁의·분쟁 등을〉 (최종적으로) **해결하다**: The affair is ~*d* and done with. 그 일은 말끔히 처리되었다. **7 결정하다**: ~ one's route 진로를 결정하다 **8** 정식으로 양도하다, 〈재산을〉 나누어 주다 《*on, upon*》: He has ~*d* his estate on his son. 그는 재산을 아들에게 정식으로 양도했다.

— *vi.* **1 살 자리를 잡다, 생활의 틀을 잡다** 《종종 *down*》 **2** 〈날씨 등이〉 안정되다 **3** 마음을 붙이다 《*down, to*》 **4** 〈마음·감정 등이〉 진정되다 《*down*》 **5** 정하다, 결정하다 《*on, upon, with*》 **6** 〈새 등이〉 내려앉다 **7** 〈토대 등이〉 내려앉다

~ *down* (1) 진정하다[시키다], 〈흥분 등이〉 가라앉다[앉히다] (2) 정주하다; [종종 marry and ~ down] 결혼하여 자리를 잡다 **~ *up*** 해결하다; 결제[청산]하다 **~ *with*** (1) …와 화해하다; 정하다, 결말짓다 (2) 처리하다, 지불하다, 청산하다; 복수하다

settle[2] *n.* 등이 높은 긴 (나무) 의자 《좌석 아래가 상자로 되어 있는》

***set·tled** [sétld] *a.* **1 고정된**; 확고한; 뿌리 깊은 〈슬픔 등〉: a ~ habit 굳어 버린 습관 **2** 〈사람·생활 등이〉 기틀이 잡힌, 자리잡힌 **3** 〈사람이〉 정주한; 사람이 사는 **4** 〈날씨 등이〉 안정된: ~ weather 안정된 날씨, 계속되는 맑은 날씨 **5** 결제(決濟)된: a ~ account 결산필 계정

⁑set·tle·ment [sétlmənt] *n.* **1** Ⓤ **정착**, 정주 **2** Ⓤ 이민, **식민**; 식민지, 거류지, 개척지 **3** ⓊⒸ 〖사회〗 사회 복지 사업; Ⓒ 사회 복지관 **4** ⓊⒸ 해결, 결정; 화해: come to [reach] a ~ 해결이 나다, 화해하다, 타협이 되다 **5** ⓊⒸ 청산, 결산 **6** ⓊⒸ (재산) 수여; Ⓒ 증여 재산

séttlement hòuse 사회 복지관

⁑set·tler [sétlər] *n.* **1** (초기의) **식민자**, 이민, 이주자; 개척자 **2 a** 해결하는 사람 **b** 《구어》 결판이 나게 하는 것 《결정적인 타격, 주장, 사건 등》

sét·tling dày [sétliŋ-] 청산일, (특히 2주마다의) 증권 거래 청산[결산]일

***set·up** [sétʌ̀p] *n.* **1** [보통 *sing.*] **기구**(機構), 구조; 구성 **2** 《미》 몸가짐, 자세, 태도; 체격 **3** 《미·구어》 서로 짠 시합; 수월한 일[목표] **4** [보통 *sing.*] 〖테니스·배구〗 세트업 《다음 플레이를 하기 쉽도록 보낸 공》

⁑sev·en [sévən] *a.* Ⓐ **7의**, 7개의, 7명의 《종종 다음에 오는 명사를 생략함》: ~ (dollars and) fifty (cents) 7달러 50센트

— *n.* (기수의) **7**

séven chíef[cárdinal, príncipal] vírtues [the ~] (그리스도교의) 7주덕(主德) 《신의·희망·자선·현명·절제·정의·용기》

sev·en·fold [sévənfòuld] *a., ad.* 7배의[로]; 일곱 겹의[으로]; 7(부)로 이루어지는

Séven Ságes [the ~] (고대 그리스의) 7현인

séven séas [the ~] 7대양 《남북 태평양·

S

남북 대서양·인도양·남북 빙양(氷洋))

‡**sev·en·teen** [sèvəntíːn] *a.* **1** Ⓐ 17의, 17개[명]의 **2** Ⓟ 17세의 **—** *n.* (기수의) 17
— *pron.* [복수 취급] 17개, 17명

‡**sev·en·teenth** [sévəntìːnθ] *a.* **1** [보통 the ~] **제17의,** 17번째의 **2** 17분의 1의
— *n.* **1** [보통 the ~] **a** (서수의) 제17 (略 17th) **b** (한 달의) 17일 **2** 17분의 1
— *pron.* [the ~] 17번째의 사람[사물]

‡**sev·enth** [sévənθ] *a.* **1** [보통 the ~] **제7의,** 7번째의 **2** 7분의 1의 **—** *ad.* 7번째로
— *n.* **1** [보통 the ~] **a** (서수의) 제7 (略 7th) **b** (한 달의) 7일 **2** 7분의 1 **3** 〖음악〗 7도, 7도 음정
— *pron.* [the ~] 7번째의 사람[사물]
~·**ly** *ad.* 일곱(번)째로

Séventh-Day Ádventist [sévənθdèi-] [the ~s] 안식일 재림파[교단] (토요일을 안식일로 함); 안식일 재림파의 신도

***sev·en·ti·eth** [sévəntiiθ] *a.* **1** [보통 the ~] **제70의,** 70번째의 **2** 70분의 1의
— *n.* **1** [보통 the ~] (서수의) **제70** (略 70th) **2** 70분의 1
— *pron.* [the ~] 70번째의 사람[사물]

‡**sev·en·ty** [sévənti] *a.* **1** Ⓐ **70의,** 70개[명]의 **2** Ⓟ 70세의
~ times seven 〖성서〗 일곱 번씩 일흔 번, 무수히
— *pron.* [복수 취급] 70개, 70명
— *n.* (*pl.* **-ties**) (기수의) 70; 70의 기호

sév·en-year ítch [-jìər-] (익살) (결혼 후) 7년째의 권태(기)[바람기, 불만]

‡**sev·er** [sévər] *vt.* **1 절단하다,** 자르다 (*from*): ~ a rope 밧줄을 자르다 **2** 떼어 놓다, 가르다 (*into*): The world is *~ed into* two blocks. 세계는 두 진영으로 갈라져 있다. **3** 〈인연·관계 등을〉 끊다, 불화하게 하다: ~ husband and wife 부부의 사이를 갈라놓다 **—** *vi.* **1** 끊어지다, 갈라지다, 분리하다 **2** 단절하다; 사이를 가르다

‡**sev·er·al** [sévərəl] *a.* **1** Ⓐ (두셋은 아니고) **몇몇의,** 수개의: I have been there ~ times. 몇 번인가 거기에 가 본 적이 있다. **2** (문어) [보통 one's ~로] 따로따로의, 각각의, 각자의 **3** 〖법〗 (joint에 대하여) 단독의, 개별적인: a joint and ~ liability[responsibility] 연대 및 단독 채무[책임]
— *pron.* [복수 취급] 수개, 수명, 너댓개
~·**ly** *ad.* 따로따로; 각자

séveral estàte 개별[1인 전유] 재산

sev·er·ance [sévərəns] *n.* Ⓤ **1** 단절, 분리, 절단 **2** (고용의) 계약 해제

séverance pày 퇴직금, 퇴직[해직] 수당

‡**se·vere** [sivíər] *a.* (**se·ver·er**; **-est**) **1 엄한,** 엄중한 **2** 〈검사 등이〉 **엄격한,** 엄밀한 (*on*) **3** 간소한, 수수한; 엄숙한 **4** 〈태풍·병 등이〉 **심한,** 맹렬한

‡**se·vere·ly** [sivíərli] *ad.* **1 심하게, 엄하게**: be ~ ill 중병이다 **2** 간소하게, 수수하게

***se·ver·i·ty** [sivérəti] *n.* (*pl.* **-ties**) **1** Ⓤ **a 엄격,** 엄정 **b** 격렬, 혹독 **c** 통렬함, 신랄함 **d** 괴로움, 쓰라림 **2** 수수함, 소박한 멋 **3** [보통 *pl.*] 모진 경험, 가혹한 처사

Sè·vres [sévrə | séivrə] *n.* Ⓤ 세브르 도자기(= ~ **wàre**)

‡**sew** [sou] [동음어 so, sow[1]] *v.* (**~ed**; **sewn** [soun], **~ed**) *vt.* **1 바느질하다, 꿰매다** **2** 재봉하여 만들다 **3** 〈구멍·상처 등을〉 봉합하다 **4** 제책하다

sew·age [súːidʒ | sjúː-] *n.* Ⓤ 하수 오물, 하수

séwage dispòsal 하수 처리

séwage fàrm 하수 관개 이용 농장

séwage wòrks 하수 처리장[시설]

***sew·er**[1] [súːər | sjúə] [MF 「배수하다」의 뜻에서] *n.* **하수구**(溝), 하수(도), 하수 본관

sew·er[2] [sóuər] *n.* 바느질하는 사람[기계], 재봉사

sew·er·age [súːəridʒ | sjúər-] *n.* Ⓤ **1** 하수 설비; Ⓒ 하수도 **2** 하수 처리

séwer ràt [súːər-] 〖동물〗 시궁쥐

***sew·ing** [sóuiŋ] *n.* Ⓤ **재봉,** 바느질

séwing machìne **1** 재봉틀: a hand[an electric] ~ 수동[전동] 재봉틀 **2** 제본(製本) 재봉틀

***sewn** [soun] *v.* SEW의 과거분사

***sex** [seks] *n.* ⓊⒸ **1 성,** 성별: a member of the same[opposite] ~ 동성[이성]의 사람 **2** [보통 the ~; 집합적] **남성, 여성**: the equality of the *~es* 남녀평등 **3** Ⓤ **섹스,** 성적임; 성교
— *a.* Ⓐ = SEXUAL
— *vt.* **1** (병아리의) 성을 감별하다 **2** 성적 매력을 돋우다 (*up*); 성적으로 흥분시키다

sex- [seks] (연결형) 「6」의 뜻(cf. HEX-)

séx àct 성교

sex·a·ge·nar·i·an [sèksədʒənέəriən] *a., n.* 60살[대]의 (사람)

séx appèal 성적(性的) 매력

séx chròmosome 〖생물〗 성염색체

sexed [sekst] *a.* **1** 유성(有性)의 **2 a** 성욕이 있는 **b** 성적 매력이 있는

séx educàtion 성교육

séx hòrmone 〖생화학〗 성호르몬

sex·ism [séksizm] *n.* Ⓤ 성차별(주의); (특히) 여성 멸시, 남성 상위 주의

sex·ist [séksist] *n., a.* (특히 남성의) 성 차별 주의자(의)

séx kìtten (구어) 성적 매력이 있는 젊은 여자

sex·less [sékslis] *a.* **1** 무성의, 남녀[암수]의 구별이 없는 **2** 성적 매력[감정]이 없는

sex-linked [-lìŋkt] *a.* 〖유전〗 반성(伴性)의

séx mània 색정광(色情狂), 색광, 색골

séx òbject 성적 대상(이 되는 사람)

sex·ol·o·gy [seksάlədʒi | -sɔ́l-] *n.* Ⓤ 성과학

sex·ploi·ta·tion [sèksplɔitéiʃən] [*sex*+ ex*ploitation*] *n.* Ⓤ (영화 등에서의) 성의 상업화

sex·pot [sékspὰt | -pɔ̀t] *n.* (구어) 성적 매력이 대단한 사람, 섹시한 사람

séx ràtio 성비 (여자 100에 대한 남자의

인구비》
séx ròle 성의 역할 《한쪽 성에는 적합하나 다른 쪽에는 부적당한 작업·활동》
séx sỳmbol 섹스 심벌, 성적 매력으로 유명한 사람
sex·tant [sékstənt] *n.* **1** 6분의(六分儀) **2** 6분원(六分圓)
sex·tet(te) [sekstét] *n.* 〖음악〗 6중창[주](곡); 6인 합창[합주]대
sex·ton [sékstən] *n.* 교회의 머슴, 교회지기 《종도 치고 무덤도 파는》
séx tòurism 섹스 관광 《매춘 규제가 없는 외국으로의 여행》 **séx tòurist** *n.*
sex·tu·ple [sekstjú:pl | sékstjupl] *a.* **1** 6겹의; 6배의(sixfold) **2** 〖음악〗 6박자의 **—** *n.* 6배(의 것)
— *vt.* 6배하다, 6겹으로 하다
— *vi.* 6배로 되다
‡sex·u·al [sékʃuəl | -sjuəl] *a.* **1 성의**; 남녀[암수]의: ~ appetite 성욕 / ~ organs 성기 **2 성적인**: ~ excitement 성적 흥분 **~·ly** *ad.*
séxual assáult 여성에 대한 폭행, 성폭행, 강간(rape)
séxual íntercourse 성교(coitus)
***sex·u·al·i·ty** [sèkʃuǽləti | -sju-] *n.* Ⓤ **1 성별**, 남녀[암수]의 구별 **2** 성적 관심; 성욕; 성행위
séxually transmítted diséase (임질·매독 등) 성적 접촉으로 감염되는 병 《略 STD》
sex·y [séksi] *a.* (**sex·i·er**; **-i·est**) 《구어》 **1** 성적 매력이 있는, 섹시한 **2** 성적인, 도발적인 **séx·i·ness** *n.*
sez [sez] *v.* [발음대로의 철자] 《속어》 = SAYS
sf science fiction; 〖음악〗 sforzando
sfor·zan·do [sfɔ:rtsɑ́:ndou], **-za·to** [-tsɑ́:tou] [It. 「강요하다」의 뜻에서] *a.*, *ad.* 〖음악〗 강음의[으로], 특히 힘찬[힘차게] 《略 sf, sfz》
SFX special effects 〖영화·TV〗 특수 효과
sfz 〖음악〗 sforzando
s.g. specific gravity
S.G. Solicitor General
sgd. signed
Sgt. Sergeant
sh [ʃ] *int.* 쉿! 《조용히 하라는 소리》
sh. 〖증권〗 share(s); shilling
‡shab·by [ʃǽbi] *a.* (**-bi·er**; **-bi·est**) **1 초라한**, 헙수룩한 차림의 **2** 허름한, 해진; 시시한 **3** 〈거리·주거 등〉 누추한 **4** 비열한, 비루한 **-bi·ly** *ad.* **-bi·ness** *n.*
shab·by-gen·teel [ʃǽbidʒentí:l] *a.* 영락했지만 체면을 차리는, 허세 부리는
***shack** [ʃæk] *n.* **판잣집**, 오두막집
— *vi.* 《구어》 살다 《*in*》, 묵다
***shack·le** [ʃǽkl] *n.* **1** [보통 *pl.*] **a 수갑**, 족쇄, 차꼬 **b** 《문어》 **속박**, 구속 **2** (맹꽁이 자물쇠의) 걸쇠 **—** *vt.* **1** 족쇄[수갑]를 채우다, 쇠사슬로 붙들어 매다 **2** 구속하다, 속박하다
shad [ʃæd] *n.* (*pl.* **~**, **~s**) 〖어류〗 청어무리 《북미 북대서양 연안에 많음》
shad·dock [ʃǽdək] *n.* 〖식물〗 왕귤나무(의 열매)
‡shade [ʃeid] *n.* **1** Ⓤ Ⓒ **그늘**, 응달, 음지 **2** [*pl.*] 《문어》 땅거미, 어스름, 어둠 **3** 으슥한 곳 **4** Ⓤ (그림·사진 등의) 그늘 (부분); Ⓒ 명암[농담]의 정도, 색의 농도 **5 차양** **6** [a ~] **극소한 양[정도]**, 기미; [부사적으로] (아주) 조금, 다소
in the ~ (1) 응달[나무 그늘]에(서) (2) 빛을 잃고, 눈에 띄지 않게; 망각되어
— *vt.* **1 그늘지게 하다** **2 어둡게 하다**, 흐리게 하다 《*with*》 **3** (그림·사진 등에) 명암[음영, 농담]을 나타내다 **4** 〈의견·의미 등을〉 차츰[조금씩] 변화시키다
— *vi.* 〈빛깔·의견·방법·뜻 등이〉 차츰 변화하다 《*away*, *off*, *into*》
shade·less [ʃéidlis] *a.* 그늘이 없는
shàde trèe 그늘을 짓는 나무, 햇살을 가리는 나무
shad·ing [ʃéidiŋ] *n.* Ⓤ **1** 그늘지게 하기, 차광, 햇볕가림 **2** 〖회화〗 묘영(描影)[명암]법 **3** (빛깔·성질 등의) 근소한[점차적인] 변화
‡shad·ow [ʃǽdou] *n.* **1** (뚜렷한) **그림자**, 투영(投影); Ⓤ 그늘 **2** 영상(影像); 희미한 모습[흔적] **3** 환영, 실질[실체]이 없는 것 **4** (어떤 물건의) 그림자 같은 것; 이름뿐인 것 **5** 아주 조금, 기미: There is *not* a ~ of doubt about it. 티끌만큼도 의심할 여지가 없다. **6** 탐정, 형사, 스파이, 미행자 **7** [the ~s] 어둠, 침침함; 마음의 그늘; Ⓒ (불행·의혹 등의) 어두운 그림자 **8** 그림자 지는 곳, 세력 범위 **9** Ⓤ 〖성서〗 (하느님의) 비호, 보호(shelter) **10** 전조, 조짐
in the ~ of (1) …보다 눈에 띄지[두드러지지] 않고 (2) = under the SHADOW of (1), (2). ***under the ~ of*** (1) …의 바로 가까이의[에서] (2) 《문어》 …의 보호[비호] 아래에서 (3) …의 위험이 있어
— *vt.* **1 그늘지게 하다** **2 어둡게 하다** **3** …의 전조가 되다 《*forth*, *out*》 **~·less** *a.*
shad·ow·box [ʃǽdoubɑ̀ks | -bɔ̀ks] *vi.* 섀도 복싱으로 연습하다
shad·ow-box·ing [-bɑ̀ksiŋ | -bɔ̀k-] *n.* Ⓤ (권투의) 혼자하는 연습
shádow cábinet 《영》 재야(在野) 내각 《야당의 각료 후보들로 이루어지는》
shad·ow·i·ness [ʃǽdouinis] *n.* Ⓤ 암영; 어둠; (광선의) 흐릿함
***shad·ow·y** [ʃǽdoui] *a.* **1 그림자가 많은**, 어두운 **2 그림자 같은**; 어슴푸레한
***shad·y** [ʃéidi] *a.* (**shad·i·er**; **-i·est**) **1 그늘이 많은**, 응달진 **2** 《구어》 **떳떳하지 못한**, 수상한: a ~ transaction 암거래
‡shaft[1] [ʃæft | ʃɑ:ft] *n.* **1** (창·망치 등의) **자루**, 손잡이; 화살대, 전죽(箭竹); 화살, 창 **2 한 줄기의 광선** **3** 〖기계〗 축, 굴대; **샤프트**: a ~ bearing 굴대 받이 **4** 〖건축〗 기둥, 주체(柱體), 작은 기둥
— *vt.* 《미·속어》 〈남에게〉 심한 짓을 하다; 〈남 을〉 속이다
shaft[2] *n.* **1** 〖광산〗 수갱(竪坑); 환기갱(換氣坑) **2** (승강기 등의) 통로 《수직 공간》
shag[1] [ʃæg] *n.* Ⓤ **1** 거친 털, 조모(粗毛), 북실북실한 털 **2** (직물의) 보풀 **3** 독한 살담배

shag² (**~ged**; **~·ging**) *vt.* **1** 추적하다 **2** 《비어》 성교하다

shagged [ʃægd] *a.* 《영·속어》 **1** =SHAGGY **2** 기진맥진한

∗**shag·gy** [ʃǽgi] *a.* (**-gi·er**; **-gi·est**) 털이 많은, 텁수룩한; 보풀이 많은 〈직물〉 **-gi·ness** *n.*

shág·gy-dóg stòry [ʃǽgidɔ́g-] 말하는 사람은 신나지만 듣는 사람은 지루한 이야기

sha·green [ʃəgríːn, ʃæ-] *n.* Ⓤ **1** 섀그린 가죽, 도톨도톨하게 다룬 가죽 **2** 상어 가죽 《연마용》

shah [ʃɑː] *n.* [종종 **S~**] Iran 국왕의 존칭

Shak. Shakespeare

shak·a·ble [ʃéikəbl] *a.* 동요시킬 수 있는, 진동시킬 수 있는

⁑**shake** [ʃeik] *v.* (**shook** [ʃuk]; **shak·en** [ʃéikən]) *vt.* **1 흔들다**; 흔들어 …하다 **2 진동시키다; 흔들리게[놀게] 하다 3** 휘두르다 **4** 〈마음·신앙 등을〉 동요시키다; …의 의지력이 꺾이게 하다: ~ one's faith[resolution] 신념[결심]을 흔들리게 하다 **5** 《속어》 〈나쁜 버릇·병·근심 걱정 등을〉 떨어버리다

— *vi.* **1 흔들리다,** 진동하다 **2** 〈몸·목소리가〉 **떨리다**; 동요되다 **3** 〈과일·곡식·모래 등이〉 후두두 떨어지다 《*down, off*》

~ down (*vt.*) (1) 땅[마루]바닥에 던지다, 땅[마루]바닥에 펴다 (2) 〈과실을 나무에서〉 흔들어 떨어뜨리다 (3) 원상태로 회복하다; 자리잡히게 하다 ***~ off*** (1) 〈먼지 등을〉 털어내다 (2) 〈병·버릇 등을〉 고치다 (3) 떨어뜨리다 ***~ out*** (1) 〈…을〉 흔들어 내다 (2) 〈돛대·깃발 등을〉 펼치다; 〈담요·옷 등을〉 흔들어 말리다, 펼쳐 흔들다 (3) 〈먼지 등을〉 털어내다; 〈속을〉 흔들어 비우다 ***~ up*** (1) 흔들어 섞다, 휘젓다 (2) 〈베개 등을〉 흔들어 고르다 (3) 편달하다, 격려하다, 각성시키다

— *n.* **1** 흔듦; 진동, 동요 **2 a** 《미·구어》 지진 **b** [the ~s] 《구어》 (열·추위 알코올 중독 등으로 인한) 떨림, 오한 **3** 〖음악〗 떨리는 소리, 전음(顫音) **4** 《미·구어》 밀크셰이크(milk shake)

give a ~ 한 번 흔들다; 《미·속어》 쫓아내다, 피하다

sháke·a·ble *a.* =SHAKABLE

shake·down [ʃéikdàun] *n.* **1** 임시의 잠자리[침대] **2** 《구어》 (배·비행기 등의) 성능 시험 운전, 승무원 적응 운전, 시운전; 조정 **3** 《미·구어》 철저한 수색 **4** ⓊⒸ 《미·구어》 돈을 강탈하기, 갈취(extortion)

⁑**shak·en** [ʃéikən] *v.* SHAKE의 과거분사

shake·out [ʃéikàut] *n.* (인원 정리를 포함한) 합리화, 재조직; 쇄신

shak·er [ʃéikər] *n.* **1** 흔드는 사람[것]; 진탕기(震盪器), 휘젓는 기구; (조미료 등을) 흔들어 뿌리는 병; (칵테일 혼합용) 셰이커 **2** [**S~**] 셰이커교도, 진교도(震敎徒)

⁑**Shake·speare** [ʃéikspiər] *n.* **셰익스피어 William ~** (1564-1616) 《영국의 극작가·시인》

∗**Shake·spear·e·an, -i·an** [ʃeikspíəriən] *a.* 셰익스피어(풍[시대])의

— *n.* 셰익스피어 학자[연구가]

shake-up [ʃéikʌ̀p] *n.* (해고 등에 의한 인사·조직의) 대정리, 대쇄신, 대개조

sha·ko [ʃǽkou, ʃéi-] [Hung. 「뾰족한 (모자)」의 뜻에서] *n.* (*pl.* **~(e)s**) 샤코 《깃털술이 앞에 달린 군모》

∗**shak·y** [ʃéiki] *a.* (**shak·i·er**; **-i·est**) **1** 흔들리는 **2** 부들부들 떨리는 **3** 〈지위·정권·지식 등이〉 불안정한, 〈신용이〉 단단치 못한

shale [ʃeil] *n.* Ⓤ 〖암석〗 혈암(頁岩), 이판암

shále òil 혈암유(頁岩油)

⁑**shall** [ʃəl, ʃæl] *auxil. v.* **1** [말하는 이의 의지에 관계없이 장차 일어날 일을 나타내어] 《보통 1인칭에 쓰이는데, 격식을 차린 문체에서, 특히 《영》에서 쓰임; 일상의 구어에서는 《미·영》에서 공히 shall 대신에 will을 쓰는 경향이 강함》 **a** [평서문에서] …**일[할] 것이다,** …하기로 되어 있다: I hope I ~ succeed this time. 이번에는 성공할 것이다. **b** [의문문에서] …**일까요,** …할까요: When ~ we see you again? 언제쯤 또 우리가 당신을 만날 수 있을까요? **2** [의지미래] **a** [2, 3인칭을 주어로 하는 평서문 또는 종속절에 쓰여, 말하는 이의 의지를 나타내어] …**하여 주겠다,** (틀림없이) …하겠다: You ~ have my answer tomorrow. 내일 답을 하겠다. **b** [보통 1인칭을 주어로 하는 의문문에 쓰여, 상대의 의향·결단을 물어] …**할까요,** …하면 좋을까요: *S~* I show you some photographs? 사진을 좀 보여 드릴까요? — Yes, do, please. 예, 부탁드립니다. **c** [Let's ..., ~ we? 로] …**하지 않으시겠습니까**: *Let's* go to see a movie, ~ *we*? 영화 구경 가지 않으시겠습니까? **d** [1인칭을 주어로 하여, 의무적 감각 또는 강한 결의를 나타내어] **반드시 …하다**: I ~ go, come what may. 어떤 일이 있어도 나는 반드시 간다. **3 a** [명령·규정] …하여야 한다: The fine ~ not exceed $300. 벌금은 300달러를 초과하여서는 안 된다. **b** [명령·요구·협정 등을 나타내는 동사에 뒤따르는 that절 안에 쓰여서]: The law *demands that* the money ~ be paid immediately. 법은 즉시 그 돈을 지불하여야 할 것을 요구하고 있다. **4** [불가피적이라고 간주되는 사태로의 예언] 《문어》 반드시 …이리라, …될지어다

shal·lot [ʃəlɑ́t | -lɔ́t] *n.* 〖식물〗 샬롯 《서양 파의 재배종의 일종》

∗**shal·low** [ʃǽlou] *a.* (**~·er**; **~·est**) **1** 얕은 **2** 천박한, 피상적인 〈견해 등〉

— *n.* [*pl.*] 물이 얕은 곳, 여울

— *vt., vi.* 얕게 하다, 얕아지다

sha·lom [ʃɑːlóum] [Heb. 「평안」의 뜻에서] *int.* 샬롬 《유대인의 인사·헤어질 때의 말》

shalt [ʃəlt, ʃælt] *auxil. v.* 《고어》 shall의 직설법 제2인칭 단수 현재형: Thou ~ (=You shall) not steal. 도적질하지 말지니라.

sham [ʃæm] *n.* **1** Ⓤ 속임, 허위 **2** 허풍선이, 사기꾼 **3** [a ~] 가짜, 엉터리

— *a.* Ⓐ 허위의, 속임의; 모의의: a ~ fight[battle] 모의전
— *v.* (**~med**; **~·ming**) *vt.* …인 체하다, …을 가장하다: ~ madness 미친 체하다 — *vi.* …하는 체하다, 가장[시늉]하다: He is only *~ming.* 그는 단지 가장을 하고 있을 뿐이다.
sha·man [ʃáːmən, ʃéi-, ʃǽ-] *n.* (*pl.* **~s**) 샤머니즘(shamanism)의 도사(道士), 샤만; 무당
sha·man·ism [ʃáːmənìzm, ʃéi-, ʃǽ-] *n.* Ⓤ 샤만교, 샤머니즘
sham·a·teur [ʃǽmətə̀ːr, -tjùər | -tə] [*sham*+am*ateur*] *n.* 《속어》 사이비 아마추어, 세미프로 선수《아마추어이면서 돈벌이하는 선수》
sham·ble [ʃǽmbl] *vi.* 비틀비틀[휘청휘청] 걷다 — *n.* 휘청거림, 비틀거리는 걸음걸이
sham·bles [ʃǽmblz] *n. pl.* [보통 단수 취급] **1** 도살장 **2** [a ~] 유혈의 장면, 살육장, 수라장
sham·bol·ic [ʃæmbálik | -bɔ́l-] *a.* 《영·구어》 난잡한, 수라장 같은
⁑shame [ʃeim] *n.* **1** Ⓤ **부끄러움; 수치심**: in ~ 부끄러워하여 **2** Ⓤ **치욕**, 창피
feel ~ at[***to*** do] …을[하는 것을] 창피스럽게 생각하다 (***Fie***) ***for ~!*** = ***S~ on you!*** 무슨 꼴이야!, 부끄럽지 않느냐!, 아이 망측해라!
— *vt.* **1 부끄러워하게 하다**, …에게 **창피를 주다**, 망신시키다: He was *~d* before the whole school. 그는 모든 학생들 앞에서 창피당했다. **2** …에게 부끄러움을 느끼게 하여 …하게 하다: His example *~d* me *into* working hard. 그의 모범에 나는 부끄러워져서 열심히 일하게 되었다.
sháme cùlture 〖사회〗 수치의 문화
shame·faced [ʃéimfèist] *a.* **1** 부끄러워하는, 창피하게 여기는 **2** 수줍어하는, 얌전한 **shame·faced·ly** [ʃèimféisidli, -fèist-] *ad.* **~·ness** *n.*
***shame·ful** [ʃéimfəl] *a.* **부끄러운**, 창피스러운 **~·ly** *ad.*
***shame·less** [ʃéimlis] *a.* **수치를 모르는**, 파렴치한, 뻔뻔스러운
sham·mer [ʃǽmər] *n.* (병 등을) 가장하는 사람, 속이는 사람, 협잡꾼
sham·my, sham·oy [ʃǽmi] *n.* (*pl.* **-mies**; **~s**) = CHAMOIS 2
***sham·poo** [ʃæmpúː] *n.* (*pl.* **~s**) **1** 샴푸, 세발액 **2** 머리 감기, 세발 — *vt.* **1** 〈머리를〉 **샴푸로 감다** **2** 《고어》 마사지하다
sham·rock [ʃǽmrɑk | -rɔk] *n.* 〖식물〗 토끼풀, 애기괭이밥《아일랜드 국화(國花)》
sha·mus [ʃáːməs, ʃéi-] *n.* (*pl.* **~·es**) 《미·속어》 경관, 사립 탐정
shan·dy [ʃǽndi] *n.* Ⓤ 《영》 섄디《맥주와 레모네이드의 혼합주》
shang·hai [ʃæŋhái] *vt.* (**~ed**; **~·ing**) **1** (옛날, 선원으로 부려먹으려고) 마약을 써서[취해 떨어지게 하여, 협박하여] 배에 끌어 들이다; 유괴하다 **2** 《구어》 속여서[억지로] 〈싫은 일을〉 시키다
Shang·hai [ʃæ̀ŋhái] *n.* 상하이, 상해(上海)《중국의 항구 도시》
Shan·gri-la [ʃǽŋgrilɑ̀ː] *n.* **1** 생그릴라《J. Hilton의 소설 *Lost Horizon*에 나오는 가공의 이상향》 **2** 유토피아, 지상 낙원
shank [ʃæŋk] *n.* **1** 정강이(shin), 정강이 뼈 **2** 뭉치 사태《소 다리 윗부분의 살》 **3** 못[징, 열쇠, 낚시, 숟갈《등》]의 몸대
shánks'[**shánk's**] **máre**[**póny**] [ʃǽŋks-] 《구어·익살》 자기의 다리, 도보
***shan't** [ʃænt | ʃɑːnt] *v.* 《영·구어》 shall not의 단축형
Shan·tung [ʃæ̀ntʌ́ŋ] *n.* **1** (중국의) 산둥성(山東省) **2** [때로 **s~**] Ⓤ 산둥견(絹)
shan·ty [ʃǽnti] *n.* (*pl.* **-ties**) 오두막집
shan·ty·town [ʃǽntitàun] *n.* (도시 안에 있는) 빈민가, 판자촌
⁑shape [ʃeip] *n.* **1** ⓊⒸ **모양**, 형태, 형상 **2** ⓊⒸ **모습**, 외양 **3** (어슴푸레[기괴]한) 물건의 형태, 요괴, 유령 **4** ⓊⒸ 구체화된 것; 구체적인 모양 **5** Ⓤ [수식어와 함께] 《미·구어》 (건강·경영 등의) 상태, 형편
get into ~ 틀잡다, 정리하다; 형태를 갖추다, 모양이 잡히다 ***in the ~ of*** …의 형태로, …로서의: a reward *in the ~ of* $200 200 달러의 사례 ***put … into ~*** 구체화시키다, 정리하다, 틀잡다 ***take ~*** 형태를 갖추다, 구체화하다, 실현하다
— *vt.* **1 형성하다**, …의 형체로 만들다[모양을 이루다] **2 구체화하다**; 표현하다: ~ one's plan 계획을 구체화하다 **3** 적합하게 하다《*to*》 **4** 〈진로·방침 등을〉 정하다: ~ one's course in life 인생의 행로를 정하다 **5** 고안하다
— *vi.* **1** 《구어》 …**의 꼴을 이루다**, 모양이 잡히다 **2** …로 발전[발달]하다
SHAPE, Shape [ʃeip] Supreme Headquarters of Allied Powers in Europe 유럽 연합군 최고 사령부(1950)
shaped [ʃeipt] *a.* [종종 복합어를 이루어] …한 모양을 한: an egg-~ head 달걀 모양의 머리
***shape·less** [ʃéiplis] *a.* **1 무형의**, 일정한 형태가 없는 **2** 못생긴, 보기 흉한: a fat, ~ figure 뚱뚱하고 못생긴 모습 **~·ly** *ad.* **~·ness** *n.*
shape·ly [ʃéipli] *a.* (**-li·er**; **-li·est**) 〈여성의 몸매·다리가〉 형태[모양]가 좋은, 맵시 있는; 아름다운 **-li·ness** *n.*
shápe mèmory 형상 기억
shard [ʃɑːrd], **sherd** [ʃəːrd] *n.* 사금파리; 파편
⁑share[1] [ʃɛər] *n.* **1 a 몫**, 일부분: get a fair ~ 당연한 몫을 받다 **b** 내놓을 몫, 출자 **2** 역할, 참가; 공헌《*in*》 **3 주**(株), **주식**; 지분(持分) — *vt.* **1 분배하다**, 나누어 주다《*out*; *among*, *between*》 **2 함께 나누다**, 공유하다; 분담하다《*with*》: ~ expenses 비용을 분담하다 **~ out** 분배하다
— *vi.* 분배를 받다, 분담하다; 공동으로[같이] 하다《*in*》: ~ *in* profits 이익 분배에 참여하다
share[2] *n.* 가랫날; 보습
share·bro·ker [ʃɛ́ərbròukər] *n.* 《영》

주식 중매인(《미》 stockbroker)

share·crop [-kràp | -krɔ̀p] *v.* (~**ped**; ~·**ping**) 《미》 *vt.* 〈토지를〉 소작인으로서 경작하다 — *vi.* 소작하다

share·crop·per [-kràpər | -krɔ̀p-] *n.* 《미》 (노예제 폐지 후 미국 남부에 생겨난) 물납(物納) 소작인

share·hold·er [ʃέərhòuldər] *n.* 《영》 주주(《미》 stockholder)

sháre ìndex 주가 지수

share-out [-àut] *n.* 분배, 배급

share·ware [ʃέərwὲər] *n.* 〖컴퓨터〗 셰어웨어

*****shark**[1] [ʃɑːrk] *n.* 〖어류〗 **상어**

shark[2] *n.* **1** 《구어》 고리 대금업자; 사기꾼 **2** 《미·속어》 명수, 전문가

shark·skin [-skìn] *n.* Ⓤ **1** 상어 가죽 **2** 샤크스킨 《모양이 상어 가죽 같은 양모·무명[레이온] 직물》

shárk wàtcher (적대적 기업 매수 등에 대비한) 기업 매수 대응 감시 전문가

*****sharp** [ʃɑːrp] *a.* **1 a 날카로운**, 예리한, 〈날이〉 잘 드는: a ~ knife[edge] 잘 드는 칼[날] **b** 뾰족한, 모난 **c** 〈비탈 등이〉 **가파른**, 험준한; 〈길 등이〉 갑자기 꺾이는, 급한 〈커브〉: a ~ turn in the road 도로의 급커브 **2 뚜렷한**, 선명한 **3** 〈맛 등이〉 자극적인 **4** 〈소리가〉 **날카로운**, 드높은; 〖음악〗 반음 올린, 올림표[샤프]가 붙은: a ~ cry 날카로운 외침 **5** 〈추위 등이〉 **살을 에는 듯한**; 〈고통 등이〉 찌르는 듯한, 심한; 〈식욕이〉 왕성한: a ~ pain 심한 통증 **6** 〈행동이〉 **활발한**, 민활한; 신속한 **7 예민한**, 〈감시가〉 빈틈없는; 민감한; 영리한, 똑똑한 《*at*》 **8** 교활한 **9** 〈말·성미가〉 **거센**, **신랄한**; 독기찬 (***as***) ~ ***as a needle***[***tack***] (1) 〈말 등이〉 몹시 날카로운 (2) 매우 영리한 ***have a ~ tongue*** 독설을 퍼붓다
— *n.* **1** 날카로운 것 **2** 〖음악〗 올림표[샤프] 《반음 올리는 기호 ♯》, 올림음 **3** 《구어》 사기꾼 **4** 《미·구어》 전문가
— *ad.* **1 날카롭게 2 갑자기**; 빨리, 급히, 급각도로 **3** 정각에: at 6 o'clock ~ 정각 6시에 **4** 〖음악〗 반음 올려서; 높은 음조로
— *vt.* 《미》 〖음악〗 (음의) 높이를 올리다, 반음 올리다(《영》 sharpen)
— *vi.* 〖음악〗 반음 올려서 노래하다[연주하다](《영》 sharpen)

sharp-edged [ʃɑ́ːrpédʒd] *a.* 날이 예리한; (잘) 드는, 날카로운

***sharp·en** [ʃɑ́ːrpən] *vt.* **1** 〈날 등을〉 **예리하게 하다**, 갈다 **2** 〈식욕·고통 등을〉 더욱 세게[심하게] 하다 **3** 더욱 예민[영리]하게 하다 **4** 〖음악〗 음조를 올리다, 반음 올리다
— *vi.* **1** 날카로워지다, 뾰족해지다 **2** 심해지다

sharp·en·er [ʃɑ́ːrpənər] *n.* 가는[깎는] 사람[것]: a knife ~ 칼 가는 숫돌 / a pencil ~ 연필깎이

sharp·er [ʃɑ́ːrpər] *n.* 사기꾼; 《특히》 전문적인 도박꾼

sharp-eyed [ʃɑ́ːrpáid] *a.* **1** 눈이 날카로운 **2** 통찰력이 예리한

sharp·ie, sharp·y [ʃɑ́ːrpi] *n.* 《속어》 교활한 사람; 빈틈없는 사람

sharp·ish [ʃɑ́ːrpiʃ] *a.*, *ad.* 《구어》 다소 날카로운[날카롭게]

*****sharp·ly** [ʃɑ́ːrpli] *ad.* **1 날카롭게**; 급격하게 **2** 심하게; 세게; 뚜렷이 **3** 민첩하게, 빈틈없이

sharp·ness [ʃɑ́ːrpnis] *n.* Ⓤ **1** 날카로움; 급함, 가파름; 격렬; 신랄: the ~ of a turn 급커브 **2** 선명

sharp-nosed [ʃɑ́ːrpnóuzd] *a.* **1** 코끝이 뾰족한 **2** 〈비행기·탄환 등이〉 두부가 뾰족한 **3** 코[후각]가 예민한

sharp-set [-sèt] *a.* **1** 몹시 시장한, 굶주린 **2** 끝이 예각(銳角)이 된

sharp·shoot·er [-ʃùːtər] *n.* 사격의 명수; 저격병

sharp-sight·ed [-sáitid] *a.* **1** 눈이 날카로운 **2** 눈치 빠른, 빈틈없는

sharp-tongued [-tʌ́ŋd] *a.* 말이 신랄한, 독설을 내뱉는

sharp-wit·ted [-wítid] *a.* 재기(才氣)가 날카로운, 빈틈없는, 두뇌가 명석한

sharp·y [ʃɑ́ːrpi] *n.* = SHARPIE

Shás·ta dáisy [ʃǽstə-] 〖식물〗 샤스타 데이지 《프랑스국화와 해국(海菊)과의 교배종》

*****shat·ter** [ʃǽtər] *vt.* **1 산산이 부수다**, 분쇄하다 **2** 〈희망 등을〉 좌절시키다 **3** 〈건강·신경 등을〉 손상시키다 **4** …의 마음에 충격을 주다 — *vi.* **1** 산산 조각이 나다 **2** 손상되다, 못쓰게 되다
— *n.* [*pl.*] **파편**, 부서진 조각: break into ~*s* 분쇄하다

shat·tered [ʃǽtərd] *a.* **1** 산산이 부서진 **2** 손상된, 상한 **3** 《구어》 마음에 충격을 받은

shat·ter·proof [ʃǽtərprùːf] *a.* 산산이 부서지지 않는, 비산 방지 (설계)의: ~ glass 안전 유리

*****shave** [ʃeiv] *v.* (~**d**; ~**d**, **shav·en** [ʃéivən]) 《특히 분사형용사로서는 shaven을 씀》 *vt.* **1** 〈수염 등을〉 **깎다**, 면도하다 **2** 대패질하다, 밀다; 〈잔디 등을〉 깎다 **3** 스치다 **4** 얇게 자르다 **5** 〈가격 등을〉 (조금) 할인하다 — *vi.* **수염을 깎다**, 면도하다 — *n.* **1 면도 2** 얇은 조각 **3** 《구어》 간신히 면함, 위기일발

shav·en [ʃéivən] *v.* SHAVE의 과거분사
— *a.* [종종 복합어를 이루어] **1** 깎은: a clean-~ face 말끔히 면도한 얼굴 **2** 〈잔디 등이〉 깎아 손질된

shav·er [ʃéivər] *n.* **1** 깎는 사람; 이발사 **2** 깎는[면도] 도구

Sha·vi·an [ʃéiviən] *a.* G.B. SHAW의, 쇼식의
— *n.* 쇼 연구가[숭배자]

***shav·ing** [ʃéiviŋ] *n.* **1** Ⓤ Ⓒ **수염을 밀기, 면도**, 깎음 **2** [보통 *pl.*] 깎아낸 부스러기: pencil ~*s* 연필 깎은 부스러기

Shaw [ʃɔː] *n.* 쇼 **George Bernard ~** (1856-1950) 《아일랜드 태생의 영국 극작가·비평가; 略 G.B.S.》

***shawl** [ʃɔːl] *n.* **숄**, 어깨걸이

sháwl cóllar (목부터 앞 여밈 부분까지) 한 가닥으로 말린 옷 깃

Shaw·nee [ʃɔːníː] *n.* (*pl.* **~, ~s**) [the ~(s)] 쇼니족(族) 《Algonquin 족의 하나》; Ⓤ 쇼니 말

‡**she** [ʃiː] *pron.* (목적격 **her**; 소유격 **her**; *pl.* **they**) **그 여자는[가]** 《제3 인칭 여성 단수 주격의 인칭대명사; 선박·달·기차·도시 기타 여성에 비길 수 있는 것에도 씀》 **—** *n.* (*pl.* **~s**) **1** 여자; 《경멸》 계집, 여자 **2** 암컷

— *a.* Ⓐ [주로 복합어를 이루어] 암컷의

s/he [ʃíːhíː] *pron.* 그(녀)는, 그(녀)가 (he or she, she or he)

*__sheaf__ [ʃiːf] *n.* (*pl.* **sheaves** [ʃiːvz]) (곡물의) **단**, 다발

*__shear__ [ʃiər] [동음어 sheer] *n.* **1** [*pl.*] **큰 가위**, 원예용 가위 **2** (양의) 털 깎은 횟수 **—** *v.* (**~ed,** 《고어》 **shore** [ʃɔːr]; **shorn** [ʃɔːrn], 《드물게》 **~ed**) *vt.* **1** (큰 가위로) **베다**, 자르다; …의 털을 깎다: ~ sheep 양의 털을 깎다 **2** [보통 수동형] 〈사람에게서〉 **박탈[탈취]하다** 《*of*》 **3** 머리를 깎다 **4** 〖기계〗 전단 변형시키다; 전단하다

— *vi.* **1** 가위질하다 **2** 〖기계〗 전단 변형을 받다; 〈케이블 등이〉 끊어지다

shéar·er *n.* (양털) 깎는 사람

sheath [ʃiːθ] *n.* (*pl.* **~s** [ʃiːðz, ʃiːθs]) **1 칼집 2** (연장의) 집

sheathe [ʃiːð] *vt.* **1** 씌우다, 싸다 《*with, in*》 **2** 상자에 넣다[담다]

sheath·ing [ʃíːðiŋ] *n.* Ⓤ **1** 칼집에 넣음 **2** 씌우개, 덮개 **3** 피복 재료: waterproof ~ 방수 피복 재료

shéath knìfe 칼집이 있는 나이프

sheave [ʃiv, ʃiːv] *n.* 도르래 바퀴, 고패; [집합적] 도르래, 활차

she·bang [ʃibǽŋ] *n.* 《미·구어》 **1** 오두막; 술집 **2** 당연한 일, 사물; 사건; 소란 ***the whole*** **~** 전체, 모두, 일체

*__shed__[1] [ʃed] *n.* **1 오두막 2** 광, 창고, 차고, 격납고

*__shed__[2] [ʃed] *v.* (**~**; **~·ding**) *vt.* **1** 〈피·눈물 등을〉 **흘리다**: ~ sweat 땀을 흘리다 **2** 〈잎 등을〉 **저절로 떨어지게 하다**; 〈가죽·껍질·뿔 등을〉 **벗다**, 갈다; 〈옷을〉 벗어버리다 **3** 〈빛·소리·냄새를〉 발산하다; 〈영향·사상 등을〉 주다, 미치다 **4** 《영》 〈트럭 등이〉 잘못해서 화물을 떨구다

~ light on …을 비추다; …을 명백히 하다 ***~ one's blood for*** …을 위해 피를 흘리다, 죽다

— *vi.* 〈잎·씨 등이〉 떨어지다; 탈피[탈모, 탈각, 깃털갈이]하다

*__she'd__ [ʃiːd] she had[would]의 단축형

sheen [ʃiːn] *n.* Ⓤ 광휘, 광채; 광택

sheen·y [ʃíːni] *a.* (**sheen·i·er**; **-i·est**) 《시어》 (번쩍번쩍) 빛나는

‡**sheep** [ʃiːp] *n.* (*pl.* **~**) **1 양**, 면양: a ~ farmer 목양업자 《거세하지 않은 수컷은 **ram**. 거세한 수컷은 **wether**. 암컷은 **ewe**. 새끼는 **lamb**. 양고기는 **mutton**. 새끼양의 고기는 **lamb**. 매애하고 우는 것은 **bleat**. 울음소리는 **baa**》 **2** Ⓤ 양가죽 **3** 겁쟁이

sheep-dip [ʃíːpdìp] *n.* 〖수의학〗 세양제(洗羊劑)

sheep·dog [-dɔ̀g] *n.* 양 지키는 개 《collie 등》

sheep·fold [-fòuld] *n.* 양 우리

sheep·ish [ʃíːpiʃ] *a.* 양 같은; 매우 수줍어하는, 소심한 **~·ly** *ad.* **~·ness** *n.*

shéep's èyes 추파, 요염한 눈길; 색정어린 눈길

sheep·shear·ing [ʃíːpʃìəriŋ] *n.* Ⓤ,Ⓒ 양털 깎기(의 시기), 양털 깎기의 축연[잔치]

sheep·skin [-skìn] *n.* **1** Ⓤ 양피, 무두질한 양가죽 **2** 양가죽 외투; 양모피 모자[깔개, 무릎 덮개] **3** Ⓤ 양피지

‡**sheer**[1] [ʃiər] [동음어 shear] *a.* **1 얇은**, 〈직물이〉 올 사이가 비쳐 보이는 **2 섞인 것이 없는**, 물을 타지 않은 **3** 〈낭떠러지 등이〉 **깎아지른 듯한**, 가파른: a ~ cliff 깎아지른 듯한 벼랑 **4** Ⓐ **완전한**, 진짜 …: ~ folly 더없는 어리석음

— *ad.* **1** 수직으로, 똑바로: fall 100 feet ~ 똑바로 100 피트 떨어지다 **2** 전연, 완전히 **—** *n.* Ⓤ 투명하게 비치는 직물; Ⓒ 그 옷

sheer[2] *vi.* **1** 〖항해〗 침로에서 빗나가다; 방향을 바꾸다 **2** 〈싫은 사람·화제를〉 피하다 《*away, off; from*》

‡**sheet**[1] [ʃiːt] *n.* **1 시트**, 요 위에 까는 천, 홑이불 **2** 넓게 펴져 있는 것 《물·눈·얼음·불·빛깔 등의》: a ~ of … 온통 …, …의 벌판[바다] **3** (금속·유리 등의) 얇은 판, 박판(薄板), 판자: a ~ of glass[iron] 유리[철판] 한 장 **4** …**장**[매], (종이) 한 장: two ~*s* of paper 종이 두 장 **5** 《속어》 신문: a penny ~ 1페니 신문 ***clean*** **~** 전과 없는[품행이 좋은, 선량한] 인물

— *vt.* **1** 시트로 싸다, (침대 등에) 시트를 깔다 **2** 수의를 입히다

— *a.* 박판 (제조)의

sheet[2] *n.* 아딧줄, 범각삭(帆脚索) 《풍향에 따라 돛의 각도를 조절하는 밧줄》

shéet ànchor 1 〖항해〗 비상용 큰 닻 **2** 마지막 수단, 최후로 의지할 것[사람]

sheet·ing [ʃíːtiŋ] *n.* Ⓤ **1** 시트감 **2** 판금(板金)

shéet mètal 판금(板金), 금속 박판(薄板)

shéet mùsic 낱장 악보 《책으로 매지 않은》

Shef·field [ʃéfiːld] *n.* 셰필드 《영국 Yorkshire의 공업 도시》

she-goat [ʃíːgóut] *n.* 암염소

sheik(h) [ʃiːk | ʃeik] *n.* (이슬람교국, 특히 아라비아에서) 가장, 족장, 촌장; 교주: *S*~ ul Islam 이슬람교 교주

shei·la [ʃíːlə] *n.* 《호주·속어》 젊은 여성, 소녀

shek·el [ʃékl] *n.* **1** 셰켈 《유대의 무게, 약 반 온스》 **2** [*pl.*] 《속어》 돈, 현금: have got a lot of ~*s* 큰 부자이다

shel·drake [ʃéldrèik] *n.* (*fem.* **-duck** [-dʌ̀k]; *pl.* **~s, ~**) 〖조류〗 혹부리오리, 황오리

‡**shelf** [ʃelf] *n.* (*pl.* **shelves** [ʃelvz]) **1** 선반 《*of*》: a ~ *of* books 책 한 시렁 **2** (낭떠러지의) 암붕(岩棚); 암초, 사주(砂洲)

shélf lìfe 저장 수명《저장된 약·식품 등의 재고 유효 기간》
shélf màrk (도서관의) 서가(書架) 기호
‡shell [ʃel] *n.* **1 a** 조가비; (굴의) 껍질 **b** (거북·새우·게 등의) 등딱지, 껍데기 **c** (콩의) 깍지, 꼬투리 **d** (과일·종자 등의) 껍질 **2** (속 없는) 외관, 외형, 겉모양 **3** 포탄, 유탄, 파열탄; 《미》 탄피 **4 a** (건물·탈것 등의) 뼈대; 선체(船體); 차체 **b** (파이의) 껍질 **—*vt.*** **1** 껍데기를 벗기다; 《미》 〈옥수수의〉 알을 떼다 **2** 포격[폭격]하다 **—*vi.*** **1** 껍데기가 벗겨지다[떨어지다] **2** 포격하다
‡she'll [ʃiːl] she will[shall]의 단축형
shel·lac(k) [ʃəlǽk] *n.* Ⓤ 셸락 《lac을 정제하여 얇게 굳힌 니스 등의 원료》 **—*vt.*** (**-lacked** [-t]; **-lack·ing**) **1** 셸락을 바르다 **2** 《미·속어》 (몽둥이 등으로) 때리다; 쳐부수다; 폭행하다
shel·lack·ing [ʃəlǽkiŋ] *n.* ⓊⒸ 《미·속어》 구타, 대패(大敗): take a ~ 대패하다
shell·back [ʃélbæ̀k] *n.* 《해군속어》 늙은 선원
shelled [ʃeld] *a.* **1** 껍질을 벗긴[깐]: ~ nuts 껍질을 깐 견과(堅果) **2** [복합어를 이루어] …한 껍질이 있는: hard [soft]-~ 딱딱한[부드러운] 껍질의
shell·er [ʃélər] *n.* 껍질 까는 사람[기계]
Shel·ley [ʃéli] *n.* 셸리 **Percy Bysshe ~** (1792-1822) 《영국의 시인》
shell·fire [ʃélfàiər] *n.* ⓊⒸ 포화, 포격
***shell·fish** [ʃélfìʃ] *n.* **1** (특히 식용의) 조개 **2** 갑각류(甲殼類) 《게·새우 등》
shéll jàcket 《미》 (열대 지방용) 약식 예복; 《영》 육군 장교 평상복
shell·proof [-prúːf] *a.* 포격[폭격]에 견디는, 방탄(防彈)의
shéll shòck 〖정신의학〗 탄환 충격 《폭탄으로 인한 기억력·시각 상실증》, 전투 신경증
shell-shocked [-ʃɑ̀kt | -ʃɔ̀kt] *a.* 탄환 충격을 일으킨
shell·work [-wə̀ːrk] *n.* Ⓤ 조가비 세공
shell·y [ʃéli] *a.* (**shell·i·er**; **-i·est**) 조가비가 많은[로 덮인]; 조가비[깍지] 같은
‡shel·ter [ʃéltər] *n.* **1** 피난처; (잠시) 비를 피하는 곳; 오두막 **2** 〖군사〗 방공호, 대피호 **3** Ⓤ 보호, 피난: fly to a person for ~ =seek ~ at a person's house …에게 피신하다[보호를 의뢰하다] **4** Ⓤ 주거, 집 **—*vt.*** **1** 보호[비호]하다; …에게 피난처를 제공하다; 숨기다: ~ a person for the night …에게 하룻밤을 머물게 하다[재워주다] **2** 〈무역·산업 등을 국제 경쟁으로부터〉 보호하다 **—*vi.*** **1** 피난하다, 숨다 **2** 햇빛[바람, 비《등》]을 피하다 《*under, in, from*》
shel·ter·belt [ʃéltərbèlt] *n.* 방풍림 (windbreak)
shel·tered [ʃéltərd] *a.* **1** (산업·기업이 국제 경쟁에서) 보호된 **2** (위험으로부터) 지켜지고 있는
shelter·less [ʃéltərlis] *a.* 피난처가 없는, 도망갈[숨을] 데가 없는
shélter tènt 휴대용 작은 천막
***shelve**[1] [ʃelv] *vt.* **1** 선반에 얹다[두다] **2** 〈의안 등을〉 보류하다, 무기 연기하다 **3** 해고하다, 퇴직시키다
shelve[2] *vi.* 완만하게 비탈[경사]지다
***shelves** [ʃelvz] *n.* SHELF의 복수
shelv·ing [ʃélviŋ] *n.* Ⓤ 선반에 얹기; 선반(을 만드는) 재료; [집합적] 선반 (shelves)
she·nan·i·gan [ʃinǽnigən] *n.* 《구어》 **1** [보통 *pl.*] 허튼소리, 장난 **2** ⓊⒸ 속임, 기만(deceit)
She·ol [ʃíːoul] *n.* (히브리 사람의) 저승, 황천
‡shep·herd [ʃépərd] [*sheep*+*herd*] *n.* **1** 양치기, 목양자 **2** 목사; (정신적) 지도자 **3** 목양견(sheepdog) **—*vt.*** **1** 〈양을〉 치다, 돌보다 **2** 〈군중 등을〉 인도하다, 안내하다
shep·herd·ess [ʃépərdis] *n.* 양치는 여자
shépherd's chéck (양치기가 입는) 흑백 격자 무늬의 천; 그 무늬
shépherd's cróok 목양자의 지팡이 《양을 걸어 당기기 위해 끝이 구부러짐》
shépherd's píe 파이의 일종 《다진 고기와 양파와 감자를 이겨서 구운 것》
shépherd's pláid = SHEPHERD'S CHECK
shépherd's púrse 〖식물〗 냉이
Sher·a·ton [ʃérətn] [제작자 이름에서] *a., n.* (간소하고 우아한) 셰라턴식의 (가구)
sher·bet [ʃə́ːrbət] [Arab. 「마실 것」의 뜻에서] *n.* ⓊⒸ **1** 셔벗(《영》 sorbet) 《과즙 아이스크림》 **2** 《영·속어》 일종의 소다수
‡sher·iff [ʃérif] *n.* **1** 《미》 군(郡) 보안관 **2** 《영》 주(州) 장관[지사]
sher·lock [ʃə́ːrlɑk | -lɔk-] [Conan Doyle의 탐정 소설의 Sherlock Homes의 이름에서] *n.* 사립 탐정, 명탐정
Sher·pa [ʃɛ́ərpə | ʃə́ːr-] *n.* (*pl.* **~, ~s**) 셰르파 《히말라야 산맥에 사는 티베트계 종족; 히말라야 등산대의 짐 운반과 길 안내로 유명》
sher·ry [ʃéri] *n.* Ⓤ 셰리주(酒) 《남부 스페인 원산의 백포도주》; 《일반적으로》 백포도주
‡she's [ʃiːz] she is[has]의 단축형
Shét·land Íslands [ʃétlənd-] *n. pl.* 셰틀랜드 《스코틀랜드 북동쪽의 군도(群島)》
Shétland póny 셰틀랜드종(種)의 조랑말
Shétland shéepdog 셰틀랜드 제도 원산의 개《몸집이 작고, 양치기에 이용됨》
Shétland wóol 셰틀랜드산의 가는 양털
S.H.F., SHF, s.h.f. superhigh frequency 〖통신〗 초고주파(超高周波)
shib·bo·leth [ʃíbəliθ | -lèθ] [히브리어 「강」의 뜻에서] *n.* **1** 〖성서〗 쉽볼렛 《'sh'를 발음할 수 없었던 에브라임 사람(Ephraimites)을 길르앗 사람(Gileadites)과 구별하기 위해 시험으로 사용되었던 말》 **2** (특수 계급·단체의) 특별한 관습[복장, 주의《등》] **3** 표어, 군호

‡shield [ʃiːld] *n.* **1 방패 2 보호물,** 방어물; (기계 등의) 외장 **3** 보호자, 옹호자 **4** 실드, 방패를 **5** 방패꼴 문장(紋章) 트로피, 우승패
— *vt.* **1 보호하다** 《*from, against*》 《protect가 일반적임》: ~ a person *from* danger …을 위험으로부터 보호하다[지키다] **2** 숨기다, 감추다 《*from*》
‡shift [ʃift] [OE 「정돈하다」의 뜻에서] *vt.* **1** (키 등의) **방향을 바꾸다**: ~ the helm 키의 방향을 바꾸다 **2** …**을 이동시키다** …의 위치·장소를 바꾸다 **3** 〈책임·허물을〉 전가하다 《*to, onto*》
— *vi.* **1 바뀌다,** 옮다; 위치가 변경되다, 〈무대 등이〉 바뀌다: The scene ~*s.* 장면이 바뀐다. **2** 〈바람의〉 방향이 달라지다 《*to*》: The wind *~ed* (*round*) *to* the south. 바람이 남으로 바뀌었다. **3** 〖컴퓨터〗 시프트 키를 누르다
— *n.* **1** (위치·방향·상태 등의) **변화;** 변천, 순환 **2 교체,** 교대 (시간); 교대조: a day[night] ~ 주간[야간] 조 **3** ⓒⓤ **수단,** 방법; [보통 *pl.*] 변통수, 계략 **4** 〖언어〗 음의 추이 **5** 〖컴퓨터〗 시프트
shíft kèy 대문자를 찍을 때 누르는 타자기[컴퓨터]의 키, 시프트 키
shift·less [ʃíftlis] *a.* 기력 없는, 게으른; 주변 없는: a ~ husband 주변 없는 남편 **~·ly** *ad.* **~·ness** *n.*
shift·y [ʃífti] *a.* (**shift·i·er**; **-i·est**) **1** 책략을 좋아하는; 믿을 수 없는; 엉터리의, 부정직한 **2** 의뭉스러운
shíft·i·ly *ad.* **-i·ness** *n.*
Shi·ite, shi·ite [ʃíːait] *n.* 〖이슬람교〗 시아파(派)의 사람 《이슬람교도의 한 파》
shill [ʃil] *n.* 《미·속어》 야바위꾼, 한통속
‡shil·ling [ʃíliŋ] *n.* 《영》 실링
shil·ly-shal·ly [ʃíliʃæli] [shall I의 반복형에서] *n.* (*pl.* **-lies**) ⓤⓒ 우유부단, 주저 **—** *vi.* (**-lied**) 주저하다, 망설이다
— *a.* 망설이는 **—** *ad.* 망설이며
shim [ʃim] *n.* 틈 메우는 나무[쇠, 돌], 쐐기 **—** *vt.* (**~med**; **~·ming**) 틈 메우는 나무[쐐기, 쇠, 돌]를 박다
***shim·mer** [ʃímər] *vi.* **1 희미하게 반짝이다,** 빛나다 **2** 〈열파(熱波) 등이〉 흔들리다 **—** *n.* **1** 반짝임, 흔들리는 빛, 미광(微光) **2** (열파 등의) 흔들림, 흔들리는 상(像), 아지랑이
shim·my [ʃími] *n.* (*pl.* **-mies**) **1** 《미》 상반신을 흔들며 추는 선정적인 재즈 댄스, 시미 《제1차 대전 후에 유행》 **2** (특히 자동차 등의 앞 바퀴의) 심한 진동
— *vi.* (**-mied**) 《미》 **1** 시미를 추다 **2** 진동하다
***shin** [ʃin] *n.* **정강이** 《무릎에서 복사뼈까지의 앞쪽》 **—** *v.* (**~ned**; **~·ning**) *vi.* 기어오르다[내리다]: ~ *up* a tree 나무에 기어오르다 **—** *vt.* …의 정강이를 차다
shin·bone [ʃínbòun] *n.* 경골, 정강이뼈
shin·dig [-dìg] *n.* 《구어》 떠들썩한 모임[무도회], 연회
shin·dy [ʃíndi] *n.* (*pl.* **-dies**) 《영·구어》 소동, 옥신각신
‡shine [ʃain] *v.* (**shone** [ʃoun | ʃɔn]) *vi.* **1 빛나다,** 반짝이다; 〈태양이〉 비치다 **2** 빛을 내다, 〈얼굴·눈이〉 빛나다, 〈희망·행복감 등이〉 …에 빛나다; 이채를 띠다: Happiness *~s on* her face. = Her face *~s with* happiness. 그녀의 얼굴은 행복으로 빛나고 있다. **3** 뛰어나다: ~ in school 학업 성적이 뛰어나다 **—** *vt.* **1** …을 반짝이게[빛나게] 하다; 〈불빛·거울 등으로〉 비추다 **2** 《미》 〈신·쇠붙이 등을〉 닦다, …의 광을 내다
— *n.* **1** ⓤ 햇빛, 갬 《날씨》 **2** ⓤ 《주로 속어》 빛, 광휘 **3** 광택, (구두의) 윤
shin·er [ʃáinər] *n.* **1** 빛나는[빛내는] 사람[물건], 이채를 띠는 사람 **2** 《속어》 (맞아서) 퍼렇게 멍든 눈
***shin·gle**[1] [ʃíŋgl] *n.* **1 지붕널 2** 《미·구어》 (의원·변호사 등의) 작은 간판 **3** (여성 뒷머리의) 싱글 컷 《밑을 짧게 치는 단발》 **—** *vt.* **1** 지붕널로 이다 **2** 〈두발을〉 싱글 컷으로 하다
shingle[2] *n.* ⓤ 《영》 (해변의) 조약돌, 자갈
shin·gles [ʃíŋglz] *n. pl.* [단수 취급] 〖병리〗 대상 포진(帶狀疱疹)
shin·gly [ʃíŋgli] *a.* 《영》 조약돌이 많은, 자갈투성이의: a ~ beach 자갈이 많은 해변
***shin·ing** [ʃáiniŋ] *a.* **1 빛나는,** 반짝이는: ~ eyes 빛나는 눈 **2** 두드러진, 탁월한: a ~ future 빛나는 장래
shin·ny[1], **-ney** [ʃíni] *n.* ⓤ 시니 《스코틀랜드·북부 잉글랜드에서 하는 아이들의 하키 놀이》; ⓒ 시니용 공[타봉]
shinny[2] *vi.* (**-nied**) 《미·구어》 (정강이로) 기어오르다 《*up*》
***shin·y** [ʃáini] *a.* (**shin·i·er**; **-i·est**) **1 빛나는, 해가 비치는;** 광택이 있는: ~ new cars 반짝반짝하는 새 차들 **2** 〈의복이〉 닳아[손때 《등》으로] 빤질빤질한: the ~ seat of trousers 반들반들한 바지의 엉덩이
‡ship [ʃip] *n.* **1** [여성 취급] (큰) 배, 함선: a ~ (bound) for America 미국 가는 배 **2** 《구어》 (대형의) 항공기; 비행선; 우주선 **3** [집합적] 승무원
burn one***'s*** **~** 배수진을 치다 ***by*** **~** 배로, 배편으로
— *v.* (**~ped**; **~·ping**) *vt.* **1 a** 배에 싣다, 배로 보내다[나르다] **b** 《미》 수송하다: ~ cattle *by* railroad 소를 철도로 수송하다 **2** 〖항해〗 〈배가 파도를〉 뒤집어쓰다
~ *off* …을 배에 실어 보내다; 쫓아버리다 **~ *out*** (1) (배 등으로) …을 외국으로 보내다 (2) (배 등으로) 자기 나라를 떠나다 (3) 《구어》 사직하다; 해고당하다
— *vi.* **1** 배에 타다 **2** 선원으로 승선[근무]하다
-ship [ʃip] *suf.* **1** [형용사에 붙여 추상명사를 만듦]: hard*ship* **2** [명사에 붙여 상태·신분·직업·재직 기간·기술·수완 등을 나타내는 명사를 만듦]: friend*ship*
shíp bìscuit (선원용의) 건빵
ship·board [ʃípbɔ̀ːrd] *n.* ⓤ 배
ship-break·er [-brèikər] *n.* 선박 해체업자
shíp bròker 선박 중개인 《선박의 매매,

적재량의 주선, 용선(傭船)·해상 보험의 중개 등을 함》
ship·build·er [-bìldər] *n.* 조선가(造船家), 조선 기사; 조선 회사
ship·build·ing [-bìldiŋ] *n.* Ⓤ 조선, 조선술, 조선학
shíp canàl 대형 선박용 운하
shíp chàndler 선구상(船具商)
ship·load [-lòud] *n.* 배 1척분의 적하량 《*of*》
ship·mas·ter [-mæ̀stər | -mɑ̀:s-] *n.* 선장
ship·mate [-mèit] *n.* (같은 배의) 동료 선원
∗**ship·ment** [ʃípmənt] *n.* **1** Ⓤ **선적**(船積); 수송, 발송: a port of ~ 선적항 **2** ⓊⒸ 선하, 선적량(量), 적하 위탁 화물
ship·own·er [ʃípòunər] *n.* 선주(船主), 선박 소유자
ship·per [ʃípər] *n.* 하주(荷主), 해운업자, 하송인(荷送人), 선적인; 운송업자
∗**ship·ping** [ʃípiŋ] *n.* Ⓤ **1** [집합적] **선박**; 선박 톤 수(數) **2 적하**, 적송(積送) **3 해운**(업), 선박 회사 대리업
shípping àgent 해운 회사[업자], 선박 회사 대리점[업자]
shípping àrticles 선원 고용 계약서
shíp's bóat 구명정(救命艇); 작업용 보트
ship·shape [ʃípʃèip] *a.*, *ad.* 정돈된[되어], 질서 정연한[하게]
ship-to-ship [-təʃíp] *a.* 〈미사일 등이〉 함대함의
ship·worm [-wə̀:rm] *n.* 〔패류〕 좀조개
∗**ship·wreck** [ʃíprèk] *n.* **1** Ⓤ **난선**(難船), **난파 2** Ⓤ 파멸, 파괴; 실패
— *vt.* 난선[난파]시키다; 파멸시키다
ship·wrecked [-rèkt] *a.* **1** 난파한 **2** 깨어진, 파괴된: ~ hopes 깨어진 희망
ship·wright [-ràit] *n.* 배 대목, 조선공
∗**ship·yard** [ʃípjɑ̀:rd] *n.* **조선소**
shire [ʃaiər] *n.* 《영》 **1** 주(州) (county) **2** [종종 **S~**] 영국 중부 지방산의 크고 힘센 복마(卜馬)[농사 말](= ∠ **hòrse**) **3** [the S~s] 《영》 -shire를 어미로 하는 영국 중부의 여러 주의 총칭
-shire [ʃiər, ʃər] *suf.* 《영》 …주
shirk [ʃə:rk] *vt.* 〈일·의무·책임 등을〉 회피하다, 기피하다; 꾀부리다, 게으름피우다: ~ military service 징병[병역]을 기피하다
— *vi.* 책임을 회피하다, 게을리하다: ~ *from* one's duty 의무를 회피하다
shirk·er [ʃə́:rkər] *n.* 기피자, 회피자; 게으름뱅이
Shir·ley [ʃə́:rli] *n.* 여자 이름 《애칭 Shirl》; [때로] 남자 이름
shirr [ʃə:r] *n.* Ⓤ 《미》 주름 잡음, 주름 잡아 꿰맴
— *vt.* **1** 주름을 잡다, 주름 잡아 꿰매다 **2** 〈달걀을〉 얕은 접시에다 버터로 지지다
shirr·ing [ʃə́:riŋ] *n.* Ⓤ 《미》 〔복식〕 셔링 《2단 이상으로 잡는 주름 꿰매기》; 폭이 좁은 장식 주름
⁑**shirt** [ʃə:rt] [OE 「짧은」의 뜻에서; skirt와 같은 어원] *n.* **1** (남자용) **(와이)셔츠 2** 내의, 셔츠 **3** (여성용) 칼라·커프스 달린 셔츠 블라우스
(*as*) ***stiff as a boiled*** ~ 태도가 몹시 딱딱하여, 잔뜩 점잔을 빼고 ***keep*** one's ~ ***on*** 《속어》 (성내지 않고) 침착성을 유지하다
shirt·front [ʃə́:rtfrʌ̀nt] *n.* 와이셔츠의 가슴판 《떼었다 붙였다 할 수 있음》
shirt·ing [ʃə́:rtiŋ] *n.* Ⓤ 셔츠감, 와이셔츠감
shirt·sleeve [-slì:v] *n.* 와이셔츠 소매
shirt·tail [-tèil] *n.* 셔츠 자락
shirt·waist [-wèist] *n.* **1** 《미》 블라우스(《영》 blouse) **2** 셔트웨이스트 드레스 《와이셔츠 모양으로 앞이 트인 원피스》
shirt·y [ʃə́:rti] *a.* (**shirt·i·er**; **-i·est**) 《구어》 토라진, 기분 상한, 언짢아하는
shish ke·bab [ʃíʃ-kəbɑ̀b | -bæb] *n.* Ⓤ 〔요리〕 시시커밥 《양고기·쇠고기 등을 포도주·기름·조미료로 양념하고 이를 꼬챙이에 끼워 구운 중동 지역 음식》
shit [ʃit] 《비어》 *vi.* (~, **shat** [ʃæt], ~·**ted**; ~·**ting**) 똥을 누다 — *n.* Ⓤ 똥
— *int.* 제기랄, 빌어먹을 《Bull ~! 라고도 함》
shit·ty [ʃíti] *a.* 《비어》 똥 투성이의; 진절머리 나는, 따분한; 불쾌한
shiv [ʃiv] *n.* 《미·속어》 칼, 면도날, 날붙이
Shi·va [ʃí:və] *n.* = SIVA
⁑**shiv·er**[1] [ʃívər] *vi.* (후들후들) **떨다**, 추위로 떨다; 무서워 벌벌 떨다 《*with*》: ~ *with* cold 추위로 떨다 — *n.* **1 떨림**, 전율 **2** [the ~s] 《구어》 오한; 전율
shiver[2] *n.* [보통 *pl.*] 부스러기; 파편: in ~*s* 산산조각이 나서
— *vt.*, *vi.* 산산이 부수다[부서지다]
shiv·er·ing [ʃívəriŋ] *n.* Ⓤ 몸의 떨림, 전율
shiv·er·ing·ly [ʃívəriŋli] *ad.* 벌벌 떨며
shiv·er·y[1] [ʃívəri] *a.* **1** 몸을 떠는; 오싹하는, 오한이 나는 **2** 추운
shivery[2] *a.* 잘 부서지는, 깨지기 쉬운, 여린
∗**shoal**[1] [ʃoul] *n.* **여울**; 모래톱, 사주(砂洲)
shoal[2] *n.* **1** 떼, 《특히》 고기 떼 《*of*》 **2** 《구어》 다수, 다량 《*of*》
shoal·y [ʃóuli] *a.* (**shoal·i·er**; **-i·est**) 여울이 많은
shoat, shote [ʃout] *n.* 《미》 젖 떨어진 새끼 돼지
⁑**shock**[1] [ʃɑk | ʃɔk] *n.* **1 충격**, 충돌; 진동 **2** (정신적) 쇼크, 타격 **3** Ⓤ 〔의학〕 충격, 쇼크(증): die of ~ 쇼크사하다 **4** 〔전기〕 전기 쇼크, 감전, 전격: get an electric ~ 감전하다 **5** 《구어》 완충 장치
— *vt.* **1 충격을 주다**; 얼떨떨하게 하다, 깜짝 놀라게 하다; 비위를 건드리다, 분개하게 하다 **2** 깜짝 놀라게 하여 …한 상태에 빠뜨리다 《*into*》: He was ~*ed into* silence. 그는 충격을 받아 말문이 막혔다. **3** 감전시키다 **4** 〔의학〕 쇼크를 일으키게 하다
shock[2] *n.* (보통 12단을 묶은) 보릿단 가리, 볏가리; 《미》 옥수수 단
— *vt.* (볏)가리[단]로 만들다

shock[3] *n.*, *a.* 흐트러진 머리칼(의), 난발(의)

shóck absòrber 〖기계〗 완충기(緩衝器), 완충 장치《기계·자동차 등의》

shock·er [ʃɑ́kər | ʃɔ́kə] *n.* **1** 소름 끼치게 하는 사람 **2** 자극적인 것; 값싼 선정(煽情)적 소설

shock·head·ed [ʃɑ́khèdid | ʃɔ́k-] *a.* 머리털이 더부룩한[엉클어진], 흐트러진 머리의

*__shock·ing__ [ʃɑ́kiŋ | ʃɔ́k-] *a.* **1 충격적인,** 소름끼치는: a ~ accident 충격적인 사고 **2** 고약한, 괘씸한: a ~ behavior 괘씸한 행동 **3** 형편 없는 **4**《구어》 지독한, 심한: a ~ cold 지독한 감기

shock·ing·ly [ʃɑ́kiŋli | ʃɔ́k-] *ad.* **1** 깜짝 놀랄 만큼 **2**《구어》 지독하게, 엄청나게: It is ~ expensive. 그건 무척 비싸다.

shock·proof [ʃɑ́kprúːf | ʃɔ́k-] *a.* 〈시계·기계 등을〉 충격에 견디게 만든, 내진(耐震) 구조의

shóck stàll 〖항공〗 충격파 실속(失速)《음속에 가까워지면 비행기 날개 표면에 수직 방향으로 발생하는 충격파(shock wave)로 갑자기 속도를 잃음》

shóck tàctics 〖군사〗 급습 전술; 급격한 행동[동작]

shóck thèrapy[trèatment] 〖의학〗 충격요법

shóck tròops 〖군사〗 기습 부대, 돌격대

shóck wàve 〖물리〗 충격파(衝擊波); (사건 등이 주는) 충격, 파문

shod [ʃɑd | ʃɔd] *v.* SHOE의 과거·과거분사 **—** *a.*《문어》 신을 신은

shod·dy [ʃɑ́di | ʃɔ́di] *n.* [U.C] **1** 재생한 털실 **2** 재생 모직물 **3** 싸구려 물품, 가짜 물건 **—** *a.* (**-di·er**; **-di·est**) **1** 재생 양모[모직물]의 **2** 겉만 번지르르한, 싸구려의 **-di·ly** *ad.* **-di·ness** *n.*

***__shoe__ [ʃuː] *n.* (*pl.* **~s,**《고어·방언》**shoon** [ʃuːn]) **1** [보통 *pl.*] **구두,**《미》 (발목을 덮는) 편상화;《영》 단화 (cf. BOOT[1]): a pair of ~*s* 구두 한켤레 **2** 편자(horseshoe) **3** (단장 등의 끝에 박은) 마구리 쇠; (의자 등의 다리에 씌우는) 캡

die in** one**'s ~** = **die with** one**'s ~s on 변사하다《특히 교살되는 일》 ***put*** one***self in*[*into*]** a person***'s ~s*** 남의 입장이 되어 보다

— *vt.* (**shod** [ʃɑd | ʃɔd]; **shod, shod·den** [ʃɑ́dn | ʃɔ́dn]) **1** 구두를 신기다; 말에 편자를 박다 **2** 쇠굴레를 끼우다, 마구리를 달다《*with*》

shoe·black [ʃúːblæ̀k] *n.*《영》 구두닦이

shoe·brush [-brʌ̀ʃ] *n.* 구둣솔

shoe·horn [-hɔ̀ːrn] *n.* 구둣주걱

shoe·lace [-lèis] *n.* 구두끈

*__shoe·mak·er__ [ʃúːmèikər] *n.* **구두 고치는 사람; 구둣방**; 제화업자

shoe·mak·ing [-mèikiŋ] *n.* [U] 구두 만들기[고치기]

shóe pòlish 구두(윤내는) 약

shoe·shine [-ʃàin] *n.*《미》 구두닦기; 닦은 구두의 윤: a ~ boy 구두닦이 소년

shoe·string [-strìŋ] *n.* 구두끈(shoelace);《구어》 소액의 돈
— *a.* 가느다란; 작은 자본의; 위태위태한

shóe trèe 구두골

sho·gun [ʃóugən, -gʌn] *n.* 〖일본사〗 (8-12세기의) 육군 총 사령관의 칭호

**__shone__ [ʃoun | ʃɔn] [동음어 shown] *v.* SHINE의 과거·과거분사

shoo [ʃuː] *int.* 쉬, 쉿《새 등을 쫓는 소리》 **—** *vi.*, *vt.* (**~ed, ~'d**) 쉬이하다; 쉬이하고 쫓다《*away*》

shoo-in [ʃúːìn] *n.*《미·구어》 (승리가 확실한) 후보자[경기자, 말]

shook [ʃuk] *v.* SHAKE의 과거

***__shoot__[1] [ʃuːt] [동음어 chute] *v.* (**shot** [ʃɑt | ʃɔt]) *vt.* **1** 〈총·활·화살을〉 **쏘다,** 〈탄환을〉 발사하다: ~ a gun 총포를 쏘다 **2** …을 사격하다[쏘다]; 사살[총살]하다; 쏘아 망가뜨리다[파괴하다, 떨어뜨리다] **3** 〈질문 등을〉 연발하다 **4** 〈어떤 장소를〉 사냥하며 다니다 **5** 〈급류를〉 쏜살처럼 내려가다, 힘있게 지나가다 **6** 〈광선을〉 방사하다: 〈그물·시선·미소 등을〉 던지다: ~ a light *on* the stage 라이트를 비추다 / ~ an anchor 닻을 던져 내리다 **7** 〈손·발·혀 등을〉 뻗치다, 내밀다《*out*》; 〈초목이 새싹을〉 내밀다《*forth, out*》 **8** 〖스포츠〗 골을 향해 공을 차다[던지다] **9** [보통 수동형] 색이 다른 실을 짜넣다, 변화를 주다《*with*》 **10** 〖영화〗 …을 촬영하다

— *vi.* **1 쏘다,** 사격하다; 총사냥하다: ~ wide of the mark 〈총알 등이〉 표적에서 멀리 벗어나다 **2** (총에서) 탄환이 튀어나가다[발사되다] **3 힘차게 움직이다[달리다]**; 〈불길·연기·물·피 등이〉 내뿜다 **4** 〈초목이〉 싹트다, 발아하다; (쑥쑥) 성장하다; 〈물가·인기 등이〉 급등하다《*up*》: The leaves have begun to ~ *forth.* 나뭇잎이 싹트기 시작했다. **5** 〈갑(岬)등이〉 내밀다; 〈산 등이〉 우뚝 솟다, 치솟다: a cape ~ *ing out into* the sea 바다에 돌출해 있는 갑 **6** (골을 향해) 공을 차다[던지다, 쏘다] **7** 〖영화〗 촬영하다

I'll be shot (=damned) ***if*** it is true. (그렇다면) 내 목을 주마, 그럴 리가 없다.《강한 부정·부인》 ***~ down*** 쏘아 떨어뜨리다, 쏘아 잡다; (토론 등에서) 찍소리 못하게 만들다

— *n.* **1 사격,** 발포 **2** 사격 대회 **3** 사냥터 **4** 식물의 발아, 생장; 새로 나온 가지 **5** 급류, 여울; 분수(噴水); 활주로 **6** 영화 촬영 ***the whole ~***《속어》 이것 저것 다, 모두(everything)

shoot[2] [shit의 완곡어] *int.*《미·구어》 이런, 젠장, 빌어먹을

shoot·er [ʃúːtər] *n.* **1** 사수; 사냥꾼 **2** 연발총, …총: a six-~ 6연발 권총

__shoot·ing__ [ʃúːtiŋ] *n.* **1 [U.C] **사격**; [U] 총사냥《《영》에서는 hunting과 구별함》 **2** 수렵 구역 **3** [U] 쿡쿡 쑤시는 아픔 **4** 〖영화〗 촬영

shóoting bòx《영》 사냥터의 오두막집

shóoting gàllery 옥내 사격 연습장

shóoting ìron 권총, 총

shóoting màtch 사격 대회; [보통 the whole ~] 《속어》 모든 것[일], 전부, 일체
shooting rànge 사격장
shóoting scrìpt 〖영화〗 촬영 대본
shóoting stár 유성
shóoting stìck 《영》 (윗 부분은 펴서 의자로도 쓸 수 있는) 사냥용 단장(短杖)
shóoting wár (무기로 하는) 전쟁, 실전
shoot-out [ʃúːtàut] *n.* **1** 총격전 **2** 〖축구〗 승부차기
***shop** [ʃɑp | ʃɔp] [OE 「(딴)채」의 뜻에서] *n.* **1** 《영》 **가게,** 상점, 소매점(《미》 store): a grocer's ~ 식료품점 **2** 《미》 **공장,** (작업장을 겸한) 가게; (공장의) 부문: a carpenter's ~ 목공장 **3** 전문 상점, (백화점 등의) 정선 상품 매장: a gift[hat, tea] ~ 선물[모자, 홍차] 전문점 **4** 《영·속어》 자기 직장, 근무처 **5** (중등학교·초등학교의) 공작실
***keep** (**a**) ~* 가게를 내고 있다, 가게를 보다 ***set up** ~* 가게를 차리다, 개업하다 ***shut up** ~* 폐점하다; 일을 그만두다
— *v.* (~**ped**; ~·**ping**) *vi.* **가게에서 물건을 사다,** 물건을 사러 가다: go[be out] ~*ping* 쇼핑하러 사러 가다[가 있다]
*~ **around*** 《미》 일자리를 구하러 다니다
— *vt.* **1** 상품을 보고 다니다; 사다 **2** 〈공범자를〉 밀고하다
shóp assìstant 《영》 점원
shop·boy [ʃɑ́pbɔ̀i | ʃɔ́p-] *n.* 《영》 상점 심부름꾼, 사환아이
shóp flòor (회사·공장 등의) 작업 현장
shop-girl [-gə̀ːrl] *n.* 《영》 여점원(《미》 saleswoman)
***shop·keep·er** [ʃɑ́pkìːpər | ʃɔ́p-] *n.* 《영》 **가게 주인,** 소매 상인 (《미》 storekeeper)
shop·keep·ing [-kìːpiŋ] *n.* Ⓤ 《영》 소매업
shop·lift [-lìft] [shoplifter의 역성(逆成)] *vt., vi.* 가게 물건을 훔치다
~·**er** *n.* 가게 좀도둑
shop·per [ʃɑ́pər | ʃɔ́p-] *n.* **1** 물건 사는 사람; 물품 조달 대리인 **2** 《미》 (광고용) 무료 신문, 광고 신문 **3** 《영·속어》 밀고자
***shop·ping** [ʃɑ́piŋ | ʃɔ́p-] *n.* Ⓤ **1 쇼핑, 물건 사기,** 장보기: I've some ~ to do. 살 것이 좀 있다 **2** 구매 시설, 상품 — *a.* 물건을 사기 위한
shópping bàg 《미》 쇼핑백(《영 carrier bag》)
shópping càrt (슈퍼마켓 등의) 손님용 손수레
shópping cènter (교외 주택지 등의) 상점가(街)
shópping màll (자동차를 못 들어오게 하는) 보행자 전용 상점가
shop-soiled [ʃɑ́psɔ̀ild | ʃɔ́p-] *a.* = SHOPWORN
shóp stèward (기업체의) 노조 간부
shop·talk [-tɔ̀ːk] *n.* Ⓤ 직업 용어
shop·walk·er [-wɔ̀ːkər] *n.* 《영》 매장(賣場) 감독(《미》 floorwalker)
shop·win·dow [-wìndou] *n.* 가게의 진열창
shop·worn [-wɔ̀ːrn] *a.* 〈상품이〉 팔리지 않고 오래된[찌든](shop-soiled); 진부한
shor·an [ʃɔ́ːræn] [*sho*rt *r*ange *n*avigation] *n.* 쇼랜, 자위치(自位置) 측정 장치; 쇼랜 항법
***shore**[1] [ʃɔːr] *n.* **1** (바다·강·호수의) **물가;** 해안 **2** [*pl.*] (해안을 경계로 하는) 나라: foreign ~*s* 외국 **3** 육지 ***off** ~* 해안에서 떨어져서, 난바다에 ***on** ~* 육지에
*shore**[2] [ʃɔːr] *n.* (배·건물·담장·나무 등의) **지주**(支柱), 버팀목(prop)
— *vt.* **1** 지주로 받치다, 떠받치다 《*up*》 **2** 〈경제·통화·체제 등을〉 떠받치다, 〈사기 등을〉 높이다 《*up*》
shore·bird [ʃɔ́ːrbə̀ːrd] *n.* 강변·바닷가에 사는 새 《도요새·물떼새류》
shóre dìnner 《미》 해산물 요리
shóre lèave 〖해군〗 상륙 허가 (시간)
shore·less [ʃɔ́ːrlis] *a.* 물가[해안]가 없는; 《시어》 끝없는
shore·line [ʃɔ́ːrlàin] *n.* 해안선
shóre patròl 〖미해군〗 헌병(대) 《略 SP》
shore·ward [-wərd] *ad.* 물가 쪽으로, 육지[뭍] 쪽으로 — *a.* 해안[육지] 쪽의
shore·wards [-wərdz] *ad.* = SHOREWARD
shorn [ʃɔːrn] *n.* SHEAR의 과거분사
— *a.* **1** 〈머리 등을〉 깎인; 베어버린 **2** …을 빼앗긴
***short** [ʃɔːrt] *a.* **1 a** 〈길이가〉 **짧은**: a ~ line[tail] 짧은 선[꼬리] **b** 〈거리가〉 짧은, 가까운: a ~ walk 단거리의 보행 **c** 〈시간·과정·행위 등이〉 **짧은,** 단기간의, 순식간의: a ~ time ago 바로 얼마 전에 / Today was a ~ day. 오늘은 하루가 짧은 것 같았다. **2 키가 작은**: a ~ man 키가 작은 사람 **3** 간결한, 간단한; 단축한: a ~ speech 간결한 연설 **4 불충분한,** 미치지 못하는: ~ sight 근시 **5** 쌀쌀한, 무뚝뚝한 《*with*》; 성미가 팔팔한, 성마른: He was very ~ *with* me. 그는 나에게 매우 냉담했다. **6** 부스러지기 쉬운; 파삭파삭한(crisp) **7** 《속어》 〈술이〉 독한, 물을 타지 않은, 강한
come [***fall***] *~ **of*** 부족하다, 〈기대에〉 어긋나다; 그르치다 ***little** ~ **of*** 거의 …한, …에 가까운 *~ **of*** … (1) …이 부족하여: be ~ *of* money 돈이 부족하다 (2) …에 못미치는 ***take a*** [***the***] *~ **cut*** 지름길로 가다 ***to be** ~* 간단히 말하면, 요컨대
— *ad.* **1** 갑자기 **2** 짧게, 간결히, 간단히 **3** 무뚝뚝하게, 쌀쌀하게 **4** (목표 등의) 가까이서
come [***fall***] *~* 미치지 않다 《*of*》 ***cut** ~* 갑자기 끝내다[끝나게 하다]; 갑자기 막다; 바짝 줄이다, 단축하다 ***run** ~* 부족하다, 없어지다; 부족하게 하다 《*of*》 *~ **of*** …을 제외하고, …을 제쳐놓고
— *n.* **1** [*pl.*] 짧은[반]바지; 《미》 남자용 팬티 **2** 〖음성〗 단음절, 단모음 **3** 〖야구〗 유격수(遊擊手)(shortstop) **4** (신문·잡지의) 짧은 (특집)기사, 단편 영화, 단편 소설

for **~** 생략하여 ***in*** **~** 한마디로 말하면, 요컨대
— *vi.* = SHORT-CIRCUIT

‡**short·age** [ʃɔ́:rtidʒ] *n.* UC **부족**, 결핍

short·bread [-brèd] *n.* U 쿠키(cookie)의 일종《비스킷 같은 과자》

short·cake [-kèik] *n.* UC 쇼트케이크《버터·설탕·밀가루 등으로 만든》;《영》= SHORTBREAD

short·change [-tʃéindʒ] *vt.* 《미·구어》 **1** (고객에게 고의로) 거스름돈을 덜 주다 **2** 속이다(cheat)

shórt círcuit 〖전기〗 단락(短絡), 누전: cause a ~ 누전을 일으키다

short-cir·cuit [-sɔ́:rkit] *vt.* **1** 〖전기〗 단락[쇼트]시키다 **2** 피해 지나가다 **3** 방해하다, 중단시키다
— *vi.* 〖전기〗 단락[쇼트]하다

*__short·com·ing__ [ʃɔ́:rtkʌ̀miŋ] *n.* [*pl.*] **결점**, 단점, 불충분한 점《fault가 일반적》

short·cut [ʃɔ́:rtkʌ̀t] *n.* **1** 지름길 **2** 손쉬운 방법: take a ~ 지름길로 가다

shórtcut kèy 〖컴퓨터〗 단축기

short-dat·ed [ʃɔ́:rtdéitid] *a.* 〈채권 등이〉 단기의

*__short·en__ [ʃɔ́:rtn] *vt.* **1 짧게 하다 2** 〈과자 등을〉 파삭파삭하게 하다 **3** 〈돛을〉 줄이다, 말아 올리다 — *vi.* **짧아지다, 줄다**

*__short·en·ing__ [ʃɔ́:rtəniŋ] *n.* **1** UC **쇼트닝**《과자 만드는 데 쓰는 버터·라드 등》 **2** U **a 단축 b** 〖언어〗 생략(법)

short·fall [ʃɔ́:rtfɔ̀:l] *n.* 부족; 부족분[액]

short·hair [ʃɔ́:rthɛ̀ər] *n.* 털이 짧은 집고양이의 일종

shórt-hàired *a.* 동물이 털이 짧은

‡**short·hand** [ʃɔ́:rthæ̀nd] *n.* U **1 속기 2** 약기(略記), 간략 표기법
— *a.* 속기의[에 의한]

short·hand·ed [-hǽndid] *a.* 일손이 모자라는 **~·ness** *n.*

short-haul [-hɔ̀:l] *a.* (여행 등이) 단거리의

short·horn [-hɔ̀:rn] *n.* 뿔이 짧은 소《더럼(Durham)종(種)의 소》

short·ish [ʃɔ́:rtiʃ] *a.* 좀 짧은; 좀 간단한; 키가 좀 작은

shórt lìst 《영》 선발 후보자 명단

short-list [ʃɔ́:rtlìst] *vt.* 《영》 선발 후보자 명단에 올리다

short-lived [-láivd, -lívd] *a.* **1** 단명한 **2** 일시적인, 덧없는

‡**short·ly** [ʃɔ́:rtli] *ad.* **1 곧**, 얼마 안 있어: ~ before[after] 직전[직후]에 **2 간단히**, 짧게: to put it ~ 간단히 말하면, 즉 **3 쌀쌀하게**, 무뚝뚝하게 **4** 가까이(서)

*__short·ness__ [ʃɔ́:rtnis] *n.* U **1 짧음**, 가까움, 낮음 **2** 부족 **3** 무뚝뚝함 **4** 부서지기 쉬움, 무름

shórt órder 《미》 (카운터식 식당 등에서) 즉석 요리(의 주문)

short-range [-réindʒ] *a.* **1** 사정(射程)이 짧은 **2** 단기간의

shorts [ʃɔ:rts] *n. pl.* **1** = SHORT *n.* 1

short-short [ʃɔ́:rtʃɔ̀:rt] *n.* = SHORT SHORT STORY

shórt shòrt stóry 초단편 소설

shórt shríft 1 (사형 집행 직전의) 참회와 사죄를 위한 짧은 시간 **2** 가차없이 다룸

‡**short·sight·ed** [ʃɔ́:rtsáitid] *a.* **1 근시안의**, 근시의 **2** 근시안적인, 선견지명이 없는 **~·ly** *ad.* **~·ness** *n.*

short-spo·ken [-spóukən] *a.* 말수가 적은; 퉁명스러운

short·stop [-stɑ̀p | -stɔ̀p] *n.* **1** 〖야구〗 유격수, 쇼트스톱 **2** 유격수의 위치

shórt stóry 단편 소설

short-tem·pered [-témpərd] *a.* 성마른

short-term [-tɔ́:rm] *a.* 단기(간)의: ~ (interest) rate 단기 금리

shórt tíme 조업 단축

shórt tón 미(美)톤《=2000 pounds》

short-waist·ed [-wéistid] *a.* 〈의복 등이〉 허리가 짧은; 허리선이 높은[높게 보이는]

short·wave [-wéiv] *n.* **1** 〖통신〗 단파(短波) **2** 단파 수신기[송신기]

shórt wéight (상품의) 중량 부족

short-wind·ed [-wíndid] *a.* **1** 숨찬, 숨가쁜 **2** 〈문장 등이〉 짧은, 간결한

short·y [ʃɔ́:rti] *n.* (*pl.* **short·ies**) **1** 키가 작은 남자, 땅딸보 **2** 짧은 의복
— *a.* 〈의복 등이〉 길이가 짧은

‡**shot**[1] [ʃɑt | ʃɔt] *n.* **1 a 발포**, 발사 **b** 총성, 포성 **2** (*pl.* **~**) **a 탄환**(bullet); 총알 **b** (투포환 경기의) 포환 **3** 사정(射程), 착탄 거리: out of[within] ~ 사정 밖[안]에 **4 a** 겨냥, 저격 **b** 어림 짐작, 추측 **5** 〖당구〗 찌르기, 치기 **6 a** 《구어》 주사 **b** (위스키의) 한 잔 **7** 〖사진·영화〗 촬영; 스냅(사진); (영화·텔레비전의) 한 화면; 촬영 거리: a long ~ 원거리 촬영
Good ~! 잘 맞혔다!, 좋은 공이다! ***have a ~ at***[***for***] 한번 해보다, 시도해 보다 ***like a ~***(총알처럼) 빠르게; 곧, 기꺼이 ***take a ~ at*** …을 겨누다, 저격하다

shot[2] *v.* SHOOT의 과거분사
— *a.* **1** 〈직물 등을〉 보는 각도에 따라 빛깔이 달라지게 짠 **2** P 《문어》 …이 스며든, …이 가득찬 《*with*》

shot·gun [ʃɑ́tgʌ̀n | ʃɔ́t-] *n.* 산탄(散彈)총, 새총, 엽총

shótgun márriage[**wédding**] 《구어》 (상대 처녀의 임신으로) 마지못해 하는 결혼; 마지못해 하는 타협

‡**should** [ʃəd, ʃud] *aux., v.,* SHALL의 과거 — **A** [직설법에서 미래를 나타내는 shall의 과거형으로] **1** [단순미래의 경우] …**일 것이다**: I knew that I ~ soon get quite well. 나는 곧 완쾌되리라는 것을 알고 있었다. **2** [의지미래의 경우] **a** [말하는 이의 강한 의향·결의] …**하겠다 b** [상대의 의지를 확인하기 위하여] …**할까요**
— **B** [가정법으로서] **1** [인칭에 관계없이 의무·당연] **a** …**하여야 하다**, 마땅히 …이어야 하다《ought to, must보다 뜻이 약하며, 종종 의무보다는 권고를 나타냄》: You ~ be more punctual. 너는 좀 더 시간을 지킬 줄 알아야 한다. **b** [~ have+ done에서] …하여야 했다(그런데 하지 않았다): You ~ *have seen* the film. 자네 그 영화를 보았어야 했

는데. 《보았더라면 좋았을 텐데》 **2 a** [유감·놀람 등을 나타내는 주절에 이어지는 that절 또는 I am surprised, I regret 등에 이어지는 that절에서] …**하다니**, …이라니: It is a pity that he ~ miss such a golden opportunity. 그가 이런 절호의 기회를 놓치다니 애석한 일이다. **b** [필요·당연 등을 나타내는 주절에 이어지는 *that*절에서] …**한**[**하는**] (것은): It is not necessary *that* I ~ go there. 내가 거기에 갈 필요는 없다. **c** [명령·요구·주장·의향 등을 나타내는 주절에 이어지는 명사절 안에서] …**하도록**, …할 (것을) 《(구어)에서는 should를 쓰지 않는 경우가 많음》: It was proposed that we ~ do it at once. 우리는 바로 그것을 하여야 한다고 제안되었다. **3 a** [why, how 등과 함께, 당연의 뜻을 강조하여] …**하지 않으면 안 되다**, …하여서 나쁠 이유가 없다: *Why* ~ he go for you? 어째서 그가 네 대신 가지 않으면 안 되지? **b** [who[what] ~ ... but ... 의 구문에서, 놀람·우스움 등을 나타내어] (…한 것은) **다름아닌** (…이지 않은가): *Who* ~ they see *but* Hannah! 그들이 본 것은 다른 사람 아닌 한나 아닌가! **4** [가능성·기대] **반드시 …일 것이다**, (당연히) …할 것이다 《ought to보다도 부드러운 뜻》: If you leave now, you ~ get there by five o'clock. 지금 출발하면 5시에는 거기에 도착할 것이다. **5** [조건절에 사용하여 실현의 가능성이 적은 사항에 대한 가정·양보] **만일** (…이라면, …하여도), 만일[설사] …이라는 일이 있으면[있어도]: If such a thing ~ happen, what shall we do? 만일 그런 일이 일어나면 우린 어떻게 하지? **6** [I ~ 로 말하는 이의 의견·감정을 완곡하게 표현하여] (나로서는) …**하고 싶은데**, (나라면) …할 텐데: *I* ~ have thought it was worse than that. 《영》 더 지독하리라고[도저히 그 정도로는 끝나지 않으리라고] 생각했었는데. **7** 《문어》 [목적의 부사절 중에서] …할 수 있도록: He lent her the book so that she ~ study the subject. 그는 그녀가 그 주제의 공부를 할 수 있도록 책을 빌려 주었다.

as it ~ be 《미·속어》 훌륭하여 ***I ~ like to ...*** …하고 싶다

⁑shoul·der [ʃóuldər] *n.* **1** 어깨 **2** [*pl.*] 등의 상부, 어깨 부분 **3** 어깨살 《식용 짐승의 앞다리·전신부(前身部)》

give [***show***] ***the cold ~ to*** …에게 쌀쌀한[냉담한] 태도를 보이다; …을 피하다 ***have broad ~s*** (1) 어깨가 딱 벌어져 있다 (2) 무거운 짐[세금, 책임]을 견디다; 믿음직하다 ***put*** [***set***] one***'s ~ to the wheel*** 노력하다, 분발하다 ***shift the blame***[***responsibility***] ***on to other ~s*** 남에게 책임을 전가하다 ***~ to ~*** (1) 어깨를 맞대고; 밀집하여 (2) 합심하여, 협력하여

— *vt.* **1** …을 어깨로 밀다[밀치다] **2 짊어지다**, 메다 **3** 〈책임 등을〉 떠맡다, 짊어지다; 〈일 등을〉 떠맡다: ~ great responsibilities 중대한 책임을 짊어지다

shóulder bàg 멜빵 달린 핸드백

shóulder bèlt (어깨에서 비스듬히 매는) 자동차의 안전 벨트

shóulder blàde[**bòne**] 〖해부〗 견갑골(肩胛骨), 어깨뼈

shóulder bòard (군복의) 견장; = SHOULDER MARK

shóulder hòlster 권총 차는 견대(肩帶)

shóulder knòt 어깨 장식 《17-18세기의 리본이나 레이스의》; 〖군사〗 정장 견장(肩章)

shóulder màrk 〖미해군〗 (장교의) 계급 견장

shóulder stràp (바지의) 멜빵, (스커트·이브닝 드레스 등의) 어깨끈; 〖군사〗 견장

⁑should·n't [ʃúdnt] *v.* = SHOULD not의 단축형

shouldst [ʃədst, ʃudst] *auxil. v.* 《고어》 SHOULD의 제2인칭 단수형: thou ~ = you should

⁑shout [ʃaut] *vi.* **1 외치다**, 큰소리로 부르다[웃다]; **큰소리를 내다** **2** 소리 지르다; 환성을 올리다, 갈채하다: ~ *with*[*for*] joy 환호하다

— *vt.* **1** …을[이라고] 외치다; 큰소리로 말하다[알리다]: ~ approbation 찬성이라고 외치다 **2** 소리질러 〈어떤 상태가〉 되게 하다 **—** *n.* **1 외침**; 큰소리; **환호**[**갈채**] (소리) **2** 《영·구어》 (술을) 살 차례

shout·ing [ʃáutiŋ] *n.* Ⓤ 외침, 고함 소리, 환호

***shove** [ʃʌv] *vt.* **1 a** (난폭하게) **밀다**, 떠밀다; 밀어내다[제치다]: ~ a person *over* a cliff 벼랑에서 …을 떠밀어 떨어뜨리다 **b** [~ one's way로] 밀어제치고 나아가다 **2** 《구어》 …을 놓다, 찔러 넣다: ~ something *in* one's pocket …을 주머니에 찔러 넣다

— *vi.* **밀다**, 밀치다, 밀고 나아가다

~ *off* [***out***] (1) (강가에서 장대로) 배를 밀어내다, 저어 떠나다 (2) [보통 명령법] 《구어》 가다, 떠나다

— *n.* 한 번 떠밀기, 밀치기

⁑shov·el [ʃʌ́vəl] *n.* **1 삽**, 셔블; 가래 **2** = SHOVELFUL

— *v.* (**~ed**; **~·ing** | **~led**; **~·ling**) *vt.* **1** …을 삽으로 뜨다 **2** 〈길 등을〉 삽으로 만들다 **3** …을 많이 (퍼) 넣다

shov·el·board [-bɔ̀ːrd] *n.* = SHUFFLEBOARD

shov·el·er | **shov·el·ler** [ʃʌ́vələr] *n.* 삽질하는 사람; 퍼담는 도구[기계]

shov·el·ful [ʃʌ́vəlfùl] *n.* 삽으로 하나 가득(한 분량)

shóvel hàt 셔블 모자 《영국 국교회 성직자의 챙 넓은 모자》

⁑show [ʃou] *v.* (**~ed**; **shown** [ʃoun], 《드물게》 **~ed**) *vt.* **1** 〈물건·모습 등을〉 **보이다**, 보여주다, 나타내다, 제시하다: He *~ed* me a book. = He *~ed* a book *to* me. 그는 나에게 책 한 권을 보여 주었다. **2 a** 〈동물·화초 등을〉 (품평회에) **출품하다**; 〈그림을〉 전시하다 **b** 〈연극을〉 상연하다, 〈영화를〉 상영하다 **3** 가르쳐 주다; 〈길·장소 등을〉 가리켜 주다 **4 a** 〈…이라는 것을〉 나타내다; 〈시계·온도계·표 등이〉 …을 표시하다 **b** …을 증명하다, 명백히 하다: My watch *~s* ten.

내 시계는 10시를 가리키고 있다. **—** *vi.* **1 보이다,** 나타나다: The mountain *~s* purple from here. 그 산이 여기서는 자줏빛으로 보인다. **2** 《구어》 흥행[상연]하다: What's *~ing* at that theater? 그 극장에서는 무슨 영화를 상영합니까? **3** 《구어》 **모습을 나타내다,** 얼굴을 보이다 **~ *forth*** (1) 공표하다; 명시하다 (2) 나타나다 **~ *off*** 〈실력·학식 등을〉 자랑해 보이다; 돋보이게 하다 **~ *up*** (*vt.*) (1) 폭로하다 (2) …을 눈에 띄게 하다, 돋보이게 하다 (3) 《구어》 무안하게 하다 (*vi.*) (4) 돋보이다, 두드러지다

— *n.* **1 a** (극장·나이트클럽·텔레비전 등의) **쇼,** 흥행; 볼만한 것 **b 전람회,** 박람회 **c** 창피 **2** [UC] **a 보임,** 나타냄 **b** (감정·성능 등의) **표시,** 과시 **3** [U] 시늉, 짓; 허식; 외관, 겉모양: in dumb ~ 손짓[몸짓]으로 **4** 흔적, 징후 **5** [a ~] 《구어》 기회, (실력을 보일) 호기 **6** [U] 《미》 (경마 등에서) 3위, 3착, 상위

shów bìll 광고 쪽지, 포스터

shów bìz 《구어》 =SHOW BUSINESS

show·boat [ʃóubòut] *n.* 연예선(船), 쇼보트; 《미·속어》 (유별난 행동으로 사람들의) 주의를 끌려는 사람

shów bùsiness 연예업, 연예계

shów càrd 광고 쪽지, 광고 전단

show·case [ʃóukèis] *n.* 유리 진열장[상자]

show·er[1] [ʃóuər] *n.* 보이는 사람[물건]

‡**show·er**[2] [ʃáuər] *n.* **1** [종종 *pl.*] **소나기;** 갑자기 쏟아지는 눈 **2** (탄환·편지 등의) 빗발침, 홍수 **3 a** 샤워(하기) **b** 샤워 설비, 샤워룸

— *vt.* 빗발치듯 퍼붓다 《*with*》; 〈선물 등을〉 잔뜩 주다, 〈애정 등을〉 쏟다 《*on, upon*》 **—** *vi.* **1** 소나기가 오다; 퍼붓다 **2** 빗발치듯 쏟아지다: Tears *~ed down* her cheeks. 눈물이 비오듯 그녀의 뺨을 흘러 내렸다. **3** 샤워를 하다

shówer bàth [ʃáuər-] 샤워; 샤워기(器); 샤워실(室)

shówer pàrty [ʃáuər-] (신부가 될 여성에게 선물을 주는) 신부 피로연

show·er·y [ʃáuəri] *a.* 소나기의, 소나기가 많은; 소나기 같은

show·girl [ʃóugə̀:rl] *n.* 쇼걸 《뮤지컬 등의 가수 겸 무용수》

show·ing [ʃóuiŋ] *n.* [UC] **1 a** 전시(회), 전람(회) **b** (영화·연극의) 상영, 상연 **2** 외관, 겉모양 **3** 정세, 형세 **4** 성적, 솜씨

shów jùmping 〖승마〗 장애물 뛰어넘기

show·man [ʃóumən] *n.* (*pl.* **-men** [-mən]) **1** (쇼·서커스 등의) 흥행사 **2** 연기적 재능이 있는 사람

show·man·ship [-ʃìp] *n.* **1** 흥행적 수완 **2** 연출 솜씨; 청중·관객 등을 끄는 수완

‡**shown** [ʃoun] [동음어 shone] *v.* SHOW의 과거분사

show-off [ʃóuɔ̀:f | -ɔ̀f] *n.* **1** [UC] 자랑, 과시 **2** 《구어》 자랑꾼

show·piece [-pì:s] *n.* **1** 전시물 **2** (견본이 될 수 있는) 우수한 걸작품

show·place [-plèis] *n.* 명승지, 명소

show·room [-rù:m] *n.* 진열실, 전시실

show·stop·per [-stɑ̀pər | -stɔ̀p-] *n.* 《구어》 열렬한 갈채를 받는 명연기(자)

shów wìndow 진열창(窓), 쇼윈도

*__show·y__ [ʃóui] *a.* (**show·i·er**; **-i·est**) **1 눈에 띄는,** 눈부신 **2** 화려한, 야한 **3** 허세부리는, 겉꾸미는

shpt. shipment

shr. share

*__shrank__ [ʃræŋk] *v.* SHRINK의 과거

shrap·nel [ʃrǽpnl] [영국의 발명자 이름에서] *n.* [집합적] 유산탄(榴散彈)

*__shred__ [ʃred] *n.* **1** [종종 *pl.*] **조각,** 단편, 파편 **2** [a ~; 부정·의문문에서] 근소(僅少), 소량 ***tear into*** [***in, to***] **~s** 갈가리 찢다, 토막토막으로 끊다

— *vt.* (**~·ded,** ~; **~·ding**) 조각조각으로 찢다[째다]

shred·der [ʃrédər] *n.* 서류[문서] 분쇄기

shrew [ʃru:] *n.* **1** 잔소리가 심한 여자, 으드등거리는 여자 **2** = SHREWMOUSE

‡**shrewd** [ʃru:d] *a.* **1 예민한;** 영리한, 통찰력이 있는 **2 빈틈없는,** 약삭빠른 **3** 〈눈매가〉 날카로운; 〈얼굴이〉 영리해 보이는 **~·ly** *ad.* **~·ness** *n.*

shrew·ish [ʃrú:iʃ] *a.* 〈여자가〉 으르릉거리는, 앙알거리는, 짓궂은

shrew·mouse [ʃrú:màus] *n.* (*pl.* **-mice** [-màis]) 〖동물〗 뾰족뒤쥐

‡**shriek** [ʃri:k] *vi.* **새된 소리를 지르다,** 비명을 지르다: ~ *with* pain 통증으로 비명을 지르다 **—** *vt.* …을 새된 목소리로 말하다 **—** *n.* 비명, 새된 목소리, 날카로운 소리

shrike [ʃraik] *n.* 〖조류〗 때까치

‡**shrill** [ʃril] *a.* **1** 〈(목)소리 등이〉 **날카로운,** 새된 **2** 〈요구·비평 등이〉 과장된; 신랄한, 격렬한

— *vi.* 날카로운 소리를 내다, 날카롭게 울리다 **—** *vt.* 새된 목소리로 노래하다[말하다] 《*out*》: ~ (*out*) orders 날카로운 목소리로 명령을 내리다

— *n.* 새된 목소리, 날카로운 소리

shríl·ly *ad.* **shríll·ness** *n.*

*__shrimp__ [ʃrimp] *n.* (*pl.* **~s,** [집합적] ~) **1** 〖동물〗 **작은 새우 2** 《구어》 왜소한 사람, 난쟁이; 하찮은 사람

‡**shrine** [ʃrain] [L 「상자」의 뜻에서] *n.* **1** (성인의 유골·유물을 모신) **성당,** 사당, 묘(廟) **2** (신성시되는) 전당(殿堂), 성지 **3** (성인의 유골·유물을 넣은) 성골[성물]함 **—** *vt.* 《문어》 …을 사당에 모시다 (enshrine)

‡**shrink** [ʃriŋk] *v.* (**shrank** [ʃræŋk], **shrunk** [ʃrʌŋk]; **shrunk, shrunk·en** [ʃrʌ́ŋkən]) *vi.* **1** 〈천 등이〉 **오그라들다,** 줄어들다 **2** 〈양이〉 **줄다,** 작아[적어]지다 **3** 움츠러지다, 주눅들다; 겁내다, 피하다

— *vt.* **1** 축소시키다; 줄어들게 하다; 움츠리게 하다: ~ up the shoulders 어깨를 으쓱하다 《*at*》 **2** 〈천 등을〉 방축(防縮) 가공하다 **—** *n.* **1** 뒷걸음질, 움츠러들기 **2** 수축

shrink·a·ble [ʃríŋkəbl] *a.* 줄어들기 쉬운; 수축되는

shrink·age [ʃríŋkidʒ] *n.* [UC] 수축; 축소, 감소

shrínk·ing víolet [ʃríŋkiŋ-] (구어) 수줍어하는[내성적인] 사람

*__shriv·el__ [ʃrívəl] *v.* (**~ed**; **~·ing** | **~led**; **~·ling**) *vt.* **주름(살)지게 하다**, 오그라들게 하다; 시들게 하다, 줄어들게 하다
— *vi.* 주름(살)지다, 오그라들다, 시들다, 줄어들다

Shrop·shire [ʃrɑ́pʃiər | ʃrɔ́p-] *n.* 슈롭셔 《잉글랜드 중서부의 주; 구칭 Salop (1947-80)》

shroud [ʃraud] [OE 「의복」의 뜻에서] *n.* **1** 수의(壽衣) **2** 싸는 것, 덮개, 가리개 **3** [*pl.*] 〖항해〗 돛대 밧줄
— *vt.* 가리다, 덮다, 싸다

Shrove·tide [ʃróuvtàid] *n.* Ash Wednesday 전의 3일간 《옛날에는 참회와 사죄가 행하여졌음; 남유럽 여러 나라에서는 carnival의 계절》

Shróve Túesday 참회 화요일 《Ash Wednesday의 전날》

‡**shrub** [ʃrʌb] *n.* **관목**(灌木), 키 작은 나무

shrub·ber·y [ʃrʌ́bəri] *n.* (*pl.* **-beries**) **1** Ⓤ [집합적] 관목 숲, 관목 **2** 관목을 심은 길

shrub·by [ʃrʌ́bi] *a.* (**-bi·er**; **-bi·est**) **1** 관목이 무성한 **2** 관목의; 관목 모양[성질]의

*__shrug__ [ʃrʌg] *v.* (**~ged**; **~·ging**) *vt.* (양 손바닥을 내 보이면서) 〈어깨를〉 **으쓱하다** 《불쾌·절망·놀라움·의혹·냉소 등의 몸짓》 — *vi.* 어깨를 으쓱하다
~ one's shoulders 어깨를 으쓱하다
— *n.* 어깨를 으쓱하기

*__shrunk__ [ʃrʌŋk] *v.* SHRINK의 과거·과거분사

shrunk·en [ʃrʌ́ŋkən] *v.* SHRINK의 과거분사 — *a.* 시든, 〈얼굴 등이〉 주름진

shti(c)k [ʃtík] *n.* (미·속어) **1** (쇼 등에서) 상투적인 익살스러운 장면[동작] **2** 남의 주의를 끌기 위한 것 **3** 특징, 특수한 재능 **4** 흥미있는 분야, 활동 영역

shuck [ʃʌk] *n.* **1 a** (옥수수·땅콩 등의) 껍데기, 깍지 **b** (굴·대합 등의) 껍데기, 조가비 **2** [*pl.*] (미·구어) 시시한[무가치한] 것 — *vt.* …의 껍데기를 벗기다

shucks [ʃʌks] *int.* (미·구어) 이런, 쳇, 제기랄 《불쾌·실망·초조 등을 나타내는 소리》

‡**shud·der** [ʃʌ́dər] *vi.* **1** (공포·추위로) 떨다 **2** (싫어서) 몸서리치다, 진저리 치다: ~ *with* cold 추워서 떨다
— *n.* **1 떨림**, 전율 **2** [the ~s] 몸서리

shud·der·ing [ʃʌ́dəriŋ] *a.* 떠는; 오싹하는

shud·der·ing·ly [ʃʌ́dəriŋli] *ad.* 오싹하여, 몸서리치며, 벌벌 떨며

*__shuf·fle__ [ʃʌ́fl] *vt.* **1** 〈발을〉 **질질 끌다**, 발을 끌며 걷다 **2 a** 〈옷을〉 되는대로 걸치다 《*on*》; 아무렇게나 벗다 《*off*》: ~ one's clothes *on*[*off*] 옷을 되는대로 입다[벗다] **b** 〈귀찮은 것을〉 버리다, 없애다 **3** …을 뒤섞다 《*together*》: ~ the papers *together* 서류를 뒤섞어 놓다 **4** 밀치다, 급히 옮기다
— *vi.* **1** 발을 질질 끌며 걷다: He ~*s along.* 그는 발을 끌며 걸어다닌다. **2** 발을 끌며 춤추다 **3 a** 얼버무리다, 속이다 **b** 〈일·곤란·책임 등을〉 교묘하게 타개하다, 용케 벗어나다[해내다]: ~ *out of* one's responsibilities 교묘하게 책임을 면하다 **4** 카드를 뒤섞다 **5** 〈옷 등을〉 아무렇게나 걸치다 《*into*》; 되는대로 벗다 《*out of*》
— *n.* **1 a** 발을 끌며 걷기 **b** 〖무용〗 잰걸음으로 발을 끌기[끌며 추기]: the double ~ 한쪽 발을 두 번씩 급히 끄는 스텝 **2** 얼버무림, 발뺌 **3 a** 혼합, 뒤섞기 **b** (조직 등의) 재편성, 개각(改閣) **c** 카드의 패 섞기; 카드를 칠 차례

shuf·fle·board [ʃʌ́flbɔ̀:rd] *n.* Ⓤ (배의 갑판에서 하는) 원반(圓盤) 밀어치기 놀이

shuf·fler [ʃʌ́flər] *n.* **1** 발을 끌며 걷는 사람 **2** 카드를 섞는 사람

shuf·ty [ʃʌ́fti] *n.* (영·속어) 흘끗 봄, 일견(一見)

*__shun__ [ʃʌn] *vt.* (**~ned**; **~·ning**) **피하다**, 멀리하다

shunt [ʃʌnt] *vt.* **1** (구어) 〈의견·행동·문제 등을〉 바꾸다; 회피하다; 〈계획 등을〉 연기시키다, 묵살하다: ~ the conversation *on to* another subject 이야기를 딴 화제로 돌리다 **2** (구어) 〈사람을〉 따돌리다 《*aside, off*》: be ~*ed aside* 따돌림을 당하다 **3** 〈열차 등을〉 (다른 선로에) 넣다: ~ a train *into* the siding 열차를 측선(側線)에 넣다
— *vi.* 〈열차 등이〉 측선으로 들어가다
— *n.* **1** (미) 옆으로 돌리기, 비키기 **2** (영) 〖철도〗 전철기(機)

shunt·er [ʃʌ́ntər] *n.* (영) **1** 전철원(轉轍員) **2** 전철 기관차

shush [ʃʌʃ] *int.* 쉿, 조용히
— *vt.* 쉿 하여 입다물게 하다 《*up*》

‡**shut** [ʃʌt] *v.* (**~**; **~·ting**) *vt.* **1** 〈창문·문 등을〉 **닫다**, 잠그다 《*up*》; 〈눈·입·귀 등을〉 감다: Please ~ the window. 창문을 닫아주시오. **2** 〈책·우산·손·칼 등을〉 덮다, 접다: ~ an umbrella 우산을 접다 **3** …을 가두다; …을 둘러막다 **4** 폐쇄하다(close), 폐점[휴업]하다 《*up*》 — *vi.* **1** 〈문·창 등이〉 닫히다, 잠기다 **2** 〈가게·공장 등이〉 폐쇄되다; 폐점하다 《*down, up*》
~ down (1) 〈내리닫이 창 등을〉 닫다, 잠그다 (2) 폐점하다, 휴업하다 (3) 〈땅거미·안개 등이〉 내리다, 내리 깔리다 **~ off** (1) 〈가스·수도·라디오 등을〉 끄다, 잠그다 (2) 〈교통을〉 차단하다 《*from*》 (3) …에서 떼어내다, 격리하다 **~ up** (1) 〈집을〉 잠그다, 문닫다 (2) 뚜껑을 닫다 (3) 감금하다 (4) 〈물건을〉 간수하다, 밀폐하다 《*in*》 (5) (구어) 침묵시키다, 입을 다물다: *S~ up!* 입닥쳐!

shut·down [ʃʌ́tdàun] *n.* (공장 등의) 일시 휴업[폐쇄], 휴점, 조업 정지

shut-eye [-ài] *n.* Ⓤ (구어) 잠, 수면

shut-in [-ìn] (미) *a.* **1** (병 등으로) 집안[병원]에 갇힌, 바깥 출입을 못하는 **2** 자폐(自閉)적인, 내성적인
— *n.* 몸져누운 병자

shut·off [-ɔ̀:f | -ɔ̀f] *n.* **1** 마개; 차단하는 물건 《밸브 등》 **2** 정지, 차단

shut·out [-àut] *n.* 〖야구〗 셧아웃 (게임), 완봉(승)

‡**shut·ter** [ʃʌ́tər] *n.* **1** 셔터, 덧문, 겉창 **2** (사진기의) 셔터 **—*vt.*** 문을 달다; 덧문[겉창]을 닫다

shut·ter·bug [ʃʌ́tərbʌ̀g] *n.* 《미·속어》 사진광(狂)

shut·tle** [ʃʌ́tl] *n.* **1** (베틀의) **북**; (재봉틀의) 북, 셔틀《밑실 넣는 데》 **2** (근거리 간의) 정기 왕복편 **—*vt. **1** (북처럼) 좌우로 움직이다 **2** (정기) 왕복편으로 수송하다 **—*vi.*** **1** (정기적으로) 왕복하다 **2** 좌우로 움직이다

shut·tle·cock [ʃʌ́tlkɑ̀k | -kɔ̀k] *n.* (배드민턴 등의) 깃털공, 셔틀콕

shúttle sèrvice (근거리) 왕복 운행

***shy**[1] [ʃai] *a.* (**~·er, shi·er; ~·est, shi·est**) **1 수줍은,** 숫기 없는, 부끄럼 타는 **2** Ⓟ **조심성 있는;** 꺼리는, 조심하여 …하지 않는《*of doing*》 **3 a** 〈새·짐승·물고기 등이〉 잘 놀라는, 겁 많은 **b** 〈태도 등이〉 주뼛주뼛하는, 흠칫흠칫하는 **4** Ⓟ 《구어》 부족한《*of*》

—*v.* (**shied**) *vi.* **1** 〈말이 소리 등에 놀라〉 뒷걸음질 치다, 뛰며 물러나다 **2** 〈사람이〉 피하다 **—*n.*** (*pl.* **shies**) **뒷걸음질,** (말이) 뛰며 물러남

shy[2] *v.* (**shied**) *vt.* 〈돌 등을〉 던지다, 팔매치다《*at*》 **—*vi.*** 물건을 내던지다 **—*n.*** (*pl.* **shies**) **1** 던지기, 내던짐 **2** 《구어》 시도; 겨냥; 기회 **3** 《구어》 놀리기, 조소

shy·er, shi·er [ʃáiər] *n.* 겁많은 사람, 잘 놀라는 사람; 《특히》 잘 놀라는 말, 뒷걸음질 치는 말

Shy·lock [ʃáilɑk | -lɔk] *n.* **1** 샤일록 《Shakespeare 작 *The Merchant of Venice* 중의 유대인 고리 대금업자》 **2** 냉혹한 고리 대금업자

***shy·ly, shi·ly** [ʃáili] *ad.* **수줍게,** 부끄러워하며; 겁내어

***shy·ness** [ʃáinis] *n.* Ⓤ **수줍음**

shy·ster [ʃáistər] *n.* 《미·구어》 사기꾼; 《특히》 악덕 변호사[전문가《등》]

si [si:] *n.* 〖음악〗 시《전음계적 장음계의 제7음》

Si 〖화학〗 silicon

SI *Système Internationale* (*d'Unitês*) 국제 통일 단위계(系)

Si·am [saiǽm] *n.* 샴《Thailand의 구칭》

Si·a·mese [sàiəmí:z] *a.* **1** 샴의 **2** 샴 말[사람]의 **—*n.*** (*pl.* **~**) **1** 샴 사람; Ⓤ 샴 말 **2** 샴 고양이(=~ cat)

Síamese cát 샴 고양이

Síamese twíns **1** 샴 쌍둥이《허리가 붙음, 1811-74》 **2** 몸이 붙어서 태어난 쌍둥이; 《비유》 밀접한 관계에 있는 한쌍의 것

sib [sib] *n.* 근친, 친척, 일가

Si·be·li·us [sibéiljəs] *n.* 시벨리우스 **Jean Julius Christian ~** (1865-1957) 《핀란드의 작곡가》

***Si·be·ri·a** [saibíəriə] *n.* **시베리아**

Si·be·ri·an [saibíəriən] *a.* 시베리아(사람)의 **—*n.*** 시베리아 사람

Sibérian húsky 시베리아 원산의 중형 크기의 개《썰매끌기용》

sib·i·lant [síbələnt] *a.* **1** 쉬쉬 소리를 내는 **2** 〖음성〗 치찰음의
—*n.* 치찰음《[s, z, ʃ, ʒ] 등》

sib·ling [síbliŋ] *n.* [보통 *pl.*] 《문어》 (한 쪽 어버이 또는 양친이 같은) 형제, 자매

sib·yl [síbil] *n.* **1** [**S~**] 여자 이름 **2** 여자 예언자; 마녀, 무당

sib·yl·line [síbəlàin] *a.* **1** sibyl 2의 **2** 신탁적(神託的)인, 예언적인

sic, sick [sik] *vt.* (**sicced, sicked; sic·cing, sick·ing**) **1** [개에 대한 명령] 〈사람을〉 공격하다: *S*~ him! 덤벼라! **2** 〈개 등을〉 부추겨 덤비게 하다

sic [L =so, thus] *ad.* 원문대로《의심나는 또는 명백히 그릇된 원문을 그대로 인용할 때 뒤에 *sic*라고 표기함》

sic·ca·tive [síkətiv] *a.* 건조시키는
— *n.* (기름·페인트 등의) 건조제(drier)

Si·cil·i·an [sisíliən] *a.* 시칠리아 섬[왕국, 사람, 방언]의
—*n.* 시칠리아 섬 사람[방언]

***Sic·i·ly** [sísəli] *n.* **시칠리아**《이탈리아 남쪽의 섬; 지중해에서 제일 큼》

‡**sick**[1] [sik] *a.* **1 a 병의,** 병든, 앓는: He is *sick*[ill]. 그는 병이 났다. **b** Ⓐ 병자(용)의 **2 a** Ⓟ 《영》 **메스꺼운,** 느글거리는: feel[turn] ~ 메스껍다 **b** Ⓐ 〈냄새 등이〉 고약한 **3** Ⓟ **싫증이 나서,** 물려서《*of*》 **4** Ⓟ **그리워하여,** 동경하여《*for, of*》 **5** 〈정신 등이〉 불건전한; 〈농담 등이〉 기분 나쁜, 소름 끼치는, 병적인 ***be ~ and tired*** 물리다, 넌더리 나다《*of*》 ***be ~ of*** …에 넌더리 나다 ***call in ~*** 몸이 아파 결석[결근]하겠다고 전화로 알리다 ***look ~*** 〈얼굴 등이〉 핼쑥해 보이다 ***~ at heart*** 《문어》 번민하여, 비관하여

sick[2] *vt.* =SIC

síck bày (배 안의) 병실

sick·bed [síkbèd] *n.* 병상

sick-ben·e·fit [-bènəfit] *n.* 《영》 (건강 보험의) 질병 수당

síck càll 〖미군〗 진료 소집(의 신호[시간])

***sick·en** [síkən] *vi.* **1 메스꺼워지다**《*at*》 **2 병나다,** 몸이 편찮다 **3** 싫증 나다, 물리다《*of*》
—*vt.* **1** 구역질나게 하다 **2** 싫증 나게 하다, 물리게 하다

sick·en·ing [síkəniŋ] *a.* 병[욕지기] 나게 하는: a ~ sight 구역질나는 광경

síck héadache 《미》 구토성 두통, 편두통

sick·ish [síkiʃ] *a.* 토할 것 같은, 좀 메스꺼운; 찌뿌드드한, 거북한
~·ly *ad.* **~·ness** *n.*

***sick·le** [síkl] *n.* **1** 낫, 작은 낫 **2** 수탉 꼬리 가운데의 낫 모양의 깃

síck lèave 병가: be on ~ 병가 중이다

síck lìst 환자 명부

***sick·ly** [síkli] *a.* (**-li·er; -li·est**) **1 a** 병약한, 병난, 자주 앓는 **b** 환자가 많은, 병이 많은 **2** 욕지기나게 하는, 메스꺼운 〈냄새 등〉 **3** 병자 같은, 창백한

sick-mak·ing [síkmèikiŋ] *a.* 《구어》 =SICKENING

‡sick·ness [síknis] *n.* **1** ⓊⒸ **병**; 앓음 **2** Ⓤ **메스꺼움**, 욕지기

síckness bènefit 《영》 (건강 보험의) 질병 수당

síck pày (병가 중의) 질병 수당

sick·room [síkrù:m] *n.* 병실

‡side [said] *n.* **1 a 쪽**, 곁, 옆, 측면, 면 **b** (사물·성격의) **측면**, 일면 **2 a** (신체의) **옆구리 b** (돼지·소의) 허구리살, 옆구리살 **3** 〖기하〗(삼각형 등의) 변, (입체의) 면 **4** (혈통의) 계(系), …쪽, …편: on the paternal[maternal] ~ 아버지[어머니] 쪽의[에]

by the ~ of = ***by*** a person***'s ~*** (1) …의 곁에, 가까이에 (2) …에 비하여 ***from all ~s*** [***every ~***] (1) 각방면으로부터 (2) 주도 면밀하게 ***on one ~*** (1) 한쪽에, 곁에: place[put] *on one ~* 한쪽에 두다, 치우다 (2) 제쳐놓다, 무시하다 ***on the other ~*** 저승에, 천당에 ***~ by ~*** 나란히; 협력하여 《*with*》 ***take ~s*** 편들다, 가담하다 《*with*》 ***this ~ of*** 《구어》 (1) …까지 가지 않고도 (2) …의 일보직전의, 거의 …한

— *a.* **1** 곁의, 옆의; 측면의, 옆으로(부터)의: a ~ glance 곁눈질 **2 a** 부가적인, 부대적인 **b** 부업의

— *vi.* 편들다, 가담[찬성]하다 《*with*》

side·arm [sáidà:*r*m] *ad.*, *a.* 〖야구〗 옆으로 던져서[던지는]

síde àrms 허리에 차는 무기, 휴대 무기 《총검·권총 등》

***side·board** [sáidbɔ̀:*r*d] *n.* (식당의 벽쪽에 비치된) **찬장**, 식기대

side·burns [-bə̀:*r*nz] *n. pl.* 《미》 **1** 짧은 구레나룻 **2** 살쩍, 귀밑 털

side-by-side [-baisáid] *a.* 나란히(서) 있는

side·car [-kɑ̀:*r*] *n.* (오토바이의) 사이드카

sid·ed [sáidid] *a.* [보통 복합어를 이루어] (…의) 면[측면, 변]을 가진: a one-~ judgment 일방적인 판단

síde dìsh (주된 요리에) 곁들이는 요리

síde drùm = SNARE DRUM

síde effèct (약물 등의) 부작용

side-glance [-glæ̀ns | -glɑ̀:ns] *n.* 곁눈질

síde hòrse 《미》 〖체조〗 안마(鞍馬)

side·kick [-kìk] *n.* 《미·구어》 **1** 친구, 동료 **2** 짝패, 한패

side·light [-làit] *n.* **1** 간접적[부수적]인 설명[정보]: let in [throw] a ~ on [upon] …을 간접적으로 설명하다 **2 a** [보통 *pl.*] 《영》 (자동차의) 차폭등 **b** 〖항해〗 현등(舷燈) **3** 측면광

side·line [-làin] *n.* **1** 부업 **2** 〖축구·테니스〗 사이드라인, 측선; [*pl.*] 사이드라인의 바깥쪽 **3** (상점의) 전문품 외의 상품

side·long [-lɔ̀:ŋ | -lɔ̀ŋ] *a.* 옆의, 곁의, 비스듬한: cast a ~ glance upon[at] …을 곁눈질로 슬쩍 보다

— *ad.* 옆으로, 비스듬히

side·piece [-pì:s] *n.* 측면부, 측면에 덧붙인 것

si·de·re·al [saidíəriəl] [L 「별의」의 뜻에서] *a.* **1** 별의 **2** 항성으로 측정된: a ~ revolution 1항성 주기

sid·er·ite [sídəràit | sáid-] *n.* Ⓤ 〖광물〗 능철광(菱鐵鑛)

side·sad·dle [sáidsæ̀dl] *n.* 여성용 곁안장 《두 발을 한쪽으로 모아 앉음》

— *ad.* 곁안장에 걸터 앉아

side·show [-ʃòu] *n.* **1** (서커스 등의) 여흥 **2** 지엽적 문제, (부수적) 소사건

side·slip [-slìp] *n.* (자동차·비행기 등의) 옆으로 미끄러짐, 옆으로 구름 **—** *vi.* (**~ped**; **~·ping**) 옆으로 미끄러지다

sides·man [sáidzmən] *n.* (*pl.* **-men** [-mən]) (영국 국교회의) 교구 위원 보(補), 교회 간사

side·split·ting [sáidsplìtiŋ] *a.* 포복절도케 하는, 배꼽빠게 하는

síde stèp 사이드 스텝

side·step [-stèp] *v.* (**~ped**; **~ping**) *vt.* **1** (권투·축구에서) 〈공격을〉 옆으로 비켜 피하다 **2** 〈책임·질문 등을〉 회피하다

— *vi.* **1** 옆으로 비켜 피하다 **2** 회피하다

síde·stream smòke [-strì:m-] 생담배 연기

side·stroke [-stròuk] *n.* 〖수영〗 [보통 the ~] 횡영(橫泳)

side·swipe [-swàip] *n.* **1** 《미》 옆을 스치듯 치기; (자동차가) 스치기 **2** 《구어》 간접적 비난[비판] **—** *vt.* 《미》 옆을 스치듯 치다; 스치듯 충돌하다

síde tàble 사이드 테이블

side·track [-træ̀k] *n.* **1** (철도의) 측선, 대피선 **2** 주제에서 일탈함, 탈선

— *vt.* **1** 〈열차 등을〉 대피선에 넣다 **2** 〈사람을〉 따돌리다, 탈선시키다

síde vìew 측경(側景), 측면도; 옆 얼굴

síde·view mìrror [-vjù:-] (자동차의) 사이드미러

‡side·walk [sáidwɔ̀:k] *n.* 《미》 (포장한) **보도**, 인도(《영》 pavement, footpath)

sídewalk àrtist 《미》 거리의 화가

sídewalk superinténdent 《미·구어》 (건설 공사 현장에서 작업을 바라보고 있는) 보도 위의 현장 감독

side·ward [-wərd] *a.* 측면의, 곁의, 비스듬한 **—** *ad.* 옆으로, 비스듬히

side·wards [-wərdz] *ad.* = SIDEWARD

side·way [-wèi] *a.*, *ad.* = SIDEWAYS

***side·ways** [sáidwèiz] *ad.* **옆으로**, 비스듬히 **—** *a.* 옆의, 옆을 향한, 비스듬한: a ~ glance 곁눈질

side-wheel [-hwì:l] *a.* 〈기선이〉 외륜(外輪)이 있는 **~·er** *n.* 외륜선(船)

side-whis·kers [-hwìskərz] *n. pl.* 긴 구레나룻

síde wìnd 옆바람; 간접적인 공격[수단, 방법]

side·wind·er [-wàindər] *n.* **1** 〖동물〗 (북미 서남부 사막에 사는) 방울뱀의 일종 **2** 옆으로부터의 일격 **3** [**S~**] 〖미군〗 사이드와인더 《초음속 단거리 공대공 미사일》

side·wise [-wàiz] *ad.*, *a.* = SIDEWAYS

sid·ing [sáidiŋ] *n.* **1** (철도의) 측선, 대피선 **2** Ⓤ 《미》 〖건축〗 (건물 바깥 벽의) 벽널, 판자벽

si·dle [sáidl] *vi.* 옆걸음질하다; 가만가만 다가들다 《*along, up*》

SIDS sudden infant death syndrome

‡**siege** [siːdʒ] *n.* [CU] **포위 공격**, 공성(攻城); 공성 기간: ~ warfare 포위 공격전 ***lay ~ to*** …을 포위 (공격)하다

Sieg·fried [síːgfriːd] *n.* 지크프리트 《독일·북유럽 전설에 나오는 영웅; 큰 용을 무찌름》

si·en·na [siénə] [이탈리아의 산지명에서] *n.* Ⓤ **1** 시에나토(土) 《산화철·점토·모래 등을 혼합한 황토종(種)의 안료》 **2** 시에나색, 황갈색

si·er·ra [siérə] *n.* [종종 *pl.*] 《스페인·미》 (뾰족뾰족한) 산맥, 연산(連山)

Si·er·ra Le·o·ne [siérə-lióun] 시에라리온 《서아프리카의 공화국; 수도 Freetown》

Siérra Neváda [the ~] 시에라네바다 산맥 **1** 미국 California 주 동부의 산맥 **2** 스페인 남부의 산맥

si·es·ta [siéstə] *n.* (스페인·남미 등의) 낮잠

*__sieve__ [siv] *n.* (고운) **체**; 조리
— *vt.* 체로 치다, 체질하다

‡**sift** [sift] *vt.* **1 a 체로 치다**, 체질하다, **b** 선별하다, 가려내다 《*from*》 **2** 〈설탕·가루 등을〉 뿌리다 《*over, upon, onto*》 **3** 〈증거 등을〉 엄밀히 조사하다 — *vi.* **1** 체질하다 **2** 〈빛·눈 등이〉 (체에서 떨어지듯) 새어들다 《*through, into*》: The moonlight *~s through* the window. 달빛이 창문으로 들어온다. **3** …을 엄밀히 조사하다 《*through*》

sift·er [síftər] *n.* **1** 체(sieve) **2** (후추·설탕 등을) 뿌리는 병

SIG special interest group 특별 이익단체

sig. signal; signature; signor(s)

Sig. 〖의학〗 signature; *signetur*

‡**sigh** [sai] *vi.* **1 한숨 쉬다**, 탄식하다: ~ *with* relief 안도의 한숨을 쉬다 **2** 《문어》 〈바람이〉 한숨짓듯 산들거리다 **3** 그리워하다, 동경하다 《*for*》: She *~ed for* the happy old days. 그녀는 즐거웠던 옛 시절을 그리워했다. — *vt.* 한숨지으며[탄식하며] 말하다 《*out*》
— *n.* 한숨; 탄식; (바람의) 산들거리는 소리: draw[fetch, heave] a ~ 한숨 쉬다, 한숨 돌리다

‡**sight** [sait] [동음어 cite, site] *n.* **1** Ⓤ **시각**, 시력: have good[bad] ~ 눈이 좋다[나쁘다] **2** Ⓤ [또는 a ~] **봄**, 보임, 일견 **3** Ⓤ 견지, 견해: do what is right in one's own ~ 자기가 옳다고 생각하는 바를 행하다 **4** Ⓤ **시계**, 시야 **5 조망**, 광경, 풍경 **6** [the ~; 보통 *pl.*] 명소, 관광지
at first ~ (1) 첫눈에 (2) 일견하여 ***at*** (***the***) ***~ of*** …을 보고, …을 보자 ***catch*** [***gain, get***] ***~ of*** …을 찾아내다 ***in ~ of*** …이 보이는 곳에서 ***in the ~ of*** …의 판단[의견]으로는 ***lose ~ of*** (1) …을 시야에서 놓치다, 보이지 않게 되다 (2) 잊어버리다 (3) 소식이 끊기다 ***lose*** one***'s ~*** 실명하다, 맹인이 되다 ***out of ~*** (1) 안 보이는 곳에(서) (2) 터무니없이[는] (3) 《미·속어》 훌륭한, 멋있는 ***Out of ~, out of mind.*** 《속담》 안 보면 마음도 멀어진다.
— *vt.* **1 발견하다**, 보다 **2** 〈천체 등을〉 관측하다 **3** 겨냥하다 **4** 〈총·상한의(象限儀) 등에〉 조준 장치를 달다 — *vi.* **1** 겨냥하다, 조준하다: a *~ing* shot 조준 연습 사격 **2** 〈어느 방향을〉 주의 깊게 보다

síght dràft [《영》 **bìll**] 〖금융〗 일람불 환어음

sight·ed [sáitid] *a.* **1** 〈사람이〉 눈이 보이는 **2** [보통 복합어를 이루어] 시력이 …한, …시(視)의: near-[short-]~ 근시의

sight·ing [sáitiŋ] *n.* **1** 관찰함; 조준을 맞춤 **2** 관찰[목격](례(例))

sight·less [sáitlis] *a.* 시력이 없는, 눈먼(blind); 보이지 않는(invisible)

sight·ly [sáitli] *a.* (**-li·er**; **-li·est**) **1** 볼 만한, 보기 좋은, 아름다운, 잘 생긴 **2** 《미·구어》 전망이 좋은 **-li·ness** *n.*

sight-read [sáitrìːd] *vt.* 보고 즉석에서 읽다[연주하다, 노래하다]
síght rèader *n.*

sight-read·ing [-rìːdiŋ] *n.* Ⓤ **1** (외국어의) 즉독(卽讀) 《연습하지 않고 읽기》 **2** 시주(視奏), 시창(視唱)

*__sight·see__ [sáitsìː] [sightseeing의 역성(逆成)] *vt.* [보통 go ~ing으로] **관광 여행하다**, 구경[유람]하다: *go ~ing* in London 런던을 관광 여행하다

‡**sight·see·ing** [sáitsìːiŋ] *n.* Ⓤ **관광**(여행), 유람

*__sight·se·er__ [sáitsìːər] *n.* **관광객**, 유람객

sight·wor·thy [-wə̀ːrði] *a.* 볼 만한

sig·ma [sígmə] *n.* 시그마 《그리스 자모의 제18자 Σ, σ, ς; 영어의 S, s에 해당》

‡**sign** [sain] *n.* **1 기호**, (수학·음악 등의) 부호: the negative[minus] ~ 마이너스 부호 《-》 《우리말로 「서명」의 뜻의 「사인」은 signature 또는 autograph. 단 「사인하다」는 sign》 **2 신호**; 암호(말) **3** 손짓 **4 a 간판**(signboard): at the ~ of …이라는 간판의 (요리·술)집에서 **b 표지**, 게시 **5 a 기미**; 조짐; 〖병리〗 (병의) 징후 **b** [주로 부정구문에서] 자국, 흔적: There is *no* ~ of habitation. 사람이 살고 있는 흔적이 없다 **6** 〖성서〗 기적, 이적(異蹟)
— *vt.* **1 서명하다**; 서명하여 승인[보증]하다: ~ a letter 편지에 서명하다 **2** 〈선원·직업 선수 등을〉 (계약서에) 서명시켜 고용하다: ~ a new baseball player 새 야구 선수를 고용하다 **3** (손짓[몸짓]으로) …에게 …을 알리다, 신호하다: ~ one's assent[dissent] (몸짓으로) 찬성[불찬성]을 나타내다 **4** (전조로서) 나타내다
— *vi.* **1** 서명하다, 서명 날인하다 **2** 손짓[눈짓]하다, 신호하다 **3** (길 등에) 표지를 달다
~ in 서명하여 도착을 기록하다 ***~ off*** (1) 서명하여 포기를 맹세하다 《*from*》 (2) 〖방송〗 방송[방영]을 마치다; 방송 종료 신호를 하다 (3) 《미·속어》 말을 그치다, 입을 다물다 ***~ on*** 서명시켜 채용하다; 서명하여 고용되다, 취업 계약하다

~ out (1) 서명하여 외출을 기록하다 (2) 〈책 등을〉 서명하여 반출[대출]하다 **~ up** (1) 서명하여 고용되다 (2) 〈클럽·정당 등에〉 참가하다

‡sig·nal [sígnəl] *n.* **1** 신호, 암호 **2** 계기, 도화선 《*for*》 **3** (텔레비전·라디오 등의) 신호 《송신[수신]되는 전파·음성·영상 등》 **—** *a.* **1** 신호의 **2** 《문어》 현저한, 주목할 만한; 뛰어난: a man of ~ virtues 덕이 높은 사람, 고결한 인사
— *v.* (**~ed**; **~·ing** | **~led**; **~·ling**) *vt.* **1** 《문어》 〈사람·배 등에〉 신호를 보내다 **2** …을 신호로 알리다, 경보를 발신하다: ~ an S.O.S. 조난 신호를 발신하다
— *vi.* 신호하다, 신호로 알리다: ~ *for* a rescue boat 구조선 요청 신호를 보내다

sígnal bòok (특히 육·해군의) 암호표
sígnal bòx 《영》 = SIGNAL TOWER
sígnal còrps 〖미육군〗 통신대 《略 SC》
sig·nal·er | **sig·nal·ler** [sígnələr] *n.* **1** (육·해군의) 신호계[원, 병] **2** 신호기
sig·nal·ize [sígnəlàiz] *vt.* **1** 유명하게 하다; 두드러지게 하다 **2** …에게 신호를 보내다
sig·nal·ly [sígnəli] *ad.* 뚜렷이, 두드러지게
sig·nal·man [sígnəlmən] *n.* (*pl.* **-men** [-mən]) (철도 등의) 신호원; 〖군사〗 통신대원
sígnal tòwer 《미》 (철도의) 신호소, 신호탑
sig·na·to·ry [sígnətɔ̀:ri | -təri] *a.* 서명한, 참가[기명] 조인한: the ~ powers to a treaty 조약 가맹국
— *n.* (*pl.* **-ries**) **1** 서명자, 조인자 **2** (조약) 가맹국[조인국]

‡sig·na·ture [sígnətʃùər, -tʃər | -tʃə] *n.* **1** 서명(하기) **2** 〖음악〗 (조표(調標)·박자 기호 등의) 기호: a time ~ 박자 기호 **3** 〖방송〗 (프로그램의) 테마 음악
sígnature tùne 〖방송〗 (프로의) 테마 음악
sign·board [sáinbɔ̀:rd] *n.* 간판; 게시판
signed [saind] *a.* 부호가 있는
sign·er [sáinər] *n.* 서명자
sig·net [sígnit] *n.* (가락지 등에 새긴) 막도장, 인감
sígnet rìng 도장을 새긴 가락지

‡sig·nif·i·cance, -can·cy [signífikəns(i)] *n.* Ⓤ **1** 중요, 중요성 **2** 의미, 의의; 취지 **3** 의미 있음, 의미심장: a look [word] of great ~ 매우 의미심장한 표정[말]

‡sig·nif·i·cant [signífikənt] *a.* **1** 중요한, 소중한: a ~ day 중요한 날 《기념일 등》 **2** 의미 있는, 뜻깊은 **3** Ⓟ …을 의미하는, 나타내는 《*of*》: Smiles are ~ *of* pleasure. 미소는 즐거움의 표출이다. **4** 상당한, 현저한: a ~ change 현저한 변화
sig·nif·i·cant·ly [signífikəntli] *ad.* 의미 있는 듯이, 의미심장하게; 상당히, 두드러지게
sig·ni·fi·ca·tion [sìgnəfikéiʃən] *n.* 《문어》 **1** Ⓤ 의미; Ⓒ 어의(語義) **2** ⓊⒸ 표시

***sig·ni·fy** [sígnəfài] [L 「표(sign)를 적어서 나타내다」의 뜻에서] *v.* (**-fied**) *vt.* **1** 의미하다; (몸짓·언어·동작 등으로) 나타내다, 알리다: ~ one's approval (*with* a nod) (끄떡여) 승인을 나타내다 **2** …의 전조가 되다, 예시(豫示)하다: A lunar halo *signifies* rain. 달무리는 비가 올 징조이다.
— *vi.* [보통 부정문에서] 중요하다: It does *not* ~ *much.* = It *signifies little.* 대수로운 일이 아니다.

sígn lànguage (벙어리·다른 종족의 토인 사이에 쓰이는 의사 전달의) 손짓[몸짓] 언어; (농아자의) 수화
si·gnor [si:njɔ́:r] [It.] *n.* (*pl.* **~s, -gno·ri** [-njɔ́:ri:]) **1** [**S~**] 각하, 나리, 님, 씨 《영어의 Sir, Mr.에 해당》 **2** 귀족, 신사 《특히 이탈리아의》
si·gno·ra [si:njɔ́:rə] [It.] *n.* (*pl.* **-re** [-rei]) **1** [**S~**] 부인, 여사, 마님 《영어의 Madam, Mrs.에 해당》 **2** 기혼 귀부인, 마님 《특히 이탈리아의》
si·gno·ri·na [sì:njəri:nə] [It.] *n.* (*pl.* **~s, -ne** [-nei]) [**S~**] 영양, …양 《영어의 Miss에 해당》
sígn pàinter[**wrìter**] 간판장이
sign·post [sáinpòust] *n.* 푯말; 도표(道標); (명확한) 길잡이
Sikh [si:k] *n.*, *a.* 시크교도(의) 《북부 인도의 힌두교 종파》 **~·ism** *n.* Ⓤ 시크교
Sik·kim [síkim] *n.* 시킴 《히말라야 산록의 왕국, 인도의 보호령; 수도 Gangtok》

‡si·lence [sáiləns] *n.* Ⓤ **1** 침묵, 무언; Ⓒ 침묵의 시간: *S~* gives consent. 《속담》 침묵은 승낙의 표시이다. **2** 정적; 잠잠함 **3** ⓊⒸ 무소식, 소식 두절: after ten years of ~ 10년간 소식이 없은 후에 **4** 침묵을 지킴; 비밀 엄수 **—** *int.* 조용히!, 쉬!
— *vt.* 침묵시키다, 조용하게 만들다
si·lenc·er [sáilənsər] *n.* **1** 침묵시키는 사람[것] **2** (권총의) 소음(消音) 장치

‡si·lent [sáilənt] *a.* **1** 조용한, 목소리를 내지 않는: ~ pictures 무성 영화 **2** 침묵을 지키는 **3** 〈역사 등이〉 기재되어있지 않는 《*on, of, about*》 **4** 〖음성〗 발음되지 않는, 묵음(默音)의 《fate, knife의 *e*, *k* 등》 **5** 소식이 없는; 알리지 않는

‡si·lent·ly [sáiləntli] *ad.* 아무 말 않고, 묵묵히; 조용히; 고요하게
sílent majórity [보통 the ~; 집합적] 말없는 다수; 일반 국민
sílent pártner 《미》 익명(匿名) 동업자[사원]

***sil·hou·ette** [sìluét] [프랑스의 정치가 이름에서; 그림자 그림 그리기가 취미였다고도 함] *n.* 실루엣, 반면 영상(半面影像) 《보통 흑색으로 사람의 옆 얼굴을 나타내는》 **—** *vt.* [보통 수동형으로] 실루엣으로 그리다; …의 윤곽만 보이다
sil·i·ca [sílikə] *n.* Ⓤ 〖화학〗 규토(珪土), 무수규산(無水珪酸), 이산화규소
sílica gèl 실리카 겔 《방습제의 일종》
sil·i·cate [síləkèit] *n.* 〖화학〗 규산염(珪酸鹽)

sil·i·con [sílikən] *n.* Ⓤ 〔화학〕 규소 《비금속 원소; 기호 Si, 번호 14》

sílicon chíp 〔전자〕 실리콘 칩

sil·i·cone [síləkòun] *n.* Ⓤ 실리콘, 규소 수지《합성 수지》

Sílicon Válley 실리콘 밸리《고도의 전자 산업이 밀집된 San Francisco Bay 남쪽 분지의 통칭》; 《일반적으로》 첨단 산업 지구

sil·i·co·sis [sìləkóusis] *n.* Ⓤ 〔병리〕 규폐증

*****silk** [silk] *n.* **1** Ⓤ **명주실**; **비단**, 명주, 견직물; [*pl.*] 명주옷 **2** 비단 법복; 《영·구어》 왕실 변호사 **3** Ⓤ 명주실 모양의 것, 《특히》 (거미의) 줄; 《미》 옥수수의 수염 **—***a.* 명주의; 견사[생사]의

sílk còtton = KAPOK

***silk·en** [sílkən] *a.* **1** 《문어》 **명주의**, 견직의 **2** 명주 같은; 부드럽고 윤나는

sílk hát 실크 해트

Sílk Ròad[**Ròute**] [the ~] 실크 로드, 비단길《고대 중동과 중국간의 통상로》

sílk scrèen **1** 실크 스크린《날염용(捺染用)》 **2** = SILK-SCREEN PROCESS

silk-screen [sílkskrì:n] *a.* 실크스크린 날염법의[으로 만든]
—*vt.* 실크스크린 날염법으로 만들다

sílk-screen pròcess 실크 스크린 날염법

silk-stock·ing [-stɑ́kiŋ | -stɔ́k-] *a.* 《미》 **1** 비단 양말을 신은 **2** 사치스러운 옷을 입은; 상류 계급의, 부유한, 귀족적인

***silk·worm** [sílkwə̀:rm] *n.* 〔곤충〕 누에

silk·y [sílki] *a.* (**silk·i·er**; **-i·est**) **1** 명주의[같은], 부드럽고 매끈매끈한 〈피부 등〉 **2** 〈태도가〉 부드러운; 아첨하는 투의

***sill** [sil] *n.* **문지방**(doorsill); (기둥 밑의) 토대; 창문턱(windowsill)

sil·la·bub, sil·li·bub [síləbʌ̀b] *n.* = SYLLABUB

****sil·ly** [síli] 〔OE 「행복한」의 뜻에서; 그 후 「천진난만한」→「어리석은」이 됨〕 *a.* (**-li·er**; **-li·est**) **1** 어리석은, 주책 없는, 지각 없는: Don't be ~. 바보 같은 소리[짓] 마라. **2** Ⓟ 《구어》 (얻어맞아) 기절한, 정신이 멍한
—*n.* (*pl.* **-lies**) 《구어》 바보, 멍청이

sílly sèason 뉴스의 고갈기(期)《늦여름》

si·lo [sáilou] *n.* (*pl.* **~s**) **1** 사일로《곡식·마초 등을 저장하는 탑 모양의 건축물》 **2** 《미》 유도탄 지하 격납고

silt [silt] *n.* Ⓤ 미사(微砂), 침니(沈泥) 《모래보다 잘지만 진흙보다 굵은 침적토》
—*vt., vi.* (개흙으로) 막다, 막히다 《*up*》

sil·van [sílvən] *a.* 《문어》 = SYLVAN

Sil·va·nus [silvéinəs] *n.* 〔로마신화〕 실바누스《숲의 신, 농목(農牧)의 신》 (cf. PAN)

*****sil·ver** [sílvər] *n.* Ⓤ **1** 은 《기호 Ag, 번호 47》 **2** 은화 **3** 은의 광택, 은빛, 은백색 **—***a.* **1** 은의, 은으로 만든 **2** 은 같은; 은백색의 **3** 《문어》 〈음색·음성이〉 맑은, 〈구변이〉 좋은, 웅변의: a ~ tongue 웅변 **4** Ⓐ 〈기념일 등이〉 25년째의
—*vt.* **1** 은을 입히다, 은도금하다 **2** 《문어》 은빛으로 만들다; 백발로 만들다 **—***vi.* 《문어》 은백색이 되다, 은빛으로 빛나다; 〈머리털 등이〉 은빛이 되다

sílver áge [the ~; 때로 the S~ A~] 〔그리스신화〕 (황금시대 다음의) 은시대

sílver anniversary 25주년 기념일

sílver bírch 〔식물〕 자작나무

sil·ver·fish [sílvərfìʃ] *n.* **1** (*pl.* **~**, **~·es**) 은빛 금붕어 **2** (*pl.* **~**) 〔곤충〕 좀벌레(bookworm)

sílver fòil 은박

sílver fóx 은빛 여우(의 모피)

sílver gráy 은백색

sílver júbilee 25년제(祭)[축전]

sílver líning 구름의 흰 가장자리; 밝은 희망[전망]

sílver médal 은메달《경기의 2등상》

sílver nítrate 〔화학〕 질산은(銀)

sílver páper 은종이, 주석박(箔)(tin foil)

sil·ver-plate [sílvərpléit] *vt.* 은도금하다 **-plát·ed** *a.* 은도금한

sílver scréen 영사막, 은막; [the ~; 집합적] 영화

sil·ver·side [-sàid] *n.* 《영》 소의 허벅다리 고기의 윗부분

sil·ver·smith [-smìθ] *n.* 은세공인

sílver stàndard 은(화)본위(제)

Sílver Stár (**Mèdal**) 〔미군〕 은성 훈장

sil·ver-tongued [-tʌ́ŋd] *a.* 《문어》 구변이 좋은, 유창한

sil·ver·ware [-wɛ̀ər] *n.* Ⓤ [집합적] 은그릇, 《특히》 식탁용 은그릇

sílver wédding 은혼식(銀婚式) 《결혼 25주년 기념식》

sil·ver·y [sílvəri] *a.* **1** 은의[같은]; 은백색의: ~ hair 은발 **2** 은방울을 굴리는 듯한, 맑은(clear) 〈소리 등〉

Sil·vi·a [sílviə] *n.* 여자 이름(Sylvia)

sim·i·an [símiən] *n.* 〔동물〕 유인원, 원숭이
—*a.* 유인원의, 원숭이의[같은]

****sim·i·lar** [símələr] 〔L 「비슷한」의 뜻에서〕 *a.* **1** **비슷한**, 유사(類似)한 《*to*》; 닮은, 같은 종류의: ~ tastes 비슷한 취미 **2** 〔기하〕 상사(相似)의: ~ figures 상사형, 닮은꼴

***sim·i·lar·i·ty** [sìməlǽrəti] *n.* (*pl.* **-ties**) 유사, 상사; Ⓒ 유사[상사]점

***sim·i·lar·ly** [símələrli] *ad.* **유사**[**비슷**]**하게**; 같은 모양으로, 같게

sim·i·le [síməli] 〔L 「유사한」의 뜻에서〕 *n.* ⓊⒸ 〔수사학〕 직유(直喩), 명유(明喩) 《(as) brave as a lion 등》

si·mil·i·tude [simílətjù:d | -tjù:d] *n.* 《문어》 **1** Ⓤ 유사, 상사 **2** Ⓤ 외형, 모습: in the ~ of …의 모습으로[을 한] **3** 비교; 비유: talk[speak] in ~*s* 비유로 말하다

***sim·mer** [símər] 〔의성어〕 *vi.* **1** (약한 불에) **부글부글 끓다**, 지글지글 끓다 **2** 부글부글 화가 치밀다: He ~*ed with* indignation[laughter]. 그는 터지려는 분노[웃음]를 꾹 참고 있었다.
—*vt.* 약한 불로 끓이다

—*n.* [*sing.*] 서서히 삶아지는[끓어오르는] 상태; 참고 있는 화[웃음]가 막 폭발하려고 하는 상태: at a[on the] ~ 부글부글 끓기 시작하여, 막 폭발하려고 하여

sim·mer·ing [símərin] *a.* 〈노염·반란 등〉 당장에라도 폭발할 것 같은: ~ anger 폭발 직전의 노염

Si·mon [sáimən] *n.* **1** 남자 이름 《애칭 Sim》 **2** 〖성서〗 시몬 《그리스도의 열 두 사도의 한 사람》

si·mon-pure [sáimənpjúər] [18세기의 영국 희극의 인물명에서] *a.* 진짜의

si·moom [simú:m], **-moon** [-mú:n] *n.* 아라비아 사막의 모래 폭풍

simp [simp] *n.* 《미·구어》 = SIMPLETON

sim·per [símpər] *n., vi.* 선웃음(을 웃다), 바보 같은 웃음(을 웃다)

~·ing·ly *ad.* 선웃음치며

***sim·ple** [símpl] *a.* (**-pler**; **-plest**) **1 단순한,** 쉬운; **간결한**: a ~ problem 쉬운 문제 **2 단일의,** 단체(單體)의: a ~ substance 〖화학〗 단체 **3** Ⓐ 순전한, 온전한: ~ madness 완전한 광기(狂氣) **4** 〈식사 등이〉 **간소한,** 검소한: lead a ~ life 검소한 생활을 하다 **5 순진한**: with a ~ heart 순진하게 **6 사람 좋은,** 속기 쉬운: He was ~ enough *to* believe that. 그는 그것을 믿을 정도의 숙맥이었다.

—*n.* 무식한 사람, 바보

símple equátion 〖수학〗 1차 방정식

sim·ple·heart·ed [-há:rtid] *a.* 순진한, 천진난만한

símple ínterest 〖금융〗 단리(單利)

símple machíne 단순 기계 《지레·쐐기·활차·바퀴와 그 축·사면(斜面)·나사의 6가지 중의 하나》

sim·ple·mind·ed [-máindid] *a.* **1** = SIMPLEHEARTED **2** 속기 쉬운, 어리석은 **3** 정신박약의; 저능한 **~·ly** *ad.* **~·ness** *n.*

sim·ple·ton [símpltən] *n.* 바보, 얼간이

***sim·plic·i·ty** [simplísəti] *n.* Ⓤ **1 간단,** 평이; 단일: It's ~ itself. 《구어》 그것은 아주 간단하다. **2 순진,** 천진난만: with ~ 천진난만하게 **3** 우직(愚直), 무지 **4 간소,** 수수함

sim·pli·fi·ca·tion [sìmpləfikéiʃən] *n.* ⓊⒸ 평이화, 간이화

***sim·pli·fy** [símpləfài] *vt.* (**-fied**) **간단하게 하다,** 평이하게 하다: ~ one's ex planation 설명을 평이하게 하다

***sim·ply** [símpli] *ad.* **1 간단히**; 단순하게: to put it ~ 간단히 말하면 **2 간소하게,** 검소하게: She was ~ dressed. 그녀는 검소한 옷차림이었다. **3** [종종 ~ and solely] **다만,** 단지: work ~ to get money 단지 돈 벌려고 일하다 **4** 《구어》 **a** 정말로, 아주 **b** [부정문] 전혀

sim·u·la·crum [sìmjuléikrəm] *n.* (*pl.* **-cra** [-krə], **~s**) 《문어》 **1** 상(像); 모습 **2** 그림자, 환영 **3** 가짜, 위조물

***sim·u·late** [símjulèit] *vt.* **1 a 흉내내다** **b** 가장하다, …인 체하다: ~ illness 꾀병을 부리다 **2** …의 모의 실험[훈련]을 하다

sim·u·lat·ed [símjulèitid] *a.* **1** 모조의, 가짜의: ~ furs[pearls] 모조 모피[진주] **2** 모의 실험[훈련]의

sim·u·la·tion [sìmjuléiʃən] *n.* ⓊⒸ **1** 가장, 흉내 **2** 시뮬레이션, 모의 실험[훈련]; 〖컴퓨터〗 시뮬레이션

sim·u·la·tive [símjulèitiv] *a.* 흉내내는, …인 체하는

sim·u·la·tor [símjulèitər] *n.* **1** 흉내내는 사람[것] **2** (실제와 똑같은 상황을 재현하는) 모의 훈련[실험] 장치, 시뮬레이터

si·mul·cast [sáiməlkæ̀st, sím- | síməlkɑ̀:st] [*simul*taneous+broad*cast*] *vt.* (**~, ~·ed**) 〈프로를〉 텔레비전과 라디오로 동시 방송을 하다

—*n.* ⓊⒸ 동시 방송 (프로)

si·mul·ta·ne·i·ty [sàiməltəní:əti, sìm-] *n.* Ⓤ 동시, 동시에 일어남, 동시성

***si·mul·ta·ne·ous** [sàiməltéiniəs, sìm-] *a.* **동시에 일어나는,** 동시의, 동시에 존재하는 《*with*》: ~ interpretation 동시 통역 **~·ness** *n.*

simultáneous equátions 〖수학〗 연립 방정식

***si·mul·ta·ne·ous·ly** [sàiməltéiniəsli, sìm-] *ad.* **동시에** 《*with*》

***sin**[1] [sin] *n.* **1** ⓊⒸ (종교상·도덕상의) **죄,** 죄악: commit a ~ 죄악을 범하다 **2** 과실, 위반 《*against*》

—*v.* (**~ned**; **~·ning**) *vi.* (주로 의식적으로 종교상·도덕상의) 죄를 짓다; 무엄한 짓을 하다 《*against*》: ~ *against* propriety 예절에 어긋난 행동을 하다

sin[2] [sain] *n.* 〖수학〗 = SINE

Si·nai [sáinai, -niài] *n.* **1** [**Mount ~**] 시내 산 《모세가 신에게서 십계명을 받은 곳》 **2** [the ~] 시나이반도 (= **~ Península**)

Sin·bad [sínbæd] *n.* = SINDBAD

***since** [sins] *conj.* **1** [동작·상태가 시작되는 과거의 시점을 나타내어] **a** [종종 ever ~로, 계속을 나타내는 완료형의 동사를 지닌 주절 뒤에서] **…이래**: He has been abroad (*ever*) ~ he parted from me. 그는 나와 헤어진 이래 죽 해외에 있다. **b** [보통 경험을 나타내는 완료형의 동사를 지니는 주절에 뒤이어] **…한 때부터** (지금[그 때]까지 사이에): The city has changed a lot ~ I have lived here. 이 곳에 살기 시작한 이래, 도시는 대단히 많이 변모했다. **c** [It is[《구어》 It has been] ... ~ ...의 구문으로] **…한 지** (…년 째가 되다) 《since절 안의 동사는 과거형》: *It is*[*has been*] two years ~ I left school. 학교를 나온지 2년이 되었다. **2** [이유를 나타내어] **…이므로,** …한 까닭에: *S*~ there's no more time, we must give it up. 더는 시간이 없으므로 포기할 수 밖에 없다.

—*prep.* [종종 ever ~로, 보통 계속을 나타내는 완료형의 동사와 함께] **…이래** (죽), …부터 (내내): They have been very happy together *ever* ~ their marriage. 그들은 결혼 이래 죽 행복하게 함께 살고 있다.

~ ***then*** 그 때 이래, 그 때부터 ~ ***when*** 언제부터

— *ad.* **1** [보통 완료형의 동사와 함께; 종종 ever ~로] (그 때) **이래(죽)**, **그 이래** (내내 지금까지) **2** [보통 long ~로] (지금부터) (몇 년) **전**: *long* ~ 오래 전

*__sin·cere__ [sinsíər] [L 「순수한」의 뜻에서] *a.* (**-cer·er, more ~; -cer·est, most ~**) **성실한**, 참된, 정직[진지]한, 거짓 없는, 진심의, 표리 없는: ~ sympathy 진심으로의 동정

*__sin·cere·ly__ [sinsíərli] *ad.* **마음으로부터, 진정으로** ***Yours*** ~ = 《미》 ***S~ (yours)*** 재배(再拜) 《편지 끝에 쓰는 말》

*__sin·cer·i·ty__ [sinsérəti] *n.* Ⓤ **성실, 정직**; 표리가 없음: a man of ~ 성실한[표리 없는] 사람

Sin·clair [sinklέər | síŋklɛə] *n.* **1** 남자 이름 **2** 싱클레어 **Upton** (**Beall**) ~ (1878-1968) 《미국의 소설가·사회 비평가》

Sind·bad [síndbæd] *n.* 신드바드(= ~ **the Sáilor**) 《*Arabian Nights*의 한 인물; 모험적인 항해를 일곱 번하는 뱃사람》

sine [sain] *n.* 〖수학〗 사인, 정현(正弦) 《略 sin》

si·ne·cure [sáinikjùər] *n.* 한직(閑職); 《특히》 명목뿐인 목사직

si·ne di·e [sáini-dáii:, sínei-dí:ei] [L =without day] *ad.* 무기한으로

si·ne qua non [sínei-kwɑ:-nɑ́n, sáini-kwei- | sáini-kwei-nɔ́n] [L= without which not] *n.* 꼭 필요한 것, 필수 조건

*__sin·ew__ [sínju:] *n.* **1** 〖해부〗 **건**(腱) **2** [*pl.*] 근육; 체력; 정력

sin·ew·y [sínju:i] *a.* **1** 근골이 건장한, 강건한 **2** 〈문체가〉 힘찬, 야무진

*__sin·ful__ [sínfəl] *a.* **1 죄가 있는**, 죄 많은: a ~ act 죄 많은 짓 **2** 《구어》 벌받을 **~·ly** *ad.* **~·ness** *n.*

⁑**sing** [siŋ] *v.* (**sang** [sæŋ], 《드물게》 **sung** [sʌŋ]; **sung**) *vi.* **1 노래하다**: ~ *in*[*out of*] tone 곡조에 맞게[어긋나게] 노래하다 **2** 〈새·벌레가〉 울다, 지저귀다; 〈벌이〉 윙윙거리다 **3** 〈귀가〉 (윙) 울리다: My ears ~. 귀가 울린다. **4** 《문어》 시[노래]를 짓다 《*of*》

— *vt.* **1** 〈노래를〉 **부르다**; 읊다 **2** 영송(詠頌)하다 **3** 〈새가 노래를〉 지저귀다

— *n.* 노래 부름, 노래; 《미》 합창회(의 모임)(《영》 singsong)

síng·a·ble *a.* 노래할 수 있는, 노래하기 쉬운

sing. single; singular

sing-a·long [síŋəlɔ̀:ŋ | -lɔ̀ŋ] *n.* 《구어》 노래부르기 위한 모임(songfest)

Sin·ga·pore [síŋgəpɔ̀:r] *n.* 싱가포르

singe [sindʒ] *v.* (**~d**) *vt.* **1** …의 표면을 태우다, 그스르다 **2** 〈새·돼지 등의〉 털을 태워 없애다 — *n.* 그스름; 그 자국

⁑**sing·er** [síŋər] *n.* **1 노래하는 사람**, 가수, 성악가 **2** 우는 새 **3** 시인

sing·er-song·writ·er [síŋərsɔ́:ŋràitər | -sɔ́ŋ-] *n.* 가수 겸 작곡[작사]가

Sin·gha·lese [sìŋgəlí:z, -lí:s | -lí:z] *a.*, *n.* (*pl.* **~**) =SINHALESE

⁑**sing·ing** [síŋiŋ] *n.* ⓊⒸ **1 노래부름**, 성악 **2** 지저귐; 소리남 **3** 귀울림

sing·ing-mas·ter [-mæ̀stər] *n.* 노래 선생, 성악 교사; (교회의) 성가대 지휘자

⁂**sin·gle** [síŋgl] *a.* **1** Ⓐ **단 하나의**, 단 한 개의: a ~ survivor 단 한 사람의 생존자 **2 혼자의**, 독신의: (a) ~ life 독신 생활 **3** Ⓐ 1인용의: a ~ bed 1인용 침대 **4** 일편단심의, 순수한 **5** Ⓐ 각각의, 개개의: every ~ person 각 개인 **6** Ⓐ 단일의; 〖부기〗 단식(單式)의 **7** 일치한, 단결한

with a ~ eye 성실히, 일편단심으로

— *n.* **1 a** 한 사람; (호텔 등의) 1인용 방 **b** (젊은) 독신자 **2** [*pl.*] 〖테니스〗 싱글스, 단일 시합 **3** 《영》 편도 차표

— *vt.* 골라내다, 선발하다(choose)《*out*》

— *vi.* 〖야구〗 1루타를 치다

sin·gle-breast·ed [-bréstid] *a.* 〈양복 저고리 등이〉 싱글의, 단추가 외줄인

síngle créam 《영》 (커피·홍차용) 크림

sin·gle-deck·er [-dékər] *n.* 단층선[함]; 《영》 2층 없는 전차[버스]

sin·gle-dig·it [-dídʒit] *a.* 10퍼센트 이하의: ~ inflation 10% 이하의 인플레

síngle éntry 〖부기〗 단식 기장법: by ~ 단식 부기로

sin·gle-eyed [-áid] *a.* **1** 홑눈의, 단안(單眼)의 **2** 외곬의, 곁눈 팔지 않는 **3** 성실한

síngle fíle 〖군사〗 1렬 종대(로)
in ~ 1렬 종대로

sin·gle-hand·ed [-hǽndid] *a.*, *ad.* 한 손의[으로]; 단독의[으로], 독립의[으로] **~·ly** *ad.*

sin·gle-heart·ed [-hɑ́:rtid] *a.* 순진한, 진심의, 성실한; 일편단심의
~·ly *ad.* **~·ness** *n.*

sín·gle-lens réflex [-lènz-] 일안(一眼) 반사형 카메라 《略 SLR》

sin·gle-line [-láin] *a.* 일방 통행의

sìngle márket (EC 회원국 간의) 단일 시장

sin·gle-mind·ed [-máindid] *a.* (한 가지 목적에만) 전념하는; 한결같은
~·ly *ad.* **~·ness** *n.*

síngle móther 미혼모, 모자 가정의 모친

sin·gle·ness [síŋglnis] *n.* Ⓤ 단일, 단독; 독신; 성의

síngle párent 자녀를 기르는 편친(偏親)

sín·gles bàr [síŋglz-] 《미·캐나다》 싱글스바《독신 남녀가 데이트 상대를 찾아 모이는 술집》

sin·gle-seat·er [síŋglsí:tər] *n.* 단좌(單座)[1인승] 비행기[자동차]

sin·gle-ser·vice [-sə̀:rvis] *a.* 〈음식 등이〉 1인분의, 1회분의

sin·gle-sex [-sèks] *a* 《영》 〈교육·직업 훈련 등이〉 (남·녀) 한쪽 성만을 위한; 양성 공통이 아닌, (남·녀) 공학이 아닌

sin·glet [síŋglit] *n.* 《영》 (남자용) 내의, 셔츠, 운동복

síngle tàx 《미》 단세제(單稅制), 단일 물건 과세제, 《특히》 토지 단세제

sin·gle·ton [síŋgltən] *n.* 〖카드〗 한 장 패(의 수)

sin·gle-track [-trǽk] *a.* **1** 〖철도〗 단선(單線)의 **2** 융통성이 없는

sin·gly [síŋgli] *ad.* **1** 단독으로, 독력으로 **2** 하나[한 사람]씩; 따로따로

sing·song [síŋsɔ̀ːŋ | -sɔ̀ŋ] *n.* **1** 단조로운 가락의 시가(詩歌): in a ~ 단조롭게 **2** (영) 즉석 합창회((미) sing)
— *a.* Ⓐ 단조로운, 억양이 없는

sin·gu·lar [síŋgjulər] *a.* **1** 남다른, 특이한, 비범한; 기이한: a woman of ~ beauty 보기 드문 미인 **2** 둘도 없는 **3** 단 하나의 **—** *n.* 〖문법〗 단수(형); 단수형의 낱말

sin·gu·lar·i·ty [sìŋgjulǽrəti] *n.* Ⓤ **1** 특이(特異), 희한; Ⓒ 특성 **2** 단독, 단일

sin·gu·lar·ize [síŋgjulərὰiz] *vt.* **1** 〖문법〗 단수화하다 **2** 기묘하게 하다, 두드러지게 하다

sin·gu·lar·ly [síŋgjulərli] *ad.* **1** 이상[기묘]하게 **2** 남다르게, 유별나게 **3** 〖문법〗 단수로

Sin·ha·lese, Sin·gha·lese [sìnhəlíːz] *n.* (*pl.* ~) **1** 신할라 사람; [the ~] 신할라족 (Sri Lanka의 주요 민족) **2** Ⓤ 신할라 말 **—** *a.* 신할라족[말]의

sin·is·ter [sínistər] [L 「왼쪽」의 뜻에서; 왼쪽은 불길하다고 생각된 데서] *a.* **1** 불길한 〈조짐 등〉, 재수없는 **2** 사악한 **3** 〈문장(紋章)이〉 (방패 무늬의) 왼쪽의 (마주보아 오른쪽) **~·ly** *ad.*

sin·is·tral [sínistrəl] *a.* **1** 〖패류〗 왼편으로 감긴 **2** 왼쪽의, 왼손잡이의 **~·ly** *ad.*

sink [siŋk] *v.* (**sank** [sæŋk], (고어·미) **sunk** [sʌŋk]; **sunk, sunk·en** [sʌ́ŋkən]) *vi.* **1** 가라앉다, 침몰하다 **2** 〈해·달 등이〉 지다: The sun was ~*ing in* the west. 해가 서쪽으로 지고 있었다. **3** 〈지반·건물 등이〉 내려앉다, 함몰하다 (*to, toward*) **4** 쇠약해지다, 기진하다; 〈사람이〉 (맥없이) 쓰러지다: ~ *from* exhaustion 피로로 쇠약해지다 **5** 〈눈이〉 움푹 들어가다, 쑥 들어가다; 〈볼의 살이〉 빠지다: His cheeks have *sunk in.* 그의 볼이 홀쭉해졌다. **6** 〈가치·가격 등이〉 하락하다: The stock *sank to* nothing. 재고가 바닥이 났다 **7** 풀이 죽다, 낙담하다, 의기소침하다: His head *sank down* on his chest. 그의 고개가 푹 수그러졌다. **8** 〈바람·불길·홍수 등이〉 약해지다, 가라앉다: The flames have *sunk down.* 불길이 약해졌다. **9** 〈잠·망각·절망 등에〉 빠지다, …로 되다 (*in, into*): ~ *into* silence 침묵하다 **10** 타락[몰락, 영락]하다 (*into*): ~ *into* evil habits[poverty] 악습[빈곤]에 빠지다
— *vt.* **1** 가라앉히다, 침몰시키다, 격침시키다 **2** 새기다, 조각하다: ~ a die 주형[바탕]을 파다 **3** 처박아 넣다, 〈말뚝·파이프 등을〉 박다, 묻다: ~ piles *into* the ground 땅에 말뚝을 박다 **4** 〈두레박 등을〉 내리다; 〈시선·고개 등을〉 떨어뜨리다, 숙이다: ~ one's head *on* one's chest 고개를 푹 숙이다 **5** 〈수량을〉 감소시키다; 〈평가·권위 등을〉 낮추다, 떨어뜨리다 **6** 〈계획 등을〉 망치다, 파멸시키다 **7** 〈성명·직업 등 신분을〉 감추고 말하지 않다, 불문에 붙이다, 무시하다, 억누르다; 빼다
— *n.* **1** (부엌의) 싱크대, 개수통; (미) 세면대 **2** (문어) (악 등의) 소굴 (*of*)

sink·a·ble [síŋkəbl] *a.* 가라앉힐 수 있는, 침몰할 우려가 있는

sink·er [síŋkər] *n.* **1** 가라앉(히)는 것[사람] **2** 우물 파는 사람 **3** (낚싯줄·그물 등의) 추 **4** 〖야구〗 싱커

sink·hole [síŋkhòul] *n.* (개숫물 등의) 구멍; (석회암 지방의 절구 모양으로) 팬 땅; (미) 하수 구멍

sink·ing [síŋkiŋ] *n.* ⓊⒸ 가라앉음, 함몰; 쇠약, 쇠약감(感), 기운 없음

sínking fùnd 감채(減債)[상환] 기금

sin·less [sínlis] *a.* 죄 없는, 결백한 **~·ness** *n.*

sin·ner [sínər] *n.* **1** (종교·도덕상의) (죄인) **2** (가벼운 뜻으로) 개구쟁이, 녀석: a young ~ (익살) 젊은이

Sínn Féin [ʃín-féin] [Ir. 「우리 자신」의 뜻에서] (아일랜드의 완전 독립을 위하여 1905년에 결성된) 신페인당

Sino- [sáinou, sínou] (연결형) 「중국…」의 뜻

Si·nol·o·gist [sainάlədʒist], **Si·no·logue** [sáinəlɔ̀ːg] *n.* [때로 **s~**] 중국학 연구자, 중국학자

Si·nol·o·gy [sainάlədʒi | -nɔ́l-] *n.* Ⓤ 중국학 (중국의 언어·역사·제도·풍습을 연구하는 학문)

sin·ter [síntər] *n.* Ⓤ 온천 침전물, 규화(硅華), 탕화(湯花)

sin·u·ate [sínjuət] *a.* **1** 꾸불꾸불한 **2** 〖식물〗 〈잎 가장자리가〉 물결 모양의
— [-èit] *vi.* 꼬불꼬불 굽이치다; 〈뱀 등이〉 꾸불꾸불 기다

sin·u·os·i·ty [sìnjuάsəti | -ɔ́s-] *n.* (*pl.* **-ties**) **1** Ⓤ 꾸불꾸불(함) **2** (강·길의) 굽이, 만곡부

sin·u·ous [sínjuəs] *a.* 꾸불꾸불한, 물결 모양의; 복잡한

si·nus [sáinəs] *n.* (*pl.* **~·es**) **1** 〖해부·동물〗 공동(空洞) **2** 굽이, 만곡(부)

Sioux [suː] *n.* (*pl.* ~ [-z]) 수 족의 사람 (북미 인디언의 한 종족) **—** *a.* 수족 사람의

sip [sip] *v.* (**~ped**; **~·ping**) *vt.* 〈액체를〉 찔끔찔끔 마시다, 조금씩[음미하며] 마시다
— *vi.* 조금씩 마시다
— *n.* (음료의) 한 모금: take a ~ 한모금 마시다

si·phon [sáifən] [Gk 「관」의 뜻에서] *n.* **1** 사이펀, 빨아 올리는 관 **2** 사이펀병; 탄산수병 **3** 〖동물〗 수관(水管), 흡관(吸管) **—** *vt.* **1** 사이펀으로 빨다[옮기다] (*from, off, out*): ~ gasoline *from* a tank 사이펀으로 탱크에서 휘발유를 빨아올리다 **2** 〈이익 등을〉 흡수하다, 빨아들이다 (*off*); 〈자금 등을〉 유용(流用)하다 (*off*) **—** *vi.* 사이펀을 통과하다[지나가다] **si·phon·ic** [saifάnik | -fɔ́n-] *a.*

sip·per [sípər] *n.* 조금씩 마시는 사람; 술꾼

sir [səːr, sər] *n.* **1 a** 님, 씨, 귀하, 선생, 각하: Good morning, ~. 안녕하십니까. **b** 여봐!, 야! (꾸짖거나 빈정거릴 때): Will you be quiet, ~! 여봐, 조용히 해! **2** [**S~**] 경(卿) (영국에서

는 준남작(準男爵) 또는 나이트작(爵)의 이름 앞에 사용함; 성(surname)에는 붙이지 않음》

*__sire__ [saiər] *n.* (말 등의) 아비; 종마(種馬) **—** *vt.* 〈종마가 새끼를〉 낳게 하다

sir·ee [sərí:] *n.* [종종 **S~**] = SIRREE

*__si·ren__ [sáiərən] *n.* **1** 사이렌, 호적(號笛): an ambulance ~ 구급차의 사이렌 **2** [종종 **S~**] 〖그리스신화〗 사이렌 《반은 여자이고 반은 새인 요정으로서 아름다운 노래 소리로 지나가는 뱃사공을 꾀어들여 죽였다고 함》 **3** 아름다운 목소리의 여가수; 요부

Sir·i·us [síriəs] *n.* 〖천문〗 시리우스, 천랑성(天狼星) 《항성 중에서 가장 밝음》

sir·loin [sə́:rlɔin] [sir의 연상에 의한 변형; sir는 프랑스어의 sur(위)에 해당함; 즉 허리 고기(loin) 윗부분의 살이란 뜻] *n.* ⓊⒸ 소의 허리 상부의 살

si·roc·co [sirɑ́kou | -rɔ́k-] [Arab. 「동(풍)」의 뜻에서] *n.* (*pl.* **~s**) 시록코; 열풍

sir·ree, sir·ee [sərí:] *n.* 《미·구어》 [yes 또는 no 뒤에서 강조로 쓰여] = SIR: Yes, ~. 그렇고 말고요.

sir·up [sə́:rəp | sírəp] *n., vt.* = SYRUP

sis [sis] *n.* 《미·속어》 **1** = SISTER **2** 《호칭》 아가씨 **3** = SISSY

S.I.S. 《영》 Secret Intelligence Service 영국 비밀 정보국

si·sal [sáisəl] *n.* 〖식물〗 사이잘초(草) 《멕시코·중미산 용설란의 일종》; Ⓤ 사이잘 삼 《각종 밧줄용》

sis·si·fied [sísifàid] *a.* 《구어》 패기 없는, 유약한

sis·sy [sísi] *n.* (*pl.* **-sies**), *a.* 《구어》 **1** = SISTER **2** 여자 같은 남자 아이(의), 뱅충이[겁쟁이](의)

‡__sis·ter__ [sístər] *n.* **1** 여자 형제, 자매, 언니, 누이 **2** 여자 친구; 동포 자매 **3** 동지[동교파]의 여자; 〖가톨릭〗 수녀; 여성 회원 **4** 《영》 간호사, 《특히》 수간호사 **—** *a.* Ⓐ 자매 (관계)의

sis·ter·hood [sístərhùd] *n.* **1** Ⓤ 자매임, 자매 관계, 자매의 도리[의리] **2** 여성 단체[전도회, 자선회]

*__sis·ter-in-law__ [sístərinlɔ̀:] *n.* (*pl.* **sisters-**) 형[제]수, 처형[제], 시누이, 올케 《등》

sis·ter·ly [sístərli] *a.* 자매의[같은]; 자매다운, 의가 좋은, 친한 **-li·ness** *n.*

Sís·tine Chápel [sísti:n-] [the ~] (로마의 Vatican 궁전에 있는) 로마 교황의 예배당

Sis·y·phe·an [sìsəfí:ən] *a.* **1** 〖그리스 신화〗 Sisyphus의 **2** 끝없는

Sis·y·phus [sísəfəs] *n.* 〖그리스신화〗 시시포스 《코린트의 사악한 왕으로, 사후에 지옥에 떨어져 큰 바위를 산 위로 밀어 올리는 벌을 받아 이 일을 한없이 되풀이했다고 함》

‡__sit__ [sit] *v.* (**sat** [sæt], 《고어》 **sate** [seit, sæt]; **sat**; **~·ting**) *vi.* **1** 앉다; 걸터앉다: ~ *at* table 식탁에 앉다 **2** (초상화·사진을 위해) 포즈를 취하다: ~ *to* a photographer 사진을 찍게 하다 **3** 〈개 등이〉 앉다, 도사리다; 〈새가〉 앉다 《*on*》 **4** [well 등의 양태 부사와 함께] 〈옷 등이〉 맞다, 어울리다; 〈지위·행동 등이〉 어울리다: The dress ~*s badly on* her. 그 옷은 그녀에게 맞지 않는다. **5** 〈법관·공무원 등이〉 취임하다: ~ *on* the bench 법관이다 **6** 〈의회·법정이〉 개회[개정]하다: The court ~*s* next month. 공판은 내달에 개정합니다. **7** 《미》 아이를 보다; 〈병자를〉 간호하다, 돌보다 《*with*》 **8** …에 위치하다

— *vt.* **1** 앉히다: I *sat* him *down in* a chair. 나는 그를 의자에 앉혔다. **2** 〈말·보트를〉 타다: She ~*s* her horse *well.* 그녀는 자기 말을 잘 탄다.

~ back 팔짱 끼고 기다리다; (의자에) 깊숙이 앉다; (작업 후에) 휴식하다 ***~ by*** 무관심한[소극적인] 태도를 취하다 ***~ down*** 앉다; 자리잡다 《*before*》; 포위하다; 일을 본격적으로 하기 시작하다 《*to*》; 연설을 끝내다; 단념하다 《*with*》 ***~ down under*** 〈멸시·대우 등을〉 순순히 받다, 감수하다 ***~ in*** 〈시합·회의 등에〉 참가하다; 《영·구어》 (고용되어) 아이를 보다; (경기·회의 등에서) …을 대신하다 《*for*》; 연좌 데모를 하다 ***~ on*** [***upon***] (위원회 등의) 일원이다, …을 심리[조사]하다 ***~ out*** (1) 바깥 (양지쪽)에 나가서 앉다 (2) 축에 끼지 않다 《무도회 등에서》 (3) 〈연극·음악회 등을〉 끝까지 보다[듣다] (4) (다른 방문객) 보다 오래 머물다 ***~ up*** 일어나 앉다; 똑바로 앉다; 〈개가〉 앞발을 들고 앉다; 〈사람을〉 일으키다; 자지 않고[일어나] 있다: ~ *up* all night 철야하다, 밤샘하다

si·tar, sit·tar [sitɑ́:r] *n.* 시타르 《기타 비슷한 인도의 현악기》

sit·com [sítkɑ̀m | -kɔ̀m] *n.* 《구어》 = SITUATION COMEDY

sit-down [sítdàun] *n.* 농성 파업(= ~ strike) **—** *a.* Ⓐ 〈식사가〉 앉아서 하는

sít-down stríke = SIT-DOWN *n.*

‡__site__ [sait] [동음어 cite, sight] *n.* **1** (건축용) 대지, 용지: the ~ for a new school 신설 학교의 대지 **2** 유적; (사건 등의) 현장: historic ~*s* 사적 **3** 〖컴퓨터〗 사이트 《정보를 보관하고 있는 컴퓨터나 네트워크; website의 줄임말》 **—** *vt.* …의 위치를 차지하다, 용지를 정하다

sit-in [sítìn] *n.* **1** = SIT-DOWN **2** 인종 차별 철폐 항의 데모 《공공 장소에 자리를 잡고 하는》

*__sit·ter__ [sítər] *n.* **1** 착석자, 초상화를 그리도록[사진을 찍도록] 앉는 사람 **2** = BABY-SITTER **3** 알을 품고 있는 새

*__sit·ting__ [sítiŋ] *n.* **1** Ⓤ 착석 **2** 초상화·사진의 모델이 됨 **3** 일하며 앉아 있는 기간, 한 바탕의 일, 단숨 **4** 개회, 개정 (기간), (의회) 개회기 **5** (한 집단에 할당된) 식사 시간 **—** *a.* Ⓐ **1** 재직[현직]의 **2** 《영》 〈세 든 사람 등이〉 거주 중인 **3** 알을 품고 있는

sítting dúck 《구어》 (맞히기) 쉬운 목표; 봉

*__sítting ròom__ 《영》 거실, 거처방

sit·u·ate [sítʃuèit] *vt.* …을 (어떤 장소·처지에) 놓다, 놓이게 하다, …의 위치를 정하다

‡sit·u·at·ed [sítʃuèitid] *a.* Ⓟ **1 위치해 있는**(located): a house ~ *on* a hill 언덕 위에 있는 집 **2 …한 처지[경우, 상태]에 있는**《*at, in, on*》: be awkwardly ~ 거북한 처지에 있다

‡sit·u·a·tion [sìtʃuéiʃən] *n.* **1 위치,** 장소: a good ~ for a camp 야영하기에 좋은 곳 **2 a** 경우, 입장: an embarrassing ~ 난처한 처지 **b** (사물의) **상태,** 정세: save the ~ 사태를 수습하다 **3** 《문어》 근무처, 일자리: *S~s* Wanted[Vacant]. 구인[구직].《광고》

sit·u·a·tion·al [sìtʃuéiʃənl] *a.* 상황[장면]에 따른

situátion cómedy 〖라디오·TV〗 연속 홈 코미디

sit-up [sítʌ̀p] *n.* 윗몸 일으키기, 복근(腹筋) 운동

Si·va [síːvə, ʃíːvə] *n.* 〖힌두교〗 시바《3대 신격(神格)의 하나로 파괴를 상징함》

‡six [siks] *a.* **1** Ⓐ **여섯의,** 여섯 개[사람]의: ~ men 남자 6명 **2** Ⓟ 여섯 살의 — *pron.* [복수 취급] 6개[사람]
— *n.* **1 여섯**; 여섯 개, 여섯 사람 **2** 6의 숫자, 6의 기호《6, vi》
at ~es and sevens 혼란하여, 뒤범벅이 되어; 일치하지 않아

six·fold [síksfòuld] *a., ad.* 6겹의[으로], 6배의[로]

six-foot·er [-fútər] *n.* 《구어》 키[길이]가 6피트인 사람[물건]

six-pack [síkspæ̀k] *n.* 《미》 (병·통 등 6개 들이의) 종이 상자

***six·pence** [síkspəns] *n.* (*pl.* **~, -penc·es**) 《영》 **6펜스의 은화**《1971년까지》; 6펜스의 값, 6펜스 어치

six·pen·ny [síkspèni, -pəni] *a.* 6펜스의; 《영》 값싼; 하찮은

six-shoot·er [-ʃúːtər] *n.* 《미·구어》 6연발 권총

‡six·teen [sìkstíːn] *a.* **1** Ⓐ **16의,** 16개[사람]의 **2** Ⓟ 16세의
— *pron.* [복수 취급] 16개[사람]
— *n.* **1** 16; 16의 기호《16, xvi》 **2** Ⓤ 16세; 16 달러[센트, 파운드, 펜스《등》]

‡six·teenth [sìkstíːnθ] [sixteen(16)과 -th(서수를 만드는 접미사)에서] *a.* [보통 the ~] **제16의, 16번째의**; 16분의 1의: a ~ part 16분의 1
— *n.* [보통 the ~] (서수의) 제16; 16일; 16분의 1

sixtéenth nòte 《미》 〖음악〗 16분 음표(《영》 semiquaver)

‡sixth [sikθs] [six(6)와 -th(서수를 만드는 접미사)에서] *a.* [보통 the ~] **6번째의,** 제6의, 6분의 1의
— *n.* **1** [보통 the ~] **6번째,** 제6; (한 달의) 제6일, 초엿새 **2** 6분의 1

síxth·ly *ad.* 6번째로

síxth fórm 《영》 6학년《16세 이상의 학생으로 구성된 grammar[public] school의 최고 학년》

síxth sénse [the ~] (제) 6감, 직감

‡six·ti·eth [síkstiiθ] [sixty(60)와 -th(서수를 만드는 접미사)에서] *a.* [보통 the ~] **제60의,** 60번째의; 60분의 1의
— *n.* [보통 the ~] (서수의) 60(번)째; 제 60분의 1

‡six·ty [síksti] *a.* **1** Ⓐ **60의,** 60개[명]의 **2** Ⓟ 60세의 — *pron.* [복수 취급] 60개[명] — *n.* (*pl.* **-ties**) **1** 60; 60의 기호《60, LX, lx》 **2** 60세; 60달러[센트, 파운드, 펜스《등》]

siz·a·ble [sáizəbl] *a.* 상당한 크기의; 꽤 많은 〈급료 등〉 **-bly** *ad.*

‡size¹ [saiz] *n.* **1** Ⓤ **크기**; 치수, (형(型)의) 대소; Ⓒ **사이즈,** 판《종이 등의》 **2** Ⓤ 큼, 훌륭함; ⓊⒸ 도량(度量), 수완: a man of a considerable ~ 도량이 큰 사람 **3** [the ~] 《구어》 사실, 진상, 실정
— *vt.* **1** 어떤 치수[크기]로 만들다 **2** 크기에 따라 분류하다 **3** …의 크기[치수]를 재다; 평가하다
~ down 차례로 작게 하다 ***~ up*** 《구어》 치수를 재보다; 어떤 크기[정도]에 이르다; 《구어》 〈인물·정세 등을〉 평가하다

size² *n.* Ⓤ **1** 사이즈, 도사(陶砂); 옷감용 풀《주로 녹말》 **2** 점성《점토의》
— *vt.* size를 칠하다

size·a·ble [sáizəbl] *a.* =SIZABLE

sized [saizd] *a.* [보통 복합어를 이루어] 크기가 …한: small-[large-]~ 소[대]형의

siz·zle [sízl] [의성어] *vi.* **1** 〈튀김 기름 등이〉 지글거리다 **2** 《구어》 찌는[타는] 듯이 덥다 **3** 《구어》 머리 끝까지 화가 치밀다
— *n.* 지글지글(하는 소리)

siz·zling [sízliŋ] *a.* 지글지글 소리내는; 《구어》 몹시 뜨거운[더운]: ~ hot 몹시 더운[뜨거운]

S.J. Society of Jesus 예수회

skag [skæg] *n.* =SCAG

skald [skɔːld, skɑːld] *n.* 고대 스칸디나비아의 음유 시인

‡skate¹ [skeit] *n.* **1** [보통 *pl.*] **스케이트화**(靴) **2** [보통 a ~] (스케이트의) 한 번 타기: go for *a* ~ 스케이트를 한번 타러 가다
— *vi.* **1 스케이트를 타다 2** 〈문제 등에〉 가볍게 언급하다, 피상적으로 다루다《*over,* (*a*)*round*》

skate² *n.* (*pl.* **~, ~s**) 〖어류〗 홍어《가오리속(屬)》

skate·board [skéitbɔ̀ːrd] *n.* 《미》 스케이트보드
— *vi.* 스케이트보드를 타다 **~·er** *n.*

***skat·er** [skéitər] *n.* **스케이팅을 하는 사람**《특히 잘 타는 사람》

‡skat·ing [skéitiŋ] *n.* Ⓤ **스케이트(타기)**: go ~ 스케이트 타러 가다

skáting rìnk 아이스 스케이트장, 롤러 스케이트장

ske·dad·dle [skidǽdl] 《구어》 *vi.* 달아나다, 내빼다

skeet [skiːt] *n.* 《미》 스키트 사격

skein [skein] *n.* (실의) 타래, 토리

skel·e·tal [skélətl] *a.* 골격의, 해골의; 피골이 상접한

‡skel·e·ton [skélətn] [Gk 「마른 것」의 뜻에서] *n.* **1 골격**; 《특히》 **해골**; 《구어》 뼈와 가죽만 남은 사람: be reduced to a

～ 피골이 상접하게 되다 **2 뼈대** 《가옥·배 등의》 **3** 골자, 윤곽 **—** *a.* Ⓐ **1** 해골의; 〈계획이〉 골격뿐인, 개략의 **2** (인원·서비스 등의) 최소한도의: a ～ staff[crew] 최소한도의 인원, 기간 요원[승무원]
skel·e·ton·ize [skélətənàiz] *vt.* **1** 해골로 만들다; 골격만 남기다 **2** 개략[개요]을 기술하다; …의 수량을 크게 삭감하다
skéleton kèy (여러 자물쇠를 여는) 맞쇠, 결쇠
skep [skep] *n.* (짚으로 만든) 꿀벌집; (농가에서 쓰는) 일종의 바구니
skep·tic | scep- [sképtik] *n.* **1** 회의론자, 의심 많은 사람 **2** 무신론자
***skep·ti·cal | scep-** [sképtikəl] *a.* **1 의심 많은, 회의적인**: be ～ about[of] …을 의심하다 **2** 무신론적인 **～·ly** *ad.*
skep·ti·cism | scep- [sképtəsìzm] *n.* Ⓤ 회의; 회의론[설]; 무신론
‡**sketch** [sketʃ] [Gk 「즉흥」의 뜻에서] *n.* **1 스케치,** 소묘(素描); 약도: make a ～ 스케치[사생]하다, 약도를 그리다 《*of*》 **2** 줄거리, 개략; (인물 등의) 소묘 **3** 소품, 단편 **4** 〖음악〗 소묘곡
— *vt.* **1 스케치하다**; …의 약도를 그리다 **2** 개요(槪要)를 말하다; 약기하다 《*out*》
— *vi.* 스케치하다, 사생하다; 약도를 그리다: go *～ing* =go out to ～ 사생하러 가다
sketch·book [skétʃbùk] *n.* **1** 사생첩(帖), 스케치북 **2** 소품[수필]집
sketch·i·ly [skétʃili] *ad.* 스케치식으로; 대충, 단편적으로
skétch màp 약도
sketch·y [skétʃi] *a.* (**sketch·i·er**; **-i·est**) **1** 스케치[약도, 사생도]의[와 같은], 소묘(素描)의 **2** 대충의, 피상적인; 미완성의
skew [skju:] *a.* 비스듬한, 비뚤어진, 구부러진 **—** *n.* 비뚤어짐, 비스듬함
skew·bald [skjú:bɔ̀:ld] *a., n.* (하양과 갈색으로) 얼룩진 (말)
skew·er [skjú:ər | skjúə] *n.* 꼬챙이, (산적) 꼬치 **—** *vt.* 꼬챙이로 꿰다
skew-eyed [skjú:àid] *a.* 사시(斜視)의, 사팔눈의
skew·whiff [skjú:hwíf] *a., ad.* 《영·구어》 = ASKEW
‡**ski** [ski:] [ON 「나무 막대」의 뜻에서] *n.* (*pl.* **～s, ～**) **1 스키**(판) **2** 수상 스키(판) **—** *a.* Ⓐ 스키의, 스키용의: a ～ resort 스키장
— *vi.* (**～ed**; **ski·ing**) **스키를 타다,** 스키로 활주하다
ski·bob [skí:bὰb | -bɔ̀b] *n.* 스키봅
skí bòot 스키화(靴)
skid [skid] *n.* **1** (자전거·바퀴 등의) 미끄럼, 옆으로 미끄러짐 **2** (자동차 바퀴의) 미끄럼을 막는 제동(制動) 장치 **3** [보통 *pl.*] (무거운 물건을 굴릴 때 까는) 활재(滑材), 굴대
on the ～s 《미·속어》 파멸[실패, 타락, 빈곤]의 길로 접어든
— *v.* (**～·ded**; **～·ding**) *vi.* (브레이크를 건 채) 미끄러지다, 〈비행기가〉 밖으로 미끄러지다
skid·lid [skídlìd] *n.* 《영·구어》 (오토바이용) 헬멧
skid·pan [skídpæ̀n] *n.* 《영》 스키드[슬립] 운전 연습장
skíd rów 《미》 하층 사회의 거리, 빈민굴
***ski·er** [skí:ər] *n.* **스키 타는 사람,** 스키어
skiff [skif] *n.* 작은 보트
skif·fle [skífl] *n.* Ⓤ 《영》 스키플 《1950년대 후반에 유행한 재즈와 포크가 섞인 음악》
‡**ski·ing** [skí:iŋ] *n.* Ⓤ **스키 타기**
skí jùmp **1** 스키 점프; 스키 점프 경기 **2** 스키 점프장[코스]
***skil·ful** [skílfəl] *a.* 《영》 =SKILLFUL
skí lìft (스키장의) 리프트, 스키 리프트
‡**skill** [skil] *n.* **1** Ⓤ **솜씨; 숙련;** 수완, 기량 **2 기능,** 기술 《*in, of*》
***skilled** [skild] *a.* **1 숙련된,** 기술이 좋은 《*in, of*》: ～ workers 숙련 노동자 **2** 숙련[특수 기술]을 요하는
skil·let [skílit] *n.* **1** 《영》 (스튜용) 냄비 **2** = 《미》 FRYING PAN
skill·ful [skílfəl] *a.* **1 숙련된,** 능숙한 《*at, in, of*》 **2** 잘 만들어진, 교묘한 **～·ness** *n.*
***skill·ful·ly, skil·ful·ly** [skílfəli] *ad.* **솜씨 있게,** 교묘하게
***skim** [skim] *v.* (**～med**; **～·ming**) *vt.* **1 웃더껑이[뜬 찌끼]를 걷어내다** 《*off*》 **2** 〈수면 등을〉 **스쳐 지나가다,** 미끄러져 가다 **3** 스치듯 날려 보내다 **4** 〈책 등을〉 대충[대강] 읽다[보다]
～ off 〈최상의 부분을〉 취하다, 선발하다
— *vi.* **1** 스쳐가다, 미끄러지듯 나아가다 《*over, along, through*》 **2** 대충[대강] 읽다 《*over, through*》: ～ *through* [*over*] a book 책을 대충 읽다
— *n.* **1** 웃더껑이, 뜬 찌끼 **2** 웃더껑이의 제거
skim·mer [skímər] *n.* **1** 더껑이를 걷어내는 연장[사람] **2** 〖조류〗 제비갈매기 무리
skím[skímmed] mílk 탈지 우유
skimp [skimp] *vt.* 인색하게 굴다, 절약하다 **—** *vi.* 절약하다, 아끼다 《*on*》
skimp·y [skímpi] *a.* (**skimp·i·er**; **-iest**) **1** 불충분한, 빈약한 **2** 〈옷이〉 꽉 죄는 **skímp·i·ly** *ad.* **-i·ness** *n.*
‡**skin** [skin] *n.* **1** CU (인체의) **피부,** 살갗: a fair ～ 흰 살결 **2** CU (동물의) **가죽;** 가죽으로 만든 기물, 가죽부대 《술 등을 담는》 **3** (씨 등의) **껍질,** 과피(果皮) **4** (선체·기체·건물 등의) 외판(外板), 외장(外裝)
by[with] the ～ of one***'s teeth*** 《구어》 간신히, 가까스로 ***in[with] a whole ～*** 무사히 ***in*** one***'s*** (***bare***) ***～*** 알몸으로, 옷을 입지 않고 ***save*** one***'s ～*** 무사히 도망치다 ***under the ～*** 한 꺼풀 벗기면, 내막은, 속은
— *a.* Ⓐ **1** 피부의[에 관한]: ～ care 피부 손질 **2** 《미·속어》 누드 전문의, 포르노의: a ～ film 포르노 영화
— *v.* (**～ned**; **～·ning**) *vt.* **1** 〈짐승·과실 등의〉 **껍질을 벗기다** **2** 생채기 내다 **3** 《속어》 강탈하다 《*out of, of*》 **—** *vi.* **1** 가죽[껍질]으로 덮이다 《*over*》: My wound has *～ned over.* 상처에 딱지가 생겼다. **2** (시험 등에) 가까스로 합격하다
skín càncer 〖의학〗 피부암

skin-deep [skíndí:p] *a.* **1** 〈상처 등〉 가죽 한꺼풀의 **2** 피상적인
skin-dive [-dàiv] *vi.* 스킨 다이빙하다
⁑**skín dìver** 스킨 다이버, skin diving을 하는 사람
⁑**skín dìving** 스킨 다이빙
skin·flint [-flìnt] *n.* 지독한 구두쇠
skín fòod 피부 영양 크림
skin·ful [skínfùl] *n.* 《구어》 취할 만큼의 주량
skín gàme 《미·속어》 속임수 승부, 야바위
skín gràft 〖외과〗 피부 이식용 피부 조각
skín gràfting 〖외과〗 식피술(植皮術)
skin·head [skínhèd] *n.* **1** 대머리 **2** 《영》 스킨헤드 《1970년대 초, 장발족에 대항하여 삭발한 전투적인 보수파 청년》
skink [skiŋk] *n.* 〖동물〗 도마뱀
skin·less [skínlis] *a.* **1** 껍질 없는[벗긴] **2** 민감한, 과민한
skinned [skind] *a.* **1** [복합어를 이루어] …한 피부를 가진 **2** 노출한; 〈경기장이〉 잔디가 없는
skin·ner [skínər] *n.* 모피 상인; 가죽을 벗기는 사람
skin·ny [skíni] *a.* (**-ni·er**; **-ni·est**) 바싹 여윈, 피골이 상접한
skin·ny-dip [skínidìp] 《미·구어》 *vi.* (**~ped**; **~·ping**) 알몸으로[벌거벗고] 헤엄치다 **—** *n.* 알몸으로 헤엄치기
skint [skint] *a.* Ⓟ 《영·속어》 무일푼의
skín tèst 〖의학〗 (알레르기 체질 등을 가리기 위한) 피부 시험
⁑**skip**[1] [skip] *v.* (**~ped**; **~·ping**) *vi.* **1** 뛰어다니다; 〈돌 등이〉 표면을 스치며 날다 《*over, on*》: ~ *about* for joy 기뻐서 깡충깡충 뛰다 **2** 《영》 줄넘기하다 **3** 급히 여행하다, 서둘러 가다 **4** 훑어보다, 건너뛰다 《*over*》; 띄엄띄엄 읽다: ~ *over* the preface 서문을 빠뜨리고 읽다 **5** 〈화제가〉 급히[갑자기] 옮겨가다 **—** *vt.* **1** 뛰어넘다 《*over, across*》, 뛰다 **2** 빠뜨리다; 보지 않다, 건너뛰다 **3** 〈식사 등을〉 거르다 **4** 〈수업 등을〉 빼먹다 **5** 《미·구어》 월반하다 **—** *n.* **1** 가볍게 뜀, 도약: a hop, ~ and jump 3단 뛰기 **2** 군데군데 뛰어넘어 읽기
skip[2] *n.* **1** 〖광산〗 석탄 담는 그릇; 광차(鑛車) **2** 《영》 대형 용기 《건축 현장 등에서 나오는 폐기물 운반용》
skip·jack [skípdʒæ̀k] *n.* 〖어류〗 물 위로 뛰어오르는 물고기 《가다랭이 등》
ski-plane [skí:plèin] *n.* 〖항공〗 설상기(雪上機) 《눈 위에서도 이·착륙할 수 있는》
skí pòle 《미》 스키 지팡이
*__skip·per__[1] [skípər] *n.* **1** 선장 《작은 상선·어선의》 **2** 주장 《운동 팀의》; 《미》 매니저 **3** (항공기의) 기장(機長) **—** *vt.* **1** 〈배의〉 선장 일을 맡아보다 **2** 《구어》 (팀의) 주장[《미》 매니저] 일을 맡아보다
skipper[2] *n.* 뛰는 사람[것]
skip·ping-rope [skípiŋròup] 《영》 줄넘기 줄(《미》 jump[skip] rope)
skíp ròpe = JUMP ROPE
skirl [skə:rl] *vt., vi.* 《스코》 (풍적(風笛) 소리 같은) 높고 날카로운 소리를 내다 **—** *n.* 째지는 듯한 소리; 풍적 소리[취주]

skir·mish [skə́:rmiʃ] *n.* **1** 〖군사〗 (우발적인) 작은 접전(接戰), 사소한 충돌 **2** 작은 논쟁 **—** *vi.* 사소한 접전[싸움, 충돌]을 하다 《*with*》 **~·er** *n.*
⁂**skirt** [skə:rt] [OE 「짧은」의 뜻에서; shirt와 같은 어원] *n.* **1** 스커트, (옷의) 자락 **2** (차량·기계 등의) 철판 덮개 **3** [*pl.*] 교외, 변두리 **—** *vt.* **1** 둘러싸다 **2** 언저리를 지나다 **—** *vi.* **1** 가장자리[언저리]를 따라가다 《*along*》 **2** 장애물을 비켜가다 《*along, round*》
skírt·ing bòard [skə́:rtiŋ-] 《영》 〖건축〗 굽도리널(《미》 baseboard)
skí rùn 스키 활주로
skí sùit 스키복
skit[1] [skit] *n.* **1** (풍자적인) 촌극(寸劇) **2** 가벼운 풍자문, 빈정대는 글 《*on, upon*》
skit[2] *n.* 《구어》 **1** 많이 있는 것, 무리, 군중 **2** [*pl.*] 다수, 많음
skí tòw **1** 스키토, 로프토 **2** = SKI LIFT
skit·ter [skítər] *vi.* 경쾌하게[잽싸게] 나아가다[달리다, 미끄러지다]
skit·tish [skítiʃ] *a.* **1** 〈말 등이〉 잘 놀라는, 겁이 많은 **2** 〈특히 여자가〉 까부는, 방정맞은; 쾌활한 **~·ly** *ad.* **~·ness** *n.*
skit·tle [skítl] *n.* **1** 《영》 [*pl.*; 단수 취급] 구주희(九柱戲) **2** 구주희용의 나무핀
skive [skaiv] *vi., vt.* 《영·속어》 일을 게을리하다, 〈의무를〉 팽개치다
skiv·vy[1] [skívi] *n.* (*pl.* **-vies**) 《미·속어》 (선원의) 셔츠; [*pl.*] (팬티와 T셔츠로 된) 내의
skivvy[2] 《영·속어·경멸》 *n.* (*pl.* **-vies**) 하녀, 식모
skoal [skoul] [Dan. 「컵(cup)」의 뜻에서] *n.* (건강·행복·번영 등을 위한) 축배
Skr., Skrt., Skt. Sanskrit
sku·a [skjú:ə] *n.* 〖조류〗 도둑갈매기 (= ∠ **gùll**)
skul·dug·ger·y, skull- [skʌldʌ́gəri] *n.* (*pl.* **-ger·ies**) Ⓤ 《익살》 야바위, 사기, 부정
skulk [skʌlk] *vi.* **1** 살금살금 …하다; 슬그머니 숨다 《*behind*》 **2** 《영》 농땡이 부리다, 책임[의무]을 회피하다 **skúlk·er** *n.*
*__skull__ [skʌl] *n.* **1** 두개골, 해골(바가지) **2** 《경멸》 머리, 골통
skúll and cróssbones 두개골과 교차시킨 두 대퇴골 《죽음의 상징; 해적기 등의 표시》
skull·cap [skʌ́lkæ̀p] *n.* 작은 테두리 없는 모자 《주로 노인·성직자용》
*__skunk__ [skʌŋk] *n.* **1** 〖동물〗 스컹크; Ⓤ 스컹크의 모피 **2** 《구어》 싫은 놈 **—** *vt.* 《미·속어》 **1** 영패시키다 **2** 〈빚 등을〉 떼먹다; 〈남에게서〉 사취하다 《*out of*》
skúnk càbbage 〖식물〗 앉은부채
⁂**sky** [skai] [ON 「구름」의 뜻에서] *n.* (*pl.* **skies**) **1** [the ~; 종종 *pl.*] 하늘 **2** [보통 *pl.*] 날씨; 기후, 풍토 **3** [the ~, the skies] 천국(heaven)
out of a clear (***blue***) **~** 갑자기, 불시에 ***under the open*** **~** 야외에서
— *vt.* (**skied, ~ed**) **1** 〈그림 등을〉 천장 가까이에 진열하다 **2** 〈공을〉 높이 날리다
skŷ blúe 하늘색

sky-blue [skáiblùː] *a.* 하늘색의
sky·borne [-bɔ̀ːrn] *a.* = AIRBORNE
sky·bridge [-brìdʒ] *n.* (두 건물 사이를 잇는) 구름 다리식의 통로
sky·cap [-kæ̀p] *n.* ((미)) 공항의 수하물 운반인[짐꾼]
sky·dive [-dàiv] *vi.* 스카이다이빙하다 **-dìver** *n.*
sky·div·ing [-dàiviŋ] *n.* Ⓤ 스카이다이빙
Skye [skai] *n.* **1** 스카이 ((스코틀랜드 북서부에 있는 섬)) **2** = SKYE TERRIER
Skýe térrier 〚동물〛 스카이 테리어 ((털이 길고 다리가 짧은 테리어 종의 개))
sky-high [skáihái] *ad.* **1** 하늘처럼 높이[높게] **2** 매우, 지독하게
blow ~ 논파(論破)하다; 모두 파괴하다
sky·jack [-dʒæ̀k] [*sky*+high*jack*] *vt.* 〈비행기를〉 공중 납치하다(cf. HIJACK) **~·er** *n.* 비행기 공중 납치범 **~·ing** *n.* Ⓤ 비행기의 공중 납치
Sky·lab [skáilæ̀b] [*sky*+*lab*oratory] *n.* ((미)) 유인(有人) 우주 실험실
⁑**sky·lark** [skáilɑ̀ːrk] *n.* 〚조류〛 종달새 **—** *vi.* ((구어)) 뛰어다니다, 뛰놀다, 법석대다
sky·light [skáilàit] *n.* 채광창 ((지붕·천장 등의))
***sky·line** [skáilàin] *n.* **1** 지평선(horizon) **2** 하늘을 배경으로 한 윤곽 ((산·고층 건물 등의))
ský màrshal (항공기 납치를 방지하기 위한) 항공 사복 경관
ský pìlot ((속어)) **1** 성직자, ((특히)) 군목(軍牧) **2** 항공기 조종사
sky·rock·et [-rɑ̀kit | -rɔ̀k-] *n.* 유성 불꽃, 봉화
— *vi.* 〈물가가〉 급등하다
sky·scrap·er [skáiskrèipər] *n.* 마천루, 초고층 빌딩
ský sìgn (전광) 옥상[공중] 광고
sky·troop·er [skáitrùːpər] *n.* 공수병, 낙하산병(paratrooper)
sky·troops [-trùːps] *n. pl.* 공수 부대(paratroops)
sky·walk [-wɔ̀ːk] *n.* (빌딩 사이의) 고가(高架) 통로
sky·ward [-wərd] *ad.* 하늘 쪽으로; 위로 **—** *a.* 하늘로 향한
sky·wards [-wərdz] *ad.* = SKYWARD
ský wàve 〚통신〛 공간[상공]파(波)
sky·way [-wèi] *n.* **1** ((구어)) 항공로 ((미)) 고가식 고속 도로
sky·writ·ing [-ràitiŋ] *n.* Ⓤ (비행기에 의한) 공중 문자[광고] (쓰기)
***slab** [slæb] *n.* **1** 석판(石板): a marble ~ 대리석판 **2** (재목의) 널빤지
slab·ber [slǽbər] *v., n.* = SLOBBER
***slack**[1] [slæk] *a.* **1** 늘어진, 느슨한; 〈규율 등이〉 해이된 **2** 힘이 없는, 맥이 빠진; 〈걸음 등이〉 굼뜬: feel ~ 노곤하다 **3** 되는대로의 **4** 꾸물거리는 **5** 활발치 못한, 불경기의, 시세가 없는
— *n.* **1** 느슨함, 늘어짐 **2** [보통 the ~] 처진 부분 ((새끼·띠·돛 등의)) **3** 불경기, 한산(한 때) ((거래가))
— *vt.* **1** 〈끈·밧줄·속도 등을〉 늦추다 ((*off*, *up*)): ~ *off* a rope 밧줄을 늦추다 **2** 〈의무 등을〉 게을리하다, 방치해 두다: ~ *up* one's effort 노력을 태만히 하다 **—** *vi.* **1** 게을리하다; 아무렇게나 하다, 날리다 ((*at*)): ~ *at* one's work 일을 날리다 **2** 〈속력이〉 늦어지다, 약해지다
~ ***off*** 힘을 빼다; 일손을 놓다 ~ ***up*** 속력을 늦추다; 〈노력을〉 게을리하다
slack[2] *n.* Ⓤ 〚광물〛 분탄(粉炭)
***slack·en** [slǽkən] *vt.* **1** 늦추다 ((*off*, *away*)) **2** 〈노력·속도 등을〉 감소시키다, 약화시키다 ((*up*)) **—** *vi.* **1** 〈로프 등이〉 느슨해지다 ((*off*, *away*)) **2** 늘어지다, 게으름 피우다 ((*off*, *up*)) **3** 〈속도가〉 늦어지다; 〈장사의〉 활기가 떨어지다; 〈바람·전투 등이〉 소강 상태가 되다 ((*off*, *up*))
slack·er [slǽkər] *n.* **1** 게으름뱅이, 일을 날리는 사람 **2** 병역 기피자
slacks [slæks] *n. pl.* 느슨한 바지 ((평상복))
sláck wáter[tíde] **1** 게조(憩潮) ((조수가 정지 상태에 있는 시기)) **2** 괸 물
slag [slæg] *n.* Ⓤ **1** 광재(鑛滓), 용재(鎔滓), 슬래그 **2** 화산암재(岩滓)
— *vt., vi.* (**~ged**; **~·ging**) 슬래그가 되다; 슬래그가 생기다
slag·heap [slǽghìːp] *n.* 광재 더미
⁑**slain** [slein] *v.* SLAY의 과거분사
slake [sleik] *vt.* **1** 〈기갈·욕망 등을〉 만족시키다 **2** 〈불을〉 끄다 **3** 〈석회를〉 소화(消和)하다 **—** *vi.* 〈석회가〉 소화되다
sla·lom [slɑ́ːləm] [Norw. 「비탈길」의 뜻에서] *n.* Ⓤ [보통 the ~] 〚스키〛 회전활강(滑降), 회전 경기
— *vi.* 회전 경기를 하다
***slam**[1] [slæm] *v.* (**~med**; **~·ming**) *vt.* **1** 〈문 등을〉 탕[쾅] 닫다 ((*down*, *on*)) **2** 털썩 내려놓다 ((*down*, *on*)) **3** ((속어)) 내동댕이치다, 쳐서 맞히다
— *vi.* 〈문 등이〉 쾅 닫히다
~ ***the door in*** **a person*'s face*** (난폭하게) 들어오는 것을 거절하다, 문전 퇴짜를 놓다
— *n.* **1** 쾅[탕, 철썩] (하는 소리): with a ~ 쾅 하고, 탕 하고; 사정없이 **2** ((미·구어)) 혹평
slam[2] 〚카드〛 *vt.* (**~med**; **~·ming**) …에 전승하다
slam-bang [slǽmbǽŋ] ((속어)) *ad.* 쿵[쾅] 하고; 앞뒤 살피지 않고, 무모하게; 철저히 **—** *a.* 쿵쾅거리는; 저돌적인; 철저한
slám dùnk 〚농구〛 슬램 덩크(dunk shot)
***slan·der** [slǽndər | slɑ́ːn-] *n.* ⓊⒸ **1** 중상, 욕설 **2** 〚법〛 구두 명예 훼손 **—** *vt.* 중상하다, …의 명예를 훼손하다 **~·er** *n.*
slan·der·ous [slǽndərəs | slɑ́ːn-] *a.* 중상적인, 입이 험한: a ~ tongue 독설, 험구 **~·ly** *ad.*
⁑**slang** [slæŋ] *n.* Ⓤ **1** 속어, 슬랭 **2** (특정 사회의) 통용어; (도둑 등의) 은어: college[students'] ~ 학생 은어 **3** 술어, 전문어: doctors' ~ 의사 용어
— *vt., vi.* 속어를 쓰다; ((영·구어)) 야비한 말로 욕하다[꾸짖다, 험담하다]

slang·y [slǽŋi] *a.* (**slang·i·er**; **-i·est**) **1** 속어적인, 상말의 **2** 속어를 쓰는

‡slant [slænt | slɑ:nt] [Scand. 「미끄러지다(slide)」의 뜻에서] *a.* **비스듬한,** 경사진: a ~ edge[height] 〖기하〗 사릉(斜稜)[사고(斜高)] **—***n.* **1 경사,** 기울기 **2** 비탈 **3** (마음 등의) 경향, 편향 **4** 《미》 관점, 견지 《*at*》: take a ~ *at* a person 사람을 곁눈으로 보다
***on the*[*a*] ~** 경사져서
—*vt.* **1** 기울게 하다, 경사지게 하다 **2** 〈기사 등을〉 특정한 독자에게 맞도록 쓰다; 왜곡하다
—*vi.* 기울다, 경사지다: ~ *to* the right 오른쪽으로 기울다 **slánt·y** *a*

slant-eyed [slǽntàid | slɑ́:nt-] *a.* **1** 눈초리가 올라간 **2** 《경멸》 아시아[동양]계의

slant·ing [slǽntiŋ | slɑ́:nt-] *a.* 기울어진, 비스듬한

slant·ing·ly [slǽntiŋli | slɑ́:nt-] *ad.* 기울어져, 비스듬하게

slant·ways [slǽntwèiz | slɑ́:nt-] *ad.* =SLANTWISE

slant·wise [-wàiz] *ad., a.* 기울어져서[진], 비스듬히[한]

‡slap [slæp] [의성어] *n.* **1 찰싹** (때림), **2** 거절; 모욕; 비난
a ~ in*[*across*] *the face (1) 빰을 찰싹 때림 (2) 퇴짜놓음, 거절, 모욕 ***a ~ on the wrist*** 《구어》 가벼운 벌, 가벼운 경고
—*v.* (**~ped**; **~·ping**) *vt.* **1 찰싹 때리다** 《*in, on, across*》: ~ a person's face = ~ a person *in*[*on*] the face …의 빰을 찰싹 때리다 **2** 〈물건을〉 털썩[탁] 놓다 《*down*》: ~ a book *down on* the desk 책을 책상 위에 탁 놓다 **—***vi.* 찰싹 하고 소리를 내다
~ a person ***on the back*** (친근하게) …의 등을 가볍게 두드리다
—*ad.* **1** 홱, 찰싹 **2** 《구어》 똑바로, 정면으로: run ~ into …와 정면 충돌하다

slap-bang [slǽpbǽŋ] *ad.* **1** 《구어》 통탕하고, 떠들썩하게; 세차게 **2** 황급히; 갑자기 **—***a.* =SLAPDASH

slap·dash [-dæ̀ʃ] *ad.* 물불을 가리지 않고, 함부로; 정통으로
—*a.* 물불을 가리지 않는; 되는 대로의

slap·hap·py [-hæ̀pi] *a.* (**-pi·er**; **-pi·est**) 《구어》 **1** (얻어맞고) 비틀거리는; 판단력을 잃은 **2** 좋아서 어쩔줄 모르는

slap·jack [-dʒæ̀k] *n.* 《미》 **1** 일종의 튀김 과자 **2** Ⓤ 슬랩잭 《어린이의 간단한 카드놀이》

slap·stick [slǽpstìk] *n.* **1** 끝이 갈라진 막대기 《광대극·팬터마임용》 **2** Ⓤ 법석떠는 희극, 익살극 **—***a.* Ⓐ 법석떠는

slap-up [-ʌ̀p] *a.* Ⓐ 《영·구어》 〈식사 등이〉 일류의, 훌륭한

***slash** [slæʃ] *vt.* **1 깊이 베다,** 썩 베다 **2** 〈의복의 일부분을〉 속옷이 보이게 길게 터놓다 **3** 〈사람을〉 채찍으로 갈기다 《*with*》 **4** 《미》 대폭적으로 인하[삭감]하다 **5** 혹평하다; 헐뜯다 **6** 〈서적 등을〉 삭제하다, 대대적으로 개정하다
—*vi.* **1** 닥치는 대로 마구 베다, 마구 채찍질하다 《*at*》 **2** 〈비 등이〉 요란스럽게 들이치다 《*against*》
—*n.* **1** 일격, 한 번 채찍으로 침 **2** 깊은 상처, 벤 상처 **3** 삭감, 인하 **4** 사선(斜線)

slash-and-burn [slǽʃəndbə́:rn] *a.* (일시적인 경작을 위해) 나무를 벌채하여 태우는

slash·er [slǽʃər] *n.* **1** slash하는 사람[것] **2** (부도덕·폭력 행위 등을 묘사한) 공포 영화[비디오]

slash·ing [slǽʃiŋ] *a.* **1** 날카로운, 격렬한, 가차 없는 **2** 《구어》 훌륭한, 굉장한

slat [slæt] *n.* (지붕 이는) 얇은 널빤지, 널조각, 얇고 긴 널빤지

‡slate¹ [sleit] [OF 「나무 끄트러기」의 뜻에서] *n.* **1** 점판암 **슬레이트 2** Ⓤ 점판암(粘板岩) **3** 석판
wipe the ~ clean 과거를 청산하다, 깨끗이 잊어버리다
—*a.* Ⓐ **1** 석판질의, 석판 같은 **2** 석판색
—*vt.* **1** 〈지붕을〉 슬레이트로 이다 **2** 《미》 후보자 명부에 등록하다 **3** [종종 수동형] 《미》 예정하다

slate² *vt.* 《영·구어》 혹평하다; 심히 꾸짖다 《*for*》

sláte pèncil 석필

slat·er [sléitər] *n.* 슬레이트공(工), 지붕 이는 사람

slat·tern [slǽtərn] *n.* 단정치 못한 여자, 헤픈 여자

slat·tern·ly [slǽtərnli] *a.* 단정치 못한, 방종한 **—***ad.* 단정치 못하게

slat·y, slat·ey [sléiti] *a.* (**slat·i·er**; **-i·est**) **1** 슬레이트의, 석판 모양의 **2** 석판색[쥐빛]의

slaugh·ter** [slɔ́:tər] [ON 「도살육(屠殺肉)」의 뜻에서] *n.* Ⓤ **1 도살 2** (대)학살, 살육 **3** ⓊⒸ 《구어》 완패(完敗) **—vt.* **1** 도살하다 **2** 학살하다 **3** 《구어》 완패시키다 **~·er** *n.* 도살자; 살육자

slaugh·ter·house [slɔ́:tərhàus] *n.* (*pl.* **-hous·es** [-hàuziz]) 도살장

slaugh·ter·ous [slɔ́:tərəs] *a.* 살육을 좋아하는, 살벌[잔인]한 **~·ly** *ad.*

Slav [slɑ:v] *n.* 슬라브 사람; [the ~s] 슬라브족; Ⓤ 슬라브 말
—*a.* 슬라브족[말]의

‡slave [sleiv] [L 「슬라브 사람(Slav)」의 뜻에서; 중세에 많은 슬라브 사람들이 노예가 된 데서] *n.* **1 노예 2 a** (…에) 사로잡힌[빠진] 사람 《*of, to*》: a ~ *of*[*to*] drink =a ~ *to* the bottle 술의 노예 **b** (주의 등에) 헌신하는 사람 《좋은 의미》 《*to*》: a ~ *to* duty 의무를 위하여 헌신적으로 일하는 사람 **3** 노예같이 일하는 사람 **—***vi.* 노예처럼[뼈빠지게] 일하다 《*at, over*》

sláve drìver 1 노예 감독자 **2** 《구어》 (고용인을) 혹사하는 주인

slave·hold·er [sléivhòuldər] *n.* 노예 소유자

slave·hold·ing [-hòuldiŋ] *n.* Ⓤ, *a.* 노예 소유(의)

sláve hùnter 노예 사냥꾼

sláve lábor 1 노예가 하는 일 **2** 강제적인 노동, 수지 안맞는 일

slav·er¹ [sléivər] [slave에서] *n.* **1** 노예 상인[매매자] **2** 노예선

slav·er[2] [slǽvər, sléiv-] *n.* Ⓤ 군침
— *vi.* **1** 군침을 흘리다 《*over*》 **2** 몹시 탐내다, 갈망하다 《*over, after*》

⁑slav·er·y [sléivəri] *n.* Ⓤ **1 노예의 신세,** 노예의 몸 **2 노예 제도,** 노예 소유 **3** (정욕·식욕 등의) 예속, 심취 **4** 천한 일, 힘드는 일, 고역(苦役)

sláve shìp 〖역사〗 노예(무역)선

sláve stàte 〖미국사〗 노예주 《남북 전쟁 이전에 노예 제도가 합법화되었던 남부의 주》

sláve tràde 〖역사〗 노예 매매

sláve tràffic 노예 매매: white ~ (백인) 여자를 창녀로 파는 일

Slav·ic [slǽvik, slɑ́:v-] *n., a.* **1** 슬라브인[족](의) **2** Ⓤ 슬라브 말(의)

slav·ish [sléiviʃ] *a.* **1** 노예의 **2** 노예 근성의, 비열한 **3** 독창성이 없는, 맹목적으로 모방한 **~·ly** *ad.* **~·ness** *n.*

Sla·von·ic [sləvɑ́nik | -vɔ́n-] *a.* **1** 슬라브 사람[말]의 **2** 슬라보니아 지방[주민]의 — *n.* Ⓤ 슬라브 말[사람]

slaw [slɔ:] *n.* Ⓤ 《미》 = COLESLAW

⁑slay [slei] [동음어 sleigh] [OE 「치다(strike)」의 뜻에서] *vt.* (**slew** [slu:]; **slain** [slein]) **1 살해하다 2** 《미·속어》 몹시 웃기다 **sláy·er** *n.* 살해자

SLBM submarine-launched ballistic missile 잠수함 발사 탄도 미사일

sleaze [sli:z] *n.* Ⓤ 《구어》 저속, 천박; 《속어》 상스러운 사람; 비열한 놈

slea·zy, slee·zy [slí:zi] *a.* (**-zi·er**; **-zi·est**) **1** 〈천이〉 얄팍한 **2** 《구어》 〈행실 등이〉 너저분한, 타락한 **-zi·ness** *n.*

***sled** [sled] *n.* **썰매;** 《미》 (어린이용) 작은 썰매(《영》 sledge)
— *v.* (**~·ded**; **~·ding**) *vt.* 썰매로 운반하다 — *vi.* 썰매를 타다, 썰매로 가다

sled·ding [slédiŋ] *n.* Ⓤ **1** 썰매타기[로 나르기] **2** 《미》 (일 등의) 진행 상태

sléd[slédge] dòg 썰매 끄는 개

***sledge**[1] [sledʒ] *n.* **1** 《미》 (화물용) **썰매 2** 《영》 (어린이용) 작은 썰매(《미》 sled)
— *vi.* 썰매로 가다[를 타다] — *vt.* 썰매로 운반하다

sledge[2] *n.* = SLEDGEHAMMER

sledge·ham·mer [slédʒhæ̀mər] *n.* (두 손으로 휘두르는 대장간의) 큰 쇠망치[해머] — *a.* Ⓐ 강력한, 압도적인: a ~ blow 대[치명적] 타격

***sleek** [sli:k] [slick의 변형] *a.* **1 매끄러운,** 윤나는 〈모발 등〉 **2** 산뜻한, 맵시 낸 〈옷차림 등〉; 날씬한 **3** 말주변이 좋은
— *vt.* 매끄럽게 하다, 광택을 내다; 매만지다 《*down, back*》 **~·ly** *ad.* **~·ness** *n.*

⁑sleep [sli:p] *v.* (**slept** [slept]) *vi.* **1 잠자다 2** 숙박하다 **3 a 활동하지 않다,** 고요히[조용히] 있다 **b** 태평하게 있다 **4** 영면(永眠)하다
— *vt.* **1** [동족 목적어와 함께] 자다: ~ a sound *sleep* 숙면하다 **2** 재우다 **3** 숙박시키다 **4** 잠을 자며 〈때를〉 보내다 《*away, out*》
~ *away* 자서 〈시간을〉 보내다; 잠자서 고치다[없애다] **~ (*it*) *off*** 〈두통 등을〉 잠자서 고치다[없애다]
— *n.* ⓊⒸ **1 수면;** 졸음 **2** [a ~] 수면 기간[량]: *a* short[*an* eight-hour] ~ 짧은[8시간의] 수면 **3** Ⓤ 영면, 죽음: one's last[long] ~ 죽음, 영면
go to **~** (1) 잠들다 (2) 《구어》 〈손발 등이〉 저리다 ***send*[*put*] *... to*** **~** …을 재우다; 마취시키다; 《완곡》 〈동물 등을〉 안락사시키다

***sleep·er** [slí:pər] *n.* **1 자는 사람;** 잠꾸러기: a light[heavy] ~ 잠귀 밝은[어두운] 사람 **2** 《미》 **침대차 3** 《영》 (철도의) 침목(《미》 tie) **4** [보통 *pl.*] 《미》 (어린이용) 잠옷

sleep·i·ly [slí:pili] *ad.* 졸리는 듯이

sleep-in [slí:pìn] *a.* 〈고용인 등이〉 입주하는

sleep·i·ness [slí:pinis] *n.* Ⓤ 졸음, 졸림: shake off ~ 졸음을 쫓아버리다

***sleep·ing** [slí:piŋ] *a.* **1 자는,** 자고 있는 **2** 활동하지 않는, 쉬고 있는 **3** 〈손·발이〉 저리는 — *n.* Ⓤ **1** 수면 **2** [형용사적으로] 수면용의 **3** 불활동; 휴지

sléeping bàg 슬리핑 백, 침낭 《야영용》

sléeping càr (열차의) 침대차(sleeper)

sléeping pártner 《영》 = SILENT PARTNER

sléeping pìll (정제의) 수면제

sléeping polícеman 《영》 (주택가 등의 속도 제한을 위한) 도로상의 돌출 부분

sléeping sìckness 〖의학〗 **1** 수면병 《열대 아프리카의》 **2** 기면성(嗜眠性) 뇌염

sléeping sùit 어린 아이용 잠옷 《위아래가 붙은》

sléeping tàblet = SLEEPING PILL

sleep·less [slí:plis] *a.* **1** 잠 못 이루는, 불면증의 **2** 방심치 않는, 끊임없는 〈경계〉 **~·ly** *ad.* **~·ness** *n.*

sleep·walk·er [-wɔ̀:kər] *n.* 몽유병자

sleep·walk·ing [-wɔ̀:kiŋ] *n.* Ⓤ 몽유병

⁑sleep·y [slí:pi] *a.* (**sleep·i·er**; **-i·est**) **1 졸리는,** 졸음이 오는; 졸리는 듯한 **2** 활기없는 **3** 〈과일 등이〉 너무 익어 속이 썩기 시작한

***sleep·y·head** [slí:pihèd] *n.* **잠꾸러기,** 잠보

***sleet** [sli:t] *n.* Ⓤ **진눈깨비**
— *vi.* [it를 주어로 하여] 진눈깨비가 오다, 진눈깨비처럼 내리다

sleet·y [slí:ti] *a.* (**sleet·i·er**; **-i·est**) 진눈깨비의[같은], 진눈깨비가 오는

⁑sleeve [sli:v] *n.* **1** (옷의) **소매,** 소맷자락 **2** (레코드의) 커버, 재킷(《미》 jacket) **3** 〖기계〗 슬리브관(管), 수관(袖管)
roll*[*turn*] *up one***'s*** **~*s*** (일·싸움 등을 하려고) 소매를 걷어붙이다; 일을 착수하다

sleeved [sli:vd] *a.* **1** 소매 달린 **2** [복합어를 이루어] …한 소매가 달린: half-[long-, short-]~ 반[긴, 짧은] 소매의

sleeve·less [slí:vlis] *a.* 소매 없는

sléeve lìnk (줄로 연결한) 커프스 단추

⁑sleigh [slei] [동음어 slay] [Du. 「썰매」의 뜻에서] *n.* (대개는 말이 끄는) **썰매**
— *vi.* 썰매를 타다[로 가다]

sléigh bèll 썰매의 방울

sleight [slait] [ON 「교활한」의 뜻에서] *n.* Ⓤ 날랜 솜씨; 교묘한 수완

‡slen·der [sléndər] *a.* (**~·er**; **~·est**) **1** 호리호리한, 가느다란, 날씬한 **2** 미덥지 않은; 〈희망 등이〉 박약한 **3** 모자라는, 〈수입 등이〉 얼마 안 되는; 〈식사 등이〉 빈약한 **~·ly** *ad.* **~·ness** *n.*

slen·der·ize [sléndəraiz] *vt.* **1** 가늘게 하다; 가늘게[가냘퍼] 뵈도록 하다 **2** [~ one*self* 로] 〈몸을〉 날씬하게 하다
— *vi.* 가늘어지다, 날씬해지다

‡slept [slept] *v.* SLEEP의 과거·과거분사

sleuth [slu:θ] *n.* 《구어》 형사, 탐정 — *vt., vi.* 《구어》 …의 뒤를 쫓다, 추적[추격]하다

sleuth·hound [slú:θhàund] *n.* **1** 경찰견 **2** 《미·구어》 탐정

***slew¹** [slu:] *v.* SLAY의 과거

slew² *v., n.* =SLUE

slew³ *n.* [a ~ 또는 *pl.*] 《미·구어》 많음, 다수, 다량(lot) ***a ~ of*** 많은

‡slice [slais] [OF 「얇게[가늘게] 짜개진 것」의 뜻에서] *n.* **1 얇게 썬 조각**; 한 조각 **2** 일부분, 몫 《*of*》 **3** 날이 얇은 식칼; (식탁용) 생선 나이프 — *vt.* **1 얇게 베다[썰다]**; 잘라내다 《*off*》 **2** (칼로) 베다 **3** 〈하늘·물 등을〉 가르듯이 달리다 《*through*》; (골프채로 오른쪽에서 왼쪽으로) 〈공을 베듯이〉 치다: The ship *~d* (her way *through*) the waves. 배는 파도를 헤치고 나아갔다. — *vi.* **1** 베다 《*into*》 **2** (골프에서) 공을 깎아치다 **slíce·a·ble** *a.*

slice-of-life [sláisəvláif] *a.* 생활의 한 단면을 정확하게 묘사한, 인생의 실제 모습을 엿보게 하는

slic·er [sláisər] *n.* **1** 얇게 베는 사람 **2** (빵·베이컨 등을) 얇게 써는 기계, 슬라이서

***slick** [slik] *a.* **1 매끈매끈한**; 미끄러운 **2** 능숙한, 교묘한 **3** 말재주 있는, 요령 있는 **4** Ⓐ 고급 광택지를 사용한 〈잡지〉
— *n.* **1** 매끈매끈한 부분 **2** [보통 *pl.*] 《미·구어》 (고급 광택지로 만든) 대중 잡지 **3** 《미·속어》 겉만 번지레한 중고차
— *ad.* **1** 매끈하게: go ~ 거침없이 돌아가다, 탈없이 움직이다 **2** 교묘하게, 솜씨 있게 — *vt.* **1** 매끈하게 하다 **2** 《미·구어》 말끔하게 하다, 가지런하게 하다 《*up, off*》 **3** 향상시키다, 〈솜씨를〉 닦다 《*up, off*》 **slíck·ly** *ad.* **slíck·ness** *n.*

slick·er [slíkər] *n.* **1** 《미》 길고 헐거운 비옷 **2** 《구어》 야바위꾼, 사기꾼

***slid** [slid] *v.* SLIDE의 과거·과거분사

‡slide [slaid] *v.* (**slid** [slid]; **slid,** 《고어》 **slid·den** [slídn]) *vi.* **1 미끄러지다** 《*on, upon, over*》: ~ *down* the slope of a hill 언덕의 사면을 미끄러져 내려가다 **2** 활주하다; 〖야구〗 슬라이딩하다: The runner *slid into* second base. 주자는 2루에 슬라이딩해 들어갔다. **3** 〈죄·나쁜 버릇 등에〉 빠지다: ~ *into*[*to*] bad habits 나쁜 습관에 빠지다 **4** 〈시간 등이〉 모르는 사이에 진전되다: The years *slid past*[*away*]. 어느덧 세월이 흘렀다.
— *vt.* **1 미끄러지게 하다,** 활주시키다 《*down, on, upon, up*》 **2** 살짝 넣다 《*into*》
— *n.* **1 미끄러짐,** 활주 **2** 하락, 저하 **3** 활주장; (어린이용의) 미끄럼틀 **4** 굴림통 **5** 〖야구〗 슬라이드 **6 사태,** 산사태

slíde fàstener 척, 지퍼(zipper)

slide·film [sláidfìlm] *n.* =FILMSTRIP

slid·er [sláidər] *n.* **1** 미끄러지는 것[사람] **2** 〖기계〗 활자(滑子) **3** 〖야구〗 슬라이더

slíde rùle 계산자

slid·ing [sláidiŋ] *a.* **1** 미끄러져 움직이는; 이동하는(movable) **2** 변화하는; 불안정한; 불확실한

slíding dóor 미닫이

slíding scále 〖경제〗 슬라이딩 스케일, 신축법(伸縮法) 《임금·물가·세금 등이 경제 상태에 따라 오르내리는 방식》

slíding séat (노젓기를 자유롭게 하기 위해) 미끄러져 움직이는 자리 《경주용 보트의》

‡slight [slait] *a.* **1 근소한,** 약간의 **2** [최상급으로; 부정문에서] 조금도 (…않다): There is not the *~est* doubt about it. 거기에는 조금도 의심스러운 점이 없다. **3** 하찮은; 경미한: a ~ wound 가벼운 상처 **4** 호리호리한, 가냘픈 ***not ... in the ~est*** 조금도 …아니다
— *vt.* **경시하다,** 무시하다
— *n.* **경멸,** 얕봄, 무례, 모욕, 냉담 《*to, upon*》 ***put a ~ upon*** a person …을 얕보다[모욕하다]

slight·ing [sláitiŋ] *a.* 경멸하는, 실례되는

slight·ing·ly [sláitiŋli] *ad.* 얕보아, 경멸하여

***slight·ly** [sláitli] *ad.* **1 약간, 조금**; 가볍게: know a person ~ …을 조금 알고 있다 **2** 약하게, 가늘게, 호리호리하게: He is very ~ built. 그는 몹시 가냘픈 체격이다.

slight·ness [sláitnis] *n.* Ⓤ **1** 조금, 미량 **2** 몸이 호리호리함 **3** 하찮음; 연약함; 실질이 없음

***slim** [slim] [Du. 「나쁜」의 뜻에서] *a.* (**~·mer**; **~·mest**) **1** 〈사람·체격 등이〉 **호리호리한,** 가냘픈 **2** 〈가망 등이〉 **아주 적은**; 불충분한 **3** 〈논의 등이〉 시시한, 천박한 — *vi.* (**~med**; **~·ming**) (감식(減食)·운동 등으로) 야위게[가늘게] 하다
— *vt.* 가늘게[마르게]하다; 억제하다
slím·ness *n.*

slime [slaim] *n.* **1** ⓊⒸ 끈적끈적한[찐득찐득한] 것; 진흙, 이사(泥砂) **2** (달팽이·물고기 등의) 점액(粘液)

slim·line [slímlàin] *a.* 호리호리한[날씬한] 디자인의; 〈형광등이〉 가느다란

slim·ly [slímli] *ad.* 가느다랗게; 날씬하게; 불충분하게

slim·ming [slímiŋ] *n.* Ⓤ 슬리밍 《체중을 줄이기 위한 감식·식이 요법》

slim·y [sláimi] *a.* (**slim·i·er**; **-i·est**) **1** 진흙투성이의; 끈적끈적한, 점액성의: a ~ liquid 점액성 액체 **2** 불쾌한, 치사한 **slím·i·ness** *n.*

***sling** [sliŋ] *n.* **1 a 투석기**(投石器) 《옛날의 무기》 **b** (어린이 등의) 장난감 고무총 **2** (투석기로) 돌을 쏨; 내던짐 **3** 〖의학〗 어깨에 매는 붕대, 삼각건 **4** 〖항해〗 (물건을)

매다는 밧줄[사슬] —*vt.* (**slung** [slʌŋ]) **1** 투석기로 쏘다; 〈돌 등을〉 (고무총 등으로) 내던지다 **2** 〈…을〉 (어깨 위 등에) 던져 올리다, 걸치다

sling-back [slíŋbæ̀k] *n.* 슬링백, 슬링 밴드《발꿈치 부분이 끈으로 된 구두; 그 끈》

slíng chàir 슬링 체어《나무 또는 철제 골격에 캔버스 등을 댄 의자》

sling·shot [slíŋʃɑ̀t | -ʃɔ̀t] *n.* 《미》 (돌 던지는) 고무총(《영》 catapult)

slink [sliŋk] *vi.* (**slunk** [slʌŋk]) 살금살금 걷다[도망가다], 가만가만 다니다

slink·y [slíŋki] *a.* (**slink·i·er**; **-i·est**) **1** 살금살금 움직이는 **2 a** 〈동작·자태 등이〉 나긋나긋하고 우아한 **b** 〈여성복 등이〉 신체의 선을 살린

⁑**slip**[1] [slip] *v.* (**~ped** [slipt]; **~·ping**) *vi.* **1** 미끄러지다 《*down, off* [*into*]》, …에서 미끄러지다 《*over*》: ~ *along over* the snow 눈 위를 미끄러져 가다 **2** 헛디디다 《*on*》 **3** 벗겨지다 《*out of, down, through, up*》; 헐거워지다, 풀리다 **4** 살짝[슬그머니, 가만가만] 움직이다; 살짝 들어서다[빠져 나가다] 《*in, out*》; 슬쩍 지나쳐 가다 《*past*》 **5** 미끄러지듯[술술] 달리다; 〈기회 등이〉 사라지다, 없어지다 《*away, past, by*》: let an opportunity ~ 기회를 놓치다 **6** 깜빡[무심결에] 실수하다[잘못하다] 《*up*》

—*vt.* **1** 미끄러지게 하다; 술술 끼우다; 살짝 끼우다[벗기다]; 살짝 넣다[꺼내다] 《*into, out of*》 **2** 풀어놓다, 내어주다; 〈추적자 등을〉 따돌리다 **3** 〈개가 목걸이 등을〉 풀어 헤치다 **4** (기억에서) 사라지다; (주의에서) 벗어나다

~ *away* [***off***] 인사도 없이 떠나가다, 살짝 가버리다; 〈시간이〉 어느덧 지나가다

~ *into* 쑥 입다; 《속어》 후려 갈기다; 많이 먹다 **~ *over*** (1) 깜빡 빠뜨리다[간과하다] (2) 〈길을〉 서둘러[빨리] 나아가다

~ *up* (1) 미끄러져 넘어지다, 헛디디다 (2) 《구어》 틀리다; 실패하다 (3) 《미》 도망치다, 뺑소니치다, 실종하다 (4) 《호주·속어》 속이다, 야바위치다

—*n.* **1** 미끄럼 **2** 미끄러져 넘어짐, 헛디딤 **3** (가벼운) 실수, 실패 **4 a** 여자의 속옷, 슬립 **b** 베갯잇 **5** 조선대(臺)

a ~ of the pen [***tongue***] 잘못 씀[말함] ***give*** a person ***the ~*** 《구어》 …을 허탕치게 하다, 〈추적자 등을〉 따돌리다

slip[2] *n.* **1** 가늘고 긴 조각, 종이 조각, 전표, 권(券) 《보통 장방형》 **2** 〖원예〗 접지(接枝), 꺾꽂이용 가지 **3** 몸집이 작고 가냘픈 젊은이[소년]

slip·case [slípkèis] *n.* (책 보호용) 종이 케이스, 책갑(《미》 slipcover)

slip·cov·er [-kʌ̀vər] *n.* **1** (소파 등의) 커버, 덮개 **2** 《미》 = SLIPCASE

slip·knot [-nɑ̀t | -nɔ̀t] *n.* (잡아당기면 곧 풀어지는) 풀매듭

slip-on [-ɔ̀:n | -ɔ̀n] *a., n.* 손쉽게 착용하고 벗을 수 있는 (옷[장갑, 구두]); 머리로부터 내리 입는 (스웨터)

slip·o·ver [-òuvər] *a., n.* = SLIP-ON

⁑**slip·per** [slípər] *n.* [보통 *pl.*] (실내용의 가벼운) 슬리퍼, 덧신, 실내화: a pair of ~*s* 덧신 한 켤레

*__slip·per·y__ [slípəri] *a.* (**-per·i·er**; **-i·est**) **1** 〈길 등이〉 미끄러운 **2** 잡을 데가 없는, 매끌매끌한 **3** 뻔뻔스러운, 믿을 수 없는; 교활한: a ~ customer 믿을 수 없는 사람 **4** 의미가 선명하지 않은, 애매한 **-i·ness** *n.*

slip·py [slípi] *a.* (**-pi·er**; **-pi·est**) **1** = SLIPPERY 1 **2** 재빠른, 눈치 빠른

slíp ròad, slip-road [-ròud] 《영》 고속 도로의 진입로

slíp shèet (인쇄물 사이에 끼우는) 간지

slip·shod [slípʃɑ̀d | -ʃɔ̀d] *a.* **1** 뒷굽이 닳은 신을 신은 **2** 발을 질질 끌며 걷는 **3** 단정치 못한

slip·stream [-strì:m] *n.* **1** 〖항공〗 (프로펠러의) 후류(後流) 《프로펠러에 의해 뒤로 밀리는 기류》 **2** (자동차의) 슬립 스트림

slip·up [-ʌ̀p] *n.* 《구어》 (사소한) 잘못, 오류

slip·way [-wèi] *n.* (경사진) 조선대(造船臺), 선가

*__slit__ [slit] *vt.* (~; **~·ting**) **1** 째어 발기다 **2** (세로로) 가느다랗게 쪼개다[째다, 찢다]: ~ wood *into* strips 나무를 몇 갈래로 가느다랗게 쪼개다 —*n.* **1** 길다랗게 베인 상처 **2** 긴 구멍[짬]; 동전을 넣는 구멍《공중 전화기 등의》

slit-eyed [slítàid] *a.* 눈이 가는

slith·er [slíðər] *vi.* 주르르 미끄러지다; 미끄러져 가다[내려가다] —*n.* 주르르 미끄러짐

slith·er·y [slíðəri] *a.* 주르르 미끄러지는

sliv·er [slívər] *vt.* 세로로 길게 베다[찢다], 가느다랗게 자르다 —*vi.* 찢어지다, 쪼개지다 —*n.* 찢어진 조각, (나무·재목 등의) 가느다란 조각

slob [slɑb | slɔb] *n.* 《구어》 지저분한 사람; 굼벵이

slob·ber [slɑ́bər | slɔ́bə] *vi.* **1** 군침을 흘리다 **2** 감상적으로 말하다; 우는 소리를 하다 —*vt.* **1** 군침으로 적시다[더럽히다] **2** 감상적으로 말하다

—*n.* **1** Ⓤ 군침 **2** [U.C] 우는[징징거리는] 소리

slob·ber·y [slɑ́bəri | slɔ́b-] *a.* **1** 군침을 흘리는 **2** 우는 소리를 하는

sloe [slou] *n.* 〖식물〗 자두류(의 열매)

sloe-eyed [slóuáid] *a.* **1** 푸른 빛이 도는 검은 눈의 **2** 눈꼬리가 올라간

slóe gín 슬로진《sloe를 넣은 술》

slog [slɑg | slɔg] *vt., vi.* (**~ged**; **~·ging**) **1** 〈공 등을〉 강타하다 **2** 꾸준히 일하다[노력하다]: ~ *away*[*on*] 끊임없이 부지런히 일하다 **3** 무거운 걸음걸이로 걷다 —*n.* **1** 강행군; 강타 **2** 꾸준히 하는 지루하고 힘든 일(의 기간)

⁑**slo·gan** [slóugən] [Gael. 「군대의 함성」의 뜻에서] *n.* (처세·사업·단체 등의) 슬로건, 표어

slo·gan·eer [slòugəníər] 《미》 *n.* (특히 정치적·상업적 목적의) 슬로건 작자[사용자] —*vi.* 슬로건을 고안[사용]하다

sloop [slu:p] *n.* 〖항해〗 슬루프형의 범선, 외돛배

slop¹ [slɑp | slɔp] *v.* (**~ped**; **~·ping**) *vt.* 엎지르다; 엉망진창으로 만들다 《*with*》 —*vi.* **1** 엎질러지다, 넘쳐 쏟아지다 《*over, out*》 **2** 〈진창 속 등을〉 절벅절벅 걷다 —*n.* **1 a** (액체의) 엎지른 것; 엎지른 물 **b** 진창물; 《특히》 진창 **2** [*pl.*] 싸구려 요리[음식]; 밥찌꺼기 《돼지 등의 먹이》 **3** (죽 등의) 반(半)유동식

slop² *n.* **1** [*pl.*] (선원 등에게 지급되는) 침구 《등》 **2** [*pl.*] 싸구려 기성복

slóp bòwl[《영》 **bàsin**] 차찌끼 쏟는 그릇

*****slope** [sloup] [aslope의 두음 소실] *vt.* **경사지게 하다** 《*up, down, off, away*》 ***S~ arms*** [***swords***]**!** 〖군사〗 어깨 총[칼]!
—*vi.* **경사지다,** 비탈지다: The road *~s upward* from the river. 길은 강에서부터 오르막으로 되어 있다.
—*n.* **1 비탈,** 사면 **2** Ⓤⓒ **경사(도)** **3** 〖군사〗 어깨 총의 자세

slop·ing [slóupiŋ] *a.* 경사진, 비탈진 **~·ly** *ad.* 경사져서, 기울어져서

***slop·py** [slɑ́pi | slɔ́pi] *a.* (**-pi·er**; **-pi·est**) **1** 〈길 등이〉 **질퍽한,** 진흙을 튀기는 **2** 묽고 싱거운 **3** 《구어》 〈일·복장 등이〉 **너절한** **4** 《구어》 나약하고 감상적인

slóppy jóe 《구어》 (여성용) 헐렁한 스웨터

slosh [slɑʃ | slɔʃ] *n.* **1** = SLUSH 1 b **2** (액체의) 튀기는 소리 —*vt.* **1** 《영·속어》 세게 치다 **2** 〈진흙·물을〉 튀기다 —*vi.* 물[진흙] 속을 허위적거리며 나아가다; 물을 튀기다

sloshed [slɑʃt | slɔʃt] *a.* Ⓟ 《구어》 술에 취하여

***slot** [slɑt | slɔt] *n.* **1 홈, 가늘고 긴 구멍;** (자동 판매기·공중 전화기 등의) 동전 넣는 구멍 **2** 《구어》 (예정된 일련의 또는 계속되는 것 중에서) 위치, 지위, 장소 —*vt.* (**~·ted**; **~·ting**) **1** 홈을 파다; 구멍을 뚫다 **2** (…을 일련의 것 속에) 넣다 《*in*》

***sloth** [slɔːθ | slouθ] [OE slow의 명사형에서] *n.* **1** Ⓤ **나태,** 게으름, 태만 **2** 〖동물〗 나무늘보

slóth bèar 〖동물〗 (인도산의) 곰의 일종

sloth·ful [slɔ́ːθfəl | slóuθ-] *a.* 나태한, 게으른 **~·ly** *ad.* **~·ness** *n.*

***slót machìne** **1** 《영》 (표·과자·음료 등의 동전 투입식) **자동 판매기**(《미》 vending machine) **2** 《미》 자동 도박기, 슬롯 머신(《영》 fruit machine)

slouch [slautʃ] *n.* **1** [a ~] 앞으로 수그림, 수그려 걸음[앉음, 섬], 고개를 숙임 **2** [보통 부정문에서] 《구어》 서투른 사람, 시시한[쓸모없는, 변변치 못한] 사람[사물, 장소] —*vt.* **1** 〈모자 챙의 한 쪽을〉 아래로 꺾다[처지게 하다], 〈모자를〉 깊숙이 눌러 쓰다 **2** 〈어깨 등을〉 앞으로 꾸부리다 —*vi.* **1** 〈모자 챙이〉 축 늘어지다 **2** 고개를 숙이다 **3** 몸을 구부리고 단정치 못하게 걷다[앉다, 서다]

slóuch hát 챙이 처진 소프트 모자

slouch·y [sláutʃi] *a.* (**slouch·i·er**; **-i·est**) **1** 앞으로 꾸부정한 **2** 단정치 못한, 게으른

slough¹ [slau] *n.* **1** 진흙, 진흙길 **2** 진창, 수렁, 소(沼) **3** 빠져 나오지 못할 곳, 심연(深淵), (타락의) 구렁

slough², sluff [slʌf] *n.* **1 a** (뱀 등의) 허물, 탈피 **b** 버린 습관[편견] **2** 〖병리〗 썩은 살, 종기 딱지 —*vi.* **1** 〈뱀 등이〉 허물 벗다, 탈피하다 《*off, away*》: The skin of my feet *~ed off*[*away*]. 내 발의 껍질이 벗겨졌다. **2** 〖병리〗 딱지가 앉다 —*vt.* **1** 벗다, 갈아입다: A snake *~s* its skin. 뱀은 허물을 벗는다. **2** 〈편견 등을〉 버리다 《*off*》: He *~ed off* his prejudices. 그는 편견에서 벗어났다.

slough·y¹ [slúːi, sláui] *a.* (**slough·i·er**; **-i·est**) 진창의, 진흙 수렁의

slough·y² [slʌ́fi] *a.* **1** 허물과 같은, 종기 딱지의 **2** 벗겨지는, 벗어버리는

Slo·vak [slóuvɑːk | -væk] *n.* **1** Slovakia 사람 **2** Ⓤ 슬로바키아 말 —*a.* 슬로바키아 사람[말]의

Slo·va·ki·a [slouvɑ́ːkiə | -vǽk-] *n.* 슬로바키아 **-ki·an** [-ən] *a., n.* = SLOVAK

slov·en [slʌ́vən] *n.* 옷차림이 단정치 못한 사람, 게으른 사람, 부주의한 사람

Slo·vene [slóuviːn, ⌐⌐] *n.* **1 a** [the ~s] 슬로베니아(Slovenia)족 **b** 슬로베니아 사람 **2** Ⓤ 슬로베니아 말 —*a.* 슬로베니아의; 슬로베니아 사람[말]의

Slo·ve·ni·a [slouvíːniə] *n.* 슬로베니아 《유고슬라비아의 한 공화국; 수도 Ljubljana [ljúːbljɑːnɑː]》

***slov·en·ly** [slʌ́vənli] *a.* (**-li·er**; **-li·est**) **1 단정치 못한,** 게으른 **2** 부주의한, 되는 대로의 —*ad.* 단정치 못하게, 되는 대로

*****slow** [slou] *a.* **1** [시간·속도] **a 느린,** 늦은 **b** 〈일이〉 **시간이 걸리는** **c** 〈시계 등이〉 **늦게 가는**: She is ~ *in* arriving. 그녀는 도착이 늦어지고 있다. **2** [성질·상태] **a 둔한**: He is ~ *to* learn[*in* learning his lessons]. 그는 배우는 게 더디다[공부를 잘 못한다]. **b** 대범한 **c** 좀처럼 …하지 않는 《*to*》: She was ~ *to* come. 그녀는 좀처럼 오지 않았다. **d 활기가 없는;** 〈스토브 등이〉 화력이 약한
S~ and [***but***] ***sure*** [***steady***] ***wins the race.*** 《속담》 천천히[더디더라도] 착실히 하는 편이 결국 이긴다, 느릿느릿 걸어도 황소 걸음.
—*ad.* 느리게, 천천히 —*vt.* 늦게 하다, 늦추다; 〈자동차 등의〉 속력을 떨어뜨리다[늦추다] —*vi.* 속도가 떨어지다, 늦어지다; 속도를 떨어뜨리다 《*up, down*》
slów·ish *a.* **slów·ness** *n.*

slów búrn [종종 do a ~로] 서서히 타오르는 분노

slow·coach [slóukòutʃ] *n.* 《영·구어》 굼벵이(《미》 slowpoke)

slów cóoker (자기로 된) 전기 요리 냄비 《비교적 저온으로 여러 시간 조리함》

***slow·down** [slóudàun] *n.* **1 감속**(減速) **2** 《미》 태업 **3** 경제 성장의 둔화

slów fóod 슬로푸드 《조리하거나 먹는 과정에 많은 시간이 걸리는 음식》

slow-foot·ed [-fútid] *a.* 발걸음이 더딘, 느린

slów hándclasp ((미)) 일제히 느릿느릿 치는 박수 ((불쾌·초조감 등을 나타냄))

‡slow·ly [slóuli] *ad.* **천천히**, 느리게, 완만하게

slów mótion 고속도 촬영에 의한 움직임[동작]

slow-mo·tion [slóumóuʃən] *a.* **1** 고속도 촬영의, 슬로 모션의: a ~ picture 슬로 모션 영화 **2** 느린

slow-mov·ing [-múːviŋ] *a.* **1** 느리게 움직이는 **2** 〈상품 등이〉 잘 팔리지 않는

slow·poke [-pòuk] *n.* ((미·구어)) 굼벵이, 느림뱅이(((영)) slowcoach)

slow-wit·ted [-wítid] *a.* 이해가 느린, 우둔한

slow·worm [-wə̀ːrm] *n.* 〖동물〗 도마뱀의 일종

sludge [slʌdʒ] *n.* Ⓤ **1** 진흙, 진창 **2** 반쯤 녹은 눈 **3** (탱크·보일러 등의 바닥에 괴는) 침전물, 슬러지

sludg·y [slʌ́dʒi] *a.* (**sludg·i·er**; **-i·est**) 진흙(투성이)의, 진창 같은, 질벅질벅한

slue [sluː] *vt.* (수평으로) 돌리다(turn); 비틀다 **—***vi.* 돌다; 비틀어지다
—*n.* 회전; 비틀림

slug[1] [slʌg] *n.* **1** 〖동물〗 민달팽이 **2** ((속어)) 느릿느릿한 사람[동물, 차 ((등))]; 게으름뱅이

slug[2] **1** ((미)) (자동판매기용) 대량 주화 **2** 조(粗)금속 덩어리 **3** (구식총의) 납 등으로 만든 총알 **4** ((구어)) (위스키 등의) 한 잔

slug[3] *v.* (**~ged**; **~·ging**) *vt.* ((미·구어)) (주먹으로) …을 강타하다; 〈공을〉 세게 치다 **—***n.* ((미·구어)) 강타

slug·fest [slʌ́gfèst] *n.* ((미·구어)) **1** 치열한 권투 시합 **2** (야구의) 심한 타격전, 난타전

slug·gard [slʌ́gərd] *n.* 게으름뱅이, 건달 **—***a.* 게으른, 굼뜬

slug·ger [slʌ́gər] *n.* ((미)) 강타 권투선수; 〖야구〗 강타자

slúg·ging àverage [slʌ́giŋ-] 〖야구〗 장타율 ((누(壘)타수를 타수로 나눈 것))

∗slug·gish [slʌ́giʃ] *a.* **1 a 기능이 둔한**; 활발하지 못한 **b** 부진한, 불경기의 **2 느린**, 완만한 〈흐름 등〉 **3** 게으름 피우는, 나태한 **~·ly** *ad.* **~·ness** *n.*

sluice [sluːs] [L 「차단하다」의 뜻에서] *n.* **1** 수문(水門) **2** 방수로, 용수로
—*vt.* **1** 수문을 열어 (저수지 등의) 물을 방수하다, 물에 잠그다 ((*out, down, with*)) **2** 홈통으로 〈물을〉 끌다 ((*into, from, out of*)) **3** 물을 줄기차게 흐르게 하다, 솟구쳐 내리게 하다 **4** 〈통나무 등을〉 수로(水路)로 떠내려 보내다
—*vi.* 〈물 등이〉 수문을 흘러 내리다[나가다], 솟구쳐 흐르다

slúice gàte 수문(의 아래위로 여닫는 문)

slúice vàlve 수문의 제수판(制水瓣)

sluice·way [slúːswèi] *n.* **1** (수문이 있는) 방수로 **2** 인공 수로

∗slum [slʌm] *n.* **1** [종종 *pl.*] **빈민굴**, 빈민가 **2** ((구어)) 불결한 장소
—*vi.* (**~med**; **~·ming**) (호기심 또는 자선이나 연구를 위해) 빈민굴을 방문하다

‡slum·ber [slʌ́mbər] ((문어·시어)) *vi.* **1 잠자다 2** 〈화산 등이〉 활동을 쉬다
—*vt.* 〈일생을〉 하는 일 없이 보내다 ((*away, out*)): ~ *away* one's life 인생을 헛되이 보내다
—*n.* ⒸⓊ **1** [종종 *pl.*] **잠**, 선잠 **2** 혼수[무기력] 상태, 침체 **~·er** *n.*

slum·ber·ous [slʌ́mbərəs], **slum·brous** [-brəs] *a.* ((문어)) **1** 잠이 오게 하는; 졸리는; 졸고 있는 **2** 잠자는 듯한, 조용한; 활발하지 않은

slúm clèarance 슬럼[빈민가] 철거 (정책)

slum·lord [slʌ́mlɔ̀ːrd] *n.* ((미)) (욕심 많은) 빈민가의 집주인 ((세 주고 딴 데서 사는))

slum·mer [slʌ́mər] *n.* **1** 빈민굴 방문자 [구경꾼] **2** 빈민가 주민

slum·my [slʌ́mi] *a.* (**-mi·er**; **-mi·est**) **1** 빈민가의, 슬럼의 **2** 불결한, 더러운

∗slump [slʌmp] *vi.* **1 쿵 떨어지다** ((*down*)); 푹 쓰러지다 ((*down*)); 무너지듯이 앉다 **2** 〈물가 등이〉 **폭락하다**; 갑자기 쇠퇴하다[시들해지다]; 〈기운 등이〉 갑자기 없어지다[떨어지다] **3** 〈몸이〉 구부정해지다 **—***n.* **1 쿵 떨어짐 2** ((미)) (활동·원기의) **슬럼프**, 부진 **3 a** (물가 등의) 폭락 **b** 불황, 불경기

∗slung [slʌŋ] *v.* SLING의 과거·과거분사

slung·shot [slʌ́ŋʃɑ̀t | -ʃɔ̀t] *n.* ((미)) 밧줄이나 가죽끈의 끝에 무거운 쇠뭉치를 매단 무기

slunk [slʌŋk] *v.* SLINK의 과거·과거분사

slur [sləːr] *v.* (**~red**; **~·ring**) *vt.* **1** 〈사실·과실 등을〉 얼버무리다, 눈감아 주다 ((*over*)) **2** 말을 빨리 분명치 않게 하다 **3** ((고어)) 나쁘게 말하다, 중상하다 **4** 〖음악〗 〈음표를〉 잇대어 연주[노래]하다
—*n.* **1** 분명치 않게 연달아 발음함[씀] **2** 〖음악〗 연결(선), 슬러 **3** 중상; 치욕, 불명예
put*[*throw, cast*] *a* ~ (*up*)*on =((미)) ***cast*[*throw*] *~s at*** …에게 치욕을 주다, 누명을 씌우다

slurp [sləːrp] ((구어)) *vi.*, *vt.* 소리내어 마시다[먹다] **—***n.* 소리내어 마시기[먹기]

slur·ry [slə́ːri | slʌ́ri] *n.* (*pl.* **-ries**) 슬러리, 현탁액(懸濁液) ((시멘트·점토·석회 등과 물의 혼합물))

slush [slʌʃ] *n.* Ⓤ **1 a** 녹기 시작한 눈 **b** 질벅한 길, 진창 **2** ((구어)) 깊이 없는 감상적인 이야기[글, 영화 ((등))]

slúsh fùnd (정치 운동에 쓰는) 매수[부정] 자금

slush·y [slʌ́ʃi] *a.* (**slush·i·er**; **-i·est**) **1** 눈 녹은, 진흙탕의 **2** 깊이 없고 감상적인, 실없는, 시시한

slut [slʌt] *n.* 단정치 못한 여자(cf. SLOVEN); 품행이 좋지 못한 여자

slut·tish [slʌ́tiʃ] *a.* **1** 〈여성이〉 단정치 못한 **2** 〈여성이〉 품행이 좋지 못한

‡sly [slai] *a.* (**sli·er**, **~·er**; **sli·est**, **~·est**) **1 교활한**, 음흉한: a ~ dog 교활한 녀석, 몰래 놀아나는 사람 **2** 익살맞은, 장난꾸러기의

Sm 〖화학〗 samarium

S.M. *Scientiae Magister* ((L = Master of Science)) 이학 석사; sergeant major

***smack**[1] [smæk] [OE 「맛보다」의 뜻에서] *n.* **1** (독특한) 맛, 풍미 **2** [a ~ of ...로] **a** 낌새, 기미 **b** 조금, 소량
— *vi.* **1** 맛이 나다, 향기가 나다 《*of, like*》 **2** (…의) 기미가 있다 《*of*》
***smack**[2] [smæk] [의성어] *vt.* **1** 찰싹 치다; 채찍 등을 소리내다 **2** 〈입술을〉 움직여 입맛을 다시다, 혀를 차다 **3** …에 쪽 키스하다
— *n.* **1** 입맛 다심, 혀차기; 소리나는 키스 **2** (매질할 때) 찰싹하는 소리; 찰싹 때리기 **3** 《구어》 시도
— *ad.* 《구어》 **1** 찰싹 **2** 정면으로: run ~ into …와 정면 충돌하다
smack[3] *n.* 《미서부》 (활어조(活魚槽)를 갖춘) 소형 어선
smack[4] *n.* 《미·속어》 헤로인
smack-dab [smǽkdǽb] *ad.* 《미·구어》 정면으로
smack·er [smǽkər] *n.* **1** 《속어》 소리 나는 키스 **2** 입맛 다시는 사람 **3** [보통 *pl.*] 《속어》 **a** 《미》 1달러 **b** 《영》 1파운드
smack·ing [smǽkiŋ] *a.* **1** 활기있는, 거센 〈바람 등〉 **2** [부사적으로; big, good 등을 수식하여] 월등하게, 엄청나게 **3** 큰 소리를 내는 〈키스 등〉
***small** [smɔːl] *a.* **1 a** 〈형상·규모가〉 작은, 소형의 **b** 〈집 등이〉 좁은, 작은 **c** 적은, 얼마되지 않는, 사람 수가 적은 **2 a** 중대하지 않은, 하찮은 **b** 도량이 좁은, 인색한, 비열한 **3** 〈음성 등이〉 낮은, 작은 **4** Ⓐ [불가산 명사를 수식하여] 근소한, 거의 없는
feel ~ 풀이 죽다, 맥이 풀리다, 부끄럽게 생각하다 ***look*** ~ 오므라들다, 수줍어하다 ***no*** ~ 결코 적지 않은, 대단한
— *ad.* **1** 〈음성 등이〉 작게, 낮게: sing ~ 낮은 목소리로 노래하다; 죽는 소리를 하다 **2** 작게, 소규모로
— *n.* **1** [the ~] 작은[가는] 부분; 《특히》 허리 부분 《*of*》 **2** [*pl.*] 《영·구어》 자질구레한 세탁물
smáll ád 《영》 (신문 등의) 3행 광고, 항목별 광고란
smáll árms 휴대 무기 《소총·권총 등》
smáll béer **1** 약한 맥주 **2** 변변치 않은 것[일, 사람]
smáll cápital[cáp] 소형 대문자 《보기: SMALL; 略 s.c.》
smáll chánge **1** 잔돈 **2** 하찮은 것[대화]
smáll círcle 〖기하〗 소원(小圓)
small·clothes [smɔ́ːlklòuðz] *n. pl.* **1** (18세기의) 반바지 **2** 자질구레한 옷가지 《속옷·손수건·아동복 등》
smáll frý [집합적] **1** 잔고기, 치어 **2** 《익살》 어린아이들
smáll gáme [집합적] (사냥에서) 작은 사냥감
small·hold·er [-hóuldər] 《영》 소(小)자작농
small·hold·ing [-hóuldiŋ] 《영》 소자작 농지 《보통 50에이커 미만》
smáll hóurs [the ~] 심야, 오밤중 《밤 12시부터 3, 4시경까지》
smáll intéstine 〖해부〗 소장(小腸)
small·ish [smɔ́ːliʃ] *a.* 좀 작은
smáll létter 소문자
small-mind·ed [smɔ́ːlmáindid] *a.* 도량이 좁은, 비열한, 좀스러운, 인색한
~**·ly** *ad.* ~**·ness** *n.*
smáll potátoes 《구어》 하찮은 것[사람]; 소액
***small·pox** [smɔ́ːlpɑ̀ks | -pɔ̀ks] *n.* Ⓤ 〖병리〗 천연두, 마마
small-scale [-skéil] *a.* **1** 소규모의: a ~ enterprise 소기업 **2** 〈지도 등이〉 소축척의, 비율이 작은
smáll tàlk 잡담, 한담(chitchat)
small-time [-táim] *a.* 《구어》 3류의, 시시한, 중요치 않은
small-town [-táun] *a.* Ⓐ 《미》 **1** 소도시의 **2** 시골티 나는, 촌스러운; 소박한
smarm [smɑːrm] *vt.* 《구어》 **1** 〈머리 등을〉 매끄럽게 하다 **2** 지나치게 알랑거리다
smarm·y [smɑ́ːrmi] *a.* (**smarm·i·er**; **-i·est**) 《구어》 침이 마르도록 아첨하는, 역겨운
***smart** [smɑːrt] *a.* **1** 눈치빠른; 재치 있는; 조숙한 **2** 맵시 있는, 〈옷차림이〉 말쑥한 **3** 하이칼라의, 세련된, 유행의 **4** 활발한 〈동작 등〉, 기민한 **5** 재빠른 **6** 날카로운; 지독한, 격렬한 **7** 쑤시는
— *ad.* 현명하게; 거세게
— *vi.* **1** 아리다, 따끔따끔 쓰리다 **2** 괴로워하다; 양심에 찔리다: I am still ~*ing from* the memory. 그 생각을 하면 아직도 가슴이 아프다. **3** 분개하다: ~ *under* an injustice 부당한 처사에 분개하다 **4** 벌을 받다: ~ *for* one's impudence 건방지게 굴다가 벌을 받다[혼나다]
— *n.* **1** 쓰린 아픔, 고통 **2** 고뇌, 상심 **3** [*pl.*] 《구어》 스마트한 사람; (일반적) 양식(良識)
smárt àlec(k) [-ӕlik] 《구어》 똑똑한[자신 만만한] 체하는 사람, 자만심이 강한 사람
smart-al·eck·y [smɑ́ːrtӕliki] *a.* 잘난 체하는, 자만심이 강한
smart-ass [-ӕs] *n.* 《미·속어》 수재, 수완가; 건방진 녀석
smárt bómb 《미·군대속어》 스마트 폭탄 《레이저 광선에 의해 목표에 유도되는》
smárt càrd 스마트 카드 《반도체 칩을 내장한 플라스틱 카드》
smart·en [smɑ́ːrtn] *vt.* 말쑥하게 하다; 멋내다, 멋부리다: ~ *up* one's house[clothes] 집[옷]을 말쑥하게 하다
— *vi.* 말쑥해지다, 멋들어지게 되다
smárt móney **1** 《구어》 〖법〗 벌금, 배상금 **2** 《미》 (경험 있는 투자가 등의) 투자금
smash [smæʃ] [smack+*mash*] *vt.* **1** 때려부수다, 깨뜨리다, 분쇄하다 《*up*》 **2** 세게 때리다; 내던지다 《*against*》: They ~*ed* themselves *against* the wall. 그들은 벽을 들이받았다. **3** 격파하다, 대패시키다 **4** 파산시키다 **5** 〖스포츠〗 스매시하다
— *vi.* **1** 부서지다, 깨어지다 《*up*》: The cup ~*ed on* the kitchen floor. 잔이 부엌 바닥에 떨어져 산산조각이 났다. **2** 세게 충돌하다 《*into, togeth-er*》: The motorboat ~*ed into* a rock. 그 모터

보트는 바위에 세게 부딪쳤다. **3** 파산[도산]하다 《*up*》 **4** 〚스포츠〛 스매시하다 **—** *n.* **1** 분쇄; 부서지는 소리 **2** 〈기차 등의〉 충돌 (사고) **3** 실패, 도산 **4** 강타; 〚스포츠〛 스매시 **5** 《구어》 운수 대통, 큰 성공 (＝~ hit) **—** *ad.* 찰싹; 정면으로 〈부딪치다 등〉: run[go] ~ into …와 정면 충돌하다, 맞부딪치다

smash-and-grab [smǽʃəndgrǽb] *a.* 《영》 Ⓐ 가게의 진열창을 부수고 고가의 진열품을 순식간에 빼앗아 가는

smashed [smæʃt] *a.* 《구어》 술취한

smash·er [smǽʃər] *n.* **1** 분쇄자; 분쇄하는 것, 분쇄기 **2** 굉장한 것[사람]

smásh hít (책·흥행·배우 등의) 대성공, 큰 히트

smash·ing [smǽʃiŋ] *a.* **1** 분쇄하는; 맹렬한 〈타격 등〉 **2** 《영·구어》 굉장한 〈승리 등〉

smash·up [smǽʃʌ̀p] *n.* **1** 분쇄; 충돌 (사고); 추락 **2** 실패, 파산; 파멸

smat·ter·ing [smǽtəriŋ] *n.* [보통 *sing.*] 겉핥기; 소량: have *a* ~ of …을 겉핥기로 알고 있다

smaze [smeiz] [*sm*oke+h*aze*] *n.* ⓊⒸ 스메이즈 《대기중의 연기와 엷은 안개가 섞인 것》

*__smear__ [smiər] [OE 「기름을 바르다」의 뜻에서] *vt.* **1** 〈기름 등을〉 **바르다, 칠하다** **2** 〈명예·명성 등을〉 더럽히다, 손상시키다 **3** 선명치 않게 하다 **4** 《미·속어》 완패시키다 **—** *vi.* 〈기름·잉크 등이〉 번지다, 희미하게 되다 **—** *n.* **1** 오점, 얼룩 **2** 〚의학〛 도말(塗抹) 표본 **3** 중상, 비방

sméar tèst 〚의학〛 (자궁암의) 스미어 테스트, 도말 표본 검사

smear·y [smíəri] *a.* (**smear·i·er**; **-i·est**) **1** 더럽혀진; 얼룩투성이의 **2** 끈적거리는, 눅진눅진한

⁑**smell** [smel] *v.* (**~ed, smelt** [smelt]) *vi.* **1** **냄새 맡다**[맡아보다] 《*at, about*》: I cannot ~ because I am stuffy. 나는 코가 막혀 냄새를 맡을 수 없다 **2** **냄새가 나다,** 냄새가 풍기다 《*of, like*》: ~ good[sweet] 좋은 냄새가 나다 **3** 《특히》 나쁜 냄새가 나다: This meat ~*s.* 이 고기는 고약한 냄새가 난다. **4** …의 **냄새가 나다,** (…의) 기미가 있다 《*of*》: That man ~*s of* the rustic. 그 남자는 시골뜨기 티가 난다. **—** *vt.* **1** 냄새 맡다; 〈개가 사냥감 등의〉 냄새를 맡아내다; 〈사람이 …을〉 찾아내다 **2** 향기[냄새]로 알다[알아내다] **3** 〈음모 등을〉 낌새채다 **—** *n.* **1** Ⓤ **후각** **2** ⓊⒸ **냄새;** 기미, 혐의 **3** [보통 *sing.*] 냄새 맡기: take a ~ at …을 냄새 맡아 보다

sméll·ing bòttle [sméliŋ-] (옛날의) 냄새 맡는 약병, 정신 들게 하는 약병

smélling sàlts 냄새 맡고 정신 차리게 하는 약 《탄산 암모니아 주제(主劑)로 옛날에 두통이나 뇌빈혈에 사용하였음》

smell·y [sméli] *a.* (**smell·i·er**; **-i·est**) 냄새 나는; 고약한 냄새 나는

smelt[1] [smelt] *vt.* 〈광석을 용해하여〉 제련하다; 〈금속을〉 용해하다

smelt[2] *n.* (*pl.* **~, ~s**) 〚어류〛 빙어 무리의 식용어

⁑**smelt**[3] *v.* SMELL의 과거·과거분사

smelt·er [sméltər] *n.* **1** 제련업자, 제련공 **2** 제련소; 용해로

smid·gen, -geon, -gin [smídʒin], **smidge** [smidʒ] *n.* 《미·구어》 매우 적은 양, 미량 《*of*》

⁑**smile** [smail] *vi.* **1** (소리를 내지 않고) **웃다, 미소짓다;** 생긋 웃다 《*at, on, upon*》 **2** 〈운수·기회가〉 열리다, 트이다 《*on*》: Fortune ~*s on* us. 우리에게 행운이 웃음짓는다. **3** 《문어》 〈풍경 등이〉 환하다, 산뜻하다. **—** *vt.* **1** [동족목적어와 함께] (…한) 웃음을 짓다: ~ a cynical smile 빈정대는 웃음을 짓다 **2** 미소로 표시하다: ~ one's consent [thanks] 미소로써 승낙[감사]의 뜻을 표시하다 **—** *n.* **1** **미소;** 희색, 웃는 낯 **2** 《문어》 (자연 등의) 환한[청명한] 모양; (운명 등의) 은혜, 은총

smíley fàce[**bàdge**] (주로 노란 바탕에 검은 색의) 만화식의 웃는 얼굴 그림 《젊은 세대의 문화를 상징하는 데에 쓰이는》

*__smil·ing__ [smáiliŋ] *a.* **1** **미소짓는** **2** 청명한 〈풍경 등〉 **~·ly** *ad.* 웃음지으며

smirch [smə:rtʃ] *vt.* 〈명성 등을〉 더럽히다 **—** *n.* (명성 등의) 흠, 오점 《*on, upon*》

smirk [smə:rk] *vi.* 능글능글[히죽히죽] 웃다 《*at, on, upon*》 **—** *n.* 능글맞은 웃음 **~·er** *n.* **smírk·y** *a.*

⁑**smite** [smait] *v.* (**smote** [smout]; **smit·ten** [smítn]) *vt.* **1** 《문어·익살》 **치다;** 죽이다, 패배시키다: ~ the enemy 적을 쳐부수다 **2** 〈병·재난 등이〉 엄습하다 **3** 〈양심 등이〉 찌르다: My conscience ~*s* me. 나는 양심의 가책을 느낀다. **4** 〈미인이나 아름다운 사물이〉 매혹하다 《*with*》 **—** *vi.* 치다, 세게 때리다 **—** *n.* **1** 때림, 타격 **2** 《구어》 시도, 기도

*__smith__ [smiθ] *n.* **1** [보통 복합어를 이루어] **금속 세공인,** 《특히》 **대장장이** **2** 제조인, 제작자

Smith [smiθ] *n.* 스미스 **Adam ~** (1723-90) 《영국의 경제학자》

smith·er·eens [smìðəríːnz], **smith·ers** [smíðərz] *n. pl.* 《구어》 산산 조각, 작은 파편

Smith·só·ni·an Institútion [smiθsóuniən-] [the ~] 스미스소니언 협회 《과학 지식의 보급 향상을 위하여 1846년 Washington, D. C.에 창립된 학술 협회[국립 박물관]》

smith·y [smíθi] *n.* (*pl.* **smith·ies**) 대장간; 대장장이

smit·ten [smítn] *v.* SMITE의 과거분사

*__smock__ [smɑk | smɔk] *n.* **1** (어린이·여성·화가 등의) **겉옷,** 작업복 **2** ＝SMOCK FROCK **—** *vt.* 주름 장식을 달다

smóck fròck (주름 장식이 달린 유럽 농부들의) 작업복, 들일 옷

smock·ing [smɑ́kiŋ | smɔ́k-] *n.* Ⓤ 다이아몬드형(型) 등의 주름 장식

⁑**smog** [smɑg, smɔ:g | smɔg] [*sm*oke+*fog*] *n.* ⓊⒸ **스모그, 연무**(煙霧)

smog·gy [smɑ́gi | smɔ́gi] *a.* (**-gi·er**; **-gi·est**) 스모그가 많은

⁑**smoke** [smouk] *n.* Ⓤ **1** **연기** **2** 연기 같은 것; 안개; 물보라, 김,

증기 **3** Ⓒ (담배의) 한 대 (피우기); 《구어》 엽궐련, 궐련
— *vi.* **1** **연기를 내다** **2** 연기가 나다, 그을다: The stove *~s* badly. 그 난로는 연기가 몹시 난다. **3** **담배 피우다**: Do you mind my *smoking* in the room? 방에서 담배 피워도 괜찮겠습니까?
— *vt.* **1** 담배 피우다; 연기 피우다, 그을게 하다 **2** 훈제(燻製)하다
~ out 〈구멍 등에〉 연기를 피워 몰아내다; 〈계획 등을〉 알아내다

smóke bòmb 발연탄(發煙彈)

smoked [smoukt] *a.* **1** 훈제한: ~ ham 훈제 햄 **2** 그을린

smóke detèctor 연기 탐지기 《화재 경보기》

smoke-dried [smóukdràid] *a.* 훈제(燻製)한: ~ meat 훈제육

smóke-filled róom [-fìld-] 〖정치〗 막후 협상실

smoke·house [-hàus] *n.* (*pl.* **-hous·es** [-hàuziz]) (고기·생선 등의) 훈제장[실]

smóke jùmper 《구어》 (낙하산으로 강하하는) 삼림 소방대원

smoke·less [smóuklis] *a.* 연기 없는: ~ coal 무연탄 **~·ly** *ad.*

*__smok·er__ [smóukər] *n.* **1** **흡연자**, 끽연자: a heavy ~ 심한 흡연자 **2** 끽연실 **3** 《속어》 = SMOKING-CONCERT; 남자들끼리의 모임

smóke scrèen 〖군사〗 연막

smoke·stack [-stæ̀k] *n.* **1** 《구어》 (기관차의) 굴뚝 **2** (배·공장 등의) 굴뚝
— *a.* 재래식[구식] 산업의

__smok·ing__ [smóukiŋ] *n.* Ⓤ **1 연기가 남, 그을림 **2** 발연(發煙) **3** **흡연**, 끽연 ***No ~*** (within these walls)*!* (구내) 금연!
— *a.* **1** 연기나는, 그을리는 **2** 담배 피우는, 끽연용의 **~·ly** *ad.*

smóking càr[(영) **càrriage**] 흡연차 《흡연 여행자들이 타는》

smóking compàrtment (기차의) 끽연[흡연]실

smok·ing-con·cert [smóukiŋkὰnsəːrt] *n.* 《영》 **1** 담배를 피워도 되는 음악회 **2** (클럽 등에서의) 남자끼리의 가벼운 모임

smóking gún[**pístol**] (특히 범죄의) 결정적 증거

smóking jàcket 스모킹 재킷 《집에서 쉴 때 입는 상의》

smóking ròom 흡연실

*__smok·y, smok·ey__ [smóuki] *a.* (**smok·i·er**; **-i·est**) **1** **연기나는**, 그을리는 **2** 연기 자욱한 **3** 연기색의; 흐린; 연기내가 나는 **4** 〈색깔이〉 침침한; 〈취미 등이〉 수수한
smók·i·ness *n.*

smol·der | **smoul·der** [smóuldər] *vi.* **1** 그을다, 연기 피우다 《*out*》 **2** 〈감정이〉 울적하다; 사무치다: *~ing* discontent 마음 속에 쌓인 불평
— *n.* ⓊⒸ **1** 연기남, 연기 **2** (감정의) 울적

SMON [smɑn | smɔn] [*s*ubacute *m*yelo-*o*ptico-*n*europathy] *n.* Ⓤ 스몬병(病), 아(亞)급성 척수 시신경증(= ∠ **disèase**)

smooch [smuːtʃ] *n.*, *vi.* 《구어》 키스(하다); 애무(하다)

***__smooth__ [smuːð] *a.* **1 a** **매끄러운** **b** 〈머리칼 등이〉 매끄러운, 윤기 있는 **2** 〈몸에〉 털이 없는, 수염 없는; 〖동물·식물〗 매끈매끈한 **3** 〈도로 등이〉 평탄한; 매끈매끈한 **4 a** 부드러운, 원활하게 움직이는 **b** 순조롭게 나가는 **5** 〈말·문체 등이〉 유창한 **6** 〈음식 등이〉 입에 맞는, 연한
make things ~ 장애를 없애 일을 쉽게 만들다
— *vt.* **1** **반드럽게 하다**, 평탄하게 하다, 고르다 《*down*, *out*》 **2** 〈천을〉 다리미로 펴다, 주름을 펴다; 쓰다듬다 《*away*, *out*, *down*》: ~ cloth with an iron 다리미로 천을 펴다 **3** 〈곤란 등을〉 없애다, 용이하게 하다 《*away*》: He *~ed away* all objections to the plan. 그는 계획에 대한 일체의 장애를 제거했다. **4** 〈싸움·노여움을〉 가라앉히다
— *vi.* **1** 반드럽게 되다, 매끄럽게 되다 《*down*》 **2** 진정되다, 원만하게 되어 가다: His anger *~ed down.* 그의 노여움은 진정되었다.
~ out …의 주름을 펴다 ***~ over*** 〈난처한 입장을〉 원만하게 해결하다[수습하다]
— *n.* **1** 반드럽게 함; 고르게 함; 다리미질: give a ~ to one's hair = give one's hair a ~ 머리를 매만지다 **2** 평면, 평지; 《미》 초원, 풀밭

smooth-faced [smúːðféist] *a.* **1** 평평한; 매끈매끈한 **2** 매끈한 얼굴의, 수염이 없는 **3** (겉보기에) 사람이 부드러운; 빤빤스러운

smooth·ie [smúːði] *n.* 《구어》 = SMOOTHY

*__smooth·ly__ [smúːðli] *ad.* **1** **매끄럽게**; 술술, 원활하게: go on ~ 순조롭게 진행하다 **2** 유창하게, 구변 좋게 **3** 평온하게

smooth-spo·ken [-spóukən], **-tongued** [-tʌ́ŋd] *a.* 구변이 좋은, 말이 유창한

smooth·y [smúːði] *n.* (*pl.* **smooth·ies**) 《구어》 점잖은 사람; 《특히》 여자의 비위를 맞추는 남자; 구변 좋은 사람

smote [smout] *v.* SMITE의 과거

*__smoth·er__ [smʌ́ðər] *vt.* **1** **숨막히게 하다**; 질식시키다 《*with*》: be *~ed with* smoke 연기로 숨이 막히다 **2** 〈불을〉 덮어 끄다 《*with*》: ~ a fire *with* sand 모래를 끼얹어 불을 끄다 **3** 〈하품을〉 삼키다; 〈죄악을〉 은폐하다 《*up*》: ~ a yawn 하품을 참다 **4** (연기·안개 등으로) 덮어버리다; 휩싸다 《*in*, *with*》: The town is *~ed in* fog. 그 도시는 안개로 덮여 있다.
— *vi.* 질식하다, 질식해 죽다 《*in*》
— *n.* [a ~] 짙은 연기[안개], 자욱한 먼지; 혼란, 소동

smoul·der [smóuldər] *v.*, *n.* 《영》 = SMOLDER

smudge [smʌdʒ] *n.* **1** 더러움, 얼룩 **2** 《미》 (해충 구제용 등의) 모닥불, 모깃불
— *vt.* **1** 더럽히다, 때묻히다 **2** 모깃불을 놓다
— *vi.* 더러워지다; 배다

smudg·i·ly [smʌ́dʒili] *ad.* 더러워져서

smudg·i·ness [smʌ́dʒinis] *n.* Ⓤ **1** 더러움, 얼룩 **2** 선명치 않음

smudg·y [smʌ́dʒi] *a.* (**smudg·i·er**; **-i·est**) **1** 더러워진, 얼룩투성이의 **2** 그을은; 선명치 않은

smug [smʌg] *a.* (**~·ger**; **~·gest**) 잘난 체하는, 점잖은 체하는, 새치름한
smúg·ly *ad.* **smúg·ness** *n.*

***smug·gle** [smʌ́gl] *vt.* **1 밀수입[수출]하다 2** 은닉하다 《*away*》: ~ oneself *into* a country 밀입국하다
— *vi.* 밀수입[수출]하다; 밀항하다

smug·gler [smʌ́glər] *n.* **1** 밀수입[수출]자, 밀수업자 **2** 밀수선

smut [smʌt] *n.* **1** 검댕, 석탄 가루 **2** Ⓤ 상소리; 음담 **3** Ⓤ 〖식물〗 (보리의) 흑수병
— *v.* (**~·ted**; **~·ting**) *vt.* **1** (검댕·연기 등으로) 더럽히다, 검게 하다 **2** 〈보리를〉 흑수병에 걸리게 하다 — *vi.* **1** 더러워지다, 검어지다 **2** 깜부기가 생기다

smutch [smʌtʃ] *v.*, *n.* = SMUDGE

smut·ti·ly [smʌ́tili] *ad.* **1** 더러워져서 **2** 외설하게, 추잡하게

smut·ti·ness [smʌ́tinis] *n.* Ⓤ **1** 더러움 **2** 외설 **3** 흑수병에 걸림

smut·ty [smʌ́ti] *a.* (**-ti·er**; **-ti·est**) **1** 더러워진, 검댕투성이의, 검어진 **2** 음란한 **3** 흑수병에 걸린

Sn 〖화학〗 *stannum* 《L = tin》

snack [snæk] [Du. 「씹다」의 뜻에서] *n.* **1** 간단한[가벼운] 식사, 간식, 스낵 **2** 한 입, 소량 **3** 몫
— *vi.* 《미》 가벼운 식사를 하다

snáck bàr[**còunter**] 《미》 간이식당

snaf·fle [snǽfl] *n.* (말에 물리는 작은) 재갈 — *vt.* **1** 작은 재갈을 물리다, 작은 재갈로 억제하다 **2** 《영·속어》 훔치다

sna·fu [snæfú:] [*s*ituation *n*ormal *a*ll *f*ucked *u*p] 《속어》 *a.* 혼란에 빠진
— *n.* 혼란 (상태)
— *vt.* 혼란에 빠뜨리다

snag [snæg] *n.* **1** (자르거나 부러진 가지 뒤에 남은) 가지 그루터기 **2** 《구어》 뜻하지 않은 장애[고장, 결점] **3** 덧니, 뻐드렁니
— *vt.* (**~ged**; **~·ging**) **1** 방해하다 **2** [보통 수동형] 〈배를〉 물속에 잠긴 나무[암초]에 걸리게 하다 **3** 〈옷 등이〉 걸려서 찢어지다 — *vi.* **1** 〈배가〉 쓰러진 나무에 걸려 꼼짝 못하다 **2** 장애가 되다; 얽히다, (나뭇가지 등에) 걸리다

snag·gle·tooth [snǽgltù:θ] *n.* (*pl.* **-teeth** [-tì:θ]) 덧니, 뻐드렁니

snag·gy [snǽgi] *a.* (**-gi·er**; **-gi·est**) **1** 물 속에 쓰러진[가라앉은] 나무가 많은 **2** 마디[옹이] 투성이의

⁑**snail** [sneil] *n.* **1** 〖동물〗 **달팽이**: (as) slow as a ~ 느릿느릿한 **2** 둔재
***at a ~'s pace*[*gallop*]** 느릿느릿

⁑**snake** [sneik] *n.* **1** 〖동물〗 **뱀 2** 《비유》 뱀 같은 인간, 음흉[냉혹]한 사람, 악의가 있는 사람 ***~ in the grass*** 눈에 보이지 않는 위험; 숨은 적
— *vi.* (뱀처럼) 꿈틀거리다
— *vt.* **1** 〈몸을〉 꿈틀거리다, 뒤틀다, 〈길을〉 꾸불꾸불 나아가다 **2** 《미》 잡아당기다, 끌다 **3** 묶다, 감다

snake·bite [-bàit] *n.* **1** 뱀에 물린 상처 **2** 그 상처의 아픔[증상]

snáke chàrmer 뱀 부리는 사람

snáke pìt 1 뱀을 넣어두는 우리[구덩이] **2** 《구어》 수라장

snake·skin [snéikskìn] *n.* **1** 뱀껍질 **2** Ⓤ 뱀가죽

snak·(e)y [snéiki] *a.* (**snak·i·er**; **-i·est**) **1** 뱀의; 뱀 모양의; 뱀이 많은 **2** 구불구불한 **3** 음흉한, 교활한, 냉혹한

⁑**snap** [snæp] *v.* (**~ped**; **~·ping**) *vt.* **1 홱 잡다**, 잡아채다 《*up*》; 앞을 다투어 빼앗다: ~ *up* an offer 제의에 냉큼 응하다 **2 짤깍[툭] 소리내다**, 탁[툭] 치다 《*down*》 **3** 딱하고 꺾다: ~ a stick *in* two 막대기를 딱 하고 두 동강내다 **4 덥석 물다**, 꽉 물다 《*up*》; 깨물다, 물어채다 **5** 휙 던지다, 재빨리 쏘다; 〈사진을〉 **찰깍하고 찍다**, 스냅 사진을 찍다
— *vi.* **1 찰깍[딱]하고 소리가 나다 2** 짤깍[철썩, 덜컥] 닫히다 《*down, to*》 **3** 툭 끊어지다; 지치다 《*off*》 **4** 달려들다, 두 말 않고 승낙하다 《*at*》 **5** 덥석 물다 《*at*》
~ into it 《미·속어》 의욕적으로 시작하다, 본격적으로 시작하다 ***~ it up*** 《미·속어》 서두르다, 빨리하다 ~ one**'*s fingers at*** …을 경멸하다 ***~ to it*** = SNAP into it. ~ a person ***up*** …에게 딱딱거리다, 말참견하다
— *n.* **1** 깨물기, **덥석 물기 2 툭**[지끈, 철썩, 척] **소리냄 3** 툭 끊어짐 **4** 죔쇠, 채우는 쇠, **스냅** 《똑딱 단추》 **5** Ⓤ 정력, 기운, 활기 **6** (기후의) 급변, 격변; 《특히》 갑작스러운 추위: a cold ~ 갑자기 닥쳐온 추위 **7 스냅 사진** — *a.* **1** 〈채우는 쇠 등이〉 탁하고 잠기는 **2** 갑작스런, 불시의 **3** 《미·속어》 수월한 — *ad.* 짤깍, 툭, 지끈
— *int.* **1** 《영》 (카드의 스냅 놀이에서) 스냅! **2** (같은 것이 둘 나왔을 때) 같다!, 딱 맞다!

snáp bèan 〖식물〗 강낭콩, 깍지완두

snap·drag·on [-drǽgən] *n.* 〖식물〗 금어초

snáp fàstener 똑딱단추, 스냅

snap·per [snǽpər] *n.* **1** (*pl.* **~, ~s**) 〖어류〗 도미의 일종 **2** 〖동물〗 = SNAPPING TURTLE **3** 탁하고 소리나는 것, 딱딱거리는 사람

snáp·ping tùrtle [snǽpiŋ-] 〖동물〗 무는 거북 《북미산; 60-90센티에 달하며 식용》

snap·pish [snǽpiʃ] *a.* **1** 꽉 무는 **2** 딱딱거리는, 무뚝뚝한, 화 잘 내는
~·ly *ad.* **~·ness** *n.*

snap·py [snǽpi] *a.* (**-pi·er**; **-pi·est**) **1** 팔팔한, 기운 찬, 활발한; 척척 해내는 **2** = SNAPPISH **3** 살을 에는 듯한 〈추위 등〉 **4** 멋을 부린 **5** 탁탁 튀는 〈불 등〉

snap·shot [-ʃɑ̀t | -ʃɔ̀t] *n.* 스냅 사진, 속사(速寫): take a ~ of …을 속사하다, …의 스냅을 찍다

***snare** [snɛər] *n.* **1** 덫, 올가미 **2** 함정, 유혹, 실패의 원인 — *vt.* **1** 덫으로 잡다 **2** 함정에 빠뜨리다, 유혹하다 **3** 약게 굴어 …을 손에 넣다

snáre drùm 향현(響弦) 달린 작은 북

***snarl¹** [snɑ:rl] *vi.* **1** 〈개 등이〉 **으르렁거리다**: The dog *~ed at* me. 개가 나에게 으르렁거렸다. **2** 딱딱거리다, 호통치다

《*at*》: Don't ~ *at* me like that. 나한테 그렇게 딱딱거리지 마시오. — *vt.* 무서운 어조로 말하다, 호통치다 《*out*》: He ~*ed out* his anger. 그는 화가 나서 소리질렀다. — *n.* 으르렁거림

snarl² *n.* **1** (머리털 등의) 얽힘 **2** 혼란: a traffic ~ 교통 마비[정체]
— *vt.* **1** 얽히게 하다 《*up*》 **2** [보통 수동형] 혼란하게 하다 《*up*》

snarl-up [snɑ́:rlʌ̀p] *n.* (구어) 혼란, 혼잡, 《특히》 교통 마비

‡snatch [snætʃ] *vt.* **1** 와락 붙잡다, 잡아채다, 강탈하다 《*up, down, away, off, from*》 **2** 뜻밖에 얻다, 운좋게[간신히] 얻다: ~ a few hours of sleep 틈을 타서 서너 시간 자다 **3** 얼른 잡다[먹다] **4** (미·속어) 유괴하다
— *vi.* 잡아채려 하다, 달려들다 《*at*》: ~ *at* an offer 제의에 냉큼 응하다
— *n.* **1** 잡아챔, 강탈; 달려들기; (미·속어) 어린이 유괴, 납치 **2** 조각; 단편: short ~*es* of song 단속적인 노래 **3** [보통 *pl.*] 한 차례의 노동, 잠시, 한바탕: get a ~ of sleep 한잠 자다
by ~es 이따금 생각난 듯이, 띄엄띄엄
make a ~ at …을 잡아채려고 하다, …에게 덤벼들다, 달려들다

snatch·er [snǽtʃər] *n.* **1** 날치기 《도둑》 **2** 유괴 범인; 시체 도둑

snatch·y [snǽtʃi] *a.* (**snatch·i·er**; **-i·est**) 이따금의; 가끔의, 단속적인

snaz·zy [snǽzi] *a.* (**-zi·er**; **-zi·est**) (미·속어) **1** 멋진, 날씬한 **2** 호화로운, 매력적인

***sneak** [sni:k] [OE 「기다」의 뜻에서] *v.* (**~ed,** (방언) **snuck** [snʌk]) *vi.* **1** 살금살금 들어오다[나가다] 《*in, out*》 **2** (영·학생속어) (선생한테) 고자질하다
— *vt.* **1** 몰래 움직이다, 슬쩍 넣다[집다] **2** (구어) 훔치다, 슬쩍하다(steal)
— *n.* **1** 살금살금 몰래 함[하는 사람] **2** 남몰래 빠져 나감 **3** 좀도둑 — *a.* 남몰래 하는, 은밀한; 예고없는, 불의의

sneak·er [sní:kər] *n.* **1** 살금살금 하는 사람, 비열한 사람 **2** [주로 *pl.*] (미) 고무창 운동화

sneak·ing [sní:kiŋ] *a.* **1** 살금살금 걷는; 비열한 **2** 비밀의, 은근한 〈의혹·감정 등〉 **~·ly** *ad.*

snéak thìef (폭력을 쓰지 않는) 좀도둑

sneak·y [sní:ki] *a.* (**sneak·i·er**; **-i·est**) 몰래 하는, 비열한 **snéak·i·ly** *ad.*

***sneer** [sniər] *vi.* 비웃다, 냉소하다, 조소하다, 코웃음치다 《*at*》 — *vt.* **1** 비웃으며 말하다, 경멸하다: ~ a person *down* …을 경멸해버리다 **2** 비웃으며 …시키다: ~ a person *into* anger …을 냉소하여 화나게 하다 — *n.* 냉소, 경멸 《*at*》

sneer·ing·ly [sníəriŋli] *ad.* 냉소하여

***sneeze** [sni:z] *vi.* 재채기하다
— *n.* 재채기

sneez·er [sní:zər] *n.* 재채기하는 사람

snick [snik] *vt.* 칼로 홈[금]을 내다; 잘라내다, 베다 — *n.* 새김눈

snick·er [sníkər] *n.* **1** (미) 숨죽여 웃는 웃음 **2** (영) (말의) 울부짖음
— *vi.* **1** (미) 낄낄 웃다 **2** (영) 〈말이〉 울부짖다

snide [snaid] *a.* **1** 가짜의 **2** 교활한, 비열한 **3** 악의에 찬; 비방하는: ~ remarks 욕설, 비방 **sníde·ly** *ad.* **sníde·ness** *n.*

‡sniff [snif] [의성어] *vi.* **1** 코를 킁킁거리다, 냄새를 맡다 《*at*》 **2** 콧방귀 뀌다 《*at*》
— *vt.* **1** …의 냄새를 맡다: I can ~ something burn*ing*. 뭔가 타는 냄새가 난다. **2** 〈위험 등을〉 낌새채다 《*out*》: ~ danger 위험을 감지하다 **3** 코로 들이쉬다 《*up*》: ~ the sea air 바다 공기를 들이마시다 **4** 콧방귀를 뀌며 말하다
— *n.* 킁킁거리며 냄새 맡음; 한 번 맡음, 한 번 들이쉼: give a ~ 냄새를 맡아보다

sniff·er [snífər] *n.* **1** (냄새) 탐지기 **2** 마약을 코로 마시는 사람 **3** (미·속어) 코

snif·fle [snífl] *vi.* **1** 코를 훌쩍거리다 **2** 코를 훌쩍거리며 말하다 [울다]
— *n.* [*pl.*] **1** 코를 훌쩍거림 **2** [the ~] 코감기 **3** 훌쩍거리며 욺

sniff·y [snífi] *a.* (**sniff·i·er**; **-i·est**) (구어) **1** 콧방귀 뀌는, 거만한 **2** (영) 구린, 냄새 나는

snif·ter [sníftər] *n.* **1** 브랜디 술잔 《위가 좁고 서양배 모양으로 불룩함》 **2** (구어) (술) 한 모금

snig·ger [snígər] *vi., n.* (영) =SNICKER

snip [snip] [의성어] *v.* (**~ped**; **~·ping**) *vt.* **1** 싹독 자르다, 가위로 자르다 《*off*》 **2** 잘라내다 《*off, out of*》
— *vi.* 싹독 자르다 《*at*》
— *n.* **1** 싹독 자름 **2** 한 조각, 단편 **3** (영·구어) 재단사, 재봉사

snipe [snaip] *n.* (*pl.* **~, ~s**) **1** 〖조류〗 도요새 **2** 저격(狙擊)
— *vi.* **1** 도요새 사냥을 하다 **2** 〖군사〗 (잠복처에서) 적을 저격하다 《*at*》 **3** 익명으로 비난 공격하다

snip·er [snáipər] *n.* **1** 도요새 사냥꾼 **2** 저격병

snip·pet [snípit] *n.* **1** 가위로 잘라낸 자투리 **2** 단편, 약간 **3** (문장의) 부분적 인용, 발췌

snip·py [snípi] *a.* (**-pi·er**; **-pi·est**) **1** (구어) 날카로운, 신랄한, 퉁명스러운; 화잘 내는; 거만한 **2** 단편적인; 주워 모은

snit [snit] *n.* 흥분, 초조

snitch [snitʃ] *vi., vt.* (구어) 고자질하다(betray), 밀고하다 — *n.* 밀고자

sniv·el [snívəl] *v.* (**~ed**; **~·ing** | **~led**; **~·ling**) *vi.* **1** 코를 훌쩍이다 **2** 코를 훌쩍이며 울다 **3** 우는 소리로 뉘우치는[슬픈] 체하다 — *vt.* 훌쩍이며 말하다
— *n.* **1** Ⓤ 콧물 **2** 짐짓 슬퍼하는[뉘우치는] 태도

sniv·el·(l)er [snívələr] *n.* snivel하는 사람

snob [snɑb | snɔb] *n.* **1** 신사인 체하는 속물(俗物), 지위·재산 등을 숭배하는 사람 **2** 학자인 체하는 사람

snob·ber·y [snɑ́bəri | snɔ́b-] *n.* (*pl.* **-ber·ies**) Ⓤ **1** 속물 근성, 신사인 체함 **2** Ⓒ 속물적인 언동

***snob·bish** [snɑ́biʃ | snɔ́b-] *a.* 속물의 **~·ness** *n.*

snob·bish·ly [snábiʃli | snɔ́b-] *ad.* 속물 근성으로, 신사인 체하여
snob·bism [snábizm | snɔ́b-] *n.* = SNOBBERY
snob·by [snábi | snɔ́bi] *a.* (**-bi·er**; **-bi·est**) = SNOBBISH
snog [snɑg | snɔg] 《영·속어》 *vi.* (**~ged**; **~·ging**) 키스하고 포옹하다
— *n.* 키스, 애무
snood [snu:d] *n.* **1** 《미》 헤어네트; 그물 모자 **2** (옛 스코틀랜드에서 처녀의 표시로 머리에 맨) 리본, 댕기 **3** (낚시를 매는) 목줄 — *vt.* **1** 〈머리를〉 리본으로 매다 **2** 〈낚시를〉 목줄에 매다
snook [snuk, snu:k] *n.* 《영·속어》 엄지손가락을 코끝에 대고 다른 네 손가락을 펴 보이는 동작 《멸시의 표시》
snook·er [snúkər | snú:kə] *n.* Ⓤ 스누커 《당구의 일종》
— *vt.* **1** 스누커에서 상대방을 열세로 몰다 **2** [보통 수동형] 《구어》 방해하다; 사기치다
snoop [snu:p] 《구어》 *vi.* 기웃거리며 돌아다니다, 어정거리다 《*about, around*》
— *n.* = SNOOPER
snoop·er [snú:pər] *n.* 《구어》 기웃거리며 돌아다니는[어정거리는] 사람; 꼬치꼬치 캐는 사람
snoop·y [snú:pi] *a.* (**snoop·i·er**; **-i·est**) **1** 《구어》 기웃거리며 돌아다니는; 참견하기 좋아하는 **2** [**S~**] 스누피 《C. Schulz의 만화 *Peanuts*에 나오는 개》
snoot [snu:t] *n.* **1** 《미·속어》 코 **2** (얕보는 듯한) 찌푸린 얼굴; 거만한 사람
snoot·y [snú:ti] *a.* (**snoot·i·er**; **-i·est**) 《미·속어》 **1** 무뚝뚝한, 거만한, 남을 얕잡아 보는 **2** 신사인 체하는, 속물 (근성)의
snóot·i·ly *ad.* **-i·ness** *n.*
snooze [snu:z] 《구어》 *vi.* (특히 낮에) 졸다 — *n.* 선잠, 앉아 졸기, 낮잠
***snore** [snɔ:r] [의성어] *n.* **코골기**
— *vi.* 코를 골다 — *vt.* 코 골며 〈시간을〉 보내다 《*away, out*》
snor·er [snɔ́:rər] *n.* 코 고는 사람: a heavy ~ 몹시 코 고는 사람
snor·kel [snɔ́:rkəl] [G 「코」의 뜻에서] *n.* **1** 스노클 《잠수함의 환기 장치》 **2** 잠수용 플라스틱 관 — *vi.* 〈잠수함이〉 스노클을 물 위에 내고 잠행하다
***snort** [snɔ:rt] *vi.* **1** 〈말이〉 **콧김을 내뿜다** **2** (경멸·놀라움·불찬성 등으로) 콧방귀 뀌다[코웃음치다] 《*at*》
— *vt.* **1** 씩씩거리며 말하다 **2** 호통치다; 코웃음치며[콧방귀뀌며] 경멸[도전]의 뜻을 나타내다 《*out*》 — *n.* **1** 거센 콧김[바람]; 콧숨을 몰아쉼 **2** 〈술을〉 쭉 들이켜기
snort·er [snɔ́:rtər] *n.* **1** 콧김이 센 사람[동물] **2** 《영·속어》 굉장한 것[재주, 기술, 인물], 거대[곤란, 위험]한 것
snot [snɑt | snɔt] *n.* **1** Ⓤ 《비어》 콧물, 코딱지 **2** 《속어》 버릇없는 사람, 망나니
snot·ty [snáti | snɔ́ti] *a.* (**-ti·er**; **-ti·est**) **1** 《비어》 콧물을 흘리는 **2** 《구어》 천한, 비열한 **3** 버릇없는, 무엄한
snout [snaut] *n.* **1** (돼지 등의) 코, 주둥이 **2** 《경멸》 사람의 코 **3** 《영·속어》 담배(tobacco); 밀고자
****snow** [snou] *n.* **1** Ⓤ 눈 **2** 강설 **3** 《시어》 설백(雪白), 순백 **4** 《속어》 분말 코카인, 헤로인
— *vi.* **1** [it를 주어로 하여] **눈이 오다** **2** 눈처럼 내리다, 퍼붓다 《*in*》: Congratulations came *~ing in.* 축사가 답지했다.
— *vt.* **1** [보통 수동형] 눈으로 뒤덮다[싸다, 가두다] 《*in, up, under*》 **2** 《미·속어》 (감언이설로) 설득하다, 속이다
be ~ed in*[*up, over*]** 눈에 갇히다 ***be ~ed under 눈에 묻히다; 《미》 수량으로 압도당하다
***snow·ball** [snóubɔ̀:l] *n.* **1 눈뭉치,** 눈덩이 **2** 〖식물〗 까마귀밥나무의 꽃
— *vt.* **1** …에 눈덩이를 집어던지다 **2** 눈덩이식으로 늘리다 — *vi.* **1** 눈싸움을 하다 **2** (눈덩이처럼) 점점 커지다
snow·bank [-bæ̀ŋk] *n.* (산허리·계곡의) 눈더미 《휘몰아쳐 쌓인》
snow·ber·ry [-bèri | -bəri] *n.* (*pl.* **-ries**) (북미의) 인동덩굴과(科)의 관목
snow·bird [-bə̀:rd] *n.* **1** 〖조류〗 흰머리멧새 **2** 《속어》 피한객(避寒客), 피한 노동자
snow-blind(·ed) [-blàind(id)] *a.* 설맹(雪盲)의
snów blìndness 설맹
snow·bound [-bàund] *a.* 눈에 갇힌
snow·capped [-kæ̀pt] *a.* 〈산 등이〉 꼭대기가 눈으로 덮인
snow-clad [-klæ̀d] *a.* 눈에 덮인
Snow·don [snóudn] *n.* 스노든 산 《웨일스 북서부, Gwynedd 주에 있는 최고의 산(1,085 m)》
snow·drift [-drìft] *n.* (바람에 휘몰려 쌓인) 눈더미
snow·drop [-drɑ̀p | -drɔ̀p] *n.* 〖식물〗 스노드롭, 아네모네
***snow·fall** [snóufɔ̀:l] *n.* **1 강설** **2** Ⓤ 강설량
snow·field [-fì:ld] *n.* 설원
***snow·flake** [snóuflèik] *n.* **1 눈송이** **2** 〖식물〗 스노드롭류
snów gòggles 눈 안경, 스키 안경
snów gòose 〖조류〗 흰기러기
snow·i·ness [snóuinis] *n.* Ⓤ **1** 눈이 많음 **2** 설백(雪白)
snów jòb 《미·속어》 (감언이설에 의한) 설득, 속임; 교묘한 거짓말
snów lèopard 〖동물〗 눈표범
snów lìne [the ~] 설선(雪線) 《만년설의 최저 경계선》
***snow·man** [snóumæ̀n] *n.* (*pl.* **-men** [-mèn]) **1 눈사람** **2** [**S~**] = ABOMINABLE SNOWMAN
snow·mo·bile [-moubì:l] *n.* 설상차(雪上車) — *vi.* 설상차로 가다
snow·plow, -plough [-plàu] *n.* 눈 치는 넉가래, 제설기[차]
snow·shed [-ʃèd] *n.* 〖철도〗 눈사태 방지 설비
***snow·shoe** [snóuʃù:] *n.* [보통 *pl.*] 눈신, 설피(雪皮), 설상화(雪上靴)
snow·slide [-slàid], 《영》 **snow·slip** [-slìp] *n.* 눈사태
***snow·storm** [snóustɔ̀:rm] *n.* **눈보라**

snow·suit [-sù:t | -sjù:t] *n.* 눈옷 《따뜻하게 안을 댄 옥외용 겨울옷》
snów tìre 스노 타이어
Snów Whíte 백설 공주 《그림 동화의》
***snow-white** [snóu*h*wáit] *a.* **눈같이 흰**, 순백의
‡snow·y [snóui] *a.* (**snow·i·er**; **-i·est**) **1 눈이 많은**, 눈이 내리는 **2** 눈이 쌓인, 눈에 덮인 **3** 설백[순백]의, 청정한
snów·i·ly *ad.* 눈으로; 눈처럼
Snr. Senior
snub [snʌb] *vt.* (**~bed**; **~·bing**) **1** 상대하지 않다, 냉대하다: ~ a person *into* silence …을 윽박질러 침묵시키다 **2** 〈남의 발언 등을〉 갑자기 중지시키다
— *a.* 넓적코의, 들창코의 **—** *n.* **1** 톡 쏘아붙임; 푸대접, 놀림 **2** 들창코
snúb·ber *n.*
snub·by [snʌ́bi] *a.* (**-bi·er**; **-bi·est**) 넓적코의, 들창코의
snub-nosed [snʌ́bnòuzd] *a.* 넓적코의
***snuff¹** [snʌf] *vi.* **코로 들이쉬다**; 〈개·말 등이〉 코를 실룩거리다, 맡다 《*at*》
— *vt.* **1** 〈바닷바람·담배 등을〉 코로 들이쉬다, 맡다 **2** 냄새를 맡아내다 **3** 낌새채다: ~ (*up*) danger 위험을 알아차리다
— *n.* **1** Ⓤ 코로 들이쉬기 **2** 코담배: take (a) ~ 코담배를 맡다
up to **~** (1) 《주로 영》 빈틈없는; 조심스러운 (2) 《구어》 순조롭게, 〈일이〉 좋은 상태로; 건강한
***snuff²** *vt.* (양초 등의) **심지를 자르다**; 〈촛불을〉 끄다 **—** *vi.* 꺼지다 《*out*》
snuff·box [snʌ́fbɑ̀ks | -bɔ̀ks] *n.* 코담배갑 《휴대용》
snuff-col·ored [-kʌ̀lərd] *a.* 코담배색의, 황갈색의
snuff·er [snʌ́fər] *n.* 양초 심지를 자르는 사람; 촛불 끄는 기구
snuf·fle [snʌ́fl] *vi.* **1** 코를 킁킁거리다, 코가 막히다 **2** 콧소리로 말하다, 콧소리를 내다 **—** *vt.* 콧소리로 노래[말]하다 《*out*》
— *n.* **1** 코를 킁킁거림; 코막힘 **2** [the ~s] 코감기[카타르] **3** 콧소리, 청승맞은 목소리
***snug** [snʌg] *a.* (**~·ger**; **~·gest**) **1 아늑한**; 기분 좋은, 안락한 **2** 아담한; 〈의복 등이〉 꼭 맞는 **3** 〈수입·식생활 등이〉 넉넉한 **4** 숨은, 보이지 않는; 비밀의: lie ~ 숨어 있다 **—** *n.* = SNUGGERY
snug·ger·y, -ge·rie [snʌ́gəri] *n.* 아늑한[편안한] 장소[방]
snug·gle [snʌ́gl] *vi.* 달라붙다, 다가붙다 《*in, up, to*》 **—** *vt.* 〈아이 등을〉 껴안다 《*to*》, 끌어안다
snug·ly [snʌ́gli] *ad.* 아늑하게, 포근하게, 편안하게; 아담하게
snug·ness [snʌ́gnis] *n.* Ⓤ 아늑[안락]함; 잘 정비됨; 꼭 맞음
‡so¹ [sou, so] **[동음어 sew, sow¹]** *ad.* **A** [모양·상태] **1 그[이]와 같이**, 그런[이런] 식으로, 그[이]렇게 **2 a** [앞에 나왔거나 또는 문맥상 자명한 사실을 받아서] 그대로, **그러하여**, 정말로 **b** [앞에 나온 명사·형용사 등을 대신하여] **그렇게**, 그리 **3** [be, have, do 등의 (조)동사와 함께] **a 정말로**, 참으로, 실제 **b** …**도 역시** [**또한**] **4** [대명사적으로] **a** [동사 say, tell, think, hope, expect, suppose, believe, fear, hear 등의 목적어로서] **그렇게** 《이 용법은 *that* 절의 대용임》: I think *so.* 그렇게 생각한다. **b** [대동사 do의 목적어로서] **그렇게**, 그처럼, 그와 같이 **5** [As ... so ...의 형태로] **a** …**와 마찬가지로**, …인 것처럼 **b** …**와 동시에**…, …에 따라서… **6** [so .... as to do 형태로] …하도록, …하게 되도록 **7** [접속사적으로: and so의 형태로] **그 때문에**, 따라서, 그러므로(therefore)
— B [정도] **1 a 그[이]만큼**, 그[이]렇게, 이 정도로 **b** [일정한 한도를 가리켜] **최고로** [**기껏**] **그[이] 정도까지는**, 그[이]만큼은 **c** [강조적] 《구어》 **매우**, 대단히, 몹시 **2** [so ... as... 의 형태로] **a** [부정어의 뒤에서] …**만큼(은)**…, …와 같은 정도로 …(은 아니다) **b** [높은 정도를 강조하여] …**만큼[처럼]** …(한) **3** [정도·결과] [so ... that ...] …**할 만큼** …**하여**; [나열된 어순으로 번역하여] **대단히** …**해서** …
so much (1) [불가산 명사를 수식하여] 단지 …일 따름의(nothing but): It is only *so much* rubbish. 그것은 단지 쓰레기일 따름이다. (2) [일정량[액]을 가리켜] 얼마의: at *so much* a week[a head] 1주일에[한 사람[두]당] 얼마로 (3) [the+비교급을 수식하여] **그만큼 더, 그럴수록 더욱[점점 더]** ***so much as ...*** [not, without와 함께, 또는 조건절에 쓰여서] …조차도, …까지도(even): He can*not so much as* write his own name. 그는 자기의 이름조차도 쓰지를 못한다. ***so much for ...*** (1) …(의 일)은 이만[이것으로 끝]: *So much for* today. 오늘은 이만[이것으로] 끝. (2) …이란 그저 그 정도다 《언행 불일치 때에 쓰는 비꼬는 투의 말》 ***so that*** (1) [목적의 부사절을 이끌어] …하기 위하여, …이 되도록: Switch the light on *so that* we can see what it is. 무엇인가 볼 수 있도록 불을 켜라. (2) [결과의 부사절을 이끌어] 그래서, 그러므로: The roof had fallen in, *so that* the cottage was not habitable. 지붕이 내려 앉아서 그 오두막은 주거에 알맞지 않았다. ***so to say*** [***speak***] 말하자면, 요컨대: The dog is, *so to speak,* a member of the family. 그 개는, 말하자면 가족의 일원과 같은 것이다.
— *conj.* **1** [등위접속사로서] **그래서**, 그러므로, …이므로 **2** [종위접속사로서] …**하기 위하여**, …할 수 있도록
so² [sou] *n.* 〖음악〗 제5음, 사음, G음(sol)
So. south; southern
‡soak [souk] *vt.* **1 적시다**, 담그다 《*in*》 **2** 푹 젖게 하다 **3** 〈액체를〉 **빨아들이다**; 〈지식 등을〉 흡수하다; 이해하다 《*in, up*》 **4** 〈얼룩 등을〉 적셔서 빼다 《*out of*》 **5** [~ one*self* 로] 전념하다, 몰두하다 《*in*》
— *vi.* **1 젖다**, 잠기다 《*in*》; 흠뻑 젖다 **2 스며들다[나오다]** 《*in, into, through*》 **3** 《구어》 술을 진탕 마시다
~ *out* (물에 담가) …을 우려내다 **~ *up***

빨아들이다; 〈지식 등을〉 흡수하다; 이해하다
— *n.* **1** 적심, 담금, 침투(浸透) **2** Ⓤ 대주(大酒)

soaked [soukt] *a.* **1** 흠뻑 젖은; (가슴에) 스며든: be ~ to the skin 함빡 젖다 **2** 전념하는, 몰두하는 《*in*》: She is ~ *in* music. 그녀는 음악에 몰두하고 있다. **3** 《속어》 잔뜩 취한

soak·ing [sóukiŋ] *a.* **1** 흠뻑 젖는[적시는]: a ~ downpour 호우 **2** [부사적으로] 흠뻑 젖어서: get ~ wet 흠뻑 젖다

∗**so-and-so** [sóuənsòu] *n.* (*pl.* **~s, ~'s**) **1** Ⓤ **아무개,** 모(某): Mr. *S*~ 모씨 **2** Ⓤ 이러저러, 여차여차: say ~ 이러저러 말하다

⁑**soap** [soup] *n.* Ⓤ **비누**: a cake[bar, cube, tablet] of ~ 비누 1개
hard **~** 고형(固形) 비누, 나트륨 비누 ***no*** **~** 《미·구어》 (1) (제안 등을) 수락할 수 없음 (2) 실패, 효과 무; 알 수 없음 ***soft*** **~** 연질 비누, 칼리 비누; 《속어》 아첨
— *vt.* …을 비누로 문지르다[빨다], …에 비누칠하다

soap·box [-bɑ̀ks | -bɔ̀ks] *n.* **1** 비누 상자 《포장용》 **2** 약식 연단
— *a.* 가두연설의

sóap bùbble 비눗방울

sóap flàkes[chìps] 선전용 소형 비누

soap·less [sóuplis] *a.* **1** 비눗기 없는 **2** 세탁하지 않은, 때묻은

sóapless sóap 합성 세제

sóap òpera 연속 홈 (멜로) 드라마

sóap pòwder 가루 비누; 분말 세제

soap·stone [-stòun] *n.* Ⓤ 동석(凍石)

soap·suds [-sʌ̀dz] *n. pl.* 거품이 인 비눗물, 비누 거품

soap·y [sóupi] *a.* (**soap·i·er**; **-i·est**) **1** 비누(질)의; 미끈미끈한 **2** 비누투성이의 **3** 《속어》 알랑거리는, 아첨하는

⁑**soar** [sɔːr] [동음어 sore] *vi.* **1 높이 치솟다,** 날아오르다 **2** 〈희망·기운 등이〉 솟구치다, 치솟다 **3** 〈산 등이〉 높이 솟다 **4** 〈온도 등이〉 급상승하다; 〈물가가〉 폭등하다

soar·ing [sɔ́ːriŋ] *a.* 날아오르는; 원대한; 급상승하는

⁑**sob** [sɑb | sɔb] [의성어] *v.* (**~bed**; **~bing**) *vi.* **1 흐느껴 울다 2** 〈바람·파도가〉 쏴쏴 소리내다 — *vt.* **1** 흐느끼며 말하다 《*out*》 **2** [~ one*self* 로] 흐느껴 울다가 …하다 《*to*》 — *n.* **1** 흐느낌, 오열 **2** 흐느끼는 듯한 소리

s.o.b., SOB [ésòubíː] [*s*on *o*f a *b*itch] *n.* 《미·속어》 개새끼

sob·bing [sɑ́biŋ | sɔ́b-] *a.* 흐느껴 우는

⁑**so·ber** [sóubər] [OF 「취하지 않은」의 뜻에서] *a.* (**~·er, more ~**; **~·est, most ~**) **1 술 취하지 않은,** 술 마시지 않은, 맑은 정신의 **2** 〈색이〉 수수한, 소박한 **3** 〈사실 등이〉 있는 그대로의 **4 냉정한 5** 〈비평 등이〉 온건한 ***become*** **~** 술이 깨다
— *vt.* **1** 술을 깨게 하다 《*up*》 **2** 침착하게 하다, 냉정하게 하다 《*down*》
— *vi.* **1** 술이 깨다 《*up, off*》 **2** 침착해지다, 진지해지다, 냉정해지다 《*down*》
~·ness *n.*

so·ber-mind·ed [sóubərmáindid] *a.* 침착[냉정]한; 분별있는

so·ber·sides [-sàidz] *n. pl.* [단수·복수 취급] 진실[근엄]한 사람

so·bri·e·ty [səbráiəti] *n.* Ⓤ **1** 술 취하지 않음; 절주 **2** 맑은 정신; 진지함; 침착

so·bri·quet [sóubrəkèi] [F] *n.* 별명, 가명

sób sìster 《미·속어》 **1** 감상적인 기사만 쓰는 여기자 **2** 감상적인 자선가

sób stòry 《미·구어》 눈물을 자아내는 이야기[구실]; 신세 타령

sób stùff 《미》 눈물짜게 하는 것 《소설, 영화, 장면 등》

Soc. society

⁑**so-called** [sóukɔ́ːld] *a.* **소위,** 이른바 《불신·경멸의 뜻을 포함함》

∗**soc·cer** [sɑ́kər | sɔ́k-] [as*soc*iation football+*-er*] *n.* Ⓤ **축구**

so·cia·bil·i·ty [sòuʃəbíləti] *n.* Ⓤ 사교성; 교제하기 좋아함, 붙임성 있음

∗**so·cia·ble** [sóuʃəbl] *a.* **1 사교적인,** 교제하기를 좋아하는 **2** 사교에 능한, 붙임성 있는 **3** 친목의 〈모임 등〉
— *n.* 《미》 간친회, 친목회 《특히 교회 등의》 **-bly** *ad.*

⁑**so·cial** [sóuʃəl] *a.* **1 사회적인,** 사회의: ~ climate 사회적 풍토[기후] **2 사교적인,** 친목의; 사근사근한; 사교계의 **3** 사회 생활을 영위하는 **4** 사회주의의
— *n.* 간친[친목]회, 사교 클럽

sócial anthropólogy 문화[사회] 인류학

sócial clímber 《경멸》 출세를 노리는 야심가, 《특히》 상류 계급[사교계]에 끼고 싶어 하는 사람

sócial cóntract[cómpact] [the ~] 사회 계약설, 민약설(民約說) 《Hobbes, Locke, Rousseau 등이 제창》

Sócial Demócracy 사회 민주주의

sócial engineéring 사회 공학 《시스템 공학과 사회 과학의 결합에 의한 응용 사회 과학》

sócial évil 1 사회악 **2** [the ~] 《고어》 매춘

sócial insúrance 사회 보험

∗**so·cial·ism** [sóuʃəlìzm] *n.* Ⓤ **사회주의**

so·cial·ist [sóuʃəlist] *n.* **1** 사회주의자 **2** [**S~**] 〖미국사〗 사회당원
— *a.* **1** 사회주의의 **2** [**S~**] 사회당의

so·cial·is·tic [sòuʃəlístik] *a.* 사회주의(자)의, 사회주의적 **-ti·cal·ly** *ad.*

Sócialist Párty 사회주의 정당; 《구어》 영국 노동당 《등》

so·cial·ite [sóuʃəlàit] *n.* 《미·속어》 사교계 명사

so·ci·al·i·ty [sòuʃiǽləti] *n.* (*pl.* **-ties**) **1** Ⓤ 교제를 좋아함; 사교성 **2** Ⓤ 군거성(群居性) **3** [보통 *pl.*] 사교적 행위

∗**so·cial·i·za·tion** [sòuʃəlizéiʃən | -lai-] *n.* Ⓤ **1 사회화 2** 사회주의화

∗**so·cial·ize** [sóuʃəlàiz] *vt.* **1 사교적[사회적]으로 만들다 2** 사회화하다, 사회적 요구에 합치시키다 **3** 사회주의화하다, 국영화하다 — *vi.* **1** 사회적으로 활동하다 **2** 《미·구어》 …와 교제하다 《*with*》

só·cial·ized médicine [sóuʃəlàizd-] 《미》 의료 사회화 제도
so·cial·ly [sóuʃəli] *ad.* **1** 사회적으로 **2** 사교상, 사교적으로 **3** 허물없이, 터놓고
sócial órganism [the ~] 〚사회〛 사회 유기체 《사회를 생물 유기체에 비겨 붙인 이름》
sócial organizátion 〚사회〛 사회 사업 단체
sócial óverhead càpital 사회 간접 자본 《略 SOC》
sócial psychólogy 사회 심리학
sócial scíence 사회 과학 《경제학·사회학·정치학 등의 총칭; 그 한 부문》
sócial scíentist 사회 과학자
sócial sérvice **1** (교회·병원·자선 단체 등의 조직적인) 사회 복지 사업 **2** [*pl.*] 《영》 정부의 사회 복지 사업
sócial stùdies (학교 교과로서의) 사회과
sócial wélfare **1** 사회 복지 **2** = SOCIAL WORK
sócial wòrk 사회 (복지) 사업
sócial wòrker 사회 사업가
so·ci·e·tal [səsáiətl] *a.* 사회의, 사회적인 **~·ly** *ad.*
‡**so·ci·e·ty** [səsáiəti] *n.* (*pl.* **-ties**) **1** 회, 모임, 조합, 단체, 연구회: a literary ~ 문학회 **2** Ⓤ 사회; Ⓒ 공동체: human ~ 인간 사회 **3** Ⓤ 사교, 교제: in ~ 사람들 앞에서 **4** Ⓤ 사교계 (사람들); [종종 **S~**] 상류 사회 **—** *a.* 사교계의, 상류 사회의: a ~ column (신문의) 사교란
socio- [sóusiou, -ʃiə] 《연결형》 「사회의(social); 사회학의(sociological)」의 뜻
so·ci·o·bi·o·log·i·cal [sòusioubàiəlάdʒikəl | -lɔ́dʒ-] *a.* 사회 생물학상의
so·ci·o·cul·tur·al [sòusioukʌ́ltʃərəl] *a.* 사회 문화적인
so·ci·o·ec·o·nom·ic [sòusiouèkənάmik | -nɔ́m-] *a.* 사회 경제적인: ~ status 사회 경제적 지위
so·ci·o·lin·guis·tics [sòusioulìŋgwístiks] *n. pl.* [단수 취급] 〚언어〛 사회 언어학
so·ci·o·log·ic, -i·cal [sòusiəlάdʒik(əl) | -lɔ́dʒ-] *a.* 사회학적인, 사회학상의 **-i·cal·ly** *ad.*
*__so·ci·ol·o·gy__ [sòusiάlədʒi | -ɔ́l-] *n.* Ⓤ 사회학 **-gist** *n.* 사회학자
so·ci·o·path [sóusiəpæ̀θ] *n.* 반(反)사회적 이상 성격자
so·ci·o·po·lit·i·cal [sòusioupəlítikəl] *a.* 사회 정치적인
‡**sock**[1] [sak | sɔk] [L 「뒤축이 낮은 구두」의 뜻에서] *n.* **1** (*pl.* **~s, sox** [saks | sɔks]) [보통 *pl.*] **짧은 양말** **2** (고대 그리스 및 로마에서 희극 배우가 신던) 가벼운 신발 **3** 희극 ***Pull your ~s up!*** = ***Pull up your ~s!*** 《영·구어》 기운 내라!; 정신 차리고 덤벼라!
sock[2] 《속어》 *vt.* 때리다, 강타하다 **—** *n.* 주먹으로[자갈로] 치기, 강타
*__sock·et__ [sάkit | sɔ́k-] *n.* **1** **꽂는[끼우는] 구멍** **2** (전구 등을 꽂는) 소켓, 벽소켓; (촛대의) 초꽂이 **3** 〚해부〛 와(窩), 강(腔) **—** *vt.* …에 소켓을 달다; 소켓에 끼우다
sock·o [sάkou | sɔ́k-] 《속어》 *a.* 훌륭한, 압도적인, 대성공의
Soc·ra·tes [sάkrətìːz | sɔ́k-] *n.* 소크라테스(470-399 B.C.) 《고대 아테네의 철학자》
So·crat·ic [səkrǽtik | sɔ-] *a.* 소크라테스 (철학)의, 소크라테스식 문답법의: ~ irony 소크라테스의 변증법 **—** *n.* 소크라테스 학도
*__sod__[1] [sad | sɔd] *n.* Ⓤ **잔디**, 떼; 잔디밭
*__sod__[2] [sodomite의 단축형] *n.* 《주로 영·속어·경멸》 **1** 남색자(男色者) **2** 놈, 녀석; 개구쟁이 **—** *vt.* (**~·ded; ~·ding**) [명령형으로 써서] 뒈져라
‡**so·da** [sóudə] *n.* **1** Ⓤ **소다**, 나트륨 화합물 **2** ⓊⒸ **소다수** **3** **크림소다**
sóda bìscuit = SODA CRACKER
sóda cràcker 살짝 구운 비스킷
sóda fòuntain 《미》 소다수 가게 《아이스크림, 청량 음료, 가벼운 식사도 파는 음식점의 카운터》
sóda jèrk(er) 《미·속어》 soda fountain의 판매원
so·dal·i·ty [soudǽləti] *n.* (*pl.* **-ties**) **1** 협회; 조합 **2** 〚가톨릭〛 교우회 **3** Ⓤ 우정
sóda pòp 《미》 (병에 넣은) 소다수(水)
sóda wàter 소다[탄산]수(水)
sod·den [sάdn | sɔ́dn] *a.* **1** 물에 잠긴, 흠뻑 젖은 《*with*》 **2** 술에 절은; (음주로) 몽롱한
sod·ding [sάdiŋ | sɔ́d-] *a.* 《영·속어》 괘씸한; 심한, 꺼림칙한
*__so·di·um__ [sóudiəm] *n.* Ⓤ 〚화학〛 **나트륨**, 소듐 《기호 Na, 번호 11》: ~ benzoate 벤조산나트륨
Sod·om [sάdəm | sɔ́d-] *n.* 〚성서〛 소돔 《사해(死海) 남안의 옛 도시; 죄악이 많아 Gomorrah와 함께 신이 멸망시켰다고 전해짐》
Sod·om·ite [sάdəmàit | sɔ́d-] *n.* **1** 소돔 사람 **2** [**s~**] 남색자(男色者), 비역질하는 사람
sod·om·y [sάdəmi | sɔ́d-] *n.* Ⓤ 남색(男色), 비역; 수간(獸姦)
so·ev·er [souévər] *ad.* **1** 설혹[아무리] …이라도: *how* wide ~ (= *how* ~ wide) the difference may be 차이가 아무리 크다 할지라도 **2** [부정어를 강조하여] 조금도, 전혀: He has *no* home ~. 그는 집이라곤 없는 사람이다.
‡**so·fa** [sóufə] [Arab. 「긴 벤치」의 뜻에서] *n.* **소파**, 긴 의자
sófa bèd 침대 겸용 소파
So·fi·a [sóufiə, soufíːə] *n.* 소피아 《Bulgaria의 수도》
‡**soft** [sɔːft | sɔft] *a.* **1** **부드러운**, 연한; 흐늘흐늘한 **2** 보들보들한; 매끄러운: ~ skin 보들보들한 살결 **3** 조용한 **4** **a** 〈색이〉 점잖은, 침침한, 수수한 **b** 〈윤곽·선 등이〉 순한; 부드러운 **5** 〈날씨·기후·계절 등이〉 **온화한**, 따스한; 상쾌한 **6** 〈기질·행동·태도·언어 등이〉 싹싹한: a ~ heart 싹싹한[상냥한] 마음 **7** 달콤한, 말솜씨가 좋은: ~ nothings 감언, 남녀의 속삭임 **8** 관대한 〈판결 등〉 **9** 우직한,

속기 쉬운: He is a bit ~ (in the head). 그는 머리가 좀 모자란다. **10** 나약한: ~(*er*) sex 여성 **11** 편한, 수월하게 돈벌이가 되는: a ~ job 한직 **12** 〖화학〗 연성(軟性)의, 연수(軟水)의: ~ metal 연질(軟質) 금속 **13** 《미·속어》 알코올 성분이 없는

have a ~ thing on 《구어》 누워서 떡먹기다 ***S~ and fair goes far.*** 온유한 태도가 결국 이긴다.

— *ad.* 상냥하게, 부드럽게, 평온하게

soft·ball [sɔ́:ftbɔ̀:l] *n.* Ⓤ 《미》 소프트볼 《10명으로 하는 야구의 일종》; Ⓒ 그 공

soft-boiled [-bɔ́ild] *a.* 반숙한 〈달걀 등〉

soft·bound [-bàund] *a.* 〖제본〗 〈책이〉 페이퍼백(paperback)인

sóft cóal 역청탄

soft·cov·er [-kʌ́vər] *a.*, *n.* = PAPERBACK

sóft cúrrency 《미》 〖경제〗 연화(軟貨) 《달러로 바꿀 수 없는 통화》

sóft drínk 비(非)알코올성 음료, 청량음료

⁑**sof·ten** [sɔ́:fən | sɔ́f-] *vt.* **1** **부드럽게[연하게] 하다**; 온화하게 하다 : ~ water 물을 연수로 만들다 **2** 〈소리·음성을〉 부드럽게 하다, 낮게 하다 **3** 〈마음을〉 누그러지게 하다, 완화시키다 — *vi.* **1** 부드러워지다 **2** 〈마음이〉 누그러지다, 나약해지다 《*into*》

sof·ten·er [sɔ́:fənər | sɔ́f-] *n.* **1** 부드럽게 하는 사람[것] **2** 〖화학〗 (경수를 연수로 만드는) 연화제[장치]

soft·en·ing [sɔ́:fəniŋ | sɔ́f-] *n.* Ⓤ 연화(軟化)

sóft fócus 〖사진〗 연초점(軟焦點), 연조(軟調) **sóft-focus** *a.*

sóft fúrnishings 《영》 실내 장식용 커튼[매트, 의자 커버 등]

sóft gòods 섬유 제품

soft·headed [-hédid] *a.* 저능한, 멍청한; 비판력 없는

soft·heart·ed [-há:rtid] *a.* 마음씨 고운, 인정 많은, 자애로운, 동정심 있는

soft·ish [sɔ́:ftiʃ, sɑ́ft- | sɔ́ft-] *a.* 다소 부드러운

soft-land [sɔ́:ftlæ̀nd | sɔ́ft-] *vi.* 〈우주선 등이〉 연착륙하다 — *vt.* 연착륙시키다

sóft léns 부드러운 콘택트 렌즈 《삼투성 플라스틱으로 만들어 안구 표면의 건조를 방지함》

⁑**soft·ly** [sɔ́:ftli, sɑ́ft- | sɔ́ft-] *ad.* **부드럽게**; 조용히, 살며시

soft·ness [sɔ́:ftnis | sɔ́ft-] *n.* Ⓤ **1** 부드러움 **2** 싹싹함 **3** 관대함

sóft pálate 〖해부〗 연구개(軟口蓋)

soft-ped·al [sɔ́:ftpédl | sɔ́ft-] *vi.* 소프트 페달을 사용하다 — *vt.* **1** 〈피아노의〉 소리를 부드럽게 하다 **2** 《구어》 〈어조·음조 등을〉 부드럽게 하다

sóft scíence 인간의 행동·제도·사회 등을 과학적으로 연구하는 학문 《심리학, 사회학, 인류학, 정치학 등》

sóft séll [보통 the ~] 《미》 온건한 판매 방법 《암시·설득 등에 의한》

sóft shóulder 포장하지 않은 갓길

sóft sóap 연성 비누; 《구어》 아첨; 교묘한 설득

soft-soap [-sóup] *vt.* 《구어》 알랑거려 목적을 달성하다, 아첨하다 **~·er** *n.*

soft-spo·ken [-spóukən] *a.* 〈말씨가〉 부드러운, 상냥한

sóft spòt (방어 등이) 허술한 곳; (…에 대한) 특별한 애착 《*for*》

sóft tóuch 《속어》 설득하기 쉬운 상대; 돈을 잘 꾸어 주는 사람

∗**soft·ware** [sɔ́:ftwɛ̀ər | sɔ́ft-] *n.* Ⓤ **소프트웨어**

sóftware pàckage 〖컴퓨터〗 소프트웨어 패키지 《특정한 작업을 수행하기 위해 작성된 프로그램으로, 제작 회사에 의해 상품화되어 낱개로 살 수 있는 것》

sóft whéat 연질 소맥

soft·wood [-wùd] *n.* **1** Ⓤ 연한 나무; 침엽수 재목 **2** 침엽수

soft·y [sɔ́:fti | sɔ́fti] *n.* (*pl.* **soft·ies**) 《구어》 잘 속는 사람, 멍청이; 유약한 사람

sog·gy [sɑ́gi | sɔ́gi] *a.* (**-gi·er**; **-gi·est**) **1** 흠뻑 젖은, 물에 잠긴; 〈빵 등이〉 설구워진 **2** 기운 없는 **sóg·gi·ly** *ad.* **-gi·ness** *n.*

So·ho [sóuhou] *n.* 소호가(街) 《런던 중앙부 Oxford Street의 외국인이 경영하는 식당가》

So·Ho [sóuhou] *n.* 소호 《New York 시 Manhattan 남부의 지구; 패션·예술의 중심지》

SOHO [sóuhòu] *n.* [*S*mall *O*ffice *H*ome *O*ffice] *n.* 소호 《개인이 자기 집 또는 작은 사무실에서 인터넷을 활용하는 사업을 하는 소규모 업체》

soi·gné [swɑ:njéi] [F 「손질을 한」의 뜻에서] *a.* (*fem.* ***-gnée*** [-njéi]) 정성[공]들인; 옷차림이 단정한

⁂**soil**¹ [sɔil] [L 「좌석」의 뜻에서; 「지면」의 뜻의 라틴어 solum의 영향을 받음] *n.* **1** Ⓤ 흙: (a) rich[poor] ~ 기름진[메마른] 땅 **2** [the ~] 농토, 전원(생활), 농사: a son of *the* ~ 농부 **3** ⓊⒸ 나라: one's native[parent] ~ 모국, 고향

∗**soil**² [L 「돼지」의 뜻에서] *n.* Ⓤ **1** 더럽힘, 더러워진 상태 **2** 오물 **3** 똥오줌, 거름 — *vt.* **1** 더럽히다, 때묻히다 **2** 〈명예 등을〉 더럽히다 ~ one***'s hands with*** …에 관계하여 이름을 더럽히다

— *vi.* **1** 더러워지다, 때가 묻다 **2** 《비유》 타락하다

sóil mechànics [단수·복수 취급] 토질 역학

sóil pìpe (변소의) 하수관

sóil scìence 토양학

soi·ree, soi·rée [swɑ:réi | ⌐–] [F 「저녁때(의 파티)」의 뜻에서] *n.* (음악이나 담론의) 야회(夜會), …의 밤

so·journ [sóudʒə:rn | sɔ́dʒə:n] 《문어》 *vi.* 묵다, 체류하다 《*in*, *at*》; (…의 집에 일시) 체재하다 《*with*, *among*》

— *n.* 체류, 기류, 묵음 **~·er** *n.*

sol¹ [soul, sɑl | sɔl] *n.* 〖음악〗 솔, (전음계적 장음계의) 제5음, G음

sol² [soul, sɑl | sɔl] *n.* (*pl.* **~s, so·les** [sóuleis]) 솔 《페루의 화폐 단위》

sol³ [sɔ:l, sɑl | sɔl] *n.* 〖화학〗 교질 용액 《액체와 콜로이드의 혼합물》

Sol [sɑl | sɔl] *n.* **1** 〖로마신화〗 솔 《태양 신, 그리스 신화의 Helios에 해당》 **2** 《익살》 태양

Sol. Solicitor; Solomon

sol·ace** [sάləs, sóul- | sɔ́l-] [L 「위로하다」의 뜻에서] *n.* **1** Ⓤ **위안**, 위로: find[take] ~ in …을 위안으로 삼다 **2** 위안이 되는 것 — *vt.* **1** 위안[위로]하다 **2** 〈고통·슬픔 등을〉 덜어주다 ~ oneself with*** …으로 자위하다

‡**so·lar** [sóulər] [L 「태양의」의 뜻에서] *a.* **1 태양의**, 태양에 관한 **2** 태양 광선을 이용한

sólar báttery 태양 전지

sólar céll 태양(광) 전지 《1개》

sólar colléctor 태양 에너지 수집기

sólar eclípse 일식(日蝕)

sólar énergy 태양 에너지

sólar hóuse 태양열 주택

so·lar·i·um [souléəriəm] *n.* (*pl.* **-i·a** [-riə]) 일광욕실

sólar pánel 〖우주과학〗 태양 전지판

sólar sỳstem [the ~] 〖천문〗 태양계

sólar wínd 태양풍(風)

sólar yéar 〖천문〗 태양년 《365일 5시간 48분 46초》

so·la·ti·um [souléiʃiəm] *n.* (*pl.* **-ti·a** [-ʃiə]) 위자료, 위문금; 배상금

‡**sold** [sould] *v.* SELL의 과거·과거분사

sol·der [sάdər | sɔ́ld-] *n.* **1** Ⓤ 납과 주석의 합금, 땜납 **2** 접합물(接合物), 유대 — *vt.* 납땜하다; 결합하다; 수선하다

sól·der·ing ìron [sάdəriŋ- | sɔ́l-] 납땜 인두

‡**sol·dier** [sóuldʒər] [OF 「돈을 받고 싸우는 사람」의 뜻에서] *n.* **1 육군 군인**: ~*s* and sailors 육군과 해군 **2** 사병, 하사관 **3** (주의(主義)의) 투사 — *vi.* **1** 군인이 되다 **2** 《구어》 일에 꾀를 부리다; 꾀병 부리다

sóldier ánt 〖곤충〗 병정개미

sol·dier·ly [sóuldʒərli], **-like** [-làik] *a.* 군인[무사]다운; 용감한

sol·dier·y [sóuldʒəri] *n.* (*pl.* **-dier·ies**) [집합적] 군인, 군대

‡**sole**[1] [soul] [동음어 soul] [L 「외톨이」의 뜻에서] *a.* **1 단 하나의**, 단 한 사람의: *the* ~ survivor 유일한 생존자 **2** 단독의, 독점적인: *the* ~ agent 독점 총대리인 **3** 〖법〗 미혼의, 독신의: feme ~ 독신녀 **~·ness** *n.*

***sole**[2] [soul] [동음어 soul] [L 「발바닥」의 뜻에서] *n.* **1 발바닥** **2** (구두 등의) 바닥, 밑창; 〖기계〗 밑판: a rubber ~ 고무창 — *vt.* [보통 수동형] 〈구두 등에〉 창을 대다

sol·e·cism [sάləsìzm | sɔ́l-] *n.* **1** 문법[어법] 위반; 파격(破格) **2** 예법에 어긋남, 부적당

‡**sole·ly** [sóu(l)li] *ad.* **1 혼자서**, 단독으로: You are ~ responsible for it. 너의 단독 책임이다. **2** 다만, 단지, 오로지

‡**sol·emn** [sάləm | sɔ́l-] [L 「매년 행하여지는 종교적 의식」의 뜻에서] *a.* **1 엄숙한**, 진지한, 장중한: a ~ high mass 장중 미사 **2** 중대한, 귀중한 **3** 점잔빼는; 격식 차린: a ~ face 근엄한 얼굴 **4** 종교상의, 신성한 **5** 〖법〗 정식의: a ~ oath 정식 선서 **~·ness** *n.*

***so·lem·ni·ty** [səlémnəti] *n.* (*pl.* **-ties**) Ⓤ **1 장엄**, 장중, 신성함 **2** 점잔 뺌, 위신을 세움 **3** Ⓒ [종종 *pl.*] 장엄한 의식, 제전(祭典)

sol·em·ni·za·tion [sὰləmnizéiʃən | sɔ̀ləmnai-] *n.* Ⓤ 장엄화(化); 《특히》 결혼식을 올림

sol·em·nize [sάləmnàiz | sɔ́l-] *vt.* 《문어》 〈식, 특히 결혼식을〉 올리다; 장엄[엄숙]하게 하다

***sol·emn·ly** [sάləmli | sɔ́l-] *ad.* **장엄하게**; 진지하게

sólemn máss [종종 **S~ M~**] 〖가톨릭〗 장엄 미사

sol-fa [sòulfά: | sɔ̀l-] *n.* ⓊⒸ 〖음악〗 음계의 도레미파 《do, re, mi, fa, sol, la, si》; 계명 창법: sing ~ 도레미파를[로] 노래하다 — *a.* 도레미파의, 음계 사용의 — *vi.*, *vt.* 《미》 도레미파를 부르다

sol·feg·gio [sɑlfédʒou, -dʒiòu | sɔl-fédʒiòu] *n.* (*pl.* **-gi** [-dʒi:], **~s**) 〖음악〗 도레미파 발성 연습

***so·lic·it** [səlísit] [L 「동요시키다」의 뜻에서] *vt.* **1 간청하다**, 졸라대다: ~ a person *for* money …에게 돈을 달라고 조르다 **2** 〈법관에게〉 뇌물을 써서 애걸하다 **3** 〈매춘부가〉 유혹하다 — *vi.* **1** 간청하다; 권유하다 《*for*》: ~ *for* contributions 기부를 권유하다 **2** 〈매춘부가〉 손님을 끌다

so·lic·i·ta·tion [səlìsətéiʃən] *n.* ⓊⒸ 간원, 간청; 권유; 유혹

***so·lic·i·tor** [səlísətər] *n.* **1** (기부금 등의) **간청자** **2** 《미》 (시·읍 등의) **법무관** **3** 《영》 **사무 변호사**

solícitor géneral (*pl.* **solicitors general**) **1** 《영》 법무차관 **2** [**S~ G~**] 《미》 (연방 정부의) 법무차관

so·lic·i·tous [səlísətəs] *a.* **1** 걱정하는, 염려하는 《*about, for, of*》 **2** 열심인, 전념하는, 노력하는 《*of*》: They were ~ *to* please. 그들은 남의 마음에 들려고 애쓰고 있었다. **~·ly** *ad.* **~·ness** *n.*

so·lic·i·tude [səlísətjù:d | -tjù:d] *n.* **1** Ⓤ 근심, 걱정, 염려 《*about*》 **2** [*pl.*] 걱정거리

‡**sol·id** [sάlid | sɔ́l-] [L 「완전한」의 뜻에서] *a.* (**~·er**; **~·est**) **1 고체의**, 고형체의: a ~ body 고체 **2** 단단한; 충실한, 옹골진; 실속 있는 〈음식 등〉: a ~ tire 솔리드 타이어 《속까지 고무인 타이어》 **3** 〖기하〗 입체의(cubic) **4 견고한**; 〈몸이〉 튼튼한: a ~ building 견고한 건물 **5 견실한**; 기초가 튼튼한 〈학문 등〉, 믿을 수 있는: ~ reasons 근거가 확실한 이유 **6** 만… 〈시간〉, 중단 없는 **7** 순수한(genuine) **8** 〈빛깔이〉 고른, 무늬가 없는: a ~ black dress 검정 일색의 드레스 **9** 단결한, 만장[거국] 일치의 《*with*》: a ~ vote 만장일치의 투표

— *n.* **1** 고체, 고형체; [보통 *pl.*] (액체 중의) 덩어리; [보통 *pl.*] 고형식(固形食) **2** 〖기하〗 입체

sol·i·dar·i·ty [sɑ̀lədǽrəti | sɔ̀l-] *n.* Ⓤ 결속, 일치, 단결

sólid geómetry 입체 기하학

so·lid·i·fi·ca·tion [səlìdəfikéiʃən] *n.* Ⓤ 단결; 응결

so·lid·i·fy [səlídəfài] *v.* (**-fied**) *vt.* **1** 응고[응결, 결정]시키다, 굳히다 **2** 단결[결속]시키다 — *vi.* 굳어지다; 단결하다

so·lid·i·ty [səlídəti] *n.* Ⓤ **1** 굳음, 고체성 **2** 실질적임; 옹골짐 **3** 견고; 믿을 수 있음; 견실

sol·id-state [sɑ́lidstéit | sɔ́l-] *a.* **1** 〖전자〗 〈트랜지스터 등이〉 고체 소자(素子)[반도체]를 이용한, 고체 상태의 **2** 〖물리〗 고체 물리의

sol·i·dus [sɑ́lədəs | sɔ́l-] 〔본래 ʃ가 / 로 되어 실링(shilling)의 기호로 쓰인 데서〕 *n.* (*pl.* **-di** [-dài]) **1** 실링(shilling)과 페니(penny) 사이에 긋는 사선 (2/6는 2실링 6펜스); 날짜나 분수를 표시하는 사선 (1/6은 《영》 6월 1일, 《미》 1월 6일; 또는 6분의 1) **2** 비율을 나타내는 사선(miles/day 등)

so·lil·o·quist [səlíləkwist] *n.* 독백하는 사람

so·lil·o·quize [səlíləkwàiz] *vi.* 혼잣말을 하다; 〖연극〗 독백하다

so·lil·o·quy [səlíləkwi] *n.* (*pl.* **-quies**) ⓊⒸ 혼잣말(하기); Ⓒ (연극 등의) 독백

sol·ip·sism [sóulipsìzm | sɔ́l-] *n.* Ⓤ 〖철학〗 유아론(唯我論)
-sist *n.* 유아(唯我)주의자

sol·i·taire [sɑ́lətɛ̀ər | sɔ̀litɛ́ə] *n.* **1** 한 알박이 보석 **2** Ⓤ 《미》 혼자 하는 카드 놀이(《영》 patience)

‡sol·i·tar·y [sɑ́lətèri | sɔ́litəri] 〔L 「외톨이」의 뜻에서〕 *a.* **1 혼자의,** 혼자만의 〈산책 등〉; 단독의: a ~ cell 독방 **2 외로운 3** 인적이 없는; 고립된 〈집·마을 등〉: a ~ house 외딴 집 **4** [보통 부정문·의문문에서] **유일한**: There is *not* a ~ exception. 단 하나의 예외도 없다.
— *n.* (*pl.* **-tar·ies**) 혼자 사는 사람; 은자(隱者); Ⓤ 독방 감금 **-tàr·i·ly** *ad.*

‡sol·i·tude [sɑ́lətjù:d | sɔ́litjù:d] 〔L 「외톨이의」의 뜻에서〕 *n.* **1** Ⓤ **고독,** 독거(獨居); 외로움: in ~ 혼자서, 외롭게 **2 쓸쓸한 곳,** 황야(荒野)

sol·mi·za·tion [sɑ̀lmizéiʃən] *n.* 〖음악〗 =SOL-FA

∗so·lo [sóulou] *n.* (*pl.* **~s, -li** [-li:]) 〖음악〗 **독창(곡), 독주(곡)**
— *a.* **1** 〖음악〗 솔로의, 독창[독주]의; 독연(獨演)의 **2** 단독의
— *ad.* 단독으로
— *vi.* 혼자서 하다; 단독 비행하다

so·lo·ist [sóulouist] *n.* 독주자, 독창자

∗Sol·o·mon [sɑ́ləmən | sɔ́l-] *n.* **1 솔로몬**《기원전 10세기 이스라엘의 현왕(賢王)》 **2** 현인(賢人)

Sólomon Íslands [the ~] 솔로몬 군도 《남태평양에 있는 영연방 내의 독립국; 수도 Honiara》

Sólomon's séal 육각성형(六角星形) 《☆》

So·lon [sóulən] *n.* **1** 솔론(638?-558?B.C.) 《아테네의 입법가; 그리스 7현인(賢人)의 한 사람》 **2** [종종 **s~**] 현명한 입법가, 현인

sò lóng *int.* 《구어》 안녕(good-bye)

sol·stice [sɑ́lstis | sɔ́l-] *n.* **1** 〖천문〗 (태양의) 지점(至點) 《태양이 적도에서 북 또는 남으로 가장 멀어졌을 때》: the summer ~ 하지 《6월 21일 또는 22일》 **2** 최고점, 극점

sol·u·bil·i·ty [sɑ̀ljubíləti | sɔ̀l-] *n.* Ⓤ **1** 녹음, 용해성, 가용성(可溶性), 용해도 **2** (문제·의문 등의) 해석[해결] 가능성

∗sol·u·ble [sɑ́ljubl | sɔ́l-] *a.* **1 녹는** 《*in*》 **2** 〈문제 등이〉 해결할 수 있는

sol·ute [sɑ́lju:t | sɔljú:t] *n.* 〖화학〗 용질(溶質)

‡so·lu·tion [səlú:ʃən] *n.* **1 a** Ⓤ (문제 등의) **해결 b** 해결법; 해법; 해답 《*of, for, to*》: the ~ *of* a problem 문제의 해결법 **2** Ⓤ **녹임,** 용해 《*in*》 **3** ⓊⒸ 용액, 용해제: a strong[weak] ~ 농[희석] 용액

solv·a·ble [sɑ́lvəbl | sɔ́l-] *a.* **1** 풀 수 있는; 해답[해결]할 수 있는 **2** 분해할 수 있는

‡solve [sɑlv | sɔlv] 〔L 「풀어버리다, 늦추다」의 뜻에서〕 *vt.* 〈문제 등을〉 **풀다**; 설명[해답]하다; 〈어려운 일을〉 해결하다: ~ a problem 문제를 풀다

sol·ven·cy [sɑ́lvənsi | sɔ́l-] *n.* Ⓤ 지불[변상] 능력; 용해력

∗sol·vent [sɑ́lvənt | sɔ́l-] *a.* **1 지불 능력이 있는 2** 용해력이 있는 — *n.* **1** 용제, 용매 《*for, of*》 **2** 해결책[법]

Som. Somerset(shire)

So·ma·li·a [soumɑ́:liə] *n.* 소말리아 《아프리카 동부의 공화국; 수도 Mogadishu》

So·ma·li·land [soumɑ́:lilæ̀nd] *n.* (Somalia를 포함한) 동아프리카의 한 지방

so·mat·ic [soumǽtik] *a.* 신체의, 육체의 **-i·cal·ly** *ad.*

∗som·ber | som·bre [sɑ́mbər | sɔ́m-] 〔L 「그늘 아래」의 뜻에서〕 *a.* **1 어둠침침한,** 검은, 흐린: a ~ sky 흐린 하늘 **2** 거무칙칙한, 수수한 **3** 침울한, 우울한 **~·ly** *ad.* **~·ness** *n.*

som·bre·ro [səmbrɛ́ərou, sɑm- | sɔm-] 〔Sp. 「그늘」의 뜻에서〕 *n.* (*pl.* **~s**) 솜브레로 《챙이 넓은 펠트·맥고 모자; 미국 남서부·멕시코 등지에서 사용》

‡some [səm, sʌm] *a.* Ⓐ **1** [복수형의 가산 명사 또는 불가산 명사와 함께, 약간의 수나 양 등을 나타내어]: **a** [긍정문에서] **얼마간의,** 다소의, 조금의: I want ~ books[money]. 책[돈]이 (좀) 필요하다. **b** [의문문에서] **얼마간의,** 조금[약간]의 《의문문·부정문에서는 보통 some을 쓰지 않고 any를 쓰지만, 권유 등을 나타내며 부정적 의미를 갖지 않는 경우는 some을 씀》: Will you have ~ more coffee? 커피를 조금 더 드시지 않겠습니까? **c** [조건절에서] 얼마간의, 다소의: If I have ~ time, I'll read it. 시간이 있으면 그것을 읽겠다. **2** [복수형의 가산 명사 또는 불가산 명사와 함께, 전체 중의 일부를 나타내어] **사람[물건]에 따라**

…(도 있다), …중에는 …(도 있다): *S* ~ people like that sort of thing, and *others* don't. 그런 일을 좋아하는 사람이 있는가 하면 또 싫어하는 사람도 있다. **3** [불명 또는 불특정의 것 또는 사람을 가리켜] **a** [단수형의 가산 명사와 함께] **무언가의**, 어떤, 어딘가의, 누군가의: in ~ way (*or other*) 어떻게든 해서, 이럭저럭 해서 **b** [복수형의 가산 명사와 함께] (어떤) 몇 가진가의, 몇 명인가의: She's honest in ~ ways. 그녀는 어떤 면에서는 정직하다. **4 a 상당한**, 어지간한: I stayed there for ~ days[time]. 여러 날 동안이나[꽤 오랫동안] 거기에 머물렀다. **b** 《구어》 **대단한**; 뛰어난, 멋진: It was ~ party. 대단한 성황을 이룬 파티였다.

in ~ way or other 이럭저럭, 어떻게든 해서 ***~ day*** 언젠가 (후에), 훗날(someday) ***~ more*** 조금 더 ***~ other time*** [***day***] 언젠가 다시 ***~ time*** (1) 잠시 (동안) (2) 언젠가, 머지않아 (3) 꽤 오랫동안

— *pron.* 《(1) 용법은 형용사의 경우에 준함 (2) 가산 명사를 나타내는 경우는 복수 취급, 불가산 명사를 나타낼 경우는 단수 취급》 **1 다소**, 얼마간: Is there any sugar? 아직 설탕이 남아 있니? — Yes, there are ~. 응, 남아 있어. **2** [복수 취급] **어떤 사람들**, 어떤 것; 사람[물건]에 의하면, …한 사람[것](도 있다): *S*~ say it is true, ~ not. 참말이라고 말하는 사람도 있고 그렇지 않다는 사람도 있다.

— *ad.* **1** [수사 앞에서] **약** 《about쪽이 더 구어적임》: ~ fifty books 약 50권의 서적 **2** 《미》 **얼마간**, 다소는, 조금은: I slept ~ last night. 지난 밤은 잠을 좀 잤다. **3** 《미·구어》 **상당히**, 대단히: It's going ~ to say he's the best, but he is good. 그가 최고라고 말하기는 좀 지나치지만, 잘하기는 잘한다.

-some [səm] *suf.* **1** …에 적합한, …을 낳는[가져오는], …하게 하는 **2** …하기 쉬운, …의 경향이 있는, …하는: tire*some* **3** [수사에 붙여] …의 무리의: two*some*

‡**some·bod·y** [sʌ́mbɑ̀di, -bʌ̀di | -bədi, -bɔ̀di] *pron.* **어떤 사람**, 누군가: There's ~ on the phone for you. 전화 왔어요. 《(1) someone보다 구어적; 보통 긍정문에 쓰며, 부정문·의문문에는 nobody, anybody를 씀 (2) 단수 취급으로, 보통 그것을 받는 인칭대명사는 he, his, him, she, her이지만 《구어》에서는 종종 they, their, them을 씀》

— *n.* (*pl.* **-bod·ies**) 《구어》 아무개라는 (훌륭한) 사람, 상당한[대단한] 사람 《종종 부정관사를 생략하는 일도 있어 대명사로도 생각할 수 있음》: think one*self* to be (a) ~ 자기를 잘났다고 생각하다

***some·day** [sʌ́mdèi] *ad.* **언젠가**, 훗날

‡**some·how** [sʌ́mhàu] *ad.* **1 어떻게든지 해서**, 그럭저럭, 아무튼 《종종 or other가 뒤에 옴》: I must get it finished ~ (*or other*). 나는 어떻게 해서든지 그것을 해치워야겠다. **2 어쩐지**, 웬일인지 《종종 or other가 뒤에 옴》: *S*~ I don't trust him. 어쩐지 그를 믿을 수 없다.

‡**some·one** [sʌ́mwʌ̀n] *pron.* = SOMEBODY

***some·place** [sʌ́mplèis] *ad.* 《미·구어》 = SOMEWHERE

***som·er·sault** [sʌ́mərsɔ̀:lt] *n.* **공중제비**, 재주넘기 — *vi.* 공중제비[재주넘기]를 하다

som·er·set [sʌ́mərsèt | -sit] *n.*, *vi.* = SOMERSAULT

Som·er·set(**·shire**) [sʌ́mərset(ʃiər) | -sit(ʃə)] *n.* 서머셋《잉글랜드 남서부의 주》

‡**some·thing** [sʌ́mθiŋ] *pron.* **1 무엇인가**, 어떤 것, 어떤 일 《형용사는 뒤에 옴; 의문문·부정문에서는 보통 something을 쓰지 않고 anything을 쓰는데, 말하는 사람의 마음 속에 긍정의 기분이 강할 때에는 something을 씀》: Is there ~ to eat? 뭐 먹을 게 있습니까? **2** 어떤 진리, 다소의 가치[의의]: There's ~ in[to] what he says. 그의 말에는 일리가 있다. **3** 얼마간[쯤], 어느 정도, 조금 《*of*》; [~ of a[an] …로 보어로 쓰여] 《구어》 상당한 …, 꽤 되는 …: There is ~ *of* uncertainty in it. 어딘지 좀 불확실한 데가 있다.

have ~ about one 《구어》 (사람을) 끄는 무엇이 있다 ***make ~ of*** …을 이용하다; …을 중요한 인물로 키우다 ***make ~ of*** one***self*** [one***'s life***] 성공하다, 출세하다 ***~ else*** 어떤 다른 것; 《구어》 각별히 멋진 것[사람]

— *ad.* **1** [전치사가 달린 구 앞에 써서] 얼마간, 다소: It cost ~ over $10. 10달러 좀 더 들었다. **2** 《구어》 꽤, 상당히: The engine sounds ~ awful. 이 엔진은 정말 요란한 소리를 낸다.

— *n.* **1** 《구어》 중요한 것[사람]; 어떤 진리, 다소의 가치: He thinks he is ~. 그는 자기를 상당한 사람이라고 생각하고 있다. **2** 어떤 것: an indefinable ~ 무어라 형언하기 어려운 것

‡**some·time** [sʌ́mtàim] *ad.* **1** (미래의) **언젠가**, 머지 않아, 훗날에 **2** (과거의) 어떤 때에, 이전에

~ or other 머지 않아, 조만간

— *a.* Ⓐ **1** 이전의: a ~ professor 전직 교수 **2** 이따금의, 가끔 일어나는

‡**some·times** [sʌ́mtàimz] *ad.* **때때로**, **때로는**, 이따금

some·way(**s**) [sʌ́mwèi(z)] *ad.* 《미·구어》 어떻게든지 해서, 무슨 수로든

‡**some·what** [sʌ́m*h*wɑ̀t, -*h*wʌ̀t | -*h*wɔ̀t] *ad.* **얼마간**, 약간, 다소: It's ~ different. 그건 다소 다르다.

more than ~ 《구어》 대단히, 매우

— *pron.* [~ of …로] 약간, 다소

‡**some·where** [sʌ́m*h*wɛ̀ər] *ad.* **1 a 어딘가에** 〈있다〉, 어딘가로 〈가다〉: ~ around[about] here 이 근처 어디에 **b** [명사적; 전치사·타동사의 목적어로 쓰여] 어딘가, **어떤 장소**: from ~ 어디로부터인지 **2** [보통 전치사 앞에 써서] 〈수량·시간·나이 등이〉 약, 쯤: a woman ~ around fifty 약 50세의 여자

som·ma [sάmə | sɔ́mə] *n.* 〖지질〗 (분화구 주위의) 외륜산(外輪山)

som·nam·bu·lism [sɑmnǽmbjulìzm | sɔm-] [L 「잠결에 걸어다니다」의 뜻에서] *n.* Ⓤ 잠결에 걸어다님, 몽유병 **-list** *n.* 몽유병자 **som·nàm·bu·lís·tic** *a.*

som·nif·er·ous [sɑmnífərəs | sɔm-], **som·nif·ic** [-nífik] *a.* 최면(催眠)의; 졸리게 하는

som·no·lence, -len·cy [sάmnələns(i) | sɔ́m-] *n.* Ⓤ (몹시) 졸림; 비몽사몽

som·no·lent [sάmnələnt | sɔ́m-] *a.* **1** 졸리는 **2** 졸리게 하는, 최면의 **~·ly** *ad.*

Som·nus [sάmnəs | sɔ́m-] *n.* 〖로마신화〗 잠의 신

‡**son** [sʌn] [동음어 sun] *n.* **1** 아들 (opp. *daughter*), 자식; 사위 **2** [보통 *pl.*] 자손 《남자》: the *~s* of Abraham 유대인 **3** 《문어》 (특정 직업에) 종사하는 사람, …의 계승자 《*of*》: a ~ *of* toil 노동자 **4** 《호칭》 [연하자에게] 젊은이, 친구: my ~ 여보게 젊은이
a ~ of a bitch 《비어》 개새끼 ***a ~ of a gun*** 《속어》 못된 놈, 나쁜 놈; [친한 친구 사이의 인사] 이 녀석, 이 친구, 새끼 ***a ~ of the soil*** 토착민; 농민

so·nance, -nan·cy [sóunəns(i)] *n.* Ⓤ 울림; 〖음성〗 유성(有聲)

so·nant [sóunənt] *a.* 〖음성〗 유성의, 유성자의 《b, d, g 등》; 〈소리가〉 울리는 **—** *n.* 〖음성〗 유성음[자]

so·nar [sóunɑːr] [*so*und *na*vigation *r*anging] *n.* 소나, 수중 음파 탐지기

∗**so·na·ta** [sənάːtə] *n.* 〖음악〗 **소나타**

son·a·ti·na [sὰnətíːnə | sɔ̀n-] *n.* (*pl.* **~s, -ne** [-nei]) 〖음악〗 소나티네

sonde [sɑnd | sɔnd] [F = sounding line] *n.* 〖기상〗 존데, 고공(高空) 기상 측정기

son et lu·mi·ère [sɔ̃ːŋ-ei-lumiέər] [F = sound and light] *n.* 송에뤼미에르 《사적(史跡) 등에서 밤에, 조명과 녹음된 음악과 설명을 곁들여 그 사건을 재현하는 행사》

‡**song** [sɔːŋ | sɔŋ] *n.* **1** ⒸⓊ **노래**; Ⓒ 우는[지저귀는] 소리, (시냇물의) 졸졸 흐르는 소리; ⒸⓊ 가곡, 단가(短歌) **2** Ⓤ 시가, 시문(詩文): renowned in ~ 시가로 이름난
break [***burst forth***] ***into ~*** 노래하기 시작하다 ***~ and dance*** 노래와 춤; 《구어》 재미있으나 믿어지지 않는 이야기[설명] ***the S~ of S~s*** [***Solomon***] (구약성서의) 아가(雅歌)

song·bird [sɔ́ːŋbə̀ːrd | sɔ́ŋ-] *n.* **1** 우는 새, 명금 **2** 《속어》 여자 가수

song·book [-bùk] *n.* 가요집, 노래책

song·fest [-fèst] *n.* 《미·구어》 노래회, 합창회 《유행가·민요의》

song·less [sɔ́ːŋlis | sɔ́ŋ-] *a.* 노래가 없는; 〈새 등이〉 울지 못하는

sóng spàrrow 〖조류〗 (북미산) 멧종다리, 노래참새

∗**song·ster** [sɔ́ːŋstər | sɔ́ŋ-] *n.* **가수**; 우는 새; 시인

song·stress [-stris] *n.* 여자 가수; 여류 시인; 우는 암새

sóng thrùsh 〖조류〗 노래지빠귀

song·writ·er [-ràitər] *n.* (가요곡의) 작사[작곡]가

son·ic [sάnik | sɔ́n-] *a.* **1** 음의, 음파의 **2** 음속(音速)의

sónic báng 〖항공〗 = SONIC BOOM

sónic bárrier 〖물리〗 음속 장벽 《비행기 등의 속력이 음속에 가까울 때의 공기 저항》

sónic bóom 〖항공〗 소닉 붐 《항공기가 음속을 넘을 때 나는 폭발음》

son-in-law [sʌ́ninlɔ̀ː] *n.* (*pl.* **sons-**) 사위, 양자

∗**son·net** [sάnit | sɔ́n-] *n.* 〖운율〗 **소네트**, 14행시

son·net·eer [sὰnətíər | sɔ̀n-] *n.* 소네트 시인; 엉터리 시인

son·ny [sʌ́ni] [동음어 sunny] *n.* (*pl.* **-nies**) 《호칭》 얘야, 얘, 아가

so·nor·i·ty [sənɔ́ːrəti | -nɔ́r-] *n.* (*pl.* **-ties**) ⓊⒸ 울려 퍼짐; 반향(反響); 〖음성〗 (소리의) 들림(의 정도)

∗**so·no·rous** [sənɔ́ːrəs, sάnər- | sənɔ́ːr-] *a.* **1 울리는**, 울려 퍼지는, 낭랑한 **2** 〈문체·연설 등이〉 격조 높은, 당당한 **~·ly** *ad.* **~·ness** *n.*

‡**soon** [suːn,] [OE 「곧」의 뜻에서] *ad.* **1 곧**, 이내: He will come ~. 그는 곧 올 거다. **2** (예정보다) 일찍, 일찌감치: You needn't leave so ~. 그렇게 일찍 떠날 필요가 없어. **3** 빨리, 수월하게 **4** 기꺼이, 자진하여
as [***so***] ***~ as*** …하자마자 ***as ~ ...*** (***as ...***) (…하기 보다) 오히려: He could *as* ~ write an epic *as* drive a car. 그가 자동차 운전을 할 줄 안다면 서사시를 쓰겠다. 《운전은 어림도 없다》 ***as ~ as possible*** [***may be***] 될 수 있는 대로 빨리, 한시 바삐 ***had ~er*** do ***than ...*** = ***had as ~*** do ***as ...*** ⇨ would SOONer do than. ***no ~er ... than*** …하자마자: He had *no ~er* [*No ~er* had he] arrived *than* he fell ill. 그는 도착하자마자 병이 났다. ***~er or later*** 조만간 ***would ~er*** do ***than ...*** = ***would as ~*** do ***as ...*** …하느니 보다는 차라리 …하고 싶다: I *would ~er* die *than* do it. 그것을 할 바엔 차라리 죽는 것이 낫다.

∗**soot** [sut, suːt] *n.* Ⓤ **그을음**, 매연(煤煙) **—** *vt.* 그을음투성이로 하다

‡**soothe** [suːð] *vt.* **1 달래다**; 위로하다: He tried to ~ the crying child. 그는 우는 아이를 달래려고 해보았다. **2** 〈신경·감정을〉 진정시키다, 〈고통 등을〉 덜어주다: I tried to ~ her nerves[anger]. 나는 그녀의 신경질을[화를] 가라앉혀 보려고 했다. **—** *vi.* 안심시키다, 달래다

sooth·ing [súːðiŋ] *a.* 달래는, 위로하는, 진정하는: in a ~ voice 달래는 듯한 목소리로 **~·ly** *ad.* **~·ness** *n.*

sooth·say·er [súːθsèiər] *n.* 점쟁이; 예언자

∗**soot·y** [súti, súːti] *a.* (**soot·i·er**; **-i·est**) **1 그을음의**; 그을은, 그을음투성이의 **2** 거무스름한 **sóot·i·ness** *n.*

sop [sɑp | sɔp] *n.* **1** (우유·수프·포도주 등에 적신) 빵조각 **2** 비위 맞추기 위한 선물, 뇌물 《*to*》 — *v.* (**~ped**; **~·ping**) *vt.* **1** 〈빵 조각을〉 적시다 《*in*》 **2** 빨아들이다, 빨아들여 없애다 《*up*》 — *vi.* 흠뻑 젖다

soph [sɑf | sɔf] *n.* 《미·구어》 2학년생 (sophomore)

So·phi·a [səfíːə, -fáiə] *n.* 여자 이름 《애칭 Sophy, Sophie》

soph·ism [sɑ́fizm | sɔ́f-] *n.* **1** Ⓤ 고대 그리스의 궤변학파 철학 **2** Ⓤ 궤변법

soph·ist [sɑ́fist | sɔ́f-] *n.* **1** [**S~**] (고대 그리스의) 철학·수사학의 교사; 학자 **2** 궤변가

so·phis·tic, -ti·cal [səfístik(əl)] *a.* **1** 〈이론 등이〉 궤변의 **2** 〈사람이〉 궤변을 부리는 **-ti·cal·ly** *ad.*

so·phis·ti·cate [səfístəkèit] *vt.* **1** 궤변으로 속이다; 〈원문에〉 함부로 손을 대다 **2** 〈사람을〉 순진성을 잃게 하다 **3** 〈기계 등을〉 복잡하게 하다, 정교하게 하다
— *n.* 닳고 닳은 사람; 세련된 사람

***so·phis·ti·cat·ed** [səfístəkèitid] *a.* **1 소박한 데가 없는**, 닳고 닳은 **2** 〈문체 등이〉 지나치게 기교적인, 세련된 **3** 매우 복잡한 **~·ly** *ad.*

so·phis·ti·ca·tion [səfìstəkéiʃən] *n.* Ⓤ **1** (고도의) 지적[도회적] 교양[세련] **2** 궤변을 부림 **3** 야박함 **4** (기계 등의) 복잡화, 정교화

soph·ist·ry [sɑ́fistri | sɔ́f-] *n.* (*pl.* **-ries**) ⓊⒸ **1** (특히 고대 그리스의) 궤변법 **2** 견강부회, 억지 이론

Soph·o·cles [sɑ́fəklìːz | sɔ́f-] *n.* 소포클레스(495?-406? B.C.) 《고대 아테네의 비극 시인》

***soph·o·more** [sɑ́fəmɔ̀ːr | sɔ́f-] [Gk 「현명한(sopho)」과 「어리석은(more)」으로 만든 말] *n.* 《미》 (4년제 대학·고교의) **2학년생** — *a.* Ⓐ 2학년생의

soph·o·mor·ic [sɑ̀fəmɔ́ːrik | sɔ̀f-] *a.* 《미》 **1** 2년생의 **2** 아는 체하는; 건방진, 미숙한 **-i·cal·ly** *ad.*

So·phy, So·phie [sóufi] *n.* 여자 이름 《Sophia의 애칭》

sop·o·rif·er·ous [sɑ̀pərífərəs | sɔ̀p-] *a.* 최면의 **~·ly** *ad.*

sop·o·rif·ic [sɑ̀pərífik | sɔ̀p-] *a.* 잠이 오게 하는, 최면의; 졸리는
— *n.* 최면제, 마취제 **-i·cal·ly** *ad.*

sop·ping [sɑ́piŋ | sɔ́p-] 《구어》 *a.* 흠뻑 젖은: ~ clothes 흠뻑 젖은 옷
— *ad.* 흠뻑: ~ wet 흠뻑 젖은

sop·py [sɑ́pi | sɔ́pi] *a.* (**-pi·er**; **-pi·est**) **1** 흠뻑 젖은, 축축한 **2** 〈날씨가〉 우천의, 구중중한 **3** 《구어》 나약한, 감상적인; 친절하게 구는 《*on*》

***so·pran·o** [səprǽnou | -prɑ́ːn-] [It. 「위의」의 뜻에서] *n.* (*pl.* **~s, -ni** [-niː]) 〖음악〗 **1 소프라노**, 최고 음역: sing ~ 소프라노(가수)이다 **2** 소프라노 가수
— *a.* 소프라노의: a ~ voice 소프라노 목소리

sor·bet [sɔ́ːrbit] *n.* = SHERBET

Sor·bonne [sɔːrbɑ́n, -bʌ́n | -bɔ́n] *n.* [the ~] 소르본 대학

sor·cer·er [sɔ́ːrsərər] *n.* (*fem.* **-ess** [-ris]) (악령의 힘을 빌려 행하는) 마법사, 마술사

sor·cer·y [sɔ́ːrsəri] *n.* ⓊⒸ (악령의 힘을 빌려 행하는) 마법, 마술

***sor·did** [sɔ́ːrdid] [L 「더러운」의 뜻에서] *a.* **1** 〈환경 등이〉 **더러운**, 지저분한 **2** 〈동기·행위·인물 등이〉 욕심 많은, 야비한 **3** 〖동물·식물〗 칙칙한, 흙빛의
~·ly *ad.* **~·ness** *n.*

‡**sore** [sɔːr] [동음어 soar] *a.* **1 a 아픈**, 쑤시는; 상처난: feel ~ 아프다 **b** (남의) 감정을 해치는, 마음을 아프게 하는 **2 슬픔에 잠긴**: with a ~ heart 슬픔에 잠겨 **3** 《미·구어》 민감한, 속상한: feel ~ 기분이 상하다 《*about*》
a ~ spot [***point, place***] 아픈 데, 급소, 약점
— *n.* **1** 닿으면 아픈 데; 문드러진 곳, 상처; 종기 **2** 묵은 상처

sore·head [sɔ́ːrhèd] 《미·구어》 *n.* 성난[분해 하는] 사람; 성 잘 내는 사람

***sore·ly** [sɔ́ːrli] *ad.* **1 쓰려**, 아파서 **2** 심하게, 몹시

sor·ghum [sɔ́ːrgəm] *n.* ⓊⒸ 〖식물〗 사탕수수; Ⓤ 《미》 사탕수수 시럽

so·ror·i·ty [sərɔ́ːrəti | -rɔ́r-] *n.* (*pl.* **-ties**) (대학의) 여학생 클럽

sor·rel[1] [sɔ́ːrəl | sɔ́r-] *a.* 밤색의
— *n.* Ⓤ 밤색; Ⓒ 자류마(紫騮馬)

sorrel[2] *n.* 〖식물〗 수영, 참소리쟁이

sor·ri·ly [sɑ́rəli, sɔ́ːr- | sɔ́r-] *ad.* 슬퍼하여; 불쌍히 여겨; 서투르게

‡**sor·row** [sɑ́rou, sɔ́ːr- | sɔ́r-] *n.* Ⓤ **1 슬픔**, 비애 《*over, at, for*》: feel ~ *for* …을 슬퍼하다 **2** ⓊⒸ [종종 *pl.*] 불행: He is a ~ to his parents. 그는 부모의 골칫거리이다. — *vi.* 슬퍼하다, 애석하게 생각하다, 유감으로 여기다 《*at, for, over*》

‡**sor·row·ful** [sɑ́rəfəl, sɔ́ːr- | sɔ́r-] *a.* **1 슬퍼하는**, 비탄에 잠긴 **2** 슬픔에 젖은: a ~ sight 슬픈 광경 **3** 슬프게 하는
~·ly *ad.* **~·ness.** *n.*

‡**sor·ry** [sɑ́ri, sɔ́ːri | sɔ́ri] [OE 〈마음이〉 아픈」의 뜻에서] *a.* (**-ri·er**; **-ri·est**) **1** Ⓟ **슬픈**, 딱한 《*for*》 **2** Ⓟ 미안하게 생각하는, 후회하는 《*for*》: (I am) so ~. 실례했습니다, 미안합니다. **3** Ⓟ **유감스러운**, 섭섭한, 아쉬운: I am ~ *to* say (*that*) I cannot come to the party. 유감스럽게도 그 파티에 갈 수가 없습니다.
— *int.* 《I'm sorry. 의 줄임꼴에서》 **1** [사과의 뜻] 죄송합니다: Did I step on your toe? *S~!* 발을 밟았나요? 죄송해요! **2** [아쉬움의 뜻] 미안합니다, 섭섭합니다: *S~*, we're closed. 미안하지만 영업이 끝났습니다. **sór·ri·ness** *n.*

‡**sort** [sɔːrt] [L 「운명」의 뜻에서] *n.* **1 종류**: this ~ of house = a house of this ~ 이런 종류의 집 **2** 《구어》 (…한) 종류의 것[사람]: He is a good[bad] ~. 그는 좋은[나쁜] 사람이다.
after [***in***] ***a ~*** 일종의, 얼마간, 약간 ***a ~ of*** 일종의…, …같은 것: *a ~ of*

politician 그런대로 정치가라고 할 수 있는 사람 ***nothing of the ~*** [강한 부정] 그런 것이 아니다; 당치도 않다
— *vt.* **1** 분류하다 《*over, out*》; (우체국에서) 〈우편물을〉 배달구 별로 나누다: ~ letters 편지를 분류하다 **2** 〖컴퓨터〗 〈데이터 항목을〉 지정된 순서로 가지런히 하다
sort·a [sɔ́ːrtə] *ad.* =SORT of
sort·er [sɔ́ːrtər] *n.* **1** 가려내는 사람 **2** 〖컴퓨터〗 분류기, 정렬기
sor·tie [sɔ́ːrti] [F =going-out] *n.* **1** 〖군사〗 (포위된 진지로부터 밖으로의) 돌격, 출격; (군용기의) 단기(單機) 출격: make a ~ 출격하다 **2** 돌격대 — *vi.* 돌격[출격]하다
‡**SOS** [ésòués] [위급할 때에 가장 타전하기 쉬운 모스 부호의 순서(··· ––– ···)] *n.* (*pl.* **~'s**) **조난[위급] 신호**; 위급 호출
so-so [sóusòu] *a.* 《구어》 대수로운 것이 아닌, 좋지도 나쁘지도 않은
— *ad.* 그저 그 정도로 〈좋다 등〉
sos·te·nu·to [sòustənúːtou | sɔ̀s-] [It. 「지속된」의 뜻에서] 〖음악〗 *ad.* 소스테누토, 〈음을〉 연장하여 — *a.* 소스테누토의 — *n.* 소스테누토 악절
sot [sɑt | sɔt] *n.* 술고래, 주정뱅이
sot·tish [sɑ́tiʃ | sɔ́t-] *a.* 술고래의, 주정뱅이의 **~·ly** *ad.* **~·ness** *n.*
sou [suː] [F] *n.* (*pl.* **~s**[-z]) 수 《1/20 프랑의 동전》
sou·brette [suːbrét] [F] *n.* 〖연극〗 몸종, 시녀 《말괄량이로 교태를 부림》; 그 역의 여배우; 《일반적으로》 말괄량이
souf·flé [suːfléi | ∠–] [F =blown up] *n.* Ⓤ Ⓒ 수플레 《달걀의 흰자 위에 우유를 섞어 거품내어 구운 요리》
sough [sau, sʌf] *vi.* 〈바람이〉 휘 불다, 살랑거리다 — *n.* 바람 부는 소리, 산들거림
‡**sought** [sɔːt] *v.* SEEK의 과거·과거분사
sou·kous [súːkuːs] *n.* (팝 음악의) 춤의 한 형식 《카리브 리듬으로 전기 기타와 보컬그룹이 하는》
‡**soul** [soul] [동음어 sole] *n.* **1** Ⓤ Ⓒ **a 영혼**, 혼: the abode of the departed ~*s* 육체를 떠난 영혼의 안식처, 천국 **b 정신**, 마음 **2** Ⓤ **정**, **감정**; 정기, 열정; 정감: He has no ~. 그는 정이 없다. **3 a** 중심 인물 **b** (사물의) 정수, 생명: Brevity is the ~ of wit. 간결은 기지의 정수, 말은 간결이 생명. 《Shakespeare의 *Hamlet*에서》 **4** [the ~] (어떤 덕(德)의) 화신, 전형, 귀감: *the* great ~*s* of antiquity 옛날의 큰 인물들 **5** [수사 또는 부정어와 함께] 사람, 인명, …한 인간: an honest ~ 정직한 사람
for the ~ of me =***for my ~*** =***to save my ~*** 아무리 하여도 〈생각나지 않다 등〉 ***upon*** [***on, by***] ***my ~*** 맹세코
— *a.* 《미·구어》 흑인 본래의
sóul bròther 《미·속어》 [젊은 흑인끼리 써서] 흑인 남성, 동포
soul-de·stroy·ing [sóuldistrɔ̀iiŋ] *a.* 못 견디게 단조로운
soul·less [sóullis] *a.* 영혼이 없는; 정신이 들어 있지 않은; 무정한
sóul màte 애인, 정부(情夫·情婦); 마음의 친구; 동조자
sóul mùsic 《미·구어》 흑인 음악 《rhythm and blues의 일종》
soul-search·ing [sóulsə̀ːrtʃiŋ] *n.* Ⓤ (진리·진상 등의) 탐구; 자기 반성, 자기 성찰 — *a.* 자기 성찰의
sóul sìster 《미·속어》 흑인 여성
‡**sound**[1] [saund] *n.* **1** Ⓤ Ⓒ **소리**, 음향 **2** Ⓤ 소음 **3** Ⓤ Ⓒ 가락, 음조(音調) **4** (목소리·말의) 인상, 뜻, 어감
within ~ of …이 들리는 곳에
— *a.* (녹음·필름 등의) 사운드의
— *vi.* **1 소리가 나다**; …한 소리가 나다: The music ~*s* sweet. 아름다운 음악이다. **2** …**하게 들리다**, 느껴지다; 생각되다 《*like*》: That excuse ~*s* very hollow. 그 변명은 속이 빤히 보인다.
— *vt.* **1 소리내다**; 〈나팔 등을〉 불다 **2** (종·나팔·북 등으로) 알리다, 〈경보 등을〉 발하다 **3 두드려 조사하다**; 〖의학〗 〈가슴을〉 타진[청진]하다
‡**sound**[2] [saund] [OE gesund의 ge-가 소실한 것] *a.* **1** 〈신체·정신이〉 **건전한**, 정상적인: a man of ~ body 몸이 튼튼한 사람 **2 완전한 3** 〈건물 등이〉 **견고한**, 안전한; 〈재정이〉 **견실한 4** 〈행위·행동 등이〉 사려 분별 있는; 바른 **5** 〈수면이〉 충분한; 깊은: a ~ sleep 숙면 **6** 논리적으로 옳은; 정통의 〈교리 등〉: a ~ opinion 옳은 의견
— *ad.* 깊이, 푹: sleep ~ 숙면하다
‡**sound**[3] [saund] [ME 「꿰뚫다」의 뜻에서] *vt.* **1** 〈깊이를〉 **재다 2** 〖의학〗 소식자(probe)를 넣어 조사하다 **3** [종종 ~ out] 〈남의 생각 등을〉 타진하다 《*on, about, as to*》: ~ a person's opinions …의 의견을 타진하다 — *vi.* **1** 수심을 재다 **2** 바닥에 닿다; 〈고래 등이〉 물속으로 잠수하다
— *n.* 〖의학〗 (외과용) 소식자, 탐침(探針)
sound-and-light [sáundəndláit] *a.* 소리와 빛(과 녹음)을 사용한 〈디스코〉
sóund bàrrier =SONIC BARRIER
sóund bìte (뉴스·당의 정치적 선전물에 쓰이는) 인터뷰, 연설 등의 핵심적 내용
sound·board [-bɔ̀ːrd] *n.* =SOUNDING BOARD
sóund effècts 음향 효과
sóund enginéer (방송·녹음의) 음향 조정 기사
sound·er[1] [sáundər] *n.* **1** 울리는 것, 소리내는 것 **2** 〖통신〗 음향기
sounder[2] *n.* 측심기(測深機), 물 깊이를 재는 사람; 〖의학〗 소식자, 탐침
sóund hòle 〖음악〗 (현악기의) 울림 구멍, (바이올린 등의) f자 구멍
sound·ing[1] [sáundiŋ] *a.* **1** 소리나는; 울려 퍼지는 **2** 잘난 체 떠들어 대는; 떠벌리는: a ~ title 요란스러운 직함
sounding[2] *n.* **1** 수심 측량 **2** [*pl.*] 측연이 미치는 측정 범위; 깊이 600 피트 미만의 바다 **3** (신중한) 조사
sóunding bòard 1 (악기의) 공명판; 반향판 **2** 홍보 담당자[수단]
sóunding lìne 측연선(線)

sound·less[1] [sáundlis] *a.* 소리 없는, 소리를 내지 않는, 조용한 **~·ly** *ad.*

soundless[2] *a.* 《시어》 깊이를 잴 수 없는, 몹시 깊은

sound·ly [sáundli] *ad.* 건전하게; 확실[안전]하게, 온건하게; 푹 〈자다〉; 호되게 〈치다 등〉

sóund mìxer 음량·음색 조절기

sound·ness [sáundnis] *n.* Ⓤ 건강; 건실, 건전; 온당, 온건

sóund pollùtion 소음 공해(noise pollution)

sound·proof [sáundprù:f] *a.* 방음의: a ~ door 방음문 **—** *vt.* …에 방음 장치를 하다

sóund tràck 사운드 트랙, (필름 가장자리의) 녹음대(帶); 사운드 트랙 음악

sóund trùck (확성기를 장치한) 선전 트럭

sóund wàve 〖물리〗 음파

⁑**soup** [su:p] *n.* Ⓤ **수프** **—** *vt.* 《속어》 **1** (차의 엔진 등을 개조하여) 마력[성능]을 높이다 《*up*》 **2** 더 활기를 띠게 하다; 〈이야기 등을〉 한층 자극적으로[다채롭게, 재미있게] 하다 《*up*》

sóup kìtchen (빈민을 위한) 무료 식당, 수프 접대소 《이 표를 soup ticket이라 함》

soup·y [sú:pi] *a.* (**soup·i·er**; **-i·est**) 수프 같은; 〈안개 등이〉 짙은; 《미·속어》 감상적인

⁑**sour** [sauər] *a.* **1** 신 **2** 신내가 나는 **3 a** 심술궂은, 〈마음이〉 비뚤어진 **b** 불쾌해진, 앵돌아진 **c** 음산한; 냉습한

***go*[*turn*]** ~ 시어지다; 《구어》 일이 못쓰게 되다, 표준 이하가 되다

— *vt.* **1** 시게 하다 **2** 불쾌하게 만들다, 〈성미를〉 까다롭게 만들다 **—** *vi.* 시어지다, 불쾌해지다, 〈성미가〉 까다로워지다

— *n.* **1** 신 것 **2** [the ~] 싫은 것, 쓰디쓴 것 **3** ⓊⒸ 《미》 사워 《칵테일》

sóur·ly *ad.* **sóur·ness** *n.*

sóur bàll 사워 볼 《새콤한 알사탕》; 《미·구어》 꽤 까다로운 사람, 불평가

⁑**source** [sɔ:rs] [OF 「발생하다」의 뜻에서] *n.* **1 원천**, 수원(지) **2 근원**, 원인 《*of*》 **3 출처**, 근거

sóurce bòok 원본, 원전(原典); 사료집(史料集)

sóur crèam 산패유(酸敗乳) 《유산으로 산화시킨 크림; 빵·과자에 씀》

sour·dough [sáuərdòu] *n.* 《미》 **1** Ⓤ (다음에 쓰려고 남겨둔) 발효한 빵 반죽 **2** 탐광자(探鑛者), 개척자

sóur grápes [포도를 따려던 여우가 손이 미치지 않자 이 포도는 신 것이라고 오기를 부려 떠났다는 「이솝 이야기」에서] [단수 취급] 지기 싫어함, 오기

sóur másh 《미》 사워 매시 《위스키 등의 증류에서 유산 발효를 높이기 위해 묵은 전국을 조금 탄 원액》

sour·puss [sáuərpùs] *n.* 《구어》 항상 상을 찌푸리고 있는 사람, 흥을 깨는 사람, 불평꾼

souse [saus] *n.* Ⓤ **1** 간국, 간물 **2** 소금에 절인 것 **3** Ⓒ 흠뻑 젖음; 물에 담금 **4** Ⓒ 《속어》 술꾼, 술고래 **—** *vt.* **1** 소금에 절이다 **2** 흠뻑 적시다: be ~*d to* the skin 흠뻑 젖다 **3** 담그다; 〈물 등을〉 끼얹다: ~ a thing *in* water 물건을 물에 담그다 **4** 《속어》 술에 취하게 하다

sou·tane [su:tá:n | -tǽn] *n.* 〖가톨릭〗 (신부가 입는 검은) 평상복, 수단

⁂**south** [sauθ] *n.* **1** [the ~] Ⓤ **남**(쪽); Ⓒ 남부 《略 S, S.》 **2** [the ~] 남부 지방 《*of*》; [the S~] 《미》 남부(의 여러 주) **3** [the S~] 남반구, 《특히》 남극 지방, (자석의) 남극

— *a.* Ⓐ **1 남쪽의**; 남향의 **2** [**S~**] 남부의, 남국의 **3** 〈바람이〉 남쪽에서 부는

— *ad.* **남쪽에, 남쪽으로**; 〈바람이〉 남쪽에서: go ~ 남쪽으로 가다

Sòuth África 남아프리카 공화국 《공식명 Republic of ~》

Sòuth Áfrican 남아프리카 (공화국)의; 남아프리카 공화국 사람

⁑**Sóuth América** 남아메리카, 남미

Sóuth Américan 남아메리카의 (사람)

South·amp·ton [sauθhǽmptən] *n.* 사우샘프턴 《영국 남부 해안의 항구 도시》

Sóuth Austrália 사우스오스트레일리아 《호주 남부의 주(州)》

south·bound [sáuθbàund] *a.* 남행의

sóuth by éast 남미동(南微東) 《略 SbE》

sóuth by wést 남미서(南微西) 《略 SbW》

Sóuth Carolína [Charles I[II]의 이름에서; 그것에 South를 붙인 것] 사우스캐롤라이나 《미국 남동부의 주; 略 S.C., SC》

Sóuth Carolínian 사우스캐롤라이나 주의 (사람)

Sóuth Chína Séa [the ~] 남중국해

Sóuth Dakóta [북미 인디언 말 「동맹」의 뜻에 South를 붙인 것] 사우스다코타 《미국 중북부의 주; 略 S.Dak., S.D.》

Sóuth Dakótan 사우스다코타 주의 (사람)

⁑**south·east** [sàuθí:st; 〖항해〗 sàuí:st] *n.* **1** Ⓤ [the ~] **남동** 《略 SE, S.E.》 **2 a** [the ~] 남동 지방(의 나라) **b** [the S~] 미국 남동부 지방

— *a.* Ⓐ **1 남동의[에 있는]**; 남동부의; 남동으로 향하는 **2** 〈바람이〉 남동으로부터의[부는] **—** *ad.* **남동으로** (향하여); 남동부에[로]; 〈바람이〉 남동으로부터

Sóutheast Ásia 동남 아시아

southéast by éast 남동미동(南東微東) 《略 SEbE》

southéast by sóuth 남동미남(南東微南) 《略 SEbS》

south·east·er [sàuθí:stər; 〖항해〗 sàuí:stər] *n.* 남동풍, 남동의 강풍[폭풍]

south·east·er·ly [-í:stərli] *ad., a.* 남동으로(의); 〈바람이〉 남동으로부터(의)

*****south·east·ern** [sàuθí:stərn; 〖항해〗 sàuí:stərn] *a.* **1 남동의**, 남동에 있는; 남동으로의 **2** 〈바람이〉 남동으로부터의 **3** [**S~**] 《미》 미국 남동부 (특유)의 **~·er** *n.*

south·east·ward [sàuθí:stwərd; 〖항해〗 sàuí:st-] *n.* [the ~] 남동(쪽)

— *ad.* 남동(쪽)에[으로]

— *a.* 남동으로의; 남동에 있는

~·ly *ad., a.* = SOUTHEASTERLY

south·east·wards [-wərdz] *ad.* = SOUTHEASTWARD
south·er [sáuðər] *n.* (강한) 남풍
south·er·ly [sʌ́ðərli] *a.* 남쪽(에)의; 〈바람이〉 남쪽으로부터의[부는] — *ad.* 남쪽에[으로]; 남쪽으로부터 — *n.* (*pl.* **-lies**) 남풍
‡**south·ern** [sʌ́ðərn] [south(남)와 -ern(「…쪽의」란 뜻의 접미사)에서] *a.* **1 남쪽의**; 남향의 **2** [**S~**] ((미)) 남부 (여러 주)의: the *S~* States 남부 제주 — *n.* [보통 **S~**] = SOUTHERNER
Sóuthern Cróss [the ~] 〚천문〛 남십자성
Sóuthern dráwl (미국) 남부의 끄는 말투 ((특히 모음을 느릿하게 끄는))
Sóuthern Énglish 남부의 점잖은 영어
South·ern·er [sʌ́ðərnər] *n.* [**s** ~] 남국의 사람, 남부인; ((미)) 남부 (여러 주)의 사람
Sóuthern Hémisphere [the ~] 남반구(南半球)
sóuthern líghts [the ~] 남극광
south·ern·most [sʌ́ðərnmòust] [southern의 최상급에서] *a.* 극남(極南)의, 최남단(最南端)의
Sóuth Koréa 남한, 대한민국 ((공식명 Republic of Korea; 수도 Seoul))
Sóuth Koréan 남한의 (사람)
south·land [sáuθlæ̀nd] *n.* 남부 지방
south·paw [-pɔ̀:] [미국의 야구장은 투수의 왼손(left paw)이 남향이 되는 곳이 많았기 때문이라 함] *n.* (야구의) 좌완 투수; 왼손잡이 선수, ((특히)) 왼손잡이 권투 선수 — *a.* 왼손잡이의
∗**Sóuth Póle 1** [the ~] (지구의) **남극 2** [the s~ p~] **a** (하늘의) 남극 **b** (자석의) 남극, S극
Sóuth Sèa Ìslands [the ~] (남태평양의) 남양 제도
Sóuth Sèa Íslander 남양 제도 사람
Sóuth Séas [the ~] 남양, 남태평양
south-south·east [sáuθsàuθí:st; 〚항해〛 sáusàuí:st] *a.* 남남동의, 남남동으로[에서]의 — *ad.* 남남동으로[에서]
— *n.* Ⓤ [the ~] 남남동 ((略 SSE))
south-south·west [sáuθsàuθwést; 〚항해〛 sáusàuwést] *a.* 남남서의, 남남서로부터의[나아가는] — *ad.* 남남서로[에서] — *n.* Ⓤ [the ~] 남남서 ((略 SSW))
Sóuth Vietnám (통일 전의) 월남
∗**south·ward** [sáuθwərd] *ad.* **남쪽으로**[에] — *a.* 남쪽(으로)의; 남쪽을 향한
— *n.* Ⓤ [the ~] 남쪽, 남부
south·ward·ly [sáuθwərdli] *a.* 남향의; 〈바람이〉 남에서 부는
— *ad.* = SOUTHWARD
∗**south·wards** [sáuθwərdz] *ad.* = SOUTHWARD
South·wark [sʌ́ðərk] *n.* 서더크 ((Thames 강 남안의 London 자치구))
∗**south·west** [sàuθwést; 〚항해〛 sauwést] *n.* **1** Ⓤ [the ~] **남서 2 a** [the ~] 남서부[지방] **b** [the S~] ((미)) 남서 지방
— *a.* Ⓐ **남서(로)의**; 남서부의; 〈바람이〉 남서로부터의 — *ad.* **남서로**, 남서부로[에]
southwést by sóuth 남서미(微)남 ((略 SWbS, S.W.bS.))
southwést by wést 남서미(微)서 ((略 SWbW, S.W.bW.))
∗**south·west·ern** [sàuθwéstərn; 〚항해〛 sàuwést-] *a.* **1 남서의, 남서에 있는 2** [**S~**] ((미)) 남서 지방(특유)의 **~·er** *n.*
south·west·ward [-wéstwərd] *ad.* 남서(쪽)에[으로]
— *a.* 남서로의; 남서에 있는
— *n.* [the ~] 남서 **~·ly** *a., ad.*
south·west·wards [-wéstwərdz] *ad.* = SOUTHWESTWARD
Sóuth Yórkshire 사우스요크셔 ((잉글랜드 북부의 주))
∗**sou·ve·nir** [sù:vəníər, ⏑⏑⏑] [F 「추억이 되는 것」의 뜻에서] *n.* **기념품**, 토산품, 선물 ((*of*))
sov. sovereign(s)
‡**sov·er·eign** [sɑ́vərən | sɔ́vrin] [OF soverain(군주)에서; reign과의 연상에서 g가 삽입됐음] *n.* **1 주권자**, 군주(君主), 국왕 **2** 영국의 옛날의 1파운드 금화 ((略 sov.)) — *a.* **1** 주권을 가진, 군주인: ~ authority 주권 **2** 독립의, 자주의: a ~ state 독립국 **3** 최상[최고]의; 탁월한: the ~ good 〚윤리〛 지상선(至上善)
~·ly *ad.* 극히; 주로; 특히
∗**sov·er·eign·ty** [sɑ́vərənti | sɔ́vrin-] *n.* (*pl.* **-ties**) **1** Ⓤ **주권**, 통치권 ((*over*)) **2** 독립국; 자치 공동체
∗**so·vi·et** [sóuvièt, sòuiét | sóuviət] [Russ.「회의」의 뜻에서] *n.* **1** [the S~] **소비에트**, (구)**소련**(the Soviet Union); [the S~s] (구)소련 정부[국민] **2** (구소련의) 회의, 노농(勞農) 평의회
— *a.* **1** 소비에트의; 노농 회의의 지배를 받는 **2** [**S~**] (구)소련(정부, 국민)의
So·vi·et·ism [sóuviitìzm] *n.* Ⓤ 소비에트식 정치 조직[기구]; 노농 사회주의, 공산주의
so·vi·et·ize [sóuviitàiz] *vt.* 소비에트[공산주의]화하다
Sóviet Rússia 1 구소련 ((통칭)) **2** 러시아 소비에트 연방 사회주의 공화국 (Russian Soviet Federated Socialist Republic)
∗**Sóviet Únion** [the ~] **소비에트 연방**
‡**sow**[1] [sou] [동음어 sew, so] *v.* (**~ed**; **sown** [soun], **~ed**) *vt.* **1** 〈씨를〉 **뿌리다**; 흩뿌리다 **2** …의 씨를 뿌리다: ~ the seeds of hatred 증오의 씨를 뿌리다
— *vi.* **1** 씨를 뿌리다 **2** 원인을 뿌리다
sow[2] [sau] *n.* 암퇘지
sow·er [sóuər] *n.* 씨 뿌리는 사람, 파종기(機); 조장하는 사람
∗**sown** [soun] [동음어 sewn] *v.* sow[1]의 과거분사
sox [sɑks | sɔks] [socks의 변형] *n. pl.* 양말 ((sock의 복수형으로 상업 통신문에서 쓰임))
soy [sɔi] [Jap.] *n.* Ⓤ 간장(= ~ sauce); Ⓒ 〚식물〛 콩, 대두
sóy·a bèan [sɔ́iə-] ((영)) = SOYBEAN

soy·bean [sɔ́ibìːn] *n.* 〖식물〗 콩, 대두: ~ oil 대두유
soy·milk [-mìlk] *n.* 두유
sóy sàuce 간장
soz·zled [sάzld | sɔ́z-] *a.* 《속어》 만취한(drunk)
SP, S.P. shore patrol 〖미해군〗 헌병
sp. special; species; specific; specimen; spelling
Sp. Spain; Spaniard; Spanish
spa [spɑː] 〔광천으로 유명한 벨기에의 휴양지 이름에서〕 *n.* **1** 광천(鑛泉), 온천 **2** 체육 설비[사우나]를 갖춘 시설
‡**space** [speis] *n.* **1** Ⓤ **a** 공간: vanish into ~ 허공으로 사라지다 **b** (지구 대기권 밖의) **우주**: launch a spaceship into ~ 우주로 우주선을 발사하다 **2** ⓊⒸ **a** **장소**, 거리; **여지**: take up ~ 장소를 차지하다 **b** Ⓒ 구역, 영역; ⓊⒸ 여백, 지면: blank ~*s* 여백 **3** [a ~] (때의) 동안, 시간: for *a* ~ of four years 4년 동안 **4** ⓊⒸ 〖인쇄〗 행간(行間), 스페이스 **—** *a.* Ⓐ 우주의 **—** *vt.* **1** 일정한 간격을[거리를] 유지하게 하다 **2** 〖인쇄〗〈행간 등〉에 사이를 두다 《*out*》
spáce àge [종종 **S~ A~**] 우주 시대
space-age [spéisèidʒ] *a.* **1** 우주 시대의 **2** 최신의, 초현대적인
spáce bàr[kèy] 스페이스 바[키]
spáce biòlogy 우주 생물학
spáce cadèt 《미·속어》 멍청한 사람, 얼간이
spáce càpsule 우주 캡슐 《그 안에 사람이나 계기가 든 기밀실로 나중에 회수함》
***space·craft** [spéiskræ̀ft | -krὰːft] *n.* (*pl.* ~) **우주선**
spaced-out [spéistáut] *a.* 《미·속어》 (마약·술·피로 등으로) 멍해진
space·flight [-flàit] *n.* 우주 비행: a manned ~ 유인 우주 비행
spáce hèater (이동식) 실내 난로
spáce làb [*space lab*oratory] 우주 실험실
space·less [spéislis] *a.* **1** 무한한 **2** 공간[스페이스]을 차지하지 않는
‡**space·man** [spéismæ̀n] *n.* (*pl.* **-men** [-mèn]) **우주 비행사**; 우주인
spáce mèdicine 우주 의학
spáce òpera 《미》 우주 여행을 소재로 한 라디오·텔레비전 드라마[영화]
spáce plàtform = SPACE STATION
space·port [-pɔ̀ːrt] *n.* 우주 공항, 우주선 기지
spáce pròbe 우주 탐색기[탐사용 로켓]
spáce ràce 우주 경쟁
spáce ròcket 우주 로켓
spáce scìence 우주 과학
‡**space·ship** [spéisʃìp] *n.* **우주선**
spáce shùttle 우주 왕복선[연락선]
‡**spáce stàtion** **우주 정류장**
spáce súit 우주복; = G-SUIT
spáce technòlogy 우주 공학[기술]
Spáce Tèlescope (우주 궤도에 띄우는) 우주 망원경
space-time [-táim] *n.* Ⓤ 시공(時空); = SPACE-TIME CONTINUUM
spáce-tíme contìnuum 시공(時空) 연속체 《제4차원》
‡**spáce tràvel(ing)** **우주 여행**
spáce tràveler 우주 여행자
spáce vèhicle 우주선(spacecraft)
space·walk [-wɔ̀ːk] *vi.* 우주 유영 하다
spáce wrìter (신문 등 일정 지면의) 원고량에 따라 고료를 받고 쓰는 사람
spac·ey [spéisi] *a.* 《속어》 = SPACY
spa·cial [spéiʃəl] *a.* = SPATIAL
spac·ing [spéisiŋ] *n.* Ⓤ 간격을 띄움; 〖인쇄〗 어간(語間), 행간, 자간
***spa·cious** [spéiʃəs] *a.* **드넓은**, 광대한 **~·ly** *ad.* **~·ness** *n.*
spac·y [spéisi] *a.* (**spac·i·er**; **-i·est**) 《속어》 = SPACED-OUT
‡**spade**[1] [speid] *n.* **1** 가래, 삽 **2** 끌 《고래를 자르는》 **3** = SPADEFUL ***call a ~ a ~*** 꾸미지 않고 똑바로 말하다, 사실대로 말하다
— *vt.* **1** 삽으로 파다 **2**〈고래를〉 끌로 잘라내다
***spade**[2] [It. 「칼」의 뜻에서] *n.* 〖카드〗 스페이드; [*pl.*; 단수·복수 취급] 스페이드 한 벌
spade·ful [spéidfùl] *n.* 한 삽[가래]의 분량
spade·work [spéidwə̀ːrk] *n.* Ⓤ 힘드는 예비 공작, 기초적인 준비
spa·dix [spéidiks] *n.* (*pl.* **-di·ces** [spéidəsìːz]) 〖식물〗 육수화(肉穗花)
***spa·ghet·ti** [spəgéti] [It. 「끈」의 뜻에서] *n.* Ⓤ **스파게티**
spaghétti wéstern 《구어》 이탈리아판 서부 영화
‡**Spain** [spein] *n.* **스페인, 에스파냐** 《수도 Madrid》
spam [spæm] *n.* 《구어》 〖컴퓨터〗 스팸 메일 《인터넷을 통해 다중에게 무차별로 보내는 광고성 전자 우편 메시지》
Spam [spæm] [*sp*iced h*am*] *n.* 스팸 《돼지고기 통조림; 상표명》
‡**span**[1] [spæn] *n.* **1** **한 뼘**; 짧은 거리 **2** 전폭(全幅), 전장(全長): the whole ~ of …의 전폭[전체] **3** **기간**; (사람의 일생 등의) 짧은 기간: the ~ of life 사람의 일생 **—** *v.* (**~ned**; **~·ning**) *vt.* **1** 뼘으로 치수를 재다 **2** 다리를 놓다, …의 양 끝을 연결하다: The bridge ~*s* the river. 다리가 강에 놓여 있다. **3 a**〈눈길이〉 닿다, 내다보다 **b**〈세월이〉 걸치다;〈기억·상상 등이〉 …에 이르다, 미치다
span[2] [spick-and-span] *a.* 아주 새로운; 새로 맞춘
span·drel, -dril [spǽndrəl] *n.* 〖건축〗 공복(拱腹) 《인접한 아치가 천장·기둥과 이루는 세모꼴 면(面)》
***span·gle** [spǽŋgl] *n.* **1** **번쩍번쩍하는 금[은, 주석]박**(箔) **2** 번쩍번쩍 빛나는 것 **—** *vt.* (번쩍이는 금속물을) 붙이다; 번쩍번쩍 빛나게 하다; (번쩍이는 것을) 박아 넣다 《*with*》
Spang·lish [spǽŋgliʃ] [*Sp*anish+Eng*lish*] *n.* Ⓤ 스페인식 영어 《미국 서부와 중남미에서 쓰임》
‡**Span·iard** [spǽnjərd] *n.* **스페인 사람**

***span·iel** [spǽnjəl] *n.* **1 스패니얼** ((귀가 축 처지고 털이 긴 애완용 개)) **2** 비굴한 사람, 추종자: a tame ~ 남의 말에 무조건 추종하는 사람, 아첨꾼

‡**Span·ish** [spǽniʃ] *a.* **스페인 (사람)의; 스페인 말[풍]의 —** *n.* **1** Ⓤ **스페인 말 2** [the ~; 집합적] 스페인 사람

Spánish América (브라질을 제외한 스페인 말을 쓰는) 중남미

Spánish Américan (스페인 말이 쓰이는) 중남미 여러 나라의 주민; 스페인계 미국 사람

Spánish-Américan Wár [the ~] 〖역사〗 아메리카·에스파냐 전쟁(1898)

Spánish Armáda [the ~] = INVINCIBLE ARMADA

Spánish Cívil Wár [the ~] 스페인 내란(1936-39)

Spánish Máin [the ~] **1** 남미 북안(北岸) 지방 **2** 카리브 해; 남미 북안에 접한 카리브해 영역

Spánish ómelet ((미)) 스페인풍 오믈렛 ((양파, 피망, 토마토를 넣은))

Spánish ónion 〖식물〗 스페인양파 ((생채용; 크고 단맛이 남))

***spank**[1] [spæŋk] [의성어] *vt.* (손바닥·슬리퍼 등으로) …**의 볼기짝을 찰싹 때리다 —** *n.* 찰싹 때리기

spank[2] [spanking의 역성(逆成)] *vi.* 〈말·배가〉 질주하다 ((*along*))

spank·er [spǽŋkər] *n.* **1** 〖항해〗 후장 종범(後檣縱帆) **2** ((구어)) 아주 굉장한 것(stunner), 훌륭한 사람 **3** 준마(駿馬)

spank·ing [spǽŋkiŋ] ((구어)) *a.* Ⓐ **1** 활발한; 강한, 센 〈바람 등〉 **2** 훌륭한 **—** *ad.* 매우, 아주: a ~ new dress 아주 새로운 드레스 **~·ly** *ad.*

span·ner [spǽnər] *n.* ((영)) 〖기계〗 스패너(((미)) wrench)

spán ròof (양쪽 다 사면인) 박공 지붕

spar[1] [spɑːr] *n.* 〖항해〗 원재(圓材) ((돛대·활대 등)); 〖항공〗 익형(翼桁), 가로날개뼈대

spar[2] *vi.* (**~red**; **~·ring**) **1** 〖권투〗 스파링하다; (가볍게) 치고 덤비다 ((*at*)) **2** 말다툼하다 **3** 〈싸움닭이〉 (발톱으로) 서로 차다 ((*at*)) **—** *n.* **1** 〖권투〗 스파링; 권투 연습 시합 **2** 말다툼 **3** 닭싸움

spar[3] *n.* Ⓤ,Ⓒ 〖광물〗 스파, 섬광석(閃光石) ((편상(片狀)의 결이 있는 광석의 총칭))

SPAR, Spar [spɑːr] [예비대의 표어 *S*emper *Par*atus ((L = always ready))에서] *n.* ((미)) (2차 대전시의) 연안 경비대 여자 예비 대원

‡**spare** [spɛər] *vt.* **1 용서하다, 벌주지 않다,** ((특히)) 목숨을 살려주다: Please ~ him his life. 부디 그의 목숨을 살려 주십시오. **2** 〈…에게 고생을〉 **시키지 않다**: *S~* his blushes. 그에게 창피를 주지 마라. **3** 〈남에게 시간·돈 등을〉 **할애하다,** 나누어주다: have no time to ~ …할 틈이 없다 **4** …없이 지내다: I can't ~ him[the car] today. 오늘은 그[차]가 꼭 필요하다. **5** 〈돈·노력을〉 **아끼고 쓰지 않다,** 절약하다: ~ no expense 비용을 아끼지 않다 ~ one*self* 수고를 아끼다; 슬슬 하다, 늦잡죄다; 손해 입지 않도록 꾀부리다 **—** *n.* 비상용품; [*pl.*] (기계의) 예비 부품 **—** *a.* **1** Ⓐ **예비의,** 여분의: a ~ room ((영)) 손님용의 예비 침실; ((미)) 객실 **2 결핍된,** 아끼는 **3** 여윈, 마른, 홀쭉한

spare·ly [spɛ́ərli] *ad.* 인색하게; 모자라게; 여위어

spare·ness [spɛ́ərnis] *n.* Ⓤ 결핍; 깡마름; 게으름을 피움

spáre pàrt 예비 부품(部品)

spáre-part súrgery [spɛ́ərpɑ̀ːrt-] ((익살)) 장기(臟器) 이식 수술

spare·ribs [spɛ́ərrìbz] *n. pl.* (고기가 거의 붙어 있지 않은) 돼지 갈비

spáre tíre[((영)) **týre**] 예비 타이어; ((구어)) 허리 둘레의 군살

spar·ing [spɛ́əriŋ] *a.* 아끼며 사용하는, 절약하는 **~·ly** *ad.* 절약하여; 드물게

‡**spark** [spɑːrk] *n.* **1 불꽃**; 섬광, (보석의) 광채 **2** [a ~; 보통 부정문에서] 기미, 조금 ((*of*)): *not a ~ of* interest 티끌만큼도 없는 관심 **3** 활기, 생기; (재능·재치 등의) 번득임: the ~ of life 생명의 불, 생기, 활기 ***strike ~s out of*** a person 사람의 재능·재기(才氣) 등을 발휘시키다 **—** *vi.* 불꽃[불똥]이 튀다; 〖전기〗 스파크하다 **—** *vt.* **1** ((미)) …의 도화선[발단]이 되다, 야기하다: ~ a chain reaction 연쇄 반응을 일으키다 **2** 자극[고무]하여 …시키다 ((*to, into*))

spárk·ing plùg [spɑ́ːrkiŋ-] ((영)) = SPARK PLUG

‡**spar·kle** [spɑ́ːrkl] *n.* **1 불꽃,** 섬광(閃光) **2** (보석 등의) **번쩍임,** 광택 **3** 생기, 활력 **4** 재기(才氣)(의 번득임) **5** 거품 ((포도주 등의)) **—** *vi.* **1 불꽃을 튀기다 2** 〈보석·재주 등이〉 번쩍이다, 번득이다, 〈재치가〉 넘치다; 〈눈 등이〉 빛나다 **3** 〈포도주 등이〉 거품이 일다

spar·kler [spɑ́ːrklər] *n.* 빛나는 것[사람], 미인, 재사(才士); 불꽃; 보석, 다이아몬드

***spar·kling** [spɑ́ːrkliŋ] *a.* **불꽃을 튀기는,** 반짝거리는; 빛나는 〈별 등〉; 활기에 넘친, 번득이는 〈재치 등〉 **~·ly** *ad.*

spárk plùg 1 (내연 기관의) 점화전 **2** ((구어)) 지도자, 중심 인물

spar·ring [spɑ́ːriŋ] *n.* 〖권투〗 스파링: ~parter (권투 선수의) 연습 상대

‡**spar·row** [spǽrou] *n.* 〖조류〗 **참새**

spar·row·grass [spǽrougræ̀s | -grɑ̀ːs] *n.* ((방언·속어)) 아스파라거스

spárrow hàwk 〖조류〗 새매

***sparse** [spɑːrs] [L 「흩뿌린」의 뜻에서] *a.* **희박한,** 드문드문한 **~·ly** *ad.* **spárse·ness** *n.*

spar·si·ty [spɑ́ːrsəti] *n.* Ⓤ 희박, 성김

***Spar·ta** [spɑ́ːrtə] *n.* **스파르타**

***Spar·tan** [spɑ́ːrtn] *a.* **1** (고대) **스파르타(사람)의 2** 스파르타식의; 엄격하고 간소한, 용맹한 **—** *n.* 스파르타 사람; 용맹스런 사람 **~·ly** *ad.*

Spar·tan·ism [spɑ́ːrtənìzm] *n.* Ⓤ 스파르타주의[정신]

spasm [spæzm] [Gk 「당기다」의 뜻에서] *n.* 〖의학〗 경련(痙攣); 발작 《*of*》
spas·mod·ic, -i·cal [spæzmɑ́dik(əl) | -mɔ́d-] *a.* 〖의학〗 경련(성)의; 발작적인, 하다말다하는 **-i·cal·ly** *ad.*
spas·tic [spǽstik] *a.* **1** 경련(성)의; 경련성 마비의 **2** 《속어》 바보의, 서투른 — *n.* **1** 경련 환자 **2** 《속어》 바보, 서투른 사람
spat[1] [spæt] *n.*, *vi.* (~·**ted**; ~·**ting**) 《미》 승강이질[말다툼](하다); 손바닥으로 때리기[때리다]
*__spat__[2] *v.* SPIT[1]의 과거·과거분사
spat[3] [*spat*terdash] *n.* [보통 *pl.*] 스팻 《발목 조금 위까지 미치는 짧은 각반》
spat[4] *n.* (*pl.* ~, ~**s**) 굴[조개]의 알 (spawn); Ⓤ [집합적] 새끼 굴
spatch·cock [spǽtʃkɑ̀k | -kɔ̀k] *vt.* **1** 〈갓 잡은 새를〉 즉석 요리하다 **2** 《구어》 〈나중에 생각난 것 등을〉 삽입하다, 써넣다 《*in, into*》
spate [speit] *n.* **1** 《영》 큰물, 홍수 **2** 〈말문 등이〉 터져 나옴, 내뿜음 《*of*》; 많음, 다수, 대량 《*of*》
*__spa·tial, -cial__ [spéiʃəl] *a.* 공간(space)의, 공간적인; 장소의
spa·ti·al·i·ty [spèiʃiǽləti] *n.* Ⓤ 공간성, 넓이
spa·ti·o·tem·po·ral [spèiʃioutémpərəl] *a.* 공간과 시간상의, 시공(時空)의
*__spat·ter__ [spǽtər] *vt.* **1** 〈물·진탕 등을〉 튀기다, 흩뿌리다 **2** 〈욕·중상·탄알 등을〉 퍼붓다 《*with*》: ~ a person *with* slander …을 중상하다 — *vi.* 튀다, 흩어져 떨어지다 — *n.* **1** 튐, 튄 것 《*of*》 **2** 후드득거리는 소리
spat·ter·dash [spǽtərdæ̀ʃ] *n.* [보통 *pl.*] 가죽 각반, 가죽 장화 《승마용 등》
spat·u·la [spǽtʃulə | -tjulə] *n.* 주걱; 〖의학〗 압설기(壓舌器) **-lar** [-lər] *a.*
spav·in [spǽvin] *n.* 〖수의학〗 (말의) 비절내종(飛節內腫)
spav·ined [spǽvind] *a.* 〈말이〉 비절내종에 걸린
*__spawn__ [spɔːn] *n.* ⓊⒸ **1** [집합적] (물고기·개구리 등의) 알 **2** [집합적] 《보통 경멸》 (우글우글한) 자식들 **3** 〖식물〗 균사(菌絲) — *vt.* **1** 〈물고기·개구리 등이〉 알을 낳다 **2** 《경멸》 〈사람이 자식을〉 수두룩이 낳다 — *vi.* 〈물고기·개구리 등이〉 알을 낳다, 산란하다
spay [spei] *vt.* …의 난소(卵巢)를 제거하다
SPCA Society for the Prevention of Cruelty to Animals 동물 학대 방지 협회 《현재는 R.S.P.C.A.》
SPCC Society for the Prevention of Cruelty to Children 아동 학대 방지 협회 《현재는 N.S.P.C.C.》
‡**speak** [spiːk] *v.* (**spoke** [spouk], 《고어》 **spake** [speik]; **spo·ken** [spóukən], 《고어》 **spoke**) *vi.* **1** 말을 하다: This baby cannot ~ yet. 이 아기는 아직 말을 하지 못한다. **2** 담화(談話)를 하다, 이야기를 하다 《*with, to*》: The boy *~ing with* him is my brother. 그와 이야기하고 있는 소년은 내 동생입니다. **3** 연설을 하다, 강연을 하다 《*on, about*》 **4** 〈악기·총포·바람 등이〉 소리나다, 울리다; 〈개가〉 으르렁대다 《*for*》: The cannon *spoke.* 대포가 울렸다.
— *vt.* **1** 말하다; 〈사실·사상 등을〉 이야기하다, 전하다 **2** 나타내다, 증명하다 **3** 〈어떤 말을〉 쓰다
generally [***honestly, roughly, strictly***] ***~ing*** 일반적으로[정직하게, 대충, 엄밀히] 말하면 ***not to ~ of*** …은 말할 것도 없이 ***so to ~*** [농담조로 말함을 듣는 이에게 알리기 위해 삽입하여] 말하자면: He is, *so to ~*, a grown-up baby. 그는 말하자면 어른이 된 아기다. ***~ of*** …에 관하여 말하다, …을 평하다 ***~ on*** 이야기를 계속하다; …에 관해서 강연하다 ***~ out*** [***up***] 용기를 내어 말해버리다, 터놓고 말하다, 거리낌없이 말하다; 큰 소리로 이야기하다 ***~ one's mind*** 심중을 털어 놓고 이야기하다 ***~ up for*** 《미·구어》 변호하다 ***~ well*** [***ill***] ***of*** …을 좋게[나쁘게] 말하다 ***~ with*** …와 이야기하다, …와 상의하다
speak·eas·y [spíːkìːzi] *n.* (*pl.* **-eas·ies**) 《미·속어》 주류 밀매점 《금주법 철폐 전의》, 무허가 술집
‡**speak·er** [spíːkər] *n.* **1** 이야기하는[말하는] 사람 **2** 연설자, 변사; 《특히》 웅변가 **3** [보통 the S~] (하원, 기타 의회의) 의장: the *S~* of the House 《미》 = the *S~* of Parliament 《영》 하원 의장 **4** 스피커, 확성기
speak·er·phone [spíːkərfòun] *n.* (전화기의) 스피커폰 《마이크로폰과 스피커가 하나로 된 것》
‡**speak·ing** [spíːkiŋ] *a.* **1** 말하는: a ~ acquaintance 만나면 말을 건넬 정도의 (깊지 않은) 사이[지인] **2** 실증적인, 생생한 〈보기 등〉 **3** 표정이 풍부한
— *n.* Ⓤ **1** 말하기; 담화, 연설 **2** [*pl.*] 구전(口傳) 문학
spéaking clóck [the ~] 《영》 전화 시간 안내
spéaking tùbe (건물·배 등의) 전성관(傳聲管)
‡**spear**[1] [spiər] *n.* **1** 창, 투창 **2** (물고기를 찌르는) 작살 — *vt.* 창으로 찌르다; 〈물고기 등을〉 작살로 찌르다[잡다]
spear[2] *n.* (식물의) 싹; 어린 가지[잎, 뿌리] — *vi.* 싹트다(sprout)
spear·gun [-gʌ̀n] *n.* 작살총, 수중총
spear·head [-hèd] *n.* 창끝; 선봉, 돌격대의 선두 — *vt.* 〈공격·사업의〉 선두에 서다, 앞장서다
spear·man [spíərmən] *n.* (*pl.* **-men** [-mən]) 창병(槍兵); 창쓰는 사람
spear·mint [-mìnt] [꽃 모양이 창 비슷한 데서] *n.* 녹양박하 《광대나물과(科)》
spéar sìde [the ~] 부계(父系), 남계(男系)
spec [spek] [*spec*ulation] *n.* ⓊⒸ 《영·구어》 투기 (사업)
spec. special; specifical(ly); specification
‡**spe·cial** [spéʃəl] [especial의 두음소실(頭音消失)] *a.* **1** 특별한, 특수한: a ~ case 특별한 경우 **2** 독특한,

고유의: a ~ flavor 독특한 향기 **3 전문**[전공]**의**: a ~ hospital 전문 병원 **4 특별용의**; 임시의 **5** (양·정도가) **유다른**, 예외적인, 파격적인: a ~ friend 막역한 친구 —*n.* **1** 특별한 사람[것]; 특사(特使) **2** 특별[임시] 열차[버스 《등》]; 특별 통신, 특전(特電) **3** (미) 특가[임시] 매출; 특별 할인품, 특매품

spécial ágent (FBI의) 특별 수사관

spécial área (영) 특별 지역 《구호 대상 지역이나 특별 개발 지구》

Spécial Brànch (영) (런던 시경의) 공안부

spécial cónstable (영) (긴급시에 치안 판사가 임명하는) 임시[특별] 경관

spécial dráwing rìghts (국제 통화 기금의) 특별 인출권 《略 SDR(s)》

spécial efféects 〖영화·TV〗 특수 효과; 특수 촬영

spe·cial·ism [spéʃəlìzm] *n.* U.C (학문·연구·직업 등의) 전공, 전문

***spe·cial·ist** [spéʃəlist] *n.* **전문가**; 전문의(醫) 《*in*》: an eye ~ 안과(眼科) 전문의 —*a.* Ⓐ 전문(가)의, 전문적인: ~ knowledge 전문 지식

***spe·ci·al·i·ty** [spèʃiǽləti] *n.* (*pl.* **-ties**) (영) =SPECIALTY

spe·cial·i·za·tion [spèʃəlizéiʃən | -lai-] *n.* U.C 특수[전문]화; 전문 과목[분야]

‡**spe·cial·ize** [spéʃəlàiz] *vt.* **특수화하다**; 〈연구 등을〉 **전문화하다** —*vi.* **전공하다**; **전문으로 삼다** 《*in*》: ~ *in* chemistry 화학을 전공하다

spécial lícense 〖영국법〗 (Canterbury 대주교에 의한) 결혼 특별 허가증

‡**spe·cial·ly** [spéʃəli] *ad.* **1 특**(별)히, 각별히; 일부러 **2** 임시로 **3** 특별한 방법으로, 특제로

spécial pléading 〖법〗 특별 변론; (구어) 일방적인 진술

***spe·cial·ty** [spéʃəlti] *n.* (*pl.* **-ties**) **1 전문**, 전공; 장기(長技) **2** (상점 등의) 명물, 특산품; 특선품

spe·cie [spíːʃiː] *n.* Ⓤ (문어) 정금(正金), 정화(正貨): a ~ bank 정금 은행

‡**spe·cies** [spíːʃiːz] [L 「보이는 것, 모양」의 뜻에서] *n.* (*pl.* ~) **1** 〖생물〗 (분류상의) 종(種): birds of many ~ 많은 종의 새 **2** (구어) 종류 《*of*》 ***The Origin of S~*** 「종의 기원」 《Darwin의 저서》

specif. specific; specifically

***spe·cif·ic** [spisífik] *a.* **1** 〈목적·관계 등이〉 **분명히 나타난**, 명확한, 구체적인; 특정한: with no ~ aim 이렇다 할 분명한 목적도 없이 **2** Ⓐ 〈약이〉 특효 있는; 〈증세·치료가〉 특수한: a ~ medicine 특효약 **3** Ⓟ 특유한 《*to*》 —*n.* **1** [보통 *pl.*] 세부; 상세 **2** 특효약

***spe·cif·i·cal·ly** [spisífikəli] *ad.* **명확하게**; 특히

spec·i·fi·ca·tion [spèsəfikéiʃən] *n.* **1** [*pl.*] 명세서, 설계서, 설명서 **2** U.C 상술(詳述); Ⓒ 명세 (사항)

specífic grávity 〖물리〗 비중 《略 sp. gr.》

specífic héat 〖물리〗 비열 《略 s.h.》

spec·i·fic·i·ty [spèsəfísəti] *n.* U.C 특수성, 전문성; 특이성

***spec·i·fy** [spésəfài] *vt.* (**-fied**) **1 일일이 열거하다**, 상술(詳述)하다 **2** 명세서[설계서]에 기입하다

‡**spec·i·men** [spésəmin] [L 「특징 있는 표지」의 뜻에서] *n.* **1 견본**; 예, **실례**: a ~ page 견본쇄(刷) **2** (동물·식물·광물 등의) 표본: stuffed ~*s* 박제(剝製)

spe·cious [spíːʃəs] *a.* (문어) 외양만 좋은; 그럴듯한, 눈가림한 **~·ly** *ad.* **~·ness** *n.*

speck** [spek] *n.* **1 작은 얼룩**[흠], 작은 반점(斑點) **2** [보통 부정문에서] 조금, 소량 《*of*》 ***not a ~ (미) 전혀 …아닌 —*vt.* [과거분사] …에 얼룩[흠]을 찍다

spécked [spekt] *a.* 반점[흠집]이 생긴

***speck·le** [spékl] *n.* **작은 반점**, 얼룩, 반문 —*vt.* [과거분사로] 작은 반점을 찍다, 얼룩지게 하다

speck·led [spékld] *a.* 얼룩덜룩한, 반점이 있는

specs [speks] [*spec*tacles] *n. pl.* (구어) 안경

‡**spec·ta·cle** [spéktəkl] [L 「보는 것」의 뜻에서] *n.* **1 광경**, 장관(壯觀) **2** [*pl.*] **안경**((구어) specs): a pair of ~*s* 안경 한 개

***spec·ta·cled** [spéktəkld] *a.* **1** 안경을 쓴 **2** 〖동물〗 안경 모양의 얼룩점이 있는: a ~ bear 안경곰 《남미산, 눈가에 둥근 테가 있음》

***spec·tac·u·lar** [spektǽkjulər] *a.* **1 구경거리의**; 장관의; 눈부신 **2 극적인** —*n.* 장시간의 호화 (텔레비전) 쇼 **~·ly** *ad.*

‡**spec·ta·tor** [spékteitər, ⌐⌐ | ⌐⌐] *n.* (*fem.* **-tress** [-tris]) **구경꾼**, 관객

spéctator spòrts 많은 관객을 동원하는 스포츠

***spec·ter** | **-tre** [spéktər] [L 「보이는 것」의 뜻에서] *n.* **1 유령**, 망령, 귀신, 요괴(妖怪) **2** 무서운 것

***spec·tra** [spéktrə] *n.* SPECTRUM의 복수

***spec·tral** [spéktrəl] *a.* **1 유령의**[같은]; 괴기한 **2** 〖광학〗 스펙트럼의: ~ analysis 분광(分光) 분석 **~·ly** *ad.*

spec·tre [spéktər] *n.* (영) =SPECTER

spec·tro·gram [spéktrəgræ̀m] *n.* 분광[스펙트럼] 사진

spec·tro·graph [spéktrəgræ̀f | -grɑ̀ːf] *n.* 분광기, 분광 사진기

spec·trom·e·ter [spektrɑ́mətər | -trɔ́m-] *n.* 〖광학〗 분광계(計)

spec·tro·scope [spéktrəskòup] *n.* 〖광학〗 분광기 **spèc·tro·scóp·ic, -i·cal** [spèktrəskɑ́pik(əl) | -skɔ́p-] *a.*

spec·tros·co·py [spektrɑ́skəpi | -trɔ́s-] *n.* Ⓤ 분광학; 분광기 사용(술)

***spec·trum** [spéktrəm] [L 「눈에 보이는 것」의 뜻에서] *n.* (*pl.* **-tra** [-trə], **~s**) **1** 〖물리〗 **스펙트럼**, 분광 **2** (눈의) 잔상(殘像) **3** (변동하는 것의) 연속체; 범위 《*of*》

spec·u·la [spékjulə] *n.* SPECULUM의 복수

***spec·u·late** [spékjulèit] [L「보다」의 뜻에서] *vi.* **1 사색하다,** 깊이 생각하다; 추측하다 《*about, as to*》 **2** (주식·토지 등에) **투기하다**: ~ *in* shares[stocks] 증권[주식]에 손대다 **—** *vt.* 추측하다

‡**spec·u·la·tion** [spèkjuléiʃən] *n.* **1** ⓊⒸ **사색,** 심사숙고, 고찰 **2** ⓊⒸ **투기,** 폭등을 예상한 매입

***spec·u·la·tive** [spékjulətiv, -lèi-] *a.* **1 사색적인;** 추론적(推論的)인 **2** 투기적인: a ~ stock 투기주 **3** 위험한, 확실치 않은 **~·ly** *ad.* **~·ness** *n.*

***spec·u·la·tor** [spékjulèitər] *n.* **1** 사색가; 공론가(空論家) **2 투기꾼** 《*in*》

spec·u·lum [spékjuləm] *n.* (*pl.* **-la** [-lə], **~s**) **1** (반사·망원경 등의) 금속경(金屬鏡), 반사경 **2** 〖의학〗 검경(檢鏡) 《입·코 등의》: an eye ~ 검안경

‡**sped** [sped] *v.* SPEED의 과거·과거분사

‡**speech** [spiːtʃ] *n.* (cf. SPEAK) Ⓤ **1 말,** 《일반적으로》 언어 **2** Ⓒ 담화, 회화; 말투, 말씨 **3** Ⓒ **연설** 《*on*》, …사(辭): a farewell ~ 고별사 **4** 스피치 연구[학] **5** 〖문법〗 화법

spéech dày 《영》 (학교의) 종업식날 《상품 수여 · 내빈 연설 등이 있음》

speech·i·fy [spíːtʃəfài] *vi.* (**-fied**) 《익살·구어》 연설하다, 장황하게 늘어놓다

***speech·less** [spíːtʃlis] *a.* **1** (충격 등으로) **말문이 막힌,** 아연한 《*with, from*》 **2** 말 못하는 **3** 말하지 않는 **4** Ⓐ 이루 형언할 수 없는 **~·ly** *ad.* **~·ness** *n.*

spéech òrgan 〖음성〗 발음 기관

spéech sòund 〖음성〗 언어음(言語音) 《보통의 음(音)·기침·재채기 등과 구별하여》

spéech thèrapy 언어 요법, 언어 치료

speech·writ·er [spíːtʃràitər] *n.* 연설 원고 작성자 《특히 정치가를 위한》

‡**speed** [spiːd] [OE「성공하다」의 뜻에서] *n.* **1** ⓊⒸ **속력,** 속도 **2** Ⓤ (동작·행동의) **빠름,** 신속: a horse of ~ 빠른 말 **3** ⓊⒸ 《미》 (자동차의) 변속 기어: shift to low ~ 저속(低速)으로 바꾸다 (***at***) ***full***[***top***] ~ 전속력으로 ***at*** (***high***) ~ 속력을 내어, 급속히

— *v.* (**sped**[sped], **~·ed**) *vi.* **1 a** 급히 가다 《*along*》; 질주하다 **b** 속도를 더하다 《*up*》 **2** 《고어》 〈사람이〉 번영하다

— *vt.* **1** 서두르게 하다; 빨리 가게 하다[보내다] **2** (**~·ed**) 〈기관·기계 등의〉 속력을 더하다 《*up*》: ~ *up* an engine 엔진 회전을 빠르게 하다

~ ***up*** 속도를 더하다, 능률을 올리다

speed·ball [spíːdbɔ̀ːl] *n.* 《미·속어》 코카인에 헤로인·모르핀 또는 암페타민을 섞은 마약 (주사) **—** *vi.* 《미·속어》 그 주사를 맞다

speed·boat [-bòut] *n.* 쾌속정, 고속 모터 보트

spéed bùmp (주택 지구·학교 주변의) 과속 방지턱

speed·er [spíːdər] *n.* 고속 운전자; 속도 위반자

spéed gùn 속도 측정기 《자동차의 속도 위반이나 야구공의 속도 측정용》

***speed·i·ly** [spíːdili] *ad.* **빨리,** 급히, 곧, 신속히

speed·i·ness [spíːdinis] *n.* Ⓤ 빠름, 신속

speed·ing [spíːdiŋ] *n.* Ⓤ 고속 진행, 속도 위반

spéed lìmit 제한 속도; 최고 속도

spéed mèrchant 《구어》 (자동차 등의) 속도광(狂)

speed·o [spíːdou] *n.* (*pl.* **~s**) 《영·구어》 = SPEEDOMETER

speed·om·e·ter [spiːdámətər | spid-ɔ́m-] *n.* (자동차 등의) 속도계

speed-read·ing [-rìːdiŋ] *n.* Ⓤ 속독(법)

spéed skàting 스피드 스케이팅 《경기》

speed·ster [spíːdstər] *n.* 고속 운전자; 속도 위반자

spéed tràp 과속 차량 감시 구간[적발 장치]

***speed·up** [spíːdʌ̀p] *n.* ⓊⒸ **1** (기계·생산 등의) **능률 촉진 2** 속력 증가; (열차 등의) 운전 시간 단축

speed·way [-wèi] *n.* **1 a** 스피드웨이 《자동차·오토바이 경주장》 **b** 스피드웨이에서의 오토바이 경주 **2** 《미》 고속도로

speed·well [-wèl] *n.* 〖식물〗 꼬리풀 무리

‡**speed·y** [spíːdi] *a.* (**speed·i·er**; **-i·est**) **1 빠른;** 신속한, 민첩한 **2** 즉시의, 즉석의: a ~ answer 즉답

spe·l(a)e·ol·o·gy [spìːliálədʒi | -ɔ́l-] *n.* Ⓤ 동굴학; 동굴 탐험 **-gist** *n.* 동굴학자

‡**spell**[1] [spel] [OF「말하다」의 뜻에서] *v.* (**spelt** [spelt], **~ed** [speld, -t]) *vt.* **1 철자하다,** 철자를 말하다 **2** …의 철자이다, …이라고 읽다: O-n-e ~*s* 'one.' 오·엔·이로 철자하여 one(이란 낱말)이 된다.

~ ***out*** (1) 한 자 한 자 읽어가다[철자하다] (2) 생략하지 않고 다 쓰다 (3) 자세히[명쾌하게] 말하다[설명하다]

— *vi.* 철자하다, 바르게 쓰다[읽다]

‡**spell**[2] [OE「말」의 뜻에서] *n.* **1 주문**(呪文) **2 마력**(魔力), 마법; 매력 ***cast***[***lay, put***] ***a ~ on***[***upon, over***] …에 마법을 걸다, …을 마력으로 호리다 ***under a ~*** 주문에 묶여; 매혹되어

***spell**[3] [OE「교대하다」의 뜻에서] *n.* **1 한 차례의 일;** (일 등의) 차례, 순번, 교대: have[take] a ~ 교대하다 **2** (날씨 등이 계속되는) 기간; 잠깐: a ~ of fine weather 한동안의 좋은 날씨 **3** 《스코·호주》 휴게 시간 **—** *vt.* …와 교대하다, 교대하여 일하다

spell·bind [spélbàind] *vt.* (**-bound** [-bàund]) 주문으로 얽매다; 매혹하다

spell·bind·er [-bàindər] *n.* 《구어》 웅변가, 《특히》 청중을 매료하는 정치가

spell·bound [-bàund] *a.* **1** 주문에 얽매인, 마법에 걸린 **2** 홀린, 매혹된

spell·down [-dàun] *n.* (틀린 사람은 탈락하는) 철자 알아맞히기 시합

spell·er [spélər] *n.* **1** 철자하는 사람: a good ~ 철자를 틀리지 않는 사람 **2** 철자 교과서(spelling book)

‡**spell·ing** [spéliŋ] *n.* ⓊⒸ **1 철자법;** 철자하기 **2** (말의) 철자, 스펠링

spélling bèe = SPELLDOWN

spélling bòok 철자 교본
spélling pronunciàtion 철자 발음 《boatswain [bousn]을 철자대로 발음해 [bóutswèin] 이라고 하는 등》
spelt[1] [spelt] *v.* SPELL[1]의 과거·과거분사
spelt[2] *n.* Ⓤ 〘식물〙 스펠트밀 《가축 사료》
spe·lunk·er [spilʌ́ŋkər] *n.* 아마추어 동굴 탐험가
‡**spend** [spend] *v.* (**spent** [spent]) *vt.* **1** 〈돈을〉 **쓰다**, 소비하다: I *spent* ten dollars at the store. 그 가게에서 10달러를 썼다. **2** 〈정력·노력 등을〉 들이다, 다 써버리다 《*on*》: ~ all one's energies 정력을 다 써버리다 **3** 〈때를〉 보내다, 지내다; 〈시간을〉 들이다: ~ the weekend in the country 시골에서 주말을 보내다 **—** *vi.* **낭비하다**; 돈을 쓰다 [들이다] **~·a·ble** *a.* **~·er** *n.*
spénding mòney 용돈
spend·thrift [spéndθrìft] *a.* 돈을 헤프게 쓰는 **—** *n.* 돈을 헤프게 쓰는 사람, 낭비가
Spen·ser [spénsər] *n.* 스펜서 **Edmund** ~ (1552?-99) 《영국의 시인; 略 Spens.》
Spen·sé·ria·n stánza [spensíəriən-] 〘시학〙 스펜서 연(聯)
‡**spent** [spent] *v.* SPEND의 과거·과거분사 **—** *a.* **1 지쳐버린**, 약해진 **2** 〈탄환 등을〉 다 써버린
sperm [spəːrm] [Gk 「종자」의 뜻에서] *n.* (*pl.* **~, ~s**) **1** Ⓤ 정액(精液) **2** 정자, 정충
sper·ma·cet·i [spə̀ːrməsíːti, -séti] *n.* Ⓤ 경뇌(鯨腦), 경랍(鯨蠟)
sper·mat·ic [spəːrmǽtik] *a.* 정액(精液)의; 정자(精子)의
sper·mat·o·zo·on [spəːrmæ̀təzóuən | spə̀ːmət-] *n.* (*pl.* **-zo·a** [-zóuə]) ⓊⒸ 〘생물〙 정자, 정충
spérm bànk 정자 은행
spérm òil 〘화학〙 경유(鯨油), 향유고래 기름
spérm whàle 〘동물〙 향유고래
spew [spjuː] *vt.* **1** 〈먹은 것을〉 토하다, 게우다 **2** 〈연기 등을〉 내뿜다 **3** 〈노여움 등을〉 털어놓다
— *vi.* **1** 토하다 《*up*》 **2** 〈연기 등이〉 내뿜다 《*out*》 **3** 〈화를〉 버럭 내다 《*out*》
SPG Society for the Propagation of the Gospel 《영》 복음 전도 협회
‡**sphere** [sfiər] [Gk 「구, 공」의 뜻에서] *n.* **1 구체**(球體), 구(球); 구면 **2** 〘천문〙 천구(天球), 천체(天體) **3** 범위, (활동) 영역 《*of*》 **4** 지위, 신분, 계급
be in [***out of***] ***one's*** ~ 자기의 영역 내[밖]에 있다
-sphere [sfìər] 《연결형》 「구(球)」의 뜻: atmos*phere*
spher·i·cal [sférikəl, sfíər-] *a.* **1** 구형의 **2** 천체의, 구(면)의: a ~ polygon [lune] 구면 다각형[월형(月形)]
sphe·roid [sfíərɔid] *n.* 〘기하〙 회전 타원체[면] **sphe·rói·dal** [sfiərɔ́idl] *a.*
sphinc·ter [sfíŋktər] *n.* 〘해부〙 괄약근(括約筋)
‡**sphinx** [sfiŋks] *n.* (*pl.* **~·es, sphin·ges** [sfíndʒiːz]) **1** [the S~] 〘그리스신화〙 **스핑크스** **2** 스핑크스상(像)
sphyg·mo·ma·nom·e·ter [sfìgmoumənɑ́mətər | -nɔ́m-] *n.* 〘의학〙 혈압계
spic [spik] *n.* = SPIK
‡**spice** [spais] [L 「상품, 《특히》 향료와 약」의 뜻에서] *n.* ⓊⒸ **1 양념**; [집합적] 향신료 **2** 기미, 기색 《*of*》; 《비유》 풍미, 정취(情趣) 《*in*》 **—** *vt.* **1 향신료를 넣다**, 양념을 하다 《*with*》 **2** 흥취를 더하다 《*up, with*》
spic·er·y [spáisəri] *n.* (*pl.* **-er·ies**) Ⓤ **1** [집합적] 양념류, 향신료 **2** 방향; 얼얼한 맛
spick [spik] *n.* = SPIK
spick-and-span [spíkənspǽn] *a.* 깔끔한, 말쑥한; 아주 새로운, 〈옷이〉 갓 맞춘 **—** *ad.* 깔끔하게, 말쑥하게
spic·y [spáisi] *a.* (**spic·i·er**; **-i·est**) **1** 양념을 넣은 **2** 짜릿한, 통쾌한 **3** 외설한, 음란한: ~ conversation 음담(淫談)
spíc·i·ly *ad.* **-i·ness** *n.*
‡**spi·der** [spáidər] [OE 「실을 잣다」의 뜻에서] *n.* **1** 〘동물〙 **거미** **2** 삼발이 **3** 《미》 (철제) 프라이팬 《원래 발이 달려 있었음》
spíder cràb 〘동물〙 거미게
spi·der·man [spáidərmæ̀n] *n.* (*pl.* **-men** [-mèn]) 고소(高所) 작업원
spíder mònkey 〘동물〙 거미원숭이 《열대 아메리카산》
spi·der·y [spáidəri] *a.* **1** 거미 같은 **2** 거미가 많은
spiel [spiːl] 《속어》 *n.* 과장되게 떠벌림; 손님 끄는 선전의 말
spiff [spif] *vt.* 《구어》 말쑥하게 하다; 멋부리다 《*up*》
spiff·y [spífi] *a.* (**spiff·i·er**; **-i·est**) 《구어》 깔끔한, 단정한, 멋진; 훌륭한
spig·ot [spígət] *n.* (통 등의) 마개(《영》 tap); (수도·통 등의) 주둥이, 꼭지
spik [spik], **spig** [spig] *n.* 《미·속어·경멸》 스페인계 미국인
spike[1] [spaik] *n.* **1** (굵은 목재를 고정시키는) 대못; (담장 등의) 담장못 **2** (경기용 구둣바닥의) 스파이크 **3** (그래프 등의) 곡선의 삐죽한 끝 **4** 〘배구〙 스파이크
— *vt.* **1** 큰 못으로 박다; 못[말뚝]을 박다 **2** (야구 등에서) 스파이크로 〈선수를〉 부상시키다 **3** 〘배구〙 〈공을〉 스파이크하다 **4** 〈계획 등을〉 망쳐놓다, 좌절시키다
spike[2] *n.* **1** (보리 등의) 이삭 **2** 〘식물〙 수상 화서(穗狀花序)
spíke héel (여성화(靴)의) 끝이 뾰족하고 높은 굽
spike·nard [spáiknɑːrd, -nərd] *n.* Ⓤ 〘식물〙 감송(甘松), 감송향; 땅두릅나무 《아메리카산》
spik·y [spáiki] *a.* (**spik·i·er**; **-i·est**) **1** 대못 같은, 끝이 뾰족한 **2** 《구어》 성마른, 앙칼진
spile [spail] *n.* **1** 말뚝못, 쐐기못(pile) 《가옥의 토대로 박는》 **2** 마개; (술통 등의) 바람 구멍 **3** 《미》 삽관(插管) 《사탕단풍의 즙을 받기 위한 것》

‡spill[1] [spil] [OE 「부수다, 헛되게 하다」의 뜻에서] *v.* (**~ed** [spild, -t], **spilt** [spilt]) *vt.* **1 a** 〈액체·가루 등을〉 **엎지르다 b** 《문어》 〈피를〉 흘리다 **2** 〈말·차 등이 사람을〉 떨어뜨리다, 내동댕이치다 《*from*》 **3** 《구어》 〈비밀 등을〉 누설하다; 고자질하다, 말을 퍼뜨리다 **—** *vi.* **1** 엎질러지다 《*from*》 **2** 〈액체·사람이〉 넘치다 《*over*》

spill[2] *n.* **1** 엷은 조각[파편] **2** (점화용) 불쏘시개, 심지

spill·age [spílidʒ] *n.* 흘림, 엎지름; 흘린[엎지른] 것[양]

spill·o·ver [spílòuvər] *n.* **1** 넘쳐 흐름, 유출 **2** 넘친[흘린] 것 **3** 과잉 《*of*》

spill·way [spílwèi] *n.* (저수지·댐 등의) 방수로, 여수로(餘水路)

***spilt** [spilt] *v.* SPILL[1]의 과거·과거분사

‡spin [spin] *v.* (**spun** [spʌn], 《고어》 **span** [spæn]; **spun**; **~·ning**) *vt.* **1** 〈면·양털 등을〉 **잣다**; 〈실을〉 잣다: ~ cotton *into* yarn = ~ yarn *out of* cotton 솜을 자아 실을 만들다 **2 a** 자아내다: A spider *~s* a web. 거미가 거미줄을 친다. **b** 〈섬유 유리·금 등을〉 실 모양으로 가공하다 **3** (장황하게) 이야기하다: He *spun* a tale of bygone days. 그는 지난날의 일을 장황하게 늘어놓았다. **4** 〈팽이 등을〉 **돌리다**: ~ a coin (내기 등으로) 동전을 던져 돌리다

~ *out* (1) 〈이야기·토론 등을〉 질질 끌다 (2) 〈세월을〉 보내다 (3) 〈금전 등을〉 오래 쓰도록 조금씩 내 놓다

— *vi.* **1** 잣다; 〈거미·누에가〉 실을 내다, 줄을 치다 **2 a** 〈팽이 등이〉 뱅뱅 돌다 **b** 〈사람이〉 휙 돌아 방향을 바꾸다: The top is *~ning*. 팽이가 돌고 있다. **3** 질주하다: The car was *~ning along* at a good speed. 차가 빠른 속도로 질주하고 있었다. **4** 맴돌다, 뺑뺑이 돌다

— *n.* **1** (빠른) 회전; 회전 운동 **2** 질주, (자전거·배·마차 등의) 한바탕 달리기 **3** 〖항공〗 나선 강하

***spin·ach** [spínitʃ | -idʒ] *n.* **시금치**

spi·nal [spáinl] *a.* 〖해부〗 척골(脊骨)의, 척주의: the ~ column 〖해부〗 척주

***spin·dle** [spíndl] *n.* [OE 「잣는 도구」의 뜻에서] **1** **물렛가락**, 방추(紡錘) **2** 축, 굴대

spin·dle-leg·ged [spíndllègid] *a.* 다리가 가늘고 긴

spin·dle·legs [-lègz] *n. pl.* **1** 가늘고 긴 다리 **2** [단수 취급] 《구어》 다리가 가늘고 긴 사람

spin·dle-shanked [-ʃæŋkt] *a.* = SPINDLE-LEGGED

spin·dle·shanks [-ʃæŋks] *n. pl.* = SPINDLE LEGS

spíndle trèe 〖식물〗 화살나무속(屬)의 나무

spin·dly [spíndli] *a.* (**-dli·er**; **-dli·est**) 가늘고 긴, 호리호리한

spín dòctor 《미·속어》 보도 대책 보좌관[조언자]

spin·dri·er, -dry·er [-dráiər] *n.* (원심 분리식) 탈수기 《특히 세탁기의》

spin·drift [-drìft] *n.* Ⓤ 〖항해〗 물보라, 물안개 《물결칠 때의》

spin-dry [-drái] *vt.* 〈세탁물을〉 원심(遠心) 탈수(脫水)하다

***spine** [spain] [L 「가시」의 뜻에서] *n.* **1** 등뼈, 척추골 **2** 책의 등 《책명·저자명 등을 쓰는》 **3** 바늘, 가시, 가시 모양의 돌기

spine·less [spáinlis] *a.* **1** 〈동물이〉 척추가 없는, 등뼈가 없는 **2** 기골이 없는, 뱅충맞은, 결단력이 없는 **3** 가시가 없는

spin·et [spínit | spinét] *n.* **1** 스피넷 《16-18세기의 소형 쳄발로(cembalo)》 **2** 《미》 소형 업라이트 피아노[전자 오르간]

spin·na·ker [spínəkər] *n.* 〖항해〗 큰 삼각돛 《경조용 요트의 큰 돛에 다는》: a ~ boom 스피니커 받침 기둥

***spin·ner** [spínər] *n.* **1** **실 잣는 사람**, 방적 업자 **2** 〖크리켓〗 회전공 **3** 〖낚시〗 스피너 《수중에서 회전하는 작은 금속 조각이 달린 가짜 미끼》 **4** 〖서핑〗 스피너 《직진하는 서프보드에서 1회전하기》

spin·ney [spíni] *n.* (*pl.* **~s**) 《영》 잡목림, 덤불

‡spin·ning [spíniŋ] *n.* Ⓤ **방적, 방적업** **—** *a.* 방적(업)의

spínning jènny 다축(多軸) 방적기 《초기의 방적기》

spínning whèel 물레 《발로 밟거나 손으로 돌리는 것》

spin-off [spínɔ̀:f | -ɔ̀f] *n.* **1** 자회사주(子會社株) 배분 **2** (산업·기술 개발 등의) 부산물

Spi·no·za [spinóuzə] *n.* 스피노자 **Baruch** ~ (1632-77) 《네덜란드의 철학자》

***spin·ster** [spínstər] *n.* **1 a** 〖법〗 미혼 여자 **b** 《경멸》 (과년한) 노처녀 **2** 《미》 실 잣는 여자

~·hòod *n.* Ⓤ (여자의) 독신, 미혼

spin·y [spáini] *a.* (**spin·i·er**; **-i·est**) **1** 가시가 있는; 가시투성이의 **2** 〈문제 등이〉 곤란한, 번거로운

spíny ánteater 〖동물〗 바늘두더지

spíny lóbster 〖동물〗 대하(大蝦), 왕새우

spi·ra·cle [spáiərəkl, spír-] *n.* 공기 구멍; 〖동물〗 (곤충 등의) 숨구멍

‡spi·ral [spáiərəl] *a.* **1** **나선형의**, 소용돌이꼴의: a ~ balance[staircase] 나선 저울[층계] **2** 〖기하〗 나선의 **—** *n.* **1** 〖기하〗 소용돌이선(線), 나선(螺線) **2** 나선형의 것 **3** 〖경제〗 (물가·임금 변동의) 악순환: an inflationary ~ 악성 인플레이션 **—** *vi.* (**~ed**; **~·ing** | **~led**; **~·ling**) **1** 소용돌이 꼴로 나아가다; 〈연기·증기가〉 나선형으로 오르다 **2** 나선형으로 상승[강하]하다 **~·ly** *ad.*

spi·rant [spáiərənt] *n., a.* 〖음성〗 마찰음(의) 《[f, v, θ, ð], 때로는 [w, j]》

‡spire[1] [spaiər] [OE 「줄기, 대」의 뜻에서] *n.* **1** **뾰족탑**, 뾰족한 지붕 **2** 끝이 가늘고 뾰족한 것 **3** 가는 줄기[잎, 싹]

spired [spáiərd] *a.*

spire[2] *n.* **1** 소용돌이, 나선(의 한 바퀴) **2** (조개의) 나탑(螺塔)

‡spir·it [spírit] *n.* **1** Ⓤ (육체·물질에 대하여) **정신, 마음** **2 a** 영; [the (Holy) S~] 성령, 신 **b** (육체를

떠난) **영혼**; 유령 **3** (단체·학교 등에 대한) 열렬한 충성심 **4** [수식어와 함께] (…한 성격[기질]의) 사람, 인물 **5** Ⓤ **원기**, 용기; 기백, 의기: people of ~ 활동가, 용감한 사람들, 쉽게 굴복하지 않는 사람들 **6 a** [*pl.*] 기분, 마음: (in) high[great] ~*s* 썩 좋은 기분(으로) **b** Ⓤ 기질 **7** Ⓤ **시대정신**, 사조 **—** *a.* **1** 알코올(연소)에 의한 **2** 정신의; 강신술의 **—** *vt.* **1** …의 기운을 북돋우다, 고무하다 《*up*》 **2** 채가다, 유괴하다; (몰래) 데리고 나가다 《*away, off, to, from*》

***spir·it·ed** [spíritid] *a.* **1 힘찬**, 생기있는 **2** [보통 복합어를 이루어] …한 정신을 가진; 기운[기분]이 …한: high-~ 기운찬, 기세가 충천하는

spírit làmp 알코올 램프

spir·it·less [spíritlis] *a.* **1** 기운 없는, 풀죽은 **2** 마음내키지 않는, 열의가 없는

spírit lèvel 알코올 수준기(水準器)

‡spir·i·tu·al [spíritʃuəl] *a.* **1 정신**(상)**의**, 정신적인 **2 a** 영적인 **b** 성령의, 신의 **3** 종교상의; 교회의

— *n.* (흑인) 영가(靈歌)

spir·i·tu·al·ism [spíritʃuəlìzm] *n.* Ⓤ **1 a** 강신(降神)술 **b** 심령론, 강령설 **2** 〖철학〗 유심론(唯心論), 관념론

spir·i·tu·al·ist [spíritʃuəlist] *n.* **1** 강신술사 **2** 유심론자

spir·i·tu·al·i·ty [spìritʃuǽləti] *n.* (*pl.* **-ties**) ⓊⒸ 영성(靈性), 영적임; 숭고(崇高)

spir·i·tu·al·i·za·tion [spìritʃuəlizéiʃən | -lai-] *n.* Ⓤ 영화(靈化), 정화(淨化)

spir·i·tu·al·ize [spíritʃuəlàiz] *vt.* **1** 정신적[영적]으로 하다 **2** 정신적인 의미로 생각[해석]하다

spir·i·tu·ous [spíritʃuəs] *a.* **1** 다량의 알코올을 함유한 **2** 〈알코올 음료가〉 증류한

spi·ro·ch(a)ete [spáiərəkìːt] *n.* 〖세균〗 스피로헤타 《나선 모양의 세균; 재귀열(再歸熱)·매독의 병원》

spi·rom·e·ter [spaiərάmətər | -rɔ́m-] *n.* 폐활량계(肺活量計)

spirt [spəːrt] *v., n.* = SPURT

spir·y [spáiəri] *a.* (**spir·i·er**; **-i·est**) 첨탑이 많은; 첨탑 모양의

‡spit[1] [spit] *v.* (**spat** [spæt], **~**; **~·ting**) *vt.* **1** 〈침을〉 **뱉다**, 〈음식물·피를〉 토하다: ~ (*out*) blood 피를 토하다 **2** 〈욕설·폭언 등을〉 내뱉다 《*out*》: ~ (*out*) curses *at* a person …에게 폭언을 퍼붓다 **—** *vi.* **1 침을 뱉다**[내뱉다] 《*at, in, on, upon*》: ~ *in* a person's face …의 얼굴에 침을 뱉다 **2** 〈성난 고양이가〉 으르렁거리다 **3** 〈비·눈이〉 후두두 떨어지다 **4** 〈끓는 물·기름 등이〉 지글지글 소리내다 **—** *n.* **1** Ⓤ 침 **2** Ⓤ (곤충이 내뿜는) 거품; 〖곤충〗 거품벌레

spit[2] *n.* **1** (고기 굽는) 불꼬챙이, 쇠꼬챙이 **2** 갑(岬), 모래톱 **—** *vt.* (**~·ted**; **~·ting**) 〈고기를〉 불꼬챙이에 꿰다

spit[3] *n.* 《영》 가래[보습](spade)의 날만큼의 깊이, 한 삽

spit·ball [spítbɔ̀ːl] *n.* 《미》 **1** 종이를 씹어 뭉친 것 **2** 〖야구〗 타구(唾球)

‡spite [spait] [despite의 두음 소실(頭音消失)] *n.* ⓊⒸ **악의**, 심술: have a ~ against …에 대하여 원한을 품다

in ~ of = 《드물게》 ***~ of*** …에도 불구하고, …을 무릅쓰고; 《고어》 …을 무시하고 ***in ~ of*** one***self*** 저도 모르게, 무심코

— *vt.* 짓궂게 굴다, 심술부리다

spite·ful [spáitfəl] *a.* 짓궂은, 악의에 찬, 앙심을 품은 **~·ly** *ad.* **~·ness** *n.*

spit·fire [spítfàiər] *n.* 성마른 사람, 성마른 여자

spítting ímage [보통 the ~] 꼭 닮음

spit·tle [spítl] *n.* Ⓤ (특히 내뱉은) 침

spit·toon [spitúːn] *n.* 타구(唾具)

spitz [spits] [G 「입이 뾰족한 개」의 뜻에서] *n.* 스피츠 《희고 입이 뾰족한 포메라니아종의 작은 개》

spiv [spiv] *n.* 《영·속어》 (일정한 직업 없이) 잔꾀로 살아가는 사람, 건달

‡splash [splæʃ] *vt.* **1** 〈물·흙탕 등을〉 튀기다 《*with*》, 튀겨 더럽히다 《*with*》 **2** 철벅이며 헤엄치다 **3** 〈벽지 등을〉 얼룩무늬로 하다 **4** 《구어》 〈뉴스 등을〉 화려하게 다루다 **—** *vi.* **1** 〈물 등이〉 **튀다**, 〈사람이〉 물을 튀기다 **2** 풍덩 떨어지다 《*into*》; 철벅철벅 소리내며 나아가다 《*across, along, through*》 **—** *n.* **1 튀김**, 튀기기 **2** 물 튀기는 소리, 철벅철벅 **3** 튄 물, 얼룩 《잉크 등의》 **4** 《영·구어》 (위스키 등에 타는) 소량의 소다수: a Scotch and ~ 소다수 탄 스카치 **—** *ad.* 텀벙[철벅]하고

splash·board [splǽʃbɔ̀ːrd] *n.* **1** (자동차의) 흙받기 **2** 싱크대의 물튀김막이

splash·down [-dàun] *n.* (우주선 등의) 착수(着水); 착수 지점

splásh guàrd = SPLASHBOARD

splash·y [splǽʃi] *a.* (**splash·i·er**; **-i·est**) **1** 튀는, 철벅철벅하는; 흙탕물이 튀는 **2** 튄 흙[얼룩]투성이의 **3** 《미·구어》 평판이 자자한, 화려한

splat [splæt] *n., ad.* 철벅, 철썩 《물 등이 튀거나 젖은 것이 표면에 부딪치는 소리》

splat·ter [splǽtər] *vt.* 〈물·흙탕 등을〉 튀기다 **—** *vi.* 〈물·흙탕 등이〉 튀다 **—** *n.* (물·흙탕의) 튀김; 철벅철벅 소리

splay [splei] *vt.* **1** 넓히다 《*out*》 **2** 〖건축〗 〈창틀을〉 밖으로 물매 내다 **—** *vi.* 바깥쪽으로 비스듬히 벌어지다

— *a.* **1** 바깥쪽으로 벌어진 **2** 보기 흉한, 모양 없는 **—** *n.* 〖건축〗 물매 내기

splay·foot [spléifùt] *n.* (*pl.* **-feet** [-fìːt]) 편평족(扁平足) **~·ed** [-id] *a.*

spleen [spliːn] *n.* **1** 〖해부〗 비장(脾臟), 지라 **2** Ⓤ 기분이 언짢음, 울화

spleen·ful [splíːnfəl] *a.* 기분이 언짢은, 성마른

‡splen·did [spléndid] [L 「빛나는」의 뜻에서] *a.* **1 화려한**, 장려한 **2** 《구어》 **멋진** **3** 눈부신, 뛰어난, 장한; 〈궁리·생각 등이〉 근사한, 더할 나위 없는 **~·ly** *ad.* **~·ness** *n.*

splen·dif·er·ous [splendífərəs] *a.* 《구어·익살》 대단한, 훌륭한; 화려한

‡splen·dor | -dour [spléndər] *n.* Ⓤ **1 훌륭함**, 장려(壯麗), 당당함 **2 빛남**, 광휘, 광채

sple·net·ic [splinétik] *a.* **1** 비장(脾臟)의, 지라의 **2** 기분이 언짢은, 성마른, 꾀까다로운, 심술궂은 —*n.* 성마른 사람, 까다로운 사람 **-i·cal·ly** *ad.*

splen·ic, -i·cal [splénik(əl), splí:n-] *a.* 〖해부·의학〗 지라의, 비장의

splice [splais] *vt.* **1** (밧줄의 두 끝을 풀어) 꼬아 잇다, 잇대다 **2** 《구어》 결혼시키다: get ~*d* 결혼하다
—*n.* 꼬아 잇기, 이어 맞추기

splic·er [spláisər] *n.* 스플라이서 《필름·테이프를 잇는 기구》

splint [splint] *n.* **1** 〖의학〗 부목(副木) **2** (상자를 짤 때 쓰는) 얇은 널조각
—*vt.* …에 부목을 대다

splínt bòne 〖해부〗 비골(腓骨)

*__splin·ter__ [splíntər] *n.* **1** 쪼개진[부서진] 조각, 동강 **2** (나무·대나무 등의) 가시 **3** (포탄의) 파편 —*a.* 〈정당 등이〉 분리된, 분열한 —*vt.* 쪼개다, 찢다
—*vi.* **1** 쪼개지다, 찢어지다 **2** 〈조직 등이〉 분열하다 《*off*》

splin·ter·y [splíntəri] *a.* 찢어[쪼개]지기 쉬운; 파편의[같은]; 〈광석 등이〉 깔쭉깔쭉한

‡**split** [split] *v.* (~; ~·**ting**) *vt.* **1** 쪼개다, 찢다, 세로로 빠개다: ~ wood 나무를 쪼개다 **2** 분열[분리]시키다: ~ (*up*) a party 당을 분열시키다 **3** 《속어》 나누다, 분배하다 —*vi.* **1** (세로로) 쪼개지다, 찢어지다, 빠개지다 **2** 〈당 등이〉 분열하다 《*up*》; …에서 분리하다 《*away, off*》; 사이가 나빠지다; 헤어지다 《*in, into, on*》: They ~ *off.* 그들은 사이가 나빠졌다. **3** (서로) 나누어 갖다 —*n.* **1** 쪼개짐, 쪼갬 **2** 쪼개진[갈라진] 금[틈], 균열 **3** 분열, 불화 《*in*》 **4** 《구어》 (이익 등의) 몫 **5** 《구어》 반 잔; 반 병

splít infínitive 분리 부정사 《'to'-infinitive 사이에 부사(구)가 끼어 있는 형태: He wants *to* really *understand.*》

split-lev·el [splítlévəl] *a.* 〖건축〗 〈주택·방이〉 난평면(亂平面)의

splít mínd 〖정신의학〗 정신 분열증

splít péa 스플릿 피 《껍질을 벗겨 말려서 쪼갠 완두콩; 수프용》

splít personálity 〖심리〗 이중(二重)[다중(多重)] 인격; 《구어》 정신 분열증

splít scréen (**techníque**) 〖영화·TV〗 분할 스크린(법) 《두 개 이상의 화상(畵像)을 동시에 나열하는 일》

splít sécond [a ~] 1초의 몇 분의 1의 시간, 순간

splít tícket 《미》 분할 투표 《반대당의 후보자에게 투표하는 연기(連記) 투표》: vote the ~ 분할 투표하다

split·ting [splítiŋ] *a.* **1** 머리가 쪼개질 것 같은 〈두통 등〉 **2** 《구어》 포복절도할, 우습기 짝이 없는

split-up [splítʌ̀p] *n.* 분리, 분열; 분할

splodge [splɑdʒ | splɔdʒ] *n., vt.* 《영》 = SPLOTCH

splosh [splɑʃ | splɔʃ] *n.* 《구어》 내쏟은[끼얹은] 물(의 쫙 소리)

splotch [splɑtʃ | splɔtʃ] *n.* 큰 얼룩점, 반점; 흠점, 얼룩 —*vt.* 얼룩지게 하다

splotch·y [splɑ́tʃi | splɔ́tʃi] *a.* (**splotch·i·er**; **-i·est**) 흠점[얼룩]이 있는, 더럽혀진

splurge [splə:rdʒ] 《구어》 *n.* UC **1** 과시, 자기 선전 **2** 물쓰듯 돈 쓰기, 산재(散財) —*vi.* **1** 돈을 물쓰듯 하다 **2** 과시하다 —*vt.* 〈돈을〉 펑펑 쓰다, 물쓰듯 하다

splut·ter [splʌ́tər] *n., v.* = SPUTTER

Spode [spoud] *n.* [때로 **s~**] U 스포드 도자기(= **~ chìna**) 《영국의 도예가 J. Spode 및 그의 회사가 만든》

‡**spoil** [spɔil] *v.* (**~ed, spoilt** [spɔilt]) *vt.* **1** 망치다, 못쓰게 만들다: The heavy rain ~*ed* the crops. 큰 비가 농작물을 망쳐 버렸다. **2** 〈흥미 등을〉 깨다 **3 a** 〈남의〉 성격[성질]을 버리다; 응석받다: a *spoilt* child 버릇없는 아이, 못된 아이 **b** 〈호텔 등이 손님에게〉 대대적으로 서비스하다 —*vi.* 상하다, 못쓰게 되다 —*n.* U **1** [또는 *pl.*] 전리품, 노획품, 약탈품 **2** [*pl.*] 《미》 관직, 이권 《선거에 이긴 정당이 차지할 수 있는》

spoil·age [spɔ́ilidʒ] *n.* U **1** 손상, 망치기 **2** 손상물[량]

spoil·er [spɔ́ilər] *n.* **1** 망쳐 버리는 사람[물건]; 응석받아 버릇없게 만드는 사람 **2** 〖항공〗 **a** 스포일러, 공기 제동판(制動板) 《항공기를 감속시켜 하강 선회 능률을 높임》 **b** (자동차의) 스포일러 《특히 경주차의 차체가 고속 때 떠오르는 것을 막는 장치》

spoils·man [spɔ́ilzmən] *n.* (*pl.* **-men** [-mən]) 《미》 엽관자(獵官者), 이권 운동자

spoil·sport [spɔ́ilspɔ̀:rt] *n.* 남의 흥을 깨뜨리는 사람

spóils sỳstem [the ~] 《미》 엽관제(獵官制) 《정권을 잡은 정당이 승리의 보수로서 관직 및 그 밖의 이권을 당원에게 배분하는 일》

spoilt [spɔilt] *v.* SPOIL의 과거·과거분사 —*a.* 응석받이로 자라 못쓰게 된 〈아이〉

spoke[1] [spouk] *n.* **1** (차바퀴의) 살, 스포크 **2** 〖항해〗 타륜(舵輪)의 손잡이

‡**spoke**[2] *v.* SPEAK의 과거

‡**spo·ken** [spóukən] *v.* SPEAK의 과거분사 —*a.* **1** 구두의 **2** 말[담화]에 사용되는, 구어의: ~ language 구어 **3** [복합어를 이루어] 말씨가 …한: fair-~ 말재주가 좋은

*__spokes·man__ [spóuksmən] *n.* (*pl.* **-men** [-mən]) 대변인, 대표자

spokes·per·son [-pə̀:rsn] *n.* 대변인, 대표자

spokes·wom·an [-wùmən] *n.* (*pl.* **-women** [-wìmin]) 여성 대변인

spo·li·a·tion [spòuliéiʃən] *n.* U (특히 교전국의 중립국 선박에 대한) 약탈, 노획

spon·da·ic, -i·cal [spɑndéiik(əl) | spɔn-] *a.* 〖운율〗 강강(强强)[양양(揚揚)]격(格)의

spon·dee [spɑ́ndi: | spɔ́n-] *n.* 〖운율〗 강강[양양]격 《╧╧》

‡**sponge** [spʌndʒ] *n.* **1** CU 스펀지, 해면 《해면동물의 섬유 조직》 **2** 해면 같은 물건, 흡수물 **a** = SPONGE CAKE **b** CU 〖의학〗 외과용 살균 거즈 **3** 〖동물〗 해면동물

—*vt.* **1** 해면으로 닦다 **2** (해면으로) 빨아들이다 ((*up*)): ~ *up* spilled ink 엎질러진 잉크를 해면으로 빨아들이다 **3** ((구어)) 들러붙어 살다: ~ a dinner (빌붙어) 성찬을 얻어먹다 —*vi.* **1** 해면을 채집하다 **2** ((구어)) …에게 의지하다; 식객 노릇을 하다 ((*on*))

spónge bàg ((영)) 세면 도구를 넣는 방수된 주머니, (휴대용) 화장품 주머니

spónge càke[**bìscuit**] 스펀지 케이크 ((쇼트닝을 넣지 않고 달걀을 많이 사용한 케이크)); 카스텔라

spong·er [spʌ́ndʒər] *n.* **1** 해면으로 닦는 사람[것] **2** ((구어)) 식객(食客), 기식자 (parasite) ((*on*))

spónge rúbber 스펀지 고무 ((가공 고무; 요·방석용))

***spong·y** [spʌ́ndʒi] *a.* (**spong·i·er**; **-i·est**) **1** **해면질의, 해면**[**스펀지**] **모양의** **2** 작은 구멍이 많은; 폭신폭신한; (해면과 같은) 흡수성의

⁑**spon·sor** [spɑ́nsər | spɔ́n-] [L 「약속하다」의 뜻에서] *n.* **1** **보증인**(surety) ((*of*, *for*)) **2** 〖종교〗 교부[모]; (진수식의) 명명자: stand ~ to a person …의 대부[대모]가 되다 **3** **후원자**, 발기인

—*vt.* **1** (남의) **후원하다**; 보증인이 되다 **2** (상업 방송의) 제공자[광고주]가 되다, 스폰서가 되다 **~·shìp** *n.* Ⓤ 대부모[보증인, 스폰서]임; 발기, 후원

spon·so·ri·al [spɑnsɔ́:riəl | spɔn-] *a.* 보증인의; 후원자의, 스폰서의; 명명자의

spon·ta·ne·i·ty [spɑ̀ntəní:əti | spɔ̀n-] *n.* (*pl.* **-ties**) Ⓤ **1** 자발성(自發性) **2** 자연스러움

***spon·ta·ne·ous** [spɑntéiniəs | spɔn-] [L「자유 의사로」의 뜻에서] *a.* **1** **자발적인**, 임의의 **2** 〈충동·운동·활동 등이〉 자연히 일어나는, 자동적인: ~ declaration 〖법〗 무의식의 발언 **3** 〈문체 등이〉 자연스러운, 시원스러운, 유려한

~·ly *ad.* **~·ness** *n.*

spontáneous generátion 〖생물〗 자연 발생

spoof [spu:f] *n.* **1** (장난으로) 속이기, 속임수 **2** 희문(戱文), 패러디

—*vt.* 속여 넘기다, 농으로 속이다

spook [spu:k] *n.* **1** ((구어)) 유령 **2** 비밀 공작원 —*vt.* **1** 〈장소·사람을〉 유령이 되어 찾아가다 **2** ((구어)) 떨리게 하다; 위협하다

spook·ish [spú:kiʃ] *a.* ((구어)) 유령[도깨비] 같은, 귀신이 나오는, 무시무시한 (eerie)

spook·y [spú:ki] *a.* (**spook·i·er**; **-i·est**) **1** = SPOOKISH **2** 〈사람·말 등이〉 잘 놀라는, 겁많은

***spool** [spu:l] *n.* **1** **실감개**, 실패 **2** (필름의) 릴 **3** 한 번 감은 양

⁑**spoon** [spu:n] [OE 「평평한 나뭇조각」의 뜻에서; 「스푼」의 뜻은 14세기부터] *n.* **1** **숟가락, 스푼** **2** 숟가락 모양의 물건 **3** ((속어)) 바보

be born with a silver[***gold***] ***~ in*** one***'s mouth*** 부유한 집안에 태어나다

—*vt.* **1** 숟가락으로 뜨다 ((*up*, *out*)) **2** 〖크리켓〗 〈공을〉 떠[퍼]올리듯이 치다

—*vi.* 공을 떠[퍼]올리듯이 치다

spoon·er·ism [spú:nərìzm] *n.* Ⓤ Ⓒ 두음(頭音) 전환 ((머리글자를 바꿔 놓기; 예: a *cr*ushing *bl*ow를 a *bl*ushing *cr*ow라고 하는 경우 등))

spoon-fed [-fèd] *a.* **1** 숟가락으로 떠먹이는 〈어린애·병자〉 **2** ((구어)) **a** 응석 부리게 한, 과보호의 **b** 보호받는 〈산업 등〉

spoon-feed [-fì:d] *vt.* (**-fed** [-fèd]) **1** 숟가락으로 떠먹이다 **2** ((구어)) **a** 응석 부리게 하다, 과보호하다 **b** 〈산업 등을〉 보호하다 **3** 〈학생에게〉 알아듣게 차근차근 가르치다

spoon·ful [-fùl] *n.* 숟가락 하나 가득, 한 숟가락 ((*of*))

spoon·y, spoon·ey [spú:ni] ((구어)) *n.* (*pl.* **spoon·ies**) (여자에게) 치근거리는 사람 —*a.* (**spoon·i·er**; **-i·est**) 바보 같은, 정에 약한

spoor [spuər] *n.* (야수의) 냄새 자취, 발자국

spo·rad·ic, -i·cal [spərǽdik(əl)] *a.* **1** 때때로 일어나는 **2 a** 우발적인 **b** 〈식물의 종류 등이〉 산재하는, 드문드문한 **-i·cal·ly** *ad.*

spore [spɔ:r] *n.* 〖생물〗 **1** 아포(芽胞), 포자(胞子) **2** 배종(胚種), 종자(seed), 인자(因子)

spor·ran [spɔ́:rən | spɔ́r-] *n.* (차고 다니는) 가죽 주머니

⁑**sport** [spɔ:rt] **1** Ⓤ **스포츠**, 운동, 경기 **2** [*pl.*] ((영)) (학교 등의) 운동회 **3** Ⓤ **위안**, 오락, 재미: What ~! 참 재미있구나! **4** Ⓤ Ⓒ 농담, 야유; Ⓒ 웃음거리 **5** ((익살)) 재미있는 녀석, 유쾌한 친구 **6** 〖생물〗 (동식물의) 돌연변이

make ~ of …을 조롱하다, 놀려대다

spoil the ~ 흥을 깨뜨리다

—*a.* = SPORTS

—*vi.* **1** 〈어린이·동물이〉 장난하다, 까불다, 희롱하다 ((*with*)) **2** 〖생물〗 돌연변이를 일으키다 —*vt.* **1** 〖생물〗 돌연변이를 일으키게 하다 **2** 자랑삼아 보이다, 뽐내다: ~ a ring 반지를 자랑삼아 보이다

***sport·ing** [spɔ́:rtiŋ] *a.* **1** **스포츠를 좋아하는** **2** 운동가다운, 정정당당한 **3** ((구어)) 모험적인, 도박적인

spor·tive [spɔ́:rtiv] *a.* ((문어)) 놀기 좋아하는; 장난 잘하는; 명랑한 **~·ly** *ad.*

***sports** [spɔ:rts] *a.* Ⓐ **1** **스포츠의**[에 관한] **2 a** **스포츠용의**: ~ shoes 운동화 **b** 〈복장 등이〉 스포츠에 적합한

spórt(**s**) **càr** 경주용 자동차, 스포츠카

sports·cast [spɔ́:rtskæ̀st | -kɑ̀:st] *n.* ((미)) 스포츠 방송[뉴스]

~·er *n.* ((미)) 스포츠 방송 아나운서

⁑**sports·man** [spɔ́:rtsmən] *n.* (*pl.* **-men** [-mən]) **1** **운동가**, 스포츠맨 **2** 운동가[경기자] 정신을 가진 사람, 정정당당하게 행동하는 사람

sports·man·like [-làik] *a.* 운동가[스포츠맨]다운, 경기 정신에 투철한, 정정당당한

⁑**sports·man·ship** [spɔ́:rtsmənʃìp] *n.* Ⓤ **운동가**[경기자] **정신**[기질]; 운동[경기] 정신; 정정당당하게 행동함

spórts mèdicine 스포츠 의학
spórts shìrt 스포츠 셔츠
sports·wear [-wὲər] *n.* 운동복
sports·wom·an [-wùmən] *n.* (*pl.* **-wom·en** [-wìmin]) 여자 운동[경기]가
sports·writ·er [-ràitər] *n.* (특히 신문의) 스포츠 담당 기자
sport·y [spɔ́:rti] *a.* (**sport·i·er**; **-i·est**) 《구어》 운동가 다운; 〈태도가〉 민첩한, 〈복장이〉 산뜻한, 말쑥한 **spórt·i·ness** *n.*
***spot** [spɑt | spɔt] *n.* **1 a** 반점(斑點), 얼룩점, 얼룩; (피부의) 점, 만들어 붙인 점 **b** (태양의) 흑점 **2 a** (특정) 장소, 지점 **b** [a ~] (감정·기분 등의) 자리, 부위: *a* weak ~ (비판·반대에 대해) 약한 점 **3** 〖의학〗 사마귀, 발진(發疹), 여드름 **4 a** (잉크 등의) 얼룩, 때 **b** 오점, (인격의) 흠 **5** [a ~] 《영·구어》 조금, 소량, 기미 — *a.* Ⓐ **1 a** 당장[즉석]의: a ~ answer 즉답 **b** 현금 지불의, 현물의: ~ delivery 현장 인도(引渡) **2** 〖통신〗 현지의: ~ broadcasting 현지 방송
— *ad.* 《영·구어》 꼭, 딱, 정확히
— *v.* (**~·ted**; **~·ting**) *vt.* **1** 더럽히다; 오점을 찍다, 때를 묻히다, 점을 찍다; 얼룩덜룩하게 하다 **2** 〈명예·명성 등을〉 손상하다 **3** 《구어》 **발견하다,** 알아맞히다; 〈우승자 등을〉 점찍다 《*as*》 **4** 배치하다
— *vi.* **1** 더럽혀지다, 얼룩[오점]이 생기다 **2** [it를 주어로 하여] 《구어》 〈빗방울이〉 똑똑 떨어지다
spót annòuncement 〖라디오·TV〗 (프로 사이 사이에 끼워넣는) 짧은 광고[뉴스 《등》]
spót chèck 무작위 추출 검사, 표본 추출 조사
spot-check [spɑ́ttʃèk | spɔ́t-] *vt.* …을 무작위 추출 검사[조사]하다
***spot·less** [spɑ́tlis | spɔ́t-] *a.* **1** 오점이 없는 **2** 흠[티] 없는, 무구(無垢)한; 결백한, 순결한 **~·ly** *ad.* **~·ness** *n.*
***spot·light** [spɑ́tlàit | spɔ́t-] *n.* **1** 스포트라이트, (무대 위의 한 인물·한 곳에 투사하는) 집중 광선 **2** (자동차 등의) 조사등(照射燈) **3** [the ~] (세상의) 주시, 주목 — *vt.* 스포트라이트로 비추다; …에 스포트라이트를 향하게 하다
spót néws (최신의) 속보 뉴스, 긴급[임시] 뉴스
spot-on [-ɔ́:n | -ɔ̀n] *a., ad.* 《영·구어》 정확한[히], 꼭 맞는[맞게]
spot·ted [spɑ́tid | spɔ́t-] *a.* **1** 오점[티, 흠]이 있는, 때묻은 **2** 반점이 있는, 얼룩덜룩한: a ~ dog 얼룩개 **3** 〈명예 등이〉 더럽혀진 **~·ly** *ad.* **~·ness** *n.*
spótted díck[dóg] 《영》 건포도가 든 수에트(suet) 푸딩
spótted hyéna 〖동물〗 점박이 하이에나
spot·ter [spɑ́tər | spɔ́t-] *n.* **1** 얼룩[반점]을 찍는 것[사람] **2** 감독, 감찰원
spot·ty [spɑ́ti | spɔ́ti] *a.* (**-ti·er**; **-ti·est**) **1** 《미》 반점이 많은, 얼룩덜룩한 **2** 《영》 여드름이 있는, 발진이 있는
***spouse** [spaus, spauz] *n.* **배우자**
***spout** [spaut] *vt.* **1** 〈물·증기 등을〉 내뿜다, 분출하다 **2** 《구어》 거침없이 말하다, 청산유수조로 말하다 — *vi.* **1** 분출하다, 용솟음쳐 나오다 《*from, out of*》 **2** 《구어》 입심 좋게 지껄여대다; 낭송하다
— *n.* **1** (주전자 등의) 주둥이; 홈통; 관(管) **2** (고래의) 분수 구멍 **3** 분수, 분류; 용솟음 **4** 전당포
SPQR small profits and quick returns 박리 다매
***sprain** [sprein] *vt.* 〈발목 등을〉 **삐다**: ~ one's ankle 발목을 삐다
— *n.* 삠, 접질림, 염좌(捻挫)
***sprang** [spræŋ] *v.* SPRING의 과거
sprat [spræt] *n.* 〖어류〗 청어 무리의 잔 물고기
***sprawl** [sprɔ:l] *vi.* **1** 팔다리를 펴다[뻗다], (큰 대자로) 몸을 쭉 펴고 눕다[앉다]: ~ *on* the sand 모래 위에 팔다리를 쭉 펴고 드러눕다 **2** 〈육지·덩굴·필적·건물 등이〉 볼품없이 뻗어 있다
— *vt.* **1** 〈팔다리 등을〉 쭉 펴다[뻗다] **2** 큰 대자로 나가 자빠지게 하다; 드러눕게 하다 — *n.* **1** [보통 *sing.*] 큰 대자로 뻗고 누움; 드러누움: in a (long) ~ 큰 대자로 〈눕다〉 **2** [또는 a ~] 불규칙하게 뻗음[넓어짐]; (도시 등의) 스프롤 현상
sprawl·ing [sprɔ́:liŋ] *a.* **1** 팔다리를 흉하게 쭉 뻗은 **2** 〈도시·가로 등이〉 불규칙하게 넓어지는[뻗는] **3** 〈필적이〉 아무렇게 휘갈긴, 기어가는 듯한 **~·ly** *ad.*
***spray**[1] [sprei] *n.* **1** 작은 가지 **2** (보석 등의) 가지 모양의 장식[무늬], 꽃무늬
***spray**[2] *n.* **1** 물보라, 물안개 **2** Ⓤ Ⓒ 스프레이액 **3** 분무기, 향수 뿌리개, 흡입기
— *vt.* **1** 물보라를 날리다 **2** 흡입액을 뿌리다; 소독액[방취제]을 뿌리다: ~ mosquitoes[fruit trees] 모기[과일 나무]에 약제를 뿌리다 — *vi.* 물보라 치다; 물안개를 내뿜다
spráy càn 스프레이 통; 에어러졸 통
spray·er [spréiər] *n.* **1** 물안개[물보라]를 내뿜는 사람[것] **2** 분무기, 흡입기
spráy gùn (페인트·살충제 등의) 분무기 《총 모양을 닮은》
***spread** [spred] *v.* (**spread**) *vt.* **1 a** 펴다, 펼치다 **b** 〈담요·식탁보 등을〉 (펴서 …을) **덮다,** (…에) 펴다 **2** 〈식탁에〉 **음식을 늘어놓다,** 내놓다 《*on, with*》 **3** 〈소식·소문을〉 퍼뜨리다, 유포시키다; 〈지식 등을〉 보급시키다 **4** 〈병·불평 등을〉 퍼지게 하다, 만연시키다 **5** 〈페인트·버터 등을〉 (얇게) 바르다, 칠하다, 덮다 《*with*》 — *vi.* **1** 펼쳐지다, 뻗다; 전개되다 **2** 퍼지다, 유포되다 **3** 〈관심 등이〉 (…에) **미치다,** 이르다; 〈웃음·감정 등이 얼굴에〉 번지다 **4** 〈페인트·버터 등이〉 칠해지다, 발라지다
~ *out* 〈가지 등이〉 활짝 퍼지다; 전개되다, 퍼지다; 《미·구어》 (사업 등의) 범위를 넓히다 **~ *over*** 퍼지다; 오래 끌다
— *n.* **1** [보통 *sing.*] 퍼짐, 폭, 넓이 **2** [*sing.*; 보통 the ~] 퍼짐, 유포, 보급, 유행; (병의) 만연 **3** 《구어》 식사, 맛있는 음식, 주연; 빵에 바르는 것 《잼·버터 등》; 펴는 것 《시트 등》
spréad éagle 날개를 편 독수리 《미국의 표장(標章)》

spread-ea·gle [sprédi:gl] *a.* Ⓐ **1** 날개를 편 독수리 같은 **2** 《주로 미》 자만적인 애국주의의; 광신적인 애국심의
— *vt.* **1** 사지를 벌려서 묶다 **2** 큰 대자로 드러눕다 — *vi.* 큰 대자가 되다

spread·er [sprédər] *n.* **1** 펴는[퍼지는] 것 **2** 버터나이프; (종자·비료 등의) 살포기

spree [spri:] *n.* **1** 흥겹게 법석댐, 신나게 떠들어댐; 흥청거림 **2** 주연, 술잔치

***sprig** [sprig] *n.* **1** **작은 가지,** 어린 가지 **2** (옷감·도기·벽지(壁紙) 등의) 잔가지 모양의 무늬

sprig·gy [sprígi] *a.* (**-gi·er**; **-gi·est**) 잔가지 같은, 어린 가지가 많은

***spright·ly** [spráitli] *a.* (**-li·er**; **-li·est**) **기운찬,** 원기왕성한; 명랑한
— *ad.* 기운차게, 활발하게; 명랑하게

⁑**spring** [spriŋ] [OE 「갑자기 움직이다」의 뜻에서] *v.* (**sprang** [spræŋ], **sprung** [sprʌŋ]; **sprung**) *vi.* **1** (용수철처럼 갑자기 빨리) **튀다,** 뛰어오르다; 벌떡 일어서다: ~ *to* one's feet (앉은 자세에서) 벌떡 일어서다 **2** 〈용수철이나 탄력 있는 것이〉 퉁겨지다 **3** 단번에[갑자기] …하다: ~ *into* fame 일약 유명해지다 **4 a** 〈물·눈물 등이〉 솟아나오다 《*from*》: Water suddenly *sprang up.* 물이 갑자기 솟아나왔다. **b** 〈사람이〉 (…의) 출신이다 《*of, from*》: He ~*s of*[*from*] royal stock. 그는 왕족 출신이다. **5** 나다, 싹이 트다 《*up*》: The rice is beginning to ~ *up.* 벼가 패기 시작한다. **6** 마음에 떠오르다 《*up*》: A doubt *sprang up* in his mind. 그의 마음 속에 의심이 떠올랐다. **7** 〈재목·판자 등이〉 굽다, 쪼개지다
— *vt.* **1** 갑자기 내놓다[말을 꺼내다] 《*on*》 **2 a** (용수철 장치로) 되튀게 하다 **b** [주로 *p.p.*] 용수철을 달다 **3 a** 〈지뢰 등을〉 폭발시키다 **b** 〈…에게〉 실토하게 하다 《*out of*》 **4** 〈재목 등을〉 휘게 하다, 쪼개다 — *n.* **1 뜀, 뛰어오름, 튐,** 비약 **2** 용수철, 태엽 **3** ⓊⒸ 탄성, 탄력 **4 a 봄** 《영국에서는 대체로 2·3·4월; 미국에서는 3·4·5월》: in ~ 봄에(는) **b** (인생의) 청춘기(靑春期) **5 a** [종종 *pl.*] **샘,** 원천: a hot ~ 온천 **b** 본원, 근원

spring·board [spríŋbɔ̀:rd] *n.* **1** 〖경기〗 스프링보드 《수영·체조의 도약판》 **2** 《비유》 (…에의) 계기를 주는 것, 도약대, 출발점, 입각점 《*to, for*》

spring·bok [-bɑ̀k | -bɔ̀k], **-buck** [-bʌ̀k] *n.* (*pl.* **~, ~s**) 〖동물〗 영양(羚羊)의 일종 《남아프리카산》

spring chícken **1** (봄에 깐) 햇병아리, 영계 **2** 《구어》 젊은이, 풋내기, 《특히》 숫처녀

spring-clean [-klí:n] *vt.* …의 (봄철) 대청소를 하다 **~·ing** *n.* (봄철) 대청소

springe [sprindʒ] *n.* (새 등을 잡는) 덫

spring·er [spríŋər] *n.* **1** 뛰는 사람[것]; 튀는 사람[것] **2** = SPRINGER SPANIEL

spríṇger spániel 스프링어 스패니얼 《사냥감을 몰아내는 스패니얼종의 사냥개》

spríng féver 초봄의 나른함[우울증]

Spring·field [spríŋfi:ld] *n.* 스프링필드 《(1) Illinois 주의 주도 (2) Massachusetts 주 남서부의 도시 (3) Missouri 주 서남부의 도시》

spring·head [-hèd] *n.* 수원(水源), 원천; 《비유》 근원

spríng ónion 〖식물〗 봄양파

spríng ròll 춘권채(春卷菜) 《중국 요리》

spríng tíde **1** 대조(大潮) 《초생달과 보름달 때에 일어나는》 **2** 분류(奔流); 고조(高潮) 《*of*》

⁑**spring·time** [spríŋtàim] *n.* Ⓤ **1 봄,** 봄철 **2** 청춘; 초기

spring·wa·ter [-wɔ̀:tər] *n.* 용천(湧泉), 용수(湧水), 샘물

spring·y [spríŋi] *a.* (**spring·i·er**; **-i·est**) **1** 탄력[탄성]이 있는; 용수철 같은 **2** 경쾌한, 걸음이 빠른 **spríng·i·ly** *ad.*

⁑**sprinkle** [spríŋkl] *vt.* **1** 〈액체·분말 등을〉 (…에) (흩)**뿌리다, 끼얹다,** 붓다 《*on, over, with*》 **2** 〈꽃 등에〉 물을 주다, 〈…을〉 살짝 적시다: ~ a lawn 잔디에 물을 주다[뿌리다] **3** (…에 …을) 산재[점재]시키다 — *vi.* [it를 주어로 하여] 비가 후두두 내리다
— *n.* **1** [보통 *sing.*] 소량, 조금 《*of*》 **2** 후두두 내리는 비: a brief ~ 잠깐동안 내린 비

sprin·kler [spríŋklər] *n.* **1** (물 등을) 뿌리는 사람 **2** 살수차; 살수 장치, 스프링클러

sprínkler sỳstem (화재 방지·잔디밭 등에 살수하기 위한) 스프링클러[자동 소화] 장치

***sprin·kling** [spríŋkliŋ] *n.* **1 흩뿌리기,** 살포 **2** (비 등이) 후두두[부슬부슬] 내림 **3** 소량, 소수; 드문드문 (오기) 《*of*》: a ~ *of* visitors 드문드문 오는 방문객들

***sprint** [sprint] [ON 「달리다」의 뜻에서] *n.* **1** 스프린트, 단거리 경주 **2** 전력 질주 — *vt., vi.* (특히 단거리를) 전속력으로 달리다, 전력 질주하다
~·er *n.* 단거리 주자

sprit [sprit] *n.* 〖항해〗 사형(斜桁), 스프리트 《네모꼴 돛에 활대가 비껴 질려 있는》

sprite [sprait] *n.* 요정(妖精), 작은 요정; 귀신

sprit·sail [sprítsèil, 〖항해〗 -səl] *n.* 〖항해〗 사형범(斜桁帆)

sprock·et [sprɑ́kit | sprɔ́k-] *n.* **1** 〖기계〗 **a** 사슬톱니; 사슬바퀴 **b** 쇠사슬을 물고 도는 톱니바퀴(= ≁ **whèel**) **2** 〖영화·사진〗 스프로켓 《필름의 구멍이 걸리는 톱니바퀴》

***sprout** [spraut] *n.* **1** (식물의) **눈,** (새)**싹**(shoot), 움 **2** [*pl.*] 〖식물〗 싹양배추 **3** 《구어》 젊은이, 청년
— *vi.* **1** 싹트다; 나기 시작하다: The new leaves have ~*ed up.* 새잎이 나왔다. **2** 급속히 성장하다
— *vt.* **1** 〈싹을〉 **나게 하다,** 싹트게 하다 **2** 〈뿔을〉 내다, 〈수염을〉 기르다

spruce[1] [spru:s] *a.* 단정한, 멋진
— *vt.* **1** 말쑥하게 꾸미다 **2** [~ one*self* 로] 《구어》 몸치장시키다 《*up*》
sprúce·ly *ad.* **sprúce·ness** *n.*

*__spruce__² *n.* 〖식물〗 가문비나무, 전나무
‡__sprung__ [sprʌŋ] *v.* SPRING의 과거·과거분사 **—***a.* 《구어》 (술이) 거나한
__spry__ [sprai] *a.* (**~·er, spri·er**; **~·est, spri·est**) 활발한, 재빠른, 원기 왕성한 **~·ly** *ad.* **~·ness** *n.*
__spt__ seaport
__spud__ [spʌd] *n.* **1** 작은 가래[삽], (김매는 데 쓰는) 호미 **2** 《구어》 감자
—*vt.* (**~·ded**; **~·ding**) 작은 가래로 파다 《*up, out*》
__spume__ [spju:m] 《문어》 *n.* Ⓤⓒ (특히 바다의) 거품, 포말
‡__spun__ [spʌn] *v.* SPIN의 과거·과거분사
—*a.* 자은 〈실〉: ~ glass 실유리, 유리섬유
__spunk__ [spʌŋk] *n.* Ⓤ **1** 《구어》 용기, 기력 **2** 부싯깃
__spunk·y__ [spʌ́ŋki] *a.* (**spunk·i·er**; **-i·est**) 원기 왕성한, 용감한
__spún súgar__ 솜사탕
‡__spur__ [spəːr] *n.* **1 박차 2 자극**, 격려 **3** 박차 모양의 (돌기한) 것; (바위·산 등의) 돌출부; (닭 등의) 며느리발톱
on* [*upon*] *the* ~ *of the moment 순간적인 충동으로, 일시적 기분으로; 당장, 별안간
—*v.* (**~red**; **~·ring**) *vt.* **1 박차를 가하다** 《*on, forward*》: The rider *~red* his horse (*on*). 기수는 말에 박차를 가했다[가하여 나아가게 했다]. **2 몰아대다,** 격려하다, 자극하다《*on, to, into*》 **3** [보통 *p.p.*] 박차를 달다
—*vi.* (말에) 박차를 가해 나아가게 하다, 급히 몰고 가다, 서두르다
__spúr gèar__ 〖기계〗 평(平)톱니바퀴
*__spu·ri·ous__ [spjúəriəs] *a.* **1 a 가짜의,** 위조의 **b** 〈논리·결론 등이〉 비논리적인, 그럴싸한 **2** 〖생물〗 의사(擬似)의, 가(假)… **~·ly** *ad.* **~·ness** *n.*
*__spurn__ [spəːrn] *vt.* **1 쫓아내다**[버리다]: He *~ed* the beggar *from* his door. 그는 거지를 문간에서 쫓아버렸다. **2** 딱 거절하다, 일축하다: ~ a person's offer …의 제의를 일축하다
—*n.* **1** 일축, 거절 **2** 《고어》 차버림
*__spurt__ [spəːrt] *vi.* **1 쏟아져 나오다,** 용솟음치다, 분출하다 《*up, out, down*》: Blood *~ed* (*out*) *from* the wound. 상처에서 피가 솟아나왔다. **2** (전력을 다하여 최후의) 분투를 하다 **—***n.* **1** 용솟음, 분출; (감정 등의) 격발(激發) 《*of*》 **2** 스퍼트, 전력을 쏟고 한바탕 하기
__spúr whèel__ =SPUR GEAR
__Sput·nik__ [spútnik, spʌ́t-] [Russ. = fellow traveler] *n.* 스푸트니크 《구소련의 인공위성; 제1호 발사는 1957년》
*__sput·ter__ [spʌ́tər] *vi.* **1 푸푸[탁탁] 소리를 내다 2** 침을 튀기며 입을 놀리다, 흥분하여 말하다
—*vt.* **1** 〈입속의 음식이나 침 등을〉 튀기다 **2** 빠른 말로 지껄여대다: ~ *out* a story 서둘러 이야기하다
—*n.* Ⓤ [또는 a ~] **1** 푸푸[지글지글, 탁탁] 소리 **2** (흥분·혼란 등에 따른) 뜻 모를[빠른, 침을 튀기며 하는] 말

__spu·tum__ [spjú:təm] *n.* (*pl.* **-ta** [-tə], **~s**) Ⓤⓒ **1** 침, 타액 **2** 〖의학〗 담, 가래
‡__spy__ [spai] *n.* (*pl.* **spies**) **스파이,** 간첩, (군사) 탐정 **—***v.* (**spied**) *vt.* **1** 스파이짓을 하다, 염탐하다; ~ *out* a secret 비밀을 염탐하여 캐내다 **2** 알아보다, 찾아내다 **—***vi.* 스파이짓을 하다, 염탐하다, 감시하다: ~ *for* the enemy 적의 스파이 노릇을 하다
__spy·glass__ [-glæ̀s | -glɑ̀:s] *n.* 작은 망원경
__spy·hole__ [-hòul] *n.* =PEEPHOLE
__sq.__ square
__Sq.__ Squadron; Square 《가구(街區)이름》
__sq. ft.__ square foot[feet] 평방 피트
__sq. in.__ square inch(es) 평방 인치
__sq. mi.__ square mile(s) 평방 마일
__squab__ [skwɑb | skwɔb] *a.* **1** 땅딸막한 **2** 〈새가〉 갓 부화된; 아직 털이 나지 않은 **—***n.* **1** (특히 아직 털이 나지 않은) 비둘기 새끼, 새 새끼 **2** 땅딸막한 사람 **3** 《영》 폭신하고 두꺼운 쿠션; 소파
__squab·ble__ [skwɑ́bl | skwɔ́bl] *vi.* (사소한 일로) 승강이하다, 말다툼하다 《*with, about*》 **—***n.* (시시한) 싸움, 말다툼
__squab·by__ [skwɑ́bi | skwɔ́bi] *a.* (**-bi·er**; **-bi·est**) 땅딸막한
*__squad__ [skwɑd | skwɔd] *n.* [집합적] **1** 〖미군〗 **분대 2** (같은 일에 종사하는 적은 인원의) 대(隊), 단(團), 팀
__squád càr__ 《미》 (무선 통신 설비를 갖춘) 경찰 순찰차
*__squad·ron__ [skwɑ́drən | skwɔ́d-] *n.* **1** 〖미공군〗 **비행(대)대**; 〖영국공군〗 비행중대 **2** 〖육군〗 기병[기갑] 대대 **3** 〖해군〗 소함대, 전대(戰隊)
__squádron lèader__ 〖영국공군〗 비행 중대장, 공군 소령
__squal·id__ [skwɑ́lid | skwɔ́l-] *a.* **1** 누추한, 지저분한 **2** 비열한, 치사스러운 〈싸움 등〉 **~·ly** *ad.* **~·ness** *n.*
*__squall__¹ [skwɔ:l] *n.* **1** 돌풍, 스콜 **2** 《구어》 소동, 싸움
__squall__² *vi., vt.* 비명을 지르다, 큰 소리로 외치다, 울부짖다 **—***n.* (아이들의) 꽥꽥 우는 소리, 울부짖는 소리, 고함
__squall·y__ [skwɔ́:li] *a.* (**squal·li·er**; **-i·est**) **1** 일진광풍의, 돌풍이 일듯한 **2** 《미·구어》 험악한, 형세가 고약한
__squal·or__ [skwɑ́lər | skwɔ́l-] *n.* Ⓤ **1** 더러움, 너더분함 **2** 치사함
__squan·der__ [skwɑ́ndər | skwɔ́n-] *vt.* 낭비하다 **~·er** *n.*
‡__square__ [skwɛər] *n.* **1 정사각형**; 네모진 물건[면] **2** (네모난) **광장**(廣場) **3** (체스판 등의) 칸 **4** 〖수학〗 제곱, 평방 **5 a** 《미》 (시가지의) 한 구획 **b** 《미》 가구의 한 변의 거리 **6** 스퀘어, 100 평방 피트 **7** (목수용의) 쇠자, 곱자: a T[an L] ~ 티[엘] 자(尺)
***on the* ~** (1) 꼼꼼하게; 정직하게; 공정하게 《*with*》 (2) 직각을 이루어; 정연하게
***out of* ~** (1) 직각이 아닌 (2) 난잡한; 부정한[하게]
—*a.* **1 정사각형의 2** 직각을 이루는, 직각의 《*with, to*》 **3** 동등한; 곧은, 평행의

《*with*》 **4** 정돈된, 정연한 **5** **공명 정대한,** 정정당당한 **6**〈어깨·턱 등이〉 네모진, 떡 벌어진
call it ~ 피장파장이라고 보다, 비등하다고 보다 ***get*** ~ ***with*** (1) …와 피장파장이[동등하게] 되다 (2) …와 대차 관계를 청산하다, 셈을 치르다
— *vt.* **1 정사각형으로 하다**[만들다] **2** 네모[직각]로 하다 **3**〖수학〗 제곱하다; …의 면적을 구하다 **4** 청산하다; 보복하다 **5** 부합[적응]시키다, 일치시키다 《*with, to*》
— *vi.* **1** 직각을 이루다 **2** 일치하다, 조화되다, 들어맞다 《*with*》: His statement does not ~ *with* the facts. 그의 진술은 사실과 일치하지 않는다. **3** 《구어》 결제하다, 청산하다 《*up*》: Have we ~*d up* yet? 이젠 청산이 끝난 거냐? **4**〖스포츠〗 동점이 되다 **5** (어려움·문제 등에) 단호히 대들다[덤벼들다], 정면으로 맞서다
~ ***away*** (1) 《구어》 반듯하게[정연하게] 정리하다, 치우다 (2) 《미》 〈두 사람이〉 싸울 자세를 취하다 (3)〖항해〗 순풍을 받다
~ ***off*** (1) 네모[직각]로 하다 (2) 싸움의 자세를 취하다, 수세(守勢)[공세]를 취하다
~ ***the circle*** 원을 네모로 만들다; 불가능한 일을 하려고 하다
— *ad.* 《구어》 **1 직각으로**; 사각으로 **2 정면으로,** 정통으로: look a person ~ in the face …의 얼굴을 똑바로 쳐다보다 **3 공평하게,** 정정당당히

square-bash·ing [skwέərbæ̀ʃiŋ] *n.* Ⓤ 《영·군대속어》 군사 교련

squáre brácket [보통 *pl.*]〖인쇄〗 꺾쇠 괄호 《[ ]》

square-built [-bílt] *a.* 어깨가 떡 벌어진, 모난

squáre dànce 스퀘어 댄스

squáre déal **1** 공정한 거래[대우] **2**〖카드〗 패를 공정하게 도르기

squáred páper 그래프 용지, 방안지

square-eyes [-àiz] *n.* 《영·속어》 텔레비전에 열중하는 사람

squáre knòt 《미》 옭매듭 (《영》 reef knot)

*__square·ly__ [skwέərli] *ad.* **1 직각으로**; 네모지게 **2 정면으로,** 바로 **3 공평하게**; 정정당당히, 정직하게

squáre méasure〖수학〗 평방적(積); 면적

square-rigged [skwέərrígd] *a.*〖항해〗 가로돛 장치[의장(艤裝)]의, 가로돛식의

square-rig·ger [-rígər] *n.* 가로돛 범선

squáre róot〖수학〗 평방근, 제곱근 《기호 r, √‾》

squáre sàil〖항해〗 가로돛

squáre shóoter 《미·구어》 정직한 사람, 공정[충직]한 사람

square-toed [skwέərtóud] *a.* **1**〈구두 등의〉 코가 네모진 **2** 구식의, 보수적인

squar·ish [skwέəriʃ] *a.* 네모진

*__squash__[1] [skwɑʃ, skwɔːʃ | skwɔʃ] *vt.* **1 짓누르다,** 눌러 찌그러뜨리다; 납작하게 만들다 **2** (좁은 곳에) 밀어 넣다, 쑤셔 넣다 **3** 진압하다; 꺽소리 못하게 하다
— *vi.* **1** 찌부러지다, 납작해지다 **2** 헤치고[밀치고] 들어가다[나아가다] 《*into*》
— *n.* **1** 찌그러진 물건 **2** ⒸⓊ 철썩, 털썩 **3** [a ~] 혼잡; 군중 **4** ⓊⒸ 《영》 스쿼시, 과즙 음료: lemon ~ 레몬 스쿼시

squash[2] *n.* (*pl.* ~·**es,** ~)〖식물〗 호박

squásh ràcquets[**ràckets**] [단수 취급] 스쿼시 《사방이 벽으로 둘러싸인 코트에서 자루가 긴 라켓과 고무공으로 하는 구기》

squásh tènnis 스쿼시 테니스

squash·y [skwɑ́ʃi, skwɔ́ːʃi | skwɔ́ʃi] *a.* (**squash·i·er**; **-i·est**) **1** 찌부러지기 쉬운 **2** 질퍽질퍽한 〈땅 등〉
squásh·i·ly *ad.* **-i·ness** *n.*

*__squat__ [skwɑt | skwɔt] *v.* (~·**ted,** ~; ~·**ting**) *vi.* **1 웅크리다, 쪼그리고 앉다** 《*down*》 **2** (남의 땅 또는 공유지에) 무단으로 정착하다 — *vt.* [~ one*self* 로] 쪼그려 앉히다 《*down*》: She ~*ted herself down.* 그녀는 쪼그리고 앉았다.
— *a.* (~·**ter**; ~·**test**) **1** Ⓟ 쪼그리고 앉은 **2** 땅딸막한 — *n.* **1** [a ~] 쪼그리고 앉은 자세 **2** 불법 점거 건조물

squat·ter [skwɑ́tər | skwɔ́t-] *n.* **1** 쪼그리고 앉는 사람[동물] **2** (공유지·미개간지의) 불법 점거자, 무단 입주자

squat·ty [skwɑ́ti | skwɔ́ti] *a.* (**-ti·er**; **-ti·est**) 땅딸막한, 뭉뚝한

squaw [skwɔː] [북미 인디언 말 「여자」의 뜻에서] *n.* **1** (북미 인디언의) 여자, 아내 **2** 《속어·경멸》 여자, 아내

squawk [skwɔːk] [의성어] *vi.* **1**〈오리·갈매기 등이〉 거억거억 울다 **2** 《구어》 (큰소리로) 자꾸만 불평을 말하다[항의하다] — *n.* **1** 거억거억 우는 소리 **2** 《구어》 떠들썩한 불평

squáwk bòx 《구어》 (인터폰 등의) 스피커

*__squeak__ [skwiːk] [의성어] *vi.* **1**〈쥐 등이〉 **찍찍 울다** **2** 《속어》 (벌을 모면하기 위해) 밀고하다, 고자질하다 — *vt.* 끽끽 소리로 말하다 《*out*》
— *n.* **1** 쥐 우는 소리, 찍찍; 삐걱거리는 소리, 끽끽; 앙앙 **2** 《구어》 아슬아슬하게 피함[달아남], 위기일발; (최후의) 기회: He had a ~ of it. 그는 간신히 성공했다.

squeak·er [skwíːkər] *n.* **1** 끽끽 소리 내는 물건 **2** 《구어》 (경기·선거 등에서의) 신승(辛勝); 대접전

squeak·y [skwíːki] *a.* (**squeak·i·er**; **-i·est**) 찍찍[끽끽] 소리내는, 앙앙 우는; 삐걱거리는

squeak·y-clean [skwíːkiklíːn] *a.* 《구어》 청결한; 청렴한, 결백한

*__squeal__ [skwiːl] [의성어] *vi.* **1** 깩깩거리다[울다]; 비명을 지르다 **2** 《속어》 밀고하다 《*on*》 — *vt.* 깩깩거리며 말하다
— *n.* (어린아이·돼지 등의) 비명, 깩깩[꽥]하는 소리

squeal·er [skwíːlər] *n.* **1** 짹짹[끽끽] 우는 새 **2** 《속어》 밀고자, 고자질쟁이

squeam·ish [skwíːmiʃ] *a.* **1** 꾀까다로운, 신경질의, 잔소리 심한 **2** 토하기 잘하는 **3** (별것도 아닌 일에도) 충격을 받는; (도덕적으로) 지나치게 결벽한
~·**ly** *ad.* ~·**ness** *n.*

squee·gee [skwíːdʒiː] *n.* 고무걸레[비] 《갑판·마루·창 등의 물기를 닦는》
— *vt.* 고무 걸레[롤러]질하다

‡**squeeze** [skwiːz] *vt.* **1** **압착하다,** 짜내다: ~ juice *from*[*out of*] an orange 오렌지에서 과즙을 짜내다 **2** 꽉 쥐다[죄다], 굳게 악수하다, 꼭 껴안다: ~ a person's hand …의 손을 꽉 쥐다 **3** 압박하다, 착취하다, 강제하다, 억지로 내게 하다 《*from, out of*》: ~ a confession *from* a person …을 억지로 자백시키다 **4** 밀어[쑤셔] 넣다 《*into*》: ~ clothes *into* a small bag 작은 가방에 옷가지를 쑤셔 넣다 — *vi.* **1** 압착되다, 짜지다 **2** 헤치고 나아가다; 밀고 들어가다, 비집고 들다 《*in, through*》: ~ *through* a crowd 군중을 헤치고 나아가다
— *n.* **1** 압착; 짜냄; (소량의) 짠 즙 **2** 굳은 악수; 끌어 안음 **3** [a ~] 밀침, 혼잡; 입추의 여지 없음 **4** U.C (구어) 강요, 갈취 **5** [보통 *sing.*] (구어) 진퇴 양난, 곤경 **6** 〖야구〗 스퀴즈 플레이(= ~ play)

squéeze bòttle 눌러 짜내는 플라스틱 병

squeeze·box [skwíːzbɑ̀ks | -bɔ̀ks] *n.* (구어) = CONCERTINA, ACCORDION

squéeze bùnt 〖야구〗 스퀴즈 번트

squéeze plày 〖야구〗 스퀴즈 플레이

squeez·er [skwíːzər] *n.* **1** 압착기 **2** 착취자

squelch [skweltʃ] [의성어] *vt.* **1** 짓누르다; 진압하다 **2** (구어) 찍소리 못하게 하다 — *vi.* 철벅철벅 소리를 내다; 철벅거리며 걷다
— *n.* **1** 철벅철벅함[하는 소리] **2** 찌부러뜨림; 진압

squib [skwib] *n.* **1** 폭죽 **2** 도화 폭관(導火爆管), 작은 불꽃놀이 **3** 풍자(문), 풍자적인 이야기

squid [skwid] *n.* (*pl.* ~, ~**s**) 〖동물〗 오징어; U 오징어 살

squidg·y [skwídʒi] *a.* (**squidg·i·er**; **-i·est**) (영·구어) 〈땅 등이〉 질척한

squiffed [skwift] *a.* (영·속어) 얼근히 취한

squif·fy [skwífi] *a.* (**-fi·er**; **-fi·est**) (영·속어) = SQUIFFED

squig·gle [skwígl] *n.* (글자·선의) 짧고 불규칙한 곡선; 갈겨쓰기
squíg·gly *a.* 구불구불한

***squint** [skwint] *a.* **1** **사팔눈의,** 사팔뜨기의 **2** 곁눈질하는
— *n.* **1** 사팔눈: have a bad[fearful] ~ 심한 사팔뜨기다 **2** 곁눈질, 흘긋 봄 **3** (구어) 일별(一瞥): Let's have a ~ at it. 그것을 잠깐 보자.
— *vi.* **1** **사팔눈이다** **2** 곁눈질을 하다, 실눈으로 보다 《*at, through*》 **3** 일별하다 《*at*》 **~·er** *n.* 사팔뜨기

squint-eyed [skwíntàid] *a.* 사팔눈의; 악의 있는

‡**squire** [skwaiər] [esquire의 두음 소실(頭音消失)] *n.* **1** (영) (knight의 아래·gentleman의 위인) **시골의 대(大)지주**(에 대한 칭호), 시골 신사 **2** 기사(騎士)의 종자 **3** (미) 치안 판사, 재판관, 변호사
— *vt., vi.* 〈숙녀를〉 에스코트하다

squir(e)·ar·chy [skwáiərɑːrki] *n.* [the ~] 지주 계급

squirm [skwəːrm] *vi.* **1** (벌레같이) 꿈틀거리다 **2** 몸부림치다; 어색해하다
— *n.* 어색해함; 몸부림

‡**squir·rel** [skwə́ːrəl, skwʌ́r- | skwírəl] *n.* (*pl.* ~**s,** [집합적] ~) 〖동물〗 **다람쥐;** U 다람쥐의 털가죽
— *vt.* 〈돈·물건을〉 저장하다 《*away*》

squírrel càge **1** 다람쥐장 **2** (구어) 단조로운 내용없는 생활[일]

squir·rel·ly, -rel·y [skwə́ːrəli, skwʌ́r- | skwír-] *a.* (속어) 기묘한, 미친(짓의)

squirt [skwəːrt] *vt.* 〈액체를〉 …에 뿜게 하다, 분출시키다, 주사하다 《*at*》; …에 뿜어대다 — *vi.* 분출하다, 뿜어 나오다
— *n.* **1** 분출, 뿜어나옴 **2** 주사기; 물총
squírt·er *n.* (액체) 분출[분사] 장치

squírt gùn (총 모양의) 분사기; 물총

squish [skwiʃ] [squash의 변형] *vt.* 찌그러뜨리다
— *vi.* 철벅철벅 소리를 내다
— *n.* 철썩[철벅]거리는 소리

squish·y [skwíʃi] *a.* (**squish·i·er**; **-i·est**) 흐늘흐늘한, 질퍽한; (속어) 감상적인

sq yd square yard(s) 제곱 야드

Sr 〖화학〗 strontium

Sr Senior; Señor; Sir; 〖가톨릭〗 Sister

Sra. Señora

Sri Lan·ka [srìː-lɑ́ːŋkə | -lǽŋ-] 스리랑카 《인도 남동방의 공화국; 수도 Colombo; 옛 이름 Ceylon》
Srì Lán·kan [-kən] *a., n.*

SRN State Registered Nurse

S.R.O. standing room only 《입석(立席)만 있음》

Srta Señorita

ss 〖야구〗 shortstop

S.S. Secretary of State (미) 국무장관; steamship; Sunday School

SSE south-southeast

Ś slèep [synchronized *sleep*] 〖생리〗 S수면, 동기성(同期性) 수면

SST supersonic transport 초음속 여객기

SSW south-southwest

st. stanza; 〖인쇄〗 stet; street; 〖크리켓〗 stumped

‡**St.** [seint | sənt] *n.* (*pl.* **SS., Sts.**) 성(聖)…, 세인트(Saint)… **a** [성인(聖人)·대(大)천사·사도 이름 등에 붙임]: *St.* Paul **b** [교회·학교 이름 등에 붙임]: *St.* Peter's **c** [도회지 이름·사람 이름]: *St.* Andrews **d** [saint 이외의 것에 붙여서 교회 이름]: *St.* Saviour's

‡**St.** Saturday; Strait; Street

-st[1] [st] *suf.* = -(E)ST

-st[2] 숫자 1에 붙여 서수를 나타냄: 1*st*, 41*st*

sta. station; stationary

‡**stab** [stæb] *v.* (~**bed**; ~**·bing**) *vt.* **1** **찌르다,** 찔러 죽이다 **2** 〈명성·양심 등을〉 몹시 해치다, 중상하다: Remorse ~*bed* her. 그녀는 양심의 가책을 받았다.
— *vi.* **찌르다**
— *n.* **1** 찌름; 찔린 상처 **2** 쑤시고 아픔 **3** 기도(企圖)

Sta·bat Ma·ter [stɑ́:bɑ:t-mɑ́:tər | stéibætméitər] [L =the mother was standing] *n.* 슬픈 성모 《그리스도가 십자가에 못박혔을 때의 성모의 슬픔을 노래한 성가》; 그 곡

stab·ber [stǽbər] *n.* 찌르는 사람[물건]; 자객

stab·bing [stǽbiŋ] *a.* 찌르는 듯한, 통렬한 〈아픔〉

‡sta·bil·i·ty [stəbíləti] *n.* (*pl.* **-ties**) UC **1** 안정, 확고 **2** 착실 **3** (특히 선박의) 복원력(復原力), 안정성

***sta·bi·li·za·tion** [stèibəlizéiʃən | -lai-] *n.* U 안정(화); (물가·통화·정치 등의) 안정

sta·bi·lize** [stéibəlàiz] *vt.* **안정시키다,** 고정시키다 **—vi.* 안정되다, 고정되다

sta·bi·liz·er [stéibəlàizər] *n.* 안정시키는 사람[것]; 안정 장치 《선박·항공기의》; (화약 등의) 안정제 《자연 분해를 방지함》

‡sta·ble[1] [stéibl] *n.* **1** 마구간, (때로) 외양간, (어떤 마구간에 속하는) 경마 말, …소유의 말 **2** 《속어》 같은 매니저 밑에서 일하는 사람들 《신문 기자·권투 선수·기수(騎手)들》

—*vt.* 마구간에 넣다

‡stable[2] [L 「서다(stand)」의 뜻에서] *a.* **1** 안정된; 견실한 **2** 〖기계〗 안정된, 복원력(復原力)이 있는; 〖화학〗 (분해·변화하지 않는) 안정성의 **3** 착실한, 결심이 굳은

stá·bly *ad.*

sta·ble·boy [stéiblbɔ̀i], **-lad** [-læ̀d] *n.* 소년 마부

sta·ble·man [-mən] *n.* (*pl.* **-men** [-mən]) 마부(groom)

sta·bling [stéibliŋ] *n.* U 마구간 설비; [집합적] 마구간

stacc. 〖음악〗 staccato

stac·ca·to [stəkɑ́:tou] [It.] *a.* 〖음악〗 스타카토의, 단주(斷奏)의, 단음적(斷音的)인: a ~ mark 단음표

—*ad.* 단음으로, 단주로

—*n.* (*pl.* **~s, -ti** [-ti:]) 스타카토, 단주

***stack** [stæk] *n.* **1** 낟가리, 쌓은 짚[건초] 더미 **2** 더미, 퇴적(堆積), 쌓아 올림 **3** [보통 *pl.*] (도서관의) 서가, 서고

—*vt.* **1** 〈낟가리 등을〉 쌓다, 쌓아 올리다; 〈총을〉 걸다 **2** 《미》 〖카드〗 〈패를〉 속임수로 섞어 맞추다 **3** 〈착륙하려는 비행기를〉 선회 대기시키다 《*up*》

—*vi.* **1** (산더미같이) 쌓이다 《*up*》 **2** 〈비행기가〉 (착륙전에) 선회 대피하다 《*up*》

stacked [stækt] *a.* 《속어》 〈여성이〉 육체미 있는

‡sta·di·um [stéidiəm] *n.* (*pl.* **~s, -di·a** [-diə, -djə]) (관람석으로 둘러싸인) **경기장,** 스타디움, 육상 경기장, 야구장

‡staff [stæf | stɑ:f] *n.* (*pl.* **~s, staves** [stævz | steivz]) **1** 직원, 부[국]직원; (학교의) 교직원; 간부 **2** 〖군사〗 참모, 막료(幕僚) **3** 〖음악〗 보표(譜表) **4** (무기 또는 보행용) 지팡이, 막대기, 장대 **5** 의지, 뒷받침: Bread is the ~ of life. 《속담》 빵은 생명의 양식이다.

—*vt.* …에 직원[부원]을 두다; …의 직원으로서 근무하다

staff·er [stǽfər | stɑ́:f-] *n.* 《미》 직원[부원, 국원 《등》] 《관청·편집부·군대 등의》; 편집부원, 기자 《신문·잡지 등의》

stáff òfficer 〖군사〗 참모 장교

Staf·ford·shire [stǽfərdʃìər, -ʃər] *n.* 스태퍼드셔 《잉글랜드 중부의 주》

Staffs. Staffordshire

stáff sérgeant 〖육군〗 하사

stag** [stæg] *n.* (*pl.* **~s,** [집합적] **~**) **1** 수사슴 《특히 다섯 살 이하의》 **2** 《영》 〖증권〗 권리주 매매인[상] **3** 《구어》 (무도회·연회에) 여자 동반 없이 가는 사람; 남자만의 모임 **—a.* Ⓐ **1** 남자만의 〈연회〉 **2** 남성용 포르노의 〈잡지 등〉

—*ad.* 《구어》 남자만으로

stág bèetle [수컷의 뿔이 사슴뿔같이 생긴 데서] 〖곤충〗 사슴벌레

‡stage [steidʒ] *n.* **1** 단계, 정도, (발달 등의) 기(期) **2** (극장의) 무대, 스테이지 **3** [the ~] 연극, 극; 배우 직업 **4** 활동 무대, 활동 범위

be on the ~ 〈사람이〉 배우이다 ***by ~s*** 차츰, 서서히 ***set the ~ for*** …의 무대 장치를 하다; …의 사전 준비를 하다

—*vt.* **1** 상연하다; 극화하다 **2** 〈동맹 파업·정치 운동 등을〉 꾀하다, 계획하다; 실시하다 **—***vi.* 역마차로 여행하다; 연극이 되다

stage·coach [stéidʒkòutʃ] *n.* 역[합승]마차

stage·craft [-kræ̀ft | -krɑ̀:ft] *n.* U 각색[연출, 연기 등]의 기법[경험]

stáge dirèction **1** 무대 지시(서) **2** 무대 감독[연출] 기술

stáge dirèctor **1** 연출가 **2** = STAGE MANAGER

stáge dóor (무대) 분장실 입구

stáge effèct 무대 효과

stáge frìght 무대 공포증, 무대에서 주눅듦 《무대를 처음 밟는 사람의》

stage·hand [-hæ̀nd] *n.* (극장의) 무대 담당원 《조명 담당·도구 담당 등》

stáge léft (관객을 향해서) 무대 왼쪽

stage-man·age [-mæ̀nidʒ] *vt.* …의 무대 감독을 하다; 극적 효과를 내도록 연출하다

stáge mànager 무대 감독

stáge nàme 예명(藝名), (배우의) 무대명

stag·er [stéidʒər] *n.* [특히 an old ~] 노련가, 경험가

stáge ríght 〖연극〗 (관객을 향하여) 무대 오른쪽

stáge sèt 무대 장치

stage·struck [-strʌ̀k] *a.* 배우열에 들뜬, 무대 생활을 동경하는

stáge whìsper 〖연극〗 (관객에게 들리도록) 크게 말하는 방백(傍白); (제삼자에게) 들으라는 듯이 하는 혼잣말

stag·fla·tion [stægfléiʃən] [*stag*nant+in*flation*] *n.* U 〖경제〗 경기 침체하의 인플레이션

‡stag·ger [stǽgər] *vi.* **1** 비틀거리다, 갈지자 걸음을 걷다: ~ *to* one's feet 휘청거리며 일어서다 **2** 주저하다, 마음이 흔들리다 《*at*》: ~ *at* the news 그 소식에 마음이 흔들리다

—*vt.* **1 비틀거리게 하다,** 흔들거리게 하다 **2**〈결심 등을〉 흔들리게 하다, 동요시키다 **3** (구어) 깜짝 놀라게 하다, 망연자실하게 하다

—*n.* **1** 비틀거림, 흔들거림 **2 a** [*pl.*; 단수 취급] (특히 말·양의) 선회병(旋回病) **b** [*pl.*] 현기증

∗**stag·ger·ing** [stǽgəriŋ] *a.* **1 비틀거리는,** 비틀거리게 하는: a ~ blow 강한 일격 **2** 망설이는; 혼비백산케 하는 **~·ly** *ad.*

stag·ing [stéidʒiŋ] *n.* **1** 상연 **2** Ⓤ 비계, 발판 **3** Ⓤ (로켓의) 다단화

stáging pòst (영) (비행기의) 정기 기항지

∗**stag·nant** [stǽgnənt] *a.* **1 흐르지 않는,** 괴어 있는; 정체된 **2** 활기 없는, 불경기의 **stág·nan·cy, -nance** *n.* 침체; 불황 **~·ly** *ad.*

stag·nate [stǽgneit] *vi.* **1**〈액체가〉 흐르지 않다, 괴다 **2**〈생활·활기·일·사람이〉 침체[정체]하다 —*vt.* 괴게 하다, 침체시키다; 부진하게 하다

stag·na·tion [stægnéiʃən] *n.* Ⓤ 굄, 침체, 정체; 부진, 불경기

stág pàrty (구어) **1** 남자만의 모임 **2** 《특히》 남자를 위한 행사

stag·y [stéidʒi] *a.* (**stag·i·er**; **-i·est**) **1** 무대의 **2** 연극과 같은, 떠벌린, 과장된 **stág·i·ly** *ad.* **-i·ness** *n.*

staid [steid] [동음어 stayed] *v.* (고어) STAY[1]의 과거·과거분사

—*a.* 침착한, 성실한, 착실한; 확정된 **stáid·ly** *ad.* **stáid·ness** *n.*

‡**stain** [stein] *n.* **1 얼룩,** 녹 **2** (문어) 오점, 흠 《*on, upon*》: a ~ *on* one's reputation 명성의 오점 **3** Ⓤ 착색; Ⓤ,Ⓒ 착색제 《목재 등의》, 염료 《현미경 검사용》

—*vt.* **1 더럽히다,** 얼룩지게 하다 《*with*》: hands *~ed with* blood 피로 더러워진 손 **2**〈유리·재목·벽지 등에〉 착색하다, 물들게 하다 —*vi.* **더러워지다,** 얼룩지다; 녹슬다

stáined gláss [stéind-] 스테인드 글라스, 착색 유리

∗**stain·less** [stéinlis] *a.* **1 때 끼지 않은,** 얼룩지지 않은; 녹슬지 않는, 스테인리스의[로 만든] **2** 흠없는; 결백한

—*n.* Ⓤ [집합적] 스테인리스제 식기류

stáinless stéel 스테인리스 (강철)

‡**stair** [stɛər] [동음어 stare] *n.* **1** [보통 *pl.*] **계단,** 층계 **2** 사다리의 한 계단 —*a.* Ⓐ 계단(용)의

∗**stair·case** [stɛ́ərkèis] *n.* (난간을 포함한 한 줄의) **계단**: a corkscrew ~ 나선식 계단

stáir ròd (계단의) 양탄자 누르개 《금속 막대》

∗**stair·way** [-wèi] *n.* **계단,** 층계

stair·well [-wèl] *n.* 〖건축〗 계단통 《계단을 포함한 수직 공간》

‡**stake** [steik] [동음어 steak] *n.* **1 말뚝;** 막대기 **2** 화형주(火刑柱): burn at the ~ 화형에 처하다 **3 a 내기 b** [종종 *pl.*] (경마 등의) 건 돈, 상금 **4** 이해 관계: have a ~ in a company 회사에 이해 관계가 있다

at ~ 내기에 걸려서; 위태로워; 문제가 되어: My honor is *at* ~. 나의 명예에 관한 문제다. 《내버려 둘 수 없다》

—*vt.* **1** 말뚝에 매다: ~ a horse 말을 말뚝에 매다 **2** 막대기로 찌르다 **3** 말뚝으로 둘러치다 《*out, off, in*》: ~ *off* [*out*] a boundary 말뚝을 박아 경계를 구획하다 **4**〈돈·생명 등을〉 걸다 《*on*》: ~ money *on* a race 경마에 돈을 걸다

stáke bòat (스타트선(線)·결승선에 두는) 고정 보트

stake·hold·er [stéikhòuldər] *n.* 건 돈을 맡는 제삼자

stake·out [-àut] *n.* 《미·속어》 (경찰의) 감시; 감시 장소

sta·lac·tite [stəlǽktait | stǽləktàit] *n.* Ⓤ 〖지질〗 종유석(鍾乳石)

sta·lag·mite [stəlǽgmait | stǽləgmàit] *n.* 〖지질〗 석순(石筍)

∗**stale** [steil] [OE 「움직이지 않게 되다」의 뜻에서] *a.* **1**〈음식 등이〉 **싱싱하지 못한 2**〈공기가〉 퀴퀴한 **3**〈생각·표현 등이〉 신선미가 없는, 진부한 **4** 생기가 없는 **stále·ly** *ad.* **stále·ness** *n.*

∗**stale·mate** [stéilmèit] *n.* **1** 〖체스〗 (쌍방이) **수가 막힘 2** 막다름, 궁지

—*vt.* **1** 〖체스〗 수가 막히게 하다; 꼼짝 못하게 하다 **2** (비유) 막다르게 하다

Sta·lin [stɑ́:lin] *n.* 스탈린 **Joseph V.** ~ (1879-1953) 《구소련 정치 지도자》

Sta·lin·ism [stɑ́:lənìzm] *n.* Ⓤ 스탈린주의 **-ist** *n., a.* 스탈린주의자(의)

∗**stalk**[1] [stɔ:k] *n.* **1** 〖식물〗 **줄기,** 대; 잎자루, 꽃자루 **2** 가느다란 버팀대; (술잔의) 긴 굽; 높은 굴뚝

∗**stalk**[2] [OE 「살금살금 걷다」의 뜻에서] *vt.* **1**〈적·짐승 등에〉 **몰래 접근하다 2** (문어) 〈병·재해 등이 어떤 지방을〉 휩쓸다: Famine *~ed* the land. 기근이 나라를 휩쓸었다. —*vi.* **1 젠체하며 걷다,** 활보하다 **2**〈유령이〉 나오다; 〈병·재해 등이〉 퍼지다 —*n.* **1** 사냥감에 가만히 접근함, 몰래 추적함 **2** 활보

stalk·er [stɔ́:kər] *n.* **1** 스토커 《좋아하는 사람을 따라다니며 귀찮게 하거나 괴롭히는 사람》 **2** 살그머니 다가가는 사람, 《특히》 밀렵자

stalk·ing-horse [stɔ́:kiŋhɔ̀:rs] *n.* **1** 위장 말 《사냥꾼이 짐승에 접근할 때 쓰는 말처럼 만든 물건》 **2** 위장; 구실

stalk·y [stɔ́:ki] *a.* (**stalk·i·er**; **-i·est**) 줄기가 있는[많은]; 줄기 같은; 가늘고 긴

‡**stall**[1] [stɔ:l] [OE 「서 있는 곳」의 뜻에서] *n.* **1 마구간,** 마구간[외양간]의 한 칸 **2** (영) 매점, 노점; 상품 진열대; =BOOKSTALL **3** (영) (극장의) 무대 앞 좌석, 일등석((미) orchestra) **4** [*pl.*] (교회의) 성가대석 —*a.* Ⓐ (영) 무대 앞 일등석의

—*vt.* **1** 마구간[외양간]에 넣다[넣어 두다] **2** 마구간[외양간]에 칸막이를 하다 **3** (미) 〈말·마차를〉 진흙[눈]에 빠져 꼼짝 못하게 하다 —*vi.* **1** 진흙[눈]에 빠져 꼼짝 못하다 **2** 〖항공〗 〈비행기가〉 속도를 잃어 불안정해지다; 〈엔진·발동기가〉 멎다

stall[2] *n.* (구어) (지연시키는) 구실, 발뺌

—*vi.* (구어) 교묘하게 (시간을) 벌다,

핑계대다 《*for*》 — *vt.* 《구어》 교묘한 구실로 지연시키다, 발뺌하다 《*off*》

stall-feed [stɔ́:lfì:d] *vt.* (**-fed** [-fèd]) 마구간[외양간]에 넣어 사육하다[살찌게 하다]

stall·hold·er [-hòuldər] *n.* 시장의 판매대 주인, 노점상

stal·lion [stǽljən] *n.* 종마(種馬)

*__stal·wart__ [stɔ́:lwərt] *a.* **1 건장한,** 튼튼한 **2** (특히 정치적으로) 신념이 굳은, 애당심이 강한 — *n.* **1** 신체 건장한 사람 **2** (정치적으로) 신념이 굳은 사람

*__sta·men__ [stéimən | -men] *n.* (*pl.* **~s, stam·i·na** [stǽmənə]) 〖식물〗 **수술**

stam·i·na[1] [stǽmənə] [L 「실」의 뜻에서; 운명의 여신(Fates)이 잣는 사람의 수명인 실의 뜻에서] *n.* Ⓤ 지구력, 체력, 끈기, 정력

stamina[2] *n.* STAMEN의 복수

stam·i·nate [stéimənət] *a.* 〖식물〗 수술[수술만]이 있는

‡**stam·mer** [stǽmər] *vi.* **말을 더듬다** — *vt.* **더듬으며 말하다** 《*out*》: ~ *out* an excuse[apology] 더듬거리며 변명[사과]하다 — *n.* 말더듬음, 웅얼거림 **~·er** *n.* 말더듬이

stam·mer·ing [stǽməriŋ] *a.* 말을 더듬는 **~·ly** *ad.* 말을 더듬으면서

‡**stamp** [stæmp] *vt.* **1 짓밟다;** 밟다, 〈발을〉 구르다: ~ one's foot in[with] anger 화가 나서 발을 동동 구르다 **2 날인하다,** …에 도장[스탬프]을 찍다 **3** 명심시키다 《*on, upon*》; 〈마음에〉 새기게 하다 **4** 〈봉투 등에〉 **우표[인지]를 붙이다**: ~ a letter 편지에 우표를 붙이다 — *vi.* **1** 발을 구르다; 발을 쾅쾅 구르며 걷다 **2** 짓밟다, (짓밟듯이) 밟다 《*on*》: ~ *on* the accelerator 액셀러레이터를 콱 밟다 — *n.* **1 우표, 인지 2** 타출기(打出機), 압단기(壓斷機) **3** 스탬프, 날인기; 도장, 각인(刻印), 검인 **4** [보통 *sing.*] 특질, 특징; 성격 **5** [보통 *sing.*] 종류, 형(型) **6** 발구르기

Stámp Àct [the ~] 〖미국사〗 인지 조례 《1765년 영국이 아메리카 식민지에서 시행한 최초의 직접세》

stámp collècting 우표 수집

stámp collèctor 우표 수집가

stámp dùty 인지세(稅)

*__stam·pede__ [stæmpí:d] *n.* **1** (가축 등이) **놀라서 우루루 달아남;** 앞을 다투어 달아남 **2** 《미》 우 몰려옴, 쇄도 **3** 《미서부·캐나다》 로데오(가 개최되는 축제) — *vi.* **1** 우루루 달아나다, 앞을 다투어 달아나다 **2** 쇄도하다 **3** 충동적으로 행동하다 — *vt.* **1** 〈가축 등을〉 우 달아나게 하다 **2** 《미》 쇄도하게 하다 **3** 충동적인 행동을 취하게 하다

stamp·er [stǽmpər] *n.* 스탬프[도장]를 찍는 사람, (우체국의) 소인 찍는 사람; 자동 날인기

stámping gròund [stǽmpiŋ-] 《구어》 (동물·사람이) 늘 다니는[모이는] 곳

stámp machìne 우표 자동 판매기

*__stance__ [stæns] *n.* **1** 〖야구〗 (공을 칠 때의) **발의 위치,** 스탠스, 자세: the batting ~ 공 치는 자세 **2** (사물에 대한) 태도: take an antiwar ~ 반전 태도를 취하다

stanch[1] [stɔ:ntʃ, stɑ:ntʃ | stɑ:ntʃ] *vt.* 《미》 〈출혈을〉 멈추게 하다, 지혈시키다

stanch[2] *a.* = STAUNCH[2]

stan·chion [stǽnʃən | stɑ́:n-] *n.* **1** 기둥, 지주, (문)설주 **2** 《미·캐나다》 (외양간·배 등의) 칸막이 기둥 — *vt.* **1** 〈가축을〉 칸막이 기둥에 매다 **2** 기둥으로 받치다

‡**stand** [stænd] *v.* (**stood** [stud]) *vi.* **1 서다,** 서 있다; ~ still 가만히 서 있다 **2 일어서다** 《*up*》: Please ~ *up.* 기립해 주십시오. **3 a 멈추어 서다,** 움직이지 않다 **b** 〈물 등이〉 괴어 있다, 흐르지 않다 **4 a** [보어·부사(구)와 함께] (어떤 상태·관계·입장에) **있다**: ~ a person's friend …의 친구이다 **b** 〈어떤 태도를〉 취하다 **5** …**에 있다,** 위치하다: Westminster Abbey *~s on* the Thames. 웨스트민스터 성당은 템스 강변에 있다. **6** (사람·주장에 대하여) 편들다, 지원하다 《*for*》; 반대하다 《*against*》: ~ *for*[*against*] rearmament 재무장에 찬성[반대]하다 — *vt.* **1 세우다,** 일으키다 《*up*》, 기대어 세우다 《*against*》; 얹다: I will ~ you *in* the corner. (벌로서) 너를 구석에 세워 놓겠다. **2** [보통 부정문·의문문에서] **참다,** 견디다: Can you ~ the pain? 고통을 참을 수 있겠느냐? **3** 고집하다, 물러서지 않다: ~ one's ground 자기 주장을 고집하다, 버티다 **4** 〈공격 등에〉 대항[저항]하다 **5** 〈사람에게〉 (비용이 얼마) 들다 《*in*》: This coat *stood* me (*in*) £20. 이 코트는 20 파운드 들었다.

as matters [***affairs***] ***~*** = ***as it ~s*** 현재 상태로는; 그대로(는) ***as the case ~s*** 경우가 이렇기 때문에 ***~ aside*** 비켜 서다, 가담하지 않다; 〈입후보를〉 사퇴하다 ***~ by*** (1) 곁에 있다, 방관하다 (2) 대기[준비]하다; 〖라디오〗 다음 방송을 기다리다 (3) 돕다, 편들다 ***~ down*** (1) (법정의) 증인석에서 물러가다 (2) (다른 후보에 양보하고) 물러나다 ***~ for*** (1) …을 나타내다, 표상(表象)하다; 대리[대표]하다 (2) 〈주의·사람 등을〉 지지하다, …의 편을 들다 ***~ in*** (1) 〈내기 등에〉 가담하다 (2) 대역[대리]을 맡아보다 《*for*》 ***~ off*** (1) 멀리 서 있다, 피하다 (2) 멀리하다, 경원하다, 격퇴하다 (3) 《영》 (불경기로) 일시 해고하다 ***~ out*** (1) 돌출하다, 튀어나오다 (2) 눈에 띄다, 두드러지다 《*from, among*》 (3) 〖항해〗 해안에서 떨어진 침로를 잡다 ***~ to*** (1) 〈조건·약속 등을〉 지키다 (2) 〈진술 등의〉 진실을 고집하다, 주장하다 (3) 적의 공격에 대비하여 대기하다 ***~ up to*** (1) …에 용감히 대항하다 (2) …에 견디다 (3) 《미》 〈의무·약속 등을〉 훌륭하게 수행하다

— *n.* **1 정지**; 서 있음; 막다름 **2 저항,** 반항 **3 처지,** 입장, 견해 **4** 근거 **5 위치,** 장소 **6 스탠드,** 노점; (역·길거리 등의 신문 잡지) 매점 **7** 자리, 관람석

make a ~ 멈추다; 저항하다

‡**stand·ard** [stǽndərd] [OF 「서 있는 지점, 집결 지점」의 뜻에서] *n.* **1** [종종 *pl.*] **표준,** 기준; 도덕적 규범 **2** (도량형의) 원기(原器) **3** 본위

(本位): the gold[silver] ~ 금[은]본위제 **4** 램프대, 촛대 **5** 곧은 버팀 기둥, 지주(支柱) **—** *a.* **1 표준의**; 〈언어·발음 등이〉 표준어의 **2** 권위 있는, 정평이 있는 **3** 보통의, 무난한 **4** 〈식육 등의 품질이〉 중(中) 이하의 **5** 표준 규격의

stan·dard-bear·er [-bɛ̀ərər] *n.* **1** 〖군사〗 기수(旗手) **2** (정당·운동 등의) 주창[창도]자

stándard deviátion 〖통계〗 표준 편차

stándard gàuge[gàge] (철도 레일의) 표준 궤간(軌間) 《약 1.435 m》

stand·ard·i·za·tion [stæ̀ndərdizéiʃən | -daiz-] *n.* Ⓤ **1** 표준화, 규격화 **2** 통일, 획일

∗**stand·ard·ize** [stǽndərdàiz] *vt.* **표준에 맞추다**; 표준[규격]화하다

stándard làmp 《영》 =FLOOR LAMP

stándard tìme 표준시

∗**stand·by** [stǽndbài] *n.* (*pl.* **~s**) **1 의지할 만한 사람**[것] **2** (비상시의) 교대 요원; 대역(代役) **3** 〖라디오·TV〗 예비 프로 **4** (항공기의) 공석 대기 손님 **—** *a.* 긴급시에 당장 쓸 수 있는; 대기의; 〈비행기 등이〉 공석 대기의

stándby pàssenger 공석 대기 손님 《예약 취소로 생긴 좌석을 기다려 타는 손님》

stand·ee [stændíː] *n.* 《미》 **1** (극장 등의) 입석 관객 **2** (열차 등의) 입석객

∗**stand-in** [stǽndìn] *n.* (TV·영화 배우의) **대역**; 《일반적으로》 대신하는 사람, 바꿔 놓은 사람

‡**stand·ing** [stǽndiŋ] *a.* Ⓐ **1 a 서 있는**, 선 채로의 **b** 〈밀 등이〉 베지 않은, 선 나무의 **c** 선채로[서서] 하는 **2 상비의**, 〈위원 등이〉 상임의; 영구[지속]적인 **3** 멎어 있는, 움직이지 않는; 〈물 등이〉 괴어 있는 **4** 판에 박은 **—** *n.* **1** ⓊⒸ **신분**, 지위; 명성: people of high[good] ~ 신분이 높은[명망 있는] 사람들 **2** Ⓤ 계속 (기간), 존속 (기간), 지속 (기간): a custom of long ~ 오랜 관습 **3** ⓊⒸ **서 있음**, 기립

stánding órder 1 (취소·변경 때까지의) 계속 주문 **2** [the ~s] (의회의) 의사(議事) 규정 **3** 은행에 대한 정기적 지급 명령, 자동 대체

stánding ròom 1 (전차 등의) 서 있을 만한 여지 **2** (극장·경기장 등의) 입석: ~ only 입석만 있음 《略 SRO》

stand·off [stǽndɔ̀ːf | -ɔ̀f] *a.* 《미》 고립하여 있는; 쌀쌀한 **—** *n.* **1** Ⓤ 《미》 떨어져 있음, 고립 **2** Ⓤ 《미》 삼가함, 서먹함; 냉담 **3** 《미》 균형 상태; 동점, (경기의) 무승부 **4** 《미》 막힘, 막다름; 교착 상태

stándoff hálf 〖럭비〗 스탠드오프 하프 《스크럼 뒤에서 하프로부터 패스를 받는 하프백》

stand·off·ish [stǽndɔ́ːfiʃ | -ɔ́f-] *a.* 쌀쌀한, 냉담한, 삼가는; 무뚝뚝한 **~·ly** *ad.* **~·ness** *n.*

stand·out [stǽndàut] *n.* 《미·구어》 뛰어난[탁월한] 사람[물건] **—** *a.* 뛰어난, 탁월한

stand·pat [stǽndpæ̀t] *a.* 《미·구어》 현상 유지를 주장하는; 집요하게 보수적인 **—** *n.* = STANDPATTER

stand·pat·ter [-pæ̀tər] *n.* 《미·구어》 현상 유지론자, 비개혁파 사람

stand·pipe [-pàip] *n.* 배수[저수, 급수]탑

‡**stand·point** [stǽndpɔ̀int] *n.* **견지**, 관점, 견해, 시점

∗**stand·still** [stǽndstìl] *n.* ⒸⓊ **1 정지**, 휴지, 멈춤: cardiac ~ 심장의 정지 **2** 답보 (상태)

stand-up [stǽndʌ̀p] *a.* Ⓐ **1** 서 있는, 〈칼라 등이〉 바로 선 **2** 〈식사 등을〉 선 채로 먹는 **3** 〈싸움이〉 정정당당한; 〈권투 등이〉 요란하게 치고받는 **4** 〈희극 배우가〉 혼자 연기하는, 입담을 주로 하는

stank [stæŋk] *v.* STINK의 과거

Stan·ley [stǽnli] *n.* 스탠리 **Sir Henry M.** ~ (1841-1904) 《영국의 아프리카 탐험가》

∗**stan·za** [stǽnzə] [It. 「멈추는 곳」의 뜻에서] *n.* 〖운율〗 **절**(節), 연(聯) 《보통 일정한 운율을 지닌 4행 이상으로 된 시의 단위; 略 st.》 **stan·za·ic** [stænzéiik] *a.*

sta·pes [stéipiːz] *n.* (*pl.* **~, -pe·des** [stəpíːdiːz]) 〖해부〗 (중이(中耳)의) 등골(鐙骨)

staph [stæf] *n.* 《구어》 = STAPHYLOCOCCUS

staph·y·lo·coc·cus [stæ̀fəloukɑ́kəs | -kɔ́k-] *n.* (*pl.* **-coc·ci** [-kɑ́ksai | -kɔ́k-]) 〖세균〗 포도(상)구균

∗**sta·ple**[1] [stéipl] [OF 「시장」의 뜻에서] *n.* **1 주요 산물**, 중요 상품 **2** (유행·계절 등에 관계 없는) 기본 식료품 **3** 요소, 주성분 《*of*》 **4** Ⓤ 원료, 재료 《섬유 제품의》 **—** *a.* 주요한, 중요한; 대량 생산의, 잘 팔리는

staple[2] [ON 「고정시키다」의 뜻에서] *n.* **1** U자못, 꺾쇠 **2** (스테이플러) 알 **—** *vt.* **1** U자못을 박다, 꺾쇠로 고정시키다 **2** 스테이플러로 매다

sta·pler[1] [stéiplər] *n.* 제책기(기계), 스테이플러

stapler[2] *n.* **1** 양모 선별공 **2** 양모 중매인

‡**star** [stɑːr] *n.* **1 별**; 《일반적으로》 항성(恒星) **2 a** 〖점성술〗 운성(運星); [종종 *pl.*] 운수 **b** [*sing.*] 성공, 행운 **3 a 별모양의 것 b** 성장(星章); 성형(星形) 훈장 **c** 〖인쇄〗 별표 (∗)(asterisk) **4 스타**, 인기 배우[가수]

see ~s 《구어》 눈에서 불꽃이 튀다, 눈앞이 아찔해지다 ***the S~s and Stripes*** [단수·복수 취급] 성조기 《미국 국기》

— *a.* Ⓐ **1** 별의 **2** 스타의, 인기 배우의, 주역의 **—** *v.* (**~red**; **~·ring**) *vt.* **1** [특히 *p.p.*] 별(장식)을 달다 [점점이 박다] 《*with*》 **2** 별표를 붙이다 **3** 스타[주역]로 하다 **—** *vi.* 스타가 되다, 주연하다: He *~red in* the new play. 그는 새 연극에서 주연했다.

star·board [stɑ́ːrbərd] *n.* Ⓤ 우현(右舷) 《이물을 향해서 우측》; (항공기의) 우측 《기수를 향해; 야간에 녹색 등을 켬》 **—** *a.* 우현의 **—** *vt.* 〈키를〉 우현으로 돌리다: *S~!* 《구령》 우현으로!, 키를 우로! 《옛날에는 「키를 좌로!」의 뜻》

∗**starch** [stɑːrtʃ] [OE 「단단하게 하다」의 뜻에서] *n.* Ⓤ **1** 녹말, 전분(澱粉) **2** (세탁용) 풀 **3** 거북스러움, (태도가) 고지식함, 형식[예의 범절]에 치우침

Stár Chàmber [Westminster Palace의 천장에 별 모양의 장식이 있는 방의 명칭에서] [the ~] 〖영국사〗 성실청(星室廳) 법원, 성법원(星법院)

stárch blòcker 녹말 소화 효소 저해제 《인체의 녹말 소화 작용에 영향을 주어 체중을 감소하는 데 쓰이는 물질로 미국의 FDA에서 사용을 금지함》

starch-re·duced [stɑ́ːrtʃridjùːst | -djùːst] *a.* 녹말을 줄인 〈빵〉

starch·y [stɑ́ːrtʃi] *a.* (**starch·i·er**; **-i·est**) **1** 녹말(질)의 **2** 풀을 먹인, 빳빳한, 굳어진 **3** 거북스러운, 고지식한, 격식을 차리는 **stárch·i·ly** *ad.*

star-crossed [stɑ́ːrkrɔ̀ːst | -krɔ̀st] 《문어》 *a.* 복 없는, 박복한, 불행한

star·dom [-dəm] *n.* **1** Ⓤ 주역[스타]의 지위[신분] **2** [집합적] (영화 등의) 스타들

star·dust [-dʌ̀st] *n.* Ⓤ **1** 〖천문〗 소성단(小星團); 우주진(宇宙塵) **2** 《구어》 황홀함; 넋을 잃게 하는 매력

⁑**stare** [stɛər] [동음어 stair] *vi.* **1** 응시하다, (눈을 둥그렇게 뜨고) 빤히 보다, 노려보다 《*at, upon, with*》: with *staring* eyes 눈을 크게 뜨고, 말끄러미 노려보면서 **2** 〈털이〉 곤두서다

— *vt.* **응시하다, 뚫어지게 보다**

~ a person ***in the face*** …의 얼굴을 빤히 들여다보다; 〈멸망 등이〉 눈 앞에 닥치다

— *n.* **빤히 봄, 응시**

star·fish [stɑ́ːrfìʃ] *n.* (*pl.* **~, ~·es**) 〖동물〗 불가사리

star·gaze [-gèiz] *vi.* **1** 별을 쳐다보다 **2** 공상에 잠기다

star·gaz·er [-gèizər] *n.* **1** 《익살》 점성가, 천문학자 **2** 몽상가

∗**star·ing** [stɛ́əriŋ] *a.* **노려보는**

∗**stark** [stɑːrk] [OE 「강한」의 뜻에서] *a.* **1** 〈경치 등이〉 **황량한**; 〈방 등이〉 장식이 없는, 휑한 **2** 〈묘사 등이〉 있는 그대로의, **적나라한**; 뚜렷한, 두드러진 **3** 순수한, 완전한 **4** 〈시체가〉 **굳어진**, 빳빳해진

~ ***and stiff*** 빳빳하게 굳어진[굳어져]

— *ad.* 아주, 완전히 **stárk·ly** *ad.*

stark·ers [stɑ́ːrkərz] *a.* 《영·속어》 홀랑 벗은; 완전히 미친

stark-nak·ed [stɑ́ːrknéikid] *a.* 벌거벗은, 알몸의

star·less [stɑ́ːrlis] *a.* 별(빛)이 없는

star·let [stɑ́ːrlit] *n.* **1** 작은 별 **2** 《미·구어》 인기 상승의 젊은 여배우, 병아리 스타

∗**star·light** [stɑ́ːrlàit] *n.* Ⓤ **별빛**

— *a.* 별빛의, 별빛이 밝은: a ~ night 별이 총총한 밤

star·like [-làik] *a.* 별 같은, 반짝이는; 별 모양의

star·ling [stɑ́ːrliŋ] *n.* 〖조류〗 찌르레기

star·lit [-lit] *a.* = STARLIGHT

stár ròute 《미》 (두 지역 사이를 특정 계약자가 나르는) 국간(局間) 우편물 운송 루트

∗**star·ry** [stɑ́ːri] *a.* (**-ri·er**; **-ri·est**) **1** 별이 많은, 별이 총총한, 별이 반짝이는 〈하늘 등〉 **2** 별의, 별에서 나오는 **3** 빤짝빤짝 빛나는 **4** 별 모양의

star·ry-eyed [stɑ́ːriaid] *a.* 《구어》 **1** 몽상적인, 비실제적인 **2** 이상[몽상]에 찬 눈빛의

stár shèll 조명탄, 예광탄(曳光彈)

star-span·gled [stɑ́ːrspæ̀ŋgld] *a.* 별로 아로새긴

Stár-Spangled Bánner [the ~] **1** 성조기 **2** 미국 국가 《제목》

star-stud·ded [-stʌ̀did] *a.* **1** 별빛이 찬란한 **2** 인기 배우[유명인]들이 많이 출연[참석]한

stár sỳstem [the ~] 〖영화·연극〗 스타 시스템 《인기 스타를 써서 관객을 동원하는 방식》

⁑**start** [stɑːrt] *vi.* **1** 출발하다, 떠나다: I'm *~ing* tomorrow. 내일 출발한다. **2** 〈사물·활동·상태 등이〉 시작하다 **3** 〈사건·전쟁 등이〉 시작되다, 일어나다; …에(서) 시작되다 《*at, from*》 **4** 〈일 등을〉 시작하다, 착수하다 《*on, in*》: ~ *on* an enterprise 사업에 착수하다 **5** 〈기계가〉 **움직이다**, 운전을 시작하다: The engine *~ed* at last. 마침내 엔진이 걸렸다. **6** (놀람·공포로) **움찔하다**, 깜짝 놀라다 《*at*》: He *~ed at* the sight of a snake. 그는 뱀을 보고 움찔했다. **7** 뛰어나가다 《*forward, out*》 — *vt.* **1** 〈일·식사 등을〉 **시작하다**, …에 착수하다: ~ a conversation 대화를 시작하다 **2** 〈사업 등을〉 일으키다; 설립하다: ~ a new business 새로운 사업을 시작하다 **3** 〈기계를〉 **움직이게 하다**, 시동시키다: I could not ~ (*up*) the engine. 엔진을 시동시킬 수가 없었다. **4** 〈상점 등을〉 열게 하다, …을 시작하게 하다: ~ a person *in* life …을 인생 행로에 나서게 하다 **5** (경주에서) 〈주자에게〉 출발 신호를 하다, 출장시키다

~ ***in*** 《속어》 시작하다 《*to* do, *on* doing》

~ ***off*** (1) 출발하다 (2) 일을 착수케 하다

~ ***up*** (1) (*vi.*) 놀라 벌떡 일어나다 (2) 갑자기 나타나다 (3) 일을 시작하다 (4) (*vt.*) 〈자동차를〉 움직이게 하다

— *n.* **1 a** (여행 등의) **출발**; 출발점 **b** 선발(권), 우선(권), 전진 위치 **c** 유리, 편익(便益), 기선(機先) **2** 벌떡 일어남; 깜짝 놀람, 움찔함

at the ~ 처음에는 ***from ~ to finish*** 시종 일관, 철두철미

START [stɑːrt] [*Str*ategic *A*rms *R*eduction *T*alks] *n.* 전략 무기 감축 회담

∗**start·er** [stɑ́ːrtər] *n.* **1** (경주·경마 등의) **출발 신호원** **2 a** 경주에 나가는 사람[말] **b** 〖야구〗 선발 투수 **3** 〖기계〗 기동 장치, 시동기

stárt·ing blòck [stɑ́ːrtiŋ-] 〖경기〗 출발대(臺)

stárting gàte (경마 등의) 출발문

⁑**stárting pòint** **출발점**, 기점

stárting pòst (경마 등의) 출발점, 기점, 원점

stárting prìce (경마 등에서) 출발 직전에 거는 돈의 비율

‡**star·tle** [stɑ́ːrtl] *vt.* **1 깜짝 놀라게 하다,** 펄쩍 뛰게 하다: The noise ~*d* me. 그 소리에 깜짝 놀랐다. **2** 놀래어 …하게 하다 ((*into, out of*)) — *n.* **1** 깜짝 놀람 **2** 깜짝 놀라게 하는 것 **~·ment** *n.*

star·tled [stɑ́ːrtld] *a.* 놀란 ((*at, by*)): I was ~ *to* see him. 나는 그를 보고 깜짝 놀랐다.

star·tler [stɑ́ːrtlər] *n.* **1** 놀라게 하는 사람[것] **2** 놀라운 사실[진술]

***star·tling** [stɑ́ːrtliŋ] *a.* **깜짝 놀라게 하는,** 놀라운

star·tling·ly [stɑ́ːrtliŋli] *ad.* 놀랍도록, 놀랄 만큼

***star·va·tion** [stɑːrvéiʃən] *n.* Ⓤ **기아, 아사(餓死)**; 궁핍 — *a.* Ⓐ 박봉의; 기아의; 단식의: ~ cure[policy] 단식 요법[군량 단절 공격]

‡**starve** [stɑːrv] [OE 「죽다」의 뜻에서] *vi.* **1 굶어 죽다 2 굶주리다 3 단식하다 4 갈망하다** ((*for*)) — *vt.* **1** 〈사람·동물을〉 **굶기다**; 굶겨 죽이다 **2** 굶겨서 …시키다 ((*into*)) **3** …의 부족[결핍]을 느끼게 하다 ((*of*)); …에게 갈망하게 하다

starved [stɑːrvd] *a.* **1** 굶주린, 허기진; 굶어 죽는: a ~ cat 굶주린 고양이 **2** …이 결핍된 ((*of*)): The engine was ~ *of* fuel. 엔진은 연료가 부족했다.

starve·ling [stɑ́ːrvliŋ] *n.* ((고어)) (굶주려) 야윈[영양 실조가 된] 사람[동물] — *a.* 굶주린; 야윈; 빈약한

Stár Wárs 별들의 전쟁, 스타 워즈 계획 ((미국의 전략 방위 구상(SDI)의 속칭))

stash [stæʃ] *vt.* ((구어)) 〈물건을〉 살며시 치우다, 감추다 ((*away*)) — *n.* ((미·구어)) **1** 은닉처 **2** 은닉한 것

sta·sis [stéisis, stǽs-] *n.* (*pl.* **-ses** [-siːz]) **1** (세력 등의) 균형 상태 **2** 정체 **3** 〖의학〗 울혈(鬱血), 혈류 정지

stat. statics; statuary; statue; statute(s)

‡**state** [steit] *n.* **1** [*sing.*] **상태, 형편, 사정**: *a* ~ of affairs 정세, 사태 **2** 계급, 신분, 지위 **3** Ⓤ 위엄, 위풍당당함, 공식(公式); 장엄 **4** [종종 **S~**] **국가, 나라**: a welfare ~ 복지 국가 **5** (종종 church에 대하여) **정부 6** 주(州); [보통 **S~**] ((미)) 주 **7** ((구어)) [the S~s] 미국 ((미국인이 국외에서 씀)) **8** Ⓤ (나라의) **국사(國事), 국정**

***be in a* ~** (1) 보기 흉한 꼴을 하고 있다 (2) 흥분하다 ***in* ~** 정식으로, 당당하게, 성장(盛裝)하고 〈입궐하다 등〉

— *vt.* **1** 〖법〗 (공식으로) **진술하다,** 성명하다, 말하다: as ~*d* above 위에서 말한 바와 같이 **2** 〈날짜·가격 등을〉 **미리 정하다**

— *a.* **1** 국가의, 국사에 관한; 정부의: a ~ criminal 국사범 **2** [**S~**] ((미)) 주의, 주립의 **3** 의식용의, 공식의: a ~ apartment (궁전 등의) 의식용 방, 큰 홀; 화려한 방

státe áid ((미)) 주정부 보조(금); 국고 보조(금)

státe cápitalism 국가 자본주의

state·craft [stéitkræ̀ft | -krɑ̀ːft] *n.* Ⓤ 치국책, 외교술; 정치적 수완

stat·ed [stéitid] *a.* Ⓐ 정해진, 정기의: at ~ intervals 정기적으로, 일정 기간을 두고 **~·ly** *ad.* 정기적으로

Státe Depàrtment [the ~] ((미)) 국무부(the Department of State)

Státe Enrólled Núrse ((영)) 국가 등록 간호사 ((State Registered Nurse보다 아래; 略 SEN))

state·hood [stéithùd] *n.* Ⓤ **1** 국가로서의 지위 **2** [종종 **S~**] ((미)) 주(州)로서의 지위

state·house [-hàus] *n.* (*pl.* **-hous·es** [-hàuziz]) [종종 **S~ H~**] ((미)) 주의회 의사당

state·less [stéitlis] *a.* **1** 나라[국적]가 없는[를 상실한] **2** ((영)) 위엄을 잃은 **~·ness** *n.*

state·li·ness [stéitlinis] *n.* Ⓤ 장중, 위엄

‡**state·ly** [stéitli] *a.* (**-li·er**; **-li·est**) **위풍당당한,** 위엄 있는, 장엄한, 품위 있는

státely hóme ((영)) (유서 있는 시골의) 대저택

‡**state·ment** [stéitmənt] *n.* **1** Ⓤ **말함 2** ⓊⒸ (문서·구두에 의한) **진술,** 성명; Ⓒ **성명서 3** 〖회계〗 계산서, 대차표 **4** 〖문법〗 진술문 **5** 〖음악〗 (주제의) 제시

Stát·en Ísland [stǽtn-] 스태튼 섬 ((미국 New York 만 입구 서쪽의 섬))

state-of-the-art [-əvðiɑ́ːrt] *a.* ((구어)) 최첨단 기술을 사용한, 최고 기술 수준의, 최신식의

stat·er [stéitər] *n.* 진술자, 말하는 사람, 성명자

Státe Régistered Núrse ((영)) 국가 공인 간호사 ((略 SRN))

state·room [stéitrùːm] *n.* **1** (배·기차의) 전용실, 특등실 **2** (궁중의) 큰 홀, 의전실

státe schóol ((영)) 공립 학교

státe's évidence ((미)) **1** 공범자의 증언 **2** 공범 증언자 **3** 범죄에 대해 국가가 제출하는 증거

state·side [-sàid] *a., ad.* [종종 **S~**] ((미·구어)) (국외에서 보아) 미국의[에, 으로]

‡**states·man** [stéitsmən] *n.* (*pl.* **-men** [-mən]) (특히 지도적인) **정치가** **~-like, ~·ly** *a.* 정치가다운 **~·ship** *n.* Ⓤ 정치적 수완[능력, 자격]

státe sócialism 국가 사회주의

státes'[státe] ríghts ((미)) 주권(州權) ((연방 정부에 위임하지 않는))

states·wom·an [-wùmən] *n.* (*pl.* **-wom·en** [-wìmin]) 여성 정치가

state·wide [stéitwáid] *a., ad.* [종종 **S~**] ((미)) 주 전체의[에]

***stat·ic** [stǽtik] *a.* **1 정적(靜的)인,** 정지의 **2** 〖전기〗 정전기의; 공전(空電)의 — *n.* Ⓤ **1** 〖전기〗 정전기, 공전; 전파 장해 **2** ((구어)) 맹렬한 반대[비난]

stat·i·cal [stǽtikəl] *a.* =STATIC **~·ly** *ad.*

stat·ics [stǽtiks] *n. pl.* [단수 취급] **1** 〖물리〗 정역학(靜力學) **2** 〖경제〗 정태(靜態) 이론

‡**sta·tion** [stéiʃən] [L 「서다」의 뜻에서] *n.* **1 위치,** 장소; 부서

2 (철도의) **정거장**, 역 3 (관청·시설 등의) **서**(署), 국, 소(所); 《미》 (우체국의) 분국: a broadcasting ~ 방송국 4 사업소: a filling[gas] ~ 주유소 5 UC 신분, 지위; 고위: people of (high) ~ 명사들 6 (군 등의) 기지, 근거지
— *vt.* 1 부서에 배치하다, 주재(駐在)시키다 《*at, on*》 2 [~ one*self* 로] 위치를 잡다, 서다

∗**sta·tion·ar·y** [stéiʃənèri | -ʃənəri] [동음어 stationery] *a.* **1 움직이지 않는**, 멈추어 있는 2 고정시켜 놓은 **3 주둔한** 4 변화가 없는, 꼼짝도 않는, 정체(停滯)된

státionary éngine (건물 내의) 정치(定置) 기관

∗**sta·tion·er·y** [stéiʃənèri | -ʃənəri] [동음어 stationary] *n.* U 1 [집합적] **문방구** 2 편지지

státion hòuse 1 《미》 경찰서(police station) 2 소방서

sta·tion·mas·ter [stéiʃənmæ̀stər | -mɑ̀:s-] *n.* 철도 역장

sta·tion-to-sta·tion [-təstéiʃən] *a.*, *ad.* (장거리 전화에서) 번호 통화의[로] (cf. PERSON-TO-PERSON)

státion wàgon 《미》 스테이션 왜건 《접거나 뗄 수 있는 좌석이 있고 뒷문으로 짐을 실을 수 있는 자동차》

stat·ism [stéitizm] *n.* U 1 국가 주권주의 2 (경제·행정의) 국가 통제(주의)

sta·tis·tic [stətístik] *n.* 통계치[량]
— *a.* 《드물게》 = STATISTICAL

∗**sta·tis·ti·cal** [stətístikəl] *a.* **통계적인**, 통계학상의 **~·ly** *ad.*

stat·is·ti·cian [stæ̀tistíʃən] *n.* 통계학자, 통계(전문)가

⁑**sta·tis·tics** [stətístiks] *n. pl.* 1 [복수 취급] **통계**, 통계 자료 2 [단수 취급] **통계학**

sta·tor [stéitər] *n.* 〖전기〗 고정자(固定子)

stat·u·ar·y [stǽtʃuèri | -tjuəri] *n.* (*pl.* **-ar·ies**) 1 U [집합적] 조상(彫像), 소상(塑像) 2 U 조소술(彫塑術)
— *a.* 조소의: the ~ art 조소술

⁑**stat·ue** [stǽtʃu:] [L 「서다」의 뜻에서] *n.* **상**(像), 조상(彫像), 소상(塑像)

stat·u·esque [stæ̀tʃuésk] *a.* 1 조상 같은 2 위엄 있는; 윤곽이 고른, 우미(優美)한, 당당한 **~·ly** *ad.*

stat·u·ette [stæ̀tʃuét] *n.* 작은 조각상

⁑**stat·ure** [stǽtʃər] [L 「서 있는 자세」의 뜻에서] *n.* U **1 키**, 신장: small in ~ 몸집이 작은, 작달막한 2 (정신적) 성장(도), 진보; (도달한) 재능; 위업

∗**sta·tus** [stéitəs, stǽt-] [L 「서 있는 상태」의 뜻에서] *n.* UC **1 지위**, 신분; 높은 지위, 위신 2 사정, 사태

státus quó [L = the state in which (something is)] *n.* [the ~] 그대로의 상태, 현상(現狀)

státus sỳmbol 지위의 상징 《사회적 지위를 나타내는 소유물이나 습관》

∗**stat·ute** [stǽtʃu:t] [L 「제정된」의 뜻에서] *n.* UC 〖법〗 **성문율**(成文律); 법령, 법규(law)

státute bòok [보통 *pl.*] 법령 전서

státute mìle 법정 마일 《5,280 피트》

stat·u·to·ry [stǽtʃutɔ̀:ri | -təri] *a.* 법정의, 법령의[에 의한]: a ~ tariff 법정세율 **-ri·ly** *ad.*

státutory láw 성문법, 제정법

státutory rápe 〖미국법〗 제정법상의 [법정] 강간 《승낙 연령(age of consent) 미만의 소녀와의 성교》

∗**staunch**[1] [stɔ:ntʃ] *v.* = STANCH[1]

∗**staunch**[2] *a.* **1 견고한**, 튼튼한 **2 든든한**, 믿음직한 3 방수의 **~·ly** *ad.* **~·ness** *n.*

∗**stave** [steiv] *n.* **1 통널** 2 (사닥다리의) 디딤대 3 〖음악〗 보표(譜表) 4 (시의) 1절, 연(聯) — *v.* (**~d, stove** [stouv]) *vt.* 1 통널을 붙이다 2 〈통·보트 등에〉 구멍을 내다 — *vi.* 〈보트 등이〉 구멍이 뚫리다

staves [steivz] *n.* STAFF, STAVE의 복수

⁑**stay**[1] [stei] *v.* (**~ed**, 《고어》 **staid** [steid]) *vi.* **1 머무르다**, 가만히 있다 **2 체류하다**: There he *~ed overnight.* 거기서 그는 일박하였다. 3 (어떤 상태에) 머무르다, …인 채로 있다: if the weather *~s* fine 날씨가 계속 좋으면 4 오래 견디다, 지속하다

come to ~ = ***be here***[***have come***] ***to ~*** 《구어》 정착하다, 확고한 지위를 얻게 되다 ***~ away*** (***from*** school) 결석하다 ***~ in*** (1) (장소에) 머무르다 (2) 집에 있다, 외출하지 않다 (3) (벌로서 학교에) 남아 있다 ***~ out*** (1) 밖에 있다, 집으로 돌아가지 않다 (2) 동맹 파업을 계속하다 ***~ up*** 일어나[자지 않고] 있다: ~ *up* till late[all night] 밤늦게까지[밤새도록] 일어나 있다

— *vt.* 1 멈추게 하다, 막아내다 2 〈허기를〉 때우다: ~ one's hunger[thirst] 공복을 채우다[갈증을 풀다] 3 연기하다, 유예하다: ~ a punishment 형의 집행을 유예하다 4 《구어》 오래 견디다, 지속하다: ~ the course 끝까지 달리다

— *n.* **1 머무름**, 체재: make a long ~ 오래 체류하다 2 UC 〖법〗 연기, 유예

stay[2] *n.* 1 지주(支柱) 2 의지, 믿고 의지하는 대상 — *vt.* 1 지주로 받치다 2 《문어》 떠받치다, 안정시키다

stay[3] *n.* 〖항해〗 지삭(支索) 《마스트를 고정시키는 굵은 밧줄》 — *vt.* 1 지삭(支索)으로 고정시키다 2 〈배를〉 바람 불어오는 쪽으로 돌리다

stay-at-home [stéiəthòum] 《구어》 *a.* 집에만 틀어박혀 있는, 외출을 싫어하는
— *n.* 집에만 들어박혀 있는 사람

stay·er[1] [stéiər] *n.* 1 체재자, 머무르는 사람 2 끈기 있는 사람[동물]; 〖경마〗 장거리 말

stayer[2] *n.* 지지자, 옹호자

stáy·ing pòwer [stéiiŋ-] 지구력, 내구력, 내구성

stáy-in (**strìke**) [stéiìn-] 《영》 = SIT-DOWN STRIKE

stay·sail [-sèil, 〖항해〗 -sl] *n.* 〖항해〗 스테이슬 《지삭(支索)에 치는 삼각돛》

STD sexually transmitted disease 성병; subscriber trunk dialling

⁑**stead** [sted] [OE 「장소」의 뜻에서] *n.* U **1 대신**, 대리 2 《고어》 도움, 유용

in a person***'s*** ~ = ***in the*** ~ ***of*** a person …의 대신에 ***in*** ~ ***of*** = INSTEAD of. ***stand*** a person ***in good*** ~ …에게 크게 도움이 되다

*__stead·fast__ [stédfæ̀st | -fɑ̀ːst] *a.* **1** 고정된, 흔들리지 않는 **2** 〈신념 등이〉 확고한, 부동의, 단호한, 불변의
~·**ly** *ad.* ~·**ness** *n.*

‡__stead·i·ly__ [stédili] *ad.* 착실하게, 견실하게; 척척

‡__stead·y__ [stédi] *a.* (**stead·i·er**; **-i·est**) **1** 확고한, 안정된; 흔들리지 않는 **2** 한결같은, 불변의, 끊임없는 **3** 견실[착실]한, 진지한 **4** 침착한; 절제 있는 **5** 〖물리〗 불변의
go ~ 《구어》 (정해진 이성과) 교제하다, 서로 사랑하는 사이가 되다 《*with*》
— *n.* (*pl.* **stead·ies**) **1** 〖기계〗 대(臺), 받침 **2** 《구어》 정해진 짝[애인]
— *v.* (**stead·ied**) *vt.* **1** 확고하게 하다, 흔들리지 않게 하다, 안정[고정]시키다: ~ a ladder 사닥다리를 고정하다 **2** 〈사람의 마음을〉 진정시키다 — *vi.* **1** 〈사람이〉 침착해지다 **2** 안정되다

stéady státe thèory [the ~] 〖천문〗 정상(定常) 우주론

‡__steak__ [steik] [동음어 stake] *n.* Ⓤⓒ **1** (굽거나 튀기기 위한 쇠고기·생선의) 두껍게 썬 고기; 《특히》 비프스테이크(beefsteak) **2** 《영》 잘게 썬 쇠고기

stéak hòuse 《미》 비프 스테이크 전문 식당

stéak knìfe 스테이크용 나이프 《경우에 따라 톱니가 있는》

‡__steal__ [stiːl] [동음어 steel] *v.* (**stole** [stoul]; **sto·len** [stóulən]) *vt.* **1** 훔치다 《*from*》: He had his watch *stolen.* 그는 시계를 도둑맞았다. **2** 몰래 가지다; 교묘히 손에 넣다 **3** 〖야구〗 도루하다 — *vi.* **1** 도둑질하다: Thou shalt not ~. 〖성서〗 도둑질하지 말라. **2** 몰래 가다[오다], 몰래 들어가다 《*in, into*》: ~ *into* the house 집으로 몰래 들어가다 **3** 〈기분·잠 등이〉 어느새 엄습하다 《*upon*》 **4** 〖야구〗 도루하다
— *n.* 《구어》 **1** = STEALING **2** 《미》 횡재 **3** 〖야구〗 도루

*__steal·ing__ [stíːliŋ] *n.* **1** Ⓤ 훔침, 절도 **2** [보통 *pl.*] 《미》 훔친 물건, 장물(贓物)

*__stealth__ [stelθ] *n.* Ⓤ 몰래 하기, 비밀, 내밀 **2** [**S~**] 〖미공군〗 스텔스 계획 《적의 레이더나 탐지 센서에 항공기나 무기가 쉽게 발견되지 않도록 한 군사 기술 부분》
by ~ 살그머니, 몰래

stéalth bòmber 〖군사〗 스텔스 폭격기

stealth·i·ly [stélθili] *ad.* 몰래, 은밀히

stealth·i·ness [stélθinis] *n.* Ⓤ 몰래 함, 남의 눈을 피함

*__stealth·y__ [stélθi] *a.* (**stealth·i·er**; **-i·est**) 몰래 하는, 남의 눈을 피하는

‡__steam__ [stiːm] *n.* Ⓤ **1** (수)증기, 스팀; 증기력 **2** 김 **3** 《구어》 **a** 힘, 원기, 활력 **b** 울분
Full ~ ***ahead!*** (1) 전속력으로 전진! 《선장의 명령》 (2) 전력을 다해 하라! ***get up*** ~ (1) 증기를 일으키다 (2) 분발하다 (3) 화내다 ***under*** one***'s own*** ~ 자기 힘으로, 스스로
— *vi.* **1** 증기가 발생하다, 김을 내다 **2** 발산하다, 땀이 나다: ~ *away*[*up*] 증발해 버리다 **3** 김으로 덮이다[흐려지다] 《*up*》: The windowpane ~*ed up.* 유리창이 김으로 흐려졌다. **4** 증기로 나아가다: The ship is ~*ing in.* 기선이 들어오고 있다. **5** 《구어》 열심히 일하다
— *vt.* **1** 〈식품 등을〉 찌다 **2** …에 김을 쐬다 **3** 증발[발산]시키다: ~ *up* liquid 액체를 증발시키다 **4** 《구어》 흥분시키다, 화나게 하다 《*up*》: He got ~*ed up* about the remark. 그는 그 말에 화를 냈다. ~ ***...*** ***over*** = ~ ***over*** ***...*** (1) 김으로 흐려지다[덮이다] (2) 발끈하다, 성내다

stéam bàth 증기 목욕(탕), 한증탕

‡__steam·boat__ [stíːmbòut] *n.* (주로 하천·연안용 등의) 기선

stéam bòiler 기관(汽罐), 증기 보일러

*__stéam èngine__ 증기 기관(차)
like a ~ 원기 왕성하게

‡__steam·er__ [stíːmər] *n.* **1** 기선; 증기 기관: by ~ 기선으로 **2** 찜통, 시루

stéamer trùnk (배의 침대 밑에 들어가도록 만든) 판판하고 납작한 트렁크

steam·ing [stíːmiŋ] *a., ad.* 김이 푹푹 나는[날 만큼]: a cup of ~ coffee 김이 나는 따끈한 커피

stéam ìron 증기 다리미

steam·roll·er [-ròulər] *n.* **1** 증기 롤러, 《특히》 도로용 롤러 **2** (무자비한) 압박 수단, 강압 — *vt.* **1** 증기 롤러로 고르다 **2** 《구어》 (압력으로) 압도하다, 억지로 관철시키다

‡__steam·ship__ [stíːmʃìp] *n.* (대형) 기선, 상선(商船) 《略 SS》

stéam shòvel 《미》 증기 삽

stéam tàble 스팀 테이블 《요리를 그릇째 두는 스팀이 통하는 금속제 보온대》

steam·y [stíːmi] *a.* (**steam·i·er**; **-i·est**) **1** 증기의, 증기로 된, 김이 자욱한 **2** 《구어》 에로틱한 **3** 고온 다습한

ste·ap·sin [stiǽpsin] *n.* Ⓤ 〖생화학〗 스테압신 《췌액 중의 지방 분해 효소》

ste·ar·ic [stiǽrik] *a.* 〖화학〗 스테아르산의; 지방의

steáric ácid 스테아르산

ste·a·rin [stíːərin, stíər- | stíər-] *n.* Ⓤ 〖화학〗 스테아린, 경지(硬脂) 스테아르산 《양초 제조용》

*__steed__ [stiːd] *n.* 《문어》 (승마용) 말

‡__steel__ [stiːl] [동음어 steal] *n.* **1** Ⓤ 강철 **2** [집합적] 《문어》 검(劍), 칼 **3** Ⓤ 견고함; 비정(非情)
a heart of ~ 냉혹한 마음
— *a.* 강철로 된; 강철 같은; 단단한, 무감각한 — *vt.* **1** …에 강철을 입히다, 강철 날을 붙이다 **2** [~ one's heart 또는 ~ one*self* 로] 냉혹하게 마음먹다, 〈마음 등을〉 굳게 가지다 《*against, for*》

stéel bánd [집합적] 〖음악〗 스틸 밴드 《카리브 해 Trinidad 섬 주민 특유의 드럼통을 이용한 타악기 밴드》

stéel blúe 강청색(鋼靑色)

steel-blue [stíːlblúː] *a.* 강청색의

steel-clad [-klǽd] *a.* 투구·갑옷을 입은
stéel-col·lar wórker [-kɑ̀lər- | -kɔ̀l-] 산업용 로봇
stéel guitár 〚음악〛 스틸 기타, 하와이안 기타
steel·head [-hèd] *n.* 〚어류〛 무지개송어
steel·i·ness [stíːlinis] *n.* Ⓤ **1** 강철 같음, 단단함 **2** 완고함
stéel mìll 제강(製鋼) 공장
stéel wóol 강철 솜, 강모(鋼毛)《연마용》
steel·work [-wə̀ːrk] *n.* Ⓤ [집합적] 강철 제품[세공]
steel·work·er [-wə̀ːrkər] *n.* 제강소 직공
steel·y [stíːli] *a.* (**steel·i·er**; **-i·est**) **1** 강철의; 견고한 **2** 냉혹한; 완고한, 몹시 엄격한 **3** 강철색의, 강청색의
steel·yard [stíːljɑ̀ːrd] *n.* 대저울
steen·bok [stíːnbɑ̀k | -bɔ̀k] *n.* (*pl.* **~s,** [집합적] **~**) 〚동물〛 스틴복《작은 영양(羚羊)의 일종; 아프리카산》
‡**steep**[1] [stiːp] *a.* **1** 가파른, 경사가 급한 **2** 《구어》 **a** 〈세금·요구 등이〉 터무니없는, 엄청난 **b** 〈이야기 등이〉 과장된, 극단적인 ── *n.* 가파른 비탈; 절벽
‡**steep**[2] *vt.* **1** (액체에) **적시다,** 담그다 《*in*》 **2** 열중[몰두]시키다 《*in*》 **3** …을 둘러싸다 ── *vi.* (물 등에) 잠기다 ── *n.* ⓊⒸ **1** 적심, 담금 **2** (씨를) 담그는 액체
steeped [stiːpt] *a.* **1** 액체에 담근[적신] **2** 깊이 스며든; 뒤덮인, 둘러싸인 《*in*》: a castle ~ *in* mystery 신비에 싸인 성
steep·en [stíːpən] *vt., vi.* 가파르게 하다[되다], 급경사로 하다[되다]
steep·ish [stíːpiʃ] *a.* 약간 험한[가파른]
∗**stee·ple** [stíːpl] *n.* (교회 등의) **뾰족탑,** 첨탑
stee·ple·chase [-tʃèis] [옛날에 이 경기를 교회의 첨탑(steeple)을 목표로 삼고 행한 데서] *n.* **1** 장애물 경마 **2** 〚경기〛 장애물 경주
stee·ple·jack [stíːpldʒæ̀k] *n.* 뾰족탑[연돌] 수리공
‡**steer**[1] [stiər] *vt.* **1** …**의 키를 잡다,** 조종하다 《*for, toward(s)*》: ~ a ship *westward* 배를 서쪽으로 돌리다 **2** (어떤 방향으로) 돌리다, 〈어떤 진로를〉 나아가게 하다 《*to, for*》: ~ one's way *to* …으로 나아가다, 향하다 ── *vi.* **1** (어떤 방향으로) **향하다,** 나아가다 《*for, to*》; 키를 잡다, 조종하다: ~ *for* a harbor 배를 항구로 몰고 가다 **2** 처신하다, 행동하다: ~ *between* two extremes 중용의 길을 택하다 **3** 〈배 등이〉 키가 듣다 **~ *clear of*** …을 피하다; …에 관계하지 않다 ── *n.* 《미·구어》 조언, 지시; 정보
steer[2] *n.* **1** 《특히》 거세한 황소 **2** 《미》 《일반적으로》 비육우
steer·age [stíəridʒ] *n.* 〚항해〛 Ⓤ 조타(操舵), 조종; 키의 성능, 조타성
steer·age·way [stíəridʒwèi] *n.* Ⓤ 〚항해〛 타효 속력(舵效速力)《키를 조종하는 데 필요한 최저 진항(進航) 속도》
steer·ing [stíəriŋ] *n.* Ⓤ 조타(操舵); 조종(하는 사람)
stéering commìttee 운영 위원회
stéering gèar 조타 장치
stéering whèel **1** 〚항해〛 타륜(舵輪) **2** (자동차의) 핸들
steers·man [stíərzmən] *n.* (*pl.* **-men** [-mən]) 타수(舵手), 키잡이; (기계의) 운전자
steg·o·sau·rus [stègəsɔ́ːrəs] *n.* (*pl.* **-ri** [-rai]) 〚고생물〛 검룡(劍龍)
stein [stain] [G 「돌(stone)」의 뜻에서] *n.* (오지로 만든) 맥주 조끼《약 1 pint 들이》
Stein·beck [stáinbèk] *n.* 스타인벡 **John** (**Ernst**) **~** (1902-68) 《미국의 소설가; 노벨 문학상 수상(1962)》
stein·bok, -bock [stáinbɑ̀k | -bɔ̀k] *n.* (*pl.* **~s, ~**) = STEENBOK
Stel·la [stélə] *n.* 여자 이름
stel·lar [stélər] [L 「별」의 뜻에서] *a.* **1** 별의; 별이 많은: a ~ night 별이 총총한 밤 **2** 별 같은, 별 모양의 **3** 화려한, 우수한; 주요한
stéllar wínd 〚천문〛 항성풍(恒星風)
‡**stem**[1] [stem] *n.* **1** (초목의) **줄기, 대** **2** 잎자루, 꽃자루 **3** 줄기[대] 같은 것; 잔의 굽; (온도계의) 유리관 **4** 〚성서〛 종족, 계통, 혈통, 가계 **5** 〚언어〛 어간 **6** 〚항해〛 이물 **7** (철도의) 주요 간선
from ~ to stern (1) 이물에서 고물까지, 배 전체에 (2) 철저히, 구석구석까지
── *v.* (**~med**; **~·ming**) *vt.* 줄기를 제거하다 ── *vi.* 생기다, 일어나다, 유래하다 《*from, in, out of*》
stem[2] *vt.* (**~med**; **~·ming**) **1** 막다, 저지하다 **2** 〚스키〛 제어 회전하다
stem·less [stémlis] *a.* 줄기[대] 없는
stemmed [stemd] *a.* [복합어를 이루어] …의 줄기가 달린
stem·ware [stémwɛ̀ər] *n.* Ⓤ [집합적] 굽 달린 유리잔류(類)
stem·wind·er [-wáindər] *n.* 《미》 용두로 태엽을 감는 시계, 용두 태엽 시계 (《영》 keyless watch)
stench [stentʃ] *n.* ⓊⒸ 불쾌한 냄새, 악취
sten·cil [sténsl] *n.* **1** 틀판, 형판(型板)《종이·금속판 등에서 무늬나 글자를 오려내어 그 위에 잉크를 발라 인쇄》 **2** 등사판 원지 ── *vt.* (**~ed, ~·ing** | **~led**; **~·ling**) 스텐실을 대고 찍다[박다]; 등사하다
Sten·dhal [stendɑ́ːl] *n.* 스탕달(1783-1842) 《프랑스의 소설가; 본명 Marie Henri Beyle》
Stén gùn (영국의) 스텐 경기관총
sten·o [sténou] *n.* (*pl.* **~s**) 《미·구어》 **1** = STENOGRAPHER **2** = STENOGRAPHY
sten·o·graph [sténəgræ̀f | -grɑ̀ːf] *vt.* 속기하다 ── *n.* 속기 문자
∗**ste·nog·ra·pher** [stənɑ́grəfər | -nɔ́g-], **-phist** [-fist] *n.* 《미》 **속기사**(速記士) (《영》 shorthand typist)
sten·o·graph·ic [stènəgræ̀fik] *a.* 속기(술)의: take ~ notes of …을 속기하다 **-i·cal·ly** *ad.*
∗**ste·nog·ra·phy** [stənɑ́grəfi | -nɔ́g-] *n.* Ⓤ **속기**(술)
sten·o·typ·ist [sténətàipist] *n.* (스테노타이프에 의한) 속기 타자수[타이피스트]

sten·o·typ·y [sténətàipi] *n.* Ⓤ 스테노타이프 속기(술) 《보통의 알파벳 사용》

Sten·tor [sténtɔːr] *n.* **1** 스텐터 《Homer의 *Iliad*에 나오는 50명과 맞먹는 큰 목소리를 가진 전령(傳令)》 **2** [**s~**] 목소리가 큰 사람

sten·to·ri·an [stentɔ́ːriən] *a.* 음성이 큰 **~·ly** *ad.*

***step** [step] *n.* **1 걸음,** 보(步); [*pl.*] (걷는) 방향 **2** ⒸⓊ **걸음걸이,** 걸음새; (댄스의) 스텝 **3 한 걸음,** 가까운 거리 **4 발소리**; 발자국 **5 수단,** 방법 **6** 계급; 승진, 승급; (온도계 등의) 눈금 **7** (계단의) 디딤대, **단**(段); [*pl.*] **계단**
in* [*into*] ~** 보조를 맞추어; 일치[조화]하여 ***keep ~ with* [*to*]** …와 보조를 맞추다 ***out of ~ 발을 맞추지 않고; 조화되지 않아 ***~ by ~*** 한 걸음 한 걸음; 착실히 **watch** one**'s ~** 발밑을 조심하다; 《구어》 조심하다, 신중히 행동하다
— *v.* (**~ped,** 《고어》 **stept** [stept]; **~·ping**) *vi.* **1 한걸음 내디디다 2** (짧은 거리를) **걷다**; 가다: Please ~ this way. 이쪽으로 오시오. **3** 《구어》 (댄스에서) 스텝을 밟다: She *~ped to* the music. 그녀는 음악에 맞추어 스텝을 밟았다. **4** 밟다 《*on, upon*》
— *vt.* **1** 걷다, 내디디다 **2** 〈댄스의〉 스텝을 밟다, 춤추다 **3** 보측(步測)하다 《*off, out*》: ~ the distance 거리를 보측하다
~ aside 옆으로 비키다[피하다]; 남에게 양보하다; 탈선하다 ***~ down*** 차 《등》에서 내리다; 〈전압을〉 낮추다; 은퇴[사직]하다 ***~ in*** (1) (딛고) 들어가다; 《명령》 들어오시오 (2) 간섭하다; 참가하다 ***~ out*** (1) 집[방]을 나오다[나가다] (2) 걸음을 빨리 하다 (3) 사직하다 ***~ out on*** 〈남편 또는 아내를〉 배반하다, 부정을 저지르다 ***~ up*** (1) 올라가다 (2) 접근하다 (3) …에게 구애하다, 구혼하다

step- [step] *pref.* 「의붓…; 계(繼)…」의 뜻

step·broth·er [stépbrʌ̀ðər] *n.* 의붓형제 《혈연 관계는 없음》

step-by-step [-bəstép, -bai-] *a.* 한 걸음 한 걸음의, 단계적인, 점진적인

step·child [-tʃàild] *n.* (*pl.* **-chil·dren** [-tʃìldrən]) 의붓자식

step·daugh·ter [-dɔ̀ːtər] *n.* 의붓딸

step-down [-dàun] *a.* **1** 단계적으로 감소하는, 체감하는 **2** 〖전기〗 전압을 낮추는 — *n.* 감소

step·fam·i·ly [-fæ̀məli] *n.* 복합[혼성] 가족 《이혼·재혼 등으로 혈연이 없는 가족이 포함되는 가족》

step·fa·ther [-fɑ̀ːðər] *n.* 의붓아버지

Ste·phen [stíːvən] *n.* 남자 이름 《애칭 Steve》

Ste·phen·son [stíːvənsn] *n.* 스티븐슨 **George ~** (1781-1848) 《영국의 기사(技師); 증기 기관차 발명자》

step-in [stépìn] *a., n.* 발을 꿰어 입는[신는] (속옷·신발)

step·lad·der [stéplæ̀dər] *n.* 발판 사닥다리, 접사다리

***step·moth·er** [stépmʌ̀ðər] *n.* 의붓어머니, 계모

step·par·ent [stéppɛ̀ərənt] *n.* 의붓어버이, 계부[모]

steppe [step] [Russ.] *n.* **1** 스텝 《나무가 없는, 특히 시베리아의 대초원》 **2** [the S~(s)] (유럽 남동부, 아시아 남서부 등의) 대초원 지대

stepped-up [stéptʌ́p] *a.* **1** 속력을 증가한 **2** 강화[증강, 증대, 증가]된

step·ping-stone [-stòun] *n.* **1** 디딤돌, 징검돌 **2** 수단, 방법 《*to*》

step·sis·ter [stépsìstər] *n.* 의붓자매

step·son [-sʌ̀n] *n.* 의붓아들

step-up [stépʌ̀p] *a.* **1** 단계적으로 증대하는 **2** 〖전기〗 전압을 높이는: a ~ transformer 점증(漸增) 변압기

step·wise [-wàiz] *ad.* 한걸음[일단]씩; 계단식으로

-ster [stər] *suf.* 「…하는[만드는] 사람; …에 관계가 있는 사람」 등의 뜻: rhyme*ster*; young*ster*

***ster·e·o** [stériòu, stíər-] [*stereo*phonic] *n.* (*pl.* **~s**) **1** Ⓤ **입체 음향 2** 스테레오 재생 장치 **3** 〖인쇄〗 스테레오판(版) — *a.* = STEREOPHONIC

stereo- [stério*u*, stíər-] 《연결형》 「굳은; 고체의; 입체의」의 뜻

ster·e·o·graph [stériəgræ̀f | -grɑ̀ːf] *n.* (입체경(stereoscope)에 사용하는) 입체 사진

ster·e·o·phon·ic [stèriəfɑ́nik | -fɔ́n-] *a.* 입체 음향(효과)의, 스테레오의: a ~ broadcast 입체[스테레오] 방송

ster·e·oph·o·ny [stèriɑ́fəni | -ɔ́f-] *n.* Ⓤ 입체 음향 (효과)

ster·e·o·scope [stériəskòup] *n.* 입체경, 실체경

ster·e·o·scop·ic [stèriəskɑ́pik | -skɔ́p-] *a.* stereoscope의

***ster·e·o·type** [stériətàip] *n.* **1** 〖인쇄〗 **연판**(鉛版), 스테로판(版); Ⓤ 연판 제조 **2** 정형(定型), 전형; 상투적인 문구; 평범한 생각 **3** 〖사회〗 고정관념 — *vt.* **1** 연판으로 하다, 연판으로 인쇄하다 **2** 정형[유형]화하다, 판에 박다

ster·e·o·typed [stériətàipt] *a.* **1** 연판으로 뜬; 연판으로 인쇄한 **2** 판에 박은, 진부한: ~ phrases 판에 박은[진부한] 문구

***ster·ile** [stéril | -rail] [L 「불모(不毛)의」의 뜻에서] *a.* **1** 〈땅이〉 **불모의,** 메마른: ~ soil 메마른 토양 **2** 불임(不姙)의 **3** 살균한, 무균의 **4** 빈약한 〈강연〉, 흥미 없는, 박력 없는 〈문체 등〉 **~·ly** *ad.*

ste·ril·i·ty [stəríləti] *n.* Ⓤ (opp. *fertility*) **1** 불임(증) **2** 불모 **3** 무균상태 **4** (내용의) 빈약, 무미건조

ster·i·li·za·tion [stèrəlizéiʃən | -lai-] *n.* Ⓤ **1** 불임케함, 단종(斷種) (수술) **2** 불모로 만듦 **3** 살균, 멸균, 소독

ster·il·ize [stérəlàiz] *vt.* **1** 불임케 하다, 단종하다 **2** 〈땅을〉 불모로 하다 **3** 살균[멸균, 소독]하다

ster·il·ized [stérəlàizd] *a.* 살균[소독]한; 단종한

ster·il·iz·er [stérəlàizər] *n.* 멸균[소독]자; 살균 장치[제], 소독기

∗**ster·ling** [stə́:rliŋ] [OE 「작은 별」의 뜻에서; 은화에 작은 별이 새겨진 것이 있는 데서] *a.* **1** 《영》 **영화(英貨)의**, 파운드의 《略S. 또는 stg.》: five pounds ~ 영화 5파운드 **2** 〈금·은이〉 법정 순도의 **3** 진정한, 순수한 : ~ worth 진가 — *n.* Ⓤ **1** 영국 화폐(English money) **2** (법정) 순은(純銀)(= ~ silver) 《은 함유율이 92.5% 이상》 **~·ly** *ad.* **~·ness** *n.*

stérling sílver (법정) 순은(純銀)

‡**stern¹** [stə:rn] *a.* **1 엄격한, 단호한 2** 〈사정·처지 등이〉 괴로운, 가차없는: ~ necessity 불가피한 필요 **3** 〈외모·표정 등이〉 붙임성이 없는, 무서운; 험한 **~·ly** *ad.*

‡**stern²** *n.* **1** 〖항해〗 **고물**, 선미(船尾) **2** 《일반적으로》 뒷부분

ster·na [stə́:rnə] *n.* STERNUM의 복수

Sterne [stə:rn] *n.* 스턴 **Laurence ~** (1713-68) 《영국의 소설가》

stern·most [stə́:rnmòust] *a.* 〖항해〗 **1** 선미에 가장 가까운 **2** 최후의, 후미의

ster·num [stə́:rnəm] [Gk 「가슴」의 뜻에서] *n.* (*pl.* **~s, -na** [-nə]) 〖해부〗 흉골(胸骨)

ster·nu·ta·tion [stə̀:rnjutéiʃən] *n.* Ⓤ 〖의학〗 재채기하기; Ⓒ 재채기

stern·ward [stə́:rnwərd] *a.* 고물의, 후부의 — *ad.* 고물로, 후부에

stern·wards [-wərdz] *ad.* = STERNWARD

stern·way [-wèi] *n.* Ⓤ 〖항해〗 (배의) 후진, 후퇴

stern·wheel·er [-*h*wì:lər] *n.* 〖항해〗 선미 외륜 기선(外輪汽船)

ste·roid [stíərɔid] *n.* 〖생화학〗 스테로이드 《스테린·담즙산·성호르몬 등 지방 용해성 화합물의 총칭》 — *a.* 스테로이드(성)의

ster·to·rous [stə́:rtərəs] *a.* 《문어》 코 고는; 숨결이 식식거리는; 천식의 **~·ly** *ad.* **~·ness** *n.*

stet [stet] [L = let it stand] *vi., vt.* (**~·ted**; **~·ting**) 〖인쇄〗 살되다, 되살리다

steth·o·scope [stéθəskòup] *n., vt.* 청진기(로 진찰하다)

steth·o·scop·ic, -i·cal [stèθəskɑ́pik(əl) | -skɔ́p-] *a.* 청진(기)의; 청진(기)에 의한

Stet·son [stétsn] *n.* 스테트슨 《카우보이의 모자; 상표명》

Steve [sti:v] *n.* 남자 이름 《Stephen, Steven의 애칭》

ste·ve·dore [stí:vədɔ̀:r] *n.* 항만[부두] 노동자

Ste·ven [stí:vən] *n.* 남자 이름 《애칭 Steve》

Ste·ven·son [stí:vənsn] *n.* 스티븐슨 **Robert Louis** ~(1850-94) 《스코틀랜드의 소설가·수필가·시인》

∗**stew** [stju: | stju:] *vt.* **뭉근한[약한] 불로 끓이다**, 스튜 요리로 하다: The tea is ~*ed*. 차가 달았다. — *vi.* **1** 뭉근한 불에 끓다 **2** 무더워서 땀투성이가 되다 **3** 《미·구어》 애태우다, 조바심하다(fret): ~ *over* a matter 어떤 문제로 마음 졸이다 — *n.* **1** UC **스튜(요리)**: (an) Irish ~ 양고기·감자·양파로 만드는 스튜 **2** [a ~] 《구어》 애태움, 근심, 초조

in a ~ 《구어》 (1) 안절부절못하여, 속이 타서 (2) 화가 나서

∗**stew·ard** [stjú:ərd | stjú(:)əd] *n.* **1 집사(執事)**, 청지기 **2** 재산 관리인 **3** 스튜어드 《여객기·기선 등의》, 남자 객실 승무원 **4** 용도계, 조달계 **5** 안내원, 간사 — *vi.* steward의 일을 보다 **~·shìp** *n.*

∗**stew·ard·ess** [stjú:ərdis | stjú(:)əd-] *n.* (여객기의) **스튜어디스 ~·shìp** *n.*

stewed [stju:d | stju:d] *a.* **1** 약한 불로 끓인 **2** 《영》 〈차가〉 너무 진한

stew·pot [-pɑ̀t | -pɔ̀t] *n.* (손잡이가 둘 달린 깊은) 스튜 냄비, 스튜 통

St. Ex. Stock Exchange

‡**stick¹** [stik] *n.* **1 막대기**, 나무 토막, 나뭇가지 **2** 곤봉, 방망이 **3** [종종 the ~] 《구어》 채찍질; 《비유》 압력, 협박; 《구어》 혹평, 매도 **4 지팡이 5** 가는 막대기 모양의 것 《*of*》 **6** 〖음악〗 지휘봉; 〖인쇄〗 (식자용) 스틱 **7** 자루, 채 **8** [the ~s] 《미》 삼림지; 미개한 오지 ***be* (*as*) *cross as two ~s*** 몹시 성미가 까다롭다 ***get*[*have*] *hold of the wrong end of the ~*** 오해[착각]하다 ***in a cleft ~*** 진퇴양난이 되어

‡**stick²** *v.* (**stuck** [stʌk]) *vt.* **1** (날카로운 것으로) **찌르다** 《*through*》 **2 찔러 넣다,** 꽂다, 끼우다; (핀 등으로) 고정시키다 **3 내밀다** 《*out of, into*》 **4** (풀 등으로) **붙이다,** 고착시키다(fasten) **5** [주로 수동형으로] 끼어들게 하다, 옴쭉 못하게 하다 **6** 《구어》 난처하게 하다, 당혹하게[어찌 줄 모르게] 하다 — *vi.* **1 찔리다,** 꽂히다: A needle ~*s in* my shirt. 바늘이 내 셔츠에 꽂혀 있다. **2** (…에) **달라붙다**[붙어 있다], 고착되다 《*on, to*》 **3 고수[고집]하다,** 집착하다; 엉기다, 늘어붙다 《*to, at*》: ~ *to* one's promise 약속을 꼭 지키다 **4** 언제까지나 머무르다, 남아 있다 **5** 당혹[당황]하다, 난처하여 어쩔 줄 모르다, 주저하다(hesitate) 《*at*》: He *stuck at* nothing. 그는 어떤 일에도 주저하지 않았다. **6 박히다,** 끼다, 교착되다 **7** 삐죽 나오다, 튀어나오다 《*up, out*》: His hair ~*s up*. 그의 머리털이 서 있다.

~ around*[*about*]** 《구어》 가까이에 있다; 옆에서 떠나지 않고 기다리다 ***~ at (1) …을 꾸준히 하다, …을 물고 늘어지다 (2) …에 주저하다 ***~ on*** …을 붙이다; 떨어지지 않다; 떨어지지 않고 말에 올라타 있다 ***~ out*** (1) 돌출하다; 불쑥 나오다; 《구어》 눈에 띄다, 명료하다 (2) 〈강제·설득 등을〉 좀체로 듣지 않다; 끝까지 저항하다[참고 견디다] ***~ to*** …에 달라붙다; …에 집착하다; 〈친구·결심·약속 등에〉 충실하다 ***~ up*** (1) 튀어 나와 있다 (2) 내밀다 (3) 〈강도가〉 손들게 하다 ***~ up for*** …을 지지[변호]하다 ***~ up to*** (1) 《구어》 …에 저항하다, …에게 굴하지 않다 (2) 〈여자에게〉 구애하다 ***~ with*** (1) 끝까지 충실하다 (2) …에서 떨어지지 않다 (3) 〈결심 등을〉 지키다, 바꾸지 않다

— *n.* **1** 한 번 찌름 **2** 《구어》 점착력[성]; 풀 **3** 막다름, 정지: in a ~ 진퇴양난에 빠져

stick·ball[-bɔ̀:l] *n.* Ⓤ (미) 스틱볼 《어린이들이 막대기와 고무공으로 하는 야구 놀이》

stick·er [stíkər] *n.* **1** 찌르는 사람, 찌르는 연장 **2** 붙이는 사람[것]; 광고 붙이는 사람; 풀 묻은 라벨, 스티커 **3** 고집[집착]하는 사람; 끈기 있는 사람 《*to*》

stícking plàster 반창고

stícking pòint **1** 발판, 발붙일 장소 **2** 문제가 되는 조항, 걸리는 점

stíck ìnsect 〖곤충〗 대벌레

stick-in-the-mud [-inðəmʌ̀d] *a.* 구폐(舊弊)의, 인습적인 **—** *n.* 시대에 뒤진 사람; 굼뜬 사람

stick·le [stíkl] *vi.* **1** 완고하게 주장하다 《*for*》, 사소한 일에 구애되다 **2** 이의(異議)를 제기하다, 망설이다 《*at, about*》

stick·le·back [stíklbæ̀k] *n.* (*pl.* **~s,** ~) 〖어류〗 큰가시고기

stick·ler [stíklər] *n.* **1** 잔소리꾼; (의식·예절에) 꼼꼼한[까다로운] 사람 《*for*》 **2** (미·구어) 난문제

stick-on [-ɔ̀:n | -ɔ̀n] *a.* (뒤에 풀[접착제]을 묻혀) 들러붙는

stick·pin [-pìn] *n.* (미) 장식핀, 《특히》 넥타이 핀

stíck shìft (미) (자동차의) 수동 변속 레버

stick-to-it-ive [stìktú:itiv] *a.* (미·구어) 끈덕진, 끈기 있는; 완고한 **~·ly** *ad.* **~·ness** *n.*

stick·up [-ʌ̀p] *a.* 〈칼라가〉 서 있는, 세운 깃의 **—** *n.* 세운 깃[칼라]; (미·구어) 권총 강도

∗**stick·y** [stíki] *a.* (**stick·i·er**; **-i·est**) **1** 끈적거리는, 들러붙는; 〈도로 등이〉 질척질척한 **2** (구어) 꾀까다로운, 관대하지 않은 **3** (구어) 어려운, 난처한 **4** (구어) 무더운, 후텁지근한

stick·y-fin·gered [-fíŋgərd] *a.* (미·속어) 손버릇이 나쁜, 도벽이 있는

stícky fíngers (미·구어) 도벽, 좀도둑질

‡**stiff** [stif] *a.* **1** 뻣뻣한, 경직된, 굳은 **2** 술술 움직이지 않는, 빡빡한 **3** 〈동작·태도 등이〉 딱딱한; 〈문체 등이〉 부자연스러운; 〈저항 등이〉 맹렬한, 강경한 **4** 걸쭉한 **5** 〈바람·물살 등이〉 거센 **6** 〈밧줄 등이〉 팽팽한, 빳빳한 **—** *ad.* 딱딱하게; 굉장히
— *n.* **1** 시체 **2** (미) 융통성 없는 사람, 딱딱한 사람 **3** (미) 술주정꾼

‡**stiff·en** [stífən] *vi.* **1** 딱딱해지다, 뻣뻣해지다 《*up*》 **2** 〈풀 등이〉 굳어지다, 걸쭉해지다 **3** 〈태도가〉 딱딱해지다, 어색해지다 **—** *vt.* **1** 딱딱하게 하다, 뻣뻣하게 하다, 경직시키다 《*with*》 **2** 〈풀 등을〉 걸쭉하게 하다 **3** 완고하게 하다, 〈태도 등을〉 거북하게 취하다: ~ one's attitude 딱딱한 태도를 취하다

stiff·en·er [stífənər] *n.* **1** 딱딱하게[굳어지게] 하는 것[사람]; 단단하게 하는 것[사람] **2** (옷깃·책표지 등의) 심

∗**stiff·ly** [stífli] *ad.* 딱딱하게; 완고하게

stiff-necked [stífnékt] *a.* **1** 목이 뻣뻣해진[굳어진], 목이 아파 돌아가지 않는 **2** 완고한, 고집 센

∗**sti·fle** [stáifl] *vt.* **1** …의 숨을 막다, …을 질식(사)시키다 《*by, with*》; …을 숨막히게 하다: ~ a person *with* smoke 연기로 …을 질식시키다 **2** 억누르다, 억제하다: ~ one's anger 화를 억누르다 **3** (고어) 〈불 등을〉 끄다
— *vi.* 숨막히다; 질식(사)하다

sti·fling [stáifliŋ] *a.* **1** 〈공기 등이〉 숨막힐 듯한, 답답한 **2** 〈예절 등이〉 딱딱하고 거북한

∗**stig·ma** [stígmə] [Gk = mark] *n.* (*pl.* **~s, ~·ta** [-tə, stigmá:tə]) **1** 오명, 치욕 **2** 〖식물〗 주두(柱頭) **3** (*pl.* **~·ta**) 〖가톨릭〗 성흔(聖痕)

stig·mat·ic [stigmǽtik] *a.* 불명예스러운, 오명의

stig·ma·ti·za·tion [stìgmətizéiʃən | -tai-] *n.* Ⓤ 오명 씌우기; 비난

stig·ma·tize [stígmətàiz] *vt.* …에게 오명을 씌우다; 비난하다

∗**stile** [stail] [동음어 style] *n.* **1** 밟고 넘는 계단 《울타리·담을 사람만 넘고 가축은 다니지 못하게 하는》 **2** 회전문(turnstile)

sti·let·to [stilétou] *n.* (*pl.* ~(**e**)**s**) **1** (끝이 뾰족한) 양날 단도, 송곳칼 **2** (자수에서) 구멍 냄, 구멍내는 바늘 **3** (영·구어) 높고 뾰족한 굽(= ∠ **hèel**); [보통 *pl.*] (구어) 스틸레토힐의 구두
— *vi.* 단검으로 찌르다[죽이다]

‡**still**[1] [stil] *a.* **1** 조용한, 고요한; 소리 없는, 묵묵한: The night was very ~. 밤은 아주 고요했다. **2 a** 정지(靜止)한: sit ~ 가만히 앉아 있다 **b** 〈물 등이〉 흐르지 않는; 바람 없는: The air was ~. 바람 한 점 없었다. **3** 〈목소리가〉 낮은, 상냥한(soft) **4** (영화에 대하여) 스틸 사진(용)의: a ~ picture 스틸 사진
stand ~ 가만히 서 있다; 활동하지 않다, 정체되어 있다
— *ad.* **1** 아직(도), 지금까지도, 여전히: He is ~ angry. 그는 아직도 화 내고 있다. **2** 그럼에도 불구하고, 그래도 (역시), 더욱 **3** [비교급을 강조하여] 한층, 더욱, 더욱 더: That's ~ better. 그쪽이 더욱 좋다. **4** [another, other와 함께] 게다가, 그 위에: I've found ~ *another* mistake. 게다가 또 하나 잘못을 발견했다.
~ ***less*** [부정을 받아서] 하물며, 더욱이
~ ***more*** 더욱 더; [긍정을 받아서] 더욱이, 하물며
— *vt.* **1** 고요[잔잔]하게 하다, 가라앉히다; 〈우는 아이를〉 달래다 **2** 〈식욕·양심 등을〉 달래다; 〈소리 등을〉 멎게 하다, 입 다물게 하다 **—** *n.* **1** [the ~] (시어) 고요, 정적: *the* ~ of the night 밤의 고요 **2** 〖영화〗 보통 사진 《movies에 대하여》, 스틸 《광고용으로 영화의 한 장면을 사진으로 찍은 것》

still[2] [distill의 두음 소실(頭音消失)] *n.* 증류기(蒸留器), 증류소

still·birth [stílbə̀:rθ] *n.* ⓊⒸ 사산(死産); Ⓒ 사산아

still·born [-bɔ̀:rn] *a.* 사산의; 처음부터 실패작인 **—** *n.* 사산아

stíll hùnt (미) **1** (사냥감·적 등에게) 몰래 다가감 **2** (정치적인) 이면 공작

stíll lífe 정물(靜物); 정물화(畵)
still-life [stíllàif] *a.* 정물(화)의
∗**still·ness** [stílnis] *n.* Ⓤ **고요**; 평온, 침묵; 부동, 정지
still·room [stílrù:m] *n.* 《영》 **1** (증류주의) 증류실 **2** (대저택의) 식료품 저장실
stil·ly [stíli] *a.* (**stil·li·er**; **-li·est**) 《시어》 조용한 — [stílli] *ad.* 《고어·문어》 조용히, 고요히
stilt [stilt] *n.* [보통 *pl.*] 대말, 죽마(竹馬); 각주(角柱)
stilt·ed [stíltid] *a.* **1** 과장한, 뽐내는 **2** 죽마를 탄 **~·ly** *ad.*
Stil·ton [stíltn] [Cambridgeshire의 마을 이름에서] *n.* Ⓤ 스틸턴 치즈 《영국산 고급 치즈; 상표명》
∗**stim·u·lant** [stímjulənt] *n.* ⓊⒸ **1** 〖의학〗 **흥분제** **2** 흥분성 음료, 주류(酒類) **3** 자극(물); 격려 — *a.* **1** 자극하는, 격려하는 **2** 〖의학〗 흥분성의
⁑**stim·u·late** [stímjulèit] *vt.* **1 자극하다**; 활기띠게 하다, 격려[고무]하다 《*to, into*》 **2** 〖의학〗 〈기관 등을〉 자극하다, 흥분시키다(excite)
∗**stim·u·la·tion** [stìmjuléiʃən] *n.* Ⓤ **자극**, 흥분; 고무, 격려
stim·u·la·tive [stímjulèitiv | -lət-] *a.* 자극적인, 흥분시키는, 고무하는
∗**stim·u·lus** [stímjuləs] [L 「찌르는 막대」의 뜻에서] *n.* (*pl.* **-li** [-lài]) ⓊⒸ **자극**, 격려, 고무; Ⓒ 자극물
under the ~ of …에 자극받아
sti·my [stáimi] *n.* (*pl.* **-mies**) = STYMIE
⁑**sting** [stiŋ] *v.* (**stung** [stʌŋ]) *vt.* **1** (바늘·가시 등으로) **찌르다**(prick), (독침 등으로) 쏘다 **2** 〈혀 등을〉 자극하다; 얼얼[따끔따끔]하게 하다 **3** (사람의) 감정을 해치다 **4** 자극하다 《*into, to*》
— *vi.* **1** 찌르다; 가시[침]가 있다 **2** 괴롭히다, 고통을 주다 **3** 얼얼하게 아프다; 톡 쏘는 맛이 있다, 자극적인 향기가 나다: Ginger *~s.* 생강은 매운 맛이 난다.
— *n.* **1** 찌름, 쏨; 찔린 상처 **2** 찔린 아픔, 찌르는 듯한 아픔 **3** 신랄함, 비꼼: the ~ of a person's tongue 독설 **4** 〖동물〗 침, 독아(毒牙) **5** 〖식물〗 쐐기털, 가시
sting·a·ree [stíŋərì:] *n.* = STINGRAY
sting·er [stíŋər] *n.* **1** 찌르는[쏘는] 것; 《특히》 쏘는 동[식]물; 〖동물〗 침 **2** 《구어》 가시돋친 말, 비꼼, 빈정댐; 《속어》 통격(痛擊) **3** [**S~**] 〖미군〗 스팅어 미사일 《휴대형 지대공 미사일》
sting·ing [stíŋiŋ] *a.* **1** 찌르는, 쏘는 **2** 찌르는 듯이 아픈, 얼얼한; 괴롭히는: a ~ rebuke 신랄한 비난 **~·ly** *ad.*
stínging néttle 〖식물〗 쐐기풀
stin·go [stíŋgou] *n.* Ⓤ 《영》 독한 맥주
sting·ray [stíŋrèi] *n.* 〖어류〗 가오리
stin·gy [stíndʒi] *a.* (**-gi·er**; **-gi·est**) **1** 인색한, 아끼는: be ~ with …을 너무 너무 아끼다 **2** 적은, 부족한, 근소한
stín·gi·ly *ad.* **-gi·ness** *n.*
∗**stink** [stiŋk] *v.* (**stank** [stæŋk], **stunk** [stʌŋk]; **stunk**) *vi.* **1 악취를 풍기다**: This ham *~s.* 이 햄에서 고약한 냄새가 난다. **2** 평판이 나쁘다; 불쾌하다 **3** 《속어》 굉장히 많이 갖고 있다 《*of, with*》: ~ *of* money 돈을 굉장히 많이 가지고 있다
— *vt.* **1** 〈장소를〉 악취로 채우다 《*out*》 **2** 악취를 풍기게 하다 《*up*》; 냄새를 피워 내쫓다 《*out*》 — *n.* **1 악취** **2** 《구어》 소동
stínk bòmb 악취탄 《폭발하면서 악취를 풍김》
stink·bug [-bʌ̀g] *n.* 《미》 악취를 풍기는 벌레, 방귀벌레, 노린잿과의 곤충
stink·er [stíŋkər] *n.* **1** 냄새 나는 사람[것] **2** 《구어》 불쾌한 사람[것, 편지, 비평 《등》] **3** 《구어》 고약한 문제
stink·ing [stíŋkiŋ] *a.* Ⓐ **1** 악취가 나는, 코를 찌르는 **2** 《속어》 치사한, 비열한; 《속어》 지독한
stink·o [stíŋkou] *a.* 《속어》 술취한 (drunk); 악취가 나는
stink·pot [stíŋkpɑ̀t | -pɔ̀t] *n.* **1** 악취 풍기는 것을 넣는 용기, 변기(便器) **2** 《속어》 역겨운 놈
∗**stint** [stint] *vt.* 〈돈·음식 등을〉 **절약하다**, 아끼다 《*of, in*》; 제한하다: ~ one*self in* sleep 수면을 줄이다 — *n.* **1** Ⓤ 주기[쓰기] 아까워함, 제한 **2** 할당된 일 [기간], 일정 기간의 노동: do a ~ in the service (일정 기간) 병역에 복무하다
without [***with no***] **~** 무제한으로, 아낌없이
sti·pend [stáipend] *n.* (목사 등의) 봉급; 장학금; 연금
sti·pen·di·ar·y [staipéndièri | -diəri] *a.* 봉급을 받는, 유급의
— *n.* (*pl.* **-ar·ies**) 유급자; 《영》 유급 판사
stip·ple [stípl] *n.* ⓊⒸ 점각(點刻)(법), 점화(點畵)(법) — *vt., vi.* 점각[점채]하다
∗**stip·u·late** [stípjulèit] *vt.* **1** 〈계약서·조항 등이〉 규정하다, 명기(明記)하다 **2 약정[계약]하다** — *vi.* (계약의) 조건으로서 요구하다 《*for*》
stip·u·la·tion [stìpjuléiʃən] *n.* **1** 조항, 조건 **2** ⓊⒸ 규정, 명문화
stip·u·la·tor [stípjulèitər] *n.* 약정[계약]자
⁂**stir**[1] [stəːr] *v.* (**~red**; **~·ring**) *vt.* **1 휘젓다**, 뒤섞다 **2 움직이다**, 흔들다: do not ~ a finger 손가락 하나 까딱 않다 **3** 흥분[감동]시키다 《*up*》; 자극[선동]하다 《*up*》: ~ *up* one's imagination 상상력을 불러일으키다 **4** 각성시키다, 분발시키다 — *vi.* **1 움직이다** **2** 일어나 있다, 활동하고 있다: Nobody is *~ring* yet. 아무도 일어나 있지 않다. **3** 활발하게 되다 **4** 감동하다
~ up 골고루 뒤섞다; 뒤흔들다, 휘젓다; 일으키다, 야기시키다; 분기시키다; 선동하다 — *n.* ⒸⓊ **1** 움직임, 휘젓기, 뒤섞음 **2** 동요; 소동 **3** 평판 **4** 자극 **5** 활동
stir[2] *n.* ⒸⓊ 《속어》 교도소
stir-cra·zy [stə́ːrkrèizi] *a.* 《미·속어》 (오랜 감옥살이로) 머리가 살짝 돈
stir-fry [stə́ːrfrài] *vt., n.* (중국 요리 등에서) 프라이팬을 흔들면서 센 불로 볶다 [볶은 요리]
stir·rer [stə́ːrər] *n.* 활동가; 젓는 사람, 교반기(攪拌器); 선동자

***stir·ring** [stə́:riŋ] *a.* **1** 감동시키는, 고무하는 **2** 활발한, 바쁜; 붐비는: ~ times 소란한 시대 **~·ly** *ad.*

***stir·rup** [stə́:rəp | stírəp] *n.* **1** 등자(鐙子), 등자쇠 **2** 등자 가죽끈 **3** 〚해부〛 (귀의) 등골(stapes)

stírrup cùp 이별의 술잔 《옛날 말타고 떠나는 사람에게 권한》; 《일반적으로》 이별의 잔

stírrup pùmp 소화용 수동(手動) 펌프

‡**stitch** [stitʃ] [OE 「찌르다」의 뜻에서] *n.* **1** 한 바늘, 한 땀 **2** 한 바늘[땀]의 실, 바늘땀, 솔기 **3** 바늘 자리, 꿰매[짜]는 법 **4** 헝겊, 천 **—***vt.* 꿰매다 《*up*》: ~ *up* a rent 해진 곳을 꿰매다

‡**stock** [stɑk | stɔk] *n.* **1 a** Ⓤ Ⓒ **재고품 b** Ⓒ Ⓤ **저장**, 비축: lay in a ~ of flour 밀가루를 사들이다 **c 축적**: have a good ~ of information 풍부한 정보를 갖고 있다, 소식통이다 **2** Ⓤ [집합적] **가축**: fat ~ 식육용 가축 **3 a** Ⓤ Ⓒ (미) **주식**: railway ~ 철도주 **b** Ⓒ Ⓤ 공채 증서, 국고채권 **4 a** (나무) **줄기**, 그루터기 **b** (접목의) 대목(臺木), 접본(接本); (접순을 얻는) 모주(母株); (기구·기계 등의) 대목(臺木), (총의) 개머리판 **5** Ⓤ Ⓒ **a** 혈통, 가계: of Irish[farming] ~ 아일랜드계[농민 출신]의 **b** 〚생물〛 군체, 군서(群棲) **6** …거리, …감: a laughing ~ 웃음거리

on the ~s 〈배가〉 건조 중인, 계획 중인 ***out of ~*** 매진되어, 품절되어 ***take ~*** 재고 조사를 하다 ***take ~ in*** (미) 〈회사〉의 주를 사다; …에 관계하다; …을 중히 여기다, 신용하다 ***take ~ of*** …을 평가[감정]하다; (구어) 호기심을 가지고 〈사람을〉 꼬치꼬치 캐다, 자세히 뜯어보다

—*a.* Ⓐ **1** 수중에 있는, 재고의; 재고 관리의 **2** 표준의; 흔한, 상투적인: a ~ size in shoes 표준 사이즈의 구두 **3** (미) 주(식)의

—*vt.* **1** 〈상점에〉 (물품을) **들여놓다**, 사들이다, 재고품으로 쌓아두다 《*with*》; 〈상품 등을〉 비축하다, 저장하다: The store is well ~*ed with* excellent goods. 저 상점에는 좋은 물품이 풍부하게 갖추어져 있다. **2** 〈마음·기억에〉 (지식 등을) 쌓아두다, 공급하다 《*with*》 **3** 〈농장에〉 (가축을) 넣다; 〈토지에〉 공급하다 **4** …에 자루[반침나무, 개머리판 《등》]를 달다

—*vi.* 들여놓다, (팔기 위해 상품을) 사들이다, 비축하다 《*up*》

***stock·ade** [stɑkéid | stɔk-] *n.* **1** 방책(防柵) **2** (말뚝을 둘러친) 울

stock·breed·er [stɑ́kbrì:dər | stɔ́k-] *n.* 목축업자

stock·bro·ker [-bròukər] *n.* 주식 중매인

stóckbroker bèlt (영·구어) 《특히》 런던 교외의 고급 주택지(《미》 exurbia)

stock·bro·king [-bròukiŋ] *n.* Ⓤ 주식 중매(仲買)(업), 증권업

stóck càr (주문차가 아닌) 일반 시판차; 스톡카 《승용차를 개조한 경주용 차》

stóck certìficate (미) 주권(株券); (영) 공채 증서

stóck còmpany (미) **1** 주식 회사 (《영》 joint-stock company) **2** 〚연극〛 레퍼토리식 전속 극단

stóck exchànge [the ~] 주식 거래(액); [종종 **S~ E~**] 주식[증권] 거래소

stóck fàrm 목축장

stóck fàrmer 목축업자

stóck fàrming 목축업

stock·fish [-fìʃ] *n.* (*pl.* **~·es,** ~) (간하지 않은) 건어 《건대구 등》

stock·hold·er [-hòuldər] *n.* (미) 주주(株主) (《영》 shareholder)

~ of record 등록 주주

Stock·holm [stɑ́khoulm | stɔ́khoum] *n.* 스톡홀름 《Sweden의 수도》

stock·i·net(te) [stɑ̀kənét | stɔ̀k-] *n.* Ⓤ (영) 메리야스 (짜기)

‡**stock·ing** [stɑ́kiŋ | stɔ́k-] *n.* [보통 *pl.*] **긴 양말, 스타킹** 《보통 무릎 위까지 오는 것》: a pair of ~*s* 스타킹 한 켤레

stócking càp 스타킹 캡 《겨울 스포츠용으로 쓰는 술이 달린 원뿔꼴 털실 모자》

stock·inged [stɑ́kiŋd | stɔ́k-] *a.* 양말을 신은: in one's ~ feet (구두를 벗고) 양말만 신고, 버선발로

stócking fìller (영) 양말에 채워넣는 크리스마스 선물

stock-in-trade [stɑ́kintréid | stɔ́k-] *n.* [집합적] **1** 재고품; 장사 밑천 **2** 상투 수단

stock·ist [stɑ́kist | stɔ́k-] *n.* (영) (특정 상품을) 사들이는 업자

stock·job·ber [stɑ́kdʒɑ̀bər | stɔ́kdʒɔ̀b-] *n.* (미·경멸) 주식 투기꾼; (영) (중매인 상대의) 주식 매매업자

stock·man [-mən] *n.* (*pl.* **-men** [-mən]) 목축업자; 재고품[창고] 관리원

***stóck màrket** **증권 시장[거래소]**

stock·pile [-pàil] *n.* (만일에 대비한) 비축(량) **—***vt., vi.* (대량으로) 비축하다

stock·pot [-pɑ̀t | -pɔ̀t] *n.* 수프용 냄비

stóck ràising 목축(업)

stock·room [-rù:m] *n.* 저장실 《물자·상품 등의》

stock-still [-stíl] *a.* 움직이지 않는, 꼼짝 않고 있는

stock·tak·ing [-tèikiŋ] *n.* Ⓤ **1** 재고 조사 **2** (사업 등의) 실적 평가, 현황 파악

stock·y [stɑ́ki | stɔ́ki] *a.* (**stock·i·er**; **-i·est**) 땅딸막한, 단단한

stóck·i·ly *ad.* **-i·ness** *n.*

stock·yard [stɑ́kjɑ̀:rd | stɔ́k-] *n.* (일시적인) 가축 수용소

stodge [stɑdʒ | stɔdʒ] *n.* (구어) **1** Ⓤ (지나치게) 기름진 음식 **2** 읽기[이해하기] 어려운 것, 재미없는 작품[사람]

stodg·y [stɑ́dʒi | stɔ́dʒi] *a.* (**stodg·i·er**; **-i·est**) **1** 소화가 잘 안 되는 **2** 〈서적·문체 등이〉 싫증나는; 답답한 **3** (구어) 〈사람 등이〉 땅딸막한 **stódg·i·ly** *ad.*

Sto·ic [stóuik] [Gk 'stoa'(=porch)의 뜻에서; 그리스 철학자 Zeno가 아테네의 sta poikilé(=painted porch)에서 가르친 데서] *a.* **1** 스토아 철학(파)의 **2** [**s~**] 극기의, 금욕의; 냉정한 **—***n.* **1** 스토아 철학자 **2** [**s~**] 극기[금욕]주의자

sto·i·cal [stóuikəl] *a.* = STOIC
sto·i·cal·ly [stóuikəli] *ad.* 금욕적으로, 냉정하게
Sto·i·cism [stóuəsìzm] *n.* Ⓤ **1** 스토아 철학[주의] **2** [**s~**] 극기; 냉정, 태연
stoke [stouk] *vt.* 〈기관차·화로 등에〉 불을 때다, 연료를 지피다 《*up*》
— *vi.* **1** 불을 때다 《*up*》 **2** 《구어》 음식을 배불리 먹다, 급히 먹다 《*up*》
stoke·hold [stóukhòuld] *n.* (기선의) 기관실, 화부실
stoke·hole [-hòul] *n.* (기관의) 화구(火口); = STOKEHOLD
stok·er [stóukər] *n.* **1** (특히 기관차·기선의) 화부 **2** 급탄기(給炭機)
STOL [stoul | stɔl] [*s*hort *t*ake*o*ff and *l*anding] *n.* 〖항공〗 스톨 《단거리 이착륙》; 단거리 이착륙기
‡**stole**[1] [stoul] *v.* STEAL의 과거
stole[2] *n.* **1** 〖가톨릭〗 영대(領帶) 《늘어뜨리는 헝겊》 **2** (여자용) 어깨걸이
‡**sto·len** [stóulən] *v.* STEAL의 과거분사
— *a.* Ⓐ 훔친: ~ goods 장물
stol·id [stálid | stɔ́l-] *a.* (**~·er**; **~·est**) 멍청한, 무신경의, 둔감한
~·ly *ad.* **~·ness** *n.*
sto·lid·i·ty [stəlídəti] *n.* Ⓤ 둔감(鈍感), 무신경
‡**stom·ach** [stʌ́mək] [Gk 「입」의 뜻에서] *n.* **1** 위(胃): be sick to[at] one's ~ 속이 메슥거리다 **2** 복부, 아랫배: lie at full length on one's ~ 길게 엎드리고 있다 **3 a** 식욕(appetite) 《*for*》: I have good[no] ~ *for* sweets. 단것을 먹고 싶다[지 않다]. **b** [보통 부정문으로] 욕망, 기호(嗜好), 기분, 마음 《*for*》
have no ~ for …이 먹고 싶지 않다; …에 대해 마음 내키지 않다 ***on a full*** [***an empty***] ***~*** 배가 부를[고플] 때에 ***turn*** a person***'s ~*** …의 기분을 상하게 하다
— *vt.* **1** [보통 부정·의문문에서] 먹다, 억지로 (뱃속에) 넘기다 **2** 〈모욕 등을〉 참다(bear)
***stom·ach·ache** [stʌ́məkèik] *n.* ⓊⒸ 위통(胃痛), 복통: have a ~ 위가 아프다
stom·ach·er [stʌ́məkər] *n.* 〖역사〗 여자의 가슴옷 《15-16세기의 유행복으로, 종종 보석·자수 장식이 있었음》
stom·ach·ful [stʌ́məkfùl] *n.* **1** 한 배 가득함[한 양] 《*of*》 **2** 참을성의 한계 《*of*》: I've had my ~ *of* insult. 모욕을 더 이상은 참을 수 없었다.
sto·mach·ic [stəmǽkik] *a.* 위의; 위에 좋은 — *n.* 건위제(健胃劑)
stómach pùmp 〖의학〗 위 펌프, 위 세척기
stomp [stamp | stɔmp] *n.* **1** 발을 세게 구르는 재즈 춤(곡) **2** 발구르기(stamp)
— *vt., vi.* 《구어》 짓밟다; 육중하게 걷다; 스톰프춤을 추다
‡**stone** [stoun] *n.* **1** Ⓤ 석재(石材), 돌: a house made of ~ 돌집 **2** ⓊⒸ 돌, 돌멩이: a precious ~ 보석 **3** 보석, 구슬, 다이아몬드 **4** 우박, 싸락눈 **5** 〖식물〗 핵, 씨 **6** 〖의학〗 결석(結石)
age of ~ 석기 시대 (***as***) ***cold*** [***hard***] ***as*** (***a***) ***~*** 돌같이 차디찬[딱딱한, 무정한] ***cast*** [***throw***] ***~s*** [***a ~***] 비난하다 《*at*》 ***heart of ~*** 무정, 잔인
— *a.* Ⓐ **1** 돌의, 석조의, 석제의 **2** [**S~**] 석기 시대의 — *vt.* **1** 돌을 던지다[깔다]; 돌로 치는 형벌에 처하다 **2** 〈과일의〉 씨를 빼내다 — *ad.* 《속어》 아주, 완전히
Stóne Àge [the ~] 석기 시대
stone-blind [stóunbláind] *a.* 아주 눈이 먼
stone·break·er [-brèikər] *n.* (도로에 까는) 돌을 깨는 사람; 쇄석기(碎石機)
stone-broke [-bróuk] *a.* Ⓟ 《속어》 한 푼도 없는, 파산한
stone-cold [-kóuld] *a.* 아주 찬; 죽은
— *ad.* 아주, 완전히
stone·cut·ter [-kʌ̀tər] *n.* 석수, 돌 뜨는 사람
stoned [stound] *a.* Ⓟ 《속어》 (술·마약 등에) 취한
stone-dead [stóundéd] *a.* 아주 죽은
stone-deaf [-déf] *a.* 아주 귀가 먹은
stóne frùit 〖식물〗 핵과(核果) 《매실·복숭아 등》
Stone·henge [stóunhèndʒ] *n.* 〖고고학〗 스톤헨지 《영국 Wiltshire의 Salisbury 평원의 거대한 돌기둥; 석기 시대 후기의 유적》
stone·less [stóunlis] *a.* 돌[보석]이 없는; 〈과일이〉 핵[알맹이]가 없는
stone·ma·son [-mèisn] *n.* 석수, 채석공
stone-pit [-pìt] *n.* 채석장(quarry)
stóne's thrów [**cást**] [a ~] 돌을 던지면 닿을 만한 거리 《50-150 야드》
stone·wall [-wɔ̀:l] *vt., vi.* 〖크리켓〗 (아웃이 되지 않도록) 신중하게 공을 치다; 《영》 〈의사(議事)를〉 방해하다(《미》 filibuster)
stone·wall·er [-wɔ̀:lər] *n.* **1** 〖크리켓〗 신중한 타자 **2** 《주로 영》 (의사(議事)) 방해자
stone·ware [-wὲər] *n.* Ⓤ 석기(石器)
stone·work [-wə̀:rk] *n.* Ⓤ 석조(건축)물; 돌[보석] 세공: a piece of ~ 돌 세공품
***ston·y, ston·ey** [stóuni] *a.* (**ston·i·er**; **-i·est**) **1** 돌의, 돌이 많은 **2** 돌처럼 단단한 **3** 냉혹한, 잔인한 **4** 부동의; 무표정한 **stón·i·ly** *ad.*
ston·y·heart·ed [-há:rtid] *a.* 냉혹한, 무정한
‡**stood** [stud] *v.* STAND의 과거·과거분사
stooge [stu:dʒ] *n.* **1** 《구어》 어릿광대의 조롱을 받는 상대역 **2** 괴뢰, 앞잡이; 《속어》 (경찰 등의) 끄나풀, 정보원
— *vi.* 《구어》 …의 조연역을 하다
‡**stool** [stu:l] *n.* **1** (등이 없는) 걸상; (바 등의) 1인용 높은 걸상 **2** 발판(대); 무릎 기대는 대
stool·ie [stú:li] *n.* 《미·속어》 = STOOL PIGEON 3
stóol pìgeon **1** 후림비둘기 **2** 《미·속어》 (야바위의) 한통속 **3** 《미·속어》 (경찰의) 앞잡이, 정보원, 밀고자(《영》 nark)
‡**stoop**[1] [stu:p] *vi.* **1** 웅크리다, 상체를 굽히다[구부리다] **2** 구부정하게 서다[걷다] **3**

〈나무 등이〉 구부러지다, 기울다 **4** …할 만큼 비열[치사]해지다 **5** 〈매 등이〉 급강하하여 덮치다 《*on, upon, at*》 **—** *vt.* 〈머리·고개·등 등을〉 숙이다, 굽히다: ~ *oneself* 몸을 웅크리다

— *n.* [a ~] 앞으로 굽힘, 새우등, 구부정함; 굴종, 낮춤

stoop² *n.* 《미·캐나다》 현관 입구의 층층대

⁂stop [stɑp | stɔp] *v.* (**~ped**; **~·ping**) *vt.* **1** 〈스스로〉 **멈추다,** 중단하다: ~ complaints 불평을 그치다 **2 멈추게[그만두게] 하다**; 방해하다, 저지하다 《*from*》: The policeman *~ped* the fight. 경찰관은 싸움을 중지시켰다. **3** 〈움직이는 것을〉 **세우다**: ~ a train [machine] 열차[기계]를 멈추다 **4** 〈지불 등을〉 중단하다, 보류하다; 은행에 〈(수표)의 지불을〉 정지시키다: ~ payment 지불을 정지시키다 **5** 〈구멍 등을〉 메우다, 채우다 **—** *vi.* **1** 〈움직이는 것이〉 **멈추다**; 〈하고 있는 것을〉 그만두다: Let's ~ and have a smoke. 일을 멈추고 담배 한 대 태우자. **2** 〈비·눈 등이〉 **그치다**: The rain has *~ped.* 비가 그쳤다. **3** 〈연속물 등이〉 끝나다, 완결되다 **4** 《구어》 잠깐 들르다; 뒤에 남다 《*to, for*》: Will you ~ *for* a cup of coffee? 잠깐 들러서[더 남아서] 커피 한 잔 하시지 않겠어요?

~ around 《미·구어》 (잠깐) 들르다 ***~ by*** = ***~ in*** 《미》 들르다, 방문하다 ***~ off*** (여행중) 도중하차하다, 도중에 들르다 《*at, in*》 ***~ oneself*** 자제하다; 《드물게》 걸음을 멈추다 ***~ short*** (1) 갑자기 중단 시키다 (2) 갑자기 그만두다[끝나다] ***~ short at* [*of* doing]** …까지[…하기까지]에는 이르지 않다

— *n.* **1 a 멈춤,** 휴지; 정지, 종말, 끝 **b** 정차, 착륙 **2 정류소,** 정거장 **3 봉쇄,** 틀어막음 **4** 〖음성〗 폐쇄음 《[p, b, t, d, k, g] 등》 **5** 《영》 구두점, 《특히》 마침표

bring*[*come*] *to a ~ 멈추다[멎다] ***come to a full ~*** 문장이 끝나다

stop-and-go [stɑ́pəngóu | stɔ́p-] *a.* 자주 멎었다 가는; 〈교통이〉 신호 규제의

stop·cock [-kɑ̀k | -kɔ̀k] *n.* 콕 마개[꼭지]

stop·gap [stɑ́pgæ̀p | stɔ́p-] *n.* **1** 구멍 마개, 구멍 메우개 **2** 빈 데 메워 넣기, 임시변통 **—** *a.* Ⓐ 임시변통의, 미봉책의

stop-go [-góu] *n. a.,* 《영》 Ⓤ 〈진보·활동 등이〉 단속적인; 경제의 긴축과 확대를 교대로 실시하는 정책(의); 교대적 경제 조정책(의)

stop·light [-làit] *n.* 〈교통의〉 정지 신호, 붉은 등; 〈자동차 꽁무니의〉 정지등

stop·o·ver [-òuvər] *n.* 도중하차(지)

stop·page [stɑ́pidʒ | stɔ́p-] *n.* ⓊⒸ **1** 멈춤; 정지, 차단 **2** 〈쟁의 중〉 휴업, 동맹 파업 **3** 지불 정지

stop·per [stɑ́pər | stɔ́p-] *n.* **1** 멈추는 사람, 방해자[물], 정지 장치 **2** 〈병·통 등의〉 마개, 틀어막는 것 **3** 〖야구〗 구원 투수 **—** *vt.* 마개를 하다[막다]

stop·ping [stɑ́piŋ | stɔ́p-] *n.* ⓊⒸ 메워서 채움, 충전; 〈이를 메우는〉 충전제

stop·ple [stɑ́pl | stɔ́pl] *n., vt.* 마개(를 막다[끼우다])

stop-press [stɑ́pprès | stɔ́p-] *a.* 《영》 〖신문〗 윤전기를 멈추고 삽입한; 최신의

stop·watch [stɑ́pwɑ̀tʃ | stɔ́pwɔ̀tʃ] *n.* 스톱워치

***stor·age** [stɔ́:ridʒ] *n.* **1** Ⓤ **a 저장,** 보관: in cold ~ 냉장되어 **b** 창고 보관 **2** 저장소 **3** Ⓤ 보관료 **4** ⓊⒸ 〖컴퓨터〗 기억 장치(memory)

stórage bàttery 축전지

stórage hèater 축열(蓄熱) 히터

⁂store [stɔ:r] *n.* **1** 《미》 **a 가게,** 점포(《영》 shop): a candy ~ 과자점 **b** [보통 *pl.*; 단수·복수 취급] 《영》 백화점(= department ~) **2** [보통 *pl.*] **저장,** 비축 **3** [*pl.*] 용품, 비품 **4** 〈지식 등의〉 축적, 온축; 많음: a ~ of information 정보의 축적 **5** 창고, 저장소

in ~ 저장하여, 준비하여; 〈장래·운명 등이〉 닥치려 하고, 기다리고 《*for*》: Who knows what the future may hold *in* ~? 앞으로 무슨 일이 있을지 아무도 모른다.

— *a.* Ⓐ 《미》 기성품의, 만들어 파는: ~ clothes 기성복

— *vt.* **1** 〈저장품 등을〉 …에 공급하다, 비축하다: ~ the mind with knowledge 머리 속에 지식을 주입하다 **2** 저장하다, 축적하다 《*away, up*》: ~ (*up*[*away*]) food for the winter 월동 준비로 식량을 저장하다 **3** 창고에 보관하다 **4** 〖전기〗 축전하다; 〖컴퓨터〗 기억 장치에 기억시키다

— *vi.* 〈식품 등이〉 저장할 수 있다: This food *~s* well. 이 식품은 저장해 둘 수 있다.

store·front [stɔ́:rfrʌ̀nt] *n., a.* 〈거리에 면한〉 상점 정면(의), 점두(店頭)(의)

***store·house** [stɔ́:rhàus] *n.* (*pl.* **-hous·es** [-hàuziz]) **창고**; 〈지식 등의〉 보고(寶庫)

***store·keep·er** [stɔ́:rkì:pər] *n.* **1** 《미》 **가게 주인**(《영》 shopkeeper) **2** 〈특히 군수품의〉 창고 관리인; 〖미해군〗 보급 담당자

store·room [-rù:m] *n.* 저장실, 광

store·wide [stɔ́:rwàid] *a.* 점포 전체의, 전관(全館)의 〈세일 등〉

⁑sto·rey [stɔ́:ri] *n.* 《영》 = STORY²

sto·ried¹ | sto·reyed [stɔ́:rid] *a.* [복합어를 이루어] …층의: a two-~ house 2층 집

storied² *a.* Ⓐ 이야기[역사, 전설 《등》]로 유명한

***stork** [stɔ:rk] *n.* 〖조류〗 **황새**

⁂storm [stɔ:rm] *n.* **1 폭풍(우) 2** 큰 비[눈, 천둥, 우박]; 거친 날씨 **3** 〖항해·기상〗 폭풍 **4** 〈탄알·비난 등의〉 빗발, 〈박수의〉 우레 《*of*》: a ~ *of* applause 우레 같은 박수 **5** 격정(激情)

take ... by ~ 〖군사〗 강습하여 빼앗다; 〈청중 등을〉 황홀케 하다, 무아경으로 하다, 매료하다 ***up a ~*** 《구어》 극도로, 잔뜩

— *vi.* **1** 〈날씨가〉 사나워지다, 폭풍이 불다: It *~s.* 폭풍우가 일어난다. **2** 격노하다, 호통치다 《*at*》: ~ *at* a person …에게 호통치다 **3** 돌격[돌진]하다; 난폭하게

…하다: ~ out[in] (성내어·난폭하게) 뛰어 나가다[들다]
— *vt.* 습격[강습]하다

storm·bound [-bàund] *a.* 폭풍우를 만나 오도 가도 못하는

stórm cènter 1 폭풍의 중심 2 소동의 중심 인물[문제], 논의의 핵심

stórm clòud 폭풍우가 될 구름; 동란의 전조

stórm dòor (눈·바람막이) 덧문

stórm·ing pàrty [stɔ́ːrmiŋ-] 〖군사〗 습격대, 돌격대

stórm làntern[làmp] 《영》 (휴대용) 방풍(防風) 랜턴

stórm pètrel 〖조류〗 쇠바다제비

stórm tròoper (나치스의) 돌격 대원

stórm wíndow (눈·바람막이) 덧창문

‡**storm·y** [stɔ́ːrmi] *a.* (**stormi·er**; **-i·est**) **1 a 폭풍(우)의,** 모진 비바람의 **b** 폭풍우를 가져오는, 폭풍우가 올 듯한 **2** 노발대발하는, 격렬한, 논쟁적인: a ~ life 파란만장한 생애

stórmy pétrel 1 〖조류〗 = STORM PETREL 2 분쟁을 일으키는[좋아하는] 사람

‡**sto·ry**[1] [stɔ́ːri] *n.* (*pl.* **-ries**) **1 이야기:** a ghost ~ 유령 이야기 **2** 소설, 《특히》 단편 소설: a detective ~ 탐정 소설 **3** (소설·시·극 등의) 줄거리, 구상: a novel with little ~ 줄거리다운 줄거리가 없는 소설 **4** 경력, 신상 얘기, 내력, 일화: a woman with a ~ (좋지 않은) 과거가 있는 여자 **5** (보고하는) 이야기, 설명; 소문: She tells a very different ~. 그녀의 이야기로는 아주 딴판이다. ***tell stories*** 지어낸 이야기를 하다, 거짓말을 하다 ***to make*** [***cut***] ***a long ~ short*** = ***to make short of a long ~*** 요약하여 말하자면

‡**sto·ry**[2] | **sto·rey** [stɔ́ːri] *n.* (*pl.* **-ries** | **~s**) (건물의) **층**: a house of one ~ 단층집

sto·ry·book [-bùk] *n.* 이야기책, 동화책 — *a.* Ⓐ 옛날 이야기의; (옛날 얘기같이) 행복하게 살게 되는[끝나는]: a ~ ending 해피 엔드

stóry lìne (소설 등의) 줄거리, 구상

sto·ry·tell·er [-tèlər] *n.* **1** (단편) 소설 작가 **2** 이야기 잘하는 사람 **3** 《구어》 거짓말쟁이

sto·ry·writ·er [-ràitər] *n.* 소설가, 작가

stoup [stuːp] *n.* (성당 입구의) 성수(聖水) 그릇; 큰 컵[잔]; 잔에 가득한 양

‡**stout** [staut] *a.* **1 뚱뚱한:** a ~, middle-aged gentleman 뚱뚱한 중년 신사 **2** 용감한; 단호한, 완강한 **3** 〈배(船) 등이〉 **튼튼한,** 〈천이〉 질긴, 견고한
— *n.* Ⓤ 스타우트 《독한 흑맥주》
stóut·ly *ad.* **stóut·ness** *n.*

stout·heart·ed [stáuthɑ́ːrtid] *a.* 《문어》 용감한, 대담한 **~·ly** *ad.* **~·ness** *n.*

‡**stove**[1] [stouv] [MDu. 「난방된 방」의 뜻에서] *n.* **1 스토브,** 난로 **2** (요리용) 화로, 레인지 **3** 《영》 〖원예〗 온실

stove[2] *v.* STAVE의 과거·과거분사

stove·pipe [stóuvpàip] *n.* **1** 스토브의 연통 **2** 《미·구어》 실크 해트(= ∼ **hát**)

stow [stou] *vt.* **1** 〈물건을〉 싣다, 집어 넣다 《*away, in, into*》 **2** 〈장소·그릇 등을〉 가득 채우다 **3** 〈음식을〉 먹어치우다 《*away*》 — *vi.* (배·비행기로) 밀항하다

stow·age [stóuidʒ] *n.* **1** Ⓤ 싣기, 실어 넣음 **2** 수용 능력

stow·a·way [stóuəwèi] *n.* 밀항자; 무임 승차[승선]자

str. strait; streamer; 〖음악〗 string(s)

stra·bis·mal [strəbízməl], **-mic** [-mik] *a.* 사팔눈의, 사시의

stra·bis·mus [strəbízməs] *n.* Ⓤ 〖안과〗 사팔눈, 사시(斜視)

Strad [stræd] *n.* 《구어》 = STRADIVARIUS

strad·dle [strǽdl] *vi.* **1** 두 발을 벌리다, 두 다리를 벌리고 서다[걷다, 앉다] **2** 《미·구어》 기회를 엿보다 《*on*》 — *vt.* 다리를 벌리고 걷다[서다, 앉다]; (걸터) 타다; 《미·구어》 기회를 엿보다
— *n.* **1** 두 다리로 버팀, (두 다리로) 걸침[걸치는 거리] **2** 《미·구어》 태도 불명

Strad·i·var·i·us [strædəvέəriəs] *n.* 스트라디바리우스 《이탈리아 사람 A. Stradivari(1644?-1737)가 제작한 바이올린 등 현악기》

strafe [streif, strɑːf] *vt.* **1** (지상 부대 등을) 기총 소사하다 **2** 《속어》 벌주다, 몹시 꾸짖다

strag·gle [strǽgl] *vi.* **1** (길·진로에서) 벗어나다 **2 a** 뿔뿔이[흩어져] 가다: They *~d off.* 그들은 뿔뿔이 갔다. **b** 일행에서 탈락하다, 낙오하다 **3** 산재하다: Houses ~ at the foot of the mountain. 인가가 산기슭에 산재해 있다.

strag·gler [strǽglər] *n.* **1** 낙오자, (일행에서) 떨어진 사람 **2** 멋대로 뻗는 가지

strag·gling [strǽgliŋ] *a.* 낙오한; 일행에서 떨어진; 흩어져 나아가는 〈행렬 등〉; 흩어져 있는 〈마을·집 등〉; 〈머리털이〉 헝클어진; 멋대로 뻗는 〈가지 등〉 **~·ly** *ad.*

strag·gly [strǽgli] *a.* = STRAGGLING

‡**straight** [streit] [동음어 strait] [ME 「잡아 늘린」의 뜻에서] *a.* **1 곧은,** 일직선의: a ~ road 직선 도로 **2 똑바로 선,** 수직의: a ~ back (구부정하지 않고) 꼿꼿한 등 **3** 〈머리털 등이〉 곱슬곱슬하지 않은: ~ hair 곧은 털 **4** 정연한, 조리가 선: ~ thinking 조리가 선 사고 방식 **5** 정직한, 공명정대한; ~ dealings 공정한 거래 **6 a 정돈된,** 정리된: put[set] one's affairs ~ 신변의 일들을 정리하다 **b** 틀림없는, 바른: set [put] the record ~ 기록을 바로잡다 **7** 《미》 철저한: a ~ Republican 철두철미한 공화당원 **8** 《미》 〈위스키 등이〉 순수한, 물 따위를 타지 않은: ~ whiskey = whiskey ~ 스트레이트 위스키 **9** Ⓐ 연속된, 끊임없는: for seven ~ days 연달아 7일간 **10** 〈얼굴이〉 진지한, 정색의
put things ~ 정돈하다 ***set*** something ***~*** 《미·구어》 바로 잡다, 고치다
— *ad.* **1 똑바로,** 일직선으로: keep ~ on 똑바로 나아가다[계속하다] **2** 똑바로 서서, 수직으로 **3** 직접으로: go ~ to London 런던으로 직행하다 **4** 《구어》 솔

직하게, 객관적으로 **5** 연달아서 **6** 《구어》 바르게, 정직하게 **~ away** = **~ off** 《구어》 곧장, 척척 **~ out** 솔직하게
— *n.* **1** [the ~] 반듯함, 똑바름, 일직선 **2** 곧은 부분 ***on the ~*** 똑바로; 《속어》 정직하게 **~·ly** *ad.* **~·ness** *n.*
stráight Á 《미》 (학업 성적의) 전과목 수(秀)의, 올 A의
stráight àngle 평각(平角), 2직각 《180°》
straight·a·way [-əwèi] *a.* 일직선의, 즉시의 — *n.* (길·경주로의) 직선 (코스) — *ad.* 《영》 즉시, 곧바로
straight·bred [-brèd] *n.*, *a.* 순종(의)
straight·edge [-èdʒ] *n.* 직선 자
⁑**straight·en** [stréitn] *vt.* **1 똑바르게 하다** 《*out*》: ~ oneself *out* 몸을 꼿꼿이 세우다 **2** 정리[정돈]하다; 해결하다 《*out, up*》: ~ *out* difficulties 어려운 일들을 해결하다 **3** 바른 사람이 되게 하다, 갱생시키다 《*out*》
— *vi.* **1** 몸을 똑바르게 하다 《*up*》 **2** 정돈[정리]되다 《*out, up*》
stráight fáce (웃음을 참은) 무표정한 얼굴; 정색
stráight fíght 《영》 두 후보자[당파]간의 결전
stráight flúsh 〖카드〗 같은 종류의 패 다섯 장 연속
***straight·for·ward** [strèitfɔ́:rwərd] *a.* **1 똑바른**; 정직한, 솔직한 **2** 〈일 등이〉 수월한, 간단한
— *ad.* **똑바로**; 솔직히
~·ly *ad.* **~·ness** *n.*
straight·for·wards [-wərdz] *ad.* = STRAIGHTFORWARD
straight·jack·et [-dʒæ̀kit] *n.* = STRAITJACKET
stráight màn (희극 배우를 돕는) 조연역
straight-out [-áut] *a.* **1** 《미·구어》 완전한, 철저한 **2** 솔직한, 기탄없는
stráight rázor (칼집에 집어 넣는) 면도칼
***straight·way** [stréitwèi] *ad.* 《고어》 **즉시,** 즉각, 당장에; 일직선으로, 직접
⁑**strain**[1] [strein] [L 「팽팽히 잡아당기다」의 뜻에서] *vt.* **1 잡아당기다,** 팽팽하게 하다: ~ a wire 철사를 잡아당기다 **2 긴장시키다:** ~ one's ear(s) 열심히 귀를 기울이다 **3** (너무 써서) **상하게 하다,** 무리를 하다 **4** 〈법·의미를〉 왜곡하다, 곡해하다: ~ the meaning of a word 낱말의 뜻을 곡해[왜곡]하다 **5** 거르다; 걸러내다 《*out, off*》: ~ water *through* sand 모래로 물을 거르다
— *vi.* **1** 잡아당기다 《*at*》; 긴장하다 **2** 힘껏 노력하다, 애쓰다 《*after, for, to* do》 **3** 힘껏 참다 《*under*》; (…에 대항하여) 힘을 넣다 《*against*》 **4** 걸러지다, 여과하다, 스며 나오다 — *n.* **1** [UC] **팽팽함,** 긴장 **2** [UC] (심신의) 긴장, 힘씀; (큰) 노력; [C] 큰 부담 《*on*》 **3** (무리한 사용으로 발·등 등을) 접질림, 삠
under the ~ 긴장[과로]한 탓으로
strain[2] *n.* **1** 종족, 혈통, 가계(家系); 〖생물〗 계통: of a good ~ 혈통이 좋은 **2** (성격의) 특징, 기질; (유전적) 소질 《*of*》 **3** 어조, 말투: in a solemn ~ 엄숙한 어조로 **4** [종종 *pl.*] 《문어》 곡, 선율; 시, 노래
strained [streind] *a.* **1** 팽팽한, 긴장한 **2** 부자연스러운, 억지의: a ~ laugh 억지웃음
strain·er [stréinər] *n.* 거르는 사람; 거르는 기구 《여과기·체 등》
⁑**strait** [streit] [동음어 straight] *n.* **1 해협** 《지명에 붙을 때는 종종 *pl.*》: the *S*~(*s*) of Dover 도버 해협 **2** [*pl.*] **곤경,** 궁핍, 곤란: be in great ~*s* 몹시 고생하다, 곤경에 있다
— *a.* 《고어》 **1** 좁은, 갑갑한 **2** 엄중[엄격]한, 까다로운
strait·en [stréitn] *vt.* **1** [주로 수동형으로] 괴롭히다, 고생시키다: in ~*ed* circumstances 궁핍하여 **2** 《고어》 제한하다; 좁히다
strait·jack·et [stréitdʒæ̀kit] *n.* (미친 사람·광포한 죄수에게 입히는) 구속복; 엄중한 속박[단속]
strait·laced [-léist] *a.* 엄격한, 딱딱한
strait-waist·coat [-wéistkòut] *n.* 《영》 = STRAITJACKET
strand[1] [strænd] *vt.* **1** 좌초시키다 **2** [보통 수동형으로] 오도가도 못하게 하다; 〈사람을 무일푼이〉 되게 하다: He was ~*ed* penniless. 그는 무일푼이 되었다.
— *n.* 《시어》 물가, 해변
strand[2] *n.* **1** (새끼의) 가닥, 외가닥으로 꼰 끈; (머리털의) 숱 **2** 요소, 성분
⁑**strange** [streindʒ] *a.* **1 이상한,** 묘한: a ~ accident 이상한 사건 **2 모르는,** 미지의, 눈[귀]에 선 《*to*》: a ~ face 낯선 얼굴 **3** 익숙하지 못한, 미숙한 《*to, at*》: I am quite ~ here[*to* this place]. 여기는 처음 와 보는 곳이다.
~ to say[***tell***] 이상한 이야기지만
— *ad.* 《구어》 이상하게, 묘하게: act ~ 이상한 행동을 하다 **stránge·ness** *n.*
⁑**strange·ly** [stréindʒli] *ad.* **이상하게,** 색다르게; 서먹서먹하게; [문장 전체를 수식하여] **이상하게도**
⁑**stran·ger** [stréindʒər] *n.* **1 낯선 사람:** He is a ~ to me. 나는 그를 모른다. **2** 손님, 방문자 **3** (장소 등에) **생소한 사람** 《*to*》; 문외한, 무경험자 《*to*》
***stran·gle** [strǽŋgl] *vt.* **1** 목졸라 죽이다, 질식시키다: ~ a person to death …을 교살하다 **2** 억제[억압]하다, 〈의안 등을〉 묵살하다 **strán·gler** *n.*
stran·gle·hold [strǽŋglhòuld] *n.* **1** 〖레슬링〗 목 조르기 《반칙》 **2** 활동[발전]을 저해하는 것
stran·gu·late [strǽŋgjulèit] *vt.* = STRANGLE; 〖병리〗 〈혈행(血行)을〉 괄약(括約)하다 — *vi.* 〖병리〗 〈혈행이〉 괄약되다
stran·gu·la·tion [stræ̀ŋgjuléiʃən] *n.* [U] 교살; 〖병리〗 감돈(嵌頓), 괄약, 협착(狹窄)
⁑**strap** [stræp] *n.* **1 a 가죽끈,** 혁대 **b** (전차 등의) 손잡이 가죽 **2** 가죽숫돌 **3**

[the ~] (가죽끈으로의) 징계, 매질
— *vt.* (**~ped**; **~·ping**) **1** 가죽끈을[으로] 잡아 매다 《*with*》: ~ oneself in *with* a seat belt 안전 벨트를 매다 **2** 가죽끈으로 벌주다[때리다] **3** 《영》 〖외과〗 …에 반창고를 붙이다 《*up*》(《미》 tape)

strap·hang·er [strǽphæ̀ŋər] *n.* (전차 등에서) 손잡이끈을 잡고 선 사람

strap·less [strǽplis] *a.* 〈드레스 등이〉 어깨끈이 없는

strapped [stræpt] *a.* **1** 가죽끈으로 맨 **2** 《구어》 빈털터리의, 한 푼 없는

strap·per [strǽpər] *n.* **1** 가죽끈으로 매는 사람[것] **2** 《구어》 크고 건장한 사람

strap·ping [strǽpiŋ] *a.* Ⓐ 《구어》 키가 크고 건장한; 〈거짓말 등이〉 엄청난

***stra·ta** [stréitə | strɑ́:-] *n.* STRATUM의 복수

***strat·a·gem** [strǽtidʒəm] [Gk 「군대를 인솔하다」의 뜻에서] *n.* ⓊⒸ **전략**, 군략; 책략, 술책

***stra·te·gic** [strətí:dʒik] *a.* **전략의**, 전략상의[적인], 전략상 중요한[필요한]: ~ bombing 전략 폭격

stra·te·gi·cal [strətí:dʒikəl] *a.* = STRATEGIC **~·ly** *ad.*

Stratégic Defénse Initiative 〖미군〗 전략 방위 구상

stra·te·gics [strətí:dʒiks] *n. pl.* [단수 취급] 병법, 전략(strategy)

strat·e·gist [strǽtidʒist] *n.* 전략[전술]가; 책사

***strat·e·gy** [strǽtidʒi] [Gk 「(군대를 이끄는) 장군임」의 뜻에서] *n.* (*pl.* **-gies**) **1 전략** **2** 계략, 술수; 계획, 방법 《*for, of*》

Strat·ford-on-A·von [strǽtfərdɑn-éivən | -ɔn-] *n.* 스트래트퍼드온에이븐 《영국 중부 지방 도시; Shakespeare의 출생지》

Strath·clyde [stræθkláid] *n.* 스트래스클라이드 《1975년 신설된 스코틀랜드 남서부의 주; 주도 Glasgow》

stra·ti [stréitai] *n.* STRATUS의 복수

strat·i·fi·ca·tion [strætəfikéiʃən] *n.* ⓊⒸ **1** 〖지질〗 성층(成層), 층리(層理) **2** 〖사회〗 계층화, 계급화 **~·al** *a.*

strat·i·fy [strǽtəfài] *v.* (**-fied**) *vt.* **1** …에 층을 형성시키다, 층상(層狀)으로 하다: *stratified* rock 성층암, 수성암 **2** 〈사회 등을〉 계층화하다, 계급으로 나누다
— *vi.* **1** 층을 이루다 **2** 〈사회 등이〉 계층화되다, 계급으로 나누어지다

strato- [strǽtou, stréit-] 《연결형》 「층운(層雲); 성층권」의 뜻

stra·to·cu·mu·lus [strèitoukjú:mjuləs] *n.* (*pl.* **-li** [-lài]) 층적운(層積雲) 《略 Sc》

strat·o·sphere [strǽtəsfìər] *n.* [the ~] 〖기상〗 성층권 《대류권 위의 대기층》

strat·o·spher·ic, -i·cal [strætəsfíər-ik(əl) | -sfér-] *a.* 성층권의: a ~ flying 성층권 비행

***stra·tum** [stréitəm | strɑ́:-] [L 「펴진 것」의 뜻에서] *n.* (*pl.* **-ta** [-tə], **~s**) **1** 〖지질〗 **지층**; 층 **2** 〖사회〗 층, 계급

stra·tus [stréitəs] *n.* (*pl.* **-ti** [-tai]) 〖기상〗 층운(層雲)

Strauss [straus] *n.* 슈트라우스 **Johann ~** (1825-99) 《오스트리아의 작곡가》

⁑**straw** [strɔ:] *n.* **1 a** Ⓤ [집합적] **짚**, 밀짚 **b** (음료를 마시는) **스트로**, 빨대 **2** 하찮은 것; 조금 ***a man of ~*** 짚으로 만든 인형, 허수아비; 재산 없는 사람; 간판으로 내세운 사람; 가공 인물 ***do not care a ~***[***two ~s, three ~s***] 조금도 개의치 않다 ***not worth a ~*** 한 푼의 가치도 없는
— *a.* Ⓐ 짚의, 짚으로 만든; 짚 빛의, 담황색의

***straw·ber·ry** [strɔ́:bèri | -bəri] *n.* (*pl.* **-ries**) 〖식물〗 (양)**딸기** 《식물 또는 열매》; Ⓤ 딸기색

stráwberry blónde 불그스름한 금발 머리의 여자

stráwberry màrk 〖병리〗 딸기 모양의 혈관종(腫)

stráw bòss 《미·구어》 감독 조수; 실권 없는 상사

straw-col·ored [-kʌ̀lərd] *a.* 짚 빛[담황색]의

stráw mán **1** (허수아비 등의) 밀짚 인형 **2** 위증자 **3** 하찮은 사람[물건, 논의]

stráw vòte[**pòll**] 《미》 비공식 여론 조사

***stray** [strei] [L 「밖으로 방황해 나오다」의 뜻에서] *vi.* **1 길을 잃다**, 옆길로 빗나가다; 헤매다, 방황하다(wander) 《*away, off; from*》 **2** (옳은 길에서) **빗나가다**, 나쁜 길에 빠지다 **3** 〈논의 등이〉 빗나가다
— *a.* Ⓐ **1 a 길 잃은**, 헤매는, 방황하는: a ~ sheep 길 잃은 양 **b** 빗나간: a ~ bullet 유탄(流彈) **2** 산재하는; 가끔 일어나는, 홀연히 나타나는
— *n.* **1** 길 잃은 사람[가축] **2** 미아(迷兒); 부랑인 **3** [*pl.*] 〖통신〗 공전(空電)

⁑**streak** [stri:k] [OE 「선(線)」의 뜻에서] *n.* **1 줄**, 줄무늬, 선: *~s* of lightning 번갯불 **2** (비계 등의 얇은) 층, 광맥 **3 경향**, 기미, …한 느낌 **4** 《미·구어》 잠시, (단)시간; 연속: be on a winning[losing] ~ 연전 연승[연패]하다 ***have a ~ of*** …의 기미가 있다; 잠깐 …이 계속되다
— *vt.* [보통 수동형으로] 줄무늬를 넣다, 줄을 긋다: a necktie *~ed* with blue 푸른 줄무늬가 있는 넥타이
— *vi.* **1** 질주하다 **2** 《구어》 스트리킹하다, 벌거벗고 대중 앞을 달리다

streak·er [strí:kər] *n.* 스트리커 《벌거벗고 대중 앞을 달리는 사람》

streak·ing [strí:kiŋ] *n.* Ⓤ 스트리킹 《벌거벗고 대중 앞을 달리기》

streak·y [strí:ki] *a.* (**streak·i·er**; **-i·est**) **1** 줄(무늬) 있는, 줄무늬진; 〈베이컨 등이〉 (지방)층이 있는 **2** 한결같지 않은; 성마른, 신경질적인
stréak·i·ly *ad.* **-i·ness** *n.*

⁑**stream** [stri:m] *n.* **1 흐름**, **내**, 개울 **2** 유출, 분류(奔流) **3** [the ~] **a** 흐름의 방향, 추세 **b** 경향 **4** (잇단) 흐름, 사람[물건]의 물결 《*of*》: an endless ~ *of* cars 끝없이 이어지는 자동차의 흐름 ***go with***[***against***] ***the ~*** 흐름[시류]을 따르다[거스르다] ***on ~*** 〈공장 등이〉 생산

하고, 조업 중인 ***the ~ of consciousness*** 〖심리〗 의식의 흐름
— *vi.* **1** 흐르다, 흘러가다, 흘러나오다: A brook *~s by* our house. 시내가 우리집 옆을 흐른다. **2** 〈눈물 등이〉 흘러내리다 《*down*》: A flood of tears *~ed down* from her eyes. 눈물이 그녀의 눈에서 넘쳐흘렀다. **3** 잇달아 나오다: Workmen *~ed* from the factory. 노동자들이 줄줄이 공장에서 나왔다. **4** 〈빛 등이〉 비치다, 흐르다
— *vt.* 흘리다, 흘러나오게 하다

*__stream·er__ [strí:mər] *n.* **1 a** 흐르는 것 **b** 기(旗)드림, 장기(長旗) **2** 펄럭이는 장식, 장식 리본 **3** (기선이 출발할 때 사용하는) 테이프 **4** (북극광 등의) 사광(射光), 유광(流光); [*pl.*] (일식(日蝕) 때 보이는) 코로나의 광휘

stream·let [strí:mlit] *n.* 작은 개천[시내], 개울

stream·line [strí:mlàin] *n.* 유선(流線); 유선형 — *a.* Ⓐ 유선형의
— *vt.* 유선형으로 만들다; 능률적으로 하다, 합리화하다

*__stream·lined__ [strí:mlàind] *a.* **1** 유선형의 **2** 능률적인; 최신식의

‡**street** [stri:t] [L 「포장된 (도로)」의 뜻에서] *n.* **1 a** 거리, 가로(街路) **b** …가(街), …로(路): Oxford *St.* 옥스퍼드가 **2** [the ~; 집합적] 거리의 사람들 ***the man in*** [(미) ***on***] ***the ~*** 보통 사람; 아마추어 ***up*** one***'s ~*** (구어) 재취미[능력]에 맞아 ***woman of the ~s*** 밤거리의 여인, 매춘부
— *a.* Ⓐ **1** 거리의: a ~ map[plan] 시가도(市街圖) **2** 〈옷이〉 외출용의

stréet àrab 집 없는 아이, 부랑아

‡**street·car** [strí:tkɑ̀:r] *n.* (미) **시내 전차**((영) tram)

stréet crìes (영) 행상인의 외침 소리

stréet dòor 길에 면하여 난 문, 정문

stréet gìrl 밤거리의 여자, 매춘부

stréet làmp[lìght] 가로등

stréet musìcian 거리의 악사

street-smart [-smɑ̀:rt] *a.* (미·속어) = STREETWISE

stréet ùrchin = STREET ARAB

stréet vàlue 시가, (마약 등의) 최종 소비자 가격

street·walk·er [-wɔ̀:kər] *n.* 매춘부

street·wise [strí:twàiz] *a.* (미) 세상 물정에 밝은, 도시 서민 생활에 정통한

‡**strength** [streŋkθ] *n.* Ⓤ **1** 힘(force), **세기**; 체력 **2** (정신적인) **힘**, 지력 **3** 강점, 장점 **4** Ⓒ 힘이 되는 것, 의지 **5** 저항력, 내구력 **6** 강도(强度); 농도, 깊이 ***on the ~ of*** …에 의지하여, …의 원조를 받아; …을 믿고

‡**strength·en** [stréŋkθən] *vt.* **강하게 하다**, 튼튼하게 하다, 증강하다: ~ one's body 몸을 튼튼하게 하다
— *vi.* 강해지다, 튼튼해지다, 증강되다

*__stren·u·ous__ [strénjuəs] *a.* **1** 분투적인, 굽히지 않는 **2** 분투를 요하는; 격렬한: make ~ efforts 분투하다, 힘껏 노력하다 **~·ly** *ad.* **~·ness** *n.*

strep·to·coc·cus [strèptəkɑ́kəs | -kɔ́k-] *n.* (*pl.* **-coc·ci** [-kɑ́ksai | -kɔ́k-]) 연쇄상 구균(球菌)

strep·to·my·cin [strèptəmáisn | -sin] *n.* 〖약학〗 Ⓤ 스트렙토마이신 《결핵 치료용 항생 물질》

‡**stress** [stres] [distress의 두음 소실(頭音消失)] *n.* **1** ⓊⒸ **강조**, 힘, 무게, 중점 **2** ⓊⒸ 〖음성〗 **강세**, 악센트 **3** ⓊⒸ 〖물리〗 **압력**, 중압 **4** Ⓤ **a 압박**, 강제, 강압: under ~ of weather[poverty] 험악한 날씨 때문에[가난에 몰려서] **b** 긴박, 긴급; 긴장: in times of ~ 비상시에 **5** ⓊⒸ (정신적) **압박감**: the ~ of city life 도시 생활의 스트레스
— *vt.* **1 강조하다 2** 강세[악센트]를 붙이다 **3** 신경질나게 하다

stréss disèase 스트레스병

stress·ful [strésfəl] *a.* 긴장[스트레스]이 많은 **~·ly** *ad.*

stréss màrk 〖음성〗 강세[악센트] 기호

‡**stretch** [stretʃ] *vt.* **1 a 잡아 늘이다** 잡아당기다: He *~ed* the rope tight. 그는 밧줄을 팽팽히 잡아당겼다. **b 내뻗치다**, 쭉 펴다, 내밀다: She *~ed* out her hand for the hat. 그녀는 모자를 집으려고 손을 내밀었다. **2** 큰 대자로 뻗게 하다, 벌떡 뒤로 자빠뜨리다 《*out, down*》 **3** 극도로 긴장시키다; 힘껏 사용하다: ~ every nerve 온 신경을 긴장시키다 **4** 억지 해석하다, 남용[악용]하다: ~ the truth 진실을 왜곡하다
— *vi.* **1** 〈팔다리 등을〉 **뻗다**, 기지개를 켜다; 〈손 등을〉 내밀다 《*out*》 **2 늘어나다**, 신축성이 있다: Rubber *~es* easily. 고무는 잘 늘어난다. **3** 퍼지다, 뻗어나다, 이르다: The forest *~ed* for miles. 삼림은 여러 마일이나 뻗어 있었다.
~ out (1) 팔다리를 뻗다; (잡으려고) 손을 뻗다 《*for*》 (2) 큰 걸음으로 걷기 시작하다; 힘껏 노를 젓다
— *n.* **1 뻗침**, 팽팽하게 폄; 확장; Ⓤ 신축성 **2** 범위, 한도 **3 단숨**, 한 번 계속되는 일[노력, 시간] ***at a ~*** 단숨에 ***at full ~*** (시설 등을) 최대한 활용하여 ***on the*** (***full***) ***~*** 긴장하여: put[set] *on the ~* 전력을 기울이게 하다

*__stretch·er__ [strétʃər] *n.* **1 들것**: on a ~ 들것에 실려 **2 뻗치는**[펴는, 넓히는] **사람**; 펴는 도구, 신장구(伸張具), 장갑 펴는 기구, 구두[모자]골

stretch·er-bear·er [strétʃərbɛ̀ərər] *n.* 들것 드는 사람

strétcher pàrty 들것 작업대, 위생반

strétch màrks (경산부(經産婦)의 복부의) 임신선

stretch·y [strétʃi] *a.* (**stretch·i·er**; **-i·est**) 늘어나는, 신축성 있는

*__strew__ [stru:] *vt.* (**~ed**; **strewn**[stru:n], **~ed**) **1** 〈모래·꽃·씨 등을〉 (표면에) **뿌리다**; 끼얹다 **2** …의 표면을 온통 뒤덮다, 흩뿌려 덮다

strewn [stru:n] *vt.* STREW의 과거분사

'strewth [stru:θ] *int.* = 'STRUTH

stri·ate [stráieit] *vt.* …에 줄(무늬)를 넣다 — [-ət, -eit] *a.* = STRIATED

stri·at·ed [stráieitid] *a.* 줄[줄무늬, 홈]이 있는; 선[실] 모양의

stri·a·tion [straiéiʃən] *n.* **1** Ⓤ 줄지음, 줄넣음; 줄모양 **2** 가는 홈, 줄무늬

‡**strick·en** [stríkən] *v.* 《고어·문어》 STRIKE의 과거분사
— *a.* 《문어》 **1** Ⓐ 《탄환 등에》 **맞은**, 상처받은, 부상당한 **2** 비탄에 잠긴; 《병에》 걸린, 고통받는 《*with*》: terror-~ 공포에 사로잡힌 **~·ly** *ad.*

strick·le [stríkl] *n.* **1** 《되·말의》 평미레 **2** 긴 숫돌

‡**strict** [strikt] [L 「세게 당기다」의 뜻에서] *a.* **1 엄한**, 엄격한: ~ rules 엄한 규칙 **2 엄밀한**, 정밀한: a ~ interpretation of a law 법률의 엄밀한 해석 **3** 완전한, 순전한: in ~ secrecy 극비로 **~·ness** *n.*

‡**strict·ly** [stríktli] *ad.* **1 엄격히**, 엄밀히; [문장 전체를 수식하여] **엄밀히 말하자면**: Going out is ~ prohibited. 외출은 엄금이다. **2** 순전히, 단연코: He acted ~ on his own. 그는 순전히 자기 의사로 행동했다. ***~ speaking*** = ***speaking ~*** 엄밀히 말하자면

stric·ture [stríktʃər] *n.* **1** [보통 *pl.*] 비난, 혹평, 탄핵 《*on, upon*》 **2** 〖의학〗 협착(狹窄) ***pass ~s on*** …을 비난[탄핵]하다

‡**stride** [straid] *v.* (**strode** [stroud]; 《영·드물게》 **strid·den** [strídn], **strid** [strid]) *vi.* **1 큰 걸음으로 걷다**: ~ *away* 큰 걸음으로 성큼성큼 가버리다 **2** 성큼 넘어서다 《*over, across*》: ~ *across* a stream 시내를 건너뛰다
— *vt.* **1** 큰 걸음으로 걷다: ~ a street 거리를 활보하다 **2** 〈도랑 등을〉 넘다, 넘어서다 **3** 《고어·시어》 〈물건에〉 걸터앉다, 걸터서다 **—** *n.* **1 큰 걸음**, 활보 **2** 보폭; 《걷는》 보조 **3** [*pl.*] 진보, 발전
at* [*in*] *a ~ 한 걸음에 〈넘다 등〉 ***make great* [*rapid*] *~s*** 장족의 진보를 하다 ***take ... in* one*'s ~*** 쉽게 〈장애물 등을〉 뛰어 넘다; 수월하게 〈곤란 등을〉 뚫고 나가다; 냉철하게 대처하다

stri·dence, -den·cy [stráidns(i)] *n.* Ⓤ 삐걱거림, 귀에 거슬림

stri·dent [stráidnt] *a.* 귀에 거슬리는, 소리가 불쾌한 **~·ly** *ad.*

strid·u·late [strídʒulèit | -dju-] *vi.* 〈매미·귀뚜라미 등이〉 울다

strid·u·la·tion [strìdʒuléiʃən | -dju-] *n.* ⓊⒸ 마찰음; 마찰 발음 《작용》

‡**strife** [straif] *n.* ⓊⒸ **투쟁**, 다툼: cause ~ 싸움을 일으키다
be at ~ 사이가 나쁘다 《*with*》

‡**strike** [straik] *v.* (**struck** [strʌk]; **struck**, 《고어·문어》 **strick·en** [stríkən]) *vt.* **1 치다**, 때리다: ~ a person dead …을 때려 죽이다 **2** 공격하다: ~ the fort 요새를 공격하다 **3 찌르다** **4** 《부싯돌로 쳐서·마찰하여》 …에 불을 붙이다: ~ a light[match] 불을 붙이다[성냥을 긋다] **5** …**에 충돌하다**, 들이받다; 떨어져서 …에 맞다, 쳐 맞히다 **6** 〈생각이〉 …**의 마음에 떠오르다**, 생각나다: A bright idea *struck* me. 멋진 생각이 떠올랐다. **7** …에게 **인상을 주다**, 느끼게 하다; 〈주의를〉 끌다; 감동시키다: At first sight he was *struck* by her beauty. 첫눈에 그는 그녀의 아름다움에 매혹되었다. **8** …와 우연히 마주치다[만나다](come upon) **9** 〈시계·종이 시각을〉 치다, 쳐서 알리다: The clock[It] has *struck* three. 시계가 3시를 쳤다. **10** 〈병·죽음이〉 …을 갑자기 덮치다《*down*》: be *stricken* (*down*) with cholera 콜레라로 쓰러지다 **—** *vi.* **1 치다**; 공격[습격]하다 《*at*》: ~ *at* the enemy 적을 공격하다 **2 부딪치다** 《*against*》; 〈배가〉 좌초하다 《*on, upon*》: The ship *struck on* a rock. 그 배는 좌초했다. **3** 발화하다, 불이 붙다[켜지다] **4** 〈빛이〉 닿다, 꿰뚫다 《*through, into, to*》; 〈벼락이〉 떨어지다 **5** 감동을 주다: His words *struck on* my mind. 그의 말은 내 마음에 감동을 주었다. **6** 문득 생각이 떠오르다, 생각해 내다 《*on, upon*》 **7** 〈시계·종이〉 시각을 치다; 〈때가〉 오다 **8** (…으로) **향하다**, 나아가다: ~ *for* home 집으로 향하다 **9** 파업을 하다
~ home 치명상을 주다; 급소(急所)를 찌르다; 감명시키다 ***~ in*** 갑자기 입을 열다; 별안간 뛰어들다; 방해하다; 〈통풍(痛風) 등이〉 내공(內攻)하다 ***~ off*** 옆길로 빠지다, 떨어져 나가다; 〈이자를〉 할인하다; 인쇄하다; 즉석에서 그리다[쓰다]; 뛰어나다 ***~ out*** (힘차게) 나아가다; 새로운 길을 개척하다; 주먹을 휘두르다, 치다 《*at*》; 〖수영〗 손발로 물을 헤치며 헤엄치다 ***~ through*** 말소[삭제]하다; 꿰뚫다 ***~ up*** 〈적의 칼 등을〉 쳐올리다; 〈곡을〉 노래[연주]하기 시작하다; 〈교제·거래를〉 맺다
— *n.* **1 치기**, 타격, 구타 **2 동맹 파업**: a general ~ 총파업 / be (out) on (a) ~ 동맹 파업 중이다 / go on ~ (a) 동맹 파업에 들어가다 **3** 《주로 미》 《유전·금광 등의》 발견, 《사업의》 대성공: a lucky ~ 큰 횡재 **4** 〖야구〗 스트라이크: three ~*s* 삼진(三振)

stríke bènefit 《노조에서 주는》 파업 수당

strike·bound [stráikbàund] *a.* 파업 때문에 정지된

strike·break·er [-brèikər] *n.* 파업 방해자

strike·break·ing [-brèikiŋ] *n.* Ⓤ 파업 파괴 《행위》

strike·out [-àut] *n.* 〖야구〗 삼진(三振); 《미·구어》 실패

stríke pày = STRIKE BENEFIT

strik·er [stráikər] *n.* **1** 치는 사람[것] **2** 동맹 파업자 **3** 《포경(捕鯨)선의》 작살; 작살 사수(射手) **4** 〖크리켓〗 타자; 〖축구〗 스트라이커 《공격을 하는 포워드 중의 1명》

stríke zòne 〖야구〗 스트라이크 존 《타자의 무릎에서 겨드랑이까지의 지역》

‡**strik·ing** [stráikiŋ] *a.* **1 현저한**, 두드러진; 인상적인 **2** 치는; 〈시계가〉 시간을 울리는 **3** 파업 중인 **~·ly** *ad.*

stríking prìce 《옵션 계약이 가능한》 계약 가격, 권리 행사 가격

‡**string** [striŋ] *n.* **1** ⓊⒸ **끈**, 줄, 실: a piece of ~ 실 한 오라기

2 일련(一連), 끈으로 꿴 것, 한 줄 《*of*》: a ~ *of* pearls 꿴 진주 한 줄 **3** (사람·차 등의) 한 줄, 일렬: a ~ of cars 일렬로 늘어선 자동차 **4 a** (악기의) 현(絃) **b** [the ~s] (관현악단의) 현악기부 (연주자들) **5** [보통 *pl.*] 《구어》 부대 조건, 단서 **6** 〖컴퓨터〗 문자열 《일련의 문자들이 모여서 하나의 데이터로 취급되는 것》

have [***keep***] a person ***on a*** [***the***] ~ = 《미》 ***have a ~ on*** a person …을 조종하다 ***play second ~*** 보결 노릇하다 ***pull*** (***the***) ***~s*** [***wires***] (인형극에서) 줄을 조종하다; 배후에서 조종하다; 연줄을 이용하다

— *v.* (**strung** [strʌŋ]) *vt.* **1 실에 꿰다,** 연달아 꿰다: ~ beads 구슬[염주알]을 실에 꿰다 **2** (실·끈으로) …을 묶다, 매달다: ~ a packet of books 책꾸러미를 끈으로 묶다 **3** 배열하다 《*out*》 **4** 〈활에〉 시위를 매다; 〈악기에〉 현(絃)을 매다: ~ (*up*) a violin 바이올린의 가락을 조정하다 **5** [~ one*self* 로] 〈신경·정신·근육 등을〉 긴장시키다, 흥분시키다 《*up*》: ~ *oneself up* to the highest pitch 극도로 긴장하다 — *vi.* **1** 줄짓다; 줄지어 나아가다 《*out, away, off, in*》 **2** 실같이 되다

stríng bàg 망태기

stríng bánd 현악단(絃樂團)

stríng bèan **1** 《미》 깍지째 먹는 콩 《강낭콩·완두 등》 **2** 《구어》 키 크고 깡마른 사람

stringed [striŋd] *a.* **1** 현이 있는: a ~ instrument 현악기 **2** [복합어를 이루어] …의 줄이 있는: four-~ 4현의

strin·gen·cy [stríndʒənsi] *n.* (*pl.* **-cies**) ⓊⒸ **1** 엄중함 **2** (상황(商況) 등의) 절박, 핍박 **3** (학설 등의) 설득력

strin·gen·do [strindʒéndou] [It] *a., ad.* 〖음악〗 점점 빠른[빠르게]

strin·gent [stríndʒənt] *a.* **1** 〈규칙 등이〉 엄중한 **2** 〈금융 등이〉 절박한, 핍박한 **3** 〈학설 등이〉 설득력 있는 **~·ly** *ad.*

string·er [stríŋər] *n.* **1** 〖건축〗 세로보 **2** (악기의) 현 만드는 사람; 기술자 **3** 비상근 통신원, 《일반적으로》 특파원

stríng órchestra 현악 합주단

string·piece [stríŋpìːs] *n.* 〖건축〗 들보, 횡보

stríng quartét 현악 4중주(단[곡])

stríng tìe 가늘고 짧은 넥타이

string·y [stríŋi] *a.* (**stringi·er**; **-i·est**) **1 a** 실[끈]의; 근(筋)의 **b** 섬유질의; 〈고기 등이〉 힘줄투성이의 **2** 힘줄이 불거진 **3** 〈액체가〉 실처럼 늘어나는, 점질(粘質)의

‡**strip**[1] [strip] *v.* (**~ped**; **~·ping**) *vt.* **1** 〈껍질·겉옷 등을〉 **벗기다,** 떼어 버리다 《*of*》: ~ a tree *of* its bark = ~ the bark *from* a tree 나무의 껍질을 벗기다 **2** …에게서 빼앗다, 약탈[박탈]하다, 제거하다 《*of*》: ~ a room *of* its furniture 방에서 가구를 모두 치우다 — *vi.* **1** 〈나무·과일 등의 껍질이〉 벗겨지다 **2** 옷을 벗다 **3** 스트립쇼를 하다 — *n.* 《구어》 스트립쇼

strip[2] **1 a** (천·널빤지 등의) 가늘고 긴 조각, 한 조각 **b** 좁고 긴 땅 **2** (비행기의) 가설 활주로 **3** 《영》 (신문 등의) 연재 만화

stríp àrtist 스트리퍼

stríp cartóon = COMIC STRIP

‡**stripe** [straip] *n.* **1 줄무늬,** 스트라이프 **2** 〖군사〗 수장(袖章) **3** 채찍질, 채찍 자국 **4** [*pl.*] 죄수복

striped [straipt] *a.* 줄무늬[줄]가 있는

stríp lìghting 관상(管狀) 형광등에 의한 조명

strip·ling [-liŋ] *n.* 풋내기, 애송이

stríp màp 진로(進路)[도로] 요도(要圖) 《도로에 접한 지구(地區)의 시가·다리·교차로 등을 기입한 것》

stripped-down [stríptdáun] *a.* 불필요한 장비를 모두 제거한 〈자동차 등〉

strip·per [strípər] *n.* **1** 껍질 벗기는 사람[도구]; 옷 벗기는 사람 **2** 《구어》 스트리퍼(stripteaser)

strip·tease [stríptìːz] *n.* 스트립쇼 — *vt.* 스트립쇼를 하다

-er *n.* 스트리퍼, 스트립쇼의 무희

strip·y [stráipi] *a.* (**strip·i·er**; **-i·est**) 줄무늬 있는

‡**strive** [straiv] *vi.* (**strove** [strouv]; **striv·en** [strívən]) **1 노력하다,** 얻으려고 애쓰다 **2** 싸우다, 항쟁하다 《*with, against*》: ~ *against* fate[destiny] 운명과 싸우다

*__striv·en__ [strívən] *v.* STRIVE의 과거분사

strobe [stroub] *n.* 〖사진〗 《구어》 = STROBE LIGHT

stróbe lìght 〖사진〗 (스트로보의) 플래시 라이트, 섬광 전구(flash lamp)

stro·bo·scope [stróubəskòup] *n.* **1** 물체의 고속 회전[진동] 상태를 관찰[촬영]하는 장치 **2** 〖사진〗 스트로보, 섬광(閃光) 촬영 장치

*__strode__ [stroud] *v.* STRIDE의 과거

‡**stroke**[1] [strouk] *n.* **1 타격,** 치기, 일격; 한 번 찌르기[치기]: a ~ of lightning 낙뢰 **2** (시계·종 등의) 치는 소리, 울림 **3** (심장의) 고동 **4** (뇌졸중 등의) 발작 **5** (수영의) 손발을 한 번 놀리기; 수영법 **6** 한 획(劃), 자획 **7** (문학 작품의) 필치(筆致) ***at a*** [***one***] ***~*** (1) 일격에 (2) 단숨에, 일거에 ***on the ~ of*** (five) (5시)를 치니까[막 치려는데]

— *vt.* **1** 〈보트를〉 정조(整調)로 젓다 **2** 〖구기〗 〈공을〉 치다

stroke[2] *vt.* 쓰다듬다, 어루만지다; 달래다: ~ a person down …을 달래다 — *n.* 한 번 쓰다듬기, 어루만짐; 달램

stróke òar **1** 정조수(整調手)가 젓는 노 **2** 정조수

stróke plày 〖골프〗 = MEDAL PLAY

‡**stroll** [stroul] *vi.* **1 한가로이**[이리저리, 어슬렁어슬렁] **거닐다**(ramble), 산책하다: ~ about in the suburbs 교외를 이리저리 거닐다 **2** 방랑하다 **3** 순회 공연하다 — *n.* 이리저리 거닐기, 산책

go for [***have, take***] ***a ~*** 산책하다, 어슬렁거리며 거닐다

stroll·er [stróulər] *n.* **1** 한가히 거니는 사람, 산책자 **2** 방랑자 **3** 《미》 (접을 수 있는) 유모차(《영》 pushchair)

stroll·ing [stróuliŋ] *a.* Ⓐ 〈배우 등이〉 순회 공연하는, 떠돌아다니는

stro·mat·o·lite [strou*m*ǽtəlàit] *n.* 〖지질〗 스트로마톨라이트 《녹조류(綠藻類) 활동에 의해 생긴 박편상 석회암》

⁑strong [strɔːŋ | strɔŋ] *a.* (**~·er**; **~·est**) **1 힘 센,** 강한; 튼튼한, 강건한 **2** 〈물건이〉 **튼튼한**: ~ cloth 질긴 천 **3** 〈정신력·기억력 등이〉 **강한**; 〈감정 등이〉 격한; 〈신념 등이〉 굳은 **4 자신 있는**; 잘하는, 능한 《*in, on*》 **5** 〈논의·증거 등이〉 **유력한,** 설득력 있는 **6** 〈바람·타격 등이〉 **강한,** 거센 **7** 〈냄새·빛·소리 등이〉 강렬한

strong-arm [strɔ́ːŋɑ̀ːrm | strɔ́ŋɑ̀ːm] 《구어》 *a.* Ⓐ 힘이 센; 완력[폭력]을 쓰는, 우격다짐의 **—** *vt.* …에 폭력[완력]을 쓰다

strong·box [-bɑ̀ks | -bɔ̀ks] *n.* 금고, 돈궤

stróng bréeze 〖기상〗 된바람, 웅풍(雄風) 《시속 25-31 마일》

stróng drínk 주류(酒類); (양조주에 대하여) 증류주

stróng gále 〖기상〗 큰센바람, 대강풍 《시속 47-54 마일》

strong·heart·ed [-hɑ́ːrtid] *a.* 용감한

***strong·hold** [strɔ́ːŋhòuld | strɔ́ŋ-] *n.* **1 성채,** 요새; 근거지 **2** (사상·신앙 등의) 본거지, 거점

⁑strong·ly [strɔ́ːŋli | strɔ́ŋ-] *ad.* **1 튼튼하게 2 강하게,** 강경히 **3** 맹렬히; 열심히

strong·man [-mæ̀n] *n.* (*pl.* **-men** [-mèn]) **1** 장사 **2** 유력자; 독재자

strong-mind·ed [strɔ́ːŋmáindid | strɔ́ŋ-] *a.* (특히 유혹에 대하여) 마음이 단단한; 과단성 있는 **~·ly** *ad.* **~·ness** *n.*

strong·point [-pɔ̀int] *n.* 〖군사〗 방위 거점; (사람의) 장점

strong·room [-rù(ː)m] *n.* (은행 등의) 금고실, 귀중품실

stróng sùit 1 〖카드〗 높은 끗수의 패 **2** 장점, 장기

strong-willed [-wíld] *a.* 의지가 굳은; 완고한

stron·ti·um [strɑ́nʃiəm, -tiəm | strɔ́n-] *n.* Ⓤ 〖화학〗 스트론튬 《금속 원소, 기호 Sr, 번호 38》

stróntium 90 [-náinti] 〖화학〗 스트론튬 90 《스트론튬의 방사성 동위 원소; 기호 ^{90}Sr》

strop [strɑp | strɔp] *n.* (면도칼의) 혁지(革砥) **—** *vt.* (**~ped**; **~·ping**) 혁지에 갈다

stro·phe [stróufi] *n.* **1** (고대 그리스 합창 무용대의) 좌측 전회(轉回); (그때 부르는) 가장(歌章) **2** (시의) 절

strop·py [strɑ́pi | strɔ́pi] *a.* (**-pi·er**; **-pi·est**) 《영·속어》 반항적인, 다루기 어려운

***strove** [strouv] *v.* STRIVE의 과거

⁑struck [strʌk] *v.* STRIKE의 과거·과거분사 **—** *a.* Ⓐ 《미》 동맹 파업으로 폐쇄중인: a ~ factory 동맹 파업중인 공장

***struc·tur·al** [strʌ́ktʃərəl] *a.* **구조**(상)**의,** 조직(상)의 **~·ly** *ad.*

struc·tur·al·ism [strʌ́tʃərəlìzm] *n.* Ⓤ 구조주의(構造主義)

struc·tur·al·ist [strʌ́tʃərəlist] *n., a.* 구조(주의) 언어학자(의), 구조주의 비평가(의)

strúctural linguístics 구조 언어학

⁑struc·ture [strʌ́ktʃər] [L 「조립하다」의 뜻에서] *n.* **1** ⓊⒸ **구조** 《*of*》 **2 건물,** 건조물 **—** *vt.* 〈생각·계획 등을〉 구성하다, 조직화하다

stru·del [strúːdl] [G 「소용돌이」의 뜻에서] *n.* 과일·치즈 등을 밀가루 반죽으로 얇게 싸서 화덕에 구운 과자

⁑strug·gle [strʌ́gl] *vi.* **1 발버둥치다,** 몸부림치다: ~ *to* escape 도망치려고 몸부림[발버둥]치다 **2** 싸우다 《*against, with*》: ~ *against* fearful odds 강적과 싸우다 **3 분투[고투]하다,** 애쓰다; 고심하다 《*for, with*》

— *vt.* 노력하여 해내다[처리하다]; 〈길을〉 애써서 나아가다: They ~*d* their way through a crowd. 그들은 군중을 밀어 헤치고 나아갔다.

— *n.* **1 발버둥질,** 몸부림 **2 노력,** 악전고투: the ~ for existence[life] 생존 경쟁 **3** 투쟁, 전투; 격투 《*with*》: a ~ *with* disease 투병

strum [strʌm] *v.* (**~med**; **~·ming**) *vt.* 〈현악기를〉 가볍게[손끝으로] 타다; 〈곡을〉 타다 **—** *vi.* 가볍게 연주하다 《*on, away*》: ~ *on* a guitar 기타를 가볍게 치다 **—** *n.* 서투르게 타기; 그 소리

stru·ma [strúːmə] *n.* (*pl.* **-mae** [-miː]) 〖병리〗 갑상선종(甲狀腺腫); 〖식물〗 혹 모양의 돌기(突起)

strum·pet [strʌ́mpit] *n.* 《고어》 매춘부

***strung** [strʌŋ] *v.* STRING의 과거·과거분사 **—** *a.* **1** [보통 highly ~로] 〈사람이〉 흥분하기 쉬운, 신경질적인 **2** Ⓟ 《영》 긴장한 《*up*》 **3** 〈악기 등이〉 현을 친

***strut**[1] [strʌt] *v.* (**~·ted**; **~·ting**) *vi.* **점잔빼며[거들먹거리며] 걷다**; 〈공작·칠면조 등이〉 날개를 펴고 걷다: ~ about [along] 어깨를 으쓱거리며 걷다 **—** *vt.* 〈옷 등을〉 뽐내며 자랑해 보이다, 과시하다 **—** *n.* 점잔빼는 걸음걸이 **strút·ter** *n.*

strut[2] *n.* 지주(支柱), 버팀목

'struth [struːθ] [God's *truth*] *int.* 《구어》 이크, 깜짝이야 《놀라는 소리》

strych·nine [stríknain, -nin | -niːn] *n.* Ⓤ 〖약학〗 스트리키니네 《신경 흥분제》

Stu·art [st*j*úːərt | stjúː-] *n.* **1** 남자 이름 **2** 스튜어트 왕가의 사람

***stub** [stʌb] *n.* **1** (나무의) **그루터기 2** (연필·담배 등의) 토막, 동강 **3** (수표책 등의) 떼어 주고 남은 쪽

— *vt.* (**~bed**; **~·bing**) **1** 〈그루터기·뿌리를〉 뽑다 《*up*》 **2** 〈담배를〉 끝을 비벼 끄다 《*out*》 **3** 〈발끝을〉 (그루터기·돌 등에) 채다 《*against, on*》

stub·ble [stʌ́bl] *n.* **1** [보통 *pl.*] (밀 등의) 그루터기 **2** Ⓤ 그루터기 모양의 것; (송송 난) 짧은 수염 **stúb·bly** *a.*

⁑stub·born [stʌ́bərn] *a.* **1 완고한,** 고집 센 **2** 완강한, 굽히지 않는 **3** 〈문제 등이〉 다루기 힘드는: ~ facts 굽힐 수 없는 엄연한 사실 **4** 〈돌·목재 등이〉 단단한 **~·ly** *ad.* 완고[완강]하게 **~·ness** *n.* Ⓤ 완고, 완강

stub·by [stʌ́bi] *a.* (**-bi·er**; **-bi·est**) **1** 그루터기 같은, 갓 베어낸 **2**〈모습 등이〉 뭉뚝한, 땅딸막한;〈머리털·수염 등이〉 짧고 빳빳한 **3** 그루터기[뿌리] 투성이의

stuc·co [stʌ́kou] [It.] *n.* (*pl.* **~(e)s**) ⓤⓒ 치장 벽토 (세공) **—** *vt.* 치장 벽토를 바르다

‡**stuck** [stʌk] *v.* STICK의 과거·과거분사 **—** *a.* 《속어》 …에 열중한; 반한 《*on*》 **—** *n.* [다음 성구로] ***in*** [***out of***] **~** 《구어》 곤경에 빠져[을 벗어나]

stuck-up [stʌ́kʌ́p] *a.* 《구어》 거드름부리는, 점잔빼는

*__stud__[1] [stʌd] [OE 「지주(支柱)」의 뜻에서] *n.* **1** 못, (특히 대가리가 큰) 장식 못[징] **2** (와이셔츠 등의) 장식 단추, 칼라 단추(《미》 collar button)
— *vt.* (**~·ded**; **~·ding**) **1** …에 장식 단추를 달다; 장식 못을 박다 **2** …에 온통 박다 **3** …에 점재[산재]해 있다: Numerous islands ~ the bay. 수많은 섬들이 그 만에 산재해 있다.

stud[2] *n.* **1** 종마(種馬) **2** [집합적] (사냥·경마·번식·승마용 등의) 전용마(專用馬)의 떼, 말 떼

stud·book [stʌ́dbùk] *n.* (말의) 혈통 대장(臺帳)

stud·ding·sail [stʌ́diŋsèil, 《항해》 stʌ́nsəl] 《항해》 스턴슬, 보조돛

‡**stu·dent** [stjúːdnt | stjúː-] [study에서] *n.* **1** 학생 《미국에서는 중·고등학교 학생 이상, 영국에서는 대학생》 **2** 연구가, 학자

stu·dent·ship [stjúːdntʃìp | stjúː-] *n.* ⓤ **1** 학생의 신분 **2** 《영》 (대학의) 장학금

stúdent téacher 교육 실습생, 교생

stúdent [《영》 **stúdents'**] **únion** 《미》 **1** 학생 회관 《과외 활동용 휴게실·오락실·클럽실 등이 있음》 **2** (대학의) 학우회, 학생 자치회

stúd fàrm 종마 사육장

stud·horse [stʌ́dhɔ̀ːrs] *n.* (번식용) 종마

*__stud·ied__ [stʌ́did] *a.* **1** 고의의, 부자연스러운 **2** 심사숙고한 **~·ly** *ad.*

‡**stu·di·o** [stjúːdiòu | stjúː-] [It. = study] *n.* (*pl.* **~s**) **1 a** (미술가·조각가·사진가 등의) **작업장**, 아틀리에 **b** (레코드) 녹음실 **2** 방송실, 스튜디오

stúdio apàrtment 《미》 부엌·목욕실이 한 방에 딸린 아파트, 1실형 주거; (스튜디오처럼) 천장이 높고 창문이 큰 아파트

stúdio àudience [집합적] (라디오·TV의) 방송 스튜디오의 방청객

stúdio còuch (등받이·팔걸이가 없는) 침대 겸용 소파

stu·di·ous [stjúːdiəs | stjúː-] *a.* **1** 면학에 힘쓰는, 공부하기 좋아하는 **2** 몹시 …하고 싶어하는; 열심인, 애쓰는 **3 a** 신중한, 세심한 **b** 고의의, 부자연스러운
~·ly *ad.* **~·ness** *n.*

‡**stud·y** [stʌ́di] [L 「애쓰다」의 뜻에서] *n.* (*pl.* **stud·ies**) **1** ⓤ **공부**, 학습 **2** [종종 *pl.*] (종사하고 있는) **연구**, 학업 **3** 연구 과목[대상], 연구 분야, 학문 **4** 연구 논문 **5** 서재, 연구실 **6 a** (화가 등의) 스케치, 습작, 시작(試作) **b** 《음악》 연습곡, 에뛰드(étude) **—** *v.* (**stud·ied**) *vt.* **1** 연구하다; 배우다, 공부하다, 학습하다 **2** (면밀히) 조사하다, 검토하다 **3**〈대사 등을〉 외다 **4**〈남의 희망·감정·이익 등을〉 고려하다, 위하여 애쓰다 **—** *vi.* **1** 공부하다, 학습하다 **2** 《문어》 힘쓰다, …하려고 애쓰다

stúdy gròup (정기적으로 모여 하는) 연구회

stúdy hàll 《미》 **1** (학교의) 자습실 **2** (자습실에서의) 자습 시간

‡**stuff** [stʌf] *n.* **1** ⓤⓒ **재료**, 원료, 자료 **2** ⓤ 물건, 사물: nasty ~ 싫은[더러운] 물건 **3 a** 《구어》 가진 물건 **b** 가재 도구, 가구 **4** 음식물, 음료 **5** 직물, 포목 **6** 소질, 요소: This shows what ~ he is made of. 이것으로도 그의 인물을 알 수 있다. **7 a** 폐물, 잡동사니, 쓰레기 **b** 쓸데없는 소리, 허튼소리
That's the ~! 《구어》 당연한 조치다!, 그래야 마땅하다!; 맞다, 좋아!
— *vt.* **1** …에 (가득) **채우다** 《*with*》; 〈이불 등에〉 솜[털, 짚 《등》]을 넣다, 속을 채우다 《*into*》: ~ a pillow *with* feathers = ~ feathers *into* a pillow 베개에 깃털을 넣다 **2**〈새·짐승을〉 속을 채워 박제로 하다: a *~ed* bird 박제한 새 **3**〈요리할 칠면조 등에〉 소를 채우다 《*with*》 **4**〈사람·뱃속에〉 음식을 채워넣다; 《구어》 〈음식을〉 잔뜩 먹다 《*with*》: ~ oneself 과식하다 **5**〈지식·생각 등을〉〈머리에〉 주입하다: ~ one's head[mind] with useless knowledge 쓸데없는 지식을 머리에 채워넣다 **—** *vi.* 잔뜩[게걸스럽게] 먹다

stúffed shírt 《구어》 젠체하는 사람

stuff·ing [stʌ́fiŋ] *n.* ⓤ **1** 채움 **2 a** 이불 등을 채우는 물건 《깃털·솜·짚 등》 **b** (신문 등의) 빈 자리 메우는 기사 **c** (요리할 새 등에 채워 넣는) 빵 부스러기 등의 소

stuff·y [stʌ́fi] *a.* (**stuff·i·er**; **-i·est**) **1** 〈방 등이〉 통풍(通風)이 잘 안 되는, 숨막히는; 무더운 **2** 《구어》 〈생각 등이〉 케케묵은, 구식의, 고풍의; 지루한
stúff·i·ly *ad.* **-i·ness** *n.*

stul·ti·fy [stʌ́ltəfài] *vt.* (**-fied**) **1 a** 바보처럼 보이게 하다 **2** 망쳐 놓다, 무의미하게 하다; 무효화하다 **stùl·ti·fi·cá·tion** *n.*

‡**stum·ble** [stʌ́mbl] *vi.* **1** 발부리가 걸리다, …에 채어 비틀거리다 《*on, over*》, 비틀거리며 걷다 《*along*》: ~ *over*[*on*] a stone 돌에 발부리를 채다 **2** 우연히 마주치다[발견하다] 《*up, upon, across*》: He *~d across* an old friend. 그는 우연히 옛 친구를 만났다. **3** 《문어》 실수하다; (도덕상의) 죄를 짓다 **4**〈말을〉 더듬다, 더듬거리다 **—** *n.* **1** 비트적거림, 비틀거림 **2** 실수, 과실 **-bler** *n.*

stum·ble·bum [stʌ́mblbʌ̀m] *n.* 《속어》 서투른 권투 선수; 《미·구어》 무능한 사람; 《미》 낙오자

stúm·bling blòck [stʌ́mbliŋ-] **1** 방해물, 장애물 **2** 고민거리

stum·bling·ly [stʌ́mbliŋli] *ad.* 비틀비틀; 더듬더듬; 주저하며; 어리둥절하며

stu·mer [stjúːmər | stjúː-] *n.* 《영·속어》

가짜; 위조 수표[지폐]

‡**stump** [stʌmp] *n.* **1** (나무의) **그루터기** **2** 그루터기 모양의 것 **3** [*pl.*] 《구어》 다리 **4** (크리켓의) 기둥

take the ~ 유세하며 다니다 ***up a*** ~ 《미·구어》 대답할 말이 막혀, 어찌할 바를 몰라

— *vt.* **1 a** 〈나무를〉 베어서 그루터기로 하다 **b** 〈땅에서〉 나무를 뿌리째 뽑다 **2** 《구어》 〈질문 등이 사람을〉 괴롭히다, 난처하게 하다: That ~*s* me. 그건 골치로군. **3** 유세하다: ~ the country[a constituency] 국내[선거구]를 유세하다 — *vi.* (의족으로 걷듯이) 뚜벅뚜벅 걷다, 무거운 발걸음으로 걷다: ~ *along* 터벅터벅 걸어가다

stump·er [stʌ́mpər] *n.* **1** 《구어》 어려운 질문[문제] **2** = WICKETKEEPER

stump·y [stʌ́mpi] *a.* (**stump·i·er**; **-i·est**) **1** 그루터기 투성이의 **2** 땅딸막한, 몽톡한

***stun** [stʌn] *vt.* (**~ned**; **~·ning**) **1** 〈사람을〉 **기절시키다** **2** (놀람·기쁨으로) 어리벙벙하게 하다, 아연하게 하다 **3** 〈소음이〉 귀를 멍멍하게 하다

***stung** [stʌŋ] *v.* STING의 과거·과거분사

stún gùn 스턴 총(銃) 《(1) 폭동 진압용의 작은 모래 주머니를 발사하는 총 (2) 작은 화살을 발사하여 전기 쇼크로 마비시키는 총》

stunk [stʌŋk] *v.* STINK의 과거·과거분사

stun·ner [stʌ́nər] *n.* **1** 기절시키는 사람[물건, 일격] **2** 《구어》 멋진[근사한] 사람[것]; 절세미인

***stun·ning** [stʌ́niŋ] *a.* **1** **아연하게 하는**; 기절시키는 **2** 《구어》 멋진, 매력적인, 훌륭한: She is absolutely ~. 그녀는 참으로 매력적이다. **~·ly** *ad.*

stun·sail, stun·s'l [stʌ́nsəl] *n.* = STUDDINGSAIL

stunt[1] [stʌnt] *vt.* 〈식물·지능 등의〉 발육을 방해하다 — *n.* 발육 저지

***stunt**[2] [stʌnt] *n.* **1** **묘기,** 아슬아슬한 재주 **2** 이목을 끄는 행동 **3** 고등[곡예] 비행 — *vi.* 아슬아슬한 재주를 부리다; 곡예 비행을 하다

stúnt màn 〖영화〗 (위험한 장면의) 대역(代役), 스턴트맨

stúnt wòman STUNT MAN의 여성형

stu·pa [stú:pə] [Skr.] *n.* 〖불교〗 사리탑

stupe[1] [stju:p | stju:p] 〖의학〗 *n.* 더운 찜질 — *vt.* 더운 찜질하다, 온습포하다 (foment)

stupe[2] *n.* 《속어》 얼간이, 바보

stu·pe·fa·cient [stjù:pəféiʃənt | stjù:-] *a.* 무감각하게 하는, 마취시키는

— *n.* 마취제

stu·pe·fac·tion [stjù:pəfǽkʃən | stjù:-] *n.* Ⓤ **1** 마취(시킴), 마비 **2** 망연; 깜짝 놀람

***stu·pe·fy** [stjú:pəfài | stjú:-] *vt.* (**-fied**) **1** **마비시키다**; 무감각하게 하다 **2** [종종 수동형] 멍하게 하다 **3** [종종 수동형] 깜짝 놀라게 하다 《*at, by*》

stu·pe·fy·ing [stjú:pəfàiiŋ | stjú:-] *a.* 깜짝 놀라게 하는

***stu·pen·dous** [stju:péndəs | stju:-] *a.* 엄청난; 굉장한; 거대한 **~·ly** *ad.*

‡**stu·pid** [stjú:pid | stjú:-] [L 「기절한」의 뜻에서] *a.* (**~·er**; **~·est**) **1** 〈사람·언동이〉 **어리석은,** 우둔한 **2** 시시한, 재미없는, 지루한 **3** 무감각한, 마비된

— *n.* 《구어》 바보, 멍청이 **~·ly** *ad.*

***stu·pid·i·ty** [stju:pídəti | stju:-] *n.* (*pl.* **-ties**) **1** Ⓤ **어리석음,** 우둔 **2** [종종 *pl.*] 어리석은 언동

stu·por [stjú:pər | stjú:-] *n.* ⓊⒸ 무감각; 마비, 혼수(昏睡), 인사불성

***stur·dy** [stə́:rdi] *a.* (**-di·er**; **-di·est**) **1** 〈몸이〉 **억센,** 튼튼한; **힘센** **2** 〈물건이〉 튼튼한 **3** 〈저항·용기 등이〉 완강한, 불굴의; 〈성격 등이〉 건전한

stúr·di·ly *ad.* **-di·ness** *n.*

stur·geon [stə́:rdʒən] *n.* (*pl.* **~s,** ~) 〖어류〗 철갑상어

stut·ter [stʌ́tər] *vi.* 말을 더듬다; 더듬거리며 말하다 — *vt.* …을 더듬거리며 말하다 《*out*》 — *n.* 말더듬기 《버릇》

stut·ter·er [stʌ́tərər] *n.* 말더듬이

stut·ter·ing·ly [stʌ́təriŋli] *ad.* 말을 더듬거리며

sty[1], **stye**[1] [stai] *n.* (*pl.* **sties**) **1** 돼지 우리 **2** 더러운 집[방]

sty[2], **stye**[2] *n.* (*pl.* **sties**; **~s**) 〖병리〗 다래끼; have a ~ in one's eye 눈에 다래끼가 나다

Styg·i·an [stídʒiən] *a.* **1** (그리스 신화의) 삼도천(三途川)(Styx)의 **2** [종종 **s~**] 《문어》 음침한, 캄캄한: ~ gloom 캄캄한 어둠 **3** [종종 **S~**] 《문어》 지옥의

‡**style** [stail] [동음어 stile] *n.* **1** (행동 등의 독특한) 방법, 스타일 **2** ⓊⒸ (복장 등의) **스타일,** 유행(형); ⓊⒸ 고상, 품격, 품위 **3** ⒸⓊ **a** **문체** **b** 말씨 **4** 양식, 풍; ⓊⒸ 유파

out of ~ 유행에 뒤떨어진[뒤져] ***live in good***[***grand***] ~ 호화스럽게 살다

— *vt.* **1** …에게 칭호를 주다, …을 …이라 명명하다[칭하다, 부르다] **2** 〈원고 등을〉 일정한 스타일에 맞추다 **3** 〈옷 등을〉 특정[유행] 스타일에 맞추어 짓다

-style [stail] 《연결형》 「…한 스타일의[로]」의 뜻: American-~ 아메리카 스타일의[로]

style·book [stáilbùk] *n.* 스타일북 《복장의 유행형을 도시(圖示)한 책》

styl·ish [stáiliʃ] *a.* 유행의, 멋진, 맵시 있는 **~·ly** *ad.* **~·ness** *n.*

styl·ist [stáilist] *n.* **1** 문장가, 명문가 **2** (복장·실내 장식 등의) 의장(意匠) 설계자[연구자]

sty·lis·tic, -ti·cal [stailístik(əl)] *a.* 문체[양식]의

sty·lis·tics [stailístiks] *n. pl.* [단수 취급] 문체론

styl·ize [stáilaiz] *vt.* 〈표현·수법 등을〉 일정한 양식에 일치시키다, 양식화하다; 틀[인습]에 박히게 하다

sty·lo·graph [stáiləgræ̀f | -grɑ̀:f] *n.* 첨필형 만년필, 철필

sty·lus [stáiləs] *n.* (*pl.* **-li** [-lai], **~·es**) **1** 첨필(尖筆), 철필 **2** (축음기의) 바늘; 해시계의 바늘

sty·mie, sty·my [stáimi] *n.* (*pl.* **-mies**) **1** 〖골프〗 타자의 공과 홀과의 사이에 상대방의 공이 있는 상태; 그 상대의 공 **2** 곤경 — *vt.* 방해하다

styp·tic [stíptik] *a.* 수렴성의; 출혈을 멈추는 — *n.* 지혈제

sty·rene [stáiəri:n | stáiər-] *n.* Ⓤ 〖화학〗 스티렌 《합성 수지·합성 고무 원료》

Sty·ro·foam [stáiərəfòum] *n.* 스티로폼 《발포(發泡) 폴리스티렌; 상표명》

Styx [stiks] *n.* [the ~] 〖그리스신화〗 삼도천(三途川) 《저승에 있는 강》

sua·sion [swéiʒən] *n.* Ⓤ 《드물게》 권고, 설득

suave [swɑ:v] *a.* **1** 〈사람·태도·말씨 등이〉 부드러운, 상냥한 **2** 〈포도주·약 등이〉 순한 **suáve·ly** *ad.*

suav·i·ty [swɑ́:vəti] *n.* (*pl.* **-ties**) **1** 유화, 온화, 상냥 **2** [*pl.*] 상냥한 태도[말씨]

sub [sʌb] 《구어》 *n.* **1** 대리인; 《특히》 보결 선수 **2** 잠수함 **3** (클럽 등의) 회비 **4** 《영》 (급료의) 가불
— *v.* (**~bed**; **~·bing**) *vi.* **1** 대신[대리]하다 **2** 《영》 (급료의) 가불을 주다[받다]
— *vt.* **1** 《영》 〈급료의 가불을〉 주다[받다] **2** 〈신문·잡지의〉 부주필을 하다

sub- [sʌb, səb] *pref.* 「아래; 하위; 버금; 부(副), 아(亞); 조금, 반」의 뜻

sub. subaltern; subject; subscription; submarine; substitute(s); suburb(an); subway

sub·ac·id [sʌbǽsid] *a.* **1** 조금 신 **2** 조금 신랄한

sub·a·gent [sʌ̀béidʒənt] *n.* 부(副)대리인

sub·al·tern [sʌbɔ́:ltərn | sʌ́bəltən] *n.* 〖영국군〗 중위, 소위

sub·ant·arc·tic [sʌ̀bæntɑ́:rktik] *a.* 아남극(亞南極)의, 남극에 가까운

sub·aq·ua [sʌ̀bǽkwə] *a.* 수중의, 잠수의

sub·arc·tic [sʌbɑ́:rktik] *a.* 아(亞)북극의, 북극에 가까운

sub·at·om [sʌbǽtəm] *n.* 〖물리〗 아원자(亞原子) 《양자, 전자 등의 원자 구성 요소》

sub·a·tom·ic [sʌ̀bətɑ́mik | -tɔ́m-] *a.*

sub·class [sʌ́bklæ̀s | -klɑ̀:s] *n.* 〖생물〗 아강(亞綱)

sub·com·mit·tee [sʌ́bkəmìti] *n.* 분과 위원회, 소위원회

sub·com·pact [sʌbkɑ́mpækt | -kɔ́m-] *n.* compact보다 소형의 자동차
— *a.* 〈자동차가〉 compact보다 소형의

sub·con·scious [sʌbkɑ́nʃəs | -kɔ́n-] *a.* 잠재의식의, 어렴풋이 의식하는
— *n.* [the ~] 잠재의식
~·ly *ad.* **~·ness** *n.*

sub·con·ti·nent [sʌbkɑ́ntənənt | -kɔ́n-] *n.* 아대륙(亞大陸) 《인도·그린란드 등》

sub·con·tract [sʌbkɑ́ntrækt] *n.* 하청 계약, 하도급 — [ˌ-ˊ] *vi.*, *vt.* 하청하다, 하도급을 맡다[맡기다]
-trac·tor *n.* 하청인, 하도급 계약자

sub·cul·ture [sʌ́bkʌ̀ltʃər] *n.* Ⓤ Ⓒ (한 사회[문화]의) 하위 문화 (집단)

sub·cu·ta·ne·ous [sʌ̀bkju:téiniəs] *a.* 〖해부〗 피하(皮下)의; 피하에 하는; 〈기생충 등이〉 피하에 사는: a ~ injection 피하 주사

sub·dea·con [sʌbdí:kən] *n.* (가톨릭에서) 부보제(副補祭), (개신교의) 부집사

sub·deb·u·tante [sʌbdébjutɑ̀:nt] *n.* 《미》 곧 사교계에 나갈 처녀, 15-16세의 처녀

sub·di·vide [sʌ̀bdiváid] *vt.* 다시 나누다; 세분하다 《*into*》 — *vi.* 세분되다

sub·di·vi·sion [sʌ́bdivìʒən] *n.* **1** Ⓤ 다시 나눔, 세분 **2** 일부(분), 일구분

sub·du·al [səbdjú:əl | -djú:-] *n.* Ⓤ 정복; 억제; 완화

⁑sub·due [səbdjú: | -djú:] *vt.* **1** 〈적국 등을〉 **정복하다**, 진압하다 **2** 〈감정을〉 억누르다, 억제하다 **3** 〈빛깔·소리·태도 등을〉 **누그러지게 하다**, 완화하다

sub·dued [səbdjú:d | -djú:d] *a.* **1** 정복된; 억제된 **2** 〈사람·성격·태도 등이〉 조용한, 차분한: ~ manners 조용한 태도

sub·ed·it [sʌbédit] *vt.* 〈신문·잡지 등의〉 부주필 일을 하다, …의 편집을 돕다

sub·ed·i·tor [sʌbédətər] *n.* 부주필, 편집 차장

sub·fam·i·ly [sʌbfǽməli | ˊ-ˌ--] *n.* (*pl.* **-lies**) 〖생물〗 아과(亞科); 〖언어〗 어파 《어족의 하위 구분》

sub·floor [sʌ́bflɔ̀:r] *n.* 마루 밑에 깐 거친 마루

sub·freez·ing [sʌbfrí:ziŋ] *a.* 빙점 하의

sub·fusc [sʌbfʌ́sk | ˊ-] *a.* 거무스레한, 칙칙한
— *n.* 〖옥스퍼드대학〗 식복(式服)

sub·ge·nus [sʌbdʒí:nəs] *n.* (*pl.* **-gen·e·ra** [-dʒénərə], **~·es**) 〖생물〗 아속(亞屬)

sub·group [sʌ́bgrù:p] *n.* 하위 집단

sub·head [sʌ́bhèd] *n.* 작은 표제, 표제의 소(小)구분, 부제(副題)

sub·head·ing [sʌ́bhèdiŋ] *n.* 작은 표제

sub·hu·man [sʌbhjú:mən] *a.* **1** 〈동물 등이〉 인간에 가까운, 유인(類人)의 **2** 인간 이하의

subj. subject; subjective(ly); subjunctive

sub·ja·cent [sʌbdʒéisnt] *a.* 아래의[에 있는]

⁑sub·ject [sʌ́bdʒikt] *n.* **1** (토론·연구 등의) **주제**(主題), 문제; 제재(題材) **2** (학교의) **학과**, (시험) 과목 **3 백성**, 국민 **4** 〖문법〗 **주어**, 주부 **5** 〖논리〗 주위(主位), 주사(主辭) **6** 〖철학〗 주체, 주관, 자아 ***on the ~ of*** …이라는 제목으로, …에 관하여
— *a.* **1** Ⓟ **영향을 받는[받기 쉬운]** **2 지배를 받는**, 복종하는; 속국[속령]의 《*to*》 **3** Ⓟ **조건으로 하는, 필요로 하는** 《*to*》, 〈승인 등을〉 받아야 하는 — [səbdʒékt] *vt.* **1 복종[종속]시키다** **2** …에게 〈싫은 일을〉 당하게 하다, 겪게 하다 《*to*》: ~ oneself *to* ridicule 조소를 받다

súbject càtalog (도서관의) 주제별 분류 목록

***sub·jec·tion** [səbdʒékʃən] *n.* Ⓤ **1** 정복; 복종 《*to*》 **2** 좌우됨, 종속 《*to*》

***sub·jec·tive** [səbdʒéktiv] *a.* **1 주관의,** 주관적인; 상상의 **2** 〖문법〗 주격의: the ~ case 주격 **~·ly** *ad.*

sub·jec·tiv·ism [səbdʒéktivìzm] *n.* Ⓤ 주관론, 주관주의

sub·jec·tiv·i·ty [sʌ̀bdʒektívəti] *n.* Ⓤ **1** 주관적임, 주관성(性) **2** 주관(주의)

súbject màtter **1** (저작 등의 형식·문체 등에 대해) 내용 **2** 주제, 제목 **3** 소재, 재료

sub·join [sʌbdʒɔ́in] *vt.* (…에) 〈어구 등을〉 추가[보충]하다

sub ju·di·ce [sʌb-dʒú:dəsi] [L= under judgment] *a.* Ⓟ 〖법〗 심리 중, 미결(未決)의

sub·ju·gate [sʌ́bdʒugèit] *vt.* 정복하다, 복종시키다, 종속시키다
sùb·ju·gà·tion *n.* **-gà·tor** *n.*

‡**sub·junc·tive** [səbdʒʌ́ŋktiv] [L 「접속하는」의 뜻에서] 〖문법〗 *a.* **가정법의**
— *n.* **1** [the ~] 가정법 **2** 가정법의 동사 **~·ly** *ad.*

sub·king·dom [sʌbkíŋdəm] *n.* 〖생물〗 아계(亞界)

sub·lease [sʌ́blì:s] *n., vt.* 전대(轉貸)(하다), (빌린 것을) 다시 빌려 줌[주다]

sub·let [sʌblét] *vt.* (~; **~·ting**) **1** 전대하다 **2** 〈일 등을〉 하청주다

sub·lieu·ten·ant [sʌ̀blu:ténənt] *n.* 《영》 해군 중위

sub·li·mate [sʌ́bləmèit, -mət] *a.* Ⓐ **1** 승화(昇華)한 **2** 고상하게 된, 순화(純化)된 **—** *n.* 〖화학〗 승화물; Ⓤ 승홍(昇汞) **—** [-mèit] *vt.* **1** 〖화학〗 승화시키다 **2** 고상하게 하다; 순화하다 **3** 〖심리〗 〈성(性) 충동 등을 바람직한 행위로〉 전화(轉化)하다
sùb·li·má·tion *n.*

‡**sub·lime** [səbláim] [L 「창문·문짝의 상인방 아래까지 닿는」의 뜻에서] *a.* (**-lim·er**; **-lim·est**) **1 장엄[숭고, 웅대]한** **2** 탁월한, 고상한, 고귀한 **—** *n.* [the ~] 장엄, 숭고; 지고, 극치 《*of*》 **—** *vt.* **1** 〖화학〗 승화시키다 **2** 고상하게 하다, 정화하다 **—** *vi.* **1** 〖화학〗 승화하다 **2** 고상하게 되다, 정화되다 **~·ly** *ad.* **~·ness** *n.*

sub·lim·i·nal [sʌblímənl] *a.* 〖심리〗 의식되지 않는; 잠재 의식의[에 강한 인상을 주는]

sub·lim·i·ty [səblíməti] *n.* (*pl.* **-ties**) **1** Ⓤ 장엄, 웅대, 고상; 절정, 극치 **2** 장엄한 것, 숭고한 인물[것]

sub·lu·nar·y [sʌblú:nəri], **-nar** [-nər] *a.* 달 아래의; 지구(상)의; 이 세상의

sub·ma·chíne gùn [sʌ̀bməʃí:n-] 소형 경기관총, 기관 단총 《(반)자동식》

sub·mar·gin·al [sʌbmɑ́:rdʒinl] *a.* **1** 한계 이하의 **2** 〈농지가〉 경작(耕作) 한계 이하의

‡**sub·ma·rine** [sʌ́bmərì:n, ⌐-⌐] *a.* **해저(海底)의,** 해저에서 나는[서식하는]; 바닷속에서 쓰는: a ~ cable[volcano] 해저 전신[화산] **—** *n.* **1 잠수함** **2** 해저 식물[동물]

súbmarine chàser[hùnter] 구잠정(驅潛艇)

sub·ma·rine-launched [-lɔ́:ntʃt] *a.* 잠수함에서 발사되는

sub·mar·i·ner [sʌ̀bmərí:nər | sʌb-mǽr-] *n.* 잠수함 승무원

súbmarine sàndwich 《미·구어》 = HERO SANDWICH

sub·max·il·lar·y [sʌbmǽksəlèri | sʌ̀bmæksíləri] *a.* 〖해부〗 하악(下顎)의

***sub·merge** [səbmə́:rdʒ] *vt.* **1 물에 잠그다**; 물속에 넣다[가라앉히다] **2** 〈…을〉 (…으로) 덮어[싸서] 가리다 《*in*》 **3** 〈남을〉 (일·사색 등에) 몰두시키다 《*by, in, with, under*》 **—** *vi.* **1** 물속에 잠기다, 침몰하다 **2** 〈잠수함 등이〉 잠수[잠항]하다

sub·merged [sʌbmə́:rdʒd] *a.* **1** 수몰[침수]된 **2** 최저 생활을 하는, 극빈의, 빈궁한

sub·mer·gence [səbmə́:rdʒəns] *n.* Ⓤ 물속으로 잠김, 잠수; 침수; 침몰

sub·mer·gi·ble [səbmə́:rdʒəbl] *a., n.* = SUBMERSIBLE

sub·merse [səbmə́:rs] *vt.* = SUBMERGE

sub·mers·i·ble [səbmə́:rsəbl] *a.* **1** 물속에 잠길 수 있는 **2** 잠항(潛航)할 수 있는 **—** *n.* 잠수함; (과학 측정용의) 잠수정

sub·mer·sion [səbmə́:rʒən | -ʃən] *n.* = SUBMERGENCE

sub·min·i·a·ture [sʌbmíniətʃùər] *a.* 초소형(超小型)의

sub·min·i·a·tur·ize [sʌbmíniətʃəràiz] *vt.* 초소형화하다

***sub·mis·sion** [səbmíʃən] *n.* **1** Ⓤ **복종,** 항복 **2** Ⓤ 순종 《*to*》; 온순 **3** ⓊⒸ 《문어》 (의견의) 개진, 구신(具申), 제안

sub·mis·sive [səbmísiv] *a.* 복종하는, 순종하는, 유순한 **~·ly** *ad.* **~·ness** *n.*

‡**sub·mit** [səbmít] [L 「밑에 놓다」의 뜻에서] *v.* (**~·ted**; **~·ting**) *vt.* **1 복종[종속]시키다** 《*to*》: ~ oneself *to* insult 모욕을 달게 받다 **2 제출[제시]하다**; 기탁(寄託)하다 《*to*》 **3** 〈변호사 등이〉 의견으로서 말하다: I ~ that you are mistaken. 실례지만 당신이 잘못 생각하고 있다고 말씀드리고자 합니다. **—** *vi.* 복종[굴복, 항복]하다; 감수하다 《*to*》: ~ *to* one's fate 운명을 달게 받다

sub·nor·mal [sʌbnɔ́:rməl] *a.* 표준[보통, 정상] 이하의; 《특히》 지능이 보통 이하의

sub·or·bit·al [sʌbɔ́:rbitl] *a.* **1** 〖해부〗 안와하(眼窩下)의 **2** 〈인공위성 등이〉 지구 등을 완전히 일주하지 않는, 궤도에 오르지 않은

sub·or·der [sʌ́bɔ̀:rdər] *n.* 〖생물〗 아목(亞目)

***sub·or·di·nate** [səbɔ́:rdənət] [「아래로 명령하다」의 뜻에서] *a.* **1 하급의,** 하위의 **2** 종속적[부수적]인 《*to*》 **3** 〖문법〗 종속의 **—** *n.* 종속자, 부하, 속관(屬官); 종속하는 것 **—** [-nèit] *vt.* **1** …을 아래에 두다 **2** 경시하다 《*to*》 **3** 종속[복종]시키다 《*to*》: ~ furies *to* reason 이성으로 격분을 억제하다 **~·ly** *ad.*

sub·or·di·na·tion [səbɔ̀:rdənéiʃən] *n.* Ⓤ **1** 예속시킴, 종속, 하위; 경시 **2** 〖문법〗 종속 관계

sub·or·di·na·tive [səbɔ́ːrdənèitiv | -dənə-] *a.* **1** 종속적인; 하위의 **2** 〖문법〗 = SUBORDINATE

sub·orn [səbɔ́ːrn] *vt.* 〖법〗 (뇌물 등으로) 허위 맹세[위증]시키다; 나쁜 일을 하게 하다

sub·or·na·tion [sʌ̀bɔːrnéiʃən] *n.* Ⓤ 〖법〗 허위 맹세[위증]시킴: ~ of perjury 허위 맹세[위증] 교사죄

sub·plot [sʌ́bplɑ̀t | -plɔ̀t] *n.* (각본의) 부차적인 줄거리

sub·poe·na, -pe- [səbpíːnə] *n.* 〖법〗 소환 영장 《*to*》 **—** *vt.* (**~ed**) 〖법〗 소환하다, 소환장을 발부하다

sub·ro·gate [sʌ́brougèit] *vt.* 대리[대신]하다

sub·ro·ga·tion [sʌ̀brougéiʃən] *n.* Ⓤ 대리

sub ro·sa [sʌb-róuzə] [L = under the rose] *ad.* 남몰래, 비밀히

sub·rou·tine [sʌ́bruːtìːn] *n.* 〖컴퓨터〗 서브루틴 《특정 또는 다수 프로그램에서 되풀이해서 사용되는 독립된 명령군》

sub·sat·el·lite [sʌ́bsæ̀təlait] *n.* **1** 자위성(子衛星); (궤도를 돌고있는 보다 큰 인공 위성에서 발사되는) 소형 인공위성

‡**sub·scribe** [səbskráib] [L 「아래에 쓰다」의 뜻에서] *vt.* **1** 기부하다 《*to*》 **2** 《문어》 …에 (서명하여) 동의[증명]하다: ~ a contract 계약서에 서명하다 **3** 《문어》 〈성명 등을〉 문서의 끝에 써넣다, 서명하다 《*to*》 **—** *vi.* **1** (서명하여) 기부를 약속하다 **2** 〈신문·잡지 등을〉 예약(구독)하다 《*to, for*》: ~ *to*[*for*] a magazine 잡지를 예약 구독하다 **3** 서명[기명]하다 《*to*》

***sub·scrib·er** [səbskráibər] *n.* **1** 기부자 《*to*》 **2** (신문·잡지의) 예약 구독자 **3 a** (주식·서적 등의) 신청자, 응모자, 예약자 《*for, to*》 **b** (전화의) 가입자 **4** 기명자, 서명자

subscríber trúnk dìalling 《영》 가입자 시외 다이얼 방식, 다이얼 즉시 통화 (《미》 direct distance dialing) 《略 STD》

sub·script [sʌ́bskript] *a.* 아래에 기입한 **—** *n.* 아래에 적은 문자[숫자, 기호] 《H_2SO_4의 2, 4 등》

sub·scrip·tion** [səbskrípʃən] *n.* ⓊⒸ **1** 기부 (신청); 기부금 **2** 예약 구독(의 유효 기간); 예약(대)금 《*to*》 **3** 서명 승낙, 동의 **4** 예약 출판 ***by **~** 예약으로

subscríption cóncert 《미》 예약제 음악회

subscríption télevision[TV] (사설 회원제) 유료 텔레비전 (방송)

sub·sec·tion [sʌ́bsèkʃən] *n.* ⓊⒸ 소구분; 세분(細分); Ⓒ 분과, 계(係)

sub·se·quence [sʌ́bsikwəns] *n.* Ⓤ 다음(임), 이어서 일어남; Ⓒ 이어서 일어나는 것

***sub·se·quent** [sʌ́bsikwənt] [L 「아래에 계속하는」의 뜻에서] *a.* **1** Ⓐ 다음의, 그 후의 **2** Ⓟ 이어서 일어나는, 수반하는 《*to, upon*》

sub·se·quent·ly [sʌ́bsikwəntli] *ad.* 그 후에, 이어서 《*to*》

sub·serve [səbsə́ːrv] *vt.* 보조하다; 촉진하다; 〈목적 등에〉 쓰이다

sub·ser·vi·ent [səbsə́ːrviənt] *a.* **1** 도움이 되는, 공헌하는 《*to*》 **2** 비굴한, 아첨하는 **-vi·ence, -vi·en·cy** *n.* **~·ly** *ad.*

sub·set [sʌ́bsèt] *n.* 〖수학〗 부분 집합

***sub·side** [səbsáid] [L 「아래로 앉다」의 뜻에서] *vi.* **1** 〈폭풍·파도 등이〉 가라앉다 **2** 침전(沈澱)되다 **3** 〈논쟁자 등이〉 침묵하다

sub·si·dence [səbsáidns, sʌ́bsə-] *n.* ⓊⒸ 진정(鎭靜), 감퇴; 함몰

***sub·sid·i·ar·y** [səbsídièri | -əri] *a.* **1** 보조의 **2** 종속적인 **3** 보조금의, 보조금에 의한 **4** (과반수의 주(株)를 가진) 모회사(母會社)에 의하여 지탱되는 **—** *n.* (*pl.* **-ar·ies**) **1** 보조자[물]; 부속물, 부가물 **2** 〖음악〗 부주제(主題) **3** 자회사

sub·si·dize [sʌ́bsədàiz] *vt.* **1** 보조[장려]금을 지급하다 **2** 보수를 주고 〈용병 등의〉 도움을 얻다

sub·si·dy [sʌ́bsədi] *n.* (*pl.* **-dies**) (국가의) 보조금, 장려금

***sub·sist** [səbsíst] [L 「아래에 서다」의 뜻에서] *vi.* **1** 〈사람·동물이 …로〉 생존하다, 살아나가다 《*on, upon, by*》 **2** 존재[존속]하다 **—** *vt.* …에게 식량을 주다

***sub·sis·tence** [səbsístəns] *n.* ⓊⒸ **1** 생존 **2** (수입·식량 부족 때의) 생활; 생계(生計)

subsístence allòwance[mòney] **1** 특별 수당 **2** (출장) 수당

subsístence fàrming[àgriculture] 자급 농업

subsístence lèvel 최저 생활 수준

subsístence wàges (최저 한도의) 생활 유지 임금

sub·sis·tent [səbsístənt] *a.* **1** 존립[존재]하는 **2** 타고난, 고유의

sub·soil [sʌ́bsɔ̀il] *n.* Ⓤ 하층토(下層土), 심토(心土)

sub·son·ic [sʌbsɑ́nik | -sɔ́n-] *a.* 아음속(亞音速)의, 음속 이하의

sub·spe·cies [sʌ́bspìːsiːz] *n.* (*pl.* ~) 〖생물〗 아종(亞種), 변종(變種)

‡**sub·stance** [sʌ́bstəns] *n.* Ⓤ **1** ⓊⒸ 물질, 재질 **2** [the ~] (이야기·강연 등의) 요지, 대의 **3** 실질, 내용, 알맹이 **4** 〖철학〗 실체(實體), 본질 **5** 자산(資産), 재산: a man of ~ 자산가 ***in*** **~** (1) 실질적으로는, 대체로 (2) 실제로, 사실상

sub·stan·dard [səbstǽndərd] *a.* **1** 표준[수준] 이하의 **2** 〖언어〗 비표준적인

‡**sub·stan·tial** [səbstǽnʃəl] *a.* **1** 상당한, 많은 **2** Ⓐ (가공이 아니라) 실체의, 실재하는 **3** 튼튼한, 견고한 **4** 〈식사 등이〉, 실속[내용]이 있는 **5** 자산 있는, 유복한 **6** 중요한; 본질적인 **~·ism** *n.* Ⓤ 〖철학〗 실체론(實體論) **~·ist** *n.* 실체론자

sub·stan·ti·al·i·ty [səbstæ̀nʃiǽləti] *n.* Ⓤ **1** 실재성(實在性), 알맹이[실속] 있음 **2** 본체; 견고

***sub·stan·tial·ly** [səbstǽnʃəli] *ad.* **1** 실질상; 대체로 **2** 충분히; 든든히

sub·stan·ti·ate [səbstǽnʃièit] *vt.* **1** 실체[구체]화하다 **2** 실증하다(prove)

sub·stàn·ti·á·tion *n.* Ⓤ 실증; 실체화

sub·stan·ti·val [sʌ̀bstəntáivəl] *a.* 〖문법〗 명사의, 실명사(實名詞)의 **~·ly** *ad.*
sub·stan·tive [sʌ́bstəntiv] *n.* 〖문법〗 명사, 실명사(實名詞) : a ~ clause 명사절 **—** *a.* **1** 〖문법〗 명사로 쓰인, 존재를 나타내는, 실명사의 **2** 독립의, 자립의: a ~ motion 정식 동의(動議) **3** 실재적인; 본질적인 **4** 상당히 다량[다수]의 **~·ly** *ad.*
súbstantive vérb 존재 동사 《be동사를 말함》
sub·sta·tion [sʌ́bstèiʃən] *n.* **1** (우체국·방송국의) 분국; 지국 **2** 변전소, 변압소
‡**sub·sti·tute** [sʌ́bstətjù:t | -tjù:t] [L 「아래에 두다」의 뜻에서] *vt.* **1** …을 **대신으로 쓰다**, 대용하다: ~ nylon for silk = ~ silk by[with] nylon 명주 대신에 나일론을 쓰다 **2** …와 바꾸다, …의 대신을 하다 **—** *vi.* **대신하다, 대리하다** **—** *n.* **1 a** 대리인, 보결(자); 보결 선수 《*for*》 **b** (연극의) 대역(代役) 《*for*》 **2** 〖문법〗 대용어 《대명사나 He writes better than I do.의 do》 **—** *a.* 대리[대용]의
*__sub·sti·tu·tion__ [sʌ̀bstətjú:ʃən | -tjú:-] *n.* UC **1** 대리, 대용 《*for*》 **2** 〖문법〗 대용, 대입 **~·al** *a.* 대리의, 대용의
sub·sti·tu·tive [sʌ́bstətjù:tiv | -tjù:-] *a.* 대용[대리]이 되는 **~·ly** *ad.*
sub·strat·o·sphere [sʌbstrǽtəsfìər] *n.* 아성층권(亞成層圈)
sub·stra·tum [sʌ́bstrèitəm] *n.* (*pl.* **-ta** [-tə], **~s**) **1** 하층(下層) **2** 토대, 근본
sub·struc·ture [sʌbstrʌ́ktʃər | ∸∸–] *n.* **1** 기초 공사 **2** 하부 구조, 토대
sub·sume [səbsú:m | -sjú:m] *vt.* 〖논리〗 〈…을 규칙·범주 등에〉 포섭[포함]하다
sub·teen [sʌbtí:n] *n.* 《구어》 13세 미만의 어린이
sub·ten·an·cy [sʌbténənsi] *n.* U (가옥·토지의) 빌린 것을 또 빌림, 전차(轉借) **-ant** [-ənt] *n.* 전차인(轉借人)
sub·tend [səbténd] *vt.* 〖기하〗 〈현(弦)·삼각형의 변이 호(孤)·각(角)에〉 대(對)하다
sub·ter·fuge [sʌ́btərfjù:dʒ] *n.* U **1** 구실, 핑계 **2** 속임, 협잡
sub·ter·ra·ne·an [sʌ̀btəréiniən] *a.* **1** 지하의: a ~ railway 지하 철도 **2** 숨은 **—** *n.* 지하에서 사는[일하는] 사람
sub·ter·ra·ne·ous [sʌ̀btəréiniəs] *a.* = SUBTERRANEAN
sub·text [sʌ́btèkst] *n.* 서브텍스트 《문학 작품의 배후에 숨은 의미》
sub·til·ize [sʌ́təlàiz] *vt.* **1** 엷게 하다, 희박하게 하다 **2** 세밀하게 구별짓다; 세밀하게 논하다 **3** 미묘하게 하다
sub·ti·tle [sʌ́btàitl] *n.* **1** 작은 표제, (책 등의 설명적인) 부제(副題) **2** [*pl.*] (영화의) 설명 자막
‡**sub·tle** [sʌ́tl] [L 「훌륭히 직조된」의 뜻에서] *a.* (**-tler**; **-tlest**) **1** 〈지각·감각 등이〉 **민감한**, 치밀한 **2 미묘한**; 포착하기 어려운, 형언하기 어려운; 불가사의한; 이해하기 어려운 **3** 〈용액 등이〉 묽은; 〈기체 등이〉 엷게 퍼지는
sub·tle·ty [sʌ́tlti] *n.* (*pl.* **-ties**) U **1** 예민, 민감 **2** [종종 *pl.*] 세밀한 구분; 미묘한 점 **3** 교묘, 정묘
sub·to·pi·a [sʌbtóupiə] [*sub*urbs + u*topia*] *n.* 《영·경멸》 교외 주택지 《건물이 잡다하게 들어찬 곳》
sub·to·tal [sʌ́btòutl] *n.* 소계(小計) **—** *vt. vi.* 소계를 내다
*__sub·tract__ [səbtrǽkt] [L 「아래로부터 끌다」의 뜻에서] *vt.* **빼다** 《*from*》(opp. *add*): ~ 2 *from* 5 5에서 2를 빼다 **—** *vi.* 뺄셈을 하다
*__sub·trac·tion__ [səbtrǽkʃən] *n.* UC **1** **빼냄**, 삭감 **2** 〖수학〗 감법(減法), **뺄셈** 《기호 —》
sub·trac·tive [səbtrǽktiv] *a.* 감하는, 빼는
sub·trop·i·cal, -ic [sʌbtrɑ́pik(əl) | -trɔ́p-] *a.* 아열대의; 아열대성의
sub·trop·ics [sʌbtrɑ́piks | -trɔ́p-] *n. pl.* [the ~] 아열대 지방
‡**sub·urb** [sʌ́bə:rb] [L 「도시 근처에」의 뜻에서] *n.* **1** (주택지로서의) **교외**, 시외: in a ~ of Seoul 서울 교외에 **2** [the ~s] (상점가·상업 지구와 구별하여 도시의) 근교, 교외 《특히 주택 지구》
*__sub·ur·ban__ [səbə́:rbən] *a.* 《종종 경멸》 **1** Ⓐ **교외의[에 사는]**, 시외의[에 있는] **2** 도시 근교 특유의; 편협한
sub·ur·ban·ite [səbə́:rbənàit] *n.* 《구어·종종 경멸》 교외 거주자
sub·ur·bi·a [səbə́:rbiə] *n.* U 《종종 경멸》 **1** [집합적] **a** 교외 (주민) **b** [**S~**] 《영》 《특히》 런던의 교외 (거주자) **2** 교외풍의 생활 양식[습관, 풍속]
sub·ven·tion [səbvénʃən] *n.* (특별 용도의) 조성금(助成金), 보조금
sub·ver·sion [səbvə́:rʒən | -ʃən] *n.* U 전복, 파괴
sub·ver·sive [səbvə́:rsiv] *a.* 파괴하는, 타도하는 **~·ly** *ad.* **~·ness** *n.*
sub·vert [səbvə́:rt] [L 「아래로부터 뒤엎다」의 뜻에서] *vt.* **1** 〈체제·권위 등을〉 전복시키다, 타도하다 **2** 〈주의·도덕·신념·충성심 등을〉 차츰 잃게 하다, 부패시키다
*__sub·way__ [sʌ́bwèi] *n.* **1** 《영》 **지하도**(地下道) **2** 《미》 **지하철**(《영》 underground, tube)
suc- [sʌk, sək] *pref.* = SUB- 《c로 시작하는 말 앞에》
‡**suc·ceed** [səksí:d] *vi.* **1 성공하다** 《*in*》: ~ *in* solving a problem 문제 해결에 성공하다 **2** 입신[출세]하다 《*in, as*》 **3 뒤를 잇다**, 계승[상속]하다 《*to*》: He *~ed to* his father's estate. 그는 아버지의 재산을 상속했다. **4** 계속해서 일어나다, 이어지다: Read the page that ~*s*. 다음 페이지를 읽어라. **—** *vt.* **1** …에 **계속되다**, …의 뒤에 오다 **2** …의 후임이 되다, 뒤를 이어 (…로) 되다: Elizabeth *~ed* Mary *as* Queen. 엘리자베스가 메리의 뒤를 이어 여왕이 되었다.
suc·ceed·ing [səksí:diŋ] *a.* 계속해서 일어나는, 계속되는 : the ~ chapter 다음 장(章) **~·ly** *ad.*
‡**suc·cess** [səksés] *n.* **1** U **성공** **2** U 출세 **3** [보통 보어로서]

성공자: He was a ~ as an actor. 그는 배우로서 성공한 사람이다.

‡suc·cess·ful [səksésfəl] *a.* **1 성공한**; 좋은 결과의: be ~ in …에 성공하다, 합격하다 **2** 입신[출세]한, 명성[지위]을 얻은

‡suc·cess·ful·ly [səksésfəli] *ad.* **성공적으로,** 훌륭하게; 운좋게(도)

‡suc·ces·sion [səkséʃən] *n.* **1** Ⓤⓒ **연속, 계속**: in ~ 연속하여[한], 잇달아서[잇단] **2** [보통 a ~] 연속하는 것, 연속물 **3** Ⓤ **계승,** 상속 《*to*》; Ⓤ 계승[상속]권; Ⓒ [집합적] 상속자들: by ~ 세습에 의해서 / in ~ to …을 계승[상속]하여 **4** Ⓤ 상속 순위

suc·ces·sion·al [səkséʃənl] *a.* **1** 연속적인 **2** 계승의, 상속 (순위)의

‡suc·ces·sive [səksésiv] *a.* **연속하는,** 계속적인: It rained three ~ days (=three days *~ly*). 3일 계속해서 비가 왔다. **~·ly** *ad.*

‡suc·ces·sor [səksésər] *n.* **1 후임자, 상속자,** 후계자, 계승자 **2** 뒤에 오는 것

suc·cinct [sʌksíŋkt] *a.* 간결한, 간명한 **~·ly** *ad.* **~·ness** *n.*

***suc·cor | suc·cour** [sʌ́kər] [동음어 sucker] 《문어》 *n.* Ⓤ (위급한 때의) **구조,** 원조 **—** *vt.* 원조하다, 구하다

suc·cu·bus [sʌ́kjubəs] *n.* (*pl.* **-bi** [-bài]) **1** (잠자는 남자와 정을 통한다는) 여자 몽마(夢魔) (cf. INCUBUS) **2** 악령(惡靈) **3** 매춘부

suc·cu·lence, -len·cy [sʌ́kjuləns(i)] *n.* Ⓤ 다즙

suc·cu·lent [sʌ́kjulənt] *a.* **1** 즙이 많은, 물기가 많은 **2** 〖식물〗 (선인장같이) 다육 다즙(多汁) 조직의 **—** *n.* 〖식물〗 다육 다즙 식물 《선인장 등》 **~·ly** *ad.*

***suc·cumb** [səkʌ́m] [L 「아래에 눕다」의 뜻에서] *vi.* **1** 〈유혹 등에〉 **굴복하다,** 지다 《*to*》: ~ *to*[*before*] temptation 유혹에 굴복하다[지다] **2** (병·부상·노령 등으로) 쓰러지다, 죽다 《*to*》: ~ *to* pneumonia 폐렴으로 쓰러지다

‡such [sətʃ, sʌtʃ] *a.* **1** Ⓐ [종류·범위] **a 이와[그와] 같은,** 이러한, 그러한: ~ a man 그런[이런] 사람 **b** [such (...) as로] …**와 같은**: *S~* poets *as* Milton are rare. 밀턴과 같은 시인은 드물다. **c** [such (...) as to do로] 《문어》 〈…할〉 만큼[정도]의, …하기에 충분한: His stupidity was ~ *as to* fill us with despair. 그의 바보스러움은 우리들을 낙담시키기에 충분한 것이었다. **2** [정도] **a** [형용사+명사의 앞에서;부사적으로] **그[이] 정도의,** 이처럼; 대단히, 매우: You can't master English in ~ a short time. 그렇게 단기간으로는 영어를 익힐 수가 없다. **b** [명사 앞에 직접 사용하여; 강의(强意)적으로] 《구어》 대단한, 지독한, 터무니없는, 엄청난: We had ~ fun! 대단히 재미있었다! **c** [such (...) that로] 대단히[매우] …하여서[하므로]: She had ~ a fright *that* she fainted. 그녀는 얼마나 무서웠던지 졸도해버렸다.

no ~ thing (1) 그런 일은 …아니다: I shall do *no ~ thing.* 그런 일은 하지 않는다. (2) [감탄사적으로] 당치도 않다, 전혀 다르다 ***~ and ~*** 《구어》 이러이러한, 여차여차한: ~ *and* ~ a street 이러이러한 거리 ***~ as*** 예컨데, 이를테면 ***~ as it is*** [***they are***] 이런 것이지만, …이라고 할 정도의 것은 아니지만, 변변치 못하지만

— *ad.* 매우, 아주; ~ nice people 매우 친절한 사람들 **—** *pron.* [단수·복수 취급] **1 a 이러한[그러한] 일[것, 사람]**: another ~ 하나 더 그러한 것[사람] **b** [앞서 나온 명사에 대신하여, 또 기술(旣述) 내용을 가리키는 보어로서] **그러한 사람[것]**: *S~* is life[the world]! 인생[세상]이란 그런 거다! **2 a** [such as로서] (…하는) **것 같은 것[사람]**: ~ *as* dwell in tents 텐트에 사는 사람들 **b** [such that로서] (…)와 **같은** (종류, 성질의) **것**

as ~ (1)그러한 것[사람]으로서, 그와 같은 자격[입장]으로, 그것 나름으로 (2) 있는 그대로의; 그 자체(로는)(in itself)

such·like [sʌ́tʃlàik] 《구어》 *a.* Ⓐ 이와 같은, 이런 종류의 **—** *pron.* [복수 취급] 이러한[그러한] 것: artists and ~ 예술가 등등

‡suck [sʌk] *vt.* **1** 〈액체·젖 등을〉 **빨다** **2** 〈물·공기 등을〉 빨아들이다, **흡수하다** 《*in, off, up*》 **3** …을 빨아[흡수하여] …상태로 하다 **4** 입에 물다: ~ one's finger 손가락을 빨다 **5** 〈지식 등을〉 흡수하다; 〈이익 등을〉 얻다, 착취하다 《*out of*》: ~ (*in*) knowledge 지식을 흡수하다 **—** *vi.* **1 a** 빨다; 젖을 빨다 **b** 들이마시다《*at*》 **2** 《미·구어》 아첨하다 **3** 《미·속어》 싫증이 나다, 메스껍다

~ in 〈학식 등을〉 흡수하다; 〈소용돌이 등이〉 휩쓸어 넣다 ***~ up*** 흡수하다; 빨아 내다 ***~ up to*** 《구어》 …을 감언이설로 속이려고 하다, …에게 아첨하다

— *n.* **1** Ⓤⓒ 젖을 빨기; 빨아 들임 **2** 한 번 빨기[핥기, 홀짝거리기], 한 입, 한 잔 《*of*》: take a ~ at …을 한 모금 마시다

give ~ to …에게 젖을 먹이다

***suck·er** [sʌ́kər] [동음어 succor] *n.* **1 빠는 사람[것]**; 젖먹이 **2** 《구어》 속기 쉬운 사람, 어리석은[마음 약한] 사람; (…에) 열중하는 사람 **3** 〖동물〗 흡반 **4** 흡반(吸盤)을 가진 어류, 유반류(有盤類) 《빨판상어 등》

suck·er·fish [sʌ́kərfìʃ] *n.* 〖어류〗 서커 《미국산 민물고기》; 빨판상어

suck·le [sʌ́kl] *vt.* 젖을 먹이다 **—** *vi.* 젖을 먹다[빨다]

suck·ling [sʌ́kliŋ] *n.* **1** 젖먹이; 젖먹이 짐승, 어린 짐승 **2** 풋내기, 생무지

suck·up [sʌ́kʌ̀p] *n.* 《속어》 아첨쟁이

su·cre [sú:krei] [Sp.] *n.* 수크레 《에콰도르의 화폐 단위; 기호 S, S/ ; = 100 centavos》

su·crose [sú:krous | sjú:-] *n.* Ⓤ 〖화학〗 자당(蔗糖)

suc·tion [sʌ́kʃən] *n.* Ⓤ **1** 빨기, 빨아들임; 흡인력: a ~ chamber (펌프의) 흡입실 **2** Ⓒ 흡입관(管), 흡수관(吸水管)

súction pùmp 빨펌프
suc·to·ri·al [sʌktɔ́:riəl] *a.* **1** 흡입(吸入)의; 빨기에 적당한 **2** 〖동물〗 피·즙을 빨아 먹고 사는 **3** 흡반(吸盤)을 가진
Su·dan [su:dǽn, -dɑ́:n] *n.* [the ~] 수단 《아프리카 북동부의 공화국; 수도 Khartoum》
Su·da·nese [sù:dəní:z] *a.* 수단(사람)의
su·da·to·ri·um [sù:dətɔ́:riəm | sjù:-] *n.* (*pl.* **-ri·a** [-riə]) 한증(汗蒸); 한증막
su·da·to·ry [sú:dətɔ̀:ri | sjú:dətəri] *a.* 땀나게 하는, 땀 나는
‡**sud·den** [sʌ́dn] [L 「살짝 가다[오다]」의 뜻에서] *a.* **돌연한,** 뜻밖의, **갑작스러운,** 별안간의 **—***n.* [다음 성구로] (***all***) ***of a ~*** = ***on a ~*** 갑자기, 뜻밖에
súdden déath **1** 급사 **2** 〖스포츠〗 (동점인 경우의) 연장 시합에서의 1회 승부
súdden ínfant déath sỳndrome 〖병리〗 유아 돌연사 증후군 《略 SIDS》
‡**sud·den·ly** [sʌ́dnli] *ad.* **갑자기,** 별안간
Su·dra [sú:drə] *n.* 《인도》 4성(姓)의 최하위 천민 《농경·도축(屠畜) 등을 생업으로 함》
suds [sʌdz] *n. pl.* [단수·복수 취급] **1** 비눗물; 비누 거품 **2** 《미·속어》 맥주
suds·y [sʌ́dzi] *a.* (**suds·i·er**; **-i·est**) (비누) 거품이 인, 거품투성이의
***sue** [su: | sju:] *vt.* **1** (…로) **고소하다 2** 소송을 제기하다 《*for*》: ~ a person *for* damages …을 상대로 손해 배상 소송을 제기하다
—*vi.* **1** 소송을 제기하다, 고소하다 《*for, to*》: ~ *for* a divorce 이혼 소송을 제기하다 **2** 간청하다 《*for*》: ~ *for* peace 화평을 청하다
Sue [su: | sju:] *n.* 여자 이름 《Susan, Susanna, Susannah의 애칭》
suede, suède [sweid] [F =Swedish (glove)] *n.* Ⓤ 스웨이드 《무두질한 새끼 염소, 송아지 등의 가죽》
su·et [sú:it | sjú:it] *n.* Ⓤ 소[양] 기름 《콩팥·허리통의 굳은 지방; 요리용》
Su·ez [su:éz, ∠– | sú:iz] *n.* 수에즈 《이집트 북동부의 항구 도시; 수에즈 운하 남단》 ***the Gulf of ~*** 수에즈 만
Súez Canál [the ~] 수에즈 운하 《1869년 완성》
suf- [sʌf, səf] *pref.* =SUB- 《f로 시작하는 말 앞에 올 때의 변형》
Suff. Suffolk
‡**suf·fer** [sʌ́fər] [L 「아래에서 참다」의 뜻에서] *vt.* **1** 〈고통·상해·손해·슬픔 등을〉 **경험하다,** 겪다: ~ great losses 큰 손해를 입다 **2** [부정문·의문문에서] 《문어》 **견디다,** 참다: I can*not* ~ his insolence. 나는 그의 무례함을 참을 수 없다. **3** 《고어》 …을 허용[방임, 묵인]하다: He *~ed* his son to go abroad. 그는 아들이 외국에 가는 것을 허용했다.
—*vi.* **1 a** **괴로워하다,** 고통을 겪다 **b** 앓다, 병들다 《*from*》: ~ *from* a bad headache 심한 두통을 앓다 **c** 상하다, 손해를 입다 **2** (…으로) 벌을 받다
suf·fer·a·ble [sʌ́fərəbl] *a.* 견딜 수 있는, 참을 수 있는; 허용할 수 있는
suf·fer·ance [sʌ́fərəns] *n.* Ⓤ 묵인, 관용, 허용
‡**suf·fer·er** [sʌ́fərər] *n.* **1 고생하는 사람,** 수난자, 이재자: war *~s* 전재민 **2 환자**
‡**suf·fer·ing** [sʌ́fəriŋ] *n.* **1** Ⓤ **고통,** 괴로움 **2** [종종 *pl.*] 재해, 재난
‡**suf·fice** [səfáis, -fáiz | -fáis] 《문어》 *vt.* 〈음식 등이 사람을〉 **만족시키다,** …의 필요를 충족시키다 **—***vi.* (필요·목적 등에) **족하다,** 충분하다
S~ (***it***) ***to say that*** (지금은) …이라고만 말해 두자
suf·fi·cien·cy [səfíʃənsi] *n.* Ⓤ **1** 충분, 족함, 충족 **2** [a ~] 충분한 양[자력(資力)]: *a* ~ of food 충분한 음식
‡**suf·fi·cient** [səfíʃənt] *a.* **충분한,** 흡족한 《*for*》
—*n.* 《구어》 충분(한 양)
‡**suf·fi·cient·ly** [səfíʃəntli] *ad.* **충분히,** (…하기에) 충분할 만큼 《*to* do》
‡**suf·fix** [sʌ́fiks] *n.* 〖문법〗 **접미사** 《-er, -less, -able 등》
***suf·fo·cate** [sʌ́fəkèit] [L 「목구멍 밑에」의 뜻에서] *vt.* **1** …**의 숨을 막다,** 질식(사)시키다 **2** …의 호흡을 곤란케 하다: She was *~d* by[with] grief. 그녀는 슬픔으로 목이 메었다.
—*vi.* **1** 질식(사)하다 **2** 숨막히다, 숨차다 **-cà·tive** *a.*
suf·fo·ca·tion [sʌ̀fəkéiʃən] *n.* Ⓤ 질식
Suf·folk [sʌ́fək] *n.* 서퍽 《영국 동부에 있는 주》
suf·fra·gan [sʌ́frəgən] *a.* 〖가톨릭·영국국교〗 속교구(屬敎區) 주교의: a ~ bishop = a bishop ~ 속교구 주교
***suf·frage** [sʌ́fridʒ] *n.* **1** (찬성) **투표 2** Ⓤ 선거권, 참정권: manhood ~ 성년 남자 선거[참정]권
suf·fra·gette [sʌ̀frədʒét] *n.* (특히 20세기 초 영국의) 여성 참정권론자
suf·fra·gist [sʌ́frədʒist] *n.* 여성 참정권론자
suf·fuse [səfjú:z] *vt.* [종종 수동형으로] 〈액체·습기·색·빛·눈물 등으로〉 뒤덮다, 가득하게 하다 《*with, by*》
suf·fu·sion [səfjú:ʒən] *n.* Ⓤ **1** 뒤덮음, 충일(充溢) **2** (얼굴 등이) 확 달아오름, 홍조(紅潮)
Su·fi [sú:fi] *n.* 수피교도 《이슬람교의 신비주의자》
Su·fism [sú:fizm] *n.* Ⓤ 수피교(敎)
sug- [səg, sʌg] *pref.* =SUB- 《g 앞에 올 때의 변형》
‡**sug·ar** [ʃúgər] *n.* **1 설탕**: a lump of ~ (각)설탕 한 개 **2** 〖화학〗 당(糖): ~ of milk 유당(乳糖) **3** 겉치렛말, 감언(甘言) **4** [호칭으로] 《미·구어》 여보, 당신 **—***vt.* 설탕을 넣다, 설탕을 쳐 달게 하다 **—***vi.* **1** 설탕이 되다 **2** 《미》 단풍당(糖)을 만들다
súgar bèet 〖식물〗 사탕무, 첨채(甜菜)
Súgar Bòwl [the ~] 슈거볼 《(1) 미국 Louisiana 주 New Orleans에 있는 미식 축구 경기장 (2) 그 곳에서 매년 1월 1일에

거행되는 초청 대학 팀의 미식축구 경기》
súgar cándy 《미》 고급 캔디; 《영》 얼음사탕
sug·ar·cane [ʃúgərkèin] *n.* Ⓤ 〖식물〗 사탕수수
sug·ar·coat [-kòut] *vt.* **1** 〈알약 등에〉 당의(糖衣)를 입히다; 먹기 좋게 하다 **2** 〈불쾌한 것을〉 보기 좋게 꾸미다 **~·ed** *a.*
súgar dàddy 《구어》 (선물 등을 주어) 젊은 여자를 유혹하는 중년 남자
sug·ar-free [-fríː] *a.* 설탕이 들어 있지 않은, 무설탕의
sug·ar·less [ʃúgərlis] *a.* **1** 설탕이 들어 있지 않은, 무당의 **2** 〈식품이〉 (설탕 대신) 인공 감미료를 넣은
sug·ar-loaf [ʃúgərlòuf] *a.* 원뿔꼴의
súgar màple 〖식물〗 사탕단풍 《북미산》
sug·ar·plum [-plʌ̀m] *n.* 《고어》 봉봉(bonbon), 캔디
sug·ar·y [ʃúgəri] *a.* **1** 설탕의[같은], 설탕으로 된; 단 **2** 〈말 등이〉 달콤한; (달콤하고) 감상적인
⁑**sug·gest** [səgdʒést | sədʒést] [L 「아래로 꺼내다」의 뜻에서] *vt.* **1** 암시하다, 시사하다, 넌지시 비치다: Her words ~ that she loves him. 그녀의 말은 그를 사랑하고 있음을 암시하고 있다. **2** 〈사물이〉 연상시키다: Her eyes ~ a cat. 그녀의 눈을 보면 고양이를 연상하게 된다. **3** 제의[제창, 제안]하다: ~ some idea to a person …에게 어떤 생각을 말하다
~ *itself* (**to**) 〈생각이〉 (…의) 머리에 떠오르다
sug·gest·i·bil·i·ty [səgdʒèstəbíləti | sədʒèst-] *n.* Ⓤ 암시할 수 있음; 피암시성
sug·gest·i·ble [səgdʒéstəbl | sədʒést-] *a.* **1** 암시[제안]할 수 있는 **2** (최면술·광고 등의) 암시에 걸리기 쉬운
⁑**sug·ges·tion** [səgdʒéstʃən | sədʒés-] *n.* **1** Ⓤ 암시, 시사: full of ~ 암시가 많은 **2** 연상; Ⓤ 생각나게 함 **3** 제안, 제언: make[offer] a ~ 제안하다 **4** (…의) 투, 기미, 기색: blue with a ~ of green 녹색기가 도는 청색
*__sug·ges·tive__ [səgdʒéstiv | sədʒés-] *a.* **1** 암시적인, 시사적인 **2** 생각나게 하는 **3** 선정적인, 도발적인 **~·ly** *ad.* **~·ness** *n.*
su·i·cid·al [sùːəsáidl | sjùːi-] *a.* **1 a** 자살의; 자살적인: a ~ explosion 자폭(自爆) **b** 〈사람이〉 자포자기한 **2** 〈행동·정책 등이〉 자멸적인: a ~ policy 자멸적 정책 **~·ly** *ad.*
⁑**su·i·cide** [súːəsàid | sjúː-] [L 「자기를 죽이다」의 뜻에서] *n.* **1** Ⓤ Ⓒ **자살**: commit ~ 자살하다 **2** Ⓤ 자살 행위, 자멸: political ~ 정치적 자살 행위 **3** 자살자
súicide pàct (두 사람 이상의) 정사(情死)[동반 자살] (약속)
su·i ge·ne·ris [súːi-dʒénəris, súːai-] [L] *a.* 독자적인, 독특한
⁑**suit** [suːt | sjuːt] *n.* **1 a** 슈트 《coat, trousers 및 때로는 vest》, 신사복 한 벌; 여성복 한 벌, 슈트 《jacket, skirt 및 때로는 blouse》 **b** 마구(馬具) 한 벌 **c** 갑옷 한 벌 **2** 소송 **3** 〖카드〗 짝패 한 벌 **4** Ⓤ Ⓒ 청원, 탄원; Ⓤ 《문어》 구혼, 구애
— *vt.* **1** (…에) 적응[적합]시키다 《*to*》 **2** 〈의복 등이〉 어울리다: Do these shoes ~ you fine? 이 구두는 당신에게 잘 맞습니까? **3 a** 〈형편이〉 …에(게) 알맞다, 형편이 좋다: The five o'clock train ~*s* me fine. 다섯 시 열차면 내게 편리하다. **b** …의 마음에 들다; …을 만족시키다: No book ~*s* all tastes. 모든 사람의 마음에 드는 책은 없다. **4** 〈기후·음식 등이 목적·기호·조건 등에〉 적합하다
— *vi.* **1** (…에) (알)맞다, 적합하다 **2** 형편에 알맞다: That date will ~. 그 날이면 형편에 맞겠다
⁑**suit·a·ble** [súːtəbl | sjúːt-] *a.* **적당한**, 적절한, 어울리는, …에 알맞은 《*to, for*》
sùit·a·bíl·i·ty *n.* **~·ness** *n.* **-bly** *ad.*
*__suit·case__ [súːtkèis | sjúːt-] *n.* **슈트케이스**, 여행 가방 《옷 한 벌 넣을 만한 크기; 보통 트렁크라고 부르는 것》
*__suite__ [swiːt] [동음어 sweet] [suit와 같은 어원] *n.* **1 a** 한 벌, 한 줄 《*of*》 **b** 스위트, 붙은 방 《호텔의 침실·욕실·거실 등이 이어진 한 벌의 방》 **2** [집합적] 일행, 수행원: in the ~ of …을 수행하여 **3** 〖음악〗 조곡(組曲), 모음곡
suit·ed [súːtid | sjúː-] *a.* **1** 적당한, 적합한 《*to, for*》: soil ~ *to* (the cultivation of) oranges 오렌지 (재배)에 적합한 흙 **2** [보통 복합어를 이루어] …의 슈트를 입은: gray-~ 회색 슈트를 입은
suit·ing [súːtiŋ | sjúːt-] *n.* Ⓤ (남성) 양복지
*__suit·or__ [súːtər | sjúːt-] *n.* **1** 〖법〗 소송인, 기소자, 원고 **2** 《문어》 구혼자 《남자》
sulf- [sʌlf] 《연결형》 = SULFO-
sul·fa, -pha [sʌ́lfə] *a.* 술파닐아미드의; 술파제의[로 된] — *n.* 술파제(= ~ drùg)
sul·fate, -phate [sʌ́lfeit] *n.* 〖화학〗 황산염: calcium ~ 황산칼슘, 석고(石膏)
sul·fide, -phide [sʌ́lfaid] *n.* 〖화학〗 황화물: ~ of copper 황화동(銅)
sulfo-, sulpho- [sʌ́lfou, -fə] 《연결형》 「유황」의 뜻 《모음 앞에서는 sulf-, sulph-》
⁑**sul·fur, sul·phur** [sʌ́lfər] *n.* Ⓤ (유)황 《비금속 원소; 기호 S, 원자 번호 16》: flowers of ~ 유황화(華)
sul·fu·rate, -phu- [sʌ́lfjurèit] *vt.* 유황과 화합시키다, 황화하다
súlfur dióxide 이산화유황, 아황산가스
sul·fu·re·ous, -phu- [sʌlfjúəriəs] *a.* 유황(질)의, 유황 모양의, 유황 냄새 나는
*__sul·fu·ric, -phu-__ [sʌlfjúərik] *a.* 〖화학〗 **유황의**, 유황을 많이 함유한: ~ anhydride 무수(無水) 황산
sul·fur·ous, -phu- [sʌ́lfərəs] *a.* **1** = SULFUREOUS **2** 지옥불의; 지옥 같은 **3** 열렬한, 격한; 〈말·표현 등이〉 모험적인
sulk [sʌlk] *n.* [the ~s] 샐쭉함, 부루퉁함 — *vi.* 샐쭉해지다, 부루퉁해지다
*__sulk·y__ [sʌ́lki] *a.* (**sulk·i·er**; **-i·est**) **1 a** **샐쭉한**, 기분이 언짢은 **b** 잘 토라지는 **2** 〈날씨 등이〉 음산한, 음울한
— *n.* (*pl.* **sulk·ies**) 말 한 필이 끄는

1인승 2륜 마차
súlk·i·ly *ad.* **súlk·i·ness** *n.*
*__sul·len__ [sʌ́lən] *a.* **1** 부루퉁한, 샐쭉한 **2** 〈날씨 등이〉 음침한, 음울한
~·ly *ad.* **~·ness** *n.*
sul·ly [sʌ́li] *vt.* (**-lied**) 〈명성·품성·공적 등을〉 더럽히다, 훼손하다
sulph- [sʌlf] ⦅연결형⦆ = SULF-
sulpho- [sʌ́lfou] ⦅연결형⦆ = SULFO-
*__sul·tan__ [sʌ́ltən] [Arab. 「지배자」의 뜻에서] *n.* 술탄, 이슬람교국 군주; [the S~] (1922년 이전의) 터키 황제
sul·tan·a [sʌltǽnə | -tɑ́:nə] *n.* **1** 이슬람교국 왕비[공주, 왕의 자매, 대비] **2** (유럽계의) 씨없는 건포도
sul·tan·ate [sʌ́ltənèit] *n.* ⓊⒸ **1** 술탄의 지위[통치] **2** 술탄국 ⦅나라 또는 영토⦆
*__sul·try__ [sʌ́ltri] *a.* (**-tri·er**; **-tri·est**) **1** 무더운, 찌는 듯이 더운, 후텁지근한 **2** 〈말 등이〉 음란한, 외설한; 〈여배우·음악이〉 관능적인
‡__sum__ [sʌm] [동음어 some] [L 「최고」의 뜻에서] *n.* **1** [the ~] **a** (수·양의) 총계, 합계; 총액, 총수 **b** 총체, 전체 **2** [the ~] 개요, 대요 **3** [종종 *pl.*] 금액: a good[round] ~ 꽤 많은 돈, 목돈 ***a large*** [***small***] ***~ of*** 다액[소액]의
— *v.* (**~med**; **~·ming**) *vt.* [종종 ~ up] **1** 총계[합계]하다 **2** …의 개요를 말하다, 요약하다 **3** …의 대세를 판단하다
— *vi.* **1** 개설(槪說)하다, 〈판사가〉 (원고·피고의 말을 들은 후) 요점을 개괄하여 말하다: The judge *~med up.* 판사는 증언을 개괄했다. **2** 합계 〈…이〉 되다: The expense *~med into*[*to*] $ 1,000. 비용은 합계 천 달러였다.
to ~ up 요약하면, 결론으로서
sum- [sʌm, səm] *pref.* = SUB- ⦅m 앞에 올 때의 변형⦆
su·mac(h) [sú:mæk, ʃú:-] *n.* 〖식물〗 옻나무
Su·ma·tra [sumɑ́:trə] *n.* 수마트라 섬 ⦅인도네시아 제2의 큰 섬⦆
Su·mer [sú:mər] *n.* 수메르 ⦅고대 바빌로니아의 남부 지방; 세계 최고(最古)의 문명 발상지⦆
Su·mer·i·an [su:míəriən | sju:-] *a.* 수메르(사람[말])의
— *n.* 수메르 사람; Ⓤ 수메르 말
sum·ma cum lau·de [súmə-kum-láudə] [L] *ad.*, *a.* 최우등으로[의]
*__sum·ma·rize__ [sʌ́məràiz] *vt.* 요약하다, 간략하게 말하다
‡__sum·ma·ry__ [sʌ́məri] *n.* (*pl.* **-ries**) 요약, 개요; 적요(서)
— *a.* **1** 요약한; 간략한 **2 a** 약식의 **b** 〖법〗 즉결의: ~ justice 즉결 심판
sum·mar·i·ly [sʌmérəli | sʌ́mər-] *ad.* 약식으로, 즉결로; 즉석에서
sum·mat [sʌ́mət] *ad.* ⦅방언⦆ = SOMEWHAT
sum·ma·tion [sʌméiʃən] *n.* **1 a** Ⓤ 합계하기, 덧셈 **b** 합계 **2** 요약 **3** ⦅미⦆ (변호인의) 최종 변론
‡__sum·mer__ [sʌ́mər] *n.* **1** 여름 **2** [the ~] ⦅문어⦆ (인생의) 한창때, 전성기, 절정: *the* ~ of (one's) life 장년기 — *a.* 여름의; 여름철에 알맞은 — *vi.* …에서 여름을 지내다, 피서하다 ⦅*at*, *in*⦆
— *vt.* ⦅드물게⦆ 〈가축을〉 여름 동안 방목하다
súmmer càmp ⦅미⦆ (어린이를 위한) 하계 휴양 캠프
sum·mer·house [sʌ́mərhàus] *n.* (*pl.* **-hous·es** [-hàuziz]) **1** 여름 별장 **2** (정원·공원 등의) 정자
sum·mer·sault [sʌ́mərsɔ̀:lt], **-set** [-sèt] *n.*, *vi.* = SOMERSAULT
súmmer schòol 하기 강좌[강습회], 여름 학교
súmmer sólstice [the ~] 〖천문〗 하지(夏至) ⦅6월 21일⦆
súmmer tìme ⦅영⦆ **1** 서머 타임 ⦅여름에 시계를 1시간 빠르게 함; 略 S.T.⦆(⦅미⦆ daylight saving (time)) **2** 서머 타임 기간
*__sum·mer·time__ [sʌ́mərtàim], **-tide** [-tàid] *n.* Ⓤ [종종 the ~] 여름철
sum·mer-weight [-wèit] *a.* 〈옷·신발 등이〉 여름용의, 가벼운
sum·mer·y [sʌ́məri] *a.* (종종 **-mer·i·er**; **-i·est**) 여름의[같은], 여름다운, 하절용의
sum·ming-up [sʌ́miŋʌ́p] *n.* (*pl.* **sum·mings-**) 요약; 약술(略述)
‡__sum·mit__ [sʌ́mit] [L 「최고」의 뜻에서] *n.* **1** (산의) 정상 **2** [the ~] 절정, 극점, 극치 **3** [the ~] (국가의) 정상급, 수뇌급
— *a.* 수뇌급의, 정상급의
sum·mit·eer [sʌ̀mitíər] *n.* ⦅구어⦆ 정상 회담 참가자
‡__sum·mon__ [sʌ́mən] [L 「아래로 (살짝) 상기시키다」의 뜻에서] *vt.* **1** 〈증인 등을〉 소환하다, 호출하다(call) **2** 〈의회 등을〉 소집하다 **3** 요구하다 **4** 〈용기 등을〉 내다, 불러일으키다: ~ *up* one's courage [spirit] 용기를 내다
sum·mon·er [sʌ́mənər] *n.* **1** 소환자 **2** ⦅고어⦆ (법정의) 소환 담당자
sum·mons [sʌ́mənz] *n.* (*pl.* **~·es**) **1** 소환, 호출 **2** (의회 등에의) 소집(장) **3** 〖법〗 (법원에의) 출두 명령, 소환장
— *vt.* 〈사람을〉 법정에 소환하다, 호출하다
sum·mum bo·num [súməm-bóunəm] [L] *n.* [the ~] 최고선(善)
su·mo [sú:mou] [Jap.] *n.* 스모 ⦅일본의 씨름 비슷한 경기⦆
sump [sʌmp] *n.* **1** 〖광산〗 (갱저(坑底)의) 물웅덩이 **2** (자동차 엔진 바닥의) 기름통
sump·tu·ar·y [sʌ́mptʃuèri] *a.* 출비를 규제하는, 사치 규제의
*__sump·tu·ous__ [sʌ́mptʃuəs] *a.* **1** 값비싼, 고가의 **2** 호화스러운, 화려한
~·ly *ad.* **~·ness** *n.*
súm tótal **1** [the ~] 총계, 총액, 총수 ⦅*of*⦆ **2** 요지, 골자
‡__sun__ [sʌn] [동음어 son] *n.* **1** [the ~] 태양, 해 **2** Ⓤ [또는 the ~] 햇빛, 햇볕: bathe in[take] *the* ~ 일광욕을 하다 **3** (위성을 가진) 항성
against the ~ 해가 도는 방향과 반대로,

서에서 동으로, 왼편으로 돌아 ***see the ~*** 출생하다; 살아 있다 one***'s*** [***a***] ***place in the ~*** 마땅히 받아야 할 몫; 순탄한 환경; 유리한 지위 ***take the ~*** 양지에서 햇볕을 쬐다, 일광욕하다 ***under the ~*** (1) 이 세상에서(의) (2) [의문사를 강조하여] 도대체(on earth) ***with the ~*** 해돋이에; 일몰에; 해가 도는 방향과 같은 방향으로; 오른쪽으로 돌아: get up[go to bed] *with the ~* 일찍 일어나다[자다] —*v.* (**~ned**; **~·ning**) *vt.* 햇볕에 쬐다, 햇볕에 말리다 —*vi.* 일광욕하다, 햇볕을 쬐다

*__Sun.__ Sunday

sun·baked [-bèikt] *a.* **1** 햇볕에 구운 **2** 햇볕이 강한

sun·bath [-bæθ | -bὰ:θ] *n.* 일광욕

sun·bathe [-bèið] *vi.* 일광욕을 하다

‡**sun·beam** [sʌ́nbì:m] *n.* **태양 광선**; 햇살

Sun·belt, Sún Bèlt [-bèlt] *n.* [the ~] 선벨트, 태양 지대《미국 남부를 동서로 뻗어 있는 온난 지대》

sun·blind [-blàind] *n.* 《영》 차양, 《특히》 창 밖에 치는 즈크제 차양

sun·block [-blὰkl | -blɔk] *n.* 자외선 방지 (크림, 로션)

sun·bon·net [-bὰnit | -bɔ̀n-] *n.* (여자 · 갓난아이의) 햇볕 가리는 모자

*__sun·burn__ [sʌ́nbə̀:rn] *n.* Ⓤⓒ **햇볕에 탐** —*vt., vi.* (**-burnt** [bə̀:rnt], 《미》 **~ed**) 햇볕에 타(게 하)다

sun·burnt [-bə̀:rnt], 《미》 **-burned** [-bə̀:rnd] *a.* (피부가) 햇볕에 탄[그을린]

sun·burst [-bə̀:rst] *n.* (구름 사이로 새어나오는) 강렬한 햇살

sun·dae [sʌ́ndei, -di] [Sunday] *n.* 선디《과일·과즙 등을 얹은 아이스크림》

‡**Sun·day** [sʌ́ndei, -di] [Gk 「태양의 날」의 뜻에서] *n.* **일요일**, (그리스도교의) 안식일, 주일 —*a.* 일요일의, 일요일에 하는, 일요일만의 —*ad.* 《구어》 일요일에

Súnday bést[**clóthes**] 《구어》 나들이옷

Sun·day-go-to-meet·ing [sʌ́ndi-gòutəmí:tiŋ] *a.* 《구어》 나들이용의, 최상의

Súnday púnch 《미·구어》 (권투의) 강타, 녹아웃 펀치

Sun·days [sʌ́ndeiz, -diz] *ad.* 《미》 일요일에, 일요일마다

Súnday schòol 주일 학교

sun·deck [sʌ́ndèk] *n.* **1** (여객선 등의) 상갑판 **2** 《호주》 일광욕용 베란다[옥상]

sun·der [sʌ́ndər] *vt.* 《문어》 (둘로) 가르다; 떼다, 끊다 —*n.* [다음 성구로] ***in ~*** 《시어》 산산이, 따로따로

sun·dew [sʌ́ndjù: | -djù:] *n.* 〖식물〗 끈끈이주걱《식충 식물》

sun·di·al [-dàiəl] *n.* 해시계

sun·dog [-dɔ̀:g, -dὰg | -dɔ̀g] *n.* 환일(幻日)(parhelion); (지평선 부근에 나타나는) 작은 무지개

sun·down [-dàun] *n.* Ⓤ 해넘이, 일몰

sun·down·er [-dàunər] *n.* 《영·구어》 해질녘의 한잔 술

sun·drenched [-drèntʃt] *a.* 《구어》 햇볕이 강한, 햇볕이 내리쬐는《주로 선전문에 쓰이는 과장 표현》

sun·dress [sʌ́ndrès] *n.* (팔·어깨·등을 노출시키는) 여름용 드레스

sun·dried [-dràid] *a.* 〈벽돌·과일 등이〉 햇볕에 말린

sun·dries [sʌ́ndriz] *n. pl.* **1** 잡동사니; 잡화 **2** 잡건(雜件)

*__sun·dry__ [sʌ́ndri] *a.* **가지가지의, 잡다한** —*n.* [다음 성구로] ***all and ~*** 누구 할 것 없이, 모두, 저마다

sun·fast [sʌ́nfæ̀st | -fὰ:st] *a.* 《미》 〈염료 등이〉 햇볕에 날지 않는

sun·fish [-fìʃ] *n.* (*pl.* **~, ~·es**) 〖어류〗 개복치; 납작한 민물 고기《북미산》

sun·flow·er [-flàuər] *n.* 〖식물〗 해바라기

‡**sung** [sʌŋ] *v.* SING의 과거·과거분사

sun·glass [sʌ́nglæ̀s | -glὰ:s] *n.* **1** 태양열 집열 렌즈《볼록 렌즈》 **2** [*pl.*] 색안경, 선글라스

sun·glow [-glòu] *n.* 아침놀, 저녁놀; 햇무리

sún gòd 태양신

sún hàt (챙이 넓은) 햇볕 가리는 모자

sún hèlmet (열대 지방의) 햇볕 가리는 헬멧

‡**sunk** [sʌŋk] *v.* SINK의 과거·과거분사 —*a.* **1** = SUNKEN **2** Ⓟ 《구어》 진, 패배한 **3** Ⓟ 〈사람이〉 (생각 등에) 잠겨

*__sunk·en__ [sʌ́ŋkən] *v.* SINK의 과거분사 —*a.* **1** 〈눈 등이〉 움푹 들어간; 〈볼 등이〉 홀쭉한 **2 침몰한**; 내려앉은

súnken gárden 침상원(沈床園)《지면보다 한 층 낮은 정원》

súnk fénce 은장(隱墻)《정원의 경관을 해치지 않도록 경계 도랑을 파서 만든 울타리》

sun·less [sʌ́nlis] *a.* **1** 해가 비추지 않는; 햇볕이 들지 않는 **2** 어두운, 음침한

‡**sun·light** [sʌ́nlàit] *n.* Ⓤ **햇빛, 일광**

sun·lit [-lìt] *a.* 햇빛을 받은, 햇볕이 드는

sún lòunge 《영》 일광욕실(《미》 sun parlor)

Sun·ni [súni] *n.* 수니파(派)《이슬람교의 2대 종파의 하나》; 수니파의 교도

Sun·nite [súnait] *n.* 수니파의 교도

‡**sun·ny** [sʌ́ni] *a.* (**-ni·er**; **-ni·est**) **1 양지바른 2 a** 태양의[같은] **b** 〈하늘이〉 구름 한 점 없는, 맑게 갠 **3** 명랑한, 쾌활한

sún·ny-side úp [sʌ́nisàid-] 《미》 〈달걀이〉 한 쪽만 프라이한

sún pàrlor 《미》 일광욕실(《영》 sun lounge)

sún pòrch 유리를 두른 일광욕실[베란다]

sun·proof [sʌ́nprù:f] *a.* 햇빛을 통과시키지 않는

sun·ray [-rèi] *n.* 태양 광선; (의료용의) 인공 태양 광선

‡**sun·rise** [sʌ́nràiz] *n.* Ⓤ **1 해돋이,** 동틀녘 **2** 아침놀 **3** (사물의) 시초, 시작: at ~ of the 20th century 20세기 초에

súnrise ìndustry 기술 집약형 신흥 산업

sun·roof [-rù:f] *n.* (자동차의) 선루프

《지붕의 개폐식 채광창(sunshine roof)》
sun·room [-rù:m] *n.* 일광욕실(sun parlor)
sun·screen [-skrì:n] *n.* 햇볕 타기 방지제
sun·seek·er [-sì:kər] *n.* **1** 피한객(避寒客) **2** 〖우주과학〗 태양 추적 장치
‡**sun·set** [sʌ́nsèt] *n.* Ⓤ **해넘이**, 일몰
sun·shade [-ʃèid] *n.* **1** (여자용) 양산 **2** 햇볕 가리는 것
‡**sun·shine** [sʌ́nʃàin] *n.* Ⓤ **1 햇빛** **2** [the ~] 양지; 맑은 날씨 **3** 쾌활, 명랑; 쾌활[행복]하게 하는 것
súnshine ròof =SUNROOF
sun·shin·y [-ʃàini] *a.* **1** 햇볕이 잘 드는, 양지바른; 청명한 **2** 밝은, 명랑한, 쾌활한
sun·spot [-spɑ̀t | -spɔ̀t] *n.* 〖천문〗 태양 흑점
sun·stroke [-stròuk] *n.* Ⓤ 〖병리〗 일사병
sun·struck [-strʌ̀k] *a.* 일사병에 걸린
sun·suit [-sù:t | -sjù:t] *n.* (일광욕·놀이 등을 위한) 여성·어린이용 옷
sun·tan [-tæ̀n] *n.* **1** Ⓤ (피부가) 햇볕에 탐 **2** Ⓤ 밝은 갈색; 볕에 그을린 빛
sún tràp (바람막이한 정원·테라스 등의) 양지바른 곳
sún vìsor (자동차 등의) 차광판, 선바이저
sun·ward [-wərd] *a.* 태양 쪽의, 태양을 향한 **—** *ad.* 태양 쪽으로, 태양을 향하여
sun·wards [-wərdz] *ad.* =SUNWARD
sún wòr·ship 태양(신) 숭배
sup[1] [sʌp] *vi.* (**~ped**; **~·ping**) 《고어》 **1** 저녁밥을 먹다 **2** …을 저녁밥으로 먹다 《*on, off*》
*****sup**[2] *v.* (**~ped**; **~·ping**) *vt.* **1** 〈음식·음료를〉 **조금씩 먹다[마시다]**; 홀짝홀짝 마시다 **2** 《스코》 마시다
— *vi.* 조금씩 먹다[마시다]
— *n.* (음료 등의) 한 모금 《*of*》
sup- [səp, sʌp] *pref.* =SUB- 《p 앞에 올 때의 변형》
sup. superior; superlative; supine; supplement; *supra* 《L =above》; supreme
su·per [sú:pər | sjú:-] 《구어》 *n.* = SUPERINTENDENT **2** 〖영화〗 특작품; 〖상업〗 특제품; 특대품 **3** 《미》 슈퍼마켓
— *a.* 《속어》 **1** 극상의, 훌륭한, 멋진 **2** 특대의
super- [sú:pər | sjú:-] 《연결형》 「이상; 과도, 극도; 초월」의 뜻(opp. *sub-*)
su·per·a·ble [sú:pərəbl | sjú:-] *a.* 타파[극복]할 수 있는
su·per·a·bun·dant [-əbʌ́ndənt] *a.* 남아도는, 과잉의 **-dance** [-dəns] *n.*
su·per·add [-ǽd] *vt.* 더 부가[첨가]하다
su·per·an·nu·ate [-ǽnjuèit] *vt.* **1** 노쇠[병약]하여 퇴직시키다 **2** …을 시대에 뒤떨어지게 하다 **-àt·ed** *a.*
su·per·an·nu·a·tion [-æ̀njuéiʃən] *n.* **1** Ⓤ 노년 퇴직[퇴역] **2** 노령 퇴직 수당[연금]
*****su·perb** [su:pə́:rb | sju:-] *a.* **1 최고[최상]의**, 훌륭한, 뛰어난 **2** 〈건물 등이〉 당당한, 장려한 **~·ly** *ad.*

Súper Bówl [the ~] 슈퍼볼 《미국 프로 미식축구의 왕좌 결정전》
su·per·car·go [sú:pərkɑ̀:rgou | sjú:-] *n.* (*pl.* ~(**e**)**s**) 화물 관리인
su·per·charge [-tʃɑ̀:rdʒ] *vt.* 〈엔진 등에〉 과급(過給)하다, 여압(與壓)하다
— *n.* 과급
-chàrg·er *n.* (엔진의) 과급기(機)
su·per·cil·i·ous [sù:pərsíliəs | sjù:-] *a.* 사람을 내려다보는[얕보는], 거만한, 건방진 **~·ly** *ad.* **~·ness** *n.*
su·per·cit·y [sú:pərsìti | sjú:-] *n.* (*pl.* **-cit·ies**) 거대 도시, 대도시권(圈)(megalopolis)
su·per·com·put·er [sú:pərkəmpjù:tər | sjú:-] *n.* 슈퍼 컴퓨터, 초고속 전자계산기
su·per·con·duc·tiv·i·ty [-kɑ̀ndʌktívəti | -kɔ̀n-] *n.* Ⓤ 〖물리〗 초전도(성)
su·per·con·duc·tor [-kəndʌ́ktər] *n.* 초전도체(超傳導體)
su·per·cool [sù:pərkú:l | sjù:-] *vt.* 〈액체를〉 응고시키지 않고 응고점 이하로 냉각하다
— *vi.* 과냉각되다
su·per-du·per [sù:pərdjú:pər | djú:-] *a.* 《속어》 **1** 아주 훌륭한 **2** 초대형의, 거대한
su·per·e·go [sù:pərí:gou | sjù:-] *n.* (*pl.* **~s**) 〖정신분석〗 초자아(超自我)
su·per·em·i·nent [-émənənt] *a.* 탁월한, 출중한 **~·ly** *ad.*
su·per·e·rog·a·to·ry [sù:pərərɑ́gətɔ̀:ri | -erɔ́gətəri] *a.* **1** 직무 이상으로 일하는 **2** 여분의
su·per·ex·cel·lent [sù:pəréksələnt | sjù:-] *a.* 극히 우수한
‡**su·per·fi·cial** [sù:pərfíʃəl | sjù:-] *a.* **1 표면(상)의**, 외면의 **2** 피상적인, 천박한 **~·ly** *ad.* 표면[피상]적으로, 천박하게
su·per·fi·ci·al·i·ty [sù:pərfìʃiǽləti | sjù:-] *n.* **1** Ⓤ 천박, 피상 **2** 천박한 사물
su·per·fi·cies [sù:pərfíʃi:z, -fíʃiì:z | sjù:-] *n.* (*pl.* ~) **1** 표면, 외면 **2** (본질에 대하여) 외관, 외모
su·per·fine [sù:pərfáin | sjù:-] *a.* **1** 〈물건 등이〉 최고급의 **2** 〈구분 등이〉 지나치게 세밀한
su·per·flu·i·ty [sù:pərflú:əti | sjù:-] *n.* (*pl.* **-ties**) **1** ⓊⒸ 여분, 과분; 과다 **2** 남아도는 것
*****su·per·flu·ous** [su:pə́:rfluəs | sju:-] [L 「넘치다」의 뜻에서] *a.* **1 여분의**, 남아도는: ~ wealth 남아도는 부 **2 불필요한** **~·ly** *ad.*
su·per·heat [sù:pərhí:t | sjù:-] *vt.* 〈액체를〉 끓이지 않고 비등점 이상으로 가열하다, 과열하다
su·per·he·ro [sú:pərhì:rou | -hìər-] *n.* 초영웅, 초인; 초일류의 탤런트[스포츠 선수]
sú·per·high fréquency [sú:pərhài- | sjú:-] 〖통신〗 초고주파
su·per·high·way [sù:pərháiwèi | sjù:-] *n.* 《미》 (다차선의) 고속도로 《expressway, turnpike 등》

su·per·hu·man [sù:pərhjú:mən | sjù:-] *a.* **1** 초인적인 **2** 사람의 짓이 아닌; 신의

su·per·im·pose [sù:pərimpóuz | sjù:-] *vt.* **1** 위에 얹다; 포개 놓다 **2** 〖영화·TV〗 이중 인화(印畫)하다
-im·po·si·tion [-ìmpəzíʃən] *n.*

su·per·in·duce [sù:pərindjú:s | sjù:-] *vt.* **1** 덧붙이다, 첨가하다 **2** 〈다른 사람을〉 앉히다

***su·per·in·tend** [sù:pərinténd | sjù:-] *vt.* 〈일·종업원 등을〉 **감독하다,** 관리하다

su·per·in·tend·ence [sù:pərinténdəns | sjù:-] *n.* Ⓤ 감독, 관리: under the ~ of …의 감독하에

***su·per·in·tend·ent** [sù:pərinténdənt | sjù:-] *n.* **1 감독**(자), 관리자, 지배인, 지휘자 **2** (관리) 국장; 《미》 교장, 교육감 **3** 《미》 경찰 본부장; 《영》 총경 **4** 《미》 (아파트 등의) 관리인

‡**su·pe·ri·or** [supíəriər | sju-] *a.* (opp. *inferior*) **1 뛰어난, 보다 나은** 《*to*》 **2** (질·정도 등이) **우수한,** 고급의 《*to*》 **3** (수·양적으로) 우세한, 다수의 **4** (위치·계급이) 보다 위의 《*to*》 **5** 거만한: with a ~ air 오만하게 **6** (유혹·장애 등에) 초연한, 굴하지 않는, 좌우되지 않는 《*to*》
— *n.* **1 우수한 사람,** 우월한 사람 **2 윗사람,** 선배; 상관, 상사 **3** [**S**~; 종종 the Father[Mother, Lady] S~] 수도원장[수녀원장]

Su·pe·ri·or [supíəriər | sju:-] *n.* **Lake** ~ 슈피리어 호 《북미에 있는 세계 최대의 담수호》

supérior cóurt 《미》 상급 법원; 《영》 고등 법원, 항소 법원

***su·pe·ri·or·i·ty** [supìəriɔ́:rəti | sju:pìəriɔ́r-] *n.* Ⓤ **우월,** 탁월, 우세 《*over, to*》

superióríty cómplex 우월 콤플렉스, 우월감

su·per·jet [sú:pərdʒèt | sjú:-] *n.* 초음속 제트기

superl. superlative

***su·per·la·tive** [supə́:rlətiv | sju:-] *a.* **1 최고**(도)**의;** 최상의 **2** 〖문법〗 최상급의
— *n.* **1 a** [the ~] 〖문법〗 최상급: *the* ~ degree 최상급 **b** 최상급의 단어[어형] **2** [보통 *pl.*] 최상급의 말; 과장된 표현: full of ~*s* 〈말 등이〉 몹시 과장된
~·ly *ad.* **~·ness** *n.*

su·per·man [sú:pərmæ̀n | sjú:-] *n.* (*pl.* **-men** [-mèn]) 초인(超人), 슈퍼맨

***su·per·mar·ket** [sú:pərmà:rkit | sjú:-] *n.* **슈퍼마켓**

su·per·nal [supə́:rnl | sju:-] *a.* **1** 《문어》 천상의, 신의 **2** 이 세상 것이 아닌, 숭고한 **~·ly** *ad.*

***su·per·nat·u·ral** [sù:pərnǽtʃərəl | sjù:-] *a.* **초자연의;** 불가사의한
— *n.* [the ~] 초자연적 존재[현상, 것]
~·ism *n.* 초자연성[력], 초자연주의[신앙]

su·per·no·va [-nóuvə] *n.* (*pl.* **-vae** [-vi:], **~s**) 〖천문〗 초신성(超新星)

su·per·nu·mer·ar·y [sù:pərnjú:mərèri | -əri] *a.* **1** 규정수 이상의, 정원 외의 **2** 보조[대리] 요원의 단역의 **—** *n.* (*pl.* **-ar·ies**) **1 a** 정원 외의 사람; 임시 고용인 **b** 남는 것, 과잉물 **2** (대사 없는) 단역 배우

su·per·or·di·nate [sù:pərɔ́:rdənət | sjù:-] *a.* 〈지위 등이〉 상위의; 〖논리〗 〈개념이〉 상위의
— *n.* 상위의 사람[것]

su·per·par·ti·cle [sù:pərpɑ́:rtikl] *n.* 〖물리〗 초미립자

su·per·pa·tri·ot [sù:pərpéitriət | sjù:-] *n.* 애국심이 지나친 사람

su·per·phos·phate [sù:pərfɑ́sfeit | -fɔ́s-] *n.* 〖화학〗 과인산염; 과인산 비료

su·per·pose [sù:pərpóuz | sjù:-] *vt.* 위에 놓다, 겹쳐 놓다 《*on, upon*》

su·per·pow·er [sú:pərpàuər | sjú:-] *n.* **1** Ⓤ 막강한[강대한] 힘 **2** 초강대국; 강력한 국제 (관리) 기구 **~ed** *a.*

su·per·sat·u·rate [sù:pərsǽtʃərèit | sjù:-] *vt.* 과포화시키다

su·per·scribe [sú:pərskràib | sjú:-] *vt.* 〈이름 등을〉 위[겉]에 쓰다; 〈편지 겉봉에〉 수취인 주소·성명을 쓰다

su·per·script [sú:pərskrìpt | sjù:-] *a.* 〖인쇄〗 위에 쓴
— *n.* 어깨 글자[기호, 숫자]

su·per·scrip·tion [sù:pərskrípʃən | sjù:-] *n.* 위에 쓴 글자; 표제(表題); (편지의) 수취인 주소·성명

***su·per·sede, -cede** [sù:pərsí:d | sjù:-] [L 「위에 앉다」의 뜻에서] *vt.* **1 대신[대리]하다,** 대체하다: The radio has been ~*d* by the TV. 라디오는 텔레비전으로 대체되었다. **2** 〈사람을〉 바꾸다, 교체하다 《*with, by*》: ~ Mr. A *with* Mr. B A씨 대신에 B씨를 취임시키다

su·per·sen·si·tive [sù:pərsénsətiv | sjù:-] *a.* **1** (기구·재료가) 예민한, 지나치게 민감한 **2** 〖사진〗 고감도의

su·per·ses·sion [sù:pərséʃən | sjù:-] *n.* Ⓤ 대신 들어서기; 대체

su·per·son·ic [sù:pərsɑ́nik | -sɔ́n-] *a.* **1** 초음속의: ~ speed 초음속 **2** 〖물리〗 초음파의: ~ waves 초음파
— *n.* 초음속, 초음파

su·per·son·ics [-sɑ́niks | -sɔ́n-] *n. pl.* [단수 취급] 초음속학; 초음파학

supersónic tránsport 초음속 여객기 《略 SST》

su·per·star [sú:pərstɑ̀:r | sjú:-] *n.* (스포츠·예능의) 슈퍼스타, 초대(超大)스타

su·per·state [sú:pərstèit | sjú:-] *n.* 초강대국(superpower)

‡**su·per·sti·tion** [sù:pərstíʃən | sjù:-] [L 「사물의 위에 서는 것」의 뜻에서] *n.* ⓊⒸ **미신**

***su·per·sti·tious** [sù:pərstíʃəs | sjù:-] *a.* **1 미신의,** 미신적인 **2** 미신에 사로잡힌 **~·ly** *ad.*

su·per·store [sú:pərstɔ̀:r | sjú:-] *n.* 《영》 대형 슈퍼마켓, 슈퍼스토어

su·per·struc·ture [sú:pərstrʌ̀ktʃər | sjú:-] *n.* **1 a** (배의 갑판 위의) 상부 구조물 **b** (토대 위의) 건축, 건물 **2** (사회·사상 등의) 상층, 상부 구조

su·per·tank·er [súːpərtæ̀ŋkər | sjúː-] *n.* (75,000톤 이상의) 초대형 유조선
su·per·tax [súːpərtæ̀ks | sjúː-] *n.* UC **1** ((영)) 부가세 **2** = SURTAX
su·per·vene [sùːpərvíːn | sjùː-] *vi.* 잇달아 일어나다, 병발하다
su·per·ven·tion [sùːpərvénʃən | sjùː-] *n.* UC 속발, 병발
***su·per·vise** [súːpərvàiz | sjúː-] [L 「위에서 보다」의 뜻에서] *vt.* 〈사람·일 등을〉 **감독하다**, 관리[통제]하다
— *vi.* 감독하다, 관리하다
***su·per·vi·sion** [sùːpərvíʒən | sjùː-] *n.* U **감독**, 관리: under the ~ of …의 감독하에
***su·per·vi·sor** [súːpərvàizər | sjúː-] *n.* **1 감독자**; 관리인 **2** ((미)) (공립 학교의) 지도 주임 **3** 〖컴퓨터〗 슈퍼바이저 ((운영 체제(OS)의 중심 부분에서 하드웨어의 능력을 최대한 활용할 수 있도록 체계를 감시·제어하는 프로그램))
su·per·vi·so·ry [sùːpərváizəri | sjùː-] *a.* 감독의, 관리의
su·per·wom·an [súːpərwùmən | sjúː-] *n.* (*pl.* **-wom·en** [-wìmin]) 뛰어난[초인적] 여성
su·pine [suːpáin | sjúːpain] *a.* **1** 반듯이 드러누운 **2** 게으른, 무기력한
~·ly *ad.*
supp., suppl. supplement(ary)
⁑**sup·per** [sʌ́pər] *n.* **1** UC **저녁 식사**: have[take] ~ (after the theater) (연극 관람 후) 저녁 식사를 하다 **2** 만찬회[파티]
súpper clùb ((미)) (식사·음료를 제공하는) 고급 나이트클럽
sup·per·less [sʌ́pərlis] *a.* 저녁 식사를 하지 않은: go to bed ~ 저녁을 먹지 않고 잠자리에 들다
***sup·plant** [səplǽnt | -plɑ́ːnt] *vt.* **1** (책략·강압적 수단으로) **대신 들어앉다**, 찬탈하다 **2** 〈사물에〉 대신하다 **~·er** *n.*
sup·ple [sʌ́pl] *a.* (**-pler**; **-plest**) **1** 나긋나긋한, 유연한 **2 a** 〈머리·정신이〉 유연성 있는, 순응성 있는 **b** 유순한
— *vi.* 나긋나긋하게 되다
~·ly *ad.* **~·ness** *n.*
⁑**sup·ple·ment** [sʌ́pləmənt] *n.* **1 추가**, 보충 **2** (책·서류 등의) 보유, 증보(增補) **3** 〖기하〗 보각(補角), 보호(補弧)
— [sʌ́plәmènt] *vt.* **보충하다**, 증보하다, 추가하다
***sup·ple·men·ta·ry** [sʌ̀pləméntəri] *a.* **보충하는**; **보유의**; 부록의
— *n.* 추가된 것 [사람]
suppleméntary bénefit ((영)) (국가의) 추가 급부 ((사회 보장 제도에 의한 소액 급부))
***sup·pli·ant** [sʌ́pliənt] *a.* **1 탄원하는**, 애원하는 **2** 〈말·동작이〉 간절히 부탁하는, 매달리다시피 하는
— *n.* 탄원자, 애원자 **~·ly** *ad.*
sup·pli·cant [sʌ́plikənt] *a.* 탄원하는
***sup·pli·cate** [sʌ́pləkèit] *vt.* **간청하다**, 애원[탄원]하다: ~ God *for* mercy 신의 자비를 빌다
— *vi.* 탄원하다, 애원하다: ~ *to* a person *for* mercy …에게 자비를 탄원하다
***sup·pli·ca·tion** [sʌ̀pləkéiʃən] *n.* U **탄원**, 애원
sup·pli·er [səpláiər] *n.* 공급[보충]하는 사람[것]; 원료 공급국[지]
⁑**sup·ply** [səplái] [L 「충분히 채우다」의 뜻에서] *v.* (**-plied**) *vt.* **1 공급하다**, 주다 ((*with*)) **2 보충하다**; 〈필요를〉 충족하다, 〈수요에〉 응하다 **3** 〈지위 등을〉 대신하여 차지하다
— *n.* (*pl.* **-plies**) **1** U (수요에 대한) **공급**, 보급 **2 a** [종종 *pl.*] **공급품**, 지급물; 공급[지급]량 **b** [보통 a ~] (비축물 등의) 양(量) **3** [*pl.*] (군대·탐험대 등의 일정 기간의) 양식, 생활 필수품
in short ~ 재고가 부족하여, 불충분하여
~ ***and demand*** = ***demand and*** ~ 〖경제〗 수요와 공급
— *a.* A **1** 공급용의 **2** (군대의) 보급 담당의 **3** 대리의
⁑**sup·port** [səpɔ́ːrt] *vt.* **1 받치다 2** 〈생명·기력 등을〉 **유지하다**, 지속시키다 **3** 힘을 북돋우다, 격려하다 **4 부양하다**, 기르다: ~ a family 가족을 부양하다 **5 a** 〈시설 등을〉 재정적으로 원조하다 **b** 〈사람·주의·정책 등을〉 **지지하다**, 원조[후원]하다: ~ a political party 정당을 지지하다
— *n.* **1** U **받침**; 유지 **2** U 지지, 원조, 후원; 찬성; 고무 **3** 지지자, 후원자; 지지물 **4** U (가족의) **부양**, 양육; 생활비; C 생활 부양자
in ~ ***of*** …을 지지하여, 찬성하여: speak *in* ~ *of* …을 옹호하다, …의 찬조 연설을 하다
sup·port·a·ble [səpɔ́ːrtəbl] *a.* **1** 지지[찬성]할 수 있는 **2** [보통 부정문에서] 참을 수 있는 **3** 부양할 수 있는 **-bly** *ad.*
***sup·port·er** [səpɔ́ːrtər] *n.* **1 지지자**, **후원자**, 원조자; 찬성자 **2** 부양자 **3** (운동용의) 서포터; 가터 **4** 〖외과〗 부목(副木)
sup·port·ing [səpɔ́ːrtiŋ] *a.* A **1** 받치는, 지지하는 **2** 조연하는: a ~ actor 조연 배우
sup·port·ive [səpɔ́ːrtiv] *a.* **1** A 받치는, 지탱하는 **2** 부양하는; 협력적인
⁑**sup·pose** [səpóuz] [L 「아래에 두다」의 뜻에서] *vt.* **1 가정하다 2** [명령형으로] **만약 …이면**; …하면 어떨까: *S*~ we(=Let's) go for a walk. 산책하러 가면 어떻겠니. **3 추측하다**: Nobody ~*d* him *to* have done such a thing. 그가 그런 일을 했으리라고는 아무도 생각하지 않았다. **4 a** 전제로 하다, 함축하다: Purpose ~*s* foresight. 목적은 선견을 전제한다. **b** (관습상·의무상) 〈사람이〉 …할 것으로 기대하다 **5** [부정문에서] ((구어)) 〈남에게〉 …해도 좋다고 인정하다
sup·pós·a·ble *a.* 상상[가정]할 수 있는
***sup·posed** [səpóuzd] *a.* **1** A **상상된**, 가정의 **2** P ((구어)) 〈…하기로〉 되어 있는: We are not ~ *to* smoke in the classroom. 교실에서는 담배를 피우지 않기로 되어 있다.

sup·pos·ed·ly [səpóuzidli] *ad.* [문장 전체를 수식하여] 생각건대, 추측컨대, …으로 상상되어

*__sup·pos·ing__ [səpóuziŋ] *conj.* 만약 …이라면(if): *S*~ it were true, what would happen? 정말이라면 어떻게 될 것인가?

*__sup·po·si·tion__ [sʌ̀pəzíʃən] *n.* **1** Ⓤ 상상, 추정, 추측 **2** 가정, 가설: on the ~ that …으로 가정하고, …이라고 간주하고 **~·al** *a.*

sup·po·si·tious [sʌ̀pəzíʃəs] *a.* =SUPPOSITITIOUS

sup·pos·i·ti·tious [səpɑ̀zətíʃəs | -pɔ̀z-] *a.* **1** 가짜의, 위조의 **2** 가정의, 가상의 **~·ly** *ad.*

sup·pos·i·tive [səpɑ́zətiv | -pɔ́z-] *a.* **1** 가정의, 추정의 **2** 〖문법〗 가정을 나타내는
— *n.* 〖문법〗 가정을 나타내는 말 《if, providing, supposing 등》

sup·pos·i·to·ry [səpɑ́zətɔ̀:ri | -pɔ́zətəri] *n.* (*pl.* **-ries**) 〖의학〗 좌약(坐藥)

⁑**sup·press** [səprés] [L 「내리 누르다」의 뜻에서] *vt.* **1** 〈반란·폭동 등을〉 억압[진압]하다 **2** 억제하다, 〈신음·하품·감정을〉 억누르다 **3** 〈책 등을〉 발매 금지하다

sup·pres·sant [səprésnt] *n.* 〖약학〗 억제제[약], 반응 억제제[물질]

sup·press·i·ble [səprésəbl] *a.* **1** 억제[억압]할 수 있는 **2** 감출 수 있는 **3** 금지[삭제]할 수 있는

*__sup·pres·sion__ [səpréʃən] *n.* Ⓤ **1** (반란 등의) 억압, 진압 **2** (감정 등의) 억제 **3** (사실 등의) 은폐 **4** (책 등의) 발매 금지

sup·pres·sive [səprésiv] *a.* **1** 억압[억제]하는 **2** 은폐하는 **~·ly** *ad.* **~·ness** *n.*

sup·pres·sor [səprésər] *n.* **1** 억압[탄압]자 **2** 〖라디오·TV〗 혼신[잡음] 방지 장치

sup·pu·rate [sʌ́pjurèit] *vi.* 〈상처가〉 곪다, 화농하다
sùp·pu·rá·tion *n.* Ⓤ 화농; 고름

sup·pu·ra·tive [sʌ́pjuərèitiv] *a.* 화농하는[시키는], 화농성의

su·pra [sú:prə | sjú:-] [L] *ad.* 위에; (책·논문에서) 앞에

su·pra- [sú:prə | sjú:-] *pref.* 「위의, 위에; 앞에」의 뜻

su·pra·na·tion·al [sù:prənǽʃənl | sjù:-] *a.* 초국가적인

su·pra·or·bit·al [sù:prəɔ́:rbitl | sjù:-] *a.* 안와(眼窩) 위의

su·pra·re·nal [sù:prərí:nəl | sjù:-] *a.* 〖해부〗 부신(副腎)의

su·prem·a·cist [suprémәsist | sju-] *n.* [수식어와 함께] (특정 집단[민족]의 우수성을 주장하는) 지상주의자: a white ~ 백인 지상주의자

*__su·prem·a·cy__ [suprémәsi | sju-] *n.* (*pl.* **-cies**) ⓊⒸ **1** 최고, 최상; 지상 **2** 주권, 대권; 지배권

⁑**su·preme** [suprí:m | sju-] [L 「상위의」의 뜻의 최상급에서] *a.* **1** 〈정도·품질 등이〉 최고의, 최우수의 **2** [종종 **S~**] 〈지위·권력 등이〉 최고 권위의 **3** 극도의, 대단한 **4** Ⓐ 최종의, 최후의 — *n.* 최고의 것; 최고의 상태 **~·ly** *ad.* **~·ness** *n.*

Supréme Béing [the ~] 하느님, 신

su·pre·mo [suprí:mou | sju-] *n.* (*pl.* **~s**) 《영》 최고 지도자[지휘관]

Supt., supt. superintendent

sur. surface

sur-[1] [sər, sʌr, sə:r] *pref.* =SUB- 《r 앞에 올 때의 변형》

sur-[2] *pref.* =SUPER

sur·charge [sə́:rtʃɑ̀:rdʒ] *n.* **1** 과도한 부담[적재], 과중(過重) **2** 특별[부가] 요금, 할증금 **3** 추징금 부과 — *vt.* **1** 너무 많이 싣다 **2** 특별[부가] 요금을 과하다 **3** 가격[날짜] 정정인을 찍다

sur·cin·gle [sə́:rsìŋgl] *n.* (말의) 뱃대끈

sur·coat [sə́:rkòut] *n.* 〖역사〗 (중세 기사가 갑옷 위에 입는) 겉옷

surd [sə:rd] *a.* 〖수학〗 무리수의
— *n.* 〖수학〗 무리수

⁑**sure** [ʃuər] *a.* Ⓟ **1** 확신하는, 확실한, 틀림없는 **2** Ⓟ 꼭 …하는, 틀림없이 …하는: He is ~ to come. 그는 꼭 온다. **3** Ⓐ **a** 확실한, 신뢰할 수 있는 **b** 안전한
be ~ of …에 자신을 가지다, …을 믿다 ***be ~ of*** one***self*** 자신이 있다 ***for ~*** 확실히, 틀림없이 ***make ~*** 확인하다; 확신하다; 꼭 …하다, 대책을 강구하다 ***to be ~*** 확실히; [뒤에 but를 동반하여 양보구를 나타내어] 과연, 정말
— *ad.* (구어) **1** 《미》 확실히(《영》 certainly) **2** [의뢰·질문의 대답에 써서] 좋고 말고, 물론 **3** [Thank you.에 대해서] 《미·속어》 천만의 말씀, 뭘요
~ enough (구어) 과연; 반드시, 정말로

sure·fire [-fàiər] *a.* Ⓐ (구어) 확실한; 틀림없이 성공할

sure·foot·ed [-fútid] *a.* 발을 단단히 디디고 선, 엎어지지 않는

⁑**sure·ly** [ʃúərli] *ad.* **1** 확실히, 틀림없이 **2** 꼭, 정말로 **3** [주로 부정 문장의 첫머리 또는 끝에 써서] 설마; 결코 **4** [강한 긍정의 대답에 써서] 《미·구어》 예, 물론

súre thíng (구어) **1** [a ~] (성공·승리 등이) 확실한 것 **2** 《미》 [부사적으로] 꼭, 반드시; [감탄사적으로] 물론이죠, 그럼요

*__sur·e·ty__ [ʃúərəti] *n.* (*pl.* **-ties**) **1** ⒸⓊ 보증, 저당 **2** (보석) 보증인

*__surf__ [sə:rf] [동음어 serf] *n.* **1** (해안·바위 등에) 밀려드는 파도 **2** (밀려드는) 파도의 거품[물보라]
— *vi.* 파도타기 (놀이)를 하다, 서핑을 하다 **súrf·er** *n.*

⁑**sur·face** [sə́:rfis] *n.* **1** 표면, 수면, 겉, 외면 **2** 〖기하〗 면; 평면 **3** [the ~] 겉보기, 외관, 외양
below [***beneath***] ***the ~*** 내면은[에], 속으로(는): look *below*[*beneath*] *the* ~ of things 사물의 내면을 (들여다)보다 ***on the ~*** 외관상
— *a.* Ⓐ **1** 표면만의, 외관의, 피상적인 **2 a** 지상[길바닥]의 **b** 수상의 **c** (항공편에 대하여) 육상[해상] 우편의, 선박의 **3** 표면의

— *vt.* **1** 〈길바닥을〉 포장하다: ~ a road with gravel 도로를 자갈로 포장하다 **2** 〈잠수함을〉 부상(浮上)시키다
— *vi.* **1** 〈잠수함·고래·잠수부 등이〉 떠오르다 **2** 〈문제·화제 등이〉 표면화하다, 겉으로 드러나다

súrface màil 선박 우편; (육상) 수송 우편물

súrface ríghts 지상권(地上權)

súrface sòil 표층토, 표토

súrface ténsion 〖물리〗 표면 장력

sur·face-to-air [-tuέər] *a.* Ⓐ 〈미사일·통신 등이〉 지대공(地對空)의: a ~ missile 지대공 미사일 《略 SAM》

sur·face-to-sur·face [-təsə́:rfis] *a.* Ⓐ 〈미사일 등이〉 지대지(地對地)의: a ~ missile 지대지 미사일 《略 SSM》

surf·board [sə́:rfbɔ̀:rd] *n.* 파도타기 널, 서프보드

surf·boat [-bòut] *n.* 서프보트 《거친 파도에 견디는 보트》

súrf càsting 〖낚시〗 (해안에서의) 던질 낚시

∗**sur·feit** [sə́:rfit] [L 「지나치게 하다」의 뜻에서] *n.* ⓊⒸ [보통 a ~] **1 폭식,** 폭음 **2** 과도; 포만, 물림: *a* ~ of advice 넌더리날 정도의 충고
— *vt.* **1** 너무 먹이다[마시게 하다], 물리게 하다 **2** [~ one*self*로] (…을) 너무 먹다[마시다]; (…에) 물리다 《*with*》: ~ *oneself with* sweets 단것을 물리도록 많이 먹다

surf·ing [sə́:rfiŋ] *n.* = SURFRIDING

surf·rid·ing [-ràidiŋ] *n.* Ⓤ 파도타기 (놀이)

surf·y [sə́:rfi] *a.* (**surf·i·er**; **-i·est**) **1** 밀려드는 파도가 많은 **2** 밀려드는 파도의 [같은]

surg. surgeon; surgery; surgical

∗**surge** [sə:rdʒ] [동음어 serge] [L 「일어나다」의 뜻에서] *vi.* **1** 〈군중·감정 등이〉 **파도처럼 밀려오다,** 〈바다 등이〉 물결치다: *surging* crowds 밀려오는 인파 **2** 〈감정 등이〉 끓어오르다, 소용돌이치다
— *n.* **1** 큰 파도, 놀 **2** [보통 a ~] **a** 쇄도 **b** (감정의) 동요, 고조 **3** 급상승

∗**sur·geon** [sə́:rdʒən] *n.* **1 외과의 2** 군의관(軍醫官)

súrgeon géneral (*pl.* **surgeons general**) **1** 〖군사〗 의무감(醫務監) **2** [**S~ G~**] 《미》 공중 위생국장

∗**sur·ger·y** [sə́:rdʒəri] *n.* (*pl.* **-ger·ies**) **1** Ⓤ **a** 외과: plastic ~ 성형 외과 **b** (외과) 수술; 외과적 처치 **2** 《미》 수술실

∗**sur·gi·cal** [sə́:rdʒikəl] *a.* **1 외과(술)의,** 외과적인; 외과의의 **2** 수술의; 수술상의 **~·ly** *ad.* 외과적으로

su·ri·cate [súərəkèit | sjúə-] *n.* 〖동물〗 수리카타 《사향고양잇과(科); 아프리카 남부산》

Su·ri·nam [súərənæ̀m | ⌐-⌐] *n.* 수리남 《남미 북동부의 공화국; 수도 Paramaribo》

∗**sur·ly** [sə́:rli] *a.* (**-li·er**; **-li·est**) **1** (심술궂게) **뿌루퉁한;** 무뚝뚝한; 퉁명스러운 **2** 〈날씨가〉 고약한, 험악한 **súr·li·ly** *ad.*

∗**sur·mise** [sərmáiz] [L 「위로 던지다」의 뜻에서] 《문어》 *n.* ⒸⓊ **짐작, 추측**
— [-⌐] *vt.* **짐작[추측]하다;** …이라고 생각하다
— *vi.* 추측하다

∗**sur·mount** [sərmáunt] *vt.* **1** 〈산·언덕 등을〉 **오르다;** 타고 넘다 **2** 〈곤란·장애를〉 극복하다, 타파하다 **3** [주로 수동형으로] 위에 놓다 **~·a·ble** *a.*

∗**sur·name** [sə́:rnèim] *n.* **성**(姓)(family name)

⁑**sur·pass** [sərpǽs | səpá:s] *vt.* **…보다 낫다,** …을 능가하다: He *~es* me *in* knowledge. 그는 지식에 있어서 나보다 낫다.

sur·pass·ing [sərpǽsiŋ | səpá:s-] *a.* 뛰어난; 우수[탁월]한; 비상한: a woman of ~ beauty 뛰어난 미인 **~·ly** *ad.*

sur·plice [sə́:rplis] *n.* 〖가톨릭·영국국교〗 중백의(中白衣) 《의식 때 성직자·성가대원 등이 입는》 **sur·pliced** [-plist] *a.* 중[소]백의를 입은

⁑**sur·plus** [sə́:rpləs] *n.* **1 나머지;** 과잉 **2** 〖회계〗 잉여금
— *a.* 나머지의, 잔여의, 과잉의: a ~ population 과잉 인구

súrplus válue 〖경제〗 잉여 가치

⁑**sur·prise** [sərpráiz] *vt.* **1 놀라게 하다,** 경악하게 하다 **2** 허를 찔러 …에게 (…)시키다 **3 불시에 치다;** 기습하다
— *n.* Ⓤ **1 놀람,** 경악 **2 불시에 치기,** 기습 **3** Ⓒ **놀랄 만한 사건[보도],** 뜻밖의 일[선물]

⁑**sur·prised** [sərpráizd] *a.* **놀란:** a ~ look 놀란 표정

sur·pris·ed·ly [sərpráizidli, -zdli] *ad.* 놀라서

⁑**sur·pris·ing** [sərpráiziŋ] *a.* **놀라운,** 의외의; 불시의

∗**sur·pris·ing·ly** [sərpráiziŋli] *ad.* **1 놀랄만큼;** 대단히 **2** [문장 전체를 수식하여] 놀랍게도: *S~*, we won. 놀랍게도 우리가 이겼다.

sur·re·al [sərí:əl | -ríəl] *a.* 초현실주의의[적인]

sur·re·al·ism [sərí:əlìzm | -ríəl-] *n.* Ⓤ 초현실주의, 쉬르레알리슴
-ist *n.*, *a.* 초현실주의자(의)

sur·re·al·is·tic [sərì:əlístik | -rìəl-] *a.* 초현실(주의)적인

⁑**sur·ren·der** [səréndər] [L 「위로 주다」의 뜻에서] *vt.* **1 a 넘겨 주다 b** [~ one*self*로] (적 등에게) 항복하다; (경찰 등에) 자수하다 《*to*》 **c** 〈표 등을〉 건네주다; 〈자리 등을〉 양보하다 《*to*》 **2** 《문어》 〈자유·희망·신념·주의·직무 등을〉 (깨끗이) 포기하다 **3** [~ one*self*로] (습관·감정·감화 등에) 빠지다 《*to*》: ~ one*self to* despair[grief, sleep] 자포자기[슬픔, 잠]에 빠지다
— *vi.* **1 항복[함락]하다;** 자수하다: He *~ed* voluntarily *to* the police. 그는 자진해서 경찰에 자수했다. **2** (습관·감정 등에) 빠지다, 굴하다 《*to*》
— *n.* ⓊⒸ **1 a 인도;** 양도: ~ of a

fugitive 〖국제법〗 탈주범의 인도 **b** (신념·주의 등의) 포기 **2 a** 항복, 함락: (an) unconditioned ~ 무조건 항복 **b** 자수
surrénder vàlue 〖보험〗 중도 해약 반환금
sur·rep·ti·tious [sə̀:rəptíʃəs | sʌ̀r-] *a.* 비밀의, 내밀의, 몰래 하는: a ~ glance 훔쳐 보기 **~·ly** *ad.* 몰래, 남모르게
sur·rey [sə́:ri | sʌ́ri] *n.* 《미》 서리형 마차 《두 좌석의 4인승 4륜 마차》
Sur·rey [sə́:ri | sʌ́ri] *n.* 서리 《잉글랜드 남동부의 주》
sur·ro·gate [sə́:rəgèit, -gət | sʌ́rəgət] *n.* **1** 〖영국국교〗 (banns 없이 결혼 허가를 주는) 주교 대리 **2** 《미》 유언 검인(檢認) 판사 **3** 대리인, 대용물
— *a.* Ⓐ 대리의; 대용의
súrrogate móther 대리모(母) 《다른 부부를 위해 자궁을 빌려주고 아기를 낳는 여성》
‡**sur·round** [səráund] [L 「위에 물이 넘치다」의 뜻에서] *vt.* **1 둘러싸다, 에워싸다**; 〖군사〗 포위하다 **2 둘러막다,** 두르다 **—** *n.* **1** 둘러싸는 것 **2** 《영》 가장자리 장식
‡**sur·round·ing** [səráundiŋ] *a.* Ⓐ **주위의**; 둘러싸는
— *n.* **1** [*pl.*] **주변**(의 상황), **환경**: home ~*s* 가정 환경 **2** 둘러싸기
sur·round-sound [səráundsàund] *n.* 《영》 서라운드 사운드 《콘서트 홀에서 듣고 있는 것 같이 들리는 재생음》
sur·tax [sə́:rtæ̀ks] *n.* ⓊⒸ 부가세
sur·ti·tle [sə́rtàitəl] *n.* (오페라 공연시) 가극의 가사나 내용을 무대 위의 스크린에 띄우는 자막 **—** *vt.* (연극의) 설명 자막을 띄우다
sur·veil·lance [sərvéiləns | sə:-] *n.* Ⓤ 감시, 망보기, 감독: under ~ 감시하에
sur·veil·lant [sərvéilənt | sə:-] *n.* 감시자, 감독자
— *a.* 감시[감독]하는
‡**sur·vey** [sərvéi] *vt.* **1 바라보다,** 둘러보다 **2** 개관(槪觀)[개설(槪說)]하다 **3** 〈건물 등을〉 **조사하다 4** 〈토지 등을〉 **측량하다**
— [sə́:rvei, -ˊ] *n.* **1** 바라다봄 **2** 개관, 통람(通覽) **3 측량 4** (건물 등의) 검사, 조사
súrvey còurse 개설(槪說) 강의
sur·vey·ing [sərvéiiŋ] *n.* Ⓤ 측량(술)
∗**sur·vey·or** [sərvéiər] *n.* **1 측량자,** 측량 기사 **2** 감시인, 감독자 **3** 《미》 조세 사정(査定)관
∗**sur·viv·al** [sərváivəl] *n.* **1** Ⓤ **생존, 살아남음,** 잔존 **2** 생존자, 잔존자[물], (특히 고대의) 유물
the ~ of the fittest 〖생물〗 적자생존
sur·viv·al·ism [sərváivəlìzm] *n.* 생존주의 《전쟁·재해 등에서 살아남기를 으뜸가는 목표로 삼는 주의》
-ist *n.*, *a.* 생존주의자(의)
survíval kìt 〖군사〗 비상용 구명대(袋)[상자] 《조난을 대비한 약품·식량 등을 넣은 용기》
‡**sur·vive** [sərváiv] [L 「넘어서 살다」의 뜻에서] *vt.* **1 살아남다 2** …에서 살아나다
— *vi.* 생존하다, 살아남다; 잔존하다
∗**sur·vi·vor** [sərváivər] *n.* **1 살아남은 사람,** 생존자, 구조된 사람; 유족 **2** 잔존물, 유물
sus, suss [sʌs] *n.*, *vt.* 《영·속어》 = SUSPECT
sus- [səs, sʌs] *pref.* = SUB- 《c, p, t로 시작하는 라틴어 및 그 파생어 앞에서》
Su·san [sú:zn], **Su·san·nah** [su:zǽnə] *n.* 여자 이름 《애칭 Sue, Sukey, Suky, Susie, Susy》
Su·san·na [su:zǽnə] *n.* = SUSAN
sus·cep·ti·bil·i·ty [səsèptəbíləti] *n.* (*pl.* **-ties**) Ⓤ **1 a** 감수성 **b** (병 등에) 감염하기[걸리기] 쉬움 **2** [*pl.*] (상하기 쉬운) 감정
∗**sus·cep·ti·ble** [səséptəbl] [L 「받아들일 수 있는」의 뜻에서] *a.* **1** (…의) **여지가 있는**; 허락하는 **2** 민감한, 다정다감한 《*of*》 **3** 영향을 받기 쉬운, 감염되기 쉬운 《*to*》 **-bly** *ad.*
sus·cep·tive [səséptiv] *a.* **1** 감수성의, 감수성이 강한 **2** 받기 쉬운, 용인하는, 가능한 《*of*》
‡**sus·pect** [səspékt] [L 「아래로(부터) 보다」의 뜻에서] *vt.* **1 짐작하다 2** …**이 아닌가 하고 생각하다 3** 추측하다 **4 의심을 두다,** 의심쩍게 여기다
— *vi.* 의심을 두다, 수상쩍어하다
— [sʌ́spekt] *a.* 의심스러운, 혐의를 받은, 수상한
— [sʌ́spekt] *n.* **용의자,** 요주의 인물
‡**sus·pend** [səspénd] *vt.* **1 a 매달다,** 걸다, 달다 **b** 〈먼지·미립자 등을〉 (공중·수중에) 떠 있게 하다, 부유(浮遊)시키다 **2 a** 〈활동·지불·영업 등을〉 (일시) **중지하다 b** 〈판단·결정·형벌 등을〉 잠시 보류하다, 일시 정지시키다
sus·pén·ded animátion [səspéndid-] 〖의학〗 가사(假死) 상태; 인사불성
suspénded séntence 〖법〗 집행 유예
∗**sus·pend·er** [səspéndər] *n.* **1 매다는 사람[물건] 2** [*pl.*] 《영》 양말 대님(《미》 garters) **3** [*pl.*] 《미》 (바지의) 멜빵(《영》 braces)
suspénder bèlt 《영》 = GARTER BELT
∗**sus·pense** [səspéns] *n.* Ⓤ **1 미결,** 미정 (상태) **2** 어중간함, 모호함, 이도저도 아님 **3** (영화·소설 등의) **서스펜스,** 지속적 긴장감[흥분], 손에 땀을 쥐는[조마조마한] 상태
***be* [*keep*] *in* ~** (어떻게 되나 하고) 걱정하다[시키다], 마음을 졸이다[졸이게 하다]
***hold … in* ~** (1) …을 미결(정)인 채로 두다 (2) (알고 싶은 것을 알리지 않아) …을 애태우게 하다
~·ful *a.* 서스펜스가 넘치는
suspénse accòunt 〖부기〗 가(假)계정
∗**sus·pen·sion** [səspénʃən] *n.* Ⓤ **1 매달(리)기,** 부유(浮遊) **2** 미결(정) **3** 〖물리〗 (고체 입자의) 부유 (상태) **4** 〖화학〗 Ⓒ 현탁액
suspénsion brìdge 현수교, 적교
suspénsion pòints[pèriods] 〖인쇄〗 생략 부호 《문장 속의 생략을 나타내는 3점 (…); 문미에서는 보통 4점 (....)임》

sus·pen·sive [səspénsiv] *a.* **1** 미결정의; 불안한; 확실치 못한 **2** 〈영화·소설 등이〉 서스펜스가 있는 **3** (일시적으로) 중지하는, 휴지하는 **~·ly** *ad.*

sus·pen·so·ry [səspénsəri] *a.* 매다는, 매달아 늘어뜨린
— *n.* (*pl.* **-ries**) **1** 〖해부〗 현수근(筋), (눈의) 현수 인대(靭帶) **2** 〖의학〗 걸어매는 붕대

‡**sus·pi·cion** [səspíʃən] *n.* **1** ⓊⒸ 혐의, 의심 **2** 미심스런[수상쩍은] 생각 **3** ⓊⒸ [보통 a ~] 느낌: have *a* ~ of[that ...] …을[이라는 것을] 알아채다 **4** [a ~] 미소량, 기미 (*of*)
***above* [*under*] ~** 혐의가 없는[있는]
have ~s* [*a* ~] *about ...* = *attach ~ to ...* = *hold ... in ~* = *cast ~ on … 에 혐의를 두다

‡**sus·pi·cious** [səspíʃəs] *a.* **1** (…을) **의심하는**; **의심 많은**, 신용하지 않는 **2 혐의를 일으키는**, 의심스러운, 수상쩍은 **3 의심을 나타내고 있는**, 의심[의혹]의 **~·ly** *ad.*

suss [sʌs] *vt.* 《영·속어》 조사하다, 수사하다

Suss. Susssex

Sus·sex [sʌ́siks] *n.* 서섹스 주 《잉글랜드 남동부의 주; Esat Sussex와 West Sussex로 분할됨》

‡**sus·tain** [səstéin] [L 「아래로 떠받치다」의 뜻에서] *vt.* **1 떠받치다**, 지탱하다 **2** 〈피해·손실·충격 등을〉 **받다** **3** 〈무게·압력·고난 등을〉 **견디다** **4** 〈생명을〉 **유지하다**, 〈가족 등을〉 부양하다 **5** 〈진술·학설·예언·주의 등을〉 뒷받침하다, 확증하다 **6** 〈활동·흥미·노력 등을〉 계속하다, **지속하다**; 〈생활·시설 등을〉 유지하다 **7** 〈…을〉 격려[고무]하다, 기운내게 하다

sus·tain·a·ble [səstéinəbl] *a.* **1** 지탱할 수 있는 **2** 지속[유지]할 수 있는 **3** 견딜 수 있는

sus·tained [səstéind] *a.* 지속된, 일관된

sus·tain·er [səstéinər] *n.* **1** sustain하는 사람[것] **2** 《미》 = SUSTAINING PROGRAM

sus·tain·ing [səstéiniŋ] *a.* **1** 지탱하는; 유지하는 **2** 〈음식물 등이〉 몸에 기운을 주는

sustáining prògram 《미》 자체[자주적] 프로그램 《방송국 자체의 비상업적 프로그램》

***sus·te·nance** [sʌ́stənəns] *n.* Ⓤ **1 생계**, 살림 **2** 음식; 영양(물), 자양(물) **3** 지지, 유지; 내구(耐久), 지속

Su·sy [sú:zi] *n.* 여자 이름 《Susan, Susanna(h)의 애칭》

su·tra [sú:trə] *n.* [종종 **S~**] 〖힌두교·불교〗 경전, 수트라

sut·tee [sʌtí:, ⌐–] [Skt. 「충실한 아내」의 뜻에서] *n.* 〖힌두교〗 Ⓤ 아내의 순사(殉死) 《옛날 인도에서 남편의 시체와 함께 아내가 산 채로 화장되던 풍습》

su·ture [sú:tʃər] *n.* **1** 〖해부〗 봉합선 《특히 두개골의》 **2** 〖외과〗 꿰맴; 봉합술; 꿰맴줄
— *vt.* 〈상처를〉 봉합하다

su·ze·rain [sú:zərin | sjú:-] *n.* **1** (봉건) 영주, 종주(宗主) **2** (속국에 대한) 종주국 **~·ty** *n.* Ⓤ 종주권; 영주[종주]의 지위[권력]

svelte [svelt] *a.* 〈여성이〉 날씬한, 미끈한

SW, S.W. shortwave; southwest; southwestern

Sw. Sweden; Swedish

swab, swob [swɑb | swɔb] *vt.* (**~bed**; **~·bing**) **1** 〈물 등을〉 걸레질하다 (*up*): ~ *up* water 물을 훔치다[닦다] **2** 〖의학〗 〈목구멍 등에〉 (약을) 면봉(綿棒)으로 바르다
— *n.* **1** 자루걸레 《갑판용》 **2** 〖의학〗 면봉 **3** 《속어》 손재주 없는 사람, 얼간이

swad·dle [swɑ́dl | swɔ́dl] *vt.* 〈특히 젖먹이를〉 강보로 싸다[두르다, 감다]

swád·dling clòthes[bànds] [swɑ́dliŋ- | swɔ́dl-] **1** (옛날에 갓난아이를 감싸던) 가늘고 긴 천 **2** 〈지식 등에 대한〉 구속, 엄한 감시

swag [swæg] *n.* **1** Ⓤ 《속어》 약탈품; 장물 **2** 《호주·구어》 (방랑자[광부, 황무지 여행자 《등》]가 휴대하는) 짐보따리

***swag·ger** [swǽgər] *vi.* **1 뽐내며 걷다**, 거드럭거리다 (*about*, *in*, *out*, etc.) **2 으스대다**, 허풍떨다, 자랑하다
— *n.* 뽐내는 걸음, 거드럭거림
— *a.* 《영·구어》 멋진, 날씬한 **~·er** *n.*

swag·ger·ing [swǽgəriŋ] *a.* 뽐내며 걷는; 뻐기는 **~·ly** *ad.*

swágger stìck (군인의 산책용) 지팡이, 단장

Swa·hi·li [swɑːhí:li] *n.* (*pl.* **~, ~s**) **1** 스와힐리 사람 《아프리카의 Zanzibar와 부근의 연안에 사는 Bantu 족 사람》 **2** Ⓤ 스와힐리 어(語)

swain [swein] *n.* 《시어·고어》 **1** 시골 젊은이 **2** 《익살》 애인

SWAK, S.W.A.K. sealed with a kiss 키스로 봉함 《연애 편지 등의 끝[봉투]에 쓰는 말》

swale [sweil] *n.* 《미》 풀이 무성한 습지대

‡**swal·low**[1] [swɑ́lou | swɔ́l-] [OE 「먹다, 마시다」의 뜻에서] *vt.* **1** (꿀떡) **삼키다**, (꿀꺽) 들이켜다 (*down*, *up*, *in*) **2** 싸다, 덮다 (*up*) **3** 〈이익·수익 등을〉 다 없애다 **4** 《구어》 〈남의 이야기 등을〉 곧이곧대로 듣다, 경솔히 믿다
— *vi.* **1** 삼키다, 들이켜다 **2** (긴장하여) 침을 꿀꺽 삼키다
— *n.* **1** 삼킴, 들이킴 **2** 한 모금[입]; 한 모금[입]의 분량: take a ~ of water 물을 한 모금 마시다

‡**swallow**[2] *n.* 〖조류〗 **제비**
One ~ does not make a summer. 《속담》 제비 한 마리가 왔다고 여름이 되는 것은 아니다. 《하나의 일을 가지고 속단하지 마라》

swállow dìve 《영》 = SWAN DIVE

swal·low·tail [swɑ́loutèil | swɔ́l-] *n.* **1** 제비 꼬리 **2** 〖곤충〗 호랑나비

swal·low-tailed [-tèild] *a.* 제비 꼬리의, 제비 꼬리 모양의: a ~ coat 연미복

‡**swam** [swæm] *v.* SWIM 의 과거

swa·mi, swa·my [swɑ́:mi] *n.* 스와미 《힌두교의 학자·종교가에 대한 존칭》

‡swamp [swɑmp | swɔmp] *n.* ⓊⒸ 늪, 소택(지) **—** *vt.* **1** 늪에 빠지게 하다 **2** 〈물이〉 휩쓸다, 침수시키다 **3** [보통 수동형] 궁지에 빠뜨리다; 〈편지·일·곤란 등이〉 쇄도하다

swamp·land [swɑ́mplæ̀nd | swɔ́m-] *n.* Ⓤ 늪, 소택지

swamp·y [swɑ́mpi | swɔ́m-] *a.* (**swamp·i·er**; **-i·est**) 늪이 많은; 늪 같은; 습지가 있는

‡swan [swɑn | swɔn] *n.* **1** 〖조류〗 **백조**, 고니 **2** 가수, 시인 **3** [the S~] 〖천문〗 백조자리(Cygnus)

— *vi.* (**~ned**; **~·ning**) 《영·구어》 정처 없이 가다[헤매다]

swán dìve 《미》 스완 다이브 《양팔을 벌렸다가 입수할 때는 머리 위로 뻗는 다이빙 방법》

swank [swæŋk] *n.* Ⓤ **1** 건방짐; 허세; 자랑 **2** Ⓒ 허세 부리는 사람

— *vi.* **1** 허세 부리다; 뽐내다 **2** 《구어》 으스대며 걷다

— *a.* 《미》 **1** 화려한; 멋진, 스마트한 **2** 호화로운, 일류의

swank·y [swǽŋki] *a.* (**swank·i·er**; **-i·est**) 《구어》 **1** 스마트한, 멋진, 화사한 **2** 허세부리는, 뽐내는

swans·down [swɑ́nzdàun | swɔ́nz-] *n.* Ⓤ **1** 백조의 솜털 **2** 면(綿) 플란넬의 일종

swán sòng **1** 백조의 노래 《백조가 죽을 때 부른다는 아름다운 노래》 **2** (시인·작곡가 등의) 마지막 작품[작곡]; 절필(絕筆), 최후의 업적

swap [swɑp | swɔp] 《구어》 *v.* (**~ped**; **~·ping**) *vt.* 바꾸다, 교환[교역]하다: I *~ped* my watch for his dictionary. 내 시계를 그의 사전과 바꿨다.

— *vi.* 교환하다

— *n.* **1** [보통 a ~] 교환 **2** 교환물

swáp mèet 《미》 (싼 물건·불필요한 물건·중고품 등의) 교환[판매] 모임[시장]

sward [swɔːrd] *n.* Ⓤ 《문어》 잔디(밭), 뗏장, 풀밭

swarf [swɔːrf] *n.* Ⓤ [집합적] (나무·금속 등의) 잘라낸[깎은] 토막, 절삭 지스러기

‡swarm[1] [swɔːrm] *n.* [집합적] **1** (벌·개미 등의) **무리** 《*of*》; (특히 분봉하는) 벌떼 **2** (사람·동물의) 떼, 군중; 많음 《*of*》

— *vi.* **1 a** **떼를 짓다**, 들끓다 《*round, about, over*》 **b** 떼를 지어 이동[이주]하다 **2** 〈장소가 사람·동물 등으로〉 빽빽이 차다 《*with*》

swarm[2] *vt., vi.* 《고어》 〈나무 등에〉 기어오르다 《*up*》

***swarth·y** [swɔ́ːrði, -θi] *a.* (**swarth·i·er**; **-i·est**) 〈얼굴이〉 **거무스레한**, 가무잡잡한 **swárth·i·ly** *ad.* **-i·ness** *n.*

swash [swɑʃ, swɔːʃ | swɔʃ] [의성어] *vi.* **1** 풍덩 소리나다 **2** 물을 튀기다

— *vt.* 물이 튀게 하다; 〈물결 등이〉 부딪치다

— *n.* 세차게 부딪침[치는 소리], 거세게 흐르는 물(소리)

swash·buck·ler [swɑ́ʃbʌ̀klər | swɔ́ʃ-] *n.* 뻐기는[허세 부리는] 사람; 깡패

swash·buck·ling [-bʌ̀kliŋ] *n.* Ⓤ 허세 부림 **—** *a.* 허세 부리는; 깡패의, 깡패 같은

swas·ti·ka [swɑ́stikə | swɔ́s-] [Skt. 「행운」의 뜻에서] *n.* **1** 만(卍)자 《십자가의 변형》 **2** 만자 십자장 《나치스 독일의 표장(標章)》

swat [swɑt | swɔt] *vt.* (**~·ted**; **~·ting**) 〈파리 등을〉 찰싹 치다

— *n.* **1** 찰싹 때림 **2** 파리채

SWAT, S.W.A.T. [swɑt | swɔt] [*S*pecial *W*eapons *a*nd *T*actics or *S*pecial *W*eapons *A*ttack *T*eam] *n.* 《미》 (FBI의) 특수 기동대

swatch [swɑtʃ | swɔtʃ] *n.* **1** 천 조각, 자투리 **2** (천·가죽 등의 작게 자른) 견본

swath [swɑθ, swɔːθ | swɔθ] *n.* (*pl.* **~s** [-ðz, -θs]) **1** 낫을 휘둘러 한 줄로 베어나간 자리 《목초·보리 등의》 **2** 베어나간 넓이 ***cut a ~ through*** (1) 풀을 베어 길을 내다 (2) 마구 쓰러뜨리다, 마구 파괴하다

swathe[1] [swɑð, sweið | sweið] *vt.* **1** 〈…을〉 (붕대·천 등으로) 감다, 싸다 **2** (…에) 싸다

swathe[2] *n.* = SWATH

swat·ter [swɑ́tər | swɔ́tə] *n.* **1** 찰싹 때리는 사람[것] **2** 파리채

‡sway [swei] *vt.* **1** 〈폭풍이 큰 나무 등을〉 (전후좌우로) (**뒤**)**흔들다**, 동요시키다 **2** 기울게 하다 **3** 〈남의 의견·결심 등을〉 움직이다, 좌우하다 **4** 지배하다, 지휘하다

— *vi.* **1 a** **흔들리다**, 동요하다 **b** (…에 맞추어) 몸[머리]을 움직이다[흔들다] **2** (…으로) 기울다

— *n.* **1** ⓊⒸ **동요**, 진동 **2** 좌우함; 영향(력) **3** Ⓤ 《고어》 **지배**(**권**), 통치(권)

hold ~ (***over …***) 〈…을〉 지배하다

under the ~ of …의 통치[세력]하에

sway·back [swéibæ̀k] *n.* Ⓤ 〖수의학〗 (말의) 척주 만곡증

— *a.* = SWAYBACKED

sway·backed [-bæ̀kt] *a.* 〈말이〉 척주가 구부러진

Swa·zi·land [swɑ́ːzilæ̀nd] *n.* 스와질란드 《아프리카 남동부의 왕국; 수도 Mbabane》

SWbS southwest by south 남서미남(微南)

SWbW southwest by west 남서미서

‡swear [swɛər] [OE 「말하다, 대답하다」의 뜻에서] *v.* (**swore** [swɔːr]; **sworn** [swɔːrn]) *vi.* **1** **맹세하다**, 선서하다: ~ on[upon, by] Heaven[the Bible] 하늘[성서]에 대고 맹세하다 **2** **욕을 하다** 《*at*》, 신의 이름을 더럽히다: ~ like a pirate[trooper] 욕을 마구 퍼붓다 **3** 맹세하고 말[진술]하다; 단언하다 《*to*》: ~ *against*[*in favor of*] the accused 피고에게 불리한[유리한] 증언을 하다

— *vt.* **1 a** **맹세하다**, 선서하다 **b** 《구어》 **단언하다**, 주장하다 **2** 맹세코 약속하다; 맹세하고 말하다 **3** [~ one*self* 로] 욕을 퍼부어[악담하여] (…의 상태로) 되다

swear·er [swɛ́ərər] *n.* **1** 선서[맹세]하는 사람 **2** 욕[저주]하는 사람

swear·word [swɛ́ərwə̀ːrd] *n.* 불경스러운[천벌 받을] 말, 욕, 악담, 저주

⁑sweat [swet] *n.* **1 a** Ⓤ **땀 b** [a ~] 땀흘림 **2** [a ~] 고역, 힘드는 일 **3** [a ~] 《구어》 식은땀; 불안, 걱정 **4** ⓊⒸ (유리 등의 표면에 생기는) 수증기, 물방울
all of a ~ (1) 땀투성이가 되어 (2) 《구어》 몹시 걱정하여[두려워하여] ***be in a ~*** 땀을 흘리다; 《구어》 걱정[안달]하다
— *v.* (**~, ~·ed**) *vi.* **1 땀흘리다 2** 습기가 차다, 물방울이 생기다 **3** 《구어》 땀흘리며 일하다 《*at*》: She is always *~ing at* her job. 그녀는 언제나 열심히 일하고 있다. **4** (식은땀이 날 정도로) 몹시 고생하다, 혼나다
— *vt.* **1** 〈땀 등을〉 흘리다 **2** (약으로) **땀을 내다** 《*out*》: ~ *out* a cold 땀을 내어 감기를 낫게 하다 **3** 혹사하다
~ away [***off***] 땀을 내어 없애다[체중을 줄이다] ***~ out*** (1) 땀을 내어 〈감기 등을〉 고치다 (2) 《속어》 …을 끝까지 참다 (3) 《미·속어》 …을 초조하게 기다리다

sweat·band [swétbæ̀nd] *n.* **1** (모자 안 쪽에 댄) 속테 **2** (이마·손목 등의) 땀받이띠

sweat·ed [swétid] *a.* Ⓐ 착취[저임금] (노동)의; 착취 노동으로 생산된: ~ labor 착취[저임금] 노동

⁑sweat·er [swétər] *n.* **1 스웨터**; (운동 경기용의) 두꺼운 털 셔츠 **2** 땀을 흘리는 사람; 발한제(劑) **3** 노동 착취자

swéater gìrl 《구어》 꼭 끼는 스웨터를 입고 젖가슴을 강조하는 아가씨

swéat glànd 〖해부〗 한선(汗腺), 땀샘

sweat·pants [swétpæ̀nts] *n. pl.* 스웨트 팬츠 《운동 선수가 보온을 위해 경기 전후에 입는 헐렁한 바지》

sweat·shirt [-ʃə̀:rt] *n.* 스웨트 셔츠 《운동 선수가 보온을 위해 경기 전후에 입는 헐렁한 스웨터》

sweat·shop [swétʃɑ̀p | -ʃɔ̀p] *n.* 노동 착취 공장

swéat sùit sweatpants와 sweatshirt로 된 운동복

sweat·y [swéti] *a.* (**sweat·i·er**; **-i·est**) **1** 〈사람·몸·옷 등이〉 땀이 나는, 땀투성이의 **2** 〈기후 등이〉 땀이 나는, 몹시 더운 **3** 힘드는

Swed. Sweden; Swedish

***Swede** [swi:d] *n.* **1 스웨덴 사람 2** [**s~**] 〖식물〗 스웨덴 순무

***Swe·den** [swí:dn] *n.* **스웨덴** 《수도 Stockholm》

***Swed·ish** [swí:diʃ] *a.* **1 스웨덴(사람)의**: 스웨덴식의 **2** 스웨덴 말의
— *n.* **1** Ⓤ 스웨덴 말 **2** [the ~; 복수 취급] 스웨덴 사람

Swédish túrnip 〖식물〗 =RUTABAGA

⁑sweep [swi:p] *v.* (**swept** [swept]) *vt.* **1 청소하다,** 쓸어버리다 《*away, up*》: ~ *up* a room 방을 청소하다 **2** 〈급류·눈사태 등이〉 **쓸어내리다,** 씻어 내리다 《*along, down*》; 〈질병·소란·홍분 등이〉〈장소를〉 **휩쓸다 3** (내)쫓다, 내몰다; 〈폭풍이〉 휘몰아치다 **4** 급히 지나가다 **5** 휙 어루만지다; 〈옷자락 등이〉 …에 살짝 끌리다 **6** 〈시리즈전 등에서〉 연승[전승]하다; 〈선거 등에〉 압도적으로 이기다 **7** 품위 있게 〈절을〉하다
— *vi.* **1 청소하다,** 쓸다 **2** 〈폭풍(우)·노도·전염병 등이〉 **엄습하다,** 휘몰아치다; 〈사람·차 등이〉 휙 지나가다; 〈감정이〉 엄습하다, 치밀어 오르다: The cavalry *swept down on* the enemy. 기병대는 적군을 급습하였다. **3** 휙 날아가 버리다: A flock of birds *swept by.* 한 떼의 새들이 휙 날아갔다. **4** 이르다, 미치다, 〈시선이〉 닿다, 바라다보다; 〈산의〉 기슭이 넓게 퍼지다, 〈섬이〉 길게 뻗다
— *n.* **1 청소,** 쓸기 **2** 일소, 전폐 **3** (문명 등의 급속한) 진보, 발전 **4** [a ~, the ~] (손·칼·노 등을) 홱 움직임, 한 번 휘두름; 휘둘러 봄; 휩쓸기 **5** [보통 a ~, the ~] (토지의) 뻗침, 드넓은 일대; (미치는) 범위; 시야: within *the* ~ of the eye 눈이 미치는 범위 안에, 시계 내에 **6** 굴뚝 청소부
at one ~ 단번에, 단숨에 ***make a clean ~ of*** …을 전폐하다; 〈고물 등을〉 일소[모조리 처분]하다; 〈인원 등을〉 대대적으로 정리하다; 〈경기 등에〉 압승[완승]하다

***sweep·er** [swí:pər] *n.* **1 청소부**: a chimney ~ 굴뚝 청소부 **2** (수동) 청소기 **3** (빌딩 등의) 관리인 **4** 〖축구〗 스위퍼 《골키퍼 앞에 위치하는 수비수》

***sweep·ing** [swí:piŋ] *a.* **1 일소하는,** 소탕하는 **2 a** 포괄적인: ~ generalizations 대체적인 총괄 **b** 광범위한, 전면적인: ~ changes 전면적인 변경 **3** 널리 바라볼 수 있는 **—** *n.* **1** Ⓤ 청소 **2** [*pl.*] 쓸어 모은 것, 쓰레기 **~·ly** *ad.*

sweep·stakes [-stèiks] *n. pl.* [단수·복수 취급] **1** 스테이크 경마 《혼자 또는 몇 사람이 판돈 전부를 독차지할 수 있도록 꾸민 경마》; 그와 같은 도박; 그 상금 **2** (상금을 건) 경주; 복권

⁂sweet [swi:t] *a.* **1 단, 감미로운,** 설탕을 넣은 **2** 〈물이〉 단물인, 센물이 아닌 **3** 〈술이〉 단맛이 도는 **4** 〈요리가〉 맛있는 **5** 〈소리·목소리가〉 듣기 좋은, 감미로운: a ~ singer 목소리가 좋은 가수 **6** 냄새가 좋은: It smells ~. 좋은 냄새가 난다. **7** 기분 좋은, 즐거운: ~ love 달콤한 사랑 **8** 신선한 **9** [특히 여성 용어로] 《구어》 고운, 예쁜, 귀여운, 사랑스러운, 매혹적인: ~ seventeen[sixteen] 꽃다운 나이
— *n.* **1** Ⓤ 단맛 **2 a** [종종 *pl.*] **단것 b** 《영》 사탕 과자, 캔디 **3** 《영》 (단것이 나오는) 디저트 **4** [the ~s] 유쾌, 쾌락 **5** [my ~로 호칭에도 써서; 종종 ~est] 사랑하는 사람, 애인, 그리운 사람
the ~ and bitter [***~s and bitters***] ***of life*** 인생의 고락

sweet-and-sour [swí:tənsáuər] *a.* 〈요리·소스 등이〉 새콤달콤한

sweet·bread [-brèd] *n.* (주로 송아지의) 췌장 또는 흉선(胸腺) 《식용》

sweet·bri·er, -bri·ar [swí:tbràiər] *n.* 〖식물〗 들장미의 일종 《유럽에 흔함》

swéet còrn 《미》 사탕옥수수; (요리용의 덜 익은) 옥수수

***sweet·en** [swí:tn] *vt.* **1** 〈설탕을 넣어 음식을〉 **달게 하다 2** 〈노여움·슬픔 등을〉

누그러뜨리다 **3** 유쾌하게 하다, 기분 좋게 하다 **4** 〈소리·가락·냄새·공기 등을〉 달콤하게[감미롭게] 하다, 상쾌하게 하다 **5** 《속어》 뇌물을 주다 **—** *vi.* 달게 되다

sweet·en·er [swíːtnər] *n.* **1** 감미료 **2** 《구어》 뇌물 **3** 《미·구어》 기분을 풀어[달래어] 주는 것

sweet·en·ing [swíːtniŋ] *n.* Ⓤ **1** 감미료 **2** 달게 함

‡**sweet·heart** [swíːthàːrt] *n.* **1** 애인 《종종 여자》 **2** 여보, 당신 《호칭》

sweet·ie [swíːti] *n.* 《구어》 **1** = SWEETHEART **2** 《영·구어·유아어》 = SWEETMEAT

sweet·ish [swíːtiʃ] *a.* **1** 좀 단맛이 있는 **2** 지나치게 단

‡**sweet·ly** [swíːtli] *ad.* **1 a** 달게, 감미롭게 **b** 향기롭게 **2** 상냥하게, 친절하게 **3** 아름답게, 귀엽게 **4** 기분 좋게

sweet·meat [swíːtmìːt] *n.* [보통 *pl.*] **1** 사탕과자(《미》 candy) 《설탕·초콜릿 등으로 만든 드롭스·봉봉·캐러멜》 **2** (과일의) 설탕절임

‡**sweet·ness** [swíːtnis] *n.* Ⓤ **1** 단맛; 신선함; 방향(芳香) **2** (목소리의) 아름다움, 감미로움 **3** 유쾌; 친절, 부드러움 **4** 사랑스러움

swéet pèa 〖식물〗 스위트피

swéet pépper = GREEN PEPPER

swéet potàto 〖식물〗 고구마; 《미》 = OCARINA

sweet·shop [-ʃɑ̀p | -ʃɔ̀p] *n.* 《영》 과자점(《미》 candy store)

swéet tàlk 《미·구어》 감언, 아첨

sweet-talk [-tɔ̀ːk] *vt., vi.* 《미·구어》 달콤한 말을 하다

sweet-tem·pered [-témpərd] *a.* 마음씨가 고운

swéet tòoth [a ~] 단것[과자]을 좋아함: have a ~ 단것을 좋아하다

‡**swell** [swel] *v.* (**~ed**; **swol·len** [swóulən], (고어) **swoln** [swouln], 《드물게》 **~ed**) *vi.* **1** 부풀다, 붓다, 팽창하다 《*up, out*》: All the sails ~*ed out* in the strong wind. 돛이 강풍을 받아 모두 부풀었다. **2** 〈수량·강도·힘 등이〉 증가하다; 〈물이〉 붇다, 〈조수가〉 밀려오다; 〈바닷물이〉 파도치다 **3** 〈소리가〉 높아지다 **4** 〈감정이〉 복받쳐 오르다, 〈가슴이〉 벅차다 《*up*》

— *vt.* **1** 부풀게 하다; 붓게 하다; 〈돛 등을〉 부풀리다 **2** 〈소리 등을〉 높이다, 세게 하다 **3** 〈수량 등을〉 증가시키다 《*with*》 **4** 〈감정이 가슴을〉 벅차게 하다

— *n.* **1** ⒸⓊ 팽창; 증가, 증대 **2** (파도의) 굽이침, 큰 물결; (땅의) 융기, 언덕 **3** (소리의) 높아짐; 〖음악〗 억양, 증감; 그 기호 《<, >》

— *a.* **1** 《미·구어》 멋진 (옷을 입은), 멋있는: a ~ girl 멋쟁이 여자 **2** 《미·구어》 일류의, 굉장한: a ~ hotel[speech] 일류 호텔[명연설]

swélled héad [swéld-] 《구어》 자만, 자부; = SWELLHEAD

swell·head [-hèd] *n.* 자만하는[뽐내는] 사람

***swell·ing** [swéliŋ] *n.* **1** 팽창; 부풀어 오름; 혹 **2** 융기부, 부푼 부분

swel·ter [swéltər] *vi.* 더위에 지치다, 땀투성이가 되다

— *n.* 찌는 듯한 더위, 혹서

swel·ter·ing [swéltəriŋ] *a.* **1** 더위먹은, 더위에 지친 **2** [부사적으로] 《구어》 찌는 듯이: It's ~ hot, isn't it? 찌는 듯이 덥군요. **~·ly** *ad.*

‡**swept** [swept] *v.* SWEEP의 과거·과거분사

swept-back [swéptbæ̀k] *a.* **1** 〖항공〗 〈날개가〉 후퇴각을 가진; 〈비행기·미사일 등이〉 후퇴익을 가진 **2** 〈머리가〉 올백의

***swerve** [swəːrv] *vi.* **1** 빗나가다, 벗어나다: The bullet ~*d from* the mark. 총알이 표적을 빗나갔다. **2** 일탈하다 《*from*》: He never ~*s* an inch *from* his duty. 그는 본분을 벗어나는 일이 결코 없다. **—** *vt.* 빗나가게 하다, 벗어나게 하다; 〈공을〉 커브시키다 《*from*》

— *n.* **1** 빗나감, 벗어남; 굽음, 비뚤어짐 **2** 〖크리켓〗 곡구(曲球)

‡**swift** [swift] *a.* **1** 빠른, 신속한 **2** 조속한; 즉석에서의 **3** 눈 깜짝할 사이의

— *ad.* 재빨리, 신속히

— *n.* 〖조류〗 칼새; 관칼새

swift-foot·ed [swíftfútid] *a.* 걸음이 빠른, 날듯이 달리는

‡**swift·ly** [swíftli] *ad.* 신속히, 빨리, 즉시, 즉석에서

swig [swig] 《속어》 *vt., vi.* (**~ged**; **~·ging**) 〈술 등을〉 마구 들이켜다

— *n.* 쭉쭉 들이켬

swill [swil] *vt.* **1** 꿀꺽꿀꺽 마시다: ~ oneself *with* wine 술을 실컷 마시다 **2** 헹구다, 씻어 내다

— *vi.* 단숨에 들이켜다, 폭음하다

— *n.* **1** Ⓤ (돼지에게 주는) 부엌 구정물, 밥찌끼 **2** 쭉쭉 들이켬 **3** [a ~] 씻어냄

‡**swim** [swim] *v.* (**swam** [swæm], (고어) **swum** [swʌm]; **swum**; **~·ming**) *vi.* **1** 헤엄치다: ~ about in the sea 바다를 헤엄쳐 다니다 **2** 뜨다, 떠내려가다: The fat is ~*ming* on the soup. 기름기가 수프 표면에 떠 있다. **3** (헤엄치듯) 나아가다: ~ into the room 방에 쑥 들어가다 **4** 젖다, 잠기다 《*in*》

— *vt.* **1** 헤엄쳐 건너다 **2** 〈수영 경기에〉 참가하다; …와 경영(競泳)하다 **3** 〈말·개 등을〉 헤엄치게 하다 ***~ with*** [***against***] ***the tide*** [***stream***] 시류에 순응[역행]하다

— *n.* 수영

swím blàdder (물고기의) 부레(bladder)

‡**swim·mer** [swímər] *n.* 헤엄치는 사람[동물]: a poor[good] ~ 헤엄을 못[잘]치는 사람[짐승]

‡**swim·ming** [swímiŋ] *n.* Ⓤ 수영: go ~ 수영하러 가다

swímming bàth 《영》 (보통 실내의) 수영장

swim·ming·ly [swímiŋli] *ad.* 술술, 거침 없이: go[get] on ~ 척척 일이 잘 되어 가다

swímming pòol 《미》 수영장

swímming sùit = SWIMSUIT

swim·suit [swímsù:t | -sjù:t] *n.* 수영복, (특히 여성용의) 어깨끈 없는 수영복 《몸에 꼭 끼는 원피스형》

*__swin·dle__ [swíndl] *vt.* 〈돈을〉 **사취하다**; 〈남을〉 속이다: ~ a person out of his money …에게서 돈을 사취하다
— *vi.* 사취하다, 사기하다 — *n.* **1** 사취, 사기, 기만, 속임수 **2** 협잡; 엉터리, 가짜

swin·dler [swíndlər] *n.* 사기꾼

*__swine__ [swain] *a.* (*pl.* ~) **1** 《문어》 **돼지** **2 비열한 놈**, 욕심쟁이, 색골
You ~! 이 자식!

swine·herd [swáinhə̀:rd] *n.* 양돈업자

‡**swing** [swiŋ] *v.* (**swung** [swʌŋ], 《드물게》 **swang** [swæŋ]; **swung**) *vi.* **1 흔들리다**, 진동하다: The door *swung* in the wind. 문이 바람에 흔들렸다. **2 매달리다**: A lamp *swung* from the ceiling. 램프가 천장에 매달려 있었다. **3** 그네 타다 **4** (한 점을 축으로 하여) **빙 돌다**《*around*》; 문이 앞뒤로 흔들리다: The door *swung* open[back]. 문이 휙 열렸다[닫혔다]. **5** (몸을 좌우로 흔들며) 기세좋게 가다[오다, 뛰다], 활개치며 걷다 《*along*》 **6** 《속어》 부부 교환[그룹 섹스]를 하다
— *vt.* **1 a 흔들다**, 뒤흔들다 **b** 〈막대 등을〉 휘두르다 **2 흔들어** (휙) **들어올리다** **3** 회전시키다: ~ a door open 문을 홱 열어 젖히다 **4** 방향을 바꾸다 **5 매달다**; 《속어》 교수형에 처하다 **6** 〈주의·관심 등을〉 돌리다
— *n.* **1** [CU] **흔듦** **2** [CU] **흔들림**, 진동 범위, 진폭 **3** [CU] (골프·테니스·야구 등에서) **휘두름**, 휘두르는 법, 스윙: a long [short] ~ 롱[쇼트] 스윙 **4** 활기차게 걸음 **5** [CU] 음률, 율동, 가락; 스윙 음악 **6 그네**; 그네 뛰기: have[sit in] a ~ 그네를 뛰다
go with a ~ 잘 되어가다, 척척 진행되다; 《구어》 〈모임 등이〉 성황을 이루다 ***in full ~*** 한창 (진행 중인); 신바람이 나서

swing·boat [swíŋbòut] *n.* (유원지 등의 마주 앉아 타는) 배 모양의 큰 그네

swíng brìdge 선개교(旋開橋), 선회교

swinge·ing [swíndʒiŋ] *a.* Ⓐ 《영·구어》 **1** (타격이) 강한 **2** 굉장히 큰; 굉장한

swing·er [swíŋər] *n.* **1** 흔드는 사람 **2** 《속어》 유행의 첨단을 가는 사람; 쾌락 추구자; 부부 교환 행위를 하는 사람

*__swing·ing__ [swíŋiŋ] *a.* **1 흔들리는**, 진동하는 **2** 활개 젓는; 〈걸음 등이〉 기운찬 **3** 〈노래 등이〉 음률적이고 생동하는, 경쾌한

swínging dóor (안팎으로 저절로 여닫히는) 자동식 문, 스윙도어

swíng mùsic 스윙 음악

swíng shìft 《미·구어》 오후 교대 《보통 16-24시》

swing-wing [-wìŋ] *n.* 〖항공〗 가변(可變) 후퇴익(식 항공기)

swin·ish [swáiniʃ] *a.* 돼지 같은; 더러운, 추잡한 **~·ly** *ad.* **~·ness** *n.*

swipe [swaip] *n.* **1** 《구어》 (배트·클럽 등에 의한) 강타, 맹타 **2** 비난; 신랄한 비평 — *vt.* **1** (…을) 강타하다 **2** 《구어》 들치기하다, 훔치다
— *vi* 힘껏 치다 《*at*》

swipes [swaips] *n. pl.* 《영·구어》 싱거운 싸구려 맥주

*__swirl__ [swə:rl] *vi.* **1** 〈흐름·눈·바람·먼지 등이〉 **소용돌이치다** **2** 〈머리가〉 어찔어찔하다 — *vt.* 소용돌이치게 하다, 소용돌이에 휩쓸어 나르다
— *n.* 소용돌이; (물·눈 등의) 소용돌이치는 모양

swish [swiʃ] *vt.* 〈지팡이·꼬리 등을〉 휘두르다, 휙 소리내다 — *vi.* (지팡이를 휘둘러) 휙 소리내다; 휙하고 소리 내다
— *n.* (지팡이·채찍 등의) 휙 소리
— *a.* 《영·구어》 날씬한, 맵시 있는

‡**Swiss** [swis] *a.* **1 스위스**(Switzerland)의, 스위스 사람의 **2** 스위스식[풍, 제]의
— *n.* (*pl.* ~) **1** 스위스 사람 **2** [the ~; 집합적] 스위스 국민

Swíss chàrd 〖식물〗 근대 《줄기, 식용》

Swíss chéese 담황색[흰색] 치즈 《단단하고 큰 구멍이 많음》

Swíss róll 잼이 든 롤빵

‡**switch** [switʃ] *n.* **1** 〖전기〗 **스위치**, 개폐기 **2** (예기치 않은) 전환, 변경: a ~ of plans 계획의 변경 **3** 《미》 **회초리**(《영》 cane); 회초리 모양의 것; (나무에서 잘라 낸) 낭창낭창한 가지
— *vt.* **1** 〖전기〗 **스위치를 넣다**, 켜다 《*on*》; 〈전등 등을〉 스위치로 끄다 《*off*》 **2** 《미》 (벌로서) 회초리를 때리다 《*with*》 **3** 〈마소가 꼬리를〉 흔들다, 치다; 휘두르다 **4** 〈생각·화제·장소 등을〉 바꾸다, 돌리다: ~ ideas[seats] 아이디어[자리]를 바꾸다 — *vi.* **1** 〖전기〗 스위치를 돌리다 **2** 전환하다, 교환하다

switch·back [swítʃbæ̀k] *n.* 지그재그형 산악 도로[철도]

switch·blade [-blèid] *n.* 《미》 칼날이 튀어 나오는 나이프(《영》 flick-knife) (= ∠ **knífe**)

*__switch·board__ [swítʃbɔ̀:rd] *n.* 〖전기〗 배전반; (전화) 교환대

switch·gear [swítʃgìər] *n.* Ⓤ 〖전기〗 (고압용) 개폐기[장치]

switch-hit·ter [-hítər] *n.* 〖야구〗 스위치히터 《좌우 어느 쪽 타석에서도 칠 수 있는 타자》

switch·man [-mən] *n.* (*pl.* **-men** [-mən]) 《미》 (철도의) 전철원 (《영》 pointsman)

switch·o·ver [-òuvər] *n.* 바꿔 넣기; 배치 전환; 전환

swítch tràde 스위스 무역 《삼각 무역의 일종; 제 3 국으로부터 필요한 물자를 수입》

switch·yard [-jà:rd] *n.* 《미》 (철도의) 조차장(《영》 marshalling yard)

‡**Switz·er·land** [swítsərlənd] *n.* **스위스** 《수도 Bern》

swiv·el [swívəl] *n.* **1** 〖기계〗 회전 이음쇠, 회전 고리[축받이] **2** (회전 의자 등의) 받침 — *v.* (**~ed**; **~·ing**|**~led**; **~·ling**) *vt.* 선회시키다
— *vi.* 선회[회전]하다

swível chàir 회전 의자

swizz [swiz] *n.* 실망

swiz·zle [swízl] *n.* [UC] **1** 혼합주, 칵

테일 **2** 《영·속어》 =SWIZZ

swízzle stìck 칵테일용 휘젓는 막대

****swol·len** [swóulən], 《고어》 **swoln** [swouln] *v.* SWELL의 과거분사
— *a.* **1** 팽창한; 부은: a ~ river 물이 불은 강 **2** 신이 난, 뽐내는; 자만하는: one's ~ heart 벅찬 가슴

***swoon** [swu:n] *vi.* **1 기절[졸도]하다,** 까무러치다 **2** 쇠퇴하다, 약해지다
— *n.* 졸도, 기절 《현재는 faint가 일반적》

***swoop** [swu:p] *vi.* **1** (매 등이 공중으로부터) **내리 덮치다,** 급습하다 《*down, upon*》 **2** 〈군대·폭격기 등이〉 급습하다 《*down, on, upon*》 — *n.* (독수리 등의) 급습, 급강하; 잡아챔

swop [swɑp | swɔp] *vt., n.* =SWAP

****sword** [sɔ:rd] *n.* **1 검**(劍), **칼 2** [the ~] 무력, 전쟁
cross [measure] ~s with …와 싸우다; 논쟁하다 ***fire and ~*** 살육 ***put to the ~*** 〈특히 승자가〉 칼로 죽이다, 대학살을 하다

swórd dànce 칼춤, 검무

sword·fish [-fìʃ] *n.* (*pl.* **~, ~·es**) **1** 〖어류〗 황새치 **2** [the S~] 〖천문〗 황새치자리(Dorado)

sword·play [-plèi] *n.* Ⓤ 검술, 펜싱

swords·man [sɔ́:rdzmən] *n.* (*pl.* **-men** [-mən]) 검객, 검술가: be a good [bad] ~ 검술을 잘[못]하다
~·ship *n.* Ⓤ 검술, 검도

swórd stìck 속에 칼이 든 지팡이

sword·tail [-tèil] *n.* 〖어류〗 검상꼬리송사리 《남미산》

***swore** [swɔ:r] *n.* SWEAR의 과거

***sworn** [swɔ:rn] *v.* SWEAR의 과거분사
— *a.* **맹세한,** 선서한; 공공연한: ~ enemies[foes] 불구대천의 원수

swot[1] [swɑt | swɔt] 《영·속어》 *vi., vt.* (**~·ted**; **~·ting**) 기를 쓰고 공부하다
~ at a subject = ***~*** a subject ***up*** (어떤 과목)을 맹렬히 공부하다
— *n.* **1** 기를 쓰고 공부함 **2** 공붓벌레

swot[2] *vt., n.* =SWAT

SWOT [swɑt | swɔt] [*s*trengths, *w*eaknesses, *o*pportunities, *t*hreats] *n.* 〖마케팅〗 스와트 《신상품의 감정, 약점, (판매) 기회, 위협》

****swum** [swʌm] *v.* SWIM의 과거분사

****swung** [swʌŋ] *v.* SWING의 과거·과거분사

swúng dàsh 물결 기호, 스윙 대시 《~》

Syb·a·ris [síbəris] *n.* 시바리스 《남부 이탈리아의 고대 그리스 도시》

Syb·a·rite [síbəràit] *n.* **1** [**s~**] 사치와 향락을 일삼는 무리 **2** Sybaris 사람

Syb·a·rit·ic [sìbərítik] *a.* [**s~**] 사치[주색]에 빠진

***syc·a·more** [síkəmɔ̀:r] *n.* 〖식물〗 **1** 무화과 《시리아 및 이집트산》 **2** 《영》 큰단풍나무; Ⓤ 그 단단한 재목 **3** 《미》 플라타너스(의 일종)

syc·o·phan·cy [síkəfənsi] *n.* Ⓤ 아첨, 아부

syc·o·phant [síkəfənt] *n.* 아첨꾼, 알랑쇠

syc·o·phan·tic [sìkəfǽntik] *a.* 아첨하는, 알랑거리는

***Syd·ney** [sídni] *n.* **시드니** 《오스트레일리아 동해안의 항구 도시; New South Wales 주의 주도》

syl- [sil] *pref.* =SYN- 《l 앞에 올 때의 변형》

syl·la·bar·y [síləbèri | -bəri] *n.* (*pl.* **-bar·ies**) 음절 문자표 《한국의 가나다 음표 등》

syl·lab·ic [silǽbik] *a.* **1** 음절의, 철자의 **2** 음절을 나타내는 **3** 발음이 매우 분명한 **4** 〖음성〗 음절을 이루는, 음절적인
— *n.* **1** 음절을 나타내는 문자 **2** 음절 주음(主音) **-i·cal·ly** *ad.*

syl·lab·i·cate [silǽbəkèit] *vt.* =SYLLABIFY

syl·lab·i·ca·tion [silæ̀bəkéiʃən] *n.* Ⓤ 음절로 나눔, 분철법

syl·lab·i·fi·ca·tion [silæ̀bəfikéiʃən] *n.* =SYLLABICATION

syl·lab·i·fy [silǽbəfài] *vt.* (**-fied**) 음절로 나누다, 분철하다

syl·la·bize [síləbàiz] *vt.* =SYLLABIFY

****syl·la·ble** [síləbl] *n.* **1** 〖음성〗 **음절 2** [a ~; 보통 부정문에서] 말 한마디, 일언반구: *Not a* ~! 한 마디도 하지 마라!
in words of one ~ 쉬운 말로 하면

syl·la·bled [síləbld] *a.* [보통 복합어를 이루어] …철자[음절]의: a three-~ word 3음절어

syl·la·bub [síləbʌ̀b] *n.* 밀크주(酒) 《포도주·사과주 등에 우유를 탄 음료》

syl·la·bus [síləbəs] *n.* (*pl.* **-bi** [-bài], **~·es**) (강의의) 요강, 개략

syl·lep·sis [silépsis] *n.* (*pl.* **-ses** [-si:z]) 〖수사학〗 일필쌍서법(一筆雙敍法), 겸용법(兼用法); 〖문법〗 =ZEUGMA

syl·lo·gism [sílədʒìzm] *n.* 〖논리〗 삼단 논법; Ⓤ 연역(법)

syl·lo·gis·tic, -ti·cal [sìlədʒístik(əl)] *a.* 삼단 논법의

sylph [silf] *n.* **1** 가냘프고 아름다운 소녀 **2** 공기의 요정 《공중에 산다고 하는》

sylph·like [sílflàik] *a.* 날씬하고 우아한

syl·van, sil·van [sílvən] *a.* 삼림의[이 있는]; 숲의, 나무의

Syl·vi·a [sílviə] *n.* 여자 이름

sym. symbol; symphony

sym·bi·o·sis [sìmbaióusis, -bi-] *n.* (*pl.* **-ses** [-si:z]) ⓊⒸ 〖생물〗 공생(共生), 공동 생활(opp. *parasitism*)
symbi·ot·ic [sìmbaiɑ́tik, -bi-] *a.*

****sym·bol** [símbəl] [동음어 cymbal] *n.* **1 상징,** 표상(表象), 심벌: The cross is the ~ of Christianity. 십자가는 그리스도교의 상징이다. **2 기호,** 표, 부호: a phonetic ~ 발음 기호

***sym·bol·ic, -i·cal** [simbɑ́lik(əl) | -bɔ́l-] *a.* **1 상징적인,** 표상[상징]하는: be ~ of …을 상징하다, …을 나타내다 **2** 기호의, 기호적인 **3** 상징주의적인

symbólic lógic 기호 논리학

sym·bol·ism [símbəlìzm] *n.* Ⓤ **1** 상징적인 뜻, 상징성 **2** [종종 **S~**] 〖문학·미술〗 상징주의 **3** 기호 사용; Ⓒ 기호 체계
-ist *n.* 〖문학·미술〗 상징주의자; 기호학자; 기호 사용자

sym·bol·i·za·tion [sìmbəlizéiʃən | -lai-] *n.* Ⓤ 상징화, 기호로 나타냄

∗**sym·bol·ize** [símbəlàiz] *vt.* **1 상징하다,** …의 부호[표상]이다: A lily ~*s* purity. 백합은 순결을 상징한다. **2** 부호[기호]로 나타내다; 상징[표상]화하다

sym·bol·o·gy [simbɑ́lədʒi | -bɔ́l-] *n.* Ⓤ 상징학; 기호론

∗**sym·met·ri·cal, -ric** [simétrik(əl)] *a.* (좌우) **대칭적인,** 균형이 잡힌, 조화된

sym·met·ri·cal·ly [simétrikəli] *ad.* 대칭적[상칭적]으로, 균형이 잡혀

sym·me·trize [símətràiz] *vt.* 대칭적으로 하다; 균형 잡히게 하다, 조화시키다

∗**sym·me·try** [símətri] [L 「같은 척도」의 뜻에서] *n.* Ⓤ **1** (좌우의) **대칭,** 균형 **2** 조화; 균형미, 조화미

‡**sym·pa·thet·ic** [sìmpəθétik] *a.* **1 동정심 있는,** 동정적인, 인정 있는: ~ words 동정적인 말 **2 마음에 드는 3** Ⓐ 〖생리〗 교감(交感)[감응(感應)]적인: a ~ pain 동정 고통; 교감 고통

sym·pa·thet·i·cal·ly [sìmpəθétikəli] *ad.* 동정[공감, 공명]하여, 호의적으로

sympathétic stríke 동정 파업 《불만은 없으나 다른 파업 단체에 단결력을 과시하기 위한》

‡**sym·pa·thize** [símpəθàiz] *vi.* **1 공명하다,** 동감하다 **2 동정하다:** ~ with a person …에게 동정하다

sym·pa·thiz·er [símpəθàizər] *n.* 동정자; 지지자, 동조자

‡**sym·pa·thy** [símpəθi] [Gk 「기분을 같이 하다」의 뜻에서] *n.* (*pl.* **-thies**) **1** Ⓤ **공감,** 공명, 찬성 **2** ⓊⒸ **동정**(심), 인정, 연민: excite (a person's) ~ …의 동정을 불러 일으키다 **3 조위,** 조문(弔問); 위문: a letter of ~ 조문장 **4** 감응(성)
express* ~ *for …을 위문하다, 조의를 표하다 ***feel* [*have*] ~ *for*** …을 동정하다 ***in* ~ *with*** …에 찬성[동정]하여; …와 일치하여

sym·phon·ic [simfɑ́nik | -fɔ́n-] *a.* 〖음악〗 교향악의

‡**sym·pho·ny** [símfəni] [Gk 「소리의 일치」의 뜻에서] *n.* (*pl.* **-nies**) **1** 〖음악〗 **교향곡,** 심포니 **2** 《미》 = SYMPHONY ORCHESTRA

sýmphony òrchestra 교향악단

sym·po·si·um [simpóuziəm] [Gk 「함께 마시다」의 뜻에서] *n.* (*pl.* **-si·a** [-ziə], **~s**) **1** 토론회, 심포지엄 **2** (고대 그리스의) 주연, 향연 **3** 논문집, 논총(論叢)

‡**symp·tom** [símptəm] [Gk 「함께 떨어지다」의 뜻에서] *n.* **1** [보통 a ~] **징후,** 징조, 조짐 **2** 〖의학〗 증후(症候), 증상

symp·to·mat·ic, -i·cal [sìmptəmǽtik(əl)] *a.* **1** 조짐의, 전조가 되는 **2** Ⓟ …을 나타내는 《*of*》

syn. synonym; synonymous; synonymy

syn- [sin] *pref.* 「함께, 동시에, 비슷한」의 뜻 《그리스 말 또는 같은 계통의 말에 붙음》 《l 앞에서는 *syl-*; b, m, p 앞에서는 *sym-*; r 앞에서는 *syr-*; s 앞에서는 *sys-*, *sy-*》

syn·a·gogue, -gog [sínəgɑ̀g | -gɔ̀g] *n.* **1** 시나고그, 유대교회[회당] **2** 유대교도의 집단; 유대인회

syn·apse [sínæps | sái-] *n.* 〖해부〗 시냅스 《신경 세포의 연접부》

sync, synch [siŋk] 《구어》 *n.* 〖영화·TV〗 동시성

syn·chro·mesh [síŋkroumèʃ] [*syn*-*chro*nized *mesh*] *n., a.* 〖자동차〗 기어가 동시에 서로 맞물리는 장치(의): a ~ gearbox 동시 기어

syn·chron·ic, -i·cal [siŋkrɑ́nik(əl) | -krɔ́n-] *a.* **1** 〖언어〗 공시적(共時的)인 (opp. *diachronic*): ~ linguistics 공시 언어학 **2** = SYNCHRONOUS

syn·chro·nic·i·ty [sìŋkrənísəti] *n.* 〖심리〗 동시 발생, 동시성(synchronism)

syn·chro·nism [síŋkrənìzm] *n.* Ⓤ **1** 동시 발생, 동시성, 동기(同期) **2** (역사적 사건의) 연대별 배열; Ⓒ 대조 역사 연표 **3** 〖물리〗 동기(성)

∗**syn·chro·nize** [síŋkrənàiz] *vi.* **1 동시에 일어나다,** 동시성을 가지다 《*with*》 **2** 〈몇 개의 시계가〉 표준 시각[일정한 시각]을 표시하다 **—** *vt.* **1** 동시에 일어나게 하다, 동시성을 가지게 하다 **2** 〈시계 등의〉 시간을 맞추다 **3** 〖영화〗 동조시키다, 〈음성을〉 화면과 일치시키다

sỳn·chro·ni·zá·tion *n.*

sýn·chro·nized swímming [síŋkrənàizd-] 수중 발레, 싱크로나이즈드 스위밍

syn·chro·nous [síŋkrənəs] *a.* 동시(성)의; 동시에 일어나는; 〖물리·전기〗 동기의, 동위상(同位相)의
~·ly *ad.* **~·ness** *n.*

syn·chro·tron [síŋkrətrɑ̀n | -trɔ̀n] *n.* 〖물리〗 싱크로트론 《cyclotron을 개량한 전자 가속 장치》

syn·co·pate [síŋkəpèit] *vt.* **1** 〖음악〗 당김음을 두다 **2** 〖문법〗 어중음(語中音)을 생략하다 《every를 ev'ry로 하는 것 등》

syn·co·pa·tion [sìŋkəpéiʃən] *n.* **1** Ⓤ 〖문법〗 중략 **2** ⓊⒸ 〖음악〗 당김음

syn·co·pe [síŋkəpì: | -pi] *n.* Ⓤ **1** 〖문법〗 어중음(語中音) 소실, 중략 **2** 〖병리〗 졸도, 기절

syn·dic [síndik] *n.* **1** 《영》 (대학 등의) 평의원, 이사 **2** 지방 행정 장관

syn·di·cal·ism [síndikəlìzm] *n.* Ⓤ 신디칼리즘, 노동조합 지상(至上) 운동
-ist *n.* 그 주의자

∗**syn·di·cate** [síndikət] *n.* **1 신디케이트,** 기업 조합[연합] **2** 신문[잡지]용 기사[사진, 만화] 배급 기업 **3** 《미》 조직 폭력단 **4** (Cambridge 대학 등의) 이사회
— [-kèit] *vi.* 신디케이트를 만들다
— *vt.* **1** 신디케이트 조직으로 하다 **2** 신문 협회를 통하여 발행[배급]하다

syn·di·ca·tion [sìndəkéiʃən] *n.* Ⓤ 신디케이트 조직

∗**syn·drome** [síndroum] *n.* 〖병리〗 **증후군**

syne [sain] *ad., prep., conj.* 《스코》 전에, 이전에(since) (cf. AULD LANG SYNE)

syn·ec·do·che [sinékdəki] *n.* Ⓤ

〖수사학〗 제유(법)(提喩(法))《일부로써 전체를, 또는 전체로써 일부를 나타내는 비유적 표현법》

syn·er·gy [sínərdʒi] *n.* Ⓤ (기관(器官)·약 등의) 공동[상승] 작용

syn·od [sínəd] *n.* 교회 회의, 종교 회의

‡**syn·o·nym** [sínənìm] *n.* **동의어**, 유의어

syn·on·y·mous [sinánəməs | -nɔ́n-] *a.* 동의어의, 같은 뜻의, 같은 것을 나타내는[의미하는] **~·ly** *ad.*

syn·on·y·my [sinánəmi | -nɔ́n-] *n.* (*pl.* **-mies**) **1** Ⓤ 같은 뜻 **2** Ⓤ 유의어 연구 **3** (강조하기 위해) 유의어를 겹쳐 쓰기 《보기: in any *shape* or *form*》

syn·op·sis [sinápsis | -nɔ́p-] *n.* (*pl.* **-ses** [-si:z]) 개요, 대의; 일람(표)

syn·op·tic [sinάptik | -nɔ́p-] *a.* 개요의, 대의의 **2** [종종 **S~**] 공관(共觀) 복음서의 ***the ~ Gospels*** 공관 복음서 《마태·마가·누가의 3복음서》 **-ti·cal·ly** *ad.*

syn·tac·tic, -i·cal [sintǽktik(əl)] *a.* **1** 〖언어〗 syntax(상)의 **2** syntactics(상)의

*__syn·tac·tics__ [sintǽktiks] *n. pl.* [단수 취급] 〖언어〗 (논리적) **구문론**

‡**syn·tax** [síntæks] [Gk「같이 배열하다」의 뜻에서] *n.* Ⓤ **1** 〖언어〗 **구문론**[법], 통사론[법], 신택스 **2** 〖논리〗 = SYNTACTICS

*__syn·the·sis__ [sínθəsis] *n.* (*pl.* **-ses** [-sì:z]) Ⓤ **1 종합**, 통합; Ⓒ 종합[통합]체 **2** 〖화학〗 **합성**

syn·the·size [sínθəsàiz] *vt.* **1** 종합하다 **2** 〖화학〗 합성하다

syn·the·siz·er [sínθəsàizər] *n.* **1** 합성하는 사람[것] **2** 신시사이저 《음(音)의 합성 장치[악기]》

*__syn·thet·ic__ [sinθétik] *a.* **1 종합의**, 통합적인 **2** 〖화학〗 **합성의**, 인조의: ~ coffee 인조 커피 **3** 대용의 **—** *n.* 합성물[품]

syn·thet·i·cal·ly [sinθétikəli] *ad.* 종합적으로, 합성적으로

syn·the·tize [sínθətàiz] *vt.* = SYNTHESIZE

syph·i·lis [sífəlis] [신을 모독한 벌로 이 병에 걸린 양치기의 이름에서] *n.* Ⓤ 〖병리〗 매독

syph·i·lit·ic [sìfəlítik] *a.* 매독(성)의, 매독에 걸린 **—** *n.* 매독 환자

sy·phon [sáifən] *n., v.* = SIPHON

*__Syr·i·a__ [síriə] *n.* **시리아** 《지중해 동해안 소아시아의 공화국; 공식명 Syrian Arab Republic; 수도 Damascus》

Syr·i·an [síriən] *a.* 시리아(사람)의 **—** *n.* 시리아 사람

sy·ringe [sərínd3 | sírind3] *n.* **1** 세척기; 관장기 **2** 주사기: a hypodermic ~ 피하 주사기 **—** *vt.* …에 주사를 놓다; 세척하다

‡**syr·up, sir·up** [sírəp, sə́:- | sír-] [Arab.「마실 것」의 뜻에서] *n.* Ⓤ **1** 시럽; 시럽제(劑) **2** 당밀, 꿀: golden ~ 노란 당밀

syr·up·y, sir- [sírəpi, sə́:r- | sír-] *a.* 시럽의[같은]; 당밀성의; 끈적끈적한

sys- [sis] *pref.* syn- 《s 앞에 올 때》

sys·gen [sísdʒèn] [*sys*tem *gen*eration] *n.* 〖컴퓨터〗 시스템 생성

sys·op [sísὰp | -ɔ̀p] [*sys*tem *op*erator] *n.* 《구어》 시솝, 시스템 운영 관리자 《주로 컴퓨터를 이용한 전자 게시판의 운영 관리자》

syst. system

‡**sys·tem** [sístəm] *n.* **1** (통일된) **체계**, 조직: a ~ of government 정치 조직 **2 방식**; 순서, 규칙: a sales ~ 판매 방법 **3 분류**(법): the Linnaean ~ of plants 린네(Linnaeus)의 식물 분류법 **4** 〖생물〗 **조직**, 계통, 기관 **5** [the ~] 신체 **6** 복합적인 기계 장치: a brake ~ (자동차의) 브레이크 장치

‡**sys·tem·at·ic, -i·cal** [sìstəmǽtik(əl)] *a.* **1 조직적인**, **계통적인**, 질서 정연한 **2** 계획적인: a ~ liar 고의로 거짓말하는 사람 **3** 〖생물〗 분류법의: ~ botany[zoology] 식물[동물] 분류학 **-i·cal·ly** *ad.*

sys·tem·a·ti·za·tion [sìstəmətizéiʃən | -tai-] *n.* Ⓤ 조직화, 계통화, 체계화; 분류

sys·tem·a·tize [sístəmətàiz] *vt.* 조직화하다, 계통[순서]을 세우다, 분류하다

sýstem fàilure 〖컴퓨터〗 시스템 장애

sýstem file 〖컴퓨터〗 시스템 파일

sys·tem·ic [sistémik] *a.* 조직[체계]의; 〖생리〗 온몸의, 전신의

sýstem[sýstems] program 〖컴퓨터〗 시스템 프로그램 《운영 체제·컴파일러·유틸리티 프로그램과 같이 시스템의 효율적인 관리를 위한 프로그램의 총칭》

sýstems anàlysis 시스템 분석 《능률·정확도를 높이는 과학적·수학적 분석》

sýstems enginèer 〖컴퓨터〗 시스템 엔지니어

sýstems enginèering 시스템[조직] 공학, 공학

sýstems sòftware 〖컴퓨터〗 시스템 소프트 웨어 《운영 체제와 유틸리티 프로그램의 총칭》

T t

t, T [tiː] *n.* (*pl.* **t's, ts, T's, Ts**[-z]) **1** 티 《영어 알파벳의 제20자》; t[T]의 음 **2** T자 형의 물건 **3** 20번째의 것
to a T 정확히, 완전히

t' [t] **1** 《고어》 to의 생략 **2** the의 생략

't [t] 《고어·시어》 it의 단축형

t. teaspoon; telephone; temperature; tense; territory; time; ton(s); town

T. tenor; territory; Testament; Thursday; true; Tuesday; Turkish

ta [tɑː] [thank (you)에서] *int.*, *n.* 《영·유아어·구어》 고맙습니다: *Ta* muchly. 대단히 고맙습니다.

Ta 〖화학〗 tantalum

TA transactional analysis

T.A. Territorial Army

tab [tæb] *n.* **1** 고름, 드리운 고리끈; 줄, 손잡이 끈, 구두끈 **2** 《구어》 회계, 청구서 **3** 꼬리표, 짐표 **4** 〖컴퓨터〗 탭 키(= ∠ kèy) ***keep*** (***a***) ~ [~***s***] ***on*** 《구어》 …을 계산하다; …을 감시하다 ***pick up the*** ~ 《미·구어》 셈을 치르다, 값을 지불하다
— *vt.* (**~bed**; **~·bing**) tab을 달다

T.A.B. typhoid-paratyphoid A and B vaccine

tab·ard [tǽbərd] *n.* **1** 전령사(傳令使)가 입던 문장(紋章) 관복 **2** 〖역사〗 문장(紋章)이 든 겉옷 《기사가 투구 위에 입던》

Ta·bas·co [təbǽskou] [멕시코 남동부의 주(州) 이름에서] *n.* 타바스코 소스 《고추 소스; 상표명》

tab·by [tǽbi] *n.* **1** (*pl.* **-bies**) 얼룩 고양이 **2** 심술궂고 수다스러운 여자 **3** Ⓤ 줄[물결] 무늬 비단 — *a.* 얼룩[줄]무늬의 — *vt.* 줄[물결] 무늬를 넣다

***tab·er·na·cle** [tǽbərnæ̀kl] [L = tent] *n.* **1** [종종 **T~**] 〖성서〗 (고대 유대의) **장막**, 이동 신전(神殿) **2** 유대 신전; 예배당 **3** 〖교회〗(성체를 넣는) 성궤 **4 가건물**, 막사

⁑ta·ble [téibl] *n.* **1 테이블**, 탁자, **식탁**: at (《미》 the) ~ 식사 중 / lay[set, spread] the ~ 식탁[밥상]을 차리다 **2** 작업대, 놀이대 **3** (식사·회의의) 테이블에 둘러 앉은 사람들 **4** 대지(臺地), 고원 **5 일람표**, 목록
— *a.* Ⓐ **1** 테이블의, 탁상용의 **2** 식탁용의; 식사의
— *vt.* **1** 탁상에 놓다 **2** 《미》 표[리스트, 목록]로 만들다 **3** 《영》 〈의안을〉 상정(上程)하다; 《미》 심의를 보류하다

tab·leau [tæblóu, ∠-] [F = picture] *n.* (*pl.* **~x** [-z], **~s**) **1** 회화 **2** 극적 장면; 회화적인[그림 같은] 묘사 **3** = TABLEAU VIVANT

tab·leau vi·vant [-viːvɑ́ːŋ] *n.* 활인화 《살아 있는 사람이 분장하여 정지된 모습으로 명화나 역사적 장면 등을 연출하기》

***ta·ble·cloth** [téiblklɔ̀ːθ | -klɔ̀θ] *n.* (*pl.* **~s**) **식탁보**

ta·ble d'hôte [tɑ́ːbl-dóut] [F = host's table] (*pl.* **ta·bles d'hôte** [~]) (호텔·레스토랑의) 정식(定食)

ta·ble·land [téibllæ̀nd] *n.* 대지(臺地), 고원

táble lìnen 식탁용 흰 천 《식탁보·냅킨 등》

táble mànners 테이블 매너, 식탁 예절

táble màt (식탁에서 뜨거운 접시 등의 밑에 까는) 깔개

⁑ta·ble·spoon [téiblspùːn] *n.* **1 식탁용 스푼**, 큰 스푼 《수프용》 **2** 테이블스푼 《음식 조리시 계량의 단위》

***ta·ble·spoon·ful** [téiblspuːnfùl] *n.* **1** 큰 스푼 하나 가득(의 분량) **2** = TABLESPOON 2

⁑tab·let [tǽblit] *n.* **1** (금속·돌·나무의) **판, 현판**(懸板): a memorial ~ 기념비, 위패(位牌) **2 서판**(書板) **3** 〖약학〗 **정제 4** 〖철도〗 운행표 **5** 〖컴퓨터〗 (마우스를 놓고 움직일 수 있게 만든) 직사각형 판

táble tàlk 식탁에서의 잡담

táble tènnis 탁구

ta·ble·top [téibltɑ̀p | -tɔ̀p] *n.* 테이블 표면 — *a.* Ⓐ 탁상용의

ta·ble·ware [-wɛ̀ər] *n.* Ⓤ 식탁용 식기류 《접시·나이프·포크·스푼 등》

táble wìne 식탁용 포도주

tab·loid [tǽblɔid] *n.* **1** 타블로이드판 신문: ~ journalism 대중적인 신문 **2** 요약
— *a.* Ⓐ **1** 타블로이드 신문의 **2** 선정적인 **3** 요약한, 압축한

***ta·boo** [təbúː] [Tongan 「금기(禁忌)」의 뜻에서] *n.* (*pl.* **~s**) **1** Ⓤ Ⓒ (종교상의) **금기**(禁忌), 터부, 금단; Ⓒ 꺼리는 말, 금기하는 말 **2** Ⓤ Ⓒ 《일반적으로》 금제(禁制), 금령(禁令) — *a.* 금기의, 금제의 — *vt.* 금제[금기]하다: a ~*ed* word 금기어, 비어(卑語)

ta·bo(u)r [téibər] *n.* 작은 북, 테이버

tab·o(u)·ret [tæ̀bərét | tǽbərit] *n.* (화분 등을 얹는) 낮은 대(臺); (원통모양의) 작은 탁자

ta·bu [təbúː] *n.*, *a.*, *vt.* = TABOO

tab·u·lar [tǽbjulər] *a.* **1** 반반한 판자 모양의, 평평한 **2** 표의, 표로 만든: the ~ difference 〖수학〗 표차(表差)
in ~ form 표로 되어, 표로 만들어

tabula ra·sa [tǽbjulə-rɑ́ːzə] [L] *n.* (*pl.* ***tab·u·lae ra·sae*** [-lìː-rɑ́ːziː]) **1** 글자가 적혀 있지 않은[지워진] 서판(書板) **2** (Locke의 철학에서 정신의) 백지 (상태)

tab·u·late [tǽbjulèit] *vt.* 표로 만들다

tab·u·la·tion [tæ̀bjuléiʃən] *n.* Ⓤ 도표 작성; 표, 목록

tab·u·la·tor [tǽbjulèitər] *n.* **1** 도표 작성자 **2** 도표 작성 장치 **3** 〖컴퓨터〗 도표 작성용 컴퓨터

ta·chom·e·ter [tækɑ́mətər | -kɔ́m-] *n.* (자동차 엔진 등의) 회전 속도계

tach·y·on [tǽkiɑ̀n | -ɔ̀n] *n.* 〖물리〗 타키온 《광속(光速)보다 빠르다고 여겨지는 가설적 소립자(素粒子)》

tac·it [tǽsit] [L 「말이 없는」의 뜻에서] *a.* **1** 말로 나타내지 않은, 무언의: a ~ prayer 묵도 **2** 암묵의 〈양해 등〉: a ~ agreement[understanding] 묵계(默契) **~·ly** *ad.*

tac·i·turn [tǽsətə̀ːrn] *a.* 말없는, 과묵한

tac·i·tur·ni·ty [tæ̀sətə́ːrnəti] *n.* Ⓤ 말없음, 과묵

Tac·i·tus [tǽsətəs] *n.* 타키투스 **Publius Cornelius** ~ (55?-120?) 《로마의 역사가》

*__tack__ [tæk] *n.* **1** 납작못, 압정 **2** 〖복식〗 시침, 가봉 **3** 〖항해〗 돛의 아랫모서리 밧줄; 배의 침로(針路); 바람을 받는 돛의 위치 **4** 방침, 정책 —*vt.* **1** 압정으로 고정시키다 《*down*》 **2** 시침질하다, 가봉하다 **3** 부가하다 —*vi.* **1** 〖항해〗 〈배가〉 바람을 빗받아 갈지자형으로 나아가다 **2** 방침[정책]을 바꾸다

‡**tack·le** [tǽkl] *n.* **1** Ⓤ **연장**, 도구, 장치 **2** 고패 **3** [téikl] 〖항해〗 삭구 ⓊⒸ (돛을 다루기 위한) 도르래 장치: a different ~ 차동(差動) 도르래 **4** 〖럭비·축구〗 **태클** **5** 〖미식축구〗 엔드와 가드 사이의 전위
—*vt.* **1** (일 등에) 부딪치다 **2** (문제 등으로) …와 논쟁하다 《*about, on, over*》: ~ a person *on* some subject 어떤 문제로 …와 논쟁하다 **3** 〖럭비·축구〗 태클하다 **4** …에 **달려들다** **5** 도르래로 고정시키다 —*vi.* 〖럭비·축구〗 태클하다
~ *to* 《구어》 열심히 …하다

tack·y[1] [tǽki] *a.* (**tack·i·er**; **-i·est**) 진득진득한, 점착성의 〈아교·니스 등〉

tacky[2] *a.* (**tack·i·er**; **-i·est**) 《미·구어》 **1** 초라한 **2** 일부러 이상한 옷차림을 한

ta·co [tɑ́ːkou] *n.* (*pl.* **~s**) 타코스 《저민 고기 등을 tortilla로 싼 것; 멕시코 요리》

*__tact__ [tækt] [L 「촉감」의 뜻에서] *n.* Ⓤ **1** (남의 마음을 잘 알고 대처하는) **재치**, 빈틈없음; 꾀(바름), 요령 **2** 〖음악〗 박자

*__tact·ful__ [tǽktfəl] *a.* **1** **재치 있는**, 빈틈없는 **2** (기술적으로) 적절한
~·ly *ad.* **~·ness** *n.*

tac·ti·cal [tǽktikəl] *a.* **1** 전술적인, 전술상의, 용병(用兵)상의: a ~ point 전술상의 요지 **2** 수완이 좋은 **~·ly** *ad.*

tac·ti·cian [tæktíʃən] *n.* 전술가; 모사, 책략가

*__tac·tics__ [tǽktiks] [Gk 「정연하게 나열하다」의 뜻에서] *n. pl.* **1** [단수 취급] **전술(학)**, 병법 **2** [단수취급] 술책, 책략

tac·tile [tǽktl | -tail] [L 「닿는」의 뜻에서] *a.* **1** 촉각의 **2** 촉각으로 알 수 있는

tact·less [tǽktlis] *a.* 재치 없는, 요령 없는 **~·ly** *ad.* **~·ness** *n.*

tac·tu·al [tǽktʃuəl | -tju-] *a.* 촉각의, 촉각에 의한 **~·ly** *ad.* 촉각으로

tad[1] [tæd] *n.* 《미·구어》 사내아이; 꼬마, 소년

tad[2] *n.* [a ~] 《미·구어》 약간, 소량

Tad [tæd] *n.* 남자 이름 《Theodore의 애칭》

*__tad·pole__ [tǽdpòul] [toad(두꺼비)+poll(머리)에서] *n.* 〖동물〗 **올챙이**

Ta·dzhik·i·stan [tɑːdʒìkistǽn, -stɑ́ːn] *n.* 타지키스탄 (공화국)

taf·fe·ta [tǽfitə] *n.* Ⓤ, *a.* 태피터(의), 호박단(의), 약간 단단한 평직(平織) 명주(의)

taff·rail [tǽfrèil] *n.* 〖항해〗 **1** 고물[선미]의 난간 **2** 고물의 상부(上部)

taf·fy [tǽfi] *n.* (*pl.* **-fies**) **1** 《미·스코》 태피(《영》 toffee) 《설탕·버터·땅콩을 섞어서 만든 캔디》 **2** Ⓤ 《미·구어》 비위 맞춤, 아첨

Taf·fy [tǽfi] *n.* **1** 남자 이름 **2** 《구어》 웨일스 사람(Welshman)

Taft [tæft] *n.* 태프트 **W.H.** ~ (1857-1930) 《미국 제27대 대통령》

‡**tag**[1] [tæg] *n.* **1** 《미》 **꼬리표**, 정가표 **2** **늘어진 끝[장식]** **3** 깃의 고리 **4** 상투적 인용구; (시·노래의) 후렴 **5** 〖컴퓨터〗 (정보의 처음과 끝을 나타내는) 표시 문자, 표시어 **6** (털빛이 다른) 꼬리(의 끝)
—*v.* (**~ged**; **~·ging**) *vt.* **1** 느림 장식[쇠붙이, 손잡이, 꼬리표]을 달다 **2** 인용구로 맺다; 압운(押韻)하다 **3** 부가하다 《*to, onto*》; 〈시·문장 등을〉 연결하다 《*together*》 **4** 《구어》 쫓아다니다
—*vi.* 《구어》 쫓아다니다, 붙어다니다 《*at, after, along*》

tag[2] *n.* Ⓤ **1** 술래잡기 《술래는 it 또는 tagger》 **2** 〖야구〗 터치아웃
—*vt.* (**~ged**; **~·ging**) **1** 〈술래잡기에서 술래가〉 붙잡다 **2** 〖야구〗 〈주자를〉 터치아웃시키다 《*out*》

Ta·ga·log [təgɑ́ːləg] *n.* (*pl.* **~**, **~s**) **1** 타갈로그 사람 《필리핀 루손 섬 중부의 원주민》 **2** Ⓤ 타갈로그 말

tág dày [기부자의 옷깃에 tag(작은 표)를 달아준 데서] 《미》 (자선 사업 기부금) 가두 모금일

tág énd **1** 마지막 부분[대목], 끝토막, 자투리 **2** [the ~] 종말, 말기

tág màtch (프로레슬링에서) 두 사람이 한 조가 되어 벌이는 경기

Ta·gore [təgɔ́ːr] *n.* 타고르 **Sir Rabindranath** ~ (1861-1941) 《인도의 시인; 1913년 노벨 문학상 수상》

tág quèstion 〖문법〗 부가 의문(문)

Ta·hi·ti [təhíːti] *n.* 타히티 섬 《남태평양의 프랑스령 Society 군도의 주도(主島)》

Ta·hi·tian [təhíːʃən] *a.* 타히티 섬[사람, 말]의 —*n.* **1** 타히티 섬 사람 **2** Ⓤ 타히티 말

tai·ga [taigɑ́ː] [Russ.] *n.* (시베리아 등의) 침엽수림 지대

⁂**tail** [teil] *n.* **1** (동물의) **꼬리** **2** 꼬리 모양의 물건 **3** **끝**; 후부 **4** 종자(從者), 수행원 **5** [보통 *pl.*; 단수 취급] 화폐의 뒷면 **6** 《속어》 엉덩이 **7** 〖기계〗 미부(尾部); 〖항공〗 (비행기의) 기미(機尾)
***get** one's **~ down**[**up**]* 풀이 죽다[기운이 나다]
—*a.* 꼬리 부분의; 뒤에서 오는
—*vt.* **1** 꼬리를 달다 **2** 첨부하다, 덧붙이다, 잇다 **3** 〈행렬·수행단 등의〉 뒤에 서다; 《구어》 미행하다 **4** 〈말·개 등의〉 꼬리[끝]

를 자르다 —*vi.* **1** 꼬리처럼 늘어지다; 따라가다 **2** 뒤에 처지다; 점점 가늘어지다[없어지다]

tail·back [téilbæ̀k] *n.* 〖럭비〗 후위(後衛)

tail·board [-bɔ̀ːrd] *n.* (특히 짐마차·트럭 따위의) 후미판 《떼었다 붙일 수 있는》

tail·coat [-kòut] *n.* 연미복(燕尾服)

tailed [teild] *a.* [보통 복합어를 이루어] …한 꼬리가 있는, 꼬리가 …한

táil énd [보통 the ~] 말단, 끄트머리

tail·end·er [téilèndər] *n.* 《구어》 (사람·팀 등의) 꼴찌, 최하위

tail·gate [-gèit] *n.* (트럭·왜건 등의) 뒷문 —*vi., vt.* 앞차 뒤를 바싹 따라가다

táil làmp 《미》 = TAILLIGHT

tail·less [téillis] *a.* 꼬리가 없는

tail·light [téillàit] *n.* (열차·자동차 등의) 미등(尾燈)

⁑**tai·lor** [téilər] [L 「자르다, 재단하다」의 뜻에서] *n.* **재단사, 재봉사**
—*vt.* **1** 〈양복을〉 **짓다** **2** (용도·목적에) **맞추다** 《*to, for*》
—*vi.* 양복을 짓다; 양복점을 경영하다

tai·lored [téilərd] *a.* = TAILOR-MADE

tai·lor·ing [téiləriŋ] *n.* Ⓤ **1** 양복점 경영, 재단업 **2** 양복 짓는 솜씨; 사용 목적에 알맞게 만듦

tai·lor-made [téilərméid] *a.* 〈특히 여성복이〉 양장점에서 지은; 몸에 꼭 맞는

tail·piece [téilpìːs] *n.* **1** 꼬리의 한 부분[조각] **2** (현악기 하부의) 줄걸이

tail·pipe [-pàip] *n.* **1** (펌프의) 흡입관 **2** (자동차 등의) 배기관; 〖항공〗 (제트 엔진의) 미관(尾管)

tail·race [-rèis] *n.* (발전소·물방아의) 방수로(放水路)

tail·spin [téilspìn] *n.* 〖항공〗 **1** 나선형 급강하 **2** 의기소침 **3** 《구어》 경제 혼란, 불경기

***taint** [teint] [OF 「색을 칠하다」의 뜻에서] *n.* **1 더러움,** 얼룩, 오점 **2** Ⓤ **감염;** 부패, 타락 **3** 기미, 흔적
—*vt.* **1** 오염시키다; 감염시키다 **2** 부패[타락]시키다
—*vi.* **1** 더러워지다; 감염되다 **2** 썩다; 타락하다

taint·less [téintlis] *a.* 더러워지지 않은; 부패하지 않은; 순결한; 깨끗한

Tai·pei, Tai·peh [táipéi] *n.* 타이베이, 대북(臺北)

Tai·wan [táiwάːn] *n.* 타이완, 대만(臺灣)(Formosa)

Tai·wan·ese [tàiwəníːz] *a.* 타이완 (사람)의 —*n.* 타이완 사람

Taj Ma·hal [tάːdʒ-məhάːl] [the ~] 타지 마할 《인도 Agra에 있는 순백 대리석의 영묘》

⁂**take** [teik] *v.* (**took** [tuk]; **tak·en** [téikən]) *vt.* **1** (손 등을) **잡다, 움켜잡다;** 껴안다 **2** (덫·미끼 등으로) 잡다; 포획하다; 체포하다 **3 점령하다,** 탈취하다 **4** 〈상 등을〉 **획득하다,** 얻다; 승낙하다 **5 사다;** 〈좌석 등을〉 예약하다 〈신문 등을〉 **구독하다** **6** 〈주는 것을〉 **받다;** 〈대가·보수 등을〉 얻다; 〈시합 등에〉 이기다 **7 a** 〈사람을〉 **채용하다** **b** 〈제자를〉 받다, 〈하숙인을〉 두다; 입회시키다 《*to, into*》 **8 a 가지고 가다** **b 데리고 가다,** 태우고 가다 **9** 〈차를〉 타다, 타고 가다; 〈탈것이〉 사람을 나르다 **10** [보통 it를 주어로 하여] 〈시간·노력 등을〉 요하다, 들다; **필요로 하다** **11 a** 〈언어·행동을〉 해석하다: ~ something *well*[*in good part*] 선의로 해석하다 **b** …이라고 생각하다, 간주하다 **12 a** 〈책임 등을〉 지다: ~ a class 반을 담임하다 **b** 〈소임·직무 등을〉 맡다, 역할을 하다 **13 a** 〈어떤 장소·위치에〉 자리잡다 **b** 〈선두에〉 서다, 〈지휘권 등을〉 장악하다 **14 a** 〈충고 등을〉 받아들이다, …에 따르다 **b** 〈비난 등을〉 감수하다 **15** 〈감정·생각 등을〉 **느끼다, 경험하다** 《*in*》; …을 논거로 삼다 **16 a** 〈음식을〉 먹다 **b** 마시다; 복용하다 **17 a** 〈기원·명칭·성질 등을〉 얻다, 따오다 《*from*》 **b** …에서 생기다[일어나다] **c** 인용하다 **18** 〈휴가·오락 등을〉 갖다, 즐기다 **19** 〈기록 등을〉 적다, 〈사진을〉 찍다, 〈초상화를〉 그리다 **20 a** 영향[작용]을 받다, 효력이 있다; 〈물감 등을〉 흡수하다, 물들다 **b** 〈윤기를〉 내다 **21** 〈타격 등이〉 가해지다《*over*》; (정신적으로) 엄습하다 **22** 〈이목·마음을〉 끌다; 황홀하게 하다, 어리둥절하게 하다 **23 사용하다, 이용하다;** 〈기회를〉 포착하다, …을 틈타다
—*vi.* **1** 〈고리 등이〉 걸리다, 〈자물쇠가〉 채워지다, 〈톱니가〉 서로 맞물리다 **2** 뿌리박다(=~ root), 〈접목(接木)이〉 붙다; 〈씨가〉 싹트다 **3** 〈잉크 등이 종이에〉 묻다; 〈물감 등이〉 스며들다; 〈약 등이〉 듣다 **4** 걸려들다; 〈미끼·낚시·올가미 등에〉 걸리다, 〈물고기·새가〉 잡히다 **5 a** 취하다; 획득하다 **b** 받다; 〖법〗 재산·소유권을 취득[상속]하다 **6 a** 좋아하다, 정들다 《*to*》 **b** …하게 되다, 시작하다, 습관이 붙다, 습관에 젖다《*to*》 **7** 가다, 나아가다 《*across, to*》

~ ***after*** 닮다; 흉내내다 ~ ***apart*** (1) 〈기계 따위를〉 분해하다 (2) 《구어》 〈남의 작품 따위를〉 혹평하다 ~ ***away*** (*vt.*) 가져가다; 덜다; 식탁을 치우다; (*vi.*) 가버리다 ~ ***back*** 도로 찾다; 철회하다; 회상시키다; 되돌아가다 ~ ***down*** 내리다, 오목 들어가게 하다; 무너뜨리다; 〈땋은 머리를〉 풀다; 베어 넘어뜨리다 ~ ***for*** …이라고 생각하다; …으로 잘못 알다 ~ ***in*** (1) 섭취하다, 흡수하다, 마시다; 〈수입으로서〉 얻다; 수용하다 (2) 숙박시키다; 〈하숙인을〉 두다 (3) 《영》 〈신문 등을〉 받아보다 (4) 〈토론·강연 등을〉 이해하다; 〈거짓을〉 참으로 여기다 (5) 〈옷 등을〉 줄이다 (6) 포괄(包括)하다 (7) 〖증권〗 주를 팔아 배당금을 얻다 ~ ***off*** (1) 〈모자·구두 등을〉 벗다 (2) 제거하다; 제쳐놓다 (3) 데리고 가다 (4) 〈값 등을〉 깎다; 〈체중을〉 줄이다 (5) 《구어》 〈…의 버릇을〉 흉내내다 (6) 다 마시다 (7) 날다, 날아가다; 〖항공〗 이륙하다, 이수(離水)하다 《*at, from*》 (8) 〈경기 등이〉 상승하기 시작하다 (9) 〈조수 등이〉 빠지다, 썰물이 되다, 〈바람 등이〉 자다 (10) 〈병 등이〉 생명을 빼앗다; 떠나가다 (11) 〈강 등이〉 갈라지다 ~ ***on*** (1) 고용하다 (2) 〈일·농장 등을〉 맡아서 경영하다 (3) 말다툼하다, 대전[대결]하다

T

(4) 흉내내다, …인 체하다 (5) 〈살이〉 오르다, 〈몸이〉 좋아지다 (6) 감염하다 (7) 《속어》 인기를 얻다 (8) 《미·구어》 빼기다 (9) 《구어》 흥분하다; 떠들어대다 **~ out** 꺼내다; (산책 등에) 데리고 나가다, 〈경기·시합 등에〉 불러내다; 〈얼룩을〉 빼다; 〈면허 등을〉 취득하다; 〈책 등을〉 대출하다; 베끼다; 발췌하다; 《미》 〈여성을〉 식당[무도실]에 안내하다 **~ over** 인계받다, 대신하다, 떠맡다, 접수하다 **~ to** …의 뒤를 보살피다, …에 가다; …에 전념하다; …에 정들다, …이 마음에 들다; …에 적응하다 **~ up** (1) 들어[집어] 올리다, 손에 집어들다 (2) 체포하다 (3) (차에) 태우다, 〈배가 짐을〉 싣다 (4) 흡수하다 (5) 〈고체를〉 녹이다 (6) 〈시간·장소 등을〉 차지하다 (7) 〈마음·주의 등을〉 끌다 (8) 〈일·연구 등을〉 시작하다, 종사하다, 취임하다 (9) 〈문제 등을〉 과제로 삼다, 처리하다 (10) 〈끊어진 이야기의〉 뒤를 잇다 **~ with** (1) 《스코》 좋아하다(like) (2) 참다 (3) 인정하다

— *n.* **1** 잡음 **2 포획량** 《짐승·물고기 등》; 잡힌 것: a great ~ of fish 풍어(豊漁) **3** 《구어》 매출액 **4** 〔영화〕 1회분의 촬영

take·a·way [téikəwèi] *a., n.* 《영》 = TAKEOUT

táke-home pày[wàges] (세금을 뺀) 실수입, 실수령 급료

take-in [-ìn] *n.* 《구어》 속임수, 사기

‡**tak·en** [téikən] *v.* TAKE의 과거분사

take·off [téikɔ̀:f | -ɔ̀f] *n.* **1** 〔항공〕 이륙 (지점) **2** 《구어》 흉내, 모방

take·out [-àut] 《미》 *n.* (사서 식당에서 먹지 않고) 가지고 가는 음식(을 파는 가게) (《영》 takeaway)

take·o·ver [-òuvər] *n.* **1** 인계 **2** (권위·지배 등의) 탈취: the military ~ 군사 혁명, 쿠데타 **3** 경영권 취득

tákeover bíd 《영》 〔증권〕 (매수(買收)를 노리는 기업 주식의) 공개 매입

tak·er [téikər] *n.* **1** 포획자; 수취인 **2** (광구(鑛區)의) 조차자(租借者)

***tak·ing** [téikiŋ] *a.* **1 매력 있는 2** 《구어》 전염성의 — *n.* **1** ⓊⒸ 획득 **2** Ⓒ 어획량; [*pl.*] 소득, 매출액

talc [tælk] *n.* Ⓤ **1** 〔광물〕 활석(滑石) **2** = TALCUM POWDER

tálc pòwder = TALCUM POWDER

tálcum pòwder 1 활석 가루 **2** 탤컴파우더

‡**tale** [teil] *n.* **1** (사실·전설·가공의) **이야기 2** 꾸민 이야기, 거짓말 **3** [*pl.*] 객담; 소문; 험담

tale·bear·er [téilbὲərər] *n.* 고자쟁이; 소문을 퍼뜨리는 사람

‡**tal·ent** [tǽlənt] [Gk 「탤런트(화폐)」의 뜻에서] *n.* **1** ⓊⒸ (특수한) **재능**; 수완 《*for*》 **2** 재능 있는 사람; [집합적] 인재 **3** [집합적] (연예 관계의) 탤런트들

tal·ent·ed [tǽləntid] *a.* 재능이 있는, 유능한

tal·ent·less [tǽləntlis] *a.* 무능한

tálent scòut[spòtter] (스포츠·실업·연예계의) 신인 발굴 담당자

tálent shòw 탤런트 쇼 《아마추어 연예인들이 연예계 진출을 위해 하는 공연》

tale-tell·er [téiltèlər] *n.* **1** 고자쟁이 **2** 소문 퍼뜨리는 사람 **3** 이야기꾼

tal·is·man [tǽlismən, -iz-] *n.* (*pl.* **~s**) **1** 부적 **2** 신비한 힘이 있는 것

‡**talk** [tɔ:k] *vi.* **1 말하다**, 이야기하다 《*to, with, at*》 **2** 서로 이야기하다 **3** 남의 이야기를 하다 **4** 잡담하다 **5** (…에 관해) 연설[강연, 강의]을 하다, (말 이외의 방법으로) 의사를 통하다; 〔무전〕 통신하다 — *vt.* **1 말하다 2** 〈외국어 등을〉 말하다 **3** 논하다 **4** 이야기[설득]하여 …하다[시키다] 《*into*》

~ about (1) …에 관해 이야기[의논]하다 (2) [반어] …이라니 (어림도 없는 소리다) **~ back** 말대꾸하다 **~ down** (1) 말로 누르다 (2) 〔항공〕 무전으로 착륙 지시하다, 무전으로 유도하다 **~ down to** 어조를 낮추어 말하다 **~ of** …에 관해 말하다; …할 생각이 있다고 말하다 《*doing*》 **~ out** 〈문제를〉 철저하게 논하다; 《영》 〈의안을〉 폐회 시간까지 토의를 끌어 폐기시키다 **~ over** …에 관해 의논하다; …을 설득하다 **~ up** (1) 큰소리로 뚜렷하게 말하다 (2) 흥미를 끌도록 말하다 (3) 《미》 〈사물을〉 칭찬하다 (4) 〈법안 등을〉 지지[추진]하다

— *n.* **1** ⒸⓊ 이야기, 좌담 **2** (형식을 가리지 않는) 강연, 강화(講話) **3** (정식) 회담, 회의, 협의 **4** ⓊⒸ 소문; 화제 **5** Ⓤ 쓸데없는 이야기, 빈말 **6** ⓊⒸ 말투, 어조

talk·a·thon [tɔ́:kəθɑ̀n | -θɔ̀n] [*talk*+mar*athon*] *n.* (라디오·TV 방송국의 전화에 의한) 후보자와의 장시간에 걸친 일문일답 《선거 운동의 한 방법》

***talk·a·tive** [tɔ́:kətiv] *a.* **이야기하기 좋아하는**, 수다스러운 **~·ly** *ad.* **~·ness** *n.*

talk·er [tɔ́:kər] *n.* 이야기하는 사람

‡**talk·ie** [tɔ́:ki] *n.* 《구어》 **발성 영화**

‡**talk·ing** [tɔ́:kiŋ] *a.* **1 말하는 2** 수다스러운 **3** 표정이 풍부한 — *n.* Ⓤ 담화; 수다

tálking fílm[pícture] = TALKIE

tálking héad (텔레비전·영화에서) 화면에 등장하는 해설자[내레이터]

tálking pòint 1 논의[제안]를 뒷받침하는 논지[사실, 정세] **2** 화제

talk·ing-to [tɔ́:kiŋtù:] *n.* 《구어》 꾸지람, 잔소리

tálk shòw 《미》 (텔레비전·라디오에서) 유명 인사 인터뷰 프로

talk·y [tɔ́:ki] *a.* (**talk·i·er**; **-i·est**) **1** 수다스러운 **2** 〈극·소설 등이〉 쓸데없는 대화가 많은

‡**tall** [tɔ:l] *a.* **1 a 키가 큰 b** 높이[키]가 …인: He is six feet ~. 키가 6피트이다. 《이 경우 《영》에서는 high를 쓰는 것이 보통》 **c** (보통보다) 긴 **2** 《구어》 〈수량이〉 많은, 엄청난 **3** 《구어》 거창한, 믿을 수 없는: a ~ story 허풍

— *ad.* 《구어》 거창하게; 의기양양하게

tall·boy [tɔ́:lbɔ̀i] *n.* 《영》 (다리가 달린) 2층 장롱(《미》 highboy) 《침실용》

táll drínk 톨 드링크 《알코올 음료에 소다·과즙·얼음 등을 넣어 운두가 높은 잔에 마시는 칵테일》

táll hát 실크 해트(top hat)
tall·ish [tɔ́:liʃ] *a.* 〈키가〉 좀[약간] 큰, 키가 큰 편인
tall·ness [tɔ́:lnis] *n.* Ⓤ 높음, 높이
táll órder 어려운 주문, 무리한 요구
*__tal·low__ [tǽlou] *n.* Ⓤ **수지**(獸脂), 짐승 기름 — *vt.* 수지를 바르다
— *vi.* 수지가 생기다
tal·low-chan·dler [tǽloutʃæ̀ndlər | tʃɑ̀:n-] *n.* 수지 양초 제조[판매]인
tal·low·y [tǽloui] *a.* **1** 수지(모양)의; 수지를 바른 **2** 창백한
tal·ly [tǽli] *n.* (*pl.* **-lies**) **1** 계정(計定), 계산; (경기의) 득점 **2** 부신(符信) **3** 계산서 《정부(正副) 두통으로 된》 **4** 부합물(符合物), 짝의 한 쪽: 부합, 일치
— *v.* (**-lied**) *vt.* **1** 〈부신·부절 등에〉 새기다(score) **2** 〈득점 등을〉 기록하다 **3** 부합[일치]하다
— *vi.* **1** 계산서를 작성하다 **2** (경기에서) 득점하다 **3** 〈이야기 등이〉 부합되다, 일치하다 《*with*》: His story *tallies with* Tom's. 그의 이야기는 톰의 이야기와 부합한다.
tal·ly·ho [tæ̀lihóu] *int.* 쉭쉭 《여우 사냥 등 에서 사냥개를 추기는 소리》
— *n.* (*pl* **~s**) 쉭쉭(하는 소리)
— *vt., vi.* 쉭쉭하고 소리치다
tal·ly·man [tǽlimən] *n.* (*pl.* **-men** [-mən]) **1** 《영》 할부 판매인 **2** 수를 세는 사람, (하역 등의) 계수 담당, 검수계
tálly shèet 점수[계수] 기입 용지
Tal·mud [tǽlmud] *n.* [the ~] 탈무드
tal·on [tǽlən] *n.* **1** (특히 사나운 금수의) 발톱 **2** (자물쇠 볼트의) 돌출부
tam [tæm] *n.* = TAM-O'-SHANTER
TAM television audience measurement TV 시청자수(측정)
tam·a·ble [téiməbl] *a.* 길들일 수 있는
ta·ma·le [təmɑ́:li] *n.* Ⓤ 타말레 《옥수수 가루·다진 고기·고추로 만드는 멕시코 요리의 일종》
tam·a·rin [tǽmərin] *n.* 〖동물〗 타마린 《남미산, 비단털원숭잇과(科)》
tam·a·rind [tǽmərind] *n.* 〖식물〗 타마린드 《콩과(科)의 상록 교목》; 그 열매 《청량 음료·약용·조미용》
tam·a·risk [tǽmərisk] *n.* 〖식물〗 위성류, 능수버들
tam·bour [tǽmbuər] *n.* **1** (특히 소리가 낮은) 북(drum); 북치는 사람 **2** (둥근) 자수틀, (그것으로 만든) 자수 **3** (캐비닛 등의) 쇠사슬 문
tam·bou·rine [tæ̀mbəríːn] *n.* 〖음악〗 탬버린 《둥근 테에 방울을 단 북》
‡**tame** [teim] *a.* **1** 〈짐승 등이〉 **길든**(opp. *wild*) **2** 순종하는, 유순한; 비굴한 **3** 《구어》 시시한, 생기 없는, 단조로운 **4** 《미》 재배된, 경작된 — *vt.* **1** **길들이다** **2** 복종시키다; 〈용기·열정 등을〉 억누르다 **3** 〈색채 등을〉 부드럽게 하다
tame·a·ble [téiməbl] *a.* = TAMABLE
tam·er [téimər] *n.* 〈야수 등을〉 길들이는 사람
Tam·il [tǽmil] *n.* (*pl.* **~, ~s**) **1** 타밀 사람 《남부 인도·스리랑카에 사는 인종》 **2** Ⓤ 타밀 말 — *a.* 타밀 사람[말]의
Tam·ma·ny [tǽməni] *n.* 태머니파(派) 《New York 시의 Tammany Hall을 본거지로 하는 민주당의 단체》
tam·my [tǽmi] *n.* 《영》 = TAM-O'-SHANTER
tam-o'-shan·ter [tǽməʃæ̀ntər | ⌐-⌐] [R. Burns가 지은 시의 주인공 이름에서; 그가 항상 쓰고 있던 모자에서] *n.* (스코틀랜드 농민의) 큼직한 베레모
tamp [tæmp] *vt.* **1** 〈흙·담배 등을〉 쟁이다; 〈길 등을〉 다져서 굳히다 《*down*》 **2** 〖광산〗 〈발파공을〉 (진흙 등으로) 틀어막다 《*with*》
tam·per [tǽmpər] *vi.* **1** 쓸데없는 참견을 하다 **2** 〈원문의 글귀 등을〉 함부로 변경하다 **3** (독극물 테러 등의 목적으로) 식품 등의 포장을 만지작거리다
tam·per·proof [-prù:f] *a.* 〈계기(計器) 등이〉 부정 조작할 수 없는
tam·pi·on [tǽmpiən] *n.* (총구(銃口)·포구(砲口) 등의) 나무 마개
tam·pon [tǽmpɑn | -pɔn] *n.* 〖외과〗 탐폰, 지혈(止血)용 솜뭉치
tam-tam [tǽmtæ̀m] *n.* 징(gong)
‡**tan** [tæn] *v.* (**~ned**; **~·ning**) *vt.* **1** 〈가죽을〉 **무두질하다** **2** **햇볕에 태우다** **3** 《구어》 때리다 — *vi.* 햇볕에 타다
— *n.* Ⓤ **1** 햇볕에 그을음 **2** 황갈색 **3** 탠 껍질 《가죽 무두질용》
— *a.* (**~·ner**; **~·nest**) 황갈색의
tan, tan. 〖수학〗 tangent
tan·a·ger [tǽnidʒər] *n.* 〖조류〗 (중·남미산의) 풍금조
tan·bark [tǽnbɑ̀:rk] *n.* Ⓤ 탠 껍질 《가죽 무두질용》
tan·dem [tǽndəm] *ad.* 〈두 마리의 말이〉 앞뒤로 나란히 서서
— *a.* **1** 앞뒤로 좌석이 나란히 있는 **2** 〈두 사람 이상이〉 협동하고 있는
— *n.* **1** 앞뒤로 연결한 두 필의 말; 그 마차 **2** 〈두 사람 이상이 앞뒤로 함께 타는〉 자전거[3륜차]
tang [tæŋ] *n.* **1** 짜릿한 맛; 톡 쏘는 냄새 **2** 기미, 풍미
Tang, T'ang [tɑ:ŋ | tæŋ] *n.* 〖역사〗 당(唐)나라, 당조(唐朝)(618-907)
tan·gen·cy [tǽndʒənsi] *n.* Ⓤ 접촉
tan·gent [tǽndʒənt] [L 「닿는」의 뜻에서] *a.* (한 점에서) 접하는 《*to*》 — *n.* **1** 〖수학〗 = TANGENT LINE **2** 탄젠트, 정접 《略 tan》 **3** (도로·선로의) 직선 구간
tan·gen·tial [tæ̀ndʒénʃəl] *a.* **1** 〖수학〗 접선[정접]의: ~ coordinates 접선 좌표 **2** 빗나가는, 탈선하는 **~·ly** *ad.*
tángent lìne 〖수학〗 접선(接線)
tan·ge·rine [tæ̀ndʒəríːn, ⌐-⌐] *n.* **1** 〖식물〗 탕헤르 오렌지(나무) **2** 진한 등색(橙色)
tan·gi·bil·i·ty [tæ̀ndʒəbíləti] *n.* Ⓤ **1** 만져서 알 수 있음 **2** 명백, 확실
*__tan·gi·ble__ [tǽndʒəbl] [L 「닿는」의 뜻에서] *a.* **1** **만져서 알 수 있는**, 실체적인; 유형의: ~ assets 유형(有形) 재산 **2** 명백한, 확실한 **3** 실재하는, 현실의
~·ness *n.* **-bly** *ad.*

T

*__tan·gle__ [tǽŋgl] *vt.* **1** 얽히게 하다 **2** 분규를 일으키다, 혼란시키다 **3** 빠뜨리다, 말려들게 하다 —*vi.* **1** 얽히다; 분규가 일어나다, 혼란해지다 **2** ((구어)) 싸우다, 말다툼하다 —*n.* **1** (머리카락 등의) **얽힘** **2** 혼란, 분규 **3** ((구어)) 싸움, 말다툼

tan·gly [tǽŋgli] *a.* (**-gli·er**; **-gli·est**) 뒤얽힌; 혼란된

tan·go [tǽŋgou] *n.* (*pl.* **~s**) 탱고; 그 무곡(舞曲) —*vi.* 탱고를 추다

tang·y [tǽŋi] *a.* (**tang·i·er**; **-i·est**) 〈맛이〉 짜릿한, 〈냄새가〉 톡 쏘는

‡**tank** [tæŋk] *n.* **1** (물·기름·가스 등의) **탱크** **2** 〖군사〗 **전차**
—*vt.* 탱크에 저장하다
—*vi.* ((구어)) 탱크처럼 움직이다
*~ **up*** ((구어)) 〈기름을〉 탱크에 가득 채우다

tan·kard [tǽŋkərd] *n.* (손잡이가 달린) 큰 잔; 그 한 잔의 양

tánk càr 〖철도〗 수[유]조차(水[油]槽車)

tank·er [tǽŋkər] *n.* **1** 탱커, 유조선 **2** 급유(비행)기

tánk fàrm 석유 탱크 집합 지역

tánk fàrming 수경법(水耕法)

tánk tòp (소매 없는 러닝 셔츠식의) 여자용 윗옷

tánk tràiler 탱크 트레일러 ((석유·가스 수송용))

tánk trùck 유조[수조] 트럭

tan·ner [tǽnər] *n.* 가죽을 무두질하는 사람

tan·ner·y [tǽnəri] *n.* (*pl.* **-ner·ies**) **1** 무두질 공장 **2** Ⓤ 무두질(법)

tan·nic [tǽnik] *a.* 〖화학〗 타닌성(性)의; 타닌에서 얻은: ~ acid 타닌산(酸)

tan·nin [tǽnin] *n.* Ⓤ 〖화학〗 타닌산

tan·ning [tǽniŋ] *n.* Ⓤ **1** 제혁법(製革法) **2** 햇볕에 탐 **3** ⓊⒸ ((구어)) 매질

tan·sy [tǽnzi] *n.* (*pl.* **-sies**) 〖식물〗 쑥국화; Ⓤ 그 잎 ((약용·조리용))

tan·ta·lize [tǽntəlàiz] [Tantalus에서] *vt.* (보여서) 감질나게[애타게] 하다

tan·ta·liz·ing [tǽntəlàiziŋ] *a.* 애타게 하는, 감질나게 하는 **~·ly** *ad.*

tan·ta·lum [tǽntələm] *n.* Ⓤ 〖화학〗 탄탈 ((희유 원소; 백금 대용품; 기호 Ta; 번호 73))

Tan·ta·lus [tǽntələs] *n.* 〖그리스신화〗 탄탈루스 ((Zeus의 아들; 신들의 비밀을 누설한 벌로 지옥의 물에 턱까지 잠겨 목이 말라 물을 마시려 하면 물이 빠졌다 함))

tan·ta·mount [tǽntəmàunt] *a.* Ⓟ 〈가치·힘·효과·의의 등이〉 동등한, 같은

tan·ta·ra [tæntɑ́:rə] *n.* 나팔[뿔나팔] 등의 소리, 트럼펫[호른]의 취주

tan·trum [tǽntrəm] *n.* [종종 *pl.*] ((구어)) 언짢은 기분, 짜증, 화

Tan·za·ni·a [tæ̀nzəní:ə] *n.* 탄자니아 ((아프리카 중동부의 공화국))

Tao·ism [táuizm] [Chin. 「도(道)」의 뜻에서] *n.* Ⓤ 도교(道敎) ((노자(Laotze)의 가르침)), 노장(老莊) 철학

Tao·ist [táuist] *n.* 도교 신자, 노장 철학 신봉자 **Tao·ís·tic** *a.*

‡**tap**[1] [tæp] *v.* (**~ped**; **~·ping**) *vt.* **1** 가볍게 두드리다: ~ a person *on* the shoulder …의 어깨를 툭툭 치다 **2** 두드려서 …하다 **3** ((미)) 〈구두에〉 창을 덧대다 —*vi.* **1** 가볍게 때리다[두드리다] **2** 탭 댄스를 추다 —*n.* **1** 가볍게 두드림 **2** 똑똑 치는 소리

‡**tap**[2] *n.* **1** ((영)) (수도 등의) **꼭지**(((미)) faucet); (통의) 마개 **2** 〖전기〗 도선의 분기(分岐) —*vt.* (**~ped**; **~·ping**) **1** 〈통에〉 따르는 꼭지를 달다; 〈통의〉 물구멍을 뚫다 **2** 구멍을 뚫어 …의 즙[액]을 받다; (줄기에 금을 그어) …의 수액을 받다 **3** 〈토지·광산 등을〉 개발하다 **4** ((구어)) 〈남에게 물건을〉 청하다, 졸라대다(solicit)

táp dànce 탭 댄스

tap-dance [tǽpdæ̀ns | -dɑ̀:ns] *vi.* 탭 댄스를 추다

táp dàncer 탭 댄서

‡**tape** [teip] *n.* ⓊⒸ **1** 납작한 끈 ((짐 꾸리는 데 쓰는)) **2** 종이[금속] 테이프; (접착용) 테이프 **3** (전기 절연용) **테이프** **4** 테이프 녹음[녹화] **5** Ⓤ 천공 테이프 ((컴퓨터용·전신 수신용))
—*vt.* **1** 납작한 끈으로 묶다 **2** ((미)) …에 반창고를 붙이다 ((*up*)) (((영)) strap) **3** 테이프에 녹음[녹화]하다
—*vi.* 테이프에 녹음[녹화]하다
—*a.* 테이프에 녹음한

tápe dèck 테이프 덱 ((전력 증폭기와 스피커가 들어 있지 않은 테이프 리코더)); 테이프 플레이어

tape·line [-làin] *n.* = TAPE MEASURE

tápe mèasure 줄자(tapeline) ((천 또는 금속으로 만든))

*__ta·per__ [téipər] *n.* **작은 초**, 가느다란 초 —*vi.* **1** 끝이 점점 가늘어지다 **2** 점점 적어[작아]지다 —*vt.* **1** 점점 가늘게 하다 ((*off*)) **2** 점점 작아[적어]지게 하다 ((*off*))

tape-re·cord [téiprikɔ̀:rd] *vt.* 테이프에 녹음하다

‡**tápe recòrder** 테이프 리코더, 녹음기

tápe recòrding 테이프 녹음

tap·es·tried [tǽpistrid] *a.* tapestry로 꾸민

*__tap·es·try__ [tǽpistri] *n.* (*pl.* **-tries**) ⓊⒸ **태피스트리**, 벽걸이 융단

tape·worm [téipwə̀:rm] *n.* 〖동물〗 촌충

tap·i·o·ca [tæ̀pióukə] *n.* Ⓤ 타피오카 ((cassava 뿌리로 만든 식용 전분))

ta·pir [téipər] *n.* (*pl.* **~**, **~s**) 〖동물〗 맥(貘) ((말레이·중남미산))

tap·is [tǽpi:] Ⓕ *n.* (*pl.* **~**) 태피스트리(의 식탁보)

tap·pet [tǽpit] *n.* 〖기계〗 태핏, 철자(凸子)

tap·ping [tǽpiŋ] *n.* Ⓤ (통신의) tap[1, 2]하기; 도청

tap·room [tǽprù:m] *n.* ((영)) 술집

tap·root [-rù:t] *n.* 〖식물〗 직근(直根), 주근(主根)

tap·ster [tǽpstər] *n.* (술집의) 급사

tap-tap [tǽptǽp] *n.* 똑똑 ((두드리는 소리))

táp wàter 수도 꼭지에서 받은 맹물

‡**tar**[1] [tɑ:r] *n.* Ⓤ **타르** ((석탄·목재를 건류하여 얻은 검은색의 기름 같은 액체))
—*vt.* (**~red**; **~·ring**) 타르를 바르다

T

be ~red with the same brush[stick] 다른 사람과 같은 결점을 지니고 있다

tar[2] [*tar*paulin] *n.* 《구어》 선원, 뱃사람

tar·an·tel·la [tæ̀rəntélə], **-telle** [-tél] *n.* (나폴리의) 타란텔라 춤; 그 곡

ta·ran·tu·la [tərǽntʃulə | -tju-] *n.* (*pl.* **~s, -lae** [-lìː]) 〖동물〗 타란툴라거미 《이탈리아의 Taranto 지방산 독거미》

tar·boosh [tɑːrbúːʃ] *n.* 터키 모자 《이슬람교도의 차양 없고 술 달린 남자용 모자》

tar·brush [táːrbrʌ̀ʃ] *n.* 타르솔

*__tar·dy__ [táːrdi] *a.* (**-di·er**; **-di·est**) **1** 더딘, 늦은 **2** 《미》 지각한(late) 《*at, for*》
— *n.* 지각 **tár·di·ly** *ad.* **-di·ness** *n.*

tare[1] [tɛər] *n.* 〖식물〗 살갈퀴덩굴(vetch); [*pl.*] 〖성서〗 독초; 해독

tare[2] *n.* Ⓤ **1** 포장 재료[용기]의 중량 **2** 〖화학〗 (무게를 달 때의) 용기의 중량

‡**tar·get** [táːrgit] *n.* **1 과녁**; (공격) 목표 **2** (정치 운동·선전 활동 등의) 목표 《*for*》; (비난·주목의) 대상, (웃음)거리 **3** (모금·생산 등의) 목표액 ***on ~*** 과녁을 겨냥하여; (목적·용도에) 적확한; 궤도에 오른
— *a.* 표적[대상]이 되는
— *vt.* 목표로 삼다[정하다]

tárget dàte (사업 수행의) 목표 마감일

‡**tar·iff** [tǽrif] [Arab. 「통지」의 뜻에서] *n.* **1 관세**; 관세표; 세율 **2** (철도·전신 등의) 운임[요금]표 — *vt.* 관세를 부과하다

tar·mac [táːrmæk] [*tarmac*adam] *n.* **1** [**T~**] 《영》 타맥 《포장용 아스팔트 응고제; 상표명》 **2** 타맥 포장 도로[활주로]
— *a.* 타맥의
— *vt.* (**-macked**; **-mack·ing**) 〈활주로 등을〉 타맥으로 포장하다

tar·mac·ad·am [tàːrməkǽdəm] *n.* Ⓤ 타르머캐덤 《쇄석과 타르를 섞어 굳힌 포장 재료》; Ⓒ 그 포장 도로

tarn [tɑːrn] *n.* (산 속의) 작은 호수

tar·nish [táːrniʃ] *vt.* **1** 〈윤이 나는 것을〉 흐리게 하다, 녹슬게 하다 **2** 〈명예 등을〉 더럽히다 — *vi.* 흐려지다, 더러워지다
— *n.* Ⓤ 흐림, 변색; ⓊⒸ 오점, 흠

ta·ro [táːrou] *n.* (*pl.* **~s**) 〖식물〗 타로토란 《남양산》

ta·rot [tæróu] [F] *n.* Ⓤ 〖카드〗 타로카드 《22매 한 벌》

tar·pau·lin [tɑːrpɔ́ːlin] *n.* Ⓤ 타르 칠한 방수천[돛베]; 방수 외투

tar·pon [táːrpən] *n.* (*pl.* **~, ~s**) 〖어류〗 타폰 《북미 남해산의 큰 고기》

tar·ra·gon [tǽrəgən] *n.* 〖식물〗 개사철쑥; Ⓤ 그 잎 《조미료》

tar·ry[1] [táːri] *a.* (**-ri·er**; **-ri·est**) 타르의, 타르질(質)의; 타르를 칠한

*__tar·ry__[2] [tǽri] [ME 「늦어지다」의 뜻에서] *v.* (**-ried**) *vi.* 《문어》 **1 체재하다**, 머무르다 《*at, in*》 **2 늦어지다**

tar·sal [táːrsəl] 〖해부〗 *a.* 발목뼈의
— *n.* 발목뼈

tar·si·er [táːrsièi] *n.* 〖동물〗 안경원숭이 《동남아시아산》

tar·sus [táːrsəs] *n.* (*pl.* **-si** [-sài]) 〖해부〗 족근(足根)(골)

*__tart__[1] [tɑːrt] *a.* **1** 〈맛이〉 **시큼한 2** 〈대답 등이〉 신랄한, 톡 쏘는

tart[2] [F, L 「토르테(둥근 빵)」의 뜻에서] *n.* 타트, 파이

tar·tan [táːrtn] *n.* ⓊⒸ (스코틀랜드 고지 사람의) 격자 무늬 모직물; 격자 무늬
— *a.* 타탄의, 체크 무늬 직물로 만든

tar·tar [táːrtər] *n.* Ⓤ **1** 주석(酒石) **2** 치석(齒石)

Tar·tar [táːrtər] *n.* **1** 타타르족[사람], 달단(韃靼) 사람; Ⓤ 타타르 말 **2** [종종 **t~**] 포악한 인간

tar·tar·ic [tɑːrtǽrik] *a.* 〖화학〗 주석(酒石)의: ~ acid 주석산

tártar sàuce 타르타르 소스

Tar·ta·rus [táːrtərəs] *n.* 〖그리스신화〗 타르타로스 《지옥 아래의 밑바닥 없는 못》; 지옥

Tar·zan [táːrzn] *n.* 타잔 《Edgar Rice Burroughs 작 정글 이야기의 주인공》

‡**task** [tæsk | tɑːsk] *n.* **1 직무**, 과제 **2 힘든 일 3** 〖컴퓨터〗 태스크 《컴퓨터로 처리되는 일의 최소 단위》
take [***call, bring***] a person ***to ~*** (***for ...***) (…라는 이유로) …을 꾸짖다, 책망하다
— *vt.* **1** 혹사하다, 괴롭히다: ~ one's brain 머리를 쥐어 짜다 **2** …에게 일을 과하다[할당하다]

tásk fòrce 1 〖미군〗 (특수 임무를 띤) 기동 부대 **2** 특별 조사단 **3** 《영》 특별 수사대

task·mas·ter [tǽskmæ̀stər | táːskmɑ̀ːs-] *n.* (*fem.* **-mis·tress** [-mìstris]) **1** 일을 할당하는 사람, 공사 감독, 십장 **2** 엄격한 주인[선생]

Tass, TASS [tæs] [Russ. *T*elegrafnoe *A*gentstvo *S*ovetskovo *S*oyuza (=Telegraph Agency of the Soviet Union)] *n.* (구소련의) 타스 통신사

*__tas·sel__ [tǽsəl] *n.* (장식) **술**; 〖식물〗 (옥수수의) 수염 — *vt.* 장식술을 달다
tás·seled | **-selled** [-səld] *a.* 술이 달린

‡**taste** [teist] [L 「만지다」의 뜻에서] *n.* **1** [the ~, one's ~] **미각**, 맛 **2** 시식, 맛보기 **3** [a ~] (시식하는 음식 등의) **소량**, 한 입[모금] 《*of*》 **4** ⓊⒸ **취미**, 기호, 애호 《*for*》 **5** Ⓤ 심미안; 멋, 아취
have a (***small***) ***~ of*** …을 (조금) 맛보다 ***have a ~ for*** …의 취미를 가지다 ***in bad***[***good***] ***~*** 아취[멋] 없는[있는]
— *vt.* **1** 〈음식을〉 **맛보다 2** (한 입) 먹다, 마시다 **3** …의 맛이 나다 **4** 경험하다, 겪다 — *vi.* **1** 맛을 보다; 경험하다 《*of*》 **2** 조금 먹다[마시다] **3 맛을 알다 4** 〈음식이〉 …**한 맛이 나다**

táste bùd 〖해부〗 미뢰(味蕾)

taste·ful [téistfəl] *a.* **1** 풍류[멋]를 아는, 심미안이 있는 **2** 취미가 고상한, 세련된 **~·ly** *ad.* **~·ness** *n.*

taste·less [téistlis] *a.* 맛없는; 무미건조한, 멋없는, 몰취미의 **~·ly** *ad.* **~·ness** *n.*

tast·er [téistər] *n.* **1** 맛을 감별하는 사람; 〖역사〗 독의 유무를 맛보는 사람 **2** 검미기(檢味器)

tast·y [téisti] *a.* (**tast·i·er**; **-i·est**) 《구어》 **1** 맛좋은, 맛이 잘 든 **2** 멋있는, 세련된, 고상한 **tást·i·ly** *ad.* **-i·ness** *n.*

tat[1] [tæt] *vt., vi.* (**~·ted**; **~·ting**) 태팅(tatting)을 하다

tat² *n.* 가볍게 때림
ta·ta [tǽtɑ́:] 《영·유아어·구어》 *int.* 안녕, 빠이빠이(goodbye)
Ta·tar [tɑ́:tər] *n.*, *a.* 타타르 사람(의); Ⓤ 타타르 말(의)
Táte Gállery [téit-] 〔기증자 이름에서〕 [the ~] 테이트 미술관 《London에 있는 국립 미술관》
ta·ter, 'ta- [téitər] *n.* 《방언》 감자(potato)
***tat·ter** [tǽtər] *n.* **1** [주로 *pl.*] 《헝겊·종이 등의》 찢어진 조각, 넝마 **2** [보통 *pl.*] 낡은[해진] 옷 — *vt.*, *vi.* 헤지(게 하)다
tat·tered [tǽtərd] *a.* 〈옷 등이〉 해진; 누더기를 두른
tat·ting [tǽtiŋ] *n.* Ⓤ 태팅 《레이스식의 뜨개질 수예》; 태팅으로 만든 레이스
tat·tle [tǽtl] *vi.* **1** 잡담하다, 수다떨다 《*about*, *over*》 **2** 고자질하다, 비밀을 누설하다 《*on*》 — *vt.* 함부로 지껄이다, 〈비밀 등을〉 누설하다 — *n.* Ⓤ 고자질, 비밀 누설; 잡담
tat·tler [tǽtlər] *n.* **1** 수다쟁이 **2** 〖조류〗 흰꼬리도요
tat·tle·tale [tǽtltèil] *n.*, *a.* = TELLTALE
tat·too¹ [tætú:] *n.* (*pl.* **~s**) **1** 〖군사〗 귀영 나팔[북] **2** (경고하는) 북 소리; 동동[톡톡] 치는 소리
— *vt.*, *vi.* 톡톡 두드리다
tattoo² *n.* (*pl.* **~s**) 문신(文身)
— *vt.* 문신하다 **~·er, ~·ist** *n.* 문신쟁이
tat·ty [tǽti] *a.* (**-ti·er**; **-ti·est**) **1** 《영》 초라한, 넝마의 **2** 지저분한
tau [tau] *n.* 타우 《그리스말 알파벳의 제 19자; T, τ = 영어의 T, t》
‡**taught** [tɔ:t] *v.* TEACH의 과거·과거분사
***taunt** [tɔ:nt, tɑ:nt] *vt.* 조롱하다, 비아냥거리다 《*for*, *with*》 — *n.* [종종 *pl.*] 조롱, 심한 빈정댐 **~·ing·ly** *ad.*
tau·rine [tɔ́:rain] *a.* 황소 같은; 〖천문〗 황소자리의
Tau·rus [tɔ́:rəs] *n.* 〖천문〗 황소자리; 〖점성술〗 금우궁(金牛宮)(태생의 사람)
taut [tɔ:t] 〔동음어 taught〕 〔OF 「잡아당기다」의 뜻에서〕 *a.* **1** 〈밧줄·돛이〉 팽팽하게 친 **2** 〈신경 등이〉 긴장된 **3** 〈배 등이〉 완전히 정비된 **táut·ly** *ad.* **táut·ness** *n.*
tau·to·log·i·cal, -ic [tɔ̀:təlɑ́dʒik(əl) | -lɔ́dʒ-] *a.* 동의어[유의어(類意語)] 중복의, 중언부언하는 **-i·cal·ly** *ad.*
tau·tol·o·gy [tɔ:tɑ́lədʒi | -tɔ́l-] *n.* (*pl.* **-gies**) ⓊⒸ 〖수사학〗 동의어[유의어] 반복
***tav·ern** [tǽvərn] 〔L 「오두막집」의 뜻에서〕 *n.* **1** 《미》 (선)술집(《영》 public house) **2** 《고어》 여인숙
taw [tɔ:] *n.* 구슬치기를 시작하는 기선(基線); [종종 *pl.*] 구슬치기
taw·dry [tɔ́:dri] *a.* (**-dri·er**; **-dri·est**) 번지르르한, 야한; 천박한; 값싼
táw·dri·ly *ad.* **-dri·ness** *n.*
***taw·ny** [tɔ́:ni] *a.* (**-ni·er**; **-ni·est**) 황갈색의 — *n.* Ⓤ 황갈색
‡**tax** [tæks] 〔L 「만져서 (평가하다)의 뜻에서〕 *n.* **1** ⓊⒸ 세, 세금: lay [levy] a ~ on …에 과세하다 **2** 무거운 부담, 가혹한 의무 《*on*》
free of **~** 세금 면제로 ***land*** **~** 토지세
— *vt.* **1** 세금을 부과하다 **2** 혹사하다 **3** 비난하다 《*with*》
tax·a·ble [tǽksəbl] *a.* 과세해야 할, 세금이 붙는
‡**tax·a·tion** [tækséiʃən] *n.* Ⓤ **1** 과세, 징세: a ~ office 세무서 **2** 세수(稅收)
táx bàse 과세 기준
táx brèak 세금 우대 (조치), 세제상 특전
táx bùrden 조세 부담
táx collèctor 세금 징수원[공무원]
táx crèdit 세금 공제
táx cùt 감세(減稅)
táx dày 납세일
tax-de·duct·i·ble [tǽksdidʌ́ktəbl] *a.* 소득에서 공제할 수 있는
táx dedùction 세금[소득] 공제(액)
táx dòdger 탈세자
tax-dodg·ing [-dɑ̀dʒiŋ | -dɔ̀dʒ-] *a.* 탈세하는 — *n.* Ⓤ 탈세 (행위)
táx evàsion (허위 신고에 의한) 탈세
tax-ex·empt [tǽksigzèmpt] *a.* **1** 면세의, 비과세의 **2** 〈배당금 등이〉 세금을 공제한
tax-free [tǽksfrì:] *a.* 면세의, 비과세의 — *ad.* 면세로
tax·i [tǽksi] [*taxi*cab, *taxi*meter cab] *n.* (*pl.* **~(e)s**) 택시
— *v.* (**tax·ied**; **~·ing, tax·y·ing**) *vi.* **1** 택시로 가다 **2** 〖항공〗 〈비행기가〉 지상[수면]에서 자력으로 이동하다 — *vt.* **1** 택시로 나르다[보내다] **2** 〈비행기를〉 지상[수면]에서 이동케 하다
tax·i·cab [tǽksikæ̀b] *n.* = TAXI
táxi dàncer (댄스홀 등의) 직업 댄서
tax·i·der·mic [tæ̀ksidə́:rmik], **-mal** [-məl] *a.* 박제(剝製)(술)의
tax·i·der·mist [tǽksidə̀:rmist] *n.* 박제사
tax·i·der·my [tǽksidə̀:rmi] *n.* Ⓤ 박제술
tax·i·me·ter [-mì:tər] *n.* 택시미터, 자동 요금 표시기
tax·ing [tǽksiŋ] *a.* 〈일 등이〉 부담스러운, 귀찮은 **~·ly** *ad.*
táxi rànk 《영》 = TAXI STAND
-taxis [tǽksis] 《연결형》 「배열; 차례」의 뜻: hypo*taxis*
táxi stànd 《미》 택시 승차장
tax·i·way [tǽksiwèi] *n.* 〖항공〗 유도로(誘導路)
tax·on·o·mist [tæksɑ́nəmist | -sɔ́n-] *n.* 분류학자
tax·on·o·my [tæksɑ́nəmi | -sɔ́n-] *n.* Ⓤ 분류(classification), 분류학[법]
tax·o·nom·ic [tæ̀ksənɑ́mik | -nɔ́m-] *a.*
***tax·pay·er** [tǽkspèiər] *n.* 납세자
táx retùrn 납세 신고서
Tb 〖화학〗 terbium
TB [tì:bí:] *n.* 《구어》 = TUBERCULOSIS
T-bone [-bòun] *n.* 티본스테이크(= ~ **stéak**) 《소의 허리 부분의 뼈가 붙은 T자형 스테이크》
tbs(p). tablespoon(s)
Tc 〖화학〗 technetium

TC Trusteeship Council (유엔) 신탁 통치 이사회

T̍ cèll T세포 《흉선(胸腺) 의존성의 임파구》

Tchai·kov·sky [tʃaikɔ́:fski | -kɔ́f-] *n.* 차이코프스키 **Peter Ilych ~** (1840-93) 《러시아의 작곡가》

TD touchdown(s)

Te 〖화학〗 tellurium

‡tea [ti:] [Chin. 「차(茶)」의 뜻에서] *n.* **1** UC (음료로서의) 차, 홍차; C 차 한잔: Two *~s,* please. 홍차 두 잔 주세요. **2** 〖식물〗 차나무(tea plant) **3** UC 《영》 티 《점심과 저녁 중간에 드는 가벼운 식사》 **4** 오후의 초대, 다과회
— *vi., vt.* (**~ed, ~d**) 차를 마시다, 가벼운 식사를 하다

téa bàg (1인분) 차 봉지 《천 또는 종이로 만든》

téa bàll 차 거르는 기구 《구멍이 송송 난 금속 그릇》

téa brèak 《영》 차 마시는 휴게 시간

téa càddy 차통, 다관(茶罐)

téa càke 《영》 차 마실 때 먹는 과자; 《미》 쿠키

téa càrt 《미》 = TEA WAGON

‡teach [ti:tʃ] *v.* (**taught** [tɔ:t]) *vt.* **1** 가르치다 **2** 훈련하다, 길들이다 **3** 〈사실·경험 등이 …을〉 가르치다 — *vi.* 교사를 하다; (…에서) 가르치다 《*at*》

teach·a·ble [tí:tʃəbl] *a.* **1** 가르침을 받을 만한, 잘 알아듣는 **2** 〈학과·재주 등이〉 가르치기 쉬운 **~·ness** *n.*

‡teach·er [tí:tʃər] *n.* **선생**
~·shìp *n.* U 교사의 신분, 교직

téachers còllege 《미》 (4년제) 교육[사범] 대학

téa chèst 차 상자

teach-in [tí:tʃìn] *n.* 《구어》 (정치·사회 문제에 관한 대학에서의) 성토 대회, 토론회

‡teach·ing [tí:tʃiŋ] *n.* **1** U **가르치기,** 수업; 교직 **2** [종종 *pl.*] **가르침,** 교훈; 학설

téaching hòspital 《영》 의과 대학 부속 병원

téaching machìne 교육 기기, 자동 학습기

téa clòth 차 탁자용 식탁보; 찻그릇 행주

téa còzy 다구(茶具) 커버 《보온용》

***tea·cup** [tí:kʌ̀p] *n.* **1** 찻잔 **2** = TEACUPFUL

tea·cup·ful [-kʌpfùl] *n.* 찻잔 한 잔(의 양) 《*of*》

téa dànce 《미》 (오후의) 다과회의 댄스 파티; 오후의 댄스 파티

téa gàrden 다원(茶園); 찻집이 있는 공원

tea·house [tí:hàus] *n.* (*pl.* **-hous·es** [-hàuziz]) (동양의) 찻집, 다방

teak [ti:k] *n.* 〖식물〗 티크나무 《동인도산》; U 티크 재목

tea·ket·tle [tí:kètl] *n.* 찻주전자, 차탕관

teal [ti:l] *n.* (*pl.* **~s,** [집합적] **~**) 〖조류〗 물오리, 검둥오리 무리

tea-leaf [tí:lì:f] *n.* 찻잎; [*pl.*] 차 찌끼

‡team [ti:m] *n.* **1** 〖경기〗 **팀,** 조(組) **2** (협동하여 일하는) 그룹, 반(班) **3** 한 조의 짐승
— *vi.* 조[팀]가 되다, 협력하다

team·mate [tí:mmèit] *n.* 같은 팀의 사람

téam spírit **1** 단체[협동] 정신 **2** [T~ S~] 〖군사〗 팀 스피리트 《1976년부터 매년 실시되는 한미 합동 군사 훈련》

team·ster [tí:mstər] *n.* **1** 한데 맨 짐승을 부리는 사람 **2** 《미》 트럭 운전사

téam téaching 팀 교습 《두 사람 이상이 공동으로 가르치는 방법》

team·work [tí:mwə̀:rk] *n.* U 팀워크, 협동 작업

téa pàrty (오후의) 다과회, 티파티

tea·pot [tí:pɑ̀t | -pɔ̀t] *n.* 찻주전자

‡tear[1] [tiər] *n.* **1** [보통 *pl.*] **눈물** **2** 물[이슬] 방울 **3** [*pl.*] 비애, 비탄
burst into ~s 와락 울음을 터뜨리다 ***in ~s*** 눈물을 흘리며, 울면서 ***with ~s in one's eyes*** [***voice***] 눈물을 글썽거리며[눈물로 목이 메어]
— *vi.* 〈눈이〉 눈물을 짓다[흘리다]

‡tear[2] [tɛər] *v.* (**tore** [tɔ:r]; **torn** [tɔ:rn]) *vt.* **1 찢다,** 째다 《*in*》 **2** 잡아채다, 쥐어뜯다 **3** 잡아당겨 (째지게) 만들다, 찢어서 〈구멍을〉 내다 **4** [보통 과거분사로] 〈마음을〉 괴롭히다; 〈나라 등을〉 분열시키다
— *vi.* **1 째지다,** 찢어지다 **2** 쥐어뜯다 **3** 날뛰다, 내닫다 **4** 맹렬히 공격하다; 비난하다, 혹평하다 《*into*》
~ … apart 〈집 등을〉 허물다, 해체하다; 〈장소를〉 마구 뒤지다; 〈일이〉 분열시키다, 교란시키다 ***~ down*** 〈건물 등을〉 헐다
— *n.* **1** 찢음, 쥐어뜯음 **2** 째진 틈, 해진 곳, 터진 데 《*in*》

tear·a·way [tɛ́ərəwèi] *n.* 《영》 돌진하는[무모한] 젊은이; 망나니

tear·drop [tíərdrɑ̀p | -drɔ̀p] *n.* 눈물, 눈물방울

téar dùct [tíər-] 〖해부〗 누관(淚管)

***tear·ful** [tíərfəl] *a.* **1** 눈물 어린; 곧잘 우는 **2** 슬픈 **~·ly** *ad.*

téar gàs [tíər-] 최루가스

tear·ing [tɛ́əriŋ] *a.* (잡아) 찢는, 쥐어뜯는; 《구어》 사납게 날뛰는

tear·jerk·er [tíərdʒə̀:rkər] *n.* 《구어》 눈물을 흘리게 하는 신파조 영화[연극]

tear·less [tíərlis] *a.* 눈물 없는, 눈물을 흘리지 않는 **~·ly** *ad.*

tea·room [tí:rù:m] *n.* 다방, 찻집

téar shèet [tɛ́ər-] 뜯어낼 수 있는 페이지 《잡지·신문 등에서 오려 내어 광고주에게 보내는》

téar strìp [tɛ́ər-] (깡통·담뱃갑 둘레의) 따개띠

tear·y [tíəri] *a.* (**tear·i·er**; **-i·est**) 눈물의[같은]; 눈물이 글썽한

‡tease [ti:z] [OE 「잡아떼다」의 뜻에서] *vt.* **1** (짓궂게) **괴롭히다,** 집적거리다; 조르다 《*for*》 **2** 〈양털·삼 등을〉 빗기다 **3** 〈모직물의〉 보풀을 세우다
— *vi.* 집적거리다, 희롱하다; 졸라대다
— *n.* **1** 곯리기; 곯림당함 **2** 곯리는 사람, 귀찮은 놈

tea·sel [tí:zl] *n.* 〖식물〗 산토끼꽃 《그 열매로 모직물의 잔털을 세움》

T

teas·er [tíːzər] *n.* **1** 괴롭히는[곯리는] 사람; 《구어》 어려운 일[문제] **2** 남자를 애타게 하는 여자
téa sèrvice[sèt] 찻그릇 (한 벌)
téa shòp **1** 《영》 다방 **2** 차를 파는 가게
teas·ing [tíːziŋ] *a.* 짓궂게 괴롭히는; 귀찮은 **~·ly** *ad.*
‡**tea·spoon** [tíːspùːn] *n.* **1** 찻숟가락 **2** = TEASPOONFUL
∗**tea·spoon·ful** [tíːspuːnfùl] *n.* (*pl.* **~s, tea·spoons·ful**) 찻숟가락으로 하나(의 양); 약간, 소량
tea stràiner 차 여과기
teat [tiːt] *n.* (동물의) 젖꼭지; 《영》 (젖병의) 고무 젖꼭지(《미》 nipple)
téa tàble 차 탁자
tea·time [-tàim] *n.* Ⓤ (오후의) 차 마시는 시간
téa tràY 차 쟁반
téa tròlley 《영》 = TEA WAGON
téa wàgon 차 도구 운반대
tea·zel, tea·zle [tíːzl] *n., vt.* = TEASEL
tec [tek] [de*tec*tive] *n.* 《속어》 탐정, 형사
tech [tek] [*tech*nical college] *n.* 《구어》 공업 전문학교, 공과 대학
tech. technical(ly); technology
tech·ne·ti·um [tekníːʃiəm] *n.* Ⓤ 〘화학〙 테크네튬 《금속 원소; 기호 Tc, 번호 43》
∗**tech·nic** [téknik] *a.* = TECHNICAL — *n.* **1** = TECHNIQUE **2** [*pl.*] 전문적 사항; 술어(述語) **3** [보통 *pl.*] 공예(학), 기술
‡**tech·ni·cal** [téknikəl] *a.* **1 기술**[기법]의, 기술적인: a ~ adviser 기술 고문 **2 전문(적)인**: ~ terms 전문용어 **3 공업의**: a ~ school 공업 학교 **4** 법적으로[규칙상] 성립되는
téchnical cóllege 《영》 공업[실업] 전문 대학
téchnical hítch (기계 고장으로 인한) 일시 정지
tech·ni·cal·i·ty [tèknəkǽləti] *n.* (*pl.* **-ties**) **1** Ⓤ 전문적 성질 **2** 전문적 사항[방법, 절차]; 전문어
téchnical knóckout 〘권투〙 테크니컬 녹아웃 《略 TKO, T.K.O.》
∗**tech·ni·cal·ly** [téknikəli] *ad.* **전문적으로(는)**, 기술적으로; 법적으로
technical school 《영》 = SECONDARY TECHNICAL SCHOOL
téchnical sérgeant 〘미공군〙 2등 중사 《staff sergeant의 위이며 master sergeant의 아래》
∗**tech·ni·cian** [tekníʃən] *n.* **기술자**; 전문가; 기교가 《회화·음악 등의》
Tech·ni·col·or [téknikʌ̀lər] *n.* 테크니컬러 《천연색 영화(법)의 일종; 상표명》
‡**tech·nique** [tekníːk] *n.* **1** Ⓤ Ⓒ (예술·스포츠 등의) **기법**, 수법; 기교 **2** Ⓤ (전문) 기술
techno- [téknou] 《연결형》 「기술; 기교; 공예」의 뜻
tech·noc·ra·cy [teknɑ́krəsi | -nɔ́k-] *n.* **1** Ⓤ Ⓒ 기술자 지배, 테크노크라시 《전문 기술인에게 일국의 산업적 자원의 지배·통제를 맡기자는 방식》 **2** 기술주의 국가
tech·no·crat [téknəkræ̀t] *n.* 기술자 출신의 고급 관료, (경영·관리직에 있는) 전문 기술자
∗**tech·no·log·i·ic, -i·cal** [tèknəlɑ́dʒik(əl) | -lɔ́dʒ-] *a.* **1 과학 기술의** **2** 〘경제〙 (생산) 기술 혁신으로 인한 **-i·cal·ly** *ad.*
∗**tech·nol·o·gist** [teknɑ́lədʒist | -nɔ́l-] *n.* **과학 기술자**
∗**tech·nol·o·gy** [teknɑ́lədʒi | -nɔ́l-] *n.* Ⓤ **1 과학 기술**, 생산[공업]기술 **2** 응용 과학 **3** (과학 기술의) 전문어, 술어
tec·ton·ics [tektɑ́niks | -tɔ́n-] *n. pl.* [단수 취급] 구축[구조]학; 구조 지질학
Ted [ted] *n.* **1** 남자 이름 《Theodore, Edward의 애칭》 **2** [종종 **t~**] 《영·구어》 = TEDDY BOY
Ted·dy [tédi] *n.* 남자 이름 《Theodore, Edward의 애칭》
téddy bèar (봉제) 장난감 곰
Téddy bòy (Edward 7세 시대의 복장을 애용하는) 영국의 반항적인 청소년
Te De·um [téi-déiəm | tíː-díːəm] [L 'thee, God (we praise)'의 뜻에서] *n.* 〘가톨릭〙 테데움, 찬미의 노래; 그 곡
‡**te·di·ous** [tíːdiəs] *a.* **지루한**, 진저리 나는 **~·ly** *ad.* **~·ness** *n.*
te·di·um [tíːdiəm] *n.* Ⓤ 지겨움, 지루함
tee[1] [tiː] *n.* T자; T자 꼴의 물건; T자관(管); T 셔츠
tee[2] *n.* **1** 갓 모양의 표적, (탑 꼭대기에 씌우는) 탑관(塔冠) **2** 목표 《curling, quoits 등에서》; 〘골프〙 티 《공을 올려 놓는 자리》 — *vt.* 〘골프〙 〈공을〉 티 위에 올려 놓다 — *vi.* 〘골프〙 티에서 제1구를 치다; 시작하다 《*with*》
tee-hee [tiːhíː] *int., n.* 히히(하는 소리) — *vi.* 히히 웃다
∗**teem**[1] [tiːm] [동음어 team] [OE 「아이를 만들다」의 뜻에서] *vi.* **충만하다**, 풍부하다
teem[2] *vt.* 〈그릇을〉 비우다 — *vi.* 〈비가〉 억수같이 쏟아지다
teem·ing [tíːmiŋ] *a.* 풍부한, 우글우글한 **~·ly** *ad.* **~·ness** *n.*
teen [tíːn] *n.* = TEENAGER — *a.* Ⓐ 10대의(teenage)
∗**-teen** [tiːn] *suf.* 「10 …」의 뜻
teen·age(d) [tíːnèidʒ(d)] *a.* 10대의
∗**teen·ag·er** [tíːnèidʒər], **teen·er** [tíːnər], **teen·ster** [-stər] *n.* **10대의 소년[소녀]**, 틴에이저
∗**teens** [tiːnz] *n. pl.* **1** [one's ~] **10대** 《보통 13-19세를 이름》 **2** 10대의 소년 소녀
teen·sy [tíːnsi], **teent·sy** [tíːntsi] *a.* 《구어》 = TINY
tee·ny [tíːni] *a.* (**-ni·er**; **-ni·est**) 《구어》 = TINY
tee·ny·bop·per [tíːnibɑ̀pər | -bɔ̀p-] *n.* 《구어》 10대의 소녀; 히피(hippie)의 흉내를 내거나 일시적인 유행[록음악]에 열중하는 틴에이저
tee·ny-wee·ny, tee·nie-wee·nie [-wíːni] *a.* 《구어》 = TINY
tee·pee [tíːpiː] *n.* = TEPEE

tée shìrt =T-SHIRT
tee·ter [tíːtər] *n.* = SEESAW
— *vi.* **1** 《미》 시소를 타다 **2** 동요하다, 흔들리다; 망설이다 《*between, on*》
tee·ter-tot·ter [-tɑ̀tər | -tɔ̀t-] *n.* 《미》 = SEESAW
‡**teeth** [tiːθ] *n.* TOOTH의 복수
teethe [tiːð] *vi.* 〈이가〉 나다
téething tróubles **1** 생치(生齒) 곤란 《젖니가 나올 때의 불쾌감 등》 **2** (기업의) 초창기의 어려움[고생]
tee·to·tal [tiːtóutl] [total (abstinence)에서; 강조하려고 어두에 t를 덧붙인 것] *a.* **1** 절대 금주(주의)의: ~ drink 알코올을 함유하지 않은 음료 **2** 《구어》 절대로 …인, 정말인
~·ìsm *n.* Ⓤ 절대 금주주의 **~·ist** *n.* **~·(l)er** *n.* 절대 금주자 **~·ly** *ad.*
tee·to·tum [tìːtóutəm] *n.* 손가락으로 돌리는 팽이: like a ~ 빙글빙글 돌며
TEFL [téfl] teaching English as a foreign language 외국어로서의 영어 교수(법)
Tef·lon [téflɑn | -lɔn] *n.* **1** 테플론 《열에 강한 합성 수지; 상표명》 **2** [형용사적으로 쓰여] (정치가가 스캔들·편향적 비평 등을) 무시하는
teg·u·ment [tégjumənt] *n.* 외피(外皮), 피막(被膜)
te-hee [tiːhíː] *n., int., vi.* = TEE-HEE
Teh·ran, Te·he·ran [terǽn | tɛərɑ́ːn] *n.* 테헤란 《이란의 수도》
tel. telegram; telegraph; telephone
tel- [tel], **tele-** [télə] 《연결형》 「원거리의; 텔레비전의[에 의한]」의 뜻 《모음 앞에서는 tel-》
Tel A·viv [tél-əvíːv] *n.* 텔아비브 《이스라엘 최대의 도시; 공식명 Tel Aviv-Jaffa》
tele- [télə] 《연결형》 = TEL-
tel·e·bank·ing [téləbæŋkiŋ] *n.* 텔레뱅킹 《컴퓨터나 전화 등을 이용한 은행 거래》
tel·e·cam·er·a [télikæ̀mərə] *n.* 텔레비전 카메라; 망원 카메라
***tel·e·cast** [télikæ̀st | -kɑ̀ːst] *n.* ⓊⒸ **텔레비전 방송**: a ~ station 텔레비전 방송국 — *vt., vi.* (**~, ~·ed**) **텔레비전 방송을 하다**
tel·e·com·mu·ni·ca·tion [tèləkəmjùːnikéiʃən] *n.* Ⓤ (원거리) 전기 통신; [*pl.*; 단수 취급] 전기 통신 공학; 〖컴퓨터〗 전자 통신
tel·e·com·pu·ni·ca·tions [tèləkəmpjùːnəkéiʃənz] *n. pl.* [단수 취급] 〖전자〗 텔레컴퓨니케이션 《전기 통신과 컴퓨터가 융합한 새로운 정보 처리의 공학·기술·산업(분야)》
tel·e·con·fer·ence [tèləkɑ́nfərəns | -kɔ́n-] *n.* (인터넷·텔레비전·전화를 이용한) 원격지간 회의
— *vi.* 원격지간 회의에 참석하다
tel·e·course [téləkɔ̀ːrs] *n.* 《미》 텔레비전 강좌 《대학 등의 텔레비전에 의한》
tel·e·fac·sim·i·le [tèləfæksíməli] *n.* ⒸⓊ 전화 전송(기), 텔레팩시밀리
tel·e·film [téləfilm] *n.* 텔레비전 영화
tel·e·gen·ic [tèlədʒénik] *a.* 텔레비전 방송에 알맞은, 텔레비전에 잘 영사되는
‡**tel·e·gram** [téləgræ̀m] *n.* **전보**: send a ~ 전보를 치다 — *vt., vi.* (**~med; ~·ming**) = TELEGRAPH
‡**tel·e·graph** [téləgræ̀f | -grɑ̀ːf] *n.* **1 전신, 전보**: a ~ office[station] 전신국 **2** [**T~**] …통신 《신문명》
— *vt.* **1** 〈…에게〉 **전보를 치다,** 전신으로 알리다 《*to, that* …》 **2** 전보로 〈돈 등을〉 부치다 **3** (표정·몸짓 등으로) 〈의도 등을〉 넌지시 알리다 — *vi.* 전보를 치다: She *~ed to* her daughter. 그녀는 딸에게 전보를 쳤다.
te·leg·ra·pher [təlégrəfər] *n.* 전신 기사
tel·e·graph·ese [tèləgræfíːz] *n.* Ⓤ 전문체(電文體); 극단적으로 간결한 문체[말투]
tel·e·graph·ic [tèləgrǽfik] *a.* **1** 전신기의 **2** 전송(電送)의, 전신[전보]의: a ~ address (전보의) 수취인 약호, 전신 약호
-i·cal·ly *ad.*
te·leg·ra·phist [təlégrəfist] *n.* 전신 기사
télegraph pòle[**pòst**] 전신주, 전주
***te·leg·ra·phy** [təlégrəfi] *n.* Ⓤ **전신(술)**: wireless ~ 무선 전신(술)
tel·e·ki·ne·sis [tèləkiníːsis] *n.* Ⓤ 〖심령〗 격동(隔動)(현상), 염동 작용(念動作用)
tel·e·mark [téləmɑ̀ːrk] 〖스키〗 *n.* [종종 **T~**] 텔레마크 《회전법의 일종》
tel·e·mar·ket·ing [tèləmɑ́ːrkitiŋ] *n.* Ⓤ 전화 판매, 전화 광고
tel·e·me·chan·ics [tèləmikǽniks] *n. pl.* [단수 취급] (기계의) 원격[무전] 조종법
te·lem·e·ter [téləmìːtər] *n.* 거리 측정기; 〖전기〗 원격 계측기(遠隔計測器) 《자동 계측 전송 장치》
te·lem·e·try [təlémətri] *n.* Ⓤ 원격 측정법
tel·e·o·log·i·c, -i·cal [tèliəlɑ́dʒik(əl) | -lɔ́dʒ-] *a.* 목적론(적)의 **-i·cal·ly** *ad.*
tel·e·ol·o·gy [tèliɑ́lədʒi | -ɔ́l-] *n.* 〖철학〗 목적론; (목적론의) 목적 **-gist** *n.*
tel·e·path [téləpæ̀θ] *n.* 텔레파시 능력자
tel·e·path·ic [tèləpǽθik] *a.* 텔레파시의, 정신 감응적인 **-i·cal·ly** *ad.*
te·lep·a·thist [təlépəθist] *n.* 텔레파시 연구가[능력자]
te·lep·a·thy [təlépəθi] *n.* Ⓤ 〖심령〗 정신 감응(感應), 텔레파시
‡**tel·e·phone** [téləfòun] *n.* **전화; 전화기**
be wanted on the ~ (…에게) 전화가 와 있다 ***by ~*** 전화로 ***on the ~*** 전화기에 나와; 전화를 연결하여: call a person *on the ~* …에게 전화하다
— *a.* Ⓐ 전화의[에 관한]: a ~ operator 전화 교환원
— *vt.* **1 전화를 걸다**: ~ a person by long distance …에게 장거리 전화를 걸다 **2** 전화로 신청하여 〈…에게 축전 등을〉 보내다 — *vi.* **1** 전화를 걸다: ~ *to* one's friend 친구에게 전화를 걸다 **2** 전화로 부르다 《*for*》: ~ *for* a taxi[a doctor] 전화로 택시[의사]를 부르다

T

télephone bòok 1 전화 번호부 2 (개인의) 전화 번호부

télephone bòoth [(영) **bòx**] 공중 전화 박스

télephone dirèctory = TELEPHONE BOOK 1

télephone exchànge 전화 교환국[대]

télephone kìosk (영) = TELEPHONE BOOTH

télephone pòle (전화선용) 전신주

tel·e·phon·er [téləfòunər] *n.* 전화 거는 사람

tel·e·phon·ic [tèləfɑ́nik | -fɔ́n-] *a.* 전화(기)의, 전화에 의한

te·leph·o·nist [təléfənist] *n.* (영) 전화 교환원

te·leph·o·ny [təléfəni] *n.* Ⓤ 전화 통화법[술]: wireless ~ 무선 전화

tel·e·pho·to [téləfòutou] *n.* 망원 사진; 전송 사진
— *a.* Ⓐ 망원 사진의, 전송 사진의

tel·e·pho·to·graph [tèləfóutəgræ̀f | -grɑ̀ːf] *n.* 망원 사진; 전송 사진
— *vt., vi.* 망원 렌즈로 촬영하다; 〈사진을〉 전송하다

tel·e·pho·tog·ra·phy [tèləfətɑ́grəfi | -tɔ́g-] *n.* Ⓤ 망원 사진술; 사진 전송술
tèl·e·phò·to·gráph·ic *a.*

tel·e·port[1] [téləpɔ̀ːrt] *vt.* 〖심령〗 〈물건·사람을〉 염력으로 움직이다[옮기다]

teleport[2] *n.* 텔레포트 《통신 위성을 통해서 송수신하는 지상 센터》

tel·e·print·er [télǝprìntər] *n.* = TELETYPEWRITER

Tel·e·Promp·Ter [téləprɑ̀m*p*tər | -prɔ̀mp-] *n.* 텔레프롬프터 《테이프가 돌면서 출연자에게 대사 등을 보이게 하는 장치; 상표명》

tel·e·ran [télərӕn] [*tele*vision *ra*dar *n*avigation] *n.* ⓊⒸ 전파 탐지기 항공술 《레이더 정보를 텔레비전으로 항공기에 전하는 방식》

***tel·e·scope** [téləskòup] *n.* **망원경**
— *vt.* 1 (망원경의 통처럼) 끼워 넣다; 〈열차 등이〉 충돌하여 포개지게 하다 2 짧게 하다, 압축하다 — *vi.* 1 끼워지다, 신축하다; (충돌로) 박혀들다 2 단축되다

tel·e·scop·ic [tèləskɑ́pik | -skɔ́p-] *a.* 1 망원경의 2 육안으로는 보이지 않는 3 신축자재의 **-i·cal·ly** *ad.*

tel·e·shop·ping [téləʃɑ̀piŋ | -ʃɔ̀p-] *n.* Ⓤ 텔레쇼핑 《TV에 나온 물건을 보고 주문하기》

tel·e·text [télǝtèkst] *n.* 텔레텍스트 《문자 다중 방송의 국제적 통일 호칭》

tel·e·thon [téləθɑ̀n | -θɔ̀n] [*tele*vision+mara*thon*] *n.* 장시간 텔레비전 방송 《모금 운동 등을 위한》

tel·e·type [télətàip] *n.* [**T~**] 텔레타이프 《TELETYPEWRITER의 상표명》

tel·e·type·writ·er [tèlətáipràitər] *n.* 텔레타이프라이터, 전신 타자기

tel·e·view [téləvjùː] *vt.* 텔레비전으로 보다 — *vi.* 텔레비전을 보다
~·er *n.* 텔레비전 시청자

tel·e·vise [télǝvàiz] [television에서의 역성(逆成)] *vt.* 텔레비전으로 방송하다, 방영하다 — *vi.* 텔레비전 방송을 하다

tel·e·vi·sion** [téləvìʒən] *n.* 1 Ⓤ **텔레비전** 《略 TV》 2 Ⓤ 텔레비전 (방송) 산업; 텔레비전 관계(의 일) ***the two-way ~ 대향(對向) 텔레비전 《송상(送像)과 수상(受像)을 동시에 행하는 방식》
— *a.* Ⓐ 텔레비전의[에 의한]
tèl·e·ví·sion·al, tèl·e·vísion·àr·y *a.*

tel·e·vi·sor [téləvàizər] *n.* 텔레비전 송신[수신] 장치; 텔레비전 방송자

tel·e·vis·u·al [tèləvíʒuəl] *a.* 1 텔레비전(방송)의 2 = TELEGENIC

tel·ex [téleks] [*tele*printer *ex*change] *n.* 1 Ⓤ 텔렉스 2 텔렉스 통신
— *vt.* 텔렉스로 송신하다; …와 텔렉스로 교신하다
— *vi.* 텔렉스를 치다

***tell** [tel] *v.* (**told** [tould]) *vt.* 1 a **말하다**, 이야기하다: ~ the truth 사실대로 말하다 b 〈감정 등을〉 표현하다: I cannot ~ *how* glad I was. 내가 얼마나 기뻤던가를 말로 표현할 수 없다. c **알리다**, 전하다, 가르쳐주다 2 〈비밀 등을〉 누설하다 3 **분부하다**, 명하다, 주의하다 4 〈사물이〉 나타내다, 표시하다; 〈시계가 시간을〉 알리다 5 [can 등과 함께] a **알다** b **분간하다**, 구별하다 《*from, between*》
— *vi.* 1 a **말하다**, **이야기하다** 《*of, about*》 b 〈사물이〉 나타내다 《*of*》 2 일러바치다; 입밖에 내다: Don't ~ *on* me. 나에 관해서 고자질하지 마라. 3 **효력**[**효과**]**이 있다** 《*on, upon*》 4 [보통 can 등과 함께] 알다, 분간[식별]하다
Nobody can ~. 아무도 모른다. ***~ apart*** 구별하다 ***~ on*** (1) …에 (잘) 듣다, 영향을 미치다; 절실히 느끼다 (2) 《구어》 고자질하다

tell·a·ble [téləbl] *a.* 이야기할 수 있는; 말할 가치가 있는

***tell·er** [télər] *n.* 1 **말하는 사람** 2 (은행의) 금전 출납계원

tell·ing [téliŋ] *a.* 1 효과적인 2 감정[속사정]을 (저도 모르게) 나타내는
~·ly *ad.* 효과적으로, 강력하게

tell·tale [téltèil] *n.* 1 남의 말하기 좋아하는 사람; 밀고자 2 비밀[속사정 《등》]을 폭로하는 것, 증거 3 〖기계〗 자동 표시기
— *a.* 고자질하는; 비밀을 폭로하는; 감추려 해도 드러나는

tel·lu·ri·um [tilúəriəm | teljúə-] *n.* Ⓤ 〖화학〗 텔루르 《비금속 원소; 기호 Te; 번호 52》

tel·ly [téli] *n.* (*pl.* **-lies**) 《영·구어》 텔레비전 (수상기)

TELNET, Telnet [télnet] [*tel*etype+*net*work] *n.* 〖컴퓨터〗 텔네트 《인터넷상의 다른 컴퓨에 로그인하기 위해 사용하는 프로토콜, 또는 그 소프트웨어》

tel·pher [télfər] *n.* 텔퍼 《공중 케이블카》; 텔퍼 운반 장치

Tel·star [télstɑ̀ːr] *n.* 텔스타 《1962년 미국이 쏘아 올린 상업용 통신 위성》

tem·blor [témblər] [Sp.] *n.* (*pl.* **~s, -blo·res** [temblɔ́ːres]) 《미》 지진(地震)

te·mer·i·ty [təmérəti] *n.* Ⓤ 《문어》 무모(한 행위), 만용

temp [temp] *n.* 《구어》 임시 직원; 《특히》 임시 고용 비서
— *vi.* 임시 직원으로 일하다

temp. temperature; temporal; temporary

⁑**tem·per** [témpər] *n.* **1 a 기질,** 성질 **b** 기분 **c** [CU] 성마름, 노여움 **2** Ⓤ (도전을 받았을 때의) 침착, 평정; 참기 **3** Ⓤ (강철 등의) 불림, 경도(硬度), 탄성 **4** Ⓤ 주석과 구리의 합금 — *vt.* **1 완화하다,** 조절하다, 경감하다 **2** 섞다; 조화시키다 《*to, with*》 **3** 〈점토 등을〉 반죽하다; 〈강철 등을〉 불리다 **4** 〖음악〗 〈악기를〉 조율하다

tem·per·a [témpərə] *n.* [UC] 〖회화〗 **1** 템페라 그림물감 **2** 템페라 화법

***tem·per·a·ment** [témpərəmənt] [L 「섞다」의 뜻에서] *n.* [UC] **1 기질,** 성미 **2** 체질: choleric[melancholic, phlegmatic, sanguine] ~ 담즙[우울, 점액, 다혈]질 **3** 격한 성미

tem·per·a·men·tal [tèmpərəméntl] *a.* **1** 기분의; 기질상의, 타고난 **2** 신경질적인; 변덕스러운 **~·ly** *ad.*

***tem·per·ance** [témpərəns] *n.* Ⓤ **1 절제,** 절도 **2 절주,** 금주(주의): ~ drink 알코올 성분이 없는 음료

⁑**tem·per·ate** [témpərət] [L 「조절된」의 뜻에서] *a.* **1 a** 〈사람·행동 등이〉 **절제하는, 삼가는:** a man of ~ habits 절제가 **b** 절주[금주]의 **2** 중용을 지키는, 온건한 **3** 〈기후·지역 등이〉 온화한, 온난한
~·ly *ad.* 적당하게

Témperate Zóne [the ~] 온대: the north[south] ~ 북[남]온대

⁑**tem·per·a·ture** [témpərətʃùər, -tʃər | -tʃə] *n.* [UC] **1** (온도계로 잰) **온도,** 기온 **2 a** 체온 **b** 《구어》 (평열 이상의) 열, 고열, 발열 상태

tém·per·a·ture-hu·míd·i·ty índex [-hjuːmídəti-] 온습지수 《discomfort index(불쾌지수)라고도 함》

tem·pered [témpərd] *a.* **1** 조절된 **2** 〈강철이〉 불린: ~ steel 단강(鍛鋼) **3** [보통 복합어를 이루어] (…한) 기질의: hot-~ 성미가 급한

⁑**tem·pest** [témpist] *n.* **1** 《문어》 **폭풍우, 폭설 2** 대소동, 야단법석
— *vt.* 소란을 일으키다

tem·pes·tu·ous [tempéstʃuəs] *a.* 《문어》 **1** 폭풍우[폭설]의 **2** 격렬한, 광포한, 동란의 **~·ly** *ad.* **~·ness** *n.*

tem·pi [témpiː] *n.* TEMPO의 복수

Tem·plar [témplər] *n.* **1** 〖역사〗 템플 기사 단원 **2** [종종 **t~**] (영국의 법학원 Inner Temple, Middle Temple에 사무소를 가지고 있는) 법률가, 변호사, 법학생

tem·plate [témplət] *n.* **1** 본뜨는 공구(工具), 형판(型板) **2** 〖생화학〗 (핵산의) 주형(鑄型) **3** 〖컴퓨터〗 템플릿《키보드 위에 놓고 각 키에 할당된 명령의 내용을 보이는 시트》

⁑**tem·ple**[1] [témpl] [L 「성별(聖別)된 장소」의 뜻에서] *n.* **1** (불교·힌두교·유대교 등의) **신전**(神殿), 사원; (그리스도교의) 교회당 **2** 전당(殿堂)

***tem·ple**[2] *n.* **1** 〖해부〗 **관자놀이 2** 《미》 안경 다리

tem·po [témpou] [It. 「시간」의 뜻에서] *n.* (*pl.* **~s, -pi** [-piː]) 〖음악〗 속도; 박자; (활동·운동 등의) 속도, 템포

***tem·po·ral**[1] [témpərəl] [L 「시간의」의 뜻에서] *a.* **1 시간의 2 일시적인 3 a** 속세의 **b** (성직자·교회에 대하여) 성직이 아닌 **4** 〖문법〗 시제의 — *n.* [보통 *pl.*] 세속적인 것[일]; 일시적인 것

temporal[2] [temple[2]의 형용사형] 〖해부〗 *a.* 관자놀이의 — *n.* 관자놀이뼈

tem·po·ral·i·ty [tèmpərǽləti] *n.* (*pl.* **-ties**) **1** [보통 *pl.*] 세속적 소유물 《특히 교회·성직자의 수입·재산》 **2** Ⓤ (영원에 대하여) 일시적임, 덧없음

***tem·po·rar·i·ly** [tèmpərérəli | témpərərəli] *ad.* **일시적으로,** 임시로

⁑**tem·po·rar·y** [témpərèri | -pərəri] [L 「일시적으로 계속되는」의 뜻에서] *a.* **일시적인; 임시의**
— *n.* (*pl.* **-rar·ies**) 임시변통한 것; 임시 고용 **-ràr·i·ness** *n.*

tem·po·ri·za·tion [tèmpərizéiʃən | -rai-] *n.* Ⓤ 타협; 미봉(彌縫)

tem·po·rize [témpəràiz] *vi.* **1 a** 일시적 미봉책을 쓰다 **b** 우물쭈물하다, 시간을 벌다 **2** 시세에 영합(迎合)하다; 타협하다 《*with, between*》

⁑**tempt** [tempt] [L 「시험하다」의 뜻에서] *vt.* **1 유혹하다 2** (…할) **생각이 나게 하다** 《*to*》: I am[feel] *~ed* to say …이라고 말하고 싶다 **3** 《고어》 〖성서〗 시험하다(test)

tempt·a·ble [témptəbl] *a.* 유혹할 수 있는, 유혹받기 쉬운

⁑**temp·ta·tion** [temptéiʃən] *n.* **1** Ⓤ 유혹 **2** 유혹물
fall into ~ 유혹에 빠지다 ***lead*** a person ***into ~*** …을 유혹에 빠뜨리다

tempt·er [témptər] *n.* **1** 유혹자[물] **2** [the T~] 악마

tempt·ing [témptiŋ] *a.* 유혹하는; 마음[구미]이 당기는 **~·ly** *ad.*

tempt·ress [témptris] *n.* 유혹하는 여자, 요부

⁑**ten** [ten] *a.* 10(개[사람])의; 《막연히》 많은 — *pron.* [복수 취급] 10개[사람] — *n.* **1** 10, 10개, 10사람 **2** 10의 기호[숫자] 《X, 10》 **3** 10개 한 벌, 10인조 **4** 10점짜리 카드 패; 10달러 지폐; 10시, 10분; 열 살; 10에이커의 토지; 10음절의 한 행(行) **5** 《미·구어》 최고의 것
~ to one 십중팔구

ten·a·ble [ténəbl] *a.* **1** 〈요새 등이〉 공격에 견딜 수 있는 **2** Ⓟ 〈지위·관직 등이〉 유지[계속]할 수 있는 **3** 〈이론 등이〉 주장할 수 있는, 변호할 수 있는, 조리 있는 **~·ness** *n.* **-bly** *ad.*

te·na·cious [tənéiʃəs] [L 「단단히 보유한」의 뜻에서] *a.* **1** 〈의견·주의 등을〉 고집하는 **2** 꼭 쥐고 놓지 않는 《*of*》: ~ *of* life 좀처럼 죽지 않는 **3** 집요한, 완강한 《*in*》 **4** 〈기억력이〉 좋은: a ~ memory 강한 기억력 **~·ly** *ad.* **~·ness** *n.*

te·nac·i·ty [tənǽsəti] *n.* Ⓤ **1** 고집 **2**

T

끈기; 강인성; 완강, 불굴 **3** 점착력 **4** 뛰어난 기억력

ten·an·cy [ténənsi] *n.* (*pl.* **-cies**) **1** Ⓤ 차용 **2** 차용 기간, 소작 연한 **3** (신분·직위 등의) 보유, 재임

‡ten·ant [ténənt] *n.* **1** (토지·가옥 등의) **차용자,** 소작인, 차가인(借家人) **2** 거주자
— *vt.* [보통 수동형] 〈토지·가옥을〉 차용하다, (차용하여) 거주하다 《*in*》
— *vi.* 살다, 거주하다 《*in*》

ténant fàrmer 소작인

ténant fàrming 소작농 《농사》

ténant right 《영》 (토지·가옥 등의) 차용권, 차지권, 소작권

ten·ant·ry [ténəntri] *n.* Ⓤ **1** 차지인[소작인, 차가인]의 지위[신분]; 토지[가옥]의 차용 **2** [집합적] 전(全)차지인

tén-cént stòre [ténsént-] 《미》 = FIVE-AND-TEN-CENT STORE

tench [tentʃ] *n.* (*pl.* **~·es, ~**) 〖어류〗 잉어의 일종 《유럽산》

Tén Commándments [the ~] 〖성서〗 십계명

‡tend¹ [tend] [L 「넓히다, 침로를 향하다」의 뜻에서] *vi.* **1** (…하는) **경향이 있다** 《*to, toward*》; …하기 쉽다 《*to do...*》: He *~s toward* selfishness. 그는 이기적인 경향이 있다. **2** 〈길 등이〉 **…으로 향하다** 《*to, toward*》: The road *~s to* the south here. 길은 여기서 남쪽으로 향한다. **3** 도움이 되다, 이바지하다: *~ to* improve[*to* the improvement of] working conditions 노동 조건의 개선에 이바지하다

‡tend² [attend의 두음 소실(頭音消失)] *vt.* **1 a** 〈환자·어린이 등을〉 **돌보다 b** 〈기계·식물 등을〉 손질하다, 기르다 **2 a** 〈가축 등을〉 지키다 **b** 〈가게를〉 보다
— *vi.* **1** 《문어》 시중들다, 돌보다 《*on*》 **2** 《미》 주의하다 《*to*》

‡ten·den·cy [téndənsi] *n.* (*pl.* **-cies**) **1 경향** 《*to, toward*》 **2** 성향, 성벽(性癖), 버릇 《*to, toward*》 **3** 〈작품·발언 등의〉 특정한 경향, 의도

ten·den·tious, -cious [tendénʃəs] *a.* 〈문서·발언 등이〉 특정 입장을 옹호하는 경향이 있는, 선전적인, 편향적인

‡ten·der¹ [téndər] [L 「부드러운」의 뜻에서] *a.* (**~·er; ~·est**) **1** 〈고기 등이〉 **부드러운,** 연한 **2** 〈빛깔·빛·음조 등이〉 부드러운, 약한 **3** 허약한, 무른; 섬세한; (추위·더위에) 약한 **4** 어린, 미숙한 **5** (…에게) **다정한,** 상냥한; 동정심 많은: the ~ emotions 애정, 동정심 **6** 예민한, 민감한 **7** 〈문제 등이〉 미묘한, 다루기 어려운, 까다로운 **8** Ⓟ 걱정하는, 조심하는
— *vt.* 부드럽게 하다

tend·er² [téndər] [tend²에서] *n.* **1** 간호인; 감독, 감시인: a bar*tender* 바텐더 **2 a** (큰 배의) 부속선, 보급선, 거룻배 **b** (기관차의) 급수차, 급탄차

ten·der³ [téndər] [tend¹와 같은 어원] *vt.* **1 제출하다 2** 〈돈을〉 지불하다, (채무 변제로서) 〈돈·물품을〉 제공하다 — *vi.* (공사 등에) 입찰하다 《*for*》
— *n.* **1 a** 제출 **b** 제공물 **2** 입찰견적서, 입찰(入札) 《*for*》 **3** 〖법〗 법화(法貨)

ten·der-eyed [téndəráid] *a.* 눈매가 부드러운; 시력이 약한

ten·der·foot [-fùt] *n.* (*pl.* **~s, -feet** [-fì:t]) **1** 《미》 (개척지 등의) 신참자 **2** 초심자, 풋내기

ten·der·heart·ed [-há:rtid] *a.* 다정한, 정에 약한, 동정심 있는
~·ly *ad.* **~·ness** *n.*

ten·der·ize [téndəràiz] *vt.* 〈고기 등을〉 연하게 하다

ten·der·loin [téndərlɔ̀in] *n.* **1** ⓊⒸ (소·돼지의) 허리의 연한 고기 **2** [때로 **T~**] 《미》 (뉴욕의) 환락가

‡ten·der·ly [téndərli] *ad.* **상냥하게,** 친절하게; 유약하게

‡ten·der·ness [téndərnis] *n.* Ⓤ **유연함;** 민감; 친절; [때로 a ~] 다정

ten·don [téndən] *n.* 〖해부〗 건(腱)

ten·dril [téndrəl] *n.* 〖식물〗 덩굴손 (모양의 것)

ten·e·brous [ténəbrəs], **-brose** [-bròus] *a.* 어두운, 음침한

***ten·e·ment** [ténəmənt] *n.* **1 주택,** 건물 **2** = TENEMENT HOUSE **3** 〖법〗 보유 재산; 차지(借地), 차가(借家)

ténement hòuse (도시 빈민가의) 아파트, 공동 주택

ten·et [ténit, tí:n-] *n.* (특히 집단이 신봉하는) 주의(主義), 교의(敎義)

ten·fold [ténfòuld] *a.* **1** 10배[겹]의 **2** 10부분[요소]이 있는
— [ㅗㅗ] *ad.* 10배[겹]로

tén-gál·lon hát [-gǽlən-] 《미》 (카우보이의) 챙 넓은 모자

Tenn. Tennessee

ten·ner [ténər] *n.* **1** 《영·구어》 10파운드 지폐 **2** 《미·구어》 10달러 지폐

***Ten·nes·see** [tènəsí:] *n.* **1 테네시 주** 《미국 남동부의 주(州)》 **2** [the ~] 테네시 강

Ténnessee Válley Authòrity [the ~] 테네시 강 유역 개발 공사 《略 TVA》

‡ten·nis [ténis] [F 「잡다(take)」의 뜻에서] *n.* Ⓤ **테니스, 정구:** ~ flannels 플란넬로 만든 테니스복

ténnis bàll 테니스공

ténnis còurt 테니스 코트

ténnis èlbow 테니스 등이 원인으로 일어나는 팔꿈치의 통증[염증]

ténnis ràcket 테니스 라켓

ténnis shòe 테니스화

Ten·ny·son [ténəsn] *n.* 테니슨 **Alfred, Lord ~** (1809-92) 《영국의 계관 시인》

ten·on [ténən] *n.* 〖목공〗 장부

***ten·or** [ténər] [L 「유지함, 진로」의 뜻에서] *n.* **1** [보통 *pl.*] 《문어》 (인생의) **방침,** 진로 **2** 취지, 대의 **3 a** Ⓤ 〖음악〗 **테너,** 테너음 **b** 테너 가수; 테너 성부(聲部)
— *a.* 테너의; 테너 음역을 가진

ten·pen·ny [ténpèni, -pəni] *a.* 《영》 10펜스의; 《미》 10센트의

ten·pins [-pìnz] *n. pl.* [단수 취급] 《미》 텐핀즈, 십주희(十柱戲) 《영국의 ninepins와 같은 미국의 놀이》; [복수 취급] 십주희용 핀

T

***tense**[1] [tens] [L 「잡아늘여진」의 뜻에서] *a.* **1 a** 〈줄 등이〉 **팽팽한 b** 〈신경·감정이〉 긴장[절박]한; 〈상황 등이〉 긴박한 **2** (긴장하여) 부자연스러운 **—** *vt.* 〈사람·근육·신경 등을〉 긴장시키다, 팽팽하게 하다 《*up*》 **—** *vi.* 팽팽해지다; 긴장하다 《*up*》 **ténse·ness** *n.*

‡tense[2] [L 「시간」의 뜻에서] *n.* ⓊⒸ 〖문법〗 (동사의) **시제**(時制): the present [past, future] ~ 현재[과거, 미래] 시제

tensed [tenst] *a.* Ⓟ 정신적으로 긴장한, 신경이 곤두선 《*up*》

ten·sile [ténsəl | -sail] *a.* **1** 잡아늘일 수 있는 **2** Ⓐ 긴장의, 신장의; 장력(張力)의: ~ strength 〖물리〗 인장(引長) 강도, 항장력(抗張力)

ten·sil·i·ty [tensíləti] *n.* Ⓤ 장력; 신장성

***ten·sion** [ténʃən] *n.* Ⓤ **1 a** (정신적) **긴장 b** (정세·관계 등의) 긴박, 긴장 상태 **2 긴장**; 신장(伸張) **3 a** 〖물리〗 (탄력체의) 장력(張力) **b** 전압 **—** *vt.* 팽팽하게 하다, 긴장시키다 **~·less** *a.*

ten·sion·al [ténʃənl] *a.* 긴장(성)의

ten·si·ty [ténsəti] *n.* Ⓤ 긴장 (상태)

ten-spot [-spɑ̀t | -spɔ̀t] *n.* (카드의) 10점 패; 《미·구어》 10달러 지폐; 《미·속어》 10년의 형

‡tent [tent] [L 「친, 쳐진」의 뜻에서] *n.* **1 텐트**, 천막 **2** 텐트 모양의 물건; (중환자용) 산소 텐트
pitch [***strike***] ***a*** **~** 텐트를 치다[걷다]
— *vt.* 텐트로 덮다; 텐트에서 재우다
— *vi.* 텐트에서 자다, 야영(野營)하다

ten·ta·cle [téntəkl] *n.* **1** 〖동물〗 촉수(觸手), 촉각 **2** 〖식물〗 촉사(觸絲), 촉모(觸毛)

ten·ta·cled [téntəkld] *a.* 촉수[촉각]가 있는

***ten·ta·tive** [téntətiv] [L 「시험하다」의 뜻에서] *a.* **1 시험적인**, 임시의: a ~ plan 시안(試案) **2** 주저하는 **—** *n.* 시험, 시도; 시안, 가설 **~·ly** *ad.* **~·ness** *n.*

ten·ter·hook [téntərhùk] *n.* (직물을 펴서 말리는 틀의) 갈고리(못)

‡tenth [tenθ] [ten(10)+-th[1]] *a.* **제10의**; **열 번째의**; 10분의 1의: a ~ part 10분의 1 **—** *ad.* 열 번째로
— *n.* **1** [보통 the ~] 제10 **2** 10분의 1 **3** 〖음악〗 제10도 (음정) **4** 〖항공〗 (시계(視界)의) 운량(雲量) 단위 기수(基數)
— *pron.* [the ~] 열 번째의 사람[것]

tenth-rate [ténθréit] *a.* 최저(질)의

tént pèg[**pìn**] 천막 말뚝[쐐기못]

te·nu·i·ty [tenjú:əti | -njú:-] *n.* Ⓤ 《문어》 **1 a** 얇음, 가늚 **b** (기체 등의) 희박 **2** 빈약, 박약

ten·u·ous [ténjuəs] *a.* **1 a** 얇은, 가는 **b** 〈공기 등이〉 희박한 **2** 박약한, 빈약한; 중요하지 않은 **~·ly** *ad.* **~·ness** *n.*

ten·ure [ténjər] [L 「보유하다」의 뜻에서] *n.* **1** ⓊⒸ (부동산·지위 등의) 보유; Ⓒ 보유 기간; Ⓤ 보유권(權): one's ~ of life 수명(壽命) / ~ for life 종신 토지 보유권 **2** 《미》 (재직기간 후에 주어지는) 신분 보장(권); Ⓤ (대학 교수 등의) 종신(終身) 재직권

ten·ured [ténjərd] *a.* 보유권이 있는; 종신적 지위가 있는

te·nu·to [tənú:tou] [It.] *a.*, *ad.* 〖음악〗 테누토, 음을 지속한[하여] 《음표 위에 약어 ten. 또는 수평선을 붙여 표시함》
— *n.* (*pl.* **~s, -ti** [-ti:]) 테누토 기호

te·pee [tí:pi:] *n.* (모피·천으로 된 북미 원주민의) 원추형 천막집

tep·id [tépid] *a.* **1** 미지근한 **2** 〈대우 등이〉 열의가 없는; 〈관계 등이〉 식은 **~·ly** *ad.* **~·ness** *n.*

te·pid·i·ty [təpídəti] *n.* Ⓤ **1** 미지근함 **2** 열의가 없음

te·qui·la [təkí:lə] [Sp.] *n.* Ⓤ 테킬라 《멕시코산의 증류주》

ter. terrace; territory

tera- [térə] 《연결형》 「10의 12제곱」의 뜻 《기호T》

ter·a·to·log·ic, -i·cal [tèrətəlɑ́dʒik-(əl) | -lɔ́dʒ-] *a.* 기형학(畸形學)상의

ter·a·tol·o·gy [tèrətɑ́lədʒi | -tɔ́l-] *n.* Ⓤ 기형학

ter·bi·um [tə́:rbiəm] *n.* Ⓤ 〖화학〗 테르븀 《희금속 원소; 기호 Tb, 번호 65》

ter·cel [tə́:rsl] *n.* (매사냥에 사용하는) 수매

ter·cen·ten·a·ry [tə̀:rsenténəri | -tí:nəri] *a.* 300년(간)의
— *n.* (*pl.* **-ries**) **1** 300년 **2** 300년제

ter·cen·ten·ni·al [tə̀:rsenténiəl] *a.*, *n.* = TERCENTENARY

ter·cet [tə́:rsit] *n.* 〖음악〗 셋잇단음표; 〖운율〗 삼행 연구

Ter·ence [térəns] *n.* 남자 이름

Te·re·sa [tərí:sə, -zə] *n.* 여자 이름

ter·gi·ver·sate [tə́:rdʒivərsèit] *vi.* 변절[전향, 탈당]하다; 얼버무리다, 속이다

ter·gi·ver·sa·tion [tə̀:rdʒivərséiʃən] *n.* ⓊⒸ 핑계, 속임; 변절

‡term [tə:rm] *n.* **1 기간**, 기한; 임기; **학기**; 회기 **2** [*pl.*] 교제 관계; (친한) 사이 **3** [*pl.*] **a** (지불·요금 등의) **조건** 《*of*》; 요구액 《*for*》 **b** [*pl.*] 협약, 약정 **4 a 말**, 어(語); 《특히》 **술어**, 용어, 전문어: scientific ~*s* 과학 용어 **b** 〖논리〗 명사(名辭)
come to ~s with (1) …와 타협이 이루어지다 (2) …에 굴복하다, 〈사태 등을〉 감수하다 (3) 화해하다
— *vt.* 이름 짓다, 부르다

ter·ma·gan·cy [tə́:rməgənsi] *n.* Ⓤ (여자의) 괄괄함, 잔소리가 심함

ter·ma·gant [tə́:rməgənt] *n.* 입정사나운 여자 **—** *a.* 〈여자가〉 입정사나운, 잔소리가 심한 **~·ly** *ad.*

ter·mi·na·ble [tə́:rmənəbl] *a.* **1** 종지시킬 수 있는 **2** 〈계약 등이〉 기한이 있는

***ter·mi·nal** [tə́:rmənl] *a.* **1 끝의**, 종말의; 종점의, 종착역의 **2 정기의**; 매학기의 **3** 〈병 등이〉 말기의
— *n.* **1 말단**; 어미(의 음절·문자) **2 a** (철도·비행기·버스 등의) **종점**; 시발역 **b** (공항의) 터미널 **3** 〖전기〗 전극, (전지의) 단자 **4** 〖컴퓨터〗 단말기
~·ly *ad.* 종말에, 말단에; 정기적으로, 기(期)마다; 학기말에

T

‡ter·mi·nate [tə́ːrmənèit] [L 「…에 한계를 두다」의 뜻에서] *vt.* **1 a** 〈행동·상태 등을〉 **끝내다,** 종결시키다 **b** …의 끝을 이루다 **2** 한정하다; …의 경계를 짓다
— *vi.* **1** 〈행동·상태 등이〉 끝나다 **2** 〈어미·노력 등이〉 (…으로) 끝나다 (*in*)
— [-nət] *a.* 유한(有限)의

∗ter·mi·na·tion [tə̀ːrmənéiʃən] *n.* UC **1** 종료, 종결 **2** (계약 등의) 만기 **3** C 〖문법〗 어미(語尾); 접미사
bring to a ~ 종결 짓다

ter·mi·na·tive [tə́ːrmənèitiv, -nə-] *a.* **1** 종결시키는, 종국의 **2** 〖문법〗 동작의 완료를 표시하는

ter·mi·na·tor [tə́ːrmənèitər] *n.* **1** 끝내는 사람[것] **2** 〖천문〗 (달·별의) 명암 경계선 **3** 〖컴퓨터〗 종료기(器)

ter·mi·no·log·i·cal [tə̀ːrmənəlɑ́dʒikəl | -lɔ́dʒ-] *a.* 술어의, 용어상의: ~ inexactitude 《익살》 허위, 거짓말 **~·ly** *ad.*

ter·mi·nol·o·gy [tə̀ːrmənɑ́lədʒi | -nɔ́l-] *n.* U **1** 술어학; (특수한) 용어법[론] **2** [집합적] 술어, (전문)용어: technical ~ 전문어

∗ter·mi·nus [tə́ːrmənəs] *n.* (*pl.* **-ni** [-nài], **~·es**) **1** (철도·버스 등의) **종점;** 종착역 **2** 말단, 종단; 목표; 경계

ter·mite [tə́ːrmait] *n.* 〖곤충〗 흰개미

term·less [tə́ːrmlis] *a.* **1** 무한의, 기한 없는 **2** 무조건의

term·ly [tə́ːrmli] *a., ad.* 《고어》 정기적인[으로]

tern [təːrn] *n.* 〖조류〗 제비갈매기 《갈매깃과(科)의 해조(海鳥)》

ter·na·ry [tə́ːrnəri] *a.* 셋으로 이루어지는; 〖수학〗 3진(進)의; 〖화학·야금〗 3원(元)의; 제3위의: the ~ scale 3진 기수법(記數法)

Terp·sich·o·re [təːrpsíkəriː] *n.* 〖그리스신화〗 테르프시코레 《노래와 춤의 여신; Muses의 하나》

terp·si·cho·re·an [tə̀ːrpsikəríːən] *a.* **1** 《문어》 무도의, 춤의 **2** [**T~**] Terpsichore의 — *n.* 《익살》 무희, 댄서

terr. terrace; territory

‡ter·race [térəs] [OF 「쌓아올린 땅」의 뜻에서] *n.* **1** 대지(臺地), 언덕; 〖지질〗 단구(段丘) **2** (정원 등에 있는) **테라스 3** (도로의) 중앙 분리대
— *vt.* 계단식 단[대지]을 만들다; 축대를 만들다

ter·raced [térəst] *a.* 계단식 단으로 된

térrace(d) hòuse 《영》 테라스하우스 《연립 주택(《미》 row house) 중의 한 채; 도로보다 높게 지음》

tér·ra cót·ta [térə-kɑ́tə | -kɔ́tə] [It. = baked earth] *n.* U **1** 테라코타 《붉은 진흙의 설구이》 **2** 적갈색

tér·ra fír·ma [-fə́ːrmə] [L = solid earth] *n.* (물·공기에 대하여) 대지(大地), 육지

ter·rain [təréin | té-] *n.* **1** 지역; 〖군사〗 지형, 지세 **2** 〖지질〗 지층 **3** 영역, 분야

Ter·ra·my·cin [tèrəmáisn | -sin] *n.* 〖약학〗 테라마이신 《일종의 항생물질; 상표명》

ter·ra·pin [térəpin] *n.* (*pl.* **~, ~s**) 〖동물〗 후미거북 《북미산 식용 거북》

∗ter·res·tri·al [təréstriəl] *a.* **1** 지구(상)의: ~ heat 지열(地熱) **2** 육지의, 육상의 **3** 〖생물〗 육생(陸生)의 **4** 지상의, 현세의: ~ aims[interests] 지상적 목표[관심], 명리심(名利心) — *n.* 지구상의 생물; 인간 **~·ly** *ad.*

terréstrial glóbe[**báll, sphére**] [the ~] 지구; 지구의(地球儀)

‡ter·ri·ble [térəbl] *a.* **1** 무서운 **2** 호된, 가혹한, 엄한 **3** 《구어》 지독한, 터무니없는, 서투른
— *ad.* 《구어》 몹시, 지독히

‡ter·ri·bly [térəbli] *ad.* **1** 무섭게 **2** 《구어》 **지독하게,** 몹시

ter·ri·er [tériər] *n.* 테리어 《사냥용·애완용 개》

∗ter·rif·ic [tərífik] *a.* **1** 《구어》 **굉장한:** at ~ speed 맹렬한 속력으로 **2** 훌륭한, 아주 멋진 **3** 무서운; 무시무시한, 소름이 끼치는 **-i·cal·ly** *ad.* 《구어》 굉장히, 지독히, 몹시, 대단히

ter·ri·fied [térəfàid] *a.* 무서워하는, 겁먹은: give a ~ cry 겁에 질린 비명을 지르다

‡ter·ri·fy [térəfài] *vt.* (**-fied**) 무섭게[겁나게] 하다

ter·ri·fy·ing [térəfàiiŋ] *a.* 겁나게 하는, 놀라게 하는 **~·ly** *ad.*

ter·rine [təríːn] [F] *n.* (요리를 담은 채 파는) 질그릇 단지, 단지에 담은 음식물

∗ter·ri·to·ri·al [tèrətɔ́ːriəl] *a.* **1** 영토의: ~ principle 속지(屬地)주의 **2** 특정 영역[관할구]의 **3** 지방의 **4** [**T~**] A (미·캐나다) 준주(準州)의; 〖군사〗 지방 수비의; 《영》 국방 의용군의
~·ly *ad.* 영토적으로; 지역적으로

territórial áir 영공(領空)

Territórial Ármy[**Fórce**] 《영》 [the ~] 국방 의용군

‡ter·ri·to·ry [térətɔ̀ːri | -təri] [L 「토지, 지방」의 뜻에서] *n.* (*pl.* **-ries**) **1** UC **영토 2** UC 지방, 지역; (과학·예술 등의) 영역, 분야 (*of*) **3** CU (외판원 등의) 판매[담당] 구역, 세력 범위; (경찰 등의) 관할 구역 **4** [**T~**] (미·캐나다·호주) 준주(準州)

‡ter·ror [térər] [L 「큰 공포」의 뜻에서] *n.* **1** UC (심한) **공포;** C 공포의 근원[대상] **2** 《구어》 몹시 들볶아대는 것; 지긋지긋한 녀석 **3** 테러, 테러 계획 **4** 공포 정치; [the T~] (프랑스의) 공포 시대(the Reign of T~)

ter·ror·ism [térərìzm] *n.* U **1** 테러리즘, 테러 행위[수단] **2** 공포 (상태); 공포 정치

ter·ror·ist [térərist] *n.* 테러리스트
— *a.* = TERRORISTIC

ter·ror·is·tic [tèrərístik] *a.* 폭력주의의, 테러의

ter·ror·i·za·tion [tèrərizéiʃən | -rai-] *n.* U (공포 수단에 의한) 위협, 탄압

ter·ror·ize [térəràiz] *vt.* **1** 공포의 도가니로 몰아넣다, 위협하다 **2** 공포 정책으로 지배하다, 테러 수단을 쓰다

T

ter·ror-strick·en [térərstrìkən], **-struck** [-strʌ̀k] *a.* 공포에 사로잡힌, 벌벌 떠는

ter·ry [téri] *n.* (*pl.* **-ries**) **1** 테리 직물 《한 면[양면]에 고리 모양의 보풀이 있는 직물, 특히 수건감》(= ≁ **clòth**) **2** (벨벳 등의) 고리 모양의 보풀

Ter·ry [téri] *n.* **1** 남자 이름 《Terence의 애칭》 **2** 여자 이름 《Teresa, Theresa의 애칭》

terse [tə:rs] *a.* **1** 〈문체·표현이〉 간결한, 짧고 힘찬 **2** 〈대답 등이〉 퉁명스러운
térse·ly *ad.* **térse·ness** *n.*

ter·tian [tə́:rʃən] 〖의학〗 *a.* 사흘마다[하루 걸러] 일어나는 **—** *n.* Ⓤ 3일열(熱)

ter·ti·ar·y [tə́:rʃièri | -ʃəri] [L 「제3의」의 뜻에서] *a.* **1** 제3의; 〖화학〗 제3(차)의; 〖의학〗 제3기의 〈매독〉 **2** [**T~**] 〖지질〗 제3기(紀)[계]의 **—** *n.* **1** [the T~] 〖지질〗 제3기(층) **2** [*pl.*] 〖의학〗 제3기 매독(의 징후)

ter·za ri·ma [tέərtsə-rí:mə] [It. = third rhyme] *n.* 〖운율〗 3운구법(韻句法) 《단테가 신곡에 쓴 시형식》

TESL [tésl] teaching English as a second language 제2외국어로서의 영어 교수(법)

TESOL [tésɔ:l | -sɔl] Teachers of English to Speakers of Other Languages 《미국에서 1966년에 결성》; teaching of English to speakers of other languages

Tess [tes] *n.* 여자 이름 《Theresa의 애칭》

tes·sel·late [tésəlèit] *vt.* 〈방바닥·포장도로 등을〉 바둑판 모양[모자이크식]으로 만들다 **—** [-lət] *a.* = TESSELLATED

tes·sel·lat·ed [tésəlèitid] *a.* 모자이크(식)의, 바둑판[격자] 모양의

tes·sel·la·tion [tèsəléiʃən] *n.* Ⓤ 모자이크 세공, 모자이크식 포장

‡**test** [test] [L 「질그릇 단지」의 뜻에서; 금속 시험에 이 단지를 사용한 데서] *n.* **1 테스트, 시험,** 검사: a blood ~ 혈액 검사 / a nuclear ~ 핵실험 **2 시험하는 것,** 시금석; 시험의 수단 **3** 〖화학〗 시험, 분석; 시약 **4** (판단·평가의) 기준, 표준 ***give a ~*** 시험을 하다 《*in*》 ***oral ~*** 구두 시험 ***put to the ~*** 시험[음미]하다 ***stand*** [***bear, pass***] ***the ~*** 시험[검사]에 합격하다
— *vt.* **1 시험하다**; 검사하다; 실험하다 **2** …의 가치·진위 등을 판단하다 **3** 〖화학〗 분석[시험, 감식]하다 **4** 〈…에〉 큰 부담이 되다 **—** *vi.* **1** 테스트를 받다; 평가를 얻다 **2** 검사하다 《*for*》
~ out 〈이론 등을〉 실지로 시험해 보다

Test. Testament(ary)

*__tes·ta·ment__ [téstəmənt] [L 「입증」의 뜻에서] *n.* **1** 〖법〗 **유언(장), 유서** 《보통 one's last will and ~라고 씀》 **2** [the T~] **성서**; 《구어》 신약 성서 **3** 증거, 입증하는 것 《*to*》
the Old [***New***] ***T~*** 구약[신약] 성서

tes·ta·men·ta·ry [tèstəméntəri] *a.* 유언의; 유언에 의한[으로 지정한]

tes·tate [tésteit] *a.*, *n.* 유언을 남기고 죽은 (사람)

tes·ta·tor [tésteitər | ─́─] *n.* 유언자

tést bàn (대기권 내의) 핵실험 금지 협정

tést càse 1 판례가 될 소송 사건 **2** 시험적 사례, 테스트 케이스

tést drìve 시운전

test-drive [-dràiv] *vt.* 《미·구어》 시운전하다

test·ee [testí:] *n.* 수험자

test·er¹ [téstər] *n.* **1** 시험하는 사람, 음미자, 분석자 **2** 시험 기구[장치]

tes·ter² [téstər] *n.* (침대·제단 위의) 닫집

tést flìght 시험 비행

test-fly [-flài] *vt.* (**-flew**; **-flown**) …의 시험 비행을 하다

tes·ti·cle [téstikl] *n.* 〖해부·동물〗 고환(睾丸)

*__tes·ti·fy__ [téstəfài] [L 「증언하다」의 뜻에서] *v.* (**-fied**) *vi.* **1 증명[입증]하다** 《*to*》 **2** 〖법〗 (선서) **증언하다 3** 〈언동·사실 등이〉 (…의) 증거가 되다, (…)임을 나타내다 **—** *vt.* **1 증명하다**; (법정에서) **증언하다 2** 〈사물이〉 …의 증거가 되다
tés·ti·fi·er *n.* 입증자, 증명[증언]자

tes·ti·mo·ni·al [tèstəmóuniəl] *n.* **1** (인물·자격 등의) 증명서; 추천장 **2** 감사장; 공로 표창의 선물 **3** 증거 《*to*》

‡**tes·ti·mo·ny** [téstəmòuni | -məni] [L 「증거」의 뜻에서] *n.* (*pl.* **-nies**) **1** Ⓤ (법정에서의) (선서) **증언,** 공술서(供述書) 《*to, of*》 **2** Ⓤ 증명, 언명, 고증 《*of*》 **3** (신앙 등의) 고백 **4** [the ~] 〖성서〗 십계명

tes·tis [téstis] *n.* (*pl.* **-tes** [-ti:z]) = TESTICLE

tést màrketing 테스트 마케팅 《어떤 제품을 일정 지역에서 시험적으로 판매하는 일》

tést màtch (크리켓 등의) 국제 우승 결승전

tes·tos·ter·one [testástəròun | -tɔ́s-] *n.* Ⓤ 〖화학〗 테스토스테론 《남성 호르몬의 일종》

tést pàper 1 〖화학〗 시험지 《리트머스 시험지 등》 **2** 시험 문제지; 시험 답안지

tést pàttern 〖TV〗 테스트 패턴 《수상 조정(受像調整)용 도형(圖形)》

tést pìlot 시험 조종사, 테스트 파일럿

tést tùbe 시험관

test-tube [tésttjù:b | -tjù:b] *a.* 시험관 안에서 만들어낸; 체외 인공 수정(受精)의

tes·ty [tésti] *a.* (**-ti·er**; **-ti·est**) **1** 성미 급한, 성마른 **2** 퉁명스러운 〈언동〉
tés·ti·ly *ad.* **tés·ti·ness** *n.*

te·tan·ic [tetǽnik] *a.* 〖병리〗 파상풍(성)의; 강직 경련(성)의

tet·a·nus [tétənəs] *n.* Ⓤ 〖병리〗 파상풍

tetch·y [tétʃi] *a.* (**tetch·i·er**; **-i·est**) 성잘 내는, 까다로운
tétch·i·ly *ad.* **-i·ness** *n.*

tête-à-tête [téitətéit] [F = head to head] *a.*, *ad.* 단 둘이의[서], 마주 앉은[앉아서], 은밀한[하게] **—** *n.* **1** 대담(對談), 밀담 **2** S자꼴의 2인용 의자

teth·er [téðər] *n.* **1** (소·말 등을 매어 두는) 밧줄[사슬] **2** (능력·재력·인내 등의) 한계, 범위 **—** *vt.* 밧줄[사슬]로 잡아매다

T

tetra- [tétrə], **tetr-** [tetr-] 《연결형》 「4」의 뜻 《모음 앞에서는 tetr-》
tet·ra·gon [tétrəgàn | -gən] *n.* 〖수학〗 네모꼴, 4변형: a regular ~ 정4각형
tet·ra·he·dron [tètrəhí:drən | -héd-] *n.* (*pl.* **~s, -dra** [-drə]) 〖수학〗 4면체
te·tram·e·ter [tetrǽmətər] 〖운율〗 *n.* 4보격(四步格)(의 시) 《4시각(詩脚)의 시행》 **—** *a.* 4보격의
tet·ra·pod [tétrəpàd | -pɔ̀d] *n.* 〖동물〗 사지(四肢) 동물; (탁자·의자 등의) 네 다리
Teut. Teuton(ic)
Teu·ton [tjú:tn | tjú:-] *n.* **1** 튜턴 사람 《게르만 민족의 하나; 지금은 독일·네덜란드·스칸디나비아 등 북유럽 민족》 **2** 독일 사람
Teu·ton·ic [tju:tánik | tju:tɔ́n-] *a.* **1** 튜턴[게르만] 사람[민족, 말]의 **2** 독일 (민족)의 **—** *n.* Ⓤ 튜턴 말[사람, 민족], 게르만 말
Tex. Texan; Texas
Tex·an [téksən] *a., n.* 텍사스 주의 (사람)
***Tex·as** [téksəs] [N-Am.-Ind. 「동료」의 뜻에서] *n.* **텍사스** 《미국 남서부의 주; 주도 Austin; 略 Tex.》
Téxas lèaguer 〖야구〗 텍사스 리거 《내야수와 외야수 사이에 떨어지는 안타(安打)》
‡text [tekst] *n.* **1** Ⓤ **본문**; ⓊⒸ 원문: a full ~ 전문 **2** 원본 **3** (토론 등의) 주제 **4** = TEXTBOOK; 지정 도서 **5** 성경의 원구, 성구(聖句) **6** 〖컴퓨터〗 텍스트 《문자로 된 데이터》 **—** *vt.* …에게 문자 메시지를 보내다
‡text·book [tékstbùk] *n.* **교과서**; 교본: an English ~ 영어 교과서 **—** *a.* 교과서의; 표준의
***tex·tile** [tékstail] [L 「짜인」의 뜻에서] *a.* Ⓐ **1 직물의** **2** 짜인: a ~ fabric 직물 **—** *n.* ⓊⒸ **직물**; 직물 원료
text·ing [tékstiŋ] *n.* Ⓤ 휴대 전화를 이용한 문자 메시지 주고받기
téxt méssage (휴대 전화로 주고받는) 문자 메시지 **—** *vt.* = TEXT
tex·tu·al [tékstʃuəl | -tju-] *a.* **1** 본문의, 원문(상)의 **2** (성경의) 본문에 의거한 **3** 원문 대로의, 문자 그대로의 **4** 교과서의 **~·ism** *n.* Ⓤ 원문 연구[비판] **~·ist** *n.* (성경의) 원문주의자[연구가] **~·ly** *ad.* 원문[문자]대로
***tex·ture** [tékstʃər] [L 「직물」의 뜻에서] *n.* ⓊⒸ **1 직물** **2** 직조법; 피륙의 바탕 **3** (피부·목재·암석 등의) **결**; (음식의) 씹히는 느낌 **4** 기질, 성격
tex·tured [tékstʃərd] *a.* [복합어를 이루어] 직물의 짜임이 …한: rough-[soft-] ~ 감촉이 거친[부드러운]
téxtured végetable prótein 식물성 단백질 《콩에서 채취한 고기 대용품》
TGIF, T.G.I.F. thank God it's Friday 《구어》 고마워라 금요일이다 《주말의 해방감을 나타냄》
-th¹ [θ] *suf.* 4(four) 이상의 기수의 접미사로서 서수 및 분모를 나타냄 《그러나 -ty로 끝나는 수사에 붙을 때에는 *-eth*》: the fif*th* 제5(의)
-th² *suf.* 형용사·동사로부터 추상 명사를 만듦: tru*th*, heigh*t* 《th가 t로 변한 것》
-th³ *suf.* 《고어》 동사의 3인칭·단수·서술[직설]법 현재형을 만듦 《 = ~s, ~es》: do*th*(= does), ha*th*(= has)
Th 〖화학〗 thorium
Th. Thomas; Thursday
Thad·de·us [θædí:əs] *n.* **1** 남자 이름 《애칭 Tad, Thad(dy) [θǽd(i)]》 **2** 〖성서〗 다대오 《12사도의 한 사람인 Saint Judas의 별칭》
Thai [tai] *n.* (*pl.* **~, ~s**) **1** 타이 사람; [the ~(s)] 타이 국민 **2** Ⓤ 타이 말, 샴말 **—** *a.* 타이 말[사람]의, 샴의
Thai·land [táilæ̀nd, -lənd] *n.* 타이, 태국 《동남아시아의 왕국; 수도 Bangkok》
Tha·les [θéili:z] *n.* 탈레스(640?-546? B.C.) 《그리스 철학자; 7현인의 한 사람》
Tha·li·a [θəláiə] *n.* 〖그리스신화〗 탈리아 **1** 목가·희극의 여신 **2** 미의 3여신 Graces의 하나
tha·lid·o·mide [θəlídəmàid] *n.* Ⓤ 〖약학〗 탈리도마이드 수면제
thalídomide bàby (임산부의 탈리도마이드 복용으로 인한) 기형아
thal·li·um [θǽliəm] *n.* Ⓤ 〖화학〗 탈륨 《납 비슷한 백색 희금속 원소; 기호 Tl; 번호 81》
***Thames** [temz] *n.* [the ~] **템스 강**
‡than [ðən, ðæn] *conj.* **1** [형용사·부사의 비교급과 함께] [비교의 대상이 되는 부사절을 이끌어] …**보다(도)**: He is taller ~ I (am). 그는 나보다 키가 크다. **2** [관계대명사적으로] …보다(도) 《목적어·주어·보어의 역할을 겸한 용법》: He offered more ~ could be expected. 그는 기대 이상으로 많은 것을 내놓았다. **3** [rather, sooner 등과 함께] …**하느니보다 (오히려)**, …할 바에는 (차라리): I prefer to be called a fool *rather* ~ (to) fight. 싸우느니보다 차라리 바보 소리를 듣는 편이 낫다. **4 a** [other, otherwise, else 등과 함께; 종종 부정문에서] …**밖에는**: I have *no other* friend ~ you. 친구라고는 자네밖에 없다. **b** [different, differently와 함께] 《미·구어》 …와는 다른[다르게] **5** [Scarcely[Hardly, Barely] + had + 주어 + *p.p.*의 형태로] 《구어》 = when: *Scarcely* had I left ~ it began to rain. 출발하자마자 비가 오기 시작했다.
— *prep.* **1 a** [목적격의 인칭대명사와 함께] 《구어》 …**보다(도)**: She is taller ~ me. 그녀는 나보다 키가 크다. **b** [ever, before, usual 등의 앞에서] …보다(도): She came earlier ~ *usual.* 그녀는 여느 때보다 일찍 왔다. **2** [different, differently 뒤에서] 《미·구어》 …와는 (다른[다르게]): His way of living is *different* ~ ours. 그의 생활 방식은 우리와는 다르다. **3** [관계대명사 whom, which 앞에서] 《문어》 …보다: Professor Peterson is a scholar ~ *whom* there is no better authority on the subject. 그 문제에는 피터슨 교수 이상 가는 권위자는 없다.

T

than·a·tol·o·gy [θæ̀nətɑ́lədʒi | -tɔ́l-] *n.* Ⓤ 사망학(死亡學)

Than·a·tos [θǽnətɑ̀s | -tɔ̀s] *n.* **1** 〖그리스신화〗 타나토스 《죽음의 의인(擬人)》 **2** [보통 **t~**] 죽음의 본능

thane [θein] *n.* **1** 〖영국사〗 (앵글로색슨 시대의) 종사(從士) 《태수(earl)와 일반 자유민 중간 계층》 **2** (스코틀랜드의) 토반, 호족, 귀족

:thank [θæŋk] [OE 「남에게 마음 씀」의 뜻에서] *vt.* **1 감사하다,** 사의를 표하다 《*for*》 **2** [미래의 일에 써서] 부탁하다: *T~* you *for* that ball. 그 공 좀 집어 주세요.
No, ~ you. 아닙니다, 괜찮습니다. 《사절의 말》(opp. *Yes, please.*) ***T~ you for nothing.*** 그저 고맙네. 《감사할 만한 일을 해준 것이 아니라고 비꼬는 말》
— *n.* [보통 *pl.*] 감사, 사의; [감탄사적] 《구어》 고맙습니다

:thank·ful [θǽŋkfəl] *a.* **1** Ⓟ **감사하는 2** 감사의, 사은(謝恩)의 《기도 등에서》
~·ness *n.* Ⓤ 감사, 사은

thank·ful·ly [θǽŋkfəli] *ad.* 감사하여; [문장 전체를 수식하여] 고맙게도

***thank·less** [θǽŋklis] *a.* **1 감사할 줄 모르는 2** 고맙게 여겨질 것 같지 않은; 〈일이〉 감사를 받지 못하는: a ~ task[job] 생색[보람] 없는 일

:thanks·giv·ing [θæ̀ŋksgíviŋ] *n.* **1** Ⓤ 《특히》 **하느님에 대한 감사**; Ⓒ 감사의 기도 **2** [**T~**] = THANKSGIVING DAY

Thanksgíving Dày 《미》 추수 감사절 《미국은 11월의 넷째 목요일》

thank-you [-jù:] *a.* Ⓐ 감사를 나타내는: a ~ note 감사장 — *n.* 감사의 말

:that [ðæt] *a.* 《지시형용사》 (*pl.* **those**) **1 a** [떨어져 있는 것[사람]을 가리켜] **저, 그**: You see ~ tree. (가리키면서) 저 나무가 보이지요. **b** [먼 때·곳을 가리켜] **저,** 저쪽의, 그: at ~ time 그때(에) **c** [this와 상관적으로] 저: He went to *this* doctor and ~. 그는 이 의사 저 의사에게 진찰을 받았다. **2 a** [대화자끼리 이미 알고 있는 것[사람, 양]을 가리켜] **저,** 그: ~ horse of yours 당신의 저 말 **b** [칭찬·경멸 등의 감정을 담아서] **그,** 저, 예(例)의: Here comes ~ smile! 또 그 (얄궂은) 웃음을 짓는군! **c** [관계사절에 의한 한정을 미리 지시하여] 그: Have you read ~ book (which) I lent you last month? 지난 달에 빌려준 책은 읽었어요?
— *pron.* 《지시대명사》 (*pl.* **those**) **1 a** [this와 대조적으로 저쪽에 떨어져 있는 것을 가리켜] **그것,** 저것: Can you see ~? 저것이 보입니까? **b** [앞서 언급하였거나 서로 양해되어 있는 사물을 가리켜] **그 일,** 그것: *T~*'s what I want to say. 내가 말하고자 하는 것은 바로 그것이다. **c** [저편에 있는, 또는 화제에 오른 사람을 가리켜] **저 사람,** 그 사람: 거기 있는 사람: *T~*'s Nancy. 저 사람은 낸시다. **2 a** [앞서 말한 명사의 반복을 피하기 위해] (…의) **그것 b** [앞의 진술을 강조적으로 되풀이하여] **그렇고 말고 3** [관계대명사 which의 선행사로] (…하는 바의) **것,** 일: I did ~ *which* I ought to do. 해야 할 일을 했다. **4** [this와 상관적으로] **전자**(the former): Of the two methods, *this* seems to be better than ~. 두 가지 방법 중에서 이쪽이 그쪽보다 나을 것 같다.
and ~ [앞 문장 전체를 받아서] 그것도: He makes mistakes, *and* ~ very often. 그는 잘못을 저지른다, 그것도 번번히 말이야. ***T~'s right*[*so*].** 《구어》 그래 맞았어, 그렇소. ***~'s ~*** 《구어》 그것으로 끝났다[결정났다]
— [ðæt] *ad.* 《지시부사》 **1** 《구어》 [수량·정도를 나타내는 말을 한정하여] **그만큼,** 그렇게(so): She can't go ~ far. 그녀는 그렇게 멀리까지는 갈 수 없다. **2** [종종 all that로; 대개 부정문에서] 《구어》 그다지 (…않다), 그렇게까지 (…않다): The film was*n't all* ~ good. 그 영화는 그렇게까지 우수한 것은 아니었다.
— [ðət] *conj.* **1** [명사절을 이끌어] **a** [주어절을 이끌어] …**이라는[하다는] 것은**: Is *it* true ~ he has returned home? 그가 귀국했다는 것이 사실이냐? **b** [보어절을 이끌어] …**하다는[이라는] 것인**: The trouble is ~ my father is ill in bed. 난처한 것은 아버지가 병환으로 누워 계시다는 겁니다. **c** [목적절을 이끌어] …**하다는[이라는] 것을**: I knew (~) he was alive. 그가 살아 있다는 것을 나는 알고 있었다. **d** [동격절을 이끌어] …**이라는,** …**하다는**: You must be aware of the fact ~ he is destitute. 그가 매우 곤궁하다는 사실을 자네는 알고 있을 텐데. **e** [형용사·자동사 등에 이어지는 절을 이끌어] …**이라는[하다는] 것을 2** [부사절을 이끌어] **a** [so[such] ... that의 형태로 정도·결과를 나타내어] (너무) …**하므로,** …할 만큼: I am *so* tired (~) I cannot go on. 너무 지쳐서 더 이상 갈 수 없다. **b** [(so) that, in order that의 형태로 목적을 나타내어] …**하도록,** …하기 위해: Turn it *so* ~ I *can* see it. 내가 볼 수 있도록 그것을 돌려주시오. **c** [원인·이유] …**이므로,** …때문에: I'm glad (~) you've completed the work. 자네가 일을 완성시켜서 기쁘다. **d** [that절 안에 종종 should를 써서 판단의 기준을 나타내어] …**이다니,** …하다니: Are you mad ~ you *should* do such a thing? 그런 짓을 하다니 너 미쳤니? **e** [대개 부정어 뒤에서 제한하는 절을 이끌어] (…하는) **한에는 3** [It is[was]... that...의 형태로 부사(어구)를 강조하여] …**한[인] 것은 4** [감탄문을 이루어] **a** [that절 안에 should를 써서 놀람·분개를 나타내어] …**하다니!**: *T~* he *should* behave like this! 그가 이 따위 짓을 하다니! **b** [that절 안에 가정법 과거형을 써서 소원을 나타내어] 《문어》 …하다면 좋을 텐데!: Oh, ~ I *were* in England now. 아, 지금 잉글랜드에 있다면 좋을 텐데.
— [ðət] *pron.* 《관계사》 **1** [사람·물건을 나타내어 선행사를 받아서 대개 제한 용법으로] (…하는[인]) **바의**: *the first* man

T

~ came here 여기에 맨 먼저 온 사람 **2** [때·방법·이유 등을 나타내는 명사를 선행사로 하여 관계부사적으로] (…하는, …인) **바의**: You were in a hurry the last time (~) I met you. 요전에 만났을 때 자네는 서두르고 있더군. **3** [It is[was]... that...의 형태로 명사(어구)를 강조하여] …**하는 것은**: *It was* a book ~ I bought yesterday. 내가 어제 산 것은 책이었다.

***thatch** [θætʃ] [OE 「<지붕을> 이다」의 뜻에서] *n.* **1** Ⓤ (지붕의) **이엉** **2** **풀**[**갈, 짚**] **지붕** **3** 《속어·익살》 숱 많은 머리털 **—** *vt., vi.* <지붕·집을> 이엉으로 이다 **thátch·er** *n.* 개초장이 **thátch·ing** *n.*

Thatch·er [θǽtʃər] *n.* 대처 **Margaret** (**Hilda**) ~ (1925-) 《영국의 정치가, 수상(1979-90); 별명 the Iron Lady (철의 여인)》

‡**that's** [ðæts] that is[has]의 단축형

***thaw** [θɔː] *vi.* **1** <눈·얼음 등이> **녹다** **2** <태도·감정·긴장 등이> 누그러지다 **—** *vt.* **1** 녹이다 《*out*》 **2** <언 몸 등을> 따뜻하게 하다 《*out*》 **3** <태도·감정·긴장 등을> 누그러뜨리다 《*out*》 **—** *n.* **1** 해동; 해빙; 온난; 해빙기 **2** (마음을 터놓음; 국제 관계의) 해빙, 긴장 완화

‡**the** [ðə(자음 앞), ði(모음 앞), ðiː] *def. art.* **— A** [한정 용법] **그**, 문제의 **1 a** [앞서 나온 명사, 또는 문맥상 전후 관계로 보아 가리키는 것이 명확한 가산명사에 붙여서]: He keeps *a* dog and *a* cat. *T*~ cat is bigger than ~ dog. 그는 개와 고양이를 기른다. 그 고양이는 그 개보다 크다. **b** [앞서 나온 명사, 또는 문맥상 전후 관계로 보아 가리키는 것이 확정된 불가산명사에 붙여서]: Turn ~ light off, please. 불 좀 꺼주세요. **c** [한정 어구가 따르는 가산 또는 불가산명사에 붙여서]: ~ water in the pond 그 연못의 물 **d** [형용사의 최상급 또는 서수로 수식된 명사에 붙여서]: Which way is ~ short*est*? 어느 길이 가장 가까운 길입니까? **e** [사람의 몸[옷]의 일부를 가리켜]: I took him by ~ sleeve. 나는 그의 소매를 잡았다. **f** [시기(時期)를 나타내는 명사에 붙여서]: newspapers of ~ time 그 당시의 신문 **2** [지칭하기만 하면 상대방이 알아듣는 명사에 붙여서] **a** [유일무이한 명사에 붙여서]: ~ earth 지구 **b** [특정한 사람·토지·시기 등을 나타내는 명사에 붙여서]: ~ Middle Ages 중세 **c** [계절·방위 등을 나타내는 명사에 붙여서] **3** [특정한 고유명사에 붙여서] **a** [특히 복수형의 산·섬·나라 등의 이름에 붙여서]: ~ United States (of America) (미)합중국, 미국 **b** [특히 기술적(記述的)이라고 느껴지는 단수형의 도시·산 등의 이름에 붙여서]: *T*~ Hague 헤이그, 하그 **c** [강·해협·운하·사막 등의 이름에 붙여서]: ~ Mediterranean (Sea) 지중해 **d** [함선 이름에 붙여서]: ~ *Queen Mary* 퀸메리호 **e** [관공서·공공 시설·건조물 이름에 붙여서] **4** [ðiː] [강조적으로] 출중한, 무쌍의, 최고의, 초일류급의: That's ~ hotel in Seoul. 그 호텔은 서울에서 초일류급 호텔이다.

— B [총칭 용법] **1 a** [단수형의 가산명사에 붙여서, 그 종류에 속하는 것 전체를 가리켜] …**이라는 것**: *T*~ dog is a faithful animal. 개는 충실한 동물이다. **b** [단수형의 가산명사 앞에서 붙여서, 그것에 상징되는 특색·성질·직업·능력 등을 나타내어]: ~ brute in man 인간의 야수성 **c** [국민·계급·가족의 성 등을 나타내는 복수명사 또는 집합명사에 붙여서]: ~ Morgans 모건 씨네 (사람들) **2** [형용사·분사 앞에 붙여서] **a** [추상명사 대용으로서; 단수 취급]: ~ sublime 숭고(함) **b** [보통명사 대용으로서; 대개 복수 취급]: ~ poor 가난한 사람들, 빈민 **3** [탄주·취미 등의 대상으로서의 악기명에 붙여서]: play ~ piano 피아노를 치다 **4** [특히 복수형의 병명(病名)에 붙여서]: She's got (~) mumps[measles]. 그녀는 항아리손님[홍역]에 걸려 있다. **5** [비율을 나타내는 계량 단위명에 붙여서; 보통 by the, to the의 형태로]: *by* ~ dozen[hundred, thousand, etc.] 수십[백, 천 《등》] 단위로 셀 만큼, 수많이

— [ðə(자음 앞), ði(모음 앞)] *ad.* **1** [형용사·부사의 비교급 앞에 붙여서] **그만큼, 오히려 더**: I like him all ~ *better* for his faults. 그에게 결점이 있기 때문에 도리어 좋아한다. **2** [상관적으로 형용사·부사의 비교급 앞에 붙여서 비례적 관계를 나타내어] …**하면 할수록** (**그만큼 더**): *T*~ *more*, ~ merri*er*. 많으면 많을수록 더 흥겹다.

‡**the·a·ter** | **the·a·tre** [θíːətər] [Gk 「보는 장소」의 뜻에서] *n.* **1 극장** 《(미)에서는 -ter가 많이 쓰이나, 극장 이름에는 (미)에서도 -tre가 흔함》 **2** [the ~; 집합적] (연극·영화의) 관객 **3** [the ~] **연극**; [집합적] 희곡(戱曲); 연극계; 극작품 **4** 계단식 강당; 《영》 (병원의) 수술실 **5** 극적 효과 **6** (활동 등의) **현장**; 전역(戰域)

the·a·ter·go·er [θíːətərgòuər] *n.* 극장에 자주 가는 사람

the·a·ter·go·ing [-gòuiŋ] *n.* Ⓤ 연극 구경 **—** *a.* 연극 구경 가는

the·a·ter-in-the-round [-inðəráund] *n.* 원형 극장

***the·at·ri·cal** [θiǽtrikəl] *a.* **1 극장의** **2** 연극의, 연극적인: ~ effect 극적 효과 **3** <말과 행동이> 연극조의, 과장된, 일부러 꾸미는 **—** *n.* [*pl.*] **1** 연극, 연예; 《특히》 아마추어 연극 **2** 연극 기법; 연극 배우 **3** 연극적 행동, 일부러 꾸미는 짓 **~·ly** *ad.*

the·at·ri·cal·ize [θiǽtrikəlàiz] *vt.* 과장하여[연극조로] 하다; 《드물게》 극화[각색]하다(dramatize)

The·ban [θíːbən] *a., n.* THEBES의 (사람)

Thebes [θiːbz] *n.* 테베 **1** 고대 그리스의 도시 **2** 고대 이집트의 수도

‡**thee** [ði, ðiː] *pron.* [thou의 목적격] 《고어·시어》 **너를**[**에게**]

‡**theft** [θeft] *n.* **1 훔침**, 도둑질 **2** 훔친 물건 **3** 〖야구〗 도루

theft·proof [θéftprùːf] *a.* 도난 방지의

‡**their** [ðər, ðεər] [동음어 there] *pron.* **1** [THEY의 소유격] **그들의**;

그것들의 **2** [부정(不定)의 단수 (대)명사를 받아서] = HIS, HER

‡theirs [ðɛərz] *pron.* [THEY의 소유대명사] **그들의 것**(their own)

the·ism [θíːizm] *n.* Ⓤ 유신론(有神論); 일신교(一神敎)

the·ist [θíːist] *n.* 유신론자, 일신론자

the·is·tic, -ti·cal [θiːístik(əl)] *a.* 유신론(자)의; 일신교의 **-ti·cal·ly** *ad.*

‡them [ðəm, ðem] *pron.* **1** [THEY의 목적격] **그들을[에게]; 그것들을[에게]** **2** [부정(不定)의 단수 (대)명사를 받아서] = HIM, HER **3** 《구어》 [주격 보어로서 또는 than이나 as 뒤에서] = THEY: That's ~. 그놈들이다. **4** 《속어》 [지시 형용사적으로] 그들(those): some of ~ apples 그 사과들 중 얼마

the·mat·ic [θimǽtik] *a.* 주제의; 〖문법〗 어간의; 〖음악〗 주제의 **-i·cal·ly** *ad.*

‡theme [θiːm] [Gk 「놓다, 두다」의 뜻에서] *n.* **1 주제,** 제목 **2** (과제의) 작문 **3** 〖문법〗 어간, 어근 **4** 〖음악〗 주제, 테마

théme sòng[tùne] 주제가[곡]; 〖라디오·TV〗 주제 음악(signature)

The·mis [θíːmis] *n.* 〖그리스신화〗 테미스 《법률·질서·정의의 여신》

‡them·selves [ðəmsélvz, ðèm-] *pron. pl.* [THEY의 재귀형] **1 a** [강조적, 보통 they와 동격으로 써서] **그들[그것들] 자신(이)**: They did it ~. = They ~ did it. 바로 그들이 그 일을 했다. **b** [they, them의 대용; and ~로]: Their parents *and* ~ went there. 그들의 부모와 그들 (자신)이 그곳에 갔다. **c** [they, them의 대용; as, like, than 뒤에서]: We can do it better *than* ~. 우리는 그들보다 잘할 수 있다. **2 a** [~ oneself로] 그들[그것들] 자신을: They killed ~. 그들은 자살하였다. **b** [일반 동사의 목적어]: They made ~ a new club. 그들은 자기들을 위해 새 클럽을 만들었다. **c** [전치사의 목적어]: They must take care *of* ~. 그들은 그들 스스로를 돌보아야 한다. **3** 평소[여느 때]의 그들[그것들], 정상적인 그들[그것들]: They are not ~ today. 그들은 오늘 좀 이상하다. 《보통 be의 보어로 쓰임》

‡then [ðen] *ad.* **1 그때에** 《과거와 미래에 모두 사용함》: Prices were lower ~. 그 당시에는 물가가 쌌다. **2 그 다음에,** 그래서: First came Peter, (and) ~ Jim. 먼저 피터가 오고 그 다음에 짐이 왔다. **3** 동시에 **4 게다가**: I like my job, and ~ it pays well. 나는 내 일을 좋아하고 게다가 벌이도 좋다. **5 그렇다면**: If you are ill, ~ you must stay in bed. 몸이 아프다면 누워 있어야 된다.

and ~ 그 다음에, 게다가 ***but ~*** … 그러나 또 한편으로는, 그래도 … ***(every) now and ~*** 가끔, 때때로 ***~ again*** 그러나 또, 반면에 ***~ and not till*** 그때 비로소

— *conj.* 게다가, 그 외에 또한

— *n.* Ⓤ 그때

before ~ 그 전에 ***by ~*** 그때까지, 그때까지는 ***since ~*** = ***from ~ onward*** 그때부터 ***till ~*** = ***up to ~*** 그때까지

— *a.* Ⓐ 그때의, 그 당시의

‡thence [ðens] *ad.* 《문어》 **1 그곳에서부터** **2** 그때부터 **3** 그런고로, 그래서

thence·forth [ðènsfɔ́ːrθ] *ad.* 그때 이래로

thence·for·ward(s) [-fɔ́ːrwərd] *ad.* = THENCEFORTH

theo- [θíːou] 《연결형》 「신(神)」의 뜻

the·oc·ra·cy [θiɑ́krəsi | -ɔ́k-] *n.* (*pl.* **-cies**) **1** Ⓤ 신정(神政); [the T~] 제정일치제(祭政一致制) **2** 신정국(國)

the·o·crat [θíːəkræ̀t] *n.* 신권(神權) 정치가; 신정(神政)주의자

the·o·crat·ic, -i·cal [θìːəkrǽtik(əl) | θiə-] *a.* 신정(주의)의

the·od·o·lite [θiɑ́dəlàit | -ɔ́d-] *n.* 〖측량〗 경위의(經緯儀)

The·o·do·ra [θìːədɔ́ːrə | θiə-] *n.* 여자 이름 《애칭 Dora》

The·o·dore [θíːədɔ̀ːr] *n.* 남자 이름 《애칭 Tad, Ted, Teddy》

theol. theologian; theological; theology

the·o·lo·gian [θìːəlóudʒən | θiə-] *n.* 신학자

***the·o·log·i·cal, -log·ic** [θìːəlɑ́dʒik(əl) | θìəlɔ́dʒ-] *a.* **1 신학(상)의;** 신학적(성질)인 **2** 성경에 입각한 **-i·cal·ly** *ad.*

theológical vírtue [the ~] 신학적 덕(德), 신에 대한 덕 《faith, hope, charity의 3덕》

***the·ol·o·gy** [θiɑ́lədʒi | -ɔ́l-] *n.* **1** Ⓤ (그리스도교에서) **신학**(divinity) **2** ⓊⒸ 종교 심리학; 신학 체계[이론]

the·o·rem [θíːərəm | θíə-] *n.* **1** 〖수학·논리〗 정리(定理) **2** (일반) 원리, 논리적 명제(命題); 법칙

thè·o·re·mát·ic, -i·cal *a.* 정리의

the·o·ret·ic [θìːərétik | θìə-] *a.* = THEORETICAL

***the·o·ret·i·cal** [θìːərétikəl | θìə-] *a.* **1 이론(상)의;** 순리적(純理的)인 **2** 이론상으로만 존재하는, 가정상의 **3** 〈사람이〉 사색적인, 공론적인 **~·ly** *ad.*

the·o·re·ti·cian [θìːərətíʃən | θìə-] *n.* 이론가

the·o·ret·ics [θìːərétiks | θìə-] *n. pl.* [단수 취급] (특정 예술·과학의) 이론

the·o·rist [θíːərist | θíə-] *n.* 이론가; 공론가

the·o·rize [θíːəràiz | θíə-] *vi.* **1** 이론[학설]을 세우다 **2** 공론을 일삼다

— *vt.* **1** 〈…이라는 것을〉 이론상 상정하다 **2** 〈…을〉 이론화하다

‡the·o·ry [θíːəri, θíəri | θíə-] [Gk 「봄, 성찰」의 뜻에서] *n.* (*pl.* **-ries**) **1 학설**: the ~ of evolution 진화론 **2** Ⓤ **a** 이론, 학리(學理) **b** [또는 a ~] 논의, 공론; 가설 **3** Ⓤ 〖수학〗 …론 **4** 의견, 지론(持論), 사견

the·o·soph·ic, -i·cal [θìːəsɑ́fik(əl) | θiəsɔ́f-] *a.* 신지학(神智學)상의

the·os·o·phist [θiɑ́səfist | -ɔ́s-] *n.* **1** 신지(神智)론자 **2** [보통 **T~**] 신지학회 회원

T

the·os·o·phy [θiάsəfi | -ɔ́s-] *n.* Ⓤ 신지학, 접신학(接神學)

ther·a·peu·tic, -ti·cal [θèrəpjú:tik(əl)] *a.* **1** 치료상[법, 학]의 **2** 건강 유지에 도움이 되는 **-ti·cal·ly** *ad.*

ther·a·peu·tics [θèrəpjú:tiks] *n. pl.* [단수 취급] 치료학[술], 요법론

ther·a·peu·tist [θèrəpjú:tist] *n.* = THERAPIST

ther·a·pist [θérəpist] *n.* 치료학자, 요법사

ther·a·py [θérəpi] *n.* Ⓤ [보통 복합어를 이루어] 요법: hydro*therapy* 물치료

‡**there** [ðɛər] [동음어 their] *ad.* **A 1 a** [장소·방향] **그곳에[에서, 으로]** **b** [방향의 부사와 함께] **거기에** **c** [전치사·타동사의 목적어로서; 명사적으로] **거기, 저기** **2** [There + 동사 + 주어《명사(어구)》] / There + 주어《인칭대명사》+동사의 형태로] **a** [눈앞의 동작을 강조] **저기봐** **b** [주위를 환기하여] **이봐, 저봐** **3** [담화·사건·동작 등에서] **그 점에서**
— **B** [존재를 나타내는 there is의 형태로] **1** [be를 술어 동사로 하여] *T~'s* a book on the desk. 책상 위에 책이 있다. **2** [술어동사에 seem (to be), come 등을 써서] **3** [there is no+doing으로] …하기란 불가능하다
Are you ~? 여보세요 (들립니까)? 《전화에서 중단되거나 상대방이 듣고 있는지를 확인할 때》 ***T~ it is.*** 《구어》 (유감스럽지만) 사정이 그러하다, 그런 형편이다.
— *int.* **1** [승리·만족·반항 등을 나타내어] **거봐,** 자, 거보라니까 **2** [위로·격려·동정·단념 등을 나타내어] 그래그래, 오냐오냐 **3** [곤혹·비통을 나타내어] 거봐, 저런 ***So ~!*** 《구어》 거봐, 자, 이제 알겠나!

there·a·bout(s) [ðɛ́ərəbàut(s)] *ad.* **1** 그 부근[근처]에 **2** (시간·수량·정도 등에서) 그 당시, 그 무렵에; 대략

‡**there·af·ter** [ðɛ̀əræ̀ftər | -ά:f-] *ad.* **그 후에,** 그 이래

‡**there·by** [ðɛ̀ərbái] *ad.* **1 그것에 의하여,** 그 때문에 **2** 그것에 관하여

‡**there·fore** [ðɛ́ərfɔ̀:r] *ad.* **그러므로;** 그 결과

there·from [ðɛ̀ərfrάm | -frɔ́m] *ad.* 《고어》 거기서부터, 그것으로부터

***there·in** [ðɛ̀ərín] *ad.* 《문어》 **그 가운데에;** 이[그] 점에 있어

there·in·af·ter [ðɛ̀ərinæ̀ftər | -ά:f-] *ad.* (공식 서류 등에서) 후문(後文)에, 이하에

there'll [ðɛərl] there will의 단축형

there·of [ðɛ̀ərʌ́v | -ɔ́v] *ad.* 《문어》 **1** 그것의; 그것에 대하여 **2** 그것으로부터

there·on [ðɛərάn, -ɔ́:n | -ɔ́n] *ad.* 《문어》 **1** 그 위에 **2** 그 후 즉시(thereupon)

‡**there's** [ðərz, ðɛərz] [동음어 theirs] there is[has]의 단축형

The·re·sa [tirí:sə | -zə] *n.* 여자 이름

there·to [-tú:] *ad.* 《문어》 **1** 그것에, 거기에 **2** 게다가 또

there·un·der [ðɛ̀ərʌ́ndər] *ad.* 《문어》 **1** 〈연령·수 등이〉 그 이하로 **2** 그 (권위·항목의) 아래에(under that)

‡**there·up·on** [ðɛ́ərəpὰn | -ɔ́n] *ad.* 《문어》 **1 거기서, 그래서;** 그 결과 **2** = THEREON

‡**there·with** [ðɛərwíð, -wíθ] *ad.* 《문어》 **1 그것과 함께**(with that) **2** 게다가, 그 밖에 **3** 그래서

therm [θə:rm] *n.* 〖물리〗 섬《열량 단위》

therm- [θə:rm], **thermo-** [θə́:rmou] 《연결형》 「열; 열전기」의 뜻《모음 앞에서는 therm-》: *thermo*chemistry

***ther·mal** [θə́:rməl] *a.* **1 열(熱)의,** 온도의 **2** 온천의 **3** (미) 〈내의가〉 보온이 잘 되는, 두꺼운
— *n.* 〖기상〗 상승 온난 기류 **~·ly** *ad.*

thérmal bárrier 〖항공·물리〗 열의 장벽《초음속으로 나는 물체와 대기 사이의 마찰열이 항공기·로켓의 고속화에 장애가 됨》

thérmal capácity 〖물리〗 열용량

thérmal conductívity 〖물리〗 열전도율

thérmal effíciency 열효율

thérmal néutron 〖물리〗 열중성자

thérmal pollútion (원자력 발전소의 폐기물 등에 의한) 열공해, 열오염

thérmal pówer stàtion 화력 발전소

thérmal reáctor 〖물리〗 열중성자 증식로

thérmal spríng 온천

thérmal ùnit 열량 단위, 열단위

ther·mic [θə́:rmik] *a.* 열의; 열에 의한: ~ fever 열사병(熱射病)

therm·i·on [θə́:rmàiən] *n.* 〖물리〗 열(熱)이온《백열체에서 발하는》

therm·i·on·ic [θə̀:rmaiάnik | -miɔ́n-] *a.* 열이온의

therm·i·on·ics[θə̀:rmaiάniks | -miɔ́n-] *n. pl.* [단수 취급] 〖물리〗 열이온학

ther·mite [θə́:rmait] *n.* Ⓤ 〖화학〗 테르밋《용접용·소이탄용》

thermo- [θə́:rmou] = THERM-

ther·mo·chem·is·try [θə̀:rmoukém-istri] *n.* Ⓤ 열화학

ther·mo·dy·nam·ic, -i·cal [θə̀:rmou-dainæ̀mik(əl)] *a.* **1** 열역학의 **2** 열량을 동력에 이용하는

ther·mo·dy·nam·ics [θə̀:rmoudai-næ̀miks] *n. pl.* [단수 취급] 열역학

‡**ther·mom·e·ter** [θərmάmətər | -mɔ́m-] *n.* **온도계**: a clinical ~ 검온기(檢溫器), 체온계

ther·mo·met·ric, -ri·cal [θə̀:rməmét-rik(əl)] *a.* 온도계상의; 온도 측정상의

ther·mom·e·try [θərmάmətri | -mɔ́m-] *n.* Ⓤ 온도 측정

ther·mo·nu·cle·ar [θə̀:rmounjú:kli-ər | -njú:-] *a.* 〖물리〗 (고온에 의한) 원자핵 융합 반응(融合反應)의: a ~ bomb 수소 폭탄(hydrogen bomb)

ther·mo·plas·tic [θə̀:rmouplæ̀stik] *a.* 열가소성(熱可塑性)의
— *n.* 열가소성 물질

ther·mo·reg·u·la·tion [θə̀:rmourègju-léiʃən] *n.* Ⓤ 체온[온도] 조절

ther·mos [θə́:rməs] *n.* 보온병; [**T~**] 서모스《상표명》

thérmos bòttle[flàsk, jùg] 보온병

ther·mo·set·ting [θə́:rmousètiŋ] *a.* 〈가소물(可塑物) 등이〉 열경화성(熱硬化性)의

T

— *n.* Ⓤ 열경화성

ther·mo·sphere [θə́ːrməsfìər] *n.* [the ~] 열권(熱圈) ((지구 대기의 80 km 이상에서 고도에 따른 온도 상승 부분))

ther·mo·stat [θə́ːrməstæ̀t] *n.* 서모스탯, 자동 온도 조절 장치

ther·mo·stat·ic [θə̀ːrməstǽtik] *a.* 자동 온도 조절의 **-i·cal·ly** *ad.*

the·sau·rus [θisɔ́ːrəs] [Gk 「보배, 보고」의 뜻에서] *n.* (*pl.* **~·es, -ri** [-rai]) **1** 지식의 보고(寶庫); (특히 유의어·반의어 등을 모은) 사전 **2** 〖컴퓨터〗 시소러스 ((컴퓨터에 기억된 정보의 색인))

⁑**these** [ðiːz] *a.* [THIS의 복수; 지시 형용사; cf. THOSE] **1** 이(것)들의 **2** ((구어)) 어떤 (몇 사람[몇몇]의)

— *pron.* [지시대명사] 이들(사람), 이것들

The·seus [θíːsiəs, -sjuːs] *n.* 〖그리스 신화〗 테세우스 ((괴물 Minotaur를 퇴치한 영웅))

***the·sis** [θíːsis] [Gk 「배열하기」의 뜻에서] *n.* (*pl.* **-ses** [-siːz]) **1** 논제, 제목; (학교의) 작문 **2** 학위 논문, 졸업 논문 **3** 〖논리·철학〗 (논증되어야 할) 명제(命題), 정립(定立)

thes·pi·an [θéspiən] *a.* [**T~**] 비극의 (tragic); [종종 **T~**] 희곡의: the ~ art 희곡 — *n.* 비극 배우

Thess. 〖성서〗 Thessalonians

Thes·sa·lo·nians [θèsəlóunjənz] *n. pl.* [단수 취급] 〖성서〗 (신약 성서 중의) 데살로니가서(書)

the·ta [θéitə | θíː-] *n.* 세타 ((그리스 자모의 여덟째 글자 *Θ*, θ; 영자의 th에 해당))

thew [θjuː | θjuː] *n.* ((문어)) **1** [보통 *pl.*] 근육 **2** [*pl.*] 근력(筋力)

⁑**they** [ðei] *pron.* [HE, SHE 또는 IT의 복수; 목적격 **them**; 소유격 **their**] **1** [3인칭 복수 주격] **그들, 그것들** **2 a** [총칭적으로 일반 사람을 가리켜] **사람들**, 세상 사람들 **b** [부정의 단수 (대)명사를 받아서; = he, she]: *Nobody* ever admits that ~ are to blame. 아무도 자신을 나쁘다고 하는 사람은 없다. **3** [관계사의 선행사로서] ((고어)) …하는 사람들: ~ *who*[*that*] …하는 사람들

⁑**they'd** [ðeid] they had[would]의 단축형

⁑**they'll** [ðeil] they will[shall]의 단축형

⁑**they're** [ðɛiər] they are의 단축형

⁑**they've** [ðeiv] they have의 단축형

T.H.I. temperature-humidity index

⁑**thick** [θik] *a.* **1** 두꺼운; 굵은, 뚱뚱한 **2** 빽빽한; 털이 많은 **3** 혼잡한 **4** 〈목소리가〉 불명료한, 탁한 **5** 〈안개 등이〉 짙은 **6** 〈액체 등이〉 진한; 흐린 **7** ((구어)) 친밀한 **8** ((구어)) 머리가 둔한, 우둔한

— *n.* **1** [보통 the ~] (팔뚝·종아리·막대 등의) 가장 굵은[두꺼운] 부분 ((*of*)) **2** [보통 the ~] 가장 밀집한[우거진] 곳 ((숲 등의)); 사람이 가장 많이 모이는 곳

— *ad.* = THICKLY

***thick·en** [θíkən] *vt.* **1** 두껍게 하다; 굵게 하다 **2** 진하게 하다; 흐리게 하다 **3** 복잡하게 하다

— *vi.* **1** 두꺼워지다, 굵어지다 **2** 진해지다; 흐려지다 **3** 복잡해지다 ***The plot ~s.*** 줄거리[이야기, 사건]가 점점 복잡해진다[흥미진진해진다].

thick·en·er [θíkənər] *n.* **1** 두껍게[짙게, 굵게, 빽빽하게] 하는 것 **2** 침전[농축] 장치

thick·en·ing [θíkəniŋ] *n.* Ⓤⓒ **1** 두껍게[굵게] 함[됨]; 굵게[두껍게] 된 부분 **2** 농후제[재료]

⁑**thick·et** [θíkit] [OE = thick] *n.* **덤불**, 잡목 숲

thick·head [-hèd] *n.* 얼간이, 멍청이

thick·head·ed [-hèdid] *a.* 머리가 둔한

***thick·ly** [θíkli] *ad.* **1** 두껍게; 진하게; 빽빽하게 **2** 많이; 빈번하게; 잔뜩 **3** 〈말 등을〉 불명료하게, 탁한 목소리로

***thick·ness** [θíknis] *n.* Ⓤ **1** 두께; 굵기; ⓒ [the ~] 가장 두꺼운 부분 **2** 농후(濃厚); 농도 **3** 치밀, 농밀(濃密) **4** 머리가 둔함, 우둔

thick·set [θíksét] *a.* **1** 농밀한, 무성한 **2** 땅딸막한 — *n.* 덤불, 수풀

thick-skinned [-skínd] *a.* **1** 피부[껍질]가 두꺼운 **2** (비난·모욕 등에 대해) 둔감한, 무신경한; 뻔뻔스러운

thick·skulled [-skʌ́ld] *a.* = THICK-HEADED

thick-wit·ted [-wítid] *a.* 머리가 둔한

⁑**thief** [θiːf] *n.* (*pl.* **thieves** [θiːvz]) **도둑**

thieve [θiːv] *vt., vi* 훔치다(steal)

thiev·er·y [θíːvəri] *n.* (*pl.* **-er·ies**) Ⓤⓒ 도둑질

***thieves** [θiːvz] *n.* THIEF의 복수

thiev·ish [θíːviʃ] *a.* **1** 훔치는 버릇이 있는, 도둑의: ~ living 도둑 생활 **2** 도둑 같은, 남몰래 하는 **~·ly** *ad.* **~·ness** *n.*

⁑**thigh** [θai] *n.* **1 넓적다리**, 허벅다리 **2** (동물의 뒷다리나 새의) 넓적다리

thigh·bone [θáibòun] *n.* 대퇴골

thill [θil] *n.* (마차의) 끌채(shaft)

***thim·ble** [θímbl] *n.* **골무** ((재봉용))

thim·ble·ful [θímblfùl] *n.* ((구어)) (술 등의) 극소량, (아주) 조금

⁑**thin** [θin] *a.* (**~·ner**; **~·nest**) **1 얇은**; 가는 **2 여윈**, 수척한 **3** 〈털이〉 **드문드문한**; 사람 수가 적은: a ~ house 관객이 적은 극장 **4** 〈공급 등이〉 부족한, 적은; 호주머니에 돈이 없는 **5** 〈액체·기체 등이〉 **엷은, 묽은** **6** 내용이 없는, 천박한, 빈약한, 빤히 속이 보이는 **7** 〈음성 등이〉 가는, 힘없는 **8** 공급이 적은 **9** 〈색채 등이〉 연한; 〈광선 등이〉 약한 — *ad.* = THINLY

— *n.* 얇은[가는] 부분

— *v.* (**~ned**; **~·ning**) *vt.* 얇게[가늘게] 하다; 성기게[희박하게] 하다; 적어지게[약하게] 하다: ~ wine *with* water 포도주에 물을 타서 희석하다 — *vi.* 가늘어지다, 엷어지다, 성기게[희박하게] 되다, 적어지다 **~ *down*** 가늘게 하다; 가늘어지다, 여위다 **~ *out*** 솎다; 〈청중 등이〉 드문드문해지다

***thine** [ðain] *pron.* ((고어·시어)) **1** [thou의 소유 대명사; 단수·복수 취급] **너의 것** **2** [모음 또는 h음으로 시작되는 명사 앞에서] = THY

⁑**thing** [θiŋ] *n.* **1 a** (유형의) **것**, 물건 **b** 무생물, 물체 **2 생물**, 동물 **3** [*pl.*] **소지품**; 도구 **4** (무형의) 것, 일, 사건

5 [*pl.*] 사물, 사태, 사정 6 [*pl.*] [형용사 앞에서] …적인 것 7 [the ~] a [be의 보어로서] 안성맞춤의 것, 유행; 유행 중인 것 b [보통 the thing is …로] 중요한 것, 필요한 것 8 《구어》 문제, 화제; 가장 좋아하는 것

as ~s are[go] 지금 상태로는; 지금 형편으로는; 세상 통례로, 흔히 있는 일로 ***make a good ~*** (***out***) ***of*** 《구어》 …으로 이익을 얻다

thing·a·ma·jig [θíŋəmədʒìg] *n.* 《구어》 뭐라던가 하는 것[사람]: Mr. *T*~ 아무개씨

⁑think [θiŋk] *v.* (**thought** [θɔ:t]) *vt.* **1** (…이라고) **생각하다**: I ~ it is true. =I ~ it (*to be*) true. 그것은 사실이라고 생각한다. **2 a 숙고하다**; **생각하고 있다**, 간주하다 **b 생각나다 3** …하려고 하다(intend) 《*to*》: ~ evil 나쁜 일을 꾀하다 **4** 판단하다, 알다 **5** 예상[예기]하다 **6** 상상하다, 마음에 그리다

— *vi.* **1 생각하다** 《*about, of*》 **2** 생각해 내다, 기억하다 《*of, on*》 **3** 숙고[궁리, 분별]하다 《*about, of, on, over*》 **4** 상상하다; [부정문에서] (…을) 생각하다, 몽상하다 **5** 〈…을 …이라고〉 생각하다, 간주하다 (regard) 《*of*》

~ about …에 관해 생각하다; 숙고하다 ***~ aloud*** 말을 하면서 생각하다, 생각을 입 밖에 내어 말하다, 엉겁결에 혼잣말을 하다 ***~ back*** (과거를) 돌이켜 생각하다, 회상하다 ***~ better of*** 〈사람을〉 다시 보다; 다시 생각해 보고 그만두다 ***~ little of*** …을 대수롭지 않게 여기다, 경멸하다 ***~ out*** 고안해 내다; 궁리해 내다; 숙고하여 해결하다 ***~ over*** (a matter) = ~ (a matter) ***over*** 곰곰이 생각하다, 숙고하다 ***~ through*** (해결·결론에 이를 때까지) 충분히 생각하다, 생각 끝에 해결하다 ***~ to*** one***self*** 혼잣말하다; 혼자[속으로] 생각하다 ***~ up*** 〈새로운 계획·구실 등을〉 생각해 내다; 《구어》 발명하다 ***~ well*** [***ill***] ***of*** …을 좋게[나쁘게] 생각하다

— *n.* [a ~] 《구어》 일고(一考)(함); 생각; 의견

think·a·ble [θíŋkəbl] *a.* Ⓐ 생각[상상]할 수 있는; 믿을 수 있는

***think·er** [θíŋkər] *n.* **사상가**, 생각하는 사람, 사색가

⁑think·ing [θíŋkiŋ] *a.* Ⓐ **생각하는**, 사고력 있는; 사상이 있는 — *n.* Ⓤ **1 생각함**, 사고; 사색 **2** 생각, 의견, 판단

thínk pìece (신문·잡지의) 해설 기사

thínk tànk 두뇌 집단, 싱크 탱크

thin·ly [θínli] *ad.* 얇게, 가늘게; 묽게, 약하게; 가냘프게

thin·ner [θínər] *n.* ⓊⒸ 희석제[액]

thin·nish [θíniʃ] *a.* 좀 얇은, 가느다란, 좀 성긴, 좀 약한, 여윈 편인

thin-skinned [θínskínd] *a.* **1** 가죽이[피부가] 얇은 **2** 민감한, 신경과민의; 성마른

⁑third [θə:rd] *a.* **1** [보통 the ~] **제3의**, 세 번째의 《생략형은 3rd, 3d.》 **2** 3분의 1의 **3** (순위·중요도 등이) 3등의: win (the) ~ prize 3등상을 타다

— *ad.* 제3으로, 세 번째로; 3등으로

— *n.* **1** 3분의 1 **2** [the ~] **제3**, 제3위; (그 달의) 제3일 **3** 〚야구〛 3루(壘) **4** (시간·각도의) 1초의 1/60 **5** 〚음악〛 제3도, 3도 음정

third báse 〚야구〛 3루; 3루의 수비 위치

third báseman 〚야구〛 3루수

third cláss 1 제3급; 3류 **2** (교통 기관의) 3등 **3** 《미·캐나다》 (우편의) 제3종 《정기 간행물을 제외한 인쇄물 등》

third-class [-klǽs | -klɑ́:s] *a.* **1** 3등의, 3급의; 3류의, 저급의 **2** 《미》 제3종의: ~ matter[mail] 제3종 우편물

— *ad.* 3등으로; 3종 (우편)으로

third degrée [the ~] 《구어》 (경찰 등의 정신적[육체적]) 고문; Freemason의 제3급

third-degree búrn 〚병리〛 제3도 화상[열상](熱傷) 《괴사(壞死)성 화상으로 가장 중증》

third diménsion 1 제3차원 《두께·깊이》 **2** 입체성; 현실성, 생채(生彩), 박진력[성] **third-di·mén·sion·al** *a.*

third fínger 무명지, 약손가락

third fórce [the ~] 제3세력 《중립국(블록); 대립하는 정치 세력의 중간에 있는 세력·국가 등》

third generátion compúter 〚컴퓨터〛 제3 세대 컴퓨터 《1964-71년의 IC메모리를 사용한 컴퓨터 시스템》

Third Internátional [the ~] 제 3인터내셔널

***third·ly** [θə́:rdli] *ad.* **제3으로**, 세 번째로

third márket [the ~] 《미》 〚증권〛 제3시장 《상장주(上場株)의 장외 직접 거래 시장》

third párty 1 〚법〛 (당사자 이외의) 제3자 **2** [the ~] 〚정치〛 제3당; 소수당

third pérson [the ~] 〚문법〛 3인칭

third ráil 〚철도〛 (전차의 가공선(架空線) 대용의) 제3 궤조(軌條) 《송전용》

third-rate [-réit] *a.* 3등의, 3류의; 하등의, 열등한

third-rat·er [-réitər] *n.* 3류급 인사; 3등품

Third Wáve [the ~] 제3의 물결 《전자공학 혁명에 따른 고도 기술의 시대; 미국의 Alvin Toffler의 주장》

Third Wórld [the ~; 종종 **t~ w~**] 제3세계 《특히 아프리카·아시아·중남미의 개발 도상국》

⁑thirst [θə:rst] [OE 「바싹 마르다」의 뜻에서] *n.* **1** Ⓤ **갈증 2** [종종 a ~] **갈망**, 열망 《*for, after, of*》 **3** 《구어》 건조 지대, 사막 — *vi.* 갈망하다 《*for, after*》

thirst·i·ly [θə́:rstili] *ad.* **1** 목말라서, 목마르게 **2** 갈망하여

⁑thirst·y [θə́:rsti] *a.* (**thirst·i·er**; **-i·est**) **1** 목마른 **2** 《구어》 술을 좋아하는 **3** 〈토지·초목 등이〉 물기 없는, 건조한, 메마른 **4** Ⓟ **갈망[열망]하는** 《*for*》 **5** 《구어》 〈일·음식 등이〉 목마르게 하는, 목이 마르는

thírst·i·ness *n.*

⁂thir·teen [θə̀:rtí:n] *a.* **1** Ⓐ **13의**, 13개의, 13명의 **2** Ⓟ 13세의

— *n.* **1 a** (기수의) **13 b** 13의 기호 《13, xiii, XIII》 **2** 13세; 13달러[파운드, 센트,

펜스 《등》] **—** *pron.* [복수 취급] 13개, 13명

‡**thir·teenth** [θə̀ːrtíːnθ] *a.* **1** [보통 the ~] **제13의**, 열세 번째의 **2** 13분의 1의
— *n.* **1** [보통 the ~] **a** (서수의) 제13 《略 13th》 **b** (달의) 13일 **2** 13분의 1
— *pron.* 13번째의 사람[것]

‡**thir·ti·eth** [θə́ːrtiiθ] *a.* **1** [보통 the ~] **제30의**, 30번째의 **2** 30분의 1의
— *n.* **1** [보통 the ~] **a** (서수의) **제30** 《略 30th》 **b** (달의) 30일 **2** 30분의 1
— *pron.* [the ~] 30번째의 사람[것]

‡**thir·ty** [θə́ːrti] *a.* **1** Ⓐ **30의**, 30개[명]의 **2** Ⓟ 30세의
— *n.* **1 a** [보통 관사 없이] (기수의) **30** **b** 30의 기호 《30, xxx, XXX》 **2 a** 30명, 30개 **b** [one's -ties] (연령의) 30대 **c** [the -ties] (세기의) 30년대 **d** 30세; 30달러[파운드, 센트, 펜스 《등》]
— *pron.* [복수 취급] 30개, 30명

Thír·ty-nine Árticles [-nàin-] [the ~] 영국 국교의 39개 신조

thír·ty-séc·ond nòte [-sékənd-] 〚음악〛 32분 음표

Thírty Yéars'[Yéars] Wár [the ~] 30년 전쟁 《1618-48년에 주로 독일 국내에서 일어난 신구 교도간의 종교 전쟁》

‡**this** [ðis] *pron.* (*pl.* **these**[ðiːz]) **1 a** [가까운 것[사람]을 가리켜; 종종 사람을 소개할 때 써서] **이것**, 이분[사람] **b** 이것, 이 사태: Take ~ with you. 이것을 갖고 가시오. **c** [that와 상관적으로 써서] **이쪽**, 후자(the latter) **2 a** [때를 가리켜] **지금**, 현재 **b** [장소를 가리켜] **이곳**, 여기: Get out of ~ 여기서 《차 등》 나가라; 이 일에서 손떼라 **3 a** [방금 말한 것을 가리켜] **이 말**, 이것 **b** [지금부터 말하려거나 제시하려는 사물을 가리켜] **이런 일**
before ~ 이제까지에, 이전에 ***~ and*** (…) ***that*** 이것저것, 이모저모: put ~ *and that* together 이모저모로 생각하다
— *a.* 《지시형용사》 (*pl.* **these**[ðiːz]) **1 a** [가까이 있는 것[사람]을 가리켜] **이**: ~ table 이 테이블 **b** [가까운 때[곳]를 가리켜] **이**, 이곳의, 여기의: ~ life 이승, 현세 **c** [that와 상관적으로] **이**: He went to ~ doctor *and that.* 그는 이 의사 저 의사의 진찰을 받았다. **2 a** [서로 이미 알고 있는 것[사람]을 가리켜] **이**: ~ broad land of ours 이 넓은 우리 나라 **b** [지금부터 말하거나 제시하려는 사물을 가리켜] **이**, 이런: Have you heard ~ story? (지금부터 말하려는) 이 이야기를 들은 적이 있습니까? **3** [ðis] **지금의**, 현재의, 금(수)… **4** [ðis] 《구어》 어떤 (한 사람[하나]의): There's ~ boy I ride home with on the bus every day, and ... 매일 귀가하는 버스를 같이 타는 어떤 소년이 있는데, …
~ day 오늘: to ~ *day* 오늘(날)까지
~ time 이번에는, 이번만은
— [ðis] *ad.* **이만큼**, 이 정도(로)
~ much 이만큼, 이 정도(는), 이것만큼: *T~ much* is certain. 이것만큼은 확실하다.

This·be [θízbi] *n.* 〚그리스신화〛 티스베 《Pyramus와 서로 사랑한 여자; Thisbe가 사자에게 잡혀먹힌 것으로 알고 자살한 Pyramus의 뒤를 따름》

‡**this·tle** [θísl] *n.* 〚식물〛 **엉겅퀴** 《스코틀랜드의 국화》

this·tle·down [θísldàun] *n.* Ⓤ 엉겅퀴의 관모(冠毛): (as) light as ~ 아주 가벼운

this·tly [θísli] *a.* (**-tli·er**; **-tli·est**) **1** 엉겅퀴가 무성한 **2** 엉겅퀴 같은, 가시가 있는

*__thith·er__ [θíðər | ðíð-] *ad.* 《고어》 **저쪽으로**, 그쪽에(there) **—** *a.* 저쪽의

tho(') [ðóu] *conj., ad.* = THOUGH

thole [θoul] *n.* (배의 노를 꽂는) 놋좆

thole·pin [θóulpìn] *n.* = THOLE

Thom·as [tάməs | tɔ́m-] *n.* **1** 남자 이름 《애칭 Tom, Tommy》 **2** [St. ~] 〚성서〛 (성)도마 《그리스도의 12사도 중 한 사람》

Thómas Cùp 토머스 컵 《남자 세계 배드민턴 선수권 우승배》

Tho·mism [tóumizm] *n.* Ⓤ 토머스설(說) 《Thomas Aquinas의 신학설》
-mist *n., a.*

thong [θɔːŋ | θɔŋ] *n.* 가죽끈, 끈

Thor [θɔːr] *n.* 토르, 뇌신(雷神) 《북유럽 신화에서 천둥·전쟁·농업을 주관》

tho·rac·ic [θɔːrǽsik] *a.* 가슴[흉부]의

tho·rax [θɔ́ːræks] *n.* (*pl.* **~·es**, **-ra·ces** [-rəsìːz]) **1** 〚해부·동물〛 흉부, 흉곽(胸廓), 흉강(胸腔) **2** 〚고대그리스〛 흉갑(胸甲), 가슴받이

tho·ri·um [θɔ́ːriəm] *n.* Ⓤ 〚화학〛 토륨 《방사성 금속 원소; 기호 Th, 번호 90》

‡**thorn** [θɔːrn] *n.* **1** (식물의) **가시**; 〚식물〛 가시가 있는 관목 **2** (동물의) 가시털 **3** 고통을 주는 것, 괴로움의 원인
a ~ in one***'s side*** [***flesh***] 걱정[고통]의 원인, 불안의 씨

thórn àpple 〚식물〛 **1** 산사나무의 열매, 아가위(haw) **2** 흰독말풀류(類)

*__thorn·y__ [θɔ́ːrni] *a.* (**thorn·i·er**; **-i·est**) **1 가시가 많은** **2** 곤란한; 고통스러운, 괴로운

thor·o [θə́ːrou, -rə | θʌ́rə] *a., ad., prep., n.* 《구어》 = THOROUGH

tho·ron [θɔ́ːrɑn | -rɔn] *n.* Ⓤ 〚화학〛 토론 《radon의 방사성 동위 원소; 기호 Tn, 번호 86》

‡**thor·ough** [θə́ːrou, -rə | θʌ́rə] *a.* **1 철저한, 완전한** **2** 순전한, 전적인 **3** 면밀한, 빈틈없는

*__thor·ough·bred__ [θə́ːrəbrèd | θʌ́rə-] *a.* **1** 〈동물, 특히 말이〉 **순혈종(純血種)의** **2** 〈사람이〉 혈통이 좋은; 교양[본데] 있는 **3** 우수한, 일류의
— *n.* **1 a 순혈종의 말**[개] **b** [**T~**] 서러브레드 《말》 **2** 지체 높은 사람, 교양이 있는 사람

*__thor·ough·fare__ [θə́ːrəfɛ̀ər | θʌ́rə-] *n.* **1** (빠져나갈 수 있는) **도로**; 한길 **2** Ⓤ Ⓒ 통행 ***No ~.*** 《게시》 통행 금지.

*__thor·ough·go·ing__ [θə́ːrəgòuiŋ | θʌ́rə-] *a.* **1** 철저한 **2** Ⓐ 순전한

‡**thor·ough·ly** [θə́ːrouli | θʌ́rə-] *ad.* **1 완전히**, 철저히 **2** Ⓐ 순전히

T

thor·ough·ness [θə́:rounis | θʌ́rə-] *n.* Ⓤ 완전, 철저함; 순전함

thor·ough-paced [θə́:rəpèist | θʌ́rə-] *a.* **1** 〈말이〉 모든 보조(步調)에 익숙한 **2** Ⓐ 철저한; 순전한

‡those [ðouz] *a.* [THAT의 복수; 지시 형용사] **1 그것들의 2** [관계대명사에 의한 한정을 미리 지시하여] 그: *T*~ books (which) you lent me were very useful. 당신이 나에게 빌려준 책은 매우 유익했습니다.

— *pron.* [지시대명사] **1** 그들, 그것들, 그 사람들 **2** [앞서 쓴 복수 명사의 반복을 피하기 위해] 그(것)들 **3 a** [수식어와 함께] (…한) 것[사람]들: ~ present 출석자들 **b** [관계대명사와 함께] (…한) 사람들

‡thou¹ [ðau] *pron.* 《고어》 [제2인칭 단수 주격; 목적격 **thee** [ði, ði:]; 소유격 **thy** [ðai], **thine** [ðain]; *pl.* **ye** [ji:], **you** [ju:]] **당신은, 너는,** 그대는

thou² [*thou*sand] *n.* (*pl.* **~, ~s**) 《속어》 1,000개[파운드, 달러]

‡though [ðou] *conj.* **1 a** [종종 even ~로] **…이지만, …에도 불구하고**: *T*~ it was very cold, he went out without an overcoat. 매우 추웠지만 그는 외투 없이 외출했다. **b** [추가적으로 종속절을 이끌어] 하긴 …이지만: He will recover, ~ not as soon as we might hope. 그는 회복될 것이다, 하긴 우리가 바라는 것처럼 빠르게는 안 되지만. **2** [종종 even ~로] **비록 …일지라도[하더라도]**(even if): It is worth attempting *even* ~ we fail. 비록 실패하더라도 해볼 가치는 있다.

— *ad.* [문미·문중에 두어] 《구어》 그러나, 그래도, 그렇지만, 하긴, 역시: The work was hard. I enjoyed it, ~. 작업은 고됐다, 하긴 즐거웠지만.

‡thought [θɔ:t] *v.* THINK의 과거·과거분사 — *n.* **1 a** ⓊⒸ **생각, 사고**: *T~s* from Carlyle 칼라일 언사록(言思錄) 《책 이름》 **b** (이성에 호소하여 떠오른) 생각; 생각해낸 것 **c** [a ~] 일고(一考) **d** Ⓤ 사고력; 추리력; 상상력 **e** ⓊⒸ (…할) 생각, 의향(意向); [보통 *pl.*] 의견, 견해 **f** 예상, 예기 **2** ⓊⒸ **고려, 배려**(配慮); 염려; 걱정 **3** Ⓤ [보통 수식어와 함께] (시대·민족 등의) **사상,** 사조(思潮): modern[Western, Greek] ~ 근대[서양, 그리스] 사상

after much [***serious***] ~ 잘 생각한 뒤에 ***be lost in*** ~ 생각에 잠겨 있다 ***give a*** (***passing***) ~ ***to*** = ***bestow a*** ~ ***on*** …을 한 번 생각해 보다, …에 대해 일고하다

‡thought·ful [θɔ́:tfəl] *a.* **1 생각이 깊은,** 사려 깊은 (*of*); 사상이 풍부한 **2** 인정 있는; 친절한 **3 생각에 잠긴** **~·ness** *n.*

***thought·ful·ly** [θɔ́:tfəli] *ad.* **생각 깊게;** 생각에 잠겨; 인정 있게, 친절히

***thought·less** [θɔ́:tlis] *a.* **1 생각이 없는,** 경솔한, 부주의한 **2** 인정 없는; 불친절한 **~·ly** *ad.* **~·ness** *n.*

thought-out [θɔ́:táut] *a.* [보통 well 등의 부사와 함께] 여러 모로 깊이 생각한, 용의주도한 〈논법 등〉

thought-pro·vok·ing [-prəvòukiŋ] *a.* 생각하게 하는, 시사(示唆)하는 바가 많은

thought-read·er [-rì:dər] *n.* 독심술사

thought-read·ing [-rì:diŋ] *n.* Ⓤ 독심술

thóught transfèrence 직각적 사고(思考) 전달, 이심전심

‡thou·sand [θáuznd] *a.* **1 천의,** 천 개[명]의 **2** [보통 a ~] 수천의; 다수의, 무수한

(*a*) ~ ***and one*** 수많은, 무수한

— *n.* (*pl.* **~s** [-dz], 《수사 또는 수를 나타내는 형용사와 함께 쓰일 때에는》 **~**) **1 a 천**: a[《강조》 one] ~ 1,000 **b** 천의 기호 《1000, M》 **2** [*pl.*] 다수, 무수, 수천 ***by the*** ~(***s***) 몇 천이나, 아주 많이 ***hundreds*** [***tens***] ***of*** ~***s of*** 수천수만의

— *pron.* [복수 취급] 천 개, 천 명: There are a[one] ~. 1000개[명]가 있다.

thou·sand·fold [θáuzndfòuld] *a., ad.* 천 배의[로]

Thóusand Ísland dréssing 《미》 사우전드 아일랜드 드레싱 《마요네즈에 파슬리·피클·삶은 달걀·케첩 등을 가한 드레싱》

thou·sandth [θáuzn*t*θ] *a.* **1** [보통 the ~] 천 번째의 **2** 천분의 1의 — *n.* (*pl.* **~s**) **1** [보통 the ~] 천 번째 《略 1000th》 **2** 천분의 1 — *pron.* 천 번째의 것[사람]

***thrall** [θrɔ:l] *n.* **1 a 노예 b** (악덕·악습의) 노예 **2** Ⓤ 노예 신세[상태]

in ~ ***to*** …에 얽매여

thrall·dom, thral- [θrɔ́:ldəm] *n.* Ⓤ 노예의 신분[상태]; 속박

***thrash** [θræʃ] *vt.* **1** (몽둥이·채찍 등으로) **마구 때리다,** 채찍질하다 **2** 《구어》 〈경기에서 상대방을〉 격파하다, 이기다

— *vi.* **1** 뒹굴다, 몸부림치다 **2** 〈배가〉 파도[바람]를 헤치고[거슬러] 나아가다

~ ***about*** (잠자리에서) 엎치락뒤치락하다

~ ***out*** 〈문제 등을〉 논의[토의] 끝에 해결하다, 충분히 검토하다; 논의[토의] 끝에 〈진리·해결 등에〉 도달하다; 《미·구어》 승부가 날 때까지 싸우다

— *n.* **1** 때림; 이김 **2** 〖수영〗 물장구치기

thrash·er [θrǽʃər] *n.* 〖조류〗 개똥지빠귀속(屬) 《북미산》

thrash·ing [θrǽʃiŋ] *n.* **1** Ⓤ 타작, 탈곡 **2** ⓊⒸ 채찍질 **3** (경기 등에서의) 대패, 참패

‡thread [θred] *n.* **1** ⓊⒸ **실 a** 바느질 실; 꼰 실 **b** 선, 가는 선 **c** 실처럼 가느다란 것 **2 a** 연속, 계속; (이야기 등의) 줄거리 **b** 특징, 요소 **c** [the ~, one's ~] 인간의 수명 **3** [*pl.*] 《미·속어》 의복, 옷 **4** 〖컴퓨터〗 스레드 《인터넷 토론 그룹의 멤버들이 쓴 메시지가 일련으로 링크된 것》

— *vt.* **1** 〈바늘에〉 **실을 꿰다 2** 〈구슬 등을〉 실에 꿰다 **3** 요리조리 헤치며 나아가다 《*through*》 **4** 〈볼트·구멍에〉 나사산을 내다

thread·bare [θrédbɛ̀ər] *a.* **1** 〈의복·천 등이〉 닳아서 올이 드러나 보이는, 나달나달 해진 **2** 〈사람이〉 누더기를 걸친, 초라한 **3** 〈의론·농담 등이〉 진부[시시]한

thread·er [θrédər] *n.* 실 꿰는 도구

thread·like [θrédlàik] *a.* 실 같은, 가늘고 긴

thréad màrk 지폐의 실올 무늬 《위조를 막기 위하여 지폐 속에 넣은 착색 섬유》

thread·y [θrédi] *a.* (**thread·i·er**; **-i·est**) **1 a** 실 같은, 가느다란 **b** 실의, 섬유질의 **2** 〈액체 등이〉 가는 실처럼 늘어지는, 진득진득한 **3** 〈맥박·목소리 등이〉 약한, 가냘픈, 힘없는

‡**threat** [θret] *n.* **1 위협,** 협박 **2** [a ~] 흉조(凶兆), 조짐, 징후 (*of*): There is a ~ *of* rain. 비가 올 징후가 있다.

‡**threat·en** [θrétn] *vt.* **1 위협[협박]하다 2** 〈위험·재앙 등이〉 …에게 임박하다, 위협을 주다 **3 …할 우려가 있다** —*vi.* **1** 위협[협박]하다 **2** 〈위험 등이〉 임박하다, …할 듯하다 **~·er** *n.*

***threat·en·ing** [θrétniŋ] *a.* **1 위협[협박]적인 2** 〈나쁜 일이〉 일어날 듯한, 임박한 **3** 〈날씨 등이〉 험악한

‡**three** [θri:] *a.* **1** Ⓐ **셋의,** 3개[인]의 **2** Ⓟ 세 살의

give* a person *~ times ~ …에게 만세 삼창을 세 번 되풀이하다

— *pron.* [복수 취급] 3개[명]

— *n.* **1 a** (기수의) 3, 셋 **b** 3의 기호(3, iii, III) **2** 3세, 3시; 3달러[파운드, 센트 《등》] **3** 〖스케이트〗 3자형 피겨 **4** 세 개 한 벌[3명 한 조]의 것

three-bag·ger [-bǽgər] *n.* 〖야구〗 = THREE-BASE HIT

thrée-base hít [-bèis-] 〖야구〗 3루타

three-co·lor [-kʌ̀lər] *a.* 3색의; 〖인쇄〗 3색판의

three-cor·nered [-kɔ́:rnərd] *a.* **1** 삼각의 **2** 〈경기 등이〉 세 사람의 선수로 된; 삼파전의; 삼각 관계의: a ~ relation 삼각 관계

3-D, three-D [-dí:] [*three-d*imensional] *n.* Ⓤ 3차원의 형태; 입체감; 입체 효과; 입체 사진[영화]

three-deck·er [-dékər] *n.* **1** (옛날의) 3층 갑판의 전함 **2** 3부로 된 것; 3부작 소설

three-di·men·sion·al [-diménʃənl] *a.* **1** 3차원의 **2** 〈사진·영화 등이〉 입체의

***three·fold** [θrí:fòuld] *a.* **1 3배의 2** 3부분[요소]이 있는, 3중[겹]의
— *ad.* 3배[중]로

thrée-fóur (tìme) [-fɔ́:r] 〖음악〗 4분의 3박자(three-quarter time)

three-half·pence, -ha'pence [-héipəns] *n.* (*pl.* ~, **-penc·es**) 1펜스 반 (1 1/2 d.)

three-hand(·ed) [-hǽnd(id)] *a.* 세 사람이 하는 〈놀이 등〉

three-leg·ged [-légid] *a.* 3각의: a ~ race 〖경기〗 2인 3각 경주

thrée-line whíp [-làin-] 《영》 (의회의) 긴급 등원(登院) 명령

thrée-mile límit [-màil-] 〖국제법〗 해안에서 3마일 이내의 한계 《영해》

three-part [-pɑ̀:rt] *a.* 3부의, 3부로 된

three·pence [θrí:pəns, θrépəns] *n.* (*pl.* ~, **-penc·es**) 《영》 **1** 3펜스 경화 《1971년 폐지》 **2** Ⓤ 3펜스(의 금액) 《지금의 1 1/4펜스》

three·pen·ny [θrí:pəni, θrépəni] *a.* **1** 《영》 3펜스의 **2** 하찮은, 값싼

three-phase [-fèiz] *a.* 〖전기〗 3상(相)의

three-piece [-pí:s] *a.* 〈의복 등이〉 3개 한벌의, 스리피스의; 〈가구가〉 3개[점] 1세트의

three-ply [-plái] *a.* 세 겹의; 석 장 바른; 세 가닥으로 꼰 〈밧줄〉

thrée-point túrn 《영》 3점 방향 전환 《좁은 길에서 전진·후진·전진으로 자동차 방향을 바꾸는 일》

three-quar·ter [-kwɔ́:rtər] *a.* **1** 4분의 3의; 〈옷 등이〉 (보통의) 4분의 3 길이의, 7분의 **2** 〖사진〗 7분신(分身)의; 얼굴의 3/4을 나타내는 《full과 profile의 중간》
— *n.* **1** (사진의) 7분신 (초상), 3/4이 나타난 얼굴 **2** 〖럭비〗 스리쿼터 백(= ~ **báck**)

thrée-quárter tìme 〖음악〗 4분의 3박자(three-four (time))

thrée-ring(ed) círcus [-rìŋ(d)-] **1** 세 장면을 동시에 진행하는 서커스 **2** 눈이 핑핑 도는 것, 매우 재미있는 것

three·score [-skɔ́:r] *n., a.* 60(의), 60세(의) **~ (*years*) *and ten*** 〖성서〗 (인생은) 70(세)

three·some [θrí:səm] *n.* **1** 3인조 **2** 〖골프〗 스리섬《1명 대 2명으로 하는 경기》; 그 경기자들 — *a.* 3인조의, 셋이서 하는

three-star [-stɑ̀:r] *a.* 별이 셋인; 〈호텔·식당 등〉 우량한

three-way [-wèi] *a.* 세 가지 모양의; 세 가지 방법의; 세 방향의

three-wheel·er [-*h*wí:lər] *n.* 3륜차; 3륜 오토바이

thren·o·dy [θrénədi], **thre·node** [θrí:noud, θrén-] *n.* (*pl.* **-dies**; **~s**) 《문어》 비가(悲歌), 애가

thresh [θreʃ] *vt.* 〈곡식을〉 도리깨질하다, 타작하다 —*vi.* 도리깨질하다, 타작하다 —*n.* 탈곡, 타작

thresh·er [θréʃər] *n.* **1** 탈곡기, 탈곡자 **2** 〖어류〗 환도상어의 일종

thréshing machìne 탈곡기

‡**thresh·old** [θréʃ*h*ould] [OE 「밟는 것」의 뜻에서] *n.* **1 문지방;** 입구: cross the ~ 문지방을 넘다, 집에 들어가다 **2** [보통 the ~] **발단,** 시초 **3** 〖심리·생리〗 역(閾) (자극에 대해 반응하기 시작하는 분계점)
on the ~ of 바야흐로 …하려고 하여; …의 시초에

thréshold válue 〖생리〗 역가(閾價), 역치(閾値), 한계치

‡**threw** [θru:] [동음어 through] *v.* THROW의 과거

‡**thrice** [θrais] *ad.* **1** 《문어》 **세 번,** 3배로 **2** 몇 번이고; 크게, 매우

***thrift** [θrift] [ON 「번영하다(thrive)」의 뜻에서] *n.* Ⓤ **1 절약,** 검약 **2** Ⓒ 〖식물〗 아르메리아 《갯질경잇과(科)》

thríft institùtion 《미》 저축 기관 《저축 기관의 총칭》

thrift·less [θríftlis] *a.* 돈을 헤프게 쓰는, 낭비하는 **~·ly** *ad.* **~·ness** *n.*

thríft shòp 《미》 중고품 할인 판매점

***thrift·y** [θrífti] *a.* (**thrift·i·er**; **-i·est**) **1 검약하는,** 아끼는 **2** 《미》 번영하는 **3** 무성한, 잘 자라는 **thríft·i·ly** *ad.* **-i·ness** *n.*

T

‡thrill [θril] *n.* **1** ⓤⓒ (공포·쾌감 등으로 인한) **스릴, 전율,** 오싹[자릿자릿, 두근두근]함 《*of*》 **2** 떨림; 떨리는 소리 **3** 동계(動悸), 맥박; 〚의학〛 (청진기에 들리는) 이상 진음(震音) **—***vt.* **1 감동[감격, 흥분]시키다;** 오싹하게[두근거리게] 하다, 전율시키다 《*with*》 **2 떨게[흔들리게] 하다** **—***vi.* **1 오싹하다,** 감동[감격]하다, 소름이 끼치다 **2** 떨리다

thrill·er [θrílər] *n.* **1** 스릴을 주는 것[사람], 오싹[자릿자릿]하게 하는 사람[것] **2** 《구어》 스릴러, 《특히》 괴기 영화[극, 소설]

***thrill·ing** [θríliŋ] *a.* **오싹[자릿자릿, 두근두근]하게 하는, 소름이 끼치는,** 스릴 만점의 **~·ly** *ad.*

***thrive** [θraiv] *vi.* (**throve** [θrouv], 《미》 **~d**; **thriv·en** [θrívən], 《미》 **~d**) **1 번영하다,** 번성하다; 성공하다 **2** 잘[튼튼하게] 자라다, 성장하다; **무성해지다**

***thriv·en** [θrívən] *vi.* THRIVE의 과거·과거분사

thriv·ing [θráiviŋ] *a.* **1** 번성[번영]하는 **2** 〈동식물이〉 잘 자라는

thro, thro' [θrúː] *prep., ad., a.* 《고어》 = THROUGH

‡throat [θrout] *n.* **1** 목구멍, 인후(咽喉) **2** 목구멍 모양의 물건 **3** 좁은 통로[입구, 출구]; 협류(峽流) **4** 목소리; 《특히》 새의 울음소리
A lump was (***rising***) ***in*** his **~.** (그)는 북받치는 감정으로 목이 메었다. ***clear*** one***'s*** **~** (헛)기침하다 ***stick in*** one***'s*** **~** 〈뼈·가시 등이〉 목구멍에 걸리다; 마음에 들지 않다; 〈말 등이〉 잘 나오지 않다 ***take***[***seize***] a person ***by the*** **~** …의 목을 조르다

throat·ed [θróutid] *a.* [보통 복합어를 이루어] …한 목을 가진, …한 소리가 나는

throat·y [θróuti] *a.* (**throat·i·er**; **-i·est**) **1** 목구멍 소리의 **2** 〈목소리가〉 목 안쪽에서 나오는, 목쉰(hoarse) **3** 〈소나개 등이〉 목살이 처진
thróat·i·ly *ad.* **-i·ness** *n.*

throb** [θrɑb | θrɔb] *vi.* (**~bed**; **~·bing**) **1** 〈심장이〉 **고동치다,** 맥이 뛰다, 두근[울렁]거리다 **2** 〈악기 등이〉 진동하다 **3** 흥분하다, 감동하다 **4** 율동적으로 뛰다 **—n.* **1** 동계(動悸), 고동, 맥박: My heart gave a ~. 가슴이 덜컹했다. **2** 감동, 흥분 **3** (율동적인) 진동

throb·bing [θrɑ́biŋ | θrɔ́b-] *a.* 두근거리는, 고동치는; 약동하는 **~·ly** *ad.*

throe [θrou] *n.* **1** [보통 *pl.*] 《문어》 격통(激痛), 심한 고통 **2** [*pl.*] 진통(陣痛); 단말마 **3** [*pl.*] 고투, 격렬한 노력

throm·bo·sis [θrɑmbóusis | θrɔm-] *n.* (*pl.* **-ses** [-siːz]) ⓤⓒ 〚병리〛 혈전증(血栓症)

‡throne [θroun] [동음어 thrown] [Gk 「높은 자리」의 뜻에서] *n.* **1 왕좌,** 옥좌; [the ~] **왕위,** 왕권 **2** 군주 **3** [the ~] 주권자 **4** 교황의 성좌, 주교좌 **5** [*pl.*] 좌품천사(座品天使) 《천사의 아홉 자리 중의 셋째 자리》
—*vt.* 《문어》 왕위에 오르게 하다
—*vi.* 왕위에 앉다

‡throng [θrɔːŋ | θrɔŋ] *n.* **군중;** 사람의 떼 **—***vi.* **떼를 지어 모이다,** 우글거리다; 떼지어 이동하다 《*about, round*》 **—***vt.* …에 모여들다; 〈거리 등에〉 모여들게 하다

thros·tle [θrɑ́sl | θrɔ́sl] *n.* 〚조류〛 개똥지빠귀의 일종

throt·tle [θrɑ́tl | θrɔ́tl] *n.* 〚기계〛 (카뷰레터 등의) 조절판, 절기판(節氣瓣) **—***vt.* **1** 목을 조르다, 질식시키다 **2** 누르다; 억압하다 **3** 〚기계〛 〈증기·유체 등의 흐름을〉 조절하다; 감속하다

thróttle lèver 〚기계〛 절기판 레버

thróttle vàlve 〚기계〛 절기판, 조절판

‡through [θruː] [동음어 threw] *prep.* **1** [관통·통과] **a** …**을 통하여,** …을 꿰뚫어 **b** 〈문·경로 등〉**을 지나서,** …을 통하여, …에서 **c** 〈신호 등〉**을 돌파하여 d** 〈머리 등〉**을 지나;** 〈거짓 등을〉 꿰뚫어 보아 **2** [도처] **a** 〈장소〉**를 두루 b** …**사이를 (이리저리) 3** [처음부터 끝까지; 종종 강조적으로 all ~로] **a** 〈시간·기간〉 **동안 내내[줄곧] b** …**의 처음부터 끝까지 4** [경험 등의 완료] **a** …**을 겪어,** …을 다 써버려 **b** [be ~…로] …**을 끝마치다;** 〈시험〉에 합격하다 **5** [수단·매체] …**에 의하여,** …을 통하여 **6** [원인] …**으로 인하여,** …때문에 **—***ad.* **1 통과[관통]하여;** 돌파하여 **2** 〈장소까지〉 **죽;** 직행으로 《*to*》 **3** [특히 wet[soaked] ~로] **흠뻑, 완전히,** 철저히 **4** (어떤 시간) **동안,** 죽, 내내 **5 처음부터 끝까지 6** (무사히) **끝나,** 마치고 **7 a** 《미》 (통화가) 끝나 **b** 《영》 (전화가) **연결되어**
all **~** 그동안 죽, 내내, 줄곧
—*a.* Ⓐ **1 a 직행의,** 직통의 **b** 〈도로가〉 직통의, 통과할 수 있는 **2** 끝에서 끝까지 통한, 관통한

‡through·out [θruːáut] *ad.* **1** [장소] **도처에,** 구석구석까지 **2** [시간] **처음부터 끝까지 3** 전부, 모조리 **—***prep.* **1** [장소] …**의 구석구석까지,** …의 도처에 **2** [시간] …**동안:** ~ one's life 일생을 통하여

through·put [θrúːpùt] *n.* (공장·전자계산기·컴퓨터 등의 일정 시간 내의) 재료[작업] 처리량

thróugh strèet 우선 도로 《교차점에서 다른 도로의 교통에 우선하는 도로》

through·way [-wèi] *n.* 《미》 = EXPRESSWAY

throve [θrouv] *v.* THRIVE의 과거

‡throw [θrou] *v.* (**threw** [θruː]; **thrown** [θroun]) *vt.* **1 던지다 2** 〈시선·광선을〉 던지다, 〈의심 등을〉 두다; 〈타격을〉 가하다 《*at, on*》 **3** 〈총알 등을〉 발사하다; 〈물 등을〉 분출시키다 《*on*》 **4** 〈몸의 일부를〉 (심하게) 움직이다 **5** (어떤 상태에) 빠지게 하다, (…으로) 만들다 **6** 《구어》 〈모임을〉 개최하다 **7** 〈옷 등을〉 급히 입다[걸치다] 《*on, over*》; 벗어던지다 《*off*》 **—***vi.* **1** 〈탄환 등을〉 발사하다; 던지다 **2** 〈가축이〉 새끼를 낳다
~ *about*[***around***] (1) 뿌리다, 흩뜨리다 (2) 〈돈을〉 낭비하다 (3) 〚항해〛 급히 방향을 돌리다 **~ *away***[***aside***] (1) (쓸데없어서)

버리다, 낭비하다 《*on*》 (2) 〈기회·충고 등을〉 저버리다 (3) 〖카드〗 〈패를〉 버리다 **~ *back*** (1) 되던지다; 반사하다; 되돌아가게 하다; 격퇴하다, 저지하다 (2) 지연시키다, 진보를 방해하다, 퇴보시키다 (3) 〈동식물이〉 조상을 닮다 (4) 의지하다 (5) 시대가 거슬러 올라가다 《*to*》 **~ *down*** (1) 내던지다, 넘어뜨리다 (2) 파괴하다 (3) 《미》 퇴짜놓다 (4) 《속어》 골탕먹이다, 꼼짝 못하게 하다 (5) 《미·구어》 〈친구를〉 버리다 **~ *in*** (1) 던져 넣다; 주입하다 (2) 〈말·의견 등을〉 끼워넣다, 참견하다 (3) 덤으로 주다 (4) 〈클러치·기어 등을〉 넣다 **~ *off*** (1) 던져버리다, 내던지다 (2) 〈구속·병 등을〉 뿌리치다 (3) 벗다, 벗어던지다 (4) 벗어나다, 관계를 끊다, 떼어버리다, 버리다 **~ *out*** (1) 내던지다, 버리다, 처분하다, 뿌리째 뽑다 (2) 〈눈·가지 등을〉 내밀다 (3) 〈집채를〉 증축하다 (4) 넌지시 비치다 **~ *out of work*** 실직시키다 **~ *over*** (1) 건너편으로 던지다 (2) 〈애인·친구 등을〉 저버리다 (3) 퇴짜놓다 (4) 〈약속 등을〉 파기하다 **~ *up*** (1) 던져 올리다 (2) 세상에 내보내다, 배출하다 (3) 파기하다, 그만두다, 사직하다 (4) 〈건물을〉 급히 짓다

— *n.* **1 내던짐**; 투구; (탄환 등의) 발사 **2** 투사거리 **3** 던져서 나온 주사위의 눈 **4** 〖기계〗 동작 거리[반경]

throw·a·way [θróuəwèi] *n.* **1** 광고, 전단 **2** 넌지시 하는 대사[말] **3** 《미·속어》 할인 티켓 — *a.* Ⓐ **1** 넌지시 말한 **2** 쓰고 버리는 〈종이 컵 등〉

throw·back [-bæ̀k] *n.* **1** 되던짐 **2** 후퇴, 역전 **3** 격세 유전 **4** 〖영화〗 장면 전환

throw·er [θróuər] *n.* 던지는 사람[것]

throw-in [θróuìn] *n.* 던져진 공; 〖경기〗 스로인

throw-mon·ey [-mʌ̀ni] *n.* 《미·속어》 잔돈

‡**thrown** [θroun] [동음어 throne] *v.* THROW의 과거분사 — *a.* 꼰: ~ silk 꼰 명주실

***throw-off** [θróuɔ̀:f | -ɔ̀f] *n.* (사냥·경주 등의) **개시, 출발**

throw-out [-àut] *n.* **1** 내던짐 **2** 내던져진 사람[물건] **3** 불합격품, 찌꺼기

thrów rùg 작은 융단

thrów wèight 〖군사〗 (핵 미사일의) 투사 중량

thru [θru:] *prep., ad., a.* 《미·구어》 = THROUGH

thrum[1] [θrʌm] *vt., vi.* (**~med**; **~·ming**) 〈현악기를〉 손가락으로 뜯다, 퉁겨 소리내다 《*on*》; 〈테이블 등을〉 똑똑 두드리다

— *n.* **1** (악기를) 손가락으로 뜯음 **2** 퉁기는 소리

thrum[2] *n.* (피륙의) 가장자리, 짜고 남은 날실[올], 실오라기; [*pl.*] 실밥

***thrush**[1] [θrʌʃ] *n.* 〖조류〗 **개똥지빠귀**

thrush[2] *n.* Ⓤ 〖병리〗 아구창(鵞口瘡)

‡**thrust** [θrʌst] [ON 「밀다」의 뜻에서] *v.* (**thrust**) *vt.* **1** (와락) **밀다,** 쑤셔 넣다 《*into, forward*》; 헤치고 나아가다 《*into, through*》 **2** 억지로 …시키다; 추방하다 **3** 찌르다, 꿰찌르다 《*into, through*》 **4** [~ one*self* 로] 억지로 끼어들다, 주제넘게 나서다; 뛰어들다, (어떤 상태에) 파고들다 — *vi.* **1** 밀다; 찌르다, 찌르려고 덤비다 《*at*》 **2** 돌진하다, 밀어 제치고 나아가다 《*through, past*》 — *n.* **1** (와락) **밀침**; 찌름 **2** Ⓤ 《미》 (연설 등의) 요점, 진의, 취지 **3** (조직적인 군사) 공격, 습격, 공격; 날카로운 비판 **4** Ⓤ 〖기계〗 추력(推力), 추진력; 박력

thrust·er, thrust·or [θrʌ́stər] *n.* **1** 밀치는[찌르는] 사람 **2** 난 체하는 사람 **3** 〖항공·우주과학〗 (우주선의) 자세[분사] 제어 로켓

thrúst stàge 돌출(突出) 무대

thru·way [θrú:wèi] *n.* 《미》 (유료) 고속도로

***thud** [θʌd] *n.* **쿵,** 털썩, 덜컥 《무거운 물건이 떨어지는 소리》 — *vi.* (**~·ded**; **~·ding**) 털썩 떨어지다, 쿵 소리나다

thug [θʌg] *n.* 자객; 흉한(兇漢)

thug·gee [θʌ́gi] *n.* Ⓤ 인도의 암살단원에 의한 살인 강도

thug·ger·y [θʌ́gəri] *n.* = THUGGEE

Thu·le [θjú:li | θjú:-] *n.* 극북(極北)의 땅; 세계의 끝

thu·li·um [θjú:liəm | θjú:-] *n.* Ⓤ 〖화학〗 툴륨 《희토류 원소; 기호 Tm, 번호 69》

‡**thumb** [θʌm] [OE 「부푼 (손가락)」의 뜻에서] *n.* **엄지손가락**; (장갑 등의) 엄지손가락 — *vt.* **1** 〈책을〉 **엄지손가락으로 넘기다 2** 〈책 등을〉 훑어보다 **3 엄지손가락으로 만지다**; 〈악기를〉 서투르게 연주하다 **4** 《구어》 엄지손가락을 세워서 〈편승을〉 부탁하다 — *vi.* 편승을 부탁하다, 히치하이크하다

thúmb ìndex 색인 홈 《사전 등을 펼쳐보기 쉽도록 책장 가장자리를 반월형으로 잘라낸 홈》

thumb·mark [θʌ́mmɑ̀:rk] *n.* **1** 무인(拇印) **2** 엄지손가락 자국 《책장에 묻은》

thumb·nail [-nèil] *n.* **1** 엄지 손톱 **2** 〖컴퓨터〗 섬네일 《프린트 하기 전에 미리 보는 축소 화상》 — *a.* Ⓐ 아주 작은, 간결한

thumb·print [-prìnt] *n.* 엄지손가락의 지문; 무인(拇印)

thumb·screw [-skrù:] *n.* **1** 엄지손가락 죄는 틀 《옛날의 고문 도구》 **2** 〖기계〗 (손가락으로 돌리게 된) 나비 모양의 수나사

thumbs-down [θʌ́mzdàun] *n.* 거절, 불찬성, 비난

thumbs-up [θʌ́mzʌ́p] *n.* 승인, 찬성, 격려

thumb·tack [θʌ́mtæ̀k] *n.* 《미》 압정(押釘), 제도핀(《영》 drawing pin)

thump [θʌmp] [의성어] *n.* (**탁**) **때림,** 세게 쥐어 박음; 탁[쿵]하는 소리

— *vt.* **1** (주먹·막대기 등으로) **탁[딱, 쾅] 치다[때리다]**; 부딪치다 《*at*》 **2** 《구어》 후려갈기다 **3** 〈악기·곡을〉 쾅쾅 치다 《*out*》 — *vi.* **1** 탁[쿵]하고 치다[부딪치다, 떨어지다] **2** 쿵쿵거리며 걷다 **3** 〈심장·맥박 등이〉 두근거리다

thump·ing [θʌ́mpiŋ] *a.* Ⓐ **1** 탁[쾅] 치는 **2** 《구어》 거대한, 굉장한, 터무니없는: a ~ lie 새빨간 거짓말 **~·ly** *ad.*

T

‡thun·der [θʌ́ndər] *n.* **1** ⓊⒸ **우레, 천둥** **2** [*pl.*] 뇌성 같은 소리[목소리, 울림] **3** [보통 *pl.*] 위협, 탄핵, 노호
steal*[*run away with*]** a person's*** **~** 남의 생각[방법]을 가로채다; (앞질러 말해 버림으로써) 선수를 쓰다, 기세를 꺾다
— *vi.* **1** [it를 주어로 하여] **천둥치다** **2** 큰 소리를 내다 **3 극구 비난하다** 《*against, at*》 — *vt.* **1** 고함지르다, 큰 소리로 말하다 《*out*》 **2** 〈예포를〉 발사하다 《*out*》

thun·der·bird [θʌ́ndərbə̀ːrd] *n.* 〖조류〗 천둥새

∗thun·der·bolt [θʌ́ndərbòult] *n.* **1** (천둥이 따르는) **번개, 벼락,** 낙뢰 **2** 뜻밖의 무서운 일, 사건

thun·der·box [-bɑ̀ks | -bɔ̀ks] *n.* 《속어》 (땅에 판 구멍에 설치하는) 상자형 변기; 휴대 변기

thun·der·clap [-klæ̀p] *n.* 뇌성, 벼락 치는 소리

thun·der·cloud [-klàud] *n.* **1** 뇌운(雷雲) **2** 암운(暗雲), 위협을 느끼게 하는 것

thun·der·head [θʌ́ndərhèd] *n.* 〖기상〗 적란운(積亂雲), 소나기 구름

thun·der·ing [θʌ́ndəriŋ] *a.* Ⓐ **1** 우레[뇌성] 같은, 뇌성같이 울리는 **2** 《구어》 = THUMPING 2 — *ad.* 《영·구어》 매우, 엄청나게 **~·ly** *ad.*

∗thun·der·ous [θʌ́ndərəs] *a.* **1 우레같이 울리는** **2** = THUNDERY

thun·der·show·er [θʌ́ndərʃàuər] *n.* 번개가 따르는 소낙비, 뇌우

thun·der·storm [-stɔ̀ːrm] *n.* (강풍이 따르는) 뇌우

thun·der·struck [-strʌ̀k], **-strick·en** [-strìkən] *a.* Ⓟ 벼락맞은, 벼락이 떨어진; 깜짝 놀란, 기겁한

thun·der·y [θʌ́ndəri] *a.* **1** 벼락이 떨어질 것 같은, 뇌성이 울리는 **2** 불길한

thunk [θʌŋk] *n.* 쿡, 탁 《둔탁한 소리》

Thur. Thursday

‡Thurs·day [θə́ːrzdi, -dei] [ON 「Thor (천둥·날씨의 지배자)의 날」의 뜻에서] *n.* **목요일** 《略 Thurs., Thur., Th.》 — *a.* Ⓐ 목요일의: on ~ afternoon 목요일 오후에 — *ad.* 《구어》 목요일에(on Thursday)

Thurs·days [θə́ːrzdiz, -deiz] *ad.* 《미》 매주 목요일에, 목요일마다 (on every Thursday)

‡thus [ðʌs] *ad.* 《문어》 **1 이렇게,** 이와 같이, 이리하여 **2 그러므로**: It ~ appears that ... 그러므로 …처럼 여겨진다 **3** [형용사·부사를 수식하여] 이 정도까지 **4** 예를 들면
~ *far* 여태[지금]까지는(so far) 《흔히 동사의 완료형과 결합됨》 **~ *much*** 이것만은; 여기까지는: *T~ much* is certain. 이것만은 확실하다.

thwack [θwæk] *n.* 찰싹 때림; 그 소리 — *vt.* 찰싹 때리다

∗thwart [θwɔːrt] *vt.* **훼방놓다,** 방해하다 — *vi.* 반대하다
— *n.* 〖항해〗 보트 젓는 사람의 좌석

‡thy [ðai] *pron.* [THOU의 소유격 《모음 앞에서는 thine》] 《고어·시어·방언》 **그대의, 너의**

thyme [taim] [동음어 time] *n.* 〖식물〗 백리향(百里香)

thy·roid [θáirɔid] *a.* 〖해부〗 갑상선의 — *n.* 〖해부〗 갑상선(= ∠ **glànd**)

thy·rox·ine, -in [θairɑ́ksiːn | -rɔ́k-] *n.* Ⓤ 〖생화학〗 티록신 《갑상선 호르몬의 하나》

‡thy·self [ðaisélf] *pron.* [THOU[1]의 강조·재귀형] 《고어》 그대 자신, 그대 자신을[이](yourself)

ti [tiː] *n.* (*pl.* **~s**) 〖음악〗 제7음, 나음

Ti 〖화학〗 titanium

Tián·an·men Squáre [tiɑ́ːnɑ̀ːnmén-] *n.* (중국 베이징의) 톈안먼(天安門) 광장

ti·ar·a [tiǽrə | -ɑ́ːrə] *n.* **1** 고대 페르시아인의 관(冠)[머리 장식, 터번] **2** (로마 교황의) 삼중관(三重冠), 교황관

Ti·ber [táibər] *n.* [the ~] 티베르 강 《이탈리아 중부를 흐르는 강》

Ti·bet, Thi·bet [tibét] *n.* 티베트 《수도 Lhasa》

Ti·bet·an [tibétən] *a.* 티베트의; 티베트 사람[말]의 — *n.* **1** 티베트 사람 **2** Ⓤ 티베트 말

tib·i·a [tíbiə] *n.* (*pl.* **-ae** [-biìː], **~s**) 〖해부〗 경골(脛骨)

tic [tik] *n.* ⓊⒸ **1** 〖병리〗 (무통의) 안면 경련 **2** 병적인 집착

∗tick[1] [tik] [의성어] *n.* **1 똑딱[재깍]거리는 소리** 《시계 등의》 **2** 《영·구어》 순간 **3** 술래잡기
— *vi.* **1** 〈시계 등이〉 **똑딱[재깍]거리다;** 〈시간이〉 똑딱거리며 지나가다 《*away, by, past*》 **2** 《구어》 〈기계가〉 작동하다, 움직이다 — *vt.* **1** 똑딱똑딱 소리내어 〈통신을〉 보내다[알리다]; 똑딱똑딱 〈때를〉 알리다 《*off, out, away*》 **2** 〈점을〉 찍다, 조사하다 《*off*》

tick[2] *n.* **1** 〖동물〗 진드기 **2** 《영·구어》 싫은[귀찮은] 녀석

tick[3] *n.* **1** (매트리스·베개의) 잇 **2** 《구어》 = TICKING

tick[4] [*ticket*] *n.* Ⓤ 《영·구어》 외상, 외상 매출; 계산(서)

tick·er [tíkər] *n.* **1** 똑딱똑딱[재깍재깍] 소리내는 것 **2** 증권 시세 표시기; 전신 수신기 **3** 《구어》 시계(watch) **4** 《속어》 심장

tícker tàpe **1** 티커에서 자동적으로 나오는 테이프 《통신·증권 시세 등이 인쇄된》 **2** (환영의 뜻으로 빌딩의 창에서 떨어뜨리는) 종이 테이프, 색종이

tíck·er-tape paràde [-tèip-] (미국 New York 시 전통의) 색종이 테이프가 휘날리는 행진

‡tick·et [tíkit] [F 「붙이는 것」의 뜻에서] *n.* **1 표,** 입장권, 승차권: a season ~ 정기권(定期券) **2** 《구어》 호출장 《특히 교통 위반자에 대한》 (위반) 딱지 **3 정가표,** 정찰 **4** 《미》 (정당의) 공천 후보자 (명부) **5** 자격 증명서; 면허증 **6** [the ~] 《구어》 적당한 것; 정당[당연]한 일, 정말인 일 **7** 《영》 제대 명령; 가출옥 허가장 (=~ of leave) ***single*[*return*] ~** 편도[왕복]표 ***What's the ~?*** 《속어》 어떻게 할 참인가, 어찌 하기로 했느냐?

— *vt.* **1** 표[딱지]를 붙이다, 〈상품에〉 정가표를 달다 **2** …에 할당하다; 지명하다 《*for*》 **3** 《미·구어》 …에게 소환장을 내다
tícket àgency 표 판매 대리점 《여행사·입장권 예매처 등》
tícket àgent 표 판매 대리업자
tícket collèctor (역 등의) 집찰(集札)원
tícket òffice 《미》 매표소(《영》 booking office)
tick·ing [tíkiŋ] *n.* (매트리스·베개 등의 커버나 실내 장식에 쓰이는) 아마포[무명베]
***tick·le** [tíkl] *vt.* **1 간질이다 2 기쁘게 하다**; 신나게 하다 **3** 따끔거리다; 자극하다, 고무하다 **4** 〖낚시〗 〈송어 등을〉 손으로 움켜 잡다 — *vi.* **1** 간지럽다, 간질간질하다 **2** 간질이다 — *n.* **간지럼**, 간질임
tick·ler [tíklər] *n.* **1** 간질이는 사람[것]; 추켜올리는 사람 **2** 《미》 비망록, 수첩 **3** 《구어》 어려운 문제, 난처한 일 **4** 〖전기〗 재생 코일(= ∠ **còil**)
tick·lish [tíkliʃ] *a.* **1** 간지럼을 타는 **2** 신경질적인, 까다로운, 화 잘 내는; 다루기 힘든 〈문제〉 **3** 〈날씨 등이〉 불안정한
~·ly *ad.* **~·ness** *n.*
tick·tac(k) [tíktæ̀k] [의성어] *n.* **1** 똑딱똑딱(소리) **2** 심장의 고동, 동계
— *vi.* 똑딱똑딱 소리나다
tick·tac(k)·toe [tìktæktóu], **tick-tack·too** [-túː] *n.* Ⓤ 《미》 3목(三目) 놓기(《영》 noughts and crosses) 《어린이 놀이》
tic(k)·toc(k) [-tɑ̀k | -tɔ̀k] [의성어] *n.* (큰 시계의) 똑딱똑딱하는 소리
tick·y-tack·(y) [tíkitæ̀k(i)] *a.* 초라한, 값싼, 획일적인
***tid·al** [táidl] *a.* **1 조수(潮水)의**, 간만(干滿)이 있는 **2** 밀물 때에만 운항할 수 있는; a ~ boat 밀물 때에 출범하는 배 **3** 시간[상황]에 따라 변하는 **~·ly** *ad.*
tídal cúrrent 조류
tídal flòw (사람·자동차의) 시간에 따라 달라지는 흐름
tídal pówer plànt[stàtion] 조력 발전소
tídal wàve **1** 조석파(潮汐波); 해일(海溢) **2** (인심의) 격동, 큰 동요
tid·bit [tídbìt] *n.* 《미》 **1** 맛있는 가벼운 음식, (맛있는 것의) 한 입(《영》 titbit) **2** 재미있는 이야기, 토막 뉴스
‡**tide** [taid] *n.* **1** ⓊⒸ **조수**, 조류; 간만 **2** = FLOOD TIDE **3** 흐름; 홍수 **4** 흥망성쇠 **5** [the ~] **풍조**, 형세, 경향 **6** Ⓤ [복합어 이외에는 《고어》] **때**, 철, 계절, (특히 종교상의) 절(節), 제(祭): noon*tide* 한낮
ebb*[*low*] ~** 썰물 ***flood*[*flowing, high*] ~** 밀물, 만조 ***go with the ~ 세상 풍조를 따르다 ***The ~ turns to*[*against*]** him. 형세가 (그에게) 유리[불리]해진다. ***the turn of the ~*** 조수의 변화; 형세의 일변
— *vi.* 조수처럼 밀어닥치다; 조수를 타고 가다[흐르다] — *vt.* **1** 조수에 태워 나르다 **2** 〈곤란 등을〉 극복하다 《*over*》; 넘기게 하다 《*over*》
tide·land [táidlæ̀nd] *n.* Ⓤ 개펄, 간석지
tide·less [táidlis] *a.* 조수의 간만이 없는
tide·mark [táidmɑ̀ːrk] *n.* **1** (사람·사물의) 최고[최저] 도달점 **2** 만조시 최고 수위점; 간조시 최저 수위점 **3** 《영·구어》 (욕조의) 수위(水位)
tíde rìp (조수의 충돌로 생기는) 거센 파도, 격조(激潮)
tide·wa·ter [-wɔ̀ːtər] *n.* **1** Ⓤ 조수 **2** 《미》 조수의 영향을 받는 해안 저지
tide·way [-wèi] *n.* 조로(潮路); 조류가 흐르는 길
***ti·dings** [táidiŋz] *n. pl.* [때로 단수 취급] 《문어》 **기별, 소식**, 뉴스
‡**ti·dy** [táidi] *a.* (**-di·er**; **-di·est**) **1 단정한, 말쑥한**; 깨끗함을 좋아하는; 〈생각 등이〉 정연한 **2** 《구어》 상당한; 꽤 좋은 **3** 몸의 상태가 좋은 — *n.* (*pl.* **-dies**) **1** 《미》 의자의 등 커버 **2** 잡동사니 그릇[주머니], 쓰레기통 《개수대의》 **3** 몸치장(하는 시간) — *vt.* 깨끗이 치우다, 정돈하다 《*up*》 — *vi.* 치우다 《*up*》
‡**tie** [tai] *v.* (**tied**; **ty·ing**) *vt.* **1 a** (끈·새끼 등으로) **묶다**, 잡아[얽어]매다 **b** 〈끈·리본 등을〉 **매다**; 매어서 몸에 달다 **2** 결합[접합]시키다 **3 속박하다**, 구속하다, (어떤 상태에) 묶어두다 《*down*》: ~ a person *to* do something …을 어떤 일에 얽매이게 하다 **4** (경기·선거 등에서) 〈상대편과〉 **동점이 되다** 《*in*》 — *vi.* **1** 매어지다, 묶이다 《*together*》 **2** 동점이 되다, 득점이 맞먹다 《*with*》
~ down 일어서지 못하게 묶다; 구속하다, 제한하다 ***~ in*** (1) 묶다 《*with*》 (2) 관계 지우다 《*with, to*》 (3) 〈사실과〉 일치시키다 ***~ up*** (1) (*vi.*) 《미》 협동하다, 연합하다 《*to, with*》 (*vt.*) (2) 단단히 묶다; 포장하다; 붕대로 감다; 구속하다 (3) 《미》 〈파업으로 교통 등을〉 통하지 않게 하다 (4) 〈매매할 수 없게 유증물에〉 조건을 붙이다; 〈자본의〉 유용을 못하게 예치하다 (5) 《구어》 〈계획 등을〉 완성시키다
— *n.* **1 넥타이 2 매듭; 끈 3** 《일반적으로》 이어주는 것 **4** [*pl.*] **인연**; 유대; 의리 **5 동점**, 무승부; 토너먼트: a cup ~ 우승배 쟁탈전(戰) **6** 《미》 (철도의) 침목
tie·back [táibæ̀k] *n.* (커튼 등을 한쪽으로 몰아서 묶는) 장식띠[고리]
tíe bèam 〖건축〗 이음가로장, 가로장
tie·break(·er) [-brèik(ər)] 《미》 **1** 〖경기〗 동점 결승전 **2** 동점 때 결말을 짓는 것 《심지 뽑기 등》
tíe clìp[clàsp] 넥타이핀
tíed cóttage [táid-] 《영》 임대 사택
tíed hóuse 《영》 특약 주점 《특정 회사 술만 파는》
tie-dye [-dài] *n.* Ⓤ 홀치기 염색; Ⓒ 홀치기 염색을 한 옷[천]
— *vt., vi.* (**~·ing**) 홀치기 염색으로 하다 **~·ing** *n.* Ⓤ 홀치기 염색
tie-in [-ìn] *a.* 끼워 파는
— *n.* ⓊⒸ 끼워 팔기; 끼워 파는 물건
tie-on [táiɑ̀n | -ɔ̀n] *a.* Ⓐ 끈으로 동여 매는
tie·pin [-pìn] *n.* 넥타이핀
tier[1] [tiər] [동음어 tear] *n.* [*pl.*] (계단식 관람석 등의) 층, 단, 줄

T

— *vt.* 층층으로 쌓다, 쌓아 올리다 《*up*》
ti·er[2] [táiər] [tie에서] *n.* 매는 사람[것]
tier·cel [tíərsəl | tə́ː-] *n.* (매사냥에 사용하는) 수매
tíe tàck[**tàc**] (압정 모양의) 넥타이핀
∗**tie-up** [táiʌ̀p] *n.* **1** 《미》 **정체**(停滯); (사고 등에 의한) 불통, 휴업; 교통 체증 **2** 《구어》 협력, 제휴; 관계
tiff [tif] *n.* **1** 《구어》 (애인·친구 간의) 사소한 말다툼 **2** 언짢음, 부아
— *vi.* 사소한 말다툼을 하다
TIFF 〖컴퓨터〗 tag image file format 태그 붙은 화상 파일 형식
tig [tig] *n.* **1** 술래잡기 **2** 흥분 상태
‡**ti·ger** [táigər] *n.* (*pl.* **~s,** ~; *fem* **-gress**[-gris]) **1** 〖동물〗 **범, 호랑이** **2** 호랑이 같은[잔인한, 사나운] 남자; 〖경기〗 무서운 상대[강적]
tíger bèetle 〖곤충〗 가뢰
tíger càt 〖동물〗 큰살쾡이; (집에서 기르는) 얼룩고양이
ti·ger·eye [táigərài] *n.* ⓊⒸ 〖광물〗 호안석(虎眼石) 《황갈색·장식용》
ti·ger·ish [táigəriʃ] *a.* 범[호랑이] 같은; 사나운, 잔인한
tíger lìly 〖식물〗 참나리
tíger mòth 〖곤충〗 불나방
ti·ger's-eye [táigərzài] *n.* = TIGER-EYE
‡**tight** [tait] *a.* **1 단단한,** 단단히 맨 **2** 〈줄 등이〉 **팽팽한;** 〈미소 등이〉 굳은 **3 a** 〈위·가슴의 느낌이〉 답답한 **b** 〈옷 등이〉 꼭 끼는 **4** 곤란한, 위험한 **5 a** 촘촘한 〈천 등〉 **b** 빈틈이 없는, 〈공기·물 등이〉 새어들지 않는 **6** 〈관리·단속 등이〉 엄격한 **7** 움쭉달싹할 수 없는, 빡빡한
It is a ~ fit. 옷이 꼭 낀다. ***keep a ~ rein***[***hand***] ***on*** a person …에게 엄하게 굴다
— *ad.* **단단히,** 세게; 《구어》 충분히
sit ~ 《구어》 침착한 자세를 갖다; 사태를 정관(靜觀)하다; 의지를 관철하다
— *n.* **1** 《미·속어》 궁지, 곤경 **2** (럭비의) 스크럼
‡**tight·en** [táitn] *vt.* **1 죄다,** 단단하게[탱탱하게] 하다 **2** 〈통제·정책 등을〉 강화하다 《*up*》 — *vi.* **1** 튼튼하게 조이다, 단단해지다, 팽팽해지다 《*up*》 **2** 〈통제·정책 등이〉 엄해지다, 강화되다 《*up*》
tight·fit·ting [-fítiŋ] *a.* (옷이) 딱 맞는, 꼭 끼는
tight-knit [-nít] *a.* **1** 조밀하게 짠 **2** 긴밀한 〈조직〉
tight-lipped [-lípt] *a.* 입을 굳게 다문; 말 없는
‡**tight·ly** [táitli] *ad.* **단단히,** 팽팽하게, 꽉
tight·ness [táitnis] *n.* Ⓤ **1** 견고, 긴장 **2** 옹색함; 금융 핍박
tight·rope [táitròup] *n.* **1** (줄타기하는) 팽팽한 줄: a ~ walker 줄타기 곡예사 **2** 《비유》 위험이 내포된 상황
tights [taits] *n. pl.* (댄서·곡예사 등이 입는) 몸에 꽉 끼는 옷, 타이츠
tíght squéeze 《구어》 궁지, 곤경, 애로
tight·wad [táitwɑ̀d | -wɔ̀d] *n.* 《미·구어》 구두쇠
ti·gress [táigris] *n.* **1** 암범(cf. TIGER 1) **2** 호랑이 같은[잔인한, 사나운] 여자
Ti·gris [táigris] *n.* [the ~] 티그리스강 《Mesopotamia의 강》
T.I.H. Their Imperial Highnesses 전하
tike [taik] *n.* = TYKE
til·de [tíldə] [Sp.] *n.* 틸데 《[˜]: 스페인 말에서 n위에 붙이는 기호(señor); 포르투갈 말에서 모음 위에 붙이는 비음화(鼻音化) 기호(pão)》
‡**tile** [tail] [L 「덮다」의 뜻에서] *n.* **1 기와; 타일:** a plain ~ 평기와 **2** 토관(土管), 하수관 — *vt.* 기와를 이다, 타일로 덮다
til·er [táilər] *n.* 기와 제조인; 기와 이는 사람
til·ing [táiliŋ] *n.* Ⓤ **1** 기와 이기, 타일 깔기 **2** [집합적] 기와, 타일(tiles)
‡**till**[1] [til] *prep.* **1 …까지** (줄곧): ~ now [then] 지금[그때]까지 **2** [부정어의 뒤] …까지 (…않다), …이 되어서야 비로소 (…하다) **3** (시간적으로) …경
— *conj.* **1** (…할 때)**까지** (줄곧) **2** [부정어의 뒤] …할 때까지는 (…않다) **3** [결과·정도] …하여 마침내
till[2] [til] [ME 「꺼내다」의 뜻에서] *n.* (상점 계산대의) 돈 서랍; (캐비닛 속 등의) 귀중품 서랍
‡**till**[3] [til] [OE 「노력하다」의 뜻에서] *vt.* **1 갈다,** 경작하다(cultivate) **2** 개발하다; 연구하다 — *vi.* 땅을 갈다
till·a·ble [tíləbl] *a.* 경작하기에 알맞은
till·age [tílidʒ] *n.* Ⓤ 경작; 경지; 농작물
till·er[1] [tílər] [till[3]에서] *n.* 경작자, 농부
til·ler[2] [tílər] *n.* 〖항해〗 키 손잡이
∗**tilt** [tilt] [OE 「불안정한」의 뜻에서] *n.* **1 경사,** 기울기(slant) **2** (중세의) 말타고 하는 창(槍) 시합; (창의) 찌르기
— *vt.* **1 기울이다;** 비스듬하게 하다 《*up*》: ~ a hat *sideways* 모자를 비스듬하게 쓰다 **2** 〈물건을〉 뒤엎다 《*over*》 **3** 〈창을〉 겨누다; 찌르다 《*at*》 — *vi.* **1 기울다,** 비스듬해지다: The desk is apt to ~ *over.* 그 책상은 잘 기운다. **2** 마상(馬上) 창시합을 하다, 창으로 찌르다 **3** 싸우다; 〈문장·연설 등으로〉 공격하다, 항의하다
tílt hàmmer 동력 망치
tilt·yard [-jɑ̀ːrd] *n.* (중세의) 마상(馬上) 창시합장
Tim [tim] *n.* 남자 이름 《Timothy의 애칭》
T.I.M. Their Imperial Majesties 황제[황후] 폐하
‡**tim·ber** [tímbər] [OE 「건물」의 뜻에서] *n.* **1** Ⓤ (건축용으로 제재한) **재목** **2** [집합적] (건축용재로서의) 입목(立木); 《미》 숲 **3** 들보감; [*pl.*] 〖항해〗 조선용 목재, 늑재(肋材) **4** Ⓤ 《미·구어》 인물, 사람됨, 소질 — *vt.* …에 재목을 공급하다 — *vi.* 나무 벌채에 종사하다 — *int.* 나무가 쓰러진다! 《벌채 때의 경고 소리》
tim·bered [tímbərd] *a.* **1** 목조의 **2** 수목이 울창한
tim·ber-frame(**d**) [tímbərfrèim(d)] *a.* 〖건축〗 골조(骨組)가 나무로 된
tim·ber·ing [tímbəriŋ] *n.* Ⓤ **1** [집합적] 건축 용재, 목재 **2** 목조

tim·ber·land [tímbərlæ̀nd] *n.* Ⓤ 《미》 (목재용) 삼림지
tim·ber·line [-làin] *n.* (높은 산·극지의) 수목 한계선
tímber mìll 제재소
tímber wòlf 〖동물〗 얼룩이리 《북미산》
tim·ber·work [-wə̀ːrk] *n.* **1** Ⓤ 나무짜기, 나무틀 **2** [*pl.*] 목재 공장, 제재소
tim·bre [tǽmbər, tím-] Ⓕ *n.* ⓊⒸ 음색(音色), 음질
Tim·buk·tu, -buc·too [tìmbʌktúː] *n.* **1** 팀북투 《Africa 서부, Mali 중부에 있는 도시》 **2** 《일반적으로》 멀리 떨어진 곳, 원격지
***time** [taim] *n.* **1** Ⓤ **시간**, 때; 때의 흐름, 세월 **2 a** ⓊⒸ 동안 **b 기간 c** Ⓤ 《구어》 형기(刑期) **3 일생**; 시절, 무렵: in my ~ 내 시절에는 **4** Ⓤ (특정한) 때, 시기: at some ~ 언젠가 **5** [종종 *pl.*] **시대**, 연대; [the ~] 현대 **6** [종종 *pl.*] **세상 형편**, 시대 풍조, 정세; 경기; 경험: hard ~*s* 불경기 **7** Ⓤ (필요한) **시간**; 틈, 여가: There is no ~ *to* lose. 꾸물거리고 있을 시간이 없다. **8** ⓊⒸ **시각**, 시: What ~ is it? 지금 몇 시지요? **9** Ⓤ 시절, 계절(season): Christmas ~ 크리스마스 때 **10** ⓊⒸ …**할 때**, 기일; **시기**, 기회 **11** Ⓤ (정해진) **기일**, 정각: behind ~ 정각보다 늦게, 지각하여 **12 번**, 회; **곱**, 배
at a ~ 동시에; 단번에 ***at one ~*** 한때, 일찍이 ***at the same ~*** (1) 동시에 (2) 그러나, 그렇기는 하나(however) ***for* (*the*) *~ being* = *for the ~*** 당분간 ***from ~ to ~*** 때때로, 이따금 ***have no ~ for*** (1) 멸시하다 (2) …에 상관하고 있을 시간이 없다 ***in ~*** (1) 때가 이르면; 조만간 (2) 꼭 좋은 때에 《*for*》 (3) 박자가 맞아 《*with*》 (4) [의문사를 강조하여] 《구어》 도대체: Why *in* ~ don't you come? 도대체 왜 안 오는 거냐? ***in ~ to come*** 장차에는, 앞으로는 ***It is* (*high*) *~*** I were[was] going. 이제 (가야 할) 시간이다. ***keep good*[*bad*] *~*** 〈시계가〉 꼭 맞다[안 맞다], 정시를 가리키다[가리키지 않다] ***on ~*** (1) 시간에 맞게; 정각에 (2) 〖상업〗 후불(後拂)로, 분할 지불로 ***out of ~*** (1) 너무 늦어서 (2) 철 아닌 (3) 박자가 틀리게, 엉뚱하게 ***take ~*** (1) 시간이 걸리다 (2) 천천히 하다
— *a.* Ⓐ **1** 시간의; 시간을 기록하는 **2** 시한 장치의 〈폭탄 등〉
— *vt.* **1** 〈경주 등의〉 **시간을 재다 2 시기에 맞추다**; 시간을 지정하다 **3** 〈시계의〉 시간을 맞추다[조절하다]; 〈열차 등의〉 시간을 정하다 **4** 박자를 맞추다 《*to, at*》
Time [taim] *n.* 타임 《미국의 시사 주간지; 1923년에 창간》
tíme and a hálf 50% 초과 근무 수당
tíme and mótion stùdy 시간 동작 연구 《작업 시간과 작업 동작과의 상관 관계 연구》
tíme bàse 〖전자〗 시간축(軸)
tíme bòmb 1 시한폭탄 **2** (후일의) 위험을 내포한 정세
tíme bòok (노동자·작업원 등의) 노동시간 기록부
tíme càpsule 타임 캡슐 《후세에 남길 자료를 넣어 지하 등에 묻어 두는 용기》
time·card [-kɑ̀ːrd] **1** 근무[작업] 시간 기록표 **2** 열차 시간표
tíme clòck 시간 기록 시계, 타임리코더
time-con·sum·ing [-kənsùːmiŋ | -sjùːm-] *a.* 시간이 걸리는, 시간을 낭비하는
tíme depòsit 〖금융〗 정기 예금
tíme dífference 시차(時差)
tíme dràft 〖금융〗 일람후 정기불 어음
time-ex·pired [-ikspàiərd] *a.* (복무·복역) 만기의: ~ soldiers 만기병; 제대 군인
tíme expòsure 〖사진〗 **1** 타임 노출 《순간 노출에 대하여 1초[1/2초]보다 긴》 **2** 타임 노출에 의한 사진
tíme fràme (행동·계획에 관한) 시간의 틀
tíme fùze 시한 신관(時限信管)
time-hon·ored [táimɑ̀nərd | -ɔ̀n-] *a.* 예로부터의, 유서(由緖) 깊은, 전통적인
tíme immemórial 1 〖법〗 초(超)기억 시대 《Richard I세 치세의 시작(1189) 이전》 **2** 태고, 아득한 옛날
time·keep·er [-kìːpər] *n.* **1** 작업 시간계; (경기 등의) 계시원(timer) **2** 시계: a good[bad] ~ 정확[부정확]한 시계
tíme kìller 심심풀이로 시간을 보내는 사람; 오락
tíme làg 시간상의 지체, 시차, 시간 지연
time-lapse [-læ̀ps] *a.* 저속도 촬영의
time·less [táimlis] *a.* 《문어》 **1** 영원한 **2** 시간[시대]을 초월한 **~·ly** *ad.* **~·ness** *n.*
tíme lìmit 시한, 기한, 제한 시간
‡time·ly [táimli] *a.* (**-li·er**; **-li·est**) **때에 알맞은**: a ~ hit 〖야구〗 적시타
— *ad.* 적시에, 때마침
tíme machìne 타임머신 《과거·미래를 여행할 수 있는 상상의 기계》
tíme nòte 〖금융〗 약속 어음
time-out [táimáut] *n.* 《미》 (작업 등의) 중간 휴식; 〖경기〗 타임아웃
tim·er [táimər] *n.* **1** 시간 기록기; (경기 등의) 계시원 **2** 기초(記秒) 시계, 스톱워치 **3** 시간제 노동자 **4** 타임스위치, 타이머
tíme recòrder 타임리코더(time clock)
time·sav·er [táimsèivər] *n.* 시간을 절약하는 것
time·sav·ing [-sèiviŋ] *a.* 시간 절약의
tíme scàle 시간의 척도
time·serv·er [-sə̀ːrvər] *n.* 시류에 편승하는 사람, 기회주의자
time·serv·ing [-sə̀ːrviŋ] *a.* 시류에 편승하는, 기회주의적인, 지조 없는
— *n.* Ⓤ 기회주의, 편의주의, 무절조
time-shar·ing [-ʃɛ̀əriŋ] *n.* Ⓤ 〖컴퓨터〗 시분할(時分割) (방식) 《하나의 컴퓨터를 멀리 떨어져 있는 많은 사용자가 동시에 이용하기》
tíme shèet 출퇴근 시간 기록 용지; 작업별 소요 시간 기록 용지; (급여 계산용) 개인별 취로 시간 집계 용지
tíme sìgnal 〖라디오·TV〗 시보(時報)
tíme sìgnature 〖음악〗 박자 기호

T

tímes sìgn 곱셈 기호 《×》

Tímes Squáre 타임스 광장 《New York 시의 중앙부; 부근에 극장이 많음》

tíme stùdy 시간 연구(time and motion study)

tíme swìtch 타임스위치, 시한스위치 《정한 시간에 자동적으로 작동함》

***time·ta·ble** [táimtèibl] *n.* **1** 시간[각]표 **2** (행사 등의) 예정표
— *vt.* (영) …의 시간표를 짜다

tíme tràvel (공상 과학 소설 등의) 시간 여행

time·work [-wə̀ːrk] *n.* Ⓤ 시간급(給) 작업 **~·er** *n.* 시간급 노동자

time·worn [-wɔ̀ːrn] *a.* **1** 오래되어 낡은, 낡아빠진 **2** 케케묵은, 진부한

tíme zòne (동일 표준시를 사용하는) (표준) 시간대(帶)

‡**tim·id** [tímid] [L 「무서워하다」의 뜻에서] *a.* **1** 겁 많은, 내성적인 **2** 〈언동 등이〉 머뭇거리는, 수줍어하는
(*as*) ~ *as a rabbit* 매우 겁이 많은
~·ly *ad.* **~·ness** *n.*

ti·mid·i·ty [timídəti] *n.* Ⓤ 겁 많음, 소심(小心)

***tim·ing** [táimiŋ] *n.* Ⓤ 타이밍, 시기를 맞추기, 시간적 조절

ti·moc·ra·cy [taimɑ́krəsi | -mɔ́k-] *n.* 금권 정치

Ti·mor [tíːmɔːr] *n.* 티모르 섬 《인도네시아 남부에 있는 섬》

Ti·mor·ese [tìːmɔːríːz] *a., n.* 티모르의 (사람)

tim·or·ous [tímərəs] *a.* 〈사람이〉 겁많은, 소심한 **~·ly** *ad.* **~·ness** *n.*

Tim·o·thy [tíməθi] *n.* **1** 남자 이름 《애칭 Tim》 **2** 〖성서〗 **a** 디모데 《사도 바울의 제자》 **b** 디모데서 《바울이 디모데에게 보낸 서한, 전서와 후서가 있음; 略 Tim.》

tim·pa·ni [tímpəni] *n. pl.* [단수·복수 취급] 팀파니 《두 개 이상의 kettledrums가 한 벌로 된 것》

tim·pa·nist [tímpənist] *n.* 팀파니 연주자

‡**tin** [tin] *n.* Ⓤ **1** 주석 《기호 Sn, 번호 50》; Ⓒ 주석 그릇, 주석 깡통 **2** 양철; Ⓒ (영) (양철) 깡통, 통조림 **3** Ⓒ 깡통 하나 가득 **4** (속어) (약간의) 돈, 현금 — *a.* 주석[양철]으로 만든 — *vt.* (**~ned**; **~·ning**) **1** 〖야금〗 주석을 입히다, 주석 도금하다 **2** (영) 〈식품을〉 통조림으로 하다 ((미) can²)

tín cán (통조림)통; 《특히》 빈 깡통

tinc·ture [tíŋktʃər] *n.* **1** Ⓤ 〖약학〗 팅크, 정기(丁幾): ~ of iodine 요오드팅크 **2** [a ~] 기미, 약간 …한 점, 기, 티, 냄새 **3** 색, 색조 — *vt.* **1** 염색하다 **2** …의 기미[색조, 냄새]를 띠게 하다, …의 맛[풍미]을 내다

tin·der [tíndər] *n.* Ⓤ 부싯깃; 불이 붙기 쉬운 것

tin·der·box [tíndərbɑ̀ks | -bɔ̀ks] *n.* **1** 부싯깃 통 **2** (일촉즉발의) 위험한 장소[상태]

tine [tain] *n.* (포크·사슴뿔 등의) 가지, (빗의) 살

tín éar (속어) 음치(인 사람)

tin·foil [tínfɔ̀il] *n.* Ⓤ 석박(錫箔); 은종이; 알루미늄박(箔)

ting [tiŋ] *n., v.* = TINKLE

ting-a-ling [tíŋəlìŋ] *n.* (벨 등의) 딸랑딸랑, 따르릉

***tinge** [tindʒ] [L 「물들이다」의 뜻에서] *n.* **1** 엷은 색조 **2** [a ~] (…)티, 기미, 냄새 — *vt.* **1** (엷게) 물들이다; …한 맛[냄새]이 조금 나게 하다 **2** 기미를 띠게 하다 《*with*》

***tin·gle** [tíŋgl] *vi.* **1** 〈몸이〉 따끔따끔 아프다, 얼얼하다, 욱신거리다 **2** (흥분 등으로) 들먹들먹하다, 설레다
— *vt.* 얼얼하게[따끔거리게] 하다
— *n.* 얼얼함, 따끔거림; 욱신욱신함
tín·gly *a.*

tín gód 실력도 없이 뽐내는 사람, 허울 좋은 하눌타리, 빛 좋은 개살구

tín hát (군대속어) (군인의) 철모, 헬멧

tin·horn [tínhɔ̀ːrn] (미·속어) *n.* 허세 부리는[실속 없는] 사람 — *a.* 허세 부리는, 허풍 떠는, 허울만 좋은

***tink·er** [tíŋkər] [OE 「딸랑딸랑」의 뜻에서] *n.* **1** (떠돌이) 땜장이 **2** 서투른 직공[수선공]
— *vi.* **1** 땜장이 노릇을 하다 **2** 어설프게 만지작거리다 《*away, at, with*》, 서투르게 수선하다 《*up*》
— *vt.* 〈냄비·솥 등을〉 수선하다; 서투르게 수선하다 《*up*》

***tin·kle** [tíŋkl] *n.* **1** 딸랑딸랑, 따르릉 **2** (영·구어) 전화
— *vi.* **1** 〈방울 등이〉 딸랑딸랑 울리다 **2** (유아어) 쉬하다
— *vt.* 〈방울을〉 딸랑딸랑 울리다

tin·kling [tíŋkliŋ] *n., a.* 딸랑딸랑 (울리는)

tinned [tind] *a.* **1** 주석 도금을 한 **2** (영) 통조림한((미) canned)

tin·ny [tíni] *a.* (**-ni·er**; **-ni·est**) **1** 주석의[같은]; 주석을 함유한[이 많은] **2** 주석[함석] 같은 소리가 나는 **3** 〈소설·이야기 등이〉 내용이 없는

tín òpener (영) 깡통따개((미) can-opener)

tín plàte 양철(판), 주석 도금한 것

tin-plate [-plèit] *vt.* 〈철판 등에〉 주석 도금하다

tin-pot [-pɑ́t | -pɔ́t] *a.* Ⓐ (구어) 값싼, 열등한

tin·sel [tínsəl] *n.* Ⓤ **1** 반짝거리는 금속 조각, 금은사(絲) 《의복 장식용》 **2** 싸고 야한 것 — *a.* **1** 번쩍거리는 **2** 겉만 번지르르한 — *vt.* (**~ed, ~·ing** | **~led, ~·ling**) 반짝거리는 것으로 꾸미다; 야하게 꾸미다
~·ly *a.*

tin·smith [tínsmìθ] *n.* 양철공; 주석 세공인

tín sóldier (장난감) 양철 병정

‡**tint** [tint] *n.* **1** 엷은 빛깔 **2** 색채의 배합, 색조(色調); 색의 농담 **3** 〖판화〗 선의 음영 **4** 머리 염색제; 머리 염색
— *vt.* **1** (연하게) 색칠하다; 〖판화〗 음영(陰影)을 붙이다 **2** 〈머리를〉 염색하다
tínt·er *n.*

T

tin·tack [tíntæ̀k] *n.* 《영》 주석 도금한 압정(押釘)

tin·tin·nab·u·la·tion [tìntənæ̀bjuléiʃən] *n.* [UC] (방울의) 딸랑딸랑 (소리)

tin·ware [-wɛ̀ər] *n.* [집합적] 양철[주석] 제품

tin·work [-wə̀ːrk] *n.* [U] 주석[양철] 제품[세공]

‡ti·ny [táini] *a.* (**-ni·er**; **-ni·est**) **작은,** 조그마한 **—** *n.* (*pl.* **-nies**) 조그마한 것; [보통 *pl.*] 유아

tí·ni·ly *ad.* **-ni·ness** *n.*

-tion [-ʃən] *suf.* [상태, 동작, 동작의 결과를 나타내는 명사 어미]: tempta*tion*

-tious [-ʃəs] *suf.* [명사형 -tion의 형용사 어미] 「…한, …있는」의 뜻: ambi*tious*

‡tip¹ [tip] *n.* **1 끝, 첨단 2** 첨단에 붙이는 물건: **a** (칼집·양산·단장 등의) 끝, 물미 **b** 낚싯대 끝 **c** (구두의) 콧등 가죽 **3** 꼭대기, 정상 **4** 〖음성〗 혀끝

the ~ of the iceberg 《구어》 빙산의 일각 ***walk on the ~s of*** one***'s toes*** 발끝으로 걷다

— *vt.* (**~ped**; **~·ping**) 끝을 붙이다; 끝에 씌우다; 끝을 장식하다; 끝을 이루다

***tip²** *n.* **1 팁,** 사례금, 행하 **2** 조언, 힌트; (…의) 비결 《*on*》

— *v.* (**~ped**; **~·ping**) *vt.* **1** …에게 팁을 주다 **2** …에게 비밀 정보[조언, 충고]를 주다

tip³ *n.* **1** 가볍게 치기 **2** 〖야구·크리켓〗 팁

— *vt.* (**~ped**; **~·ping**) **1** 살짝 치다 **2** 〖야구·크리켓〗 〈공을〉 팁하다

tip⁴ *v.* (**~ped**; **~·ping**) *vt.* **1** 〈물건을〉 기울이다; 뒤집어 엎다 **2** 《영》 기울여 〈내용물을〉 비우다; 〈사람을〉 내쫓다 **3** (인사하기 위해 모자에) 가볍게 손을 대다

— *vi.* **1** 기울다 **2 a** 〈경첩 등이〉 위로 기울다 **b** 뒤집히다 《*over*》: The boat *~ped over.* 배가 뒤집혔다. **—** *n.* **1** 기울임, 기움; 경사 **2** 《영》 쓰레기 버리는 곳

tip·cart [típkɑ̀ːrt] *n.* 덤프차

tip·cat [-kæ̀t] *n.* **1** [U] 자치기 **2** 그 나뭇조각(cat)

tip-off [típɔ̀ːf | -ɔ̀f] *n.* 《구어》 비밀 정보; 경고; 조언

tip·pee [típìː] *n.* 《미·속어》 티피 《주가 등의 내부 정보를 입수하는 사람》

tip·pet [típit] *n.* **1** (법관·성직자의) 어깨걸이 **2** (양끝이 앞으로 늘어지는 여자의) 목도리, 어깨걸이

tip·ple [típl] *vi., vt.* 〈독한 술을〉 조금씩 습관적으로 마시다 **—** *n.* [U] 《속어》 알코올 음료, 독주

tip·pler [típlər] *n.* 술꾼, 술고래, 대주가

tip·staff [típstæ̀f | -stɑ̀ːf] *n.* (*pl.* **~s, -staves** [-stæ̀vz | -stèivz]) **1** (옛날 집달리·순경 등이 사용하던 끝에 쇠붙이가 붙은) 지팡이 **2** 《고어》 법정 경리

tip·ster [típstər] *n.* 《영·구어》 (경마·시세 등의) 정보 제공자, 예상가

tip·sy [típsi] *a.* (**-si·er**; **-si·est**) 《구어》 얼근히 취한, 취해서 비틀거리는: a ~ lurch 비틀걸음, 갈지자걸음

‡tip·toe [típtòu] *n.* **발끝**

on [***upon***] **~** (1) 발끝으로; 발소리를 죽이고: walk *on* ~ 발끝으로 걷다, 발소리를 죽이고 걷다 (2) 크게 기대하여: be *on* (*the*) ~ of expectation 학수고대하다

— *vi.* 발끝으로 걷다

— *a.* 발끝으로 선[걷는]

— *ad.* 발끝으로

tip-top [-tɑ̀p | -tɔ̀p] *n.* **1** 정상, 꼭대기 **2** 《구어》 절정, 최고 **—** *a.* 《구어》 극상의, 최고의, 최고급의 **—** *ad.* 《구어》 더할 나위 없이, 최고로

tip-up [-ʌ̀p] *a.* 〈극장 좌석 등이〉 세웠다 접었다 할 수 있는

ti·rade [táireid] *n.* 장광설; 격론, 긴 공격[탄핵] 연설

‡tire¹ [taiər] *vt.* **1 피곤하게 하다,** 지치게 하다《*out*》 **2** 싫증나게[지겹게] 하다《*with*》

— *vi.* **1 피곤해지다** 《*with*》 **2** 싫증 나다, 물리다 《*of*》

‡tire² | **tyre** [taiər] *n.* 《미》 (고무로 만든) **타이어**: a pneumatic ~ (공기를 넣는) 고무 타이어

‡tired [taiərd] *a.* **1 피곤한,** 지친 《*from, with*》 **2** [P] **싫증난,** 물린 **3 a** 〈농담 등이〉 진부한, 케케묵은 **b** 〈물건이〉 낡아빠진

make a person **~** …을 지치게 하다; 싫증 나게 하다, 귀찮게 하다

~·ly *ad.* **~·ness** *n.* [U] 피로; 권태

***tire·less** [táiərlis] [TIRE¹] *a.* **1** 〈사람이〉 **지칠 줄 모르는,** 정력적인; 근면한 **2** 〈행동 등이〉 피로의 기색을 보이지 않는

~·ly *ad.* **~·ness** *n.*

***tire·some** [táiərsəm] *a.* **1 귀찮은,** 성가신 **2** 지루한, 따분한 **~·ly** *ad.* **~·ness** *n.*

ti·ro [táiərou] *n.* (*pl.* **~s**) = TYRO

Tir·ol [tiróul | tírəl] *n.* [the ~] 티롤 《오스트리아 서부와 이탈리아 북부의 알프스 산맥 지방》

Ti·ro·le·an [tiróuliən] *n., a.* = TYROLEAN

Tir·o·lese [tìrəlíːz] *n., a.* = TYROLESE

'tis [tiz] 《방언·고어》 it is의 단축형

‡tis·sue [tíʃuː] [OF 「짠(것)」의 뜻에서] *n.* **1** [CU] 〖생물〗 **조직**: connective [muscular, nervous] ~ 결체(結締)[근육, 신경] 조직 **2** [CU] (얇은) **직물 3** (거짓말·어리석은 짓 등의) 투성이, 연속 《*of*》: ~ *of* falsehoods[lies] 거짓말투성이 **4 a** 박엽지(薄葉紙)(= ~ paper) **b** 화장지, 휴지

tíssue cùlture 조직 배양; 배양된 조직

tíssue pàper 박엽지(薄葉紙) 《포장·트레이싱·도판 덮개용》

tit¹ [tit] *n.* 〖조류〗 박샛과(科)의 새(titmouse)

tit² *n.* 《폐어》 경타(輕打)

tit³ *n.* 《비어》 **1 a** (여성의) 젖꼭지 **b** [보통 *pl.*] 젖통, 유방 **2** 《영·속어》 바보, 멍텅구리

Tit. 〖성서〗 Titus

***Ti·tan** [táitn] *n.* **1** 〖그리스신화〗 **타이탄** 《Uranus(하늘)와 Gaea(땅)와의 자식들 중의 하나》 **2** [the ~] 태양의 신 Helios **3** [**t~**] 거인, 천하장사; 거장, 거물 **4** 〖천문〗 토성의 제6 위성

— *a.* = TITANIC

T

ti·tan·ic [taitǽnik] *a.* **1** 타이탄 신의[같은] **2** [종종 **T~**] 거대한, 강력한
— *n.* [the T~] 타이타닉 호
ti·ta·ni·um [taitéiniəm] *n.* 〖화학〗 티탄, 티타늄《금속 원소; 기호 Ti, 번호 22》
tit·bit [títbìt] *n.* 《영》 = TIDBIT
tit·fer [títfər] *n.* 《영·속어》 모자(hat)
∗**tithe** [taið] [OE 「10분의 1」의 뜻에서] *n.* **1** [때로 *pl.*] **십일조**(十一條), 10분의 1 세(稅) **2** 10분의 1; 작은 부분; [a ~] [특히 부정문에서] 조금도 …않는: I can*not* remember *a* ~ of it. 조금도 생각이 안 난다.
tith·ing [táiðiŋ] *n.* **1** Ⓤ 십일조의 징수[납부] **2** 십일조
Ti·tho·nus [tiθóunəs] *n.* 〖그리스신화〗 티토누스《새벽의 여신 Eos의 애인; 만년에 매미가 됨》
ti·tian [tíʃən] *n.* Ⓤ, *a.* 금갈색(의)
tit·il·late [títəlèit] *vt.* **1** 간질이다(tickle) **2** 〈미각·상상 등을〉 기분 좋게 자극하다, 흥을 돋우다
tit·il·la·tion [tìtəléiʃən] *n.* Ⓤ **1** 간질임; 간지러움 **2** 기분 좋은 자극, 감흥
tit·i·vate [títəvèit] 《구어》 *vt.* [종종 ~ one*self* 로] (외출 전에) 맵시내다, 몸치장하다 — *vi.* 몸치장하다
tìt·i·vá·tion [-véiʃən] *n.*
∗∗∗**ti·tle** [táitl] [L 「명(銘)」의 뜻에서] *n.* **1 표제**; [보통 *pl.*] 〖영화·TV〗 자막; **제목**, 제명, 책이름 **2** ⒸⓊ **직함**, 명칭; 직위, 경칭 **3** 〖스포츠〗 선수권, 타이틀 **4** ⓊⒸ **a** 확립된 (정당한) 권리, (주장할 수 있는) 자격《*to, in, of*》 **b** 〖법〗 토지 재산 소유권; 권리 증서(= ~ deed)
a man of **~** 작위·관직명·학위 등이 있는 사람, 귀족
— *vt.* **1** 표제를 붙이다; 자기를 …이라고 부르다 **2** 칭호[작위《등》]를 주다 **3** 〖영화〗 〈필름에〉 자막을 넣다
— *a.* **1** Ⓐ (책 등의) 제목과 같은; 선수권의 **2** 〖영화·TV〗 자막의
ti·tled [táitld] *a.* 직함[칭호, 작위]이 있는: ~ members 유작 의원(有爵議員)
títle dèed 〖법〗 (부동산) 권리 증서
ti·tle·hold·er [táitlhòuldər] *n.* 선수권 보유자(champion)
títle pàge (책의) 표제지, 속표지
títle pàrt[ròle] 주제역(主題役)《희곡 *Macbeth* 중의 Macbeth역 등》
tit·mouse [títmàus] *n.* (*pl.* **-mice** [-màis]) 〖조류〗 박샛과(科)의 여러 새
tit·ter [títər] *vi.* (신경질적으로) 킥킥 웃다 — *n.* 킥킥 웃음
tit·tle [títl] *n.* **1** (글자 위의) 작은 점, 점획(點劃) **2** [a ~, one ~; 부정문에서] 조금도 (…않다), 털끝만큼도 (…않다)
not one jot or one **~** 〖성서〗 일점일획도 …않다 ***to a*** **~** 정확히, 어김없이
tit·tle-tat·tle [-tæ̀tl] *n.* Ⓤ 객소리, 잡담(gossip) — *vi.* 객소리[잡담]하다
tit·ty [títi] *n.* (*pl.* **-ties**) 《속어》 (여성의) 젖꼭지; 유방
tit·u·lar [títʃulər] *a.* Ⓐ **1** 명의상의, 유명무실한(nominal) **2** 정당한 권리를 가진[에 의한] **3** 직함[칭호, 존칭]의 **4** 표제의, 제명(題名)의: ~ words 제사(題詞)
~·ly *ad.*
Ti·tus [táitəs] *n.* **1** 로마 황제(40?-81, 재위 79-81) **2** 〖성서〗 디도서(書)《사도 바울이 Titus 에게 보낸 편지; 略 Tit.》
tiz·zy [tízi] *n.* (*pl.* **-zies**) 《속어》 흥분한 혼란 상태, 흥분 (상태)
T́ jùnction **1** T자 길 **2** (파이프 등의) T자형 접합부
TKO 〖권투〗 technical knockout
Tl 〖화학〗 thallium
T́ lỳmphocyte 〖면역〗 T 임파구(淋巴球)
Tm 〖화학〗 thulium
TM trademark; transcendental meditation
T-man [tí:mæ̀n] [*T*reasury+*man*] *n.* (*pl.* **-men** [-mèn]) 《미·구어》 (미국 재무부의) 특별 세무 조사관; 연방 마약 조사단
Tn 〖화학〗 thoron
TN 〖우편〗 Tennessee
tn ton; train
TNT trinitrotoluene 강력 폭약
∗∗∗**to** [tu:, tu, tə] *prep.* **A 1** [방향; cf. FROM 2] **a** [도착의 뜻을 포함하여 그 방향을 나타내어] …**까지**, …**으로**, …에: go *to* the office 회사에 출근하다 **b** [도착의 뜻을 포함하지 않고 방향을 나타내어] …(**쪽**)**으로**: turn *to* the right 오른쪽으로 돌다, 우회전하다 **c** [방위] …**쪽에**, …을 향해: Their house is *to* the north of the park. 그들의 집은 공원 북쪽에 있다. **2** [시간] **a** [시간·기한의 끝] …**까지**: stay *to* the end of June 6월 말까지 머무르다 **b** (시각이) …(몇 분) **전** (《미》 of, before): at (a) quarter *to* eight 8시 15분 전에 **3 a** [도달점] …**까지**: from beginning *to* end 처음부터 끝까지 **b** [한도·정도·결과《등》] …**에 이르도록**, …할 만큼: *to* the best of my belief[knowledge] 내가 믿는[아는] 한에는 **4** [목적·의도] …**을 위하여**, …을 하려고: He came *to* my rescue. 그는 나를 구조하러 왔다. **5** [결과·효과] [보통 to a person's에 감정을 나타내는 명사와 함께] …**하게도**, …한 것으로는: *to* my surprise 놀랍게도 **6** [변화의 방향] …**으로**, …이 〈되다〉, …쪽으로: rise *to* wealth 부자가 되다 **7** [행위·작용의 대상] …**에 대하여**, …에(게): Listen *to* me. 내 말을 들어보시오. **8** [접촉·결합·부착·부가《등》] …**에**, …에다(가); …위에, …에 더하여: apply soap *to* a cloth 천에 비누칠을 하다 **9 a** [적합·일치] …**에 맞추어**, …대로(의): correspond *to* …에[와] 일치하다, 들어맞다 **b** [호응] …**에 답하여**: The dog came *to* my whistle. 내 휘파람 소리에 개는 달려왔다. **10 a** [비교] …**에 비하여**, …보다: Compared *to* his brother, he isn't particularly brilliant. 그는 형[동생]에 비하면 각별히 총명하지는 않다. **b** [대비(對比)] …**에 대하여**, …대, …당: one penny *to* the pound 1파운드에 대하여 1페니의 비율《로 지불하다 등》 **11** [대면·대립] …**을 마주보고**, …에 대하여: sit face *to* face

[back *to* back] 서로 마주보고[등을 맞대고] 앉다 **12** [부속·관련·관계] …**의,** …에(대한): a key *to* the door 문의 열쇠
— B [동사의 원형 앞에 붙여서 부정사(不定詞)를 이끌어] **1** [명사 용법] **a** …**하는 일**[**것**], …하기: *To err* is human, *to forgive* divine. 잘못은 인지상사요, 용서는 신의 본성이다. ⟪Pope의 말⟫ **b** [목적어] I began *to think* so. 나는 그렇게 생각하기 시작했다. **c** [보어] The best way is *to visit* the country. 가장 좋은 방법은 그 나라를 방문하는 일이다. **2** [형용사 용법] …**하기 위한,** …하는: He was the first *to come* and the last *to leave.* 그는 맨 먼저 와서 맨 마지막에 돌아간 사람이다. **3** [부사 용법] **a** [목적] …**하기 위하여,** …하려고: We eat *to live.* 우리는 살기 위해 먹는다. **b** [정도의 기준] …**할 만큼**: She is wise enough *to know* it. 그녀는 현명하니까 그것을 알고 있다. **c** [원인·이유] …**하여**: I am sorry *to hear* that. 그 말을 듣고 보니 안됐다. **d** [적응 범위를 한정하여] …**하기에,** …하는 데: Freshly caught fish are the best *to eat.* 갓 잡은 생선은 먹기에 가장 맛있다. **e** [결과] …**하게 되도록,** …해 보니: She lived *to be* ninety. 그녀는 아흔살까지 살았다. **f** [문장 전체를 수식하는 구를 이루어] …**하(자)면,** …해서: *To tell* the truth, I don't like it. 사실을 말하자면 나는 그것이 마음에 안 든다.
— *ad.* ⟪be 동사와 결합한 경우는 형용사라고도 간주됨⟫ **1** 원래 위치로 **2** ⟨문·창 등이⟩ 닫혀: He pushed the door *to.* 그는 문을 밀어서 닫았다. **3** 제정신으로 (돌아와): He didn't come *to* for some time. 그는 잠시 동안 의식이 돌아오지 않았다.

TO turn over

***toad** [toud] *n.* **1** 〘동물〙 **두꺼비** **2** 보기 싫은 놈[것]

toad·eat·er [tóudìːtər] *n.* 아첨쟁이

toad-in-the-hole [-inðəhóul] *n.* Ⓤ ⟨영⟩ 밀가루·우유·계란 반죽을 입혀 구운 고기요리

toad·stool [-stùːl] *n.* 버섯, ⟪특히⟫ 독버섯

toad·y [tóudi] *n.* (*pl.* **toad·ies**) = TOADEATER **—** *vt., vi.* (**toad·ied**) 아첨하다, 알랑거리다
~·ish *a.* 비굴한 **~·ìsm** *n.* Ⓤ 사대주의

to-and-fro [túːənfróu] *a.* 이리저리[앞뒤로] 움직이는, 동요하는
— *n.* (*pl.* **~s**) 이리저리 움직임; 동요

‡**toast**[1] [toust] [L 「태우다, 말리다」의 뜻에서] *n.* Ⓤ **토스트**
— *vt.* **1** ⟨빵·치즈 등을⟩ 노르스름하게[먹음직하게] 굽다; 그을다 **2** ⟨손·발 등을⟩ 따뜻하게 하다 **—** *vi.* **1** 노르스름하게 구워지다 **2** 따뜻해지다

***toast**[2] *n.* **1** **건배,** 축배; 건배의 인사 **2** [the ~] 건배를 받는 사람
— *vt.* 축배를 들다 **—** *vi.* 건배하다

toast·er [tóustər] *n.* 빵 굽는 기구, 토스터

tóaster òven 오븐 토스터

tóast·ing fòrk [tóustiŋ-] 토스트 굽는 긴 포크

toast·mas·ter [tóustmæ̀stər | -mὰːs-] *n.* (*fem.* **toast·mis·tress** [-mìstris]) 건배를 제안하는 사람, 사회자

tóast ràck 토스트를 세워 놓는 기구 ⟪탁상용의 작은 대(臺)⟫

toast·y [tóusti] *a.* (**toast·i·er**; **-i·est**) 토스트의[같은]; ⟨방 등이⟩ 따뜻하고 쾌적한

‡**to·bac·co** [təbǽkou] [서인도 제도어 「흡연용 파이프」의 뜻에서] *n.* (*pl.* **~(e)s**) **1** Ⓤ **담배** **2** Ⓤ 흡연

to·bac·co·nist [təbǽkənist] *n.* ⟨영⟩ 담배 장수

to-be [təbíː] *a.* [보통 복합어를 이루어; 명사 뒤에서] 미래의, …이 되려고 하는: a bride-*to-be* 신부될 사람

to·bog·gan [təbάgən | -bɔ́g-] *n.* 터보건 ⟪썰매⟫
— *vi.* **1** 터보건[썰매]으로 미끄러져 내려가다 **2** ⟨물가·운세 등이⟩ 급락하다

To·by [tóubi] *n.* (*pl.* **-bies**) **1** 남자 이름 **2** 땅딸보 모양의 맥주 조끼(= **~ jùg**) ⟪모자 부분으로 마심⟫

toc·ca·ta [təkάːtə] [It.] *n.* (*pl.* **-te** [-ti], **~s**) 〘음악〙 토카타 ⟪피아노·풍금을 위한 화려하고 빠른 즉흥곡풍의 악곡⟫

to·coph·er·ol [toukάfərɔ̀ːl, -rὰl | -kɔ́fərɔ̀l] *n.* Ⓤ 〘생화학〙 토코페롤 ⟪비타민 E의 본체⟫

toc·sin [tάksin | tɔ́k-] *n.* ⟨문어⟩ 경보, 경종

‡**to·day** [tədéi] *ad., n.* Ⓤ **1** **오늘** **2** **현재**(에는), 현대(에는), 오늘날(은)

tod·dle [tάdl | tɔ́dl] *vi.* **1** 아장아장[뒤뚝뒤뚝] 걷다 **2** ⟨구어⟩ (지향없이) 걷다[가다] ⟪*round, to*⟫
— *n.* **1** 아장아장[건들건들] 걷기; ⟨구어⟩ 산책 **2** ⟨구어⟩ 아장아장 걷는 아이

tod·dler [tάdlər | tɔ́d-] *n.* 아장아장 걷는 아이; 비틀비틀[뒤뚝뒤뚝] 걷는 사람

tod·dy [tάdi | tɔ́di] *n.* (*pl.* **-dies**) ⓊⒸ **1** 야자의 수액(樹液); 야자주(酒) **2** 토디 ⟪위스키에 뜨거운 물·설탕·레몬을 탄 음료⟫

to-do [tədúː] *n.* (*pl.* **~s**) ⟨구어⟩ 법석, 소동

‡**toe** [tou] [동음어 tow] *n.* **1** **발가락**; ⟨구어⟩ 발 **2** 발가락에 해당하는 부분 ⟪발굽의 앞부리 등⟫; (신·양말 등의) 앞부리 **3 a** 연장의 아래끝[선단] **b** (골프채의) 선단
on one***'s*** **~*s*** (1) 준비를 갖추어, 대비하여 (2) 긴장하여, 주의하여 (3) 기운이 넘치는; 활발한
— *vt.* **1** 발끝을 대다; 발끝으로 차다 **2** ⟨신발·양말 등에⟩ 새 앞부리를 대다; 앞부리를 수선하다 **3** 〘골프〙 ⟨공을⟩ 골프채 끝으로 치다
— *vi.* **1** 발끝으로 걷다 **2** 발가락을 ⟨안으로⟩ 향하다 ⟪*in*⟫; 발가락을 ⟨밖으로⟩ 향하다 ⟪*out*⟫

toe·cap [tóukæ̀p] *n.* (구두의) 콧등 가죽, 앞닫이

tóe dànce (발레 등에서 발끝으로 추는) 토 댄스

TOEFL [tóufl] [*T*est *o*f *E*nglish as a *F*oreign *L*anguage] *n.* 토플 《외국인 대상의 영어 학력 테스트》

toe·hold [tóuhòuld] *n.* **1** 〖등산〗 발끝 디딜 홈 **2** 발붙일 곳, 발판, (조그마한) 거점 **3** 〖레슬링〗 발비틀기

TOEIC [tóuik] [*T*est *o*f *E*nglish for *I*nternational *C*ommunication] *n.* 토익 《영어의 커뮤니케이션 능력을 측정하는 학력 테스트》

toe·nail [tóunèil] *n.* 발톱

toe·shoe [-ʃùː] *n.* [*pl.*] 〖발레〗 토 댄스용 신

toff [taf | tɔf] *n.* 《영·구어》 신사, 상류 계급의 사람; 멋쟁이(dandy)

tof·fee, tof·fy [tɔ́ːfi, tɑ́fi | tɔ́fi] *n.* 《영》 = TAFFY

tof·fee-nosed [tɔ́ːfinòuzd | tɔ́fi-] *a.* 《영·속어》 콧대 높은, 거드름 부리는

tog [tag | tɔg] 《구어》 *n.* [보통 *pl.*] 옷, 의복 **—** *vt., vi.* (**~ged**; **~·ging**) [보통 수동형] 차려 입다, 성장하다 《*out, up*》

to·ga [tóugə] *n.* (*pl.* **~s, -gae** [-dʒiː]) **1** 고대 로마 시민의 긴 겉옷 **2** (교수·법관 등의) 예복[직복]

‡**to·geth·er** [təgéðər] *ad.* **1 a** 같이, 함께, 동반해서: go about ~ 함께 다니다 **b** 공동으로, 연대하여 **c** 합쳐, 결합하여; 서로 **d** 조화하여 **2 a** 동시에, 일제히 **b** 계속해서, 중단하지 않고: study for hours ~ 몇 시간이고 쉬지 않고 공부하다

~ with …와 함께; …와 더불어; …에 더하여; 또한, …외에도(as well as)

— *a.* Ⓐ 《미·속어》 (정서적으로) 침착한

to·geth·er·ness [təgéðərnis] *n.* Ⓤ 일체감, 연대감; 친교, 친근감

tog·ger·y [tɑ́gəri | tɔ́g-] *n.* Ⓤ 《구어》 의류

tog·gle [tɑ́gl | tɔ́gl] *n.* **1** 〖항해〗 비녀장 《밧줄을 걸어매는》 **2** 〖기계〗 = TOGGLE JOINT **3** 막대 모양의 장식 단추

— *vt.* 비녀장으로 붙잡아매다

tóggle jòint 〖기계〗 토글 이음쇠 《압력을 옆으로 전하는 장치》

To·go [tóugou] *n.* 토고 《서부 아프리카의 공화국; 1960년 독립; 수도 Lomé》

‡**toil**[1] [tɔil] *vi.* **1 힘써 일하다,** 수고하다, 고생하다 《*at, for*》 **2** 애써 나아가다 《*away, at, on, through*》 **—** *vt.* **1** 애써 이룩하다 **2** 〈토지를〉 경작하다

~ and moil 부지런히[쉴 새 없이] 일하다

— *n.* Ⓤ **노고,** 수고, 고생; 노역

toil[2] *n.* [보통 *pl.*] (짐승 잡는) 그물; 《비유》 함정; (법률 등의) 그물

in the ~s 그물에 걸려; 매혹되어

toil·er [tɔ́ilər] *n.* 고생하는 사람; 임금 노동자

toi·let [tɔ́ilit] *n.* **1 변소**; 변기; **화장실** **2** 화장, 몸단장 **3** Ⓤ Ⓒ 〖외과〗 (분만·수술 후의) 세척, 세정

make one***'s ~*** 화장하다, 몸단장하다

— *a.* 화장의; 화장실용의

tóilet pàper[**tìssue**] 휴지

tóilet pòwder 화장분 《목욕한 뒤에 사용하는》

tóilet ròll (화장실의) 두루마리 휴지

tóilet ròom 화장실; 《미》 (변소가 붙은) 세면실, 욕실(浴室)

toi·let·ry [tɔ́ilitri] *n.* (*pl.* **-ries**) [보통 *pl.*] 화장품(류) 《비누·치약 등 세면용품 포함》

tóilet sèt 화장용구 한 벌 《빗·솔·거울 등》; 세면용기 한 벌 《주전자·대야 등》

tóilet sòap 화장 비누

tóilet tàble 화장대, 경대

toi·let-train [tɔ́ilittréin] *vt.* 〈어린아이에게〉 용변을 가리게 하다

tóilet tràining (어린아이의) 용변 교육

tóilet wàter 화장수 《목욕·면도 후에 씀》; 《미·구어》 (생)맥주

toil·ful [tɔ́ilfəl] *a.* 힘드는, 고생스러운

toil·some [tɔ́ilsəm] *a.* 힘드는, 고생스러운 **~·ly** *ad.* **~·ness** *n.*

toil·worn [tɔ́ilwɔ̀ːrn] *a.* 〈얼굴·손 등이〉 일[고생]에 지친

to·ing and fro·ing [túːiŋ-ən-fróuiŋ] 바삐 왔다 갔다함; 바쁘게 일하기; 《구어》 우왕좌왕

To·kay [toukéi] [헝가리 북부의 지명에서] *n.* Ⓤ 토케이 포도(주) 《황금색의 양질의 포도주》

‡**to·ken** [tóukən] *n.* **1 표**(mark), 증거, 상징 《*of*》 **2 기념품,** 유물 **3** 기장(記章); 증거품 **4 a** 대용 화폐, 토큰 **b** 《영》 (상품) 교환권; 서적 구입권

by the same ~ = ***by this*** [***that***] ***~*** (1) 그 증거로는, 그 위에, 게다가(furthermore) (2) 이것으로 보면, 그것으로 생각나는데 (3) 《미》 같은 이유로 ***in*** [***as a***] ***~ of*** …의 표시[증거]로; …의 기념으로

— *vi.* 나타내다, 상징[표상]하다

— *a.* Ⓐ **1** 표시가 되는 **2** 이름뿐인

to·ken·ism [tóukənìzm] *n.* Ⓤ 명목주의, 명색만의 노력을 하기; 명목상의 인종 차별 폐지

tóken móney 명목 화폐 《실질 가치가 명목 가치보다 떨어지는 보조 화폐》; (옛날 상인이 쓰던) 대용 화폐

tóken páyment (부채 잔액 지불을 보증하는) 내입금(內入金)

To·ky·o [tóukiòu] *n.* 도쿄 《일본의 수도》

To·kyo·ite [tóukiouàit] *n.* 도쿄 시민

‡**told** [tould] *v.* TELL의 과거·과거분사

To·le·do [təlíːdou | tɔléidou] *n.* (*pl.* **~s**) 톨레도 검(劍) 《스페인의 Toledo에서 생산되는 질이 좋은 칼》

***tol·er·a·ble** [tɑ́lərəbl | tɔ́l-] *a.* **1 참을 수 있는,** 허용할 수 있는 **2** 웬만한, 꽤 좋은 **-bly** *ad.*

***tol·er·ance** [tɑ́lərəns | tɔ́l-] *n.* Ⓤ **1 관용,** 관대; 아량, 포용력 **2** 참음, 내구력 **3** (약물·독물에 대한) 내성 **4** 〖기계〗 공차, 허용 오차(許容誤差)

tólerance lìmits 〖통계〗 공차[허용] 한계

***tol·er·ant** [tɑ́lərənt | tɔ́l-] *a.* **1 관대한,** 아량이 있는 **2** 〖의학〗 내성이 있는

be ~ of …을 견뎌 내다, …을 관용하다

~·ly *ad.*

***tol·er·ate** [tɑ́lərèit | tɔ́l-] [L 「참다」의 뜻에서] *vt.* **1 관대하게 다루다,** 묵인

[허용]하다, 너그럽게 보아주다; 참다, 견디다 **2** 〖의학〗 〈약에 대하여〉 내성이 있다

tol·er·a·tion [tὰləréiʃən | tɔ̀l-] *n.* Ⓤ **1** 관용, 묵허, 묵인 **2** (법률·정부에 의한) 신교(信敎)의 자유

*__toll__[1] [toul] *vt.* **1** 〈만종·조종 등을〉 **울리다,** (천천히 일정한 사이를 두고) 치다 **2 a** 〈종·시계가〉 **치다,** 〈시각을〉 알리다 **b** 〈사람의 죽음 등을〉 종을 울려 알리다 **3** 〈사람을〉 종을 울려 부르다 ((*in*)); 〈사람을〉 종을 울려 보내다 ((*out*)) **—** *vi.* (종이 천천히 규칙적으로) 울리다 **—** *n.* 종을 울림; (천천히 일정하게 울리는) 종소리

*__toll__[2] [Gk 「세금」의 뜻에서] *n.* **1 사용세,** 요금 **2** [보통 a ~] (사고 등의) 희생, 대가; 손해, 사상자수 **3** ((미)) 전화 요금; 장거리 전화

tóll bàr (통행료 징수소의) 차단봉(遮斷棒)

toll·booth [tóulbù:θ | tɔ́l-] *n.* (*pl.* **~s** [-bù:ðz]) (유료 도로·다리의) 요금 징수소

tóll brìdge 통행세를 받는 다리, 유료교

tóll càll ((미)) 장거리 전화, 시외 통화

toll-free [tóulfrí:] *a.* ((미)) 무료 장거리 전화의 ((요금은 수화자 부담))

tóll-frée númber 요금 수화자 부담의 전화 번호

*__toll·gate__ [-gèit] *n.* (고속도로의) **통행료 징수소,** 톨게이트

toll·house [-hàus] *n.* 통행료 징수(사무)소

toll·keep·er [-kì:pər] *n.* 통행료 징수인

tóll ròad 유료(有料) 도로

Tol·stoy, -stoi [tálstɔi | tɔ́lstɔi] *n.* 톨스토이 **Leo Nikolaevich ~** (1828-1910) ((러시아의 문호·사상가))

tol·u·ene [tálјuì:n | tɔ́l-] *n.* Ⓤ 〖화학〗 톨루엔 ((염료·화약의 원료))

tom [tam | tɔm] *n.* **1** (동물의) 수컷 **2** 수고양이

Tom [tam | tɔm] *n.* 남자 이름 ((Thomas의 애칭)) ***~, Dick, and Harry*** ((속어)) 너 나 할 것없이, 어중이떠중이

tom·a·hawk [táməhɔ̀:k | tɔ́m-] *n.* (북미 원주민의) 작은 손도끼, 전부(戰斧)

⁑**to·ma·to** [təméitou | -má:-] *n.* (*pl.* **~es**) **1** 〖식물〗 **토마토**: a currant ~ 방울 토마토 **2** Ⓤ 토마토 색, 빨간색

⁑**tomb** [tu:m] *n.* **무덤,** 묘(墓)

tom·bo·la [támbələ | tɔ́m-] *n.* ((영)) 복권의 일종

tom·boy [támbɔ̀i | tɔ́m-] *n.* 말괄량이 ((여자)) **~·ish** [-iʃ] *a.*

tomb·stone [tú:mstòun] *n.* 묘석, 묘비

tom·cat [támkæ̀t | tɔ́m-] *n.* 수고양이

tom·cod [támkὰd | tɔ́mkɔ̀d] *n.* (*pl.* **~, ~s**) 〖어류〗 대구과(科)의 작은 물고기 ((북미대륙 양안(兩岸)산))

tome [toum] *n.* ((익살)) (방대한 책의) 한 권; 크고 묵직한 책

tom·fool [támfú:l | tɔ́m-] *n.* 바보; [**T~**] 광대 **—** *a.* Ⓐ 어리석은, 우둔한

tom·fool·er·y [tὰmfú:ləri | tɔ̀m-] *n.* (*pl.* **-er·ies**) **1** Ⓤ 멍텅구리짓, 광대짓 **2** [보통 *pl.*] 시시한 농담; 하찮은 것

tom·my [támi | tɔ́mi] *n.* (*pl.* **-mies**) [**T~**] ((영·문어)) = TOMMY ATKINS

Tómmy Átkins ((영·구어)) 영국 육군 병사

Tómmy gùn 톰슨식 소형 기관총

tom·my·rot [-rὰt | -rɔ̀t] *n.* Ⓤ ((속어)) 되지 못한 소리[생각]

to·mo·gram [tóuməgræ̀m] *n.* 〖의학〗 (X선) 단층(斷層) 사진

to·mo·graph [tóuməgræ̀f | -grὰ:f] *n.* 〖의학〗 (X선) 단층(斷層) 촬영기

to·mog·ra·phy [təmágrəfi | -mɔ́g-] *n.* Ⓤ 〖의학〗 X선 단층 (사진) 촬영 (진단법)

⁂**to·mor·row** [təmárou, -mɔ́:r- | -mɔ́r-] *ad., n.* Ⓤ **내일,** 명일; (가까운) 장래, 미래: I'm starting ~. 내일 떠날 예정이다. ((**to-morrow**라고도 씀))

Tóm Thúmb 엄지손가락 톰 ((영국 동화에 나오는 엄지만한 주인공)); 난쟁이 (동물, 식물)

tom·tit [támtìt | tɔ́m-] *n.* ((영·방언)) = TITMOUSE; 동작이 빠른 작은 새

tom-tom [támtὰm | tɔ́mtɔ̀m] *n.* (인도·아프리카 등지의 통이 긴) 북; 덩덩 ((북소리)), 단조로운 리듬

⁑**ton** [tʌn] *n.* **1** [무게의 단위] **톤** ((=20 hundredweight)): **a** 미국 톤 ((=2,000파운드, 907.2kg)) **b** 영국 톤 ((=2,240파운드, 1,016.1kg)) **c** 미터 톤 ((=1,000kg)) **2** [용적 단위] 용적 톤 ((=40입방 피트)) **3** [배의 크기·적재 능력의 단위] 톤: **a** 총(總)톤 ((=100입방 피트)) **b** 순(純)톤 (=net ~) ((총톤에서 화물과 여객 적재에 이용될 수 없는 방의 용적을 뺌)) **c** 용적 톤 **d** 중량 톤 ((=2,240파운드; 화물선용)) **e** 배수(排水) 톤 ((=2,240파운드; 군함용)) **4** [종종 *pl.*] ((구어)) 상당한 중량; 다량, 대량, 다수 ((*of*))

ton·al [tóunl] *a.* **1** 〖음악〗 음조의, 음색의 **2** 〖회화〗 색조(色調)의

to·nal·i·ty [tounǽləti] *n.* (*pl.* **-ties**) ⓊⒸ **1** 〖음악〗 음조; 주조(主調) **2** 〖회화〗 색조

⁂**tone** [toun] [Gk 「조음(調音)」의 뜻에서] *n.* **1 음, 음조,** 음색: a high [low] ~ 높은[낮은] 음조 **2 어조,** 논조(論調) **3** 〖회화〗 **색조,** 농담(濃淡), 명암 **4** (사상·감정 등의) 경향, 풍조; (연설 등의) 품격; 시황(市況) **5** 〖언어〗 음의 높고 낮음; 억양 **6** Ⓤ 〖생리〗 (신체·기관·조직의) 활동할 수 있는 상태, (근육 등의) 긴장 (상태)

in a ~ 일치하여 ***take a high ~*** 건방진 말투를 쓰다

— *vt.* **1** 가락을 붙이다 **2** 〖음악〗 조율하다 ((*to*)) **3** 〈색을〉 어떤 빛깔로 만들다; 〖사진〗 조색(調色)하다

— *vi.* 조화된 색조를 띠다

tóne àrm (레코드플레이어의) 음관(音管)

tóne còlor 〖음악〗 음색

toned [tound] *a.* [보통 복합어를 이루어] …음조의

tone-deaf [tóundèf] *a.* 음치의

tóne lànguage 〖언어〗 음조(音調) 언어 ((중국어 등))

tone·less [tóunlis] *a.* 음[음조, 억양, 색조]이 없는; 단조로운 **~·ly** *ad.* **~·ness** *n.*

T

tóne pòem 〖음악〗 음시(音詩) 《시적 이미지를 일으키는 음악 작품; 교향시》
ton·er [tóunər] *n.* 〖사진·영화〗 조색액(調色液); (전자 복사의) 현상약
tong[1] [taŋ, tɔːŋ | tɔŋ] [Chin. 「당(堂)」의 뜻에서] *n.* **1** (중국의) 당(黨), 협회, 결사 **2** 《미》 (재미 중국인의) 비밀 결사
tong[2] *vt., vi.* 부젓가락으로 집다[모으다, 받치다]; 부젓가락을 쓰다
— *n.* [*pl.*] = TONGS
Ton·ga [táŋgə | tɔ́ŋ-] *n.* 통가 《남태평양의 작은 왕국; 수도 Nukualofa》
Ton·gan [táŋgən | tɔ́ŋ-] *n., a.* 통가 제도[사람, 말](의)
∗**tongs** [taŋz, tɔːŋz | tɔŋz] *n. pl.* [또는 a pair of ~] **부젓가락**; ···**집게**; (머리카락) 컬(curl)용 인두
⁑**tongue** [tʌŋ] *n.* **1** 혀 **2 a** (말하는 기관으로서의) 혀; 언어 능력 **b** 말, 발언, 담화 **c** 말투 **d** 《문어》 언어, 국어; 외국어 **3 a** 바다·호수·하천이 합치는 곳에 있는 가늘고 긴 갑(岬); 좁은 후미 **b** (구두의) 혀 **c** (종·방울의) 추 **d** (널름거리는) 불길
hold one***'s*** ~ 잠자코 있다 ***keep a civil*** ~ ***in*** one***'s head*** 말을 삼가다 ***lose*** [***find***] one***'s*** ~ 말문이 막히다[겨우 열리다] ***with*** one***'s*** ~ ***hanging out*** 《구어》 목이 말라; 《비유》 갈망하여
— *vt.* 〈관악기를〉 혀로 불다 — *vi.* (피리를 불 때) 혀로 단속(斷續)시키다
-tongued [tʌŋd] 《연결형》 「혀가 있는; 혀[언어]가 ···한」의 뜻
tongue-in-cheek [tʌ́ŋintʃíːk] *a.* 놀림조의, 성실치 못한
tongue-lash [-læ̀ʃ] *vi., vt.* 《미·구어》 호되게 꾸짖다 **~·ing** *n.* Ⓤ 호된 꾸짖음
tongue-tied [-tàid] *a.* **1** 혀가 짧은 **2** (당황해서) 말문이 막힌 《*with*》
tóngue twìster 혀가 잘 돌아가지 않는 어구 《Shall she sell seashells on the seashore? 등》
∗**ton·ic** [tánik | tɔ́n-] *n.* **1 강장제**(强壯劑) **2** 〖음악〗 주음(主音) **3** = TONIC WATER — *a.* **1** 〈의약·치료 등이〉 **튼튼하게 하는**; 원기를 돋우는 **2** 〖음악〗 《특히》 주음의; 〖음성〗 강세가 있는 **3** 〖병리〗 강직성(强直性)의
to·nic·i·ty [tounísəti] *n.* Ⓤ (심신의) 강건; 〖생리〗 (근육 등의) 긴장, 탄력성
tónic wàter 탄산 음료
⁑**to·night** [tənáit] *n., ad.* 오늘밤(은) 《tonight는 오늘 저녁(this evening)과 오늘밤 야반까지 통용되는 말임》
∗**ton·nage** [tʌ́nidʒ] *n.* Ⓤ **3** (선박·적하(積荷)의) 톤세(稅) **1** (선박의) 용적 톤수 **2** [집합적] 선박, 선복(船腹); [a ~] (1국 또는 1항의) 선박 총 톤수
tonne [tʌn] *n.* = METRIC TON 《略 t.》
to·nom·e·ter [tounámətər | -nɔ́m-] *n.* **1** 음 진동 측정기 **2** 〖의학〗 혈압계; 안압계
ton·sil [tánsil | tɔ́n-] *n.* 〖해부〗 편도선
tón·sil·lar *a.*
ton·sil·li·tis [tànsəláitis | tɔ̀n-] *n.* Ⓤ 〖병리〗 편도선염
ton·so·ri·al [tansɔ́ːriəl | tɔn-] *a.* 《종종 익살》 이발사의, 이발(술)의: a ~ artist [parlor] 이발사[소]
ton·sure [tánʃər | tɔ́n-] *n.* 체발(剃髮), 머리를 민 부분; 〖가톨릭〗 체발식
— *vt.* 체발하다
ton·tine [tántiːn, -ˊ | tɔntíːn] *n.* Ⓤ [T~] 톤티(Tonti)식 연금 (제도) 《출자자 중 사망자가 있을 때마다 배당을 늘려 맨 나중까지 생존한 자가 전액을 받음》
ton-up [tʌ́nʌ̀p] *a.* Ⓐ 《영·속어》 (오토바이) 폭주족의: ~ boys 폭주족 젊은이들
ton·y [tóuni] *a.* (**ton·i·er**; **-i·est**) 《미·구어》 멋진; 사치스러운; 유행의
To·ny[1] [tóuni] *n.* 남자 이름 《Ant(h)ony의 애칭》
Tony[2] *n.* (*pl.* **~s**) 《미》 토니상(賞) 《연극계에서 매년 최우수자에게 수여》
⁑**too** [tuː] [동음어 to, two] *ad.* **1** [보통 문장 끝 또는 문장 속에 써서] (···도) **또한**, 게다가 **2** [형용사·부사 앞에서] **a** ···하기에는 너무나 《*for*》 **b** (···하기에는) **너무** (···하다) 《*to* do》 **c** 〈···이〉 (···하기에는) **너무** ···**한** 《*for* ... *to* do》 **3** 너무 ···한
all ~ 아쉽게도 너무 (···하다): It ended *all* ~ soon. 너무 빨리 끝났다. ***cannot ...*** ~ 아무리 ···하여도 지나치지 않다 ***only*** ~ (1) 유감이지만: It is *only* ~ true. 그것은 유감이지만 사실이다. (2) 기꺼이, 다시 없이: I shall be *only* ~ pleased to come. 기꺼이 오겠습니다.
⁑**took** [tuk] *v.* TAKE의 과거
⁑**tool** [tuːl] *n.* **1** 연장, 공구(工具); 공작 기계 **2** (목적을 위한) 수단, 방편 **3** 앞잡이, 끄나풀 **4** 〖컴퓨터〗 툴, 연장 《문서·그림·동화상 등을 제작하기 위한 프로그램》 — *vt.* 〈물건을〉 연장으로 만들다 — *vi.* **1** 연장으로 세공하다 **2** 《구어》 (마차·차로) 가다 《*along*》
~ ***up*** 〈공장 등에〉 기구·기계를 설비하다
tool·box [túːlbàks | -bɔ̀ks] *n.* 연장통
tool·house [-hàus] *n.* 공구실
tool·ing [túːliŋ] *n.* Ⓤ **1** 공구 세공 **2** 〖기계〗 (공장의) 공작 기계 일습
tool·shed [-ʃèd] *n.* = TOOLHOUSE
toot [tuːt] *vi.* **1** 〈사람이〉 나팔·피리 등을 불다 **2** 〈코끼리·나귀·산새 등이〉 울다 **3** 〈어린아이가〉 울어대다
— *vt.* 〈나팔·피리 등을〉 불다, 울리다
⁑**tooth** [tuːθ] *n.* (*pl.* **teeth** [tiːθ]) **1** 이: a wisdom ~ 사랑니 **2** 이같이 생긴 것 《톱니바퀴·빗·갈퀴·톱·줄 등의》 **3** [보통 *pl.*] 위력; 효력 **4** 식성; (음식에 대한) 취미, 기호: have a sweet [dainty] ~ 단 것을 좋아하다[식성이 까다롭다]
cut a ~ 이가 나다 ***cut*** one***'s teeth on*** ···으로 경험을 쌓다, ···에서 비로소 배우다 ***in the***[a person***'s***] ***teeth*** 맞대 놓고, 꺼리지 않고, 공공연하게 ***in the teeth of*** ···임에도 불구하고, 거역하여, 맞대들어 ***show*** one***'s teeth*** 위협하다, 성내다; 거역하다 ~ ***and nail*** 갖은 수단을 다하여, 필사적으로 ***to the teeth*** 빈틈없이
— *vt.* **1** 이를 해넣다; 〈톱 등의〉 날을 세우다

T

2 물다 3 〈…의〉 표면을 까칠까칠하게 하다 — *vi.* 〈톱니바퀴가〉 맞물리다

‡tooth·ache [tú:θèik] *n.* UC 치통

***tooth·brush** [tú:θbrÀʃ] *n.* 칫솔

tooth·brush·ing [-brÀʃiŋ] *n.* 칫솔질

tooth·comb [-kòum] *n., vt.* 《영》 살이 가는 빗[참빗](으로 빗다)

toothed [tu:θt, tu:ðd] *a.* **1** [복합어를 이루어] 이가 …인 **2** 이가 있는, 톱니 모양의

tooth·less [tú:θlis] *a.* 이가 없는

tooth·paste [tú:θpèist] *n.* Ⓤ (크림 모양의) 치약

tooth·pick [-pìk] *n.* 이쑤시개

tóoth pòwder 치(마)분, 가루 치약

tooth·some [tú:θsəm] *a.* 맛이 좋은 **~·ly** *ad.* **~·ness** *n.*

tooth·y [tú:θi] *a.* (**tooth·i·er**; **-i·est**) 이가 보이는

too·tle [tú:tl] *vi.* 〈피리 등을〉 느리게 불다, 삐삐 계속하여 불다 — *n.* **1** 피리 《등》을 부는 소리 **2** 잡담

too-too [tú:tú:] *a.* 《구어》 몹시 심한, 과격한 — *ad.* 아주 심하게, 몹시

toots [tuts] *n.* 《미·속어》 색시, 아가씨 《부르는 말》

toot·sie[1] [tútsi] *n.* 《속어》 **1** =TOOTS **2** 매춘부, 파티걸

toot·sy, toot·sie[2] [tútsi] *n.* (*pl.* **-sies**) 《유아어·익살》 발(foot)

‡top[1] [tɑp | tɔp] *n.* **1** [보통 the ~] **a** 꼭대기; 정상(頂上); 머리 **b** (페이지·지도 등의) 상부, 상단, 상란 **c** 윗면, 표면; 첨단 **2 a** 수석, 일등 **b** 절정, 극치 **c** [보통 the ~s] 《구어》 (능력·성질 등에서) 최고, 최고의 인물 **3** 〖야구〗 (한 회의) 초(初); (타순의) 최초의 3인

come to the* ~** 나타나다; 빼어나다 ***from* ~ *to bottom [***toe***] 머리 끝부터 발 끝까지; 철두철미, 온통

— *a.* Ⓐ **1** 꼭대기의 **2** 최고의 **3** 수석의 **4** 일류의, 주요한 — *v.* (**~ped**; **~·ping**) *vt.* **1** 꼭대기를 덮다, 씌우다 《*with*》 **2 a** …의 꼭대기에 오르다, 뛰어넘다 **b** …의 수위를 차지하다, 선두에 서다 **c** …보다 높다 [뛰어나다]; 《비유》 …보다 빼어나다 **3** 〈식물의〉 끝을 자르다 **4** 《속어》 교살(絞殺)하다, 죽이다

~ *off* 마무리하다, 끝내다; 《미》 〈건물의〉 완성을 축하하다(《영》 ~ out)

‡top[2] *n.* 팽이; 《속어》 친구

sleep like [***as sound as***] ***a* ~** 곤히 자다, 숙면하다 ***spin a* ~** 팽이를 돌리다

top- [tɑp | tɔp], **topo-** [tɑ́pou | tɔ́p-] 《연결형》 「장소; 위치; 국소」의 뜻

to·paz [tóupæz] *n.* UC 〖광물〗 토파즈, 황옥(黃玉)

tóp bòot [보통 *pl.*] 승마화의 일종 《상부에 밝은 색의 가죽을 사용》

tóp bráss [the ~] 《구어》 고급 관료 [장교]

top·coat [-kòut] *n.* **1** 가벼운 외투, 스프링코트(topper) **2** (페인트 등의) 마감칠; (사진 등의) 보호막

tóp dóg 《속어》 **1** 이긴 쪽, 승자, 우세한 편 **2** 최고 권력을 가진 사람[집단, 국가] **3** 《미·속어》 두목

top-down [-dáun] *a.* **1** 말단까지 잘 조직화된, 통제가 잘 되어 있는; 상의하달 방식의 **2** 포괄적인 **3** 〖컴퓨터〗 톱다운 방식의 《구조적 계층을 위에서 아래로 구성해 가는 방식》

tóp dráwer **1** 맨 위 서랍 **2** [the ~] (사회·권위·우수성의) 최상층, 상류 계급: be[come] out of *the* ~ 상류 계급 출신이다

top-draw·er [-drɔ́:*r*] *a.* Ⓐ 〈중요성·특권 등이〉 가장 높은, 최고급의, 가장 중요한

top·dress [-drès] *vt.* 〈밭에〉 거름을 주다; 〈도로 등에〉 자갈을 깔다

top·dress·ing [-drèsiŋ] *n.* UC 거름주기, 도로의 최상층 《자갈·쇄석(碎石) 등》; 《비유》 피상적인 처리

tope [toup] *n.* 〖어류〗 작은 상어의 무리

to·pee [toupí: | tóupi] *n.* (인도의 차양용) 헬멧 모자

tóp flíght [the ~] 최우수, 최고급, 최고위

Tóp 40 [-fɔ́:*r*ti] 일정 기간 중의 베스트셀러 레코드 40종(의)

top·gal·lant [tɑ̀pgǽlənt | tɔ̀p-; 〖항해〗 təgǽlənt] *n., a.* **1** 〖항해〗 윗 돛대[톱갤런트 마스트](의) 《아래로부터 3번째의 돛대(의)》; 이 돛대에 걸리는 돛(의) **2** 《비유》 최고(의), 일류(의)

tóp hàt 실크해트, 중산모

top-heav·y [-hèvi] *a.* **1** 머리가 큰; 불안정한 **2** 〖금융〗 자본이 과대한; 우선 배당 채권이 너무 많은

To·phet(h) [tóufit | -fet] *n.* 〖성서〗 도벳 《Jerusalem의 쓰레기 버리는 곳》; Ⓤ 지옥(hell)

top-hole [tɑ́phóul | tɔ́p-] *a.* 《영·속어》 최고급의

to·pi [toupí: | tóupi] *n.* =TOPEE

to·pi·ar·y [tóupièri | -əri] 〖원예〗 *a.* 〈정원수 등이〉 장식적으로 다듬은 — *n.* (*pl.* **-ar·ies**) UC 장식적으로 다듬어 깎기[깎은 정원]

‡top·ic [tɑ́pik | tɔ́p-] [Aristotle의 저서명 *Topiká*(「평범한 일들」의 뜻)에서] *n.* 화제, 이야깃거리, 토픽: current ~*s* 오늘의 화제, 시사 문제

***top·i·cal** [tɑ́pikəl | tɔ́p-] *a.* **1** 화제의, 시사 문제의 **2** 〖의학〗 〈마취제·요법 등의〉 국부[국소](성)의 **~·ly** *ad.*

top·i·cal·i·ty [tɑ̀pikǽləti | tɔ̀p-] *n.* (*pl.* **-ties**) 일시적인 관심사; 시사 문제

top·knot [-nɑ̀t | -nɔ̀t] *n.* **1** 나비 매듭의 리본 《17-18세기 여자의》 **2** (위로 돋아난) 다발, 술; 볏, 관모(冠毛), 도가머리; 상투 **3** 〖어류〗 넙치의 일종

top·less [tɑ́plis | tɔ́p-] *a.* **1** 〈여성이〉 유방을 드러낸; 〈옷이〉 토플리스의 **2** 〈산 등이〉 매우 높은

top-lev·el [tɑ́plévəl | tɔ́p-] *a.* 《구어》 최고 수준의; 수뇌부의, 고위층의

top·loft·y [tɑ̀plɔ́:fti | tɔ̀plɔ́fti] *a.* 《구어》 거만한, 거드럭거리는

top·mast [-mæ̀st | -mɑ̀:st; 〖항해〗 -məst] *n.* 〖항해〗 중간 돛대 《아래 돛대 위에 잇댄 돛대》

top·most [-mòust] *a.* Ⓐ 최고의, 최상(급)의(highest)

top-notch [-nɑ̀tʃ | -nɔ̀tʃ] *a.* 일류의, 최고의
topog. topographical; topography
to·pog·ra·pher [təpɑ́grəfər | -pɔ́g-], **-phist** [-fist] *n.* 지형학자, 지지(地誌)학자
top·o·graph·i·cal, -ic [tɑ̀pəgrǽfik(əl) | tɔ̀p-] *a.* **1** 지형학의 **2** 지형상의 **3** 〖해부〗 국소 해부의 **-i·cal·ly** *ad.*
to·pog·ra·phy [təpɑ́grəfi | -pɔ́g-] *n.* (*pl.* **-phies**) **1** Ⓤ 지형학 **2** 지세(地勢) **3** Ⓤ 〖해부·동물〗 국소 해부학
to·pol·o·gy [təpɑ́lədʒi | -pɔ́l-] *n.* Ⓤ **1** 〖수학〗 위상(位相) 기하학 **2** 지세학(地勢學); 풍토지(風土誌) 연구 **3** 〖해부〗 국소 해부학
top·per [tɑ́pər | tɔ́p-] *n.* **1** 《구어》 톱코트(topcoat) 《여자가 슈트 위에 걸치는》 **2** 《구어》 = TOP HAT **3** 《영·속어》 뛰어난[좋은] 것[사람]; 《구어》 (조크 등의) 걸작
top·ping [tɑ́piŋ | tɔ́p-] *n.* **1** 꼭대기; 관모, 도가머리 **2** 요리 위에 얹거나 치는 것 《소스·크림 등》
— *a.* 《영·속어》 최고의, 가장 좋은
top·ple [tɑ́pl | tɔ́pl] *v.* (**-pled**; **-pling**) *vi.* 넘어질 듯 근들거리다, 앞으로 비틀거리다, 넘어지다 — *vt.* 근들거리게 하다, 넘어뜨리다
tóp quàrk 〖물리〗 톱쿼크 《양자(陽子)의 13배 질량을 갖는 쿼크》
tops [taps | tɔps] *a.* Ⓟ 《속어》 최고인, 제1인자인
top·sail [tɑ́psèil | tɔ́p-; 〖항해〗 -səl] *n.* 〖항해〗 중간 돛, 상장범(上檣帆), 제1 접장범(接檣帆)
top-se·cret [-síːkrit] *a.* 〖정치·군사〗 최고 기밀의, 극비의, 극비 사항의, 국가 기밀의
tóp sérgeant 《미·군대속어》 고참 상사
top·side [-sàid] *n.* **1** 위쪽, 상위 **2** [보통 *pl.*] 〖항해〗 건현(乾舷); (군함의) 상갑판 **3** Ⓤ 《영》 소의 옆구리 살
top·soil [tɑ́psɔ̀il | tɔ́p-] *n.* Ⓤ 표토(表土)
top·spin [-spìn] *n.* (테니스·당구에서 공이 회전하며 가도록) 빗겨 치기, 톱스핀
top·sy-tur·vy [tɑ́psitə́ːrvi | tɔ́p-] *ad.* 거꾸로, 곤두박이로; 뒤죽박죽: fall ~ 곤두박이치다 — *a.* 거꾸로의, 뒤죽박죽의, 혼란된 — *n.* Ⓤ 곤두박이; 뒤죽박죽, 혼란 상태
toque [touk] *n.* 챙 없는 둥글고 작은 모자, 《특히》 여자 모자
tor [tɔːr] *n.* (뾰족한) 바위산
-tor [tər] *suf.* 「…하는 사람[것]」
To·ra(h) [tɔ́ːrə] *n.* 〖유대교〗 **1** 토라, 율법(律法) **2** [the ~] (구약의) 모세 5경
‡torch [tɔːrtʃ] *n.* **1** 횃불 **2** 《영》 회중 전등(《미》 flashlight) **3** 《미》 (연관공·유리 세공인들이 쓰는) 토치 램프, 발염(發炎) 방사 장치 **4** 《비유》 빛, 광명, 희망(의 빛)
torch·bear·er [tɔ́ːrtʃbɛ̀ərər] *n.* 횃불을 드는 사람; 계몽가, 문명의 선구자
torch·light [tɔ́ːrtʃlàit] *n.* Ⓤ 횃불(의 빛)
tórch sòng [carry a[the] torch for에서] 《미》 토치송 《실연·짝사랑 등을 읊은 감상적인 블루스곡》
‡tore [tɔːr] *v.* TEAR²의 과거
tor·e·a·dor [tɔ́ːriədɔ̀ːr | tɔ́r-] [Sp.] *n.* (스페인의) 기마 투우사
tóreador pànts 투우복 모양의 여성용 바지
‡tor·ment [tɔ́ːrment] *n.* **1** ⓊⒸ **고통**, 격통, 고뇌: be in ~ 고민하다 **2** 괴롭힘; ⓊⒸ 괴로움의 근원 — [-ˊ] *vt.* **1** **괴롭히다** 《*by, with*》 **2** **곤란하게 하다**, 못살게 굴다 《*with, by*》
tor·men·tor, -ment·er [tɔːrméntər] *n.* **1** 괴롭히는 사람[물건] **2** 〖연극〗 무대 양 옆의 가림막 **3** 〖영화〗 반향 방지 스크린 《토키 촬영용》
tor·men·tress [tɔːrméntris] *n.* 남을 괴롭히는 여자
‡torn [tɔːrn] *v.* TEAR²의 과거분사
tor·na·do [tɔːrnéidou] [Sp. 「회전하다」의 뜻에서] *n.* (*pl.* **~(e)s**) **1** 〖기상〗 토네이도, 대선풍(大旋風) 《특히 서아프리카와 Mississippi 강 유역에서 일어나며 무서운 파괴력을 가짐》 **2** (강렬한) 폭풍, 선풍
To·ron·to [tərɑ́ntou | -rɔ́n-] *n.* 토론토 《캐나다 남동부 Ontario 주의 주도》
***tor·pe·do** [tɔːrpíːdou] [L 「무감각; 시끈가오리」의 뜻에서] *n.* (*pl.* **~es**) **1** **수뢰**, **어뢰** **2** 《미》 〖철도〗 신호 뇌관(雷管) **3** 〖어류〗 시끈가오리 — *vt.* **1** 수뢰[어뢰]로 파괴[공격]하다 **2** 〈정책·제도 등을〉 무효로 하다
torpédo bòat 수뢰정(水雷艇)
tor·pid [tɔ́ːrpid] [L 「무감각해지다」의 뜻에서] *a.* (**~·er**; **~·est**) **1** 움직이지 않는, 활발치 못한; 둔한, 무신경한 **2** 〈동물이〉 동면하는 **~·ly** *ad.* **~·ness** *n.* = TORPIDITY
tor·pid·i·ty [tɔːrpídəti] *n.* Ⓤ 무기력; 무감각, 마비 상태; 휴면
tor·por [tɔ́ːrpər] *n.* = TORPIDITY
torque [tɔːrk] *n.* **1** Ⓤ 〖역학·기계〗 토크, 비트는 힘; 회전 우력(廻轉偶力); 〖광학〗 (선광체(旋光體)를 통과하는) 편광면(偏光面) 회전 효과 **2** (고대의) 목걸이
‡tor·rent [tɔ́ːrənt | tɔ́r-] *n.* **1** **급류**(急流) **2** [보통 *pl.*] **억수** **3** (말 등의) 연발; (감정 등의) 격발
tor·ren·tial [tɔːrénʃəl | tər-] *a.* **1** 급류(急流)의[같은]: a ~ rain 폭우 **2** 〈감정·변설 등이〉 심한, 맹렬한, 격한: ~ anger 격노 **~·ly** *ad.*
***tor·rid** [tɔ́ːrid | tɔ́r-] [L 「태우다, 말리다」의 뜻에서] *a.* (**~·er**; **~·est**) **1** (태양열로) **탄**, 바싹 마른 **2** 〈기후 등이〉 염열(炎熱)의: ~ heat 염열 **3** 열렬한 **~·ly** *ad.*
tor·rid·i·ty [tɔːrídəti | tər-] *n.* Ⓤ 염열(炎熱)
Tórrid Zòne [the ~] 열대
tor·sion [tɔ́ːrʃən] *n.* Ⓤ 비틀림, 비꼬임; 〖기계〗 토션, 비트는 힘
~·al *a.* 비트는, 꼬이는
tórsion bàlance 〖기계〗 비틀림 저울
tor·so [tɔ́ːrsou] *n.* (*pl.* **~s, -si** [-siː]) **1** 나체 흉상 《머리와 손발이 없는》 **2** (인체의) 몸통 **3** 미완성 작품
tort [tɔːrt] *n.* 〖법〗 불법 행위
tor·te [tɔ́ːrt] [G] *n.* (*pl.* **-ten** [-tn], **~s**)

토르테 《계란·호도·과일 등으로 만든 고급 과자》
tor·til·la [tɔːrtíːə] [Sp. 「케이크」의 뜻에서] *n.* 토르티야 《멕시코 지방의 둥글넓적한 옥수수빵》
‡tor·toise [tɔ́ːrtəs] *n.* **남생이,** 거북
tor·toise·shell [tɔ́ːrtəsʃèl] *n.* Ⓤ 귀갑(龜甲), 별갑(鼈甲); 〖동물〗 삼색얼룩고양이
tor·to·ni [tɔːrtóuni] [It.] *n.* 토르토니 《버찌·아몬드를 넣은 아이스크림》
tor·tu·os·i·ty [tɔ̀ːrtʃuɑ́səti | -ɔ́s-] *n.* (*pl.* **-ties**) ⓊⒸ 꼬부라짐, 비틀림; 비틀린 것; 부정
tor·tu·ous [tɔ́ːrtʃuəs] *a.* 비비꼬인; 비뚤어진, 비틀린; 완곡한; 부정(不正)한 **~·ly** *ad.* **~·ness** *n.*
‡tor·ture [tɔ́ːrtʃər] [L 「비틀음」의 뜻에서] *n.* **1** Ⓤ **고문,** 가책 **2** ⓊⒸ **심한 고통,** 고뇌 **—** *vt.* **1 고문하다 2** [종종 수동형으로] (몹시) **괴롭히다,** 번민하게 하다 《*with, by*》 **3** 〈뜰의 나무 등을〉 **억지로 꼬부리다,** 비틀다 《*into, out of*》 **4** 〈말·의미를〉 억지로 둘러대다, 곡해하다 《*out of, into*》 **-tur·er** *n.*
‡To·ry [tɔ́ːri] *n.* (*pl.* **-ries**) **1** 〖영국사〗 **토리당원** 《1688년 James Ⅱ를 옹호하고 혁명에 반대하였음; cf. WHIG》; [the Tories] 토리당(黨) 《1679년 왕권 지지파에 의해 조직》; [종종 **t~**] 보수당원, 보수주의자 **2** 〖미국사〗 영국 지지자, 왕당파 《독립 전쟁 때의 독립파에 대한》 **—** *a.* 왕당(원)의; [종종 **t~**] 보수주의자의, 보수적인
To·ry·ism [tɔ́ːriìzm] *n.* [종종 **t~**] Ⓤ 왕당[보수]주의
Tos·ca·ni·ni [tɑ̀skəníːni | tɔ̀s-] *n.* 토스카니니 **Arturo ~** (1867-1957) 《이탈리아 태생의 미국 오케스트라 지휘자》
tosh [tɑʃ | tɔʃ] *n.* Ⓤ 《영·구어》 쓸데없는 말, 허튼소리
‡toss [tɔːs | tɔs] *v.* (**~ed,** 《시어》 **tost** [tɔːst | tɔst]) *vt.* **1** (가볍게) **던지다;** 버리다, 내던지다; 〈공을〉 토스하다 **2 a** 〈파도가 배를〉 몹시 동요시키다 《*about*》 **b** 샐러드를 살살 버무리다 **3** 〈머리 등을〉 갑자기 쳐들다[젖히다] **4** 〈차례 등을 정하기 위하여 동전을〉 공중에 던져 올리다 《*for*》, 동전 던지기로 정하다 **—** *vi.* **1 a** (상하로) **동요하다 b** (배 위 등에서) 흔들리다 **2 뒹굴다,** 뒤치락거리다 **3** 《구어》 동전 던지기하다 《*up*》
~ *off* 단숨에 들이켜다; 손쉽게 해치우다; 〈말이 기수를〉 흔들어 떨어뜨리다
— *n.* **1 a** 던져 올림; 위로 던짐 **b** 《고어》 낙마(落馬) **c** (머리를) 갑자기 쳐들기 **2** (상하의) 동요; 마음의 동요, 흥분
tóssed sálad [tɔ́ːst- | tɔ́st-] 〖요리〗 토스트 샐러드 《드레싱을 친 샐러드》
toss·up [-ʌ̀p] *n.* **1** 동전 던지기(에 의한 결정[선택]) **2** [a ~] 반반의 가망성
tost [tɔːst | tɔst] 《문어》 *v.* TOSS의 과거·과거분사
tot[1] [tɑt | tɔt] *n.* **1** 어린아이: a tiny ~ 꼬마 **2** 《영·구어》 (독한 술) 한 잔, 한 모금 **3** 소량
tot[2] [total의 단축형] 《영·구어》 *n.* 덧셈; (덧셈의) 답, 합계
— *vt., vi.* (**~·ted; ~·ting**) 더하다, 합계하다 《*up*》; 〈수·비용이〉 합계 …이 되다 《*up, to*》
‡to·tal [tóutl] [L 「전체」의 뜻에서] *a.* **1 전체의,** 총계의, 총…: the ~ cost 전체 비용 / the sum ~ 총액 **2** Ⓐ **절대적인, 전적인,** 완전한 **3** 총력적인
— *n.* **1** [종종 grand ~] **합계,** 총계, 총액: a ~ of $10,000 총액 1만 달러 **2** 전부, 전체 ***in ~*** 전체로, 총계…
— *v.* (**~ed; ~·ing** | **~led; ~·ling**) *vt.* **1 합계하다,** 총계하다 **2** 총계 …이 되다
— *vi.* 총계가 …이 되다 《*to*》
to·tal·i·tar·i·an [toutæ̀lətɛ́əriən] *a.* 전체주의의, 일국 일당주의의: a ~ state 전체주의 국가 **—** *n.* 전체주의자
~·ism *n.* 전체주의
to·tal·i·ty [toutǽləti] *n.* (*pl.* **-ties**) **1** Ⓤ 완전무결, 전체성, 완전(성) **2** 전체; 전액, 총계 《*of*》 **3** 〖천문〗 개기식(皆旣蝕)(의 시간)
to·tal·i·za·tor [tóutəlizèitər], **to·tal·iz·er** [tóutəlàizər] *n.* 총계액 계산기 《경마용》
to·tal·ize [tóutəlàiz] *vt.* 합계하다, 총계하다
***to·tal·ly** [tóutəli] *ad.* **전적으로,** 아주
tote[1] [tout] 《구어》 *vt.* 나르다, 짊어지다
tote[2] *n.* 《구어》 **1** 합계, 총계 **2** = TOTALIZATOR
tóte bàg 《미》 여성용 대형 핸드백
tóte bòard 《구어》 (경마장에서 어느 시점의 투표수나 배당금 등을 표시하는) 전광 게시판
to·tem [tóutəm] *n.* **1** 토템 《미개인, 특히 북아메리카 원주민들이 세습적으로 숭배하는 자연물[동물]》 **2** 토템상(像)
to·tem·ic [toutémik] *a.* 토템 (신앙)의
to·tem·ism [tóutəmìzm] *n.* Ⓤ 토템 숭배[신앙]; 토템 조직[제도]
tótem pòle[pòst] 토템 폴 《토템상을 그리거나 새겨서 집 앞 등에 세우는 기둥》
***tot·ter** [tɑ́tər | tɔ́t-] *vi.* **1 비틀거리다,** 아장아장 걷다 **2** 〈건물 등이〉 흔들거리다; 〈국가·제도 등이〉 넘어질 것처럼 흔들리다 **—** *n.* 비틀거림, 기우뚱거림 **~·ing·ly** *ad.*
tot·ter·y [tɑ́təri | tɔ́t-] *a.* 비틀거리는, 불안정한
tou·can [túːkæn] *n.* 〖조류〗 큰부리새, 거취조(巨嘴鳥) 《열대 남미산》
‡touch [tʌtʃ] *vt.* **1 a 대다;** 건드리다, 만지다 **b** 〖역사〗 치료하기 위하여 손으로 만지다; 〖의학〗 촉진(觸診)하다 **c** 만져서 〈어떤 모양으로〉 하다 《*into*》 **2 가볍게 누르다[치다];** 〈악기를〉 연주하다, 켜다 **3 a 접촉하다 b** 〈두 물건을〉 접촉시키다 **c** 〖기하〗 〈직선이 원 등에〉 접하다 **4 a 감동시키다;** …의 급소를 찌르다 **b** 미치게 하다 **c** 성나게 하다 **5** [부정 구문] 〈음식물에〉 **손을 대다;** 〈사업 등에〉 손을 대다; 간섭하다 **6 a 도달하다,** 닿다; 〈배가 …에〉 기항하다 **b** 언급하다 **c** [부정 구문] 필적(匹敵)하다 《*for, in*》 **7** 〈그림·문장에〉 가필[수정]하다; …에 빛깔이 돌게 하다, 의미를 가지게 하다 《*with*》 **8** 취급하다, 사용하다 **9** 해치다, 상처를 입히다 **10** 작용하다

11 《고어》 〖야금〗 〈금·은을〉 시금석(試金石)으로 시험하다

— *vi.* **1 a 접촉하다 b** 맞닿다 **2** 기항(寄港)하다 《*at*》 **3** 언급하다, 논급하다, 간단히 말하다 《*on*》

~ down 〈비행기가〉 착륙[착지]하다; 〖미식축구·럭비〗 터치다운하다 ***~ out*** 〖야구〗 공을 사람의 몸에 대어 아웃시키다; 《속어》 행운을 만나다, 잘하다 ***~ to*** …에 가까이 가다 ***~ up*** 조금 고치다, 수정(修正)하다; 마무르다; 〈말을〉 가볍게 채찍질하다; 〈기억을〉 불러일으키다; 가벼운 고통을 주다

— *n.* **1** 만짐, 손을 댐 **2** [보통 a ~, the ~] 촉감 **3** 가필(加筆); 일필(一筆), 한 터치 **4** 필치(筆致), 운필(運筆), 솜씨; …(하는) 식 **5** Ⓤ 〖축구·럭비〗 터치 《경기장의 touchline 밖의 부분》 **6** Ⓤ (정신적) 접촉 **7** 특성, 특색, 특질; 기미(氣味); 약간 《*of*》

keep (***in***) ***~ with*** …와 접촉[연락]을 지속하다, 기맥을 통하다; 〈서류 등에〉 뒤떨어지지 않다

touch·a·ble [tʌ́tʃəbl] *a.* 만질 수 있는, 만져 알 수 있는; 감동시킬 수 있는

touch-and-go [tʌ́tʃəngóu] *a.* 일촉즉발(一觸卽發)의, 아슬아슬한

touch·back [-bæ̀k] *n.* 〖미식축구〗 터치백 《상대가 찬 공이 엔드라인을 넘거나, 수비측이 자기 진영의 엔드존 안에서 공을 데드(dead)하는 일》

touch·down [-dàun] *n.* **1** 〖미식축구〗 터치다운 《공을 가진 사람이 골라인을 넘거나 또는 엔드존으로 들어가는 일》; 그 득점 **2** 〖항공〗 착륙 (순간), 착지(着地)

tou·ché [tu:ʃéi] [F = touched] *int.* 〖펜싱〗 (한번) 찔렸다!; (토론 등에서) 손들었다!, 잘한다!

touched [tʌtʃt] *a.* **1** 감동된 **2** 《구어》 (머리가) 좀 이상한

tóuch fóotball 터치풋볼 《미식 축구의 일종》

*__touch·ing__ [tʌ́tʃiŋ] *a.* **감동시키는,** 감동적인, 애처로운, 측은한 — *prep.* 《문어》 …에 관하여, …에 대하여 **~·ly** *ad.*

tóuch jùdge 〖럭비〗 선심

touch·line [-làin] *n.* 〖축구·럭비〗 터치라인, 측선(側線)

touch-me-not [-minɑ̀t | -nɔ̀t] [그 삭과를 만지면 터져서 씨가 나오는 데서] *n.* 〖식물〗 봉선화속(屬)

tóuch pàper (불꽃 등의) 도화지(導火紙)

touch·screen [-skrì:n] *n.* 〖컴퓨터〗 터치스크린, 촉감 디스플레이 스크린

touch·stone [-stòun] [이 돌로 금·은의 순도를 시험한 데서] *n.* 시금석; 표준, 기준

touch-tone [-tòun] *n.* 누름단추[푸시버튼]식 전화기 《상표명》

touch-type [-tàip] *vi.* (키를 보지 않고) 타자하다

touch·wood [-wùd] *n.* Ⓤ 썩은 나무 (《미》 punk) 《부싯깃으로 씀》

touch·y [tʌ́tʃi] *a.* (**touch·i·er**; **-i·est**) **1** 성 잘 내는; 과민한 **2** 〈문제 등이〉 다루기 어려운 **tóuch·i·ly** *ad.* **-i·ness** *n.*

‡**tough** [tʌf] *a.* **1 질긴,** 단단한; **차진** 〈흙〉 **2** 《구어》 **튼튼한, 강인한**(hardy); 불굴의; 완고한, 억센 **3 곤란한**; 힘든: a ~ racket 《속어》 곤란한 일 **4** 《미·구어》 불유쾌한, 〈운명 등이〉 고달픈: ~ luck 불운

— *n.* 《구어》 악한, 깡패, 부랑자

— *vt.* 《미·구어》 참고 견디다 《*out*》

tóugh·ly *ad.* **tóugh·ness** *n.*

tough·en [tʌ́fən] *vt., vi.* tough하게 하다[되다]; 《비유》 강경해지다

tóugh gúy 1 《미·구어》 강인한[터프한] 사람 **2** 《미·속어》 무법자, 깡패

tough·ie, tough·y [tʌ́fi] *n.* (*pl.* **tough·ies**) 《미·구어》 **1** 불량배, 깡패, 건달; 호전적인 사람 **2** 난문(難問), 어려운 문제[사태] **3** 비정한 내용의 책[영화]

tough-mind·ed [tʌ́fmáindid] *a.* 완고한, 의지가 강한 **~·ness** *n.*

tou·pee [tu:péi | ⌐–] [F] *n.* (남자용) 부분 가발

‡**tour** [tuər] [Gk 「회전하는 도구」의 뜻에서] *vt.* **1 관광 여행하다,** 유람(遊覽)하다, 여행하다 **2** 〈미술관 등을〉 견학하다 **3** 〈배우들이〉 순회하다 — *vi.* 여행하다, 유람하다 — *n.* **1 관광 여행**; (시찰·순유(巡遊) 등의) 짧은 여행 **2** (극단의) 순회 공연; (스포츠팀의) 해외 원정 **3** (해외 등에서의) 근무 기간 《*in*》 **4** (공장의) 교대 (기간): two ~*s* a day 하루 2교대

on ~ 유람[순회] 중에[의]

tour de force [túər-də-fɔ́:rs] [F = feat of strength] *n.* (*pl.* **tours de force** [tùərz-]) **1** (예술상의) 역작 **2** 힘으로 하는 재주, 묘기, 놀라운 솜씨

tour·ism [túərizm] *n.* Ⓤ 관광 여행; 관광 사업; [집합적] 관광객

‡**tour·ist** [túərist] *n.* **1 관광객,** 유람객, 여행자 **2** 원정 중의 운동 선수 — *a.* Ⓐ **1** 관광객의[을 위한, 에 적합한]: a ~ party 관광단 **2** tourist class의

— *ad.* tourist class로

tóurist àgency 여행 안내소, 관광 회사

tóurist clàss (기선·항공기의) 투어리스트 클래스, 보통석 《일반 여행자가 이용하는 저렴한 등급》

tour·is·tic [tuərístik] *a.* (관광) 여행의; 관광객의

tóurist tràp 《미·속어》 관광객에게 바가지 씌우는 곳 《음식점 등》

tour·ist·y [túəristi] *a.* 《구어·종종 경멸》 관광객풍의; 관광객용의; 관광객에게 인기 있는

tour·ma·line, -lin [túərməlin, -lì:n] *n.* 전기석(電氣石)

*__tour·na·ment__ [túərnəmənt, tə́:r-] *n.* **1 토너먼트,** 승자 진출전, 선수권 쟁탈전 **2** (중세 기사의) 마상(馬上) 시합 (대회)

tour·ney [túərni, tə́:r-] *n.* = TOURNAMENT — *vi.* 마상 시합을 하다

tour·ni·quet [túərnikit | -kèi] *n.* 〖의학〗 지혈대(止血帶)

tou·sle [táuzl] *vt.* 마구 다루다, 〈머리카락을〉 헝클어뜨리다: ~*d* hair 난발(亂髮) — *n.* ⓊⒸ 난발; 혼란

tout [taut] 《구어》 *vi.* **1** 손님을 끌다, 강매하다, 귀찮게 권유하다 《*for*》 **2** 《미》 (경마의) 예상꾼 노릇을 하다 — *vt.* **1** 지분지분하게 권하다; 몹시 칭찬하다 **2** 《미》

〈말의 정보를〉 팔다 **—** *n.* **1** 경마말의 상태를 염탐함 **2** (경마의) 예상꾼 **3** 《영》 암표 장수

tout en·sem·ble [tú:t-ɑ:nsɑ́:mbl] [F = all together] *ad.* 모두 함께
— *n.* **1** 총체, 전체 **2** 전체적 효과

***tow**[1] [tou] [동음어 toe] *vt.* **1** 〈차·배 등을〉 (밧줄로) **잡아당기다** **2 끌다,** 견인하다 **3** 〈사람·개 등을〉 (잡아) 끌고 가다 **—** *n.* **1** 밧줄로 끎; 끌려감 **2** 끌리는 배[차 《등》]; 끄는 밧줄 **3** 예인선, 견인차
in ~ 끌려서 《*of, by*》; 지도[안내]되어

tow[2] *n.* Ⓤ, *a.* 삼(麻) 부스러기(의), 거친 삼(의)

tow·age [tóuidʒ] *n.* Ⓤ 배를 끎[끌기]; 예선료(料), 끄는 삯

⁑**to·ward** [tɔ:rd, təwɔ́:rd | təwɔ́:d] *prep.* **1** [운동의 방향] …쪽**으로,** …을 향하여: get ~ …에 가까워지다 **2** [위치·방향] …쪽에 (있는), …의 편을 향하여 (있는) **3** [경향·결과] …**편에,** …을 향하여; [감정·행위의 목적] …에 대하여 **4** [시간·수량의 접근] …**가까이,** …쯤 **5** [태도·관계] …**에 대하여,** …에 관하여 **6** [원조·공헌] …**을 위하여**

⁑**to·wards** [tɔ:rdz, təwɔ̀:rdz | təwɔ̀:dz] *prep.* = TOWARD 《《영》에서는 산문·구어체에서 towards가 보통》

tow·a·way [tóuəwèi] *n., a.* 《미》 (주차 위반 차량의) 강제 견인(의)

tow·bar [-bɑ̀:r] *n.* 견인봉, 토바 《자동차 견인용 철봉》

tow·boat [-bòut] *n.* 예인선(tugboat)

tów càr 《미》 구난차, 레커차

⁑**tow·el** [táuəl] *n.* **타월,** 수건 《손 등을 닦는》 ***throw*** [***toss***] ***in the*** ~ 〖권투〗 타월을 던지다 《패배의 인정》; 《구어》 항복하다
— *vt., vi.* (**~ed**; **~·ing** | **~led**; **~·ling**) 타월로 닦다[훔치다, 말리다]

tow·el·ette [tàuəlét] *n.* 작은 종이 수건, 물을 적신 냅킨

tówel hòrse[**ràil**] = TOWEL RACK

tow·el·ing | **-el·ling** [táuəliŋ] *n.* Ⓤ 수건천

tówel ràck 수건걸이

⁑**tow·er** [táuər] *n.* **탑,** 고층 빌딩: a bell ~ 종탑, 종루
a ~ ***of strength*** 힘이 되는 사람, 옹호자 ***the T***~ (***of London***) 런던탑 ~ ***of ivory*** 상아탑
— *vi.* 솟다: ~ *against* the sky 공중에 높이 솟다

tówer blòck 《영》 고층 빌딩

Tówer Brídge [the ~] 타워 브리지 《London의 Thames 강의 두 개의 탑 사이에 걸려 있는 개폐교(開閉橋)》

tow·ered [táuərd] *a.* 탑이 있는

***tow·er·ing** [táuəriŋ] *a.* Ⓐ **1** 우뚝 솟은 (lofty) **2** 〈야망 등이〉 큰, 원대한 **3** 격렬한

tow·er·man [táuərmən] *n.* (*pl.* **-men** [-mən]) (철도의) 신호원; 항공 관제관

tow·er·y [táuəri] *a.* (**-er·i·er**; **-i·est**) **1** = TOWERED **2** 탑 모양의, 우뚝 솟은

tow·head [tóuhèd] *n.* 《미》 아마(亞麻) 색 머리털(의 사람) **~·ed** *a.*

tów·ing nèt [tóuiŋ-] 예망(曳網)

tówing pàth = TOWPATH

tow·line [tóulàin] *n.* (배·차를) 끄는 밧줄, 견인용 밧줄[쇠사슬]

⁑**town** [taun] [OE 「울타리, 마을」의 뜻에서] *n.* **1 a** 읍, 시, 도회지 **b** [관사없이] [종종 **T~**] 《영》 《특히》 런던; 주요 도시 **c** (변두리에 대하여) 도심지구, 번화가, 상가 **2** [집합적; 단수 취급] [the ~] 읍[시]민 ***come to*** ~ 상경하다; 나타나다 ***go to*** ~ 읍에 가다; 《구어》 끝까지[철저히, 척척] 하다; 돈을 크게 낭비하다 《*on, over*》, 흥청망청 놀다
— *a.* Ⓐ 도시의, 읍의: ~ life 도시 생활

tówn clérk 읍사무소 서기

tówn cóuncil 《영》 읍[시]의회

tówn cóuncilor 읍[시]의회 의원

tówn críer 포고(布告)를 외치며 다니는 읍 직원

town·ee [tauní:] *n.* 《영·구어》 도시[읍] 사람

town·er [táunər] *n.* 《속어》 도시 사람

tówn gàs 《영》 도시 가스

tówn háll 시청(사), 읍사무소; 공회당

tówn hòuse **1** (시골에 본 저택을 가진 귀족 등의) 도시의 저택 **2** 《미·캐나다》 연립 주택 《2-3층의 주택》

town·ie [táuni] *n.* 《구어·때로 경멸》 = TOWNEE

tówn méeting 《미》 읍민회; (뉴잉글랜드의) 읍 위원회

tówn plánning 도시 계획

town·scape [táunskèip] *n.* 도시 풍경화(법)

towns·folk [táunzfòuk] *n.* [집합적] 도시 사람들[거주자], 읍민(邑民)

***town·ship** [táunʃip] *n.* **1** 《미·캐나다》 군구(郡區)(county 내의) **2** 〖영국사〗 읍구(邑區), 지구(地區)

***towns·man** [táunzmən] *n.* (*pl.* **-men** [-mən]) **1 도회지 사람** **2** 읍민, 시민

towns·peo·ple [-pì:pl] *n.* [집합적] = TOWNSFOLK

towns·wom·an [-wùmən] *n.* (*pl.* **-wom·en** [-wìmin]) 도회지 여인; 같은 읍내의 여인

town·wear [táunwɛ̀ər] *n.* Ⓤ 나들이옷, 외출복 《일반적으로 색이 어둡고 점잖은 옷》

tow·path [tóupæ̀θ | -pɑ̀:θ] *n.* (운하·강변을 낀) 배를 끄는 길

tow·rope [-ròup] *n.* = TOWLINE

tów trùck = TOW CAR

tox·e·mi·a, tox·ae·mi·a [tɑksí:miə | tɔk-] *n.* Ⓤ 〖병리〗 독혈증(症)

tox·ic [tɑ́ksik | tɔ́k-] *a.* 유독한; 중독(성)의: ~ smoke 독가스

tox·i·ca·tion [tɑ̀ksikéiʃən | tɔ̀k-] *n.* Ⓤ 중독

tox·ic·i·ty [tɑksísəti | tɔk-] *n.* Ⓤ (유)독성

tox·i·col·o·gy [tɑ̀ksikɑ́lədʒi | tɔ̀ksikɔ́l-] *n.* Ⓤ 독물학 **-gist** *n.* 독물학자

tox·in [tɑ́ksin | tɔ́k-] *n.* 독소

⁑**toy** [tɔi] [ME 「희롱」의 뜻에서] *n.* **1** 장난감, 완구(plaything): play with

a ~ 장난감을 갖고 놀다 **2 a** 실용이 안 되는 물건 **b** 하찮은 것, 싸구려 물건 **3** 《비유》 노리갯감의 사람; 정부
make a ~ of …을 노리개로 삼다, 장난감으로 삼다
— *a.* Ⓐ 장난감(용)의; 소형의: a ~ car 장난감 자동차 — *vi.* **1 장난하다,** 희롱하다 《*with*》; 가지고 놀다 《*with*》 **2** 장난삼아 생각하다 《*with*》

tóy bòy 《영·속어》 (나이든 여성의) 젊은 연인 《남자》

tp township; troop

tr. train; transactions; transitive; translator; transport(ation); transpose; treasurer(s); trustee

*****trace**[1] [treis] *n.* **1** [보통 *pl.*] **자취** (track), **발자국**; (사건 등의) 흔적, 형적; (경험·경우 등의) 영향, 결과 **2** 극소량, 미량, 기미(氣味) 《*of*》 **3** 선, 도형; 스케치, (군사 시설 등의) 배치도 **4** (지진계 등의) 자동 기록 장치가 그리는 선 **5** 〖컴퓨터〗 추적, 트레이스 — *vt.* **1** …의 **자국을 밟아가다**: **a** 추적하다 **b** 〈강·길 등을〉 따라가다 **2** 〈유래·원인·출처를〉 **더듬다,** 밝혀내다, 규명하다 《*back, to*》 **3** 〈선·윤곽·지도 등을〉 **긋다,** 그리다 《*out*》; …의 겨냥도를 그리다 《*out*》 **4 a** (유적 등에 의해) 〈…의〉 옛 모습을 확인하다; (증거 등을 더듬어) 발견하다 **b** (윤곽 등에 의해) 알아보다 **5 a** 정성들여[꼼꼼히] 쓰다 **b** (위에서) 베끼다, 투사(透寫)하다, 복사하다 — *vi.* **1** 길을 따라가다 **2** 〈계통 등이〉 거슬러 올라가다 《*to*》

trace[2] *n.* [보통 *pl.*] (마구의) 봇줄, 끄는 줄 ***in the ~s*** 봇줄에 매이어; 늘 하는 일에 종사하여

trace·a·ble [tréisəbl] *a.* trace[1]할 수 있는 **tràce·a·bíl·i·ty** *n.*

tráce èlement 〖생화학〗 미량 원소

trac·er [tréisər] *n.* **1 a** 추적자(者) **b** 쓰는 사람, 모사자 **c** 철필, 투사필(透寫筆) **2** 《미》 분실물 수색계원; 분실 우송물[화물] 수색 조회장 **3** 〖군사〗 = TRACER BULLET **4** 〖물리·의학〗 트레이서, 추적자(追跡子) **5** 〖컴퓨터〗 추적기

trácer bùllet 예광탄(曳光彈)

trácer èlement 〖물리·의학〗 추적 원소

trac·er·y [tréisəri] *n.* (*pl.* **-er·ies**) ⓊⒸ 〖건축〗 트레이서리 《고딕식 창의 장식 격자(格子)》

tra·che·a [tréikiə | trəkíːə] *n.* (*pl.* **~s, -ae** [-kiìː | -kíːiː]) **1** 〖해부〗 기관(氣管) **2** 〖식물〗 도관(導管) **-al** *a.*

tra·che·i·tis [trèikiáitis] *n.* Ⓤ 〖병리〗 기관염(氣管炎)

tra·cho·ma [trəkóumə] *n.* Ⓤ 〖안과〗 트라코마

***trac·ing** [tréisiŋ] *n.* **1** Ⓤ **자취를 밟음,** 추적, 수색 **2 트레이싱,** 투사(透寫), 모사; 투사도 **3** 자동 기록 장치의 기록

trácing pàper 투사지(透寫紙), 트레이싱 페이퍼

*****track** [træk] *n.* **1 a 지나간 자취**; [*pl.*] 발자국 **b** 바퀴 자국, 항적(航跡) **2 a 철도 선로,** 궤도: single[double] ~ 단[복]선 **b** 통로, 진로, 항로 **3 a 경주로,** 트랙 **b** Ⓤ [집합적] 《미》 트랙 경기; 육상 경기 **4 a** (밟아서 생긴) **작은 길,** 밟아 다져진 길 **b** (인생의) 행로, 상궤(常軌) **5** (사건·사상 등의) 연속 **6 a** (자기(磁氣) 테이프의) 음대(音帶), 트랙; 테이프로 녹음한 곡 **b** = SOUND TRACK **7** 〖컴퓨터〗 트랙 《디스크·테이프 등의 기억 매체의 표면에 자료를 기억하는 통로》
off the ~ 〈사냥개가〉 짐승 냄새를 잃고; 문제를 벗어나서, 잘못하여(wrong) ***on the right*** [***wrong***] ***~*** 〈생각·의도 등이〉 타당하여[그릇되어], 바른[틀린] 사고 방식으로 ***on the ~ of*** …을 추적하여; …의 단서를 얻어
— *vt.* **1 a 추적하다 b** (흔적 등을 더듬어) 찾아내다; 탐지하다 《*down*》 **2** 《미》 (흙 묻은 신발로) 발자국을 남기다; 〈눈·진흙 등을〉 발에 묻혀들이다 **3** (레이더 등의 계기로) (우주선·미사일 등의) 진로[궤도]를 관측[기록]하다 — *vi.* **1** 〈차가〉 앞바퀴 자국을 뒷바퀴가 따라가다 **2** 〈바늘이〉 레코드의 홈을 따라가다; 예상대로의[정상적인] 코스를 따라가다 **3** 〖영화·TV〗 〈카메라맨이〉 이동하며 촬영하다

track·age [trǽkidʒ] *n.* 《미》 Ⓤ [집합적] 철도 선로

track·er [trǽkər] *n.* 추적자, 수색자; 경찰견

tráck evènt 〖육상〗 트랙 경기

track·ing [trǽkiŋ] *n.* 《미》 〖교육〗 능력[적성]별 학급 편성

trácking stàtion (인공위성 등의) 추적국(局)[기지]

track·lay·er [trǽklèiər] *n.* 《미》 선로 부설 인부, 보선공(保線工)(《영》 platelayer)

track·less [trǽklis] *a.* **1** 발자국 없는, 길 없는 **2** 무궤도의

track·man [trǽkmən] *n.* (*pl.* **-men** [-mən]) 《미》 (철도) 보선공; = TRACKWALKER; 육상 경기 선수

tráck rècord 《미》 육상 경기의 성적[기록]; 《일반적으로》 실적, 업적

tráck shòe (육상 선수의) 운동화

tráck sùit 육상 선수의 보온복(保溫服)

tráck sỳstem = TRACKING

track·walk·er [-wɔ̀ːkər] *n.* 《미》 선로 순시원

track·way [-wèi] *n.* = RAILWAY; 길, 도로

*****tract**[1] [trækt] *n.* **1** (땅·하늘·바다 등의) **넓이,** 넓은 면적, 지역, 구역: a wooded ~ 삼림 지대 **2** 〖해부〗 **a** 관(管), …계(系), 도(道): the digestive ~ 소화관 **b** (신경의) 속(束), 삭(索): the motor ~ 운동 신경삭

***tract**[2] *n.* (특히 종교상의) **소책자,** 팸플릿

trac·ta·bil·i·ty [træ̀ktəbíləti] *n.* Ⓤ 순종; 취급하기[다루기] 쉬움

trac·ta·ble [trǽktəbl] *a.* **1** 다루기 쉬운, 유순한 **2** 〈재료 등이〉 취급[세공]하기 쉬운 **~·ness** *n.* **-bly** *ad.*

trac·tate [trǽkteit] *n.* 논문(treatise)

trac·tile [trǽktil | -tail] *a.* 잡아 늘일 수 있는

trac·til·i·ty [træktíləti] *n.* Ⓤ 연성(延性), 신장성(伸張性)

trac·tion [trǽkʃən] [L 「잡아끌기」의 뜻에서] *n.* Ⓤ **1** 견인(력): electric [steam] ~ 전기[증기] 견인 **2** (도로에 대한 타이어·도르래에 대한 밧줄 등의) 정지(靜止) 마찰 **3** 〖생리〗 수축; 〖의학〗 (골절 치료 등의) 견인

tráction èngine 견인 기관차

trac·tive [trǽktiv] *a.* 당기는; 견인하는

***trac·tor** [trǽktər] *n.* **트랙터,** 견인(자동)차: a farm ~ 경작용 트랙터

trac·tor-trail·er [-tréilər] *n.* 《미》 트레일러가 달린 트랙터

trad [træd] [*trad*itional] 《영·구어》 *a.* 전통적인, 구식의; 〈재즈가〉 트래드의
— *n.* Ⓤ 트래드 재즈 《1920-30년대에 영국에서 연주되어 50년대에 부활한 재즈》

*****trade** [treid] *n.* **1 a** ⓊⒸ **무역,** 통상(commerce); **상업,** 장사: free ~ 자유 무역 **b** ⓊⒸ 《미》 교환(exchange); Ⓒ 〖스포츠〗 (선수의) 트레이드 **2** ⒸⓊ **직업,** 생업: follow a ~ 직업에 종사하다 **3** [the ~; 보통 수식어와 함께] …업, …업계: *the* tourist ~ 관광업 **4** [보통 the ~; 집합적] **a** 동업자들, 소매상들 **b** 《영·구어》 주류 판매 허가를 받은 식당 주인들 **c** 《미》 고객, 거래처 **5** 《속어》 [the ~] 매춘 — *a.* Ⓐ **1** 상업의, 무역의 **2** 동업자로 이루어진
fair **~** 공정 거래, 호혜(互惠) 무역
— *vi.* **1 a 장사하다,** 매매하다 《*in*》; (…와) 거래[무역]하다 《*with*》 **b** 〈지위 등을〉 돈으로 거래하다 **2** (남과) 교환하다 《*with*》 **3** 《미》 (상점에서) 물건을 사다, 단골로 사다 《*at, with*》 **4** (나쁘게) 이용하다, 악용하다 — *vt.* **1 교환하다** 《*for, with*》; 매매[장사]하다 **2** 〈선수를〉 다른 팀에 보내다 **~ *in*** 〈물품을〉 대가의 일부로 제공하다; 장사하다 **~ *off*** 《미》 팔아버리다; 서로 지위를 교체하다; 번갈아 사용하다; 교환하다

tráde agrèement **1** 무역 협정 **2** 〖노동〗 (노사 간의) 단체 협약

tráde associàtion 동업 조합, 동업자 단체

tráde bàlance 무역 수지

tráde bàrrier 무역 장벽

tráde bòok = TRADE EDITION

tráde cỳcle 《영》 경기 순환(《미》 business cycle)

tráde dèficit 무역 (수지의) 적자

tráde dìscount 동업자간 할인

tráde edìtion 대중판, 보급판

tráde gàp 〖경제〗 무역 수지의 적자

tráde imbàlance 무역 불균형

trade-in [tréidìn] *n.* 신품 구입 대금의 일부로 내놓는 중고품; 그 거래 (가격)
— *a.* Ⓐ 대금의 일부로 내놓는 (중고품의)

tráde jòurnal 업계지(業界誌)

trade-last [-lǽst | -lɑ̀:st] *n.* 《미·구어》 제3자의 칭찬[좋은 평판]

***trade·mark** [tréidmɑ̀:rk] *n.* **1** (등록) **상표** 《略 TM》 **2** (사람·사물을 상징하는) 특징, 특성, 트레이드마크
— *vt.* …에 상표를 붙이다; 상표를 등록하다

tráde nàme **1** 상품명; 상표명 **2** 상호

trade-off [-ɔ̀:f | -ɔ̀f] *n.* (타협을 위한) 거래, 교환; 협정; (교섭에서의) 교환 조건

tráde pàper 업계 신문, 업계지(紙)

tráde prìce 업자 간의 가격, 도매 가격

****trad·er** [tréidər] *n.* **1 상인,** 무역업자 **2** 무역선, 상선

tráde recipròcity 통상 상호주의 《상대국과 시장 개방도를 같게 하려는 미국 정책》

tráde rèference 신용 조회처(照會處); 신용 조회

tráde sécret 기업[영업] 비밀

***trades·man** [tréidzmən] *n.* (*pl.* **-men** [-mən]) **1 상인;** 《영》 **소매 상인** **2** (상품) 배달인

trades·peo·ple [-pì:pl] *n.* **1** 상인 **2** 《영》 소매 상인

trádes únion 《영》 = TRADE UNION

tráde súrplus 무역 수지의 흑자

tráde únion 《영》 직종별 노동 조합(《미》 labor union)

tráde únionism 노동 조합 조직[주의, 운동]

tráde únionist 노동 조합원[주의자]

tráde wìnd [종종 the ~s] 무역풍

trad·ing [tréidiŋ] *a.* 상업에 종사하는; 통상용의: a ~ concern 무역 회사

tráding estàte 《영》 = INDUSTRIAL PARK

tráding pòst (미개지 주민과의) 교역소

tráding stàmp 《미》 경품권, 쿠폰

****tra·di·tion** [trədíʃən] [L 「건네줌」의 뜻에서] *n.* **1** ⓊⒸ **전통,** 관례; 〖미술·문학〗 (유파의) 전통 (양식), 식(式), 형(型) **2** ⓊⒸ 전설, 구전(口傳)

***tra·di·tion·al** [trədíʃənl] *a.* **1 전통의;** 고풍의 **2** 전설의 **3** 〈재즈가〉 전통적인 《1920년경 New Orleans에서 연주된 양식의》 **~·ly** *ad.*

tra·di·tion·al·ism [trədíʃənəlìzm] *n.* Ⓤ 전통[인습]의 고집(固執); 〖그리스도교〗 전통주의

tra·di·tion·al·ist [trədíʃənəlist] *n.* 전통주의자

tra·duce [trədjú:s | -djú:s] *vt.* 비방하다, 중상하다 **-dúc·er** *n.*

Tra·fal·gar [trəfǽlgər] *n.* **Cape ~** 트라팔가 갑 《스페인 남서의 갑(岬); 그 앞바다에서 Nelson이 1805년 스페인·프랑스 연합 함대를 격파하였음》

Trafálgar Squáre 트라팔가 광장 《London의 중심가》

*****traf·fic** [trǽfik] [It. 「가로질러 밀다」의 뜻에서] *n.* Ⓤ **1 a** (사람·차·배·비행기 등의) **교통,** 왕래, 통행; 교통량, 수송량: control[regulate] ~ 교통을 정리하다 **b** [집합적] (통행하는) 사람, 자동차 **c** (전화) 통화량 **2** (철도·선박·항공기 등에 의한) 교통 운수업 **3** 《문어》 무역(trade), (특수품의) 거래; 부정[비합법] 거래 《*in*》: human ~ 인신 매매 **4** 고객수 **5** (의견 등의) 교환 **6** 〖컴퓨터〗 (전산망을 통한 정보의) 소통(량)
heavy **~** 격심한 교통량
— *vi.* (**-ficked** [-fikt]; **-fick·ing**) 매매[거래, 무역]하다 《*with*》; (특히 불법적인) 거래를 하다 《*in*》

traf·fic·a·ble [trǽfikəbl] *a.* **1** 〈도로 등이〉 자유로이 왕래[통행]할 수 있는 **2**〈물자 등이〉 상거래에 알맞은, 시장성이 있는
traf·fi·ca·tor [trǽfəkèitər] [*traffic* indic*ator*] *n.* 《영》 (자동차의) 방향 지시기(《미》 turn signal)
tráffic blòck 《영》 교통 정체[마비]
traf·fic-cast [trǽfikæ̀st | -kɑ̀:st] *n.* 도로 교통 정보 방송
tráffic cìrcle 《미》 원형 교차점, 로터리(《영》 roundabout)
tráffic còp 《구어》 교통 순경
tráffic còurt (교통 위반을 재판하는) 즉결 재판소
tráffic dènsity 교통량
tráffic ìndicator 《영》 = TRAFFICATOR
tráffic ìsland (도로상의) 교통 안전 지대
traf·fick·er [trǽfikər] *n.* (악덕) 상인 《*in*》
tráffic lìght 교통 신호(등)
tráffic sìgn 교통 표지
tráffic sìgnal = TRAFFIC LIGHT
tráffic tìcket 《미》 교통 위반 딱지
tráffic wàrden 《영》 교통 감시관 《주차 위반 단속 등을 함》
tra·ge·di·an [trədʒí:diən] *n.* 비극 작가; 비극 배우
tra·ge·di·enne [trədʒì:dién] [F] *n.* 비극 여배우
‡**trag·e·dy** [trǽdʒədi] [Gk 「숫염소의 노래」의 뜻에서] *n.* (*pl.* **-dies**) **1** Ⓤ Ⓒ **비극**: a ~ king[queen] 비극 배우[여배우] **2** Ⓤ Ⓒ 비극적 사건, 참사, 참극(慘劇)
‡**trag·ic** [trǽdʒik] *a.* **1** Ⓐ **비극의**, 비극적인: a ~ actor 비극 배우 **2 비참한**, 비장한; 애처로운
trag·i·cal [trǽdʒikəl] *a.* = TRAGIC
~·ly *ad.* 비극적으로, 비참하게
trag·i·com·e·dy [træ̀dʒəkɑ́midi | -kɔ́m-] *n.* (*pl.* **-dies**) Ⓤ Ⓒ 희비극(喜悲劇)
trag·i·com·ic, -i·cal [træ̀dʒəkɑ́mik(əl) | -kɔ́m-] *a.* **1** Ⓐ 희비극의 **2** 희비극적인
‡**trail** [treil] [L 「(배를) 끌다」의 뜻에서] *n.* **1 a 끌고 간 자국**, 지나간 자국, 흔적; 선적(船跡), 항적(航跡) **b** (짐승의) 냄새 자국; 실마리, (수사상의) 단서 **2** 《미·캐나다》 (황야 등의) 밟아 다져진 길, (산속의) 작은 길 **3** (유성의) 꼬리; (구름·연기 등의) 길게 늘어진 자락; 긴 옷자락; 늘어진 술·머리카락 《등》 **— *vt.* 1** 끌다; 끌며 가다 **2 추적하다 — *vi.* 1** 〈옷자락 등이〉 **질질 끌리다,** 〈머리카락 등이〉 늘어지다 **2**〈덩굴이〉 기다 **3**〈구름·연기가〉 길게 나부끼다 **4** 발을 질질 끌며 걷다 《*along*》, 힘없이[느릿느릿] 걷다, 낙오하다 **5**〈소리가〉 점점 사라지다[약해지다] 《*off, away*》
tráil bìke 트레일 바이크《험로용 오토바이》
trail·blaz·er [tréilblèizər] *n.* **1** (미개지 등에서 길표지가 되도록) 길에 표를 하는 사람 **2** 개척[선구]자
*__trail·er__ [tréilər] *n.* **1** (자동차 등의) **트레일러**; 《미》 (차로 끄는) 이동 주택[사무소, 실험소](《영》 caravan) **2 끄는 사람**[것]; 추적자 **3** 포복 식물 **4** 〚영화〛 예고편 **5** 〚컴퓨터〛 트레일러, 정보 꼬리
tráiler càmp[còurt] 《미》 (삼림 공원 등의) 이동 주택 주차 구역(《영》 caravan park)
tráiler pàrk = TRAILER CAMP
tráil nèt (배로 끄는) 예망(曳網)
‡**train** [trein] *n.* **1 열차 2 a** (사람·차 등의) **긴 열**(列), 줄, 행렬 **b** (사건 등의) 결과, 계속 **c** (관념 등의) 맥락, 연속, 연관 **3** [집합적] 종자(從者), 수행원(suite) **4 a** (길게 끌리는) 옷자락 **b** (동물·새의) 꼬리; 〚천문〛 (혜성의) 꼬리 **5** 도화선 ***go by*** **~** 기차로 가다 ***in*** **~** 준비하여, 준비를 갖추고
— *vt.* 1 훈련하다 《*up*》, **양성하다, 가르치다** 《*to*》; (…하도록) 길들이다 《*to* do》 **2**〈몸을〉 익숙하게 하다, 단련하다 **3** 〚원예〛 〈가지 등을〉 바라는 모양으로 손질하다
— *vi.* 1 연습[트레이닝]하다 2〈…되도록〉 훈련을 받다, 교육받다, 양성되다 **3** 기차로 가다 **tráin·a·ble** *a.* 훈련할 수 있는
train·bear·er [-bɛ̀ərər] *n.* (의식 때의) 옷자락 받드는 사람
train·ee [treiní:] *n.* 훈련받는 사람[동물]; 군사[직업] 훈련을 받는 사람
‡**train·er** [tréinər] *n.* **1 훈련자,** 트레이너; 조련사, 조마사(調馬師) **2** 연습용 기구[장치]; (비행기 조종사의) 연습기
tráin fèrry 열차를 나르는 페리[연락선]
‡**train·ing** [tréiniŋ] *n.* Ⓤ **1 훈련,** 교련; 양성, 연습; 단련; 조교(調教) **2** 〚원예〛 가지 다듬기 **3** (훈련을 받는 사람의) 컨디션 ***be in***[***out of***] **~** 컨디션이 좋다[나쁘다] ***go into*** **~** 연습을 시작하다
tráining còllege 《영》 교원 양성소 《지금은 college of education이라 함》
tráining pànts (아기의) 용변 연습용 팬티
tráining schòol 1 (직업·기술) 훈련[양성]소 **2** 소년원, 감화원
tráining sèat (소아의) 훈련용 변기
tráining shìp 연습선[함]
train·man [-mən] *n.* (*pl.* **-men** [-mən]) 《미》 열차 승무원
train·sick [-sìk] *a.* 기차 멀미하는
traipse [treips] 《구어·방언》 *vi.* 터벅터벅 걷다, 어슬렁거리다, 배회하다
*__trait__ [treit | trei] *n.* **1 특성,** 특색, 특징 **2** 얼굴 생김새, 인상
*__trai·tor__ [tréitər] [L 「인도하다」의 뜻에서] *n.* **반역자,** 역적; 매국노; 배신자
trai·tor·ous [tréitərəs] *a.* 반역의, 배반적인; 불충한 **~·ly** *ad.*
tra·jec·to·ry [trədʒéktəri] *n.* (*pl.* **-ries**) 〚물리〛 탄도(彈道); 〚천문〛 (행성의) 궤도
‡**tram** [træm] *n.* **1** 《영》 **시가 전차**(《미》 streetcar) **2** (석탄·광물 운반용) 광차(鑛車) **3** 케이블카 ***by*** **~** 전차로
— *vi.* (**~med**; **~·ming**) 《영》 전차로 가다
‡**tram·car** [trǽmkɑ̀:r] *n.* = TRAM
tram·line [-làin] *n.* 《영》 **1** 전차 궤도[선로] **2** [*pl.*] 《구어》 (테니스 코트의) 측선(側線) 《두 줄》
tram·mel [trǽməl] [OF 「세 겹 그물」의 뜻에서] *n.* **1** [보통 *pl.*] 구속물, 속박,

장애 ((*of*)) **2** 그물 ((물고기·새를 잡는))
— *vt.* (**~ed**; **~·ing** | **~led**; **~·ling**) ((문어)) 그물로 잡다; 〈…의〉 자유를 방해하다

‡**tramp** [træmp] *vi.* **1 쾅쾅거리며 걷다,** 육중하게 걷다 ((*on*)); 내리밟다 **2 터벅터벅 걷다** **—** *vt.* **1** 짓밟다 **2** 걷다, 도보 여행을 하다; [~ it로] 도보로 가다
~ *down* 내리밟다, 짓밟다
— *n.* **1** 쾅쾅거리며 걷는 소리; 내리밟기, 짓밟음 **2** 도보 여행 **3** 도보 여행가; 떠돌이, 방랑자; 부랑자 **4** 〚항해〛 부정기 화물선

‡**tram·ple** [trǽmpl] *vt.* **1 내리밟다,** 짓밟다, 밟아뭉개다 ((*down*)) **2** 유린하다, 무시하다 ((*down*)) **—** *vi.* 짓밟다; 〈남의 감정 등을〉 유린하다, 무시하다
~ *on* [***under foot***] 짓밟다; 유린하다
— *n.* 짓밟음; 짓밟는 소리

tram·po·line [træ̀mpəlíːn | ⌐–⌐] *n.* 트램펄린 ((스프링이 달린 캔버스로 된 도약용 운동 용구))

trámp stéamer[**shíp**] 부정기(不定期) 화물선

tran- [træn] *pref.* = TRANS- ((s로 시작하는 낱말 앞에서)): *tran*scribe

***trance** [træns | trɑːns] [L 「(삶에서 죽음으로의) 옮김」의 뜻에서] *n.* **1 황홀;** 열중, 무아지경 **2** 실신, 혼수 상태: fall into [come out of] a ~ 혼수 상태에 빠지다[에서 깨어나다] **3** 〚음악〛 트랜스 ((황홀한 소리와 리듬을 가진 전자 음악))

tran·ny, -nie [trǽni] *n.* ((영·구어)) 트랜지스터 라디오

***tran·quil** [trǽŋkwil] *a.* (**~·(l)er**; **~·(l)est**) **1** 〈장소·환경이〉 **조용한,** 잔잔한, 평온한 **2** 〈마음 등이〉 차분한, 편안한, 평화로운: a ~ heart 편안한 마음 **~·ly** *ad.*

***tran·quil·li·ty, -quil·i·ty** [træŋkwíləti] *n.* Ⓤ **평온,** 고요함; 평정(平靜)

tran·quil·(l)ize [trǽŋkwəlàiz] *vt.* 조용하게 하다, 진정하다; 〈마음을〉 안정시키다

tran·quil·(l)iz·er [trǽŋkwəlàizər] *n.* 〚약학〛 정신 안정제

trans- [træns, trænz] *pref.* **1** 넘어서, 가로질러서: *trans*mit **2** 꿰뚫고, 지나서, 완전히: *trans*fix **3** 다른 쪽에, 다른 상태[곳]로: *trans*late **4** 초월하여: *trans*cend **5** [자유로운 접두사로서] …의 저쪽의

trans. transaction(s); transitive; translated; translation; transportation

***trans·act** [trænsǽkt, -zǽkt] *vt.* 〈사무 등을〉 **집행하다,** 행하다; 〈사건을〉 처리하다 **—** *vi.* 거래[교섭]하다 ((*with*))

***trans·ac·tion** [trænsǽkʃən, -zǽk-] *n.* **1** Ⓤ [the ~] **처리,** 취급, 처치: *the* ~ of business 사무 처리 **2** [종종 *pl.*] ((특히)) 상거래, 매매: ~*s* in real estate 부동산의 거래 **3** [*pl.*] (학회·회의 등의) 회보(會報), 논문; 의사록 **4** 〚컴퓨터〛 트랜잭션 ((데이터 파일의 내용에 영향을 미치는 모든 거래)) **~·al** *a.*

transáctional análysis 〚심리〛 교류 분석 ((略 TA))

trans·al·pine [trænsǽlpain | trænz-] *a., n.* 알프스 저편의 (사람)((이탈리아 쪽에서))

trans·at·lan·tic [træ̀nsətlǽntik, træ̀nz-] *a.* **1** 대서양 저편의, 유럽의 ((미국에서 말하여)), 미국의 ((유럽에서 말하여)) **2** 대서양 횡단의

trans·bus [trænsbʌ́s, trænz-] *n.* ((미)) 트랜스버스 ((노인·신체 장애자를 위해 개조된 대형 버스))

trans·ceiv·er [trænsíːvər] [*trans*mitter+re*ceiver*] *n.* 라디오 송수신기, 트랜스시버

tran·scend [trænsénd] *vt., vi.* 〈경험·이해력의 범위를〉 초월하다; 능가하다

tran·scen·dence, -den·cy [trænséndəns(i)] *n.* Ⓤ 초월, 탁월; (신의) 초월성

tran·scen·dent [trænséndənt] *a.* **1** 탁월한, 출중한 **2** (스콜라 철학) 초월적인; (칸트 철학의) 경험을 초월한, 선험적(先驗的)인 **3** 〚신학〛 초월적인

tran·scen·den·tal [træ̀nsendéntl] *a.* **1** 〚철학〛 선험적인, 직관적인, 직관에 의하여 얻은 〈인지(人智)·경험〉 **2** 초월적인 **3** 탁월한, 우월한 **~·ly** *ad.*

tran·scen·den·tal·ism [træ̀nsendéntəlìzm] *n.* Ⓤ **1** (칸트의) 선험 철학; (에머슨의) 초월론 **2** 탁월성; 불가해; 환상
-ist *n.* 선험론자, 초월론자

transcendéntal meditátion 초월 명상법(瞑想法) ((略 TM))

trans·con·ti·nen·tal [træ̀nskɑntənéntl | træ̀nzkɔn-] *a.* 대륙 횡단의; 대륙 저편의

***tran·scribe** [trænskráib] *vt.* **1 베끼다,** 복사[등사]하다; 〈연설 등을〉 필기하다; (속기 등을 보통의 글자로) 바꿔 쓰다, 전사(轉寫)하다 **2** 〈소리를〉 발음 기호로 쓰다, 음성 표기하다 **3** (다른 언어·문자로) 번역하다 ((*into*)) **4** 〚음악〛 (다른 악기를 위하여) 개곡(改曲)[편곡]하다 **5** 〚라디오·TV〛 녹음[녹화]하다, 〈녹음·녹화를〉 재생[방송]하다

tran·scrib·er [trænskráibər] *n.* 필사생(筆寫生); 등사자; 전사기

***tran·script** [trǽnskript] *n.* **1 베낀 것,** 사본, 등본; 전사, 복사 **2** (학교의) 성적 증명서 **3** (연설 등의) 의사록 **4** 〚유전〛 DNA로부터 전령 RNA에 전시된 유전 정보

***tran·scrip·tion** [trænskrípʃən] *n.* **1** Ⓤ **필사**(筆寫), 복사; 바꿔 씀, 전사; Ⓒ 바꿔 쓴 것, 사본: a phonetic ~ 발음 표기 ((발음 기호로 바꿔 쓴 것)) **2** CU 〚음악〛 악곡 개작, 편곡 **3** CU 〚라디오·TV〛 녹음[녹화](방송) **4** 〚유전〛 (유전 정보의) 전사(轉寫)

trans·duce [trænsdjúːs | trænzdjúːs] *vt.* 〈에너지 등을〉 변환하다

tran·sept [trǽnsept] *n.* 〚건축〛 수랑(袖廊) ((십자형 교회당의 좌우의 익부(翼部)))

‡**trans·fer** [trænsfə́ːr] [L 「가로질러 나르다」의 뜻에서] *v.* (**~red**; **~·ring**) *vt.* **1 옮기다,** 나르다, 건네다 ((*from, to*)); 전임시키다, 전학시키다 **2** 〈사상·감정 등을 남에게〉 전하다; 〈책임 등을〉 전가하다 **3** 〚법〛 〈재산 등을〉 양도하다 ((*to*)): ~ a title to land *to* a person 토지에 대한 권리를 …에게 양도하다 **4** 〈무늬 등을〉

베끼다, 전사하다; 〈벽화 등을〉 모사하다
— *vi.* **1 이동하다,** 전학(轉學)하다; 전임하다: He has *~red to* Harvard. 그는 하바드 대학으로 전학했다. **2** 〈자동차 등을〉 **갈아타다**: ~ *from* a train *to* a bus 기차에서 버스로 갈아[옮겨]타다 — [⌐–] *n.* **1 a** [UC] **이전**(移轉), 이동, 전임 **b** [U] (권리·증권 등의) 이전; 양도; [C] 양도 증서 **2** (영) 전사화(畵) **3** [UC] 갈아타는 곳; 갈아타는 표 **4** 전임자, 전근자; 전학생; 이적 선수 **5** (미) 환(換), 대체(對替) **6** 〖컴퓨터〗 (정보의) 이송, 옮김

trans·fer·a·ble [trænsfə́:rəbl] *a.* transfer할 수 있는 **trans·fèr·a·bíl·i·ty** *n.*

trans·fer·ee [trӕnsfərí:] *n.* **1** 전임[전속, 전학]자 **2** 〖법〗 (재산·권리 등의) 양수인(讓受人)

trans·fer·ence [trænsfə́:rəns | trǽnsfər-] *n.* **1** [UC] 옮김, 옮기기; 이전, 이동; 운반; 양도, 매도(賣渡) **2** [U] 〖정신의학〗 전이(轉移)

tránsfer fèe (프로 축구 선수의) 이적료

trans·fer·or [trænsfə́:rər] *n.* 〖법〗 재산 양도인

trans·fer·rer [trænsfə́:rər] *n.* transfer하는 사람[것]

tránsfer tìcket 환승표(換乘票)

trans·fig·u·ra·tion [trӕnsfigjuréiʃən] *n.* **1** [UC] 변형, 변신(變身) **2** [the T~] 〖성서〗 (산상에서의) 그리스도의 변용(變容); 〖가톨릭〗 현성용(顯聖容)의 축일 《8월 6일》

trans·fig·ure [trænsfígjər | -gə] *vt.* **1** 변형하다, 변모시키다 **2** 거룩하게 하다; 미화[이상화]하다

trans·fix [trænsfíks] *vt.* **1** (공포 등으로) 그 자리에 못박히게 하다 **2** 찌르다, 꽂다, 꿰뚫다 **3** (뾰족한 것으로) 고정시키다 **~·ion** *n.*

‡**trans·form** [trænsfɔ́:rm] *vt.* **1 변형시키다,** 변모[변태]시키다, 〈외관·모양을〉 일변시키다 《*into*》 **2** 〈성질·기능·용도 등을〉 바꾸다 **3** 〖전기〗 변압[변류]하다; 〖물리〗 〈에너지를〉 변환하다
~·a·ble *a.* 변형[변환, 변태]할 수 있는

∗**trans·for·ma·tion** [trӕnsfərméiʃən] *n.* [UC] **1 변형,** 변모, 변질 **2** 〖생물〗 변태; 〖유전〗 형질 전환; 〖수학·논리·언어〗 변형(됨) **3** 〖물리〗 변환; 〖전기〗 변압

transformátional(**-générative**) **grámmar** 〖언어〗 변형 (생성) 문법

trans·for·ma·tive [trænsfɔ́:rmətiv] *a.* 변화시키는; 〖언어〗 변형의

trans·form·er [trænsfɔ́:rmər] *n.* 변화시키는 것[사람]; 〖전기〗 변압기, 트랜스

trans·fuse [trænsfjú:z] *vt.* **1** 〖의학〗 수혈하다 **2** 〈액체를〉 옮겨 붓다 **3** 〈액체·빛깔 등을〉 배어 들게 하다, 〈사상·주의 등을〉 불어넣다 《*into, with*》

trans·fu·sion [trænsfjú:ʒən] *n.* [UC] 주입(注入); 〖의학〗 수혈

trans·gen·der [trænsdʒéndər] *n., a.* 트랜스젠더(의) 《자기의 성(性)과 다른 성으로 살려고 하는 (사람)》

∗**trans·gress** [trænsgrés] 《문어》 *vt.* **1** 〈한도를〉 **넘다 2** 〈법률·규칙 등을〉 어기다
— *vi.* 법[법규]을 어기다; (종교·도덕적으로) 죄를 범하다 **trans·grés·sor** *n.*

trans·gres·sion [trænsgréʃən] *n.* [UC] 위반, 범죄; (종교·도덕적) 죄

tran·ship [trænʃíp] *vt.* (**~ped**; **~·ping**) = TRANSSHIP

tran·sience, -sien·cy [trǽnʃəns(i) | -ziəns(i)] *n.* (*pl.* **~s**; **-cies**) [UC] 일시적임, 덧없음, 무상

∗**tran·sient** [trǽnʃənt | -ziənt] *a.* **1 a 덧없는,** 무상한 **b** 일시의, 순간적인, 깜짝할 사이의 **2** 잠깐 머무르는 — *n.* **1** 일시적인 사물[사람] **2** 단기 체류객; 뜨내기 노동자 **~·ly** *ad.*

∗**tran·sis·tor** [trænzístər] [*tran*sfer+re*sistor*] *n.* **1** 〖전자〗 **트랜지스터** 《진공관 대신 게르마늄을 이용한 증폭(增幅) 장치》 **2** (구어) 트랜지스터 라디오(= ⌐ **rádio**) **~·ize** [-təràiz] *vt.* 트랜지스터화하다

‡**tran·sit** [trǽnsit, -zit] [L 「통과」의 뜻에서] *n.* **1** [U] **통과,** 통행 **2 변화 3** 〖천문〗 경과, 자오선(子午線) 통과 《천체의》; 다른 천체면(面) 통과 《작은 천체의》, 망원경 시야(視野) 통과 《천체의》 **4** [U] 운송, 운반 **5** 통로, 운송로
— *vt.* 〈천체가 태양면을〉 통과하다; 가로지르다 — *vi.* 통과[횡단]하다

tránsit càmp (난민 등을 위한) 일시 체류용 야영지[수용소]

∗**tran·si·tion** [trænzíʃən, -síʃən] [L 「이행(移行)」의 뜻에서] *n.* [UC] **1 변천,** 이행, 변화: a sudden ~ *from* autocracy *to* democracy 독재 정치로부터 민주 정치로의 급격한 이행 **2** 과도기(= ⌐ **pèriod**), 변환기

tran·si·tion·al [trænzíʃənl, -síʃ-] *a.* 변천하는; 과도적인, 과도기의 **~·ly** *ad.*

‡**tran·si·tive** [trǽnsətiv, -zə-] *a.* 〖문법〗 **타동**(사)의
— *n.* 〖문법〗 타동사
~·ly *ad.* 타동(사)적으로 **~·ness** *n.*

tránsit lòunge (공항의) 통과객용 라운지[대합실]

tran·si·to·ry [trǽnsətɔ̀:ri | -təri] *a.* 일시적인, 잠시 동안의; 덧없는, 무상한
tran·si·to·ri·ly [trӕnsətɔ́:rəli | trǽnsitər-] *ad.* **trán·si·tò·ri·ness** *n.*

tránsit vìsa 통과 사증

‡**trans·late** [trænsléit, trænz-] [L 「운반된」의 뜻에서] *vt.* **1 번역하다**: ~ an English sentence *into* Korean 영문을 한국어로 번역하다 **2** (다른 꼴로) 바꾸다: ~ promises *into* action 약속을 실행으로 옮기다 **3** 〈말·몸짓 등을〉 해석하다 **4** 〖컴퓨터〗 〈프로그램·자료·부호 등을〉 (다른 언어로) 번역하다
— *vi.* 번역하다; 〈시 등이〉 번역되다
-lát·a·ble *a.*

‡**trans·la·tion** [trænsléiʃən, trænz-] *n.* **1** [U] **번역**; [C] 번역물[서] **2** [UC] 해석 **3** [UC] 바꾸어 말함; 바꾸어 놓음 **4** 옮김 **5** 〖컴퓨터〗 번역
do [***make***] ***a ~ into*** (Korean) (한국어)로 번역하다

∗**trans·la·tor** [trænsléitər, trænz-] *n.* **역자,** 번역자

trans·lit·er·ate [trænslítərèit, trænz-] *vt.* 〈문자·말 등을〉 바꾸어 쓰다; 음역(音譯)하다 《상하이(上海)를 Shanghai로 하는 등》

trans·lit·er·á·tion *n.* 바꿔 씀, 음역

trans·lu·cent [trænslú:snt, trænz-] *a.* 반투명의

-cence, -cen·cy *n.* 반투명 **~·ly** *ad.*

trans·lu·nar·y [trǽnslu:nèri, trǽnz-| trænzlú:nəri] *a.* **1** 달 위의, 달 저편의; 천상(天上)의 **2** 비현실적인, 환상적인

trans·ma·rine [trænsmərí:n, trænz-] *a.* 해외의[로부터의]; 바다를 횡단하는

trans·mi·grate [trænsmáigreit, trænz-] *vi.* **1** 이전하다; 이주하다 **2** 윤회하다

trans·mi·gra·tion [trænsmaigréiʃən, trænz-] *n.* [UC] **1** 이주 **2** 윤회 《*of*》

trans·mis·si·ble [trænsmísəbl, trænz-] *a.* 보낼[전할, 전도할] 수 있는; 전염하는

***trans·mis·sion** [trænsmíʃən, trænz-] *n.* **1 a** [U] **전달**, 전송; 전염 《*of*》: the ~ *of* electric power 전력의 송달 **b** 전달되는 것, 메시지 **2** [U] 〖물리〗 전도; [UC] (전파 등의) 송신, 발신 **3** 〖기계〗 전동(傳動) 장치, (자동차의) 변속기: an automatic[a manual] ~ 자동[수동] 변속 장치 **4** 〖컴퓨터〗 (음성·영상·신호·메시지 등의) 전송

***trans·mit** [trænsmít, trænz-] [L 「넘어서 보내다」의 뜻에서] *v.* (**~·ted**; **~·ting**) *vt.* **1 a** 〈물건 등을〉 **부치다 b** 〈지식·보도 등을〉 **전하다**, 알리다 《*to*》 **2** 〈유전적 성질을〉 (자손에게) 물려주다, 유전시키다 **3** 〖물리〗 〈열·전기 등을〉 전도하다 **4** 〖통신〗 〈전파를〉 발신하다; 〈전파로 신호를〉 보내다 **5** 〖컴퓨터〗 〈정보를〉 전송하다 **—** *vi.* 송신하다, 방송하다

***trans·mit·ter** [trænsmítər, trænz-] *n.* **1 전달[전송]자**, 전달 장치 **2** 〖통신〗 송신기; (전화의) 송화기, 발신기

trans·mog·ri·fy [trænsmágrəfài, trænz-| -mɔ́g-] *vt.* (**-fied**) 모습을 변하게 하다

trans·mu·ta·tion [trænsmju:téiʃən, trænz-] *n.* [UC] **1** 변화, 변형 **2** 〖연금술〗 변성 **3** 〖생물〗 (DNA의) 변성[변환] 돌연변이

trans·mute [trænsmjú:t, trænz-] *vt.* 〈성질·외관·형상 등을〉 변화시키다 **trans·mút·a·ble** *a.* **trans·mút·a·bly** *ad.*

trans·na·tion·al [trænsnǽʃənl, trænz-] *a.* 초(超)국적의 **—** *n.* 다국적 기업

trans·o·ce·an·ic [trænsòuʃiǽnik, trænz-] *a.* 해외의; 대양 횡단의: ~ operations 도양(渡洋) 작전

tran·som [trǽnsəm] *n.* 〖건축〗 중간틀 《문과 그 위의 채광창(採光窓) 사이에 가로 놓인 나무》; 《미》 (문 위의) 채광창(《영》 fanlight)

tran·son·ic [trænsánik| -sɔ́n-] *a.* 〖항공〗 음속에 가까운 《시속 970-1,450 km 정도의 속도》

trans·pa·cif·ic [trænspəsífik] *a.* 태평양 저편[횡단]의

trans·par·ence [trænspέərəns] *n.* [U] 투명, 투명성[도]

trans·par·en·cy [trænspέərənsi] *n.* (*pl.* **-cies**) **1** [U] 투명(성), 투명도 **2** 투명한 것; (자기(磁器)의) 투명 무늬 **3** [U] 〖사진〗 투명도; [C] 투명화(畵), 슬라이드

***trans·par·ent** [trænspέərənt] *a.* **1 투명한**; 〈직물이〉 비치어 보이는(open): ~ colors 〖회화〗 투명 그림물감 **2** 〈문체 등이〉 명쾌한, 평이한[쉬운] **3** 〈성격 등이〉 솔직한, 시원스러운 **4** 〈변명 등이〉 명백한; 빤히 들여다보이는 **5** 〖컴퓨터〗 〈프로세스·소프트웨어가〉 투과성의 **~·ly** *ad.*

trans·pierce [trænspíərs] *vt.* 꿰뚫다

tran·spi·ra·tion [trænspəréiʃən] *n.* [UC] 증발(물), 증산 (작용)

tran·spire [trænspáiər] *vi.* **1** 〈사건 등이〉 일어나다 **2** 〈피부·식물 등이〉 수분[냄새]을 발산하다; 증발하다 **3** [it를 주어로 하여] 〈비밀 등이〉 새어나오다 **—** *vt.* 〈수분·냄새 등을〉 발산하다; 스며 나오게 하다

***trans·plant** [trænsplǽnt| -plá:nt] *vt.* **1** 〈식물을〉 **이식(移植)하다**: ~ flowers *to* a garden 꽃을 뜰에 옮겨 심다 **2** 〖외과〗 〈기관·조직을〉 이식하다 **3** 이주시키다: He wished to ~ his family *to* America. 그는 가족을 미국으로 이주시키고 싶어했다. **—** *vi.* 〈식물이〉 이식에 견디다: These plants ~ *easily.* 이 묘목들은 쉽게 이식된다. **—** [ˊˋ] *n.* **1** [UC] 이식; 〖외과〗 이식 (수술): a heart ~ 심장 이식 **2** 〖의학〗 이식물[기관, 조직]

trans·plan·ta·tion [trænsplæntéiʃən| -plɑ:n-] *n.* [UC] **1** 이식(移植)(한 것); 〖외과〗 이식 (수술) **2** 이주(移住), 이민

trans·po·lar [trænspóulər] *a.* 남극[북극]을 넘어가는, 극지 횡단의

⁑**trans·port** [trænspɔ́:rt] *vt.* **1 수송[운송]하다 2** [보통 수동형] 황홀하게 하다; 어쩔 줄 모르게 하다 《*with*》 **3** 〖역사〗 〈죄인을〉 추방하다, 유배하다 《*to*》 **—** [ˊ–] *n.* **1** [U] **수송**; [C] 《영》 수송 기관(《미》 transportation) **2** 군용 수송선 **3** 〖역사〗 유형수; 추방자 **4** [a ~; 또는 *pl.*] 황홀

trans·port·a·ble [trænspɔ́:rtəbl] *a.* 수송[운송]할 수 있는

trans·pòrt·a·bíl·i·ty [-əbíləti] *n.*

⁑**trans·por·ta·tion** [trænspərtéiʃən| -pɔ:-] *n.* [U] **1 수송**, 운송; 《미》 수송 기관(《영》 transport): the railroad ~ 철도 수송 **2** [UC] 〖역사〗 (죄인의) 추방형, 유형: ~ for life 종신 유형 **3** 《미》 운송료, 운임

trans·port ca·fé [trǽnspɔ:rt-kæfei] 《영》 (장거리 트럭 운전사 상대의) 간이 식당(《미》 truck stop)

trans·port·er [trænspɔ́:rtər] *n.* 수송[운송]자; 운반 장치; 대형 트럭

transpórter brìdge 운반교 《고가 이동 도르래에 매어단 대(臺)에 사람·차를 나르는 다리》

trans·pose [trænspóuz] *vt.* **1** 〈위치·순서를〉 바꾸어 놓다[넣다] **2** 〖수학〗 이항(移項)하다 **3** 〖음악〗 이조(移調)하다

trans·po·si·tion [trænspəzíʃən] *n.* [UC] **1** 바꾸어 놓음, 전위(轉位) **2** 〖수학〗 이항(移項) **3** 〖음악〗 조옮김

trans·ra·cial [trænsréiʃəl] *a.* 인종을 초월한

trans·sex·u·al [trǽnssékʃuəl | -sjuəl] *n.* 성전환자
— *a.* 성전환(자)의

trans·ship [trænsʃíp] *vt.* (**~ped**; **~·ping**) 〈승객·화물을〉 다른 배[열차]로 옮기다, 옮겨 싣다 **~·ment** *n.*

trans·son·ic [trænssɑ́nik | -sɔ́n-] *a.* = TRANSONIC

tran·sub·stan·ti·a·tion [trǽnsəbstǽnʃiéiʃən] *n.* 〚신학〛 화체설(化體說)

trans·u·ran·ic [trǽnsjuərǽnik], **trans·u·ra·ni·um** [-juəréiniəm] *a.* 〚물리·화학〛 초(超)우라늄의

Trans·vaal [trænsvɑ́:l, trænz- | trǽnzvɑ:l] *n.* [the ~] 트란스발 《남아프리카 공화국 북동부의 주; 세계 제1의 금 산지》

trans·ver·sal [trænsvə́:rsəl | trænz-] *a.* 횡단하는; 횡단선의
— *n.* 〚기하〛 횡단선

***trans·verse** [trænsvə́:rs | trǽnz-] *a.* 가로의; 횡단의: a ~ artery 〚해부〛 횡행 동맥(橫行動脈) **~·ly** *ad.*

trans·ves·tism [trænsvéstizm | trænz-] *n.* Ⓤ 〚심리〛 복장 도착(倒錯) 《이성의 옷을 입기 좋아하는 변태적 경향》

trans·ves·tite [trænsvéstait], **-tist** [-tist] *n.* 이성의 옷을 입고 좋아하는 변태 성욕자, 복장 도착자 《특히 남자》

‡**trap**[1] [træp] *n.* **1** 덫 **2** 속임수 **3** (trap ball에서) 공을 날려 올리는 나무 기구; 〚사격〛 표적 사출기 《clay pigeon 사출 장치》 **4** 트랩, U자 방취판(防臭瓣) **5** 뚜껑문(trapdoor) **6** 《영》 2륜 경마차(輕馬車) **7** 〚골프〛 벙커 **8** 〚컴퓨터〛 트랩
— *v.* (**~ped**; **~·ping**) *vt.* **1 a** 덫으로 잡다 **b** 덫을 놓다 **c** 좁은 장소에 가두다 **2** 속이다, 속여서 …시키다 **3** (사출기 등에서) 내쏘다 **4** 〈흐름을〉 막다
— *vi.* 덫을 놓다

trap[2] *n.* [*pl.*] 《구어》 휴대품, 짐보따리; 세간 — *vt.* (**~ped**; **~ping**) 장식용 마구(馬具)를 달다

trap·ball [trǽpbɔ̀:l] *n.* Ⓤ 공놀이의 일종

trap·door [-dɔ́:r] *n.* (마루·지붕·천장·무대의) 뚜껑문, 함정문

tra·peze [træpí:z | trə-] *n.* **1** 공중 그네 《체조·곡예용》: a ~ artist (서커스의) 그네 타는 곡예사 **2** = TRAPEZIUM

tra·pez·ist [træpí:zist | trə-] *n.* 공중 그네 곡예사(trapeze artist)

tra·pe·zi·um [trəpí:ziəm] *n.* (*pl.* **~s**, **-zi·a** [-ziə]) 〚기하〛 《미》 부등변(不等邊) 4각형; 《영》 사다리꼴

trap·e·zoid [trǽpəzɔ̀id] *n.*, *a.* 〚기하〛 《영》 부등변 4각형(의); 《미》 사다리꼴(의)

***trap·per** [trǽpər] *n.* (특히 모피를 얻으려는) 덫 사냥꾼; 덫을 놓는 사람

trap·pings [trǽpiŋz] *n.* *pl.* 마구(馬具) 《특히 장식적인》; 부속물, 장식

Trap·pist [trǽpist] *n.* 〚가톨릭〛 [the ~s] 트라피스트(수도)회 《프랑스 La Trappe에 1664년 창립》; 그 수도사
— *a.* 트라피스트 수도회의

trap·shoot·er [trǽpʃù:tər] *n.* 트랩 사격자

trap·shoot·ing [-ʃù:tiŋ] *n.* Ⓤ 트랩 사격

***trash** [træʃ] *n.* Ⓤ **1** 《미》 폐물, 쓰레기 **2** 시시한 이야기 **3** [집합적; 복수 취급] 《미》 부랑자, 건달: the white ~ 미국 남부의 가난한 백인들; 백인 전체

trásh càn 《미》 (옥외용) 쓰레기통(《영》 dustbin)

trash·y [trǽʃi] *a.* (**trash·i·er**; **-i·est**) 쓰레기의; 시시한, 쓸모없는

trau·ma [tráumə, trɔ́:-] *n.* (*pl.* **~s**, **~·ta** [-tə]) 〚병리〛 외상(外傷); 〚정신의학〛 정신적 외상[충격]; 쇼크성 장애

trau·mat·ic [trɔ:mǽtik, trau-] *a.* 외상성의 **-i·cal·ly** *ad.*

trau·ma·tize [tráumətàiz, trɔ́:-] *vt.* 〚병리〛 (신체 조직에) 외상을 입히다; 〚정신의학〛 …에게 (영속적인 영향을 남길) 충격을 주다

***trav·ail** [trəvéil | trǽveil] *n.* Ⓤ **1** 산고, 진통 **2** [종종 *pl.*] 노고, 수고

‡**trav·el** [trǽvəl] [MF 「애써서 가다」의 뜻에서] *v.* (**~ed**; **~·ing** | **~led**; **~·ling**) *vi.* **1** (먼 곳 또는 외국에) 여행하다 **2** 움직여 가다; 〈기계 등이〉 왕복 운동을 하다 **3** (…에서 …로) 가다 《*from*; *to*》; (탈것으로) 가다 《*by*》 **4** 순회 판매하다, 주문받으러 나가다 **5** 〈빛·소리 등이〉 전도되다, 나아가다 **6** 〈눈길이〉 차례로 옮아가다; 차례차례 생각나다 《*over*》
— *vt.* 여행하(여 지나가)다, 통과하다
— *n.* Ⓤ **1** 여행(하기); [*pl.*] 《특히》 원거리 여행, 외국 여행 **2** [보통 *pl.*] 여행기[담], 기행(문)

trável àgency 여행사

trável àgent 여행사 직원, 여행 안내업자

trav·el·a·tor | **trav·el·la·tor** [trǽvəlèitər] *n.* 움직이는 보도(步道) 《평면적으로 움직이는 에스컬레이터》

trável bùreau = TRAVEL AGENCY

‡**trav·eled** | **trav·elled** [trǽvəld] *a.* **1** 널리 여행한; 견문이 많은 **2** 여행자가 많은

‡**trav·e·ler** | **trav·el·ler** [trǽvələr] *n.* **1** 여행자, 여행가 **2** 《영》 순회 판매인, 외판원 **3** 〚기계〛 이동 기중기
~'s tale 거짓말 같은 이야기, 허풍

tráveler's chèck 여행자 수표

‡**trav·el·ing** | **trav·el·ling** [trǽvəliŋ] *a.* **1** 여행용의, 여행의, 순회하는 **2** 〈기계 등이〉 이동하는, 가동의
— *n.* Ⓤ 여행(하기); 순회 흥행; 이동

tráveling càse 여행용 슈트케이스

tráveling líbrary 이동[순회] 도서관(《미》 bookmobile)

trável sìckness 뱃[차]멀미

tra·vers·a·ble [trǽvə:rsəbl, trəvə́:rs-] *a.* 횡단할[넘을] 수 있는, 통과할 수 있는

‡**tra·verse** [trəvə́:rs, trǽvə:rs] *vt.* **1** 가로지르다 **2** 〚등산〛 〈절벽 등을〉 Z자형으로 올라[내려]가다; 〚스키〛 〈산·경사면을〉 지그재그로 활강하여 내려가다 **3** 〈문제 등을〉 자세히 고찰하다[논하다] **4** 방해하다, 반대하다 — *vi.* **1** 가로지르다 **2** (스키로) Z자형으로 활강하다

— *n.* **1** 횡단 (여행), 가로지름 **2** 횡단선 **3** 가로장, 횡목(橫木) **4** 〚등산〛 (절벽을) Z자형으로 기어오름; 지그재그 길

tra·vers·er [trəvə́ːrsər, trǽvəs-] *n.* 횡단자

trav·er·tine [trǽvərtìːn] *n.* Ⓤ 온천의 침전물

trav·es·ty [trǽvəsti] [F 「변장하다」의 뜻에서] *vt.* (**-tied**) 〈진지한 작품을〉 희화화(戱畫化)하다
 — *n.* (*pl.* **-ties**) 희화화; (이성(異性) 차림의) 변장

trawl [trɔːl] [Middle Dutch 「끌다」의 뜻에서] *n.* **1** = TRAWLNET **2** 《미》 트롤 낚싯줄 **—** *vi., vt.* 트롤 그물을 치다, 트롤 어업을 하다; 〈정보·사람 등을〉 널리 모집하다[구하다] 《*for*》

trawl·er [trɔ́ːlər] *n.* 트롤 어부[어선]

trawl·net [trɔ́ːlnèt] *n.* 트롤망, 저인망

‡tray [trei] [동음어 trey] [OE 「나무(tree)」의 뜻에서] *n.* **1** 쟁반; 쟁반 모양의 접시, 트레이 **2** 뚜껑 없는 얕은 갑; (책상의) 서류함, (박물 표본용 등의) 정리함

tráy àgriculture 〚농업〛 수경법(水耕法)

tray·ful [tréifùl] *n.* 한 쟁반(의 양) 《*of*》

∗treach·er·ous [trétʃərəs] *a.* **1** 배반하는; 기대에 어긋나는 **2** 믿을 수 없는
 ~·ly *ad.* **~·ness** *n.*

∗treach·er·y [trétʃəri] [OF 「속이다」의 뜻에서] *n.* (*pl.* **-er·ies**) Ⓤ 배반, 위약(違約), 변절; Ⓒ 배반[배신] 행위, 반역

trea·cle [tríːkl] *n.* Ⓤ 《영》 당밀(糖蜜)(《미》 molasses)

trea·cly [tríːkli] *a.* (**-cli·er**; **-cli·est**) 당밀의, 당밀 같은; 달콤한, 남의 환심을 사려는 〈웃음 등〉

‡tread [tred] [OE 「걷다, 뛰다, 밟다」의 뜻에서] *v.* (**trod** [trɑd | trɔd], 《고어》 **trode** [troud]; **trod·den** [trɑ́dn | trɔ́dn], **trod**) *vi.* **1** 걷다, 가다 《walk가 일반적》 **2** (잘못하여) 밟다; 《비유》 망치다, 손상시키다 《*on, upon*》 **—** *vt.* **1** 밟다, 걷다, 지나가다 **2** 〈길 등을〉 밟아 다지다 《*out*》; 〚원예〛 〈흙을〉 밟아 다지다 **3** 밟아 뭉개다, 억압하다(subdue), 제압하다 《*down*》: ~ *down* a person's right …의 권리를 유린하다
 ~ down 짓밟다; 〈감정 등을〉 억누르다, 억압하여 복종시키다; 밟아 다지다 ***~ in*** 땅속에 밟아서 (쑤셔) 넣다 ***~ on the heels of*** 〈사람·사건 등이〉 바로 뒤따라오다 ***~ out*** (1) 불을 밟아 끄다; 진압[박멸]하다 (2) 〈포도즙 등을〉 밟아 짜다 ***~ the paths of exile*** 망명하다; 세상을 등지다
 — *n.* **1** 밟음; 발걸음; 발소리; 길 **2 a** (계단 등의) 발판; 페달, 디딤판 **b** 접지면 《수레바퀴·타이어의 지면과의 접촉면》 **c** 바닥 《구두·썰매의》 **d** (좌우) 양 바퀴 사이의 거리

trea·dle [trédl] *n., vi., vt.* 페달(을 밟다), 디딤판(을 밟아 움직이다)

tread·mill [trédmìl] *n.* **1** 밟아 돌리는 바퀴 《특히 감옥 안에서 징벌로 밟게 한 것》; 트레드밀 《회전식 벨트 위를 달리는 운동 기구》 **2** 단조롭고 고된 일

∗trea·son [tríːzn] *n.* Ⓤ **1** 반역(죄) **2** 배신

trea·son·a·ble [tríːzənəbl] *a.* 반역의, 대역(大逆)의, 국사범(國事犯)의
 -a·bly *ad.*

trea·son·ous [tríːzənəs] *a.* = TREASONABLE

‡trea·sure [tréʒər] *n.* **1** [집합적] 보물, 재보; 비장물(秘藏物) **2** 보배, 귀중품 **3** 《구어》 소중한 사람; 귀여운 너 《어린아이·젊은 여자를 부르는 말》 ***art ~s*** 미술의 보배 《명화·명조각》
 — *vt.* **1** 비장(秘藏)하다; (장래를 위하여) 간수해 두다, 저장하다 《*up*》 **2** 〈교훈 등을〉 명심하다 《*up*》 **3** 귀중히 여기다

tréasure hòuse **1** 보고(寶庫) **2** (지식 등의) 보고 《*of*》

tréasure hùnt 보물찾기 《놀이》

∗trea·sur·er [tréʒərər] *n.* 회계원, 출납계원

trea·sure-trove [tréʒərtròuv] [F= treasure found] *n.* 〚법〛 매장물 《소유자 불명의 발굴물》; 귀중한 발견(물)

‡trea·sur·y [tréʒəri] *n.* (*pl.* **-ur·ies**) **1** 국고(國庫); (공공 단체의) 금고 **2** 자금, 기금 **3** [the T~] **a** 《영》 재무부 **b** 《미》 재무부 **4** 보고(寶庫) **5** (지식의) 보고, 보전(寶典); 명작집

Tréasury Bènch [the ~] (영국 하원의) 국무위원석 《의장 오른쪽의 제1열》

Tréasury bìll 재무부 증권 《재무부 발행의 단기 채권》

Tréasury Bòard 《영》 국가 재정 위원회

tréasury bònd 《미》 재무부 발행의 장기 채권, 만기 10년 이상의 국채

tréasury certìficate 《미》 재무부 증권, 재무부 채무 증서

‡treat [triːt] *vt.* **1** 대우하다, 다루다: ~ a person *kindly* …을 친절하게 대하다 **2** 간주하다: Let's ~ the matter *lightly.* 그 문제는 간단히 다루기로 합시다. **3 a** 치료하다 《*with, for*》: They *~ed* me *with* a new drug. 나는 신약으로 치료를 받았다. **b** 〈화학 약품 등으로〉 처리하다 《*with*》 **4** 〈문제 등을〉 논하다, 취급하다 **5** 대접하다 《*to*》
 — *vi.* **1** 〈문제를〉 다루다, 논하다 《*of*》 **2** 담판하다, 거래하다, 교섭하다 《*with*》 **3** 한턱내다: It is my turn to ~. 이번에는 내가 한턱낼 차례다.
 — *n.* **1** 한턱내기 **2** 큰 기쁨 **3** 위안회
 tréat·er *n.*

treat·a·ble [tríːtəbl] *a.* 처리할 수 있는, 치료할 수 있는

∗trea·tise [tríːtis] *n.* (학술) 논문, 전문 서적 《*on*》

‡treat·ment [tríːtmənt] *n.* ⓊⒸ **1** (사물의) 취급 (방법) 《*of*》 **2** 대우, 대접: receive cruel[kind] ~ 푸대접[큰 대접]을 받다 **3** (의사의) 치료(법); 치료제[약] **4** 표현법, 다루는 방법 **5** (화학 약품에 의한) 처리
 be under medical ~ 치료 중이다

‡trea·ty [tríːti] *n.* (*pl.* **-ties**) **1** 조약; 조약문 **2** Ⓤ 《문어》 (개인 간의) 약정(約定), 약속

∗tre·ble [trébl] *a.* **1** 3배의, 세 곱의,

세 겹의, 세 가지 모양의: ~ figures 세 자리 수 **2** 〖음악〗 (가장) 높은, 고음부의; 날카로운 **—** *n.* **1** 3배; 세 겹의 물건 **2** 〖음악〗 고음부(의 가수·목소리·악기)
— *vt., vi.* 세 곱하다[이 되다]
tré·bly *ad.* 3배로, 세 겹으로
tréble clèf 〖음악〗 높은음자리표, '사' 음자리표
‡tree [triː] *n.* **1 나무**; (꽃·열매와 구별하여) 줄기 부분 **2** 수목 모양의 것; 계도(系圖) **3** [보통 복합어로서] 목재: an axle~ 굴대 **4** 〖컴퓨터〗 트리
in the dry ~ 역경에 처하여, 불행하여 ***see the ~s and not the forest*** 나무만 보고 수풀을 못 보다; 눈 앞의 일에 구애되어 전체를 못 보다 ***up a ~*** 《구어》 진퇴양난하여, 어쩔 줄 몰라서
— *vt.* **1** 〈짐승을〉 나무 위로 쫓아올리다 **2** 《구어》 몰아대다, 궁지에 빠뜨리다
~·less *a.*
trée fèrn 〖식물〗 나무고사리
trée fròg 〖동물〗 청개구리
trée lìne = TIMBERLINE
tree·lined [tríːlàind] *a.* 나무가 늘어선: a ~ road 가로수가 줄지어 선 도로
tree·nail, tre- [tríːnèil, trénl] *n.* 나무못 《선박 제조용》
trée rìng 나이테
trée sùrgeon 수목 외과술 전문가
trée sùrgery 수목 외과술
***tree·top** [tríːtɑ̀p | -tɔ̀p] *n.* **나무 꼭대기**
tre·foil [tríːfɔil, tréf-] *n.* **1** 〖식물〗 개미자리, 개자리 **2** 〖건축〗 트레포일, 삼엽형(三葉形) 장식
trek [trek] *n.* 길고 고된 여행
— *vi.* (**~ked**; **~·king**) 길고 힘든 여행을 하다 《*to*》
Trek·kie [tréki] *n.* 《미·속어》 SF 텔레비전 연속 프로 "Star Trek"의 팬
trel·lis [trélis] *n.* 격자(格子), 격자 세공; 격자 울타리; (포도나무 등의) 시렁
— *vt.* 격자를 달다; 격자 울타리로 둘러싸다
trel·lis·work [tréliswə̀ːrk] *n.* Ⓤ 격자 세공, 격자 짜기
trem·a·tode [trémətòud] *n.* 흡충(吸蟲)
— *a.* 흡충강(綱)의
‡trem·ble [trémbl] *vi.* **1 a 떨리다,** 벌벌 떨다 《*at, for*》 **b** 〈목소리 등이〉 떨리다 《*with*》 **c** 〈지면 등이〉 흔들리다, 파르르 떨다 **2 a** 전전긍긍하다 **b** 몹시 걱정하다, 근심하다
~ at the thought of = ***~ to think*** …을 생각만 해도 떨리다
— *n.* **떨림,** 전율(戰慄)
***trem·bling** [trémbliŋ] *n.* Ⓤ **떨림**; 전율
— *a.* 떨리는; 전율하는 **~·ly** *ad.*
trémbling póplar 사시나무
trem·bly [trémbli] *a.* (**-bli·er**; **-bli·est**) 덜덜 떠는
‡tre·men·dous [triméndəs] [L 「떨리는」의 뜻에서] *a.* **1 거대한,** 대단한 **2** 《구어》 참으로 지독한, 기막힌 《*on*》 **3 무서운,** 무시무시한; 중대한 **~·ly** *ad.* **~·ness** *n.*
trem·o·lo [tréməlòu] [It. 「떨린」의 뜻에서] *n.* (*pl.* **~s**) 〖음악〗 트레몰로, 전음(顫音)
trem·or [trémər] *n.* **1** 떨림, (몸·손·목소리 등의) 떨림 **2** 전율, 전전긍긍, 겁 **3** (빛·나뭇잎·물 등의) 미동(微動); 미진(微震); 진동
***trem·u·lous** [trémjuləs] *a.* **1 떨리는,** 떠는 **2** 〈소리·빛 등이〉 흔들리는 **3** 〈필적 등이〉 떨린 **4** 겁 많은, 전전긍긍하는; 〈기쁨으로〉 떨리는 **~·ly** *ad.* **~·ness** *n.*
‡trench [trentʃ] [L 「잘라 치우다」의 뜻에서] *n.* **1** 〖군사〗 **참호**; [*pl.*] 참호, 방어진지: a cover ~ 엄폐호 **2** (깊은) 도랑, 해자 **3** 〖항해〗 해구(海溝)
— *vt.* **1** 도랑[호]을 파다 **2** 〖군사〗 참호로 지키다
— *vi.* **1** 참호[도랑]를 파다 **2** 〈권리·토지 등을〉 침해하다 《*on, upon*》 **3** 〈생각·언동 등이〉 …에 접근하다 《*on, upon*》
trench·ant [tréntʃənt] *a.* **1** 〈말·사람 등이〉 통렬한 **2** 〈정책·방침 등이〉 강력한; 효과적인 **3** 〈윤곽 등이〉 뚜렷한
-an·cy *n.* 예리; 통렬
trénch còat 참호용 방수 외투; 트렌치코트 《벨트가 있는 레인코트》
trench·er [tréntʃər] *n.* 참호[도랑] 파는 사람; 참호병
tren·cher·man [tréntʃərmən] *n.* (*pl.* **-men** [-mən]) 먹는 사람; 대식가: a good[poor] ~ 대[소]식가
trénch mòrtar[gùn] 〖군사〗 박격포
trénch wárfare 참호전 《참호를 이용하는 전투》
***trend** [trend] [OE 「향하다, 회전하다」의 뜻에서] *n.* **1 경향,** 추세 **2** 유행(의 스타일): set[follow] a[the] ~ 유행을 창출하다[따르다] **3 방향,** 기울기 **—** *vi.* **1** …의 방향으로 가다, 흐르다, 기울다, 향하다 《*to, toward*》 **2** 어떤 방향으로 쏠리다, …하는 추세[경향]이다
trend·set·ter [tréndsètər] *n.* 새 유행을 정착시키는[만드는] 사람
trend·y [tréndi] *a.* (**trend·i·er**; **-i·est**) 《구어·종종 경멸》 유행의[을 따르는]
— *n.* 유행을 따르는 사람
trénd·i·ly *ad.* **-i·ness** *n.*
tre·pan [tripǽn] *n.* 〖외과〗 두개골을 잘라내는 톱
— *vt.* (**~ned**; **~·ning**) 〖외과〗 trepan으로 구멍을 파다[뚫다]
tre·phine [trifáin | trifíːn] 〖외과〗 *n.* 관상(冠狀)톱
— *vt.* 관상톱으로 수술하다
trep·i·da·tion [trèpədéiʃən] [L 「떨다」의 뜻에서] *n.* Ⓤ **1** 전율, 공포; 당황, (마음의) 동요 **2** (손발의) 떨림
***tres·pass** [tréspəs] [L 「넘어 들어가다」의 뜻에서] *vi.* **1** 〖법〗 (남의 땅·집에) **침입하다**; 〈남의 권리를〉 침해하다 **2** (남의 시간·호의 등을 염치없이 이용해) 폐를 끼치다 **3** (종교적·도덕적으로) 죄를 범하다
No ~ing. 《게시》 출입 금지.
— *n.* ⓊⒸ **1** 〖법〗 (타인의 신체·재산·권리에 대한) 불법 침해, 불법 침입 **2** (타인의 시간·호의·인내 등에 대한) 폐 《*on, upon*》 **3** 《고어》 (종교·도덕상의) 죄(sin)
tres·pass·er [tréspəsər] *n.* 불법 침입자, 위법[위반]자

tress [tres] *n.* **1** (여자의) 머릿단, 땋은 머리 **2** [*pl.*] (여자의) 치렁치렁한[숱 많은] 머리칼

tres·tle [trésl] *n.* **1** 가대(架臺), 구각(構脚), 버팀다리 **2** = TRESTLE BRIDGE

tréstle brìdge 구각교(構脚橋), 육교

tréstle tàble 가대식 테이블, 트레슬 테이블 《가대 위에 판자로 상(床)을 만든 것》

tres·tle·work [-wə̀:rk] *n.* Ⓤ 〖토목〗 트레슬, 구각(構脚) 구조[공사]

trews [tru:z] *n. pl.* 《스코》 꼭 끼는 창살 무늬의 나사제 바지

TRH Their Royal Highnesses 《영》 전하(殿下)[비(妃)전하]

tri- [trai] 《연결형》 「3…, 3배의, 3중…」의 뜻

tri·a·ble [tráiəbl] *a.* 〈범죄 등이〉 공판에 회부할 수 있는

⁑tri·al [tráiəl] *n.* ⓊⒸ **1** 〖법〗 **공판**, 재판, 심리 **2 a 시도**, (품질·성능 등의) **시험 b** Ⓒ (크리켓·축구 등의 선수 후보) 선발 경기 **3 시련**, 고난 **4** Ⓒ 걱정거리 **—** *a.* Ⓐ **1** 시험적인; 예선의 **2** 공판의, 예심의

tríal and érror 〖심리〗 시행착오(법)

by ~ 시행착오를 거쳐

tríal ballóon 시양(試揚) 기구(pilot balloon); (여론의 반응을 보기 위한) 시안(試案), 반응 관측 수단(ballon d'essai)

tríal jùry 〖미국법〗 심리 배심; 소배심(小陪審)(petty jury) 《12명》

tríal márriage 시험 결혼, 계약 결혼

tríal rún[tríp] 시운전, 시승(試乘); 시험

∗tri·an·gle [tráiæŋgl] [L 「세 각(angle)이 있는」의 뜻에서] *n.* **1 삼각형 2** 《미》 3각자(《영》 set square); 삼각형의 물건 **3** 〖음악〗 트라이앵글 《삼각형 타(打)악기》 **4** 3인조; 3각 관계(의 남녀)

the (***eternal***) **~** 남녀의 3각 관계

∗tri·an·gu·lar [traiǽŋgjulər] *a.* **1 삼각(형)의 2** 3자(간)의: a ~ duel 3자간의 결투 **3** (남녀의) 삼각관계의

tri·an·gu·late [traiǽŋgjulèit] *vt.* **1** 3각으로 만들다 **2** 삼각형으로 나누다; 3각 측량을 하다 **—** [-lət] *a.* 삼각(형)의; 3각 무늬가 있는; 삼각형으로 이루어진

tri·an·gu·la·tion [traiæ̀ŋgjuléiʃən] *n.* Ⓤ 삼각형으로 분할하기; 3각 측량

tri·ar·chy [tráiɑ:rki] *n.* (*pl.* **-chies**) Ⓤ 삼두(三頭) 정치; Ⓒ 삼두 정치의 나라

Tri·as·sic [traiǽsik] 〖지질〗 *a.* 트라이아스기(紀)[계]의: the ~ period[system] 트라이아스기[계] **—** *n.* [the ~] 트라이아스기[계]

trib. tributary

trib·al [tráibəl] *a.* Ⓐ 종족의, 부족의

~·ly *ad.*

trib·al·ism [tráibəlìzm] *n.* Ⓤ 종족 조직[생활, 근성], 종족의 특징

⁑tribe [traib] [L 「(로마인의) 3구분의 하나」의 뜻에서] *n.* **1 부족**(部族), 종족(種族), …족 **2** 〖생물〗 족, 유(類) **3** 《구어》 대가족; 패거리, 직업 동료 **4** 〖역사〗 (고대 이스라엘의) 12지파 중 하나

tribes·man [tráibzmən] *n.* (*pl.* **-men**[-mən]) 부족민, 원주민

trib·u·la·tion [trìbjuléiʃən] *n.* ⓊⒸ 고난, 시련(의 원인)

∗tri·bu·nal [traibjú:nl] *n.* **1 법정 2** 판사석, 법관석 **3** 세상의 비판

trib·une[1] [tríbju:n] [L 「족장」의 뜻에서] *n.* **1** 〖로마사〗 호민관(護民官); 군단 사령관 **2** 인민의 보호자[옹호자]; [**T~**] 신문 이름

tribune[2] *n.* **1** basilica 내의 최고 행정관석; (basilica식 교회의) 감독석, 주교좌(座) **2** 《드물게》 연단, 강단

∗trib·u·tar·y [tríbjutèri | -təri] *a.* **1 공물(貢物)을 바치는**, 속국의 **2** 공물로 바치는; 공헌하는 **3** 지류(支流)의 **—** *n.* (*pl.* **-tar·ies**) **1** 공물을 바치는 사람[나라], 속국 **2** (강의) 지류

⁑trib·ute [tríbju:t] [L 「지불되는 것」의 뜻에서] *n.* **1** ⒸⓊ **감사**[칭찬, 존경, 애정]**의 표시**; 그 찬사; 증정물, 바치는 물건 **2** ⓊⒸ **공물**; 연공

trice [trais] *n.* 순간

tri·ceps [tráiseps] *n.* (*pl.* **~, ~·es**) 〖해부〗 3두근(頭筋)

trich·i·no·sis [trìkənóusis] *n.* Ⓤ 〖병리〗 선모충병

tri·chol·o·gy [trikɑ́lədʒi | -kɔ́l-] *n.* Ⓤ 모발학(毛髮學)

trich·o·mo·ni·a·sis [trìkəmənáiəsis] *n.* Ⓤ 〖병리〗 질(膣) 트리코모나스증(症)

tri·chro·mat·ic [tràikroumǽtik] *a.* 3색(사용)의

⁑trick [trik] *n.* **1 계교**, 책략; 속임수; 환각 **2** (악의 없는) **장난**, 희롱, 농담; 비열한 짓 **3 비결**, 요령 **4 재주**, 요술; 묘기; (영화 등의) 기교, 트릭 **5** (태도·말 등의) 버릇, 특징

do [(《미》) ***turn***] ***the*** **~** 《구어》 목적을 달성하다, 뜻을 이루다

— *a.* Ⓐ **1** 재주 부리는, 곡예(용)의; 속임수의; (영화 등의) 트릭의 **2** 〈문제 등이〉 의외로 까다로운 **3** 〈관절 등이〉 말을 잘 듣지 않는; 결함이 있는 **—** *vt.* **1 a 속이다**, 잔꾀를 부리다 **b** 〈사람을〉 속여서 …시키다 《*into*》 **2** 잔뜩 꾸미다, 모양내다 《*up, out*》 **—** *vi.* **1** 남을 속이다 **2** 장난치다, 농락하다

tríck cýclist 자전거 곡예사

trick·er·y [tríkəri] *n.* ⓊⒸ 속임수, 사기; 농간, 책략

∗trick·le [tríkl] *vi.* **1** 〈액체가〉 **똑똑 떨어지다**; 눈물을 흘리다 《*down, out, along*》; 《비유》 〈정보·비밀 등이〉 조금씩 새어 나가다 **2** 〈사람이〉 드문드문[조금씩] 오다[흩어져 가다] **—** *vt.* 〈액체를〉 똑똑 떨어지게 하다 **—** *n.* 물방울, 점적(點滴); 졸졸 흐르는 작은 시내

tríckle chàrger 〖전기〗 세류(細流) 충전기

trick·ster [tríkstər] *n.* 사기꾼; 요술쟁이

trick·sy [tríksi] *a.* (**-si·er**; **-si·est**) 장난을 좋아하는

trick·y [tríki] *a.* (**trick·i·er**; **-i·est**) **1** 교활한, 간사한, 음흉한 **2** 묘안이 풍부한 **3** 〈역할·일 등이〉 하기 까다로운

tríck·i·ly *ad.* 교활하게 **tríck·i·ness** *n.*

tri·col·or [tráikʌ̀lər] *a.* 3색의, 3색기의 **—** *n.* 3색기 《특히 프랑스 국기》

tri·cot [tríːkou] [F 「뜨개질한 것」의 뜻에서] *n.* Ⓤ 털실 또는 레이온의 손으로 뜬 것; 기계로 뜬 그 모조 직물

tri·cus·pid [traikʌ́spid] *a.* **1** 〈이가〉 세 개의 뾰족한 끝이 있는 **2** 〖해부〗 삼첨판(三尖瓣)의: the ~ valve (심장 우심실의) 삼첨판 ── *n.* 〖해부〗 세 개의 첨두(尖頭)가 있는 이; (심장의) 삼첨판

tri·cy·cle [tráisikl] *n.* 세발 자전거; 삼륜 오토바이

tri·dent [tráidnt] *n.* **1** 〖그리스·로마신화〗 삼지창(三枝槍) 《해신(海神) Poseidon의 표장》; 제해권 **2** (고기를 찌르기 위한) 세 갈래난 작살 ── *a.* 세 갈래난

‡tried [traid] *v.* TRY의 과거·과거분사 ── *a.* Ⓐ 시험을 마친; 믿을 만한 〈친구 등〉

tri·en·ni·al [traiéniəl] *a.* **1** 3년간 계속하는 **2** 3년마다의 ── *n.* 3년제(祭)
~·ly *ad.*

tri·er [tráiər] *n.* 시험자[관], 실험자; 노력가

‡tri·fle [tráifl] *n.* **1 하찮은[시시한] 것,** 사소한 일: stick at ~*s* 사소한 일에 구애되다 **2** [a ~] **a** 소량: *a* ~ of sugar 소량의 설탕 **b** [부사적] 조금: *a* ~ sad 조금 슬픈 **3** ⒸⓊ 《영》 〖요리〗 트라이플 《포도주에 담근 카스텔라류》 ── *vi.* **1** 가지고 놀다 《*with*》 **2** 농담[실없는 말]을 하다 ── *vt.* 〈시간·정력·돈 등을〉 낭비하다

tri·fler [tráiflər] *n.* 농담하는 사람; 경솔한 사람

‡tri·fling [tráifliŋ] *a.* **1** 〈일이〉 **하찮은**: a ~ error[matter] 사소한 오류[문제] **2** 경박한, 성실하지 못한: a ~ talk 농담
~·ly *ad.*

tri·fo·li·ate [traifóulièit] *a.* 〖식물〗 세 잎의

tri·fo·ri·um [traifɔ́ːriəm] *n.* (*pl.* **-ri·a** [-riə]) 〖건축〗 트리포리움 《교회 입구의 아치와 지붕과의 사이》

trig. trigonometric; trigonometry

∗trig·ger [trígər] [Du. 「당기다」의 뜻에서] *n.* **1** (총포의) **방아쇠 2** (기계의) 제동기[장치] **3** (분쟁 등의) 계기, 유인
pull[***press***] ***the*** **~** 방아쇠를 당기다 《*at, on*》
── *vt.* **1** (방아쇠를 당겨서) 쏘다, 폭발시키다 《*off*》 **2** 〈일을〉 일으키다, 시작케 하다 《*off*》

trígger fínger 오른손의 집게손가락

trig·ger-hap·py [-hæ̀pi] *a.* 《구어》 **1** (마구) 권총을 쏘고 싶어하는 **2** 대단히 호전적[공격적]인

tri·glyph [tráiglìf] *n.* 〖건축〗 트리글리프 《세로 세 줄기 홈이 진 무늬》

trig·o·no·met·ric, -ri·cal [trìgənəmétrik(əl)] *a.* 삼각법의[에 의한]
-ri·cal·ly *ad.*

trig·o·nom·e·try [trìgənɑ́mətri | -nɔ́m-] *n.* Ⓤ 삼각법, 삼각술(術)

tri·graph [tráigræf | -grɑ̀ːf] *n.* 세 글자 한소리, 3중음자 《schism [sizm]의 *sch* 등》

tri·he·dron [tràihíːdrən] *n.* (*pl.* **~s, -dra** [-drə]) 〖기하〗 삼면체

trike [traik] [tricycle의 단축형에서] *n., vi.* 《구어》 세발 자전거(를 타다)

tri·lat·er·al [trailǽtərəl] *a.* **1** 〈도형 등이〉 3변(邊)의[이 있는] **2** 3자(者)로 이루어진 ── *n.* 삼변형, 삼각형

tril·by [trílbi] *n.* (*pl.* **-bies**) 《영》 소프트모(帽)(= **∸ hát**) 《중절모의 일종》

tri·lin·gual [trailíŋgwəl] *a.* 3개 국어의[를 말하는]

∗trill [tril] *n.* **1 떨리는 소리 2** (새의) **지저귐 3** 〖음성〗 전동음(顫動音) 《혀를 꼬부려서, 또는 프랑스 말과 같이 목젖을 진동시켜 발음한 자음; 기호 [R]》 ── *vt.* 떨리는 소리[전음(顫音)]로 노래하다[연주하다]
── *vi.* **1** 떨리는 소리[전음]로 노래하다[연주하다]; 전동음으로 발음하다 **2** 〈새가〉 지저귀다

∗tril·lion [tríljən] *n.* 《미》 **1조(兆)** 《100만의 제곱》, 《영》 **100경(京)** 《100만의 3제곱》

tril·li·um [tríliəm] *n.* 〖식물〗 연령초속(屬)

tri·lo·bate, -bat·ed [trailóubeit(id)], **tri·lobed** [tráilòubd] *a.* 〖식물〗 〈잎이〉 세 갈래로 찢어진

tri·lo·bite [tráiləbàit] *n.* 〖고생물〗 삼엽충(三葉蟲) 《화석으로 남은 고생대의 동물》

tril·o·gy [trílədʒi] *n.* (*pl.* **-gies**) 3부작 《극·소설 등의》

‡trim [trim] [OE 「바로잡다, 다듬다」의 뜻에서] *v.* (**~med**; **~·ming**) *vt.* **1 a** (깎아) **다듬다,** 정돈하다, 손질하다 **b** 다듬어 내다; 잘라내다, 없애다 **2 a** 〈예산 등을〉 깎다 **b** 〖목공〗 대패질하다 **3** 〖항해〗 〈바람을 잘 받도록 돛·돛가름대를〉 조정하다; 〈연료·뱃짐을〉 화물창에 싣다 **4 장식하다 5** 《구어》 꾸짖다, 혼내주다
── *vi.* **1** 〖항해〗 〈배가〉 균형이 잘 잡히다 **2** 〈정치가가〉 기회주의적 태도를 취하다, 양다리를 걸치다 《*between*》
── *a.* (**~·mer**; **~·mest**) **산뜻한,** 말끔한, 잘 손질된 ── *n.* Ⓤ **1** 정돈(된 상태), 준비 상태; (건강 등의) 상태 **2** ⓊⒸ 〖항공·항해〗 (배·항공기의) 균형; 자세, (돛의) 바람 받는 정도 **3** 몸차림, 모습 **4** 손질, 깎아 다듬기 **~·ly** *ad.* **~·ness** *n.*

tri·ma·ran [tráimərӕ̀n] *n.* 3동선(胴船)

tri·mes·ter [traiméstər] *n.* 《미》 (특히, 임신 기간 중의) 3개월간; (3학기제의) 한 학기

trim·e·ter [trímətər] 〖운율〗 *a.* 3보격(步格)의 ── *n.* 3보격(의 시행(詩行))

trim·mer [trímər] *n.* **1** 정돈[손질, 장식]하는 사람 **2** 베어 자르는 기구 《낫, 자귀, 가위, 칼 등》 **3** 기회주의자

∗trim·ming [trímiŋ] *n.* ⓊⒸ **1 정돈,** 말끔하게 하기; 〖사진〗 트리밍 **2** [*pl.*] 《구어》 (요리의) 고명, 요리에 딸려 나오는 것 **3** 손질, 깎아 다듬기, 마름질

tri·month·ly [traimʌ́nθli] *a.* 3개월마다의

tri·nal [tráinl], **tri·na·ry** [-nəri] *a.* 셋으로[3부로] 된; 3중[배]의

trine [train] *a.* 3배[중]의

Trín·i·dad and Tobágo [trínədæd-] 트리니다드토바고 《서인도 제도에 있는 독립국》

Trin·i·tar·i·an [trìnətέəriən] 〖그리스도교〗 *a.* 삼위일체(설)의[을 믿는] ── *n.* 삼위일체설 신봉자 **~·ism** *n.* Ⓤ 삼위일체설

tri·ni·tro·tol·u·ene [trainàitroutɑ́ljuì:n | -tɔ́l-], **-tol·u·ol** [-tɑ́ljuɔ̀:l | -tɔ́ljuɔ̀l] *n.* Ⓤ 트리니트로톨루엔, 트리니트로톨루올《강력 폭약; 略 TNT》

*__Trin·i·ty__ [trínəti] [L 「3개 한벌」의 뜻에서] *n.* **1** [the ~] 〖신학〗 **삼위일체** 《성부·성자·성령을 일체로 봄》 **2** 삼위일체 축일(= ∽ **Súnday**) **3** [**t~**] 3인조; 3부분으로 된 것

Trínity tèrm (Oxford 대학의) Easter term 다음의 학기

trin·ket [tríŋkit] *n.* **1** 자질구레한 장신구 **2** 하찮은 것

tri·no·mi·al [trainóumiəl] *a.* **1** 〖수학〗 3항식의, 3항의 **2** 〖동물·식물〗 3어명(語名)의 — *n.* 〖수학〗 3항식; 〖생물〗 3어명[법]

tri·o [trí:ou] *n.* (*pl.* **~s**) **1** 〖음악〗 트리오, 3중주[창](곡), 3중주[창]단 **2** 셋으로 된 짝, 3인조

tri·ode [tráioud] *n.* 〖전자〗 3극 진공관

tri·o·let [tráiəlit] *n.* 〖운율〗 2운각(韻脚)의 8행시

tri·ox·ide [traiɑ́ksaid | -ɔ́k-] *n.* 〖화학〗 3산화물

***__trip__ [trip] *n.* **1** (특히 짧은) **여행**, 소풍; 출장 **2** **헛디딤**; 다리를 걸어 넘어뜨림 **3** 과실, 실수 **4** **경쾌한 걸음걸이** **5** 〖기계〗 시동 장치; 스위치; 멈추개

make a ~ 여행하다《*to*》; 과실을 범하다

— *v.* (**~ped**; **~·ping**) *vi.* **1** **걸려 넘어지다**; 〈발이〉 걸리다《*up*》; 헛디디다《*over*》 **2** 과오를 범하다; 실수하다 **3** **경쾌한 걸음걸이로 걷다[춤추다]** **4** 앞뒤가 안 맞는 말을 하다 — *vt.* **1** 딴죽걸다, 걸려 넘어지게 하다《*up*》; 실패하게 하다 **2** 〈기계를〉 시동시키다

tri·par·tite [traipɑ́:rtait] *a.* **1** 셋으로 나누어진, 3부로 이루어지는 **2** 〖식물〗 〈잎이〉 세 갈래로 깊이 찢어진 **3** 〈협정 등이〉 3자간의: a ~ treaty 3국 조약 **4** 〈문서 등이〉 3부로 작성된

tripe [traip] *n.* **1** Ⓤⓒ 양《소의 위(胃)에서 사람이 먹을 수 있는 부분》 **2** 《구어》 하등품; 헛소리(nonsense); 졸작, 쓸모없는 것[사람]

triph·thong [trífθɔ:ŋ | -θɔŋ] *n.* 〖음성〗 3중모음《fire에 있어서의 [aiər]의 단음절적 발음》

tri·plane [tráiplèin] *n.* 3엽 비행기

__tri·ple__ [trípl] *a.* **3중의; 3배의; 3부분으로 되는 — *n.* **1** 3배의 수[양] **2** 〖야구〗 3루타(three-base hit)

— *vt.* 3중[배]으로 하다; 〖야구〗 3루타로 〈주자를〉 생환시키다

— *vi.* 3중[배]으로 되다; 〖야구〗 3루타를 치다

tri·ple-dig·it [-dídʒit] *a.* 세 자리의: ~ inflation 세 자리의 인플레이션

tríple júmp 〖육상〗 [the ~] 3단 뛰기(hop, step[skip], and jump)

tríple pláy 〖야구〗 3중살(重殺), 트리플 플레이

trip·let [tríplit] *n.* **1** [*pl.*] 세 쌍둥이; 세 쌍둥이의 하나 **2** 셋으로 된 한 벌 **3** 〖운율〗 3행 연구(聯句) **4** 〖음악〗 셋잇단음표

tríple tìme 〖음악〗 3박자

trip·lex [trípleks] *a.* 3중[배]의; 세 가지 효과를 내는: ~ glass 3중 유리 — *n.* **1** 셋으로 된 한 벌 **2** [**T~**] Ⓤ 《영》 트리플렉스, 3중 유리《일종의 자동차용 안전 유리; 상표명》 **3** 《미》 3층 아파트

trip·li·cate [trípləkèit] *vt.* **1** 3배하다 **2** 〈서류를〉 3통 작성하다 — [-kət] *a.* 3중의; 〈같은 문서가〉 3통 작성된

— [-kət] *n.* 3개 한 벌[3통 서류] 중의 하나; [*pl.*] 3개 한 벌

trip·li·ca·tion [trìpləkéiʃən] *n.* **1** 3배, 3중, 3통 작성 **2** 3배한 것, 3통 (중의 하나)

tri·ply [trípli] *ad.* 3중[배]으로

tri·pod [tráipɑd | -pɔd] *n.* **1** 삼각대, 세 다리 의자; 삼발이 **2** (사진기·망원경의) 3각

trip·o·dal [trípədl] *a.* 3각(脚)형의; 3각의

Trip·o·li [trípəli] *n.* 트리폴리《리비아의 수도·해항(海港)》

tri·pos [tráipɑs | -pɔs] *n.* (Cambridge 대학의) 우등 졸업 시험; 우등 합격자 명부

trip·per [trípər] *n.* **1** 경쾌하게 걷는[춤추는] 사람 **2** 발이 걸려 넘어지는 사람; 남의 딴죽을 거는 사람 **3** 《영·구어》 (단기간의) 여행자[행락객]

trip·ping [trípiŋ] *a.* 경쾌하게 빨리 걷는, 발걸음이 가벼운 **~·ly** *ad.*

trip·tych [tríptik] *n.* 〖미술〗 (3면경처럼) 석 장 이어진 그림《보통 종교화》

trip·wire [trípwàiər] *n.* **1** (발목에 걸리게 친) 올가미 철사 **2** 〖군사〗 (걸리면 폭발하도록 장치한) 지뢰선

tri·reme [tráiri:m] *n.* (고대 그리스·로마의) 3단 노의 갤리선(galley)

tri·sect [tráisekt | ─́] *vt.* 3(등)분하다

tri·sec·tion [traisékʃən] *n.* Ⓤ 3(등)분

Tris·tan [trístən] *n.* **1** 남자 이름 **2** = TRISTRAM 2

Tris·tram [trístrəm] *n.* **1** 남자 이름 《애칭 Tris》 **2** 트리스트럼《아서왕의 원탁 기사 중 한 사람》

tri·syl·la·ble [tráisìləbl] *n.* 3음절어[시각(詩脚)] **trì·syl·láb·ic** *a.*

trite [trait] *a.* 흔한, 평범한; 케케묵은, 진부한 **tríte·ly** *ad.* **tríte·ness** *n.*

trit·i·um [trítiəm] *n.* Ⓤ 〖화학〗 3중 수소, 트리튬《수소의 동위체; 기호 T, ^{3}H》

Tri·ton [tráitn] *n.* 〖그리스신화〗 반인반어(半人半魚)의 해신(海神); 〖천문〗 해왕성의 제1위성

__tri·umph__ [tráiəmf] *n.* **1 **승리**, 정복《*over*》; 대성공; 업적, 공적 **2** Ⓤ 승리감, 성공의 기쁨 **3** 〖고대로마〗 개선식

in ~ 의기양양하여

— *vi.* **성공하다**; **이기다**《*over*》; 이겨서 좋아하다; 기뻐 날뛰다

tri·um·phal [traiʌ́mfəl] *a.* Ⓐ **1** 승리를 자랑하는[축하하는] **2** (고대 로마의) 개선식의: a ~ entry 개선 입성식

triúmphal árch 개선문

*__tri·um·phant__ [traiʌ́mfənt] *a.* **1** **승리를 얻은**; 성공한 **2** **의기양양한**, 득의의 **~·ly** *ad.* 의기양양하여

tri·um·vir [traiʌ́mvər] *n.* (*pl.* **-vi·ri** [-vəràì], **~s**) 〖고대 로마〗 3집정관의 한 사람

tri·um·vi·rate [traiʌ́mvərət] *n.* **1** 〖고대 로마〗 3집정관의 직[임기]; 3두 정치, 3당 연립 정치 **2** (지배적 지위에 있는) 3인조
tri·une [tráiju:n] *a.* 〖그리스도교〗 삼위일체의 **—*n.*** [the T~] 삼위일체
tri·va·lent [traivéilənt] *a.* 〖화학〗 3가의
triv·et [trívit] *n.* **1** 삼발이 **2** (식탁용) 냄비 받치는 삼발이
triv·i·a [tríviə] *n. pl.* [때로 단수 취급] 사소한[하찮은] 일
∗**triv·i·al** [tríviəl] [L 「세 도로가 만나는 곳, 즉 흔히 있는 일」의 뜻에서] *a.* **1** 하찮은; 사소한 **2** 진부한, 평범한 **~·ly** *ad*
triv·i·al·i·ty [trìviǽləti] *n.* (*pl.* **-ties**) UC **1** 하찮음, 평범 **2** 하찮은 것[생각, 작품]
triv·i·al·ize [tríviəlàiz] *vt.* 평범화하다
tri·week·ly [traiwí:kli] *ad., a.* **1** 1주 3회(의): a ~ publication 주 3회 간행물 **2** 3주간마다(의) **—*n.*** (*pl.* **-lies**) 1주 3회[3주 1회]의 간행물
tro·cha·ic [troukéiik] 〖운율〗 *a.* TROCHEE의 **—*n.*** **1** 강약격(强弱格) **2** [*pl.*] 강약격의 시(詩)
tro·che [tróuki | tróuʃ] *n.* 〖약학〗 (목의 살균·소염을 위한) 트로키(제), 정제(錠劑), 알약
tro·chee [tróuki:] *n.* 〖운율〗 **1** (고전시의) 장단격 (--∪) **2** (영시의) 강약격(强弱格) (∠×)
∗**trod** [trɑd | trɔd] *v.* TREAD의 과거·과거분사
trod·den [trɑ́dn | trɔ́dn] *v.* TREAD의 과거분사
trog·lo·dyte [trɑ́glədàit | trɔ́g-] *n.* **1** 혈거인(穴居人) 《특히 선사 시대 서유럽의》 **2** 《구어》 은자(隱者)
troi·ka [trɔ́ikə] [Russ. 「3」의 뜻에서] *n.* **1** 트로이카 《러시아식 3두 마차[썰매]》 **2** [집합적] (지배자의) 3인조, 3두 정치
Troi·lus [trɔ́iləs, tróuə-] *n.* 〖그리스신화〗 트로일로스 《트로이왕 (프리아모스 Priam)의 아들; Cressida의 애인》
Tro·jan [tróudʒən] *a.* 트로이(Troy)의, 트로이 사람의
—*n.* **1** 트로이 사람 **2** 《구어》 근면한 사람, 분투가, 용사
like a ~ 용감하게; 부지런히
Trójan Hórse **1** [the ~] 〖그리스신화〗 트로이의 목마 《트로이 전쟁에서 그리스군이 적을 속이려고 만든 것》 **2** (적국에 잠입하는) 파괴 공작[공작원, 공작단] **3** [**T~ h~**] 〖컴퓨터〗 시스템 파괴 프로그램
Trójan Wár [the ~] 〖그리스신화〗 트로이 전쟁 《Troy의 왕자 Paris가 그리스 왕비 Helen을 유괴한 데서 일어난 그리스와 트로이의 10년 전쟁; Homer의 서사시 *Iliad*의 주제》
troll[1] [troul] *vt.* **1** 돌림노래하다 **2** 견지낚시를 하다 **3** 〈공·주사위 등을〉 굴리다
—*vi.* **1** 명랑하게 노래하다[연주하다] **2** 견지낚시질하다 **—*n.*** **1** 돌림노래 **2** 견지낚시질 **3** 회전, 구르기
troll[2] *n.* 〖북유럽신화〗 트롤 《지하나 동굴에 사는 초자연적 괴물로 거인 또는 난쟁이로 묘사됨》

∗**trol·ley** [trɑ́li | trɔ́li] *n.* (*pl.* **~s**) **1 고가(高架) 이동 활차** **2** 트롤리, 촉륜(觸輪) 《전차 위의 가공선에 닿는 바퀴》 **3** 《영》 = TROLLEY BUS; 《미》 = TROLLEY CAR **4** 《영》 손수레; (궤도에서 쓰는) 트럭, 광차; (음식 등을 나르는) 왜건
trólley bùs 《영》 무궤도 전차
trólley càr 《미》 노면 전차, 시가(市街) 전차(《영》 tram)
trol·lop [trɑ́ləp | trɔ́l-] *n.* **1** 타락[방종]한 여자 **2** 매춘부(prostitute)
trom·bone [trɑmbóun | trɔm-] *n.* 〖음악〗 트롬본 《저음의 금관 악기》
trom·bon·ist [trɑmbóunist | trɔm-] *n.* 트롬본 취주자
⁑**troop** [tru:p] [F 「군중」의 뜻에서] *n.* **1** 대(隊), 무리, 떼, 단(團) **2** 〖군사〗 기병 중대 **3** [보통 *pl.*] **군대**: regular *~s* 상비군 **4** (보이 스카우트의) 분대; (걸 스카우트의) 단
—*vi.* **떼를 짓다** 《*up, together*》; 무리를 지어 걷다, 줄줄 떼지어 오다
—*vt.* 수송하다; 《영》 (군기를 선두에 세우고) 분열 행진하다 ***~ the colour(s)*** 《영》 군기 분열식을 하다
tróop càrrier 〖군사〗 군대 수송기[선, 차]
troop·er [trú:pər] *n.* **1** 기병(의 말) **2** 《미·호주》 기마 순경; 《미》 주 경찰관
troop·ship [trú:pʃìp] *n.* 군대 수송선
trope [troup] *n.* 〖수사학〗 문채(文彩), 비유(적 용법)
tro·phied [tróufid] *a.* 전리품[기념품]으로 장식된
∗**tro·phy** [tróufi] [Gk 「적의 패배 기념비」의 뜻에서] *n.* (*pl.* **-phies**) **1 전리품**; 전승[성공, 사냥] 기념물 **2 트로피** 《기·컵·방패 등》, 상품 **3** 〖고대 그리스·로마〗 전승 기념비
∗**trop·ic** [trɑ́pik | trɔ́p-] [Gk 「회전에 관한」 일의 뜻에서] *n.* **1** 〖천문·지리〗 [때로 **T~**] **회귀선**(回歸線) **2** [the ~s] 열대 지방
the T~ of Cancer 북회귀선 ***the T~ of Capricorn*** 남회귀선
—*a.* 열대(지방)의
∗**trop·i·cal** [trɑ́pikəl | trɔ́p-] *a.* **1 열대(지방)의** **2** 열대 특유의, 심한 더위의 **3** 열렬한, 정열적인 **4** [tróupikəl] 〖수사학〗 비유적인 **5** 〖천문〗 회귀선의 **~·ly** *ad.*
trópical físh 열대어
trópical níght 열대야 《기온 25℃ 이상의 밤; 《영·미》에서는 단지 일반적 의미로 사용》
trópical ráin fòrest 〖생태〗 열대 다우림(多雨林)
trópical yéar 〖천문〗 회귀년, 태양년 《365일 5시간 48분 45.5초》
trópic bìrd 열대조
tro·pism [tróupizm] *n.* UC 〖생물〗 (동물의) 향성(向性), (식물의) 굴성(屈性)
tro·pís·tic *a.*
trop·o·sphere [tróupəsfìər, trɑ́p- | trɔ́p-] *n.* [the ~] 〖기상〗 대류권 《지구 표면에서부터 약 10-20 km 사이의 대기권》
trop·po [trɑ́pou | trɔ́p-] *a.* 《호주·속어》 열대 기후로 머리가 멍한

∗**trot** [trɑt | trɔt] *n.* **1 빠른 걸음,** 속보 《말 등의》; 총총 걸음 《사람의》 **2** 《구어》 빠른 걸음으로 가기 **3** 《구어》 아장아장 걷는 아이 **—** *v.* (**~·ted**; **~·ting**) *vi.* **1** 〈말 등이〉 **빠른 걸음으로 가다 2** 총총 걸음으로 가다; 《구어》 바쁘게[급히] 걷다 《*along*》 **—** *vt.* **1** 〈말 등을〉 빠른 걸음으로 가게 하다 **2** 〈어떤 거리·길 등을〉 빠른 걸음으로 가다

troth [trouθ, trɔ:θ | trɔθ] *n.* Ⓤ 《고어》 **1** 진실, 성실 **2** 충실, 충성 **3** 약속; 약혼 ***by*** [***upon***] ***my*** **~** 맹세코

Trot·sky, -ski [trɑ́tski | trɔ́t-] *n.* 트로츠키 **Leon ~** (1879-1940) 《러시아의 혁명가·저술가》 **~·ism** *n.*

Trot·sky·ist [trɑ́tskiist | trɔ́t-] *n., a.* = TROTSKYITE

Trot·sky·ite [trɑ́tskiàit | trɔ́t-] *a. n.,* 《구어》 트로츠키파의 (사람)

trot·ter [trɑ́tər | trɔ́t-] *n.* **1** 걸음이 빠른 사람[말]; 《특히》 수레 경마용으로 훈련을 받은 말 **2** 이리저리 뛰어다니는 사람; 《구어》 활동가 **3** [보통 *pl.*] (양·돼지 등의) 족(足) 《식용》

trou·ba·dour [trú:bədɔ̀:r, -dùər] [F] *n.* 서정[음유] 시인 《11-14세기 무렵에 주로 프랑스 남부에서 활약한》

⁑**trou·ble** [trʌ́bl] [L 「흐리게 하다」의 뜻에서] *n.* **1** Ⓤ **불편, 폐,** 귀찮음 **2** Ⓤ Ⓒ 괴로움, 곤란, 불행 **3 분쟁,** 쟁의; 성가신 사건: labor *~s* 노동 쟁의 **4** Ⓤ Ⓒ …병; 탈, (기계의) 고장 **5** Ⓤ Ⓒ **근심,** 걱정, 고뇌 **6** [보통 a ~] **근심거리,** 걱정거리 **7** Ⓤ **고생, 노력, 수고 8** (…에 관한) **문제점 9** (기계 등의) 고장; (전기) 장애 ***be in* ~** (1) 곤란한 처지에 있다 (2) 꾸지람 듣다, 벌받다 (3) 말썽이 나[체포당하게 되어] 있다 ***get into* ~** (1) 말썽이 나다; 경찰에 불려 가다, 처벌당하다, 꾸지람 듣다 (2) 《구어》 〈미혼 여성이〉 임신하다 ***get out of* ~** 벌을 면하다, 곤란을 벗어나다 ***get*** a person ***out of* ~** …을 곤란에서 벗어나게 하다 ***make* ~(*s*)** 소동을 일으키다, 세상을 소란케 하다 ***take* ~** 수고하다, 수고를 아끼지 않다
— *vt.* **1 괴롭히다,** 걱정시키다 **2** 《구어》 **수고[폐 《등》]를 끼치다,** 성가시게 하다 《*for, to* do》 **3** 어지럽히다, 어수선하게 하다 **—** *vi.* **1 걱정하다** 《*about*》 **2 수고하다**

trou·bled [trʌ́bld] *a.* **1** 〈표정 등이〉 근심스러운, 불안한: You look ~. 무언가 걱정이 있는 것 같이 보인다. **2** 〈바다 등이〉 파도 치는; 〈지역 등이〉 소란한
be* ~ *about [***over***] (money matters) (금전 문제)로 골치를 앓다

trou·ble-free [trʌ́blfrì:] *a.* 문제가 일어나지 않는, 고장이 없는

trou·ble·mak·er [-mèikər] *n.* 말썽꾸러기, 분쟁의 야기자

trou·ble·proof [-prù:f] *a.* 고장이 없는

trou·ble·shoot [-ʃù:t] *v.* (**~·ed, -shot** [-ʃɑ̀t | -ʃɔ̀t]) *vi.* 고장 수리원[조정자]의 역할을 하다 **—** *vt.* 고장 수리원[조정자]으로서 처리[조사]하다

trou·ble·shoot·er [-ʃù:tər] *n.* **1** (기계의) 수리원 **2** 분쟁 조정자

∗**trou·ble·some** [trʌ́blsəm] *a.* **1 성가신, 귀찮은 2** 까다로운, 곤란한, 힘든 **3** 말썽부리는 **~·ly** *ad.* **~·ness** *n.*

tróuble spòt 1 (기계 등의) 고장이 잘 나는 곳 **2** (국제 관계 등의) 분쟁 (가능) 지점

∗**trough** [trɔ:f | trɔf] *n.* **1 구유 2** 반죽 그릇 《미국 빵집에서는 [trou], 영국에서는 [trau]라고도 발음》 **3** (빗물) 홈통

trounce [trauns] *vt.* **1** 실컷 때리다, 혼내주다; 깎아 내리다, 헐뜯다 **2** 《구어》 (시합 등에서) 격파하다

troupe [tru:p] *n.* (배우·곡예사의) 흥행단

troup·er [trú:pər] *n.* troupe의 일원[단원]; 노련한 배우

trou·ser [tráuzər] [trousers에서의 역성(逆成)] *a.* Ⓐ 바지(용)의: a ~ pocket 바지 주머니

⁑**trou·sers** [tráuzərz] *n. pl.* (남자용) **바지**: ~ pockets 바지 주머니

tróuser sùit 《영》 = PANTSUIT

trous·seau [trú:sou] [F] *n.* (*pl.* **~s, ~x**[-z]) (신부의) 혼수

∗**trout** [traut] *n.* (*pl.* **~, ~s**) **1** 〖어류〗 **송어 2** Ⓤ 송어의 살 **3** [old ~] 《영·속어》 추한 노파

trove [trouv] *n.* **1** 발견물 **2** 귀중한 수집물; 획득물

trow·el [tráuəl] *n.* **1** (미장이가 사용하는) 흙손 **2** (원예용의) 모종삽

troy [trɔi] *a.* 트로이형(衡)으로 표시[측정]한

Troy [trɔi] *n.* 트로이 《소(小) 아시아 북서부의 고대 도시》

tróy wèight 트로이형(衡), 금형(金衡) 《금·은·보석 등에 쓰는 형량(衡量); 12온스가 1파운드》

tru·an·cy [trú:ənsi] *n.* (*pl.* **-cies**) Ⓤ Ⓒ 무단 결석, 꾀 부리기

∗**tru·ant** [trú:ənt] *n.* **1** (학교의) **무단 결석자 2** 게으름뱅이 **—** *a.* 무단 결석하는; 나태한 **—** *vi.* 무단 결석하다

trúant òfficer 《미》 무단 결석 학생 지도원

∗**truce** [tru:s] *n.* **1 휴전** (협정) **2** (고뇌·고통 등의) 휴지(休止), 중단 **—** *vi.* 휴전하다 **—** *vt.* 휴전에 의해 중지하다

∗**truck**[1] [trʌk] [Gk 「바퀴」의 뜻에서] *n.* **1** 《미》 **트럭**(《영》 lorry), 화물 자동차 **2** 《영》 무개(無蓋) 화차 **—** *a.* 트럭의, 트럭용(用)의 **—** *vt.* 트럭에 싣다[으로 나르다] **—** *vi.* 트럭을 운전하다

truck[2] [MF 「교환하다」의 뜻에서] *vt.* 교환[교역]하다 《*for*》
— *vi.* 《구어》 (물물) 교환하다; 매매[거래]하다
— *n.* Ⓤ **1** [집합적] 《미》 시장에 내다 팔 채소 **2** [집합적] 자질구레한 물건 **3** 《구어》 [보통 부정문] 거래

truck·age [trʌ́kidʒ] *n.* Ⓤ 《미》 **1** 트럭 운반 **2** 트럭 운임[사용료]

truck·er[1] [trʌ́kər] *n.* **1** 트럭 운전사 **2** 트럭 운송업자

trucker[2] *n.* 《미》 = TRUCK FARMER

trúck fàrm[**gàrden**] 《미》 시장 판매용 청과물[야채] 농장

trúck fàrmer 《미》 시장 판매용 청과물[야채] 재배업자
trúck fàrming 《미》 시장 판매용 청과물[야채] 재배(업)
truck·le [trʌ́kl] *vi.* 굴종하다, 굽실굽실하다 《*to*》 — *n.* = TRUCKLE BED
trúckle bèd 《영》 바퀴 달린 침대 《사용하지 않을 때는 다른 침대 아래에 밀어 넣어 둠》
truck·load [trʌ́klòud] *n.* 트럭 한 대분의 짐 《略 TL》
truck·man [-mən] *n.* (*pl.* **-men** [-mən]) **1** 트럭 운전사 **2** 트럭 운송업자
trúck stòp 《미》 (간선 도로변의) 트럭 운전사 식당(《영》 transport cafe)
trúck sỳstem 〖영국사〗 (임금의) 현물(現物) 급여제 《임금으로 물품 등을 지급하는 제도》
truc·u·lence, -len·cy [trʌ́kjuləns(i)] *n.* Ⓤ 흉포, 야만, 잔인
truc·u·lent [trʌ́kjulənt] *a.* **1** 흉포한, 잔인한 **2** 〈말투·논평 등이〉 거친, 통렬[신랄]한 **~·ly** *ad.*
*__trudge__ [trʌdʒ] *vi., vt.* 터덕터덕[터벅터벅] 걷다 《*along, away*》 — *n.* 터덕터덕 걸음
trudg·en [trʌ́dʒən] [이 영법을 쓴 영국의 수영 선수 이름에서] *n.* 〖수영〗 팔은 크롤식 발은 횡영(橫泳)식의 헤엄(= ~ **stròke**)
***__true__ [tru:] *a.* **1** 정말의, 진실의, 참된 **2** 〈사람의 행동 등이〉 예측한 대로; 〈치수 등이〉 정확한: ~ to life 실물 그대로의 **3** 진짜의, 순수한 **4** 충실한, 성실한 **5** 〈목소리 등이〉 음조가 바른; 〈기구·기계 등이〉 제대로 움직이는; 올바른 위치에 있는
come* ~** 〈예언 등이〉 들어맞다; 〈희망 등이〉 실현되다; 현실화되다 ***hold* ~** 〈규칙·말 등이〉 들어맞다, 유효하다 **~ *to type 전형적인; (동·식물이) 순종의
— *ad.* **1** 《고어》 진실로; 올바르게 **2** 정확하게 **3** 〖생물〗 순수하게
— *n.* Ⓤ **1** 정확한 상태[위치] **2** [the ~] 진실함, 진리
***in* [*out of*] ~** 정확[부정확]하여, 꼭 들어맞아[벗어나]
— *vt.* 〈연장·차량 등을〉 똑바로 맞추다, 조정하다 《*up*》
trúe blúe **1** (좀처럼 바래지 않는) 남빛 염료[안료] **2** 지조가 굳은 사람
true-blue [trú:blú:] *a.* 참으로 충실한, 타협하지 않는
true·born [-bɔ́:rn] *a.* **1** 순수한 **2** 적출(嫡出)의
true·bred [-bréd] *a.* **1** 순종의, 혈통이 바른 **2** 올바르게 자란, 예절 바른
trúe-fálse tèst [-fɔ́:ls-] 〖교육〗 진위(眞僞)형 시험법, OX테스트
true·heart·ed [-há:rtid] *a.* 성실한, 충실한
true-life [-láif] *a.* 실생활의, 현실의, 실화의
true·love [-lʌ̀v] *n.* **1** 진실한 사랑 **2** 애인
trúelove[trúe-lóver's] knòt = LOVE KNOT
truf·fle [trʌ́fl] *n.* **1** 〖식물〗 송로(松露)의 일종 《조미료》 **2** 트뤼플, 트뤼프 《초콜릿 과자의 일종》
trug [trʌg, trug] *n.* 《영》 (야채·과일을 넣는) 나무 광주리
tru·ism [trú:izm] *n.* 자명한 이치, 공리(公理); 뻔한 소리
***__tru·ly__ [trú:li] *ad.* **1** 진실로, 거짓없이, 사실대로; 올바르게 **2** 정확하게, 정밀하게 **3** [특히 형용사·명사구·부정어를 수식하여 강조적으로] 정말로, 참으로 **4** [보통 삽입적으로] 사실을 말하자면, 정직하게 말하여 **5** 《고어》 충실히, 성실히
***Yours* ~** 배상(拜上) 《편지의 끝맺는 말》; 《구어》 나, 소생(小生)(I, me, myself) 《3인칭 단수 취급》
Tru·man [trú:mən] *n.* 트루먼 **Harry S[S.]** ~ (1884-1972) 《미국 제33대 대통령(1945-53)》
*__trump__ [trʌmp] *n.* **1** 〖카드〗 으뜸패; [*pl.*] 으뜸패의 한 벌 **2** 《구어》 훌륭한[믿음직한] 사람, 호한(好漢): a ~ boy 멋있는 남자 **3** 최후 수단, 비방
— *vt., vi.* **1** 으뜸패를 내놓다[로 따다] **2** 《구어·비유》 비방을 쓰다; (비방을 써서) 이기다
trúmp càrd = TRUMP 1
trumped-up [trʌ́mptʌ́p] *a.* 날조된, 조작된: a ~ story 날조된 기사
trum·per·y [trʌ́mpəri] *n.* ⒸⓊ **1** 겉보기만 좋은 물건, 겉만 번드르르한 값싼 물건, 하찮은 것 **2** 헛소리 — *a.* **1** 겉만 번드르르한 **2** 〈의견 등이〉 시시한
***__trum·pet__ [trʌ́mpit] *n.* **1** 〖음악〗 트럼펫 **2** 나팔 모양의 물건; (축음기 등의) 나팔 모양의 확성기[전성기(傳聲器)]; 보청기(補聽器) **3** 나팔 비슷한 소리 **4** 트럼펫 취주자, 나팔수 — *vi.* **1** 나팔을 불다 **2** 〈코끼리 등이〉 나팔 같은 울음소리를 내다
— *vt.* **1** 나팔로 알리다[포고하다] **2** (떠들어대어) 퍼뜨리다, 〈남을〉 떠들썩하게 치켜세우다
trúmpet crèeper[flòwer] 〖식물〗 능소화 《미국 남부산》
trum·pet·er [trʌ́mpitər] *n.* **1** 트럼펫 부는 사람; (군대의) 나팔수 **2** (이야기를) 퍼뜨리는 사람, 남을 떠들썩하게 치켜세우는 사람
trun·cate [trʌ́ŋkeit] [L 「잘려진」의 뜻에서] *vt.* **1** (나무·원뿔 등의) 꼭대기[끝]를 자르다 **2** 《비유》 (인용구 등의) 일부를 생략하여 줄이다 **3** 〖컴퓨터〗 계산 과정을 종결짓다 — *a.* = TRUNCATED
trun·cat·ed [trʌ́ŋkeitid] *a.* **1** (줄기·몸통 등의) 끝을 잘라버린; 〖동물·식물〗 끝을 자른 **2** 〈문장 등이〉 불완전한
trun·ca·tion [trʌŋkéiʃən] *n.* Ⓤ 끝을 잘라냄, 절두(截頭), 절단(切斷); 〖컴퓨터〗 끊음, 끊기
trun·cheon [trʌ́ntʃən] *n.* Ⓤ 《영》 경찰봉(《미》 nightstick)
trun·dle [trʌ́ndl] *n.* (침대·피아노 등의) 다리 바퀴 — *vt.* 〈바퀴·공·수레 등을〉 돌리다, 굴리다 — *vi.* **1** 〈바퀴·공·수레 등이〉 돌다, 구르다; 각륜으로 굴러가다 **2** 떠나다
trúndle bèd 《미》 = TRUCKLE BED

:trunk [trʌŋk] *n.* **1** (나무) **줄기** **2** **여행용 큰 가방**, 트렁크 **3** ((미)) 트렁크 ((자동차 뒷 부분의 짐칸)) **4** **몸뚱이**, 몸통; (물건의) 본체 **5** (철도·도로·운하의) **간선**, 본선 **6** 전화[전신] 중계 회선; (컴퓨터 등의) 정보 전달 전자 회로; [*pl.*] 장거리 전화 **7** [*pl.*] 트렁크스 ((남자의 권투[수영]용 팬티))

trúnk càll ((영)) 장거리 전화(의 통화[호출])(((미)) long-distance call)

trúnk hòse [집합적; 복수 취급] 트렁크 호스 ((16-17세기에 유행한 반바지))

trúnk lìne (철도·운하·항공로 등의) 본선, 장거리 직통 간선(幹線)

trúnk ròad ((영)) 간선 도로

trun·nion [trʌ́njən] *n.* 포이(砲耳) ((포신을 포가에 받쳐 놓는 원통형 돌출부))

truss [trʌs] *n.* **1** ((영)) (건초·짚 등의) 다발 **2** 〘의학〙 헤르니아[탈장]대(帶) **3** 〘건축〙 지붕틀, 형구(桁構)
— *vt.* **1** 다발 짓다 **2** (요리하기 전에 새의) 날개[다리]를 몸통에 꼬챙이로 고정시키다 **3** 〈사람의〉 양팔을 몸통에 묶어 매다 ((*up*))

trúss brìdge 〘토목〙 트러스교, 결구교(結構橋)

:trust [trʌst] *n.* Ⓤ **1** **신임**, 신뢰, 신용; Ⓒ 믿을 수 있는 사람[물건] **2** 기대, 확신 **3** 〘상업〙 신용, 외상 **4** (신뢰·위탁에 대한) 책임, 의무 **5** **위탁**; 보호; Ⓒ 위탁물 **6** 〘법〙 신탁; Ⓒ 신탁물 **7** 〘경제〙 트러스트, 기업 합동
on ~ (1) 신용으로, 외상으로 (2) 남의 말만 믿고, 증거도 없이: take a thing *on* ~ (조사도 하지 않고) …을 그대로 신용하다
— *vt.* **1** **신뢰[신임, 신용]하다** **2 a** 〈귀한 것을〉 **맡기다**, 위탁하다 **b** 〈비밀 등을〉 털어놓다 ((*with*)) **3** **기대하다**, 확신하다 **4** 안심하고 …시켜 두다 **5** …에게 신용 거래로 주다, 외상으로 팔다
— *vi.* **1** **신용[신임, 신뢰]하다** ((*in*)) **2** 믿고 맡기다; 의지하다 ((*to*)): ~ *to* chance 운에 맡기다 **3** 외상으로 팔다 **4** 기대하다 ((*for*))

trúst accòunt **1** ((미)) 〘은행〙 신탁 계정 **2** 〘법〙 신탁 재산

trust·bust·er [trʌ́stbʌ̀stər] *n.* ((구어)) (미 연방 정부의) 반(反)트러스트법 위반 단속관

trúst còmpany ((미)) 신탁 회사[은행]

***trust·ee** [trʌstíː] 〘법〙 *n.* **1** **피(被)신탁인**, 수탁자, 보관인 **2** 보관 위원, 관재인; 평의원, 이사

trust·ee·ship [trʌstíːʃip] *n.* **1** Ⓤ 〘법〙 trustee의 직[지위, 기능] **2** Ⓤ 신탁 통치; Ⓒ 신탁 통치령[지역]

trust·ful [trʌ́stfəl] *a.* 〈사람을〉 신용하는, 믿음직하게 여기는 **~·ly** *ad.* **~·ness** *n.*

trúst fùnd 신탁 자금[재산]

***trust·ing** [trʌ́stiŋ] *a.* **믿(고 있)는**, (신뢰하여) 사람을 의심하지 않는
~·ly *ad.* **~·ness** *n.*

trust·less [trʌ́stlis] *a.* ((문어·고어)) **1** 신용이 없는, 믿을 수 없는 **2** 남을 믿지 않는

trust-mon·ey [trʌ́stmʌ̀ni] *n.* Ⓤ 위탁금

trúst tèrritory (국제 연합의) 신탁 통치령[지역]

***trust·wor·thy** [trʌ́stwə̀ːrði] *a.* **신뢰[신용]할 수 있는**
-wòr·thi·ly *ad.* **-wòr·thi·ness** *n.*

***trust·y** [trʌ́sti] *a.* (**trust·i·er**; **-i·est**) Ⓐ **믿음직한**, 신용[신뢰]할 수 있는 — *n.* (*pl.* **trust·ies**) **1** **믿을 만한 사람**, 신용할 수 있는 사람 **2** ((미)) 모범수(囚)

:truth [truːθ] *n.* (*pl.* **~s** [truːðz, -θs]) **1** [종종 the ~] ⒸⓊ **진실**, 진상, 사실 **2** Ⓤ **진리**, 참 **3** Ⓤ 정말, 진실성, (일의) 진위(眞僞) **4** Ⓤ **성실**, 정직
in ~ = ((고어)) ***of a ~*** 정말로, 실제로; 사실은 ***say*** [***speak***] ***the ~*** 진실을 말하다 ***The ~ is that ...*** 사실은 …이다 ***to tell the ~*** = ***~ to tell*** 사실은, 사실을 말하자면

trúth drùg 자백약(自白藥) ((억눌렸던 생각·감정 등을 드러내게 하는 최면약))

truth·ful [trúːθfəl] *a.* **1** 성실한, 정직한 **2** 〈진술 등이〉 진실의, 사실의
~·ly *ad.* **~·ness** *n.*

trúth sèrum = TRUTH DRUG

:try [trai] *v.* (**tried**) *vt.* **1** **노력하다**, 해보다: ~ one's best[hardest] 전력을 다하다 **2** **시도하다**, **시험하다** **3** 〘법〙 **심문[심리]하다**; 〈사람을〉 **재판하다** **4** 써[먹어]보다; 입어[걸쳐] 보다 **5** **시련을 주다**, 괴롭히다; 혹사하다 — *vi.* **해보다**, **노력하다** ((*at, for*))
~ ***on*** 시험해보다; 입어[신어] 보다; 가봉(假縫)하다 ~ ***out*** (1) 엄밀하게 시험하다, 충분히 시험해 보다; 〈채용하기 전에 인물을〉 잘 살피다 (2) (금속의) 순도(純度)를 측정하다; 정련(精鍊)하다 (3) ((미)) (팀 선발 등에) 나가보다 ((*for*)) ~ one***'s best*** [***hardest***] 전력을 다하다
— *n.* (*pl.* **tries**) **1** **시험**, 시도, **해보기**, 노력 **2** 〘럭비〙 트라이

***try·ing** [tráiiŋ] *a.* **1** **견딜 수 없는**, 괴로운 **2** 화나는 **~·ly** *ad.*

try-on [tráiɑ̀n | -ɔ̀n] *n.* ((구어)) **1** 해보기, 시도 **2** 〈가봉한 옷을〉 입어 보기

try·out [-àut] *n.* **1** (스포츠의) 실력[적격] 시험 **2** 〘연극〙 시험 흥행

try·sail [tráisèil; 〘항해〙 -səl] *n.* 〘항해〙 트라이슬 ((마스트 뒤쪽의 보조적인 작은 세로돛))

trý squàre 곡척(曲尺), 곱자

tryst [trist | traist] *n.* ((문어·고어)) **1** 회합 약속; 밀회 **2** 회합 장소, 밀회 장소

tsar [zɑːr, tsɑːr] *n.* = CZAR

tsa·ri·na [zɑːríːnə, tsɑː-] *n.* = CZARINA

Tschai·kov·sky [tʃaikɔ́ːfski | -kɔ́f-] *n.* = TCHAIKOVSKY

tset·se [tsétsi | tsétsi] *n.* 〘곤충〙 체체파리 (= **∠ flỳ**) ((수면병 등의 병원체를 매개하는 아프리카의 피 빨아먹는 파리))

TSgt, T/Sgt technical sergeant 〘미 공군〙 2등 중사

T-shaped [tíːʃèipt] *a.* T자형의

T-shirt [tíːʃə̀ːrt] *n.* T셔츠(tee shirt)
~·ed [-id] *a.* T셔츠를 입은

tsp. teaspoonful(s); teaspoon(s)

T̀ squàre T자 ((제도용))

tsu·na·mi [tsunɑ́ːmi] *n.* 〘항해〙 지진 해일

*__tub__ [tʌb] *n.* **1** (물)**통**, 함지 **2** 목욕통, 욕조; 《영·구어》 목욕 **3** 《구어》 (통같이 생긴) 작은 배

tu·ba [tjúːbə | tjúː-] [L 「트럼펫」의 뜻에서] *n.* (*pl.* **~s, -bae** [-biː]) 〖음악〗 튜바 《저음의 금관 악기》

tub·al [tjúːbəl | tjúː-] *a.* **1** 관(管) (모양)의 **2** 〖해부〗 난관(卵管)의

tub·by [tʌ́bi] *a.* (**-bi·er**; **-bi·est**) 통 같은; 땅딸막한 **túb·bi·ness** *n.*

‡**tube** [tjuːb | tjuːb] *n.* **1** (금속·유리·고무 등의) **관**(管), **통**(筒) **2 튜브**, 짜내어 쓰게 된 용기 **3** (관악기의) 관 **4** 〖해부·동물·식물〗 관상(管狀) 기관: the bronchial *~s* 기관지 **5** 관상 터널; 《영·구어》 지하철(《미》 subway); [the ~] 《영·구어》 런던의 지하철 **6** 《미》 진공관(《영》 valve); 전자관 **7** (타이어의) 튜브

~·like *a.* 관상(管狀)의

tube·less [tjúːblis | tjúːb-] *a.* **1** 관이 없는 **2** 〈자동차 등의 타이어가〉 튜브가 없는

tu·ber [tjúːbər | tjúː-] *n.* **1** 〖식물〗 덩이줄기 《감자 등》 **2** 〖해부〗 결절(結節), 병적 융기(隆起)

tu·ber·cle [tjúːbərkl | tjúː-] *n.* **1** 〖해부·동물〗 작은 결절, 혹 모양의 작은 돌기 **2** 〖병리〗 결절; 결핵 (결절)

túbercle bacíllus 결핵균 《略 T.B.》

tu·ber·cu·lar [tjubə́ːrkjulər | tju-] *a.* 결절 (모양)의; 결핵(성)의, 결핵에 걸린
— *n.* 결핵 환자

tu·ber·cu·lin [tjubə́ːrkjulin | tju-] *n.* Ⓤ 투베르쿨린 《1890년 Robert Koch가 발명한 결핵 진단·치료용 주사액》

tubérculin tèst 투베르쿨린 검사

tu·ber·cu·lin-test·ed [tjubə́ːrkjulin-tèstid | tju-] *a.* 투베르쿨린 반응이 음성인 소에서 짠 〈우유〉

tu·ber·cu·lo·sis [tjubə̀ːrkjulóusis | tju-] *n.* Ⓤ 〖의학〗 **1** 결핵 《略 TB》 **2** 폐결핵

tube·rose [tjúːbròuz | tjúːbər-] *n.* 〖식물〗 월하향(月下香) 《멕시코 원산》

tu·ber·ous [tjúːbərəs | tjúː-] *a.* **1** 결절이 있는, 결절 모양의 **2** 〖식물〗 괴경 모양의

tub·ing [tjúːbiŋ | tjúː-] *n.* Ⓤ **1** 관 재료; 배관 (조직) **2** [집합적] 관류(管類)

tub-thump·er [tʌ́bθʌ̀mpər] *n.* 《구어》 탁자를 치며 열변을 토하는 사람

tu·bu·lar [tjúːbjulər | tjúː-] *a.* **1** 관 (모양)의 **2** 관식(式)의: a ~ boiler 연관식(煙管式) 보일러 **3** 《미·속어》 멋진, 훌륭한, 대단한

tu·bu·late [tjúːbjulət | tjúː-] *a.* **1** 관 모양의 **2** 관이 달린

TUC Trades Union Congress 《영》 노동조합 회의

*__tuck__ [tʌk] *vt.* **1 밀어**[**쑤셔**] **넣다** 《*in, into, under*》 **2** 〈자락·소매 등을〉 **걷어 올리다**; 〈주름을〉 잡다 《*up*》 **3 덮다, 감싸다** 《*in, into*》 **4** 〈집 등을〉 눈에 띄지 않는 곳에 짓다 《*away*》

~ ***in*** (1) 감싸다 (2) 끝을 접다, 밀어 넣다
— *n.* **1 접어 넣은 단**, 호아 올린 것 **2** Ⓤ 《영·속어》 음식, 《특히》 과자

tuck·er [tʌ́kər] *n.* **1** (17-18세기의 여자 복장의) 깃 장식 **2** 주름잡는 사람[기계] **3** 《호주·구어》 음식물 **—** *vt.* 《미·구어》 피로하게 하다 《*out*》: be *~ed out* 지칠대로 지치다

tuck-in [tʌ́kìn], **tuck-out** [-àut] *n.* Ⓤ 《영·구어》 배불리 먹을 수 있는 식사, 성찬

tuck-shop [-ʃɑ̀p | -ʃɔ̀p] *n.* 《영》 (교내의) 과자점, 매점

-tude [-tjùːd | -tjùːd] *suf.* [라틴 계통의 형용사에 붙여서] 「성질; 상태」의 뜻: apti*tude*

Tu·dor [tjúːdər | tjúː-] [Henry 5세가 죽은 후 그의 아내와 결혼한 Wales 기사 (Owen) Tudor의 이름에서] *a.* **1** 〖영국사〗 튜더 왕가[왕조]의(1485-1603) **2** 〖건축〗 튜더 양식의
— *n.* **1** 튜더 왕가[왕조] 사람 **2** [the ~s] 튜더 왕가(the House of ~)

Tues., Tue. Tuesday

‡**Tues·day** [tjúːzdèi, -di | tjúːz-] [OE 「Tiw(Teuton 족의 군신(軍神))의 날」의 뜻에서] *n.* **화요일** 《略 Tues., Tue.》
— *a.* Ⓐ 화요일의
— *ad.* 《구어》 화요일에(on Tuesday)

Tues·days [tjúːzdèiz, -diz | tjúːz-] *ad.* 화요일마다, 화요일에는 언제나(on Tuesdays)

tu·fa [tjúːfə | tjúː-] *n.* Ⓤ 〖지질〗 석회화(華), 튜퍼 《다공질(多孔質) 탄산석회의 침전물》

*__tuft__ [tʌft] *n.* **1** (실·머리털·새털 등의) **술**, 다발 **2** 숲, 나무숲, 덤불
— *vt.* 술을 달다, 술로 장식하다
— *vi.* 술 (모양)이 되다

tuft·ed [tʌ́ftid] *a.* 술을 단, 술로 장식한; 술을 이룬; 군생하고 있는

tuft·y [tʌ́fti] *a.* (**tuft·i·er**; **-i·est**) **1** 술이 많은; 술로 장식된 **2** 술을 이루는; 군생하는

*__tug__ [tʌg] *v.* (**~ged**; **~·ging**) *vt.* **1** (세게) **당기다**; 끌다 **2** 예인선(曳引船)으로 〈배를〉 끌다 **3** 〈관계없는 이야기 등을〉 억지로 끌어들이다
— *vi.* **1** 힘껏 당기다, 끌다 《*against, at*》 **2** 노력하다, 분투하다 **3** 경쟁하다
— *n.* **1** 힘껏 당김 **2** 분투, 노력; 심한 다툼, 치열한 경쟁 **3** 예인선 (tugboat) **4** 짧은 가죽끈

túg of wár **1** 줄다리기 **2** 주도권 다툼, 결전

tug·boat [tʌ́gbòut] *n.* 예인선(曳引船)

tu·i·tion [tjuːíʃən | tjuː-] [L 「돌보다」의 뜻에서] *n.* Ⓤ **1** 교수, 수업 **2** 수업료(= ~ **fèe**)

tu·i·tion·al [tjuːíʃənl | tjuː-], **-ar·y** [-ʃənèri | -ʃənəri] *a.* 교수[지도](용)의

*__tu·lip__ [tjúːlip | tjúː-] [Turk. 「터번」의 뜻에서; 색과 모양이 비슷하다 해서] *n.* **1** 〖식물〗 **튤립** **2** 튤립 꽃[구근(球根)]

túlip trèe 〖식물〗 튤립나무 《목련과(科)의 교목; 북미산》

tu·lip·wood [tjúːlipwùd | tjúː-] *n.* Ⓤ 튤립나무의 재목

tulle [tu:l | tju:l] [프랑스의 원산지 이름에서] *n.* Ⓤ (베일용의) 얇은 명주 그물

tum [tʌm] [의성어] *n.* 딩, 댕, 드룽《현악기를 퉁기는 소리》

⁑**tum·ble** [tʌ́mbl] *vi.* **1** 넘어지다 《*down, over*》, 굴러 떨어지다 **2**〈가격이〉 급속히 떨어지다 **3**〈건물 등이〉 무너지다 《*down, upon*》 **4** 뒹굴다, 몸부림치다 《*about*》; 허둥지둥 오다[가다] 《*to*》; 굴러 들어가다 《*into*》 **5** 《구어》 …에 문득 생각이 미치다, …을 깨닫다 《*to*》 **—** *vt.* **1** 굴리다; 넘어뜨리다, 뒤집어엎다 《*down*》; 던지다, 던져 팽개치다 《*about, in, out*》 **2** 난잡하게 흐트러뜨리다; 〈머리카락·옷 등을〉 구기다; 뒤범벅이 되게 마구 쑤셔 넣다

— *n.* **1** 추락, 전도 **2** 공중제비 (등의 곡예) **3** [a ~] 혼란 **4** 붕괴, 파괴 **5** (주가 등의) 하락, 폭락

tum·ble-down [-dàun] *a.* 〈건물이〉 황폐한, 금방 넘어질 듯한

túmble drìer = TUMBLER DRIER

tum·ble-dry [-drài] *vt., vi.* 회전식 건조기로 말리다[마르다]

tum·bler [tʌ́mblər] *n.* **1** (공중제비하는) 곡예사; 오뚝이 **2** (밑이 편편한 보통의) 큰 컵 **3** 회전통(筒)

~·ful *n.* 큰 컵 한 잔(의 양)

túmbler drìer (세탁물의) 회전식 건조기

tum·ble·weed [tʌ́mblwìːd] *n.* 《미·호주》 〖식물〗 회전초(回轉草)

tum·bling [tʌ́mbliŋ] *n.* ⓊⒸ 〖체조〗 텀블링《매트에서 하는 공중제비 등》; 〖컴퓨터〗 동축(動軸) 회전 표시

tum·brel [tʌ́mbrəl], **-bril** [-bril] *n.* **1** (프랑스 혁명 시대의) 사형수 호송차 **2** 비료 운반차

tu·me·fac·tion [tjùːməfǽkʃən | tjùː-] *n.* **1** Ⓤ 부어오름 **2** 종창, 종기

tu·me·fy [tjúːməfài | tjúː-] *v.* (**-fied**) *vt.* 부어오르게 하다, 붓게 하다

— *vi.* 붓다, 부어오르다

tu·mes·cence [tjuːmésns | tjuː-] *n.* Ⓤ 팽창, 비대, 부어오름 **2** 통화 팽창 **3** 발기

tu·mes·cent [tjuːmésnt | tjuː-] *a.* 부어오른, 팽창한; 발기한

tu·mid [tjúːmid | tjúː-] *a.* **1** 부어오른 **2** 〈문체 등이〉 과장된

tu·mid·i·ty [tjuːmídəti | tjuː-] *n.* Ⓤ 부어오름, 종창; 과장(誇張)

tum·my [tʌ́mi] [stomach의 변형] *n.* (*pl.* **-mies**) 《유아어》 배(腹)

tu·mor | tu·mour [tjúːmər | tjúː-] [L 「부은 상태」의 뜻에서] *n.* 〖병리〗 종양(腫瘍): a benign[malignant] ~ 양성[악성] 종양

tu·mor·ous [tjúːmərəs | tjúː-] *a.* 종양의[같은]

∗**tu·mult** [tjúːmʌlt | tjúːmʌlt] [L 「부어서 생긴 것」의 뜻에서] *n.* ⓊⒸ **1** 소란, 떠들썩함, 소동 **2** 폭동 **3** 정신적 동요, 격정, (마음의) 산란 《*of*》

tu·mul·tu·ous [tjumʌ́ltʃuəs | tjuː-] *a.* **1** 떠들썩한, 소란스러운 **2**〈마음이〉 동요한, 산란한, 격앙한 **~·ly** *ad.*

tu·mu·lus [tjúːmjuləs | tjúː-] [L 「부푼 것」의 뜻에서] *n.* (*pl.* **-li** [-lài], **~·es**) 〖고고학〗 무덤, 봉분; 고분(古墳)

tun [tʌn] *n.* **1** 큰 술통 **2** (술 등의) 용량 단위(252 wine gallons)

— *vt.* (**~ned**; **~·ning**) 〈술을〉 통에 넣다[넣어 저장하다]

tu·na [tjúːnə | tjúː-] *n.* (*pl.* **~, ~s**) 〖어류〗 참치, 다랑어(tunny); Ⓤ 그 살

tun·a·ble [tjúːnəbl | tjúː-] *a.* 조정(調整) [조율]할 수 있는 **~·ness** *n.* **-bly** *ad.*

tun·dra [tʌ́ndrə] [Russ.] *n.* 동토대(凍土帶), 툰드라

⁑**tune** [tjuːn | tjuːn] [tone의 변형] *n.* **1** ⒸⓊ 곡조, 곡, 가곡; 선율 **2** Ⓤ (노래·음률의) 가락, 장단 **3** Ⓤ 〖통신〗 동조, 조정 **4** Ⓤ (마음의) 상태, 기분 《*for*》 **5** Ⓤ 협조, 조화

call the ~ 자기 생각대로 지시하다 ***in*** [***out of***] ***~ with*** 장단이 맞아서[틀려서]; 《구어·비유》 동의하여[하지 않는]

— *vt.* **1**〈악기를〉 조율하다 **2 a** 일치[적합, 조화]시키다 《*to*》 **b** [~ one*self* 로] (주위 환경에) 맞추다 《*to*》 **3**〈엔진 등을〉 (고성능으로) 조정하다 《*up*》

— *vi.* 악기를 조율하다 《*up*》; 가락이 맞다, 조화하다 《*with*》

~ in 〈수신기의〉 파장을 (…에) 맞추다 《*to*》 ***~ out*** (1) 〖라디오〗 〈잡음 등을〉 (다이얼을 조정하여) 안 들리게 하다 (2) …에 무관심하게 되다, 무시하다 ***~ up*** (*vt.*) (1)〈악기를〉 조율하다; 〈엔진 등을〉 조정하다 (2) …의 음량을 올리다(*vi.*) (3)〈오케스트라가〉 악기의 음조를 맞추다 (4) 연주를 시작하다, 노래하기 시작하다 (5) 연습[예행 연습]하다

tune·ful [tjúːnfəl | tjúːn-] *a.* **1** 선율이 아름다운, 음악적인 **2** 음악적인 소리를 내는

tun·er [tjúːnər | tjúːn-] *n.* **1** [수식어와 함께] …의 조율사 **2** 〖통신〗 파장 정조기(器), 튜너

tune-up [-ʌ̀p] *n.* **1** 튠업《엔진 등의 철저한 조정》 **2** 《구어》 (시합 전의) 준비 연습

tung·sten [tʌ́ŋstən] *n.* Ⓤ 〖화학〗 텅스텐(wolfram) 《금속 원소; 기호 W, 번호 74》

tu·nic [tjúːnik | tjúː-] *n.* **1** 튜닉: **a** (고대 그리스·로마 사람의) 가운 같은 웃옷[겉옷] **b** 《영》 (경관·군인 등의) 짧은 제복 상의 **c** (벨트로 졸라매는) 여자용 쇼트코트, 느슨한 블라우스 **2** 〖해부·동물〗 피막(被膜)

tun·ing [tjúːniŋ | tjúː-] *n.* Ⓤ **1** 조율 **2** 〖물리·전기〗 동조(同調) **3** 〖컴퓨터〗 세부 조정

túning fòrk 〖음악〗 소리굽쇠, 음차(音叉)

Tu·ni·sia [tjuːníːʒə, -ʃə | tjuːníziə] *n.* 튀니지《북아프리카의 공화국》

Tu·ni·sian [tjuːníːʒən, -ʃən | tjuːníziən] *n.* 튀니지 사람

— *a.* 튀니지(풍)의, 튀니지 사람의

∗**tun·nel** [tʌ́nl] *n.* **1 a** 터널, 굴, 지하도 **b** 〖광산〗 갱도 **2** (짐승이 사는) 굴

— *v.* (**~ed**; **~·ing** | **~led**; **~·ling**) *vt.* **1**

…에 터널[굴]을 파다 **2** [~ one's way 또는 ~ one*self* 로] 갱도[터널]를 파고 나아가다: ~ one's *way out of* a prison 탈옥하다 **—** *vi.* (…에) 터널을 파다 ((*through, into*))

túnnel effèct 〖물리〗 터널 효과

tun·ny [tʌ́ni] *n.* (*pl.* **~, -nies**) 〖어류〗 다랑어(tuna); Ⓤ 그 살

tup [tʌp] *n.* ((영)) 숫양(ram)

tup·pence [tʌ́pəns] *n.* ((영)) = TWOPENCE

tup·pen·ny [tʌ́pəni] *a., n.* = TWOPENNY

tur·ban [tə́ːrbən] *n.* **1** 터번 ((이슬람교도의 남자가 머리에 두루는 두건)) **2** (여자·어린아이의) 터번식 모자
~ed *a.* 터번을 쓴[두른]

tur·bid [tə́ːrbid] *a.* **1** 〈액체가〉 흐린, 탁한(muddy) **2** 〈생각·문체·발언 등이〉 혼란된, 어지러운, 뒤죽박죽의
~·ly *ad.* **~·ness** *n.*

tur·bid·i·ty [təːrbídəti] *n.* Ⓤ **1** 흐림 **2** 혼란 (상태)

tur·bi·nate [tə́ːrbənət] *a.* **1** 〈조개 등이〉 팽이 모양의; 나선 모양의 **2** 거꾸로 세운 원뿔형 모양의

∗**tur·bine** [tə́ːrbin, -bain] [L 「회전시키는 것」의 뜻에서] *n.* 〖기계〗 **터빈** ((유수·증기·가스 등의 힘으로 회전하는 원동기)): an air[a gas] ~ 공기[가스] 터빈

turbo- [tə́ːrbou] ((연결형)) 「turbine」의 뜻

tur·bo·car [tə́ːrboukàːr] *n.* 가스 터빈 자동차

tur·bo·charg·er [tə́ːrboutʃàːrdʒər] *n.* 배기(排氣) 터빈 과급장치(過給裝置)

tur·bo·jet [tə́ːrboudʒèt] *n.* **1** 터빈식 분사 추진기, 터보 제트 엔진 **2** 터보 제트기

túrbojet èngine 터보 제트 엔진

tur·bo·prop [tə́ːrbouprɑ̀p | -prɔ̀p] *n.* 〖항공〗 **1** = TURBO-PROPELLER ENGINE **2** 터보 프로펠러 (항공)기

túr·bo-prop·el·ler èngine [tə́ːrbou-prəpèlər-] 〖항공〗 터보 프로펠러 엔진

tur·bot [tə́ːrbət] *n.* (*pl.* **~, ~s**) 〖어류〗 가자미의 일종 ((유럽산))

tur·bu·lence, -len·cy [tə́ːrbjuləns(i)] *n.* Ⓤ **1 a** (바람·물결 등의) 휘몰아침 **b** (사회적) 소란, 불온, 동란 **2** 〖기상〗 (대기의) 난류, 난기류

∗**tur·bu·lent** [tə́ːrbjulənt] *a.* **1 a** 〈바람·물결 등이〉 **휘몰아치는 b** 〈감정 등이〉 교란된, 격한 **2** 〈폭도 등이〉 소란스러운, 난폭한 **~·ly** *ad.*

turd [təːrd] *n.* ((속어·비어)) **1** ⓊⒸ 똥 (덩어리) **2** 비천한 인간

tu·reen [təríːn, tju-] *n.* (수프 등을 담는) 뚜껑 달린 움푹한 그릇

∗**turf** [təːrf] *n.* (*pl.* **~s, turves** [təːrvz]) **1** Ⓤ **잔디**, 잔디밭 **2** ((영)) 뗏장(sod); [a ~] 한 조각의 잔디 **3** [the ~] **a 경마장 b** 경마
— *vt.* **1** 〈땅을〉 잔디로 덮다, …에 잔디를 심다 **2** ((영·속어)) 〈사람을〉 내쫓다

túrf accòuntant ((영)) 사설 마권 영업자

turf·y [tə́ːrfi] *a.* (**turf·i·er**; **-i·est**) **1** 잔디로 덮인; 잔디 모양의 **2** 토탄(土炭)이 풍부한; 토탄질(質)의 **3** 경마(장)의

tur·gid [tə́ːrdʒid] *a.* **1** 부어오른, 종창성의 **2** 〈문체 등이〉 과장된 **~·ly** *ad.*

tur·gid·i·ty [təːrdʒídəti] *n.* Ⓤ **1** 부어오름, 부풀기, 팽창 **2** 과장

∗**Turk** [təːrk] *n.* **1 터키 사람**; ((특히)) 오스만터키 족의 사람 **2** 터키 말

Tur·ke·stan [tə̀ːrkəstǽn, -stɑ́ːn] *n.* 투르케스탄 ((중앙 아시아의 광대한 지방))

∗**tur·key** [tə́ːrki] *n.* (*pl.* **~s, ~**) **1** 〖조류〗 **칠면조**; 칠면조 고기 **2** ((미·속어)) (연극·영화의) 실패(작)

∗**Tur·key** [tə́ːrki] *n.* **터키** ((흑해와 지중해에 면한 공화국; 수도 Ankara))

túrkey còck **1** 칠면조의 수컷 **2** 뽐내는 사람

∗**Turk·ish** [tə́ːrkiʃ] *a.* **1 터키(식)의**; 터키 사람[족]의 **2** 터키 말의
— *n.* Ⓤ 터키 말

Túrkish báth 터키식 목욕, 증기 목욕

Túrkish delíght[páste] 터키 과자 ((설탕에 버무린 젤리 모양의 과자))

Túrkish tówel [때로 **t~ t~**] 터키 타월 ((두껍고 보풀이 긴))

Tur·ki·stan [tə̀ːrkəstǽn | -stɑ́ːn] *n.* = TURKESTAN

tur·mer·ic [tə́ːrmərik] *n.* **1** 〖식물〗 심황 **2** Ⓤ 심황 뿌리(의 가루) ((물감·건위제(健胃劑)·카레 가루용))

tur·moil [tə́ːrmɔil] *n.* ⓊⒸ 소란, 소동, 혼란

∗∗∗**turn** [təːrn] *vt.* **1 a 돌리다**; 〈전등·라디오 등을〉 켜다[끄다] **b** 〈모퉁이를〉 **돌다**; (적의) 측면을 우회하다, 배후를 공격하다; …의 의표를 찌르다 **2 a** 〈페이지를〉 넘기다 **b** 〈가장자리 등을〉 **접다** ((*back, in, up*)); 〈칼날 등을〉 무디게 하다 **c 뒤집다 3** 뒤엎다; 〈땅을〉 파엎다 **4** 숙고하다 ((*over, about*)) **5 a** …**의 방향을 바꾸다 b** 〈시선·얼굴·등 등을〉 (…쪽으로) **돌리다**; 집중시키다 ((*to*)) **c** 〈목적·용도에〉 충당하다 **6 a** …의 마음을 바꾸게 하다 **b** …의 마음을 딴 데로 돌리다 ((*from*)) **7 a** 〈…의 질·모양 등을〉 변화시키다 ((*into, to*)) **b** 번역하다; (다른 표현으로) 바꾸다 ((*into*)) **8** [목적 보어와 함께] …화(化)하다 **9** 〈어떤 나이·시간·액수를〉 넘다 **—** *vi.* **1 a 돌다, 회전하다 b** 고동[마개]을 틀어 물[가스((등))]이 나오다; 전등[라디오, 텔레비전]이 켜지다 ((*on*)) **c** 고동[마개]을 틀어 물[가스((등))]이 잠가지다; 전등[라디오, 텔레비전]이 꺼지다 ((*off*)) **2** 뒹굴다, 몸을 뒤치다 ((*over*)) **3 a** 방향을 바꾸다 ((*to*)) **b** 뒤돌아보다 **c 향하다** ((*to*)); 〈생각·주의·욕망 등을〉 …으로 돌리다 ((*to*)) **d** 되돌아가다 **4 a** 믿다, 의지하다; 참조하다 ((*to*)) **b** …에 달려 있다, 좌우되다 ((*on, upon*)) **5 a 전복하다 b** 〈옷이〉 걷히다, 〈칼날이〉 무디어지다 **c** 〈책장을 넘겨 페이지를〉 열다 ((*to*)) **6 a 변화하다**, …으로 바뀌다 ((*from; to, into*)) **b** 〈바람·조수·형세 등이〉 **변하다**, 방향을 바꾸다 ((*from; to*)) **c** [무관사 명사·형용사 보어와 함께] …**이 되다**, …으로 전환하다

~ *about* (1) 돌아보다; 빙 돌다[돌리다] (2) 〖군사〗 뒤로 돌아를 하다 **~ *aside***

(1) 옆으로 비키다 (2)〈질문·공격 등을〉 슬쩍 피하다 (3) 옆을 보다, 외면하다 (4)〈화 등을〉 가라앉히다 **~ *away*** (1) 쫓아 버리다 (2) 지지[원조]하지 않다 (3) 해고하다 《*from*》 (4) 외면하다 **~ *down*** (*vt.*) (1) 접다, 개다; 〈카드를〉 엎어 놓다 (2) 〈가스·불꽃 등을〉 줄이다; 〈라디오 등의〉 소리를 줄이다[낮추다] (3)〈제안·후보자 등을〉 거절[각하]하다 (*vi.*) (4) 접히다 (5) 내려가다; 〈경기 등이〉 쇠퇴하다 **~ *in*** (*vt.*) (1) 《미》 〈서류·사표 등을〉 제출하다 (*vi.*) (2)〈발가락 등을〉 안쪽으로 구부리다 (3) 속으로 넣다, 몰아넣다 (4)〈비료 등을〉 땅속에 갈아 넣다 (*vi.*)(5)〈병이〉 내공(內攻)하다 (6) 들르다 **~ *into*** (1) …으로 변하다 (2) …으로 들어가다 **~ *off*** (*vt.*) (1)〈마개를〉 틀어서 수도물[가스 《등》]을 잠그다; 〈라디오·등불을〉 끄다 (2)〈주의·화제 등을〉 슬쩍 돌리다 (3) …을 만들어 내다, 생산하다 (*vi.*) (4)〈사람이〉 옆길로 빠지다 (5)〈일에서〉 벗어나다, 옆길로 들어서다 (6)〈길이〉 갈라지다 **~ *on*** (*vt.*) (1)〈가스·수도 등을〉 틀다; 〈전등·라디오 등을〉 켜다 (2) 《속어》 시작하게 하다(set) 《a person *to* do》 (3)〈물줄기·욕 등을〉 …에 향하게 하다 **~ *out*** (*vt.*) (1) …을 (밖으로) 내쫓다; 해고하다; 〈가축을〉 밖으로 내보내다 (2) …에게 좋은 옷을 입히다, 성장시키다; [~ one*self* 로] 성장하다 (3) 〈발가락 등을〉 밖으로 구부러지게 하다 (*vi.*)(4) 결국 …임이 드러나다, (결과) …이 되다 (5) 폭로하다 (6) [양태 부사와 함께] 〈사태 등이〉 진전하다, 끝나다 **~ *over*** (*vt.*) (1) …을 뒤집다, 뒤집어 엎다 (2)〈책장을〉 넘기다 (3)〈땅을〉 갈아엎다 (4) 곰곰이 생각하다, 숙고하다 (5)〈서류 등을〉 뒤적거려 찾다 (6)〈일·책임 등을〉 인계하다, 넘겨주다; 〈사람·물건을〉 경찰에 인도하다, 신고하다 《*to*》 **~ *to*** (1) …에 문의하다, 조회하다 (2) …에 의지하다 《*for*》 (3)〈일〉에 착수하다; 일을 시작하다 《이 경우의 to는 부사》 **~ *up*** (1) 파엎다, 발굴하다; 발견하다 (2)〈램프·가스 등을〉 밝게[세게] 하다; 〈라디오 등의〉 소리를 크게 하다 (3) 접어서 줄이다, 끝을 접다, 걷어올리다 (4)〈얼굴을〉 돌리게 하다 (5) 뒤집어엎다 (6) 《구어》 모습을 나타내다, 뜻밖에 나타나다 (7)〈일이〉 (뜻밖에) 생기다, 일어나다 (8) 위로 향하게 하다

—*n.* **1 a 회전**, 선회 **b** 회전 운동 **2 a** (방향) **전환 b** 굽이, 구부러진 곳, (도는) **모퉁이** 《*in*》 **c** 〖골프〗 코스의 중앙부; 〖경기〗 턴, 반환(점); 일변, 역전 **d** [the ~] **전환점**, 전기 **3** (정세의) **변화 4 a** (좋은·나쁜) 행위, 짓 **b** 한바탕의 일[활동] **5** [보통 one's ~] **순번**, 차례; 기회 **6 a** [보통 a ~] (타고난) **성질**, 성향; 특수한 재능, 적성, 기질 《*for*》 **b** 버릇, 특별한 버릇 **c** 능력

at every ~ 굽이[모퉁이]마다, 가는 곳마다; 항상 ***by ~s*** 번갈아, 차례로 ***in* one*'s ~*** 차례가 되어; 이번에는 자기가 ***in ~*** 차례로, 번갈아 ***on the ~*** (1) 바뀌는 고비에 (2) 《구어》 〈우유가〉 상하기 시작하여 ***out of*** (one*'s*) ***~*** (1) 순서 없이, 순서가 뒤바뀌어 (2) 적당하지 않은 때에, 때[장소]를 가리지 않고, 경솔하게 ***take* one*'s ~*** 차례로 하다 ***take ~s*** 교대로 하다 ***talk out of* one*'s ~*** 경솔하게 말하다

turn·a·bout [tə́ːrnəbàut] *n.* **1** 방향 전환, 선회 **2** (사상·정책 등의) 전향, 배반, 변절

turn·a·round [-əràund] *n.* **1** 전회, 선회; (진로·태도·방침 등의) 180도 전환, 전향 **2** (자동차 도로상의) U턴 지점 **3** [CU] (탈것의) 반환 준비 (소요 시간)

turn·buck·le [-bʌ̀kl] *n.* 턴버클, 나선식 죔쇠

turn·coat [-kòut] *n.* 변절자, 배반자

turn·down [-dàun] *a.* **1** (옷깃 등의) 접어 젖힌 **2** 접어 갤 수 있는 **—*n.*** **1** 접어 젖힌 것[부분] **2** 하강, 침체

turned [təːrnd] *a.* **1** 돌린 **2** 거꾸로 된: a ~ comma 거꾸로 선 콤마 《'》

turn·er [tə́ːrnər] *n.* 돌리는[뒤집는] 사람[것], (핫케이크 등을) 뒤집는 주걱; 선반공

turn·er·y [tə́ːrnəri] *n.* (*pl.* **-er·ies**) **1** 선반 작업[기술] **2** 선반[녹로] 세공 공장

túrn ìndicator 1 (자동차의) 방향 지시기, 방향 지시등 **2** 〖항공〗 선회계

turn·ing [tə́ːrniŋ] *n.* **1** 선회, 회전; 변전(變轉): take the first ~ to[on] the right 첫째 모퉁이에서 오른쪽으로 돌다 **2** 굴곡; 굽이, 모퉁이 **3** [U] 선반[녹로] 세공(법)

túrning pòint 1 방향 전환 지점 **2** 전환기, 전기; (운명·병 등의) 고비, 위기

*__tur·nip__ [tə́ːrnip] *n.* **1** 〖식물〗 **순무** (뿌리) **2** 《속어》 대형 회중 시계

turn·key [tə́ːrnkìː] *n.* (*pl.* **~s**) 《고어》 간수 **—*a.*** (건설·플랜트 수출 계약 등의) 완성 인도 방식의, 턴키 방식의

turn·off [-ɔ̀ːf | -ɔ̀f] *n.* **1** 《미》 (간선 도로의) 지선 도로; (고속 도로의) 램프웨이 **2** 분기점 **3** 완성품

turn·on [-ɔ̀ːn | -ɔ̀n] *n.* 《속어》 흥미를 돋우는[자극적인] 사람[것]

turn·out [-àut] *n.* **1** 집합, 동원; (집회 등의) 출석자 (수) **2** 생산액, 생산고 **3** (나들이) 옷차림; 장비

turn·o·ver [-òuvər] *n.* **1** 전복, 전도(轉倒) **2** 접은 물건; 봉투의 뚜껑 **3** (일정 기간의) 거래액, 총매상고 **4** 전직률, 이직률 **5** (자금 등의) 회전율 **—*a.*** 접어젖힌, 접힌 〈깃·칼라 등〉

turn·pike [-pàik] *n.* **1** 통행료 징수소 **2** 《미》 유료 고속 도로(= **~ ròad**)

turn-round [-ràund] *n.* **1** 반환점 **2** 《영》 = TURNAROUND

turn·screw [-skrùː] *n.* 《영》 나사돌리개

túrn[diréctional] sìgnal 방향 지시등

turn·spit [-spìt] *n.* **1** (몸통이 길고 다리가 짧은) 턴스피트종(種)의 개 **2** 고기 굽는 꼬챙이를 돌리는 사람; 고기 굽는 회전 꼬챙이

turn·stile [-stàil] *n.* 회전식 십자문

turn·ta·ble [-tèibl] *n.* **1** 〖철도〗 전차대(轉車臺); 회전대 **2** (레코드 플레이어의) 턴테이블, 회전반; (라디오 방송용) 녹음 재생기 **3** 회전식 쟁반 《식탁용》

turn·up [-ʌ̀p] *n.* 《영》 (바지 등의) 접어 올린 단(cuff) **—***a.* **1** 들창코의 **2** 접어 올린

tur·pen·tine [tə́ːrpəntàin] *n.* Ⓤ **1** 테레빈《소나뭇과(科) 식물의 함유 수지(含油樹脂)》 **2** 테레빈유(油)

túrpentine òil 테레빈유(油)

tur·pi·tude [tə́ːrpətjùːd | -tjùːd] *n.* Ⓤ 비열(baseness); 타락

turps [təːrps] *n. pl.* [단수 취급] = TURPENTINE

tur·quoise [tə́ːrkwɔiz | -kwɔiz] *n.* ⓊⒸ **1** 〖보석〗 터키옥(玉) **2** 터키옥색, 청록색 **—***a.* 청록색의; 터키옥의[으로 장식한]

*__tur·ret__ [tə́ːrit | tʌ́r-] *n.* **1** (주건물에 부속된) 작은 탑 **2** 〖군사〗 **a** (군함의) 회전 포탑 **b** (전차의) 포탑 **c** (전투기의) 총좌(銃座)

túrret clòck 탑시계

tur·ret·ed [tə́ːritid | tʌ́r-] *a.* **1** 작은 탑이 있는 **2** 포탑이 있는

*__tur·tle__ [tə́ːrtl] *n.* (*pl.* **~s, ~**) **1** 거북, 《특히》 바다거북 **2** 〖컴퓨터〗 터틀《LOGO 언어의 컴퓨터 그래픽 부분에서 구현된, 화면에 나타나는 작은 삼각형 모양의 그림》

tur·tle·dove [-dʌ̀v] *n.* 〖조류〗 호도애

tur·tle·neck [-nèk] *n.* 《미》 **1** 터틀넥 **2** 터틀넥 스웨터

turves [təːrvz] *n.* 《영》 TURF의 복수

Tus·can [tʌ́skən] *a.* 토스카나 (사람·말)의: the ~ order 〖건축〗 토스카나 양식 **—***n.* **1** 토스카나 사람; Ⓤ 토스카나어《이탈리아의 표준어》 **2** 〖건축〗 토스카나 양식

Tus·ca·ny [tʌ́skəni] *n.* 토스카나《이탈리아 중부의 지방》

tush [tʌʃ] 《고어》 *int., n.* 체, 치《책망·초조·경멸 등의 소리》

tusk [tʌsk] *n.* (코끼리 등의) 엄니

tusk·er [tʌ́skər] *n.* 큰 엄니가 있는 동물《코끼리·멧돼지 등》

Tus·saud [təsóu, tuː- | túːsou] *n.* 터소 **Marie Grosholtz ~** (1760-1850)《스위스의 여성 밀랍 인형 세공사; London에 있는 터소 밀랍 인형관의 창립자》

tus·sle [tʌ́sl] *n., vi.* 격투(하다), 난투(하다)

tus·sock [tʌ́sək] *n.* 풀숲, 덤불

tut [t, tʌt] *int.* 쯧, 체《초조·경멸·비난·곤란·불만 등으로 혀를 차는 소리》
—*vi.* (**~·ted**; **~·ting**) 혀를 차다

Tut·ankh·a·men [tùːtɑːŋkɑ́ːmən] *n.* 투탕카멘《기원전 14세기 이집트 제18왕조의 왕; 1922년에 그 분묘가 발견되었음》

tu·te·lage [tjúːtəlidʒ | tjúː-] *n.* Ⓤ **1** 후견, 보호, 감독; 지도 **2** 보호[감독, 지도]를 받음[받는 기간]

tu·te·lar·y [tjúːtəlèri | tjúːtiləri], **-lar** [-lər] *a.* **1** 수호(守護)의: a ~ deity [god] 수호신 **2** 후견상의, 후견인의

*__tu·tor__ [tjúːtər | tjúː-] [L 「보호자」의 뜻에서] *n.* **1** 가정교사 **2** 《영》 (대학에서의 할당된 특정 학생에 대한) 개별 지도 교수; 《미》 (대학의) 조교 **3** 〖법〗 (미성년자 등의) 후견인, 보호자
—*vt.* **1** 개인 교사[가정교사]로서 가르치다[지도하다] **2** [~ one*self* 또는 수동형으로] 〈자신을〉 억제하다 **—***vi.* **1** 가정교사 노릇을 하다 **2** 《미》 가정교사의 지도를 받다

tu·to·ri·al [tjuːtɔ́ːriəl | tjuː-] *a.* **1** 가정교사의 **2** (영국 대학의) (개별) 지도의
—*n.* (영국 대학의 지도 교수의) 개인 지도 (시간)

tutórial sỳstem (특히 대학의) 개인[개별] 지도제

tut·ti-frut·ti [tùːtifrúːti] [It. =all fruits] *n.* 여러 가지 과일을 썰어서 설탕에 절인 것; 그것이 든 과자[아이스크림]

tu·tu [túːtuː] [F] *n.* 발레용 스커트

tu-whit tu-whoo [tuhwít-tuhwúː] *n.* 부엉부엉《올빼미 우는 소리》

tux [tʌks] *n.* 《미·구어》 = TUXEDO

tux·e·do [tʌksíːdou] *n.* (*pl.* **~(e)s**) 《미》 턱시도(《영》 dinner jacket)《남자용 약식 야회복, 여자의 dinner dress [gown]에 해당함》

TV [tíːvíː] *n.* (*pl.* **~, ~'s**) **1** Ⓤ 텔레비전 (방송) **2** 텔레비전 수상기
—*a.* 텔레비전의

TVA Tennessee Valley Authority

TV́ dìnner [텔레비전을 보면서 준비할 수 있는 데서] 《미》 텔레비전 식품《가열만 하면 곧 먹을 수 있는 냉동 식품》

TVP [tìːvìːpíː] textured vegetable protein《상표명》

twad·dle [twɑ́dl | twɔ́dl] *n.* Ⓤ **1** 쓸데없는 소리[군소리] **2** 시시한 저작, 졸작
—*vi.* **1** 쓸데없는 소리를 하다 **2** 시시한 글을 쓰다

twang [twæŋ] *n.* **1** 윙《현악기·활시위 등의 소리》 **2** 콧소리, 코멘 소리 **—***vt.* 〈현악기·활시위 등을〉 윙하고 울리다; 화살을 쏘다 **—***vi.* **1** 〈현악기·활시위 등이〉 윙하고 울다 **2** 콧소리로 말하다, 코맹맹이 소리를 내다

'twas [twʌz, twɑz | twɔz, twəz] it was의 단축형

tweak [twiːk] *vt.* 〈귀·코 등을〉 비틀다, 꼬집다; 홱 당기다 **—***n.* **1** 비틀기, 꼬집음 **2** 홱 잡아당기기 **3** 〖컴퓨터〗 시스템의 소수 변경

twee [twiː] *a.* 《영》 귀여운; 새침 떠는

‡**tweed** [twiːd] *n.* **1** Ⓤ 〖직물〗 **트위드** **2** [*pl.*] 트위드 옷 **—***a.* 트위드의

tweed·y [twíːdi] *a.* (**tweed·i·er**; **-i·est**) **1** 트위드의[같은] **2** 트위드를 즐겨 입는 **3** 격식을 차리지 않는, 느긋한

tween [twiːn] *n.* 10-12세 어린이《tweenager이라고 함》

'tween [twiːn] *prep.* 《시어》 = BETWEEN의 단축형

tweet [twiːt] *vi.* 〈작은 새가〉 짹짹 울다
—*n.* 짹짹 (소리), 지저귀는 소리

tweet·er [twíːtər] *n.* 트위터《고음용 스피커》

tweez·ers [twíːzərz] *n. pl.* 족집게, 핀셋: a pair of ~ 핀셋 한 개

⁂**twelfth** [twelfθ] *a.* **1** [보통 the ~] **제12의**, 열두 번째의 **2** 12분의 1의 **—***n.* **1** [보통 the ~] **a** (서수의)

제12 《略 12th》 **b** (달의) 12일 **2** [a ~, one ~] 12분의 1 **3** 〖음악〗 12도, 12도 음정 **—** *pron.* [the ~] 열두 번째의 사람[것]

Twélfth Dáy [the ~] 12일절(節) (Epiphany) 《크리스마스로부터 12일째인 1월 6일》

Twélfth Níght 12일절 전야제 《1월 5일》

‡twelve [twelv] *a.* **12(개)의, 12명의**: ~ score 240 **—** *pron.* [복수 취급] 12개[명]

— *n.* **1** 12(개, 명) **2** 12의 기호 《12, xii》 **3 a** 12시; 12세; 12달러[파운드, 센트, 펜스 《등》] **b** 12번 《구두나 장갑의 형(型)》

twelve·fold [twélvfòuld] *a.* **1** 12부분[면]을 가진 **2** 12배의

— [스스] *ad.* 12배로

twelve·mo, 12mo [-mòu] *n.* (*pl.* **~s**) 12절(판)

twelve-tone [-tóun], **-note** [-nòut] *a.* 〖음악〗 12음의, 12음 조직의

∗twen·ti·eth [twéntiiθ] *a.* **제20의**; 20분의 1의

— *n.* **1 a** 제20 《略 20th》 **b** (달의) 20일 **2** 20분의 1

— *pron.* [the ~] 스무 번째의 사람[물건]

‡twen·ty [twénti] *a.* **1 20(개)의**; 20명의 **2** 다수의 **—** *pron.* [복수 취급] 20개[명]

— *n.* (*pl.* **-ties**) **1** 20 **2** 20의 기호 《20, xx》 **3 a** 20세; 20달러[파운드, 센트, 펜스 《등》] **b** 〖인쇄〗 20절(판) **4 a** [the twenties] (세기의) 20년대 **b** [one's twenties] (나이의) 20대

twen·ty·fold [-fòuld] *a.* **1** 20배[겹]의 **2** 20부분[요소]이 있는

— *ad.* 20배[겹]로

twen·ty-four·mo, 24 mo [fɔ́ːrmòu] *n.* (*pl.* **~s**) 24절판(의 책[종이, 면])

twen·ty-one [-wʌ́n] *a.* 21(개)의; 21명의 **—** *n.* Ⓤ 《미》 〖카드〗 21점 놀이

twénty quéstions 스무고개

twen·ty-twen·ty, 20/20 [-twénti] *a.* 〖안과〗 시력(視力) 정상의

'twere [twər, twəːr] it were의 단축형

twerp [twəːrp] *n.* 《속어》 시시한 놈, 바보 녀석; 불쾌한 놈

twi- [twai] *pref.* 「2…; 2배의; 2중의」의 뜻

‡twice [twais] *ad.* **1 두 번,** 2회 **2** 두 배로: *T~* two is[are] four. 2×2는 4.

twice-told [twáistóuld] *a.* 두 번[몇 번이고] 이야기한; 진부한

twid·dle [twídl] *vt.* 회전시키다, 빙빙 돌리다 **—** *vi.* **1** 만지작거리다; 가지고 놀다 《*with, at*》 **2** 떨리다, 진동하다

— *n.* 비틀어 돌림

‡twig[1] [twig] *n.* **작은 가지**; 〖해부〗 지맥(枝脈)

twig[2] *vt., vi.* (**~ged**; **~·ging**) 《영·구어》 감지하다; 깨닫다, 양해[이해]하다, 〈참뜻 등을〉 간파하다, 알아채다

twig·gy [twígi] *a.* 잔가지의[같은]; 잔가지가 많은

∗twi·light [twáilàit] *n.* Ⓤ **1** (해뜨기 전·해진 후의) **여명,** 황혼, 땅거미; 어스름, 박명 **2** 미광(微光) **3** (충분한 발달 전후의) 중간 상태[기간] **4** 《비유》 (전성기·영광·성공 뒤의) 쇠퇴기

— *a.* 여명의, 박명의, 황혼의: the ~ hours 황혼 때

twi·lit [twáilit] *a.* 어슴푸레한, 박명(薄明) 속의

twill [twil] *n.* Ⓤ 능직(綾織)(물)

— *vt.* 능직으로 짜다

'twill [twíl] it will의 단축형

‡twin [twin] *n.* **1 쌍둥이의 한 사람**; [*pl.*] 쌍둥이 **2** 닮은 사람[물건]; …의 한 쪽; [*pl.*] 쌍 **3** [the T~s] 〖천문·점성술〗 쌍둥이 자리

— *a.* 쌍둥이의; 둘이 꼭 같은, 쌍을 이루는 **—** *v.* (**~ned**; **~·ning**) *vt.* **1** 짝이 되게 하다 **2** 〈어떤 도시를〉 자매 관계로 결연하다 **—** *vi.* 쌍둥이를 낳다

twín béd 트윈 베드 《한 쌍의 1인용 침대》

∗twine [twain] *n.* ⓊⒸ **1 꼰 실,** (특히 포장용, 그물 제조용 등의) 삼실, 삼끈 **2** 꼬기, 꼬아 합침 **3** 엉클어짐, 뒤얽힘

— *vt.* **1** 꼬다, 꼬아 합치다 **2** 짜다, 엮다, 뜨다, 섞어 짜다 **3** 감기게 하다 《*about, round*》

— *vi.* **1** 〈덩굴 등이〉 감기다, 얽히다 **2** 구불거리다

twin-en·gine(d) [twínéndʒin(d)] *a.* 〈비행기가〉 쌍발의

twinge [twindʒ] *n.* **1** (류머티스·치통 등의) 쑤시는 듯한 아픔, 동통 《*of*》 **2** (마음의) 고통, (양심의) 가책, 후회 《*of*》

∗twin·kle [twíŋkl] *vi.* **1 반짝반짝 빛나다,** 반짝이다 **2** 깜빡이다; 〈눈이〉 (기쁨 등으로) 반짝하고 빛나다 《*at*》 **3** 《드물게》 〈춤추는 다리가〉 경쾌하게 움직이다

— *n.* **1** 반짝거림, 번득임 **2** 깜빡거림; (생기 있는) 눈빛 **3** 경쾌한 움직임 《춤추는 다리 등의》

in a ~ = in the ~ of an eye 눈 깜짝할 사이에

∗twin·kling [twíŋkliŋ] *a.* **1 반짝반짝 빛나는,** 번쩍거리는, 번득이는 **2** 〈발놀림이〉 경쾌한

— *n.* **1** Ⓤ 반짝임, 번득임 **2** 순간 **3** 《고어》 깜빡임

twín róom twin bed가 있는 방

twín sèt 카디건과 풀오버의 앙상블 《여성용》

twín tówn 자매 도시

∗twirl [twəːrl] *vt.* **1 빙빙 돌리다,** 휘두르다 《*round*》 **2** 비틀어 돌리다, 만지작거리다 **—** *vi.* **1** 빙빙 돌다 **2** 《야구속어》 투구하다

— *n.* 회전, 비틀어 돌림

twirl·er [twə́ːrlər] *n.* 빙빙 도는[돌리는] 사람[것]; 《구어》 〖야구〗 투수; 배턴걸

twirp [twəːrp] *n.* = TWERP

‡twist [twist] *vt.* **1 a 꼬다,** 꼬아 합치다 《*together*》; 뜨다, 짜넣다 《*into*》 **b** 감다 (wind) **2 a 비틀어 돌리다,** 비틀어 구부리다 **b** 〖야구·당구〗 〈공을〉 커브시키다 **3** 〈얼굴을〉 찡그리다 **4** 곡해하다 **5** 비틀어 떼다, 비틀어 꺾다 **6** 뚫고[누비며] 지나가다

— *vi.* **1** 뒤틀리다, 꼬이다, 감기다 **2** 화환(花環)을 만들다 **3** 뚫고 나가다; 〈강·길 등이〉 굽이치며 가다 **4** (고통 등으로) 몸부림치다, 몸을 뒤틀다 **5** 〖무용〗 트위스트를 추다
— *n.* **1** CU 꼰 실, 밧줄 **2** UC 비틀림, 뒤틀림; 엉킴 **3** 나선 모양; 〖야구·당구〗 커브, 비틀어 친 공 **4** 부정, 부정직 **5** 《종종 경멸》 (이상한) 버릇 **6** 〖무용〗 트위스트

twist·ed [twístid] *a.* **1** 꼬인, 비틀어진: a ~ curve 〖수학〗 공간 곡선 **2** 〈표정·마음이〉 일그러진 《*with, by*》

twist·er [twístər] *n.* **1** 꼬는 사람; 실 꼬는 기계; 비트는 사람 **2** 《영·구어》 〈마음이〉 비틀어진 사람, 부정직한 사람 **3** 〖야구·당구〗 곡구(曲球); 틀어치는 공 **4** 〖무용〗 트위스트를 추는 사람

twist·y [twísti] *a.* (**twist·i·er**; **-i·est**) **1** 〈길 등이〉 꾸불꾸불한; 비틀린 **2** 정직하지 않은, 교활한

twit [twit] *vt.* (**~·ted**; **~·ting**) 꾸짖다, 책망하다; 조롱하다, 비웃다
— *n.* **1** 힐책, 힐난; 조롱, 조소 **2** 《속어》 바보, 멍청이(fool)

*****twitch** [twitʃ] *vt.* **1** 〈소매 등을〉 **홱 잡아당기다**; 잡아채다 **2** (몸의 일부를 의식하지 않고) 씰룩씰룩 움직이다, 경련을 일으키게 하다 **3** 꼬집다(nip)
— *vi.* **1** 씰룩거리다, 경련을 일으키다 **2** 홱 잡아당기다
— *n.* **1** 홱 잡아당김 **2** (근육 등의) 경련; (심신의) 가벼운 아픔 **3** 코 비트는 기구 《사나운 말을 다루는 데 씀》

twitch·y [twítʃi] *a.* 초조한, 안절부절 못하는

*****twit·ter** [twítər] *vi.* **1** **지저귀다**; 지저귀듯 지껄이다 **2** 흥분하여 떨리다 — *n.* **1** (새의) 지저귐 **2** 흥분, (흥분으로) 떨림

*****two** [tu:] [동음어 too, to] *a.* **2의**, 2개의, 두 사람의; P 두 살의
— *pron.* [복수 취급] 두 개, 두 사람
— *n.* (*pl.* **~s**) **1** (기수의) 2; 2라는 기호 《2, ii, II》 **2** 2시; 2살; 2달러[파운드, 센트, 펜스 《등》] **3** 2개[두 사람] 한 쌍[짝]

twó-base hít [tú:bèis-] 〖야구〗 2루타(double)

two-bit [-bìt] *a.* 《미·속어》 **1** 25센트의 **2** 시시한, 값싼

two-by-four [-baifɔ̀:r, -bə-] *n.* 단면 2×4인치의 재목 — *a.* **1** 두께 2(인치) 폭 4(인치)의, 2×4의 **2** 《미·구어》 조그마한(small); 협소한, 비좁은, 답답한

twó cénts 《미·구어》 **1** 시시한 것 **2** [one's ~ (worth)] 의견, 견해

two-dig·it [-dídʒit] *a.* 두 자리의(double-digit)

two-di·men·sion·al [-diménʃənl] *a.* **1** 2차원의 **2** 〈미술 작품이〉 평면적인; 〈소설 등이〉 깊이가 없는

two-edged [-édʒd] *a.* 양날의; 〈이론 등이〉 두 개의 뜻을 가진

two-faced [-féist] *a.* 표리부동한, 불성실한; 2면이 있는

two·fer [tú:fər] [two for (one)] *n.* 《미·구어》 **1** (극장 등의) 반액 할인권 **2** 값싼 물건, 《특히》 2개 5센트의 여송연

two-fist·ed [tú:fístid] *a.* **1** 두 주먹을 쥔, 두 주먹을 쓸 수 있는 **2** 강한, 정력적인

two·fold [-fòuld] *a.* **1** 2배의, 이중의 **2** 두 부분[요소]의 — [∠∠] *ad.* 두배로, 2중으로

twó-fóur (**tìme**) [-fɔ́:r-] 〖음악〗 4분의 2박자

two-hand·ed [-hǽndid] *a.* **1** 두 손이 있는; 두 손으로 다루는 **2** 2인용의; 두 사람이 하는 《놀이 등》 **3** 두 손을 다 쓰는

*****two·pence** [tʌ́pəns] *n.* 《영》 **1** U **2펜스** 《영국 화폐》 **2** 2펜스 청동화

*****two·pen·ny** [tʌ́pəni, tú:péni] *a.* A **1** **2펜스의** **2** 《구어》 **값싼**, 시시한

two·pen·ny-half·pen·ny [tʌ́pəni-héipəni] *a.* 2펜스 반의; 하찮은, 값싼

two-piece [-pí:s] *a.* 두 부분으로 된, 《특히》 〈옷이〉 투피스의
— *n.* 투피스의 옷

two-ply [-plái] *a.* **1** 두 가닥의[으로 꼰] **2** 두 겹의, 두 겹으로 짠; 두 장 겹친

two-seat·er [-sí:tər] *n.* 2인승 자동차[비행기]

two-sid·ed [-sáidid] *a.* **1** 2변[면]의; 양면이 있는 **2** 표리부동한, 위선적인

two·some [tú:səm] *a.* 둘로 된; 둘이서 하는
— *n.* 두 사람이 하는 놀이[춤]; 2인조

two-step [-stèp] *n.* 투스텝 《사교 댄스의 일종》; 그 무곡(舞曲)

Twó Thòusand Guíneas [the ~; 단수 취급] 2천 기니 경마 《영국 5대 경마의 하나》

two-time [tú:tàim] 《구어》 *vt.* 〈애인·배우자를〉 배신하고 바람피우다; 속이다 **-tìm·er** *n.*

two-tone(**d**) [-tóun(d)] *a.* A 2색조의

two-way [-wéi] *a.* **1** 두 길의 **2** 송수신 양용의: a ~ radio 송수신 겸용 무전기 **3** 양면[2면] 교통의, 양쪽 길의, 상호적인

TX 〖우편〗 Texas

-ty[1] [ti] *suf.* 「10의 배수」의 뜻: twen*ty*

-ty[2] *suf.* 「…함, …한 성질, …한 정도」의 뜻: beau*ty*

ty·coon [taikú:n] [Jap.] *n.* 대군(大君) 《도쿠가와(德川) 장군(將軍)에 대한 서양인들의 호칭》; 《미·구어》 실업계의 거물

*****ty·ing** [táiiŋ] [tie에서] *n.* U **매기**, 동임; C 매듭 — *a.* 매는; 구속적인

tyke [taik] *n.* **1** 야견(野犬), 잡종 개 **2** 《스코》 시골뜨기; 예의 없는 사람: a Yorkshire ~ 요크셔 출신 촌뜨기

tym·pan [tímpən] *n.* **1** 팽팽한 엷은 막 **2** 〖인쇄〗 압반과 인쇄지 사이에 끼우는 종이[천](= ∠ **shèet**)

tym·pa·na [tímpənə] *n.* TYMPANUM의 복수

tym·pan·ic [timpǽnik] *a.* 고막의

tym·pa·ni·tis [tìmpənáitis] *n.* U 〖병리〗 중이염(中耳炎)

tym·pa·num [tímpənəm] [Gk 「북」의 뜻에서] *n.* (*pl.* **~s**, **-na** [-nə]) **1** 〖해부〗 고막; 중이(中耳) **2** (전화기의) 진동판

Tyn·dal(**e**) [tíndl] *n.* 틴들 **William** ~ (1492?-1536) 《영국의 종교 개혁자·성경 번역자》

tyne [tain] *n.* 《영》 = TINE

Tyne and Wear [táin-ənd-wíər] *n.* 타인 위어 주《1974년에 신설된 잉글랜드 북동부의 주; 주도 Newcastle-upon-Tyne》

⁑type [taip] [Gk 「누르다, 치다」의 뜻에서] *n.* **1** 형(型), 정형, 양식 **2** 전형(典型), 대표물, 모범; 전형적 인물 《*of*》 **3** 〖생물〗 형, 유형; 〖의학〗 병형(病型), 균형(菌型); 혈액형 **4** (화폐·메달의) 의장, 도형 **5** Ⓤ [집합적] 〖인쇄〗 활자; 자체; 인자체(印字體) ***in*** **~** 활자로 조판되어 ***set*** **~** 활자로 조판하다, 식자하다 —*vt.* **1** 분류하다 **2** 〖의학〗 〈혈액 등의〉 형을 정하다 **3** 〈편지 등을〉 타이프라이터로 치다 —*vi.* 타이프라이터를 치다: He *~s* well. 그는 프라이터를 잘 친다.

-type [tàip] 《연결형》 「타입, …형, …식, …판(版)」의 뜻: proto*type*

type·cast [táipkæ̀st | -kɑ̀:st] *vt.* (**type-cast**) 〖연극〗 (체격·성격을 고려해서) 같은 타입의 배역만을 맡기다

type·face [-fèis] *n.* 〖인쇄〗 **1** 활자면 **2** (활자) 서체(書體)

type·script [-skrìpt] *n.* 타이프라이터로 친 원고[문서]

type·set [-sèt] *vt.* 식자하다, 조판하다

type·set·ter [-sètər] *n.* **1** 식자공 **2** 식자기

type T T형 인간, 스릴을 좋아하는 사람

∗type·write [táipràit] *v.* (**-wrote** [-ròut]; **-writ·ten** [-rìtn]) *vt.* 타이프라이터로 치다 —*vi.* 타이프하다

∗type·writ·er [táipràitər] *n.* **타이프라이터**, 타자기

type·writ·ing [-ràitiŋ] *n.* **1** Ⓤ 타자 기술; 타자하는 일 **2** ⓊⒸ 타이프 인쇄(물)

type·writ·ten [-rìtn] *a.* 타자기로 친

∗ty·phoid [táifɔid] 〖병리〗 *a.* **장티푸스(성)의** —*n.* Ⓤ 장티푸스(= ~ fever)

týphoid féver 〖병리〗 장티푸스

∗ty·phoon [taifú:n] [Chin. 「大風」에서] *n.* **태풍** 《특히 태평양 서부에서 발생하는 열대성 폭풍》

ty·phus [táifəs] *n.* Ⓤ 〖병리〗 발진티푸스: malignant[simple] ~ 악성[경증] 발진티푸스

∗typ·i·cal [típikəl] *a.* **1 전형적인**, 대표적인 **2** 표상(表象)하는, 상징적인 《*of*》 **3** 〖해부·화학〗 정형(定型)적인; 특징을 나타내는, 특유한 **4** 예시하는 《*of*》

typ·i·cal·ly [típikəli] *ad.* **1** 전형적으로 **2** [문장 전체를 수식하여] 예에 따라, 으레 **3** 일반적으로, 대체로

typ·i·fi·ca·tion [tìpəfikéiʃən] *n.* ⓊⒸ 대표(할 수 있음); 상징

typ·i·fy [típəfài] *vt.* (**-fied**) **1** 대표하다, …의 표본[전형]이 되다 **2** 상징하다

týp·ing pòol [táipiŋ-] (회사 내의) 타이피스트 집단

∗typ·ist [táipist] *n.* **타이피스트**, 타자수

ty·po [táipou] *n.* (*pl.* **~s**) 《구어》 **1** [*typo*grapher] 인쇄공 **2** [*typo*graphic error] 오식

ty·pog·ra·pher [taipɑ́grəfər | -pɔ́g-] *n.* 활판 (인쇄) 기술자; 인쇄[식자]공

ty·po·graph·ic, -i·cal [tàipəgræ̀fik-(əl)] *a.* 인쇄상의: a ~ error 오식(誤植) **-i·cal·ly** *ad.* 인쇄로, 인쇄상

ty·pog·ra·phy [taipɑ́grəfi | -pɔ́g-] *n.* Ⓤ **1** 활판 인쇄술 **2** 인쇄의 체재(體裁)

ty·pol·o·gy [taipɑ́lədʒi | -pɔ́l-] *n.* Ⓤ **1** (심리학·철학·생물학에서의) 유형학 **2** 표상, 상징 **-gist** *n.*

ty·ran·ni·cal, -nic [tirǽnik(əl)] *a.* 전제 군주적인; 압제적인, 포학한 **-ni·cal·ly** *ad.*

ty·ran·ni·cide [tirǽnəsàid] *n.* **1** Ⓤ 폭군 살해 **2** 폭군 살해자

tyr·an·nize [tírənàiz] *vi.*, *vt.* 학정을 하다, 압제하다 《*over*》

ty·ran·no·saur [tirǽnəsɔ̀:r, tai-], **ty·ran·no·sau·rus** [tirӕ̀nəsɔ́:rəs] *n.* 티라노사우루스 《육식(肉食) 공룡 중 최대》

tyr·an·nous [tírənəs] *a.* = TYRANNICAL

⁑tyr·an·ny [tírəni] *n.* (*pl.* **-nies**) **1** ⓊⒸ **전제 정치**(despotism), 학정 **2** Ⓤ **포학**, 횡포 **3** [종종 *pl.*] 포학[무도]한 행위 **4** Ⓤ (고대 그리스의) 참주 정치

∗ty·rant [táiərənt] [Gk 「절대 군주」의 뜻에서] *n.* **1 폭군**, 전제 군주, 압제자 **2** 폭군 같은 사람 **3** (고대 그리스의) 참주

tyre [taiər] *n.*, *vt.* 《영》 = TIRE[2]

Týrian púrple[dýe] 티리언 퍼플 《고대의 자줏빛 또는 진홍색의 고귀한 염료》

ty·ro [táiərou] *n.* (*pl.* **~s**) 초심자, 초학자

Tyr·ol [tiróul | tírəl] *n.* = TIROL

Ty·ro·le·an [tiróuliən] *n.*, *a.* = TYROLESE

Tyr·o·lese [tìrəlí:z] *a.* 티롤 (사람)의 —*n.* (*pl.* **~**) 티롤 사람

Ty·rone [tairóun | ti-] *n.* 티론 《북아일랜드 서부의 주》

tzar [zɑ:rtsɑ:r] *n.* = CZAR

tza·ri·na [zɑrí:nə, tsɑ:-] *n.* 제정 러시아의 황후(czarina)

tzét·ze (flỳ) [*t*sétsi- | t*s*étsi-] = TSETSE (FLY)

Tzi·gane [tsigɑ́:n] *n.* 헝가리계 집시 —*a.* 집시의

U u

u, U[1] [juː] *n.* (*pl.* **u's, us, U's, Us** [-z]) **1** 유 《영어 알파벳의 제21자》 **2** U자 꼴(의 물건) **3** 제21번째(의 것)

U[2] [*u*pper class] *a.* 《영·구어》 〈말씨 등이〉 상류 계급 특유의

U Universal 《영》 〖영화〗 일반용; 〖화학〗 uranium

U. Union(ist); University

UAE United Arab Emirates

UAW, U.A.W. United Automobile Workers 《미》 전국 자동차 노동 조합

u·biq·ui·tous [juːbíkwətəs] *a.* 《문어》 **1** 어디에나 있는, 편재하는 **2** 《익살》 〈사람이〉 어디에나 모습을 나타내는
~·ly *ad.* **~·ness** *n.*

u·biq·ui·ty [juːbíkwəti] [L 「도처」의 뜻에서] *n.* Ⓤ 《문어》 도처에 있음, 편재(遍在)

U-boat [júːbòut] [G =undersea boat] *n.* U보트 《1·2차 세계 대전에 사용된 독일의 잠수함》

uc, u.c. 〖인쇄〗 upper case

UCLA, U.C.L.A. University of California at Los Angeles 캘리포니아 대학교 로스앤젤레스 캠퍼스

ud·der [ʌ́dər] *n.* (소·양·염소 등의) 젖통

UFO, ufo [júːèfóu, júːfou] [*u*nidentified *f*lying *o*bject] *n.* (*pl.* **~s, ~'s**) 미확인 비행 물체; 《특히》 비행접시

u·fol·o·gy [juːfɑ́lədʒi | -fɔ́l-] *n.* Ⓤ UFO학, 미확인 비행 물체학[연구] **-gist** *n.*

U·gan·da [juːgǽndə] *n.* 우간다 《아프리카 동부의 공화국; 수도 Kampala》
-dan [-dən] *a., n.*

ugh [uh, ʌ, u, ʌg] *int.* 어, 악 《혐오·경멸·공포 등을 나타내는 소리》

‡**ug·ly** [ʌ́gli] [ON 「무서운」의 뜻에서] *a.* (**-li·er**; **-li·est**) **1** **추한,** 못생긴 **2** **추악한,** 비열한; 싫은, **불쾌한** **3** 위험한, 악질의; 다루기 난처한 **4** 《구어》 심술궂은, 호전적인 **5** 〈날씨 등이〉 험악한, 사나운
úg·li·ly *ad.* **úg·li·ness** *n.*

úgly cústomer 《구어》 다루기 난처한 사람, 귀찮은 사람

úgly dúckling [Andersen의 동화에서] 미운 오리 새끼 《집안 식구들에게 바보[못생긴 아이] 취급 받다가 훗날 훌륭하게[아름답게] 되는 아이》

uh [ʌ, ʌŋ] *int.* 어… 《말을 하다가 뒷말이 생각나지 않을 때 내는 소리》

UHF, uhf ultrahigh frequency 〖통신〗 극초단파

uh-huh [ʌhʌ́, ʌŋhʌ́ŋ] *int.* **1** 응, 오냐 《동의·만족 등을 나타내는 소리》 **2** = UH-UH

uh-uh [ʌ́ŋʌ́ŋ] *int.* 아니(no) 《부정·불찬성을 나타내는 소리》

U.K. United Kingdom

U·kraine [juːkréin] *n.* [the ~] 우크라이나 《러시아 남서부의 공화국; 독립 국가 연합 가맹국; 수도 Kiev》

U·krai·ni·an [juːkréiniən] *a.* 우크라이나 (사람[말])의 **—*n.*** **1** 우크라이나 사람 **2** Ⓤ 우크라이나 말

u·ku·le·le, u·ke- [jùːkəléili] [Haw.] *n.* 우쿨렐레 《하와이 원주민의 기타 비슷한 4현 악기》

-ular [-julər] *suf.* 「(작은) …의; …비슷한」의 뜻: cell*ular*, tub*ular*

ULCC [jùːèlsìːsíː] [*u*ltra *l*arge *c*rude *c*arrier] *n.* (40만톤 이상의) 초대형 유조선

ul·cer [ʌ́lsər] *n.* **1** 〖병리〗 궤양(潰瘍): a gastric ~ 위궤양 **2** 병폐, 폐해

ul·cer·ate [ʌ́lsərèit] *vt., vi.* 궤양이 생기게 하다[생기다], 궤양화하다

ul·cer·a·tion [ʌ̀lsəréiʃən] *n.* Ⓤ 궤양(형성)

ul·cer·ous [ʌ́lsərəs] *a.* 궤양성(상태)의

-ule [juːl] *suf.* 「작은 것」의 뜻: glob*ule*, gran*ule*

ul·lage [ʌ́lidʒ] *n.* Ⓤ 〖상업〗 부족량, 누손량 《통·병 속의 액체의 증발·누출(漏出) 등으로 생긴》

ul·na [ʌ́lnə] *n.* (*pl* **-nae** [-niː], **~s**) 〖해부〗 척골(尺骨) **úl·nar** *a.*

-ulous [juləs] *suf.* 「…의 경향이 있는; 다소 …한」의 뜻: cred*ulous*, trem*ulous*

Ul·ster [ʌ́lstər] *n.* **1** 얼스터 《옛 아일랜드 지방; 지금은 아일랜드와 북아일랜드로 나뉘어 있음》 **2** 《구어》 북아일랜드 **3** [**u~**] 얼스터 외투 《원래 허리띠가 달린 두껍고 헐렁한 더블 오버코트》

ult. ultimate(ly); ultimo

ul·te·ri·or [ʌltíəriər] [L 「보다 먼」의 뜻에서] *a.* Ⓐ **1** 마음 속의 〈의향 등〉, 입밖에 내지 않는 **2** 뒤의, 앞날의, 장래의 **3** 저쪽의, 저편의

ul·ti·ma [ʌ́ltəmə] [L] *n.* 〖음성·운율〗 마지막 음절, 미(尾)음절

‡**ul·ti·mate** [ʌ́ltəmət] [L 「마지막에 있는」의 뜻에서] *a.* Ⓐ **1** **최후의,** 최종의, 궁극의 〈목적 등〉 **2** 근본적인, 근원적인 **3** 최고의, 최대의 **4** (공간적·시간적으로) 가장 먼 **—*n.*** [the ~] 궁극의 것, 최종 단계[결과, 목적] **~·ness** *n.*

últimate constítuent 〖문법〗 종극(終極) 구성 요소 《그 이상 세분되지 않는 부분》

***ul·ti·mate·ly** [ʌ́ltəmətli] *ad.* **1** **최후로,** 마침내, 결국 **2** [문장 전체를 수식하여] 궁극적으로

ul·ti·ma Thu·le [ʌ́ltəmə-θúːli | -θjúː-] [L =remotest Thule; 고대의 항해가가 브리튼섬의 북쪽에 있다고 상상한 섬의 이름에서] [the ~] **1** **a** 극한, 극점 **b** 아득한 목표[이상] **2** 세계의 끝 **3** 최북단

***ul·ti·ma·tum** [ʌ̀ltəméitəm] [L 「최종의 것」의 뜻에서] *n.* (*pl.* **~s, -ta** [-tə]) **최후의 말**[제언, 조건], 《특히》 최후통첩

ul·ti·mo [ʌ́ltəmòu] [L =in the last (month)] *a.* [날짜 뒤에 써서] 지난 달의

ul·tra [ʌ́ltrə] *a.* 〈주의·사상 등이〉 극단적인, 과격한, 과도한: ~ conservatism 극단적 보수주의 **—** *n.* [종종 the ~s] 과격론자

ultra- [ʌ́ltrə] *pref.* **1** 「극단적으로; 극도로」의 뜻: *ultra*ambitious 야심만만한 **2** 「초(超)…; 한외(限外)…; 과(過)…」의 뜻: *ultra*microscope

ul·tra·con·serv·a·tive [ʌ̀ltrəkənsə́ːrvətiv] *a.* 극단적으로 보수적인

ul·tra·high fréquency [ʌ́ltrəhai-] 〖통신〗 극초단파 《300-3000 메가헤르츠; 略 UHF, uhf》

ul·tra·ism [ʌ́ltrəìzm] *n.* Ⓤ 극단론, 과격론 **-ist** *n., a.* 극단[과격]론자(의)

ul·tra·ma·rine [ʌ̀ltrəməríːn] *n.* Ⓤ 울트라마린, 군청 《청색 안료》 **—** *a.* **1** 군청색의 **2** 바다 건너(편)의, 해외의

ul·tra·mi·cro·scope [ʌ̀ltrəmáikrəskòup] *n.* 초[한외(限外)] 현미경

ul·tra·mi·cro·scop·ic, -i·cal [ʌ̀ltrəmàikrəskápik(əl) | -skɔ́p-] *a.* 한외[암시야] 현미경의; 극히 미소한

ul·tra·mod·ern [ʌ̀ltrəmádərn | -mɔ́d-] *a.* 초현대적인

ul·tra·mon·tane [ʌ̀ltrəmántein | -mɔ́n-] [L 「산을 넘은」의 뜻에서; 원래는 「알프스의 북쪽의」의 뜻이었음] *a.* **1** 산너머의; 알프스 산맥 남쪽의, 이탈리아의 **2** [때로 **U~**] 교황 지상권론의 **—** *n.* **1** 알프스 산맥 남쪽의 사람 **2** [때로 **U~**] 교황 지상권론자

ul·tra·na·tion·al [ʌ̀ltrənǽʃənl] *a.* 초국가주의적인 **~·ism** *n.* Ⓤ 초국가주의 **~·ist** *n.* 초국가주의자

ul·tra·short [ʌ̀ltrəʃɔ́ːrt] *a.* **1** 극단으로 짧은 **2** 〖물리〗 초단파의: an ~ wave 〖통신〗 초단파 《파장 10미터 이하의》

ul·tra·son·ic [ʌ̀ltrəsánik | -sɔ́n-] *a.* 〖물리〗 초음파의: ~ cleaning 초음파 세척

ul·tra·son·ics [ʌ̀ltrəsániks | -sɔ́n-] *n. pl.* [단수 취급] = SUPERSONICS

ul·tra·son·o·gram [ʌ̀ltrəsánəgræ̀m | -sɔ́n-] *n.* 〖의학〗 초음파 검사도(檢査圖)

ul·tra·sound [ʌ́ltrəsàund] *n.* Ⓤ 〖물리〗 초음파; 〖의학〗 초음파를 이용해 치료[진료]하는 일

ul·tra·vi·o·let [ʌ̀ltrəváiəlit] *a.* **1** 〖물리〗 자외(紫外)(선)의: ~ rays 자외선 **2** Ⓐ 자외선을 사용한

ul·u·late [ʌ́ljulèit | júːl-] *vi.* **1** 짖다 《늑대처럼》; 부엉부엉 울다 《올빼미처럼》 **2** 슬피 울다 **ùl·u·lá·tion** *n.*

U·lys·ses [juːlísiːz] *n.* 〖그리스신화〗 율리시스 《이타카(Ithaca)의 왕; Homer의 *Odyssey*의 주인공》

um [ʌm, əm] *int.* 음, 저, 아니 《주저·의문 등을 나타냄》

um·bel [ʌ́mbəl] *n.* 〖식물〗 산형 화서(繖形花序)

um·ber [ʌ́mbər] [L 「그늘」의 뜻에서] *n.* Ⓤ **1** 엄버 《천연의 광물성 갈색 안료》 **2** 암갈색, 적갈색 ***burnt*** **~** 태운 엄버; 밤색 ***raw*** **~** 생 엄버; 암갈색
— *a.* 엄버색의, 암갈[적갈]색의

um·bil·i·cal [ʌmbílikəl | ʌ̀mbilái-] *a.* **1** 배꼽의; 배꼽 모양의 **2** (탯줄로 이어진 것처럼) 밀접한 관계의[에 있는]
— *n.* = UMBILICAL CORD 2

umbílical còrd **1** 〖해부〗 탯줄, 제대(臍帶) **2** 〖우주과학〗 탯줄 도관(導管) 《발사 전에 우주선에 전기나 냉각수를 공급하는 케이블》; (우주 비행사·잠수부의) 생명줄

um·bil·i·cus [ʌmbílikəs] [L 「방패의 돌기물」의 뜻에서] *n.* (*pl.* **~·es, -ci** [-kài, -sài]) 〖해부〗 배꼽

um·bra [ʌ́mbrə] [L 「그늘」의 뜻에서] *n.* (*pl.* **-brae** [-briː]) 〖천문〗 (태양 흑점 중앙의) 암영부(暗影部); 본영(本影) 《월식 때 태양 빛이 전혀 닿지 않는 지구·달의 그림자 부분》

um·brage [ʌ́mbridʒ] *n.* Ⓤ 분하게 여김, 불쾌
take **~** 불쾌하게 여기다, 분개하다 《*at*》

‡**um·brel·la** [ʌmbrélə] [It. 「작은 그늘」의 뜻에서] *n.* **1** **우산** **2** 《미》 양산 《보통은 sunshade, parasol》 **3** 보호(하는 것), 비호; (핵의) 우산; 포괄적인 조직[단체]
— *a.* Ⓐ **1** 우산의[같은] **2** 포괄적인

umbrélla stànd 우산꽂이

u·mi·ak [úːmiæ̀k] *n.* 우미악 《바다표범의 가죽을 댄 목조의 작은 배; 특히 에스키모 인들이 사용하는》

um·laut [úmlàut] [G] *n.* **1** Ⓤ 〖언어〗 움라우트, 변모음(變母音) 《주로 후속 음절의 i 또는 u의 영향으로, a, o, u를 각각 ä(=ae), ö(=oe), ü(=ue)로 변화시키는 모음 변화》 **2** (독일어의) 움라우트 기호 《¨》

ump [ʌmp] *n., v.* 《속어》 = UMPIRE

‡**um·pire** [ʌ́mpaiər] [OF 「제삼자」의 뜻에서; 원래 a numpire가 an umpire로 이해된 데서] *n.* **1** **심판(원)**, (경기의) 엄파이어 **2** (중재의) **판정자**; 〖법〗 심판인
— *vi.* umpire 노릇을 하다 《*for*》; ~ *for* the league 그 리그의 심판을 보다
— *vt.* 〈경기의〉 심판을 보다; 〈논쟁 등을〉 중재하다

ump·teen [ʌ̀mptíːn], **um·teen** [ʌ̀m-] 《구어》 *a.* Ⓐ 많은, 무수한
— *pron.* 많음, 다수

ump·teenth [ʌ̀mptíːnθ], **um·teenth** [ʌ̀m-] *a.* Ⓐ 《구어》 여러 번째의, 몇 번째인지 모를 정도의

ump·ty [ʌ́mpti] *a.* [종종 복합어를 이루어] 《속어》 그러저러한(such and such)

un, 'un [ən] *pron.* 《구어》 = ONE: He's a tough *'un.* 그는 만만치 않은 녀석이다.

UN, U.N. [júːén] [*U*nited *N*ations] *n.* [the ~] 국제 연합, 유엔

un- [ʌn] *pref.* **1** [형용사·부사에 붙여서 「부정(否定)」의 뜻을 나타냄]: *un*happy **2** [동사에 붙여서 「반대」의 동작을 나타냄]: *un*tie **3** [명사에 붙여서 그 성질·상태의 「제거」를 뜻하는 동사를 만듦]: *un*man **4** [명사에 붙여서 「…의 결여, …의 반대」의 뜻을 나타냄]: *un*kindness

un·a·bashed [ʌ̀nəbǽʃt] *a.* 부끄러운 기색 없는, 뻔뻔스러운, 태연한

un·a·bat·ed [ʌ̀nəbéitid] *a.* Ⓟ 〈바람·체력 등이〉 줄지 않는, 약해지지 않는

‡**un·a·ble** [ʌ̀néibl] *a.* Ⓟ **1** **…할 수 없는**: He was ~ to attend the meeting. 그 모임에 참석할 수 없었다. **2** 무력한, 약한

U

un·a·bridged [ʌnəbrídʒd] *a.* 생략하지 않은, 완전한: an ~ dictionary 완본 사전
un·ac·cent·ed [ʌnǽksentid | -æksént-] *a.* 악센트[강세]가 없는
un·ac·cept·a·ble [ʌnəkséptəbl] *a.* 받아들이기 어려운, 용인할 수 없는; 마음에 들지 않는
un·ac·com·pa·nied [ʌnəkʌ́mpənid] *a.* **1** 동행이 없는, …을 수반하지 않은 《*by, with*》 **2** 〖음악〗 반주 없는
un·ac·com·plished [ʌnəkɑ́mpliʃt | -kɔ́m-] *a.* **1** 미완성의, 성취되지 않은 **2** 별 재주가 없는, 무능한
‡**un·ac·count·a·ble** [ʌnəkáuntəbl] *a.* **1 설명할 수 없는**; 까닭 모를 **2** Ⓟ (변명할) 책임이 없는 **-bly** *ad.* 설명할 수 없을 만큼; 기묘하게(도)
***un·ac·cus·tomed** [ʌnəkʌ́stəmd] *a.* **1** Ⓟ **익숙지 못한** 《*to*》 **2** Ⓐ 예사롭지 않은; 보통이 아닌 **~·ly** *ad.*
un·ac·quaint·ed [ʌnəkwéintid] *a.* 낯선, 눈에 익지 않은
un·a·dopt·ed [ʌnədɑ́ptid | -dɔ́pt-] *a.* **1** 채택되지 않은; 양자가 되어 있지 않은 **2** 《영》 〈신설 도로가〉 지방 당국에서 관리하지 않는
un·a·dorned [ʌnədɔ́:rnd] *a.* 꾸밈없는; 있는 그대로의, 간소한
un·a·dul·ter·at·ed [ʌnədʌ́ltərèitid] *a.* **1** 〈음식물이〉 잡물이 섞이지 않은 **2** Ⓐ 완전한, 순전한
un·ad·vised [ʌnədváizd] *a.* 조언[충고]을 듣지 않는; 분별없는, 경솔한
-vis·ed·ly [-váizidli] *ad.*
un·af·fect·ed[1] [ʌnəféktid] *a.* Ⓟ **1** 움직이지 않는, 변하지 않는 《*by*》 **2** 〈마음이〉 영향을 받지 않은, 감동되지 않은 《*by*》 **~·ly** *ad.*
unaffected[2] *a.* **1** 점잔빼지 않는, 있는 그대로의, 자연스러운, 소박한 **2** 〈감정 등이〉 마음으로부터의, 진실한 **~·ly** *ad.*
un·a·fraid [ʌnəfréid] *a.* Ⓟ 두려워하지 않는, 태연한 《*of*》: The child seems ~ *of* a snake. 그 아이는 뱀을 무서워하지 않는 것 같다.
un·aid·ed [ʌnéidid] *a.* 남의 도움이 없는, 원조[조력]를 받지 않은
with the ~ eye 육안으로
un·al·ien·a·ble [ʌnéiljənəbl] *a.* = INALIENABLE
un·al·loyed [ʌnəlɔ́id] *a.* **1** 〈금속 등이〉 합금이 아닌, 순수한 **2** 《문어》 〈감정 등이〉 진정한, 진실한
un·al·ter·a·ble [ʌnɔ́:ltərəbl] *a.* 바꿀 수 없는, 변경할 수 없는
un·al·tered [ʌnɔ́:ltərd] *a.* 변경되지 않은, 불변의
un-A·mer·i·can [ʌnəmérikən] *a.* 〈풍속·습관·주의 등이〉 미국식이 아닌[에 맞지 않는]; 반미의: ~ activities 반미 활동
u·na·nim·i·ty [jù:nənímәti] *n.* Ⓤ (만장) 일치, (전원) 합의
***u·nan·i·mous** [ju:nǽnəməs] [L 「한마음의」의 뜻에서] *a.* **1** 합의의, 동의하는 《*for, as, to, in*》 **2 만장[전원]일치의,** 이구동성의 **~·ly** *ad.* 만장일치로
un·an·nounced [ʌnənáunst] *a.* **1** 공언[공표, 발표]되지 않은 **2** 예고 없는, 미리 알리지 않은
un·an·swer·a·ble [ʌnǽnsərəbl | -ɑ́:n-] *a.* **1** 대답할 수 없는 **2** 반박할 수 없는
un·an·swered [ʌnǽnsərd | -ɑ́:n-] *a.* **1** 대답 없는, 답변 없는 **2** 반박되지 않는
un·a·pol·o·get·ic [ʌnəpɑ̀lədʒétik | -pɔ̀l-] *a.* 변명[사죄]하지 않는; 변명답지 않은; 미안해 하지 않는
un·ap·peal·ing [ʌnəpí:liŋ] *a.* 호소력이 없는, 매력이 없는
un·ap·peas·a·ble [ʌnəpí:zəbl] *a.* **1** 가라앉힐[완화시킬] 수 없는, 달랠 수 없는 **2** 만족시킬 수 없는; 채울 수 없는
un·ap·pe·tiz·ing [ʌnǽpətàiziŋ] *a.* 식욕을 돋우지 않는, 맛없는
un·ap·proach·a·ble [ʌnəpróutʃəbl] *a.* **1** 〈장소·사람 등이〉 접근하기 어려운; 〈태도 등이〉 쌀쌀한 **2** 비길 바 없는, 무적의
un·apt [ʌnǽpt] *a.* **1** 부적당한 **2** 멍청한, 서투른 **3** (…할) 것 같지도 않은: I am a soldier and ~ to weep. 나는 군인이라 우는 일 따위는 하지 않는다.
un·ar·gued [ʌnɑ́:rgju:d] *a.* **1** 논의되지 않은 **2** 의심할 여지 없는, 이의 없는
un·arm [ʌnɑ́:rm] *vt.* = DISARM
***un·armed** [ʌnɑ́:rmd] *a.* **무장하지 않은**; 무기를 갖지 않은, 맨손의
un·ar·mored [ʌnɑ́:rmərd] *a.* 갑옷을 입지 않은; 〈선박 등이〉 비장갑(非裝甲)의
un·art·ful [ʌnɑ́:rtfəl] *a.* **1** 교활하지 않은; 잔재주를 부리지 않은, 솔직한, 있는 그대로의(genuine) **2** 서투른
un·ar·ti·fi·cial [ʌnɑ:rtəfíʃəl] *a.* 인공을 가하지 않은, 인위적이 아닌; 자연스러운; 단순한
un·ar·tis·tic [ʌnɑ:rtístik] *a.* 비예술적인
u·na·ry [jú:nəri] *a.* 단일체의, 단일 요소로 된(monadic); 〖수학〗 1진법의
un·a·shamed [ʌnəʃéimd] *a.* 부끄러워하지 않는, 수치를 모르는, 주제넘은
un·asked [ʌnǽskt | -ɑ́:skt] *a.* 부탁[요구]받지 않은; 초대받지 않은 〈손님 등〉
un·as·sail·a·ble [ʌnəséiləbl] *a.* **1** 공격할 수 없는, 난공불락의 **2** 〈주장이〉 논박의 여지를 주지 않는; 의심할 여지가 없는; 확고한 **-bly** *ad.*
un·as·sum·ing [ʌnəsú:miŋ | -sjú:m-] *a.* 주제넘지 않은, 건방지지 않은, 겸손한 **~·ly** *ad.*
un·at·tached [ʌnətǽtʃt] *a.* **1** 붙어 있지 않은; 부속되지 않은 **2** 무소속의; 약혼[결혼]하지 않은
un·at·tend·ed [ʌnəténdid] *a.* **1** 참가[출석]자가 없는[적은] **2** 〈위험 등을〉 수반하지 않은 《*by, with*》 **3** 돌봄을 받지 않은; 치료를 받지 않은
un·at·trac·tive [ʌnətrǽktiv] *a.* **1** 사람의 눈을 끌지 않는, 아름답지 않은 **2** 흥미 없는 **~·ly** *ad.*
un·au·thor·ized [ʌnɔ́:θəraizd] *a.* 권한이 없는; 인정받지 않은
un·a·vail·a·ble [ʌnəvéiləbl] *a.* **1** 손에 넣을 수 없는 **2** 이용할 수 없는 **3** 〈사람이〉 없는, 부재의 **~·ness** *n.*

U

un·a·vail·ing [ʌ̀nəvéiliŋ] *a.* 〈노력 등이〉 효과가 없는, 공연한 **~·ly** *ad.*
un·a·void·a·ble [ʌ̀nəvɔ́idəbl] *a.* 피하기[모면하기] 어려운, 불가피한 **-bly** *ad.*
***un·a·ware** [ʌ̀nəwέər] *a.* Ⓟ **1 알지 못하는**, 눈치 못 챈 《*of, that*》 **2** 《시어》 부주의한, 조심성 없는 **—** *ad.* = UNAWARES **~·ness** *n.*
un·a·wares [ʌ̀nəwέərz] *ad.* **1** 알지 못하고, 부지 중에 **2** 뜻밖에, 불시에
***be taken*[*caught*] ~** 불의의 습격을 당하다 ***take*[*catch*] a person ~** …을 불시에 습격하다, 엄습하다
un·backed [ʌ̀nbǽkt] *a.* **1** 〈말이〉 사람을 태워 본 적이 없는, 타서 길들여지지 않은 **2** 지지자[후원자]가 없는
un·bal·ance [ʌ̀nbǽləns] *n.* Ⓤ 불균형, 불평형 **—** *vt.* **1** 불균형하게 하다 **2** 〈마음의〉 평형을 깨뜨리다, 〈사람을〉 착란케 하다
un·bal·anced [ʌ̀nbǽlənst] *a.* **1** 평형을 잃은 **2** 정신[정서] 불안정에 빠진, 착란한
un·ban [ʌ̀nbǽn] *vt.* 〈금지 사항을〉 폐기하다; 합법화하다
un·bar [ʌ̀nbɑ́ːr] *vt.* (**~red**; **~·ring**) **1** 〈문의〉 빗장을 벗기다 **2** 〈문호·길 등을〉 열다, 개방하다
***un·bear·a·ble** [ʌ̀nbέərəbl] *a.* **견딜 수 없는**, 참기 어려운 《*to*》 **-bly** *ad.*
un·beat·a·ble [ʌ̀nbíːtəbl] *a.* 패배시킬 수 없는; 탁월한
un·beat·en [ʌ̀nbíːtn] *a.* **1** 매 맞지 않은 **2** 정복당한 일이 없는 **3** 〈기록이〉 깨진 적이 없는 **4** 밟아 다지지 않은, 인적 미답의
un·be·com·ing [ʌ̀nbikʌ́miŋ] *a.* **1** 〈의복·빛깔 등이〉 어울리지 않는 **2** 〈행위 등이〉 어울리지 않는, 격에 맞지 않는 《*to, for, in*》 **3** 〈행위·말 등이〉 온당치 못한, 꼴사나운 **~·ly** *ad.*
un·be·known [ʌ̀nbinóun] *a.* Ⓟ 《구어》 미지의, 알려지지 않은 《*to*》 **~ *to*** a person …이 모르는 사이에, …에 눈치 채이지 않고
un·be·knownst [ʌ̀nbinóunst] *a.* = UNBEKNOWN
un·be·lief [ʌ̀nbəlíːf, -bi-] *n.* Ⓤ 불신앙(不信仰), 불신심; (종교상의) 회의(懷疑)
***un·be·liev·a·ble** [ʌ̀nbəlíːvəbl, -bi-] *a.* **믿을 수 없는** **-bly** *ad.*
un·be·liev·er [ʌ̀nbəlíːvər, -bi-] *n.* 《특히》 신앙 없는 사람; 이교도
un·be·liev·ing [ʌ̀nbəlíːviŋ, -bi-] *a.* 《특히》 신앙 없는 **~·ly** *ad.*
un·bend [ʌ̀nbénd] *v.* (**-bent** [-bént], **~·ed**) *vt.* **1** 〈굽은 것을〉 곧게 펴다; 평평하게 늘이다: ~ a bow 활줄을 풀어서 활을 펴다 **2** 〈몸·마음을〉 편하게 하다, 쉬게 하다: ~ the mind[oneself] 편히 쉬다, 편안해지다
— *vi.* **1** 똑바르게 되다, (늘어나서) 평평하게 되다 **2** 편히 쉬다, 마음을 턱 놓다
un·bend·ing [ʌ̀nbéndiŋ] *a.* 구부러지지 않는; 〈성격·결심 등이〉 굳센, 확고부동한; 완고한 **~·ly** *ad.*
un·bi·as(s)ed [ʌ̀nbáiəst] *a.* 선입관이 없는, 편견이 없는, 공평한
un·bid·den [ʌ̀nbídn], **un·bid** [ʌ̀nbíd] *a.* 《문어》 **1** 명령[요청]받지 않은, 자발적인 **2** 초청받지 않은
un·bind [ʌ̀nbáind] *vt.* (**-bound** [-báund]) **1** …의 묶은 것을 끄르다, 〈끈·붕대 등을〉 풀다 **2** 석방하다
un·blem·ished [ʌ̀nblémiʃt] *a.* **1** 흠집 없는 **2** 더러운 데가 없는, 결백한
un·blessed, un·blest [ʌ̀nblést] *a.* 축복받지 못한, 저주받은
un·blink·ing [ʌ̀nblíŋkiŋ] *a.* 눈 하나 깜짝 않는, 동하지 않는 **~·ly** *ad.*
un·blush·ing [ʌ̀nblʌ́ʃiŋ] *a.* 부끄러워하지 않는, 염치없는 **~·ly** *ad.*
un·bolt [ʌ̀nbóult] *vt.* 〈문 등의〉 빗장을 벗기다, 〈문 등을〉 빗장을 벗겨서 열다
un·bolt·ed [ʌ̀nbóultid] *a.* 빗장을 벗긴
un·born [ʌ̀nbɔ́ːrn] *a.* **1** 아직 태어나지 않은; 태내의 **2** 장래의, 후세의(future)
un·bos·om [ʌ̀nbúzəm] *vt.* 〈속마음·비밀 등을〉 털어놓다, 고백하다
un·bound [ʌ̀nbáund] *v.* UNBIND의 과거·과거분사 **—** *a.* **1** 족쇄가 벗겨진, 속박이 풀린: come ~ 풀려나다 **2** 〈책·종이 등이〉 매여 있지 않은, 제본되지 않은
un·bound·ed [ʌ̀nbáundid] *a.* **1** 한정되지 않은 《*by*》; 무한의 **2** 억제할 수 없는
un·bowed [ʌ̀nbáud] *a.* **1** 〈무릎·허리 등이〉 굽어 있지 않은 **2** 불굴의
un·bri·dled [ʌ̀nbráidld] *a.* **1** 말굴레를 매지 않은, 굴레를 벗긴 **2** 억제되지 않은, 방자한, 난폭한
***un·bro·ken** [ʌ̀nbróukən] *a.* **1 손상[파손]되지 않은**, 온전한 **2** 연달은, 계속되는 **3** 〈말 등이〉 길들여지지 않은 **4** 꺾이지 않은 **5** 경작되지 않은 **~·ly** *ad.*
un·buck·le [ʌ̀nbʌ́kl] *vt.* …의 죔쇠[버클]를 벗기다
un·bur·den [ʌ̀nbə́ːrdn] *vt.* **1** …의 짐을 내려놓다 **2** 〈마음의〉 부담을 없애다[덜다], 〈마음을〉 편하게 하다, 〈고민·비밀을〉 털어놓다
un·but·ton [ʌ̀nbʌ́tn] *vt.* 〈의복의〉 단추를 끄르다
un·but·toned [ʌ̀nbʌ́tnd] *a.* **1** 단추를 끄른 **2** 속박되지 않은, 자유로운
un·called-for [ʌ̀nkɔ́ːldfɔ̀ːr] *a.* **1** 불필요한; 주제넘은 **2** 까닭[이유] 없는
un·can·ny [ʌ̀nkǽni] *a.* (**-ni·er**; **-ni·est**) **1** 초인적인, 비정상적인 **2** 섬뜩한, 으스스한, 기괴한; 신비한
un·cap [ʌ̀nkǽp] *v.* (**~ped**; **~·ping**) *vt.* **1** …의 모자를 벗기다 **2** 〈병·만년필 등의〉 뚜껑[덮개]을 벗기다
— *vi.* (경의를 표하여) 모자를 벗다
un·cared-for [ʌ̀nkέərdfɔ̀ːr] *a.* 아무도 돌봐 주지 않는, 방임[방치]된
un·ceas·ing [ʌ̀nsíːsiŋ] *a.* 끊임없는, 쉴 새 없는, 연달은 **~·ly** *ad.*
un·cer·e·mo·ni·ous [ʌ̀nsèrəmóuniəs] *a.* **1** 의식[형식]적이 아닌, 소탈한, 허물없는 **2** 점잖지 못한, 버릇없는 **~·ly** *ad.*
‡**un·cer·tain** [ʌ̀nsə́ːrtn] *a.* **1** 〈시간·수량 등이〉 **불확실한**, 미정의; 모호한 **2 확신이 없는**, 분명히[확실히] 알지 못하는 **3** 〈행동·목적이〉 일정치 않은, 확실성이 없는

4 〈날씨·기질·성격 등이〉 변하기 쉬운, 믿을 수 없는 **~·ness** *n.*

*__un·cer·tain·ty__ [ʌnsə́ːrtnti] *n.* Ⓤ **1** 불확실(성), 반신반의 **2** 불안정; 불확정; 불안, 변하기 쉬움: the ~ of life 인생의 무상(無常) **3** [종종 *pl.*] 불확실한 것[일], 예측할 수 없는 것[일]

uncértainty prìnciple 〖물리〗 불확정성 원리

un·chain [ʌ̀ntʃéin] *vt.* 사슬에서 풀어주다, 해방하다

un·chal·lenged [ʌ̀ntʃǽlindʒd] *a.* **1** 도전 받지 않은 **2** 문제 삼아지지 않은, 이의가 제기되지 않은

un·change·a·ble [ʌ̀ntʃéindʒəbl] *a.* 변하지 않는, 불변의 《*of*》

*__un·changed__ [ʌ̀ntʃéindʒd] *a.* 변[변화]하지 않은, 불변의

un·char·i·ta·ble [ʌ̀ntʃǽrətəbl] *a.* 무자비한, 가차 없는; 엄한 **-bly** *ad.*

un·chart·ed [ʌ̀ntʃɑ́ːrtid] *a.* 《문어》 해도[지도]에 없는; 미지의, 미답(未踏)의

un·chaste [ʌ̀ntʃéist] *a.* 정숙하지 못한, 음란한 **~·ly** *ad.*

un·checked [ʌ̀ntʃékt] *a.* 억제되지 않은; 검사[점검]받지 않은

un·chris·tian [ʌ̀nkrístʃən] *a.* **1** 그리스도교(도)적이 아닌; 관대하지 않은, 인정이 없는 **2** 《구어》 터무니없는, 엉뚱한: an ~ price 터무니없는 가격

un·ci·al [ʌ́nʃəl | -siəl] *n.* Ⓤ 언셜 자체(字體) 《4-8세기의 둥근 대문자 필사체》
— *a.* 언셜 자체의

un·cir·cum·cised [ʌnsə́ːrkəmsàizd] *a.* **1 a** 할례(割禮)를 받지 않은 **b** 유대인[히브리 사람]이 아닌 **2** 이교의; 이단의

un·civ·il [ʌnsívəl] *a.* **1** 〈행위 등이〉 무례한, 버릇없는 **2** 미개한, 야만적인 **~·ly** *ad.*

un·civ·i·lized [ʌnsívəlaizd] *a.* **1** 미개한; 야만의 **2** 〈토지 등이〉 문명으로부터 격리된; 황량한

un·clad [ʌ̀nklǽd] *v.* UNCLOTHE의 과거·과거분사 — *a.* 《문어》 옷을 입지 않은, 나체의

un·claimed [ʌ̀nkléimd] *a.* 청구자가 없는; 소유주 불명의 〈짐 등〉

un·clasp [ʌ̀nklǽsp | -klɑ́ːsp] *vt.* **1** …의 걸쇠를 벗기다 **2** 〈쥐었던 양손 등을〉 펴다

un·clas·si·fied [ʌ̀nklǽsəfàid] *a.* **1** 분류[구분]되지 않은 **2** 〈문서 등이〉 기밀 취급을 받지 않은, 비밀이 아닌

⁑**un·cle** [ʌ́ŋkl] *n.* **1** 아저씨, (외)삼촌, 큰아버지, 작은아버지 **2** 《구어》 [친밀하게] (이웃집) 아저씨
say [***cry***] ~ 《미·구어》 졌다고 말하다, 항복하다

*__un·clean__ [ʌ̀nklíːn] *a.* **1** 더러운, 불결한 **2** (도덕적으로) 순결하지 못한, 품행이 나쁜: the ~ spirit 〖성서〗 악마, 악령 《특히 사람 마음 속에 있는》 **3** 〈돼지고기 등이〉 (종교적으로) 먹지 못하게 금지된, 부정(不淨)한 **~·ness** *n.*

un·clear [ʌ̀nklíər] *a.* 이해하기 힘든; 명백하지 않은, 막연한

un·clench [ʌ̀nkléntʃ] *vt.* 〈꼭 쥐었던 것을〉 펴다; 억지로 비틀어 열다
— *vi.* 〈꼭 쥐었던 것이〉 펴지다; 열리다

Úncle Sám [U(nited) S(tates)를 딴 말로 바꾼 것] **1** 미국 정부 **2** (전형적인) 미국 사람

Úncle Tóm 《미》 엉클 톰 《Mrs. Stowe의 소설 *Uncle Tom's Cabin*의 흑인 주인공》

un·cloak [ʌ̀nklóuk] *vt.* **1** …의 외투를 벗기다 **2 a** 〈위선 등의〉 가면을 벗기다, 폭로하다 **b** 〈계획 등을〉 밝히다, 공표하다
— *vi.* 외투를 벗다

un·close [ʌ̀nklóuz] *vt., vi.* 열다, 열리다

un·closed [ʌ̀nklóuzd] *a.* **1** 열려 있는; 활짝 열린 **2** 완결되지 않은

un·clothe [ʌ̀nklóuð] *vt.* …의 옷을 벗기다, 옷을 빼앗다

un·cloud·ed [ʌ̀nkláudid] *a.* **1** 구름이 끼지 않은, 활짝 갠, 맑은 **2** 밝은, 명랑한

un·col·ored [ʌ̀nkʌ́lərd] *a.* **1** 색칠하지 않은, 바탕 빛깔대로의 **2** 《문어》 〈얘기 등이〉 사실대로의, 꾸미지 않은

un·combed [ʌ̀nkóumd] *a.* 빗질하지 않은, 텁수룩한, 엉킨

⁑**un·com·fort·a·ble** [ʌ̀nkʌ́mfərtəbl] *a.* **1** 기분이 언짢은, 마음이 편치 못한 **2** 살기[앉기, 입기, 신기] 불편한; 곤란한, 난처한 〈사태 등〉 **~·ness** *n.* **-bly** *ad.* 불쾌하게; 귀찮게; 불편하게

un·com·mer·cial [ʌ̀nkəmə́ːrʃəl] *a.* **1** 상업에 종사하지 않는, 장사와 관계없는 **2** 상업 도덕[정신]에 위반되는 **3** 비영리적인

un·com·mit·ted [ʌ̀nkəmítid] *a.* **1** 미수(未遂)의 **2** 의무를 지지 않은; 약혼하지 않은 **3** 중립의: an ~ vote 중립표, 부동표

*__un·com·mon__ [ʌ̀nkɑ́mən | -kɔ́m-] *a.* **1** 드문, 진귀한: an ~ case 드문 경우 **2** 보통 아닌, 비범한

un·com·mon·ly [ʌ̀nkɑ́mənli | -kɔ́m-] *ad.* 드물게, 진귀하게; 매우, 특별히: not ~ 종종, 흔히

un·com·mu·ni·ca·tive [ʌ̀nkəmjúːnəkèitiv, -kət-] *a.* 속을 털어놓지 않는, 서먹서먹한, 말없는

un·com·pro·mis·ing [ʌ̀nkɑ́mprəmàiziŋ | -kɔ́m-] *a.* **1** 타협하지 않는, 양보하지 않는 **2** 단호한, 강경한 **~·ly** *ad.*

un·con·cern [ʌ̀nkənsə́ːrn] *n.* Ⓤ 무관심, 태연, 냉담

un·con·cerned [ʌ̀nkənsə́ːrnd] *a.* **1** 태연한, 무사태평한 《*about*》 **2** 관심[흥미]을 가지지 않는, 개의치 않는 《*with, at*》
-cern·ed·ly [-sə́ːrnidli] *ad.* 태연하게, 무관심하게

*__un·con·di·tion·al__ [ʌ̀nkəndíʃənl] *a.* 무조건의, 무제한의, 절대적인: an ~ surrender 무조건 항복 **~·ly** *ad.*

un·con·di·tioned [ʌ̀nkəndíʃənd] *a.* 무조건의, 절대적인

un·con·firmed [ʌ̀nkənfə́ːrmd] *a.* 〈소문·보도 등이〉 확인되지 않은

un·con·nect·ed [ʌ̀nkənéktid] *a.* **1** 연결[연속]되지 않은 **2** 연고가 없는 《*with*》; 관련이 없는

un·con·quer·a·ble [ʌ̀nkɑ́ŋkərəbl | -kɔ́ŋ-] *a.* 정복[극복]하기 어려운

U

un·con·scion·a·ble [ʌnkάnʃənəbl | -kɔ́n-] *a.* 《문어》 **1** 비양심적인, 부당한: an ~ bargain 부당한 거래 **2** 부조리한, 터무니없는 **~·ness** *n.* **-bly** *ad.*

‡un·con·scious [ʌnkάnʃəs | -kɔ́n-] *a.* **1** Ⓟ (…을) **모르는**, 알아채지 못하는 **2** **의식[정신]을 잃은**, 기절한 **3** 자기도 모르게 나온; 자각[의식]이 없는 **4** 〖심리〗 무의식의 **—** *n.* Ⓤ [보통 the ~] 〖심리〗 무의식 **~·ly** *ad.* 부지 중에, 무의식적으로 **~·ness** *n.*

un·con·sid·ered [ʌnkənsídərd] *a.* **1** 고려되지 않은, 무시된 **2** 〈언행 등이〉 경솔한, 사려가 없는: an ~ remark 경솔하게 말한 의견

un·con·sti·tu·tion·al [ʌnkὰnstətjú:ʃənl | -kɔ̀nstitjú:-] *a.* 헌법 위반의, 위헌의 **~·ly** *ad.*

un·con·trol·la·ble [ʌnkəntróuləbl] *a.* 제어[통제]할 수 없는, 걷잡을 수 없는

un·con·trolled [ʌnkəntróuld] *a.* 억제되지 않은, 자유로운

un·con·ven·tion·al [ʌnkənvénʃənl] *a.* **1** 관습을 좇지 않는, 인습에 사로잡히지 않는 **2** 〈태도·복장 등이〉 약식의, 자유로운

un·con·ven·tion·al·i·ty [ʌnkənvènʃənǽləti] *n.* Ⓤ 비(非)인습적임; 자유로움

un·cooked [ʌnkúkt] *a.* (불로) 요리하지 않은, 날것의

un·cork [ʌnkɔ́:rk] *vt.* (병의) 마개를 뽑다

***un·count·a·ble** [ʌnkáuntəbl] *a.* **1** **셀 수 없는**, 무수한: ~ ants 무수한 개미들 **2** 〖문법〗 〈명사가〉 셀 수 없는: an ~ noun 불가산 명사 **—** *n.* 〖문법〗 셀 수 없는 명사, 불가산 명사

un·count·ed [ʌnkáuntid] *a.* **1** 세지 않은 **2** 무수한

un·cou·ple [ʌnkʌ́pl] *vt.* **1** 〈두 마리의 개를〉 가죽 끈에서 풀다 **2** 〈열차의〉 연결을 풀다

***un·couth** [ʌnkú:θ] [OE 「알려지지 않은」의 뜻에서] *a.* **세련되지 않은**, 투박한, 무뚝뚝한 **~·ly** *ad.* **~·ness** *n.*

‡un·cov·er [ʌnkʌ́vər] *vt.* **1** **폭로하다**, 적발하다 **2** **뚜껑[덮개]을 벗기다**; 〈몸을〉 발가벗기다; 〈머리에서〉 모자를 벗다

un·cov·ered [ʌnkʌ́vərd] *a.* **1** 덮개가 없는 **2** 모자를 쓰지 않은 **3** 보험에 들지 않은

un·crit·i·cal [ʌnkrítikəl] *a.* **1** 비판하지 않는 **2** 비판력[정견]이 없는: an ~ reader 비판력이 없는 독자

un·cross [ʌnkrɔ́:s | -krɔ́s] *vt.* …의 교차(交叉)를 풀다, 〈책상다리 등을〉 풀다

un·crossed [ʌnkrɔ́:st | -krɔ́st] *a.* **1** (십자로) 교차되지 않은 **2** 《영》 횡선을 긋지 않은 〈수표〉 **3** 방해되지 않은

un·crowned [ʌnkráund] *a.* **1** 아직 왕관을 쓰지 않은 **2** 일인자의: the ~ king [queen] of …계의 일인자

un·crush·a·ble [ʌnkrʌ́ʃəbl] *a.* **1** 부서지지 않는; 〈천 등이〉 구겨지지 않는 **2** 《문어》 〈사람·의지 등이〉 불굴의, 꺾이지 않는

UNCTAD United Nations Conference on Trade and Development 국제 연합 무역 개발 협의회

unc·tion [ʌ́ŋkʃən] [L 「기름을 바르다」의 뜻에서] *n.* Ⓤ **1** 기름 부음, 도유(塗油) 《종교적 축성의 표시》 **2** 사람을 감동[감격]시키는 어조[태도 《등》]; 《특히》 종교적 열정

unc·tu·ous [ʌ́ŋktʃuəs] *a.* **1 a** 기름 같은, 유질(油質)의 **b** 매끈한, 미끈미끈한 **2** 아주 감동한 체하는, 살살 녹이는 〈말 등〉 **~·ly** *ad.* **~·ness** *n.*

un·cul·ti·vat·ed [ʌnkʌ́ltəvèitid] *a.* **1** 개간하지 않은 **2** 미개의, 교양 없는

un·cured [ʌnkjúərd] *a.* **1** 치료[구제]되지 않은 **2** 저장[가공] 처리되지 않은

un·curl [ʌnkə́:rl] *vt.* 〈곱슬한 머리털 등을〉 펴다 **—** *vi.* 〈말린 것이〉 풀리다, 곧게 펴지다

un·cut [ʌnkʌ́t] *a.* **1** 자르지 않은 **2** 〈보석 등이〉 깎지[갈지] 않은 **3** 〈영화·소설 등이〉 삭제[커트]하지 않은, 완전판의 **4** 〖제본〗 도련하지 않은

un·dam·aged [ʌndǽmidʒd] *a.* 손해[손상]를 당하지 않은

un·dat·ed [ʌndéitid] *a.* **1** 날짜가 없는 **2** 기일[기한]을 정하지 않은

***un·daunt·ed** [ʌndɔ́:ntid] *a.* 《문어》 **겁내지 않는**, 담대한, 끄떡없는

un·de·ceive [ʌndisí:v] *vt.* …의 그릇된 생각을 깨우쳐 주다, …에게 진실을 깨닫게 하다 《*of*》

un·de·cid·ed [ʌndisáidid] *a.* Ⓟ **1** 아직 결정되지 않은 **2** 〈사람이〉 결심이 서지 않은; 우유부단한 **~·ly** *ad.* **~·ness** *n.*

un·de·clared [ʌndikléərd] *a.* **1** 〈전쟁이〉 선전 포고를 하지 않은 **2** 〈과세 대상품이〉 (세관에) 신고되지 않은

un·de·fend·ed [ʌndiféndid] *a.* **1** 방비가 없는 **2** 옹호[변호]되지 않은 《변론·변명에 의해》

un·de·liv·ered [ʌndilívərd] *a.* **1** 배달[인도]되지 않은 **2** 〈의견 등이〉 진술되지 않은 **3** 석방[방면]되지 않은

un·dem·o·crat·ic [ʌndèməkrǽtik] *a.* 비민주적인 **-i·cal·ly** *ad.*

un·de·mon·stra·tive [ʌndimάnstrətiv | -mɔ́n-] *a.* 〈감정 등을〉 내색하지 않는, 조심성 있는, 내성적인 **~·ly** *ad.* **~·ness** *n.*

***un·de·ni·a·ble** [ʌndináiəbl] *a.* **1** **부정[부인]하기 어려운**, 명백한 **2** 흠잡을 데 없는, 훌륭한 **~·ness** *n.* **-bly** *ad.*

un·de·pend·a·ble [ʌndipéndəbl] *a.* 의지[신뢰]할 수 없는

‡un·der [ʌ́ndər] *prep.* **1** [위치] **a** …**의 아래에**, …의 바로 밑에: ~ the bridge 다리 밑에 《*below* the bridge는 보통 「다리의 하류에」의 뜻》 **b** …**의 안쪽[내부]에**; …속에 잠기어 (있는), …에 덮인: ~ the ground 지하에 **2** [상태] **a** 〈치료·공격·시련·형벌 등〉**을 받고**: ~ (medical) treatment for ulcers 궤양의 치료를 받고 **b** 〈…의 지배·감독·영향 등〉**의 아래에**, …하에; 〈지도·규제 등을〉 받고: the class ~ our control 우리가 지배하는 계급 **c** 〈작업·고려〉 **중인**: ~ consideration [discussion, investigation] 고려[논의, 조사] 중인 **3** 〈종류·

U

분류〉에 속하는, …의 항목하에서: treat a question ~ several heads 몇 개의 항목으로 나누어 문제를 다루다 **4** 〈…이라는 명목〉하에, 숨어서: ~ a false name 가짜 이름으로 **5 a** 〈수량·시간·나이 등이〉 …미만인(less than): The thief was a man a little ~ forty. 도둑은 40이 좀 못된 사나이였다. **b** 〈지위가〉 …보다 못한, …보다 하급인: officers ~ the rank of major 소령 이하의 장교들 **6** 〈무거운 짐〉을 지고; …의 (중압) 밑에서: The cart will collapse ~ all that weight [those things]. 짐차는 그 중량[짐]을 모두 실다가는 짜부러지고 말 것이다.

— *ad.* **1** 아래에[로]; 수중에 《종종 동사와 함께 성구로 씀》: He stayed ~ for two minutes. 그는 2분 동안 잠수해 있었다. **2** 미만으로: Children five or ~ were admitted free. 5세 미만의 어린이는 무료 입장이었다. **3** 억압되어, 지배되어: bring the fire ~ 불을 끄다

— *a.* Ⓐ [보통 복합어를 이루어] **1** 아래의, 하부의: the ~ jaw 아래턱 **2** 종속의, 차위의: an ~ servant 머슴, 허드레꾼

under- [ʌ́ndər] *pref.* [동사·명사와 결합하여] **1 a** 아래(쪽)의[에]: *under*clothes, *under*line (*v.*) **b** 아래로부터: *under*mine **2** 보다 못한, 버금가는, 종속의: *under*secretary **3** 나이가…미만의 사람: *under*fives 5세 미만의 어린이 **4 a** 불충분하게: *under*state **b** 너무 적어: *under*sized

un·der·a·chieve [ʌ̀ndərətʃíːv] *vi.* (기대된) 능력보다 낮은 성적을 얻다

un·der·act [ʌ̀ndərǽkt] *vt., vi.* 충분한 열의를 가지고 연기하지 않다, 연기가 부족하다

un·der·age [ʌ̀ndəréidʒ] *a.* 미성년의

un·der·arm [ʌ́ndərɑ̀ːrm] *a.* 겨드랑이 밑의 〈솔기 등〉; 겨드랑이에 끼는 〈가방 등〉
— *ad.* = UNDERHAND
— *n.* 겨드랑이 밑

un·der·bel·ly [ʌ́ndərbèli] *n.* (*pl.* **-lies**) (동물의) 하복부(下腹部); 취약점, 급소

un·der·bid [ʌ̀ndərbíd] *vt.* (~; **-bid·den** [-bídn], ~) 〈경쟁 입찰자보다〉 싸게 값을 매기다[입찰하다]; 〖카드〗 신중을 기하여 적게 걸다

un·der·bred [ʌ̀ndərbréd] *a.* 점잖지 못한, 천한; 〈말·개가〉 순종이 아닌

***un·der·brush** [ʌ́ndərbrʌ̀ʃ], 《미》 **-bush** [-bùʃ] *n.* Ⓤ (큰 나무 밑에 자라는) 덤불

un·der·car·riage [ʌ́ndərkæ̀ridʒ] *n.* (자동차 등의) 하부 구조, 차대(車臺); (비행기의) 착륙 장치

un·der·cart [ʌ́ndərkɑ̀ːrt] *n.* 《영·구어》 (비행기의) 착륙 장치

un·der·charge [ʌ̀ndərtʃɑ́ːrdʒ] *vt.* **1** 정당한 가격 이하로 청구하다 **2** 〈총포에〉 충분히 장약(裝藥)하지 않다; 〈축전지에〉 충분히 충전하지 않다 — [⌐-⌐] *n.* **1** 정당한 대금 이하의 청구 **2** 장약 불충분, 충전 불충분

un·der·class [ʌ́ndərklæ̀s | -klɑ̀ːs] *n.* 사회의 저변, 최하층

un·der·class·man [ʌ̀ndərklǽsmən | -klɑ́ːs-] *n.* (*pl.* **-men** [-mən]) 《미》 대학[고등학교]의 하급생 《1학년생(freshman) 또는 2학년생(sophomore)》(cf. UPPERCLASSMAN)

un·der·clothes [ʌ́ndərklòuðz] *n. pl.* 속옷, 내의

un·der·cloth·ing [ʌ́ndərklòuðiŋ] *n.* Ⓤ [집합적] 속옷[내의]류

un·der·coat [ʌ́ndərkòut] *n.* **1** 속털 《새·짐승의》 **2** 밑칠

un·der·coat·ing [ʌ́ndərkòutiŋ] *n.* Ⓤ 밑칠; 《미》 (차체의) 초벌칠

un·der·cov·er [ʌ́ndərkʌ̀vər] *a.* Ⓐ 《미》 비밀로 행해지는, 비밀의; 《특히》 첩보 활동[비밀 조사]에 종사하는

un·der·cur·rent [ʌ́ndərkə̀ːrənt | -kʌ̀r-] *n.* **1** 하층의 흐름, 저류(底流) **2** 저의, 암류(暗流) 《표면에 나타나지 않는 감정이나 의견 등의》

un·der·cut [ʌ̀ndərkʌ́t] *vt.* (~; **~·ting**) **1** …의 아래 부분을 잘라내다 **2** 〖상업〗 가격을 〈경쟁자보다〉 내리다; 〈남보다〉 저임금으로 일하다
— [⌐-⌐] *n.* **1** 아래 부분을 잘라냄; 그 부분 **2** 《미》 벌채할 나무의 넘어지는 방향을 나타낸 새김눈 **3** 〖권투〗 밑에서 쳐올리기 **4** 《영》 소 허리의 연한 고기

un·der·de·vel·oped [ʌ̀ndərdivéləpt] *a.* **1** 발달이 불충분한, 발육 부전의 **2** 〈나라·지역 등이〉 저개발의: ~ countries 저개발국, 후진국

un·der·dog [ʌ́ndərdɔ̀ːg | -dɔ̀g] *n.* **1** 싸움에 진 개; 패배자 **2** 희생자 《사회 부정·박해 등의》(opp. *top dog*)

un·der·done [ʌ̀ndərdʌ́n] *a.* 설익은, 설구운 〈음식·고기 등〉

un·der·dress [ʌ̀ndərdrés] *vt., vi.* 너무 간소한 옷을 입히다[입다]

un·der·em·ployed [ʌ̀ndərimplɔ́id] *a.* **1** 불완전 고용[취업]의 **2** 능력 이하의 일을 하는 **3** 《구어》 일거리가 부족한, 한가한
-em·plóy·ment *n.* Ⓤ 불완전 고용[취업]

***un·der·es·ti·mate** [ʌ̀ndəréstəmèit] *vt.* 낮게[적게] 어림하다; 과소평가하다, 경시하다: ~ the problem[the enemy's strength] 문제[적의 힘]를 과소평가하다
— *vi.* 너무 싸게 어림[견적]하다
— [-mət] *n.* 싼 어림[견적]; 과소평가, 경시

un·der·ex·pose [ʌ̀ndərikspóuz] *vt.* 〖사진〗 〈필름 등을〉 노출 부족으로 하다
-po·sure [-póuʒər] *n.* ⓊⒸ 노출 부족

un·der·fed [ʌ̀ndərféd] *v.* UNDERFEED의 과거·과거분사 — *a.* 영양 부족의

un·der·feed [ʌ̀ndərfíːd] *vt.* (**-fed** [-féd]) …에 대하여 충분한 음식[연료]을 주지 않다

un·der·felt [ʌ́ndərfèlt] *n.* Ⓤ 양탄자 밑에 까는 펠트 천

un·der·floor [ʌ́ndərflɔ̀ːr] *a.* 〈난방이〉 방바닥 밑에서 되는, 온돌식의

un·der·foot [ʌ̀ndərfút] *ad.* **1** 발 밑에; 발치에 **2** 짓밟아 **3** 거치적거려, 방해가 되어

un·der·gar·ment [ʌ́ndərgɑ̀ːrmənt] *n.* 속옷, 내의

‡**un·der·go** [ʌ̀ndərgóu] *vt.* (**-went** [-wént]; **-gone** [-gɔ́ːn | -gɔ́n]) **1 a** 〈검열·수술을〉 받다 **b** 〈변화 등을〉 겪다,

경험하다 **2** 〈고난을〉 견디다, 참다: ~ trials 시련을 견디다

***un·der·gone** [ʌ̀ndərgɔ́:n | -gɔ́n] *vt.* UNDERGO의 과거분사

un·der·grad [ʌ́ndərgræ̀d] *n.* 《구어》 =UNDERGRADUATE; 《미》 (대학의) 학부 강좌[과정]

***un·der·grad·u·ate** [ʌ̀ndərgrǽdʒuət, -èit] *n.* **대학 재학생,** 대학생 《졸업생·대학원 학생·연구원과 구별하여》
— *a.* Ⓐ 대학(생)의: an ~ student 대학생

‡un·der·ground [ʌ́ndərgràund] *a.* Ⓐ **1 지하의 2** 지하에 숨은; 지하 조직의 **3** 전위적인, 실험적인: the ~ theater 전위극장 **—** *n.* **1 지하**; 지하 공간 **2** 《영》 **지하철**(《미》 subway); 《미》 지하도(《영》 subway): by ~ 지하철로 **3** [the ~] 지하 조직, 지하 운동 단체 **4** 전위[급진] 운동[단체]
— [⌐—⌐] *ad.* **지하에(서)**; 지하에 숨어, 비밀히, 몰래: go ~ 지하에 숨다

un·der·growth [ʌ́ndərgròuθ] *n.* Ⓤ (큰 나무 밑의) 덤불, 풀숲

un·der·hand [ʌ́ndərhæ̀nd] *a.* **1** 〖야구〗 밑으로 던지는 **2** =UNDERHANDED
— *ad.* 밑으로 던져; 비밀히, 엉큼하게, 음흉하게

un·der·hand·ed [ʌ̀ndərhǽndid] *a.* **1** 비밀의 **2** 손이 모자라는 **~·ly** *ad.* **~·ness** *n.*

un·der·hung [ʌ̀ndərhʌ́ŋ] *a.* 〖해부〗 〈아래턱이〉 위턱보다 튀어나온, 주걱턱인

un·der·lay [ʌ̀ndərléi] *vt.* (**-laid** [-léid]) …의 아래에 깔다
— [⌐—⌐] *n.* **1** (융단 등의) 밑깔개 《내수(耐水) 종이·천》 **2** (광맥의) 수직 경사

un·der·lie [ʌ̀ndərlái] *vt.* (**-lay** [-léi]; **-lain** [-léin]; **-ly·ing**) **1** …의 아래에 있다[놓이다] **2** …의 기초가 되다; …의 밑바닥에 잠재하다

‡un·der·line [ʌ́ndərlàin | ⌐—⌐] *vt.* **1** 〈어구 등의〉 **아래에 선을 긋다,** 밑줄을 치다: an *~d* part 밑줄 친 부분 **2 강조하다, 분명히 나타내다** **—** [⌐—⌐] *n.* **밑줄**

un·der·ling [ʌ́ndərliŋ] *n.* 《경멸》 부하, 하급 직원

***un·der·ly·ing** [ʌ́ndərlàiiŋ | ⌐—⌐—] *a.* **1 밑에 있는**; 근원적인: an ~ principle 기본적 원칙 **2** 뒤에 숨은, 잠재적인: an ~ motive 잠재적인 동기

un·der·men·tioned [ʌ̀ndərménʃənd] *a.* **1** Ⓐ 하기(下記)의, 아래에 말하는 **2** [the ~; 명사적; 단수·복수 취급] 하기의 것[사람]

***un·der·mine** [ʌ̀ndərmáin] *vt.* **1** …의 **밑을 파다,** …의 밑에 갱도를 파다: ~ a wall 성벽 밑에 땅굴을 파다 **2** (침식 작용으로) …의 뿌리[토대]를 침식하다: The sea had *~d* the cliff. 바닷물이 절벽 아래를 침식하고 있었다. **3** 〈명성 등을〉 몰래 손상시키다, 음흉한 수단으로 훼손하다 **4** 〈건강 등을〉 모르는 사이에 해치다: My father's health was *~d* by drink. 아버지의 건강은 술로 손상되었다.

un·der·most [ʌ́ndərmòust] [under의 최상급] *a.*, *ad.* 최하(급)의[로], 최저의[로]

‡un·der·neath [ʌ̀ndərní:θ] *prep.* …의 아래에[를, 의]: ~ the table 테이블 아래에 **—** *ad.* **1 아래에,** 하부(下部)에: put a stone ~ 밑에 돌을 받치다[괴다] **2** 밑면에: He appears pompous but he is a good man ~. 그는 오만하게 보이지만 속은 좋은 사람이다.
— *n.* [보통 the ~] 《구어》 밑면, 바닥, 하부

un·der·nour·ish [ʌ̀ndərnə́:riʃ | -nʌ́r-] *vt.* 영양실조가 되게 하다 **~ed** [-t] *a.* 영양 부족의 **~·ment** *n.* Ⓤ 영양 부족

un·der·pants [ʌ́ndərpæ̀nts] *n. pl.* 속바지; 팬츠

un·der·pass [ʌ́ndərpæ̀s | -pɑ̀:s] *n.* 《미》 지하도 《철도[도로] 밑을 지나는》

un·der·pay [ʌ̀ndərpéi] *vt.* (**-paid** [-péid]) …에게 급료[임금]를 충분히 주지 않다

un·der·pin [ʌ̀ndərpín] *vt.* (**~ned**; **~·ning**) **1** 〈구조물에〉 버팀목을 대다, 토대를 보강하다 **2** 지지[응원]하다; 실증하다

un·der·pin·ning [ʌ́ndərpìniŋ] *n.* **1** 〖토목〗 지주(支柱) 《벽 등의》, 받침대, 토대 **2** ⓊⒸ 지지, 응원

un·der·play [ʌ̀ndərpléi] *vi.* 소극적으로 연기하다 **—** *vt.* 〈역 등을〉 소극적으로 연기하다

un·der·plot [ʌ́ndərplɑ̀t | -plɔ̀t] *n.* 곁줄거리 《소설·극 등의》, 삽화

un·der·pop·u·lat·ed [ʌ̀ndərpɑ́pjulèitid | -pɔ́p-] *a.* 인구 부족의, 인구 과소(過疎)의

un·der·pop·u·la·tion [ʌ̀ndərpɑ̀pjuléiʃən | -pɔ̀p-] *n.* Ⓤ 인구 부족[과소]

un·der·priv·i·leged [ʌ̀ndərprívəlidʒd] *a.* 혜택받지 못한 《사회적·경제적으로》

un·der·pro·duc·tion [ʌ̀ndərprədʌ́kʃən] *n.* Ⓤ 생산 부족

un·der·proof [ʌ̀ndərprú:f] *a.* 〈알코올이〉 표준 강도(50%) 이하의 《略 u.p.》

un·der·quote [ʌ̀ndərkwóut] *vt.* 〈상품을〉 다른 가게[시장 가격]보다 싸게 팔다, …보다 싼 값을 매기다[부르다]

***un·der·rate** [ʌ̀ndərréit] *vt.* **낮게 평가하다,** 깔보다

un·der·score [ʌ́ndərskɔ̀:r | ⌐—⌐] *vt.* =UNDERLINE **—** [⌐—⌐] *n.* **1** =UNDERLINE **2** 〖영화·연극〗 배경 음악

un·der·sea [ʌ́ndərsì:] *a.* Ⓐ 해중(海中)의, 해저의: an ~ cable[tunnel] 해저 케이블[터널]
— *ad.* 바닷속에, 해저에

un·der·seas [ʌ̀ndərsí:z] *ad.* =UNDERSEA

un·der·sec·re·tar·y [ʌ̀ndərsékrətèri | -tri] *n.* (*pl.* **-tar·ies**) 차관(次官)

un·der·sell [ʌ̀ndərsél] *vt.* (**-sold** [-sóuld]) (남보다) 헐값으로 팔다, (실지 가치보다) 싸게 팔다

un·der·sexed [ʌ̀ndərsékst] *a.* 성욕이 약한, 성행위에 관심이 적은

un·der·sher·iff [ʌ́ndərʃèrif] *n.* 《미》 군(郡) 보안관 대리

un·der·shirt [ʌ́ndərʃə̀:rt] *n.* 《미》 속셔츠(《영》 vest)

un·der·shoot [ʌ̀ndərʃúːt] *vt.* (**-shot** [-ʃát | -ʃɔ́t]) **1** 〖항공〗 〈활주로에〉 도달하지 못하다 **2** 〈과녁까지〉 이르지 못하다

un·der·shorts [ʌ́ndərʃɔ̀ːrts] *n. pl.* (남자용) 팬츠

un·der·shot [ʌ́ndərʃàt | -ʃɔ̀t] *v.* UNDERSHOOT의 과거·과거분사 — *a.* **1** 아래턱이 쑥 나온 **2** 〈물레방아가〉 하사식(下射式)의: an ~ wheel 하사식 물레방아

un·der·side [ʌ́ndərsàid] *n.* 아래쪽, 밑면; (비유) 안쪽, 이면

un·der·sign [ʌ̀ndərsáin | ∠-∠] *vt.* (증서·편지 등의) 끝에 서명하다

un·der·signed [ʌ̀ndərsáind | ∠-∠] *a.* Ⓐ 아래에 서명[기명]한
— [∠-∠] *n.* [the ~; 단수·복수 취급] 서명자

un·der·sized [ʌ̀ndərsáizd] *a.* 보통 크기보다 작은, 소형의

un·der·skirt [ʌ́ndərskə̀ːrt] *n.* 속치마; 《특히》 페티코트

un·der·slung [ʌ̀ndərslʌ́ŋ] *a.* **1** 차축보다 아래에 프레임이 달린〈차체 등〉; 현수식(懸垂式)의 **2** 아래턱이 튀어나온

un·der·staffed [ʌ̀ndərstǽft | -stáːft] *a.* 인원 부족의(opp. *overstaffed*)

‡**un·der·stand** [ʌ̀ndərstǽnd] *v.* (**-stood** [-stúd]) *vt.* **1** 〈…의 말 등을〉 **이해하다,** 알아듣다: Do you ~ me? 내 말을 알겠소? **2 a** 〈참뜻·설명·원인·성질 등을〉 **알다,** 깨닫다, 터득하다: ~ *how to* deal with the matter 그 문제의 취급 방법을 알고 있다 **b** 〈학문·기술 등에〉 정통하다: ~ finance [machinery] 재정학[기계]에 정통하다 **3** 생각하다, 추측하다; 〈남의 말 등을〉 …한 뜻으로 해석하다 **4** [종종 수동형] 〖문법〗 〈어구 등을〉 마음 속에서 보충하여 해석하다; 〈말 등을〉 생략하다: The verb may be expressed or *understood.* 이 동사는 넣어도 좋고 생략해도 좋다.
— *vi.* **알다,** 이해하다: You don't ~. 자네는 (사정을) 이해하지 못하고 있어.
make** one**self** **understood 자기의 말[생각]을 남에게 이해시키다 ***~ one another*[*each other*]** 서로 이해하다, 의사가 소통하다; 의기투합하다

***un·der·stand·a·ble** [ʌ̀ndərstǽndəbl] *a.* **이해할 수 있는,** 알 만한: It is ~ that he is angry. 그가 화를 내는 것도 알 만하다.
-bly *ad.* 이해할 수 있게; 당연하게도

‡**un·der·stand·ing** [ʌ̀ndərstǽndiŋ] *n.* **1** Ⓤ **이해,** 납득, 파악: He doesn't seem to have much ~ *of* the question. 그는 그 질문을 잘 이해하지 못하는 것 같다. **2** Ⓤ **a 이해력,** 지력: beyond human ~ 인지가 미치지 못하는 / a person of [without] ~ 이해력 있는[없는] 사람 **b** (남에 대한) 이해심, 동정심: There was (a) deep ~ between us. 우리 사이에는 깊은 이해심이 있었다. **3** (의견·감정 등의) 일치, 동의, 묵계; 협약; 약정: a tacit ~ 암묵의 양해, 묵계
come to*[*reach, arrive at*] *an ~ with …와 양해가 이루어지다 ***have*[*keep*] *a good ~ with*** …와 의사[기맥]가 통하고 있다 ***with*[*on*] *this ~*** 이것을 명심하고서, 이 조건으로
— *a.* 지각 있는; 이해성[이해심] 있는: an ~ father 이해심 있는 아버지
~·ly *ad.* 이해심을 가지고, 이해심 있게

un·der·state [ʌ̀ndərstéit] *vt.* 삼가면서 말하다, 〈수효를〉 적게 말하다

un·der·state·ment [ʌ̀ndərstéitmənt] *n.* Ⓤ 삼가서 말함; Ⓒ 삼가서 하는 말[표현]

un·der·steer [ʌ́ndərstìər] *n.* Ⓤ 언더스티어《핸들을 꺾은 각도에 비해서 차체가 덜 도는 특성》 — [∠-∠] *vi.* 〈차가〉 언더스티어하다

‡**un·der·stood** [ʌ̀ndərstúd] *v.* UNDERSTAND의 과거·과거분사

un·der·stud·y [ʌ́ndərstʌ̀di] *n.* (*pl.* **-stud·ies**) 임시 대역 배우
— *vt.* (**-stud·ied**) …의 대역을 하도록 연습하다; …의 임시 대역을 하다

‡**un·der·take** [ʌ̀ndərtéik] *vt.* (**-took** [-túk]; **-tak·en** [-téikən]) **1** 〈일·책임 등을〉 **맡다,** 떠맡다 **2 착수하다,** 시작하다; 기도하다: ~ an experiment 실험에 착수하다 **3** 약속하다; 보증하다, 단언하다

***un·der·tak·en** [ʌ̀ndərtéikən] *v.* UNDERTAKE의 과거분사

un·der·tak·er [ʌ̀ndərtéikər] *n.* **1** 인수인, 청부인; 기업가 **2** [∠-∠-] 장의사

‡**un·der·tak·ing** [ʌ̀ndərtéikiŋ] *n.* **1 사업, 기업;** 떠맡은 일 **2** 약속, 보증 **3** [∠-∠-] Ⓤ 장의(葬儀) 취급업

un·der-the-count·er [ʌ̀ndərðəkáuntər] *a.* Ⓐ 암거래되는 〈밀수품 등〉; 불법의, 위법의

un·der-the-ta·ble [ʌ̀ndərðətéibl] *a.* Ⓐ 〈거래 등이〉 비밀리의, 내밀의

un·der·tone [ʌ́ndərtòun] *n.* **1** 저음, 작은 목소리: talk in ~*s* 작은 소리로 말하다 **2** 저류(底流), 잠재적 성질[요소]

***un·der·took** [ʌ̀ndərtúk] *v.* UNDERTAKE의 과거

un·der·tow [ʌ́ndərtòu] *n.* 물가에서 물러가는 물결; (수면 밑의) 강한 역류

un·der·val·ue [ʌ̀ndərvǽlju(ː)] *vt.* 과소평가하다; …의 가치를 감소시키다; 경시하다 **-val·u·a·tion** [-vǽljuéiʃən] *n.* Ⓤ 과소평가

un·der·vest [ʌ́ndərvèst] *n.* 《영》 소매 없는 속셔츠, 속옷

***un·der·wa·ter** [ʌ̀ndərwɔ́ːtər] *a.* **1 수면하의,** 수중(용)의: an ~ camera 수중 카메라 **2** (배의) 흘수선 아래의 — *ad.* 수면하에, 물속에(서) — *n.* 물속, 수면하(의 물)

‡**un·der·wear** [ʌ́ndərwὲər] *n.* Ⓤ [집합적] **속옷,** 내의

un·der·weight [ʌ́ndərwèit] *n.* ⓊⒸ 중량 부족; Ⓒ 표준 중량 이하의 사람[것]

***un·der·went** [ʌ̀ndərwént] *v.* UNDERGO의 과거

un·der·whelm [ʌ̀ndərhwélm] *vt.* 《익살》 파홍[실망]시키다

***un·der·world** [ʌ́ndərwə̀ːrld] *n.* [the ~] **1 하층 사회;** 악의 세계, 암흑가 **2** 〖그리스신화〗 하계(下界); 저승

un·der·write [ʌ́ndərràit] *vt.* (**-wrote** [-ròut]; **-writ·ten** [-rìtn]) **1** (해상) 보험에 가입시키다, 〈어떤 위험을〉 보험하다 **2** 〖상업〗 〈주권·사채(社債) 등을〉 인수하다
un·der·writ·er [ʌ́ndərràitər] *n.* (해상) 보험업자; (주권·공채 등의) 인수업자
un·der·writ·ten [ʌ́ndərrìtn] *v.* UNDERWRITE의 과거분사 — *a.* 아래에 쓴[서명한]: the ~ signature[name] 서명자
un·de·served [ʌ̀ndizə́:rvd] *a.* 받을 만한 값어치가 없는, 부당한, 분수에 벗어나는, 당찮은 **~·ly** *ad.*
***un·de·sir·a·ble** [ʌ̀ndizáiərəbl] *a.* **탐탁지 않은,** 불쾌한: an ~ person 탐탁지 않은 사람 — *n.* 바람직스럽지 못한 사람 **ùn·de·sìr·a·bíl·i·ty** *n.* **-bly** *ad.*
un·de·vel·oped [ʌ̀ndivéləpt] *a.* **1** 미발달의, 미발전의 **2** 〈토지가〉 미개발의 **3** 〈사진 필름이〉 현상되지 않은
***un·did** [ʌ̀ndíd] *v.* UNDO의 과거
un·dies [ʌ́ndiz] [underwear의 완곡적 단축형] *n. pl.* 《구어》 속옷류 《여성·아동용》
un·dig·ni·fied [ʌ̀ndígnəfàid] *a.* 품위 없는, 위엄 없는
un·di·lut·ed [ʌ̀ndailú:tid, -di-] *a.* 희석[묽게]하지 않은
un·di·min·ished [ʌ̀ndimíniʃt] *a.* 〈힘·질 등이〉 줄지 않은, 쇠약[저하]하지 않은
un·dis·charged [ʌ̀ndistʃɑ́:rdʒd] *a.* **1** 이행되지 않은; 〈빚 등이〉 상환되지 않은 **2** 발사되지 않은 **3** 〖법〗 면책되지 않은 **4** 〈뱃짐이〉 양륙되지 않은
un·dis·ci·plined [ʌ̀ndísəplind] *a.* 규율 없는; 훈련을 받지 않은
un·dis·cov·ered [ʌ̀ndiskʌ́vərd] *a.* 발견되지 않은; 미지의
un·dis·guised [ʌ̀ndisgáizd] *a.* **1** 변장하지 않은 **2** 있는 그대로의
un·dis·mayed [ʌ̀ndisméid] *a.* 기상을 잃지 않은, 태연한, 낙심하지 않은
un·dis·put·ed [ʌ̀ndispjú:tid] *a.* 이의 없는, 명백한
un·dis·tin·guished [ʌ̀ndistíŋgwiʃt] *a.* 뚜렷한 차이점이 없는; 평범한
***un·dis·turbed** [ʌ̀ndistə́:rbd] *a.* **방해받지 않은;** 평정한: sleep ~ (방해받지 않고) 조용히 자다 **-túrb·ed·ly** [-tə́:rbidli] *ad.* 차분히, 조용히
un·di·vid·ed [ʌ̀ndiváidid] *a.* **1** 나눌 수 없는, 분할되지 않은; 완전한 **2** 한눈 팔지 않는: ~ attention 전념
***un·do** [ʌ̀ndú:] *vt.* (**-did** [-díd]; **-done** [-dʌ́n]) **1 a** 〈일단 한 것을〉 **원상태로 돌리다;** 〈노력 등의〉 결과를 망치다: What's done cannot be *undone.* 엎지른 물은 다시 담을 수 없다. **b** 취소하다 **2 a** 〈매듭·꾸러미 등을〉 **풀다 b** 〈단추 등을〉 끄르다, 늦추다: ~ a zipper 지퍼를 끄르다
un·dock [ʌ̀ndɑ́k | -dɔ́k] *vt.* 〈배를〉 dock에서 내다; 〖우주과학〗 〈우주선의〉 도킹을 풀다
— *vi.* 〈배가〉 dock에서 나오다; 〈우주선이〉 도킹에서 풀리다
un·do·ing [ʌ̀ndú:iŋ] *n.* Ⓤ **1** 원상태로 하기 **2** 《문어》 타락, 영락, 파멸; [one's ~] 파멸[영락]의 원인 **3** 〈소포 등을〉 풀기, 끄름
un·do·mes·ti·cat·ed [ʌ̀ndəméstikèitid] *a.* 〈동물이〉 길들지 않은
***un·done**[1] [ʌ̀ndʌ́n] *v.* UNDO의 과거분사 — *a.* Ⓟ 푼, 끄른, 벗긴: He has got a button ~. 그의 단추가 하나 끌러져 있다.
undone[2] *a.* Ⓟ 하지 않은; 다 되지 않은, 미완성의
***un·doubt·ed** [ʌ̀ndáutid] *a.* Ⓐ **의심할 여지없는;** 진짜의, 확실한: an ~ fact 확실한 사실
⁑**un·doubt·ed·ly** [ʌ̀ndáutidli] *ad.* **의심할 여지없이;** 확실히: *U*~ he did it. 틀림없이 그가 했다.
un·draw [ʌ̀ndrɔ́:] *vt., vi.* (**-drew** [-drú:]; **-drawn** [-drɔ́:n]) 〈커튼을〉 열어 젖히다
un·dreamed-of [ʌ̀ndrí:mdʌ̀v | -ɔ̀v], **un·dreamt-of** [-drémt-] *a.* 꿈에도 생각지 않은, 전혀 예상 외의
***un·dress**[1] [ʌ̀ndrés] *vt.* **1** …**의 옷을 벗기다**: She ~*ed* the baby. 그녀는 아기의 옷을 벗겼다. **2** 〈상처의〉 붕대를 풀다 — *vi.* 옷을 벗다
un·dress[2] [ʌ́ndrès] *n.* Ⓤ **1** 평복, 약장(略裝), 일상복; 일상 군복 **2** 알몸(이나 다름없는) 상태, (거의) 나체 상태
un·dressed [ʌ̀ndrést] *a.* **1** 옷을 벗은, 발가벗은; 잠옷 바람의 **2** 붕대 감지 않은; 무두질하지 않은; 요리하지 않은
un·drink·a·ble [ʌ̀ndríŋkəbl] *a.* 마시지 못할; (마시기에) 맛없는
***un·due** [ʌ̀ndjú: | -djú:] *a.* Ⓐ **1 과도한,** 심한: He left with ~ haste. 그는 공연히 서둘러서 떠났다. **2 부당한,** 부적당한: have an ~ effect on …에 부당한 결과를 가져오다 **3** 〈어음 등이〉 (지불) 기한이 되지 않은
un·du·lant [ʌ́ndʒulənt | -dju-] *a.* 물결치는, 파상(波狀)의
un·du·late [ʌ́ndʒulèit | -dju-] [L 「물결」의 뜻에서] *vi.* **1** 〈수면·초원 등이〉 물결[파동]치다 **2** 〈지표 등이〉 기복지다 — *vt.* 물결을 일으키다, 진동시키다; 굽이치게 하다
un·du·la·tion [ʌ̀ndʒuléiʃən | -dju-] *n.* ⓊⒸ 파동, 굽이침; (지표의) 기복; 〖물리〗 파동, 진동; 음파; 광파
un·du·la·to·ry [ʌ́ndʒulətɔ̀:ri | -djulətəri] *a.* 파동[기복]의, 굽이치는: the ~ theory (of light) 〖물리〗 (빛의) 파동설
un·du·ly [ʌ̀ndjú:li | -djú:-] *ad.* 과도하게, 심하게; 부당하게
un·dy·ing [ʌ̀ndáiiŋ] *a.* Ⓐ 죽지 않는, 불멸의, 불후의, 영원한
un·earned [ʌ̀nə́:rnd] *a.* **1** 노력 없이 얻은, 일하지 않고 얻은 **2** Ⓐ 〈보수 등이〉 받을 일이 못되는, 과분한
unéarned íncome 불로 소득
un·earth [ʌ̀nə́:rθ] *vt.* **1** 발굴하다, 파내다 **2** 〈새 사실 등을〉 발견하다, 밝히다, 폭로하다
un·earth·ly [ʌ̀nə́:rθli] *a.* **1** 이 세상 것 같지 않은, 초자연적인 **2** 기분 나쁜, 섬뜩한 **3** Ⓐ 《구어》 상식 밖의, 터무니없는[없이 이른] 〈시각 등〉
un·ease [ʌ̀ní:z] *n.* 《문어》 = UNEASINESS
***un·eas·i·ly** [ʌ̀ní:zəli] *ad.* **1 불안 속에,**

걱정하여 **2** 불쾌하게, 거북하게

*__un·eas·i·ness__ [ʌníːzinis] *n.* Ⓤ **불안,** 걱정, 불쾌; 거북함

‡__un·eas·y__ [ʌníːzi] *a.* (**-eas·i·er**; **-i·est**) **1 불안한,** 염려스러운: an ~ dream 불안한 꿈 **2** 〈태도 등이〉 **어색한,** 딱딱한: She gave an ~ laugh. 그녀는 어색한 웃음을 웃었다. **3** 〈몸이〉 거북한, 불편한: feel ~ in tight clothes 끼는 옷을 입어서 거북하다 ***feel ~ about*** …에 불안을 느끼다, …이 걱정이 되다 ***grow ~ at*** …이 불안해지다 ***have an ~ conscience*** 마음이 꺼림칙하다

un·eat·a·ble [ʌníːtəbl] *a.* 먹지 못할

un·e·co·nom·ic, -i·cal [ʌnekənámik-(əl), -iːk- | -nɔ́m-] *a.* **1** 경제 원칙에 맞지 않는, 비경제적인 **2** 비절약적인, 낭비하는

un·ed·u·cat·ed [ʌnédʒukèitid] *a.* 무교육의, 무식한

un·e·mo·tion·al [ʌnimóuʃənl] *a.* 감정적[정서적]이 아닌, 냉정한 **~·ly** *ad.*

un·em·ploy·a·ble [ʌnimplɔ́iəbl] *a.* (나이·장애 등으로) 고용할 수 없는

*__un·em·ployed__ [ʌnimplɔ́id] *a.* **1 실직한,** 일이 없는, 실업(자)의 **2** 이용[활용] 안 하는, 놀려 두는: ~ capital 유휴 자본
— *n.* [the ~; 복수 취급] 실직자들

‡__un·em·ploy·ment__ [ʌnimplɔ́imənt] *n.* Ⓤ **실직;** 실업률, 실업자 수: push ~ down 실업률을 낮추다

un·end·ing [ʌnéndiŋ] *a.* **1** 끝없는, 영구한 **2** (구어) 끊임없는, 간단없는

un·en·dur·a·ble [ʌnindjúərəbl | -djúər-] *a.* 참을[견딜] 수 없는 **-bly** *ad.*

un-Eng·lish [ʌníŋgliʃ] *a.* 영국인[영어]답지 않은; 영국식이 아닌

un·en·light·ened [ʌninláitnd] *a.* **1** 계몽되지 않은, 무지한 **2** 완비(頑迷)한, 편견에 찬 **3** 진상을 모르는

un·en·vi·a·ble [ʌnénviəbl] *a.* 부러워할 것 없는; 난처한; 골치 아픈

*__un·e·qual__ [ʌníːkwəl] *a.* **1 같지 않은,** 동등하지 않은 **2** 감당 못하는, 역부족인 《*to*》: ~ *to* the task 그 일을 감당 못하는 **3** 한결같지 않은 **~·ly** *ad.* **~·ness** *n.*

un·e·qualed | **-qualled** [ʌníːkwəld] *a.* 필적할 것이 없는, 둘도 없는

un·e·quiv·o·cal [ʌnikwívəkəl] *a.* 모호[애매]하지 않은; 명백한, 솔직한: an ~ answer 명쾌한 대답 **~·ly** *ad.*

un·err·ing [ʌnə́ːriŋ, -ɛ́ər- | -ə́ːr-] *a.* 틀리지 않는; 정확[적확]한 **~·ly** *ad.*

*__UNESCO, Unes·co__ [juːnéskou] [*U*nited *N*ations *E*ducational, *S*cientific, and *C*ultural *O*rganization] *n.* **유네스코,** 국제 연합 교육 과학 문화 기구

*__un·e·ven__ [ʌníːvən] *a.* **1 평탄하지 않은,** 울퉁불퉁한: an ~ dirt road 울퉁불퉁한 비포장 도로 **2 한결같지 않은:** of ~ temper 변덕스러운 **3** 〈작품 등이〉 균질이 아닌 **4** 홀수의: ~ numbers 홀수, 기수 **~·ly** *ad.* **~·ness** *n.*

unéven bàrs [(the) ~] 《체조》 2단[고저] 평행봉 《용구 및 경기 종목》

un·e·vent·ful [ʌnivéntfəl] *a.* 사건이 없는, 파란이 없는, 평온 무사한 **~·ly** *ad.*

un·ex·am·pled [ʌnigzǽmpld | -záːm-] *a.* 전례[유례]가 없는, 비할 데 없는

un·ex·cep·tion·a·ble [ʌniksépʃənəbl] *a.* 나무랄 데 없는, 더할 나위 없는 **-bly** *ad.*

un·ex·cep·tion·al [ʌniksépʃənl] *a.* 예외가 아닌; 보통의; 예외를 인정하지 않는 **~·ly** *ad.*

‡__un·ex·pect·ed__ [ʌnikspéktid] *a.* **예기치 않은,** 뜻밖의, 갑작스런: an ~ visitor 불시의 방문객 **~·ness** *n.*

*__un·ex·pect·ed·ly__ [ʌnikspéktidli] *ad.* 뜻밖에, 예상외로, 돌연

un·ex·pur·gat·ed [ʌnékspərgèitid] *a.* 〈책 등이〉 (검열에서) 삭제되지 않은

un·fail·ing [ʌnféiliŋ] *a.* **1** 절대 확실한; 신뢰할 수 있는, 충실한 **2** 끊임[다함]없는: a novel of ~ interest 흥미진진한 소설

*__un·fair__ [ʌnfɛ́ər] *a.* **1 불공평한:** an ~ competition 불공평한 경쟁 **2** 부정한, 부당한 〈상거래 등〉 **~·ly** *ad.*

un·faith·ful [ʌnféiθfəl] *a.* **1** 불충실한, 성실하지 않은 **2** 부정한 〈아내 등〉 **~·ly** *ad.* **~·ness** *n.*

un·fal·ter·ing [ʌnfɔ́ːltəriŋ] *a.* **1** 〈걸음걸이가〉 비틀거리지 않는, 〈말투 등이〉 흔들리지 않는 **2** 주저하지 않는, 단호한

*__un·fa·mil·iar__ [ʌnfəmíljər] *a.* **1** 〈사람이〉 **익숙지 못한,** 정통하지 못한 **2** 생소한, 낯선, 드문: ~ faces 낯선 얼굴들

un·fa·mil·i·ar·i·ty [ʌnfəmìliǽrəti] *n.* Ⓤ 잘 모름, 익숙지 않음

un·fash·ion·a·ble [ʌnfǽʃənəbl] *a.* 유행하지 않는, 낡은

un·fas·ten [ʌnfǽsn | -fáːsn] *vt.* 풀다, 끄르다, 늦추다

un·fath·om·a·ble [ʌnfǽðəməbl] *a.* **1** 잴 수 없는, 깊이를 헤아릴 수 없는 **2** 심오한, 불가해한 **-bly** *ad.*

un·fath·omed [ʌnfǽðəmd] *a.* 〈바다 등이〉 깊이를 알 수 없는; 〈문제 등이〉 이해할 수 없는

*__un·fa·vor·a·ble__ | **-vour-** [ʌnféivərəbl] *a.* **1** 〈보고·비평 등이〉 **호의적이 아닌,** 비판적인: hold an ~ opinion of …에 대해 비판적인 의견을 갖고 있다 **2 형편이 나쁜,** 불운한 **3** 바람직하지 못한, 불길한 **-bly** *ad.*

un·fazed [ʌnféizd] *a.* (구어) 마음이 동요하지 않은, 당황하지 않은

un·feel·ing [ʌnfíːliŋ] *a.* **1** 무감각의 **2** 무정[냉혹, 잔혹]한 **~·ly** *ad.* **~·ness** *n.*

un·feigned [ʌnféind] *a.* 거짓 없는, 진실한, 성실한 **un·féign·ed·ly** [-féinidli] *ad.*

*__un·fin·ished__ [ʌnfíniʃt] *a.* **1 미완성인,** 완료되지[끝나지] 않은: an ~ letter 쓰다 만 편지 **2** 다듬지 않은 **3** 〈직물 등이〉 마무리가 덜 된

*__un·fit__ [ʌnfít] *a.* Ⓟ **부적당한,** 적임이 아닌, 어울리지 않는 《*for*》: He is ~ *to* be a teacher. 그는 교사가 되기에는 부적당하다.
— *vt.* (**~·ted**; **~·ting**) 부적당하게 하다, 부적격으로 만들다 《*for*》: Illness *~ted* him *for* the life of a farmer. 병 때문에 그는 농민 생활을 못하게 되었다.

un·fix [ʌnfíks] *vt.* **1** 떼어내다, 풀다 **2** 〈마음 등을〉 동요시키다
un·flag·ging [ʌnflǽgiŋ] *a.* 늘어지지 않는, 쇠하지 않는, 지치지 않는 **~·ly** *ad.*
un·flap·pa·ble [ʌnflǽpəbl] *a.* 《구어》 쉽사리 흥분[동요]하지 않는, 침착한
-bly *ad.*
un·fledged [ʌnflédʒd] *a.* 아직 깃털이 다 나지 않은; 미숙한, 풋내기의
un·flinch·ing [ʌnflíntʃiŋ] *a.* 움츠리지 않는, 굽히지 않는; 단호한 **~·ly** *ad.*
***un·fold** [ʌnfóuld] *vt.* **1** 〈접은[갠] 물건·잎·꽃봉오리 등을〉 **펴다**: ~ a map 지도를 펴다 **2** 〈생각·의도 등을〉 나타내다; 〈비밀·속마음을〉 털어놓다: He *~ed* his plans to her. 그는 계획을 그녀에게 털어놓았다. **—** *vi.* **1** 〈잎·꽃봉오리 등이〉 **열리다 2** 〈경치·이야기 등이〉 펼쳐지다: The plot of the novel *~s* in a very natural way. 그 소설의 줄거리는 아주 자연스럽게 전개된다.
un·forced [ʌnfɔ́:rst] *a.* 강제적이 아닌; 부자연스러운 것이 아닌
un·fore·seen [ʌnfɔ:rsí:n] *a.* 생각지[뜻하지] 않은, 예측하지 않은, 의외의
un·for·get·ta·ble [ʌnfərgétəbl] *a.* 잊을 수 없는, 언제까지나 기억에 남는
-bly *ad.*
un·for·giv·a·ble [ʌnfərgívəbl] *a.* 용서할 수 없는 〈과오 등〉 **-bly** *ad.*
un·formed [ʌnfɔ́:rmd] *a.* **1** 정형(定形)이 없는 **2** 미발달의, 미숙한 **3** 형성되지 않은
⁑**un·for·tu·nate** [ʌnfɔ́:rtʃənət] *a.* **1 불운한, 불행한**: an ~ accident 불운한 사고 **2** 적당하지 않은, 부적당한: make an ~ remark 부적절한 말을 하다, 실언하다 **3** 불행한 결과를 가져오는, 성공하지 못한: an ~ business venture 성공하지 못한 투기적 사업 **4** 유감스러운, 연민을 자아내는 **—** *n.* 불운한[불행한] 사람
⁑**un·for·tu·nate·ly** [ʌnfɔ́:rtʃənətli] *ad.* **1** [문장 전체를 수식하여] **불행[불운]하게도**, 유감스럽게도: *U*~ I was out when you came. 네가 왔을 때에 공교롭게도 나는 부재중이었다. **2** 운수 나쁘게: He was ~ caught in the shower. 그는 재수 없게 소나기를 만났다.
un·found·ed [ʌnfáundid] *a.* 근거 없는, 이유 없는: ~ hopes 헛된 희망
un·freeze [ʌnfrí:z] *vt.* (**-froze** [fróuz]; **-fro·zen** [-fróuzn]) **1** 녹이다 **2** 〚경제〛 〈가격·임금 등의〉 동결을 해제하다
un·fre·quent·ed [ʌnfri:kwéntid] *a.* 사람이 잘 가지[다니지] 않는, 인적 드문
***un·friend·ly**[1] [ʌnfréndli] *a.* **우정이 없는**, 불친절한, 박정한; 악의[적의]가 있는: an ~ waitress 불친절한 여급
unfriendly[2] *a.* [주로 복합어의 제2요소로] 해로운, 기능을 저해하는: environment-*unfriendly* 환경에 나쁜 작용을 하는 / ozone-*unfriendly* 오존을 고갈시키는
un·frock [ʌnfrɑ́k | -frɔ́k] *vt.* …의 성직복을 벗기다, …에게서 성직을 빼앗다
un·fruit·ful [ʌnfrú:tfəl] *a.* **1** 헛된, 보답 없는 **2** 열매를 맺지 않는, 불모의; 아이[새끼]를 낳지 못하는

un·ful·filled [ʌnfulfíld] *a.* 이루어지지 않은; 실현[성취]되지 않은
un·furl [ʌnfə́:rl] *vt.* 〈돛·우산 등을〉 펴다, 〈기 등을〉 올리다, 펄펄 날리다 **—** *vi.* 펴지다, 오르다, 펄럭이다
un·fur·nished [ʌnfə́:rniʃt] *a.* 갖추어지지 않은; 〈방 등이〉 가구가 비치되지 않은, 비품이 없는
UNGA United Nations General Assembly 국제 연합 총회
un·gain·ly [ʌngéinli] *a.* 꼴사나운, 볼품없는, 어색한 **-li·ness** *n.*
un·gen·er·ous [ʌndʒénərəs] *a.* 옹졸한, 대범하지 못한; 인색한 **~·ly** *ad.*
un·gird [ʌngə́:rd] *vt.* (**~·ed, -girt** [-gə́:rt]) …의 띠를 풀다; …의 띠를 풀어 늦추다
un·glued [ʌnglú:d] *a.* 벗겨진, 잡아뗀
un·god·ly [ʌngɑ́dli | -gɔ́d-] *a.* (**-li·er**; **-li·est**) **1 a** 신앙심 없는, 신을 두려워[경외]하지 않는 **b** 죄 많은: the ~ 죄많은 사람들 **2** Ⓐ 《구어》 **a** 심한, 지독한 : an ~ noise 지독한 소음 **b** 〈시각이〉 엉뚱한: call on a person at an ~ hour 엉뚱한 시간에 …을 방문하다 **-li·ness** *n.*
un·gov·ern·a·ble [ʌngʌ́vərnəbl] *a.* 다스리기 어려운, 제어할 수 없는; 격심한 〈분노 등〉 **-bly** *ad.*
un·grace·ful [ʌngréisfəl] *a.* 우아하지 않은; 예의 없는, 볼품없는
~·ly *ad.* **~·ness** *n.*
un·gra·cious [ʌngréiʃəs] *a.* 공손하지 않은, 퉁명스러운, 불친절한; 버릇없는
un·gram·mat·i·cal [ʌngrəmǽtikəl] *a.* 문법에 맞지 않는; 비표준적인 **~·ly** *ad.*
***un·grate·ful** [ʌngréitfəl] *a.* **1 은혜를 모르는**, 배은망덕의 **2** 일한 보람 없는; 불쾌한, 싫은 **~·ly** *ad.* **~·ness** *n.*
un·ground·ed [ʌngráundid] *a.* 근거 없는, 이유 없는
un·grudg·ing [ʌngrʌ́dʒiŋ] *a.* 아끼지 않는, 활수한; 진심의 **~·ly** *ad.*
un·guard·ed [ʌngɑ́:rdid] *a.* **1** 지키지 않는, 수비 없는 **2** 부주의한, 경솔한; 방심하는 **~·ly** *ad.*
un·guent [ʌ́ŋgwənt] *n.* Ⓤ,Ⓒ 연고(軟膏)
un·gu·late [ʌ́ngjulət, -lèit] 〚동물〛 *a.* 발굽이 있는, 유제(有蹄)의; 유제류의; 발굽 모양의
— *n.* 유제 동물
un·hand [ʌnhǽnd] *vt.* [보통 명령형] 《고어·익살》 손에서 놓다, 잡았던 손을 떼다
***un·hap·pi·ly** [ʌnhǽpili] *ad.* **1 불행히**, 비참하게: live ~ 비참하게 살다 **2** [문장 전체를 수식하여] 불행하게도, 공교롭게도, 재수 없이: *U*~, he was out. 공교롭게도 그는 집에 없었다.
***un·hap·pi·ness** [ʌnhǽpinis] *n.* Ⓤ **불행, 불운**, 비참, 비애
***un·hap·py** [ʌnhǽpi] *a.* (**-pi·er**; **-pi·est**) **1 불행한**, 비참한: She felt ~ *to* see the accident. 그녀는 사고를 목격하고 매우 마음 아프게 생각했다. **2** 공교로운: an ~ meeting 공교로운 만남 **3** 적절하지 못한, 서투른 〈말씨 등〉: an ~ remark 부적절한 평[말]

un·harmed [ʌ̀nhɑ́ːrmd] *a.* 상하지 않은, 해를 입지 않은
un·har·ness [ʌ̀nhɑ́ːrnis] *vt.* **1** 〈말 등의〉 마구를 풀다 **2** …의 무장을 해제시키다
un·health·ful [ʌ̀nhélθfəl] *a.* 건강에 해로운, 건강하지 못한
*__un·health·y__ [ʌ̀nhélθi] *a.* (**-health·i·er**; **-i·est**) **1 건강하지 못한**, 병약한; 〈정신이〉 불건전한: an ~ paleness 병적으로 창백한 안색 **2** 〈장소가〉 건강에 해로운, 불건전한; 병적인: an ~ interest in death 죽음에 대한 병적인 흥미 **3** 《구어》 〈사태 등이〉 위험한, 무분별한
un·heard [ʌ̀nhə́ːrd] *a.* **1** 들리지 않는; 귀담아 들어주지 않는 **2** 아직 듣지[알지] 못한
un·heard-of [ʌ̀nhə́ːrdɑ̀v | -ɔ̀v] *a.* 전례가 없는, 금시초문의
un·heed·ed [ʌ̀nhíːdid] *a.* 고려[배려]되지 않는, 무시된
un·hes·i·tat·ing [ʌ̀nhézətèitiŋ] *a.* **1** 어물거리지[주저하지] 않는 **2** 민활한, 재빠른; 척척 해치우는 **~·ly** *ad.*
un·hinge [ʌ̀nhíndʒ] *vt.* **1** …의 경첩을 떼다, 떼어놓다 **2** 〈정신을〉 혼란[착란]시키다; 미치게 하다
un·hitch [ʌ̀nhítʃ] *vt.* 풀어놓다
un·ho·ly [ʌ̀nhóuli] *a.* (**-li·er**; **-li·est**) **1** 《문어》 신성하지 않은, 부정(不淨)한 **2** 신앙심 없는; 사악한 **3** Ⓐ 《구어》 무서운, 터무니없는 〈시간 등〉: an ~ row 걷잡을 수 없는 소동[법석] **-li·ness** *n.*
un·hook [ʌ̀nhúk] *vt.* 갈고리에서 벗기다, 〈의복 등의〉 훅을 끄르다
un·hoped-for [ʌ̀nhóuptfɔ̀ːr] *a.* 바라지 않던, 의외의
un·horse [ʌ̀nhɔ́ːrs] *vt.* 말에서 떨어뜨리다, 〈말이〉 〈탄 사람을〉 떨어뜨리다
un·hur·ried [ʌ̀nhə́ːrid | -hʌ́r-] *a.* 서두르지 않는, 신중한
un·hurt [ʌ̀nhə́ːrt] *a.* 상하지[다치지] 않은, 해를 받지 않은
uni- [júːni] 《연결형》 「단일(single)」의 뜻
u·ni·cam·er·al [jùːnikǽmərəl] *a.* 〈의회가〉 일원(제)의
UNICEF, U·ni·cef [júːnəsèf] [*U*nited *N*ations *I*nternational *C*hildren's *E*mergency *F*und] *n.* 유니세프, 유엔 아동 기금 《1953년 United Nations Children's Fund로 개칭; 약칭은 같음》
u·ni·cel·lu·lar [jùːnəséljulər] *a.* 단세포의
u·ni·corn [júːnəkɔ̀ːrn] [L 「뿔이 하나인」의 뜻에서] *n.* **1** 일각수(一角獸) 《이마에 뿔 하나·영양(羚羊)의 엉덩이·사자의 꼬리를 가진 말 비슷한 전설의 동물》 **2** [the U~] 〖천문〗 외뿔소자리; 일각수 《방패의 왼편에 사자와 맞대하고 있는 영국 왕실의 문장(紋章)》
u·ni·cy·cle [júːnəsàikl] *n.* 외바퀴 자전거 《서커스용》
un·i·den·ti·fied [ʌ̀naidéntəfàid] *a.* 〈국적·소유·신원이〉 불확실한, 미확인의
unidéntified flýing óbject 미확인 비행 물체 《비행접시 등; 略 UFO》
un·id·i·o·mat·ic [ʌ̀nidiəmǽtik] *a.* 관용 어법에 어긋나는
u·ni·fi·ca·tion [jùːnəfikéiʃən] *n.* Ⓤ 통일, 단일화
ú·ni·fied fíeld thèory [júːnəfàid-] 〖물리〗 통일장(統一場) 이론
‡**u·ni·form** [júːnəfɔ̀ːrm] [L 「같은 모양의」의 뜻에서] *a.* **1 한결 같은**, 동형(同形·同型)의, 똑같은; 균일한: vases of ~ size and shape 같은 크기 같은 모양의 꽃병들 **2** 불변의, 일정한: at a ~ temperature[speed] 일정 온도[속도]로 **—** *n.* ⒸⓊ **제복** 《군인·경관·간호사 등의》
u·ni·formed [júːnəfɔ̀ːrmd] *a.* 제복 차림의
*__u·ni·form·i·ty__ [jùːnəfɔ́ːrməti] *n.* (*pl.* **-ties**) ⓊⒸ **한결같음**, 고름; 일정불변
*__u·ni·form·ly__ [júːnəfɔ̀ːrmli] *ad.* **한결같이**, 균일[균등]하게
u·ni·fy [júːnəfài] *vt.* (**-fied**) **1** 단일화하다, 통일하다: ~ the opposition 야당을 통합하다 **2** 한결같게 하다
u·ni·lat·er·al [jùːnəlǽtərəl] *a.* **1** 한편(만)의; 일방적인: ~ declaration of independence 일방적 독립 선언 **2** 〖법〗 일방적인, 편무(片務)의: a ~ contract 편무 계약 **~·ly** *ad.*
u·ni·lin·gual [jùːnəlíŋgwəl] *a.* 한 언어만 사용하는; 통일 언어의
un·im·ag·i·na·ble [ʌ̀nimǽdʒinəbl] *a.* 상상할 수 없는; 생각조차 못하는, 기상 천외의 **-bly** *ad.*
un·im·ag·i·na·tive [ʌ̀nimǽdʒinətiv] *a.* 상상력이 없는, 시적이 아닌
un·im·paired [ʌ̀nimpɛ́ərd] *a.* 손상되지 않은; 약화되지 않은
un·im·peach·a·ble [ʌ̀nimpíːtʃəbl] *a.* 《문어》 탄핵[비난]할 여지가 없는; 과실[죄]이 없는: an ~ evidence 뚜렷한 증거 **-bly** *ad.*
*__un·im·por·tant__ [ʌ̀nimpɔ́ːrtənt] *a.* **중요하지 않은**, 사소한
un·im·pres·sive [ʌ̀nimprésiv] *a.* 인상적이 아닌, 인상이 희박한
un·im·proved [ʌ̀nimprúːvd] *a.* **1** 개량되어 있지 않은 **2** 경작되지 않은; (건물·대지 등으로) 이용되지 않은, (황폐된 채) 손보지 않은 **3** 〈기회 등이〉 아직 이용되지 않은
un·in·formed [ʌ̀ninfɔ́ːrmd] *a.* **1** 소식[정보]을 받지 않은, 충분한 지식이 없는 **2** 교육을 받지 않은, 무식한
un·in·hab·it·a·ble [ʌ̀ninhǽbitəbl] *a.* 사람이 살[거주할] 수 없는
un·in·hab·it·ed [ʌ̀ninhǽbitid] *a.* 사람이 살지 않는, 주민이 없는
un·in·hib·it·ed [ʌ̀ninhíbitid] *a.* 억제되지 않은, 무제한의
un·in·i·ti·at·ed [ʌ̀niníʃièitid] *a.* **1** 충분한 경험[지식]이 없는, 풋내기의 **2** [the ~; 명사적; 복수 취급] 미경험자, 초심자
un·in·jured [ʌ̀níndʒərd] *a.* 손상되지 않은, 상처를 입지 않은
un·in·spired [ʌ̀ninspáiərd] *a.* 영감을 받지 않은; 평범한
un·in·tel·li·gent [ʌ̀nintélədʒənt] *a.* 무지한; 우둔한 **~·ly** *ad.*

U

un·in·tel·li·gi·ble [ʌnintélədʒəbl] *a.* 이해할 수 없는, 난해한 **-bly** *ad.*
un·in·tend·ed [ʌninténdid] *a.* 고의가 아닌, 계획하지 않은
un·in·ten·tion·al [ʌninténʃənl] *a.* 고의가 아닌, 무심코한 **~·ly** *ad.*
un·in·ter·est·ed [ʌníntəristid] *a.* **1** 무관심한 《*in*》 **2** …에 개인적 관계가 없는
un·in·ter·est·ing [ʌníntəristiŋ] *a.* 재미없는, 흥미 없는
un·in·ter·rupt·ed [ʌnìntərʌ́ptid] *a.* 중단되지 않은, 연속된, 부단의 **~·ly** *ad.*
un·in·vit·ed [ʌninváitid] *a.* **1** 초청받지 않은 〈손님 등〉, 불청객인 **2** 쓸데없는 참견을 하는, 주제넘은
‡un·ion [júːnjən] 〖L 「하나로 하기」의 뜻에서〗 *n.* **1** ⓊⒸ **결합**, 연합, 합체; (특히 나라와 나라와의 정치적) 병합 **2** [**U~**] 연합 국가, 연방; [the U~] 아메리카 합중국, (남북 전쟁 때 연방 정부를 지지한) 북부의 여러 주; 영국 연방, 연합 왕국 **3** 결혼 **4** Ⓤ 융화, 화합 **5** 동맹, 합동 ***a craft*** **~** 직능(별) 조합 ***in*** **~** 공동으로, 협조하여
únion càtalog (2개 이상의 도서관의) 종합 도서 목록
Únion Flàg [the ~] = UNION JACK
un·ion·ism [júːnjənìzm] *n.* Ⓤ **1** 노동조합주의 **2** [**U~**] 《영》 (19세기 말의) 연합주의, 통일주의 《영 제국의 모든 속령(屬領)을 단일 중앙 정부 아래 연합 통일하려는 정책》 **3** [**U~**] 《미》 (남북 전쟁 당시의) 연방주의
un·ion·ist [júːnjənist] *n.* **1** 《영》 통일론자, 연합론자 **2** [**U~**] 〖미국사〗 연방주의자 《미국의 남북 전쟁 당시 남북의 분리에 반대함》 **3** 노동조합원; 노동조합주의자
un·ion·i·za·tion [jùːnjənizéiʃən | -nai-] *n.* Ⓤ 노동조합화; 노동조합 형성; 노조 가입
un·ion·ize [júːnjənàiz] *vt.* 노동조합화하다; 노동조합을 조직하다; 노동조합에 가입시키다 **—** *vi.* 노동 조합에 가입하다
Únion Jáck [the ~] 영국 국기 《잉글랜드의 St. George, 스코틀랜드의 St. Andrew, 아일랜드의 St. Patrick의 3개 십자가를 합친 3국 연합의 표상(表象)》
únion shòp 유니언 숍 《전 종업원의 고용 조건이 사용자와 노동조합과의 협정으로 정해지는 기업체》
únion sùit 《미》 유니언 슈트(《영》 combinations) 《아래위가 하나로 된 속옷》
‡u·nique [ju(ː)níːk] 〖F 「단일의」의 뜻에서〗 *a.* **1** **유일(무이)한**, 특이한, 비길 바 없는 **2** 《구어》 굉장한; 진기한, 별난 **~·ly** *ad.* **~·ness** *n.*
u·ni·sex [júːnəsèks] *a.* **1** 〈복장 등이〉 남녀의 구별이 없는, 남녀를 구별할 수 없는 **2** 남녀 공용의 **—** *n.* 남녀 무차별[평등]
u·ni·sex·u·al [jùːnəsékʃuəl | -sjuəl] *a.* **1** 〖동물·식물〗 단성(單性)의 **2** = UNISEX
u·ni·son** [júːnəsn, -zn] 〖L 「동일음의」의 뜻에서〗 *n.* ⓊⒸ **1** **조화**, 화합, 일치 **2** 〖음악〗 제창(齊唱), 제주(齊奏) **3** 동음(同音) ***in **~** 〈한 선율을〉 동음으로, 제창으로; 일제히; 일치하여, 조화하여 《*with*》
‡u·nit [júːnit] 〖unity의 역성(逆成)〗 *n.* **1** **단일체**, 하나, 한 사람; 일단 **2** **편성[구성] 단위**; 〖군사〗 부대 **3** (특정의 기능을 가진) 장치 **4** 〖수학〗 단위, 최소 완전수 《즉 1》, 한 자리의 수 **—** *a.* 단위의, 단위를 구성하는
U·ni·tar·i·an [jùːnətέəriən] *n.* **1** 유니테리언파의 사람 《신교의 일파; 삼위일체설을 부인하고 유일 신격(神格)을 주장하여 그리스도의 신성(神性)을 부인》 **2** [**u~**] 유일신교도; 단일제론자, 단일 정부주의자 **—** *a.* 유니테리언[유일교파]의 **~·ism** *n.* Ⓤ 유니테리언파의 교리
u·ni·tar·y [júːnətèri | -təri] *a.* **1** 하나의, 단위의, 일원(一元)의: the ~ method 〖수학〗 귀일법 **2** 단위로 사용하는 **3** 단일 정부제의
‡u·nite [ju(ː)náit] 〖L 「하나로 하다」의 뜻에서〗 *vt.* **1** **결합하다**, 통합하다, 일체가 되게 하다, 합병하다 《*to, with*》: ~ one country *to* another 한 나라를 다른 나라에 합병하다 **2** 결혼시키다: ~ a man and woman in marriage 남녀를 결혼시키다 **3** 〈여러 장점을〉 함께 가지다, 겸비하다: ~ wit and beauty 재색을 겸비하다 **4** 단결[결속]시키다 **—** *vi.* **1** **하나[일체]가 되다**, 합일[합체]하다 《*with*》: Oil will not ~ *with* water. 기름은 물과 혼합되지 않는다. **2** 제휴[일치]하다, 통합[단결]하다: ~ *in* fighting public nuisances = ~ *to* fight public nuisances 협동해서 공해를 퇴치하다
‡u·nit·ed [ju(ː)náitid] *a.* **1** **합병한**, (정치적으로) 연합한 **2** 일치한, 화합한: a ~ family 화목한 가족 **3** 협력[제휴, 단결]한 ***in one*** **~** ***body*** 일체[한 덩어리]가 되어 ***present a*** **~** ***front*** 공동 전선을 펴다 **~·ly** *ad.* 연합[협동, 일치]하여
Uníted Árab Emírates [the ~; 단수·복수 취급] 아랍 에미리트 연합국 《略 UAE》
‡Uníted Kíngdom [the ~] **연합 왕국**, 영국 《잉글랜드, 웨일스, 스코틀랜드, 북아일랜드로 구성되며, 영연방의 중심임; 수도 London; 略 U.K.; 정식 명칭 the United Kingdom of Great Britain and Northern Ireland》
‡Uníted Nátions [the ~; 단수 취급] **국제 연합**, **유엔** 《1945년에 조직; 본부는 New York 시; 略 UN, U.N.》
Uníted Nátions Secúrity Cóuncil [the ~] 유엔 안전 보장 이사회 《略 UNSC》
Uníted Préss Internátional [the ~] (미국의) UPI 통신사 《略 UPI》
‡Uníted Státes (of América) [the ~; 단수 취급] **(아메리카) 합중국**, **미국** 《수도 Washington, D.C.; 略 U.S., US, U.S.A., USA》
u·nit·hold·er [júːnithòuldər] *n.* 《영》 unit trust의 투자자[수익자]
únit trùst 《영》 〖경제〗 계약형 투자 신탁; 《미》 단위형 투자 신탁
‡u·ni·ty [júːnəti] 〖L 「1」의 뜻에서〗 *n.* (*pl.* **-ties**) **1 a** Ⓤ **단일(성)** **b** Ⓤ **통일**,

U

뭉침 **2** **조화**, 일치 단결, 협동 **3** 〖수학〗 1 (이라는 수) **4** 〖연극〗 3일치의 법칙의 하나

univ. universal; university

Univ. University

u·ni·va·lent [jù:nəvéilənt, ju:nívə-] *a.* 〖화학〗 일가(一價)의

u·ni·valve [jú:nəvæ̀lv] 〖동물〗 *a.* 단판(單瓣)의, 단각(單殼)의 **—** *n.* 단각 연체동물

‡**u·ni·ver·sal** [jù:nəvə́:rsəl] *a.* **1** **보편적인**; 일반적인 **2** **만국의**, 전 세계의 **3** **모든 사람의** **4** **우주의**, 만물의 **5** 만능인, 박식한; 〖기계〗 만능의; 자유자재의

univérsal cómpass 〖기계〗 자재(自在) 컴퍼스

u·ni·ver·sal·i·ty [jù:nəvə:rsǽləti] *n.* Ⓤ 일반성, 보편성; 만능, 박식

univérsal jóint 〖기계〗 자재(自在) 커플링[연결기]

univérsal lánguage 세계 공통어, 세계어

***u·ni·ver·sal·ly** [jù:nəvə́:rsəli] *ad.* **보편적으로**, 일반적으로; 예외 없이; 도처에

Univérsal Póstal Ùnion [the ~] 만국 우편 연합 (略 UPU)

Univérsal Próduct Còde [the ~] (미) 통일 상품 코드 (전자식으로 식별하게 된 짤막한 검은 줄무늬; 略 UPC)

univérsal súffrage 보통 선거권

univérsal tìme 만국 표준시

‡**u·ni·verse** [jú:nəvə̀:rs] [L 「하나를 향한」의 뜻에서] *n.* **1** [the ~] **우주** **2** 천지 만물, 삼라만상 **3** [the ~] 세계(world); 전 인류 **4** 영역, 분야

‡**u·ni·ver·si·ty** [jù:nəvə́:rsəti] [L 「전체, (교사·학생의) 공동체」의 뜻에서] *n.* (*pl.* **-ties**) **1** (종합) **대학교** **2** [the ~: 집합적] 대학 (교직원·학생), 대학 당국 **3** 대학 팀
— *a.* 대학의[에 관계 있는]: a ~ man 대학생; 대학 출신자

univérsity cóllege **1** (미) 대학교 부속 단과 대학 **2** (영) 학위 수여 자격이 없는 단과 대학

‡**un·just** [ʌndʒʌ́st] *a.* **불공평한**, 부당한; 부정의, 부조리(不條理)한: ~ enrichment 부정 축재 **~·ly** *ad.* **~·ness** *n.*

un·jus·ti·fi·a·ble [ʌndʒʌ́stəfàiəbl] *a.* 이치에 맞지 않는, 변명할 여지가 없는 **-bly** *ad.*

un·kempt [ʌnkémpt] *a.* **1** 〈머리가〉 빗질하지 않은, 텁수룩한 **2** 〈복장·모습 등이〉 깔끔하지 못한, 너저분한

‡**un·kind** [ʌnkáind] *a.* **1** **불친절한**, 무정한, 몰인정한 **2** 〈날씨가〉 사나운, 고약한 **~·ness** *n.* 불친절, 몰인정, 무정

un·kind·ly [ʌnkáindli] *ad.* 불친절하게, 무정하게

un·know·a·ble [ʌnnóuəbl] *a.* 알 수 없는; 〖철학〗 불가지(不可知)의 **—** *n.* [the U~] 〖철학〗 불가지 존재(不可知存在)

un·know·ing [ʌnnóuiŋ] *a.* Ⓐ 모르는, 의식하지 않는 (*of*) **~·ly** *ad.*

‡**un·known** [ʌnnóun] *a.* **1** **알려지지 않은**, 미지의, 미상의, 무명의 **2** **알 수 없는**, 헤아릴 수 없는: ~ wealth 막대한 부
— *n.* [the ~] 무명인, 미지의 사물; [the ~] 미지의 세계

unknówn quántity **1** 〖수학〗 미지수[량] **2** (구어) 미지수의 사람[것]

Unknówn Sóldier [(영) **Wárrior**] [the ~] 무명 용사 (미군의 묘는 Arlington 국립 묘지에, 영국군의 묘는 Westminster Abbey에 있음)

un·lace [ʌnléis] *vt.* 〈신발·코르셋 등의〉 끈을 풀다[늦추다]

un·lade [ʌnléid] *vt.* **1** …의 짐을 내리다[부리다] **2** 〈배의 짐을〉 내리다
— *vi.* 뱃짐을 내리다

un·latch [ʌnlǽtʃ] *vt.* 〈문의〉 빗장을 끄르다; 〈구두·가방 등의〉 죔쇠를 끄르다

un·law·ful [ʌnlɔ́:fəl] *a.* **1** 불법의, 비합법적인 **2** 사생(아)의 **~·ly** *ad.* **~·ness** *n.*

un·lead·ed [ʌnlédid] *a.* 〈가솔린에〉 납을 첨가하지 않은, 무연의

un·learn [ʌnlə́:rn] *vt.* (**~ed, -learnt** [-lə́:rnt]) 〈배운 것을〉 잊다; (특히) 〈버릇·잘못 등을〉 버리다

un·learn·ed[1] [ʌnlə́:rnid] *a.* 배우지 않은, 무교육의; …에 정통하지 않은: the ~ 몽매한 사람들

un·learned[2] [ʌnlə́:rnd], **un·learnt** [ʌnlə́:rnt] *a.* 배우지 않고 터득한

un·leash [ʌnlí:ʃ] *vt.* …의 가죽끈을 끄르다[풀다]; …의 속박을 풀다, 해방하다, 자유롭게 하다

un·leav·ened [ʌnlévənd] *a.* 베이킹파우더[누룩]를 넣지 않은; (비유) 영향을 받지 않은, 변화하지 않은

‡**un·less** [ənlés, ʌn-] *conj.* **1** [제외·조건] **…이 아닌 한**, 만약 …이 아니면: You'll miss the bus ~ you walk more quickly. 더 빨리 걷지 않으면 버스를 놓칠라. **2** [부정어 뒤에 쓰여] **…하는 일 없이는**, …하지 않는 한: *Never* a day passes ~ some traffic accidents occur. 교통 사고가 몇 건 일어나지 않는 날은 하루도 없다.
— *prep.* …을 제외하면, …이외는: Nothing, ~ an echo, was heard. 메아리 외에는 아무것도 들리지 않았다.

un·let·tered [ʌnlétərd] *a.* **1** 배우지 않은, 글자를 모르는 **2** 글자가 씌어 있지 않은

un·li·censed [ʌnláisənst] *a.* **1** 무면허의 **2** 방종한, 억제하지 않은

***un·light·ed** [ʌnláitid] *a.* **불을 켜지 않은**

‡**un·like** [ʌnláik] *a.* **같지 않은**, 닮지 않은: ~ signs 〖수학〗 상이한 기호 (+ 와 − 등) **—** *prep.* **…을 닮지 않고**, …답지 않게: It's ~ him to cry. 울다니 그답지 않다.

un·like·li·hood [ʌnláiklihùd], **un·like·li·ness** [-nis] *n.* Ⓤ 사실일 것 같지 않음 (*of*), 진실 같지 않음

***un·like·ly** [ʌnláikli] *a.* **1** **있음직하지 않은**: an ~ tale 믿기 어려운 이야기 **2** **가망 없는**, 성공할 것 같지 않은: He was ~ *to* win the race. 그는 경주에서 이길 것 같지 않았다.

***un·lim·it·ed** [ʌnlímitid] *a.* **1** **끝없는**: an ~ expanse of the sky 광대무변의

U

하늘 **2** 제한 없는 〈활동 범위〉 **3** 무조건의; 《영》 무한 (책임)의
~·ly *ad.* 무(제)한으로; 대단히
un·lined [ʌ̀nláind] *a.* **1** 안을 대지 않은 **2** 〈얼굴 등이〉 주름이 없는
un·list·ed [ʌ̀nlístid] *a.* 목록[명부, 전화번호부]에 실리지 않은; 〖증권〗 상장되지 않은
***un·load** [ʌ̀nlóud] *vt.* **1 a** 〈차·배 등의〉 **짐을 내리다 b** 〈짐을〉 **부리다**: ~ cargoes *from* a ship 배에서 짐을 부리다 **2** 〈총에서〉 탄알을 빼내다, 〈카메라에서〉 필름을 빼내다: ~ a gun 총포에서 탄알을 빼다 **3** 《구어》 〈할 말을 다하여 마음 등의〉 짐을 덜다: ~ one's heart 마음의 짐을 덜다
— *vi.* 짐을 내리다[부리다]
***un·lock** [ʌ̀nlɑ́k | -lɔ́k] *vt.* **1** 〈문·상자 등의〉 **자물쇠를 열다 2** 〈비밀 등을〉 터놓다
un·looked-for [ʌ̀nlúktfɔ̀:r] *a.* 예기치 않은, 의외의
un·loose [ʌ̀nlú:s], **un·loos·en** [-lú:sn] *vt.* 풀다, 늦추다; 해방하다
un·lov·a·ble [ʌ̀nlʌ́vəbl] *a.* 귀엽지 않은, 애교가 없는
un·love·ly [ʌ̀nlʌ́vli] *a.* 사랑스럽지 않은; 못생긴, 추한; 싫은, 불쾌한
un·luck·i·ly [ʌ̀nlʌ́kili] *ad.* **1** 불운[불행]하게도 **2** [문장 전체를 수식하여] 공교롭게도
‡un·luck·y [ʌ̀nlʌ́ki] *a.* (**-luck·i·er**; **-i·est**) **1 불운한 2 불길한,** 재수 없는: an ~ day 재수 없는 날 **3 계제가 나쁜,** 기회가 나쁜: in an ~ hour 공교롭게도 나쁜 때에
ùn·lúck·i·ness *n.*
un·made [ʌ̀nméid] *a.* 만들어지지 않은, 준비가 안 된 〈침대 등〉
un·make [ʌ̀nméik] *vt.* (**-made** [-méid]) **1** 부수다, 파괴하다 **2** 변형하다, 변질하다 **3** 해임하다
un·man [ʌ̀nmǽn] *vt.* (**~ned**; **~·ning**) 《문어》 …의 남자다움을 잃게 하다, 무기력하게 하다; 거세하다
un·man·age·a·ble [ʌ̀nmǽnidʒəbl] *a.* 관리[조작]하기 힘든; 제어하기 어려운, 힘에 겨운, 버거운
un·man·ly [ʌ̀nmǽnli] *a.* 남자답지 않은; 겁 많은; 나약한; 여자 같은
un·manned [ʌ̀nmǽnd] *a.* 〈항공기·우주선 등이〉 승무원이 타지 않은, 무인의: an ~ satellite 무인 인공위성
un·man·ner·ly [ʌ̀nmǽnərli] *a., ad.* 무례한[하게], 버릇없는[없게]
un·marked [ʌ̀nmɑ́:rkt] *a.* 표[표지]가 없는, 눈에 띄지 않는; 〖언어〗 무표(無標)의: an ~ police car (미) (경찰의) 마크 없는[위장] 순찰차
***un·mar·ried** [ʌ̀nmǽrid] *a.* **미혼의,** 독신의
un·mask [ʌ̀nmǽsk | -mɑ́:sk] *vi., vt.* **1** …의 가면을 벗(기)다 **2** 정체를 나타내다, 폭로하다
un·matched [ʌ̀nmǽtʃt] *a.* 상대가 없는, 무적의, 비길 데 없는
un·mean·ing [ʌ̀nmí:niŋ] *a.* 무의미한; 〈얼굴 등이〉 무표정한
un·meas·ured [ʌ̀nméʒərd] *a.* **1** 헤아릴 [측정할] 수 없는 **2** 무한한, 한정 없는
un·men·tion·a·ble [ʌ̀nménʃənəbl] *a.* 입에 담을 수 없는, 언급할 수 없는
— *n.* [the ~] 말해서는 안 되는 것; [*pl.*] 《익살》 내의, 속옷
un·mer·ci·ful [ʌ̀nmə́:rsifəl] *a.* **1** 무자비한, 무정한, 잔인한 **2** 《구어》 지독한, 굉장한 **~·ly** *ad.*
un·mind·ful [ʌ̀nmáindfəl] *a.* 염두에 두지 않는, 잊기 쉬운; 부주의한 **~·ly** *ad.*
***un·mis·tak·a·ble** [ʌ̀nmistéikəbl] *a.* **틀림없는,** 명백한 **-bly** *ad.*
un·mit·i·gat·ed [ʌ̀nmítəgèitid] *a.* **1** 완화되지 않은, 경감(輕減)되지 않은 **2** 순전한, 진짜의, 완전한: an ~ villain 지독한 악당
un·mixed [ʌ̀nmíkst] *a.* 섞인 것이 없는, 순수한
un·mo·lest·ed [ʌ̀nməléstid] *a.* 곤란[괴로움]받지 않은, 방해되지 않은, 평온한
un·moor [ʌ̀nmúər] *vt.* 매었던 밧줄을 풀다; 외닻으로 정박하다
un·mor·al [ʌ̀nmɔ́:rəl | -mɔ́r-] *a.* 도덕과 관계 없는, 초도덕적인
***un·moved** [ʌ̀nmú:vd] *a.* **1** 〈목적·결심이〉 **확고부동한,** 요지부동의 **2** 냉정한, 태연한
un·mu·si·cal [ʌ̀nmjú:zikəl] *a.* **1** 음악적이 아닌, 비음악적인 **2** 음악적 소질이 없는, 음치의
un·muz·zle [ʌ̀nmʌ́zl] *vt.* **1** 〈개 등의〉 부리망[재갈]을 벗기다 **2** 언론 자유의 속박을 풀다, 함구령을 해제하다
un·named [ʌ̀nnéimd] *a.* 이름이 없는, 무명의; 지칭되지 않은: a man who shall go ~ 이름을 댈 필요가 없는 어떤 사람
‡un·nat·u·ral [ʌ̀nnǽtʃərəl] *a.* **1 부자연한;** 이상한, 괴이한 **2** 자연적인 인정[본성, 천성]에 배치되는, 인도에 어긋나는 **3** 태도가 인위적인 **~·ness** *n.*
un·nat·u·ral·ly [ʌ̀nnǽtʃərəli] *ad.* 부자연스럽게, 이상하게; 인정에 어긋나게
***un·nec·es·sar·i·ly** [ʌ̀nnèsəsérəli | -nésəsər-] *ad.* **불필요하게,** 쓸데없이
‡un·nec·es·sar·y [ʌ̀nnésəsèri | -səri] *a.* **불필요한,** 쓸데없는
un·nerve [ʌ̀nnə́:rv] *vt.* …의 기운을 빼앗다[잃게 하다], 낙담시키다
un·not·ed [ʌ̀nnóutid] *a.* 눈에 띄지 않는; 보잘것 없는
***un·no·ticed** [ʌ̀nnóutist] *a.* **주의[주목]되지 않는;** 사람 눈에 띄지 않는
un·num·bered [ʌ̀nnʌ́mbərd] *a.* 일일이 세지 않은; 무수한
un·ob·served [ʌ̀nəbzə́:rvd] *a.* 지켜지지 않은; 주의[주목]되지 않은
un·ob·tain·a·ble [ʌ̀nəbtéinəbl] *a.* 얻기 어려운, 손에 넣기 어려운
un·ob·tru·sive [ʌ̀nəbtrú:siv] *a.* 주제넘지 않은; 조심성 있는, 겸손한, 삼가는 **~·ly** *ad.* **~·ness** *n.*
***un·oc·cu·pied** [ʌ̀nɑ́kjupàid | -ɔ́k-] *a.* **1** 〈집·대지 등이〉 **소유자가 없는,** 점유되지 않은, 사람이 살지 않는(vacant): an ~ seat[house] 빈 자리[집] **2** 볼일이 없는, 한가한 **3** 점령되지 않은

U

*__un·of·fi·cial__ [ʌ̀nəfíʃəl] *a.* **1** 〖스포츠〗〈기록 등이〉 **비공식적인**, 공인되지 않은 **2** 〈보도 등이〉 미확인의, 〈파업이〉 조합 승인을 얻지 않은: an ~ strike 비공인 파업
~·ly *ad.*

un·o·pened [ʌ̀nóupənd] *a.* 열리지 않은, 개봉하지 않은: an ~ letter 뜯지 않은 편지

un·or·gan·ized [ʌ̀nɔ́:rgənàizd] *a.* **1** 조직되지 않은, 미조직의, 미편성의 **2** (미) 노동 조합에 가입하지 않은, 조직이 없는 〈노동자 등〉

un·or·tho·dox [ʌ̀nɔ́:rθədɑ̀ks | -dɔ̀ks] *a.* 정통(正統)이 아닌; 인습적이지 않은

un·pack [ʌ̀npǽk] *vt.* **1** 〈꾸러미·짐을〉 풀다, 끄르다 **2** 〈안에 든 것을〉 꾸러미[짐]에서 꺼내다
— *vi.* 꾸러미[짐]를 풀다

un·paid [ʌ̀npéid] *a.* **1** 〈빚·어음 등을〉 지불하지 않은, 미납의 **2** 급료를 받지 않는 〈사람·직위 등〉, 무급의

un·pal·at·a·ble [ʌ̀npǽlətəbl] *a.* **1** 입에 맞지 않는, 맛없는 **2** 싫은, 불유쾌한

un·par·al·leled [ʌ̀npǽrəlèld] *a.* 견줄 나위 없는, 비할 바 없는; 미증유의

un·par·don·a·ble [ʌ̀npɑ́:rdənəbl] *a.* 〈행동이〉 용서할 수 없는, 용납할 수 없는

un·par·lia·men·ta·ry [ʌ̀npɑ̀:rləméntəri] *a.* **1** 의회의 관례[국회법]에 어긋나는 **2** 〈언사가〉 의회 내에서 허용되지 않는: ~ language 욕설, 비방, 독설

un·pa·tri·ot·ic [ʌ̀npeitriɑ́tik | -pætriɔ́t-] *a.* 애국심이 없는 **-i·cal·ly** *ad.*

un·per·son [ʌ́npə̀:rsn] *n.* (정치적·사상적으로) 완전히 무시된 사람; 과거의 인물

un·per·turbed [ʌ̀npərtə́:rbd] *a.* 교란되지 않은, 평온[침착]한, 놀라지 않은

un·pick [ʌ̀npík] *vt.* 〈솔기·편물 등을〉 실을 뽑아 풀다, 따다

un·pin [ʌ̀npín] *vt.* (**~ned**; **~·ning**) **1** …의 핀을 뽑아 늦추다[벗기다, 열다] **2** 핀을 빼다

un·placed [ʌ̀npléist] *a.* 〖경마〗 등외의

un·play·a·ble [ʌ̀npléiəbl] *a.* **1** 〈음악이 너무 어려워〉 연주할 수 없는 **2** 〈운동장이〉 놀기[경기]에 부적당한 **3** 〈음반이 낡아〉 틀기에 부적당한 **4** 〈공이〉 받아칠 수 없는

‡**un·pleas·ant** [ʌ̀npléznt] *a.* **불쾌한**, 싫은: an ~ smell 불쾌한 냄새 **~·ly** *ad.*

un·pleas·ant·ness [ʌ̀npléz ntnis] *n.* **1** Ⓤ 불유쾌, 불쾌함 **2** 비위에 거슬림; 불화; Ⓒ 불쾌한 사건[경험]

un·plug [ʌ̀nplʌ́g] *vt.* (**~ged**; **~·ging**) …의 마개[플러그]를 뽑다; …에서 장애물을 제거하다

un·plumbed [ʌ̀nplʌ́md] *a.* 측연(測鉛)으로 잴 수 없는; 깊이를 알 수 없는

un·po·lit·i·cal [ʌ̀npəlítikəl] *a.* 정치와 관계없는; 정치에 관심이 없는

*__un·pop·u·lar__ [ʌ̀npɑ́pjulər | -pɔ́p-] *a.* **인기 없는**, 평판이 좋지 못한; 유행하지 않는 (*with*) **~·ly** *ad.*

un·pop·u·lar·i·ty [ʌ̀npɑpjulǽrəti | -pɔp-] *n.* Ⓤ 인망이 없음, 인기 없음

un·prac·ti·cal [ʌ̀npræ̀ktikəl] *a.* 비실용적인, 비실제적인

un·prac·ticed | **-tised** [ʌ̀npræ̀ktist] *a.* 실행되지 않은; 미숙한, 미경험의

*__un·prec·e·dent·ed__ [ʌ̀nprésədèntid | -dənt-] *a.* **1 전례가 없는 2** 새로운, 신기한 **~·ly** *ad.*

un·pre·dict·a·ble [ʌ̀npridíktəbl] *a.* 예언[예측]할 수 없는 **-bly** *ad.*

un·prej·u·diced [ʌ̀nprédʒudist] *a.* 편견이 없는; 공평한

un·pre·med·i·tat·ed [ʌ̀npri(:)médətèitid] *a.* 사전에 계획하지 않은; 고의가 아닌

*__un·pre·pared__ [ʌ̀npripέərd] *a.* **1 준비 없는**: an ~ speech 즉석 연설 **2** 준비[각오]가 되지 않은 (*for*): She was ~ to answer. 그녀는 대답할 준비가 되어 있지 않았다.

un·pre·pos·sess·ing [ʌ̀npri:pəzésiŋ] *a.* 붙임성 없는, 호감이 안 가는

un·pre·tend·ing [ʌ̀npriténdiŋ] *a.* …인 체하지 않는, 거만떨지 않는; 얌전한, 겸손한

un·pre·ten·tious [ʌ̀npriténʃəs] *a.* = UNPRETENDING **~·ly** *ad.* **~·ness** *n.*

un·prin·ci·pled [ʌ̀nprínsəpld] *a.* 절조 없는, 파렴치한

un·print·a·ble [ʌ̀nprínt əbl] *a.* 〈문장·그림 등이〉 (외설 등으로) 인쇄하기에 적합하지 않은, 인쇄하기 곤란한

un·pro·duc·tive [ʌ̀nprədʌ́ktiv] *a.* 수확이 없는; 비생산적인, 수익[이익]이 없는 **~·ly** *ad.*

un·pro·fes·sion·al [ʌ̀nprəféʃənl] *a.* **1** 본업이 아닌, 아마추어의 **2** 직업상의 규칙[습관]에 위반되는

*__un·prof·it·a·ble__ [ʌ̀nprɑ́fitəbl | -prɔ́f-] *a.* **1 이익이 없는**, 벌이가 안 되는 **2** 무익한, 헛된: ~ servants 〖성서〗 무익한 종, 맡은 일 외에는 아무 것도 자진하여 하지 않는 사람

un·prom·is·ing [ʌ̀nprɑ́məsiŋ | -prɔ́m-] *a.* 가망 없는, 〈전도가〉 유망하지 못한: look ~ 좋아질 것 같지 않다

un·prompt·ed [ʌ̀nprɑ́mptid | -prɔ́m-] *a.* 남에게서 지시 받은 것이 아닌, 자발적인

un·pro·nounce·a·ble [ʌ̀nprənáunsəbl] *a.* 발음할 수 없는

un·pro·tect·ed [ʌ̀nprətéktid] *a.* **1** 보호(자)가 없는 **2** 무방비의, 장갑(裝甲)하지 않은 **3** 관세의 보호를 받지 않는 〈산업〉

un·pro·voked [ʌ̀nprəvóukt] *a.* 자극[도발]되지 않은; 까닭 없는

un·pub·lished [ʌ̀npʌ́bliʃt] *a.* **1** 널리 알려지지 않은 **2** 아직 출판[간행]되지 않은

un·punc·tu·al [ʌ̀npʌ́ŋktʃuəl | -tju-] *a.* 시간[약속 기일]을 지키지 않는

un·pun·ished [ʌ̀npʌ́niʃt] *a.* 처벌을 받지 않은, 형벌을 면한

un·put·down·a·ble [ʌ̀nputdáunəbl] *a.* (구어) 〈책 등이〉 너무나 재미있어서 읽기를 중단할 수 없는

un·qual·i·fied [ʌ̀nkwɑ́ləfàid | -kwɔ́l-] *a.* **1** 자격이 없는; 적임이 아닌, 부적당한: He is ~ to teach English. 그는 영어를 가르치기에는 적임이 아니다. **2** 제한되지 않은, 무조건의: an ~ liar 지독한 거짓말쟁이

un·quench·a·ble [ʌ̀nkwéntʃəbl] *a.* 끌 수 없는; 억제할 수 없는

*__un·ques·tion·a·ble__ [ʌ̀nkwéstʃənəbl] *a.* **1 의심할 나위 없는,** 논의의 여지가 없는, 확실한 **2** 나무랄 데 없는, 더할 나위 없는

*__un·ques·tion·a·bly__ [ʌ̀nkwéstʃənəbli] *ad.* **의심할 나위 없이,** 분명히

un·ques·tioned [ʌ̀nkwéstʃənd] *a.* 문제시되지 않는; 조사[심문]받지 않은; 명백한

un·ques·tion·ing [ʌ̀nkwéstʃəniŋ] *a.* 질문하지 않는; 의심하지 않는

un·qui·et [ʌ̀nkwáiət] *a.* 침착하지 못한, 불안한

un·quote [ʌ̀nkwóut] *vi.* 인용(문)을 끝맺다: The candidate said, quote, I will not run for governor, ~. 후보자는 「나는 지사에 입후보하지 않겠다」라고 말했다.

un·rav·el [ʌnrǽvəl] *vt.* (**~ed**, **~·ing** | **~led**; **~·ling**) **1** 〈얽힌 실 등을〉 풀다 **2** 해명하다, 해결하다

un·read [ʌ̀nréd] *a.* **1** 〈책 등이〉 읽히지 않는 **2** 독서하지 않은; 학문이 없는: an ~ person 학식 없는 사람

un·read·a·ble [ʌ̀nríːdəbl] *a.* **1** 읽어서 재미없는, 지리한; 읽을 가치가 없는 **2** 판독하기 어려운

un·read·y [ʌ̀nrédi] *a.* **1** Ⓟ 준비 없는: He was ~ to start. 그는 출발 준비가 되어 있지 않았다. **2** 민첩하지 않은, 느린

*__un·re·al__ [ʌ̀nríːəl, -ríəl] *a.* **실재하지 않는;** 상상[가공]적인; 《구어》 이해할 수 없는, 믿을 수 없는

un·re·al·i·ty [ʌ̀nriǽləti] *n.* Ⓤ,Ⓒ 비현실(성); 실재하지 않는 것

un·re·al·ized [ʌ̀nríːəlàizd | -ríəl-] *a.* **1** 실현[달성]되지 않은 **2** 인식[의식]되지 않은

‡**un·rea·son·a·ble** [ʌ̀nríːzənəbl] *a.* **1** 이성적이 아닌; 철없는; 변덕스러운 **2 조리가 맞지 않는,** 불합리한, 상식을 벗어난 **3** 부당한, 터무니없는 〈값·요금〉 **~·ness** *n.* **-bly** *ad.*

un·rea·son·ing [ʌ̀nríːzəniŋ] *a.* 생각이 없는; 이치에 닿지 않는, 불합리한: the ~ multitude 사리를 분간 못하는 일반 대중 **~·ly** *ad.*

un·rec·og·niz·a·ble [ʌ̀nrékəgnàizəbl] *a.* 식별할 수 없는; 인정[승인]할 수 없는

un·rec·og·nized [ʌ̀nrékəgnàizd] *a.* 인식되지 않은, 인정[승인]되지 않은

un·re·cord·ed [ʌ̀nrikɔ́ːrdid] *a.* 등록되지 않은, 기록에 실리지 않은

un·reel [ʌ̀nríːl] *vt., vi.* 실패[얼레, 자새]에서 풀다[풀리다]

un·re·fined [ʌ̀nrifáind] *a.* **1** 정제되지 않은 **2** 세련되지 못한; 천한

un·re·gard·ed [ʌ̀nrigáːrdid] *a.* 주의[주목, 고려]되지 않은, 무시당한, 등한시된

un·re·gen·er·ate [ʌ̀nridʒénərət, -rèit] *a., n.* (정신적·종교적으로) 거듭 나지 않은 (사람), 죄 많은 (사람)

un·re·lat·ed [ʌ̀nriléitid] *a.* 관계가 없는; 혈연이 아닌

un·re·lent·ing [ʌ̀nriléntiŋ] *a.* 가차[용서] 없는, 엄한; 〈힘·속도 등이〉 꾸준한 **~·ly** *ad.*

*__un·re·li·a·ble__ [ʌ̀nriláiəbl] *a.* **신뢰[의지]할 수 없는** **-bly** *ad.*

un·re·lieved [ʌ̀nrilíːvd] *a.* **1** 누그러지지 않은; 구제받지 못한 **2** 변화 없는, 단조로운

un·re·li·gious [ʌ̀nrilídʒəs] *a.* 종교와 관계가 없는, 비종교적인; 《문어》 신앙심이 없는

un·re·mit·ting [ʌ̀nrimítiŋ] *a.* 끊임없는; 끈기 있는, 꾸준히 노력하는 **~·ly** *ad.*

un·re·pent·ant [ʌ̀nripéntənt] *a.* 뉘우치지 않는; 완고한

un·re·quit·ed [ʌ̀nrikwáitid] *a.* 보답 없는; 응보[보복]를 당하지 않는: ~ love 짝사랑

un·re·served [ʌ̀nrizə́ːrvd] *a.* **1** 기탄없는, 솔직한 **2** 무조건의, 전적인 **3** 예약하지 않은 **-serv·ed·ly** [-zə́ːrvidli] *ad.* 기탄 없이, 솔직히; 제한 없이

un·re·spon·sive [ʌ̀nrispánsiv | -spɔ́n-] *a.* 반응이 늦은, 둔감한

*__un·rest__ [ʌnrést] *n.* Ⓤ **1** (사회적인) **불안,** 불온 (상태) **2** (마음의) 불안, 근심

un·re·strained [ʌ̀nristréind] *a.* 억제되지 않은; 제어되지 않은 **-strain·ed·ly** [-stréinidli] *ad.*

un·re·strict·ed [ʌ̀nristríktid] *a.* 제한[구속]이 없는, 자유로운

un·re·ward·ed [ʌ̀nriwɔ́ːrdid] *a.* 보수[보답]없는, 무보수의

un·right·eous [ʌ̀nráitʃəs] *a.* **1** 옳지 않은, 죄 많은 **2** 공정하지 않은 **~·ly** *ad.* **~·ness** *n.*

un·rip [ʌ̀nríp] *vt.* (**~ped**; **~·ping**) 갈라놓다, 절개하다, 〈솔기를〉 뜯다

un·ripe [ʌ̀nráip] *a.* 미숙한, 익지 않은

un·ri·valed | **-valled** [ʌ̀nráivəld] *a.* 경쟁자[상대]가 없는, 무적의, 비할 데 없는

*__un·roll__ [ʌ̀nróul] *vt.* 〈말아 둔 것을〉 **풀다,** 펼치다; 전개시키다 — *vi.* 〈말린 것이〉 **펴지다,** 전개하다

un·ruf·fled [ʌ̀nrʌ́fld] *a.* 〈마음·수면이〉 파문이 일지 않은, 혼란되지 않은; 평온한

un·rul·y [ʌ̀nrúːli] *a.* (**-rul·i·er**; **-i·est**) 휘어잡을 수 없는, 제멋대로 하는, 다루기 힘든; 〈머리털 등이〉 흐트러지기 쉬운 **ùn·rú·li·ness** *n.*

UNRWA [ʌ́nrə] United Nations Relief and Works Agency 국제 연합 난민 구제 사업국

un·sad·dle [ʌ̀nsǽdl] *vt.* 〈말의〉 안장을 벗기다; 〈사람을〉 말에서 떨어뜨리다 — *vi.* 말의 안장을 내리다

*__un·safe__ [ʌ̀nséif] *a.* **위험한,** 안전하지 못한

un·said [ʌ̀nséd] *v.* UNSAY의 과거·과거분사 — *a.* 말하지 않은: Better leave it ~. 말하지 않고 두는 것이 좋다.

un·sal(e)·a·ble [ʌ̀nséiləbl] *a.* 팔 것이 아닌; (잘) 팔리지 않는

un·san·i·tar·y [ʌ̀nsǽnətèri | -təri] *a.* 비위생적인, 건강에 좋지 않은

*__un·sat·is·fac·to·ry__ [ʌ̀nsæ̀tisfǽktəri] *a.* **불만족스런,** 마음에 차지 않는 **-ri·ly** *ad.*

un·sat·is·fied [ʌ̀nsǽtisfàid] *a.* 만족[충족]하지 않은

un·sat·is·fy·ing [ʌ̀nsǽtisfàiiŋ] *a.* 만족시키지 않는, 성이 차지 않는

un·sa·vor·y | -vour·y [ʌnséivəri] *a.* **1** 좋지 못한 냄새[맛]가 나는, 불쾌한, 싫은 **2** 불미스러운 《도덕적으로》

un·say [ʌnséi] *vt.* (**-said** [-séd]) 《문어》 〈한 말을〉 취소하다, 철회하다

UNSC United Nations Security Council 국제 연합 안전 보장 이사회

un·scathed [ʌnskéiðd] *a.* 상처 없는; 상처를 입지 않은 〈마음 등〉

un·schooled [ʌnskú:ld] *a.* **1** 학교 교육[훈련]을 받지 않은 **2** 교육[훈련]으로 얻은 것이 아닌, 타고난

un·sci·en·tif·ic [ʌnsaiəntífik] *a.* 비과학적인 **-i·cal·ly** *ad.*

un·scram·ble [ʌnskrǽmbl] *vt.* 〈흩어진 것을〉 제대로 챙기다; 〈암호 등을〉 해독하다

un·screw [ʌnskrú:] *vt.* **1** …의 나사를 빼다, 나사를 늦추어서 떼다 **2** 〈병 등의〉 마개를 돌려서 빼다

un·script·ed [ʌnskríptid] *a.* 〈방송·연설 등이〉 대본[초고] 없는, 즉흥의

*****un·scru·pu·lous** [ʌnskrú:pjuləs] *a.* 사악한, 부도덕한, 절조 없는 **~·ly** *ad.* **~·ness** *n.*

un·seal [ʌnsí:l] *vt.* 개봉하다, 〈봉인한 것을〉 열다

un·sea·son·a·ble [ʌnsí:zənəbl] *a.* **1** 때[철] 아닌, 〈일기가〉 불순한 **2** 때를 얻지 못한, 시기가 나쁜 **~·ness** *n.* **-bly** *ad.*

un·sea·soned [ʌnsí:znd] *a.* **1** 간을 맞추지 않은, 양념하지 않은 **2** 〈목재 등이〉 마르지 않은: ~ wood 생나무 **3** 경험 없는

un·seat [ʌnsí:t] *vt.* **1** 말에서 떨어뜨리다 **2** 〈의원의〉 의석을 빼앗다

un·see·ing [ʌnsí:iŋ] *a.* 보고 있지 않는, 《특히》 보려고 하지 않는

un·seem·ly [ʌnsí:mli] *a.* 보기 흉한, 꼴사나운, 어울리지 않는
— *ad.* 보기 흉하게, 꼴사납게
-li·ness *n.*

‡**un·seen** [ʌnsí:n] *a.* **1** 눈에 보이지 않는 **2** 즉석의 〈과제·악보 등〉: an ~ translation 즉석 번역 (과제) — *n.* [the ~] 보이지 않는 것; 영계(靈界); 《영》 즉석 번역 (과제)

*****un·self·ish** [ʌnsélfiʃ] *a.* 이기적이 아닌, 헌신적인, 이타적인 **~·ly** *ad.* **~·ness** *n.*

un·ser·vice·a·ble [ʌnsə́:rvisəbl] *a.* 쓸모없는, 소용없는

un·set·tle [ʌnsétl] *vt.* **1** 〈고정·안정된 것을〉 뒤흔들다; 배탈이 나게 하다 **2** …의 마음을 동요시키다; 침착성을 잃게 하다
— *vi.* 불안정해지다; 침착성을 잃다

*****un·set·tled** [ʌnsétld] *a.* **1** 〈날씨 등이〉 변하기 쉬운; 〈상태 등이〉 불안정한 **2** 결정되지 않은; 청산[결제]되지 않은

un·sex [ʌnséks] *vt.* 〈남녀의〉 성의 특질을 없애다, 《특히》 여자다움을 없애다, 남성화하다

un·sexed [ʌnsékst] *a.* 성적 불능이 된; 성적 특질이 없는

un·shack·le [ʌnʃǽkl] *vt.* 쇠고랑[속박]을 풀어주다; 자유의 몸이 되게 하다

un·shak·a·ble [ʌnʃéikəbl] *a.* 흔들리지 않는, 확고부동한

un·shak·en [ʌnʃéikən] *a.* 흔들리지 않는, 확고한 〈마음 등〉

un·sheathe [ʌnʃí:ð] *vt.* 〈칼 등을〉 칼집에서 뽑다

un·ship [ʌnʃíp] *vt.* (**~ped**; **~·ping**) **1** 〈뱃짐 등을〉 풀다, 양륙하다 **2** 〈승객을〉 하선시키다 **3** 〖항해〗 〈키·노 등을〉 떼어내다

un·shod [ʌnʃád | -ʃɔ́d] *a.* 구두를 신지 않은, 맨발의; 〈말이〉 편자가 박히지 않은

un·sight·ly [ʌnsáitli] *a.* (**-li·er**; **-li·est**) 보기 흉한, 볼품없는, 꼴사나운

*****un·skilled** [ʌnskíld] *a.* 숙달하지 않은, 미숙한; 숙련을 필요로 하지 않는

un·skill·ful | -skil- [ʌnskílfəl] *a.* 서투른, 졸렬한; 솜씨 없는, 맵시 없는 **~·ly** *ad.* **~·ness** *n.*

un·so·cia·ble [ʌnsóuʃəbl] *a.* 사교를 싫어하는, 비사교적인, 붙임성 없는
ùn·so·cia·bíl·i·ty *n.*

un·so·cial [ʌnsóuʃəl] *a.* **1** 반사회적인 **2** = UNSOCIABLE **3** 《영》 〈시간이〉 사교[가정] 생활과 맞지 않는

un·sold [ʌnsóuld] *a.* 팔리지 않은, 팔다 남은

un·so·lic·it·ed [ʌnsəlísitid] *a.* 탄원[청원] 받지 않은, 요구 받지 않은

un·solved [ʌnsálvd | -sɔ́lvd] *a.* 해결되지 않은, 미해결의

un·so·phis·ti·cat·ed [ʌnsəfístəkèitid] *a.* **1** 단순[소박]한, 순진한 **2** 섞인 것 없는, 순수한; 진짜의

un·sought [ʌnsɔ́:t] *a.* 찾지 않는, 구하지 않는

un·sound [ʌnsáund] *a.* **1** 건전하지 못한, 건강하지 않은 **2** 근거가 박약한, 불합리한 〈학설 등〉 **3** 견고하지 못한; 신용할 수 없는

un·spar·ing [ʌnspέəriŋ] *a.* **1** 후한, 통이 큰 《*of*, *in*》 **2** 가차 없는, 엄한 **~·ly** *ad.* 아낌없이, 후하게; 가차 없이

*****un·speak·a·ble** [ʌnspí:kəbl] *a.* **1** 형언하기 어려운, 이루 말할 수 없는 **2** 입에 담기도 싫은, 말도 안되는 **-bly** *ad.* 말할 수 없을 정도로, 극도로

un·spec·i·fied [ʌnspésəfàid] *a.* 특별히 지시하지 않은, 특기[명기]하지 않은

un·spo·ken [ʌnspóukən] *a.* 입밖에 내지 않은, 무언의

un·spot·ted [ʌnspátid | -spɔ́t-] *a.* 얼룩이 없는; 죄악에 물들지 않은, 결백한; 흠 없는

*****un·sta·ble** [ʌnstéibl] *a.* **1** 불안정한; 움직이기 쉬운, 변하기 쉬운 **2** 침착하지 못한; 〈마음이〉 동요하는(shaky) **~·ness** *n.* **-bly** *ad.*

*****un·stead·y** [ʌnstédi] *a.* (**-stead·i·er**; **-i·est**) **1** 불안정한, 비틀거리는: be ~ on one's feet 발이 뒤뚱거리다 **2** 불규칙한, 일정하지 않은 **3** 변하기 쉬운, 동요하는, 확고하지 못한: be ~ of purpose 목적이 확고하지 못하다
ùn·stéad·i·ly *ad.* **-i·ness** *n.*

un·stick [ʌnstík] *vt.* (**-stuck** [-stʌ́k]) 〈붙어 있는 것을〉 잡아떼다

un·stint·ing [ʌnstíntiŋ] *a.* 무제한으로 주어진, 무조건의 **~·ly** *ad.*

U

un·stop [ʌ̀nstɑ́p | -stɔ́p] *vt.* (**~ped**; **~·ping**) …의 마개를 뽑다[따다]; …에서 장애물을 제거하다

un·stop·pa·ble [ʌ̀nstɑ́pəbl | -stɔ́p-] *a.* 막을 수 없는, 방지할 수 없는

un·strap [ʌ̀nstrǽp] *vt.* (**~ped**; **~·ping**) …의 가죽끈을 벗기다[풀다]

un·stressed [ʌ̀nstrést] *a.* 〖음성〗 강세[악센트]가 없는

un·string [ʌ̀nstríŋ] *vt.* (**-strung** [-strʌ́ŋ]) **1** 〈현악기·활 등의〉 현을 풀다[늦추다] **2** 긴장을 풀다 **3** 〈신경을〉 약하게 하다, 혼란시키다

un·struc·tured [ʌ̀nstrʌ́ktʃərd] *a.* 일정한 사회 체계[조직]가 없는

un·strung [ʌ̀nstrʌ́ŋ] *v.* UNSTRING의 과거·과거분사 **—** *a.* 〈현악기·활 등이〉 줄이 느슨해진; 〈신경이〉 약해진; 침착성을 잃은 《*by, at*》: His nerves were ~ *by* the news. 그 소식으로 그는 마음이 산란했다.

un·stuck [ʌ̀nstʌ́k] *v.* UNSTICK의 과거·과거분사

— *a.* 떨어진, 벗겨진

un·stud·ied [ʌ̀nstʌ́did] *a.* **1** 자연히 터득한, 저절로 알게 된 **2** 일부러 꾸민 것 같지 않은, 자연스러운, 무리 없는

un·sub·stan·tial [ʌ̀nsəbstǽnʃəl] *a.* **1** 실체[실질]가 없는, 허울뿐인, 모양[이름]만의 **2** 비현실적인, 공상적인 **~·ly** *ad.*

un·sub·stan·ti·at·ed [ʌ̀nsəbstǽnʃièitid] *a.* 입증되지 않은, 확증 없는

***un·suc·cess·ful** [ʌ̀nsəksésfəl] *a.* **성공하지 못한; 실패한; 불운한** **~·ly** *ad.*

***un·suit·a·ble** [ʌ̀nsú:təbl | -sjú:t-] *a.* **부적당한,** 적임이 아닌, 어울리지 않는 **-bly** *ad.*

un·suit·ed [ʌ̀nsú:tid | -sjú:t-] *a.* 알맞지 않은, 부적당한; 어울리지 않는

un·sul·lied [ʌ̀nsʌ́lid] *a.* 더럽혀지지 않은; 오점 없는

un·sung [ʌ̀nsʌ́ŋ] *a.* 노래로 불리우지 않은

un·sup·port·ed [ʌ̀nsəpɔ́:rtid] *a.* 지탱되지 않은, 유지되지 않은

un·sure [ʌ̀nʃúər] *a.* 자신[확신]이 없는; 불확실한, 믿을 수 없는

un·sur·passed [ʌ̀nsərpǽst | -pɑ́:st] *a.* 이겨낼 사람 없는, 능가할 것이 없는, 비길 데 없는, 탁월한

un·sus·pect·ed [ʌ̀nsəspéktid] *a.* 의심[혐의]받지 않은; 생각지도 않은, 뜻밖의

un·sus·pect·ing [ʌ̀nsəspéktiŋ] *a.* 의심하지 않는, 수상히 여기지 않는

un·sweet·ened [ʌ̀nswí:tnd] *a.* 단맛을 들이지 않은, 달게 하지 않은

un·swerv·ing [ʌ̀nswə́:rviŋ] *a.* **1** 빗나가지 않는, 어긋나가지 않는 **2** 확고한, 변함없는

un·sym·met·ri·cal [ʌ̀nsimétrikəl] *a.* 대칭적이 아닌, 균형이 잡히지 않은

un·sym·pa·thet·ic [ʌ̀nsìmpəθétik] *a.* 동정심 없는; 냉담한; 공명하지 않는 **-i·cal·ly** *ad.*

un·sys·tem·at·ic [ʌ̀nsìstimǽtik] *a.* 조직적이 아닌, 비계통적인 **-i·cal·ly** *ad.*

un·tamed [ʌ̀ntéimd] *a.* **1** 길들이지 않은 **2** 억제[진정]할 수 없는

un·tan·gle [ʌ̀ntǽŋgl] *vt.* **1** 〈얽힌 것을〉 풀다[끄르다] **2** 〈분규 등을〉 해결하다

un·tapped [ʌ̀ntǽpt] *a.* 〈자원 등이〉 이용되지 않은, 미개발의: ~ resources 미개발 자원

un·tar·nished [ʌ̀ntɑ́:rniʃt] *a.* 흐리지 않은; 더러움이 없는

un·taught [ʌ̀ntɔ́:t] *a.* **1** 배우지 않은, 교육을 받지 않은, 무지한 **2** 배우지 않고 (자연히) 터득한

un·ten·a·ble [ʌ̀nténəbl] *a.* **1** 〈진지 등이〉 지킬 수 없는 **2** 〈이론·입장 등이〉 지지[주장]할 수 없는, 이치가 닿지 않는 **3** 《드물게》 〈아파트·가옥 등이〉 도저히 거주할 수 없는

un·ten·ant·ed [ʌ̀nténəntid] *a.* 〈토지·가옥이〉 임대[임차]되지 않은; 비어 있는

un·thank·ful [ʌ̀nθǽŋkfəl] *a.* **1** 감사하지 않는 **2** 〈명령 등이〉 반갑잖은, 감사 받지 못하는 **~·ly** *ad.* **~·ness** *n.*

un·think·a·ble [ʌ̀nθíŋkəbl] *a.* **1** 상상도 할 수 없는 **2** 생각할 가치도 없는, 문제가 되지 않는 **-bly** *ad.*

un·think·ing [ʌ̀nθíŋkiŋ] *a.* **1** 생각[사려] 없는, 경솔한 **2** 사고력이 없는

un·thread [ʌ̀nθréd] *vt.* **1** 〈바늘 등의〉 실을 뽑다[빼다] **2** 〈미로 등을〉 빠져나오다 **3** 〈수수께끼 등을〉 풀다, 해결하다

un·ti·dy [ʌ̀ntáidi] *a.* (**-di·er**; **-di·est**) **1** 단정치 못한 **2** 어수선한, 흐트러진, 난잡한 **un·tí·di·ly** *ad.* **-di·ness** *n.*

***un·tie** [ʌ̀ntái] *v.* (**~d**; **-ty·ing** [-táiiŋ]) *vt.* **1 풀다,** 매듭을 풀다: ~ a package 꾸러미를 풀다 **2** 해방하다; 〈곤란 등을〉 해결하다 《*from*》: ~ a person *from* bondage …을 속박에서 해방하다

— *vi.* 풀리다

un·tied [ʌ̀ntáid] *a.* 묶이지 않은; 제한되지 않은

*****un·til** [əntíl, ʌn-] *prep.* **1** [시간의 계속] **…까지,** …이 되기까지, …에 이르기까지: Wait ~ two o'clock. 2시까지 기다려라. **2** [부정어와 함께] …이 되어 비로소 (…하다): *Not* ~ yesterday did I know the fact. 어제 비로소 그 사실을 알았다.

— *conj.* **1** [시간의 계속] **…때까지,** …까지 (줄곧): I will wait here ~ the concert is over. 나는 음악회가 끝날 때까지 여기서 기다리겠다. **2** [정도] …하기까지, …하도록: He worked ~ too tired to do more. 그는 지쳐버릴 때까지 줄곧 일했다. **3** [부정어와 함께] …하여 비로소 (…하다): It was *not* ~ she was thirty that he started to paint. 그녀는 30세가 되어 비로소 그림을 그리기 시작하였다.

***un·time·ly** [ʌ̀ntáimli] *a.* **1 때 아닌,** 철이 아닌, 불시의 **2** 시기상조의 **3** 때를 얻지 못한, 시기를 놓친 **-li·ness** *n.*

un·tinged [ʌ̀ntíndʒd] *a.* **1** 물들지 않은 **2** 〈사상 등에〉 감화받지 않은

un·tir·ing [ʌ̀ntáiəriŋ] *a.* 지치지 않는, 싫증을 느끼지 않는, 끈기 있는, 불굴의 **~·ly** *ad.*

*__un·to__ [(모음 앞) ʌ́ntu, (문미) ʌ́ntu(ː), (자음 앞) ʌ́ntə] *prep.* 《고어·시어》 …에, …에게로, …까지(to): Come ~ me, all ye that labor. 〖성서〗 수고하고 무거운 짐진 자들아 다 내게로 오라.

*__un·told__ [ʌ̀ntóuld] *a.* **1 언급되지 않은**; 밝혀지지 않은 **2** 헤아릴 수 없는, 막대한

__un·touch·a·ble__ [ʌntʌ́tʃəbl] *a.* **1** 만질 수 없는 **2** 멀어서 손이 닿지 않는 **3** 비판할 수 없는, 의심할 수 없는 **4** 접촉이 금지된, 금제(禁制)의

— *n.* **1** [종종 **U~**] 인도의 불가촉 천민(不可觸賤民) 《최하층 Pariah》 **2** (정직·근면하여) 비난의 여지가 없는 사람

*__un·touched__ [ʌ̀ntʌ́tʃt] *a.* **1 손대지 않은**; 손상되지 않은 **2 논급[언급]되지 않은** **3** 감동되지 않은, 마음이 흔들리지 않은

__un·to·ward__ [ʌntóuərd, -təwɔ́ːrd] *a.* **1** 버릇없는; 심술궂은, 〈성질이〉 비뚤어진: this ~ generation 〖성서〗 이 패역(悖逆)한 세대 **2** 형편이 나쁜, 곤란한, 불행한: ~ circumstances 역경 **~·ly** *ad.* **~·ness** *n.*

__un·trained__ [ʌ̀ntréind] *a.* 훈련받지 않은

__un·tram·meled | -melled__ [ʌntrǽməld] *a.* 속박[방해, 구속]받지 않는, 자유로운

__un·trav·eled | -elled__ [ʌntrǽvəld] *a.* **1** 여행해 본 적이 없는 **2** 행인이 다니지 않는 〈도로 등〉

__un·tried__ [ʌntráid] *a.* **1** 해보지 않은; 경험한 일이 없는 **2** 〖법〗 심리하지 않은, 공판에 회부되지 않은

__un·trod(·den)__ [ʌntrɑ́d(n) | -trɔ́d(n)] *a.* 밟히지 않은, 사람이 발을 들여 놓은 적이 없는

__un·trou·bled__ [ʌntrʌ́bld] *a.* **1** 마음이 어지러워지지 않은 **2** 고요한

*__un·true__ [ʌntrúː] *a.* **1 진실이 아닌**, 허위의 **2 충실[성실]하지 않은**, 정숙하지 못한 **3** 표준[본, 치수]에 맞지 않는

__un·trust·wor·thy__ [ʌntrʌ́stwə̀ːrði] *a.* 믿지 못할, 신뢰할 수 없는

__un·truth__ [ʌntrúːθ] *n.* (*pl.* **~s** [-ðz, -θs]) Ⓤ.Ⓒ **1** 허위, 참되지 않음 **2** 거짓, 거짓말

__un·truth·ful__ [ʌntrúːθfəl] *a.* **1** 진실이 아닌, 거짓의 **2** 거짓말을 하는 **~·ly** *ad.* **~·ness** *n.*

__un·turned__ [ʌntə́ːrnd] *a.* 돌리지 않은; 뒤집지 않은

__un·tu·tored__ [ʌntjúːtərd | -tjúː-] *a.* **1** 교육받지 않은, 배우지 않은 **2** 소박한, 순진한

__un·twine__ [ʌntwáin] *vt.* …의 꼬인 것을 풀다 — *vi.* 꼬인 것이 풀리다

__un·twist__ [ʌntwíst] *vt.* …의 꼬인 것을 풀다 — *vi.* 꼬인 것이 풀리다

__un·us(e)·a·ble__ [ʌnjúːzəbl] *a.* 쓸 수 없는, 쓸모없는

*__un·used__ [ʌnjúːzd] *a.* **1 사용하지 않은**; **쓰인 적이 없는**; 신품인 **2** [-júːst] Ⓟ **익숙하지 않은**, …에 길들지 않은 (*to*): He is ~ *to* labor. 그는 노동에 익숙해 있지 않다.

‡__un·u·su·al__ [ʌnjúːʒuəl] *a.* **1 보통이 아닌**; 보기[듣기] 드문, 진귀한 **2 별난**, 유다른

*__un·u·su·al·ly__ [ʌnjúːʒuəli] *ad.* **1 보통과는 달리**, 이상하게; **유별나게** **2** 《구어》 매우, 대단히

__un·ut·ter·a·ble__ [ʌnʌ́tərəbl] *a.* **1** 말로 표현할 수 없는, 이루 말할 수 없는 **2** 철저한, 순전한

-bly *ad.* 형언할 수 없을 만큼; 매우

__un·var·nished__ [ʌnvɑ́ːrniʃt] *a.* **1** 니스칠하지 않은 **2** 꾸미지 않은, 있는 그대로의

__un·var·y·ing__ [ʌnvέəriiŋ] *a.* 변하지 않는, 일정불변의

__un·veil__ [ʌnvéil] *vt.* **1** …의 베일을 벗기다, …의 덮개를 벗기다; …의 제막식을 거행하다 **2** 〈비밀 등을〉 밝히다 **3** 나타내 보이다 — *vi.* 베일을 벗다

__un·voiced__ [ʌnvɔ́ist] *a.* **1** 소리로[입밖에] 내지 않은, 말하지 않은 **2** 〖음성〗 무성(음)의

__un·waged__ [ʌnwéidʒd] *a.* 〈사람이〉 무직의, 급여 소득이 없는

__un·want·ed__ [ʌnwɔ́ːntid | -wɔ́nt-] *a.* **1** 요구되지 않은 **2** 불필요한

__un·war·rant·a·ble__ [ʌnwɔ́ːrəntəbl | -wɔ́r-] *a.* **1** 정당성을 인정하기 어려운, 변호할 수 없는 **2** 부당한

__un·war·rant·ed__ [ʌnwɔ́ːrəntid | -wɔ́r-] *a.* 보증이 되지 않은; 정당하다고 인정할 수 없는, 공인되지 않은, 부당한

__un·war·y__ [ʌnwέəri] *a.* (**-war·i·er**; **-i·est**) 조심성 없는, 경솔한

__un·washed__ [ʌnwɔ́ːʃt | -wɔ́ʃt] *a.* **1** 씻지 않은; 더러운 **2** 하층민의

— *n.* [the ~; 집합적] 하층 사회, 하층민

__un·wa·ver·ing__ [ʌnwéivəriŋ] *a.* 동요하지 않는, 확고한 **~·ly** *ad.*

__un·wea·ried__ [ʌnwíərid] *a.* 피로하지 않은; 싫증내지 않는, 끈기 있는, 불요 불굴의

__un·wed__ [ʌnwéd], **-wed·ded** [-wédid] *a.* 미혼의, 독신의: an ~ mother 미혼모

*__un·wel·come__ [ʌnwélkəm] *a.* **환영받지 못하는**; 달갑지 않은

__un·well__ [ʌnwél] *a.* 몸이 편치 않은, 기분이 좋지 않은

__un·wept__ [ʌnwépt] *a.* 슬퍼할 사람이 없는; 〈눈물이〉 나오지 않는

*__un·whole·some__ [ʌnhóulsəm] *a.* **1 몸[건강]에 나쁜** **2** (도덕적으로) 불건전한, 유해한 **~·ly** *ad.*

__un·wield·y__ [ʌnwíːldi] *a.* (**-wield·i·er**; **-i·est**) **1** (무거워서) 다루기 힘든 **2** 꼴 사나운, 거대한 **-i·ness** *n.*

‡__un·will·ing__ [ʌnwíliŋ] *a.* **1 마음 내키지 않는**, 마지못해 하는: She was ~ *to* come. 그녀는 오고 싶어하지 않았다. **2** 반항적인 **~·ly** *ad.* 본의 아니게, 마지못해, 억지로 **~·ness** *n.*

__un·wind__ [ʌnwáind] *v.* (**-wound** [-wáund]) *vt.* **1** 〈감겨 있는 것을〉 풀다, 펴다 **2** 《구어》 〈긴장을〉 풀다, 편한 마음을 갖게 하다 — *vi.* **1** 〈감긴 것이〉 풀리다 **2** 〈긴장이〉 풀리다

*__un·wise__ [ʌnwáiz] *a.* **지혜[지각] 없는**, 현명하지 못한, 어리석은; 상책이 아닌 **~·ly** *ad.*

__un·wit·ting__ [ʌnwítiŋ] *a.* 알지 못하는, 무의식의, 자기도 모르게 한 **~·ly** *ad.*

un·wont·ed [ʌnwɔ́ːntid | -wóunt-] *a.* 보통이 아닌, 예사롭지 않은; 드문

un·work·a·ble [ʌ̀nwə́ːrkəbl] *a.* 〈계획 등이〉 실행할 수 없는

un·world·ly [ʌ̀nwə́ːrldli] *a.* (**-li·er**; **-li·est**) **1** 이 세상 것이 아닌, 정신[심령]계의; 천상(天上)의 **2** 속세를 떠난; 소박한 **-li·ness** *n.*

⁑**un·wor·thy** [ʌ̀nwə́ːrði] *a.* (**-thi·er**; **-thi·est**) **1** (도덕적으로) **가치 없는,** 존경할 가치 없는; 비열한 **2** Ⓟ (어떤 지위·행상(行賞)에) 알맞지 않은
~ *of* (1) …의 가치 없는 (2) …으로서 부끄러운, 있을 수 없는 (3) …에 적합하지 않은 **-thi·ly** *ad.* **-thi·ness** *n.*

*__un·wrap__ [ʌ̀nrǽp] *vt.* (**~ped**; **~·ping**) 〈꾸린 것을〉 **풀다,** (소포 등의) **포장을 끄르다**

un·writ·ten [ʌ̀nrítn] *a.* 씌어 있지 않은, 기록되어 있지 않은, 불문율(不文律)의, 구비(口碑)의, 구전(口傳)의

unwrítten láw 〖법〗 **1** 관습법, 불문법 **2** [보통 the ~] 불문율

un·yield·ing [ʌ̀njíːldiŋ] *a.* **1** 유연성[탄력성]이 없는; 단단한 **2** 완고한, 단호한 **~·ly** *ad.* **~·ness** *n.*

un·yoke [ʌ̀njóuk] *vt.* **1** 〈소 등의〉 멍에를 벗기다 **2** 분리시키다; 해방하다

un·zip [ʌ̀nzíp] *vt.* (**~ped**; **~·ping**) 지퍼(zipper)를 열다

⁑**up** [ʌp] *ad.* **1 a** (낮은 위치에서) **위쪽으로, 위로[에]**: look *up* at the sky 하늘을 쳐다보다 **b** [be의 보어로] **올라가**: The flag is *up.* 기가 게양되어 있다. **2 a 몸을 일으켜**; (잠자리에서) 일어나: stand *up* 일어서다, 기립하다 **b** [동사를 생략하여 명령문으로] **일어나!,** 일어서! 《Get[Stand] *up*!을 줄인 것》: *Up with* you, you lazy boy! 일어나, 이 게으름쟁이야! **c** [be의 보어로] **일어나**: Kate, are you *up*? 케이트, 일어났니? **3 a** 〈천체가〉 **하늘로 떠올라**: The moon rose *up* over the horizon. 달이 지[수]평선에 떠올랐다. **b** [be의 보어로] **떠서**: The sun is *up.* 해가 떠 있다. **4 보다 높은 데로[에서],** 위편으로[에서]: A lark was singing high *up* in the sky. 종달새 한 마리가 하늘 높이 지저귀고 있었다. **5** (남에서) **북으로,** 북쪽으로[에]: as far *up* as Alaska 북으로는 알래스카까지 **6 고지로,** 내륙으로; (하천의) 상류로: They went ten miles further *up* into the country. 그들은 10마일을 더 내륙으로 들어갔다. **7** (특정한 장소·말하는 이가 있는) **쪽으로,** 가까이 가서: I went *up* to the teacher's table. 선생님의 책상 곁으로 갔다. **8 a** 〈지위·성적·정도·나이 등이〉 **위쪽으로,** 올라가: go *up* in the world 출세하다 **b** [종종 be의 보어로] 〈물가 등이〉 **오름세로**; 〈속도·목소리 등이〉 더 크게[높게], 더 올라가: Prices[Rents] are (going) *up.* 물가[집세]가 오르고 있다. **9 a 기세 좋게,** 힘차게, 활발히; 화가 나서, 흥분하여: Their spirits went *up.* 그들은 기세가 올랐다. 《힘이 났다》 **b** [be의 보어로] 《문어》 (싸우려고) 분기하여: The team is *up* for the game. 시합을 앞두고 그 팀은 기세가 등등하다. **10 a** (논의·화제에) **올라**: The problem was brought *up* during the conversation. 얘기 중에 그 문제가 나왔다. **b** 《구어》 〈일이〉 생겨, 일어나: What's *up*? 무슨 일이 일어났는가? 어찌 된 일인가? **11 a** [종결·완성·충만 등을 나타내는 강조어로서 동사와 결합하여] **완전히**; …하여 버려: Eat *up* your cake. 과자를 (다) 먹어 버려라. **b** [be의 보어로] **끝나고**; 글러: Time's *up.* 시간이 끝났다. **c** [접합·부착·폐쇄 등을 나타내는 동사와 결합하여] 꽉, 단단히: nail *up* a door 문에 못을 박아 버리다

be[stay] up all night 밤을 꼬박 새다 ***be up and coming*** 〈사람이〉 적극적이다 ***up against ...*** 《구어》 〈곤란·장애 등에〉 부딪쳐서, 직면하여: I'm[I've come] *up against* a problem. 문제에 부딪쳐 있다[부딪쳤다]. ***up and down*** 상하로; 왔다갔다; 떴다 잠겼다 ***up for ...*** 〈팔 물건 등으로〉 내놓아 ***up till[until] ...*** 《구어》 …(에 이르기)까지: She was here *up till* yesterday. 그녀는 어제까지 여기에 있었다. ***up to ...*** (1) …까지(에), …에 이르기까지; …에 이르러: *up to* this time[now] 지금껏, 지금까지는 (2) [보통 부정문·의문문에서] 《구어》 〈일등〉을 감당하여, …을 할 수 있고[할 수 있을 정도로 뛰어나서]: You're *not up to* the work. 너는 그 일을 감당하지 못한다. (3) 《구어》 〈사람이〉 해야 할, …나름인, …의 의무인: It's *up to* you to decide. 결정은 네 맘대로이다.

— [əp, ʌp] *prep.* **1** (낮은 위치·지점에서) **…의 위로[에],** …의 높은 쪽으로[에]: climb *up* a hill[a ladder] 언덕[사다리]을 오르다 **2 a** 〈하천의〉 상류로[에], 〈흐름을〉 거슬러 올라가: sail *up* a river 강을 거슬러 항해하다 **b** …을 따라, …을 좇아서(along): ride *up* the road 말을 타고 길을 (위쪽으로) 가다 **3** 《영·방언》 〈도시의 중심부 등〉으로 《*to*》: I'm going *up* Soho this evening. 오늘 저녁 소호에 갈 예정이다.

up and down …을 이리저리, 왔다갔다: He was walking *up and down* the street. 그는 거리를 왔다갔다 했다.

— *a.* Ⓐ **올라가는,** 위로 가는; 〈열차가〉 상행의: the *up* escalator 올라가는 에스컬레이터 — *n.* **1 a** 상승, 향상 **b** 오르막길 **2** [the up] 〖구기〗 (친 공이 바운드하여) 튀어 오르고 있는 상태: hit a ball on *the up* 바운드한 공을 치다

on the up 《구어》 〈일이〉 호조로 ***ups and downs*** (1) (길 등의) 오르내림, 기복: farmland full of *ups and downs* 기복이 많은 농지 (2) 부침, (영고)성쇠: the *ups and downs* of life[fate] 인생[운명]의 부침

— *v.* (**upped** [ʌpt]; **up·ping**) *vi.* [보통 up and do로] 《구어》 갑자기[느닷없이] …하다, 의표(意表)를 찔러 …하다: He *ups and says* ... 그는 불쑥 이렇게 말했다

— *vt.* 《구어》 〈값 등을〉 올리다; 〈생산 등을〉 늘리다

up- [ʌp] 《연결형》 **1** 동사 (특히 과거분사) 또는 동명사에 붙여서 동사·명사·형용사를 만듦: *up*bringing **2** 동사·명사에 붙여서 「(위로) 뽑다, 뒤집어 엎다」의 뜻을 갖는 동사·형용사를 만듦: *up*root, *up*turned **3** 부사·형용사·명사를 만듦: *up*hill, *up*wards

up-and-com·ing [ʌ́pənkʌ́miŋ] *a.* 《주로 미·구어》 정력적인, 활동적인, 수완이 능란한; 진취적인, 유망한

up-and-down [-dáun] *a.* **1** 오르내리는, 고저가 있는, 기복이 있는 **2** 성쇠(盛衰)가 있는 **3** 《미》 〈절벽 등이〉 수직의, 깎아지른 듯한

up·beat [ʌ́pbìːt] *n.* **1** 〖음악〗 상박(上拍), 약박 **2** (지휘자가 상박을 지시하는) 지휘봉의 상향 동작 — *a.* 《미·구어》 낙관적인; 즐거운

up·braid [ʌ̀pbréid] *vt.* 신랄하게 비판[비난, 힐책]하다 《*with, for*》: ~ a person *with*[*for*] a fault 잘못에 대해서 …을 비난하다

up·bring·ing [ʌ́pbrìŋiŋ] *n.* ⓊⒸ (유아기의) 교육, 양육

UPC Universal Product Code 《미》 만국 제품 코드

up·chuck [ʌ́ptʃʌ̀k] *vt., vi.* 《미·구어》 토하다, 게우다

up·com·ing [ʌ́pkʌ̀miŋ] *a.* 《미》 다가오는, 곧 나올[공개될]; 이번의

up·coun·try [ʌ́pkʌ̀ntri] *n.* [the ~] 내륙 지방, 산간벽지
— *a.* 해안에서 먼, 내륙 지방의
— [⌐⌐–] *ad.* 《구어》 내륙 지방(쪽)으로, 산간벽지에

up·date [ʌ̀pdéit, ⌐⌐] *vt.* 《미》 새롭게 하다, 최신의 것으로 하다; 〖컴퓨터〗 갱신하다 — [⌐⌐] *n.* **1** 새롭게 함 **2** 최신 정보; 〖컴퓨터〗 갱신

up·draft, -draught [ʌ́pdræ̀ft | -drɑ̀ːft] *n.* 상승 기류; 상향 통풍

up·end [ʌ̀pénd] *vt.* **1** 〈통 등을〉 세우다, 일으키다 **2** 뒤집다, 거꾸로 놓다

up-front [ʌ́pfrʌ́nt] *a.* 《구어》 **1** 〖금융〗 선행 투자의, 선불의 **2** 솔직한

up·grade [ʌ́pgréid] *a.* 《미》 치받이[오르막]의 — *ad.* 《미》 치받이에, 오르막이 되어 — [⌐⌐] *n.* **1** 《미》 치받이(길), 오르막길 **2** 증가, 향상 ***on the*** **~** (1) 치받이 길에 (2) 향상[상승]하여, 증가하여
— [⌐⌐, ⌐⌐] *vt.* **1** 〈직원 등을〉 승진시키다 **2** 〈제품 등의〉 품질을 개량하다; 〈가축의〉 품종을 개량하다

up·growth [ʌ́pgròuθ] *n.* **1** Ⓤ 성장, 발육, 발달 **2** 성장물, 발달물

up·heave [ʌ̀phíːv] *v.* (**~d, -hove** [-hóuv]) *vt.* 들어[밀어]올리다, 융기시키다 — *vi.* 융기하다

***up·held** [ʌ̀phéld] *v.* UPHOLD의 과거·과거 분사

***up·hill** [ʌ́phil] *a.* **1** 올라가는, 오르막의, 치받이의: an ~ climb[road, way] 오르막길 **2** 힘드는, 애먹는 — *ad.* 고개[언덕] 위로 — [⌐⌐] *n.* 오르막길, 치받이

‡**up·hold** [ʌ̀phóuld] *vt.* (**-held** [-héld]) **1** 지지하다, 《영》 〈질서 등을〉 유지하다 **2** 받치다, 지탱하다 **3** 〈결정·판결 등을〉 확인하다 **~·er** *n.*

up·hol·ster [ʌphóulstər] *vt.* **1** 〈집·방 등을〉 양탄자[커튼, 가구류]로 장식하다, …에 가구를 설치하다 《*with*》 **2** 〈의자 등에〉 속·스프링·커버 등을 대다; 겉천을 대다 《*in, with*》 **~·er** *n.*

up·hol·stered [ʌphóulstərd] *a.* 〈의자 등이〉 겉천을 간

up·hol·ster·y [ʌphóulstəri] *n.* (*pl.* **-ster·ies**) **1** Ⓤ 가구업, 실내 장식업 **2** ⓊⒸ 실내 장식 재료

UPI United Press International 미국 UPI 통신사

***up·keep** [ʌ́pkìːp] *n.* Ⓤ **1** 유지, 보존 **2** 유지비; 부양비

***up·land** [ʌ́plənd] *n.* 고지, 고원 《highland보다 낮은》 — *a.* 고지의

***up·lift** [ʌ̀plíft] *vt.* **1** 들어올리다, 높이 올리다 **2** …의 정신을 앙양하다, 의기를 드높이다; 향상시키다 — [⌐⌐] *n.* **1** Ⓤ 들어올림 **2** Ⓤ 향상 《사회적·정신적·도덕적》, 정신적 앙양, 감정의 고조(高潮)

up·link [ʌ́plìŋk] *n.* 〖통신〗 업링크 《지상에서 우주선[위성]으로의 정보의 전송》

up·load [ʌ́plòud] *vt.* **1** 〖컴퓨터〗 〈소프트웨어·데이터 등을〉 소형 컴퓨터에서 대형 컴퓨터로 전송하다 **2** 〈비행기 등에〉 화물이나 연료를 채우다

up·man·ship [ʌ́pmənʃìp] [oneupmanship의 단축형] *n.* Ⓤ 《구어》 (남보다) 한 수 앞섬; 남보다 한 수 위에 서는 술책

up·mar·ket [ʌ́pmɑ̀ːrkit] *a.* 〈상품 등이〉 상급 시장[고소득층] 지향의
— *ad.* 상급 시장용으로

up·most [ʌ́pmòust] *a.* = UPPERMOST

‡**up·on** [əpɑ́n, -ɔ́ːn | -ɔ́n] *prep.* = ON 《upon은 일반적으로 on과 거의 같은 뜻으로 쓰이나 on보다는 좀 무거운 문어조(文語調)의 말이다. 관용구나 문어체에서 강조되는 문미(文尾)에 올 때 등에 upon이 쓰인다. 그러나 구어조에서 가볍게 때·수단·상태·종사 등을 나타낼 경우에는 on 대신에 upon이 쓰이는 일은 없다》

‡**up·per** [ʌ́pər] *a.* (opp. *lower*) **1** [장소·위치 등] 더 위의[위에 있는], 높은 쪽의, 상부의 **2** [관등·지위·학계 등] 상위의, 상급의, 상류의 **3** 고지의, (강)상류의; 《미》 (…보다) 북쪽의, 오지의: ~ Manhattan 북부 맨해턴 **4** 〖지질〗 상층의, 지표(地表)에 가까운; [**U~**] 새로운 쪽의, 후기(後期)의: *U~* Cambrian 후기 캄브리아기(紀) — *n.* **1** [보통 *pl.*] 구두 갑피 **2** 《미·구어》 (침대차 등의) 상단 침대 **3** 《구어》 각성제

úpper áir 〖기상〗 고층 대기 《하부 대류권 위》

úpper árm 상박(上膊), 상완(上腕) 《어깨에서 팔꿈치까지》

up·per·case [-kéis] 〖인쇄〗 *a.* 대문자의 《略 u.c.》; 대문자로 짠[쓰인, 인쇄된] — *n.* 대문자 (활자)

úpper chámber [the ~] = UPPER HOUSE

úpper círcle (극장의) 3등 좌석 《dress circle과 gallery 사이로 요금이 싼 좌석》
úpper cláss [the ~(es)] **1** 상류 계급 (사람들) **2** (학교의) 상급 (학급)
up·per-class [-klǽs | -klɑ́:s] *a.* **1** 상류 계급의, 상류 계급 특유의 **2** 《미》 (고등학교·대학의) 상급의, 3[4]학년생의
up·per·class·man [ʌ́pərklǽsmən | -klɑ́:s-] *n.* (*pl.* **-men** [-mən]) 《미》 (고등학교·대학의) 상급생
úpper crúst [the ~] 《구어》 상류[귀족] 사회[계급]
up·per·cut [-kʌ̀t] *n.* 〖권투〗 어퍼컷, 올려치기 **—** *vt.* (~; **~·ting**) 어퍼컷으로 치다
úpper hánd [the ~] 우세, 우위
úpper hóuse [종종 **U~ H~**; the ~] (양원제의) 상원
∗**up·per·most** [ʌ́pərmòust] *a.* **1** 최고[최상]의 **2** 〈문제가〉 가장 중요한
— *ad.* **1** 맨 위[앞]에, 가장 높이 **2** 맨 먼저 (머리에 떠올라서)
úpper régions [the ~] **1** 하늘 **2** 천국
upper stòry **1** 위층 **2** [the ~] 《미·속어》 머리
up·per·works [ʌ́pərwə̀:rks] *n. pl.* 〖항해〗 (배의) 건현(乾舷); 수상부(水上部)
up·pish [ʌ́piʃ] *a.* 《영·구어》 거만한, 잘난 체하는 **~·ly** *ad.* **~·ness** *n.*
up·pi·ty [ʌ́pəti] *a.* 《미·구어》 = UPPISH
up·raise [ʌpréiz] *vt.* 높이 올리다, 들어 올리다
up·rear [ʌpríər] *vt.* **1** 올리다, 일으키다, 세우다 **2** 길러내다; 높이다
‡**up·right** [ʌ́pràit, ⌐⌐] *a.* **1** 똑바로 선, 곧추 선; 똑바른: an ~ tree 곧은 나무 **2** 올바른, 정직한, 고결한
— *n.* **1** Ⓤ 똑바른 상태 **2** 똑바른 물건, 직립재(直立材) 《건축물의》 **3** 직립형 피아노 **—** [⌐⌐] *ad.* 똑바로 (서서), 꼿꼿이; 올바른 자세로 **~·ly** *ad.* **~·ness** *n.*
úpright piáno 직립형 피아노
up·rise [ʌpráiz] *vi.* (**-rose** [-róuz]; **-ris·en** [-rízn]) **1** 일어서다; 일어나다 (rise, get up) **2** 〈태양이〉 떠오르다 **3** 〈소리가〉 높아지다
— [⌐⌐] *n.* **1** 해돋이 **2** 치받이; 입신출세
∗**up·ris·ing** [ʌ́pràiziŋ] *n.* **1** (지역적인) 반란, 폭동 **2** 치받이 **3** CU 《고어》 기상
up·riv·er [ʌ́prívər] *a.* (강의) 상류의
— *ad.* 상류로[에서]
∗**up·roar** [ʌ́prɔ̀:r] *n.* CU [(an) ~] 소란; 떠들어대는 소리
up·roar·i·ous [ʌprɔ́:riəs] *a.* **1** 떠드는; 떠들썩한: an ~ laughter 떠들썩한 웃음 소리 **2** 매우 재미있는
~·ly *ad.* **~·ness** *n.*
∗**up·root** [ʌprú:t] *vt.* **1** 뿌리째 뽑다 **2** …을 (오래 살아온 집·토지 등에서) 몰아내다 《*from*》 **3** 〈악습을〉 근절하다, 절멸하다
‡**up·set** [ʌpsét] *v.* (~; **~·ting**) *vt.* **1** 뒤엎다 **2** 당황하게 하다; …의 정신을 못차리게 하다 **3** 〈계획 등을〉 망쳐 놓다 **4** …의 몸[위장]을 상하게 하다
— *vi.* 뒤집히다 **—** [⌐⌐] *n.* **1** 전복, 전도(轉倒); 혼란 (상태) **2** 당황 **3** 역전패 **4** (위(胃) 등의) 부조(不調), 탈
— [⌐⌐] *a.* **1** 뒤집힌 **2** 〈위장이〉 불편한 **3** 혼란에 빠진 **4** 낭패한
úpset prìce 《미》 (경매 등에서의) 처음 부르는 가격, 최저 매가(賣價)
up·set·ting [ʌpsétiŋ] *a.* 뒤집어 엎는
up·shot [ʌ́pʃɑ̀t | -ʃɔ̀t] [궁술에서 「마지막 화살」의 뜻에서] *n.* [the ~] (최후의) 결과, 결말, 결론
∗**up·side** [ʌ́psàid] *n.* 위쪽, 윗면, 상부
‡**úpside dówn** *ad.* **1** 거꾸로, 뒤집혀: turn the table ~ 테이블을 뒤집어 엎다 **2** 혼란하여, 난잡하게
up·side-down [ʌ́psàiddáun] *a.* **1** 거꾸로의; 뒤집힌 **2** 혼란한, 뒤죽박죽의
úpside-dówn càke 《미》 업사이드다운 케이크 《밑에 과일을 놓고 구운 후 과일이 위로 오도록 엎어서 내는》
up·sides [ʌ́psàidz] *ad.* 《영·구어》 피장파장이 되어, 맞먹어
up·si·lon [jú:psəlɑ̀n | ju:psáilən] *n.* 입실론 《그리스 자모의 제20자 Υ, υ; 영어 자모의 U, u 또는 Y, y에 해당》
up·spring [ʌpspríŋ] *vi.* (**-sprang** [-sprǽŋ], **-sprung** [-sprʌ́ŋ]; **-sprung**) **1** 뛰어오르다 **2** 발생하다, 출현하다
up·stage [ʌ́pstéidʒ] *a.* **1** 무대 안쪽의 《예전에는 무대 앞쪽보다 높았음》 **2** 《구어》 도도한, 뽐내는
— *vt.* **1** 《구어》 무대 안쪽에 서서 〈다른 배우로 하여금〉 관객에게 등을 향하도록 하다 **2** …보다 인기를 얻다
— *ad.* 무대 안쪽으로[에]
— *n.* 무대 안쪽[뒤쪽]
up·stair [ʌ̀pstɛ́ər] *a.* = UPSTAIRS
‡**up·stairs** [ʌ̀pstɛ́ərz] *ad.* **1** 2층으로[에] **2** 한층 높은 지위에
— *n. pl.* [단수·복수 취급] 2층, 위층
— *a.* 2층의, 위층의
up·stand·ing [ʌ̀pstǽndiŋ] *a.* **1** 똑바로 선; 꼿꼿한, 날씬한 〈몸매〉 **2** 〈인물이〉 훌륭한, 고결한, 정직한
up·start [ʌ́pstɑ̀:rt] *n.* **1** 갑자기 출세한 사람, 졸부 **2** 건방진 녀석
— *a.* 갑자기 출세한; 건방진
up·state [ʌ́pstéit] 《미》 *a., ad.* (한 주(州) 안의) 대도시에서 먼[멀리]
— *n.* (주(州) 내의) 시골; 《특히》 New York 주의 북부 지방
∗**up·stream** [ʌ́pstrí:m] *ad.* 상류에[로], 강을 거슬러 올라가서
— *a.* 흐름을 거슬러 오르는, 상류의
up·stroke [ʌ́pstròuk] *n.* **1** (글자의) 위쪽으로 그은 획[필법] **2** (피스톤의) 상승 운동[행정]
up·surge [ʌpsə́:rdʒ] *vi.* (파도처럼) 솟아오르다; 급증하다 **—** [⌐⌐] *n.* 급증, 쇄도; (감정의) 급격한 고조
up·sweep [ʌ́pswì:p] *n.* **1** 위쪽으로 쓸어올림[솔질함] **2** 치켜 빗어 올린 머리형
up·swept [ʌ́pswèpt] *a.* 위로 구부러진[휜, 기울어진]; 빗어 올린 〈머리 모양〉
up·swing [ʌ́pswìŋ] *n.* **1** 상승, 상승 기세[경향] **2** 현저한 증가
up·take [ʌ́ptèik] *n.* **1** [the ~] 《미·구어》 이해(력) **2** 들어[집어]올림; 빨아 올림

U

up·tick [ʌ́ptìk] *n.* Ⓤ 《미》 (경기·사업 등의) 상향, 상승
up·tight [ʌ̀ptáit] *a.* 《속어》 **1** Ⓟ 초조해 하는, 긴장한, 근심스러운; 성난 **2** 틀에 박힌
‡**up-to-date** [ʌ́ptədéit] *a.* **1 최신(식)의,** 첨단적인 **2** 〈사람이〉 현대적인
up-to-the-min·ute [ʌ́ptəðəmínit] *a.* 극히 최근의, 가장 참신한
up·town [ʌ́ptáun] 《미》 *n.* (상업 지구에 대하여) 주택 지구
— [∠∠] *a.* 주택 지구의
up·turn [ʌ̀ptə́ːrn] *vt.* 위로 향하게 하다; 뒤집어 엎다; 파헤치다
— [∠∠] *n.* 위로 향함, (경기·물가 등의) 상승, 호전(好轉)
up·turned [ʌ̀ptə́ːrnd] *a.* **1** 치뜬 〈시선 등〉; 끝이 위로 향한 **2** 뒤집힌; 파헤쳐진
UPU Universal Postal Union 만국 우편 연합
‡**up·ward** [ʌ́pwərd] *a.* **위로 향한,** 향상하는, 올라가는; 위쪽에 있는: an ~ glance 치켜 뜬 시선 — *ad.* **1 위쪽으로, 위로 향하여,** 상류[오지, 대도시, 중심부] 쪽으로 **2** [... and ~] …이상
*__up·wards__ [ʌ́pwərdz] *ad.* = UPWARD
u·rae·mi·a [juəríːmiə] *n.* = UREMIA
U·ral [júərəl] *a.* 우랄 산맥[강]의
— *n.* **1** [the ~] 우랄 강 《우랄 산맥 남부에서 발원하여 카스피해에 이르는 강》 **2** [the ~s] 우랄 산맥
U·ral-Al·ta·ic [júərəlæltéiik] *a.* **1** 우랄 알타이(Ural-Altai) 지방(주민)의 **2** 우랄 알타이 어족의 — *n.* Ⓤ 우랄알타이어족 《핀어·터키어·몽고어를 포함하며 동부 유럽 및 중앙 아시아에 걸침》
U·ra·ni·a [juəréiniə] [Gk 「하늘의」의 뜻에서] *n.* 〖그리스신화〗 우라니아 《천문(天文)의 여신; the Muses의 한 사람; Aphrodite(=Venus)의 속칭》
u·ran·ic [juərǽnik] *a.* **1** 〖화학〗 우란[우라늄]의, 우란을 함유한 **2** 하늘의, 천문(학)상(上)의
u·ra·nite [júərənàit] *n.* Ⓤ 〖광물〗 우라나이트 《인산 우라늄 광물의 총칭》
*__u·ra·ni·um__ [juəréiniəm] [*Ura*nus+*-ium* (원소의 뜻을 나타내는 접미사)] *n.* Ⓤ 〖화학〗 **우라늄** 《방사성 금속 원소; 기호 U, 번호 92》
uránium 238 〖화학〗 우라늄 238 《우라늄 동위 원소의 하나; 핵연료 플루토늄 339의 제조 원료; 기호 ^{238}U, U^{238}》
uránium 235 〖화학〗 우라늄 235 《우라늄 동위 원소의 하나; 핵에너지로 이용; 기호 ^{235}U, U^{235}》
U·ra·nus [júərənəs] *n.* **1** 〖그리스신화〗 우라누스 신 《Gaea의 남편》 **2** 〖천문〗 천왕성
*__ur·ban__ [ə́ːrbən] *a.* Ⓐ **도시의,** 도시 특유의
ur·bane [əːrbéin] *a.* 도시풍의, 품위 있는, 세련된 **~·ly** *ad.* **~·ness** *n.*
ur·ban·ite [ə́ːrbənàit] *n.* 《미》 도시 생활[거주]자
ur·ban·i·ty [əːrbǽnəti] *n.* (*pl.* **-ties**) **1** Ⓤ 세련, 우아 **2** [*pl.*] 도시풍의 태도, 세련된 언행
ur·ban·ize [ə́ːrbənàiz] *vt.* 도시화하다, 도시식으로 하다 **ùr·ban·i·zá·tion** *n.*
ur·ban·ol·o·gy [əːrbənɑ́lədʒi | -nɔ́l-] *n.* Ⓤ 도시학, 도시 문제 연구
*__ur·chin__ [ə́ːrtʃin] [L 「고슴도치」의 뜻에서] *n.* **1 장난꾸러기,** 개구쟁이 **2** = SEA URCHIN
Ur·du [úərduː] *n.* Ⓤ 우르두 말 《Hindustani 말의 일종; 주로 인도 이슬람교도들 사이에서 쓰이며 파키스탄의 공용어》
-ure [*jùər*] *suf.* **1** [동작·과정·존재]: cens*ure*, cult*ure* **2** [동작의 결과]: pict*ure*, creat*ure* **3** [직무·기능]: judicat*ure* **4** [기능 집단]: legislat*ure*
u·re·a [juəríːə, júəriə] *n.* Ⓤ 〖화학〗 요소(尿素)
u·re·mi·a, u·rae- [juəríːmiə] *n.* Ⓤ 〖병리〗 요독증(尿毒症)
u·re·ter [juəríːtər, júərə-] *n.* 〖해부〗 수뇨관(輸尿管)
u·re·thane [júərəθèin], **-than** [-θæ̀n] *n.* Ⓤ 〖화학〗 우레탄 《무색·무취의 결정체; 주로 최면제용》
u·re·thra [juəríːθrə] *n.* (*pl.* **-thrae** [-θriː], **~s**) 〖해부〗 요도(尿道)
‡**urge** [əːrdʒ] [L 「몰다」의 뜻에서] *vt.* **1 몰아대다,** 급히 서둘게 하다: ~ one's way[course] 길을 서두르다 **2 죄어치다,** 재촉하다; 설득하다: He *~d* me *to* go into business. 그는 나에게 실업계로 나가도록 강력히 권했다. **3 주장하다,** 역설하다: ~ *on*[*upon*] a person the fruitlessness of a petition 탄원해도 소용없다고 …에게 역설하다
— *n.* **1** 몰아댐 **2** (강한) 충동: She had [felt] an ~ to visit Europe. 유럽을 여행하고 싶은 충동을 느꼈다.
*__ur·gen·cy__ [ə́ːrdʒənsi] *n.* (*pl.* **-cies**) **1** Ⓤ **긴급,** 화급; 절박 **2** 역설, 집요
‡**ur·gent** [ə́ːrdʒənt] *a.* **1 긴급한,** 촉박한, 절박한: on ~ business 급한 볼일로 **2 죄어치는,** 강요하는 《*for*》; 〈탄원·청구 등이〉 몹시 들볶는
u·ric [júərik] *a.* 오줌의, 오줌에서 얻은
úric ácid 〖생화학〗 요산(尿酸)
U·ri·el [júəriəl] *n.* 〖성서〗 우리엘 《7대 천사의 하나》
u·ri·nal [júərənl] *n.* **1** (환자 등의) 소변기 **2** 소변소, 《특히》 남자용 소변기
u·ri·nal·y·sis [jùərənǽləsis] *n.* (*pl.* **-ses** [-sìːz]) ⓊⒸ 소변[요] 검사, 검뇨(檢尿)
u·ri·nar·y [júərənèri | -nəri] *a.* 오줌의; 비뇨기(泌尿器)의: ~ diseases 비뇨기병
u·ri·nate [júərənèit] *vi.* 오줌 누다
u·ri·na·tion [jùərənéiʃən] *n.* Ⓤ 배뇨(排尿) (작용)
u·rine [júərin] *n.* Ⓤ 오줌, 소변
URL 〖컴퓨터〗 uniform resource locator 《인터넷의 www에서 서버가 있는 장소를 지시하는 방법》
*__urn__ [əːrn] [동음어 earn] *n.* **1 항아리,** 단지 **2** 납골(納骨)[유골] 단지 **3** (꼭지 달린) 대형 커피 포트
u·ro·gen·i·tal [jùəroudʒénətl] *a.* 비뇨생식기의
u·rol·o·gy [juərɑ́lədʒi | -rɔ́l-] *n.* Ⓤ

U

〖의학〗 **1** 비뇨기학(泌尿器學) **2** 비뇨기과
Úrsa Májor [ə́:rsə-] [L =Great Bear] 〖천문〗 큰곰자리
Úrsa Mínor [L =Little Bear] 〖천문〗 작은곰자리
ur·sine [ə́:rsain] *a.* 곰의; 곰 같은
ur·ti·car·i·a [ə̀:rtəkɛ́əriə] [L 「쐐기풀」의 뜻에서] *n.* Ⓤ 〖병리〗 두드러기
U·ru·guay [júərəgwài] *n.* 우루과이《남미 남동부의 공화국; 수도 Montevideo; 略 Uru.》
U·ru·guay·an [jùrəgwáiən] *a.* 우루과이(사람)의
— *n.* 우루과이 사람
‡**us** [ʌs, əs] *pron. pl.* **1** [we의 목적격] **우리를**[**에게**] **2** 짐(朕)을[에게]; (신문 논설 등에서) 우리를[에게] **3** 《영·방언·속어》 =ME: Give *us* a penny. 한 푼만 주시오.
U.S., US United States
U.S.A., USA United States Army 미국 육군; United States of America
us·a·bil·i·ty [jù:zəbíləti] *n.* Ⓤ 유용성(有用性), 편리함
us·a·ble [jú:zəbl] *a.* 쓸 수 있는, 쓰기에 편리한[알맞은]
USAF, U.S.A.F. United States Air Force 미국 공군
‡**us·age** [jú:sidʒ, -zidʒ] *n.* **1** ⓊⒸ **관습,** 관례, 관행: social ~ 사회적 관습 **2** ⓊⒸ (언어의) **관용법**; 어법: present-day English ~ 현대 영어 관용법 **3** Ⓤ **사용(법),** 용법: This teaching method of English has wide ~. 이 영어 교수법은 널리 쓰이고 있다. **4** Ⓤ 취급(법) ***come into***[***go out of***] ~ 쓰이게 되다[쓰이지 않게 되다] ***under rough*** ~ 난폭하게 다루는[다루어져서]
us·ance [jú:zns] *n.* Ⓤ 〖금융〗 어음 기간《환어음의 만기일까지의 기간》
‡**use**[1] [ju:z] *vt.* **1 쓰다,** 사용[이용]하다: ~ soap for washing 세탁에 비누를 쓰다 **2** 〈재능·폭력 등을〉 **행사하다,** 동원하다: ~ force 폭력을 쓰다 **3 소비하다**: How many eggs has the cook ~*d* for this omelette? 요리사는 이 오믈렛에 달걀을 몇 개나 썼는가? **4** 대우하다, 다루다: ~ a person well[ill] …을 친절히 대하다[학대하다] **5** 《구어》 이기적인 목적에 이용하다, 이용해 먹다
~ ***up*** (1) 〈상품 등을〉 다 써버리다 (2) [보통 수동형으로] 《구어》 지치게 하다 (3) 〈사람을〉 해치우다, 죽이다
— *vi.* 항상 …하다, …하는 것이 습관이다《지금은 과거형으로만 쓰임》
‡**use**[2] [ju:s] *n.* **1** Ⓤ [때로 a ~] **사용,** 이용(법) **2** Ⓤ **사용하는 힘**[**능력**]; 사용 허가, 사용권 **3** Ⓤ **유용**(有用), 효용, 이익: It is no ~ crying over spilt milk. 《속담》 한 번 쏟은 물은 다시 담을 수 없다. **4** ⒸⓊ **사용 목적, 용도**; Ⓤ 사용의 필요[기회] **5** ⓊⒸ **습관, 관습,** 관행: *U*~ is (a) second nature. 《속담》 습관은 제2의 천성. ***be*** (***of***) ***no*** ~ 쓸모없다, 무익하다 ***be***[***get, go, fall***] ***out of*** ~ 쓰이지 않다[않게 되다], 폐지되어 있다[폐지되다], 필요가 없다[없게 되다] ***in*** ~ 쓰이고 있는; 일반적으로 행하여지고 있는 ***make*** ~ ***of*** …을 사용[이용]하다: *make* bad[good] ~ *of* …을 악용[선용]하다 ***put to*** ~ 사용하다, 이용하다: *put* it *to* (a) good ~ 그것을 잘 이용하다
use·a·ble [jú:zəbl] *a.* =USABLE
‡**used**[1] [ju:st, (to의 앞) ju:s*t*] *a.* Ⓟ **익숙한,** 버릇이 되어 (있는) 《*to*》: He is ~ *to* driving a car. 그는 차 운전에 익숙해져 있다. ***be*** ~ ***to*** …에 익숙해져 있다 ***get*** [***become***] ~ ***to*** …에 익숙해지다
— *vi.* [use[1] *vi.* 과거형에서] [언제나 *to* do와 함께] **1** [과거의 습관적인 행동을 나타내어] **언제나 …했다, …하는 것이 보통이었다**: It ~ *to* be believed that the sun moved round the earth. 옛날에는 태양이 지구를 돈다고 믿고 있었다. **2** [현재와 대조적으로 이전의 사실·상태를 나타내어] 이전에는 …이었다: He came earlier than he ~ (*to*). 그는 여느 때보다 일찍 왔다.
used[2] [ju:zd] *a.* 《주로 미》 사용된, 이용된; 써서 낡은: ~ cars 중고차
used·n't [jú:snt, (to의 앞) jú:sn*t*] used not의 단축형
‡**use·ful** [jú:sfəl] *a.* **1 쓸모 있는, 유용한,** 유익한: This article is ~ to have in the house. 이 물건이 집에 있으면 편리하다. **2** 《구어》 유능한, 수완이 있는: a ~ member of the firm 회사의 유능한 사원 **~·ly** *ad.* **~·ness** *n.*
úseful lóad 〖항공〗 적재량
‡**use·less** [jú:slis] *a.* **쓸모없는,** 무용한, 헛된, 무능한 **~·ly** *ad.* 무익하게, 쓸데없이, 헛되이 **~·ness** *n.*
usen't [jú:snt, (to의앞) jú:sn*t*] =USEDN'T
‡**us·er** [jú:zər] *n.* **사용자,** 소비자
us·er-friend·ly [jú:zərfréndli] *a.* 〖컴퓨터〗 〈시스템이〉 사용하기 쉬운
úser ìnterface 〖컴퓨터〗 사용자 인터페이스《사용자가 컴퓨터와 대화하기 위한 기호나 명령 체계》
úser mèmory 〖컴퓨터〗 사용자 메모리《데이터를 판독·기록할 수 있는 중앙 처리 장치의 기억 영역》
us·er·name [jú:zərnèim] *n.* 〖컴퓨터〗 사용자명(名)《사용자 개인의 식별용 이름》
Ú.S. gállon 미국 갤런《약 3.7853 *l*》
U-shaped [jú:ʃèipt] *a.* U자형의
*__ush·er__ [ʌ́ʃər] [L 「문지기」의 뜻에서] *n.* **1** (극장·교회 등의) **안내인**; 《미》 신랑의 들러리 **2** (법정 등의) 수위, 접수원 **3** 영국 왕실의 의전관(儀典官) **4** 《고어》 (고관의) 선도 담당 관리
— *vt.* **안내하다,** 인도하다: ~ in a guest 손님을 안내하다
ush·er·ette [ʌ̀ʃərét] *n.* 여자 안내원《극장 등의》
USIA, U.S.I.A United States Information Agency 미국 해외 정보국
USIS, U.S.I.S. United States Information Service 미국 공보원
USMC, U.S.M.C. United States Marine Corps 미국 해병대

USN, U.S.N. United States Navy 미국 해군
USNA, U.S.N.A. United States Naval Academy 미국 해군 사관학교
USS United States Senate 미국 상원
USSR, U.S.S.R. the Union of Soviet Socialist Republics 소비에트 사회주의 공화국 연방, 구소련
usu. usual; usually
‡u·su·al [jú:ʒuəl, -ʒwəl] [L 「사용(use)의」의 뜻에서] *a.* **1 보통**의, 평상시의; 통례의 **2** 평소에 볼 수 있는, 흔히 경험하는, 평범한
as is ~ with …에게는 으레 있는 일이지만 ***as ~*** 평소와 같이, 여느 때처럼
— *n.* [one's ~] 《구어》 여느 때의 건강 상태
‡u·su·al·ly [jú:ʒuəli, -ʒwəli] *ad.* **보통,** 대개, 통상적으로: She ~ comes at seven. 그녀는 보통 7시에 온다.
u·su·fruct [jú:zjufrʌ̀kt | -sju-] *n.* Ⓤ 〖로마법〗 용익권, 사용권
u·su·rer [jú:ʒərər] *n.* 고리대금업자
u·su·ri·ous [ju:ʒúəriəs | -zjúər-] *a.* 고리(대금)의; 고리를 받는
~·ly *ad.* **~·ness** *n.*
***u·surp** [ju:sə́:rp | -zə́:p] [L 「사용하기 위해 잡다」의 뜻에서] *vt.* 〈왕위·권력 등을〉 **빼앗다,** 횡령[강탈]하다 **~·er** *n.*
u·sur·pa·tion [jù:sərpéiʃən | -zə:-] *n.* ⓊⒸ **1** 강탈, 탈취 **2** 권리 침해
u·su·ry [jú:ʒəri] [L 「사용」의 뜻에서] *n.* (*pl.* **-ries**) ⓊⒸ **1** 고리대금 《행위》 **2** 엄청나게 비싼 이자, 폭리
UT 《미》 〖우편〗 Utah
Ut. Utah
***U·tah** [jú:tɔ:, -tɑ:] [북미 방언 「산악 민족」의 뜻에서] *n.* **유타 주** 《미국 서부의 주; 略 Ut.》
~·an [-ən] *a., n.* 유타주의 (사람)
‡u·ten·sil [ju:ténsəl] [L 「쓰기에 알맞은」의 뜻에서] *n.* **기구**; 가정용품
u·ter·ine [jú:təràin] *a.* **1** 자궁의 **2** 동모이부(同母異父)의: ~ sisters 씨다른 자매
u·ter·us [jú:tərəs] *n.* (*pl.* **u·te·ri** [jú:tərài], **~·es**) 〖해부〗 자궁
u·til·i·tar·i·an [ju:tìlətέəriən] *a.* **1** 공리적인, 실리(주의)의, 실용(주의)의 **2** 공리주의의, 공리설의 **—** *n.* 공리주의자
u·til·i·tar·i·an·ism [ju:tìlətέəriənìzm] *n.* Ⓤ **1** 공리주의; 〖철학〗 공리설[주의] 《「최대 다수의 최대 행복」을 인간 행위의 규범으로 하는 J. Bentham 및 J.S. Mill의 윤리학설》 **2** 공리적 성격[정신, 성질]
‡u·til·i·ty [ju:tíləti] [L 「유익한」의 뜻에서] *n.* (*pl.* **-ties**) **1** Ⓤ **유용,** 유익, 효용, 실리; 〖철학·윤리·미술〗 공리, 공리성 **2** [보통 *pl.*] 쓸모 있는 것, 유용물 **3** 공익사업, 공익 설비 《전기·가스·상하수도·교통 기관 등》; [*pl.*] 공익 사업체 **4** 〖컴퓨터〗 유틸리티 《프로그램 작성에 유용한 각종 소프트웨어》
— *a.* **1** 〈상품이〉 실용적인, 실용 본위의 **2** 여러 가지 용도를 가진, 〈운동 선수 등이〉 만능의
utílity póle 《미》 전신주(電信柱)
utílity prògram 〖컴퓨터〗 유틸리티 프로그램 《컴퓨터가 수행하는 처리 기능을 지원하는 표준적인 프로그램으로 진단·추적·정렬·보수 프로그램을 포함》
utílity ròom 《미》 편의실, 다용도실 《세탁이나 다리미질 등의 가사용 작은 방》
‡u·ti·lize [jú:təlàiz] *vt.* **이용하다,** 소용되게 하다 **ú·ti·lìz·a·ble** *a.* **u·ti·li·za·tion** [jù:təlizéiʃən | -lai-] *n.* Ⓤ 이용 **ú·ti·lìz·er** *n.*
‡ut·most [ʌ́tmòust] [OE 「밖으로」의 뜻의 최상급] *a.* **1 최대(한)의,** 최고(도)의, 극도의 **2** 가장 떨어진, 맨 끝[가]의
— *n.* [the ~; one's ~] **최대한도** 《힘·능력·노력 등의》, 극도, 극한(極限)
do*[*try, exert*] one*'s* ~** 전력을 다하다 ***to the ~ 극도로, 최대한으로: *to the ~* of one's power 힘껏, 힘 닿는 데까지
***U·to·pi·a** [ju:tóupiə] [Gk 「어디에도 없는 곳」의 뜻에서] *n.* **1 유토피아** 《Sir Thomas More가 *Utopia*에서 그린 이상향》 **2** [종종 **u~**] ⓊⒸ 이상향 **3** [종종 **u~**] ⓊⒸ 공상적 정치[사회] 체제
U·to·pi·an [ju:tóupiən] *a.* **1** 이상향의, 유토피아의 **2** [종종 **u~**] 유토피아적인
— *n.* **1** 유토피아[이상향]의 주민 **2** [종종 **u~**] 공상적 이상주의자, 공상적 사회 개량주의자, 몽상가(visionary)
u·to·pi·an·ism [ju:tóupiənìzm] *n.* Ⓤ [종종 **U~**] **1** 공상적 이상주의 **2** [집합적] 유토피아적 이념, 공상적 (사회) 개량책
‡ut·ter[1] [ʌ́tər] [OE 「밖으로」의 뜻의 비교급] *a.* **전적인,** 완전한, 철저한: an ~ darkness 칠흑 (같은 어둠)
‡utter[2] *vt.* **1** 〈소리·말·신음·탄식 등을〉 **입 밖에 내다; 발언하다;** 언명하다, 표명하다 **2** 〖법〗 〈위조 지폐 등을〉 사용하다, 유통시키다
***ut·ter·ance** [ʌ́tərəns] *n.* Ⓤ **1** 입 밖에 냄, 발언, 발성 **2** 발표력, 말씨, 발음: a man of good ~ 말 잘하는 사람, 능변가 **3** Ⓒ 말 《입으로 말한 또는 쓴》, 언사
***ut·ter·ly** [ʌ́tərli] *ad.* **완전히,** 전혀
***ut·ter·most** [ʌ́tərmòust] *a.* **1** 최대 한도의, 극도의 **2** 가장 멀리 떨어진
— *n.* 최대 한도, 극도, 극한
U-turn [jú:tə̀:rn] *n.* **1** (자동차 등의) U턴: No ~*s*! 《게시》 U턴 금지! **2** 《구어》 (정책 등의) 180도 전환
U.V., UV ultraviolet
u·vu·la [jú:vjulə] *n.* (*pl.* **-lae** [-lì:], **~s**) 〖해부〗 구개수(口蓋垂), 목젖
u·vu·lar [jú:vjulər] *n., a.* 목젖(의); 〖음성〗 연구개음(의)
ux·o·ri·ous [ʌksɔ́:riəs] *a.* 아내를 너무 위하는, 아내 앞에서 사족을 못 쓰는
~·ly *ad.* **~·ness** *n.*
Uz·bek [úzbèk, ʌ́z-], **Uz·beg** [-bèg] *n.* **1** [the ~(s)] 우즈베크 족 《중앙 아시아의 터키 족》 **2** Ⓤ 우즈베크 말
— *a.* 우즈베크 족[말]의
Uz·bek·i·stan [uzbékistæ̀n, ʌz- | uzbèkistɑ́:n, ʌz-] *n.* 우즈베키스탄 《독립 국가 연합(CIS)에 속한 공화국; 수도는 Tashkent》

U

V v

v, V [viː] *n.* (*pl.* **v's, vs, V's, Vs** [-z]) **1** 브이 《영어 알파벳의 제22자》; (연속된 것의) 22번째(의 것) **2** V자형(의 것) **3** (로마 숫자의) 5: IV =4 / VI=6 / XV =15

V 〖화학〗 vanadium; Victory; 〖물리〗 volt

v. valve; velocity; verb; verse; version; versus 《L =against》; vide 《L=see》; village; voice; volt(age); volume

V. Venerable; Vicar; Volunteer

VA Veterans Administration 《미》 재향 군인국(局); Vicar Apostolic; Vice-Admiral

Va. Virginia

vac [væk] [*vac*ation] *n.* 《영·구어》 휴가

***va·can·cy** [véikənsi] *n.* (*pl.* **-cies**) **1** Ⓤ **공허**, 공(空) **2 빈터**; 빈방 **3 빈자리**, 결원: a ~ on the staff 직원의 결원 **4** Ⓤ **방심** (상태), 정신 없음: an expression of ~ 멍한 표정

‡**va·cant** [véikənt] [L 「빈」의 뜻에서] *a.* **1** 빈, 공허한: stare into ~ space 허공을 쳐다보다 **2** 〈땅이〉 **비어 있는**: a ~ lot[house] 빈터[집] **3 빈자리[지위]의**, 결원의: a ~ position 공석인 자리 **4** 한가한: ~ hours[time] 한가한 시간 **5** 〈마음·머리가〉 공허한, 텅빈; 〈표정이〉 멍한, 얼빠진: a ~ expression 멍한 표정
~·ly *ad.* 멍하니, 멀거니

vácant posséssion 〖영국법〗 (선주(先住) 점유자가 없는) 가옥의 소유권; 즉시 입주 가능 《부동산 광고문에서》

va·cate [véikeit, ─ˊ | vəkéit] *vt.* **1** 〈직위 등을〉 사퇴하다, 공석으로 하다 **2** 퇴거하다, 떠나가다, 〈집 등을〉 비우다: ~ a house 집을 비우다

‡**va·ca·tion** [veikéiʃən, və- | və-] *n.* **1** ⒸⓊ **정기 휴가** 《학교나 회사 등의》; 《미》 (여행 등의) 휴가: be on ~ 휴가중이다 / take a ~ 휴가를 얻다 **2** Ⓤ 《문어》 (가옥 등의) 명도(明渡), 철수 **3** 사직, 퇴임
— *vi.* 《미》 휴가를 보내다[얻다](《영》 holiday) 《*at, in*》: go *~ing* 휴가로 놀러가다

va·ca·tion·er [veikéiʃənər, və- | və-] *n.* 《미》 (휴가의) 행락객 (《영》 holidaymaker)

va·ca·tion·land [-lǽnd] *n.* 《미》 휴양지, 관광지

vac·ci·nal [vǽksənl] *a.* 백신[종두]의[에 의한]

‡**vac·ci·nate** [vǽksənèit] *vt.* 〖의학〗 〈동물·사람에게〉 **백신[예방] 접종을 하다**; …에 종두하다

***vac·ci·na·tion** [vӕksənéiʃən] *n.* 〖의학〗 ⓊⒸ **백신[예방] 접종**, 《특히》 종두

vac·cine [vӕksíːn, ─ˊ | ─ˊ] [L 「암소의」의 뜻에서] *n.* ⓊⒸ **1** (접종용의) 백신; 〖컴퓨터〗 바이러스 예방 프로그램: combined ~ 혼합 백신 **2** 〖의학〗 우두창(瘡), 두묘(痘苗)
— *a.* Ⓐ 우두의; 백신의: a ~ farm 두묘 제조소

vac·il·late [vǽsəlèit] *vi.* **1** 흔들흔들하다, 동요하다 **2** 〈사람·마음이〉 동요하다, 주저하다 《*between*》: ~ *between* two opinions 두 의견 중 어느 것을 채택할까 망설이다 **-là·tor** *n.*

vac·il·la·tion [vӕsəléiʃən] *n.* ⓊⒸ 동요, 흔들림; 망설임, 우유부단

va·cu·i·ty [vækjúːəti, və-] *n.* (*pl.* **-ties**) ⓊⒸ **1** 공허, 진공 **2** 마음의 공허, 망연자실(茫然自失) **3** 우둔, 멍청함 **4** 허무

vac·u·ous [vǽkjuəs] *a.* **1** 텅 빈, 공허한 **2** 마음이 텅 빈, 얼빠진 **3** 〈생활이〉 아무것도 하지 않는, 무의미한, 목적 없는
~·ly *ad.* **~·ness** *n.*

‡**vac·u·um** [vǽkjuəm] [L 「빈」의 뜻에서] *n.* (*pl.* **~s, vac·u·a** [vǽkjuə]) **1 진공 2** 공허, 공백 **3** 《미·구어》 =VACUUM CLEANER — *vt., vi.* 《구어》 진공 청소기로 청소하다

vácuum bòttle 진공병, 보온병

vácuum bràke 진공 제동기(制動機)

vácuum clèaner 진공 청소기

vácuum flàsk 《영》 =VACUUM BOTTLE

vácuum gàuge 진공계(計)

vácuum pàckage 진공 포장

vácuum pùmp 배기기(排氣器), 진공 펌프

vácuum tùbe 《미》 〖전자〗 진공관

va·de me·cum [véidi-míːkəm, vɑ́ːdi-méi-] [L =go with me] *n.* 휴대용 참고서, 핸드북, 편람(便覽)

***vag·a·bond** [vǽgəbɑ̀nd | -bɔ̀nd] [L 「방랑하다」의 뜻에서] *n.* **1 방랑[유랑]자 2** 《구어》 부랑자, 건달
— *a.* Ⓐ **1** 방랑하는, 유랑의 **2** 멋대로 생활을 하는, 건달인; 하잘것없는

vag·a·bond·age [vǽgəbɑ̀ndidʒ | -bɔ̀nd-] *n.* Ⓤ 방랑[부랑] 생활, 방랑성[벽]; [집합적] 방랑자

va·gar·i·ous [veigɛ́əriəs] *a.* 상식을 벗어난, 기발한, 변덕스러운

va·gar·y [vəgɛ́əri | véigəri] *n.* (*pl.* **-ries**) [종종 *pl.*] 엉뚱한 짓[생각], 괴팍한 언행; 변덕

va·gi·na [vədʒáinə] *n.* (*pl.* **-nae** [-niː], **~s**) 〖해부〗 질(膣) **vag·i·nal** [vǽdʒənl | vədʒái-] *a.*

vag·i·ni·tis [vӕdʒənáitis] *n.* Ⓤ 〖병리〗 질염(膣炎)

va·gran·cy [véigrənsi] *n.* (*pl.* **-cies**) ⓊⒸ 방랑; 방랑 생활; 〖법〗 부랑죄

∗**va·grant** [véigrənt] [OF 「방랑하다」의 뜻에서] *a.* **1 방랑[유랑]하는 2** 변하기 쉬운, 일시적 기분의 **—** *n.* 방랑자, 유랑자; 〖법〗 부랑자 **~·ly** *ad.*

⁑**vague** [veig] [L 「방랑하다」의 뜻에서] *a.* **1** 〈말·관념·감정 등이〉 **막연한**, 모호한 **2** 〈형태·색 등이〉 **흐릿한**, 분명치 않은, 희미한 **3** Ⓐ [보통 the vaguest …로, 부정·의문문에서] 〈이해·생각 등이〉 아주 희미한[조금의]: I have*n't the vaguest* idea what to do. 어떻게 해야 좋을지 전혀 모르겠다. **4** 〈표정 등이〉 멍한, 건성의

∗**vague·ly** [véigli] *ad.* **모호하게**, 막연히

va·gus [véigəs] *n.* (*pl.* **-gi** [-dʒai, -gai]) = VAGUS NERVE

vágus nérve 〖해부〗 미주(迷走) 신경

⁂**vain** [vein] [L 「텅 빈」의 뜻에서] *a.* **1 헛된**, 헛수고의: a ~ hope 헛된 희망 **2 자만심이 강한**, 허영적인; 뽐내는 (*of, about*): a very ~ man 몹시 자만심이 강한 사람 **3** 쓸데없는, 하잘것없는; 공허한: waste one's life in ~ pleasures 하찮은 쾌락에 일생을 낭비하다
***in* ~** (1) 헛되이, 공연히(vainly): All our efforts were *in* ~. 우리들의 노력은 수포로 돌아갔다. (2) 경솔하게, 함부로
~·ness *n.*

vain·glo·ri·ous [vèinglɔ́:riəs] *a.* 《문어·고어》 자만심이 강한; 허영심이 강한 (*of*) **~·ly** *ad.* **~·ness** *n.*

vain·glo·ry [véinglɔ̀:ri, ⌐⌐─ | ⌐⌐─] *n.* Ⓤ 《문어·고어》 자만심, 크게 뽐냄, (강한) 허영심

∗**vain·ly** [véinli] *ad.* **1 헛되이, 공연히**(in vain) **2** 자만하여, 뽐내어

val·ance [vǽləns] [프랑스의 직물 산지명에서] *n.* **1** 드리운 천《선반·침대의 아래 등을 가리는》 **2** 《미》 (커튼 막대를 가리는) 장식천(《영》 pelmet)

∗**vale** [veil] [동음어 veil] *n.* 《시어》 **1 골짜기**, (넓고 얕은) 계곡 **2** 이 세상, 현세: the ~ of years 노년(老年)

val·e·dic·tion [væ̀lədíkʃən] [L 「작별을 고하다」의 뜻에서] *n.* 《문어》 **1** 고별, 작별 **2** 고별사, 작별의 말(valedictory)

val·e·dic·to·ri·an [væ̀lədiktɔ́:riən] *n.* 《미》 (고별 연설을 하는) 졸업생 대표《보통 수석 졸업생》

val·e·dic·to·ry [væ̀lədíktəri] *a.* 《문어》 고별[작별]의 **—** *n.* (*pl.* **-ries**) 고별사[연설]; 《미》 졸업생 대표의 고별사

va·lence [véiləns] *n.* **1** 《미》 〖화학〗 원자가(價) **2** 〖생물〗 수가(數價)

va·len·cy [véilənsi] *n.* (*pl.* **-cies**) 《영》 = VALENCE

-valent [véilənt, vələnt] 《연결형》 〖화학〗 「…(원자)치(値)[가(價)]의」의 뜻; 〖생물〗 「항체 …을 지닌」의 뜻: uni*valent*

Val·en·tine [vǽləntàin] *n.* [Saint ~] **1** 성 밸런타인《3세기경의 로마의 그리스도교 순교자; 축일 2월 14일》 **2** [**v~**] (성 밸런타인 데이에 선물을 보내는) 애인, 연인
— *a.* Ⓐ [**v~**] 성 밸런타인의; 밸런타인 데이에 보내는: a ~ card 밸런타인 카드

va·le·ri·an [vəlíəriən] *n.* 〖식물〗 쥐오줌풀; Ⓤ 〖약학〗 길초근(吉草根)《쥐오줌풀의 뿌리를 말린 것; 정신 안정제》

val·et [væléi | vǽlit] *n.* 시종, 종자(從者)《남자》; (호텔 등의) 보이
— *vt.* **1** 시종으로 섬기다 **2** 〈남의 옷을〉 돌보다《솔질·세탁·수리 등을 하다》
— *vi.* 남의 옷을 돌보다

val·e·tu·di·nar·i·an [væ̀lətjù:dənέəriən | -tjù:-] [L 「나쁜 건강」의 뜻에서] *a.* **1** 병약한, 허약한 **2** 건강을 지나치게 염려하는
— *n.* 병약자; 건강을 지나치게 염려하는 사람

val·e·tu·di·nar·y [væ̀lətjú:dənèri | -tjú:dinəri] *a., n.* (*pl.* **-nar·ies**) = VALETUDINARIAN

Val·hal·la [vælhǽlə], **Val·hall** [vælhǽl] *n.* 〖북유럽신화〗 발할라《Odin 신(神)의 전당; 국가적 영웅을 모신 사당》

val·ian·cy [vǽljənsi], **val·iance** [vǽljəns] *n.* Ⓤ 《문어》 용맹, 용감, 용기

∗**val·iant** [vǽljənt] [OF 「강한」의 뜻에서] *a.* 《문어》 **1 용맹스런**, 장한, 영웅적인 **2** 훌륭한, 빼어난 **~·ly** *ad.*

∗**val·id** [vǽlid] [L 「강한」의 뜻에서] *a.* **1 근거가 확실한**, 정당[타당]한: a ~ conclusion 타당한 결론 **2 유효한**: a ~ remedy 효과적인 치료 **3** 〖법〗 법적으로 유효한: a ~ contract 합법적인 계약
~·ly *ad.* **~·ness** *n.*

val·i·date [vǽlədèit] *vt.* 정당성을 입증하다; (법적으로) 비준하다; 〈문서 등을〉 허가[인가]하다
vàl·i·dá·tion *n.* Ⓤ 확인; 비준

∗**va·lid·i·ty** [vəlídəti] *n.* Ⓤ **1 정당함**, 타당성, 확실(성) **2** 〖법〗 효력, 유효성; 합법성: the term of ~ 유효 기간

va·lise [vəlí:s | vəlí:z] *n.* **1** 《미》 여행용 손가방 **2** 〖군사〗 배낭

Val·i·um [vǽliəm] *n.* 발륨《정신 안정제; 상표명》

Val·ky·rie [vælkíəri, vǽlkəri], **Val·kyr** [vǽlkər | -kiə] *n.* 〖북유럽신화〗 발키리《Odin 신의 시녀, 전사한 영웅의 영혼을 Valhalla로 인도한다는》

⁑**val·ley** [vǽli] *n.* **1 골짜기**, 산골짝, 계곡 **2** (큰 강의) 유역 **3** 골짜기 모양의 골

∗**val·or** | **val·our** [vǽlər] *n.* Ⓤ 《문어》 (특히 싸움터에서의) **용기**, 용맹, 무용(武勇)

val·o·ri·za·tion [væ̀lərizéiʃən | -rai-] *n.* Ⓤ (정부의) 물가 안정책, 공정 가격 설정

val·o·rize [vǽləràiz] [Port. 「가치」의 뜻에서] *vt.* 〈특히 정부가〉 물가를 (인위적으로) 지정하다; 물가를 안정시키다

val·or·ous [vǽlərəs] *a.* 《문어》 씩씩한, 용감한 **~·ly** *ad.* **~·ness** *n.*

val·our [vǽlər] *n.* 《영》 = VALOR

⁑**val·u·a·ble** [vǽljuəbl] *a.* **1 금전적 가치가 있는**, 가격을 지닌 **2 값비싼**; 귀중한 **3** 매우 유익한[유용한] (*to, for*)
— *n.* [보통 *pl.*] **귀중품**《특히 보석류》: keep ~*s* in the safe 귀중품을 금고에 보관하다 **~·ness** *n.* **-bly** *ad.*

val·u·ate [vǽljuèit] *vt.* 견적하다; 〈인물·능력 등을〉 평가하다

***val·u·a·tion** [vӕljuéiʃən] *n.* **1** Ⓤ (금전적) **평가**; Ⓤ (인물·재능 등의) 평가 **2** Ⓒ 사정(査定)[견적] 가격

‡**val·ue** [vǽlju:] [OF 「가치 있다」의 뜻에서] *n.* **1** Ⓤ **가치**, 진가(眞價); 유용성 **2** ⓊⒸ **가격** **3** Ⓤ (돈을 치른 만큼의) 대가(對價) **4** ⓊⒸ 참뜻, 의의(意義) **5** [*pl.*] (대부분의 사람이 가진) 가치 기준, 가치관 **6** ⓊⒸ 〖회화〗 명암도(明暗度) **7** 〖음악〗 (음표나 쉼표가 나타내는) 길이, 시간적 가치
be of great [***little, no***] ~ 가치가 크다[적다, 없다] ***face*** ~ 액면 가격 ***of*** ~ 가치 있는, 귀중한(valuable); 값비싼
— *vt.* **1** (금전으로) **평가하다**, 〈…의 값을〉 어림하다 **2 높이 평가하다**, 존중하다 **3** …의 가치 판단을 하다, 평가하다

válue-ádded nétwork [vǽlju:ǽdid-] 〖통신〗 부가 가치 통신망 《略 VAN》

válue-ádded táx 부가 가치세 《略 VAT》

val·ued [vǽlju:d] *a.* **1** 존중되는, 귀중한, 소중한 **2** [보통 복합어를 이루어] …의 가치를 가진: many-~ 다원적(多元的) 가치의

válue jùdgment 가치 판단

val·ue·less [vǽlju:lis] *a.* 값어치[가치]가 없는, 하찮은 **~·ness** *n.*

val·u·er [vǽljuər] *n.* 평가자; 《영》 가격 사정인

‡**valve** [vælv] [L 「접게 된 문의 한 짝」의 뜻에서] *n.* **1** (장치의) **판**(瓣), 밸브: a safety ~ 안전판 **2** 〖해부·동물〗 판, 판막(瓣膜) **3** (쌍패류의) 껍질 **4** 《영》 진공관(tube): a ~ detector 진공관 검파기 **5** 〖음악〗 (금관 악기의) 피스톤

val·vu·lar [vǽlvjulər] *a.* 판의, 판 모양의, 판이 있는; 심장 판막의

va·moose [væmú:s | və-], **va·mose** [-móus] *vi., vt.* 《미·속어》 내빼다, 뺑소니치다

vamp[1] [væmp] [OF 「발 앞부분」의 뜻에서] *n.* **1** (구두의) 앞쪽 등가죽 **2** 기워 대는 조각 **3** 《구어》 〖음악〗 즉석 반주
— *vt.* **1** 〈구두에〉 새 앞 윗가죽을 대다 **2** 깁다; 꾸며대다 (*up*): ~ *up* an excuse 핑계 대다 **3** 《구어》 〖음악〗 〈노래·춤 등에〉 즉석 반주를 붙이다 — *vi.* 《구어》 〖음악〗 즉석 반주를 하다

vamp[2] [*vamp*ire] 《구어》 *n.* 요부(妖婦); 바람난 계집 — *vt.* 〈사내를〉 호리다; 〈사내를〉 이용하다 — *vi.* 요부역(役)을 맡다

vam·pire [vǽmpaiər] *n.* **1** 흡혈귀 **2** 흡혈귀 같은 착취자; = VAMP[2] **3** 〖동물〗 흡혈 박쥐(= ∠ **bàt**)

***van**[1] [væn] [cara*van*] *n.* **1 유개 운반차**[트럭] 《가구·짐승 등을 나르는》: a police ~ 유개 경찰차, 죄수 호송차 **2** 《영》 (철도의) 수하물차, 유개 화차

van[2] [*van*guard] *n.* [the ~] **1** 〖군사〗 전위(前衛), 선봉 **2** [집합적] 선도자, 선구자

VAN value-added network 부가 가치 통신망

va·na·di·um [vənéidiəm] *n.* Ⓤ 〖화학〗 바나듐 《금속 원소; 기호 V, 번호 23》

Van Ál·len (**radiátion**) **bèlt** [væn-ǽlən-] [미국의 물리학자 이름에서] 〖물리〗 밴앨런 대(帶) 《지구를 둘러싸고 있는 방사능을 가진 층》

Van·cou·ver [vænkú:vər] *n.* 밴쿠버 《캐나다 남서부, British Columbia 주의 항구 도시》; 밴쿠버 섬

Van·dal [vǽndl] *n.* **1** [the ~s] 반달 족 《5세기에 서유럽에 침입하여, 로마를 약탈한 게르만의 한 종족; 로마 문화의 파괴자》; 반달 사람 **2** [**v~**] 고의[무지]에 의한 공공[사유] 재산의 파괴자
— *a.* = VANDALIC

Van·dal·ic [vændǽlik] *a.* 반달 사람의, 반달적인; [**v~**] 예술·문화의 파괴자의[적인]; 야만의

van·dal·ism [vǽndəlìzm] *n.* Ⓤ 예술·문화의 고의적 파괴; (비문화적) 야만 행위
vàn·dal·ís·tic *a.*

van·dal·ize [vǽndəlàiz] *vt.* 〈예술·문화·공공 시설 등을〉 고의적으로 파괴하다

Van·dýke béard [vændáik-] [플랑드르의 초상화가 Vandyke에서] (끝을 뾰족하게 한) 반다이크 수염

***vane** [vein] [동음어 vain, vein] [OE 「깃발」의 뜻에서] *n.* **1 바람개비**, 풍신기(風信旗) **2** (풍차·프로펠러 등의) 날개

van Gogh [væn-góu, -gɔ́:x | -gɔ́x, -gɔ́f] *n.* 반 고흐 **Vincent** ~ (1853-90) 《네덜란드의 화가》

***van·guard** [vǽngɑ̀:rd] [OF 「앞쪽 경비」의 뜻에서] *n.* **1** [집합적] 〖군사〗 **전위**(前衛), 선봉 **2** [집합적] (사회·정치 운동 등의) 선구[지도]자; 지도적 지위
be in the ~ ***of*** …의 진두[선두]에 서다, …의 선구자가 되다

***va·nil·la** [vənílə] [Sp. 「작은 콩꼬투리」의 뜻에서] *n.* **1** 〖식물〗 **바닐라** 《아메리카 열대 지방산의 덩굴 식물》; Ⓤ 바닐라콩[열매] **2** Ⓤ 바닐라 엑스 《그 열매에서 얻은 향미료》
— *a.* Ⓐ 바닐라로 맛들인

‡**van·ish** [vǽniʃ] [L 「텅비게 되다」의 뜻에서] *vi.* **1** (갑자기) **사라지다**, 없어지다: ~ *away* like smoke 연기처럼 사라지다 **2** 희미해지다, 소멸하다 **3** 〖수학〗 영(零)이 되다

ván·ish·ing crèam [vǽniʃiŋ-] 배니싱 크림 《화장품》

vánishing pòint 1 (투시 화법의) 소멸점(點), 소점(消點) **2** 사물이 소멸되는 최후의 한 점, 한계점

‡**van·i·ty** [vǽnəti] *n.* (*pl.* **-ties**) **1** Ⓤ **허영심**, 자만심 **2** ⓊⒸ **공허, 허무함**, 덧없음 **3** 허황한 것

vánity bàg[**càse, bòx**] 휴대용 화장품 상자 《여자용》

Vánity Fáir 1 허영의 시장 《J. Bunyan의 *Pilgrim's Progress*의 시장 이름》 **2** [종종 **v~ f~**] 《문어》 (허영으로 가득 찬) 세상; 상류 사회

vánity plàte 《미》 (자동차의) 장식 번호판

vánity prèss[**pùblisher**] 《미》 자비(自費) 출판 전문 출판사

***van·quish** [vǽŋkwiʃ] 《문어》 *vt.* **1 정복하다**, 패배시키다 **2** 〈감정 등을〉 극복하다

*__van·tage__ [vǽntidʒ | vɑ́:n-] [advantage의 두음 소실(頭音消失)] *n.* Ⓤ **1** 우세; 유리한 점[위치] **2** 〖테니스〗 듀스 후 1점의 득점 ***point***[***coign***] ***of*** ~ =VANTAGE POINT 1

vántage gròund 유리한 처지[조건]

vántage pòint 1 =VANTAGE GROUND **2** 관점, 견해

Va·nu·a·tu [vɑ̀:nuɑ́:tu: | væ̀-] *n.* 바누아투 《태평양 남서부의 공화국; 수도 Vila》

vap·id [vǽpid] [L 「활기를 잃은」의 뜻에서] *a.* **1** 맛없는, 김빠진 **2** 생기를 잃은, 활기 없는, 흥미 없는, 지리한

~·**ly** *ad.* ~·**ness** *n.*

va·pid·i·ty [væpídəti] *n.* (*pl.* **-ties**) Ⓤ 맛없음, 생기[활기] 없음; [보통 *pl.*] 지루한 말

‡**va·por** | **va·pour** [véipər] *n.* Ⓤ **증기**(蒸氣) 《공기 중의 수증기·김·안개·운무 등》; 〖물리〗 증기: water ~ 수증기

vápor bàth 증기 목욕, 한증

va·por·ish [véipəriʃ] *a.* 증기 같은; 증기가 많은

va·por·i·za·tion [vèipərizéiʃən | -rai-] *n.* Ⓤ 증발 (작용), 기화(氣化)

va·por·ize [véipəràiz] *vt.*, *vi.* 증발[기화]시키다[하다]

-iz·er *n.* 증발기; 기화기, 분무기

va·por·ous [véipərəs] *a.* **1** 증기 비슷한, 기상(氣狀)의; 안개가 자욱한 **2** 덧없는, 공허한, 공상적인, 허황한

~·**ly** *ad.* ~·**ness** *n.*

vápor prèssure 〖물리〗 증기압

vápor tràil 비행기운(雲)(contrail)

*__va·pour__ [véipər] *n.*, *v.* 《영》 =VAPOR

var. variant; variation; variety; various

var·i·a·bil·i·ty [vɛ̀əriəbíləti] *n.* Ⓤ 변하기 쉬움, 변화성(變化性); 〖생물〗 변이성(變異性)

*__var·i·a·ble__ [vɛ́əriəbl] *a.* **1 변하기 쉬운,** 변덕스러운: ~ weather 변하기 쉬운 날씨 **2** 변동할 수 있는, 가변(성)의: a ~ condenser 가변 축전기 **3** 〖생물〗 변이하는; 〖수학〗 변수(變數)의, 부정(不定)의

— *n.* 변화하는[변하기 쉬운] 것; 〖수학〗 변수 **-bly** *ad.*

váriable stár 〖천문〗 변광성(變光星)

*__var·i·ance__ [vɛ́əriəns] *n.* ⓊⒸ **1 변화,** 변동, 변천 **2** 상위(相違) 《의견·취미·생각 등의》, 불일치 **3** 〖통계〗 평방 편차(平方偏差) **4** 불화, 적대(敵對)

at ~ (***with***) (…와) 사이가 나빠; 〈언행 등이〉 일치되지 않아, 모순되어

*__var·i·ant__ [vɛ́əriənt] *a.* Ⓐ **다른,** 상치[상이]한: a ~ reading 이문(異文)

— *n.* 변형; 별형, 이체(異體); (사본의) 이문(異文); (어음(語音)의) 와전(訛傳)

‡**var·i·a·tion** [vɛ̀əriéiʃən] *n.* **1** ⓊⒸ **변화,** 변동 **2** Ⓒ 변화량[정도] **3** 〖생물〗 변이

var·i·ces [vɛ́ərəsì:z | vǽri-] *n.* VARIX의 복수

var·i·col·ored [vɛ́ərikʌ̀lərd] *a.* 잡색의, 얼룩덜룩한

var·i·cose [vǽrəkòus] *a.* (특히 각부(脚部)의) 정맥류(靜脈瘤)의

‡**var·ied** [vɛ́ərid] *a.* **1** 여러 가지의, 잡다한 **2** 변화 있는[많은], 다채로운: live a ~ life 파란 많은 생활을 하다

~·**ly** *ad.* ~·**ness** *n.*

var·i·e·gat·ed [vɛ́əriəgèitid] *a.* **1** 잡색의, 여러 가지 색으로 물들인 **2** 변화가 많은, 다채로운: a ~ career 파란 많은 경력

var·i·e·ga·tion [vɛ̀əriəgéiʃən] *n.* Ⓤ 잡색, 얼룩덜룩함; 여러 색으로 물들임

‡**va·ri·e·ty** [vəráiəti] *n.* (*pl.* **-ties**) **1** Ⓤ **변화,** 다양(성) **2** ⓊⒸ [a ~ of ...로] (여러 가지를) 모은 것, **갖가지,** 가지가지각색: *a* ~ *of* opinions 갖가지 의견 **3 종류;** 〖생물〗 변종; (인공적으로 만든) 품종: a new ~ of rose 장미의 신품종 **4** 《영》 (텔레비전·나이트클럽 등에서의) 버라이어티 쇼(《미》 vaudeville)

for ~***'s sake*** 변화를 주기 위하여, 취향을 달리하기 위하여

varíety mèat 《미》 잡육(雜肉) 《내장·혀·간 등》

varíety shòw[**entertàinment**] (노래·곡예·춤 등을 보여 주는) 버라이어티 쇼

varíety stòre[**shòp**] 《미》 잡화점

var·i·form [vɛ́ərəfɔ̀:rm] *a.* 여러 가지 형태의

var·i·o·la [vəráiələ] *n.* Ⓤ 〖병리〗 천연두

var·i·o·rum [vɛ̀əriɔ́:rəm] *n.* 집주본(集註本)[판(版)]

— *a.* Ⓐ 대가들의 주(註)를 실은: a ~ edition 집주판[본]

‡**var·i·ous** [vɛ́əriəs] *a.* **1 가지각색의,** 여러 가지의 **2** 다방면의, 다재다능한: a man of ~ talent 다재다능한 사람 **3** Ⓐ 여럿의, 많은

~·**ly** *ad.* ~·**ness** *n.* Ⓤ 다양성, 변화

var·ix [vɛ́əriks] *n.* (*pl.* **-i·ces** [vɛ́ərəsì:z | vǽri-]) 〖병리〗 정맥류(靜脈瘤)

var·let [vɑ́:rlit] *n.* 《고어》 **1** 종자(從者), 시복(侍僕); 종 **2** 《익살》 악한

var·mint, -ment [vɑ́:rmənt] [vermin의 전와(轉訛)] *n.* **1** 해를 주는 들짐승; 해조(害鳥) **2** 《미·구어·방언》 장난꾸러기, 귀찮은 놈

*__var·nish__ [vɑ́:rniʃ] *n.* Ⓤ **1** [종류를 말할 때는 Ⓒ] **니스,** 바니시 **2** 광택(면) **3** 겉치레, 허식 — *vt.* **1** 〈…에〉 **니스를 칠하다** 《*over*》 **2** 겉꾸밈하다, 〈언짢은 기분을〉 꾸며 속이다 《*over*》 **3** 《영》 〈손톱·발톱에〉 네일 에나멜을 칠하다

var·si·ty [vɑ́:rsəti] [university의 단축 변형] *n.* (*pl.* **-ties**) 《영·구어》 대학; 《미》 대학(등의) 대표팀

— *a.* Ⓐ **1** 《영·구어》 대학의: a ~ team 대학 팀 **2** 《미》 대학 대표팀의: a ~ player 대표팀의 선수

‡**var·y** [vɛ́əri] *v.* (**var·ied**) *vt.* **1 바꾸다,** 고치다: ~ the pressure 압력을 바꾸다 **2** 변화를 가하다, 다양하게 하다: ~ one's meals 식사에 변화를 주다 — *vi.* **1** 다르다, 차이 있다 《*from*》: ~ a little *from* the original 원전과 좀 다르다 **2 바뀌다,** 변화하다, 달라지다: ~ in opinion 의견이 변하다 **3** 이탈하다, 벗어나다 《*from*》

var·y·ing [vɛ́əriŋ] *a.* (연속적으로) 바뀌는, 변화하는

vas·cu·lar [vǽskjulər], **-lose** [-lòus], **-lous** [-ləs] *a.* 〖해부·생물〗 도관(導管)[맥관, 혈관]의

vas·cu·lum [vǽskjuləm] *n.* (*pl.* **-la** [-lə], **~s**) 식물 채집 상자

‡**vase** [veis, veiz | vɑːz] [L 「그릇」의 뜻에서] *n.* **1 꽃병**; (유리·도자기·금속으로 된 장식용) 항아리, 병 **2** 〖건축〗 병 장식

va·sec·to·my [væséktəmi] *n.* (*pl.* **-mies**) UC 〖외과〗 정관 절제(精管切除)(술)

Vas·e·line [vǽsəlìːn] *n.* U 바셀린 《상표명》

*__vas·sal__ [vǽsəl] [L 「하인」의 뜻에서] *n.* 〖역사〗 (봉건 시대의) **봉신**; **가신**(家臣); 부하; 종 **—** *a.* Ⓐ **1** 가신의, 신하 같은: ~ homage [fealty] 신하의 예, 충성의 맹세 **2** 예속의; 노예적인: a ~ state 속국

vas·sal·age [vǽsəlidʒ] *n.* U **1** 〖역사〗 (중세 봉건 시대의) 신하[부하]됨, 가신(家臣)의 신분; 충성(의 맹세) **2** 예속(적 지위)

‡**vast** [væst | vɑːst] [waste와 같은 어원] *a.* **1 광대[거대]한**, 광막한: a ~ expanse of desert 광막한 사막 **2** 〈수·양·금액이〉 **막대한**: spend a ~ sum of money 거액의 돈을 쓰다 **3** 《구어》 〈정도가〉 굉장한: have a ~ appetite 식욕이 왕성하다 **~·ness** *n.*

*__vast·ly__ [vǽstli | vɑ́ːst-] *ad.* **1 광대하게**, 광막하게 **2** 방대하게; 대단히, 크게

vat [væt] *n.* 큰 통 《양조·염색용 등》
— *vt.* (**~·ted**; **~·ting**) 큰 통에 넣다[저장하다]

VAT value-added tax

*__Vat·i·can__ [vǽtikən] *n.* [the ~] **바티칸 궁전**; 로마 교황청

Vátican Cíty [the ~] 바티칸 시국(市國) 《교황 지배하에 있는 로마 시내의 독립 국가로서 St. Peter's Church, Vatican 궁전을 포함》

*__vaude·ville__ [vɔ́ːdəvìl, vóud-] *n.* U 《미》 **보드빌**(《영》 variety) 《노래·춤·곡예·촌극 등》

vaude·vil·lian [vɔːdvíljən, vòud-] *n.* 보드빌 배우[대본 작가]

‡**vault**[1] [vɔːlt] [L 「구르다」의 뜻에서] *n.* **1** 〖건축〗 **둥근[아치] 천장** **2** 지하실, 저장실 **3** 금고실 **4** (교회·무덤의) 지하 납골소

vault[2] *vi.* 뛰다, 도약하다
— *vt.* 뛰어 넘다
— *n.* 뛰어넘음, 도약: a pole ~ 장대 높이 뛰기

vault·ed [vɔ́ːltid] *a.* 둥근[아치 모양] 천장으로 된

vault·ing[1] [vɔ́ːltiŋ] [vault[1]에서] *n.* U 〖건축〗 둥근 천장 건축물; 둥근 천장 만들기[공사]; [집합적] 둥근 천장

vaulting[2] [vault[2]에서] *a.* 단번에 뛰는, 도약용의; 과장한, 허풍 떠는

váulting hòrse 뜀틀 《체조용》

vaunt [vɔːnt] [vanity와 같은 어원] 《문어》 *vt., vi.* 자랑하다, 호언장담하다, 치켜 세우다 ***~ of*** …을 자랑하다, 치켜세우다 ***~ over*** 승리감에 도취하여 좋아하다
— *n.* UC 자랑, 허풍, 호언장담
make a ~ of …을 자랑하다

vaunt·ed [vɔ́ːntid] *a.* 과시되고 있는, 자랑의

vaunt·ing [vɔ́ːntiŋ] *a.* 자랑하는
~·ly *ad.* 자랑스럽게

v. aux(**il**). auxiliary verb

vb. verb(al)

VC Vice-Chairman; Vice-Chancellor; Vice-Consul; Victoria Cross

vCJD 〖병리〗 new variant Creutzfeldt-Jakob disease 변종 크로이츠펠트 야콥병, 인간 광우병

VCR videocassette recorder

VD venereal disease

VDT 〖컴퓨터〗 video[(영) visual] display terminal

VDU visual display unit 〖컴퓨터〗 브라운관 디스플레이 장치

've [v] *v.* 《구어》 have의 단축형 《I, we, you, they 뒤에서》: I'*ve*, you'*ve*

*__veal__ [viːl] [L 「송아지」의 뜻에서] *n.* U **송아지 고기** 《식용》

vec·tor [véktər] [L 「나르는 것」의 뜻에서] *n.* **1** 〖수학〗 벡터, 동경(動徑), 방향량(方向量) **2** 병독을 매개하는 곤충
— *vt.* 〈비행기·미사일 등의〉 전파로 진로를 인도하다

Ve·da [véidə, víːdə] *n.* [the ~(s)] 베다(吠陀) 《고대 인도의 성전(聖典)》

veep [viːp] *n.* 《미·구어》 = VICE-PRESIDENT

veer [viər] *vi.* **1** 〈사람·차·도로 등이〉 방향을 바꾸다 **2** 〈바람·풍신기 등의〉 방향이 바뀌다: The wind *~ed round* to the west. 바람이 서풍으로 바뀌었다. **3** 〖항해〗 〈배가〉 침로(針路)를 바꾸다 **4** 〈의견·신념 등이〉 바뀌다; 〈사람이〉 갑자기 기분[계획]을 바꾸다 **—** *vt.* 〖항해〗 〈배의〉 침로를 바꾸다; 《특히》 〈배를〉 바람 불어가는 쪽으로 돌리다
~ out[***away***] 늦추다, 풀어주다

veg [vedʒ] [*veg*etable] *n.* (*pl.* ~) 《영·구어》 야채; 야채 요리

Ve·ga [víːgə, véi-] [Arab. 「강하하는 (독수리)」의 뜻에서] *n.* 〖천문〗 베가별, 직녀성 《거문고자리의 1등성》

veg·an [védʒən | víːgən] *n., a.* 《영》 완전 채식주의자(의)

veg·e·bur·ger [védʒəbə̀ːrgər] [*vege*table+ham*burger*] *n.* 베지버거 《식물성 단백질의 인조육을 넣은 샌드위치·햄버거》

‡**veg·e·ta·ble** [védʒətəbl] [L 「활기를 불어넣다」의 뜻에서] *n.* **1** [보통 *pl.*] **야채**, 푸성귀: green *~s* 푸성귀; 신선한 야채 요리 **2** 식물(plant) **3** 《속어》 무기력한 사람 **4** 《구어》 식물 인간 **—** *a.* **1** 식물의; 식물성의 **2** 야채의: a ~ diet 채식 **3** 식물 같은, 하찮은

végetable gàrden 채원(菜園), (집에 딸린) 채소밭

végetable màrrow 〖식물〗 페포호박 《달걀꼴의 야채용 호박》

végetable òil (야채의 열매나 씨에서 얻는) 야채 기름

végetable spònge 〖식물〗 수세미

veg·e·tar·i·an [vèdʒətέəriən] *n.* 채식(주의)자 **—** *a.* **1** 채식주의(자)의: ~ principles 채식주의 **2** 채식의
~**·ism** *n.* Ⓤ 채식(주의)

veg·e·tate [védʒətèit] *vi.* **1** 식물처럼 생장하다 **2** 초목 같은 (단조로운) 생활을 하다, 하는 일 없이 지내다

*__veg·e·ta·tion__ [vèdʒətéiʃən] *n.* Ⓤ **1** [집합적] **초목**; 한 지방 (특유)의 식물: tropical ~ 열대 식물 **2** 무위도식의 생활

veg·e·ta·tive [védʒətèitiv | -tə-] *a.* **1** 성장하는 **2** 발육[생장, 영양]에 관한 **3** 식물(계)의 **4** 〈생식이〉 무성(無性)의 **5** 〈땅 등이〉 식물을 성장시키는 힘이 있는
~**·ly** *ad.* ~**·ness** *n.*

veg·gie, veg·gy [védʒi] *n.* 《미·구어》 채식주의자

*__ve·he·mence, -men·cy__ [víːəməns(i)] *n.* Ⓤ **격렬함**, 맹렬함; 열정

*__ve·he·ment__ [víːəmənt] [L 「마음을 빼앗아가는」의 뜻에서] *a.* **1** 《문어》 **격렬한**, 맹렬한 **2** 열렬한, 열정적인 ~**·ly** *ad.*

‡**ve·hi·cle** [víːhikl | víːi-] [L 「나르는」의 뜻에서] *n.* **1 a 탈것, 차**, 운송 수단, 《특히》 수레, 차량 **b** (우주 공간의) 탈것 **2** 매개물, 전달 수단 **3** (재능 등을) 발휘하는 수단

ve·hic·u·lar [viːhíkjulər] *a.* 탈것의[에 관한, 에 의한]: a ~ contrivance 운반구, 운수 수단

V-eight, V-8 [víːéit] *n., a.* V형 8기통 엔진(의)

‡**veil** [veil] [동음어 vale] [L 「덮개」의 뜻에서] *n.* **1 베일**, 면사포 **2** (가리는) 덮개, 씌우개 **3** 가장, 가면; 핑계
beyond* [*behind, within*] *the* ~** 저승에, 저 세상에 ***draw a*[*the*] *~ over (1) …에 베일을 씌우다 (2) 〈불쾌한 일 등을〉 덮어 감추다, …에 대해 입을 다물다
— *vt.* **1** …에 베일을 씌우다, 베일로 가리다 **2** 《문어》 〈감정 등을〉 감추다, 숨기다

veiled [veild] *a.* **1** 베일로 덮인[가린] **2** 숨겨진, 가면을 쓴; 분명치 않은

veil·ing [véiliŋ] *n.* Ⓤ **1** 베일로 덮기; 덮어 감추기 **2** 베일용 천; 베일

‡**vein** [vein] [동음어 vain, vane] *n.* **1** 〖해부〗 **정맥 2** 《속어》 혈관 **3** 〖동물〗 (곤충의) 시맥(翅脈) **4** 〖식물〗 엽맥(葉脈) **5** (목재·돌 등의) 결 **6** ⒸⓊ **기질**, 성질: a poetic ~ 시인 기질 **7** (일시적인) 기분

veined [veind] *a.* 맥[결, 줄]이 있는; 엽맥[시맥, 광맥]이 있는; 나뭇결이 있는

vein·ing [véiniŋ] *n.* Ⓤ (광물·나무 등의) 결의 배열, (시맥·엽맥 등의) 줄무늬

ve·lar [víːlər] *a.* **1** 〖해부〗 막(膜)의, 연구개(軟口蓋)의 **2** 〖음성〗 연구개(음)의
— *n.* 〖음성〗 연구개 자음

ve·lar·ize [víːlərὰiz] *vt.* 〖음성〗 〈목소리를〉 연구개(음)화(化)하다
vè·lar·i·zá·tion *n.*

veld(**t**) [velt] *n.* ⒸⓊ [보통 the ~] (남아프리카의) 초원(지대)

vel·lum [véləm] [OF 「송아지(veal)」의 뜻에서] *n.* Ⓤ **1** 송아지 피지(皮紙), 고급 피지: ~ cloth 〖제도〗 전사포(轉寫布) **2** 모조 피지

*__ve·loc·i·ty__ [vəlɑ́səti | -lɔ́s-] [L 「빠름」의 뜻에서] *n.* (*pl.* **-ties**) ⓊⒸ **1 속도**, 속력 **2** 〖물리〗 속도

ve·lour(**s**) [vəlúər] [F] *n.* (*pl.* **-lours**) ⓊⒸ 벨루어 《벨벳 모양의 플러시 천(plush)의 일종》; 벨루어 모자

ve·lum [víːləm] [L = veil] *n.* (*pl.* **-la** [-lə]) 〖해부〗 연구개

‡**vel·vet** [vélvit] [L 「융모」의 뜻에서] *n.* **1** ⓊⒸ **벨벳**, 우단: cotton ~ 무명 벨벳 **2** 벨벳 비슷한 것
— *a.* **1** 벨벳의; 벨벳으로 만든 **2** 《문어》 조용한; 부드러운: a ~ tread 조용한 발걸음[발소리]

vel·ve·teen [vèlvətíːn] *n.* **1** Ⓤ 무명 벨벳 **2** [*pl.*] 무명 벨벳의 옷[바지]

*__vel·vet·y__ [vélviti] *a.* **1 벨벳 같은**, 촉감이 매끄러운[부드러운] **2** 〈포도주 등이〉 맛이 순한 **3** 〈색깔·빛·목소리 등이〉 부드러운

Ven. Venerable; Venice

ve·nal [víːnl] [L 「판매(용)의」의 뜻에서] *a.* 《문어》 **1** 〈사람이〉 돈으로 좌우되는, 매수할 수 있는, 부패한 **2** 〈행위 등이〉 돈 위주의, 타산적인; 〈지위 등이〉 매수에 의한 ~**·ly** *ad.*

ve·nal·i·ty [viːnǽləti] *n.* Ⓤ 《문어》 **1** 돈에 좌우됨, 매수되기 쉬움 **2** (금전상의) 무절제

vend [vend] *vt.* **1** 《문어》 〈작은 상품을〉 (길에서) 팔고 다니다, 행상하다 **2** 〖법〗 〈토지·가옥 등을〉 매각하다, 팔다

ven·dee [vendíː] *n.* 〖법〗 사는 사람, 매주(買主), 매수인

vend·er [véndər] *n.* = VENDOR

ven·det·ta [vendétə] [It. = vengeance] *n.* **1** (특히 코르시카 섬에서 행하여지던) 상호복수 **2** 장기에 걸친 불화, 항쟁

vend·i·bil·i·ty [vèndəbíləti] *n.* Ⓤ 팔림, 시장 가치

vend·i·ble [véndəbl] *a.* 팔 수 있는, 팔리는 **—** *n.* [보통 *pl.*] 팔 수 있는[팔리는] 물건

vénd·ing machìne [véndiŋ-] 자동판매기

ven·dor [véndər] *n.* **1** 행상인; 〖법〗 매주(賣主), 매각인 **2** = VENDING MACHINE

ve·neer [vəníər] [G 「설비하다」의 뜻에서] *n.* ⒸⓊ **1** 합판의 겉켜; 화장판(化粧板) **2** (합판을 이루는) 단판(單板), 널빤지 《우리말의 「베니어판」은 plywood임》
— *vt.* **1** …에 화장판을 붙이다; 〈나무·돌 등에〉 화장 붙임을 하다 **2** …의 겉을 꾸미다, 〈결점 등을〉 …으로 감추다

*__ven·er·a·ble__ [vénərəbl] *a.* **1** (인격·지위·나이로 보아) **존경할 만한**, 덕망 있는 **2** 〈토지·건물 등이〉 유서 깊은; 존귀한 **3** 〖영국국교〗 …부주교님 《archdeacon의 존칭》; 〖가톨릭〗 가경자(可敬者) 《복자(福者) 다음 가는 사람에 대한 존칭》
vèn·er·a·bíl·i·ty *n.* ~**·ness** *n.* **-bly** *ad.*

ven·er·ate [vénərèit] [L 「사랑」의 뜻에서] *vt.* 숭배하다, 경모(敬慕)하다

ven·er·a·tion [vènəréiʃən] *n.* Ⓤ 존경; 숭배: have[hold] a person in ~ …을 존경[숭배]하다

ve·ne·re·al [vəníəriəl] [L 「성애(性愛)」

의 뜻에서] *a.* 성교(性交)의[에 의한]; 성병의
venéreal diséase 성병 《略 VD》
*__Ve·ne·tian__ [vəníːʃən] *a.* **베니스**(Venice)**의**, 베네치아의; **베네치아풍[식]의**
— *n.* 베네치아 사람
Venétian blínd 베니션 블라인드 《끈으로 여닫고 오르내리는 판자발》
Venétian gláss 베네치아산 유리 그릇, 색무늬의 장식 유리
Ven·e·zu·e·la [vènəzwéilə, -zwíː- | -zwéi-] *n.* 베네수엘라 《남아메리카 북부의 공화국; 수도 Caracas; 略 Venez.》
Ven·e·zu·é·lan *n., a.* 베네수엘라 사람[문화](의)
‡**ven·geance** [véndʒəns] *n.* [UC] **복수**
venge·ful [véndʒfəl] *a.* 《문어》 〈행위·감정 등이〉 복수심이 있는[에 불타는]; 집념이 강한 **~·ly** *ad.* **~·ness** *n.*
ve·ni·al [víːniəl] [L 「용서, 은혜」의 뜻에서] *a.* 〈과실 등이〉 용서될 만한, 경미[사소]한 **~·ly** *ad.*
‡**Ven·ice** [vénis] *n.* **베니스** 《베네치아의 영어명; 이탈리아 북동부의 항구》
*__ven·i·son__ [vénəsn, -zn] [L 「사냥」의 뜻에서] *n.* [U] **사슴 고기**
ve·ni, vi·di, vi·ci [víːnai-váidai-vásai] [L =I came, I saw, I conquered] 왔노라, 보았노라, 이겼노라 《원로원에 대한 Caesar의 간결한 전황 보고》
*__ven·om__ [vénəm] [L 「독」의 뜻에서; 원래는 「마약」의 뜻에서] *n.* [U] **1 독액**(毒液): a ~ duct 독관(毒管) **2** 악의, 원한; 원한의 행위
ven·om·ous [vénəməs] *a.* **1** 독액을 분비하는; 독이 있는 **2** 악의에 찬, 원한을 품은: a ~ tongue 독설
~·ly *ad.* **~·ness** *n.*
ve·nous [víːnəs], **ve·nose** [víːnous] *a.* **1** 〖생리〗 정맥의, 맥관의: ~ blood 정맥혈 **2** 〖식물〗 엽맥(葉脈)이 많은
*__vent__[1] [vent] [L 「바람」의 뜻에서] *n.* **1** (공기·액체 등을 뺐다 넣었다 하는) **구멍, 새는 구멍**, 통풍[통기]공 **2** (조류·파충류·물고기 등의) 항문 **3** [CU] 탈출구, 분출구 ***find*** [***make***] ***a ~ in*** …에 배출구를 찾다[만들다] ***give ~ to*** one***'s emotions*** 감정을 겉으로 나타내다
— *vt.* **1** …에 나갈 구멍을 주다; …에 샐 구멍을 만들다 **2** 〈감정 등에〉 배출구를 주다; 〈감정 등을〉 터뜨리다, 발산하다: He ~*ed* himself *in* grief. 그는 비탄에 잠겼다.
vent[2] *n.* 벤트 《상의의 등·겨드랑이, 스커트 등의 튼 곳》
*__ven·ti·late__ [véntəlèit] [L 「바람을 일게 하다」의 뜻에서] *vt.* **1** 〈방·건물·갱도 등에〉 **공기[바람]를 통하게 하다**, 〈방 등을〉 통풍이 잘되게 하다, 환기하다 **2** 〈문제 등을〉 토론에 붙이다, 여론에 묻다, 공표하다 **3** 〈의견을〉 말하다; 〈감정 등을〉 나타내다
‡**ven·ti·la·tion** [vèntəléiʃən] *n.* [U] **1 통풍**, 환기 **2** 환기법, 환기 장치 **3 a** 자유 토의, 여론에 묻기 **b** (의견·감정 등의) 표출
ven·ti·la·tor [véntəlèitər] *n.* 환기 설비; 통풍기, 송풍기; 통풍관; 환기창
ven·tral [véntrəl] *a.* 배의, 복부(腹部)의, (특히 등에 대하여) 복면(腹面)의
ven·tri·cle [véntrikl] *n.* 〖해부〗 **1** (뇌수·후두(喉頭) 등의) 공동(空洞), 실(室) **2** (심장의) 심실(心室)
ven·tri·lo·qui·al [vèntrəlóukwiəl] *a.* 복화술(腹話術)의
ven·tril·o·quism [ventríləkwìzm], **-quy** [-kwi] *n.* [U] 복화술(腹話術)
-quist [-kwist] *n.* 복화술자[사]
ven·tril·o·quize [ventríləkwàiz] *vi., vt.* 복화술로 말하다
‡**ven·ture** [véntʃər] [adventure의 두음소실(頭音消失)] *n.* **1** [U] **모험 2 모험적 사업**, 투기적 기업 **3** 투기; 투기의 대상 《선하·상품 등》: a lucky ~ 바로 들어맞은 투기 ***at a ~*** 모험적으로, 운에 맡기고, 엉터리로
— *vt.* **1** 《문어》 〈생명·재산 등을〉 위험에 내맡기다: He ~*d* his fortune *on* a single chance. 그는 한 번의 기회에 재산을 내걸었다. **2 위험을 무릅쓰고** …**하다**, 감행하다: I ~ to differ from you. 실례이지만 당신과는 의견이 다릅니다. **3** 과감히 말하다 **4** …의 위험에 몸을 내맡기다, 자진하여 …에 맞서다
— *vi.* **1 위험을 무릅쓰고 나서다**, 과감히 해보다 《*on, upon*》 **2** [방향 부사와 함께] 과감히 …하다, 대담하게도 …하다
vénture bùsiness 모험[벤처] 기업
vénture càpital 〖경제〗 위험 부담 자본, (사업) 투기 자본
vénture càpitalist 위험 투자가
ven·tur·er [véntʃərər] *n.* **1** 모험자, 투기자 **2** (옛날의 투기적) 무역 상인
Vénture Scòut 《영》 18세 이상의 소년단원
ven·ture·some [véntʃərsəm] *a.* **1** 〈사람이〉 모험을 좋아하는, 대담한 **2** 〈행위·행동이〉 위험이 따르는, 위험한 **~·ness** *n.*
ven·tur·ous [véntʃərəs] *a.* 모험을 좋아하는, 대담한, 모험적인
ven·ue [vénjuː] *n.* **1** 〖법〗 (배심 재판의) 재판지(地) **2** 회합 장소; 개최, 예정지
*__Ve·nus__ [víːnəs] [L 「정욕」의 뜻에서] *n.* **1** 〖로마신화〗 **비너스** 《미와 사랑의 여신; 그리스 신화의 Aphrodite》 **2** 〖천문〗 금성(金星), 태백성(太白星) **3** 비너스 여신의 상[그림]; 절세 미인
Ve·nu·sian [vənjúːʃən, -ʃiən, -siən | -njúːziən, -siən] *a.* 금성의
ve·ra·cious [vəréiʃəs] *a.* 《문어》 **1** 〈사람이〉 진실을 말하는, 정직한 **2** 〈진술·보고 등이〉 진실한; 정확한 **~·ly** *ad.*
ve·rac·i·ty [vərǽsəti] [L 「진실」의 뜻에서] *n.* (*pl.* **-ties**) [UC] 《문어》 **1** 진실을 말함, 성실; 정직 **2** 정확성; 진실(성)
‡**ve·ran·da(h)** [vərǽndə] [Hind.] *n.* **베란다**, 툇마루(《미》 porch)
‡**verb** [vəːrb] [L 「단어」의 뜻에서] *n.* 〖문법〗 **동사**
*__ver·bal__ [vǝ́ːrbəl] *a.* **1 말의**, 말에 관한, 언어상의, 말로 된 **2 구두**(口頭)**의**: a ~ report 구두 보고 **3 축어적**(逐語的)**인**, 문자 그대로의: a ~ translation 축어역(譯), 직역 **4** 〖문법〗 동사의, 동사적인

V

— *n.* **1** (영·구어) 유죄를 인정하는 구두 진술, 자백 **2** (익살) 말다툼 **3** 〖문법〗 준동사(형)

ver·bal·ism [vɔ́:rbəlìzm] *n.* Ⓤ **1** 언어적 표현, 어구 **2** Ⓒ 공허한[형식적인] 어구 **3** 자구에 구애됨; 언어 편중; 어구 비평

ver·bal·ist [vɔ́:rbəlist] *n.* **1** 어구를 잘 가려 쓰는 사람 **2** 자구에 구애되는 사람; 어구 비평가

ver·bal·ize [vɔ́:rbəlàiz] *vt.* **1** 〈사고·감정 등을〉 언어[말]로 나타내다, 언어화하다 **2** 〖문법〗 동사화하다 **—** *vi.* **1** 어구가 장황해지다 **2** 말로 나타내다

vèr·bal·i·zá·tion *n.*

ver·bal·ly [vɔ́:rbəli] *ad.* **1** 언어로, 구두로 **2** 축어적으로 **3** 〖문법〗 동사로서, 동사적으로

ver·ba·tim [vərbéitəm] *ad.* 축어적으로, 말대로

ver·be·na [vərbí:nə] *n.* Ⓤ 〖식물〗 버베나 《마편초과(科)》

ver·bi·age [vɔ́:rbiidʒ] *n.* Ⓤ (문장·말에) 쓸데없는 말이 많음, 용장(冗長), 장황

ver·bose [vərbóus] *a.* 말 수가 많은, 다변의; 장황한 **~·ly** *ad.* **~·ness** *n.*

ver·bos·i·ty [vərbɑ́səti | -bɔ́s-] *n.* Ⓤ 다변, 수다; 장황

ver·dan·cy [vɔ́:rdnsi] *n.* Ⓤ (시어) **1** 푸릇푸릇함, 신록 **2** 미숙, 젊음; 순진, 천진난만

ver·dant [vɔ́:rdnt] [F 「녹색의」의 뜻에서] *a.* (시어) **1** 〈풀·잎·빛깔 등이〉 초록의, 푸릇푸릇한; 〈토지가〉 신록의 **2** 젊은, 숫된, 미숙한 **~·ly** *ad.*

Ver·di [vɛ́ərdi] *n.* 베르디 **Giuseppe ~** (1813-1901) 《이탈리아의 가극 작곡가》

***ver·dict** [vɔ́:rdikt] *n.* **1** 〖법〗 (배심원이 재판장에게 제출하는) **평결**, 답신(答申) **2** (구어) 판정, 판단, 의견: pass one's ~ upon …에 판정을 내리다

ver·di·gris [vɔ́:rdəgrì:s | -gris] [OF = green of Greece] *n.* Ⓤ 녹청(綠靑)

ver·dure [vɔ́:rdʒər] [OF 「녹색」의 뜻에서] *n.* Ⓤ (시어) **1** (초목의) 푸름, 청록, 신록; 푸른 초목 **2** 신선함, 생기, 활력

ver·dur·ous [vɔ́:rdʒərəs] *a.* **1** 푸른 초목으로 덮인 **2** 신록의, 푸릇푸릇한

‡**verge** [vɔ:rdʒ] *n.* **1 가장자리**, 맨 끝, 변두리 **2** 도로[화단]의 가장자리 (풀) **3** 권표(權標) 《고위 성직자의 행렬 등에 받드는 표상》 ***on the ~ of*** …하기 직전에; …에 직면하여, 바야흐로 …하려 하여

— *vi.* **1** (어떤 상태·방향으로) 향하다; …에 가까워지다, 거의 …할 지경이다 《*on, upon*》: ~ *on*[*upon*] insanity 광기에 가깝다, 미친 것 같다 **2** …에 접하다, 경계하다

verg·er [vɔ́:rdʒər] *n.* **1** (영) 권표를 받드는 사람 《교회·대학 등의》 **2** 성당지기

Ver·gil, Vir- [vɔ́:rdʒil] *n.* **1** 남자 이름 **2** 베르길리우스 **Publius Vergilius Maro** (70-19 B.C.) 《로마 시인; *The Aeneid*의 저자》

Ver·gil·i·an, Vir- [vərdʒíliən, -ljən] *a.* Vergil 풍의

ver·i·est [vériist] *a.* [VERY의 최상급] (문어) 순전한, 더할 나위 없는: the ~ rascal 최고 악질의 망나니

ver·i·fi·a·ble [vérəfàiəbl] *a.* 증명할 수 있는; 입증[검증]할 수 있는

ver·i·fi·ca·tion [vèrəfikéiʃən] *n.* Ⓤ 확인; 입증, 증명, 검증

***ver·i·fy** [vérəfài] *vt.* (**-fied**) **1 증명[입증]하다**; 조회하다; 확인하다 **2** 〈사실·행위 등이 예언·약속 등을〉 실증하다

ver·i·ly [vérəli] *ad.* 《고어》 (특히 맹세에서) 진실로, 틀림없이

ver·i·sim·i·lar [vèrəsímələr] *a.* 《드물게》 정말[사실]인 듯한, 있을 법한

ver·i·si·mil·i·tude [vèrəsimílətjù:d | -tjù:d] *n.* **1** Ⓤ 있을 법함, 진실[정말]인 듯함, 박진성(迫眞性) **2** 정말 같은 일[이야기]

***ver·i·ta·ble** [vérətəbl] *a.* **실제의**, 정말의, 틀림없는 **~·ness** *n.* **-bly** *ad.*

ver·i·ty [vérəti] *n.* (*pl.* **-ties**) 《문어》 **1** Ⓤ 진실성, 진실 **2** [보통 *pl.*] 진실의 진술; Ⓤ 사실, 진리: the eternal *verities* 영원한 진리

ver·juice [vɔ́:rdʒù:s] [OF 「녹색의 즙」의 뜻에서] *n.* Ⓤ **1** (덜익은 사과·딸기 등의) 신 과즙(果汁) **2** (성질·표정·태도 등의) 까다로움

vermi- [vɔ́:rmi] 《연결형》 「벌레」의 뜻

ver·mi·cel·li [vɔ̀:rməséli, -tʃéli] [It. 「가늘고 긴 벌레」의 뜻에서] *n.* Ⓤ 베르미첼리 《spaghetti보다 가는 파스타(pasta) 종류》

ver·mi·cide [vɔ́:rməsàid] *n.* 살충제; 《특히》 기생충약, 구충제

ver·mic·u·lar [vərmíkjulər] *a.* **1** 연충(蠕蟲) 모양의 **2** 연동(蠕動)하는; 구불구불한

ver·mic·u·lite [vərmíkjulàit] *n.* Ⓤ 질석(蛭石) 《화강암 속의 흑운모가 분해된 것》

ver·mi·form [vɔ́:rməfɔ̀:rm] *a.* 연충 모양의

ver·mi·fuge [vɔ́:rməfjù:dʒ] *n.* 구충제

ver·mil·ion, -mil·lion [vərmíljən] [L 「(코치닐) 충」의 뜻에서] *n.* Ⓤ.Ⓒ **1** 주홍(朱紅), 단사(丹砂) **2** 주홍빛

— *a.* 주홍(빛)의, 주홍으로 물들인[칠한]

ver·min [vɔ́:rmin] [L 「벌레」의 뜻에서] *n.* (*pl.* ~) [집합적; 보통 복수 취급] **1** 해수(害獸) 《쥐·족제비 등》, 해조(害鳥) **2** 해충; 기생충 **3** 사회의 해충; 인간 쓰레기

ver·min·ous [vɔ́:rmənəs] *a.* **1** 벌레[벼룩, 이, 빈대 (등)]가 꾄[끓는] **2** 〈병이〉 해충에 의하여 생긴, 기생충에 의한 **3** 〈사람이〉 비열한; 해독을 끼치는 **~·ly** *ad.*

Ver·mont [vərmɑ́nt | -mɔ́nt] [F 「푸른 산」의 뜻에서] *n.* 버몬트 《미국 동북부의 주》

ver·mouth, -muth [vərmú:θ] [G 「향쑥」의 뜻에서] *n.* Ⓤ 베르무트 주(酒) 《약초·강장제로 맛을 낸 흰 포도주》

***ver·nac·u·lar** [vərnǽkjulər] [L 「집에서 태어난 노예」의 뜻에서] *n.* **1 제 나라 말**, 자국어(自國語); 지방어, 사투리 **2** 직업[전문] 용어, (동업자 간의) 은어

— *a.* **1** 〈국어·어법·말이〉 자국(自國)의;

V

자국어에 의한: a ~ paper 자국어 신문 **2**〈건축·공예 등이〉 그 지방[시대] 특유의, 민예적인

ver·nal [vɔ́ːrnl] [L 「봄의」의 뜻에서] *a.* **1** 봄의, 봄에 피는, 봄에 나는: ~ bloom 봄 꽃 **2** 젊은, 청춘의 **~·ly** *ad.*

ver·ni·er [vɔ́ːrniər] *n.* **1** 버니어, 부척(副尺)(= **~ scàle**) 《발명자인 프랑스의 수학자 이름에서》 **2** 〖우주〗 = VERNIER ENGINE

vérnier éngine[rócket] 〖우주과학〗 보조 엔진 《미사일·로켓의 진로와 속도를 조절하는 소형 로켓 엔진》

ve·ron·i·ca[1] [vəránikə | -rɔ́n-] *n.* 〖식물〗 눈꼬리풀속(屬) 《현삼과(科)》

veronica[2] *n.* [때로 **V~**] **1** [the ~] 베로니카, 성안(聖顔)(상(像)) **2** 성포(聖布) 《그리스도의 얼굴이 찍힌 천》

ver·ru·ca [vərúːkə] *n.* (*pl.* **-cae** [-siː]) 〖병리〗 (보통 발바닥에 생기는) 무사마귀

Ver·sailles [vɛərsái] *n.* 베르사유 《파리 서부의 궁전 소재지; 제1차 대전 후의 강화 조약 체결지》

*__ver·sa·tile__ [vɔ́ːrsətl | -tàil] [L 「방향을 바꾸는」의 뜻에서] *a.* **1 다재다능한**; 〈능력·재능이〉 다방면의 **2** 다목적으로 쓰이는, 다용도의 **~·ly** *ad.*

ver·sa·til·i·ty [vɔ̀ːrsətíləti] *n.* Ⓤ 다재, 다예, 다능

‡**verse** [vəːrs] [L 「바꾸다」의 뜻에서] *n.* **1** Ⓤ (문학 형식으로서의) **운문** **2** [집합적] (어느 작가·시대·나라의) 시가 (opp. *prose*) **3** (시의) **절**(節), 연(聯) **4** 시의 한 줄, **시구**(詩句)

versed [vəːrst] *a.* Ⓟ 《문어》 숙달[정통]한, 통달한 ***be ~ in*** …에 조예가 깊다

ver·si·cle [vɔ́ːrsikl] *n.* **1** 단시(短詩) **2** 〖그리스도교〗 교독문 《예배할 때 목사나 사회자가 첫 구절을 읽으면 합창단·참석자가 제창함; 종종 시편 등에서 인용됨》

ver·si·fi·ca·tion [vɔ̀ːrsəfikéiʃən] *n.* Ⓤ 작시(作詩); 운문화; 작시법

ver·si·fi·er [vɔ́ːrsəfàiər] *n.* **1** 시작가(家), 시인; 산문을 운문으로 고치는 사람 **2** 엉터리 시인

ver·si·fy [vɔ́ːrsəfài] *v.* (**-fied**) *vt.* **1** 시로 짓다; 시로 말하다 **2**〈산문을〉 운문으로 고치다 **—** *vi.* 《경멸》 시를 짓다

*__ver·sion__ [vɔ́ːrʒən | -ʃən] [L 「전환」의 뜻에서] *n.* **1 번역**, 번역문 **2** (개인적 또는 특수한 입장에서의) 설명, 설(說), 이설(異說) **3** (원형·원물에 대한) 이형, 변형; 개조; (연주자·배우 등의 독자적인) 해석 **4** [보통 **V~**] (성서의) 역(譯)

vers li·bre [vɛ̀ər-líːbrə] [F = free verse] *n.* 자유시(형)

ver·so [vɔ́ːrsou] [L = (the page) being turned] *n.* (*pl.* **~s**) **1** 왼편[짝수] 페이지 《책을 폈을 때의》, (종이의) 뒷면 (opp. *recto*) **2** (화폐·메달 등의) 뒷면, 이면

* **ver·sus** [vɔ́ːrsəs] [L = against, toward] *prep.* **1** (소송·경기 등에서) … 대(對), …에 대한: Jones *v.* Smith 〖법〗 존스 대 스미스 사건 **2** …와 대비[비교]하여

ver·te·bra [vɔ́ːrtəbrə] [L] *n.* (*pl.* **-brae** [-brìː], **~s**) 〖해부〗 **1** 척추골 **2** [the vertebrae] 척추, 척주

ver·te·bral [vɔ́ːrtəːbrəl] *a.* 〖해부〗 척추의[에 관한]; 척추골로 된[을 가진]

ver·te·brate [vɔ́ːrtəbrət] *a.* 척추[척골]가 있는 **—** *n.* 척추 동물

ver·tex [vɔ́ːrteks] [L] *n.* (*pl.* **~·es, -ti·ces** [-təsìːz]) **1** 최고점, 정상 **2** 〖해부〗 정수리 **3** 〖기하〗 꼭지점, 정점, 각정(角頂) **4** 〖천문〗 천정(天頂)

‡**ver·ti·cal** [vɔ́ːrtikəl] *a.* **1 수직[연직]의**, 세로의: (a) ~ motion 상하 운동 **2**〈조직·사회 구조 등이〉 각 단계를 세로로 잇는, 종단적인 **3** 〖해부〗 정수리의 **4** 〖기하〗 정점의 **—** *n.* [the ~] 수직선[면]; 수직의 위치 **~·ly** *ad.*

vértical fín **1** 세로 지느러미 《등·꼬리·뒷지느러미 등》 **2** 〖항공〗 수직 안전판, 수직 미익

vértical líne 〖수학〗 수직선, 연직선

vértical tákeoff 〖항공〗 수직 이륙 《略 VTO》: ~ and landing 비톨, 수직 이착륙 《略 VTOL》

vértical únion 수직[종단]적 노동 조합 (industrial union)

ver·ti·ces [vɔ́ːrtəsìːz] *n.* VERTEX의 복수

ver·tig·i·nous [vəːrtídʒənəs] *a.* **1** 현기증 나는, 어지러운 **2** 선회하는 **3** 어지럽게 변하는, 불안정한 **~·ly** *ad.*

ver·ti·go [vɔ́ːrtigòu] [L 「회전」의 뜻에서] *n.* (*pl.* **~s, ver·tig·i·nes** [vəːrtídʒəniːz]) ⓊⒸ 〖병리〗 현기(眩氣), 어지러움

verve [vəːrv] [OF 「(언어의) 박력」의 뜻에서] *n.* Ⓤ **1** (예술 작품에 나타난) 기백, 열정 **2** 활기

‡**ver·y** [véri] [L 「진실의」의 뜻에서] *ad.* **1** [원급의 형용사·부사의 정도를 강조] **대단히**, 몹시, 아주 **2** [형용사의 최상급, same, last, opposite 또는 own 앞에 붙여 강조적으로 써서] **충분히**, 정말, 참으로: Do your ~ *best.* 최선을 다하라. **3** [부정문에서] **a 그다지[별로]** (…이 않다): This *isn't*[is not] ~ good. 이것은 별로 좋지 않군. **b** [정반대의 뜻을 완곡하게 표현하여] 전혀[조금도] (…이 않다): I'm *not* feeling ~ well. 전혀 기분이 좋지 않아.

V~ fine! (1) 썩 좋다! (2) [종종 반어적으로] 잘했군 ***V~ good.*** [명령·지시에 대하여] 좋습니다, 알았습니다.: *V~ good,* sir[ma'am]. 선생님[부인], 알았습니다. ***V~ well.*** 그래, 됐어, 알았어. 《종종 마지못해 하는 승낙의 뜻을 나타낼 때에 씀》: Oh, ~ *well,* if you want it that way. 네가 그러기를 원한다면 그러지[하는 수 없지].

— *a.* Ⓐ (**ver·i·er**; **ver·i·est**) 《비교 변화는 현대 영어에서는 거의 쓰지 않음》 **1** [the, this, that 또는 소유격 인칭대명사와 함께 강조를 나타내어] **바로 그**: That's *the* ~ thing I was looking for. 그게 바로 내가 찾던 것이었다. **2** [the ~로] 극한의, 맨…: at *the* ~ beginning of the party 파티가 시작되자마자 **3** 《문어》 참다운, 진짜의; 가히

V

…이라 할 수 있는 《이 뜻으로는 종종 비교급·최상급을 강조적으로 씀》: a ~ knave 진짜 악당

véry hìgh fréquency 〖통신〗 초단파 《30-300 megahertz; 略 VHF》

véry lárge scàle integrátion 〖전자〗 초고밀도 집적 회로 《略 VLSI》

Vér·y lìght [véri-] [미국의 발명자 이름에서] 베리식 신호 조명탄 《야간 비행기 착륙의 신호·구난 신호 등에 쓰이는 색채 섬광》

véry lòw fréquency 〖통신〗 초장파 《3-30 kilohertz; 略 VLF》

ves·i·cal [vésikəl] *a.* 〖해부〗 낭(囊)의; 《특히》 방광의

ves·i·cle [vésikl] *n.* 〖해부〗 소낭(小囊), 소포(小胞); 〖의학〗 소수포(小水疱)

ve·sic·u·lar [vəsíkjulər] *a.* 〖의학〗 소낭[소포]성의

ves·per [véspər] [L 「저녁(의 별)」의 뜻에서] *n.* **1** 《시어》 저녁, 밤, 땅거미 **2** [V~] 《시어》 개밥바라기 **3** [*pl.*] 〖종교〗 저녁 기도[예배] **—** *a.* 저녁 기도[예배]의

‡**ves·sel** [vésəl] [「작은 병」의 뜻에서] *n.* **1** 배 《보통 boat보다 큰》: a merchant ~ 상선 **2** 용기(容器), 그릇 **3** 〖해부·동물〗 도관(導管), 맥관(脈管), 관(管): a blood ~ 혈관

‡**vest** [vest] [L 「의복」의 뜻에서] *n.* **1** 《미》 (양복의) 조끼(《영》 waistcoat) (《영》에서는 상점 용어) **2** 《영》 내의, 셔츠(《미》 undershirt) **3** (여성복의) V자형 앞장식 **—** *vt.* **1** 《시어》 의복을 입히다, 〈제복(制服)을〉 입게 하다 **2** 〈권리를〉 주다, 부여 하다 **—** *vi.* **1** 의복을 입다; 제복을 입다 **2** 〈권리·재산 등이〉 확정되다, 귀속하다 《*in*》

Ves·ta [véstə] *n.* 〖로마신화〗 베스타 여신 《불과 부엌의 여신; 그리스 신화의 Hestia에 해당》

ves·tal [véstl] *n.* Vesta 여신을 시중든 처녀, 신녀(神女) 《영원한 정결(貞潔)을 맹세하고 여신의 제단의 성화(vestal fire)를 지켰던 6명의 처녀의 한 사람》
— *a.* **1** Vesta 여신의[을 섬기는] **2** 순결한, 처녀의

vést·ed ínterest [véstid-] 〖법〗 기득권[이권]; [*pl.*] (영리사업 등의) 수익 단체[계층]

vést·ed ríght 〖법〗 기득권

ves·tib·u·lar [vestíbjulər] *a.* **1** 현관의, 문간방의 **2** 〖해부〗 전정(前庭)[전방(前房), 전실(前室)]의

ves·ti·bule [véstəbjù:l] [「입구」의 뜻에서] *n.* **1** 현관, 현관 홀, 대기실 **2** (현관의) 차 대는 곳 **3** 《미》 (객차 앞뒤에 있는) 출입 방, 연결 복도 **4** 〖해부〗 전정(前庭); 《특히》 내이강(內耳腔)

véstibule tràin 《미》 관통식 열차(《영》 corridor train) 《객차 사이의 통행이 가능한》

***ves·tige** [véstidʒ] [L 「발자국」의 뜻에서] *n.* **1** 자취, 흔적 **2** [보통 부정어와 함께] 아주 조금(도 …않다) 《*of*》: *not* a ~ *of* evidence 증거가 조금도 없는 **3** 〖생물〗 흔적 (기관), 퇴화 기관

ves·ti·gi·al [vestídʒiəl] *a.* **1** 흔적의 **2** 〖생물〗 퇴화한, 흔적 기관의 **~·ly** *ad.*

vest·ment [véstmənt] *n.* [종종 *pl.*] 《문어》 의복, 의상; 《특히》 제의(祭衣) 《일반적으로 성직자·성가대원이 입는 cassock, stole, surplice 등》

vest-pock·et [véstpɑ́kit | -pɔ́k-] *a.* 《미》 Ⓐ **1** 회중용의, 아주 작은 〈카메라·책 등〉 **2** 아주 소규모의

ves·try [véstri] *n.* (*pl.* **-tries**) **1** (교회의) 제의실, 성구실 **2** 교회 부속실 **3** [집합적] (미국 성공회·영국 국교회의) 교구위원(회)

ves·try·man [-mən] *n.* (*pl.* **-men** [-mən]) 교구 위원

ves·ture [véstʃər] *n.* ⓊⒸ 《시어·문어》 **1** [집합적] 의복, 의류 **2** 씌우개, 덮개

Ve·su·vi·an [vəsú:viən] *a.* **1** Vesuvius 화산의[같은] **2** 화산(성)의

Ve·su·vi·us [visú:viəs] *n.* **Mount** ~ 베수비오 산 《이탈리아 나폴리 만(灣)에 있는 활화산》

vet[1] [vet] [《영》 *vet*erinary surgeon 또는 《미》 *vet*erinarian] *n.* 《구어》 수의(獸醫)(사) **—** *v.* (**~·ted**; **~·ting**) *vt.* **1** 〈동물을〉 진료하다 **2** 면밀히 조사하다, 검사[점검]하다

vet[2] *n., a.* 《미·구어》 = VETERAN

vetch [vetʃ] *n.* 〖식물〗 야생 완두, 살갈퀴 덩굴속(屬)

vetch·ling [vétʃliŋ] *n.* 〖식물〗 연리초

veter. veterinary

‡**vet·er·an** [vétərən] [L 「나이 먹은」의 뜻에서] *n.* **1** 노련가, 베테랑; 《특히》 노병(老兵) **2** 《미》 퇴역[재향] 군인(《영》 ex-serviceman) **3** 《영》 오래 써서 낡은 것 **—** *a.* Ⓐ **1** 노련한, 많은 경험을 쌓은: ~ troops 역전(歷戰)의 정예 부대 **2** 《미》 퇴역 (군인)의

véteran cár 《영》 베테랑[클래식] 카 《1919년[좁은 뜻으로는 1905년] 이전의 자동차》

Véterans Administràtion [the ~] 《미》 재향 군인 관리국

Véterans(') Dày 《미·캐나다》 재향 군인의 날 《대부분의 주에서 11월 11일》

vet·er·i·nar·i·an [vètərənέəriən] *n.* 《미》 수의사(《영》 veterinary surgeon)

vet·er·i·nar·y [vétərənèri | -nəri] [L 「짐 운반용 동물」의 뜻에서] *a.* Ⓐ 수의(학)의: a ~ hospital 가축[동물] 병원
— *n.* (*pl.* **-nar·ies**) 수의사

véterinary súrgeon 《영》 수의사(《미》 veterinarian)

***ve·to** [ví:tou] [L = I forbid] *n.* (*pl.* **~es**) **1** 거부권 **2** 《미》 (대통령의) 거부 교서(敎書)[통고서] **3** 금지(권), 금제(禁制)
put [***set***] ***a*** [*one's*] ~ ***on*** the proposal (제안을) 거부하다, (제안에) 거부권을 행사하다
— *vt.* **1** 〈제안·의안 등을〉 거부하다 **2** 〈행위 등을〉 금지하다, 엄금하다 **~·er** *n.*

‡**vex** [veks] *vt.* 초조하게 하다, 성나게 하다, 괴롭히다

‡**vex·a·tion** [vekséiʃən] *n.* **1** 초조하게[성가시게, 괴롭게] 함 **2** Ⓤ 속상함, 분함,

원통함: to my ~ 분하게도 3 [종종 *pl.*] 괴로움[번뇌]의 원인, 뜻대로 되지 않는 일
vex·a·tious [vekséiʃəs] *a.* 성가신, 안달나는, 약오르는
vexed [vekst] *a.* **1** Ⓟ (…으로) 속타는, 짜증나는 《*about, at*》; 성난 《*with*》: I am ~ *with* him. 나는 그에게 화내고 있다. **2** Ⓐ 〈문제가〉 머리를 아프게 하는; 말썽많은: a ~ question 말썽 많은[시끄럽게 논의되는] 문제
vex·ed·ly [véksidli] *ad.* 부아가 나서, 화를 내고
VG very good
VHF [víːèitʃéf] [*v*ery *h*igh *f*requency] *n.* 〖통신〗 초단파(超短波): broadcast on ~ 초단파 방송을 하다
— *a.* Ⓐ 초단파의: a ~ radio 초단파 라디오
VHSIC [vízik] [*v*ery *h*igh *s*peed *i*ntegrated *c*ircuit] *n.* 〖전자·군사〗 비직, 초고속 집적 회로
vi., v.i. verb intransitive
v.i. *vide infra* 《L = see below》
vi·a* [váiə, víːə] [L 「길」의 뜻에서] *prep.* **1 …을 **경유하여**(by way of), …을 거쳐: ~ Canada 캐나다를 경유하여 **2** 《미》 …에 의하여(by means of)
vi·a·bil·i·ty [vàiəbíləti] *n.* Ⓤ **1** 생존 능력, 생활력; (특히 태아·신생아의) 생육[생존]력 **2** (계획 등의) 실행 가능성
vi·a·ble [váiəbl] [L 「생명」의 뜻에서] *a.* **1** 〈태아·신생아가〉 생존[생육] 가능한 **2** 〈계획 등이〉 존립[존속]할 수 있는
vi·a·duct [váiədʌ̀kt] *n.* 육교(陸橋), 고가교(高架橋), 고가 도로
Vi·ag·ra [vaiǽgrə] *n.* 비아그라 《발기 부전 환자를 위한 발기 촉진제; 상표명》
vi·al [váiəl] *n.* 유리병; 물약병 《영국에서는 phial쪽이 일반적》
vi·and [váiənd] [L 「살아 나가기 위한 것」의 뜻에서] *n.* [*pl.*; 집합적] 음식물, 식료, 진수성찬
vibes [vaibz] *n. pl.* [단수 취급] 《구어》 = VIBRAPHONE
vi·brant [váibrənt] *a.* **1 a** 떠는, 진동하는 **b** 〈소리·음성이〉 떨리는 **c** 〈색·빛이〉 선명한, 번쩍거리는 **2 a** 활기에 넘치는 **b** 곧 반응하는, 민감한 **c** 가슴 설레는 **d** Ⓟ (생기 등으로) 약동하는, 고동치는: a city ~ *with* life 활기에 넘치는 도시 **3** 〖음성〗 유성의(voiced) — *n.* 〖음성〗 유성음
vi·bran·cy [váibrənsi] *n.* **~·ly** *ad.*
vi·bra·phone [váibrəfòun] *n.* 비브라폰 《marimba 비슷한 악기》
vi·brate* [váibreit | ─´] [L 「진동하다」의 뜻에서] *vi.* **1 진동하다, 흔들리다 **2** 〈목소리가〉 떨리다; 〈음향이〉 반향하다 **3** 《구어》 〈사람·마음이〉 떨리다, 설레다: ~ with joy 기뻐서 가슴이 설레다
— *vt.* **1** 진동시키다; 흔들다 **2** 〈빛·소리 등을〉 진동하여 발하다[내다], 〈목소리 등을〉 떨리게 하다
***vi·bra·tion** [vaibréiʃən] *n.* ⓊⒸ **1 진동**(시키기), 떨림 **2** [보통 *pl.*] 《구어》 (사람·장소 등에서 느껴지는) 감정적 반응, 감촉 **3** 〖물리〗 (진자(振子)의) 진동
vi·bra·to [vibrɑ́ːtou] [It.] *n.* (*pl.* **~s**) 〖음악〗 비브라토; 진동(음)
vi·bra·tor [váibreitər | ─´─] *n.* **1** 진동하는[시키는] 것[사람] **2** 〖전기〗 진동기
vi·bra·to·ry [váibrətɔ̀ːri | -təri] *a.* 떨리는, 진동성의; 진동시키는
vib·ri·o [víbriòu] *n.* (*pl.* **~s**) 비브리오 《간상(桿狀) 세균의 한 속(屬)》
Vic [vik] *n.* 남자 이름 《Victor의 애칭》
vic. vicinity
Vic. Victoria
***vic·ar** [víkər] [L 「대리」의 뜻에서] *n.* **1** 〖영국국교〗 **교구**(敎區) **(대리) 목사** **2** 〖가톨릭〗 교황[주교] 대리
vic·ar·age [víkəridʒ] *n.* 《영》 **1** vicar의 주택, 목사관 **2** vicar의 성직급(聖職給) **3** Ⓤ vicar의 직
vícar apostólic 〖가톨릭〗 대목(代牧); 교황 대리
vi·car·i·ous [vaikɛ́əriəs, vi-] [L 「대리의」의 뜻에서] *a.* **1** 《문어》 대리직의, 대리의 **2** (타인의 경험을) 상상하여 느끼는, 남의 몸[기분]이 되어 경험하는 **3** 《문어》 대신하여 받는: ~ punishment 대신하여 받는 형벌 **~·ly** *ad.* **~·ness** *n.*
vice*[1] [vais] [동음어 vise] [L 「결함」의 뜻에서] *n.* ⓊⒸ **1 악덕, 악; 비행, 타락 행위; 악습 **2** (조직·제도·문체·성격상의) **결함**, 약점 **3** 성적(性的) 부도덕 행위; 매춘
vice[2] *n., v.* 《영》 = VISE
vi·ce[3] [váisi] [L] *prep.* …대신에, …의 대리로서, …의 뒤를 이어 《略 v.》
vice- [vais] *pref.* [관직·관등을 나타내는 명사에 붙여] 「부(副)…, 대리…, 차(次)…」의 뜻: *vice*-agent 부대리인
více ádmiral 해군 중장
vice-chair·man [váistʃɛ́ərmən] *n.* (*pl.* **-men** [-mən]) 부의장, 부회장, 부위원장
vice-chan·cel·lor [váistʃǽnsələr | -tʃɑ́ːn-] *n.* (주로 영국의) 대학 부총장 《종종 실질적 최고 책임자》
vice-con·sul [váiskɑ́nsəl | -kɔ́n-] *n.* 부영사(副領事)
vice·like [váislàik] *a.* 《영》 = VISELIKE
vi·cen·ni·al [vaiséniəl] *a.* 20년의, 20년마다의[계속하는]
***vice-pres·i·dent** [váisprézədənt] *n.* **1** [보통 **V- P-**] 《미》 **부통령** **2** 부총재; 부회장; 부총장; 부은행장
-den·cy [-dənsi] *n.* Ⓤ
vice-pres·i·den·tial [váisprèzədénʃəl] *a.*
vice·re·gal [vàisríːgəl] *a.* viceroy의
vice·roy [váisrɔ̀i] *n.* (왕의 대리로 타국을 통치하는) 부왕(副王); 총독, 태수
více squàd [때로 the V- S-] (매음·마약·도박 등을 단속하는 경찰의) 풍기 사범 단속반
vi·ce ver·sa [váisə-vɔ́ːrsə, váis-] [L] *ad.* [보통 and ~로; 생략문으로서] 거꾸로, 반대로, 역(逆)도 또한 같음 《略 v.v.》: call black white, and ~ 흑을 백이라 부르고 백을 흑이라 부르다
vi·chys·soise [vìʃiswɑ́ːz] [F] *n.* 비시수아즈 《감자·양파·부추·닭 육수 등으로 된 크림수프》

V

vic·i·nal [vísənl] *a.* 인근의

‡**vi·cin·i·ty** [visínəti] [L 「가까운」의 뜻에서] *n.* (*pl.* **-ties**) ⓊⒸ **1 a** 근처, 부근 **b** [종종 *pl.*] 주변 **2** (문어) 근접, 가까이 있음: the ~ *of* 50 50세 전후
in the ~ of (1) …의 부근에 (2) (문어) 약(about), …전후의

‡**vi·cious** [víʃəs] *a.* **1** 나쁜, 악덕의, 타락한 **2** 악의 있는, 심술궂은 **3** 옳지 않은 **4** (구어) 지독한, 심한; 악성의 **5** 결점 있는, 불합리한 **6** 고약한; 잔인한
~·ly *ad.* **~·ness** *n.*

vícious círcle[cýcle] **1** 〖논리〗 순환 논법 **2** (일련의 사태의) 악순환

vícious spíral 〖경제〗 (물가 등귀와 임금 상승의) 악순환

***vi·cis·si·tude** [visísət*j*ù:d | -tjù:d] [L 「변화」의 뜻에서] *n.* **1** (사물 등의) **변화, 변천 2** [*pl.*] (인생·운명 등의) 영고 성쇠, 부침(浮沈): a life marked by ~*s* 변화무쌍한 생애

Vict. Victoria(n)

‡**vic·tim** [víktim] [L 「희생용 동물」의 뜻에서] *n.* **1** (박해·불행·사고 등의) **희생자,** 피해자; (사기꾼 등의) 봉 **2** (종교적 의식에 있어서의) **희생,** 산 제물 ***become[be made] a[the] ~ of = fall a[the] ~ to*** …의 희생이 되다

vic·tim·ize [víktimàiz] *vt.* **1** 희생시키다 **2** 속이다 **3** 괴롭히다, 번민케 하다
vic·tim·i·za·tion [vìktəmizéiʃən | -mai-] *n.* Ⓤ 희생시킴; 속임

‡**vic·tor** [víktər] *n.* (문어) **1 승리자,** 전승자, 정복자 **2** (경기 등의) 우승자

Vic·tor [víktər] *n.* 남자 이름 《애칭 Vic》

vic·to·ri·a [viktɔ́:riə] *n.* **1** 빅토리아 《말 한 필 또는 두 필이 끄는 2인승 4륜 마차의 일종》 **2** 〖식물〗 수련의 일종

Vic·to·ri·a [viktɔ́:riə] *n.* 빅토리아 **1** 여자 이름 **2 Queen ~** 영국의 여왕(1819-1901) **3** 〖로마신화〗 승리의 여신(상) **4** 캐나다 British Columbia 주의 주도

Victória Cróss [the ~] (영) 빅토리아 십자 훈장 《1856년 Victoria 여왕이 제정; 수훈이 있는 군인에게 줌; 略 V.C.》

Vic·to·ri·an** [viktɔ́:riən] *a.* **1 빅토리아 여왕 (시대)의, 빅토리아조(朝)(풍)의:** the ~ Age 빅토리아조(1837-1901) **2** 〈도덕관 등이〉 빅토리아조풍의 《엄격, 점잔, 인습성, 편협 등이 특징》 **—*n. 빅토리아 여왕 시대 사람, (특히) 빅토리아조 문학자
~·ìsm *n.* Ⓤ 빅토리아조풍[주의]

Vic·to·ri·an·a [viktɔ̀:riǽnə | -riɑ́:nə] *n.* 빅토리아조(풍)의 물건[장식품]

‡**vic·to·ri·ous** [viktɔ́:riəs] *a.* **1 승리를 거둔,** 전승자의, 이겨서 의기양양한 **2** Ⓐ 승리[전승]의, 승리를 나타내는
~·ly *ad.* **~·ness** *n.*

‡**vic·to·ry** [víktəri] [L 「정복하다」의 뜻에서] *n.* (*pl.* **-ries**) ⓊⒸ **승리, 전승** ***have[gain, get, win] a[the] ~ (over ...)*** (…에 대하여) 승리를 얻다

***vict·ual** [vítl] [L 「양식」의 뜻에서] *n.* [*pl.*] **음식물,** 양식
—*v.* (**~ed**; **~·ing** | **~led**; **~·ling**) *vt.* 〈군대 등에〉 식료품을 공급하다; 〈배에〉 식료품을 싣다 **—*vi.*** 식료품을 사들이다, 〈배가〉 식량을 싣다

vict·ual·er | -ual·ler [vítlər] *n.* **1** (선박·군대에의) 식료품 공급자 **2** (영) 주류(酒類) 면허 판매의 음식점 주인; 술집 주인

vi·cu·ña, vi·cu·(g)na [vaik*j*ú:nə, vi-] [Sp.] *n.* **1** 〖동물〗 비큐나 《남미산의 llama 속의 야생 동물》 **2** Ⓤ 〖직물〗 그 털 또는 유사한 털로 짠 나사(羅紗)

vid. *vide*

vi·de [váidi, ví:di] [L 'see'의 명령법] *vt.* [명령법으로] 〈…을〉 보라, … 참조 《略 v., vid.》

vi·de·li·cet [vidéləsit | -dí:lisèt] [L = It is permitted to see] *ad.* (문어) 즉, 바꿔 말하면 《略 viz.; 보통 namely라 읽음》

vid·e·o** [vídiòu] *n.* **1** Ⓤ 〖TV〗 **비디오;** 영상 (부분) **2** Ⓤ (미) **텔레비전 3** 비디오 리코더 **—*a. Ⓐ **1** 텔레비전의 **2** 〖TV〗 비디오의; 영상 (부분)의; 녹화의

vídeo àrt 비디오 아트[예술]

vid·e·o·cas·sette [vídioukəsèt] *n.* 비디오카세트 **—*a.*** Ⓐ 비디오카세트(용)의

vídeocassette recòrder 비디오카세트 녹화기 《略 VCR》

vid·e·o·con·fer·ence [-kɑ̀nfərəns | -kɔ̀n-] *n.* 텔레비전 회의 《TV로 원격지를 연결하여 하는 회의》

vid·e·o·disc, -disk [vìdiou*dísk*] *n.* 비디오디스크 《레코드 모양의 원반에 TV 화상과 음성을 다중화하여 기록한 것》

vídeo displáy tèrminal 〖컴퓨터〗 영상 표시 장치 《데이터나 도형이 표시되는 스크린으로 구성된 컴퓨터 단말기; visual display terminal이라고도 하며, (영)에서는 visual display unit라고 함; 略 VDT》

vídeo gàme 비디오[텔레비전] 게임

vídeo jòckey 비디오자키 《음악 비디오 방송의 방송 프로 진행자》

vid·e·o·phone [-fòun] *n.* 텔레비전 전화

vídeo pìrate 비디오 저작권 침해자

vid·e·o·play·er [vídiou*plèiər*] *n.* 비디오테이프 재생 장치

vid·e·o-re·cord [-rikɔ̀:*rd*] *vt.* (영) = VIDEOTAPE

vídeo recòrder 〖TV〗 비디오테이프식 녹화기(videotape recorder)

vid·e·o·tape [-tèip] *n.* **1** 비디오테이프 **2** Ⓤ 비디오테이프 녹화
—*vt.* 비디오테이프에 녹화하다

vídeotape recòrder 비디오테이프 녹화 장치

vídeotape recòrding 비디오테이프 녹화 《略 VTR》

vid·e·o·tex [-téks] *n.* 비디오텍스 《필요한 정보를 전화 회선을 통해 가입자의 TV 수상기에 보내주는 시스템》

***vie** [vai] [L 「(시합에) 초대하다」의 뜻에서] *vi.* (**~d**; **vy·ing**) **우열을 다투다,** 겨루다, **경쟁하다** 《*in, with, for*》: ~ *with* another for power 권력을 얻으려고 남과 다투다

Vi·en·na [viénə] *n.* 빈, 비엔나 《오스트리아의 수도》

Viénna sáusage 비엔나소시지

Vi·en·nese [vìːəníːz] *a.* 빈의; 빈식[풍]의 **—** *n.* (*pl.* ~) 빈 사람

Vi·et·cong, Viet Cong [vièrkáŋ, vjèt- | -kɔ́ŋ] [월남어 *Viet* Nam *Cong* San(=Vietnamese Communist)] *n.* (*pl.* ~) 베트콩 《남베트남 민족 해방 전선의 공산 게릴라 부대; 그 대원; 略 VC》

Vi·et·nam, Viet Nam [vièrnáːm, -nǽm, vjèt- | -nǽm, -náːm] *n.* 베트남 《정식명은 Socialist Republic of Vietnam; 수도 Hanoi》

Vi·et·nam·ese [vièrnaːmíːz, vjèt- | -míːz] *a.* **1** 베트남 (공화국)의 **2** 베트남 사람[말]의 **—** *n.* (*pl.* ~) **1** 베트남 사람 **2** Ⓤ 베트남 말

Vietnám Wár [the ~] 베트남 전쟁 (1954-75) 《북월남의 승리로 1976년 통일》

Vi·et·vet [vjétvet] [*Viet*nam+*vet*eran] *n.* 베트남 전쟁 참전 용사

⁑**view** [vjuː] *n.* **1** [*sing.*] **a** Ⓤ 봄, 바라봄 **b** 개관, 개설 《*of*》 **2** Ⓤ 시력 **3** Ⓤ **시계**(視界), 시야 **4 경치**, **조망**(眺望), 전망: a house with a ~ of the sea 바다가 바라보이는 집 **5** (개인적) **의견**, **견해** 《*on*》 **6** 풍경화[사진]; 전망도(圖) **7** 시찰, 관찰 **8** 목적, 계획; 가망; 고려 **9** 소견, 인상 《*of*》 ***point of ~*** 견지, 관점, 견해 ***with the***[***a***] ***~ of*** doing …할 작정으로, …할 목적으로 ***with this***[***that***] ***~*** 이[그] 목적으로, 이것[그것]을 위하여 **—** *vt.* **1 a 바라보다**, 보다 **b 조사하다**, 검토하다: ~ the body 〈배심원이〉 검시하다 **2** …**이라고 생각하다**[**간주하다**]: ~ the matter in a new light 사건에 대하여 새로운 견해를 갖다 **3** (구어) …을 텔레비전으로 보다 **—** *vi.* **1** 텔레비전을 보다 **2** 검시하다

víew càmera 뷰 카메라 《렌즈 교환 등의 기능을 가진 대형 카메라》

∗**view·er** [vjúːər] *n.* **1 보는 사람**, 관찰자, 구경꾼; 《특히》 텔레비전 시청자 **2** 〖광학〗 (슬라이드 등의) 뷰어 《화면을 확대하는 투시식 장치》

view·find·er [vjúːfàindər] *n.* 〖사진〗 (카메라의) 파인더 《피사체(被寫體)의 위치를 봄》

view·less [vjúːlis] *a.* **1** 《시어》 보이지 않는 **2** 《주로 미》 선견지명이 없는; 의견이 없는 **~·ly** *ad.*

∗**view·point** [vjúːpɔ̀int] *n.* **견해**, **견지** ***from the ~ of*** …의 관점[견지]에서

∗**vig·il** [vídʒəl] [L 「(자지 않고) 일어나 있는」의 뜻에서] *n.* **1 a** ⓊⒸ **철야**, **밤샘 b** (엄한) 감시, 망보기 **2** [주로 *pl.*] 철야 기도 ***keep*** (***a***) ***~*** 불침번을 서다; 철야하다 《병 간호 등으로》; 밤샘을 하다

∗**vig·i·lance** [vídʒələns] *n.* Ⓤ **경계**, 조심, 불침번(不寢番)

vígilance commìttee [집합적] 《미》 자경단(自警團)

∗**vig·i·lant** [vídʒələnt] *a.* **1 자지 않고 지키는 2** 경계하고 있는, 주의 깊게 지키는 **~·ly** *ad.*

vig·i·lan·te [vìdʒəlǽnti] [Sp.] *n.* 《미》 자경단원(自警團員): ~ corps 자경단 **-tìsm** *n.* Ⓤ 자경(주의)

vi·gnette [vinjét] [F 「덩굴(vine)」의 뜻에서] *n.* **1** (책의 속표지나 장(章) 머리와 끝 등의) 작은 장식 무늬 **2** 비네트 《배경을 흐리게 한 상반신의 사진[그림]》 **3** (책 속의 작고 우미한) 삽화, 사진 **4** (연극이나 영화 속의) 짤막한 장면 **5** (문학적인 멋이 있는) 소품(小品) **6** 덩굴무늬

⁑**vig·or** | **vig·our** [vígər] [L=to be lively] *n.* Ⓤ **1 a 정력**, 힘, 활력 **b 활기**, 정신력, 원기 **2 힘** 《성장·운동 등에 나타난》, 활동력, 체력; 억셈 《성격의》, 박력 《문체 등의》; 생장력 《식물 등의》 ***with ~*** 힘차게, 활기 있게

⁑**vig·or·ous** [vígərəs] *a.* **1 정력적인**, 강건[강장]한 **2** 〈행동·말 등이〉 활기 있는, 격렬한: ~ exercises 격심한 운동 **~·ly** *ad.* **~·ness** *n.*

∗**Vi·king** [váikiŋ] [ON 「후미의 주민」의 뜻에서] *n.* **1** (북유럽의) 바이킹 《8-10세기에 유럽 해안을 약탈한 스칸디나비아의 해적》 **2** [v~] 해적(pirate)

⁑**vile** [vail] [L 「가치 없는」의 뜻에서] *a.* **1 비열한**, 부도덕한, 수치스러운, 상스러운 **2 몹시 나쁜**, 넌더리나는: ~ weather 험한 날씨 **víle·ly** *ad.* **víle·ness** *n.*

vil·i·fi·ca·tion [vìləfikéiʃən] *n.* Ⓤ 욕설, 중상

vil·i·fy [víləfài] *vt.* (**-fied**) 《문어》 헐뜯다, 중상하다

∗**vil·la** [vílə] *n.* **1 a** (피서지나 해변의) **별장 b** 시골의 큰 저택 **2** 《영》 **a** (한 채 또는 두 채가 이어진 정원 딸린) 교외 주택 **b** [종종 V~; 주택명의 일부로서] …주택 **3** (고대 로마의) 장원

⁑**vil·lage** [vílidʒ] [L 「시골의 저택(villa)의」의 뜻에서] *n.* **1 마을**, 촌락 《hamlet보다는 크고 town보다는 작음》 **2** [집합적] 마을 사람들 **—** *a.* Ⓐ 마을의, 촌락의

⁑**vil·lag·er** [vílidʒər] *n.* **마을 사람**

⁑**vil·lain** [vílən] [L 「농장의 하인」의 뜻에서] *n.* **1 a** 《문어》 **악한**, 악인 **b** 《구어》 (어린이나 애완동물을 꾸짖어) 이 놈[녀석]: You little ~! 이 꼬마 놈아! **2** [the ~] 악역 《연극 등의》 **3** 《영》 범인, 범죄자 ***play the ~*** 악한 역을 맡아 하다; 나쁜 짓을 하다

vil·lain·ous [vílənəs] *a.* **1** 악한[악인] 같은 **2** 《구어》 몹시 나쁜, 형편없는, 지독한 **~·ly** *ad.*

vil·lain·y [víləni] *n.* (*pl.* **-lain·ies**) **1** Ⓤ 극악(極惡) **2** [보통 *pl.*] 나쁜 짓, 악행

-ville [vil] *suf.* **1** 지명의 일부로서 「town, city」의 뜻 **2** 《미·속어》 「place, condition」의 뜻

vil·lein [vílən] *n.* 〖역사〗 (봉건 시대 영국의) 농노 《영주를 위하여 노동할 것을 조건으로 토지의 사용이 허락된》

vil·len·age, vil·lein- [vílənidʒ] *n.* Ⓤ 농노의 신분[지위]

vim [vim] *n.* Ⓤ 《구어》 정력, 힘, 기력, 활기 《흔히 ~ and vigor로 씀》

vin·ai·grette [vìnəgrét | -nei-] *n.* **1**

V

정신나게 하는 약통, 냄새 맡는 병 **2** = VINAIGRETTE SAUCE

vinaigrétte sáuce 비니그레트 소스 《초(醋)·기름·양념으로 만든 냉육용(冷肉用) 소스》

Vin·cent [vínsənt] *n.* 남자 이름

vin·ci·ble [vínsəbl] *a.* 《드물게》 이길 수 있는, 정복할 수 있는

*__vin·di·cate__ [víndəkèit] [L 「요구하다」의 뜻에서] *vt.* **1** …의 **정당**[**결백, 진실**]**함을 입증하다,** …의 혐의를 풀다 **2** 〈불확실했던 것 등의〉 진실성[정당성]을 입증하다 **3** 〈권리·주의 등을〉 주장[지지, 옹호]하다: ~ one's claim[right] to …에 대한 자기의 권리를 주장하다

vin·di·ca·tion [vìndəkéiʃən] *n.* **1** [UC] (명예·요구 등의) 옹호, 변호 **2** [UC] 입증; 변명, 해명 ***in ~ of*** …을 변호하여

vin·dic·a·tive [vindíkətiv] *a.* 변호하는; 변명[변호]적인

vin·di·ca·to·ry [víndikətɔ̀:ri | -kèitəri] *a.* 변명[변호]하는

vin·dic·tive [vindíktiv] *a.* **1** 복수심 있는, 앙심 깊은 **2** 악의에서의, 보복적인 **~·ly** *ad.* **~·ness** *n.*

‡**vine** [vain] [wine과 같은 어원] *n.* **1** 〖식물〗 **포도나무 2 덩굴식물** 《담쟁이·오이·멜론 등》; (덩굴식물의) 줄기, 덩굴

vine·dress·er [váindrèsər] *n.* 포도나무 재배[기술]자

‡**vin·e·gar** [vínigər] [OF 「새콤한 포도주」의 뜻에서] *n.* [U] **1 식초,** 초 **2** 찡그린 표정, 뒤틀어진 말[성질], 언짢음 **3** 《미·구어》 활력, 원기

vin·e·gar·y [vínigəri] *a.* **1** 초가 많은; 초 같은, 신 **2** 찡그린, 까다로운 〈성미〉, 심술궂은: a ~ smile 쓴웃음

vin·er·y [váinəri] *n.* (*pl.* **-er·ies**) **1** 포도나무 온실; 포도원 **2** [U] [집합적] 《미》 포도나무

*__vine·yard__ [vínjərd] *n.* **1 포도원**[**밭**] **2** 활동 범위, 일터 《특히 정신적·영적 노력을 하는》

vingt-et-un [væ̀nteiə́:n] [F] *n.* 〖카드〗 = TWENTY-ONE

vi·ni·cul·ture [vínəkʌ̀ltʃər] *n.* [U] 포도 재배

vi·no [ví:nou] [Sp., It. =wine] *n.* [U] 《구어》 싸구려 포도주, 《특히》 이탈리아 산 적(赤)포도주

vi·nous [váinəs] *a.* **1** 포도주의, 포도주의 성질[향미]을 가진; 포도주 빛의 **2** 포도주로 기운을 낸; 포도주에 취한

*__vin·tage__ [víntidʒ] [L 「포도 수확」의 뜻에서] *n.* **1 포도 수확**(기) **2** (한 철의) 포도 수확량, 포도주 생산(량) **3** = VINTAGE WINE **4** [UC] 《구어》 (어느 해의) 판매용 제품, 제작품

— *a.* [A] **1** 〈포도주가〉 우량한, 고급의; (오랜) 연호가 있는 **2** 〈제작물·작품이〉 우수한, 걸작의; 시대물의; 케케묵은

vín·tag·er *n.* 포도 수확자

víntage càr 《영》 (1917-30년에 제조된 우수한) 구형 자동차

víntage wíne 풍작인 해의 포도주 《특정 지방·연도·상표의 우량주》

víntage yéar 1 포도 작황이 좋았던 해, 그 양조 연도; vintage wine을 만든 해 **2** 알찬 해, 성과가 많은 해

vint·ner [víntnər] *n.* 포도주 상인

*__vi·nyl__ [váinl] *n.* [UC] 〖화학〗 **비닐기**(基); 비닐 《수지(樹脂)제의 플라스틱》

— *a.* [A] 비닐제의: a ~ tablecloth 비닐 식탁보

vi·ol [váiəl] *n.* 〖음악〗 비올 《중세의 보통 6현의 현악기로 violin의 전신》

vi·o·la[1] [vióulə] [It.] *n.* 〖음악〗 비올라 《violin과 비슷하나 조금 큰 악기》

vi·o·la[2] [váiələ, vaióu-] [L =violet] *n.* 〖식물〗 제비꽃 무리

Vi·o·la [váiələ] *n.* 여자 이름

vi·o·la·ble [váiələbl] *a.* 범할 수 있는, 깨뜨릴 수 있는, 더럽힐 수 있는

vi·o·la da gam·ba [vióulə-də-gɑ́:mbə] [It. =viol for the leg] *n.* (*pl.* **vi·o·las-**) (다리로 받쳐 연주하는) 저음 비올라 《지금의 cello에 해당함》

‡**vi·o·late** [váiəlèit] [L 「힘으로 다루다」의 뜻에서] *vt.* **1 위배**[**위반**]**하다,** 어기다: ~ the speed limit 속도 제한을 위반하다 **2** …**의 신성을 더럽히다,** 모독하다: ~ a shrine 성당의 신성을 더럽히다 **3** 〈정적·수면·프라이버시 등을〉 방해하다: ~ personal rights 인권을 침해하다

*__vi·o·la·tion__ [vàiəléiʃən] *n.* [UC] **1** 위반, 위배 《*of*》: commit a traffic ~ 교통 위반을 범하다 **2** 방해, 침해, 침입 《*of*》: a ~ *of* Korea's air space 한국 영공의 침범 **3** (신성) 모독 《*of*》 **4** 《완곡》 성폭행, 폭행 ***in ~ of*** …을 위반하여 ***~ of human rights*** 인권 침해

vi·o·la·tor [váiəlèitər] *n.* 위반자, 위배자; 《문어》 모독자; 《문어》 침입자, 방해자; 《문어·완곡》 성폭행범

‡**vi·o·lence** [váiələns] *n.* [U] **1 격렬**(함), 사나움; 맹위 《폭풍 등의》 **2 폭력,** 난폭 ***do ~ to*** …에게 폭행을 가하다, …을 해치다[침해하다]; 〈아름다움 등을〉 파괴[손상]하다; …의 사실[의미]을 왜곡[곡해]하다 ***with ~*** 맹렬히, 격렬하게

*__vi·o·lent__ [váiələnt] *a.* **1 격렬한,** 맹렬한: a ~ blow[attack] 맹타[맹공] **2 난폭한,** 폭력에 의한, 폭력적인: a ~ death 횡사, 변사 **3** 흥분한, 격분한, 격한: a ~ quarrel 격론 **4** 심한, 극단의: ~ fluctuations 〖상업〗 극심한 (시세) 변동

‡**vi·o·lent·ly** [váiələntli] *ad.* **맹렬하게,** 세차게; 심하게

‡**vi·o·let** [váiəlit] *n.* 〖식물〗 **제비꽃,** 제비꽃 무리의 식물; [U] 보라색

— *a.* 보라색의

Vi·o·let [váiəlit] *n.* 여자 이름

víolet rày 〖물리〗 자광선(紫光線) 《가시광선 중에 파장이 가장 짧은 것》; 《속칭》 자외선

‡**vi·o·lin** [vàiəlín] [It. =little viola] *n.* **1 바이올린**: play the ~ 바이올린을 연주하다 **2** (특히 오케스트라의) 바이올린 연주자 ***the first*** [***second***] ***~*** (오케스트라의) 제1[제2] 바이올린 (연주자)

*__vi·o·lin·ist__ [vàiəlínist] *n.* **바이올린 연주자,** 바이올리니스트

vi·o·list [vióulist] *n.* 비올라(viola) 연주자
vi·o·lon·cel·list [vàiələntʃélist] *n.* = CELLIST
vi·o·lon·cel·lo [-tʃélou] *n.* (*pl.* **~s**) 〖음악〗 =CELLO
VIP [ví:àipí:] [*v*ery *i*mportant *p*erson] *n.* (*pl.* **~s**) 《구어》 요인(要人), 중요 인물, 귀빈
vi·per [váipər] *n.* **1** 〖동물〗 **북살무사**; 《일반적으로》 독사 **2** 악의 있는[심술궂은] 인간
cherish*[*nourish, nurse*] *a ~ in* one's *bosom 은혜를 원수로 갚을 인간에게 친절을 베풀다
vi·per·ish [váipəriʃ] *a.* =VIPEROUS
vi·per·ous [váipərəs] *a.* 독사 같은 성질의, 사악한 **~·ly** *ad.*
vi·ra·go [virá:gou] [L 「남자 같은 여자」의 뜻에서] *n.* (*pl.* **~(e)s**) 바가지 긁는[사나운] 여자; 《고어》 여장부
vi·ral [váiərəl] *a.* 바이러스의; 바이러스성의
Vir·gil [və́:rdʒəl] *n.* =VERGIL
Vir·gil·i·an [vərdʒíliən] *a.* = VERGILIAN
‡**vir·gin** [və́:rdʒin] [L 「처녀」의 뜻에서] *n.* **1 처녀**, 미혼 여성, 젊은 여자 **2** [the V~] 동정녀 마리아; [a V~] 성모 마리아의 그림[상] **3** 동정남(童貞男) **4** [the V~] 〖천문〗 = VIRGO
the* (*Blessed*) *V~ Mary 성모 마리아
— *a.* **1** Ⓐ **처녀의**, 동정의 **2** 처녀다운, 순결한, 얌전한 **3 더럽혀지지 않은**, 아직 손대지 않은; 개간되지 않은; a ~ peak 처녀봉
vir·gin·al[1] [və́:rdʒənl] *a.* 처녀의, 처녀다운; 순결한, 흠없는: ~ bloom 한창때인 처녀
virginal[2] [주로 소녀들이 탄 데서] *n.* [(a pair of) ~s] 〖음악〗 버지널 《16-17세기경 쓰인 일종의 유건(有鍵) 현악기로서 직사각형의 다리가 없는 하프시코드》
vírginal generátion 〖생물〗 단성[처녀] 생식
vírgin bírth [종종 **V~ B~**; the ~] 〖신학〗 (마리아의) 처녀 잉태설
Vir·gin·ia [vərdʒínjə] [Virgin Queen (Elizabeth 1세)을 기념하여] *n.* 버지니아 주 《미국 동부의 주; 주도 Richmond; 略 Va.》; Ⓤ 버지니아 담배
Virgínia créeper 〖식물〗 양담쟁이 《북미산》
Vir·gin·ian [vərdʒínjən] *a.* 버지니아 주(산)의 — *n.* 버지니아 주의 사람
Virgínia réel (미국의) 민속춤의 일종
Vírgin Íslands [the ~] 버진 제도 《서인도 제도 중의 군도; 略 V.I.》
vir·gin·i·ty [vərdʒínəti] *n.* Ⓤ 처녀[동정]임, 처녀성, 동정; 순결; 신선
Vírgin Máry [the ~] 성모 마리아
Vírgin Quéen [the ~] 처녀 여왕 《영국의 Elizabeth 1세》
Vir·go [və́:rgou] [L =virgin] *n.* 〖천문〗 처녀자리(the Virgin); 쌍녀궁(雙女宮) 《zodiac(황도대(黃道帶))의 제6궁(宮)》
vir·gule [və́:rgju:l] [L 「작은 막대」의 뜻에서] *n.* 사선(斜線) 《/》 《어느 쪽 말을 취하여도 좋음을 나타냄》: A and/or B A 및[또는] B
vir·i·des·cent [vìrədésnt] *a.* **1** 담록색의, 초록색을 띤 **2** 녹색으로 변하는, 푸르게 되는
vir·ile [vírəl | -rail] [L 「남성」의 뜻에서] *a.* **1** 성년 남자의, 〈남자가〉 한창인: the ~ age 남자의 한창 나이 **2** 남성(적)인, 남자다운, 씩씩한; 힘센, 강건한 **3** 생식의, 생식력이 있는: ~ power 생식 능력
vi·ril·i·ty [vəríləti] *n.* Ⓤ **1** (성년) 남자임, 성년 **2** 사나이다움, (사내가) 한창임 **3** 정력, 억셈 **4** 남자의 생식력
vi·rol·o·gy [vàirálədʒi | -rɔ́l-] *n.* Ⓤ 바이러스학 **-gist** *n.* 바이러스 학자
vir·tu [vərtú:] [It. 「우수」의 뜻에서] *n.* Ⓤ 미술품 애호, 골동 취미, 골동벽; [집합적] 미술[골동]품
articles* [*objects*] *of ~ 골동품
***vir·tu·al** [və́:rtʃuəl] *a.* Ⓐ **1** (표면상·명목상은 그렇지 않으나) **사실상의**, 실질상의, 실제(상)의 **2** 〖광학〗 허상(虛像)의; 〖물리〗 가상(假想)의
vírtual ímage 〖광학〗 허상
vir·tu·al·i·ty [və̀:rtʃuǽləti] *n.* Ⓤ (명목상으로는 그렇지 않으나) 사실상[실질상] 그러한 것, 실제
***vir·tu·al·ly** [və́:rtʃuəli] *ad.* **사실상**, 실질적으로는: He is ~ dead. 그는 죽은 것이나 다름 없다.
vírtual reálity 〖컴퓨터〗 가상[인공] 현실(감)
vírtual stórage 〖컴퓨터〗 가상 기억 장치 《외부 기억을 내부 기억인 양 사용하는 방식》
‡**vir·tue** [və́:rtʃu:] [L 「우수함」의 뜻에서] *n.* **1 a** Ⓤ 덕, 덕행, 선행 **b** 미덕, 덕목 **2** Ⓤ 정조: a lady of easy ~ 바람둥이 여자, 매춘부 **3 장점**, 미점 **4** Ⓤ 《고어》 힘, 효력, 효능
by* [*in*] *~ of …의 힘으로, (…의 효력)에 의하여, …의 덕분으로
vir·tu·os·i·ty [və̀:rtʃuásəti | -ɔ́s-] *n.* Ⓤ (예술가, 특히 음악의) 묘기(妙技)
vir·tu·o·so [və̀:rtʃuóusou] [It. 「숙련의」의 뜻에서] *n.* (*pl.* **~s, -si** [-si:]) (예술의) 거장(巨匠), (특히 음악의) 대가, 대연주가
— *a.* Ⓐ virtuoso의[같은]
***vir·tu·ous** [və́:rtʃuəs] *a.* **1 덕 있는**, 덕이 높은, 고결한; 정숙한 **2** 고결한 체하는, 독선적인 **~·ness** *n.*
vir·u·lence, -len·cy [vírjuləns(i)] *n.* Ⓤ **1** 독성, 병독성 **2** 악의, 증오; 신랄함
vir·u·lent [vírjulənt] [L 「독(virus)의」의 뜻에서] *a.* **1** 유독한, 독성의 **2** 악의 있는 **3** 〖의학〗 악성의 **~·ly** *ad.*
***vi·rus** [váiərəs] [L 「독」의 뜻에서] *n.* **1** 바이러스 **2** 《구어》 바이러스성의 병 **3** (도덕·정신상의) 해독 **4** 컴퓨터 바이러스
vírus disèase 바이러스(성) 질환
vírus wàrfare 세균전
Vis. Viscount(ess)
***vi·sa** [ví:zə] [L 「보이는 것」의 뜻에서] *n.* 사증, 비자; (여권 등의) 이서(裏書):

apply for a ~ for the United States 미국으로 가는 비자를 신청하다
— *vt.* (~ed, ~'d) 〈여권·서류 등에〉 이서[사증]하다

‡**vis·age** [vízidʒ] [L 「보이는 것」의 뜻에서] *n.* 《문어》 **얼굴**, 용모

vís·aged [-d] *a.* [복합어를 이루어] …얼굴의

vis-à-vis [vìːzəvíː] [F = face to face] *ad.* 마주 향하여, 얼굴을 맞대고, 맞보고 《*to, with*》
— *prep.* …와 마주 보고; …에 관하여; …와 비교하여
— *n.* 서로 마주 향하고[얼굴을 맞대고] 있는 사람

Visc. Viscount(ess)

vis·cer·a [vísərə] [L] *n. pl.* (*sing.* **-cus** [-kəs]) 〖해부〗 내장; 《구어》 창자

vis·cer·al [vísərəl] *a.* **1** 내장의: the ~ cavity 복강(腹腔) **2** 〈병이〉 내장을 침범하는 **3** 본능적인, 직감적인, 비이성적인; 노골적인 **~·ly** *ad.*

vis·cid [vísid] [L 「끈끈이」의 뜻에서] *a.* 찐득찐득한, 점착성의
~·ly *ad.* **vis·cid·i·ty** [visídəti] *n.* Ⓤ

vis·cose [vískous] *n.* Ⓤ 〖화학〗 비스코스 《인견(人絹) 등의 원료인 셀룰로오스》

vis·cos·i·ty [viskɑ́səti | -kɔ́s-] *n.* Ⓤ [또는 a ~] 점도(粘度); Ⓤ 점착성

***vis·count** [váikàunt] *n.* **1** [종종 **V~**] 자작(子爵) **2** 《영》 earl의 맏아들에 대한 경칭(敬稱) **~·cy** [-si] *n.* 자작의 신분[지위] **~·ship, vís·count·y** *n.*

vis·count·ess [-kàuntis] *n.* 자작 부인[미망인]; 《영》 earl의 맏아들의 부인에 대한 경칭; 여(女)자작

vis·cous [vískəs] *a.* 찐득찐득한, 점착성의; 〖물리〗 점성(粘性)의[이 있는]

vis·cus [vískəs] *n.* VISCERA의 단수

vise | vice [vais] *n.* 바이스: grip … in a ~ 바이스로 …을 죄다 — *vt.* 바이스로 죄다, 바이스처럼 꽉 물다[죄다]

vise·like [váislàik] *a.* (바이스처럼) 단단히[꽉] 쥔[죄는, 무는]

Vish·nu [víʃnuː] *n.* 〖힌두교〗 비슈누 《3대신(大神)의 하나》

vis·i·bil·i·ty [vìzəbíləti] *n.* Ⓤ **1** 눈에 보임 **2** 〖기상〗 시계(視界), 시정(視程); 가시도(可視度): high[low] ~ 고[저]시도

‡**vis·i·ble** [vízəbl] *a.* **1 눈에 보이는**, (육안으로) 볼 수 있는: ~ rays 〖물리〗 가시선(可視線) **2 명백한**
~·ness *n.* **-bly** *ad.* 눈에 보이게, 명백히

vísible horízon [the ~] 시지평선(視地平線)

Vis·i·goth [vízəgɑ̀θ | -gɔ̀θ] *n.* [the ~s] 서(西) 고트족(族); 서 고트 사람 《4세기경 로마에 침입한》

‡**vi·sion** [víʒən] [L 「보다」의 뜻에서] *n.* **1** Ⓤ **시력** **2** Ⓤ [관사 없이] (시인·정치가 등의) **상상력**, **통찰력**, 비전, 선견지명 **3 환상**, **환영**, 몽상 **4** 보이는 것, 모양, 광경 **5** 《문어》 꿈같이 아름다운 것 《미인·경치 등》 **6** 〖영화〗 (상상·회상을 나타내는) 환상의 장면
beyond *one's* ~ 사람의 눈에 보이지 않는

***vi·sion·ar·y** [víʒənèri | -nəri] *a.* **1** 환영의[같은] **2** 꿈같은, 실현 불가능한 **3** 공상적인; 환영을 좇는, 망상적인 — *n.* (*pl.* **-ar·ies**) 공상가, 환상[몽상]가

vi·sion-mix [víʒənmìks] *vi.* 〖TV·영화〗 복수의 카메라를 사용하여 영상(映像)을 구성하다

‡**vis·it** [vízit] [L 「보러 가다」의 뜻에서] *vt.* **1 방문하다** **2 찾아가다**, 참관하다, 구경가다 **3** …의 손님으로 묵다 **4** (직무상) 시찰하러 가다, 순시(巡視)하다 **5** 《고어》 〈병·재해 등이〉 찾아오다; 〈꿈이 사람에게〉 나타나다
— *vi.* **1** 방문하다, 체류하다: ~ at a new hotel 새 호텔에 묵다 **2** 《미·구어》 이야기[잡담]하다 《*with*》
— *n.* **1 a 방문**, 문안 《*to*》 **b** 순회, 시찰, 왕진 **c** 참관, 견학, 참배 **2** 《미·구어》 비공식인 이야기, 잡담: one's ~ *with* …와의 잡담 **3** (손님으로서의) 체류
on a ~ to …을 방문[체류] 중(에), 구경 중(에) ***pay*** [***make, give***] ***… a ~*** = ***pay*** [***make, give***] ***a ~ to*** …을 방문하다, 심방하다, 문안하다, 순회하다, 참관하다, 구경하다

vis·i·tant [vízitənt] *n.* **1** 방문객; 관광객; (특히 영계(靈界)에서 온) 내방자 **2** 〖조류〗 철새

vis·i·ta·tion [vìzətéiʃən] *n.* **1 방문**, 내방, (성직자 등의 환자) 심방 **2** ⒸⓊ 공식 방문; 시찰, 순시 **3** 《문어》 천벌, 재앙 **4** 《구어·익살》 오래 끄는[필요 이상 머무는] 방문

visitátion ríghts 방문권 《이혼·별거시 한쪽 부모가 다른 한쪽 부모 밑에 있는 자식을 방문할 수 있는 권리》

vis·it·ing [vízitiŋ] *n.* Ⓤ [보통 복합어를 이루어] 방문, 시찰, 문병 — *a.* 방문용의; 서로 방문할 정도의: ~ hours (병원 등의) 면회 시간

vísiting càrd 《영》 명함(《미》 calling card)

vísiting fíreman 《미·구어》 (잘 대접해야 될) 중요한 손님[방문객]; 아낌없이 돈을 뿌리는 어정뱅이[(시골에서 올라온)관광객]

vísiting núrse 《미》 방문[순회] 간호사 《사회 봉사 단체 소속의》

vísiting proféssor 초빙[객원] 교수

‡**vis·i·tor** [vízitər] *n.* **1 방문객**, 방문자, 손님, 문병객 **2 체재객**, 유숙자; 관광객, 참관자, 참배인 **3** [*pl.*] 〖스포츠〗 원정 팀 **4** 〖조류〗 철새

vi·sor [váizər] [OF 「얼굴」의 뜻에서] *n.* **1** (투구의) 면갑(面甲) **2** 《미》 (모자의) 챙 **3** 마스크, 복면(覆面)

***vis·ta** [vístə] [It. 「광경」의 뜻에서] *n.* **1 멀리 내다보이는 경치**, 원경 《특히 양쪽에 가로수·산 등이 있는》 **2** 추억; 예상, 전망

***vi·su·al** [víʒuəl] *a.* **1 시각의**[**에 의한**, **에 호소하는**]: a ~ instruction = VISUAL EDUCATION **2** 〖항공·해양〗 (레이더·계기에 의존하지 않는) 유시계의
— *n.* 영상

vísual áid 시각 교구[교재] 《영화·슬라이드 등》

vísual ángle 시각(視角)
vísual ártist 시각 예술가
vísual árts 시각 예술
vísual displáy ùnit 《영》 〖컴퓨터〗 (CRT를 사용한) 표시[디스플레이] 장치
vísual educátion 시각 교육
vísual fíeld 시계, 시야
vísual flíght 〖항공〗 유시계(有視界) 비행
vi·su·al·i·za·tion [vìʒuəlizéiʃən | -lai-] *n.* Ⓤ 눈에 보이게 함[하는 힘], 시각화, 가시화
*__vi·su·al·ize__ [víʒuəlàiz] *vt.* **1 눈에 보이게 하다,** 시각화하다 **2** 마음 속에 선하게 떠오르게 하다, 상상하다
vi·su·al·ly [víʒuəli] *ad.* **1** 시각적으로, 눈에 보이게 **2** 시각 교구[교재]를 써서 **3** 겉보기로는, 외관상은
vísual pollútion 시각 공해 《광고물 등의》
‡**vi·tal** [váitl] [L 「생명의」의 뜻에서] *a.* **1 생명의,** 생명의 유지에 필요한 **2 극히 중대한**: a ~ question 극히 중대한 문제 **3** 생기에 넘치는, 힘찬 **4** 사활(死活)에 관한; 치명적인: a ~ wound 치명상
of ~ importance 극히 중대[중요]한
— *n.* [보통 the ~s] 생명의 유지에 절대 필요한 기관 《심장·폐·장 등》; 중추부(中樞部), 핵심: tear *the* ~*s* out of a subject 문제의 핵심을 찌르다
vítal capácity 폐활량(肺活量)
vi·tal·ism [váitəlìzm] *n.* Ⓤ 〖생물·철학〗 활력론[설], 생기론(生氣論) 《생명 현상은 물질의 기능 이상의 생명 원리에 의한다는 설》
*__vi·tal·i·ty__ [vaitǽləti] *n.* Ⓤ **1 생명력,** 활력, 체력, 생활력 **2 활기,** 정력, 원기 **3** 지속력[성], 지구력, 존속력
vi·tal·ize [váitəlàiz] *vt.* **1** 생명을 주다, 활력을 북돋아 주다 **2 a** 생기를 불어넣다, 살리다 **b** 진흥하다, 고무(鼓舞)하다
vì·tal·i·zá·tion *n.* Ⓤ 생명[활력] 부여
*__vi·tal·ly__ [váitəli] *ad.* **치명적으로,** 사활에 관계될 만큼; 극히 중요하게
vítal statístics [단수·복수 취급] 인구 동태 통계 《생사·혼인·질병 등의》; 《구어》 여성의 가슴·허리·엉덩이의 치수
‡**vi·ta·min, -mine** [váitəmin | vít-] [L vita(=vital)와 amine에서] *n.* **비타민** 《현재까지 발견된 것은 A, B, C, D, E, G, H, K, L, M, P, PP 등》
vi·ta·min·ize [váitəminàiz | vít-] *vt.* 〈음식에〉 비타민을 첨가하다[강화하다]
vi·ti·ate [víʃièit] *vt.* 《문어》 **1** …의 가치를 떨어뜨리다, 손상시키다 **2** 〈공기·혈액 등을〉 불순하게 하다, 썩게 하다 **3** 무효로 하다 **vì·ti·á·tion** *n.* Ⓤ
vi·ti·cul·ture [vítəkʌ̀ltʃər] *n.* Ⓤ 포도 재배(법) **vì·ti·cúl·tur·al** *a.*
vi·ti·cul·tur·ist [vìtəkʌ́ltʃərist, vài-], **-tur·er** [-tʃərər] *n.* 포도 재배자
vit·re·ous [vítriəs] [L 「유리의」의 뜻에서] *a.* **1** 유리 같은, 유리 모양의, 투명한 **2** 유리로 된
vítreous bódy 〖해부〗 (눈의) 유리체
vítreous húmor 〖해부〗 (눈의) 유리액
vit·ri·fi·ca·tion [vìtrəfəkéiʃən], **vit·ri·fac·tion** [-fǽkʃən] *n.* Ⓤ 유리화(化) 유리 (모양으)로 만듦; Ⓒ 유리화된 것
vit·ri·fy [vítrəfài] *vt., vi.* (**-fied**) 유리로 변화시키다[하다], 유리(모양으)로 만들다[되다]
vit·ri·ol [vítriəl] [L 「유리 모양의」의 뜻에서] *n.* Ⓤ **1** 〖화학〗 황산염(鹽), 반류(礬類); [보통 oil of ~] 황산 **2** 신랄한 말[비평], 통렬한 풍자
vit·ri·ol·ic [vìtriɑ́lik | -ɔ́l-] *a.* **1** 황산(염)의, 황산(염) 같은, 황산(염)으로 된: ~ acid 황산 **2** 신랄한, 통렬한
vi·tu·per·ate [vaitjú:pərèit | -tjú:-] [L 「비난하다」의 뜻에서] *vt., vi.* 호통치다, 욕설하다
vi·tu·per·a·tion [vaitjù:pəréiʃən | -tjù:-] *n.* Ⓤ 욕설, 독설, 질책
vi·tu·per·a·tive [vaitjú:pərèitiv, -pərət- | -tjú:-] *a.* 통렬한 〈말〉, 악담하는, 욕질하는; 독설을 퍼붓는 **~·ly** *ad.*
vi·va[1] [ví:və] [It.] *int.* 만세! (Long live ... !) — *n.* 만세 소리; 환성
vi·va[2] [váivə] *n.* 《영·구어》 = VIVA VOCE
vi·va·ce [vivɑ́:tʃei, -tʃi] [It. =vivacious(ly)] *a., ad.* 〖음악〗 힘차게, 활기 있는[있게], 빠르게
vi·va·cious [vivéiʃəs] [L 「살아 있는」의 뜻에서] *a.* 활기[생기] 있는, 활발한 **~·ly** *ad.* **~·ness** *n.*
vi·vac·i·ty [vivǽsəti] *n.* (*pl.* **-ties**) Ⓤ 생기, 활기, 활발, 쾌활
vi·var·i·um [vaivέəriəm] *n.* (*pl.* **~s, -i·a** [-iə]) (자연의 서식(棲息) 상태를 모방한) 동식물 사육장
vi·va vo·ce [váivə-vóusi] [L =with the living voice] *ad.* 구두로(orally)
— *a.* Ⓐ 구두의(oral)
— *n.* 구두[구술, 면접] 시험
Viv·i·an [víviən] *n.* 남자[여자] 이름
‡**viv·id** [vívid] [L 「살아 있는」의 뜻에서] *a.* **1** 〈묘사·인상·기억 등이〉 **생생한,** 눈에 보이는 듯한: ~ in one's memory 기억에 선한 **2** 〈빛깔·영상(映像)이〉 **선명한,** 밝은, 눈부신 **3** 발랄한, 약동적인, 생기 있는 **~·ness** *n.*
*__viv·id·ly__ [vívidli] *ad.* **생생하게,** 선명하게, 발랄하게
Viv·i·en [víviən] *n.* 여자 이름
viv·i·fy [vívəfài] *vt.* (**-fied**) …에 생명[생기]을 주다; 생생하게 하다
viv·i·fi·ca·tion [vìvəfikéiʃən] *n.*
vi·vip·a·rous [vaivípərəs] *a.* 〖동물〗 태생의
viv·i·sect [vívəsèkt, ⌐-⌐] *vt., vi.* 생체(生體)를 해부하다
viv·i·sec·tion [vìvəsékʃən] *n.* Ⓤ 생체 해부 **~·al** *a.* **~·ist** *n.* 생체 해부자[론자]
vix·en [víksn] [fox의 여성형] *n.* **1** 암여우 **2** 심술궂은 여자, 바가지 긁는 여자 **~·ish** *a.* **~·ish·ly** *ad.* **~·ly** *ad., a.*
viz. [viz] *ad.* = VIDELICET
viz·ard, vis- [vízərd] *n.* = VISOR
VJ [ví:dʒèi] [*v*ideo *j*ockey] *n.* 비디오 자키 《음악 비디오 프로 진행자》
VL Vulgar Latin
Vlad·i·vos·tok [vlæ̀divɑ́stɑk | -vɔ́s] *n.*

블라디보스토크《러시아의 시베리아 남동부의 항구 도시》
VLF very low frequency
VLSI very large scale integration 〖컴퓨터〗 초대규모 집적 회로
V̀ nèck (옷의) V자형 깃
V-necked [víːnèkt] *a.* 옷깃이 V자형인
VOA Voice of America 미국의 소리《방송》
vo·ca·ble [vóukəbl] *n.* 〖언어〗 (뜻에 관계없이 음의 구성에서 본) 말, 단어; 모음
‡**vo·cab·u·lar·y** [voukǽbjulèri | -ləri] [vocable에서] *n.* (*pl.* **-lar·ies**) **1** (한 개인·저자·어느 계급의 사람 등의) **어휘**, 용어수(用語數), 용어 범위: His English ~ is limited. 그의 영어 어휘는 한정되어 있다. **2** 단어집[표]; 사전 **3** 표현 형식[법]
vocábulary èntry (사전의) 표제[수록]어
‡**vo·cal** [vóukəl] *a.* **1** Ⓐ **목소리의**, 음성의[에 관한]; 구두의: the ~ organs 발음 기관 **2** 〖음악〗 성악의: a ~ solo 독창 **3** 목소리를 내는, 발성력이 있는 **4** (구어) 마음대로[노골적으로] 말하는, 시끄럽게 지껄이는, 잔소리가 많은: Public opinion has at last become ~. 여론이 드디어 분분하게 일어나기 시작했다. **5** 〖음성〗 유성음의: 모음(성)의
—*n.* [종종 *pl.*] (팝뮤직 등의) **보컬** (부분); 성악곡
~·**ly** *ad.* 목소리로, 구두의, 소리를 내어
vócal còrds[**chòrds**] 〖해부〗 성대
vo·cal·ic [voukǽlik] *a.* 모음의, 모음성의
vo·cal·ist [vóukəlist] *n.* (특히 재즈나 팝뮤직의) 가수
vo·cal·i·za·tion [vòukəlizéiʃən | -lai-] *n.* Ⓤ 발성; 발성법; 유성음화(化)
vo·cal·ize [vóukəlàiz] *vt.* **1** 〈말·음을〉 목소리로 내다, 발음하다 **2** 〖음성〗 유성음화하다, 유성음으로 하다: 'F' is ~*d* into 'v'. f는 유성음화하여 v가 된다. **3** 〈히브리 어 등에〉 모음 부호를 붙이다
—*vi.* 목소리를 내다; 모음을 써서 노래하다
‡**vo·ca·tion** [voukéiʃən] [L 「부름」의 뜻에서] *n.* **1 천직**, 사명; (특정 직업에 대한) **사명감**, 천직 의식 **2 직업**, 생업(生業), 장사: mistake one's ~ 직업을 잘못 택하다 **3** (특정 직업에 대한) 적성, 재능《*for*》 **4** Ⓤ 〖신학〗 신의 부르심; 소명
*__vo·ca·tion·al__ [voukéiʃənl] *a.* **직업상의**; 직업 교육의: a ~ disease 직업병
~·**ly** *ad.*
vocátional educátion 직업 교육
vo·ca·tion·al·ism [voukéiʃənəlìzm] *n.* Ⓤ 직업[실무] 교육 중시 주의
voc·a·tive [vɑ́kətiv | vɔ́k-] *a.* 〖문법〗 부르는, 호격(呼格)의: the ~ case 호격
—*n.* 호격
vo·ces [vóusiːz] *n.* VOX의 복수
vo·cif·er·ant [vousífərənt] *a.*, *n.* 큰 소리로 고함치는 (사람)
vo·cif·er·ate [vousífərèit] [L 「목소리를 나르다」의 뜻에서] *vi.*, *vt.* 큰소리로 고함치다[외치다], 호통치다
vo·cìf·er·á·tion *n.* Ⓤ 노호(怒號); 시끄러움
*__vo·cif·er·ous__ [vousífərəs] *a.* **큰 소리로 외치는**, 고함치는; 큰소리의, 떠들썩한
~·**ly** *ad.*
VOD video on demand 주문형 비디오
vod·ka [vɑ́dkə | vɔ́d-] [Russ. 「물」의 뜻에서] *n.* Ⓤ 보드카《호밀·밀로 만드는 러시아의 독한 증류주》
*__vogue__ [voug] [MF 「배젓기」→「진로」의 뜻에서] *n.* **1** [the ~] (**대**)**유행**: It is now *the* ~. 그것이 지금 대유행이다. **2** 인기, 평판
***bring*[*come*] *into* ~** 유행시키다[하게 되다], 성행시키다[하게 되다] ***in* ~** 유행하여, 인기 있는 ***out of* ~** 유행하지 않아, 한물 지나
—*a.* Ⓐ (일시적) 유행의
vogu(e)·ing [vóugiŋ] *n.* 보깅《패션 모델 같은 걸음걸이나 몸짓을 흉내낸 디스코 댄스》
‡**voice** [vɔis] *n.* **1** ⒸⓊ **목소리**, 음성, (어떤 사람의) 음성 **2** ⓊⒸ 〖음악〗 성부(聲部); 가수; 발성법; 소리를 내는 힘 **3** (사람의 목소리 비슷한 또는 그것에 비유한) 음, 소리; (사람의 말에 비유한 양심·하늘의) 소리, 말 **4** Ⓤ 발언(권), 투표권 **5** 〖문법〗 (동사의) 태(態)
be in good*[*bad*] ~ = *be*[*be not*] *in* ~** (노래하는 데) 소리가 잘 나오다[나오지 않다] ***find* one's ~** 입 밖에 내어 말하다, 소리가 나오다 ***give* ~ *to …을 입 밖에 내다, 토로하다, 표명하다 ***with one* ~** (문어) 이구동성으로, 만장일치로
—*vt.* **1** 〈감정·의견 등을〉 (강력히) 말로 나타내다 **2** 〖음성〗 유성음화하다
voice-ac·ti·vat·ed [vɔ́isǽktəvèitid] *a.* 음성 기동(起動)의 〈자동 장치 등〉
vóice bòx (구어) 후두(喉頭)
voice-con·trolled [-kəntròuld] *a.* 〈타자기·휠체어 등을〉 음성으로 제어할 수 있는
voiced [vɔist] *a.* **1** [보통 복합어를 이루어] 소리가 …인: rough-~ 거친 목소리의 **2** 말로 표명한; 〖음성〗 유성(음)의: ~ sounds [consonants] 유성음[자음]
*__voice·less__ [vɔ́islis] *a.* **1** 목소리가 없는; 말할 기회가 없는, 말없는 **2** 〖음성〗 무성(음)의, 기음(氣音)의: ~ sounds [consonants] 무성음[자음]
~·**ly** *ad.* ~·**ness** *n.*
voice-o·ver [vɔ́isòuvər] *n.* 〖TV·영화〗 화면에 나타나지 않는 해설자의 목소리[말]; (말없는 인물의) 심중을 말하는 목소리
voice·print [-prìnt] *n.* 성문(聲紋)
vóice vòte (미) 구두 투표[표결]
‡**void** [vɔid] [L 「텅 빈」의 뜻에서] *a.* **1** 빈, 헛된, 공허한: a ~ space 공간; 진공 **2** 쓸모없는; 〖법〗 **무효의** **3** 〈자리·장소가〉 비어 있는; 공석인
—*n.* **1** [the ~] (우주의) **공간**, 무한 **2** [a ~] 빈 곳[틈] **3** [a ~] 공허감, 마음의 적적함 **4** 〖카드〗 짝패가 없음
—*vt.* **1** 방출[배설]하다; 비우다 **2** 〈계약 등을〉 무효로 하다
void·a·ble [vɔ́idəbl] *a.* **1** 비울 수 있는, 배설할 수 있는 **2** 〖법〗 무효로 할 수 있는

V

voile [vɔil] [F =veil] *n.* Ⓤ 보일 《무명·양털·명주로 만든 반투명의 엷은 피륙》
vol. volcano; volume; volunteer
vo·lant [vóulənt] [F] *a.* **1** 나는, 날 수 있는 **2** 《문어》 날쌘, 기민한 **3** (문장(紋章)에서) 〈새가〉 나는 모양의
*__vol·a·tile__ [válətl | vɔ́lətàil] [L 「날고 있는」의 뜻에서] *a.* **1 휘발성의,** 휘발하는: ~ matter 휘발물 **2** 변덕스러운; 불안정한 **3** 〖컴퓨터〗 〈메모리가〉 휘발성의 《전원을 끄면 데이터가 소실되는》
vòl·a·tíl·i·ty *n.* Ⓤ 휘발성, 휘발도; 변덕, 경박함
vólatile òil 휘발성 기름
vol-au-vent [vɔ̀:louvɑ́:ŋ | vɔ̀l-] [F 「바람 속의 비행」의 뜻에서] *n.* 볼로방 (meat-pie) 《일종의 고기 파이》
*__vol·ca·nic__ [vɑlkǽnik | vɔl-] *a.* **1 a 화산의,** 화산성의, 화성(火成)의: a ~ eruption 분화 **b** 화산이 있는[많은] **2** 폭발성의, 격렬한: a ~ temper 불같이 격한 기질 **-ni·cal·ly** *ad.*
volcánic ásh[áshes] 〖지질〗 화산재
vol·ca·nism [válkənìzm | vɔ́l-] *n.* Ⓤ 화산 활동; 화산 현상[작용]
‡**vol·ca·no** [vɑlkéinou | vɔl-] [L 「불의 신(Vulcan)」의 뜻에서] *n.* (*pl.* **~(e)s**) **1 화산 2** 금방 폭발할 것 같은 감정[사태]
vol·ca·nol·o·gy [vɑ̀lkənálədʒi | vɔ̀lkənɔ́l-] *n.* 화산학 **-gist** *n.*
vole [voul] *n.* 〖동물〗 들쥐
Vol·ga [válgə | vɔ́l-] *n.* [the ~] 볼가강 《러시아 남동부를 흘러 카스피 해로 흘러 들어가는 유럽에서 가장 긴 강》
vo·li·tion [voulíʃən] [L 「바라다」의 뜻에서] *n.* Ⓤ **1** 의지 작용, 의욕 **2** 의지, 결의; 결단력
of one's ***own*** ~ 자기의 자유 의사로
~·al *a.* **~·al·ly** *ad.*
Volks·wa·gen [vóukswæ̀gən | vɔ́lks-] [G =people's wagon] *n.* (*pl.* **~, ~s**) 폴크스바겐 《독일의 대중용 소형 자동차; 略 VW; 상표명》
*__vol·ley__ [váli | vɔ́li] [OF 「비행」의 뜻에서] *n.* **1 일제 사격 2** (저주·욕설·질문 등의) 연발 **3** 〖테니스·축구〗 발리 《공이 땅에 닿기 바로 전에 쳐 넘기거나 차서 넘김》; 〖크리켓〗 발리
— *vt.* **1** 일제 사격하다 **2** 〖테니스·축구·크리켓〗 발리로 처[차] 넘기다
— *vi.* **1** 일제히 발사되다, 〈총소리 등이〉 일제히 울리다: ~ *at* the enemy 적에게 일제 사격을 가하다 **2** 〖테니스·축구·크리켓〗 발리를 하다
‡**vol·ley·ball** [válibɔ̀:l | vɔ́l-] *n.* **1** Ⓤ 〖경기〗 **배구,** 발리볼 **2** 배구공
vol·plane [válplèin | vɔ́l-] *n., vi.* 〖항공〗 (지면을 향하여) 공중 활주(하다)
vols. volumes
*__volt__[1] [voult] [이탈리아의 전지 발명자 A. Volta의 이름에서] *n.* 〖전기〗 **볼트** 《전압의 실용 단위; 略 V》
volt[2] [voult | vɔlt] [It. 「회전하다」의 뜻에서] *n.* **1** 〖펜싱〗 찌르기를 피하기 위한 재빠른 다리의 동작 **2** 〖승마〗 (말의) 윈을 그리는 동작, 회전

volt·age [vóultidʒ] *n.* ⓊⒸ 〖전기〗 전압, 전압량, 볼트수 《略 v.》
vol·ta·ic [vɑltéiik | vɔl-] *a.* 동전기(動電氣)의
voltáic báttery 볼타 전지
Vol·taire [voultέər | vɔ́ltεə] *n.* 볼테르 **F.M.A.** ~ (1694-1778) 《프랑스의 문학자·철학자》
volt·am·e·ter [vɑltǽmətər | vɔl-] *n.* 볼타미터, 전해 전량계(電解電量計)
volt-am·pere [-ǽmpiər] *n.* 〖전기〗 볼트암페어, 피상(皮相) 전력 《volt와 ampere의 곱; 略 VA》
volte-face [vɑ́ltfɑ́:s | vɔ́lt-] [F 「얼굴을 돌리다」의 뜻에서] *n.* (*pl.* **~**) (의견·기분 등의) 전환, 전향, 급변
volt·me·ter [vóultmì:tər] *n.* 〖전기〗 볼트미터, 전압계
vol·u·ble [váljubl | vɔ́l-] [L 「회전하는」의 뜻에서] *a.* 말이 유창한; 입심 좋은 **-bly** *ad.* **vòl·u·bíl·i·ty** *n.* Ⓤ 유창; 다변, 수다
‡**vol·ume** [válju(:)m | vɔ́l-] *n.* **1** (특히 두꺼운) **책;** (전집류 등의) **권:** *Vol.* 1 제1권 **2** Ⓤ **부피, 양,** 체적; 용적, 용량 **3** [종종 *pl.*] **대량, 많음** 《*of*》: ~*s of* smoke[vapor] 뭉게뭉게 오르는 연기[수증기] **4** Ⓤ (사람·텔레비전·라디오의) **음량:** a voice of great[little] ~ 성량이 풍부한[적은] 목소리
speak [***express, tell***] **~s** 의미심장하다; …을 증명하고도 남음이 있다 《*for*》
vol·u·met·ric, -ri·cal [vɑ̀ljumétrik(əl) | vɔ̀l-] *a.* 용적[체적] 측정의
*__vo·lu·mi·nous__ [vəlú:mənəs] *a.* **1 권수[책수]가 많은,** 여러 권의 **2 부피가 큰,** 용적이 큰 **3** 〈작가 등이〉 다작의 **4** 〈의복 등이〉 넉넉한 **5** 많은, 방대한 풍부한
~·ly *ad.* **~·ness** *n.*
vol·un·ta·rism [váləntərìzm | vɔ́l-] *n.* Ⓤ **1** (종교·교육·병역제 등의) 자유주의; 자유 지원제 **2** 〖철학〗 주의설(主意說) 《의지가 정신 작용의 근저 또는 세계의 근기(根基)라는 설》
-rist *n.* 〖철학〗 주의주의자
‡**vol·un·tar·y** [váləntèri | vɔ́ləntəri] [L 「자유 의사」의 뜻에서] *a.* **1 자발적인,** 자유 의사에서 나온; 임의의, 수의(隨意)의 **2** 자유 의지를 가진, 선택력이 있는: a ~ agent 자유 행위자 **3** 임의 기부제(寄附制)의 — *n.* 오르간 독주 《특히 교회에서 예배의 전후에 연주하는》
-tàr·i·ly *ad.* 자유 의사로, 자발적으로; 임의로
vol·un·tary·ism [váləntèriìzm | vɔ́ləntər-] *n.* **1** (종교·교육의) 임의 기부주의[제도] **2** 지원병 제도
vóluntary schòol 《영》 임의 기부제 학교 《종교 단체에서 설립한 초·중등 학교》
‡**vol·un·teer** [vɑ̀ləntíər | vɔ̀l-] *n.* **1 지원자,** 독지가(篤志家) **2** 지원병, 의용병
— *a.* Ⓐ **1** 자발적인, 지원(병)의: a ~ nurse 독지 자원 간호사 **2** 의용(군)의
— *vt.* **1 자진하여 하다,** 자발적으로 기꺼이 나서다[제공하다] **2** 자발적으로 말하다: ~ a remark 자진하여 말하다

V

—*vi.* **1** 자진하여 일을 하다: ~ for a task 자진하여 일을 맡다 **2** 지원하다; 지원병[의용병]이 되다 《*for*》

vol·un·teer·ism [vὰləntíərizm | vɔ̀l-] *n.* Ⓤ 자유 지원제

vo·lup·tu·ar·y [vəlʌ́ptʃuèri | -tjuəri] *a., n.* (관능적) 쾌락에 빠지는 (사람)

*__vo·lup·tu·ous__ [vəlʌ́ptʃuəs] [L 「쾌락」의 뜻에서] *a.* **1** **관능적인**, 쾌락적인 **2** 육욕(肉慾)에 빠지는, 방탕한 **3** 육감적인, 요염한 **~·ly** *ad.* **~·ness** *n.*

vo·lute [vəlú:t] *n.* **1** 〖건축〗 소용돌이꼴 《주두(柱頭)의 장식 등》 **2** 〖패류〗 고둥의 일종

vo·lut·ed [vəlú:tid] *a.* **1** 소용돌이꼴의 **2** 〖건축〗 소용돌이꼴의 장식이 있는

*__vom·it__ [vɑ́mit | vɔ́m-] *vt.* **1** **토하다**, 게우다 **2** 내뱉다, 내뿜다: ~ lava 용암을 분출하다 —*vi.* **1** 게워내다, 토하다 **2** 분출하다, 분화(噴火)하다

—*n.* **1** Ⓤ 토함, 게움; Ⓒ 토한 것 **2** 메스꺼운 것

von Braun [vɑn-bráun | vɔn-] *n.* 폰 브라운 **Wernher** ~ (1912-77) 《독일 태생의 미국 로켓 과학자》

V-one, V-1 [ví:wʌ́n] *n.* V-1호, 보복병기 제1호 《독일이 제2차 세계 대전시 영국 공격에 사용한 로켓 폭탄》

voo·doo [vú:du:] [다오메이(Dahomey) 토어 「사신(邪神)」의 뜻에서] *n.* (*pl.* **~s**) **1** Ⓤ 부두교(敎) 《서인도 제도 및 미국 남부의 흑인 사이에 행해지는 일종의 마교(魔敎)》 **2** 부두교의 마법(사)

~·ìsm *n.* Ⓤ 부두교의 신앙[마법] **~·ist** *n.*

vo·ra·cious [vɔ:réiʃəs | və-] *a.* **1** 게걸스레 먹는; 탐욕적인 **2** 열성이 대단한 **~·ly** *ad.*

vo·rac·i·ty [vɔ:rǽsəti | və-] *n.* Ⓤ **1** 폭식(暴食), 대식(大食) **2** 탐욕, 집착

vor·tex [vɔ́:rteks] [L] *n.* (*pl.* **~·es, -ti·ces** [-təsì:z]) **1** 소용돌이; 회오리바람 **2** [the ~] (전쟁·사회 운동의) 소용돌이: *the* ~ of war 전란(戰亂)

vor·ti·cal [vɔ́:rtikəl] *a.* 소용돌이꼴의, 소용돌이치는, 선회하는 **~·ly** *ad.*

vor·ti·ces [vɔ́:rtəsì:z] *n.* VORTEX의 복수

vot·a·ble [vóutəbl] *a.* 투표할 수 있는, 투표권이 있는

vo·ta·ress [vóutəris] *n.* VOTARY의 여성형

vo·ta·ry [vóutəri] [L 「맹세하다」의 뜻에서] *n.* (*pl.* **-ries**) 수도자, 성직자; 신자, 독신가(篤信家); (이상·주의 등의) 열성적인 지지자, 심취자

‡**vote** [vout] [L 「맹세하다」의 뜻에서] *n.* **1** (발성·거수·기립(起立) 투표 용지 등에 의한) **투표**; 표결 **2** (개개의) **표**; 투표 용지: count the ~*s* 표수를 세다 **3** [the ~] **투표[선거]권**, 참정권; 의결권 **4** [종종 the ~; 집합적] 투표 총수, 득표

cast a ~ 한 표를 던지다 《*for, against*》 ***come***[***go, proceed***] ***to the*** ~ 표결에 부쳐지다 ***open***[***secret***] ~ 기명[무기명] 투표 ***put a question***[***bill***] ***to the*** ~ (문제[의안]를) 표결에 붙이다

—*vi.* **1** **투표하다** 《*for, in favor of, against, on*》: ~ *for*[*against*] the candidate 그 후보자에 대해 찬성[반대] 투표를 하다 **2** 《구어》 의사 표시를 하다: I ~ for a rest. 쉬는 게 어떻겠나?

—*vt.* **1** **투표하여 가결[의결]하다**, 표결하다 **2** 투표로 지지하다 **3** 《구어》 〈세상 사람이〉 …이라고 인정하다, 간주하다 **4** 《구어》 제안[제의]하다

~ ***for*** (1) …에게 (찬성) 투표하다 (2) 《구어》 제안하다 ~ ***through*** 〈의안 등을〉 투표로 통과시키다[의결하다]

vóte bùying 표의 매수(買收)

vote·less [vóutlis] *a.* 투표[선거]권이 없는

*__vot·er__ [vóutər] *n.* **1** **투표자** **2** (특히 국회 의원 선거에서의) **유권자**, 선거인 ***casting*** ~ 결정 투표자 《의장 등》

vot·ing [vóutiŋ] *n.* Ⓤ 투표(권 행사), 선거

vóting àge 선거권 취득 연령, 투표 연령

vóting bòoth 《미》 (투표장 안의) 투표 용지 기입소(《영》 polling booth)

vóting pàper 《영》 투표 용지(ballot)

vo·tive [vóutiv] *a.* (신에게 맹세를 지키기 위해) 봉납(奉納)[봉헌(奉獻)]하는; 지성드린: a ~ picture[tablet] 봉헌도[편액(扁額)]

*__vouch__ [vautʃ] *vi.* **1** 〈사실·진술 등을〉 보증[보장]하다 《*for*》: ~ *for* the truth of a report 보고가 진실인 것을 보증하다 **2** 〈사람이〉 보증하다, 보증인이 되다; 단언하다 《*for*》: I'll ~ *for* him. 내가 그의 보증인이 되겠다.

vouch·er [váutʃər] *n.* **1** 보증인, 증명인 **2** 〖회계〗 증표 《수지 거래를 증명하는 전표·영수증 등》 **3** 《영》 (현금 대용의) 인환권, 상품권; 할인권: a sales ~ 상품 인환권

vouch·safe [vautʃséif] [ME 「안전한 것으로 보증하다」의 뜻에서] *vt.* **1** (특별한 호의로) 주다, 하사하다; (친절하게도) …해 주시다: He ~*d* a reply. 그 분은 대답해 주셨다. **2** 허락하다, 허가하다: She ~*d* me thirty minutes' interview. 그녀는 나에게 30분간의 면접을 허락해 주었다

‡**vow** [vau] [vote와 같은 어원] *n.* **1** 맹세, 서약; 〖그리스도교〗 서원(誓願): I am under a ~ not to smoke. 나는 금연할 것을 서약하고 있다. **2** 맹세의 내용[행위] ***take***[***make***] ***a*** ~ 맹세하다, 서원하다

—*vt.* **1** (엄숙히) **맹세하다**, 서약하다: ~ a crusade 성전(聖戰)을 맹세하다 **2** 맹세코 …하겠다고 말하다, 단언하다: He ~*ed* to work[that he would work] harder in the future. 그는 맹세코 앞으로 더 열심히 하겠다고 말했다.

‡**vow·el** [váuəl] [L 「소리의(vocal)」의 뜻에서] *n.* 〖음성〗 **모음**

vow·el·like [váuəllàik] *a.* 모음 같은

vox [vɑks | vɔks] [L =voice] *n.* (*pl.* **vo·ces** [vóusi:z]) 소리, 음성; 말

vóx póp [*vox populi*] 《영·구어》 (텔레비전·라디오의) 거리 인터뷰; 시민의 소리, 민중의 소리

V

vox po·pu·li [vɑ́ks-pɑ́pjulài | vɔ́ks-pɔ́p-] 〔L =people's voice〕 민중의 소리, 여론 **~, *vóx Déi*** 백성의 소리는 하느님의 소리

‡**voy·age** [vɔ́iidʒ] 〔L 「여비」의 뜻에서〕 *n.* **1** 항해, 항행; (배·비행기 등에 의한 비교적 긴) 여행; 우주 여행: a ~ round the world 세계 일주 항해 **2** [종종 *pl.*] (장기간에 걸친) 여행기, 여행담
on a ~ 항해 중인[에]
— *vi.* 항해하다, 바다[육지, 하늘]의 여행을 하다

voy·ag·er [vɔ́iidʒər] *n.* **1** 항해자; 여행자 **2** [**V~**] 〘우주과학〙 보이저 《미국의 무인 목성·토성 탐사 위성》

voy·eur [vwɑːjə́ːr] 〔F 「보다」의 뜻에서〕 *n.* 엿[훔쳐]보는 취미를 가진 성적 이상자
~·is·tic [vwɑ̀ːjərístik] *a.* 훔쳐보는 취미의, 관음증(觀淫症)의

VP verb phrase 〘문법〙 동사구; Vice-President

VR. variant reading; virtual reality

vs. verse; versus

v.s. *vide supra* 《L =see above》 위를 보라

VS veterinary surgeon

V̀ sìgn (제2차 대전 때의) 승리 사인 《가운뎃손가락과 집게손가락으로 V(victory) 자를 그리는》

VSO very superior[special] old 《브랜디의 특급; 12-17년 묵은 것》

VSOP very superior[special] old pale 《브랜디의 특상급; 18-25년 묵은 것》

vss. verses; versions

VT (미) 〘우편〙 Vermont

Vt. Vermont

vt., v.t. verb transitive

VTOL [víːtɔ̀ːl] [*v*ertical *t*ake*o*ff and *l*anding] *n.* 〘항공〙 **1** 수직 이착륙 (방식), 비톨 **2** 수직 이착륙기
— *a.* 수직 이착륙 (방식)의

VTR video tape recorder

V-two, V-2 [víːtúː] *n.* V-2호 《독일이 제2차 세계 대전 말기 영국 공격에 쓴 장거리 로켓 폭탄》

Vul·can [vʌ́lkən] *n.* 〘로마신화〙 불카누스 《불과 대장일의 신》

vul·can·ite [vʌ́lkənàit] *n.* Ⓤ 경질(硬質) 고무, 에보나이트

vul·ca·ni·za·tion [vʌ̀lkənizéiʃən | -nai-] *n.* Ⓤ (고무의) 경화(硬化), 가황(加黃) 《생고무의 유황 화합에 의한 경화 조작》

vul·ca·nize [vʌ́lkənàiz] *vt.* 〈고무를〉 경화[가황]하다

vulg. vulgar(ly)

Vulg. Vulgate

‡**vul·gar** [vʌ́lgər] 〔L 「일반 대중의」의 뜻에서〕 *a.* **1** (교양 있는 상층 계급에 대하여) **상스러운; 저속한**, 야비한, 천박한 **2** **통속적인**, 세속적인; 일반(대중)의 **3** 《고어》 (상류 계급에 대하여) 평민의: the ~ herd 일반 대중, 서민 **4** 〈언어가〉 일반 민중이 사용하는 **~·ly** *ad.*

vúlgar fráction 〘수학〙 상분수 (common fraction)

vul·gar·i·an [vʌlgɛ́əriən] *n.* 속물, 《특히》 벼락 출세자[부자]

vul·gar·ism [vʌ́lgərìzm] *n.* **1** = VULGARITY **2** Ⓤ.Ⓒ 야비한 말, 상말; 어법의 오용

vul·gar·i·ty [vʌlgǽrəti] *n.* (*pl.* **-ties**) **1** Ⓤ 속악, 야비, 천박, 상스러움 **2** [종종 *pl.*] 무례한 언동

vul·gar·ize [vʌ́lgəràiz] *vt.* **1** (비)속화하다, 천박하게 하다 **2** 통속화하다
vùl·gar·i·zá·tion *n.*

Vúlgar Látin 통속[구어] 라틴어 《고전 라틴어에 대해 일반 대중이 사용한 라틴어; 후에 로망스 제어(諸語)의 기원이 되었음; 略 VL》

Vul·gate [vʌ́lgeit, -gət] 〔L 「일반에 유포된 (판)」의 뜻에서〕 *n.* **1** [the ~] 불가타 성경 《405년에 완역된 라틴 말 성경》 **2** [**v~**] 유포본(流布本); 통설
— *a.* Ⓐ 불가타 성경의; [**v~**] 통속적인, 일반적인

vul·gus [vʌ́lgəs] *n.* [집합적] 민중, 평민, 서민

vul·ner·a·bil·i·ty [vʌ̀lnərəbíləti] *n.* Ⓤ 상처[비난]받기 쉬움, 취약성

vul·ner·a·ble [vʌ́lnərəbl] 〔L 「상처입히다」의 뜻에서〕 *a.* 상처 입기 쉬운, 공격받기 쉬운; 비난 받기 쉬운; 취약성[약점]이 있는 **-bly** *ad.*

vul·ner·ar·y [vʌ́lnərèri | -rəri] *a.* **1** 상처에 바르는, 상처를 고치는 **2** 상처를 낫게 하는
— *n.* (*pl.* **-ar·ies**) 상처약

Vul·pec·u·la [vʌlpékjulə] *n.* 〘천문〙 작은여우자리

vul·pine [vʌ́lpain] *a.* **1** 여우의; 여우 같은 **2** 교활한, 간사한

*__vul·ture__ [vʌ́ltʃər] *n.* **1** 〘조류〙 **독수리**; 콘도르속(屬) **2** (약한 자를 희생시키는) 무자비한[욕심 많은] 사람

vul·tur·ine [vʌ́ltʃəràin] *a.* = VULTUROUS

vul·tur·ous [vʌ́ltʃərəs] *a.* **1** 독수리 같은 **2** 탐욕스러운

vul·va [vʌ́lvə] [L] *n.* (*pl.* **-vae** [-viː], **~s**) 〘해부〙 음문(陰門), (여자의) 외음부(外陰部)
-val [-vəl], **-var** [-vər] *a.*

vul·vate [vʌ́lvèit, -vət] *a.* 음문[외음]의[과 같은]

vul·vo·vag·i·ni·tis [vʌ̀lvouvæ̀dʒənáitis] *n.* 〘병리〙 외음(부) 질염

vum [vʌm] *vi.* (**~med**; **~·ming**) 《미·방언》 서약하다, 맹세하다

v.v. vice versa 《L =to turn》

VVSOP very very superior old pale 《(브랜디의) 보통 25-40년의 것; cf. VSO, VSOP》

VW volkswagen

V́X́ (gàs) VX 가스 《피부·폐를 통하여 흡수되는 치명적인 신경 가스》

Vy·cor [váikɔːr] *n.* 바이코어 《단단한 내열 유리로 실험 기구 제조 등에 쓰임; 상표명》

vy·ing [váiiŋ] *v.* VIE의 현재분사
— *a.* 겨루는, 경쟁하는

W w

w, W [dʌ́bljùː] [원래 v를 두 개 겹쳐 써서 'double 'u'(=v)'라고 부른 데서] *n.* (*pl.* **w's, ws, W's, Ws** [-z]) **1** 더블유 《영어 알파벳의 제23자》 **2** W자형(의 물건); 23번째(의 것)
w. week; wide; width; wife; with
w., W, W. west; western
W. Wales; Washington; Wednesday; Welsh
WA (미) 〖우편〗 Washington
W.A. West(ern) Australia
wab·ble [wɑ́bl | wɔ́bl] *vi., n.* =WOBBLE
Wac [wæk] [*W*omen's *A*rmy *C*orps] *n.* (미) 육군 여군 부대의 대원
wack·y [wǽki] *a.* (**wack·i·er**; **-i·est**) (미·속어) 괴팍스러운, 엉뚱한, 이상한
wad [wɑd | wɔd] *n.* **1** (마른 풀·삼 부스러기·껌 등 부드러운 물건을 뭉친) 뭉치 **2** 틈을 메우는 물건 **3** 뭉치, 다발 **4** [종종 *pl.*] (구어) 다량 《*of*》
—*vt.* (**~·ded**; **~·ding**) **1** 작은 뭉치로 만들다 **2** 〈사이를〉 메우다; 〈구멍을〉 틀어막다 《*with*》
wad·a·ble, wade·a·ble [wéidəbl] *a.* 〈강 등을〉 걸어서 건널 수 있는
wad·ding [wɑ́diŋ | wɔ́d-] *n.* Ⓤ 메우는 물건; 메우는 솜
wad·dle [wɑ́dl | wɔ́dl] *vi.* 〈오리나 다리가 짧은 뚱보 등이〉 뒤뚱뒤뚱[어기적어기적] 걷다 —*n.* 뒤뚱 걸음
⁑wade [weid] *vi.* **1** 〈개천 등을〉 **걸어서 건너다** **2** 고생하며 나아가다, 간신히 빠져나가다 《*through*》 —*vt.* 〈강 등을〉 걸어서 건너다
~ *in* 여울[얕은 물]에 들어가다; (구어) 싸움[논쟁]에 참가하다; 간섭하다; (구어) 〈어려운 일 등에〉 결연히 착수하다 **~ *into*** 〈적 등을〉 맹공격하다; (구어) 〈일 등에〉 힘차게 착수하다
—*n.* 걸어 건너기; 여울, 얕은 물
wad·er [wéidər] *n.* **1** (개천 등을) 걸어 건너는 사람 **2** 〖조류〗 섭금류(涉禽類)의 새 **3** [*pl.*] (장화와 이어진) 방수 바지 《강 낚시용》
wa·di, wa·dy [wɑ́ːdi | wɔ́di] [Arab. 「골짜기」의 뜻에서] *n.* 와디 《사막 지방의 개울; 우기(雨期) 이외에는 말라 있음》; =OASIS
wád·ing bìrd [wéidiŋ-] 섭금류(涉禽類)의 새 《학·백로 등》
wáding pòol (미) (공원 등의) 어린이 풀장[물놀이터]((영) paddling pool)
WADS Wide Area Data Service 광역 데이터 전송(傳送) 서비스
wa·dy [wɑ́ːdi | wɔ́di] *n.* (*pl.* **-dies**) =WADI
Waf [wæf] *n.* [*W*omen in the *A*ir *F*orce] (미) 공군 여자 부대의 대원

***wa·fer** [wéifər] [ME 「얇은 케이크」의 뜻에서] *n.* **1** 웨이퍼 《살짝 구운 얇은 과자》 **2** 〖가톨릭〗 성체, 제병(祭餠) 《성찬용의 빵》 **3** 얄팍한 것; 봉함지(封緘紙); 봉함용 풀 **4** 〖전자공학〗 회로판 《집적 회로의 기판(基板)이 되는 실리콘 등의 박편(薄片)》
—*vt.* 풀로 봉하다
wa·fer-thin [wéifərθín] *a.* 매우 얇은
wa·fer·y [wéifəri] *a.* 웨이퍼 모양의, 얇은
waf·fle¹ [wɑ́fl | wɔ́fl] [Du. 「벌집」의 뜻에서] *n.* 와플 《밀가루·우유·계란 등을 반죽하여 구운 것; 시럽을 쳐서 먹음》
—*a.* 격자무늬의
waffle² (영·속어) *n.* 쓸데없는[시시한] 말 —*vi.* **1** 쓸데없는 말을 하다, 시시한 내용을 지껄이다[적다] 《*on*》 **2** 〈정치가 등이〉 모호한 말을 하다[태도를 취하다] 《*on*》
wáffle ìron 와플 굽는 틀
***waft** [wɑːft, wæft | wɑːft] (문어) *vt.* **둥둥 띄우다,** 떠돌게[감돌게] 하다
—*vi.* 둥실[훨훨] 떠돌다; 키스를 던지다
—*n.* **1** 풍기는 향기; 한바탕 부는 바람; 바람에 실려 오는 소리 **2** 흔들림, 펄럭거림; 느릿한 손짓 **3** 순간적인 느낌, 잠깐 동안의 감정
***wag** [wæg] *v.* (**~ged**; **~·ging**) *vt.* 〈꼬리·머리 등을〉 **흔들다,** 흔들어 움직이다
—*vi.* **1** 〈꼬리 등이〉 **흔들리다,** 흔들거리다 **2** 〈혀 등이〉 쉴 새 없이 움직이다; 지껄이다 —*n.* **1** (머리·꼬리 등을) 흔들기 **2** 익살꾸러기, 까불이 **3** (영·속어) 게으름뱅이
⁂wage [weidʒ] [OF 「저당」의 뜻에서] *n.* **1** [보통 *pl.*] **임금,** 노임 **2** [보통 *pl.*; (고어)는 단수 취급] (죄)값, 응보
—*a.* Ⓐ 임금의: a ~ raise 임금 인상
—*vt.* 〈전쟁·투쟁 등을〉 (수)행하다
—*vi.* 〈전쟁이〉 벌어지다, 행해지다
wáge clàim 임금 인상 요구
wáge èarner 임금 생활자, 근로자
wáge frèeze 임금 동결
wáge lèvel 임금 수준
wáge pàcket (영) 급료 봉투((미) pay envelope); 급료, 임금
***wa·ger** [wéidʒər] (문어) *n.* **내기**(bet), 노름; 내기한 것[돈]
***lay*[*make*] *a* ~** 내기를 하다 《*on*》
—*vt.* 〈돈 등을〉 걸다: ~ a person one dollar …에게 1달러 걸다
—*vi.* 내기를 걸다 《*on*》
wáge ràte (일급·시간급 등의) 임금률
wáge scàle 임금표; (한 고용주가 지급하는) 임금의 폭
wáge slàve (익살) 임금의 노예, 임금 생활자
wage·work·er [-wə̀ːrkər] *n.* (미) =WAGE EARNER
wag·ger·y [wǽgəri] *n.* (*pl.* **-ger·ies**) **1** Ⓤ 우스꽝스러움, 익살 **2** [종종 *pl.*] 농담, 장난

wag·gish [wǽgiʃ] *a.* 우스꽝스러운, 익살맞은; 장난스러운 **~·ly** *ad.* **~·ness** *n.*
wag·gle [wǽgl] *vi.*, *vt.* 흔들리다, 흔들다(wag) **—** *n.* 흔들기; 〖골프〗 왜글 《공을 치기 전에 공 위에서 골프채를 앞뒤로 흔드는 동작》
wag·gon [wǽgən] *n.* 《영》 =WAGON
Wag·ner [vɑ́ːgnər] *n.* 바그너 **Richard ~** (1813-83) 《독일의 작곡가》
Wag·ne·ri·an [vɑːgníəriən] *a.* 바그너풍[식]의 **—** *n.* 바그너 숭배자, 바그너 식의 작곡가
‡**wag·on | wag·gon** [wǽgən] *n.* **1** 《영》 **짐마차**, 4륜마차 《보통 두 필 이상의 말이 끎》 **2** 《영》 〖철도〗 무개(無蓋) 화차, 화차(貨車)(《미》 freight car) **3** 〖광산〗 광차 **4** (식당 등에서 쓰는 바퀴 달린) 왜건, 식기대(《영》 trolley) **5** 《미》 (거리의) 물건 파는 수레: a hotdog ~ 핫도그 판매차 **6** 《미》 유모차
wag·on·er [wǽgənər] *n.* **1** 마부 《짐마차의》 **2** [the W~] 〖천문〗 마차부자리
wag·on·ette [wæ̀gənét] *n.* 일종의 유람 마차 《보통 6-8명이 타는》
wa·gon-lit [wæ̀gɔːnlíː] [F =railway coach bed] *n.* (*pl.* **wa·gons-lits** [~]) 침대차 《유럽 대륙 철도의》
wag·on·load [wǽgənlòud] *n.* wagon 한 차분의 짐
wágon tràin 《미》 (서부 개척 시대 등의) 포장마차 대열
wag·tail [wǽgtèil] [걸을 때 꽁지깃을 상하로 흔드는 데서] *n.* 〖조류〗 할미새
Wah·ha·bi, -ha·bee [wəhɑ́ːbi, wɑː-] *n.* 와하브파의 신도 《Koran의 교의를 고수하는 이슬람교도》
waif [weif] *n.* (*pl.* **~s**) 방랑자; 집없는 아이; 집없는 동물
Wai·ki·ki [wáikikìː] *n.* 와이키키 《하와이 Honolulu의 해변 요양지》
‡**wail** [weil] *vi.* **1 a 울부짖다**, 통곡하다 **b** 〈바람이〉 울부짖듯 윙윙대다; 〈사이렌 등이〉 구슬픈 소리를 내다 **2** 한탄하다《*over*》 **—** *vt.* 비탄하다, 통곡하다 《*that*》
— *n.* **1** 한탄; 울부짖음, 통곡하는 소리 **2** (바람의) 울부짖듯 윙윙대는 소리
wáil·er *n.* **~·ing·ly** *ad.*
Wáil·ing Wáll [wéiliŋ-] [the ~] (예루살렘의) 통곡의 벽
wain [wein] *n.* **1** 《고어·시어》 =WAGON; (특히 농업용의) 큰 짐수레 **2** [the W~] 〖천문〗 북두칠성
wain·scot [wéinskət, -skɑt] *n.* Ⓤ Ⓒ 〖건축〗 징두리 벽판; 그 재목
wain·scot·ing | -scot·ting [wéinskətiŋ, -skɑt-] *n.* Ⓤ **1** 징두리 벽판을 댐; [집합적] 징두리 벽판 **2** 징두리 벽판 재료
wain·wright [wéinràit] *n.* 짐수레 제작자
‡**waist** [weist] [동음어 waste] *n.* **1** (인체의) **허리**: She has no ~. 그 여자의 허리는 절구통이다. **2** 여성복의 허리 **3** 중앙의 잘록한 부분 《바이올린 등의》
waist·band [wéistbæ̀nd] *n.* (스커트·바지 등에 꿰매단) 허리띠, 허리끈
wáist bèlt 허리띠, 혁대
waist·cloth [-klɔ̀(ː)θ] *n.* 허리에 두르는 천
***waist·coat** [wéskət, wéistkòut | wéiskòut] *n.* 《영》 **양복 조끼**(《미》 vest)
~·ed [-id] *a.* 조끼를 입은
waist-deep [wéistdíːp] *a.*, *ad.* 허리까지 들어가게 깊은[깊게]
waist·ed [wéistid] *a.* 허리 모양의; [복합어를 이루어] …한 허리의[를 가진]
waist-high [wéisthái] *a.*, *ad.* 허리까지 올라오는 (높이에)
waist·line [-làin] *n.* 허리의 잘룩한 선; 〖양재〗 여성복의 허리통
‡**wait** [weit] [동음어 weight] [OG 「망보다」의 뜻에서] *vi.* **1 기다리다** 《*for*》; 대기하다 《*for*, *to* do》: Please ~ *for* a moment. 잠시 기다려 주세요. **2** (식탁에서) **시중들다** 《*at*, *on*, *upon*》; 〈사람을〉 섬기다 **3** [보통 진행형으로] 〈물건이〉 준비되어 있다: Dinner *is ~ing for* you. 저녁 식사가 준비되어 있다.
— *vt.* **1** 기다리다, 대기하다 **2** 《구어》 〈식사 등을〉 늦추다
~ *on* [*upon*] (1) …의 시중을 들다; …을 받들다[섬기다] (2) 《문어》 …에 (결과로서) 수반되다 (3) 《드물게》 …을 방문하다 《경의를 표하기 위하여》, …에게 문안드리다 **~ *up*** 《구어》 자지 않고 〈사람을〉 기다리다 《*for*》; 멈추어 서서 기다리다
— *n.* **1** [a ~] 기다림; 기다리는 시간 **2** [*pl.*] 성탄절 날 새벽에 성가를 부르며 집집마다 다니는 성가대
‡**wait·er** [wéitər] *n.* **1 시중드는 사람**, 웨이터 **2** 요리 나르는 쟁반
‡**wait·ing** [wéitiŋ] *n.* Ⓤ **1 기다림 2** 기다리는[대기] 시간 **3** 시중들기; 섬김
— *a.* Ⓐ 기다리는; 시중드는, 섬기는
wáiting gàme 대기 작전[전술]
wáiting lìst 대기자 명단, 보결인 명부
***wáiting ròom 대합실**
wait·list [wéitlìst] *vt.* waiting list에 올리다[기재하다]
***wait·ress** [wéitris] *n.* (호텔·음식점의) **웨이트리스**, 여자 급사
wait·ron [wéitrən] *n.* (식당의) 시중드는 사람 《웨이터, 웨이트리스; 성(性)에 의한 구별을 피하기 위해 사용》
wáit stàte 〖컴퓨터〗 대기 상태
waive [weiv] *vt.* **1** 〈권리·주장 등을〉 포기[철회]하다 **2** 〈요구 등을〉 보류하다; 〈문제 등을〉 미루다
waiv·er [wéivər] *n.* 〖법〗 기권; 기권 증서
‡**wake**[1] [weik] *v.* (**~d, woke** [wouk]; **~d, wo·ken** [wóukən], 《드물게》 **woke**) *vi.* **1 잠이 깨다**, 눈을 뜨다 **2** 《문어》 〈자연물이〉 활기 띠다, 소생하다 **3** 각성하다; 깨닫다 《*up*》 **4** 《아일·북잉글》 밤샘[철야]하다
— *vt.* **1 깨우다**, …의 눈을 뜨게 하다 **2** 각성시키다, 고무하다 **3** 《문어》 〈동정·노여움 등을〉 일으키다; 〈기억을〉 불러일으키다; 〈파도·메아리 등을〉 일으키다 **4** 《문어》 〈…의〉 정적을 깨뜨리다 **5** 《아일·북잉글》 〈망자를 위해〉 밤을 새우다
W~ up! 일어나!; 《구어》 조심해!

— *n.* 《아일·북잉글》 (초상집에서의) 밤샘, 경야: hold a ~ 경야를 치르다

wake² [ON 「(배가 만드는) 얼음판의 구멍」의 뜻에서] *n.* **1** 배가 지나간 자리, 항적(航跡) **2** (물건의) 지나간 자국, 흔적

wake·ful [wéikfəl] *a.* **1 a** 깨어 있는, 자지 않고 있는 **b** 〈사람·밤이〉 잠이 오지 않는, 깨기 쉬운 **2 a** 불침번의, 밤샘하는 **b** 주의 깊은, 방심 않는 **~·ly** *ad.* **~·ness** *n.*

⁑wak·en [wéikən] *vi.* 《문어》 **1** 잠이 깨다, 눈이 뜨이다 《*up*》; 깨어 있다: She *~ed from* sleep. 그녀는 잠에서 깼다. **2** 각성하다, 자각하다 《*up*》 — *vt.* **1** 깨우다 **2** 각성시키다, 고무하다 《*up*》

wake-up [-ʌ̀p] *n.* 잠을 깨우는 것; 각성 — *a.* 잠을 깨우는

wak·ey [wéiki] *int.* 《영·구어》 일어나, 기상(Wake up!)

wak·ing [wéikiŋ] *a.* Ⓐ 깨어 있는, 일어나 있는

Wál·dorf sálad [wɔ́:ldɔ:rf-] [뉴욕의 호텔 이름에서] 월도프 샐러드 《사과·호두·셀러리에 마요네즈를 곁들인》

wale [weil] *n.* 채찍 자국(의 부르튼 곳); 골 《옷감의》 — *vt.* 채찍 자국을 내다; 골지게 짜다

⁑Wales [weilz] [OE 「앵글로색슨 사람에게 외국인」의 뜻에서] *n.* **웨일스** 《Great Britain 섬 남서부의 지방》

Wa·le·sa [vəwénsə] 바웬사 **Lech ~** (1943-) 《폴란드 자유 노조 위원장; 노벨 평화상 수상(1983); 폴란드 대통령(1990-95)》

⁂walk [wɔ:k] [OE 「구르다」의 뜻에서] *vi.* **1** 걷다; 걸어가다: She generally *~s to* the market. 그녀는 대개 걸어서 시장에 간다. **2** 배회하다 **3** 산책하다 **4** 《문어·고어》 처신하다, 처세하다: ~ *in* peace 평화롭게 살다

— *vt.* **1** 〈길 등을〉 **걷다,** 걸어가다 **2 a** 〈말을〉 걸리다 **b** 《구어》 〈말·사람 등을〉 끌고 가다; (같이 걸어서) 바래다 주다 **c** 〈말·개 등을〉 걸려서 훈련하다 **3** 《미》 〈무거운 것 등을〉 조금씩 움직이다[나르다]; 〈자전거 등을〉 밀며[끌며] 걸어가다 **4** 걷게 하다, 걷게 하여 …시키다

~ away with …와 함께 걸어 가버리다; 《구어》 …을 무심코 갖고 가다; …을 갖고 달아나다; …을 착복하다; …에 낙승하다 ***~ in*** 안으로 들어가다; (직장을) 쉽게 구하다: Please ~ *in.* 들어오시오. ***~ into*** …에 들어가다; 《구어》 수월하게 〈직장을〉 구하다; 《구어》 〈함정 등에〉 부지불식간에 빠지다; 《구어》 …을 용감하게 공격하다; 《구어》 …에게 욕설을 퍼붓다 ***~ over*** 《속어》 (경쟁 없이) 혼자 뛰다, …에 낙승하다; …을 모질게 다루다, 좌지우지하다

— *n.* **1** 보행 **2** 걸음걸이, 걸음새 **3** 보행 거리 **4** 산책 **5** 산책길 **6** 길, 보도, 인도 **7** 장사 구역, 자기 단골 구역 **8** 사육장 《동물의》; 농장 《커피 등의》 **9** 【야구】 4구(四球)에 의한 출루

take[have, go for] a ~ 산책 나가다

walk·a·bout [wɔ́:kəbàut] *n.* 《영》 도보 여행; (왕족·정치인 등이) 걸어다니며 서민과 접촉하기

walk·a·thon [-əθɑ̀n | -əθɔ̀n] *n.* (지구력을 겨루는) 장거리 경보; (정치적 목적·모금을 위한) 시위 행진, 걷기 대회

walk·a·way [-əwèi] *n.* 낙승, 압승

∗walk·er [wɔ́:kər] *n.* **1 a 걷는 사람,** 보행자 **b 산책을 좋아하는 사람 2** (어린이·신체 장애자용) 보행(보조)기

walk·ie-talk·ie, walk·y-talk·y [wɔ́:kitɔ́:ki] *n.* 휴대용 무선 송수신기, 워키토키

walk-in [wɔ́:kìn] *a.* Ⓐ **1** 예약 없이 출입하는 **2** 사람이 출입할 수 있는, 대형의 〈냉장고 등〉 — *n.* **1** 서서 들어갈 수 있는 것 《대형 냉장고·벽장 등》 **2** (선거·시합에서의) 낙승

wálk-in apártment (출입문이 각기 따로 있는) 단층 아파트

⁑walk·ing [wɔ́:kiŋ] *n.* Ⓤ **걷기,** 보행; 걸음새; (보행을 위한) 도로의 상태

— *a.* Ⓐ 걷는, 보행용의; 〈기계 등이〉 이동하는

wálking chàir (유아용) 보행기

wálking drèss 외출복, 산책복

wálking géntleman[làdy] (연기보다도) 풍채로 한 몫 보는 배우[여배우]

wálk·ing-on pàrt [-ɑ̀n- | -ɔ̀n-] = WALK-ON *n.* 1

wálking pàpers 《미·구어》 해고(통지) (《영》 marching orders)

wálking stìck **1** 단장, 지팡이 **2** 《미》 【곤충】 대벌레

wálking wóunded [the ~] [집합적] 보행할 수 있는 부상자[병]

Walk·man [wɔ́:kmən] *n.* 워크맨 《헤드폰이 달린 작은 스테레오 카세트 플레이어; 상표명》

walk-on [-ɑ̀n | -ɔ̀n] *n.* **1** 【영화·연극】 단역, 통행인 역 《대사 없이 무대를 걷기만 하는》 **2** 단역 배우 — *a.* Ⓐ 단역의

walk·out [-àut] *n.* 《미·구어》 스트라이크, 동맹 파업(strike); (회의 등에서의) 항의 퇴장

walk·o·ver [-òuvər] *n.* 《구어》 부전승; 낙승 ***have a ~*** 쉽게 이기다

walk-through [-θrù:] *n.* 【TV·영화】 카메라 없이 하는 리허설

walk-up [-ʌ̀p] 《미》 *n.* 엘리베이터 설비가 없는 아파트[건물, 사무실]

— *a.* Ⓐ 엘리베이터가 없는 〈건물〉

walk·way [-wèi] *n.* (공원 등의) 보도; (공장·열차 내의) 통로

⁂wall [wɔ:l] [L 「누벽(壘壁)」의 뜻에서] *n.* **1 a** 벽; 담 《돌·벽돌 등의》: a stone[brick] ~ 돌[벽돌]담 **b** [보통 *pl.*] 성벽, 방벽 **2** [종종 a ~] 벽처럼 생긴 것 **3** 장벽 **4** [종종 *pl.*] (동식물 조직의) 벽, 내벽(內壁) ***drive[push, thrust]*** a person ***to the ~*** …을 궁지에 몰아넣다

— *vt.* **1** 벽[담]으로 둘러싸다 **2** 벽으로 막다; 둘러싸다 《*in, off,* etc.》 **3** 가두다, 감금하다 《*up, in*》

— *a.* 벽[담]의; 벽에 붙어 사는 〈식물〉; 벽에 거는 **wáll·lìke** *a.*

wal·la·by [wɑ́ləbi | wɔ́l-] *n.* (*pl.* **-bies,** [집합적] **~**) 【동물】 왈라비 《작은 캥거루》

Wal·lace [wɑ́lis | wɔ́l-] *n.* 남자 이름

wáll bàrs (체조용) 늑목

wall·board [-bɔ̀ːrd] *n.* UC 벽판 재료; 《특히》 인조 벽판(cf. PLASTERBOARD)
walled [wɔːld] *a.* 벽이 있는, 벽으로 둘러싸인; 성벽으로 방비한
‡wal·let [wάlit | wɔ́l-] *n.* **1** (접게 된 가죽제의) **지갑 2** (가죽제의) 서류 끼우개
wall·eye [wɔ́ːlài] *n.* **1** 각막(角膜) 백반 **2** (사시(斜視) 등으로) 각막이 커진 눈
wall·eyed [-àid] *a.* 각막이 흐린 눈의; 각막이 커진 눈의; 사팔눈의
wall·flow·er [-flàuər] *n.* **1** 〖식물〗 계란풀 《겨잣과의 관상용 식물》 **2** 《속어》 무도회에서 상대가 없는 여자
wáll nèwspaper 벽신문, 대자보(大字報)
Wal·loon [walúːn | wɔl-] *n.* **1** 왈론 사람 《벨기에 동남부의》 **2** U 왈론 말 《프랑스 방언의 하나》 **—** *a.* 왈론 사람[말]의
wal·lop [wάləp | wɔ́l-] *vi* **1** 《구어》 뒤뚝거리며 가다 **2** 〈액체가〉 부글부글 끓어오르다 **—** *vt.* 《구어》 **1** 구타하다, 호되게 때리다 **2** (경기에서) 철저하게 참패시키다
— *n.* **1** 《구어》 구타, 강타력 **2** U 《영·속어》 맥주
wal·lop·ing [wάləpiŋ | wɔ́l-] 《구어》 *a.* A 엄청난, 터무니없는: a ~ lie 터무니 없는[새빨간] 거짓말
— *ad.* 터무니없이, 엄청나게
— *n.* UC 호되게 때림, 강타; C 완패(完敗): get[take] a ~ 완패하다
wal·low [wάlou | wɔ́l-] *vi.* **1** 뒹굴다 《수렁·모래·물 속에서》, 몸부림치다 **2** 〈주색 등에〉 빠지다, 탐닉하다 **3** 〈배가〉 흔들리면서[삐거덕거리며] 나아가다 **—** *n.* 뒹굴기, 〈물소 등이〉 뒹구는 못[수렁]
wáll pàinting 1 벽화법 **2** 벽화; 프레스코(fresco)
***wall·pa·per** [wɔ́ːlpèipər] *n.* U **벽지**(壁紙); 〖컴퓨터〗 배경 화면 《컴퓨터 화면 표시 배경으로 사용되는 벽지 모양의 화면》
— *vt., vi.* (…에) 벽지를 바르다
Wáll Strèet 1 월가(街) 《New York 시의 증권 거래소 소재지》 **2** 미국 금융 시장, 미국 금융계
wall-to-wall [-təwɔ́ːl] *a.* 《미·구어》 **1** 마루에 빽빽이 찬 〈카펫〉 **2** 어디에서나 보이는[할 수 있는] **—** *ad.* 빽빽하여
wal·ly [wάli | wɔ́li] *n.* 《속어》 바보, 팔푼이
***wal·nut** [wɔ́ːlnʌ̀t, -nət] *n.* 〖식물〗 **호두나무**(= ~ **trèe**); 호두 (열매); U 호두나무 재목, 호두 빛깔, 다갈색
***wal·rus** [wɔ́ːlrəs, wάl-] *n.* (*pl.* **~·es,** [집합적] ~) 〖동물〗 **해마**(海馬)
wálrus mustáche (숱이 많은 코밑의) 팔자 수염
Walt [wɔːlt] *n.* 남자 이름 《Walter의 애칭》
Wal·ter [wɔ́ːltər] *n.* 남자 이름 《애칭 Walt》
***waltz** [wɔːlts] *n.* **왈츠** 《두 사람이 추는 3박자의 우아한 원무》; 왈츠곡, 원무곡
— *a.* 왈츠의
— *vi.* **1** 왈츠를 추다 **2** 춤추는 듯한 걸음으로 걷다 **3** 《구어》 수월하게[용케] 통과하다[나아가다]
— *vt.* 왈츠에서 〈파트너를〉 리드하다, …와 왈츠를 추다

wam·pum [wάmpəm | wɔ́m-] *n.* 조가비 구슬 《옛날 북미 인디언이 화폐 또는 장식으로 사용》; U 《속어》 금전, 돈
***wan** [wan | wɔn] [OE 「어두한」의 뜻에서] *a.* (**~·ner**; **~·nest**) 《문어》 **1 핏기 없는**; 병약한 **2** 지친, 나른한, 힘 없는
wán·ly *ad.* **wán·ness** *n.*
***wand** [wand | wɔnd] *n.* **1** (마술사의 가느다란) **지팡이**, 막대, 요술 지팡이; (버드나무 같은) 낭창낭창한 가지 **2** 직표(職標) 《직권을 표시하는》, 관장(官杖) **3** 〖음악〗 지휘봉
‡wan·der [wάndər | wɔ́n-] *vi.* **1 a** (정처없이) **돌아다니다**, 헤매다; 떠돌아다니다, 방랑하다 **b** 〈눈·시선이〉 두리번거리다 **2** 〈강·길 등이〉 꾸불꾸불 이어지다[흐르다] **3 a** (옆으로) **빗나가다**, 길을 잃다 《*out, off, from*》 **b** 〈이야기 등이〉 **옆길로 벗어나다** 《*from*》; 나쁜 길로 빠지다 **4** 〈사람이〉 헛소리를 하다; 〈생각 등이〉 집중[통일]이 되지 않다, 산만해지다
— *vt.* 돌아다니다, 헤매다; 방랑하다
— *n.* 유랑, 방랑
***wan·der·er** [wάndərər | wɔ́n-] *n.* **돌아다니는 사람**; 방랑자
***wan·der·ing** [wάndəriŋ | wɔ́n-] *a.* **1** (정처 없이) **돌아다니는**, 방랑하는, 헤매는 **2** 〈강·길 등이〉 꾸불꾸불한 **—** *n.* [종종 *pl.*] 산책, 방랑, 만유(漫遊); 헛소리
~·ly *ad.* 방랑하여, 헤매어
wan·der·lust [wάndərlʌ̀st | wɔ́n-] [G = desire to wander] *n.* U 여행벽(癖), 방랑벽
***wane** [wein] [OE 「감소하다」의 뜻에서] *vi.* **1 작아[적어]지다**; 약해지다, 쇠약해지다: His popularity has ~*d.* 그의 인기는 기울었다. **2** 〈달 등이〉 **이지러지다**
— *n.* U **1** 〈달의〉 이지러짐 **2** [the ~] 감소, 쇠미(衰微)
wan·gle [wǽŋgl] 《구어》 *vt.* **1 a** 속임수로 손에 넣다, 교묘하게 빼앗다 **b** 구슬러[설득하여] …시키다 **2** 〈사람에게〉 …을 용케 구해주다 **3** [~ one*self* [one's way]로] 용케[그럭저럭] 빠져 나가다[벗어나다] 《*through, out of*》
— *vi.* (어려움 등에서) 용케 벗어나다
— *n.* UC 용케 입수함[구함], 책략
wank [wæŋk] *n., vi.* 《영·비어》 자위(를 하다) **wánk·er** *n.* 《영·비어》 자위하는 사람; 《속어》 변변치 못한 자, 싫은 녀석
wan·na [wɔ́ːnə, wάnə | wɔ́nə] 《미·속어》 〖발음철자〗 want to; want a
wan·na·be(e) [wάnəbìː | wɔ́n-] *n.* 《미·속어》 (인기인·연예인 등의) 열렬한 팬
‡want [wɔːnt, want | wɔnt] [ON 「결여되다」의 뜻에서; 「원하다」란 뜻의 일반적 용법은 18세기경부터] *vt.* **1 a 원하다**, 바라다 **b** [보통 수동형으로] 용무가 있다; 〈사람을〉 찾다; 〈경찰이〉 지명 수배하다 **2** 《영》 **필요로 하다 3** [부정사를 동반하여] **a** …하고 싶다 **b** 《구어》 [you를 주어로 하여] …**할 필요가 있다**, …하지 않으면 안 되다(must) **c** [부정어와 함께] …할 필요는 없다 **4** 빠져 있다, 모자라다 **5** [목적보어를 동반하여] …에게 …해 주기를 원하다

W

— *vi.* **1** 원하다, 바라다 **2** 없다, 부족하다 《*in, for*》; 곤궁하다, 궁핍하다 **3** 소용되다, 필요하다 **4** 《미·구어》 [in, to 등 방향을 표시하는 부사를 동반하여] 가고[나오고, 들어가고] 싶어하다
— *n.* **1** Ⓤ **필요**, 소용; [주로 *pl.*] 필수품, 가지고 싶은 물건, 탐나는 것 **2** Ⓤ **결핍**, 부족 **3** Ⓤ **곤궁**, 빈곤
for*[*from*] ~ *of …의 부족 때문에
wánt àd 《미》 구직[구인, 가옥 임대차] 광고 《신문의》
‡want·ed [wɔ́:ntid, wánt- | wɔ́nt-] *v.* WANT의 과거·과거분사
— *a.* **1** 〖광고〗 **구함**, 채용코자 함: *W*~ a cook. 요리사 구함. **2** 지명 수배의
wánted mán (경찰의) 지명 수배자
‡want·ing [wɔ́:ntiŋ, wánt- | wɔ́nt-] *a.* Ⓟ **모자라는**, 결핍한; 미달인 《목표·표준·필요에》; …이 없는 《*in*》
— *prep.* …이 없이, …이 부족하여
want·less [wántlis, wɔ́:nt- | wɔ́nt-] *a.* 부족함이 없는; 바랄 것이 없는
wánt lìst 필요 품목표 《업자 등에게 돌리는 희망 품목표》
***wan·ton** [wántən | wɔ́n-] [OE 「교육받지 못한」의 뜻에서] *a.* **1 방자한**, 방종한; 제멋대로의 **2** 이유가 없는, 조리가 서지 않는 **3** 음란한, 바람둥이의, 부정(不貞)한 **4** 《시어》 〈초목 등이〉 무성한
— *n.* **바람둥이**, 《특히》 화냥년
~·ly *ad.* **~·ness** *n.*
WAP [wæp, wɑp] *n.* work analysis program 〖컴퓨터〗 작업 분석 프로그램; wireless application protocol 〖컴퓨터〗 (휴대 전화기의) 무선 응용 통신 규약
wap·i·ti [wápəti | wɔ́p-] *n.* (*pl.* **~, ~s**) 〖동물〗 큰사슴(elk) 《북미산》
‡war [wɔ:r] *n.* **1** Ⓤ **전쟁**; Ⓒ 무력 충돌: (a) guerrilla ~ 게릴라전 **2** 싸움, 투쟁 **3** Ⓤ 적의(敵意), 불화[적대] 상태 **4** 군사학, 병법, 전술
cold **~** 냉전 ***declare*** **~** ***against*[*on, upon*]** 〈다른 나라에 대하여〉 선전포고하다
go to **~** 무력에 호소하다; 출전하다
— *a.* Ⓐ 전쟁의[에 관한]
— *vi.* (**~red**; **~·ring**) (…와) 싸우다, 전쟁하다 《*with, against*》
War. Warwickshire
wár bàby 전시[전쟁 직후]에 태어난 아이; 《특히》 전시 사생아
***war·ble** [wɔ́:rbl] *vt.* **1** 〈새가〉 **지저귀다** **2** 〈여자가 목소리를 떨며〉 노래하다 **3** 《미》 요들(yodel)로 노래하다 — *vi.* **1** 새가 지저귀다 《*out*》 **2** 〈여자가〉 목소리를 떨며 노래부르다
— *n.* 지저귐; 떨리는 목소리; 노래
war·bler [wɔ́:rblər] *n.* **1** 지저귀듯이 (목소리를 떨면서) 노래하는 사람[가수](singer) **2** 지저귀는 새, 명금(鳴禽)
war·bon·net [wɔ́:rbànit | -bɔ̀n-] *n.* 독수리 깃으로 꾸민 북미 인디언의 전투모
wár brìde 전쟁 신부 《출정[외국] 군인과 결혼하는》
wár càbinet 전시 내각
wár chèst 군자금; 활동[운동] 자금 《선거 등의》
wár clòud 전운(戰雲)
Wár Cóllege 《미》 육군[해군] 대학
wár correspòndent 종군 기자
wár crìme [보통 *pl.*] 전쟁 범죄
wár crìminal 전쟁 범죄자, 전범
wár crỳ **1** (전투·공격시의) 함성 **2** 표어 《정당 등의》
‡ward [wɔ:rd] *n.* **1** 구(區) 《도시의》, 선거구 **2 병동**(病棟), 병실; 감방 **3 a** Ⓤ 《문어》 **감시**, 감독; 후견 **b** 〖법〗 피(被)후견인, 피보호자 《미성년 등》 — *vt.* **1** 〈위험·타격 등을〉 피하다, 받아넘기다, 막다 《*off*》 **2** 〈병동 등에〉 수용하다
-ward [wərd] *suf.* 「…쪽의[으로]」의 방향을 표시하는 형용사·부사를 만듦: bed*ward*(*s*) 침대 쪽으로 《형용사의 경우에는 《미》《영》 다같이 -ward를 쓰지만 부사인 경우에는 《미》에서는 -ward를 쓰고 《영》에서는 -wards를 쓴다》
wár dàmage 전화(戰禍), 전재(戰災)
wár dànce (토인의) 출전의 춤, 전승의 춤
***war·den** [wɔ́:rdn] *n.* **1** (기숙사·보호 시설 등의) **관리인** **2 감시자**; 《미》 교도소장 (《영》 governor), 감독 **3** (각종 관공서의) 기관장 **4** 《영》 학장, 교장
~·shìp *n.* Ⓤ warden의 직
ward·er [wɔ́:rdər] *n.* 《영》 간수, 교도관; 감시원, 파수꾼
ward·ress [wɔ́:rdris] *n.* 《영》 여교도관
‡ward·robe [wɔ́:rdròub] *n.* **1 a 양복장**, 옷장 **b** (극단 등의) 의상실 **2** 소유하고 있는 의상
wárdrobe màster (극장·극단의) 의상 책임자 《남자》
wárdrobe mìstress (극장·극단의) 의상 책임자 《여자》
wárdrobe trùnk 의상 트렁크 《옷장 겸용》
ward·room [-rù(:)m] *n.* (군함 안의, 중령 이하 대위 이상의) 고급 사관실
-wards [wərdz] *suf.* 《영》 =-WARD
ward·ship [wɔ́:rdʃip] *n.* Ⓤ 후견 받는 미성년자의 신분[지위]; 후견: be under the ~ of …의 후견을 받고 있다 / have the ~ of …을 후견하고 있다
‡ware [wɛər] [동음어 wear] *n.* **1** Ⓤ **a** 제품, 물품, 기물(器物); [보통 복합어를 이루어] (…)용품: hard*ware* 철물 **b** 도자기류 **2** [one's ~s] 《문어》 (재능·예능 등에 의한) 상품 가치가 있는 기술 무형 상품
-ware [wɛər] *suf.* 「…의 소프트웨어」의 뜻
***ware·house** [wɛ́ərhàus] *n.* (*pl.* **-hous·es** [-hàuziz]) **1 창고**, 저장소 **2** 《영》 도매점, 큰 상점
— [-hàuz, -hàus] *vt.* 창고에 넣다
ware·house·man [-hàusmən] *n.* (*pl.* **-men** [-mən]) **1** 창고 관리인; 창고업자 **2** 《영》 도매 상인
***war·fare** [wɔ́:rfɛ̀ər] *n.* Ⓤ **1 전쟁**, 교전(交戰) 상태, 전투 행위 《*against*》: nuclear[guerrilla] ~ 핵[게릴라]전 **2** 투쟁, 싸움: economic ~ 경제 전쟁
wár gàme 탁상 작전 연습, 도상(圖上) 작전; [*pl.*] (실제의) 기동 연습
wár gàs 전쟁용 독가스

W

wár gòd 군신(軍神)《로마 신화의 Mars, 그리스 신화의 Ares 등》
wár gràve 전몰자의 묘
wár hàwk 주전(主戰)론자; [**W~ H~**] 〚미국사〛 매파 《1812년 제2차 영미 전쟁 때, 영국에 강경하게 맞선》
war·head [-hèd] *n.* (미사일·어뢰 등의) 탄두(彈頭)
war-horse [-hɔ̀ːrs] *n.* 《문어》 군마(軍馬); 《구어》 노병(老兵); (정계 등의) 백전노장
war·i·ly [wɛ́ərəli] *ad.* 조심하여, 방심하지 않고
war·i·ness [wɛ́ərinis] *n.* Ⓤ 조심, 신중(성); 경계심
war·less [wɔ́ːrlis] *a.* 전쟁 없는
∗**war·like** [wɔ́ːrlàik] *a.* **1 전쟁의,** 군사의: ~ actions 군사 행동 **2 호전적인,** 용맹한, 도전적인
wár lòan 《영》 전시 공채
war·lock [wɔ́ːrlɑ̀k | -lɔk] *n.* (남자) 요술쟁이, 마법사
war·lord [-lɔ̀ːrd] *n.* 《문어》 (호전적인 나라의) 장군; 군사 지도자
⁑**warm** [wɔːrm] *a.* **1 따뜻한,** 온난한: a ~ climate 온난한 기후 **2 열렬한,** 활발한; 열광적인; 성마른 **3 온정 있는,** 인정이 있는; 충심으로부터의: a ~ friend 친한 친구 **4** 〈색이〉 따뜻한 느낌을 주는, 난색(暖色)의: ~ colors 난색 **5** 〚수렵〛 〈짐승이 남긴 냄새 자국이〉 생생한, 오래되지 않은 **6** 《구어》 힘드는, 감당하기 어려운; 불쾌한: a ~ corner 격전지(激戰地); 불쾌한[참을 수 없는] 처지
get ~ 따뜻해지다; 뜨거워지다, 화끈 달아오르다; 열중하다; 흥분하다
— *vt.* **1 따뜻하게 하다,** 데우다: ~ *up* milk 우유를 데우다 **2 열중[흥분]시키다** **3** …의 마음을 따뜻하게 하다: It ~*s* my heart. 마음이 훈훈해진다.
— *vi.* **1 따뜻해지다 2 열중하다,** 열의를 품게 되다《*up*》; 흥분하다《*up*》: ~ *to* one's work 일에 열중하다 **3** 호의를 갖게 되다; 동정하다
~ ***over*** 《미》 〈식은 음식 등을〉 다시 데우다; 〈같은 이론·작품 등을〉 재탕하다
~ ***up*** (1) 데우다, 따뜻해지다, 데워지다; 다시 데우다 (2) 열중[흥분]시키다, 열중하게 되다; 동정을 갖게 되다; 〈파티를〉 흥이 나게 하다, 〈파티가〉 흥이 나다; 〈엔진 등이〉 충분히 데워지다 (3) 〚경기〛 (가벼운) 준비 운동을 시키다[하다]
— *n.* 《구어》 **1** [the ~] 따뜻한 곳《실내 등》 **2** [a ~] 따뜻하게 함, 따뜻해짐: have[give it] a ~ 데워지다[데우다]
wárm·ness *n.*
warm-blood·ed [wɔ́ːrmblʌ́did] *a.* **1** 〈동물이〉 온혈(溫血)의 《36℃-42℃》 **2** 열혈(熱血)의, 열렬한 **~·ly** *ad.* **~·ness** *n.*
wárm bòot 〚컴퓨터〛 웜 부트 《시스템에 문제가 생겼을 때 전원을 끄지 않고 다시 부트시키는 일》
warmed-o·ver [wɔ́ːrmdóuvər] *a.* 《미》 〈요리 등이〉 다시 데운; 〈아이디어 등이〉 재탕한
warmed-up [-ʌ́p] *a.* = WARMED-OVER
wár memòrial 전쟁[전몰자] 기념비[탑, 관]
warm·er [wɔ́ːrmər] *n.* 따뜻하게 하는 사람[물건]; 온열(溫熱) 장치
wárm frònt 〚기상〛 온난(溫暖) 전선
warm-heart·ed [wɔ́ːrmhɑ́ːrtid] *a.* 인정이 있는, 친절한 **~·ly** *ad.* **~·ness** *n.*
wárm·ing pàn [wɔ́ːrmiŋ-] 잠자리를 덥게 하는 그릇 《옛날에 사용한 것》, 각파
warm·ing-up [wɔ́ːrmiŋʌ́p] *a.* 〚경기〛 (운동 전의) 준비 운동의, 워밍업의
— *n.* 데우기
warm·ish [wɔ́ːrmiʃ] *a.* 좀 따스한
∗**warm·ly** [wɔ́ːrmli] *ad.* **1 따뜻하게**: ~ clothed 따뜻하게 옷을 입고 **2 열심히,** 열렬히; 흥분하여; 충심으로, 따뜻이: receive a person ~ …을 따뜻이 맞다
war·mon·ger [wɔ́ːrmʌ̀ŋgər] *n.* 전쟁 도발자, 전쟁광
~·ing *n.* Ⓤ, *a.* 전쟁 도발(의)
⁑**warmth** [wɔːrmθ] *n.* Ⓤ **1 따뜻함,** 온기(溫氣), 온난 **2 열심,** 열렬 **3 온정,** 동정 **4** 격렬함; 흥분 **5** 〚회화〛 〈색의〉 따뜻한 느낌
warm-up [wɔ́ːrmʌ̀p] *n.* **1** 〚경기〛 준비 운동, 워밍업 **2** 일의 시초, 사전 연습 **3** [보통 *pl.*] (헐렁한) 운동복
⁑**warn** [wɔːrn] [동음어 worn] [OE 「조심하다」의 뜻에서] *vt.* **1 경고하다,** 조심시키다 **2** …에 통고하다, 예고하다 — *vi.* 경고하다, 주의하다: ~ *of* danger 위험을 경고하다
wár neuròsis 〚정신의학〛 전쟁 신경증
⁑**warn·ing** [wɔ́ːrniŋ] *a.* **경고의,** 경계의: a ~ gun 경포(警砲)
— *n.* **1** Ⓤ **경고,** 경계; ⒸⓊ 훈계 **2 a 경보**(警報); 경고[훈계]가 되는 것 **b** 징조, 전조(前兆) **3** Ⓤ 《영·고어》 **예고,** 통고
~·ly *ad.* 경고[경계]하여, 경고적으로
wárning bèll 경종; 신호의 종, 예령
wárning colorátion 〚동물〛 경계색
wárning tràck[pàth] 〚야구〛 경고선 《외야의 끝을 따라 설치된 잔디 없는 트랙》
∗**warp** [wɔːrp] *vt.* **1 휘게 하다,** 뒤틀다 **2** 〈마음 등을〉 비뚤어지게 하다 **3** 〈기사·보도 등을〉 왜곡하다 — *vi.* **1 휘다,** 뒤틀리다 **2** 〈성격 등이〉 비뚤어지다 — *n.* **1** (재목 등의) 휨, 뒤틀림, 통겨짐, 굽음 **2** (마음의) 비뚤어짐, 편견 **3** 〚방직〛 날(실)
wár pàint 1 출전하는 인디언의 얼굴·몸 등에 바르는 칠 **2** 《구어》 성장(盛裝), 치장(finery)
war·path [wɔ́ːrpæ̀θ] *n.* (북미 인디언의) 출정의 길; 《구어》 적대 행위
war·plane [wɔ́ːrplèin] *n.* 군용기
⁑**war·rant** [wɔ́ːrənt | wɔ́r-] *n.* **1 a** ⓊⒸ **정당한 이유,** 근거; Ⓤ 권능: without ~ 정당한 이유 없이 / You have no ~ *for* doing[*to* do] that. 당신에겐 그런 짓을 할 권리가 없소. **b 보증**(이 되는 것) **2** 〚법〛 (형사범에 대한) 영장, (민사의) 소환장 **3** 증명서; 면허장
search ~ 가택 수색 영장 ~ ***of arrest*** 체포 영장 ~ ***of attachment*** 압류 영장
— *vt.* **1 정당화하다 2** 《구어》 **보증하다;** 장담하다: ~ the quality 품질을 보증하다 **3** 정식으로 허가[인가]하다

W

war·rant·a·ble [wɔ́:rəntəbl | wɔ́r-] *a.* 정당한; 보증[장담]할 수 있는 **-bly** *ad.*
war·ran·tee [wɔ̀:rəntí: | wɔ̀r-] *n.* 〖법〗 피보증인
wárrant òfficer 〖미육군〗 준위
war·ran·tor [wɔ̀:rəntɔ̀:r | wɔ́r-], **-ran·ter** [-tər] *n.* 〖법〗 보증인, 담보인
war·ran·ty [wɔ́:rənti | wɔ́r-] *n.* (*pl.* **-ties**) **1** UC 근거, 정당한 이유 (*for*) **2** (품질 등의) 보증, 보증서
under ~ 〈상품이〉 보증 기간 중인
war·ren [wɔ́:rən | wɔ́r-] *n.* **1** 토끼 사육장 **2** 토끼의 군서지(群棲地) **3** 빽빽이 들어선 곳[건물]
War·ren [wɔ́:rən | wɔ́r-] *n.* 남자 이름
war·ring [wɔ́:riŋ] *a.* 투쟁하는; 적대하는, 서로 싸우는
‡**war·ri·or** [wɔ́:riər | wɔ́r-] [OF 「싸우다」의 뜻에서] *n.* 《문어》 **전사**(戰士), 무인(武人); 《특히》 역전의 용사
— *a.* Ⓐ 전사[무인]의, 전사다운
War·saw [wɔ́:rsɔ:] *n.* 바르샤바 《폴란드의 수도; 폴란드말로는 Warszawa》
‡**war·ship** [wɔ́:rʃìp] *n.* **군함**, 전함
wart [wɔ:rt] *n.* (피부의) 사마귀; 〖식물〗 나무의 혹, 옹이
wart·hog [wɔ́:rthɔ̀:g | -hɔ̀g] *n.* 〖동물〗 혹멧돼지 《아프리카산》
war·time [wɔ́:rtàim] *n.* Ⓤ 전시(戰時)
— *a.* Ⓐ 전시의
war-torn [wɔ́:rtɔ̀:rn] *a.* 전쟁으로 파괴된[피폐한]
wart·y [wɔ́:rti] *a.* (**wart·i·er**; **-i·est**) 사마귀 모양의; 사마귀투성이의; 혹이 있는
war-wea·ry [wɔ́:rwìəri] *a.* (오랜) 전쟁으로 지친[피폐한]
wár whòop 함성 《북미 인디언의》
War·wick·shire [wɔ́:rikʃìər] *n.* 워릭셔 《영국 중남부의 주; 略 War.》
war·worn [wɔ́:rwɔ̀:rn] *a.* 전쟁으로 피폐한[황폐한]
war·y [wέəri] *a.* (**war·i·er**; **-i·est**) 조심성 있는 (*of*); 방심하지 않는; 세심[신중]한
‡**was** [wʌz, wɑz | wɔz] *vi.* BE의 제1인칭 및 제3인칭 단수 과거

‡**wash** [wɔ:ʃ, wɑʃ | wɔʃ] *vt.* **1** 씻다, 세탁하다 **2 a** 씻어버리다[없애다] (*off, away*) **b** 〈허물 등을〉 씻다 **3** 〈파도·강물 등이 기슭을〉 씻다, 밀려오다 **4** 〈폭풍·비 등이〉 침식하다; 물에 적시다 **5** 씻어내리다, 휩쓸어가다 **—** *vi.* **1** **세수하다**, 〈손·얼굴 등을〉 씻다 **2** **빨래하다**, 옷을 세탁하다 **3 a** [well 등의 양태 부사를 동반하여] **세탁이 되다**, 〈직물·색 등이〉 빨아도 바래지 않다 **b** 〈때 등이〉 씻겨 없어지다 (*out, off*) **4 a** 〈물·파도 등이〉 씻다, 철썰철썩 밀려오다 **b** (빗물 등으로) 떠내려가다, 움푹 깎이다
~ ***against*** …에 밀려오다, …을 씻다 ~ ***down*** 씻어내리다; 〈파도 등이〉 쓸어가다; 〈음식을〉 꿀꺽 삼키다 (*with*) ~ ***out*** (*vt.*) 씻어버리다; 빨아서 색을 바래게 하다; 휩쓸어가다; 《구어》 〈희망 등을〉 버리다, 〈계획 등을〉 단념하다; 《영》 〈비가 경기를〉 중지시키다; (*vi.*) 빨아서 색이 빠지다; 물에 떠내려가다 ~ one***'s hands*** 손을 씻다 《「화장실에 가다」의 완곡한 표현》: Where can I ~ *my hands?* 화장실이 어디죠? ~ ***up*** 《미》 세수하다; 《영》 〈식기 등을〉 씻어 치우다, 설거지하다; 〈파도 등이〉 〈물건을〉 물가에 밀어올리다
— *n.* **1** CU [보통 a ~, the ~] **빨래**, 세탁, 세척(洗滌): stand ~ 빨래가 잘 되다 **2** [the ~] [집합적] 《미》 **세탁물** **3** [the ~] 〈물·파도가〉 밀려옴; 그 밀려오는 소리 **4** UC (설거지하고 난) 음식 찌끼 《돼지 먹이》; 물기 많은[멀건] 음식 **5** 세척제; 화장수: eye ~ 안약, 점안수 **6** [the ~] 〖항공〗 (비행기 때문에 생기는) 기류(氣流) **—** *a.* Ⓐ 《미》 = WASHABLE
Wash. Washington
wash·a·ble [wɔ́:ʃəbl, wɑ́ʃ- | wɔ́ʃ-] *a.* **1** 빨 수 있는 **2** 가용성의
wash-and-wear [wɔ́:ʃənwέər] *a.* (미·구어) 〈옷이〉 빨아서 입을 수 있는 《다리미질이 필요 없는》
wash·a·te·ri·a [wɑ̀ʃətíəriə | wɔ̀ʃ-] [*wash* + caf*eteria*] *n.* 《주로 미남부》 **1** 동전을 넣고 사용하는 세탁실 **2** 셀프서비스 세차장
wash·ba·sin [-bèisn] *n.* 《영》 세면기, 세숫대야(《미》 washbowl)
wash·board [-bɔ̀:rd] *n.* 빨래판
wash·bowl [-bòul] *n.* 《미》 세면기, 세숫대야(《영》 washbasin)
wash·cloth [-klɔ̀:θ | -klɔ̀θ] *n.* 《미》 (세수)수건(facecloth)
wash·day [-dèi] *n.* (가정의) 세탁일
wásh dràwing 단색(單色)담채(淡彩)풍의 수채(화); 수묵화
washed-out [wɔ́:ʃtáut, wɑ́ʃt- | wɔ́ʃt-] *a.* **1** 빨아서 바랜; 퇴색한 **2** 《구어》 기운이 없는, 지칠대로 지친
washed-up [-ʌ́p] *a.* **1** 깨끗이 씻은[빤] **2** 《구어》 실패한; 《구어》 지칠대로 지친
***wash·er** [wɔ́:ʃər, wɑ́ʃ- | wɔ́ʃ-] *n.* **1** 씻는 사람, 세탁인; **세탁기**, 세광기(洗鑛機) **2** 따리쇠 《볼트의》, 와셔
wash·er-dry·er [wɔ́:ʃərdràiər | wɔ́ʃ-] *n.* 건조기가 딸린 세탁기
wash·er·wom·an [-wùmən] *n.* (*pl.* **-wom·en** [-wìmin]) (직업적) 여자 세탁부(laundress)
wash·e·te·ri·a [wɔ̀:ʃətíəriə, wɑ̀ʃ- | wɔ̀ʃ-] *n.* = WASHATERIA
wásh gòods 세탁이 잘되는 직물[옷]
wásh·hand stànd [wɑ́ʃhæ̀nd-, wɔ́:ʃ- | wɔ́ʃ-] 《영》 세면대(《미》 washstand)
wash·house [-hàus] *n.* (*pl.* **-hous·es** [-hàuziz]) 세탁소; 세탁장
‡**wash·ing** [wɔ́:ʃiŋ, wɑ́ʃ- | wɔ́ʃ-] *n.* **1** UC **씻음, 세탁**, 세척 **2** [보통 the ~; 집합적] 세탁물, 빨랫감 **—** *a.* Ⓐ 세탁용의
wáshing dày 《영》 세탁일(washday)
wáshing machìne 세탁기
wáshing pòwder 분말 (합성) 세제, 가루비누
wáshing sòda 세탁용 소다
‡**Wash·ing·ton** [wɔ́:ʃiŋtən, wɑ́ʃ- | wɔ́ʃ-] [George Washington에서] *n.* **워싱턴** **1** 미국의 수도 《주와 구별하기 위하여 종종 ~, **D.C.**

라고 함》; 미국 정부 **2** 미국 북서 끝의 주 《수도 Olympia; 略 Wash.》 **3 George** ~ (1732-99) 《미국 제1대 대통령》

Wash·ing·to·ni·an [wɔ̀:ʃiŋtóuniən, wɑ̀ʃ- | wɔ̀ʃ-] *a.* 워싱턴 주[(미국 수도) 워싱턴 시]의; 조지 워싱턴의 **—** *n.* 워싱턴 주[워싱턴 시]의 주민[시민]

Wáshington's Bírthday 워싱턴 탄생일 《2월 22일; 미국 여러 주에서 법정 공휴일》

wash·ing-up [wɔ́:ʃiŋʌ́p | wɔ́ʃ-] *n.* Ⓤ 《영》 설거지

wash·out [-àut] *n.* **1** 유실(流失) 《도로·교량 등의》; (유실로 인한) 붕괴[침식] 장소 **2** 《속어》 실패자; 실패; 실망

wash·rag [-ræ̀g] *n.* 《미》 = WASHCLOTH

wash·room [-rù(:)m] *n.* 《미》 세면실; 화장실

wash·stand [-stæ̀nd] *n.* **1** 세면대 **2** 세차장

wash·tub [-tʌ̀b] *n.* 세탁용 대야, 빨래통

wash·up [-ʌ̀p] *n.* 빨래(터), 세탁(장)

wash·wom·an [-wùmən] *n.* (*pl.* **-wom·en** [-wìmin]) 《미》 세탁부(婦)

wash·y [wɔ́:ʃi, wɑ́ʃi | wɔ́ʃi] *a.* (**wash·i·er**; **-i·est**) **1** 물기 많은, 묽은 **2** 〈색이〉 엷은, 연한 **3** 〈문체 등이〉 약한, 힘이 없는

⁑was·n't [wʌ́znt, wɑ́z- | wɔ́z-] *v.* was not의 단축형

***wasp** [wɑsp | wɔsp] *n.* **1** 〖곤충〗 **말벌** **2** 성을 잘 내는 사람, 까다로운 사람

WASP, Wasp [wɑsp | wɔsp] [*W*hite *A*nglo-*S*axon *P*rotestant] *n.* 《미》 와스프 《앵글로색슨계 백인 신교도; 미국 사회의 주류를 이루는 지배 계급으로 여겨짐》

wasp·ish [wɑ́spiʃ | wɔ́sp-] *a.* **1** 말벌 같은 **2** 성 잘내는, 심술궂은; 까다로운

wásp wàist 잘록한 허리, 개미허리

wasp-waist·ed [wɑ́spwèistid | wɔ́sp-] *a.* 엉덩이가 크고 허리가 가는

wasp·y [wɑ́spi | wɔ́spi] *a.* (**wasp·i·er**; **-i·est**) 말벌의[같은]

was·sail [wɑ́səl, -seil | wɔ́seil] *n.* **1** 축배의 인사 **2** 《고어》 (옛날 크리스마스 이브에 벌어졌던) 주연(酒宴), 술잔치 **—** *vi.* 주연에 참석하다; 술잔치를 베풀다

Wás·ser·mann tèst [wɑ́:sərmən-] 〖의학〗 (매독의) 바서만 (반응) 시험

was·sup [wǽsəp, wɑ̀sʌ́p] 《속어》 *int.* 무슨 일이냐? (what's up?)

wast [wɑst | wɔst, wəst] *vi.* 《고어·시어》 be의 제2인칭(thou) 단수·직설법 과거

wast·age [wéistidʒ] *n.* **1** Ⓤ 소모, 손모(損耗); 낭비 **2** 소모액[량] **3** ⓊⒸ 폐물 《낭비에 의하여 생긴》

⁑waste [weist] [동음어 waist] *vt.* **1** **낭비하다, 허비하다** **2** 〈기회 등을〉 **놓치다** **3** 〈토지 등을〉 **황폐화하다** **4** 〈사람·체력을〉 소모하다; 쇠약하게[초췌하게] 만들다 **5** 《미·속어》 죽이다 **—** *vi.* **1** **낭비하다**; 《드물게》 낭비되다, 허비되다 **2** **쇠약해지다**, 말라빠지다 **~ *away*** (1) 쇠약해지다 (2) 〈시간을〉 헛되이 보내다

— *n.* **1** ⓊⒸ **낭비**, 허비 **2** [종종 *pl.*] **폐물**, (산업) 폐기물, 쓰레기 **3** **황무지**, 불모의 황야 **4** Ⓤ 소모, 마손; 쇠약

***run*[*go*] *to* ~** 폐물이 되다, 허비되다

— *a.* **1** **황폐한**; 불모(不毛)의; 경작되지 않은 **2** Ⓐ 쓸데없는; 쓰다 남은, 폐물의 **3** Ⓐ **폐물을 넣는[운반하는]**

***lay* ~** 〈토지·나라를〉 황폐화하다 ***lie* ~** 〈토지가〉 황폐해 있다, 개간되어 있지 않다

wást·a·ble *a.* **~·ness** *n.* Ⓤ 황폐; 불모

***waste·bas·ket** [wéistbæ̀skit | -bɑ̀:s-] *n.* 《미》 **휴지통**

waste·bin [-bìn] *n.* 《미》 쓰레기통

wast·ed [wéistid] *a.* **1** 황폐한, 쇠약한; 소용이 없는, 헛된 〈노력〉 **2** 마약[알코올]에 취한, 마약 중독의

***waste·ful** [wéistfəl] *a.* **1** **낭비적인**; 비경제적인, **허비의**; 소모성의 **2** 황폐화하는, 파괴적인 **~·ly** *ad.* **~·ness** *n.*

wáste hèat 여열(餘熱), 폐열

wáste ìndustry 산업 폐기물 처리업

waste·land [wéistlæ̀nd] *n.* **1** 불모[미개척]지; 황무지 **2** [보통 a ~] (정신적·문화적) 불모[황폐] 지역[시대, 생활]

waste·pa·per [-pèipər] *n.* Ⓤ 휴지, 종이 쓰레기

wástepaper bàsket 《영》 휴지통 (《미》 wastebasket)

wáste pìpe 배수관(排水管), 배기관

wáste pròduct **1** (생산 과정에서 나온) 폐기물 **2** (몸의) 노폐물

wast·er [wéistər] *n.* **1** 낭비자; 《속어》 건달 **2** (제품의) 흠 있는 물건, 파치 **3** 파괴자 **4** 《미·속어》 살인자; 총

waste·wa·ter [wéistwɔ̀:tər] *n.* (공장) 폐수(廢水), 오수(汚水)

wast·ing [wéistiŋ] *a.* Ⓐ **1** 〈병이〉 소모성의 **2** 〈전쟁 등이〉 황폐하게 하는, 파괴적인 **—** *n.* 낭비; 소모

wast·rel [wéistrəl] *n.* **1** 《문어》 낭비자 **2** 건달; 부랑자 **3** 흠 있는 물건, 파치

⁑watch [wɑtʃ | wɔtʃ] [OE 「자지 않고 있다」의 뜻에서] *vi.* **1** **지켜보다**, 주시하다, 주목[관찰]하다 **2** **기다리다**, 기대하다 《*for*》 **3** **망을 보다**, 감시하다

— *vt.* **1** **지켜보다**, 주시하다 **2** **망보다**, 감시하다, 경계하다 **3** 〈기회 등을〉 기다리다, 노리다 **4** 돌보다; 간호하다

~ *out* (1) [명령형으로] 조심해, 위험하다 (2) 망보다, 경계하다 《*for*》 **~ *over*** 간호하다, 돌보다; 감시하다

— *n.* **1** Ⓤ **경계**, 망보기, 감시; 조심 **2** **회중[손목]시계** **3** [집합적] 경비대, 감시인 **4** 〖역사〗 경(更) 《야간을 3[4] 구분한 것의 하나》 **5** ⒸⓊ 〖항해〗 (4시간 교대의) 당직(시간); 당직 순번 《승무원을 둘로 나눈》

(*be*) *on*[*off*] ~ 〖항해〗 당직[비번(非番)](이다) ***keep* (*a*) ~ *on*[*of, over*]** …을 지키다 ***keep the* ~** 당직하다 ***set a* ~** 보초를 세우다 ***stand* (*a*[one's]) ~** 보초 서다

watch·band [wɑ́tʃbæ̀nd | wɔ́tʃ-] *n.* 손목시계 밴드[줄] 《가죽으로 된》

wátch bòx 초소, 보초 막사

watch·case [-kèis] *n.* 회중[손목]시계의 케이스

wátch chàin 회중시계의 쇠줄

wátch crýstal 《미》 회중[손목]시계의 뚜껑 유리

W

watch·dog [-dɔ̀:g] *n.* **1** (집) 지키는 개 **2** 충실한 경비원, 감시인
watch·er [wɑ́tʃər | wɔ́tʃ-] *n.* **1** 망보는[지키는] 사람; 당직자 **2** (자지 않고 돌보는) 간호인; 밤샘하는 사람 **3** 주시자, 관측자; [국명 등의 뒤에 붙여서] …(문제) 전문가 **4** ((미)) 참관인 ((선거 투표소의))
***watch·ful** [wɑ́tʃfəl | wɔ́tʃ-] *a.* **주의 깊은, 경계하는** ((*against, of*))
~·ly *ad.* **~·ness** *n.*
wátch glàss 1 = WATCH CRYSTAL **2** 〖화학〗 시계 접시 ((비커 뚜껑이나 소량의 물질을 다루는 데에 사용))
watch·mak·er [wɑ́tʃmèikər | wɔ́tʃ-] *n.* 시계 제조[수리]인
watch·mak·ing [-mèikiŋ] *n.* Ⓤ 시계 제조[수리](업)
***watch·man** [wɑ́tʃmən | wɔ́tʃ-] *n.* (*pl.* **-men** [-mən]) (건물 등의) **야경꾼,** 경비원; (옛날의) 야간 순찰자
wátch mèeting 제야의 집회[예배]
wátch nìght 1 (한밤중까지 계속되는) 제야의 예배 **2** [**W~ N~**] 제석 (除夕), 섣달 그믐날 밤
wátch pòcket 회중시계 주머니
watch·strap [-stræ̀p] *n.* ((영)) 손목시계 밴드[줄]
watch·tow·er [-tàuər] *n.* **1** 망대(望臺), 망루, 감시탑 **2** ((비유)) 관점(觀點)
watch·word [-wə̀:rd] *n.* **1** 암호 **2** 표어, 슬로건

*****wa·ter** [wɔ́:tər, wɑ́t-] *n.* Ⓤ **1** 물, 음료수 **2** (수도 등의) **물,** 용수; [*pl.*] 광천수, 탄산수: tap ~ 수돗물 **3** [종종 the ~] (공중·육지에 대해) **수중 4** 수위, 수심; 수면 **5** [종종 the ~s] (바다·강·폭포·호수·연못 등의) 유수(流水) **6** [보통 the ~s] **바다,** 영해, 근해 **7** 용액; …수, 화장수 **8 a** ⓊⒸ 분비액(分泌液); 눈물, 땀, 오줌, 침 **b** [종종 *pl.*] 〖의학〗 양수 **9** Ⓒ 물결무늬 ((직물·금속 등의)) **10** Ⓒ 수채화; Ⓤ 수채화 물감
***get into deep* ~(*s*)** (1) 수렁에 빠지다 (2) 처리할 수 없는 일에 손대다 ***like* ~** 아낌없이; 물 쓰듯이 ***pass* ~** 소변보다 ***take the* ~** (1) 헤엄치기 시작하다, 물속에 뛰어들다 (2) 〈비행기가〉 착수(着水)하다; 〈배가〉 진수하다 ***throw*[*pour, dash*] *cold* ~ *on*[*upon*]** (1) 찬물을 끼얹다 (2) 〈계획 등을〉 방해하다 ***under* ~** (1) 수면 아래로 가라앉아서 (2) 생활이 곤궁하여
— *vt.* **1** …에 **물을 끼얹다[뿌리다],** 물을 대다 **2 물을 타다,** 물을 타서 묽게 하다 ((*down*)) **3** 〈말 등에〉 물을 먹이다 **4** 〈작물·밭 등에〉 관개하다; 급수하다
— *vi.* **1** 분비액이 나오다; 눈물[침]이 나다; 침을 흘리다 **2** 〈짐승이〉 물을 마시다 **3** 〈배·기관이〉 급수되다 **—** *a.* Ⓐ **1** 물의, 물에 관한 **2** 물이 든, 물을 담기 위한 **3** 수력의 **4** 물위[물속]의 **5** 수생(水生)의
wáter bàg 물주머니
wáter ballèt 수중 발레; ((특히)) = SYNCHRONIZED SWIMMING
Wáter Bèarer [the ~] 〖천문〗 물병자리(Aquarius)
wáter bèd 물을 넣은 고무 요 ((환자용))
wáter bèetle 〖곤충〗 수서 곤충 ((물방개 등))
wáter bìrd 물새
wáter bìscuit (버터와 밀가루 등으로 만든) 크래커 비슷한 비스킷
wáter blìster 수포(水疱), 물집
wáter bòmb 물 폭탄 ((물을 넣은 봉지 등))
wa·ter·borne [wɔ́:tərbɔ̀:rn] *a.* **1** 물위에 뜨는 **2** 수상 수송의 **3** 〈전염병이〉 음료수 매개(媒介)의, 수인성의
wáter bòttle 물병; ((영)) 물통
wa·ter·buck [-bʌ̀k] *n.* (*pl.* **~, ~s**) 〖동물〗 워터벅 ((남아프리카산의 대형 영양))
wáter bùffalo 1 〖동물〗 물소 **2** ((미·속어)) 수륙 양용 수송 전차
wa·ter-bus [-bʌ̀s] *n.* ((영)) 수상 버스 ((유람선))
wáter bùtt 큰 빗물통
wáter cànnon 고압 방수포(放水砲) ((데모대 해산용))
wáter cànnon trùck 방수차(放水車)
wáter chèstnut 〖식물〗 마름
wáter chùte 워터 슈트 ((보트를 높은 곳에서 물 위로 활주 돌진시키는 경사로; 그 놀이))
wáter clòset 1 (수세식) 변소 ((略W.C.)) **2** 수세식 변기
***wa·ter·col·or** [wɔ́:tərkʌ̀lər] *n.* **1** [*pl.*] **수채화 그림물감 2** 수채화 **3** Ⓤ 수채화법 **—** *a.* Ⓐ 수채화 그림물감으로 그린, 수채(화)의 **~·ist** *n.* 수채화가
wáter convèrsion (바닷물의) 담수화
wa·ter-cool [-kù:l] *vt.* 〖기계〗 〈엔진 등을〉 물로 식히다 **-còoled** *a.* 수랭식의
wáter còoler 냉수기(冷水器), 냉수 탱크
wa·ter·course [-kɔ̀:rs] *n.* **1** 물줄기 **2** 수로(水路), 운하
wa·ter·cress [-krès] *n.* 〖식물〗 물냉이
wáter cùlture 〖농업〗 수경(水耕) (재배)
wáter cùre 〖의학〗 수치 요법(水治療法)
wa·ter·cycle [wɔ́:tərsàikl] *n.* 수상 자전거 ((페달식 보트))
wáter dòg 1 물에 익숙한 개 **2** ((속어)) 노련한 선원, 헤엄 잘 치는 사람
wa·tered [wɔ́:tərd, wɑ́t-] *a.* **1** 물을 댄[뿌린], 관개(灌漑)가 된 **2** 물결무늬가 있는 〈비단·금속판 등〉; 물결무늬가 서려 있는 〈칼날〉 **3** 물을 탄 〈술 등〉
wa·tered-down [wɔ́:tərddáun] *a.* **1** 물 탄 **2** 〈밀도·강도 등이〉 약화된, 둔화된, 경감된
****wa·ter·fall** [wɔ́:tərfɔ̀:l] *n.* **폭포(수);** 낙수(落水) ((수력(水力)으로 이용하는))
wáter flòw 1 수류(水流) **2** (단위 시간당의) 유수량
wáter fòuntain 분수식의 물 마시는 곳
wa·ter·fowl [-fàul] *n.* (*pl.* **~s,** [집합적] ~) 물새
wa·ter·front [-frʌ̀nt] *n.* **1** 물가의 땅 **2** (도시의) 호안[하안, 해안] 지역
wáter gàte 수문(水門)(floodgate)
Wa·ter·gate [wɔ́:tərgèit] *n.* 워터게이트 (사건) ((1972년 Washington, D.C.에 있는 민주당 본부 건물에 도청 장치를 한 정보 활동)); [때로 **w~**] ((일반적으로)) 정치적 부정 행위[추문]

W

wáter gàuge 1 수위[수량(水量)]계 2 (보일러 등의) 액면[수면]계
wáter glàss 1 물 마시는 유리 컵 2 수중 탐지경(水中探知鏡) 3 규산소다
wáter gùn 물총(water pistol)
wáter hèn 〖조류〗 쇠물닭 《뜸부깃 과(科)》
wáter hòle 1 물 웅덩이, 작은 못, (사막의) 샘 2 빙면(氷面)의 구멍
wáter ìce 《영》 (과즙이 든) 빙과(氷菓)
wá·ter·ing càn [wɔ́:təriŋ-, wɑ́t-] 물뿌리개
wátering càrt 살수차(撒水車)
wátering hòle 1 《미·속어》 (술 마시는) 사교장 《바·나이트클럽·라운지 등》 2 《구어》 물놀이를 할 수 있는 행락지
wátering plàce 1 《영》 온천장; 해수욕장 2 물 마시러 오는 곳 《짐승의》; (대상(隊商)이나 배의) 물 보급지 3 = WATERING HOLE
wátering pòt 물뿌리개(watering can)
wáter jàcket 〖기계〗 물 재킷 《내연 기관 등의 과열을 냉각시키는 장치》
wáter jùmp (장애물 경마에서 뛰어넘어야 하는) 물 웅덩이, 도랑
wa·ter·less [wɔ́:tə*r*lis, wɑ́t-] *a.* 1 물이 없는, 마른 2 물이 필요하지 않은 〈요리 등〉 3 공랭식의 〈엔진 등〉
wáter lèvel 1 수위(水位); 수평면; 지하수면; 흘수선 2 수평기, 수준기(水準器)
wáter lìly 〖식물〗 수련(睡蓮)
wáter lìne 1 흘수선(吃水線) 2 (수조 등의) 수위, (홍수 수위의 흔적을 나타내는) 수위선 3 (종이의) 투명선
wa·ter·locked [-lɑ̀kt | -lɔ̀kt] *a.* 완전히 물에 갇힌
wa·ter·logged [-lɔ̀(:)gd | -lɔ̀gd] *a.* 1 〈목재가〉 물이 밴, 〈땅이〉 물에 잠긴 2 〈배가〉 침수된
Wa·ter·loo [wɔ́:tə*r*lù:] *n.* 1 워털루 《Belgium 중부의 마을; 1815년 Napoleon Ⅰ세가 Wellington에게 대패한 곳》 2 [때로 **w~**] 대패, 참패
meet one***'s*** ~ 참패 당하다, 크게 지다
wáter màin 급수[수도] 본관(本管)
wa·ter·man [wɔ́:tə*r*mən] *n.* (*pl.* **-men** [-mən]) 1 뱃사공 2 노 젓는 사람 3 급수[살수, 관수] 업무 종사원
wa·ter·mark [-mɑ̀:*r*k] *n.* 1 양수표(量水標), 수위표 2 (종이의) 투명 무늬
— *vt.* …에 투명 무늬를 넣다
wáter mèadow (강의 범람으로) 비옥해진 목초지[저지]
*__wa·ter·mel·on__ [wɔ́:tə*r*mèlən] *n.* 〖식물〗 **수박**
wáter mèter 수량계, 수도의 계량기
wáter mìll 물방앗간; 수력 제분소
wáter mòccasin 1 독사 《북미 남부의 늪·강에 사는》 2 《일반적으로》 물뱀 《독 없음》
wáter nỳmph 1 물의 요정 2 〖식물〗 수련
wáter òx 〖동물〗 물소
wáter pàint 수성(水性) 물감[페인트]
wáter pàrting 《미》 분수선(分水線)[계(界)]
wáter pìll 《구어》 이뇨제
wáter pìpe 송수관, 배수관
wáter pìstol 물총(squirt gun)
wáter plàne 1 〖조선〗 수선면(水線面) 2 수상 비행기
wáter plànt 수생 식물, 수초
wáter plùg 소화전(fireplug)
wáter pollùtion 수질 오염
wáter pòlo 〖경기〗 수구(水球)
*__wa·ter·pow·er__ [wɔ́:tə*r*pàuə*r*] *n.* Ⓤ **수력**; (동력용) 낙수(落水) — *a.* Ⓐ 수력의; 낙수를 이용한
*__wa·ter·proof__ [-prù:f] *a.* **방수의**, 물이 새어 들지 않는
— *n.* 1 방수복, 레인코트 2 Ⓤ 방수 재료, 방수포(布)
— *vt.* 방수 처리[가공]하다
wa·ter·proof·ing [-prú:fiŋ] *n.* Ⓤ 1 방수제(劑) 2 방수 처리[가공]
wáter ràt 〖동물〗 물쥐; 《미》 사향뒤쥐
wáter ràte[rènt] 수도 요금
wa·ter-re·pel·lent [-ripélənt] *a.* (완전 방수는 아니지만) 물을 튀기는[튀기도록 만든]
wa·ter-re·sis·tant [-rizístənt] *a.* (완전 방수는 아니지만) 물이 스며드는 것을 막는, 내수(성)의
wáter rìght 〖법〗 용수권, 수리권
wa·ter·scape [-skèip] *n.* 1 물이 있는 경치 2 수경화(水景畵)(cf. LANDSCAPE)
wáter sèal 수밀봉(水密封) 《가스관의 가스가 새는 것을 막기 위한》
wa·ter·shed [-ʃèd] *n.* 1 분수선, 분수계(分水界)(《미》 water parting) 2 분수계에 둘러싸인 지역, (강의) 유역 3 분기점, 중대한 시기; 위기
wa·ter·side [-sàid] *n.* [the ~] (강·바다·호수의) 물가, 수변(水邊) — *a.* Ⓐ 1 물가의 2 물가에서 일하는
wáter skì 수상 스키
wa·ter-ski [-skì:] *vi.* 수상 스키를 하다 ~·**er** *n.* ~·**ing** *n.*
wáter snàke 1 〖동물〗 (물속 또는 물가에 사는) 물뱀 《독 없음》 2 [the W~ S~] 〖천문〗 물뱀자리
wáter sòftener 1 경수 연화제(軟化劑) 2 경수 연화 장치
wa·ter·sol·u·ble [-sɑ̀ljubl | -sɔ̀l-] *a.* 물에 용해되는, 수용성(水溶性)의
wáter spàniel 〖동물〗 워터 스패니엘 《오리 사냥 등에 쓰는 털이 곱슬곱슬한 개》
wa·ter·sport [-spɔ̀:*r*t] *n.* 수상 스포츠 《수영·수중 폴로·파도타기 등》
wa·ter·spout [-spàut] *n.* 1 물 나오는 구멍, 홈통 구멍, 배수구 2 〖기상〗 물기둥
wáter sprìte 물의 요정(妖精)
*__wáter supplỳ__ 1 **급수**(법), 급수 (사용)량 2 상수도, 송수 설비
wáter sỳstem 1 (하천의) 수계(水系) 2 = WATER SUPPLY
wáter tàble 1 지하 수면(地下水面) 2 도로 가[옆]의 배수구 3 〖건축〗 빗물막이
wáter tànk 물탱크, 수조(水槽)
wa·ter·tight [-tàit] *a.* 1 방수의, 물이 들어오지 못하는: a ~ compartment (배의) 방수 구획(실) 2 〈논의 등이〉 완벽한, 빈틈없는
wáter tòrture 물 고문

W

wáter tòwer **1** 급수[저수, 배수]탑 **2** 《미》 (고층 빌딩 상부의) 소방용 방수 장치

wáter vàpor 수증기

wáter vòle = WATER RAT

wáter wàgon 《미》 **1** (행군 중인 군대와 행동을 함께 하는) 급수차 **2** 살수차
on [***off***] ***the ~*** 《미·속어》 술을 끊고[다시 마시기 시작하여]

*__wa·ter·way__ [wɔ́:tərwèi] *n.* **수로**, 항로(航路); 《미》 운하

wa·ter·weed [-wì:d] *n.* 수초(水草)

wa·ter·wheel [-*h*wì:l] *n.* 물레바퀴; 수차(水車)

wáter wìngs (수영 연습용) 날개꼴 부낭

wa·ter·works [-wə̀:rks] *n. pl.* **1** [단수·복수 취급] 수도, 상수도, 급수 시설; 급수소 **2** 분수 **3** 《속어》 눈물

wa·ter·worn [-wɔ̀:rn] *a.* 물의 작용으로 마멸된[매끈매끈해진]

*__wa·ter·y__ [wɔ́:təri, wɑ́t-] *a.* (**-ter·i·er**; **-i·est**) **1** **물의**; 물 같은 **2** 눈물 어린 **3** 〈포도주 등이〉 싱거운, 맛없는; 〈삶은 음식이〉 물기가 많은 **4** 재미없는, 시시한 **5** 〈빛깔 등이〉 엷은 **6** 〈하늘 등이〉 비가 올 듯한 **7** Ⓐ 《문어》 수중의

WATS [wɑts | wɔts] [*W*ide *A*rea *T*elecommunications *S*ervice] *n.* Ⓤ 《미》 와츠 《매달 일정한 요금으로 장거리 전화를 제한 없이 걸 수 있음》

*__watt__ [wɑt | wɔt] [J. Watt에서] *n.* 〖전기〗 **와트** 《전력의 실용 단위》

Watt [wɑt | wɔt] *n.* 와트 **James ~** (1736-1819) 《스코틀랜드의 발명가》

watt·age [wɑ́tidʒ | wɔ́t-] *n.* Ⓤ 〖전기〗 와트수; (필요한) 와트량(量)

watt-hour [wɑ́tàuər | wɔ́t-] *n.* 〖전기〗 와트시(時) 《1시간 1와트의 전기량》

wat·tle [wɑ́tl | wɔ́tl] *n.* **1** 윗가지, 윗가지로 엮어 만든 것 《울타리·지붕·벽 등》 **2** 아랫볏, 늘어진 살 《닭·칠면조의》 **3** 아카시아속(屬)의 교목[관목] 《호주산》
— *vt.* **1** 〈울타리·벽 등을〉 〈윗가지로〉 엮어 만들다 **2** 〈윗가지를〉 엮다

wat·tled [wɑ́tld | wɔ́t-] *a.* **1** 윗가지로 엮은 **2** 늘어진 살이 있는 〈새 등〉

watt·me·ter [wɑ́tmì:tər | wɔ́t-] *n.* 〖전기〗 전력계

***__wave__ [weiv] *n.* **1** **파도**, **물결**; [the ~(s)] 《시어》 물, 바다 **2** 파동, 기복, 굽이침 **3** 물결무늬 《비단의 광택 등의》; 웨이브 《머리카락 등의》 **4** 흔들림, 흔드는 신호 **5** 물밀 듯함, 고조 《감정 등의》 **6** 〖물리〗 파(波), (빛·소리 등의) 파동; 〖컴퓨터〗 놀, 파 **7** 〖기상〗 (기압 등의) 파(波), 변동: a cold[heat] ~ 한[열]파
make ~s 《구어》 풍파를 일으키다
— *vi.* **1** **파도치다**, **물결치다**; 굽이치다; 흔들리다, 펄럭이다 **2** 〈머리털 등이〉 웨이브로 되어 있다; 〈지형 따위가〉 기복이 있다 **3** 손을 흔들다, 〈손·손수건 등을〉 흔들어 신호하다 《*to, at*》
— *vt.* **1** **흔들다**, 휘두르다 **2** 물결 모양으로 하다; 〈머리에〉 웨이브를 하다 **3** (손·깃발을 흔들어) **신호**[**인사**]**하다**
~ aside 물리치다, 뿌리치다 ***~ away*** [***off***] 손을 흔들어 쫓아 버리다, 거절하다

wáve bànd 〖통신〗 (무선·TV의) 주파대(周波帶)

wave·length [-lèŋkθ] *n.* **1** 〖물리〗 파장(波長) 《기호 λ》 **2** 《구어》 (개인의) 사고방식

wave·less [wéivlis] *a.* 물결[파동]이 없는; 조용한

wave·let [wéivlit] *n.* 잔물결

*__wa·ver__ [wéivər] *vi.* **1** **흔들리다**; 나부끼다, 펄럭이다; 떨리다 **2** 무너지기[흔들거리기] 시작하다 **3** 주저하다
— *n.* 동요; 주저, 머뭇거림 **~·er** *n.*

wa·ver·ing [wéivəriŋ] *a.* **1** 흔들리는, 펄럭이는 **2** 떨리는, 주저하는 **~·ly** *ad.*

wáve thèory **1** 〖물리〗 (빛의) 파동설 **2** 〖언어〗 파문설(波紋說)

wav·y [wéivi] *a.* (**wav·i·er**; **-i·est**) **1** 요동하는; 물결 모양의 **2** 굽이치는 **3** 떨리는, 불안정한, 흔들리는

‡**wax**[1] [wæks] *n.* Ⓤ **1** **밀랍**(蜜蠟); (**밀**)**초** **2** (밀)초 같은 것; 봉랍(封蠟); (마루 등의) 윤 내는 약 **3** 귀지 **4** 《미·구어》 레코드 《음반》 — *a.* Ⓐ 밀랍으로 만든, 납제(蠟製)의 — *vt.* **1** …에 초를 칠하다; 초로 닦다 **2** 《미·구어》 〈곡을〉 레코드에 녹음하다

wax[2] *vi.* (**~ed**; **~ed,** 《고어》 **wax·en** [wǽksən]) **1** 커지다; 〈달이〉 차다 **2** 《고어·시어》 점점 …이 되다: ~ angry 화가 치밀어 오르다 ***~ and wane*** 〈달이〉 차고 기울다; 성쇠[증감]하다

wax[3] *n.* [a ~] 《영·구어》 노여움, 분통
get into a ~ 발끈 화내다

wax·en [wǽksən] *a.* **1** 초로 만든; 초를 바른 **2** 초 같은, 매끈매끈한 **3** 《비유》 창백한, 생기 없는

wáx musèum 밀랍 인형관(館)

wáx pàper 납지, 파라핀 종이

wax·wing [-wìŋ] *n.* 〖조류〗 여새, 연작(連雀)

wax·work [-wə̀:rk] *n.* 밀랍 세공품, 밀랍 인형

wax·y[1] [wǽksi] *a.* (**wax·i·er**; **-i·est**) **1** 밀랍의, 밀초의; 밀초를 먹인 **2** 납질(蠟質)의; 색과 윤이 초 같은, 창백한

waxy[2] *a.* (**wax·i·er**; **-i·est**) 《영·속어》 화를 낸, 성난: get ~ 버럭 화를 내다

***__way__[1] [wei] [동음어 weigh] *n.* **1** **길**, 도로, 가로; [**W~**] (고대 로마 사람이 만든) 길 **2** **코스**, 진로 **3** **도정**(道程), 거리: It's a long ~ from here. 여기서 멀다. **4** [종종 *pl.*] 습관, 버릇; 풍습; 의지; …풍(風), …식(式) **5** (특정한) **방법**, 수단; (처세·인생의) 길: This is the best ~ *to* solve the problem. 이것이 그 문제를 해결하는 최선의 방법이다. **6** **방향**, 쪽; [*sing.*] 《구어》 근처: this ~ 이리로 **7** 가는 도중, 도중의 시간: on one's [the] ~ home[to school] 집으로[학교로] 가는 길에 **8** (어떤 방향으로의) 진행, 진척
all the ~ (1) 도중 내내, 먼 길을 무릅쓰고 (2) 《미·구어》 …의 범위 내에 (3) 《미·속어》 (동의·지지 등) 전폭적으로, 언제라도, 무조건으로 ***any ~*** 여하간 ***both ~s*** (1) 왕복 모두; 양쪽에 (2) 《영》 〖경마〗

W

우승과 입상의 양쪽에 〈걸다〉 ***by the ~*** (1) 도중에 (2) 말이 난 김에 (3) 그런데 ***by ~ of*** (1) …을 지나서, …을 경유하여(via) (2) …을 위하여, …으로서, …인 셈으로: *by ~ of* apology 변명으로, 변명하기 위하여 ***find*** one***'s ~*** (1) 길을 찾아서 가다 (2) 다다르다; 애써 나아가다 (3) 들어오다; 나가다 ***get in the ~*** 방해가 되다 ***get*** one***'s (own) ~*** 바라던 것을 얻다, 마음대로 하다 ***get under ~*** 《미·구어》 (1) 〖항해〗 항해 중이다 (2) 시작하다; 진행 중이다 ***give ~*** (1) 무너지다, 부러지다, 꺾이다; 떨어지다 (2) 지다, 물러가다, 양보하다 《*to*》 (3) 〈마음이〉 꺾이다, 풀이 죽다, 낙심하다; 비탄에 잠기다 ***go[take]*** one***'s (own) ~*** 자기 생각대로 하다, 자신의 길을 가다 ***go out of the***[one***'s***] ***~*** 일부러[고의로] …하다 ***have*** one***'s (own) ~*** 뜻대로[마음대로] 하다 ***in no ~*** 결코 …않다 ***in*** one***'s (own) ~*** (1) 특기여서, 전문으로 (2) 그것 나름으로, 꽤 ***in this ~*** 이렇게, 이런 식으로 ***keep[hold]*** one***'s ~*** 길을 잃지 않다, 벗어나지 않다 ***keep out of the ~*** 피하다, 비키다 ***make[pay] its ~*** 〈기업 등이〉 돈을 벌다 ***make much[little] ~*** 진척되다[되지 않다] ***make*** one***'s (own) ~*** (애써) 나아가다, 가다; 번창하다, 잘 되다, 출세하다 ***make ~*** (1) 나아가다, 진보하다, 출세하다 (2) 길을 비켜 주다 《*for*》 ***no ~*** 《구어》 천만의 말씀, 싫다(no) 《제안·요구에 대한 거절》; 조금도 …않다 ***once in a ~*** 때로, 간혹 ***on*** one***'s ~ to*** …으로 가는 길[도중]에 ***on the***[one***'s***] ***~*** …하는 중에; …도중에 《*to*》; 진행 중의; 《구어》 임신하여 ***out of the ~*** (1) 방해가 되지 않는 곳에; 길에서 떨어져, 인적이 드문 곳에 (2) 터무니없는, 그릇된; 상도(常道)를 벗어나, 이상한, 별난

way², **'way** [wei] [away의 두음 소실(頭音消失)] *ad.* **1** 저쪽으로: Go ~. 저쪽으로 가거라. **2** [부사·전치사를 강조하여] 《미·속어》 훨씬, 멀리

way·bill [wéibìl] *n.* **1** 승객 명부 **2** 화물 운송장(狀) 《略 W.B., W/B》

way·far·er [-fɛ̀ərər] *n.* 《문어》 **1** 여행자, 나그네 《특히 도보의》 **2** 단기 숙박자

way·far·ing [-fɛ̀əriŋ] 《문어》 *a.* (도보) 여행을 하는 : a ~ man 나그네
— *n.* Ⓤ 도보 여행, 여행

wáy ín 《영》 (지하철 등의) 입구

way·lay [-lèi] *vt.* (**-laid** [-lèid]) **1** 길가에 숨어서 기다리다 《강도질·살해하려고》 **2** 도중에 기다렸다가 불러 세우다

way·mark [-mɑ̀ːrk] *n.* (자연·인공의) 도표(道標), 길잡이, 도로 표지

wáy óut **1** 《영》 (지하철 등의) 출구 **2** (곤란한 문제의) 해결책

way-out [wéiáut] *a.* 《구어》 **1** 매우 좋은, 뛰어난 **2** 〈스타일·기교 등이〉 진보적인, 급진적인; 기발한

-ways [wèiz] *suf.* 「위치; 상태; 방향」을 나타냄: side*ways*

*__way·side__ [wéisàid] *n.* [the ~] 길가, 노변 ***fall[drop] by the ~*** (1) 중도에서 단념하다 (2) (부정 등을 해서) 낙오하다
— *a.* Ⓐ 길가의

wáy stàtion 《미》 **1** (주요 역 사이의) 중간역 **2** 급행 열차가 통과하는 작은 역

*__way·ward__ [wéiwərd] *a.* **1** 말을 안 듣는; 외고집의 **2** 제 마음대로의; 변덕스러운 **3** 〈방침·방향 등이〉 흔들리는
~·ly *ad.* **~·ness** *n.*

way·worn [-wɔ̀ːrn] *a.* 《드물게》 여행에 지친, 여행으로 야윈

W.B., W/B, w.b. waybill

WbN west by north 서미북(西微北)

WbS west by south 서미남(西微南)

W.C. water closet

WCC World Council of Churches 세계 교회 협의회

‡we [wiː, wi] 〔동음어 wee〕 *pron.* (목적격 **us**; 소유격 **our**) **1** [I의 복수] 우리(들), 저희들 **2** [군주 등의 자칭] 나, 짐(朕) 《the royal 'we'》; [신문·잡지의 논설 등에서 필자의 자칭] 오인(吾人), 우리 《the editorial 'we'》 **3** [부정대명사적] 우리들 (인간)

W.E.A., WEA 《영》 Workers' Educational Association 근로자 교육 협회

‡weak [wiːk] 〔동음어 week〕 *a.* **1 a** 〈몸이〉 **약한**, 연약한, 허약한 **b** 〈물건이〉 **약한** **c** 〈나라 등이〉 약소의 **2 불충분한**; 약한, 〈문제·증거 등이〉 설득력이 없는 **3** 〈지능이〉 **모자라는**; 〈상상력 등이〉 부족한; 결단력이 없는: a ~ surrender 무기력한 항복 **4** 〈학과 등이〉 **자신 없는**; 서투른, 열등한 **5** 〈차(茶) 등이〉 묽은, 싱거운 **6** 〖음성〗 〈음절·모음 등이〉 악센트가 없는 **7** 〖문법〗 약변화의, 규칙 변화의
one***'s ~ point*** 약점 ***The ~est goes to the wall.*** 《속담》 우승열패(優勝劣敗), 약육강식(弱肉強食).

‡weak·en [wíːkən] *vt.* **1** 약화시키다 **2** 〈술·차 등을〉 묽게 하다 **—** *vi.* **1** 약해지다 **2** 결단성이 없어지다; 흔들거리다; 굴복하다

weak·fish [-fìʃ] *n.* (*pl.* **~·es,** [집합적] **~**) 민어과(科)의 식용어 《미국 대서양 연안산》

weak·heart·ed [-hɑ́ːrtid] *a.* 마음이 약한, 용기가 없는

weak-kneed [wíːkníːd] *a.* **1** 무릎에 힘이 없는 **2** 《구어》 우유부단한

weak·ling [wíːkliŋ] *n.* **1** 허약자, 병약자 **2** 나약한 사람, 약골

*__weak·ly__ [wíːkli] *a.* (**-li·er**; **-li·est**) 몸이 **약한**, 병약한 **—** *ad.* **1** 약하게, 가냘프게 **2** 우유부단하게, 무기력하게

weak-mind·ed [wíːkmáindid] *a.* 저능한; 마음이 약한 **~·ness** *n.*

‡weak·ness [wíːknis] *n.* Ⓤ **1 약함**, 가냘픔; 유약(柔弱) **2** Ⓒ **약점**, 결점 **3** 우둔, 저능 **4** 우유부단, 나약, 심약 **5** (증거) 불충분, 박약 **6** [a ~] 《속어》 매우 좋아하는 것, 편애(偏愛)

weal¹ [wiːl] *n.* 《문어》 Ⓤ 복리(福利), 행복, 번영 ***for the general[public] ~*** 일반[공공]의 복리를 위하여

weal² *n.* = WALE

weald [wiːld] *n.* **1** 삼림 지대; 광야 **2** [the W~] 윌드 지방 《Kent, Surrey, East Sussex, Hampshire 등의 여러

W

주를 포함하는 England 남부 지역의 옛 삼림 지대》

‡wealth [welθ] [ME 「행복」의 뜻에서] *n.* Ⓤ **1 부**(富); ⓊⒸ **재산** **2** [a ~, the ~] **풍부**, 다량, 다수 《*of*》 **3** 부유; [집합적] 부유층
a man of ~ 재산가, 부자

wéalth tàx 부유세 《일정 한도 이상의 개인 재산에 부과되는 세》

‡wealth·y [wélθi] *a.* (**wealth·i·er**; **-i·est**) **1 부유한**, 유복한 **2 풍부한**, 많은 **wéalth·i·ly** *ad.* **wéalth·i·ness** *n.*

wean [wi:n] *vt.* **1** 〈아기·동물 새끼의〉 젖을 떼다: ~ a baby *from* the mother 아기에게 젖을 떼게 하다 **2** …에서 떼어 놓다 《*away, off; from*》, 버리게 하다: ~ oneself *from* a bad habit 악습을 버리다

wean·er [wí:nər] *n.* 젖을 갓 뗀 어린 새끼[송아지, 새끼 돼지]

wean·ling [wí:nliŋ] *n.* 젖 떨어진 어린애[동물의 새끼]

‡weap·on [wépən] *n.* **무기**, 병기, 흉기 —*vt.* 무장하다 **wéap·oned** [-ənd] *a.* 무기를 지닌 **~·less** *a.* 무기없는

weap·on·ry [wépənri] *n.* Ⓤ [집합적] 무기류(類); 군비 개발, 무기 제조

‡wear[1] [wɛər] [동음어 ware, where] *v.* (**wore** [wɔ:r]; **worn** [wɔ:rn])
vt. **1 입고[신고, 쓰고, 끼고] 있다, 띠고[휴대하고] 있다**: She always ~*s* a ring. 그녀는 늘 반지를 끼고 있다. **2** 〈수염·머리 등을〉 **기르고 있다**; 〈표정을〉 하고 있다: The girl always ~*s* a smile. 소녀는 늘 미소를 띠고 있다. **3 닳아지게[해지게] 하다** **4 지치게[쇠약하게] 하다** **5** 〈구멍·도랑 등을〉 파다, 뚫다: ~ holes in one's socks 양말에 구멍이 뚫리다
—*vi.* **1 닳아 떨어지다**, 해지다, 마멸되다 **2** 〈물건이〉 (오랜) **사용에 견디다**, 쓸 수 있다, 오래가다 **3** 〈시간 등이〉 지나다, 경과하다: The long winter night *wore away.* 기나긴 겨울밤은 서서히 지나갔다. **4** 지치다, 쇠약해지다
~ ***away*** (1) 닳아 없애다, 마멸시키다 (2) 〈시간이〉 흐르다; 〈때를〉 보내다 ~ ***down*** 피로하게 하다; 닳아 없어지게 하다, 마멸시키다; 조금씩 파괴하다, 자꾸 공격하여 격파[격퇴]하다 ~ ***off*** (1) 닳아 없어지게 하다, 점차로 없애다 (2) 닳아 없어지다, 점점 사라져 없어지다 ~ ***on*** (1) 〈시간이〉 지나다, 경과하다 (2) 초조하게 만들다 ~ ***out*** (1) 닳아 없어지게 하다, 써서 해지게[낡게] 하다; 다 없어지게 하다 (2) 지치게 하다; 질리게 하다 (3) 〈시간을〉 보내다, 허비하다 (4) 닳아 없어지다, 해지다, 마멸되다
—*n.* Ⓤ **1 착용**, 사용 **2** [집합적] **의복**; 착용물 **3** (착용의) 유행: in general ~ 유행하고 **4** 사용에 견딤, 오래감 **5** 닳아 해짐, 마손, 입어 낡게 함

wear[2] 〚항해〛 *vt., vi.* (**wore** [wɔ:r]; **worn** [wɔ:rn], 《영》 **wore**) 〈배를[가]〉 바람에 등지게 돌리다[돌다]

wear·a·ble [wɛ́ərəbl] *a.* 착용[사용]할 수 있는[에 적합한]; 착용[사용]에 견디는
—*n.* [보통 *pl.*] 의복

wear·er [wɛ́ərər] *n.* **1** 착용자, 휴대자, 사용자 **2** 소모시키는 것

wear·ing [wɛ́əriŋ] *a.* **1** 입을 수 있는 **2** 지치게 하는; 싫증나게 하는

wea·ri·some [wíərisəm] *a.* **1** 피곤하게 하는, 지치게 하는 **2** 따분하게 하는, 지루한(tiresome) **~·ly** *ad.* **~·ness** *n.*

‡wea·ry [wíəri] *a.* (**-ri·er**; **-ri·est**) **1 피곤한**, 지친 **2 싫증이 난** 《*of*》 **3** 지루한, 따분한 —*v.* (**-ried**) *vt.* **1** 지치게 하다 **2** 싫증나게 하다, 넌더리나게 하다 《*with*》
—*vi.* **1** 지치다 《*from*》 **2** 권태를 느끼다, 싫증이 나다 《*of*》: He will soon ~ *of* the task. 그는 그 일에 곧 싫증이 날 것이다.
—*n.* 《미·속어》 [the wearies] 침울한 기분 **wéa·ri·ly** *ad.* **wéa·ri·ness** *n.*

wea·sel [wí:zl] *n.* (*pl.* **~s**, ~) **1** 〚동물〛 족제비; 그 모피 **2** 교활한 사나이

wea·sel-faced [wí:zlfèist] *a.* (족제비처럼) 가늘고 뾰족한 얼굴의, 교활한 얼굴의

wéasel wòrd 《미·구어》 고의로 뜻을 모호하게 한 말, 책임을 회피하는 애매한 말

‡weath·er [wéðər] [동음어 whether] *n.* Ⓤ **1 날씨**, 일기, 기상(氣象) **2** [종종 the ~] 사나운[거친, 고약한] 날씨, 악천후 **3** [주로 *pl.*] 《영》 기후 **4** (인생·운명의) 변천
in all ~s 비가 오나 바람이 부나 ***under the*** ~ (1) 《구어》 기후 탓으로; 몸이 편치 않아, 불쾌하여 (2) 《속어》 궁색하여 (3) 술에 취하여 ~ ***permitting*** 날씨가 좋으면
—*a.* Ⓐ 〚항해〛 바람 불어오는 쪽의
—*vt.* **1** 비바람을 맞게 하다; 널어서 말리다 **2** 〚지질〛 풍화(風化)시키다 **3** 〚항해〛 …의 바람 불어오는 쪽으로 나가다 **4** 〈곤란 등을〉 견디어 내다, 뚫고 나가다
—*vi.* **1** 바깥 공기로 인하여 변하다, 풍화되다 **2** 비바람에 견디다 《*out*》
~ ***through*** 폭풍우[위험, 곤란]를 뚫고 나아가다

weath·er-beat·en [wéðərbì:tn] *a.* **1** 비바람에 시달린, 비바람을 맞아온[견디어낸] **2** 〈사람·얼굴 등이〉 비바람에 단련된: a ~ face 햇볕에 탄[그을린] 얼굴

weath·er·board [-bɔ̀:rd] *n.* **1** 비막이 판자 **2** 〚항해〛 바람 불어오는 쪽의 뱃전; 물막이판 —*vt., vi.* (…에) 비막이 판자를 대다

weath·er·board·ing [-bɔ̀:rdiŋ] *n.* Ⓤ [집합적] 비막이 판자 《흙벽 등에 대는》

weath·er-bound [-bàund] *a.* 〈비행기·배 등이〉 악천후로 출항 못하는, 비바람에 갇힌

wéather càst (라디오·텔레비전의) 일기 예보

wéather càster (라디오·텔레비전의) 일기 예보 담당 아나운서

wéather chàrt = WEATHER MAP

***weath·er·cock** [wéðərkɑ̀k | -kɔ̀k] *n.* **1** 바람개비, 풍향계 《닭 모양을 한》 **2** 변덕꾸러기

wéather èye **1** 일기(日氣)를 알아보는 눈 **2** 《구어·비유》 빈틈없는 경계[주의] **3** 기상 관측 장치, 기상 위성

W

keep** one's ~ **open 늘 주의하고[경계를 게을리하지 않고] 있다 《*for*》
wéather fòrecast 일기 예보
wéather fòrecaster 일기 예보자[관]
weath·er·glass [wéðərglæ̀s | -glɑ̀:s] *n.* 대기의 상태를 측정하는 계기의 총칭 《기압계, 습도계, 청우계 등》
weath·er·ing [wéðəriŋ] *n.* Ⓤ **1** 〖지질〗 풍화 (작용) **2** 〖건축〗 배수 물매
*__weath·er·man__ [wéðərmæ̀n] *n.* (*pl.* **-men** [-mèn]) 《구어》 **1** (방송의) **일기 예보 아나운서** **2** 기상대 직원
wéather màp 일기도
weath·er·proof [-prù:f] *a.* 비바람에 견디는
— *vt.* 비바람에 견디게 만들다
— *n.* 《영》 레인코트
wéather ràdar 기상 레이더
wéather repòrt 일기 예보, 기상 통보
wéather sàtellite 기상 위성
wéather shìp 기상 관측선
wéather stàtion 기상 관측소
wéather strìp 〖건축〗 틈마개 《창·문 등의 틈새에 끼워 비바람을 막는 나무나 고무 조각》
wéather strìpping **1** = WEATHER STRIP **2** [집합적] 틈마개 재료
wéather vàne = WEATHERCOCK
weath·er-wise [-wàiz] *a.* **1** 일기를 잘 알아맞히는 **2** 여론의 동향에 민감한
weath·er·worn [-wɔ̀:rn] *a.* 비바람에 상한
⁑**weave** [wi:v] *v.* (**wove** [wouv], 《드물게》 **~d**; **wov·en** [wóuvən], **wove**) *vt.* **1** 〈피륙을〉 **짜다**; **뜨다**, **엮다**: ~ cloth *out of* thread 실로 천을 짜다 **2** 〈이야기를〉 꾸미다, 〈사실·조목을〉 …에 엮어 맞추다; 〈음모를〉 꾸미다 《*into*》 **3** [~ one's way로] 누비고 지나가다 **—** *vi.* **1** **천을[베를] 짜다** **2** 《구어》 오가다
— *n.* 짜기, 짜는[뜨는] 법
*__weav·er__ [wí:vər] *n.* 〈천 등을〉 **짜는 사람**, 직조공; 뜨개질하는 사람
⁑**web** [web] *n.* **1** **거미집**; 거미집 모양의 것 **2** **피륙**, 짜서 만든 것; 편물 **3 a** 〖해부〗 섬유, 막; (물새 등의) 물갈퀴 **b** 〖조류〗 깃가지들 **4** 꾸민 것, 꾀한 것; 덫 **5** 〖인쇄〗 두루마리 용지 **6** [**W~**] 〖컴퓨터〗 = WORLD WIDE WEB
*~ **of lies*** 거짓말투성이의 이야기
webbed [webd] *a.* 물갈퀴가 달린; 거미집 모양의
web·bing [wébiŋ] *n.* ⓊⒸ **1** 가죽 끈 《말의 뱃대끈 등》; (야구 글러브의 손가락을 잇는) 가죽끈 **2** 두꺼운 가장자리 《융단 등의》
Wéb bròwser 〖컴퓨터〗 웹 브라우저 《웹 서버가 제공하는 자료들을 검색하는 프로그램》
Web·cam [wébkæ̀m] *n.* 〖컴퓨터〗 웹캠 《인터넷에서 방영하는 영상을 찍기 위한 특수 비디오 카메라》
web·cast [wébkæ̀st] *n.* 〖컴퓨터〗 **1** WWW로 보내기, (인터넷을 통한) 방송 **2** 웹캐스트 《사용자가 적극적으로 액세스하지 않아도 등록된 사이트의 갱신 정보 등이 보내지는 시스템》
wéb desìgner 〖컴퓨터〗 웹 디자이너 《특히 회사나 기관의 홈페이지 디자이너》
we·ber [wébər, véi-] [독일의 물리학자 이름에서] *n.* 〖전기〗 웨버 《자속(磁束)의 실용 단위 = 10^8 maxwells》
We·ber [véibər] *n.* 웨버 **Max ~** (1864-1920) 《독일의 사회학자·경제학자》
web·foot [wébfùt] *n.* (*pl.* **-feet** [-fì:t]) **1** 물갈퀴발 **2** 물갈퀴발을 가진 새나 짐승
web-foot·ed [-fùtid] *a.* 물갈퀴발인, 물갈퀴발이 있는
web·log [-lɔ̀:g, -lɑ̀g | -lɔ̀g] *n.* 〖컴퓨터〗 웹로그 《링크 목록과 설명이 실린 웹사이트》
web·mas·ter [wébmæ̀stər] *n.* 〖컴퓨터〗 웹마스터 《웹 서버나 웹사이트 관리자》
web páge 〖컴퓨터〗 World Wide Web의 개별적인 컴퓨터 화면 문서
wéb rìng 〖컴퓨터〗 웹 링 《WWW의 인터넷 링크 모음》
wéb séarch èngine 〖컴퓨터〗 웹 검색 엔진
Wéb sérver 〖컴퓨터〗 웹 서버 《웹 서비스를 제공하는 프로그램》
Wéb síte 〖컴퓨터〗 (각 주제별·인문별의) web page의 모음[집합체]
Web·ster [wébstər] *n.* 웹스터 **Noah ~** (1758-1843) 《미국의 사전 편찬자·저술가》
web-toed [wébtóud] *a.* =WEB-FOOTED
web·zine [wébzì:n] [*web* + maga*zine*] *n.* 웹진 《WWW 상의 전자 잡지》
*__wed__ [wed] [OE 「저당잡히다, 약속하다」의 뜻에서] *v.* (**~·ded**, **~**; **~·ding**) *vt.* **1** …**와 결혼하다** **2** **결혼시키다** **3** [보통 수동형 또는 ~ one*self* 로] 단단히 결부시키다; 헌신[집착]하다 **4** 〈사물을〉 (…와) 융합[통합]하다 《*to*, *with*》 **—** *vi.* 결혼하다
Wed. Wednesday
⁑**we'd** [wi:d] [동음어 weed] we had [would, should]의 단축형
*__wed·ded__ [wédid] *a.* **1** Ⓐ **결혼한**; 결혼의: a ~ pair 부부 **2** Ⓟ …에 집착하는, 열심인 《*to*》 **3** Ⓟ 결합된, 일체가 된 《*to*》
⁑**wed·ding** [wédiŋ] *n.* **1** **결혼식**, **혼례** **2** 결혼 기념식: the silver[golden, diamond] ~ 은[금, 다이아몬드]혼식 《결혼 후 25년[50년, 60 또는 75년]만에 행하는 기념식》 **—** *a.* Ⓐ 결혼의, 결혼식용의
wédding bànd = WEDDING RING
wédding brèakfast 결혼 피로연
wédding càke 웨딩 케이크
wédding càrd 결혼 청첩장
wédding dày **1** 결혼식날 **2** 결혼 기념일
wédding drèss 신부 의상, 웨딩드레스
wédding màrch 결혼 행진곡
wédding rìng 결혼 반지
we·deln [véidln] [G] *n.* Ⓤ 〖스키〗 베델른 《연속적인 소회전 활주》
*__wedge__ [wedʒ] *n.* **1** **쐐기** **2** 쐐기[V] 모양(의 물건); 〖골프〗 웨지 《쳐올리기용의 아이언 클럽》 **3** 사이를 갈라놓는 것, 분열[분리]의 원인
— *vt.* **1** 쐐기를 박아 죄다, 쐐기로 움직이지 않게 하다 《*in*》 **2** 쐐기로 쪼개다 **3** 억지로 박아[밀어] 넣다; [~ one*self* 로]

W

억지로 밀고 들어가다 《*in, into*》 ― *vi.* 끼어들다, 밀어 제치고 나아가다
wedged [wedʒd] *a.* **1** 쐐기 모양의 **2** Ⓟ 박혀서 꼼짝 않는
wédge héel (옆으로 봐서) 쐐기꼴 힐[굽]
wedge-shaped [wédʒʃèipt] *a.* 쐐기 모양의, V자 꼴의
wedg·ie [wédʒi] *n.* [종종 *pl.*] 쐐기 모양의 힐[굽]이 달린 여자 구두
Wedg·wood [wédʒwùd] [영국의 도자기 제조업자 이름에서] *n.* 웨지우드 도자기 (= ∸ **wàre**)
wed·lock [wédlɑ̀k | -lɔ̀k] *n.* Ⓤ 《문어》 결혼 생활, 혼인
‡**Wednes·day** [wénzdei, -di] [OE 「Woden(게르만의 신)의 날」의 뜻에서] *n.* **수요일** 《略 W., Wed.》 ― *a.* Ⓐ 수요일의: on ~ afternoon 수요일 오후에
― *ad.* 《미》 수요 일에
Wednes·days [wénzdeiz, -diz] *ad.* 수요일마다, 수요일에는 언제나
wee[1] [wiː] [동음어 we] *a.* Ⓐ (**we·er**; **-est**) 《유아어·방언》 **1** 조그마한, 연소(年少)한 **2** 《구어》 〈시각이〉 몹시 이른
wee[2] *n., vi.* 《구어·유아어》 = WEE-WEE
‡**weed**[1] [wiːd] [동음어 we'd] *n.* **1** 잡초 **2** [the ~] 《속어》 담배, 엽(葉)궐련 **3** 건달, 호리호리한 사람[말《馬》] **4** 《속어》 마리화나 ― *vt.* **1** …의 잡초를 없애다, …의 풀을 뽑다 **2** 〈무용지물·유해물을〉 제거하다 《*out*》
― *vi.* 잡초를 없애다, 풀을 뽑다
weed[2] *n.* [보통 *pl.*] 상장(喪章) 《모자나 팔에 두르는》; 상복 《미망인의》
weed·er [wíːdər] *n.* 제초하는 사람; 제초기
weed·i·cide [wíːdəsàid] *n.* 제초제(除草劑)
weed·y [wíːdi] *a.* (**weed·i·er**; **-i·est**) **1** 잡초가 많은 **2** 잡초 같은 **3** 〈사람·동물이〉 홀쭉한; 쓸모없는, 변변치 못한
‡**week** [wiːk] [동음어 weak] *n.* **1** 주(週); 7일간, 1주간 《일요일부터 토요일까지의》: What day of the ~ is it (today)? = What is the day of the ~? 오늘은 무슨 요일입니까? **2** 일정한 날[축일]부터 시작하는 1주간 **3** (일요일(과 토요일)을 제외한) 주(週)의 평일 기간; (1주일 동안의) 취업 일수[시간], 수업 일수[시간]: a 40-hour ~ 주(週) 40시간 (노동)제 **4** [**W~**] **주간** 《특별한 행사·집회가 있는》: Fire Prevention *W~* 화재 예방 주간
‡**week·day** [wíːkdèi] *n.* **1 주일**(週日) 《토·일요일 이외의 날》 **2** 업무일, 평일
― *a.* Ⓐ 평일의
week·days [-dèiz] *ad.* 평일[주일(週日)]에 《특히 월요일부터 금요일까지》
‡**week·end** [wíːkènd] *n.* **1 주말** 《보통 토요일 오후 또는 금요일 밤부터 월요일 아침까지》 **2** 주말 휴가
― *a.* 주말의: a ~ journey 주말 여행
― *vi.* 주말 여행을 하다, 주말을 지내다
week·end·er [-èndər] *n.* 주말 여행자
week·ends [-èndz] *ad.* 《미》 주말마다, 주말에는: go fishing ~ 주말이면 낚시질 가다
‡**week·ly** [wíːkli] [동음어 weakly] *a.* **1** 〈급료 등이〉 **매주의**, 1주의, 주 1회의 **2** 1주일 동안에 한[하는]
― *ad.* **주마다**, 주 1회씩
― *n.* (*pl.* **-lies**) 주간(週刊)지[신문, 잡지], 주보(週報)
week·night [wíːknàit] *n.* 평일(平日)의 밤
week·nights [-nàits] *ad.* 《미》 평일 밤에, 평일 밤에는 언제나
wee·ny [wíːni] *a.* (**-ni·er**; **-ni·est**) 아주 작은[보잘것없는]
‡**weep** [wiːp] *v.* (**wept** [wept]) *vi.* **1 눈물을 흘리다, 울다**; 슬퍼하다, 한탄하다 **2** 물기를 내뿜다, 물방울을 떨어뜨리다; 〈물방울이〉 듣다; 〈상처가〉 피를 흘리다
― *vt.* **1** 〈눈물을〉 흘리다 **2** …때문에 눈물을 흘리다, 비탄에 잠기다 **3** [종종 ~ *oneself* 로] 울어서 …한 상태가 되다
weep·er [wíːpər] *n.* **1** 우는 사람, 슬퍼하는 사람; 곡하는 사람 **2** 상장(喪章); 검은 베일; [*pl.*] 미망인의 흰 커프스
weep·ie [wíːpi] *n.* 《영·구어》 눈물을 짜는 감상적(感傷的)인 연극[영화]
***weep·ing** [wíːpiŋ] *a.* **1 눈물을 흘리는**, 우는 **2** 스며[배어] 나오는; 방울방울 듣는 **3** 가지가 늘어진
― *n.* **1** 울음 **2** 스며[배어] 나옴
wéeping wíllow 《식물》 수양버들
weep·y [wíːpi] *a.* (**weep·i·er**; **-i·est**) 《구어》 눈물을 머금은; 눈물을 잘 흘리는; 〈영화 등이〉 눈물을 짜내는 ― *n.* 《영·구어》 = WEEPIE
wee·vil [wíːvəl] *n.* 《곤충》 바구미
wee-wee [wíːwìː] *n., vi.* 《유아어》 쉬(하다)
w.e.f. with effect from …부터 유효
weft [weft] *n.* (피륙의) 씨실; 피륙
‡**weigh** [wei] [동음어 way] [OE 「차로 나르다」의 뜻에서] *vt.* **1 무게를 달다**, 저울에 달다 **2 심사숙고하다**, 고찰하다 《*against*》: You must ~ your words before speaking. 말하기 전에 신중히 생각하고 말해야 한다. **3** 〈닻을〉 올리다: ~ anchor 닻을 올리다, 출항하다 **4** 〈책임감·걱정 등이〉 〈사람을〉 압박하다, 내리누르다 《*down*》: She is *~ed down* with many troubles. 고생으로 짓눌려 있다.
― *vi.* **1 무게를 달다[재다]**; 무게가 …이다: He *~s* 160 pounds. 그의 체중은 160 파운드이다. **2** 큰 무게를 가지다, 중요시되다 《*in, with*》: His opinion doesn't ~ *with* me at all. 그의 의견 따위는 내게 아무런 의미도 없다. **3** 무거운 짐이 되다, 압박하다 《*on, upon*》: The mistake *~ed* heavily[heavy] *upon*[*on*] his mind. 그 실수는 그에게 큰 부담이 되었다.
~ down 내리누르다; 무게 때문에 가라앉다 *~ out* 달아서 나누다, 저울로 일정량을 달아 배분하다 *~ up* …을 (한쪽 무게로) 튕겨 올리다; 비교해서 생각하다; 〈사람·물건을〉 평가하다
wéigh bèam 큰 대저울

W

weigh·bridge [wéibrìdʒ] *n.* 앉은뱅이 저울 《차량·가축 등의 무게를 다는》
weigh-in [-ìn] *n.* (권투·레슬링·역도 선수의 시합 직전의) 체중 검사; 《일반적으로》 계량, 검량
wéigh·ing machìne [wéiiŋ-] 대형 계량기
weight [weit] [동음어 wait] *n.* **1** Ⓤ **무게**, 중량; 체중: gain [lose] ~ 체중이 늘다[줄다] **2** Ⓤ 【물리】 중력 **3 a** 무거운 짐, 압박: a ~ of care 근심, 걱정 **b** **부담**, 책임 **4 a** 세력, 비중: a man of ~ 유력자 **b** Ⓤ **중요성**, 무게: of no ~ 무가치한 **5** 무거운 물건; 저울추, 추; 문진, 서진(書鎭) **6** 【통계】 가중치(加重値) **7** (운동 경기용의) 포환, 원반, 해머; 바벨 **8** (권투 선수 등의) 체급 **9** ⓊⒸ 형량 체계; 형량[중량] 단위
by **~** 무게에 의해; 중량으로 ***put on*** **~** 《미·구어》 체중이 늘다, 살찌다 ***under the*** **~** ***of*** …의 무게로 인하여, 중압[압박] 하에
— *vt.* **1** 무게를 더하다; 지우다, 싣다 **2** [보통 수동형으로] 무거운 짐을 지우다, 괴롭히다 《*with*》 **3** 【통계】 가중치[웨이트]를 주다 **4** …을 (특정의 목적으로) 기울게 하다
weight·ed [wéitid] *a.* **1** 무거운 짐을 실은; 【통계】 가중된 **2** Ⓟ …로 기울어 《*toward*》
weight·ing [wéitiŋ] *n.* Ⓤ 《영》 근무지 수당; 부가되는 것
weight·less [wéitlis] *a.* 무게가 (거의) 없는; 【물리】 중력이 없는, 무중력 (상태)의: Man is ~ in space. 사람은 우주에서는 무중력 상태가 된다.
~·ly *ad.* **~·ness** *n.* Ⓤ 무중력 상태
wéight lìfter 역도 선수
wéight lìfting 역도
wéight wàtcher 체중에 신경을 쓰는 사람, (식이 요법에서) 감량에 노력하는 사람
***weight·y** [wéiti] *a.* (**weight·i·er**; **-i·est**) **1** 무거운, 무게 있는 **2 a** 〈인물 등이〉 중요시되는, 세력 있는 **b** 〈논거 등이〉 설득력 있는 **3** 〈문제 등이〉 중요한, 중대한 **4** 〈책임 등이〉 무거운
weir [wiər] *n.* 둑, 댐; 어살 《고기를 잡는》
***weird** [wiərd] [OE 「운명」의 뜻에서] *a.* **1** 수상한, 불가사의한, 신비로운, 섬뜩한 **2** 《구어》 **기묘한**, 이상한
wéird·ly *ad.* **wéird·ness** *n.*
weird·o [wíərdou] *n.* (*pl.* **~s**) 《미·속어》 기묘한[이상한] 사람
Wéird Sísters [the ~] **1** 【그리스·로마신화】 운명의 3여신(the Fates) **2** 3인의 마녀 《Shakespeare 작 *Macbeth*에 나오는》
weird·y, weird·ie [wíərdi] *n.* (*pl.* **weird·ies**) 《미·구어》 = WEIRDO
welch [weltʃ | welʃ] *vi.* 《구어》 = WELSH
wel·come [wélkəm] [OE 「호감이 가는 손님」의 뜻에서; ME에서 will이 well과 혼동된 것] *int.* 참 잘 오셨소, 어서 **오십시오**! 《종종 부사 또는 to와 함께》: *W*~ *to* Seoul! 서울에 오신 것을 환영합니다!
— *n.* **환영**, 환대; 환영의 인사
— *vt.* **1** 〈사람·도착·뉴스·사건 등을〉 **환영하다**: He was warmly ~*d.* 그는 따뜻한 환영을 받았다. **2** 〈비판·충고·제안 등을〉 기꺼이 받아들이다: ~ criticism 비평을 기꺼이 받아들이다 **—** *a.* **1** **환영받는** **2** Ⓟ **a** 제 마음대로 써도 좋은, 마음대로 할 수 있는 《*to*》: You are ~ *to* try it. 마음대로 해 보셔도 좋습니다. **b** 《비꼼》 할 테면 …하여라 《*to* do, *to*》 **3** 기쁜, 고마운: ~ news 희소식
make a person **~** …을 환영하다 (***You are***) **~.** 참 잘 오셨습니다; (사례에 답하여) 천만에요.
~·ly *ad.*
wélcome màt (특히 welcome의 글이 새겨진) 도어매트(doormat)
***weld** [weld] *vt.* **1** **용접하다** **2** 결합[조화, 화합, 일치]시키다 《*into*》 **—** *vi.* 용접되다, 밀착하다 **—** *n.* **1** 용접점, 접합점(接合點) **2** 용접, 밀착
wéld·er, wél·dor *n.* 용접공
weld·ing [wéldiŋ] *n.* Ⓤ 용접 (기술)
wel·fare [wélfɛ̀ər] [「잘해 가다」의 뜻에서] *n.* Ⓤ **1** **복지**, **복리**, 번영, 행복: child[public] ~ 아동[공공] 복지 **2** 복지 사업; 《미》 사회 복지, 생활 보호
— *a.* 복지 시설의
wélfare cènter (진료소·상담소 등을 갖춘) 복지 후생 센터
wélfare económics 후생 경제학
wélfare fùnd 복지 (후생) 기금[자금]
wélfare stàtism 복지 국가주의
wélfare wòrk 복지 사업
wélfare wòrker 복지 사업가, 사회 사업가
wel·far·ism [wélfɛ̀ərizm] *n.* Ⓤ 복지 국가 주의[정책] **-ist** *n.*, *a.*
wel·kin [wélkin] *n.* 《시어》 창공, 하늘; 대기
well[1] [wel] *ad.* (**bet·ter** [bétər]; **best** [best]) **1** **만족스럽게**, **잘**, 훌륭하게: dine[sleep, work] ~ 잘 먹다[자다, 일하다] **2** **능숙하게**, 잘: speak French ~ 프랑스 말을 잘하다 **3** **충분히**, 완전히; 친밀하게: Shake ~ before using. 사용 전에 잘 흔드십시오. **4** [부사(구) 앞에 써서] **상당히**, 꽤; **충분히**, 훨씬: He was ~ *over* fifty[~ *on* in his fifties]. 그는 50세를 훨씬 넘어 있었다. **5** 적절히, 알맞게; 마침 잘: That is ~ said. 지당한 말이다. **6** 넉넉하게, 안락하게: live ~ 잘 살다 **7 a** 호의를 가지고, 잘, 친절하게; 쾌히, 기분 좋게; 선의로, 극진하게: Everyone speaks[thinks] ~ of her. 누구나 다 그녀에 대해서는 좋게 말한다[생각한다]. **b** 침착하게: He took the news ~. 그는 그 소식을 차분하게 받아들였다.
as **~** (1) 게다가, 더욱이, 더구나, …도: He speaks Russian *as* ~. 그는 러시아 말도 한다. (2) 마찬가지로 잘[능숙하게]: He can speak Russian *as* ~. 그는 러시아 말을 (…와) 마찬가지로 잘한다. ***as*** **~** ***as ...*** (1) …와 마찬가지로 잘 (2) …은 물론, …도 …도: He has experience *as* ~ *as* knowledge. 그는 지식뿐 아니라

W

경험도 있다. ***may*[*might*] (*just*) *as ~* do (*as* ...)** (…하는 것은) …하는 거나 마찬가지이다, (…하느니) 차라리 …하는 편이 좋다[낫다]: You *may* (*just*) *as* ~ go at once. 얼른 가는 게 좋을 거야. ***may ~* do** …하는 것도 무리가 아니다[당연하다]: He *may* ~ think so. 그가 그렇게 생각하는 것은 당연하다. ***~ out of ...*** (1) 〈…에서부터〉 충분히 떨어져: Stand ~ *out of* the way. (방해가 되지 않도록) 충분히 떨어져 있거라. (2) 《구어》 〈불행·사건 등을〉 용케 모면하여: You're ~ *out of* the trouble. 그 골칫거리에서 벗어나게 되어 다행이군. ***~ up*** 정상[최상위]에 가깝게

— *a.* (**bet·ter**; **best**) **1 a** Ⓟ **건강하여,** 튼튼하여 《이 의미로는 최상급에 잘 쓰이지 않음》: feel[look] ~ 기분이 좋다[건강해 보이다] **b** Ⓐ 《미》 [비교 없음] 건강한: He is not a ~ man. 그는 건강한 사람이 아니다. **2** Ⓟ [비교 없음] **a 만족스런,** 더할 나위 없는, 좋은: Things are ~ enough. 정세는 꽤 좋다. **b** [보통 very ~로 동의·승낙을 나타냄] 좋아, 괜찮아: *Very* ~, you can go now. 좋아, 이제 가도 돼. **3** Ⓟ [비교 없음] **a** 적당하여, 알맞아: It would be ~ to start at once. 곧 출발하는 게 좋을 거야. **b** 《드물게》 〈사정이〉 알맞아, 다행으로 《이 의미로는 well보다 good쪽이 일반적임》: It was ~ that you met him there. 거기서 그를 만나다니 다행이었군요.

It's all very ~. 《구어》 그것 참 좋다.

— *int.* **1 a** [놀람·의심 등을 나타내어] **이런,** 저런, **어마, 글쎄**: *W*~, ~! 글쎄 어떨지! **b** [안심·체념·양보 등을 나타내어] 아이고, 후유; 에라; 과연; 그래: Oh ~, I can't help it. 그래, 어쩔 수 없군. **2** [말을 계속하거나 용건을 꺼낼 때에 써서] **그런데,** 그건 그렇고; 저어: *W*~, as I was saying ... 그런데, 아까 말했듯이 ...

— *n.* 좋음, 만족스러움, 행복; 행운; 성공

***well²** [wel] [OE 「샘」의 뜻에서] *n.* **1 우물**; (유전 등의) 정(井) **2** 샘 **3** 《비유》 근원, 원천 **4** 우물 같은 구멍이 **5** (승강기의) 오르내리는 공간[통로]

— *vi.* 솟아 나오다, 내뿜다, 분출하다, 넘쳐 나오다 《*out, forth, up*》: Fear kept *~ing up.* 두려움이 자꾸 치밀어 올랐다.

— *vt.* 솟아 나오게 하다; 분출하다

— *a.* 우물 같은; 우물에서의

***we'll** [wi:l] we will[shall]의 단축형

well- [wel] 《연결형》 WELL[1]

well-ad·vised [wélədváizd] *a.* 생각이 깊은, 분별 있는, 차분한

well-af·fect·ed [wéləféktid] *a.* 호의[호감]를 갖고 있는 《*to, toward*》

well-ap·point·ed [wéləpɔ́intid] *a.* 잘 정비된, (가구 등으로) 잘 꾸며진 〈호텔 등〉

well-bal·anced [wélbǽlənst] *a.* **1** 균형이 잡힌 **2** 제정신의; 상식 있는, 온건한

well-be·haved [wélbihéivd] *a.* 행실[품행]이 단정한

***well-be·ing** [wélbí:iŋ] *n.* Ⓤ **행복,** 안녕, 복리(welfare)

well-be·lov·ed [wélbilʌ́vid] *a., n.* 마음 속으로부터 사랑을 받는 (사람)

well·born [wélbɔ́:rn] *a.* 양가 태생의, 명문 출신의 — *n.* [the ~] 가문[태생]이 좋은 사람

well-bred [wélbréd] *a.* **1** 교육을 잘 받은, 예절 바른; 행실이 좋은 **2** 〈말 등이〉 혈통이 좋은

well-built [wélbílt] *a.* 체격이 좋은

well-cho·sen [wéltʃóuzən] *a.* 〈어구 등이〉 잘 골라 낸, 정선(精選)된, 적절한

well-con·di·tioned [wélkəndíʃənd] *a.* 도덕적으로 건전한; 〈신체가〉 건강한

well-con·duct·ed [wélkəndʌ́ktid] *a.* 예의 바른; 관리가 잘된

well-con·nect·ed [wélkənéktid] *a.* 친척[집안]이 좋은, 문벌이 좋은

well-de·fined [wéldifáind] *a.* 〈윤곽이〉 뚜렷한, 정의(定義)가 명확한

well-dis·posed [wéldispóuzd] *a.* 마음씨 고운; 친절한; 호의를 가진

well-done [wéldʌ́n] *a.* **1** 〈고기가〉 잘 익은[구워진], 충분히 요리된 **2** 잘된, 잘한

well-dressed [wéldrést] *a.* 좋은 옷을 입은; 옷 맵시가 단정한

well-earned [wélə́:rnd] *a.* 자기 힘[노력]으로 얻은: a ~ punishment 자업자득

well-es·tab·lished [wélistǽbliʃt] *a.* 기초가 튼튼한; 확립[정착]된 〈습관·어법 등〉

well-fa·vored [wélféivərd] *a.* 미모의, 잘생긴 《남녀 구별 없이 씀》

well-fed [wélféd] *a.* 영양이 충분한, 살찐

well-fixed [wélfíkst] *a.* 《미·구어》 유복한, 잘사는

well-found [wélfáund] *a.* 〈특히 배가〉 설비가 잘 갖추어진

well-found·ed [wélfáundid] *a.* 〈혐의·소신·감상 등이〉 근거가 충분한

well-groomed [wélgrú:md] *a.* 〈동물·정원 등이〉 손질이 잘 되어 있는; 〈사람이〉 몸차림이 단정한

well-ground·ed [wélgráundid] *a.* **1** = WELL-FOUNDED **2** Ⓟ 기초 교육[훈련]을 잘 받은 《*in*》

well·head [wélhèd] *n.* 수원(水源); 원천

well-heeled [wélhí:ld] *a.* 《구어》 부유한, 넉넉한

well-in·formed [wélinfɔ́:rmd] *a.* 박식한, 견문이 넓은; 전문적 지식을 갖고 있는, 잘 알고 있는

Wel·ling·ton [wéliŋtən] *n.* 웰링턴 **1 First Duke of** (**Arthur Wellesley**) ~ (1769-1852) 《Waterloo에서 Napoleon Ⅰ세를 격파한 영국의 장군·정치가》 **2** New Zealand의 수도 **3** [보통 *pl.*] 《영·속어》 웰링턴 부츠 《무릎까지 오는 장화》 (= ∠ **bóot**)

well-in·ten·tioned [wélinténʃənd] *a.* 선의의, 선의로 한

well-judged [wéldʒʌ́dʒd] *a.* 판단이 올바른, 적절한

well-kept [wélképt] *a.* 간수가 잘 된, 손질이 잘 된

well-knit [wélnít], **well-knit·ted** [-nítid] *a.* 〈신체 등이〉 튼튼한, 건장한; 〈주장 등이〉 정연한

‡**well-known** [wélnóun] *a.* **유명한**; 잘 알려진: a ~ painter 유명한 화가
well-lined [wélláind] *a.* 《구어》 **1** 〈지갑 등이〉 돈이 가득 들어 있는 **2** 〈위(胃)가〉 가득찬
well-made [wélméid] *a.* **1** 〈체격이〉 균형이 잡힌, 날씬한 **2** 〈수공품이〉 잘 만들어진 **3** 〈소설이〉 구성이 잘 된
well-man·nered [wélmǽnərd] *a.* 예의 바른; 공손한, 점잖은
well-marked [wélmá:rkt] *a.* 뚜렷이 식별되는; 눈에 띄는, 두드러진
well-matched [wélmǽtʃt] *a.* 배합이 잘된; 〈부부 등이〉 어울리는
well-mean·ing [wélmí:niŋ] *a.* 〈사람이〉 선의의; 〈말·행위가〉 호의에서 우러난
well-meant [wélmént] *a.* = WELL-INTENTIONED
well-nigh [wélnái] *ad.* 《문어》 거의
well-off [wélɔ́:f | -ɔ́f] *a.* **1** 부유한 **2** Ⓟ 〈일이〉 잘 되어가고 있는 **3** Ⓟ …을 풍부하게 가지고 있는 《*for*》
well-oiled [wélɔ́ild] *a.* 〈표현이〉 간살스러운; 《속어》 취한
well-or·dered [wélɔ́:rdərd] *a.* 질서가 잡힌
well-paid [wélpéid] *a.* 보수가 좋은, 좋은 보수를 받고 있는
well-pre·served [wélprizə́:rvd] *a.* 잘 보존된; 새것처럼 보이는
well-pro·por·tioned [wélprəpɔ́:rʃənd] *a.* 균형이 잘 잡힌
well-read [wélréd] *a.* **1** 책을 많이 읽은; 박식한, 박학의 **2** Ⓟ …에 정통한 《*in*》
well-round·ed [wélráundid] *a.* **1** 〈사람이〉 포동포동 살이 찐 **2** 〈문체·프로그램 등이〉 균형이 잡힌 **3** 다재다능한
well-spent [wélspént] *a.* 뜻있게 사용된, 효과적으로 소비된
well-spo·ken [wélspóukən] *a.* 말이 세련된, 말씨가 점잖은; 〈표현이〉 적절한
well·spring [wélsprìŋ] *n.* **1** 원천, 수원(水源) **2** (특히 무한한) 자원; 《일반적으로》 근원 《*of*》
well-thought-of [wélθɔ́:tʌ̀v | -ɔ̀v] *a.* 〈사람이〉 평판이 좋은, 존경받는
well-thought-out [wélθɔ̀:táut] *a.* 면밀한, 심사숙고한
well-timed [wéltáimd] *a.* 호기(好機)의, 때를 잘 맞춘
*****well-to-do** [wéltədú:] *a.* **유복한**; [the ~; 명사적; 집합적] 부유 계급
well-tried [wéltráid] *a.* 많은 시련을 겪은
well-trod·den [wéltrádn | -trɔ́dn] *a.* 잘 다져진 〈길〉; 사람이 많이 다니는
well-turned [wéltə́:rnd] *a.* 〈말 등이〉 잘 표현된; 〈체격이〉 맵시 있는
well-up·hol·stered [wélʌphóulstərd] *a.* 《구어》 〈사람이〉 통통한, 살찐
well-wish·er [wélwíʃər] *n.* 남(의 일)이 잘 되기를 바라는 사람, 호의를 보이는 사람; (주의 등의) 지지자
wéll wòman 건강 지향적인 여성
well-worn [wélwɔ́:rn] *a.* **1** 써서 낡은, 낡아빠진 **2** 진부한, 평범한

welsh [welʃ] *vi.* **1** 〔경마〕 건 돈을 치르지 않고 도망치다 **2** 《속어》 빚을 떼어먹다; 의무를 회피하다
*****Welsh** [welʃ] *a.* **1 웨일스의 2** 웨일스 사람[말]의
— *n.* **1** [the ~; 집합적] 웨일스 사람 **2** Ⓤ 웨일스 말
Wélsh córgi 몸이 길고 다리가 짧은 웨일스산 개
Welsh·man [wélʃmən] *n.* (*pl.* **-men** [-mən]) 웨일스 사람
Wélsh rábbit 치즈 토스트 《치즈를 녹여 향료·맥주·우유 등을 섞어 토스트에 바른 것》
Welsh·wom·an [-wùmən] *n.* (*pl.* **-wom·en** [-wìmin]) 웨일스 여자
welt [welt] *n.* **1** 대다리 《구두 바닥과 갑피 사이에 대는 가죽》 **2** 가장자리 장식 **3** 채찍 자국, (매질 등으로) 부푼 자리 **4** 《속어》 심한 구타
— *vt.* **1** 〈구두에〉 대다리를 대다; 가장자리 장식을 하다 **2** 채찍 자국이 나게 때리다
wel·ter[1] [wéltər] *vi.* **1** 구르다; 뒹굴다 《*about*》 **2** 〈파도가〉 굽이치다, 너울거리다 **3** 잠기다, 빠지다, 탐닉하다: ~ *in* sin[pleasure] 죄악[쾌락]에 빠지다
— *n.* **1** 뒹굴기, 대굴대굴 굴러다님 **2** 너울거림, 굽이침 **3** 혼란, 뒤죽박죽
welter[2] *n.* **1** = WELTERWEIGHT **2** 《구어》 강타(强打) **3** 《구어》 몹시 무거운[큰] 것[사람]
wel·ter·weight [wéltərwèit] *n.* **1** 〔경마〕 평균 체중 이상의 기수(騎手) **2** 〔권투〕 웰터급(級)의 권투 선수 《체중 147파운드 이하》 — *a.* 웰터급의
wen [wen] *n.* 〔병리〕 혹, 종기 《머리·목 등의》
wench [wentʃ] *n.* 소녀(girl); 《주로 방언》 촌색시
— *vi.* 《고어》 (특히 습관적으로) 매춘부와 놀다, 오입하다
wend [wend] [OE 「구부러지다」의 뜻에서] *vt.* (**~·ed,** 《고어》 **went** [went]) 향하게 하다, 나아가게 하다
Wén·dy hòuse [wéndi-] 《영》 (어린이들이 들어가 노는) 장난감집 《J.M. Barrie의 *Peter Pan*에서》
‡**went** [went] *v.* GO의 과거; 《고어》 WEND의 과거·과거분사
‡**wept** [wept] *v.* WEEP의 과거·과거분사
‡**were** [wər, wə:r] *vi.* BE의 복수 과거형 또는 2인칭 단수 과거형 《가정법의 경우에는 단수 또는 복수》
as it* ~** 말하자면 ***if it* ~ *not for = ~ ***it not for ...*** 만약 …이 없다면
‡**we're** [wiər] we are의 단축형
‡**weren't** [wə:rnt] were not의 단축형
were·wolf, wer·wolf [wɛ́ərwùlf] *n.* (*pl.* **-wolves** [-wùlvz]) (전설상의) 이리가 된 인간, 늑대 인간
wert [wərt, wə́:rt] *vi.* 《고어》 주어가 thou일 때의 be의 제2인칭 단수·직설법 및 가정법 과거
Wes·ley [wésli, wéz-] *n.* 웨슬리 **1** 남자 이름 **2 John ~** (1703-96) 《영국의 감리교(Methodist)의 창시자》

Wes·ley·an [wésliən, wéz-] *a.*, *n.* 웨슬리교파의 (교도) **~·ism** *n.* Ⓤ 웨슬리교[주의]

‡**west** [west] *n.* **1** [보통 the ~] 서(西), 서쪽: in *the* ~ of …의 서부에 **2 a** [the ~] 서부 지방 **b** [the W~] 서양, 서구; 구미 **c** [the ~] 《미》 서부(의 여러 주) 《Mississippi 강에서 태평양 연안까지의》 **d** [the W~] 서구 제국, 자유 진영측, 서방측 **e** [the W~] 〖역사〗 서로마 제국 **3** 《시어》 서풍

— *a.* Ⓐ **1** 서쪽의[에 있는]; 서향의 **2** (교회에서) 제단의 반대측의 **3** [종종 **W~**] 서부의, 서양의, 서쪽 나라의; 서부 주민의 **4** 〈바람이〉 서쪽에서의[부는]: a ~ wind 서풍 — *ad.* 서(쪽)에(서), 서쪽으로 ***go*** ~ 서쪽으로 가다; 《속어》 죽다, 〈돈 등이〉 떨어지다 ~ ***of*** …의 서쪽에

west·bound [-bàund] *a.* 서쪽으로 가는, 서쪽으로 향한, 서쪽으로 도는

Wést Cóuntry [the ~] (잉글랜드의) 서부 지방

Wést Énd [the ~] 웨스트 엔드 《London의 서부 지역; 대저택·큰 상점·극장 등이 많음》

west·er [wéstər] *vi.* 서쪽으로 향하다 — *n.* 서풍; 서쪽에서 불어오는 강풍

west·er·ing [wéstəriŋ] *a.* 서쪽으로 향하는, 서쪽으로 기우는 《보통 태양에 대하여》

west·er·ly [wéstərli] *a.* 서쪽의; 서쪽으로의; 〈바람이〉 서쪽에서 부는

— *ad.* 서쪽에, 서쪽에서

— *n.* (*pl.* **-lies**) 서풍; [*pl.*] 편서풍대

‡**west·ern** [wéstərn] *a.* **1** 서쪽의; 서쪽에 있는; 서쪽으로부터의: the ~ front (1차 대전의) 서부 전선 **2** [**W~**] 《미》 서부의: the *W~* States 서부의 여러 주 **3** [종종 **W~**] **서양의,** 구미의: ~ civilization 서구 문명 **4** 서방측의, 자유 진영의 **5** [**W~**] 서방 교회의

— *n.* **1** 서부 사람, 서쪽 나라 사람 **2** 서유럽 사람 **3** [종종 **W~**] 《미》 서부극, 서부물(物) 《카우보이 등이 활약하는 미국 영화·극 및 소설》; 서부 음악

Wéstern Austrália 웨스턴 오스트레일리아 《Australia 서부의 한 주(州)》

Wéstern Chúrch [the ~] (동방 정교회에 대하여) 서방 교회, 가톨릭 교회

West·ern·er [wéstərnər] *n.* 서구인, 서양인; (특히 미국의) 서부 사람

Wéstern Hémisphere [the ~] 서반구

west·ern·i·za·tion [wèstərnizéiʃən | -nai-] *n.* Ⓤ [종종 **W~**] (사고 방식·생활 양식 등의) 서구화

west·ern·ize [wéstərnàiz] *vt.* 서양식으로 하다, 서유럽화(化)하다

west·ern·most [wéstərnmòust] *a.* 가장 서쪽의, 최서단의

Wéstern Róman Émpire [the ~] 서로마 제국(帝國) 《로마 제국이 동서로 분리된 후의 서부 제국(395-476)》

Wéstern Samóa 서사모아 《남태평양 사모아 제도 서부의 독립국》

Wést Gérmany (통일 전의) 서독, 독일 연방 공화국 《수도 Bonn》

Wést Índian *a.*, *n.* 서인도 제도의 (사람)

Wést Índies [the ~] 서인도 제도 《북미 동남부와 남미 북부 사이에 있는 제도》

Wést Mídlands 웨스트미들랜드 《1974년에 신설된 잉글랜드 중부의 주》

***West·min·ster** [wéstmìnstər] *n.* **웨스트민스터 1** London 시 중앙의 한 구 《상류 주택지 및 여러 관청 소재지》 **2** 영국 국회 의사당; 의회 정치

Wéstminster Ábbey 웨스트민스터 성당 《London 소재; 여기서 국왕의 대관식이 거행되며 국왕을 비롯한 명사들이 묻혀 있음》

West·mor·land [wéstmɔ̀ːrlənd] *n.* 웨스트모얼랜드 《잉글랜드 북서부의 옛 주》

west-north·west [-nɔ̀ːrθwést; 〖항해〗 -nɔ̀ːrwést] *n.* Ⓤ [보통 the ~] 서북서 《略 WNW, W.N.W.》

— *a.*, *ad.* 서북서의[로(부터)]

Wést Póint 웨스트포인트 **1** 미국 육군 사관 학교의 통칭 **2** New York 주 남동부에 있는 미국 육군 사관학교 소재지

west-south·west [wéstsàuθwést; 〖항해〗 -sàuwést] *n.* Ⓤ [보통 the ~] 서남서 《略 WSW, W.S.W.》

— *a.*, *ad.* 서남서의[로(부터)]

Wést Sússex 웨스트서식스 주 《잉글랜드 남부의 주》

‡**west·ward** [wéstwərd] *a.* **서쪽으로 향하는,** 서쪽의 — *ad.* **서쪽으로[에]**

— *n.* [the ~] 서방, 서부

~·ly *a.*, *ad.* 서쪽으로(의); 서쪽에서(의)

‡**west·wards** [wéstwərdz] *ad.* = WESTWARD

Wést Yórkshire 웨스트요크셔 《잉글랜드 북부의 주》

‡**wet** [wet] [동음어 whet] *a.* (**~·ter**; **~·test**) **1 젖은,** 축축한; 〈페인트 등이〉 갓 칠한, 덜 마른: *W~* paint! 《게시》 칠 주의! **2 비 내리는:** Slippery when ~. 《미》 비 올 때는 잘 미끄러짐. 《주의하라는 도로 교통 표지》 **3** 《영·구어》 〈사람이〉 심약한 — *n.* **1** Ⓤ [종종 the ~] 습기, 수분, 액체 **2** [보통 the ~] 강우(降雨), 우천; 비, (비에) 젖은 땅 **3** 《속어》 술, 음주 **4** 《미》 금주 반대자 **5** 《영·구어》 심약한 사람 — *v.* (~, **~·ted**; **~·ting**) *vt.* **1 적시다,** 축이다 **2 오줌을 싸다**

— *vi.* **1** 젖다 **2** 오줌누다 **wét·ly** *ad.*

wet·back [wétbæ̀k] *n.* 《미·구어·경멸》 미국에 불법 입국하는 멕시코 인 《Rio Grande 강을 헤엄쳐서 넘어오는》

wét blánket 《구어》 결점을 들추는 사람, 헐뜯는 사람; 흥을 깨뜨리는 사람[것]

wét dòck 계선 독, 습선거(濕船渠) 《조수의 간만(干滿)에 상관 없이 수위를 일정하게 유지하는 독》

wét dréam 몽정(夢精)

weth·er [wéðər] *n.* 거세(去勢)한 숫양

wet·land [wétlæ̀nd] *n.* [보통 *pl.*] 습지대

wét lóok (천에 우레탄 수지를 발라서 내는) 광택, 윤기

wét nùrse 유모(cf. DRY NURSE)

wet-nurse [-nə̀ːrs] *vt.* …의 유모가 되다, 유모가 되어 〈젖먹이에게〉 젖을 주다

W

wét sùit 잠수용 고무옷《스쿠버 다이버용》
wet·ting [wétiŋ] *n.* 젖어서 축축함; 〖화학〗 습윤(濕潤)
wét·ting(-óut) àgent [wétiŋ(-áut)-] 〖화학〗 습윤제; 침윤제(浸潤劑)《직물 공업 등에서 표면을 침윤시키는 데 씀》
wet·tish [wétiʃ] *a.* 약간 축축한
‡**we've** [wiːv] we have의 단축형
WFTU World Federation of Trade Unions 세계 노동조합 연합회
whack [*h*wæk] [의성어] *vt.* **1** 《구어》 (지팡이 등으로) 세게 치다, 탁 때리다 **2** 《미·구어》 분배하다 《*up*》 **3** 《구어》 이기다, 패배시키다
— *n.* **1** 《구어》 구타, 강타; 철썩 소리 **2** 《속어》 시도; 기회 **3** 분배, 몫
whacked-out [*h*wǽktàut] *a.* Ⓟ 《미·속어》 지칠 대로 지친; 마약에 취한, 술 취한
whack·ing [*h*wǽkiŋ] *a.* 《영·구어》 큰, 굉장한, 훌륭한 — *ad.* 굉장히
— *n.* [보통 a ~] 강타(强打)
whack·o [*h*wǽkou] *n.* (*pl.* **~s**) 《영·속어》 괴짜, 이상한 사람
— *int.* 멋지다
whack·y [*h*wǽki] *a.* (**whack·i·er**; **-i·est**) = WACKY
‡**whale**[1] [*h*weil] *n.* (*pl.* **~s,** ~) **1** 〖동물〗 고래; Ⓤ 고래고기 **2** 《구어》 뛰어난 것[사람] — *vi.* 고래잡이에 종사하다
whale[2] *vt.* 《미·구어》 때리다, 두들기다
whale·back [*h*wéilbæ̀k] *n.* 《미》 고래 등처럼 불룩한 것
whale·boat [-bòut] *n.* 〖항해〗 양끝이 뾰족한 보트《옛날에는 포경용, 지금은 구조선》
whale·bone [-bòun] *n.* 고래수염; 그 제품《부챗살 등》
whále fishery 고래잡이, 포경업(捕鯨業); 포경 어장
whále lìne[ròpe] (고래잡이) 작살 밧줄
whale·man [-mən] *n.* (*pl.* **-men** [-mən]) 고래 잡는 사람; 포경 선원
whále òil 고래 기름
whal·er [*h*wéilər] *n.* 고래 잡는 사람; 포경선
whal·ing [*h*wéiliŋ] *n.* Ⓤ 고래잡이, 포경업
whá̀ling màster 포경선장
wham [*h*wæm] *n.* 《구어》 강한 타격, 쾅(소리) — *vt., vi.* (**~med**; **~·ming**) 후려갈기다, 쾅 치다
— *ad.* 별안간, 느닷없이
wham·my [*h*wǽmi] *n.* (*pl.* **-mies**) 《미》 **1** 재수 없는 것; 흉안(凶眼)《이 눈으로 노려보면 재앙이 온다고 함》; 마력, 마법 **2** 강력한 타격, 치명적인 일격
whang [*h*wæŋ] [의성어] 《구어》 *n.* 강타; 그 소리 — *vt.* 철썩 치다, 세게 때리다 — *vi.* 〈북 등이〉 둥둥 울리다
‡**wharf** [*h*wɔːrf] *n.* (*pl.* **~s, wharves** [*h*wɔːrvz]) 부두, 선창(船艙)
— *vt.* 〈배를〉 선창에 매다; 〈짐을〉 선창에 하륙[양륙]하다
— *vi.* 〈배가〉 부두에 닿다
wharf·age [*h*wɔ́ːrfidʒ] *n.* Ⓤ 선창[부두] 사용료; 선창 사용

wharf·in·ger [*h*wɔ́ːrfindʒər] *n.* 선창 주인[관리인]
wharves [*h*wɔːrvz] *n.* WHARF의 복수
‡**what** [*h*wʌt, *h*wɑt | wɔt] *pron.* **A** (의문대명사) **1** [부정(不定) 수량의 선택에 관하여 써서] **무엇, 어떤 것[일]**, 무슨 일 **a** [주어의 경우]: *W*~ is the matter with you? 무슨 일이냐, 어떻게 된 일이냐? **b** [보어의 경우]: *W*~ is this? 이것은 무엇이냐? **c** [목적어의 경우]: *W*~ do you mean (by that)? (그것은) 무슨 뜻이죠? **d** [간접의문절이나 ~ + *to* do의 형태로]: Do you know ~ this is? 이것이 무엇인지 아느냐? **2 a 얼마나**, 얼마만큼(how much): *W*~ is the price of this bag? 이 가방의 가격은 얼마입니까? **b** [남의 직업 등을 물어] 무엇을 하는 사람, 어떤 사람: *W*~ is he? 그는 무엇을 하는 사람이죠? — He is a teacher. — 선생님입니다. **c** 얼마 만큼의 가치[의미]를 지닌 것: *W*~ is life without books? 책이 없는 인생은 무엇이겠는가? **3** [감탄문에 써서] 얼마나 많은 양[금액], 얼마나: *W*~ it must cost! 비용이 정말로 많이 드는구나!
— **B** (관계대명사) **1 a** (…하는) **것[바, 일]**: *W*~ I say is true. 내가 말하는 것은 사실이다. **b** [관계사절 안의 be의 보어로 써서] (…인) 바로 그 사람[그것]: He is not ~ he was. 그는 옛날의 그가 아니다. **c** (…하는) 것은 무엇이든지(whatever): You may do ~ you will. 하고 싶은 것은 무엇이든지 해도 좋다. **d** [A is to B what C is to D의 형태로] A의 B에 대한 관계는 C의 D에 대한 관계와 같다: Air *is to* us ~ water *is to* fish. 공기와 인간의 관계는 물과 물고기의 관계와 같다. **2** [독립적 또는 삽입절을 이끌어] (게다가, 더욱이) …한 것은: *W*~ is more, he was awarded the grand prix. 게다가 그는 대상까지 받았다.
come ~ may[will] 어떤 일이 일어나더라도 ***have[have got] ~ it takes*** 《구어》 (어떤 목적 달성에) 필요한 재능[자질, 돈]을 지니고 있다 《*to* do》
— *a.* Ⓐ **A** (의문형용사) **1 a 무슨,** 어떤; 얼마만큼의: *W*~ time is it? 몇 시지요? **b** [간접의문절을 이끌어] **무슨,** 어떤; 얼마만큼의: I don't know ~ plans he has. 그가 어떤 계획을 가지고 있는지 나는 모르겠다. **2** [감탄문에 써서] **얼마나,** 참으로: *W*~ a beautiful view this is! 이것은 얼마나 아름다운 경치인가! 《How beautiful this view is!로 바꾸어 쓸 수 있음》
— **B** (관계형용사) (…하는) **어떠한 …도,** (…할) 만큼의: Lend me ~ books you can. 변통해 줄 수 있는 만큼[한]의 책을 빌려주시오.
— *ad.* **어느 정도, 얼마만큼**: *W*~ does it matter? 그것이 얼마만큼 중요한가, 그것이 어쨌다는 건가? 《상관없지 않은가》
— *int.* [일반적으로 의문문과 함께 놀람·노여움을 나타내어] 뭐라고, 이런, 아니, 설마: *W*~, no breakfast? 뭐라고, 아침밥을 거르라고?

***what-e'er** [*h*wὰtέər, *h*wʌ̀t- | wɔt-] *pron.* 《시어》 = WHATEVER

‡**what·ev·er** [*h*wɑtévər, *h*wʌt- | wɔt-] *pron.* **1** [선행사를 포함하는 부정 관계대명사] 〈…하는〉 **것[일]은 무엇이든지,** 〈…하는〉 것[일]은 모두: Do ~ you like. 무엇이든지 하고 싶은 것을 해라. **2** [양보절을 이끌어] 어떠한 일[것]이 …일지라도, 아무리 …이라도: *W*~ happens, I will do it. 무슨 일이 일어나도 그것을 하겠다. **3** [의문사 what의 강조형] 《구어》 도대체 무엇이, 도대체 무엇을: *W*~ do you mean? 대관절 무슨 말인가? — *a.* **1** [관계사 what의 강조형] 어떠한 …이라도, 얼마간의 …이라도: Is there any chance ~? 조금이라도 무슨 가망이 있습니까? **2** [양보절을 이끌어] 어떠한 …이라도: *W*~ results follow, I will go. 어떠한 결과가 되든 가겠다. **3** [부정·의문문에서 명사·대명사의 뒤에 쓰여] 약간의 …도, 하등의 …도: There is *no* doubt ~. 어떤 의심도 없다.

what-for [*h*wʌ́tfɔ̀:r, *h*wɑ́t-] *n.* 《영·구어》 **1** 이유, 까닭 **2** 꾸지람, 벌, 매질

what-if [*h*wɑ́tìf | wɔ́t-] *n.* (만약에 과거에 이러했더라면 현재 어떻게 되었을까 하는) 가정 (문제), 만약의 문제

what'll [*h*wɑ́tl | wɔ́tl] what will [shall]의 단축형

what·not [*h*wɑ́tnὰt | wɔ́tnɔ̀t] *n.* **1** 선반, 장식 선반 《골동품 등을 올려 놓는》 **2** Ⓤ 《구어》 이것저것, 여러 가지 물건

‡**what's** [*h*wɑts, *h*wʌts | wɔts] 《구어》 what is[has]의 단축형

what·so·e'er [*h*wὰtsouέər | wɔ̀t-] *a., pron.* 《시어》 = WHATSOEVER

***what·so·ev·er** [*h*wὰtsouévər, *h*wʌ̀t- | wɔ̀t-] *a., pron.* WHATEVER의 강조형

wheal [*h*wi:l] *n.* **1** 부스럼; 피부의 발진 **2** 회초리[채찍] 자국
— *vt.* …에게 회초리 자국을 내다

‡**wheat** [*h*wi:t] *n.* Ⓤ 〖식물〗 **밀**; 소맥
separate* (*the*) *~ from* (*the*) *chaff (1) 좋은 것과 나쁜 것을 구별하다 (2) 유능한 사람과 무능한 사람을 구별하다

whéat bèlt 《미》 밀 생산 지대

wheat·en [*h*wí:tn] *a.* 《문어》 밀의; 밀(가루)로 만든

whéat gèrm 맥아(麥芽)

wheat·meal [-mì:l] *n.* Ⓤ 《영》 (기울을 뽑지 않은) 통째로 빻은 밀가루

whee [*h*wi:] *int.* 와아! 《기쁨·흥분을 나타냄》

whee·dle [*h*wí:dl] [G 「꼬리를 흔들다, 아첨하다」의 뜻에서] *vt.* **1** 〈사람을〉 감언이설로 꾀다 **2 a** 솔깃한 말로 속이다 《*out*》; 속여서 …시키다 《*into*》 **b** 감언이설로 빼앗다 《*out of*》
whée·dling·ly *ad.* 감언이설로, 교묘히 속여서

‡**wheel** [*h*wi:l] *n.* **1** 수레바퀴, 바퀴 **2** 《구어》 자전거; [*pl.*] 《미·속어》 자동차 **3** 바퀴 달린[비슷한] 기계; 물레; 녹로(鹿轤); 회전 꽃불 **4** [the ~] (자동차의) 핸들(= steering ~); (배의) 타륜(舵輪) **5** 운전, 회전, 선전(旋轉); (곡예사의) 공중 회전: the ~*s* of gulls 갈매기의 선회 **6** [보통 *pl.*] 원동력, 추진력, 중추 기구
***be at the* ~** (1) 타륜을 잡다; 핸들을 잡다, 운전하다 (2) 지배권을 쥐다
— *vt.* 〈수레바퀴 달린 것을〉 움직이다, 밀어[끌어] 움직이다 — *vi.* **1 a** 방향을 바꾸다 **b** 〈대열·새·천체 등이〉 선회하다: The seasons ~*ed around* and it was Christmas again. 계절이 바뀌어 또다시 크리스마스가 돌아왔다. **2** 《구어》 자전거[3륜차]를 타다 **3** 차로 가다; 〈차가〉 미끄러지듯이 달리다; 원활하게 진행되다: A car is ~*ing along* the street. 차가 거리를 미끄러지듯 달리고 있다. **4** 의견[태도]의 방향을 전환하다
~ and deal 《구어》 (장사·정치에서) 수완을 부리다, 능력을 발휘하다; 계책을 쓰다

wheel·bar·row [*h*wí:lbæ̀rou] *n., vt.* 일륜차(一輪車)(로 운반하다)

wheel·base [-bèis] *n.* ⓊⒸ 축거(軸距) 《자동차의 앞뒤 차축(車軸) 사이의 거리》

wheel·chair [-tʃὲər] *n.* (환자용) 바퀴 달린 의자, 휠체어

wheeled [*h*wi:ld] *a.* **1** 바퀴 달린 **2** [보통 복합어를 이루어] …바퀴의

wheel·er [*h*wí:lər] *n.* **1** 짐수레꾼 **2** = WHEEL HORSE 1 **3** 바퀴 달린 것, …륜차 **4** 《영》 수레바퀴 제조인

wheel·er-deal·er [*h*wí:lərdí:lər], **whéeler and déaler** *n.* 《미·속어》 정치나 장사에 능한 활동가, 수완가; 책략가

whéel hòrse **1** (네 필이 끄는 마차의) 뒷말 **2** 《미·구어》 (정당·기업 등의) 충실한 노력가

wheel·house [-hàus] *n.* (*pl.* **-hous·es** [-hàuziz]) 〖항해〗 (작은 구식 배의) 조타실(操舵室)

wheel·ie [*h*wí:li] *n.* (자전거 등을) 뒷바퀴만으로 달리는 곡예

wheel·ing [*h*wí:liŋ] *n.* Ⓤ **1** 수레로 나르기 **2** 자전거 타기 **3** (차의 진행 상태로 본) 노면의 상태: good ~ 좋은 차도
~ and dealing 목적을 위해서는 수단을 가리지 않음, 수완을 발휘하기

wheel·man [*h*wí:lmən] *n.* (*pl.* **-men** [-mən]) 〖항해〗 키잡이; 《구어》 자전거 타는 사람 《남자》

wheels·man [*h*wí:lzmən] *n.* (*pl.* **-men** [-mən]) 《미》 〖항해〗 (조)타수

wheel·wright [*h*wí:lràit] *n.* 수레바퀴 제조인

wheeze [*h*wi:z] *vi.* **1** 〈사람이〉 (천식 등으로) 씨근거리다 《*out*》 **2** 〈물건이〉 씨근거리는 소리를 내다 — *vt.* 씨근거리며 말하다, 숨을 헐떡이며 말하다 《*out*》
— *n.* **1** 씨근거리는 소리 **2** 진부한[재미없는] 재담

wheez·y [*h*wí:zi] *a.* (**wheez·i·er**; **-i·est**) 씨근거리는
whéez·i·ly *ad.* **-i·ness** *n.*

whelk[1] [*h*welk] *n.* 〖패류〗 쇠고둥류(類)의 식용 조개

whelk[2] *n.* 뾰루지, 여드름

whelm [*h*welm] *vt.* 《문어》 **1** 〈슬픔 등으로〉 압도하다, 눌러 찌부러뜨리다 **2** 물속으로 가라앉히다

whelp [*h*welp] *n.* **1** 강아지, 새끼 《사자·호랑이·곰·이리 등의》 **2** 《경멸》 버릇 없는 아이, 개구쟁이; 꼬마
— *vi., vt.* 〈짐승이〉 새끼를 낳다; 《경멸》 〈여자가〉 아이를 낳다

‡when [*h*wen] *ad.* **A** (의문부사) **1** 언제 **2** 어떤 때에, 어떤 경우에 **3** 어느 정도(의 시점)에서, 얼마쯤에서
— B (관계부사) **1** [제한적 용법] …**하는 [한, 인, 할] (때)**: It was in the days ~ motorcars were rare. 그것은 자동차가 드문 시대의 일이었다. **2** [비제한적 용법; 보통 앞에 콤마가 있음] (…하면, …하는데) **그때에**: Wait till eight, ~ he will be back. 8시까지 기다리세요, 그 무렵에는 그가 돌아올 겁니다. **3** [선행사를 포함한 관계부사 용법] …할 때: Monday is ~ I am busiest. 월요일은 내가 가장 바쁠 때이다.
— *conj.* **1 a** …**할 때에**, …할 때는 《때를 나타내는 부사절을 만듦; when은 특정한 때를 나타내고 while은 기간을 나타내는 것이 통례임; 이따금 when절에 진행형이 쓰이기도 함》: I'll tell him ~ he comes home. 그가 돌아오거든 말하겠다. **b** (…하자) 그때: I *was* stand*ing* there lost in thought ~ I was called from behind. 생각에 잠긴 채 거기에 서 있을 때 뒤에서 누가 나를 불렀다. **c** …할 때는 언제나: The kitchen's a mess ~ she bakes cakes. 그녀가 케이크를 만들 때면 부엌은 으레 엉망이 된다. **2 a** …**하면**, …하는 경우에는(if): I'll give it to you ~ you say 'please'. 「제발」이라고 말하면 그걸 주마. **b** …에도 불구하고, …을 생각하면: How (can you) convince him ~ he will not listen? 귀를 기울이려고 하지 않는데 어찌 그를 설득할 수 있겠느냐?
— *n.* [the ~] 때, 시기(time): *the* ~ and the where of his arrest 그를 체포할 시기와 장소
— *pron.* **1** [전치사 뒤에 놓여 의문대명사로서] 언제(what time): From[Since] ~ ...? 언제부터? **2** [전치사 뒤에 놓여 관계대명사로서] 《문어》 그때: He came on Monday, since ~ things have been better. 그는 월요일에 왔는데, 그때부터 사태가 호전되었다.

***whence** [*h*wens] 《문어·고어》 *ad.* **1** [의문부사] **a** 어디로부터 **b** 어떻게; 왜: *W*~ comes it that ...? …인 것은 무슨 까닭인가? **2** [관계부사] **a** …하는 **b** (…하는) 거기서부터; (…하는) 그곳에: Return ~ you come. 온 곳으로 돌아가거라. **—** *pron.* [관계대명사적] 〈…하는〉 그곳: the source from ~ it springs 그것이 나온 근원
— *n.* 출처, 유래, 기원 《*of*》

***when·e'er** [*h*wenέər] *ad., conj.* 《시어》 = WHENEVER

‡when·ev·er [*h*wènévər] *conj.* **1** …**할 때는 언제나**, …할 때에는 반드시; …할 때마다: *W*~ he goes out, he takes his dog with him. 그는 외출할 때 언제나 개를 데리고 간다. **2** [양보절에서] **언제 …하든지 간에**
— *ad.* [의문사 when의 강조형으로서] 《구어》 도대체 언제

***when·so·ev·er** [*h*wènsouévər] *ad., conj.* WHENEVER의 강조형

‡where [*h*wεər] [동음어 ware, wear] *ad.* **A** (의문부사) **1 어디에[로, 를, 에서]**: *W*~ do you live? 어디에 살고 있습니까? **2** 어떤 점에서: *W*~ is he to blame? 그는 어떤 점에서 비난 받아야 하죠? **3** 어떠한 처지[사태]에[로]: I wonder ~ this trouble will lead. 이 문제가 앞으로 어떠한 사태로 발전할 것인지 모르겠다. **4** 어느 장소[부분]에, 어디에
— B (관계부사) **1** [제한적 용법] …**하는**, …**한** (장소, 경우 등): This is the village ~ I was born. 여기가 바로 내가 태어난 마을이다. **2** [비제한적 용법; 보통 앞에 콤마를 찍음] **그리고 거기에(서)** (and there): I got to the town, ~ I had lunch. 그 도시에 도착해서 그곳에서 점심을 먹었다. **3** [선행사를 포함한 관계부사 용법] …**하는 곳**: This is ~ we used to play. 여기가 우리들이 놀곤 했던 곳이다.
— *conj.* **1 a** …**하는[한] 곳에[으로, 을]**: Show us ~ we can have a drink of water. 물을 마실 수 있는 곳으로 우리를 안내해 주시오. **b** …하는 곳은 어디든지: Go ~ you like. 어디든지 가고 싶은 데로 가시오. **2** …하는 경우에: She was outstanding ~ endurance was called for. 그녀는 인내력이 요구되는 곳에서 두각을 나타냈다. **3** 《문어》 …**하는데**, …한다는데: Jews don't eat pork, ~ Christians relish it. 기독교도들은 돼지고기를 좋아하는데 유대인들은 그것을 먹지 않는다.
— *n.* [the ~] 장소(place): *the* ~ and the why of it 그 장소와 그것의 이유
— *pron.* **1** [전치사와 함께 의문대명사로서] 어디 《*from*》: *W*~ do you come *from*? 고향이 어디입니까? **2** [전치사와 함께 관계대명사로서] (…하는[한]) 바의 (장소) 《비표준적 용법》: That is the place ~ he comes *from*. 저 곳이 그의 고향이다.

‡where·a·bouts [*h*wέərəbàuts] *ad.* **1** [의문부사] **어디쯤에** **2** [간접의문문을 이끌어] …의 장소
— *n.* [단수·복수 취급] 소재, 행방 《사람 또는 사물의》: His ~ is[때로는 are] unknown. 그의 행방은 알 수 없다.

‡where·as [*h*wὲərǽz] *conj.* **1** …**에 반하여, 그런데** **2** [특히 법률·조약 전문(前文)에서] …이므로, …인 까닭에(since)

where·at [*h*wὲərǽt] *ad.* 《고어》 **1** [의문사] 무엇에 대하여 **2** [관계사] **a** [제한적 용법] 그것에[그곳에서]; 그것에 대하여: I know the things ~ you are displeased. 자네 마음에 들지 않는 점을 알고 있다. **b** [비제한적 용법] 그러자, 그 결과

***where·by** [*h*wὲərbái] *ad.* 《문어》 **1** [의문사] **무엇에 의하여** **2** [관계사] (그것에 의하여, 그것에 따라) …하는 (수단 등)

wher·e'er [*h*wὲərέər] *ad.* 《시어》 = WHEREVER

W

‡**where·fore** [*hwέərfɔ̀ːr*] 《고어》 *ad.* **1** [의문사] 왜, 무슨 이유로 **2** [관계사] 그런 이유로, 그런 까닭으로: He was angry, ~ I was afraid. 그는 성이 나 있었다, 그래서 나는 걱정이었다.
— *n.* [the ~s; 보통 *pl.*] 원인, 이유

‡**where·in** [*hwὲərín*] *ad.* 《문어》 **1** [의문사] 어떤 **점으로**[에서]; 어디에 **2** [관계사] …하는 바의; 거기서, 그 점에서

∗**where·of** [*hwὲərʌ́v* | -ɔ́v] *ad.* 《문어》 **1** [의문사] **무엇의**, 무엇에 관하여, 누구의 **2** [관계사] 그것의, 그것에 관하여, 그 사람의

∗**where·on** [*hwὲərɑ́n* | -ɔ́n] *ad.* 《고어·의살》 **1** [의문사] **무엇 위에**, 누구에게 **2** [관계사] 그 위에

‡**where's** [*hwέərz*] where is[has]의 단축형

where·so·ev·er [-souévər] *ad.* 《문어》 WHEREVER의 강조형

where·to [-túː] *ad.* 《문어》 **1** [의문사] **a** 무엇에, 어디로 **b** 무엇 때문에 **2** [관계사] 그것에, 거기로, 그것에 대하여

∗**where·up·on** [*hwὲərəpɑ́n* | -əpɔ́n] *ad.* [관계사] **그래서**, 그 후에; 게다가

‡**wher·ev·er** [*hwεərévər*] *conj.* **1** …**하는 곳은 어디(에)라도**; …하는 경우는 언제나: Sit ~ you like. 어디든지 앉고 싶은 데에 앉으시오. **2** [양보절을 이끌어] 어디에[어디로] …하든지
— *ad.* 《구어》 [의문사 where의 강조형] 대체 어디에[어디로, 어디에서]
or **~** [장소의 부사(구)에 이어서] 《구어》 …나 어딘가 그와 같은 곳에(서)

∗**where·with** [*hwεərwíð*] *ad.* **1** [관계사] **그것을 가지고**, 그것으로 **2** [의문사] 《고어》 무엇으로, 무엇을 가지고 — *pron.* 그것에 의하여 …하는 것: He had not ~ *to* feed himself. 그는 먹을 것이 없었다.

where·with·al [*hwέərwiðɔ̀ːl*] *n.* [the ~] (필요한) 자금, 수단

∗**wher·ry** [*hwéri*] *n.* (*pl.* **-ries**) **1** 나룻배, 거룻배 **2** 《미》 (경조용) 1인승 스컬

∗**whet** [*hwet*] [동음어 wet] *vt.* (**~·ted**; **~·ting**) **1** 〈칼 등을〉 **갈다**, 갈아서 날카롭게 하다 **2** 〈식욕·호기심 등을〉 **자극하다**, 돋우다 — *n.* **1** 갈기, 연마 **2** 자극(물)

W

‡**wheth·er** [*hwéðər*] *conj.* **1** [간접의문의 명사절을 이끌어] …**인지 어떤지**: He asked ~ he could help. 그는 자신이 도울 수 있나를 물었다. **2** [양보의 부사절을 이끌어] …**이든지 아니든지** (간에): ~ for good or for evil 좋건 나쁘건 **~ *or no*[*not*]** 어느 쪽이든, 하여간; …인지 어떤지

whet·stone [*hwétstòun*] *n.* 숫돌

whew [*hwjuː*] [의성어] *int.* 아휴 《놀람·실망·당황·불쾌·피로감·안도·기쁨 등》

whey [*hwei*] *n.* Ⓤ 유장(乳漿) 《치즈 만들 때 엉긴 젖을 거르고 난 물》

‡**which** [*hwitʃ*] *pron.* **A** (의문대명사) 어느 쪽, 어느 것, 어느 사람 **1** [주어로 사용된 경우]: *W*~ of the two is the prettier? 두 사람 중에서 누가 더 예쁜가? **2** [보어로 사용된 경우]: *W*~ is your father in this photo? 이 사진에서 누가 당신의 아버지냐? **3** [목적어로 사용된 경우]: *W*~ (of the flowers) do you like best? (그 꽃들 중에서) 어느 것이 가장 마음에 드니? **4** [간접의문문의 절 또는 ~ + *to* do의 형태로]: Say ~ you would like best. 어느 것이 제일 마음에 드는지 말해 보시오.
— **B** (관계대명사) **1** [제한적 용법] …**하는[한]** (것·일) **a** [주격]: The river ~ flows through London is called the Thames. 런던을 관통해 흐르는 강을 템스강이라 한다. **b** [소유격; of which의 형태로]: We found the car *of* ~ the suspect is the owner. = We found the car the owner *of* ~ is the suspect. 우리는 용의자가 소유자인 차를 발견하였다. **c** [목적격]: This is the book (~) I have chosen. 이것이 내가 고른 책이다. **d** [~ + *to* do 의 형태로] …할 (수 있는) (것): He has no means of support upon ~ *to* depend. 그는 의지할 (수 있는) 생계 수단이 없다. **2** [비제한적 용법; 보통 앞에 콤마를 찍음] **a** [주격·목적격] **그리고 그것은**[을]; 그러나 그것은[을] 《격식차린 용법》: I began to read the book, ~ was very difficult to me. 그 책을 읽기 시작했는데 내게는 매우 어려웠다. **b** [선행하는 구·절·문장 또는 그 내용을 받아서]: He said he saw me there, ~ was a lie. 그는 거기서 나를 보았다고 했는데 그것은 거짓말이었다. **c** [관계사절이 주절에 앞서서] 《문어》 …이지만: Moreover, ~ you may hardly believe, she committed suicide. 게다가 거의 믿지 못할 일이겠지만 그녀는 자살해 버렸어. **3** [명사절을 이끌어] (…하는 것은) 어느 것이든지(whichever): You may take ~ (of the books) you like. 어느 것이든지 마음에 드는 것[책]을 가지세요.
***that* ~ ...** …한 것: Which book do you mean? 어느 책 말이죠? — *That* ~ I spoke to you on the phone about. 내가 전화로 이야기한 책 말이야. 《The one ... 쪽이 일반적임》
— *a.* Ⓐ **A** (의문형용사) **1** 어느, 어떤, 어느 쪽의: *W*~ book do you like better, *Robinson Crusoe* or *Gulliver's Travels*? 「로빈슨 크루소」와 「걸리버 여행기」 중 어느 책이 더 마음에 듭니까? **2** [간접의문문의 절 또는 ~ + *to* do 의 형태로]: Say ~ book you prefer. 어느 책이 마음에 더 드는지 말해 보시오.
— **B** (관계형용사) **1** 《문어》 그리고[그러나] 그: I said nothing, ~ fact made him angry. 나는 잠자코 있었는데 그 사실이 그를 화나게 했다. **2** (…하는 것은) 어느 …이든(whichever): Take ~ books you want from the bookshelves. 서가에서 어느 책이든지 갖고 싶은 책을 가지세요.

‡**which·ev·er** [*hwìtʃévər*] *pron.* **1** [부정(不定) 관계사; 명사절을 이끌어] **어느 것[쪽]이든지**: Buy ~ you like. 어느 것이든 좋아하는 것을 사시오. **2** [양보의 부사절을 이끌어] **어느 것[쪽]을 …하든(지)**: *W*~ you (may)

choose, you won't be satisfied. 어느 쪽을 선택해도 너는 만족할 수 없을 것이다. **3** [의문대명사 WHICH의 강조형] 《구어》 **도대체 어느 것[쪽]을[이]** …: *W*~ do you prefer? 어느 쪽을 더 좋아하니?

— *a.* **1** [관계형용사; 명사절을 이끌어] **어느 것[쪽]의 …이든지**: Take ~ ones you choose. 네가 고른 어떤 것이든 가져라. **2** [양보의 부사절을 이끌어] **어느 쪽이 …든(지)**: *W*~ side wins, I shall be satisfied. 어느 편이 이기든 나는 만족할 것이다. **3** [의문형용사 WHICH의 강조형] 《구어》 도대체 어느 것이[을]

which·so·ev·er [-souévər] *pron., a.* 《문어》 WHICHEVER의 강조형

∗**whiff** [*h*wif] *n.* **1 a** (바람·연기 등의) **한 번 불기[내뿜기]** **b** 풍기는 냄새 **2** 《구어》 작은 엽궐련 **3** 가벼운 화풀이[노여움]

— *vt.* 〈담배를〉 빨다, 피우다 **—** *vi.* **1** 담배를 피우다 **2** 《영·구어》 불쾌한 냄새가 풍기다 **3** 《미·구어》 (골프·야구에서) 헛치다, 삼진당하다

whif·fet [*h*wífit] *n.* 《미·구어》 하찮은 사람

whif·fle [*h*wífl] *vi.* **1 a** 〈바람이〉 살랑거리다 **b** 〈잎·불꽃이〉 흔들리다 **2** 되는대로 지껄이다 **3** 〈의견 등이〉 흔들리다, 바뀌다

— *vt.* **1** 〈바람 등이〉 …을 날리다; 〈기(旗) 등을〉 흔들다; 〈배를〉 이리저리 돌리다 **2** 〈의견 등을〉 흔들리게 하다

whif·fler [*h*wíflər] *n.* 의견[방침]을 자주 바꾸는 사람; (토론 중) 애매한 태도를 취하는 사람

whif·fy [*h*wífi] *a.* 《구어》 냄새가 확 풍기는

Whig [*h*wig] [Scot. 「말을 모는 사람」의 뜻에서] *n.* **1** 〖영국사〗 휘그당원 **2** [the ~s] 휘그당 《17-18세기에 일어난 민권당으로 Tory당과 대립하여 19세기에 지금의 Liberals(자유당)가 된 정당》 **3** 〖미국사〗 독립당원; 공화당원 《1834년경 결성되어 the Democratic Party(민주당)와 대립》

— *a.* 휘그당(원)의; 휘그당 특유의

Whig·ger·y [*h*wígəri] *n.* = WHIGGISM

Whig·gism [*h*wígizm] *n.* Ⓤ 휘그주의

⁑**while** [*h*wail] [동음어 wile] *conj.* **1 a** **…하는 동안**, …하는 사이, …와 동시에: *W*~ (he was) fighting in Germany, he was taken prisoner. 그는 독일에서 참전 중에 포로가 되었다. **b** …하는 한: *W*~ there is life, there is hope. 목숨이 있는 한 희망이 있다. **2 a** [문두에서 양보의 종속절을 이끌어] **…할지라도**, …하지만: *W*~ I admit that the task is difficult, I don't think that it is impossible. 그 일이 어렵다는 것을 인정은 하지만 불가능하다고는 생각지 않는다. **b** [주절 뒤에서 대조를 나타내어] 그런데, 한편(으로는); 동시에: He likes sports, ~ I like books. 그는 스포츠를 좋아하는데 나는 책이 좋다.

— *n.* [a ~] (짧은) **동안**, 잠깐, 잠시: for *a* (short) ~ 잠깐, 잠시 동안 《for는 종종 생략됨》/ *a* good[great] ~ 꽤 오랫동안 / *a* ~ ago 조금 전에

all the ~ (1) 그 동안 내내 (2) [접속사적으로] …하는 동안 내내 ***all this ~*** 이 오랜 동안 내내 ***at ~s*** 때때로, 이따금 ***a ~ ago*** 조금 전에 ***between ~s*** 《구어》 때때로, 이따금 ***the ~*** [부사구로서] 그 동안; 동시에 ***this long ~*** = all this WHILE

— *vt.* 〈시간을〉 빈둥빈둥 보내다 《*away*》: He ~*d away* his vacation on the beach. 그는 휴가를 바닷가에서 보냈다.

∗**whilst** [*h*wailst] *conj.* 《주로 영》 = WHILE

∗**whim** [*h*wim] *n.* ⒸⓊ **변덕**, 잘 변하는 마음: full of ~*s* (and fancies) 변덕스러운 **—** *vi.* (**~med**; **~ming**) 일시적인 기분으로 바라다

∗**whim·per** [*h*wímpər] *vi.* **1** 〈어린아이 등이〉 **훌쩍훌쩍 울다**, 흐느껴 울다 **2** 〈개 등이〉 낑낑거리다 **3** 〈사람이〉 코맹맹이 소리를 내다; 투덜투덜 불평하다

— *n.* 흐느낌, 훌쩍거림; (개 등의) 낑낑거림; 코를 킁킁거리는 소리

~·ing·ly *ad.* 훌쩍거리며, 킁킁거리며

whim·sey [*h*wímzi] *n.* (*pl.* **~s**) = WHIMSY

∗**whim·si·cal** [*h*wímzikəl] *a.* **1** **변덕스러운**, 마음이 잘 변하는 **2** 묘한, 별난

~·ly *ad.*

whim·si·cal·i·ty [*h*wìmzəkǽləti] *n.* (*pl.* **-ties**) **1** Ⓤ 변덕(스러움) **2** [보통 *pl.*] 별스러운 짓, 기행(奇行)

whim·sy [*h*wímzi] *n.* (*pl.* **-sies**) **1** 변덕, 일시적 기분 **2** 기발한 말[행동]

whin [*h*win] *n.* 《영》 〖식물〗 가시금작화 (gorse) 《유럽산 관상용 관목》

∗**whine** [*h*wain] [동음어 wine] *vi.* **1 a** **구슬피 울다**, 흐느끼다; 〈개가〉 낑낑거리다 **b** 〈바람·탄환 등이〉 윙 소리를 내다 **2** 우는 소리하다, 푸념하다

— *vt.* 애처로운 (콧)소리로 …라고 말하다 《*out*》 **—** *n.* **1** (개 등의) 낑낑거림; 칭얼거림; 흐느끼는 소리; (탄환·바람 등의) 윙 소리 **2** 우는소리, 푸념 **whín·er** *n.*

whinge [*h*windʒ] 《호주·영》 *vi.* 우는소리를 하다 **—** *n.* 우는 소리

whin·ny [hwíni] *vi., vt.* (**-nied**) 〈말이〉 나지막이[기분 좋은 듯이] 울다

— *n.* (*pl.* **-nies**) 말의 울음 소리

⁑**whip** [*h*wip] *v.* (**~ped, whipt** [*h*wipt]; **~·ping**) *vt.* **1 a** **채찍질하다**, 때리다: ~ a cow *on* 소를 매질하여 빨리 가게 하다 **b** 격려[편달]하다, 자극하다; 매질하여 …시키다; (엄하게 말하여) 가르치다 **2** 《구어》 …에 이기다, 격파하다 **3** 홱 잡아채다[거머쥐다]; 〈달걀·크림 등 을〉 세게 휘저어 거품이 일게 하다: ~ *off* one's coat 웃옷을 홱 벗다 **4** 〈막대기 등에〉 동여매다; 〈솔기를〉 감치다

— *vi.* **1** 채찍을 쓰다, 매질하다 **2** 급히 움직이다; 돌진하다, 뛰어들다[나가다]: ~ *away* to a foreign country 급히 외국으로 가다 **3** 〈비·우박 등이〉 …을 세차게 때리다; 〈깃발 등이〉 바람을 가르다

~ *up* (1) 〈말 등을〉 채찍질하여 뛰게 하다 (2) 홱 잡아채다; 끌어 모으다 (3) 《구어》 〈요리·작품 등을〉 재빠르게 만들다

— *n.* **1 a** **채찍**(의 소리) **b** [the ~] 채찍

질 **2** 마부 《특히 4두 마차의》 **3** 사냥개 담당자 **4** 휩 《달걀·크림 등을 섞어 거품을 일게 한 식후용 과자》

whip·cord [*h*wípkɔ̀:*r*d] *n.* **1** 채찍 끈 《꼬거나 땋은》 **2** 능직의 일종

whíp hànd [the ~] **1** (채찍을 쥐는) 오른손 **2** 지배; 우위(優位)

whip·lash [-læ̀ʃ] *n.* **1** 채찍 끝(의 나긋나긋한 부분) **2** 편달(鞭韃), 자극, 충격 **3** = WHIPLASH INJURY

whíplash ínjury 〖의학〗 목뼈의 골절 《자동차의 충돌로 인한》; 채찍 맞은 상처

whip·per [*h*wípə*r*] *n.* 채찍질하는 사람[물건]

whip·per-in [*h*wípərín] *n.* (*pl.* **whip·pers-**) 〖수렵〗 사냥개 담당자

whip·per·snap·per [*h*wípə*r*snæ̀pə*r*] *n.* 하찮은 사람, 얄미운 놈, 건방진 녀석

whip·pet [*h*wípit] *n.* 위피트 《greyhound와 terrier의 교배에 의한 영국산 경주견》

whip·ping [*h*wípiŋ] *n.* **1** ⓊⒸ 채찍질, 태형(笞刑) **2** 〖요리〗 거품을 일게 하기

whípping bòy **1** 〖역사〗 (왕자의 학우(學友)로서) 대신 매를 맞는 소년 **2** 대신 당하는 자, 희생자

whípping crèam 휘핑 크림 《유지방 함유량이 많아 거품내는 데 쓰는 생크림》

whípping tòp 채로 치는 팽이

whip·poor·will [*h*wípə*r*wìl | *h*wípuəwìl] *n.* 〖조류〗 쏙독새의 무리 《북미산》

whip·py [*h*wípi] *a.* (**-pi·er**; **-pi·est**) **1** 채찍 모양의 **2** 탄력[탄성]이 있는, 낭창낭창한 **3** (구어) 쾌활한

whip-round [*h*wípràund] *n.* (영·구어) (동료·친구의 불행이나 경사 때 하는) 기부 권유, (자선) 모금

whip·saw [*h*wípsɔ̀:] *n.* (틀에 끼운) 가늘고 긴 톱 **—***vt.* (**~ed**; **~ed, -sawn** [-sɔ̀:n]) **1** whipsaw로 켜다 **2** 이중으로 손해를 주다 **3** (미·구어) 쉽게 이기다

whip·stock [-stɑ̀k | -stɔ̀k] *n.* 채찍 손잡이

whir [*h*wə:*r*] [의성어] *v.* (**~red**; **~·ring**) *vi.* 씽 소리내며 날다; 〈모터 등이〉 윙윙 돌다 **—***vt.* (빨리) 윙윙 소리를 내며 나르다 **—***n.* [보통 *sing.*] 씽 하는 소리; 빙빙 도는 소리

⁑whirl [*h*wə:*r*l] [동음어 whorl] *vt.* **1** **빙글빙글 돌리다** **2** 소용돌이치게 하다 **3** 재빨리 나르다 **—***vi.* **1** **빙빙 돌다**; 소용돌이치다 **2** (차·비행기 등을 타고) 급히 가다; 〈차 등이〉 질주하다 《*away*》 **3** 현기증이 나다 **4** 〈생각·감정 등이〉 연달아 떠오르다, 용솟음치다 **—***n.* **1 a** **회전**, 선회 **b** 핑핑 도는 것, 소용돌이; 선풍 **2** [a ~] (정신의) 혼란, 착란 **3** [보통 *sing.*] **a** 어지러움 **b** (사건·모임 등의) 주마등 같은 연속 《*of*》 **4** [a ~] (구어) 시도 ***give a ~*** (구어) 시도하다, 해보다 ***in a ~*** 선회하여; 빙빙 돌아; 갈피를 못잡게, 혼란하여

whirl·i·gig [*h*wə́:*r*ligìg] *n.* **1** 회전하는 장난감 《팽이·팔랑개비》; 회전목마 **2** 회전 운동; 변전(變轉): the ~ of time 시운[운명]의 변전 **3** 〖곤충〗 = WHIRLIGIG BEETLE

whírligig bèetle 〖곤충〗 물매암이

***whirl·pool** [*h*wə́:*r*lpù:l] *n.* **1** **소용돌이** **2** 혼란, 소란

whírlpool bàth (치료를 위한) 기포(氣泡) 목욕법[장치] 《소용돌이를 인공적으로 만들어 그 가운데서 하는》

whirl·wind** [*h*wə́:*r*lwìnd] *n.* **1** **회오리바람** **2** 소용돌이침 《감정의》; 회오리바람 같은 것[일] **—a.* Ⓐ 급격한, 성급한 **—***vi.* 회오리바람처럼 움직이다

whirl·y·bird [*h*wə́:*r*libə̀:*r*d] *n.* (구어) 헬리콥터

whirr [*h*wə:*r*] *v., n.* = WHIR

whish [*h*wiʃ] [의성어] *vi.* 쉿[휙] 하고 소리나다[움직이다] **—***n.* 쉿[휙] 소리

whisk** [*h*wisk] *vt.* **1** 〈먼지 등을〉 **털다**, 털어 없애다; 〈파리 등을〉 쫓다: ~ flies *away*[*off*] 파리를 쫓아내다 **2** 홱 가져[끌어]가다; 가볍게 나르다: ~ *away*[*off*] a newspaper 신문을 홱[싹] 가져가 버리다 **3** 〈달걀·크림 등을〉 빨리 휘젓다 **—vi.* 홱[급히] 가 버리다[사라지다]: ~ *out of* sight 급히 사라지다 **—***n.* **1** 털기; 후다닥 침 《새·짐승의 날개·꽁지 등의》 **2** 총채, 작은 비 《털·짚·작은 가지 등으로 만든》 **3** 묶음, 단 《건초·짚·센털·깃 등의》 **4** 양복 솔 **5** 휘젓는 기구 《달걀·크림 등의》

whísk bròom 양복 솔

***whis·ker** [*h*wískə*r*] *n.* **1** [보통 *pl.*] **구레나룻** **2** [보통 *pl.*] 수염 《고양이·쥐 등의》; 부리 둘레의 털 《새의》 **3** (구어) [a ~] 얼마 안 되는 거리; 간발의 차

whis·kered [*h*wískə*r*d] *a.* 구레나룻이 난

⁑whis·key [*h*wíski] [Gael. 「생명의 물」의 뜻에서] *n.* (*pl.* **~s**) ⓊⒸ **위스키**

whískey and sóda 위스키소다, 하이볼

***whis·ky** [*h*wíski] *n.* (*pl.* **-kies**) = WHISKEY

⁂whis·per [*h*wíspə*r*] *vi.* **1** **속삭이다**: ~ *in* a person's ear[*to* a person] …에게 귀엣말하다; 소문 이야기를 하다 **2** 일러바치다, 험담[밀담]하다 **3** 〈바람·시냇물·나뭇잎 등이〉 살랑거리다 **—***vt.* **1** 속삭이다 **2** 살며시 이야기를 퍼뜨리다 **—***n.* **1** **속삭임**, 낮은 목소리 **2** 소문, 풍설 **3** [보통 *sing.*] 살랑[속삭]거리는 소리 **4** 적은 분량, 기미

give the ~ 살짝 귀띔하다

~·er *n.* 속살거리는 사람; 고자질하는 사람

whis·per·ing [*h*wíspəriŋ] *a.* 속삭이는, 속삭이는 듯한 **—***n.* ⓊⒸ 속삭임

whíspering campàign (미) (상대방 입후보자의 명예를 훼손하기 위한) 허위 사실 유포 행위, 중상 모략 전술

whíspering gàllery[dòme] 속삭임의 회랑(回廊) 《작은 소리도 멀리까지 들리게 만든 회랑; London의 St. Paul's 대성당의 것 등》

whist [*h*wist] *n.* Ⓤ 〖카드〗 휘스트놀이 《보통 네 사람이 함》

whíst drìve (영) 휘스트 드라이브 《휘스트를 몇 사람이 상대를 바꿔 가며 하는 놀이》

⁂whis·tle [*h*wísl] [의성어] *vi.* **1** **휘파람 불다**; 〈새가〉 지저귀다; 〈바람이〉 씽 불다 **2** 휘파람[호각]으로 부르다

W

[신호하다] **3** 기적을 울리다 — *vt.* **1** 휘파람으로 가락을 맞추어 노래하다 **2** 휘파람으로 부르다

~ ***for*** 《구어》 (1) 휘파람으로 부르다 (2) 구하여도[바라도] 소용없다, 보람도 없이 구하다 ~ ***in the dark*** 대담한[침착한] 체하다, 허세부리다 ~ one***'s life away*** 일생을 태평스럽게 보내다 ~ ***up*** (1) 〈개 등을〉 휘파람으로 부르다 (2) 〈많지 않은 재료로〉 …을 재빨리 만들다

— *n.* **1 휘파람 2 호각**; **기적**(汽笛); 경적(警笛) **3** 휙 하는 소리, 날카롭게 우는 소리 《때까치 등》 **4** 《구어》 입, 목구멍

blow the ~ on 《구어》 (1) 〖경기〗 〈심판이 선수에게〉 벌칙 적용의 호각을 불다 (2) 〈부정행위 등을〉 그만두게 하다; …을 불법이라고 말하다 (3) 〈동료 등을〉 밀고하다 (4) 폭로하다 ***not worth the ~*** 전혀 무가치한 ***pay*** (***dear***) ***for*** one***'s ~*** 하찮은 물건을 비싼 값으로 사다, 홍정에서 뒤집어쓰다; (하찮은 일로 인해) 심한 꼴을 당하다

~·a·ble *a.*

whis·tle-blow·er [*h*wíslblòuər] *n.* 《미·속어》 밀고자, 내부 고발자

whis·tler [*h*wíslər] *n.* **1** 휘파람 부는 사람; 픽[휙] 하는 소리(내는 것) **2** 〖동물〗 (몸집이 큰 야성의) 마멋(marmot)의 무리; 〖조류〗 피리 소리를 내는 새

whístle stòp (미) **1** 급행 열차가 서지 않는 작은 역 《역에서 신호가 있으면 임시 정거》 **2** (작은 마을 등에서의 선거 유세나 흥행을 위한) 단기 체류 **3** (선거 입후보자가 열차에서 하는) 작은 역에서의 짧은 연설

*__whit__ [*h*wit] *n.* [a ~; 보통 부정문에서] **조금**, 극소량

***no*[*not a, never a*] ~** 조금도 …않다

Whit [*h*wit] *n.*, *a.* 성령 강림절(Whitsunday)(의)

⁂**white** [*h*wait] *n.* **1** Ⓤ Ⓒ **백색**, 흰빛 **2** Ⓤ 흰 그림물감; 흰빛 염료 **3** 순백, 결백 **4** [종종 **W~**] **a** 백인, 《특히》 코카서스 인종 **b** 초(超)보수주의자 **5 a** (달걀 등의) 흰자위 **b** (눈의) 흰자위 **6** [the ~] 〖인쇄〗 공백, 여백 **7** Ⓤ **흰옷**(감), 백의, 백포(白布) ***in the ~*** 〈천이〉 흰 바탕 그대로의; 〈제품이〉 미완성 상태의

— *a.* **1 흰**, 백색의 **2 a** 백색 인종의 〈문화 등〉 **b** (흑인에 대하여) 백인 지배[전용]의 **3** (공포·분노 등으로) 창백한 **4** 은백색의; 백발의 **5** 눈이 오는, 눈이 쌓인: a ~ winter 눈이 오는 겨울 **6** 투명한, 무색의 **7** 공백의, 여백의, 빈: a ~ space 여백 **8 흰 옷 입은**, 백의의 **9** 《구어》 공명정대한 **10** 《구어·비유》 결백한 **11** 〈거짓말·마법 등이〉 선의의, 해(害) 없는 **12** 《영》 〈커피가〉 밀크[크림]를 탄

(***as***) ***~ as a sheet*** [***cloth, ghost***] 〈공포 등으로 얼굴이〉 백지장 같은, 아주 창백한 (***as***) ***~ as snow*** [***milk, chalk***] 새하얀, 순백의; 결백한

— *vt.* 〖인쇄〗 공백으로 하다 《*out*》

~ ***out*** (*vi.*) (눈이나 안개로) 앞이 안보이게 되다; (*vt.*) 〈오자 등을〉 수정액으로 지우다; …을 검열해서 삭제하다

whíte álloy 〖야금〗 백색 합금 (white metal)

whíte ánt 〖곤충〗 흰개미

white·bait [-bèit] *n.* (*pl.* ~) 〖어류〗 **1** 뱅어 **2** 정어리·청어 등의 새끼

whíte béar 〖동물〗 흰곰, 북극곰

whíte bírch 〖식물〗 흰자작나무 《유럽산》

whíte blóod cèll 백혈구(white corpuscle)

whíte bóok (미) 백서 《국내 사정에 관한 정부 발행 보고서》

whíte bréad 흰빵 《정백분(精白粉)으로 만든 것》

white·cap [-kæ̀p] *n.* [보통 *pl.*] 흰 물결, 흰 파도

whíte cédar 〖식물〗 편백의 일종 《미국 동부산》; 그 재목

whíte céll 백혈구(white blood cell)

whíte cóal (동력원으로서의) 물, 수력

whíte cóffee 《영》 우유[크림] 탄 커피

white-col·lar [-kɑ́lər | -kɔ́lə] *a.* Ⓐ **1** 사무직의, 화이트 칼라층의[에 특유한], 두뇌 노동자의 **2** 〈범죄자가〉 지능범인

whíte-cóllar wórker 봉급 생활자, 인텔리 직업인

whíte córpuscle 백혈구

whíted sépulcher 위선자

whíte dwárf 〖천문〗 백색 왜성(矮星)

whíte élephant 1 흰코끼리 《인도 등에서 신성시됨》 **2** 성가신[처치 곤란한] 물건

whíte énsign [the ~] 《영》 (해군의) 백색기, 영국 군함기

white-faced [*h*wáitfèist] *a.* **1** 안색이 창백한 **2** 〈동물이〉 얼굴이 흰; 얼굴에 흰 부분이 있는 **3** 표면이 흰

whíte féather 1 [the ~] 겁쟁이의 증거 《투계의 흰 꼬리 깃은 싸움에 약한 표지라는 데서》 **2** 겁쟁이

white·fish [-fìʃ] *n.* (*pl.* **~, ~·es**) **1** 흰빛의 물고기; 송어의 일종; 흰 돌고래 **2** Ⓤ (대구 등의) 물고기의 흰 살

whíte flág 백기, 항복[휴전]기

whíte fríar [종종 **W~ F~**] 카르멜 (수도)회의 수사

whíte fróst 흰 서리

whíte góld 화이트골드 《백금(platinum) 대용의 합금》

white-haired [-hɛ́ərd] *a.* 백발의

White·hall [-hɔ̀:l] *n.* **1** 화이트홀 《런던의 관청 소재 지역》 **2** [집합적] 《영》 영국 정부(의 정책)

whíte héat 1 백열(白熱) 《1500-1600℃》 **2** (심적·육체적인) 극도의 긴장, (감정의) 격앙(激昻) 상태, (투쟁 등의) 치열한 상태

whíte hópe (소속 분야·학교·국가에) 큰 공헌이 기대되는 사람

whíte hórses 흰 물결

white-hot [-hɑ́t | -hɔ́t] *a.* **1** 백열의 **2** 극단적으로 열렬한, 흥분한

Whíte Hòuse [the ~] **1** 백악관 《미국 대통령 관저》 **2** 미국 대통령의 직[권위, 의견 《등》]; 미국 정부

whíte léad 〖화학〗 백연(白鉛), 탄산연

whíte líe 악의[죄] 없는 거짓말

whíte líght 1 〖물리〗 백색광 **2** 공정한 판단

white-liv·ered [-lívərd] *a.* 겁 많은; 혈색이 나쁜, 창백한

W

whíte mágic (치료 등 선행을 목적으로 한) 선의의 마술
whíte màn 1 백인 **2** ⦅구어⦆ 공평한[훌륭한] 사람; 좋은 가문의 사람
whíte màtter 〖해부〗 (뇌·척수의) 백질
whíte mèat 흰 고기 ⦅닭·송아지·돼지 등의 고기⦆
whíte métal = WHITE ALLOY
*__whit·en__ [*h*wáitn] *vt.* **1 희게 하다,** 희게 칠하다 **2** 결백하게 하다 **—** *vi.* 희어지다
*__white·ness__ [*h*wáitnis] *n.* Ⓤ **1** 흼, 순백 **2** 순결, 결백 **3** 창백 **4** 백색 물질; 백색 부분
whíte níght 백야(白夜); 잠 못 이루는 밤
Whíte Níle [the ~] 백(白)나일 ⦅나일 강 상류의 No 호에서 Khartoum까지의 본류⦆
whíte nóise 〖물리〗 (모든 가청(可聽) 주파수를 포함하는) 백색 소음
whíte óak (껍질이 흰) 떡갈나무
white·out [*h*wáitàut] *n.* **1** 〖기상〗 화이트아웃 ⦅극지(極地)에서 천지가 모두 백색이 되어 방향 감각을 잃어버리는 상태⦆ **2** (백색의) 수정액; 수정액으로 수정된 부분
whíte páper 백서(白書) ⦅특히 영국 정부의 보고서; blue book보다 간단⦆
whíte pépper 흰 후추
whíte potàto 감자(Irish potato)
whíte ráce [the ~] 백[백색]인종
whíte sàle 흰 섬유 제품의 대매출
whíte sàuce 〖요리〗 화이트 소스 ⦅버터·밀가루·우유가 원료⦆
whíte sláve (매춘을 강요당하는) 백인 소녀[여성], 매춘부
whíte slávery 백인 매춘부의 처지[매매]
white·smith [-smìθ] *n.* 양철공(工), 은도금공; 철기 전문 직공
whíte smóg 광(光)화학 스모그
whíte spàce 〖인쇄〗 여백
whíte spírit ⦅영⦆ 휘발유
whíte suprémacy 백인 우월주의
white·thorn [-θɔ̀ːrn] *n.* = HAWTHORN
white·throat [-θròut] *n.* 〖조류〗 참새의 일종 ⦅북미산⦆; 목이 흰 명금(鳴禽)
whíte tíe 1 흰 나비넥타이 **2** (남자의) 정장 ⦅야회용⦆, 연미복
white-tie [-tái] *a.* Ⓐ 흰 나비넥타이가 필요한, 정장을 필요로 하는 〈만찬 등〉

*__white·wash__ [*h*wáitwɔ̀(ː)ʃ] *n.* Ⓤ **1** 수성(水性) **백색[석회] 도료** ⦅벽·천장 등에 바르는⦆ **2** 결백을 표시하는 수단; (잘못 등을 감추기 위한) 겉발림; 속임수 **3** ⦅미·구어⦆ (경기에서의) 영패(零敗) **—** *vt.* **1** 희게 회칠하다 **2** 겉칠하여 속이다, 호도(糊塗)하다 **3** ⦅미·구어⦆ 영패시키다
whíte wáter (급류 등의) 거품이 이는 물
whíte whále 〖동물〗 흰돌고래
whíte wíne 백포도주
white·wood [-wùd] *n.* **1** 〖식물〗 흰 빛깔의 나무 ⦅linden 등⦆ **2** Ⓤ 그 목재
whit·ey [*h*wáiti] *n.* Ⓤ [때로 **W~**] ⦅속어·경멸⦆ **1** 백인 **2** [집합적] 백인, 백인 사회
*__whith·er__ [*h*wíðər] *ad.* ⦅시어·문어⦆ **1** [의문사] **a** 어디로, 어느 곳으로 **b** [신문 문체, 정치 슬로건 등에서 동사를 생략하여] …은 어디로 (가느냐): *W~* our democracy? 우리의 민주주의는 어떻게 되는가? **2** [관계사] **a** [제한적 용법] (…하는[한]) 그곳으로: the place ~ he went 그가 간 장소 **b** [비제한적 용법] 그리고 그곳으로: He was in heaven, ~ she hoped to follow. 그는 천국에 있었으며, 그녀도 뒤따라 그곳으로 가고 싶었다. **c** [선행사 없는 관계사] 어디든지 …하는 곳으로: Go ~ you please. 어디든지 가고 싶은 곳으로 가거라. **d** [양보] 어느 쪽으로 …해도[할지라도] **—** *n.* 가는 곳, 목적지
whit·ing[1] [*h*wáitiŋ] *n.* (*pl.* **~, ~s**) 〖어류〗 **1** 대구의 무리 **2** 민어의 무리
whiting[2] *n.* Ⓤ 호분(胡粉), 백악(白堊)
whit·ish [*h*wáitiʃ] *a.* 약간 흰, 희끄무레한
whit·low [*h*wítlou] *n.* Ⓤ 〖병리〗 표저(瘭疽), 생인손
Whit·man [*h*wítmən] *n.* 휘트먼 **Walt ~** (1819-92) ⦅미국의 시인⦆
Whit·mon·day [*h*wítmʌ́ndei] *n.* Whitsunday 뒤의 첫 월요일
Whit·sun [*h*wítsən] *n., a.* 성령 강림절(의)
Whit·sun·day [*h*wítsʌ́ndei] *n.* 성령 강림절, 오순절 ⦅Easter 뒤의 제7일요일⦆
Whit·sun·tide [*h*wítsəntàid] *n.* 성령 강림절 주간 ⦅Whitsunday로부터 1주간, 특히 첫 3일간⦆
whit·tle [*h*wítl] *vt.* **1** 베다, 자르다; 깎아서 모양을 다듬다 **2** 〈비용 등을〉 덜다 **—** *vi.* **1** 깎다, 새기다 **2** 고뇌[초조]로 심신이 모두 지치다
whit·y [*h*wáiti] *a.* (**whit·i·er**; **-i·est**) [종종 복합어로] 흰빛을 띤, 희끄무레한
*__whiz(z)__ [*h*wiz] *n.* **1** 윙, 핑, 씽 ⦅화살·총알 등이 내는 소리⦆ **2** ⦅미·속어⦆ 명수, 전문가 **—** *v.* (**whizzed**; **whiz·zing**) *vi.* 씽[윙] 소리나다 **—** *vt.* **1** 윙[핑] 소리나게 하다 **2** 급속하게 회전시키다
whiz(z)·bang, whiz(z)-bang [*h*wízbæ̀ŋ] *a.* 일류의, 최고의
***__who__ [huː] *pron.* (목적격 **whom**, A에서는 ⦅구어⦆ **who**; 소유격 **whose**)
A (의문대명사) **1** [성명·신원·신분 등을 물어] **누구,** 어떤 사람: *W~* is he? 그는 누구입니까? **2** [whom 대용으로] ⦅구어⦆ **누구를[에게]**: *W~* do you mean? 누구 말입니까?
— B (관계대명사) **1** [제한적 용법] …하는[한] (사람) **a** [주격의 경우]: Anyone ~ wants to come is welcome. 오고자 원하는 사람은 누구라도 환영이다. **b** [목적격의 경우] (⦅구어⦆에서는 때로 whom 대신에 사용되는 경우가 있으나, 보통 생략됨): The woman (~) you were talking *about* is my aunt. 전에 당신이 말한 여인은 나의 아주머니이다. **c** [It is ... who의 강조구문으로] …하는 것은: *It was* he ~ broke the windowpane. 창유리를 깬 것은 그였다. **2** [비제한적 용법; 보통 앞에 콤마를 찍음] 그리고 그 사람은; 그러나 그 사람은: Her husband, ~ is living in London, often writes to her. 그녀의 남편은 런던에 살고 있는데, 그녀에게 자주 편지를 쓴다. **3** [선행사를 포함한 관계대명사 용법으로] (…하는) 그 사람: *W~* is not for us is against us.

우리에게 찬성하지 않는 사람은 반대하는 사람이다. **4** [주격의 복합 관계대명사로] 《고어》 (…하는) 사람은 누구나: *W*~ is born a fool is never cured. 《속담》 태어날 때 바보는 죽을 때까지 바보다.

WHO World Health Organization (유엔) 세계 보건 기구

whoa [*h*wou, hou] *int.* 워 《말 등을 멈추게 할 때에 내는 소리》

who'd [hu:d] who had[would]의 단축형

who·dun·(n)it [hù:dʌ́nit] [Who done (=did) it?] *n.* 《구어》 추리 소설[영화, 극]

who·e'er [hu:ɛ́ər] *pron.* 《시어》 = WHOEVER

‡**who·ev·er** [hu:évər] *pron.* (목적격 **whom·ev·er** [hu:mévər]; 소유격 **whos·ev·er** [hu:zévər]) **1** [선행사를 포함하는 부정 관계대명사로서 명사절을 이끌어] **누구나,** 어떤 사람이든지: *W*~ comes is welcome. 누구든지 오는 분은 환영한다. **2** [양보의 부사절을 이끌어] **누가[누구를] …하더라도**: *W*~[*Whomever*] I quote, you retain your opinion. 어떤 사람의 말을 내가 인용해도 너는 견해를 바꾸지 않는군. **3** [의문대명사 WHO의 강조형] 《구어》 **도대체 누가[누구를]**: *W*~ said so? 도대체 누가 그런 말을 하던가?

‡**whole** [houl] [동음어 hole] [OE 「건강한」의 뜻에서] *a.* **1** Ⓐ [the ~, one's ~] **전체의,** 모든, 전(全)…: *the* ~ world 전 세계 **2** Ⓐ **완전한,** 흠 없는, 온전한 **3** Ⓐ [단수에는 부정관사를 붙여] 〈시간·거리 등이〉 **꼬박…,** 만(滿)…: a ~ year 꼬박 1년 **4** Ⓐ 〖수학〗 정수(整數)의 **5** [a ~] Ⓐ 대단한, 큰
— *n.* [보통 *sing.*] **1** [the ~] **전부,** 전체 (*of*): *the* ~ *of* Korea 한국 전역 **2** [보통 a ~] 완전물; 통일체
as a ~ 총괄적으로, 전체로서 ***in*** ~ 전부, 완전히, 송두리째: *in* ~ or in part 전부 또는 일부 ***on*[*upon*] *the*** ~ 대개, 대체로; 전체적으로 보아
— *ad.* 전적으로, 완전히; 전부

whole·food [-fù:d] *n.* 《영》 (유기 농업으로 재배된) 무첨가 식물, 자연 식품

whóle gàle 〖기상〗 전강풍(全强風) 《시속 55-63마일》

whole-grain [-grèin] *a.* 정백(精白)하지 않은

∗**whole·heart·ed** [hóulhɑ́:rtid] *a.* **전심 전력의;** 성의 있는 **~·ly** *ad.*

whóle hóg 《속어》 [the ~] 전체, 전부 ***go* (*the*)** ~ 《속어》 철저히[완벽하게] 하다 — *ad.* 완전히, 철저히

whole-hog [-hɔ́:g | -hɔ́g] *a.* Ⓐ 《속어》 철저한, 완전한; 진심의

whóle hóliday 만 하루의 휴일, 전(全) 휴일

whóle mèal 통밀가루

whóle mílk 전유(全乳) 《지방분을 빼지 않은》

whóle nòte 《미》 〖음악〗 온음표

whóle nùmber 〖수학〗 정수(整數)

whóle rèst 〖음악〗 온쉼표

∗**whole·sale** [hóulsèil] *a.* **1 도매의**: a ~ merchant 도매상 **2** Ⓐ 대량의, 대규모의 — *ad.* **1** 도매로 **2** 대량으로, 대대적으로 **3** 대강, 통틀어 — *n.* Ⓤ **도매** ***by*** [《미》 ***at***] ~ 도매로; 대대적으로
— *vt., vi.* 도매하다; 대량으로 팔다

whole·sal·er [-sèilər] *n.* 도매업자

‡**whole·some** [hóulsəm] *a.* **1** (도덕적으로) **건전한 2 건강에 좋은 3** 건강해 보이는 **~·ly** *ad.* **~·ness** *n.*

whóle stèp[**tòne**] 〖음악〗 온음(정)

whole-wheat [-*h*wí:t] *a.* Ⓐ 《미》 밀기울을 빼지 않은 밀가루의(《영》 whole-meal): ~ flour 통밀가루

who'll [hu:l] who will[shall]의 단축형

‡**whol·ly** [hóu*l*li] [동음어 holy] *ad.* **1 전적으로, 완전히;** 오로지 **2** [부정어구와 함께, 부분 부정으로] 전부가 다 (…은 아니다) **3** 전체적으로, 포괄적으로

‡**whom** [hu:m] *pron.* WHO의 목적격

whom·ev·er [hù:mévər], **whom·so·ev·er** [-souévər] *pron.* WHOEVER, WHOSOEVER의 목적격

∗**whoop** [hu:p] [동음어 hoop] [의성어] *n.* **1** (기쁨 등을 나타내는) **와아**(하고 외치는 소리); **함성 2** (올빼미 등의) 부엉부엉 우는 소리 **3** (백일해 등의) 씩씩거리는 소리 — *vi.* **1 고함지르다 2** 부엉부엉 울다 **3** 씩씩거리다
— *vt.* **1** 환성을 지르며 말하다 **2** 잔뜩 선전하다 **3** 〈가격 등을〉 올리다
— *int.* 우, 와, 야《환희·흥분 등의 외침》

whoop·ee [*h*wú(:)pi: | wúpi:] *int.* 우, 와 《환성》 — *n.* Ⓤ 《구어》 **1** 와(하는 함성) **2** 야단법석

whóop·ing còugh [hú:piŋ-] 〖병리〗 백일해(百日咳)

whóoping cráne 〖조류〗 미국 흰두루미 《북미산》

whoops [*h*wu(:)ps] *int.* 《구어》 으악, 이크, 아차 《놀람·당황·사과 등을 나타내는 소리》

whoosh [*h*wu(:)ʃ] *n.* 휙[쉭] (하고 움직이는 소리)

whop, whap [*h*wɑp | wɔp] *v.* (**~ped**; **~·ping**) *vt.* 《구어》 **1** 때리다, 채찍질하다 **2** 때려눕히다; 이기다
— *vi.* 벌떡 넘어지다
— *n.* 《구어》 때림; 쾅 (하는 충돌·추락)

whop·per, whap- [*h*wɑ́pər | wɔ́p-] *n.* 《구어》 **1** 때리는 사람 **2** 엄청난 것; 굉장히 큰 것 **3** 새빨간 거짓말, 허풍

whop·ping, whap- [*h*wɑ́piŋ | wɔ́p-] *n.* ⓊⒸ **1** 태형, 매질 **2** 대패, 참패
— *a.* 《구어》 굉장한, 엄청난
— *ad.* 엄청나게, 굉장히

whore [hɔ:r] *n.* 매춘부; 음탕한 여자

whor·ish [hɔ́:riʃ] *a.* 매춘부의[같은], 음탕한

whorl [*h*wɔ:rl, *h*wə:rl | wə:l] *n.* **1** 〖식물〗 윤생체(輪生體) **2** 〖동물〗 (고둥 등의) 소용돌이꼴 《한 번 감김》; 나선의 한 번 감김; 소용돌이꼴 지문

whorled [*h*wɔ:rld, *h*wə:rld | wə:ld] *a.* 〖식물〗 윤생의; 〖동물〗 소용돌이꼴로 된

whor·tle·ber·ry [*h*wə́:rtlbèri] *n.* (*pl.* **-ries**) 〖식물〗 산앵도나무 무리; 그 열매

‡who's [hu:z] who is[has, does]의 단축형

‡whose [hu:z] *pron.* **1** [의문대명사] [WHO, WHICH의 소유격] **a** [형용사적 용법] **누구의 b** [명사적 용법] **누구의 것**: *W*~ is this pencil? 이 연필은 누구의 것이냐? **2** [관계대명사] **a** [제한적 용법] (그 사람[물건]의) …가[을] …하는 바의: Is there any student ~ name hasn't been called? 이름을 부르지 않은 학생은 없나? **b** [비제한적 용법] 그리고[그러나] 그 사람[물건]의 …가[을]

whose·so·ev·er [hù:zsouévər] *pron.* 《문어》 WHOSOEVER의 소유격; WHOSEVER의 강조형

whos·ev·er [hù:zévər] *pron.* WHOEVER의 소유격

who·so·ever [hù:souévər] *pron.* WHOEVER의 강조형

who's who [hú:z-hú:] **1** [the ~; 집합적] (각계의) 명사, 유명인 **2** [W~ W~] 명사록, 인명록

who've [hu:v] who have의 단축형

‡why [*h*wai] *ad.* **A** (의문부사) 왜, 어째서: *W*~ does paper burn? 종이는 왜 타는가?

— B (관계부사) **1** [제한적 용법] …**한** (이유): The reason ~ he did it is complicated. 그가 그 짓을 한 이유는 복잡하다. **2** [선행사 없이 명사절을 이끌어] …하는 이유: This is ~ I came here. 이것이 내가 여기에 온 이유이다.

— *n.* (*pl.* **~s**) **1** 이유, 까닭, 원인: I told them *the ~s and wherefores* of my action. 나는 그들에게 내 행동의 이유를 말해주었다. **2** 왜[어째서]라는 질문

— *int.* **1** [뜻밖의 일을 발견·승인할 때 등의 소리로] 어머, 아니, 이런; 물론이지, 그야: *W*~, I'll be (damned). 야, 이거 놀랐는데. **2** [반론·항의를 나타내어] 뭐라고, 뭐: *W*~, what's the harm? 뭐, 그게 뭐가 나쁘단 말이야? **3** [주저를 나타내어, 또한 연결어로서] 저, 글쎄: *W*~, it's you! 아, 당신이군!

WI (미) 〖우편〗 Wisconsin

W.I. West Indian; West Indies

wick [wik] *n.* 심지, 양초 심지

‡wick·ed [wíkid] *a.* **1 사악한,** 부도덕한, 부정한, 악질인, 악독한 **2 심술궂은,** 짓궂은 **3** 장난기 있는, 까부는 **4** 불쾌한, 지독한 **5** 《미·속어》 우수한, 뛰어난: a ~ tennis player 테니스의 명수[귀신] **~·ly** *ad.*
~·ness *n.* Ⓤ 사악, 부정; 악의, 짓궂음

wick·er [wíkər] *n.* **1** (나긋나긋한) 작은 가지, 버들가지 **2** Ⓤ 고리버들 세공 《제품》
— *a.* Ⓐ 작은 가지로 만든, 고리버들로 만든, 고리 세공의

wick·er·work [wíkərwə̀:rk] *n.* Ⓤ 고리버들 세공 《제품》

***wick·et** [wíkit] *n.* **1 작은 문,** 쪽문 **2** 〖크로케〗 문, 주문(柱門) **3** (극장 등의) X형 회전문; (역의) 개찰구 **4** (은행의) 격자창, 창구 **5** 〖크리켓〗 **a** 삼주문(三柱門) **b** ⓊⒸ 투구장(의 상태) **c** 이닝, 타격 차례, …회

wícket dòor[gàte] 쪽문

wick·et·keep·er [wíkitkì:pər] *n.* 〖크리켓〗 삼주문 수비자, 포수

wick·i·up, wik·i·up, wick·y·up [wíkiʌ̀p] *n.* **1** (미국 남서부 유목 인디언의) 나뭇가지로 엮어 만든 원뿔꼴 오두막집 **2** 《일반적으로》 임시 오두막집

‡wide [waid] *a.* **1 폭이 넓은**: a ~ cloth 폭이 넓은 천 **2** 폭이 …인: a road twenty meters ~ 폭 20미터의 도로 **3** 〈면적이〉 **넓은,** 광대한: be of ~ distribution 널리 분포되어 있다 **4** 〈지식 등이〉 범위가 넓은, 다방면의 **5 충분히[크게] 열린**: with ~ eyes 눈을 둥그렇게 뜨고 **6 a** 헐거운, 느슨한 **b** 자유로운, 방종한 **c** 편협하지 않은, 편견이 없는 **7 a** 동떨어진 **b** (과녁 등에서) 먼, 벗어난, 빗나간 《*of*》
— *ad.* **1 넓게,** 광범위하게 **2 크게 열고** [벌리고, 뜨고]; 충분히 (열어서): be ~ awake 완전히 잠이 깨어 있다, 정신이 초롱초롱하다; 빈틈이 없다 **3** 멀리, 빗나가서, 엉뚱하게: He is shooting ~. 과녁과는 동떨어진 데를 쏘고 있다.
have** one's **eyes ~ open 정신을 바짝 차리다; 빈틈없다
— *n.* **1** [the ~] 넓은 이 세상 **2** 〖크리켓〗 투수의 폭투구(暴投球)

-wide [wàid] 《연결형》 「…의 범위에 걸친; …전체의; 전(全) …의」의 뜻

wide-an·gle [wáidǽŋgl] *a.* **1** 〈사진기의 렌즈가〉 광각(廣角)인; 〈사진기·사진 등이〉 광각 렌즈를 사용하는: a ~ lens 광각 렌즈 **2** 〖영화〗 와이드 스크린 (방식)의

wide-a·wake [-əwéik] *a.* **1** 아주 잠이 깨어 **2** 정신을 바짝 차린, 빈틈없는
— *n.* 챙이 넓은 중절 모자(= **∸ hát**)

wide-eyed [-àid] *a.* **1** 눈을 크게 뜬; 깜짝 놀란 **2** 순진한

***wide·ly** [wáidli] *ad.* **1 넓게,** 광범위하게 **2 크게,** 몹시, 매우

***wid·en** [wáidn] *vt.* **넓히다 —** *vi.* 넓어지다; 〈눈이 놀람 등으로〉 둥그레지다

wide-o·pen [wáidóupən] *a.* **1** 전부 열린, 훤히 트인 **2** 《미·구어》 (술·도박·매춘 등에 대하여) 단속이 허술한 〈장소 등〉 **3** 결과를 예상하기 힘든

wide-rang·ing [-rèindʒiŋ] *a.* 광범위한

wide-screen [-skrí:n] *a.* 〖영화〗 화면이 넓은, 와이드스크린의; (텔레비전) 화면이 대형인

***wide·spread** [wáidspréd] *a.* **1 널리 보급된, 넓게 펼쳐진 2** 〈날개 등을〉 펼친

widg·eon [wídʒən] *n.* (*pl.* **~, ~s**) 〖조류〗 홍머리오리

widg·et [wídʒit] *n.* 《구어》 (이름을 모르거나 생각나지 않는) 소형(小型) 장치, 부품, 도구

‡wid·ow [wídou] [OE 「헤어진 여자」의 뜻에서] *n.* **미망인,** 과부
— *vt.* 과부가 되게 하다; 홀아비로 만들다
~·ed *a.* 미망인[홀아비]이 된

wid·ow·er [wídouər] *n.* 홀아비

wid·ow·hood [wídouhùd] *n.* Ⓤ 과부 신세

‡width [widθ, witθ] *n.* **1** ⓊⒸ **폭** (breadth), **너비; 가로**: It is 4 feet in ~. 폭이 4피트이다. **2** Ⓤ 〈마음·견해 등의〉 넓음, 도량이 큼, 관대함 《*of*》 **3** 일정한 폭의 피륙: three ~*s* of cloth 세 폭의 천

W

width·ways [wídθwèiz, wítθ-] *ad.* = WIDTHWISE
width·wise [-wàiz] *ad.* 가로로, 가로 방향으로
*__wield__ [wi:ld] [OE 「지배하다」의 뜻에서] *vt.* 《문어》 **1** 〈칼·도구 등을〉 **휘두르다**, 사용하다: ~ the pen 글을 쓰다, 저술하다 **2 a** 지배하다, 통제하다; 〈권력·무력 등을〉 휘두르다, 떨치다: ~ arms 무력을 휘두르다 **b** 〈영향 등을〉 미치다
wie·ner [wí:nər] *n.* [UC] 《미》 비엔나소시지 《소·돼지고기를 섞어서 넣은 기다란 소시지》
Wie·ner schnit·zel [ví:nər-ʃnìtsəl] [G] *n.* 비엔나슈니첼 《송아지 고기로 만든 커틀릿》
wie·nie [wí:ni] *n.* 《미·구어》 = WIENER
⁑**wife** [waif] [OE 「여자」의 뜻에서] *n.* (*pl.* **wives** [waivz]) **1 아내**, 처; 주부 **2** 《속어》 약혼녀, 특별한 여자 친구
~·less *a.* 아내 없는, 독신의
wife·hood [wáifhùd] *n.* [U] 아내임, 아내의 신분
wife·like [wáiflàik] *a.* = WIFELY
— *ad.* 아내답게
wife·ly [wáifli] *a.* (**-li·er**; **-li·est**) 아내다운; 아내에게 어울리는
wífe swàpping 《구어》 부부 교환(交換)
⁑**wig** [wig] [동음어 Whig] [peri*wig*] *n.* **1 가발**; 머리 장식 《18세기 경에 유행한》 **2** 《구어》 판사, 재판관 — *vt.* (**~ged**; **~·ging**) **1** 가발을 씌우다 **2** 몹시 꾸짖다
wigged [wigd] *a.* 가발을 쓴
wig·ging [wígiŋ] *n.* [보통 *sing.*] 《영·구어》 책망, 꾸지람, 질책
wig·gle [wígl] *vt.* 《구어》 〈몸 등을〉 뒤흔들다, 흔들다 — *vi.* 몸을 (좌우로) 움직이다[흔들다] — *n.* 뒤흔듦, 몸부림
wig·gler [wíglər] *n.* **1** 뒤흔드는 사람[것] **2** 〖동물〗 장구벌레
wig·gly [wígli] *a.* (**-gli·er**; **-gli·est**) 흔들리는; 파동치는, 몸부림치는
wight [wait] *n.* 《고어·방언》 사람, 인간
Wight [wait] *n.* **the Isle of ~** 와이트 섬 《영불 해협에 있는 섬으로 잉글랜드의 한 주; 주도 New Port》
wig·let [wíglit] *n.* 작은 가발 《여성의 머리에 변화를 주기 위한》
wig·wag [wígwæ̀g] *v.* (**~ged**; **~·ging**) *vi.*, *vt.* **1** 흔들다, 이리저리 휘두르다 **2** (수기(手旗) 등으로) 신호하다
— *n.* [UC] **1** 수기[등화] 신호법 **2** 수기[등화] 신호
wig·wam [wígwɑm | -wæm] [북미 인디언 말 「그들의 주거」의 뜻에서] *n.* 북미 인디언의 오두막집
wil·co [wílkou] [*will comply*] *int.* 〖통신〗 승낙, 알았음 《무선으로 수신한 메시지의 응낙을 나타내는 말》
⁑**wild** [waild] *a.* **1** 〈짐승 등이〉 **길들지 않은**, 사나운: ~ beasts 야수 **2 야생의**, 자연 그대로 자란 **3 황폐한**, **황량한** **4 야만의**, 미개의: a ~ man 야만인 **5 a** 〈날씨·바다 등이〉 **거친**, 험한: a ~ sea 거친 바다 **b** 〈시대 등이〉 소란스런, 떠들썩한: ~ times 난세 **6 광란의**, 광기의; 흥분한 《*with*》; **열광적인** **7 난폭한**, 억척스런, 제멋대로의, 방종한: ~ boys 거친 아이들 **8** 〈계획 등이〉 **엉뚱한**, 무모한; 〈추측 등이〉 얼토당토않은 **9** 흐트러진, 단정치 못한: ~ hair 흐트러진 머리 ***run ~*** 방목(放牧)되다, 들에서 자라다; 〈아이 등이〉 제멋대로 굴다, 난폭[방종]해지다
— *ad.* 난폭하게, 함부로: shoot ~ 난사하다 — *n.* **1** [the ~; 종종 *pl.*] 황무지, 황야; 미개지 **2** [the ~] 야생 (상태)
wíld bóar 〖동물〗 멧돼지; 그 고기
wíld càrd **1** 〖카드〗 자유패, 만능패 **2** 예측할 수 없는 요인 **3** 〖컴퓨터〗 와일드 카드 《임의 문자 기호》
*__wild·cat__ [wáildkæ̀t] *n.* (*pl.* **~s**, **~**) **1 살쾡이** **2** 성급한 사람, 거친 사람
— *a.* **1** 〈계획·경영 등이〉 무모한, 앞뒤를 헤아리지 않는 **2** 비합법의; 무허가의 **3** 〈열차가〉 임시편의
wíldcat stríke 무모한 파업 《조합의 일부가 본부의 승인 없이 하는》
wíld dóg 야생의 개, 들개
wíld dúck 〖조류〗 야생의 오리, 《특히》 들오리
Wilde [waild] *n.* 와일드 **Oscar ~** (1854-1900) 《영국의 극작가·소설가》
wil·de·beest [wíldəbì:st] *n.* (*pl.* **~s**, [집합적] **~**) = GNU
wil·der [wíldər] *vt.* 《시어》 = BEWILDER
⁑**wil·der·ness** [wíldərnis] *n.* **1** [the ~] 황무지, **황야** **2** 《미》 (지정) 자연 보호 구역 **3** (황야처럼) 광막한 곳: a ~ of streets [houses] 불규칙적으로 죽 늘어서 있는[광막한] 거리들[집들] **4** 〈정원 가운데〉 일부러 손질 않고 내버려둔 곳
wild-eyed [wáildàid] *a.* **1** 눈이 분노로 이글이글 타는 **2** 〈생각·사람 등이〉 몽상적인, 극단적인, 과격한
wild·fire [-fàiər] *n.* [U] **1** 소이제, 연소물 **2** 도깨비불 **3** 번갯불
wild·flow·er [-flàuər] *n.* 들꽃, 야생초
wild·fowl [-fàul] *n.* (*pl.* **~s**, [집합적] **~**) 엽조(獵鳥)
wíld góose 〖조류〗 기러기
wíld-góose chàse (구름을 잡는 듯한) 막연한 목적의 추구[탐색]
wíld hórse 야생마
wild·ing [wáildiŋ] *n.* **1** 야생 식물; 야생 능금 **2** 야수(野獸) — *a.* 《시어》 야생의
— *ad.* 멋대로 행동하여
wild·life [-làif] *n.* [U] [집합적] 야생 생물
⁑**wild·ly** [wáildli] *ad.* **1 난폭하게**, 거칠게, 미친 듯이 **2** 무턱대고; 격렬하게
wíld óat 〖식물〗 야생 귀리
wíld róse 〖식물〗 야생 장미, 들장미
wíld sílk 야잠사(野蠶絲), 천잠사(天蠶絲)
Wíld Wést [the ~] (개척 시대의) 미국 서부 지방
Wíld Wést shòw 《미》 대서부 쇼 《카우보이·북미 인디언이 야생마 타기 등을 보여 주는》
wild·wood [-wùd] *n.* 자연림(林), 원생림
wile [wail] [동음어 while] *n.* [보통 *pl.*] 책략, 간계(奸計), 농간
— *vt.* **1** 속이다, 농간부리다 **2** 〈시간을〉 즐겁게 보내다

W

Wil·fred, -frid [wílfrid] *n.* 남자 이름 《애칭 Fred》

***wil·ful** [wílfəl] *a.* 《영》 = WILLFUL

Will [wil] *n.* 남자 이름 《William의 애칭》

*****will**[1] [wəl, (ə)l; wil] *auxil. v.* (단축형 **'ll**; 부정형 **will not,** 부정 단축형 **won't**; 과거형 **would**) **1** [단순미래] …**할[일] 것이다**: The party ~ be postponed if it rains tomorrow. 내일 비가 오면 파티는 연기될 것이다. **2** [의지미래] **a** …**할 작정이다,** …하겠다: All right, *I* ~ do so. 좋습니다, 그렇게 하죠. **b** …해 주다: I shall be glad [pleased] to go, *if* you ~ accompany me. 동행하여 주신다면 기꺼이 가겠습니다. **3** …**할 작정입니까,** …해 주지 않겠습니까; …하지 않겠습니까 : *W*~ *you* go there tomorrow? 내일 거기에 가시겠습니까? **4** (아마도) …**일 것이다**: That ~ be George at the door. 문간에 (와)있는 것은 조지일 것이다. **5** [주어의 의지] **a** (…**하기를**) **원하다,** …하고 싶어하다: Let him do what he ~. 그가 하고 싶어하는 대로 하게 하시오. **b** …**하는 법이다**: Accidents ~ happen. 《속담》 사고는 으레 따르는 법이다. **6 a** [반복 행위·습관] **곧잘** …**하다**: He ~ often sit up all night. 그는 곧잘 밤을 새우곤 한다. **b** [사물의 습성] (특징으로서) …**하다**: Oil ~ float on water. 기름은 (으레) 물 위에 뜬다. **7** 〈물건이〉 …할 능력이 있다, …할 수가 있다: The back seat of this car ~ hold three people. 이 자동차 뒷좌석에는 세 사람이 앉을 수 있다.

*****will**[2] [wil] *n.* **1** Ⓤ [종종 the ~] **의지** **2** [(a) ~, much ~] **의지의 힘,** 자제심 **3** [the ~, a ~, one's ~] 결의, 결심 **4 a** [God's ~] (하느님의) 뜻 **b** [one's ~] (사람의) 소망 **5** Ⓤ (남에 대해 가지는 호의·악의 등의) 마음; 의향 **6** 『법』 유언; 유언장

— *vt.* 《문어》 **1 뜻하다,** 결심하다: God ~*s* it. 그것은 하느님의 뜻이다. **2** 의지의 힘으로 …시키다 **3** 〈재산 등을〉 유언으로 남기다, 유증(遺贈)하다: He ~*ed* a lot of money *to* his child. 그는 많은 돈을 자식에게 유증했다. **4** 바라다, 원하다

— *vi.* **1** 의지를 발동하다: lose the power to ~ 의지를 발휘할 힘을 잃다 **2** 바라다, 원하다 **3** 결정하다, 결의하다

willed [wild] *a.* [보통 복합어를 이루어] …의 의지가 있는: strong-~ 강한 의지를 가진

***will·ful | wil·ful** [wílfəl] *a.* **1** Ⓐ 일부러의, 고의의: ~ murder 모살(謀殺) **2** 제 마음대로의, **고집 센**: ~ ignorance 무지막지함, 완미(頑迷) **~·ly** *ad.* **~·ness** *n.*

Wil·liam [wíljəm] *n.* 윌리엄 **1** 남자 이름 《애칭 Bill, Will》 **2 ~ the Conqueror** (= ~ I)(1027-87) 《Hastings에서 영국군을 격파하고 영국 왕이 되었음(1066-87)》 **3 ~** III 윌리엄 3세(1650-1702) 《명예 혁명에 의해 영국 왕위에 오름》

Wílliam Téll 윌리엄 텔 《스위스의 전설적 용사》

Wil·lie [wíli] *n.* 남자 이름; 여자 이름

wil·lies [wíliz] *n. pl.* [the ~] 《미·구어》 겁, 두려움: It gave me *the* ~. 나는 그것이 겁났다.

*****will·ing** [wíliŋ] *a.* **1** Ⓟ **기꺼이** …**하는,** 즐겨[자진하여] …하는, …하기를 사양치 않는 《*to* do》: I am quite ~ *to* do anything for you. 당신을 위해서라면 무엇이든 기꺼이 하렵니다. **2** Ⓐ 자진해서 하는; 자발적인: ~ hands 자진하여 돕는 사람들 **3** 마침 잘된, 알맞은

~ or not 싫든 좋든

***will·ing·ly** [wíliŋli] *ad.* **자진해서,** 기꺼이, 쾌히: Can you help me? 좀 도와주시겠습니까 — *W*~. 기꺼이 그러죠.

***will·ing·ness** [wíliŋnis] *n.* Ⓤ **쾌히[자진하여] 하기**; 기꺼이 하는 마음: I expressed my ~ *to* support the cause. 자진해서 그 운동을 지지하고 싶다는 의향을 표명했다.

will-o'-the-wisp [wìləðəwísp] *n.* **1** 도깨비불 **2** 사람을 호리는[미혹시키는] 것[사람]; 신출귀몰하는 사람 **3** (추구해도) 달성할 수 없는 목표[소망]

*****wil·low** [wílou] *n.* **1 버드나무**; Ⓤ 버드나무 재목 **2** 크리켓의 배트

— *a.* 버드나무의[로 만든]

wíllow pàttern 버들 무늬 《영국식 도자기의 장식 무늬》

wil·low·y [wíloui] *a.* **1** 휘청휘청한, 나긋나긋한; 축 늘어진, 가냘픈 **2** 버드나무가 많은 〈강가 등〉

will·pow·er [wílpàuər] *n.* Ⓤ 의지력, 자제심

Wil·ly [wíli] *n.* 남자[여자] 이름

wil·ly-nil·ly [wìliníli] *ad.* 싫든 좋든, 막무가내로 — *a.* 어쩔 수 없는

Wíl·son's disèase [wílsn-] 『병리』 윌슨 병 《구리 대사(代謝) 이상으로 간경변·정신 장애 등을 일으키는 유전병》

wilt[1] [wilt] *vi.* **1** 〈화초 등이〉 시들다 **2** 〈사람이〉 풀이 죽다

— *vt.* **1** 시들게 하다 **2** 맥이 풀리게 하다

— *n.* Ⓤ **1** 무기력 **2** 『식물』 시들어 죽는 병(= **~ disèase**)

***wilt**[2] [wəlt, wilt] *auxil. v.* 《고어》 will[1]의 2인칭 단수 현재형 《주어가 thou일 때》

Wíl·ton (cárpet) [wíltn(-)] [생산지인 영국의 Wiltshire의 지명에서] *n.* 윌턴 양탄자

Wilt·shire [wíltʃiər] *n.* 윌트셔 《잉글랜드 남부의 주; 주도 Trowbridge; 略 Wilts.》

wil·y [wáili] *a.* (**wil·i·er**; **-i·est**) 꾀가 많은, 약삭빠른, 교활한

wim·ble [wímbl] *n.* 송곳

Wim·ble·don [wímbldn] *n.* **1** 윔블던 《London 교외의 지명》 **2** 이곳에서 거행되는 국제 테니스 선수권 대회

wimp [wimp] *n.* 《미·속어》 무기력한 사람, 겁쟁이 — *vi.* 겁쟁이같이 행동하다: ~ out 무서워서 손을 떼다

WIMP [wimp] [*W*indows, *I*cons, *M*ouse, *P*ull-Down-Menus] *n.* 『컴퓨터』 컴퓨터를 사용하기 쉽게 하는 일련의 사용자[유저(user)] 인터페이스

wimp·ish [wímpiʃ] *a.* 《구어》 겁쟁이의, 나약한

wim·ple [wímpl] *n.* 수녀의 쓰개, 베일

Wim·py [wímpi] **1** 윔피 《Popeye의 친구; 늘 햄버거를 먹고 있음》 **2** 윔피 《햄버거의 일종; 상표명》

***win** [win] [OE 「싸우다」의 뜻에서] *v.* (**won** [wʌn]; **~·ning**) *vt.* **1** (싸워서) 이기다 **2** 〈상품·승리·1위 등을〉 획득하다 **3** 〈생활의 토대가 되는 양식을〉 벌어들이다 **4** 〈명성·칭찬·신망 등을〉 얻다, 떨치다 **5** (곤란을 물리치고) 달성하다, 도달하다 **6** …의 마음을 사로잡다, 설복하다
— *vi.* **1** 이기다 **2** (노력에 의해) 성공하다 **3** 나아가다; 다다르다 **4** (점차로) 마음을 사로잡다 《*on, upon*》 ~ ***back*** (이겨서) 되찾다 ~ ***or lose*** 이기든 지든 ~ ***over*** 〈자기편·자기 주장에〉 끌어들이다 《*to*》
— *n.* 《구어》 승리, 성공; 이익

***wince** [wins] *vi.* (아픔·무서움 때문에) 주춤하다, 질겁하다, 움츠리다 《*at, under*》
— *n.* 질겁, 꽁무니 뺌, 주춤함, 위축됨

win·cey [wínsi] *n.* Ⓤ 윈시 직물 《면모(綿毛) 교직의 일종; 스커트 등을 만듦》

win·cey·ette [wìnsiét] *n.* Ⓤ 《영》 (양면에 보풀이 있는) 융(絨) 《파자마·속옷·잠옷용》

winch [wintʃ] *n.* **1** L자 손잡이, 크랭크 **2** 윈치, 권양기(捲揚機)
— *vt.* 윈치로 감아 올리다

Win·ches·ter [wíntʃèstər | -tʃis-] *n.* 윈체스터 《잉글랜드 Hampshire의 주도》

Wínchester rífle 윈체스터식[후장식(後裝式)] 연발총 《상표명》

***wind**[1] [wind, 《詩에서 종종》 waind] *n.* **1** [보통 the ~] ⓊⒸ 바람 **2** Ⓤ 숨, 호흡 **3** [the ~; 집합적] 〖음악〗 관악기; 그 취주자들 **4** Ⓤ **a** 영향력; 경향 **b** 암시; 예감 《*of*》 **c** 향기 **d** (비밀의) 누설, 소문 **5** Ⓤ 위장 안의 가스, 방귀
get [***have***] ~ ***of*** …의 소문을 알아내다, 눈치채다 ***in the*** ~ 바람 불어오는 쪽에; (일이) 일어날 듯한, (몰래) 진행되어; 아직 미결로; 〖항해〗 술 취하여 ***off the*** ~ 〖항해〗 순풍을 받고, 바람을 등지고 ***on*** [***upon***] ***the***[***a***] ~ 〖항해〗 바람을 거슬러 [역행하여]; 〈소리·냄새 등이〉 바람에 불리어, 순풍을 타고 ***take the*** ~ ***out of*** a person***'s sails*** 앞지르다; 기선(機先)을 제하다 ***take*** ~ 소문으로 퍼지다 ***to the*** ~ 〖항해〗 바람 불어오는 쪽으로 ***under the*** ~ 〖항해〗 바람 불어 가는 쪽으로, 바람받지 않는 쪽으로 ***up the*** ~ 바람을 안고 ***with the*** ~ 바람과 함께, 바람 부는 대로
— *vt.* **1** …을 바람에 쐬다 **2** 냄새를 맡아 알아내다 **3** 숨차게 하다 — *vi.* **1** 냄새를 맡아 알아내다 **2** 바람을 통하다, 바람에 쏘이다 **3** 헐떡이다; 〈말을〉 숨돌리게 하다

***wind**[2] [waind] *v.* (**wound** [waund]) *vi.* **1** 꾸불거리다, 굽이지다: The river ~*s along.* 강이 굽이져 흐른다. **2** 감기다, 휘감다《*about, around, round*》: The morning glory ~*s around* a bamboo pole. 나팔꽃이 대나무 장대에 감겨 있다. **3** 〈시계태엽 등이〉 감기다: This watch ~*s* easily. 이 시계는 태엽이 잘 감긴다. **4** 〈판자 등이〉 휘다, 뒤틀리다: The board *wound.* 판자가 뒤틀렸다.
— *vt.* **1** 감다, 칭칭 감다: ~ thread *on* a reel 실패에 실을 감다 **2** 〈감긴 것을〉 풀다 **3** 싸다; 휘감다 **4** 〈시계태엽 등을〉 감다: ~ *up* one's watch 시계의 태엽을 감다 **5** 감아 올리다: They were ~*ing up* some ore from the mine. 갱내에서 광석을 끌어올리고 있는 중이었다. **6** 돌리다; 〖항해〗 〈배를〉 반대 방향으로 돌리다
~ ***off*** 〈감은 것을〉 되풀다, 끄르다, 풀어헤치다 ~ ***up*** (1) 〈실 등을〉 다 감다; 감아[동여] 죄다; 〈닻·두레박 등을〉 감아 올리다; 〈시계 태엽을〉 감다 (2) …을 긴장시키다 (3) 〈논설·연설 등의〉 끝을 맺다 《*by, with*》 (4) 〈상점·회사 등을〉 폐업하다, 해산하다, 결말을 짓다, 그만두다 《*by*》
— *n.* **1** 굽이, 굽이짐, 굴곡 **2** 한 번 돌리기, 한 번 감음 《시계태엽·실 등의》

wind[3] [waind, wind] *v.* (**~·ed,** 《주로 미》 **wound** [waund]) *vt.* **1** 〈피리·나팔 등을〉 불다 **2** 〈고함을〉 지르다
— *vi.* 피리를 불다

wind·age [wíndidʒ] *n.* ⓊⒸ **1** (바람에 의한 탄환의) 편류(偏流), 편차(偏差) **2** 유극(遊隙) 《마찰을 적게 하기 위한 강면(腔面)과 탄환 사이의 간격》 **3** (날아가는 탄환이 일으키는) 바람 **4** 〖기계〗 풍손(風損)

wind·bag [-bæ̀g] *n.* 《구어》 수다쟁이; 쓸데없는 말을 늘어놓는 사람

wind·blown [-blòun] *a.* **1** 바람에 날린 **2** 〈나무가〉 바람에 날려 구부러진

wind-borne [-bɔ̀ːrn] *a.* 〈종자·꽃가루 등이〉 바람으로 운반되는

wind·break [-brèik] *n.* **1** 방풍림(防風林) **2** 바람막이, 방풍 시설

wind·break·er [-brèikər] *n.* [**W~**] 《미》 스포츠용 재킷의 일종 《방풍 및 방한의 목적으로 손목과 허리 부분에 고무 밴드를 넣은; 상표명》

wind·cheat·er [-tʃìːtər] *n.* 《영》 = WINDBREAKER

wínd còne 〖기상〗 풍향 기드림, 바람개비

wind·ed [wíndid] *a.* 숨이 찬; [보통 복합어를 이루어] 호흡이 …한: short-~ 곧 숨이 차는

wind·er [wáindər] *n.* 감는 사람[것]; 감는 기계, 실패; 덩굴 식물; 나선식 계단

wind·fall [wíndfɔ̀ːl] *n.* **1** 뜻밖의 횡재 《유산 등》, 굴러 들어온 복 **2** 바람에 떨어진 과실

wind·flow·er [-flàuər] *n.* = ANEMONE

wind-force [-fɔ̀ːrs] *n.* 바람의 힘; 〖기상〗 (풍력 등급상의) 풍력

wínd gàuge 풍력계, 풍속계

wind·hov·er [-hʌ̀vər | -hɔ̀v-] *n.* 《영》 〖조류〗 = KESTREL

***wind·ing** [wáindiŋ] *a.* 〈강·길 등이〉 꾸불꾸불한: a ~ staircase 나선식 계단
— *n.* **1** Ⓤ 감음; 감아올림, 감아 들임 **2** 구부러짐; 굴곡, 굽이 **3** Ⓒ 감은 것 **4** [*pl.*] 꼬불꼬불한 길; 부정한 방법[행동]

wind·ing-sheet [wáindiŋʃìːt] *n.* 수의(壽衣), 시체 싸는 천

wínd ìnstrument [wínd-] 관악기, 취주 악기

wind·jam·mer [wíndʤæ̀mər] *n.* 《구어》 돛단배; 그 사공
wind·lass [wíndləs] *n.* 윈치, 권양기
wind·less [wíndlis] *a.* 바람 없는, 잔잔한
‡**wind·mill** [wíndmìl] *n.* **1** 풍차 **2** 풍차 비슷한 것; 《장난감》 팔랑개비 **3** 《구어》 헬리콥터; 《구어》 프로펠러
‡**win·dow** [wíndou] [Old Norse 「바람의 눈(wind eye)」의 뜻에서] *n.* **1** 창문, 창; 창가 **2** 창틀, 창유리 **3** 장식창, 진열창 **4** 《은행 등의》 창구, 매표구 **5** 〖컴퓨터〗 윈도 《디스플레이 화면상의 한 부분에 지정된 영역》 **—** *vt.* …에 창을 내다 **~·less** *a.* 창이 없는
win·dow-based [wíndoubéist] *a.* 〖컴퓨터〗 윈도를 사용한 디스플레이를 채택하고 있는
wíndow blìnd 블라인드
wíndow bòx 《창의 아래틀에 붙인》 화초 가꾸는 상자
wíndow displày 쇼윈도의 상품 진열
win·dow-dress [-drès] *vt.* …의 체재를 갖추다, …을 겉치레하다
wíndow drèssing **1** 진열창 장식(법) **2** 《비유》 겉치레; 눈속임
wíndow ènvelope 창 달린 봉투 《받는 사람의 이름과 주소가 투명하게 들여다보이도록 파라핀 종이를 붙인 봉투》
wíndow fràme 창틀
wíndow glàss 창유리
win·dow·ing [wíndouiŋ] *n.* 〖컴퓨터〗 윈도잉 《두 개 이상의 서로 다른 데이터를 윈도를 사용하여 동시에 한 화면에 표시하는 것》
wíndow lèdge = WINDOWSILL
***win·dow·pane** [wíndoupèin] *n.* **창유리**
Win·dows [wíndouz] *n.* 〖컴퓨터〗 윈도우즈 《Microsoft 사의 마이크로 컴퓨터 운용 시스템; 상표명》
wíndow sèat **1** 창턱 밑에 붙인 긴 의자 **2** 《열차의》 창쪽 좌석
wíndow shàde 《미》 = WINDOW BLIND
win·dow-shop [-ʃɑ̀p | -ʃɔ̀p] *vi.* (**~ped**; **~·ping**) 진열창 안(의 상품)을 들여다보며 다니다 **~·per** *n.*
win·dow-shop·ping [-ʃɑ̀piŋ | -ʃɔ̀p-] *n.* Ⓤ 진열창 안의 물건을 들여다보며 다니기
win·dow·sill [-sìl] *n.* 창턱, 창 아래틀
wind·pipe [wíndpàip] *n.* 기관(氣管), 숨통
wind·proof [-prù:f] *a.* 〈옷 등이〉 방풍의
wind·row [-ròu] *n.* 《바람에 말리기 위해 널어놓은》 건초[보릿단]의 줄; 《바람에 불리어 생긴》 낙엽[쓰레기, 눈]의 줄
wínd scàle 풍력 등급[계급], 풍급(風級) 《Beaufort scale에서는 0-12급으로 구성됨》
wind·screen [-skrì:n] *n.* 《영》 = WINDSHIELD
wíndscreen wìper 《영》 = WINDSHIELD WIPER
wind·shield [-ʃì:ld] *n.* 《자동차 등의》 앞[전면] 유리 《바람막이용》
wíndshield wìper 《미》 《자동차 앞의》 유리 닦개[와이퍼]
wínd sòck[slèeve] 풍향계, 바람개비
***Wind·sor** [wínzər] *n.* **윈저** 《영국 Berkshire 주에 있는 Windsor Castle 소재지》
Wíndsor cháir 등이 높은 나무 의자의 일종
Wíndsor tíe 《검은 비단으로 된》 폭 넓은 넥타이
wind·storm [wíndstɔ̀:rm] *n.* 《비가 따르지 않는》 폭풍
wind·surf·ing [-sə̀:rfiŋ] *n.* Ⓤ 윈드서핑, 《돛 달린 서프보드(surfboard)로 하는》 파도타기
wind·swept [-swèpt] *a.* 바람에 노출된, 바람받이의, 바람 맞는
wínd tùnnel 〖항공〗 풍동(風洞) 《항공기의 모형이나 부품을 시험하는 통 모양의 장치》
wínd tùrbine 풍력 터빈
wind·up [wáindʌ̀p] *n.* **1** 결말, 끝장 **2** 마지막 손질 **3** 〖야구〗 와인드업 《피처의 투구 예비 동작》
wind·ward [wíndwərd] *n.* Ⓤ 바람이 불어오는 쪽 ***get to ~ of*** 바람 불어오는 쪽으로 나가다 《해전 등에서》; 바람 불어오는 쪽으로 돌다 《냄새 등을 피하기 위하여》; 앞지르다, 보다 유리한 입장에 서다
— *a.* 바람 불어오는 쪽의, 바람 불어오는 쪽에 있는
— *ad.* 바람 불어오는 쪽으로 《*of*》
‡**wind·y** [wíndi] *a.* (**wind·i·er**; **-i·est**) **1** 바람이 센, 바람 부는; 바람을 맞는: on a ~ day 바람이 부는 날에 **2** 격렬한, 심한 **3** 〈말 등이〉 공허한 **4** 말[입]만의, 수다스러운: a ~ speaker 수다쟁이 **5** 《영·속어》 깜짝 놀란; 겁먹은, 무서워하는
‡**wine** [wain] *n.* [동음어 whine] (cf. VINE) Ⓤ **1** 포도주; 과실주 **2** 적포도주색, 검붉은 빛
— *a.* 암적색의, 와인색의
— *vt.* 《속어》 …을 포도주로 대접하다
— *vi.* 포도주를 마시다
dine and ~ a person …을 술과 음식으로 푸짐하게 대접하다
wíne bàr 와인 바 《술, 특히 포도주를 제공하는 레스토랑 안의 바》
wine·bib·bing [-bìbiŋ] *n.* Ⓤ, *a.* 술을 엄청나게 마시기[마시는]
wíne cèllar 《지하의》 포도주 저장실
wíne còlor 적포도주색 《검붉은색》
wine-col·ored [-kʌ̀lərd] *a.* 검붉은 색의
wíne còoler 포도주 냉각기
wine·glass [-glæ̀s, -glɑ̀:s] *n.* 포도주 잔 《특히 셰리용의》; 포도주 잔으로 한 잔
wine·grow·er [-gròuər] *n.* 포도 재배 겸 포도주 양조업자
wine·grow·ing [-gròuiŋ] *n.* Ⓤ 포도 재배 겸 포도주 양조업
wíne pàlm 야자술의 원료가 되는 각종 야자
wíne prèss *n.* 포도즙 짜는 기구
win·er·y [wáinəri] *n.* (*pl.* **-er·ies**) 포도주 양조장

W

wine·skin [-skìn] *n.* 포도주 담는 가죽 부대; 술고래

wíne tàster 포도주 맛[품질] 감정가; 품질 검사용 포도주를 담는 작은 종지

*****wing** [wiŋ] *n.* **1** 날개 **2** ((익살)) 팔 **3** 비행, 비상 **4** (풍차·비행기의) 날개 **5** 〖공군〗 비행단, 항공단 **6** (건물의) 윙 ((부속 건물)) **7** (자동차의) 흙받이 **8** 〖축성〗 익면(翼面) **9** [보통 *pl.*] 무대의 양옆(의 빈칸) **10** [*pl.*] ((구어)) 〖군사〗 공군 기장 **11** 〖정치〗 당파: the left[right] ~ 좌익[우익], 급진[보수]당

***on the* ~** 나는, 날고 있는, 비행중; 여행중; 활동하여; 출발하려 하여 ***take* ~(*s*)** 날아가다; 비약적으로 신장하다; 도망가다, 〈돈이〉 없어지다; 〈시간이〉 눈깜짝할 사이에 지나가다; (몹시) 기뻐하다

— *vt.* **1** 날개를 달다 **2** 촉진하다, 빠르게 하다 **3** 날 수 있게 하다, 〈화살 등을〉 쏘다: ~ an arrow *at* the mark 과녁에 화살을 쏘다 **4** …을 날다, 비상하다: ~ the air 공중을 날다

— *vi.* ((시어·문어)) 〈새가〉 날아가다

wing·back [wíŋbæ̀k] *n.* 〖미식축구〗 윙백; 그 수비 위치

wíng chàir 등이 날개 모양으로 된 안락의자

wíng commànder ((영)) 공군 중령; ((미)) 공군 단장

***winged** [wiŋd] *a.* **1 날개 있는**; 날개를 쓰는, 날 수 있는 **2** 신속한, 빠른 **3** 숭고한, 고매한 〈사상 등〉

wing·er [wíŋər] *n.* ((영)) (축구 등에서의) 윙의 선수

wing·less [wíŋlis] *a.* 날개 없는; 날지 못하는

wing·span [-spæ̀n] *n.* (비행기의) 날개 길이, 날개 폭 ((한 쪽 날개 끝에서 다른 쪽 날개 끝까지의 길이))

wing·spread [-sprèd] *n.* (새·곤충·비행기의) 날개 폭

wíng tìp **1** (비행기의) 날개 끝, 익단 **2** 윙팁 ((날개 모양의 구두코; 그런 모양의 구두))

Win·i·fred [wínəfrid] *n.* 여자 이름 ((애칭 Winnie))

*****wink** [wiŋk] *vi.* **1 눈을 깜박거리다 2 눈짓하다**: He *~ed at* the girl. 그는 아가씨에게 눈짓[윙크]했다. **3** 짐짓 못 본 체하다, 간과하다: ~ *at* a person's fault …의 잘못을 못 본 체하다 **4** 〈별·빛 등이〉 반짝이다; ((영)) 〈불빛이〉 점멸하다

— *vt.* **1 눈을 깜박이다**; 눈짓하다, 윙크하다 **2** 눈을 깜박여서 …을 제거하다 **3** ((영)) (자동차 라이트 등으로) 깜박이다, 신호하다(((미)) blink)

~ *out* 깜박이다; 끝나다, 갑자기 끝나다

— *n.* **1 눈의 깜박거림 2 눈짓**, 윙크; 암시, 신호 **3** 깜박임, 반짝임 ((별·빛 등의)) **4** [a ~; 보통 부정문에서] 순식간; 선잠

wink·er [wíŋkər] *n.* **1** 깜박거리는 사람[것] **2** [*pl.*] (말의) 눈가리개 **3** [*pl.*] ((구어)) 속눈썹 **4** [*pl.*] ((미·속어)) (자동차의) 방향 지시등, 깜빡이

win·kle [wíŋkl] *n.* 〖패류〗 경단고둥 무리 — *vt.* ((구어)) 우벼내다, 쫓아내다; 〈정보 등을〉 알아내다 ((*out, out of*))

win·kle·pick·ers [wíŋklpìkərz] *n. pl.* ((속어)) 끝이 뾰족한 구두[부츠]

***win·ner** [wínər] *n.* **1 승리자**, 우승자; (경마의) 이긴 말 **2** 수상자[작품], 입상[입선]자: a Pulitzer Prize ~ 퓰리처상 수상자[작품] **3** ((구어)) 우승[수상, 성공]의 가망이 있는 사람[것]; 이길 듯한 말

Win·nie [wíni] *n.* 여자 이름 ((Winfred의 애칭))

***win·ning** [wíniŋ] *n.* **1** UC **획득**, 점령 **2** UC **승리**, 성공 **3** [*pl.*] 상금, 벌이, 소득

— *a.* **1 이긴**, 승리를 얻은 **2** 마음을 끄는[사로잡는], 매력[애교]있는 〈태도 등〉: a ~ smile 애교 있는 미소

~·ly *ad.* 애교 있게

wínning pòst (경마장의) 결승점(의 푯말)

win·now [wínou] *vt.* **1** 〈낟알·겨 등을〉 까부르다, 키질하다 ((*from*)) **2** 〈나부랑이·잡물 등을〉 흩날려 보내다 ((*away*)) **3** 분석·검토하다 **4** 〈좋은 부분을〉 골라내다: ~ (*out*) truth *from* falsehood 진위를 가려내다 — *n.* 까불러 가리는 도구, 키; 키질

win·o [wáinou] *n.* (*pl.* **~s**) ((속어)) 포도주 중독자; 와인을 좋아하는 사람

win·some [wínsəm] *a.* 매력 있는, 애교 있는 **~·ly** *ad.* **~·ness** *n.*

Win·ston [wínstən] *n.* 남자 이름

*****win·ter** [wíntər] *n.* **1** UC **겨울** (((영)에서는 11월-1월, ((미))에서는 12월-2월, 〖천문〗에서는 12월 21일-3월 21일)): a hard[mild] ~ 엄동[난동] **2** 한기; 추운 기후[기간] **3** [*pl.*] ((시어)) 춘추, 나이: a man of seventy *~s* 70세의 사람 **4** UC 만년; 쇠퇴기

— *a.* 겨울의: ~ clothing 동복

— *vi.* 겨울을 보내다, 월동하다, 피한하다 ((*at, in*)) — *vt.* 〈가축을〉 겨울 동안 기르다; 〈식물을〉 겨울 동안 보살피다

wínter gàrden 윈터 가든 ((열대 식물 등을 겨울에 유지 관리하는 정원))

win·ter·ize [wíntəràiz] *vt.* 〈천막·무기·자동차 등에〉 방한 준비를 하다

win·ter-kill [wíntərkìl] *vt., vi.* ((미)) 〈보리 등을[이]〉 추위로 얼어 죽게 하다[죽다]

Wínter Olýmpic Gámes, Wínter Olýmpics [the ~] 동계 올림픽 대회

wínter slèep 〖동물〗 동면

wínter sólstice [the ~] 동지점; 동지

wínter spórts 겨울 스포츠

win·ter·time [-tàim] *n.* U 겨울(철)

win·ter·y [wíntəri] *a.* (**-ter·i·er**; **-i·est**) = WINTRY

***win·try** [wíntri] *a.* (**-tri·er**; **-tri·est**) **1 겨울의**; 겨울같이 추운; 황량한, 쓸쓸한 **2** 냉담한, 차가운 〈미소 등〉

win-win [wínwín] *a.* ((속어)) (협상에서) 양쪽이 다 유리한

win·y [wáini] *a.* (**win·i·er**; **-i·est**) 포도주(wine)의 (풍미가 있는)

*****wipe** [waip] *vt.* **1 훔치다, 닦다**, 닦아 내다 ((*away, up*)): ~ *off* dirt 진흙을 닦아 내다 **2** 비벼대다; 문질러 바르다 **3** 〈얼룩을〉 빼다 ((*out*)); 〈발자국 등을〉 지우다:

W

~ *out* a stain 얼룩을 빼다 **4** 설욕하다 《*out*》 **5** 〈적 등을〉 소탕하다
~ *off* (1) 〈부채 등을〉 청산하다 (2) 《속어》 파괴[말살]하다 **~ *out*** (1) …의 안을 닦다 (2) (기억에서) 지우다, 〈부채를〉 청산하다; 〈수치를〉 씻다 (3) 〈적 등을〉 무찌르다, 전멸하다 (4) 《속어》 (스키 등에서) 넘어지다
— *n.* 닦음, 훔침, 닦아 냄

wip·er [wáipər] *n.* **1** 닦는 사람 **2** 닦개, 걸레, 행주; 수건, 타월, 스펀지 **3** [보통 *pl.*] (자동차의) 와이퍼

*‡***wire** [waiər] *n.* **1** ⓊⒸ 철사: a length of ~ 철사 한 가닥 **2** Ⓤ 철사 세공, 철(조)망 **3** 전선, 케이블 **4** Ⓤ 전신; Ⓒ 《구어》 전보; [the ~] 전화: send a person congratulations by ~ …에게 축전을 보내다 **5** Ⓒ (악기의) 현(弦)
by ~ 전신으로; 《속어》 전보로 ***get*** one***'s*** [***the***] ***~s crossed*** 전화가 혼선되다; 《구어》 머리가 혼란해지다 ***on the ~*** 전화로[에 나와] ***pull*** (***the***) ***~s*** 《구어》 실을 당겨 인형을 조종하다, 이면에서 책동하다, 막후 조종하다
— *vt.* **1** 철사로 (졸라[잡아]) 매다 **2** 전선을 가설하다, 배선하다 **3** 전송(電送)하다; 《구어》 타전하다, 전보로 알리다
— *vi.* 《구어》 전보를 치다, 타전하다
~ for 전보를 쳐서 …을 요청하다

wíre àgency = WIRE SERVICE

wíre brùsh (녹 등을 닦아내는) 와이어 브러시

wired [waiərd] *a.* **1** 유선의: ~ telegraphy[telephone] 유선 전신[전화] **2** 철사로 보강한

wire·draw [-drɔ̀ː] *vt.* (**-drew** [-drùː]; **-drawn** [-drɔ̀ːn]) **1** 〈금속을〉 늘여서 철사를 만들다; …을 잡아 늘이다 **2** 《비유》 길게 하다, 너무 세밀하게[세부적인 사항까지] 논하다

wíre gàuge 와이어 게이지 《철사의 굵기 등을 재는 기구》; 철사 선번(線番)

wíre gáuze 촘촘한 쇠그물[철망]

wíre gláss 철망을 넣은 판유리

wire·haired [-hɛ̀ərd] *a.* 털이 센; 강모(剛毛)의 〈개 등〉

*‡***wire·less** [wáiərlis] *a.* **1** 무선의; 무선 전신[전화]의 **2** 《영》 라디오의
— *n.* **1** ⓊⒸ 무선 전신, 무선 전화; 무선 전보 **2** Ⓤ 《영》 [the ~] 라디오 《현재는 radio가 일반적》 ***send a message by ~*** 무선으로 송신하다
— *vi., vt.* 《영》 무선 전신을 치다

wíreless télephone 《드물게》 무선 전화(기)

wíre nétting 철망

wire·pho·to [-fòutou] *n.* 유선 전송 사진 — *vt.* 〈사진을〉 유선 전송하다

·**wire·pull·er** [-pùlər] *n.* **1** 인형을 조종하는 사람 **2** 《구어》 배후 조종자

wire·pull·ing [-pùliŋ] *n.* Ⓤ 《구어》 이면의 책동, 막후 조종

wíre rópe 강철 밧줄, 와이어로프

wíre sèrvice 통신사

wire·tap [-tæ̀p] *n.* 전화[전신] 도청 장치
— *a.* 전화[전신] 도청의[에 의한]
— *vi., vt.* (**~ped**; **~·ping**) 전화[전신] 도청을 하다; 〈전화 등에〉 도청기를 장치하다: ~ a telephone 전화를 도청하다

wire·tap·per [-tæ̀pər] *n.* **1** (전화[전신]) 도청자 **2** 도청 정보 제공자

wire-walk·er [-wɔ̀ːkər] *n.* 줄타기 곡예사

wire-walk·ing [-wɔ̀ːkiŋ] *n.* 줄타기 《곡예》

wíre wóol (식기 닦는) 쇠수세미

wire·worm [-wəːrm] *n.* 〖곤충〗 방아벌레의 애벌레

wir·ing [wáiəriŋ] *n.* Ⓤ 가선[배선] (공사); [집합적] 공사용 전선 — *a.* 배선(용)의

***wir·y** [wáiəri] *a.* (**wir·i·er**; **-i·est**) **1** 철사로 만든 **2** 철사 모양의; 〈털 등이〉 억센, 빳빳한 **3** 〈인품·체격 등이〉 깐깐한, 끈기 있는, 강인한 **4** 〈소리·음성 등이〉 금속성의, 가는

Wis., Wisc. Wisconsin

***Wis·con·sin** [wiskɑ́nsən | -kɔ́n-] [강 이름에서] *n.* 위스콘신 《미국 북중부의 주; 주도 Madison; 略 Wis(c).》

*‡***wis·dom** [wízdəm] *n.* Ⓤ **1 a** 현명, 지혜; 분별 **b** [the ~] …하는 현명함, 현명하게도 …하기 **2** 학문, 지식, 박식 **3** 현인, 현자 **4** 금언, 명언

wísdom tòoth 사랑니, 지치(智齒)

*‡***wise¹** [waiz] [OE 「알고 있는」의 뜻에서] *a.* **1** 슬기로운, 현명한; 지각[분별]이 있는: It was ~ that she had chosen it. 그녀가 그것을 택한 것은 현명한 일이었다. **2** 신중한, 사려 깊은 **3** 박식한, 박학한 《*in*》 **4** 슬기롭게 보이는, 현인 같은 **5** Ⓟ [보통 비교급을 써서] 깨달은: Who will be the *wiser*? 누가 알랴? 《아무도 모른다》 ***be***[***get***] ***~ to***[***on***] 《미·속어》 …을 눈치채고 있다[눈치채다], …을 알고 있다[알다] ***look ~*** 잘난 체하다, 거드름피우다, 시침 떼다
— *vt., vi.* [다음 성구로]
~ up 《미·속어》 (올바로) 알다, 알리다

wise² *n.* ⓊⒸ [*sing.*] 《고어》 방법 (way) ***in any ~*** 아무래도 ***in like ~*** 마찬가지로 ***on this ~*** 이와 같이

-wise [waiz] *suf.* [명사·부사에 붙여서] 「…한 양식[방식]으로; …의 위치[방향]로」의 뜻의 부사를 만듦: clock*wise*

wise·a·cre [wáizèikər] *n.* 아는[현인인] 체하는 사람

wise·crack [-kræ̀k] *n., vi.* 《구어》 경구(警句)(를 말하다)

wíse gùy 잘난 체하는 사람, 자만가

***wise·ly** [wáizli] *ad.* **1** 현명하게, 꾀를 부려 **2** [문장 전체를 수식하여] 현명하게도

wíse màn 현인

wi·sent [víːzent] [G] *n.* 〖동물〗 유럽산 들소의 일종

wíse sáw 금언, 격언

*‡***wish** [wiʃ] *vt.* **1** 희망하다, …하고 싶다: I ~ *to* go abroad. 나는 외국에 가고 싶다. **2** …이기를 바라다: I ~ I *were*[《구어》 *was*] a bird! 내가 새라면 얼마나 좋을까! **3** …이기를 원하다, 기원하다: He *~es* me *well*. 그는 내가 잘되기를 바란다, 내게 호의를 가지고 있다.

4 〈…에게 축하의 말 등을〉 말하다: I ~ you a Happy New Year. 새해 복 많이 받으십시오. 5 억지로 떠맡기다, 강요하다 《*on, upon*》: They *~ed* a hard job *on* him. 그들은 힘든 일을 그에게 떠맡겼다. **—** *vi.* 1 희망하다, (쉽게 얻을 수 없는 것을) 바라다 《*for, after*》 2 …이기를 빌다, 축원하다

— *n.* 1 [CU] 소원, 소망, 희망 2 [보통 *pl.*] (남의 행복·평안 등을) 바라는 말, 기원 3 [CU] 청, 요청 4 바라는 바, 희망하는 점[것]

wish·bone [wíʃbòun] *n.* (새 가슴의) 창사골(暢思骨), 차골(叉骨)

wish·er [wíʃər] *n.* 희망자, 원하는 사람

*__wish·ful__ [wíʃfəl] *a.* 1 갈망하는, 소원하는 《*to*》 2 탐내는, 가지고 싶어하는 3 희망적인 **~·ly** *ad.* **~·ness** *n.*

wíshful thínking 1 희망적 관측[해석] 2 〖정신분석〗 소망적 사고

wish·y-wash·y [wíʃiwɔ̀:ʃi | -wɔ̀ʃi] *a.* 1 〈사람·태도 등이〉 우유부단한 2 김빠진, 시시한 3 《속어》 〈수프·차 등이〉 묽은, 멀건

wisp [wisp] *n.* 1 작은 묶음, 다발, 단 《건초·짚·잔가지 등의》 2 단편, 조각; 가는 줄기 《*of*》

wisp·y [wíspi] *a.* (**wisp·i·er**; **-i·est**) 작게 묶은; 성긴; 가냘픈

wist [wist] *v.* 《고어》 WIT²의 과거·과거분사

*__wis·te·ri·a__ [wistíəriə], **wis·tar·i·a** [-tíəriə, -tέər-] [미국 해부학자의 이름에서] *n.* 〖식물〗 등(나무)

*__wist·ful__ [wístfəl] *a.* 1 탐내는, 바라는 듯한; 동경하는 2 곰곰이 생각하는, 생각에 잠기는 **~·ly** *ad.* **~·ness** *n.*

***__wit__¹ [wit] [OE 「지식」의 뜻에서] *n.* 1 [U] [단수·복수 취급] 지혜, 지력, 이해력 2 [UC] 기지, 재치; 수완, 요령 3 재주꾼 4 [*pl.*] (건전한) 정신

at** one**'s ~s'** [**~'s**] **end 좋은 수가 없어서, 어찌할 바를 모르고, 자금이 떨어져서 ***have quick*** [***slow***] ***~s*** 재치가 있다[없다], 변통성[요령]이 있다[없다], 약삭빠르다[주변이 없다] ***in*** one***'s*** (***right***) ***~s*** 제정신으로, 진정으로 ***live by*** one***'s ~s*** (일정한 직업 없이) 잔재주를 부려 이럭저럭 살아가다

wit² *vt., vi.* (**wist**; **~·ing**) 《현재형 I [he] **wot** [wɑt | wɔt], thou **wot·(t)est** [-tist]》 《고어》 알다, 알고 있다(know)

**__witch__ [witʃ] *n.* 1 마녀, 여자 마법사: a white ~ 착한 마녀 《사람의 행복을 위해서만 마법을 행사하는》 2 보기 흉한 노파 3 《구어》 아주 매력 있는 여자, 매혹적인 요부 4 마법

— *vt.* 1 …에게 마법을 쓰다 2 매혹하다

— *a.* 마녀의

*__witch·craft__ [wítʃkræ̀ft | -krɑ̀:ft] *n.* [U] 1 마법, 요술 2 매력, 마력

wítch dòctor 마법사, 요술사 《특히 아프리카 원주민의》

witch·er·y [wítʃəri] *n.* 1 [U] 요술, 마법 2 [*pl.*] 마력, 매력

Wítches' Sábbath 악마의 연회 《1년에 한 차례 밤에 악마들이 연다는 주연》

wítch házel 〖식물〗 하마멜리스 《북미산》; 그 나무 껍질과 잎에서 채취하는 약물 《타박상 등에 씀》

witch-hunt [wítʃhʌ̀nt] *n.* 1 마녀 사냥 2 정적을 박해[중상]함; 국가 전복을 꾀하는 자의 색출

witch·ing [wítʃiŋ] *a.* 마력이 있는, 매혹적인 **—** *n.* 마법, 마술; 매력

***__with__ [wið, wiθ] *prep.* **A** 1 **a** [동반·동거] …와 함께, …와 같이; …을 데리고: He is living [staying] ~ his aunt. 그는 숙모와 함께 살고 있다[숙모댁에 머물고 있다]. **b** [제휴·근무] …에서, …에 근무하고: He has been ~ the company (for) ten years. 그는 그 회사에 10년간 근무하고 있다. **c** [포함] …을 합쳐서, …을 포함하여: *W*~ the maid, the family numbers eight. 하녀를 포함해서 가족은 8명이 된다. 2 **a** [접촉·교제·결합] …와: discuss a problem ~ a person …와 문제를 의논하다 **b** [혼합·혼동] …와: mix whiskey ~ water 위스키에 물을 타다 3 **a** [일치·조화] …와: I agree ~ you there. 그 점에서 나는 자네와 의견이 같아. **b** [동조·찬성] …에 찬성하여, …에(게): He voted ~ the Government. 그는 여당에 투표하였다. **c** [be의 보어가 되는 구를 이끌면서, 보통 부정·의문문에서] 〈상대방〉의 이야기[의론]를 알아들을 수 있는: Are you ~ me so far? 여기까지의 내 이야기를 알아들었느냐? 4 [동시·같은 정도·같은 방향 등] …와 함께, …와 동시에; …에 따라서, …와 비례해서: *W*~ that, he went away. 그렇게 말하고는[그것과 동시에] 그는 떠나가버렸다.

— B 1 **a** [조치·관계의 대상을 이끌어] …에 대하여, …에 관하여: I can do nothing ~ this boy. 나는 이 어린이에게 할 수 있는 일이 아무 것도 없다. **b** [감정·태도의 대상을 이끌어] …에 대하여, …에: be angry [frank, gentle, patient] ~ a person …에게 화를 내다[솔직하게 굴다, 부드럽게 대하다, 참을성 있게 굴다] **c** [방향의 부사와 함께, 동사 없이 목적어와 함께 명령문적으로 쓰여] …을[은]: *Away* ~ him! 그를 쫓아내라! 2 [관계·입장] …에 관해서[대해서]; …에 있어서는, …의 경우는: The trouble ~ her is that she gets easily excited. 그녀의 곤란한 점은 쉽사리 흥분하는 것이다. 3 [분리] …와 (분리되어[떨어져]), …으로부터 4 [적대] …을 상대로

— C 1 **a** [소지·소유] …을 가지고 (있는), …이 달린[부착된]; …을 받고 있는: a vase ~ handles 손잡이가 달린 꽃병 **b** [휴대] 〈사람〉의 몸에 지니고, …의 수중에 있는: He had no money ~ him. 그는 수중에 가진 돈이 없었다. 2 [도구·수단] …을 사용하여, …으로: write ~ a pencil 연필로 쓰다 3 [재료·내용물] …으로: fill a glass ~ water 컵에 물을 채우다 4 [양태(樣態)의 부사구를 이끌어] …을 나타내어, …하게: ~ care 주의하여 5 [원인] …의 탓으로, …때문에: His eyes glistened ~ excitement. 그의

W

눈은 흥분으로 인해 반짝였다. **6** [위탁] 〈사람〉의 손에 맡겨져서, …에(게); 〈물건〉을 (맡겨): Leave your dog ~ us. 댁의 개를 우리에게 맡기시지요. **7** [부대 상황을 나타내는 구를 이끌어] …**하여**, …한 채로, …하면서: He stood ~ his back against the wall. 그는 벽에 기대어 서 있었다. **8 a** [종종 ~ all로서; 양보] …이 있으면서도, …에도 불구하고: *W~ all* her merits, she was not proud. 저만큼의 훌륭한 점이 있으면서도 그녀는 자랑하지 않았다. **b** [제외] …이란 점을 제외하면: These are very similar, ~ one important difference. 이것들은 하나의 중요한 차이점을 제외하면 아주 흡사하다.

with- [wið, wiθ] 《연결형》 「뒤쪽으로(back); 떨어져(away); 반대로(against)」의 뜻: *with*hold, *with*draw

*__with·al__ [wiðɔ́:l] *ad.* 《고어》 **게다가,** 동시에 — *prep.* 《고어》 …으로(with): What shall he fill his belly ~? 그는 무엇으로 배를 채울 것인가?

‡**with·draw** [wiðdrɔ́:, wiθ-] *v.* (**-drew** [-drú:]; **-drawn** [-drɔ́:n]) *vt.* **1** 〈손 등을〉 **빼다,** 뒤로 물리다, 〈커튼 등을〉 당겨 젖히다 **2** 〈시선을〉 딴 데로 돌리다 《*from*》 **3** 물러나게 하다, 자퇴시키다; 〈군대를〉 철수시키다 《*from*》 **4** 〈물건 등을〉 꺼내다; 〈예금 등을〉 인출하다 **5** 〈신청·진술·약속 등을〉 **철회하다 6** 〈통화·서적 등을〉 회수하다 《*from*》

— *vi.* **1 물러나다,** 물러나오다; 쑥 들어가다 **2** (모임 등에서) 탈퇴하다 《*from*》 **3** 〈군대가〉 철수하다 **4** (동의를) 철회하다, 취소하다

*__with·draw·al__ [wiðdrɔ́:əl, wiθ-] *n.* **1 물러남,** 쑥 들어감 **2** 되찾기, (예금·출자금 등의) 인출, 회수 **3** 취소, 철회 **4** 철수, 철병 **5** (자진) 퇴학, 퇴회

*__with·drawn__ [wiðdrɔ́:n] *v.* WITHDRAW의 과거분사 — *a.* **1** 인적이 드문 **2** 수줍어하는 **3** 회수한

*__with·drew__ [wiðdrú:] *v.* WITHDRAW의 과거

withe [wiθ, wið] *n.* 가는 가지 《버들 등의》; 가지 매끼 《장작 등을 묶는》

‡**with·er** [wíðər] [ME 「비바람을 맞히다」의 뜻에서] *vi.* **1 시들다,** 말라빠지다 《*up, away*》 **2** 〈색이〉 바래다; 〈소리가〉 사라져 가다 **3** 〈애정·희망 등이〉 시들다, 약해지다 《*up, into*》

— *vt.* **1 시들게 하다;** 말라 죽게 하다 《*up*》 **2** 쇠퇴시키다, 약하게 하다 《*away*》 **3** 위축시키다, 움츠러들게 하다 《*with*》

with·er·ing [wíðəriŋ] *a.* **1** 시들게 하는 **2** 위축시키는, 움츠러들게 하는

with·ers [wíðərz] *n. pl.* (말·개 등의) 양 어깨뼈 사이의 융기(隆起)

*__with·hold__ [wiθhóuld, wið-] *vt.* (**-held** [-héld]) **1 억누르다,** 억제하다, 말리다 《*from*》 **2** 〈승낙 등을〉 **보류하다,** 유보하다 《*from*》: ~ one's payment[consent] 지불[승낙]을 보류하다 **3** 〈세금 등을〉 임금에서 공제하다, 원천 징수하다

— *vi.* 보류하다, 그만두다

~·**ment** *n.* 억제; 원천 징수

with·hóld·ing tàx [-hóuldiŋ-] 《미》 원천 과세

‡**with·in** [wiðín] *prep.* **1** …**이내에[의],** …의 범위 내에: ~ a week 1주일 이내에 **2** 《문어·고어》 …의 속에, …안에 《현재는 inside가 일반적》: ~ and without the town 도시의 안팎에

— *ad.* 《문어·고어》 **1** 속에, 내부는: ~ and without 안팎에 **2** 집 안에: go ~ 안으로 들어가다 **3** 마음속에[은]: be pure ~ 마음이 깨끗하다

— *a.* 내부의: the ~ complaint 내부의 불평 — *n.* Ⓤ [보통 from ~로] 《문어》 안, 내부

with-it [wíðit, wíθ-] *a.* 《구어》 (사회적·문화적으로) 최신의

‡**with·out** [wiðáut] *prep.* **1** …**이 없이,** …이 없는 **2 a** [단순한 조건] …**이 없으면 b** [가정] …**이 없다면 3** [주로 동명사와 함께] …**하지 않고;** …함이 없이: He went away ~ tak*ing* leave. 그는 허락도 없이 가버렸다. **4** [부대상황을 나타내는 구를 이끌어] …이 없는 채로 **5** 《문어·고어》 …의 밖에[에서]

— *ad.* **1** 《문어·고어》 밖은[에](outside) **2** [문맥상으로 자명한 경우에] 《구어》 없이

— *n.* Ⓤ [보통 from ~로] 《문어》 바깥, 외부: as seen *from* ~ 밖에서 보면

— *conj.* 《미·방언》 …이 아닌 한

*__with·stand__ [wiθstǽnd, wið-] *v.* (**-stood** [-stúd]) *vt.* **1** 〈사람·힘·곤란 등에〉 **저항하다,** 버티다 **2** (물건 등이 마찰·혹사에) **견디어 내다**

— *vi.* 《주로 시어》 저항[반항]하다; 견디다

with·y [wíði] *n.* (*pl.* **with·ies**) = WITHE

wit·less [wítlis] *a.* **1** 재치 없는, 지혜 없는, 어리석은 **2** 미친

‡**wit·ness** [wítnis] [OE 「아는 일」의 뜻에서] *n.* **1 목격자 2** (법정에 서는) 증인, 참고인 **3** (문서·계약·결혼 등의) 연서인(連署人), 입회인 **4** Ⓤ **증거,** 증언; 증명, 입증

be a ~ to …의 목격자이다, …의 입회인이 되다; …의 증거가 되다 ***be ~ to*** …을 목격하다 ***bear ~ to*[*of*]** …의 증언을 하다, …의 증인[증거]이 되다

— *vt.* **1 목격하다,** 보다 **2 입증[증명]하다;** 증언하다; 〈사물이〉 …을 나타내다, …의 증거가 되다 **3** …에 입회하다; 서명하다 《증인으로서》

— *vi.* **1** 증언하다 《*for, against*》: ~ *for*[*against*] a person …에게 유리[불리]한 증언을 하다 **2** 증명하다, 증거가 되다 《*to*》: ~ *to* a person's innocence …의 결백함을 입증하다

wit·ness-box [wítnisbɑ̀ks | -bɔ̀ks] *n.* 《영》 (법정의) 증인석(《미》 witness stand)

wítness stànd 《미》 증인석

wit·ted [wítid] *a.* [보통 복합어를 이루어] …의 지혜[재치]가 있는, 지혜[재치]가 …한

wit·ti·cism [wítəsìzm] *n.* 《보통 경멸》 **1** 재담, 익살 **2** 《고어》 비웃음, 조롱

wit·ting [wítiŋ] *a.* 《드물게》 알면서 하는, 고의의, 짐짓 …하는
~·ly *ad.* 고의로, 일부러

*__wit·ty__ [wíti] *a.* (**-ti·er**; **-ti·est**) 재치[기지] 있는, 익살맞은
wít·ti·ly *ad.* **-ti·ness** *n.*

‡**wives** [waivz] *n.* WIFE의 복수

wiz [wiz] *n.* 《구어》 비상한 솜씨를 가진 사람, 귀재(鬼才)(wizard)

‡**wiz·ard** [wízərd] *n.* **1** (남자) 마법사; 요술쟁이 **2** 《구어》 놀라운 솜씨[재능]를 가진 사람, 귀재(鬼才)
— *a.* **1** 마법의 **2** 《영·속어》 놀라운, 굉장한 **3** 《속어》 기묘한; 명인의, 귀재의

wiz·ard·ly [wízərdli] *a.* 마법사의[같은]; 불가사의한; 굉장한

wiz·ard·ry [wízərdri] *n.* Ⓤ **1** 마법, 마술 **2** 뛰어난 능력, 묘기

wiz·en [wí(:)zn] *a.* = WIZENED

wiz·ened [wí(:)znd] *a.* 시든, 쭈글쭈글한

wk. weak; week; work

wks. weeks; works

w.l. waiting list; waterline; wavelength

WMO World Meteorological Organization 유엔 세계 기상 기구

WNW, W.N.W., w.n.w. west-northwest

W.O., WO Warrant Officer

woad [woud] *n.* 〖식물〗 대청(大青)

wob·ble [wábl | wɔ́bl] *vi.* **1** 비틀거리다, 흔들흔들하다 **2** 〈목소리 등이〉 떨리다 **3** 〈정책 등이〉 동요하다 **—** *n.* **1** 비틀거림, 흔들림 **2** (정책 등의) 동요

wob·bler [wáblər | wɔ́b-] *n.* 비틀비틀하는 것[사람]; (생각·주의·주장이) 동요하는 사람

wob·bling [wábliŋ | wɔ́b-] *a.* 흔들거리는, 흔들거리게[비틀거리게] 하는

wob·bly [wábli | wɔ́b-] *a.* (**-bli·er**; **-bli·est**) **1** 흔들거리는, 불안정한 **2** 줏대 없는, 주견(主見)이 없는

Wo·den, -dan [wóudn] *n.* 보단 《OE에서 북유럽 신화의 Odin에 해당하는 신을 부른 이름; Wednesday는 이 신의 이름에서 유래》

wodge [wadʒ | wɔdʒ] *n.* 《영·구어》 (서류 등의) 뭉치; 덩어리

‡**woe** [wou] *n.* **1** Ⓤ 《문어·시어》 비애, 비통, 고뇌, 괴로움 **2** [보통 *pl.*] 불행, 재앙, 화 **—** *int.* 아 《비탄·고뇌를 나타냄》

woe·be·gone [wóubigɔ̀:n | -gɔ̀n] *a.* 슬픔에 잠긴, 수심에 가득찬

*__woe·ful, wo·ful__ [wóufəl] *a.* **1** 비참한, 애처로운; 재앙의 **2** 슬픈, 슬픔에 잠긴 **3** 심한 **~·ly** *ad.*

wok [wak | wɔk] *n.* 중국 요리용 팬

‡**woke** [wouk] *v.* WAKE[1]의 과거·과거분사

wo·ken [wóukən] *v.* WAKE[1]의 과거분사

wold [would] *n.* **1** (불모의) 산지, 황량한 고원 **2** [**Wolds**; 일반적으로 잉글랜드의 지명에 써서] 고원 지방: Yorkshire *Wolds* 요크셔 고원 지방

‡**wolf** [wulf] *n.* (*pl.* **wolves** [wulvz]) **1** 〖동물〗 이리, 늑대; Ⓤ 이리의 모피 **2** 잔인한 사람, 탐욕스러운 사람 **3** 《속어》 교묘히 여자를 유혹하는 남자, 색마 **4** [the ~] 심한 공복, 굶주림
cry* ~** 허보를 전하다, 거짓 경보를 울리다 《Aesop 이야기에서》 ***have*[*hold*] *a* ~ *by the ears 진퇴양난이다, 위험한 처지에 빠지다
— *vt.* 게걸스레 먹다, 마구 처먹다 《*down*》 **—** *vi.* 늑대 사냥을 하다

wolf·hound [wúlfhàund] *n.* 이리 사냥용 큰 개

wolf·ish [wúlfiʃ] *a.* 이리 같은; 탐욕스러운; 잔인한 **~·ly** *ad.* **~·ness** *n.*

wol·fram [wúlfrəm] *n.* Ⓤ 〖화학〗 볼프람 《tungsten의 별칭; 기호 W》

wol·fram·ite [wúlfrəmàit] *n.* Ⓤ 철망간 중석 《텅스텐 원광(原鑛)》

wolfs·bane [wúlfsbèin] *n.* ⓊⒸ 〖식물〗 바곳, 투구꽃

wólf whìstle 매력적인 여자를 보고 부는 휘파람

wol·ver·ine [wùlvəríːn, ⌐–⌐] *n.* **1** 〖동물〗 울버린, 굴로 《북미산 족제빗과(科)》; Ⓤ 그 모피 **2** [**W~**] 《미》 Michigan 주 사람 《별명》

‡**wolves** [wulvz] *n.* WOLF의 복수

‡**wom·an** [wúmən] [OE 「여자」의 뜻에서] *n.* (*pl.* **wom·en** [wímin]) **1** (성인) 여자, 부인 **2** [무관사; 집합적] 여성: *~'s* wit 여자의 지혜 《본능적 통찰력》 **3** [the ~; 때로 a ~] 여자다움, 여자 기질: There is little of *the* ~ in her. 그녀는 여자다운 데가 조금도 없다. **4** 《구어》 아내, 처 **5** 《구어》 애인, 정부 **6** 식모, 가정부
a bad* ~** 행실이 나쁜 여자; 매춘부 ***a* ~ *of the town*[*street*(*s*)]** 매춘부 ***a* ~ *of the world 세상 물정에 밝은 여자 ***born of* ~** 여자에게서 태어난, 인간으로 태어난, 인간으로서의
— *a.* Ⓐ 여성 특유의; 여자의, 여성의: a ~ doctor 여의사

-woman [wùmən] 《연결형》 **1** 「…나라[민족] 여성; …에 사는 여자」의 뜻: English*woman* **2** 「직업·신분」 등을 나타냄: police*woman*

*__wom·an·hood__ [wúmənhùd] *n.* Ⓤ **1** 여자임; 여자다움 **2** [집합적] 《드물게》 여자, 여성

wom·an·ish [wúməniʃ] *a.* 여자다운; 《경멸》 〈남자가〉 여자 같은, 나약한

wom·an·ize [wúmənàiz] *vt.* 여자같이 만들다, 연약하게 하다 **—** *vi.* 《구어》 계집질하다 **-iz·er** *n.* 《구어》 오입쟁이

wom·an·kind [wúmənkàind] *n.* Ⓤ [집합적] 여성, 여자, 부녀자: one's ~ [*womenkind*] 한 집안의 여자들

wom·an·like [-làik] *a.* 여자 같은, 여자다운, 여성적인

*__wom·an·ly__ [wúmənli] *a.* (**-li·er**; **-li·est**) (cf. WOMANISH) 여자다운, 상냥한; 여성에게 어울리는 **-li·ness** *n.*

wom·an·pow·er [wúmənpàuər] *n.* 여성의 힘[인적 자원, 노동력]

wóman's ríghts 여성의 권리, 여권

wóman súffrage 여성 참정권

*womb [wu:m] *n.* 1 〖해부〗 자궁 (uterus) 2 사물이 발생[성장]하는 곳
in the ~ of time 장차 (일어날), 배태(胚胎)하고 있는

wom·bat [wάmbæt | wɔ́m-] *n.* 〖동물〗 웜뱃 《오스트레일리아산의 곰 비슷한 유대(有袋)동물》

‡wom·en [wímin] *n.* WOMAN의 복수

wom·en·folk(s) [wíminfòuk(s)] *n.* [집합적; 복수 취급] 1 (구어) 여성들 2 (가족·단체의) 여자들: the[one's] ~ 한 집안의 여자들

wom·en·kind [-kàind] *n.* = WOMANKIND

Wómen's Ínstitute (영) (지방 도시 등의) 여성 단체

wómen's líb [*women's lib*eration movement] [종종 W~ L~] (경멸) 여성 해방 운동

wómen's líbber [종종 W~ L~] (경멸) = WOMEN'S LIBERATIONIST

wómen's liberátionist [종종 W~ L~] 여성 해방 운동가

wómen's liberátion (móvement) [종종 W~ L~ (M~)] 여성 해방 운동

wómen's móvement [종종 W~ M~] 여성 해방 운동

wómen's ríghts = WOMAN'S RIGHTS

wómen's ròom 여자 화장실

wómen's stúdies 여성학 《여성의 역사적·문화적 역할의 연구》

‡won[1] [wʌn] [동음어 one] *v.* WIN의 과거·과거분사

won[2] [wɑn | wɔn] *n.* 원 《한국의 화폐 단위; 기호 ₩》

‡won·der [wʌ́ndər] [OE 「기적」의 뜻에서] *n.* 1 경탄할 만한[불가사의한] 것[사람, 사건] 2 Ⓤ 경이, 경탄, 놀라움: in ~ 놀라서 3 (자연계 등의) 경이로운 현상
for a ~ (드물게) 이상하게도 (*It is no*[*No*] *~* (*that*) *...* …은 조금도 이상하지 않다, …하는 것은 당연하다 *It is small*[*Small*] *~* (*that*) …은 별로 이상한 일이 아니다 *work*[*do, perform*] *~s* 기적을 행하다; 놀랄 만한 성공을 하다; 〈약 등이〉 신통하게 듣다
— *vi.* 1 이상하게 여기다, (…에[…을 보고]) 놀라다 2 의심하다, 의아하게 여기다 3 호기심을 가지다, 알고 싶어하다
— *vt.* 1 …이 아닐까 생각하다 2 이상하게 여기다, 놀라다
— *a.* Ⓐ 1 놀라운, 경이로운; 훌륭한 2 마법의, 마력이 있는

wónder bòy 뛰어난 재능을 가진 소년[청년], 신동; 시대의 총아

wónder chìld 신동

wónder drùg 특효약(miracle drug)

‡won·der·ful [wʌ́ndərfəl] *a.* 1 이상한, 불가사의한, 놀랄[경탄할] 만한 2 (구어) 훌륭한, 굉장한

won·der·ful·ly [wʌ́ndərfəli] *ad.* 1 이상하게(도), 놀랄 만큼 2 훌륭하게

won·der·ing [wʌ́ndəriŋ] *a.* Ⓐ 이상히 여기는; 이상한 듯한

won·der·land [wʌ́ndərlænd] *n.* 1 Ⓤ Ⓒ 이상한 나라; 동화의 나라 2 (경치 등이) 훌륭한[멋진] 곳

won·der·ment [wʌ́ndərmənt] *n.* 1 Ⓤ 경탄, 놀라움, 경이 2 놀라운[이상한, 불가사의한] 것[사건]

won·der·strick·en [wʌ́ndərstrìkən], -struck [-strʌ̀k] *a.* 깜짝 놀란, 아연실색한

won·der·work·er [-wə̀:rkər] *n.* 기적을 행하는 사람

*won·drous [wʌ́ndrəs] (시어·문어) *a.* 놀랄 만한, 불가사의한 — *ad.* [형용사를 수식하여] 놀랄 만큼, 불가사의하게; 아주 훌륭히 ~·ly *ad.* ~·ness *n.*

won·ky [wάŋki | wɔ́ŋ-] *a.* (-ki·er; -ki·est) (영·속어) 흔들흔들하는, 비틀비틀하는; 순조롭지 않은; 미덥지 않은

‡wont [wɔ:nt, wount | wount] [동음어 want] *a.* Ⓟ …에 익숙한, …하는 것이 습관인 — *n.* Ⓤ [보통 one's ~] 습관, 버릇, 풍습

‡won't [wount] WILL not의 단축형

wont·ed [wɔ́:ntid, wóunt- | wóunt-] *a.* Ⓐ (드물게) 늘 하는, 평소의; 익숙한

*woo [wu:] *vt.* 1 〈남자가 여자에게〉 구애하다, 구혼하다 2 〈명예·재산 등을〉 얻으려고 노력하다 3 …에게 조르다: ~ a person *to* go together …에게 함께 가자고 조르다

‡wood [wud] *n.* 1 Ⓤ [종류를 말할 때는 Ⓒ] a 목질(木質) b 나무, 재목, 목재: hard[soft] ~ 단단한[연한] 목재 2 [*sing.* 또는 *pl.*] 숲 3 [the ~] 술통 4 [the ~] 〖음악〗 a 목관 악기 b [집합적] (오케스트라의) 목관 악기부
cannot see the ~ for the trees 나무만 보고 숲을 못 보다, 작은 일에 구애되어 대국(大局)을 못 보다 *out of the ~*[(미) *~s*] (구어) 숲속에서 나와; 위험을 면하여, 곤란을 벗어나
— *a.* Ⓐ 목제(木製)의
— *vt.* …에 나무를 심다, 식림하다
— *vi.* 장작[목재]을 쌓다[모으다]

wóod álcohol 메틸알코올, 목정(木精)

wood·bine [-bàin], -bind [-bàind] *n.* 1 〖식물〗 a 인동덩굴 b (미) 양담쟁이 2 (호주·속어) 영국인

wóod blòck 1 판목, 목판; 목판화 2 나무 벽돌 《도로 포장용》

wood-bor·ing [-bɔ̀:riŋ] *a.* 목질부(木質部)에 구멍을 내는 〈곤충〉

wood·carv·er [-kὰ:rvər] *n.* 목각사

wood·carv·ing [-kὰ:rviŋ] *n.* 1 Ⓤ 목각(木刻)(술), 목조(木彫) 2 목각물

wood·chuck [-tʃʌ̀k] *n.* 〖동물〗 (북미산의) 마멋(marmot)

wood·cock [-kὰk | -kɔ̀k] *n.* (*pl.* ~s, ~) 〖조류〗 멧도요

wood·craft [-kræ̀ft | -krὰ:ft] *n.* Ⓤ 1 삼림[산]에 대한 노련한 기술 《특히 사냥·야영·통과·생활법》 2 목각(술)

wood·cut [-kʌ̀t] *n.* 목판화; 판목, 목판

*wood·cut·ter [wúdkʌ̀tər] *n.* 1 나무꾼, 벌목꾼 2 목판(화)가

wood·cut·ting [-kʌ̀tiŋ] *n.* Ⓤ 1 벌목 2 목판술

wood·ed [wúdid] *a.* 삼림이 많은[있는], 수목이 우거진

⁑**wood·en** [wúdn] *a.* **1 나무의,** 나무로 만든 **2 a** 〈얼굴·눈 등이〉 활기 없는, 무표정한 **b** 〈사람·태도 등이〉 뻣뻣한, 어색한 **3** 멍청한

wóod engràver 목각사

wóod engràving 목각, 목판술; 목판화

wood·en·head [wúdnhèd] *n.* 《구어》 얼간이

wood·en-head·ed [-hèdid] *a.* 우둔한

Wóoden Hórse = TROJAN HORSE

wóoden spóon 《영·구어》 나무 숟가락 《Cambridge 대학의 수학 우등 졸업 시험에서 꼴찌에게 주는 상》; [the ~] 최하위(상)

wood·en·ware [-wὲər] *n.* Ⓤ (요리·식사 등 가사용의) 목기(木器), 나무 기구

⁑**wood·land** [wúdlənd, -lǽnd] *n.* Ⓤ [종종 *pl.*] **삼림지,** 삼림 지대
— *a.* Ⓐ 삼림지의, 숲의
~·**er** *n.* 삼림지의 주민

wóod lòt, wood·lot [wúdlɑ̀t | -lɔ̀t] *n.* 《미》 식림지(植林地)

wóod lòuse 〚곤충〛 쥐며느리

*__wood·man__ [wúdmən] *n.* (*pl.* **-men** [-mən]) **1 나무꾼;** 산림·사냥 등에 밝은 사람 **2** 《영》 산림 보호관; 산지기 **3** 숲에서 사는 사람

wood·note [-nòut] *n.* 숲의 노랫가락 《새의 울음 소리 등》

wóod nỳmph 숲의 요정(dryad)

*__wood·peck·er__ [wúdpèkər] *n.* 〚조류〛 **딱따구리**

wóod pìgeon 〚조류〛 산비둘기 《유럽산》; 들비둘기의 일종 《북미 서부산》

wood·pile [-pàil] *n.* 재목[장작]의 더미

wóod pùlp 목재 펄프 《제지 원료》

wood·ruff [-rəf | -rʌ̀f] *n.* 〚식물〛 선갈퀴아재비

wóods bàthing 삼림욕(浴)

wood·shed [-ʃèd] *n.* 재목[《특히》 장작] 두는 곳 《오두막집》 — *vi., vt.* (~·**ded**; ~·**ding**) 〈악기를〉 (맹)연습하다; 《미·속어》 조용함[고독]을 찾다

woods·man [wúdzmən] *n.* (*pl.* **-men** [-mən]) **1** 숲에서 사는 사람 **2** 산[숲]속 일에 밝은 사람 **3** 나무꾼, 벌목꾼

wóod sòrrel 〚식물〛 애기괭이밥

wóod spìrit = WOOD ALCOHOL

woods·y [wúdzi] *a.* (**woods·i·er**; **-i·est**) 《미》 숲의, 숲 같은

wóod tàr 목(木)타르 《방부재》

wóod thrùsh 〚조류〛 개똥지빠귀의 일종 《북미 동부산》

wóod tùrning 목재선반 가공, 녹로 세공

wood·wind [wúdwìnd] *n.* 〚음악〛 **1** 목관 악기 **2** [the ~; 집합적] 《영》 (오케스트라의) 목관 악기부 (《미》에서는 the ~s)

wood-wool [-wùl] *n.* 지저깨비 《의료·절연·포장 충전용》

wood·work [-wə̀ːrk] *n.* Ⓤ **1** (가옥 등의) 목조 부분 **2 a** 목세공 **b** [집합적] 목제품, 목공품

wood·worm [-wə̀ːrm] *n.* **1** 나무좀 **2** Ⓤ 나무좀의 해(害)

*__wood·y__ [wúdi] *a.* (**wood·i·er**; **-i·est**) **1** 〈토지가〉 **수목이 우거진,** 숲이 많은 **2** (초본(草本)에 대하여) 목질의: ~ fiber 목질 섬유 **wóod·i·ness** *n.*

woof[1] [wuf | wuːf] *n.* **1** [the ~; 집합적] 씨줄 **2** 직물, 피륙

woof[2] [wuf] *n.* 개가 낮게 으르릉거리는 소리

woof·er [wúfər] *n.* 저음용 확성기[스피커]

⁂**wool** [wul] *n.* Ⓤ **1 양모 2 털실 3 모직물,** 나사; 모직물의 옷 **4 a** [복합어로] 양털 모양의 것 **b** (짐승의) 텁수룩한 털 **5** (식물·송충이 등의) 솜털
draw* [*pull*] *the* ~ *over a person***'s eyes*** 《구어》 남의 눈을 속이다 ***lose*** one***'s*** ~ 《영·구어》 흥분하다, 성내다
— *a.* Ⓐ 모직(물)의, 울의

⁑**wool·en | wool·len** [wúlən] *a.* **1 양모의;** 양모제의, **모직의 2** Ⓐ 모직물을 취급하는, 모직물의
— *n.* ⓊⒸ 모직물, 나사; [보통 *pl.*] 모직의 옷

wóol fàt 양모지(羊毛脂), 라놀린

wool·gath·er·ing [-gæ̀ðəriŋ] *a.* 방심한, 얼빠진
— *n.* Ⓤ 방심; 부질없는 공상: go ~ 공상에 잠기다

wool·grow·er [-gròuər] *n.* 목양업자

wool·len [wúlən] *a., n.* 《영》 = WOOLEN

*__wool·ly__ [wúli] *a.* (**-li·er**; **-li·est**) **1 a** 양모의, 양모질의 **b 양털 같은;** 털로 덮인, 털이 많은: the ~ flock 양 떼 **2** 〈의론·설명·사고 등이〉 알아들을 수 없는; 분명치 않은, 선명치 않은 — *n.* (*pl.* **-lies**) [보통 *pl.*] **1** 모직 의류 **2** 모직 내의

wool·ly-head·ed [wúlihèdid] *a.* **1** 고수머리의 **2** 〈생각이〉 혼란한

wool·pack [-pæ̀k] *n.* **1** 양모 한 곤포 《240파운드》 **2** 뭉게 구름

wool·sack [-sæ̀k] *n.* **1** 양털 부대 **2** 《영》 양털을 채운 좌석; [the ~] 상원 의장의 직

wool·y [wúli] *a.* (**wool·i·er**; **-i·est**) = WOOLLY

wooz·y [wú(ː)zi] *a.* (**wooz·i·er**; **-i·est**) 《구어》 **1** (술 때문에) 머리가 흐릿한, 멍한, 띵한 **2** 《미》 (탈것 등에 멀미하여) 기분이 나쁜 **3** 머리가 혼란된

wop [wɑp | wɔp] *n.* 《비어·경멸》 [종종 **W~**] 외국인; 《특히》 이탈리아 이민[사람]

Worces·ter·shire [wústərʃìər, -ʃər] *n.* **1** 우스터셔 《잉글랜드 남서부의 옛 주》 **2** 우스터셔 소스 《간장·초·향료 등이 원료》 (= ∠ **sàuce**)

⁂**word** [wəːrd] *n.* **1 a 말, 낱말,** 단어 **b** [*pl.*] (곡에 대하여) 가사; (배우의) 대사 **2** [종종 *pl.*] **한 마디 말,** 이야기, 담화 **3** [보통 무관사로] 기별, 소식; 전언(傳言) **4** [one's ~, the ~] **약속,** 서언, 언질 **5** [one's ~, the ~] 지시, 명령; 구두 신호 **6** 격언, 표어 **7** [the W~] 하느님의 말씀; 성서, 복음; 그리스도: preach *the W~* 복음을 전하다 **8** 〚컴퓨터〛 워드, 기계어 《자료 처리를 위한 기본 단위》

be as good as one***'s*** ~ 약속을 지키다, 언행이 일치하다 ***beyond ~s*** 형언할 수 없을 만큼 ***eat*** one***'s ~s*** (어쩔 수 없이) 앞서 한 말을 취소하다 ***have a ~ with*** …와 한두 마디 나누다 ***have ~s with*** …와 말다툼하다 ***in a***[***one***] ~ 한 마디로 말하면, 요컨대 ***in other ~s*** 바꾸어 말하면 ***in plain ~s*** 솔직히 말하면 ***in ~*** 입으로(는), 말만(의) ***keep***[***break***] one***'s*** ~ 약속을 지키다[어기다] ***not mince*** one***'s ~s*** 까놓고[솔직히] 말하다 ***put into ~s*** 말로 표현하다 ***put ~s into*** a person***'s mouth*** 아무에게 말할 것을 가르치다; 아무의 입을 빌려 말하게 하다 ***upon my ~*** 맹세코, 꼭; 이거 참 《놀람·노여움의 발성》
— *vt.* [well 등의 부사와 함께] …을 말로 표현하다

word·age [wə́ːrdidʒ] *n.* 말; 장황한 말; 어휘 수; 어법, 용어의 선택

wórd blìndness 〚병리〛 실독증

word·book [-bùk] *n.* 단어집; 사전

word-for·ma·tion [-fɔːrméiʃən] *n.* Ⓤ 〚문법〛 단어 형성; 조어(造語)(법)

word-for-word [-fɔːrwə́ːrd] *a.* Ⓐ 〈번역이〉 축어적(逐語的)인, 문자대로의: ~ translation 축어역

wórd gàme (각종의) 어휘 놀이

word·ing [wə́ːrdiŋ] *n.* Ⓤ 말씨, 어법, 용어; 표현

*__word·less__ [wə́ːrdlis] *a.* **1 말 없는,** 무언의; 말로 나타내지 않는 **2** Ⓐ 말로 표현할 수 없는

word-of-mouth [-əvmáuθ] *a.* Ⓐ 구두의, 구전의

wórd òrder 〚문법〛 어순(語順), 배어법

word-paint·ing [-pèintiŋ] *n.* Ⓤ 생생한 서술, 눈에 보이는 듯한 묘사

word-per·fect [-pə́ːrfikt] *a.* 《영》 〈배우·강연자 등이〉 대사[문장]를 완전히 외고 있는(《미》 letter-perfect)

wórd pìcture 그림을 보는 듯한 서술; 생동하는 문장

word·play [-plèi] *n.* **1** 말의 응수[주고받기] **2** 익살, 재담 《동음이의어 등의》

wórd pròcessing 〚컴퓨터〛 워드 프로세싱 《문서 작성기로 각종 문서를 작성 편집하기; 略 WP》

wórd pròcessor 〚컴퓨터〛 워드 프로세서, 문서 작성기

Words·worth [wə́ːrdzwə(ː)rθ] *n.* 워즈워스 **William** ~ (1770-1850) 《영국의 낭만주의 시인》

word·y [wə́ːrdi] *a.* (**word·i·er**; **-i·est**) **1** 말의, 언론의, 어구의: ~ warfare 설전, 논쟁 **2** 말 많은, 장황한

‡**wore** [wɔːr | wɔː] *v.* **1** WEAR[1]의 과거 **2** WEAR[2]의 과거·과거분사

‡**work** [wəːrk] *n.* Ⓤ **1 a** (어떤 목적을 가지고 노력하여 하는) **일,** 노동, 작업 **b** 노력, 공부, 연구 **2** 〚물리〛 일; 일의 양 **3 a 일,** 업무, 직무 **b 직업,** 장사, 생업 **c** 전문, 연구 《*on*》 **d** 직장, 회사 **4** (해야 할) 일, 임무, 과업 **5 a** (예술 등의) **작품**; 저작, 저술: the ~*s* of Scott 스코트 전집 **b** [보통 *pl.*] (시계 등의) 장치, 기계 **6** 세공, 제작; [집합적] 공작물, 제작품 **7** 작용 **8** [*pl.*] **a 공사,** 토목 공사: public ~*s* 공공 토목 공사 **b** (토목 공사에 의한) 건조물 **9** [보통 *pl.*; 종종 단수 취급] 공장, 제작소: an iron ~*s* 철공장 **10** [*pl.*] 방어 공사, 보루 **11** [*pl.*] 〚신학〛 (의로운) 행위, (신이 하신) 일: ~*s* of mercy 자선 행위 **12** [the (whole) ~s] 《구어》 전부, 일체

at ~ (1) 일하고, 집무 중에; 현역으로 (2) 일하러 나가; 직장에 (3) 〈기계가〉 작동하고, 운전 중에 (4) 〈영향이〉 작용하여 ***good ~*** 좋은 일, 잘한 일; 자선 행위 ***out of ~*** 실직하여; 〈기계 등이〉 고장나서 ***set***[***go, fall***] ***to ~*** 일에 착수하다; 일[작업]을 시작하다 ***set ... to ~ = put ... to ~*** …을 일에 착수시키다 ***~ of art*** 훌륭한 작품, 걸작 《미술품 등》 ***~ of time*** 시간이 걸리는 일

— *v.* (**~ed,** 《고어》 **wrought** [rɔːt]) *vi.* **1 노동하다, 일하다** 《*at, in*》; 노력[공부]하다 **2** 근무하다, 종사[경영]하다 **3** [종종 **wrought**] 세공하다 《*in*》; 바느질하다, 자수하다 **4** 〈기관·기계 등이〉 **움직이다,** 작동하다; 〈차바퀴 등이〉 회전하다 **5** 〈계획 등이〉 잘되어 가다; 〈약 등이〉 듣다; 〈사람·감정 등에〉 작용하다, 영향을 미치다 **6** [보통 부사나 전치사와 함께] 서서히[애써] 나아가다, 뚫고 나아가다, 움직이다

— *vt.* **1 일을 시키다**; 〈사람·소·말 등을〉 **부리다 2** 〈손가락·주판·기계 등을〉 움직이다; 〈배·차·대포·기계 등을〉 운전하다, 조종하다 **3** [종종 **wrought**] (노력하여) 만들다, 세공하다, 가공하다; 〈밀가루·찰흙 등을〉 반죽하다, 개다 **4** 〈농장·사업 등을〉 경영하다; 〈광산을〉 채굴하다: ~ a farm 농장을 경영하다 **5** 〈계획 등을〉 세우다, 짜다, 생각해 내다 **6** 〈계산을〉 열심히 하다, 산출하다; 〈문제·암호 등을〉 풀다 **7** 〈변화·효과·영향 등을〉 생기게 하다, 일으키다

~ away 부지런히 일[공부]을 계속하다 《*at*》 ***~ in*** (*vi.*) (1) 재료에 세공하다 (2) 들어오다, 섞여들다 (3) 맞다, 조화하다, 잘 어울리다 《*with*》 (*vt.*) (4) 넣다, 〈화제 등을〉 끼워 넣다, 섞다 ***~ off*** (*vi.*) (1) 서서히 …으로 되다 (2) 벗어지다 (*vt.*) (3) 서서히 제거하다 (4) 판매하다, 팔아버리다 (5) 〈울분 등을〉 풀다 ***~ on*** 일을 계속하다; …에 효험이 있다, 작용하다; 〈사람·감정 등을〉 움직이다, 흥분시키다 ***~ out*** (*vi.*) (1) 빠져 나가다 (2) 〈금액 등이〉 산정되다 《*at*》 (3) 〈계획 등이〉 잘 되어 가다; 결국 …이 되다 (4) 〈문제가〉 풀리다 (5) 〈권투 선수가〉 연습하다, 훈련하다; 운동하다 (*vt.*) (6) 〈문제를〉 풀다 (7) 애써서 성취하다 (8) 제거하다, 쫓아내다 (9) 산출하다 (10) 〈계획 등을〉 완전히 세우다 ***~ up*** (*vt.*) (1) 〈사업 등을〉 (노력하여 차차) 발전시키다, 확장하다 (2) 서서히[애써] 나아가다, 노력하여 얻다 (3) 〈사람을〉 움직이다; 흥분시키다 (4) 〈용기·흥미·열의 등을〉 불러일으키다, 북돋우다, 부추기다 (5) 〈재료·주제를〉 집성하다, 정리하다 (6) 〈학과 등을〉 자세히 연구[조사]하다; 습득하다

work·a·ble [wə́ːrkəbl] *a.* **1** 일을 시킬[움직일] 수 있는; 〈기계 등이〉 운전할 수

있는 **2** 〈광산 등이〉 경영[채굴]할 수 있는 **3** 〈계획이〉 성취될 수 있는, 실행할 수 있는

work·a·day [wə́:rkədèi] *a.* Ⓐ **1** 일하는 날의, 평일의 **2** 무미건조한, 평범한

work·a·hol·ic [wə̀:rkəhɔ́:lik | -hɔ́l-] [*work*+*-aholic*] *n.* 일에 중독된 사람, 일벌레

work·a·hol·ism [wə́:rkəhɔ̀:lizm], **-hol·i·cism** [-hɔ̀:lisizm] *n.* Ⓤ 일중독

work·bag [-bæ̀g] *n.* 연장 주머니; 반짇고리, 재봉 도구 주머니

work·bas·ket [-bæ̀skit | -bɑ̀:s-] *n.* 연장 바구니; 반짇고리

work·bench [-bèntʃ] *n.* (목수·기계공 등의) 작업대, 공작대

work·book [-bùk] *n.* **1** 연구록(研究錄), 저술의 초고 **2** 시공(施工) 지정[기준]서 **3** 학습 기록부 **4** 학습장, 연습장

work·box [-bɑ̀ks | -bɔ̀ks] *n.* 연장 상자, 바느질 상자, 반짇고리

work·day [-dèi] *n.* **1** 작업일, 근무일, 평일 **2** 하루의 노동 시간
— *a.* = WORKADAY

wórked úp [wə́:rkt-] 흥분한, 신경이 날카로워진, 속을 태우는 《*about*, *over*》

‡work·er [wə́:rkər] *n.* **1 a** 일하는 사람, 공부하는 사람; 연구가[자] **b** 노동자, 일꾼, 직공 **2** 〖곤충〗 일벌; 일개미

wórker ánt 일개미

wórker bée 일벌

wórk fòrce 1 전 종업원 **2** [the ~] (총) 노동력; 노동(력) 인구

work·horse [-hɔ̀:rs] *n.* **1** 짐말, 마차말 **2** 중노동자; 꾸준한 일꾼 **3** 편리한[견고한] 기계[자동차 《등》]

work·house [-hàus] *n.* (*pl.* **-hous·es** [-hàuziz]) **1** [the ~] 《영》 (옛날의) 구빈원 **2** 《미》 소년원, (경범죄자의) 노역장

‡work·ing [wə́:rkiŋ] *a.* Ⓐ **1** 일하는, 노동에 종사하는; 현역의 **2 a** 실제로 일을 하는, 노무의 **b** 실제로 도움되는, 실용적인
— *n.* **1** Ⓤⓒ **a** 일, 노동, 작업 **b** [보통 *pl.*] 작용 《*of*》 **2** [*pl.*] (광산·채석장·터널 등의) 작업장, 현장

wórking càpital 1 운영[운전] 자본 **2** 〖경제〗 유동 자산

wórking clàss [집합적; 보통 the ~; 《영》에서는 보통 the ~es] 《특히》 (육체적 노동을 하는) 임금 노동자; 노동자 계급

work·ing-class [wə́:rkiŋklæ̀s | -klɑ̀:s] *a.* Ⓐ 노동자[근로자] 계급의

wórking dày 1 (1일의) 노동 시간수, 근무 시간수: ~ of eight hours 1일 8시간 노동 **2** 작업일, 업무일, 평일

wórking gìrl 근로 여성; 여공; 《미·속어》 매춘부

wórking hypóthesis 작업 가설

***work·ing·man** [wə́:rkiŋmæ̀n] *n.* (*pl.* **-men** [-mèn]) **노동자,** 장인, 직공, 공원

wórking órder (기계 등이) 정상적으로 작동하는 상태; 순조로움

work·ing-out [-àut] *n.* Ⓤ **1** (결과의) 산출, 계산 **2** 세부의 마무리; 기안(起案)

wórking pàrty 1 〖군사〗 작업반 **2** 《영》 (정부가 임명하는) 특별 조사 위원회

work·ing·wom·an [-wùmən] *n.* (*pl.* **-wom·en** [-wìmin]) 여자 노동자, 여직공

work·less [wə́:rklis] *a.* 일이 없는, 실직한

wórk lòad 작업 부하(負荷); 표준 작업량

‡work·man [wə́:rkmən] *n.* (*pl.* **-men** [-mən]) **1 노동자,** 장인, 직공: a good [skilled] ~ 숙련공 **2** 일을 하는 사람

work·man·like [-mənlàik], **-man·ly** [-li] *a.* 직공다운; 일 잘하는, 솜씨 있는

***work·man·ship** [wə́:rkmənʃìp] *n.* Ⓤ **1 a** (직공 등의) **기량 b 솜씨,** 재간 **2** 세공품, 제작품

work·mate [wə́:rkmèit] *n.* 일 친구, 회사[직장]의 동료

work·out [-àut] *n.* **1** 〖경영〗 기업 가치 회생 작업, 워크아웃 《일련의 기업 구조 조정의 과정과 결과를 총칭》 **2** (권투 등의) 연습, 연습 경기; 운동, 체조

work·peo·ple [-pì:pl] *n. pl.* 《영》 직공들, (남녀) 노동자

work·piece [-pì:s] *n.* 제조 공정에 있는 제품[소재]

work·place [-plèis] *n.* 일터, 작업장

work·room [-rù:m] *n.* 일하는 방, 작업실

wórk shèet 1 작업 계획[예정 기록]표 **2** (회계용) 시산 용지 **3** 연습 문제지

***work·shop** [wə́:rkʃɑ̀p | -ʃɔ̀p] *n.* **1 작업장,** 일터 **2** 공동 연구회, 연수회

work-shy [-ʃài] *a.* 일하기 싫어하는

wórk sòng 노동가, 근로의 노래

work·space [-spèis] *n.* 〖컴퓨터〗 워크스페이스 《대개 주기억 장치에서 프로그램이 계산을 위해 활용할 수 있는 공간》

work·sta·tion [-stèiʃən] *n.* **1** (사무실 등의) 1명의 근로자가 작업하기 위한 자리 **2** 〖컴퓨터〗 워크 스테이션 《정보 처리 시스템에 연결된, 독립해도 처리를 할 수 있는 단말 장치》

wórk stùdy 작업 연구 《능률적·경제적인 생산 공정을 연구하는 일》

work·ta·ble [-tèibl] *n.* 작업대; 자수[편물, 재봉]용 작업대 《테이블 모양의》

work-to-rule [-tərù:l] *n.* Ⓤ 《영》 준법 투쟁

work·week [-wì:k] *n.* 1주 노동 시간

work·wom·an [-wùmən] *n.* (*pl.* **-wom·en** [-wìmin]) 여자 노동자, 여직공

‡world [wə:rld] [OE 「사람의 일생」의 뜻에서] *n.* **1** [the ~] **세계,** 지구 **2** [the ~] **천지,** 우주, 만물 **3** [the ~] **세계의 사람들,** 세상 사람들, 세인; 인류, 인간: *the* whole ~ 전 세계의 사람들 **4 a** (인간) **세상**; 이[저]승: this ~ and the next = the two ~*s* 이승과 저승 **b** [the ~] 현세, 속세: forsake *the* ~ 속세를 버리다 **5** [the ~] 세상사, 인간사; 세태 **6** [the ~] 상류 사회(의 사람들) **7** [보통 the ~] …계, …세계, …사회: *the* literary ~ = *the* ~ of letters 문학계, 문단

all the ~ 전 세계[만천하](의 사람들); 만물 ***as the*[*this*] *~ goes*** 통례대로 말하면, 보통 같으면 ***bring into the ~*** 낳다 ***carry the ~ before*** one 순식간에 크게 성공하다 ***come into*[*to*] *the ~***

태어나다; 출판되다 ***come***[***go***] ***up in the ~*** 출세하다 ***end of the ~*** 세상의 종말 《파멸의 날》 ***for*** (***all***) ***the ~*** [부정문에서] 결코, 절대로 ***in the ~*** (1) 세계에(서) (2) [what, who, how 및 최상급의 형용사, 부정어 등을 강조하여] 도대체: *What in the ~* does he mean? 도대체 그 사람 말이 무슨 뜻인가?

— *a.* Ⓐ (전) 세계의, 세계적인; 〈사람이〉 세계적으로 유명한: a ~ championship 세계 선수권

Wórld Bánk [the ~] 세계 은행 《International Bank for Reconstruction and Development의 속칭》

world·beat·er, world-beat·er [wə́:rldbì:tər] *n.* 《구어》 크게 성공한[할] 사람; 제1인자; 대성공

wórld càr 월드카 《전세계 시장에의 보급을 목표로 한 자동차》

world-class [-klǽs | -klɑ́:s] *a.* 세계적 수준의; 세계에 통용되는

Wórld Cóurt [the ~] 상설 국제 사법 재판소 《네덜란드의 The Hague에 있는 Permanent Court of International Justice의 속칭》

Wórld Cúp [the ~] 월드컵 《축구 등의 세계 선수권 대회; 그 우승컵》

world-fa·mous [-féiməs], **-famed** [-féimd] *a.* 세계[천하]에 이름 높은

wórld lánguage 세계어, 국제어 《Esperanto어 등의 인공어; (영어처럼) 세계의 많은 나라에서 쓰이는 언어》

world·ling [wə́:rldliŋ] *n.* 속인, 속물

‡**world·ly** [wə́:rldli] *a.* (**-li·er**; **-li·est**) **1** Ⓐ 세상의, 현세의: ~ goods 재물, 재산 **2** 세속적인, 속된 마음의: ~ people 속물들 — *ad.* 세속적으로

wórld·li·ness *n.* 속된 마음

world·ly-mind·ed [wə́:rldlimáindid] *a.* 속된, 명리에 급급한

world·ly-wise [-wáiz] *a.* 처세에 능한, 세상 일에 밝은

wórld pówer 세계적 강대국

Wórld[**Wórld's**] **Séries** [the ~] 〖야구〗 월드 시리즈 《전 미국 프로 야구 선수권 시합》

wórld's[**wórld**] **fáir** 만국[세계] 박람회

world-shak·ing [wə́:rldʃèikiŋ] *a.* 세계를 뒤흔드는; 매우 중대한

wórld vìew 세계관

wórld wár 세계 대전

Wórld Wàr I [-wʌ́n] 제1차 세계 대전 (1914-18)

Wórld Wàr II [-tú:] 제2차 세계 대전 (1939-45)

world-wea·ry [-wìəri] *a.* 염세적인, 세상이 싫어진 **-ri·ness** *n.*

‡**world·wide, world-wide** [wə́:rldwáid] *a.* 세계적인; 전 세계에 알려진: ~ inflation 세계적인 인플레이션

— *ad.* 전 세계에

Wórld Wíde Wéb 〖컴퓨터〗 월드 와이드 웹 《인터넷에 존재하는 광범위한 정보 공간; 略 WWW》

‡**worm** [wə:rm] *n.* **1** (기름하고 발 없는) 벌레, 연충(蠕蟲) **2** 《구어》 벌레 같은 인간 **3** 나사(screw) **4** 〖컴퓨터〗 컴퓨터 파괴 프로그램 — *vt.* **1 a** (벌레같이) 천천히 나아가게 하다 **b** 기어 들어가게 하다 《*into*》, 기어 나오게 하다 《*out of*》 **2** 〈비밀 등을〉 교묘히 알아내다 **3** 〈개의〉 기생충을 없애다; 〈꽃밭 등을〉 구충[살충]하다

— *vi.* **1** 꿈틀꿈틀 나아가다 《*through, into, out of*》 **2** 교묘히 빌붙다

worm·cast [wə́:rmkæ̀st, -kɑ̀:st] *n.* 지렁이 똥

worm-eat·en [-ì:tn] *a.* **1** 벌레 먹은, 벌레가 파먹은 **2** 《속어》 케케묵은, 시대에 뒤진

worm·er [wə́:rmər] *n.* (동물용) 구충제

wórm gèar 〖기계〗 웜 기어 (장치)

worm·hole [-hòul] *n.* 벌레 구멍 《나무·과실·땅의》

wórm whèel 〖기계〗 웜 톱니바퀴

worm·wood [wə́:rmwùd] *n.* **1** 〖식물〗 다북쑥속의 식물 **2** Ⓤ 《문어》 고민; Ⓒ 고민의 원인

worm·y [wə́:rmi] *a.* (**worm·i·er**; **-i·est**) 벌레 붙은; 벌레 먹은; 벌레 같은, 경멸할 만한

‡**worn** [wɔ:rn] *v.* WEAR[1,2]의 과거분사

— *a.* **1** 닳아 해진, 써서 낡은 **2** 지쳐버린, 수척해진

worn-out [wɔ́:rnáut] *a.* **1** Ⓐ 써서 낡은, 닳아 해진 **2** 기진맥진한 **3** 진부한

*__wor·ried__ [wə́:rid | wʌ́r-] *a.* 〈표정 따위가〉 걱정[근심]스러운, 괴로움 받는; 당황[걱정, 안달]하는 **~·ly** *ad.*

wor·ri·er [wə́:riər | wʌ́r-] *n.* **1** 괴롭히는 사람 **2** 걱정이 많은 사람

wor·ri·ment [wə́:rimənt | wʌ́r-] *n.* Ⓤ 《구어》 걱정, 근심; Ⓒ 걱정[근심]거리

wor·ri·some [wə́:risəm | wʌ́r-] *a.* 꺼림칙한, 걱정되는; 귀찮은

⁂**wor·ry** [wə́:ri | wʌ́ri] [OE 「목을 조르다」의 뜻에서] *v.* (**-ried**) *vt.* **1 a** 걱정시키다, 〈…의〉 속을 태우다 **b** 괴롭히다 **2** 귀찮게 조르다 **3** 〈개가 토끼 등을〉 귀찮게 공격하다[굶리다]

— *vi.* **1** 걱정하다, 속 태우다, 고민하다; 초조해 하다 **2** 〈문제 등을〉 풀려고 애쓰다 **3** 귀찮게 조르다

I should ~! 《구어》 조금도 걱정될 것 없다, (그런 것은) 내가 알 바 아니다!; 《미》 참 기막혀!

— *n.* (*pl.* **-ries**) Ⓤ 걱정; 근심, 공연한 근심; Ⓒ 걱정거리, 골칫거리: What a ~ the child is! 참 귀찮은 애로군!

wórry bèads 손으로 만지작거리며 긴장을 풀기 위한 염주(念珠)

wor·ry·ing [wə́:riiŋ | wʌ́r-] *a.* 귀찮은, 성가신; 애타는, 걱정이 되는 **~·ly** *ad.*

wor·ry·wart [wə́:riwɔ̀:rt | wʌ́ri-] *n.* 《구어》 사소한 걱정이 많은 사람

⁂**worse** [wə:rs] *a.* [ILL, BAD 의 비교급; cf. WORST] **1** 보다 나쁜, 더욱 나쁜 **2** Ⓟ 〈병자가〉 (용태가) 악화되어, 더욱 불편하여

(***and***) ***what is***[***was***] ***~*** = ***to make matters ~*** = ***~ than all*** 설상가상으로, 공교롭게도 ***~ and ~*** 점점[한층 더] 나쁜

— *ad.* [BADLY, ILL의 비교급; cf. WORST]

1 더욱 나쁘게, 한층 더 나쁘게 **2** 더욱 심하게
— *n.* Ⓤ **한층 더 나쁨**
do ~ 더욱 나쁜[어리석은] 짓을 하다 《*to*》 ***for the*** ~ 나쁜 편으로, 한층 더 나쁘게: change *for the* ~ 악화되다

wors·en [wə́ːrsn] *vi.* 악화되다
— *vt.* 악화시키다

wor·ship** [wə́ːrʃip] *n.* **1** Ⓤ **예배, 참배** 《*of*》; Ⓒ 예배식: attend ~ 예배에 참석하다 **2** Ⓤ **숭배, 존경**: hero ~ 영웅 숭배 ***a house*[*place*] *of ~ 예배당, 교회 ***public*** ~ 교회 예배식
— *v.* (**~ed**; **~·ing** | **~ped**; **~·ping**) *vt.* **1** 예배하다, 참배하다 **2** 숭배하다, 열애하다
— *vi.* 예배[참배]하다

***wor·ship·er** | **-ship·per** [wə́ːrʃipər] *n.* 예배자, 참배자; 숭배자

wor·ship·ful [wə́ːrʃipfəl] *a.* Ⓐ **1** [보통 **W~**; 경칭으로서] 《영》 숭배하는, 존경할 만한, 고명하신 **2** 신앙심이 깊은, 경건한

***worst** [wəːrst] *a.* [BAD, EVIL, ILL의 최상급; cf. WORSE] **1 a** [보통 the ~] **가장 나쁜,** 제일 못한 **b** Ⓟ 〈병자가〉 (용태가) 가장 나쁜 **2** [the ~] 제일 심한, 가장 격심한
— *ad.* [BADLY, ILL의 최상급] **가장 나쁘게**; 몹시, 대단히
~ ***of all*** 무엇보다도 나쁜 것은, 제일 곤란한 것은
— *n.* 가장 나쁜[심한] 것[물건, 사람], 최악 《*of*》
at (***the***) ~ 아무리 나빠도 ***get*[*have*] *the*** ~ ***of ...*** 가장 호된 변을 당하다, 패배하다 ***if*[*when*] (*the*)** ~ ***comes to*** (***the***) ~ 만일의 경우에는 ***speak the*** ~ ***of*** …을 깎아내리다
— *vt.* 지게 하다, 이기다

worst-case [wə́ːrstkèis] *a.* 최악의 경우도 고려한

wor·sted [wústid] [영국의 원산지명에서] *n.* Ⓤ 소모사(梳毛絲); ⓊⒸ 소모 직물, 우스티드 — *a.* Ⓐ 소모사제의; 소모 직물제의

wort [wəːrt] *n.* Ⓤ 맥아즙 《맥주 원료》

***worth** [wəːrθ] *a.* Ⓟ **1** …**의 가치가 있는 2 a** [동명사와 함께] 〈…할〉 가치가 있는, 〈…할〉 만한: This book is ~ read*ing*. 이 책은 읽을 만한 가치가 있다. **b** [명사와 함께] 〈…의〉 가치가 있는 **3** 재산이 …인, …만큼의 재산을 소유하고: He is ~ a million. 그는 백만장자다.
as much as ... is ~ …의 가치에 필적할 만큼 ***for all*** one ***is*** ~ 《구어》 전력을 다하여, 열심으로 ~ (one***'s***[a person***'s***]) ***while*** (…할) 가치가 있는, …할 보람이 있는 《*to* do, do*ing*》
— *n.* Ⓤ **1 가치,** 진가 **2** (얼마) 어치 《*of*》 **3** 유용성, 중요성 **4** 재산, 부(富)
of (***great***) ~ (대단히) 가치 있는 ***of little*[*no*]** ~ 가치가 적은[없는]

***worth·less** [wə́ːrθlis] *a.* **1 가치 없는,** 보잘것없는, 소용없는: ~ knowledge 쓸모없는 지식 **2** 〈사람이〉 아무짝에도 못 쓸 **~·ly** *ad.* **~·ness** *n.*

***worth·while** [wə́ːrθ*h*wáil] *a.* **할 보람이 있는,** 시간과 노력을 들일 만한; 상당한 **~·ness** *n.*

***wor·thy** [wə́ːrði] *a.* (**-thi·er**; **thi·est**) **1 가치 있는; 훌륭한;** 존경할 만한: a ~ gentleman 훌륭한 신사; 《비꼼》 높은 양반 **2** …하기에 족한; …에 알맞은: in words ~ (*of*) the occasion 그 경우에 알맞은 말로
— *n.* (*pl.* **-thies**) 명사, 훌륭한 인물
wór·thi·ly *ad.* **-thi·ness** *n.*

-worthy [wə̀ːrði] 《연결형》 「…에 알맞은; …할 가치가 있는」의 뜻: trust*worthy*

wot [wɑt | wɔt] *v.* 《고어》 WIT²의 제1인칭·제3인칭 단수 현재형

wotch·er [wɑ́tʃər | wɔ́tʃ-] *int.* 《영·속어》 안녕하십니까(What cheer!)

***would** [wəd, d; wud] [동음어 wood] *auxil. v.* (단축형 **'d**; 부정형 **would not**; 부정 단축형 **wouldn't**) **A** (will¹의 직설법 과거) **1** [시제의 일치에 따라 종속절 안에 또는 간접화법에 써서] **a** [단순미래] …**일 것이다 b** [의지미래] …**하겠다**: I decided I ~ do my best. 최선을 다하기로 마음먹었다. **2 a** [과거의 의지·주장·거절] (기필코) …**하려고 하였다 b** 〈사람이〉 상습적으로 …하다; 〈공교로운 사태 등이〉 늘 …하다: He ~ be absent when we are most busy! 우리가 제일 바쁠 때면 그는 꼭 결근을 하더라! **3** …**하곤 했다,** 흔히 …하였다: He ~ sit for hours doing nothing. 그는 몇 시간씩이나 아무것도 하지 않고 앉아 있곤 했다. **4** …**이었을[하였을] 것이다**: I suppose he ~ be about fifty when he obtained a doctorate. 그가 박사 학위를 딴 것은 50세쯤 되었을 때였을 것이다.
— **B** (가정법에서) **1 a** …**(할) 것이다**: If he saw this, he ~ be angry. 만약에 그가 이것을 본다면 화를 낼 것이다. **b** …**할 생각인데**: If I were rich enough, I ~ buy it. 돈이 넉넉하면 그것을 살 텐데. **c** …**했을 것이다**: The vase ~ *have been* broken if you hadn't caught it. (그때) 네가 그 꽃병을 받지 않았더라면 깨져 버렸을 것이다. **d** (만약) …할 마음만 있다면: I should be most obliged if you ~ grant my request. 부탁을 들어주시면 참으로 감사하겠습니다. **2 a** …**일 것이다,** …일 것입니다: It ~ be about a mile from here to town. 여기서 읍까지는 1마일쯤 될 겁니다. **b** …**하고 싶다,** …하게 해 주었으면 싶다: I'*d* prefer to go there at once. 당장 거기에 가고 싶은데요. **c** …**하여 주시겠습니까**: *W~ you* please help me carry this baggage? 이 짐 나르는 것을 거들어 주시겠습니까? **d** [강한 희망·선택] 《문어》 …**하고자 하다**: The membership is composed of those who ~ prevent unfair elections. 회원은 부정선거를 방지하고자 하는 사람들로 구성되어 있다.
— *vt.* 《문어》 …이기를 바라다: *W~ that* I *were* young again! 다시 한 번 젊어졌으면!

***would-be** [wúdbìː] *a.* Ⓐ **1** …**이 되려고 하는;** 자칭의, …인 체하는: a ~ poet

자칭 시인 **2** (…할) 작정인

⁑would·n't [wúdnt] would not의 단축형

wouldst [wúdst] *auxil. v.* 《고어》 WILL[1]의 2인칭 단수 WILT[2]의 과거

⁑wound[1] [wu:nd] *n.* **1** (큰) **상처,** 부상: inflict a ~ upon a person …에게 상처를 입히다 **2** (명예·신용·감정 등의) 손상, 상해, 손해, 고통; 모욕 《*to*》: a ~ *to* one's pride 자존심을 상하게 하는 것 **—** *vt.* **1 부상하게 하다 2** 〈감정 등을〉 해치다; …의 감정을 상하게 하다: His self-respect was *~ed.* 그의 자존심은 상했다. **—** *vi.* 상처내다

⁑wound[2] [waund] *v.* WIND[2], [3]의 과거·과거분사

⁑wound·ed [wú:ndid] *a.* **부상한,** 다친; 〈명예 등이〉 상처를 입은, 훼손된: a ~ soldier 부상병 **—** *n.* [the ~; 집합적] 부상자들

⁑wove [wouv] *v.* WEAVE의 과거·과거분사

⁑wo·ven [wóuvən] *v.* WEAVE의 과거분사

wóve pàper 그물 무늬를 넣은 고급 종이

wow[1] [wau] [의성어] *n.* 《속어》 대성공; 성황(hit) **—** *vt.* 《속어》 〈청중[관중]을〉 열광시키다 **—** *int.* 야, 와 《경탄·기쁨·고통 등을 나타냄》

wow[2] [의성어] *n.* 〖통신〗 (녹음기 등의 고르지 못한 회전에 의한) 재생음의 흐트러짐

WP word processing

W.P., WP, w.p. weather permitting

WPB, W.P.B. wastepaper basket 휴지통에 넣으시오

WPM, wpm, w.p.m. words per minute 1분간 타이핑 속도

wrack[1] [ræk] *n.* **1** Ⓤ 물가에 밀려온 해초 **2** 난파선, 표착물 **3** Ⓤ 파멸, 멸망

wrack[2] *n.* 고문대 **—** *vt.* 고문하다

wraith [reiθ] *n.* **1** 생령(生靈) 《사람의 임종 직전[전후]에 나타난다고 하는》 **2** 망령, 유령(ghost) **3** 앙상하게 마른 사람

***wran·gle** [rǽŋgl] *vi.* **말다툼하다,** 언쟁하다; 논쟁하다: ~ *with* a person *about*[*over*] a matter 어떤 일로 …와 언쟁하다
— *vt.* 《미남부》 〈가축을〉 돌보다, 지키다
— *n.* 논쟁, 언쟁, 말다툼

wran·gler [rǽŋglər] *n.* **1** 《미남부》 (목장에서) 승용마를 돌보는 사람; 카우보이 **2** 언쟁하는 사람, 논쟁자 **3** 《영》 (Cambridge 대학의) 수학 학위 시험의 1급 합격자: the senior ~ 수석1급 합격자

⁑wrap [ræp] [동음어 rap] *v.* (**~ped, wrapt** [ræpt]; **~·ping**) *vt.* **1 a** (감)**싸다,** 입다 《*up, in, with*》 **b** (둘레에) 두르다, 감다 **2** 감추다, 덮어싸다 《*up*》; [종종 수동형으로] 보호하다 《*in*》 **3** [보통 수동형으로] 몰두[열중]하다 《*in*》 **4** 〈일·회의를〉 끝내다, 마치다; 〈숙제 등을〉 다 쓰다 《*up*》
— *vi.* **1** 둘러입다, 〈몸을〉 감싸다 《*up, in*》 **2** 감기다
be ~ped up in …의 속에 싸이다; …에 열중하다; …에 관계가 있다
— *n.* **1 싸개,** 외피(外被); **덮개 2** [보통 *pl.*] 숄; 목도리; 무릎 싸개; 외투 **3** [*pl.*] 구속, 억제; 기밀 (유지책) **4** 포장지

wráp accóunt 〖경제〗 재산 종합 관리 계좌

wrap·a·round [rǽpəràund] *a.* **1** 몸[허리]에 두르는 **2** 광각(廣角)의 **—** *n.* 몸[허리]에 두르는 식의 드레스[스커트 《등》]

wráp còat 랩코트 《단추 없이 몸을 감싸듯 입고 벨트를 매는 코트》

wrap·o·ver [rǽpòuvər] *a., n.* 몸을 감싸듯이 입는 (옷)

***wrap·per** [rǽpər] *n.* **1 싸는 사람 2** 포장지; (잡지·신문을 우송할 때의) 띠지 **3** (여자용) 실내복, 화장옷

wrap·ping [rǽpiŋ] *n.* 쌈, 포장함; [종종 *pl.*] 싸개, 포장 재료

wrápping pàper 포장지

wrapt[1] [ræpt] *v.* WRAP의 과거·과거분사

wrapt[2] *a.* =RAPT

wrap-up [rǽpʌ̀p] *n.* **1** 간추린 뉴스; 요약 **2** 결론, 결과

***wrath** [ræθ | rɔθ] *n.* Ⓤ **(문어) 격노,** 분노; 복수, 천벌

wrath·ful [rǽθfəl | rɔ́θ-] *a.* 《문어》 몹시 노한, 노기등등한 **~·ly** *ad.*

wrath·y [rǽθi | rɔ́θi] *a.* (**wrath·i·er; -i·est**) 《미·구어》 격노한

wreak [ri:k] *vt.* **1** 〈해·벌 등을〉 가하다, 주다: ~ vengeance *on* one's enemy 적에게 복수하다 **2** 〈분노를〉 터뜨리다 《*on, upon*》: He *~ed* his anger *on* his brother. 그는 동생에게 화풀이를 했다.

⁑wreath [ri:θ] [OE 「비틀다」의 뜻에서] *n.* (*pl.* **~s** [ri:ðz, ri:θs]) **1 화관**(花冠), **화환 2** (연기·구름 등의) 소용돌이, 고리 《*of*》 **—** *vt., vi.* =WREATHE

***wreathe** [ri:ð] *vt.* **1** 〈꽃·가지 등을〉 **고리로 만들다,** 화환으로 만들다; 〈화환을〉 만들다 **2** 화환[화관]으로 장식하다 **3 a** 감다, (둘러)싸다 **b** 〈꽃 등이〉 휘감다; 〈뱀 등이〉 감다 《*around, round, about*》
— *vi.* **1** 〈수목이〉 서로 얽히다 **2** 〈연기 등이〉 동그랗게 감돌다, 소용돌이치며 올라가다

⁑wreck [rek] *n.* **1** Ⓤ Ⓒ **a 난파,** 파선, 조난; (열차·자동차 등의) 충돌: save a ship from (a) ~ 배의 조난을 구조하다 **b** 파멸, 좌절: the ~ of one's life 인생의 파멸 **2** 난파선 **3** (파괴된 건물·비행기·열차·자동차 등의) 잔해; 노후화된 자동차 **4** 몰락한 사람; 몸이 망가진 사람 **—** *vt.* **1** [종종 수동형으로] 〈배를〉 난파시키다; 〈선원을〉 조난시키다 **2** 〈건물·차 등을〉 엉망으로 파괴하다 **3** 〈재산 등을〉 날리다; 〈계획 등을〉 좌절시키다 **—** *vi.* 난파하다; 파멸하다

***wreck·age** [rékidʒ] *n.* Ⓤ **1** [집합적] **난파 잔해물,** 표착물; 잔해, 파편 **2 난파**

wreck·er [rékər] *n.* **1** 파괴자; 난선 약탈자 **2** 《미》 (건물의) 해체업자 (《영》 housebreaker) **3** 《미》 난선 구조자[선], 구조 (작업)선; 구조차, 구조 열차

***wren** [ren] *n.* 〖조류〗 **굴뚝새**

***wrench** [rentʃ] *n.* **1 비틀기,** 꼬기 **2** (관절의) 삠, 근육의 뒤틀림 **3** (이별의) 비통(함), 고통 **4** 《미》 **렌치**(《영》 spanner) 《너트를 죄는 기구》; 《영》 멍키 스패너 **5** 왜곡, 곡해

—*vt.* **1** (세게) **비틀다**, 비틀어 돌리다 《*around, round*》 **2**〈관절을〉 삐다 **3**〈사실을〉 왜곡하다;〈의미를〉 억지로 맞추다 —*vi.* (세게, 갑자기) 비틀리다, 뒤틀리다

***wrest** [rest] *vt.* **1 비틀다** 《*away*》; 비틀어 떼다 《*out of, from*》 **2**〈법·사실 등을〉 왜곡하다 **3**〈정보·생계·동의 등을〉 억지로 얻어내다 《*from*》
—*n.* 비틀기; 왜곡; 부정 행위

***wres·tle** [résl] *vi.* **1 맞붙어 싸우다**; 레슬링을 하다 《*together, with*》 **2** (악전)고투하다 《*with, against*》; 전력을 다하다;〈문제 등과〉 씨름하다 《*with*》
—*vt.* **1** 레슬링[씨름]을 하다; 싸우다 **2** (레슬링 등에서) 넘어뜨리다
~ ***out*** 애써 행하다, 분투하여 완수하다
—*n.* **1** 씨름, 맞붙어 싸움; 레슬링의 한 시합 **2** 분투, 고투

***wres·tler** [résl*ə*r] *n.* **레슬링 선수**; 씨름꾼

⁑**wres·tling** [résliŋ] *n.* Ⓤ **레슬링**; 씨름; 격투

***wretch** [retʃ] [OE 「쫓긴 사람」의 뜻에서] *n.* **1 가련한 사람**, 비참한 사람 **2** 철면피; 비열한 사람

⁑**wretch·ed** [rétʃid] *a.* (**~·er**; **~·est**) **1 a 비참한**; 불행한 **b** 아주 초라한[형편없는] **2** Ⓐ 서툰, 열등의 **3** Ⓐ **야비한**, 가증스런 **4** Ⓐ 아주 불쾌한, 질색인
~·ly *ad.* **~·ness** *n.*

***wrig·gle** [rígl] *vi.* **1**〈지렁이 등이〉 **꿈틀거리다**; 몸부림치다 《*about*》 **2** 꿈틀거리며 나아가다 《*along, through, out, in*》 **3** (구어) 요리조리 잘 빠져[헤쳐]나가다, 속이다 **4** 교묘히 환심을 사다 —*vt.* **1** 움직이게 하다, 꿈틀거리게 하다 **2** 교묘히 …하게 하다 —*n.* 몸부림침, 꿈틀거림, 허덕거림

wrig·gler [rígl*ə*r] *n.* **1** 꿈틀거리는 것 **2** 〖곤충〗 장구벌레

wrig·gly [rígli] *a.* (**-gli·er**; **-gli·est**) 몸부림치는; 몸을 꿈틀거리는; 꿈틀거리며 돌아다니는

wright [rait] *n.* [보통 복합어를 이루어] **1** 장인, 기능인 《목수 등의》; 제조인 《배·차 등의》: a ship~ 조선공 **2** 작가: a play~ 극작가

Wright [rait] *n.* 라이트 **1 Frank Lloyd ~** (1869-1959) 《미국의 건축가》 **2 Orville ~** (1871-1948), **Wilbur ~** (1867-1912) 《1903년 인류 최초로 비행기에 의한 비행에 성공한 미국인 형제》

***wring** [riŋ] [동음어 ring] *vt.* (**wrung** [rʌŋ], (드물게) **~ed**; **~·ing**) **1 짜다**; (힘껏) **비틀다**, 비틀어 떼다: He *wrung* (*out*) his wet clothes. 그는 젖은 옷을 짰다. **2**〈마음을〉 (쥐어짜듯이) 괴롭히다: His soul was *wrung with* agony. 그의 마음은 고민으로 쥐어짜듯이 괴로웠다. **3**〈금전 등을〉 짜내다, 빼앗다 《*from, out of*》 **4**〈손을〉 꽉 쥐다 —*n.* **1** 짬, 비틂, 꼼 **2** 손을 꽉 쥠, 굳은 악수 **3** (사과) 과즙 짜는 기계

wring·er [ríŋ*ə*r] *n.* **1** 짜는 사람 **2** 짜는 기계, 탈수기 **3** 쓰라린 경험, 시련

⁑**wrin·kle**[1] [ríŋkl] *n.* **1 주름**, 잔주름, (천 등의) 구김살, 주름살: She has got *~s* round her eyes. 그녀는 눈가에 잔주름이 생겼다. **2** 결점, 오점 —*vt.* 주름살 지게 하다, **주름을 잡다** 《*up*》
—*vi.* 주름살 지다, 구겨지다

wrinkle[2] *n.* (구어) **1** 좋은[멋진] 생각, 묘안: Give me a ~ or two. 묘안을 좀 가르쳐 주게. **2** 형(型), 스타일, 유행

wrin·kly [ríŋkli] *a.* (**-kli·er**; **-kli·est**) 주름살 진; 주름이 많은; 구겨지기 쉬운

⁑**wrist** [rist] *n.* **1 손목**; (옷·장갑의) 손목 부분: take a person by the ~ …의 손목을 잡다 **2** 손재주 —*vt.* 손목을 써서 움직이다

wrist·band [rístbæ̀nd] *n.* 소매 끝, 소맷부리 《셔츠 등의》; 밴드, 팔찌 《손목시계 등의》

wrist·let [rístlit] *n.* **1** 소매에 씌우는 토시 **2** 팔찌 **3** 《익살·속어》 수갑

wrist·watch [-wɑ̀tʃ | -wɔ̀tʃ] *n.* 손목시계

wríst wrèstling (엄지손가락만을 맞걸어서 하는) 팔씨름

wrist·y [rísti] *a.* (**wrist·i·er**; **-i·est**) (스포츠에서) 〈타구 등이〉 손목을 사용한, 손목을 잘 놀리는

***writ**[1] [rit] *n.* 〖법〗 **영장**
serve a ~ on a person …에게 영장을 송달하다 ***~ of summons*** 〖영국법〗 소환장

writ[2] *v.* (고어) WRITE의 과거·과거분사

⁂**write** [rait] [동음어 right, rite] [OE 「긁다」의 뜻에서] *v.* (**wrote** [rout], (고어) **writ** [rit]; **writ·ten** [rítn], (고어) **writ**) *vi.* **1 글씨를 쓰다**: ~ well[plain, large, small] 잘[또박또박, 크게, 작게] 쓰다 **2 저술하다**, 저작하다; 작곡하다 **3 편지를 쓰다**[써 보내다] **4** 서기(書記)를 하다, 필경(筆耕)을 하다 **5**〈펜 등이〉 (…하게) 쓰이다: This pen *~s well.* 이 펜은 잘 써진다. **6** 〖컴퓨터〗 기억 장치에 기록하다 —*vt.* **1**〈글씨를〉 **쓰다**, 적다, 베끼다; 기입하다;〈종이 등에〉 글을 쓰다: ~ shorthand 속기를 하다 **2**〈문장·논문·책 등을〉 쓰다;〈곡을〉 작곡하다 **3** 기록[기술]하다, 글로 나타내다 **4**〈감정·성질 등을〉 (얼굴·마음에) 나타내다, 새기다 《*on, in, all over*》: Honesty is written *on*[*all over*] his face. 정직함이 그의 얼굴[온 얼굴]에 나타나 있다. **5** 《미·구어》 **편지를 쓰다**,〈편지를〉 보내다 **6** (책 등에서) …이라고 말하고[쓰여] 있다 **7** 〖컴퓨터〗 (기억 장치에)〈정보를〉 기록하다
~ down (1) 써 두다, 적다, 기록하다 (2) 지상(紙上)에서 깎아내리다; 평가하다, 간주하다 《*as*》: ~ him *down as* a fool 바보라고 악평하다 (3) (자산의) 장부 가격을 내리다 (4) (독자가 이해하기 쉽도록) 수준[정도]을 낮추어 쓰다 《*to*》 ***~ for*** …을 편지로 주문하다;〈신문·잡지에〉 기고하다 ***~ in*** 써 넣다, 기입하다; 《미》 (선거에서) …의 이름을 명부에 기입하다; 《미》〈표를〉 기명식으로 투표하다;〈요망 사항·주문 등을〉 편지로 보내다, 투서하다 《*to*》 ***~ in the paper*** 신문에 기고하다 ***~ off*** (1) 술술[막힘없이] 쓰다 (2) 편지로

주문하다 (3)〈빚 등을〉 장부에서 지우다, 탕감하다; 감가상각하다 (4)…을 …으로 간주하다 《*as*》; 《구어》 틀렸다고 간주하다, 단념하다 **~ *out*** (1) 완전히 다 쓰다; 〈속기 등을〉 완전히 고쳐 쓰다 (2)〈수표 등을〉 쓰다 **~ *up*** (벽 위 같은) 높은 곳에 써 두다, 게시하다; 〈사건 등을〉 자세히 쓰다; 지상(紙上)에서 칭찬하다

write-in [-ìn] 《미》 *n.* 기명 투표(= ~ **vóte**)

write-off [-ɔ̀ːf | -ɔ̀f] *n.* **1** 삭제, 취소, (부채 등의) 탕감 **2** 《구어》 절망적인 것; (충돌로 인하여) 수리 불능의 것 《자동차·비행기 등》

‡**writ·er** [ráitər] *n.* **1** 필기자 **2** 저자, 작가, 저술가; 기자

wríter's crámp[**pálsy, spásm**] 〖병리〗 서경(書痙) 《손가락의 경련》

write-up [ráitʌ̀p] *n.* 《구어》 (신문·잡지 등의) 기사; 《특히》 호의적인 기사

***writhe** [raið] *vi.* 몸부림치다, 몸부림치며 괴로워하다 **—** *vt.* 비틀다 **—** *n.* 몸부림, 뒹굴기; 고뇌

‡**writ·ing** [ráitiŋ] *n.* **1** Ⓤ (글을) 쓰기, 집필 **2** Ⓤ (글씨) 쓰기, 습자 **3** ⓊⒸ (사람이) 쓴 것; Ⓤ 서법, 필적 **4** ⓊⒸ 문서, 서류, 기록 **5** [보통 *pl.*] 저작, 작품

wríting bòok 습자책

wríting càse 필통, 문방구 상자

wríting dèsk 책상; 사자대(寫字臺)

wríting matèrials 문방구

wríting pàd 편지지 《한 장씩 떼어 쓰는》

wríting pàper 필기 용지; 편지지

wríting tàble 필기용 테이블 《서랍 달린》

‡**writ·ten** [rítn] *v.* WRITE의 과거분사 **—** *a.* **1** 문자로 쓴, 서류로[서면으로] 된: a ~ examination 필기시험 **2** 문어(文語)의: ~ language 문어, 문자 언어 **3** 〖법〗 성문의

wrítten constitútion 〖법〗 성문 (헌)법

W.R.N.S. Women's Royal Naval Service 《영》 해군 여자 부대

‡**wrong** [rɔːŋ | rɔŋ] *a.* (**more ~,** [때때로] **~·er; most ~,** [때때로] **~·est**) (opp. *right*) **1** 나쁜, 부정한: You were ~ *to* do that. =It was ~ *of* you *to* do that. 그렇게 한 것은 자네가 나빴네. **2** 그릇된, 틀린: take the ~ way 길을 잘못 가다 **3**〈의복 등이〉 거꾸로의; 뒤의, 안의: the ~ side of the cloth 천의 안쪽 **4** 고장난, 탈난: My watch is ~. 내 시계는 고장이 났다. **5** 부적당한; 시원찮은, 재미없는; 곤란한

— *ad.* [비교급은 없음] **1** 나쁘게: right or ~ 좋든 나쁘든 **2** 잘못하여, 틀리게: answer ~ 잘못 대답하다 **3** 거꾸로, 반대로 **4** 탈이 나서

get a person ***in*** **~** 《미·속어》 …을 미움받게 하다 ***go*** **~** 길을 잘못 들다; 옳은 길을 벗어나다; 〈시계 등이〉 고장나다 《*with*》; 〈여자가〉 몸을 망치다, 타락하다; 기분이 나빠지다; 〈음식물이〉 썩다; 〈계획 등이〉 실패하다

— *n.* **1** Ⓤ 악, 죄; 부정 **2** ⓊⒸ 과실, 잘못 **3** ⓊⒸ 부당 (행위); 불법 행위; Ⓒ 비행 **4** ⓊⒸ 손해, 해

do a person **~** = ***do*** **~** ***to*** a person …에게 나쁜[불법적인] 짓을 하다, …을 부당하게 대우하다; 오해하다, …의 동기를 올바르게 판단하지 않다 ***in the*** **~** 잘못되어 (있는), 나쁜; 부정하여

— *vt.* **1** 나쁜 짓을 하다, 부당한 취급을 하다 **2** 오해하다; …에게 누명을 씌우다, 중상모략하다 **~·ness** *n.* Ⓤ 그릇됨, 잘못; 부정, 부당

wrong·do·er [rɔ́ːŋdùːər | rɔ́ŋ-] *n.* 나쁜 짓을 하는 사람, 비행자; 범죄자, 가해자

wrong·do·ing [-dúːiŋ] *n.* Ⓤ 나쁜 짓하기; 나쁜 행위, 비행; 죄, 범죄

wrong·ful [rɔ́ːŋfəl | rɔ́ŋ-] *a.* **1** 나쁜, 사악한 **2** 불법적인, 부당한: ~ dismissal 부당 해고 **~·ly** *ad.*

wrong·head·ed, wrong-head·ed [rɔ́ːŋhédid | rɔ́ŋ-] *a.* **1**〈사람이〉 생각이 잘못된; 잘못된 생각을 고집하는, 완고한 **2**〈생각 등이〉 잘못된, 그릇된 **~·ly** *ad.* **~·ness** *n.*

***wrong·ly** [rɔ́ːŋli | rɔ́ŋ-] *ad.* [보통 과거분사 앞에서] **1** 부정하게, 사악하게; 불법으로, 부당하게 **2** 잘못하여, 그릇되게

‡**wrote** [rout] *v.* WRITE의 과거

wroth [rɔːθ | rouθ] *a.* 《고어·시어》 **1** Ⓟ 격노하여 **2**〈바다 등이〉 사납게 날뛰어

***wrought** [rɔːt] *v.* 《고어》 WORK의 과거·과거분사

— *a.* **1** 만든(made); 정제(精製)한; 세공한 **2**〈철물 등이〉 두들겨 만든, 단련한 **3** 꾸민, 수놓은 ***highly*** **~** 정교한

wróught íron 단철(鍛鐵), 연철(鍊鐵)

wrought-up [rɔ́ːtʌ́p] *a.* 〈신경·사람이〉 흥분한; 짜증나는

***wrung** [rʌŋ] *v.* WRING의 과거·과거분사 **—** *a.* (쥐어) 짠, 비튼; 괴로움에 짓눌린

***wry** [rai] [동음어 rye] *a.* (**~·er, wri·er; ~·est, wri·est**) Ⓐ **1**〈얼굴·표정 등이〉 (일시적으로) 찡그린: a ~ look 찡그린 얼굴 **2** 비틀어진, 옆으로 꾸부러진, 비틀려 있는; 〈말·유머 등이〉 비딱한, 빈정대는: ~ wit 비꼬는 식의 위트 **3** 엉뚱한; 〈뜻을〉 왜곡한, 억지로 갖다 댄 **4** 심술궂은, 성질이 비뚤어진(cross)

make a **~** ***face***[***mouth***] 얼굴을 찡그리다[찌푸리다] **~** ***smile*** 쓴웃음, 고소(苦笑)

wrý·ly *ad.* **wrý·ness** *n.*

WSW, W.S.W., w.s. w. west-southwest 서남서

wt. weight

WTO World Trade Organization 세계 무역 기구

wurst [wəːrst] [G] *n.* 소시지

WWF World Wildlife Fund 세계 야생 생물 기금 **WWW** 〖컴퓨터〗 World Wide Web

***Wy·o·ming** [waióumiŋ] *n.* [북미 인디언 말 「대평원」의 뜻에서] 와이오밍 《미국 북서부의 주》

~·ite [-àit] *n.* 와이오밍 주의 사람

WYSIWYG, wys·i·wyg [wíziwìg] [*W*hat *Y*ou *S*ee *I*s *W*hat *Y*ou *G*et] *n.* 《미·구어》 〖컴퓨터〗 위지위그 《화면상으로 본 화상이 그대로 프린터로 출력되는 기능》

X x

x, X [eks] *n.* (*pl.* **x's, xs, X's, Xs** [éksiz]) **1** 엑스 《영어 알파벳의 제24자》; X자 모양(의 물건); X의 활자 **2** 제24번째(의 것) **3** (편지 끝에 적는) kiss의 뜻의 부호; (글을 쓸 수 없는 사람이 서명 대신에 쓰는) X표; (지도·사진에서) 어떤 지점의 표시 **4** 《미·구어》 10달러 지폐 **5** 〖수학〗 제1미지수, 미지[미정]의 것; 〖통신〗 공중 장애 **6** 로마 숫자의 10
— *vt.* (**x-ed, x'd, xed**; **x-ing, x'ing**) …에 X표를 하다
X'd out 《미·구어》 X표시로 지워진, 삭제된; 《속어》 살해당한, 제거된 ***X out*** X표로 지우다

X Christ 《Christ를 뜻하는 그리스어 XPIΣTOΣ의 머리글자 X에서》; Christian; cross; 〖화학〗 xenon

Xan·a·du [zǽnədjùː | -djùː] [Kublai Khan이 별궁을 세운 땅 이름에서] *n.* 도원경

Xan·thip·pe [zæntípi | -θípi] *n.* **1** 크산티페 《Socrates의 아내; 악처의 전형으로 알려짐》 **2** 《일반적》 잔소리 많은 여자, 악처(惡妻)

x-ax·is [éksæksis] *n.* (*pl.* **-ax·es** [-siːz]) [the ~] 〖수학〗 (평면의) 횡축(橫軸), x축 《가로 좌표축》

X́ chròmosome 〖생물〗 X염색체 《자웅결정에 중요한 소인(素因)이 되는 성 염색체》

xd., x-div ex dividend 〖증권〗 배당락(配當落)

X-dis·ease [éksdiziːz] *n.* 〖병리〗 X병 《병원(病原)을 알 수 없는 각종 바이러스 병》

Xe 〖화학〗 xenon

xe·non [zíːnɑn | zénɔn] *n.* Ⓤ 〖화학〗 크세논 《희유(稀有) 가스 원소; 기호 Xe, 원자번호 54》

xen·o·phile [zénəfàil] *n.* 외국인[외국풍]을 좋아하는 사람

xen·o·phobe [zénəfòub] *a.*, *n.* 외국인[것]을 싫어하는 (사람)

xen·o·pho·bi·a [zènəfóubiə] *n.* Ⓤ 외국인[것]을 싫어함 **-phó·bic** *a.*

Xen·o·phon [zénəfən] *n.* 크세노폰 (434?-355? B.C.) 《그리스의 철학자·역사가·장군》

Xe·rox [zíərɑks | -rɔks] *n.* **1** 제록스 《건식 복사법[복사기]의 일종; 상표명》 **2** 제록스 복사물 — *vt.*, *vi.* [종종 **x~**] 제록스로 복사하다

x-fac·tor [éksfæktər] *n.* 미지의 요인[인물, 사물]

xi [zai, sai] *n.* 크사이, 크시 《그리스 어 알파벳의 열네번째 글자; Ξ, ξ; 로마 글자의 X 또는 x에 해당》

Xing [krɔ́ːsiŋ | krɔ́s-] *n.* [교통표지] **1** 동물 횡단길: Deer ~ 사슴 횡단길 주의 **2** 횡단보도: school ~ 학교 횡단보도 **3** 건널목

Xin·hua·she [ʃínhwɑ́ːʃʌ́] *n.* 신화 통신 (New China News Agency) 《중국의 통신사》

-xion [kʃən] *suf.* [동작·상태를 나타내는 명사 어미]

xiph·oid [zífɔid] 〖해부〗 *a.* 칼 모양의 (돌기)의

XL extra large; extra long

⁑X·mas [krísməs, éksməs] [Gk 'Xristos'의 머리글자와 「미사(mass)」에서] *n.* 《구어》 ＝CHRISTMAS

X·mo·dem [éksmòudem] *n.* 〖컴퓨터〗 X모뎀 《파일 전송 프로토콜》

Xn. Christian

Xnty. Christianity

x.o. excutive officer

XP [káiróu, kíː-] *n.* 그리스도의 표호(標號) 《Christ의 그리스 글자, XPIΣTOΣ의 처음 두 글자》

X-ra·di·ate [éksrèidieit] *vi.* X선을 방사하다

X-ra·di·a·tion [-rèidiéiʃən] *n.* Ⓤ X선 방사

X-rat·ed [-rèitid] *a.* 《구어》 **1** 〈영화가〉 성인용의 **2** X표시가 된, 금지된; 불법화된 **3** 《미》 외설적인

X́ ràting 18세 미만 금지의 영화

***X́ rày** [발견자 뢴트겐이 「정체 불명의 방사선」의 뜻으로 명명한 데서] **1** X선, 뢴트겐선(Röntgen rays) **2** X선 사진

***X-ray** [éksrèi] *a.* **X선의**, 뢴트겐의
— *vt.* [종종 **x-ray**] **1** X선 사진을 찍다 **2** X선으로 검사[치료]하다

X́-ray astrònomy X선 천문학

X́-ray làser 〖물리〗 X선 레이저

X́-ray nòva 〖천문〗 X선 신성(新星)

X́-ray phòtograph[**pìcture**] X선 사진

X́-ray pùlsar 〖천문〗 X선 펄서 《X선을 방사하는 전파 천체》

X́-ray thèrapy 〖의학〗 X선 요법

X-u·nit [éksjùːnit] *n.* 〖물리〗 X단위 《방사선의 파장 측정에 씀》

XX [dʌ́bléks] **1** 에일(ale)의 알코올 강도를 나타내는 기호; 보통보다 알코올 성분이 많음 **2** [the ~] 《속어》 ＝DOUBLE CROSS

XXX [trípléks] **1** XX보다 알코올 성분이 많은 에일(ale) **2** 〖영화〗 본격 포르노 영화

xy·lem [záiləm, -lem] *n.* Ⓤ 〖식물〗 목질부(木質部), 목부(木部)

xy·lene [záiliːn] *n.* Ⓤ 〖화학〗 크실렌 《물감 원료, 용제(溶劑)》

xy·lo·graph [záiləgræ̀f | -grɑ̀ːf] *n.* (특히 15세기의) 목판(화); 목판 인쇄물

xy·log·ra·phy [zailɑ́grəfi] *n.* Ⓤ 목판술 《특히 15세기의》; 목판 인쇄술

Xy·lo·nite [záilənàit] *n.* 자일로나이트 《셀룰로이드의 일종; 상표명》

***xy·lo·phone** [záiləfòun] *n.* 〖음악〗 **실로폰**, 목금(木琴)(cf. MARIMBA)

xy·lo·phon·ist [záiləfòunist] *n.* 실로폰 연주자
xyst [zist] *n.* **1** 〖고대그리스·로마〗 주랑식(柱廊式) 실내 경기장 **2** 〖고대로마〗 (정원 안의) 보도(步道)[테라스]
XYZ [èkswàizí: | -zéd] [Examine your zipper!] *int.* 《미·속어》 (바지의) 지퍼가 열렸어요! 《주의의 말》

Y y

y, Y [wai] (*pl.* **y's, ys, Y's, Ys** [-z]) *n.* **1** 와이 《영어 알파벳의 제25자》 **2** Y자 모양(의 물건); Y자 모양의 버팀목 **3** 25번째(의 것) **4** 〖수학〗 제2미지수, 변수, y축, y좌표
Y [wai] *n.* [the ~] 《구어》 YMCA; YWCA
Y 〖화학〗 yttrium
¥, Y yen 엔(円) 《일본의 화폐 단위》
y. yard(s); year(s)
-y[1] [i] *suf.* **1** [형용사·명사에 붙여서] 「…의 성질[상태]」의 뜻: jealous*y* **2** [동사에 붙여서] 「…의 행위」의 뜻: entreat*y*
-y[2] *suf.* **1** [명사에 붙여 친근감을 나타내는 명사를 만듦]: Johnn*y* John의 애칭 **2** [형용사에 붙여 명사를 만듦; 다소 경멸조로]: fatt*y* 뚱뚱보
-y[3] *suf.* **1** [명사에서 형용사를 만듦] …있는, …투성이의, …으로 이루어지는, …와 유사한: snow*y* **2** 〈빛깔이〉 좀 …한, …빛이 도는: yellow*y* **3** [형용사에서 다시 같은 뜻의 형용사 (주로 시어(詩語))를 만듦]: steep*y*
‡**yacht** [jɑt | jɔt] [Du. 「추격하는 배」의 뜻에서] *n.* **요트,** (유람용) 쾌속선
— *vi.* 요트를 타다, 요트로 항해하다
yácht chàir 범포(帆布)를 쳐서 만든 팔걸이 접의자
yácht clùb 요트 클럽
yacht·ing [jɑ́tiŋ | jɔ́t-] *n.* Ⓤ **1** 요트 놀이, 요트 여행; 요트 레이스 **2** 요트 조종(술)
go ~ 요트 놀이 가다
yachts·man [jɑ́tsmən | jɔ́ts-] *n.* (*pl.* **-men** [-mən]) 요트 조종자[소유자, 애호가]
yachts·wom·an [-wùmən] *n.* (*pl.* **-wom·en** [-wìmin]) 여성 요트 조종자[소유자, 애호가]
yah[1] [jɑ:] [의성어] *int.* 야아, 어이 《혐오·조롱·초조의 소리》
yah[2] *ad.* 《구어》 = YES
Ya·hoo [jɑ:hu:, jéi- | jəhú:] *n.* (*pl.* **~s**) **1** 야후 《「걸리버 여행기」(*Gulliver's Travels*) 중 사람의 모양을 한 짐승》 **2** [**y~**] 짐승 같은 사람 **3** 〖컴퓨터〗 야후 《미국의 인터넷 검색 서비스 업체》
Yah·weh [jɑ́:wei], **-veh** [-vei] *n.* 〖성서〗 야훼, 여호와(Jehovah)
yak[1] [jæk] *n.* (*pl.* **~s, ~**) **1** 〖동물〗 야크 《티벳산의 들소》 **2** 야크 고기
yak[2] [의성어] 《미·속어》 *n.* 큰 웃음(을 자아내는 농담)
— *vi., vt.* (**~ked**; **~·king**) 크게 웃다[웃기다]
Yale [jeil] *n.* 예일 대학 《미국 Connecticut주 New Haven에 있는 1701년에 창립된 대학》(= ∠ **Univérsity**)
Ya·lu [jɑ́:lù:] *n.* [the ~] 압록강
yam [jæm] *n.* **1** 〖식물〗 참마 **2** 《미남부》 고구마
yam·mer [jǽmər] 《구어·방언》 *vi.* **1** 슬픈 목소리로 울다, 불평을 하다 **2** 시끄러운 소리를 내다, 지껄여대다 — *n.* **1** 불평, 투덜거림 **2** 지껄임, 수다
yang, Yang [jɑ:ŋ, jæŋ] [Chin.] *n.* Ⓤ (동양 철학의) 양(陽)(opp. *yin*)
Yan·gon [jæŋgɑ́n, -gɔ́:n | -gɔ́n] *n.* 양곤 《미얀마(Myanmar)의 수도; 1989년 이전까지는 Rangoon》
Yang·zi (**Jiang**) [jæ̀ŋsí:(-dʒiɑ́:ŋ)], **Yang·tze** (**Kiang**) [jæ̀ŋtsí:(-kiɑ́:ŋ)] *n.* [the ~] 양쯔강, 양자강(揚子江)
yank [jæŋk] *vt.* **1** 《미·구어》 홱 잡아당기다 **2** 홱 잡아당겨 …의 상태로 하다
— *vi.* 홱 당기다 《*at*》
— *n.* 홱 잡아당김
Yank [jæŋk] *n., a.* 《속어》 = YANKEE
‡**Yan·kee** [jǽŋki] [New York의 네덜란드 이민이 Connecticut의 영국 이민을 부른 별명] *n.* **1** 《영·속어》 **미국 사람 2** 《미》 뉴잉글랜드(New England) 사람 **3** 《미남부》 미국 북부 여러 주의 사람 **4** 〖미국사〗 북부 사람 **5** [the ~s] (미국 American League의) 뉴욕 양키스 구단
— *a.* 양키의, 양키식의
Yánkee Dóodle [-dú:dl] 양키 노래 《독립 전쟁 중에 유행한 노래; 미국의 준국가(準國歌)라고 일컬어짐》
Yan·kee·ism [jǽŋkiizm] *n.* Ⓤ **1** 양키 기질 **2** 미국적 풍습 **3** 미국식 어법[사투리]
yap [jæp] [의성어] *vi.* (**~ped**; **~·ping**) **1** 〈강아지가〉 캥캥[시끄럽게] 짖어대다 **2** 《속어》 재잘거리다; 투덜대다 — *n.* **1** 시끄럽게 짖는 소리 **2** 《속어》 시끄러운[듣기 싫은] 잔소리; 떠드는 사람
‡**yard**[1] [jɑ:rd] [OE 「막대」의 뜻에서] *n.* **1** 《영》 **야드,** 마(碼) **2** 〖항해〗 (돛) 활대
by the ~ (1) 1야드에 (얼마로) (2) 장황하게, 상세히
‡**yard**[2] [jɑ:rd] [OE 「울타리」의 뜻에서] *n.* **1** 마당, (건물 등으로) 둘러싸인 지면 **2** [보통 복합어를 이루어] …제조장, 일터: a brick ~ 벽돌 제조장 **3** 〖철도〗 역구내, 조차장(操車場)
yard·age[1] [jɑ́:rdidʒ] *n.* 야드법에 의한 길이[용적, 부피]
yardage[2] *n.* Ⓤ **1** (가축 등의) 위탁장 사

용권[료] **2** 역 구내 사용권[료]
yard·arm [já:rdà:rm] *n.* 〚항해〛 활대의 끝
yárd gòods (미) 야드 단위로 파는 피륙, 옷감
yárd sàle (미) (개인이 집 뜰에서 여는) 중고 가정용품[불용품] 염가 판매(garage sale)
yard·stick [-stìk] *n.* **1** 야드 자 ((나무·금속으로 만든)) **2** 판단·비교의 표준[척도]
yar·mul·ke, -mel·ke, -mul·ka [já:rməlkə] [Yid. 「작은 모자」의 뜻에서] *n.* 〚유대교〛 야물커 ((정통파 남자가 기도할 때 쓰는 작고 테없는 모자))
‡**yarn** [ja:rn] *n.* **1** Ⓤ **직물을 짜는 실**, 방사(紡絲), 뜨개실, 꼰실 **2** ((구어)) 모험담 ((여행자 등의)); 허풍스런 이야기; 꾸며낸 이야기
Yar·row [jǽrou] *n.* [the ~] 얘로강 ((스코틀랜드 남동부의 강; Tweed강의 지류))
yash·mak [jǽʃmæk] [Arab.] *n.* (얼굴의) 베일 ((이슬람교도 여성이 타인 앞에서 쓰는))
yat·a·g(h)an [jǽtəgæ̀n | -gən] [Turk.] *n.* 이슬람교도의 긴 칼 ((날밑 없이 S자 꼴로 휜))
yaw [jɔ:] *vi.* **1** 〚항해〛 〈배가〉 이물을 좌우로 흔들다 **2** 〚항공〛 〈항공기가〉 한 쪽으로 흔들리다; (침로에서) 빗나가다
yawl [jɔ:l] *n.* **1** 소형 함재(艦載) 보트 **2** 욜형 범선 ((큰 앞 돛대와 작은 뒷 돛대를 가진 작은 범선))
‡**yawn** [jɔ:n] *vi.* **1 하품하다**: make a person ~ …을 지루하게 만들다 **2** 〈입·틈·만(灣) 등이〉 크게 벌어지다
—*vt.* 하품하며 말하다
—*n.* **1 하품**; 하품 소리: with a ~ 하품을 하면서 **2** 입을 크게 벌림; 벌어진 틈
yawn·ing [jɔ́:niŋ] *a.* **1** 하품을 하는, 지루해 하는 **2** 입을 크게 벌린 〈만(灣) 등〉
~·ly *ad.*
yawp [jɔ:p] (구어·방언) *vi.* **1** 날카로운 소리로 말하다[외치다] **2** (속어) 재잘재잘 지껄이다 —*n.* 날카로운 소리
yaws [jɔ:z] *n. pl.* [단수·복수 취급] 〚병리〛 딸기종(腫), 인도마마 ((열대 지방의 전염성 피부병))
y-ax·is [wáiæ̀ksis] *n.* (*pl.* **y-ax·es** [-sí:z]) [the ~] 〚수학〛 (평면(平面)의) 종축(縱軸), y축
Yb 〚화학〛 ytterbium
Ý chròmosome 〚생물〛 Y 염색체
y·clept, y·cleped [iklépt] *a.* (고어) …이라고 불린, …이라는 이름의
yd yard(s) **yds.** yards
***ye**[1] [ji, ji:] *pron.* (고어·시어) **너희들** ((2인칭 대명사 THOU의 복수형))
ye[2] [ji:, ði:] *def. art.* (고어) = THE
yea [jei] *ad.* (고어) **1** 예, 그렇소(yes) **2** 참으로, 실로 **3** 게다가, 그뿐만 아니라
—*n.* 긍정, 찬성
~ and nay 우유부단(한); 주저, 망설임
***yeah** [jɛə] *ad.* (미·구어) = YES
‡**year** [jiər] *n.* **1 해, 1년; 1년 간**: a ~ (from) today 오늘부터 1년 후에; 내년의 오늘 / for ~*s* 수년간, 몇 해 동안 / next ~ 내년에 ((*the next* year 다음 해)) / this ~ 금년에 **2 연도**, 학년 **3 a** [수사와 함께] …**살**: She is twenty ~*s* old[~*s* of age]. 그녀는 20세이다. **b** [*pl.*] **나이**, 연령; ((특히)) 노년: a man of his ~*s* 그 사람 연배의 남자 / put ~ on a person (1) 나이 먹게 하다; 노인 다루듯한 말을 하다 (2) 몹시 초조하게 만들다 **4** [*pl.*] 시대: the ~*s* of Queen Victoria 빅토리아 여왕 시대
all the ~ round 1년 내내 ***bad ~*** 흉년, 흉작[불경기]인 해 ***common ~*** 평년 ***of late[recent] ~s*** 근년에, 최근에 ***of the ~*** (1) 연간 최우수의 (2) 특별히 뛰어난 ***~ after[by] ~*** 연년, 해마다 ***~ in, ~ out*** = ***~ in and ~ out*** 해마다, 쉴 사이 없이, 항상
year-a·round [jíərəráund | jə́:r-] *a.* = YEAR-ROUND
year·book [-bùk] *n.* 연감, 연보(年報)
year-end [-énd] *n., a.* 연말(의): a ~ report 연말 보고서
year·ling [-liŋ] *n.* 만 한 살배기 ((동물의)); 〚경마〛 한 살 난 말 ((난 해의 1월부터 계산하여 1년 미만))
—*a.* 한 살 먹은; 1년 된
year·long [-lɔ̀:ŋ | -lɔ̀ŋ] *a.* 1년간 계속되는, 1년에 걸치는
‡**year·ly** [jíərli] *a.* **연 1회의; 매년의**; 1년간의: a ~ plant 1년생 식물, 한해살이풀 —*ad.* 1년에 한번; 매년
—*n.* 1년에 한 번의 간행물[행사]
‡**yearn** [jə:rn] *vi.* **1 동경하다**, 사모하다 ((*for, after*)); **그리워하다**: ~ *for* [*after*] home 고향을 그리워하다 **2** 몹시 …하고 싶어하다, 열망하다: They ~*ed to* see their motherland again. 그들은 모국을 다시 한번 보기를 갈망했다. **3** 동정하다, 불쌍히 여기다 ((*over, for*)): She ~*ed over* [Her heart ~*ed for*] the orphan. 그녀는 그 고아를 불쌍히 여겼다.
***yearn·ing** [jə́:rniŋ] *n.* ⓊⒸ **1 동경**, 열망, 그리움 ((*for, of, toward*)): They felt strong ~*s toward* home. 그들은 집이 무척 그리웠다. **2** 간절한 생각: This is man's infinite ~ *to* know the truth. 이는 진리를 알려는 인간의 무한한 욕구이다. —*a.* **동경하는, 그리는**, 열망하는 **~·ly** *ad.*
yéar plànner 연간 예정표 ((사무실 벽에 걸어 두고 쓰는 대형의 행사 예정 및 연간 계획표))
year-round [jíərráund | jə́:-] *a.* 1년 내내의, 연중 계속되는: a ~ vacation spot 연중 무휴의 휴양지
—*ad.* 1년 내내
***yeast** [ji:st] *n.* Ⓤ **1 효모(균)**, 누룩, 빵을 부풀리는 이스트 **2** 자극, 감화[영향]력
yeast·y [jí:sti] *a.* (**yeast·i·er**; **-i·est**) **1** 효모의[같은], 발효하는 **2** 뒤끓는; 침착치 못한
Yeats [jeits] *n.* 예이츠 **William Butler ~** (1865-1939) ((아일랜드의 극작가·시인))
ye(c)ch [jex, jek, jʌx, jʌk] *int.* (미·구어) 왝, 윽, 악 ((구토·혐오·심한 불쾌감을 나타냄))
yegg [jeg], **yegg·man** [jégmən] *n.*

《미·속어》 강도, 금고털이

yeh [jei] *ad.* 《미·구어》 = YES

*⁑***yell** [jel] *vi.* **1 큰소리를 지르다**, 소리치다 《*with*》: She ~*ed with* delight. 그녀는 기쁜 나머지 소리를 질렀다. **2** 《미·캐나다》 (…에게) 응원의 함성을 보내다 《*for*》

~ ***at*** …에게 호통치다

— *vt.* 외쳐 말하다 《*out*》: ~ *out* an oath 큰소리로 악담하다

— *n.* **1 고함 소리**, 외침 **2** 《미·캐나다》 (자기편 선수 응원용) 함성

*⁂***yel·low** [jélou] *n.* **1** Ⓤ **노랑**, 황색 **2** 노란빛의 것; 노른자위; 황색인(人) **3** Ⓤ 황색 그림물감[안료] **4** [the ~s] 황달(黃疸) 《가축의》

— *a.* **1 노란**, 황색의 **2** 〈피부가〉 누런; 황색[몽고] 인종의 **3** 질투 많은 **4** 《구어》 겁 많은 **5** 《미》 〈신문 등이〉 선정적인

— *vt.*, *vi.* 황색으로 만들다[되다], 노래지다

yel·low·back [jéloubæ̀k] *n.* 노란 표지본 《옛날의 값싼 선정 소설》

yel·low-bel·lied [-bèlid] *a.* **1** 〈새가〉 배가 노란 **2** 《속어》 겁 많은

yel·low·bel·ly [-bèli] *n.* 《속어》 겁쟁이

Yéllow Bòok 황서(黃書) 《프랑스·중국 정부 간행 공식 보고서》

yéllow cárd 〖축구〗 옐로 카드 《심판이 선수에게 경고할 때 보이는 황색 카드》

yéllow féver 〖병리〗 황열병 《열대병》

yel·low·ham·mer [-hæ̀mər] *n.* 〖조류〗 노랑촉새 《소명금(小鳴禽)》

***yel·low·ish** [jélouiʃ] *a.* **노르스름한**, 노란 빛을 띤

yéllow jàcket 〖곤충〗 말벌

yéllow jóurnalism 〖신문〗 선정주의

yéllow líne 《영》 (주차 규제 구역임을 나타내는 길 옆의) 황색선; 《미》 추월 금지 황색 중앙선

yéllow ócher 〖광물〗 황토; 옐로오커 《담황갈색(淡黃褐色) 그림물감》

yéllow páges [페이지 색이 노랗다고 해서] [종종 **Y~ P~**] (전화 번호부의) 업종별 번호란; 업종별 기업[영업, 제품] 안내

yéllow péril [종종 **Y~ P~**] [the ~] 황화(黃禍) 《황색 인종이 서양 문명을 압도한다는 백색 인종의 공포심; Wilhelm II가 주장한 말》

yéllow ráce [the ~] 황색 인종

Yéllow Ríver [the ~] 황허강

Yéllow Séa [the ~] 황해(黃海)

Yéllowstone Nátional Párk 옐로스톤 국립 공원 《미국 Wyoming 주 북서부와 Idaho, Montana의 두 주 일부에 걸쳐 있음》

yéllow strèak 《구어》 겁 많은 성격

yel·low·y [jéloui] *a.* = YELLOWISH

***yelp** [jelp] *vi.* 〈개가〉 **깽깽 울다**

— *vt.* 큰소리로 말하다

— *n.* (개가 성내어) 짖는 소리, 깽깽 우는 소리

Yelt·sin [jéltsìn] *n.* 옐친 **Boris ~** (1931-) 《러시아 연방 대통령(1991-99)》

Yem·en [jémən] *n.* 예멘

Yem·en·ite [jémənàit], **Ye·me·ni** [jéməni] *a.* 예멘의, 예멘 사람의

— *n.* 예멘 사람

yen[1] [jen] [Jap.] *n.* [단수·복수 취급] 엔 《일본의 화폐 단위; 기호 Y, ¥》

yen[2] *n.* 《구어》 열망 《*for*》: have a ~ *for* …을 열망하다 — *vi.* 《미·구어》 원하다, 열망하다; 동경하다

***yeo·man** [jóumən] [ME 'young man'에서] *n.* (*pl.* **-men**[-mən]) **1** 〖영국사〗 **자유 농민**, 향사(鄕士) **2** 《미》 〖해군〗 서무계 (하사관) **3** 《영》 자작농, 소지주

yeo·man·ly [jóumənli] *a.* yemoan의 지위의; 용감한, 충실한

— *ad.* 향사답게; 용감하게

yeo·man·ry [jóumənri] *n.* Ⓤ [집합적] 자유 농민, 향사; 소지주들, 자작농

yep [jep] *ad.*, *n.* 《미·속어》 = YES

-yer [jər] *suf.* 「…하는 사람」의 뜻: bow*yer*, law*yer*

*⁂***yes** [jes] *ad.* **1 a** [질문·부탁 등에 대답하여] **네**: Were you there? 당신은 거기에 있었습니까? — *Y*~. 네 (있었습니다.) **b** [부름·출석 점호 등에 대답하여] **네**: Mary! 메리! — *Y*~, Mother. 네, 어머니. **2** [상대방의 말에 동의를 나타내어] **그래**, 맞았어; 과연 그렇다: This is an excellent book. 이것은 훌륭한 책이야. — *Y*~ [jɛːs], it is. 과연 그래. **3** [대개 의문형으로] 《↗조로 발음》 **a** [부름에 대답하여] **네?**, 무슨 일입니까?: John! 존! — *Y*~? 네, 무슨 일이죠? **b** [상대방의 이야기를 재촉하여] **그래**, 그래서?, 흠: I have come to the conclusion that ... 나는 이런 결론에 도달했어. (그것은…) — *Y*~? 음, 그래서? **c** [말없이 기다리고있는 사람을 보고] 무슨 일로?: "*Y*~?" he said as he saw the stranger waiting to speak to him. 「무슨 일이신가요?」 하고 그는 낯선 손님이 그에게 이야기를 하려고 기다리고 있는 것을 보고 말하였다. **d** [자기가 말한 것을 상대방에게 확인하여] 그렇지?, 알겠어? **4** [~ and 또는 ~ or로 강조적으로 추가 표현을 나타내어] 게다가, 더욱이, 뿐만 아니라: He will insult you, ~, *and* cheat you as well. 그는 당신을 모욕할 것이다, 아니 그 뿐만 아니라 속이기도 할 것이다.

— *n.* (*pl.* **~·es**) **1** Ⓤ [구체적으로는 Ⓒ] 「네(yes)」라고 하는 말[대답], 긍정, 승낙: Answer with a '*Y*~' or 'No'. 「예스」나 「노」로 대답하여라. **2** [보통 *pl.*] 찬성 투표(자) 《이런 뜻으로는 ay(e)를 쓰는 것이 일반적임》 — *vt.*, *vi.* (~(**s**)**ed**; ~·(**s**)**ing**) 「네」라고 말하다, 승낙하다

yes-man [jésmæ̀n] *n.* 《구어》 예스맨 《무엇이든지 예예 하고 윗사람 말에 동조하는 사람》

yés-nó quèstion 〖문법〗 yes나 no의 대답을 요구하는 질문[의문문] 《예를 들어 Has the plane left yet?와 같은 것》

yester- [jéstər] 《연결형》 「어제의; 지난…」의 뜻

*⁂***yes·ter·day** [jéstərdèi, -di] *ad.* **1** 어제(는): It was rainy ~. 어제 비가 왔다. **2** 요즈음에, 최근에

— *n.* **1** 어제: the day before ~ 그저께 **2** [종종 *pl.*] 작금(昨今), 요즈음 **3** [보

통 *pl.*] 과거, 지난날 **—*a.*** **어제의**
yes·ter·year [jéstərjíər | -jə́:] *n.*, *ad.* ((시어)) 작년(에); 지난해(에); 근년(에)
‡yet [jet] *ad.* **1** [부정문에서] **아직** (…않다), 아직[지금]까지는 (…않다); 당분간은 (…않다): The work is *not* ~ finished. 일은 아직 끝나지 않았다. **2** [의문문에서] (지금 또는 그때에) **이미**, 벌써, 이제: Have you finished your breakfast ~? 아침 식사는 이미 하셨습니까? **3** [최상급과 함께] 현재까지로는: the *largest* diamond ~ found 이제까지 발견된 것 중에서 가장 큰 다이아몬드 **4** [미래를 예측하여] 이윽고, 언젠가는: You'll regret it ~. 언젠가는 후회할 것이다. **5** [진행형이나 그 자체가 계속의 뜻을 갖는 동사와 함께 긍정문에서] ((문어)) **지금** (아직), 지금도, 여전히; (그 당시에는) 아직: She is talking ~. 그녀는 아직도 지껄이고 있다. **6 a** 다시, 게다가, 그것에 더하여: *Y*~ once more I forbid you to go. 되풀이해서 말하지만 가서는 안 된다. **b** [nor와 함께 강조적으로] ((문어)) …도 또 (…않다), (뿐만 아니라) …까지도 (…않다): He will not accept help *nor* ~ advice. 그는 도움은 커녕 충고까지도 받아들이지 않을 것이다. **7** [and ~ 또는 but ~으로] 그럼에도 불구하고, 게다가 (더욱): I offered him still more, *and* ~ he was not satisfied. 내가 더 내겠다고 말하였으나 그래도 그는 만족하지 않았다.
as **~** (장차는 몰라도) 지금까지로[그때까지]는, 아직까지: He has *not* come *as* ~. 그는 지금까지는 아직 오지 않았다. ***be*** **~** ***to*** do 아직 …하지 않고 있다: The worst *was* ~ *to* come. 최악의 사태는 아직 오지 않았다. ***have*** **~** ***to*** do 아직 …해야 하다; 아직 …하고 있지 않다 ***just*** **~** 바로 지금; [부정어와 함께] 지금 당장은 (…하지 않다) ⇨ *ad.* 1 ***not*** **~** [부정문을 대표하여] 아직도 (…않다): Have you finished it? — *Not* ~. 그 일 끝냈습니까? — 아직 끝내지 못했는데요. **~** ***again*** = **~** ***once more*** 다시 한 번
—*conj.* **1 그럼에도 불구하고**, 그래도, 하지만 : a strange ~ true story 이상하긴 하지만 사실인 이야기 **2** [although, though와 상관적으로] 그래도: *Although* I have known him only a few years, ~ he is my best friend. 그를 안지 몇 년 밖에 되지 않지만 그래도 그는 내 가장 좋은 친구이다.
yet·i [jéti] *n.* (티베트의) 설인(雪人)
***yew** [ju:] *n.* 〖식물〗 **주목**(朱木) ((흔히 묘지에 심는 상록수)); Ⓤ 주목재
YHA ((영)) Youth Hostels Association
Yid [jid] *n.* ((속어·경멸)) 유대인(Jew)
Yid·dish [jídiʃ] [G 「유대의」의 뜻에서] *n.* Ⓤ 이디시 말 ((독일어에 슬라브 어·히브리 어를 섞어 히브리 문자로 씀))
—*a.* 이디시 말의
‡yield [ji:ld] *vt.* **1** 〈작물·제품 등을〉 **산출하다**; 〈결과 등을〉 초래하다 **2 양보하다**, 내주다, 양도하다: ~ ground to the enemy 적에게 진지를 내주다 **3** 〈권리·지위 등을〉 주다, 인정하다
—*vi.* **1** 〈토지 등이〉 **농작물을 산출하다**, 〈노력 등이〉 보수를 가져오다: The apple tree ~*s* well[poorly] this year. 금년은 사과의 수확이 좋다[나쁘다]. **2 굴복하다**, 따르다 ((*to*)): ~ *to* conditions 양보하여 조건에 따르다 **3** (압력 때문에) 굽다, 무너지다 ((*to*)): The gate would not ~ *to* their blows. 그 문은 때려도 열리지 않았다. **4** 〈자동차 등에〉 길을 양보하다 ((*to*)) **5** 완패하다 ((*to*)): ~ *to* treatment 치료하여 좋아지다
~ one*self* (***up***) ***to*** …에 몰두하다
—*n.* **1 산출**; 산출액, 수확: a large ~ 풍작 **2** 보수; 이윤율, 이익 배당
yield·ing [jí:ldiŋ] *a.* **1** 영향[감화]을 받기 쉬운, 하라는 대로 하는, 고분고분한 **2** 휘기 쉬운, 굽힐 수 있는 **~·ly** *ad.*
yin [jin] [Chin.] *n.* Ⓤ (동양 철학에서의) 음(陰)
yip [jip] [의성어] ((구어)) *vi.* (**~ped**; **~·ping**) 〈강아지 등이〉 깽깽 울다
—*n.* 깽깽(거리는 소리)
yipe(s) [jaip(s)] *int.* 아야!, 이크!, 어렵쇼! ((아픔·놀람 등을 나타내는 소리))
yip·pee [jípi(:)] *int.* 야!, 와! ((기쁨·득의에 찬 함성)); 만세!
YMCA Young Men's Christian Association 기독교 청년회
yo [jou] *int.* 여어! ((격려·주의의 뜻으로 지르는 소리))
yob [jɑb | jɔb], **yob·bo** [jɑ́bou | jɔ́b-] [boy를 거꾸로 철자한 말] *n.* ((영·속어)) 건달, 버릇 없는 놈; 신병
yo·del [jóudl] *n.* 요들 ((스위스나 티롤(Tyrol) 산중 사람들이 부르는 민요))
—*vt.*, *vi.* (**~ed**; **~·ing** | **~led**; **~·ling**) 요들을 부르다, 요들 창법으로 노래하다
yo·ga, Y- [jóugə] [Skt. 「통일」의 뜻에서] *n.* Ⓤ **1** 〖힌두교〗 요가, 유가(瑜伽); 유가파 ((인도 6파 철학의 하나)); 요가[유가]의 수행(修行) **2** (심신의 건강을 위해서 하는) 요가
yo·g(h)urt, yo·ghourt [jóugərt | jɔ́g-] *n.* Ⓤ 요구르트 ((우유로 만든 유산균 발효유))
yo·gi [jóugi], **yo·gin** [-gin] *n.* 요가[유가] 수행자(修行者)
yo-heave-ho [jóuhí:vhóu] [의성어] *int.* 〖항해〗 어기야디야 닻 감아라! ((닻을 감아 올릴 때 뱃사람이 지르는 소리))
yoicks [jɔiks] *int.* ((영)) 쉿! ((사냥개를 부추기는 소리))
‡yoke [jouk] [동음어 yolk] *n.* (*pl.* **~s**) **1** (한 쌍의 소 등에 메우는) **멍에**: put to the ~ 멍에를 얹다, 멍에에 매다 **2** 멍에 모양의 것; 목도 **3** 종을 매어다는 들보 **4** 속박, 굴레: pass[come, fall] under the ~ 굴복하다 **5** 유대; 지배, 권력 **6** 어깨죽지 ((속옷·웃옷·블라우스 등의)), 허리 ((스커트의)) **—*vt.*** **1** …에 멍에를 얹다, 〈소 등을〉 …에 매다 ((*to*)): ~ oxen *to* a plow 두 마리 소에 쟁기를 메우다 **2** 이어매다, 결합시키다; 결혼시키다: be ~*d* in marriage 결혼으로 결합되다
yo·kel [jóukəl] *n.* ((경멸)) 시골뜨기
***yolk** [jouk, joulk] [동음어 yoke] *n.*

UC (알의) **노른자위**
yolk·y [jóuki, jóulki] *a.* (**yolk·i·er**; **-i·est**) 노른자위의[같은]
Yom Kip·pur [jɔ́:m-kípər, jɑ́m- | jɔ́m-] [Heb. =day of atonement] 〖유대교〗 속죄일 《유대력의 Tishri의 10일; 단식을 함》
⁑yon·der [jɑ́ndər | jɔ́n-] *ad., a.* **저쪽에[의]**, 저곳에[의]
yonks [jɑŋks | jɔŋks] *n.* 《영·구어》 오랜 기간: for ~ 오랫동안
yore [jɔ:r] *n.* U 《고어》 옛날 《지금은 다음의 성구 뿐임》 ***of ~*** 옛날의, 옛날에는 ***in days of ~*** 옛날에는
York [jɔ:rk] *n.* =YORKSHIRE
Yórk-and-Lán·cas·ter ròse [jɔ́:rk-ənd-lǽŋkəstər-] [장미 전쟁 때 두 왕가의 문장이 홍백 장미였다 해서] 홍백 얼룩 장미
York·ist [jɔ́:rkist] *a.* 요크가(家) (출신)의; 요크[흰 장미] 당원의 《장미 전쟁 당시의》 **—*n.*** 요크가(家)의 사람; 요크당원[지지자]
York·shire [jɔ́:rkʃiər, -ʃər] *n.* 요크셔 《잉글랜드 북동부의 옛 주; 1974년에 North Yorkshire, Humberside, Cleveland의 일부, South Yorkshire, West Yorkshire로 분할; York(s)라고도 함》
Yórkshire térrier 요크셔 테리어 《작고 털이 긴 애완용 개》
Yosémite Nátional Párk 요세미티 국립 공원 《미국 캘리포니아 주 Yosemite Valley를 중심으로 한》
⁑you [ju:, ju, jə] [동음어 yew, ewe] *pron.* (*pl.* ~) **1** [인칭 대명사 제2인칭, 주격 및 목적격(소유격 **your**)] **당신[너희, 자네](들)은[이]**: all of ~ 여러분 모두 / between ~ and me 우리끼리만의 이야기지만 / ~ fellows[people, chaps] 자네들 **2** [명령문] *Y*~ begin. = Begin ~. 자네, 시작하게! **3** [호칭으로 주의를 환기할 때 또는 감탄문에서 명사와 동격으로] *Y*~, there, what's your name? 여보세요, 이름이 무엇이죠? **4** [부정대명사] 《일반적으로》 사람(은 누구나): *Y*~ never can tell. (앞일 등은) 아무도 예측할 수 없는 거야.
to ~ (1) 당신이 사용하는 이름을 쓰자면: Not John, but Mr. Doe *to* ~. 존, 아니 당신이 사용하는 이름으로 하자면 도씨. (2) 알기 쉽게 말하자면: TNT *to* ~ 알기 쉽게 말하자면 TNT ***Y~ and your ...!*** …은 너의 입버릇이구나! 《또 시작했구나 등》
you-all [ju:ɔ́:l, jɔ:l], **y'all** [jɔ:l] *pron.* 《미남부》 [복수의 사람을 직접 부르는 말] 자네들, 당신들

⁑you'd [ju(:)d] you had[would]의 단축형
you-know-what[who] [jú:nòuhwɑ̀t [hú:] | -hwɔ̀t] *n.* 저 그거[사람] 말이야 《필요치 않은 또는 말하기 싫은 이름의 대용》
⁑you'll [ju(:)l] you will[shall]의 단축형
⁑young [jʌŋ] *a.* (**~·er** [jʌ́ŋgər]; **~·est** [jʌ́ŋgist]) **1 젊은**, 어린; 손아래의: a ~ girl 젊은 처녀 **2 한창인**, 기운찬; 청년의: ~ love[ambition] 청춘 시대의 사랑[야망] **3** P 미숙한, 경험 없는 《*in, at*》: ~ *in* teaching[one's trade] 교사[장사] 경험이 적은 **4 손아래의**, 연하(年下)의 《같은 이름[성]의 친족 등》: (the) ~ Jones 아들 존스, 작은 존스 **5** 〈국가·회사 등이〉 역사가 짧은, 신흥의, 아직 요람기에 있는: a ~ nation 신흥 국가 **6** 〈시일·계절·밤 등이〉 아직 이른: The night is still ~. 밤은 아직 깊지 않다[초저녁이다]. **7** 〈포도주 등이〉 숙성되지 않은; 〈야채 등이〉 일찌감치 수확한; 어리고 부드러운
—*n.* U **1** [the ~; 집합적; 복수 취급] 젊은이들, 아이들 **2** [집합적; 복수 취급] 새끼 《동물·새의》
with[in] ~ 〈동물이〉 새끼를 배어
yóung blóod 청춘의 혈기; [집합적] 혈기 왕성한 청년
young·er [jʌ́ŋgər] *a.* (형제 중) 어린 쪽의; 나이 적은 쪽의 **—*n.* 1** 연하(年下)의 사람(junior) **2** [보통 *pl.*] 젊은이; 자녀
young·est [jʌ́ŋgist] *n.* (*pl.* ~) 최연소자, 《특히》 가장 나이 어린 가족, 막내 아이
young·ish [jʌ́ŋiʃ] *a.* 좀 젊은; 아직 젊은 축의
yóung lády 1 젊은 숙녀 《보통 미혼의》 **2** [보통 one's ~] 애인
young·ling [jʌ́ŋliŋ] *n.* **1** 어린 것 《어린 아이·짐승 새끼·어린 나무 등》 **2** 《드물게》 풋내기, 미숙한 사람
yóung mán 청년; 애인
yóung òne 아이, 어린이; 동물[새]의 새끼; [*pl.*] 자손
⁑young·ster [jʌ́ŋstər] *n.* **젊은이**; 어린이, 《특히》 소년
⁑your [juər | jɔ:] [동음어 you're] *pron.* **1** [you의 소유격] **당신(들)의**, 자네(들)의, 너(희들)의 **2** 《구어》 흔히 들 말하는, 소위, 예(例)의 **3** [you 대신에 경칭으로서] *Y*~ Highness 전하(殿下)
⁑you're [juər | jɔ:] [동음어 your] you are의 단축형
⁑yours [juərz | jɔ:z] *pron.* **1** [you의 소유대명사] **당신(들)의 것**: *Y*~ is much better than mine. 자네 것이 내 것보다 훨씬 좋다. **2** [of ~] 당신의 (것인): that book *of* ~ 자네의 그 책 **3** 당신의 역할, 당신의 책임, 당신의 본분: It is ~ to help him. 그를 돕는 것이 자네의 의무야. **4** [편지 맺음말로 써서] 경구(敬具), 경백(敬白), …드림, …올림: *Y*~ faithfully =Faithfully ~ 《회사나 면식 없는 사람 앞으로의 격식차린 편지에서》
⁑your·self [juərsélf, jɔ:r- | jɔ:-] *pron.* (*pl.* **-selves** [-sélvz]) **1** [강조 용법] **당신 자신(이)**: You ~ said so. 자네 자신이 그렇게 말하였지. **2** [재귀 용법] **당신 자신을[에게]** **a** [동사의 목적어]: Know ~. 네 자신을 알라. **b** [전치사의 목적어]: Please take care of ~. 부디 몸조심하세요. **3** 평소의[정상적인] 당신: You aren't ~ today. 오늘은 평소의 당신답지 않다.
(all) by ~ 혼자서, 혼자 힘으로 ***Be ~!*** 《미·속어》 침착해라! ***for ~*** 너 자신을 위해; 스스로; 혼자 힘으로 ***Help ~!*** (음식 등을) 마음껏 드세요.

‡your·selves [juərsélvz, jɔːr- | jɔː-] *pron.* YOURSELF의 복수

‡youth [juːθ] *n.* (*pl.* **~s** [juːðz, juːθs]) Ⓤ **1 젊음**; 원기, 혈기: the secret of keeping one's ~ 젊음을 유지하는 비결 **2 청년 시절**, 청춘기 **3** 초기, 초창기, 발육기: the ~ of the world 고대, 태고 / Our business is still in its ~. 우리 사업은 아직 초창기에 있다. **4** Ⓒ **젊은이**, 청년: a ~ of twenty 20세의 청년 **5** [집합적] **청춘 남녀**, 젊은이들: the ~ of our country 우리 나라의 청춘 남녀 ***in my hot*** [***raw, vigorous***] **~** 나의 혈기 왕성할 무렵에 ***in the days of*** his **~** (그의) 청년 시대에

‡youth·ful [júːθfəl] *a.* **1 젊은; 팔팔한**, 기운찬 **2** 젊은이의, 청년 특유의; 젊은이에 알맞은 **~·ly** *ad.* **~·ness** *n.*

yóuthful offénder 청소년 범죄자 (교화 대상이 되는 14-21세의 보통 초범의 소년범)

yóuth hòstel 유스 호스텔

yóuth hòsteler 유스 호스텔 숙박자

‡you've [juːv, juv] you have의 단축형

yowl [jaul] *vi.* 〈동물이〉 길고 슬프게 (우)짖다 **—***n.* 〈동물의〉 구슬프게 (우)짖는 소리

yo-yo [jóujou] *n.* (*pl.* **~s**) **1** 요요 (장난감) **2** (미·속어) 바보, 멍청이
—*a.* (구어) 오르내리는; 변동하는
—*vi.* 오르내리다; 변동하다

yó-yo díeting 체중 증감이 반복되는 다이어트 (다이어트 성공 후 다시 살찌는)

yr, yr year(s); younger; your

yrs. years; yours

yt·ter·bi·um [itə́ːrbiəm] *n.* Ⓤ [화학] 이테르븀 (희금속 원소; 기호 Yb, 번호 70)

Y2K [컴퓨터] 2000년 문제 (Y는 연도(year), K는 1000을 뜻하는 킬로(kilo)를 의미하며, 2000년을 1900년으로 인식하는 컴퓨터 프로그램의 오류)

yu·an [juːɑ́ːn] *n.* [Chin.] *n.* (*pl.* **~**) 위안, 원 (元) (중국의 화폐 단위; 기호 Y)

Yu·ca·tan [jùːkətǽn | -tɑ́ːn] *n.* 유카탄 (멕시코 남동부의 주[반도])

yuc·ca [jʌ́kə] *n.* [식물] 실난초, 유카 (유카과(科))

yuck·y [jʌ́ki] *a.* (미·속어) 지독히 맛없는; 몹시 싫은[불쾌한]

Yu·go·slav [júːgouslɑ̀ːv] *a.* 유고슬라비아 (사람)의 **—***n.* 유고슬라비아 사람

Yu·go·sla·vi·a [jùːgouslɑ́ːviə] *n.* 유고슬라비아 (유럽 남부의 공화국; 수도 Belgrade)

Yu·kon [júːkɑn | -kɔn] *n.* **1** 유콘(= **~ Térritory**) (캐나다 북서부의 준주(準州)) **2** [the ~] 유콘 강 (Yukon에서 시작하여 알래스카 중앙부를 지나 베링해로 흘러들어가는 강)

yule [juːl] *n.* [종종 **Y~**] (고어) Ⓤ Ⓒ 성탄절, 크리스마스 (계절)

yúle lòg 1 크리스마스 전날 밤에 때는 굵은 장작 **2** 1 비슷한 케이크

yule·tide [júːltàid] *n.* [종종 **Y~**] Ⓤ (시어·문어) 크리스마스 계절

yum·my [jʌ́mi] *a.* (**-mi·er**; **-mi·est**) (구어) **1** 맛있는 (주로 유아·여성 용어) **2** 아주 매력적인

yum-yum [jʌ́mjʌ́m] [의성어] (속어) *int.* 아이 맛있어!

yup [jʌp] *ad.* (구어) = YES

yup·pie [jʌ́pi] [*y*oung *u*rban *p*rofessional+-*ie*] *n.* [때로 **Y~**] (미) 여피족 (미국의 전후(1940년대말에서 50년대 초)에 태어난 대도시 근교에 거주하는 부유한 젊은 엘리트 층)

YWCA Young Women's Christian Association 기독교 여자 청년회

Z z

z, Z [ziː | zed] *n.* (*pl.* **z's, zs, Z's, Zs** [-z]) **1** 제트 (영어 알파벳의 제26자) **2** (연속물의) 26번째(의 것) **3** Z자형(의 것) **4** [수학] 제3 미지수
from A to Z ⇨ a[1], A

Z [화학] atomic number

Z., z. zero; zone

za [zɑː] *n.* (미·속어) 피자(pizza)

zaf·tig [zɑ́ːftig] [Yid. =juicy] *a.* (속어) 〈여자가〉 풍만한, 곡선미가 있는

Za·ire, -ïre [zɑːíər] *n.* 자이르 (아프리카 중부의 공화국; 수도 Kinshasa)

Zam·bi·a [zǽmbiə] *n.* 잠비아 (아프리카 남부에 있는 영연방 내의 공화국; 수도 Lusaka)

Za·men·hof [zɑ́ːmənhɔ̀ːf | -hɔ̀f] *n.* 자멘호프 **Lazarus Ludwig ~** (1859-1917) (폴란드의 안과 의사이며 에스페란토(Esperanto)의 창안자)

za·ny [zéini] *n.* (*pl.* **-nies**) **1** 어릿광대 **2** [역사] 희극 광대의 보조역 **3** 바보
—*a.* (**-ni·er**; **-ni·est**) 어릿광대 같은; 어리석기 짝이 없는

zap [zæp] (구어) *v.* (**~ped**; **~·ping**) *vt.* **1** (단숨에) 해치우다; 때리다 **2** 죽이다 **3** (속어) (비디오 테이프의) 〈광고 장면을〉 빨리 지나가게 하다; (리모컨으로) 〈TV의〉 채널을 바꾸다 **4** [컴퓨터] 화면을 지우다, 〈데이터를〉 삭제하다 **—***vi.* 잽싸게 움직이다, 휙 가다 **—***n.* **1** 힘, 세력, 원기 **2** 적과의 대결; 적의 공격
—*int.* 앗!, 쉭! (급변·급속·돌연 등을 표현); 탕!, 휙! (총소리 등)

zap·py [zǽpi] *a.* (**-pi·er**; **-pi·est**) (구어) 원기 왕성한, 활발한

zar·zue·la [zɑːrzwéilə] [Sp.] *n.* 사르수엘라 (대화 부분도 넣은 스페인의 소규모 오페라)

‡zeal [zi:l] [Gk 「경쟁」의 뜻에서] *n.* Ⓤ 열심, 열의, 열중 《*for*》
with (great) ~ (아주) 열심히

zeal·ot [zélət] *n.* 열중자, 《경멸》 열광자

zeal·ot·ry [zélətri] *n.* Ⓤ 《경멸·드물게》 열광; 열광적 행동

‡zeal·ous [zéləs] *a.* **1 열심인, 열광적인 2** Ⓟ 열망하여 《*for, to* do》; 열중하여 《*in*》: He is ~ *to* please his wife. 그는 아내를 애써 기쁘게 해주고 싶어한다. **~·ly** *ad.* **~·ness** *n.*

***ze·bra** [zí:brə | zéb-] *n.* (*pl.* **~s,** [집합적] ~) 〖동물〗 **얼룩말** 《아프리카산》

zébra cròssing 《영》 (길 위에 흰색 사선을 칠한) 횡단 보도

ze·bu [zí:bju:] *n.* 〖동물〗 혹소 《등에 큰 혹이 있음》

Zech. 〖성서〗 Zechariah

Zech·a·ri·ah [zèkəráiə] *n.* 〖성서〗 스가랴 《기원전 6세기의 Israel의 예언자》, 스가랴서 《구약 성서의 한 편; 略 Zech.》

zed [zed] *n.* 《영》 **1** Z[z]자의 명칭(cf. ZEE) **2** Z자형의 것

zee [zi:] *n.* 《미》 Z[z]자의 명칭(cf. ZED)

zeit·geist [tsáitgàist] [G = spirit of the time] *n.* [the ~, 종종 **Z~**] 시대정신[사조]

Zen [zen] [Jap.] *n.* Ⓤ 〖불교〗 선(禪)

***ze·nith** [zí:niθ | zén-] [Arab. 「머리 위의 길」의 뜻에서] *n.* **1** [the ~] **천정**(天頂) **2** (명성·성공·권세 등의) **정점**, 절정: at the ~ of …의 절정에 / be at one's [its] ~ 성공[영광, 권세]의 절정에 있다, 최고조에 달해 있다

Ze·no [zí:nou] *n.* 제논(335?-263? B.C.) 《그리스의 철학자; 스토아 학파의 시조》

Zeph. 〖성서〗 Zephaniah

Zeph·a·ni·ah [zèfənáiə] *n.* 〖성서〗 스바냐 《유대의 예언자》; 스바냐서 《그의 예언을 기록한 구약 성서의 한편; 略 Zeph.》

zeph·yr [zéfər] *n.* **1** [**Z~**] 《시어》 (의인화된) 서풍(西風) **2** 산들바람, 미풍, 연풍

zep·pe·lin [zépəlin] [설계자인 독일 장군의 이름에서] *n.* [종종 **Z~**] 체펠린형 비행선

‡ze·ro [zíərou] [Arab. = empty] *n.* (*pl.* ~(e)s) **1** 0, 영 《아라비아 숫자의》 **2** Ⓤ **a** (성적·시합 등의) 영점; (온도계 등의) **0도**, 빙점(氷點); at 10 below ~ 영하 10도에서 **b** (측정의) 제로 점[시], 기점(基點·起點) **3** 무(無), 제로 **4** Ⓤ (비교 또는 계산의) 최하점, 최하위
absolute ~ 절대 0도 《섭씨 영하 273.15°》
— *a.* **1** Ⓐ 0(도)의, 제로의: the ~ point 0점, 0도 **2** 조금도 없는
— *vt.* 〈계기(計器) 미터의 바늘 등을〉 0에 맞추다
~ ***in*** 〈소총 등의 가늠자를〉 0점 조준을 하다 ~ ***in on*** (1) (포 등의) 조준을 〈목표〉에 맞추다; …에 포화를 집중하다 (2) …에 주의력을 집중하다, …에 초점을 맞추다 (3) 〈사람 등이〉 …을 향하여 모이다[다가가다]

ze·ro-base [zíəroubèis] *vt.* 〈예산 등을〉 백지 상태로 되돌려 결정하다, 〈문제 등을〉 출발점으로 되돌아가 결정[검토]하다

ze·ro-based [-bèist] *a.* (지출 등의) 각 항목을 비용과 필요성의 관점에서 백지 상태에서 검토한, 제로베이스의

zéro deféects 무결함 운동 《제품 생산의 전 공정에서 완전 무결을 기하자는 운동》

zéro económic grówth 경제의 제로 성장

zéro grávity 〖물리〗 무중력 (상태)

zéro hòur 1 a 〖군사〗 행동 개시 예정 시각 **b** (로켓 등의) 발사 시각 **2** 《구어》 예정 시각 **3** 결정적[위기의] 순간

ze·ro-rat·ed [-réitid] *a.* 〈상품이〉 부가가치세가 면세된

ze·ro-sum [-sʌ̀m] *a.* 〈게임·관계 등이〉 쌍방 득실(得失)의 차가 무(無)인

zéro-sum gáme 〖경제〗 제로섬 게임 《득실의 합계가 항시 제로가 되는 것과 같은 게임; 저성장 경제하의 동일 시장 규모 내에서 벌어지는 시장 점유의 쟁탈 경쟁 등에 대해서 쓰는 말》

ze·ro-ze·ro [zíərouzíərou] *a.* 〖기상·항공〗 시계(視界)가 수평·수직 모두 0(zero)의: ~ weather 〖항공〗 시계 제로의 악천후 《비행 불가능 상태》

***zest** [zest] [F 「풍미용의」 오렌지 껍질」의 뜻에서] *n.* Ⓤ **1** [또는 a ~] **열정**, 강한 흥미 《*for*》: give[add] (a) ~ to …에 묘미[흥취]를 더하다 / with ~ 대단한 흥미[열성]를 가지고 **2** (음식물에 넣는) 풍미를 더하는 것 《레몬·오렌지의 껍질 등의 한 조각》 **3** [또는 a ~] 기분 좋은 자극, 풍취, 묘미

zest·ful [zéstfəl] *a.* **1** 열심인; 흥미를 가진 **2** 향미[풍취] 있는 **~·ly** *ad.*

ze·ta [zéitə | zí:-] *n.* 제타 《그리스 자모의 제6자; Ζ, ζ; 영어의 Z, z에 해당》

zeug·ma [zú:gmə | zjú:g-] *n.* Ⓤ 〖문법·수사학〗 액어법(軛語法) 《하나의 형용사 또는 동사를 가지고 다른 종류의 2개(이상)의 명사를 억지로 수식 또는 지배시키는 것; with *weeping* eyes and *bleeding* hearts 라고 해야 할 것을 with *weeping* eyes and hearts라고 하는 등》

***Zeus** [zu:s | zju:s] *n.* 〖그리스신화〗 **제우스** 《Olympus 산의 최고의 신; 로마 신화의 Jupiter에 해당》

zig·gu·rat [zígurӕt], **zik·(k)u·rat** [zíkurӕt] *n.* 지구라트 《고대 바빌로니아·앗시리아의 피라미드 형태의 신전》

‡zig·zag [zígzӕg] *n.* **1 Z자형, 지그재그**(형) **2** Z자 꼴의 것 《장식·선·번갯불·도로 등》 — *a.* Ⓐ Z자형[지그재그]의
— *ad.* 지그재그[Z자 꼴]로
— *v.* (**~ged**; **~·ging**) *vt.* 지그재그 꼴로 하다, 지그재그로 움직이다[나아가게 하다]
— *vi.* **1** 〈길·강이〉 Z자 꼴로 흐르다[꼴을 이루다]; 〈사람이〉 갈지자로 걷다 **2** Z자 꼴이 되다[꼴로 나아가다]: The demonstrators *~ged along* the street. 시위대는 거리를 지그재그로 행진해 갔다.

zilch [ziltʃ] *n.* 《미·속어》 제로, 0, 무

zil·lion [zíljən] *n.* (*pl.* **~s,** ~), *a.* 《구어》 헤아릴 수 없이 많은 수(의), 무수(한): a ~ mosquitoes = ~*s* of mosquitoes 무수한 모기

Zim·bab·we [ziːmbɑ́ːbwei, -wí] *n.* 짐바브웨 《아프리카 남동부의 공화국; 수도 Harare; 구칭 Southern Rhodesia》

‡**zinc** [ziŋk] *n.* Ⓤ 〖화학〗 **아연** 《금속 원소; 기호 Zn, 번호 39》 ***flowers of*** ~ 산화아연, 아연화(亞鉛華)

zínc óintment 〖약학〗 아연화 연고

zínc óxide 〖화학〗 산화아연, 아연화(華)

zínc súlfate 〖화학〗 황산아연 《안료 원료·의약품이 됨》

zínc whíte 〖화학〗 아연백(白) 《산화아연으로 만든 백색 안료》

zin·fan·del [zínfəndèl] *n.* (캘리포니아산) 흑포도; 그것으로 만든 적포도주

zing [ziŋ] [의성어] 《속어》 *n.* **1** 핑핑[쌩쌩](하는 소리) **2** ⓊⒸ 원기, 활기, 열의 **—** *vi.* 쌩쌩 소리 내다[내며 달리다]

zing·er [zíŋər] *n.* 《속어》 **1** 활기찬 발언[행동, 사람]; 재치 있는 대답 **2** 깜짝 놀라게 하는 행동[소식]

zin·ni·a [zíniə] *n.* 〖식물〗 지니아 《엉거싯과(科)의 각종 식물》, 《특히》 백일초

Zi·on [záiən] *n.* **1 a** 시온산 《Jerusalem 성지의 언덕》 **b** (유대인의 고향·유대교의 상징으로서의) 팔레스타인 **c** [집합적] 이스라엘 백성; 유대 민족 **2 a** Ⓤ 고대 유대의 신정(神政) **b** 그리스도 교회(Christian Church) **c** Ⓤ 하늘의 예루살렘, 천국

Zi·on·ism [záiənìzm] *n.* Ⓤ 시온주의, 시오니즘 《Palestine에 유대인 국가를 건설하는 유대 민족 운동》

Zi·on·ist [záiənist] *n.* 시온주의자, 시오니스트 **—** *a.* 시온주의의, 시오니즘을 신봉[옹호]하는

zip[1] [zip] [의성어] *n.* **1** 핑, 휭, 찍 《탄환이 날아가는 소리, 또는 천을 찢는 소리》 **2** Ⓤ 《구어》 기력, 원기
— *v.* (**~ped**; **~·ping**) *vi.* **1** 〈차·총알 등이〉 핑하고 소리내며 나아가다[움직이다]: ~ by 핑 소리내며 지나가다 **2** 《구어》 힘차게 나아가다: ~ along the street 거리를 힘차게 나아가다 **3** 《구어》 〈일이〉 빨리 되어 나가다, 〈사람이〉 신속하게 하다
— *vt.* **1** …에 속력[힘]을 가하다 **2** …에게 활기를 주다 《*up*》

zip[2] *n.* 《영》 = ZIPPER
— *v.* (**~ped**; **~·ping**) *vt.* **1** 지퍼로 잠그다[열다]: He ~*ped* the money into his wallet. 그는 지퍼를 열고 돈을 지갑에 넣었다. **2** 〈입 등을〉 다물다

zip[3] 《속어》 *n.* (스포츠 득점 등의) 제로, 영 **—** *vt.* (**~ped**; **~·ping**) 완봉[영봉]하다 《야구 등에서》

ZIP [zip] *n.* 〖컴퓨터〗 집 《데이터 압축 프로그램 PKzip을 취급하는 파일 포맷》

‡**zíp[ZÍP, Zíp] còde** [*z*one *i*mprovement *p*rogram[*p*lan]] 《미》 **우편 번호** (《영》 postcode): ~ system 우편 번호 시스템

zip-code [zípkòud] *vt.* 《미》 …에 우편 번호를 써 넣다

zip-fas·ten·er [-fæ̀snər | -fɑ̀ːs-] *n.* 《영》 = ZIPPER

zíp file 〖컴퓨터〗 집 파일 《보관이나 전송을 위해 압축된 확장 파일》

zip·per [zípər] *n.* 《미》 지퍼

zip·py [zípi] *a.* 《구어》 기운찬, 생기 넘치는, 활발한

zip-top [zíptɑ̀p | -tɔ̀p] *a.* Ⓐ (깡통 등의) 뚜껑 가두리의 금속테를 말면서 따는

zir·con [zə́ːrkɑn | -kɔn] *n.* Ⓤ 〖광물〗 지르콘

zir·co·ni·um [zəːrkóuniəm] *n.* Ⓤ 〖화학〗 지르코늄 《금속 원소; 기호 Zr, 번호 40》

zit [zit] *n.* 《미·속어》 여드름(pimple)

zith·er [zíðər, zíθ- | zíð-] *n.* 치터 《Tyrol 지방의 현악기의 이름; 하프(harp)류》 **~·ist** *n.* 치터 연주자

zizz [ziz] *n.*, *vi.* 《구어》 한숨 (자다), 앉아 졸기[졸다], 선잠(자다)

zlo·ty [zlɔ́ːti | zlɔ́ti] *n.* (*pl.* **~s**, ~) 즐로티 《폴란드의 화폐 단위; 기호 Zl》

Zn 〖화학〗 zinc

*__zo·di·ac__ [zóudiæ̀k] [Gk 「동물을 포함한 (원)」의 뜻에서] *n.* **1** [the ~] 〖천문〗 **황도대(黃道帶)**, 수대(獸帶) **2** 〖점성〗 12궁도(圖) ***the signs of the*** ~ 〖천문·점성〗 12궁(宮) 《Aries 「백양」, Taurus 「황소」, Gemini 「쌍둥이」, Cancer 「큰게」, Leo 「사자」, Virgo 「처녀」, Libra 「천칭(天秤)」, Scorpio 「전갈」, Sagittarius 「궁수」, Capricorn 「염소」, Aquarius 「물병」 및 Pisces 「물고기」를 말함》

zo·di·a·cal [zoudáiəkəl] *a.* 〖천문·점성〗 수대(獸帶)의, 황도대(내)의; 12궁의

zof·tig [zɑ́ftik, -tig | zɔ́f-] *a.* = ZAFTIG

zom·bi(e) [zɑ́mbi | zɔ́m-] *n.* **1** 죽은 자를 되살아나게 하는 영력 《서인도 제도 원주민의 미신》; 그 힘으로 되살아난 시체 **2** 《구어》 (무의지적·기계적인 느낌의) 무기력한 사람, 멍청이

zon·al [zóunl] *a.* **1** 띠의, 띠 모양의 **2 a** 지구[구역]로 갈라진, 지구[구역]제의 **b** 지구의, 구역의 **~·ly** *ad.*

‡**zone** [zoun] [Gk 「띠」의 뜻에서] *n.* **1 지대, 지역, 구역 2** 〖지리〗 (한대·열대 등의) 대(帶) **3** 〖생태〗 (같은 종류의 동식물이 생육하고 있는) 대(帶) **4** (도로의) 교통 규제 구역; (교통 기관의) 동일 운임 구간 **5** (도시 계획 등의) 지구 **6** 《미》 (소포 우편·전화 등의) 동일 요금 구역; 《미》 (도시의) 우편 번호구
— *vt.* **1** 띠(모양으)로 두르다[감다] **2** 〈장소를〉 …지역으로 나누다[구획하다]: ~ the world into climatic provinces 세계를 풍토상의 지역으로 구분하다 **3** 〈도시를〉 구획하다: ~ a district as residential 어떤 지역을 주택 구역으로서 구획하다

zóne defènse (농구 등에서) 지역 방어

zon·ing [zóuniŋ] *n.* Ⓤ (도시 계획의) 지대 설정, 지역제

zonked [zɑŋkt | zɔŋkt] *a.* 《속어》 **1** (마약·술에) 취한 **2** 지친; (지쳐서) 푹 잠든

‡**zoo** [zuː] [*zoo*logical (garden)] *n.* (*pl.* **~s**) 《구어》 **동물원**

‡**zo·o·log·i·cal** [zòuəlɑ́dʒikəl | -lɔ́dʒ-] *a.* **동물학(상)의**; 동물에 관한 **~·ly** *ad.*

zo·ol·o·gist [zouɑ́lədʒist | -ɔ́l-] *n.* 동물학자

Z

‡zo·ol·o·gy [zouálədʒi | -ɔ́l-] *n.* Ⓤ 동물학

***zoom** [zu:m] [의성어] *n.* **1** 〖항공〗 급상승; (물가의) 급등 **2** 〖사진〗 줌렌즈 **3** [a ~] (차 등의) 붕 소리

— *vi.* **1** 〈비행기가〉 **급상승하다** 《*up*》 **2** 붕 소리내다; 〈자동차·운전자 등이〉 붕 소리내며 달리다: The racing cars *~ed around* the course. 경주용 차들이 붕 소리를 내며 코스를 돌았다. **3** 〈영상이〉 (줌렌즈에 의해) 급격히 확대[축소]되다 **4** 〈물가 등이〉 급등하다 《*up*》

~ *in* 〖영화·TV〗 〈카메라가〉 (줌렌즈로) 화상을 서서히 확대하다 《*on*》 **~ *out*** 〖영화·TV〗 〈카메라가〉 (줌렌즈로) 화상을 서서히 축소하다 **~ *up*** 〈비행기·물가 등이〉 급상승하다

zóom lèns 〖사진〗 줌렌즈 《영상을 확대·축소시키기 위하여 초점 거리를 자유롭게 바꿀 수 있는 렌즈》

zo·o·phyte [zóuəfàit] *n.* 〖동물〗 식충(植蟲)류 《말미잘·불가사리·산호·해면 등》

zoot [zu:t] 《속어》 *a.* 지나치게 화려한, 최신 유행의

— *n.* 젠체하는 사람, 멋쟁이

zóot sùit 《구어》 어깨가 넓고 길이가 긴 상의와 아랫자락이 좁고 통이 넓은 하의로 된 1940년대에 유행한 남성복

Zo·ro·as·ter [zɔ́:rouæ̀stər | zɔ̀rouǽs-] *n.* 조로아스터교의 교조 《기원전 600년경》

Zo·ro·as·tri·an [zɔ̀:rouǽstriən | zɔ̀r-] *a.* 조로아스터(교)의

— *n.* 조로아스터교도

Zo·ro·as·tri·an·ism [zɔ̀:rouǽstriən-ìzm | zɔ̀r-], **-trism** [-trizm] *n.* Ⓤ 조로아스터교, 배화교(拜火敎)

Zou·ave [zu:á:v, zwá:v] *n.* 주아브병(兵) 《프랑스 보병; 원래 알제리 사람으로 편성되고 아라비아 옷을 입었음》

zuc·chi·ni [zu:kí:ni] [It. =gourd] *n.* (*pl.* **~, ~s**) 《미》 〖식물〗 주키니 《오이 비슷한 서양 호박》

Zu·lu [zú:lu:] *n.* (*pl.* **~s, ~**) **1** [the ~(s)] 줄루 족 《남아프리카 공화국 Natal 주에 사는 용맹한 종족》; 줄루 사람 **2** Ⓤ 줄루 말

— *a.* 줄루 사람[말]의

Zu·rich, Zü·rich [zúərik | zjúər-] *n.* 취리히 《스위스 북부의 주; 그 주도》

Zwing·li [zwíŋgli] *n.* 츠빙글리 **Ulrich ~** (1484-1531) 《스위스의 종교 개혁자》

Zwing·li·an [zwíŋgliən] *a.*, *n.* 츠빙글리파의 (교도)

zy·go·gen·e·sis [zàigoudʒénəsis, zìg-] *n.* 〖생물〗 접합자 형성; 배우자 생식

-ge·net·ic [-dʒənétik] *a.*

zy·go·ma [zaigóumə, zi-] *n.* (*pl.* **~·ta** [tə], **~s**) 〖해부〗 광대뼈, 관골(顴骨), 협골(頰骨), 관골 돌기

zy·gote [záigout, zíg-] *n.* 〖생물〗 접합자(接合子), 접합체

zy·go·tene [záigətì:n, zíg-] *n.* 〖생물〗 접합기, 합사기(合絲期) 《감수 분열 전기의 세사기(細絲期)에 이어지는 시기로, 양친에게서 온 상동(相同) 염색사가 접합함》

zy·mol·o·gy [zaimálədʒi | -mɔ́l-] *n.* Ⓤ 발효학

zy·mot·ic [zaimátik | -mɔ́t-] *a.* 발효(성)의

zy·mur·gy [záimə:rdʒi] *n.* Ⓤ 양조학(釀造學)

ZZZ, zzz [z:, zí:zí:zí] *int.* 쿨쿨, 드르렁드르렁 《코고는 소리》

Appendixes

부록

속담과 격언 **1334**

불규칙 동사표 **1339**

속담과 격언

가는 말이 고와야 오는 말이 곱다	Do as you would be done by.
가재는 게 편/유유상종(類類相從)	Birds of a feather flock together.
간결함이 지혜의 핵심	Brevity is the soul of wit.
갈수록 태산/설상가상(雪上加霜)	Out of the frying pan into the fire.
개구리 올챙이 적 생각 못한다	Set a beggar on horseback, and he'll ride to the Devil.
개도 나갈 구멍을 보고 쫓아라	Don't back him into a corner.
개천에서 용 난다	A rags to riches story.
건강한 육체에 건전한 정신	A sound mind in a sound body.
견물생심(見物生心)	Opportunity makes a thief.
경험은 최고의 선생이다	Experience is the best teacher.
고생 끝에 낙이 온다	No pleasure without pain.
고슴도치도 제 새끼는 함함하다고 한다	The crow thinks its own bird fairest.
고진감래(苦盡甘來)	After a storm comes a calm.
곧은 나무 쉬 꺾인다	The good die young.
공격이 최선의 방어	Attack is the best form of defence.
공수래공수거(空手來空手去)	Naked came we into the world and naked shall we depart from it.
공자 앞에서 문자 쓴다	To teach a fish how to swim.
과부 사정은 과부가 안다	Dog doesn't eat dog.
구관이 명관이다	Better the devil you know than the devil you don't know.
구더기 무서워 장 못 담글까	If you don't make mistakes, you don't make anything.
구르는 돌은 이끼가 끼지 않는다	A rolling stone gathers no moss.
구우일모(九牛一毛)	A drop in the bucket.
군계일학(群鷄一鶴)	Stands out in the crowd.
굴러온 돌이 박힌 돌 뺀다	Bad money drives out good.
궁하면 통한다	Necessity is the mother of invention.
귀한 자식 매로 키워라	Spare the rod and spoil the child.
그림의 떡	Pie in the sky.
극과 극은 통한다	Extremes meet.
긁어 부스럼	Let sleeping dogs lie.
금강산도 식후경	Empty sacks will never stand upright.
금상첨화(錦上添花)	Icing on the cake.
급할수록 돌아가라	More haste, less speed.
꿩 먹고 알 먹는다	Kill two birds with one stone.
나쁜 소문은 빨리 퍼진다	Bad news travels fast.
낙숫물이 댓돌을 뚫는다	Constant dropping wears away a stone.
남의 떡이 커 보이는 법	The grass is always greener on the other side of the fence.
낮말은 새가 듣고 밤말은 쥐가 듣는다	Walls have ears.
내 손에 장을 지지겠다	I'll eat my hat.

놓친 고기가 더 크다	The fish that got away.
누워서 떡 먹기	It's a piece of cake.
누워서 침 뱉기	Cut off your nose to spite your face.
눈 가리고 아웅	The cat that ate the canary.
대장의 집에 식칼이 논다	The cobbler's children go barefoot.
도둑이 제 발 저리다	A guilty conscience needs no accuser.
도랑 치고 가재 잡는다	One stone, two birds.
돈만 있으면 귀신도 부릴 수 있다	Money answers all things.
돌다리도 두들겨 보고 건너라	Look before you leap.
동병상련(同病相憐)	Misery loves company.
돼지에 진주 목걸이	Casting pearls before swine.
될성부른 나무는 떡잎부터 알아본다	As the twig is bent, so grows the tree.
두 손뼉이 맞아야 소리가 난다	It takes two to tango.
뒷간에 갈 적 마음 다르고 올 적 마음 다르다	Danger past, God forgotten.
등잔 밑이 어둡다	The husband is always the last to know.
떡 줄 사람은 생각도 안하는데 김칫국부터 마시지마라	Don't count your chickens before they are hatched.
똥 묻은 개가 겨 묻은 개 나무란다	The pot calls the kettle black.
뜻이 있는 곳에 길이 있다	Where there is a will, there is a way.
로마는 하루 아침에 만들어지지 않았다	Rome wasn't built in a day.
로마에서는 로마의 법을 따르라	When in Rome, do as the Romans do.
말 타면 경마 잡히고 싶다	Greed has no limits.
말하는 것과 행하는 것은 별개이다	To say is one thing; to practice is another.
먹을 가까이 하면 검어진다	Evil communications corrupt good manners.
먼 진척보다 가까운 이웃이 낫다	A good neighbor is better than a brother off.
모든 길은 로마로 통한다	All roads lead to Rome.
모로 가도 서울만 가면 된다	The end justifies the means.
모르는 게 약이다	Ignorance is bliss.
무소식이 희소식	No news is good news.
물에 빠지면 지푸라기라도 움켜쥔다	A drowning man will catch at a straw.
미꾸라지 한 마리가 온 웅덩이를 흐려 놓는다	One rotten apple spoils the barrel.
미인박명(美人薄命)	Whom the Gods love die young.
믿는 도끼에 발등 찍힌다	Stabbed in the back.
믿음은 산을 움직인다	Faith will move mountains.
바늘 도둑이 소도둑 된다	He that will steal a pin will steal an ox.
반짝이는 것이 모두 금은 아니다	All that glitters is not gold.
발 없는 말이 천리 간다	Bad news travels fast.
백문(百聞)이 불여일견(不如一見)	Seeing is believing.

백지장도 맞들면 낫다	Two heads are better than one.
범 없는 골에 토끼가 스승이라	When the cat's away, the mice will play.
보이지 않으면 마음에서도 멀어진다	Out of sight, out of mind.
부뚜막의 소금도 집어넣어야 짜다	He that would eat the fruit must climb the tree.
부전자전(父傳子傳)	Like father, like son.
부처님 눈에는 모두 부처로 보인다	To the pure all things are pure.
분수에 맞게 살아라	Cut your coat according to your cloth.
불난 집에 부채질한다	Add fuel to the fire.
비 온 뒤에 땅이 굳어진다	After a storm comes a calm.
빈 수레가 요란하다	Barking dogs seldom bite. Empty vessels make the most sound.
빌어먹는 놈이 콩밥을 마다할까	Beggars can't be choosers.
빛 좋은 개살구	Appearances are deceptive.
뿌린 대로 거둔다/자업자득(自業自得)	As one sows, so shall he reap.
사고는 생기게 마련	Accidents will happen.
사공이 많으면 배가 산으로 올라간다	Too many cooks spoil the broth.
사촌이 땅을 사면 배가 아프다	Turning green with envy.
서당 개 삼 년에 풍월(을) 한다	The sparrow near a school sings the primer.
서울에서 김서방 찾기	Searching for a needle in a haystack.
선무당이 사람 잡는다	A little knowledge is a dangerous thing.
세 살 적 버릇이 여든까지 간다	What's learned in the cradle is carred to the grave.
세월이 약이다	Time heals all wounds.
소문만복래(笑門萬福來)	If you laugh, blessings will come your way.
소 잃고 외양간 고친다	It's too late to shut the stable door after the horse has bolted.
솜씨 없는 일꾼, 연장만 나무란다	A bad workman always blames his tools.
쇠귀에 경 읽기	Talking to the wall.
쇠뿔도 단김에 빼라	Make hay while the sun shines. Strike while the iron is hot.
쉽게 얻은 것은 쉽게 나간다	Easy come, easy go.
스승보다 나은 제자 없다	A stream cannot rise above its source.
습관은 제2의 천성	Habit is a second nature.
시작이 반이라	Well begun is half done.
시장이 반찬	Hunger is the best sauce.
십년공부 도로 아미타불	All the pains were for nothing.
아내가 귀여우면 처갓집 말뚝 보고도 절한다	Love me, love my dog.
아는 것이 힘이다	Knowledge is power.

아니 땐 굴뚝에 연기 날까	No smoke without fire. Where there's smoke, there's fire.
늦게라도 하는 것이 안하는 것보다 낫다	Better late than never.
양지가 음지 되고 음지가 양지 된다	Life is full of ups and downs.
어려울 때 돕는 친구가 참된 친구이다	A friend in need is a friend indeed.
엎어지면 코 닿을 데	Within a stone's throw.
엎지른 물	It's no use crying over spilt milk. What's done cannot be undone.
엎친 데 덮치다/화불단행(禍不單行)	It never rains but it pours. Misfortunes never come singly.
연습이 대가를 만든다	Practice makes perfect.
열 번 찍어 안 넘어가는 나무 없다	Constant dropping wears away a stone. Little strokes fell great oaks.
예방이 치료보다 낫다	Prevention is better than cure.
예술은 길고 인생은 짧다	Art is long and life is short.
예외 없는 규칙은 없다	There is no rule but has some exceptions.
오늘 할 일을 내일로 미루지 마라	Don't put off for tomorrow what you can do today.
옷이 날개라	Clothes make the man. Fine feathers make fine birds.
용감한 자만이 미인을 얻을 수 있다	None but the brave deserve the fair.
우는 아이 젖 준다	The squeaking wheel gets the grease.
우물에 가 숭늉 찾기	To seek hot water under cold ice.
우물을 파도 한 우물을 파라	A rolling stone gathers no moss.
웃는 낯에 침 뱉으랴	Civility costs nothing. A soft answer turns away wrath.
원숭이도 나무에서 떨어진다	Homer sometimes nods.
윗물이 맑아야 아랫물이 맑다	The fish always stinks from the head downwards.
은혜를 원수로 갚는다	Bite the hand that feeds you.
이열치열(以熱治熱)	Fight fire with fire.
이웃이 사촌보다 낫다	A good neighbor is better than a brother off.
일각(一刻)이 여삼추(如三秋)	Every minute seems like a thousand.
일석이조(一石二鳥)	Kill two birds with one stone.
입에 쓴 약이 병에는 좋다	A good medicine tastes bitter.
일찍 일어나는 새가 벌레를 잡는다	The early bird catches the worm.
자라 보고 놀란 가슴 솥뚜껑 보고 놀란다	A burnt child dreads the fire.
잔잔한 물이 깊게 흐른다	Still waters run deep.
재주는 곰이 넘고 돈은 되놈[주인]이 받는다	One man sows and another man reaps.
정직이 최선의 방책	Honesty is the best policy.
제 눈에 안경	Beauty is in the eye of the beholder.

제때의 한 바늘이 아홉 바늘의 수고를 던다	A stitch in time saves nine.
제 버릇 개 줄까	A leopard cannot change his spots.
종로에서 뺨 맞고 한강에서 눈 흘긴다	Go home and kick the dog.
좋은 약은 입에 쓰다	A good medicine tastes bitter.
쥐구멍에도 볕 들 날 있다	Every cloud has a silver lining. Every dog has his day.
지렁이도 밟으면 꿈틀한다	Even a worm will turn.
진퇴양난(進退兩難)	Between a rock and a hard place.
짖는 개는 좀처럼 물지 않는다	Barking dogs seldom bite.
짚신도 제짝이 있다	Every Jack has his Jill.
쭈그렁밤송이 삼 년 간다	A creaking door hangs longest.
참고 기다리는 자만이 큰 일을 한다	All things come to those who wait.
참는 자에게 복이 있다	Bear and forbear.
천 리 길도 한 걸음부터	A journey of a thousand miles begins with a single step.
첫술에 배 부르랴	Rome wasn't built in a day.
최후에 웃는 자가 참으로 웃는 자이다	He who laughs last, laughs best.
친구를 보면 그 사람을 알 수 있다	A man is known by the company he keeps.
침소봉대(針少峰大)	Making a mountain out of a molehill.
콩으로 메주를 쑨데도 곧이 듣지 않는다	You've cried wolf too many times.
털어서 먼지 안 나는 사람 없다	Everyone has a skeleton in his closet.
토끼 둘을 잡으려다가 하나도 못 잡는다	If you run after two hares, you will catch neither.
티끌 모아 태산	Many a little makes a mickle.
팔이 안으로 굽지 밖으로 굽나	Charity begins at home.
펜이 칼보다 강하다	The pen is mightier than the sword.
평안 감사도 저 싫으면 그만이다	You can take a horse to the water, but you can't make him drink.
피는 물보다 진하다	Blood is thicker than water.
피는 못 속인다	Blood will tell.
필요는 발명의 어머니	Necessity is the mother of invention.
하늘은 스스로 돕는 자를 돕는다	Heaven helps those who help themselves.
하늘이 무너져도 솟아날 구멍이 있다	If the sky falls, we shall catch larks.
하룻강아지 범 무서운 줄 모른다	Nothing is so bold as a blind mare.
학문에는 왕도가 없다	There is no royal road to learning.
호랑이 굴에 가야 호랑이 새끼를 잡는다	Nothing ventured, nothing gained.
호랑이도 제 말 하면 온다	Speak of the devil.
호랑이에게 물려 가도 정신만 차리면 산다	Drive gently over the stones.

불규칙 동사표

다음 표의 동사들은 일상 영어에서 자주 쓰이는 것들이다. overdrink, rewrite 등의 복합 동사의 활용은 drink, write 등 단순 동사와 같은 변화임에 주의해야 한다. 활용 동사 중 현재는 고형(古形)이라 생각되는 것 (예를 들면 write의 과거형, 과거분사로서의 writ 등)과 방언은 이탤릭체로 구분해 놓았다.

현 재 형	과 거 형	과거분사
abide	abode, abided	abode, abided
alight[1]	alighted, *alit*	alighted, *alit*
arise	arose	arisen
awake	awoke, awaked	awoke, awaked
backbite	backbit	backbitten, backbit
backslide	backslid	backslid, backslidden
be[**am, is**; **are**]	was, were	been
bear	bore, *bare*	borne, born
beat	beat	beaten, beat
become	became	become
befall	befell	befallen
beget	begot, *begat*	begotten, begot
begin	began	begun
begird	begirt, begirded	begirt
behold	beheld	beheld
bend	bent	bent, *bended*
bereave	bereaved, bereft	bereaved, bereft
beseech	besought, beseeched	besought, beseeched
beset	beset	beset
bespeak	bespoke, *bespake*	bespoken, bespoke
bespread	bespread	bespread
bestrew	bestrewed	bestrewed, bestrown
bestride	bestrode, bestrid	bestridden, bestrid
bet	bet, betted	bet, betted
betake	betook	betaken
bethink	bethought	bethought
bid	bade, bad,	bidden, bid
bide	bode, bided bid	bided
bind	bound	bound
bite	bit	bitten, bit
bleed	bled	bled
blend	blended, blent	blended, blent
bless	blessed, blest	blessed, blest
blow[1]	blew	blown, blowed
blow[3]	blew	blown
break	broke, *brake*	broken, broke
breast-feed	breast-fed	breast-fed
breed	bred	bred
bring	brought	brought
broadcast	broadcast, broadcasted	broadcast, broadcasted
browbeat	browbeat	browbeaten
build	built	built
burn	burnt, burned	burnt, burned
burst	burst	burst
buy	bought	bought
can	could	——
cast	cast	cast
catch	caught	caught

현 재 형	과 거 형	과거분사
chide	chide	chidden, chid
choose	chose	chosen
cleave[1]	cleaved, clove, cleft	cleaved, cloven, cleft
cleave[2]	cleaved, *clave*	cleaved
cling	clung	clung
clip	clipped	clipped, clipt
clothe	clothed, clad	clothed, clad
come	came	come
cost	cost	cost
creep	crept	crept
crow	crowed, crew	crowed
curse	cursed, curst	cursed, curst
cut	cut	cut
dare	dared, *durst*	dared
deal	dealt	dealt
dig	dug, *digged*	dug, *digged*
dive	dived, dove	dived
do, does	did	done
draw	drew	drawn
dream	dreamed, dreamt	dreamed, dreamt
dress	dressed, drest	dressed, drest
drink	drank, *drunk*	drunk, drank, *drunken*
drip	dripped, dript	dripped, dript
drive	drove, *drave*	driven
drop	dropped, dropt	dropped, dropt
dwell	dwelt, dwelled	dwelt, dwelled

현 재 형	과 거 형	과거분사
eat	ate, *eat*	eaten, *eat*
enwind	enwound	enwound
fall	fell	fallen
feed	fed	fed
feel	felt	felt
fight	fought	fought
find	found	found
fit	fitted, fit	fitted, fit
fix	fixed, fixt	fixed, fixt
flee, fly	fled	fled
fling	flung	flung
fly	flew, fled, flied	flown, fled, flied
forbear	forbore	forborne
forbid	forbade, forbad	forbidden, forbid
fordo	fordid	fordone
forecast	forecast, forecasted	forecast, forecasted
forego	forewent	foregone
foreknow	foreknew	foreknown
forerun	foreran	forerun
foresee	foresaw	foreseen
foreshow	fore-showed	foreshown
foretell	foretold	foretold
forget	forgot	forgotten, forgot
forgive	forgave	forgiven
forsake	forsook	forsaken
forswear	forswore	forsworn
freeze	froze	frozen
gainsay	gainsaid	gainsaid
get	got, *gat*	got, (미) gotten
gild	gilded, gilt	gilded, gilt
gird	girded, girt	girded, girt
give	gave	given
gnaw	gnawed	gnawed, gnawn
go	went	gone
grave[3]	graved	graved, graven
grind	ground	ground

현 재 형	과 거 형	과거분사	현 재 형	과 거 형	과거분사
grow	grew	grown	**lose**	lost	lost
hamstring	ham-	ham-	**make**	made	made
	stringed,	stringed,	**may**	might	——
	hamstrung	hamstrung	**mean**	meant	meant
hang	hung,	hung,	**meet**	met	met
	hanged	hanged	**melt**	melted	melted,
have, has	had	had			molten
hear	heard	heard	**methinks**	methought	——
heave	heaved,	heaved,	**misdeal**	misdealt	misdealt
	hove	hove	**misdo**	misdid	misdone
hew	hewed	hewn,	**misgive**	misgave	misgiven
		hewed	**mishear**	misheard	misheard
hide	hid	hidden,	**mislay**	mislaid	mislaid
		hid	**mislead**	misled	misled
hit	hit	hit	**misread**	misread	misread
hold	held	held,	**misspell**	misspelled,	misspelled,
		holden		misspelt	misspelt
hurt	hurt	hurt	**misspend**	misspent	misspent
indwell	indwelt	indwelt	**mistake**	mistook	mistaken
inlay	inlaid	inlaid	**misunder-**	misunder-	misunder-
inlet	inlet	inlet	**stand**	stood	stood
inset	inset	inset	**mow**	mowed	mown,
interbreed	interbred	interbred			mowed
keep	kept	kept	**must**	__, (must)	——
kneel	knelt,	knelt,	**ought**	__, (ought)	——
	kneeled	kneeled	**outbid**	outbid	outbidden,
knit	knitted,	knitted,			outbid
	knit	knit	**outdo**	outdid	outdone
know	knew	known	**outgo**	outwent	outgone
lade	laded	laden, laded	**outgrow**	outgrew	outgrown
lay	laid	laid	**outlay**	outlaid	outlaid
lead	led	led	**outride**	outrode	outridden
lean[1]	leaned,	leaned,	**outrun**	outran	outrun
	leant	leant	**outsell**	outsold	outsold
leap	leaped,	leaped,	**outshine**	outshone	outshone
	leapt	leapt	**outshoot**	outshot	outshot
learn	learned,	learned,	**outspread**	outspread	outspread
	learnt	learnt	**outwear**	outwore	outworn
leave	left	left	**overbear**	overbore	overborne
lend	lent	lent	**overblow**	overblew	overblown
let[1]	let	let	**overcast**	overcast	overcast
let[2]	letted, let	letted, let	**overcome**	overcame	overcome
lie[2]	lay	lain	**overdo**	overdid	overdone
light[3]	lighted, lit	lighted, lit	**overdraw**	overdrew	overdrawn

현재형	과거형	과거분사	현재형	과거형	과거분사
overdrink	overdrank	overdrunk	**prove**	proved	proved, proven
overdrive	overdrove	overdriven	**put**	put	put
overeat	overate	overeaten	**quit**	quitted, quit	quitted, quit
overfeed	overfed	overfed	**read**	read	read
overflow	overflowed	overflown	**reave**	reaved, *reft*	reaved, *reft*
overgrow	overgrew	overgrown	**rebind**	rebound	rebound
overhang	overhung	overhung	**rebuild**	rebuilt	rebuilt
overhear	overheard	overheard	**recast**	recast	recast
overlay	overlaid	overlaid	**relay**	relaid	relaid
overleap	overleaped, overleapt	overleaped, overleapt	**rend**	rent	rent
overlie	overlay	overlain	**repay**	repaid	repaid
overpay	overpaid	overpaid	**reread**	reread	reread
overread	overread	overread	**resell**	resold	resold
override	overrode	overridden	**reset**	reset	reset
overrun	overran	overrun	**retake**	retook	retaken
oversee	oversaw	overseen	**retell**	retold	retold
oversell	oversold	oversold	**rewrite**	rewrote	rewritten
overset	overset	overset	**rid**	rid, ridded	rid, ridded
overshine	overshone	overshone	**ride**	rode, *rid*	ridden, *rid*
overshoot	overshot	overshot	**ring**	rang, *rung*	rung
oversleep	overslept	overslept	**rise**	rose	risen
overspend	overspent	overspent	**rive**	rived	riven, rived
overspread	overspread	overspread	**roughcast**	roughcast	roughcast
overtake	overtook	overtaken	**run**	ran	run
overthrow	overthrew	overthrown	**saw**	sawed	sawn, sawed
overwind	overwound	overwound	**say**	said	said
overwork	overworked, overwrought	overworked, overwrought	**see**	saw	seen
overwrite	overwrote	overwritten	**seek**	sought	sought
partake	partook	partaken	**sell**	sold	sold
pass	passed	passed, *past*	**send**	sent	sent
pay	paid	paid	**set**	set	set
pen²	penned, pent	penned, pent	**sew**	sewed	sewn, sewed
plead	pleaded, ple(a)d	pleaded, ple(a)d	**shake**	shook	shaken
prepay	prepaid	prepaid	**shall**	should	——
proofread	proofread	proofread	**shape**	shaped	shaped, *shapen*
			shave	shaved	shaved, shaven

현 재 형	과 거 형	과거분사
shear	sheared, *shore*	shorn, sheared
shed	shed	shed
shew	shewed	shewn
shine	shone, shined	shone, shined
shoe	shod, shoed	shod, shoed, shodden
shoot	shot	shot
show	showed	shown, showed
shred	shredded, *shred*	shredded, *shred*
shrink	shrank, shrunk	shrunk, shrunken
shrive	shrived, shrove	shrived, shriven
shut	shut	shut
sing	sang, sung	sung
sink	sank, sunk	sunk, sunken
sit	sat, *sate*	sat, *sitten*
slay	slew	slain
sleep	slept	slept
slide	slid	slid, slidden
sling	slung	slung
slink[1]	slunk, *slank*	slunk
slink[2]	slinked, slunk	slinked, slunk
slip	slipped, *slipt*	slipped, *slipt*
slit	slit	slit
smell	smelt, smelled	smelt, smelled
smite	smote, smit	smitten, *smit*
sow	sowed	sown, sowed
speak	spoke, *spake*	spoken, *spoke*
speed	sped, speeded	sped, speeded

현 재 형	과 거 형	과거분사
spell	spelled, spelt	spelled, spelt
spend	spent	spent
spill	spilled, spilt	spilled, spilt
spin	spun, *span*	spun
spit[1]	spat, spit	spat, spit
split	split	split
spoil	spoilt, spoiled	spoilt, spoiled
spread	spread	spread
spring	sprang, sprung	sprung
squat	squatted, squat	squatted, squat
stand	stood	stood
stave	staved, stove	staved, stove
stay	stayed, *staid*	stayed, *staid*
steal	stole	stolen
stick	stuck	stuck
sting	stung	stung
stink	stank, stunk	stunk
stop	stopped, *stopt*	stopped, *stopt*
strew	strewed	strewn, strewed
stride	strode	stridden, strid
strike	struck	struck, *stricken*
string	strung	strung, stringed
strip	stripped, *stript*	stripped, *stript*
strive	strove, strived	strived, striven
strow	strowed	strown, strowed
sublet	sublet	sublet
sunburn	sunburned, sunburnt	sunburned, sunburnt

현 재 형	과 거 형	과거분사	현 재 형	과 거 형	과거분사
swear	swore, *sware*	sworn	**undertake**	undertook	undertaken
sweat	sweat, sweated	sweat, sweated	**underwrite**	underwrote	underwritten
sweep	swept	swept	**undo**	undid	undone
swell	swelled	swollen, swelled	**unlay**	unlaid	unlaid
swim	swam, *swum*	swum	**unsay**	unsaid	unsaid
swing	swung, *swang*	swung	**unstring**	unstrung	unstrung
take	took	taken	**unwind**	unwound	unwound
teach	taught	taught	**uphold**	upheld	upheld
tear	tore	torn	**upset**	upset	upset
telecast	telecast	telecast	**wake**	waked, woke	waked, woken, *woke*
tell	told	told	**waylay**	waylaid	waylaid
think	thought	thought	**wear**[1]	wore	worn
thrive	throve, thrived	thriven, thrived	**wear**[2]	wore	wore, worn
throw	threw	thrown	**weave**	wove, *weaved*	woven, wove
thrust	thrust	thrust	**wed**	wedded, wed	wedded, wed
toss	tossed, *tost*	tossed, *tost*	**weep**	wept	wept
tread	trod, *trode*	trodden, trod	**wet**	wetted, wet	wetted, wet
typewrite	typewrote	typewritten	**will**	would	—
unbend	unbent, unbended	unbent, unbended	**win**	won	won
unbind	unbound	unbound	**wind**[3]	wound, winded	wound, winded
underbid	underbid	underbid, underbidden	**wind**[4]	winded, wound	winded, wound
undercut	undercut	undercut	**wiredraw**	wiredrew	wiredrawn
undergo	underwent	undergone	**wit**	wist	wist
underlay	underlaid	underlaid	**withdraw**	withdrew	withdrawn
underlie	underlay	underlain	**withhold**	withheld	withheld
undersell	undersold	undersold	**withstand**	withstood	withstood
understand	understood	understood	**work**	worked, wrought	worked, wrought
			wring	wrung, wringed	wrung, wringed
			write	wrote, *writ*	written, *writ*